Ihr Online-Zugang zum Weber Rechtswörterbuch in beck-online

Mit dem Kauf des Weber Rechtswörterbuchs erhalten Sie Zugriff auf die Online-Version des Buches in **beck-online. DIE DATENBANK** sowie auf alle bis zum Erscheinen der 26. Auflage veröffentlichten Aktualisierungen, längstens jedoch bis zum 31.12.2028.

Der Zugriff auf die Online-Version der 25. Auflage einschließlich aller Aktualisierungen endet mit dem Erscheinen der 26. Auflage, spätestens jedoch am 31.12.2028.

Wegweiser zur elektronischen Version:

1. Rufen Sie die Internetadresse www.freischaltung.beck.de auf.
2. Geben Sie Ihren persönlichen Freischaltcode ein und folgen Sie den Anweisungen auf dem Bildschirm.
3. Ihre Zugangsdaten, mit denen Sie sich unter www.beck-online.de einloggen können, erhalten Sie umgehend per E-Mail.

Sofern Sie bereits beck-online-Kunde sind, wird das Weber Rechtswörterbuch Ihrem Konto erst nach erfolgter Freischaltung mittels des Freischaltcodes automatisch hinzugefügt.

Sie können nun mit Ihrem Benutzernamen und Passwort auf die Online-Version des *Weber Rechtswörterbuchs* zugreifen.

Ihr Freischaltcode: UAWKG-RHNHD-UXQNC-MLPMK

Rechtswörterbuch

Herausgegeben von

Prof. Dr. Klaus Weber

Rechtsanwalt, Augsburg
Honorarprofessor an der Universität Augsburg

Bearbeitet von

Dr. Thomas Aichberger, Dr. Martin Eßer, Dr. Julian Fuchs,
Dr. Gunnar Groh, Prof. Dr. Michael Hakenberg, Dr. Christian Kallos,
Prof. Dr. Eva Julia Lohse, Lars Meinhardt, Dr. Andrea Schmidt,
Dr. Matthias Schneil, Prof. Dr. Klaus Weber, Prof. Dr. Raik Werner

25. Auflage 2025
(34. Edition 1.4.2025)

C.H.BECK

Zitiervorschlag:
Weber Rechtswörterbuch | Stichwort

beck.de

ISBN 978 3 406 83408 0

Wilhelmstraße 9, 80801 München
info@beck.de
Satz, Druck und Bindung: Druckerei C.H.Beck Nördlingen
(Adresse wie Verlag)
Umschlag: Druckerei C.H.Beck Nördlingen

myclimate
shape our future

chbeck.de/nachhaltig
produktsicherheit.beck.de

Gedruckt auf säurefreiem, alterungsbeständigem Papier
(hergestellt aus chlorfrei gebleichtem Zellstoff)

Bearbeiterverzeichnis

Dr. Thomas Aichberger
Rechtsanwalt und Steuerberater, München

Dr. Martin Eßer
Erster Beigeordneter der Stadt Sankt Augustin

Dr. Julian Fuchs
Richter am Oberlandesgericht, München

Dr. Gunnar Groh, LL.M.
Leiter Ministerbüro, Bayerisches Staatsministerium der Justiz

Prof. Dr. Michael Hakenberg, LL.M.
em. Professor an der Hochschule Trier

Dr. Christian Kallos
Richter am Arbeitsgericht, Arbeitsgericht Wesel

Prof. Dr. Eva Julia Lohse
Professorin an der Universität Bayreuth

Lars Meinhardt
Vorsitzender Richter am Oberlandesgericht, München

Dr. Andrea Schmidt
Präsidentin des Bayerischen Obersten Landesgerichts, München

Dr. Matthias Schneil
Agentur für Arbeit, München

Prof. Dr. Klaus Weber
Rechtsanwalt, Augsburg, Honorarprofessor an der Universität Augsburg

Prof. Dr. Raik Werner
Richter am Bundesgerichtshof, Leipzig
Honorarprofessor an der Ludwig-Maximilians-Universität München

Vorwort zur 25. Auflage

Der Weber als ständig aktualisiertes Rechtswörterbuch soll weiterhin ein zuverlässiger Wegweiser in dem immer umfangreicheren Regelwerk des geltenden Rechts sein. Die jetzt vorliegende 25. Auflage ist zugleich die 34. Edition der Onlineversion (Stand 1.4.2025), zu der auch jeder Käufer der Printauflage unmittelbaren Zugang hat. So bleibt auch die vorliegende Neuauflage stets auf dem aktuellsten Stand.

Seit der letzten Auflage vom Februar 2022 haben sich im Autorenteam einige personelle Änderungen ergeben. Unser langjähriger Autor Vorsitzender Richter am Bayerischen Obersten Landesgericht Gunnar Cassardt ist ausgeschieden. Seine Erläuterungen insbesondere zu den Themen Kartellrecht, Urheberrecht, Vergaberecht und Wettbewerbsrecht hat der Vorsitzende Richter am Oberlandesgericht München Lars Meinhardt übernommen. Neu zum Autorenteam dazugestoßen ist auch der frühere Referatsleiter bei der Bundesanstalt für Finanzdienstleistungsaufsicht Dr. Martin Eßer. Dieser war mehr als 15 Jahre lang Datenschutzbeauftragter der Bundesanstalt für Finanzdienstleistungsaufsicht und ist nunmehr – neben seinen Aufgaben als hauptberuflicher Erster Beigeordneter der Stadt Sankt Augustin – Datenschutzbeauftragter der Hochschule Bonn-Rhein-Sieg. Dr. Eßer hat aus dem Bereich von Prof. Dr. Weber den immer umfangreicheren Komplex des Daten- und Datenschutzrechts übernommen. Das gesamte Autorenteam freut sich sehr, dass damit für die genannten Rechtsbereiche jeweils zwei ausgewiesene Experten gewonnen werden konnten.

Die Zeit zwischen der 24. und der 25. Auflage fiel in eine politisch und damit auch rechtlich unruhige Zeit. Die auslaufende Coronakrise sowie der Ausbruch des Krieges in der Ukraine mit seinen wirtschaftlichen und energiepolitischen Folgen waren häufig unmittelbarer Anlass für Rechtsänderungen in wichtigen Gebieten. Das vorzeitige Ende der Legislaturperiode sowie die letzten Beschlüsse des alten Bundestages im März 2025 waren dann der geeignete Zeitpunkt, den Inhalt des Werkes nicht nur digital zu aktualisieren, sondern eine neue Druckausgabe vorzulegen.

Die wichtigsten Änderungen seit dem Erscheinen der 24. Auflage erstrecken sich auf alle Rechtsgebiete. An erster Stelle sind die Änderungen im Staats- und Verfassungsrecht, insbesondere die Änderungen im Wahlrecht und das faktische Ende der Schuldenbremse zu nennen. Wichtig sind die jüngsten Entscheidungen des Bundesverfassungsgerichts zum Ausschluss verfassungsfeindlicher Parteien von der staatlichen Parteienfinanzierung sowie die zahlreichen Änderungen im Asyl- und Ausländerrecht, das umfassend überarbeitet ist. Im Bereich des Daten- und Datenschutzrechts ist die Kommentierung konsequent ausgebaut. Neue Stichworte finden sich zu Themen wie Digital Services Act (DSA), Digital Markets Act (DMA) sowie Data Act (DA). Im Familienrecht und in angrenzenden Gebieten sind das Selbstbestimmungsgesetz und die Änderungen im Namensrecht zu nennen. Stichwörter wie Mietspiegelreform oder Klimaklage sind überarbeitet. Im Bereich des Straf- und Nebenstrafrechts ist die jüngste Gesetzgebung zum legalen Konsum von Cannabis zu nennen.

Die genannten Änderungen beleuchten nur schlagwortartig besonders relevante Punkte. Das Werk bildet wiederum insgesamt die gesamte aktuelle Rechtslage ab.

Augsburg und München im April 2025 — Herausgeber und Verlag

Vorwort zur 24. Auflage

Der frühere „Creifelds" erscheint ab jetzt als „Weber". Die 1. Auflage wurde 1968 unter der Herausgeberschaft von Dr. Carl Creifelds veröffentlicht, der das Werk 18 Jahre lang bis zur 8. Auflage 1986 betreute. Herausgeber der 9. und 10. Auflage war Richter am Bundesgerichtshof Prof. Dr. Lutz Meyer-Goßner, dem 1992 in der 11. Auflage Ministerialdirigent Prof. Dr. h. c. Hans Kauffmann nachfolgte. Prof. Dr. Klaus Weber trat vor fast 25 Jahren während des Entstehens der 14. Auflage 1997 als Herausgeber und Autor in das Werk ein, nachdem der frühere Herausgeber Kauffmann während der Arbeiten an dieser Auflage verstorben war. Seit der 15. Auflage 1999 gibt Weber das Werk alleine heraus. Die Historie des Werkes kann man im Verzeichnis der Bearbeiter nachlesen, in dem auch alle ausgeschiedenen Verfasser verzeichnet sind.

Obwohl in den mehr als 50 Jahren des Bestehens des Werkes große Umwälzungen erfolgt sind, bleibt es unbeirrt seinem ursprünglichen Auftrag treu, Rechtsbegriffe aus allen Rechtsgebieten zusammenzustellen und zu erläutern, um Juristen und Nichtjuristen eine rasche Orientierung zu ermöglichen. Die Stichwörter des „Weber" wollen eine schnelle Antwort auf die Frage geben, welche Bedeutung ein Begriff hat und wo sich die einschlägigen Regelungen in Gesetzgebung und Rechtsprechung finden. Das Werk versucht dabei, auf alle Rechtsquellen für die grundlegenden Rechtsbegriffe einzugehen, die das Rechtsleben in Deutschland prägen: Völkerrecht, Europäisches Recht, Bundesrecht, Landesrecht bis hin zu neben dem staatlich gesetzten Recht bestehenden Rechtsregeln wie zum Beispiel das Recht der Religionsgemeinschaften.

Die immer umfangreichere Rechtsmaterie macht es notwendig, die bereits begonnene Erweiterung und gleichzeitige Verjüngung des Autorenteams fortzusetzen. Der bei der Agentur für Arbeit tätige Dr. Matthias Schneil hat von Helmut Dankelmann die Gebiete des Sozialrechts und des Sozialversicherungsrechts, Richter am Arbeitsgericht Dr. Christian Kallos von Ulf Kortstock die Stichwörter im Arbeitsrecht übernommen. Zusätzlich kam Frau Prof. Dr. Eva Lohse hinzu, die mit Technikrecht, Telekommunikationsrecht und Wirtschaftsverwaltungsrecht einen Teil der bislang von Prof. Dr. Michael Hakenberg, LL.M. betreuten Gebiete übernommen hat.

Zwei der Autoren bleiben trotz neuer Aufgaben in ihrem Hauptberuf dem Werk erhalten: Dr. Andrea Schmidt wurde zur Präsidentin des Bayerischen Obersten Landesgerichtes ernannt, Dr. Raik Werner zum Richter am Bundesgerichtshof.

In der nun erscheinenden 24. Auflage sind insbesondere alle diejenigen Gesetze berücksichtigt, die noch vor Ende der 2021 endenden 19. Legislaturperiode des Deutschen Bundestages verabschiedet wurden. Dazu gehören insbesondere die Änderungen im allgemeinen Schuldrecht und im Kaufrecht, die im Wesentlichen auf der Grundlage des europäischen Rechts der Digitalisierung des Rechts- und Wirtschaftslebens Rechnung tragen. Berücksichtigt sind neben zahlreichen anderen Änderungen ferner die Reform des Wohnungseigentumsrechts und das neue Sanierungsrecht mit dem Unternehmensstabilisierungs- und Restrukturierungsgesetz. Der Brexit wird ebenso behandelt wie Reformen im baurechtlichen Abstandsflächenrecht. Vor dem Hintergrund der fortdauernden COVID-19-Pandemie bedurften die Erläuterungen zum Infektionsschutzrecht zahlreicher Ergänzungen und Erweiterungen.

Die jetzt vorgelegte 24. Auflage basiert auf der 27. Edition der Online-Ausgabe des „Weber". Mit dem Erwerb des vorliegenden Werkes erhalten die Leser ohne Aufpreis den Zugang zur aktuellen digitalen Version.

Das gesamte Autorenteam wünscht sich, dass wir wie in den vorangegangenen 23 Auflagen den Erwartungen unserer Nutzer gerecht werden und allen Juristen und allen an unserem Recht Interessierten einen ersten Zugang zu den einschlägigen Rechtsgebieten eröffnen.

München, Augsburg im November 2021

Herausgeber und Verlag

Aus dem Vorwort zur 1. Auflage

Mit der Herausgabe des Rechtswörterbuchs kommt der Verlag vielfachen Anregungen nach, in einem handlichen Werk Rechtsbegriffe aus allen Gebieten zusammenzustellen und zu erläutern, um Juristen und Nichtjuristen eine rasche Orientierung bei der täglichen Berührung mit Rechtsfragen zu ermöglichen. Soweit das Bestreben, den umfassenden Rechtsstoff auf begrenztem Raum darzustellen, die Erörterung spezieller Rechtsfragen nicht zuließ, sollen es Fundstellenhinweise erleichtern, Einzelheiten nachzugehen. Um dem Benutzer des Werkes in dem gegebenen Rahmen nach Möglichkeit aber mehr als nur eine erste Orientierung zu bieten, sind – namentlich bei rechtlichen Zweifelsfragen – vielfach Hinweise auf Rechtsprechung und Spezialschrifttum eingefügt. Die vergleichende Behandlung gleichlautender Begriffe unterschiedlichen Inhalts aus verschiedenen Rechtsmaterien soll das Verständnis für die Differenziertheit des Rechts ebenso wie den Einblick in komplexe Rechtsbegriffe vertiefen helfen. Die zunehmende Verflechtung von Recht und Wirtschaft ließ es geboten erscheinen, auf die Aufnahme zahlreicher Begriffe aus diesem Grenzgebiet besonderen Wert zu legen; dagegen wurden politische Begriffe mit geringem rechtlichem Inhalt nur berücksichtigt, soweit sie allgemeines Interesse im Rechtsleben beanspruchen. Abkürzungen sind in der üblichen Weise verwendet, amtliche Kurzbezeichnungen, soweit nicht in sich verständlich, dagegen in der sonst gebräuchlichen Schreibweise.

Verzeichnis der aktuellen Bearbeiterinnen und Bearbeiter

Rechtsgebiete:	**Bearbeiter:**
Allgemeine Rechtsbegriffe	Groh
Arbeitsrecht	Kallos
Bankrecht, öffentliches	Hakenberg
Bankrecht, privates	Schmidt
Beamtenrecht	Weber
Bürgerliches Recht, AT	Fuchs
Daten- und Datenschutzrecht	Eßer
Energierecht	Hakenberg
Europarecht (Primärrecht, insbes. EUV und AEUV)	Weber
Europarecht (Sekundärrecht)	Hakenberg
Gerichtsverfassungsrecht	Groh
Handels- und Gesellschaftsrecht	Groh
Insolvenzrecht	Groh
Kapitalmarktrecht	Hakenberg
Kartellrecht	Meinhardt
Kirchenrecht	Weber
Lebensmittelrecht	Hakenberg
Natur- und Umweltrecht	Hakenberg
Privatversicherungsrecht	Schmidt
Recht der freiwilligen Gerichtsbarkeit	Groh
Rechtsgeschichte	Groh
Rechtsphilosophie	Groh
Richterrecht	Weber
Schuldrecht	Schmidt
Sozialrecht	Schneil
Sozialversicherungsrecht	Schneil
Staats- und Verfassungsrecht	Weber
Steuerrecht	Aichberger
Straf- und Strafprozessrecht mit Nebengesetzen	Werner
Straßenverkehrsrecht	Werner
Technikrecht	Lohse
Telekommunikationsrecht	Lohse
Urheberrecht und gewerblicher Rechtsschutz	Meinhardt
Vergaberecht	Meinhardt
Verkehrsrecht (ohne Straßenverkehr)	Hakenberg
Verwaltungsrecht (soweit nicht anderweitig vergeben)	Weber
Völkerrecht	Weber
Wehrrecht mit Nebengebieten	Weber
Wettbewerbsrecht	Meinhardt
Wirtschaftsverwaltungsrecht	Lohse
Zivilprozess	Groh
Gesamtredaktion:	Weber

Verzeichnis aller Bearbeiterinnen und Bearbeiter (einschließlich der ausgeschiedenen)

Dr. Thomas Aichberger Rechtsanwalt und Steuerberater (ab 23. Auflage)	Steuerrecht
Gunnar Cassardt Vors. Richter am Bayerischen Obersten Landesgericht a. D. (20. Auflage bis 24. Auflage)	Kartellrecht Vergaberecht Urheberrecht, Wettbewerbsrecht, gewerblicher Rechtsschutz (ab 21. Auflage)
Dr. Carl Creifelds † Senatsrat a. D. (1. bis 8. Auflage)	Gesamtredaktion Allgemeine Rechtsbegriffe Rechtsgeschichte Rechtsphilosophie Straf- und Strafprozessrecht mit Nebengesetzen Verkehrsrecht
Helmut Dankelmann Büroleiter Deutsche Rentenversicherung Westfalen a. D. (22. bis 23. Auflage)	Sozialrecht Sozialversicherungsrecht
Dr. Martin Eßer Erster Beigeordneter der Stadt Sankt Augustin (ab 30. Edition)	Daten- und Datenschutzrecht
Dr. Julian Fuchs Richter am Oberlandesgericht (ab 23. Auflage)	Bürgerliches Recht, Allg. Teil Erbrecht Familienrecht Sachenrecht
Dr. Gunnar Groh, LL.M. Leiter Ministerbüro, Bayerisches Staatsministerium der Justiz (ab 23. Auflage)	GerichtsverfassungsrechtHandelsrecht- und Gesellschaftsrecht Internationales Privatrecht Insolvenzrecht Recht der freiwilligen Gerichtsbarkeit Rechtsgeschichte Rechtsphilosophie Zivilprozessrecht
Dr. Dieter Guntz † Vorsitzender Richter am Oberlandesgericht a. D. (1. bis 20. Auflage)	Arbeitsrecht Bankrecht, privates Bürgerliches Recht Gerichtsverfassungsrecht Handels- und Gesellschaftsrecht Privatversicherungsrecht Recht der freiwilligen Gerichtsbarkeit Urheberrecht und gewerblicher Rechtsschutz Wettbewerbsrecht Zivilprozess- und Insolvenzrecht
Prof. Dr. Michael Hakenberg, LL.M. em. Prof. Hochschule Trier (ab 18. Auflage)	Bankrecht, öffentliches Energierecht Europarecht (Sekundärrecht; ab 20. Auflage) Kapitalmarktrecht Lebensmittelrecht Natur- und Umweltrecht Verkehrsrecht (ohne Straßenverkehr)
Paul Henßler † Steuerberater (1. bis 12. Auflage)	Finanz- und Steuerrecht
Silke Hossenfelder Direktorin beim Bundeskartellamt (19. Auflage)	Kartellrecht Vergaberecht

Dr. Martin Kainz Vors. Richter am Oberlandesgericht a. D. (21. bis 22. Auflage)	Bankrecht, privates Bürgerliches Recht Gerichtsverfassungsrecht Handels- und Gesellschaftsrecht Insolvenzrecht Privatversicherungsrecht Recht der freiwilligen Gerichtsbarkeit Zivilprozessrecht
Dr. Christian Kallos Arbeitsgericht Wesel (ab 24. Auflage)	Arbeitsrecht
Prof. Dr. h. c. Hans Kauffmann † Ministerialdirigent und Leiter des Bayerischen Landesjustizprüfungsamtes a. D. (1. bis 14. Auflage)	Gesamtredaktion Kirchenrecht Richterrecht Staats- und Verfassungsrecht Verwaltungsrecht Völkerrecht
Christiane König Vorsitzende Richterin am Finanzgericht (16. bis 22. Auflage)	Steuerrecht
Ulf Kortstock Richter am Arbeitsgericht (21. bis 23. Auflage)	Arbeitsrecht
Prof. Dr. Eva Julia Lohse Universität Bayreuth (ab 24. Auflage)	Technikrecht Telekommunikationsrecht Wirtschaftsverwaltungsrecht
Dr. Ludwig Macher Richter am Finanzgericht (13. bis 15. Auflage)	Steuerrecht
Lars Meinhardt Vorsitzender Richter am Oberlandesgericht (ab 28. Edition)	Kartellrecht Vergaberecht Urheberrecht, Wettbewerbsrecht, gewerblicher Rechtsschutz
Dr. Lutz Meyer-Goßner Vorsitzender Richter am Bundesgerichtshof a. D. (9. und 10. Auflage)	Gesamtredaktion Allgemeine Rechtsbegriffe Straf- und Strafprozessrecht mit Nebengesetzen Rechtsgeschichte Rechtsphilosophie Verkehrsrecht
Prof. Dr. Hans Putzo † Vizepräsident des Bayerischen Obersten Landesgerichts a. D. (1. und 2. Auflage)	Arbeitsrecht Gerichtsverfassungsrecht Handels- und Gesellschaftsrecht Recht der freiwilligen Gerichtsbarkeit Urheberrecht und gewerblicher Rechtsschutz Wettbewerbsrecht Zivilprozess- und Insolvenzrecht
Prof. Friedrich Quack † Richter am Bundesgerichtshof a. D. (3. Auflage bis 19. Auflage)	Beamtenrecht (bis 15. Auflage) Europarecht Kartellrecht (bis 18. Auflage) Wehrrecht mit Nebengebieten (bis 17. Auflage) Wirtschaftsrecht (bis 17. Auflage)
Dr. Andrea Schmidt Präsidentin des Bayerischen Obersten Landesgerichts (ab 23. Auflage)	Bankrecht, privates Privatversicherungsrecht Schuldrecht
Prof. Dr. Jochem Schmitt † Freie Universität Berlin (12. Auflage bis 22. Auflage)	Sozialrecht Sozialversicherungsrecht

Dr. Matthias Schneil Agentur für Arbeit Rechtsanwalt (ab 27. Edition)	Sozialrecht Sozialversicherungsrecht
Heinz Ströer † Ministerialdirektor a. D. (1. bis 11. Auflage)	Sozialrecht Sozialversicherungsrecht
Dr. Alfred Wagner Dipl.-Kaufm. Regierungsdirektor a. D. (1. und 2. Auflage)	Beamtenrecht Kartellrecht Wehrrecht mit Nebengebieten Wirtschaftsrecht
Prof. Dr. Klaus Weber Rechtsanwalt (ab 14. Auflage)	Gesamtredaktion Beamtenrecht (ab 16. Auflage) Europarecht (Primärrecht, insbes. EUV und AEUV; ab 20. Auflage) Kirchenrecht Richterrecht Staats- und Verfassungsrecht Verwaltungsrecht (soweit nicht anderweitig vergeben) Völkerrecht Wehrrecht mit Nebengebieten (ab 18. Auflage)
Walter Weidenkaff Vorsitzender Richter am Oberlandesgericht a D. (11. bis 22. Auflage)	Allgemeine Rechtsbegriffe Straf- und Strafprozessrecht mit Nebengesetzen Rechtsgeschichte Rechtsphilosophie Straßenverkehrsrecht
Prof. Dr. Raik Werner Richter am Bundesgerichtshof (ab 23. Auflage)	Straf- und Strafprozessrecht mit Nebengesetzen Straßenverkehrsrecht

Abkürzungen

aA	anderer Ansicht
AA	Auswärtiges Amt
aaO	am angeführten Ort
ABl.	Amtsblatt
Abschn.	Abschnitt
ADSp	Allgemeine Deutsche Spediteurbedingungen
aE	am Ende
AEG	Allgemeines Eisenbahngesetz
AEntG	Arbeitnehmer-Entsendegesetz
Änd.	Änderung
AEUV	Vertrag über die Arbeitsweise der Europäischen Union
aF	alte Fassung
AFBG	Aufstiegsfortbildungsgesetz
AFG	Arbeitsförderungsgesetz
AG	Amtsgericht, Aktiengesellschaft
AGB	Allgemeine Geschäftsbedingungen
AGG	Allgemeines Gleichbehandlungsgesetz
AIG	Alternative Investmentfonds
AktG	Aktiengesetz
ALG	Gesetz über die Alterssicherung der Landwirte
Anl.	Anlage
AMG	Arzneimittelgesetz
AO	Abgabenordnung
ApoG	Gesetz über das Apothekenwesen
ArbGG	Arbeitsgerichtsgesetz
ArbSchG	Arbeitsschutzgesetz
ArbZG	Arbeitszeitgesetz
ARD	Arbeitsgemeinschaft der öffentlich-rechtlichen Rundfunkanstalten der Bundesrepublik Deutschland
ARUG II	Gesetz zur Umsetzung der zweiten Aktionärsrechterichtlinie
AStG	Außensteuergesetz
AsylbLG	Asylbewerberleistungsgesetz
AsylG	Asylgesetz
AtGAufenthG	AtomgesetzAufenthaltsgesetz
AÜG	Arbeitnehmerüberlassungsgesetz
AVB	Allgemeine Versorgungsbedingungen
AVO	Ausführungsverordnung
AWG	Außenwirtschaftsgesetz
AWV	Außenwirtschaftsverordnung
B	Bund(es ...)
B.	Beschluss
BAFA	Bundesamt für Wirtschaft und Ausfuhrkontrolle
BaFin	Bundesanstalt für Finanzdienstleistungsaufsicht
BAFöG	Bundesausbildungsförderungsgesetz
BAG	Bundesarbeitsgericht
BAnstPT	Bundesanstalt für Post und Telekommunikation
BAnz.	Bundesanzeiger
BauGB	Baugesetzbuch
BauSparkG	Bausparkassengesetz
bay, Bay, bayer., Bayer.	bayerisch(e, er), Bayerisch(e, er)
BayRS	Bayerische Rechtssammlung
BayVBl.	Bayerische Verwaltungsblätter
BayVerfGH	Bayerischer Verfassungsgerichtshof
BB	Betriebs-Berater (Zeitschrift)
BBankG	Bundesbankgesetz
BBergG	Bundesberggesetz
BBesG	Bundesbesoldungsgesetz
BBG	Bundesbeamtengesetz
BBiG	Berufsbildungsgesetz
BDG	Bundesdisziplinargesetz
BeamtVG	Beamtenversorgungsgesetz

BEEG	Gesetz zum Elterngeld und zur Elterzeit (Bundeselterngeld- und Elternzeitgesetz)
Bek.	Bekanntmachung
ber.	berichtigt
BerBiFG	Berufsbildungsförderungsgesetz
BErzGG	Bundeserziehungsgeldgesetz
bes.	besondere, besonderer, besonderes
bestr.	bestritten
Betr.	Der Betrieb (Zeitschrift)
BetrAVG	Betriebsrentengesetz (Gesetz über die Verbesserung der betrieblichen Altersversorgung)
BetrKV	Betriebskostenverordnung
BetrVG	Betriebsverfassungsgesetz
BEVVG	Bundeseisenbahnverkehrsverwaltungsgesetz
BewG	Bewertungsgesetz
BFH	Bundesfinanzhof
BG	Berufsgenossenschaft
BGB	Bürgerliches Gesetzbuch
BGebG	Bundesgebührengesetz
BGBl.	Bundesgesetzblatt
BGH	Bundesgerichtshof
BGHSt.	Entscheidungen des Bundesgerichtshofs in Strafsachen
BGHZ	Entscheidungen des Bundesgerichtshofs in Zivilsachen
BHO	Bundeshaushaltsordnung
BImSchG	Bundes-Immissionsschutzgesetz
BinSchAufgG	Binnenschifffahrtsaufgabengesetz
BinSchG	Gesetz betreffend die privatrechtlichen Verhältnisse der Binnenschifffahrt
BJagdG	Bundesjagdgesetz
BK	Bundeskanzler
BKAG	Bundeskriminalamtgesetz
BKGG	Bundeskindergeldgesetz
BLE	Bundesanstalt für Landwirtschaft und Ernährung
BLV	Bundeslaufbahnverordnung
BM, BMin	Bundesminister, Bundesministerium
BMAS	Bundesministerium für Arbeit und Soziales
BMBF	Bundesministerium für Bildung und Forschung
BMEL	Bundesministerium für Ernährung und Landwirtschaft
BMF	Bundesministerium der Finanzen
BMFSFJ	Bundesministerium für Familie, Senioren, Frauen und Jugend
BMG	Bundesministerium für Gesundheit
BMI	Bundesministerium des Innern
BMJV	Bundesministerium der Justiz und für Verbraucherschutz
BMUB	Bundesministerium für Umwelt, Naturschutz, Bau und Reaktorsicherheit
BMVI	Bundesministerium für Verkehr und digitale Infrastruktur
BMVg	Bundesministerium der Verteidigung
BMWi	Bundesministerium für Wirtschaft und Energie
BMZ	Bundesministerium für wirtschaftliche Zusammenarbeit und Entwicklung
BNatSchG	Bundesnaturschutzgesetz
BNotO	Bundesnotarordnung
BO	Bauordnung
BörsG	Börsengesetz
BörsZulVO	Börsenzulassungsverordnung
BPolG	Bundespolizeigesetz
BPräs.	Bundespräsident
BR	Bundesrat
BRAO	Bundesrechtsanwaltsordnung
BReg.	Bundesregierung
BRep.	Bundesrepublik Deutschland
BRKG	Bundesreisekostengesetz
BRRG	Beamtenrechtsrahmengesetz
BSGBSH	BundessozialgerichtBundesamt für Seeschifffahrt und Hydrographie
BSGE	Entscheidungen des Bundessozialgerichts

BStBl.	Bundessteuerblatt
BStatG	BundesstatistikG
BSZG	Bundessonderzahlungsgesetz
BT	Deutscher Bundestag
BT-Drucks.	Bundestags-Drucksache
BtMG	Betäubungsmittelgesetz
BVerfG	Bundesverfassungsgericht
BVerfGE	Entscheidungen des Bundesverfassungsgerichts
BVerwG	Bundesverwaltungsgericht
BVerwGE	Entscheidungen des Bundesverwaltungsgerichts
BVFG	Bundesvertriebenengesetz
BVG	Bundesversorgungsgesetz
BW	Baden-Württemberg
bw.	baden-württembergischen, baden-württembergische, baden-württembergisches
BZRG	Bundeszentralregistergesetz
bzw.	beziehungsweise
can.	canon
ChemG	Chemikaliengesetz
CIC	Codex iuris canonici
COVMG	Gesetz über Maßnahmen im Gesellschafts-, Genossenschafts-, Vereins-, Stiftungs- und Wohnungseigentumsrecht zur Bekämpfung der Auswirkungen der COVID-19-Pandemie
D	Deutschland
d.	der, des, durch
DB	Deutsche Bahn
DDR	Deutsche Demokratische Republik
dh	das heißt
DIHT	Deutscher Industrie- und Handelstag
DL-InfoV	Dienstleistungs-Informationspflichten-Verordnung
DO	Dienstordnung
DR	Deutsche Reichsbahn
DRiG	Deutsches Richtergesetz
DSD	Duales System Deutschland
DS-GVO	Datenschutzgrundverordnung
DStR	Deutsches Steuerrecht
DVO	Durchführungsverordnung
EA	Europäische Atomgemeinschaft
EALG	Entschädigungs- und Ausgleichsleistungsgesetz
EBA	Eisenbahn-Bundesamt
EBO	Eisenbahn- Bau- und Betriebsordnung
eBAnz	elektronischer Bundesanzeiger
ECOFIN	Economics and Finance
EEG	Gesetz für den Vorrang Erneuerbarer Energien
EFZG	Entgeltfortzahlungsgesetz
EG	Einführungsgesetz, Europäische Gemeinschaft(en)
EGBGB	Einführungsgesetz zum Bürgerlichen Gesetzbuch
EGFL	Europäischer Garantiefonds für die Landwirtschaft
EGGVG	Einführungsgesetz zum Gerichtsverfassungsgesetz
EGKStV	Vertrag über die Europäische Gemeinschaft für Kohle und Stahl
EGMR	Europäischer Gerichtshof für Menschenrechte
EGStGB	Einführungsgesetz zum Strafgesetzbuch
EGStPO	Einführungsgesetz zur Strafprozessordnung
EGZPO	Einführungsgesetz zur Zivilprozessordnung
ehem.	ehemalig(e, en, er)
EinigV	Einigungsvertrag
EMAS	Eco-Management and Audit Scheme (Umweltmanagement und Umweltbetriebsprüfung)
EMRK	Europäische Menschenrechtskonvention
EnWG	Energiewirtschaftsgesetz
ErbbauRG	Gesetz über das Erbbaurecht
ErbStG	Erbschaft- und Schenkungsteuergesetz

ERegG	Eisenbahnregulierungsgesetz
Erl.	Erlaß
EStDV	Einkommensteuer-Durchführungsverordnung
EStG	Einkommensteuergesetz
EStR	Einkommensteuer-Richtlinien
EU	Europäische Union
EuGH	Europäischer Gerichtshof
EuGHE	Entscheidungen des EuGH (Amtliche Sammlung in deutscher Sprache)
EuratomGV	Vertrag über die Europäische Atomgemeinschaft
europ.	europäisch
EU-RL	EU-Richtlinie
EUV	Vertrag über die Europäischen Union
EV	Einigungsvertrag
EVU	Energieversorgungsunternehmen
EWG	Europäische Wirtschaftsgemeinschaft
EWR	Europäischer Wirtschaftsraum
EZB	Europäische Zentralbank
f.	folgende, folgender, folgendes (Singular)
f.	für
FA	Finanzamt
FamFG	Gesetz über das Verfahren in Familiensachen und in den Angelegenheiten der freiwilligen Gerichtsbarkeit
FamGKG	Gesetz über Gerichtskosten in Familiensachen
FAO	Food and Agriculture Organization
FernmG	Gesetz über Fernmeldeanlagen
FeV	Fahrerlaubnis-Verordnung
ff.	folgende (Plural)
FG	Finanzgericht
FGO	Finanzgerichtsordnung
FISG	Finanzmarktintegritätsstärkungsgesetz
FlurbG	Flurbereinigungsgesetz
FMS	Finanzmarktstabilisierungsfond
FMSA	Bundesanstalt für Finanzmarktstabilisierung
FMStFG	Finanzmarktstabilisierungsfondgesetz
FRG	Fremdrentengesetz
FStrG	Bundesfernstraßengesetz
FüPoG II	Gesetz zur Ergänzung und Änderung der Regelungen für die gleichberechtigte Teilhabe von Frauen an Führungspositionen in der Privatwirtschaft und im öffentlichen Dienst
FVG	Gesetz über die Finanzverwaltung
Fz.	Fahrzeug (e)
FZV	Fahrzeug-Zulassungsverordnung
G	Gesetz
GA	Goltdammer's Archiv für Strafrecht
GAP	Gemeinsame Agrarpolitik
GastG	Gaststättengesetz
GBl.	Gesetzblatt
GBO	Grundbuchordnung
geänd.	geändert
GebrMG	Gebrauchsmustergesetz
gem.	gemäß
GemSOBG	Gemeinsamer Senat der Obersten Bundesgerichte
GenG	Gesetz, betreffend die Erwerbs- und Wirtschaftsgenossenschaften
GenTG	Gentechnikgesetz
GeschmMG	Geschmacksmustergesetz
GeschO	Geschäftsordnung
GewO	Gewerbeordnung
GewSchG	Gewaltschutzgesetz
GewStDV	Gewerbesteuer-Durchführungsverordnung
GewStG	Gewerbesteuergesetz
GFP	Gemeinsame Fischereipolitik
GG	Grundgesetz

ggf.	gegebenenfalls
GKG	Gerichtskostengesetz
GLP	Grundsätze guter Laborpraxis
GmbH	Gesellschaft mit beschränkter Haftung
GmbHG	Gesetz, betreffend die Gesellschaften mit beschränkter Haftung
GMBl.	Gemeinsames Ministerialblatt
GMO	Gemeinsame Marktorganisation
GNotKG	Gerichts- und Notarkostengesetz
GO	Geschäftsordnung
GO BR	Geschäftsordnung des Bundesrates
GO BT	Geschäftsordnung des Bundestages
GO VermAussch	Geschäftsordnung des Vermittlungsausschusses
GRG	Gesundheitsreformgesetz
griech.	griechisch
GrS	Großer Senat
grundsätzl.	grundsätzlich
GüKG	Güterkraftverkehrsgesetz
GV. NRW	Gesetz- und Verordnungsblatt Nordrhein-Westfalen
GVBl. (GVOBl.)	Gesetz- und Verordnungsblatt
GVG	Gerichtsverfassungsgesetz
GVO	Gentechnisch oder genetisch veränderte Organismen
GWB	Gesetz gegen Wettbewerbsbeschränkungen
ha	Hektar
HwO	Handwerksordnung
hess.	hessisch, hessische, hessisches
HGB	Handelsgesetzbuch
HGrG	Haushaltsgrundsätzegesetz
hM	herrschende Meinung
HOAI	Honorarordnung für Architekten und Ingenieure
HRG	Hochschulrahmengesetz
HwO	Handwerksordnung
idF	in der Fassung
idR	in der Regel
iE	im Einzelnen
ieS	im engeren Sinne
IFG	Informationsfreiheitsgesetz
IfSG	Infektionsschutzgesetz
IHK	Industrie- und Handelskammer
IHKG	IHK-Gesetz
iJ	im Jahre
ILO	International Labour Organization
insbes.	insbesondere
InsO	Insolvenzordnung
InvStG	Investmentsteuergesetz
InvZulG	Investitionszulagengesetz
iS	im Sinne
iSd	im Sinne der, im Sinne des
iSv	im Sinne von
IStGH	Internationaler Strafgerichtshof
IStGHG	Gesetz über die Zusammenarbeit mit dem Internationalen Strafgerichtshof
ITU	International Telecommunication Union
iÜ	im Übrigen
iVm	in Verbindung mit
iW	im Wesentlichen
IWF	Internationaler Währungsfonds
iwS	im weiteren Sinne
JArbSchG	Jugendarbeitsschutzgesetz
JGG	Jugendgerichtsgesetz
Jh.	Jahrhundert
JMBl.	Justizministerialblatt
JMStV	Jugendmedienschutz-Staatsvertrag

jur.	juristisch, juristische, juristischer
JuSchG	Jugendschutzgesetz
JVEG	Justizvergütungs- und -entschädigungsgesetz
JZ	Juristenzeitung
KAGB	Kapitalanlagegesetzbuch
Kap.	Kapitel
KfW	Kreditanstalt für Wiederaufbau
Kfz	Kraftfahrzeug
KG	Kommanditgesellschaft
KGaA	Kommanditgesellschaft auf Aktien
KJHG	Kinder- und Jugendhilfegesetz (SGB VIII)
KostO	Kostenordnung
KOV	Kriegsopferversorgung
KrWG	Kreislaufwirtschaftsgesetz
KSchG	Kündigungsschutzgesetz
KStG	Körperschaftsteuergesetz
KSVG	Künstlersozialversicherungsgesetz
KVLG	Gesetz über die Krankenversicherung der Landwirte
KWG	Gesetz über das Kreditwesen
KWK	Kraft-Wärme-Kopplung
lat.	lateinisch
Ld	Land(es)
LdReg	Landesregierung
LFGB	Lebensmittel- und Futtermittelgesetzbuch
LG	Landgericht
LImSchG	Landes-Immissionsschutzgesetz
Lkw	Lastkraftwagen
LStDV	Lohnsteuer-Durchführungsverordnung
LStR	Lohnsteuer-Richtlinien
LuftVG	Luftverkehrsgesetz
LuftVO	Luftverkehrs-Ordnung
LuftVZO	Luftverkehrs-Zulassungs-Ordnung
LV	Landesverfassung
m.	mit
mÄnd	mit Änderungen
mspätÄnd	mit späteren Änderungen
MarkenG	Markengesetz
MABl.	Ministerial-Amtsblatt
MBliV	Ministerialblatt der inneren Verwaltung
MDR	Monatsschrift für deutsches Recht
MDStV	Mediendienstestaatsvertrag
MessEG	Mess- und Eichgesetz
MessEV	Mess- und Eichverordnung
MinPräs	Ministerpräsident
Mio.	Millionen
MoPeG	Personengesellschaftsrechtsmodernisierungsgesetz
MR	Militärregierung
Mrd.	Milliarden
MRKMStV	Konvention zum Schutze der Menschenrechte und Grundfreiheiten-Medienstaatsvertrag
MüKoBGB	Münchener Kommentar zum BGB
MuSchG	Mutterschutzgesetz
M-V	Mecklenburg-Vorpommern
mWv	mit Wirkung vom
Nachw. b	Nachweise bei …
Nds., nds.	Niedersachsen, niedersächsisch, niedersächsische, niedersächsischer
nF	neue Fassung
NJW	Neue Juristische Wochenschrift
NRW	Nordrhein-Westfalen
nrw.	nordrhein-westfälisch, nordrhein-westfälische, nordrhein-westfälischer
NStZ	Neue Zeitschrift für Strafrecht

NVwZ .... Neue Zeitschrift für Verwaltungsrecht
NW........................... Nordrhein-Westfalen
NZA .... Neue Zeitschrift für Arbeitsrecht
NZVwR .... Neue Zeitschrift für Verwaltungsrecht

O .... Ordnung
o.............................. oder
o. ä. .... oder ähnliche, oder ähnlicher, oder ähnliches
öffentl........................ öffentlich
og............................. oben genannte/genannter/genanntes
OGAW .... Organismen für die gemeinsame Anlage in Werpapieren
OLG .... Oberlandesgericht
OVG.......................... Oberverwaltungsgericht
OWiG .... Gesetz über Ordnungswidrigkeiten

PAG .... Polizeiaufgabengesetz
PAngV........................ Preisangabenverordnung
PartGG .... Partnerschaftsgesellschaftsgesetz
PatG .... Patentgesetz
PBeaKK .... Postbeamtenkrankenkasse
PBefG .... Personenbeförderungsgesetz
PEntgV .... Postentgeltregulierungsverordnung
PfandBG .... Pfandbriefgesetz
Pkw........................... Personenkraftwagen
PolVO........................ Polizeiverordnung
PostG .... Postgesetz
Pr. GS .... Preußische Gesetzsammlung
ProdSG .... Produktsicherheitsgesetz
Prot. .... Protokoll über die Satzung des Europäischen Systems der Zentralbanken, Anl. zu Art. 8 EGV (zitiert: Art. … Prot.)
PStG .... Personenstandsgesetz
PUDLV .... Post-Universaldienstleistungsverordnung

R .... Richtlinie (Steuerrecht)
RAG .... Rentenanpassungsgesetz
RBerG .... Rechtsberatungsgesetz
RdErl. .... Runderlaß
RDG.......................... Rechtsdienstleistungsgesetz
RdSchr. .... Rundschreiben
RegTP .... Regulierungsbehörde für Telekommunikation und Post
RFinStV..................... Rundfunkfinanzierungsstaatsvertrag
RG............................ Reichsgericht
RGBl. .... Reichsgesetzblatt
RiStBV .... Richtlinien für das Straf- und Bußgeldverfahren
RKG .... Reichsknappschaftsgesetz
RL .... Richtlinie
RM............................ Reichsmark
Rn .... Randnummer
ROG.......................... Raumordnungsgesetz
RPflG .... Rechtspflegergesetz
RRG .... Rentenreformgesetz 1992
Rspr. .... Rechtsprechung
RStV.......................... Rundfunkstaatsvertrag
RÜG .... Rentenüberleitungsgesetz
RV .... Rundverfügung
RVG.......................... Rechtsanwaltsvergütungsgesetz

s. .... siehe
s. a. .... siehe auch
sachs-anh. .... sachsen-anhaltinisch, sachsen-anhaltinische, sachsen-anhaltinischer
sächs .... sächsisch, sächsische, sächsisches
SAG .... Sanierungs- und Abwicklungsgesetz
SanInsFoG.................. Sanierungs- und Insolvenzrechtsfortentwicklungsgesetz
ScheckG .... Scheckgesetz
Schr........................... Schrifttum

SchwarzArbG	Schwarzarbeitsbekämpfungsgesetz
SeeArbG	Seearbeitsgesetz
SE	Societas Europaea, Europäische Gesellschaft
SG	Soldatengesetz
SGB	Sozialgesetzbuch (I. bis XII. Buch)
SGG	Sozialgerichtsgesetz
SH	Schleswig-Holstein
SH(G)	Sozialhilfe(gesetz)
SoFFin	Sonderfonds Finanzmarktstabilisierung, Finanzmarktstabilisierungsfonds
sog.	sogenannte, sogenannter, sogenanntes
SpuRt	Zeitschrift für Sport und Recht
SRÜ	Seerechts-Übereinkommen
StA	Staatsanwalt, Staatsanwaltschaft
StAG	Staatsangehörigkeitsgesetz
StÄG	Strafverfahrensänderungsgesetz
StaRUG	Unternehmensstabilisierungs- und -restrukturierungsgesetz
StEntlGStFG	SteuerentlastungsgesetzStabilisierungsfondsgesetz
StGB	Strafgesetzbuch
Stpfl.	Steuerpflichtiger
StPO	Strafprozessordnung
StrÄndG	Strafrechtsänderungsgesetz
stRspr	ständige Rechtsprechung
str.	streitig
StRG	Strafrechtsreformgesetz
StVG	Straßenverkehrsgesetz
StVO	Straßenverkehrs-Ordnung
StVZO	Straßenverkehrs-Zulassungs-Ordnung
StVollstrO	Strafvollstreckungsordnung
StVollzG	Strafvollzugsgesetz
s. u.	siehe unten
SUG	Seesicherheitsuntersuchungsgesetz
SVG	Soldatenversorgungsgesetz
SVWO	Wahlordnung für die Sozialversicherung
SZR	Sonderziehungsrecht
TA	Technische Anleitung
TDG	Teledienstegesetz
TDSV	Telekommunikationsdatenschutzverordnung
thür.	thüringisch, thüringische, thüringisches
TierNebG	Tierisches Nebenprodukte-Beseitigungsgesetz
TKG	Telekommunikationsgesetz
TMG	Telemediengesetz
TPG	Transplantationsgesetz
TVG	Tarifvertragsgesetz
TzBfG	Teilzeit- und Befristungsgesetz
u.	und
U.	Urteil
ua	unter anderem
uam	und anderes mehr
UmstG	Umstellungsgesetz
UN	United Nations, Vereinte Nationen
UrhG	Urheberrechtsgesetz
Urt.	Urteil
UStDV	Umsatzsteuer-Durchführungsverordnung
UStG	Umsatzsteuergesetz
UStR	Umsatzsteuer-Richtlinien
usw	und so weiter
uU	unter Umständen
UVP	Umweltverträglichkeitsprüfung
UWG	Gesetz gegen den unlauteren Wettbewerb
v.	von, vom
VAG	Versicherungsaufsichtsgesetz

VDE	Verband Deutscher Elektrotechniker
VereinsG	Vereinsgesetz
Verf	Verfassung
VermBG	Vermögensbildungsgesetz
VermG	Gesetz zur Regelung offener Vermögensfragen
VersG	Versammlungsgesetz
VG	Verwaltungsgericht
VGH	Verwaltungsgerichtshof
VgV	Vergabeverordnung
vH	von Hundert
VO	Verordnung (Rechtsverordnung)
VOB	Verdingungsordnung für Bauleistungen
VOBl.	Verordnungsblatt
VOF	Verdingungsordnung für freiberufliche Leistungen
VOL	Verdingungsordnung für Leistungen
VStGB	Völkerstrafgesetzbuch
VVaG	Versicherungsverein auf Gegenseitigkeit
VVG	Gesetz über den Versicherungsvertrag
VwGO	Verwaltungsgerichtsordnung
VwV	Verwaltungsvorschrift
VwVfG	Verwaltungsverfahrensgesetz
VwVG	Verwaltungs-Vollstreckungsgesetz
VwZG	Verwaltungszustellungsgesetz
WA	Washingtoner Abkommen
WaffG	Waffengesetz
WaStrG	Bundeswasserstraßengesetz
WE	Willenserklärung
WEG	Wohnungseigentumsgesetz
WG	Wechselgesetz
WHG	Wasserhaushaltsgesetz
WiStG	Wirtschaftsstrafgesetz
WM	Wertpapier-Mitteilungen (Teil IV)
WoFlV	Wohnflächenverordnung
WoFG	Wohnraumförderungsgesetz
WoPG	Wohnungsbauprämiengesetz
WPO	Wirtschaftsprüferordnung
WPflG	Wehrpflichtgesetz
WpHG	Wertpapierhandelsgesetz
WpPG	Wertpapierprospektgesetz
WStG	Wehrstrafgesetz
WV	Weimarer Verfassung (Verfassung des Deutschen Reiches vom 11. August 1919)
ZAG	Zahlungsdiensteaufsichtsgesetz
zB	zum Beispiel
ZDF	Zweites Deutsches Fernsehen
ZDG	Zivildienstgesetz
ZfDG	Gesetz über das Zollkriminalamt und die Zollfahndungsämter
ZG	Zollgesetz
ZGB	Zivilgesetzbuch der Deutschen Demokratischen Republik
ZIP	Zeitschrift für Wirtschaftsrecht
ZK	Zollkodex der EU
ZKG	Zahlungskontengesetz
ZPO	Zivilprozeßordnung
ZRP	Zeitschrift für Rechtspolitik
zT	zum Teil
zul. geänd.	zuletzt geändert
ZVG	Gesetz über die Zwangsversteigerung und die Zwangsverwaltung
zw.	zweifelhaft
zZt	zur Zeit

A

Aarhus-Konvention
Die nach der dänischen Stadt Århus benannte Aarhus-Konvention vom 25.6.1998 zwischen 44 europäischen Staaten und der EU begründet direkte Rechte von Verbänden, Gruppierungen und Privatpersonen bei Umweltentscheidungen der Staaten (→ Umweltschutz), vor allem bei Großprojekten. Ihre Ziele sind der freie Zugang zu Umweltinformationen (Art. 4 Aarhus-Konvention), die Beteiligung der Zivilgesellschaft an Entscheidungsverfahren (Art. 6–8 Aarhus-Konvention) sowie der problemlose Zugang zu Gerichten in Umweltangelegenheiten (Art. 9 Aarhus-Konvention). Die Konvention gilt in den EU-Mitgliedstaaten als unmittelbar anwendbares EU-Recht, Durchführungsvorschriften enthält die Verordnung (EG) 1367/2006 v. 6.9.2006 über die Anwendung der Bestimmungen des Übereinkommens von Aarhus (ABl. EU 2006 L 264, 13). Die Konvention wurde ferner in Deutschland mit dem Gesetz v. 9.12.2006 (BGBl. 2006 II 1251) umgesetzt. Später wurden die Vorgaben der Konvention in drei eigenständigen Gesetzen ausgestaltet, dem → Umwelt-Rechtsbehelfsgesetz, dem Gesetz über → Umweltinformationen sowie dem Gesetz über die → Umweltverträglichkeitsprüfung.

Abänderungsklage
(§ 323 ZPO) ist eine → Klage, durch die ein → Vollstreckungstitel über künftig fällig werdende wiederkehrende Leistungen (§ 258 ZPO; zB Leibrenten) abgeändert werden soll, weil die zugrunde gelegten tatsächlichen Verhältnisse (→ Geschäftsgrundlage), zB der Lebenshaltungsindex, sich wesentlich geändert haben. Sie kann vom Gläubiger oder Schuldner des Vollstreckungstitels erhoben werden, führt aber nur zur Abänderung nach → Klageerhebung und beseitigt insoweit die → Rechtskraft. Entsprechende Vorschriften gelten für in → Unterhaltssachen ergangene Titel (s. dort).

Abänderungskündigung
→ Änderungskündigung.

Abänderungsverbot
→ Bindungswirkung.

Abänderungsvertrag
→ Vertrag (5).

Abandon
(franz. Aufgabe). In gewissen Fällen kann der Schuldner durch Herausgabe eines Gegenstands (Sache oder Recht) bewirken, dass er wegen seiner Schuld nicht länger in Anspruch genommen, also von dieser befreit wird. Abandonrechte finden sich vor allem im Handelsrecht. So kann der Gesellschafter einer → Gesellschaft mit beschränkter Haftung eine etwa vereinbarte Nachschusspflicht auf die bereits geleistete Einlage dadurch von sich abwenden, dass er seinen Geschäftsanteil der Gesellschaft zur Verfügung stellt (§ 27 GmbHG). Ein Abandon ist ferner die Aufgabe eines → Schiffsparts durch einen überstimmten Mitreeder zur Befreiung von beschlossenen Leistungen, in der Seetransportversicherung die Abtretung des verschollenen versicherten Gutes an den Versicherer gegen Zahlung der Versicherungssumme, in der Transportversicherung allgemein durch Zahlung der Versicherungssumme (§ 141 VVG) sowie im Seefrachtrecht die Aufgabe des beschädigten Frachtgutes gegen Befreiung von der Frachtzahlung.

Abberufung
Abberufung des Vorstands, Geschäftsführers, Aufsichtsrats, Verwalters s. → Aktiengesellschaft (3), → Gesellschaft mit beschränkter Haftung (3), → Aufsichtsrat (1), → Genossenschaft (3), → Verein (1b), → Wohnungseigentum (3c).

Abberufung von Diplomaten
Wird der Chef einer ständigen diplomatischen Vertretung (→ Diplomat) wegen beabsichtigter anderweitiger Verwendung oder wegen Eintritts in den Ruhestand von seinem Heimatstaat abberufen, so erhält er von diesem ein Abberufungsschreiben (lettre de rappel), das er dem Staatsoberhaupt oder dem Außenminister des Empfangsstaates überreicht. Dieser erwidert es mit dem sog. Rekreditiv (lettre de recréance), in dem das Abberufungsschreiben bestätigt und idR die Tätigkeit des Diplomaten anerkennend gewürdigt wird. Hat die Abberufung ihren Grund in einem Konflikt zwischen Entsendestaat und Empfangsstaat (Kriegsausbruch, Abbruch der → diplomatischen Beziehungen) oder in einem Konflikt des Diplomaten mit dem Empfangsstaat, sei es, dass sich der Diplomat in seinen Rechten verletzt fühlt, sei es dass er vom Empfangsstaat zur → persona non grata erklärt wird, so gilt ein vereinfachtes Verfahren: Der Diplomat fordert seine Pässe oder erhält diese vom Empfangsstaat zugestellt.

Abbiegeassistent
Technische Abbiegeassistenzsysteme sollen die Fahrer von Lkw und Bussen in kritischen Verkehrssituationen mittels optischer oder akustischer Signale unterstützen und entlasten, um beim → Abbiegen eine Gefährdung von Radfahrern und Fußgängern zu vermeiden. Verbindlich vorgeschrieben sind sie in Deutschland bislang nur für → Lang-Lkw (§ 5 I Nr. 15 LKWÜberlStVAusnV) mWv 1.7.2020. Für Fahrzeuge, die vor dem 1.7.2019 erstmals in den Verkehr gekommen sind, gilt die Vorgabe erst ab 1.7.2022. Für sonstige (Neu-)Fahrzeuge sollen Abbiegeassistenten kraft europarecht-

licher Vorgabe ab Juli 2022 bzw. ab Juli 2024 vorgeschrieben werden.

Abbiegen im Straßenverkehr
Die Absicht des Abbiegens ist unter Benutzung des Fahrtrichtungsanzeigers so rechtzeitig anzukündigen, dass andere Verkehrsteilnehmer sich darauf einstellen können. Wer rechts abbiegen will, hat sich möglichst weit rechts, wer links abbiegen will, zur Mitte der Fahrbahn einzuordnen (ausgenommen Radfahrer, die die Fahrbahn auch hinter der Kreuzung vom rechten Fahrbahnrand aus überqueren dürfen, vgl. § 9 II StVO); er darf aber keine Schienenfahrzeuge behindern. Auf den nachfolgenden Verkehr ist stets zu achten. Entgegenkommende Fahrzeuge haben → Vorfahrt, ebenso Schienenfahrzeuge und Radfahrer, wenn sie in gleicher Richtung fahren. Auf Fußgänger ist besonders Rücksicht zu nehmen; notfalls ist zu halten. Kraftfahrzeuge mit einer zulässigen Gesamtmasse über 3,5t müssen innerorts beim Rechtsabbiegen mit Schrittgeschwindigkeit fahren, wenn auf oder neben der Fahrbahn mit geradeaus fahrendem Radverkehr oder im unmittelbaren Bereich des Einbiegens mit die Fahrbahn überquerendem Fußgängerverkehr zu rechnen ist (§ 9 VI StVO). Einander entgegenkommende Fahrzeuge, die jeweils links abbiegen wollen, müssen grds. voreinander abbiegen. Durch weiße Richtungspfeile auf blauem Schild kann Abbiegen in bestimmter Richtung (geradeaus, rechts, links) vorgeschrieben sein und ist dann in anderer Richtung verboten. → Abbiegeassistent, → Abknickende Vorfahrt.

Abblenden
ist die Benutzung solcher nach vorn wirkender Scheinwerfer des Kraftfahrzeugs, die eine Blendung anderer Verkehrsteilnehmer vermeiden. Ihre Beleuchtungsstärke darf dazu in einer Entfernung von 25 m vor jedem einzelnen Scheinwerfer auf einer Ebene senkrecht zur Fahrbahn in Höhe der Scheinwerfermitte und darüber nicht mehr als 1 lx betragen (§ 50 VI 2 StVZO). Das Abblenden ist für Kfz im Straßenverkehr vorgeschrieben, wenn es die Sicherheit des Verkehrs auf oder neben der Straße, insbes. die Rücksicht auf entgegenkommende oder in geringem Abstand vorausfahrende Fahrzeuge erfordert. Auch Radfahrer auf Radfahrwegen und Fahrer von Schienenfahrzeugen dürfen nicht geblendet werden, ebenso wenig Fußgänger bei Gefährdung. Geboten ist rechtzeitiges Abblenden, dh so frühzeitig, dass der andere Verkehrsteilnehmer nicht gefährdet wird. Nach Abblenden muss die Geschwindigkeit der verminderten Sichtweite angepasst werden (§ 17 II StVO, auf Autobahnen vgl. § 18 VI StVO). Kraftradfahrer müssen auch am Tage mit Abblendlicht fahren (§ 17 II a StVO).

Abbruch der diplomatischen Beziehungen
→ diplomatische Beziehungen, → Diplomat.

Abbruch der Schwangerschaft
→ Schwangerschaftsabbruch.

Abbruch von Vertragsverhandlungen
→ Verschulden beim Vertragsschluss.

Abbruchgebot
→ Baugebot.

Abbuchungsverfahren
→ Lastschriftverfahren.

ABC-Waffen
1. ABC-Waffen sind atomare, biologische (bakteriologische) und chemische Waffen und Kampfmittel, die nur teilweise einer umfassenden völkerrechtlichen Rüstungskontrolle unterstellt sind. Es bestehen multilaterale Vereinbarungen zur Beschränkung und Kontrolle von ABC-Waffen auf Einzelgebieten. Der Vertrag über das Verbot von Kernwaffenversuchen in der Atmosphäre, im Weltraum und unter Wasser v. 10.10.1963, verhindert nicht unterirdische Kernwaffentests; überdies sind ihm China und Frankreich nicht beigetreten. Der von der UN-Abrüstungskonferenz ausgearbeitete Kernwaffenteststoppvertrag wurde zwar am 10.9.1996 von der UN-Generalversammlung angenommen, allerdings fehlt für das Inkrafttreten noch die Ratifikation ua durch China, Indien, Iran, Israel und USA. Hinzu kommen der Weltraumvertrag (in Kraft getreten am 10.10.1967), der → Atomwaffensperrvertrag, der Meeresbodenvertrag (in Kraft getreten am 18.5.1972), das B-Waffen-Übereinkommen v. 10.4.1972 (Gesetz v. 21.2.1983, BGBl. 1983 II 132) sowie das Chemiewaffenübereinkommen v. 13.1.1993 (BGBl. 1994 II 806). Ferner bestehen gegenständlich beschränkte bilaterale Vereinbarungen zwischen den USA und der früheren Sowjetunion, zB der am 5.12.1994 in Kraft getretene START-I-Vertrag, dessen Vertragsparteien inzwischen Russland, die Ukraine, Weißrussland und Kasachstan sind, oder der START-II-Vertrag v. 3.1.1993 zwischen USA und Russland. Am 8.4.2010 unterzeichneten USA und Russland ein Nachfolgeabkommen für den START-I-Vertrag von 1991, das am 28./.29.1.2021 verlängert wurde (sa → Abrüstung).

2. Die frühere Bundesrepublik hat bereits 1954 bei ihrem Eintritt in die Westeuropäische Union (→ Brüsseler Vertrag) auf die Herstellung von Massenvernichtungsmitteln verzichtet. Die → Abschließende Regelung in bezug auf Deutschland bekräftigt ausdrücklich den Verzicht auf ABC-Waffen. Das Gesetz über die Kontrolle von → Kriegswaffen idF v. 22.11.1990 (BGBl. 1990 I 2506) mÄnd stellt den Besitz von ABC-W. unter Strafe. Mit dem „Ausführungsgesetz zu dem Übereinkommen vom 13.1.1993 über das Verbot der Entwicklung, Herstellung, Lagerung und des Einsatzes chemischer Waffen und über die Vernichtung solcher Waffen" v. 2.8.1994 (BGBl. 1994 I 1954) werden über das Gesetz v. 22.11.1990 hinaus zahlreiche Ermächtigungen der Bundesregierung für Rechtsverord-

nungen geschaffen, mit denen insbes. das umfassende Verifikationssystem des Übereinkommens verwirklicht werden soll; das Gesetz trat am Tage des Inkrafttretens des Übereinkommens am 29.4.1997 in Kraft.

Abdikation
Abdikation ist der förmliche Verzicht des Staatsoberhaupts, insbes. des Monarchen (Thronverzicht, Abdankung), auf seine staatliche Stellung.

Abdingbar
Abdingbar nennt man solche gesetzlichen oder anderen Rechtsnormen, von denen durch Vereinbarung der Beteiligten abgewichen werden kann, insbes. bei einem → Vertrag (Vertragsfreiheit). Unabdingbar sind sog. zwingende Rechtsvorschriften, ferner beim → Tarifvertrag zugunsten der Arbeitnehmer die unmittelbar auf das Einzelarbeitsverhältnis wirkenden Normen (zB über Lohnhöhe; anders → übertarifliche Zulagen).

Abendmahlswein
→ Wein für religiöse Zwecke.

Abergläubischer Versuch
→ Versuch 1a.

Aberkennung (Verlust) von Rechten und Fähigkeiten
Die Verurteilung zu mindestens 1 Jahr Freiheitsstrafe wegen eines → Verbrechens hat kraft Gesetzes für die Dauer von 5 Jahren die Amtsunfähigkeit und den Verlust des passiven Wahlrechts zur Folge; gleichzeitig verliert der Verurteilte entsprechende Rechtsstellungen, die er bereits erlangt hat (§ 45 I, III, IV StGB). Ferner kann, soweit ein Strafgesetz dies besonders vorsieht, das Gericht einem Verurteilten diese Rechte und Fähigkeiten sowie das aktive Wahlrecht für 2–5 Jahre im Einzelfall aberkennen (§ 45 II, V StGB). Als "öffentliche Ämter" von der Amtsunfähigkeit betroffen sind alle Ämter der staatlichen Verwaltung von Bund, Ländern, Gemeinden und Gemeindeverbänden sowie der Rechtspflege, zudem der Körperschaften des öffentlichen Rechts und der öffentlichen Anstalten. Der Rechtsverlust tritt mit Rechtskraft des Urteils ein, jedoch beginnt die Frist erst mit Verbüßung, Erlass oder Verjährung der Freiheitsstrafe und ggf. Erledigung einer → Maßregel der Besserung und Sicherung (§ 45a I, II StGB). Nach Ablauf der Hälfte der Frist kann das Gericht die verlorenen Rechte und Fähigkeiten wiederverleihen, wenn erneute Straffälligkeit wegen vorsätzlicher Taten nicht zu erwarten ist (§§ 45a, 45b StGB).

aberratio ictus
(Fehlgehen des Angriffs in räumlicher Dimenson) ist ein Fall der Abweichung vom täterseits vorgestellten Kausalverlauf. Sie liegt vor, wenn der Straftäter statt des vorgesehenen Tatobjekts versehentlich ein anderes trifft, zB wenn er den A erschießen will und auf ihn zielt, aber den B tötet, der in die Schussbahn getreten ist. Dies ist versuchte Tötung des A in → Tateinheit mit fahrlässiger Tötung des B. Hat der Täter lediglich den Gegenstand der Tat mit einem anderen verwechselt, so liegt keine aberratio ictus vor, sondern ein → error in obiecto vel persona, dh ein Fall des → Irrtums über die Identität des Tatobjekts. Ein solcher führt nach hM bei Gleichwertigkeit der Objekte zur Bestrafung wegen vollendeten vorsätzlichen Delikts bzgl. des getroffenen Objekts.

Abfälle
1. Abfälle iSd KrWG sind grds. alle Stoffe oder Gegenstände, deren sich ihr Besitzer entledigt, entledigen will oder entledigen muss (§ 3 Abs. 1 KrWG), → Abfallrecht, → Abfallüberwachung, → Abfallverzeichnis. Stoffe oder Gegenstände können gem. § 4 KrWG allerdings auch Nebenprodukte statt Abfälle sein, wenn sie bei der Herstellung eines anderen Stoffes oder Gegenstandes anfallen und zB weiter verwendet werden können.

2. Das KrWG regelt die Prinzipien der Kreislaufwirtschaft. Dazu gehören die Pflicht der Anlagenbetreiber, Abfälle zu vermeiden (§ 13 KrWG, § 5 BImSchG), die Pflicht zur Abfallverwertung sowie die → Abfallbeseitigung. Überlassungs-, Anzeige- und Duldungspflichten (§§ 17–19 KrWG) für das Einsammeln der Abfälle gelten auch für Rücknahme- und Sammelsysteme; → gemeinnützige Sammlung von Abfällen. Die Ausführung der öffentlich-rechtlichen Entsorgungspflichten regeln §§ 20–22 KrWG. Dazu gehört die Pflicht, bestimmte → Siedlungsabfälle getrennt einzusammeln.

3. Nach § 23 KrWG tragen diejenigen, die Erzeugnisse entwickeln, herstellen, verarbeiten und vetreiben die sog. Produktveranwortung für die Erfüllung der Ziele der Kreislaufwirtschaft. Produkte müssen danach so gemacht sein, dass bei Herstellung und Gebrauch Abfälle möglichst vermieden werden. Zur Produktverantwortung gehört auch die Obhutspflicht, beim Vertrieb von Erzeugnissen dafür zu sorgen, dass ihre Gebrauchstauglichkeit erhalten bleibt und sie nicht zu Abfall werden. Diese Pflichten stehen unter einem Verordnungsvorbalt. Mit einer zukünftigen Verordnung könnte der Bundesgesetzgeber es zB verbieten, im Versandhandel Retouren zu vernichten oder Lebensmittel im Einzelhandel wegzuwerfen. → Verpackungen.

4. Die Abfalleigenschaft endet, wenn der Abfall ein Recycling oder ein anderes Verwertungsverfahren durchlaufen hat und alle in § 5 I KrWG genannten Anforderungen erfüllt.

Abfärbetheorie
Durch die Abfärbetheorie werden freiberufliche Einkünfte in gewerbliche umgewandelt (→ Einkunftsarten) mit der Folge, dass die gesamten Einkünfte der → Gewerbesteuer unterliegen (§ 15 III Nr. 1 EStG). Betätigt sich eine → Personengesellschaft freiberuflich (zB als Rechtsanwaltssozietät) oder vermögensverwaltend und ist sie zugleich gewerblich (zB

→ Makler) tätig, so erzielt die Gesellschaft insgesamt nur gewerbliche Einkünfte. → Vermögensverwaltung (steuerlich), → Betriebsaufspaltung. Die einheitliche Beurteilung (Abfärbung) und damit die Gewerbesteuer lassen sich durch Ausgliederung der gewerblichen Tätigkeit vermeiden. Bei nur geringfügiger Betätigung (weniger als 3 vH der Gesamtnettoerlöse und 24.500 EUR im Veranlagungsjahr) greift die umqualifizierende Wirkung nicht ein.

Abfallbeseitigung
Die Verfahren der Abfallbeseitigung regelt Anlage 1 KrWG; → Abfallentsorgung, → Abfallverwertung. Die Grundsätze der gemeinwohlverträglichen Abfallbeseitigung bestimmen, dass → Abfälle, die nicht verwertet werden, dauerhaft so von der → Kreislaufwirtschaft auszuschließen und im Inland zu beseitigen sind, dass das → Wohl der Allgemeinheit nicht beeinträchtigt wird (§§ 15 und 16 KrWG, → Abfallverbringung). Soweit erforderlich, sind die Abfälle zur Abfallbeseitigung getrennt zu sammeln und zu behandeln. Sie dürfen nur in einer → Anlage gem. § 28 KrWG behandelt, ge- oder abgelagert werden. Errichtung, Betrieb und wesentliche Änderung einer Abfallbeseitigungsanlage bedürfen idR der → Planfeststellung. → Abfallverbrennung, → Abwasser, → Deponie, → Gewinnungsabfälle.

Abfallbewirtschaftung
Abfallbewirtschaftung umfasst alle wesentlichen Tätigkeiten im Anwendungsbereich des KrWG, so die Bereitstellung, Überlassung, Sammlung, Beförderung, Verwertung und Beseitigung von → Abfällen (einschließlich der Sortierung), die Überwachung dieser Tätigkeiten uam (§ 3 XIV KrWG). Wesentliche Regelungen sind unionsrechtlich harmonisiert, vgl. RL 2008/98/EG v. 19.11.2008 über Abfälle.

Abfallentsorgung
Abfallentsorgung umfasst die Verfahren der → Abfallverwertung und → Abfallbeseitigung sowie die Vorbereitung dazu (§ 3 XXII KrWG).

Abfallexport
→ Abfallverbringung.

Abfallhierarchie
→ Kreislaufwirtschaft.

Abfallrecht
1. Das Abfallrecht ist als Teil des → Umweltrechts und auf der Grundlage von Art. 74 I Nr. 24 GG im Kreislaufwirtschaftsgesetz (KrWG) v. 24.2.2012 (BGBl. 2012 I 212), mÄnd, geregelt. Das Gesetz folgt den Grundsätzen des Vorrangs der → Kreislaufwirtschaft vor der → Abfallbeseitigung, des → Verursacherprinzips, des Prinzips der Nähe und der → Entsorgungsautarkie. Zum umfangreichen Katalog der Ausnahmen gehören ua → tierische Nebenprodukte, der → Strahlenschutz, → Lebensmittel, → kosmetische Mittel, → Bedarfsgegenstände und Böden im Ursprungsort (Näheres § 2 II KrWG). Zweck des Gesetzes ist die Förderung der Kreislaufwirtschaft und die Sicherung einer umweltverträglichen Erzeugung und Bewirtschaftung von → Abfällen (§ 1 KrWG; dazu → Abfallbewirtschaftung). Das Gesetz regelt im Einzelnen Grundsätze und Pflichten der Erzeuger, Besitzer und Entsorger (§§ 6–22 KrWG), Produktverantwortung (§§ 23–27 KrWG) sowie → Abfallüberwachung und Eigenüberwachung (§§ 58–61 KrWG; → Abfallverantwortliche).

2. Für die Abfallwirtschaft sind die Länder zuständig, die für die Aufstellung der Abfallwirtschaftspläne (§§ 30–32 KrWG) und optional für Abfallvermeidungsprogramme (§ 33 KrWG) sorgen, durch die die Abfallvermeidung einem kontrollierten, beschleunigten Entwicklungsprozess unterzogen werden soll.

3. Europäisches Abfallrecht ist in deutsches Recht umgesetzt, insbes. die Abfallrahmen-Richtlinie 2008/98/EG v. 19.11.2008 über Abfälle (ABl. 2008 L 312, 3, ber. ABl. EG 2009 L 127, 24 mÄnd) durch das KrWG; international ist zB auf das Basler Übereinkommen (→ Abfallverbringung) und die Übereinkommen gegen die → Meeresverschmutzung zu verweisen. Auf EU-Ebene existieren zahlreiche weitere Richtlinien und Verordnungen mit Bezug zu Abfällen; die Verordnung über die Verbringung von Abfällen (VO EU 2024/1157), zur Änderung der VO (EU) Nr. 1257/2013 und (EU) 2020/1056 und zur Aufhebung der Verordnung (EG) Nr. 1013/2006, bestimmt ab dem 21.5.2026 insbes. den grenzüberschreitenden Verkehr (Import und Export, auch in Drittstaaten) von Abfällen. Für den Export gelten damit deutlich strengere Regelungen. Eine neue EU-VO über Verpackungen und Verpackungsabfälle, die RL 94/62/EG ablösen soll, wurde vom EU Parlament bereits angenommen.

4. → Abfallverzeichnis, → Atommüll, → Batterien, → Chemikaliengesetz, → Gewerbeabfälle, → Gewinnungsabfälle, → Siedlungsabfälle, → Umweltkriminalität, → Versatz.

Abfalltransport
Abfalltransport ist das gewerbliche Sammeln und Befördern gefährlicher → Abfälle gemäß KrWG. Es erfordert meist eine Erlaubnis (§ 54 KrWG, §§ 9 ff. Anzeige- und Erlaubnisverordnung (AbfAEV) v. 5.12.2013, BGBl. 2013 I 4043 mÄnd). Für den grenzüberschreitenden Verkehr gilt ab 2026 VO(EU) 2024/1157, zur Änderung der VO(EU) Nr. 1257/2013 und (EU) 2020/1056 und zur Aufhebung der Verordnung (EG) Nr. 1013/2006.

→ Abfallverbringung, → Beförderung gefährlicher Güter.

Abfallüberwachung
1. Das System der Abfallüberwachung soll sicherstellen, dass → Abfälle in dem gebotenen Umfang unter öffentlicher Kontrolle sind. Dem dienen im Einzelnen die §§ 47–61 KrWG. Die Abfallüberwachung reicht von

der Genehmigung einer Abfall erzeugenden Anlage über das die → Abfallentsorgung begleitende Nachweisverfahren bis hin zur Nachsorgepflicht für eine stillgelegte Abfallbeseitigungsanlage. Ihr dient auch das Gesetz zur → Abfallverbringung. Einzelheiten regeln VOen, wie zB die über → Entsorgungsfachbetriebe und → Abfalltransport.

2. Die Abfälle werden dazu in 2 Gruppen eingeteilt: Gefährliche und nicht gefährliche Abfälle (§ 3 V KrWG); → Abfallverzeichnis. In vielen Ländern darf gefährlicher Abfall nur über eine landesweit zuständige Stelle entsorgt oder beseitigt werden.

Abfallverantwortliche
Betreiber genehmigungsbedürftiger Anlagen sowie Unternehmen, die mit Abfall zu tun haben, müssen nach § 58 KrWG der zuständigen Behörde den Angehörigen der Geschäftsleitung benennen, der für → Abfälle verantwortlich ist. Zur ähnlichen Situation im Umweltrecht → Umweltbevollmächtigter (Umweltverantwortlicher). Ferner müssen diese Unternehmen nach § 59 KrWG einen Betriebsbeauftragten für Abfall (Abfallbeauftragter) bestellen, dessen Aufgaben in § 60 KrWG detailliert sind. Der Abfallbeauftragte genießt wie zB der Immissionsschutzbeauftragte besonderen → Kündigungsschutz (§ 60 III KrWG).

Abfallverbrennung
ist Teil der → Abfallbewirtschaftung. Die Anforderungen an eine Abfallverbrennungsanlage (→ Anlage) regelt die 17. DVO zum BImSchG v. 2.5.2013 (BGBl. 2013 I 1021, 1044, 3754), mÄnd, insbes. technische Konstruktion, Emissionswerte und Wärmenutzung. → Luftreinhaltung.

Abfallverbringung
1. Abfallrecht: Das Basler Übereinkommen v. 22.3.1989 (BGBl. 1994 II 2703) mÄnd, EU-VO (VO EU 2024/1157 zur Änderung der VO (EU) 1257/2013 und (EU) 2020/1056 und zur Aufhebung der Verordnung (EG) 1013/2006, ABl. EU L, 1 v. 30.4.2024) iVm der VO (EG) 1418/2007 v. 29.11.2007 über die Ausfuhr bestimmter Abfälle zur Verwertung in bestimmte Staaten (ABl. EG 2007 L 316, 16) sowie deren Ausführungsgesetz (Abfallverbringungsgesetz (AbfVerbG)) v. 19.7.2007 (BGBl. 2007 I 1462 mÄnd) regeln die Überwachung und Kontrolle der grenzüberschreitenden Beförderung von Abfällen gem. KrWG; → Abfallbeseitigung. Maßgebend sind dabei insbes. das Prinzip der Nähe und die Beseitigungsautarkie (→ Entsorgungsautarkie). Das Übereinkommen zielt auf die Abfallverbringung insbes. gefährlicher → Abfälle ab. Die Anzeige- und Erlaubnisverordnung (→ Abfalltransport) findet ebenfalls Anwendung. Zuständig ist die Behörde des Landes, in dem die Abfallverbringung ins Ausland oder der Transit durch Deutschland beginnt oder die Abfälle erstmals zB abgelagert werden sollen. Für die Abfallverbringung kann eine Sicherheit verlangt werden. Die Kostenlast für die Rückführung von Abfällen bestimmen die Art. 23 und 25 VO (EG) 1013/2006 sowie § 8 AbfVerbrG. → Beförderung gefährlicher Güter.

2. § 2 III Nr. 3, 5–8 LkSG definiert verschiedene Formen der Abfallverbringung und Ausfuhr ua in Verstoß gegen die Regeln des Basler Abkommens und etlicher unionsrechtlicher Vorschriften als umweltbezogenes Risiko, das die Unternehmen in ihren → Lieferketten als Teil der Sorgfaltspflicht vermeiden sollen.

3. Zur Abfallverbringung im Atomrecht → Atommüll.

Abfallvermeidung
→ Abfallrecht; → Kreislaufwirtschaft. Beispiele für Abfallvermeidungsmaßnahmen enthält Anlage 4 zum KrWG.

Abfallvermittlung
Die gewerbsmäßige Tätigkeit als Makler gefährlicher → Abfälle ist erlaubnispflichtig (§ 54 KrWG).

Abfallverwertung
Abfallverwertung ist die Nutzung der stofflichen und energetischen Eigenschaften der → Abfälle bei gleichzeitiger Einsparung natürlicher Ressourcen, so dass die Abfälle einem sinnvollen Zweck zugeführt werden (§ 3 XXIII KrWG). Welche Verfahren Abfallverwertungen sind, regelt beispielhaft Anlage 2 KrWG; → Abfallbewirtschaftung. Eine zentrale Abfallverwertungsvorschrift ist das Verpackungsgesetz (→ Verpackungen); für die Verwertung mineralischer Abfälle wurde 2021 die ErsatzbaustoffV eingeführt (BT-Drs. 19/29636). Weitere Regelungen ergeben sich aus dem EU-Recht, insbes. der im KrWG umgesetzten Richtlinie 2008/98/EG des Europäischen Parlaments und des Rates vom 19. November 2008 über Abfälle, zuletzt geänd. am 18.2.2024, und die vom EU Parlament bereits angenommene VO über Verpackungen und Verpackungsabfälle zur Aufhebung von RL 94/62/EG.

Abfallverzeichnis
Die Abfallverzeichnis-Verordnung (AVV) v. 10.12.2001 (BGBl. 2001 I 3379) mÄnd regelt die Bezeichnung von Abfällen sowie die Einstufung nach ihrer Gefährlichkeit gem. dem Europäischen Abfallverzeichnis. Sie ist eine Umsetzung europarechtlicher Vorgaben und stellt die Einordnung aller → Abfälle sicher – insbes. bezüglich ihrer Überwachungsbedürftigkeit (→ Abfallüberwachung). Im Einzelnen enthält sie Bezeichnungs- und Sachkategorien für die unterschiedlichsten Abfallarten.

Abfangen von Daten
Straftatbestand nach § 202b StGB, der das Geheimhaltungsinteresse des Verfügungsberechtigten an den betroffenen Daten schützt. Danach wird mit Freiheitsstrafe bis zu 2 Jahren oder mit Geldstrafe bestraft, wer unbefugt sich

oder einem anderen unter Anwendung technischer Mittel elektronisch, magnetisch oder sonst nicht unmittelbar wahrnehmbar gespeicherte oder übermittelte Daten (§ 202a II StGB), die nicht für ihn bestimmt sind, aus einer nichtöffentlichen Datenübermittlung oder aus elektromagnetischer Abstrahlung einer Datenverarbeitungsanlage verschafft. Die Vorschrift gilt nur subsidiär (→ Konkurrenz von Straftaten). Verfolgung nur nach → Strafantrag oder bei besonderem öffentl. Interesse an der Strafverfolgung (§ 205 StGB). Die Vorbereitung der Tat ist strafbar (§ 202c StGB) wie bei → Ausspähen von Daten, → Datenveränderung, → Computersabotage. → Datenhehlerei.

Abfertigungsspediteur
→ Spediteur.

Abfindung
ist eine einmalige (meist Geld-)Leistung zur Ablösung von Rechtsansprüchen.

1. Im Privatrecht zB beim Ausscheiden aus einer → Gesellschaft des bürgerlichen Rechts (5) im Wege der Auseinandersetzung (→ Liquidation, → Abfindungsguthaben, → Höfeordnung, → Erbverzicht); zur Abfindung wegen des Unterhaltsanspruchs → Scheidungsunterhalt (aE), → Versorgungsausgleich.

2. Im Arbeitsrecht werden Abfindungen idR zur Vermeidung oder Beendigung gerichtlicher Auseinandersetzungen gezahlt, sa → Kündigungsschutz für Arbeitnehmer. Ein Anspruch auf eine Abfindung bei Kündigung entsteht grds. nicht automatisch, sondern setzt eine Vereinbarung zwischen Arbeitgeber und Arbeitnehmer voraus (erfolgt häufig zur Beendigung eines gerichtlichen Verfahrens und sich daraus ergebender Risiken (zB des → Annahmeverzugsrisikos), idR durch Abschluss eines gerichtlichen → Vergleichs), sa → Sozialplan; zu den wenigen gesetzlichen Abfindungsansprüchen s. § 1a I KSchG, § 9 I KSchG, § 13 I KSchG.

3. Öffentlicher Dienst. Zur Witwen-Abfindung bei Wiederverheiratung einer Beamtenwitwe → Witwengeld. Soldaten im Ruhestand kann auf Antrag für einen Teil des Ruhegehalts nach Maßgabe der §§ 28 ff. SoldatenversorgungsG für bestimmte Zwecke (Schaffung einer Existenzgrundlage, Erwerb von Grundbesitz, Beschaffung einer Wohnstätte u. dgl.) eine Kapital-Abfindung gewährt werden.

4. In der → Sozialversicherung können die Ansprüche des Berechtigten in folgenden Fällen durch einmalige Zahlung abgefunden werden:

a) In der → Unfallversicherung bei vorläufigen Renten und bei kleinen Dauerrenten von weniger als 40 vH. Bei höheren Dauerrenten erfolgt auf Antrag des Versicherten die Abfindung, wenn dieser das 18. Lebensjahr vollendet hat und nicht zu erwarten ist, dass die Minderung der Erwerbsfähigkeit wesentlich sinkt. Bei Wiederverheiratung der Witwe (des Witwers) erfolgt die Abfindung von Amts wegen gem. §§ 75–80 SGB VII (wegen Abfindung bei Auslandsaufenthalt → Auslandsrenten).

b) In der → Rentenversicherung für Bezieher von Witwen(Witwer)rente, wenn sie wieder heiraten, und zwar in Höhe des 2fachen Jahresbetrages. Bei Auflösung der Ehe des Abgefundenen lebt sein Rentenanspruch auf Antrag wieder auf; §§ 90, 107 SGB VI. Die Vorschrift findet auch Anwendung auf eingetragene Lebenspartnerschaften (§ 107 III SGB VI). Wurde lediglich eine kleine Witwenrente → Hinterbliebenenrenten gezahlt, vermindert sich die Abfindung um die Anzahl an Kalendermonaten, für die kleine Witwen- oder kleine Witwerrente bezogen wurde. Hintergrund für diese Regelung ist, dass kleine Witwen-/Witwerrenten nur für 24 Kalendermonate nach dem Tod geleistet werden.

c) Im Arbeitsförderungsrecht kann die arbeitsrechtliche Abfindung unter den Voraussetzungen des § 156 SGB III zum Ruhen des Anspruchs auf Arbeitslosengeld führen.

5. Auch Ansprüche von Kriegs- und Wehrdienstopfern auf Beschädigtenrente können durch einmalige Zahlung der für einen Zeitraum von 10 Jahren zustehenden Grundrente abgefunden werden. Abfindungssumme ist das 9fache des Jahresbetrages; §§ 72 ff. BVG. Dies gilt auch für Witwen mit Anspruch auf Rente oder Witwenbeihilfe und für Ehegatten Verschollener. Abfindung erhält ferner eine Witwe statt Rente oder Witwenbeihilfe, wenn sie wieder heiratet, und zwar den 50fachen Betrag der monatlichen Grundrente; §§ 40, 44 BVG (Stand 2023: 514 EUR).

6. Im Steuerrecht sind Abfindungen in vollem Umfang steuerpflichtiger Arbeitslohn, der jedoch tarifermäßigt besteuert wird, → außerordentliche Einkünfte (§ 24 Nr. 1 EStG, § 34 EStG). Auf Abfindungen sind keine Sozialabgaben zu zahlen (§ 14 I SGB IV).

Abfindungsguthaben
Abfindungsguthaben nennt man den Anspruch eines Gesellschafters, den dieser nach § 728 BGB gegen die Gesellschaft hat, wenn er aus der → Gesellschaft bürgerlichen Rechts, → Offenen Handelsgesellschaft oder → Kommanditgesellschaft ausscheidet. Das Abfindungsguthaben ist ein Geldanspruch und der Ausgleich dafür, dass der Gesellschaftsanteil des ausscheidenden Gesellschafters den anderen Gesellschaftern anwächst (→ Anwachsung). Ferner entsteht ein Abfindungsguthaben, wenn bei einer aus nur zwei Personen bestehenden Gesellschaft – sog. zweigliedrige Gesellschaft – der eine Gesellschafter den Anteil des anderen übernimmt und auf diese Weise die Gesellschaft aufgelöst wird (§ 712a BGB, s.a. bei Ehegatten als Gesellschafter → Ehegattengesellschaft (-arbeitsverhältnis) sowie → Mitarbeit der Ehegatten, 2). Das Abfindungsguthaben besteht in der Höhe des wirklichen Wertes des Gesellschaftsanteils (zur Abschichtungsbilanz → Gesellschaft des bür-

gerlichen Rechts, 5; s. aber → Buchwertklausel), und zwar grundsätzlich am Tag des Ausscheidens, im Falle gerichtlicher Entscheidung am Tag der Klageerhebung. Die Gesellschafter können sich über die Höhe des Abfindungsguthabens einigen oder einen Schiedsgutachter bestellen (→ Schiedsgutachtervertrag). Kommt keine Einigung zustande, muss die Höhe des Abfindungsguthabens durch ein Gericht festgestellt werden.

Abflussprinzip
Steuerliches Prinzip für die zeitliche Berücksichtigung von Ausgaben; → Zufluss-/Abflussprinzip.

Abgabe einer Willenserklärung
→ Willenserklärung (1c).

Abgaben
Öffentliche Abgaben gehören zu den öffentlichen Lasten, dh denjenigen Leistungen, die dem Einzelnen, also einer natürlichen oder juristischen Person, durch das öffentliche Recht auferlegt werden und deren Empfänger der Staat oder ein sonstiger Träger öffentlicher Gewalt ist, zB eine Gemeinde oder Handwerkskammer. Es handelt sich hauptsächlich um öffentlich-rechtlich geregelte Geldleistungen, die durch Gesetzeszwang zum Zwecke der Erzielung von Einnahmen denjenigen auferlegt sind, die einen bestimmten gesetzlichen Tatbestand erfüllen.Dazu gehören Steuern (→ Steuer) und Zölle (→ Zoll), Gebühren (→ Gebühr), Beiträge und Sonderabgaben.

Steuern und Zölle werden dem Bürger auferlegt, ohne dass sie eine Gegenleistung für eine bestimmte Leistung des öffentlichen Gemeinwesens darstellen. Ferner gehören zu den öffentlichen Abgaben Gebühren (→ Gebühr) und Beiträge, die beide im Hinblick auf besondere Gegenleistungen – denen sie entsprechen sollen (Äquivalenzprinzip) – zu entrichten sind. Gebühren sind gesetzlich geregelte Entgelte für eine besondere Inanspruchnahme der Verwaltung (Benutzungsgebühren und Verwaltungsgebühren, zB für Unterschriftsbeglaubigung). Beiträge sind für die bloße Möglichkeit der Benutzung besonderer öffentlicher Einrichtungen (zB Rundfunkbeitrag) zu entrichten. Als Beiträge werden auch die Zahlungen an die Träger der → Sozialversicherung bezeichnet. Sonderabgaben sind hoheitlich auferlegte Geldleistungspflichten, denen keine unmittelbare Geldleistung gegenübersteht und die dem Betroffenen eine Geldleistungspflicht ohne besondere Voraussetzungen auferlegen. Der zentrale Unterschied zur Steuer liegt darin, dass Sonderabgaben nur von bestimmten Gruppen wegen deren spezieller Verantwortlichkeit für die jeweilige besondere Finanzaufgabe erhoben werden können. Die Voraussetzungen hierfür (besonderer Sachzweck, Belastung einer homogenen Gruppe, sachgerechte Verknüpfung) sind eng auszulegen und anzuwenden.

→ Kommunalabgaben, → Kohlepfennig.

Abgabenordnung
1. Die Abgabenordnung v. 16.3.1976 enthält die für alle Steuern geltenden gemeinsamen Regeln, insbes. diejenigen des → Besteuerungsverfahrens. Während die einzelnen Steuergesetze regeln, in welchen Fällen die Steuer entsteht, trifft die Abgabenordnung Regelungen darüber, wie die Steuer festzusetzen und wann sie zu entrichten ist. Sie gilt grundsätzlich für alle Steuern und Steuervergütungen, die durch Bundesrecht oder Recht der → Europäischen Union geregelt und von Bundes- oder Landesfinanzbehörden verwaltet werden. Für Zölle ist sie vorbehaltlich des Rechts der Europäischen Gemeinschaften, insbes. des → Zollkodex anwendbar. Darüber hinaus ist sie aufgrund landesrechtlicher Vorschriften auch für die Erhebung zahlreicher anderer Abgaben anzuwenden. Die Abgabenordnung wird daher auch als Mantelgesetz oder Steuergrundgesetz bezeichnet. Sie ist in neun Teile gegliedert: 1. einleitende Vorschriften (Anwendungsbereich, Begriffsbestimmungen, Zuständigkeit der Finanzbehörden), 2. Steuerschuldrecht (materiell-rechtliche Vorschriften über das Steuerschuldverhältnis, steuerbegünstigte Zwecke und Haftung), 3. allgemeine Verfahrensvorschriften, 4. Durchführung der Besteuerung → Besteuerungsverfahren, 5. Erhebungsverfahren, 6. Vollstreckung von Abgabenforderungen, 7. außergerichtliche Rechtsbehelfsverfahren → Einspruch, 8. Straf- und Bußgeldvorschriften sowie 9. Schlussbestimmungen. Zur Anwendung der gesetzlichen Vorschriften durch die Finanzverwaltung vgl. Anwendungserlass zur AO (AEAO) v. 31.1.2014 (BStBl. I 2014, 290). Für das Zollrecht gelten unmittelbar die Straf- und Bußgeldvorschriften der AO sowie die Vollstreckungsvorschriften. Im Übrigen gilt die AO neben dem → Zollkodex nur subsidiär (str.). Das gerichtliche Rechtsbehelfsverfahren ist in der → Finanzgerichtsordnung geregelt.

2. Mit dem Gesetz zur Modernisierung des Besteuerungsverfahrens v. 18.7.2016 (BGBl. 2016 I 1679) erfolgte eine umfassende Änderung, die den Übergang zur automationsgestützten Steuerfestsetzung schaffen soll. Die bislang durch Amtsträger erfolgende Bearbeitung von Steuererklärungen soll weitgehend durch eine vollständige maschinelle Bearbeitung ersetzt werden, § 155 IV AO. Nur in Einzelfällen über Risikomanagement (Warnhinweise/Einzelprüfung) soll noch eine Kontrolle durch den Amtsträger erfolgen. Das Verfahren sieht neben der elektronischen Übermittlung der Daten für die Steuererklärung durch den Stpfl. (→ Elster) umfangreiche Datenübermittlungen durch Dritte vor, § 93c AO (zB Arbeitgeber, Versicherungen, Rentenkassen, Banken). Die neuen Regelungen gelten ab 1.1.2017.

Abgabenüberhebung
→ Gebührenüberhebung.

Abgasskandal
→ Dieselskandal.

Abgasuntersuchung
→ Überwachung von Kfz. Die Abgase privater Heizungsanlagen unterliegen der Überwachung nach der 1. VO zur Durchführung des Bundes-Immissionsschutzgesetzes (Verordnung über kleine und mittlere Feuerungsanlagen – 1. BImSchV) v. 14.3.1997 (BGBl. 1997 I 490) mÄnd.

Abgasverhalten
Umfangreiche Vorschriften über das Abgasverhalten der → Kraftfahrzeuge, die Anforderungen an den Kraftstoff und die Emission von die Luft verunreinigenden Stoffen bestehen in §§ 47 ff. StVZO und den darin genannten EG-Richtlinien. Sie dienen im Interesse des → Umweltschutzes der Verringerung der Emissionen von umweltschädlichen Stickoxiden, Kohlenmonoxiden und Kohlenwasserstoffen und sollen dabei auch dem Verkehrswachstum Rechnung tragen. Zum 1.12.2017 wurden mit § 47 f StVZO ua Verbots- und Sanktionsnormen gegen die Manipulation von Systemen zur Verringerung der Stickoxid-Emissionen geschaffen (Bewehrung als OWi durch § 69a I StVZO iVm § 62 I Nr. 7 BImSchG; zu zivilrechtlichen Folgen solcher Manipulation → Dieselskandal). Das Abgasverhalten wird regelmäßig durch eine Untersuchung geprüft (→ Überwachung von Kraftfahrzeugen).

Abgekürzte Außenprüfung
ist eine → Außenprüfung, die sich auf die wesentlichen Besteuerungsgrundlagen beschränkt (§ 203 AO). Anders als bei der Außenprüfung ist keine Schlussbesprechung erforderlich. Der Prüfbericht wird dem Stpfl. vor der Auswertung nicht übersandt. Der Stpfl. ist jedoch vor Abschluss der Prüfung darauf hinzuweisen, welche abweichenden Festsetzungen sich durch die Prüfung ergeben. Die steuerlich erheblichen Prüfungsfeststellungen sind dem Stpfl. spätestens mit den Steuerbescheiden schriftlich mitzuteilen.

Abgeld
→ Disagio.

Abgeltung von Urlaub
→ Urlaubsabgeltung.

Abgeltungssteuer
1. Ab 1.1.2009 gilt für Einkünfte aus Kapitalvermögen und Kursgewinne, die im Privatvermögen anfallen, ein einheitlicher Steuersatz von 25 vH. Mit ihm ist grds. die → Einkommensteuer abgegolten. Zusätzlich werden noch → Solidaritätszuschlag und ggf. → Kirchensteuer erhoben. Mit der Abgeltungssteuer wurde das frühere → Halbeinkünfteverfahren abgeschafft. Die Abgeltungssteuer wird direkt von den Banken einbehalten und an das FA abgeführt; → Abzugsteuer.

2. Mit der Einführung der Abgeltungssteuer wurde auch der Katalog der steuerpflichtigen Kapitalerträge wesentlich erweitert, insbesondere auf private Veräußerungsgeschäfte mit Wertpapieren. Als Gewinn steuerpflichtig ist ab 2009 der Unterschiedsbetrag zwischen den Einnahmen aus der Veräußerung oder Tilgung und den Anschaffungskosten des Wertpapiers. Auch bei Investmentfonds (→ Investmentvermögen) müssen Wertpapierveräußerungsgewinne des Fonds im Falle der Ausschüttung versteuert werden. Die frühere einjährige → Spekulationsfrist ist entfallen, dh Kursgewinne, die Anleger nach Ablauf eines Jahres nach Anschaffung realisieren, sind nicht mehr steuerfrei. Auch die frühere Freigrenze von 512 EUR ist entfallen. Diese Regelung gilt allerdings nur für Anschaffungen nach dem 31.12.2008 (Bestandsschutz für Erwerbe vor dem 1.1.2009). Für Ausschüttungen oder Zinszahlungen auf vor dem 1.1.2009 angeschaffte Wertpapiere und Aktien wird dagegen die Abgeltungssteuer erhoben.

3. Der Abzug von Aufwendungen, zB Depotgebühren, Fachliteratur, Fahrten zur Hauptversammlung, Kreditzinsen, ist ausgeschlossen. Es wird lediglich der → Sparerpauschbetrag berücksichtigt. Die Abgeltungssteuer fällt nur an, wenn der → Sparer-Pauschbetrag überstiegen wird oder keine → Nichtveranlagungsbescheinigung vorgelegt wird. Anleger, deren persönlicher Steuersatz unter 25 vH liegt, können im Rahmen der Einkommensteuererklärung zu viel gezahlte Steuern zurückerhalten. Verluste aus Kapitalvermögen, zB aus der Veräußerung von Aktien, können nur noch mit Veräußerungsgewinnen aus Kapitalvermögen ausgeglichen werden, wobei eine Befristung für die Verrechnung von Altverlusten bis 2013 besteht.

4. Beispiel: A hat in 2001 Verluste aus Aktienverkäufen (private Veräußerungsgeschäfte) in Höhe von 20.000 EUR erzielt, die er bislang nicht verrechnet hat. Im Jahr 2010 erzielt er Kapitaleinkünfte iHv 20.000 EUR, wobei 10.000 EUR auf Zinsen entfallen und 10.000 EUR aus der Endfälligkeit von Zertifikaten und Veräußerungsgewinnen aus Aktien stammen. Die Aktien wurden 2009 angeschafft. A kann hier einen Verlust von 10.000 EUR verrechnen, da die Altverluste aus 2001 nicht mit den Zinseinkünften verrechnet werden können. A kann die Verluste bis 2013 geltend machen, wobei Voraussetzung ist, dass der Stpfl. derartige Altverluste im Jahr ihrer Entstehung in seiner Steuererklärung angegeben hat und sie vom Finanzamt durch den Erlass eines Verlustfeststellungsbescheides berücksichtigt wurden. → Teileinkünfteverfahren.

Abgeordnete
1. Abgeordnete sind die Mitglieder des → Bundestages und der → Parlamente der → Länder (Landtage, in → Berlin Abgeordnetenhaus, in → Bremen und → Hamburg→ Bürgerschaft). Sie werden in allgemeiner, unmittelbarer, freier, gleicher und geheimer → Wahl gewählt und

können während der → Wahlperiode weder von den Wählern noch von ihrer Partei (→ Partei, politische) abberufen werden. Abgeordnete können ihr Amt während der Wahlperiode nur durch Verzicht oder durch eine strafrechtliche Aberkennung verlieren, nicht aber zB durch Ausschluss aus ihrer → Fraktion. A. sind nach Art. 38 GG und den Verfassungen der Länder Vertreter des ganzen Volkes („repräsentative Demokratie"), bei Ausübung ihres Mandats an Aufträge und Weisungen nicht gebunden und nur ihrem Gewissen unterworfen (→ Mandat der Abgeordneten). Die Abgeordneten genießen → Indemnität und → Immunität. Umstritten und nur in einzelnen Verfassungen geregelt ist die Vereinbarkeit der gleichzeitigen Ausübung von Abgeordnetenmandat und öffentlichem Amt (vgl. → Inkompatibilität). Erwerb und Verlust der Mitgliedschaft im BT bestimmen sich nach dem Bundeswahlgesetz idF v. 23.7.1993 (BGBl. 1993 I 1282) mÄnd. Grundlegendes zur Stellung des Abgeordneten brachte das sog. „Diätenurteil" des BVerfG v. 5.11.1975 (BVerfGE 40, 296, → Diäten).

2. Die Rechtsverhältnisse der Mitglieder des BT sind im Abgeordnetengesetz (AbgG) idF v. 21.2.1996 (BGBl. 1996 I 326) mÄnd geregelt, insbes. Schutz der Mandatsausübung (§ 2 AbgG, Verbot der Behinderung bei Bewerbung, Annahme und Ausübung; keine Benachteiligungen am Arbeitsplatz, Kündigungsschutz), → Wahlvorbereitungsurlaub (bis zu 2 Mon., ohne Gehaltsanspruch) und Sicherung der Unabhängigkeit (§ 44a II AbgG; zB Anzeige von Beruf und Interessenverknüpfungen, Unzulässigkeit der Annahme bestimmter Zuwendungen, Anzeige der Einkünfte aus Nebentätigkeiten). Sa → Lobbyismus und → Lobbyregistergesetz. Die Rechte und Pflichten eines in den BT gewählten Beamten, Richters oder Soldaten ruhen; nach Beendigung des Mandats hat er Anspruch auf gleichwertige Wiederverwendung. Abgeordnete erhalten eine Entschädigung (→ Diäten). In den Ländern gelten entsprechende Regelungen für die A. der Landtage usw. (vgl. zB Bayerischen Abgeordnetengesetz idF v. 6.3.1996, GVBl. 1996, 82, mÄnd, das inzwischen besonders strenge Regelungen hinsichtlich von Nebeneinkünften enthält; Thüringer Abgeordnetengesetz idF v. 28.2.1995, GVBl. 1995, 121, mÄnd). Zu Abgeordnetentschädigung und Besteuerung → Diäten.

3. Die in andere Vertretungskörperschaften (zB → Kreistag, → Gemeinderat) Gewählten werden, auch wenn diese Organe Aufgaben der regionalen oder kommunalen Gesetzgebung (im materiellen, nicht im formellen Sinne) wahrnehmen, nicht als Abgeordnete bezeichnet (sondern zB als Kreisverordnete, Kreisräte, Gemeinderäte, → Stadträte).

Abgeordnetenbestechung
→ Mandatsträgerbestechung.

Abgeordnetenentschädigung
→ Diäten.

Abgeordnetenhaus
heißt das Landesparlament in → Berlin (4); → Landtag.

Abgeschlossenheitsbescheinigung
nennt man die von der zuständigen Verwaltungsbehörde zu erteilende Bescheinigung, dass eine Wohnung, an der → Wohnungseigentum begründet werden soll, eine abgeschlossene Einheit darstellt. Der langwährende Streit, ob die Erteilung der Abgeschlossenheitsbescheinigung auch voraussetzt, dass die Wohnung den gegenwärtigen Bauvorschriften insbes. hinsichtlich Lärm- und Wärmeschutz entspricht, wurde durch den → Gemeinsamen Senat der Obersten Gerichtshöfe des Bundes verneinend entschieden.

Abgesonderte Befriedigung
→ Absonderung.

Abgestimmte Verhaltensweisen
sind, soweit sie eine Verhinderung, Einschränkung oder Verfälschung des → Wettbewerbs bezwecken oder bewirken, nach deutschem und europäischem → Kartellrecht verboten (Art. 101 Abs. 1 AEUV, § 1 GWB). Die Rechtsprechung versteht unter diesem Begriff eine „Form der Koordinierung zwischen Unternehmen, die zwar nicht bis zum Abschluss eines → Vertrags gediehen ist, jedoch bewusst eine praktische Zusammenarbeit an die Stelle des mit Risiken verbundenen Wettbewerbs treten lässt und damit dem Grundgedanken des Wettbewerbs zuwiderläuft, wonach jeder Unternehmer sein Marktverhalten zu bestimmen hat" (BGH 13.7.2020 – KRB 99/19, BB 2020, 2705 Rn. 13 – Bierkartell). Eine unzulässige abgestimmte Verhaltensweise kann also bereits dann vorliegen, wenn die sich Abstimmenden keinen → Vertrag im Rechtssinne abgeschlossen haben (wie etwa bei einem → Gentlemen's agreement) bzw. ein Vertragsschluss nicht nachzuweisen ist. Ausreichend für die Annahme eines derart untersagten Verhaltens kann daher unter Umständen schon der Austausch von Informationen zwischen zwei an sich konkurrierenden Unternehmen über ihr jeweiliges Marktverhalten (wie Preispolitik oder Lieferketten) sein, um beispielsweise ansonsten typischer Weise bestehende Unklarheiten über beabsichtigte Werbeaktionen oder Preisanpassungen des jeweiligen Konkurrenten auszuräumen. Landläufig werden derartige Absprachen auch als „Frühstückskartelle" bezeichnet, was wohl deren eher beiläufiges und nicht formalisiertes Zustandekommen verbildlichen soll.

Zu unterscheiden sind gesetzlich untersagte abgestimmte Verhaltensweisen vom nicht verbotenen faktischen Parallelverhalten, das sich ohne Koordinierung am Marktverhalten anderer Marktteilnehmer orientiert und eine Reaktion eines oder mehrerer Mitbewerber etwa auf Preissenkungen der Konkurrenz darstellt.

Abhängige Unternehmen
→ Konzern, → Beherrschungsvertrag.

Abhängigkeitsverhältnis
Über Ausnutzung eines Abhängigkeitsverhältnisses zu sexuellen Handlungen → Sexueller Missbrauch in Abhängigkeitsverhältnissen, → Förderung sexueller Handlungen Minderjähriger (3). Wegen Misshandlung Abhängiger → Körperverletzung (3). Ferner → unerlaubte Handlung (2d).

Abhandenkommen
→ gutgläubiger Erwerb.

Abhilfe
1. Wird eine → Entscheidung mit → Beschwerde oder → Erinnerung angefochten, so kann das Rechtspflegeorgan, das die angefochtene Entscheidung erlassen hat, der Beschwerde oder der Erinnerung abhelfen, wenn es sie für begründet hält. Die angefochtene Entscheidung wird antragsgemäß abgeändert; dadurch erübrigt sich die Entscheidung des übergeordneten Gerichts (zB § 572 I ZPO, § 306 II StPO). Besondere Vorschriften gelten für die Abhilfe bei Verletzung des → rechtlichen Gehörs.

2. Abhilfe gibt es auch im Verwaltungsverfahren (§ 50 VwVfG). Nach § 72 VwGO hat die Verwaltungsbehörde einem Widerspruch, den sie für begründet hält, abzuhelfen (→ Widerspruchsverfahren). Entsprechendes gilt im Steuerrecht, wobei die Abhilfe durch das Finanzamt erfolgt, § 172 I Nr. 2a AO. Die Abhilfe kann auf Grund eines → Einspruchs gegen den → Steuerbescheid oder eines Antrags auf schlichte Änderung des Steuerbescheids erfolgen.

3. Im Reisevertragsrecht kann nach § 651k BGB Abhilfe verlangt werden, wenn die Reise mangelhaft ist (→ Reisevertrag).

Abhören
1. Abhören des nichtöffentlich gesprochenen, durch Telekommunikation übermittelten Wortes → Abhörverbot, → Brief-, Post- und Fernmeldegeheimnis, → Sende- und Telekommunikationsanlagenmissbrauch, → Telekommunikationsüberwachung, → Tonaufnahme, unzulässige.

2. Abhören des nichtöffentlich gesprochenen Wortes innerhalb und außerhalb der Wohnung (ohne Nutzung einer Telekommunikation) → Datenerhebung, → Einsatz technischer Mittel, → nachrichtendienstliche Mittel, → Sende- und Telekommunikationsanlagenmissbrauch, → Tonaufnahme, unzulässige, → Tonaufnahme in Verfahren, → Wohnung, Unverletzlichkeit der –.

3. Abhören durch Nutzung einer Mithöreinrichtung → Mithören.

Abhörgeräte
→ Abhören, → Sende- und Telekommunikationsanlagenmissbrauch, → Tonaufnahme, unzulässige.

Abhörverbot
Das unbefugte → Abhören des nichtöffentlich gesprochenen Wortes ist unabhängig von der Übermittlungsart grundsätzlich verboten und strafbar, insbes. Abhören mit einem Abhörgerät, Aufnahme auf einen Tonträger (→ Tonaufnahme, unzulässige). Das Abhörverbot gem. § 5 I TTDSG (§ 89 TKG aF), das nach § 27 TTDSG ebenfalls strafbewehrt ist, erfasst zusätzlich das Abhören und die Weitergabe von Funkaussendungen, die nicht für den Empfänger bestimmt sind, und zwar sowohl hoheitliche (zB Polizeifunk) als auch private (zB von schnurlosen Telefonen). Der Empfang von → Rundfunk sowie → Amateur- und CB-Funk fällt nicht unter das Verbot. → Einsatz technischer Mittel; → Lauschangriff; → Telekommunikationsüberwachung.

Abholungsanspruch
→ Verfolgungsrecht.

Abitur
→ Hochschulreife, allgemeine.

Abknickende Vorfahrt
bezeichnet eine Regelung zur Definition eines bevorrechtigten Straßenverlaufs in Bezug auf das Vorfahrtsrecht: Stoßen an einer Straßenkreuzung oder -einmündung mehrere Straßen in entgegengesetzter Richtung aufeinander, so können durch Zusatztafeln (vgl. Anlage 3 zu § 42 II StVO, Zusatzzeichen zu Zeichen 306) an den Verkehrszeichen zwei dieser Straßen entsprechend der Hauptverkehrsrichtung zu einem bevorrechtigten Straßenzug zusammengefasst werden. Abweichend von § 9 III 1 StVO hat in diesem Fall der Einbiegende die → Vorfahrt gegenüber den ihm aus der gradlinigen Verlängerung entgegenkommenden Fahrzeugen (§ 8 I 2 StVO); er muss jedoch Richtungszeichen geben.

Abkömmlinge
sind die → Kinder und weiteren Nachkommen eines Menschen (zB Enkel). Der Begriff ist von Bedeutung insbes. im Erbrecht (→ Erbfolge, → Auslegung von Verfügungen von Todes wegen), aber auch im Familienrecht (→ Verwandtschaft, → Abstammung) und Steuerrecht (Vergünstigungen bei der → Erbschaftsteuer).

Abkommen
→ völkerrechtlicher Vertrag, → Verwaltungsabkommen.

Abladen
→ Ladegeschäft.

Ablader
Ablader ist bei einem → Seefrachtvertrag, wer im Auftrag des → Befrachters das Schiff belädt (§ 513 II HGB).

Ablauf einer Frist
→ Frist.

Ablaufhemmung
1. ist die Verhinderung des Fristendes durch ein zeitweiliges Ereignis (→ Verjährung),

2. bedeutet im Steuerrecht, dass die steuerliche Festsetzungsfrist (→ Verjährung, 11) nicht

abläuft. Der Ablauf der Festsetzungsfrist wird um die Ruhenszeit hinausgezögert und der planmäßige Eintritt der Festsetzungsverjährung dadurch hinausgeschoben. § 171 AO zählt wesentliche Fälle der Ablaufhemmung auf. Es handelt sich nicht um eine abschließende Aufzählung. Zur Ablaufhemmung führen zB ein vor Ablauf der Festsetzungsfrist gestellter Antrag auf Berichtigung der Steuerfestsetzung wegen grober Unrichtigkeit oder ein sonstiger Änderungsantrag, ebenso Einspruch oder Klage gegen den Steuerbescheid sowie der Beginn einer → Außenprüfung oder sonstiger zoll- oder fahndungsrechtlichen Ermittlungen. Besonderheiten gelten auch bei → vorläufiger Steuerfestsetzung. → Verjährung (6b).

Ablehnung
eines Antrags → Vertrag; – einer Leistung → Gläubigerverzug, Gewährleistung; – eines Verwaltungsaktes → Verwaltungsstreitverfahren (1a); – einer → Vormundschaft s. dort.

Ablehnung von Amtspersonen
Liegt im → Verwaltungsverfahren ein Grund vor, der geeignet ist, Misstrauen gegen eine unparteiische Amtsausübung zu rechtfertigen, oder wird dies von einem Beteiligten behauptet, so ist der Behördenleiter zu unterrichten; er entscheidet, ob sich die Amtsperson der Mitwirkung zu enthalten hat (§ 21 VwVfG; im Besteuerungsverfahren § 83 AO). → Ausschließung von Amtspersonen.

Ablehnung von Gerichtspersonen
Die Ablehnung von Gerichtspersonen ist zulässig, wenn sie von der Amtsausübung kraft Gesetzes ausgeschlossen sind (→ Ausschluss, 2) oder wenn die Besorgnis der Befangenheit des Richters besteht, dh wenn für einen vernünftig Denkenden Zweifel an seiner Objektivität begründet sind (§ 42 ZPO, § 24 StPO, § 19 BVerfGG, § 54 VwGO, § 51 FGO, § 60 SGG, § 6 FamFG; auch Zugehörigkeit zu einer Körperschaft usw, deren Interessen berührt sind; enger beim BVerfG NJW 1987, 429). Die Ablehnung wegen Besorgnis der Befangenheit erfordert ein Ablehnungsgesuch, das ein besonderes Verfahren einleitet (§§ 44–46 ZPO, §§ 26, 27 StPO; über zeitliche Begrenzung der Ablehnung im Strafverfahren → Hauptverhandlung). Es entscheidet das Gericht, aber ohne den abgelehnten Richter (im Strafprozess darf er bei Verwerfung als unzulässig mitwirken); am Amtsgericht entscheidet ein anderer Richter an diesem Gericht (§ 45 ZPO). Der dem Ablehnungsgesuch stattgebende Beschluss führt dazu, dass der Richter in dem betreffenden Verfahren vom Richteramt ausgeschlossen ist. Ein Richter kann dies – nach Gehör der Beteiligten – auch selbst herbeiführen, sog. Selbstablehnung (§ 48 ZPO, § 30 StPO). Wie Richter (einschl. der ehrenamtlichen) können auch → Rechtspfleger (§ 10 RPflG), → Urkundsbeamte (§ 49 ZPO, § 31 StPO), → Sachverständige (§ 406 ZPO, § 74 StPO), → Schiedsrichter (§ 1037 ZPO) und Dolmetscher (§ 191 GVG), nicht aber → Gerichtsvollzieher abgelehnt werden. Ein Recht zur Ablehnung des → Staatsanwalts sieht die StPO nicht vor (s. aber → Ausschluss von Gerichtspersonen)

Ablehnungsandrohung
→ gegenseitiger Vertrag (2a).

Ablehnungsanzeige
→ Auftrag.

Ablieferung
Ablieferung einer durch den Gerichtsvollzieher öffentlich versteigerten Sache (§§ 815 ff. ZPO) ist die Übereignung an den Ersteigerer. Sie geschieht durch den Gerichtsvollzieher, der den Staat vertritt, kraft hoheitlicher Gewalt, indem er dem Ersteigerer mit Übereignungswillen den unmittelbaren → Besitz verschafft. Die Ablieferung darf nur gegen Barzahlung geschehen. Der Ablieferung geht der → Zuschlag voraus (§ 817 ZPO).

Ablieferungspflicht
Ein privatschriftliches → Testament, das sich nicht bereits in amtlicher Verwahrung bei einem Amtsgericht befindet (§ 2248 BGB), muss von dem Besitzer unverzüglich nach Kenntnis des Todes des Erblassers an das → Nachlassgericht abgeliefert werden (§ 2259 BGB), wo es sodann → eröffnet wird. Die Pflicht besteht für Privatleute ebenso wie für Behörden und Notare. Das bewusste Unterlassen der Ablieferung kann eine strafbare → Urkundenunterdrückung darstellen, die zur → Erbunwürdigkeit führt. Das Nachlassgericht kann die Ablieferungspflicht zwangsweise durchsetzen; der Verstoß gegen die Ablieferungspflicht löst zudem einen → deliktischen Schadensersatzanspruch aus. Der Erblasser kann die Pflicht zur Ablieferung und Eröffnung des Testaments nicht wirksam abbedingen (§ 2263 BGB).

Ablösezahlungen
(im Mietrecht) → Baukostenzuschuss.

Ablösungsrecht
(Ablöserecht, ius offerendi). Betreibt der Gläubiger die → Zwangsvollstreckung in einen dem Schuldner gehörenden Gegenstand, so ist jeder, der Gefahr läuft, ein (dingliches) Recht oder den → Besitz an dem Gegenstand zu verlieren, berechtigt, den Gläubiger zu befriedigen, dh die → Leistung an ihn zu erbringen (§ 268 BGB). Besonderheiten sind für das A. des Eigentümers und nachrangiger Drittberechtigter bei der → Hypothek (§§ 1142, 1143, 1150 BGB) und beim → Pfandrecht (§§ 1249, 1223 BGB) vorgesehen. Soweit der Dritte den Gläubiger befriedigt, geht die Forderung mit allen Nebenrechten (zB Pfandrecht) auf den Leistenden über (§ 268 III BGB, §§ 412, 401 BGB, → Abtretung). Der Übergang kann nicht zum Nachteil des Gläubigers geltend gemacht werden, dh bei einer Teilablösung hat zB der auf den Ablösenden übergegangene Teil der Hypothek den Rang

hinter der noch bestehenden Resthypothek des Gläubigers.

Ablösungssumme
→ Rentenschuld. → Lösungssumme.

ABM
ABM ist die Abkürzung für Arbeitsbeschaffungsmaßnahmen. Praktisch spielen diese (zumindest derzeit) keine Rolle mehr, da sie bereits zum 1.4.2012 abgeschafft worden sind → Arbeitsbeschaffung. Ersetzt wurden sie durch die Arbeitsgelegenheiten nach § 16d SGB II.

Abmahnung
1. Im Bereich des → gewerblichen Rechtsschutzes und des → Urheberrechts versendet der Verletzte in der Regel vor Einleitung gerichtlicher Schritte eine Abmahnung an den Verletzer. Mit diesem zumeist von einem → Rechtsanwalt verfassten Schreiben wird der Verletzer darauf hingewiesen, dass er rechtsverletzend gehandelt hat bzw. handelt, und wird aufgefordert, eine strafbewehrte Unterlassungserklärung in Bezug auf das beanstandete Verhalten abzugeben, so dass der Verletzte im Wiederholungsfall vom Verletzer eine Vertragsstrafe verlangen kann. Die Abmahnung dient daher vor allem dazu, einen kostenintensiven Rechtsstreit zu vermeiden, so dass nicht zuletzt aus diesem Grund vom Gesetzgeber bei Verstößen gegen lauterkeitsrechtliche Vorschriften vorgesehen ist, dass grds. vor Einleitung gerichtlicher Schritte abgemahnt werden soll, § 13 Abs. 1 UWG. Eine entsprechende Regel findet sich auch im → Urheberrecht, vgl. § 97a Abs. 1 UrhG. Dies bedeutet allerdings nicht, dass ein gerichtliches Vorgehen wegen lauterkeits- bzw. urheberrechtlicher Verstöße, ohne vorher abgemahnt zu haben, unzulässig wäre: der Verletzte soll, muss aber nicht abmahnen. Allerdings geht derjenige, der, ohne vorher abgemahnt zu haben, sogleich Klage erhebt, das Risiko ein, dass der Beklagte ein sofortiges Anerkenntnis erklärt mit der Folge, dass der Kläger zwar einen Unterlassungstitel (s. → Anerkenntnisurteil) in den Händen hält, aber gem. § 93 ZPO die Kosten des Verfahrens zu tragen hat. In Ausnahmefällen ist eine Abmahnung jedoch entbehrlich, so dass dem Verletzer der Weg des sofortigen Anerkenntnisses nicht offen steht (weil der Beklagte durch sein Verhalten Anlass zur - sofortigen - Klage gegeben hat). Das wird zB angenommen, wenn der Verletzte annehmen darf, dass eine Abmahnung von vornherein als sinnlos anzusehen wäre - was allerdings nur in Ausnahmefällen ernsthaft in Betracht kommt.

2. Auch wenn in anderen Bereichen des → gewerblichen Rechtsschutzes eine ausdrückliche gesetzliche Aufforderung, vor Einleitung gerichtlicher Schritte abzumahnen, fehlt, gehört auch hier die Abmahnung des Verletzers vor gerichtlicher Inanspruchnahme "zum guten Ton", d. h. auch hier hat der nicht abgemahnte Beklagte idR die Möglichkeit, sofort anzuerkennen. Allerdings kann es gerade im Markenrecht häufiger als im Lauterkeitsrecht vorkommen, dass eine Abmahnung vor Einleitung gerichtlicher Schritte als entbehrlich anzusehen ist, insbesondere dann, wenn der Verletzer Pirateriewaren verkauft, der Markeninhaber deswegen eine → einstweilige Verfügung erwirken will, um den Verkauf schnellstmöglichst zu stoppen, und zugleich erreichen will, dass die gefälschten Waren aus dem Verkehr gezogen werden (also → sequestriert werden). Würde der Verletzer zuvor abgemahnt werden, könnte er gewarnt werden und seine Waren zum weiteren Schaden des Markeninhabers weiter vertreiben, so dass ein später erwirkter Titel zu verpuffen drohte. Auch diese Fälle sind indes nicht die Regel, so dass sich der Verletzte jeweils gut überlegen sollte, ob er vor der Einleitung gerichtlicher Schritte auf eine Abmahnung verzichtet oder aus Kostengründen besser nicht.

3. In jüngerer Zeit hat der Gesetzgeber Bedarf gesehen, die Anforderungen an Abmahnungen insbesondere im → Wettbewerbsrecht (vor allem durch das Gesetz zur Stärkung des fairen Wettbewerbs), und im → Urheberrecht zu konkretisieren, um einer von ihm gesehenen Missbrauchsgefahr zu begegnen (s. § 13 Abs. 2 UWG, § 97a Abs. 2 UrhG), siehe hierzu auch → Unlauterer Wettbewerb (3b)). Dies hat weniger mit der Abmahnung als solcher zu tun, sondern damit, dass ein zu Recht Abgemahnter idR auch die Kosten der Abmahnung zu tragen hat – was teilweise ausdrücklich gesetzlich geregelt ist (vgl. § 13 Abs. 3 UWG, § 97a Abs. 3 UrhG), teilweise nach den Grundsätzen der → GoA vonstatten geht (da man annimmt, dass der berechtigt Abmahnende ein Geschäft des Abgemahnten führt). Da die Streitwerte in Streitigkeiten der dargestellten Art idR nicht gerade niedrig sind, kann daher auf den Abgemahnten schnell eine Forderung auf Abmahnkostenerstattung in vierstelliger Höhe zukommen.

4. Ist sich der vermeintlich Verletzte nicht sicher, ob tatsächlich eine Rechtsverletzung vorliegt, kann er alternativ zu einer Abmahnung auch eine → Berechtigungsanfrage an den möglichen Verletzer richten. So verringert er das Risiko, eine unberechtigte Abmahnung auszusprechen und sich damit eines ihm nicht zustehenden Anspruchs zu berühmen, was wiederum den zu Unrecht Abgemahnten veranlassen könnte, seinerseits eine → negative Feststellungsklage gegen den Abmahnenden zu erheben, Kostenerstattungsansprüche wegen der unberechtigten Abmahnung geltend zu machen oder unter Umständen sogar seinerseits eigene Unterlassungsansprüche gegen den Abmahnenden wegen der unberechtigten Abmahnung durchzustreiten (s. hierzu auch → Abnehmerverwarnung).

5. Zur Abmahnung in anderem Zusammenhang s: → Abmahnung im Arbeitsrecht, → Mietvertrag (3), → Kündigung, → Schadensersatz, → gegenseitiger Vertrag (2a).

Abmahnung im Arbeitsrecht
Die Abmahnung ist nicht nur ein vertragliches Rügerecht, sie ist auch → Obliegenheit. Denn die Kündigung eines → Arbeitsverhältnisses soll aufgrund des Verhältnismäßigkeitsgrundsatzes stets das letzte Mittel darstellen, so dass ihr jedenfalls im Bereich steuerbaren Fehlverhaltens in aller Regel eine Abmahnung als milderes Mittel vorauszugehen hat (sa § 314 II BGB, → Kündigung, → Kündigungsschutz für Arbeitnehmer). Mit der Abmahnung weist idR der Arbeitgeber den Arbeitnehmer auf ein Fehlverhalten hin (Rüge- bzw. Hinweisfunktion), fordert zur zukünftigen Unterlassung auf und droht für den Wiederholungsfall arbeitsrechtliche Konsequenzen bis hin zur Kündigung an (Warnfunktion). Eine Kündigung ganz ohne vorherige Abmahnung bzw. ohne erneute Abmahnung ist nur möglich, wenn entweder der Arbeitnehmer wegen eines vergleichbaren Vorfalls bereits mind. einmal abgemahnt wurde (bei geringerer Schwere des Fehlverhaltens können uU mehrere Abmahnungen geboten sein) oder wenn eine (erneute) Abmahnung sinnlos wäre, da der Arbeitnehmer wegen der besonderen Schwere seines Fehlverhaltens offensichtlich nicht mit dessen Hinnahme durch den Arbeitgeber rechnen durfte bzw. weil (zB wegen fehlender Einsicht) nicht mit einer zukünftigen Änderung des Verhaltens des Arbeitnehmers zu rechnen ist. Entscheidend sind stets die Gegebenheiten des Einzelfalls. Eine Abmahnung „verbraucht" den Sachverhalt, so dass dieser nicht zugleich (oder später nochmal) als Kündigungsgrund herangezogen werden kann. Die Abmahnung muss zeitnah erfolgen, muss mind. Rüge und Warnung enthalten und muss va präzise und sachlich formuliert, zutreffend und verhältnismäßig sein. Ansonsten kann ein klagbarer Anspruch des Arbeitnehmers auf Entfernung aus der Personalakte bestehen; werden in einer Abmahnung mehrere Verstöße gerügt und erweist sich bereits eine Rüge als unzutreffend, ist die gesamte Abmahnung aus der Personalakte zu entfernen, eine Neuerteilung mit nur dem zutreffenden Teil ist möglich. Eine Abmahnung kann nach langer Zeit ihre Wirkung verlieren, wobei diesbzgl. keine feste gesetzliche Frist existiert (sondern: Einzelfallbeurteilung va nach der Schwere des Verstoßes). Personalvertretungsgesetze der Länder (→ Personalvertretung) sehen teilw. eine Beteiligung des Personalrats vor (zB § 74 II LPVG NRW), die auch bei Neuerteilung der nachgebesserten Version einer zuvor aus der Personalakte entfernten Abmahnung greift.

Abmarkung
→ Grenzregelung bei Grundstücken.

Abmeierung
→ Meierrecht.

Abmeldepflicht
beim Auszug aus einer Wohnung → Meldewesen.

Abmeldung von Kraftfahrzeugen
Wird ein Kfz außer Betrieb gesetzt, hat der Halter dies der Zulassungsbehörde unter Vorlage der → Zulassungsbescheinigung Teil I (Kfz-Schein) und Teil II (Kfz-Brief) anzuzeigen und die Kennzeichen vorzulegen; die Zulassungsbehörde vermerkt die Außerbetriebsetzung in der Zulassungsbescheinigung Teil I, entstempelt die Kennzeichen und händigt die Unterlagen und die Kennzeichen dem Halter aus (§ 16 I FZV). Vor einer erneuten Zulassung muss das Kfz. der Hauptuntersuchung (→ Überwachung von Kfz) unterzogen werden, wenn diese zwischenzeitlich hätte stattfinden müssen (§ 16 II FZV). Möglich ist auch eine internetbasierte Außerbetriebsetzung (§§ 24, 25 FZV) und Wiederzulassung (§ 29 FZV). Im Zentralen → Fahrzeugregister werden die Fz.- und Halterdaten 7 Jahre nach Außerbetriebsetzung gelöscht (§ 72 I FZV). Ist die Außerbetriebsetzung kürzer als 1 Jahr, können die Kosten der A. durch ein Saisonkennzeichen (→ Kennzeichen am Kfz.) vermieden werden, das auch jährlich wiederholt verwendet werden darf. Ist ein Kfz einem anerkannten Demontagebetrieb zur Verwertung überlassen worden oder ist es zur Entsorgung in einem anderen EU-/EWR-Mitgliedstaat verblieben, so hat der Eigentümer oder Halter es unter Vorlage eines Verwertungsnachweises bei der Zulassungsbehörde endgültig außer Betrieb setzen zu lassen (§ 17 FZV). Damit soll die Prüfung der ordnungsgemäßen Verwertung (→ Altfahrzeug) oder Lagerung erleichtert werden.

Abmusterung
Die Abmusterung beendete den Dienst eines Besatzungsmitglieds auf einem Seeschiff, wobei gem. § 19 SeemG (außer Kraft) dem Besatzungsmitglied die Dienstzeit zu bescheinigen war; → Musterung der Seeschiffsbesatzung.

Abnahme
der geschuldeten Leistung → Gläubigerverzug, → Kauf (2), → Werkvertrag (2, 3), → Bauvertrag (2), → Architekten- und Ingenieurvertrag, → Bauabnahme, → Aufmaß.

Abnahmeverzug
→ Gläubigerverzug.

Abnehmerverwarnung
1. Als Abnehmerverwarnung bezeichnet man eine → Abmahnung wegen des Anbietens oder Inverkehrbringens rechtsverletzender Produkte, die der Abgemahnte zwar vertreibt, aber nicht selbst hergestellt oder mit einer (z. B. die Markenrechte des Abmahnenden verletztenden) Marke versehen hat. Da auch dieser regelmäßig – neben dem Hersteller – als für die Rechtsverletzung verantwortlich anzusehen ist, stehen dem Rechteinhaber häufig auch gegen diesen im Falle einer tatsächlichen Verletzung insbesondere Unterlassungsansprüche dahingehend zu, dass der weitere Vertrieb

der rechtsverletzenden Waren zu unterbleiben hat.

2. Für den Hersteller der beanstandeten Waren stellt sich die Abmahnung seiner Abnehmer regelmäßig als besonders einschneidend dar und erhöht den Druck auf ihn, die beanstandeten Produkte aus dem Markt zu nehmen. Insbesondere wenn der Hersteller befürchten muss, dass der Rechteinhaber eine Vielzahl von Abnehmern in Anspruch nimmt, besteht die Gefahr, dass diese wiederum den Hersteller mit Schadensersatzforderungen wegen der Belieferung mit bemakelten Produkten überziehen.

3. Diese Drucksituation wird zuweilen auch von solchen Rechteinhabern ausgenutzt, die sich selbst unsicher sind, ob durch die fraglichen Produkte bzw. durch die auf diesen angebrachten Marken wirklich Rechte des Rechteinhabers verletzt werden. Taktisch werden dann nicht selten nur bzw. zunächst nur die Abnehmer abgemahnt in der Hoffnung, dass sich diese nur halbherzig zur Wehr setzen, um auf diese Weise dem Hersteller „das Wasser abzugraben". Eine solche Vorgehensweise kann jedoch „nach hinten losgehen", denn erweisen sich solche Abnehmerverwarnungen als unberechtigt, können dem Hersteller uU wegen unlauterer Behinderung nach § 4 Nr. 4 UWG Unterlassungsansprüche gegen den Abmahnenden zustehen.

Abolition
ist die Niederschlagung des Strafverfahrens vor dessen rechtskräftigem Abschluss. Sie ist nicht als Einzelmaßnahme (→ Einstellung), sondern nur als genereller Gnadenerweis (Straffreiheitsgesetz → Straffreiheit) zulässig. → Gnadenrecht.

Abordnung
Abordnung eines → Beamten ist die vorübergehende Übertragung einer dem bisherigen Amt entsprechenden Tätigkeit bei einer anderen Dienststelle unter Beibehaltung der dienstrechtlichen Zuordnung zu seiner früheren Stelle. Hierin unterscheidet sie sich von der → Versetzung. Die Abordnung ist zulässig, wenn ein dienstliches Bedürfnis besteht. Die Details sind im Bund und den Ländern unterschiedlich geregelt. Bei längerer Dauer oder Abordnung zu einer unterwertigen Tätigkeit ist idR die Zustimmung des Beamten erforderlich. (so § 14 BeamtStG u. zB Art. 47 BayBG; → Beamtenrecht, 4). Die Abordnung ist ein → Verwaltungsakt. Ein auf Lebenszeit oder Zeit angestellter Richter darf grundsätzlich nur mit seiner Zustimmung und für bestimmte Zeit abgeordnet werden (§ 37 DRiG; Ausnahme bei Vertretungen). Besondere Bedeutung hatte die Abordnung ab 1990 bis zum Ende des letzten Jahrhunderts im Rahmen der Verwaltungshilfe für die neuen Länder nach der → Wiedervereinigung erlangt.

Abrechnung
S. zunächst → Rechnung. Darüber hinaus kann eine beiderseits gebilligte Abrechnung ein → Schuldanerkenntnis oder einen → Vergleich darstellen. Zur Abrechnung von Betriebskosten im Mietverhältnis → Wohnraummietvertrag (2). Im Arbeitsrecht kann jeder Arbeitnehmer verlangen, dass ihm die Berechnung und Zusammensetzung seines Arbeitsentgelts erläutert wird, § 82 II BetrVG.

Abrechnungsbescheid
Bei Streit, ob eine Zahlungsverpflichtung oder ein Erstattungsanspruch erloschen ist, entscheidet die Finanzbehörde auf Antrag durch Abrechnungsbescheid (§ 218 II AO). Gegen diesen ist der → Einspruch gegeben. Besteht Streit, ob → Säumniszuschläge angefallen sind, ist ebenfalls ein Abrechnungsbescheid zu beantragen.

Abrechnungsgutschrift
→ Umsatzsteuer, 4.

Abrogation (abrogieren)
Eine Abrogation liegt vor, wenn ein Gefüge von Rechtssätzen durch später erlassene Rechtssätze nicht nur teilweise – soweit die neue Regelung eingreift – ersetzt (→ Derogation), sondern insgesamt außer Anwendung gesetzt wird. Auch im Falle der Abrogation wird der verdrängte Rechtssatz nicht nur suspendiert, sondern endgültig aufgehoben; er erlangt also bei Aufhebung des abrogierenden Rechtssatzes nicht von selbst wieder Geltung.

Abrüstung
1. Abrüstung war erstmals in der Satzung des → Völkerbundes vorgesehen. Während des Ost-West-Konfliktes lag der Schwerpunkt der Abrüstung in verschiedenen völkerrechtlichen Verträgen zur Rüstungsbegrenzung insbesondere im Bereich atomarer Waffen, zB im → Atomwaffensperrvertrag, im Vertrag über die Begrenzung strategischer Offensivwaffen (Strategic Arms Limitation Talks – SALT-II) v. 18.7.1979 oder im Vertrag über die Verringerung strategischer Waffen (Strategic Arms Reduction Treaty; START-I-Vertrag) v. 31.7.1991, der – erst nach dem Zusammenbruch der Sowietunion – am 5.12.1994 in Kraft trat. Nach dem Zusammenbruch der Sowietunion leistete die → NATO im Nordatlantischen Kooperationsrat den ehemaligen Mitgliedern des Warschauer Paktes Hilfe bei der atomaren Abrüstung (Vertrag vom 20.12.1991). Der START-I-Vertrag galt nun kraft Zusatzprotokolls für die USA, Russland, Weißrussland, die Ukraine und Kasachstan; Weißrussland, die Ukraine und Kasachstan haben ihre Atomwaffen inzwischen vollständig abgerüstet. Sa → ABC-Waffen.

2. Am 3.1.1993 unterzeichneten die USA und Russland das Nachfolgeabkommen START-II. Damit wurde zwar eine Deaktivierung von landgestützten Interkontinentalraketen mit Mehrfachsprengköpfen sowie der Abbau der strategischen Atomsprengköpfe

vereinbart, jedoch keine tatsächliche Vernichtung der von den Trägersystemen entfernten Sprengköpfe und kein Verbot der Lagerung von Sprengköpfen vorgesehen.

3. Am 8.4.2010 unterzeichneten USA und Russland in Prag mit dem New-START-Vertrag ein Nachfolgeabkommen für den START-I-Vertrag und den START-II-Vertrag. Binnen sieben Jahren nach der → Ratifizierung soll die Zahl der atomaren Sprengköpfe von 2200 auf je 1550 und die Anzahl der Trägersysteme von 1600 auf je 800 reduziert werden. Am 28./29.1.2021 verlängerten die USA und Russland den Vertrag, der am 5. Februar 2021 10 Jahre nach dem Austausch der Ratifikationsurkunden ausgelaufen wäre.

4. Der Überwachung der Abrüstungsverpflichtungen durch Kontrollflüge sollte der → Open-Skies-Vertrag dienen, den inzwischen allerdings USA und Russland verlassen haben.

Abruf
→ Leistungszeit, → Sukzessivlieferungsvertrag, → Kauf (2), → Zeitarbeitsverhältnis (1), → Arbeitszeit.

Abrufarbeit
→ Arbeit auf Abruf.

Absage von Veranstaltungen
→ Corona-Krise und Vertragsrecht.

Absatzbehinderung
Maßnahmen eines Unternehmens, die darauf gerichtet sind, Absatzbemühungen der Konkurrenten zu behindern, können als → unlauterer Wettbewerb verboten sein, wenn die Mitbewerber gezielt behindert werden (§ 4 Nr. 4 UWG). In Betracht kommen dabei zB Maßnahmen, die sich auf bestehende Kundenbeziehungen der Konkurrenz oder die Vertriebswege auswirken. Allerdings ist nicht jedes Verhalten, welches faktische Auswirkungen auf den Absatzerfolg eines Mitbewerbers hat, rechtswidrig; vielmehr ist es erwünschte Folge eines funktionierenden und für den Verbraucher vorteilhaften → Wettbewerbs, dass sich der Absatzerfolg des einen in Absatzeinbußen des anderen Marktteilnehmers widerspiegelt. Die Grenze zum unlauteren Verhalten ist jedoch dann überschritten, wenn besondere Umstände in Bezug auf die Ziele oder auch auf Art und Umfang der ergriffenen Maßnahmen eines Marktteilnehmers vorliegen, die beispielsweise darauf schließen lassen, dass es diesem Marktteilnehmer nicht um das eigene Fortkommen, sondern vorrangig um die Behinderung der Konkurrenz geht.

Absatzförderung
Auf EU-Ebene wird die Absatzförderung landwirtschaftlicher Erzeugnisse auf der Grundlage der VO (EU) 1144/2014 v. 22.10.2014 über Informations- und Absatzförderungsmaßnahmen für Agrarerzeugnisse im Binnenmarkt und in Drittländern (ABl. EU 2014 L 317, 56) finanziert. Die → Bundesanstalt für Landwirtschaft und Ernährung hat hierbei eine unterstützende Funktion. Die früheren → Absatzfonds sind, bis auf den → Weinfonds, aufgelöst.

Absatzfonds
Zur Absatzförderung in der Land- und Ernährungswirtschaft (Gesetz idF v. 4.10.2007, BGBl. 2007 I 2342) sowie der Forstwirtschaft (Gesetz idF v. 6.10.1998, BGBl. 1998 I 3130), jeweils mÄnd, bestanden zwei Absatzfonds, die sich aus Beiträgen der beteiligten Wirtschaftskreise und Mitteln des Bundes finanzierten. Das BVerfG (Urt. v. 3.2.2009 – 2 BvL 54/06) hat diese Sonderabgaben für verfassungswidrig erklärt. Durch Gesetze v. 25.5.2011 (BGBl. 2011 I 950) mÄnd wurden beide Absatzfonds aufgelöst und ihre Abwicklung geregelt. Zur heutigen Situation: → Absatzförderung und → Weinfonds.

Absatzgenossenschaft
Eine Absatzgenossenschaft ist eine → Genossenschaft (1), deren Zweck auf den gemeinschaftlichen Verkauf landwirtschaftlicher oder gewerblicher Erzeugnisse ihrer Mitglieder (zB Getreide, Obst, Elektroartikel) gerichtet ist. Dadurch können Absatzkanäle gemeinsam genutzt und Synergien erzielt werden.

Abschalteinrichtung
→ Dieselskandal.

Abschichtung
→ Erbengemeinschaft (1).

Abschichtungsbilanz
→ Gesellschaft des bürgerlichen Rechts (5), → good will.

Abschieben falschen Geldes
ist nach § 147 StGB strafbar, wenn als echt (gutgläubig) empfangenes Geld nach Erkennen der Unechtheit als echtes weitergegeben wird (→ Geld- und Wertzeichenfälschung).

Abschiebung
1. Wenn ein Ausländer den erforderlichen → Aufenthaltstitel nicht oder nicht mehr besitzt (→ Ausländerrecht), ist er zur → Ausreise verpflichtet. Reist ein Ausländer trotz vollziehbarer Ausreisepflicht nicht aus, kann er abgeschoben werden (§ 58 I 1 AufenthG). Eine oberste Landesbehörde (idR das Innenministerium eines → Landes) kann ohne vorherige Ausweisung und ohne Androhung eine Abschiebungsanordnung treffen, wenn dies zur Abwehr einer besonderen Gefahr oder einer terroristischen Gefahr erforderlich ist (§ 58a AufenthG).

2. Die Abschiebung ist unter Bestimmung einer angemessenen Frist (7 bis 30 Tage) für eine freiwillige Ausreise anzudrohen (§ 59 I 1 AufenthG). Nach dem Genfer Flüchtlingsabkommen (→ Flüchtlinge) darf ein Ausländer nicht in einen Staat abgeschoben werden, in dem sein Leben oder seine Freiheit wegen seiner Rasse, Religion, Nationalität, Zugehörigkeit zu einer bestimmten sozialen Gruppe

oder politischen Überzeugung bedroht ist oder wegen einer Straftat die Todesstrafe droht (§ 60 AufenthG). Eine oberste Landesbehörde kann überdies ua aus humanitären Gründen die Abschiebung von Ausländern aus bestimmten Staaten bis zu 3 Monaten aussetzen (§ 60a AufenthG). Das Gericht kann Abschiebungshaft anordnen (§ 62 AufenthG). Abschiebehaft soll grundsätzlich die besonderen Abschiebehaftanstalten vollzogen werden (§ 62a AufenthG).

3. Von der Abschiebung zu unterscheiden ist die → Zurückschiebung direkt an der Grenze.

Abschlag
→ Disagio.

Abschlagsverteilung
Die Abschlagsverteilung an die Insolvenzgläubiger ist zulässig, nachdem der allgemeine Prüfungstermin (→ Insolvenzverfahren, 4b) stattgefunden hat (§ 187 I, II InsO). Der → Insolvenzverwalter erstellt hierzu im Rahmen des Gläubigerverzeichnisses (→ Insolvenzverfahren, 3a) ein Verteilungsverzeichnis (§ 188 InsO), gegen das ein Gläubiger innerhalb einer Woche die Entscheidung des Insolvenzgerichts beantragen kann (§ 194 InsO). Für eine Abschlagsverteilung bestimmt der → Gläubigerausschuss auf Vorschlag des Verwalters den zu zahlenden Bruchteil; ist kein Gläubigerausschuss bestellt, so bestimmt dies allein der Verwalter (§ 195 InsO). → Schlussverteilung, → Nachtragsverteilung.

Abschlagszahlung
→ Verjährung (6c), → Leistung, → Werkvertrag (2), → Bauvertrag, → Bauträgervertrag, → Verbraucherbauvertrag. Die Abschlagszahlung ist regelmäßig eine vorweggenommene (Teil-)→ Erfüllung (zB Zahlung auf bereits geleistete, aber noch nicht abgerechnete Arbeit), nicht Anzahlung oder → Vorschuss (auf künftig fällig werdende Leistungen) und auch kein Darlehen (→ Darlehensvertrag), so dass die Vorschriften über den → Verbraucherdarlehensvertrag auf die (echte) Abschlagszahlung keine Anwendung finden.

Abschleppen
Ein Fz., das wegen Betriebsunfähigkeit abgeschleppt wird, bedarf eines eigenen Fahrers, dagegen keines eigenen Kennzeichens; es gilt nicht als Anhänger (§ 2 Nr. 2 FZV) und ist nicht zulassungs-, versicherungs- und steuerpflichtig. Die für das abschleppende Kfz erforderliche → Fahrerlaubnis genügt, § 6 I 4 FeV. Der Fahrer des abgeschleppten Fz. braucht keine Fahrerlaubnis (anders beim → Schleppen eines Kfz iSd § 33 StVZO). Beide Fz. haben Warnblinklicht einzuschalten; die Autobahn ist zu verlassen (§ 15a StVO). Krafträder dürfen nicht abgeschleppt werden (§ 15a IV StVO). Zum Abschleppen unerlaubt parkender Fz. → Parken.

Abschließende Regelung in bezug auf Deutschland
v. 12.9.1990 (BGBl. 1990 II 1317). Dieser auch „Zwei-plus-vier-Vertrag" genannte völkerrechtliche Vertrag regelt die völkerrechtlichen Aspekte der → Wiedervereinigung und ergänzt damit den die verfassungsrechtlichen und innerstaatlichen Aspekte betreffenden → Einigungsvertrag. Vertragsparteien waren die Bundesrepublik Deutschland, die Deutsche Demokratische Republik, Frankreich, Großbritannien, die Vereinigten Staaten von Amerika und die Sowjetunion. Durch diesen Vertrag werden die Außengrenzen endgültig festgelegt und damit die → Oder-Neiße-Linie anerkannt. Das wiedervereinigte Deutschland mit dem Gebietsstand der Bundesrepublik → Deutschland und der Deutschen Demokratischen Republik verzichtet auf alle Gebietsansprüche. Der Verzicht auf Angriffskriege wird ausdrücklich bekräftigt, auf → ABC-Waffen verzichtet. Deutschland verpflichtete sich, seine Streitkräfte auf 370.000 Mann zu reduzieren. Die Sowjetunion verpflichtete sich, bis Ende 1994 ihre Truppen abzuziehen. Frankreich, Großbritannien, die Vereinigten Staaten von Amerika und die Sowjetunion beendeten durch den Vertrag ihre Verantwortlichkeit in Bezug auf Berlin und Deutschland als Ganzes (→ Deutschlandvertrag). Als Ergebnis wurden die entsprechenden, damit zusammenhängenden vierseitigen Vereinbarungen, Beschlüsse und Praktiken beendet und alle entsprechenden Einrichtungen der Vier Mächte aufgelöst. Das wiedervereinigte Deutschland erlangte damit volle Souveränität über seine inneren und äußeren Angelegenheiten.

Abschluss der Ermittlungen
→ Ermittlungsverfahren in Strafsachen (2).

Abschluss eines Rechtsgeschäfts
→ Rechtsgeschäft, → Form(erfordernisse).

Abschlussagent
Ein Abschlussagent ist eine Art → Handelsvertreter, beispielsweise ein → Versicherungsvertreter, der nicht nur (wie ein → Handelsmäkler) mit der Vermittlung von Verträgen betraut, sondern auch zu deren Abschluss bevollmächtigt ist (§ 84 HGB, § 164 I BGB; → Handelsvertreter).

Abschlussfreiheit
→ Vertrag (2).

Abschlussprovision
→ Handelsvertreter (3).

Abschlussprüfer
Abschlussprüfer sind sachverständige Personen, die bei mittelgroßen und großen → Kapitalgesellschaften (§ 267 II, III HGB), insbes. bei → Aktiengesellschaften, den → Jahresabschluss (unter Einbeziehung der → Buchführung und des → Lageberichts) prüfen (§§ 316 ff. HGB). Abschlussprüfer können (von mittelgroßen GmbHs abgesehen; dort auch → vereidigter

Buchprüfer) nur → Wirtschaftsprüfer oder Wirtschaftsprüfungsgesellschaften sein (§ 319 HGB). Der Abschlussprüfer wird von den Gesellschaftern gewählt (§ 318 HGB). Über das Ergebnis seiner Prüfung hat er einen schriftlichen Prüfungsbericht zu erstellen, der sich insbes. darauf zu erstrecken hat, wie die Lage des Unternehmens zu beurteilen ist und ob Unrichtigkeiten oder Verstöße gegen Gesetz oder Satzung sowie Tatsachen festgestellt wurden, die den Bestand des Unternehmens gefährden oder wesentlich beeinträchtigen (Einzelheiten § 321 HGB). Der Abschlussprüfer hat als Ergebnis seiner Prüfung den Bestätigungsvermerk zum Jahresabschluss zu erteilen, wenn keine Einwendungen zu erheben sind (Einzelheiten § 322 HGB). Für Pflichtverletzungen ist der Abschlussprüfer verantwortlich und zum Schadensersatz verpflichtet (§ 323 HGB). Zur Strafbarkeit → Buchführung. S. ferner → Genossenschaft (3). Entsprechendes gilt für die Abschlussprüfer der Unternehmen im → Konzern, die zur → Rechnungslegung verpflichtet sind (vgl. § 316 II HGB, § 317 II HGB).

Abschlussprüferaufsichtsstelle
Seit 2016 ist die Abschlussprüferaufsichtsstelle (APAS) beim → Bundesamt für Wirtschaft und Ausfuhrkontrolle eingerichtet. Sie löste die Abschlussprüferaufsichtskommission ab. Zu ihren Aufgaben gehört vor allem die Inspektion von → Abschlussprüfern, die Verhängung daraus resultierender Maßnahmen, die Fachaufsicht über die Wirtschaftsprüferkammer (→ Wirtschaftsprüfer) sowie die europäische Zusammenarbeit mit Schwesterstellen.

Abschlussvertreter
→ Maklervertrag, → Handelsvertreter.

Abschlussvollmacht
ist die → Vollmacht, für einen anderen in dessen Namen einen → Vertrag abzuschließen (s. zB Grundstückskaufvertrag). Abschlussvollmacht ist insbes. bei der → Prokura und bei der → Handlungsvollmacht gesetzlich begründet (§ 49 HGB, § 54 HGB). S. auch → Maklervertrag, → Handelsvertreter.

Abschlusszwang
→ Vertrag (2), → Kontrahierungszwang, sa → Recht (3).

Abschreckungstheorie
→ Strafrechtstheorien, → Strafzweck.

Abschreibung
Der aus dem Rechnungswesen stammende Begriff der Abschreibung betrifft den Wertansatz von Vermögensgegenständen in der Handelsbilanz (→ Bilanz). Dort sind Vermögensgegenstände höchstens mit den → Anschaffungs- oder Herstellungskosten vermindert um bestimmte Abschreibungen anzusetzen. Bei Gegenständen des → Anlagevermögens, deren Nutzung zeitlich begrenzt ist, ist die planmäßige A. zu berücksichtigen. Bei dieser werden die → Anschaffungs- oder Herstellungskosten auf die → Geschäftsjahre der voraussichtlichen Nutzungsdauer verteilt und der so ermittelte Betrag von den Anschaffungs- oder Herstellungskosten abgezogen (§ 253 II HGB). Außerplanmäßige Abschreibungen sind vorzunehmen bei allen Vermögensgegenständen des Anlagevermögens und des → Umlaufvermögens, um diese mit dem niedrigeren beizulegenden Wert anzusetzen (§ 253 III HGB). Beim Anlagevermögen (bei → Kapitalgesellschaften nur bei Finanzanlagen) gilt das gemilderte Niederstwertprinzip: Bei voraussichtlich nur vorübergehender Wertminderung kann der bisherige Wert beibehalten werden (Beibehaltungs- oder Abschreibungswahlrecht). Beim Umlaufvermögen gilt das strenge Niederstwertprinzip: Der niedrigere Wert muss angesetzt werden, auch wenn die Wertminderung voraussichtlich nur vorübergehend ist, zB vorübergehender Kursrückgang bei Aktien im Umlaufvermögen.

In der Steuerbilanz entsprechen die → Absetzung für Abnutzung (AfA) der planmäßigen Abschreibung und die Absetzung für außergewöhnliche Abnutzung (AfaA) sowie die → Teilwertabschreibung der außerplanmäßigen A. Im Gegensatz zur Handelsbilanz kann in der Steuerbilanz nur bei voraussichtlich dauernden Wertminderungen der niedrigere Wert angesetzt werden. Entfällt die Wertminderung, so besteht kein Beibehaltungsrecht, sondern ein Wertaufholungsgebot (→ Teilwertabschreibung).

Abschreibung eines Grundstücks
→ Grundbuch.

Abschreibungsgesellschaft
war die anfängliche, gesetzlich nicht fixierte Bezeichnung für → Verlustzuweisungsgesellschaft.

Abschrift
→ Ausfertigung einer Urkunde, → Urkundenfälschung.

Abschuss von Luftfahrzeugen
§ 14 III LuftSiG (→ Luftsicherheitsgesetz v. 11.1.2005 (BGBl. 2005 I 78 mÄnd) ließ den Abschuss von Luftfahrzeugen durch die → Bundeswehr zu, wenn diese gegen das Leben von Menschen eingesetzt werden sollten. Das BVerfG erklärte mit Urt. v. 15.2.2006 (NJW 2006, 751) diese Vorschrift für verfassungswidrig (s. → Luftsicherheitsgesetz, 4).

Abschussregelung
Nach § 21 Bundesjagdgesetz idF v. 29.9.1976 (BGBl. 1976 I 2849) mÄnd, der allerdings nur gilt, soweit die Länder keine eigenständigen Regelungen erlassen haben (vgl. → Jagdrecht), ist der Abschuss des Wildes so zu regeln, dass die berechtigten Ansprüche der Land-, Forst- und Fischereiwirtschaft auf Schutz gegen → Wildschäden gewahrt bleiben. Innerhalb der hierdurch gebotenen Grenzen soll die Abschussregelung bewirken, dass ein gesunder Wildbestand aller heimischen Wildarten in an-

gemessener Zahl erhalten bleibt. Schalenwild (außer Schwarzwild) sowie Auer-, Birk und Rackelwild dürfen nur auf Grund und im Rahmen eines Abschussplanes erlegt werden, der von der zuständigen Behörde im Einvernehmen mit dem Jagdbeirat zu bestätigen oder festzusetzen ist. Ähnliches gilt für Seehunde. Der Abschuss von bedrohtem Wild kann in bestimmten Gebieten dauernd oder zeitweise verboten werden. Wer vor Bestätigung oder Aufstellung oder unter Überschreitung des Abschussplanes Wild erlegt, handelt ordnungswidrig und kann mit Geldbuße belegt werden (§ 39 II Nr. 3 BJagdG).

Absehen von Anklageerhebung
oder Strafverfolgung → Bagatellstrafsachen, → Buße.

Absehen von Strafe
Das Strafrecht gestattet dem Gericht für bestimmte Ausnahmefälle, einen Täter für eine begangene Straftat zwar schuldig zu sprechen, von einer Bestrafung jedoch abzusehen. Regelmäßig handelt es sich um Situationen, in denen eine Bestrafung keinen der üblichen → Strafzwecke erreichen könnte und deshalb auch in den Augen der Allgemeinheit offensichtlich verfehlt wäre.

Im Allgemeinen Teil des StGB wird diese Möglichkeit primär eingeräumt durch § 60 StGB: Danach kann das Gericht von Strafe absehen bei einer Straftat, deretwegen der Täter höchstens 1 Jahr Freiheitsstrafe verwirkt hat, wenn den Täter selbst so schwere Tatfolgen getroffen haben, dass Bestrafung offensichtlich verfehlt wäre (zB fahrlässige Tötung des eigenen Kindes). Ein Absehen von Strafe erlaubt das Gesetz zudem bei → Täter-Opfer-Ausgleich oder Schadenswiedergutmachung (§ 46a StGB) sowie bei Aufklärungshilfe durch den Täter (§ 46b I 4 StGB), ferner bei einem sog. grob unverständigen Versuch einer Straftat (§ 23 III StGB, → Versuch 1a).

Zudem erklärt das StGB in seinem Besonderen Teil, ebenso manche Tatbestände des Nebenstrafrechts, bei bestimmten Delikten ein Absehen von Strafe für zulässig, wenn der Straffällige in → tätiger Reue aus freien Stücken die Handlung aufgibt oder den Erfolg abwendet; so zB bei Hochverrat, Rechtsstaatsgefährdung, Eidesverletzung (§§ 83a, 84 ff., 158, 161 StGB). In anderen Fällen kann von Strafe abgesehen werden, wenn den Täter im Einzelfall zB wegen eines herausfordernden Verhaltens des Opfers ein geringerer Schuldvorwurf trifft, so bei sexuellem Missbrauch von Schutzbefohlenen (§ 174 V StGB, → Sexueller Missbrauch in Abhängigkeitsverhältnissen 1, 4) oder → sexuellem Missbrauch von Jugendlichen (§ 182 VI StGB). Soweit das Strafgesetz ein Absehen von Strafe zulässt, braucht es nicht zur Hauptverhandlung zu kommen; bis zu deren Beginn kann das Verfahren bei Übereinstimmung zwischen Gericht und Staatsanwaltschaft eingestellt werden (§ 153b StPO). Dem Absehen von Strafe entspricht die Straffreierklärung. Der Richter kann sie bei gegenseitiger → Beleidigung, wenn der zuerst Verletzte die Tat auf der Stelle erwidert hat, für einen oder beide Beteiligte aussprechen (§ 199 StGB). Beide Entscheidungen (sog. Kompensation) setzen einen Schuldspruch voraus. Bei Absehen von Strafe ist Kostenbelastung zwingend, bei Kompensation möglich (§ 465 I 2 StPO, § 468 StPO).

Absehen von Strafverfolgung
→ Bagatellstrafsachen; → Betäubungsmitteldelikte, → Selbstanzeige.

Absehen von Strafvollstreckung
→ Strafvollstreckung.

Absenkungsbeschluss
(WEG) → Wohnungseigentum.

Absetzung, erhöhte
→ Sonderabschreibungen.

Absetzung für Abnutzung (AfA)
1. AfA ist der steuerrechtliche Begriff für → Abschreibungen, zu dem inhaltlich weitgehend Übereinstimmung besteht. Die AfA bedeutet die Verteilung der → Anschaffungs- oder Herstellungskosten eines abnutzbaren Wirtschaftsguts auf die mehrjährige betriebsgewöhnliche Nutzungsdauer (§ 7 EStG). Soweit ein Wahlrecht zwischen den AfA-Verfahren besteht, konnte dieses grundsätzlich nur einheitlich in der Handels- und Steuerbilanz ausgeübt werden (→ Maßgeblichkeitsgrundsatz). Mit dem Bilanzrechtsmodernisierungsgesetz ist dieser Grundsatz aufgehoben. Steuerliche Wahlrechte können ab 2010 abweichend von der Handelsbilanz ausgeübt werden. AfA ist sowohl bei der Erzielung betrieblicher Gewinneinkünfte (§ 4 I 9, III 3 EStG, § 5 VI EStG) als auch von Überschusseinkünften (→ Einkünfte; § 9 I Nr. 7 EStG) vorzunehmen. Voraussetzung ist grundsätzlich, dass die jeweiligen Wirtschaftsgüter im Rahmen der Gewinneinkunftsarten zum (abnutzbaren) → Anlagevermögen gehören. Bei Wirtschaftsgütern des → Umlaufvermögens ist nur eine → Teilwertabschreibung möglich. Bei den Überschusseinkünften müssen die Wirtschaftsgüter der Erzielung steuerpflichtiger Einnahmen dienen. Die AfA erfolgt grundsätzlich zeitanteilig. Die jährlichen AfA-Beträge von betrieblichen → Wirtschaftsgütern, zB Maschinen, gehören zu den sofort abziehbaren → Betriebsausgaben (§ 4 IV EStG), bei den Überschusseinkünften, zB vermietete Eigentumswohnung, zu den → Werbungskosten.

2. AfA für bewegliche Wirtschaftsgüter: Die betriebsgewöhnliche Nutzungsdauer für nach dem 31. Dezember 2000 angeschaffte oder hergestellte Wirtschaftsgüter wird idR durch die AfA-Tabellen festgelegt (vgl. BMF BStBl. I 2000, 1532). Die AfA-Tabellen haben die Vermutung der Richtigkeit für sich, sind aber für die Gerichte nicht bindend. Eine Ab-

weichung von den AfA-Tabellen bedarf aber einer besonderen Begründung. Die AfA ist für Anschaffungen während des Jahres zeitanteilig vorzunehmen. Die frühere Möglichkeit, aus Vereinfachungsgründen bei Anschaffung oder Herstellung im 1. Halbjahr eine Ganz-Jahres-AfA und bei Anschaffung oder Herstellung im 2. Halbjahr eine Halb-Jahres-AfA in Anspruch zu nehmen, wurde mit Wirkung zum 1.1.2004 abgeschafft.

3. Es besteht grundsätzlich ein Wahlrecht, welches der folgenden Abschreibungsverfahren für bewegliche Wirtschaftsgüter gewählt wird:

a) Bei der linearen AfA werden die → Anschaffungs- oder Herstellungskosten durch die Jahre der betriebsgewöhnlichen Nutzungsdauer geteilt, so dass die AfA in jährlich gleichen Jahresbeträgen verläuft (§ 7 I EStG).

b) Bei der degressiven AfA, die nur für bewegliche Wirtschaftsgüter des Anlagevermögens gewählt werden kann, die nach dem 31.12.2019 und vor dem 1.1.2022 angeschafft oder hergestellt worden sind, sind die Anschaffungs- oder Herstellungskosten in fallende Jahresbeträge aufzuteilen (§ 7 II EStG). Dabei wird ein von der betriebsgewöhnlichen Nutzungsdauer bestimmter gleich bleibender Prozentsatz jährlich vom → Buchwert (Restwert) als AfA berücksichtigt. Für die Jahre 2006 und 2007 betrug die degressive AfA das 3fache der linearen Abschreibung, max. 30 vH der Anschaffungs- und Herstellungskosten; für Anschaffungen ab dem 1.1.2008 bis 31.12.2008 wurde keine degressive AfA gewährt. Für Anschaffungen im Zeitraum 1.1.2009 bis 31.12.2010 sowie im Zeitraum 1.1.2020 bis 31.12.2021 (aufgrund der besonderen wirtschaftlichen Belastungen infolge der Corona-Pandemie) wurde sie befristet wieder eingeführt und beträgt das 2,5fache der linearen AfA, max. 25 vH der Anschaffungs- oder Herstellungskosten (§ 7 II EStG). Als Reaktion auf die derzeitige ungünstige wirtschaftliche Situation gewährt das Wachstumschancengesetz für Wirtschaftsgüter, die nach dem 31.3.2024 und vor dem 1.1.2025 angeschafft oder hergesellt worden sind, eine degressive Abschreibung bis zum Zweifachen des bei der linearen AfA in Betracht kommenden Prozentsatzes betragen und 20% nicht übersteigen.

Beispiel: Im Jahr 2020 wird eine Maschine für 20.000 EUR (netto) angeschafft. Die Nutzungsdauer beträgt 8 Jahre. Somit wäre der jährliche lineare AfA-Betrag $^1/_8$ = 12,5 vH, also 2.500 EUR. Die degressive AfA könnte im ersten Jahr 01 mit dem 2fachen Satz der linearen AfA, max. 20 vH der Anschaffungs- oder Herstellungskosten, berücksichtigt werden. Somit könnten bei der degressiven AfA max. 4.000 EUR angesetzt werden. Die Maschine hätte dann einen Restwert von 16.000 EUR. Von diesem Restwert wird in 02 die degressive AfA berechnet, die 3.200 EUR betragen würde. Von dem Restwert (12.800 EUR) wird erneut die degressive AfA berechnet. Um zu gewährleisten, dass das Wirtschaftsgut nach Ablauf der Nutzungsdauer vollständig abgeschrieben ist, kann von der degressiven AfA jederzeit zur linearen AfA übergegangen werden. Dagegen ist ein Wechsel von der linearen AfA auf die degressive unzulässig (§ 7 III EStG).

c) Betragen die → Anschaffungs- oder Herstellungskosten eines Wirtschaftsguts abzgl. Vorsteuerbetrag (Nettokosten) mehr als 150 EUR (ab → Veranlagungszeitraum 2018: 250 EUR) und nicht mehr als 1.000 EUR, so gelten ab 2010 Sonderregeln. Bis 410 EUR (ab → Veranlagungszeitraum 2018: 800 EUR) können die Anschaffungs-/Herstellungskosten im Jahr der Anschaffung in voller Höhe abgesetzt werden (§ 6 II EStG). Alternativ kann für diese Wirtschaftsgüter und solche, deren Wert 1.000 EUR nicht übersteigt, ein → Sammelposten gebildet werden, der über 5 Jahre gewinnmindernd aufzulösen ist. Der Stpfl. kann das Wahlrecht nur einheitlich für alle im Wirtschaftsjahr angeschafften/hergestellten Wirtschaftsgüter ausüben (§ 6 IIa EStG, → geringwertige Wirtschaftsgüter).

d) Weitere Absetzungsverfahren sind die AfA nach Maßgabe der Leistung (§ 7 I 5 EStG) und die Absetzung für außergewöhnliche technische oder wirtschaftliche Abnutzung (§ 7 I 6 EStG). Die Absetzung für außergewöhnliche Abnutzung setzt eine außergewöhnliche Abnutzung des Wirtschaftsguts voraus, die wirtschaftlicher oder technischer Art sein kann. Sie kann nicht neben der degressiven AfA gewährt werden.

4. AfA für Gebäude und selbständige Gebäudeteile. Die Wahlmöglichkeiten und Abschreibungssätze werden durch gesetzliche Vorgaben eingeschränkt. Ihre Höhe hängt vom Baubeginn, Nutzung und Nutzungsdauer ab.

a) Wirtschaftsgebäude, dh Gebäude, die sich im Betriebsvermögen befinden und nicht zu Wohnzwecken dienen

	Lineare AfA § 7 IV EStG	degressive AfA § 7 V EStG
Fertigstellung v. 1.1.1925	2,5%	–
Fertigstellung n. 31.12.1924	2%	–
Bauantrag/ Anschaffung n. 31.3.1985 u. v. 1.1.1994	4%	4 × 10 vH 3 × 5 vH 18 × 2,5 vH
Bauantrag/ Anschaffung n. 31.12.1993 u. v. 1.1.2000	25 × 4%	–
Bauantrag/ Anschaffung n. 31.12.2000	33 × 3,03%	–

b) Gebäude für Wohnzwecke

	Lineare AfA	degressive AfA
Fertigstellung v. 1.1.1925	2,5%.	–
Fertigstellung n. 31.12.1924	2%.	–
Bauantrag/ Anschaffung n. 28.2.1989 u. v. 1.1.1996	2%	4 × 7% 6 × 5% 6 × 2% 24 × 1,25%
Bauantrag/ Anschaffung n. 31.12.1995 u. v 1.1.2004	2%	8 × 5% 6 × 2,5% 36 × 1,25%
Bauantrag/ Anschaffung n. 31.12.2003 u. v. 1.1.2006	2%	10 × 4% 8 × 2,5% 32 × 1,25%
Bauantrag/ Anschaffung n. 31.12.2005	2% ab 1.1.2023: 3%	–
Herstellungsbeginn nach dem 30.9.23 und vor dem 1.10.2029/ Anschaffung bis zum Ende des Jahres der Fertigstellung und nach dem 30.9.23 und vor dem 1.10.2029	3%	5% (jeweils vom Restwert, Wechsel zur linearen AfA möglich)

c) Gebäude ohne Wohnzwecke im Privatvermögen

	Lineare AfA	degressive AfA
Fertigstellung v. 1.1.1925	2,5%	–
Fertigstellung n. 31.12.1924	2%	–
Bauantrag/ Anschaffung n. 31.12.1995 u. v. 1.1.1995	2%	8 × 5% 6 × 2,5% 36 × 1,25%
Bauantrag/ Anschaffung n. 31.12.1994	2%	–

In den neuen Ländern gibt es die degressive AfA nur für nach dem 31.12.1990 angeschaffte oder hergestellte Gebäude (§ 56 I EStG). Vgl. → Sonderabschreibungen und Abzugsbetrag im Fördergebiet. Durch das Jahressteuergesetz 2022 wurde der lineare AfA-Satz für nach dem 31.12.2022 erstellte neue Wohngebäude von 2% auf 3% angehoben. Die aus dem Ansatz des höheren pauschalen AfA-Satzes resultierende kürzere Abschreibungsdauer von 33 Jahren beeinflusst nicht die Beurteilung der tatsächlichen Nutzungsdauer von Wohngebäuden. Als Reaktion auf die schlechte wirtschaftliche Lage der Bauwirtschaft wurde durch das Wachstumschancengesetz (BR-Beschluss v. 22.3.2024) die Möglichkeite einer degressiven AfA (jeweils % 5 vom Restwert) für Wohnimmobilien geschaffen, die vom Steuerpflichtigen nach dem 30.9.23 und vor dem 1.10.2029 hergestellt oder im gelichen Zeitraum angeschafft werden, wenn die Anschaffung bis zum Ende des Jahres der Fertigstellung erfolgt. Der Wechsel zur linearen AfA ist jederzeit möglich.

5. Erstmalig für den VAZ 2018 (und letztmalig für den VAZ 2026) gewährt § 7b EStG für den Mietwohnungsneubau die Möglichkeit einer zeitlich befristeten Sonderabschreibung iHv maximal 5% p. a. als Wahlrecht neben der regulären Abschreibung nach § 7 Abs. 4 EStG im Jahr der Anschaffung/Herstellung und in den folgenden drei Jahren. Der Zweck dieser Sonderabschreibung liegt in der steuerlichen Förderung des Mietwohnungsbaus. Bemessungsgrundlage sind die abschreibungsfähigen AK/HK der begünstigten Wohnung, jedoch maximal 2.000 EUR/qm Wohnfläche. Voraussetzungen für die Möglichkeit der Inanspruchnahme der Sonderabschreibung sind, dass (1.) die Baukosten bzw. Anschaffungskosten pro qm Wohnfläche bei max. 3.000 EUR/qm liegen, (2.) keine steuerfreie Veräußerung innerhalb von zehn Jahren stattfindet, und (3.) die begünstigte Wohnung für insgesamt zehn Jahre Wohnzwecken dient. Durch das Wachstumschancengesetz (BR-Beschluss v. 22.3.2024) wurden die Abschreibungsmöglichkeiten weiter verbessert:

Erstmalig für den VAZ 2023 für Bauanträge, die nach dem 31.12.2022 und vor dem 1.1.2027 gestellt worden sind, wird die Möglichkeit einer zeitlich befristeten Sonderabschreibung iHv maximal 5% p. a. als Wahlrecht neben der regulären Abschreibung nach § 7 Abs. 4 EStG im Jahr der Anschaffung/Herstellung und in den folgenden drei Jahren gewährt, wenn die Wohnungen in einem Gebäude liegen, das die Kriterien eines „Effizienzhaus 40" mit Nachhaltigkeits-Klasse erfüllt und dies durch Qualitätssiegel Nachhaltiges Gebäude nachgewiesen wird. Voraussetzungen für die Möglichkeit der Inanspruchnahme der Sonderabschreibung sind, dass (1.) die Baukosten bzw. Anschaffungskosten pro qm Wohnfläche bei max. 4.800 EUR/qm liegen (Bemessungsgrundlage für die Sonderabschreibungen nach Absatz 1 sind die Anschaffungs- oder Herstellungskosten der Wohnung, jedoch maximal 2500 Euro je Quadratmeter Wohnfläche), (2.) keine steuerfreie Veräußerung innerhalb von zehn Jahren stattfindet, und (3.) die begünstigte Wohnung für insgesamt zehn Jahre Wohnzwecken dient. Durch das Wachstumschancengesetz (BR-Beschluss v. 22.3.2024) wurden die Abschreibungsmöglichkeiten für den Mietwohnungsneubau weiter verbessert: Wenn durch Baumaßnahmen auf Grund eines nach dem 31.8.2018 und vor dem 1.1.2022 oder nach dem 31.12.2022 und vor dem 1.10.2029 gestellten Bauantrags oder einer in diesem Zeitraum getätigten Bauanzeige neue, bisher nicht vorhandene, Wohnungen hergestellt werden, dürfen die Anschaffungs- oder Herstellungskosten für die Sonderabschreibung bis zu 5.200 Euro je qm Wohnfläche betragen; Bemessungsgrundlage für die Sonderabschreibungen sind die Anschaffungs- oder Herstellungskosten der Wohnung, jedoch maximal 4.000 Euro je Quadratmeter Wohnfläche.

6. Immaterielle Wirtschaftsgüter. Entgeltlich erworbene → immaterielle Wirtschaftsgüter können abnutzbar sein und sind insoweit abzuschreiben, zB der Firmen- oder → Geschäftswert. Grundsätzlich ist hier nur die lineare AfA möglich (§ 6 I Nr. 1 EStG, § 7 I EStG). Der Firmen- oder Geschäftswert ist steuerrechtlich über 15 Jahre abzuschreiben (§ 7 I 3 EStG).

Absetzung für außergewöhnliche Abnutzung (AfaA)
→ Absetzung für Abnutzung (3).

Absetzung für Substanzverringerung (AfS)
Die Anschaffungskosten von Bodenschätzen, zB Kohle-, Kies- oder Erdölvorkommen, können linear oder nach dem Substanzverzehr abgeschrieben werden (§ 7 VI EStG). Vgl. → Absetzung für Abnutzung.

Absicht
im Strafrecht → Vorsatz, im Zivilrecht → Verschulden (2).

Absichtsanfechtung
= Vorsatzanfechtung, s. → Insolvenzanfechtung.

Absichtserklärung
ist eine besonders in → völkerrechtlichen Verträgen anzutreffende Erklärung eines oder mehrerer Vertragspartner, die keine unmittelbare rechtliche Verbindlichkeit begründet („die Vertragspartner werden bemüht sein, …"; „… fassen ins Auge, …"). → Programmsatz, → Völkerrecht, → soft law.

Absichtsprovokation
→ Notwehr (1a dd).

Absoluter Revisionsgrund
→ Revision (3).

Absolutes Recht
→ subjektives Recht, → unerlaubte Handlung (2).

absolutio ab actione
Absolutio ab actione ist eine historische Bezeichnung für die Abweisung einer Klage als unbegründet (aus materiellen Gründen). Gegensatz absolutio ab instantia: Abweisung einer Klage als unzulässig aus prozessualen Gründen (zB wegen Unzulässigkeit des beschrittenen Rechtsweges, siehe auch → Zulässigkeit Prozessrecht) ohne Prüfung der → Begründetheit des Klagebegehrens.

absolutio ab instantia
→ absolutio ab actione.

Absolutismus
Absolutismus ist eine Regierungsform, bei der die Herrschaftsgewalt von ihrem Inhaber „absolut", dh ohne die Mitwirkung anderer autonomer Gewalten ausgeübt wird. Historisch ist der Absolutismus mit der → Monarchie verknüpft; begrifflich nicht, weil Inhaber der absoluten Gewalt auch eine Gruppe sein kann (→ Oligarchie). Dem Machthaber im absoluten Staat steht alle gesetzgebende, vollziehende und rechtsprechende Gewalt zu (keine → Gewaltentrennung). Von aufgeklärtem Absolutismus spricht man, wenn der Herrscher freiwillig sich in seiner Machtausübung beschränkte, insbes. durch Einsetzung unabhängiger Gerichte. Seine Blütezeit hatte der monarchistische Absolutismus im Europa des 17./18. Jh. („L'État c'est moi"). In Frankreich brach er in der Revolution von 1789 zusammen. In Deutschland vollzog sich im Laufe des 19. Jh. der Übergang von der „aufgeklärten Despotie" mancher Territorialherren (→ Lehensstaat, → Feudalismus) zum Verfassungsstaat. Im modernen Staatsleben zeigen sich Züge des Absolutismus, wenn ein den Staat verkörperndes Regime die ausschließliche, weder vom Parlament noch von den Gerichten kontrollierte Staatsgewalt besitzt (→ totaler Staat, → Diktatur).

Absonderung
Im Falle der Insolvenz kann ein Gläubiger, der wegen einer persönlichen Forderung gegen den Schuldner durch ein dingliches Recht an einem zur → Insolvenzmasse gehörenden Gegenstand gesichert ist, eine vom → Insolvenzverfahren abgesonderte Befriedigung verlangen. Zur Absonderung berechtigen insbes. → Hypothek und → Grundschuld (hier → Zwangsversteigerung und → Zwangsverwaltung, § 49 InsO), ein rechtsgeschäftliches, gesetzliches oder durch Pfändung erworbenes → Pfandrecht – das gesetzliche Pfandrecht des Vermieters (→ Miete, 3) allerdings nur für das letzte Jahr vor der Eröffnung des Insolvenzverfahrens – (§ 50 InsO), das Sicherungseigentum (→ Sicherungsübereignung) und sonstige Sicherungs- und Zurückbehaltungsrechte, wie zB der verlängerte und erweiterte → Eigentumsvorbehalt oder das kaufmännische → Zurückbehaltungsrecht (§ 51 InsO). Anders als bei der Aussonderung gehört der Gegenstand, aus dem sich der Gläubiger abgesondert befriedigen kann, zur Insolvenzmasse und unterliegt der Verwaltung und Verwertung durch den → Insolvenzverwalter (§§ 165 ff. InsO, → Insolvenzverfahren, 3b). Es wird also nicht der Gegenstand an sich geschützt, sondern

nur dessen Wert. Der zur Befriedigung des Gläubigers nicht erforderliche Teil des Verwertungserlöses fließt in die Insolvenzmasse. Gläubiger, die Absonderung verlangen können, sind Insolvenzgläubiger, soweit ihnen der Schuldner auch persönlich haftet, es also zu den oben beschriebenen Rechten auch noch eine Forderung, zB eine Darlehensforderung, gibt. Zur Befriedigung aus der Insolvenzmasse sind sie in diesem Fall jedoch nur insoweit berechtigt, als sie auf eine abgesonderte Befriedigung verzichten oder bei ihr ausgefallen sind (§ 52 InsO).

Absorptionsprinzip
Über den zivilrechtlichen Begriff → Vertrag (2). Im Strafrecht bedeutet das Absorptionsprinzip, dass bei Verletzung mehrerer Strafgesetze durch dieselbe Handlung (Tateinheit, Idealkonkurrenz) nur eine Strafe verhängt und dem Gesetz entnommen wird, das die schwerste Strafe androht (§ 52 StGB), wodurch die anderen Strafen absorbiert werden (→ Konkurrenz von Straftaten).

Abspaltung
→ Umwandlung (1c).

Abspenstigmachen
(Kunden, Arbeitskräfte) → Sittenwidrigkeit, → unlauterer Wettbewerb.

Absprachen im Strafprozess
→ Verständigung im Strafverfahren.

Abstammung
Das → Bürgerliche Recht sieht eine Abstammung vor, die nicht mit der biologischen (→ genetischen) Abstammung einhergehen muss. Die Vorschriften zur Abstammung regeln (einheitlich für eheliche und nichteheliche Kinder) die rechtlichen Beziehungen zwischen den Eltern und dem Kind. Das Kind hat ein Recht auf Kenntnis seiner Abstammung als Teilrecht des allgemeinen → Persönlichkeitsrechts. Zum Verfahren → Abstammungssachen. Zur Frage des anwendbaren Rechts bei Auslandsberührung vgl. Art. 19 f. EGBGB.

1. Mutter eines Kindes ist demnach die Frau, die es geboren hat (§ 1591 BGB), also bei einer → künstlichen Fortpflanzung die den Embryo austragende Mutter, nicht die genetische Mutter. Die mit der Mutter verheiratete Frau ist nicht auch Mutter des in der Ehe geborenen Kindes, wie es § 1592 Nr. 1 BGB für die Vaterschaft vorsieht (BGH NJW 2019, 153).

2. Vater (rechtlicher) eines Kindes ist der Mann, a) der zum Zeitpunkt der Geburt des Kindes mit der Mutter verheiratet ist, b) der die Vaterschaft anerkannt hat oder c) dessen Vaterschaft gerichtlich festgestellt worden ist (§ 1592 BGB). Daneben gibt es Rechte des leiblichen Vaters (§ 1686a BGB), soweit dieser nicht mit dem rechtlichen Vater identisch ist.

a) Entscheidend für die (rechtliche) Vaterschaft ist der Bestand der Ehe bei der Geburt des Kindes (§ 1592 Nr. 1 BGB). Ein nach rechtskräftiger Ehescheidung geborenes Kind begründet deshalb nicht die Vaterschaft des geschiedenen Mannes. Dagegen gilt § 1592 Nr. 1 BGB entsprechend, wenn die Ehe durch Tod des Mannes aufgelöst wurde und innerhalb von 300 Tagen nach der Auflösung der Ehe ein Kind geboren wird, ohne dass die Mutter zwischenzeitlich eine neue Ehe eingegangen ist (in diesem Fall ist Vater der neue Ehemann, § 1593 BGB). Ist im Zeitpunkt der Geburt des Kindes ein Scheidungsantrag anhängig, die Ehe aber noch nicht rechtskräftig geschieden, so gelten § 1592 Nr. 1 BGB, § 1593 BGB (Vaterschaft des Ehemannes) dann nicht, wenn ein Dritter spätestens bis zum Ablauf eines Jahres nach Rechtskraft des Scheidungsbeschlusses die Vaterschaft anerkennt (§ 1599 II BGB; s. unten b). Bloßes → Getrenntleben der Ehegatten hat auf die Vaterschaft ebenso wenig Einfluss wie Zusammenleben nicht verheirateter Partner in einer → eheähnlichen Gemeinschaft. Zur Anfechtung der Vaterschaft s. unten 3.

b) Wird die Vaterschaft nicht durch die Ehe begründet, so kann sie der Mann anerkennen (§ 1592 Nr. 2 BGB). Die Vaterschaftsanerkennung, die auch schon vor der Geburt des Kindes zulässig ist, ist aber so lange nicht wirksam, als die Vaterschaft eines anderen Mannes (zB nach oben a) besteht und nicht rechtswirksam angefochten ist (§ 1594 II BGB). Die Anerkennung, die unbedingt sein muss, bedarf der Zustimmung der Mutter. Die Zustimmung des Kindes ist zusätzlich nur dann erforderlich, wenn der Mutter insoweit nicht die → elterliche Sorge zusteht (§§ 1595 f. BGB). Wer in der Geschäftsfähigkeit beschränkt ist, kann nur selbst anerkennen, bedarf aber der Zustimmung seines gesetzlichen Vertreters. Dasselbe gilt für die Zustimmung des über 14 Jahre alten Kindes; im Übrigen handelt allein der gesetzliche Vertreter (§ 1596 BGB). Anerkennung und Zustimmung müssen öffentlich beurkundet (→ Form, 1c) und – neben den übrigen Beteiligten – dem → Standesbeamten übersandt werden, sofern dieser nicht selbst die Anerkennung beurkundet hat (§ 44 PStG). Der Mann kann die Anerkennung widerrufen, wenn sie ein Jahr nach der Beurkundung noch nicht wirksam geworden ist (§ 1597 III BGB). Anerkennung, Zustimmung und Widerruf sind nur unwirksam, wenn sie diesen Vorschriften nicht genügen (§ 1598 BGB). Die Anerkennung der Vaterschaft ist von der bloßen → Einbenennung zu unterscheiden. Zur Anfechtung der Anerkennung s. unten 3.

c) Besteht keine Vaterschaft nach oben a) oder b), so ist diese gerichtlich festzustellen (§ 1592 Nr. 3 BGB, § 1600d I BGB). Antragsbefugt sind sowohl der Mann, als auch die Mutter oder das Kind. Zuständig für die Feststellung ist das → Familiengericht im Verfahren in → Abstammungssachen (bei Vorversterben des Gegners in einem selbständigen Antragsverfahren, § 169 f. FamFG). Das → Jugendamt hat die Mutter bei der Verfolgung der Ansprüche von Mutter und Kind (auch auf Unterhalt) zu beraten und zu unterstützen (§ 52a SGB VIII).

Als Vater ist der Mann festzustellen, von dem das Kind abstammt (→ Verwandtschaft). Im Verfahren auf gerichtliche Feststellung der Vaterschaft wird als Vater vermutet, wer der Mutter während der → Empfängniszeit beigewohnt hat → Beiwohnungsvermutung, § 1600d II 1 BGB), wobei auch die → Samenspende darunter fällt. Diese → Vermutung gilt jedoch nicht, wenn nach Würdigung aller Umstände schwerwiegende Zweifel an der Vaterschaft bestehen (§ 1600d II 2 BGB). Zwar wird diese gesetzliche Vermutung nicht durch jede Mehrverkehrseinrede entkräftet; dennoch werden dann, wenn auch ein anderer Mann der Mutter während der Empfängniszeit beigewohnt hat, oftmals schwerwiegende Zweifel an der Vaterschaft des in Anspruch genommenen Mannes verbleiben, sofern dessen Vaterschaft nicht positiv festgestellt und der andere Mann nicht ohne vernünftige Zweifel ausgeschlossen werden kann (eine Gesamthaftung aller möglichen Väter kennt das Gesetz nicht). Demnach bleibt jede Beiwohnung außer Betracht, aus der die A. offenbar unmöglich ist oder die – im Regelfall auf Grund entsprechender DNA-Gutachten – mit hinreichender Wahrscheinlichkeit ausscheidet. Die Rechtswirkungen der Vaterschaft, zB ein Unterhaltsanspruch, können regelmäßig erst vom Zeitpunkt ihrer (rechtskräftigen) Feststellung durch gerichtliches Urteil an geltend gemacht werden (§ 1600d IV BGB). Mit dem Antrag auf Vaterschaftsfeststellung kann aber der Antrag auf Verurteilung zur Zahlung des Regelunterhalts (→ Unterhaltspflicht unter Verwandten) verbunden werden (§ 237 FamFG). Sobald ein Rechtsstreit auf Feststellung des Bestehens der Vaterschaft (oder ein diesbezüglicher Antrag auf → Prozesskostenhilfe) anhängig ist, kann das Gericht auf Antrag des Kindes oder der Mutter bereits den Unterhalt nach Art (Unterhaltszahlung, Sicherheitsleistung) und Höhe durch einstweilige Anordnung regeln (§ 248 FamFG). S. a. unten 3 f.).

3. Sowohl die auf der ehelichen Geburt (oben 2a) als auch die auf der Anerkennung des Mannes (oben 2b) beruhende Statuszuordnung des Kindes zu seinem Vater kann durch Anfechtung der Vaterschaft beseitigt werden (§ 1599 I BGB). Diese – nunmehr einheitliche – Vaterschaftsanfechtung hat die frühere Ehelichkeitsanfechtung und die Anfechtung der Anerkennung der nichtehelichen Vaterschaft ersetzt.

a) Anfechtungsberechtigt sind der Mann, dessen Vaterschaft nach § 1592 Nr. 1 und 2 BGB, § 1593 BGB – qua Fiktion – besteht, die Mutter und das Kind (§ 1600 I BGB), daneben auch der Mann, der an Eides statt versichert, der Mutter des Kindes während der → Empfängniszeit beigewohnt zu haben, wenn zwischen dem (ehelichen) Vater (oben 2a) und dem Kind keine sozial-familiäre Beziehung besteht, nicht aber zB die Eltern des Mannes, ferner nicht bei Samenübertragung (→ Samenspende) ein Dritter (§ 1600 IV BGB). Die Anfechtungsberechtigten können die Vaterschaft nur selbst anfechten; dies gilt auch dann, wenn sie in der → Geschäftsfähigkeit beschränkt sind oder unter → Betreuung stehen. Sind sie geschäftsunfähig, kann nur ihr gesetzlicher Vertreter anfechten (§ 1600a II, V BGB). Auch das Kind hat ein Recht auf Kenntnis und Feststellung seiner eigenen A. Für ein geschäftsunfähiges oder in der Geschäftsfähigkeit beschränktes Kind kann nur der gesetzliche Vertreter anfechten (§ 1600a III BGB). Ist dies der Scheinvater selbst oder sind auch sonst die Eltern an der Vertretung des Kindes nach § 1629 II BGB, § 1824 BGB verhindert, muss ein Pfleger (→ Ergänzungspflegschaft) bestellt werden. Die Anfechtung durch einen gesetzlichen Vertreter ist nur zulässig, wenn sie dem Wohl des Kindes dient (§ 1600a IV BGB); eine vorherige Zustimmung des → Familiengerichts ist nicht mehr vorgesehen. Über die Vaterschaftsanfechtung entscheidet das → Familiengericht im Verfahren in → Abstammungssachen auf Antrag des Mannes gegen das Kind oder auf Antrag des Erzeugers, der Mutter oder des Kindes gegen den Mann (§ 171 FamFG). Zur Wirkung des Beschlusses s. § 182 BGB, § 184 FamFG.

b) Für die Vaterschaftsanfechtung gilt eine Anfechtungsfrist von 2 Jahren. Die Frist, die nicht vor der Geburt des Kindes läuft, beginnt in dem Zeitpunkt, in dem der Anfechtungsberechtigte von den Umständen erfährt, die gegen die Vaterschaft sprechen (§ 1600b I, II BGB). Hinsichtlich dieser Umstände, die die Anfechtbarkeit nahelegen (s. unten c), muss also Gewissheit bestehen; ein bloßer Verdacht reicht nicht aus. Der Fristablauf ist gehemmt (→ Verjährung 6a), wenn ein Verfahren auf Klärung der Vaterschaft nach § 1598a II BGB (unten f) eingeleitet worden ist oder solange der Anfechtungsberechtigte widerrechtlich durch → Drohung an der Anfechtung gehindert wird (§ 1600b V BGB). Hat der gesetzliche Vertreter nicht rechtzeitig angefochten, so beginnt für den Anfechtungsberechtigten die Frist nach Wegfall des Vertretungsgrundes erneut, insbes. für das Kind nach dem Eintritt der → Volljährigkeit und eigener Kenntniserlangung (§ 1600b III, IV BGB).

c) Im Anfechtungsverfahren wird zunächst vermutet, dass das Kind von dem Mann abstammt, dessen Vaterschaft nach oben 2a) und b) besteht (§ 1600c I BGB). Diese → Vermutung ist aber widerlegbar. Erforderlich hierfür ist der → Beweis (idR auch hier auf Grund entsprechender DNA-Gutachten; s. a. → Vaterschaftstest), dass diese A. ausscheidet; hierfür genügt eine entsprechende richterliche Überzeugungsbildung gemäß § 286 ZPO. Die Vermutung gilt nicht, wenn der Mann die von ihm anerkannte Vaterschaft (oben 2b) wegen Irrtums oder arglistiger Täuschung anficht (→ Anfechtung von Willenserklärungen); hier gelten dann die Grundsätze wie bei der Vaterschaftsfeststellung (oben 2c; § 1600c II BGB). Der Irrtum darüber, dass die Mutter während der Empfängniszeit nur mit dem Anerkennenden verkehrt habe, ist allerdings als bloßer Motivirrtum grdsätzl. unerheblich, sofern er nicht durch arglistige Täuschung hervorgerufen wurde.

d) Nach erfolgreicher Vaterschaftsanfechtung kann der Scheinvater von dem wirklichen Erzeuger Ersatz des bisher für das Kind aufgewendeten Unterhalts, der Entbindungskosten usw. verlangen. Dagegen besteht nach der Rspr. kein Schadensersatzanspruch des Scheinvaters hinsichtlich der Kosten des Anfechtungsverfahrens (→ Ehestörungen). Auch ist – soweit nicht (zusätzlich) eine vorsätzliche sittenwidrige Schädigung (§ 826 BGB) vorliegt – ein Schadensersatzanspruch des Scheinvaters gegen seine Ehefrau grds. ausgeschlossen (str.).

e) Die Anfechtung der Vaterschaft und der Vaterschaftsanerkennung richtet sich auch bei vor dem 1.7.1998 geborenen Kindern nach dem dargestellten Recht (Art. 224 § 1 EGBGB).

f) Unabhängig von diesem Vaterschaftsanfechtungsverfahren besteht – zur Vermeidung heimlicher und deshalb nach § 17 GenDG unzulässiger → Vaterschaftstests – ein Anspruch auf Einwilligung in eine genetische Untersuchung und auf Entnahme hierfür geeigneter Proben zur Klärung der leiblichen Abstammung nach § 1598a BGB. Dieser Anspruch auf Klärung der Vaterschaft (Vaterschaftsfeststellung) steht dem Vater nach oben 2a) und b) (nicht aber dem behaupteten leiblichen Vater), der Mutter und dem Kind jeweils gegen die anderen beiden Beteiligten zu. Der Anspruch hat keine weiteren Voraussetzungen (insbes. besteht keine Frist); er kann also geltend gemacht werden, ohne dass (gleich) die Vaterschaft angefochten wird. Eine verweigerte Einwilligung hat grundsätzl. das → Familiengericht zu ersetzen und die Duldung einer Probeentnahme anzuordnen; es setzt das Verfahren aus, wenn und solange das Wohl des minderjährigen Kindes (in besonderen Lebenslagen und Entwicklungsphasen) hierdurch unzumutbar beeinträchtigt würde (§ 1598a II, III BGB; Verfahren § 167a FamFG). Liegt die Einwilligung vor, haben die Klärungsberechtigten die Abstammungsbegutachtung selbst zu veranlassen. Spätestens mit einem positiven Ergebnis läuft (wieder) die Anfechtungsfrist nach oben 3b.

Abstammungsgutachten
Wenn die → Abstammung einer Person von einer anderen aus rechtlichen Gründen, zB wegen der Unterhaltspflicht, festzustellen ist, muss nach § 178 I FamFG jede Person Untersuchungen nach den anerkannten Grundsätzen der Wissenschaft dulden, in erster Linie einen Abstrich der Mundschleimhaut. Durch einen Vergleich der durch eine → Genomanalyse offenbarten DNA wird auf die Abstammung geschlossen.

Abstammungsrecht
→ Staatsangehörigkeit (3).

Abstammungssachen
sind eine Art der → Familiensachen (§§ 169 ff. FamFG). A. sind insbes. Verfahren auf Feststellung des Bestehens oder Nichtbestehens eines Eltern-Kind-Verhältnisses, über die Wirksamkeit einer Vaterschaftsanerkennung sowie der Anfechtung der Vaterschaft, ferner die Ersetzung der Einwilligung in eine genetische Abstammungsuntersuchung (s. zu allem → Abstammung). Zuständig ist das Amtsgericht als → Familiengericht, in dessen Bezirk das Kind seinen gewöhnlichen Aufenthalt hat.

Abstand im Straßenverkehr
Nach § 4 StVO hat der Fahrzeugführer die Fahrgeschwindigkeit so einzurichten, dass er hinter einem vorausfahrenden Fahrzeug (auch Fahrrad) rechtzeitig anhalten kann. Der Vorausfahrende darf nicht ohne zwingenden Grund stark bremsen. Der Abstand im Straßenverkehr muss idR mindestens die Strecke betragen, die der Nachfolgende für 1,5 Sekunden benötigt. Bei Geschwindigkeit über 80 km/h orientiert sich die Höhe eines → Bußgeldes daran, ob der Abstand in Metern ein Viertel des Tachowertes unterschritten hat (Anlage zu § 1 I Bußgeldkatalog-Verordnung, laufende Nummer 12.4 ff.). Unterschiedliche Geschwindigkeit beider Fahrzeuge ist zu berücksichtigen, bei zügigem Fahren, insbes. auf der Autobahn, der Abstand entsprechend größer zu halten. Größere Lastkraftwagen und Omnibusse müssen auf Autobahnen bei Geschwindigkeiten von mehr als 50 km/h von vorausfahrenden Fahrzeugen einen Mindestabstand von 50m einhalten. Der seitliche Abstand beim → Überholen muss ausreichend und so groß sein, dass der Überholte nicht behindert wird (§ 5 IV 2, 6 StVO), beim Überholen eines in Fahrt befindlichen Fahrzeugs mindestens 1m, neben parkenden Fahrzeugen 50 cm (Sicht für überquerende Fußgänger). Ein konkreter Mindestabstand vorgegeben wird durch die StVO nur für das Überholen von → Fußgängern, → Radfahrern und → Elektrokleinstfahrzeugen durch Kraftfahrzeuge: Dieser beträgt innerorts 1,5 m und außerorts 2 m (§ 5 IV 3 StVO). Diese Vorgabe gilt nicht für den Fall, dass ein Radfahrer an Kreuzungen und Einmündungen dort wartende Kraftfahrzeuge nach § 5 VIII StVO rechts überholt oder neben ihnen zum Stillstand gekommen ist.

Abstandsflächen im Baurecht
1. Vor den Außenwänden von Gebäuden sind grundsätzlich Abstandsflächen einzuhalten (idR nach allen Seiten). Diese Verpflichtung kann sich aus planungsrechtlichen Vorschriften, insbes. also aus den Festsetzungen des Bebauungsplanes (→ Bauleitplanung) durch Festsetzung von Baulinien, Baugrenzen und Bautiefen, wie auch aus bauordnungsrechtlichen Bestimmungen (→ Bauordnungen) ergeben. Keine Abstandsflächen brauchen oder dürfen

dort eingehalten werden, wo nach den planungsrechtlichen Vorschriften an die Grenze des Nachbargrundstücks gebaut werden darf oder muss (geschlossene Bauweise). Die Abstandsflächen dienen dem Brandschutz, der Belichtung, Belüftung und Besonnung der Gebäude sowie dem Schutz der Privatsphäre.

2. Die Regelung der Abstandsflächen im Bauordnungsrecht der Länder ist durchaus unterschiedlich und häufig kompliziert geregelt (vgl. zB § 5 LBO BW; Art. 6 BayBO; § 6 BO NW, § 6 LBO M-V). Abstandsflächen müssen grundsätzlich auf dem Grundstück selbst liegen, doch ist auch eine „Übernahme" durch den Nachbarn auf schuldrechtlicher (auch dinglicher: „Abstandsflächendienstbarkeit") wie auf öffentl.-rechtlicher Grundlage (Baulast; → Öffentliche Lasten) möglich. Die Tiefe der Abstandsflächen bestimmen die → Bauordnungen in detaillierten Vorschriften meist nach der Höhe der Außenwand. Inzwischen beträgt diese idR Höhe mal 0,4, dh bei einer Gebäudehöhe von 9 m muss eine Abstandsfläche von 3,60 m Tiefe eingehalten werden. Je nach Bauordnung kann sich dieser Faktor auf 0,2 reduzieren (zB in Kern- , Dorf- oder Industriegebieten). Der Mindestabstand beträgt idR 3,00m, teilweise (zB Art. 6 VII LBO BW) 2,50m.

3. Durch gemeindliche → Satzung (→ Gemeinde, 3e) können abweichende Faktoren für die Abstandsflächen festgelegt werden (häufig zB 0,7); durch die Erhöhung des Faktors wird zT das gesetzgeberische Ziel konterkariert, durch geringere Abstandsflächen die innerörtliche → Verdichtung zu fördern und den Flächenverbrauch zu reduzieren. In einigen gemeindlichen Satzungen mit erhöhter Abstandsfläche wird die früher in den Bauordnungen enthaltene Regelung wieder aufgegriffen, auf zwei Gebäudeseiten eine Reduktion des Faktors auf 0,5 zuzulassen, wenn die Außenwand eine bestimmte Länge (zB 16,00m) nicht überschreitet; die generelle Erhöhung der Abstandsflächen wird dadurch wieder relativiert.

4. UU sind Garagen und Stellplätze (→ Garagen, Stellplätze) sowie Gebäude ohne Aufenthaltsräume innerhalb der Abstandsflächen zulässig (sog. „Grenzgaragen"). Unter gewissen Voraussetzungen können auch Ausnahmen und Befreiungen gestattet werden.

5. Abstandsflächen liegen in aller Regel jedenfalls auch im Interesse des Nachbarn und sind damit → nachbarschützend, so dass eine unter Verletzung des Abstandsflächenrechts erteilte Baugenehmigung vom Nachbarn im Verwaltungsrechtsweg angefochten werden kann. Die Einhaltung von Abstandsflächen kann im Einzelfall auch auf einem zivilrechtlichen Anspruch beruhen.

Abstandsgebot

1. Das Abstandsgebot bezeichnet eine verfassungsrechtliche Anforderung an den Vollzug der Maßregel der Sicherungsverwahrung: Es muss sich vom Vollzug der schuldausgleichenden Freiheitsstrafe hinreichend unterscheiden (→ Maßregeln der Besserung und Sicherung 3.h und 3.i).

2. Mit dem Begriff Abstandsgebot wurde auch die während der → COVID-19-Pandemie (→ COVID-19) idR durch Allgemeinverfügung (→ Verwaltungsakt, 1) oder Rechtsverordnung nach dem IfSG (→ Infektionsschutzgesetz) getroffene Anordnung verstanden, zu Personen, die nicht zum eigenen Hausstand gehören, einen Abstand von mindestens 1,5 m einzuhalten, oder Treffen mit Personen aus anderen Hausständen ganz zu vermeiden oder an diesen nur unter Beachtung besonderer Restriktionen teilzunehmen (sa → Social Distancing).

Abstandszahlung

(im Mietrecht) → Baukostenzuschuss.

Abstellen von Kraftfahrzeugen

→ Parken, → Verlassen eines Fahrzeugs.

Abstimmung

1. In Vertretungskörperschaften: Das Verfahren der Abstimmung in den Parlamenten ist zT in den Verfassungen, zT in den → Geschäftsordnungen geregelt. Meist wird durch Handzeichen abgestimmt. Ergibt sich auch dabei keine Klarheit, wird der sog. → Hammelsprung vorgenommen. In bestimmten Fällen findet schriftliche Abstimmung statt (durch Stimmkarten, anonym oder namentlich). Auch elektronische Stimmabgabe ist zT vorgesehen (zB im Europäischen Parlament). Im Bundestag findet namentliche Abstimmung statt, wenn eine Fraktion oder anwesende 5 vH der Mitglieder sie verlangen (§§ 52, 53 GO BT). IdR entscheidet die einfache – sog. relative – Mehrheit, dh die Mehrheit der abgegebenen Stimmen, wobei Stimmenthaltungen als nicht abgegebene Stimmen zu werten sind; Stimmengleichheit bedeutet Ablehnung. Die Verfassungen schreiben jedoch für bestimmte Fälle eine qualifizierte Mehrheit vor. Diese kann zB in der „Mehrheit der Mitglieder des Parlaments" bestehen; dann ist zur Annahme eines Antrags erforderlich, dass die Mehrheit der gesetzlichen Mitgliederzahl zustimmt, unabhängig davon, wieviele anwesend sind oder sich der Stimme enthalten. Einer Mehrheit von $^2/_3$ der Mitglieder (also der gesetzlichen Mitgliederzahl) bedarf es zB bei Änderungen des GG (Art. 79 II GG; → Verfassungsänderung). Besonderheiten gelten für die Abstimmung im Bundesrat (→ Bundesrat, 2). Nach § 91 VwVfG werden in Ausschüssen, Beiräten ua kollegialen Einrichtungen Beschlüsse mit Stimmenmehrheit gefasst. Bei Stimmengleichheit entscheidet die Stimme des Vorsitzenden, wenn er stimmberechtigt ist; sonst gilt Stimmengleichheit als Ablehnung. Pairing nennt man eine Vereinbarung zwischen Fraktionen eines Parlaments (oder sonstigen Vertretungskörperschaft), wonach eine Fraktion bei einer Abstimmung die Abwesenheit eines Mitglieds

der anderen Fraktion nicht zu ihren Gunsten ausnutzen wird.

2. Bei gerichtlichen Entscheidungen: Nach §§ 192 ff. GVG leitet der → Vorsitzende Richter des Gerichts die Beratung und sammelt die Stimmen. Eine Enthaltung ist nicht möglich. Das Gericht entscheidet, soweit das Gesetz nicht ein anderes bestimmt, mit der absoluten Mehrheit der Stimmen. Im Strafverfahren ist zu einer jeden dem Angeklagten nachteiligen Entscheidung, welche die Schuldfrage, die Bemessung der Strafe, die Anordnung einer Nebenstrafe oder Nebenfolge oder die Anordnung einer Maßregel der Besserung und Sicherung betrifft, eine 2/3-Mehrheit der Stimmen erforderlich (§ 263 StPO); über die Strafaussetzung zur Bewährung wird mit einfacher Mehrheit entschieden (§ 196 I GVG). Die Richter stimmen nach dem Dienstalter, bei gleichem Dienstalter nach dem Lebensalter, → ehrenamtliche Richter und Schöffen nach dem Lebensalter; der jüngere stimmt vor dem älteren. Die Schöffen stimmen vor den Berufsrichtern. Der Vorsitzende stimmt immer zuletzt. Die Stimmen aller Richter haben gleiches Gewicht (Ausnahme bei dem mit vier Richtern besetzten erweiterten → Schöffengericht, wo bei Entscheidungen, die mit einfacher Mehrheit zu treffen sind, die Stimme des Vorsitzenden den Ausschlag gibt).

3. → Volksabstimmung.

4. → Gesellschafterversammlung.

5. Abstimmung in der Wohnungseigentümerversammlung → Wohnungseigentum (3).

Abstrakte Betrachtungsweise im Strafrecht
Sie zieht rechtliche Folgerungen aus der für eine Straftat im Gesetz angedrohten Strafe, insbes. bei der Einteilung in → Verbrechen und → Vergehen (§ 12 StGB; → Dichotomie) und bei Berechnung der Frist für die → Strafverfolgungsverjährung. Entscheidend ist also nicht (wie bei der → konkreten Betrachtungsweise), welche Strafe der Täter im Einzelfall verwirkt hat, und ebenfalls nicht, ob Strafmilderungen oder -schärfungen eingreifen (§ 12 III StGB, § 78 IV StGB).

Abstrakte Normenkontrolle
→ Normenkontrolle.

Abstrakte Schadensberechnung
→ Schadensersatz (4).

Abstraktes Geschäft
→ Rechtsgeschäft (2h).

Abstraktionsprinzip
→ Sachenrecht.

Abstufung
(einer Straße) → Widmung.

Abt
(aramäisch Abba = Vater) ist die herkömmliche Bezeichnung eines höheren Oberen eines → Ordensinstituts, insbesondere des Leiters einer rechtlich selbständigen Niederlassung. Die einzelnen Befugnisse ergeben sich aus dem → kanonischen Recht sowie aus den → Konstitutionen des jeweiligen Ordensinstituts.

Abteilungsversammlung
→ Betriebsversammlung.

Abtreibung
→ Schwangerschaftsabbruch.

Abtretung (Zession)
1. Eine → Forderung kann von dem bisherigen → Gläubiger (Zedent) durch → Vertrag auf einen neuen Gläubiger (Zessionar) übertragen, also an diesen abgetreten werden (§ 398 BGB; Forderungsübergang); zum Wechsel des Schuldners s. → Schuldübernahme. Die Abtretung ist eine abstrakte → Verfügung über die Forderung; ihre Wirksamkeit ist unabhängig von der Wirksamkeit des rechtlichen Grundes der Abtretung (→ Kausalgeschäft; zB Forderungskauf, Sicherungszweck, s. u.). Die abzutretende Forderung muss bestimmt oder zumindest hinreichend bestimmbar sein; auch künftige und bedingte Forderungen können bereits abgetreten werden (Vorausabtretung; zB eine Forderung aus dem Weiterverkauf der Ware). Werden, zB zur Sicherung des Darlehens einer Bank, an diese sämtliche bestehenden und künftigen Forderungen des Schuldners aus seinem Geschäftsbetrieb, soweit sie hinreichend abgrenzbar sind, abgetreten, so spricht man von Globalzession. Deren Wirksamkeit hängt weder von der ausdrücklichen Vereinbarung einer Freigaberegelung, noch von der Festlegung einer zahlenmäßig bestimmten Deckungsgrenze ab. Bei Übersicherung des Gläubigers hat der Sicherungsgeber einen vom Ermessen des Gläubigers unabhängigen Freigabeanspruch. Es besteht eine (im Einzelfall widerlegliche) → Vermutung, dass der Gläubiger übersichert ist (und damit einen Teil des Sicherungsguts freizugeben hat), wenn der Nennwert aller abgetretenen Forderungen 150% der gesicherten Forderungen (diese sind wegen der Realisierungsrisiken mit einer Deckungsgrenze von 110% anzusetzen) übersteigt (BGH GrS NJW 1998, 671). Bei erheblicher Übersicherung kann die Globalzession sittenwidrig sein (→ Sittenwidrigkeit). Über die Konkurrenz dieser Globalzession mit dem (verlängerten) Eigentumsvorbehalt der Warenlieferanten s. → Eigentumsvorbehalt. Eine Form ist für die Abtretung einer Forderung grds. nicht erforderlich, auch wenn eine solche zur Begründung der Forderung nötig war. Besonderheiten gelten für die Abtretung einer durch eine → Hypothek gesicherten Forderung (Schriftform und Eintragung ins → Grundbuch oder Übergabe des → Hypothekenbriefs) sowie für die Abtretung einer Wertpapierforderung (Übergabe des Wertpapiers); bei → Orderpapieren (insbes. Wechsel, Scheck) wird jedoch die Abtretung weitgehend durch das → Indossament ersetzt. Auch

eine Blankoabtretung (Blankozession), bei der der Empfänger berechtigt ist, durch Ausfüllung der unvollständigen Urkunde der Abtretung den neuen Gläubiger selbst zu bestimmen, ist zulässig (auch Blankoindossament beim Wechsel). Zur Abtretung eines → Kontokorrents s. dort; sa → Mantelzession.

2. Durch die Abtretung scheidet regelmäßig der bisherige Gläubiger aus seiner Rechtsstellung in vollem Umfang aus. Bei einer Übertragung nur zu Sicherungszwecken (fiduziarische Abtretung, Sicherungszession) oder nur zum Zwecke der Einziehung der Forderung (Inkassozession) liegt nach außen eine voll wirksame Abtretung vor; im Innenverhältnis zwischen Zedent und Zessionar ist jedoch der neue Gläubiger nur eingeschränkt zur Verwertung der Forderung nach dem Inhalt der getroffenen Vereinbarung berechtigt. Die rechtliche Stellung des Zessionars bei der Abtretung zu Sicherungszwecken entspricht der des Treuhänders bei der → Sicherungsübereignung (→ Treuhandeigentum). Anders als die Inkassozession ist das sog. Inkassomandat keine Übertragung der Forderung, sondern nur eine Einziehungsermächtigung. Während bei der Abtretung der neue Gläubiger die Forderung aus eigenem Recht im eigenen Namen geltend macht und andererseits bei der bloßen → Vollmacht der Stellvertreter für ein fremdes Recht in fremden Namen handelt, liegt in der Einziehungsermächtigung die Befugnis, ein fremdes Recht im eigenen Namen geltend zu machen. Diese Einziehungsermächtigung ist rechtlich wirksam (§ 185 BGB), im Prozess (→ Prozessstandschaft) nach der Rspr. jedoch nur ausnahmsweise zulässig, wenn der Ermächtigte ein eigenes schutzwürdiges Interesse an der Einziehung für den wahren Gläubiger hat, der hierdurch zB Zeuge und damit Beweismittel würde. Sa → Lastschriftverfahren.

3. Eine Abtretung ist ausgeschlossen (Abtretungsverbot), wenn die Leistung an einen anderen als den ursprünglichen Gläubiger nicht ohne Veränderung ihres Inhalts erfolgen kann (zB Ansprüche auf Dienstleistungen oder Unterhalt) oder wenn die Abtretung durch Vereinbarung mit dem Schuldner ausgeschlossen ist (pactum de non cedendo, § 399 BGB). Bei einem beiderseitigen → Handelsgeschäft ist allerdings (um die Forderung zur Finanzierung eines → Darlehens oder → Factoringvertrags verwenden zu können) ein derartiges Abtretungsverbot zwingend unwirksam; der Schuldner kann jedoch mit befreiender Wirkung auch an den bisherigen Gläubiger leisten (§ 354a I HGB). Dies gilt jedoch nicht (Abtretungsverbot also wirksam), wenn Gläubiger der Darlehensforderung ein Kreditinstitut ist (§ 354a II HGB). Unselbständige Nebenrechte (→ Bürgschaft, → Hypothek, → Pfandrecht) können idR nicht allein abgetreten werden. Eine Forderung kann ferner nicht abgetreten werden, soweit sie der → Pfändung nicht unterliegt (§ 400 BGB, zB gewisse Unterhalts- und Lohnforderungen; → Arbeitslohn).

4. Mit der Abtretung tritt der neue Gläubiger in vollem Umfang an die Stelle des bisherigen (§ 398 S. 2 BGB). Mit der abgetretenen Forderung gehen Neben-, Sicherungs- und Vorzugsrechte, insbes. Hypothek, Pfandrecht, Bürgschaft, Konkursvorrecht, auf den neuen Gläubiger automatisch über (§ 401 BGB). Der bisherige Gläubiger hat etwaige Urkunden, die zur Geltendmachung oder zum Beweis der Forderung erforderlich sind, herauszugeben (§ 403 BGB). Der Schuldner soll durch die Abtretung nicht benachteiligt werden. Er kann deshalb dem neuen Gläubiger alle Einwendungen entgegensetzen, die zzt der Abtretung gegen den bisherigen Gläubiger begründet waren (§ 404 BGB). Dies gilt auch, wenn der neue Gläubiger hiervon nichts wusste; ein → gutgläubiger Erwerb einer Forderung ist grds. ausgeschlossen (nemo plus iuris transferre potest, quam ipse habet). Der Schuldner kann insbes. eine ihm gegen den bisherigen Gläubiger zustehende Forderung auch dem neuen Gläubiger gegenüber aufrechnen (→ Aufrechnung), wenn die Aufrechnungsforderung in Unkenntnis der Abtretung erlangt wurde (§ 406 BGB). Der neue Gläubiger muss ferner eine Leistung, insbes. die → Erfüllung der Forderung, die der Schuldner nach Abtretung an den bisherigen Gläubiger bewirkt, ferner jedes → Rechtsgeschäft, das nach der Abtretung über die Forderung vorgenommen wird (zB Stundung), sowie ein inzwischen ergangenes Urteil über die Forderung gegen sich gelten lassen, sofern der Schuldner die Abtretung in diesem Zeitpunkt nicht kannte (§ 407 BGB). Ein entsprechender Schuldnerschutz gilt auch bei mehrfacher Abtretung (§ 408 BGB). Der Schuldner braucht an den neuen Gläubiger nur zu leisten, wenn der bisherige Gläubiger ihm die Abtretung angezeigt hat oder der neue Gläubiger eine entsprechende Urkunde der Abtretung vorlegt. Eine → Kündigung oder Mahnung (→ Schuldnerverzug) des neuen Gläubigers ohne diese Voraussetzungen ist gleichfalls unwirksam, falls sie der Schuldner aus diesem Grund unverzüglich zurückweist (§ 410 BGB). Umgekehrt muss der bisherige Gläubiger eine von ihm dem Schuldner angezeigte Abtretung, zB bei Leistung an den neuen Gläubiger, gegen sich gelten lassen, auch wenn die Abtretung nicht erfolgt oder unwirksam ist (§ 409 BGB).

5. Die genannten Vorschriften gelten entsprechend für den gesetzlichen Forderungsübergang (Legalzession, cessio legis, § 412 BGB; s. hierzu → Ablösungsrecht, → Gesamtschuld, → Bürgschaft, → Schadensversicherung; für die Sozialversicherung s. → Anspruchsübergang und → Überleitungsanzeige). Die Bestimmungen über die Abtretung einer Forderung finden ferner gem. § 413 BGB auf die Übertragung anderer Rechte (zB einige gewerbliche Schutzrechte, selbständige Gestaltungsrechte) entsprechende Anwendung, sofern das Gesetz nichts Abweichendes regelt. Der Anwendungsbereich ist gering. Sonder-

vorschriften gelten zB für → Grundstücksrechte. Für die Übertragung des → Anwartschaftsrechts gelten die Vorschriften des Vollrechts. → Gestaltungsrechte sind oftmals selbständig überhaupt nicht abtretbar; zB ist das Anfechtungs- oder Rücktrittsrecht mit dem Schuldverhältnis selbst verbunden (anders → Wiederkauf, Vorkaufsrecht). Die Erbschaft als solche ist nicht übertragbar. Gewisse höchstpersönliche Rechte (zB Mitgliedschaftsrechte in einem Verein; anders bei einer Kapitalgesellschaft, → Aktie) unterliegen gleichfalls nicht der Abtretung (sog. unveräußerliche Rechte). S. ferner → Vertragsübernahme.

6. Über die Abtretung von → Arbeitslohn oder → Dienstbezügen s. dort. In der → Sozialversicherung und den übrigen Leistungsbereichen des → Sozialgesetzbuches können Ansprüche auf Geldleistungen nur übertragen oder verpfändet werden zugunsten von Darlehen oder Aufwendungen, die im Vorgriff auf fällige Sozialleistungen für eine angemessene Lebensführung gewährt worden sind, oder wenn dies im wohlverstandenen Interesse des Berechtigten liegt (die Feststellung trifft der Sozialleistungsträger zB bei der Wohnungsmiete und deren Nebenkosten). Die Prüfung des wohlverstandenen Interesses hat dann zu erfolgen, wenn Zweifel hinsichtlich des Abtretungszweckes bestehen. Negiert der Sozialleistungsträger die Zulässigkeit der Abtretung, muss der Gläubiger in anderer Weise versuchen, die ihm zustehenden Leistungen zu erhalten. In anderen Fällen ist die Abtretung nur möglich, soweit die Leistungen den für Arbeitseinkommen geltenden unpfändbaren Betrag übersteigen (→ Lohnpfändung). Ansprüche auf Dienst- oder Sachleistungen (zB die Gewährung einer medizinischen Maßnahme zur Rehabilitation) sind unübertragbar (§ 53 SGB I). Eine Abtretung von Sozialleistungen ist immer dann ausgeschlossen, wenn durch die Abtretung Hilfebedürftigkeit nach dem SGB XII eintreten könnte.

7. Im Steuerrecht können gemäß § 46 AO Ansprüche auf Erstattung von Steuern, Haftungsbeträgen, steuerliche Nebenleistungen und Steuervergütungen abgetreten oder verpfändet werden. Die Abtretung muss vom Gläubiger auf einem amtlich vorgeschriebenen Formular dem Finanzamt angezeigt werden. Auf diesem sind Abtretender, Abtretungsempfänger sowie die Art und Höhe des abgetretenen Anspruchs und der Abtretungsgrund zu bezeichnen. Abtretungsanzeigen vor Entstehung des Anspruchs sind unwirksam.

Abtretungsverbot
(pactum de non cedendo) → Abtretung (3).

Abwägungsgebot
1. Der Grundsatz, dass bei (möglicher, drohender oder bereits eingetretener) Kollision von Rechtsgütern oder Interessen eine Gewichtung der widerstreitenden Gesichtspunkte im Wege der Güterabwägung (Interessenwertung) vorzunehmen ist, gilt für alle Rechtsbereiche, in denen sich solche Gegensätzlichkeiten ergeben können. Die Abwägung öffentlicher und privater Belange gegeneinander oder untereinander ist weitgehend → Ermessen und damit auch dessen Grenzen unterworfen. Auch bei der Feststellung der → immanenten Schranken der Grundrechte sind die widerstreitenden Grundrechte gegeneinander abzuwägen.

2. Das Abwägungsgebot hat in vielen gesetzlichen Regelungen seinen Niederschlag gefunden (vgl. für das Strafrecht §§ 34, 35 StGB; → Notstand 1a, → Notwehr 1a; → Meinungsfreiheit, → Pressefreiheit, → Widerstandsrecht), ist aber darüber hinaus als Leitgedanke auch in anderen Kollisionsfällen allen behördlichen und gerichtlichen Entscheidungen zugrundezulegen.

3. Besondere Bedeutung hat das Abwägungsgebot in allen planungs-, raum- und umweltorientierten Gesetzen und Verwaltungsverfahren erlangt; Abwägungsdefizite oder Abwägungsdisproportionalitäten führen hier häufig zur Rechtswidrigkeit und damit Aufhebung von Verwaltungsentscheidungen. Besondere Bedeutung hat das Abwägungsgebot bei der Aufstellung von → Bauleitplänen. Nach § 1 VII BauGB sind hierbei „die öffentlichen und privaten Belange gegeneinander und untereinander gerecht abzuwägen". Die wichtigsten Belange für die Abwägung sind in § 1 VI BauGB aufgezählt. Der umfassenden und gerechten Abwägung dient auch die Beteiligung der Bürger (§ 3 BauGB) und der Träger öffentlicher Belange (zur Beachtlichkeit von Versäumnissen vgl. §§ 214–216 BauGB). Trotz umfassender Abwägungspflicht bleibt aber eine gewisse planerische Gestaltungsfreiheit. Beachtliche Abwägungsfehler führen im Verfahren der → Normenkontrolle gem. § 47 VwGO zur Nichtigerklärung des Bebauungsplans. S. ferner → Planfeststellung, → Übermaßverbot.

Abwasser
1. Abwasser besteht aus Schmutz- und Niederschlagswasser (§ 2 Gesetz über die → Abwasserabgabe). Bestimmungen über die Beseitigung von Abwasser finden sich in den → Bauordnungen, im Wasserhaushaltsgesetz (WHG) und in den Wassergesetzen der Länder. Bauliche Anlagen dürfen nur errichtet werden, wenn die einwandfreie Beseitigung gesichert ist. Kleinkläranlagen, Gruben und Sickeranlagen dürfen in den meisten Ländern nur hergestellt werden, wenn die Abwässer nicht in eine Sammelkanalisation eingeleitet werden können. Die einwandfreie weitere Beseitigung innerhalb und außerhalb des Grundstücks muss gesichert sein.

2. Gem. § 3 Nr. 16 WHG ist die Abwasserbeseitigung eine Form der Wassernutzung. Ihre Pflicht (§ 56 WHG) bestimmt sich nach Landesrecht. Die Einleitung in → Gewässer bedarf der Erlaubnis oder Bewilligung (§§ 8, 9 WHG, → Wasserhaushalt). Flüssige Stoffe, die

kein Abwasser sind, können mit Abwasser beseitigt werden, wenn eine solche Entsorgung umweltverträglicher ist als eine Entsorgung als Abfall und wasserwirtschaftliche Belange nicht entgegenstehen (§ 55 WHG, → Abfallbeseitigung). Die Abwasserverordnung (AbwV) idF v. 17.6.2004 (BGBl. 2004 I 1108, 2625) mÄnd bestimmt den Mindestkatalog von Anforderungen an das Einleiten von Abwasser in Gewässer. → Anlage (3b), → Trinkwasser; → Umweltschutz; zu Strafvorschriften → Umweltkriminalität.

3. Seit 2023 regelt die VO (EU) 2020/741 v. 25.5.2020 über Mindestanforderungen an die Wasserwiederverwendung (ABl. EU 2020 L 177, 32) die Mindestqualität für behandeltes kommunales Abwasser, dass für landwirtschaftliche Bewässerung verwendet werden soll.

Abwasserabgabe
Nach dem Gesetz über Abgaben für das Einleiten von Abwasser in Gewässer idF v. 18.1.2005 (BGBl. 2005 I 114) mÄnd ist das Einleiten grundsätzlich abgabenpflichtig (§ 1 AbwAG). Das Gesetz ist Ausdruck des umweltrechtlichen → Verursacherprinzips. Abgabenpflichtig ist der Einleiter (§ 9 AbwAG). Die Abgabepflicht wird nach Grund und Höhe durch Bescheid festgesetzt (§ 4 AbwAG), wobei idR das Ausmaß der verursachten Verschmutzung (sog. Schadeinheiten) maßgebend ist. Die Abwasserabgabe wird von den Ländern erhoben. → Umweltschutz.

Abwehr von Gefahren
→ Gefahrenabwehr.

Abwehranspruch, -klage
(actio negatoria) → Eigentumsstörungen; → Vollstreckungsabwehrklage.

Abwehraussperrung
→ Aussperrung.

Abweichung gerichtlicher Entscheidungen
→ Divergenz gerichtlicher Entscheidungen.

Abweichungen im Baurecht
→ Ausnahmen und Befreiungen im Baurecht.

Abweichungsverbot
→ Bindungswirkung.

Abweisung der Klage
→ Prozessurteil, → Sachurteil.

Abweisung mangels Masse
→ Insolvenzverfahren (1).

Abwendungsbefugnis
→ Vollstreckungsschutz, → Lösungssumme.

Abwerbung von Arbeitskräften
Das Abwerben von Arbeitskräften ist grundsätzlich zulässig und immanenter Bestandteil eines funktionierenden → Wettbewerbs miteinander konkurrierender Unternehmen um die besten Mitarbeiter. Nur unter bestimmten Voraussetzungen kann das Abwerben von Mitarbeitern eines Wettbewerbers als wettbewerbswidrig zu beurteilen sein und einen Verstoß gegen § 4 Nr. 4 UWG begründen. Das ist dann der Fall, wenn sich die Abwerbung aufgrund der konkreten Umstände - sei es im Hinblick auf die dahinter stehenden (als unlauter anzusehenden) Ziele, sei es angesichts der Abwerbemethoden - als gezielte Behinderung eines Mitbewerbers darstellt, die weniger dem eigenen wirtschaftlichen Fortkommen des Abwerbenden, sondern in erster Linie dazu dient, den Mitbewerber systematisch zu schwächen. (s. auch → Sittenwidrigkeit (1), → unlauterer Wettbewerb (2b))

Abwertung
Als Abwertung im weiten Sinn bezeichnet man jede Herabsetzung des Außenwerts einer Währung. Gegensatz → Aufwertung. Sie erfolgt idR durch Angebot und Nachfrage an den Devisenmärkten (→ Devisen). Als Abwertung im engen Sinn wird in Systemen fester → Wechselkurse die Herabsetzung des festgesetzten Wechselkurses bezeichnet. Ihr Einsatz als handelspolitische Maßnahme zur Verbilligung des Exports (Valuta-Dumping) ist nach den Bestimmungen des Internationalen → Währungsfonds nicht zulässig.

Abwesenheitspflegschaft
Für einen abwesenden Volljährigen, dessen Aufenthalt unbekannt (→ Verschollenheit braucht nicht vorzuliegen) oder der an der Rückkehr und Besorgung seiner Vermögensangelegenheiten verhindert ist (zB durch Auslandsaufenthalt), ist zur Regelung seiner Angelegenheiten, soweit sie der Fürsorge bedürfen, A. anzuordnen (§ 1884 BGB nach dem Gesetz zur Reform des Vormundschafts- und Betreuungsrechts vom 4.5.2021, BGBl. 2021 I 882). Die Abwesenheitspflegschaft ist eine → Pflegschaft, deren Anordnung auch dann wirksam ist, wenn der Abwesende bereits verstorben war (zB ein Vermisster); der Pfleger hat dann die Stellung eines → Nachlasspflegers. Die Abwesenheitspflegschaft endet kraft Gesetzes mit der → Todeserklärung des Abwesenden oder mit Erledigung der Abwesenheitspflegschaft; im Übrigen ist sie vom → Familiengericht aufzuheben, wenn die Verhinderung weggefallen oder der Abwesende gestorben ist (§ 1886 BGB).

Abwesenheitsverfahren
Das Strafverfahren soll grundsätzlich nicht ohne Beteiligung des → Beschuldigten geführt werden. Grundsätzlich darf insbes. die → Hauptverhandlung (über Ausnahmen s. dort) nur in Anwesenheit des → Angeklagten stattfinden. Ist der Beschuldigte auf nicht absehbare Zeit abwesend, so kann die Staatsanwaltschaft das Ermittlungsverfahren (§ 154 f StPO), das Gericht das Hauptverfahren vorläufig einstellen (§ 205 StPO). Bei unbekanntem oder Auslandsaufenthalt ist das Abwesenheitsverfahren nach §§ 276, 285 ff. StPO zulässig, aber nur zwecks Beweissicherung, nicht als Hauptverhandlung. Unter den Voraussetzun-

gen des → Haftbefehls kann das Inlandsvermögen des Angeklagten beschlagnahmt werden, um den Beschuldigten zur Gestellung zu veranlassen (§ 290 StPO). Wird ihm → sicheres Geleit (§ 295 StPO) erteilt, so bleibt er von der Untersuchungshaft verschont, außer wenn er sich weisungswidrig verhält oder zu Freiheitsstrafe verurteilt wird.

Abwicklung
1. → Liquidation; von Banken → Kreditinstitute, Sanierung und Abwicklung.

2. Der Begriff wurde im Bereich des in Art. 20 EVertr vorgesehenen Übergangsrechts für den öffentlichen Dienst der ehem. DDR verwendet. Abwicklung war die ersatzlose Auflösung der bisherigen Beschäftigungsstelle (vgl. Anl. I zum EV Kap XIX Abschn. III Sachgeb. A Nr. 1 Abs. 4 Nr. 3). Bei Abwicklung der Beschäftigungsstelle konnten sämtliche Arbeitsverhältnisse ohne weitere Gründe ordentlich gekündigt werden.

Zudem liegt im Arbeitsrecht ein sog. Abwicklungsvertrag vor, wenn die Beendigung eines → Arbeitsverhältnisses an sich durch einen anderen Rechtsakt vorgenommen wurde (zB durch eine → Kündigung; sa → Kündigungsschutz für Arbeitnehmer) und der Abwicklungsvertrag lediglich die Modalitäten der Beendigung (die reine Abwicklung des beendeten bzw. demnächst endenden Arbeitsverhältnisses) regelt. Bestimmt der Vertrag neben der Abwicklung auch die Beendigung des Arbeitsverhältnisses (oder nur diese), handelt es sich um einen → Aufhebungsvertrag oder Auflösungsvertrag, für den das Schriftformerfordernis gem. § 623 BGB gilt.

Abwicklungsfonds
Im Rahmen des einheitlichen Abwicklungsmechanismus wurde durch die VO (EU) 806/2014 v. 15.7.2014 (ABl. EU 2014 L 225, 1) (→ Bankenunion, → Kreditinstitute, Sanierung und Abwicklung) der einheitliche Abwicklungsfonds (Single Resolution Fund) geschaffen. Nach Art. 67 ff. VO (EU) 806/2014 soll er nach einer 2016 begonnenen Aufbauphase von acht Jahren Maßnahmen zur geordneten Abwicklung von Kreditinstituten und Wertpapierfirmen finanzieren und damit die Inanspruchnahme von Steuergeldern zur Bankenrettung vermeiden. Der Abwicklungsfonds wird durch regelmäßige Beiträge (Bankenabgabe, dazu DVO (EU) 2015/81 v. 19.12.2014, ABl. EU 2015 L 15, 1) aller europäischen Kreditinstitute gespeist. Diese Beiträge werden von den nationalen Abwicklungsbehörden (in Deutschland die → BaFin) erhoben (§ 3 RStruktFG, → Restrukturierungsfonds) und gemäß eines völkerrechtlichen Übereinkommens (BGBl. 2014 II 1298) auf den Abwicklungsfonds übertragen. 2024 hat der Abwicklungsfonds, der von dem Ausschuss für die einheitliche Abwicklung verwaltet wird, das Zielvolumen von 1% der gedeckten Einlagen aller europäischen Institute, knapp 80 Mrd. EUR, erreicht.

Abwohnbarer Baukostenzuschuss
→ Baukostenzuschuss.

Abwrackprämie
→ Umweltprämie.

Abzahlungsgeschäft
→ Teilzahlungsgeschäft, → Verbraucherdarlehensvertrag , → Ratenlieferungsvertrag, → Verbrauchervertrag.

Abzahlungshypothek
→ Tilgungshypothek.

Abzahlungskauf
→ Teilzahlungsgeschäft, → Verbraucherdarlehensvertrag, → Ratenlieferungsvertrag, → Verbrauchervertrag.

Abzeichen
Öffentliches Tragen oder sonstiges öffentliches Verwenden oder Verbreiten von Abzeichen verbotener Vereinigungen oder Parteien ist strafbar nach § 86a StGB, § 20 I Nr. 5 VereinsG (→ Kennzeichen verfassungswidriger Organisationen), das unbefugte Tragen von Amts-Abzeichen (Dienstmütze) nach § 132a StGB. Unbefugtes Tragen von Berufs-Abzeichen der staatl. anerkannten Kranken- oder Wohlfahrtspflege (Rotkreuz-Brosche usw.) oder einer von einer Religionsgesellschaft öffentl. Rechts anerkannten religiösen Vereinigung ist → Ordnungswidrigkeit (§ 126 OWiG).

Abziehbare/abzugsfähige Ausgaben
Im Steuerrecht → Ausgaben, abzugsfähige. Abzugsbesteuerung im Baugewerbe → Bauabzugsteuer.

Abzinsung
→ Zinsschuld (2).

Abzug neu für alt
→ Schadensersatz (3).

Abzugsteuern (Quellensteuern)
werden direkt an der Einkunftsquelle durch Dritte einbehalten. Die einbehaltenen Steuerbeträge können bei der → Veranlagung (Veranlagungsteuern) angerechnet werden, so dass die einbehaltene Steuer den Charakter einer Steuervorauszahlung erhält, zB → Lohnsteuer (§§ 38–42g, 46 EStG), → Kapitalertragsteuer (§§ 43–45e EStG), → EU-Zinsrichtlinie.

Abzugsumsätze
→ Umsatzsteuer (7).

Achslast von Kraftfahrzeugen
→ Belastung von Kraftfahrzeugen.

Acht
Die Acht (Ächtung) war im Mittelalter eine der schwersten Strafsanktionen. Sie wurde bei Verbrechen verhängt, die sich unmittelbar gegen den Staats- oder Volksverband richteten oder ehrloser Gesinnung entsprangen. Die Acht hatte „Friedlosigkeit" zur Folge, dh der Täter wurde aus der Gemeinschaft ausgestoßen, durfte (sollte) von jedermann bußlos erschlagen werden und blieb unbegraben („vo-

gelfrei“, den Vögeln zum Fraße). Ferner konnte die Acht den Täter, der nicht vor Gericht erschien, in Form der Vermögenseinziehung, Verbannung oder Verknechtung treffen. Die Acht war ein Strafmittel der weltlichen Gerichtsbarkeit, das häufig mit dem kirchlichen → Bann verbunden wurde.

Acht Tage
Ist eine → Frist von 8 Tagen vereinbart, so sind hierunter im Handelsverkehr im Zweifel volle 8 Tage zu verstehen (§ 359 II HGB); sonst entscheidet die → Auslegung, ob – wie meist – eine Woche gemeint ist. Im Einzelnen → Frist.

Achtstundentag
→ Arbeitszeit.

Acquis communautaire
bedeutete in der Formulierung des Art. 2 EUV idF vor Inkrafttreten des Vertrags von Lissabon (→ Europäische Integration, 3 f und g) den gemeinschaftlichen rechtlichen Besitzstand, der von den Mitgliedstaaten der → Europäischen Union zu wahren und von Beitrittskandidaten zu übernehmen ist. Der Acquis communautaire umfasst das Regelwerk, das aus dem → europäischen Recht (primär, sekundär) sowie der Rechtsprechung des EuGH besteht.

actio
= (römisch-rechtlich) Klagemöglichkeit. Nur für bestimmte Rechte und Ansprüche bestand (anders als heute) Rechtsschutz; ein → Anspruch konnte nur eingeklagt werden, wenn zu seiner Durchsetzung eine actio gegeben war (sog. Aktionensystem). Man unterschied insbes. die actio in rem (Geltendmachung eines → dinglichen Rechts) und die actio in personam (Geltendmachung eines persönlichen Forderungsrechts; → Anspruch).

actio illicita in causa
→ Notwehr (1a dd).

actio libera in causa
Hat der Täter im Zustand der → Schuldunfähigkeit eine rechtswidrige Tat (§ 11 I Nr. 5 StGB) begangen, so ist er gleichwohl strafbar, wenn er den Zustand bei voller oder nur verminderter Schuldfähigkeit herbeigeführt hat, und zwar wegen vorsätzlichen (zB Täter trinkt sich Mut an, um im Rausch Körperverletzungen zu begehen) oder wegen fahrlässigen Handelns (zB Berufskraftfahrer betrinkt sich während Lenkpause, obwohl er damit rechnen musste, dass er noch vor Ernüchterung weiterfahren wird). Die Strafbarkeit wegen des begangenen Delikts tritt also, anders als beim → Vollrausch (§ 323a StGB), nicht wegen Herbeiführung der Schuldunfähigkeit ein, sondern weil der Täter vorausgesehen hat oder hätte voraussehen müssen, dass er in diesem Zustand eine bestimmte Straftat begehen werde. Die Grundsätze der actio libera in causa sind aber auf → Tätigkeitsdelikte im Straßenverkehr (→ Straßenverkehrsgefährdung, → Fahren ohne Führerschein) nicht anwendbar; für sie kann ein schuldunfähiger Täter nur wegen → Vollrausches bestraft werden (BGH NJW 1997, 138). Bei fahrlässigen → Erfolgsdelikten (zB fahrlässige → Tötung oder → Körperverletzung) ist idR ein Rückgriff auf die actio libera in causa nicht notwendig; hier kann generell an ein schuldhaftes Vorverhalten wie das Sich-Betrinken angeknüpft werden (BGH NJW 1997, 138).

actio negatoria
→ Eigentumsstörungen.

actio pro socio
Bei einer → Personengesellschaft kann ein einzelner Gesellschafter mit der actio pro socio das der Gesellschaft gegen einen anderen einzelnen Gesellschafter zustehende Recht, zB auf Leistung der vereinbarten Beiträge (§ 705 BGB), im eigenen Namen geltend machen, ggf. durch → Klage in → Prozessstandschaft. Der Gesellschafter kann jedoch immer nur Leistung an die Gesellschaft fordern. Die actio pro socio schützt Minderheitsgesellschafter vor der Einflussnahme der Mehrheitsgesellschafter, etwa dass diese die Geschäftsführung dazu veranlassen, Ansprüche der Gesellschaft gegen die Mehrheitsgesellschafter nicht durchzusetzen. Durch das Personengesellschaftsrechtsmodernisierungsgesetz (MoPeG vom 17.8.2021, BGBl. 2021 I 3436) wurde die actio pro socio kodifiziert (§ 715b BGB).

actus (consensus) contrarius
(actus = Rechtshandlung) ist ein → Rechtsgeschäft, das das Gegenteil eines früher abgeschlossenen bezweckt, idR dessen Aufhebung. Hierzu ist regelmäßig – wie zur Begründung eines → Schuldverhältnisses – ein → Vertrag (Aufhebungsvertrag) erforderlich (§ 311 I BGB).

Adäquanztheorie
→ Schadensersatz (1).

Adäquater Kausalzusammenhang
→ Schadensersatz (1).

Additionsmethode
→ Trennungsunterhalt 2.

Adelsprädikate
Die Vorrechte des Adels wurden durch Art. 109 III WV aufgehoben: Adelsbezeichnungen dürfen nicht mehr verliehen werden; die vor dem 14.8.1919 erworbenen bleiben jedoch bestehen und gelten als Bestandteil des Namens. Diese Bestimmung der WV gilt heute noch fort, wenn auch nicht mehr mit verfassungsmäßigem Rang. Ob ein → Ausländer ein Adelsprädikat führen darf, richtet sich auch in Deutschland nach seinem Heimatrecht (→ Internationales Privatrecht, 2). Dies gilt auch für Auslandsdeutsche, denen in einem ausländischen Staat die Adelsbezeichnung aberkannt wurde; sie erwerben diese auch durch die Einbürgerung nicht zurück. Jedoch können sie diese im Wege der → Namensänderung zurückgewinnen; § 3a Namensände-

rungsgesetz lässt die Namensänderung zu, wenn einem deutschen Staatsangehörigen, der die deutsche Staatsangehörigkeit nach dem 1.1.1919 erworben hat, durch ein Gesetz oder eine Verwaltungsmaßnahme seines früheren Heimatstaates die Führung seines Namens (mit Adelsprädikat) verboten worden war, sofern durch die Verbotsregelung überwiegend Angehörige einer deutschen Minderheit betroffen waren. Das unbefugte Führen von Adelsprädikaten gegenüber zuständigen Behörden (Beamten) ist → Ordnungswidrigkeit (§ 111 OWiG). Ferner → Namensrecht.

Adhäsionsverfahren
Der durch eine Straftat Verletzte oder sein Erbe kann etwaige Schadensersatzansprüche entweder im → Zivilprozess oder nach §§ 403 ff. StPO im Strafverfahren, sog. Adhäsionsverfahren, geltend machen (vor dem Amtsgericht ohne Rücksicht auf den Wert des → Streitgegenstandes). Das Adhäsionsverfahren ist im Verfahren gegen Jugendliche nicht zulässig, wohl aber gegen Heranwachsende (§§ 81, 109 JGG). Der Antrag kann schriftlich oder zu Protokoll, in der → Hauptverhandlung noch bis zu Beginn der Schlussvorträge, gestellt werden. Er hat → Rechtshängigkeit des Anspruchs wie im Zivilprozess zur Folge. Gewährung von → Prozesskostenhilfe ist möglich (§ 404 V StPO). Der Antragsteller und der Angeklagte können einen → Prozessvergleich über den Anspruch schließen (§ 405 I StPO). Der Angeklagte kann den Anspruch auch ganz oder teilweise anerkennen; das Gericht erlässt dann ein → Anerkenntnisurteil (§ 406 II StPO). Im Falle strafrechtlicher Verurteilung gibt das Gericht dem Schadensersatzantrag im Strafurteil statt, soweit er begründet ist. Die Entscheidung steht einem zivilprozessualen Urteil gleich; sie kann sich auf den Grund oder einen Teil des Anspruchs beschränken (§ 406 I 1, 2 StPO). Der Ausspruch über den Adhäsionsantrag kann für sich allein vom Angeklagten angefochten werden (§ 406a II StPO). Soweit das Gericht dem Antrag nicht stattgibt, kann dieser noch im Zivilprozess geltend gemacht werden (§ 406 III 3 StPO). Ist über den Anspruchsgrund rechtskräftig entschieden, findet das Betragsverfahren vor dem Zivilgericht statt (§ 406 III 4 StPO). Das Gericht sieht von einer Entscheidung über den Schadensersatzanspruch ab, wenn der Antrag unzulässig ist oder soweit er unbegründet erscheint. IÜ kann es von einer Entscheidung nur absehen, wenn sich der Antrag zur Erledigung im Strafverfahren auch unter Berücksichtigung der berechtigten Belange des Antragstellers nicht eignet (zB wegen Verfahrensverzögerung); dies gilt nicht bei einem Schmerzensgeldanspruch (§ 406 I 3, 6 StPO). Gegen den Beschluss, mit dem das Gericht von einer Entscheidung über den Antrag absieht (§ 406 V 2 StPO), kann der Antragsteller gemäß § 406a I StPO sofortige Beschwerde einlegen.

Ad-hoc-Publizität
→ Emittenten von → Finanzinstrumenten, die an einem → regulierten Markt, einem → multilateralen Handelssystem oder einem → organisierten Handelssystem gehandelt werden, sind nach Art. 17 Marktmissbrauchs-VO (→ Insidergeschäft) dazu verpflichtet, Insiderinformationen (zB Gewinneinbrüche, Dividendenvorschläge) unverzüglich (ad hoc) publik zu machen. Einzelheiten regelt die Wertpapierhandelsanzeigeverordnung (WpAV) v. 13.12.2004 (BGBl. 2004 I 3376) mÄnd. Hierzu gehören etwa erwartete Gewinneinbrüche oder die Abberufung von Vorstandsmitgliedern. Dividendenkürzungen oder die Verschiebung der Hauptversammlung, die in der Corona-Krise vorkamen, können ebenfalls publizitätspflichtige Mitteilungen sein. Die → Bundesanstalt für Finanzdienstleistungsaufsicht (BaFin) prüft, ob die Emittenten ihrer Publizitätspflicht nachkommen. Wird eine Ad-hoc-Meldung unterlassen oder werden unwahre Tatsachen veröffentlicht, so ist der Emittent gegenüber gutgläubigen Erwerbern dieser Wertpapiere zum Schadensersatz verpflichtet (§§ 97 f. WpHG). Verstöße sind zT strafbewehrt und können mit einem Bußgeld geahndet werden (§§ 119 f. WpHG). Sa → Eigengeschäfte von Führungskräften.

Adjudikation
Adjudikation bezeichnet ein außergerichtliches Verfahren, mit dem langwierige Bauprozesse vermieden werden sollen (→ Baumängel). Die Adjudikation führt zu einer gerichtlich überprüfbaren Entscheidung.

Administration
bedeutet → Verwaltung.

Administrativenteignung
→ Enteignung.

Administrator, Apostolischer
→ Apostolische Administratur.

Administrierte Preise
sind Preise, die nicht durch den Markt, sondern durch staatliche Intervention zustande kommen, zB → Postgebühren, Verkehrstarife, Honorarbestimmungen der → freien Berufe, etwa für → Architekten und → Ingenieure, Rechtsanwälte (→ Rechtsanwaltsgebühr), Steuerberater (→ Steuerberatergebührenverordnung). → Preisrecht und zur Telekommunikation → Marktregulierung.

ADN-Übereinkommen
→ Beförderung gefährlicher Güter.

Adoption
(Annahme als Kind). 1. Eine Adoption ist zulässig, wenn sie dem Wohl des Kindes dient und zu erwarten ist, dass zwischen dem Annehmenden und dem Kind ein echtes Eltern-Kind-Verhältnis entsteht (§ 1741 I 1 BGB). Der Angenommene wird rechtlich voll in die Adoptivfamilie eingegliedert; die bisherigen

Verwandtschaftsverhältnisse erlöschen (sog. Voll-Adoption).

a) Wer nicht verheiratet ist, kann ein Kind nur allein annehmen (s. a. → Lebenspartnerschaft). Ein Ehepaar kann ein Kind nur gemeinschaftlich annehmen (§ 1741 II BGB). Ein Ehegatte kann auch ein Kind des anderen Ehegatten allein annehmen, nicht aber allein sein eigenes. Der Annehmende muss unbeschränkt geschäftsfähig und mindestens 25 Jahre alt sein, bei annehmenden Ehepaaren der andere Ehegatte mindestens 21 Jahre (§ 1743 BGB). Kinderlosigkeit des Annehmenden wird nicht mehr vorausgesetzt, ebenso wenig Minderjährigkeit des Kindes; doch gelten für die Adoption Volljähriger Sondervorschriften (s. u.). Die Vermittlung von Adoptionen ist nach dem Adoptionsvermittlungsgesetz (AdVermiG) idF vom 22.12.2001 (BGBl. 2002 I 354) zuletzt mit Änderungen durch das Adoptionshilfegesetz vom 12.2.2021 (BGBl. 2021 I 226) den → Jugendämtern und den freien Wohlfahrtsverbänden gestattet (→ Adoptionsvermittlung).

Die Adoption bedarf der Einwilligung des Kindes und ggf. der Zustimmung seines gesetzlichen Vertreters; ist das Kind geschäftsunfähig oder noch nicht 14 Jahre alt, so kann nur der gesetzliche Vertreter die Einwilligung erteilen (§ 1746 BGB). Die Adoption bedarf ferner der Einwilligung der Eltern des Kindes; sie kann erst erteilt werden, wenn das Kind 8 Wochen alt ist. Der Vater (oder wer als solcher vermutet wird, → Abstammung, 2c) kann bei nicht verheirateten Eltern die Einwilligung auch schon vor der Geburt erteilen, sofern er nicht gemäß § 1672 BGB beantragt hat, die → elterliche Sorge auf ihn zu übertragen (dann darf eine Adoption erst ausgesprochen werden, wenn über diesen Antrag entschieden ist oder der Vater hierauf verzichtet hat, § 1747 BGB). Die Annehmenden müssen den gesetzlichen Vertretern nicht namentlich bekannt sein, → Inkognitoadoption (dort auch über Blankoadoption).

Die verweigerte Einwilligung des Vormunds oder Pflegers kann das Familiengericht beim Fehlen eines triftigen Grundes ersetzen, die Einwilligung eines Elternteils nur bei erheblicher Pflichtverletzung oder Interesselosigkeit gegenüber dem Kind (§ 1746 III BGB, § 1748 BGB). Hat die Mutter nach § 1626a BGB allein die → elterliche Sorge (s. dort), so hat das Familiengericht die Einwilligung des Vaters zu ersetzen, wenn das Unterbleiben der Adoption dem Kind zu unverhältnismäßigem Nachteil gereichen würde (§ 1748 IV BGB). Die Einwilligung ist dem Familiengericht gegenüber zu erklären und bedarf der notariellen Beurkundung; sie darf weder bedingt noch befristet sein, ist unwiderruflich und kann nicht durch einen Vertreter erteilt werden (§ 1750 BGB). Mit der Einwilligung eines Elternteils ruht dessen → elterliche Sorge (auch das Recht des persönlichen Umgangs mit dem Kind darf nicht mehr ausgeübt werden; bis zur Wirksamkeit der Adoption wird das Jugendamt → Vormund § 1751 BGB).

b) Die Adoption wird auf Antrag des Annehmenden vom Familiengericht ausgesprochen (sog. Dekretsystem – also nicht mehr durch Vertrag der Beteiligten; § 1752 BGB). Sie setzt idR voraus, dass der Annehmende das Kind eine angemessene Zeit in Pflege gehabt hat (Adoptionspflege, § 1744 BGB, § 8 AdVermiG). Die Adoption ist nur zulässig, wenn sie dem Wohl des Kindes dient und ein echtes Eltern-Kind-Verhältnis erwarten lässt (also keine Schein- oder Namensadoption). Ferner dürfen überwiegende Interessen der Kinder des Annehmenden oder des Anzunehmenden nicht entgegenstehen; vermögensrechtliche Interessen sollen aber nicht ausschlaggebend sein (§ 1741 I BGB, § 1745 BGB).

c) Bei Adoption durch ein Ehepaar (oder Adoption eines Kindes des anderen Ehegatten) erlangt das Kind die volle rechtliche Stellung eines gemeinschaftlichen Kindes der Ehegatten, sonst die eines Kindes des Annehmenden. Das minderjährige Kind untersteht also der → elterlichen Sorge. Es entstehen gegenseitige Ansprüche aus dem Erbrecht (gesetzliche → Erbfolge) und Unterhaltspflichten (→ Unterhaltspflicht unter Verwandten). Der Adoptierte erhält den → Wohnsitz des Annehmenden (§ 11 BGB), der minderjährige Adoptierte auch dessen → Staatsangehörigkeit. Die Wirkungen der Adoption erstrecken sich auf die Abkömmlinge des Kindes. Das Verwandtschaftsverhältnis des Kindes und seiner Abkömmlinge zu den bisherigen Verwandten und die sich aus ihm ergebenden Rechte und Pflichten (zB Erbrecht, Unterhaltsansprüche) erlöschen grundsätzlich; jedoch werden vorher entstandene Versorgungsansprüche nicht berührt (§§ 1754, 1755 BGB). Das Kind erhält als Geburtsnamen den Familiennamen (→ Name der Familie) des Annehmenden; Beifügung des bisherigen Familiennamens und Änderung (Ergänzung) des Vornamens kann das Familiengericht anordnen (§ 1757 BGB).

d) Die Aufhebung des Adoptionsverhältnisses durch das Familiengericht ist nur unter bestimmten Voraussetzungen zulässig (Fehlen des Antrags des Annehmenden oder der Einwilligung des Kindes oder eines Elternteils oder Unwirksamkeit wegen bestimmter Mängel); sie setzt einen (fristgebundenen) Antrag des betreffenden Beteiligten voraus (§§ 1760, 1762 BGB).

Eine Aufhebung der Adoption ist auch während der Minderjährigkeit des Kindes aus schwerwiegenden Gründen zulässig (§ 1763 BGB). Kraft Gesetzes wird das Adoptionsverhältnis aufgehoben bei einer Eheschließung zwischen dem Annehmenden und dem Angenommenen oder einem seiner Abkömmlinge entgegen dem → Eheverbot des § 1308 BGB (§ 1766 BGB). Die Aufhebung wirkt nur für die Zukunft; das durch die Adoption begründete Verwandtschaftsverhältnis erlischt – damit auch Unterhalts- und Erbrecht (beim Namensrecht Ausnahmebewilligung möglich, § 1765 BGB); das frühere lebt wieder auf. Das Familiengericht hat den leiblichen Eltern die elterliche Sorge zurückzuübertragen, soweit dies dem Wohl des Kindes nicht widerspricht; ansonsten ist ein Vormund oder Pfleger zu bestellen (§ 1764 BGB).

2. Die Adoption eines Volljährigen setzt voraus, dass sie sittlich gerechtfertigt und ein wirkliches Eltern-Kind-Verhältnis zu erwarten ist. Der Antrag ist von dem Annehmenden und vom Anzunehmenden zu stellen (§§ 1767, 1768 BGB). Grundsätzlich gelten die gleichen Regeln wie bei der Adoption eines Minderjährigen. Jedoch wird kein Rechtsverhältnis zu den Verwandten des Annehmenden begründet. Auch werden die Rechte und Pflichten im Verhältnis zwischen dem Adoptierten und dessen Verwandten grundsätzlich nicht berührt (§ 1770 BGB; Ausnahmen § 1772 BGB). Eine gerichtliche Aufhebung der Adoption ist auf Antrag des Annehmenden oder des Adoptierten schon aus wichtigem Grund zulässig (§ 1771 BGB). Zum Verfahren s. → Adoptionssachen.

Zur Embryo-Adoption → künstliche Fortpflanzung. Überleitungsvorschrift für im Gebiet der ehem. DDR vor dem 3.10.1990 begründete A. Art. 234 § 13 EGBGB. Zum Haager Übereinkommen vom 29.5.1993 über den Schutz von Kindern und die Zusammenarbeit auf dem Gebiet der internationalen A. (BGBl. 2001 II 1034) sowie über Wirkungen einer Adoption nach ausländischem Recht s. Gesetz über Wirkungen der Annahme als Kind nach ausländischem Recht (Adoptionswirkungsgesetz – AdWirkG) vom 5.11.2001, BGBl. 2001 I 2950 mÄnd.

Adoptionssachen
sind eine Unterart der → Familiensachen (§§ 186 ff. FamFG). Sie betreffen insbes. die Annahme als Kind sowie die Ersetzung der Einwilligung hierzu. Zuständig ist das Amtsgericht als → Familiengericht, in dessen Bezirk der Annehmende seinen gewöhnlichen Aufenthalt hat.

Adoptionsvermittlung
1. Adoptionsvermittlung ist das Zusammenführen von Kindern unter 18 Jahren und Personen, die das Kind annehmen wollen (Adoptionsbewerber) mit dem Ziel der Annahme als Kind (→ Adoption) oder der Nachweis der Gelegenheit, ein auch noch nicht gezeugtes oder geborenes Kind anzunehmen oder annehmen zu lassen (§ 1 S. 1 und 2 des AdoptionsvermittlungsG – AdVermiG – idF v. 22.12.2001, BGBl. 2002 I 354, zuletzt geändert durch das Adoptionshilfe-Gesetz v. 12.2.2021, BGBl. 2021 I 226). Sie ist Jugendämtern, Landesjugendämtern, bestimmten Verbänden der → Freien Wohlfahrtspflege und zur Adoptionsvermittlung anerkannten oder zugelassenen Stellen gestattet. Anderen ist die Adoptionsvermittlung grds. untersagt (§ 5 I AdVermiG). Dies gilt auch für die internationale, dh grenzüberschreitende Adoptionsvermittlung nach dem Haager Adoptionsübereinkommen vom 29.5.1993 (BGBl. 2001 II 1034), bei der das → Bundesamt für Justiz als Bundeszentralstelle für Auslandsadoption mitzuwirken hat (§ 2a AdVermiG). Ein internationales Adoptionsverfahren ohne Beteiligung einer Adoptionsvermittlungsstelle, die den Adoptionsvorschlag der Fachstelle des Heimatstaates des Kindes prüft, ist untersagt (§ 2b AdVermiG). Eine Beratungspflicht besteht in der Regel auch bei einer Stiefkindadoption (§ 9a AdVermiG).

2. Die Adoptionsvermittlungsstelle prüft auf Antrag die Eignung der Adoptionsbewerber und bescheinigt sie (§ 7 AdVermiG). Sie begleitet die der Adoption in der Regel vorausgehende Phase der Adoptionspflege, in der das Kind bereits bei den Adoptionsbewerbern lebt (§ 1744 BGB, § 8 AdVermiG) und vermittelt nach der Adoption den Wunsch nach Informationen oder Kontakt zwischen Kind und abgebenden Eltern (§§ 8a ff. AdVermiG). In die Dokumentation der Vermittlung hat das Kind lebenslang ab dem 16. Lebensjahr ein Einsichtsrecht (§ 9c II AdVermiG).

3. Folgende Vermittlungstätigkeiten sind verboten: Gewähren oder Verschaffen einer Gelegenheit zur Entbindung im Ausland für eine Schwangere mit Wohnsitz oder Aufenthalt im Inland und Bestimmen der Schwangeren, ihr Kind im Ausland zur Adoption wegzugeben, oder Leisten von Hilfe zur Weggabe des Kindes, jeweils bei Gewerbs- oder Geschäftsmäßigkeit (§ 5 II AdVermiG); Maßnahmen mit dem Ziel der Aufnahme eines Kindes auf Dauer durch einen Dritten, insbes. durch wahrheitswidrige Vaterschaftsanerkennung (§ 5 III 1 AdVermiG); die Ersatzmuttervermittlung (→ Künstliche Fortpflanzung 2.); Adoptionsanzeigen (§ 6 AdVermiG). Ein Verstoß wird als → Ordnungswidrigkeit mit Geldbuße geahndet (§ 14 AdVermiG) und ist in bestimmten Fällen als → Kinderhandel strafbar. Wer an einer gesetz- oder sittenwidrigen Adoptionsvermittlung (auch über einen Dritten) mitgewirkt hat, soll ein Kind nur annehmen, wenn dies zum Wohl des Kindes erforderlich ist (§ 1741 I 2 BGB).

Adressat
Als Adressat wird der Empfänger des Steuerbescheids bezeichnet. Dabei ist zwischen Inhalts- und Bekanntgabeadressaten zu unterscheiden. Derjenige, für den der Steuerbescheid seinem Inhalt nach bestimmt ist, ist der Inhaltsadressat. Dieser muss nicht identisch mit demjenigen sein, dem der Bescheid bekanntgegeben wird (Bekanntgabeadressat, zB Steuerberater). → Beteiligter.

ADR-Übereinkommen
→ Beförderung gefährlicher Güter.

ADSp
(Allgemeine Deutsche Spediteurbedingungen) → Speditionsvertrag.

Advokat
Advokat ist in Deutschland die frühere Bezeichnung für → Rechtsanwalt, in den meisten EU- und EWR-Staaten (s. Anlage zum G über die Tätigkeit europ. Rechtsanwälte in Deutschland v. 9.3.2000, BGBl. 2000 I 182 mÄnd) und in Teilen der Schweiz die offizielle Benennung hierfür.

AEE
→ Europäische Zentrale Fachbehörden.

Ältestenrat
heißt das Gremium eines → Parlaments, das dessen Präsidenten bei der Führung der Geschäfte unterstützt. Der Ältestenrat besteht aus dem Präsidenten des Parlaments und dessen Stellvertretern sowie weiteren Mitgliedern, die von den einzelnen Fraktionen bestimmt werden (vgl. zB § 6 GO-BT). Das Lebensalter ist für die Mitgliedschaft nicht ausschlaggebend. Der Ältestenrat dient insbes. der Verständigung der → Fraktionen über den Arbeitsplan des Parlaments und über Verfahrensfragen. An den Sitzungen nimmt regelmäßig ein (nicht stimmberechtigter) Vertreter der Regierung teil.

Ältestenrecht
→ Höfeordnung.

Änderung der Geschäftsgrundlage
→ Geschäftsgrundlage.

Änderung des rechtlichen Gesichtspunktes
im Strafverfahren → Hauptverhandlung.

Änderungsgesetze
Änderungsesetze sind Getze zur Änderung bestehender Gesetze, der sog. → Stammgesetze. Änderungsesetze enthalten idR über die Änderungen bestehender gesetze (sog. Änderungsbefehle) hinaus keine eigenständigen Regelungen. Die jeweils ein bestimmtes Stammgesetz betreffenden Regelungen sind jeweils in einem → Artikel (→ Artikelgesetz) zusammengefasst. Teilweise sind in einem oder mehreren Artikeln eines Änderungsgesetzes auch neue Stammgesetze enthalten. Typische Beispiele für Änderungsgesetze sind zB das → Zuwanderungsgesetz oder das → Fachkräfteeinwanderungsgesetz.

Änderungsklage
→ Abänderungsklage.

Änderungskündigung
Eine Änderungskündigung ist die → Kündigung eines → Dauerschuldverhältnisses, insbes. eines → Arbeitsverhältnisses oder eines → Mietvertrages, allein zu dem Zweck, durch ein mit der Kündigung verbundenes neues Vertragsangebot andere Vertragsbedingungen zu erzielen. Bei der Änderungskündigung wird zugleich der Abschluss eines neuen Vertrages mit anderem Inhalt angeboten. Hierbei sind → Bedingungen zulässig, deren Eintritt ausschließlich vom Willen des Kündigungsempfängers abhängt. Relevant ist eine Änderungskündigung iSv § 2 KSchG nur, wenn die Kündigungsmöglichkeit beschränkt ist (also zB nicht in Kleinbetrieben), wenn eine Teilkündigung (wie meist im Arbeitsverhältnis) unzulässig ist oder wenn (bei einer Weisung anstelle einer Änderungskündigung) die Grenzen des → Direktionsrechts überschritten wären. Auch die Änderungskündigung unterliegt dem → Kündigungsschutz für Arbeitnehmer (§§ 2, 8 KSchG) sowie dem Wohnraumkündigungsschutz → Wohnraummietvertrag, 5).

Im Anwendungsbereich des KSchG kann ein Arbeitnehmer ausnahmsweise das Angebot unter einem Vorbehalt (gerichtliche Prüfung der sozialen Rechtfertigung) annehmen (§ 2 KSchG in Abweichung zu § 150 II BGB) und fristgemäß Klage erheben. Dass der Arbeitnehmer die Änderung unter Vorbehalt annehmen kann, enthebt ihn des Risikos, bei einer Niederlage im Prozess den Bestand des Arbeitsverhältnisses insgesamt zu gefährden. Denn verliert der Arbeitnehmer den Prozess (ansonsten s. § 8 KSchG), ist ihm jedenfalls die Beschäftigung zu den geänderten Bedingungen sicher. Die Änderungskündigung ist bei insbes. fristgemäßer Klageerhebung auf ihre soziale Rechtfertigung zu prüfen. Dabei muss jede einzelne vorgesehene Änderung erforderlich sein, die angebotenen Änderungen müssen hinreichend klar sein, um mit einem schlichten "Ja" angenommen werden zu können, und ein Beendigungsgrund muss vorliegen. Auch auf die Abstimmung von Kündigungsfrist und Beginn des neuen Angebotes ist zu achten: Die Änderungen dürften nicht vor Ablauf der Kündigungsfrist eingreifen. Eine bloße Anpassung des Arbeitsverhältnisses an Anforderungsänderungen ist meist unzulässig, das Arbeitsrecht geht hier von einer Anpassung primär durch Kollektivverträge (→ Tarifvertrag, → Betriebsvereinbarung) aus. Möglich ist aber zB eine Anpassung des Umfangs der Arbeitszeit oder die "Versetzung" an einen anderen, durch Direktionsrecht nicht festlegbaren Arbeitsort durch Änderungskündigung.

Abzugrenzen ist die Änderungskündigung von der Möglichkeit, auf das Arbeitsverhältnis durch das → Direktionsrecht des Arbeitgebers einzuwirken. Nimmt der Arbeitnehmer ein zumutbares Änderungsangebot im Rahmen einer Änderungskündigung nicht an, kann ihm insoweit das böswillige Unterlassen anderweitigen Erwerbs (§ 615 S. 2 BGB, § 11 KSchG) vorgehalten werden, was seine Ansprüche aus Annahmeverzug mindern kann. Hat der Arbeitnehmer eine Änderungskündigung unter Vorbehalt angenommen, hat er zunächst zu den geänderten Bedingungen zu arbeiten; einen allg. Weiterbeschäftigungsantrag (→ Beschäftigungspflicht) kann er im Prozess nur ausnahmsweise erfolgreich geltend machen, wenn nämlich die Änderungskündigung bereits aus anderen Gründen (zB Nicht- oder nicht ordnungsgemäße Beteiligung des Betriebsrates) unwirksam ist.

Änderungssperre
→ Veränderungssperre; steuerlich: Änderungssperre nach Außenprüfung → Steuerbescheid.

Änderungsvertrag
→ Vertrag (5).

Äquivalenz
(Gleichwertigkeit) → Anerkennung ausländischer Prüfungen.

Äquivalenzprinzip
→ Abgaben (öffentl.).

Äquivalenztheorie
→ Schadensersatz (1); für das Strafrecht → Kausalität im Strafrecht.

Ärgernis, öffentliches
→ Erregung öffentlichen Ärgernisses.

Ärztliche Behandlung
Die ärztliche Behandlung ist eine Leistung der gesetzlichen → Krankenversicherung (Einzelheiten in § 28 SGB V) bzw. der privaten Krankenversicherung; sa → Kostenerstattung in der Krankenversicherung, → Krankenbehandlung, → Krankenhausbehandlung. Gesetzlich Versicherte erhalten die ärztliche Behandlung als Sachleistung gegen Vorlage der elektronischen Gesundheitskarte. Der privatrechtliche → Behandlungsvertrag ist in den §§ 630a ff. BGB geregelt. Die zivilrechtlichen Regelungen sind insbesondere für Fälle der → Arzthaftung (→ Behandlungsfehler) von Bedeutung.

Ärztliche Kunstfehler
→ Arzt, → Kunstfehler, ärztliche.

Ärztliches Zeugnis
→ Gesundheitszeugnis.

AETR
(Europ. Übereinkommen über die Arbeitszeit des im int. Straßenverkehr beschäftigten Fahrpersonals) → Kraftfahrer.

AEUV
1. Der Vertrag über die Arbeitsweise der Europäischen Union (AEUV) regelt nach seinem Art. 1 AEUV die Arbeitsweise der → Europäischen Union und legt die Bereiche, die Abgrenzung und die Ausübung der Zuständigkeiten der Europäischen Union fest. Der AEUV wurde durch den Vertrag von Lissabon zur Änderung des Vertrages über die Europäische Union und des Vertrages zur Gründung der Europäischen Gemeinschaft vom 13.12.2007 völlig neu gefasst (s. → Europäische Integration, 3 f und g). Zusammen mit dem rechtlich gleichrangigen → EUV regelt er Status und innere Ordnung der Europäischen Union (EU).

2. Art. 2 AEUV enthält die grundsätzliche Zuständigkeitsregelung. Die Vorschrift unterscheidet zwischen ausschließlicher Zuständigkeit, geteilter Zuständigkeit, Koordination der Wirtschafts- und Beschäftigungspolitik, gemeinsamer Außen- und Sicherheitspolitik und Unterstützung, Koordinierung und Ergänzung von Maßnahmen der Mitgliedstaaten. → Europäische Gesetzgebung.

a) Ausschließliche Zuständigkeit der EU besteht gem. Art. 3 AEUV für Fragen der Zollunion, Festlegung der für das Funktionieren des Binnenmarktes erforderlichen Wettbewerbsregeln, Währungspolitik für die Mitgliedstaaten der Euro-Zone (→ Euro), Meeresschutz im Rahmen der gemeinsamen Fischereipolitik sowie die gemeinsame Handelspolitik. Von der ausschließlichen Zuständigkeit ist auch der Abschluss der dazugehörigen internationalen Verträge umfasst.

b) Die geteilte Zuständigkeit gem. Art. 4 AEUV umfasst Binnenmarkt, Sozialpolitik hinsichtlich der im AEUV genannten Aspekte, wirtschaftlicher, sozialer und territorialer Zusammenhalt, Landwirtschaft und Fischerei (ausgenommen Meeresschutz), Umwelt, Verbraucherschutz, Verkehr, transeuropäische Netze, Energie, Raum der Freiheit, der Sicherheit sowie des Rechts, gemeinsame Sicherheitsanliegen im Bereich der öffentlichen Gesundheit. Ferner gehören mit Einschränkungen Forschung und Entwicklungszusammenarbeit dazu (Art. 4 III u. IV AEUV).

3. Art. 7–17 AEUV enthalten allgemeine Bestimmungen. Art. 18 und 19 AEUV regeln die Antidiskriminierung, Art. 20–25 AEUV die Unionsbürgerschaft. In Art. 26–173 AEUV finden sich Einzelvorschriften zu Binnenmarkt, freiem Warenverkehr, Landwirtschaft und Fischerei, Freizügigkeit, freiem Dienstleistungs- und Kapitalverkehr, zum Raum der Sicherheit, der Freiheit und des Rechts (europäische Innen- und Rechtspolitik), zum Verkehr, zum Wettbewerbsrecht, zur Wirtschafts- und Währungspolitik, Beschäftigung, Sozialpolitik, zu beruflicher Bildung, Jugend und Sport, Kultur, Gesundheitswesen, Verbraucherschutz, transeuropäischen Netzen sowie zur Industrie. Ferner finden sich Regelungen zu Umwelt, Energie, Tourismus und Katastrophenschutz (Art. 191–197 AEUV). Art. 205–222 AEUV regeln das auswärtige Handeln der EU. Art. 223–287 AEUV regelt Zusammensetzung und Arbeitsweise von → Europäischem Parlament, → Europäischem Rat, → Rat der EU, → Europäischer Kommission, → Europäischem Gerichtshof und Rechnungshof. Art. 288–299 AEUV befassen sich mit dem Erlass von Rechtsakten der EU (→ Europäisches Gesetzgebung). → Ausschuss der Regionen und → Wirtschafts- und Sozialausschuss sind in Art. 300–309 AEUV geregelt. Art. 310–325 AEUV enthalten das Haushaltsrecht der EU.

AfA
→ Absetzung für Abnutzung.

Affektionsinteresse
→ Schadensersatz (3).

Affektzustand
Eine Straftat ist im Affekt begangen, wenn sie durch extreme Gemütsbewegung veranlasst und insoweit nicht willensmäßig gelenkt ist, insbes. bei hochgradiger Erregung. Ein Affektzustand kann nach § 20 StGB über das Ein-

gangsmerkmal der tiefgreifenden Bewußtseinsstörung für die Schuldfähigkeit des Täters relevant sein. War nach dem Grad des Affektzustandes zur Tatzeit die Fähigkeit des Täters, trotz Erkennen seines Unrechts dieser Einsicht gemäß zu handeln (Steuerungsfähigkeit), erheblich vermindert, kann Strafmilderung eintreten; war diese Fähigkeit durch den Affektzustand ausgeschlossen, bleibt der Täter straflos (§§ 20, 21 StGB; → Schuldunfähigkeit).

Affidavit
(lat.: er hat geschworen) ist ursprünglich eine schriftliche eidesstattliche Erklärung (im anglo-amerikanischen Rechtskreis eine beschworene Aussage) zur Erhärtung einer Tatsachenbehauptung; sie wird jetzt insbes. im internationalen Wertpapierverkehr verwendet, zB als Lieferbarkeitsbescheinigung für abhanden gekommene Wertpapiere.

affirmativ
(lat.) = bestärkend, bejahend; affirmative → Bedingung = positive Bedingung.

Afrikanische Schweinepest
1. Die afrikanische Schweinepest oder ASP ist eine → Tierseuche, die bei Wild- und Hausschweinen fast immer tödlich ist. Ihre Bekämpfung richtet sich nach dem Tiergesundheitsgesetz sowie der Verordnung zum Schutz gegen die Schweinepest und die Afrikanische Schweinepest (SchwPestV 1988) idF v. 8.7.2020 (BGBl. 2020 I 1606) mÄnd. Die SchwPestV 1988 unterscheidet zwischen Maßnahmen vor und nach amtlicher Feststellung der Schweinepest sowie danach, ob die Seuche bei Haustieren oder Wildschweinen aufgetreten ist.

2. Zur Vermeidung der afrikanischen Schweinepest gelten, unabhängig von Verdachtsfällen, folgende allgemeine Schutzmaßregeln: Schweine dürfen nicht gegen die Seuche geimpft, Küchen- und Speiseabfälle dürfen nicht an sie verfüttert und Transportfahrzeuge müssen gereinigt und desinfiziert werden. Nach amtlicher Feststellung der afrikanischen Schweinepest bei Hausschweinen, die öffentlich bekannt gemacht werden muss, ordnet die zuständige Behörde die Tötung aller Scheine des Seuchenbetriebs sowie ihre unschädliche Beseitigung an (§ 6 SchwPestV 1988). Der Betrieb wird unter Quarantäne gestellt, um ihn herum wird ein Sperrbezirk, darum ein Beobachtungsgebiet gelegt. Im Übrigen kann die zuständige Behörde diejenigen Maßnahmen treffen, die sie zur Gefahrenabwehr für notwendig hält. Die Errichtung eines Grenzzaunes, wie es Dänemark 2019 gemacht hat, wäre in Deutschland wohl nicht zulässig.

Aftermiete
ist ein früherer Ausdruck für Untermiete, → Mietvertrag (2), → Wohnraummietvertrag (1).

AG
= → Aktiengesellschaft, → Amtsgericht.

AGB
→ Allgemeine Geschäftsbedingungen.

Agenda 21
war ein auf der Rio-Konferenz 1992 verabschiedetes globales Aktionsprogramm für alle wesentlichen Politikbereiche, um eine → nachhaltige Entwicklung zu erreichen. Die Agenda 21 betraf die internationale, nationale und lokale Ebene; für die lokale Ebene (Kapitel 28 der A. 21) gab es in den Ländern die lokalen oder kommunalen Agenden 21.

Agende
ist eine Gottesdienstregelung in der → Evang. Kirche. Die Agende sind in den Gliedkirchen unterschiedlich ausgestaltet und als Kirchengesetz für Pfarrer und Gemeinden verbindlich.

Agent
1. Handelsrechtlich die veraltete Bezeichnung für einen gewerbs- oder geschäftsmäßig handelnden Vertreter für beliebige Arten von Geschäften (→ Handelsvertreter); → Prozessagent.

2. Umgangssprachliche Bezeichnung für → verdeckten Ermittler, auch → agent provocateur, und verdeckt arbeitende Bedienstete der → Nachrichtendienste (→ nachrichtendienstliche Mittel). → Agententätigkeit.

Agent provocateur
(Lockspitzel) ist, wer die Straftat eines anderen provoziert (zB um ihn zu überführen), es aber nicht zur Vollendung, sondern nur zum → Versuch kommen lassen will. Er kann nicht (wegen → Anstiftung) bestraft werden. Strafbarkeit wegen Versuchs entfällt, weil sie den Willen zur Tatvollendung voraussetzt. Kommt es dagegen infolge nachhaltiger Einwirkung durch den Agent provocateur zur Straftat, so wird sich hieraus für den Täter ein wesentlicher → Strafmilderungsgrund ergeben (BGHSt. 32, 345, 355); ein Verfahrenshindernis wird hierdurch nicht begründet (BGHSt. 33, 362). Dies wurde bisher auch bei einer Einwirkung angenommen, die gegen den Grundsatz des → fairen Verfahrens verstößt, wenn eine unverdächtige und zunächst nicht tatbereite Person durch den von einem Amtsträger geführten Agent provocateur in einer dem Staat zuzurechnenden Weise zu einer Straftat verleitet wird (BGH NJW 2001, 2981, zuletzt NStZ 2014, 277); der EGMR (NJW 2015, 3631) hält ein umfassendes Verwertungsverbot für geboten (s. BVerfG NJW 2015, 1083, BGH NStZ 2015, 541). Der 2. Strafsenat des BGH (NJW 2016, 91) nimmt nun, weil dies nicht in Einklang mit dem deutschen Strafrechtssystem stehe, ein Verfahrenshindernis an. Im Ermittlungsverfahren ist der Einsatz eines Agent provocateur gegen eine Person nur zulässig, wenn gegen diese ein Anfangsverdacht für eine Beteiligung an einer begangenen oder künftigen Straftat besteht.

Agententätigkeit
Nach § 98 StGB ist wegen → Landesverrats strafbar, wer für eine fremde Macht eine Tä-

tigkeit ausübt, die auf Erlangung oder Mitteilung von → Staatsgeheimnissen gerichtet ist, oder wer sich zu einer solchen Agententätigkeit gegenüber einer fremden Macht oder einem ihrer Mittelsmänner bereit erklärt. Strafbar ist ferner, wer für den Geheimdienst einer fremden Macht eine Geheimdiensttätigkeit gegen die Bundesrepublik Deutschland zwecks Mitteilung oder Lieferung von Tatsachen, Gegenständen oder Erkenntnissen ausübt, oder wer sich hierzu in der genannten Weise bereit erklärt (§ 99 StGB); die Agententätigkeit muss hier nicht Staatsgeheimnisse zum Gegenstand haben. Als Agententätigkeit iwS kann man auch die nach § 86 StGB strafbare Herstellung, Verbreitung oder Einfuhr unerlaubter Propagandamittel einer verbotenen Partei, Vereinigung usw. bezeichnen. Strafbar ist ferner nach § 87 StGB die Agententätigkeit zu Sabotagezwecken (→ Rechtsstaatsgefährdung). → Nachrichtendienste, → nachrichtendienstliche Mittel, → verdeckter Ermittler.

Agentur für Arbeit
Ab dem 1.1.2004 geltende neue Bezeichnung für die früheren Arbeitsämter (vgl. Drittes Gesetz für moderne Dienstleistungen am Arbeitsmarkt v. 23.12.2003, BGBl. 2003 I 2848; s. a. → Arbeitsförderung), → Hartz-Gesetze (Hartz I–IV). Umgangssprachlich wird allerdings immer noch der Begriff Arbeitsamt verwendet.

Agenturgeschäft, Agenturvertrag
Anders als beim → Maklervertrag hat der → Agent nicht nur das Geschäft zu vermitteln, sondern auch für seinen Auftraggeber abzuschließen. Es liegt regelmäßig ein → Geschäftsbesorgungsvertrag vor, der allerdings gleichfalls weitgehend vom Erfolg der vermittelten Tätigkeit abhängig ist. Sa → Handelsvertreter, → Verbrauchsgüterkauf (1).

AGG-Hopper
Umgangssprachliche Bezeichnung für Personen, deren Bewerbung um eine Stelle nicht ernsthaft gewollt ist, sondern nur auf ihre Diskriminierung → Gleichbehandlung, 2) abzielt, um einen Entschädigungs- und Schadensersatzanspruch nach § 15 AGG (Allgemeines Gleichbehandlungsgesetz) geltend machen zu können (Scheinbewerber). Ist die Ausschreibung der Stelle AGG-widrig erfolgt (§§ 11, 7 AGG), können Ansprüche auch eines Scheinbewerbers jedoch nur unter dem Gesichtspunkt des Rechtsmissbrauchs ausscheiden. Dies hat der potentielle Arbeitgeber zu beweisen, dh dass objektive Umstände vorliegen (zB erkennbar systematisches Vorgehen, Provozieren einer Absage), die in der Gesamtwürdigung ergeben, dass mit der Bewerbung nur die Erschleichung des Bewerberstatus zur Erlangung von Ansprüchen gewollt war (BAG 25.10.2018 – 8 AZR 562/16, NZA 2019, 527; BAG 19.9.2024 – 8 AZR 21/24, BeckRS 2024, 35307).

Aggression
→ Angriffskrieg, → Retorsion.

Aggressiver Notstand
→ Notstand (2).

Agio
(Aufgeld, Aufschlag) → Disagio.

Agnaten
Agnaten oder agnatische (feste) Sippe sind die von demselben Stammvater abstammenden männlichen Familienangehörigen (Gegensatz: Kognaten, von einem gemeinsamen Eltern- oder Vorelternpaar abstammend). Die Agnaten waren als Speer- oder Schwertmagen lange Zeit im Erbrecht und Wergeldempfang bevorzugt gegenüber den Spindel- oder Kunkelmagen der wechselnden Sippe, die durch jede Eheschließung neu begründet wurde.

Agrarmarktstrukturgesetz
→ Agrarorganisationen und Lieferketten.

Agrarorganisationen und Lieferketten
Das Gesetz zur Stärkung der Organisationen und Lieferketten im Agrarbereich (AgrarOLkG) idF v. 24.8.2021 (BGBl. 2021 I 4037 mÄnd), das bis 2021 Agrarmarktstrukturgesetz hieß, regelt zum einen die staatliche Anerkennung von Agrarorganisationen und verbietet zum anderen bestimmte unlautere Handelspraktiken in den Geschäftsbeziehungen zwischen Käufern und Lieferanten in den Lebensmittellieferketten. Das Gesetz wird ergänzt durch die Agrarorganisationen-und-Lieferketten-Verordnung (AgrarOLkV) v. 11.10.2021 (BGBl. 2021 I 4655 mÄnd).

1. Agrarorganisationen sind → Erzeugergemeinschaften, deren Tätigkeit sich auf Agrarerzeugnisse bezieht (§ 1 AgrarOLkG). Sie vertreten die Interessen ihrer Mitglieder und bedürfen staatlicher Anerkennung, deren Details die AgrarOLkV enthält. Zuständig ist die → Bundesanstalt für Landwirtschaft und Ernährung, die auch das Agrarorganisationenregister führt. Eine anerkannte Organisation ist für ihren Tätigkeitsbereich vom Kartellverbot des § 1 GWB befreit (§ 6 AgrarOLkG). Die Anerkennung ist ua Voraussetzung für finanzielle Förderung durch die Europäische Union, → Gemeinsame Marktorganisation. Zu einer entsprechenden Regelung für den Bereich der Forstwirtschaft (forstwirtschaftliche Zusammenschlüsse): → Forstrecht.

2. Die in Umsetzung der Richtlinie (EU) 2019/633 v. 17.4.2019 (ABl. EU 2019 L 111, 59) eingefügten §§ 10 ff. AgrarOLkG verbieten bestimmte unlautere Handelspraktiken beim Verkauf von Agrar-, Fischerei- und Lebensmittelerzeugnissen. Damit sollen kleinere Erzeuger/Lieferanten vor der Verhandlungsmacht größerer → Lebensmittelunternehmen/Käufer geschützt werden. So sind bspw. Klauseln, die dem Käufer Zahlungsfristen von mehr als 60 Tagen einräumen oder ihm das Recht geben, Ware ohne Entschädigung zurückzuschicken, zivilrechtlich unwirksam. Die

Wirksamkeit des Vertrags wird dadurch nicht berührt, an die Stelle der unwirksamen Klauseln treten die gesetzlichen Vorschriften (§ 22 AgrarOLkG). Zur ähnlichen Regelung bei unwirksamen AGB → Allgemeine Geschäftsbedingungen. Die Verwendung verbotener Klauseln kann von der Bundesanstalt für Landwirtschaft und Ernährung als Durchsetzungsbehörde unterbunden und mit Bußgeldern geahndet werden (§§ 3, 28 und 55 AgrarOLkG). Der Rechtsweg hiergegen ist in §§ 32ff. AgrarOLkG geregelt, zuständig ist das OLG Düsseldorf.

Agrarrecht
Als Agrar- oder Landwirtschaftsrecht kann man alle Normen bezeichnen, die sich hauptsächlich an die Landwirtschaft richten. Eine genaue Definition ist schwierig und für das Verständnis der Materie nicht notwendig. Anhaltpunkte für eine Definition können die im Fundstellennachweis A zum Sachgebiet 78 „Landwirtschaft und Ernährungswirtschaft" aufgeführten Vorschriften oder die Gebiete sein, in denen der Rechtsanwalt Spezialkenntnisse nachweisen muss, um Fachanwalt für Agrarrecht zu werden (§ 14m Fachanwaltsordnung).

1. Die wichtigsten Vorschriften zum Agrarrecht in Deutschland gehören zum Europarecht, da die Landwirtschaft Teil des Binnenmarktes ist. Unter der Bezeichnung → Gemeinsame Agrarpolitik (GAP) ist der Binnenmarkt für die Landwirtschaft in den Art. 38–44 AEUV verankert. Die dazu ergangenen Vorschriften des Sekundärrechts sind, entsprechend der großen Bedeutung der Landwirtschaft in Europa, sehr zahlreich (→ Gemeinsame Marktorganisation, → Direktzahlungen).

2. Weil die wichtigsten Vorschriften des Agrarrechts zum Europarecht gehören, beschränken sich die Vorschriften des deutschen Rechts vor allem auf die Umsetzung und den Vollzug dieser Vorgaben. Zuständig ist in der Regel der Bund, da die Förderung der land- und forstwirtschaftlichen Erzeugung sowie die Sicherung der Ernährung zu den Gegenständen der konkurrierenden Gesetzgebung des Bundes (Art. 74 I Nr. 17 GG) zählen. So dient etwa das GAP-Konditionalitäten-Gesetz (GAPKondG) v. 16.7.2021 (BGBl. 2021 I 2996) der Umsetzung der am 1.1.2023 in Kraft getretenen Reform der GAP. Gleichwohl gibt es viele Bereiche, in denen mangels europarechtlicher Kompetenzen überwiegend der Bund das Agrarrecht gestaltet, etwa im Bereich der → Agrarorganisationen und Lieferketten oder des landwirtschaftlichen Bodenrechts (→ Grundstücksverkehr, landwirtschaftlicher). Zahlreiche Länder haben eigene Landwirtschaftsgesetze, etwa Bayern das Agrarwirtschaftsgesetz v. 8.12.2006 (GVBl. 3. 938), in denen jedoch überwiegend Zuständigkeiten geregelt sind. Eigene Kompetenzen besitzen die Länder zB in der → Flurbereinigung, beim → Jagdrecht sowie im → Naturschutz.

3. Zahlreiche andere Rechtsbereiche sind ebenfalls für die Landwirtschaft von Bedeutung. Ob man sie zum Agrarrecht zählt oder nicht, hängt davon ab, ob dieser Begriff enger oder weiter definiert wird. Hierzu zählen zB Vorschriften über die Landpacht (→ Pachtvertrag, 2), über Bodennutzung und Tierhaltung (→ Düngemittel, → ökologischer Landbau, → Pflanzenschutz, → Saatgut, → Tierhaltung, → Tierschutz), über die → Alterssicherung der Landwirte und die → Höfeordnung. Zum Steuerrecht → Einkommensteuer, 3. und → Umsatzsteuer.

Agrarreform
→ Gemeinsame Agrarpolitik.

agrément
Vor der Ernennung des Chefs einer diplomatischen Vertretung (→ Diplomat) wird mittels der sog. demande d'agréation die Zustimmung (franz.: agrément) des Empfangsstaates eingeholt. Dieser kann die Zustimmung ohne Angabe von Gründen versagen, wenn er Einwendungen gegen die Person des vorgesehenen Missionschefs hat (vgl. Art. 4 Wiener Übereinkommen vom 18.4.1961 über → diplomatische Beziehungen).

AHB
sind die Allgemeinen Versicherungsbedingungen für die Haftpflichtversicherung, → Versicherungsbedingungen.

AI
engl. Kurzform für Artificial Intelligence (→ Künstliche Intelligenz; die deutsche Abkürzung lautet → KI), geregelt im Artificial Intelligence Act (AI Act, deutsch → KI-Verordnung).

AIDS
(Acquired Immuno Deficiency Syndrom = erworbenes Immunschwäche-Syndrom). 1. Diese unheilbare Erkrankung ist das letzte Stadium der Infizierung mit dem sog. Humanen Immunmangel-Virus (HIV), zumeist beim Sexualverkehr, gemeinsamen Gebrauch von Betäubungsmittelspritzen oder des Kindes durch die Mutter während der Schwangerschaft. Rechtsgrundlage für Maßnahmen zur Bekämpfung von AIDS sind § 7 III Nr. 2 IfSG, § 8 I Nr. 2, 3 IfSG, § 10 IfSG; → Infektionsschutzgesetz: Der Nachweis des Krankheitserregers HIV ist von der Untersuchungsstelle mit nichtnamentlicher Meldung dem Robert-Koch-Institut mitzuteilen; vorsätzliche oder fahrlässige Verletzung dieser Pflicht ist eine → Ordnungswidrigkeit (§ 73 Ia Nr. 2 IfSG).

2. Im Arztrecht gelten die Regeln zu Behandlungspflicht, Einwilligungserfordernis beim HIV-Test, Pflicht zur Mitteilung des Befundes, Arztgeheimnis.

3. Im Arbeitsleben sind Fragen nach einer HIV-Infektion bei der Einstellung bei ansteckungsgefährdeten Tätigkeiten zulässig. Auf eine HIV-Infektion kann eine → Kündigung des Arbeitsverhältnisses grundsätzlich nicht ge-

stützt werden. Für eine Kündigung wegen AIDS gelten die Regeln wie bei → Krankheit des Arbeitnehmers.

4. Familienrechtlich berechtigt das Verschweigen von HIV-Infektionen oder AIDS zur Eheaufhebung (§ 1314 II Nr. 3 BGB). Das Verlangen eines HIV-infizierten Ehegatten nach ungeschütztem Verkehr ist nach § 1353 II BGB rechtsmissbräuchlich. Die HIV-Infektion der Eltern eines Kindes erfüllt grundsätzlich nicht die Voraussetzungen des § 1666 BGB für einen Eingriff des Familiengerichts in die Personensorge. Die HIV-Infektion eines Schülers verpflichtet die Eltern nicht zur Mitteilung an die Schule und die Schule nicht zum Ausschluss vom Unterricht.

5. Strafrechtlich kann bei Gefährdung eines Sexualpartners durch Übertragung des HIV infolge ungeschützten Sexualverkehrs eine versuchte und bei erfolgter Ansteckung eine vollendete gefährliche → Körperverletzung bzw. bei Tod des Angesteckten ein Tötungsdelikt (→ Tötung) in Betracht kommen (BGHSt. 36, 1). Der Tatbestand kann wegen eigenverantwortlicher → Selbstgefährdung oder -schädigung des Opfers ausgeschlossen sein, jedoch nicht, wenn der Täter seine Infektiösität dem Sexualpartner nicht offenbarte. Eine Blutentnahme zum HIV-Test durch einen Arzt stellt ohne Aufklärung und ausdrückliche Einwilligung des Patienten eine Körperverletzung dar (str.).

6. Im Strafvollzug wird ein zwangsweiser HIV-Test auf das jeweilige Landes-StrafvollzugsG (zB Art. 108 BayStVollzG) oder, wenn ein solches nicht besteht (→ Strafvollzug), auf § 101 StVollzG gestützt.

7. Nach dem HIV-HilfeG vom 24.7.1995 (BGBl. 1995 I 972) können Personen, die vor 1988 durch Blutprodukte mit dem HIV infiziert worden und deshalb an AIDS erkrankt sind, durch eine Stiftung Geldleistungen in Form monatlicher Renten erhalten. Anspruchsberechtigt sind auch von ihnen mit dem HIV infizierte nahe Angehörige und Lebenspartner sowie nicht infizierte Ehepartner und Kinder. Leistungen an erkrankte Personen nach § 17 HIV-Hilfeges. sind steuerfrei (§ 3 Nr. 69 EStG).

AIF
→ Investmentvermögen.

Airbag
ersetzt nicht den Sicherheitsgurt (vgl. hierzu § 35a StVZO mit Anhang, § 21a StVO) oder ein anderes Rückhaltesystem.

airbnb
Die weitverbreitete Vermietung privater Räume oder Wohnungen über Online-Plattformen wie airbnb oder 9flats ähnelt der Vermietung von → Ferienwohnungen. Es stellen sich daher ähnliche juristische Fragen, selbst wenn der Mieter nicht zu Urlaubszwecken, sondern aus beruflichen oder anderen Gründen mietet: Die Vermietung kann, wenn es Ortssatzungen gegen Zweckentfremdung von Wohnraum gibt, genehmigungspflichtig sein. Das ist zB in München bei einer Fremdbeherbergung von mehr als ingesamt acht Wochen im Jahr der Fall. Der EuGH hat solche Genehmigungsvoraussetzungen sowie weitere kommunale Maßnahmen zur Begrenzung der vorübergehenden Kurzzeitvermietung für zulässig erachtet, wenn sie der Bekämpfung des Wohnungsmangels dienen (Urt. v. 22.9.2020, C-724/18).

Die VO(EU) 2024/1028 des Europäischen Parlaments und des Rates vom 11. April 2024 über die Erhebung und den Austausch von Daten im Zusammenhang mit Dienstleistungen der kurzfristigen Vermietung von Unterkünften und zur Änderung der Verordnung (EU) 2018/1724 (ABl. L, 2024/1028, 29.4.2024) soll die behördliche Kontrolle durch Übermittlungs- und Informationspflichten der Vermieter ermöglichen und damit Schutz vor illegalen Angeboten erleichtern. Gleichzeitig sind zusätzlich mitgliedstaatliche Anforderungen u. a. an die Registrierung ein nicht durch den Verbraucherschutz oder die Durchsetzung der Verordnung (EU) 2019/1150 rechtfertigbarer Verstoß gegen Art. 3 der Richtlinie 2000/31/EG („Richtlinie über den elektronischen Geschäftsverkehr"), vgl. EuGH, Rs. C-662/22, C-667/22 (Airbnb Ireland UC, Amazon Services Europe Sàrl/Autorità per le Garanzie nelle Comunicazioni), Rn. 53 ff.

Ferner kann die Vermietung eine nach der jeweiligen Landesbauordnung genehmigungspflichtige baurechtliche Nutzungsänderung darstellen sowie als → Gewerbe anzeigepflichtig sein. Auch die Vermietung über airbnb kann eine zulässige Nutzung iSv § 13a BauNVO darstellen. Dabei ist es grds. egal, ob die Vermietung nur während der Abwesenheit des Vermieters erfolgt oder nicht.

Ist der Vermieter nicht Eigentümer, sondern selbst Mieter, benötigt er zur Untervermietung die Zustimmung seines Vermieters (→ Wohnraummietvertrag, 1).

Ferner unterliegen die Einkünfte der → Einkommensteuer und evtl. der → Gewerbesteuer. Mitgliedstaatliche Informations- und Datenübermittlungspflichten für die Vermittler im Rahmen der Besteuerung stellen keinen Verstoß gegen die Niederlassungsfreiheit dar (EuGH Urt. v. 27.4.2022, C-674/20) und unterfallen nicht der EG-Richtlinie über den → elektronischen Geschäftsverkehr (2000/31/EG).

Air-Marshal
→ Flugsicherheitsbegleiter.

Akademie
ist eine für öffentliche und private Bildungseinrichtungen (oft Fortbildungsstätten) verwendete, rechtlich nicht allgemein geschützte Bezeichnung (zB „Katholische Akademie"; Kunstakademie; „Deutsche Richterakademie"). Ferner gewinnt der Begriff der → Fach-

akademie an Bedeutung (steht im Bildungsangebot unter der → Hochschule und der → Fachhochschule). → Berufsakademie.

Akademische Grade

1. Akademische Grade ist die früher und zT noch heute gebräuchliche Bezeichnung für → Hochschulgrade.

2. Der zur Führung eines akademischen Grades Berechtigte darf im mündlichen und schriftlichen Verkehr mit Behörden und Privatpersonen seinem Namen den akademischen Grad hinzufügen; dieser ist aber nicht Namensbestandteil, auch keine Berufsbezeichnung. Akademische Grade können nachträglich unter bestimmten Voraussetzungen von der Hochschule entzogen werden (zB bei Erwerb durch Täuschung; Unwürdigkeit u. dgl.).

3. Ausländische akademische Grade dürfen nach Maßgabe des weitestgehend harmonisierten Landesrechts geführt werden. Die Vorschriften sind idR in den Landeshochschulgesetzen enthalten und beruhen auf den Beschlüssen der Kultusministerkonferenz. Voraussetzung ist die Verleihung durch eine staatliche oder staatlich anerkannte Hochschule und ein tatsächlich absolviertes und ordnungsgemäß durch Prüfung abgeschlossenes Hochschulstudium (vgl. Art. 68 BayHSchG). Der ausländische akademische Grad kann unter Angabe der verleihenden Hochschule ohne eigene Genehmigung geführt werden.

4. Die unbefugte Führung eines akademischen Grades ist nach § 132a StGB, das Angebot entgeltlicher Vermittlung eines ausländischen akademischen Grades nach § 5 AkadGrG strafbar. Sa → Titel, → Orden.

Akademische Würden

Die akademischen Würden im weiteren Sinne umfassen die → akademischen Grade (→ Hochschulgrade) und die akademischen Würden im engeren Sinne, deren Erwerb nicht an eine Prüfungsleistung anknüpft. Am bedeutsamsten ist hier die Ehrenpromotion, die zum Ehrengrad eines Ehrendoktors (Doktor honoris causa = Dr. h. c.) führt. Teilweise ist auch der → Honorarprofessor eine über die Lehrtätigkeit hinausreichende akademische Würde.

Akademischer Senat

ist nach → Hochschulrecht häufig die Bezeichnung für das zentrale Organ einer → Hochschule.

AKB

sind die Allgemeinen Bedingungen für die Kfz-Versicherung, → Kraftfahrzeug-Haftpflichtversicherung (1b), → Versicherungsbedingungen, → Kaskoversicherung, → Insassenunfallversicherung.

Akklamation

ist eine Form der Zustimmung bei → Wahlen oder → Abstimmungen in einer Versammlung; sie wird durch mündliche Erklärung (Zurufe, Beifall oder sonstige Zustimmungskundgebung) der Anwesenden geäußert und erübrigt eine Stimmenzählung.

Akkord

Akkord bezeichnet die Arbeit im Leistungslohn, dh die Vergütung des Arbeitnehmers erfolgt nicht (allein) nach der erbrachten Arbeitszeit (→ Akkordarbeit). Akkord (akkordieren) ist auch eine weniger gebräuchliche Bezeichnung für die gütliche Einigung bei widerstreitenden Interessen oder Ansprüchen; → Vergleichsverfahren; → Vergleich.

Akkordarbeit

Akkordarbeit liegt vor, wenn in einem → Arbeitsverhältnis der Lohn nicht nach der aufgewendeten Zeit (Zeitlohn), sondern nach dem erzielten Arbeitsergebnis bemessen wird (zB nach der Anzahl der gefertigten Stücke, sog. Stücklohn). Akkordlohnsätze können durch → Betriebsvereinbarung festgesetzt werden (§ 87 I Nr. 11 BetrVG, Mitbestimmungsrecht des Personalrats § 75 BPersVG) oder im einzelnen Arbeitsvertrag. Bei Jugendlichen unter 18 Jahren ist Akkordarbeit verboten (§ 23 JArbSchG), ebenso für Schwangere (§ 11 MuSchG) und grds. auch für Fernfahrer (§ 3 FPersG). Meistens werden Akkordlohn und Zeitlohn kombiniert (Zeitakkord), insbes. in der Form, dass innerhalb des Akkordlohns ein Mindestentgelt garantiert wird; der stets zeitabhängig ausgestaltete gesetzliche Mindestlohn muss jedoch in jedem Fall gewahrt sein. Es gibt Einzel- und Gruppenakkord, je nachdem, ob der Lohn nach dem Arbeitsergebnis einer einzelnen Person an diese gezahlt oder nach dem mehrerer Personen berechnet und unter ihnen nach einem festgelegten Schlüssel verteilt wird. Verschiedentlich bestehen Berechnungsvorschriften für Lohnersatzleistungen (zB § 4 EFZG).

Akkordlohn

→ Akkordarbeit.

Akkreditierung

1. Akkreditierung bedeutet im Lat. soviel wie Beglaubigung. In diesem Sinn wird der Begriff benutzt bei der → Beglaubigung von → Diplomaten. Im öffentlichen Recht steht Akkreditierung zunehmend für Erlaubnis, Genehmigung oder Zulassung. So bedürfen etwa → De-Mail-Dienste vor Aufnahme der Tätigkeit der Akkreditierung. Im Hochschulbereich bezeichnet Akkreditierung die Zertifizierung von Studiengängen (→ Bachelor). Im Geräte- und Produktsicherheitsrecht bedeutet Akkreditierung die Zulassung einer Stelle zur Durchführung von Konformitätsbewertungen (§ 2 Nr. 1 ProdSG).

2. Die Deutsche Akkreditierungsstelle GmbH (DAkkS) ist Deutschlands nationale Akkreditierungsstelle iSd VO (EG) 765/2008 v. 9.7.2008 über die Akkreditierung und → Marktüberwachung im Zusammenhang mit der Vermarktung von Produkten (ABl. EG 2008 L 218, 30). Sie akkreditiert (bestätigt, be-

glaubigt) Konformitätsbewertungsstellen (→ Messgeräte) wie etwa Laboratorien oder Managementzertifizierer, die wiederum Produkte, Verfahren und Dienstleistungen daraufhin überprüfen, ob sie allen geltenden Standards entsprechen, und das → Konformitätszeichen vergeben. Rechtsgrundlagen sind neben der VO das Akkreditierungsstellengesetz (AkkStelleG) v. 31.7.2009 (BGBl. 2009 I 2625) mÄnd sowie die AkkStelleG-Beleihungsverordnung (AkkStelleGBV) v. 21.12.2009 (BGBl. 2009 I 3962) mÄnd.

Akkreditiv
Über das völkerrechtliche Akkreditiv vgl. Beglaubigung von Gesandten. Das handelsrechtliche Akkreditiv soll eine Zahlung, inbes. die eines vorzuleistenden Kaufpreises, vermitteln. Das Akkreditiv wird idR in der Weise gestellt, dass der Käufer sich unwiderruflich verpflichtet, eine bestimmte Bank zu veranlassen, die dem Kaufpreis entsprechende Summe dem Verkäufer nach Prüfung und Aushändigung bestimmter Dokumente (zB Frachtbrief) zu zahlen (sog. Dokumentenakkreditiv). Außerdem kann ein Akkreditiv zu dem Zweck bestellt werden, ein → Darlehen einzuräumen. Seiner Rechtsnatur nach kann es eine → Anweisung sein; Rechtsgrund des Akkreditiv ist meistens ein → Geschäftsbesorgungsvertrag. Das von der Bank bestätigte Akkreditiv hat die Wirkung eines → Schuldversprechens. Das Akkreditiv hat vor allem für den Außenhandel große praktische Bedeutung.

Akkreszenz
→ Anwachsung.

Akkumulatoren
→ Batterien.

Akkusationsprinzip
= Anklagegrundsatz; → Anklageerhebung, → Offizialprinzip.

Akkusationsprozess
(Anklageprozess) war im früheren deutschen Recht eine Form der Strafverfolgung des Straftäters durch den Verletzten vor Gericht; sie wurde häufig mit der Verfolgung zivilrechtlicher Ansprüche verbunden. Im Zuge der Trennung zwischen Zivil- und Strafprozess wurde der Akkusationsprozess in den → Inquisitionsprozess übergeleitet, in dem eine Behörde die Anklagefunktion übernahm. Dadurch wurde zugleich die Grundlage für die Einführung des heutigen Offizialverfahrens geschaffen, in dem die Strafverfolgung grundsätzlich der → Staatsanwaltschaft obliegt (→ Offizialprinzip).

Akten
Hierunter versteht man die in einer bestimmten Angelegenheit von einem Gericht oder einer Behörde gesammelten und geordneten Schriftstücke und sonstigen (auch elektronischen) Dokumente. Zum Zwecke der Unterscheidung sind Akten regelmäßig mit einem bestimmten Aktenzeichen (→ Registerzeichen) versehen. → Akteneinsicht. Die Anlage und Führung der Akten der Gerichte und Staatsanwaltschaften ist idR durch Verwaltungsvorschriften der Landesjustizverwaltungen (Aktenordnung) geregelt.

Akteneinsicht
1. Die Einsichtnahme in gerichtliche oder behördliche Verfahrensakten durch Verfahrensbeteiligte oder sonstige Interessenten ist in den Verfahrensordnungen unterschiedlich geregelt. Werden die → Akten elektronisch geführt, tritt an die Stelle der Akteneinsicht der entsprechende Ausdruck (vgl. zB §§ 298, 298a ZPO).

2. Im → Zivilprozess steht die Akteneinsicht den Parteien und den an der → Zwangsvollstreckung Beteiligten kraft Gesetzes unmittelbar zu (§ 299 I ZPO und § 760 ZPO), Dritten nur mit Einwilligung der Parteien oder, wenn sie ein rechtliches Interesse glaubhaft machen, mit Gestattung durch den Vorstand des Gerichts, bei dem sich die Akten befinden (§ 299 II ZPO). Die Entwürfe zu Urteilen, Beschlüssen und Verfügungen, die zu ihrer Vorbereitung gelieferten Arbeiten sowie die Dokumente, die Abstimmungen betreffen, werden weder vorgelegt noch abschriftlich mitgeteilt. In der → freiwilligen Gerichtsbarkeit ist Akteneinsicht für jedermann vorgesehen; bei Dritten, wenn ein berechtigtes Interesse glaubhaft gemacht wird und schutzwürdige Interessen eines Beteiligten oder eines Dritten nicht entgegenstehen (vgl. § 13 FamFG).

3. Einsicht in Strafakten ist dem Verteidiger grundsätzlich gestattet (vor förmlichem Abschluß der Ermittlungen einschränkbar, § 147 StPO) – nicht dem Beschuldigten –, dem → Verletzten, dem Nebenkläger nach Anschluss, dem Privatkläger und dem Einziehungsbeteiligten jeweils durch einen Rechtsanwalt (§§ 406e, 397 I 2 StPO, § 385 III StPO, § 427 I 1 StPO, § 428 I 2 StPO), Dritten nur durch einen Rechtsanwalt, wenn ein berechtigtes Interesse besteht (§ 475 StPO), insbes. zur Prüfung bürgerlichrechtlicher Ansprüche oder zur sonstigen Rechtsverfolgung (Nr. 185 ff. RiStBV). Dem Beschuldigten, der keinen Verteidiger hat, können Auskünfte oder Abschriften erteilt werden (§ 147 VII StPO). Bei Ablehnung kann er Antrag auf gerichtliche Entscheidung stellen, ebenso der Verteidiger und der Verletzte bei Verweigerung der Akteneinsicht durch die StA (§ 147 V StPO, § 406e IV 2 StPO). Zur Akteneinsicht und Auskunftserteilung an öffentliche und sonstige Stellen sowie Forschungseinrichtungen s. §§ 474 ff. StPO.

4. Akten der Verwaltungsgerichte, Sozialgerichte und Finanzgerichte können die Beteiligten einsehen (§ 100 VwGO, § 120 SGG, § 78 FGO).

5. Im Verwaltungsverfahren besteht Anspruch auf Akteneinsicht für die Beteiligten, soweit zur Wahrung ihrer Rechte erforderlich (§ 29 VwVfG; wird auch für betroffene Dritte

angenommen). Ausnahmen bestehen bei gebotener Geheimhaltung oder wenn Interessen des Bundes oder eines Landes verletzt oder die Behörde in der Erfüllung ihrer Aufgaben beeinträchtigt würde. Die → Aktenvorlage in diesen Fällen ist in § 99 VwGO besonders geregelt. Über den Kreis der zur Akteneinsicht Berechtigten ist jedermann nach dem → Informationsfreiheitsgesetz auskunftsberechtigt. Besonders geregelt ist auch die Einsichtnahme in Akten des ehemaligen → Staatssicherheitsdienstes. → Umweltinformationen. Über Einsicht in Personalakten der Beamten vgl. § 110 BBG (Einsicht durch den Beamten) und § 111 BBG (Auskünfte an Dritte) sowie die Ländergesetze. Weit über den Kreis der Beteiligten hinausgehende Akteneinsicht gewährt das → Informationsfreiheitsgesetz.

6. Ein Unterfall der Akteneinsicht ist die Auskunft aus den Akten; wenn sie für die Zwecke des Antragstellers ausreicht, kann sie an Stelle der Einsicht erteilt werden, soweit nicht ein gesetzlicher Anspruch auf Akteneinsicht besteht.

7. Gegenüber Finanzbehörden besteht wegen der Wahrung des Steuergeheimnisses grundsätzlich kein Recht auf Akteneinsicht, insbes. hat der Beschuldigte gegenüber dem Finanzamt keinen Anspruch auf Auskunft über einen Anzeigenerstatter (BFH BStBl. II 1994, 552).

Aktenlageentscheidung
Eine Aktenlageentscheidung ist eine Entscheidung des Gerichts nach einem Termin zur mündlichen Verhandlung, in dem mindestens eine der Parteien säumig ist. Weitere Voraussetzungen einer Aktenlageentscheidung sind: ein Antrag der erschienenen Partei auf Aktenlageentscheidung an Stelle eines → Versäumnisurteils (§ 331a ZPO) oder, falls beide Parteien nicht erscheinen oder keine Anträge stellen, für den Erlass eines Urteils eine frühere mündliche Verhandlung (§ 251a ZPO; sonst → Vertagung oder → Ruhen des Verfahrens). Über die Aktenlageentscheidung des → Sozialgerichts (nach Hinweis in der Ladung) vgl. § 126 SGG. Sa → Säumnis.

Aktenvorlage
Über die Vorlage geheimhaltungsbedürftiger Akten an ein VG oder OVG (→ Verwaltungsgerichtsbarkeit) entscheidet in einem Zwischenververfahren das übergeordnete Gericht (OVG oder BVerwG). Die Einzelheiten sind in § 99 VwGO geregelt. In diesem Zwischenverfahren haben die Verfahrensbeteiligten kein Akteneinsichtsrecht. Der Gesetzgeber versucht so, die Erfordernisse effektiven Rechtsschutzes durch die Gerichte einerseits und des Geheimschutzes andererseits in Einklang zu bringen.

Aktenzeichen
→ Akten, → Registerzeichen.

AktG
Abkürzung für Aktiengesetz, → Aktiengesellschaft.

Aktie
1. Die Aktie ist in ihrer klassischen Ausprägung ein → Wertpapier, das die vom Aktionär durch Übernahme eines Anteils am → Grundkapital erworbenen Rechte verbrieft. Die Einzelverbriefung im Sinne eines einzelnen körperlich existenten Papiers ist heute kaum mehr vorgesehen; vielmehr sind die Aktien meist nur mehr als hinterlegte → Globalurkunde vorhanden. Das Grundkapital der Aktiengesellschaft und der Kommanditgesellschaft auf Aktien ist in Aktien zerlegt (§ 1 II AktG); auf die Aktie und damit den Aktionär entfällt ein dementsprechender wirtschaftlicher Anteil am Gesellschaftsvermögen. Die Aktien können entweder als Nennbetragsaktien oder als Stückaktien begründet werden (§ 8 I AktG); bei derselben → Aktiengesellschaft ist jedoch ein Nebeneinander beider Aktienformen im Interesse der Klarheit nicht zulässig. Nennbetragsaktien müssen auf einen Nennwert von mindestens 1 EUR, höhere Aktiennennbeträge (die auch unterschiedlich sein können) gleichfalls auf volle Euro lauten (§ 8 II AktG). Stückaktien lauten auf keinen Nennbetrag (nennwertlose Aktien). Auf die einzelne nennwertlose Aktie entfällt der ihrem Anteil an der Gesamtzahl der Aktien entsprechende Teilbetrag des → Grundkapitals. Die Stückaktien sind daher alle gleich groß. Der auf die einzelne Stückaktie entfallende Betrag des Grundkapitals darf aber auch hier 1 EUR nicht unterschreiten (§ 8 III AktG); dadurch wird die Ausgabe von sog. penny stocks (betragsmäßig unbegrenztes Aktiensplitting ohne Anteil am Grundkapital) vermieden. Die Aktien sind unteilbar (§ 8 V AktG). Bei der Ausgabe von Aktien gilt das Verbot der → Unterpariemission.

2. Die Aktien können entweder auf den Namen (Namensaktien) oder auf den Inhaber lauten (Inhaberaktien, § 10 I AktG → Inhaberpapier). Namensaktie in ihrer klassischen Form werden durch → Indossament übertragen und sind daher → Orderpapiere. Die namentlich bezeichneten Aktionäre sind im → Aktienregister einzutragen. Die Ausgabe von Namensaktien ist vorgeschrieben, wenn die Einlage noch nicht voll geleistet ist (§ 10 II AktG), bei der → Nebenleistungsaktie (§ 55 AktG) und wenn die Übertragung der Aktien an die Zustimmung der Gesellschaft gebunden ist (sog. vinkulierte Aktie, § 68 II AktG). Die Ausgabe von Inhaberaktien ist nur eingeschränkt möglich. Nur börsennotierte Unternehmen oder solche, bei denen die Einzelverbriefung von Aktien ausgeschlossen ist, können noch diese Aktiengattung begeben. Der Erwerb eigener Aktien durch die Aktiengesellschaft ist nur sehr beschränkt möglich (§§ 56, 71 ff. AktG). → Bezugsaktie, → Belegschaftsaktie, → Volksaktie, → Tracking Stock.

3. Die Aktien können verschiedene Rechte gewähren, auch bei ein und derselben AG. Das klassische Recht ist der Anspruch auf Zahlung einer → Dividende. Für bestimmte

Aktien können Vorrechte bestehen, insbes. auf eine höhere Dividende (§ 11 AktG, sog. → Vorzugs-Aktie; → Genussschein). Aktien ohne besondere Vorrechte nennt man Stammaktien.

Aktieneinziehung
→ Kapitalherabsetzung.

Aktienemission
→ Aktiengesellschaft (2a).

Aktiengesellschaft (AG)
1. a) Die Aktiengesellschaft (AG) ist eine handelsrechtliche → Kapitalgesellschaft mit eigener Rechtspersönlichkeit (→ juristische Person), für deren Verbindlichkeiten den Gläubigern lediglich das Gesellschaftsvermögen haftet und die ein in → Aktien zerlegtes → Grundkapital aufweist (§ 1 AktG). Die AG ist von ihrem Mitgliederbestand unabhängig, wie eine Körperschaft organisiert. Sie ist kraft Gesetzes eine → Handelsgesellschaft, selbst wenn Gegenstand ihrer Tätigkeit nicht der Betrieb eines Handelsgewerbes ist (§ 3 I AktG). Die AG hat sich aus den im 17. Jh. gegründeten Handelskompanien entwickelt und sich seit dem 19. Jh. in der ganzen Welt stark verbreitet (etwa Frankreich société anonyme, Niederlande naamloze vennootschap). Die erste in ganz Deutschland geltende gesetzliche Regelung der AG enthielt das Allgemeine Deutsche HGB von 1861. Im neuen HGB von 1897 wurde das Aktienrecht revidiert. Verschiedene Missstände führten zur Reform durch das AktienG von 1937. Dieses wurde nach mehrfacher Änderung ersetzt durch das AktienG v. 6.9.1965 (BGBl. 1965 I 1089), mehrfach geänd. Im § 3 II AktG wird in börsenotierte und nicht börsennotierte AGs (→ Börse, → Börsenmantelaktiengesellschaft) unterschieden.

b) Die europäische AG (→ Societas Europaea, SE) ist eine (rechtsfähige) Kapitalgesellschaft mit einem in Aktien zerlegten Grundkapital von mindestens 120 000 EUR. Sie beruht auf der VO (EG) Nr. 2157/2001 v. 8.10.2001 (ABl. EG Nr. L 294). Einzelheiten regelt das SE-EinführungsG v. 22.12.2004 (BGBl. 2004 I 3675). Eine SE kann auch durch → Umwandlung (zB Verschmelzung) oder Gründung einer Holding-SE entstehen. Für die Leitung der SE kann zwischen einem dualistischen (Trennung zwischen Vorstand und Aufsichtsrat, s. u. 3) und einem monistischen System (Verwaltungsrat) gewählt werden. Die → Mitbestimmung der Arbeitnehmer regelt das SE-BeteiligungsG v. 22.12.2004 (BGBl. 2004 I 3686). Danach soll zunächst durch Verhandlungen zwischen der SE-Leitung und einem sog. „besonderen Verhandlungsgremium" der Arbeitnehmer eine Vereinbarung erreicht werden. Hilfsweise ist ein SE-Betriebsrat zu errichten, der die Interessen der Arbeitnehmer vertritt. Die SE ist – wie die AG (s. unten 2) – in das → Handelsregister einzutragen. Im Übrigen wird die SE in jedem Staat der EU wie eine AG behandelt, die nach dem Recht des Sitzstaats der SE gegründet wurde.

2. Die Gründung einer AG ist zum Schutz des als Käufer von Aktien in Betracht kommenden Publikums durch zwingende gesetzliche Vorschriften eingehend geregelt.

a) Bei der sog. einfachen Gründung wird idR ein Vertrag (sog. Vorgründungsvertrag) abgeschlossen, durch den sich die künftigen Gründer – eine (→ Einmanngesellschaft) oder mehrere Personen – schuldrechtlich verpflichten. Sie müssen sämtliche Aktien übernehmen (§ 2 AktG) und in notarieller Urkunde die Satzung feststellen (§ 23 AktG). Den Mindestinhalt der Satzung bestimmt § 23 III, IV AktG, insbes. → Firma (über Grundsätze hierfür s. dort) und Unternehmensgegenstand, Grundkapital (mindestens 50 000 EUR), Aktiennennbeträge oder die Zahl der Stückaktien und die Form der Bekanntmachungen. Darüber hinaus können weitere Vorschriften aufgenommen werden, die aber vom Aktiengesetz nur abweichen dürfen, soweit dies ausdrücklich zugelassen ist (§ 23 V AktG), zB die Einräumung von Sonderrechten (§ 26 AktG; sa → Vorzugsaktie). Nach Feststellung der Satzung ist das Grundkapital aufzubringen. Dies geschieht dadurch, dass die Gründer die Aktien übernehmen und damit verpflichtet sind, die Einlagen auf die Aktien zu bezahlen. Damit ist die AG errichtet (§ 29 AktG), aber noch nicht rechtsfähig. Es besteht lediglich eine Gründungsvereinigung, die nur zT schon wie eine bestehende AG behandelt werden kann. Sodann bestellen die Gründer den → Aufsichtsrat, der Aufsichtsrat den ersten Vorstand (§ 30 AktG). Die Gründer haben den Gründungsbericht zu erstellen (Inhalt: § 32 AktG). Die Gründungsprüfung (§§ 33–35 AktG) wird von den Mitgliedern des Vorstands und des Aufsichtsrats, unter bestimmten Voraussetzungen auch vom beurkundenden Notar oder von gerichtlich bestellten Gründungsprüfern durchgeführt. Sämtliche Gründer, Vorstands- und Aufsichtsratsmitglieder haben die AG zum Handelsregister anzumelden; Voraussetzung ist, dass Sacheinlagen vollständig und Bareinlagen zu mindestens $^1/_4$ des geringsten Ausgabebetrags (→ Unterpariemission) jeder Aktie (od. eines etwaigen höheren Ausgabepreises) erbracht sind (§§ 36–37 AktG). Stellt das Registergericht fest, dass die Gesellschaft ordnungsgemäß errichtet und angemeldet ist (eine Einpersonen-A. muss offengelegt werden; zum Umfang der registergerichtlichen Satzungskontrolle vgl. § 38 AktG), trägt es die AG ins → Handelsregister ein. Damit entsteht die AG als juristische Person, und es dürfen nunmehr Aktien oder → Zwischenscheine ausgegeben werden (§ 41 I, IV AktG). S. a. → Gründungsgesellschaft.

b) Von einer qualifizierten Gründung spricht man, wenn einzelnen Aktionären Sondervorteile, zB erhöhte Gewinnanteile, eingeräumt werden (§ 26 AktG), der Gründungsaufwand – Gründungskosten und Gründerlohn, dh Entgelt für die Tätigkeit der Gründer selbst – festgesetzt wird (§ 26 II AktG), Sacheinlagen – dh Einlagen, die nicht in Geld bestehen – geleistet werden oder Sachübernahmen vorgesehen sind, dh Vereinbarungen, die die AG verpflichten, Vermögenswerte gegen eine nicht aus Aktien bestehende Vergütung zu erwerben (§ 27 AktG). Solche Vereinbarungen müssen in die Satzung aufgenommen werden. Mängel der Gründung (der einfachen wie der qualifizierten) werden durch die Eintragung der AG grundsätzlich geheilt. Die Gründer und die sonst beteiligten Personen können jedoch unter bestimmten Voraussetzungen haftbar sein (→ Gründerhaftung, → Durchgriffshaftung).

c) Ferner kann eine Aktiengesellschaft aus einer → Umwandlung entstehen.

3. Die Organe der AG sind → Hauptversammlung, → Aufsichtsrat und Vorstand. Das deutsche Aktienrecht ist also durch ein dualistisches System gekennzeichnet, während in anderen Rechtsordnungen einem monistische Ansatz gefolgt wird, also nur ein Verwaltungsorgan vorhanden ist (Verwaltungsrat). Aufsichtsrat und Vorstand hängen insoweit vom Willen der Hauptversammlung ab, als diese den Aufsichtsrat wählt und der Aufsichtsrat seinerseits den Vorstand ernennt.

a) Der Vorstand leitet die AG, ist zur Geschäftsführung befugt und verpflichtet und vertritt die AG gerichtlich und außergerichtlich (§§ 76–78). Der Vorstand kann aus einer oder aus mehreren Personen bestehen (§ 76 II AktG). Mehrere Mitglieder sind grundsätzlich gemeinschaftlich zur Geschäftsführung und Vertretung befugt, jedoch kann die Satzung bestimmen, dass ein Vorstandsmitglied allein oder auch in Gemeinschaft mit einem Prokuristen (→ Prokura) vertretungsberechtigt ist. Bei AG.en der Montanindustrie mit mehr als 1000 Arbeitnehmern muss ein Vorstandsmitglied ein sog. → Arbeitsdirektor sein. Die Vorstandsmitglieder sind grundsätzlich gleichberechtigt; doch wird idR ein Mitglied zum Vorstandsvorsitzenden ernannt.

b) Von der Bestellung des Vorstands (§ 84 AktG) ist der Anstellungsvertrag zu unterscheiden; er ist ein → Dienstvertrag und regelt ua die Vergütung des Vorstands. Der Aufsichtsrat hat bei der Festsetzung der Gesamtbezüge eines Vorstandsmitglieds (hierzu können auch eine Gewinnbeteiligung, → Tantieme, und → Aktienoptionen gehören) dafür zu sorgen, dass diese in einem angemessenen Verhältnis zu den Aufgaben und Leistungen des Vorstandsmitglieds sowie zur Lage der Gesellschaft stehen und die übliche Vergütung nicht ohne besonderen Grund übersteigen (§ 87 I AktG). Weiterhin legt der Aufsichtsrat eine Maximalvergütung fest. Verschlechtert sich die Lage der Gesellschaft, so soll der Aufsichtsrat die Bezüge auf die angemessene Höhe herabsetzen (§ 87 II AktG). Eine Herabsetzung der Vergütung durch ein Votum der Hauptversammlung ist möglich (§ 87 IV AktG). Die Vorstandsvergütungen sind im → Jahresabschluss offen zu legen, sofern nicht die Hauptversammlung (mit mindestens $^{3}/_{4}$-Mehrheit) Gegenteiliges beschließt (§ 285 S. 1 Nr. 9a HGB, § 286 V HGB). Der Vorstand unterliegt einem → Wettbewerbsverbot (§ 88 AktG). Die Abberufung eines Vorstandsmitglieds (von der Kündigung des Dienstvertrags zu unterscheiden) ist jederzeit möglich, wenn ein wichtiger Grund vorliegt, zB grobe Pflichtverletzung oder Entzug des Vertrauens durch die Hauptversammlung (§ 84 III AktG).

c) Die Vorstands- und Aufsichtsratsmitglieder haben bei ihrer Geschäftsführung die Sorgfalt eines ordentlichen und gewissenhaften Geschäftsleiters anzuwenden. Bei Verletzung ihrer Sorgfaltspflichten haften sie unter bestimmten Voraussetzungen auf Schadensersatz (§§ 93, 116 AktG), desgleichen Personen, die Vorstand, Aufsichtsrat usw. zu derartigen Handlungen bestimmen (§ 117 AktG). Der Vorstand hat sich bei seiner Leitungstätigkeit an den Gesellschafterinteressen zu orientieren (shareholder value). Er kann aber in gewissem Umfang auch Arbeitnehmer-, Gläubiger- und öffentliches Interesse einfließen lassen (stakeholder value); noch weiter und über gesetzliche Vorgaben hinaus ist oftmals auch von Corporate Social Responsibility die Rede, also von einem verantwortlichen, nachhaltigen unternehmerischen Handeln, welches die gesellschaftlichen und ökologischen Bezüge der Wirtschaftstätigkeit angemessen berücksichtigt (siehe dazu, auch zu Mitteilungspflichten der Gesellschaft, die Richtlinie 2014/95/EU, ABl. EU 2014 L 330, 1 – CSR-RL). Die Ersatzansprüche müssen geltend gemacht werden, wenn es die Hauptversammlung mit einfacher Mehrheit beschließt (§ 147 AktG). Aktionäre, deren Anteile zusammen den 100. Teil des Gesamtkapitals oder mindestens 100 000 EUR Nennwert erreichen, können bei Gericht die Zulassung beantragen, diese Ersatzansprüche der AG im eigenen Namen geltend zu machen (sog. Minderheitenklage, § 148 AktG). Zu besonderen Pflichten des Vorstands in der Insolvenzsituation → Gesellschaft mit beschränkter Haftung (GmbH) 4, entsprechend.

4. Die Aktionäre üben ihre Rechte und ihren Einfluss in der AG im Allgemeinen in der → Hauptversammlung aus. Die Aktionäre sind verpflichtet, die Einlage zu leisten, die dem Ausgabebetrag oder bei → Überpariemission dem höheren Ausgabebetrag entspricht (§ 54 AktG). Außerdem kann die Satzung sie verpflichten, nicht in Geld bestehende Nebenleistungen zu erbringen (§ 55 AktG). Eine Einlagenrückgewähr ist zum Zweck der Kapitalerhaltung nicht möglich (§§ 57, 62 AktG). Dafür stehen den Aktionären Mitgliedschaftsrechte, unter bestimmten Voraussetzungen auch Vorrechte zu (zB auf eine erhöhte → Dividende). Zu den Mitgliedschaftsrechten gehören insbes. das → Aktienstimmrecht, das Auskunftsrecht (§ 131 AktG), das Recht auf den Gewinnanteil (Dividende) und auf Teil-

nahme am Liquidationserlös (→ Liquidation, § 271 AktG). Die Aktionäre, egal ob Mehrheits- oder Minderheitsaktionäre, unterliegen einer → Treuepflicht, also einer Pflicht, für die AG schädliche Handlungen, insbesondere durch das Abstimmverhalten in der Hauptversammlung, zu unterlassen und angemessen auf die Belange der Gesellschaft und der anderen Aktionäre Rücksicht zu nehmen; nur selten kann hieraus allerdings die Pflicht zur Vornahme einer bestimmten Handlung hergeleitet werden (s. a. → Hauptversammlungsbeschluss) . Börsennotierte A. haben durch Vorstand und Aufsichtsrat zu erklären, ob sie den → Corporate Governance Kodex beachten (§ 161 AktG). Der → Jahresabschluss mit → Lagebericht wird durch den Vorstand aufgestellt und – soweit erforderlich – von den → Abschlussprüfern vorgeprüft (§ 170 AktG); er ist festgestellt, wenn der Aufsichtsrat ihn nach eigener Prüfung billigt (§ 172 AktG). Die Feststellung kann aber auch der Hauptversammlung überlassen bleiben (§ 173 AktG). Jahresabschluss und Lagebericht bedürfen der Prüfung durch → Abschlussprüfer (§§ 316 ff. HGB). Über die Verwendung des Gewinns beschließt die Hauptversammlung. Ein Verlust, der durch die → Rücklagen nicht gedeckt werden kann, ist für das nächste Geschäftsjahr vorzutragen; er kann niemals auf die Aktionäre verteilt werden. Der Gewinnverwendungsbeschluss kann – wie auch andere Hauptversammlungsbeschlüsse – unter bestimmten Voraussetzungen nichtig (§ 241 AktG) oder anfechtbar (§ 254 AktG) sein. Viele der hier aufgeführten aktionärsschützenden Rechte entstammen der Aktionärsrechterichtlinie (RL 2007/36/EG, ABl. EG 2007 L 184, 17, und RL 2017/828/EU, ABl. EU 2017 L 132, 1). Zu neuen technischen Möglichkeiten einer Hauptversammlung ohne physische Präsdenz vgl → virtuelle Hauptversammlung.

Die Hauptversammlung kann auf Verlangen eines Aktionärs, dem mindestens 95 vH des Grundkapitals der AG gehören (Hauptaktionär), die Übertragung der Aktien der übrigen Aktionäre (Minderheitsaktionäre) auf den Hauptaktionär gegen Gewährung einer angemessenen Barabfindung beschließen (sog. Squeeze-Out). Einzelheiten über Voraussetzungen und Verfahren regeln die §§ 327a ff. AktG sowie das SpruchverfahrensG v. 12.6.2003 (BGBl. 2003 I 838). Sa → Beherrschungsvertrag; → Gewinnabführungsvertrag.

5. Die Satzung kann durch Beschluss der Hauptversammlung (mit mindestens 3/4-Mehrheit) geändert werden; jede Satzungsänderung ist in das Handelsregister einzutragen (§§ 179, 181 AktG). Durch sie kann insbes. das Grundkapital erhöht oder herabgesetzt werden (→ Kapitalerhöhung, → Kapitalherabsetzung).

6. Aus bestimmten Gründen kann die AG aufgelöst werden. Auflösungsgründe sind insbes.: ein Hauptversammlungsbeschluss mit mindestens 3/4-Mehrheit sowie die Eröffnung des → Insolvenzverfahrens oder deren Ablehnung mangels Masse (§ 262 AktG). Mit der Auflösung tritt die AG in das Stadium der → Liquidation (sofern kein Insolvenzverfahren stattfindet). Diese ist in §§ 264–273 AktG geregelt. Bis zu ihrer Beendigung besteht die AG als juristische Person fort. Bis zur Verteilung des Liquidationserlöses kann aber die Hauptversammlung die Fortsetzung der aufgelösten AG beschließen (§ 274 AktG). Zur Besteuerung der Aktiengesellschaft → Körperschaftsteuer.

Aktiengesetz
→ Aktiengesellschaft (1).

Aktienoption
Eine Aktienoption ist das Recht (→ Option, 2), → Aktien eines bestimmten Unternehmens zu bestimmten Konditionen zu erwerben. Diese Rechte sind grundsätzlich handelbar. Eine Aktienoption (Stock Option) wird als Gehaltsbestandteil vielfach Vorstandsmitgliedern oder sonstigen leitenden Angestellten eingeräumt, um ihr Interesse an der Entwicklung der AG zu fördern. S. a. → Optionsschein.

Aktienregister
Das Aktienregister ist das von einer → Aktiengesellschaft, die Namensaktien (→ Aktie) ausgegeben hat, zu führende Verzeichnis, in dem die Inhaber der Namensaktien nach Namen, Geburtsdatum und Adresse sowie die Stückzahl, bei Nennbetragsaktien auch der Betrag einzutragen sind. Im Verhältnis zur Gesellschaft gilt als Aktionär nur, wer im Aktienregister eingetragen ist. Das an der Übertragung der Aktien mitwirkende Kreditinstitut muss der AG die zur Führung des Aktienregisters erforderlichen Angaben übermitteln. Der Aktionär kann von der Gesellschaft Auskunft über die zu seiner Person in das Aktienregister eingetragenen Daten verlangen (§ 67 AktG).

Aktienstimmrecht
Das Akteinstimmrecht ist bei einer → Aktiengesellschaft oder → Kommanditgesellschaft auf Aktien ein Mitgliedschaftsrecht, das jedem Aktionär zusteht und in der → Hauptversammlung nach Aktiennennbeträgen (oder auch nach Stück, → Aktie) ausgeübt wird (§ 134 I AktG). Das Aktienstimmrecht entsteht mit der vollständigen Leistung der Einlage (§ 134 II AktG). Es kann dem Aktionär nicht entzogen werden. Unter bestimmten Voraussetzungen ist aber die Ausübung ausgeschlossen (§ 136 AktG, zB bei Beschlüssen, die die Entlastung oder Vermögensinteressen des betr. Aktionärs unmittelbar berühren; ferner bei → eigenen Aktien). Nur bei → Vorzugsaktien kann das Aktienstimmrecht generell ausgeschlossen werden (§ 12 I AktG sowie §§ 139–141 AktG). Aktien mit mehrfachem Stimmrecht sind seit einiger Zeit unzulässig; alte Mehrstimmrechte sind am 1.6.2003 erloschen, wenn nicht zuvor die Hauptversammlung mit Dreiviertel-Mehrheit ihre Fortgeltung be-

schlossen hat (§ 12 II AktG, § 5 EGAktG). Eine Beschränkung des Aktienstimmrechts ist nur bei einer nicht börsennotierten AG (§ 3 II AktG) in der Weise zulässig, dass nur eine bestimmte Anzahl von Aktien eine Stimme gewährt oder kein Aktionär mehr als eine bestimmte Anzahl von Stimmrechten haben darf (Höchststimmrecht, § 134 I 2 AktG). Die Ausübung des Aktienstimmrechts kann auf Bevollmächtigte übertragen werden (Einzelheiten § 134 III AktG). Eine Aktie darf auf eine andere Person lediglich zu dem Zweck übertragen werden, dass sie im eigenen Namen das Aktienstimmrecht ausübt (§ 129 III 1 AktG); solche Aktien sind aber gesondert auszuweisen. Eine besondere Regelung besteht für das → Bankenstimmrecht.

Aktionär
(Rechtsstellung) → Aktie, → Aktiengesellschaft (AG) (4).

Aktionärsforum
→ Hauptversammlung.

Aktionärsrechterichtlinie
→ Aktiengesellschaft, 4.

Aktionensystem
Nach dem Aktionensystem des → römischen Rechts war die Geltendmachung zivilrechtlicher Ansprüche nur in Form bestimmter Klagegruppen (→ actio = Klage) zugelassen, so zB durch actio in rem, actio negatoria usw.

Aktiva
→ Vermögen, → Bilanz.

Aktive Bestechung
→ Bestechung, → Angestelltenbestechung.

Aktive Stellvertretung
→ Stellvertretung.

Aktives Wahlrecht
ist die Befugnis, andere Personen in → Parlamente ua Vertretungskörperschaften zu wählen (im Gegensatz zum passiven Wahlrecht, dh zur Befugnis, sich als Kandidat aufstellen zu lassen). → Wahlrecht (öffentl.).

Aktivlegitimation
Die Aktivlegitimation ist allein die aktive → Sachbefugnis, bezieht sich also nicht auf die → Prozessführungsbefugnis.

Aktualisierungspflicht
In Umsetzung der → Warenkaufrichtlinie sieht das Kaufrecht im → Verbrauchsgüterkauf (s. iE dort) ab dem 1.1.2022 ausdrücklich eine Aktualisierungsverpflichtung für Sachen mit digitialten Elementen vor, § 475b BGB nF, ebenso bei → Verbraucherverträgen über digitale Produkte, § 327e BGB.

Aktuar
1. Aktuar ist eine (veraltete) Bezeichnung für Protokoll- oder Schriftführer, → Verhandlungsprotokoll.

2. Nach §§ 141, 156 VersicherungsaufsichtsG (→ Versicherungsaufsicht) müssen Lebens- und Krankenversicherungen einen sog. Verantwortlichen Aktuar bestellen. Er hat die korrekte Berechnung der → Deckungsrückstellungen sicherzustellen und macht bei den Lebensversicherungen Vorschläge zur Überschussbeteiligung. Vgl. auch Aktuarverordnung (AktuarV) v. 18.4.2016, BGBl. 2016 I 776.

Aktueller Rentenwert
Der aktuelle Rentenwert (§ 68 SGB VI) entspricht der früheren allgemeinen Bemessungsgrundlage und ist zusammen mit der Summe der → persönlichen Entgeltpunkte und dem → Rentenartfaktor bestimmend für die Höhe von Renten aus der gesetzlichen Rentenversicherung (vgl. § 64 SGB VI). Der aktuelle Rentenwert dient dazu, die Renten an das aktuelle Lohnniveau anzupassen. Um dies sicherzustellen, wird der aktuelle Rentenwert grundsätzlich zum 1. Juli jeden Jahres durch einen neuen aktuellen Rentenwert ersetzt (§ 65 SGB VI). Die Bestimmung des aktuellen Rentenwertes erfolgt jeweils bis zum 31.3. jeden Jahres durch eine Verordnung der Bundesregierung (§ 69 I SGB VI). Für das Beitrittsgebiet ist § 255a SGB VI einschlägig. Ab dem 1.1.2025 gibt es einen einheitlichen Rentenwert für alle Bundesländer.

Akzept
Akzept bedeutet allgemein Annahme, zB eines Angebots zu einem → Vertrag, im Besonderen aber die Annahme eines → Wechsels. Die Annahmeerklärung wird auf den Wechsel gesetzt, idR auf die Vorderseite links quer durch die Unterschrift des Akzeptanten. Die bloße Unterschrift auf der Vorderseite des Wechsels genügt, andernfalls ist das Wort „angenommen" oder ein gleichbedeutendes Wort beizufügen (Art. 25 WG). Das Akzept muss unbedingt, kann aber auf einen Teil der → Wechselsumme beschränkt sein (Teilakzept, Art. 26 WG; → Respekttage). Durch das Akzept wird der → Bezogene verpflichtet, den Wechsel bei Fälligkeit (→ Wechseldiskont, Prolongation) zu bezahlen (Art. 28 WG). Zum Anspruchsumfang siehe auch Art. 48, 49 WG (→ Wechsel). → Blankoakzept, → Bankakzept.

Akzeptant
→ Akzept, → Wechsel.

Akzeptkredit
→ Bankakzept.

Akzession
(lat. accessio = Beitritt) ist im Völkerrecht der Anschluss eines Staates an eine Vereinbarung – Vertrag, Bündnis – oder an ein sonstiges Rechtsverhältnis, das bereits zwischen zwei oder mehreren anderen Staaten besteht; die Akzession setzt Zustimmung aller Beteiligten voraus. Im Zivilrecht versteht man unter Akzession die → Verbindung eines Verfahrens mit einem anderen, so dass dieses – mit bestimmten Rechtsfolgen – zur Hauptsache wird.

Akzessorietät
Akzessorietät bedeutet die Abhängigkeit eines Rechts oder rechtlichen Umstands von einem anderen Recht oder Umstand.

1. Im bürgerlichen Recht ist zB die → Hypothek akzessorisch, dh in ihrer Entstehung, ihrer Übertragung und ihrem Bestand als Hypothek von dem Vorhandensein einer gesicherten Forderung abhängig. Entsprechendes gilt für das → Pfandrecht. Erlischt die Forderung (zB infolge Tilgung des Kredits), dann erlischt automatisch auch das Pfandrecht (vgl. § 1252 BGB) bzw. verwandelt sich in ein Eigentümerpfandrecht (→ Eigentümergrundschuld). Zur Akzessorietät von Hauptschuld und Bürgschaftsschuld s. → Bürgschaft (1, 3). Im Recht der → Personengesellschaft bedeutet die Akzessorietät oder auch akzessorische Haftung, dass die Haftung der Gesellschafter von Bestand und Umfang der Gesellschaftsschuld abhängt.

2. Im Strafrecht bedeutet die Akzessorietät, dass die Strafbarkeit des → Teilnehmers (Anstifters, Gehilfen) eine Haupttat voraussetzt. Bei dieser muss es sich nicht um eine schuldhaft begangene handeln; vielmehr genügt für die Strafbarkeit, dass die Haupttat eine tatsbestandsmäßige und rechtswidrige, wenn auch schuldlos begangene Tat ist. Die Teilnahme an der Tat eines schuldunfähigen → Täters ist also strafbar (sog. limitierte Akzessorietät); die Haupttat muss wenigstens mit natürlichem → Vorsatz begangen sein. Die → Schuld jedes Beteiligten ist dagegen unabhängig von derjenigen anderer Beteiligter (§ 29 StGB).

Akzessorische Rechte
→ Akzessorietät (1).

Akzidentalien
sind → Nebenabreden bei einem → Rechtsgeschäft.

Akzise
Die Akzise war zunächst eine Verbraucherabgabe, später ein Binnenzoll, der noch bis in die neuere Zeit vom Territorialherren oder von Städten beim Durchgang von Waren usw erhoben wurde.

Aleatorische Verträge
(von alea, lat. Würfel) sind Rechtsgeschäfte, deren Wirksamkeit oder Erfüllung von einem ungewissen Ereignis oder vom Zufall abhängt, zB Spiel oder → Wette.

alias facturus
→ omni modo facturus.

Alibi
Der Nachweis, dass der Beschuldigte sich zur Tatzeit an einem anderen als dem Tatort aufgehalten hat (al ibi = anderswo), dient der Entkräftung des Tatvorwurfs.

Alimentationsprinzip
gilt als hergebrachter Grundsatz des → Berufsbeamtentums. Es enthält die Verpflichtung des → Dienstherrn, dem Beamten und seiner Familie amtsangemessenen Lebensunterhalt zu gewähren. Demgemäß sind die → Dienstbezüge (Besoldung) keine Gegenleistung für Dienste, sondern eine Art Unterhaltsrente. Das Alimentationsprinzip konkretisiert sich neben den Dienstbezügen im engeren Sinne in → Beihilfen und in der → Fürsorgepflicht. Das Alimentationsprinzip fordert aber nicht, dass die Dienstbezüge eines Beamten in jedem Fall nominal oder real nicht abgesenkt werden dürfen.

a-limine-Abweisung
A-limine-Abweisung einer Klage ist die ohne Sachprüfung des Klageanspruchs durch → Prozessurteil ergehende Abweisung einer unzulässigen Klage.

aliud
→ Gewährleistung (1b), → unbestellte Lieferung, → Werkvertrag (3a).

Alkoholdelikte
Allgemein bedroht das StGB den mit Strafe, der sich vorsätzlich oder fahrlässig in einen die Schuldfähigkeit ausschließenden Rausch versetzt und sodann eine rechtswidrige, strafbedrohte Handlung begeht (§ 323a StGB; → Vollrausch, → Actio libera in causa). Nach §§ 315a, 315c StGB ist mit Freiheitsstrafe bis zu 5 Jahren (bei Fahrlässigkeit bis zu 2 Jahren) oder Geldstrafe zu bestrafen, wer im Verkehr ein Fahrzeug führt (Kfz., Schienen- oder anderes Fahrzeug; auch Fahrrad), obwohl er infolge Trunkenheit zur sicheren Führung nicht imstande ist (→ Fahruntüchtigkeit), und dadurch eine Gefahr für Leib oder Leben eines anderen oder für fremde Sachen von bedeutendem Wert herbeiführt. Auch ohne eine solche Gefährdung ist der Täter nach § 316 StGB strafbar (Freiheitsstrafe bis zu 1 Jahr oder Geldstrafe, auch bei Fahrlässigkeit). Führen eines Kfz mit mindestens 0,5‰ Blutalkohol oder 0,25 mg/l → Atemalkohol ist an sich schon als → Ordnungswidrigkeit mit Geldbuße bis 3000 EUR und Fahrverbot bedroht (§§ 24a, 25 StVG). Für Kfz-Führer bis zum 21. Lebensjahr oder mit Fahrerlaubnis zur Probe besteht ein Alkoholverbot; der Verstoß stellt eine Ordnungswidrigkeit dar (§ 24c StVG). Alkoholabgabe an Betrunkene ist bußgeldbedroht (§ 20 Nr. 2 GastG, § 28 I Nr. 9 GastG).

Alkoholgenuss des Verkehrsteilnehmers
1. Über die Strafbarkeit → Alkoholdelikte.

2. Die → Fahruntüchtigkeit infolge Genusses von Alkohol oder anderen berauschenden – auch medikamentösen – Mitteln wird als absolut bezeichnet, wenn ein Grenzwert besteht und überschritten ist (bei Kraftfahrern 1,1‰, BGH NJW 1990, 2393; bei Radfahrern 1,6‰ Blutalkohol), dagegen als relativ, wenn sie unter diesem liegt, aber aus anderen Umständen festgestellt wird, zB Ausfallerscheinungen, Übermüdung, unsicheres Fahren (etwa in der Resorptionsphase). Die Untergrenze der relativen Fahruntüchtigkeit durch

Alkoholgenuss liegt bei 0,3–0,5‰ Blutalkohol.

3. Der Blutalkoholgehalt zur Tatzeit wird ermittelt durch Rückrechnung der entnommenen und zur Kontrolle meistens nach Widmark- und ADH-Verfahren untersuchten Blutprobe. Deren Entnahme erfordert einen konkreten Tatverdacht und ist nach § 81a StPO nur durch einen approbierten Arzt zulässig, aber auch gegen den Willen des Betroffenen durch körperlichen Zwang, wenn sie durch einen Richter, Staatsanwalt oder Polizeibeamten, der → Ermittlungsperson der StA ist, angeordnet wird. Bei Verdacht einer einschlägigen Straftat nach §§ 315, 315c, 316 StGB bedarf es keiner richterlichen Anordnung (§ 81a II 2 StPO). Mitwirkung bei einer Analyse des → Atemalkohols, die als Beweismittel zugelassen ist, insbes. bei Ordnungswidrigkeiten nach § 24a StVG, kann nicht verlangt werden. Der Verkehrsteilnehmer kann zur Kontrolle der Fahrtüchtigkeit (→ Verkehrskontrolle) angehalten werden.

4. Der Alkoholgenuss des Verkehrsteilnehmers schließt bei einem Unfall die Leistungspflicht der gesetzlichen → Kranken- und der → Rentenversicherung nicht aus. In der → Unfallversicherung kann er dazu führen, dass der Kausalzusammenhang zum geschützten Betriebsbereich als unterbrochen gilt und Leistungspflicht entfällt.

5. (Private) → Haftpflichtversicherung, → Arbeitsverhältnis.

6. Zu Fahrten unter Einfluss von Betäubungsmitteln s. → Betäubungsmitteldelikte

7. Zu Fahrten unter Einfluss von → Cannabis s. dort.

Alkoholhaltige Getränke
Die Verordnung über bestimmte alkoholhaltige Getränke (AGeV) idF v. 30.6.2003 (BGBl. 2003 I 1255) mÄnd regelt Anforderungen an Herstellung und Inverkehrbringen von → Spirituosen (zB Weinbrand, Brandy oder Korn) und wein-, perlwein- oder schaumweinähnlichen Getränken. Sie werden ua nach Maßgabe der Verkehrsauffassung hergestellt und können auch alkoholreduziert oder -frei sein. Alkoholhaltige Getränke können der Pfandpflicht unterliegen, insbesondere wenn sie in Einwegkunststoffgetränkeflaschen verkauft werden (§ 31 IV VerpackG, → Verpackungen). Für Getränke mit mehr als 1,2 Volumen-% Alkohol richtet sich die Angabe des Alkoholgehaltes nach den Art. 9 I und 28 Verordnung (EU) 1169/2011 (→ Kennzeichnung von Lebensmitteln). → Alkopops, → Bier, → Wein.

Alkoholsteuer
Die Alkoholsteuer ist eine EU-weit harmonisierte → Verbrauchsteuer auf Alkohol und Alkoholerzeugnisse. Die Höhe der Alkoholsteuer (früher Branntweinsteuer) bemisst sich nach der im Erzeugnis enthaltenen Alkoholmenge. Der Regelsteuersatz beträgt 1.303 Euro je hl reinen Alkohol. Ihr Aufkommen iHv jährlich ca. 2,1 Mrd. EUR steht dem Bund zu. Sie wird von der Bundeszollverwaltung erhoben. Rechtsgrundlage für ihre Erhebung ist das Alkoholsteuergesetz v. 21.6.2013 (BGBl. 2013 I 1650). → Finanzmonopole. Auf Alkohol, der ausgeführt, zu Treibstoff verarbeitet, zu Putz-, Heizungs- und ähnlichen Zwecken verwendet oder der zur Herstellung von Arzneimitteln oder Essig benötigt wird, wird keine Steuer erhoben.

Alkoholsüchtige
→ Anstaltsunterbringung, → Unterbringungsgesetze.

Alkoholverbot (Ausschank an Jugendliche und Betrunkene)
Rechtsgrundlage für Maßnahmen gegen Alkoholmissbrauch sind das JugendschutzG (JuSchG) und das GaststättenG. Nach § 9 JuSchG darf in Gaststätten, Verkaufsstellen oder sonst in der Öffentlichkeit Branntwein (oder branntweinhaltige Getränke und Lebensmittel) an Kinder (dh bis 14 Jahre) und Jugendliche (14–18 J.) nicht abgegeben (oder der Verzehr gestattet) werden. Andere alkohol. Getränke (Bier, Wein, weinähnliche Getränke oder Schaumwein oder deren Mischungen mit nichtalkoholischen Getränken dürfen an Kinder und Jugendliche unter 16 Jahren nicht abgegeben werden; für diese Anderen alkoholischen Getränke gilt eine Ausnahme, wenn Kinder und Jugendliche von einem Inhaber der Personensorge begleitet werden. Alkohol. Getränke dürfen in der Öffentlichkeit nicht in Automaten feilgehalten werden, sofern nicht sichergestellt ist, dass Kinder und Jugendliche sie nicht benutzen können. Alkoholhaltige Süßgetränke (Alkopops) dürfen nur mit dem Hinweis „Abgabe an Personen unter 18 Jahren verboten, § 9 Jugendschutzgesetz" in den Verkehr gebracht werden (§ 9 IV JuSchG). Nach § 20 GastG ist verboten, geistige Getränke im Betrieb einer Speise- oder Schankwirtschaft an Betrunkene zu verabreichen; ferner ist das Feilhalten von Branntwein oder überwiegend branntweinhaltigen Lebensmitteln in Automaten unzulässig. → Jugendschutz, → Alkoholdelikte. Ein Alkoholverbot besteht nach landesrechtl. Vorschriften auch an Schulen, zB in NRW § 54 V SchulG vom 15.2.2005 (GVBl. 2005, 102).

Alkoholverbot für Kfz-Führer
besteht bis zum 21. Lebensjahr oder mit Fahrerlaubnis zur Probe; der Verstoß stellt eine Ordnungswidrigkeit dar (§ 24c StVG, → Alkoholdelikte). Es besteht ferner für das im Fahrdienst des öffentlichen Linienverkehrs mit Omnibussen eingesetzte Betriebspersonal und für Fahrer von Taxen und Mietwagen (§ 8 BOKraft → Personenbeförderung) sowie für Fz-Führer von Gefahrguttransporten (§ 28 Nr. 13 Gefahrgut-VO Straße), Eisenbahn und Binnenschifffahrt (→ Beförderung gefährlicher Güter).

Alkopops
Alkoholhaltige Süßgetränke (Alkopops) unterliegen einer Sondersteuer (AlkopopsteuerG v. 23.7.2004, BGBl. 2004 I 1857, 2228, mÄnd). Zur Höhe der Steuer s. VO v. 1.11.2004 (BGBl. 2004 I 2711). → alkoholhaltige Getränke, → Jugendschutz (4).

Alleinauftrag
→ Maklervertrag (2).

Alleinbesitz
→ Besitz.

Alleineigentum
→ Eigentum.

Alleinerbe
→ Erbengemeinschaft (1).

Alleinerziehende
erhalten für ihre Kinder steuerliche Vergünstigungen; → Halbfamilie, steuerlich; → Entlastungsbetrag.

Alleingesellschafter
→ Einmanngesellschaft.

Alleinrennen
Schlagwortartige Bezeichnung für Fälle, in denen sich ein Kraftfahrzeugführer im Straßenverkehr mit nicht angepasster Geschwindigkeit und grob verkehrswidrig und rücksichtslos fortbewegt, um eine höchstmögliche Geschwindigkeit zu erreichen. Auch wenn nur ein Fahrzeug beteiligt ist und damit kein → verbotenes Kraftfahrzeugrennen im engen Sinn vorliegt, erfüllt solches Verhalten den eigens hierfür geschaffenen Straftatbestand des § 315d I Nr. 3 StGB.

Alleinstellung
Eine hierauf gegründete Werbeaussage ist zulässig (kein → unlauterer Wettbewerb), wenn sie den Tatsachen entspricht.

Alleinvertriebsrecht
→ Vertragshändler.

Allergien
→ Glutenunverträglichkeit, → Milch, → Käse, → Wein. Gem. Art. 9 I VO (EU) 1169/2011 (→ Kennzeichnung von Lebensmitteln, 1a) gehört die Benennung von → Zutaten, die Allergien oder Unverträglichkeiten auslösen, zu den verpflichtenden Angaben bei Lebensmitteln.

Allgemeine Bedingungen
→ Allgemeine Geschäftsbedingungen, → Kraftfahrzeug-Haftpflichtversicherung (1b), → Versicherungsbedingungen, → Speditionsvertrag.

Allgemeine Bemessungsgrundlage
Die allgemeine Bemessungsgrundlage war eine Rechengröße in der Rentenversicherung. Das Rentenreformgesetz 1992 (RRG) ersetzte sie durch den → aktuellen Rentenwert.

Allgemeine Deutsche Spediteurbedingungen
(ADSp) → Speditionsvertrag.

Allgemeine Erklärung der Menschenrechte
(Vereinte Nationen) → Konvention zum Schutze der Menschenrechte und Grundfreiheiten (2).

Allgemeine Geschäftsbedingungen
1. Allgemeine Geschäftsbedingungen (AGB), zT auch Lieferungs- oder Zahlungsbedingungen genannt, sind alle für eine Vielzahl von Verträgen (dh mindestens dreimalige Verwendung beabsichtigt) vorformulierten Vertragsbedingungen (dh Vertragsbestimmungen), die eine Vertragspartei (Verwender) der anderen Partei bei Abschluss eines → Vertrags stellt, dh einseitig auferlegt (§ 305 I 1 BGB). Diese gesetzliche Definition bestimmt den Anwendungsbereich der für AGB geltenden Regelungen, §§ 305 ff. BGB. Unerheblich sind für die Anwendung der Umfang der AGB, ihre äußere Gestaltung und Form, so dass auch notariell beurkundete Verträge und Formularverträge hierunter fallen (§ 305 I 2 BGB). Bei vielfach verwendeten Standardklauseln wird bis zum Beweis des Gegenteils vermutet, dass sie vom Unternehmer gestellt sind. Bei Klauseln in einem einzelnen Vertrag trägt dagegen der andere Vertragspartner die → Beweislast dafür, dass diese ohne Verhandlung vorformuliert worden sind. Ein Stellen von AGB liegt nicht vor, wenn (insbes. bei einem Vertrag unter Privatleuten) Musterverträge oder Formulare verwendet werden, sofern bei den Vertragsverhandlungen die Möglichkeit einer Abänderung gegeben ist.

Das Recht der AGB gilt grds. für alle Teilnehmer am Rechtsverkehr, nicht nur bei Beteiligung von → Verbrauchern. Nach § 310 III BGB gelten erweiternde Sonderregelungen für den → Verbrauchervertrag: Das Gesetz fingiert insbes., dass auch von Dritten (zB Notar, Makler) vorgeschlagene Bedingungen vom Unternehmer gestellt wurden, wenn nicht der Unternehmer nachweist, dass der Verbraucher sie vorgeschlagen hat (§ 310 III Nr. 1 BGB); auch bei nur einmaliger Verwendung gelten die wesentlichen Vorschriften des AGB-Rechts (§ 310 III Nr. 2 BGB). Andererseits wird der Anwendungsbereich des Rechts der AGB durch § 310 BGB auch eingeschränkt: Die Vorschriften sind nur zT anwendbar auf AGB, die gegenüber einem → Unternehmer oder einer → juristischen Person des öffentlichen Rechts verwendet werden (hier nur Inhaltskontrolle, s. u., unter Berücksichtigung der im Handelsverkehr geltenden Gebräuche) sowie bei bestimmten Verträgen über Bauleistungen, § 310 I BGB. Einschränkungen gelten auch für AGB der Versorgungswirtschaft, § 310 II BGB. Unanwendbar ist das AGB-Recht nach § 310 IV BGB auf bestimmte Verträge auf dem Gebiet des Erb-, Familien- und Gesellschaftsrechts sowie Verträge des Kollektivarbeitsrechts, → Tarifverträge, → Betriebsvereinbarungen; bei → Arbeitsverträgen des Individualarbeitsrecht gelten die Vorschriften unter angemessener Berücksichtigung der Besonderheiten des Arbeitsrechts.

2. Allgemeine Geschäftsbedingungen liegen nicht vor, soweit die Vertragsbedingungen zwischen den Vertragsparteien im Einzelnen ausgehandelt worden sind; iÜ haben individuelle Vertragsabreden stets Vorrang vor AGB, § 305 I 3 BGB, § 305b BGB. Dies gilt auch dann, wenn durch die AGB bestimmt wird, dass mündliche Abreden unwirksam sein sollen (Schriftformklausel). AGB werden nur dann Bestandteil eines Vertrags, wenn der Verwender bei Vertragsschluss ausdrücklich auf sie hinweist (ggf. auch durch einen deutlich sichtbaren Aushang), die andere Vertragspartei in zumutbarer Weise von ihrem Inhalt Kenntnis nehmen konnte und mit ihrer Geltung einverstanden ist, § 305 II BGB. In bestimmten Fällen behördlich überwachter AGB (zB in der → Personenbeförderung oder bei → Telekommunikationsdiensten) wird die Einbeziehung der AGB vereinfacht, § 305a BGB. Die Vertragsparteien können für eine bestimmte Art von Rechtsgeschäften die Geltung bestimmter AGB im Voraus vereinbaren, § 305 III BGB. Der Inhalt von AGB ist durch → Auslegung (s. dort 3) zu ermitteln; Zweifel an der Auslegung gehen zu Lasten des Verwenders, es gilt die kundenfreundlichste Auslegung, § 305c II BGB.

3. Gegenstand der AGB sind in Abweichung oder Ergänzung gesetzlicher Regelungen insbes. die Art und Weise der Leistung (Leistungsort und -zeit, Eigentumsvorbehalt ua), die Haftung bei Leistungsstörungen (→ Pflichtverletzung), Mängelhaftung (→ Gewährleistung im Kaufrecht) sowie Gerichtsstandsklauseln (→ Zuständigkeitsvereinbarung), nicht aber der Inhalt von Leistung und Gegenleistung selbst, die keiner Inhaltskontrolle (s. u.) unterliegen, vgl. § 307 III BGB. Bestimmungen in AGB, die nach den Umständen, insbes. nach dem äußeren Erscheinungsbild des Vertrags, so ungewöhnlich sind, dass der Vertragspartner des Verwenders nicht mit ihnen zu rechnen braucht (sog. überraschende Klauseln), werden nicht Vertragsbestandteil, § 305c I BGB. Sind AGB ganz oder teilweise nicht Vertragsbestandteil geworden oder ganz oder teilweise unwirksam (s. u.), so bleibt der Vertrag iÜ grds. wirksam, § 306 I BGB (nur im Fall einer unzumutbaren Härte ist der Vertrag nach § 306 III BGB ausnahmsweise insgesamt nichtig); an die Stelle der unwirksamen Klausel tritt dann die entsprechende (dispositive) gesetzliche Regelung, § 306 II BGB. Eine Klausel, die nur teilweise gegen gesetzliche Bestimmungen verstößt (zB eine unzulässig lange Frist), ist nach der Rspr. idR völlig unwirksam und kann nicht mit dem gesetzlich (noch) zulässigen Inhalt aufrechterhalten werden; es gilt das Verbot der geltungserhaltenden Reduktion. Die Vorschriften über AGB finden auch Anwendung, wenn sie durch anderweitige Gestaltungen ausgeschaltet werden (Umgehungsverbot, § 306a BGB).

4. Allgemeine Geschäftsbedingungen unterliegen der → Inhaltskontrolle durch die Gerichte. Dabei sind nach der Generalklausel des § 307 I 1 BGB Bestimmungen in AGB unwirksam, wenn sie den Vertragspartner des Verwenders entgegen den Geboten von → Treu und Glauben unangemessen benachteiligen, also einseitig und unberechtigt nur die Interessen des wirtschaftlich Stärkeren berücksichtigen. Eine unangemessene Benachteiligung ist im Zweifel anzunehmen, wenn eine Klausel mit wesentlichen Grundgedanken der gesetzlichen Regelung, von der abgewichen wird, nicht zu vereinbaren ist (zB Restzahlung vor Lieferung) oder wesentliche Rechte oder Pflichten, die sich aus der Natur des Vertrags ergeben, so einschränkt, dass die Erreichung des Vertragszwecks gefährdet ist (zB Freizeichnungsklauseln des Lieferanten, die dem Kunden jegliche Gewährleistungsansprüche abschneiden), § 307 II BGB. Eine unangemessene Benachteiligung kann sich auch daraus ergeben, dass die AGB-Klausel (auch hinsichtlich Preisbestimmung oder Leistungsbeschreibung) nicht klar und verständlich ist (§ 307 I 2 BGB, Verstoß gegen das sog. Transparenzgebot). Über diese Generalklausel hinaus enthält das Gesetz in §§ 308, 309 BGB einen umfangreichen Katalog von verbotenen Klauseln, die stets zur Unwirksamkeit bei der Verwendung in AGB führen, zB unangemessener pauschalierter → Schadensersatz, Haftungsausschlüsse bei → Körperverletzung oder → Pflichtverletzung usw. (Beispiele bei den einzelnen Stichworten). Zur Bußgeldbewehrung der Verwendung von nach § 309 BGB unwirksamen Klauseln ab 28.5.2022 s. Art. 246e EGBGB nF (→ Modernisierungsrichtlinie). Sa → Gesetz über faire Verbraucherverträge.

5. Verwender von unwirksamen Klauseln in AGB können im Interesse einer möglichst weitgehenden Klarstellung auf Unterlassung (bei bloßer Empfehlung von AGB auf Widerruf) in Anspruch genommen werden. Anspruchsberechtigt sind Industrie- und Handelskammern, Handwerkskammern, rechtsfähige Verbände zur Förderung gewerblicher Interessen oder sonstige, in ein Register eingetragene sog. „qualifizierte Einrichtungen" (Verbraucher- und Interessenverbände). Ausschließlich zuständig ist das → Landgericht, in dessen Bezirk der Verwender seine gewerbliche Niederlassung, hilfsweise seinen Wohnsitz hat. Dem Kläger kann auf Antrag die Befugnis zur Veröffentlichung des Urteils im Bundesanzeiger zugesprochen werden. Entsprechendes gilt für die Verbandsklage bei Verstoß gegen sonstige Verbraucherschutzvorschriften (zB → Verbrauchsgüterkauf, → Haustürgeschäft, → Fernabsatzvertrag, → Verbraucher-

darlehensvertrag, → Reisevertrag, → Fernunterricht) sowie beim → unlauteren Wettbewerb. Einzelheiten regelt das Gesetz über Unterlassungsklagen bei Verbraucherrechts- und anderen Verstößen (UnterlassungsklagenG idF v. 27.8.2002 (BGBl. 2002 I 3422, 4346) mÄnd).

Allgemeine Gütergemeinschaft
→ Gütergemeinschaft.

Allgemeine Rechtsgrundsätze
sind neben dem Völkervertragsrecht (→ Völkerrechtlicher Vertrag) und dem → Völkergewohnheitsrecht in Art. 38 I Statut des → Internationalen Gerichtshofs als dritte Quelle des → Völkerrechts genannt („allgemeine von den zivilisierten Nationen anerkannte Rechtsgrundsätze"). Was man darunter zu verstehen hat, ist in der Völkerrechtswissenschaft streitig. In der Praxis der internationalen Gerichts- und Schiedsgerichtsbarkeit werden als allgemeine Rechtsgrundsätze anerkannt zB die Regeln über Rechtsmissbrauch, Verwirkung und Verjährung. Häufig wird dabei nicht scharf zwischen Völkergewohnheitsrecht und allgemeinen Rechtsgrundsätzen unterschieden.

Allgemeine Rechtslehre
→ Recht, → Rechtsphilosophie, → Rechtswissenschaft.

Allgemeine Rentenbemessungsgrundlage
→ Allgemeine Bemessungsgrundlage, → Aktueller Rentenwert.

Allgemeine Rentenversicherung
Die allgemeine → Rentenversicherung (Zusammenschluss der ehemaligen Landesversicherungsanstalten, der Bundesversicherungsanstalt für Angestellte, der Knappschaft sowie der Bahn und Seekasse) bildet nach den Vorgaben des Gesetzes zur Organisationsreform der gesetzlichen Rentenversicherung (RVOrgG; BGBl. 2004 I 3242) seit dem 1.10.2005 zusammen mit der knappschaftlichen Rentenversicherung die → gesetzliche Rentenversicherung (§ 125 I SGB VI).

Allgemeine Staatslehre
nennt man die Wissenschaft von Begriff und Wesen des Staates, seiner Entstehung, Entwicklung und Rechtfertigung, seinen Strukturprinzipien (→ Staatsform, Verfassung, Staatsrecht) und Grundfragen seiner Betätigung (→ Staatsgewalt).

Allgemeine Unfallversicherung
Die allgemeine Unfallversicherung ist ein Zweig der gesetzlichen Sozialversicherung und im SGB VII geregelt → Unfallversicherung. Die gesetzliche Unfallversicherung wird von den entsprechenden Berufsgenossenschaften und den jeweiligen Unfallkassen durchgeführt.

Allgemeine Versicherungsbedingungen
→ Versicherungsbedingungen.

Allgemeine Versorgungsbedingungen
Allgemeine Versorgungsbedingungen (AVB) für die Versorgung insbes. der privaten Endverbraucher mit Energie und Wasser sind durch Rechtsverordnungen festgelegt. In diesen sind die gegenseitigen Rechte und Pflichten von Abnehmern und Versorgungsunternehmen geregelt. Für → Fernwärme gelten zB die AVBFernwärmeV v. 20.6.1980 (BGBl. 1980 I 742, mÄnd) und die Wärmelieferverordnung v. 7.6.2013 (BGBl. 2013 I 1509), für Gas die Niederdruckanschlussverordnung (NDAV) v. 1.11.2006 (BGBl. 2006 I 2485, mÄnd) und für Wasser die AVBWasserV v. 20.6.1980 (BGBl. 1980 I 750, 1067, mÄnd). → Anschlusspflicht, → Energiewirtschaft.

Allgemeines Eisenbahngesetz
1. Das allgemeine Eisenbahngesetz (AEG) v. 27.12.1993 (BGBl. 1993 I 2378, 2396; BGBl. 1994 I 2439) gilt für → Eisenbahnunternehmen (§ 1 AEG iVm § 2 AEG). Es regelt, was öffentliche und nichtöffentliche Eisenbahnen sind (§ 3 AEG), die → Eisenbahnaufsicht (§§ 5, 5a AEG), Unternehmensgenehmigungen, Beförderungspflicht und Tarife (§§ 6 ff. AEG). Es soll einen sicheren Eisenbahnbetrieb, ein attraktives Verkehrsangebot und die Wahrung der Verbraucherinteressen gewährleisten.

2. Die verwaltungsrechtlichen Verfahren für ein Eisenbahnvorhaben – insbes. die → Planfeststellung – regeln die §§ 17–23 AEG. Nach § 18 AEG dürfen Betriebsanlagen einer Eisenbahn grundsätzlich nur nach einer Planfeststellung gebaut oder geändert werden, allerdings gibt es hierzu zahlreiche Ausnahmen. Zur Beschleunigung von Planung und Durchführung von Verkehrsinfrastrukturprojekten sowie zur Erhöhung ihrer Akzeptanz wurde das Maßnahmengesetzvorbereitungsgesetz (MgvG) v. 22.3.2020 (BGBl. 2020 I 640) erlassen. Danach dürfen zahlreiche namentlich genannte Projekte durch Gesetz anstelle eines Verwaltungsakts zugelassen werden. Es handelt sich dann um Einzelfall- bzw. → Maßnahmegesetze, denen ein vorbereitendes Verfahren vorgeschaltet ist, welches dem entfallenden Planfeststellungsverfahren ähnelt. Zu den Eisenbahnvorhaben, die das MgvG erfasst, gehört zB der Ausbau der Eisenbahnstrecke von Magdeburg nach Halle (§ 2 Nr. 3 MgvG). Andere Vorhaben betreffen vor allem → Bundeswasserstraßen.

3. Der → Lärmbekämpfung dienen die 16. und 24. BImSchV und zahlreiche EU-Vorschriften (→ Eisenbahn-Bau- und Betriebsordnung). Durch das Gesetz zum Schienenlärmschutz (SchlärmschG) v. 7.10.2024 (BGBl. 2024 I Nr. 301) wird das europarechtliche Verbot lauter Güterwagen auf bestimmten Strecken umgesetzt. Verwaltungsbehörde für Eisenbahnen des Bundes sind das → Eisenbahn-Bundesamt und die → Eisenbahnagentur der Europäischen Union; die → Bundesnetzagentur überwacht als Regulierungsbehörde den Zugang zu

den Infrastrukturen (→ Eisenbahn-Verkehrsordnung). Für nicht bundeseigene Eisenbahnen ergänzt Landesrecht das Allgemeine Eisenbahngesetz.

Allgemeines Gleichbehandlungsgesetz (AGG)
→ Gleichbehandlung (2).

Allgemeines Kriegsfolgengesetz
Das Gesetz zur allgemeinen Regelung durch den Krieg und den Zusammenbruch des Deutschen Reiches entstandener Schäden (AKG) vom 5.11.1957 (BGBl. 1957 I 1747) mÄnd regelte die Beseitigung der Schuldenmasse des Deutschen Reiches in einer der Leistungsfähigkeit des Bundes angepassten Weise. Es bestimmte, dass alle Ansprüche gegen das Reich einschl. der Sondervermögen (Deutsche Reichsbahn, Deutsche Reichspost), gegen das ehemalige Land Preußen und gegen das Unternehmen Reichsautobahnen erlöschen (vgl. auch Art. 135a GG), soweit nicht durch Sonderregelung im AKG selbst oder nach sonstigen Rechtsvorschriften (zB → Lastenausgleich, → Altsparer, → Bundesversorgungsgesetz, → Rückerstattungsrecht nach Bundesrückerstattungsgesetz) Entschädigungsleistungen vorgesehen waren.

Allgemeines Landrecht
Das preuß. ALR von 1794 war eine umfassende Kodifikation, die sich in Abkehr von Grundgedanken des → römischen Rechts weitgehend an das → Naturrecht anlehnte; es enthielt in manchen Teilen Rechtssätze, die von dem heute noch geltenden Recht – zB dem BGB – übernommen worden sind. Teil I des ALR umfasste ausschließlich privatrechtliche Normen (Personen-, Schuld-, Sachenrecht usw.), Teil II außer solchen – insbes. familienrechtlichen Bestimmungen – auch öffentlich-rechtliche Vorschriften (Beamten-, Gewerbe-, Straf-, Polizeirecht usw.). Die Bestimmung über die Aufgaben der Polizei (Teil II Titel 17 § 10) galt bis zur Neuregelung des Polizeirechts, das sie im Wesentlichen übernahm, als Ermächtigung für das polizeiliche Einschreiten „zur Erhaltung der öffentlichen Ruhe, Sicherheit und Ordnung und zur Abwendung der dem Publico oder einzelnen Mitgliedern desselben drohenden Gefahren".

Allgemeines Leistungsstörungsrecht
Wenn eine geschuldete → Leistung überhaupt nicht, nicht rechtzeitig oder nicht ordnungsgemäß erbracht (oder entgegengenommen) wird, liegt eine Leistungsstörung vor (sa → Pflichtverletzung). Die Regelungen des allgemeinen Leistungsstörungsrecht gelten für alle → Schuldverhältnisse, geregelt sind insoweit insbes. folgende Fälle: Eine Leistung kann nicht (mehr) erbracht werden kann oder wird einfach nicht erbracht (→ Unmöglichkeit der Leistung); eine Leistung wird verspätet erbracht (→ Schuldnerverzug); es werden nicht leistungsbezogene Nebenpflichten, insbes. Schutz- und Obhutspflichten, verletzt (→ Positive Vertragsverletzung); der Austausch der Leistungen wird durch eine Störung der → Geschäftsgrundlage beeinträchtigt; der Gläubiger nimmt die geschuldete Leistung nicht an oder ist nicht bereit, die Gegenleistung zu erbringen (→ Gläubigerverzug). Weiterhin sind die Rechtsfolgen für bestimmte Verträge (→ Vertrag) oder gesetzliche Schuldverhältnisse als besonderes Leistungsstörungsrecht im Rahmen der einzelnen Schuldverhältnisse zT besonders geregelt, zB die Mängelrechte beim Kaufvertrag (→ Gewährleistung) oder beim → Werkvertrag (3); das jeweilige besondere Leistungsstörungsrecht trifft spezielle Regelungen, nimmt aber häufig auch auf die Regelungen des allg. Leistungsstörungsrechts (durch Rechtsgrundverweisung) Bezug (zB § 437 BGB beim Kauf-, § 634 BGB beim Werkvertrag).

Allgemeines Persönlichkeitsrecht
→ Persönlichkeitsrecht.

Allgemeines Recht
→ gemeines Recht.

Allgemeines Schuldrecht
→ Schuldrecht.

Allgemeines Veräußerungsverbot
1. → Veräußerungsverbot.

2. Für den Zeitraum zwischen Antrag und Eröffnung des → Insolvenzerfahrens ist das allgemeine Veräußerungsverbot eine Sicherungsmaßnahme, die das → Insolvenzgericht durch Beschluss erlassen kann (§ 21 II 2 InsO, § 24 II InsO, § 81 InsO). Es ist ein gerichtliches Veräußerungsverbot iS der §§ 135, 136 BGB und wird wie die Eröffnung des Insolvenzverfahrens ins Grundbuch oder Schiffsregister eingetragen (§ 23 III InsO, §§ 32 f. InsO).

Allgemeines Wohngebiet
Gebiet nach der → Baunutzungsverordnung, in dem ua Wohngebäude, Läden und Wirtschaften für den örtlichen Bedarf, nicht störende Handwerksbetriebe und Anlagen für kirchliche, kulturelle, soziale, gesundheitliche und sportliche Zwecke zulässig sind.

Allgemeines Zoll- und Handelsabkommen
→ GATT.

Allgemeinverbindlichkeit
1. Allgemeinverbindlichkeit eines → Tarifvertrages tritt dadurch ein, dass das BMAS (oder die oberste Landesarbeitsbehörde) im Zusammenwirken mit einem von den Spitzenorganisationen der Gewerkschaften und Arbeitgeber paritätisch besetzten Ausschuss (Tarifausschuss) auf Antrag der Tarifvertragsparteien den Tarifvertrag nach einem in § 5 II, III TVG (TarifvertragsG vom 25.8.1969 (BGBl. 1969 I 1323) mit DVO v. 16.1.1989 (BGBl. 1989 I 76) mÄnd) geregelten Verfahren für allgemeinverbindlich erklärt. Danach erfasst der normative Teil des Tarifvertrags im Rahmen seines Gel-

tungsbereichs auch alle Arbeitgeber und Arbeitnehmer, die bislang nicht tarifgebunden waren (sog. Außenseiter; § 5 IV TVG). Str. ist, ob die Allgemeinverbindlicherklärung eine → Rechtsverordnung (dann wäre die Ermächtigungsgrundlage allerdings nicht hinreichend konkret) oder einen → Verwaltungsakt darstellt. Ihre Voraussetzungen sind ein wirksamer, geltender Tarifvertrag sowie ein öffentliches Interesse dergestalt, dass der Tarifvertrag eine überwiegende Bedeutung für die Gestaltung der Arbeitsverhältnisse in seinem Geltungsbereich erlangt hat oder gegen wirtschaftliche Fehlentwicklungen die Wirksamkeit der tarifvertraglichen Normsetzung gesichert werden muss (§ 5 I TVG); die früheren Anforderungen an die Repräsentativität (tarifgebundene Arbeitgeber mussten mindestens 50% der unter den Geltungsbereich des Tarifvertrages fallenden Arbeitnehmer beschäftigen) hat der Gesetzgeber fallen gelassen. Für Tarifverträge über gemeinsame Einrichtungen der Tarifvertragsparteien (zB Urlaubskassen) liegen die Anforderungen niedriger. Die Allgemeinverbindlichkeit wird in das → Tarifregister eingetragen und im Bundesanzeiger bekanntgemacht (§ 6 TVG). Die Allgemeinverbindlichkeit endet mit Ablauf des Tarifvertrags oder mit Aufhebung aus öffentlichem Interesse (§ 5 V TVG).

2. Die in Rechts- und Verwaltungsvorschriften enthaltenen Regelungen über Höchstarbeitszeiten (→ Arbeitszeit, → Mindesturlaub), Mindestlohn einschließlich Überstundensätze (→ Arbeitsbedingungen), Arbeitnehmerüberlassung (→ Leiharbeitsverhältnis), Gesundheits- (→ Betriebsschutz) und → Arbeitsschutz sowie die Gleichbehandlung von Frauen und Männern (→ Gleichberechtigung) finden auch auf ein → Arbeitsverhältnis zwischen einem im Ausland ansässigen Arbeitgeber und seinem im Inland beschäftigten Arbeitnehmer zwingend Anwendung (§§ 1, 2 AEntG; → Entsendegesetz). Durch Verordnung nach §§ 7, 11 AEntG oder Allgemeinverbindlichkeit kann auch ein in einem Tarifvertrag enthaltener → Mindestlohn (früher beschränkt auf Branchen wie Bauhaupt- und -nebengewerbe, Gebäudereinigerhandwerk, gewerbsmäßige Briefbeförderung/-zustellung, Pflege) festgelegt werden (§ 4 AEntG). Die Mitwirkung der Tarifvertragsparteien über den Tarifausschuss ist beim Erlass einer Verordnung gegenüber dem Verfahren der Allgemeinverbindlichkeit erheblich eingeschränkt, es bedarf lediglich eines Antrags der Tarifparteien und (beim ersten Erlass einer Verordnung) einer Zustimmung einer Minderheit im Tarifausschuss. Außerhalb der besonders genannten Branchen muss ein öffentliches Interesse bestehen, insbesondere daran, einem Verdrängungswettbewerb über die Lohnkosten entgegenzuwirken.

3. Für die Anfechtung einer Rechtsverordnung oder Allgemeinverbindlichkeit sind die Landesarbeitsgerichte in 1. Instanz zuständig (§ 98 ArbGG).

Allgemeinverfügung
→ Verwaltungsakt (1).

Alliierte Mächte
Die USA, die UdSSR, das Vereinigte Königreich und Frankreich (Alliierte Mächte) hatten nach der Kapitulation des Deutschen Reiches die oberste Gewalt in Deutschland übernommen und 4 Zonen gebildet. Die 4 Oberkommandierenden bildeten den Kontrollrat, in Berlin die 4 Stadtkommandanten zur Ausübung der Hoheitsgewalt die Alliierte Kommandantur. Für das Gebiet der BRep. erging 1949 das Besatzungsstatut, das die Ausübung der Hoheitsgewalt über die 3 westlichen Zonen anstelle des Kontrollrats der Alliierten Hohen Kommission übertrug. Diese bestand bis zum Ende des Besatzungsregimes am 15.5.1955 (→ Berlin; → Abschließende Regelung in bezug auf Deutschland).

Allmende
Die Allmende war das im Eigentum der Dorfgemeinde stehende Gemeindeland samt den unverteilten Naturgütern (Weide, Wasser, Wald usw). Sie wurde von den Teilhabern der Allmende gemeinsam bewirtschaftet und anteilig genutzt. Die Allmende war eine im Mittelalter in Deutschland verbreitete Rechtseinrichtung, die aber mit der fortschreitenden Änderung der Gemeindeordnungen keine Bedeutung mehr hat.

Allod
Allod war im Mittelalter freies Land, das keiner Lehensherrschaft (→ Lehen) unterstand.

Allonge
Allonge (Anhang, körperliche Verlängerung) ist ein mit einem Wechsel verbundenes Blatt, auf das → Indossamente oder ein → Wechselprotest gesetzt werden, wenn das Wechselpapier selbst dazu nicht mehr ausreicht (Art. 13 I 1, II WG, Art. 81 I, III WG).

Allphasensteuer
ist eine Rechtsverkehrsteuer, die bei jedem Wechsel der Verfügungsmacht oder des Eigentums auf jeder Wirtschaftsstufe erhoben wird, zB die → Umsatzsteuer. Bei der Einphasensteuer wird der Unternehmer auf nur einer Umsatzstufe betroffen, bei der Mehrphasensteuer auf mehreren, bestimmten Umsatzstufen.

Allzuständigkeit
Nach dem Grundsatz der Allzuständigkeit (auch „Totalitätsprinzip" genannt) haben die → Gemeinden das verfassungsmäßig gewährleistete (Art. 28 II GG) Recht, in ihrem Gebiet alle Angelegenheiten der örtlichen Gemeinschaft (nur diese, nicht etwa überörtl. od. Angelegenheiten von allgemeiner polit. Bedeutung) im Rahmen der Gesetze in eigener Verantwortung zu regeln, soweit die Aufgaben nicht anderen Stellen zugewiesen sind. In den Gemeindeordnungen der Länder finden sich entsprechende Regelungen.

Alpenkonvention
Die Alpenkonvention v. 7.11.1991 (BGBl. 1994 II 2538) bezweckt die Erhaltung und den Schutz der Alpen durch eine ganzheitliche Politik der Vertragsparteien unter Beachtung des Kooperations-, des → Vorsorge- und des → Verursacherprinzips. Dazu wurden Maßnahmen-Protokolle zu neun Politikbereichen wie Raumplanung, Tourismus oder Energie verabschiedet, die 2002 für Deutschland in Kraft getreten sind.

ALR
→ Allgemeines Landrecht.

Alt durch neu-Ersatz
→ Schadensersatz (3).

Altablagerungen
sind gem. § 2 V Nr. 1 BBodSchG stillgelegte Anlagen zur → Abfallbeseitigung und Grundstücke, auf denen → Abfälle gelagert oder abgelagert wurden. Sie zählen zusammen mit den → Altstandorte zu den → Altlasten iSd BBodSchG, soweit durch sie schädliche → Bodenveränderungen oder sonstige Gefahren für den einzelnen oder die Allgemeinheit hervorgerufen werden.

Altauto
ist der frühere abfallrechtliche Begriff für → Altfahrzeug.

Altenheim
Allgemeiner Überbegriff für eine Stätte zur Unterbringung ältere Personen aus unterschiedlichen Gründen (im Regelfall Pflegebedürftigkeit) → Heim.

Altenherrschaft
→ Gerontokratie.

Altenhilfe
besteht in Maßnahmen der → Sozialhilfe für alte Menschen mit dem Ziel, neben der Sicherstellung des Lebensunterhalts und der sonstigen notwendigen Hilfe in besonderen Lebenslagen die durch das Alter entstehenden Schwierigkeiten zu überwinden oder zu mildern und alten Menschen die Möglichkeit zu erhalten, am Leben in der Gemeinschaft teilzunehmen.

Als Leistungen der Altenhilfe kommen insbesondere in Betracht

- Leistungen zu einer Betätigung und zum gesellschaftlichen Engagement, wenn sie vom alten Menschen gewünscht wird,
- Leistungen bei der Beschaffung und zum Erhalt einer Wohnung, die den Bedürfnissen des alten Menschen entspricht,
- Beratung und Unterstützung in allen Fragen der Aufnahme in eine Einrichtung, die der Betreuung alter Menschen dient, insbesondere bei der Beschaffung eines geeigneten Heimplatzes,
- Beratung und Unterstützung in allen Fragen der Inanspruchnahme altersgerechter Dienste
- Leistungen zum Besuch von Veranstaltungen oder Einrichtungen, die der Geselligkeit, der Unterhaltung, der Bildung oder den kulturellen Bedürfnissen alter Menschen dienen und um die Verbindung mit nahe stehenden Personen aufrechtzuerhalten.

Soweit im Einzelfall persönliche Hilfe erforderlich ist, soll Altenhilfe ohne Rücksicht auf eigenes Vermögen oder Einkommen gewährt werden (§ 71 SGB XII). Die persönliche Hilfe ohne Beachtung von Vermögen und Einkommen ist gem. § 71 IV SGB XII auf die Bereiche Beratung und Unterstützung beschränkt. Werden also Sachleistungen erbracht, ist das Einkommen und Vermögen zu beachten. Werden zB im Rahmen von Altennachmittagen Kaffee und Kuchen angeboten, handelt es sich zwar um Sachleistungen; diese stehen aber in direktem Zusammenhang mit der persönlichen Hilfe.

Altenpflege
Die Berufsbezeichnung Altenpfleger(in) darf nach § 58 Abs. 2 der Gesetzes über die Pflegeberufe – Pflegeberufegesetz – PflBG v. 17.7.2017 (BGBl. 2017 I 2581 mÄnd) nur mit Erlaubnis geführt werden. Die Erteilung der Erlaubnis (§ 2 PflBG) setzt eine mit erfolgreicher Prüfung abgeschlossene Ausbildung, persönliche Zuverlässigkeit und gesundheitliche Eignung des Antragstellers voraus. Rücknahme, Widerruf oder Ruhen der Erlaubnis richten sich nach § 3 PflBG. Die Vorschriften über die Ausbildung zur Pflegefachfrau/-mann ergeben sich aus § 6 PflBG. Danach ist eine dreijährige Vollzeit- oder fünfjährige Teilzeitausbildung vorgesehen. Die Ausbildung besteht aus theoretischem und praktischem Unterricht und einer praktischen Ausbildung, wobei der Anteil der praktischen Ausbildung überwiegt. Die theoretische und praktische Ausbildung erfolgt an Pflegeschulen. Diese müssen staatlich, staatlich genehmigt oder staatlich anerkannt sein. § 7 PflBG schreibt vor, wo in welcher Form die praktische Ausbildung zu erfolgen hat. Nach eine zweijährigen Ausbildung für den Beruf der Pflegefachfrau/-mann kann eine Spezialisierung zur Altenpflege erfolgen. Rechtsgrundlage hierfür ist § 61 iVm § 58 II PflBG. Für höhere Tätigkeiten in der Altenpflege ist ein Hochschulstudium möglich (§§ 37 ff. PflBG). Der erfolgreich Abschluss qualifiziert zB zur direkten Pflege „am Bett". Gleichwertige Qualifikationen aus dem Bereich der Europäischen Union oder des Europäischen Wirtschaftsraums werden nach näherer Bestimmung von §§ 40 ff. PflBG anerkannt. Bestehende Qualifikationen und Einrichtungen werden übergeleitet.

Altenpflegeheim
Spezielle Pflegeeinrichtung zur Versorgung und Betreuung von Senioren → Heim. Die Pflege kann dabei vollstationär oder teilstationär erfolgen sowie auf Dauer oder auch kurzzeitig.

Altenpflegeschulen
obliegt gem. § 6 PflBG (→ Altenpflege) die organisatorische Gesamtverantwortung sowie

der Unterricht für den Beruf des Altenpflegers bzw. der Altenpflegerin. Sie sind grundsätzlich Schulen im Sinne des Schulrechts der Länder (§ 5 I PflBG). Andere schulische Einrichtungen können anerkannt werden, wenn sie die Voraussetzungen von § 9 PflBG erfüllen. Soweit am 31.12.2019 eine Altenpflegeschule besteht, hat diese auf Grund von § 65 PflBG Bestandsschutz, da nunmehr eine einheitliche pflegerische Ausbildung umgesetzt wird. Seit dem 25.7.2017 ist die Forderung von Schulgeld nicht mehr zulässig. Das PflBRefG hat die diesbezüglichen Vereinbarungen für nichtig erklärt (§ 24 III PflBG).

Altenteil
(Ausgedinge) → Reallast, → Wohnungsrecht, → Übergabevertrag.

Alter
→ Lebensalter.

Alternativantrag
Ein Alternativantrag ist ein Klageantrag (→ Klageschrift, 1) mit einem doppelten, unterschiedlichen Inhalt, wobei der Antragsteller begehrt, dass dem Antrag entweder mit dem einen oder dem anderen Inhalt stattgegeben werde. Solche Anträge sind im Prozessrecht mangels hinreichender Bestimmtheit nur ganz ausnahmsweise zulässig, zB in den Fällen der → Wahlschuld (§ 262 BGB), wenn der Schuldner den Leistungsinhalt bestimmen darf.

Alternative Investmentfonds
→ Investmentvermögen.

Alternative Kraftstoffe
Alternative Kraftstoffe sind Kraftstoffe oder Energiequellen, die Erdöl im Verkehrssektor zumindest teilweise als Energieträger ersetzen, CO2-Emissionen reduzieren und die Umweltverträglichkeit des Verkehrssektors erhöhen können (Art. 2 VO (EU) 2023/1804 v. 13.9.2023 über den Aufbau der Infrastruktur für alternative Kraftstoffe, ABl. EU 2023 L 234, 1). Dazu gehören ua → strombasierte Kraftstoffe, Wasserstoff, → Biokraftstoffe, Erd- und → Flüssigerdgas. Die Verordnung enthält vor allem Ausbauziele für die Infrastruktur für alternative Kraftstoffe, etwa für die Stromladeinfrastruktur für PKW, sowie Mindestanforderungen an diese Infrastruktur (insbes. → Ladepunkte und Tankstellen), gemeinsame technische Spezifikationen und Vorgaben für die Nutzerinformation. Die §§ 37a ff. BImSchG bezwecken, den Anteil alternativer Kraftstoffe am Endenergieverbrauch im Verkehrssektor bis 2030 auf 25% zu erhöhen (→ Treibhausgasminderungs-Quote). → Wasserstofftankstelle.

Die Nutzung alternativer Kraftstoffe im Seeverkehr zur Begrenzung der Treibhausgasintensität von Schiffen ist Gegenstand der Verordnung (EU) 2023/1805 v. 13.9.2023 (ABl. EU 2023 L 234, 48). Die Verordnung (EU) 2023/2405 v. 18.10.2023 (ABl. EU L 2023/2405 v. 31.10.2023) enthält Vorschriften für den Einsatz alternativer Kraftstoffe im Flugverkehr.

Alternativfeststellung
(=) → Wahlfeststellung.

Alternativobligation
→ Wahlschuld.

Alternativvermächtnis
→ Stückvermächtnis.

Alternativverurteilung
→ Wahlfeststellung.

Alterseinkünftegesetz
Das Alterseinkünftegesetz setzt ab 1.1.2005 die Forderungen des Urteils des Bundesverfassungsgerichts zur Besteuerung von Renten und Pensionen vom 6.3.2002 (2 BVerfG 17/99) um. In dieser Entscheidung hat das BVerfG die unterschiedliche Besteuerung von Renten aus der gesetzlichen Rentenversicherung (steuerliche Erfassung nur mit dem → Ertragsanteil) und Pensionen (steuerliche Erfassung in voller Höhe als Einkünfte aus nichtselbständiger Tätigkeit) für unvereinbar mit dem Grundgesetz erklärt. Kernpunkt des Gesetzes ist die schrittweise steuerliche Freistellung der Aufwendungen zur Altersvorsorge. Dies beinhaltet bis 2040 einen stufenweisen Übergang zur sog. → nachgelagerten Besteuerung der Altersvorsorgeaufwendungen und der Altersbezüge. → Rentenbesteuerung, → Sonderausgabenabzug.

Der Bundesfinanzhof (X R 33/19) hat die derzeitige Rentenbesteuerung und den Übergang von einer vorgelagerten zu einer nachgelagerten Besteuerung für grundsätzlich verfassungskonform erklärt. Allerdings darf zukünftig der Grundfreibetrag nicht mehr in die Berechnungen einfließen, so dass gewisse Anpassungen durch den Gesetzgeber vorzunehmen sind.

Altersentlastungsbetrag
1. Erhalten unbeschränkt und ab 2009 beschränkt Steuerpflichtige, die vor dem Beginn des Veranlagungsjahres das 64. Lebensjahr vollendet haben. Der Altersentlastungsbetrag ist von der Summe der Einkünfte abzuziehen und mindert das zu versteuernde Einkommen, § 24a EStG (→ Einkommensteuer).

2. Durch das → Alterseinkünftegesetz und die → nachgelagerte Besteuerung verliert der Altersentlastungsbetrag seine Berechtigung, denn in der Endstufe werden die Renten und die Versorgungsbezüge gleichbehandelt und vollständig besteuert. Aus diesem Grund wird der A. schrittweise abgebaut. Der Altersentlastungsbetrag sinkt deshalb in gleichem Maße, wie der Besteuerungsanteil der Renten steigt, → Rentenbesteuerung. Für 2022 beträgt der A. 14,4% (max. 684 EUR), für 2023 13,6% (max. 646 EUR) und für 2024 12,8% (max. 608 EUR). Mit den Änderungen im Zuge des Wachstumschancengesetzes (BR- beschluss v. 22.3.2024) wird ab dem Jahr 2023 der anzu-

wendende Prozentsatz nicht mehr in jährlichen Schritten von 0,8%, sondern von 0,4% verringert. Der Höchstbetrag sinkt beginnend mit dem Jahr 2023 um jährlich 19 EUR anstatt bisher 38 EUR. 2058 entfällt der Altersentlastungsbetrag vollständig.

Altersgeld
Das ursprüngliche Altersgeld war eine Leistung der Altershilfe für Landwirte nach dem Gesetz über eine Altershilfe für Landwirte. An die Stelle des Altersgeldes ist mit dem Inkrafttreten des Gesetzes über → Alterssicherung der Landwirte – ALG – vom 29.7.1994 (BGBl. 1994 I 1890 mÄnd) am 1.1.1995 die → Altersrente vom 67. Lebensjahr an getreten. Die Voraussetzungen für die Altersrenten für Landwirte sind mit denen der → gesetzlichen Rentenversicherung identisch.

Das Altersgeld nach dem Altersgeldgesetz (AltGG) ist eine alternative Leistung für freiwillig aus dem Dienst ausscheidende Bundesbeamte, Richter und Soldaten, die statt der Nachversicherung in der → gesetzlichen Rentenversicherung durchgeführt werden kann. Auch die Beamtenversorgungsgesetzte einiger → Länder (zB Baden-Württemberg, Bremen, Hamburg, Hessen, Niedersachsen, Sachsen und Schleswig-Holstein) sehen die Möglichkeit eines Altersgeldes vor.

Altersgrenzen
1. Der → Beamte oder → Richter auf Lebenszeit tritt nach Erreichen der gesetzlichen Altersgrenze in den → Ruhestand (§ 25 BeamtStG; § 51 I BBG), ohne dass es eines besonderen Verwaltungsaktes (Versetzung) bedarf (→ Beamtenrecht, → Beamtenversorgung). Die Altersgrenze ist nach den Beamtengesetzen des Bundes (§ 51 BBG) und der Länder grundsätzlich die Vollendung des 67. Lebensjahres. Für vor dem 1.1.1947 geborende Beamte bleibt es bei der früheren Altersgrenze der Vollendung des 65. Lebensjahres; für die Geburtsjahrgänge 1947–1963 ist die Altersgrenze gestaffelt von 65 Jahre 1 Monat – 66 Jahre 10 Monate (im Einzelnen s. § 51 II BBG und Beamtengesetze d. Länder). Sondervorschriften bestehen ua für Beamte des Polizei-Vollzugsdienstes und des Justizvollzugsdienstes (idR 60. Lebensjahr), für Berufssoldaten und Hochschullehrer. Bei dienstlichem Bedürfnis kann die Altersgrenze im Einzelfall bis zu 3 Jahren hinausgeschoben werden (§ 53 I BBG und Beamtengesetze der Länder). Ein Beamter auf Lebenszeit kann auf seinen Antrag ohne Nachweis der Dienstunfähigkeit durch → Verwaltungsakt in den Ruhestand versetzt werden (→ Versetzung in den Ruhestand), wenn er als schwerbehinderter Mensch das 62. Lebensjahr oder in allen anderen Fällen das 63. Lebensjahr vollendet hat; vor dem 1.1.1952 geborene schwerbehinderte Beamte können den Antrag bereits mit Vollendung des 60. Lebensjahres stellen; für die schwerbehinderte Beamte der Geburtsjahrgänge 1952–1963 gibt es wieder eine gestaffelte Übergangsregelung (§ 52 BBG u. Beamtengesetze der Länder).

2. Zu den Altersgrenzen bei der → Altersrente s. dort.

3. → Lebensalter.

Altersheim
Das Altersheim ist eine spezielle Wohnform für Senioren, in der Betreuungs- und Pflegeleistungen erbracht werden können → Heim. Zwischen den Beteiligten wird dabei schriftlich ein sog. „Heimvertrag" geschlossen, in dem detailliert die einzelnen zu erbringenden Leistungen (Wohnen und Pflege) und die dafür zu entrichtende Vergütung geregelt sind. Üblicherweise erfolgt eine teilweise Übernahme der Kosten durch die Pflegekasse, der darüber hinaus gehende Anteil ist grundsätzlich in Eigenleistung zu erbringen.

Altershilfe für Landwirte
Als Altershilfe für Landwirte bezeichnete man die (Renten-)Leistungen für selbstständige Landwirte und mitarbeitende Familienangehörige nach dem Gesetz über eine Altershilfe für Landwirte (GAL) v. 27.7.1957. An ihre Stelle ist mit dem Inkrafttreten des Gesetzes über die Alterssicherung der Landwirte – ALG – v. 29.7.1994 (BGBl. 1994 I 1890 mÄnd) am 1.1.1995 die → Alterssicherung der Landwirte getreten.

Alterskasse
Die Alterskasse, die bei der → Sozialversicherung für Landwirtschaft, Forsten und Gartenbau (SVFLG) errichtet ist, ist Träger der → Alterssicherung der Landwirte, da diese nicht in der allgemeinen Rentenversicherung versicherungspflichtig sind. Sie ist Körperschaft des öffentlichen Rechts. Ihre Organe (→ Vertreterversammlung, → Vorstand) sind die Organe der landwirtschaftlichen Sozialversicherung (§§ 5–6 G zu Übergangsregelungen zur Errichtung der Sozialversicherung für Landwirtschaft, Forsten und Gartenbau v. 12.4.2012, BGBl. 2012 I 579). Bei der Durchführung ihrer Aufgaben und in Sachen der → Alterssicherung der Landwirte führt sie die Bezeichnung landwirtschaftliche Alterskasse (§ 49 G über die Alterssicherung der Landwirte (ALG) v. 29.7.1994, BGBl. 1994 I 1890, 1891, idF d. G v. 12.4.2012, BGBl. 2012 I 589).

Alterspräsident
wird der an Lebensjahren älteste → Abgeordnete eines Parlaments genannt, der bei dessen erstem Zusammentritt nach einer Neuwahl bis zur Wahl des Präsidenten den Vorsitz führt. Im Allgemeinen erschöpft sich die Funktion des Alterspräsidenten in der Leitung dieser Wahl.

Altersrente
Laufende Geldleistung der gesetzlichen → Rentenversicherung zur Sicherung des Alters (→ Rentenanpassung, → Rentenformel).

1. Anspruch auf die sog. Regelaltersrente (§ 35 SGB VI) haben (künftig) Versicherte,

die das 67. Lebensjahr vollendet und die allgemeine → Wartezeit von 5, 15 oder mehr Jahren erfüllt haben (vgl. auch § 11 ALG).

2. Für langjährig Versicherte, dh Versicherte, die eine Wartezeit von 35 Jahren erfüllt haben, besteht die Möglichkeit, diese Rente bereits vorzeitig ab Vollendung des 63. Lebensjahres in Anspruch zu nehmen (§ 36 SGB VI).

3. Einen Anspruch auf Altersrente ab Vollendung des 65. Lebensjahres haben schwerbehinderte Menschen, die bei Beginn der Altersrente als solche anerkannt sind (vgl. § 2 I SGB IX) und die die Wartezeit von 35 Jahren erfüllt haben (§ 37 SGB VI); die Rente kann nach Vollendung des 60. Lebensjahres vorzeitig in Anspruch genommen werden.

4. Ebenfalls ab der Vollendung des 65. Lebensjahres können besonders langjährig Versicherte (45 Jahre Wartezeit) Rente in Anspruch nehmen (§ 38 SGB VI). Diese Rentenart ist praktisch seit ihrer Einführung zum 1.1.2012 Gegenstand der politischen Diskussion.

5. Mit Wirkung ab dem 1.7.2014 wurde die Altersrente für besonders langjährig Versicherte eingeführt (§ 236b SGB VI). Diese Altersrente können Versicherte ab dem 63. Lebensjahr in Anspruch nehmen, die eine Wartezeit von 45 Jahren erfüllt haben. Für diese Wartezeit von 45 Jahren werden Zeiten des Bezuges von Arbeitslosengeld II nicht berücksichtigt. Andere Entgeltersatzleistungen der Arbeitsförderung werden nur berücksichtigt, soweit der Bezug nicht in den letzten zwei Jahren vor dem Rentenbeginn liegt. Das gilt dann nicht, wenn der Bezug dieser Leistungen (zB Arbeitslosengeld I) durch Insolvenz oder vollständige Geschäftsaufgabe innerhalb des Zwei-Jahres-Zeitraumes erfolgt ist. Die Altersgrenze von 63 Jahren wird schrittweise angehoben. Für Versicherte, die nach dem 31.12.1963 geboren sind, kann diese Altersrente erst mit Vollendung des 65. Lebensjahres in Anspruch genommen werden.

6. Eine Altersgrenze von 62 Jahren gilt schließlich für langjährig unter Tage Beschäftigte, die eine Wartezeit von 25 Jahren zurückgelegt haben (§ 40 SGB VI).

7. Für eine Übergangszeit gelten anstelle der Altersgrenzen von 67, 65 und 62 Jahren noch die früheren Grenzen von 65, 63 und 60 Jahren (s. o. Nr. 5). Die Übergangsvorschriften sind von Bedeutung für Personen, die vor dem 1. Januar 1947 geboren worden sind. Die Altersgrenze steigt in diesen Fällen schrittweise an. Für einen Versicherten, der im Jahr 1953 geboren worden ist, beträgt sie z. B. 65 Jahre plus 7 Monate (§ 235 SGB VI). Für die übrigen Altersgrenzen gelten vergleichbare Regelungen (vgl. z. B. § 236 SGB VI für langjährig Versicherte).

Entsprechende Ansprüche haben schwerbehinderte Menschen, die vor dem 1.1.1951 geboren sind, wenn sie als schwerbehinderter Mensch anerkannt, nach dem bis zum 31.12.2000 geltenden Recht berufsunfähig oder erwerbsunfähig (→ Berufsunfähigkeit, → Erwerbsunfähigkeit) sind und die Wartezeit von 35 Jahren erfüllt haben (§ 236a SGB VI).

Dies gilt auch für Arbeitslose, die vor dem 1.1.1952 geboren sind und die in den letzten 1 $^1/_2$ Jahren vor Beginn der Rente insgesamt 52 Wochen arbeitslos waren, in den letzten 10 Jahren vor Beginn der Rente 8 Jahre Pflichtbeitragszeiten haben und eine Wartezeit von 15 Jahren erfüllt haben, sowie Versicherte, die vor 1952 geboren sind und die 24 Kalendermonate Altersteilzeitarbeit ausgeübt haben und dieselben Vorversicherungs- und Wartezeiten zurückgelegt haben (§ 237 SGB VI). Eine solche Altersrente kann aktuell nicht mehr beantragt werden, da bereits das Lebensalter für eine Regelaltersrente erreicht ist.

Des Weiteren gilt die Altersgrenze von 60 Jahren für versicherte Frauen, die vor dem 1.1.1952 geboren sind und die nach Vollendung des 40. Lebensjahres mehr als 10 Jahre Pflichtbeitragszeiten und eine Wartezeit von 15 Jahren erfüllt haben (§ 237a SGB VI). Eine solche Altersrente kann aktuell nicht mehr beantragt werden, da bereits das Lebensalter für eine Regelaltersrente erreicht ist.

Die Altersgrenzen für Arbeitslose sowie für Versicherte, die Altersteilzeitarbeit verrichtet haben und die nach dem 31.12.1936 geboren sind, werden stufenweise angehoben. Gleiches gilt für Frauen, die nach dem 31.12.1936 geboren sind (§ 237 III, IV SGB VI) und für nach dem 31.12.1940 geborene schwerbehinderte Menschen.

8. Eine Erwerbstätigkeit bleibt seit 1.1.2023 ohne Einfluss auf die (vorgezogene) Altersrente; vorher dürfen bestimmte Hinzuverdienstgrenzen nicht überschritten werden.

9. Besteuerung: → Ertragsanteil, → Rentenbesteuerung.

Alterssicherung der Landwirte

Das Gesetz über die Alterssicherung der Landwirte (ALG) vom 29.7.1994 (BGBl. 1994 I 1890, 1891) mÄnd regelt die gesetzliche Rentenversicherung der Landwirte und ihrer mitarbeitenden Familienangehörigen (§§ 1 ff. ALG).

Die Leistungen der Alterssicherung der Landwirte umfassen medizinische und ergänzende Leistungen zur Rehabilitation (§§ 7 ff. ALG), Altersrente vom 67. Lebensjahr an, vorzeitige Altersrente, Rente wegen Erwerbsminderung und Renten wegen Todes an Witwen, Witwer und Waisen (§§ 11 ff. ALG), sowie Betriebs- und Haushaltshilfe oder sonstige Leistungen zur Aufrechterhaltung des Unternehmens der Landwirtschaft bei Arbeitsunfähigkeit, Schwangerschaft und Kuren (§ 36 ALG) sowie bei Tod des Landwirts (§ 37 ALG).

Anstelle der Altersgrenze von 67 Jahren gilt für eine Übergangszeit noch eine (ansteigende) Grenze von 65 Jahren. Für Versicherte, die vor dem 1. Januar 1947 geboren sind, verbleibt die Altersrente bei der Vollendung des 65. Lebensjahres. Für jüngere Versicherte steigt sie schrittweise an und liegt zB für Versicherte des Geburtsjahres 1959 bei 65 Jahren und 4 Monaten (§ 87a ALG). Für die vorzeitige Altersrente gilt eine vergleichbare Regelung (vgl. § 87b ALG).

Zuständig für die Erfüllung der Aufgaben der Alterssicherung der Landwirte ist die → Alterskasse, die bei jeder → Sozialversicherung für Landwirtschaft, Forsten und Gartenbau (SVFLG) besteht (§§ 49 ff. ALG).

Die Finanzierung der Leistungen der Alterssicherung der Landwirte erfolgt im Wesentlichen durch Beiträge sowie Zahlungen des Bundes, die den Unterschied zwischen den Einnahmen aus Beiträgen einerseits und den Ausgaben der Alterssicherung der Landwirte andererseits, ausgleichen (§§ 66 ff. ALG).

Altersstufen
→ Lebensalter.

Altersteilzeitgesetz
1. Das als Art. 1 Gesetz zur Förderung eines gleitenden Übergangs in den Ruhestand am 1.8.1996 in Kraft getretene v. 23.7.1996 (BGBl. 1996 I 1078) mÄnd sieht vor, dass die Bundesagentur für Arbeit die Teilzeitarbeit älterer Arbeitnehmer fördert, um ihnen einen gleitenden Übergang in den Vorruhestand zu ermöglichen; gleichzeitig will das Gesetz die Einstellung arbeitsloser Arbeitnehmer fördern (§ 1 AltTZG 1996).

2. Leistungen nach dem Altersteilzeitgesetz werden gewährt für Arbeitnehmer, die das 55. Lebensjahr vollendet haben, nach dem 14.2.1996 auf Grund einer Vereinbarung mit dem Arbeitgeber ihre Arbeitszeit auf die Hälfte der bisherigen wöchentlichen Arbeitszeit vermindert haben (Altersteilzeitarbeit) und innerhalb der letzten fünf Jahre vor Beginn der Altersteilzeitarbeit mindestens 1080 Kalendertage in einer die Beitragspflicht begründenden Beschäftigung iSd § 25 SGB III gestanden haben. Sofern die Vereinbarung über die Altersteilzeitarbeit vorsieht, dass das Arbeitsentgelt für die Teilzeitarbeit um mindestens 20% höher ist als das Entgelt, das der Arbeitnehmer normalerweise für seine Teilzeittätigkeit erhalten würde, und der Arbeitgeber aus Anlass des Übergangs des Arbeitnehmers in die Altersteilzeitarbeit einen bei einer Agentur für Arbeit arbeitslos gemeldeten Arbeitnehmer einstellt, erstattet die Bundesagentur dem Arbeitgeber den Aufstockungsbetrag. Darüber hinaus stellt das sicher, dass dem Arbeitnehmer durch die Reduzierung seiner Tätigkeit kaum rentenversicherungsrechtliche Nachteile entstehen. Dazu sind freiwillige Beiträge des Arbeitgebers zur Rentenversicherung ab 1997 zur Hälfte steuerfrei (§ 3 Nr. 28 EStG). Die Erstattungsleistungen werden von der Agentur für Arbeit nur dann erbracht, wenn die Voraussetzungen dafür vor dem 1.1.2010 vorgelegen haben, so dass sich diese Förderung mittlerweile durch Zeitablauf von selbst erledigt hat.

3. Für → Beamte ist Altersteilzeit zB nach § 93 BBG und vergleichbaren Regelungen der Länder möglich.

Altersübergangsgeld
gewährte die → Bundesanstalt für Arbeit (jetzt → Bundesagentur für Arbeit) auf Antrag Beschäftigten, die in den neuen Ländern von der → Wiedervereinigung an bis zum 31.12.1991 nach Vollendung des 55. Lebensjahres aus einer versicherungspflichtigen Beschäftigung von mindestens 90 Kalendertagen ausgeschieden sind. Es wurde für bis zu 1.560 Tage gezahlt und betrug 65 vH des Nettoarbeitsentgelts; § 249e AFG (zur Fortgeltung vgl. § 429 SGB III). Die Rechtsnorm ist zwischenzeitlich weggefallen (aufgehoben durch G v. 23.12.2003 (BGBl. 2003 I 2848)).

Das Altersübergangsgeld unterliegt dem → Progressionsvorbehalt (§ 32b I Nr. 1a EStG), ebenso der Altersübergangsgeld-Ausgleichsbetrag nach § 249e IV a AFG.

Altersversorgung
Als Alterversorgung wird die Gesamheit an Alterssicherungsvorkehrungen - sowohl aufgrund öffentlich-rechtlicher - als auch aufgrund privatrechtlicher - Grundlage bezeichnet, wie zB → Altersrente, → Altersversorgung, betriebliche, → Altersvorsorgeaufwendungen, → Pensionskassen, → Rentenversicherung, → Ruhestand, → Sozialversicherung, → Altersgeld, → Sonderausgaben (2).

Altersversorgung, betriebliche
1. Darunter werden alle dem Arbeitnehmer vom Arbeitgeber zugesagten Leistungen der Alters-, Invaliditäts- oder Hinterbliebenenversorgung aus Anlass seines Arbeitsverhältnisses erfasst. Rechtsgrundlage für die betriebliche Altersversorgung ist das Gesetz zur Verbesserung der betrieblichen Altersversorgung (BetrAVG) v. 19.12.1974.

2. Durch das AVmG, das zum 1.1.2002 in Kraft getreten ist, hat die betriebliche Altersversorgung an Bedeutung gewonnen. Ziel der Reform ist die Stabilisierung der Beitragssätze in der gesetzlichen Rentenversicherung ua durch Aufbau einer kapitalgedeckten privaten Altersvorsorge (sog. Riester-Rente, → Altersvorsorge, kapitalgedeckte) und die Förderung der betrieblichen Altersvorsorge. Sowohl für die betriebliche als auch für die kapitalgedeckte Altersvorsorge besteht ab 1.1.2002 die Möglichkeit der steuerlichen Förderung (§ 10a EStG in Verbindung mit §§ 79 ff. EStG) durch die Gewährung von Zulagen bzw. erhöhten Sonderausgabenabzug. Voraussetzung für eine der beiden Förderungen ist, dass die Beiträge aus zuvor versteuertem Einkommen des Arbeitnehmers entrichtet werden, und die sozialversicherungsrechtliche Erfassung der Aufwendungen. Soweit keine durch → Entgeltumwandlung finanzierte betriebliche Altersversorgung besteht, kann der Arbeitnehmer seit 2018 vom Arbeitgeber verlangen, dass von seinen künftigen Entgeltansprüchen bis zu 8

vH (früher 4 vH) der jeweiligen Beitragsbemessungsgrenze in der → Rentenversicherung der Arbeiter und Angestellten durch → Entgeltumwandlung für seine betriebliche Altersversorgung verwendet werden (§ 3 Nr. 63 EStG). Eine Zertifizierung des Altersvorsorgevertrages ist bei der b. A. nicht erforderlich. Allerdings wird nur eine lebenslange Rentenzahlung begünstigt. Auch ist eine Förderung von Wohnungseigentum nicht möglich. Die staatliche Förderung kommt nur für → Direktversicherung, → Pensionskasse und → Pensionsfonds in Betracht. Für die weiteren Durchführungswege der betrieblichen Altersversorgung in Form der → Pensionszusage (Direktzusage) und → Unterstützungskasse scheidet die steuerliche Förderung aus, da die Aufwendungen in der Beitragsphase steuerfrei sind. Bei Neuzusagen ab dem 1.1.2019 (und bei vor diesem Zeitpunkt erteilten Zusagen ab dem 1.1.2022) muss sich der Arbeitgeber an der Entgeltumwandlung beteiligen: Er hat künftig 15 Prozent des umgewandelten Entgelts zusätzlich als Arbeitgeberzuschuss an den Pensionsfonds, die Pensionskasse oder die Direktversicherung weiterzuleiten, soweit er durch die Entgeltumwandlung Sozialversicherungsbeiträge einspart. Zudem wurde 2018 ein neues steuerliches Fördermodell spezifisch für Geringverdiener (BAV-Förderbetrag) bis 2.575 Euro Bruttoeinkommen eingeführt. Gefördert werden Beiträge von mindestens 240 Euro bis höchstens 960 Euro im Kalenderjahr. Der staatliche Zuschuss beträgt 30 Prozent des gesamten zusätzlichen Arbeitgeberbeitrags, somit 72 bis 288. Er wird dem Arbeitgeber im Wege der Verrechnung mit der von ihm abzuführenden Lohnsteuer gewährt und führt beim Arbeitnehmer zu steuerfreiem Arbeitslohn.

3. Die Zusage der betrieblichen Altersversorgung kann durch Einzelarbeitsvertrag, → Tarifvertrag, → Betriebsvereinbarung, uU auch betriebliche Übung erfolgen. Bei der Pensionskasse besteht ein Rechtsanspruch auf Grund der Mitgliedschaft des Begünstigten, während Leistungen aus der Unterstützungskasse ohne Rechtsanspruch nach Maßgabe eines Leistungsplans gewährt werden. Nach der früheren Regelung der betrieblichen Altersversorgung entstand die Unverfallbarkeit für Leistungszusagen, wenn der Arbeitnehmer mindestens das 35. Lebensjahr vollendet und die Zusage 10 Jahre bestanden hatte oder der Beginn der Betriebszugehörigkeit mindestens 12 Jahre zurücklag und die Zusage mindestens drei Jahre bestanden hatte. Zusagen, die ab dem 1.1.2001 erteilt werden (Neuzusagen) sind bereits unverfallbar, wenn der Arbeitnehmer das 30. Lebensjahr vollendet und die Zusage fünf Jahre bestanden hat. Für nach dem 31.12.2017 zugesagte Versorgungsleistungen tritt eine Unverfallbarkeit bereits nach drei Jahren ein und das Mindestalter wird von 25 auf 21 Lebensjahre gesenkt. Das Kriterium der Betriebszugehörigkeit entfällt. Für Zusagen, die bis zum 1.1.2001 gewährt wurden, behält die alte Regelung ihre Gültigkeit. Allerdings sind auch diese Zusagen unverfallbar, wenn die Zusage nach dem 1.1.2001 mindestens fünf Jahre bestanden hat. Eine Änderung der Versorgungszusage oder ihre Übernahme durch eine andere Person unterbricht nicht den Ablauf der Fristen. Sie wird durch die Festlegung von Wartezeiten nicht beeinflusst (§ 1b I BetrAVG). Scheidet der Arbeitnehmer vor Eintritt des Versorgungsfalles aus, bleibt ihm grundsätzlich die Anwartschaft erhalten. Sie kann jedoch durch eine Abfindung abgelöst werden (§ 3 BetrAVG). Die Zusage kann von einem neuen Arbeitgeber mit Zustimmung des Arbeitnehmers übernommen werden. Hält der Arbeitgeber seine Zusagen nicht ein, so muss er dafür haften (§ 1 BetrAVG). Ein weiterer Schutz der betrieblichen Altersversorgung besteht durch die Insolvenzsicherung über den Pensionssicherungsverein (§ 7 II BetrAVG).

Altersvorsorge, kapitalgedeckte

1. Durch das Gesetz zur Reform der gesetzlichen Rentenversicherung und zur Förderung einer kapitalgedeckten Altersvorsorge (Altersvermögensgesetz – AVmG) v. 26.6.2001 wurde neben der gesetzlichen Altersrente eine zusätzliche Absicherung für aus dem Erwerbsleben ausscheidende Arbeitnehmer geschaffen. Seitdem können sich Arbeitnehmer zusätzlich zur gesetzlichen Rente noch einen eigenen Versicherungsanspruch durch die Einzahlung in eine private Rentenversicherung ansparen. Diese „private Rente“ wird steuerlich durch die staatliche Gewährung von Zulagen oder die Berücksichtigung der Aufwendungen als Sonderausgaben gefördert. Auch Beamte und Richter sind in die Förderung einbezogen, sog. Riester-Rente.

2. Das Förderprinzip entspricht dem System des Kindergeldes, → Familienleistungsausgleich. Das Finanzamt prüft im Rahmen der Einkommensteuerveranlagung von Amts wegen, ob ein möglicher Sonderausgabenabzug der Altersvorsorgebeiträge günstiger ist als die gewährte Zulage. Ist die Steuerersparnis höher als die Zulage, wird der Differenzbetrag im Rahmen des Steuerbescheides erstattet. Die Steuerermäßigung wird gesondert festgestellt (§§ 79 ff. EStG). Diese wird der zentralen Stelle (Bundesversicherungsanstalt für Angestellte) unter Angabe von Vertrags- und Steuernummer mitgeteilt.

3. Der Aufwand für die „private Rente“ setzt sich aus den staatlichen Zulagen (Altersvorsorgezulagen, §§ 82 ff. EStG) und Vorsorgebeiträgen des Arbeitnehmers (Mindesteigenbeiträge) zusammen. Die Altersvorsorgezulage umfasst eine Grund- und Kinderzulage. Die Grundzulage (§ 84 EStG) steht bei Zusammenveranlagung jedem Ehegatten gesondert zu, wenn beide Ehegatten eigenständige Altersvorsorgeansprüche erwerben. Sie beträgt ab dem Beitragsjahr 2018 jährlich 175 EUR.

Die Kinderzulage (§ 85 EStG) wird ab dem Beitragsjahr 2008 mit 185 EUR jährlich berücksichtigt. Für nach dem 31.12.2007 geborene Kinder erhöht sie sich auf 300 EUR. Sie wird für jedes Kind, für das Kindergeld gewährt wird, ausgezahlt. Die Mindestbeiträge bemessen sich am erzielten beitragspflichtigen Lohn des Vorjahres. Sie werden durch die maximal zu berücksichtigenden Sonderausgabenbeträge begrenzt. Ab 2008 beträgt die Summe aus eigenen Beiträgen des Versicherten und der Alterszulage insgesamt 4 vH des im Vorjahr erzielten beitragspflichtigen Lohnes, max. 2.100 EUR (§ 10a I 1 EStG). Werden die Mindesteigenbeiträge nicht in voller Höhe aufgebracht, so reduzieren sich auch die Zulagen. Die Mindesteigenbeiträge werden von den Arbeitnehmern bei einer Versicherung für seine Altersvorsorge eingezahlt. Die Zulage wird von der Bundesversicherungsanstalt für Angestellte auf den begünstigten Altersvorsorgevertrag gutgeschrieben.

4. Anders als bei der betrieblichen Altersvorsorge muss dieser Vertrag vom Bundesaufsichtsamt für das Versicherungswesen (Zertifizierungsbehörde) zertifiziert sein. Die Zertifizierung ist → Grundlagenbescheid. Gefördert werden Anlageformen, die im Wesentlichen folgende Voraussetzungen erfüllen: Gewährleistung einer lebenslangen Rente im Alter, zu Beginn der Auszahlungsphase stehen zumindest die eingezahlten Beträge für die Auszahlung zur Verfügung, Verpflichtung zur Leistung von Eigenbeiträgen während der Ansparphase, Beginn der Auszahlungsphase nicht vor Vollendung des 60. Lebensjahres, Beginn einer Altersrente oder Rente wegen Erwerbsunfähigkeit und Ausschluss einer Abtretung oder Übertragung von Ansprüchen aus dem Vertrag an Dritte (§ 10 II EStG).

5. Die Verwendung des gebildeten Kapitals zur Finanzierung selbstgenutzten Wohneigentums ist mit Wirkung zum 1.1.2008 geändert worden. → Wohn-Riester.

Altersvorsorgeaufwendungen
Sind Aufwendungen, die zum Aufbau einer Altersvorsorge dienen. Spar- oder Anlageprodukte, bei denen die Verwendung für die Altersvorsorge nicht begriffsnotwendig sichergestellt ist (zB Kapitallebensversicherungen) werden hier nicht erfasst, sondern nur solche Beiträge, die zu Ansprüchen in der gesetzlichen Rentenversicherung führen oder die mit diesen Anwartschaften vergleichbar sind. Hierbei handelt es sich abschließend um:

- Beiträge zur gesetzlichen Rentenversicherung (§ 10 I Nr. 2 Buchst. a EStG),
- Beiträge zu landwirtschaftlichen Alterskassen (§ 10 I Nr. 2 Buchst. a EStG),
- Beiträge zu berufsständischen Versorgungswerken, die den gesetzlichen Rentenversicherungen vergleichbare Leistungen erbringen (§ 10 I Nr. 2 Buchst. a EStG),
- Beiträge zugunsten privater Leibrentenversicherungen (private Basisrentenprodukte) → Rürup-Rente,
- Beiträge zum Aufbau von Anwartschaften einer betrieblichen Altersversorgung, wenn die Versorgungszusage die oben genannten Voraussetzungen für private Leibrentenversicherungen erfüllt.

Die Beiträge werden als Sonderausgaben behandelt (s. → Vorsorgeaufwendungen).

Der Sonderausgabenabzug ist für Altersvorsorgeaufwendungen nur möglich, wenn dem Anbieter gegenüber schriftlich eingewilligt wurde, dass dieser die Höhe der Altersvorsorgebeiträge unter Angabe der → Identifikationsnummer an die zentrale Stelle übermitteln darf.

Altersvorsorgevollmacht
→ Betreuung (2), → Patientenverfügung.

Altertümer
→ Bodenaltertümer, → Schatz (fund).

Altfahrzeug
Altfahrzeug ist nach § 2 I Nr. 1 iVm Nr. 2 AltfahrzeugV ein Fahrzeug zur Personenbeförderung mit bis zu 8 Sitzplätzen außer dem Fahrersitz oder ein Fahrzeug zur Güterbeförderung mit einem Höchstgewicht bis zu 3,5t, das Abfall (→ Abfälle) iSv § 3 I KrWG ist. Hersteller sind nach § 3 I AltfahrzeugV idF v. 21.6.2002 (BGBl. 2002 I 2214, mÄnd) verpflichtet, Altfahrzeuge ihrer Marke vom Letzthalter ab Überlassung an eine anerkannte Stelle zurückzunehmen. Diese Rücknahmepflicht ist Teil der Produktverantwortung der Hersteller. Wer sich eines Altfahrzeugs entledigen will, ist daher gemäß § 4 I AltfahrzeugV verpflichtet, es einer solchen anerkannten Stelle zu überlassen. Sie hat dies durch einen Verwertungsnachweis zu bescheinigen (§ 4 II AltfahrzeugV), der bei der → Abmeldung des Fz. vorzulegen ist. Betreiber von Annahmestellen, Rücknahmestellen, Demontagebetrieben, Shredderanlagen und sonstigen Anlagen zur weiteren Behandlung müssen den Anforderungen von § 2 II AltfahrzeugV, § 5 III 1 AltfahrzeugV entsprechen. → Umweltprämie.

Altlasten
Nach der Legaldefinition von § 2 V BBodSchG (→ Bodenschutz) sind Altlasten → Altablagerungen und Altstandorte, wenn durch sie schädliche Bodenveränderungen oder sonstige Gefahren für den Einzelnen oder die Allgemeinheit hervorgerufen werden. Das Vorgehen bei Altlasten richtet sich ausschließlich nach Bodenschutzrecht, dh neben dem BodenschutzG nach der Bundesbodenschutz- und AltlastenVO v. 12.7.1999 (BGBl. 1999 I 1554) mÄnd. Sie enthält vor allem Prüf- und Maßnahmewerte, Anforderungen an Prüfung und Bewertung von Verdachtsflächen und altlastverdächtigen Flächen (§§ 3 ff. BBodSchV) sowie Einzelheiten zur Sanierungsuntersuchung und Sanierungsplanung (§§ 6 ff.

BBodSchV). Zivilrechtlich kommen bei Altlasten Ansprüche aus → Gewährleistung für Mängel nach Grundstückskauf und aus → unerlaubter Handlung in Frage.

Altmetalle
sind unedle Metalle, die wegen ihres Metallwerts gehandelt werden (zB Schrott). Der Handel mit Altmetallen unterliegt nach § 38 I 1 Nr. 1e GewO (→ Gewerbeordnung) den Bestimmungen für → überwachungsbedürftige Gewerbe.

Altöle
Altöle sind Öle, die als → Abfälle anfallen und die zumindest teilweise aus Mineralöl, synthetischem oder biogenem Öl bestehen. Die Einzelheiten zu Verwertung und Beseitigung regelt die Altölverordnung (AltölV) idF v. 16.4.2002 (BGBl. 2002 I 1368) mÄnd.

Altschulden
1. Als Altschulden bezeichnet man Verbindlichkeiten eines Staates aus der Zeit eines vorangegangenen Rechts- und Verfassungssystems oder die in Territorien bestanden, deren Gebiet von einem anderen Staat übernommen wurden.

2. Zur Übernahme der Verbindlichkeiten des → Deutschen Reiches durch die Bundesrepublik Deutschland → Funktionsnachfolge.

3. Altschulden waren auch die Verbindlichkeiten aus in der ehem. DDR begründeten Schuldverhältnissen, die durch die → Währungs-, Wirtschafts- und Sozialunion vom 1.7.1990 umgestellt wurden. Sie blieben auch nach der → Wiedervereinigung bestehen und wurden im wesentlichen vom Bund übernommen, erfuhren aber in einigen Bereichen gesetzliche Modifikationen:

a) Altschulden aus Baukrediten. Ihre in der ehem. DDR gesetzlich festgesetzten günstigen Zinssätze konnten auf Grund des Gesetzes vom 24.6.1991 (BGBl. 1991 I 1314) m. spät. Änd. erhöht werden.

b) Altschulden der Wohnungsgesellschaften und -genossenschaften. Ihnen wurde Altschulden-Hilfe nach dem Altschulden-HilfeG vom 23.6.1993 (BGBl. 1993 I 944) mÄnd zur angemessenen Bewirtschaftung des alten Wohnungsbestandes, der noch nicht kostendeckend vermietet werden kann, gewährt. Sie bestand aus einer Teilentlastung durch den → Erblastentilgungsfonds und zeitlich begrenzten Zinshilfen.

c) Altschulden der Landwirtschaft. Die Verbindlichkeiten der ehem. landwirtschaftlichen Produktionsgenossenschaften wurden gemildert durch eine Teilentschuldung (Art. 25 III 3 EVertr) und eine bilanzielle Entlastung nach § 16 D-MarkbilanzG.

d) Kommunale Altschulden auf Grund der Errichtung gesellschaftlicher Einrichtungen (Schulden u. ä.), die nach Art. 21 EVertr auf die Gemeinden übergegangen sind, wurden nach dem Altschulden-RegelungsG vom 6.3.1997 (BGBl. 1997 I 434) teilweise vom Erblastentilgungsfonds übernommen. Die neuen Länder erstatteten dem Bund die Hälfte der jährlichen Annuität.

e) Die → neuen Länder begannen an 1990 ohne eigene Schulden.

Altsparer
Zur Milderung von Härten der → Währungsreform 1948 stand natürlichen Personen sowie diesen gleichgestellten Versorgungskassen für bestimmte Anlagepapiere nach Maßgabe des AltsparerG v. 14.7.1953 (BGBl. 1953 I 495) mÄnd eine Entschädigung zu; diese betrug 10 –15% des Nominalwertes; vgl. auch G v. 10.12.1954 (BGBl. 1954, 438) betr. Gleichstellung von ausländischen Gläubigern.

Altstandorte
sind Grundstücke stillgelegter Anlagen sowie Grundstücke, auf denen mit umweltgefährdenden Stoffen umgegangen wurde. → Altablagerungen, → Altlasten.

Altstoffverzeichnis
Das Altstoffverzeichnis (engl. → EINECS, ABl. C 146 A v. 15.6.1990) beinhaltet Stoffe, die nach früherem europ. Chemikalienrecht nicht anmeldungspflichtig waren. Durch die Einführung von → REACH unterlagen diese Stoffe der Möglichkeit der Vorregistrierung, was, abhängig von Stoffmenge und -eigenschaften, eine befristete Befreiung von der häufig kostenintensiven Registrierungspflicht bedeutet. Faktisch hat das Altstoffverzeichnis keine Bedeutung mehr.

Amateurfunk
ist im Amateurfunkgesetz (AFuG 1997) v. 23.6.1997 (BGBl. 1997 I 1494) mÄnd geregelt. Nach näherer Bestimmung von § 2 Nr. 1 AFuG 1997 ist Funkamateur der Inhaber eines einschlägigen Zeugnisses, der sich aus persönlicher Neigung, dh aus Liebhaberei, dem Amateurfunkdienst widmet. Amateurfunkdienst darf – neben gewissen Hilfsdiensten in Notfällen – nur als Funkdienst der Amateure untereinander ohne wirtschaftliche Interessen betrieben werden, § 2 Nr. 2 AFuG 1997. Voraussetzung für die Teilnahme am Amateurfunk ist die Zuteilung eines persönlichen Rufzeichens an einen geprüften Funkamateur, § 3 AFuG 1997. Dieser darf dann von einer Amateurfunkstelle aus im Rahmen des Frequenznutzungsplans am Amateurfunk teilnehmen. Die Prüfung ist nach der in § 4 AFuG 1997 vorgesehenen Prüfungsordnung abzulegen (vgl. hierzu die AmateurfunkVO – AFuV v. 15.2.2005, BGBl. 2005 I 242, mÄnd BGBl. 2023 I Nr. 160 vom 23.6.2023).

Ambulantes Gewerbe
jetzt → Reisegewerbe.

Amendement
(franz.: Verbesserung): IeS Änderung oder Ergänzung eines , iwS auch Änderung oder Ergänzung anderer Rechtsnormen durch Zusätze usw. In englicher Schreibweise („amend-

ment") bezeichnet der Begriff ua die Zusatzartikel zur amerikanischen Verfassung.

A-Meta-Geschäft
→ Gelegenheitsgesellschaft.

Amicus curiae
Amicus curiae (lat. Freund des Gerichts) bezeichnet eine unabhängige Person oder Einrichtung, die zu bedeutenden Rechtsfragen eines laufenden Rechtsstreits Stellung beziehen darf, auch wegen eines besonderen Fachwissens. Im angelsächsischen Rechtsraum sind Amici curiae sehr verbreitet, in Deutschland hingegen nicht (in diese Richtung gehen nur die „sachkundigen Dritten" gemäß §§ 23a, 27 BVerfGG, etwa Verbände oder gesellschaftliche Gruppe, die sich zu Verfahren bei dem → Bundesverfassungsgericht äußern können). Der Amicus curiae ist keine Prozesspartei und hat auch keine besonderen Beteiligtenrechte (zB wie ein → Nebenintervenient oder ein → Beigeladener).

Amnestie
ist ein allgemeiner Gnadenerweis für eine unbestimmte Zahl von rechtskräftig verhängten, noch nicht vollstreckten Strafen. Sie ist zeitlich (durch den Stichtag, vor dem die Straftat liegt) und nach der Strafhöhe abgegrenzt. Die Amnestie bedarf eines Gesetzes; sie wird meist in einem Straffreiheitsgesetz (→ Straffreiheit) mit der Niederschlagung (→ Abolition) anhängiger Verfahren verbunden, bei denen die zu erwartende Strafe innerhalb der Straffreiheitsgrenze liegt. S. a. → Steueramnestie.

Amortisation
1. Insbesondere bei der Finanzierung von Grunderwerb mittels Darlehen ist die Amortisation die sich meist über einen längeren Zeitraum erstreckende, allmähliche Tilgung einer Verbindlichkeit. Sie vollzieht sich idR nach einem Tilgungsplan durch Zahlung von festen Teilbeträgen, die neben den Zinsen auch die Rückzahlung des Darlehenskapitals enthalten. Dabei wird im Laufe der Zeit der Zinsanteil kleiner, der Tilgungsanteil hingegen größer.

2. Im Gesellschaftsrecht bedeutet Amortisation die Einziehung einer → Aktie oder eines → Geschäftsanteils von der → Aktiengesellschaft oder → Gesellschaft mit beschränkter Haftung. Dies kann mit Willen des betreffenden Aktionärs oder Gesellschafters geschehen, indem die AG die Aktie zum Zwecke der → Kapitalherabsetzung (→ eigene Aktie) oder die GmbH den Geschäftsanteil des Gesellschafters erwirbt (sog. freiwillige Amortisation). Die zwangsweise Amortisation ist bei der → Kapitalherabsetzung durch Einziehung von Aktien (§§ 237–239 AktG) vorgesehen. Bei der GmbH muss die Amortisation im Gesellschaftsvertrag zugelassen, ihre Voraussetzungen müssen darin festgesetzt sein, bevor der betroffene Gesellschafter den Geschäftsanteil erworben hat (§ 34 GmbHG). Die Amortisation unterscheidet sich von der → Kaduzierung und dem → Abandon dadurch, dass die Aktie bzw. der Geschäftsanteil erlischt.

3. Amortisation als Synonym für die Kraftloserklärung von Urkunden (→ Aufgebotsverfahren).

Amortisationshypothek
→ Tilgungshypothek.

Amortisationsquoten
(Tilgungsquoten) → Zinsschuld.

Ampeln
→ Verkehrsampeln.

Amsterdam (Vertrag von)
→ Europäische Union, → Europäischen Integration.

Amt
1. Der Begriff Amt ist mehrdeutig; er wird einmal iS einer Institution (insbes. Behörde mit bestimmtem Geschäftsbereich), zum anderen für die Gesamtheit der Aufgaben verwendet, die einem Träger öffentlicher Gewalt für einen bestimmten Bereich zugewiesen sind. Der Zugang zu einem öffentlichen Amt im letzteren Sinne – dazu zählen alle Tätigkeiten im öffentlichen Dienst einschl. der ehrenamtlichen (zB ehrenamtliche Richter, Gemeinderäte) – ist nach Art. 33 II GG jedem Deutschen nach seiner Eignung, Befähigung und fachlichen Leistung gewährleistet. Str. war, inwieweit Art. 33 II GG ein → subjektives öffentl. Recht verleiht, ob er nur ein gleiches Recht der Bewerbung gibt oder ein gerichtlich verfolgbares Recht auf Beachtung. Inzwischen haben die Verwaltungsgerichte beamtenrechtliche → Konkurrentenklagen in weitem Umfang zugelassen. Die Zulassung zum öffentlichen Amt darf nur von der Eignung und Befähigung (dh von der persönlichen und sachlichen Qualifikation, die zumeist durch Prüfungen nachgewiesen werden muss) und den fachlichen Leistungen abhängig gemacht werden; religiöses Bekenntnis und politische Überzeugung dürfen keine Rolle spielen. Die Zulassungsvoraussetzungen im Einzelnen sind für → Beamte in den Beamtengesetzen und den Laufbahnvorschriften des Bundes und der Länder, für sonstige öffentlichen Ämter in den einschlägigen Gesetzen geregelt. → Beamtenrecht.

2. Unter Amt versteht man darüber hinaus in manchen Ländern den Zusammenschluss mehrerer selbständig bleibender Gemeinden zu einer eigenen juristischen Person des öffentlichen Rechts (→ Kommunalverband (2); → Verwaltungsgemeinschaft (1 u. 2)).

Amt der Europäischen Union für Geistiges Eigentum (EUIPO)
Bis zur Änderung durch die VO 2015/2424/EU (ABl. EU 2015 Nr. L 341, 21) führte das Amt der Europäischen Union für Geistiges Eigentum (EUIPO) die Bezeichnung „Harmonisierungsamt für den Binnenmarkt (HABM)". Das EUIPO mit Sitz in Alicante/Spanien ist als Agentur der → Europäischen Union unter

Aufsicht der → Europäischen Kommission u.a. zuständig für die Eintragung und Verwaltung von Unionsmarken (→ Marken), Gemeinschaftsgeschmacksmustern (→ Design) und → geografischen Angaben für handwerkliche und gewerbliche Erzeugnisse. Gegen die Ausgangsentscheidungen des EUIPO kann Beschwerde zu den Beschwerdekammern des EUIPO eingelegt werden. Gegen deren Entscheidungen ist der Rechtsweg zum Europäischen Gericht (→ Europäischer Gerichtshof) eröffnet.

Amtliche Beglaubigung
→ Form (1b).

Amtlicher Fachassistent
früher Fleischkontrolleur, ist ein für die Kontrolle und andere amtliche Maßnahmen im Bereich der Produktion von Erzeugnissen tierischen Ursprungs, die für den menschlichen Verzehr bestimmt sind, geschulter Behördenvertreter (Art. 3 Nr. 49 VO (EU) 2017/625, → Lebensmittel- und Futtermittelüberwachung). Gem. § 22a FleischhygieneG assistiert er dem amtlichen → Tierarzt (2). → Lebensmittel- und Futtermittelhygiene (1).

Amtlicher Markt
Als amtlicher Markt bezeichnete man von 2002 (vorher amtlicher Handel) bis 2007 den Handelsplatz mit den höchsten börsengesetzlichen Anforderungen für die Zulassung von Wertpapieren zum börslichen Wertpapierhandel. Seit Umsetzung der RL → MiFID 1 ist er im → regulierten Markt aufgegangen.

Amtsanmaßung
Straftatbestand nach § 132 StGB. Danach ist strafbar, wer sich unbefugt mit der Ausübung eines öffentl. Amtes befasst, zB als angeblicher Kriminalbeamter Personalangaben verlangt, oder wer – auch ohne dieses Vorgeben – unbefugt eine Handlung vornimmt, die nur kraft Amtes vorgenommen werden darf (zB Durchsuchung). Häufig liegt Tateinheit mit Betrug, Erpressung od. Diebstahl vor. Wegen verbotenen Uniformtragens s. § 132a StGB.

Amtsanwalt
Er kann die Funktionen eines Staatsanwalts nur beim Amtsgericht ausüben (§ 142 I Nr. 3, II GVG, § 145 II GVG). Die Befähigung zum Richteramt ist nicht erforderlich; meist werden als Amtsanwalt Beamte des Rechtspflegerdienstes oder Referendare tätig. Einzelne Länder (zB Bayern) setzen keine Amtsanwälte ein.

Amtsarzt
ist der bei amtlichen Stellen der Gesundheitsverwaltung (→ Gesundheitsamt) tätige Arzt. IwS gehören zu den Amtsärzten auch die für Gerichte und Staatsanwaltschaften tätigen (beamteten, aber in ihrer Gutachtertätigkeit sachlich unabhängigen) Landgerichtsärzte und die für die Träger der Sozialversicherung tätigen Vertrauensärzte sowie die Ärzte der → Kriegsopferversorgung. Amtsärztl. Begutachtung des Gesundheitszustands ist in zahlreichen Rechtsvorschriften vorgesehen (vgl. zB § 42 I 3 BBG).

Amtsbetrieb
(Offizialbetrieb) bedeutet, dass das Betreiben eines Prozesses in den Händen des Gerichts liegt. Der Gegensatz ist der → Parteibetrieb.

Amtsbezeichnung
Die Amtsbezeichnung (zB Inspektor, Regierungsrat, Ministerialdirektor) der → Beamten wird im → Bund durch den → Bundespräsidenten (§ 86 BBG), bei den → Ländern idR durch die Landesregierungen festgesetzt (vgl. zB für Bayern Art. 76 BayBG), soweit sie nicht wie im Regelfall auf Gesetz (zB BesoldungsG; s. → Dienstbezüge) beruht (sa → Beamtenverhältnis). Der Beamte führt die Amtsbezeichnung im Dienst; er darf sie auch außerhalb des Dienstes führen, hat aber keinen Rechtsanspruch darauf, im mündlichen oder schriftlichen Verkehr mit der Amtsbezeichnung angesprochen zu werden. Neben der Amtsbezeichnung dürfen nur staatlich verliehene → Titel und → Hochschulgrade, nicht jedoch sonstige Berufsbezeichnungen geführt werden. Ruhestandsbeamte und mit Zustimmung der zuständigen Stelle auch entlassene Beamte dürfen die A. mit dem Zusatz „außer Dienst“ (a. D.) führen. Keine Amtsbezeichnung ist die bloße Dienstbezeichnung, die eine dienstliche Stellung kennzeichnet, ohne dass mit ihr ein Amt verbunden ist (zB bei Beamten auf Widerruf im Vorbereitungsdienst). Ferner → Richteramtsbezeichnungen; für Soldaten → Dienstgrade.

Amtsblatt
Im untechnischen Sinne bezeichnet Amtsblatt jede von einer öffentlichen Stelle herausgebrachte periodische Publikation. Sollen Veröffentlichungen in einem Amtsblatt normative Wirkung oder Rechtswirkung im Einzelfall entfalten, muss dies geregelt sein. In diesem Fall handelt es sich bei einem Amtsblatt um ein Verkündungsblatt, insbes. wenn es für die → Verkündung von Rechtsvorschriften vorgesehen ist. Teilweise führen Verkündungsblätter für die Verkündung von Rechtsvorschriften andere Bezeichnungen, zB im → Bund → Bundesgesetzblatt oder in den → Ländern Gesetzblatt oder Gesetz- und Verordnungsblatt. Im Saarland wird das zur Verkündung von Gesetzen und Verordnungen bestimmte Publikationsorgan schlicht Amtsblatt genannt. Das für Publikationen der → Europäischen Union (EU) bestimmte Publikationsorgan ist das → Amtsblatt der Europäischen Union.

Amtsblatt der Europäischen Union
Das Amtsblatt der Europäischen Union (ABl.) enthält die Rechtsvorschriften der → Europäischen Union sowie andere Mitteilungen und Bekanntmachungen. In der Reihe L (für „legislation“) finden sich die Rechtsvorschriften, in der Reihe C (für „communications“) die sonstigen Inhalte. Das Amtsblatt erscheint

werktäglich. Seit 1.7.2013 besitzt nur mehr die elektronische Ausgabe des Amtsblattes der Europäischen Union Rechtsverbindlichkeit (vgl. VO (EU) Nr. 216/2013 v. 7.3.2013 ABl. L 69 v. 13.3.2013, 1). Sa → Verkündung von Rechtsvorschriften.

Amtsdelikte
Das StGB bezeichnet im 30. Abschn. seines Besonderen Teils (§§ 331–358 StGB) die „Straftaten im Amt". Sie können nicht nur von Beamten im staatsrechtlichen Sinne begangen werden, dh von Personen, die nach den Beamtengesetzen in ein Amt berufen worden sind, sondern auch von anderen → Amtsträgern (§ 11 I Nr. 2, 2a StGB; zB Notaren, Europ. Amtsträgern), manche – insbes. Bestechungsdelikte – auch von besonders für den öffentl. Dienst Verpflichteten (§ 11 I Nr. 4 StGB; zB Angestellte im öffentl. Dienst; → Verpflichtung nichtbeamteter Personen).

Die Amtsdelikte sind → Sonderdelikte; die Beamteneigenschaft bildet ein besonderes persönliches Merkmal iSd § 28 StGB. Als echte (eigentliche) Amtsdelikte bezeichnet man solche, die nur von einem Amtsträger begangen werden können, bei einem Nichtbeamten aber straflos sind; zB → Konnivenz (§ 357 StGB), → Rechtsbeugung (§ 339 StGB). Die Beamteneigenschaft stellt bei diesen echten Sonderdeikten ein strafbegründendes Merkmal dar (§ 28 I StGB). Die unechten (uneigentlichen, gemischten) Amtsdelikte sind Delikte (auch außerhalb des 30. Abschnitts des StGB), die auch bei einem Nichtbeamten strafbar, aber bei Beamten mit höherer Strafe bedroht sind, zB Körperverletzung im Amt (§ 340 StGB); die Beamteneigenschaft ist hier ein strafschärfendes Merkmal iSd § 28 II StGB.

Die Unterscheidung ist für die → Teilnahme sowie die Abgrenzung zur Täterschaft bedeutsam: → Täter (auch → Mittäter oder → mittelbarer Täter) eines echten Amtsdelikts kann nur ein Beamter sein. Beim Nichtbeamten kommt bei echten Amtsdelikten nur Teilnahme in Betracht. Auf ihn ist dabei das für den Beamten geltende Strafgesetz anzuwenden, die Strafe aber wie beim → Versuch zu mildern (§ 28 I StGB). Wegen der hohen praktischen Bedeutung wurde für den Tatbestand der Falschbeurkundung im Amt (§ 348 StGB) die Begehung durch einen Nichtbeamten in mittelbarer Täterschaft zu einem gesonderten Straftatbestand verselbständigt (→ mittelbare Falschbeurkundung, § 271 StGB). Bei unechten Amtsdelikten kommt der erhöhte Strafrahmen nur bei dem Beteiligten zur Anwendung, bei dem die Beamteneigenschaft vorliegt.

Amtseid
ist die vom Träger eines öffentlichen Amtes geleistete feierliche Verpflichtung, die Amtspflichten treu zu erfüllen. Der Amtseid ist normiert: für den Bundespräsidenten, den Bundeskanzler und die Bundesminister in Art. 56 GG (vgl. auch § 3 Bundesministergesetz), für Bundesbeamte in § 64 BBG, für Richter in § 38 DRiG; → Diensteid (dort auch zur religiösen Beteuerungsformel).

Amtsempfangsbedürftigkeit
→ Willenserklärung (1c), → Form (1e).

Amtsermittlungsgrundsatz
→ Amtsgrundsatz, → Untersuchungsgrundsatz.

Amtsfähigkeit, Verlust
→ Aberkennung (Verlust) von Fähigkeiten.

Amtsgeheimnis
→ Amtsverschwiegenheit, → Dienstgeheimnis.

Amtsgericht
1. Amtsgericht ist das ordentliche Gericht, das im Gerichtsaufbau die Unterstufe bildet. Das A. entscheidet grundsätzlich durch → Einzelrichter (§ 22 GVG) oder → Rechtspfleger, in gewissen Fällen durch den → Urkundsbeamten; s. aber auch → Schöffengericht.

2. Die Zuständigkeit ist vielfältig. Die wichtigsten Zuständigkeiten in bürgerlichen Rechtsstreitigkeiten bestehen für Ansprüche bis zum Wert von 5000 EUR und stets als → Mietgericht für Wohnraummiete (§ 23 GVG) sowie in → Familiensachen und sonstigen Angelegenheiten der → freiwilligen Gerichtsbarkeit (§ 23a GVG), ferner die Zuständigkeit als → Vollstreckungs-, → Insolvenz-, → Versteigerungs-, → Nachlass-, → Betreuungs-, → Familien- und → Registergericht sowie als → Grundbuchamt. In Strafsachen erstreckt sich die Zuständigkeit des Amtsgericht auf → Vergehen und → Verbrechen nur, soweit nicht nach § 24 GVG die Zuständigkeit eines höheren Gerichts gegeben ist, also die Straferwartung nicht oberhalb von vier Jahren liegt. Angesichts der hohen Inflation der vergangenen Jahre wird momentan ein Gesetzgebungsverfahren betrieben, um den Zuständigkeitsstreitwert auf 8.000 EUR anzuheben, verbunden mit einer punktuellen weiteren Zuweisung von Spezialzuständigkeiten an das Landgericht (z. B. Bausachen, Pressesachen). Die letzte Anhebung hatte Anfang der 1990er Jahre stattgefunden mit der Folge, dass wegen allgemeiner Preissteigerungen immer mehr Verfahren von den Amtsgerichten zu den Landgerichten gewandert sind.

3. Für die einzelnen Sachgebiete bestehen Referate oder Abteilungen. Dem Amtsgericht im Rechtszug übergeordnet ist in den allermeisten Fällen das → Landgericht. Große Amtsgerichte haben einen Präsidenten oder eine Präsidentin („Präsidialamtsgericht"), kleinere einen Direktor oder eine Direktorin.

Amtsgrundsatz
ist die Verpflichtung eines Gerichts oder einer Verwaltungsbehörde, „von Amts wegen", also unabhängig vom Antrag eines Beteiligten, tätig zu werden. Der Amtsgrundsatz (oft auch als → Offizialprinzip bezeichnet) dominiert im öffentlichen Recht, da hier in aller Regel Belange der Allgemeinheit im Vordergrund ste-

hen. Eine besondere Ausprägung des Amtsgrundsatzes ist das → Legalitätsprinzip im Strafverfahren. Auch soweit die Tätigkeit einer Behörde von einem Antrag abhängt (zB Antrag auf Erteilung einer Baugenehmigung), richtet sich das weitere Verfahren idR nach dem Amtsgrundsatz; die Behörde hat also von Amts wegen alle Umstände zu ermitteln, die für die Entscheidung über den Antrag von Bedeutung sind (also zB keine Bindung an Beweisangebote des Antragstellers oder sonstiger Beteiligter). Diese Pflicht der Behörde bezeichnet man auch als → Untersuchungsgrundsatz (§ 24 VwVfG).

Amtshaftung
→ Staatshaftung.

Amtshilfe
1. Amtshilfe ist jede ergänzende Hilfe, die eine Behörde auf Ersuchen einer anderen leistet, um dieser die Durchführung ihrer Aufgaben zu ermöglichen oder zu erleichtern. Die Hilfe der Gerichte wird als → Rechtshilfe, die der Verwaltungsbehörden als Amtshilfe bezeichnet. Nach Art. 35 GG haben sich alle Behörden des Bundes und der Länder gegenseitig Rechts- und Amtshilfe zu leisten, müssen also auf Ersuchen einer anderen Behörde tätig werden. Die Verpflichtung zu gegenseitiger Hilfe besteht kraft Verfassungsrechts und unmittelbar, dh ohne dass es weiterer Gesetze oder Verwaltungsvereinbarungen bedürfte, zwischen den Gerichten und Behörden des Bundes, der Länder und der sonstigen Körperschaften des öffentlichen Rechts. Die Amtshilfe ist durch §§ 4–8 VwVfG näher geregelt, für das Besteuerungsverfahren in §§ 111 ff. AO. Danach kann eine Behörde insbesondere dann um Amtshilfe ersuchen, wenn sie eine Amtshandlung aus rechtlichen oder tatsächlichen Gründen nicht selbst vornehmen oder notwendige Tatsachen nicht selbst ermitteln kann oder wenn sie Urkunden oder sonstige Beweismittel aus dem Besitz der ersuchten Behörde benötigt. Die ersuchte Behörde darf Hilfe nicht leisten, wenn sie hierzu aus Rechtsgründen nicht in der Lage ist oder wenn durch die Hilfeleistung dem Wohl des Bundes oder eines Landes erhebliche Nachteile bereitet würden. Insbesondere dürfen Urkunden und Akten nicht vorgelegt und Auskünfte nicht erteilt werden, wenn die Vorgänge nach einem Gesetz oder ihrem Wesen nach geheimgehalten werden müssen. Die Zulässigkeit der Maßnahme, für die Hilfe begehrt wird, richtet sich nach dem für die ersuchende Behörde, die Durchführung der Amtshilfe nach dem für die ersuchte Behörde geltenden Recht. Keine Amtshilfe liegt vor, wenn Behörden einander innerhalb eines bestehenden Weisungsverhältnisses Hilfe leisten (zB die nachgeordnete Behörde gegenüber der vorgesetzten). Sa § 3 SGB X.

2. Für Besteuerungszwecke wird auch innerhalb der EU (→ Europäische Gemeinschaft, → Europäische Union) Amtshilfe geleistet. Das EU-AmtshilfeG v. 26.6.2013 (BGBl. 2013 I 1809) mÄnd sowie das Finanzkonten-Informationsaustauschgesetz (→ Bankgeheimnis, 5.) ermächtigen die Finanzbehörden, sich über die Grenze gegenseitig alle Auskünfte für die zutreffende Besteuerung der Steuern vom Einkommen und Vermögen und der Umsatzsteuer zu geben. Die EU-Amtshilfe erstreckt sich auch auf die Arbeitnehmer-Entsendung (→ Entsendegesetz; → Kontrollmitteilung).

3. Mit Gesetz v. 7.7.2009 (BGBl. 2009 I 2091) wurde die Amtshilfe innerhalb der Europäischen Union auch für alle anderen Gebiete der Verwaltung geregelt (→ Europäische Verwaltungszusammenarbeit).

Amtsimmunität
→ Konsul.

Amtskleidung
→ Amtstrachten.

Amtslöschung
→ Grundbuch.

Amtspflegschaft
wird auch eine → Ergänzungspflegschaft (§ 1809 BGB) durch das Jugendamt bezeichnet. Die bisherige gesetzliche Amtspflegschaft (neben der → Amtsvormundschaft), wonach der nichtehelichen Mutter zur Durchsetzung wichtiger Aufgaben (zB Feststellung der Vaterschaft, Geltendmachung von Unterhaltsansprüchen) das Jugendamt als Pfleger beigeordnet wurde, ist abgeschafft und durch eine (neu geordnete) Beistandschaft (→ Beistand, 1) ersetzt (Ges. vom 4.12.1997, BGBl. 1997 I 2846).

Amtspflichten
→ Beamtenverhältnis.

Amtspflichtverletzung
→ Staatshaftung, → Amtsdelikte.

Amtsrichter
Diese frühere gesetzliche Bezeichnung für den Richter, der die den → Amtsgerichten obliegenden richterlichen Geschäfte wahrnimmt, ist durch „Richter am Amtsgericht" ersetzt worden (s. a. → Richteramtsbezeichnungen).

Amtssitz
→ Wohnsitz (2).

Amtssprache
ist deutsch (§ 184 GVG; § 23 VwVfG, § 87 AO). Im → Verwaltungsverfahren soll die Behörde bei Eingängen in fremder Sprache unverzüglich die Vorlage einer Übersetzung verlangen, notfalls diese selbst beschaffen (Näheres § 23 III, IV VwVfG, auch wegen Fristwahrung). → Sorben dürfen in ihren Heimatkreisen vor Gericht und bei Verwaltungsbehörden auch die sorbische Sprache benutzen. Sa → Gerichtssprache.

Amtstierarzt
→ Tierarzt (2).

Amtstrachten
Die Bestimmungen darüber, welche Amtstrachten von Beamten und Richtern zu tragen sind, werden im Bund durch Anordnung des BPräs., in den Ländern von den LdReg.en getroffen. Über den Schutz der Amtstrachten vgl. § 132a StGB.

Amtsträger
1. Amtsträger ist eine durch § 11 I Nr. 2, 2a StGB definierte Eigenschaft des Täters oder Verletzten, die die Strafbarkeit bestimmter Delikte begründet oder erhöht (zB → Amtsdelikte).

2. Amtsträger gemäß § 11 Nr. 2 StGB sind alle nach Bundes- oder Landesrecht in einer bestimmten hoheitlichen Funktion tätigen Personen. Dies sind → Beamte im staatsrechtlichen Sinn, → Richter, auch ehrenamtliche (zB Schöffen), andere in einem öffentlichen Amtsverhältnis stehende Personen (zB Minister, Notare) und weitere Personen, die bei einer → Behörde oder sonstigen Stelle oder in deren Auftrag Aufgaben der öffentlichen Verwaltung unbeschadet der Organisationsform wahrnehmen (zB der Geschäftsführer einer von der öffentlichen Hand beherrschten GmbH, die eine Aufgabe der Daseinsvorsorge wahrnimmt). Maßgeblich ist also die Art der Aufgabe, nicht die zu ihrer Erfüllung gewählte Form.

3. Europäische Amtsträger gemäß § 11 Nr. 2a StGB sind Mitglieder der → Europ. Kommission, der → Europ. Zentralbank, des Europ. Rechnungshofs und des → Europ. Gerichtshofs, Beamte und sonstige Bedienstete der EU oder einer EU-Einrichtung oder mit der Wahrnehmung von Aufgaben der EU oder einer EU-Einrichtung Beauftragte.

4. Strafrechtlich vielfach gleichgestellt, zB bei der Verletzung des → Dienstgeheimnisses, sind den Amtsträgern die für den öffentlichen Dienst besonders Verpflichteten (§ 11 I Nr. 4 StGB). Sie sind nicht selbst Amtsträger, aber bei einer Stelle, die Aufgaben der öffentlichen Verwaltung wahrnimmt, beschäftigt oder für sie tätig (Büropersonal, Boten usw) und nach dem Verpflichtungsgesetz vom 2.3.1974 (BGBl. 1974 I 547) förmlich verpflichtet.

Amtsunfähigkeit
→ Nebenstrafen, → Aberkennung (Verlust) von Fähigkeiten.

Amtsvergehen
→ Amtsdelikte.

Amtsverlust
→ Aberkennung (Verlust) von Fähigkeiten, → Disziplinarmaßnahmen.

Amtsverschwiegenheit
Jeder → Beamte hat auch nach Beendigung des Beamtenverhältnisses über die ihm bei seiner amtlichen Tätigkeit – auch zufällig – bekanntgewordenen Angelegenheiten Verschwiegenheit zu bewahren. Die Verpflichtung zur Amtsverschwiegenheit gilt nicht für Mitteilungen im dienstlichen Verkehr; doch sind hier die Anforderungen des → Datenschutzes zu beachten. Keine Amtsverschwiegenheit gilt ferner für Tatsachen, die offenkundig sind oder ihrer Bedeutung nach keiner Geheimhaltung bedürfen (§ 37 BeamtStG, § 67 BBG und Beamtengesetze der Länder). Ohne Genehmigung des → Dienstvorgesetzten darf der Beamte weder gerichtlich noch gegenüber andern Behörden aussagen. Dies gilt selbst dann, wenn er Partei eines Rechtsstreits oder Beschuldigter ist. Die Aussagegenehmigung darf jedoch nur unter gesetzlich bestimmten Voraussetzungen versagt werden (Nachteile für das Wohl des Bundes oder eines deutschen Landes, ernstliche Gefährdung oder erhebliche Erschwerung der Erfüllung öffentlicher Belange; wenn der Beamte Partei oder Beschuldigter ist, bei unabweisbarem dienstlichem Bedürfnis; im Einzelnen vgl. § 37 III, IV BeamtStG, § 68 BBG). → Dienstgeheimnis, → Aussagepflicht, → Zeugnisverweigerungsrecht. Besondere Geheimhaltungsvorschriften bestehen für einzelne Gruppen von Beamten (zB Steuerbeamte: § 30 AO 1977). Angestellte im → öffentlichen Dienst sind nach § 3 I TVöD vertraglich zur Verschwiegenheit verpflichtet; zur förmlichen Verpflichtung nichtbeamteter Personen s. VerpflichtungsG vom 2.3.1974 (BGBl. 1974 I 547). Zur Amtsverschwiegenheit der Sozialleistungsträger s. → Berufsgeheimnis, → Sozialgeheimnis, → Dienstgeheimnis.

Amtsvormund
→ Amtsvormundschaft.

Amtsvormundschaft
Das → Jugendamt wird mit der Geburt eines Kindes, dessen Eltern nicht miteinander verheiratet sind, Amtsvormund, wenn und solange ein Sorgeberechtigter (→ elterliche Sorge) nicht vorhanden, zB die nicht verheiratete Mutter minderjährig, und ein anderer → Vormund (auch vor der Geburt, § 1786 S. 2) nicht bestellt ist (§ 1786 BGB, §§ 55 ff. SGB VIII). Dies gilt auch in den Fällen einer → vertraulichen Geburt (§ 1787 BGB). Das Jugendamt wird auch in dem Zeitraum zwischen Einwilligung in die → Adoption und deren Wirksamkeit Amtsvormund (§ 1751 I S. 2 BGB). Das Jugendamt hat bis zum Eingreifen des zuständigen → Familiengerichts die erforderlichen vormundschaftlichen Maßnahmen zu veranlassen; es bleibt Amtsvormund, bis vom Familiengericht ein geeigneter Einzelvormund bestellt wird oder die elterliche Sorge wieder besteht. Statt einer Bestellungsurkunde erhält das Jugendamt vom Familiengericht eine deklaratorische Bescheinigung über die Amtsvormundschaft (§ 168b II FamFG).

Ferner kann das Jugendamt zum Vormund über einen Minderjährigen bestellt werden, soweit kein geeigneter anderer → Vormund als natürliche Person vorhanden ist (§ 1779 II, § 1774 I Nr. 4, sog. bestellte Amtsvormundschaft). Das Jugendamt kann neben einem Betreuungsverein vorläufig als Vormund bestellt werden, wenn die Ermittlungen zur Auswahl des geeigneten Vormunds (→ Vormund 1.) noch nicht abgeschlossen sind oder ein vorübergehendes Hindernis für die Bestellung des Vormunds besteht (§ 1781 BGB, vorläufige Vormundschaft). Die vorläufige Vormundschaft endet kraft Gesetzes mit der Bestellung des Vormunds (§ 1781 V BGB). Auf die Amtsvormundschaft finden die Vorschriften des BGB über die → Vormundschaft Anwendung.

Die Amtsvormundschaft ist eine → befreite Vormundschaft (§ 1801 I, § 1859 BGB). Die Aufgaben des Vormunds werden von einem jeweils bestellten Beamten oder Angestellten des Jugendamts wahrgenommen (§ 55 II SGB VIII).

Amtswegigkeit
→ Amtsgrundsatz.

Amtswiderspruch
→ Widerspruch (im Grundbuch).

Amtszustellung
→ Zustellung von Amts wegen.

Analogie
Der Begriff der Analogie besagt, dass durch Erweiterung eines Rechtssatzes oder gesetzlichen Tatbestandes ein neuer Rechtssatz geschaffen werden soll (zum Unterschied von der extensiven Interpretation, → Auslegung, 1b). Bei Gesetzesanalogie wird eine Rechtsnorm auf einen ähnlichen Sachverhalt angewendet (was oft im Gesetz selbst durch die Bestimmung geschieht, dass näher bezeichnete Vorschriften auf einen anderen Tatbestand „entsprechend anzuwenden" sind). Bei Rechtsanalogie wird ein aus mehreren Bestimmungen abgeleiteter Grundgedanke auf andere Fälle erstreckt. Ist dagegen eine gesetzliche Regelung ersichtlich auf einen bestimmten Sachverhalt begrenzt, so verbietet sich ein Analogieschluss auf andere Fälle; dagegen ist ein Umkehrschluss (argumentum e contrario) angebracht. Eine Analogie ist, soweit nicht nach dem Grundgedanken des Gesetzes ausgeschlossen, grundsätzlich zulässig. Im materiellen → Strafrecht verbietet der Satz, dass Strafe nur verhängt werden darf, wenn Strafbarkeit und Strafhöhe zur Tatzeit gesetzlich bestimmt waren, jede Analogie zu Ungunsten des Beschuldigten (nullum crimen/nulla poena sine lege; Art. 103 II GG, § 1 StGB). Unzulässige Analogie wäre zB Anwendung der Strafvorschrift gegen → Betrug (§ 263 StGB) bei nur immateriellem Schaden. Die Abgrenzung von unzulässiger Analogie und zulässiger Auslegung kann zweifelhaft sein (so zB die Gleichstellung gewaltlosen Eingebens von Betäubungsmitteln mit Gewaltanwendung). Im → Strafprozessrecht besteht ebenso wenig ein Analogieverbot wie im → Zivilprozess, wohl aber nach vielen bürgerlich-rechtlichen Vorschriften (zB § 253 BGB).

Anarchie
ist ein Zustand der Herrschaftslosigkeit und Gesetzlosigkeit im Staat. In der allgem. Staatslehre versteht man unter Anarchismus eine von verschiedensten Ausgangspunkten und in zahlreichen Formen vertretene Sozialphilosophie, die eine absolute Freiheit herbeiführen will und die deshalb jeden Zwang durch eine staatliche Rechtsordnung aufheben möchte. Das Gemeinschaftsleben soll sich nicht in rechtlichen Bahnen entwickeln, sondern allein vom freien Willen der Beteiligten bestimmt werden. Elemente des Anarchismus finden sich ua in utopischen Staatstheorien, im → Syndikalismus und in besonderer Form – unter Anerkennung anderer gesellschaftlicher Ordnungselemente – in kommunistischen Staatstheorien (marxistische Lehre vom Absterben des Staates).

Anathema
(griech.): in der kath. Kirche Bezeichnung für den kirchlichen → Bann; sa → Exkommunikation.

Anatomievertrag
Die Überlassung einer Leiche zu anatomisch-wissenschaftlichen Zwecken durch Vertrag ist umstritten, wird im Interesse von Wissenschaft und Forschung aber meist für zulässig gehalten (eine bloße Verpflichtung durch Krankenhausaufnahmebedingungen ist aber ungültig). Über das Recht naher Angehöriger zur Verfügung über die Leiche s. → Sache. Der Anatomievertrag darf dem Willen des Verstorbenen nicht zuwiderlaufen; er kann auch aus anderen Gründen (→ Sittenwidrigkeit) nichtig sein.

Anatozismus
→ Zinsschuld.

Andenken Verstorbener, Verunglimpfung
→ Beleidigung (2d, 4).

Anderkonto
ist ein Konto, das jemand (zB ein Rechtsanwalt, Notar) im eigenen Namen und mit eigener Verfügungsbefugnis treuhänderisch (→ Treuhand) für einen anderen unterhält (zur Sorgfaltspflicht s. insbesondere § 43a VII BRAO, § 58 BeurkG). Solche Konten werden häufig auch als Bankkonten bei Vermögensverwaltungen geführt. Sa → Vertrag zugunsten Dritter. S. ferner → Undkonto, → Oderkonto.

Andeutung
in der → Auslegung von Verfügungen von Todes wegen.

Andreaskreuz
→ Bahnübergänge.

Androhung von Straftaten
Straftatbestand nach § 126 StGB (historische Bezeichnung: Landzwang), der ein abstraktes → Gefährdungsdelikt in Form eines sog. Eignungsdelikts enthält und dem Schutz des öffentlichen Friedens dient. Strafbar ist nur die

Androhung bestimmter schwerwiegender Gewalttaten, nämlich von Tötungsverbrechen, → Raub oder räuberischer → Erpressung, gefährlicher → Körperverletzung, bestimmter → Sexualstraftaten und Taten gegen die persönliche Freiheit sowie gewisser → gemeingefährlicher Straftaten. Strafbar ist zudem derjenige, der wider besseres Wissen das Bevorstehen einer solchen Tat vortäuscht (§ 126 II StGB). Voraussetzung ist jeweils, dass durch die Androhung der öffentliche Friede gestört, dh das Gefühl der Rechtssicherheit wenigstens bei einem Teil der Bevölkerung erschüttert werden kann. Die Androhung von Straftaten ist mit Freiheitsstrafe bis zu 3 Jahren bedroht. Zur Verbreitung sog. „Feindeslisten" → Gefährdendes Verbreiten personenbezogener Daten (§ 126a StGB). → Aufforderung zu Straftaten (§ 111 StGB), → Belohnung und Billigung von Straftaten (§ 140 StGB), → Hasskriminalität.

Aneignung
(Okkupation) ist der Erwerb von Eigentum, indem eine → herrenlose bewegliche Sache (anders besitzlose Sache, → Fund) in Eigenbesitz (→ Besitz) genommen wird (§ 958 BGB). Die Aneignung ist – anders als die Eigentumsaufgabe – kein → Rechtsgeschäft, sondern ein → Realakt, so dass → Geschäftsfähigkeit hierfür nicht erforderlich ist (str.). Das Aneignungsrecht ist das subjektive Recht der Aneignung. Die Aneignung führt nicht zum → Eigentumserwerb, wenn sie gesetzlich verboten ist (zB nach den Vorschriften des Naturschutzrechts) oder ein fremdes Aneignungsrecht (insbes. des Jagd- und Fischereiberechtigten) verletzt (§ 958 II BGB). Bei einem herrenlosen → Grundstück steht nur dem → Fiskus das Aneignungsrecht (durch Eintragung im → Grundbuch) zu, § 928 BGB. S. a. → Fruchterwerb. Bei Verletzung eines Aneignungsrechts zB durch den Wilderer, erlangt der Betreffende kein Eigentum; ein Dritter kann jedoch gutgläubig Eigentum erlangen, da die immer noch → herrenlose Sache (str.) dem Aneignungsberechtigten nicht abhanden gekommen ist.

Zur Zueignung s. → Diebstahl.

Aneignungsrecht
→ Aneignung.

Anerbe, Anerbenrecht
→ Höfeordnung.

Anerkenntnis
Im Zivilprozess besteht das Anerkenntnis – zum Unterschied vom → Geständnis, das sich nur auf Tatsachen bezieht – in der Erklärung des Beklagten, dass er den gegen ihn erhobenen prozessualen Anspruch anerkenne (§ 307 ZPO). Eine mündliche Verhandlung ist dann nicht mehr erforderlich. Das Anerkenntnis ist nach hM eine reine → Prozesshandlung. Es bezieht sich auf den → Streitgegenstand und führt zu einem → Anerkenntnisurteil. Ein Anerkenntnis ist nur zulässig, soweit der → Verfügungsgrundsatz gilt. Für das materielle Recht → Schuldanerkenntnis.

Anerkenntnisurteil
Ein Anerkenntnisurteil ist ein Urteil, das gegen den Beklagten auf Grund seines prozessualen → Anerkenntnisses ergeht. Anerkenntnisurteile sind im Zivilprozess und in der Arbeitsgerichtsbarkeit auch ohne mündliche Verhandlung zulässig (§ 307 ZPO), soweit der → Verfügungsgrundsatz gilt, und stellen einen → Vollstreckungstitel dar. Im Verwaltungs- und Finanzstreitverfahren werden Anerkenntnisurteile wegen des dort herrschenden Untersuchungsgrundsatzes (→ Offizialprinzip) überwiegend für unzulässig gehalten. In der → Sozialgerichtsbarkeit erledigt das angenommene Anerkenntnis den Rechtsstreit in der Hauptsache; ein Anerkenntnisurteil ergeht nicht, da das Anerkenntnis selbst ein Vollstreckungstitel ist (§§ 101, 199 SGG).

Anerkennung
1. Von Regierungen. Die Anerkennung von Regierungen ist völkerrechtlich (→ Völkerrecht) entbehrlich, da der Wechsel der Regierung eines Staates dessen völkerrechtlichen Status grundsätzlich unberührt lässt. Da jedoch kein Staat verpflichtet ist, → diplomatische Beziehungen zu einem anderen Staat aufrechtzuerhalten, kann er es auch ablehnen, diese diplomatischen Beziehungen mit der neuen Regierung fortzuführen; es ist auch nicht völkerrechtswidrig, die diplomatischen Beziehungen mit einer Exilregierung oder einer nur mehr einen entlegenen Landesteil beherrschenden Regierung fortzuführen. So haben die USA bis 1933 die Regierung Kerenski und nicht die Revolutionsregierung als Regierung Russlands angesehen. Die Anerkennung einer Regierung, bevor sich diese in einem Staat an der Macht durchgesetzt hat, stellt eine Einmischung in die → inneren Angelegenheiten des betreffenden Staates dar. Die Anerkennung ist von der Anerkennung von Staaten zu unterscheiden (s. unten 2).

2. Von Staaten. Die Anerkennung von Staaten ist eine einseitige völkerrechtliche Erklärung (→ Völkerrecht). Ein neuer → Staat ist entstanden, wenn dieser über Staatsgebiet, Staatsvolk und Staatsgewalt verfügt. Die Anerkennung als Staat durch einen oder mehrere Drittstaaten ist nur deklaratorischer Natur und nicht konstitutiv für das Entstehen eines neuen Staates. Die Anerkennung darf allerdings erst erfolgen, wenn der neue Staat im vollen Besitz des Staatsgebietes, des Staatsvolkes und der Staatsgewalt ist. Entsteht ein neuer Staat durch Herauslösung eines Gebietsteiles aus einem Altstaat, so ist die Anerkennung durch den Altstaat nicht Voraussetzung der Anerkennung durch Drittstaaten (Herauslösung Belgiens aus den Niederlanden 1830, Herauslösung Sloweniens und Kroatiens aus Jugoslawien 1991). Eine Anerkennung vor dem Zeitpunkt, zu dem das sich verselbständigende Territorium als Staat anzusehen ist, ist allerdings als Einmi-

schung in die → inneren Angelegenheiten des Altstaates anzusehen. Das Völkerrecht unterscheidet zwischen der vorläufigen Anerkennung de facto und der endgültigen Anerkennung de jure. Der Abschluss eines bilateralen → völkerrechtlichen Vertrages zwischen zwei Staaten beinhaltet in der Regel deren gegenseitige Anerkennung. Die Aufnahme → diplomatischer Beziehungen – nicht aber konsularischer – stellt in der Regel eine konkludente Anerkennung dar. Streitig ist, inwieweit die Beteiligung an einem Kollektivvertrag oder die Mitgliedschaft in einer → Internationalen Organisation eine Anerkennung durch die anderen Vertrags- oder Mitgliedsstaaten umfasst. Nach hM können zB sich gegenseitig nicht anerkennende Staaten Mitglieder der → Vereinten Nationen sein; das Votum für die Aufnahme eines neuen Staates in die UN beinhaltet nicht dessen Anerkennung durch die zustimmenden Staaten. Die Anerkennung von Staaten ist von der Anerkennung von Regierungen zu unterscheiden (s. oben 1).

Anerkennung ausländischer Entscheidungen
Nach allgemeinen Grundsätzen des → Völkerrechts entfalten Urteile ausländischer Gerichte und ähnliche Staatsakte grundsätzlich Rechtswirkungen nur im Gebiet des Staates, dessen Behörden sie erlassen haben. Jeder Staat kann frei entscheiden, ob und unter welchen Voraussetzungen er solche ausländischen Hoheitsakte anerkennt, soweit nicht besondere staatsvertragliche Regelungen vorhanden sind. Daher ist unter Umständen das Verfahren eines → Vollstreckungsurteils erforderlich, mit dem die Zulässigkeit der Zwangsvollstreckung in Deutschland aus dem ausländischen Rechtsakt ausgesprochen wird. S. im Besonderen bei Ehescheidungen → hinkende Ehe.

Anerkennung ausländischer Prüfungen
Die gegenseitige Anerkennung von Prüfungen ist als geltendes Recht oder als Absichtserklärung in verschiedenen völkerrechtlichen Abkommen sowie in Art. 53 AEUV (→ AEUV) vorgesehen. Juristen aus den EU-Staaten werden in Deutschland nach §§ 16 ff. Gesetz über die Tätigkeit europäischer Rechtsanwälte in Deutschland – EuRAG – v. 9.3.2000 (BGBl. 2000 I 182, 1349, mÄnd, sowie VO v. 18.12.1990, BGBl. 1990 I 2881) (→ Rechtsanwalt) zur Rechtsanwaltschaft zugelassen; die zuständige Behörde kann die Ablegung einer Eignungsprüfung anordnen (§ 16a EuRAG); ähnliches gilt für Patentanwälte (Gesetz v. 12.5.2017, BGBl. 2017 I 1137, mÄnd). Darüber hinaus kann nach dreijähriger Tätigkeit in einem anderen EU-Staat ein → Rechtsanwalt in diesem anderen EU-Staat zur Rechtsanwaltschaft zugelassen werden (Art. 10 RL 98/5/EG v. 16.2.1998; für Deutschland §§ 13 ff. Gesetz über die Tätigkeit europäischer Rechtsanwälte in Deutschland – EuRAG – v. 9.3.2000, BGBl. 2000 I 182, 1349, mÄnd). Nach § 112a DRiG können Absolventen juristischer Prüfungen anderer EU-Staaten zum Vorbereitungsdienst in Deutschland zugelassen werden; ggf. kann die zuständige Behörde die Durchführung einer Eignungsprüfung anordnen (→ Befähigung zum Richteramt).

Anerkennung der Vaterschaft
→ Abstammung (2b).

Anerkennung im Ausland erworbener Berufsqualifikationen
1. Das G über die Feststellung der Gleichwertigkeit von Berufsqualifikationen (BerufsqualifikationsfeststellungsG (BQFG)) v. 6.12.2011 (BGBl. 2011 I 2515) mÄnd regelt bundeseinheitlich die Feststellung der Gleichwertigkeit einer im Ausland erworbenen Berufsqualifikation mit dem inländischen Ausbildungsnachweis. Jede Person, die im Ausland einen Ausbildungsnachweis erworben hat, hat auf Antrag einen Anspruch auf Prüfung dessen Gleichwertigkeit. Das BQFG unterscheidet zwischen nicht reglementierten (§§ 4–8 BQFG) und reglementierten Berufen (§§ 9–13 BQFG) und regelt die vorzulegenden Unterlagen (§§ 5, 12 BQFG), das Verfahren und die zuständige Stelle (§§ 8, 13 V BQFG, → Industrie- und Handelskammer, → Handwerkskammer, → Kammern der → freien Berufe etc.). Die Entscheidung ergeht durch → Verwaltungsakt und muss innerhalb von drei Monaten erfolgen. Mit dem ab November 2023 schrittweise in Kraft tretenden Gesetz zur Weiterentwicklung der Fachkräfteeinwanderung sollen Hürden bei der Beantragung abgebaut werden.

2. Die materiellen Voraussetzung der Gleichwertigkeit regelt das BQFG nur allgemein und unter Verweis auf das spezifische Ausbildungs- und Berufsrecht. Bei nicht reglementierten Berufen (insbes. → Ausbildungsberufe nach dem Berufsbildungsgesetz und → zulassungsfreies Handwerk) ist die Gleichwertigkeit zu bejahen, wenn die ausländische Ausbildung zu vergleichbaren beruflichen Tätigkeiten befähigt und keine wesentlichen Unterschiede zur inländischen → Berufsbildung bestehen (§ 4 BQFG). Bei reglementierten Berufen (zulassungspflichtige Berufe wie zB Heilberufe etc.) ist zusätzlich erforderlich, dass der Antragsteller zur Berufsausübung auch im ausländischen Ausbildungsstaat berechtigt sein muss (§ 9).

3. Das BQFG dient der Umsetzung zahlreicher EU-Vorschriften. Für manche Berufe gilt das BQFG ausdrücklich nicht, etwa für → Rechtsanwälte (§ 4 BRAO), Steuerberater (§ 1 IV StBerG, → Steuerberatungsgesetz), → Hebammen (§ 45 HebG) und → pharmazeutisch-technische Assistenten (§ 2 PharmTAG, ab 2023: § 29 PTAG). Hier regeln die genannten Berufsgesetze die Anerkennung im Ausland erworbener Berufsqualifikation selbst.

Anfall der Erbschaft
→ Erbanfall.

Anfangstermin
→ Zeitbestimmung.

Anfangsverdacht
→ Tatverdacht 1.

Anfangsvermögen
→ Zugewinnausgleich.

Anfechtbarkeit der Ehe
→ Eheaufhebung; vgl. auch → Ehescheidung, → Nichtehe.

Anfechtbarkeit eines Rechtsgeschäfts
→ Anfechtung von Willenserklärungen.

Anfechtung der Vaterschaft
→ Abstammung (3).

Anfechtung letztwilliger Verfügungen
Neben der → Nichtigkeit einer → letztwilligen Verfügung (zB wegen Verstoßes gegen zwingende Formvorschriften oder wegen → Sittenwidrigkeit, § 138 BGB) kommt auch eine Anfechtung wegen Irrtums, Drohung oder arglistiger Täuschung (§ 2078 BGB) in Betracht, sofern nicht durch die stets vorgehende Auslegung von Verfügungen von Todes wegen der wahre Wille des → Erblassers zu ermitteln ist. Die Anfechtung im Erbrecht knüpft an die allgemeinen Bestimmungen der → Anfechtung von Willenserklärungen wegen Willensmängeln (§§ 119 ff. BGB) an, bringt jedoch eine nicht unerhebliche Erweiterung. Anfechtungsgrund ist nicht nur der Irrtum des Erblassers über die Erklärungshandlung (er wollte eine derartige Erklärung nicht abgeben, zB Verschreiben) und über den Erklärungsinhalt (er erkannte die rechtliche Tragweite seiner Verfügung nicht), sondern darüber hinaus jeder Irrtum im Beweggrund (sog. Motivirrtum), nämlich soweit der Erblasser zu der Verfügung durch die irrige Annahme oder Erwartung des Eintritts oder Nichteintritts irgendeines für die Verfügung bedeutsamen Umstandes bestimmt worden ist. Die maßgeblichen Umstände für den Irrtum des Erblassers können in der Vergangenheit oder in der Zukunft liegen, vom Willen des Erblassers und des Bedachten abhängig (Heirat) oder unabhängig sein (Tod, Bedürftigkeit ua m.). Einen Sonderfall des Motivirrtums sieht das Gesetz in § 2079 BGB vor: Eine letztwillige Verfügung kann danach angefochten werden, wenn der Erblasser einen zurzeit des → Erbfalls vorhandenen → Pflichtteilsberechtigten übergangen hat, dessen Vorhandensein ihm bei der Errichtung der letztwillige Verfügung nicht bekannt war oder der erst später geboren oder pflichtteilsberechtigt geworden ist, sofern nicht anzunehmen ist, dass der Erblasser auch in Kenntnis dieses Umstandes im gleichen Sinne testiert hätte. Anfechtungsberechtigt ist derjenige, dem die Aufhebung der letztwillige Verfügung unmittelbar zustatten kommen würde, im Fall des § 2079 BGB nur der Pflichtteilsberechtigte (§ 2080 BGB). Der Erblasser ist – außer beim → Erbvertrag – nicht anfechtungsberechtigt, da er jederzeit vom Widerruf Gebrauch machen kann. Der Anfechtungsberechtigte muss den Anfechtungsgrund und (besonders beim Motivirrtum) die Ursächlichkeit dieses Grundes für die letztwillige Verfügung nachweisen. Die Anfechtung letztwilliger Verfügungen ist idR formlos gegenüber dem → Nachlassgericht zu erklären (§ 2081 BGB); sie kann nur binnen Jahresfrist seit Kenntnis des Anfechtungsberechtigten von dem Anfechtungsgrund, längstens 30 Jahre nach dem → Erbfall, angebracht werden (§ 2082 BGB). Die Folge einer wirksamen Anfechtung ist – wie bei der Anfechtung einer jeden Willenserklärung – die Nichtigkeit der letztwilligen Verfügung (§ 142 BGB), bei Anfechtung nur einer einzelnen Verfügung im Testament jedoch im Zweifel nicht die Nichtigkeit des ganzen Testaments (§ 2085 BGB, → Auslegung von Verfügungen von Todes wegen). Besonderheiten gelten für die Anfechtung des → Erbvertrags.

Anfechtung von Entscheidungen
Die Anfechtung von Entscheidungen der Gerichte und Behörden ist mit den gesetzlichen → Rechtsbehelfen möglich; dabei ist der jeweils zugelassene Rechtsbehelf zu bezeichnen. Im Strafprozess kann der Rechtsmittelberechtigte, der bei einem Urteil des Amtsgerichts die Wahl zwischen → Berufung und → Sprungrevision hat, stattdessen zunächst die (neutrale) „Anfechtung" des Urteils erklären und sich dadurch die Wahl zwischen beiden Rechtsmitteln offenhalten. Er muss sich dann spätestens innerhalb der Revisionsbegründungsfrist für das eine oder andere Rechtsmittel entscheiden. Hat er keine unbestimmte Anfechtung erklärt, sondern bei bestehender Wahlmöglichkeit von Berufung oder Revision Gebrauch gemacht, so ist der Übergang von dem gewählten zum anderen Rechtsmittel zulässig: bei rechtzeitiger Berufung kann bis zum Ablauf der Revisionsbegründungsfrist noch die Revision gewählt und begründet werden; ist rechtzeitig Revision eingelegt worden, so kann statt ihrer bis zum Ablauf der Begründungsfrist die Berufung gewählt werden. Legt ein Beteiligter Berufung, ein anderer Revision ein, so hat die Berufung den Vorrang: auch die Revision wird als Berufung behandelt, solange die eingelegte Berufung noch wirkt, dh weder zurückgenommen noch als unzulässig verworfen worden ist. Im Hinblick auf diese Möglichkeiten ist die eingelegte Revision rechtzeitig durch die für diese vorgeschriebenen Revisionsanträge und -begründung zu ergänzen (§ 335 III 2 StPO). Für den Zivilprozess → Berufung (1a) sowie → Revision (1).

Anfechtung von Gesellschafterbeschlüssen
→ Hauptversammlungsbeschluss, → Gesellschafterbeschluss.

Anfechtung von Verwaltungsakten
→ Verwaltungsakt (7), → Verwaltungsstreitverfahren (1).

Anfechtung von Willenserklärungen Gewisse → Willensmängel bei Abgabe einer → Willenserklärung (WE) führen dazu, dass diese zwar zunächst als wirksam angesehen wird, von dem Erklärenden aber wegen der Mangelhaftigkeit seiner Willensbildung angefochten werden kann. Abgesehen von verschiedenen Sonderregelungen im Erbrecht (→ Anfechtung letztwilliger Verfügungen, → Annahme und → Ausschlagung der Erbschaft), im Familienrecht (→ Eheaufhebung), beim → Vergleich sowie von der nicht hierher gehörenden sog. → Gläubigeranfechtung insbes. im → Insolvenzverfahren (→ Insolvenzanfechtung) gilt allgemein Folgendes:

1. Anfechtung wegen Irrtums. a) Irrtum ist das unbewusste Auseinanderfallen von Wille und Erklärung bei der Willenserklärung; auf seine Entschuldbarkeit kommt es nicht an. Nur bestimmte Fälle des Irrtums führen zur Anfechtbarkeit der Willenserklärung:

aa) Erklärungsirrtum: Der Erklärende wollte zwar eine rechtlich bedeutsame Erklärung abgeben, vergriff sich aber in der Erklärung (Versprechen, Verschreiben, zB Angebot zu 10 EUR statt zu 100 EUR). Als Erklärungsirrtum gilt es auch, wenn die WE durch einen Erklärungsboten (→ Bote; nicht aber bei → Stellvertretung, hier Erklärung des Vertreters maßgebend) oder zB durch → E-Mail falsch übermittelt wird (sog. Übermittlungsirrtum, § 120 BGB).

bb) Inhaltsirrtum (Geschäftsirrtum) ist anzunehmen, wenn der Erklärende zwar die Erklärung ihrer äußeren Gestalt nach abgeben wollte, sich aber über deren inhaltliche Tragweite irrte, so dass anzunehmen ist, dass er sie bei Kenntnis der Sachlage und bei verständiger Würdigung des Falles nicht abgegeben hätte (§ 119 I BGB). Hier kommt in Betracht der Irrtum über die Person des Vertragsgegners, über den Gegenstand des Geschäfts, über dessen Umfang sowie allgemein über alle Umstände, die kraft ausdrücklicher oder stillschweigender Parteiabrede den Inhalt des Rechtsgeschäfts ausmachen (zB besonders billiger Verkauf an vermeintlichen Geschäftsfreund). Nur in diesem Zusammenhang ist der sog. Motivirrtum, dh der Irrtum im Beweggrund, beachtlich. Grundsätzlich berechtigt dagegen der bloße (intern gebliebene) Motivirrtum, insbes. der Kalkulationsirrtum (Berechnungsirrtum) über die Preisgestaltung, über den Wert des Gegenstands (s. u. c) und über den wirtschaftlichen Erfolg des Geschäfts ebenso wenig zur Anfechtung wie der allgemeine Irrtum über die Rechtsfolgen des Geschäfts, zB über den Umfang der Sachmängelhaftung beim Kauf.

cc) Als Inhaltsirrtum gilt auch der Irrtum über solche Eigenschaften der Person und der Sache (bzw. des Gegenstands des Rechtsgeschäfts), die im Verkehr als wesentlich angesehen werden (Eigenschaftsirrtum, § 119 II BGB). Eigenschaften der Person sind zB die Kreditwürdigkeit und die Zahlungsfähigkeit des Geschäftspartners bei einem Kreditgeschäft (nicht bei einem Bargeschäft), Alter und Geschlecht einer Person bei einem Arbeitsvertrag (nicht bei einem Kauf). Eigenschaften des Gegenstandes sind zB die Beschaffenheit der Sache (Echtheit eines Bildes u. dgl.), die Bebauungsfähigkeit eines Grundstücks, der Kundenkreis eines Erwerbsgeschäfts, nicht der Wert einer Sache als solcher, wohl aber alle wertbildenden Faktoren, soweit nicht das typische Risiko eines Geschäfts reicht (zB kein Anfechtungsgrund bei Irrtum über den Wert eines gekauften Mietshauses, anders dagegen bei Irrtum über die Jahresmieteinnahmen). Das Anfechtungsrecht wegen Irrtums über verkehrswesentliche Eigenschaften wird beim Kauf durch die Sonderbestimmungen über die → Gewährleistung für Sachmängel ausgeschlossen.

dd) Nicht unter die Anfechtungsvorschriften fällt der beiderseitige Irrtum. Hier liegt je nach Einzelfall eine nur unbeachtliche falsche Bezeichnung des von beiden Seiten gemeinten Gegenstandes (→ falsa demonstratio), ein Missverständnis über Gegenstand und Umfang des Geschäfts (versteckter → Dissens) oder – wie meist – ein doppelseitiger Irrtum über die stillschweigende → Geschäftsgrundlage vor (s. i. e. dort).

b) Die Anfechtung wegen Irrtums muss unverzüglich, dh ohne schuldhaftes Zögern, nachdem der Anfechtungsberechtigte von dem Anfechtungsgrund erfahren hat, erklärt oder die Anfechtungserklärung jedenfalls abgesandt werden; das Anfechtungsrecht erlischt auf jeden Fall nach 10 Jahren (§ 121 II BGB). Das Anfechtungsrecht ist ein → Gestaltungsrecht; die Anfechtung wird durch Erklärung gegenüber dem Anfechtungsgegner erklärt (§ 143 I BGB). Anfechtungsgegner ist bei einem Vertrag der andere Teil, bei einem einseitigen Rechtsgeschäft, soweit es empfangsbedürftig ist (zB Kündigung), der Empfänger (auch Behörde), sonst jeder, der auf Grund des Rechtsgeschäfts unmittelbar einen rechtlichen Vorteil erlangt hat (§ 143 II–IV BGB). Die erfolgreiche Anfechtung führt zur → Nichtigkeit des Rechtsgeschäfts von Anfang an; sie wirkt also auf den Zeitpunkt der Vornahme des Rechtsgeschäfts zurück (§ 142 I BGB), ausgenommen bei Gesellschaftsverträgen und Arbeitsverhältnissen, die in der Zwischenzeit bereits realisiert wurden (BAG NJW 1984, 446; hier wirkt die Anfechtung praktisch wie eine → Kündigung). Die A. ist ausgeschlossen, wenn der Anfechtungsberechtigte das anfechtbare Rechtsgeschäft vor der Anfechtungserklärung in Kenntnis des Anfechtungsgrundes – wenn auch nur formlos, zB durch eine Abschlagszahlung – bestätigt hat (Bestätigung, § 144 BGB; → Nichtigkeit). Die Anfechtung wird aber nicht dadurch ausgeschlossen, dass das Rechtsgeschäft gleichzeitig aus einem anderen Grund (zB wegen Geschäftsunfähigkeit des Irrenden) bereits nichtig ist, da die Anfechtung in mancher Beziehung weiter reicht.

Insbes. wird derjenige, der die Anfechtbarkeit des Rechtsgeschäfts kannte oder fahrlässig nicht kannte, nach der Anfechtung so behandelt, wie wenn er die Nichtigkeit des Rechtsgeschäfts gekannt hätte (zB Ausschluss eines → gutgläubigen Erwerbs, § 142 II BGB).

c) Der wegen Irrtums Anfechtende hat dem anderen, der von der Wirksamkeit des Rechtsgeschäfts ausgehen durfte (also nicht, wenn dieser den Anfechtungsgrund kannte oder infolge von Fahrlässigkeit nicht kannte), den Schaden zu ersetzen, den er dadurch erleidet, dass er auf die Gültigkeit des Rechtsgeschäfts vertraut (sog. Vertrauensschaden, zB Kosten, die für die Abwicklung des Geschäfts bereits aufgewendet wurden, nicht aber einen entgangenen Gewinn, § 122 BGB; im Einzelnen → Schadensersatz, 3).

2. Anfechtung wegen arglistiger Täuschung oder Drohung: Anfechtbar (nicht von vornherein nichtig; anders bei körperlichem Zwang, → Willenserklärung 1a aa) ist ferner eine Willenserklärung, zu deren Abgabe jemand durch arglistige Täuschung oder widerrechtlich durch Drohung bestimmt wurde (§ 123 I BGB). Eine Täuschung liegt – wie beim → Betrug – vor, wenn ein Irrtum durch Vorspiegeln falscher oder durch Verschweigen wahrer Tatsachen trotz bestehender Aufklärungspflicht (zB beim Gebrauchtwagenkauf) erregt oder aufrechterhalten wird. Diese Täuschung muss arglistig sein. Arglist setzt → Vorsatz voraus, wobei bedingter Vorsatz ausreicht, nicht aber Fahrlässigkeit; der Täuschende muss sich seines unlauteren Erfolgs zumindest bewusst sein (s. auch → Treu und Glauben); eine Schädigungs- oder Bereicherungsabsicht ist – anders als beim Betrug – hier nicht erforderlich. Arglistig ist auch eine Zusicherung (zB Unfallfreiheit eines Kfz) „ins Blaue hinein". Wird die Täuschung durch einen Dritten (nicht zB Vertreter) ausgeübt, so ist die Willenserklärung nur anfechtbar, wenn der Vertragspartner die Täuschung kannte oder fahrlässig nicht kannte (§ 123 II BGB). Drohung ist die ernsthafte Ankündigung eines Übels (Nachteils) für den Fall, dass die WE nicht abgegeben wird (→ Nötigung). Die Drohung muss widerrechtlich sein, entweder weil kein Recht auf die Willenserklärung besteht („Geld oder Leben") oder weil das angewandte Mittel unerlaubt ist (zB Drohung gegenüber Schuldner, im Fall der Nichterfüllung Vorfälle aus dessen Privatleben zu veröffentlichen; nicht aber bei Drohung mit Klage).

Die Form der Anfechtung und deren Folgen entsprechen dem unter 1) Gesagten; dem Täuschenden oder Drohenden ist allerdings kein Vertrauensschaden zu ersetzen. Die Anfechtungsfrist beträgt hier – wegen der Schwere des Eingriffs in die Willensfreiheit – 1 Jahr ab Kenntniserlangung von der Täuschung bzw. Aufhören der Zwangslage; das Anfechtungsrecht erlischt auch hier nach 10 Jahren (§ 124 III BGB). Auch nach Ablauf der Anfechtungsfrist kann jedoch ggf. die Vertragserfüllung unter dem Gesichtspunkt des → Verschuldens beim Vertragsschluss verweigert werden (BGH NJW 1979, 1983). Hat durch eine arglistige Täuschung der Getäuschte einen Schaden erlitten, so kann daneben ein Anspruch auf Schadensersatz aus → unerlaubter Handlung (→ sittenwidrige Schädigung, § 826 BGB), bei einem Kauf (Täuschung über Sachmängel) auch aus Gewährleistung (→ Gewährleistung, 2a) bestehen.

3. Im Steuerrecht ist die Nichtigkeit des Rechtsgeschäfts als Folge der Anfechtung für die Besteuerung unerheblich, soweit und solange die Beteiligten das wirtschaftliche Ergebnis dieses Rechtsgeschäfts gleichwohl eintreten und bestehen lassen. Dies gilt nicht, soweit sich aus den Steuergesetzen etwas anderes ergibt (§ 41 I AO). Bei Rückabwicklung des Rechtsgeschäfts sind auf Grund des Rechtsgeschäfts ergangene Steuerbescheide zu ändern (§ 175 I Nr. 2 AO).

Anfechtungsgesetz

→ Gläubigeranfechtung.

Anfechtungsklage

→ Verwaltungsstreitverfahren (1a), → Abstammung (3a), → Wohnungseigentum (3e), bei einer Aktiengesellschaft → Hauptversammlungsbeschluss.

Anforderungsbehörden

Anforderungsbehörden, die nach dem → Bundesleistungsgesetz (BLG) von den Verpflichteten Leistungen für Verteidigungszwecke usw. in Anspruch nehmen können, sind die durch die RechtsVO über die Anforderungsbehörden und Bedarfsträger nach dem BLG v. 12.6.1989 (BGBl. 1989 I 1088) mÄnd bestimmten Dienststellen. Grundsätzlich sind Anforderungsbehörden die Behörden der Landkreise und der kreisfreien Städte. Für bestimmte Sachen und Bereiche (Seeschiffe und Seefischereifahrzeuge, größere Binnenschiffe, Luft- und Kraftfahrzeuge, Straßen- und Wasserbauanlagen, Flughäfen, Funkanlagen) bestehen besondere Zuständigkeiten. Im → Verteidigungsfall oder nach Feststellung der Notwendigkeit der Verteidigungsbereitschaft der BRep. durch die BReg. sind die Behörden der → Bundeswehrverwaltung zuständig; sie können für diesen Fall bereits im Frieden Bereitstellungsbescheide erlassen (§ 36 III BLG). Zum Auskunftsrecht der Anforderungsbehörden vgl. § 15 BLG.

Anfragen

Anfragen des Parlaments an die Regierung sind Ausfluss des Interpellationsrechts (→ Interpellation) und ein wichtiges Mittel zur Ausübung der → parlamentarischen Kontrolle. Die → Geschäftsordnungen der Parlamente unterscheiden meist zwischen Großen Anfragen und Kleinen Anfragen sowie Fragen einzelner Mitglieder zur mündlichen („Mündliche A.") oder schriftlichen Beantwortung. Nach der GeschO des Bundestags (§§ 100 ff.) müssen Große Anfragen an die Bundesregierung beim Präsidenten des BT eingereicht werden und von einer Fraktion oder 5 vH der Mitglieder des BT unterzeichnet sein. Beantwortet die BReg. die Gr. Anfragen, so wird diese auf die Tagesordnung des BT gesetzt und muss beraten werden, wenn eine Fraktion oder 5 vH der BT-Mitglieder es verlangen. Lehnt die BReg. die Beantwortung überhaupt oder für die nächsten 3 Wochen ab, so kann die Gr. Anfragen trotzdem auf die Tagesordnung gesetzt und muss beraten werden, wenn eine Fraktion oder 5 vH der BT-Mitglieder es verlangen. Daneben kennt die GeschO des BT Kleine Anfragen (ebenfalls von Fraktionen oder 5 vH der BT-Mitgl.) an die BReg. zur Auskunft über bestimmt bezeichnete Bereiche (§ 104) sowie Fragen einzelner Mitglieder des BT zur mündlichen („Fragestunde") oder schriftlichen Beantwortung (vgl. § 105 und die Richtlinien in Anl. 4 der GeschOBT; hier ist auch geregelt, dass der Fragesteller bei mündl. Beantwortung bis zu 2 Zusatzfragen stellen kann).

Anfrageverfahren
Verfahren nach § 7a SGB IV zur Feststellung, ob eine Beschäftigung iSd § 7 SGB IV vorliegt, mit der Folge der → Versicherungspflicht und der → Beitragspflicht in der → gesetzlichen Rentenversicherung und ggf. weiteren Zweigen der gesetzlichen Sozialversicherung. Für die Bearbeitung dieser Anfrageverfahren ist die → Clearingstelle bei der → Deutschen Rentenversicherung Bund allein zuständig. Große Bedeutung hat das Anfrageverfahren zur Feststellung der Versicherungspflicht von GmbH-Gesellschafter-Geschäftsführern.

Angebot
(Offerte) → Vertrag (1).

Angebotstheorie
ist ein (volkswirtschaftlicher) Ansatz zur Herleitung des Marktangebots aus der unternehmerischen Gewinnmaximierung und ein (rechtlicher) Ansatz zur Begründung des Erfordernisses der Zustimmung des Gläubigers bei der → Schuldübernahme zwischen zwei Schuldnern.

Angehörige
Der Begriff der Angehörigen ist weiter als der der → Familie; er umfasst neben dem Ehegatten, Lebenspartnern (→ Lebenspartnerschaft), Verwandten (→ Verwandtschaft) und Verschwägerten (→ Schwägerschaft) zB auch Adoptiv- und Pflegeeltern. Im Übrigen ist der Kreis der Angehörigen in den verschiedenen Gesetzen jeweils unterschiedlich gezogen. So spricht das BGB zB beim Widerruf der → Schenkung (§ 530 BGB) vom groben Undank gegenüber dem Schenker oder einem „nahen Angehörigen"; hier entscheidet nicht der Grad der Verwandtschaft, sondern das tatsächliche persönliche Verhältnis. Das Strafrecht enthält unabhängig vom bürgerlichen Recht in § 11 I StGB für seinen Bereich eine gesetzliche Definition des Begriffs der Angehörigen; danach zählen zu den Angehörigen auch Verlobte (→ Verlöbnis). Darüber hinaus verwendet das Strafrecht mitunter den weiter gehenden Begriff der „nahestehenden Person" (§§ 35, 238, 241 StGB), der auch nahe Freunde erfassen kann. Die Vorschriften des BGB über Verwandtschaft und Schwägerschaft gelten dagegen auch im Bereich des GVG, der ZPO und der StPO (Art. 51 EGBGB). Ein → Zeugnisverweigerungsrecht wird regelmäßig nur einem begrenzten Kreis von Angehörigen gewährt (zB § 52 StPO im Strafprozess). Im Insolvenzrecht wird die Bezeichnung „nahe stehende Person" verwendet (§ 138 InsO, → Insolvenzanfechtung). Über Angehörige von ausländischen Truppenangehörigen (Gerichtsbarkeit ua) → Streitkräfte, ausländische.

Steuerrechtlich ist der Begriff der Angehörigen in § 15 AO geregelt. Die dort genannten Personen haben im Besteuerungsverfahren ein → Auskunftsverweigerungsrecht (§§ 101, 103 AO) und vor den Finanzgerichten (§ 84 FGO) und im Steuerstrafverfahren (§ 52 StPO) ein → Zeugnisverweigerungsrecht. Im Finanzverwaltungs- und -gerichtsverfahren sind Angehörige als → Amtsträger ausgeschlossen (§ 82 AO, § 51 FGO); → Fremdvergleich.

Angehörigenschmerzensgeld
→ Schmerzensgeld.

Angeklagter
iS der StPO ist der → Beschuldigte oder → Angeschuldigte (in Anklagezustand Versetzte), gegen den das Gericht die Eröffnung des Hauptverfahrens beschlossen hat (§ 157 StPO; s. → Eröffnungsverfahren).

Angeln
→ Fischerei.

Angeschuldigter
iS der StPO ist der → Beschuldigte, gegen den die öffentl. Klage erhoben worden ist (§ 157 StPO); → Anklageerhebung.

Angestellte
Angestellte sind → Arbeitnehmer, die überwiegend eine kaufmännische, höhere technische oder büromäßige oder eine überwiegend leitende oder sonst gehobene Tätigkeit ausüben und von den beteiligten Berufskreisen als Angestellte angesehen werden. Ein Indiz für die Eigenschaft als Angestellte ist die monatliche Gehaltszahlung (im Gegensatz zum Wochen- oder Stundenlohn). Man unterscheidet kaufmännische Angestellte (→ Handlungsgehilfen), gewerbliche technische Angestellte, Angestellte des öffentlichen Dienstes, für die früher der → BAT galt, ferner sonstige Angestellte, für deren Arbeitsverhältnis im Wesentlichen das BGB gilt (zB Juristen, Redakteure, Angestellte von Freiberuflichen). Eine Definition fand sich in § 133 II SGB VI in der Fassung bis zum 31.12.2004. Die Unterscheidung zwischen → Arbeitern und Angestellten ist heute nur noch im Tarifrecht (zB im Baubereich) und im öffentlichen Recht (zB

Art. 137 I GG) bedeutsam, für das allgemeine Arbeitsrecht spielt die Unterscheidung keine Rolle mehr. Auch eine eigene → Angestelltenversicherung besteht nicht mehr. Die gesetzlichen Kündigungsfristen (→ Arbeitsverhältnis) von Arbeitern und Angestellten sind identisch (vgl. § 622 BGB), Unterschiede im Betriebsverfassungs- und Personalvertretungsrecht sowie bei der → Entgeltfortzahlung im Krankheitsfall bestehen nicht mehr. Für die Gruppe der → leitenden Angestellten gelten jedoch weiterhin besondere Regelungen (zB § 14 KSchG, §§ 5, 18a BetrVG), besonders bei der Vergütung gibt es auch Abweichungen für → außertarifliche Angestellte. Nur noch sehr geringe Bedeutung haben → Dienstordnungsangestellte.

Angestelltenbestechung
Wer im geschäftlichen Verkehr einem Angestellten oder Beauftragten eines Unternehmens einen Vorteil wie Geschenke oder andere Vorteile (sog. → Schmiergelder, nicht kleinere Werbegeschenke) für diesen oder einen Dritten als Gegenleistung dafür anbietet, verspricht oder gewährt, dass er beim Bezug von Waren oder Dienstleistungen ihn oder einen anderen im Wettbewerb in unlauterer Weise bevorzuge oder eine Handlung vornehme oder unterlasse und dadurch seine Pflichten gegenüber dem Unternehmen verletze, wird wegen Bestechung im geschäftlichen Verkehr (aktive Angestelltenbestechung) nach § 299 II StGB mit Freiheitsstrafe bis zu 3 Jahren oder Geldstrafe bestraft.

Ebenso wird wegen Bestechlichkeit im geschäftlichen Verkehr (passive Angestelltenbestechung) nach § 299 I StGB bestraft, wer für sich oder einen Dritten Vorteile fordert, sich versprechen lässt oder annimmt.

In besonders schweren Fällen nach § 300 StGB tritt Strafschärfung ein.

Angestelltenbestechung ist ein → Antragsdelikt; doch kann die StA sie auch ohne Strafantrag verfolgen, wenn sie ein besonderes öffentliches Interesse an der Strafverfolgung bejaht (§ 301 StGB).

Angestelltenerfindung
→ Arbeitnehmererfindung.

Angestelltenversicherung
Die Angestelltenversicherung nach dem Angestelltenversicherungsgesetz (AVG) war bis zum Inkrafttreten des Rentenreformgesetzes 1992 ein eigenständiger Zweig der gesetzlichen → Rentenversicherung. Seit dem 1.1.1992 war sie Teil der Rentenversicherung nach den SGB VI. Durch das Gesetz zur Organisationsreform der gesetzlichen Rentenversicherung (RVOrgG v. 9.12.2004, BGBl. 2004 I 3242) ist die Angestelltenversicherung Teil der → Allgemeinen Rentenversicherung und die frühere → Bundesversicherungsanstalt für Angestellte Teil der → Deutschen Rentenversicherung Bund geworden. Für die Rentenversicherung ist damit die historische Unterscheidung zwischen Arbeitern und Angestellten entfallen.

Angleichung
→ Internationales Privatrecht (1c).

Angriff
→ Notwehr (1a). Sa → Angriffskrieg.

Angriffskrieg
Die Satzung der → Vereinten Nationen enthält in Art. 2 Nr. 4 ein Verbot jeglicher mit den Zielen der UN unvereinbaren Gewaltanwendung (→ Gewaltverbot, 1) in den internationalen Beziehungen und damit ein mittelbares Verbot des Angriffskrieges. Ferner ist nach Art. 51 der Satzung das Recht der Selbstverteidigung gegen einen Angriffskrieg gewährleistet. Die Verwirklichung des Verbots des Angriffskriegs wird erschwert durch unterschiedliche Auslegung des Begriffs „Angriff". Nach einer von der UN-Vollversammlung am 14.12.1974 verabschiedeten Definition umfasst „Aggression" jede Art von Gewaltanwendung gegen einen anderen Staat, die von der Charta nicht gerechtfertigt wird; wer zuerst Gewalt anwendet, gilt „prima facie" als Aggressor. Ein unmittelbar bevorstehender Angriffskrieg steht dem Angriffskrieg gleich. Präventivschläge auf Grund einer allgemeinen Bedrohungssituation sind indes durch das Recht auf Selbstverteidigung nicht gedeckt (sa → Gewaltverbot, 1g). Der Einmarsch russischer Truppen in die Ukraine am 24.2.2022 ist als Angriff anzusehen, da es derzeit keine Belege dafür gibt, dass Anfang 2022 ein Angriff der Ukraine auf Russland bevorgestanden hätte. Nach Art. 26 I GG ist für Deutschland die Vorbereitung eines Angriffskrieges verfassungswidrig und unter Strafe zu stellen. Sa → völkerrechtliche Streitigkeit, → völkerrechtliches Unrecht, → Kriegsrecht.

Angriffsmittel
Als prozessualer Begriff umfasst ein Angriffsmittel jedes Vorbringen, das im → Zivilprozess dazu dient, den geltend gemachten prozessualen Anspruch (→ Streitgegenstand) durchzusetzen, beispielsweise neuer Vortrag zur Sache oder die Benennung neuer Beweismittel (→ Beweis, 1). Für verspätet vorgebrachte Angriffsmittel gelten die Ausführungen über → Verteidigungsmittel entsprechend.

Angstklausel
→ „ohne Obligo".

Anhänger
sind zum Anhängen an ein Kfz bestimmte und geeignete Fz. (§ 2 Nr. 2 FZV). Für Anhänger bis 750 kg Gesamtmasse genügt die → Fahrerlaubnis des ziehenden Kfz (Klasse B, C1, C, D1 und D). Für Anhänger über 750 kg ist daneben die Fahrerlaubnis Klasse E (Klasse C1E, CE, D1E, DE) erforderlich, ausgenommen Inhaber der Fahrerlaubnis Klasse B bei Anhänger bis zur Leermasse des Zug-Fz und zulässiger Gesamtmasse der Kombination bis 3500 kg sowie Klasse B mit Schlüsselzahl 96

bei Anhänger von mehr als 750 kg und zulässiger Gesamtmasse der Kombination bis 4250 kg.

Kfz dürfen grundsätzlich nur einen Anhänger mitführen, wobei Vorgaben für die maximale Breite des Anhängers sowie für die maximale Gesamtlänge von Kfz samt Anhänger bestehen (§§ 32, 32a StVZO); Sondervorschriften gelten zB für → Omnibusse. - Anhänger bedürfen idR einer besonderen → Zulassung (es werden Anhänger-Scheine und Anhänger-Briefe ausgestellt) und eines Kennzeichens, ausgenommen Anhänger von Feuerlöschwagen und gewissen langsamfahrenden Kfz und dgl. (§§ 18, 32, 32a StVZO; meist aber Betriebserlaubnis oder EG-Typgenehmigung erforderlich); diese führen an der Rückseite das Kennzeichen des ziehenden Fz. Die → Haftpflichtversicherung muss Anhänger einbeziehen. Sonderbestimmungen gelten für die seitlichen Begrenzungs-, die Schluss- und Bremsleuchten und – dreieckigen – Rückstrahler (§ 51 II StVZO, § 53 StVZO), für Bremsvorrichtungen sowie Zug- und Stützvorrichtungen an Anhängern (§ 41 IX–XIII StVZO, §§ 43, 44 StVZO). An bestimmten Anhängern müssen Höchstgeschwindigkeitsschilder angebracht werden (§ 58 StVZO). Im Übrigen gelten die Vorschriften für Kfz, zB über → Bereifung, → Überwachung von Kfz. Über Anhänger an → Fahrrädern m. Hilfsmotor s. § 61a StVZO.

Fahrradanhänger → Radfahrer.

Anhängigkeit
Ein gerichtliches Verfahren ist anhängig, wenn ein Gericht mit ihm befasst ist, also sobald ein Antrag, eine Klage oder ein Rechtsmittel bei dem Gericht eingereicht ist und solange das Gericht in dem Verfahren noch tätig werden kann. Anhängigkeit ist von → Rechtshängigkeit, die meist später eintritt, zu unterscheiden.

Anhalt
→ Sachsen-Anhalt.

Anhalteweg
→ Bremsen der Fahrzeuge (3).

Anheuern
→ Heuerverhältnis.

Anhörung
Anhörung in einem gerichtlichen oder behördlichen Verfahren bedeutet, dass dem Anzuhörenden Gelegenheit zur Äußerung über die zur Entscheidung stehende Angelegenheit gegeben wird, und zwar zum Sachverhalt wie auch zur rechtlichen Beurteilung (sa → Parteianhörung). Die Anhörung ist eine Auswirkung des Verfassungsgrundsatzes des → rechtlichen Gehörs, der nach Art. Art. 103 I GG vor Gericht, nach § 28 VwVfG im Verwaltungsverfahren sowie in jedem anderen geordneten Rechtsverfahren gilt, auch soweit die Anhörung nicht ausdrücklich gesetzlich (wie zB in § 34 FamFG, §§ 159 f. FamFG) vorgeschrieben ist. Zum Unterschied von der Anhörung wird bei der → Vernehmung der Sachverhalt durch Frage und Antwort festgestellt; hierbei können weitere zur Entscheidung stehende Gesichtspunkte, zB rechtliche, in gleicher Weise erörtert werden. Besonders geregelt ist das förmliche Anhörungsverfahren bei der → Planfeststellung (§ 73 VwVfG); sa § 24 SGB X. Zum Anhörungsrecht des Betriebsrats bei einer Kündigung → Kündigungsschutz für Arbeitnehmer.

Anhörungsrüge
→ rechtliches Gehör.

animus auctoris
Die Rechtsprechung des Reichsgerichts hatte die Unterscheidung, ob ein an einer Straftat Beteiligter Mittäter oder Gehilfe sei, danach getroffen, ob er die Tat als eigene gewollt habe (animus auctoris, Täterwille) oder als die eines anderen (animus socii, Gehilfenwille) – subjektive Theorie. Diese sog. animus-Formel ist in der Rechtsprechung des BGH mit Einschränkungen aufrechterhalten worden; → Beihilfe, → Mittäterschaft.

animus socii
Gehilfenwille eines an einer Straftat Beteiligten; → animus auctoris.

Ankauf gestohlener Sachen
kann als → Hehlerei strafbar sein; ebenso wenn die Vortat ein anderes Vermögensdelikt ist (§ 259 StGB). Auch bei Gutgläubigkeit des Käufers grundsätzlich kein Eigentumserwerb, außer bei Geld, Inhaberpapieren oder Erwerb in öffentl. Versteigerung (§ 935 BGB).

Ankaufprogramme der EZB
→ Europäische Zentralbank (4).

Ankaufsrecht
Anders als das → Vorkaufsrecht ist das Ankaufsrecht meist nur ein bindendes → Angebot des Verkäufers, das der zukünftige Käufer innerhalb einer bestimmten Frist annehmen kann (→ Option; → Mietkauf). Es kann sich jedoch (je nach Auslegung) auch bereits um einen → Vorvertrag oder um den durch die Erklärung des Ankaufsberechtigten aufschiebend bedingten (→ Bedingung) Kaufvertrag selbst handeln. Der Anspruch des Ankaufberechtigten kann bei einem → Grundstück durch eine → Vormerkung gesichert werden. Die Vorschriften über den → Wiederkauf (§§ 456 ff. BGB) gelten hierfür nicht entsprechend. Ein Ankaufsrecht kann auch letztwillig als → Kaufrechtsvermächtnis zugewandt werden.

Anklageerhebung und -zulassung
Ein strafgerichtliches Verfahren kann idR nur auf Grund einer öffentlichen Klage durchgeführt werden (→ Akkusationsprinzip), zu deren Erhebung die StA ausschließlich zuständig ist (Anklagemonopol der StA, → Offizialprinzip); §§ 151, 152 StPO. Ausnahmen: → Privatklage, § 374 StPO; Strafbefehlsantrag des FA in Abgabensachen, § 400 AO. Die StA ist zur Ankla-

geerhebung verpflichtet, sofern die Ermittlungen hierzu genügenden Anlass ergeben haben; sog. → Legalitätsprinzip, § 152 II StPO (über Ausnahmen in Bagatellfällen usw. → Opportunitätsprinzip, → Bagatellstrafsachen). Die Anklageerhebung und -zulassung setzt wie die Eröffnung des Hauptverfahrens (§ 203 StPO) „hinreichenden Tatverdacht" voraus; es muss eine Verurteilung wahrscheinlich sein (näher → Tatverdacht 2). Verneint die StA eine solche, hat sie das Ermittlungsverfahren einzustellen (§ 170 II StPO).

Mit Eingang der → Anklageschrift (§ 170 I StPO) wird die Strafsache bei dem Gericht → anhängig. Die StA kann die Anklage bis zur gerichtlichen Eröffnungsentscheidung noch zurücknehmen; die mit letzterer eintretende → Rechtshängigkeit entzieht der StA idR die Dispositionsbefugnis über die Klage (§ 156 StPO). Die Angaben der Anklageschrift zum vorgeworfenen Tatgeschehen samt Zeit und Ort iS eines von ähnlichen Vorkommnissen unterscheidbaren, einheitlichen geschichtlichen Vorgangs (sog. prozessualer Tatbegriff) legen den Prozessgegenstand für das Verfahren und zugleich den Umfang des mit richterlicher Sachentscheidung eintretenden → Strafklageverbrauchs (Grundsatz ne bis in idem) fest. Das Gericht entscheidet im → Eröffnungsverfahren, ob das Hauptverfahren durchzuführen ist; es kann hierbei von der Anklage abweichen. Im Eröffnungsbeschluss wird „die Klage zur Hauptverhandlung zugelassen" (§ 207 StPO) und dadurch der Prozessstoff abgegrenzt. Verneint das Gericht einen hinreichenden Tatverdacht, so lehnt es die Eröffnung durch Beschluss ab (§ 204 StPO); die StA kann dagegen sofortige Beschwerde erheben (§ 210 II StPO). → Anklageerzwingung, → Nachtragsanklage.

An Stelle der Anklage kann die StA Erlass eines → Strafbefehls oder Aburteilung im → beschleunigten Verfahren beantragen. Kommt wegen → Schuldunfähigkeit des Täters keine Bestrafung, dafür aber die selbständige Anordnung einer → Maßregel der Besserung und Sicherung in Betracht, kann die StA dies im → Sicherungsverfahren (§§ 413 ff. StPO) beantragen.

Anklageerzwingung
durch den Verletzten ist möglich im Rahmen des sog. Klageerzwingungsverfahrens (§ 172 StPO). Es führt zu einer gerichtlichen Kontrolle der Wahrnehmung des → Legalitätsprinzips durch die StA. Entsprechend kommt es nicht zur Anwendung, soweit für die StA das → Opportunitätsprinzip gilt, ebenso nicht bei → Privatklagesachen. Hat die StA entgegen der Anzeige die → Anklageerhebung abgelehnt, so kann der durch die Straftat Verletzte (nur dieser, nicht auch ein Dritter) binnen 2 Wochen nach Bekanntmachung der Entscheidung Beschwerde an den vorgesetzten StA einlegen. Gegen dessen ablehnenden Bescheid ist Antrag auf Entscheidung durch das Oberlandesgericht innerhalb eines Monats nach Zugehen der Beschwerdeentscheidung zulässig. Der Antrag muss eine in sich verständliche, geschlossene Darstellung der Beschuldigung mit Angabe der Beweismittel enthalten (Bezugnahme auf Akten usw. unzulässig!) und von einem Rechtsanwalt unterzeichnet sein (Beiordnung nach den Vorschriften über → Prozesskostenhilfe zulässig). Gibt das Gericht dem Antrag statt, muss die StA eine entsprechende Anklage erheben (§ 175 StPO); der Verletzte kann sich als → Nebenkläger anschließen (§ 395 II Nr. 2 StPO). Verwirft es den Antrag, so kann die Anklage später nur noch auf Grund neuer Tatsachen oder Beweismittel erhoben werden (§ 174 StPO). Stellt die StA das Verfahren nach Prüfung eines neuen Vorbringens wiederum ein, kann das Klageerzwingungsverfahren wiederholt werden. Neben dem Klageerzwingungsverfahren ist die an keine Frist gebundene → Dienstaufsichtsbeschwerde an den vorgesetzten StA zulässig.

Anklagemonopol
der Staatsanwaltschaft → Anklageerhebung.

Anklagesatz
→ Anklageschrift.

Anklageschrift
Entschließt sich die StA nach Abschluss des → Ermittlungsverfahrens zur → Anklageerhebung, so reicht sie bei Gericht eine Anklageschrift mit den vollständigen Akten und dem Antrag auf Eröffnung des Hauptverfahrens ein. Die Anklageschrift muss den Angeschuldigten, die ihm zur Last gelegte Straftat mit Ort und Zeit ihrer Begehung, die gesetzlichen Tatmerkmale sowie die anzuwendenden Strafvorschriften bezeichnen (sog. Anklagesatz, § 200 I 1 StPO); dieser Teil der Anklageschrift wird später zu Beginn der Hauptverhandlung durch den StA verlesen (§ 243 III 1 StPO). Die Angaben zum Tatgeschehen samt Zeit und Ort iS eines von ähnlichen Vorkommnissen unterscheidbaren, einheitlichen geschichtlichen Vorgangs (sog. prozessualer Tatbegriff) legen den Prozessgegenstand für das Verfahren sowie den Umfang des mit richterlicher Sachentscheidung eintretenden → Strafklageverbrauchs fest. Nur über ihn kann das Gericht urteilen (§ 264 I StPO), nur in Bezug auf ihn kann ein später ergehendes Urteil in materielle → Rechtskraft erwachsen. Dass die Anklageschrift dieser Umgrenzungsfunktion gerecht wird, ist eine → Prozessvoraussetzung. Zudem sind in der Anklageschrift die Beweismittel, das angerufene Gericht und ggf. der Verteidiger anzuführen. Die Anklageschrift muss das wesentliche Ergebnis der Ermittlungen wiedergeben (außer in Strafsachen vor dem Einzelrichter), § 200 II StPO. Über die weitere Behandlung der Anklageschrift → Eröffnungsverfahren, ferner → Nachtragsanklage.

Anknüpfung
→ Internationales Privatrecht (1).

Anlage
1. Immissionsschutzrechtliche Anlagen:

a) Nach § 3 V BImSchG (idF v. 27.5.2013, BGBl. 2013 I 1274, mÄnd) sind Anlagen ortsfeste Einrichtungen (zB Betriebsstätten), ortsveränderliche technische Einrichtungen (zB Maschinen, Geräte, Fahrzeuge) sowie Grundstücke, auf denen Stoffe gelagert oder abgelagert werden, oder auf denen Arbeiten durchgeführt werden, die → Emissionen verursachen können (→ Immissionsschutzrecht, 1; → Immissionen). Öffentliche Verkehrswege sind keine Anlagen.

b) Das Gesetz unterscheidet zwischen genehmigungsbedürftigen und nicht genehmigungsbedürftigen Anlagen. Welche Anlage im Einzelnen genehmigungsbedürftig ist, bestimmt neben § 4 BImSchG dessen 4. DVO in der Fassung v. 31.5.2017 (BGBl. 2017 I 1440). Auf Grund ihrer Beschaffenheit oder ihres Betriebes ist eine genehmigungsbedürftige Anlage in besonders hohem Maße geeignet, schädliche Umwelteinwirkungen hervorzurufen. Für die Anforderungen im Einzelnen sind Verwaltungsvorschriften (ua → Technische Anleitung) sowie technische Normen von Bedeutung. Nicht genehmigungsbedürftige Anlagen (§ 22 BImSchG) sind so zu errichten und zu betreiben, dass vermeidbare Umweltschädigungen gem. dem Stand der Technik verhindert werden (→ Technische Regeln); ferner ist für die ordnungsgemäße → Abfallbeseitigung zu sorgen.

c) EMAS-A. (s. dazu unten Ziffer 7); → Immissionsschutzbeauftragter; → Umweltbevollmächtigter.

d) EHS-A. (s. dazu unten Ziffer 10).

e) Industrie-Anlagen. nach der IVU-Richtlinie (s. Immissionsschutzrecht, 1.) tragen in besonderem Maße zur Umweltverschmutzung, Abfallerzeugung und Energieverbrauch bei. Sie unterliegen deshalb bestimmten Sondervorschriften. So ist bei Anträgen zur Neu- oder Änderungsgenehmigung aufgrund der → Rückführungspflicht in den Ausgangszustand ein Bericht über den Ausgangszustand des Anlagengrundstückes zu erstellen. Der Genehmigungsbescheid ist im Internet zu veröffentlichen. Die Überwachung hat insbes. gemäß Überwachungsplänen und darauf basierenden Überwachungsprogrammen zu erfolgen (§ 52a BImSchG). Die Überwachungspläne legen die Überwachungsgebiete fest und enthalten insbesondere ihre wichtigen Umweltprobleme, die darin befindlichen Industrie-Anlagen sowie Grundlagen für die Überwachungsprogramme. Diese werden von den Behörden regelmäßig erstellt oder aktualisiert und legen die Häufigkeit fest, mit der die Behörden Industrie-Anlagen besichtigen müssen. Der Betreiber ist verpflichtet, unverzüglich die zuständige Behörde zu informieren, wenn wesentliche Genehmigungsvoraussetzungen nicht mehr eingehalten werden oder es zu einem Ereignis mit schädlichen Umwelteinwirkungen kommt (§ 31). § 67 BImSchG enthält Übergangsvorschriften.

2. Gentechnische Anlagen sind Anlagen, in denen → gentechnische Arbeiten in geschlossenen Systemen und unter spezifischen Sicherheitsmaßnahmen durchgeführt werden (§ 3 GenTG, → Gentechnikrecht). Die VO v. 10.12.1997 (BGBl. 1997 I 2884) mÄnd regelt die behördliche Notfallplanung und Maßnahmen für bestimmte Unfälle in diesen Anlagen sowie die Einbeziehung ausländischer Behörden, wenn grenzüberschreitende Auswirkungen möglich sind.

3. Gewässerschutz: a) Wassergewinnungsanlagen dürfen nur nach den allgemein anerkannten Regeln der Technik errichtet, unterhalten und betrieben werden (§ 50 IV WHG, → Wasserhaushalt). Eine Anlage zum Umgang mit wassergefährdenden Stoffen darf nur so beschaffen sein, dass eine nachteilige Veränderung der → Gewässer nicht zu besorgen ist (§§ 62, 63 WHG). Die VO über Anlagen zum Umgang mit wassergefährdenden Stoffen v. 31.3.2010 (BGBl. 2010 I 377) bestimmt die besonderen Betreiberpflichten. S. a. EMAS-Anlagen (unten Ziffer 7).

b) Errichtung, Betrieb und Unterhaltung von Abwasseranlagen, zu denen etwa eine Kläranlage gehört, regeln §§ 60 u. 107 WHG. Abwasserbeseitigungsanlagen, die einer → Umweltverträglichkeitsprüfung bedürfen, benötigen eine Genehmigung. Die Zulassung und Überwachung industrieller Abwasserbehandlungsanlagen können auch den Bestimmungen der VO v. 2.5.2013 unterliegen (Art. 5 VO zur Umsetzung der Richtlinie über Industrieemissionen (IVU-Richtlinie) v. 2.5.2013, BGBl. 2013 I 973 mÄnd, → Immissionsschutzrecht, 1.).

4. Die Genehmigung von Anlagen zur → Abfallentsorgung richtet sich nach → Immissionsschutzrecht (dort 1, s. oben Ziff. 1) und nach → Abfallrecht, für eine → Deponie ausschließlich danach (§§ 34 ff. KrWG). S. a. EMAS-Anlagen (s. unten Ziffer 7). Zu Anlagen, die Abfälle erzeugen → Abfallüberwachung; zu Anlagen zur Abwasserbehandlung → Abwasser.

5. Für Schäden durch gefährliche Anlagen, etwa beim Betrieb einer → Schienenbahn, haftet der Betriebsunternehmer nach § 1 HaftpflichtG idF v. 4.1.1978 (BGBl. 1978 I 145) mÄnd. → Gewerbezulassung; → Eisenbahnbetriebshaftung. Als gefahrdrohende bezeichnet § 907 BGB eine Anlage, von der mit Sicherheit vorauszusehen ist, dass ihr Bestand oder Benutzung eine unzulässige Einwirkung auf das Grundstück des Nachbarn zur Folge hat, → Immissionen, 3.

6. Schwimmende Anlagen sind schwimmende Einrichtungen, die idR nicht zur Fortbewegung bestimmt sind, wie zB Dock oder Bootshaus. Hierzu gehören nicht → Schiffe. Zu Anlagen im Bereich der → ausschließlichen Wirtschaftszone und auf → Hoher See s. → Seeanlagen.

7. EMAS-Anlagen sind Anlagen einer Organisation oder eines Standortes mit registriertem → Umweltmanagement (§ 1 EMAS-Pri-

vilegierungs-VO v. 24.6.2002, BGBl. 2002 I 2247 mÄnd); → Betriebsbeauftragte. Sie werden gegenüber nicht registrierten Anlagen unter erleichterten Überwachungsauflagen betrieben.

8. Zu Anlagen zur friedlichen Nutzung der Kernenergie → Atomanlagen.

9. Zu → überwachungsbedürftigen Anlagen s. dort.

10. EHS-Anlagen (Emissionshandelssystem-Anlagen) unterliegen den europäischen und deutschen Bestimmungen zum → Emissionshandel.

11. Zu → Solaranlagen s. dort.

12. LNG-Anlagen dienen dem Umschlag von → Flüssigerdgas.

Anlageberater, Anlagevermittler
→ Anlageberatung, → Finanzanlagenvermittler.

Anlageberatung
1. Anlageberatung ist eine besondere Form der → Raterteilung beim Erwerb von → Finanzinstrumenten. Wenn ein Anlageinteressent bei einer Anlageentscheidung die Hilfe eines Beratungsunternehmens oder Kreditinstituts in Anspruch nimmt, kommt auch ohne ausdrückliche Vereinbarung und unabhängig von der Entgeltlichkeit ein → Anlageberatungsvertrag zustande, wenn der Kunde erkennbar die besondere Kenntnis des Beraters zur Grundlage seiner Anlageentscheidung machen will. Der Berater schuldet eine anlegergerechte und objektgerechte Beratung und hat über alle für die Anlageentscheidung wesentlichen Umstände Auskunft zu erteilen. Die wichtigsten Vorschriften hierzu und zum Anlegerschutz allgemein finden sich in den auf Grund von → MiFID II geänderten §§ 63 ff. WpHG (→ Wertpapierhandelsgesetz). Details regelt die Wertpapierdienstleistungs-Verhaltens- und OrganisationsV (WpDVerOV) v. 17.10.2017 (BGBl. 2017 I 3566) mÄnd. Dabei unterscheidet das Gesetz zwischen Privatkunden und professionellen Kunden (§ 67 WpHG). Wird die Anlageberatung vom Kunden bezahlt, spricht das Gesetz von Honorar-Anlageberatung. Sie hat grundsätzl. unabhängig zu erfolgen, dh die unabhängigen Honorar-Anlageberater erhalten keine Vergütung vom Emittenten oder andern Dritten. Die BaFin führt über sie ein Register (§ 93 WpHG). Sa → Honorar-Finanzanlagenberater, → bürgerlich-rechtliche Prospekthaftung.

2. Wertpapierdienstleistungsunternehmen dürfen mit der Anlageberatung nur sachkundige und zuverlässige Mitarbeiter betrauen (§ 87 WpHG), über die bei der → BaFin ein internes Verzeichnis geführt wird (Registerpflicht). Einzelheiten regelt die WpHG-MitarbeiteranzeigeVO (WpHGMaAnzV) v. 21.12.2011 (BGBl. 2011 I 3116) mÄnd. Privatkunden ist vor Abschluss eines Geschäfts über Finanzinstrumente ein → Basisinformationsblatt oder (Produkt)Informationsblatt (Beipackzettel) zur Verfügung zu stellen, auf das sich eine Kaufempfehlung bezieht (§ 64 II WpHG, ähnlich § 13 G über → Vermögensanlagen). Einzelheiten zu Format und Inhalt des Basisinformationsblatts für verpackte Anlageprodukte enthält die VO (EU) 1286/2014 v. 26.11.2014 (ABl. EU 2014 L 352, 1). Dem Kunden dürfen nur solche Finanzinstrumente empfohlen werden, die für ihn geeignet sind, eine entsprechende Geeignetheitserklärung ist ihm auszuhändigen (§ 64 WpHG). Das Wertpapierdienstleistungsunternehmen muss Beratungsgespräche dokumentieren und -telefonate aufzeichnen. Hierdurch soll eine spätere Beweisführung durch den Kunden erleichtert werden. Nach der VO (EU) 2019/2088 v. 27.11.2019 über nachhaltigkeitsbezogene Offenlegungspflichten im Finanzdienstleistungssektor (ABl. L 317/1) müssen Finanzmarktteilnehmer und Finanzberater auch über die Nachhaltigkeitsaspekte und -risiken ihrer Finanzprodukte informieren. Näheres dazu enthält die VO (EU) 2020/852 v. 18.6.2020 (ABl. EU 2020 L 198, 13), → nachhaltige Investitionen.

3. Schadensersatzansprüche wegen fehlerhafter Anlageberatung können auf § 280 BGB oder § 823 BGB fußen. Die §§ 63 ff. WpHG kommen als Schutzgesetze (→ unerlaubte Handlung, 2b) allerdings nach hM nicht in Betracht. Ein Schadensersatzanspruch wegen mangelhafter Anlageberatung verjährt nach Ablauf des 3. Jahres ab Kenntniserlangung, ohne Rücksicht darauf in 10 Jahren (§§ 195, 199 III BGB; → Verjährung, 4, 5). Eigene Haftungsansprüche enthalten §§ 20–22 VermAnlG.

Anlageberatungsvertrag
Für das Zustandkommen eines → Schuldverhältnisses in Form eines Anlageberatungsvertrages genügt es, dass jemand, der eine Kapitalanlage erwerben möchte, an einen Berater mit der Bitte um Beratung herantritt und der Berater mit der Beratung beginnt. Der Vertrag ist ein → Geschäftsbesorgungsvertrag in Form eines → Dienstvertrages. Der Berater schuldet eine anleger- und objektgerechte Beratung unter Berücksichtigung von Wissen, wirtschaftlichen Verhältnissen, Zielen und Risikobereitschaft des Anlegers. Der Berater muss den Anleger über die Eigenschaften und Risiken, die für die Anlageentscheidung wesentliche Bedeutung haben (können), unterrichten; insbes. muss auf ein Totalverlustrisiko hingewiesen werden (eine vorformulierte Klausel hierzu in einem Verkaufsprospekt ist als → Allgemeine Geschäftsbedingung gem. § 309 Nr. 12 BGB unwirksam). Sa → Bürgerlichrechtliche Prospekthaftung, → Anlageberatung.

Anlagebuch
→ Handelsbuch.

Anlagegeld
→ Mündelgeld.

Anlagensicherheit
Die wesentlichen Bestimmungen zur Anlagensicherheit enthielten bis zum Inkrafttreten der EU-MÜ-VO 2019/1020 am 16.7.2021 §§ 34–38 ProdSGaF und die für → überwachungsbedürftige Anlagen erlassenen VOen, insbesondere zur Betriebssicherheit. Seitdem ist die Anlagensicherheit im Gesetz über überwachungsbedürtige Anlagen (ÜAnlG) geregelt. → Geräte- und Produktsicherheitsrecht, → Immissionsschutzrecht, → Gefahrstoffrecht.

Anlagevermögen
ist gem. § 247 I HGB in der Handelsbilanz auf der Aktivseite gesondert auszuweisen (→ Bilanz). Darunter werden die Vermögensgegenstände erfasst, die bestimmt sind, dauernd dem Geschäftsbetrieb zu dienen (§ 247 II HGB). Diese Definition ist auch für die Steuerbilanz maßgeblich. A. sind bei einem Produktionsbetrieb insbes. die Produktionsmittel und bei einem Handelsbetrieb vor allem die Laden-, Lager- und Vertriebseinrichtungen. Vom Anlagevermögen ist das → Umlaufvermögen zu unterscheiden. Maßgeblich für die Einordnung ist die Zweckbestimmung im Zeitpunkt der erstmaligen Zuführung zum → Betriebsvermögen. Eine → Absetzung für Abnutzung (§ 7 EStG) ist grundsätzlich nur bei abnutzbaren Wirtschaftsgütern des Anlagevermögens zulässig (§ 6 I Nr. 1 EStG). In der Handelsbilanz wird das Anlagevermögen gegliedert in 1. Immaterielle Vermögensgegenstände (Konzessionen, Geschäftswert usw); 2. Sachanlagen (Grundstücke, Maschinen usw.); 3. Finanzanlagen (zB Beteiligungen), § 266 HGB.

Anlaufhemmung
Grundsätzlich beginnt die Frist für die Festsetzung der Steuer mit Ablauf des Kalenderjahres, in dem die Steuer entstanden ist (§ 170 Abs. 1 AO, § 38 AO). Abweichend davon läuft für Besitz- und Verkehrsteuern, für die eine Erklärung, Anmeldung oder Anzeige abzugeben ist, die Festsetzungsfrist nicht vor Abgabe dieser Erklärung/Anzeige an (§ 170 II–VI AO). Somit wird verhindert, dass die Festsetzungsfrist durch die Nichtabgabe der Erklärung bzw. Anzeige verkürzt wird. Erklärungs- bzw. Anzeigepflichten bestehen zB in der → Einkommensteuer, Umsatzsteuer, Erbschaftsteuer; sa → Verjährung (11).

Anlegerentschädigung
1. Als Anlegerentschädigung bezeichnet man den Schutz von Verbindlichkeiten aus Wertpapiergeschäften (zB Ansprüche auf Dividenden, Zinsen oder Verkaufserlöse) vor der Insolvenz des Schuldners, etwa eines → Wertpapierinstituts oder → Kreditinstituts. Sie ist im Anlegerentschädigungsgesetz (AnlEntG) v. 16.7.1998 (BGBl. 1998 I 1842) mÄnd geregelt, das wiederum Vorgaben der Anlegerentschädigungs-Richtlinie 97/9/EG v. 3.3.1997 (ABl. EG 1997 L 84, 22) umsetzt. Die Anlegerentschädigung ist die kleine Schwester der → Einlagensicherung.

2. Nach § 2 AnlEntG sind alle Institute verpflichtet, ihre Verbindlichkeiten aus Wertpapiergeschäften durch Zugehörigkeit zu einer Entschädigungseinrichtung zu sichern. Wenn die → Bundesanstalt für Finanzdienstleistungsaufsicht feststellt, dass ein Institut diese Verbindlichkeiten nicht mehr erfüllen kann (Entschädigungsfall, § 1 Abs. 4 AnlEntG), hat der Anleger einen Anspruch auf Entschädigung. Dieser beträgt maximal 90% der Verbindlichkeiten aus Wertpapiergeschäften oder 20.000 EUR (§ 4 AnlEntG).

3. Die Entschädigungseinrichtung wird unter der Bezeichnung Entschädigungseinrichtung der Wertpapierhandelsunternehmen (EdW) als nicht rechtsfähiges Sondervermögen des Bundes bei der → Kreditanstalt für Wiederaufbau (§ 6 AnlEntG) geführt. Sie speist sich aus Beiträgen der zugeordneten Institute (dazu EdW-Beitragsverordnung v. 19.8.1999, BGBl. 1999 I 1891 mÄnd) und musste ua 2005 Anleger des insolvent gegangenen Wertpapierhandelsunternehmens Phoenix und 2023 der bestadvice Vermögenstreuhand entschädigen.

Anlegerschutz
→ Anlageberatung; → Anlegerentschädigung.

Anleihe
Anleihe ist eine Sammelbezeichnung für idR verzinsliche Wertpapiere. Anleihen sind in Schuldverschreibungen (→ Inhaberschuldverschreibung) verbriefte Forderungen, die idR an der → Börse gehandelt werden. Differenziert werden Anleihen nach Emittenten (zB öffentliche Anleihen, Industrieobligationen), Verzinsung (fest- oder variabel verzinslich), Laufzeiten (kurz- oder langfristig), Rückzahlung (gesamtfällig oder → Tilgungsanleihe), Sitz des Ausstellers (In- oder Ausland) und Währung (Euro, Dollar). Sogenannte „europäische grüne Anleihen“ müssen besonderen Anforderungen genügen (→ nachhaltige Investitionen). Man spricht auch von Renten(papieren) oder Bonds. → Eurobonds.

Anleitung zu Straftaten
Straftatbestand nach § 130a StGB: Nach diesem macht sich strafbar, wer einen → Inhalt verbreitet oder der Öffentlichkeit zugänglich macht, der geeignet ist, als Anleitung zu einer in § 126 I StGB genannten rechtswidrigen Tat (insbes. Tötungsdelikte, → Menschenraub, → Geiselnahme, gemeingefährliche → Verbrechen und → Vergehen) zu dienen, und dazu bestimmt ist, die Bereitschaft anderer zu fördern oder zu wecken, eine solche Tat zu begehen. Der Strafrahmen umfasst Freiheitsstrafe bis zu 3 Jahren oder Geldstrafe. Von der Strafbarkeit ausgenommen sind Handlungen, die der staatsbürgerlichen Aufklärung, der Abwehr verfassungswidriger Bestrebungen, der Kunst oder der Wissenschaft, der Forschung oder der Lehre, der Berichterstattung über Vorgänge des Zeitgeschehens oder ähnlichen Zwecken dienen.

Im Bereich des Staatsschutzstrafrechts besteht bezogen auf schwere staatsgefährdende Gewalttaten iSd § 89a Abs. 1 StGB der spezielle Straftatbestand des § 91 StGB.

Anlieger
nach § 26 WHG sind die Eigentümer der an die Gewässer angrenzenden Grundstücke und deren Nutzungsberechtigte. Danach sind Anlieger unter bestimmten Voraussetzungen zur erlaubnisfreien Benutzung oberirdischer → Gewässer auch für den Eigenbedarf berechtigt. Hinsichtlich der → Unterhaltung der Gewässer bestimmt § 40 WHG deren Pflichten, zB bei der Nutzung des Grundstücks die Erfordernisse des Uferschutzes zu beachten. → Gemeingebrauch.

Anliegerbeiträge
→ Erschließung.

Anliegernutzung
→ Gemeingebrauch.

Anliegerverkehr
kann als Ausnahme von einer Sperre für Fahrzeugverkehr durch ausdrückliche Erlaubnis auf dem Verbotsschild gestattet sein (Anlieger frei). Dann ist die Benutzung der Sperrstraße auch Dritten zum Verkehr mit dem Anlieger erlaubt, dh wenn Ziel der Fahrt eines der anliegenden Grundstücke ist (Besucher, Lieferanten, Kunden usw); ebenso wenn der Verfügungsberechtigte den Besuch allgemein oder im Einzelfall ausdrücklich oder stillschweigend gestattet hat (BGHSt. 20, 242). Nicht erlaubt ist Durchfahrt von einer freien Straße zur anderen.

Anmeldepflicht
(Aufenthalt) → Meldewesen.

Anmeldepflicht von Betrieben
Soweit keine Gewerbezulassung vorgeschrieben ist, unterliegen die Aufnahme und der Betrieb eines stehenden → Gewerbes lediglich einer → Anzeigepflicht (→ Anzeigepflicht, steuerliche; → Gewerbefreiheit).

Anmeldung
Anmeldung von Forderungen im → Insolvenzverfahren (2, 4b).

Anmeldung von gewerblichen Schutzrechten
→ Patentanmeldung, → Gebrauchsmuster, → Design, → Marken, → Sortenschutz, → Halbleiterschutz.

Anmusterung
Die Anmusterung begründete den Dienst eines Besatzungsmitgliedes auf einem Seeschiff; → Musterung der Seeschiffsbesatzung.

Annahme
→ Akzept, → Vertrag (1), → Erfüllung; zur Annahme als Kind → Adoption.

Annahme der Erbschaft
Die Annahme der Erbschaft, die für den → Erbanfall nicht vorausgesetzt wird, ist eine formlose, nicht empfangsbedürftige → Willenserklärung, die daher → Geschäftsfähigkeit voraussetzt; sie schließt als ausdrückliche oder stillschweigende Erklärung, → Erbe sein und die → Erbschaft behalten zu wollen, die Möglichkeit der → Ausschlagung aus (§ 1943 BGB). Bloße Fürsorgemaßnahmen für den Nachlass (→ Erbe, vorläufiger) reichen hierfür idR nicht aus, wie auch Maßnahmen, die die Pietät gebietet (Bezahlung der Bestattungskosten), oder Maßnahmen, die lediglich dazu dienen, sich über den Nachlass zu informieren. Erforderlich für eine stillschweigende Annahme ist das Auftreten als Erbe, zum Beispiel durch die Beantragung eines → Erbscheins oder die Verwendung von Nachlassgegenständen für eigene Zwecke. Als Annahme der Erbschaft gilt nach dem Gesetz auch der Ablauf der für die Ausschlagung vorgesehenen Frist. Die Annahme der Erbschaft ist unwiderruflich, kann aber – wie die Ausschlagung – angefochten werden. Ist der die Erbschaft annehmende Erbe über den Berufungsgrund (s. Ausschlagung) im Irrtum, so gilt die Annahme auch ohne Anfechtung als nicht erfolgt (§ 1949 I BGB). Liegt ein sonstiger Anfechtungsgrund vor (Irrtum, Drohung, arglistige Täuschung, nicht aber bloßer Motivirrtum, zB über den Wert der Erbschaft), so können Annahme und Ausschlagung der Erbschaft in der gleichen Form und Frist, wie sie für die Ausschlagung gelten – regelmäßig also 6 Wochen ab Kenntnis des Ausschlagungsgrundes – angefochten werden (§ 1954 BGB, § 1955 BGB). In gleicher Weise wie die Annahme ist die Versäumung der Ausschlagungsfrist anfechtbar (§ 1956 BGB). Die Anfechtung der Annahme der Erbschaft gilt als Ausschlagung, die Anfechtung der Ausschlagung gilt als Annahme (§ 1957 BGB).

Annahmeberufung
→ Berufung (1d).

Annahmeverweigerung
→ Gläubigerverzug (1).

Annahmeverzug
→ Gläubigerverzug.

Annahmeverzugsrisiko
Risiko des Arbeitgebers, nach Unterliegen in einer Bestandsschutzstreitigkeit (zB → Kündigungsschutzklage o. Klage gegen die Befristung eines Arbeitsverhältnisses) dem Arbeitnehmer das Arbeitsentgelt - evtl. unter Anrechnung von zB Arbeitslosengeld oder anderweitigem Verdienst – rückwirkend für die Zeit ab der streitigen Beendigung (nach) zahlen zu müssen, ohne von ihm eine Arbeitsleistung erhalten zu haben. S. dazu → Gläubigerverzug, Annahmeverzug u. → Prozessbeschäftigung.

Annahmezwang
So bezeichnet man im Währungsrecht die Verpflichtung, → gesetzliche Zahlungsmittel (in Deutschland auf → Euro lautende Bankno-

ten und Münzen) jederzeit zur Erfüllung einer Geldschuld anzunehmen. Lehnt der Geldgläubiger die Annahme gesetzlicher Zahlungsmittel ab, liegt idR → Gläubigerverzug (§ 293 BGB) vor. Im Vertragsrecht versteht man unter Annahmezwang auch den Kontrahierungszwang, dazu → Vertrag (2).

Annexion
Annexion ist die einseitige Erklärung eines Staates, dass er Gebiete eines fremden Staates als sein eigenes → Staatsgebiet betrachtet. Das ältere → Völkerrecht erkannte unter besonderen Umständen die Annexion als Rechtstitel für einen Gebietserwerb an, nämlich dann, wenn der Staat, über dessen Gebiet solchermaßen verfügt wurde, von dem annektierenden Staat militärisch unterworfen worden war (debellatio) oder in sonstiger Weise in eine Zwangslage gebracht worden war, die ihn die Annexion dulden ließ. Das moderne Völkerrecht erkennt jedenfalls ein Annexionsrecht für den angreifenden Staat nicht mehr an. So hat der Internationale Militärgerichtshof in Nürnberg allen Annexionen Deutschlands nach 1938 die Anerkennung versagt. Inzwischen ist auch strittig, ob einem angegriffenen Staat ein Annexionsrecht gegen den Angreifer zusteht. Sa → Sezession, → Separation.

Annuitäten
→ Tilgungshypothek.

Anonyme Anzeigen
sind zwar echte → Strafanzeigen. Sie lösen die Untersuchungspflicht der StA aus, wenn ihr durch die Anonyme Anzeige zureichende tatsächliche Anhaltspunkte für eine verfolgbare Straftat bekannt werden (§ 152 II StPO, § 160 I StPO). Sie sind aber häufig mit Zurückhaltung zu behandeln; vgl. Nr. 8 RiStBV. Die Finanzbehörden können wegen des Untersuchungsgrundsatzes (§ 88 AO) Anonymen Anzeigen nachgehen. → Akteneinsicht (aE).

Anonyme Geburt
Die Mutter eines Kindes hat ihre Personenstandsdaten dem Standesamt mitzuteilen, ebenso die an der Geburt beteiligten Personen. Der Verstoß gegen diese Pflicht ist → Personenstandsfälschung. Eine anonyme Geburt ist also in Deutschland nicht zulässig; anders ist dies in Frankreich (hierzu EGMR NJW 2003, 2145). Lässt die Mutter das Kind zurück, liegt auch eine → Unterhaltspflichtverletzung vor. → Babyklappe. Die durch das Gesetz zum Ausbau der Hilfen für Schwangere und zur Regelung der vertraulichen Geburt v. 28.8.2013 (BGBl. 2013 I 3458) legalisierte → vertrauliche Geburt soll die anonyme Geburt überflüssig machen.

Anonyme Gesellschaft
Eine anonyme Gesellschaft (namenlose Gesellschaft) nennt man eine → Handelsgesellschaft, deren → Firma nicht den Namen mindestens eines Gesellschafters aufweisen muss, der Gesellschaftername also nicht im Firmennamen aufscheinen muss (zB bei einer → Aktiengesellschaft). Diese Eigenschaft spiegelt sich in manchen Rechtsordnungen auch in der rechtlichen Bezeichung wieder (z. B. „Société anonyme“ als französische Aktiengesellschaft).

Anonyme Werke
Da ein → Urheber nicht verpflichtet ist, das von ihm geschaffene Werk unter seinem (richtigen, s. auch → Pseudonyme Werke) Namen zu veröffentlichen, hat er auch die Möglichkeit, dies anonym zu tun. Die aus dem → Urheberrecht folgenden Rechte stehen ihm gleichwohl zu. Besonderheiten bestehen allerdings hinsichtlich der Schutzdauer, die gemäß § 64 UrhG grds. an den Tod des Urhebers anknüpft: Da der Urheber bei anonymen Werken nicht nach außen hin auftritt, richtet sich die Schutzdauer gem. § 66 Abs. 1 UrhG nach der Veröffentlichung bzw. nach der Schaffung des Werkes.

Anonymisierung
1. Anonymisierung im → Datenschutz ist das Verändern → personenbezogener Daten, so dass sie nicht mehr oder nur mit einem unverhältnismäßig großen Aufwand an Zeit, Kosten und Arbeitskraft einer identifizierten oder identifizierbaren natürlichen Person (→ betroffene Person) zugeordnet werden können. Anonymisierte Daten liegen außerhalb des Anwendungsbereichs der → Datenschutz-Grundverordnung, weil sie keinen Personenbezug (mehr) haben (→ personenbezogene Daten). Die Datenschutz-Grundverordnung definiert die Anonymisierung trotz ihrer großen Bedeutung in der → Datenverarbeitung (zB durch Big Data Analytics, Smart Metering, Künstliche Intelligenz) nicht, geht jedoch in Erwägungsgrund 26 Satz 5 von der Möglichkeit zur Anonymisierung aus. Anonymisierung ist nicht mit der → Pseudonymisierung zu verwechseln.

2. Je nach Art der Daten, die es zu anonymisieren gilt (zB strukturierte tabellarische Daten, Daten in Texten, Daten in Bildern), bestehen unterschiedliche Herausforderungen für die Anonymisierung und es ist eine geeignete Anonymisierungsmethode zu ermitteln. Eine vollständige und sichere Anonymisierung ist nicht in allen Fällen zu erreichen. Daher wird neben der sichern Anonymisierung auch auf die faktische Anonymisierung zurückgegriffen (vgl. § 16 VI Nr. 1 BStatG). Diese ist gegeben, wenn der Personenbezug nur mit einem unverhältnismäßig großen Aufwand an Zeit, Kosten und Arbeitskraft wiederhergestellt werden kann (Re-Identifizierung).

Anordnung, einstweilige
→ einstweilige Anordnung.

Anordnungsrecht
Im Bauvertragsrecht hat der Besteller ein einseitiges Anordnungsrecht, s. → Bauvertrag (2).

Anpassung
→ Geldschuld (2), → Geschäftsgrundlage.

Anpassungsgesetze
Die jährliche Anpassung der gesetzlichen Renten zum 1. Juli → Rentenanpassung erfolgt jeweils durch ein sogenanntes Renten-Anpassungsgesetz.

Anrainer
ist eine häufige Bezeichnung für Anlieger (→ Anliegerverkehr).

Anrechnung von Sozialversicherungsleistungen
Verfahren bei Anspruch auf mehrere Rentenleistungen (→ Zusammentreffen von (mit) Sozialversicherungsleistungen), das regelt, wie die einzelnen Ansprüche be- und verrechnet werden.

Anrechnung von Steuern
→ Doppelbesteuerung, → Einkommensteuer, → Kapitalertragsteuer, → Körperschaftsteuer, → Lohnsteuer.

Anrechnungsfähige Versicherungsjahre
Die Zahl der anrechnungsfähigen Versicherungsjahre war bis zum Inkrafttreten des Rentenreformgesetzes 1992 einer jener Faktoren, die die Höhe der Rente aus der gesetzlichen Rentenversicherung bestimmten. Das seit dem 1.1.1992 geltende Rentenrecht verwendet den Begriff nicht mehr. Inhaltlich wird die Zahl der Jahre, die sich rentensteigernd auswirken, jedoch weiterhin bei der Bestimmung der → persönlichen Entgeltpunkte berücksichtigt.

Anrechnungsverfügung
→ Einkommensteuer (7).

Anrechnungszeiten
in der gesetzlichen Rentenversicherung sind u. a. Zeiten, in denen Versicherte wegen Schwangerschaft oder Mutterschaft während der Schutzfristen nach dem Mutterschutzgesetz eine versicherte Beschäftigung oder selbständige Tätigkeit nicht ausgeübt haben, wegen Arbeitslosigkeit öffentlich-rechtliche Leistungen bezogen haben oder nach dem vollendeten 17. Lebensjahr eine Schule besucht oder eine Fachschule oder Hochschule besucht und abgeschlossen haben. Die letztgenannten Ausbildungszeiten werden allerdings nur bis zu höchstens 8 Jahren berücksichtigt (vgl. § 58 SGB VI). Die Anrechnung ist von der Erfüllung bestimmter versicherungsrechtlicher Voraussetzungen abhängig. Zu den Anrechnungszeiten sind auch Zeiten des Bezuges von Arbeitslosegeld II, bzw. Bürgergeldes zu berücksichtigen, soweit diese Zeiten nach dem 31.12.2010 liegen. Es darf sich bei dem Leistungsbezug nicht um darlehensweise Leistungen handeln.

Anregung
→ Antrag.

Anrufungsauskunft
Das Finanzamt, in dessen Bezirk sich bei einem inländischen Betrieb die Geschäftsleitung befindet (Betriebsstättenfinanzamt), hat auf Anfrage eines Beteiligten darüber Auskunft zu geben, ob und inwieweit im einzelnen Fall die Vorschriften über die → Lohnsteuer anzuwenden sind (§ 42e EStG). Beteiligter und somit auskunftsberechtigt ist – neben dem Arbeitnehmer – jeder, der für die Lohnsteuer haftet, insbes. der Arbeitgeber. Durch die Anrufungsauskunft soll dem Haftungsrisiko Rechnung getragen werden. Die A. ist nicht an eine bestimmte Form gebunden und kann daher auch telefonisch erfragt werden. Aus Beweisgründen bietet sich jedoch die Schriftform an. Der Arbeitgeber hat in seiner Anrufungsauskunft ua sämtliche Betriebsstättenfinanzämter anzugeben sowie zu erklären, für welche Betriebsstätte die erbetene Auskunft von Bedeutung ist. Die Anrufungsauskunft ist eine verbindliche Auskunft, dh das Finanzamt ist grundsätzlich an die erteilte Auskunft gebunden.

Ansammlung, unerlaubte
Wird eine auf öffentlicher Straße versammelte Menschenmenge von einem Hoheitsträger dreimal rechtmäßig zum Auseinandergehen aufgefordert, so begeht jeder Zuwiderhandelnde eine → Ordnungswidrigkeit, die mit Geldbuße bis 1000 EUR (bei vorwerfbarem Irrtum über die Rechtmäßigkeit der Aufforderung zum Auseinandergehen: bis 500 EUR) geahndet werden kann (§ 113 OWiG). In Betracht kommen zudem Straftatbestände nach dem Versammlungsrecht (s. §§ 21 ff. VersammlG des Bundes sowie Versammlungsgesetze der Länder). Im Übrigen gelten die Strafvorschriften über → Widerstand gegen die Staatsgewalt, insbes. §§ 113–115 StGB.

Anschaffungs- und Herstellungskosten
(AK, HK). Vermögensgegenstände (Wirtschaftsgüter) werden in der Handels- und Steuerbilanz grundsätzlich mit den AK oder HK bewertet (§ 253 HGB, § 6 I Nr. 1–3 EStG).

1. AK sind die → Aufwendungen, die geleistet werden, um einen Gegenstand zu erwerben und in betriebsbereiten Zustand zu versetzen. Nebenkosten gehören zu den AK, nicht jedoch Finanzierungskosten (§ 255 I HGB).

2. HK sind die Aufwendungen, die durch den Verbrauch von Gütern und die Inanspruchnahme von Diensten für die Herstellung eines Vermögensgegenstandes, seine Erweiterung oder wesentliche Verbesserung (§ 255 II 1 HGB) entstehen. Sie sind abzugrenzen vom → Erhaltungsaufwand.

3. Die AK, HK werden gemindert durch Skonti, → Rabatte und abziehbare Vorsteuerbeträge (§ 9b I EStG). Vgl. → Abschreibung, → Bewertung, → Bilanz, → Umsatzsteuer (7).

4. Anschaffungsnaher Aufwand sind Aufwendungen, die mit der Anschaffung des Wirtschaftsguts in zeitlichem Zusammenhang

stehen, selbst aber nicht zu den Anschaffungs- oder Herstellungskosten gehören. Sie wurden nach der höchstrichterlichen Rechtsprechung und der dieser folgenden Praxis der Finanzverwaltung dennoch den AK oder HK zugerechnet. Voraussetzung war, dass die Aufwendungen im Zusammenhang mit der Anschaffung eines Gebäudes gemacht werden (idR innerhalb von 3 Jahren) und im Verhältnis zum Kaufpreis hoch waren (ab 15 vH der AK); durch die Aufwendungen musste im Vergleich zu dem Zustand des Gebäudes im Anschaffungszeitpunkt das Wesen des Gebäudes verändert, der Nutzungswert erheblich erhöht oder die Nutzungsdauer erheblich verlängert werden. Der BFH hatte diese Auffassung mit Urteilen v. 12.9.2001 (BStBl. II 2003, 569 und 2003, 574) aufgegeben und stattdessen ausschließlich darauf abgestellt, ob es sich um AK oder HK handelte, ohne dass die Höhe der getätigten Aufwendungen entscheidend sein sollte. Zu AK führten daher Aufwendungen für Baumaßnahmen, die nach dem Erwerb eines Wohngebäudes durchgeführt wurden, wenn sie das Gebäude erst in einen betriebsbereiten Zustand versetzten. Dies war gegeben, wenn das Gebäude durch sie entsprechend seiner Zweckbestimmung genutzt werden konnte. Dabei war auf die konkrete Art und Weise, in der der Erwerber das Wirtschaftsgut nutzen wollte, abzustellen, zB zu Wohnzwecken oder als Büroraum. Für den Fall der Nutzung zu Wohnzwecken gehörte zur Zweckbestimmung des Gebäudes auch die Bestimmung des Erwerbers, welchem Standard das Gebäude entsprechen sollte (sehr einfacher, mittlerer oder gehobener Standard). Die Anhebung des Standards eines nicht genutzten Gebäudes oder der Ersatz funktionsuntüchtiger Teile des Gebäudes bzw. die gleichzeitige in Auftraggabe von Renovierungs- und Modernisierungsmaßnahmen mit dem Kaufvertrag konnten demnach zu AK führen. Ab 1.1.2004 ist die bisherige Verwaltungsauffassung gesetzlich normiert worden. Die Abgrenzung nach den Grundsätzen der BFH-Rspr. ist nur anzuwenden, wenn mit der Baumaßnahme bis zum 31.12.2003 begonnen und diese innerhalb von 3 Jahren abgeschlossen wurde.

Anschaffungsdarlehen
→ Verbraucherdarlehensvertrag (8).

Anschaffungsnaher Aufwand
→ Anschaffungs- und Herstellungskosten.

Anscheinsbeweis
Ein Anscheinsbeweis (prima-facie-Beweis) liegt vor, wenn ein Sachverhalt nach der Lebenserfahrung auf einen bestimmten (typischen) Verlauf hinweist. Dann kann von einer feststehenden Ursache auf einen bestimmten Erfolg oder von einem feststehenden Erfolg auf eine bestimmte Ursache geschlossen und die Behauptung für bewiesen angesehen werden. Das gehört zur Beweiswürdigung und bedeutet keine Umkehrung, sondern eine Erleichterung der → Beweislast, zB für den Anschein der Echtheit einer in elektronischer Form (→ Form, 1a) abgegebenen Willenserklärung, solange der Anscheinsbeweis nicht durch Tatsachen, die ernstliche Zweifel hieran begründen, erschüttert ist. Ein häufiger Anwendungsfall des Anscheinsbeweises ist auch der Zivilprozess um eine → Straßenverkehrshaftung. S. a. → Schadensersatz (2). Für den Strafprozess → Indizienbeweis.

Anscheinsvollmacht
→ Vollmacht.

Anschlag
(Angriff) auf ein ausländisches Staatsoberhaupt oder Regierungsmitglied oder den Leiter einer diplomatischen Vertretung wird als → Vergehen verfolgt, soweit nicht (zB nach den Strafvorschriften gegen Tötung) eine schwerere Strafe angedroht ist; prozessuale Voraussetzungen: diplomatische Beziehungen zu dem betr. Staat, Verbürgung der Gegenseitigkeit, Strafverlangen der ausländischen Regierung, Ermächtigung der BReg. (§§ 102, 104a StGB). → Terrorismus.

Anschluss- und Benutzungszwang
1. Nach den Gemeindeordnungen haben die → Gemeinden das Recht, die Benutzung ihrer öffentlichen Einrichtungen durch → Satzung zu regeln. Die Gemeindeangehörigen haben einen Anspruch auf Benutzung der Einrichtungen. Andererseits können die Gemeinden aus Gründen des öffentlichen Wohls durch Satzung den Anschluss der in der Gemeinde gelegenen Grundstücke an die gemeindliche Wasserleitung, Kanalisation, Müllabfuhr, Straßenreinigung und ähnliche der Volksgesundheit dienende Einrichtungen vorschreiben (Anschlusszwang) und die Benutzung dieser und anderer Einrichtungen – zB des gemeindlichen Schlachthofes, zT auch der Bestattungseinrichtungen – zur Pflicht machen (Benutzungszwang); Voraussetzung hierfür ist ein dringendes öffentliches Bedürfnis. rein fiskalische Gesichtspunkte allein rechtfertigen den Zwang nicht. Er ist jedoch zulässig, wenn ohne ihn die Gemeindeeinrichtung aus finanziellen Gründen nicht errichtet oder unterhalten werden könnte. Bei Anschlusszwang ist der Grundstückseigentümer verpflichtet, Vorrichtungen zu treffen, um Leistungen der gemeindlichen Einrichtung abnehmen zu können; der Benutzungszwang verpflichtet dazu, die von der gemeindlichen Einrichtung angebotenen Leistungen in Anspruch zu nehmen. Darin liegt keine → Enteignung der Gewerbetreibenden, die bisher die Bevölkerung versorgten, und grundsätzlich auch keine Enteignung gegenüber den Gemeindebürgern, die sich bisher selbst versorgten (zB durch eine eigene Brunnenanlage). Kann jedoch eine gemeindliche Einrichtung den Anforderungen eines bisherigen Selbstversorgers nicht gerecht werden, so muss die Satzung eine Ausnahme

vom Benutzungszwang vorsehen. Die Gebühren für die Benutzung der Einrichtungen, die dem Benutzungszwang unterliegen, müssen sich an sachbezogenen Gesichtspunkten orientieren (zB Grundstücksfront bei Straßenreinigung, Zahl der Wohnungen bei Müllabfuhr; Äquivalenzprinzip, vgl. Abgaben). Sa → Anschlusspflicht (der Energieversorgungsunternehmen).

2. Zum Abschluss(Kontrahierungs)zwang nach Zivilrecht → Vertrag (2).

Anschlussberufung
Eine Anschlussberufung liegt vor, wenn der Gegner des Berufungsführers (innerhalb der Frist zur Berufungserwiderung, also auch nach Verstreichen der eigenen Frist zur selbstständigen Berufung) einen Berufungsantrag stellt, mit dem er die Abänderung der angefochtenen Entscheidung zu seinen Gunsten begehrt. Die Anschlussberufung wird unwirksam, wenn die Berufung selbst (also die des Gegners) zurückgenommen, als unzulässig verworfen oder durch Beschluss als offensichtlich unbegründet zurückgewiesen wird (§ 524 IV ZPO, § 127 II VwGO). Unberührt bleibt hiervon allerdings eine selbständig eingelegte → Berufung (unter den dort genannten Voraussetzungen).

Anschlussbeschwerde
Die Anschlussbeschwerde ist eine → Beschwerde, die der Beschwerdegegner einlegt. Die Anschlussbeschwerde wird im Wesentlichen entsprechend der → Anschlussberufung behandelt (§ 567 III ZPO, § 66 FamFG). Entsprechendes gilt für die Anschlussrechtsbeschwerde (§ 574 IV ZPO, § 73 FamFG).

Anschlusspfändung
Die Anschlusspfändung ist die Pfändung einer Sache, die bereits gegen den gleichen Schuldner für eine andere Forderung von einem anderen Gläubiger gepfändet wurde (§ 826 ZPO). Die Anschlusspfändung kann in vereinfachter Form geschehen und begründet ein volles → Pfändungspfandrecht, allerdings mit schlechterem Rang.

Anschlusspflicht
Energieversorgungsunternehmen sind nach §§ 17 ff. EnWG verpflichtet, alle Letztverbraucher an ihr allgemeines Versorgungsnetz anzuschließen und nach Maßgabe ihrer Tarife und Bedingungen zu beliefern (allgemeine Anschlusspflicht). Hinzu tritt die → Versorgungspflicht der Energieversorgungsunternehmen. Ausnahmen bestehen, wenn die Belieferung aus wirtschaftlichen Gründen unzumutbar ist, für die Umstellung von L-Gas auf H-Gas sowie gegenüber Besitzern bestimmter Eigenanlagen zur Stromerzeugung. → Energiewirtschaft.

Anschlussrechtsbeschwerde
→ Anschlussbeschwerde.

Anschlussrevision
Die Anschlussrevision entspricht für die → Revision der → Anschlussberufung und ist im Wesentlichen ebenso geregelt (§ 554 ZPO).

Anschlussstellen an der Autobahn
Einfahren in und Ausfahren aus Autobahnen ist nur an gekennzeichneten Stellen zulässig (vgl. Zeichen 330.1 nach Anlage 3 zu § 42 II StVO), auf → Kraftfahrstraßen nur an Kreuzungen und Einmündungen. Der Verkehr auf der durchgehenden Fahrbahn – dazu gehört nicht der neben der Autobahn verlaufende Beschleunigungsstreifen – hat → Vorfahrt (§ 18 II, III StVO).

Anschlussverfahren
→ Adhäsionsverfahren.

Anschlusszone
Nach Art. 33 I SRÜ (→ Seerechtsübereinkommen; → Seerecht) schließt sich an das → Küstenmeer eine bis zu 24 Seemeilen breite Anschlusszone an. In der Anschlusszone kann der Küstenstaat die erforderlichen Kontrollen ausüben, um Verstöße gegen seine Finanz-, Gesundheits- und Einreisegesetze zu verhindern; ferner besteht dort das Recht der Nacheile.

Anschwärzung
Von Anschwärzung oder auch geschäftlicher übler Nachrede spricht man, wenn im geschäftlichen Verkehr über die Waren, Dienstleistungen oder das Unternehmen eines Mitbewerbers Tatsachen behauptet oder verbreitet werden, die geeignet sind, den Betrieb oder den Kredit des Unternehmers zu schädigen, sofern die Tatsachen nicht erweislich wahr sind (§ 4 Nr. 2 UWG). Wie sich dem Gesetzestext entnehmen lässt, muss derjenige, der solche Behauptungen aufstellt oder verbreitet, im Streitfall grds. beweisen (s. → Beweislast), dass diese zutreffen (es sei denn, es handelt sich um vertrauliche Mitteilungen, an denen der Mitteilende oder der Empfänger ein berechtigtes Interesse haben). Dem betroffenen Mitbewerber stehen gegen den ihn Anschwärzenden die im UWG geregelten Ansprüche zu (insbesondere Unterlassungsansprüche).

Ansetzen zur Tatbestandsverwirklichung
im Strafrecht → Versuch.

Ansichtssendung
Ist eine Sache auf Grund einer vertraglichen Vereinbarung (zB → Kauf auf Probe) zur Ansicht zugesandt worden, so trifft den Empfänger mangels anderweitiger Abrede die Pflicht, die Sache ordnungsgemäß zu verwahren und bei Nichtgefallen auf seine Kosten zurückzuleiten. Anders → unbestellte Lieferung (Leistung).

Ansparabschreibung (bzw. Investitionsabzugsbetrag)
Die Ansparabschreibung bzw. der Investitionsabzugsbetrag gibt Steuerpflichtigen die Möglichkeit, für die künftige Anschaffung oder Herstellung von abnutzbaren beweglichen Wirtschaftsgütern des Anlagevermögens, die

mindestens bis zum Ende des dem Wirtschaftsjahr der Anschaffung oder Herstellung folgenden Wirtschaftsjahres vermietet oder in einer inländischen Betriebsstätte des Betriebes ausschließlich oder fast ausschließlich betrieblich genutzt werden, unter bestimmten Voraussetzungen (§ 7g I 2 EStG, u. a. Gewinn im Wirtschaftsjahr des Abzugs unter 200.000 EUR) bis zu 50 Prozent der voraussichtlichen Anschaffungs- oder Herstellungskosten gewinnmindernd abziehen. Soweit in Anspruch genommene Investitionsabzugsbeträge nicht bis zum Ende des dritten auf das Wirtschaftsjahr des jeweiligen Abzugs folgenden Wirtschaftsjahres nach Absatz 2 Satz 1 hinzugerechnet wurden, sind die Abzüge nach Absatz 1 rückgängig zu machen. Die Ansparabschreibung wird durch die → Sonderabschreibung zur Förderung kleiner und mittlerer Betriebe (§ 7g V EStG) ergänzt.

Anspar-Rücklage
wird ab 2007 durch den sog. → Investitionsabzugsbetrag ersetzt. Sie erlaubte bis 2006 im Vorgriff auf künftige Investitionen die Bildung einer gewinnmindernden Rücklage (§ 7g III EStG). Voraussetzung war, dass das Betriebsvermögen am Schluss des Wirtschaftsjahres, das dem Wirtschaftsjahr der Bildung der Rücklage voranging, bestimmte gesetzlich vorgegebene Wertgrenzen nicht überstieg.

Anspruch
ist das Recht, von einem anderen ein Tun (dh jede mögliche Handlung, Abgabe einer Willenserklärung, Übereignung einer Kaufsache usw.) oder Unterlassen (auch Dulden) zu verlangen, § 194 I BGB. Der Anspruch kann auf einem → Schuldverhältnis (sog. schuldrechtlicher Anspruch, Forderung; s. aber auch → Unbestellte Lieferung, Leistung) oder → absoluten Recht (zB einem dinglichen Recht, Eigentum usw, vgl. → Eigentumsherausgabeanspruch, sog. dinglicher Anspruch) beruhen (sa → Besitzschutz). Für die dinglichen Ansprüche gelten die Vorschriften über die Forderungen aus Schuldverhältnissen weitgehend entsprechend. Wesentliches Merkmal des Anspruchs ist die Möglichkeit seiner gerichtlichen Durchsetzung durch eine → Klage, sa → Haftung (1). Gegen den Anspruch können → Einreden oder → Einwendungen erhoben werden. Der Anspruch unterliegt regelmäßig der → Verjährung. Über den Anspruch im öffentlichem Recht s. → subjektives öffentliches Recht.

Anspruchs- und Anwartschaftsüberführungsgesetz
Das AAÜG v. 25.7.1991 (BGBl. 1991 I 1677) mÄnd regelt die Überführung der Ansprüche aus den zum 31.12.1991 geschlossenen Zusatzversorgungssystemen und Sonderversorgungssystemen der ehem. DDR in die Rentenversicherung. → Versorgungsruhensgesetz. Das AAÜG stellt auf das Beitrittsgebiet ab. Beitrittsgebiet ist das in Art. 3 des Einigungsvertrages genannte Gebiet. Mit Wirkung vom 1.1.2025 entfällt die Regelung, weil ab diesem Zeitpunkt einheitliches Recht gilt

Anspruchskonkurrenz
Der gleiche Sachverhalt kann verschiedene bürgerlich-rechtliche → Ansprüche zur Entstehung bringen, so zB die schuldhafte Beschädigung einer gemieteten Sache durch den Mieter Ansprüche des Vermieters aus → Vertragsverletzung des Mietvertrags und aus → unerlaubter Handlung. In einem solchen Fall der A. bestehen beide Ansprüche selbständig nebeneinander; jeder richtet sich grundsätzlich nach den hierfür vorgesehenen Voraussetzungen (freie Anspruchskonkurrenz). Stehen Ansprüche in verdrängender Konkurrenz oder ist ein Anspruch spezieller, so greift nur ein Anspruch. Dies kann auch für ganze Ordnungssysteme gelten, wie die Verdrängung der → Irrtumsanfechtung und der → culpa in contrahendo durch das → Gewährleistungsrecht. Im Fall der Ansprüche der Vermieters gilt dies für die → Verjährung. Soweit für einen Anspruch eine besonders kurze Verjährungsfrist gilt (hier 6 Monate für den Anspruch aus Mietvertrag, § 548 I BGB), muss sie auch für die konkurrierenden Ansprüche (hier an sich 3 Jahre für die unerlaubte Handlung) gelten, da sonst der Zweck der kurzen Frist – rasche Klärung des Rechtsverhältnisses – vereitelt würde.

Anspruchsübergang
Für den Anwendungsbereich der → Sozialversicherung und der → Sozialhilfe normiert § 116 SGB X einen Anspruchsübergang kraft Gesetzes (→ Abtretung). Ein auf anderen gesetzlichen Vorschriften beruhender Anspruch auf Ersatz eines Schadens geht danach auf den → Versicherungsträger oder den → Sozialhilfeträger über, soweit dieser auf Grund des Schadensereignisses Sozialleistungen zu erbringen hat, die der Behebung eines Schadens der gleichen Art dienen und die sich auf denselben Zeitraum wie der vom Schädiger zu leistende Schadensersatz beziehen; dazu gehören auch die Beiträge, die von den Sozialleistungen zu zahlen sind. Ein weiterer häufiger Anwendungsfall des Anspruchsübergangs ist die Gleichwohlgewährung von Arbeitslosengeld; etwa für den Zeitraum eines Kündigungsschutzverfahrens (§ 157 III SGB III, § 158 IV SGB III).

Der Anspruchsübergang ist ausnahmsweise ausgeschlossen bei einer nicht vorsätzlichen Schädigung durch Familienangehörige, die im Zeitpunkt des Schadensereignisses mit dem Geschädigten oder seinen Hinterbliebenen in häuslicher Gemeinschaft leben. Ein Anspruchsübergang kann auch dann nicht geltend gemacht werden, wenn der Schädiger mit dem Geschädigten oder einem Hinterbliebenen nach Eintritt des Schadensereignisses die Ehe geschlossen hat und in häuslicher Gemeinschaft lebt.

Anstalten des öffentlichen Rechts
Anstalten des öffentlichen Rechts sind öffentl.-rechtl. Verwaltungseinrichtungen, die einem bestimmten Nutzungszweck dienen und im Gegensatz zu den → Körperschaften des öffentlichen Rechts nicht mitgliedschaftlich organisiert sind; die Benutzer sind deshalb nicht Anstaltsmitglieder. Die Rechtsbeziehungen zwischen ihnen und der Anstalt des öffentlichen Rechts werden durch die Anstaltsordnung geregelt; diese kann öffentlichrechtlich oder privatrechtlich ausgestaltet sein. → Juristische Personen des öffentlichen Rechts sind nur die vollrechtsfähigen Anstalten, die rechtlich selbständige Einheiten der → mittelbaren Staatsverwaltung darstellen, insbes. Satzungsgewalt (→ Autonomie) und andere → Selbstverwaltungsrechte haben (zB Bayer. Landeszentrale für neue Medien Art. 10 Bayerisches Mediengesetz – BayMG – v. 22.10.2003, GVBl. 2003, 799 mÄnd; → Rundfunk- und Fernsehanstalten). Dagegen sind die sog. teilrechtsfähigen Anstalten des öffentlichen Rechts der Staatsverwaltung unmittelbar eingegliedert und nur Dritten gegenüber vermögensrechtlich verselbständigt (so zB früher die Deutsche Bundesbahn). Die nichtrechtsfähigen Anstalten des öffentlichen Rechts bilden nur organisatorisch, nicht aber rechtlich selbständige Einheiten (zB Vollzugsanstalten, Schulen, kommunale Versorgungsbetriebe; Letztere sind aber zT – auch in Formen des Privatrechts, zB AG, GmbH – rechtlich verselbständigt). Die Terminologie ist nicht immer konsequent. So ist zB die → Bundesagentur für Arbeit eine Körperschaft des öffentlichen Rechts, obwohl sie keine Mitglieder ieS hat.

Anstaltsgewalt
ist die veraltete Bezeichnung für die Gesamtheit der Funktionen einer → Anstalt des öffentlichen Rechts. Sie umfasst ua das Recht zur Regelung der eigenen Organisation und des Verhältnisses zu den Benutzern (Anstalts-, Benutzungs-, Gebührenordnung usw.). Eingriffe in die Rechte Dritter dürfen nur auf Grund gesetzlicher Ermächtigung erfolgen (→ Gewaltverhältnis, öff.-rechtl.).

Anstaltsordnung
→ Anstaltsgewalt.

Anstaltspolizei
war die inzwischen überholte Bezeichnung für die Befugnis einer → Anstalt öffentlichen Rechts, die Ordnung in ihrem Bereich mit eigenen Mitteln durch interne hoheitl. Anordnungen und insbes. kraft Hausrechts aufrechtzuerhalten (→ Gewaltverhältnis, öffentl.-rechtl.; → Anstaltsgewalt).

Anstaltsunterbringung
1. (Zivilrecht) Ein an geistigen oder körperlichen Mängeln leidender Minderjähriger kann iRd → Personensorge von den Eltern oder vom → Vormund in einer geeigneten Anstalt untergebracht werden. Eine Anstaltsunterbringung durch die Eltern oder den Vormund, die mit Freiheitsentziehung verbunden ist (geschlossene Anstalt, psychiatrisches Krankenhaus), ist grds. nur mit vorheriger Genehmigung des → Familiengerichts zulässig (diese kann nur nachgeholt werden, wenn mit dem Aufschub Gefahr verbunden wäre); das Gericht hat die Genehmigung zurückzunehmen, wenn das Wohl des Kindes die Unterbringung nicht mehr erfordert (§§ 1631b, 1789 BGB). Die Anstaltsunterbringung eines Volljährigen, der unter → Betreuung (3) steht, durch den Betreuer ist nur zulässig, solange sie zum Wohl des Betreuten erforderlich ist, um eine Selbstgefährdung von ihm abzuwenden (nicht bei Gemeingefährlichkeit; hier nur u. 4) oder eine Untersuchung des Geisteszustands oder eine Heilbehandlung durchzuführen, deren Notwendigkeit der Betreute nicht zu erkennen vermag. Die Anstaltsunterbringung bedarf der Genehmigung des Betreuungsgerichts (§ 1831 Abs. 2 BGB). Das Verfahren in Unterbringungssachen ist in §§ 312 ff. FamFG (für Minderjährige nach § 167 FamFG), für die öffentlich-rechtliche Freiheitsentziehung in §§ 415 ff. FamFG geregelt.

2. (Strafverfahren) Über Anstaltsunterbringung im Strafverfahren (psychiatrisches Krankenhaus, Entziehungsanstalt) → Beobachtung in einem psychiatrischen Krankenhaus, → Maßregeln der Besserung und Sicherung (1, 2).

3. (Infektionsschutz) Die Absonderung von Personen, die bestimmte übertragbare Krankheiten haben oder in diesem Verdacht stehen, in Krankenhäusern zur Quarantäne ist nach § 30 des → Infektionsschutzgesetzes zulässig. Das Verfahren richtet sich nach §§ 415 ff. FamFG. Die Unterbringung darf, da sie eine → Freiheitsentziehung darstellt, nur durch den Richter angeordnet werden (Art. 104 GG).

4. (Sonst. öff. Recht) Die Anstaltsunterbringung von Geisteskranken, Geistesschwachen und rauschgift- oder alkoholsüchtigen Personen, die gemeingefährlich oder selbstgefährlich sind und dadurch die öffentliche Sicherheit und Ordnung gefährden, in Verwahrungs- oder Entziehungsanstalten ist außerhalb des Strafverfahrens nach den → Unterbringungsgesetzen der Länder – zulässig. Die Landesgesetze bestimmen die materiell-rechtl. Voraussetzungen für die Anstaltsunterbringung; zum Verfahren s. o. 1 aE.

5. Über die – vorübergehende – Unterbringung zur Beobachtung auf den Geisteszustand (bei Jugendlichen auch über den Entwicklungsstand) im Straf- oder Betreuungsverfahren → Beobachtung in einem psychiatr. Krankenhaus.

Anstaltsvormundschaft
→ Vereinsvormundschaft.

Anstandsschenkung
→ Schenkung (aE).

Ansteckende Krankheiten
→ Infektionsschutzgesetz.

Ansteckungsverdächtige
→ Infektionsschutzgesetz.

Anstellungsbetrug
ist das Erschleichen einer Stellung durch Täuschung des Arbeitgebers (Dienstherrn); → Betrug, → Ernennung der Beamten.

Anstellungstheorie
→ Doppelfunktion von Verwaltungsbehörden.

Anstiftung
Anstiftung ist neben der → Beihilfe eine der beiden Formen der → Teilnahme an der Haupttat eines Dritten. Sie ist im Einzelfall ggf. zu anderen Formen der → Beteiligung (insb. → Mittäterschaft, → mittelbarere Täterschaft, Beihilfe) abzugrenzen.

1. Wer vorsätzlich einen anderen zu einer ausreichend konkretisierten, vorsätzlichen rechtswidrigen Tat bestimmt, wird als Anstifter wie ein Täter bestraft, falls der Angestiftete die Tat – wenn auch nur einen Versuch – begeht (§ 26 StGB). Es muss also ein vorsätzliches Veranlassen zu vorsätzlicher Tat vorliegen, so dass eine Anstiftung nur bei → Vorsatzdelikten in Betracht kommt (keine fahrlässige Anstiftung, keine Anstiftung zu → Fahrlässigkeitsdelikten, bei diesen gilt das Prinzip des → Einheitstäters). Doch genügt es, wenn der Haupttäter die äußeren Tatbestandsmerkmale erfüllt und rechtswidrig, wenn auch schuldlos handelt (sog. limitierte → Akzessorietät); so zB wenn der Angestiftete geisteskrank ist. Der Anstifter ist aber nur verantwortlich, soweit er die Haupttat gewollt hat, nicht für einen Exzess des Angestifteten. Die Strafe des Anstifters richtet sich nach dem für die Haupttat geltenden Gesetz. Weiß der Veranlasser, dass der Haupttäter schuldlos handelt, oder nutzt er sonst gezielt einen bei diesem bestehenden Defekt aus, der ihm selbst → Tatherrschaft vermittelt, so ist er nicht Anstifter, sondern → mittelbarer Täter (zB als Benutzer eines schuldlosen Werkzeugs).

Voraussetzung einer vollendeten Anstiftung ist die Hervorrufung des Tatentschlusses beim Angestifteten. Das ist nicht möglich, wenn dieser ohnehin bereits zur Tat entschlossen ist (→ omni modo facturus). Inwieweit sich in solchen Fällen derjenige über § 26 StGB strafbar macht, der den Haupttäter zu einer anderen oder einer gesteigerten Tat veranlasst (sog. Umstiftung, Aufstiftung), ist umstritten. Möglich ist jedenfalls auch die Anstiftung zur Teilnahme an der Tat eines Dritten. Dabei wird die Anstiftung zu einer Anstiftung (sog. Kettenanstiftung) als Anstiftung zur Haupttat bestraft, die Anstiftung zu einer Beihilfe als Beihilfe zur Haupttat.

2. Die misslungene Anstiftung wird als Versuch der Beteiligung nach § 30 StGB in bestimmten Fällen bestraft: wenn der Betreffende einen anderen zur Begehung eines → Verbrechens zu bestimmen versucht (versuchte Anstiftung, § 30 I StGB), oder wenn er ein Verbrechen verabredet (→ Verabredung einer Straftat), sich zu einem solchen erbietet oder das Anerbieten eines anderen annimmt (§ 30 II StGB). Erfolglos ist die Anstiftung auch, wenn die Tat unabhängig von ihr ausgeführt worden ist. Einen Fall der versuchten Anstiftung zu einem → Vergehen, nämlich zur → falschen uneidlichen Aussage (§ 153 StGB) und zur falschen Versicherung an Eides Statt (§ 156 StGB, → Eidesstattliche Versicherung), stellt § 159 StGB gesondert unter Strafe.

Der Versuch der Beteiligung wird entsprechend dem → Versuch, aber milder (§ 49 StGB) bestraft. Im Verhältnis zur Haupttat gilt § 30 StGB subsidiär: die Vorschrift tritt zurück, wenn auch nur ein Versuch der Haupttat begangen worden ist (→ Konkurrenz von Straftaten). Die Anstiftung wird nicht nach § 30 StGB bestraft, wenn der Anstifter den Anstiftungsversuch aufgibt und eine etwa entstandene Gefahr, dass die Tat begangen wird, beseitigt; straffrei bleibt auch bei Tatverabredung der Zurücktretende, der die Tat verhindert, und bei Bereiterklärung, wenn er das Vorhaben aufgibt. Unterbleibt die Tat ohne Zutun des Anstifters oder wird sie unabhängig hiervon begangen, so ist der Betreffende straffrei, wenn er sich freiwillig und ernsthaft bemüht hat, sie zu verhindern (§ 31 StGB). Es handelt sich um Sonderfälle von → Rücktritt vom Versuch und → tätiger Reue. Doch kann, auch wenn hiernach keine Strafbarkeit aus § 30 StGB besteht, der Täter nach anderen Vorschriften strafbar sein, zB wegen Nichtanzeige eines geplanten Verbrechens (§ 138 StGB).

Anstößige Handlungen
→ Belästigung der Allgemeinheit.

Antarktis
Der Antarktisvertrag vom 1.12.1959 (Beitritt der BRep. durch Gesetz vom 22.12.1978, BGBl. 1978 II 1517) und das Antarktis-Übereinkommen vom 20.5.1980 (Gesetz vom 14.4.1982, BGBl. 1982 II 420) enthalten Grundsätze für die Erhaltung und den Schutz lebender Meeresschätze der Antarktis. Zur umstrittenen Gebietshoheit in der Antarktis wird darin nicht Stellung genommen. Vgl. Gesetz vom 22.9.1994 (BGBl. 1994 II 2478) zum Umweltschutzprogramm vom 4.10.1991 zum Antarktisvertrag.

Anteil
→ Geschäftsanteil, → Kapitalanteil, → Aktie.

Anteilsbewertung
Gehören zum Erwerb von Todes wegen oder zur Schenkung nichtnotierte Anteile an inländischen → Kapitalgesellschaften, wird auf den Stichtag der Steuerentstehung (§ 9 ErbStG) ein besonderer Steuerwert ermittelt (→ gemeiner Wert, § 12 I, II ErbStG; § 11 I, II BewG). Lässt sich dieser nicht aus Verkäufen ableiten, so wurde er früher nach dem sog. → Stuttgarter Verfahren ermittelt (§ 11 II 2 BewG, § 12 II ErbStG). Das Bundesverfassungsgericht hat allerdings am 7.11.2006 (1 BvL 10/02) ent-

schieden, dass die Anwendung dieses Verfahrens nicht mit dem Grundgesetz vereinbar war. Der Gesetzgeber hat hierauf mit der (damaligen) Erbschaftsteuerreform reagiert, wonach bei einer Bewertung von Anteilen an Kapitalgesellschaften vorrangig der gemeine Wert zugrunde zu legen ist. Bei Kapitalgesellschaften wird hierfür der Börsenwert herangezogen bzw., falls innerhalb des letzten Jahres ein Verkauf an Dritte stattgefunden hat, der dort erzielte Verkaufspreis. Subsidiär ist auch eine Schätzung durch verschiedene zukunftsorientierte Bewertungsverfahren möglich (zB Discounted-Cashflow-Verfahren, Ertragswertverfahren, vereinfachtes Ertragswertverfahren. → Erbschafts- und Schenkungsteuer.

Anteilscheine
1. Anteilscheine (oder auch Investment-Zertifikate) sind auf den Inhaber oder auf Namen lautende Urkunden, welche die Anteile der Anleger am Sondervermögen, dh dem von einer → Kapitalverwaltungsgesellschaft aufgelegten Investmentfonds (→ Investmentvermögen), verbriefen. Statt in verbriefter Form können sie auch als elektronische Anteilscheine begeben werden (§ 95 KAGB (→ Kapitalanlagegesetzbuch)). In diesem Fall müssen sie nach §§ 12 ff. eWpG entweder zentral oder in einem Kryptowertpapierregister registriert sein. In letzterem Fall spricht man gemäß § 1 Verordnung über Kryptofondsanteile (KryptoFAV) v. 3.6.2022 (BGBl. 2022 I 868) von → Kryptofondsanteilen. Anteilscheine dürfen nur gegen volle Leistung des Ausgabepreises ausgegeben werden, dessen Gegenwert unverzüglich dem Sondervermögen zuzuführen ist (§ 71 KAGB).

2. Als Anteilschein bezeichnet ferner das AktG (§ 8 VI AktG) die → Zwischenscheine, die den Aktionären vor Ausgabe der Aktien erteilt werden (Interimsscheine). IwS bezeichnet man als Anteilscheine auch die → Wertpapiere (Anteilspapiere), in denen Mitgliedschaftsrechte an → Kapitalgesellschaften verkörpert sind (vor allem also → Aktien ua). Zur Fälschung von Anteilscheinen → Geld- und Wertzeichenfälschung.

Anteilseigner
→ Gesellschafter, → Aktionär.

Antennen
Die Errichtung von Außenantennen hat der Vermieter im Rahmen eines Mietverhältnisses an seinem Anwesen grundsätzlich zu dulden (→ Mietvertrag, 2b). Ausnahmen können zB bei Hochantennen wegen der Bauart des Dachs gelten. Doch kann der Vermieter auf seine Kosten eine Gemeinschaftsantenne aufstellen lassen und deren Finanzierung auf die Mieter umlegen (§ 2 BetrKV).

Antichrese (Antichresis)
→ Nutzungspfand.

Antidiskriminierungsstelle
→ Gleichbehandlung (2a).

Antinomie
Antinomie ist ein im Gesetz selbst liegender Widerspruch. Er kann entstehen, wenn verschiedene Bestimmungen desselben Gesetzes einander im Grundgedanken widerstreiten oder sich im Anwendungsbereich überschneiden, so dass es einer Abgrenzung durch die Rspr. bedarf. Das gilt zB für einzelne → Grundrechte und ihre gesetzlichen Einschränkungen.

Antisemitismusbeauftragter
Das Amt des Beauftragten der Bundesregierung für jüdisches Leben in Deutschland und den Kampf gegen Anisemitismus (kurz: Antisemitismusbeauftragter) wurde mit Beschluss des Bundestages v. 18.1.2018 eingerichtet. Aufgabe des Antisemitismusbeauftragten ist die ressortübergreifende Koordination der Maßnahmen der Bundesregierung zur Bekämpfung des Antisemitismus. Der Antisemitismusbeauftragte hat keine Eingriffsbefugnisse. Durch Öffentlichkeitsarbeit sowie kulturelle und politische Bildung soll er die Gesellschaft für aktuelle und historische Formen des Antisemitismus sensibilisieren. Die Länder haben entsprechende Stellen eingerichtet (sa → Juden, → Jüdische Gemeinden).

Antizipiertes Besitzkonstitut
→ Besitzkonstitut, → Sicherungsübereignung.

Antrag
(Offerte) → Vertrag (1). Im Verwaltungsrecht ist ein Antrag die an eine Behörde gerichtete, ein bestimmtes Begehren enthaltende Erklärung eines Beteiligten (zB Antrag auf Erteilung einer Baugenehmigung). Der Kreis der Antragsberechtigten ist meist vom Gesetz bestimmt oder ergibt sich daraus, ob und inwieweit das Gesetz individuelle Interessen (nicht nur allgemeine Interessen) schützen will. Im Gegensatz zum Antrag steht die Anregung, die jedermann an die Behörden richten kann, die aber kein Recht auf Entscheidung in der Sache gibt. Entsprechendes gilt für alle behördlichen und gerichtlichen Verfahren, zB für den Antrag im Zivil- oder Strafprozess, in der freiwilligen Gerichtsbarkeit usw.

Antragsdelikte
Straftaten werden grundsätzlich ohne Rücksicht auf den Willen des Verletzten von Amts wegen verfolgt (→ Offizialprinzip); nur bei einem kleinen Teil setzt die Verfolgung einen → Strafantrag des Verletzten oder des sonst Berechtigten voraus, insbes. bei Beleidigung, leichter oder fahrlässiger Körperverletzung, Hausfriedensbruch, einfacher Sachbeschädigung. Umgekehrt gibt es Antragsdelikte, die aus besonderem öffentlichen Interesse auch von Amts wegen verfolgt werden können (zB Körperverletzung). Beim absoluten Antragsdelikt ist stets Strafantrag erforderlich, beim relativen nur bei Vorliegen bestimmter (insbes. verwandtschaftlicher) Beziehungen zwischen dem Täter und dem Verletzten; so zB bei Diebstahl, Betrug. Über die Erfordernisse des

→ Strafantrags (§§ 77 ff. StGB) s. dort. Antragsdelikte können meist im Wege der → Privatklage verfolgt werden, auf die der StA den Verletzten verweisen kann (§§ 374 ff. StPO).

Antragsschrift
Eine Antragsschrift ist der Schriftsatz zur Einleitung von → Ehesachen, von → Sicherungsverfahren oder Verfahren des → einstweiligen Rechtsschutzes.

Antragsveranlagung
Bei Einkünften aus nichtselbständiger Tätigkeit (→ Einkunftsarten) wird die → Einkommensteuer als → Lohnsteuer durch idR monatlichen Abzug vom Arbeitslohn (§§ 19, 38 EStG) erhoben. Zu einem höheren Einbehalt an monatlicher Lohnsteuer kann es durch die Änderung der persönlichen Lebensverhältnisse während des Jahres, höhere → Werbungskosten, → Sonderausgaben kommen, zB bei nicht ganzjähriger Beschäftigung oder wenn anstelle des → Kindergeldes der → Kinderfreibetrag oder der Freibetrag für Betreuungs- und Erziehungs- oder Ausbildungsbedarf in Betracht kommt. Außerdem wird auf Antrag auch die Arbeitnehmer-Sparzulage festgesetzt. Die Antragsveranlagung kann für Einkommen, die zumindest teilweise aus Einkünften aus nichtselbständiger Arbeit bestehen und von denen ein Steuerabzug vorgenommen worden ist, beim Finanzamt beantragt werden. Über den Antrag wird ein schriftlicher Steuerbescheid erteilt. Der Antrag muss eigenhändig unterschrieben auf dem amtlichen Vordruck gestellt werden und mindestens Angaben über die üblichen persönlichen Daten, den Bruttoarbeitslohn und die einbehaltene Lohnsteuer enthalten. Grundlage für die Antragsveranlagung ist die einzureichende Steuererklärung. Ab dem Veranlagungszeitraum 2005 ist die zweijährige Antragsfrist entfallen. Örtlich zuständig ist das Finanzamt, in dessen Bezirk sich im Abgabezeitpunkt der Wohnsitz oder der gewöhnliche Aufenthalt befindet. Bei mehrfachem Wohnsitz ist entscheidend, wo sich der Stpfl. überwiegend aufhält. Des Weiteren ist eine Antragsveranlagung zur Berücksichtigung des → Verlustabzugs nach § 10d EStG oder einer Steuerermäßigung nach § 34 f EStG erforderlich.

Anwachsung
Die Anwachsung ist ein für → Gesamthandsgemeinschaften geltendes Prinzip, wonach bei Wegfall eines Gesamthänders dessen Anteil bei der Gesamtheit verbleibt.

Im Erbrecht ist unter Anwachsung die verhältnismäßige Erhöhung der Erbteile der durch → Verfügung von Todes wegen bedachten Miterben bei Wegfall eines der Miterben vor oder nach dem Erbfall zu verstehen, § 2094 BGB (Tod vor dem → Erbfall, → Erbverzicht bzw. → Ausschlagung, → Erbunwürdigkeit, → Anfechtung letztwilliger Verfügungen usw., nicht dagegen der Tod des Miterben nach dem → Erbfall, da in diesem Fall dessen Erben an seine Stelle treten). Die Anwachsung tritt nur dann ein, wenn die Miterben nach dem Willen des Erblassers so eingesetzt sind, dass sie die → gesetzliche Erbfolge nach dem wegfallenden Miterben ausschließen sollen. Der Erblasser kann die Anwachsung also auch ausschließen. Der durch Anwachsung einem Miterben anfallende → Erbteil gilt für Ausschlagung, → Vermächtnisse und → Auflagen als selbständiger Erbteil (§ 2095 BGB). Das Recht des → Ersatzerben geht der Anwachsung vor (§ 2099 BGB). Die gleichen Grundsätze gelten für Mitvermächtnisnehmer (§§ 2158 f., 2190 BGB).

Anwärterbezüge
1. Anwärterbezüge erhalten Beamte auf Widerruf im Vorbereitungsdienst (zB Referendare). Rechtsgrundlage waren früher allgemein die §§ 59–66 BBesG. Seit der → Föderalismusreform I gilt das BBesG grundsätzlich nur mehr für Anwärter des → Bundes (→ Dienstbezüge). Für Anwärter der → Länder gilt Landesrecht. Das BBesG gilt nur insoweit fort, soweit die Länder noch keine eigenen Regelungen erlassen haben.

2. Die Bezüge setzen sich aus Grundbetrag, Familienzuschlag und Sonderzuschlägen, bei Lehramtsanwärtern ggf. auch Unterrichtsvergütung zusammen. Die Höhe im Einzelnen ergibt sich aus Anlage VIII zum BBesG. Die Anwärterbezüge können bei Nichterreichen des Ausbildungsziels gekürzt werden (§ 66 BBesG). Soweit Anwärter im Vorbereitungsdienst ein Studium ableisten (meist Ausbildung an einer → Fachhochschule), kann die Gewährung der Anwärterbezüge von Auflagen (Rückforderung bei Ausscheiden ua) abhängig gemacht werden (§ 59 V BBesG). Anwärterbezüge gehören zum steuerpflichtigen Arbeitslohn (→ Lohnsteuer). Für Anwärter des höheren Dienstes liegen die Anwärterbezüge 2018 in Bayern bei 1420,08 EUR, in Nordrhein-Westfalen 1469,43 EUR im Monat. Rechtsreferendare (→ Referendar), die idR nicht mehr zu Beamten auf Widerruf ernannt werden, erhalten an der Stelle der Anwärterbezüge nur eine (niedrigere) Unterhaltsbeihilfe (zB nach dem BayG zur Sicherung des juristischen Vorbereitungsdienstes v. 27.12.1999, GVBl. 1999, 529, mÄnd im Jahre 2018 einen Grundbetrag iHv 1302,08 EUR im Monat ggf. zuzüglich Familienzuschlag).

Anwalt
→ Rechtsanwalt.

Anwaltsgeheimnis
→ Berufsgeheimnis (4).

Anwaltsgerichtsbarkeit
→ Rechtsanwalt (4).

AnwaltsGmbH
→ Partnerschaftsgesellschaft.

Anwaltshaftung
→ Rechtsanwalt (2).

Anwaltskosten
→ Rechtsanwaltsgebühr.

Anwaltsnotar
Der Anwaltsnotar ist ein → Rechtsanwalt, der das Amt des → Notars im Nebenberuf ausübt. Das ist nur in solchen Gerichtsbezirken (dann aber unter Ausschluss hauptberuflicher Notare) zulässig, in denen am 1.4.1961 das Notaramt im Nebenberuf ausgeübt worden ist (§ 3 II BNotO). Das sind insbes. Berlin, Bremen, Hessen, Niedersachsen und Teile von Nordrhein-Westfalen. Ein A. kann mit einem anderen Rechtsanwalt eine Anwaltssozietät eingehen (§ 9 BNotO). Um Anwaltsnotar zu werden, muss der Rechtsanwalt unter anderem eine spezielle Prüfung (notarielle Fachprüfung) erfolgreich abgelegt haben.

Anwaltsprozess
Der Anwaltsprozess ist im Gegensatz zum → Parteiprozess der Rechtsstreit, in dem sich die Parteien durch einen → Rechtsanwalt als Bevollmächtigten vertreten lassen müssen. Dieser Anwaltszwang besteht im Zivilprozess grundsätzlich vor dem Land- und Oberlandesgericht (§ 78 ZPO; hier kann jeder zugelassene Rechtsanwalt auftreten) und beim Bundesgerichtshof (durch einen dort zugelassenen Rechtsanwalt). In verschiedenen → Familiensachen, insbes. in Ehescheidungs- und Scheidungsfolgesachen besteht Anwaltszwang auch vor dem → Familiengericht (§ 114 FamFG), ferner vor dem Bundes- und Landesarbeitsgericht (hier mit Ausnahmen für Verbandsvertreter, § 11 IV ArbGG). Vor einem Oberverwaltungsgericht, dem Bundesverwaltungsgericht und dem Bundessozialgericht besteht Vertretungszwang, wobei aber außer Rechtsanwälten bestimmte weitere Personengruppen zugelassen sind (§ 67 II VwGO, § 73 IV SGG). Für den Strafprozess s. notwendige → Verteidigung.

Anwaltsvergleich
Der Anwaltsvergleich ist ein von → Rechtsanwälten im Namen und mit Vollmacht der von ihnen vertretenen Parteien abgeschlossener Vergleich. Dieser kann, wenn der Schuldner sich darin der sofortigen → Zwangsvollstreckung unterworfen hat (und der Vergleich beim zuständigen Amtsgericht niedergelegt worden ist), vom → Prozessgericht, das für die gerichtliche Geltendmachung des zu vollstreckenden Anspruchs zuständig wäre (mit Zustimmung der Parteien auch von einem Notar), für vollstreckbar erklärt werden (§§ 796a ff. ZPO). Der Anwaltsvergleich ist dann → Vollstreckungstitel (§ 794 I Nr. 4b ZPO).

Anwaltszustellung
Anwaltszustellung wird vielfach die → Zustellung von Anwalt zu Anwalt (§ 195 ZPO) genannt; fälschlich wird der Begriff auch für die Anwendung des § 172 ZPO verwendet, wonach Zustellungen stets an den bestellten → Prozessbevollmächtigten auszuführen sind.

Anwaltszwang
→ Anwaltsprozess.

Anwartschaft
ist im Zivilrecht zunächst nur die rein tatsächliche Aussicht auf einen künftigen Rechtserwerb, zB die Position des → Ersatzerben. Wenn das Erstarken der Anwartschaft zum Vollrecht für den Erwerber von einem gewissen Ereignis abhängt (→ Bedingung), dessen Eintritt der Erwerber selbst herbeiführen kann (zB durch Zahlung) und der Veräußerer regelmäßig nicht mehr vereiteln kann, so spricht man von einem → Anwartschaftsrecht. Wichtige Anwendungsfälle des Anwartschaftrechts sind zB das aufschiebend bedingte Recht des Erwerbers einer unter → Eigentumsvorbehalt gelieferten Kaufsache und das A.recht des → Nacherben.

Der familienrechtliche → Versorgungsausgleich regelt die hälftige Teilung der Anwartschaft aus der Altersversorgung.

Im öffentlichen Recht spielt die Anwartschaft auf Ruhegehalts- und Hinterbliebenenversorgung der im öffentlichen Dienst (Beamte und beamtenähnliche Beschäftigte) Stehenden eine Rolle. Sie hat in der → Kranken-, Unfall- und Rentenversicherung die → Versicherungsfreiheit zur Folge (vgl. § 6 SGB V, § 5 SGB VI, § 4 SGB VII). Umgekehrt begründet in der → Sozialversicherung die Beitragszahlung eine Anwartschaft auf Versicherungsleistungen, so in der gesetzlichen → Rentenversicherung. Die Anwartschaft ist eine der Voraussetzungen für Leistungen u.a aus der gesetzlichen → Rentenversicherung nach Erfüllung der Wartezeit. Die Wartezeiten (Mindestversicherungszeiten) sind unterschiedlich, je nach beantragter bzw. zu gewährender Leistung.

Anwartschaftsrecht
S. zunächst → Anwartschaft. Am bedeutsamsten sind die Anwartschaftsrecht im Erbrecht (→ Nacherbe) und im Sachenrecht. Da die → Eigentumsübertragung (ebenso wie der Erwerb anderer → dinglicher Rechte) in Stufen vor sich geht (Einigung und Übergabe bzw. Eintragung), erlangt der Erwerber mit Abschluss einer bindenden → Einigung bereits ein Anwartschaftsrecht auf den Erwerb der Sache. Wirtschaftlich am wichtigsten ist das Anwartschaftsrecht des Vorbehaltskäufers einer unter → Eigentumsvorbehalt veräußerten Sache. Das Anwartschaftsrecht, das im BGB nicht geregelt, aber heute allgemein anerkannt ist, ist zwar noch nicht das Vollrecht (→ Eigentum) selbst, wird aber als → subjektives Recht wie das Eigentum behandelt, dh es ist übertragbar, vererblich, verpfändbar und unterliegt der Zwangsvollstreckung wie die Sache selbst. Gepfändet wird das Anwartschaftsrecht allerdings nach hM wie ein Recht (§ 857 ZPO). Verfügt der Inhaber des Anwartschaftsrechts über dieses (zB in Form der → Sicherungsübereignung), so handelt er – anders als bei der Verfügung über das ihm noch nicht

zustehende Eigentum an der Sache – als Berechtigter. Bei Erstarken des Anwartschaftsrechts zum Vollrecht (zB Eintritt der Bedingung beim Verkauf unter Eigentumsvorbehalt, idR bei Bezahlung der letzten Rate beim → Abzahlungsgeschäft) geht in diesem Fall das Eigentum unmittelbar vom Veräußerer auf den Dritterwerber über (sog. Direkterwerb); ein Durchgangserwerb durch die Person des Vorbehaltskäufers und ursprünglichen Anwartschaftsberechtigten findet nicht statt (BGHZ 20, 88), so dass zB nach Übertragung des Anwartschaftsrechts erfolgte Pfändungen von Drittgläubigern in die Sache dem Anwartschaftsrechtserwerber gegenüber unwirksam sind. Zum Ausgleich dafür erstrecken sich nach hM (BGHZ 35, 85) gesetzliche → Pfandrechte – zB des Vermieters – und → Grundpfandrechte – zB eine → Hypothek –, die an sich nur das Eigentum des Schuldners erfassen, bereits auf dessen Anwartschaftsrecht. Die genannten Rechte setzen sich infolge der Wesensgleichheit von Anwartschaftsrecht und dinglichem Recht (vgl. auch § 1287 BGB) nach Erstarken des Anwartschaftsrecht zum Vollrecht an der Sache selbst fort und gehen bei Übertragung des Anwartschaftsrechts grundsätzlich auf den Dritten mit über, sofern kein → gutgläubiger (lastenfreier) Erwerb vorliegt. Das Anwartschaftsrecht auf das Eigentum gewährt, zumindest bei beweglichen Sachen, ein Recht zum → Besitz (→ Eigentumsherausgabeanspruch) und gibt bei Verletzungen einen Anspruch aus → unerlaubter Handlung. Das Anwartschaftsrecht erlischt mit dem Erstarken zum Vollrecht oder bei endgültigem Ausfall der Erwerbsmöglichkeit (zB Rücktritt des Vorbehaltsverkäufers).

Anwartschaftszeit
Die Inanspruchnahme von → Arbeitslosengeld als Leistung der → Arbeitsförderung setzt neben dem Vorliegen von → Arbeitslosigkeit insbesondere voraus, dass der Anspruchsteller die sog. Anwartschaftszeit erfüllt hat. Für die Erfüllung der Anwartschaftszeit ist erforderlich, dass der Versicherte innerhalb der 30-monatigen Rahmenfrist, die mit dem Vortag beginnt, an dem alle sonstigen Voraussetzungen für den Anspruch auf Arbeitslosengeld erfüllt sind, mindestens zwölf Monate in einem Pflichtversicherungsverhältnis gestanden hat (§§ 142, 143 SGB III). Wird die Anwartschaftszeit nicht nach § 142 I SGB III erfüllt, kann bei Vorliegen der in § 142 II SGB III genannten Voraussetzungen eine verkürzte Anwartschaftszeit für den Anspruch auf Arbeitslosengeld ausreichend sein. Voraussetzung ist dann aber, dass das in den letzten zwölf Monaten vor der Beschäftigungslosigkeit erzielte Arbeitsentgelt das 1,5fache der zum Zeitpunkt der Anspruchsentstehung maßgeblichen Bezugsgröße nach § 18 I SGB IV nicht übersteigt und die Beschäftigungstage überwiegend in auf nicht mehr als 14 Wochen zeit- oder zweckbefristeten Beschäftigungsverhältnissen zurückgelegt worden sind. Zu beachten war die Übergangsregelung des § 447 I SGB III, wonach für Personen, die nach dem 31.12.2019 nicht in einem Beschäftigungsverhältnis gestanden haben, eine zweijährige Rahmenfrist galt. Diese Regelung spielt nur noch für Altfälle in der gerichtlichen Klärung eine Rolle.

Anweisung
Anweisung im weiteren Sinne ist die Aufforderung an eine andere Person (Angewiesener), für Rechnung des Anweisenden an einen Dritten (Anweisungsempfänger) zu leisten. Es besteht ein Dreiecksverhältnis. Das BGB regelt in §§ 783 ff. BGB nur einen Sonderfall der Anweisung, nämlich die schriftliche Anweisung auf Leistung von Geld, Wertpapieren und → vertretbaren Sachen (§ 783 BGB; anders → Überweisungsvertrag). Durch die Anweisung wird der Anweisungsempfänger ermächtigt, diese Leistung bei dem Angewiesenen im eigenen Namen zu erheben. Der Angewiesene wird ermächtigt, an den Anweisungsempfänger zu leisten, und zwar auf Rechnung des Anweisenden. Der Angewiesene ist dem Anweisungsempfänger gegenüber aber nur dann zur Leistung verpflichtet, wenn er die Anweisung durch einen schriftlichen Vermerk angenommen hat (§ 784 BGB). Der Angewiesene braucht nur gegen Aushändigung der Anweisung zu leisten (§ 785 BGB); deshalb ist die - Anweisung → Wertpapier (→ Rektapapier). Die bürgerlich-rechtliche Anweisung nach §§ 783 ff. BGB hat nur eine geringe wirtschaftliche Bedeutung, im Gegensatz zu ihren Sonderformen → Scheck und gezogener Wechsel (→ Tratte). Die kaufmännische Anweisung (§§ 363 ff. HGB) kann im Gegensatz zur bürgerlich-rechtlichen Anweisung an Order gestellt werden und ist dann → Orderpapier.

Anwendungsbereich des Rechts
→ Geltungsbereich.

Anwohner-Parken
→ Bewohner-Parkzonen.

Anzahlung
→ Vorschuss, → Abschlagszahlung.

Anzeichenbeweis
→ Indizienbeweis; s. a. → Anscheinsbeweis.

Anzeige
→ Strafanzeige.

Anzeigepflicht (Gewerberecht)
1. Anzeigepflicht besteht für die Aufnahme eines → stehenden Gewerbes (§ 14 GewO) einschließlich Eröffnung von → Zweigniederlassungen und unselbständigen Zweigstellen sowie für die Betriebsverlegung, die Änderung des Gegenstandes des → Gewerbes und die Betriebsaufgabe. Die Anzeige dient der Überwachung des Gewerbes und statistischen Zwecken. Die zuständige Behörde bestimmen die Länder (§ 155 II GewO), idR ist es die Kommune (Gewerbeamt), manchmal zusätzlich die → Industrie- und Handelskammer (zB

Hamburg, Rheinland-Pfalz). Häufig werden von der Anzeige → Finanzamt, → Berufsgenossenschaft, statistisches Landesamt, → Handwerkskammer, Industrie- und Handelskammer und → Handelsregister informiert. Die Behörde bestätigt den Empfang der Anmeldung (§ 15 I GewO, Gewerbeschein). Anzeigepflicht besteht auch für gewisse, nicht genehmigungsbedürftige → Reisegewerbe (§ 55c GewO). Einzelheiten regelt die Gewerbeanzeigenverordnung (GewAnzV) v. 22.7.2014 (BGBl. 2014 I 1208, mÄnd). → Automatenaufstellung, → Gewerbezulassung,

2. Unterliegt der Unternehmer der → Unfallversicherung, muss er den Betrieb binnen 1 Woche seit Eröffnung oder Aufnahme vorbereitender Arbeiten bei der zuständigen Berufsgenossenschaft anzeigen (§§ 192 ff. SGB VII).

Anzeigepflicht (Steuerrecht)
1. Nicht natürliche Personen (Körperschaften, Vereinigungen und Vermögensmassen) haben innerhalb eines Monats dem zuständigen FA (§ 20 AO) und den Gemeinden die Umstände anzuzeigen, die für die steuerliche Erfassung von Bedeutung sind, zB Gründung, Änderung der Rechtsform, Verlegung der Geschäftsleitung, Auflösung usw. (§ 137 AO).

2. Natürliche Personen, die einen gewerblichen Betrieb oder eine Betriebsstätte eröffnen, haben dies auf amtlichem Vordruck dem Finanzamt mitzuteilen, in dessen örtlichem Zuständigkeitsbereich der Betrieb oder die Betriebsstätte eröffnet wird (§ 138 I 1 AO). Gleiches gilt bei Aufnahme einer land- und forstwirtschaftlichen oder freiberuflichen Tätigkeit. Anzeigepflichtig ist auch die Aufgabe und die Verlegung. Anzeigepflichtig ist auch, wer als unbeschränkt Stpfl. einen Betrieb oder Betriebsstätten im Ausland oder eine Beteiligung an einer ausländischen Personengesellschaft oder eine Beteiligung an einer beschränkt steuerpflichtigen Körperschaft erwirbt, falls die unmittelbare Beteiligung mindestens 10 vH oder die Summe der Anschaffungskosten aller Beteiligungen mehr als 150.000 EUR beträgt (§ 138 II AO).

3. Anmeldung von Betrieben in besonderen Fällen (§ 139 AO): Wer einen Betrieb eröffnen will, der verbrauchsteuerpflichtige Waren herstellt, hat dies bei der zuständigen Finanzbehörde vor Eröffnung des Betriebs anzumelden. Die Vorschrift gilt auch für Unternehmen, in denen besondere Verkehrsteuern anfallen, zB Versicherungssteuer.

4. Anzeigepflicht der Beteiligten im Zusammenhang mit dem Erwerb von Grundstücken (§ 19 GrEStG).

5. Anzeigepflicht der Banken, Behörden im Todesfall (§§ 33, 34 ErbStG).

6. Anzeigepflicht der Versicherungsunternehmen und Banken bei Verwendung von Lebensversicherungsansprüchen zur Tilgung oder Sicherung von Darlehen über 25.565 EUR (§ 29 I EStDV, letztmals für vor dem 1.1.2025 abgeschlossene Versicherungsverträge).

7. Anzeigepflicht des Steuerpflichtigen bei Abtretung und Beleihung von 5. (§ 29 IV EStDV).

8. Pflicht zur Mitteilung grenzüberschreitender Steuergestaltungen (§ 138d AO).

9. Pflicht für digitale Plattformbetreiber, Informationen über Verkäufer der Plattform und die hierüber generierten Umsätze zu sammeln und an das Bundeszentralamt für Steuern (BZSt) zu melden.

Neben den steuerlichen Meldepflichten bestehen für Steuerberater auch Meldepflichten nach § 43 GwG. Alle Verdachtsmeldungen für Geldwäsche müssen der Generalzolldirektion (§§ 27 ff. GwG) übermittelt werden.

Anzeigepflicht (Strafrecht)
1. Eine Anzeigepflicht zur Erstattung einer → Strafanzeige besteht grundsätzlich nicht.

2. Sie kann aber aus Berufsgründen gegeben sein, insbes. für Staatsanwälte und Polizeibeamte (Verfolgungspflicht nach § 152 II StPO, § 160 I StPO, § 163 I StPO; Nichtverfolgung kann → Strafvereitelung sein, uU als unechtes → Unterlassungsdelikt, wenn privat gewonnenes Wissen nicht der Dienststelle mitgeteilt wird; welche Taten ein solcher Beamter bei privater Kenntniserlangung anzeigen muss, ist umstritten) oder für militärische Dienstvorgesetzte (§ 40 WStG); sonst ist ein Dienstvorgesetzter, der nicht Strafverfolgungsorgan ist, idR zur Anzeige nicht verpflichtet.

3. Nach § 138 StGB ist die Nichtanzeige bestimmter Straftaten bei Kenntnis vom Vorhaben einer noch nicht begonnenen oder der Ausführung einer noch nicht beendeten Tat mit Strafe bedroht, und zwar bei Friedens- oder Hochverrat nach §§ 80, 81–83 I StGB, Landesverrat oder Gefährdung der äußeren Sicherheit nach §§ 94–96, 97a, 100 StGB, Mord, Totschlag, Völkermord, Geldfälschung, Raub und räuberischer Erpressung, Menschenraub, Verschleppung, erpresserischer Menschenraub, Geiselnahme, Beteiligung an terroristischen Vereinigungen, Vorbereitung einer schweren staatsgefährdenden Gewalttat (§ 89a StGB, → Rechtsstaatsgefährdung) sowie bestimmten → gemeingefährlichen Straftaten iS der §§ 306 ff. StGB, die Verbrechen sind. Anzeigepflicht besteht aber nur bei glaubhafter Kenntnis von dem Vorhaben oder Beginn der Tat und nur, solange die Ausführung oder der Erfolg noch abgewendet werden kann. Bei bloßen Gerüchten oder Zweifeln (nicht ernstlichem Vorhaben) keine A. Unerheblich dagegen, ob der Haupttäter zB als schuldunfähig nicht bestraft werden kann. Die Anzeige ist an die Behörde, die einschreiten kann (meist Polizei), oder an den Bedrohten zu richten. Bestraft wird vorsätzlicher oder leichtfertiger Verstoß gegen die Anzeigepflicht (echtes → Unterlassungsdelikt). Keine Anzeigepflicht trifft den Bedrohten selbst oder Tatbeteiligte (Täter, Mittäter, Anstifter, Gehilfen),

sofern die Beteiligung erwiesen ist (BGH NJW 2010, 2291); nach § 139 II, III StGB ebenso wenig Geistliche über das ihnen als Seelsorger Anvertraute, ferner nicht Angehörige (§ 11 StGB), Rechtsanwälte, Verteidiger, Ärzte und Psychotherapeuten, wenn sie sich ernstlich bemühen, den Täter von der Tat abzuhalten oder den Erfolg abzuwenden (außer bei Mord, Totschlag, Völkermord, Geiselnahme o. ä. Terrordelikten; über Kollisionsfälle → Berufsgeheimnis). Straffrei ist nach § 139 IV StGB, wer die Tat oder den Erfolg abwendet oder sich, falls die Tat ohne sein Zutun unterbleibt, wenigstens ernsthaft bemüht, den Erfolg abzuwenden.

Über die Pflicht des Gerichts, über eine in einer Sitzung begangene Straftat (zB Eidesverletzung) ein Protokoll aufzunehmen und die Strafverfolgungsbehörde zu unterrichten, vgl. § 183 GVG, über die A. der Polizei- und Gemeindebehörden gegenüber Staatsanwalt oder Amtsgericht bei Verdacht eines unnatürlichen Todesfalles § 159 I StPO.

Anzeigepflicht im Verwaltungsrecht
besteht, wenn der zuständigen Behörde ein Ereignis mitgeteilt werden muss oder wenn eine Handlung zwar keiner Genehmigung, wohl aber der förmlichen Anzeige bei der Behörde bedarf (zB die beabsichtigte Ausführung bestimmter kleinerer Baumaßnahmen). Die Rechtsfolgen der Unterlassung von Anzeigen sind je nach Rechtsgebiet unterschiedlich (häufig → Ordnungswidrigkeiten).

Anzeigepflichtige Entlassungen
Um den Arbeitsbehörden bei größeren Entlassungsmaßnahmen die Vorbereitung zu erleichtern und zudem eine Information der Arbeitnehmervertretungen zu sichern, sieht die Richtlinie 98/59/EG ein Anzeigeverfahren vor. Der deutsche Gesetzgaber hat die Vorgaben der Richtlinie in den §§ 17 ff. KSchG umgesetzt und dort insbes. ein Anzeigeverfahren gegenüber der zuständigen Agentur für Arbeit (§ 17 I, III KSchG) sowie ein Konsultationsverfahren mit der jeweils zuständigen Arbeitnehmervertretung (§ 17 II KSchG, dessen nur auf den Betriebsrat abstellender Wortlaut europarechtskonform auszulegen ist) geregelt.

Derartige anzeigepflichtige Entlassungen (Massenentlassungen) liegen vor, wenn in einem → Betrieb innerhalb von 30 Tagen einer Anzahl von → Arbeitnehmern gekündigt wird, die bei Betrieben mit mehr als 20 und weniger als 60 Arbeitnehmern 5 übersteigt, bei Betrieben mit 60 bis 499 Arbeitnehmern 10% oder 25 übersteigt bzw. bei Betrieben mit mind. 500 Arbeitnehmern bei mind. 30 liegt (§ 17 I KSchG). Anzeigepflichtig ist bereits der Ausspruch der Kündigung. Hierbei werden Arbeitnehmer, denen außerordentlich gekündigt wird, nicht mitgezählt (§ 17 IV KSchG), wohl aber andere vom Arbeitgeber veranlasste Beendigungen des Arbeitsverhältnisses (zB in der Form eines → Aufhebungsvertrags oder einer Kündigung durch den Arbeitnehmer). Schon die Absicht solcher anzeigepflichtiger Entlassungen hat der Arbeitgeber dem → Betriebsrat (bzw. der zuständigen Abeitnehmervertretung) mitzuteilen (§ 17 II 1 KSchG); dessen Stellungnahme ist der schriftlichen Anzeige über diese Absicht an die → Agentur für Arbeit beizufügen (§ 17 III KSchG). Die Kündigungen selbst werden vor Ablauf eines Monats nach Eingang der Anzeige nur wirksam, wenn die → Agentur für Arbeit zustimmt (§§ 18, 20 KSchG; Entlassungssperre iS einer Mindestkündigungsfrist).

Wegen europarechtlicher Vorgaben der vorgenannten Richtlinie sind die Begriffe Betrieb, Entlassung und Arbeitnehmer abweichend vom sonstigen nationalen Recht zu verstehen (zB hins. Fremdgeschäftsführern, aber auch hins. geringerer Anforderungen an die Leitungsmacht eines Betriebs).

Fehler bei der Anzeige – selbst zB bei der örtlichen Zuständigkeit der Arbeitsagentur oder deren nicht ordnungsgemäßer Information – führten bislang zur Unwirksamkeit der Kündigungen. Der 6. Senat des BAG erwägt, an diesem Sanktionssystem nicht mehr (vollständig) festzuhalten. Nach einem ersten Vorabentscheidungsersuchen an den EuGH hat der 6. Senat mit Urt. v. 23.5.2024 – 6 AZR 155/21 – festgehalten, dass jedenfalls ein Verstoß lediglich gegen die Übermittlungspflicht gem. § 17 III 1 KSchG nicht zur Unwirksamkeit der Kündigung(en) führt, dass dies bei gänzlich unterlassener oder nicht ordnungsgemäßer Durchführung des Konsultationsverfahrens aber weiterhin der Fall sein kann. Ein zuvor vom 6. Senat gem. § 45 III 1 ArbGG eingeleitetes Anfrageverfahren hat der 2. Senat des BAG ausgesetzt (Az. 2 AS 22/23 (A)) und den EuGH ebenfalls um die Beantwortung von Fragen zur Auslegung der den §§ 17 ff. KSchG zugrundeliegenden Richtlinie 98/59/EG ersucht; dort anhängig unter dem Az. C-134/24. Auch ein weiteres Vorabentscheidungsersuchen des 6. Senats (Az. 6 AZR 152/22 (A)) ist derzeit (Februar 2025) beim EuGH anhängig (Az. C-402/24).

APAS
→ Abschlussprüferaufsichtsstelle.

Apostille
ist die vereinfachte Form der → Legalisation einer Urkunde zwecks Verwendung im Ausland, wobei die Echtheit der Unterschrift ohne Mitwirkung eines Konsulats durch eine inländische Behörde bestätigt wird. Ob im Einzelfall eine Apostille genügt, ergibt sich aus den zwischenstaatlichen Abkommen.

Apostolische Administratur
ist in der → kath. Kirche eine diözesanähnliche Teilkirche, die aus Teilen einer oder mehrerer → Diözesen gebildet wurde, insbesondere um schwierigen politischen Verhältnissen zu begegnen. Die Apostolische Administratur ist einer Diözese rechtlich grundsätzlich gleichgestellt. Sie wird im Namen des → Papstes durch

einen Apostolischen Administrator geleitet. Für den im Bereich der ehem. DDR liegenden Teil der Erzdiözese Breslau wurde zB die frühere Apostolische Administratur Görlitz gebildet, die nunmehr mit gleichem Gebiet die Diözese Görlitz bildet.

Apostolische Pönitentiarie
→ Kirchliche Gerichtsbarkeit (1d).

Apostolische Signatur
→ kirchliche Gerichtsbarkeit (1d).

Apostolischer Nuntius
→ Nuntius.

Apostolischer Stuhl
(→ Heiliger Stuhl) ist in der → katholischen Kirche die Bezeichnung für den → Papst und die Behörden der → Kurie.

Apothekenrabatt
ist der Preisnachlass, den die Apotheken den → Krankenkassen zu gewähren haben, sofern diese die Rechnung binnen 10 Tagen nach Eingang begleichen; er wird seit 2009 von den Vertragspartnern regelmäßig angepasst. Von Februar 2023 bis Januar 2025 beträgt der Abschlag für verschreibungspflichtige Fertigarzneimittel 2 EUR je Arzneimittel (ab dann 1,77 EUR) und für sonstige Arzneimittel 5 vom Hundert auf den für den Versicherten maßgeblichen Arzneimittelpreis (§ 130 SGB V). Die Einzelheiten dazu sind im Rahmenvertrag zu § 129 SGB V geregelt.

Apothekenwesen
Den Apotheken obliegt nach dem Gesetz über das Apothekenwesen (ApoG) v. 15.10.1980 (BGBl. 1980 I 1993 mÄnd) die im öffentlichen Interesse gebotene Sicherstellung einer ordnungsgemäßen Arzneimittelversorgung der Bevölkerung. Der Betrieb einer Apotheke bedarf der Erlaubnis (Konzession) der zuständigen Landesbehörde, auf deren Erteilung ein Rechtsanspruch besteht, soweit die in § 2 ApoG genannten Voraussetzungen vorliegen (u. a. Approbation als Apotheker, deutsche oder EG-Staatsangehörigkeit, Zuverlässigkeit und Eignung). Die Erlaubnis verpflichtet zur persönlichen Leitung der Apotheke in eigener Verantwortung (§ 7 ApoG; Ausnahmen s. §§ 9, 13, 26 ApoG bei – grundsätzlich untersagter – Verpachtung und Erbfall). Das Gesetz enthält ferner Vorschriften für Krankenhaus-, Bundeswehr-, Zweig- und Notapotheken (§§ 14 ff. ApoG). Zu → Internet-Apotheken s. dort. Nähere Betriebsvorschriften enthält die ApothekenbetriebsVO (ApBetrO) v. 26.9.1995 (BGBl. 1995 I 1195) mÄnd ua über Apothekenleiter, pharmazeutisches Personal, Beschaffenheit der Apothekenbetriebsräume, Dienstbereitschaft sowie Herstellung, Prüfung, Vorratshaltung, Aufbewahrung und Abgabe der Arzneimittel, Rezeptsammelstellen. Der Berechtigungsinhaber darf bis zu drei Filialapotheken betreiben. Für Versandapotheken sind die Vorgaben aus § 11a APoG zu beachten, die eine qualitativ hochwertige Leistungserbringung sicherstellen sollen. Die Reform des Apothekengesetzes war in Planung; ob eine entsprechende Umsetzung erfolgt (zB mit der Erlaubnis des Betriebes von sog. Zweigstellen), ist derzeit aber offen.

Apotheker
Der Apotheker ist berufen, die Bevölkerung ordnungsgemäß mit Arzneimitteln zu versorgen. Er dient damit der Gesundheit des einzelnen Menschen und des gesamten Volkes (§ 1 BApO). Den Beruf des Apothekers darf nach der Bundes-Apothekerordnung v. 19.7.1989 (BGBl. 1989 I 1478) mÄnd ausüben, wer als Apotheker approbiert ist, was das Bestehen der pharmazeutischen Prüfung sowie die körperliche und geistige Tauglichkeit voraussetzt (§ 2 ApoG); sa die nach § 5 BApO erlassene Approbationsordnung für Apotheker v. 19.7.1989 (BGBl. 1989 I 1489) mÄnd, die ua die Mindestanforderungen an das Studium der Pharmazie und die praktische Ausbildung, die pharmazeutische Prüfung und die Approbation regelt. Ein polizeiliches Führungszeugnis ist erforderlich. Gleichwertige Abschlüsse aus den Mitgliedstaaten der EU werden anerkannt. Zum selbständigen Betrieb einer Apotheke ist darüber hinaus eine Erlaubnis der zuständigen Landesbehörde nach Maßgabe des § 2 Gesetz über das → Apothekenwesen erforderlich. Befähigungen zum Beruf des Apothekers aus dem Gebiet der ehem. DDR sind übergeleitet (§ 14 I S. 2 BApothO).

Appellation
= Anrufung eines höheren Gerichts (lat. appellare).

Approbation
ist die gesetzliche Bezeichnung für die Zulassung zur Tätigkeit als → Arzt, → Zahnarzt, → Tierarzt, Psychologischer Psychotherapeut, Kinder- und Jugendlichenpsychotherapeut oder → Apotheker. Sie richtet sich nach der jeweiligen Approbationsordnung, so z. B. Approbationsordnung für Ärzte (ÄApprO 2002) v. 27.6.2002 (BGBl. 2002 I 2405) mÄnd, Approbationsordnung für Zahnärzte (ZÄprO 2002) v. 26.1.1955 (BGBl. 1955 I 37) mÄnd, Verordnung zur Approbation von Tierärztinnen und Tierärzten (TAppV) v. 27.7.2006 (BGBl. 2006 I 1827) mÄnd, Approbationsordnung für Psychotherapeuten (PsychThApprO) vom 4. März 2020 (BGBl. I 448) mÄnd, Approbationsordnung für Apotheker (AAppO) v. 19.7.1989 (BGBl. 1989 I 1489) mÄnd.

Aquakultur
umfasst die kontrollierte Produktion von aquatischen Organismen (Fische, Muscheln, Krebstiere, Pflanzen uam). Die Aquakultur beinhaltet die Zucht für die Arterhaltung, Nahrungsmittel-, Medizin-, Pharmazie- und Kosmetikindustrie. Im Gegensatz zum Fischfang hegt und pflegt der Aquakultur-Besitzer seinen Bestand; vgl. → Fischereirecht. Bekannteste Beispiele der Aquakultur in Deutschland dürften Forellen- und Karpfenzucht sein.

Rechtlich geregelt wird die Aquakultur durch die VO (EU) 1379/2013 v. 11.12.2013, ABl. EU 2013 L 354, 1, sowie durch die VO (EG) 708/2007 v. 11.6.2007, ABl. EG 2007 L 168, 1, über die Verwendung nicht heimischer und gebietsfremder Arten in der Aquakultur; → Gemeinsame Fischereipolitik, → Tierseuchen (4). In Bezug auf → invasive gebietsfremde Arten mit unionsweiter Bedeutung wird die Dauer einer bereits erteilten Einfuhr- oder Umsiedelungsgenehmigung durch Art. 32 III VO (EU) 1143/2014 begrenzt.

Arbeit auf Abruf
Arbeit auf Abruf ist eine in § 12 TzBfG geregelte besondere Art der Teilzeitarbeit (→ Zeitarbeitsverhältnis, 1), bei der der Arbeitnehmer seine Arbeitsleistung entsprechend dem Arbeitsanfall zu leisten hat (anders als bei in gewissen Grenzen freiwilliger Übernahme von Überstunden). Dennoch muss eine bestimmte wöchentliche und tägliche Mindestarbeitszeit festgelegt werden, um das Wirtschaftsrisiko nicht allein zu Lasten des Arbeitnehmers zu verteilen. Von dieser Basis aus darf die abzurufende Arbeit nur in gewissem Umfang schwanken (§ 12 II TzBfG). Ist keine Arbeitszeit vereinbart, gilt eine wöchentliche Mindestarbeitszeit von 20 (bis 2018: zehn) Stunden als vereinbart, sofern sich eine von den Vertragsparteien gewollte Mindestarbeitszeit nicht anders (zB aus der bisherigen Vertragsdurchführung) ermitteln lässt (BAG 7.12.005 – 5 AZR 535/04, NZA 2006, 423). Ruft der Arbeitgeber keine Arbeit ab, hat der Arbeitnehmer Anspruch auf Vergütung der vereinbarten bzw. der anhand der bisherigen Praxis ermittelten bzw. letztlich der nach § 12 I 3 TzBfG fingierten Mindestarbeitszeit (BAG 24.9.2014 – 5 AZR 1024/12, NJW 2014, 3471). In der Praxis kann es dadurch zu Schwierigkeiten kommen, dass gem. § 12 III TzBfG der Arbeitgeber den Abruf mind. vier Tage im Voraus mitteilen und (seit August 2022) den möglichen Zeitrahmen des Abrufs anhand von Referenzstunden und -tagen festlegen muss. Ein Anwendungsfall ist KAPOVAZ (Kapazitätsorientierte variable Arbeitszeit), sofern keine Vollzeittätigkeit vorliegt.

Arbeit, Freiheit der –
→ Beruf (freie Wahl und Ausübung), → Zwangsarbeit (Verbot).

Arbeiter
Arbeiter ist jeder → Arbeitnehmer, der nicht unter den Begriff des → Angestellten fällt. Ein Indiz ist der Bezug von Wochen- oder Stundenlohn. Sa → Facharbeiter. Die Unterscheidung zwischen Arbeitern und → Angestellten ist heute außerhalb des Tarifrechts (insbes. im Baubereich) und weniger Bereiche des öffentlichen Rechts weitgehend bedeutungslos. In der Rentenversicherung (→ Arbeiterrentenversicherung), dem Betriebs- und Personalvertretungsrecht, der → Entgeltfortzahlung im Krankheitsfall sowie bei den Kündigungsfristen (§ 622 BGB) gibt es keine Unterschiede mehr, näher unter → Angestellte.

Arbeiterrentenversicherung
Die Arbeiterrentenversicherung nach der Reichsversicherungsordnung (RVO) war bis zum Inkrafttreten des Rentenreformgesetzes 1992 ein eigenständiger Zweig der gesetzlichen → Rentenversicherung. Seit dem 1.1.1992 war sie Teil der Rentenversicherung nach dem SGB VI. Durch das Gesetz zur Organisationsreform der gesetzlichen Rentenversicherung (RVOrgG v. 9.12.2004, BGBl. 2004 I 3242) ist die Arbeiterrentenversicherung Teil der → Deutschen Rentenversicherung geworden und die früheren → Landesversicherungsanstalten wurden zu → Regionalträgern der gesetzlichen Rentenversicherung. Es gibt 14 Regionalträger in Deutschland. In einigen Bundesländern gibt es mehrere Regionalträger (zB Bayern mit Bayern-Süd, Schwaben und Nordbayern, NRW mit Rheinland und Westfalen). Oldenburg in Niedersachsen und Bremen bilden den Regionalträger Oldenburg-Bremen. Die Länder Hamburg, Mecklenburg-Vorpommern, Schleswig-Holstein vereinen sich in der Deutschen Rentenversicherung Nord. Länder, die dem Regionalträger Mitteldleutschland angehören sind Sachsen, Sachsen-Anhalt, Thüringen). Die nicht aufgeführten Länder haben jeweils nur einen Regionalträger.

Arbeitgeber
Arbeitgeber ist jede natürliche oder → juristische Person, die einen anderen (den → Arbeitnehmer; sa → arbeitnehmerähnliche Personen) in einem → Arbeitsverhältnis beschäftigt. Der Arbeitgeber ist zugleich Dienstberechtigter iSd §§ 611–630 BGB. Der Entleiher bei → Leiharbeit gilt für bestimmte Schutzvorschriften als Arbeitgeber (zB § 6 AGG). Der → Reeder hat nach SeeArbG die Pflichten eines Arbeitgebers, auch wenn er nicht selbst Vertragsarbeitgeber ist. → Lohnsteuer.

Arbeitgeberanteil
1. Arbeitgeberanteil ist der Teil des Beitrags zur → Sozialversicherung, den der Arbeitgeber für versicherungspflichtig Beschäftigte aufzubringen hat. In der → Krankenversicherung, der → Rentenversicherung und in der → Arbeitsförderung nach dem SGB III beträgt er grundsätzlich 50 vH des Beitrags. Soweit in den Ländern im Hinblick auf die Einführung der → Pflegeversicherung ein Feiertag aufgehoben worden ist, gilt dies auch für die Pflegeversicherung. Besonderheiten, die zu einem höheren Arbeitgeberanteil führen, gelten für die → Knappschaftsversicherung.

2. Allein zu tragen hat der Arbeitgeber grundsätzlich die Beiträge für (versicherte) → geringfügig Beschäftigte (Entgeltgeringfügigkeit, wenn Versicherungsfreiheit in der Rentenversicherung beantragt wurde, mit Sonderregelungen für kurzzeitig Beschäftigte), bei Leistung eines → sozialen Jahres, eines

→ ökologischen Jahres oder eines Dienstes nach dem Bundesfreiwilligendienstgesetz (→ Bundesfreiwilligendienst) sowie bei → Nachversicherung in der Rentenversicherung; ferner bei Personen, die in Einrichtungen der Jugendhilfe durch Beschäftigung für eine Erwerbstätigkeit befähigt werden sollen oder in Einrichtungen für behinderte Menschen (insbes. Berufsbildungswerke) an berufsfördernden Maßnahmen teilnehmen; §§ 341–351 SGB III; §§ 8, 20, 28d–28g SGB IV, §§ 249 ff. SGB V, §§ 168 ff. SGB VI, §§ 58 f. SGB XI; → Gleitzone. Der Beitrag zur gesetzlichen Unfallversicherung ist vom Arbeitgeber alleine aufzubringen. → Geringfügige Beschäftigung (2); → Lohnsteuer; → Steuerpflicht. Zur geringfügigen Beschäftigung ist darauf hinzuweisen, dass grundsätzlich eine Versicherungspflicht zur Rentenversicherung in der entgeltgeringfügigen Beschäftigung besteht, aber auf Antrag → Versicherungsfreiheit hergestellt werdenkann. Im Fall der Rentenversicherungspflicht zahlen Arbeitgeber und Arbeitnehmer ihren Anteil. Der Arbeitgeberanteil des Arbeitgebers beträgt 15 Prozent des der Beschäftigung zu Grunde liegenden Arbeitsentgelts. Handelt es sich um eine geringfügige Beschäftigung in einem Privathaushalt, sind statt 15 Prozent lediglich 5 Prozent zu berücksichtigen.

Arbeitgeberdarlehen
Zuwendungen des Arbeitgebers an den Arbeitnehmer sind immer dann als Arbeitgeberdarlehen zu bewerten, wenn es sich um Beträge handelt, die den jeweiligen Lohnanspruch des Arbeitnehmers erheblich übersteigen und nicht auf den Arbeitslohn bezogen sind. Die Hingabe eines Darlehens ist lohnsteuerlich unbeachtlich, wenn es sich um ein echtes Darlehen, wie unter fremden Dritten üblich, handelt. Etwas anderes gilt grundsätzlich für die Zinsersparnisse, die wegen eines geringeren Effektivzinses als den marktüblichen entstehen. Hier kann steuerpflichtiger Arbeitslohn in Form eines → geldwerten Vorteils vorliegen. Der marktübliche Zinssatz wurde früher (seit 1. Januar 2005) mit 5 vH angesetzt. Ab 2008 ist dieser Maßstabszinssatz nicht mehr anzuwenden, sondern allein auf die marktüblichen Konditionen bei Vergabe des Darlehens abzustellen. Dies gilt auch für bereits vor diesem Zeitpunkt abgeschlossene Darlehensverträge. Bleibt die Zinsersparnis unter der monatlichen Freigrenze für Sachbezüge von 44 EUR, so ist der geldwerte Vorteil lohnsteuerfrei. Aus Vereinfachungsgründen ist der Zinsvorteil nicht steuerpflichtig, wenn die offene Darlehensforderung am Ende des Lohnabrechnungszeitraums die → Freigrenze von 2.600 EUR nicht übersteigt. Verzichtet der Arbeitgeber ganz oder teilweise auf die Rückzahlung eines Darlehens, ist in Höhe der erlassenen Darlehensschuld regelmäßig steuerpflichtiger Arbeitslohn zu sehen. Im Zeitpunkt des Verzichts ist der erlassene Betrag als sonstiger Bezug zu versteuern.

Arbeitgeberverbände
Arbeitgeberverbände sind → Vereine, in denen sich → Arbeitgeber idR nach bestimmten Industrie- oder Gewerbezweigen zusammengeschlossen haben. Es bestehen Fachverbände als Orts-, Bezirks-, Landes- und Bundesverbände und allgemeine Arbeitgeberverbände auf Landesebene als Zusammenschluss der Fachverbände, als Spitzenverband die Bundesvereinigung der deutschen Arbeitgeberverbände. Besonders geregelt sind die öffentlichrechtlichen → Handwerksinnungen. Die Arbeitgeberverbände sind als sog. Sozialpartner tariffähig (→ Tariffähigkeit). Die Satzung kann aber auch eine „OT-Mitgliedschaft" ohne Tarifbindung vorsehen, bei der „OT-Mitglieder" vom Service-Angebot profitieren; dies ist grds. zulässig, wenn nicht durch Intransparenz das Funktionieren des Tarifvertragssystems gefährdet wird und ein Einfluss der OT-Mitglieder auf die Tarifgestaltung ausgeschlossen ist. Die Arbeitgeberverbände sind auch bei der staatlichen Rechtssetzung für Mindestarbeitsbedingungen beteiligt (§ 5 MiLoG, § 5 I TVG, § 12 II AEntG). Arbeitgeberverbände sind vor den Gerichten der Arbeitsgerichtsbarkeit stets parteifähig (§ 10 ArbGG); ihre Vertreter sind vor diesen, den Finanz- und den Sozialgerichten als Prozessbevollmächtigte der Mitglieder → postulationsfähig (§ 11 ArbGG, § 62 FGO, § 73 SGG). Die Arbeitgeberverbände sind bei Verwaltungsmaßnahmen und der Ernennung der haupt- und ehrenamtlichen Richter in der Arbeitsgerichtsbarkeit beteiligt (§§ 14, 18, 20 ArbGG), ähnlich in der Sozialgerichtsbarkeit. Wie Gewerkschaften sind Arbeitgeberverbände aus verfassungs- (Art. 9 III GG) und völkerrechtlichen Gründen vor einem Verbot besonders geschützt (§ 16 VereinsG, Übereinkommen Nr. 87 der Internationalen Arbeitsorganisation vom 9. Juli 1948 über die Vereinigungsfreiheit und den Schutz des Vereinigungsrechts – BGBl. 1956 II 2072).

Arbeitgeberwechsel
→ Betriebsübergang, → Umwandlung.

Arbeitnehmer
1. Arbeitnehmer ist, wer in einem privatrechtlichen → Arbeitsverhältnis steht und vom → Arbeitgeber persönlich abhängig, nach Art und Umfang weisungsgebundene, also persönlich unselbständige Arbeit leistet (§ 611a BGB kodifiziert ohne großen Erkenntniswert die bisherigen Definitionsformeln). Wirtschaftliche Abhängigkeit ist daher nicht ausreichend; eine Freiheit, Aufträge ablehnen zu können (zB bei bestimmten → Crowdworkern) steht der Annahme eines Arbeitsverhältnisses entgegen. Der Arbeitnehmer ist der zur Dienstleistung Verpflichtete iSd §§ 611–630 BGB. Die häufige gesetzliche Definition (Arbeitnehmer sind → Arbeiter, → Angestellte und die zur Berufsausbildung Beschäftigten, vgl. § 5 ArbGG) ist zirkulär; der Unterschied zwischen Arbeitern und Angestellten kann heute weitgehend als rechtlich irrelevant angesehen wer-

den. In gewissem Umfang gleichgestellt sind sog. → arbeitnehmerähnliche Personen. Der sozialversicherungsrechtliche Begriff des → Beschäftigten (§ 7 SGB IV) ist dagegen für den Arbeitnehmerbegriff des Arbeitsrechts nicht anwendbar. Für Arbeitnehmer gilt das → Arbeitsrecht.

2. In einigen Bereichen können einzelne Gesetze (u. a. ArbGG, BetrVG, KSchG) bestimmte Personengruppen zusätzlich unter den Arbeitnehmerbegriff fassen (s. zB → anzeigepflichtige Entlassungen gem. §§ 17 ff. KSchG) oder auch davon ausschließen. So gelten zB für → leitende Angestellte vielfach Ausnahmen, obwohl sie gem. Definition Arbeitnehmer sind, s. zB → Kündigungsschutz für Arbeitnehmer (vereinfachte Beendigungsmöglichkeit), → Betriebsratswahl bzw. → Mitbestimmung (SprAuG statt BetrVG). Keine Arbeitnehmer sind insbes. → Richter, → Beamte und → Soldaten, grds. die gesetzlichen Vertreter juristischer Personen (zB Vorstandsmitglieder einer AG, Geschäftsführer einer GmbH oder GmbH & Co. KG – jedenfalls kraft gesetzlicher Fiktion in verschiedenen Gesetzen, zB § 14 I KSchG, anders für Fremdgeschäftsführer nach Beendigung der Organstellung: § 5 I ArbGG), die geschäftsführenden Gesellschafter einer oHG, KG oder BGB-Gesellschaft, Strafgefangene, Empfänger von Sozialleistungen, die bestimmte gemeinnützige Arbeiten verrichten, oder (jedenfalls iSd BetrVG) Personen, die aus familienrechtlichen, religiösen oder karitativen Gründen arbeiten (§ 5 II BetrVG).

3. Steuerlich bestimmt sich der Begriff des Arbeitnehmer nach § 1 LStDV. Er ist nicht deckungsgleich mit dem Begriff des Arbeitnehmers in anderen Rechtsgebieten, insbes. besteht keine Übereinstimmung mit dem arbeitsrechtlichen Begriff. Auch die sozialversicherungsrechtliche Einordnung einer Tätigkeit als nichtselbständige hat keine unmittelbare Bindungswirkung für das Steuerrecht. Sie kann allenfalls als Indiz herangezogen werden. Ein sog. scheinselbständiger Arbeitnehmer kann daher zwar sozialversicherungsrechtlich als Arbeitnehmer gelten, steuerrechtlich jedoch nicht. Für die steuerrechtliche Beurteilung des Begriffs Arbeitnehmer ist das Gesamtbild des Beschäftigungsverhältnisses maßgebend. Dabei ist ua darauf abzustellen, ob eine Eingliederung in den betrieblichen Organismus des Arbeitgebers vorliegt und dieser weisungsbefugt ist. Auf die Bezeichnung im Arbeitsvertrag kommt es dagegen nicht an, vgl. → wirtschaftliche Betrachtungsweise. Arbeitnehmer erzielen Einkünfte aus nichtselbständiger Arbeit. Die Einkommensteuer wird in Form der → Lohnsteuer durch Abzug vom Arbeitslohn erhoben.

Arbeitnehmerähnliche Personen
Arbeitnehmerähnliche Personen sind solche, die für einen Unternehmer arbeiten, der nicht → Arbeitgeber sein muss, und die infolge ihrer wirtschaftlichen Abhängigkeit und Unselbständigkeit → Arbeitnehmern ähnlich sind (anders besonders deutlich Fremdgeschäftsführer einer GmbH, die das BAG als „arbeitgeberähnlich" bezeichnet). Arbeitnehmerähnliche Personen sind aufgrund ihrer fehlenden oder deutlich geringeren Weisungsgebundenheit nicht persönlich abhängig beschäftigt wie Arbeitnehmer und sind daher Selbständige, sind aber aufgrund ihrer wirtschaftlichen Abhängigkeit vom Unternehmer mit Arbeitnehmern vergleichbar. Unter den Begriff fallen insbes. → Heimarbeiter (auch besonders qualifizierte Personen wie zB Programmierer) und (auch wenn ihr Vertragsverhältnis auf eine selbständige Tätigkeit ausreichtet ist) → Handelsvertreter als Einfirmenvertreter mit Monatsverdienst (inkl. Provisionen und Aufwandsentschädigung) bis 1.000 EUR (§ 5 I 2, III ArbGG). Für arbeitnehmerähnliche Personen gilt vielfach das → Arbeitsrecht (zB im Urlaubsrecht § 2 BUrlG), nicht aber zB die Kündigungsfristen für Arbeitnehmer (→ Kündigungsfristen im Arbeitsrecht). Die Rechtsstreitigkeiten arbeitnehmerähnlicher Personen (jedoch nur aus dem Dienstverhältnis mit dem Unternehmer, von dem sie wirtschaftlich abhängig sind) gehören stets vor die → Arbeitsgerichtsbarkeit (§ 5 I ArbGG).

Arbeitnehmeraktie
Arbeitnehmeraktien (Belegschaftsaktien) können über ein → Bezugsrecht geschaffen werden, sa § 71 I AktG. Sofern Arbeitnehmer als Leistungsanreiz Aktien oder andere Wertpapiere erhalten, gelten Ausnahmen von den wertpapierrechtlichen Prospektvorschriften (§ 4 II WpPG). Zur steuerlichen Behandlung vgl. § 3 Nr. 39 EStG.

Arbeitnehmeranteil der Sozialversicherungsbeiträge
Der von den Arbeitnehmern zu tragende Teil des Beitrages zur → Arbeitsförderung, zur → Krankenversicherung, zur → Pflegeversicherung sowie zur → Rentenversicherung beträgt grundsätzlich 50 vH des Beitrags. Soweit in den Ländern mit Ausnahme Sachsens im Hinblick auf die Einführung der → Pflegeversicherung ein Feiertag aufgehoben worden ist, gilt dies auch für die Pflegeversicherung. Besonderheiten, die zu einem geringeren Arbeitnehmeranteil führen, gelten für die → Knappschaftsversicherung. In bestimmten Fällen hat der Arbeitgeber den gesamten Beitrag allein zu tragen (→ Arbeitgeberanteil); dann fällt kein Arbeitnehmeranteil an (Ausnahmen bestehen für Arbeitseinkommen in der → Gleitzone und für die → geringfügige Beschäftigung). Schuldner des gesamten Beitrages gegenüber dem Versicherungsträger ist in der → Pflichtversicherung der Arbeitgeber. Er zieht den Arbeitnehmeranteil bei der Entgeltzahlung vom Arbeitsentgelt ab; nur auf diesem Wege darf der Arbeitnehmeranteil eingezogen werden. Die Abzüge sind gleichmäßig auf die Entgeltzeiten zu verteilen, auf die sie fallen. Rückwirkender Abzug ist nur möglich bei

den drei nächsten Entgeltzahlungen, danach nur, wenn der Arbeitgeber am Unterbleiben des Abzugs schuldlos war, zB wegen einer rückwirkenden Tariferhöhung oder Lohnzahlung (§§ 341–351 SGB III, §§ 28d–28g SGB IV, § 249 SGB V, §§ 168, 173 ff. SGB VI, §§ 58 f. SGB XI). Der Zusatzbeitrag wurde bis 2018 von den Arbeitnehmern allein gezahlt; die hälftige Zahlung erfolgt seit 2019, womit die Grundidee der paritätischen Finanzierung der Sozialversicherungsbeiträge wieder hergestellt ist.

Arbeitnehmer-Entsendegesetz
→ Entsendegesetz; → Allgemeinverbindlichkeit.

Arbeitnehmererfindung
→ Erfindungen von → Arbeitnehmern (im privaten oder öffentlichen Dienst), von → Beamten und → Soldaten, für die ein technisches Schutzrecht (→ Patent oder → Gebrauchsmuster) erlangt werden kann, unterliegen dem Gesetz über Arbeitnehmererfindungen v. 25.7.1957 (– ArbNErfG BGBl. 1957 I 756 mÄnd). Man unterscheidet: 1. Diensterfindungen (oder auch: gebundene Erfindungen), die während der Dauer des → Arbeitsverhältnisses (selbst in der Freizeit) gemacht werden und die entweder aus der im Betrieb oder in der öffentlichen Verwaltung obliegenden Tätigkeit entstanden sind oder maßgeblich auf den dort gewonnenen Erfahrungen oder durchgeführten Arbeiten beruhen (§ 4 Abs. 2 ArbNErfG). 2. Freie Erfindungen, die nicht Diensterfindungen sind (§ 4 Abs. 3 ArbNErfG). Das → Erfinderrecht entsteht immer in der Person des Arbeitnehmers, Beamten oder Soldaten; er muss die Erfindung aber dem → Arbeitgeber melden (bei Diensterfindungen, § 5 ArbNErfG) oder mitteilen (bei freien Erfindungen, § 18 ArbNErfG). Eine Diensterfindung kann der Arbeitgeber in Anspruch nehmen, entweder unbeschränkt mit der Wirkung, dass alle Rechte auf ihn übergehen, oder beschränkt, so dass er ein nichtausschließliches Nutzungsrecht erwirbt (§ 7 ArbNErfG). Die Diensterfindung wird frei, wenn und soweit der Arbeitgeber sie freigibt (§ 8 ArbNErfG). Nimmt der Arbeitgeber die Erfindung in Anspruch, so muss er eine angemessene Vergütung leisten (§ 9 ArbNErfG) und grds. Schutzrechte anmelden (§§ 5 f. ArbNErfG). Die Höhe der Vergütung wird grds. durch → Vertrag vereinbart; kommt ein solcher nicht zustande (etwa weil sich die Parteien nicht einigen können), so setzt der Arbeitgeber die Vergütung schriftlich fest (§ 12 ArbNErfG). Dagegen kann der Arbeitnehmer wie bei allen Streitigkeiten aus einer Arbeitnehmererfindung die Schiedsstelle beim → Deutschen Patent- und Markenamt anrufen (§§ 28 f. ArbNErfG), die einen begründeten Einigungsvorschlag abgibt (§ 34 ArbNErfG), und danach oder unter bestimmten Voraussetzungen (zB nach Ausscheiden aus dem Betrieb) sofort Klage erheben; zuständig ist die Patentstreitkammer beim Landgericht (→ Patentstreitsachen), nur für Ansprüche auf Leistung einer bereits festgestellten oder festgesetzten Vergütung das → Arbeitsgericht (§ 2 Abs. 2 lit. a ArbGG). Eine freie Erfindung kann vom Arbeitgeber nicht in Anspruch genommen werden; jedoch muss der Arbeitnehmer ihm zu angemessenen Bedingungen ein nichtausschließliches Benutzungsrecht anbieten, wenn sie in den Arbeitsbereich des Betriebs fällt (§ 19 ArbNErfG). Bloße Technische Verbesserungsvorschläge (also von Arbeitnehmern erdachte, nicht patent- oder gebrauchsmusterfähige technische Neuerungen, § 3 ArbNErfG) können ohne weiteres vom Arbeitgeber übernommen werden und begründen nur eine Vergütungspflicht, für deren Höhe das Gleiche gilt wie bei der Diensterfindung (§ 20 ArbNErfG).

Arbeitnehmerfreizügigkeit
1. Nach Art. 45–48 AEUV gewährleistet das → Europäische Recht die Freizügigkeit der Arbeitnehmer. Die Arbeitnehmerfreizügigkeit gehört zusammen mit der → Niederlassungsfreiheit der Selbständigen (Art. 49–55 AEUV) zu den Grundelementen des europäischen Binnenmarkts (→ Binnenmarkt, europäischer). Arbeitnehmerfreizügigkeit genießen grundsätzlich alle Staatsangehörigen der Mitgliedstaaten. Arbeitnehmer iSd Bestimmung sind alle abhängig Beschäftigten. Nach Art. 45 IV AEUV findet die Arbeitnehmerfreizügigkeit keine Anwendung auf die Beschäftigung in der öffentlichen Verwaltung. Die Ausnahme gilt aber nicht für jede Beschäftigung bei einer juristischen Person des öffentlichen Rechts, sondern nur für Beschäftigungsverhältnisse, mit denen die Ausübung öffentlicher Gewalt verbunden ist.

2. Beim Beitritt neuer Mitgliedstaaten (vgl. → Europäische Integration, 2 und 3e) wurden in den Beitrittsakten idR Übergangsfristen für die vollständige Anwendung der Arbeitnehmerfreizügigkeit vorgesehen, so seinerzeit beim Beitritt von Spanien, Portugal und Griechenland; die diesbezüglichen Übergangsregelungen sind spätestens am 31.12.1995 abgelaufen. Beim Beitritt Finnlands, Schwedens und Österreichs wurde die A. sofort in Kraft gesetzt, ebenso bei der 1. Osterweiterung (→ Europäische Integration, 3e) für die Staatsangehörigen Maltas und Zyperns. Die Arbeitnehmerfreizügigkeit für Estland, Lettland, Litauen, Polen, Slowakei, Slowenien, Tschechien und Ungarn (→ Europäische Integration, 3e) wurde auf fünf Jahre mit Erweiterungsmöglichkeit für weitere zwei Jahre in der Weise beschränkt, dass die einzelnen Mitgliedstaaten die bestehenden Beschränkungen ganz oder teilweise aufrechterhalten durften. Von dieser Möglichkeit hatten bis auf Irland alle Mitgliedstaaten mit im Einzelnen unterschiedlichen Regelungen Gebrauch gemacht. Die Beitrittsstaaten konnten ihrerseits gleichartige Beschränkungen erlassen (Reziprozität). Hier-

von hat aber nur Ungarn Gebrauch gemacht. 2011 sind diese Beschränkungen ausgelaufen. Für den Beitritt Bulgariens und Rumäniens (2. Osterweiterung; → Europäische Integration, 3e) gelten entsprechende Übergangsregelungen, die Ende 2013 ausliefen, für den Beitritt Kroatiens Regelungen, die am 30.6.2015 ausliefen. Entgegen einer verbreiteten gegenteiligen Vorstellung beziehen sich die Vorbehalte für Beitrittsstaaten nicht auf die → Niederlassungsfreiheit und nur eingeschränkt auf den → Dienstleistungsverkehr.

3. Die Arbeitnehmerfreizügigkeit wird durch zahlreiche sekundärrechtliche Normen konkretisiert (vgl. insbes. RL 2004/38/EG v. 29.4.2004, ABl. EG 2004 L 158, 77, ber. ABl. EG 2004 L 229, 35). Die nationale Umsetzung erfolgt durch das Gesetz über die allgemeine Freizügigkeit von Unionsbürgern (FreizügigkeitsG/EU v. 30.7.2004, BGBl. 2004 I 1950 mÄnd; vgl. → Ausländerrecht, 4).

Arbeitnehmerhaftung
→ innerbetrieblicher Schadensausgleich.

Arbeitnehmerhilfe
Die Arbeitnehmerhilfe gehörte zu den Leistungen der → Arbeitsförderung nach § 56 SGB III aF, die pro Beschäftigungstag geleistet worden ist. Die Leistung ist mit dem In-Kraft-Treten des SGB II (→ Grundsicherung für Arbeitsuchende; s. a. → Hartz-Gesetze) zum 31.12.2004 entfallen. Ihre Finanzierung war in § 56 SGB III aF geregelt.

Arbeitnehmerkammern
→ Arbeitskammern.

Arbeitnehmerkündigung
→ Arbeitsverhältnis (2), → Kündigungsschutz für Arbeitnehmer.

Arbeitnehmer-Pauschbetrag
Bei → Einkommen- und → Lohnsteuer kann von den → Einnahmen aus nichtselbständiger Arbeit für beruflich veranlasste Aufwendungen (→ Werbungskosten) ein → Pauschbetrag von jährlich 1.200 EUR (ab 2023 jährlich 1.230 EUR) geltend gemacht werden (§ 9a Nr. 1 EStG). Die Erhöhung des Arbeitnehmer-Pauschbetrags bringt für den einzelnen Stpfl. nur eine geringe Entlastung. Soweit die beruflich veranlassten Aufwendungen den Arbeitnehmer-Pauschbetrag übersteigen, müssen sie belegmäßig nachgewiesen und können anstelle des Arbeitnehmer-Pauschbetrags steuerlich berücksichtigt werden. Werden keine höheren Werbungskosten geltend gemacht, so wird von Amts wegen der Arbeitnehmer-Pauschbetrag gewährt. Der Arbeitnehmer-Pauschbetrag dient zur Vereinfachung des Steuerrechts und findet bei ca. 62 vH aller steuerpflichtigen Arbeitnehmer Anwendung. Der Arbeitnehmer-Pauschbetrag ist in die Lohnsteuertabelle für die Lohnsteuerklassen I bis V eingearbeitet. Der Arbeitnehmer-Pauschbetrag ist verfassungsgemäß (BVerfG, BStBl. II 97, 518). Die in den Jahren 2020 – 2022 gewährte Home-Office-Pauschale iHv fünf EUR pro Tag und max. 600 EUR und ab 2023 iHv 6 EUR pro Tag und max. 1.230 EUR pro Jahr für jeden Tag, der ausschließlich in der häuslichen Wohnung gearbeitet wird, wird auf den → Pauschbetrag angerechnet.

Arbeitnehmerschutz
Arbeitnehmerschutz wird durch vielfältige Vorgaben des Arbeitsrechts verwirklicht. Vgl. insbesondere → Kündigungsschutz für Arbeitnehmer, → Mindestarbeitsbedingungen und → Arbeitsschutz.

Arbeitnehmer-Sparzulage
wird Arbeitnehmern vom Staat bis zur Höhe von max. 470 EUR für die Anlage vermögenswirksamer Leistungen im Bereich des Wohnungsbaus gewährt. Bei Anlagen in betrieblichen oder außerbetrieblichen Beteiligungen beträgt der Höchstsatz 400 EUR. Diese müssen über den Arbeitgeber angelegt werden. → Vermögensbildung des Arbeitnehmers. Die Arbeitnehmer-Sparzulage stellt keine steuerpflichtige Einnahme dar (§ 13 Abs. 3 5. VermBG).

Arbeitnehmerüberlassung
→ Leiharbeitsverhältnis.

Arbeitnehmervertreter
→ Aufsichtsrat, → Drittelbeteiligungsgesetz, → Mitbestimmung (2).

Arbeitsamt
war vor dem 1.1.2004 die Bezeichnung für die jetzige → Agentur für Arbeit, → Bundesagentur für Arbeit. Der Sitz der Hauptverwaltung ist in Nürnberg (Bundesagentur für Arbeit). Im allgemeinen Sprachgebrauch ist „Arbeitsamt" allerdings immer noch weithin gebräuchlich.

Arbeitsaufsicht
ist die staatliche Aufsicht über die Einhaltung der Vorschriften des → Arbeitsschutzes. Sie obliegt der → Gewerbeaufsicht (§ 139b GewO, § 17 ArbZG, § 21 ArbSchG). Zur Überwachung der Unfallverhütungsvorschriften der → Berufsgenossenschaften s. → Unfallschutz. → Schwarzarbeit einschließlich unzulässiger Arbeitnehmerüberlassung (→ Leiharbeitsverhältnis), illegale Beschäftigung von Ausländern und die Einhaltung von Mindestarbeitsbedingungen werden durch die → Zollbehörden kontrolliert (§ 20 MiLoG, § 16 AEntG, § 2 SchwarzArbG). Insbes. die Zollbehörden haben hierbei besonders intensive Eingriffsrechte (§§ 3 ff. SchwarzArbG).

Arbeitsbedingungen
Die Regelung von Entgelten und sonstigen Arbeitsbedingungen (Arbeitszeit, Arbeitsplatz usw) ist grds. Gegenstand freier Vereinbarung im Einzelarbeitsvertrag (§ 105 GewO), in einer → Betriebsvereinbarung oder zwischen den Tarifvertragsparteien durch → Tarifvertrag. Zur Bestimmung eines → Mindestlohns s. → Allgemeinverbindlichkeit, → Mindestar-

beitsbedingungen. Sa → Entsendegesetz zu den Arbeitsbedingungen bei grenzüberschreitenden Dienstleistungen und besonderen Allgemeinverbindlicherklärungen auch ohne Auslandsbezug. Allgemein sind auch sonst vielfältige Mindestanforderungen zu erfüllen, zB betreffend den → Urlaub. Seit 1.1.2023 verpflichtet das → Lieferkettensorgfaltspflichtengesetz größere Unternehmen zur Beachtung der Einhaltung von → Mindestarbeitsbedingungen auch entlang ihrer internationalen Lieferketten. Zur Dokumentation der wesentlichen Vertragsbedingungen ggü. dem Arbeitnehmer nach dem Nachweisgesetz (NachwG) s. → Arbeitsvertrag. Zur Ermöglichung des in § 45b AufenthG ab dem 1.1.2026 vorgesehenen Beratungs- und Informationsangebot gegenüber Drittstaatsangehörigen im In- und Ausland über ua die eigenen Rechte und Pflichten in einem Arbeitsverhältnis in Deutschland zum Schutz vor Ausbeutung und Benachteiligung durch unfaire Arbeitsbedingungen hat das BMAS mWz 1.1.2025 die Drittstaatsangehörigenberatungsverordnung (DBV) erlassen.

Arbeitsberatung
→ Arbeitsförderung, → Berufsberatung. Die Arbeitsberatung erfolgt durch die → Agentur für Arbeit. Sie ist kostenfrei und kann grundsätzlich von allen Ratsuchenden in Anspruch genommen werden.

Arbeitsbereitschaft
→ Arbeitszeit (2).

Arbeitsbeschaffung
Die → Bundesagentur für Arbeit hatte die Möglichkeit, die Schaffung von Arbeitsplätzen durch finanzielle Zuwendungen zu fördern. In diesem Zusammenhang konnten insbesondere Arbeiten, die im öffentlichen Interesse liegen, durch die Gewährung von Zuschüssen an den Träger der Maßnahme gefördert werden, soweit die Arbeiten sonst nicht oder erst zu einem späteren Zeitpunkt durchgeführt würden und die Förderung nach Lage und Entwicklung des Arbeitsmarktes zweckmäßig erschien. Gewährt wurden insbesondere Zuschüsse zu den Arbeitsentgelten für von den Agenturen für Arbeit zugewiesene Arbeitnehmer. Die Zuschüsse betrugen idR zwischen 900 und 1300 EUR (vgl. §§ 260 ff. SGB III aF; → Strukturanpassungsmaßnahmen). Die Förderung von Arbeitsbeschaffungsmaßnahmen (ABM) ist zum 31.3.2012 eingestellt worden (Wegfall des sechsten Kapitels SGB III durch das Gesetz zur Verbesserung der Eingliederungschancen am Arbeitsmarkt v. 20.12.2011 (BGBl. 2011 I 2854). Sie wurden ersetzt durch die → Arbeitsgelegenheiten nach § 16d SGB II.

Arbeitsbescheinigung
Der Arbeitgeber muss bei Beendigung des Arbeitsverhältnisses Angaben über den Verdienst und die Beendigungsgründe ggü. der Agentur für Arbeit auf der Arbeitsbescheinigung gem. § 312 SGB III machen. Dies gilt nur, wenn der Arbeitnehmer oder die Agentur für Arbeit dies verlangen. Für die Klage auf Erteilung dieser Bescheinigung ist der Rechtsweg zu den Arbeitsgerichten eröffnet; über ihren Inhalt kann nur vor den Sozialgerichten gestritten werden (idR unmittelbar mit der Agentur für Arbeit über den Leistungsbezug, wobei der Inhalt der Arbeitsbescheinigung nur eine Vorfrage ist). Die Agentur für Arbeit verwendet die Angaben aus der Arbeitsbescheinigung zur Entscheidung über den Anspruch auf Arbeitslosengeld, insbes. hins. der Höhe und der Verhängung einer → Sperrzeit. Die Arbeitsbescheinigung ist dabei bloß Beweismittel, ohne dass die Agentur für Arbeit an die Angaben gebunden wäre. Bei Auslandsberührung ist auf Verlangen der Bundesagentur für Arbeit eine besondere Bescheinigung gem. § 312a SGB III zu erstellen. Seit dem 1.1.2023 sind gem. § 313a SGB III die Bescheinigungen elektronisch zu übermitteln; hat das Arbeitsverhältnis vor dem 1.1.2023 sein Ende gefunden, ist noch eine Bescheinigung in Papierform möglich (§ 451 II SGB III).

Arbeitsdirektor
Der Arbeitsdirektor ist das Mitglied des Vorstands eines mitbestimmten Unternehmens, der für den Personalbereich zuständig ist. Beschäftigt eine → Aktiengesellschaft oder eine Gesellschaft mit beschränkter Haftung im Bereich der Montanindustrie idR mehr als 1000 Arbeitnehmer, so bestellt der → Aufsichtsrat einen sog. Arbeitsdirektor zum gleichberechtigten Mitglied des Vorstands der Gesellschaft (§§ 1, 13 MontanmitbestimmungsG vom 21.5.1951, BGBl. 1951 I 347, mÄnd). Auf → Kommanditgesellschaften auf Aktien trifft dies nicht zu, auch nicht bei kapitalistischer Organisation mit einer Kapitalgesellschaft als Komplementär. Der Aufsichtsrat kann den Arbeitsdirektor nicht gegen die Stimmen der Mehrheit seiner Arbeitnehmervertreter bestellen oder seine Bestellung widerrufen. Der Arbeitsdirektor hat im Vorstand und in der Geschäftsführung die gleiche Stellung wie die anderen Vorstandsmitglieder oder Geschäftsführer. In seine Zuständigkeit fallen insbes. die sozial- und arbeitspolitischen Fragen der Gesellschaft, ohne dass dies durch Satzung abbedungen werden könnte. Wegen des Arbeitsdirektors in anderen Betrieben mit mehr als 2000 Beschäftigten → Mitbestimmung (2) und § 33 MitbestG. Vgl. in der → Societas Europaea, SE § 38 Abs. 2 SEBG; in der § 38 Abs. 2 SCEBG; § 27 Abs. 2 MgVG (ebenfalls nicht in der Kommanditgesellschaft auf Aktien). Sonderbestimmungen für Postnachfolgeunternehmen finden sich in § 1 VII PostPersRG.

Arbeitseinkommen
Der für die → Lohnpfändung (s. dort über die Berechnung des Arbeitseinkommens) maßgebende Begriff Arbeitseinkommen umfasst jede Vergütung für geleistete oder zugesagte persönliche Arbeit oder Dienste; es kann ein

→ Arbeitsverhältnis, ein → Dienstvertrag oder ein öffentlich-rechtliches Dienstverhältnis (insbes. Beamtenverhältnis) zugrunde liegen. Arbeitseinkommen sind auch → Ruhegehalt und Hinterbliebenenbezüge (§ 850 ZPO). Der Begriff ist daher weiter als der des → Arbeitslohns.

Im Bereich des → Sozialgesetzbuchs ist Arbeitseinkommen der nach den allgemeinen Gewinnermittlungsvorschriften des Einkommensteuerrechts ermittelte Gewinn aus selbständiger Tätigkeit (§ 15 SGB IV).

Arbeitsentgelt
→ Arbeitslohn, → Gehaltsanspruch. Der Begriff des Arbeitsentgelts iS der → Sozialversicherung (laufende od. einmalige Einnahmen aus einer unselbständigen Beschäftigung, auch wenn kein Rechtsanspruch bzw. nur ein mittelbarer Zusammenhang mit der Beschäftigung besteht, „Nettoarbeitsentgelt" sowie Sachbezüge, die konkrete Bezeichnung der Leistung sowie die Art der Erbringung sind unerheblich) ist in § 14 SGB IV ausführlich geregelt (→ Vorenthalten und Veruntreuen von Arbeitsentgelt). Die Zahlung von Arbeitsentgelt ist einklagbar, zuständig ist das → Arbeitsgericht.

Arbeitserlaubnis
→ Arbeitsgenehmigung. Die Arbeitserlaubnis ist Voraussetzung für die Aufnahme einer Arbeit in der Bundesrepublik Deutschland. Deutsche Staatsangehörige benötigen diese nicht. Ebenso Staatsangehörige aus der Europäischen Gemeinschaft. Auch Staatsangehörige aus Ländern, mit denen entsprechende Abkommen bestehen, benötigen die Arbeitserlaubnis nicht. Die → Agentur für Arbeit entscheidet über die Erteilung der Arbeitserlaubnis, im Regelfall auf Anfrage der jeweiligen Deutschen Botschaft im Ausland.

Arbeitsessen
→ Bewirtung.

Arbeitsförderung
1. Die Arbeitsförderung regelt sich seit dem 1.1.1998 nach dem SGB III v. 18.6.1997 (BGBl. 1997 I 1430) mÄnd, das an die Stelle des → Arbeitsförderungsgesetzes (AFG) getreten ist. Das SGB III regelt Aufgaben und Leistungen der → Bundesagentur für Arbeit. Die Arbeitsförderung nach dem SGB III wird ergänzt durch die → Grundsicherung für Arbeitsuchende (→ Bürgergeld) nach dem SGB II.

2. Durch die Leistungen der Arbeitsförderung soll der Ausgleich am Arbeitsmarkt unterstützt werden, indem Ausbildungs- und Arbeitsuchende über Lage und Entwicklung des Arbeitsmarktes und der Berufe beraten, offene Stellen zügig besetzt und die Möglichkeiten von benachteiligten Ausbildung- und Arbeitsuchenden verbessert und dadurch Zeiten der Arbeitslosigkeit sowie des Bezuges von Arbeitslosengeld, Teilarbeitslosengeld und Arbeitslosenhilfe verkürzt werden (§ 1 I SGB III).

3. Leistungen der Arbeitsförderung sind insbes. die Gewährung von → Arbeitslosengeld, → Ausbildungsgeld, → Ausbildungszuschüssen und → Berufsausbildungsbeihilfen, → Berufsberatung, die → Förderung der beruflichen Weiterbildung durch Vertretung, die Zahlung von → Eingliederungszuschüssen, → Einstellungszuschüssen, → Insolvenzgeld, → Kurzarbeitergeld(→ Kurzarbeit) und → Mobilitätshilfen sowie die Leistung von → Unterhaltsgeld und Übergangsgeld (→ Übergangsgeld in der Sozialversicherung), die Gewährung von → Vermittlungsgutscheinen und die Zahlung von → Wintergeld.

4. Finanziert werden die Leistungen der Arbeitsförderung als Versicherungsleistungen durch Beiträge. Die Höhe des Beitrags wird nach einem Prozentsatz der Beitragsbemessungsgrundlage erhoben und ist daher laufenen Änderungen unterworfen (§ 341 SGB III). Im Jahr 2024 sowie 2025 beträgt der gesetzliche Beitragssatz 2,6%.

5. Die Durchführung von Maßnahmen der Arbeitsförderung und die Gewährung von Leistungen nach dem SGB III obliegt der → Bundesagentur für Arbeit, den → Regionaldirektionen und den → Agenturen für Arbeit.

Arbeitsförderungsgesetz
Das Arbeitsförderungsgesetz v. 25.6.1969 (BGBl. 1969 I 582 mÄnd) ist das Nachfolgegesetz zum Gesetz über Arbeitsvermittlung und Arbeitslosenversicherung (AVAVG) vom 16. Juli 1927 (erstes deutsches Gesetz zur Arbeitsförderung). Seit 1.1.1998 ist es abgelöst durch das SGB III (→ Arbeitsförderung).

Arbeitsgelegenheiten
1. Arbeitsgelegenheiten nach § 16d SGB II sind die Nachfolger für die früheren → Arbeitsbeschaffungsmaßnahmen. Voraussetzung für die Zuweisung von Arbeitsgelegenheiten ist, dass die Leistungsberechtigten erwerbsfähig sind. Weitere Voraussetzung ist die Erhaltung oder Wiedererlangung der Beschäftigungsfähigkeit. Weiter muss die Leistung für die Wiedereingliederung erforderlich sein. Im Übrigen dürfen nur Arbeitsgelegenheiten zugewiesen werden, wenn die zugewiesene Arbeit sowohl zusätzlich ist, als auch im öffentlichen Interesse liegt. Die Arbeit muss wettbewerbsneutral sein. Die Zuweisung von Arbeitsgelegenheiten ist nachrangig gegenüber der Eingliederung in den allgemeinen Arbeitsmarkt. Durch die Ableistung der Arbeitsgelegenheiten wird kein Beschäftigungsverhältnis begründet. Neben den finanziellen Leistungen nach dem SGB II erhalten Personen, die Arbeitsgelegenheiten annehmen, hierfür eine angemessene Entschädigung für Mehraufwand. Die Einnahmen aus dieser Entschädigung werden nicht auf die übrige Leistung nach dem SGB II angerechnet.

2. Arbeitsrechtlich sind ähnlich geregelt Arbeitsgelegenheiten für Asylbewerber gem. § 5

AsylbLG (→ Asylbewerberleistungsgesetz) und für Flüchtlinge (Flüchtlingsintegrationsmaßnahmen) gem. § 421a SGB III.

Arbeitsgemeinschaften
1. Im Sozialrecht dient die Bildung von Arbeitsgemeinschaften in vielfältiger Weise dazu, das Zusammenwirken von Sozialleistungsträgern zu verbessern. §§ 25 ff. SGB IX verpflichtet zB die Rehabilitationsträger und ihre Verbände, zur gemeinsamen Wahrnehmung von Aufgaben zur Teilhabe behinderter Menschen, insbesondere regionale Arbeitsgemeinschaften zu bilden. § 4 II SGB XII sieht vor, dass die Träger der Sozialhilfe die Bildung von Arbeitsgemeinschaften anstreben sollen, wenn dies geboten ist, um die gleichmäßige Durchführung von Maßnahmen zu sichern. Ggf. haben Arbeitsgemeinschaften einen Haushaltsplan unter Anwendung von § 67 SGB IV zu erstellen. Stellt ein → Rentenversicherungsträger seinen Haushaltsplan auf, so dürfen Einnahmen und Ausgaben dann nicht berücksichtigt werden, wenn sie mit dem Zusammenhang der Tätigkeit mit einer Arbeitsgemeinschaften als dritte Person bestehen. Soweit Arbeitsgemeinschaften gebildet werden, unterliegen diese gem. § 94 SGB X der staatlichen Aufsicht, die sich auf die Beachtung von staatlichem Recht und sonstigen für die beteiligten Leistungsträger maßgeblichen Vorschriften erstreckt.

2. Zu den Arbeitsgemeinschaften zwischen Bauunternehmen → ARGE. → Betriebsrat.

Arbeitsgenehmigung
1. Ausländer bedürfen zur Arbeitsaufnahme in Deutschland grundsätzlich einer Genehmigung; dieser Grundsatz ist von zahlreichen Ausnahmen durchbrochen → ausländische Arbeitnehmer. Angehörige eines EU-Mitgliedstaates bedürfen zB keiner Arbeitserlaubnis. Gleiches gilt für Staatsangehörige von Liechtenstein, Island, Norwegen und der Schweiz.

2. Die unmittelbare oder mittelbare Beschäftigung eines Ausländers ohne einen mit Zustimmung der → Agentur für Arbeit erteilten Aufenthaltstitel gem. § 4 III 1, 2 AufenthG (betrifft Arbeitnehmer aus Nicht-EU/EWR-Staaten) oder ohne eine Arbeitsgenehmigung der Agentur für Arbeit gem. § 284 I SGB III (betraf Arbeitnehmer aus neuen EU-Mitgliedstaaten, soweit der Beitrittsvertrag die Arbeitnehmerfreizügigkeit übergangsweise beschränkte) ist → illegale Beschäftigung, die die sog. Sanktions-RL 2009/52/EG v. 18.6.2009 (ABl. EU 2009 L 168, 24) verbietet. Sie kann bei dem Arbeitgeber mit einem Bußgeld bis zu 500 000 EUR, bei dem ausländischen Arbeitnehmer mit einem Bußgeld bis zu 5000 EUR geahndet werden (§ 404 Abs. 3 SGB III). Die Erteilung der Arbeitsgenehmigung für ausländische Arbeitnehmer aus Nicht-EU/EWR-Staaten ist in der → BeschäftigungsVO (BeschV) v. 6.6.2013 (BGBl. 2013 I 1499) mÄnd geregelt. Die Erteilung der Arbeitsgenehmigung für Arbeitnehmer aus neuen EU-Mitgliedstaaten als befristete Arbeitserlaubnis-EU oder als unbefristete Arbeitsberechtigung-EU erfolgt gemäß § 284 III, V SGB III. Die Beschäftigung von Ausländern ohne Arbeitsgenehmigung zu ungünstigen Arbeitsbedingungen oder in größerem Umfang oder von solchen Ausländern, die Opfer von → Menschenhandel oder minderjährig sind, ist mit Strafe bedroht (§§ 10, 10a, 11 SchwarzArbG). Ordnungswidrig kann u. U. auch der Auftraggeber dieses Arbeitgebers handeln, wenn er Unternehmer ist (→ Schwarzarbeit). Oft liegt ein → Zusammentreffen mit einem Verstoß gegen das Aufenthaltsgesetz vor, der eine Straftat darstellt (→ Ausländer, sa → Schwarzarbeit; → Blaue Karte EU, → Green Card (2), → Fahrerbescheinigung). Zivilrechtlich schuldet der Arbeitgeber dem Ausländer die vereinbarte Vergütung oder – falls diese unbestimmt, unwirksam oder streitig ist – die übliche Vergütung, wobei eine Beschäftigung für 3 Monate vermutet wird; in gleicher Weise haften der Auftraggeber des Arbeitgebers und ein Generalunternehmer, wenn sie sich nicht exkulpieren können (§ 98a AufenthG). Durch Änderungen des Aufenthaltsgesetzes in der Fassung des Fachkräfteeinwanderungsgesetzes haben sich keine grundlegenden Änderungen ergeben.

3. Zu der Arbeit von Asylbewerbern → Asylbewerber-Leistungsgesetz.

Arbeitsgeräteunfall
ist ein Unfall, den ein Versicherter der gesetzlichen → Unfallversicherung erleidet (§ 8 II Nr. 5 SGB VII). Dieser Unfall muss bei der Verwahrung, Beförderung, Instandhaltung oder Erneuerung eines Arbeitsgerätes oder einer Schutzausrüstung oder bei deren Erstbeschaffung geschehen, die auf Veranlassung des Unternehmers erfolgt. Voraussetzung für die Anerkennung eines Arbeitsgeräteunfall ist, dass der Unfall im direkten Zusammenhang mit der versicherten Tätigkeit steht. Die Arbeitsgerätschaft bzw. die Schutzausrüstung muss vorrangig der Ausübung der versicherten Tätigkeit dienen.

Arbeitsgericht
Arbeitsgericht ist das für die meisten Arbeitssachen im ersten → Rechtszug zuständige Gericht der → Arbeitsgerichtsbarkeit (§§ 14–31 ArbGG sowie ergänzend Ausführungsgesetze der Länder). Die → Gerichtsverwaltung üben die Länder aus (inzwischen meist durch die → Landesjustizverwaltung, teilweise noch durch die obersten Arbeitsbehörden, jedoch im Einvernehmen oder Benehmen mit jener). Beim Arbeitsgericht werden Kammern – zT für Fachgebiete – mit je 1 Berufsrichter als Vorsitzenden und 2 → ehrenamtlichen Richtern eingerichtet (§§ 16 ff. ArbGG). Das Arbeitsgericht entscheidet (durch die Kammer, zT auch durch den Vorsitzenden allein, § 55 ArbGG) im an das amtsgerichtliche Verfahren angelehnten (vgl. § 46 ArbGG) Urteilsverfahren oder im → Beschlussverfahren. Gegen sei-

ne Entscheidungen ist → Berufung oder → Beschwerde zum → Landesarbeitsgericht sowie → Sprungrevision oder Sprungrechtsbeschwerde zum → Bundesarbeitsgericht zulässig.

Arbeitsgerichtsbarkeit
Die Arbeitsgerichtsbarkeit ist der Zweig der Gerichtsbarkeit, dem die Rechtsstreitigkeiten aus dem → Arbeitsrecht (sog. Arbeitssachen) auf der Grundlage des Arbeitsgerichtsgesetzes idF vom 2.7.1979 (BGBl. 1979 I 853, 1036) mÄnd zugewiesen sind. Die Gerichtsbarkeit in Arbeitssachen wird durch die → Arbeitsgerichte (ArbG), → Landesarbeitsgerichte (LAG) und das → Bundesarbeitsgericht (BAG) ausgeübt (§ 1 ArbGG). Diese Gerichte für Arbeitssachen entscheiden bürgerliche Rechtsstreitigkeiten zwischen Tarifvertragsparteien oder zwischen → Arbeitnehmern und → Arbeitgebern aus dem → Arbeitsverhältnis (auch über dessen Bestehen) sowie aus unmittelbar damit zusammenhängenden Rechtsverhältnissen im → Urteilsverfahren (§§ 2, 46 ff. ArbGG; sa → Mahnverfahren) und die Angelegenheiten des → Betriebsverfassungsrechts, der → Mitbestimmung oder der → Tariffähigkeit im → Beschlussverfahren (§§ 2a, 80 ff. ArbGG); bei Streitigkeiten über die → Allgemeinverbindlichkeitserklärung von Tarifverträgen, in Angelegenheiten der Schwerbehindertenvertretung (→ Vertrauensperson) und Vertretungen gem. Bundesfreiwilligendienstgesetz ist die Arbeitsgerichtsbarkeit auch für öffentlich-rechtliche Streitigkeiten zuständig. Die prozessualen Regelungen sind darauf abgestellt, dass das Verfahren praxisnah (Beteiligung ehrenamtlicher Richter aus dem Arbeitsleben), schnell (besonderer Beschleunigungsgrundsatz, Pflicht des Gerichts zur Anregung einer vergleichsweisen Streitbeilegung in jedem Verfahrensstadium) und kostensparend (geringe Streitwerde, Tragung der eigenen außergerichtlichen Kosten in erster Instanz) sein soll. Die ZPO gilt subsidiär (§ 46 II ArbGG, § 80 II ArbGG). Die Gerichte der Arbeitsgerichtsbarkeit entscheiden auch über die Zulässigkeit des zu ihnen beschrittenen Rechtswegs und können das Verfahren in einen anderen Rechtsweg verweisen → Verweisung, → Rechtsweg (§ 48 ArbGG, § 17a GVG).

Arbeitsgerichtsgesetz
→ Arbeitsgerichtsbarkeit.

Arbeitsgruppen
→ Betriebsrat (§ 28a BetrVG).

Arbeitshaus
→ Maßregeln der Besserung und Sicherung (9).

Arbeitskammern
sind → Körperschaften des öff. Rechts mit der Aufgabe, die Interessen der Arbeitnehmer im Einklang mit dem Gemeinwohl zu fördern sowie Behörden und Gerichte in Fachfragen zu beraten; ferner obliegt ihnen die Beratung, Schulung und Weiterbildung ihrer Mitglieder sowie deren wirtschafts- und berufspolitische Betreuung. Arbeitskammern bestehen in Bremen (Arbeitnehmerkammer; Gesetz vom 28.3.2000, Sa – BremR 70 – c – 1) und im Saarland (Gesetz vom 8.4.1992, ABl. 590). Mitglieder sind alle im Bezirk beschäftigten Arbeitnehmer (Saarland: auch die dort nur wohnhaften).

Arbeitskampf
ist ein Kampf, den auf der einen Seite Arbeitgeber oder Arbeitgeberverbände und auf der anderen Seite Arbeitnehmer oder Gewerkschaften gegeneinander um Löhne und sonstige Arbeitsbedingungen führen. Der Arbeitskampf kann angreifend oder verteidigend geführt werden. Die wichtigsten Kampfmittel sind → Streik (s. dort auch über Warnstreik), → Aussperrung (beide haben regelmäßig nur suspendierende, nicht die → Arbeitsverhältnisse lösende Wirkung), → Betriebsstilllegung (2) und wirtschaftlicher → Boykott. Im Arbeitskampf sind auch die Regelungen zur Lohnzahlung von Bedeutung (Arbeitskampfrisiko, → Betriebsrisiko). Durch die Leistung von Arbeitslosengeld darf nicht in Arbeitskämpfe eingegriffen werden (§ 160 I 1 SGB III). Ein Eingriff in den Arbeitskampf liegt jedoch nicht vor, wenn Arbeitslosengeld Arbeitslosen geleistet wird, die zuletzt in einem Betrieb beschäftigt waren, der nicht dem fachlichen Geltungsbereich des umkämpften Tarifvertrages zuzuordnen ist (§ 160 I 2 SGB III). Die Vorschriften über das Ruhen des Anspruchs auf Arbeitslosengeld bei Arbeitskämpfen gelten entsprechend für den Anspruch auf Kurzarbeitergeld (§ 100 I SGB III). Der Arbeitskampf, auch in der Form des → Boykotts, ist grds. rechtmäßig, zT durch Länderverfassungen ausdrücklich garantiert. Er ist rechtswidrig, wenn er gegen die → Friedenspflicht verstößt (uU auch bei Verletzung der → Treuepflicht aus dem Arbeitsvertrag). Ferner ist ein Arbeitskampf grds. rechtswidrig, wenn er geschützte absolute Rechte verletzt (§ 823 I BGB, nicht aber das Recht am eingerichteten und ausgeübten Gewerbebetrieb) oder eine sittenwidrige Schädigung darstellt (§ 826 BGB). Einzelne Maßnahmen eines (auch insgesamt rechtmäßigen) Arbeitskampfes können als unerlaubte Handlung unter § 823 I, II BGB, § 826 BGB fallen (zB Körperverletzung durch Streikposten, Hausfriedensbruch; s. iE → Streik). Ein umstrittenes Leistungsverweigerungsrecht (quasi eine „Streikpflicht") für Leiharbeitnehmer enthält § 11 V AÜG; das BVerfG hat die Regelung letztlich als verfassungsgemäß angesehen (BVerfG 19.6.2020 – 1 BvR 842/17, NZA 2020, 1186).

Arbeitskampfrisiko
→ Betriebsrisiko.

Arbeitskleidung
Kosten des Arbeitnehmers für Arbeitskleidung können als → Werbungskosten steuerlich ab-

zugsfähig sein (§ 9 I Nr. 6 EStG). Voraussetzung ist, dass kein Aufwendungsersatz durch den Arbeitgeber erfolgt und es sich um typische Berufskleidung handelt. Dies sind berufsspezifische Kleidungsstücke, die regelmäßig auf eine bestimmte Berufstätigkeit zugeschnitten sind, zB weiße Arztkittel (BFH BStBl. II 1996, 202). Normale Kleidungsstücke können ausnahmsweise berücksichtigt werden, wenn sie eine berufliche Funktion erfüllen und eine außerberufliche Nutzung so gut wie ausgeschlossen ist, zB weiße Hose eines Arztes (BFH BStBl. II 1991, 348). Außer den Kosten der Anschaffung sind auch die Kosten der Reparatur und der Reinigung der Berufskleidung Werbungskosten. Wird die Berufskleidung vom Arbeitgeber unentgeltlich oder verbilligt überlassen, so ist dieser Vorteil nicht als zusätzlicher Lohn steuerlich zu erfassen, sondern ist gemäß § 3 Nr. 31 EStG steuerfrei, vgl. → Werbungskostenersatz.

Arbeitskreis
heißt ua die Gruppe einer → Fraktion, die sachliche Vorarbeit für die Haltung dieser Fraktion in den einzelnen → Ausschüssen des Parlaments leistet. IdR bilden die dem Ausschuss angehörenden Mitglieder der Fraktion den Arbeitskreis. Zum Arbeitskreis Steuerschätzung s. → Steuerschätzung.

Arbeitslohn
Arbeitslohn ist die Vergütung, die der → Arbeitnehmer aufgrund eines → Arbeitsverhältnisses für die geleistete Arbeit vom → Arbeitgeber erhält (Bruttolohn; nach Abzug von Lohnsteuer, Sozialversicherungsbeiträgen usw: Nettolohn). Der Anspruch auf Arbeitslohn beruht grds. auf § 611a II BGB; der Begriff ist enger als der des → Arbeitseinkommens. Arbeitslohn ist idR Geldlohn, nur ausnahmsweise, insbes. bei Privatnutzung von Dienstwagen und in der Landwirtschaft, ganz oder zT Naturallohn (→ Deputat, → Sachbezüge). Der Geldlohn wird idR als Monatsgehalt, Wochen-, Tage- oder Stundenlohn gezahlt (vgl. auch § 621 BGB). Zum Arbeitslohn gehören auch die → Feiertagsvergütung, Leistungs- und sonstige Zuschläge (zB Kinderzuschlag), Prämien für besondere Leistungen oder Unternehmensgewinne (→ Erfolgsbeteiligung), Arbeitsqualität, Einsparungen, Anwesenheit usw.; → übertarifliche Zulagen, → Gratifikationen, vermögenswirksame Leistungen und das → Ruhegehalt. Der Arbeitslohn ist aufgrund des → Arbeitsvertrages zu zahlen, vielfach ohne Rücksicht darauf, ob tatsächlich gearbeitet wurde (vgl. zB §§ 615, 616 BGB; → Dienstvertrag, 2, → Entgeltfortzahlung im Krankheitsfall, → Entgeltfortzahlung bei Kinderbetreuung). Fällig wird der Arbeitslohn aber erst nach Arbeitsleistung oder Ablauf des jeweils vereinbarten Zeitabschnitts (§ 614 BGB). Die Höhe richtet sich nach dem → Arbeitsvertrag, dessen Inhalt auch durch die normative Wirkung oder individualvertragliche Inbezugnahme der → Tarifverträge bestimmt werden kann (→ Ecklohn, → Effektivlohn), hilfsweise gilt die übliche Vergütung als vereinbart (§ 612 BGB), zudem ist jedenfalls ein → Mindestlohn zu zahlen. Man unterscheidet dabei den Zeitlohn (Entgelt nach der Arbeitszeit ohne Rücksicht auf das Arbeitsergebnis) und den Akkordlohn (→ Akkordarbeit). Insbesondere für den Finanzsektor gibt es inzwischen auch mittelbar staatlich festgesetzte Höchstlöhne (zB § 25a V KWG). Geschuldet ist der Bruttolohn (deshalb bei Verzug Zinsen hieraus), auch wenn nur der Nettolohn (nach Abzug von Lohnsteuer und Sozialversicherungsbeiträgen) tatsächlich ausbezahlt wird; selten ist eine → Nettolohnvereinbarung. → Abtretung ist nur für den Teil möglich, der nicht der → Lohnpfändung unterliegt (§ 400 BGB), → Aufrechnung gegen den Anspruch nur im gleichen Umfang (§ 394 BGB). Bei Insolvenz des Arbeitgebers sind diese Arbeitslohnansprüche nicht mehr bevorrechtigt (→ Insolvenzmasse; s. aber → Insolvenzgeld, → Sozialplan). Für die Sozialversicherung → Arbeitsentgelt. Für die Besteuerung → Lohnsteuer, → Arbeitnehmer.

Arbeitslosengeld
1. Arbeitslosengeld ist eine sog. Entgeltersatzleistung der → Arbeitsförderung nach dem SGB III. Es wird geleistet als Arbeitslosengeld bei Arbeitslosigkeit und als Arbeitslosengeld bei Weiterbildung (§ 136 SGB III). Das Arbeitslosengeld ersetzt den entfallenen Arbeitslohn.

Arbeitslosengeld erhält auf Antrag, wer arbeitslos ist, sich bei der Agentur für Arbeit arbeitslos gemeldet hat, noch nicht das für die Regelaltersrente (→ Altersrente) erforderliche Lebensjahr vollendet und die Anwartschaftszeit (idR mindestens 12 Monate Tätigkeit in einem Versicherungspflichtverhältnis innerhalb von einer Rahmenfrist von 30 Monaten, beginnend mit dem Tag vor der Erfüllung aller sonstigen Voraussetzungen für den Anspruch auf Arbeitslosengeld) erfüllt hat (§§ 142, 143 SGB III; es gilt aber weiter eine Rahmenfrist von 24 Monaten nach der Übergangsregelung des § 447 Abs. 1 SGB III).

Werden die erforderlichen Vorversicherungszeiten nicht erfüllt, kann unter bestimmten Voraussetzungen die Vorversicherungszeit auf 6 Monate zu verkürzen sein, sog. verkürzte Anwartschaft. Wichtige Voraussetzung der verkürzten Anwartschaft ist allerdings, dass die in der Rahmenfrist zurückgelegten Beschäftigungstage aus idR nicht länger als 14 Wochen befristeten Beschäftigungsverhältnissen stammen und dass das in den letzten 12 Monaten vor Eintritt der Beschäftigungslosigkeit erzielte Arbeitsentgelt das 1,5-fache der maßgeblichen Bezugsgröße nach § 18 Abs. 1 SGB IV nicht übersteigt (§ 142 Abs. 2 SGB III). Die Bedeutung der verkürzten Anwartschaft in der Praxis ist daher äußerst gering.

2. Arbeitslos im Sinne des Gesetzes ist ein → Arbeitnehmer, der nicht in einem Beschäf-

tigungsverhältnis steht oder nur eine Beschäftigung von weniger als 15 Stunden wöchentlich ausübt, sich bemüht, seine Beschäftigungslosigkeit zu beenden und den Vermittlungsbemühungen der → Agentur für Arbeit zur Verfügung steht (§ 138 SGB III). Den Vermittlungsbemühungen der Agentur für Arbeit steht zur Verfügung, wer eine versicherungspflichtige, mindestens 15 Stunden wöchentlich umfassende zumutbare Beschäftigung unter den üblichen Bedingungen des Arbeitsmarktes ausüben kann und darf, Vorschlägen der Agentur für Arbeit zur beruflichen Eingliederung zeit- und ortsnah Folge leisten kann und bereit ist, jede zumutbare Beschäftigung anzunehmen und auszuüben bzw. an Maßnahmen zur Eingliederung in das Erwerbsleben teilzunehmen. Die Verfügbarkeit für Vermittlungsbemühungen hat daher sowohl eine objektive („Können") und eine subjektive („Wollen") Komponente. Zumutbar sind einem Arbeitslosen grundsätzlich alle seiner Arbeitsfähigkeit entsprechenden Beschäftigungen, soweit nicht allgemeine oder personenbezogene Gründe der Zumutbarkeit einer Beschäftigung entgegenstehen (zB zumutbare Pendelzeiten oder Entgelthöhe, § 140 SGB III). Werden die Vermittlungsbemühungen willentlich durch den Arbeitslosen nicht angenommen, kann eine → Sperrzeit eintreten.

Einen in der Praxis häufigen Sonderfall – idR nach der Aussteuerung aus dem Krankengeldbezug – regelt § 145 SGB III, sog. „Nahtlosigkeitsregelung". Hiernach kann die objektive Verfügbarkeit (nicht die subjektive Verfügbarkeit) bis zu einer Entscheidung des Rentenversicherungsträgers über das Bestehen einer verminderten Erwerbsfähigkeit fingiert werden. Voraussetzung dafür ist, dass der ärztliche Dienst der Agentur für Arbeit in einem arbeitsmedizinischem Gutachten zu dem Ergebnis kommt, dass eine Leistungsminderung von mindestens sechs Monaten vorliegt. Eine attestierte Arbeitsunfähigkeit reicht allein nicht aus.

3. Das Arbeitslosengeld beträgt 60 vH des pauschalierten Nettoentgelts (Leistungsentgelt, § 149 SGB III), mit mindestens einem Kind 67 vH (§ 149 SGB III). Das Arbeitslosengeld wird für Kalendertage berechnet. Soweit der Anspruch auf Arbeitslosengeld für einen vollen Kalendermonat besteht, wird dieser mit 30 Tagen berücksichtigt (§ 154 SGB III; das bedeute konsequent, dass auch die entsprechende Minderung der Arbeitslosengeldbezugsdauer erfolgt). Die Bezugsdauer – 3–24 Monate – hängt von der Dauer der vorangegangenen versicherungspflichtigen Zeiten und dem Lebensalter ab (§ 147 SGB III). Die Anspruchsdauer kann ggf. wegen einer → Sperrzeit vermindert werden (§§ 159, 148 SGB III). Arbeitslosengeld bei Weiterbildung kann länger geleistet werden.

Hatte sich der Anspruch auf Arbeitslosengeld in der Zeit v. 1.5. bis 31.12.2020 auf einen Tag gemindert, verlängerte er sich automatisch einmalig um drei Monate (Sozialschutz-Paket II, BGBl. 2020 I 1055).

Arbeitslosengeld II

1. Arbeitslosengeld II war eine Sozialleistung nach dem SGB II (→ Grundsicherung für Arbeitsuchende, → Hartz-Gesetze), die seit dem 1.1.2005 an die Stelle der früheren → Arbeitslosenhilfe nach dem SGB III (→ Arbeitsförderung) getreten ist. Arbeitslosengeld II erhielten → erwerbsfähige Hilfebedürftige zur Sicherung des Lebensunterhalts einschließlich der angemessenen Kosten für Unterkunft und Verpflegung. Es wurde regelmäßig an die geänderten Lebensverhältnisse der Bürger angepasst. Die jeweiligen Werte ergaben sich aus der Anlage zu § 28 SGB XII.

2. Zum 1.1.2023 ersetzte das sog. „→ Bürgergeld" das Arbeitslosengeld II. Insbesondere wurden die monatlichen Leistungssätze erhöht und der bisher geltende Vermittlungsvorrang abgeschafft. Die Regelungen im SGB II gelten allerdings ansonsten weitgehend weiter.

3. Als Regelleistung umfasste das Arbeitslosengeld II zunächst die Aufwendungen für Ernährung, Kleidung, Körperpflege, Hausrat, Bedarfe des täglichen Lebens sowie in vertretbarem Umfang auch Beziehungen zur Umwelt und eine Teilnahme am kulturellen Leben. Die monatliche Regelleistung betrug für Personen, die alleinstehend oder alleinerziehend sind oder deren Partner minderjährig ist (Stand 2022) 449 EUR. Haben zwei Angehörige einer → Bedarfsgemeinschaft das 18. Lebensjahr vollendet, betrug die Regelleistung für die beiden erwachsenen Personen jeweils einen Betrag in Höhe der Regelbedarfsstufe 2 (1.1.2022 mtl. 404 EUR). Die Regelleistung erhöhte sich ua für werdende Mütter, Personen, die mit einem oder mehreren minderjährigen Kinder zusammenleben und für behinderte Hilfebedürftige (§§ 19 ff. SGB II). Für die weiteren im Haushalt des Hilfebedürftigen lebenden Personen wurden altersabhängige Zahlbeträge erbracht. Für Kinder waren die Beträge altersabhängig gestaffelt und betrugen zuletzt (Stand 1.1.2022) für Kinder bis zur Vollendung des 6. Lebensjahres 285 Euro; für Kinder ab Beginn des 7. bis zur Vollendung des 14. Lebensjahres 311 Euro und für Kinder ab Beginn des 15. bis zur Vollendung des 18. Lebensjahres 376 Euro.

4. Darüber hinaus wurden im Rahmen des Arbeitslosengeld II Leistungen für Unterkunft und Heizung in Höhe der tatsächlichen Aufwendungen erbracht, soweit diese angemessen waren. Soweit die Aufwendungen für die Unterkunft den der Besonderheit des Einzelfalls entsprechenden Umfang überstiegen, waren sie als Bedarf so lange zu berücksichtigen, wie es nicht möglich oder nicht zumutbar war, durch einen Wohnungswechsel, durch Vermieten oder auf andere Weise die Aufwendungen zu senken, idR jedoch für längstens sechs Monate (§ 22 SGB II aF).

wie nicht für Transportmittel (§ 1 II ArbStättV). Sie betrifft Arbeitsstätten, dh Orte in Gebäuden oder im Freien, die zur Nutzung für Arbeitsplätze vorgesehen sind (§ 2 II ArbStättV); für die Wohnung von Arbeitnehmern, die für → Telearbeitsplätze genutzt werden, gilt die VO nur eingeschränkt (§ 1 III ArbStättV). Arbeitsstätten müssen so eingerichtet und betrieben werden, dass von ihnen keine Gefährdungen für die Sicherheit und die Gesundheit der Beschäftigten ausgehen (§ 3 II ArbStättV). Einzelheiten regelt der Anhang der VO. Der Arbeitgeber hat für Nichtraucherschutz zu sorgen (§ 5 II ArbStättV, eingeschränkt bei Publikumsverkehr; → Rauchverbot in Betrieben und Verkehrsmitteln) sowie Sanitär-, Pausen- und Bereitschaftsräume zur Verfügung zu stellen (§ 6 II ArbStättV). Beim BMAS wird ein Ausschuss für Arbeitsstätten gebildet (§ 7 II ArbStättV). Für die besonderen Regelungen zur Bekämpfung der Corona-Pandemie → Arbeitsschutz, 3.

Arbeitsstreitigkeiten
(Arbeitssachen) → Arbeitsgerichtsbarkeit.

Arbeitstherapie
gehört zu den Leistungen der gesetzlichen → Krankenversicherung nach dem SGB V. Die Maßnahmen der Arbeitstherapie setzen ein, wenn das körperliche, intellektuelle oder psychische Leistungsvermögen eines Versicherten so gravierend gestört ist, dass eine berufliche Wiedereingliederung noch nicht möglich ist. Mit gezielten medizinischen, berufspädagogischen und psychologischen Arbeitsverfahren sollen die körperliche und geistige Belastbarkeit des Versicherten sowie dessen Arbeitsfähigkeit gesteigert und die beruflichen Eingliederungschancen verbessert werden. Als Leistung der Krankenversicherung ist die Arbeitstherapie gegenüber den Leistungen anderer Träger der Sozialversicherung subsidiär (vgl. § 42 SGB V; → Belastungserprobung und Arbeitstherapie). Im Rahmen von komplexen medizinischen Leistungen zur Rehabilitation ist § 40 SGB V die einschlägige Anspruchsgrundlage (auch diese sind subsidiär gegenüber Leistungen anderer Versicherungsträger).

Arbeitsunfähigkeit
Über die Folgen der Arbeitsunfähigkeit für das Arbeitsverhältnis vgl. → Entgeltfortzahlung im Krankheitsfall; → Arbeitsunfall. In der → Krankenversicherung und der → Unfallversicherung ist Arbeitsunfähigkeit die Voraussetzung des Anspruchs auf → Krankengeld bzw. → Verletztengeld. Arbeitsunfähigkeit ist ein durch Krankheit oder Unfall hervorgerufener regelwidriger Körper- oder Geisteszustand, auf Grund dessen die Versicherten ihre bisherige Erwerbstätigkeit überhaupt nicht oder nur unter Gefahr der Verschlimmerung des Zustandes weiter ausüben können. Es muss somit die geschuldete Arbeit wegen der Arbeitsunfähigkeit nicht verrichtet werden können. Auf irgendeine berufsfremde Beschäftigung dürfen die Versicherten nicht verwiesen werden. Von Vertragsärzten wird die Arbeitsunfähigkeit anhand der Arbeitsunfähigkeitsrichtlinie des Gemeinsamen Bundesausschusses (→ Gemeinsamer Bundesausschuss) beurteilt. Bescheinigt wird die Arbeitsunfähigkeit mittels der elektronischen Arbeitsunfähigkeitsbescheinigung (eAU).

Arbeitsunfähigkeitsbescheinigung
→ Entgeltfortzahlung im Krankheitsfall (2).

Arbeitsunfall
ist ein Unfall, den ein Versicherter infolge einer den Versicherungsschutz der gesetzlichen → Unfallversicherung begründenden versicherten Tätigkeit erleidet. Versicherte Tätigkeit im Sinne des SGB VII ist dabei nicht nur die berufliche Tätigkeit von Beschäftigten, sondern versichert sind zB auch Arbeitslose, die die Agentur für Arbeit aufsuchen, um ihre Meldepflicht zu erfüllen, sog. Nothelfer, ehrenamtlich Tätige, Kinder während des Besuchs von Kindergärten, Tagesmüttern und allgemeinbildenden Schulen sowie Studierende. Zur versicherten Tätigkeit eines Beschäftigten gehört außerdem nicht nur die berufliche Tätigkeit im engeren Sinne, sondern auch andere Tätigkeiten, die damit in einem inneren Zusammenhang stehen. Daher kann ua auch die Teilnahme am Betriebssport oder an Betriebsausflügen unter Versicherungsschutz stehen. Die versicherte Tätigkeit muss die wesentliche Ursache für den Eintritt eines Unfalls darstellen und dieser Unfall muss wiederum zu einem Körperschaden oder zum Tod führen (vgl. § 8 SGB VII; → Arbeitsgeräteunfälle; → Berufskrankheiten; → Wegeunfall). Wird die Anerkennung eines Arbeitsunfalls von der Berufsgenossenschaft abgelehnt, muss diese beweisen, dass es sich ihrer Meinung nach um eine → eigenwirtschaftliche Verrichtung handelt. Eigenwirtschaftliche Verrichtungen liegen dann vor, wenn die Handlung nicht mit der versicherten Tätigkeit in Verbindung steht. Neue Rechtsfragen zum Arbeitsunfall entstehen derzeit insbesondere durch den vermehrten Einsatz von Beschäftigten im Homeoffice; so wurde zB im Rahmen des Betriebsrätemodernisierungsgesetzes v. 14.6.2021 (BGBl. 2021 I 1762) die Tätigkeit im Homeoffice komplett mit der Tätigkeit in der Unternehmensstätte gleichgestellt.

Arbeitsvergütung
→ Arbeitslohn, → Gehaltsanspruch.

Arbeitsverhältnis
1. Ein Arbeitsverhältnis ist das Rechtsverhältnis zwischen dem → Arbeitnehmer und seinem → Arbeitgeber, auf Grund dessen der Arbeitnehmer gegenüber dem Arbeitgeber zur Arbeitsleistung verpflichtet ist (nach der herrschenden Vertragstheorie), der Vertragstyp ist seit April 2017 in § 611a BGB erwähnt. Danach wird das Arbeitsverhältnis durch den → Arbeitsvertrag begründet (→ Lohngleich-

heit, → Gleichberechtigung), der jedoch auch mündlich zustande kommen kann. Dagegen entsteht es nach der Eingliederungstheorie schon, wenn der Arbeitgeber den Arbeitnehmer (auch ohne mündlichen oder schriftlichen Arbeitsvertrag) eingestellt und dieser seine Arbeitskraft zur Verfügung gestellt hat. Ein sog. → fehlerhaftes Arbeitsverhältnis (teilweise als faktisches Arbeitsverhältnis bezeichnet) liegt vor, wenn der Arbeitnehmer ohne oder ohne wirksamen Arbeitsvertrag für den Arbeitgeber Arbeit leistet. In diesem Fall besteht zwar für Arbeitgeber und Arbeitnehmer keine Bindung für die Zukunft; aber für die Dauer des fehlerhaften Arbeitsverhältnis richten sich Rechte und Pflichten grds. nach den Regeln eines wirksamen Vertrags. Das Arbeitsverhältnis ist ein → Dauerschuldverhältnis. Gesetzlich ist es zunächst subsidiär geregelt im BGB, insbes. §§ 611–630 BGB (→ Dienstvertrag); ferner in der → Gewerbeordnung (§ 6 II GewO, §§ 105 ff. GewO), für → Handlungsgehilfen im HGB (insbes. §§ 59–75h HGB, vielfach entsprechend oder analog für andere Arbeitnehmer anwendbar), für die Schiffsbesatzungen im SeeArbG. Die allgemeinen Rechte und Pflichten aus dem Arbeitsverhältnis ergeben sich aus dem → Arbeitsvertrag, oft auch aus → Betriebsvereinbarung oder → Tarifvertrag; zur (beschränkten) Haftung im Arbeitsverhältnis → innerbetrieblicher Schadensausgleich. Ferner → Entgeltfortzahlung im Krankheitsfall.

2. Das Arbeitsverhältnis endet durch → Kündigung, Aufhebungsvertrag oder Zeitablauf bzw. Erreichen des vereinbarten Zwecks, idR auch (stillschweigender Aufhebungsvertrag) durch Bestellung des bisherigen Arbeitnehmers zum Geschäftsführer einer → GmbH (3), wenn die Schriftform eingehalten wird. Zur – nur beschränkten – Zulässigkeit von → befristeten Arbeitsverhältnissen s. dort.

a) Die Beendigung eines Arbeitsverhältnis durch Kündigung oder Auflösungsvertrag (dazu → Aufhebungsvertrag im Arbeitsrecht) bedarf zu ihrer Wirksamkeit der Schriftform (§ 623 BGB, → Form, 1a; anders: Verträge über die bloße → Abwicklung des Arbeitsverhältnises). Zur Fortsetzung des Arbeitsverhältnisses trotz Kündigung s. § 625 BGB. Das Arbeitsverhältnis endet ferner bei Tod des Arbeitnehmers, nicht aber durch → Betriebsübergang. Die Kündigung kann als außerordentliche Kündigung fristlos (§ 626 BGB, s. auch §§ 67–69 SeeArbG) oder mit sozialer Auslauffrist erklärt werden, jedoch nur bei Vorliegen eines wichtigen Grundes und spätestens 2 Wochen ab Kenntnis der Tatsachen, die den wichtigen Grund darstellen (§ 626 II BGB). Ein wichtiger Grund ist anzunehmen, wenn dem Kündigenden unter Berücksichtigung aller Umstände des Einzelfalles und unter Abwägung der Interessen beider Vertragsteile (und ggf. erst nach Abmahnung) die Fortsetzung des Arbeitsverhältnisses bis zum Ablauf der (ordentlichen) Kündigungsfrist nicht zugemutet werden kann, zB bei Arbeits- und Treuepflichtverletzungen (va tätliche Angriffe), Alkoholgenuss eines Fahrers sowie bei strafbaren Handlungen (auch dringender Verdacht kann genügen, → Verdachtskündigung), idR aber nicht – auch länger anhaltende – → Krankheit des Arbeitnehmers.

b) Bei der ordentlichen Kündigung eines Arbeitsverhältnisses ist idR – je nach Betriebsgröße und Beschäftigungsdauer – das KSchG (→ Kündigungsschutz für Arbeitnehmer) zu beachten. Außerdem ist die → Kündigungsfrist im Arbeitsrecht einzuhalten. In bestimmten Fällen besteht zudem besonderer Kündigungsschutz, oft ist dann eine Kündigung erst nach behördlicher Zustimmung zulässig.

3. Arbeitsverhältnis des Minderjährigen → Geschäftsfähigkeit; zum Arbeitsverhältnis unter Ehegatten → Mitarbeit der Ehegatten.

4. Besondere Regelungen gelten für die Arbeitsverhältnisse kirchlicher Arbeitnehmer (→ Dritter Weg; → Grundordnung; → kirchliche Gerichtsbarkeit; → Kirchliches Arbeitsrecht → Mitarbeitervertretungsrecht).

Arbeitsverhinderung

Bei einer kurzzeitigen und unverschuldeten Arbeitsverhinderung aus Gründen in der Person des Arbeitnehmers ist gem. § 616 BGB das Entgelt fortzuzahlen. Typische, insbesondere langzeitige Fälle von Arbeitsverhinderungen sind spezialgesetzlich geregelt: → Entgeltfortzahlung im Krankheitsfall, → Pflegezeit. Eine Arbeitsverhinderung wegen pandemiebedingter Schul-, Kita- oder Einrichtungsschließung ist idR nicht kurzzeitig iSd § 616 BGB, bei Verdienstausfall kann aber ein Entschädigungsanspruch nach § 56 Ia IfSG bestehen.

Arbeitsvermittlung

1. Die Arbeitsvermittlung gehört zu den Leistungen der → Arbeitsförderung nach dem SGB III. Es handelt sich um eine Tätigkeit, die darauf gerichtet ist, Ausbildungssuchende und Arbeitsuchende mit Arbeitgebern zur Begründung von Arbeitsverhältnissen (einschl. Heimarbeitsverhältnissen) zusammenzuführen (§ 35 SGB III; zur gewerbsmäßigen Arbeitnehmerüberlassung s. → Leiharbeitsverhältnis). Leistungen der Arbeitsvermittlungen werden unabhängig vom Bestehen eines Anspruchs auf Entgeltersatzleistungen nach dem SGB III erbracht.

2. Die Arbeitsvermittlung ist primär Aufgabe der → Agenturen für Arbeit, die die Arbeitsvermittlung grundsätzlich unentgeltlich durchzuführen haben (vgl. § 43 SGB III). Wichtige Werkzeuge der aktiven Arbeitsvermittlung sind etwa die Förderleistungen aus dem Vermittlungsbudget (§ 44 SGB III) oder Förderung von Maßnahmen zur Aktivierung und beruflichen Eingliederung (§ 45 SGB III). Zu den Leistungen aus dem Vermittlungsbudget gehören etwa die Übernahme von Bewerbungskosten oder Fahrtkosten zum Vorstellungsgespräch. Dabei handelt es sich um Ermessensleistungen der aktiven Arbeitsförde-

Arbeitnehmers), die Vereinbarung der Möglichkeit des Abrufs der Arbeitszeit durch den Arbeitgeber je nach Arbeitsanfall (→ Arbeit auf Abruf) oder – mit Zustimmung des Arbeitnehmers – die Verlängerung der täglichen Arbeitszeit, wenn in diese regelmäßig und in erheblichem Umfang Bereitschaftsdienst fällt. Auch darf bei Not- und sonstigen außergewöhnlichen Fällen von bestimmten Vorgaben abgewichen werden (§ 14 ArbZG). Dennoch gelten Höchstgrenzen (zB 48 Stunden wöchentlich im (halb)jährlichen Durchschnitt) und es können Pflichten zur Gewährung eines Ausgleichs in Freizeit oder Geld zu beachten sein (→ Mehrarbeit, → Überarbeit). Zeitlich begrenzt konnte zu Beginn der → COVID-19-Pandemie (→ COVID-19; → COVID-19-Gesetzgebung) zur Bekämpfung ihrer Auswirkungen über § 14 IV ArbZG aF durch Rechtsverordnung von den Vorgaben des ArbZG abgewichen werden. Darüber hinaus kann die Aufsichtsbehörde durch → Verwaltungsakt zeitliche und betriebliche Ausnahmen zulassen (§ 15 ArbZG, zB im Verteidigungsbereich, für Saisonbetriebe und Baustellen).

5. Der Arbeitgeber ist nach § 16 II ArbZG verpflichtet, die über die werktägliche Mehrarbeit hinausgehende Arbeit (werktägliche Überstunden und sämtliche Sonn- und Feiertagsarbeit) aufzuzeichnen und diese Aufzeichnungen mind. 2 Jahre aufzubewahren. Im Einklang mit einer Grundsatzentscheidung des → EuGH zur EU-weiten Aufzeichnungspflicht hat das BAG mit Beschl. v. 13.9.2022 – 1 ABR 22/21, NJW 2023, 383, festgehalten, dass der Arbeitgeber bereits aus § 3 II Nr. 1 ArbSchG – und damit über die Regelungen des ArbZG hinausgehend – zur Aufzeichnung sogar sämtlicher Arbeitszeiten (Beginn, Ende und Dauer der täglichen Arbeitszeit) verpflichtet ist. Der Vereinbarung von Vertrauensarbeitszeit steht diese Erfassungspflicht nicht entgegen. Weder das ArbSchG noch der Beschl. des BAG enthalten Vorgaben zur Form oder zum weiteren Inhalt dieser Dokumentationen bzw. ob deren Anfertigung (nicht aber die arbeitsschutzrechtliche Verantwortung) an den Arbeitnehmer delegiert werden darf und inwiefern die Erfassung in einem elektronischen System erfolgen muss. Das BMAS hat am 27.3.2023 einen Referentenentwurf eines Gesetzes zur entsprechenden Anpassung des ArbZG vorgelegt, der noch nicht in die parlamentarische Beratung gelangt ist.

6. Der Arbeitgeber hat eine Kopie des ArbZG und der einschlägigen Rechtsverordnungen, Tarifverträge und Betriebs- oder Dienstvereinbarungen den Arbeitnehmern elektronisch zur Verfügung zu stellen oder auszulegen bzw. auszuhängen (§ 16 I ArbZG). Bei Verstößen gegen das ArbZG drohen dem Arbeitgeber Bußgelder oder Strafen (§§ 22, 23 ArbZG).

Arbeitszeiterfassung
→ Arbeitszeit (5).

Arbeitszeitkonto
→ Flexibilisierung der Arbeitszeit.

Arbeitszeugnis
→ Zeugnis (1).

Arbeitszimmer
1. Ein häusliches Arbeitszimmer ist ein zur Wohnung gehörender Raum, der seiner Lage, Funktion und Ausstattung nach vorwiegend der Erledigung gedanklicher, schriftlicher, verwaltungstechnischer oder organisatorischer Arbeiten dient, beruflich genutzt wird und von den übrigen Räumlichkeiten abgetrennt ist. Zwingende Voraussetzung für die Annahme eines Arbeitszimmers, ist dass der jeweilige Raum ausschließlich oder nahezu ausschließlich für berufliche oder betriebliche Zwecke genutzt wird. Das Finanzamt erkennt ein häusliches Arbeitszimmer nur an, wenn es fast ausschließlich zum Arbeiten dient. Eine Arbeitsecke im Wohnzimmer genügt nicht. Eine private Nutzung als Wohnraum muss deshalb so gut wie ausgeschlossen sein. Ein Heimbüro ist typischerweise zumindest mit Schreibtisch, Bürostuhl und Computer eingerichtet. Ein Schlafsofa oder andere private Dinge gefährden den Abzug, da die Kosten für ein Arbeitszimmer bereits ab 10 Prozent privater Nutzung nicht mehr anerkannt werden (BFH GrS 1/14).

Die unmittelbare Verbindung zur Wohnung ist nicht erforderlich. Liegt allerdings das Büro im gleichen Mehrfamilienhaus auf einer anderen Etage als die Privatwohnung, handelt es sich um ein außerhäusliches Arbeitszimmer Betriebs-, Lager oder Ausstellungsräume fallen nicht unter den Begriff. Gleiches gilt für eine im eigenen Haus eingerichtete Notarztpraxis.

Wenn das häusliche A. nicht Mittelpunkt der beruflichen oder betrieblichen Tätigkeit ist, können die Kosten des Arbeitszimmer bis zum Betrag von 1.250 Euro als → Werbungskosten geltend gemacht werden. Wenn dagegen das häusliche Arbeitszimmer Mittelpunkt der beruflichen oder betrieblichen Tätigkeit ist oder der Steuerpflichtige hierfür keinen anderen Arbeitsplatz zur Verfügung hat, dann können die anteiligen Kosten für das häusliche Arbeitszimmer in unbegrenzter Höhe abgesetzt werden. Anderer Arbeitsplatz kann grundsätzlich jeder Arbeitsplatz sein, der zur Erledigung büromäßiger Arbeiten geeignet ist. Es muss sich nicht um einen individuell zugewiesenen Arbeitsplatz handeln, so dass auch ein Großraumbüro ausreicht.

Zu den Aufwendungen für ein häusliches Arbeitszimmer gehören ua Miete, Gebäude-Abschreibung, Schuldzinsen, Wasser- und Energiekosten, Reinigungskosten, Grundsteuer, Müllabfuhrgebühren, Schornsteinfegergebühren, Gebäudeversicherungen, Renovierungskosten und Aufwendungen für die Ausstattung des Zimmers (zB Tapeten, Teppiche, Fenstervorhänge, Gardinen und Lampen).

2. Auch wenn das Arbeitszimmer steuerlich nicht absetzbar ist, können die Aufwendungen

für → Arbeitsmittel trotzdem geltend gemacht werden, zB Kosten für Schreibtisch, Schreibtischlampe. Voraussetzung ist, dass die Gegenstände so gut wie ausschließlich beruflich genutzt werden. Vgl. zu den Einzelheiten BMF-Schreiben vom 6.10.2017 (BStBl. I 2017, 1320) und 18.4.2019 (BStBl. I 2019, 456). Ab dem VAZ 2020 und wurde zudem eine Home-Office Pauschale eingeführt (§ 4 Abs. 5 Sa. 1 Nr. 6b EStG), wonach auch ohne Vorliegen eines häuslichen Arbeitszimmers fünf Euro pro Tag und maximal 600 Euro pro Jahr (ab dem VAZ 2023: sechs Euro pro Tag und maximal 1.260 Euro pro Jahr) geltend gemacht werden können. Sie setzt allerdings voraus, dass dass der Steuerpflichtige an dem betreffenden Kalendertag ausschließlich im Home-Office tätig war. Die Kosten für Heizung und Strom sind mit der Pauschale vollständig abgegolten. Die Pauschale wird außerdem auf den Arbeitnehmer-Pauschbetrag angerechnet.

Arbeitszwang
→ Zwangsarbeit.

Arbitrage
Unter Arbitrage versteht man im Wirtschaftsleben den Ausgleich verschieden hoher Preise derselben Ware an verschiedenen Märkten dadurch, dass an den Plätzen mit den niedrigeren Preisen gekauft und die höhere Gewinnspanne oder die steigende Nachfrage ausgenutzt wird (insbes. im Börsenwesen bei Wertpapierkäufen). Unter Arbitragelausel ist die Abrede zu verstehen, dass Streitigkeiten aus einer Vertragsbeziehung vor einem → Schiedsgericht oder unter Heranziehung eines → Schiedsgutachtens beigelegt werden sollen (zB bei → Gewährleistung für Sachmängel beim → Handelskauf wird der Rücktritt vom Vertrag ausgeschlossen und es soll nur die Minderung nach entsprechender Schätzung durch ein Schiedsgutachten zulässig sein). → Hamburger Arbitrage.

Architekten
Das Berufsrecht des Architekten, einschließlich der Innen- und Landschaftsarchitekten, ist landesrechtlich geregelt, zB im Bayer. BaukammernG v. 9.5.2007 (GVBl. 2007, 308, m. Änd.). Danach darf die Berufsbezeichnung Architekt nur führen, wer in die Architektenliste eingetragen ist. Zu den Berufsaufgaben zählt die gestaltende, technische, wirtschaftliche, umweltgerechte und soziale Planung von Bauwerken. A. sind in → Kammern organisiert und unterliegen eigenen → Berufsgerichten. Für die Honorare selbständiger Architekt galt bis 2019 zwingend die HOAI (→ Architekten- und Ingenieurvertrag), deren Preisvorschriften waren jedoch europarechtswidrig. Das Preisrecht der HOAI 2021 ist nunmehr dispositiv. → Höchstpreise. → Ingenieur.

Architekten- und Ingenieurvertrag
1. Systematik: Das zum 1.1.2018 in Kraft getretene neue Bauvertragsrecht, s. → Bauvertrag (1), hat mit §§ 650p-650t BGB spezielle (dispositive) Regelungen für den Architekten- und Ingenieurvertrag als eigenem Vertragstyp (→ Vertrag, 2) geschaffen und diesen, anknüpfend an die bisherige Rspr., grds. dem Werkvertragsrecht unterstellt. Sa → Dienstvertrag (1), → Koppelungsgeschäft. Über die Verweisung des § 650q I BGB finden auf den Architekten- und Ingenieurvertrag die Regelungen des → Werkvertrags (s. dort 1, 3) Anwendung (zB Mängelhaftung, Verjährung), soweit sich aus §§ 650p–650t sowie §§ 650b, 650e–650h BGB nichts anderes ergibt (sa insoweit → Bauvertrag); damit bleibt der Architekten- und Ingenieurvertrag im Wesentlichen den Vorschriften des Werk- und Bauvertragsrechts unterworfen. Die Vorschriften des → Verbraucherbauvertrags gelten nicht, auch wenn der Besteller ein Verbraucher ist.

2. Vertragsgegenstand, Sonderkündigungsrecht, Vergütung: § 650p I BGB definiert den Vertrag und vertragstypische Pflichten legal. Durch den Architekten- und Ingenieurvertrag wird der → Unternehmer (also der Architekt bzw. Ingenieur) verpflichtet, die Leistungen zu erbringen, die nach dem jeweiligen Stand der Planung und Ausführung des Bauwerks oder der Außenanlage erforderlich sind, um die zwischen den Parteien vereinbarten Planungs- und Überwachungsziele zu erreichen (Leistungsphase); falls Planungsziele noch nicht vereinbar sind, hat der Unternehmer zunächst eine Planungsgrundlage zur Ermittlung dieser Ziele zu erstellen, die er dem Besteller mit einer Kostenschätzung (nur grobe Einschätzung der zu erwartenden Kosten, also ein Kostenrahmen) zur Zustimmung vorlegt, § 650p II BGB (Zielfindungsphase; die Planungsgrundlage ist noch keine konkrete Planung, sondern zB eine erste Skizze oder Beschreibung des Vorhabens); schon in dieser Phase kommt ein vergütungspflichtiger Vertrag zustande. Sind Planungsgrundlage und Kostenschätzung vorgelegt, hat der Besteller binnen 2 Wochen ein Sonderkündigungsrecht; ist der Besteller ein → Verbraucher, ist er darüber und die Rechtsfolgen der Kündigung zu belehren, § 650r I BGB; auch für den Unternehmer kann bei fehlender Zustimmung des Bestellers zur Planung und Kostenschätzung (s. o.) ggf. ein Sonderkündigungsrecht entstehen, § 650r II BGB; der Unternehmer erhält nach Kündigung eine Vergütung für die bis zur Kündigung erbrachten Leistungen, § 650r III BGB. Für die Kündigung gilt die Schriftform, § 650h BGB. Die Hauptpflicht des Bestellers zur Vergütung der Leistungen ergibt sich aus § 650q I BGB, § 631 I BGB, § 632 I BGB. Eine Bezugnahme auf die Honorarordnung für Architekten und Ingenieure (HOAI) ist nicht erfolgt, die HOAI hat somit keine vertragsrechtliche Bedeutung mehr (s. u.). Für die Höhe der Vergütung der Leistungen von Architekten und Ingenieuren galt die HOAI bis 31.12.2020 als zwingendes öffentliches Preisrecht. Eine abweichende

Vereinbarung war nur in deren Rahmen (Mindest-/Höchstpreise) und nur durch schriftliche Vereinbarung möglich. Nachdem der EuGH aufgrund einer Vorlage des BGH einen Verstoß des zwingenden öffentlichen Preisrechts der HOAI gegen die → Dienstleistungsrichtlinie erkannt hat, wurde die HOAI mit Wirkung vom 1.1.2021 grundlegend novelliert (BGBl. 2020 I 263). Die Neufassung gilt gem. § 57 HOAI für Verträge, die nach dem 31.12.2020 geschlossen werden. Die Honorartafeln der HOAI stellen nach der Neuregelung nur noch eine gesetzgeberische Empfehlung und Orientierungshilfe für die Ermittlung eines angemessenen Honorars dar. Die Vertragsparteien können das Honorar nunmehr grds. frei vereinbaren, § 7 HOAI (→ Textform genügt hierfür; → Verbraucher müssen auf die freie Vereinbarkeit hingewiesen werden); wird keine Vereinbarung getroffen, gilt der jeweilige Basishonorarsatz nach § 2a HOAI für Grundleistungen als vereinbart (für besondere Leistungen gilt die übliche Vergütung, § 632 BGB). Eine gerichtliche Kontrolle der Honorare dürfte künftig auf allg. vertragsrechtliche Grundsätze (insbes. → Sittenwidrigkeit, → Wucher) beschränkt sein. Die Anwendung des bisherigen verbindlichen Preisrechts der HOAI für die Altfälle (Vertragsschluss vor dem 1.1.2021) war sehr umstritten, der EuGH hat nunmehr klargestellt, dass das Unionsrecht der Anwendung der HOAI für die Altfälle (jedenfalls bei Verträgen zwischen Privaten) nicht entgegensteht.

3. Einseitiges Anordnungsrecht, Abnahme, Gewährleistung, Gesamtschuldnerhaftung, Sicherheiten: Der Besteller hat gem. § 650q I BGB, § 650b BGB ein einseitiges Anordnungsrecht (s. hierzu → Bauvertrag, 2); für die Vergütungsanpassung gilt nach § 650q II BGB primär nicht § 650c BGB, sondern das Preisrecht der HOAI (s. o.). Ein Hinweis auf die Geltung von § 650d BGB (einstweilige Anordung, → Bauvertrag, 2) fehlt (was ein Redaktionsversehen des Gesetzgebers sein könnte). § 650s BGB gibt dem Unternehmer einen gesetzlichen Anspruch, nach → Abnahme der Leistung des letzten bauausführenden Unternehmers eine Teilabnahme der bis dahin erbrachten Architekten- oder Ingenieurleistungen zu verlangen (auch durch Abnahmefiktion nach § 640 II BGB möglich, → Werkvertrag, 2); dies soll eine Angleichung der Verjährungsfristen, die für mit der Objektbetreuung betrauten Architekten bzw. Ingenieure gelten, an die Verjährungsfristen der bauausführenden Unternehmer bewirken. Für die Gewährleistungsrechte gelten grds. die allg. Regeln des → Werkvertrags (s. o.). Eine Neuregelung zur gesamtschuldnerischen Haftung des bauausführenden Unternehmers und des Bauüberwachers trifft § 650t BGB, die eine vorschnelle Inanspruchnahme des (berufshaftpflichtversicherten) Architekten bzw. Ingenieurs verhindern soll: Der Unternehmer kann im Fall von Überwachungsfehlern (nicht bei Planungsmängeln) die Inanspruchnahme verweigern, wenn der Besteller nicht vorher den Bauunternehmr unter Fristsetzung zur Mängelbeseitigung aufgefordert hat (Vorrang der Nacherfüllung). Bei einem Werk, dessen Erfolg in der Erbringung von Planungs- und Überwachungsleistungen hierfür besteht, beträgt die Verjährungsfrist 5 Jahre ab Abnahme (§ 634a I Nr. 2, II BGB). Gem. § 650q I BGB finden die Vorschriften über die Sicherungshypothek, § 650e BGB, und die Bauhandwerkersicherung, § 650 f BGB, entsprechend Anwendung (→ Bauvertrag, 4), ebenso gelten § 650g BGB (Zustandsfeststellung bei Abnahmeverweigerung, Schlussrechnung, → Bauvertrag, 2) und § 650h BGB (Schriftform der Kündigung, → Bauvertrag, 5).

Archivgut
→ Bundesarchivgesetz.

ARD
Die Arbeitsgemeinschaft der öffentlich-rechtlichen Rundfunkanstalten der Bundesrepublik Deutschland wurde 1950 gegründet und besteht aus den Landesrundfunkanstalten und der Bundesrundfunkanstalt → Deutsche Welle, s. → Rundfunkanstalten. Die ARD veranstaltet das Fernsehprogramm Das Erste, das die Landesrundfunkanstalten durch Pflichtteile finanzieren, (→ Rundfunkgebühr), sowie → Telemedien. Art. 2 des Staatsvertrages über den Rundfunk im vereinten Deutschland enthält den ARD-Staatsvertrag, s. → Rundfunkrecht. Die Rechtsnatur der ARD ist umstritten (→ Gesellschaft bürgerlichen Rechts, nichtrechtsfähige → Verwaltungsgemeinschaft des öffentlichen Rechts). → ZDF.

ARGE
ARGE (Arbeitsgemeinschaft). Hierunter versteht man den Zusammenschluss mehrerer Bauunternehmer oÄ idR zu einer → Gesellschaft des bürgerlichen Rechts (1, sa → Gelegenheitsgesellschaft) oder zu einer → Offenen Handelsgesellschaft zwecks gemeinsamer Erstellung eines meist größeren Bauvorhabens. Tritt die ARGE nach außen unter gemeinsamem Namen auf, so haften ihre Mitglieder als Gesamtschuldner (→ Gesamtschuld) für die Gesellschaftsschuld. Dann ist die ARGE keine bloße → Innengesellschaft. Steuerlich kann eine Mitunternehmerschaft vorliegen (→ Mitunternehmerschaften), § 2a GewStG, § 98 BewG, § 180 IV AO (BFH BStBl. II 1993, 577).

Arglist, arglistige Täuschung
→ Treu und Glauben, → Anfechtung von Willenserklärungen (2).

argumentum a maiori (fortiori) ad minus
Der Schluss vom Größeren (Stärkeren) auf das Geringere (Schwächere) nach dem Grundsatz „wenn schon …, dann erst recht …“. Auch der umgekehrte Schluss – argumentum a minori ad maius – kann gerechtfertigt sein (zB:

ist schon das fahrlässige Delikt strafbar, dann erst recht das vorsätzliche).

argumentum ad absurdum
Aus der offenbaren Unrichtigkeit des Ergebnisses wird auf die Unrichtigkeit des Ausgangspunktes geschlossen.

argumentum e contrario
→ Umkehrschluss, → Gegenschluss, → Auslegung (Interpretation) 1c.

Aristokratie
ist eine Regierungsform, die dadurch gekennzeichnet ist, dass die Staatsgewalt in den Händen einer bestimmten Personengruppe liegt, nach der Idealvorstellung der Staatsphilosophie in den Händen der Elite des Staates (Herrschaft der Besten). Die Aristokratie ist in der Geschichte kaum verwirklicht worden und entwickelte sich idR rasch zu einer → Oligarchie.

Armenrecht
→ Prozesskostenhilfe.

Arm's-length-Klausel
ist eine Gewinnberichtigungsmethode im internationalen Steuerrecht (zB in § 1 I AStG). Bei dieser wird geprüft, ob infolge unangemessener Vereinbarungen des Stpfl. zu einer ihm nahestehenden Person im Ausland der im Inland zu versteuernde Gewinn gemindert wurde (Dealing-At-Arm's-Length-Grundsatz). → Fremdvergleich. Vgl. Art. 9 OECD-Muster-Abkommen, § 1 I AStG, → internationales Steuerrecht.

Arnim-Paragraph
wird nach dem Veranlasser seiner Einführung, dem früheren Botschafter des Deutschen Reichs in Frankreich, Harry Graf von Arnim-Suckow, der Straftatbestand des § 353a StGB (Vertrauensbruch im auswärtigen Dienst) genannt; den Hintergrund bildeten Divergenzen zwischen dem Botschafter und Reichskanzler Fürst von Bismarck. Der Tatbestand bedroht diplomatische Vertreter der BRD mit Strafe, die einer amtlichen Anweisung vorsätzlich zuwiderhandeln (diplomatischen Ungehorsam) oder unwahre Berichte über Tatsachen (nicht Urteile) in der Absicht erstatten, die BRD irrezuführen (diplomatischer Falschbericht).

Aromen
Zu Aromen in Lebensmitteln → Zusatzstoffe.

Arrest
1. Zivilrecht: a) Durch einen Arrest soll die → Zwangsvollstreckung wegen einer Geldforderung oder wegen eines Anspruchs, der in eine Geldforderung übergehen kann, gesichert werden (Arrestanspruch, § 916 I ZPO). Der Arrest führt also nicht zu einer endgültigen Befriedigung des Vollstreckungsgläubigers. Man unterscheidet den persönlichen und den dinglichen Arrest. Der dingliche Arrest wird durch Zwangsvollstreckung in das Vermögen des Schuldners, etwa durch Pfändung beweglicher Gegenstände, vollzogen (§ 928 ZPO), der persönliche Arrest entweder durch Haft oder durch sonstige Beschränkungen der persönlichen Freiheit, die das Arrestgericht besonders anordnet (§ 933 ZPO). Der Arrestbefehl, der einen Antrag des Gläubigers voraussetzt (Arrestgesuch), wird entweder durch Endurteil erlassen, wenn die Entscheidung über das Arrestgesuch auf mündliche Verhandlung hin ergeht (Arresturteil), oder durch Beschluss, wenn keine mündliche Verhandlung stattgefunden hat (Arrestbeschluss), § 922 ZPO. In jedem Arrestbefehl ist die → Lösungssumme festzusetzen (§ 923 ZPO). Es muss ein Arrestgrund vorliegen, dh die hinreichende Wahrscheinlichkeit, dass die Vollstreckung des Arrestanspruchs vereitelt oder wesentlich erschwert werden würde. Das wird unwiderlegbar vermutet, wenn im Ausland vollstreckt werden müsste und die Gegenseitigkeit nicht verbürgt ist (§ 917 ZPO), also der deutsche Vollstreckungstitel im dortigen Ausland nicht in vergleichbarer Weise akzeptiert wird wie ein von dort stammender Titel in Deutschland. Für den persönlichen Arrest liegt ein Arrestgrund nur vor, wenn der dingliche Arrest nicht genügt, um die Zwangsvollstreckung zu sichern (§ 918 ZPO).

b) Arrestgericht ist wahlweise das Gericht, das für die Entscheidung über den Arrestanspruch zuständig wäre (Gericht der Hauptsache), oder das Amtsgericht, in dessen Bezirk sich beim dinglichen Arrest der zur Arrestvollziehung bestimmte Gegenstand, beim persönlichen Arrest die betreffende Person befindet (§ 919 ZPO). Das Arresturteil ist mit → Berufung (nicht aber mit → Revision, § 542 II ZPO) anfechtbar, der Arrestbeschluss mit unbefristetem Widerspruch (§ 924 ZPO), die Zurückweisung des Arrestantrags mit → sofortiger Beschwerde (§ 567 ZPO). Auf den Widerspruch hin entscheidet das Arrestgericht über die Rechtmäßigkeit des Arrests durch Endurteil. Darin wird der Arrest (ganz oder teilweise) entweder bestätigt, abgeändert oder aufgehoben (§ 925 ZPO). Unabhängig vom Arrestverfahren kann die Klage über die Hauptsache (nämlich der Anspruch auf Zahlung) anhängig sein; ist dies noch nicht der Fall, so ordnet das Gericht an, dass dies binnen einer bestimmten Frist zu geschehen hat (§ 926 ZPO). Das Arrestverfahren und das Verfahren zur Erlangung einer → einstweiligen Verfügung (§§ 935–942 ZPO) sind im Wesentlichen gleich; letztere soll aber im Unterschied zum Arrest keine Geldforderung, sondern einen anderen Individualanspruch (zB auf Herausgabe eines Gegenstandes, Unterlassung von Eigentumsstörungen oder Ehrverletzungen) sichern.

c) Durch die Vollziehung des Arrests soll der Anspruch des Gläubigers nur gesichert, aber nicht befriedigt werden. Daher ist auf Grund des Arrests, der innerhalb eines Monats vollzogen werden muss (§ 929 II ZPO), nur zulässig: Pfändung, Eintragung einer Arresthypothek oder Beschränkung der persönlichen

Freiheit des Schuldners, insbes. durch Haft (§§ 930 ff. ZPO). Durch die Pfändung entsteht ein → Pfändungspfandrecht, aus dem das Pfand aber nicht verwertet werden darf (es sei denn, der Gläubiger erlangt in der Hauptsache später einen → Vollstreckungstitel). Die Arresthypothek ist eine → Sicherungshypothek (eine Art der → Zwangshypothek), bei der die Lösungssumme der Höchstbetrag ist. Sa → Offener Arrest. Erweist sich im Nachhinein die Anordnung des Arrestes oder der einstweiligen Verfügung als von Anfang an ungerechtfertigt, so löst dies einen Schadensersatzanspruch des Antragsgegners aus (§ 945 ZPO).

2. Strafrecht: → Jugendarrest, → Strafarrest.

3. Steuerrecht: Wegen Steuerforderungen ist ein dinglicher und ein persönlicher Arrest zur Sicherung der Vollstreckung zulässig (§§ 324 ff. AO; → Vollstreckung von Steueransprüchen).

Arrestanspruch
→ Arrest (1).

Arrestatorium
→ Insolvenzverfahren (2), → Pfändung.

Arrestbefehl
→ Arrest (1).

Arrestgericht
→ Arrest (1b).

Arrestgrund
→ Arrest (1a).

Arresthypothek
→ Arrest (1b).

Arrestpfandrecht
→ Arrest (1b).

Arrestverfahren
→ Arrest (1).

Arrha
→ Draufgabe, → Vertrag (4).

Arrondierung
(eig. Abrundung) ist die frühere Bezeichnung für die Zusammenlegung von (landwirtschaftl.) Grundstücken. S. jetzt → Flurbereinigung.

Art(handlungs)vollmacht
→ Vollmacht, → Handlungsvollmacht.

Artenschutz
1. Artenschutz umfasst als Teil des → Naturschutzes den Schutz wild lebender Tier- und Pflanzenarten. Artenschutz ist seit der → Föderalismusreform I 2006 Gegenstand der konkurrierenden Gesetzgebung des Bundes, abweichendes Landesrecht lässt das GG jedoch nicht zu (Art. 74 I Nr. 29 GG, Art. 72 III Nr. 2 GG). Die wichtigsten nationalen Regelungen enthalten §§ 37–55 BNatSchG. International gelten neben den wohl bekanntesten Übereinkommen, dem → Washingtoner Artenschutzübereinkommen und dem Abkommen zur Regelung des Walfangs v. 2.12.1946 (BGBl. 1982 II 558) mÄnd, eine ganze Reihe anderer völkerrechtlicher Vereinbarungen, etwa das Übereinkommen zur Erhaltung der wandernden wild lebenden Tierarten v. 23.6.1979 (BGBl. 1984 II 569) mÄnd, die → Alpenkonvention oder das Übereinkommen zur → biologischen Vielfalt. Auf EU-Ebene gibt es eine Reihe von Vorschriften wie die → Flora-Fauna-Habitat-Richtlinie, die VO (EU) 1143/2014 (→ invasive gebietsfremde Arten) oder die VO (EWG) 348/81 v. 20.1.1981 über die Einfuhr von Walerzeugnissen (ABl. EG 1981 L 39, 1). Die Einfuhr dieser Erzeugnisse ist verboten, sofern sie einem kommerziellen Zweck dient.

2. a) Der Artenschutz umfasst gem. § 37 BNatSchG den Schutz der → Tiere und → Pflanzen wild lebender Arten und ihrer Lebensgemeinschaften vor Beeinträchtigungen durch den Menschen, den Schutz der Lebensstätten und → Biotope und die Wiederansiedlung von Tieren und Pflanzen verdrängter wild lebender Arten in geeigneten Biotopen innerhalb ihres natürlichen Verbreitungsgebiets. Die Vorschriften des Pflanzenschutzrechts (→ Pflanzenschutz), des → Tierschutzrechts, des Seuchenrechts sowie des → Forst-, → Jagd- (→ Wildschutz) und → Fischereirechts bleiben von den Vorschriften über den Artenschutz grundsätzl. unberührt.

b) § 39 enthält eine Reihe von grundsätzl. Verboten, so zB Tiere mutwillig zu beunruhigen oder ohne vernünftigen Grund zu fangen oder zu töten, Pflanzen von ihrem Standort zu entnehmen oder ihre Bestände niederzuschlagen, Lebensstätten wild lebender Tiere und Pflanzen zu beeinträchtigen oder zu zerstören. → Handstraußregel. Für besonders geschützte Tier- und Pflanzenarten (zB Wolf, Fledermaus, Eisvogel, Schlüsselblume, Silberdistel, gelblicher Enzian) gelten die strengeren Zugriffs-, Besitz- und Vermarktungsverbote des § 44 BNatSchG. Danach ist es ua verboten,

- wild lebenden Tieren nachzustellen, sie zu fangen, zu verletzen, zu töten oder ihre Entwicklungsformen, Fortpflanzungs- oder Ruhestätten aus der Natur zu entnehmen, zu beschädigen oder zu zerstören und
- sie und die europäischen Vogelarten während der Fortpflanzungs-, Aufzucht-, Mauser-, Überwinterungs- u. Wanderungszeiten erheblich zu stören.

c) Ausnahmen von den Verboten für bestimmte Arten regeln § 44 IV–VI BNatSchG und § 45 BNatSchG , ua

- für rechtmäßigen früheren Erwerb,
- für Handlungen einer der → guten fachlichen Praxis entsprechenden land-, forst- und fischereiwirtschaftlichen Bodennutzung (§ 44 IV BNatSchG),
- für die Entnahme tot aufgefundener Tiere und Pflanzen aus der Natur. Sie sind an die von der zuständigen Landesbehörde bestimmte Stelle abzugeben (§ 45 IV BNatSchG).

– für die Aufnahme verletzter, hilfloser oder kranker Tiere, um sie gesund zu pflegen. Sie sind unverzüglich in die Freiheit zu entlassen, sobald sie sich dort selbständig erhalten können (§ 45 V BNatSchG).
– §§ 45b ff. BNatSchG enthalten einheitliche Standards für die artenschutzrechtliche Prüfung bei der Genehmigung von → Windenergieanlagen an Land .

3. Neben dem für den Artenschutz zuständigen Bundesministerium sind zuständig: das Bundesamt für Naturschutz (Bonn) und die nach Landesrecht zuständigen Behörden. Mitwirkung der → Zollbehörden besteht nach Maßgabe von §§ 49–51 BNatSchG. Vor allem sind bei der Ein- und Ausfuhr die Mitteilungspflichten des § 50 BNatSchG zu beachten. Beschlagnahme und Einziehung durch die Zollstellen richten sich nach § 51 BNatSchG.

Artificial Intelligence
abgekürzt → AI, engl. für → Künstliche Intelligenz.

Artfortschreibung
→ Hauptfeststellung.

Artikel
Üblicherweise sind förmliche → Gesetze, → Rechtsverordnungen und → Satzungen in Paragraphen gegliedert. Das → Grundgesetz und die Verfassungen der Länder sind in Artikeln statt in Paragraphen gegliedert. Gleiches gilt idR für → völkerrechtliche Verträge wie zB auch → EU-Vertrag und → AEUV. Gesetze zur Änderung bestehender Gesetze (→ Änderungsgesetze) sind idR in Artikel gegliedert (→ Artikelgesetz). Auch in Artikel gegliedert sind die bayer. Landesgesetze, nicht aber die bayer. Landesverordnungen.

Artikelgesetz
oder Mantelgesetz (kein Ausdruck des Verfassungsrechts oder der Gesetzessprache) nennt man in der Gesetzgebungspraxis ein Gesetz, das mehrere Gesetze ändert und bei dem zur besseren Übersichtlichkeit sämtliche jeweils ein bestimmtes → Gesetz ändernde Vorschriften in einem → Artikel zusammengefasst sind (→ Änderungsgesetze). Sa → Rechtsetzung.

Arzneibuch
Das Arzneibuch ist eine vom zuständigen Bundesministerium für Gesundheit bekannt gemachte Sammlung anerkannter pharmazeutischer Regeln über die Qualität, Prüfung, Lagerung, Abgabe und Bezeichnung von → Arzneimitteln und den bei ihrer Herstellung verwendeten Stoffen. Das Arzneibuch enthält auch Regeln für die Beschaffenheit von Behältnissen und Umhüllungen (§ 55 I Arzneimittelgesetz – AMG idF v. 12.12.2005, BGBl. 2005 I 3394 mÄnd).

Die Regeln des Arzneibuchs werden von der Deutschen Arzneibuchkommission oder der Europäischen Arzneibuchkommission beschlossen. Die Deutsche Arzneibuchkommission hat die Aufgabe, über die Regeln des Arzneibuches zu beschließen und das Bundesministerium bei den Arbeiten im Rahmen des Übereinkommens über die Ausarbeitung eines Europäischen Arzneibuches zu unterstützen (§ 55 II–V AMG). § 55 II–V AMG gelten entsprechend für die Tätigkeit der Deutschen Homoöpathischen Arzneibuchkommission (§ 55 VI AMG). Die Regeln des Arzneibuchs werden von der Arzneibuch-Kommission erstellt. Die Arzneibuch-Kommission wird beim Bundesinstitut für Arzneimittel und Medizinprodukte gebildet. Die Ergebnisse der Arzneibuch-Kommission werden im → Bundesanzeiger bekannt gemacht

Arzneimittel
1. Arzneimittel sind nach § 2 Arzneimittelgesetz (AMG) idF v. 12.12.2005 (BGBl. 2005 I 3394) mÄnd vor allem Stoffe und Zubereitungen, die durch Anwendung im menschlichen oder tierischen Körper Krankheiten, Schäden und Beschwerden heilen, lindern oder verhüten sollen, ferner Stoffe, die diagnostischen Zwecken oder dem Ersatz körpereigener Wirkstoffe dienen oder die den seelischen Zustand beeinflussen sollen. Diese Definition geht zurück auf die Richtlinie 2001/83/EG. Keine Arzneimittel sind → Lebensmittel, → Tabakerzeugnisse und → kosmetische Mittel sowie sonstige Körperpflegemittel, ferner Futtermittel. Bei registrierten Arzneimitteln wird die Eigenschaft des Arzneimittels fingiert; wurde die Registrierung wegen Mangels dieser Eigenschaft abgelehnt, so gilt das Mittel nicht als Arzneimittel (§ 2 IV AMG). Verboten sind „bedenkliche" Arzneimittel, bei denen Schädigungen über das medizinisch vertretbare Maß zu befürchten sind (§ 5 AMG). Arzneimittel dürfen auch nicht unter irreführender Bezeichnung oder Aufmachung und nicht in qualitätsgemindertem Zustand in Verkehr gebracht werden. Das Bundesministerium für Gesundheit wird ermächtigt, durch Rechtsverordnung mit Zustimmung des Bundesrates die Verwendung bestimmter Stoffe, Zubereitungen aus Stoffen oder Gegenstände bei der Herstellung von Arzneimitteln vorzuschreiben, zu beschränken oder zu verbieten (§ 6 AMG); so ist zB die Verwendung von → Frischzellen eingeschränkt. Fertigarzneimittel sind besonders zu kennzeichnen und auszustatten (§§ 10, 11 AMG). Die gewerbs- oder berufsmäßige Herstellung von Arzneimitteln bedarf grundsätzlich der Erlaubnis (§ 13 AMG). Ausnahmen bestehen für → Apotheken in kleinem Umfang, Krankenhäuser, Tierärzte ua. Die Erlaubnis setzt Sachkenntnis der für die Produktion Verantwortlichen sowie ordnungsgemäße Betriebsräume voraus (§§ 14, 15 AMG); sie kann begrenzt und befristet erteilt werden, §§ 16, 17 AMG, und nach allgemeinen Grundsätzen zurückgenommen und widerrufen werden. Für Betriebsveränderungen besteht Anzeigepflicht (§ 20 AMG); wegen Einzelheiten zur Betriebsorganisation vgl.

die BetriebsVO für den Großhandel v. 10.11.1987 (BGBl. 1987 I 2370) mÄnd.

2. Für Arzneimittel gilt jetzt fast ausnahmslos die Zulassungspflicht (§ 21 AMG), wobei vor allem die therapeutische Wirksamkeit Voraussetzung der Zulassung ist (vgl. im Übrigen § 25 AMG). Die Entscheidung trifft das → Bundesinstitut für Arzneimittel und Medizinprodukte. Die Zulassung kann zurückgenommen und widerrufen werden (§ 30 AMG) und nach § 31 AMG erlöschen. Auf europäischer Ebene ist für die Zulassung von Arzneimitteln die Europäische Agentur für Beurteilung und Zulassung von Arzneimitteln in London, eine → europäische zentrale Fachbehörde, zuständig. Für homöopathische Arzneimittel besteht nach §§ 38, 39 AMG lediglich Registrierungspflicht (vgl. VO über homöopathische Arzneimittel v. 15.3.1978, BGBl. 1978 I 401). Die klinische Prüfung von Arzneimittel regeln die §§ 40–42 AMG. Für den Vertrieb von Arzneimitteln im Einzelhandel gilt als Regel die Apothekenpflicht (§ 43 AMG); Ausnahmen können gemäß §§ 44, 45 AMG durch RechtsVO zugelassen werden (vgl. VO idF v. 24.11.1988 (BGBl. 1988 I 2150); s. a. → Einzelhandel). Zum Vertrieb durch Hersteller und Großhandel s. § 47 AMG. Die Verschreibungspflicht wird durch RechtsVO gemäß § 48 AMG geregelt; für in ihrer Wirkung unbekannte und neue Mittel besteht automatische Verschreibungspflicht (§ 49 AMG). Eingehende Vorschriften sollen die Qualität von Arzneimitteln sichern und kontrollieren (§§ 54, 55 AMG). Die Arzneimittelüberwachung ist jetzt ähnlich den Vorschriften über die → Lebensmittel- und Futtermittelüberwachung geregelt (§§ 64–69 AMG). Bei Arzneimitteln für Tiere sind vor allem die Bestimmungen über Anwendung und Rückstandprüfung bei Tieren, die der Gewinnung von Lebensmitteln dienen, zu beachten (§§ 58, 59 AMG). Das Gesetz regelt die Berufsausübung des → Pharmaberaters (§§ 74a ff. AMG), die Möglichkeit, Preise für Arzneimittel festzustellen (§ 78 AMG), und eine → Gefährdungshaftung für Arzneimittelschäden (Näheres §§ 84–94 AMG; Beweislastverteilung wie bei der → Produkthaftung, Auskunftsansprüche gegen Pharma-Unternehmen und Behörden). Mit Strafe bedroht sind Herstellung und Vertrieb von Arzneimitteln unter Verstoß gegen konkrete Verbote des Gesetzes nach Maßgabe der §§ 95, 96 AMG, so vor allem das Inverkehrbringen schädlicher, verbotener oder verdorbener Arzneimittel oder von Arzneimittel unter irreführender Aufmachung. Andere Verstöße werden als Ordnungswidrigkeit geahndet; s. ferner → Betäubungsmittelgesetz und → Heilmittelwerbung.

3. In der sozialen → Krankenversicherung muss der → Kassenarzt bzw. → Vertragsarzt das Maß des Notwendigen und den Grundsatz der Wirtschaftlichkeit beachten. Arzneimittel für Erkältungskrankheiten, Mund- und Rachentherapeutika, Abführmittel und Arzneimittel gegen Reisekrankheit gehören nicht zu den Kassenleistungen. Ähnliches gilt für unwirtschaftliche Arzneimittel (§§ 31, 33a, 34, 35 SGB V). Bei der Inanspruchnahme von Arzneimitteln muss der Versicherte eine Zuzahlung von 10% des Preises, jedoch mindestens 5 EUR und maximal 10 EUR leisten (§ 61 SGB V; → Kostenbeteiligung der Versicherten).

4. Der Versand von Arzneimitteln über das Internet ist zulässig. Beim Verkauf im Internet wie auch im Inland ist die Zugabe von Werbegeschenken (zB Taschentüchern) oder die Zahlung von Boni nicht zulässig. Nahrungsergänzungsmittel sind keine Arzneimittel.

Arzneimittelbevorratung
in Herstellungsbetrieben, im Großhandel sowie in Apotheken und Krankenhäusern kann für den → Zivilschutz durch vom Bundesministerium des Inneren bestimmte Stellen angeordnet werden (§ 70 AMG). § 78 IV AMG enthält diesbezügliche Sonderregelungen hinsichtlich der Preisgestaltung.

Arzt
1. Die Grundsätze des ärztlichen Berufs regelt die Bundesärzteordnung v. 16.4.1987 (BGBl. 1987 I 1218) mÄnd. Danach ist der ärztliche Beruf kein Gewerbe (→ freier Beruf). Zur Ausübung ist eine → Approbation als Arzt oder eine besondere Erlaubnis erforderlich, deren Erteilung ua voraussetzt, dass der Bewerber Staatsangehöriger eines EG-Mitgliedsstaates oder Heimatloser ist, sich nicht als unwürdig oder unzuverlässig erwiesen hat, körperlich und geistig zur Berufsausübung nicht unfähig oder ungeeignet ist, nach dem Studium der Medizin die deutsche ärztliche Prüfung bestanden hat (§§ 1–3 BÄO) oder ein anerkanntes EU-Diplom besitzt. Für die Zeit ab dem 1.3.2020 ist den Bundesländern eine Abweichung von den Fristen des § 81a AufenthaltsG möglich § 4 Abs. 7 S. 2 BÄO idF des FKrEinwG v. 15.8.2019 (BGBl. 2019 I 1307). Weiter regelt die gem. § 4 Bundesärzteordnung erlassene Approbationsordnung für Ärzte idF v. 27.6.2002 (BGBl. 2002 I 2405) das Studium, die praktische Ausbildung und Abschnitte der ärztlichen Prüfung (§§ 22 ff. ApprOÄ, §§ 27 ff. ApprOÄ). Zur Sicherstellung des medizinischen Nachwuchses in ländlichen Regionen und im öffentlichen Gesundheitsdienst haben mehrere Bundesländer mittlerweile einen Teil der Studienplätze an den medizinischen Fakultäten für Bewerber reserviert, die sich vorab vertraglich verpflichten, nach Studienabschluss eine entsprechende hausärztliche oder amtsärztliche Tätigkeit aufzunehmen (sog. Landarzt-, bzw. Amtsarztquote).

Das Honorar der Ärzte richtet sich nach der Gebührenordnung für Ärzte (GOÄ) v. 9.2.1996 (BGBl. 1996 I 210) mit Anlageband („Gebührenverzeichnis"), jeweils m. spät. Änd. Danach erhält der Arzt Gebühren (§§ 6 f. GOÄ), Entschädigungen (§§ 7 ff. GOÄ, zB Wegegelder) und bestimmte Auslagen (§ 10 GOÄ). Die Gebühren sind Rahmengebühren, die innerhalb des Gebührenrahmens nach billigem Ermessen zu bestimmen sind. Die Gebühr darf bis zum 3½fachen des Gebührensatzes betragen, eine Überschreitung des 2,3fachen Gebührensatzes ist aber nicht regelmäßig, sondern nur bei Besonderheiten des Einzelfalls zulässig. Technische Leistungen (Abschnitte A, E, M, O, Q des Gebührenverzeichnisses) sind gemäß § 5 II GOÄ höchstens bis zum 2,5fachen Wert zu berechnen, wobei der höchste Regelwert 1,8 beträgt. Abweichende Vereinbarungen müssen mit bestimmten Hinweisen vorher in einem Schriftstück getroffen werden, das nur diese Vereinbarung enthalten darf und von dem dem Patienten ein Abdruck auszuhändigen ist (§ 2 II GOÄ).

Zur Zulassung von Ärzten und Zahnärzten zu den Krankenkassen s. → Vertragsarzt. Die Ärzte sind zu Ärztekammern mit → Ehrengerichtsbarkeit zusammengeschlossen, siehe ferner → Arztregister, → Berufsgeheimnis, → Kassenarzt, → Standesrecht, → Vertragsarzt. Zur Alterssicherung, Absicherung bei Berufsunfähigkeit sowie Hinterbliebenenvorsorge s. → berufsständische Versorgungswerke.

2. Zu dem Rechtsverhältnis zwischen Arzt und Patient s. im Einzelnen → Behandlungsvertrag, → Belegarztvertrag, → Kassenarzt.

Arzthaftung
Für Ärzte bestehen aufgrund des Behandlungsvertrages mit den Patienten umfangreiche Haftungsmöglichkeiten aufgrund von Behandlungsfehlern. Aufgrund des im Regelfall vorliegenden Behandlungsvertrages ist eine Behandlung unter Beachtung der erforderlichen Sorgfalt geschuldet. Ein bestimmter Heilungserfolgt ist dagegen nicht geschuldet. Die Einzelheiten des Behandlungsvertrages sind in den §§ 630a–630h BGB geregelt (→ Arzt, → Behandlungsvertrag); zu weiteren Einzelheiteiten s. → Behandlungsfehler. Eine Haftung kann sich ebenso aus unerlaubter Handlung ergeben (§ 823 BGB).

Arztregister
Verzeichnis der für die Behandlung von Kassenpatienten (→ Krankenkassen) zugelassenen Ärzte (Zahnärzte) und derjenigen, die nach Erfüllung der Zulassungsvoraussetzungen die Eintragung in das Arztregister beantragt haben. Das Arztregister wird bei der Kassen-(zahn) ärztl. Vereinigung geführt. Vgl. §§ 1–10 Zulassungsverordnung für Vertrags(zahn)ärzte vom 28.5.1957 (BGBl. 1957 I 572, 582) mspätÄnd. Die Eintragung in ein Arzt- oder Zahnarztregister ist Voraussetzung für die Zulassung als → Kassenarzt bzw. → Vertragsarzt (§§ 95 ff. SGB V). Auf Bundesebene führt die → Kassenärztliche Bundesvereinigung das Bundesarztregister. Die Kassenärztlichen Vereinigungen haben Änderungen des Arztregisters unverzüglich der Kassenärztlichen Bundesvereinigung mitzuteilen.

Arztvertrag
→ Behandlungsvertrag, → Arzt, → Beweislast.

Asoziale Rechtsgeschäfte
→ Sittenwidrigkeit, → Gesetzwidrigkeit; → Veräußerungsverbot.

Asperationsprinzip
Das Asperationsprinzip bezeichnet die im deutschen Strafrecht bestimmte Vorgehensweise bei der Bildung einer Gesamtstrafe: Hat der Täter mehrere selbständige Straftaten begangen und wird deswegen aus mehreren Freiheits- oder Geldstrafen eine Gesamtstrafe gebildet, so werden diese nicht addiert, sondern es wird idR die nach Art oder Höhe schwerste Einzelstrafe (Einsatzstrafe) erhöht (asperiert, §§ 54, 55 StGB). Die Gesamtstrafe darf dabei die Summe der Einzelstrafen nicht erreichen (§ 54 II 1 StGB); → Konkurrenz von Straftaten.

Asse II
→ Schachtanlage Asse II.

Assessor
Die Bezeichnung Assessor darf führen, wer die Zweite Juristische Staatsprüfung bestanden hat (vgl. → Befähigung zum Richteramt). Die Amtsbezeichnung Assessor mit Zusatz der jeweiligen Fachrichtung führte früher der → Beamte auf Probe im höheren Dienst (zB Regierungsassessor; Studienassessor). Nunmehr führt er die Bezeichnung des Eingangsamtes mit dem Zusatz „z. A." (= zur Anstellung; zB „Regierungsrat z. A."). Der frühere Gerichtsassessor führt als Richter auf Probe jetzt die Bez. „Richter" oder „Staatsanwalt" (→ Richterverhältnis).

Asset backed securities
→ Verbriefung.

asset deal
→ Unternehmen (2).

Assignaten
Assignaten wurden in Frankreich Ende des 18. Jh. die auf die Staatsbank lautenden Geldscheine (→ Anweisungen) genannt, deren Kaufkraft mit der Zunahme der staatlichen Verschuldung immer mehr abnahm.

Assignment
→ Vertragsübernahme.

Assisen
Assisen wurden im alten engl. Recht die Schwurgerichte genannt; im franz. Recht cour d'assises.

Assistenzarzt
ist ein → Arzt, der in der Regel zum Zweck der Weiterbildung und ohne eigene Entscheidungskompetenz in einem Fachbereich einer Klinik tätig ist, daher auch die Bezeichnung Arzt/Ärztin in Weiterbildung. Der frühere Arzt im Praktikum ist seit dem 1.10.2004 abgeschafft. Dem Assistenzarzt übergeordnet ist in der Regel der Oberarzt sowie der Chefarzt. Assistenzarzt kann nur derjenige werden, der sein Studium erfolgreich abgeschlossen hat. Die Approbation muss bereits erteilt sein.

Während der Tätigkeit als Assistenzarzt befindet man sich in Facharztausbildung. Die Dauer der Facharztausbildung ist unterschiedlich und hängt ab von der gewählten Fachrichtung.

Assistierte Reproduktion
→ Reproduktionstechnik, → künstliche Fortpflanzung.

Asyl
1. Asyl bedeutet zunächst konkret einen Zufluchtsort, der Schutz vor Verfolgung bietet, dann abstrakt den Schutz vor Verfolgung allgemein. Das Recht, Verfolgten Schutz zu gewähren, war ein altes Herrschaftsrecht, das auch bestimmten Institutionen oder Orten verliehen werden konnte. Es konnte ursprünglich auch von Personen in Anspruch genommen werden, die selbst gegen die geltende Rechtsordnung verstoßen haben.

2. Eine lange Tradition hatte das sog. Kirchenasyl, das sich aus der Hoheitsgewalt geistlicher Institutionen gegenüber der staatlichen Gewalt ergab. Es knüpfte an die weit in die Antike zurückreichende Praxis an, an heiligen Orten den Zugriff öffentlicher Gewalt für unzulässig anzusehen. Aber auch anderen Orten, bestimmten Plätzen, sogar einzelnen Bauernhöfen wurde das Asylrecht verliehen. Das geltende Recht in Deutschland kennt kein auf bestimmte Orte oder Institutionen bezogenes Asylrecht. Auch das sog. Kirchenasyl entspricht nicht geltendem Recht. Zugriff staatlicher Organe kann in selber Weise wie an allen anderen Orten auch in Sakralräumen erfolgen.

3. Heute gewähren die Staaten nach dem Genfer Abkommen über die Rechtsstellung der → Flüchtlinge Personen Schutz, die vor Verfolgung aus ethnischen, religiösen oder politischen Gründen in ihrem Herkunftsstaat fliehen; daneben gewährt Art. 16a GG politisch Verfolgten Schutz. In Deutschland als Mitgliedstaat des Genfer Abkommens gelten beide Rechtsgrundlagen nebeneinander, wobei die Mehrzahl der Anerkennungen als Asylbewerber nach dem Genfer Abkommen erfolgt (→ Asylrecht, → Asylgesetz).

Asylbewerberleistungsgesetz
1. Nach dem Asylbewerberleistungsgesetz (AsylbLG) v. 30.6.1993 (BGBl. 1993 I 2022) mÄnd erhalten Asylbewerber (→ Asylgesetz, → Asylrecht) bis zu ihrer Anerkennung Sozialleistungen. Das Asylbewerberleistungsgesetz geht den Bestimmungen des → Sozialgesetzbuches, insbesondere des SBG II und SBG XII vor. Bei Ablehnung des Asylantrages besteht bis zur Ausweisung nur eine eingeschränkte Leistungsberechtigung (§ 1a AsylbLG). 15 Monate nach Einreise werden die idR höheren Leistungen nach dem SGB XII gewährt (§ 2 AsylbLG → Sozialhilfe).

2. Die für die Höhe der Leistungen maßgeblichen Vorschriften finden sich in §§ 3 und § 3a AsylbLG. Die in § 3a AsylbLG genannten Geldbeträge werden nach § 3a IV AsylbLG jeweils zum 1.1. eines Jahres entsprechend der Veränderungsrate nach § 28a SGB XII iVm der Regelbedarfsstufen-Fortschreibungsverordnung nach § 40 SGB XII (→ Regelsätze; → Sozialhilfe) fortgeschrieben. Mit Stand vom 1.1.2025 gilt das Folgende:

a) Bei Unterbringung in einer Gemeinschaftsunterkunft wird nur der notwendige persönliche Bedarf (sog. Taschengeld) abgedeckt; dies sind 196 € für alleinstehende Erwachsene, 177 € für erwachsene Paare je Person, 157 € für junge Erwachsene unter 25 Jahren im elterlichen Haushalt, 133 € für Jugendliche zwischen 14 und 17 Jahren, 131 € für Kinder zwischen 6 und 13 Jahren sowie 126 € für Kinder bis zu einschließlich 5 Jahren; die Beträge können bei Gewährung von Sachleistungen gekürzt werden.

b) Bei Unterbringung außerhalb einer Gemeinschaftsunterkunft erhöhen sich diese Beträge um den hierfür notwenigen Bedarf; dann betragen die Leistungen insgesamt 441 € für alleinstehende Erwachsene, 397 € für erwachsene Paare je Person, 353 € für junge Erwachsene unter 25 Jahren im elterlichen Haushalt, 391 € für Jugendliche zwischen 14 und 17 Jahren, 327 € für Kinder zwischen 6 und 13 Jahren sowie 299 € für Kinder bis zu einschließlich 5 Jahren.

c) Der notwendige persönliche Bedarf kann auch durch die Zurverfügungstellung von Bezahlkarten, Wertgutscheinen o. ä. gedeckt werden (§ 3 II AsylbLG).

3. In Aufnahmeeinrichtungen sollen Arbeitsmöglichkeiten zur Verfügung gestellt werden, sowohl zum Betrieb der Aufnahmeeinrichtung als auch bei staatlichen, kommunalen und gemeinnützigen Trägern. Dafür gibt es eine Aufwandsentschädigung iHv 0,80 EUR/Stunde (Stand April 2021). Volljährigen Asylbewerbern können zu ihrer Aktivierung Arbeitsgelegenheiten im Rahmen von Flüchtlingsintegrationsmaßnahmen zugewiesen werden. Sonstiges eigenes Einkommen und Vermögen muss zunächst aufgebraucht werden.

Asylgesetz
1. Das Asylgesetz (AsylG) idF v. 2.9.2008 (BGBl. 2008 I 1798) regelt die Rechtsstellung von → Ausländern, die Asyl nach Art. 16a I GG (→ Asylrecht) oder die Anerkennung als Flüchtling nach dem Genfer Abkommen und dem Zusatzprotokoll hierzu (→ Flüchtlinge) beantragen (§ 1 I AsylG). In § 2 I AsylG sind Asylberechtigte nach Art. 16a GG und Flüchtlinge nach dem Genfer Abkommen gleichgestellt; günstigere Vorschriften zu Gunsten von Asylberechtigten bleiben nach § 2 II AsylG unberührt. § 3 AsylG regelt die Voraussetzung der Flüchtlingseigenschaft entsprechend des Genfer Abkommens. In §§ 3a–3e AsylG finden sich die Legaldefinitionen für Verfolgungshandlungen, Verfolgungsgründe, Akteure der Verfolgung, Schutz bietende Organe und den internen Schutz entsprechend der das Genfer Abkommen (→ Flüchtlinge) ausfüllen-

den → Qualifikationsrichtlinie. In § 4 AsylG sind die Voraussetzungen des → subsidiären Schutzes für → Flüchtlinge geregelt, der auch dann in Betracht kommt, wenn die Voraussetzungen für eine Anerkennung als Asylberechtigter oder Flüchtling nicht vorliegen.

2. Das Bundesamt für Migration und Flüchtlinge (BAMF) entscheidet sowohl über die Anerkennung als Asylberechtigter iSd Art. 16a GG als auch über die Flüchtlingseigenschaft (→ Flüchtlinge) nach dem Genfer Abkommen; seine Entscheidungen sind für andere Behörden verbindlich (§§ 5 und 6 AsylG; § 60 I AufenthaltsG). Anträge auf Schutz von → Flüchtlingen nach dem Genfer Abkommen stehen im Verfahren den Asylanträgen nach Art. 16a GG gleich. Bei jeder Aufnahmeeinrichtung für Asylbewerber mit mindestens 500 Unterbringungsplätzen soll das BAMF eine Außenstelle einrichten (§ 5 II AsylG). Der Asylantrag oder der Antrag eines Flüchtlings nach dem Genfer Abkommen ist bei der Außenstelle des BAMF zu stellen, die der für die Aufnahme des Ausländers zuständigen Aufnahmestelle zugeordnet ist (§ 14 I 1 AsylG). Die Identität des Antragstellers ist durch erkennungsdienstliche Maßnahmen zu sichern (§ 16 I 1 AsylG). Wer bei einer mit der polizeilichen Kontrolle des grenzüberschreitenden Verkehrs beauftragten Behörde um Asyl nachsucht, ist unverzüglich an die nächstgelegene Aufnahmeeinrichtung des BAMF weiterzuleiten (§ 18 AsylG). Trotz Asylantrags ist die Einreise zu verweigern, wenn der Antragsteller aus einem sicheren Drittstaat (Asylrecht, 2) einreist (§§ 18 II Nr. 1, 26a AsylG) oder nach der → Dublin-III-VO ein anderer Staat für die Durchführung des Asylverfahrens zuständig ist (§ 18 II Nr. 2 AsylG). Dabei ist zu berücksichtigen, dass alle Länder, die eine Landgrenze zu Deutschland haben oder zu denen von Deutschland aus eine regelmäßige Fährverbindung besteht, sichere Drittstaaten sind. Ausländer, die nach Einreise aus einem sicheren Drittstaat im Inland einen Asylantrag stellen, sind dorthin zurückzuschieben (§ 19 AsylG). Diese Vorschriften wurden seit der Flüchtlingskrise im Herbst 2015 nicht mehr vollzogen. Ihre Wiederanwendung scheitert am Widerstand der Nachbarstaaten. Bei Antragstellern, die über einen Flughafen einreisen wollen und aus einem sicheren Herkunftsstaat (s. → Asylrecht, 2) kommen, ist grundsätzlich vor der Entscheidung über die Einreise das Asylverfahren durchzuführen (§ 18a). Der Schutz nach dem Genfer Abkommen hat heute eine weitaus größere Bedeutung als der Schutz des Asylrechts nach Art. 16a GG, da insbes. durch die Drittstaatenregelung (s. o.) dessen Anwendung weitgehend ausscheidet.

3. Das BAMF klärt den Sachverhalt und erhebt die erforderlichen Beweise (§ 24 I AsylG). Der Asylbewerber oder Flüchtling muss die Tatsachen vortragen, aus denen sich seine Furcht vor Verfolgung oder die Gefahr eines im drohenden Schadens ergeben (§ 25 I AsylG). Ehegatten, Eltern oder Kinder eines anerkannten Asylberechtigten oder Flüchtlings können idR selbst dann anerkannt werden, wenn in ihrer Person keine Verfolgungsgründe bestehen (§ 26 AsylG); sa → Familienasyl. Bei Einreise aus sicheren Drittstaaten (s. → Asylrecht, 2) erfolgt keine Anerkennung, ebensowenig bei Bestehen anderweitigen Schutzes (§ 27 AsylG), bei Verfolgungssicherheit in einem sonstigen Staat (§ 29 AsylG), bei Antragstellern aus einem sichern Herkunftsstaat (§ 29a AsylG) oder bei Entscheidungszuständigkeit eines anderen Staates zB nach der → Dublin-III-VO (§ 27a AsylG). Bei falschen Angaben, Staatsangehörigen eines sicheren Herkunftsstaates oder mangelnder Mitwirkung kann im beschleunigten Verfahren entschieden werden (§ 30a AsylG).

4. Das BAMF entscheidet schriftlich (§ 31 AsylG). Anerkannte Asylbewerber erhalten eine Aufenthaltserlaubnis (→ Aufenthaltserlaubnis, 2c) nach § 25 I AufenthaltsG. Wenn keine Anerkennung als Asylberechtigter oder → Flüchtling möglich ist, ist die Abschiebung anzudrohen (§ 34 AsylG). Im Einzelfall kann eine Aufenthaltserlaubnis nach § 22 ff. AufenthG nach einem der dort genannten Tatbestände, die keine Anerkennung als Asylbewerber oder Flüchtling voraussetzen, in Betracht kommen. Soll der Ausländer in einen sicheren Drittstaat oder den für die Durchführung des Verfahrens zuständigen Staat abgeschoben werden, ordnet das BAMF die Abschiebung an (§ 34a AsylG). Bei offensichtlicher Unbegründetheit des Antrages oder dessen Rücknahme beträgt die Ausreisefrist 1 Woche (§§ 36, 38 II AsylG). Die Ausreisefrist in den übrigen Fällen beträgt 30 Tage (§ 38 I AsylG).

5. Die Länder sind verpflichtet, Asylbewerber unterzubringen (§§ 44 ff. AsylG). Die Verteilung auf die → Länder erfolgt nach dem Königsteiner Schlüssel (§ 45 AsylG). Die Asylbewerber sind grundsätzlich verpflichtet, in entsprechenden Aufnahmeeinrichtungen zu wohnen (§ 47 AsylG). Dem Asylbewerber ist der Aufenthalt in Deutschland zur Durchführung des Asylverfahrens gestattet; diese Gestattung kann auf einen bestimmten Bezirk beschränkt werden (→ Aufenthaltsgestattung; §§ 55 ff. AsylG). Weitere Auflagen sind möglich (§§ 60 ff. AsylG). Für die Dauer der Pflicht, in einer Aufnahmeeinrichtung zu wohnen, darf keine Erwerbstätigkeit aufgenommen werden (§ 61 AsylG). Zur Beschäftigung von Asylbewerbern im Übrigen s. → ausländische Arbeitnehmer (5).

6. Gegen Entscheidungen nach dem AsylG besteht der Verwaltungsrechtsweg zu den → Verwaltungsgerichten (→ Verwaltungsstreitverfahren). Die Klagefrist in Asylsachen beträgt 2 Wochen (§ 74 AsylG). Die Klage hat nur in Ausnahmefällen aufschiebende Wirkung (§ 75 AsylG); die Klage gegen Maßnahmen des Verwaltungszwangs in Asylsachen hat nie aufschiebende Wirkung. IdR entscheidet

der Einzelrichter (§ 76 AsylG). Die Rechtsmittel sind beschränkt (§§ 78 ff. AsylG).

7. Die finanziellen Leistungen an Asylbewerber regelt das → Asylbewerberleistungsgesetz (AsylbLG) v. 5.8.1997 (BGBl. 1997 I 2022) mÄnd.

8. Weitere Regelungen zur besseren Integration insbesondere der anerkannten Asylbewerber brachte das → Integrationsgesetz.

Asylrecht

1. Asylrecht bezeichnet sowohl die Gesamtheit der die Gewährung von → Asyl regelnden Vorschriften als auch das → subjektive Recht des einzelnen Asylbewerbers auf Gewährung von Asyl. Nach Art. 16a I GG genießen politisch Verfolgte in Deutschland Asyl. Der Begriff der politischen Verfolgung wird im GG nicht näher definiert. Politische Verfolgung liegt vor, wenn dem Einzelnen durch den Staat oder durch Maßnahmen Dritter, die dem Staat zurechenbar sind, in Anknüpfung an seine Religion, politische Überzeugung oder an andere, für ihn unverfügbare Merkmale, die sein Anderssein prägen, gezielt Rechtsverletzungen zugefügt werden, die nach ihrer Intensität und Schwere die Menschenwürde verletzen, ihn aus der übergreifenden Friedensordnung der staatlichen Einheit ausgrenzen und in eine ausweglose Lage bringen. Die Voraussetzungen der Schutzgewährung sind etwas enger als die Schutzvoraussetzungen nach dem Genfer Abkommen über die Rechtsstellung der Flüchtlinge v. 28.7.1951 (BGBl. 1953 II 559) und dem Protokoll hierzu vom 31.1.1967 (BGBl. 1969 II 1923); → Flüchtlinge (1). Das Asylrecht und der Schutz nach dem Genfer Abkommen über die Rechtsstellung der Flüchtlinge stellen daher zwei sich überlappende Schutzsysteme dar. In der Mehrzahl der Fälle sind die Voraussetzungen für den Schutz nach beiden Regelungen gegeben. Ein Asylantrag ist offensichtlich unbegründet, wenn offensichtlich ist, dass sich der Ausländer nur aus wirtschaftlichen Gründen oder um einer allgemeinen Notsituation oder um einer kriegerischen Auseinandersetzung zu entgehen in Deutschland aufhält; in diesen Fällen kann gegebenenfalls nach §§ 22 ff. AufenthaltsG, § 24 AufenthaltsG (→ Aufenthaltserlaubnis, 2c) iVm Richtlinie 2001/55/EG v. 20.7.2001 vorübergehender humanitärer Schutz gewährt werden (sa → Kriegsflüchtlinge und Bürgerkriegsflüchtlinge). Die Vorschriften des Asylrechts haben Vorrang vor den allgemeinen Vorschriften des → Ausländerrechts.

2. Auf das Asylrecht kann sich nach Art. 16a II GG nicht berufen, wer aus einem Mitgliedstaat der → Europäischen Union oder aus einem anderen sicheren Drittstaat einreist. Sicher ist ein Staat, in dem die Anwendung des Abkommens über die Rechtsstellung der → Flüchtlinge und der → Konvention zum Schutze der Menschenrechte und Grundfreiheiten sichergestellt ist. Durch Anlage I zu § 26a des → Asylgesetzes (AsylG) ist auf Grund der Ermächtigung in Art. 16a II 2 GG verbindlich festgelegt, dass auch Norwegen und die Schweiz als sichere Drittstaaten anzusehen sind. Damit ist Deutschland ausschließlich von sicheren Drittstaaten umgeben, so dass sich Ausländer bei der Einreise auf dem Landweg oder den üblichen Fährverbindungen grundsätzlich nicht mehr auf das Asylrecht berufen können. Allein schon deshalb konnten die über 1 Mio Flüchtlinge, die 2015 nach Deutschland einreisten, idR nur nach dem Genfer Abkommen über die Rechtsstellung der Flüchtlinge v. 28.7.1951 (BGBl. 1953 II 559) und dem Protokoll hierzu vom 31.1.1967 (BGBl. 1969 II 1923) anerkannt werden. Nach Art. 16a III GG können durch Gesetz ferner diejenigen Staaten bestimmt werden, bei denen vermutet wird, dass dort die Menschenrechte beachtet werden. Zu diesen sicheren Herkunftsstaaten gehören wiederum alle Mitgliedstaaten der EU sowie nach Anlage II zu § 29a AsylG Albanien, Bosnien und Herzegowina, Georgien, Ghana, Kosovo, Nordmazedonien, Montenegro, Republik Moldau, Senegal und Serbien. Die Vermutung gilt nicht, wenn Tatsachen vorgetragen werden, aus denen sich im Einzelfall die Annahme für eine politische Verfolgung ergibt (Art. 16a III GG).

3. Asylbewerber werden wie → Flüchtlinge im Sinne des Genfer Abkommens vom → Bundesamt für Migration und Flüchtlinge (BAMF) anerkannt. Gegen eine ablehnende Entscheidung ist der Rechtsweg zu den → Verwaltungsgerichten (→ Verwaltungsstreitverfahren) gegeben. Asylbewerber und Flüchtlinge genießen während ihres Aufenthaltes grundsätzlich dieselbe Rechtsstellung

4. Einzelheiten des Verfahrens zur Anerkennung als Asylbewerber sowie deren Rechtsstellung während des Anerkennungsverfahrens sowie Besonderheiten des verwaltungsgerichtlichen Verfahrens in Asylsachen regelt das → Asylgesetz (AsylG); sa → Integrationsgesetz. Nach unanfechtbarer Anerkennung als Asylberechtigter ist einem Ausländer die Aufenthaltserlaubnis (→ Aufenthaltserlaubnis, 2c) mit Berechtigung zur Ausübung einer Erwerbstätigkeit zu erteilen (§ 25 AufenthG). Die Zuständigkeit innerhalb der → Europäischen Union (EU) ist in der → Dublin-III-VO geregelt.

5. Inzwischen hat die EU am 14.5.2024 beschlossen, das Gemeinsame Europäische Asylsystem (GEAS) zu reformieren. 11 Gesetzgebungsakte (1 Richtlinie und 10 Verordnungen) sind am 11.6.2024 in Kraft getreten. Die Verordnungen treten idR am 1.6.2026 in Kraft (vgl. zB VO (EU) 2024/1351 über Asyl- und Migrationsmanagement). Die Umsetzungsfrist in deutsches Recht läuft 24 Monate bis Juni 2026 und steht noch aus. Danach sollen die Außengrenzen effizienter kontrolliert und in bestimmten Fällen bereits dort Verfahren durchgeführt werden. Die Asylverfahren werden in der EU vereinheitlicht und

beschleunigt. Das Dublin-Verfahren wird reformiert (→ Dublin-III-VO).

Asylverfahren
→ Asylrecht, → Asylverfahrensgesetz.

Asylverfahrensgesetz
Asylverfahrensgesetz war bis 2015 die Bezeichnung für das inzwischen schon wieder novellierte → Asylgesetz.

Aszendenten
sind die Vorfahren eines Menschen, mit denen er in gerader Linie verwandt ist (→ Verwandtschaft), im Gegensatz zu den Nachkommen, den → Deszendenten.

Atemalkohol
ab 0,25mg/l Atemluft, der 0,5‰ Blutalkohol entspricht, beim Führen eines Kfz stellt eine Ordnungswidrigkeit dar (§ 24a StVG). Die Atemalkohol-Analyse stellt neben den Verfahren zur Bestimmung des Blutalkohols (→ Alkoholgenuss des Verkehrsteilnehmers) ein zulässiges Beweismittel dar. Eine Mitwirkung des Betroffenen kann aber nicht verlangt werden; idR ist bei Weigerung eine Blutprobe zu nehmen, was nach § 81a StPO auch zwangsweise möglich ist.

Atlantik-Charta
Die am 14.8.1941 vom Präsident der USA, Roosevelt, und dem brit. Premierminister Churchill auf einem Kriegsschiff im Nordatlantik unterzeichnete Charta, die als Vorläufer der Satzung der → Vereinten Nationen gilt, ist kein → völkerrechtlicher Vertrag, sondern enthält lediglich Richtsätze, denen sich die UdSSR am 24.9.1941 anschloss. Die Richtsätze betrafen ua den Verzicht auf → Annexionen und Gewaltanwendung, das Selbstbestimmungsrecht der Völker, Sicherheitsgarantien ua.

Atlantikrat
→ Nordatlantikvertrag.

Atomanlagen
Durch das Gesetz zur geordneten Beendigung der Kernenergienutzung zur gewerblichen Erzeugung von Energie (→ Atomgesetz) sind Atomkraftwerke und Wiederaufarbeitungsanlagen nicht mehr neu genehmigungsfähig (§ 7 I AtG). Als neuer Atomanlagentyp ist aus dem → Atomkonsens das standortnahe Zwischenlager hervorgegangen. Zur Transportminimierung sind die Betreiber verpflichtet, für die geordnete Beseitigung den sicheren Verbleib in Zwischenlagern nachzuweisen (§ 9a AtG), → Atomrecht (2). Enteignungen sind zum Zwecke der Errichtung von Zwischenlagern gem. §§ 9d u. 9e AtG möglich. Vorarbeiten zur Standorterkundung und für Planfeststellungen müssen vom Grundstückseigentümer und vom Nutzungsberechtigten geduldet werden (§ 9 f AtG). Nach dem GAU im japanischen Kernkraftwerk Fukushima im März 2011 wurde der Betrieb von Atomanlagen in Deutschland bis Ende 2022 befristet. Dies wurde jedoch wegen der → Energiekrise geringfügig modifiziert (→ Atomausstieg).

Atomausstieg
Nach dem GAU im japanischen Kernkraftwerk Fukushima im März 2011 wurde die bereits um die Jahrtausendwende eingeleitete Beendigung der friedlichen Nutzung der Atomenergie in Deutschland beschleunigt. Durch das 13. Gesetzes zur Änderung des → Atomgesetzes v. 31.7.2011 (BGBl. 2011 I 1704) wurde in § 7 AtG die zeitlich gestaffelte Abschaltung aller deutschen Kernkraftwerke festgeschrieben. Danach sollten die letzten drei verbliebenen Anlagen (Isar 2, Emsland und Neckarwestheim 2) Ende 2022 vom Netz gehen. Wegen der → Energiekrise nach dem Angriffskrieg Russlands gegen die Ukraine blieben diese drei Anlagen jedoch zur Sicherung der Stromversorgung noch bis 15.4.2023 in Betrieb und wurden dann abgeschaltet (§ 7 Ie AtG, sog. Streckbetrieb). → Atomrecht, → Stromversorgung.

Atomgesetz
1. Mit der Änderung durch das Gesetz zur geordneten Beendigung der Kernenergienutzung zur gewerblichen Erzeugung von Energie v. 22.4.2002 (BGBl. 2002 I 1351) hat sich die Zweckbestimmung des Atomgesetzes (= Gesetz über die friedliche Verwendung der Kernenergie und den Schutz gegen ihre Gefahren (AtG) v. 15.7.1985 (BGBl. 1985 I 1565) mÄnd), das zum → Energierecht gehört, wesentlich verschoben. Die ursprünglich im → Atomkonsens vorgesehenen Restlaufzeiten der deutschen Kernkraftwerke wurden nach dem GAU im Kernkraftwerk Fukushima im März 2011 weiter verkürzt. § 7 AtG bestimmt nun, dass sämtliche Berechtigungen zum Leistungsbetrieb an einem festgelegten Zeitpunkt erlöschen oder wenn vorher die genehmigten Elektrizitätsmengen erzeugt werden. Die jeweils verbleibenden Elektrizitäts-Restmengen werden regelmäßig veröffentlicht (§ 7 Ic AtG). Die letzten Kernkraftwerke sollten demnach gem. § 7 Ia AtG spätestens Ende 2022 außer Betrieb gesetzt werden. Dies wurde jedoch wegen der → Energiekrise geringfügig modifiziert (→ Atomausstieg). Das BVerfG entschied mit Urt. v. 6.12.2016 (NJW 2017, 217), dass dies, bis auf das Fehlen von Ausgleichsregelungen für Investitionen der Kernkraftwerksbetreiber, verfassungsgemäß sei. Die angemahnten Ausgleichsregelungen wurden 2018 mit den §§ 7e ff. AtG geschaffen, die das BVerfG jedoch erneut beanstandete (Urt. v. 29.9.2020, 1 BvR 1550/19). Anfang 2021 haben sich die Betreiber mit der Bundesregierung auf eine Entschädigungshöhe geeinigt, die durch das 18. AtGÄndG v. 10.8.2021 (BGBl. 2021 I 3530) zu Änderungen der §§ 7e ff. AtG führte. → Atomrecht (2).

2. Das Atomgesetz soll Leben, Gesundheit und Sachgüter vor den Gefahren der Kernenergie schützen und Schäden ausgleichen. Ferner soll es die Erfüllung internationaler

Verpflichtungen Deutschlands auf dem Gebiet der Kernenergie und des Strahlenschutzes gewährleisten (→ Europäische Atomgemeinschaft) und vermeiden, dass durch Anwendung oder Freiwerden der Kernenergie oder ionisierender Strahlen die innere oder äußere Sicherheit gefährdet wird (§ 1 AtG) → Atomrecht.

3. Die Verwendung insbes. von Kernbrennstoffen bedarf der Genehmigung, zB für Beförderung und Zwischenlagerung. Gleiches gilt für die Stilllegung von Anlagen (§§ 4–10 AtG). Das Genehmigungsverfahren regelt die VO v. 3.2.1995 (BGBl. 1995 I 180) mÄnd, allerdings sind wesentliche → Atomanlagen nicht mehr genehmigungsfähig. Unter bestimmten Voraussetzungen können Elektrizitätsmengen von einer Anlage auf eine andere Anlage übertragen werden (§ 7 I b AtG). Bei Rücknahme oder Widerruf einer Genehmigung hat der Berechtigte Anspruch auf Schadensersatz in Geld vom Rück- oder Widerrufenden (§ 18 AtG).

4. Haftungsfragen, einschließlich der Deckungsvorsorge, regeln die §§ 4–4b, 13–15, 25–40 AtG und die Atomrechtliche Deckungsvorsorge-Verordnung (AtDeckV) idF v. 21.1.2022 (BGBl. 2022 I 118). Für Schäden an Leben, Gesundheit oder Eigentum infolge Kernspaltungs- oder Strahlungswirkungen einer genehmigten Anlage besteht gesetzliche Haftpflicht auch ohne Verschulden (→ Gefährdungshaftung), aber mit Höchstbegrenzung, im Verschuldensfalle dagegen nach allgemeinen Grundsätzen ohne Begrenzung (§§ 25 ff. AtG; → Reaktorunfälle). Die Verwaltungsbehörde hat gem. der AtDeckV im Genehmigungsverfahren Art, Umfang und Höhe der vom Antragsteller für die Erfüllung der gesetzlichen Schadensersatzverpflichtungen zu treffenden Vorsorge festzusetzen.

5. Umgang und Verkehr mit Kernbrennstoffen sowie der Betrieb der Kernenergieanlagen unterliegen einer besonderen staatlichen Aufsicht (§ 19 AtG); regelmäßige Sicherheitsüberprüfungen sind Pflicht (§ 19a AtG). Über die Vorschriften zum Schutz gegen Schäden beim Umgang mit radioaktiven Stoffen → Strahlenschutz. Die §§ 46, 49 AtG enthalten Bestimmungen über Ordnungswidrigkeiten (bis zu 50 000 EUR, zu Strafvorschriften → Sprengstoff- und Strahlungsverbrechen). Die internationale Beförderung von bestimmtem Kernmaterial regelt das Gesetz zum Übereinkommen über den physischen Schutz von Kernmaterial v. 24.4.1990 (BGBl. 1990 II 326) mÄnd → Energiewirtschaft; → Atommüll; → Endlager; → Umweltschutz; → Transportgefährdung.

Atomkonsens

Atomkonsens ist die Kurzbezeichnung für den Kompromiss zwischen Energiewirtschaft und BReg, der zum Gesetz über die geordnete Beendigung der Kernenergienutzung zur gewerblichen Erzeugung von Energie führte (→ Atomausstieg, → Atomgesetz). Inhalt ist neben der Beendigung der Kernenergienutzung die Gewährleistung eines ungestörten Betriebes durch Rechts- und Planungssicherheit, bis die festgelegten Reststrommengen produziert worden sind.

Atommüll

Atommüll ist ein Schlagwort für atomrechtliche → Abfälle (dazu insbes. § 9a AtG). Die Abgabe von Kernbrennstoffen aus Atomkraftwerken zur Wiederaufbereitung ist unzulässig (§ 9a AtG). Deren Betreiber haben regelmäßig ihre Maßnahmen zur Sicherstellung der zukünftigen Entsorgung nachzuweisen (Entsorgungsvorsorge-Nachweis). Die Länder haben Sammelstellen zur Zwischenlagerung, der Bund Anlagen zur Sicherstellung und Endlagerung einzurichten (→ Endlager). § 57b AtG regelt die Stilllegung der sogenannten → Schachtanlage Asse II. Den Umgang mit Atommüll, auch aus dem Bereich → Strahlenschutz, regelt die Atomrechtliche EntsorgungsVO (AtEV) v. 29.11.2018 (BGBl 2018 I 2172). Die grenzüberschreitende Verbringung von Atommüll sowie abgebrannter Brennelemente unterliegt den Bestimmungen der atomrechtlichen AbfallverbringungsVO v. 30.4.2009 (BGBl. 2009 I 1000), mÄnd. Die RL 2011/70/Euratom v. 19.7.2011 (ABl. EU 2011 L 199, 48) bestimmt den Rahmen für die verantwortungsvolle u. sichere Entsorgung abgebrannter Brennelemente und radioaktiver Abfälle aus zivilen Tätigkeiten. Die Entsorgung von Abfällen, die infolge eines Notfalles iSd StrlSchG kontaminiert sind oder sein können, regelt das KrWG.

Atomreaktor, Haftung für

→ Atomgesetz, → Gefährdungshaftung.

Atomrecht

1. Das Atom- oder Kernenergierecht gehört zum → Energierecht und ist nach der → Föderalismusreform Gegenstand → ausschließlicher Gesetzgebung des Bundes (Art. 73 I Nr. 14 GG) und Teil des → Umweltrechts. Auf dieser Grundlage werden die Erzeugung und Nutzung der Kernenergie zu friedlichen Zwecken (→ Atomgesetz), der Betrieb der → Atomanlagen, der → Strahlenschutz und die Beseitigung von → Atommüll geregelt.

2. Der in Deutschland nach dem GAU im Kernkraftwerk Fukushima im März 2011 beschlossene → Atomausstieg und die → Energiewende haben es notwendig gemacht, die Finanzierung des Atomausstiegs neu zu regeln. Die Zielsetzung, dass

– neben der Verantwortung für Stilllegung und Rückbau der Anlagen bzw. für den sicheren Einschluss der atomrechtlichen Abfälle die Finanzierung der Entsorgung gem. dem Verursacherprinzip bei den Erzeugerunternehmen bleibt und

– die Verantwortung für die Beseitigung, also Zwischen- und Endlagerung, auf den Staat übergeht, wurde durch das Artikelgesetz zur Neuordnung der Verantwortung in der kerntechnischen Entsorgung vom 27.1.2017 (BGBl. 2017 I 114) verwirklicht. Dessen Art. 1 beinhaltet das Entsorgungsfonds-, Art. 7 das Transparenz- und Art. 8 das NachhaftungsG. Durch sie soll die Finanzierung durch die Unternehmen auch in Zukunft gesichert werden, zB dadurch, dass für sämtliche gegenwärtigen wie zukünftigen Zahlungsverpflichtungen summarisch Atomanlagenbetreiber und die sie beherrschenden Unternehmen haften (§ 1 NachhaftungsG).

3. Auf europäischer Ebene gilt das Recht der → Europäischen Atomgemeinschaft, einer der Gründungsgemeinschaften der EU. Zu den wichtigsten internationalen Verträgen gehören der → Atomwaffensperrvertrag sowie die Übereinkommen zu → Reaktorunfällen und → Reaktorschiffen. Auf der Grundlage der VO (Euratom) 2021/948 v. 27.5.2021 zur Schaffung des Europäischen Instruments für die internationale Zusammenarbeit im Bereich der nuklearen Sicherheit (ABl. EU 2021 L 209, 79) unterstützt die EU Maßnahmen, die der Förderung eines hohen Standards nuklearer Sicherheit und des Strahlenschutzes sowie der Anwendung effizienter und wirksamer Sicherungsmaßnahmen für Kernmaterial in Drittländern dienen (Art. 2 VO (Euratom) 2014/948).

Atomwaffensperrvertrag
1. Atomwaffensperrvertrag ist die gängige Bezeichnung des Vertrages über die Nichtverbreitung von Kernwaffen (Treaty on the Non-Proliferation of Nuclear Weapons = Non-Proliferation-Treaty, NPT) v. 1.7.1968 (BGBl. 1974 II 785). Am 31.12.2015 gab es 191 Vertragsparteien einschließlich Deutschlands. Jeder vertragsbeteiligte Kernwaffenstaat verpflichtet sich, Kernwaffen (K.) und sonstige Kernsprengkörper oder die Verfügungsgewalt darüber an niemanden unmittelbar oder mittelbar weiterzugeben und keinen Nichtkernwaffenstaat in Herstellung oder Erwerb von K. zu unterstützen oder ihn dazu zu veranlassen. Nichtkernwaffenstaaten verpflichten sich, K. oder die Verfügungsgewalt darüber nicht anzunehmen sowie K. weder herzustellen noch zu erwerben; sie müssen zur Erfüllung der Vertragsverpflichtungen Sicherungsmaßnahmen und Kontrollen durch die Internationale Atomenergiebehörde-Organisation in Wien (International Atomic Energy Agency, IAEA) dulden, die aber die wirtschaftliche und technologische Entwicklung und die friedliche nukleare Tätigkeit nicht behindern dürfen. Forschung, Erzeugung und Verwendung von Kernenergie für friedliche Zwecke sind ausdrücklich gewährleistet. Alle Vertragsparteien verpflichten sich zum weitestmöglichen Austausch von Ausrüstungen, Material und wissenschaftlichen und technologischen Informationen. Die Weigerung des Mitgliedstaates Nordkorea, Kontrollen durch die IAEA zuzulassen, verstieß gegen den Atomwaffensperrvertrag. Sa → ABC-Waffen.

2. Deutschland hat den Atomwaffensperrvertrag unter Vorbehalten unterzeichnet, die sich ua auf ihre Zugehörigkeit zur NATO und auf die Freiheit von Lehre und Forschung für friedliche Zwecke beziehen. RatifikationsG v. 4.6.1974 (BGBl. 1974 II 785) sowie Gesetz v. 4.6.1974 zu dem Übereinkommen v. 5.4.1973 (BGBl. 1974 II 794).

Attaché
(franz.): einer diplomatischen Mission zugeordneter Beamter der Eingangsstufe des höh. auswärtigen Dienstes; als Fachbeamter Militär-, Handels-, Kultur-, Presse-Attaché (→ Diplomat).

Attentat
→ Anschlag.

Attest
→ Gesundheitszeugnis, → Entgeltfortzahlung im Krankheitsfall.

Atypisch stille Gesellschaft
→ stille Gesellschaft, → Mitunternehmerschaften.

Atypischer Vertrag
→ Vertrag (2).

audiatur et altera pars
(auch die andere Partei ist zu hören) → rechtliches Gehör.

Auditor
1. (lat. = Hörer, Zuhörer), in der kath. Kirche, in manchen Ländern auch in der Militärgerichtsbarkeit tätiger Rechtskundiger mit richterlicher oder staatsanwaltlicher Funktion (→ kirchliche Gerichtsbarkeit, 1b).

2. Im Managementbereich prüft und bewertet der Betriebsprüfer (englisch Auditor) Organisations-, Prozess- und Compliancevorgaben, so im Umweltbereich auf der Grundlage der EMAS-Verordnung das → Umweltmanagement. → Umweltaudit.

Aufbauseminar
Wer als Inhaber einer → Fahrerlaubnis auf Probe in der Probezeit bestimmte Verkehrsstraftaten oder -ordnungswidrigkeiten begeht, muss an einem Aufbauseminar innerhalb der gesetzten Frist teilnehmen; andernfalls wird die Fahrerlaubnis entzogen (§ 2a II, III StVG; §§ 32 ff. FeV). Das Aufbauseminar besteht aus Gruppengesprächen und einer Fahrprobe und darf nur von Fahrlehrern mit entsprechender Erlaubnis nach dem FahrlehrerG durchgeführt werden (§ 2b StVG; §§ 35 ff. FeV). Für Inhaber einer anderen Fahrerlaubnis tritt an die Stelle des Aufbauseminars das → Fahreignungsseminar.

Aufbewahrung
→ Verwahrung, → Handelskauf, → Ansichtssendung, → Gastwirtshaftung.

Aufbewahrungspflicht bei Geschäftsbüchern

1. Steuerlich ist die Aufbewahrungspflicht nach § 147 AO Bestandteil der Buchführungs- und Aufzeichnungspflicht. Demzufolge trifft die Aufbewahrungspflicht alle Steuerpflichtigen, die zur Buchführung oder zur Aufzeichnung verpflichtet sind, → Aufzeichnungspflicht im Steuerrecht. Die Aufbewahrungspflicht endet frühestens mit Ablauf der Aufbewahrungsfristen. Erst dann dürfen die Unterlagen vernichtet werden. Werden die Aufbewahrungsfristen nicht beachtet, droht eine Schätzung der Besteuerungsunterlagen. Bücher, Aufzeichnungen, Inventare, Jahresabschlüsse, Lageberichte, Eröffnungsbilanz und Buchungsbelege sind grds. zehn Jahre (ab 1.1.2025 acht Jahre), andere Unterlagen, zB Geschäftsbriefe sind grds. sechs Jahre aufzubewahren. Kürzere Aufbewahrungsfristen nach außersteuerlichen Gesetzen sind nicht zu beachten. Zudem besteht eine Aufzeichnungs- und Aufbewahrungspflicht für Steuerpflichtige, bei denen die Summe der positiven Einkünfte nach § 2 I Nr. 4–7 EStG (Überschusseinkünfte) mehr als 500.000 EUR im Kalenderjahr beträgt. Diese haben die Aufzeichnungen und Unterlagen über die den Überschusseinkünften zugrunde liegenden Einnahmen und Werbungskosten sechs Jahre aufzubewahren. Bei Zusammenveranlagung muss jeder Ehegatte die Grenze von mehr als 500.000 EUR erreichen. Die Fristen laufen nicht ab, solange die Unterlagen für Steuern von Bedeutung sind, für welche die → Festsetzungsfrist noch nicht abgelaufen ist (§ 147 III AO). Die Jahresabschlüsse und die Eröffnungsbilanz müssen wegen ihrer besonderen Bedeutung für die steuerliche Gewinn- und Vermögensermittlung im Original aufbewahrt werden. Die übrigen Unterlagen können auf einem Bildträger oder anderen Datenträgern aufbewahrt werden. Ab dem 1.1.2000 müssen Daten während der Dauer der Aufbewahrungsfrist jederzeit unverzüglich lesbar gemacht werden können. Soweit für die maschinelle Auswertung der Daten notwendig, müssen die EDV-Systeme bis zum Ende der für die Daten geltenden Aufbewahrungsfrist vorgehalten werden, auch wenn sie nicht mehr im Unternehmen genutzt werden, § 147 VI AO und § 200 I 2 AO. Die Finanzverwaltung hat ab 2002 das Recht auf Einsichtnahme in gespeicherte Daten und auf Nutzung der EDV-Systeme des Steuerpflichtigen. Sie kann im Rahmen von Betriebsprüfungen auch die maschinelle Auswertung nach eigenen Vorgaben oder die Überlassung der gespeicherten Unterlagen und Aufzeichnungen auf maschinell verwertbaren Datenträgern verlangen. Ab 1.1.2009 wurde für Unternehmen die Möglichkeit geschaffen, eine EDV-gestützte Buchführung auf Antrag in andere EU-Staaten und EWR-Staaten (soweit eine Rechtsvereinbarung über Amtshilfe besteht) zu verlagern (§ 146 IIa, IIb AO). Voraussetzung ist, dass der betreffende Staat zustimmt und dass ein Zugriff auf die Daten durch die deutsche Finanzbehörde erfolgt. Weiter muss dem Finanzamt im Antrag der Standort des EDV-Systems und ggf. Name und Anschrift des beauftragten Anbieters benannt werden. Im Fall der Zuwiderhandlung kann ein Verzögerungsgeld von bis zu 250.000 EUR auferlegt werden. Vorzeitige Vernichtung der Belege ist → Steuergefährdung. Vgl. zu Mikrofilmaufnahmen BMF v. 1.2.1984 (BStBl. I 1984, 155).

2. Mit Wirkung zum 1.8.2004 wurde in der → Umsatzsteuer eine Aufbewahrungspflicht für Nichtunternehmer (Privatpersonen) normiert. Demnach haben diese als Empfänger einer steuerpflichtigen Leistung im Zusammenhang mit einem Grundstück die Rechnung, einen Zahlungsbeleg oder eine andere beweiskräftige Unterlage aufzubewahren. Die Aufbewahrungspflicht beträgt 2 Jahre und beginnt mit dem Schluss des Kalenderjahres, in dem die Rechnung bzw. der anderweitige Beleg ausgestellt wurde. Grund für diese Regelung ist die Bekämpfung der Schwarzarbeit. Weitere besondere Aufbewahrungspflichten bestehen für Buchmacher nach dem Rennwett- und Lotteriegesetz.

3. Handelsrechtlich gelten entsprechende Aufbewahrungsfristen nach § 257 HGB (→ Buchführung 2).

Aufblenden

ist im Straßenverkehr als → Warnzeichen bei konkreter eigener oder Fremdgefährdung statt Schallzeichen zulässig (§ 16 I StVO), auch um entgegenkommende Kfz zum → Abblenden zu veranlassen. Ferner darf außerhalb geschlossener Ortschaften ein Überholen durch Aufblenden angekündigt werden (§ 5 V StVO).

Aufenthalt, gewöhnlicher

Der Ort des gewöhnlichen Aufenthalts eines Beschuldigten kann nach § 8 II StPO für den Gerichtsstand maßgebend sein, während dieser sich im Allgemeinen nach dem → Wohnsitz oder – wie in §§ 16, 20 ZPO – nach dem Ort des – wenn auch nur vorübergehenden – Aufenthalts richtet. Zur Bedeutung des gewöhnliches Aufenthalts bei internationalen Sachverhalten im Zivilrecht → Internationales Privatrecht (2a).

Steuerlich ist der gewöhnliche Aufenthalt neben dem → Wohnsitz Anknüpfungspunkt für die → unbeschränkte Steuerpflicht. Den gewöhnlichen Aufenthalt iSd Steuergesetze hat jemand dort, wo er sich unter Umständen aufhält, die erkennen lassen, dass er an diesem Ort oder in diesem Gebiet nicht nur vorübergehend verweilt (§ 9 AO). Bei einem zeitlich zusammenhängenden Aufenthalt von mehr als 6 Monaten wird von Beginn an ein gewöhnlicher Aufenhalt unwiderlegbar vermutet. Kurzfristige Unterbrechungen bleiben unberücksichtigt. Diese Vermutung gilt nur dann nicht, wenn der Aufenthalt ausschließlich zu privaten Zwecken (zB Besuch, Kur) dient und nicht länger als ein Jahr dauert (§ 9 S. 3 AO).

Aufenthalt, ständiger
→ Wohnsitz.

Aufenthaltsbestimmung
→ Personensorge, → Vormund, → Betreuung, → Anstaltsunterbringung.

Aufenthaltserlaubnis
1. Die Aufenthaltserlaubnis ist nach §§ 4, 7 f., 16 ff. AufenthG ein befristeter → Aufenthaltstitel für → Ausländer in Deutschland (→ Ausländerrecht), dessen Dauer durch den Aufenthaltszweck bestimmt wird. Die → Niederlassungserlaubnis ist hingegen unbefristet. Staatsangehörige eines anderen Mitgliedsstaates der EU bedürfen für den Aufenthalt keiner Aufenthaltserlaubnis (§ 2 IV FreizügigkeitsG; → Ausländerrecht). Die Voraussetzungen der Aufenthaltserlaubnis werden im → Aufenthaltsgesetz (AufenthG) geregelt. Die Aufenthaltserlaubnis ist unter Berücksichtigung des beabsichtigten Aufenthaltszweckes zu befristen (§ 7 II 1 AufenthG). Voraussetzung jeder Aufenthaltserlaubnis ist gem. § 5 AufenthG, dass der Lebensunterhalt gesichert ist, die Identität feststeht, die → Passpflicht erfüllt ist und kein Ausweisungsinteresse besteht. Selbst von diesen Voraussetzungen können bei Ausländern, die sich bereits seit mehr als fünf Jahre in Deutschland aufhalten, im Rahmen des → Chancen-Aufenthaltsrechts Ausnahmen gemacht werden (§ 104c AufenthG).

2. Aufenthaltszwecke können nach §§ 16 ff. AufenthG Studium, Sprachkurse, Schulbesuch, Erwerbstätigkeit, völkerrechtliche, humanitäre oder politische Gründe sowie familiäre Gründe sein; Sonderregelungen gelten für Rückkehrer und frühere Deutsche.

a) Der Zugang von Ausländern zur Ausbildung dient der allgemeinen Bildung und der internationalen Verständigung ebenso wie der Sicherung des Bedarfs des deutschen Arbeitsmarktes an Fachkräften. Im Falle des Studiums (§ 16 AufenthG) wird die Aufenthaltserlaubnis für 2 Jahre erteilt und kann um jeweils bis zu weiteren 2 Jahren verlängert werden. Für studienvorbereitende Maßnahmen soll die Aufenthaltserlaubnis 2 Jahre nicht überschreiten. Einem Ausländer kann eine Aufenthaltserlaubnis ferner für Sprachkurse, die nicht der Studienvorbereitung dienen, und für den Schulbesuch erteilt werden (§ 16 V AufenthG).

b) Bei der Aufenthaltserlaubnis zum Zwecke der Erwerbstätigkeit ist zu unterscheiden zwischen der Aufenthaltserlaubnis für nichtselbständige Beschäftigung und der Aufenthaltserlaubnis für selbständige Tätigkeit. Die Zulassung ausländischer Beschäftigter in nichtselbständiger Beschäftigung orientiert sich an den Erfordernissen des Wirtschaftsstandortes Deutschland unter Berücksichtigung der Verhältnisse am Arbeitsmarkt. Die Aufenthaltserlaubnis darf nur mit Zustimmung der → Bundesagentur für Arbeit erteilt werden oder wenn der Betreffende Ausländer einer Berufsgruppe angehört, die in der → Beschäftigungsverordnung genannt ist oder wenn zwischenstaatliche Vereinbarungen dies vorsehen (§ 18 I und II AufenthG). Fachkräfte mit Berufsausbildung kann die Aufenthaltserlaubnis zur Ausübung jeder qualifizierten Beschäftigung erteilt werden (§ 18a AufenthG); dasselbe gilt für Akademiker (§ 18b AufenthG). Siehe ferner → Blaue Karte EU; (§ 18g AufenthG). Einem Ausländer kann eine Aufenthaltserlaubnis zur Ausübung einer selbständigen Tätigkeit erteilt werden, wenn ua positive Auswirkungen für die Wirtschaft zu erwarten sind und die Finanzierung durch Eigenkapital oder eine Kreditzusage gesichert sind; Ausländer, die älter sind als 45 Jahre, sollen die Aufenthaltserlaubnis in diesen Fällen nur erhalten, wenn sie über eine angemessene Altersversorgung verfügen (§ 21 AufenthG). Die Aufenthaltserlaubnis für Selbständige wird zunächst auf längstens 3 Jahre befristet; wenn die selbständuge Tätigkeit aufgrund ihres Erfolges eine weitere nachhaltige Entwicklung der Geschäftstätigkeit erwarten lässt, kann nach drei Jahren eine → Niederlassungserlaubnis erteilt werden. Auch die → Chancenkarte gemäß § 20a AufenthG beinhaltet eine Aufenthaltserlaubnis zur Suche nach einer Erwerbstätigkeit oder nach Maßnahmen zur Anerkennung ausländischer Berufsqualifikationen.

c) Einem Ausländer kann für die Aufnahme aus dem Ausland aus völkerrechtlichen oder dringenden humanitären Gründen eine Aufenthaltserlaubnis erteilt werden; eine Aufenthaltserlaubnis ist ferner zu erteilen, wenn das Bundesministerium des Innern oder eine von ihm bestimmte Stelle zur Wahrung politischer Interessen die Aufnahme erklärt hat (§ 22 AufenthG). Massenflüchtlinge, denen gem. Richtlinie 2001/55/EG v. 20.7.2001 vom Rat der EG vorübergehender Schutz gewährt wird, erhalten für die Dauer dieses Schutzes eine Aufenthaltserlaubnis nach § 24 AufenthG. Anerkannten Asylbewerbern (→ Asylgesetz, 3) ist nach § 25 I AufenthG die Aufenthaltserlaubnis zu erteilen. → Flüchtlingen ist eine Aufenthaltserlaubnis zu erteilen, wenn ihnen die Flüchtlingseigenschaft zuerkannt wurde (§ 25 II AufenthG), ebenso Ausländern, denen → Subsidiärer Schutz zuerkannt wurde. Anerkannten Asylbewerbern und Flüchtlingen wird die Aufenthaltserlaubnis für 3 Jahre erteilt.; anerkannte Asylbewerber erhalten nach 5 Jahren die → Niederlassungserlaubnis, wenn nicht die Voraussetzungen eines Widerrufs der Anerkennung als Asylberechtigter (→ Asylgesetz) vorliegen; bei guter wirtschaftlicher und sprachlicher Integration verkürzt sich diese Frist auf 3 Jahre (§ 26 III AufenthG).

d) Die Aufenthaltserlaubnis zur Herstellung und Wahrung der familiären Lebensgemeinschaft (→ Familiennachzug) wird ausländischen Familienangehörigen erteilt. Die Aufenthaltserlaubnis erhalten ausländische Ehegatten, Kinder und Eltern eines in Deutschland lebenden Deutschen (§ 28 AufenthG). Der Nachzug dieser Familienangehörigen eines in Deutschland lebenden Ausländers ist sehr differenziert geregelt. Grundsätzlich muss für den Familiennachzug zu einem Ausländer dieser selbst eine → Niederlassungserlaubnis oder eine Aufenthaltserlaubnis besitzen und über ausreichenden Wohnraum verfügen (§§ 29 f. AufenthG). Die Aufenthaltserlaubnis des Ehegatten des Ausländers wird im Falle der Aufhebung der ehelichen Lebensgemeinschaft eigenständig und unabhängig vom Zweck des Familiennachzugs verlängert, wenn die eheliche Lebensgemeinschaft mindestens 2 Jahre rechtmäßig in Deutschland bestanden hat oder wenn die Ehe durch den Tod des Ausländers beendet wurde (§ 31 AufenthG). Einem in Deutschland geborenen Kind ist die Aufenthaltserlaubnis zu erteilen, wenn die Mutter eine Aufenthaltserlaubnis oder Niederlassungerlaubnis besitzt (§ 33 AufenthG). Die einem in Deutschland geborenen Kind oder einem nachgezogenen Kind erteilte Aufenthaltserlaubnis ist zu verlängern, solange ein personensorgeberechtigtes Elternteil eine Aufenthaltserlaubnis oder eine Niederlassungserlaubnis besitzt (§ 34 AufenthG). Sonstigen Familienangehörigen kann zum Zwecke des Familiennachzugs die Aufenthaltserlaubnis nur in außergewöhnlichen Härtefällen erteilt werden (§ 36 AufenthG). Selbst wenn die Voraussetzungen einer Aufenthaltserlaubnis wegen Familiennachzuges nicht erfüllt sind, können die betroffen Personen aus anderen Rechtsgründen (zB wegen eines Studiums) eine Aufenthaltserlaubnis erlangen. Durch Gesetz v. 12.7.2018 (BGBl. 2018 I 1147) wurde in § 36a AufenthG der → Familiennachzug von subsidiär Schutzberechtigten völlig neu geregelt. Ohne Rechtsanspruch kann der Familiennachzug minderjährigen Kindern oder Ehegatten sowie Eltern minderjähriger Flüchtlinge gewährt werden. Hierfür besteht eine Beschränkung auf 1000 Personen im Monat (§ 36a II 2 AufenthG). Vom Familiennachzug zu unterscheiden ist das sogenannte → Familienasyl; Ehegatten, Kinder und Eltern unnfechtbar anerkannter Asylberechtigter werden grundsätzlich ebenfalls als Asylberechtigt anerkannt und erhalten dann wie die originär Asylberechtigten eine Aufenthaltserlaubnis nach § 25 I AufenthG.

3. Voraussetzung einer Aufenthaltserlaubnis sind stets Erfüllung des Passpflicht (→ Pass), Klärung von Identität und Staatsangehörigkeit, Nichtvorliegen eines Ausweisungsgrundes und Nichtvorliegen von Gründen, die die Interessen der Bundesrepublik Deutschland beeinträchtigen oder gefährden. Grundsätzlich muss auch stets der Lebensunterhalt des um Aufenthaltserlaubnis nachsuchenden Ausländers gesichert sein; hiervon bestehen Ausnahmen insbes. beim → Familiennachzug (s. 2d).

4. Eine Aufenthaltserlaubnis erlischt ua mit Ablauf ihrer Geltungsdauer, Rücknahme (→ Verwaltungsakt, 6), Widerruf oder längere Ausreise. Die Gründe für den Widerruf einer Aufenthaltserlaubnis sind in § 52 AufenthG abschließend geregelt; wichtigster Widerrufsgrund ist der Widerruf der Erlaubnis zu Ausübung einer Beschäftigung. Nach Erlöschen der Aufenthaltserlaubnis ist der Ausländer zur → Ausreise verpflichtet. Der zur Ausreise verpflichtet Ausländer hat Deutschland unverzüglich oder bis zum Ablauf einer ihm gesetzten Ausreisepflicht zu verlassen; reist der Ausländer in diesen Fällen nicht freiwillig ausreist, ist abzuschieben (→ Abschiebung). Die Aufenthaltserlaubnis schützt auch nicht vor → Ausweisung, wenn die Voraussetzungen hierfür gegeben sind.

Aufenthaltsgesetz
→ Aufenthaltsrecht. Das Aufenthaltsgesetz löste das frühere Ausländergesetz ab.

Aufenthaltsgestattung
ist ein Begriff des → Asylrechts. Einem → Ausländer, der um → Asyl nachsucht, ist zur Durchführung des Asylverfahrens der Aufenthalt in Deutschland gestattet (§ 55 AsylG (→ Asylgesetz)). Die Aufenthaltsgestattung kann räumlich beschränkt und mit bestimmten Auflagen verbunden werden. Gleiches gilt für → Flüchtlinge iSd Genfer Abkommens bis zu ihrer Anerkennung. Die Aufenthaltsgestattung ist kein → Aufenthaltstitel ieS und begründet als solche kein eigenes Recht zum Aufenthalt. Anerkannte Asylbewerber und Flüchtlinge erhalten eine → Aufenthaltserlaubnis nach dem Aufenthaltsgesetz (→ Ausländer, 3).

Aufenthaltsort
→ Wohnsitz.

Aufenthaltsrecht
1. Aufenthaltsrecht bezeichnet all diejenigen Rechtsnormen, die das Recht derjenigen → Ausländer regeln, die nicht Bürger der → Europäischen Union (EU) sind. Die wesentlichen Regelungen sind im Gesetz über den Aufenthalt, die Erwerbstätigkeit und die Integration von Ausländern im Bundesgebiet (Aufenthaltsgesetz – AufenthG) v. 30.7.2004 in der Fassung der Bek. v. 25.2.2008 (BGBl. 2008 I 162) geregelt. Für Staatsangehörige eines Mitgliedsstaates der EU gilt das → Freizügigkeitsgesetz; ferner gibt es besondere Regelungen für Ausländer aus der Türkei (Assoziationsabkommen v. 12.3.1963, BGBl. 1964 II 509). Eigene Regelungen gelten für → Flüchtlinge und Asylbewerber (→ Asyl; → Asylgesetz; → Asylrecht). Keine Anwendung findet das Aufenthaltsrecht ferner auf → Diplomaten (sa → Diplomatische Vorrechte). Das AufenthG löste das früher geltende Ausländergesetz ab. Zugleich bezeichnet Aufenthaltsrecht das → subjektive Recht des einzelnen Ausländers auf Aufenthalt.

2. Nach § 1 I AufenthG dient das AufenthG der Steuerung des Zuzugs von Ausländern nach Deutschland. Es ermöglicht und gestaltet Zuwanderung unter Berücksichtigung der Aufnahme- und Integrationsfähigkeit sowie der wirtschaftlichen und arbeitsmarktpolitischen Interessen Deutschlands. Es regelt Ein-

reise, Aufenthalt, Erwerbstätigkeit und Integration von Ausländern.

3. Ausländer, die nicht Bürger eines Mitgliedsstaates der EU sind, dürfen nach dem AufenthG idR nur nach Deutschland einreisen, wenn sie einen anerkannten → Pass oder Passersatz besitzen (§ 3 AufenthG).

4. Ausländer bedürfen nach § 4 I AufenthG für die → Einreise und den Aufenthalt in Deutschland idR eines → Aufenthaltstitels; dies sind ein → Visum (§ 6 AufenthG), einer → Aufenthaltserlaubnis (§ 7 AufenthG), einer → Niederlassungserlaubnis für Fachkräfte (§ 18c AufenthaltsG), einer → Blauen Karte EU (§ 18g AufenthG), einer → ICT-Karte (§ 19 AufenthG), einer → Mobilen-ICT-Karte (§ 19b AufenthG), einer → Niederlassungserlaubnis (§ 9 AufenthG) oder einer → Erlaubnis zum Daueraufenthalt - EU (§ 9a AufentHG).

5. Ausländer, die einen Aufenthaltstitel besitzen, dürfen eine Erwerbstätigkeit ausüben, soweit nicht ein gesetzliches Verbot besteht; soweit die Ausübung einer Beschäftigung gesetzlich verboten oder beschränkt ist, bedarf es zu deren Ausübung einer besonderen Erlaubnis (§ 4a AufenthG). Der Zugang von Ausländern zur Ausbildung dient der internationalen Verständigung und der Sicherung des Bedarfs des deutschen Arbeitsmarktes (§§ 16 ff. AufenthG). Einem Ausländer wird zum Zweck des Vollzeitstudiums eine Aufenthaltserlaubnis erteilt, wenn er von der betreffenden Bildungseinrichtung zugelassen wurde (§ 16b AufenthG). Aufenthaltserlaubnisse für ausländische Beschäftigte orientieren sich an den Erfordernissen des Wirtschaftsstandortes Deutschland; sie dient der Sicherung der Fachkräftebasis und der Stärkung der sozialen Sicherungssysteme (§§ 18 ff. AufenthG). Einer Fachkraft mit Berufsausbildung kann eine Aufenthaltserlaubnis für bis zu 18 Monate zur Suche nach einem Arbeitsplatz erteilt werden (§ 20 AufenthaltsG). Mit einer → Chancenkarte (§ 20a AufenthG) kann eine Aufenthaltserlaubnis zur Suche nach einer Erwerbstätigkeit oder nach Maßnahmen zur Anerkennung ausländischer Berufsqualifikationen erteilt werden. Besondere Bestimmungen gelten für den Aufenthalt aus völkerrechtlichen, humanitären oder politischen Gründen (§§ 22 ff. AufenthG); anerkannten Asylbewerbern (→ Asyl; → Asylrecht; → Asylgesetz) und anerkannten → Flüchtlingen ist eine Aufenthaltserlaubnis zu erteilen (s. o.).

6. Ein Beförderungsunternehmer darf Ausländer nur nach Deutschland befördern, wenn sie im Besitz eines Passes oder eines erforderlichen Aufenthaltstitels sind (§§ 63 ff. AufenthG; sa → Einreise). Die → Integration der rechtmäßig in Deutschland lebenden Ausländer ist gesetzlich geregelt (§§ 43 ff. AufenthG).

7. Wenn ein Ausländer den erforderlichen Aufenthaltstitel nicht oder nicht mehr besitzt, ist er zur → Ausreise verpflichtet (§§ 50 ff. AufenthG), die gegebenenfalls durch → Abschiebung (§§ 58 ff. AufenthG) durchgesetzt werden kann.

8. Die Bundesregierung bestellt eine Beauftragte oder einen Beauftragten für Migration, Flüchtlinge und Integration (§§ 92 ff. AufenthG), nicht zu verwechseln mit dem → Bundesamt für Migration und Flüchtlinge (BAMF).

Aufenthaltsregelung
im Spannungs- und Verteidigungsfall → Katastrophenschutz.

Aufenthaltstitel
Ausländer, die nicht Staatsangehörige eines anderen Mitgliedsstaates der → Europäischen Union sind, bedürfen für die → Einreise und den Aufenthalt in Deutschland eines Aufenthaltstitels (→ Ausländerrecht). Aufenthaltstitel sind → Visum, → Aufenthaltserlaubnis, → Blaue Karte EU, → ICT-Karte, → Mobile-ICT-Karte, → Niederlassungserlaubnis für Fachkräfte und → Erlaubnis zum Daueraufenthalt - EU. Voraussetzungen für die Erteilung eines Aufenthaltstitels sind grundsätzlich Erfüllung der Passpflicht (→ Pass), Sicherstellung des Lebensunterhaltes, Klärung von Identität und Staatsangehörigkeit, Nichtvorliegen eines Ausweisungsgrundes (→ Ausweisung) und Nichtvorliegen von Gründen, die die Interessen der Bundesrepublik Deutschland beeinträchtigen oder gefährden. Staatsangehörige eines Mitgliedsstaates der EU bedürfen für Einreise und Aufenthalt in Deutschland keines Aufenthaltstitels (→ Freizügigkeitsgesetz). Besondere Vorschriften gelten für Asylbewerber und → Flüchtlinge.

Aufforderung zu Straftaten
Wer einen anderen zur Begehung einer Straftat auffordert, kann sich dadurch in verschiedener Hinsicht selbst strafbar machen:

1. Nach den Regeln der → Anstiftung (§ 26 StGB): Führt der Auffordernde vorsätzlich den Tatentschluss des Haupttäters herbei und kommt es zur Begehung der Straftat, wird der Anstifter wie der Täter bestraft. Bei → Verbrechen ist auch eine versuchte Anstiftung strafbar (§ 30 StGB).

2. Nach dem Straftatbestand der Öffentlichen Aufforderung zu Straftaten (§ 111 StGB): Er erfasst denjenigen, der öffentlich, in einer Versammlung od. durch Verbreiten von → Inhalten zu einer rechtswidrigen, mit Strafe bedrohten Tat auffordert. Wird die Tat begangen, wird der Auffordernde auch hier wie ein Anstifter iSd § 26 StGB, dh wie der Täter bestraft. Bleibt die Aufforderung erfolglos, so umfasst der Strafrahmen Geldstrafe und Freiheitsstrafe bis zu fünf Jahren, wobei die Strafe nicht höher ausfallen darf als diejenige, die für die intendierte Tat angedroht ist. Wegen der in gleicher Weise begangenen Aufforderung zu Ordnungswidrigkeiten vgl. § 116 OWiG.

Aufführungsrecht
Das Aufführungsrecht ist ein → Verwertungsrecht des → Urhebers eines urheberrechtlich geschützten Werks (→ Urheberrecht). Es berechtigt ihn, ein Werk der Musik (§ 2 Abs. 1

Nr. 2 UrhG) durch persönliche Darbietung öffentlich zu Gehör zu bringen oder ein beliebiges anderes Werk im Sinne von § 2 UrhG öffentlich bühnenmäßig darzustellen (§ 19 II UrhG). Es umfasst auch das Recht zur öffentlichen Übertragung des Werkes außerhalb des Raumes, in dem es persönlich dargeboten wird, zB durch Lautsprecher oder Bildschirm (§ 19 III UrhG). Ob das Aufführungsrecht des Urhebers eines Werks der Musik durch einen Dritten durch eine bühnenmäßige Darstellung verletzt wird, ist nach den jeweiligen Umständen des Einzelfalls nach der Rechtsprechung des → BGH in zwei Schritten zu prüfen (BGH 7.4.2022 – I ZR 107/21, GRUR 2022, 1441 Rn. 29, 34 – Der Idiot): In einem ersten Schritt ist danach zu fragen, ob es sich bei der zu beurteilenden Darbietung, in deren Rahmen die Musik gespielt wird, insgesamt betrachtet um eine bühnenmäßige Darstellung handelt (vgl. hierzu OLG München 14.9.2023 – 6 U 601/22, GRUR-RR 2024, 101 – Herr-der-Ringe-Konzert). Wenn dies der Fall ist, ist in einem zweiten Schritt zu prüfen, ob die Musik integrierender, organischer Bestandteil des Spielgeschehens ist und nicht nur der bloßen Untermalung dient.

Aufgebot
Aufgebot ist im allgemeinen Zivilrecht eine öffentliche gerichtliche Aufforderung zur Anmeldung von Rechten mit der Wirkung, dass ein Rechtsnachteil für den entsteht, der die fristgerechte Anmeldung unterlässt (zB Erbansprüche; → Aufgebot der Nachlassgläubiger). Das Aufgebot wird im Aufgebotsverfahren erlassen. Im Eherecht war das Aufgebot die öffentliche Bekanntmachung einer beabsichtigten → Eheschließung.

Aufgebot der Nachlassgläubiger
Um Übersicht über die vorhandenen → Nachlassverbindlichkeiten zu erlangen und entscheiden zu können, ob eine → Beschränkung der Erbenhaftung erforderlich ist, kann der Erbe, der noch nicht allen Gläubigern gegenüber unbeschränkbar haftet, die Nachlassgläubiger im Wege des → Aufgebotsverfahrens zur Anmeldung ihrer Forderungen auffordern (§ 1970 BGB). Zuständig ist das → Amtsgericht (Nachlassgericht); das Verfahren ist in §§ 454 ff. FamFG geregelt. Durch das A. werden → Pflichtteilsansprüche, → Vermächtnisse und → Auflagen nicht betroffen, desgleichen nicht Pfandgläubiger (→ Pfandrecht) und Grundpfand- (Hypotheken-, Grundschuld- usw.) Gläubiger (→ Grundpfandrechte), soweit es sich um die Befriedigung aus den ihnen haftenden Gegenständen handelt (§§ 1971 f. BGB). Die Forderungen eines sonstigen, im A.verfahren ausgeschlossenen Nachlassgläubigers sind erst nach den Ansprüchen aller anderen N. mit Ausnahme der noch nicht berichtigten Pflichtteilsansprüche, Vermächtnisse und Auflagen zu befriedigen; der Erbe haftet den ausgeschlossenen Gläubiger gegenüber nur mit dem Nachlassrest, sog. Erschöpfungs- oder Ausschließungseinrede (§ 1973 BGB). Ein Nachlassgläubiger, der eine dem Erben unbekannte Nachlassforderung erst später als 5 Jahre nach dem → Erbfall geltend macht (sog. säumiger Gläubiger), steht einem durch Aufgebot der Nachlassgläubiger ausgeschlossenen Gläubiger gleich (§ 1974 BGB).

Aufgebotseinrede
Der → Erbe, der noch nicht sein Recht auf → Beschränkung der Erbenhaftung verloren hat, kann mit der gleichen Folge wie bei der → Dreimonatseinrede die Berichtigung einer → Nachlassverbindlichkeit bis zur Beendigung des → Aufgebotsverfahrens verweigern, wenn er innerhalb eines Jahres nach → Annahme der Erbschaft Antrag auf Erlass des → Aufgebots der Nachlassgläubiger gestellt hat (§ 2015 BGB).

Aufgebotssachen
Das Verfahren in Aufgebotssachen ist eine Verfahrensart der → freiwilligen Gerichtsbarkeit zum Erlass eines → Aufgebots, soweit dies gesetzlich (zB §§ 927, 1170 BGB sowie → Aufgebot der Nachlassgläubiger) vorgesehen ist (§§ 433 ff. FamFG). Zuständig ist das → Amtsgericht (§ 23a Nr. 7 GVG). Das Aufgebotsverfahren wird nur auf Antrag eingeleitet (§ 434 FamFG) und endet, wenn der Antrag nicht zurückgewiesen wird, mit einem Ausschließungsbeschluss (§ 439 FamFG), gegen den die → Beschwerde statthaft ist. In diesem Verfahren können Grundeigentümer und bestimmte Arten von Gläubigern (vgl. zB → Aufgebot der Nachlassgläubiger) in Bezug auf den aufgebotenen Gegenstand mit ihren Rechten ausgeschlossen, ferner Urkunden für kraftlos erklärt werden. Über das Aufgebotsverfahren in Verschollenheitssachen → Todeserklärung.

Aufgedrängte Bereicherung
→ Ungerechtfertigte Bereicherung (3), → Verarbeitung.

Aufgeld
(Agio) → Disagio.

Aufhebung
1. der Annahme als Kind → Adoption (1d).
2. der Ehe → Eheaufhebung.
3. einer gerichtlichen Entscheidung durch ein übergeordnetes Gericht (→ Berufung, → Revision).

Aufhebung der ehelichen Lebensgemeinschaft
→ Getrenntleben der Ehegatten.

Aufhebung der Kosten
→ Kostenaufhebung.

Aufhebungstestament
→ Widerruf des Testaments.

Aufhebungsvertrag
→ actus contrarius, → Vertrag (5), → Erlassvertrag.

Aufhebungsvertrag im Arbeitsrecht
Anders als bei der einseitigen Beendigung zB durch Kündigung wird mit einem Aufhebungsvertrag (oder Auflösungsvertrag bzw. einer Vertragsaufhebung) ein Arbeitsverhältnis einvernehmlich aufgelöst. Die Auflösung ist grds. nicht an die Einhaltung von Fristen (→ Kündigungsfristen im Arbeitsrecht) gebunden, die Nichteinhaltung kann aber beim Arbeitslosengeld eine → Sperrzeit wegen Arbeitsaufgabe nach sich ziehen. Zur Wirksamkeit ist beim Abschluss und bei Ergänzungen va das Schriftformerfordernis nach § 623 BGB (über § 10 II BBiG auch auf → Berufsausbildungsverhältnisse anzuwenden) einzuhalten; die elektronische Form ist ausdrücklich ausgeschlossen (§ 623 Hs. 2 BGB), die Schriftform ist allerdings auch bei notarieller Beurkundung oder einem gerichtlichen Vergleich gewahrt (§§ 126 ff. BGB, §§ 130a, 278 VI ZPO). Erfolgt die Beendigung des Arbeitsverhältnisses durch einen anderen Rechtsakt (zB durch eine Kündigung; sa → Kündigungsschutz für Arbeitnehmer) und regelt eine daraufhin abgeschlossene Vereinbarung lediglich die Modalitäten der Beendigung (die reine Abwicklung des beendeten bzw. demnächst endenden Arbeitsverhältnisses), handelt es sich hingegen um einen bloßen Abwicklungsvertrag (→ Abwicklung, sa → Ausgleichsquittung), für den § 623 BGB nicht gilt. Wird in einem Abwicklungsvertrag jedoch ein (gegenüber der zuvor oder zugleich erhaltenen Kündigung) früheres Beendigungsdatum und/oder ein Verzicht des Arbeitnehmers auf die Erhebung einer → Kündigungsschutzklage vereinbart, handelt es sich rechtlich um einen Aufhebungsvertrag. Bei Abschluss eines Aufhebungsvertrags können den Arbeitgeber im Einzelfall Aufklärungspflichten treffen (je nach erkennbarem Informationsbedürfnis des Arbeitnehmers und Informationsmöglichkeiten des Arbeitgebers; werden Auskünfte erteilt, müssen diese richtig und vollständig sein).

Obwohl Verbrauchervertrag, ist ein formwirksam geschlossener Aufhebungsvertrag nur schwer zu beseitigen. Ein zum Widerruf berechtigender Tatbestand gem. §§ 312 ff. BGB ist regelmäßig nicht gegeben. In Betracht kommt uU eine Anfechtung wegen arglistiger Täuschung oder Drohung (falls zB der Arbeitnehmer zur Unterzeichnung gedrängt wurde, s. → Anfechtung von Willenserklärungen) oder eine Nichtigkeit des Aufhebungsvertrages, weil das aus § 241 II BGB abgeleitete Gebot fairen Verhandelns missachtet wurde (zB durch Aufbau und Ausnutzung einer psychischen Drucksituation oder Ausnutzung einer objektiv erkennbaren körperlichen oder psychischen Schwäche oder unzureichender Sprachkenntnisse; entscheidend sind die Umstände des Einzelfalls). In Betracht kommen kann auch der Rücktritt nach § 323 I BGB, wenn im Aufhebungsvertrag beiderseitige Pflichten geregelt sind und die andere Seite die von ihr geschuldete Leistung nicht erbringt. Zudem unterliegen Aufhebungsverträge grds. der AGB-Kontrolle (→ Allgemeine Geschäftsbedingungen), insbes. ist die Beendigung klar und eindeutig zu formulieren (§ 307 I 2 BGB) und darf nicht überraschend sein (§ 305c I BGB); eine Angemessenheitskontrolle nach § 307 I 1, II Nr. 1 BGB scheidet hins. der bloßen Beendigung aus, ist aber hins. sonstiger Vereinbarungen möglich – zB hins. eines Klageverzichts, wenn diesem keine angemessene Gegenleistung bzw. Kompensation gegenüber steht oder wenn ein verständiger Arbeitgeber die angedrohte Kündigung, zu deren Vermeidung er den Abschluss des Aufhebungsvertrags gefordert hat, nicht in Erwägung ziehen durfte (sa → Ausgleichsquittung). S. iÜ → Arbeitsverhältnis, → Kündigungsschutz für Arbeitnehmer (5).

Aufhebungsvorbehalt
→ Vertrag zugunsten Dritter.

Aufklärungsbeschluss
Aufklärungsbeschluss wird eine Entscheidung genannt, durch die der → Aufklärungspflicht des Richters genügt wird. Ein Aufklärungsbeschluss ist oft mit einem Beweisbeschluss (→ Beweis) verbunden. Den Parteien oder Beteiligten können darin Fristen gesetzt werden, innerhalb derer sie die vom Gericht angeordneten Prozesshandlungen vornehmen (zB Vorlage von Urkunden) oder sich zu tatsächlichen und rechtlichen Gesichtspunkten erklären sollen.

Aufklärungspflicht der Verwaltungsbehörde
Sie entspricht iSd → Amtsgrundsatzes der → Aufklärungspflicht des Richters. Ob und inwieweit sie als Hinweispflicht ggü. dem Bürger besteht, richtet sich nach dem jeweiligen Rechtsverhältnis und der Lage des Einzelfalles. Man wird sie jedenfalls dort bejahen können, wo der Behörde eine gewisse Fürsorgepflicht obliegt (zB im Beamtenverhältnis). Darüber hinaus wird man eine Pflicht der Verwaltungsbehörde annehmen können, iRd öffentlichen Interesses und der Zumutbarkeit vor Ablehnung eines Antrags dem Antragsteller Gelegenheit zu geben, Formfehler u. dgl. zu berichtigen, Beweismittel zu benennen und sein Vorbringen erforderlichenfalls zu ergänzen (so auch § 25 VwVfG). Unabhängig von der Aufklärungspflicht bestehen die Pflicht zu behördlicher → Auskunft und die Pflicht zur Sachverhaltsermittlung (→ Untersuchungsgrundsatz).

Durch § 1 → Informationsfreiheitsgesetz hat jeder das Recht, durch die Behörden des Bundes Zugang zu amtlichen Informationen zu erhalten. § 1 des Informationsfreiheitsgesetz definiert, was konkret unter der Aufklärungspflicht zu verstehen ist. Im Sozialrecht ergibt sich die grds. Aufklärungspflicht aus § 15 SGB I. Konkretisierende Parallelvorschriften gibt es dazu für die gesetzliche → Rentenversicherung in § 109 SGB VI (Renteninformation und Rentenauskunft), für den Bereich der gesetzlichen → Krankenversicherung in § 305 SGB V (Auskünfte an Versicherte) sowie für die gesamte → Sozialversicherung in § 93 SGB IV (Aufgaben der Versicherungsämter). Für Arbeitgeber und Beschäftigte sieht § 104 SGB IV ein Informations- und Beratungsanspruch über die Rechte und Pflichten nach dem SGB IV vor. Die spezialgesetzlichen Vorschriften gehen gegenüber § 1 IFG vor.

Aufklärungspflicht des Arztes
Da eine mit einem Eingriff verbundene Heilbehandlung von der hM als Körperverletzung angesehen wird, bedarf der Arzt, um deren Rechtswidrigkeit auszuschließen und sich so vor einer Strafverfolgung und Schadensersatzpflicht wegen → unerlaubter Handlung zu schützen, der → Einwilligung des Patienten in den Eingriff. Die Einwilligung ist inzwischen auch vertragliche Voraussetzung für das Tätigwerden im Rahmen eines Behandlungsvertrages (§ 630d BGB). Die Einwilligung ist idR nur rechtswirksam, wenn sie in Kenntnis etwaiger Gefahren und Folgen des Eingriffs erteilt wird, also nach Aufklärung durch den Arzt. Die Aufklärung muss sich auf die wesentlichen Punkte des Befundes (Diagnoseaufklärung), des Eingriffs (Art, Umfang und Durchführung; Verlaufsaufklärung), dessen typische Folgen (Risikoaufklärung) sowie auf mögliche Behandlungsalternativen erstrecken (vgl. § 630e BGB). Die Aufklärungspflicht des Arztes über atypische seltene Risiken richtet sich nach den Umständen des Einzelfalls. Die Aufklärungspflicht geht umso weiter, je weniger der Eingriff aus der Sicht eines vernünftigen Patienten vordringlich und geboten erscheint, zB bei einer kosmetischen – im Gegensatz zu einer lebenserhaltenden – Operation. Teilaufklärung reicht nur aus, wenn die volle Aufklärung die Gesundheit des Patienten erheblich schädigen oder wenn sie ihn so schwer belasten würde, dass der Behandlungserfolg voraussichtlich beeinträchtigt würde. Ein Verzicht des Patienten auf Aufklärung ist möglich (§ 630e III BGB).

Aufklärungspflicht des Richters
Aufklärungspflicht des Richters im Prozess. Sie obliegt dem vorsitzenden Richter im Rahmen der → Prozessleitung (§ 139 ZPO, §§ 238, 244 II StPO, § 86 VwGO, § 76 II FGO, § 106 I SGG). Die Aufklärungspflicht ist vom → Untersuchungsgrundsatz unabhängig. Sie richtet sich darauf, dass die Parteien oder Beteiligten - ggf. mit gerichtlicher Fristsetzung - sachdienliche Anträge stellen, unvollständiges oder unklares Vorbringen erläutern oder ergänzen, Beweismittel bezeichnen und sonstige erforderliche Erklärungen abgeben. Soweit das Gericht etwas von Amts wegen zu prüfen hat, ist ggf. auf rechtliche Bedenken gegen das Vorbringen oder auf übersehene rechtliche Gesichtspunkte hinzuweisen. Eine Verletzung der Aufklärungspflicht kann einen → Revisionsgrund darstellen.

Besonders weit geht die Aufklärungspflicht im Strafverfahren im Hinblick auf das dort allgemein herrschende → Offizialprinzip. Nach § 244 II StPO hat das Gericht die Beweisaufnahme auf alle Tatsachen und Beweismittel zu erstrecken, die für die Entscheidung von Bedeutung sind. Es hat alle in Betracht kommenden Straftatbestände zu prüfen und alle erreichbaren Beweismittel von Amts wegen heranzuziehen, soweit dies zur Aufklärung des Sachverhalts angebracht erscheint, auch wenn sie nicht Gegenstand von Beweisanträgen der Verfahrensbeteiligten sind (→ Beweis). Aufzuklären sind auch → Rechtfertigungsgründe, → Schuld- und Strafausschließungsgründe sowie Umstände, die für die Strafhöhe oder eine → Strafaussetzung von Bedeutung sind. Entfernt liegende Möglichkeiten, deren Berücksichtigung sich im konkreten Falle nicht aufdrängt, können außer Betracht bleiben. Im Ausland befindliche Beweismittel müssen herbeigeschafft werden, wenn ihre Verwertung notwendig oder sachdienlich ist. Hierbei kann zwischenstaatliche → Rechtshilfe in Anspruch genommen werden, insbes. wenn im Ausland wohnhafte Zeugen nicht erscheinen.

Aufklärungspflicht des Vertragspartners
→ Verschulden beim Vertragsschluss.

Aufklärungspflicht über Sozialleistungen
Die Sozialleistungsträger, ihre Verbände und die Sozialbehörden sind verpflichtet, im Rahmen ihrer Zuständigkeit die Bevölkerung über die Rechte und Pflichten aus dem → Sozialgesetzbuch aufzuklären (§ 13 SGB I). Die Auklärungspflichten sind als Informationen allgemeiner Natur zu verstehen. Die Leistungsempfänger oder Leistungsberechtigten sind verpflichtet, notwendige Auskünfte zu erteilen. Diese ergeben sich aus den Mitwirkungspflichten (§§ 60 ff. SGB I).

Auflage
1. Im Erbrecht. Durch → Verfügung von Todes wegen kann der → Erblasser den → Erben oder den Empfänger eines → Vermächtnisses zu einer Leistung verpflichten, zB zur Pflege seines Grabes oder zur Anlegung oder Verteilung von Geld, ohne einem anderen ein Recht auf die Leistung zuzuwenden (§ 1940 BGB). Anders als bei dem Vermächtnis ist bei der A. ein Begünstigter entweder überhaupt nicht vorhanden oder er hat keinen selbständigen klagbaren Anspruch; die Vollziehung der Auflage können dagegen der Erbe, der Miterbe oder der Nächstberufene, bei A. im öffentlichen Interesse auch die zuständige Behörde verlangen, denen der Erblasser auch, wie jedem Dritten, die Bestimmung der Person des Begünstigten überlassen kann (§§ 2193 f. BGB). Obwohl die Auflage keine Zuwendung voraussetzt, gelten für sie eine Reihe von Vorschriften über das Vermächtnis entsprechend (§ 2192 BGB), insbesondere über die Haftung des Erben (→ Nachlassverbindlichkeiten). Die Unwirksamkeit einer Auflage hat im Zweifel

nicht die Unwirksamkeit der unter der Auflage gemachten Zuwendungen zur Folge (§ 2195 BGB). Keine Auflage sind bloße Wünsche und Vorstellungen des Erblassers ohne rechtliche Bindungsabsicht. → Schenkung.

2. Im Verwaltungsrecht → Verwaltungsakt (4).

Auflage eines Druckwerks
Nach § 5 Abs. 1 VerlG ist ein Verleger nur zu einer Auflage eines Druckwerks berechtigt, dies allerdings vorbehaltlich einer hiervon abweichenden Vereinbarung im → Verlagsvertrag.

Auflagen (im Strafverfahren)
→ Bagatellstrafsachen, → Strafaussetzung, → Verwarnung mit Strafvorbehalt, → Zuchtmittel.

Auflassung
→ Eigentumsübertragung (1).

Auflassungsanspruch
→ Kauf (1); → Eigentumsübertragung.

Auflassungsvormerkung
→ Vormerkung (1).

Auflauf
→ Ansammlung, unerlaubte.

Auflösende Bedingung
→ Bedingung.

Auflösung der häuslichen Gemeinschaft
→ Getrenntleben der Ehegatten, → Ehescheidung (2).

Auflösung einer Gesellschaft
→ Liquidation, → Gesellschaft des bürgerlichen Rechts (6), → Aktiengesellschaft (6), → Gesellschaft mit beschränkter Haftung (4).

Auflösung einer Versammlung
→ Versammlungsgesetz.

Auflösung eines Vereins
→ Verein (1e), → Liquidation, → Vereinsgesetz.

Auflösungsgewinn/-verlust
der durch die Auflösung einer Kapitalgesellschaft entsteht, kann steuerlich bei den Einkünften aus Gewerbebetrieb zu berücksichtigen sein (§ 17 IV EStG). Voraussetzung ist, dass der Stpfl. an der Kapitalgesellschaft wesentlich beteiligt war (→ Beteiligung, wesentliche). Ein Auflösungsgewinn liegt dem Grunde nach vor, wenn der Stpfl. durch die Auflösung der Kapitalgesellschaft mehr erhält, als seine Anschaffungskosten (einschließlich nachträglicher Anschaffungskosten) und sonstigen Kosten der Beteiligung ausgemacht haben. Auflösungsverlust ist der Betrag, um den die genannten Kosten den Wert des zurückerhaltenen Vermögens übersteigen (BFH BStBl. II 1994, 162).

Aufmaß
ist die Feststellung des Umfangs einer → Leistung bei einem → Werkvertrag (insbes. einer Bauleistung im → Bauvertrag). Nach → VOB ist es Basis für die Vergütung und soll von Auftragnehmer und -geber gemeinsam vorgenommen werden; es stellt aber auch dann noch nicht die Abnahme des Werks dar.

Aufmerksamkeiten
sind Sachleistungen des Arbeitgebers, die auch im gesellschaftlichen Verkehr üblicherweise ausgetauscht werden und zu keiner ins Gewicht fallenden Bereicherung des Arbeitnehmers führen. Beispiele für Aufmerksamkeiten sind Blumen, Genussmittel, Bücher oder Tonträger, die dem Arbeitnehmer oder seinen Angehörigen aus Anlass eines besonderen Ereignisses zugewendet werden. Sie gehören nicht zum Arbeitslohn und unterliegen nicht der → Lohnsteuer. Sie sind umsatzsteuerfrei, § 3 I b Nr. 2 UStG. Der Wert der Aufmerksamkeiten darf ab 2015 60 EUR nicht übersteigen, andernfalls ist der Gesamtbetrag lohnsteuerpflichtig.

Auch zum Verzehr im Betrieb unentgeltlich oder verbilligt überlassene Getränke und Genussmittel sind bis zum Wert von 60 EUR Aufmerksamkeiten. Andere unentgeltliche oder verbilligte Mahlzeiten sind nur dann Aufmerksamkeiten, wenn diese anlässlich und während eines außergewöhnlichen Arbeitseinsatzes überlassen werden (→ Bewirtung von Personen aus geschäftlichem Anlass). Geldzuwendungen gehören stets zum Arbeitslohn, auch wenn ihr Wert gering ist.

Aufnahme eines Gesellschafters
→ Gesellschaft des bürgerlichen Rechts (2), → Offene Handelsgesellschaft (6).

Aufnahme von Deutschen in das Bundesgebiet
→ Spätaussiedler.

Aufnahmezwang
besteht gem. § 20 VI GWB für Wirtschafts- und Berufsvereinigungen (→ Verbände) sowie für Gütezeichengemeinschaften, wenn die Ablehnung eines Bewerbers eine sachlich nicht gerechtfertigte ungleiche Behandlung darstellen und zu einer unbilligen Benachteiligung des Unternehmens im Wettbewerb führen würde. Der Aufnahmezwang unterliegt dem wettbewerbsrechtlichen Sanktionssystem, dh die Kartellbehörde kann die Ablehnung untersagen (§ 32 GWB). Die Ablehnung ist nichtig (→ Gesetzwidrigkeit von Rechtsgeschäften), der abgelehnte Bewerber kann auf Unterlassung und Schadensersatz klagen, § 33 GWB. In der Rechtsprechung hat der Aufnahmezwang vor allem Bedeutung für Dachverbände des Sports.

Aufopferungsanspruch
1. Früher war der Aufopferungsanspruch auf Grund des § 75 der Einleitung zum Preußischen → Allgemeinen Landrecht von 1794 Grundlage der Entschädigung für die Aufopferung besonderer Rechte und Vorteile zum Wohle des gemeinen Wesens. Seitdem Gesetzgebung und Rechtsprechung für Eingriffe

in vermögenswerte Rechte Entschädigungsansprüche auf Grund → Enteignung, → Enteignenden Eingriffs und → Enteignungsgleichen Eingriffs gewähren (wobei allerdings in jüngster Zeit seit dem → Naßauskiesungsbeschluss des BVerfG der Aufopferungsgedanke verstärkt als Grundlage für Enteignenden und Enteignungsgleichen Eingriff herangezogen wird), beschränkt sich der öffentlich-rechtliche Aufopferungsanspruch auf hoheitliche Eingriffe der öffentlichen Gewalt in andere als vermögenswerte Rechte – sog. öffentlich-rechtlicher Aufopferungsanspruch –, insbes. bei Körperschäden infolge Impfung oder Verletzungen Unbeteiligter beim Polizeieinsatz (beides jetzt gesetzlich geregelt; s. → Impfschäden, → Störer). Auch in diesen Fällen wird Entschädigung nur zum Ausgleich des Vermögensschadens gewährt (also zB für Aufwendungen zur Beseitigung von Schmerzen, nicht als Entschädigung für die Schmerzen selbst). Das Maß der Entschädigung bestimmt sich wie bei der Enteigung. Für die Durchsetzung des Aufopferungsanspruch ist der ordentliche Rechtsweg gegeben (§ 40 II VwGO). → Staatshaftung.

2. Daneben kennt die Rspr. (vgl. BGHZ 48, 98) den Begriff des bürgerlich-rechtlichen Aufopferungsanspruch. Hat zB ein Grundstückseigentümer Einwirkungen, die von einem anderen Grundstück ausgehen, aus irgendwelchen Gründen zu dulden (für Privatgrundstücke → Immissionen; das Gleiche gilt für Betriebe der öffentlichen Hand ohne hoheitlichen Zwang, zB Krankenhäuser, Kanalarbeiten), so steht ihm ein (nachbarrechtlicher) Ausgleichsanspruch in Höhe der zulässigen Beeinträchtigung gegen den Störer zu.

Aufrechnung

1. Aufrechnung ist die wechselseitige Tilgung zweier sich gegenüberstehender Forderungen. Schulden zwei Personen einander (wechselseitig, gegenseitig) gleichartige Leistungen, insbes. Geld, so kann jeder Teil einseitig seine Forderung gegen die Forderung des anderen Teils aufrechnen, § 387 BGB. Der Aufrechnende ist Schuldner der sog. Hauptforderung (Passivforderung), gegen die er aufrechnet, und Gläubiger der sog. Gegenforderung (Aktivforderung), mit der er gegenüber dem Aufrechnungsgegner aufrechnet. Die Gegenforderung des Aufrechnenden muss voll wirksam, einredefrei (s. u. 2) und fällig sein, ihre Durchsetzung muss also erzwungen werden können (zB nicht → Naturalobligation). Die Hauptforderung muss nicht durchsetzbar, nur erfüllbar sein. In der Insolvenz wird eine Gleichartigkeit der Forderungen nicht verlangt; Forderungen, die nicht auf Geld gehen, werden in Geld geschätzt (§ 45 InsO, → Insolvenzmasse); für die Aufrechnungsmöglichkeit gelten aber einschränkende Sonderbestimmungen in §§ 94 ff. InsO. Nur der Schuldner, nicht ein Dritter kann vor einer etwaigen → Abtretung mit einer eigenen Forderung aufrechnen, Dritte können nur „erfüllen" (→ Leistung); bei der Forderung einer → Gesellschaft wäre zB die Aufrechnung mit einer Forderung gegenüber einem einzelnen Gesellschafter mangels Gegenseitigkeit unzulässig. Nicht Voraussetzung einer Aufrechnung sind gleiche Größe der Forderungen, deren Beweisbarkeit, gleicher Schuldgrund (zB nicht nur aus einem → gegenseitigen Vertrag), gleicher → Leistungsort (§ 391 BGB) oder (wie beim → Zurückbehaltungsrecht) rechtlicher oder wirtschaftlicher Zusammenhang (Konnexität) der Forderungen. Eine besondere Form der Aufrechnung ist die Berechnung des → Schadensersatzes nach der Differenztheorie (dort 4) und der Höhe der → ungerechtfertigten Bereicherung (dort 3) nach der Saldotheorie.

2. Die Aufrechnung erfolgt durch einseitige, empfangsbedürftige → Willenserklärung des Aufrechnenden gegenüber dem Aufrechnungsgegner, § 388 BGB. Eine vertragliche Aufrechnung ist dadurch nicht ausgeschlossen und in der Praxis häufig. Ein Aufrechnungsvertrag, der ein → gegenseitiger Vertrag ist, liegt zB in der Anerkennung eines Saldos aus einem → Kontokorrent (§ 355 HGB) oder in der sog. → Skontration. Die Aufrechnung kann vertraglich, zB in einem Mietvertrag (nicht aber durch → Allgemeine Geschäftsbedingungen gegenüber unbestrittenen oder rechtskräftig festgestellten Forderungen, § 309 Nr. 3 BGB) ausgeschlossen werden; ein derartiges Aufrechnungsverbot liegt idR in der Klausel „Kasse gegen Faktura". Kraft Gesetzes ist die Aufrechnung ausgeschlossen mit einer Forderung, der eine → Einrede entgegensteht, § 390 BGB; die → Verjährung (s. dort 6a) der Gegenforderung schließt die Aufrechnung aber nicht aus, wenn sie bei Eintritt der Aufrechnungslage (s. u. 4) noch unverjährt war. Gegen eine Hauptforderung aus einer vorsätzlich begangenen → unerlaubten Handlung ist eine Aufrechnung nicht möglich (§ 393 BGB), ebenso wenig wie gegen eine der → Pfändung nicht unterworfene Forderung, soweit die Unpfändbarkeit reicht (also zB nicht gegen den unpfändbaren Teil des Anspruchs des Arbeitnehmers auf Arbeitslohn, § 394 BGB). Gegen eine (zB durch Pfändung) beschlagnahmte Hauptforderung ist eine Aufrechnung ausgeschlossen, wenn der Aufrechnende seine Gegenforderung erst nach der → Beschlagnahme erworben hat (§ 392 BGB). Die Pflicht zur Leistung der Einlage bei einer Kapitalgesellschaft kann nicht durch Aufrechnung erfüllt werden (vgl. § 66 AktG, § 19 GmbHG). Für öffentlich-rechtliche Forderungen gelten die Grundsätze über die Aufrechnung entsprechend; gegen eine öffentlich-rechtliche Forderung ist eine Aufrechnung jedoch nur zulässig, wenn die Leistung an dieselbe Kasse des Fiskus zu erfolgen hat (§ 395 BGB). Besonderheiten gelten ferner für die Aufrechnung im Mietrecht. Bei mehreren zur Aufrechnung geeigneten Forderungen gelten die Bestimmungen über die → Erfüllung entsprechend (§ 396 BGB).

3. Gegen Ansprüche auf Geldleistungen nach dem → Sozialgesetzbuch kann der Leistungsträger mit Ansprüchen gegen den Berechtigten aufrechnen, soweit diese nach § 54 II u. III SGB I pfändbar sind, mit Ansprüchen auf Erstattung zu Unrecht erbrachter Leistungen nur bis zur Hälfte der Gegenansprüche, jedoch nur, soweit der Betroffene dadurch nicht unterhaltsbedürftig iSd → Grundsicherung für Arbeitssuchende nach dem SGB II (→ Bürgergeld) oder der → Sozialhilfe nach dem SGB XII wird (§ 51 I, II SGB I). Bei der Aufrechnung handelt es sich um eine Ermessensentscheidung. Die Aufrechnung bis zur Hälfte ist auch zulässig, wenn Beitragsschulden bestehen. Für die Durchführung der Aufrechnung ist eine Anhörung nach § 24 SGB X vorgeschrieben. Die Ausführung erfolgt durch → Verwaltungsakt. Ein Widerspruch → Widerspruchsverfahren gegen diesen Verwaltungsakt bezüglich Beiträgen hat keine → aufschiebende Wirkung (§ 86a II 1 SGG). Abweichend von § 51 SGB I finden sich spezielle Regelungen zur Aufrechnung, zB § 43 SGB II, § 333 SGB III, die der allgemeinen Regelung vorgehen.

4. Die Aufrechnung bewirkt, dass die Forderungen, soweit sie sich decken, als in dem Zeitpunkt erloschen gelten, in dem sie zur Aufrechnung geeignet einander erstmals gegenübergetreten sind (§ 389 BGB). Die Erklärung der Aufrechnung wirkt also zurück auf den Zeitpunkt, in dem frühestens aufgerechnet werden konnte (sog. Aufrechnungslage), so dass inzwischen (trotz der Aufrechnungslage) eingetretene Wirkungen (zB Schuldnerverzug, Verfall einer Vertragsstrafe) rückwirkend wieder entfallen. Eine in einem Prozess erklärte Aufrechnung hat nach hM Doppelnatur: Materiell-rechtlich ist die Aufrechnungserklärung eine rechtsgestaltende Willenserklärung, die sich nach den Vorschriften des BGB richtet; prozessual ist sie → Prozesshandlung. Die Aufrechnung mit einer Forderung im Rechtsstreit macht diese Gegenforderung zwar nicht → rechtshängig; sie hat aber an der → Rechtskraft des Urteils teil, § 322 II ZPO. Über die weitere prozessuale Sonderbehandlung der Aufrechnung s. → Vorbehaltsurteil. Obwohl die Aufrechnung als → Gestaltungsrecht nicht unter einer → Bedingung oder einer Zeitbestimmung erklärt werden kann (§ 388 S. 2 BGB), ist nach hM im Prozess eine Eventualaufrechnung zulässig; das Vorbringen des Beklagten, es werde nur hilfsweise für den Fall aufgerechnet, dass die anderen Einwendungen gegen den Klageanspruch nicht durchgreifen, wird als bloße → Rechtsbedingung (Bestehen des Klageanspruchs) angesehen.

5. Auch mit und gegen Ansprüche aus dem Steuerschuldverhältnis kann nach den Vorschriften des BGB aufgerechnet werden (§ 226 AO).

Aufrechnungslage
→ Aufrechnung (4).

Aufrechnungsvertrag
→ Aufrechnung (2).

Aufruhr
als bloße Teilnahme an einer öffentl. Zusammenrottung, bei der mit vereinten Kräften → Widerstand gegen die Staatsgewalt begangen wird, ist seit dem 3. StrRG 1970 nicht mehr strafbar (zuvor: § 115 StGB a. F.), sondern nur die aktive Teilnahme an Widerstandshandlungen (§§ 113–115 StGB) und insbes. am → Landfriedensbruch (§ 125 StGB).

Aufschiebende Bedingung
→ Bedingung.

Aufschiebende Einreden
→ Einrede; des Erben → Erbe (vorläufiger), → Dreimonatseinrede, → Aufgebotseinrede.

Aufschiebende Wirkung
bei Verwaltungsakten → Vollziehung, sofortige. Im Zivilprozess tritt durch ein Rechtsmittel idR keine aufschiebende Wirkung ein (→ vorläufige Vollstreckbarkeit). → Suspensiveffekt.

Aufschub der Strafe
→ Strafaufschub.

Aufsicht (öff. Recht)
→ Staatsaufsicht, → Dienstaufsicht; → Gemeinde (4).

Aufsichtsbehörden
sind die zur Durchführung der → Staatsaufsicht zuständigen, idR also die im Instanzenzug übergeordneten Behörden (→ Verwaltungsbehörden, Aufbau, → Gemeinde, 4).

Aufsichtsbeschwerde
→ Dienstaufsichtsbeschwerde, → Beschwerde (2).

Aufsichtspflicht, Verletzung der
Eine Aufsichtspflichtverletzung kann für den Verantwortlichen zivil- und strafrechtliche Folgen haben.

Über die zivilrechtlichen Folgen einer solchen Pflichtverletzung, insbes. durch Eltern oder Lehrer, s. → unerlaubte Handlung (3).

Eine Strafrecht bestehen zum Schutz des zu Beaufsichtigenden die Strafdrohungen gegen Verletzung der Fürsorge- oder Erziehungspflicht (§ 171 StGB) und der → Obhutspflicht durch Quälen oder rohes Misshandeln von Jugendlichen oder Gebrechlichen oder ihre böswillige gesundheitliche Vernachlässigung (§ 225 StGB).

Eine strafrechtliche Verantwortlichkeit für eine Straftat des zu Beaufsichtigenden gegen Dritte kann bestehen in Form der → Teilnahme, was allerdings Vorsatz auch der Aufsichtsperson voraussetzt. Verletzt diese ihre Aufsichtspflicht fahrlässig, so kann sie uU als Nebentäter eines Fahrlässigkeitsdelikts haften (vgl. zu einer ähnlichen Konstellation BGHSt 49, 1 ff.).

Ferner kann gegen einen Betriebsinhaber oder -leiter, gesetzlichen Vertreter oder Beauftragten eine Geldbuße verhängt werden, wenn in dem Betrieb eine Straftat oder → Ordnungswidrigkeit begangen worden ist, die in einer Verletzung betrieblicher Pflichten des Inhabers besteht (§ 130 OWiG).

Aufsichtsrat
Aufsichtsrat ist das bei einer → Aktiengesellschaft, → Kommanditgesellschaft auf Aktien und → Genossenschaft gesetzlich vorgeschriebene Organ, das insbes. die Aufgabe hat, die Geschäftsführung zu überwachen (§§ 111, 278, 287 AktG, § 38 GenG), bei der AG auch den Vorstand zu bestellen (§ 84 AktG) und dessen Vergütung festzulegen (§ 87 AktG, → Aktiengesellschaft, 3b).

1. Der Aufsichtsrat der AG (KGaA) besteht aus mindestens 3 Mitgliedern, je nach Größe des → Grundkapitals höchstens aus 21. Die Mitgliederzahl muss durch 3 teilbar sein (§ 95 AktG). Für die Zusammensetzung des Aufsichtsrats (§§ 96–99 AktG) sind 4 Gruppen von Gesellschaften zu unterscheiden. a) Solche, für die das → Drittelbeteiligungsgesetz gilt; b) solche, für die das MitbestG (→ Mitbestimmung, 2) gilt; c) solche, für die das MitbestErgG - Unternehmen aus dem Montanbereich - gilt, und d) die übrigen Gesellschaften, bei denen kein Arbeitnehmervertreter in den Aufsichtsrat entsandt wird. Man unterscheidet ferner bei den Aufsichtsratsmitgliedern die Aktionärvertreter, die von der → Hauptversammlung gewählt oder auf Grund der Satzung in den Aufsichtsrat entsandt werden, und die Arbeitnehmervertreter, die von den Arbeitnehmern gewählt oder bei den Gesellschaften der Montanindustrie nach dem MitbestG oder dem MitbestErgG auf Vorschlag der → Betriebsräte und → Gewerkschaften von der Hauptversammlung berufen werden. Ferner gibt es bei den Montangesellschaften auf Grund dieser beiden Gesetze noch sog. weitere Mitglieder des Aufsichtsrats, auf die sich die Aktionär- und Arbeitnehmervertreter des jeweiligen Aufsichtsrats einigen oder die in einem besonderen Verfahren bestellt werden. Bei den Montangesellschaften und bei Gesellschaften mit idR über 2.000 Beschäftigten entsenden die Arbeitnehmer ebenso viele Aufsichtsratsmitglieder wie die Aktionäre, bei anderen Gesellschaften mit über 500 Beschäftigten ein Drittel (→ Mitbestimmung, (2); → Drittbeteiligung).

Mitglieder des Aufsichtsrats können nur natürliche unbeschränkt geschäftsfähige Personen sein (§ 100 I AktG). Neuerdings gilt für bestimmte Gesellschaften eine Frauenquote im Aufsichtsrat (§ 96 II AktG). Die Zahl der Aufsichtsratspositionen, die eine Person auf sich vereinigen kann, ist grundsätzlich auf 10 beschränkt (Vorsitz zählt doppelt; § 100 II, III AktG). Die Amtszeit der Aufsichtsratsmitglieder beträgt höchstens 4 Jahre (§ 102 AktG; zur Abberufung s. § 103 AktG). Sie haften für die Verletzung von Sorgfaltspflichten wie der Vorstand und sind der Gesellschaft in gleicher Weise verantwortlich (§§ 116, 93 AktG). Sie können auf Grund der Satzung oder eines Beschlusses der Hauptversammlung eine Vergütung, idR eine → Tantieme (§ 113 AktG) erhalten. Der Aufsichtsrat wählt aus seiner Mitte einen Vorsitzenden und seinen Stellvertreter (§ 107 AktG). Für seine Geschäftsführung kann der Aufsichtsrat eine Geschäftsordnung aufstellen. Zu Sitzung und Beschlussfassung vgl. §§ 108, 110 AktG. Die kürzlich erfolgten Erleichterungen für (virtuelle) → Hauptversammlungen wegen der → COVID-19-Pandemie gelten nicht für Aufsichtsratssitzungen. Auch der Aufsichtsrat unterliegt dem → Corporate Governance Kodex.

2. Bei einer → Gesellschaft mit beschränkter Haftung muss ein Aufsichtsrat gebildet werden, wenn die GmbH mehr als 500 Arbeitnehmer beschäftigt, sonst nur, wenn im Gesellschaftsvertrag vorgesehen (§ 52 GmbHG). In der Montanindustrie muss eine GmbH, die mehr als 1.000 Arbeitnehmer beschäftigt oder → Einheitsgesellschaft oder → Holdinggesellschaft ist, einen Aufsichtsrat in gleicher Weise wie eine AG bilden. Für den Aufsichtsrat einer GmbH gelten die meisten Vorschriften des Aktienrechts sinngemäß; jedoch ist die Zuständigkeit geringer, da die Befugnisse der Gesellschafterversammlung (§ 46 GmbHG) unberührt bleiben.

3. Auch die → Genossenschaft hat regelmäßig einen Aufsichtsrat; bei Genossenschaften unter 20 Mitgliedern kann jedoch durch die Satzung hierauf verzichtet werden (die Aufgaben des Aufsichtsrats werden dann von der → Generalversammlung wahrgenommen, § 9 I GenG). Der Aufsichtsrat besteht, sofern die Satzung nicht eine höhere Zahl festsetzt, aus 3 von der Generalversammlung zu wählenden Mitgliedern (§ 36 I GenG). Bei Genossenschaften mit mehr als 500 Mitgliedern entsenden – wie bei der → Aktiengesellschaft – die Arbeitnehmer $^1/_3$ der Aufsichtsratsmitglieder (→ Mitbestimmung, 2). Der Aufsichtsrat hat den Vorstand bei dessen Geschäftsführung zu überwachen; er kann hierzu jederzeit Auskünfte und Einsicht in die Geschäftsunterlagen verlangen (§ 38 I GenG). Seine weiteren Aufgaben ergeben sich aus dem Gesetz und der Satzung (§§ 38–40 GenG). Die Aufsichtsratsmitglieder haften für die Erfüllung ihrer Sorgfaltspflichten (§ 41 GenG). Sie dürfen keine nach dem Geschäftsergebnis bemessene Vergütung beziehen und können durch Beschluss der Generalversammlung (mit Dreiviertelmehrheit) auch vor Ablauf des Zeitraums, für den sie bestellt sind, abberufen werden (§ 36 II, III GenG).

4. Ein → Versicherungsverein auf Gegenseitigkeit hat einen Aufsichtsrat, der aus mindestens 3 Mitgliedern besteht und von der obersten Vertretung gewählt wird; die Vorschriften der AktG für den Aufsichtsrat gelten entsprechend mit Besonderheiten für Tantieme und Haftung (§ 189 VAG).

Aufsichtsratsteuer
→ Einkommensteuer (9).

Aufspaltung
→ Umwandlung (1c), → Betriebsaufspaltung.

Aufstachelung zum Angriffskrieg
→ Friedensverrat.

Aufstachelung zum Hass
ist als ein Fall der → Volksverhetzung nach § 130 I Nr. 1 StGB strafbar, wenn sie sich gegen eine nationale, rassische, religiöse oder durch ihre ethnische Herkunft bestimmte Gruppe, gegen Teile der Bevölkerung oder gegen einen Einzelnen wegen seiner Zugehörigkeit zu einer Gruppe oder einem Bevölkerungsteil richtet und geeignet ist, den → öffentlichen Frieden zu stören. Auch ohne diese Eignung ist Aufstachelung zum Hass durch → Schriften oder andere Darstellungen gemäß § 130 II StGB als → Volksverhetzung bei dem Täter unter Strafe gestellt, der solches Material herstellt, einführt, vorrätig hält, ausstellt, anpreist, verbreitet usw.

Aufstallungspflicht
bezeichnet die im Zusammenhang mit der → Vogelgrippe erlassene Pflicht, Geflügel während der Zugzeit nicht aus den Ställen herauszulassen. Nach § 13 Geflügelpest-Verordnung (GeflPestSchV, → Tierseuchen) kann die zuständige Behörde die Aufstallungspflicht anordnen, wenn dies zur Vermeidung der Einschleppung der Vogelpest durch Wildvögel erforderlich ist.

Aufstieg
Aufstieg ist die → Beförderung eines → Beamten in ein Amt der nächsthöheren → Laufbahn, also vom einfachen in den mittleren, vom mittleren in den gehobenen und vom gehobenen in den höheren Dienst. Der Aufstieg erfolgt nach erfolgreichem Abschluss des Aufstiegsverfahrens. Dieses umfasst neben der erfolgreichen Teilnahme an einem Auswahlverfahren beim Aufstieg in den mittleren Dienst den erfolgreichen Abschluss eines fachspezifischen Vorbereitungsdienstes oder einer fachspezifischen Qualifizierung, beim Aufstieg in den gehobenen oder höheren Dienst den Abschluss eines fachspezifischen Vorbereitungsdienstes oder eines Hochschulstudiums sowie eine berufspraktische Einführung (näheres: § 35 I BLV, §§ 36 ff. BLV und Länderregelungen). Art. 37 Bayerisches Leistungslaufbahngesetz (LlbG) v. 5.8.2010 (GVBl. 2010, 410, 571) mÄnd spricht nicht mehr von Aufstieg, sondern von Ausbildungsqualifizierung. Wesentliche inhaltliche Änderungen sind damit nicht verbunden.

Aufstiegsfortbildungsförderungsgesetz
Das Gesetz zur Förderung der beruflichen Aufstiegsfortbildung (AFBG) v. 15.6.2016, BGBl. 2016 I 1450) mÄnd verfolgt das Ziel, Teilnehmerinnen und Teilnehmer an Maßnahmen der beruflichen Aufstiegsfortbildung durch Beiträge zu den Kosten der Maßnahme und zum Lebensunterhalt finanziell zu unterstützen. Förderungsfähig ist die Teilnahme an Fortbildungsmaßnahmen, die einen Abschluss nach dem Berufsbildungsgesetz oder der Handwerksordnung oder eine entsprechende berufliche Qualifikation voraussetzen. Im Übrigen ist Voraussetzung, dass die Maßnahmen in einer fachlichen Richtung gezielt auf öffentlich-rechtliche Prüfungen zu Abschlüssen auf der Grundlage des Berufsbildungsgesetzes oder der Handwerksordnung oder vergleichbare Abschlüsse vorbereiten. Darüber hinaus muss die Maßnahme einen bestimmten Mindestumfang haben (§§ 2 und 11 AFBG). Die Förderung ist ausgeschlossen, wenn für die Teilnahme an der Maßnahme Ausbildungsförderung nach dem Bundesausbildungsförderungsgesetz oder Unterhaltsgeld nach dem SGB III geleistet wird oder Anspruch auf bestimmte Leistungen zur Rehabilitation nach dem SGB IX besteht (§ 3 AFBG). Leistungen nach dem Aufstiegsfortbildungsförderungsgesetz sind steuerfrei (§ 3 Nr. 37 EStG).

Aufteilung der Steuerschuld
→ Gesamtschuld (steuerlich).

Aufteilungsplan
→ Wohnungseigentum (2).

Aufträge, öffentliche
→ öffentliche Aufträge.

Auftrag
1. Während umgangssprachlich unter einem Auftrag oft eine Bestellung (zB bei einem Kaufvertrag) verstanden wird, ist Auftrag im Rechtssinne ein Vertrag, durch den der Beauftragte sich verpflichtet, ein ihm vom Auftraggeber übertragenes Geschäft für diesen unentgeltlich zu besorgen, § 662 BGB; wegen der Unentgeltlichkeit ist der Auftrag kein → gegenseitiger Vertrag. Ein Auftrag setzt aber voraus, dass eine rechtliche Bindung gewollt ist; sonst liegt (wie im täglichen Leben oft) nur eine Gefälligkeit vor (→ Gefälligkeitsverhältnis, Gefälligkeitsvertrag, sa → Schuldverhältnis). Der Auftrag betrifft das Innenverhältnis zwischen Auftraggeber und Beauftragtem; hiervon ist die oft hiermit verbundene → Vollmacht zu unterscheiden; sie betrifft die Vertretungsmacht des Beauftragten nach außen. Die Art der dem Beauftragten übertragenen möglichen Geschäfte ist hier (anders → Geschäftsbesorgungsvertrag) umfassend; es kommen sowohl rechtliche wie tatsächliche, dauernde wie vorübergehende Zwecke in Betracht. Auftrag ist zB die Eröffnung eines → Kontokorrents, eine unentgeltliche Vermögensverwaltung, die Abrede bei der → Sicherungsübereignung, die Übernahme einer persönlichen Fürsorge usw. Die Bedeutung des Auftragsrechts liegt ferner darin, dass in zahlreichen Vorschriften, insbes. bei der entgeltlichen Geschäftsbesorgung (→ Girovertrag, → Überweisungsvertrag) und bei der → Geschäftsführung ohne Auftrag, auf die Bestimmungen über den Auftrag verwiesen ist. Sa → Kreditauftrag.

2. Der Auftrag wird formlos abgeschlossen. Er verpflichtet den Beauftragten, soweit ihm nichts anderes gestattet ist, den Auftrag persönlich auszuführen und den Weisungen des Auftraggebers zu folgen, sofern nicht anzunehmen ist, dass dieser bei Kenntnis der Sachlage die Abweichung billigen würde (zB bei Vermögensverfall des Gegners, §§ 664, 665 BGB). Wer zur Besorgung gewisser Geschäfte öffentlich bestellt ist oder sich öffentlich angeboten hat, aber im Einzelfall einen auf solche Geschäfte gerichteten Auftrag nicht annehmen will, ist verpflichtet, die Ablehnung dem Auftraggeber unverzüglich anzuzeigen (Ablehnungsanzeige, § 663 BGB). Unterlässt er dies, so kommt der Auftrag zwar nicht zustande (anders → Schweigen); der Beauftragte macht sich jedoch schadensersatzpflichtig. Der Beauftragte hat über den Stand des Geschäfts Auskunft zu erteilen und nach der Ausführung des Auftrags → Rechenschaft abzulegen, § 666 BGB. Alles, was er zur Ausführung des Auftrags erhält und was er aus der Geschäftsbesorgung erlangt, hat er dem Auftraggeber herauszugeben (§ 667 BGB, zB Gutschrift der beauftragten Bank bei eingegangenen Beträgen auf dem Girokonto des Auftraggebers). Umgekehrt ist der Auftraggeber verpflichtet, dem Beauftragten die Aufwendungen zu ersetzen, die er zur Ausführung des Auftrags den Umständen nach für erforderlich halten darf, § 670 BGB. Unter Aufwendungen sind nicht nur Vermögensopfer, sondern auch anlässlich der Ausführung des Auftrags entstehende Körperschäden (Zufallsschäden), sogar der Verlust des Lebens zu verstehen. Sa → Befreiung des Schuldners.

3. Der Auftrag endet mit Erreichung des mit ihm verfolgten Zwecks. Vorher kann er jederzeit vom Auftraggeber widerrufen und vom Beauftragten gekündigt werden (bei wichtigem Grund auch trotz Verzichts auf das Kündigungsrecht, § 671 BGB). Außerdem endet der Auftrag im Zweifel mit dem Tod des Beauftragten (§ 673 BGB), regelmäßig aber nicht durch den Tod oder den Eintritt der Geschäftsunfähigkeit des Auftraggebers (§ 672 BGB), wohl aber wenn gegen diesen das → Insolvenzverfahren eröffnet wird und der Auftrag sich auf ein Geschäft der Insolvenzmasse bezieht (§ 115 InsO). Mit dem Auftrag erlischt auch die → Vollmacht (§ 168 BGB). S. ferner → Raterteilung.

Auftragsangelegenheiten
Juristischen Personen des öffentlichen Rechts (insbes. Gebietskörperschaften, zB → Gemeinden, → Kreise) können Verwaltungsangelegenheiten zur Besorgung im Auftrag des Staates oder anderer jur. Personen des öffentlichen Rechts übertragen werden (mittelbare Staatsverwaltung). Diese Auftragsangelegenheiten stehen nach dem dualistischen Modell (→ Gemeinde, 3) im Gegensatz zu den eigenen Aufgaben der beauftragten Körperschaft, die sie kraft des Rechtes zur → Selbstverwaltung erledigt. Während in Angelegenheiten der Selbstverwaltung (eigener Wirkungskreis) die → Staatsaufsicht auf die Prüfung der Rechtmäßigkeit des Verwaltungshandelns beschränkt ist (Rechtsaufsicht), kann bei Auftragsangelegenheiten (übertragener Wirkungskreis) auch die Handhabung des → Ermessens überprüft werden (Fachaufsicht). In diesem Rahmen haben die zuständigen staatlichen Aufsichtsbehörden allgemein und im Einzelfall ein → Weisungsrecht. Von den Auftragsangelegenheiten ist die – ihrem Wesen nach allerdings verwandte – Auftragsverwaltung (→ Verwaltungskompetenz, → Ausführung von Gesetzen, 1) zu unterscheiden.

Auftragsbestätigung
→ Bestätigungsschreiben.

Auftragsforschung
(§ 68 Nr. 9 AO) → Drittmittelforschung.

Auftragsverarbeiter
→ Auftragsverarbeitung.

Auftragsverarbeitung
1. Soweit Unternehmen oder Behörden (Auftraggeber) Dritte (Auftragsverarbeiter) mit der Verarbeitung personenbezogener Daten beauftragen und dabei die Zwecke und Mittel der Verarbeitung → personenbezogener Daten vorgeben, handelt es sich um Auftragsverarbeitung nach Art. 28, Art. 4 Nr. 8 DS-GVO (→ Datenschutz-Grundverordnung, → Datenschutz). Die Konstellation hat eine sehr hohe Praxisrelevanz im → Datenschutz, da Verarbeitungsvorgänge häufig durch Rückgriff auf externe Dienstleister („Outsourcing“) ausgelagert werden.

2. Die ausgelagerte Verarbeitung erfolgt auf Weisung des Auftraggebers und im Interesse sowie in der Verantwortung des Auftraggebers. Nach der Wertung des Gesetzgebers kann sich der Auftraggeber mittels einer Auslagerung im Wege der Auftragsverarbeitung nicht der datenschutzrechtlichen Verantwortung entziehen. Gleichwohl treffen auch den Auftragsverarbeiter bei der Durchführung der Auftragsverarbeitung Pflichten (Aufnahme der Verarbeitung in sein Verzeichnis der Verarbeitungstätigkeiten, Art. 30 II DS-GVO; Zusammenarbeit mit den Datenschutzaufsichtsbehörden, Art. 31 DS-GVO; Umsetzung von Datenschutzmaßnahmen, Art. 32 I DSGVO; Bestellung eines Datenschutzbeauftragten, Art. 37 DS-GVO).

3. Nur der Auftraggeber muss für die Verarbeitung über eine Rechtsgrundlage nach Art. 6 I DS-GVO verfügen, nicht der Auftragsverarbeiter (zugl. Abgrenzungskriterium zu → gemeinsam Verantwortlichen, Art. 26 DS-GVO). Art. 28 DS-GVO stellt keine Erlaubnis zur Datenverarbeitung dar, sondern regelt die Voraussetzungen, unter denen eine Auslagerung datenschutzrechtlich zulässig ist. Der Auftragsverarbeiter benötigt keine eigene Rechtsgrundlage, da er im Rahmen des Auftrags nicht für sich selbst, sondern nur für den

Auftraggeber Daten in dessen Namen (Erwägungsgrund 81 DS-GVO) verarbeitet. Für die von der Verarbeitung → betroffene Person ist eine Auftragsverarbeitung vielfach nicht erkennbar (zB bei ausgelagerten Call-Centern, Papiervernichtung, Cloud Computing, Wartung- oder Fernwartung). Die Offenlegung der Auftragsverarbeitung ist nicht zwingend (anders bei der den gemeinsam Verantwortlichen). Die betroffene Person kann ihre → Betroffenenrechte im Datenschutz weiterhin bei der für die Verarbeitung verantwortlichen Stelle (Auftraggeber) geltend machen.

4. Eine Auftragsverarbeitung iSd Art. 28 DS-GVO liegt nicht vor, wenn dem Dritten keine konkrete Weisung erteilt und die Zwecke und Mittel der Verarbeitung nicht konkret vorgegeben werden, sondern er diese in eigenem Ermessen zur Erfüllung des Auftrags festlegen kann. Teilw wird hier von einer „Funktionsübertragung" gesprochen (wie schon unter der Vorgängerregelung des § 11 BDSG aF). Dies bereitet in der Praxis häufig Abgrenzungsprobleme. Regelmäßig keine Auftragsverarbeitung liegt ua vor bei der Beauftragung von Rechtsanwälten, Steuerberatern oder Wirtschaftsprüfern. Liegt keine Auftragsverarbeitung vor, müssen die Voraussetzungen einer Übermittlung personenbezogener Daten vom Auftraggeber an den Auftragnehmer gegeben sein (Art. 6 I DS-GVO oder § 26 BDSG im Beschäftigtendatenschutz).

5. Nach Inkrafttreten der DS-GVO haben die → gemeinsam Verantwortlichen (Art. 26 DS-GVO) aufgrund zahlreicher Entscheidungen des EuGH weitere Abgrenzungsfragen zur Auftragsverarbeitung aufgeworfen. Im Rahmen der Gemeinsamen Verantwortung besteht im Unterschied zur Auftragsverarbeitung kein Weisungsverhältnis und der Dritte muss sich für die durch ihn durchgeführten Anteile an der Datenverarbeitung auf eine eigene Rechtsgrundlage nach Art. 6 I DS-GVO berufen können.

6. Der Auftraggeber hat eine Auswahlentscheidung zu treffen (Art. 28 I DS-GVO). Er darf als Auftragsverarbeiter nur auswählen, wer die Gewähr dafür bietet, geeignete technische und organisatorische Datenschutzmaßnahmen im Sinne der Datenschutz-Grundverordnung umzusetzen und die → Betroffenenrechte im Datenschutz zu gewährleisten. Hier kann in der Praxis zB auf im Einzelfall geeignete Zertifizierungen oder Standards (zB ISO 27002) zurückgegriffen werden. Die Beauftragung von Unterauftragnehmern durch den Auftragsverarbeiter bedarf der Genehmigung des Auftraggebers (Art. 28 II, IV DS-GVO).

7. Die konkrete Ausgestaltung der Auftragsverarbeitung erfolgt mittels Vertrages (schriftlich oder in elektronischer Form, Art. 28 IX DS-GVO), dessen Mindestinhalt Art. 28 III DS-GVO vorgibt. Datenschutzaufsichtsbehörden oder Verbände stellen Vertragsmuster unentgeltlich zur Verfügung, teilw ergänzt um Anwendungshinweise. Neben der Beschreibung der ausgelagerten Datenverarbeitung kommen im Vertrag der Weisungsmöglichkeit sowie dem Kontrollrecht des Auftraggebers und der Festlegung der technischen und organisatorischen Datenschutzmaßnahmen in der Sphäre des Auftragnehmers eine besondere Bedeutung zu.

8. Verstöße gegen Art. 28 DS-GVO können neben Maßnahmen der Datenschutzaufsichtsbehörden (Art. 58 II lit. d, f DS-GVO) einen Schadensersatzanspruch (Art. 82 DS-GVO) der betroffenen Person und ein Bußgeld (Art. 83 IV lit. a DS-GVO) von bis zu 10 Mio. Euro oder 2% des weltweiten Jahresumsatzes, bei Verstößen gegen Regelungen des internationalen Datentransfers (Art. 83 V lit. c DS-GVO) von bis zu 20 Mio. Euro oder 4% des weltweiten Jahresumsatzes auslösen. Verstößt der Auftragsverarbeiter gegen Weisungen des Auftraggebers (Exzess des Auftragsverarbeiters), wird er bzgl des Exzesses wie ein eigener Verantwortlicher behandelt und ist Schadensersatz, Bußgeld und datenschutzaufsichtlichen Maßnehmen ausgesetzt. Rglm fehlt dem Auftragsverarbeiter in diese Konstellation eine Rechtsgrundlage zur Datenverarbeitung (Art. 6 I DS-GVO). 9. Die RL (EU) 2016/680 vom 27.4.2016 zum Schutz personenbezogener Daten im Bereich der Verhütung, Ermittlung, Aufdeckung und Verfolgung von Straftaten und Ordnungswidrigkeiten sieht in Art. 22 eine vergleichbare Regelung vor, die zB in § 62 BDSG (→ Bundesdatenschutzgesetz) und in den → Landesdatenschutzgesetzen umgesetzt wurde.

Auftragsverwaltung
→ Ausführung von Gesetzen (1); sa → Auftragsangelegenheiten.

Aufwandsentschädigungen
sind begrifflich Ersatzleistungen für berufliche Ausgaben. Aus öffentlichen Kassen gezahlte Aufwandsentschädigungen sind regelmäßig einkommen- und lohnsteuerfrei (§ 3 Nr. 12, 13 EStG). Für Aufwandsentschädigungen in der Privatwirtschaft gilt grundsätzlich, dass der Empfänger die Einnahme zu versteuern hat und → Werbungskosten bzw. → Betriebsausgaben in Höhe der tatsächlichen Aufwendungen absetzen kann. Ausnahmen gelten bei gesetzlicher Regelung (→ Werbungskostenersatz). Durchlaufende Gelder, dh Beträge, die der Arbeitnehmer vom Arbeitgeber erhält, um sie für ihn auszugeben, gehören nicht zum Arbeitslohn und unterliegen deshalb nicht der → Lohnsteuer. Gleiches gilt für Auslagenersatz, § 3 Nr. 50 EStG. Dabei handelt es sich um Ersatz für Ausgaben, die der Arbeitnehmer für den Arbeitgeber gemacht hat. Ein eigenes Interesse des Arbeitnehmers an den Ausgaben darf nicht bestehen. Die Ausgaben müssen ausschließlich oder fast ausschließlich durch die Belange des Arbeitgebers angefallen sein. Typisch für Auslagen ist, dass das Risiko der Ausgaben nicht beim Arbeitnehmer, sondern beim Arbeitgeber liegt. Für nebenberufliche

Übungsleiter, Erzieher usw. oder für die nebenberufliche Pflege alter, kranker oder behinderter Menschen im Dienst von jur. Personen des öffentlichen Rechts oder gemeinnützigen Vereinen sowie auch für Prüfer im Examen und Arbeitsgemeinschaftsleiter für Rechtsreferendare wird jährlich eine steuerfreie Aufwandsentschädigung von 3.000 EUR) gewährt (§ 3 Nr. 26 EStG). Zur Stärkung des bürgerschaftlichen Engagements wurde mit Wirkung zum 1.1.2007 ein neuer Freibetrag von 840 EUR eingeführt. Begünstigt sind alle nebenberuflich ausgeübten Tätigkeiten zur Förderung gemeinnütziger, mildtätiger und kirchlicher Zwecke iSd §§ 52–54 AO. Zur Umsatzsteuerbefreiung ehrenamtlicher Tätigkeiten vgl. § 4 Nr. 26 UStG.

Aufwendungen
Im Zivilrecht → Auftrag, → Befreiung des Schuldners, → Schadensersatz (3, 4), im Unterhaltsrecht pauschale berufsbedingte Aufwendungen → Einkommensbereinigung.

Steuerlich ist der Begriff der Aufwendungen nicht abschließend geklärt. Überwiegend wird er als Ausgabe verstanden. Aufwendungen können steuerlich als → Betriebsausgaben, → Werbungskosten, → Sonderausgaben, → außergewöhnliche Belastungen oder als → Lebensführungskosten zu behandeln sein. → Altersvorsorgeaufwendungen.

Aufwendungen, gemischte
→ Betriebsausgaben; → Lebensführungskosten.

Aufwendungsersatz
Im BGB wird in zahlreichen verschiedenen Fällen der Ersatz von Aufwendungen angeordnet, zB beim → Gläubigerverzug (3), bei Ausführung eines → Auftrags (2), bei der → Geschäftsführung ohne Auftrag, beim → Werkvertrag (3). Sa → Befreiung des Schuldners.

Aufwertung
Als Aufwertung iwS bezeichnet man jede Erhöhung des Außenwerts einer Währung. Gegensatz → Abwertung. Sie erfolgt idR durch Angebot und Nachfrage an den Devisenmärkten (→ Devisen) und verbilligt Importe und verteuert Exporte. Als Aufwertung ieS wird in Systemen fester → Wechselkurse die Anhebung des festgesetzten Wechselkurses bezeichnet. Diese währungspolitische Maßnahme dient der Beseitigung eines dauernden Zahlungsbilanzüberschusses, insbes. wenn aus diesem eine anderweitig nicht zu steuernde inflatorische Ausweitung des Geldvolumens erwächst. Da feste Wechselkurse selten sind – die Bindung an den US-Dollar im Rahmen des Internationalen → Währungsfonds ist lange weggefallen – sind Aufwertung ieS zumindest auf modernen Finanz- und Kapitalmärkten sehr rar. → Interventionspunkte.

Aufzeichnungspflichten im Steuerrecht
1. Aufzeichnungspflichten dienen der Beweissicherung im Besteuerungsverfahren. Ihre Rechtsgrundlage finden sie in der → Abgabenordnung und in Einzelsteuergesetzen. Die Aufzeichnungspflichten sind so vorzunehmen, dass sie für die Zwecke der Besteuerung ausreichen. Sie müssen vollständig, richtig und zeitgerecht geordnet vorhanden sein (→ Aufbewahrungspflicht).

2. Allgemeine Aufzeichnungspflichten: Wer nach anderen Gesetzen als Steuergesetzen Bücher und Aufzeichnungen zu führen hat (zB als Kaufmann, §§ 1, 2, 238 ff. HGB, → Buchführung), muss diese Verpflichtungen auch im Interesse der Besteuerung erfüllen (§ 140 AO). Nach dem Bilanzrechtsmodernisierungsgesetz (BilMoG) entfällt rückwirkend ab 2008 die handelsrechtliche Rechnungslegungspflicht für Einzelkaufleute, soweit 600.000 EUR Umsatz und 60.000 EUR Gewinn in zwei aufeinander folgenden Geschäftsjahren jeweils nicht überschritten werden (§§ 241a, 242 IV HGB). Dies gilt nicht für Personengesellschaften.

3. Stpfl., die Geschäftsbeziehungen zum Ausland mit nahe stehenden Personen (§ 1 II, IV AStG) unterhalten, sind verpflichtet, über Art und Inhalt dieser Geschäftsbeziehungen Aufzeichnungen zu erstellen (§ 90 III 1 AO). Die Aufzeichnungspflicht umfasst auch die wirtschaftlichen und rechtlichen Grundlagen für eine den Grundsatz des → Fremdvergleichs beachtende Vereinbarung von Preisen und anderen Geschäftsbedingungen mit den Nahestehenden. Bei außergewöhnlichen Geschäftsvorfällen sind die Aufzeichnungen zeitnah zu erstellen (§ 90 III 2 AO), → Verrechnungspreise. Weitere Aufzeichnungspflichten bestehen für Stpfl. mit Geschäftsbeziehungen zu Staaten und Gebieten, die nicht bereit sind, Auskunftsaustausch in Steuersachen nach dem Standard der → OECD (vgl. Art. 26 OECD-Musterabkommen) zu leisten. → Steuerhinterziehung.

4. Buchführungspflicht aus rein steuerlichen Gründen: a) Nach § 141 AO haben Bücher zu führen: gewerbliche Unternehmer sowie Land- und Forstwirte, wenn nach der Feststellung der Finanzbehörde für den einzelnen Betrieb entweder aa) die Umsätze einschließlich der steuerfreien Umsätze ohne die Umsätze nach § 4 Nr. 8–10 UStG mehr als 800.000 EUR (bis 2023: 600.000 EUR) im Kalenderjahr oder bb) der Wirtschaftswert selbstbewirtschafteter land- und forstwirtschaftlicher Flächen (einschl. der gepachteten) mehr als 25.000 EUR oder cc) der Gewinn aus Gewerbebetrieb im Wirtschaftsjahr mehr als 60.000 EUR (bis 2015: 50.000 EUR) oder dd) der Gewinn aus Land- und Forstwirtschaft mehr als 80.000 EUR (bis 2023: 60.000 EUR) im Kalenderjahr betragen haben. Die Buchführungspflicht beginnt ab dem Wirtschaftsjahr, das auf die Mitteilung der Finanzbehörde folgt.

b) Nach § 143 AO haben gewerbliche Unternehmer den Wareneingang gesondert aufzuzeichnen. Der Warenausgang ist nach § 144 AO von gewerblichen Unternehmern aufzuzeichnen, die nach der Art ihres Geschäftsbetriebs Waren regelmäßig an andere gewerbliche Unternehmer zur Weiterveräußerung oder zum Verbrauch als Hilfsstoffe liefern.

5. Besondere Aufzeichnungspflichten: a) Für Zwecke der Umsatzsteuer sind alle Unternehmer verpflichtet, die Entgelte fortlaufend aufzuzeichnen (§ 22 UStG iVm §§ 63–68 UStDV). Diese Aufzeichnungspflicht darf nicht verwechselt werden mit dem buchmäßigen Nachweis, der regelmäßig Voraussetzung der Inanspruchnahme von Vergünstigungen ist, zB der USt-Befreiung der → Ausfuhrlieferung (§ 6 IV UStG, § 13 UStDV) oder der innergemeinschaftlichen Lieferung (§ 6a III UStG, § 17c UStDV), → Umsatzsteuer (II, 2). b) sowie der Betreiber eines elektronischen Marktplatzes u. a. über den liefernden Unternehmer, die Lieferung und den Umsatz). Besondere einkommensteuerliche Aufzeichnungspflichten enthalten zB § 4 IVa 6, VII EStG (→ Betriebsausgaben) und § 6 II 4, 5 (→ geringwertige Wirtschaftsgüter), § 6b IV Nr. 5, § 6c II EStG (Verzeichnis der Wirtschaftsgüter, von deren Anschaffungs-/Herstellungskosten eine Rücklage abgezogen wird) sowie für Arbeitgeber im Bereich der Lohnsteuer § 4 Abs. 2 Nr. 8 LStDV).

6. Die Nichterfüllung von Aufzeichnungspflichten kann eine Schätzung der Besteuerungsgrundlagen rechtfertigen (§ 162 AO). Ist die Erfüllung von Aufzeichnungspflichten Voraussetzung für eine Steuervergünstigung, entfällt bei Nichterfüllung die Steuervergünstigung, zB bei geringwertigen Wirtschaftsgütern. Wird durch die Nichterfüllung von Aufzeichnungspflichten ermöglicht, Steuern zu verkürzen oder nicht gerechtfertigte Steuervorteile zu erlangen, kann eine → Steuergefährdung vorliegen.

Aufzüge
→ Versammlungsgesetz, → überwachungsbedürftige Anlagen.

Aufzugsanlagen
Aufzugsanlagen sind → überwachungsbedürftige Anlagen.

Augenschein
Der richterliche Augenschein ist ein → Beweismittel, bei dem das Gericht durch unmittelbare sinnliche Wahrnehmung (sehen, hören, fühlen, riechen, schmecken, auch elektronisches Dokument) Beweis über eine Tatsache erhebt. Augenschein ist in jeder Verfahrensordnung vorgesehen (§§ 144, 371, 372 ZPO, § 86 StPO, § 96 I VwGO, § 81 I FGO, § 118 I SGG, § 29 I FamFG). Der Augenschein kann in oder außerhalb der mündlichen Verhandlung oder der Hauptverhandlung (auch anlässlich eines besonderen Ortstermins, § 219 ZPO) eingenommen werden. Das Ergebnis des Augenscheins ist in das Protokoll über die mündliche Verhandlung aufzunehmen (§ 160 III Nr. 5 ZPO). Zu den Gegenständen der Beweisaufnahme durch Augenschein gehören auch → Tonaufnahme in Verfahren, → Leichenschau und -öffnung.

Augsburger Religionsfriede (1555)
→ cuius regio eius religio.

Auktion, Auktionator
→ Versteigerungsgewerbe, → Internet-Auktion.

Au-pair-Beschäftigung
Au-pairs sind meist junge Personen, die in einem anderen Land Haushalts- und Kinderbetreuung übernehmen und dabei zugleich Land und Sprache kennenlernen sollen. Da und sofern die Ausbildung im Vordergrund steht, handelt es sich bei ihnen nicht um → Arbeitnehmer, sie können aber → arbeitnehmerähnliche Personen sein. Ein Vertrag des Europarates zu Au-pair-Verträgen (Europäisches Abkommen über die Au-pair-Beschäftigung vom 24.11.1969) ist von der Bundesrepublik Deutschland nicht ratifiziert worden, Musterverträge auf dieser Grundlage werden jedoch häufig verwendet. Ausländerrechtlich sind § 16 I AufenthG, § 12 BeschV (→ Beschäftigungsverordnung) und Art. 16 RL (EU) 2016/801 zu beachten. Zur Vermittlung von Au-Pairs → Vermittlungsvertrag.

Aus- und Einsteigen
→ Haltestellen, → Verlassen eines Fahrzeugs.

Ausbeutung
Über die zivilrechtlichen Folgen der Ausbeutung einer Zwangslage, der Unerfahrenheit, des Mangels an Urteilsvermögen oder erheblicher Willensschwäche eines anderen bei Rechtsgeschäften → Sittenwidrigkeit.

Bei Darlehens- od. ähnl. Geschäften, Vermietung usw. kann Ausbeutung Strafbarkeit wegen → Wuchers (§ 291 StGB) begründen. Gegen die → Ausbeutung von Prostituierten bestehen die Strafdrohungen nach § 180a StGB und § 181a I Nr. 1 StGB (→ Zuhälterei).

Ausbeutung von Prostituierten
Straftatbestand nach § 180a I StGB, der als abstraktes → Gefährdungsdelikt die persönliche Freiheit und wirtschaftliche Unabhängigkeit Prostituierter schützt. Danach wird mit Freiheitsstufe bis zu drei Jahren oder Geldstrafe bestraft, wer gewerbsmäßig einen Betrieb unterhält oder leitet, in dem Personen der → Prostitution nachgehen (→ Bordell) und in dem diese in persönlicher oder wirtschaftlicher Abhängigkeit gehalten werden. Nach § 180a II StGB wird ebenso bestraft, wer einer Person unter 18 Jahren zur Ausübung der Prostitution Wohnung, gewerbsmäßig Unterkunft oder gewerbsmäßig Aufenthalt gewährt oder eine andere Person, der er zur Ausübung der Prostitution Wohnung gewährt, zur Prostitution anhält oder im Hinblick auf sie ausbeutet. Nach § 181a I Nr. 1 StGB (→ Zuhälterei) ist zudem u. a. derjenige strafbar, der eine andere Person, die der Prostitution nachgeht, ausbeutet und im Hinblick darauf Beziehungen zu

ihr unterhält, die über den Einzelfall hinausgehen. Als „Ausbeuung" ist dabei in § 180a II wie in § 181a I Nr. 1 StGB jeweils ein planmäßiges und eigensüchtiges Ausnützen der Prostitutionsausübung als Erwerbsquelle zu verstehen, das zu einer spürbaren Verschlechterung der wirtschaftlichen Lage der oder des Prostituierten führt (NStZ 1996, 188).

Die früher in § 180a StGB als Tatvariante enthaltene Strafbarkeit der Förderung der Prostitution wurde mit Wirkung vom 1.1.2002 durch das Gesetz zur Regelung der Rechtsverhältnisse der Prostituierten – Prostitutionsgesetz – v. 20.12.2001 (BGBl. 2001 I 3983) aufgehoben.

Ausbeutungsmissbrauch
Von Ausbeutungsmissbrauch spricht man, wenn ein → marktbeherrschendes Unternehmen als Anbieter oder Nachfrager von Waren oder Leistungen Entgelte oder sonstige Geschäftsbedingungen fordert, die von denen abweichen, die sich bei wirksamem Wettbewerb wahrscheinlich ergeben würden („als-ob-Wettbewerb"); dabei sind insbes. die Verhaltensweisen von Unternehmen auf vergleichbaren Märkten mit wirksamem Wettbewerb zu berücksichtigen (§ 19 Abs. 2 Nr. 2 GWB). Ein derartiges Verhalten ist nach § 19 Abs. 1 GWB verboten.

Ausbietung
→ Ausgebot.

Ausbietungsgarantie
Ausbietungsgarantie oder Bietgarantie ist ein → Vertrag zwischen dem betreibenden Gläubiger einer → Zwangsversteigerung und einer anderen Person, durch den sich diese verpflichtet, beim → Ausgebot ein Gebot abzugeben, das über das → geringste Gebot hinaus auch den Betrag deckt, der auf den betreibenden Gläubiger entfällt. Eine Verpflichtung, die Immobilie in jedem Fall und zu jedem Gebot zu erwerben, entsteht hierdurch aber nicht.

Ausbildender
Ausbildender ist, wer andere Personen zur → Berufsausbildung einstellt (§ 10 BBiG, → Berufsausbildungsverhältnis). Seine Pflichten gegenüber dem Auszubildenden ergeben sich aus §§ 14 ff. BBiG. In §§ 28 ff. BBiG sind Voraussetzungen dafür festgelegt, als Ausbildender tätig werden zu dürfen, u. a. hinsichtlich der persönlichen Eignung.

Ausbildungsberufe
Ausbildungsberufe sind die Berufe, in denen eine → Berufsausbildung (nach Berufsbildungsgesetz und verwandten Vorschriften, → Berufsbildung) stattfindet. Wegen der für die Ausbildungsberufe geltenden → Ausbildungsordnungen vgl. das jährlich veröffentlichte Verzeichnis der anerkannten Ausbildungsberufe des → Bundesinstituts für Berufsbildung, Bonn (§ 90 III Nr. 3 BBiG). Derzeit enthält es 328 anerkannte Ausbildungsberufe.

Ausbildungsförderung
Das Bundesausbildungsförderungsgesetz (BAföG) idF v. 7.12.2010 (BGBl. 2010 I 1952) mÄnd regelt die individuelle Ausbildungsförderung von Personen, denen die für ihren Lebensunterhalt und ihre Ausbildung erforderlichen Mittel nicht zur Verfügung stehen. Als Leistungen werden Zuschüsse und Darlehen gewährt zum Besuch von Hochschulen, höheren Fachschulen, Akademien, Abendhauptschulen, Berufsaufbauschulen, Abendrealschulen, Abendgymnasien und Kollegs, unter besonderen Voraussetzungen auch für Fachschulen, Fachoberschulen, Berufsfachschulen sowie weiterführende allgemeinbildende Schulen. Durch RechtsVO des Bundesministeriums für Bildung und Forschung können andere gleichwertige Ausbildungsstätten einbezogen werden. Ausbildungsförderung wird für den Bedarf (Lebensunterhalt und Ausbildung) nach bestimmten Sätzen geleistet (§§ 11 ff. BAföG). Der Höchstsatz für Studenten an Hochschulen, höheren Fachschulen und Akademien beträgt z. Zt. bei Unterbringung bei den Eltern 511 EUR, sonst 812 EUR (Stand März 2023). Eigenes Einkommen und Vermögen sowie solches der Eltern und des Ehegatten ist in bestimmtem Umfang anzurechnen (§§ 21 ff. BAföG). Die Förderung erfolgt für die Dauer der Ausbildung einschl. der unterrichtsfreien Zeit und erstreckt sich auf ein Praktikum, das im Zusammenhang mit der zu fördernden Ausbildung geleistet werden muss. Zuständig sind Ämter für Ausbildungsförderung (meist bei den Kreisverwaltungsbehörden oder den Studentenwerken errichtet). Vgl. auch die BAföG-TeilerlaßVO v. 14.12.1983 (BGBl. 1983 I 1439, ber. 1575) mÄnd sowie die BAföG-HärtefallVO v. 15.7.1974 (BGBl. 1974 I 1449) mÄnd. Die Länder haben Ausführungs- und Ergänzungsgesetze erlassen (so zB Bayern Gesetz v. 27.6.1980, BayRS 2230–2–1–K; mÄnd), zT unter Erweiterung des berechtigten Personenkreises. Sa → Berufsbildungsgesetz. Die Leistungen nach dem BAföG sind steuerfrei (§ 3 Nr. 11 EStG). Sa → Begabtenförderung.

Ausbildungsfreibetrag
→ Belastungen, außergewöhnliche (2b).

Ausbildungsgeld
Das Ausbildungsgeld (Abg) gehört zu den Leistungen der → Arbeitsförderung nach dem SGB III. Ausbildungsgeld können → behinderte Menschen während einer beruflichen Ausbildungsmaßnahme, einer berufsvorbereitenden Bildungsmaßnahme, einer individuellen betrieblichen Qualifizierung oder einer Maßnahme im Eingangsverfahren oder im Arbeitstrainingsbereich einer Werkstatt für behinderte Menschen erhalten, wenn → Übergangsgeld nicht erbracht werden kann (§§ 122–126 SGB III). Für das Ausbildungsgeld gelten die Vorschriften üder die Berufsausbildungsbeihilfe entsprechend, soweit die

Vorschriften des SGB III hiervon keine Abweichungen bestimmen.

Ausbildungskosten

1. Ausbildungskosten sind Aufwendungen, die gemacht werden, um Kenntnisse und Fähigkeiten zu erwerben, die als Grundlage für einen zukünftigen Beruf dienen. Sie müssen in der erkennbaren Absicht getätigt werden, aufgrund der erlangten Ausbildung eine Erwerbstätigkeit auszuüben; sie müssen berufsbezogen sein. Eine nur gelegentliche Ausübung der erlernten Fähigkeiten genügt nicht. Nachdem der BFH sowohl Aufwendungen für ein erstmaliges, berufsbegleitendes Studium als auch für eine Umschulungsmaßnahme sowie für die erstmalige Berufsausbildung als → Werbungskosten zugelassen hat, hatte der Gesetzgeber ab 2004 mit der Regelung in § 12 Nr. 5 EStG reagiert. Demnach sind Aufwendungen für die erstmalige Berufsausbildung sowie für ein Erststudium – ausgenommen Ausbildungsdienstverhältnisse – nicht abziehbar. Im Gegenzug wurden diese Aufwendungen bis 4.000 EUR im Kalenderjahr als → Sonderausgaben anerkannt. Trotz der gesetzlichen Regelung hat der BFH entschieden, dass Aufwendungen für eine erstmalige Berufsausbildung als vorab entstandene Werbungskosten zu berücksichtigen sein können. Voraussetzung ist, dass die Aufwendungen in einem hinreichend konkreten, objektiv feststellbaren Veranlassungszusammenhang zur nachfolgenden auf die Erzielung von Einkünften gerichteten Berufstätigkeit stehen. Der Werbungskostenabzug hat dann Vorrang vor dem gesetzlich vorgesehenen Sonderausgabenabzug (vgl. BFH Urt. v. 28.6.2011 – VI R 59/09; v. 15.9.2011 – VI R 22/09; v. 15.9.2011 – VI R 15/11). Der Gesetzgeber hat auf diese Rechtsprechung reagiert und in § 4 IX EStG und § 9 VI EStG geregelt, dass die Aufwendungen für die Erstausbildung keine Betriebsausgaben und keine Werbungskosten sind. Im Gegenzug wurde die Höhe des Sonderausgabenabzugs auf 6.000 EUR erhöht (§ 10 I Nr. 7 EStG). Diese Regelung ist für den Stpfl. ungünstiger, weil – anders als Werbungskosten – Sonderausgaben nur in dem Jahr geltend gemacht werden können, in dem sie angefallen sind. Zu diesem Zeitpunkt ist jedoch idR das Einkommen so niedrig, dass sich die Sonderausgaben steuerlich nicht oder nicht voll auswirken. Ab 2015 wird eine Erstausbildung nur dann anerkannt, wenn sie eine Mindestdauer von 12 Monaten hat.

2. Der Ausschluss von Erstausbildungskosten vom Werbungskostenabzug war lange umstritten. Zur Klärung verfassungsrechtlicher Bedenken hatte der BFH (VI R 8/12) eine Vorlage an das BVerfG vorgenommen. Das Bundesverfassungsgericht (2 BVL 22/14 u. a.) hat die Vorschrift als verfassungsgemäß angesehen, da sachlich einleuchtende Gründe für die Ungleichbehandlung vorlägen.

3. Nicht von der gesetzlichen Regelung erfasst sind Fortbildungsmaßnahmen, Umschulungen sowie Aufbau- und Zweitstudiengänge. Auch Berufsausbildungen oder Erststudien, die im Rahmen eines Dienstverhältnisses erfolgen, werden nicht erfasst. Diese Aufwendungen sind daher – unter Berücksichtigung der Rechtsprechung des BFH – weiter als Werbungskosten zu berücksichtigen. Gleiches gilt für Aufwendungen für die Weiterbildung in einem nicht ausgeübten Beruf, wenn ein Zusammenhang mit der Wiederaufnahme der Tätigkeit nachgewiesen oder glaubhaft gemacht wird.

Ausbildungsordnung

Eine Ausbildungsordnung ist die in Form einer RechtsVO ergehende staatliche Anerkennung der → Ausbildungsberufe. Außer diesen bezeichnet sie die Dauer, das Ausbildungsberufsbild, einen Ausbildungsrahmenplan und die Prüfungsanforderungen (§ 5 BBiG, § 26 HwO). Vgl. zB die VO über die Berufsausbildung zum Tischler/zur Tischlerin v. 25.1.2006 (BGBl. 2006 I 245). Die Begrifflichkeit der Stufenausbildung wurde zum 1.8.2024 abgeschafft. Für einen anerkannten Ausbildungsberuf darf nur nach der Ausbildungsordnung ausgebildet werden (§ 25 II HwO, § 4 III BBiG). Wegen Ausbildungsordnung zur → beruflichen Fortbildung und → beruflichen Umschulung s. §§ 53, 58 BBiG. Ausbildungsordnungen bestehen auch auf zahlreichen anderen Gebieten, zB für Flugsicherungspersonal (→ Flugsicherung), Heilhilfsberufe, im öffentlichen Dienst usw; → Berufsbildung.

Ausbildungsstätte

Nach Art. 12 I 1 GG haben alle Deutschen das → Grundrecht, → Beruf, Arbeitsplatz und Ausbildungsstätte frei zu wählen. Danach hat jeder Deutsche grundsätzlich freien Zugang zu allen berufsvorbereitenden Bildungseinrichtungen, insbes. also Schulen und Hochschulen. Der Zugang kann nur entsprechend den für die → Berufsfreiheit entwickelten Grundsätzen beschränkt werden (sa → numerus clausus). Allgemeine Ausbildungsstätte ist auch eine Berufsausbildung im öffentlichen Dienst unter Berufung in ein → Beamtenverhältnis, wenn sie nicht nur der Ausbildung des Beamtennachwuchses dient. Deshalb ist derzeit insbes. der juristische Vorbereitungsdienst allgemeine Ausbildungsstätte; der Zugang zu ihm darf grundsätzlich nicht von einer Bedürfnisprüfung oder von sonstigen objektiven Zulassungsbedingungen (zB Altersgrenze) abhängig gemacht, sondern nur aus Gründen fehlender Ausbildungskapazität beschränkt werden.

Ausbildungsunterhalt

1. Im Rahmen der → Unterhaltspflicht unter Verwandten schulden Eltern ihren Kindern die angemessene Ausbildung zu einem Beruf, § 1610 II BGB, auch wenn diese bereits volljährig sind. Während dieser Ausbildung sind die Kinder bedürftig, § 1602 BGB, so dass grundsätzlich ein Unterhaltsanspruch besteht. Ob ein angemessene Ausbildung vorliegt,

nen selbständige → Bundesoberbehörden und weitere bundesunmittelbare Körperschaften und Anstalten des öffentlichen Rechts durch Bundesgesetz errichtet werden; bei dringendem Bedarf können bundeseigene Mittel- und Unterbehörden mit Zustimmung des BR und des BT geschaffen werden (im Einzelnen s. Art. 84–90 GG; vgl. auch → oberste Bundesbehörden; → Bundesamt; → Bundesanstalt).

2. → Landesgesetze: Ihre Ausführung steht gemäß Art. 30 GG den Ländern zu. Das Landesrecht bestimmt, inwieweit die Landesgesetze in unmittelbarer oder mittelbarer Staatsverwaltung ausgeführt werden.

Ausführungsbehörde für Unfallversicherung
Bis zum 31.12.2002 wurden den Fällen, in denen die → Unfallversicherung dem Bund als → Unfallversicherungsträger oblag, die Aufgaben, mit Ausnahme der Prävention, von der Bundesausführungsbehörde für Unfallversicherung bzw. im Bereich des Bundesministeriums für Verkehr, von der Ausführungsbehörde für Unfallversicherung des Bundesministeriums für Verkehr, wahrgenommen. Beide Ausführungsbehörden wurden mit Wirkung v. 1.1.2003 zur → Unfallkasse des Bundes zusammengeführt (→ Unfallkasse Post und Telekom; → Unfallkassen der Länder).

Die vor Inkrafttreten des SGB VII errichteten Ausführungsbehörden von Ländern oder Gemeinden sind schon vorher übergeführt worden in rechtlich selbständige → Unfallversicherungsträger.

Ausfuhr
Als Ausfuhr bezeichnet § 2 III AWG die Lieferung von Waren – oder die Übertragung von Software und Technologie – aus dem Inland in ein Drittland. Die Ausfuhr innerhalb der EU wird als Verbringung bezeichnet (§ 2 XXI AWG). Ausfuhr wird oft auch Export genannt und erfasst dann ebenso das Erbringen von Dienstleistungen an ausländische Auftraggeber. Grundsätzlich besteht Ausfuhrfreiheit. Das → Außenwirtschaftsrecht regelt die Beschränkungen und Meldeauflagen von Ausfuhr. Zur umsatzsteuerlichen Problematik bei Ausfuhr s. → Drittlandsgebiet. → Ausfuhrverbot, → Handelspolitik.

Ausfuhrabgaben
sind Zölle (→ Zoll) und ähnliche Abgaben bei der Ausfuhr von Waren (Art. 5 Nr. 21 UZK, § 1 I 3 ZollVG). Die EU erhebt Ausfuhrabgaben nur in engen Ausnahmefällen (im Bereich der gemeinsamen Agrarpolitik).

Ausfuhrbürgschaft
→ Bürgschaft (1).

Ausfuhrlieferungen
→ Drittlandsgebiet (1).

Ausfuhrliste
ist die Bezeichnung der Anlage AL zur AußenwirtschaftsVO (→ Außenwirtschaftsrecht). Sie enthält die Güter, deren Ausfuhr nach dem AWG und der VO (EG) 428/2009 (→ Dual-Use-Güter) Beschränkungen unterliegen. Es handelt sich insbes. um Waffen, Munition, Rüstungsmaterial und Güter mit doppeltem Verwendungszweck.

Ausfuhrverbot
Nach der gemeinsamen Handelspolitik ist die Ausfuhrpolitik Sache der Union. Grundsätzlich besteht Ausfuhrfreiheit, zu möglichen europarechtlichen Beschränkungen s. → Handelspolitik. Zusätzliche innerstaatliche Beschränkungen der Ausfuhr an Drittländer können die nach → europäischem Recht für nationale Regelungen vorbehaltenen Bereiche betreffen, etwa → Kriegswaffen und → Dual-Use-Güter. Für Genehmigungsverfahren, die lediglich der Kontrolle und nicht der materiellen Beschränkung dienen, vgl. → Außenwirtschaftsrecht.

Ausfuhrzoll
→ Zoll.

Ausgaben
Bei der → Einkommensteuer sind abzugsfähige Ausgaben die → Betriebsausgaben, → Werbungskosten, → Sonderausgaben und → außergewöhnliche Belastungen. Dagegen sind Ausgaben für die Lebensführung, auch wenn die wirtschaft- oder gesellschaftliche Stellung des Stpfl. die Ausgaben mit sich bringen und sie der Förderung des Berufs dienen (→ Lebensführungskosten), nicht abzugsfähig. Des Weiteren sind nicht abzugsfähig Zuwendungen, auch wenn die Verpflichtung notariell beurkundet wurde, Steuern vom Einkommen, sonstige Personensteuern sowie die Umsatzsteuer für den Eigenverbrauch und Geldstrafen (§ 12 EStG; zu Geldbußen → Betriebsausgaben). Bei der → Körperschaftsteuer sind Gewinnanteile und Geschäftsführungsvergütungen der persönlich haftenden Gesellschafter einer Kommanditgesellschaft auf Aktien und bestimmte → Spenden als Ausgaben zu berücksichtigen (§ 9 KStG). Ausgaben zur Erfüllung von Satzungszwecken, Steuern vom Einkommen (Körperschaftsteuer) sowie Umsatzsteuer für den Eigenverbrauch, Geldstrafen und die Hälfte der Aufsichtsratsvergütungen (§ 10 KStG) sind nicht abzugsfähig.

Ausgabenerhöhungen
(Staatshaushalt) → Haushaltsrecht.

Ausgangsbeschränkungen
Nach § 28 I 1 2. Halbsatz des → Infektionsschutzgesetzes (IfSG) kann die zuständige → Gesundheitsbehörde Personen verpflichten, den Ort, an dem sie sich befinden, nicht oder nur unter bestimmten Bedingungen zu verlassen oder von ihr bestimmte Orte oder öffentliche Orte nicht oder nur unter bestimmten Bedingungen zu betreten; so können Ausgangsbeschränkungen bis hin zu einer Ausgangssperre verhängt werden. Während der → COVID-19-Pandemie wurde so angeord-

net, dass die eigene Wohnung nur aus triftigen Gründen verlassen werden darf, zB um die Arbeitsstätte aufzusuchen, dass zwischen Personen, die nicht demselben Hausstand angehören, ein gewisser Mindestabstand (1,5 m oder 2,0m) eingehalten werden muss, oder dass bestimmte Einrichtungen nicht betreten werden dürfen (zB Krankenhäuser oder Altenheime). Durch das Dritte Gesetz zum Schutz der Bevölkerung bei einer → epidemischen Lage von nationaler Tragweite v. 18.11.2020 (BGBl. I 2397) wurde § 28a IfSG eingefügt, der diese Befugnisse explizit regelt. Nach dem Ende der epidemischen Lage von nationaler Tragweite mit Ablauf des 25.11.2021 sind Ausgangsbeschränkungen wegen der COVID-19-Pandemie nach dem neu gefassten § 28a IfSG nicht mehr zulässig. Als Allgemeinverfügung (→ Verwaltungsakt, 1) waren und sind Ausgangsbeschränkungen nach allgemeinen verwaltungsprozessrechtlichen Grundsätzen (→ Verwaltungsstreitverfahren) verwaltungsgerichtlich überprüfbar. Sa → Lockdown; → Abstandsgebot; → Social Distancing.

Ausgangssperre
Ausgangssperre bezeichnet das Verbot, öffentliche Straßen und Plätze zu betreten oder die Wohnung zu verlassen. Es kann sich um eine polizeiliche oder um eine militärische Maßnahme (→ Polizeiliche Maßnahmen; → Militärische Maßnahmen) handeln. Soweit das Verbot nicht absolut gilt, handelt es sich um → Ausgangsbeschränkungen.

Ausgebot
Das Ausgebot ist in der → Zwangsversteigerung die Aufforderung des Versteigerungsgerichts zur Abgabe von Geboten. Werden mehrere Grundstücke in demselben Verfahren versteigert, können sie einzeln (Einzelausgebot) oder zusammen (Gesamtausgebot) ausgeboten werden (Einzelheiten dazu § 63 ZVG).

Ausgedinge
(Altenteil). → Reallast, → Wohnungsrecht, → Übergabevertrag.

Ausgeschlossener Richter
→ Ausschluss (2).

Ausgleich des Zugewinns
→ Zugewinnausgleich.

Ausgleichsabgabe
Nach Art. 44 AEUV kann ein Mitgliedsstaat bei der Einfuhr landwirtschaftlicher Erzeugnisse aus einem anderen Mitgliedsstaat eine Ausgleichsabgabe erheben, wenn diese Erzeugnisse keiner Gemeinsamen Marktorganisation (→ Marktorganisation, gemeinsame), sondern nur einer innerstaatlichen Marktorganisationen des Herkunftsstaates unterliegen und dadurch der Wettbewerb gefährdet ist. Der Anwendungsbereich dieser Vorschrift ist gering, da fast alle landwirtschaftlichen Erzeugnisse von einer GMO erfasst werden. → Integrationsämter.

Ausgleichsanspruch
1. Der Ausgleichsanspruch ist der Anspruch auf eine vom Unternehmer dem → Handelsvertreter geschuldete besondere vertragliche Vergütung, die unter bestimmten Voraussetzungen bei Beendigung des Handelsvertreterverhältnisses entsteht (§ 89b I HGB). Der Ausgleichsanspruch ist das Entgelt für Dienste zur Werbung des Kundenstammes während der gesamten Vertragszeit. Der Anspruch geht auf Geld und beträgt höchstens eine Jahresprovision (oder sonstige Jahresvergütung) nach dem Durchschnitt der letzten 5 Jahre oder bei kürzerer Tätigkeit dem Jahresdurchschnitt der gesamten Vertragsdauer (§ 89b II HGB). Der Ausgleichsanspruch setzt voraus: Der Handelsvertreter muss neue Kunden geworben oder die Geschäftsverbindung mit alten Kunden wesentlich erweitert oder neu belebt haben; dem Unternehmer müssen daraus auch nach Vertragsbeendigung erhebliche Vorteile zufließen.

Die Zahlung des Ausgleichs muss unter Berücksichtigung aller Umstände der Billigkeit entsprechen. Ein Ausgleichsanspruch besteht aber nicht, wenn der Handelsvertreter gekündigt hat (ausgenommen, wenn der Unternehmer hierzu begründeten Anlass gegeben hat, oder bei Unzumutbarkeit der Fortsetzung wegen Alters oder Krankheit), ferner dann nicht, wenn der Unternehmer das Vertragsverhältnis aus wichtigem Grund wegen schuldhaften Verhaltens des Handelsvertreters aufgelöst hat oder durch Vereinbarung mit dem Unternehmer anstelle des Handelsvertreters ein Dritter in das Vertragsverhältnis eintritt (sog. Abkauf; § 89b III HGB). Im Vorhinein kann der Ausgleichsanspruch nicht ausgeschlossen werden; er ist innerhalb eines Jahres nach Beendigung des Vertragsverhältnisses geltend zu machen (§ 89b IV HGB). Bei einem → Versicherungsvertreter kommt es für den Ausgleichsanspruch, der bis zu 3 Jahresprovisionen betragen kann, nur darauf an, dass neue Versicherungsverträge abgeschlossen wurden (§ 89b V HGB). Zum Ausgleichsanspruch des → Vertraghändlers s. dort.

2. → Mitarbeit der Ehegatten.

3. → Gesamtschuld.

Ausgleichsfonds (SGB IX)
Durch das 9. Buch des Sozialgesetzbuches (SGB IX vom 19.6.2001, BGBl. 2001 I 1046, m. spät. Änd.; → Rehabilitation und Teilhabe behinderter Menschen) ist beim Bundesministerium für Arbeit und Soziales ein „Ausgleichsfond für überregionale Vorhaben zur Teilhabe schwerbehinderter Menschen am Arbeitsleben“ gebildet worden. Der Ausgleichsfond dient der besonderen Förderung der Einstellung und Beschäftigung schwerbehinderter Menschen auf Arbeitsplätzen und zur Förderung von Einrichtungen und Maßnahmen, die den Interessen der Länder auf dem Gebiet der Förderung der Teilhabe schwerbehinderter Menschen am Arbeitsleben

dienen (§ 161 SGB IX). Der Ausgleichsfond wird finanziert durch die Weiterleitung eines Teiles der Ausgleichsabgabe von den Integrationsämtern (§ 160 VI SGB IX).

Ausgleichsgemeinschaft
bezeichnete vor der Gleichstellung des ehelichen → Güterrecht mit dem der → Lebenspartnerschaft zum 1.1.2005 einen Güterstand, der dem → gesetzlichen Güterstand der Zugewinngemeinschaft bei Trennung der Vermögensmassen der Partner entspricht.

Ausgleichsleistungsgesetz
(Enteignungen 1945–1949) → Entschädigungs- und Ausgleichsleistungsgesetz (EALG).

Ausgleichsmandat
→ Überhangmandat (2); → Bundestag (2).

Ausgleichspflicht
1. Zivilrecht: → Zugewinnausgleich, → Erbausgleich, → Ausgleichung von Vorempfängen und Vorleistungen.

2. Öffentliches Recht: Ausgleichspflichtige Inhaltsbestimmung des Eigentums → Enteignung.

Ausgleichsquittung
Bei (sich bereits aus einem anderen Tatbestand ergebender) Beendigung eines → Arbeitsverhältnisses wird häufig die Zahlung des Restlohns und die Aushändigung der Arbeitspapiere vom Arbeitgeber gegen Unterzeichnung einer Ausgleichsquittung durch den → Arbeitnehmer vorgenommen; soll hingegen die Beendigung des Arbeitsverhältnisses erst durch die Unterzeichnung erfolgen, handelt es sich idR um einen → Aufhebungsvertrag im Arbeitsrecht). Die Ausgleichsquittung enthält idR lediglich die Erklärung, dass der unterzeichnende Arbeitnehmer keine Ansprüche mehr habe und dass das Arbeitsverhältnis zu dem bestimmten Zeitpunkt ende. Dies ist im gegenseitigen Einvernehmen grds. zulässig, umfasst aber einen Verzicht auf → Kündigungsschutz (Klageverzicht) nur, wenn dies ausdrücklich erwähnt wird und eine angemessene Gegenleistung oder Kompensation vereinbart ist (vgl. § 307 I 1 u. 2 BGB; sa → Allgemeine Geschäftsbedingungen); die bloße Vereinbarung von Pflichten, die den → Arbeitgeber ohnehin treffen (zB Zeugniserteilung), stellt aber keine solche Gegenleistung dar, der Klageverzicht wäre dann unwirksam. IÜ handelt es sich oft nur um deklaratorische negative → Schuldanerkenntnisse, zumal viele arbeitsrechtliche Ansprüche unverzichtbar sind (zB auf → Mindestlohn, § 3 MiLoG: Verzicht nur in einem gerichtlichen Vergleich möglich; für tarifvertragliche Ansprüche s. § 4 IV TVG). Zur Anfechtung wegen Irrtums → Anfechtung von Willenserklärungen (1). Insbes. in einem Vergleich vor dem Arbeitsgericht oder einen Aufhebungs- bzw. Abwicklungsvertrag kann auch ein Erlass oder ein konstitutives negatives → Schuldanerkenntnis vereinbart werden; auch diese können aber unverzichtbare Ansprüche allenfalls im Wege eines Tatsachenvergleichs erfassen. Soweit zB die Aushändigung von → Arbeitspapieren bestätigt wird, handelt es sich um eine Empfangsquittung iSv § 368 BGB; nur insoweit besteht ein → Zurückbehaltungsrecht, ein Verzicht hingegen kann nicht erzwungen werden.

Ausgleichsrente
→ Versorgungsausgleich.

Ausgleichswert
→ Versorgungsausgleich.

Ausgleichszahlungen (öff. Recht)
bei ausgleichspflichtiger Inhaltsbestimmung des Eigentums → Enteignung.

Ausgleichung von Vorempfängen und Vorleistungen
→ Abkömmlinge, die als gesetzliche Erben zur → Erbfolge gelangen oder durch → Verfügung von Todes wegen auf den gesetzlichen Erbteil eingesetzt sind, sind im Zweifel verpflichtet, → Ausstattungen und Zuschüsse (zur Verwendung als Einkünfte oder zur Berufsausbildung), die sie zu Lebzeiten des Erblassers von diesem erhalten haben, bei der Auseinandersetzung der → Erbengemeinschaft zur Ausgleichung zu bringen, soweit nicht der Erblasser bei der Zuwendung etwas anderes bestimmt hat (Kollationspflicht). Bei anderen Zuwendungen gilt das nur, wenn der Erblasser es bei der Zuwendung ausdrücklich angeordnet hat (§ 2050 BGB); nachträglich besteht hier nur die Möglichkeit der Ausgleichung durch → Vermächtnis. Ein Abkömmling, der durch unentgeltliche Mitarbeit im Haushalt, Beruf oder Geschäft des Erblassers längere Zeit hindurch in besonderem Maße dazu beigetragen hat, das Vermögen des Erblassers zu erhalten oder zu vermehren, oder der den Erblasser während längerer Zeit unter Verzicht auf eigenes berufliches Einkommen gepflegt hat, kann gleichfalls von den übrigen als gesetzliche Miterben zur Erbfolge gelangenden Abkömmlingen eine entsprechende Ausgleichung seiner Vorleistung verlangen (§ 2057a BGB). Die ausgleichspflichtige Zuwendung wird bei der Auseinandersetzung auf den Erbteil angerechnet (§ 2055 BGB), die Ausgleichungsbeträge nach § 2057a BGB als eine Art nachträgliche Gegenleistung auf den Wert des Nachlasses. Übersteigt die Zuwendung den Erbteil, so ist der Miterbe zur Herauszahlung des Mehrbetrages nicht verpflichtet; der Nachlass wird in diesem Fall unter den übrigen Miterben aufgeteilt (§ 2056 BGB). S. auch → Pflichtteil.

Ausgleichungspflicht
der Abkömmlinge und Miterben → Ausgleichung von Vorempfängen; der Ehegatten → Zugewinnausgleich; unter mehreren Schuldnern → Gesamtschuld.

Ausgliederung
→ Umwandlung (1c).

Ausgraben von Altertümern
→ Bodenaltertümer.

Ausgraben von Leichen
→ Exhumierung.

Ausgrabung
→ Schatzfund, → Bodenaltertümer.

Aushilfsarbeitsverhältnis
→ Arbeitsverhältnis, → Teilzeitbeschäftigung (3).

Auskundschaften von Staatsgeheimnissen
→ Ausspähung von Staatsgeheimnissen

Auskunft
1. Aus Akten s. → Akteneinsicht.

2. Auskunft aus dem Strafregister s. → Strafregister (3), → Straftilgung (1); Auskunft aus dem → Erziehungsregister s. dort; Auskunft aus dem → Fahreignungsregister s. dort.

3. → Auskunft, behördliche, → Auskunftspflicht, → Auskunftspflicht gegenüber der Finanzbehörde, → Auskunftspflicht in sozialrechtlichen Angelegenheiten, → Informationsfreiheit, → Informationsfreiheitsgesetz.

4. beim → Auftrag s. dort 2; bei vertraglicher Verpflichtung zur Auskunft oder Beratung → Raterteilung (sa → Anlageberatung).

Auskunft, behördliche
Die Behörden haben den hierzu Berechtigten (nur ihnen: Grundsatz der → Amtsverschwiegenheit) Auskünfte nach bestem Wissen und unter Wahrung aller Sorgfaltspflichten zu erteilen, insbes. über die den Beteiligten im → Verwaltungsverfahren zustehenden Rechte und die ihnen obliegenden Pflichten (vgl. § 25 VwVfG). Die Außerachtlassung dieser Pflichten kann zum Schadensersatz wegen → Amtspflichtverletzung führen. Die Auskunft muss sachlich richtig, klar, unmissverständlich und vollständig sein. Ob die Behörde an eine gegebene Auskunft gebunden ist, hängt von den Umständen des Einzelfalles ab. Eine Bindung besteht jedenfalls nicht, wenn die Auskunft erkennbar nur vorläufigen Charakter hat und erkennbar erst der Vorbereitung eines → Verwaltungsaktes dienen soll. Die Auskunft bedeutet noch keine Zusicherung (→ Verwaltungsakt, 3c). Vereinzelt sieht das Gesetz selbst verbindliche Auskünfte von Verwaltungsbehörden vor, so der „Vorbescheid" im → Baugenehmigungsverfahren, die Auskunft in Sozialangelegenheiten (§ 15 SGB I) sowie im Steuerrecht die → AnrufungsA. (§ 42e EStG), die Auskunft über Verfahrensrechte und -pflichten (§ 89 AO) und die ZolltarifA. (Art. 33 ff. UZK VO (EU) 952/2013). Über die verbindliche Zusage auf Grund einer → Außenprüfung vgl. §§ 204–207 AO. Zur verbindlichen Auskunft vgl. BMF-Schreiben v. 29.12.2003 (BStBl. I 2003, 742).

Auskunftei
1. Die gewerbliche Auskunfterteilung über Vermögensverhältnisse und persönliche Angelegenheiten (Auskunftei, Detektei) bedarf nach der → Gewerbeordnung keiner besonderen → Gewerbezulassung, unterliegt aber gem. § 38 I Nr. 2 GewO den Vorschriften → überwachungsbedürftiger Gewerbe. Die → Länder können durch VO bestimmen, in welcher Weise Auskunfteien ihre Bücher zu führen und Daten über das Geschäftsvorgänge, Geschäftspartner und Kunden aufzuzeichnen haben. Von dieser Möglichkeit haben die Länder nur zurückhaltend Gebrauch gemacht.

2. Viele Auskunfteien haben sich auf Wirtschafts- und Bonitätsauskünfte, zB auch das → Scoring spezialisiert. Die bekannteste Auskunftei ist die → SCHUFA Holding AG. Der Auskunftei-Vertrag ist → Werkvertrag, wenn er auf Erlangung bestimmter Informationen gerichtet ist, sonst (dauernde Beratung) → Dienstvertrag. Soweit die Auskunftei Bewachungs- und Sicherheitsaufgaben wahrnimmt, gelten die Vorschriften über das → Bewachungsgewerbe.

Auskunfterteilung, Auskunftshaftung
→ Raterteilung, → Anlageberatung.

Auskunftspflicht
Eine Auskunftspflicht kann sich zunächst aus einem auf Beratung oder Auskunftserteilung gerichteten Vertrag ergeben, Auskunftsvertrag, Beratungsvertrag (→ Raterteilung). In einer Reihe von Fällen sieht das Gesetz zur Sicherung von Ansprüchen, insbes. auf Herausgabe von Sachinbegriffen, vor, dass der Verpflichtete über den Bestand des Anspruchs Auskunft zu erteilen hat, zB Ehegatte nach Beendigung des gesetzl. Güterstandes über Zugewinn, Vormund nach Beendigung der Vormundschaft über Mündelvermögen, Erbschaftsbesitzer gegenüber Erben usw. Darüber hinaus ergibt sich (abgesehen von einer etwaigen vertraglichen Regelung) eine Auskunftspflicht aus → Treu und Glauben als Nebenpflicht zu jedem anderen Rechtsverhältnis, sofern der Berechtigte über den Umfang seines Rechts entschuldbarerweise im Ungewissen ist und der Verpflichtete hierüber unschwer Auskunft erteilen kann (zB über den Wert eines → Vermächtnisses, Umfang eines Schadensersatzanspruchs usw). Die Auskunft ist durch Vorlage eines Bestandsverzeichnisses zu erteilen. Besteht Grund zu der Annahme, dass das Verzeichnis nicht mit der erforderlichen Sorgfalt aufgestellt worden ist, so hat der Verpflichtete, außer bei Angelegenheiten von geringer Bedeutung, eine → eidesstattliche Versicherung des Inhalts abzugeben, dass er nach bestem Wissen den Bestand so vollständig angegeben habe, als er dazu imstande sei (§ 260 BGB; → Stufenklage). Eine Vorlage von Belegen ua kann hier (anders bei → Rechenschaftslegung) an sich nicht verlangt werden; doch besteht ein Anspruch auf Gestattung der Besichtigung von Sachen auf ihren Zustand und auf Einsicht in → Urkunden, wenn der Berechtigte ein rechtliches Interesse hieran nachweisen kann, insbes. wenn die Urkunde in seinem Interesse errichtet ist oder wenn darin ein Rechtsver-

hältnis beurkundet ist, an dem der Berechtigte beteiligt ist (zB Schuldschein, Rechnung, nicht Handakten des Rechtsanwalts, str.; §§ 809, 810 BGB). Sa → Vorlegung von Sachen (Auskunftspflicht bei Krankenpapieren).

Auskunftspflicht gegenüber der Finanzbehörde
Der Stpfl. bzw. sein gesetzlicher Vertreter (→ Beteiligte) sind zur Auskunft verpflichtet. Andere Personen sollen erst zur Auskunft angehalten werden, wenn die Sachverhaltsaufklärung durch die Beteiligten nicht zum Ziele führt oder keinen Erfolg verspricht, → Auskunftsverweigerungsrecht. Das auf Verlangen schriftlich zu erteilende Auskunftsersuchen hat anzugeben, worüber Auskunft erteilt werden soll und ob die Auskunft für die Besteuerung des Auskunftspflichtigen oder für die Besteuerung anderer Personen angefordert wird. Der Auskunftspflichtige kann die Auskünfte schriftlich, mündlich oder fernmündlich erteilen. Die Finanzbehörde kann eine schriftliche Auskunft verlangen, wenn dies sachdienlich ist. Auch kann eine mündliche Auskunft an Amtsstelle angeordnet werden. Auf Antrag des Auskunftspflichtigen ist eine Niederschrift anzufertigen (§ 93 AO). Die Finanzbehörde kann nur von den Beteiligten eine Versicherung an Eides Statt fordern (§ 95 AO), von anderen auskunftspflichtigen Personen ist nur eine eidliche Vernehmung vor dem Finanzgericht oder Amtsgericht zulässig (§ 94 AO), → Amtshilfe.

Auskunftspflicht in sozialrechtlichen Angelegenheiten
Die nach Landesrecht zuständigen Stellen sowie die Sozialversicherungsträger sind verpflichtet, über alle sozialen Angelegenheiten nach dem Sozialgesetzbuch Auskunft zu erteilen. Die Auskunftspflicht erstreckt sich auf die Benennung der für die Sozialleistungen zuständigen Leistungsträger sowie auf alle Sach- und Rechtsfragen, die für die Auskunftssuchenden von Bedeutung sein können und zu deren Beantwortung die Auskunftsstelle imstande ist (§ 15 SGB I). Daneben bestehen spezielle Auskunftsansprüche.

Auskünfte über die Sozialversicherung hat das → Versicherungsamt zu erteilen, das bei jedem Landratsamt und bei den meisten kreisfreien Städten als Abteilung der unteren Verwaltung besteht (§§ 92 f. SGB IV). In der Rentenversicherung haben die Versicherungsanstalten an Versicherte, die das 55. Lebensjahr vollendet haben – auf Antrag auch an jüngere – schriftliche Auskunft über die bisher erworbene Rentenanwartschaft zu erteilen; sie ist nicht rechtsverbindlich (§ 109 SGB VI) → Herstellungsanspruch. Um der Auskunftspflicht nachzukommen, können entsprechende Merkblätter und Informationshefte bereitgestellt werden.

Zur Auskunftspflicht gehört auch der Informations- und Beratungsanspruch für Arbeitgeber und Beschäftigte nach § 104 SGB IV. Die Rechtsnorm verpflichtet die Sozialversicherungsträger zur Unterstützung auch im Einzelfall, damit Arbeitgeber ihren Pflichten nachkommen können.

Auskunftsrecht
1. Das Auskunftsrecht nach Art. 15 DS-GVO ist das zentrale → Betroffenenrechte des Datenschutzes. Danach kann eine betroffene Person von dem für die Datenverarbeitung Verantwortlichen Auskunft darüber verlangen, ob dieser → Personenbezogene Daten verarbeitet und wenn ja, welche personenbezogenen Daten. Die betroffene Person übt damit ihr → Informationelle Selbstbestimmung aus und wird durch die mittels Auskunft erhaltenen Informationen in die Lage versetzt, die Verarbeitung zu kontrollieren, unzulässige Verarbeitungen abzuwehren oder weitere Betroffenenrechte geltend zu machen. Das Auskunftsrecht ist ein höchstpersönliches Recht der betroffenen Person und grundsätzlich unentgeltlich (Ausnahmen regelt Art. 12 Abs. 5 lit. a DS-GVO bei exzessiven Anträgen). Umfang und Tiefe des Auskunftsrechts sind vor allem seit Inkrafttreten der DS-GVO Gegenstand gerichtlicher Auseinandersetzungen.

2. Umfasst vom Auskunftsrecht nach Art. 15 Abs. 1 und 2 DS-GVO sind die Angaben zu den Verarbeitungszwecken; den verarbeiteten Datenkategorien; den Empfängern oder Kategorien von Empfängern, denen Daten übermittelt werden; die konkrete Speicherdauer oder Kriterien zu deren Ermittlung; die Information über das Bestehen weiterer Betroffenenrechte, bspw das Recht auf Berichtigung, Löschung, Einschränkung der Verarbeitung oder das Widerspruchsrecht, die auf der Grundlage des Auskunftsrechts im Anschluss gezielt geltend gemacht werden können; zum Bestehen eines Beschwerderechts bei der Aufsichtsbehörde; zur Herkunft der Daten, soweit diese nicht von der betroffenen Person selbst stammen; zum Bestehen einer automatisierten Entscheidungsfindung (Profiling) und soweit einschlägig über die Übermittlung von Daten in ein Drittland oder an eine internationale Organisation.

3. Die betroffene Person hat nach Art. 15 Abs. 3 DS-GVO auch das Recht auf Herausgabe von Kopien, die Gegenstand des Auskunftsverlangens sind.

4. Das Auskunftsrecht wird durch die Rechte und Freiheiten anderer Personen begrenzt (Art. 15 Abs. 4 DS-GVO), bspw personenbezogene Daten Dritter oder Betriebs- und Geschäftsgeheimnisse. Der Verantwortliche hat den Auskunftsumfang entsprechend dieser Begrenzung zu reduzieren, ggfs durch Schwärzung. Weitere Begrenzungen des Auskunftsrechts können im nationalen Recht vorgesehen sein, wie etwa in § 34 BDSG, aber auch §§ 27, 28, 29, 30 BDSG.

5. Die Form der Auskunftserteilung muss sicherstellen, dass die Daten vor dem Zugriff Unbefugter geschützt sind. Die Auskunft kann

daher verschlüsselt elektronisch oder im Zweifel postalisch erfolgen. Die betroffene Person kann nach Art. 12 Abs. 1 S. 3 DS-GVO grds die mündliche Auskunft verlangen, was regelmäßig bei großen Datenmengen an der Praktikabilität scheitern dürfte.

6. Frist: Die Auskunft ist binnen eines Monats zu erteilen; bei komplexen Auskunftsersuchen oder einer Vielzahl von Anträgen, kann die Bearbeitungsfrist um bis zu zwei Monate verlängert werde, § 12 Abs. 3 S. 2 DS-GVO.

7. Verfahren: Hat der Verantwortliche bei einem Auskunftsersuchen Zweifel an der Identität der betroffenen Person, kann er die Identität der betroffenen Person durch die Anforderung von weiteren Informationen (z. B. Kopie eines Ausweises, notariell beglaubigte Unterschrift) überprüfen.

8. Verstöße gegen Art. 15 DS-GVO können neben Maßnahmen der Datenschutzaufsichtsbehörden (Art. 58 Abs. 2 lit. c DS-GVO) einen Schadensersatzanspruch (Art. 82 DS-GVO) der betroffenen Person und ein Bußgeld (Art. 83 Abs. 5 lit. b DS-GVO) von bis zu 20 Mio. Euro oder 4% des weltweiten Jahresumsatzes auslösen.

9. Die RL (EU) 2016/680 vom 27.4.2016 zum Schutz personenbezogener Daten im Bereich der Verhütung, Ermittlung, Aufdeckung und Verfolgung von Straftaten und Ordnungswidrigkeiten sieht in Art. 14 eine vergleichbare Regelung vor, die zB in § 57 BDSG (→ Bundesdatenschutzgesetz) und in den → Landesdatenschutzgesetzen umgesetzt wurde.

Auskunftsrecht des Aktionärs
→ Aktiengesellschaft (4).

Auskunftsvertrag
→ Raterteilung, → Anlageberatung.

Auskunftsverweigerungsrecht
Jeder → Zeuge kann die Auskunft oder Antwort auf bestimmte Fragen verweigern, im Strafprozess, wenn die Antwort ihm oder einem → Angehörigen die Gefahr der Verfolgung wegen einer vor seiner Aussage begangenen Straftat oder Ordnungswidrigkeit bringen würde (§ 55 StPO), in allen anderen Prozessordnungen auch, wenn sie ihm oder einem Angehörigen einen Vermögensschaden verursachen oder zur Unehre gereichen würde, ferner wenn der Zeuge ein Kunst- oder Gewerbegeheimnis offenbaren müsste (§ 384 ZPO, dort bezeichnet als Zeugnisverweigerungsrecht). In Steuersachen können → Angehörige des → Beteiligten die Auskunft wie auch die Beeidigung verweigern, soweit sie nicht selbst als Beteiligte über ihre eigenen steuerlichen Verhältnisse auskunftspflichtig sind oder die Auskunftspflicht für einen Beteiligten zu erfüllen haben (§ 101 AO). Andere Personen können die Auskunft auf solche Fragen verweigern, deren Beantwortung sie selbst oder einen ihrer Angehörigen der Gefahr strafgerichtlicher Verfolgung oder eines Verfahrens nach dem Gesetz über → Ordnungswidrigkeiten aussetzen würde (§ 103 AO). Des Weiteren besteht zum Schutz von Berufsgeheimnissen ein Auskunftsverweigerungsrecht für bestimmte Berufe, zB Rechtsanwälte, Steuerberater, Wirtschaftsprüfer und Ärzte. Die Auskunftsverweigerung erstreckt sich auch auf ihre Gehilfen (§ 102 AO). Soweit eine Auskunft verweigert werden darf, kann grundsätzlich auch die Erstattung eines Gutachtens oder die Vorlage von Urkunden verweigert werden (§ 104 AO). → Beugemittel.

Ausländer
1. Die Rechtsstellung von Ausländern ist für Personen aus der → Europäischen Union (EU) im → Freizügigkeitsgesetz, für Personen aus dem sonstigen → Ausland im → Aufenthaltsrecht (sa → Aufenthaltsgesetz) und für → Flüchtlinge und Asylbewerber aus dem Ausland im → Genfer Abkommen über die Rechtsstellung der Flüchtlinge und im → Asylrecht (sa → Asylgesetz) geregelt.

2. Zur Rechtsstellung der Ausländer in der Sozialversicherung: In der deutschen → Sozialversicherung herrscht das Territorialprinzip, wonach sich die Versicherung grds. auf die im Inland beschäftigten Personen erstreckt, ohne dass es auf deren Staatsangehörigkeit ankommt (§ 30 SGB I). Dies gilt auch für die Leistungsansprüche. Es wird allerdings in zwischenstaatlichen Abkommen und durch EG-Recht durchbrochen, ferner bei vorübergehendem Aufenthalt im Falle der → Einstrahlung (§ 5 SGB IV). → Auslandsaufenthalt und Sozialversicherung, → Auslandsrenten.

3. Zur Rechtsstellung der Ausländer in der Sozialhilfe: a) Ausländer und Staatenlose mit Aufenthalt im Bundesgebiet haben ua Anspruch auf folgende Leistungen der → Sozialhilfe: Hilfe zum Lebensunterhalt, Hilfe bei Krankheit, Hilfe bei Schwangerschaft und Mutterschaft sowie Hilfe zur Pflege. Die übrigen Leistungen können gewährt werden, soweit dies der Einzelfall rechtfertigt. Wurde das Bundesgebiet nur zur Erlangung der Sozialhilfe aufgesucht, besteht kein Anspruch (§ 23 SGB XII).

b) Keine Sozialhilfeleistungen erhalten grds. Ausländer, die zu den Leistungsberechtigten nach § 1 Asylbewerberleistungsgesetz (AsylbLG) idF vom 5.8.1997 (BGBl. 1997 I 2022 mÄnd) gehören. Dieser Personenkreis erhält den notwendigen Bedarf an Ernährung, Unterkunft, Heizung, Kleidung, Gesundheits- und Körperpflege und Haushaltsgegenständen als Sachleistungen sowie einen Geldbetrag zur Deckung der persönlichen Bedürfnisse des täglichen Lebens; bei Krankheit, Schwangerschaft und Geburt erweitert sich der Leistungsumfang (§§ 3 ff. AsylbLG). Das Zwölfte Buch Sozialgesetzbuch (SGB XII) ist dann anzuwenden, wenn sich der Asylbewerber seit 18 Monaten ununterbrochen im Bundesgebiet aufgehalten hat.

4. Zur Rechtstellung der Ausländer Steuerrecht s. → Steuerpflicht.

Ausländerpolizei
Ausländerpolizei war der inzwischen veraltete Ausdruck für die für die Rechtsverhältnisse der → Ausländer zuständigen Behörden (→ Ausländerrecht).

Ausländerrecht
Das Ausländerrecht regelt die Rechtsverhältnisse der → Ausländer (sa → Aufenthaltsrecht; → Freizügigkeitsgesetz; → Flüchtlinge; → Asylrecht; → Asylgesetz).

Ausländersicherheitsleistung
→ Sicherheitsleistung.

Ausländerverein
→ Vereinsgesetz.

Ausländerwahlrecht, kommunales
→ Gemeinde (6); → Kommunalwahlen.

Ausländerzentralregister
Das Ausländerzentralregister v. 2.9.1994 (BGBl. 1994 I 2265) mÄnd bildet die neue Rechtsgrundlage für das seit langem vom → Bundesverwaltungsamt geführte Ausländerzentralregister. Es enthält Bestimmungen über den Inhalt des Registers, die Datenübermittlung zum und vom Register, den Datenschutz und die Rechte der Betroffenen. Zweck des Ausländerzentralregisters ist die Unterstützung der Behörden beim Vollzug des Ausländer- und des Asylrechts.

Ausländische Arbeitnehmer
1. → Ausländer bedürfen zur Arbeitsaufnahme in Deutschland grds. einer Genehmigung, die von den Ausländerbehörden im → Aufenthaltstitel ausgesprochen wird, idR mit Zustimmung der → Bundesagentur für Arbeit (Aufenthaltstitel zur Ausübung einer Beschäftigung, § 18 II AufenthG, für bestimmte Tätigkeiten nicht erforderlich, zB Berufsausbildung, Hochqualifizierte). In den meisten Fällen handelt es sich – für Nicht-EU-Bürger – um eine Aufenthaltserlaubnis. Zur Voraussetzung, unter denen sie zum Zwecke der Erwerbstätigkeit erteilt wird → Aufenthaltserlaubnis 2.b., ferner → Niederlassungserlaubnis und → Blaue Karte EU.

2. Diese Genehmigung ist nicht erforderlich bei Ausländern, denen das Recht der → Europäischen Union → Arbeitnehmerfreizügigkeit gewährleistet. Ausnahmen bestehen übergangsweise für Beitrittstaaten; deren Bürger benötigten eine Arbeitserlaubnis-EU.

3. Für den Arbeitsvertrag und das Arbeitsverhältnis gelten grds. die allgemeinen Vorschriften. Ein mangels Arbeitserlaubnis geschlossener Arbeitsvertrag ist rechtsunwirksam (§ 134 BGB); jedoch entstehen gem. § 98a AufenthG Vergütungsansprüche. Dem → Arbeitgeber kann gegenüber dem Ausländer eine gesteigerte → Fürsorgepflicht – insbes. zur Überwindung von Sprachschwierigkeiten – obliegen. Bei der → Betriebsratswahl haben Ausländer das gleiche aktive und passive Wahlrecht wie deutsche Arbeitnehmer. Die Beschäftigung im → Leiharbeitsverhältnis ist beschränkt.

4. Steuerlich können Unterhaltszahlungen an im Heimatland verbliebene Familienangehörige, insbes. an Kinder, sog. → Auslandskinder, berücksichtigt werden. → Belastungen, außergewöhnliche.

5. Asylbewerber (→ Asyl; → Asylgesetz; → Asylrecht) können nach 3 Monaten Aufenthalt mit Erlaubnis der Ausländerbehörde eine Arbeitserlaubnis erhalten. Für Asylbewerber (und bloß geduldete Ausländer) aus sicheren Herkunftsstaaten (→ Herkunftsland, sicheres; → Asylrecht, 2) gilt während des gesamten Asylverfahrens ein Beschäftigungsverbot. Bis zu einer Aufenthaltsdauer von 4 Jahren wird die Arbeitserlaubnis nur erteilt, wenn die Bundesagentur für Arbeit der Beschäftigung zustimmt; dabei wird im Rahmen der Vorrangprüfung geprüft, ob eine Möglichkeit der Stellenbesetzung mit vorrangigen Arbeitsuchenden (Deutsche, EU-Ausländer, Ausländer mit dauerhaftem Aufenthaltsstatus) besteht; die Vorrangprüfung entfällt nach einer Aufenthaltsdauer von 15 Monaten. Anerkannte Asylbewerber mit Aufenthaltserlaubnis (→ Asylgesetz, 4) erhalten unbeschränkten Arbeitsmarktzugang.

Ausländische Einkünfte
sind solche, die im Ausland erzielt werden. Besteht eine unbeschränkte Einkommensteuer- oder Körperschaftsteuerpflicht, so sind grundsätzlich alle → Einkünfte im Inland zu versteuern, unabhängig davon, ob sie im Ausland erwirtschaftet wurden. Der deutsche Staat kann jedoch (ganz oder teilweise) auf sein Besteuerungsrecht verzichten und dieses Recht einem ausländischen Staat zuweisen (→ Doppelbesteuerungsabkommen). Eine ausländische Steuer, die auf ausländische Einkünfte erhoben wird, ist grundsätzlich auf die Einkommensteuer oder Körperschaftsteuer anzurechnen (§ 34c EStG; § 26 KStG).

Ab 2004 hat der Gesetzgeber mit der Regelung des § 50d VIII EStG sichergestellt, dass eine Einmalbesteuerung erfolgt. Betroffen von dieser Regelung sind Einkünfte aus nichtselbständiger Tätigkeit, die von unbeschränkt Stpfl. im Ausland erzielt werden und von der deutschen Steuer unter → Progressionsvorbehalt freigestellt werden. Die Freistellung erfolgt nur, wenn der Stpfl. Nachweise über die Höhe der im Ausland erzielten Einkünfte und über die Zahlung der im Ausland festgesetzten Steuern erbringt. Aus Vereinfachungsgründen wird die Freistellung von der deutschen Steuer auch ohne die Vorlage von Nachweisen gewährt, wenn der nach deutschem Recht ermittelte Arbeitslohn maximal 10.000 EUR beträgt (Bagatellgrenze).

Ausländische Streitkräfte
(deutsche Gerichtsbarkeit; Ersatzansprüche) → Streitkräfte, ausländische.

Ausländische Titel
→ akademische Grade.

Ausländische Urteile
→ Anerkennung ausländischer Entscheidungen, → Vollstreckungsurteil, → Auslandsstrafen, → Auslieferung, → Strafklageverbrauch, → Strafregister, → ECRIS, → Vollstreckungshilfe.

Ausländische Vereine
→ Vereinsgesetz.

Ausland
Ausland ist staatsrechtlich jedes Gebiet, das nicht zum → Inland gehört, einschließlich der nicht unter Staatshoheit stehenden Gebiete und des offenen Meeres. Was Inland und was Ausland ist, wird von einzelnen Staaten durchaus unterschiedlich gesehen. Die Deutschland betrachtete auch nach dem Abschluss des → Grundvertrages die ehem. → DDR mit Rücksicht auf das Fortbestehen der Nation nicht als Ausland. Die Republik Irland betrachtet auch heute noch die Ulster-Provinzen (Nordirland), die das Vereinigte Königreich für sich beansprucht, nicht als Ausland. Die Volksrepublik China sieht in der das Gebiet der Insel Taiwan umfassenden Republik China keinen ausländischen Staat, sondern eine abtrünnige Provinz; Deutschland unterhält in Taiwan daher keine Botschaft, sondern in Taipei lediglich das sogenannte Deutsche Institut. Für das Steuerrecht → Inland, → Drittlandsgebiet, → Zollgebiet.

Auslandsaufenthalt und Sozialhilfe
Seit dem 1.1.2004 gelten im Hinblick auf Missbrauchsmöglichkeiten deutlich verschärfte Regelungen für den Bezug von Sozialhilfeleistungen bei einem dauernden Auslandsaufenthalt. Deutsche, die ihren gewöhnlichen Aufenthalt im Ausland haben, erhalten grundsätzlich keine Leistungen (§ 24 I 1 SGB XII). Hiervon kann im Einzelfall nur abgewichen werden, soweit dies wegen einer außergewöhnlichen Notlage unabdingbar ist und zugleich nachgewiesen wird, dass eine Rückkehr in das Inland unmöglich ist, weil der Hilfebedürftige ein Kind pflegt und erzieht, das aus rechtlichen Gründen im Ausland bleiben muss. Gleichgestellt ist auch eine längerfristige stationäre Betreuung in einer Einrichtung oder eine schwere Pflegebedürftigkeit, welche die Rückkehr unmöglich macht. Ein weiterer Grund ist in der hoheitlichen Gewalt zu sehen, die einer Rückkehr in die Bundesrepublik entgegensteht. Auch auch dann werden keine Leistungen erbracht, soweit sie von dem hierzu verpflichteten Aufenthaltsland oder von anderen erbracht werden oder zu erwarten sind (§ 24 I 2, II SGB XII). Die Gewährung einer Leistung ist abhängig von den besonderen Lebensverhältnissen im Ausland. Die Stellung eines entsprechenden Antrages ist zwingende Voraussetzung für die Leistungsgewährung.

Auslandsaufenthalt und Sozialversicherung
1. Eine Beschäftigung im Ausland bleibt vom deutschen Sozialversicherungsrecht erfasst, wenn sie als unselbstständige, vorübergehende → Ausstrahlung eines inländischen Betriebes in das Ausland erscheint (§ 4 I SGB IV). Die Beschäftigung von Deutschen bei einer amtlichen Vertretung des Bundes im Ausland, ihren Leitern oder deutschen Bediensteten unterliegt der → Rentenversicherung. Rentenversichert auf Antrag ist auch eine Auslandsbeschäftigung in der Entwicklungshilfe oder die Vorbereitung hierauf, ferner von Deutschen, die für eine begrenzte Zeit im Ausland beschäftigt sind; der Antrag muss von einer inländischen Stelle gestellt werden (§ 4 I SGB VI).

Der → Krankenversicherung, → Pflegeversicherung, → Unfallversicherung und Rentenversicherung unterliegen ferner Seeleute und seemännische Angestellte in der Besatzung eines unter deutscher Flagge fahrenden Seeschiffs, auch während der Fahrt außerhalb deutscher Hoheitsgewässer. Deutsche Besatzungsmitglieder unter ausländischer Flagge sind auf Antrag des Reeders in der deutschen Rentenversicherung und Unfallversicherung zu versichern, wenn der Staat, unter dessen Flagge das Schiff fährt, nicht widerspricht (§ 2 III SGB IV).

2. In der → Rentenversicherung können sich im Ausland nur Deutsche freiwillig versichern (→ Freiwillige Versicherung, § 7 SGB VI). Eine freiwillige Versicherung im Ausland durch Ausländer ist dann möglich, wenn mit dem jeweiligen Staat ein Sozialversicherungsabkommen besteht oder sie zu Angehörigen der EU-Mitgliedsstaaten gehören. In der → Arbeitslosenversicherung besteht die Möglichkeit einer Pflichtversicherung auf Antrag bei einer Beschäftigungsaufnahme außerhalb eines Staates der Europäischen Union, des Europäischen Wirtschaftsraums oder der Schweiz (§ 28a I SGB III).

3. Allgemein ruht der Anspruch auf Leistungen der Krankenversicherung, wenn sich ein Versicherter nach Eintritt des Versicherungsfalles freiwillig ohne Zustimmung des Kassenvorstandes ins Ausland begibt, solange er sich dort ohne diese aufhält. Die Leistungen für versicherte Angehörige im Inland sind auch in diesen Fällen zu gewähren. Erkrankt ein Versicherter während seiner Tätigkeit im Ausland, so erhält er die notwendigen Leistungen von seinem Arbeitgeber, dem sie von der Krankenkasse zu erstatten sind. Kann eine Krankheit nach dem allgemein anerkannten Stand der medizinischen Erkenntnisse nicht im Inland behandelt werden, kann die Krankenkasse die Kosten einer erforderlichen Behandlung im Ausland ganz oder teilweise übernehmen; dies gilt auch für weitere anfallende Kosten für den Versicherten und für eine erforderliche Begleitperson (§§ 17 f. SGB V, § 8 KVLG 1989). Zu Rentenleistungen ins Ausland s. → Auslandsrenten.

4. Verzieht ein Bezieher einer Rente wegen Schwerbehinderung, entfällt mit dem Verzug der Status als Schwerbehinderter. Die Folge

daraus ist, dass der Anspruch auf Altersrente wegen Schwerbehinderung wegfällt.

Auslandsaufenthalt und Steuerpflicht
Bei einem Auslandsaufenthalt bis zu 183 Tagen verbleibt das Besteuerungsrecht grundsätzlich im Inland, darüber geht das Besteuerungsrecht auf den ausländischen Staat über (Art. 15 OECD-Musterabkommen); → Doppelbesteuerung, → Steuerpflicht. Ausnahmeregelungen gelten für → Grenzgänger.

Auslandsdelikte
1. Ob einer Straftat (allein) ein ausländicher Tatort zuzuordnen ist, bestimmt sich nach § 9 StGB. Allgemeine Regelungen zur Anwendbarkeit des deutschen Strafrechts auf danach als solche anzusehende Auslandsdelikte (Strafanwendungsrecht) enthält das StGB im Ersten Titel des ersten Abschnitts seines Allgemeinen Teils in den §§ 3–7 StGB:

Auslandsdelikte eines Deutschen werden danach, nachdem ab 1.1.1975 das Personalitätsprinzip durch das Territorialitätsprinzip ersetzt worden ist (§ 3 StGB), von deutschen Gerichten nicht mehr allgemein nach deutschem Strafrecht geahndet, sondern grundsätzlich nur bei Delikten, die nach dem Schutzprinzip oder dem Weltrechtspflegeprinzip bei In- und Ausländern gleichermaßen strafbar sind; ferner durch stellvertretende Strafrechtspflege, wenn die ausländische Gerichtsbarkeit nicht eingreift; eine weitere Ausnahme gilt für die auf Deutschen Schiffen oder in deutschen Luftfahrzeugen begangenen Straftaten (§ 4 StGB).

Nach dem Schutzprinzip gilt deutsches Strafrecht ohne Rücksicht auf die Staatsangehörigkeit des Täters und den Tatort insbesondere bei Hoch- und Landesverrat gegen die BRep., schweren Straftaten der → Rechtsstaatsgefährdung und gegen die Landesverteidigung, → Entziehung Minderjähriger in bestimmten Fällen, Verschleppung und bestimmten → Sexualstraftaten, bei Auslandsdelikten von → Amtsträgern oder gegen Amtsträger bei ihrer Dienstausübung sowie Nuklearexplosionen und → Organ- und Gewebehandel durch deutsche Staatsangehörigkeit (§ 5 StGB), schließlich bei Auslandsdelikten gegen einen Deutschen gemäß § 7 I StGB.

Dasselbe gilt nach dem Weltrechtsprinzip insbesondere bei bestimmten → Sprengstoff- und Strahlungsverbrechen, → Luft- und Seepiraterie, → Menschenhandel, Verbreitung harter Pornographie, Vertrieb von Betäubungsmitteln und bei Taten, bei denen Verfolgungspflicht aufgrund internat. Abkommen besteht (§ 6 StGB), sowie bei Verbrechen nach dem → Völkerstrafgesetzbuch (§ 1 VStGB). Die stellvertretende Strafrechtspflege greift ein, wenn ein Ausländer im Inland betroffen, aber wegen des Auslandsdelikts nicht ausgeliefert wird (§ 7 II Nr. 2 StGB). Soweit im Inland unterschiedliches Strafrecht gilt, ist auf das Auslandsdelikt Wohnsitzrecht anzuwenden (Art. 1b EGStGB). Bei Auslandsdelikten kann jedoch der StA von der Verfolgung absehen (§§ 153c, 153 f StPO). Im Ausland begangene Ordnungswidrigkeiten können, abgesehen von Taten auf deutschen Schiffen oder Luftfahrzeugen, grundsätzlich nicht geahndet werden (§ 5 OWiG). S. → Geltungsbereich des Strafrechts, → Auslandsstrafen, → Umweltkriminalität, → Korruption.

2. Im Besonderen Teil des StGB bestehen bei einzelnen Straftatbeständen Regelungen, die deren Schutzbereich auf bestimmte Auslandssachverhalte erstrecken. Das ist insb. der Fall bei einigen Tatbeständen des Staatsschutzstrafrechts (§ 89a III StGB, § 89b III StGB, § 89c III StGB, § 129b StGB). Voraussetzung der Strafverfolgung ist bei diesen Taten vielfach eine entsprechende Ermächtigung des Bundesministeriums der Justiz. Weitere Beispiele finden sich in § 235 II Nr. 2, § 265c V und § 265d V StGB. Das Verhältnis dieser Regelungen zum allgemeinen Strafanwendungsrecht ist im Detail umstritten (für §§ 89a, 129b StGB vgl. zB BGHSt 54, 264).

3. Zur Frage, inwieweit ein Deutscher wegen eines Auslandsdelikts an den betreffenden Staat zur Strafverfolgung nach dortigem Recht ausgeliefert werden kann → Auslieferung.

Auslandseinsätze der Bundeswehr
1. Unter bestimmten Voraussetzungen darf die → Bundeswehr auch im Ausland eingesetzt werden.

a) Auslandseinsätze der Bundeswehr sind verfassungsrechtlich zulässig (BVerfG Urt. v. 12.7.1994, NJW 1994, 2207). Nach dieser Entscheidung ist der Bund nach Art. 24 II GG nicht nur zum Eintritt in ein System gegenseitiger kollektiver Sicherheit berechtigt. Diese Vorschrift bietet vielmehr auch die verfassungsrechtliche Grundlage für die Übernahme der mit der Zugehörigkeit zu einem solchen System typischerweise verbundenen Aufgaben und damit auch für eine Verwendung der Bundeswehr zu Einsätzen, die im Rahmen und nach den Regeln dieses Systems stattfinden. Zu diesen Systemen kollektiver Sicherheit gehören auch die → Vereinten Nationen. Daraus folgt, dass die Anwendung militärischer Gewalt durch die Bundeswehr nicht nur zur Selbstverteidigung, sondern auch zur Unterstützung der Selbstverteidigung eines verbündeten Staates oder im Rahmen eines Beschlusses der → Vereinten Nationen möglich ist (→ Angriffskrieg, → Gewaltverbot, 1, → Krieg). Das Grundgesetz verpflichtet allerdings die Bundesregierung zusätzlich, für einen Einsatz bewaffneter Streitkräfte die vorherige konstitutive Zustimmung des Deutschen Bundestages einzuholen. Es obliegt dem Gesetzgeber, die Form und das Ausmaß der parlamentarischen Mitwirkung näher auszugestalten. Eine solche gesetzliche Regelung bestand zunächst noch nicht.

b) Mit dem Gesetz über die parlamentarische Beteiligung bei der Entscheidung über den Einsatz bewaffneter Streitkräfte im Ausland (Parlamentsbeteiligungsgesetz) v. 18.3.2005

(BGBl. 2005 I 775) wurde die vom BVerfG geforderte gesetzliche Regelung geschaffen. Der Einsatz bewaffneter deutscher Streitkräfte außerhalb des Geltungsbereichs des Grundgesetzes bedarf nach diesem Gesetz grundsätzlich der Zustimmung des BT. Ein Einsatz bewaffneter Streitkräfte liegt vor, wenn Soldaten in bewaffnete Unternehmungen einbezogen sind oder eine Einbeziehung in bewaffnete Unternehmungen zu erwarten ist. Vorbereitende Maßnahmen bedürfen keiner Zustimmung des BT, ebensowenig humanitäre Hilfeleistungen, bei denen Waffen lediglich zum Zweck der Selbstverteidigung mitgeführt werden und bei denen nicht zu erwarten ist, dass die Soldaten in bewaffnete Unternehmungen einbezogen werden. Der Einsatz wird vom BT auf Antrag der BReg. genehmigt; der BT kann nur zustimmen oder ablehnen, nicht aber den Antrag modifizieren; bei Einsätzen von geringer Intensität und Tragweite kann die Zustimmung in einem vereinfachten Verfahren erteilt werden. Der BT kann seine Zustimmung jederzeit widerrufen. Bei Gefahr im Verzug kann die Zustimmung des BT nachgeholt werden; lehnt der BT den Antrag ab, ist der Einsatz zu beenden. Eine Beteiligung des BR ist nicht vorgesehen.

c) Der Einsatz von (früheren) Soldaten, die keine Berufssoldaten sind, richtet sich bei Auslandeinsätzen nach § 62 I SG; eine besondere Auslandsverwendung ist grundsätzlich jeweils für höchstens 7 Monate zulässig; bei Einsätzen länger als drei Monate ist auf die Zustimmung des Arbeitgebers hinzuwirken (§ 62 II SG). Erforderlich ist ferner jeweils die schriftliche Verpflichtung des Soldaten (§ 59 I, II und III SG). Die entsprechenden Bestimmungen für gediente Wehrpflichtige (§ 6a WPflG; → Wehrpflicht, → Wehrdienst) haben nach → Aussetzung der Wehrpflicht ihre Bedeutung verloren.

2. Vor In-Kraft-Treten des ParlamentsbeteiligungsG (s. o.) hat der BT ua bereits in folgenden Fällen einem Auslandseinsatz zugestimmt:

a) Am 16.10.1998 hat der BT militärischen Maßnahmen „zur Abwendung einer humanitären Katastrophe im Kosovo" zugestimmt. Ein dagegen gerichteter Antrag im Organstreitverfahren wurde vom BVerfG mit Beschl. v. 25.3.1999 (NJW 1999, 2030) mangels eigener Rechtsbetroffenheit des BT oder der antragstellenden Bundestagsfraktion als unzulässig abgewiesen; eine Aussage zur völkerrechtlichen Zulässigkeit eines solchen Einsatzes aus humanitären Gründen wurde vom BVerfG nicht getroffen.

b) Am 15.11.2001 stellte der BT fest, dass die Taliban-Regierung in Afghanistan die Terrororganisation Al Quaida schützt und beherbergt, die ua für die Anschläge auf das World Trade Center in New York verantwortlich gewesen sein soll. Der BT stimmte deshalb der Beteiligung deutscher Streitkräfte an der Militäroperation der USA gegen Afghanistan zu. Umfang der Einsatzkräfte, Einsatzgebiet und Einsatzhöchstdauer wurden definiert.

c) Mit Beschl. v. 25.3.2003 (NJW 2003, 2373) hat es das BVerfG in einem Eilverfahren nicht beanstandet, dass die BReg. die Beteiligung deutscher Soldaten an Bord von Awacs-Aufklärungsflugzeugen angeordnet hatte. Solange es Aufgaben der Soldaten ist, nur durch Beobachtung, Abschreckung und Vorbereitung eine bewaffnete Auseinandersetzung zu verbinden, besteht kein Anlass zur Einschaltung des BT.

Auslandsführerschein

1. Grundsätzlich bedarf jeder Kfz-Führer im In- und Ausland einer → Fahrerlaubnis nach den im Verkehrsgebiet geltenden Bestimmungen. Das Übereinkommen über den Straßenverkehr vom 8.11.1968 (BGBl. 1977 II 809), das Internat. Abkommen über Kraftfahrzeugverkehr vom 24.4.1926 (RGBl, 1930 II 1233) und die 3. EU-Führerscheinrichtlinie 2006/126/EG v. 20.12.2006 (ABl. EG L 403/18) sehen davon Ausnahmen vor.

2. In der BRD gelten daher gem. § 2 XI StVG, §§ 7, 28 ff. FeV A. mit folgenden Maßgaben: 1) Auslandsführerscheine aus EU, EWR oder anderen Staaten eines Inhabers, der keinen ordentlichen Wohnsitz im Inland hat, dh nicht mindestens 185 Tage hier wohnt, während des Aufenthalts; 2) Auslandsführerscheine aus EU und EWR nach Begründung eines ordentlichen Wohnsitzes im Inland (mindestens 185 Tage) ohne zeitliche Begrenzung; eine Umschreibung (Erteilung einer Fahrerlaubnis ohne Befähigungsprüfung) ist entbehrlich, aber möglich; notwendig ist nur eine Registrierung bei Auslandsführerscheinen für Lkw, Omnibusse und auf Probe; 3) Auslandsführerscheine aus anderen Staaten nach Begründung eines ordentlichen Wohnsitzes im Inland noch 6 Mon.; danach ist der Erwerb der deutschen Fahrerlaubnis erforderlich, bei Auslandsführerscheinen aus bestimmten Staaten (s. Anlage 11 zur FeV) durch Umschreibung, ansonsten durch Befähigungsprüfung. Inhaber von Auslandsführerscheinen aus Nicht-EU-/EWR-Staaten müssen dabei das 17. Lebensjahr vollendet haben.

3. Den Versuchen deutscher Staatsangehöriger, nach Entzug ihrer Fahrerlaubnis, insbes. wegen → Fahruntüchtigkeit, die im Inland bestehenden Voraussetzungen für die erneute Erteilung durch Erwerb einer Fahrerlaubnis im EU/EWR-Ausland zu umgehen (sog. Führerscheintourismus), wird mit § 28 IV FeV begegnet.

4. Auslandsführerscheine von Angehörigen der ausländischen → Streitkräfte (NATO) gelten im Bundesgebiet.

Auslandsgeschäft

→ Internationales Privatrecht, → Außensteuergesetz.

Auslandskind
ist ein Kind, das seinen Wohnsitz oder gewöhnlichen Aufenthalt nicht bei seinen Eltern im Inland, sondern im Ausland hat. Bei Gastarbeitern ist dies häufig anzutreffen. Den Eltern steht für das Auslandskind ein → Kinderfreibetrag zu, soweit er nach den Verhältnissen des Wohnsitzstaates des Kindes notwendig und angemessen ist (§ 32 VI 4 EStG; Einzelheiten BMF BStBl. I 1994, 928). → Kindergeld wird für ein Auslandskind gezahlt, das seinen Wohnsitz in einem der Staaten der → Europäischen Union oder des → Europäischen Wirtschaftsraumes hat (§ 63 I 3, II EStG).

Auslandsrenten
1. Für die deutsche → Sozialversicherung gilt grundsätzlich das Territorialprinzip. Für Rentenleistungen an Berechtigte im Ausland gelten daher teilweise Besonderheiten.

2. In der → Unfallversicherung werden seit dem Inkrafttreten des SGB VII Geldleistungen ohne weitere Vorbehalte auch an Berechtigte erbracht, die ihren gewöhnlichen Aufenthalt im Ausland haben. Für alle sonstigen zu erbringenden Leistungen erhalten sie eine angemessene Erstattung entstandener Kosten einschließlich der Kosten für eine Pflegekraft oder für Heimpflege (§ 97 SGB VII).

3. In der → Rentenversicherung werden bei nur vorübergehendem Auslandsaufenthalt die Renten voll weitergezahlt. Bei gewöhnlichem Aufenthalt im Ausland gibt es Einschränkungen. Die → Rente wegen verminderter Erwerbsfähigkeit und die Rente für Bergleute werden nur gezahlt, wenn der Anspruch bereits vor dem Verlassen des Bundesgebiets bestand (§§ 110 ff. SGB VI). Im Übrigen werden Beitragszeiten nur berücksichtigt, soweit sie nach dem 8.5.1945 nach Bundesrecht zurückgelegt wurden, für Deutsche auch solche, die außerhalb des Bundesgebiets nach damaligem Reichsrecht zurückgelegt worden sind. Für Zeiten nach dem Fremdrentenrecht gelten Besonderheiten. Verzieht ein Bezieher einer Rente wegen Schwerbehinderung ins Ausland, entfällt mit dem Verzug der Status als Schwerbehinderter. Die Folge daraus ist, dass der Anspruch auf Altersrente wegen Schwerbehinderung wegfällt. Ausländer erhalten Rente nur für die nach Bundesrecht zurückgelegten Beitragszeiten und ferner nur gekürzt (§§ 271, 272 SGB VI). Die Ruhensvorschriften gelten nur, wenn sich nicht aus EGVO´en oder zwischenstaatlichen Abkommen anderes ergibt.

Auslandsrundfunk
→ Deutsche Welle.

Auslandsschulden
Die BRep. hat sich im Rahmen eines Abkommens vom 27.2.1953 zur gleichmäßigen Tilgung der deutschen Auslandsschulden (Vorkriegsschulden) verpflichtet (vgl. ZustimmungsG vom 24.8.1953, BGBl. 1953 II 331, m. Ergänz.). Die Ansprüche aus der Deutschland geleisteten Nachkriegswirtschaftshilfe sind in Abkommen mit den USA, Großbritannien und Frankreich vom 24.8.1953 (BGBl. 1953 II 491 ff., 590) behandelt. S. ferner → Londoner Schuldenabkommen.

Auslandsstrafen
Im Ausland verhängte Strafen werden in der BRD nicht vollstreckt, soweit nicht auf Grund zwischenstaatlicher Verträge hierzu bei entsprechendem Verlangen des ausländischen Staates eine Verpflichtung besteht (→ Vollstreckungshilfe). Doch werden Auslandsstrafen, die gegen Deutsche oder in der BRD geborene oder wohnhafte Nichtdeutsche verhängt worden sind, im deutschen → Strafregister eingetragen, wenn es sich um eine auch nach deutschem Recht strafbare Tat handelt und eine Behörde des Staates der Verurteilung diese mitgeteilt hat (idR im Rahmen des Strafnachrichtenaustauschs als → Rechtshilfe). Der Verurteilte soll vor der Eintragung gehört werden; er hat gegen diese ein Beschwerderecht. Die Auslandsstrafen werden nach deutschem Register- und Tilgungsrecht behandelt. Die Wirkungen der Verurteilung bestimmen sich nach deutschem Recht (§§ 54 ff. BZRG). Ist eine im Ausland verhängte Strafe dort ganz oder teilweise vollstreckt worden, wird aber der Verurteilte wegen des → Auslandsdelikts in Deutschland nochmals strafrechtlich verfolgt, so ist die Auslandsstrafe auf die im Inland zu verhängende Strafe anzurechnen (§ 51 III StGB; zu in der ehem. DDR verhängten Strafen → DDRUrteile, → Rehabilitierungsgesetze). Das Verbot der Doppelbestrafung (→ Strafklageverbrauch) gilt bei Auslandsstrafen nicht, es sei denn, dass dies durch zwischenstaatlichen Vertrag vereinbart ist. Doch kann der StA von der erneuten Verfolgung der Auslandstat absehen, § 153c I 1 Nr. 1, II StPO (→ Opportunitätsprinzip).

Auslandsunterhalt
Bei der Geltendmachung von → Unterhaltsansprüchen mit Auslandsbezug leistet das → Bundesamt für Justiz Hilfe auf Basis des Auslandsunterhaltsgesetzes.

Auslandsvermögen
unterliegt der → Erbschaft- und Schenkungsteuer nur bei unbeschränkter → Steuerpflicht (§ 2 I Nr. 1 ErbStG).

Auslandszulassung von Kraftfahrzeugen
Nach Art. 3, 35 ff. Übereinkommen über den Straßenverkehr vom 8.11.1968 (BGBl. 1977 II 809) und Art. 4 des Internat. Abkommens über Kraftfahrzeugverkehr vom 24.4.1926 (RGBl. 1930 II 1233) sind Kfz auf Grund einer internationalen Zulassungsbescheinigung, die für die Dauer eines Jahres von der Zulassungsbehörde ausgestellt wird, in allen Vertragsstaaten zum Verkehr auf öffentl. Straßen ohne weitere Prüfung zugelassen. Die Kfz müssen mit dem nationalen Kennzeichen versehen sein. Auch eine ausl. Zulassungsbeschei-

nigung gilt zum vorübergehenden Verkehr in jedem der anderen Vertragsstaaten, und zwar ein Jahr seit Grenzübertritt (für die BRD vgl. § 46 FZV).

Auslegung (Interpretation)
1. Bei der Auslegung von Rechtsnormen (→ Verfassung, → Gesetz, Verordnung, → Satzung) können verschiedene Methoden – auch nebeneinander – angewendet werden.

a) Die grammatikalische Auslegung geht von der Ausdrucksweise des Gesetzgebers aus und sucht den Inhalt einer Norm aus der sprachlichen Fassung zu erkennen (zB „muss" als zwingendes Gebot, „soll" als nicht schlechthin verbindliche Weisung, „kann" oder „darf" iS von zulässig, aber nicht geboten). Hierbei ist vom allgemeinen Sprachgebrauch, von der üblichen Rechtssprache oder von der Ausdrucksweise des betr. Gesetzes auszugehen; die Besonderheiten technischer Ausdrücke sind zu berücksichtigen.

b) Die logische Interpretation sucht Sinn und Zweck des Gesetzes zu erfassen und aus dem Zusammenhang der Rechtssätze den Sinn der Einzelvorschrift und deren besonderen Zweck (teleologische Methode) abzuleiten. Das geschieht namentlich mittels der systematischen Methode, die von der Stellung der Vorschrift im Gesetz und der des Gesetzes innerhalb der Rechtsordnung ausgeht. Unter diesen Gesichtspunkten kann sich ergeben, dass die grammatikalische Auslegung nicht maßgebend sein kann, zB weil der Gesetzgeber sinngemäß statt „soll" hätte „muss" setzen müssen. Die logische Interpretation kann zu einer ausdehnenden (extensiven) oder einschränkenden (restriktiven) Auslegung führen, je nachdem, ob das Gesetz zu eng oder zu weit gefasst ist.

Hilfsmittel der logischen Interpretation sind: die historische Methode, die von der geschichtlichen Entwicklung des Rechtssatzes ausgeht und insbes. frühere ähnliche Gesetze und deren Änderung berücksichtigt, sowie die genetische Methode, die sich auf die Entstehungsgeschichte des Gesetzes stützt und zu diesem Zweck Reformvorschläge und Gesetzesmaterialien (Gesetzesvorlagen, Protokolle des Parlaments und seiner Ausschüsse usw.) heranzieht.

c) Nur iwS gehört zur Auslegung die Rechtsergänzung durch Ausfüllung von Lücken im Gesetz für Fälle, die der Gesetzgeber versehentlich nicht geregelt oder absichtlich offengelassen hat oder die sich erst aus einer Änderung der Verhältnisse ergeben haben (zB aus der Entwicklung der Kernenergie). Die Ausfüllung obliegt dem Richter, der das Gesetz im Wege der → Analogie auf gleichartige Tatbestände anwenden oder durch Gegenschluss (argumentum e contrario) die Anwendung der Rechtsnorm auf den neuen Tatbestand ausschließen kann, weil er vom Gesetz nicht erfasst werden soll. Man unterscheidet Gesetzesanalogie, das ist die Anwendung eines Rechtssatzes auf einen gleichliegenden Fall, und Rechtsanalogie, das ist die Ableitung eines Grundsatzes aus mehreren Rechtssätzen und dessen Anwendung auf den nicht geregelten Fall. Ob zur Analogie oder zum Gegenschluss zu greifen ist, muss im Einzelfall entschieden werden; doch ist im → Strafrecht eine Analogie sowohl hinsichtl. der Strafbarkeit der Tat als auch hinsichtlich der Strafdrohung nur zugunsten des Beschuldigten zulässig (§ 1 StGB). Die teleologische Reduktion schränkt den Anwendungsbereich einer Norm gegenüber dem Wortlaut ein. Von geltungserhaltender Reduktion spricht man, wenn eine mit diesem Inhalt ungültige Bestimmung (auch Vertragsklausel) mit gemindertem Bedeutungsgehalt Bestand haben kann. Vgl. auch → Rechtsanwendung, → Rechtsfortbildung.

d) Keine Auslegung ist die Legalinterpretation, bei der ein gesetzlicher Begriff im Gesetz selbst oder durch ein neues Gesetz erläutert wird.

e) Verfassungskonform nennt man die Auslegung einer im Rang unter der Verfassung stehenden Rechtsnorm (→ Gesetz) im Sinne der Verfassung. Das BVerfG hat diese Form der Aauslegung in stRspr bei Rechtsnormen entwickelt, die ihrem Wortlaut nach unter verfassungsrechtlichen Gesichtspunkten bedenklich sind, die aber auch eine Auslegung im Sinne der Verfassung zulassen; mit dieser Auslegung sind sie dann gültig. Die Möglichkeit einer verfassungskonformen Auslegung endet allerdings dort, wo der Wortlaut einer Bestimmung eindeutig ist und nicht mehr im Sinne der Verfassung ausgelegt werden kann, die Grenzen einer Auslegung also überschritten würden.

f) Eine Norm, die im Vollzug einer EG-Richtlinie erlassen wurde, ist grundsätzlich richtlinienkonform auszulegen, dh im Zweifel der EG-Richtlinie entsprechend.

g) Der Grundsatz der europarechtsfreundlichen Auslegung verwehrt es den Gerichten, sich über Entscheidungen des EuGH hinwegzusetzen. Normen des EU-Rechts sind so auszulegen, dass sie ihre volle Wirkung entfalten. → effet utile.

2. a) Ist bei → Willenserklärungen der rechtlich bedeutsame Inhalt der Erklärung oder einer menschlichen Handlung völlig eindeutig, so erübrigt sich die Auslegung Das Gleiche gilt, wenn die Parteien übereinstimmend eine Erklärung in einem bestimmten Sinn auffassen und nur gemeinsam eine falsche Bezeichnung für den in Wirklichkeit gemeinten Gegenstand verwenden (→ falsa demonstratio) oder wenn in den Kreisen der angesprochenen Beteiligten die – an sich dem Wortlaut nach unklare – Willenserklärung eindeutig ist. Ist jedoch der objektive Inhalt einer Willenserklärung für die Beteiligten mehrdeutig, so ist ihr Sinn durch Auslegung zu ermitteln. Das Problem der Auslegung stellt sich insbes., wenn die Erklärung, so wie sie der Betroffene auffassen musste, nicht mit dem

Willen des Erklärenden übereinstimmt. Das Gesetz geht an sich im Interesse des Rechtsverkehrs (Vertrauensschutz) von der Erklärung aus (Sondervorschriften für → geheimen Vorbehalt, Scheingeschäft, Scherzgeschäft) und lässt einen von der Erklärung abweichenden Willensmangel nur über die Bestimmungen der → Anfechtung von Willenserklärungen (wegen Irrtums, arglistiger Täuschung usw.) beachtlich sein (s. a. → Dissens). Dennoch ist bei der Auslegung einer Willenserklärung nicht an dem buchstäblichen Sinn des Ausdrucks zu haften, sondern der wirkliche Wille zu erforschen (§ 133 BGB). Wenn damit auch nicht – anders als bei der → Auslegung letztwilliger Verfügungen – der innere, nicht zum Ausdruck gekommene oder gar der bloß hypothetische Wille, sondern der wahre, erklärte Wille gemeint ist, so ist doch bei der Frage, inwieweit der Wille in der Erklärung zum Ausdruck gekommen ist, der Zweck der jeweiligen Willenserklärung zu beachten. Das Gesetz selbst stellt in verschiedenen Bestimmungen Auslegungsregeln auf, meist mit den Worten, „im Zweifel" sei eine Erklärung in einem bestimmten Sinne aufzufassen. Fehlt eine solche Auslegungsregel, so kommt es bei den einseitigen oder an eine Vielzahl von Personen versandten Willenserklärungen (Anzeigen) darauf an, welchen Inhalt die Allgemeinheit einer solchen Erklärung gibt; bei einer empfangsbedürftigen Willenserklärung ist dagegen in erster Linie auf die dem Empfänger bekannten Umstände (Gewohnheiten des Erklärenden, übliche Ausdrucksweise, Sprachgebrauch) abzustellen. Je mehr eine Erklärung für eine Vielzahl von Personen bestimmt ist, umso mehr ist bei der Auslegung von dem Inhalt der Erklärung auszugehen, insbes. wenn hierdurch eine Haftung übernommen wurde (zB Akzeptierung eines Wechsels, Eintritt in eine offene Handelsgesellschaft, Handaufheben in der Versteigerung als Zeichen für ein Mehrgebot ua). Zur Revisibilität s. 2c, 3.

b) Bei der Auslegung von Verträgen ist zunächst der Inhalt jeder einzelnen Willenserklärung und der Abschluss eines → Vertrags nach den unter 2a genannten Grundsätzen festzustellen. S. ferner → Dissens, → Schweigen. Ist danach das Zustandekommen eines Vertrags zu bejahen, so ist dieser so auszulegen, wie es → Treu und Glauben mit Rücksicht auf die → Verkehrssitte erfordern (§ 157 BGB). Es ist daher auch hier zunächst vom übereinstimmenden Parteiwillen auszugehen, jedoch bei unterschiedlichen Auffassungen die Billigkeit maßgebend, dh das im Einzelfall objektiv nach den Umständen, den Verhältnissen der Parteien und ihren Erklärungen als angemessen Gewollte, an dem sie sich festhalten lassen müssen (über den Einwand der unzulässigen Rechtsausübung → Rechtsmissbrauch). Ferner ist zu beachten, dass der Vertrag vielfach auf eine gewisse Dauer angelegt ist und deshalb inzwischen eingetretene Veränderungen bei der Auslegung des Vertrags nicht unberücksichtigt bleiben können (so ist zB ein vertragliches Fahrtrecht über ein Grundstück, das 1900 begründet wurde, heute angesichts des erheblich angewachsenen Verkehrs unter Umständen einschränkend auszulegen). Bei Fehlen oder Wegfall der → Geschäftsgrundlage kann deshalb Wegfall oder Umgestaltung des Vertrags in Betracht kommen.

Reicht die Auslegung eines Vertrags nicht aus, zu einem nach dem Willen der Parteien und unter Abwägung ihrer Interessen gerechten Ergebnis zu gelangen, oder sind über bestimmte Punkte im Vertrag keine Regelungen enthalten, so greift die sog. ergänzende Vertragsauslegung ein. Der Richter hat die in dem gegebenen Vertrag vorhandenen Lücken durch sinngemäße Ergänzung des Parteiwillens auszufüllen und Widersprüche zu beseitigen. Auch bei der ergänzenden Vertragsauslegung kann der Richter jedoch nicht über den im Vertrag zum Ausdruck gekommenen Parteiwillen hinausgehen; eine richterliche Vertragsumgestaltung ist – abgesehen vom Wegfall der → Geschäftsgrundlage – nur auf Grund gesetzlicher Regelung möglich.

c) Die Ermittlung der tatsächlichen Umstände für die Auslegung einer Willenserklärung oder eines Vertrags und die Auslegung als solche sind nicht revisibel; auf → Revision kann jedoch nachgeprüft werden, ob das Gericht bei der Ermittlung dieser Tatsachen gegen Verfahrensvorschriften oder bei der Auslegung selbst gegen allgemeine Erfahrungssätze, Denkgesetze und allgemeine Rechtsgrundsätze (s. o.) verstoßen hat.

d) Über Auslegung von Testamenten ua s. → Auslegung von Verfügungen von Todes wegen.

3. → Allgemeine Geschäftsbedingungen sind zwar keine gesetzlichen Bestimmungen und werden nur durch jeweilige Inbezugnahme Vertragsbestandteil (s. im Einzelnen dort, auch über die Grenzen ihrer Zulässigkeit). Wegen ihrer Rechtsnatur als praktisch vorgefertigter Vertragsentwurf, denen sich vor allem sozial schwächere Bevölkerungskreise weitgehend unterwerfen müssen (zB Mustermietvertrag, Allgemeine Versicherungsbedingungen), unterliegen sie aber der Auslegung wie Gesetze (s. o. 1) und der Revision, wenn sie in mehr als einem Oberlandesgerichtsbezirk zur Anwendung kommen (vgl. § 545 I ZPO).

Auslegung von Verfügungen von Todes wegen

Eine → Verfügung von Todes wegen ist eine → Willenserklärung des → Erblassers und unterliegt daher grundsätzlich den allgemeinen Regeln über die → Auslegung (§ 133 BGB). Nur in → gemeinschaftlichen Testamenten und → Erbverträgen kommt auch eine Auslegung nach dem objektiven Empfägerhorizont (§ 157 BGB) in Betracht. Bei Zweifeln ist der Wille des Erblassers aus allen, auch außerhalb des Testaments liegenden Umständen zu ermitteln. Hierzu können sämtliche Bekundungen des Erblassers gehören, auch die, die in einer nicht formwirksamen Schrift enthalten sind, auf die das formwirksame Testament verweist (→ testamentum mysticum). Bei Veränderung der Lebensverhältnisse seit Testamentserrichtung ist zu klären (hypothetisch), wie der Erblasser bei Kenntnis der veränderten Umstände testiert hätte.

Die Rspr. verlangt aber zur Erhaltung der grundsätzlichen Formstrenge im Erbrecht, dass die Auslegung des letzten Willens des Erblassers in der Testamentsurkunde selbst einen Anhaltspunkt findet (Andeutungstheorie). Ein bestimmter Erblasserwille ist jedoch nicht bereits dadurch angedeutet, dass dessen Wortlaut überhaupt auslegungsbedürftig ist und sich die generelle Willensrichtung aus dem Wortlaut herleiten lässt. Spricht das formgültige Testament von der Zuwendung an „5 befreundete Familien", ist die Erbeinsetzung formunwirksam und eine diese stützende Auslegung nicht zulässig selbst dann, wenn das Testament auf eine maschinengeschriebene Anlage bezugnimmt, die die Namen von fünf Paaren formunwirksam auflistet.

„Im Zweifel", also erst, wenn der wirkliche oder hypothetische Wille des Erblassers nicht zu ermitteln ist, sind Auslegungsvorschriften heranzuziehen: Mehrdeutige Verfügungen des Erblassers sind so auszulegen, dass der – durch Auslegung zu ermittelnde – Wille des Erblassers zum Erfolg führt (§ 2084 BGB). Eine unwirksame Verfügungen von Todes wegen ist soweit möglich in eine andere, bei der sie Erfolg haben kann, umzudeuten (§ 140 BGB, zB bei Bedenkung einer nicht erbfähigen Person). Entgegen der Regel des § 139 BGB führt die Unwirksamkeit einer von mehreren in einem Testament enthaltenen Verfügungen grundsätzlich nicht zur Unwirksamkeit des gesamten Testaments, wenn nicht ein untrennbarer Zusammenhang anzunehmen ist (§ 2085 BGB). Mangels entgegenstehenden, feststellbaren Willens des Erblassers sind bei Einsetzung der „Verwandten" die gesetzlichen Erben im Zeitpunkt des → Erbfalls (§§ 2066 f. BGB) erbberechtigt; bei Einsetzung von Kindern oder sonstigen → Abkömmlingen treten im Zweifel bei Wegfall des Bedachten nach Testamentserrichtung dessen Abkömmlinge an seine Stelle (§§ 2068 f. BGB). Bei Einsetzung der „Armen" ist der örtliche Träger der Sozialhilfe als bedacht anzusehen (§ 2072 BGB).

Die Einsetzung eines Ehegatten oder eines Verlobten ist idR unwirksam, wenn die Ehe oder das Verlöbnis vor dem → Erbfall aufgelöst worden ist, sofern nicht die Auslegung ergibt, dass der Erblasser die Verfügung auch für diesen Fall getroffen hätte (§ 2077 BGB).

Eine letztwillige Zuwendung ist auch unter einer Bedingung möglich. Bei einer aufschiebenden Bedingung oder Befristung ist im Zweifel anzunehmen, dass die Zuwendung nur gelten soll, wenn der Bedachte den Eintritt der Bedingung erlebt (§ 2074 BGB; zB die Wiederverheiratung des Vorerben). Umgekehrt ist bei Zuwendung unter der Bedingung des Unterlassens (zB der Scheidung) oder eines fortgesetzten Tuns (zB der Übernahme einer Pflege) eine sofortige Zuwendung unter der auflösenden Bedingung der Vornahme der Handlung oder des unterlassenen Tuns zu erblicken (§ 2075 BGB). Die Verwirkungsklausel (Entziehung der Zuwendung für den Fall des Zuwiderhandelns des Bedachten gegen den geäußerten letzten Willen des Erblassers oder bei Anfechtung) ist idR ebenfalls als auflösende Bedingung auszulegen.

Die Auslegung geht stets der → Anfechtung letztwilliger Verfügungen vor.

Auslieferung

1. Auslieferung ist die Überstellung eines – meist flüchtigen – Straffälligen auf Grund eines an den Aufenthaltsstaat gerichteten Ersuchens des verfolgenden Staates; sie ist eine Form der internationalen → Rechtshilfe. Vor der Auslieferung sind völkerrechtliche und innerstaatliche Bestimmungen (des ersuchten Staates) zu beachten.

a) Meist ergeht das Ersuchen um Auslieferung auf Grund zwischenstaatlicher Verträge, die eine Verpflichtung zur Auslieferung begründen. Bei vertragslosem Zustand kann (nicht muss) sie bewilligt werden. In den Auslieferungs-Verträgen sind vielfach die Straftaten aufgezählt, die zu dem Ersuchen um Auslieferung berechtigen. Ausgenommen sind zumeist politische Delikte, es sei denn, es handle sich um Völkermord, Mord oder Totschlag. Auslieferung ist nicht zulässig, wenn Verfolgung wegen politischer Anschauungen, Rasse, Religion usw. droht.

b) Stets zu beachten ist der Grundsatz der identischen Norm: die Auslieferung wird nur bewilligt, wenn die Tat sowohl nach dem Recht des ersuchenden wie nach dem des ersuchten Staates strafbar ist. Dies ergibt sich aus dem Grundsatz der Gegenseitigkeit, wonach die Auslieferung nur statthaft ist, wenn sie im umgekehrten Fall auch von dem jetzt ersuchenden Staat bewilligt werden würde. Hieraus folgt weiter, dass die Verfolgung oder Vollstreckung nach dem Recht beider Staaten zulässig sein muss, also insbes. nicht verjährt sein darf (Grundsatz der beiderseitigen Verfolgbarkeit); die Auslieferung ist daher auch unzulässig, wenn im Inland bereits ein abschließendes Urteil oder eine andere entsprechende gerichtliche Entscheidung ergangen ist. Nach dem Grundsatz der Spezialität schließlich findet die Auslieferung stets unter dem Vorbehalt statt, dass der ersuchende Staat die Strafverfolgung auf die Tat beschränkt, derentwegen die Auslieferung bewilligt worden ist; bei anderen Taten bedarf er der nachträglichen Zustimmung des ersuchten Staates. Der Zulässigkeit einer Auslieferung steht nicht entgegen, dass der Verfolgte wegen derselben Tat bereits im Ausland eine Freiheitsentziehung erlitten hat, auch wenn diese bei einer neuerlichen Verurteilung nicht angerechnet wird

(BVerfG BGBl. 1987 I 1338). Grundsätzlich nicht ausgeliefert werden eigene Staatsangehörige des ersuchten Staates; deutsche Staatsangehörige dürfen auch nach Art. 16 II 1 GG nicht ausgeliefert werden. Es kann aber für ihre Auslieferung an einen EU-Mitgliedstaat oder einen Internat. Gerichtshof eine abweichende Regelung getroffen werden, soweit rechtsstaatliche Grundsätze gewahrt sind (Art. 16 II 2 GG, s. § 80 IRG). Doch ist die Rücklieferung eines eigenen Staatsangehörigen zulässig, der von einem ausländischen Staat zB zur Strafverfolgung im Inland unter der Bedingung der Rückgabe ausgeliefert wird. Das gleiche gilt für die vorübergehende Überstellung eines im Inland einsitzenden Untersuchungs- oder Strafhäftlings an ein ausländisches Gericht zu Beweiszwecken (Vernehmung als Zeuge o. dgl.) sowie für die Rücküberstellung eines im Ausland Inhaftierten, der einem deutschen Gericht zur Zeugenvernehmung vorübergehend überstellt worden ist.

2. Innerstaatlich ist in der BRD das Auslieferungsrecht geregelt im Gesetz über die internationale Rechtshilfe in Strafsachen (IRG) idF vom 27.6.1994 (BGBl. 1994 I 1537) und in den „Richtlinien für den Verkehr mit dem Ausland in strafrechtlichen Angelegenheiten" (RiVASt) vom 18.9.1984 (BAnz. Nr. 176). Es gilt für die vertragslose Auslieferung, uU ergänzend für die vertraglich geregelte Auslieferung. Es übernimmt die oben angeführten zwischenstaatlichen Grundsätze und regelt das innerdeutsche Verfahren, insbes. vorläufige Festnahme, Auslieferungs-Haftbefehl, Mitwirkung (ggf. Bestellung) eines Beistandes. Bestehen begründete Zweifel an dem im ausländischen Haftbefehl oder Urteil erhobenen Tatvorwurf, so wird dessen Substantiierung verlangt (keine Auslieferung bei begründetem Verdacht des Missbrauchs der Auslieferung oder bei Gefahr eines rechtsstaatswidrigen Verfahrens im ersuchenden Staat; BGH NJW 1984, 2046). Nicht ausgeliefert wird wegen Straftaten, die im Höchstmaß mit einer geringeren Strafe als 1 Jahr Freiheitsstrafe bedroht sind, ebenso nicht wegen ausschließlich militärischer Straftaten; droht dem Verfolgten im ersuchten Staat die Todesstrafe, setzt die Auslieferung die Zusicherung voraus, dass diese nicht verhängt oder vollstreckt wird; das wird vom Oberlandesgericht im Verfahren über die Zulässigkeit der Auslieferung überprüft (BGHSt. 34, 256). Eine Auslieferung ist unzulässig, wenn ein → Internationaler Strafgerichtshof wegen der Tat eine Entscheidung getroffen hat und deshalb die Verfolgung durch andere Stellen untersagt ist. Eine Auslieferung zur Vollstreckung einer im Ausland verhängten freiheitsentziehenden Sanktion setzt voraus, dass diese mindestens (noch) 4 Monate beträgt und dass die Auslieferung zur Verfolgung zulässig wäre. Der von dem ersuchenden Staat Verfolgte kann durch Entscheidung des Oberlandesgerichts in Auslieferungshaft genommen werden. Zur Strafvollstreckung im Ausland → Vollstreckungshilfe.

Die Auslieferung ist davon abhängig, dass das OLG sie für zulässig erklärt (falls sich der Verfolgte nicht mit ihr zu Protokoll eines Richters einverstanden erklärt) und die BRD – bei Auslieferung an bestimmte benachbarte Staaten: die Landesjustizverwaltung – sie bewilligt. Für die Bewilligung der Durchlieferung eines Verfolgten, der von einem Staat durch das Gebiet eines anderen an den ersuchenden Staat ausgeliefert werden soll, gelten ähnliche Voraussetzungen, aber ein vereinfachtes Verfahren.

3. In Europa sind die wichtigsten Auslieferungs-Verträge des Europarats das Europ. Auslieferung-Übereinkommen v. 13.12.1957 (BGBl. 1964 II 1369) nebst Zusatzprotokollen und das Europ. Übereinkommen zur Bekämpfung des Terrorismus v. 27.1.1977 (BGBl. 1978 II 321) sowie der Europ. Union das EU-Auslieferungs-Übereinkommen v. 27.9.1996 (BGBl. 1998 II 2253) und das EU-Übereinkommen über das vereinfachte Auslieferungs-Verfahren v. 10.3.1995 (BGBl. 1998 II 2229), das Durchführungsübereinkommen v. 19.6.1990 zum → Schengener Übereinkommen (BGBl. 1993 II 1010) sowie der Rahmenbeschluss 2002/584/JI (RbEuHb) v. 13.6.2002 über den Europ. Haftbefehl und das Übergabeverfahren (ABl. L 190, 1), der in §§ 78 ff. IRG umgesetzt ist und im Verhältnis der EU-Mitgliedstaaten zueinander die vorgenannten Übereinkommen weitgehend ersetzt, so dass diese vor allem im Verhältnis zu Drittstaaten von Bedeutung sind.

Nach dem RbEuHB und §§ 78 ff. IRG wird die Auslieferung erleichtert: An die Stelle des Auslieferungs-Ersuchens auf diplomatischem Weg tritt der → Europäische Haftbefehl, basierend auf dem Rahmenbeschluss über den Europäischen Haftbefehl v. 13.6.2002 (2002/584/JI, ABl. 2002 L 190, 1). Er ist kein Haftbefehl im eigentlichen Sinn, sondern ein Fahndungsmittel. Auf seiner Grundlage ist nach dem Grundsatz der gegenseitigen Anerkennung der justiziellen Entscheidungen über die Auslieferung zu befinden. Dem Europ. Haftbefehl steht eine Ausschreibung im SIS (→ Schengener Übereinkommen) gleich. Die Gegenseitigkeit ist bei den in Art. 2 II RbEuHb genannten Straftaten nicht zu prüfen. Die Spezialität hat der ersuchende Staat zu prüfen. Deutsche sind nach Maßgabe des § 80 IRG auszuliefern. Die Übergabefristen sind verkürzt.

4. Die Überstellung von Personen zur Strafverfolgung an den → Internationalen Strafgerichtshof regeln das Römische Statut v. 17.7.1998 (BGBl. 1998 II 1393) und das Gesetz über die Zusammenarbeit mit dem IStGH v. 21.6.2002 (BGBl. 2002 I 2144).

Auslobung
ist ein bindendes einseitiges Versprechen, in dem jemand durch öffentliche Bekanntma-

chung eine Belohnung für die Vornahme einer Handlung, für die Erstellung eines Werks (→ Werkvertrag), insbes. aber für die Herbeiführung eines Erfolgs (zB Aufklärung von Verbrechen, Wiederbeschaffung verlorener Sachen usw) aussetzt, §§ 657 ff. BGB. Die Auslobung ist bis zur Vornahme der Handlung widerruflich. Ist die gewünschte Handlung mehrmals vorgenommen worden, so gebührt die Belohnung dem, der die Handlung zuerst vorgenommen hat (bei Gleichzeitigkeit oder Mitwirkung mehrerer entsprechende Teilung). Eine besondere Form der Auslobung ist das → Preisausschreiben. Sa → Gewinnzusage.

Auslösewert
Auslösewert ist im → Lebensmittel- und Futtermittelrecht der Grenzwert für den Gehalt eines gesundheitlich nicht erwünschten Stoffes in oder an einem → Lebensmittel (§ 3 I Nr. 4 LFGB). Bei dessen Überschreitung müssen Untersuchungen vorgenommen werden, um die Ursachen des Vorhandenseins mit dem Ziel zu ermitteln, seinen Anteil zu verringern oder zu beseitigen.

Auslösungen
sind Zahlungen des Arbeitgebers an Arbeitnehmer zur Abgeltung des beruflichen Mehraufwands bei auswärtigen Arbeiten. → Werbungskostenersatz.

Ausmärkische Gebiete
→ gemeindefreie Gebiete.

Ausnahmebereiche
sind Sonderregeln im → Kartellrecht für bestimmte Branchen. Das deutsche Kartellrecht enthält nur noch Ausnahmebereiche für die Landwirtschaft (§ 28 GWB), die Preisbindung bei Zeitungen und Zeitschriften (§ 30 GWB) und die Wasserwirtschaft (§ 31 GWB). Zunehmend sind allerdings Ausnahmebereiche außerhalb des GWB geschaffen worden, so etwa durch § 69 II S. 2 SGB V für die Rechtsbeziehungen der Krankenkassen zu Leistungserbringern, durch das BuchpreisbindungsG (→ Buchpreisbindung) sowie durch Gesetze zur Regulierung bestimmter Sektoren wie Energie, Post, Telekommunikation und Eisenbahn. Ausnahmebereiche im europäischen Kartellrecht gibt es insbes. im Bereich der Landwirtschaft (vgl. etwa Art. 209 f. VO (EU) 1308/2013, ABl. EU 2013 L 347, 671 mÄnd).

Ausnahmebewilligung
→ Dispens.

Ausnahmegerichte
sind Gerichte, die für bestimmte Fälle (oft sogar für einen Einzelfall) und häufig erst nach Verwirklichung des von ihnen zu beurteilenden Sachverhalts eingesetzt und für zuständig erklärt werden. Nach Art. 101 I GG, § 16 S. 1 GVG sind Ausnahmegerichte unzulässig. Sie stehen im Gegensatz zum → gesetzlichen Richter iwS, dessen Zuständigkeit von vornherein für eine Vielzahl von Fällen generell und auf Dauer begründet ist, insbes. kraft Gesetzes (zB Zivil-, Strafkammer) oder → Geschäftsverteilung (zB Verkehrsstrafrichter, Wirtschaftsstrafkammer). Keine Ausnahmegerichte sind auch die für besondere Sachgebiete eingesetzten sog. besonderen Gerichte (zB Schifffahrtsgerichte, vgl. § 14 GVG).

Ausnahmegesetz
ist kein Begriff des GG. Man verwendete ihn für → Gesetze, die – insbes. in Notstandszeiten – nicht im verfassungsmäßig vorgesehenen → Gesetzgebungsverfahren, insbes. nicht vom eigentlichen Gesetzgebungsorgan erlassen wurden (→ Notstandsverfassung). Gelegentlich versteht man unter Ausnahmegesetz auch ein Gesetz, das des Merkmals der abstrakt-generellen Regelung entbehrt (→ Maßnahmegesetz).

Ausnahmen und Befreiungen im Baurecht
Ausnahmen und Befreiungen sind im Bereich des → Bauplanungsrechts (→ Baugesetzbuch) und des → Bauordnungsrechts (→ Bauordnungen) möglich. Ausnahmen von den Festsetzungen des Bebauungsplans (→ Bauleitpläne) können gem. § 31 BauGB zugelassen werden, wenn sie im Plan ausdrücklich vorgesehen sind. Befreiungen sind nach den Bauordnungen der Länder Abweichungen von an sich zwingenden Vorschriften (vgl. auch → Dispens). Wegen der engen Verwandtschaft von Ausnahmen und Befreiungen verwenden neuere Bauordnungen den Oberbegriff „Abweichung“ (vgl. zB Art. 63 BayBO – Bayerische Bauordnung idF v. 14.8.2007 (GVBl. 2007, 588) mÄnd; § 66 ThürBO v. 13.3.2014 (GVBl. 2014, 49, mÄnd)).

Ausnahmezustand
ist eine durch eine gefährliche Krise (Aufruhr, Katastrophen u. dgl.) hervorgerufene innerstaatliche Lage, der zur Erhaltung der staatlichen Ordnung durch teilweise Außerkraftsetzung von Verfassungsnormen und insbes. von → Grundrechten begegnet werden soll. Eine solche vorübergehende Funktionseinschränkung der Verfassung war zB in Art. 48 II der → Weimarer Verfassung dem Reichspräsidenten eingeräumt. Sa → Kriegsrecht. Das GG kennt den Begriff des Ausnahmezustandes nicht; vgl. aber → Notstandsverfassung, → Verteidigungsfall, → Notstand (innerer), → Naturkatastrophen, → Bundeszwang, → Bundeswehreinsätze im Inland.

Ausnüchterungs-Gewahrsam
→ Schutzgewahrsam.

Ausreise
1. Die Ausreisefreiheit ist als Ausfluss der allgemeinen Handlungsfreiheit nach Art. 2 I GG innerhalb der Schranken der verfassungsmäßigen Ordnung Deutschen (→ Staatsangehörigkeit) und → Ausländern gewährleistet. Deutsche bedürfen zur Ausreise eines Passes oder anderer zugelassener Ausweispapiere (→ Passwesen). ZB bei Gefährdung der BRep oder

bei der Gefahr, sich der Strafverfolgung zu entziehen, können aber Pass und Ausreise versagt werden (Ausreisesperre). Aus denselben Gründen kann auch einem Ausländer die Ausreise untersagt werden.

2. Ein Ausländer (→ Ausländerrecht), der über einen erforderlichen → Aufenthaltstitel nicht oder nicht mehr verfügt, ist zur Ausreise verpflichtet (§ 50 I AufenthG). Er hat Deutschland innerhalb der ihm gesetzten Frist, sonst unverzüglich zu verlassen (§ 50 II AufenthG). Kommt der Ausländer seiner Pflicht zur Ausreise nicht nach, ist der abzuschieben (→ Abschiebung).

Ausreisepflicht
→ Ausländerrecht (3).

Ausreisevisum
→ Sichtvermerk.

Ausrüstung von Kraftfahrzeugen
Die Ausrüstung von Kraftfahrzeugen ist in den §§ 30 ff. StVZO geregelt; sie soll die Betriebssicherheit gewährleisten, darf aber andere nicht mehr als unvermeidlich gefährden, behindern oder belästigen und soll die Insassen insbes. bei Unfällen schützen und Verletzungen möglichst gering halten. Zudem sind bei winterlichen Straßenverhältnissen → Winterreifen vorgeschrieben (§ 2 III a StVO). Die Vorschriften der StVZO betreffen insbes. die Abmessungen der Fz, das Mitführen von Anhängern, das Gesamtgewicht, Beschaffenheit und Einrichtung, Richtungsanzeiger, Warnvorrichtungen (Schallzeichen), Spiegel oder andere Einrichtungen für indirekte Sicht, Geschwindigkeitsmessgerät (Tachometer), Wegstreckenzähler (Kilometerzähler); Sicherheit der Insassen (→ Sicherheitsgurt, → Kopfstützen), Sicherung gegen unbefugte Benutzung (→ Verlassen eines Fz.) usw. Sonderbestimmungen über die Motorleistung gelten für Lkw und Omnibusse, für diese weitere Vorschriften über Notausstiege, das Mitführen von Feuerlöschern und Verbandkästen, → Geschwindigkeitsbegrenzer, Unterfahrschutz, seitliche Schutzvorrichtungen usw.

Aussage, falsche
(vor Gericht) → falsche uneidliche Aussage, → Falscheid, → Meineid.

Aussageerpressung
Straftatbestand nach § 343 StGB, der ein echtes → Amtsdelikt normiert. Ihn erfüllt ein → Amtsträger (§ 11 I Nr. 2 StGB), der zur Mitwirkung an einem Straf-, Bußgeld-, Disziplinar-, ehren(berufs)gerichtlichen oder Unterbringungsverfahren berufen ist und hierbei einen anderen körperlich misshandelt oder seelisch quält oder gegen ihn Gewalt anwendet oder sie ihm androht, um eine Aussage oder Nichtaussage herbeizuführen. Der Strafrahmen sieht Freiheitsstrafe von 1–10 Jahren vor, in minder schweren Fällen Freiheitsstrafe von 6 Mon. bis 5 Jahren. Versuch ist strafbar. Für Offiziere und Unteroffiziere ist die Norm über § 48 I WStG anwendbar.

Aussagegenehmigung
bei Beamten → Amtsverschwiegenheit.

Aussagenotstand
→ Meineid, → falsche uneidliche Aussage.

Aussagepflicht
Der in einem Rechtsstreit, einem Strafverfahren oder einem Verfahren der → freiwilligen Gerichtsbarkeit geladene → Zeuge hat grundsätzlich die Pflicht zum Erscheinen und zur Aussage vor Gericht (→ Beugemittel); über Ausnahmen → Auskunftsverweigerungsrecht, → Zeugnisverweigerungsrecht.

Bei der Partei im Zivilprozess ist zu unterscheiden, ob sie vom Gericht zwecks Anhörung geladen ist, um zur Aufklärung des Sachverhalts beizutragen, wobei sie ihre Erklärungen, zu denen sie nicht verpflichtet ist, als Prozesspartei abgibt (§§ 139, 141 ZPO), oder ob ihre Aussage als Beweismittel dienen soll (Beweis durch Parteivernehmung, §§ 445 ff. ZPO). Die Aussage ist auch in diesem Falle nicht erzwingbar, die Aussageverweigerung für das Gericht die Grundlage freier Würdigung, § 287 ZPO, ob es die vom Gegner behauptete Beweistatsache als erwiesen ansehen will.

Im Strafverfahren ist der Beschuldigte nicht zur Aussage verpflichtet. Er ist schon bei der ersten Vernehmung durch Polizei, Staatsanwalt oder Richter und nochmals zu Beginn der Hauptverhandlung darauf hinzuweisen, dass es ihm freistehe, sich zu der Beschuldigung zu äußern oder nicht zur Sache auszusagen und jederzeit – auch vor der Vernehmung – einen von ihm zu wählenden Verteidiger zu befragen (§ 136 I 2 StPO, § 163a III, IV StPO, § 243 V StPO).

Die Aussagepflicht deckt sich nicht mit der → Wahrheitspflicht; diese trifft zwar jeden Zeugen sowie die Partei im Zivilprozess für ihren Sachvortrag und soweit sie als Partei einvernommen wird, nicht dagegen den Beschuldigten im Strafverfahren, für den aber hartnäckiges Leugnen oder gar bewusste Irreführung des Gerichts uU Nachteile bei der → Strafzumessung zur Folge haben kann.

Aussageverweigerung
→ Aussagepflicht, → Auskunftsverweigerungsrecht, → Zeugnisverweigerungsrecht.

Ausschankmaße
1. Der Begriff ist in Umsetzung der RL 2014/32/EU v. 26.2.2014 in § 41 Abs. 1 Nr. 10 MessEG legaldefiniert als „Maßverkörperungen, die zum gewerbsmäßigen Ausschank von Getränken gegen Entgelt bestimmt sind".

2. Für den geschäftsmäßigen Ausschank dürfen nur → Schankgefäße (früher § 74 Nr. 32 EichO) mit den in § 27 MessEV (→ Eichwesen) genannten folgenden Nennvolumina verwendet werden: 1, 2, 4, 5 und 10 Zentiliter, 0,1, 0,15, 0,2, 0,25, 0,3, 0,33, 0,4,

0,5 und 0,75 Liter sowie 1, 1,5, 2, 3, 4 und 5 Liter. Verstöße stellen Ordnungswidrigkeiten dar, § 57 Nr. 2 MessEV.

Ausschankverbot
→ Gaststätte.

Ausscheiden eines Gesellschafters
→ Gesellschaft des bürgerlichen Rechts (5), → Gesellschaft mit beschränkter Haftung (GmbH) (3c), → Offene Handelsgesellschaft (6).

Ausscheider
→ Infektionsschutzgesetz.

Ausschlagung der Erbschaft
Der Erbe, der noch nicht die → Annahme der Erbschaft erklärt hat (→ Erbe, vorläufiger), kann binnen einer Frist von 6 Wochen (bzw. 6 Monaten, wenn der → Erblasser seinen letzten Wohnsitz im Ausland hatte oder der Erbe sich bei Beginn der Frist im Ausland aufhält) die Erbschaft ausschlagen. Die Frist beginnt in dem Zeitpunkt, in dem der Erbe von dem → Erbanfall und dem Berufungsgrund (gesetzliche oder gewillkürte → Erbfolge) positive Kenntnis erlangt, bei → Verfügungen von Todes wegen nicht vor deren Verkündung durch das → Nachlassgericht (§ 1944 BGB); bloßes Kennenmüssen genügt nicht. Die A. ist eine → Willenserklärung, die zur Niederschrift des Nachlassgerichts oder diesem gegenüber in öffentlich beglaubigter → Form erklärt werden muss (§ 1945 BGB); der → Vormund und grundsätzlich auch die Eltern für ihr minderjähriges Kind bedürfen zur Ausschlagung der Genehmigung des Familiengerichts (§ 1822 Nr. 2 BGB, § 1643 II BGB, → Vermögenssorge). Vor dem Erbfall und unter einer → Bedingung können weder Annahme noch Ausschlagung erklärt werden (§ 1946 BGB, § 1947 BGB). Annahme und A. können sich nur auf die ganze Erbschaft beziehen, nicht dagegen auf einen Teil beschränken (§ 1950 BGB); s. aber → Zugewinngemeinschaft (§ 1371 BGB). Wer jedoch aus mehreren Gründen (zB durch Verfügung von Todes wegen und kraft Gesetzes) als Erbe berufen ist, kann die Erbschaft aus einem Grunde ausschlagen und aus dem anderen annehmen (§ 1948 BGB). Das Gleiche gilt bei Berufung zu mehreren Erbteilen, falls die Berufung auf verschiedenen Gründen beruht, nicht dagegen bei verschiedenen Testamenten, sofern nicht vom Erblasser etwas anderes gestattet ist (§ 1951 BGB). Das Ausschlagungsrecht ist seinerseits vererblich; von mehreren Erben des Erben kann jeder den seinem Erbteil entsprechenden Teil der Erbschaft ausschlagen (§ 1952 BGB).

Die Ausschlagung der Erbschaft bewirkt, dass der Erbanfall als nicht eingetreten gilt. Die Erbschaft fällt rückwirkend auf den Erbfall demjenigen an, der berufen wäre, wenn der Ausschlagende zurzeit des Erbfalls nicht gelebt hätte (§ 1953 BGB). Die Ausschlagung der Erbschaft ist unwiderruflich; doch ist Anfechtung wie bei → Annahme der Erbschaft möglich.

Ausschließliche Gesetzgebung
1. Ausschließliche Gesetzgebung ist ein Begriff des Verfassungsrechts, und zwar des Staatsorganisationsrechts. Er bezeichnet innerhalb eines → Bundesstaates die Regelung, dass entweder nur die übergreifende staatliche Einheit oder nur die Gliedstaaten, nicht aber beide, in einer bestimmten Rechtsmaterie die → Gesetzgebungskompetenz haben.

2. In der → Bundesrepublik Deutschland haben die → Länder nach dem → Grundgesetz die Gesetzgebungszuständigkeit zur ausschließlichen Gesetzgebung immer dann, wenn der → Bund selbst weder die Zuständigkeit zur ausschließlichen Gesetzgebung noch die Zuständigkeit zur → konkurrierenden Gesetzgebung besitzt (zu den Rechtsmaterien der Gesetzgebung der Länder im Einzelnen → Gesetzgebungszuständigkeit, 2). Die Zuständigkeit des Bundes für die ausschließliche Gesetzgebung wurde durch die → Föderalismusreform modifiziert; sie ergibt sich aus Art. 73 GG. Gegenstände der ausschließlichen Gesetzgebung sind insbesondere Angelegenheiten der Verteidigung (→ Bundeswehr; → militärische Verteidigung) einschließlich des → Zivilschutzes, Staatsangehörigkeitsrecht (→ Staatsangehörigkeit), Pass-, Melde- und Ausweiswesen, Währungsrecht, Maße, Gewichte und Zeitbestimmung, Zoll- und Außenhandelsrecht, der Schutz deutschen Kulturgutes gegen Abwanderung ins Ausland, Luftverkehrsrecht, Recht der Bundeseisenbahnen, Postrecht, Telekommunikationsrecht, → gewerblicher Rechtsschutz, → Urheberrecht und → Verlagsrecht, Dienstrecht der Bundesbeamten (→ Beamtenrecht), Bundesrichter und Soldaten, Terrorismusabwehr (→ Terrorismus; → Terrorismusbekämpfungsgesetz), die Regelung der Zusammenarbeit von Bund und Ländern im Polizeibereich (→ Bundeskriminalamt) und beim → Verfassungsschutz, das Recht der Bundesstatistik, Waffenrecht (→ Waffen), Sprengstoffrecht, Recht der Versorgung der Kriegsbeschädigten und Kriegshinterbliebenen sowie das Recht der friedlichen Nutzung der Kernenergie.

Ausschließliche Wirtschaftszone
1. In der ausschließlichen Wirtschaftszone hat der Küstenstaat gemäß Art. 56 I SRÜ (→ Seerechtsübereinkommen; → Seerecht) souveräne Rechte zum Zweck der Erforschung und Ausbeutung, Erhaltung und Bewirtschaftung der lebenden und nichtlebenden natürlichen Ressourcen der Gewässer über dem Meeresboden, des Meeresbodens und seines Untergrundes sowie hinsichtlich anderer Tätigkeiten zur wirtschaftlichen Erforschung und Ausbeutung der Zone wie der Energieerzeugung aus Wasser, Strömung und Wind. Die ausschließliche Wirtschaftszone ist eine eigene Meereszone zwischen dem → Küstenmeer und seiner → Anschlusszone einerseits und der → Hohen

See andererseits. Die ausschließliche Wirtschaftszone kann bis zu 200 Seemeilen gemessen ab der Basislinie (→ innere Gewässer, 1) ausgedehnt werden. 93 Küstenstaaten der Welt beanspruchen eine ausschließliche Wirtschaftszone von 200 Seemeilen. Deutschland hat mit Wirkung vom 1.1.1995 in Nord- und Ostsee eine ausschließliche Wirtschaftszone proklamiert, deren seewärtige Grenze innerhalb der 200-Seemeilen-Zone durch geographische Koordinaten festgelegt wurde (BGBl. 1994 II 3769). Das Recht an der ausschließlichen Wirtschaftszone besteht neben etwaigen Rechten am → Festlandsockel. → Meeresgewässer.

2. Die ausschließliche Wirtschaftszone aneinander grenzender Küstenstaaten sind durch Vereinbarung, hilfsweise nach Billigkeit gegeneinander abzugrenzen; auf die Äquidistanzlinie wird im SRÜ insoweit ausdrücklich nicht verwiesen.

3. In der ausschließlichen Wirtschaftszone liegen die Fischereirechte ausschließlich beim Küstenstaat; er trifft die geeigneten Erhaltungs- und Bewirtschaftungsmaßnahmen. Reicht seine Fangkapazität jedoch nicht aus, hat er anderen Staaten Zugang zum Überschuss zu gewähren. Im letzteren Fall kann der Küstenstaat Bedingungen und Vorschriften festlegen, nach denen andere Staaten Fischerei in der ausschließlichen Wirtschaftszone betreiben dürfen. Ferner kann der Küstenstaat in der ausschließlichen Wirtschaftszone allein die Bodenschätze ausbeuten. Andere Staaten haben in der ausschließlichen Wirtschaftszone freies Durchfahrts- und Überflugrecht.

Ausschließliche Zuständigkeit
(ausschließlicher Gerichtsstand) → gerichtliche Zuständigkeit (4).

Ausschließlichkeitsbindungen
sind → Vertikalvereinbarungen mit der Wirkung, dass ein Unternehmen Waren oder Dienstleistungen von nur einem Vertragspartner bezieht oder nur an diesen liefert. Diese Wirkung kann sowohl unmittelbar durch eine rechtliche Verpflichtung, als auch mittelbar durch die wirtschaftliche Ausgestaltung der Vereinbarung (zB Mindestabnahmemengen oder Umsatzrabatte) erzielt werden. Ausschließlichkeitsbindungen finden sich in → selektiven Vertriebssystemen. Sie können Wettbewerbsbeschränkungen bezwecken oder bewirken, sind aber jedenfalls dann vom Verbot wettbewerbsbeschränkender Vereinbarungen (→ Kartellrecht) freigestellt, wenn sie die Voraussetzungen der → Vertikal-GVO erfüllen.

Ausschließlichkeitserklärung
Wenn im Fall einer → Betreuung ohne Einwilligungsvorbehalt an einem → Rechtsstreit ein → prozessfähiger Betreuter auf Kläger- oder Beklagtenseite beteiligt ist, kann er selbst den Rechtsstreit führen und wird daneben von einem Betreuer, zu dessen Aufgabenkreis die Vertretung im Prozess gehört, nach seinen Wünschen unterstützt und vertreten. Der Betreuer kann gegenüber dem Gericht erklären, dass das Verfahren ausschließlich durch ihn geführt wird (§ 53 Abs. 2 ZPO). Mit Eingang der Erklärung gilt der Betreute als → prozessunfähig, unabhängig davon, ob er es tatsächlich ist. Der Betreuer führt den Prozess zukünftig dann anstatt des Betreuten. Die Ausschließlichkeitserklärung hat keine Auswirkung auf die Wirksamkeit bereits vorgenommener Prozesshandlungen. Mit der Erklärung kann der Betreuer auf eine Situation schnell reagieren, in der der Betreute sich oder sein Vermögen durch sein prozessuales Handeln nach dem allgemeinen Maßstab des § 1821 III BGB (→ Betreuung 3.) erheblich gefährden würde, und die Gefahr krankheitsbedingt nicht erkennen oder nicht nach dieser Einsicht handeln könnte. Die Ausschließlichkeitserklärung tritt neben die Möglichkeit der Anordnung eines Einwilligungsvorbehalts (→ Betreuung 3.) im Betreuungsverfahren, die ebenfalls zur Prozessunfähigkeit des Betreuten führt, da er sich nicht mehr selbständig durch Verträge verpflichten kann (§ 52 ZPO).

Ausschließung von der Erbfolge
→ Enterbung.

Ausschließung von Gerichtspersonen
→ Ausschluss (2).

Ausschließung von Gesellschaftern
→ Gesellschaft des bürgerlichen Rechts (5), → Gesellschaft mit beschränkter Haftung (3c), → Offene Handelsgesellschaft (6), → Aktiengesellschaft (4 aE); Ausschließung von Genossen → Genossenschaft (5); → Kaduzierung, → Amortisation.

Ausschließungsbeschluss
→ Aufgebotssachen.

Ausschluss
1. Von Amtspersonen. In einem → Verwaltungsverfahren darf für eine Behörde nicht tätig werden, wer selbst Beteiligter oder dessen → Angehöriger oder Vertreter ist, ferner wer Angehöriger eines Vertreters ist, wer bei einem Beteiligten gegen Entgelt beschäftigt ist oder wer außerhalb seiner amtlichen Eigenschaft in der Angelegenheit gutachtlich oder sonstwie tätig geworden ist (§ 20 VwVfG, § 82 AO).

2. Von Gerichtspersonen. Wegen naher persönlicher Beziehungen zu dem Rechtsstreit kann ein Richter von der Ausübung seines Richteramts in einer bestimmten Sache ausgeschlossen sein, insbes. wenn er oder ein naher Angehöriger verletzt oder sonst sachbeteiligt ist oder in gewissen Fällen wegen seiner früheren Mitwirkung im Verfahren; vgl. § 41 ZPO, §§ 22 f. StPO, § 54 II VwGO, § 51 II FGO, § 60 II SGG, § 6 FamFG. Im Gegensatz zur → Ablehnung bedarf die Ausschließung keiner Entscheidung, vielmehr wirkt die Ausschließung unmittelbar kraft Gesetzes. Ebenso wie ein Richter können → Urkundsbeamte

(§ 49 ZPO, § 31 StPO), ähnlich → Gerichtsvollzieher (§ 155 GVG) ausgeschlossen sein; bei anderen (→ Sachverständige, → Schiedsrichter, → Dolmetscher) führt ein Ausschlussgrund zur → Ablehnung. Die – prozessrechtlich nicht vorgesehene – Ausschließung eines → Staatsanwalts kann dienstrechtlich geboten sein. Die unzulässige Mitwirkung des StA kann – wie stets die eines ausgeschlossenen Richters (vgl. zB § 338 Nr. 2 StPO) – die Revision begründen.

Ausschluss des Versorgungsausgleichs
→ Versorgungsausgleich.

Ausschluss vom Wahlrecht
Nach § 13 Bundeswahlgesetz (→ Bundestag) ist vom Wahlrecht ausgeschlossen, wer infolge Richterspruchs das Wahlrecht nicht besitzt. Nach § 45 I StGB ist bewirkt die Verurteilung wegen eines Verbrechens zu einer Freiheitsstrafe von mehr als einem Jahr den Verlust des Wahlrechts für einen Zeitraum von 5 Jahren. Bei bestimmten politischen Straftaten kann das Gericht das Wahlrecht für einen Zeitraum von 2 bis 5 Jahren entziehen (§ 45 V StGB). Die früheren Ausschlussgründe (Betreuung in allen Angelegenheiten; Unterbringung in psychiatrischem Krankenhaus) wurden für Bundes- und Europawahlen bereits 2019 gestrichen, die Länder folgten.

Ausschluss vom Wehrdienst
→ Wehrdienst.

Ausschluss von Vereinsmitgliedern
→ Verein (1c); sa → Ausschließung von Gesellschaftern.

Ausschlussfrist
→ Frist, → Ausschlussklausel.

Ausschlussklage
oder Ausschließungsklage → Offene Handelsgesellschaft (6).

Ausschlussklausel
Eine Ausschlussklausel ist eine häufige Regelung im → Arbeitsvertrag oder (auch allgemeinverbindlichen) → Tarifvertrag, nach der (je nach Weite der Regelung) bestimmte arbeitsrechtliche Ansprüche verfallen, wenn sie nicht fristgerecht geltend gemacht werden (Ausschlussfrist). Oft werden zwei Fristen kombiniert, wobei Ansprüche innerhalb der ersten Frist schriftlich (Textform, § 126b BGB) und innerhalb der zweiten gerichtlich geltend gemacht werden müssen. Es ist zwischen einzelvertraglichen Klauseln und (ggf. einzelvertraglich in Bezug genommenen) tarifvertraglichen Klauseln zu unterscheiden, da die Erstgenannten grds. der AGB-Kontrolle (→ Allgemeine Geschäftsbedingungen; §§ 305 ff. BGB) unterliegen. Einzelvertragliche Ausschlussklauseln müssen daher, um auch für den Arbeitnehmer zu wirken, nach der Rspr. des BAG eine Frist von (jeweils) mind. drei Monaten vorsehen; tarifliche Fristen können dagegen erheblich kürzer sein, da sie nicht der AGB-Kontrolle unterliegen (§ 310 IV 1 BGB). Bestimmte Ansprüche unterliegen keinen Ausschlussfristen, zB solche aus vorsätzlicher Schädigung oder aus bestimmten Schutzgesetzen, va Ansprüche auf Mindestlohn (vgl. § 3 S. 1 MiLoG → MiLoG; für den speziellen Mindestlohn gem. AEntG kann eine eigene Ausschlussfrist gelten (zB im Gebäudereinigungshandwerk), die nur für den über den ges. Mindestlohn hinausgehenden Teil Wirkung entfaltet, vgl. § 1 III MiLoG). Nehmen einzelvertragliche Ausschlussfristen, die nach der Einführung des MiLoG vereinbart wurden, Mindestlohnansprüche nicht von der Geltung der Ausschlussklausel aus, ist diese insgesamt unwirksam; tarifliche Ausschlussklauseln bleiben hingegen wirksam, erfassen aber nur die über den → Mindestlohn hinausgehenden Bestandteile. Die Fristen laufen frühestens ab Fälligkeit des Anspruches, wobei dies bedeutet, dass der Anspruch erkennbar und ungefähr bezifferbar gewesen sein muss. In der Praxis sind häufig Ansprüche der Arbeitgeber auf Schadenersatz oder Rückerstattung überzahlter Vergütung sowie der Arbeitnehmer auf Vergütung von Überstunden oder Zuschlägen vom Ausschluss bedroht. Versäumt der Arbeitnehmer die rechtzeitige Geltendmachung eines Anspruchs, weil ihm die Ausschlussfrist mangels Aushändigung eines Nachweises gem. § 2 NachwG (→ Arbeitsvertrag) unbekannt war, ist die Ausschlussfrist nicht bereits deswegen unwirksam, er kann aber uU vom Arbeitgeber Schadenersatz wegen Verletzung der Nachweispflicht verlangen.

Ausschlussumsätze
→ Umsatzsteuer (7).

Ausschreibung zur Fahndung
→ Ausschreibung im Strafprozess.

Ausschreibung, beschränkte
Die beschränkte Ausschreibung stellt eine Form der Vergabe → öffentlicher Aufträge im Wege eines → Vergabeverfahrens dar. Hierbei wählt der Auftraggeber nach vorheriger öffentlicher Aufforderung zur Teilnahme eine beschränkte Anzahl von Unternehmen nach objektiven, transparenten und nichtdiskriminierenden Kriterien aus, die er dann zur Abgabe von Angeboten auffordert. Zu den anderen in Betracht kommenden Verfahrensarten der Auftragsvergabe s. → Vergabeverfahren.

Ausschreibung, Energiewirtschaft
1. Die Höhe der Förderung → erneuerbarer Energien wird häufig durch Ausschreibung nach §§ 28 ff. EEG 2023 ermittelt. Bei diesen von der Bundesnetzagentur durchgeführten Ausschreibungen bieten Anlagenbetreiber an, Strom aus erneuerbaren Energien für einen bestimmten fixen oder variablen Aufschlag auf den Strompreis zu produzieren. Den Zuschlag erhalten diejenigen Betreiber, die den geringsten Aufschlag fordern. Die Höhe der Förderung erneuerbarer Energien, die in diesem Aufschlag auf den Strompreis besteht, soll da-

durch marktwirtschaftlich ermittelt und mittelfristig gesenkt werden. Das Ausschreibungsverfahren regeln verschiedene Verordnungen, etwa die Innovationsausschreibungsverordnung (InnAusV) v. 20.1.2020 (BGBl. 2020 I 106) mÄnd. Auch die Höhe der finanziellen Zuschläge zur Förderung der → Kraft-Wärme-Kopplung wird zT durch Ausschreibungen ermittelt. → Bürgerenergiegesellschaften können, müssen sich aber nicht an solchen Ausschreibungen beteiligen.

2. Die Stillegung von Anlagen zur Verstromung von Steinkohle im Rahmen des → Kohleausstiegs erfolgt ebenfalls zT durch Ausschreibungen.

Ausschreibung im Strafprozess
Die Ausschreibung zur → Festnahme ist eine Maßnahme zur → Fahndung auf Grund eines → Haftbefehls oder → Unterbringungsbefehls. Zuständig dafür sind der Richter oder die StA und bei Gefahr im Verzug deren Ermittlungspersonen (§ 131 I StPO). Liegen die Voraussetzungen eines Haft- oder Unterbringungsbefehls vor und kann dessen Erlass nicht abgewartet werden, ist eine Ausschreibung zur vorläufigen Festnahme zulässig (§ 131 II StPO). Die Ausschreibung zur Aufenthaltsermittlung ist zulässig bei einem Beschuldigten oder Zeugen, wenn dessen Aufenthalt unbekannt ist. Daneben ist bei einem Beschuldigten die Ausschreibung auch möglich zur Sicherstellung des Führerscheins, zur erkennungsdienstlichen Behandlung, zur Anfertigung einer DNA-Analyse (→ molekulargenetische Untersuchung) oder zur Identitätsfeststellung (§ 131a StPO). Die Ausschreibung kann in allen Fahndungshilfsmitteln der Strafverfolgungsbehörden vorgenommen werden. Eine Öffentlichkeitsfahndung, wozu auch das Internet gehört, ist nur bei Straftaten von erheblicher Bedeutung zur Festnahme, vorläufigen Festnahme und Aufenthaltsermittlung zulässig (§§ 131 III, 131a III, 131b, 131c StPO). Die Regelungen gelten auch für die Fahndung in der → Strafvollstreckung (§ 457 II, III StPO, § 34 StVollstrO). Ein iSv § 276 StPO abwesender Beschuldigter kann zudem öffentlich zum Erscheinen oder zur Anzeige seines Aufenthaltsorts aufgefordert werden (§ 288 StPO).

Ausschreibung, öffentliche
Die öffentliche Ausschreibung stellt eine Form der Vergabe → öffentlicher Aufträge im Wege eines → Vergabeverfahren dar. Hierbei fordert der Auftraggeber eine unbeschränkte Anzahl von Unternehmen öffentlich zur Abgabe von Angeboten auf. Zu den anderen in Betracht kommenden Verfahrensarten der Auftragsvergabe s. → Vergabeverfahren.

Ausschüsse
1. Ausschüsse des Parlaments werden als dessen Organe nach Maßgabe der Verfassung und insbes. der → Geschäftsordnung bestellt (meist als Fachausschüsse mit einer den → Ressorts entsprechenden Zuständigkeit). Besondere Aufgaben haben die → Untersuchungsausschüsse (Art. 44 GG). Zwingend vorgeschrieben sind die Ausschüsse für Angelegenheiten der → Europäischen Union, auswärtige Angelegenheiten und Verteidigung sowie der Petitionsausschuss (Art. 44, 45a, c GG). Im Übrigen bereiten die Ausschüsse die Plenarsitzungen des Parlaments vor, insbes. durch Beratung von Gesetzentwürfen zwischen 1. u. 2. → Lesung im → Plenum; sie haben deshalb große praktische Bedeutung im → Gesetzgebungsverfahren. Die Sitzungen der Ausschüsse sind idR nicht öffentlich (anders zB im bayer. Landtag). Die Ausschüsse werden nach dem Stärkeverhältnis der → Fraktionen im Parlament besetzt. Nähere Vorschriften über die Ausschüsse des Deutschen → Bundestages enthalten die §§ 54 ff. GO-BT.

2. Auch für die kommunalen Vertretungen (→ Gemeindevertretung; → Kreistag) ist die Bildung von Ausschüssen vorgesehen und zT zwingend vorgeschrieben (→ Kreisausschuss). Beratende Ausschüsse bereiten die Beschlussfassung für das Plenum vor, beschließenden Ausschüssen sind bestimmte Aufgaben zur selbständigen und abschließenden Erledigung zugewiesen.

Ausschüttungen
→ Körperschaftsteuer (4).

Ausschüttungsbelastung
→ Körperschaftsteuer (4).

Ausschuss der Regionen
ist in der → Europäischen Union gem. Art. 305 AEUV (→ AEUV) ein beratender Ausschuss aus Vertretern der regionalen und lokalen Gebietskörperschaften. Er hat höchstens 350 Mitglieder. Aus Anlass des Beitritts von Kroatien zur EU wird die Mitgliederzahl ab 1.7.2013 vorübergehend auf 353 angehoben. Der → Rat der EU erlässt einstimmig auf Vorschlag der → Europäischen Kommission einen Beschluss über die Zusammensetzung des Ausschusses. Seine Mitglieder werden vom Rat auf Vorschlag der Mitgliedstaaten auf 5 Jahre ernannt. Ein Mitglied des Ausschusses darf nicht gleichzeitig Mitglied des Parlaments sein. Der Ausschuss ist in den von → EU-Vertrag und AEUV vorgesehenen Fällen zu hören; er kann auch sonst angehört werden und aus eigener Initiative Stellungnahmen abgeben (vgl. Art. 307 AEUV).

Ausschuss für Finanzstabilität
→ Finanzstabilität.

Außenbereich
ist der Teil des Gemeindegebiets, der weder zum Geltungsbereich eines qualifizierten Bebauungsplanes (→ Bauleitplanung) noch zu den „im Zusammenhang bebauten Ortsteilen" (§ 34 BauGB; „nicht beplanter Innenbereich") gehört. Im Außenbereich ist ein Bauvorhaben (→ Vorhaben) grundsätzlich nur zulässig, wenn öffentl. Belange nicht entgegenstehen, die ausreichende Erschließung gesichert ist

und das Vorhaben nach § 35 I BauGB „privilegiert" ist (zB einem land- oder fortwirtschaftlichen Betrieb dient). Sonstige Vorhaben können im Einzelfall zugelassen werden, wenn sie öffentl. Belange nicht beeinträchtigen (eingehende Regelung in § 35 III–VI BauGB).

Außengrenze
→ EG-Außengrenze.

Außenprüfung
1. Außenprüfung ist eine Maßnahme des Finanzamts, um anhand von Büchern und Aufzeichnungen die steuerlichen Verhältnisse von Stpfl. mit Gewinneinkünften aus Gewerbebetrieb, Land- und Forstwirtschaft oder freiberuflicher Tätigkeit zu ermitteln (§§ 193 ff. AO). Wie oft die Bücher eines Selbstständigen oder eines Unternehmens von den Finanzbehörden geprüft werden, hängt von der Größe des Betriebs ab; vgl. § 3 Betriebsprüfungsordnung (BpO 2000) v. 15.3.2000. Die Einordnung erfolgt nach bestimmten Merkmalen, wie Umsatzerlös oder steuerlicher Gewinn, alle 3 bis 4 Jahre. Ab dem 1.1.2016 hat das BMF neue Abgrenzungsmerkmale für die Einordnung in Größenklassen bekannt gegeben, vgl. BMF-Schreiben v. 9.6.2015, BStBl. 2015 I 504. Es gibt die Größenklassen Großbetrieb und anderer Betrieb, unterteilt in Mittelbetrieb, Kleinbetrieb und Kleinstbetrieb. Die Zuordnung zu den Kategorien erfolgt nach den in der Tabelle zur Größenklasseneinteilung der Betriebe genannten Kriterien. Großbetriebe werden idR kontinuierlich geprüft, die übrigen Betriebe in zeitlichen Intervallen. Die Finanzämter haben weitgehend freie Hand bei der Auswahl der zu prüfenden Unternehmen. Eine Wiederholungsprüfung ist ebenso zulässig wie eine Anschlussprüfung. Das Auswahlermessen bei Stpfl. mit Gewinneinkünften wird lediglich durch Zweckmäßigkeitserwägungen, den Grundsatz der Verhältnismäßigkeit und das Willkürverbot begrenzt. Bei anderen Stpfl. ist eine Außenprüfung nur zulässig, soweit diese für Rechnung eines anderen Steuern zu entrichten oder einzubehalten und abzuführen haben oder wenn die für die Besteuerung erheblichen Verhältnisse der Aufklärung bedürfen und eine Prüfung an Amtsstelle nach Art und Umfang des Sachverhalts nicht zweckmäßig ist. Ab 2009 ist eine Außenprüfung generell zulässig, wenn die Summe der positiven Überschusseinkünfte mehr als 500.000 EUR im Kalenderjahr beträgt (§ 193 I AO). Einer besonderen Begründung der Prüfungsanordnung bedarf es nicht. Auch kann eine Betriebsprüfung angeordnet werden, wenn der Stpfl. seinen erhöhten Mitwirkungspflichten bei Sachverhalten mit Auslandsbezug nicht nachgekommen ist. Hintergrund sind die staatlichen Bemühungen zur Bekämpfung der → Steuerhinterziehung. Durch die Verwendung des Begriffs Außenprüfung anstelle des früher üblichen Begriffs der Betriebsprüfung wird deutlich, dass der Prüfung nicht nur Betriebe, sondern auch die steuerlichen Verhältnisse von Privatpersonen unterliegen können.

2. Die Außenprüfung ist Teil des → Besteuerungsverfahrens. Die Außenprüfung kann verschiedene Steuerarten und Besteuerungszeiträume umfassen oder sich auf bestimmte Sachverhalte beschränken. Besteuerungsgrundlagen sind auch zugunsten des Stpfl. zu prüfen. Die Außenprüfung wird durch eine Prüfungsanordnung eingeleitet, mit der das Finanzamt dem Stpfl. rechtzeitig Umfang und Beginn der Außenprüfung mitteilt (§ 196 AO). Die Prüfungsanordnung stellt einen anfechtbaren Verwaltungsakt dar. Bereits ab diesem Zeitpunkt ist grundsätzlich die → Selbstanzeige wegen Steuerhinterziehung abgeschnitten, beschränkt auf den sachlichen und zeitlichen Umfang der Außenprüfung (§ 371 II AO). Der Prüfer hat sich bei Erscheinen auszuweisen und Datum und Uhrzeit aktenkundig zu machen (§ 198 AO). Der Stpfl. ist über die Feststellungen des Prüfers zu unterrichten, wenn dadurch Zweck und Ablauf der Prüfung nicht beeinträchtigt werden (§ 199 AO). Die Mitwirkungspflichten des Stpfl. sind in § 200 AO geregelt. In der Schlussbesprechung (§ 201 AO) soll der Stpfl. ggf. darauf hingewiesen werden, dass die strafrechtliche oder bußgeldrechtliche Würdigung einem besonderen Verfahren vorbehalten bleibt.

3. Zur verbindlichen Zusage auf Grund einer Außenprüfung vgl. §§ 204–207 AO, BMF v. 29.12.2003 (BStBl. I 2003, 742); → Verständigung im Besteuerungsverfahren. Einzelheiten regelt die BpO. Sa → Nachschau; → abgekürzte Außenprüfung; → Steuerbescheid (wegen dessen Änderung oder Aufhebung nach Außenprüfung).

Außenseiterklausel
→ Tarifvertrag.

Außensenat
→ Oberlandesgericht.

Außensteuergesetz
Das Außensteuergesetz v. 8.9.1972 (BGBl. 1972 I 1713) dient dem Zweck, die Steuervorteile einzuschränken, die sich aus den zwischenstaatlichen Regelungs- und Steuerbelastungsunterschieden ergeben. So werden ua begünstigende Geschäftsbedingungen gegenüber nahe stehenden Personen im Ausland steuerlich korrigiert (§ 1 AStG; → Arm's-length-Klausel) und die Einkommen- und Erbschaftsteuerpflicht erweitert. Grundsätzlich wird ein Deutscher, der seinen → gewöhnlichen Aufenthalt oder → Wohnsitz in das Ausland verlegt, beschränkt steuerpflichtig (→ Steuerpflicht; → Einkommensteuer, 2). Durch das Außensteuergesetz werden Deutsche, die innerhalb der letzten 10 Jahre vor ihrem Wegzug in ein Niedrigsteuerland (Steueroase) mindestens 5 Jahre als dt. Staatsangehöriger unbeschränkt steuerpflichtig waren, einer erweiterten beschränkten Steuerpflicht unterworfen. Voraussetzung ist, dass wesentli-

che wirtschaftliche Interessen im Inland beibehalten werden und die Summe der beschränkt steuerpflichtigen → Einkünfte im jeweiligen Veranlagungsjahr 16.500 EUR übersteigt. Diese Personengruppe unterliegt in den nächsten 10 Jahren nach Wegzug nicht nur mit den inländischen Einkünften (§ 49 EStG) der Einkommensteuer, sondern mit allen Einkünften, die nicht ausländische Einkünfte iSd § 34d EStG sind. Stirbt ein erweitert beschränkt Einkommensteuerpflichtiger innerhalb dieser 10 Jahre, so sind seine im Ausland lebenden Erben mit dem Inlandsvermögen erbschaftsteuerpflichtig (§ 4 AStG).

In § 6 AStG legt das Außensteuergesetz fest, dass der Wertzuwachs wesentlicher Beteiligungen an inländischen Kapitalgesellschaften im Falle der Auswanderung und in bestimmten Umgehungsfällen, zB Schenkung an einen beschränkt Steuerpflichtigen, zu versteuern ist. Falls unbeschränkt Steuerpflichtige und bestimmte Auswanderer eine Kapitalgesellschaft in einem Niedrigsteuerland beherrschen und diese Gesellschaft „nichtaktive Einkünfte" hat, so ist die Gesellschaft → Zwischengesellschaft für diese Einkünfte. Diese Einkünfte der ausländischen Gesellschaft (→ Zwischeneinkünfte) sind beim Einkommen des beteiligten Inländers zu berücksichtigen (§§ 7–14 AStG); dies gilt auch für nachgeschaltete Zwischengesellschaften. Überwiegen die Zwischeneinkünfte mit Kapitalanlagecharakter, so kann dies bereits bei einer Beteiligung von weniger als 1 vH (§ 7 VI AStG) gelten, es sei denn, mit der Hauptgattung der Aktien der ausländischen Gesellschaft findet ein wesentlicher und regelmäßiger Handel an einer anerkannten Börse statt. Die Abkommen zur Vermeidung von → Doppelbesteuerung (DBA) gehen dem Außensteuergesetz vor. Zur Anwendung des Außensteuergesetzes BMF BStBl. I 2004, Sonderheft 1; → Basisgesellschaft.

Im Juni 2021 wurde mit großer Zeitverzögerung (die EU-Richtlinie hätte eigentlich bis Ende 2019 umgesetzt werden müssen, weshalb die EU-Kommission sogar ein Vertragsverletzungsverfahren gegen Deutschland eingeleitet hatte) das Gesetz zur Umsetzung der Anti-Steuervermeidungsrichtlinie (ATAD-Umsetzungsgesetz) verabschiedet (BGBl. 2021 I 2035). Mit dem Gesetz sollen insbesondere EU-Vorgaben zur Entstrickungs- und Wegzugsbesteuerung umgesetzt werden sowie die Hinzurechnungsbesteuerung zeitgemäß und rechtssicher ausgestaltet werden. Ferner sollen die Regelungen zur Sicherstellung einer fairen Aufteilung der Besteuerungsrechte der Staaten bei multinationalen Unternehmen neu gestaltet und eine klare Rechtsgrundlage für Vorabverständigungsverfahren (§ 89a AO) geschaffen werden.

Außenverhältnis
→ Auftrag, → Vollmacht.

Außenvollmacht
→ Vollmacht.

Außenwirkung (Verwaltungsrecht)
→ Verwaltungsvorschriften, → Rechtsnormen, → Weisungsrecht, → Verwaltungsakt (2).

Außenwirtschaftsrecht
1. Europarechtlicher Hintergrund: Das Recht der Wirtschaftsbeziehungen zwischen der → Europäischen Union und Drittländern gehört zur ausschließlichen Zuständigkeit der Union und wird als gemeinsame → Handelspolitik bezeichnet (Art. 3 AEUV). Wegen der inhaltlichen Gestaltung s. dort. Daneben bleibt wenig Raum für materielle Regelungen des Außenwirtschaftsrechts durch die Mitgliedstaaten, deren Vorschriften überwiegend das außenwirtschaftliche Verfahren, also zB Behördenzuständigkeiten, Genehmigungsverfahren, Meldeverpflichtungen, betreffen.

2. Deutschland: a) Das Außenwirtschaftsrecht der BRep. ist hauptsächlich im Außenwirtschaftsgesetz (AWG) v. 6.6.2013 (BGBl. 2013 I 1482) mÄnd sowie in der AußenwirtschaftsVO (AWV) v. 2.8.2013 (BGBl. 2013 I 2865) mÄnd enthalten. Das AWG idF v. 27.5.2009 (BGBl. 2009 I 1150) mÄnd wurde mitsamt der Einfuhrliste aufgehoben.

b) Der Güter-, Dienstleistungs-, Kapital-, Zahlungs- und sonstige Wirtschaftsverkehr mit dem Ausland sowie der Verkehr mit Auslandswerten und Gold zwischen Inländern (kurz: Außenwirtschaftsverkehr) ist grundsätzlich frei (§ 1 AWG). Er kann jedoch durch Verbote oder Genehmigungserfordernisse eingeschränkt werden. Die Ermächtigungsgrundlagen für den Erlass entsprechender Rechtsverordnungen oder Verwaltungsakte enthalten die §§ 4–7 AWG. Sie setzen die Gefährdung wichtiger Rechtsgüter, etwa wesentlicher Sicherheitsinteressen oder der auswärtigen Beziehungen der BRep., voraus.

c) Der 2. Teil des AWG (§§ 10–16 AWG) enthält ergänzende Vorschriften, insbes. Ermächtigungen zum Erlass von Verfahrens- und Meldevorschriften (§ 11 AWG) und Zuständigkeitsbestimmungen für den Erlass von Verwaltungsakten (§ 13 AWG). Danach ist grundsätzlich zuständig das → Bundesamt für Wirtschaft und Ausfuhrkontrolle, im Bereich des Kapital- und Zahlungsverkehrs die → Bundesbank. Ohne erforderliche Genehmigung abgeschlossene Rechtsgeschäfte sind unwirksam; nachträgliche Genehmigung heilt rückwirkend (§ 15 AWG).

d) Nach § 5 III AWG iVm §§ 55 ff. AWV kann der Erwerb von mindestens 25 vH der Anteile an einem deutschen Unternehmen durch Investoren, die ihren Sitz außerhalb von EU und → EFTA haben, untersagt oder mit Anordnungen versehen werden. Bei sicherheitsrelevanten Beteiligungen liegt die Schwelle schon bei 10%. Voraussetzung hierfür ist, dass durch den Erwerb die öffentliche Ordnung und Sicherheit iSv Art. 52 AEUV voraussichtlich gefährdet ist. Die Änderung des § 5 II 2 AWG durch das 1. ÄndG führt dazu, dass keine tatsächliche und hinreichend schwere Gefährdung mehr erforderlich ist. Hierdurch wird das AWG an die VO (EU) 2019/425 zur Schaffung eines Rahmens zur Überprüfung ausländischer Direktinvestitionen v. 19.3.2019 (ABl. 2019 L 79 1, sog. EU-Screening-VO) angepasst.

Ziel dieser Regelung ist es, Beteiligungen an wichtigen Industrien durch ausländische Staatsfonds ggf. verhindern zu können. Die EU-Screening-VO benennt Kriterien, die bei dieser Prüfung eine Rolle spielen sollen, etwa kritische Infrastruktur, kritische Technologie, kritische Ressourcen, aber auch Freiheit der Medien. Sie schafft keine einheitliche Investitionskontrolle, sondern verpflichtet den prüfenden Mitgliedstaat zur Benachrichtigung von Kommission und eventuell ebenfalls betroffenen anderen Mitgliedstaaten. Die Entscheidung über das Ob und Wie einer Maßnahme richtet sich weiterhin nach AWG und AWV. Während der → Corona- oder → COVID-19-Krise hatte die EU-Kommission Leitlinien zum Schutz der kritischen Gesundheitsinfrastuktur vor ausländischen Direktinvestitionen herausgegeben (ABl. EU 2020 C 99 I, 1).

e) Der 3. Teil des Ges. (§§ 17–28 AWG) enthält Straf-, Bußgeld- und Überwachungsvorschriften. Als Straftaten eingestuft sind u. a. sicherheits- oder außenpolitisch schwerwiegende vorsätzliche Verstöße wie Ausfuhren ohne Genehmigung, mit erschlichener Genehmigung, entgegen rechtlichen Verboten oder EU-Wirtschaftssanktionen (§ 18 AWG). § 18 I Nr. 1a AWG wird oft im Rahmen der Unterstützung einer ausländischen terroristischen Vereinigung relevant, insbesondere bei der Unterstüzung des s. g. „IS“. Fahrlässige Verstöße stellen Ordnungswidrigkeiten dar. Erfasst werden auch → Auslandsdelikte Deutscher. Die Außenhandelsstatistik beruht auf dem Gesetz über die Statistik des grenzüberschreitenden Warenverkehrs v. 1.5.1957 (BGBl. 1957 I 413) mit DVO idF v. 29.7.1994 (BGBl. 1994 I 1993) jeweils mÄnd.

3. Wer Zinn, Tantal, Wolfram oder Gold in die EU einführt, muss nach der VO (EU) 2017/821 v. 17.5.2017 (ABl. EU 2017 L 130, 1) seine Lieferketten prüfen und ein Lieferketten-Risikomanagement einführen. Ziel der Verordnung ist es, die Finanzierung von bewaffneten Konflikten und Menschenrechtsverletzungen durch illegalen Mineralabbau zu reduzieren. Die Einfuhr solcher Metalle aus Konflikt- und Hochrisikogebieten zu Gunsten von bewaffneten Gruppen oder Sicherheitskräften soll daher erschwert werden. Die Durchführung regelt das Mineralische-Rohstoffe-Sorgfaltspflichten-Gesetz (MinRohSorgG) v. 17.5.2020 (BGBl. 2020 I 864); zuständige Behörde ist die Bundesanstalt für Geowissenschaften und Rohstoffe. Ähnliche Vorschriften gibt es für die Ein- und Ausfuhr von Rohdiamanten nach dem → Kimberley-Prozess.

4. Ohne unmittelbar außenwirtschaftlichen Zielen zu dienen, knüpfen an Tatbestände des Außenwirtschaftsrechts zB Vorschriften über Zölle (→ Zoll), → Verbrauchsteuern, gesundheitsrechtliche Vorschriften und Vorschriften über → Kriegswaffen an.

5. → Ausfuhr, → Ausfuhrliste, → Ausfuhrverbot, → Dual-Use-Güter, → Einfuhr.

Außergerichtliche Kosten
Außergerichtliche Kosten sind der Teil der → Prozesskosten, die nicht → Gerichtskosten sind. Das sind insbes. die Anwaltsgebühren, die für das Gerichtsverfahren anfallen (→ Rechtsanwaltsgebühr), Gerichtsvollzieherkosten, Reisekosten und Entschädigung für Zeitversäumnis. Für die außergerichtlichen Kosten kann ein → Kostenerstattungsanspruch bestehen.

Außergerichtliche Streitbeilegung
→ Mediation, → Schiedsverfahren.

Außergerichtliches Rechtsbehelfsverfahren
ist das in der → Abgabenordnung geregelte Rechtsschutzverfahren (§§ 347 ff. AO). Demnach ist gegen die in § 347 AO aufgezählten → Verwaltungsakte, insbes. gegen den → Steuerbescheid, als außergerichtlicher Rechtsbehelf der → Einspruch (2) gegeben. Einspruchsberechtigt ist derjenige, der durch einen Verwaltungsakt beschwert ist (§ 350 AO). Der Einspruch muss schriftlich oder zur Niederschrift eingelegt werden. Die Einspruchsfrist beträgt einen Monat nach Bekanntgabe. Die Behörde, die den Verwaltungsakt erlassen hat, entscheidet schriftlich über den Einspruch (§§ 366, 367 AO). Wird die Einspruchsfrist versäumt, so kann ggf. → Wiedereinsetzung in den vorigen Stand beantragt werden.

Durch den Einspruch wird die Vollziehung des angefochtenen Verwaltungsakts nicht gehemmt. Das Finanzamt kann daher auch bei offenen Einspruchsverfahren bereits vollstrecken. Soll dies verhindert werden, so ist zusätzlich die Aussetzung der Vollziehung (§ 361 AO) zu beantragen; → Vollziehung, sofortige (2). Das Finanzamt entscheidet über den Einspruch durch Einspruchsentscheidung (§ 367 AO). Es kann aber auch dem Einspruch durch Änderungsbescheid abhelfen (→ Abhilfe, → schlichte Änderung). Grundsätzlich ist die Durchführung des außergerichtlichen Rechtsbehelfsverfahrens, das auch Vorverfahren genannt wird, vor Klageerhebung erforderlich. Ausnahmen bestehen ua bei der → Sprungklage (§ 45 FGO) und bei der Untätigkeitsklage (§ 46 FGO).

Außergeschäftsraumvertrag
→ Außerhalb von Geschäftsräumen geschlossene Verträge (AGV).

Außergewöhnliche Belastungen
→ Belastungen, außergewöhnliche.

Außerhalb von Geschäftsräumen geschlossene Verträge (AGV)
Der Begriff der AGV (nichtamtliche Abkürzung) ersetzt seit der Umsetzung der → Verbraucherrechterichtlinie zum 13.6.2014 den früher bekannten Begriff der → Haustürgeschäfte und weitet den bisherige Anwendungsbereich aus. Zweck der Vorschrift ist der Schutz des Verbrauchers vor Überrumplungssituationen. AGV sind Verträge zwischen einem → Unternehmer und einem → Verbraucher, die bei gleichzeitiger persönlicher Anwesenheit (nicht also per Telefon, dann ggf. aber → Fernabsatzvertrag) der Parteien an einem Ort geschlossen werden, der kein Geschäftsraum des Unternehmers ist, § 312b I 1 Nr. 1 BGB. Geschäftsräume sind unbewegliche Gewerberäume, in denen der Unternehmer seine Tätigkeit dauerhaft ausübt, sowie bewegliche Geschäftsräume, in denen der Unternehmer seine Tätigkeit gewöhnlich ausübt (zB Verkaufwägen auf Wochenmärkten, Messestand), § 312b II BGB. Vom Anwendungsbereich erfasst werden zB Verträge, die in der Wohnung oder am Arbeitsplatz des Verbrauchers, in der Wohnung eines Dritten (sog. Partyverkäufe), in einem Restaurant, Hotel oder Seniorenheim oder bei Freizeitveranstaltungen abgeschlossen werden. Nach § 312b I 1 Nr. 2 BGB genügt es, wenn der Verbraucher an einem dieser Orte und unter Anwesenheit des Unternehmers ein Vertragsangebot abgibt und der Unternehmer das Angebot später, zB in seinen Geschäftsräumen, annimmt. Nach § 312b I 1 Nr. 3 BGB erfasst werden Vertragsabschlüsse, die zwar in Geschäftsräumen oder telefonisch erfolgen, bei denen der Verbraucher aber unmittelbar vorher außerhalb der Geschäftsräume angesprochen worden ist, ein enger zeitlicher Zusammenhang ist erforderlich. § 312b I 1 Nr. 4 BGB erfasst Verträge, die auf einem Ausflug geschlossen werden, der vom Unternehmer organisiert wird, um bei Verbrauchern für den Verkauf von Waren oder Dienstleistungen zu werben (Kaffeefahrten). Handelt für den Verbraucher ein Vertreter, kommt es idR auf dessen Situation an. Lässt der Unternehmer einen Vertreter oder Gehilfen für sich handeln, muss er es sich zurechnen lassen, wenn dieser in einer der aufgezählten Situationen handelt, § 312b I 2 BGB. § 312b BGB greift grds. auch, wenn die Initiative zum Vertragsschluss vom Verbraucher ausgeht. Der Unternehmer hat umfassende Informationspflichten nach § 312d BGB, Art. 246a EGBGB. Die in Erfüllung dieser Informationspflichten gemachten Angaben werden Inhalt des Vertrags, § 312d I 2 BGB. Zur Verletzung von Informationspflichten über Kosten und Dokumentationspflichten s. § 312e, f BGB (seit 28.5.2022 bußgeldbewehrt nach Art. 246e EGBGB). Zur Erweiterung und Neufassung der Informationspflichten, insbes. hinsichtlich digitaler Produkte, seit 28.5.2022 s. Art. 246a EGBGB, s. hierzu → Modernisierungsrichtlinie, sa → Digitale-Inhalte-Richtlinie. Dem Verbraucher steht bei AGV ein Widerrufsrecht zu (§ 312g I BGB), welches 14 Tage nach Vertragsschluss beginnt (§ 355 II BGB; zu den Voraussetzungen und Rechtsfolgen §§ 355 ff. BGB; zur Bußgeldbewehrung seit 28.5.2022 Art. 246e EGBGB; zu den seit 28.5.2022 geltenden Änderungen im Widerrufsrecht, insbes. bei Verträgen über digitale Dienstleistungen, s. § 356 IV, V BGB; sa → Verbrauchervertrag). Hiervon ausgenommen sind allerdings zB Verträge über individuell gefertigte Waren, über schnell verderbliche Waren, über versiegelte Waren, deren Versiegelung entfernt wurde, über Waren, deren Preis Marktschwankungen unterliegt oder über Reparatur- und Instandhaltungsarbeiten, § 312g II BGB. Sa → Verbrauchervertrag, → Verbrauchsgüterkauf, → Verbraucherverträge über digitale Produkte, → Fernabsatzvertrag, → Elektronischer Geschäftsverkehr.

Außerordentliche Beschwerde
→ Beschwerde.

Außerordentliche Einkünfte
sind solche, die nicht regelmäßig erzielt werden. Dazu gehören Veräußerungsgewinne (§§ 14, 14a I EStG, §§ 16, 18 III EStG), Entschädigungszahlungen (dazu gehören auch → Abfindungen), Nutzungsvergütungen, Vergütungen für mehrjährige Tätigkeiten, Einkünfte aus außerordentlichen Holznutzungen/Kalamitätsnutzungen (§§ 34 II, 34b EStG). Diese sind zusammen mit den laufenden Einkünften zu versteuern. Um eine erhöhte Steuerbelastung infolge der außerordentlichen Einkünfte zu vermeiden, werden diese auf unwiderruflichen Antrag ermäßigt besteuert (§ 34 I EStG).

Die Besteuerung erfolgt grundsätzlich nach der sog. Fünftel-Regelung. Demnach wird die Steuer für außerordentliche Einkünfte in mehreren Schritten ermittelt: 1. Auf das zu versteuernde Einkommen (zvE) ohne die außerordentlichen Einkünfte wird die Einkommensteuer nach dem Regeltarif ermittelt. 2. Anschließend folgt die Ermittlung der Einkommensteuer nach dem Regeltarif für das um ein Fünftel der außergewöhnlichen Einkünfte erhöhte zvE. 3. Die Differenz der in den Stufen 1 und 2 errechneten Steuerbeträge wird ermittelt und verfünffacht. 4. Die in Stufe 1 und Stufe 3 ermittelten Beträge werden addiert. Für Veräußerungsgewinne aus Betriebsaufgaben und Betriebsveräußerungen besteht unter bestimmten Voraussetzungen ein Besteuerungswahlrecht. Diese können auch mit 56 vH des durchschnittlichen Steuersatzes besteuert werden, → Veräußerungsgewinne.

Außerordentliche Kündigung
→ Kündigung, → Kündigungsschutz für Arbeitnehmer.

Außerordentliches Testament
→ Testament (3).

Außerplanmäßige Ausgaben
(Staatshaushalt) → Haushaltsrecht.

Außerplanmäßige Professoren
Nach Maßgabe des jeweiligen Landesrechts (→ Hochschulrecht) können → Privatdozenten oder andere Personen, die formal zu Professoren ernannt werden könnten, zu außerplanmäßigen Professoren ernannt werden. Anders als hauptberufliche → Hochschullehrer erhalten außerplanmäßige Professoren keine feste Besoldung.

Außertarifliche Angestellte
Außertarifliche Angestellte (oder: AT-Angestellte) sind solche, die dem jeweiligen persönlichen Anwendungsbereich eines Tarifvertrags nicht unterfallen, va weil ihre Vergütung die höchste Tarifgruppe übersteigt oder sie bestimmte Tätigkeiten ausüben. Die vertragliche Vereinbarung der Stellung als außertarifliche Angestellte kann uU dahin verstanden werden, dass dieser Vergütungsabstand auch bei späteren Erhöhungen des Tariflohnes beizubehalten ist. Auch wenn es sich bei außertariflichen Angestellten oft um → leitende Angestellte handelt, sind beide Begriffe voneinander zu trennen. Sofern der außertarifliche Angestellte nicht leitender Angestellter iSv § 5 III BetrVG ist, besteht ein Mitbestimmungsrecht des Betriebsrates hinsichtlich des Entgeltsystems (§ 87 I Nr. 10 BetrVG).

Aussetzen von Tieren
§ 3 Nr. 3 TierschutzG verbietet es, Tiere aus der Obhut des Menschen auszusetzen oder sie zurückzulassen, um sich ihrer zu entledigen oder seiner Halter- oder Betreuerpflicht zu entziehen. Das gilt insbes. auch für gezüchtete oder aufgezogene Wildtiere, die nicht ohne besondere Vorbereitung in der Natur ausgesetzt werden dürfen (§ 3 Nr. 4 TierschutzG). Das Bußgeld kann 25.000 EUR erreichen.

§ 40 BNatSchG stellt das Ausbringen von Tieren grundsätzlich unter Genehmigungspflicht. Der Einsatz zum Pflanzenschutz und das Ansiedeln von Tieren, die dem Fischerei- oder → Jagdrecht unterliegen, sind ausgenommen (→ invasive gebietsfremde Arten). Bußgelder können bis zu 10.000 EUR betragen.

S. a. → Tierhaltung.

Aussetzung
Straftatbestand nach § 221 StGB, der im Grundtatbestand ein konkretes → Gefährdungsdelikt normiert: Wer vorsätzlich einen Menschen in hilflose Lage versetzt (§ 221 I Nr. 1 StGB) oder wer ihn in hilfloser Lage im Stich lässt, obwohl er zur Obhut oder Versorgung (Unterbringung usw.) verpflichtet ist (§ 221 I Nr. 2 StGB), und ihn jeweils dadurch der Gefahr des Todes oder einer schweren Gesundheitsschädigung aussetzt, wird nach § 221 StGB mit Freiheitsstrafe von 3 Monaten bis zu 5 Jahren bestraft. Dabei enthält § 221 I Nr. 2 StGB ein echtes → Sonderdelikt und nach BGHSt 57, 28 zugleich ein echtes → Unterlassungsdelikt. Die Strafe ist mindestens 1–10 Jahre, wenn der Täter die Tat gegen sein Kind oder eine ihm zur Erziehung oder Betreuung anvertraute Person begeht oder wenn er eine schwere Gesundheitsschädigung des Opfers verursacht (§ 221 II StGB). Hat der Täter den Tod des Opfers verursacht, ist Freiheitsstrafe nicht unter 3 Jahren zu verhängen (§ 221 III StGB). Die beiden letztgenannten Varianten bilden Erfolgsqualifikationen (→ erfolgsqualifiziertes Delikt) iSv § 18 StGB, dh bzgl. der schweren Folge muss der Täter mindestens fahrlässig gehandelt haben. S. a. → Menschenraub, → Babyklappe.

Aussetzung der Hauptverhandlung
in Strafsachen ist (zum Unterschied von der → Unterbrechung) die Vertagung mit der Folge, dass mit der HV von neuem begonnen werden muss. Über die Aussetzung der Hauptverhandlung entscheidet das Gericht, während kürzere Unterbrechungen vom Vorsitzenden angeordnet werden (§ 228 StPO). Die Aussetzung ist erforderlich, wenn ein Beweismittel während des für eine Unterbrechung zulässigen Höchstzeitraums (§ 229 StPO) nicht herbeigeschafft und die HV daher in dieser Zeit nicht fortgesetzt werden kann. Gleiches gilt, wenn eine Fortsetzung der HV innerhalb der Fristen nach § 229 StPO wegen Krankheit o. ä. eines Richters oder des Angeklagten scheitert. Auszusetzen ist auch dann, wenn das Gericht, insbes. nach § 222b II 2 StPO, einen nicht behebbaren Besetzungsmangel feststellt (nach aA ist die HV dann ohne weiteres beendet). Gesetzlicher Anspruch auf Aussetzung oder Unterbrechung kann bestehen, wenn der Angeklagte Nichteinhaltung der Ladungsfrist rügt oder bei Anwaltswechsel der Verteidiger oder bei veränderter Rechts- oder Sachlage der Angeklagte Zeit für die Vorbereitung der Verteidigung beansprucht (§ 217 II StPO, § 265 III, IV StPO, § 145 III StPO).

Aussetzung der Insolvenzantragspflicht
→ Insolvenzantrag, → COVID-19-Folgenabmilderungsgesetz.

Aussetzung des Strafausspruchs
→ Jugendstrafe, → Verwarnung mit Strafvorbehalt.

Aussetzung der Wehrpflicht
2011 wurde die → Wehrpflicht zunächst durch Beschluss des Bundeskabinetts und dann durch Gesetz ausgesetzt. Nachdem die Dauer des Grundwehrdienstes vorher bereits mehrfach auf zuletzt sechs Monate verkürzt worden war, beschloss die Bundesregierung im Dezember 2010, ab dem 1.3.2011 keine Wehrpflichtigen mehr gegen ihren Willen einzuberufen. Durch das Wehrrechtsänderungsgesetz v. 28.4.2011 (BGBl. 2011 I 678) wurde das Wehrpflichtgesetz (WPflG) geändert und die Wehrpflicht nach Art. 12a I GG zwar nicht abgeschafft, aber auf den → Spannungsfall oder → Verteidigungsfall beschränkt (§ 2 WPflG). Damit besteht im Frieden keine Grundwehrdienstpflicht mehr. Wehrpflichtige, die noch

vor dem 1.3.2011 einberufen wurden, konnten zum Ablauf des 30.6.2011 ihre Entlassung beantragen.

Aussetzung der (sofortigen) Vollziehung
→ Vollziehung, sofortige.

Aussetzung der Zwangsvollstreckung
→ Vollstreckungsschutz.

Aussetzung eines Verfahrens
Aussetzung eines Verfahrens bedeutet Stillstand des Verfahrens auf Grund gerichtlicher Anordnung. Sie ist aus zahlreichen Gründen und nach vielen gesetzlichen Vorschriften zulässig. Die wichtigsten sind §§ 148, 149, 246 ZPO, § 114 SGG sowie (Aussetzung der Verhandlung) § 94 VwGO, § 74 FGO, §§ 145, 265 StPO. Die Aussetzung kann dem Zweck dienen, bei mehreren zugleich laufenden Verfahren über den gleichen oder ähnlichen Gegenstand widersprechende Entscheidungen zu vermeiden oder die Entscheidung einer Vorfrage abzuwarten, über die ein anderer Rechtsstreit oder ein Verwaltungsverfahren schwebt. Über die Rechtsfolgen der Aussetzung → Stillstand des Verfahrens. S. a. → Aussetzung der Hauptverhandlung.

Aussetzung im Strafrecht
1. als Straftatbestand (§ 221 StGB) → Aussetzung.
2. der Strafe/Jugendstrafe → Strafaussetzung, → Jugendstrafe.
3. der Strafvollstreckung → Strafaufschub, → Strafaussetzung (1).
4. des Strafausspruchs → Jugendstrafe, → Verwarnung mit Strafvorbehalt.

Aussetzungszinsen
→ Vollziehung, sofortige (2).

Aussichtsgerechtigkeit
→ Grunddienstbarkeit.

Aussiedler
Der Begriff Aussiedler ist verwendet worden für Zuwanderer aus den Staaten des Ostblocks. Die Bezeichnung wurde für diesen Personenkreis bis zum 31.12.1992 verwendet. Ab 1.1.1993 wurde der Personenkreis als → Spätaussiedler bezeichnet. Die Anerkennung richtet sich nach dem → Bundesvertriebenengesetz (BVFG). Leistungen an diese Personen können sich aus dem Lastenausgleichsgesetz ergeben. In der gesetzlichen → Rentenversicherung richtet sich die Anerkennung von → Versicherungszeiten nach dem Fremdrentengesetz (FRG).

Aussonderung
Wer auf Grund eines dinglichen oder persönlichen Rechts geltend machen kann, dass ein Gegenstand im Besitz des Schuldners nicht zur → Insolvenzmasse gehört, ist kein Insolvenzgläubiger. Er kann seinen Anspruch auf Herausgabe gegen den → Insolvenzverwalter außerhalb des → Insolvenzverfahrens nach den hierfür geltenden allgemeinen Vorschriften durchsetzen (§ 47 InsO), also beispielsweise durch eine Herausgabeklage vor dem Zivilgericht. Das betroffene Recht wird damit gegenständlich, und nicht nur nach seinem Wert geschützt (Abgrenzung zur → Absonderung). Zur Aussonderung berechtigen solche dinglichen und persönlichen Rechte, auf die eine → Drittwiderspruchsklage gestützt werden kann, insbes. das Eigentum (praktisch besonders wichtig bei Warenlieferung an den Schuldner unter → Eigentumsvorbehalt). Hat der Gläubiger aber das Eigentum vom Schuldner nur zur Sicherheit übertragen erhalten (insbes. → Sicherungsübereignung, verlängerter → Eigentumsvorbehalt), unterliegt es (wie ein → Pfandrecht) nur der → Absonderung. S. a. → Ersatzaussonderung.

Ausspähen von Daten
Straftatbestand nach § 202a StGB. Danach wird mit Freiheitsstrafe bis zu 3 Jahren oder mit Geldstrafe bestraft, wer unbefugt sich oder einem anderen Zugang zu Daten, die nicht für ihn bestimmt und gegen unberechtigten Zugang besonders gesichert sind, unter Überwindung der Zugangssicherung verschafft (sog. Computerspionage). Damit wird das sog. Hacking erfasst. Zur Frage, was als "Daten" durch die Norm geschützt wird, enthält § 202a II StGB eine einschränkende Definition, auf die auch in einigen anderen Straftatbeständen zur → Computerkriminalität (§§ 202b–202d, 274, 303a, 303b StGB, nicht dagegen zB in §§ 263 und 269 StGB) Bezug genommen wird: Daten iSd Tatbestands sind danach nur solche, die elektronisch, magnetisch oder sonst nicht unmittelbar wahrnehmbar gespeichert sind oder übermittelt werden. Verfolgung nur nach → Strafantrag oder bei besonderem öffentl. Interesse an der Strafverfolgung (§ 205 StGB). Strafbar macht sich auch, wer eine solche Straftat vorbereitet, indem er Passwörter oder Sicherungscodes, die den Zugang ermöglichen, oder Computerprogramme, deren Zweck die Begehung einer solchen Straftat ist, herstellt, verschafft, überlässt, verbreitet oder sonst zugänglich macht (§ 202c StGB). → Abfangen von Daten, → Datenhehlerei, → Datenveränderung, → Computersabotage.

Ausspähung von Staatsgeheimnissen
begeht, wer sich ein → Staatsgeheimnis (s. § 93 StGB) in der Absicht verschafft, es zu verraten (ohne dass es zum Landesverrat kommt); die Tat wird nach § 96 I StGB (Landesverräteriche Ausspähung) mit Freiheitsstrafe von 1–10 Jahren bestraft. Mit dem Verbrechenstatbestand werden entsprechende Vorbereitungshandlungen zum → Landesverrat (§ 94 StGB), dh zu gegen die äußerer Sicherheit der BRD im Verhältnis zu fremden Staaten gerichteten Mitteilungen von Staatsgeheimnissen, selbständig unter Strafe gestellt. In gleicher Weise bildet § 96 II StGB (Auskundschaften von Staatsgeheimnissen) einen Vorfeldtatbestand zum Offenbaren von Staatsgeheimnissen nach § 95 StGB, dh zur bloßen Weitergabe an einen Unbefugten oder zur öffentlichen Be-

kanntmachung. Gegenüber § 96 I StGB ist der Strafrahmen von § 96 II StGB auf Freiheitsstrafe von 6 Mon. bis zu 5 Jahren reduziert.

Aussperrung
Aussperrung ist eine Maßnahme des → Arbeitskampfs; sie besteht darin, dass der Arbeitgeber das Arbeitsverhältnis mit dem Arbeitnehmer aufhebt. Die Aussperrung stellt keine Kündigung dar, ist daher auch nicht an Kündigungsfristen und → Kündigungsschutz gebunden. Sie hat idR nur suspendierende, nicht das → Arbeitsverhältnis endgültig auflösende Wirkung (BAG v. 21.4.1971 – GS 1/68 BAG, NJW 1971, 1668), führt also zur Wiederbeschäftigung der Arbeitnehmer nach Beendigung des Arbeitskampfs. Die Aussperrung ist aus dem Prinzip der Waffengleichheit (entsprechend dem → Streik) als rechtmäßiges Mittel des Arbeitskampfes anerkannt, wenn sie der Abwehr von Streikmaßnahmen dient (keine Angriffsaussperrung), ihr Umfang sich am → Verhältnismäßigkeitsgrundsatz orientiert (zB bei Schwerpunktstreiks) und nicht auf bestimmte Gruppen von Arbeitnehmern (zB Gewerkschaftsmitglieder) beschränkt ist (BAG v. 10.6.1980 – 1 AZR 822/79, NJW 1980, 1642; BVerfG v. 26.6.1991 – 1 BvR 779/85, NJW 1991, 2549). Eine autonome Regelung der Tarifparteien durch → Tarifvertrag oder → Betriebsvereinbarung hat Vorrang. Mit wirksamer Aussperrung, die auch gegenüber nicht streikenden Arbeitnehmern erklärt werden kann, entfällt insbes. die Arbeits- und Lohnzahlungspflicht. Eine nach obigen Grundsätzen rechtswidrige Aussperrung verpflichtet zum → Schadensersatz aus den gleichen Gründen, die einen Streik rechtswidrig machen. Bei einer rechtmäßigen Aussperrung bleibt die Krankenkassenmitgliedschaft bis zu deren Ende erhalten. Bei rechtmäßiger Aussperrung bleibt das Versicherungsverhältnis in der → Sozialversicherung bestehen; Arbeitspflicht, Entgeltanspruch und Beitragszahlung entfallen (§ 192 I SGB V). Zur Zahlung von Arbeitslosengeld während einer Aussperrung s. § 160 SGB III. Abzugrenzen ist die Aussperrung von der → Betriebsstilllegung (2).

Ausspielung
→ Lotterie.

Ausstand
→ Streik.

Ausstattung
ist alles, was einem Kind mit Rücksicht auf seine Verheiratung oder auf die Erlangung einer selbständigen Lebensstellung von den Eltern zugewendet wird (§ 1624 BGB), insbes. Heiratsgut, Mittel zur Berufsausbildung oder Geschäftsgründung usw. Die A. gilt, obwohl hierauf – anders als früher bei der weggefallenen → Aussteuer – kein Anspruch besteht, nur insoweit als Schenkung, als sie das den Umständen – insbes. den Vermögensverhältnissen der Eltern – entsprechende Maß übersteigt; ein A.versprechen (dann klagbarer Anspruch) ist daher formlos möglich. Hinsichtlich der Gewährleistung für Sach- und Rechtsmängel wird jedoch die Aussteuer wie eine Schenkung behandelt (§ 1624 II BGB). Über Zuwendungen Dritter → Mitgift. → Ausgleichung von Vorempfängen und Vorleistungen.

Ausstattung des Arbeitszimmers
Die Raumausstattung (zB Bodenbeläge, Tapeten, Vorhänge) kann nur dann als → Werbungskosten oder → Betriebsausgabe steuerlich zu berücksichtigen sein, wenn der Raum überhaupt als → Arbeitszimmer steuerlich anerkannt wurde. Hier gelten die gleichen Abzugsbeschränkungen wie beim Arbeitszimmer. Die dortige Obergrenze iHv 1.250 EUR erfasst nicht nur die Raumkosten, sondern auch die Kosten der Ausstattung. Dagegen können → Arbeitsmittel unabhängig von der Anerkennung des Arbeitszimmers steuerlich berücksichtigt werden. Gegenstände, die nur der Ausschmückung des Raumes dienen, sind grundsätzlich nicht zu berücksichtigen.

Ausstattung von Waren
→ Marken.

Aussteller
→ Wechsel, → Scheck, → Inhaberschuldverschreibung, → Urkunde.

Ausstellungsrecht
ist ein → Verwertungsrecht, das dem Urheber (→ Urheberrecht) eines unveröffentlichten Werkes der bildenden Kunst oder eines Lichtbildwerkes zusteht. Es berechtigt dazu, das Werk in körperlicher Form öffentlich zur Schau zu stellen (§ 18 UrhG). Der Eigentümer des Originals eines solchen Werks ist ebenfalls berechtigt, dieses öffentlich auszustellen, es sei denn, dass der Urheber dies bei der Veräußerung des Originals ausdrücklich ausgeschlossen hat (§ 44 II UrhG).

Aussteuer
Der frühere Anspruch einer Tochter gegen ihre Eltern anlässlich ihrer bevorstehenden Heirat auf eine angemessene Aussteuer zur Einrichtung des Haushalts ist durch das → Gleichberechtigungsgesetz ersatzlos gestrichen worden. Sofern von den Eltern keine → Ausstattung gegeben wird, besteht daher ein Anspruch nur noch im Rahmen des allgemeinen Unterhaltsanspruchs (→ Unterhaltspflicht unter Verwandten).

Aussteuerung
nennt man den Ablauf der Geldleistungen in der gesetzlichen → Krankenversicherung nach Erhalt der Leistungen für die maximale Dauer von 78 Wochen (vgl. zu den Voraussetzungen der Dauer der Krankengeldleistung § 48 SGB V). Nach Ende des Krankengeldbezugs kann uU ein Anspruch auf → Arbeitslosengeld unter den Voraussetzungen des § 145 SGB III bestehen (sog. Nahtlosigkeitsregelung). Dafür ist eine Feststellung des ärztlichen Dienstes der → Agentur für Arbeit erforderlich, dass eine mindestens 15 Wochenstunden umfas-

sende Beschäftigung unter den üblichen Bedingungen des Arbeitsmarktes für mehr als sechs Monate nicht möglich ist. Die endgültige Entscheidung, ob eine verminderte Erwerbsfähigkeit vorliegt, trifft der Rentenversicherungsträger.

Ausstrahlung
eines Arbeitsverhältnisses ins Ausland. Im Bereich der Sozialversicherung gilt das Territorialitätsprinzip. Dieses besagt, dass deutsches Sozialversicherungsrecht nur in der Bundesrepublik anzuwenden ist. Wird ein Arbeitnehmer im Rahmen eines inländischen Arbeitsverhältnisses vorübergehend ins Ausland entsandt, so bleibt er in der deutschen → Sozialversicherung versichert, vorbehaltlich anderer Regelung durch EU-Recht oder zwischenstaatlicher Abkommen. Die Weitergeltung deutschen Sozialrechts wird auf Antrag von der Krankenkasse festgestellt. Diese stellen darüber die bestätigende Bescheinigung A1 aus. Für versicherte Selbständige gilt dies entsprechend (§ 4 SGB IV). Zur → Einstrahlung s. § 5 SGB IV.

Austauschpfändung
Eine Austauschpfändung liegt vor, wenn der Gläubiger in der Zwangsvollstreckung dem Schuldner für eine höherwertige unpfändbare Sache (→ Unpfändbarkeit) nach §§ 811a, 811b ZPO ein Ersatzstück oder Geld für die Anschaffung eines solchen zur Verfügung stellt, damit er die höherwertige Sache pfänden und verwerten lassen kann.

Austauschtheorie
→ Schadensersatz (3, 4).

Austauschverträge
Das GWB verwendete diesen Begriff früher für → Vertikalvereinbarungen (sa → Ausschließlichkeitsbindungen), und zwar im Gegensatz zu Vereinbarungen usw. zwischen miteinander im Wettbewerb stehenden Unternehmen (→ Kartell). Die Änderung der Terminologie ist auch bedingt durch eine neue Begriffsbildung. → Gegenseitiger Vertrag (1), → Vertrag, öffentlich-rechtlicher (2).

Austauschvertrag
→ Gegenseitiger Vertrag.

Austritt
- aus einem Verein → Verein (1c); – aus der Kirche → Kirchenaustritt; – eines Gesellschafters → Gesellschaft des bürgerlichen Rechts (5), → Offene Handelsgesellschaft (6), → Gesellschaft mit beschränkter Haftung (3).

Ausübender Künstler
Der Begriff des ausübenden Künstlers im Sinne des → Urheberrechts ist in § 73 UrhG legaldefiniert. Danach gilt als ausübender Künstler derjenige, der ein Werk oder eine Ausdrucksform der Volkskunst aufführt, singt, spielt oder auf eine andere Weise darbietet oder an einer solchen Darbietung künstlerisch mitwirkt. Die Rechtsposition des ausübenden Künstlers ist zwar schwächer als diejenige eines → Urhebers, rechtlos gestellt ist er indes nicht. So steht ihm insbesondere das ausschließliche Recht zu, seine Darbietung auf → Bild- oder Tonträger aufzunehmen (§ 77 Abs. 1 UrhG) und diesen Bild- oder Tonträger zu vervielfältigen und zu verbreiten (§ 77 Abs. 2 UrhG) sowie seine Darbietung öffentlich zugänglich zu machen (§ 78 Abs. 1 Nr. 1 UrhG iVm § 19a UrhG). Zudem kann er verlangen, in Bezug auf seine Darbietung als ausübender Künstler anerkannt zu werden, und dabei bestimmen, ob und mit welchem Namen er genannt werden möchte (§ 74 Abs. 1 UrhG). Nicht zuletzt steht ihm auch Recht zu, Beeinträchtigungen, die geeignet sind, sein Ansehen oder seinen Ruf als ausübender Künstler zu gefährden, zu untersagen (§ 75 UrhG).

Ausverkauf
→ Räumungsverkauf.

Auswärtige Angelegenheiten
1. Die auswärtigen Angelegenheiten betreffen den Teilbereich der Staatstätigkeit, der die Teilnahme des Staats am Völkerrechtsverkehr (→ Völkerrecht; → völkerrechtliche Streitigkeiten; → völkerrechtliche Vertretung; → völkerrechtlicher Vertrag) betrifft. Die auswärtigen Angelegenheiten betreffen sowohl die Gesetzgebung (s. u. Nr. 2 u. Nr. 3) als auch die Verwaltungs- und Regierungstätigkeit der → vollziehenden Gewalt (Exekutive, s. u. Nr. 4).

2. Nach Art. 73 Nr. 1 GG hat der → Bund die → ausschließliche Gesetzgebung für die auswärtigen Angelegenheiten. Diese Gesetzgebungszuständigkeit betrifft aber nur das Recht der diplomatischen und konsularischen Vertretung der BRep. (→ Diplomat; → diplomatische Beziehungen; → Konsul); Art. 73 Nr. 1 GG regelt nicht die Kompetenzverteilung zwischen Bund und Ländern bezüglich des Erlasses von → Vertragsgesetzen (sa → Ratifikation, → Zustimmungsgesetz). Die Zuständigkeit für den Erlass von Vertragsgesetzen liegt stets dort, wo die Zuständigkeit für den Abschluss des nach innerstaatlichem Recht zustimmungsbedürftigen Vertrages liegt (s. dazu unter Ziffer 3).

3. Nach Art. 32 I GG obliegt die Pflege der auswärtigen Beziehungen dem Bund. Vor dem Abschluss eines → völkerrechtlichen Vertrages (→ Staatsvertrag), der die besonderen Verhältnisse eines Landes betrifft, ist dieses → Land rechtzeitig zu hören (Art. 32 II GG). Soweit die Länder für die Gesetzgebung zuständig sind, können sie mit Zustimmung der BReg. mit auswärtigen Staaten Verträge abschließen (Art. 32 III GG). Diese rudimentäre Regelung des GG wird in der Staatspraxis durch das → Lindauer Abkommen (auch Lindauer Vereinbarung oder Lindauer Beschlüsse) vom 14.11.1957 konkretisiert. Dabei ist davon auszugehen, dass völkerrechtliche Verträge, von wenigen Ausnahmen abgesehen, in der Staatspraxis vom Bund geschlossen werden. Abgestuft nach dem Grad der Aus-

wirkungen auf die Länderzuständigkeit werden die Länder vom Bund nach dem Lindauer Abkommen schon während der Vertragsverhandlungen eingebunden; soweit erforderlich wird die Zustimmung der Länder zu dem jeweiligen Vertrag eingeholt. Das Verfahren nach dem Lindauer Abkommen ist unabhängig von der Beteiligung des BR, die in dem daneben oder idR danach stattfindenden, das Zustimmungsgesetz betreffenden → Gesetzgebungsverfahren notwendig wird (Art. 59 II GG). Die Vertretung beim Abschluss völkerrechtlicher Verträge des Bundes liegt nach Art. 59 I GG beim → Bundespräsidenten, der diese Befugnis (ggf. stillschweigend) auf andere Staatsorgane delegieren kann. Soweit die Zuständigkeit zum Abschluss völkerrechtlicher Verträge ausnahmsweise bei den Ländern liegt (zB bei den → Kirchenverträgen), werden diese durch ihre Ministerpräsidenten oder die von diesen beauftragten Staatsorgane vertreten.

4. Diplomatische und konsularische Vertretung (s. → Diplomat, → Konsul) sowie die Organisation des auswärtigen Dienstes liegen allein beim Bund. Die Länder unterhalten weder Gesandtschaften noch Außenministerien. Soweit die Länder aber ausnahmsweise zum Abschluss völkerrechtliche Verträge befugt sind, haben sie aber die Möglichkeit, die entsprechenden Verhandlungen mit eigenen Beamten zu führen. Die sogenannten → Vertretungen der Länder in Brüssel haben keinen diplomatischen Status.

Auswärtige Gewalt
werden diejenige Hoheitsbefugnisse eines Staates genannt, die die → auswärtigen Angelegenheiten umfassen. Die Auswärtige Gewalt ist keine eigene Staatsgewalt im Sinne der → Gewaltentrennung, sondern jeweils Teil der → gesetzgebenden Gewalt und der → vollziehenden Gewalt.

Auswärtiges Amt
ist die traditionelle Bezeichnung des Bundesaußenministeriums; sa → auswärtige Angelegenheiten.

Auswahlermessen
→ Haftungsbescheid.

Auswahlrichtlinien
Sofern der Arbeitgeber Auswahlrichtlinien für die Auswahl des Personals bei Einstellung oder Kündigung von Arbeitnehmern aufstellt, besteht ein Mitbestimmungsrecht der Vertretungsorgane der Arbeitnehmer (§ 95 BetrVG, § 76 BPersVG, Personalvertretungsgesetze der Länder, → Mitbestimmung (1)).

Auswahlverfahren
→ Studienplätze (Vergabe).

Auswanderung
Die Auswanderung aus dem Bundesgebiet ist grundsätzlich frei, genießt aber keinen verfassungsrechtlichen Schutz, da das Grundrecht der → Freizügigkeit nur innerhalb des Bundesgebiets gilt (vgl. aber Freizügigkeit a. E.). Nach § 1 AuswandererschutzG v. idF v. 12.3.2013 (BGBl. 2013 I 443) ist die geschäftsmäßige Auskunft- und Raterteilung in Auswanderungsangelegenheiten erlaubnispflichtig (öffentl.-rechtl. Einrichtungen und gemeinnützige Vereinigungen, deren Aufgabe die Fürsorge für Auswanderung ist, genießen bis 31.12.2013 Erlaubnisfreiheit). Es ist verboten, geschäftsmäßig für Auswanderung zu werben (§ 2 I AuswandererschutzG). Zuständig für die Ausführung des AuswandererschutzG ist das → Bundesverwaltungsamt (§ 3 AuswandererschutzG). Die nach früherem Recht erteilten Erlaubnisse durch die zuständigen Landesbehörden verloren am 31.12.2013 ihre Gültigkeit (§ 1 II AuswandererschutzG). Auswandererberatung und Werbung für die Auswanderung ohne behördliche Erlaubnis für die Auswanderung sind → Ordnungswidrigkeiten, wenn sie geschäftsmäßig betrieben werden (§ 5 AuswandererschutzG).

Auswanderungsfreiheit
→ Auswanderung; sa → Freizügigkeit, → Freiheit (persönl.).

Ausweichen im Straßenverkehr
Einem entgegenkommenden Fahrzeug muss nach rechts ausgewichen werden, um mögliche Gefährdungen zu vermeiden. Die Pflicht zum Ausweichen im Straßenverkehr ergibt sich aus dem Rechtsfahrgebot des § 2 II 1 StVO. Zur Vermeidung einer Gefährdung darf notfalls nach links ausgewichen werden. Stets ist so rechtzeitig auszuweichen, dass der andere Teilnehmer nicht behindert oder unsicher gemacht wird. Der Zwischenraum beim Ausweichen muss so gewählt werden, dass das entgegenkommende Fz ausreichenden Freiraum hat (je nach Geschwindigkeit, mindestens 1,5m; bei Radfahrern ist mit Seitenbewegungen zu rechnen). Vgl. → Abstand im Straßenverkehr.

Ausweichklausel
→ Internationales Privatrecht (2e).

Ausweise, amtliche
→ Passwesen, → Personalausweis, → Ausweismissbrauch.

Ausweismissbrauch
1. Der eigentliche Ausweismissbrauch wird durch § 281 StGB unter Strafe gestellt: Wer ein (echtes) Ausweispapier, zB einen Pass oder Führerschein, der auf einen anderen lautet, vorsätzlich zur Täuschung im Rechtsverkehr (Vorlage bei einer Behörde, Bewerbung u. dgl.) benutzt, oder wer zu solchem Zweck einem anderen ein für diesen nicht ausgestelltes Ausweispapier überlässt, wird – schon bei Versuch der Täuschung – mit Freiheitsstrafe bis zu 1 Jahr oder mit Geldstrafe bestraft.

2. Herstellung und Gebrauch unechter, gefälschter und inhaltlich unrichtiger amtlicher Ausweise werden strafrechtlich dagegen durch → Urkundenfälschung (§ 267 StGB), Urkun-

denunterdrückung (§ 274 StGB), → Falschbeurkundung (§ 271 StGB) und → Ausweismissbrauch (§ 281 StGB) geahndet. Soweit §§ 267 und 274 StGB nicht eingreifen, etwa weil der Ausweis dem Täter gehört, ist das Verändern von amtlichen Ausweisen nach § 273 StGB mit Strafe bedroht. Dies liegt vor, wenn eine Eintragung entfernt, unkenntlich gemacht usw., eine Seite entfernt oder ein so veränderter Ausweismissbrauch gebraucht wird.

3. Zur Bekämpfung des organisierten Missbrauchs sind außerdem die Vorbereitung der Fälschung von amtlichen Ausweisen durch Herstellung, Verschaffung usw. von zur Tatbegehung geeigneten Vorrichtungen (Platten usw.) und Papieren (§ 275 StGB) und das Verschaffen von falschen amtlichen Ausweisen durch Unternehmen der Ein- oder Ausfuhr, Überlassung usw. (§ 276 StGB) strafbar. Bei gewerbs- oder bandenmäßiger Begehung gelten erhöhte Strafen. Diese Vorschriften gelten zur Bekämpfung organisierter Kfz-Diebstähle und -Verschiebungen sowie des organisierten → Schlepperunwesens auch für aufenthaltsrechtliche Papiere und für Fahrzeugpapiere (§ 276a StGB).

Ausweispapier
→ Legitimationspapier.

Ausweispflicht
→ Personalausweise, → Passwesen.

Ausweisung
→ Ausländerrecht (4).

Auszeichnung
(Preisauszeichnung) → Preisangaben.

Auszeichnungen
→ Orden (und Ehrenzeichen).

Auszubildender
Auszubildender (Azubi) ist, wer in einem → Berufsausbildungsverhältnis → berufliche Handlungsfähigkeit gem. § 1 III BBiG vermittelt erhält. Im Handwerk wird der Auszubildende → Lehrling genannt (§ 21 HwO).

Authentische Interpretation
Die authentische Interpretation ist die Auslegung eines Rechtssatzes oder einer sonstigen Bestimmung durch ihren Urheber; sie ist für die Anwendung der Vorschrift maßgebend (richtungweisend) und unter Umständen verbindlich. Bei Gesetzen wäre dazu nur der Gesetzgeber berufen; insoweit findet aber eine authentische Interpretation im Hinblick auf die Beteiligung mehrerer Organe an der → Gesetzgebung nicht statt. Von der authentischen Interpretation zu unterscheiden ist die Legalinterpretation, dh die Erläuterung eines gesetzlichen Begriffs durch eine weitere Rechtsnorm in demselben oder einem neuen Gesetz. Die für den Einzelfall verbindliche Interpretation der Gesetze obliegt den Gerichten. Bei anderen Bestimmungen, insbes. → Verwaltungsvorschriften, ist eine authentische Interpretation möglich.

Autobahnbenutzungsgebühr
→ Maut.

Autobahnen
→ Autostraßen.

Autobahnmaut
→ Maut.

Auto-Batterien
→ Batterien.

Autofallen
→ Autostraßenraub.

Autohändlervertrag
→ Vertragshändler.

Automatenaufstellung
Wer die Aufstellung von Waren-, Leistungs- und Unterhaltungsautomaten jeder Art (zB Zigarettenautomaten) als selbständiges → Gewerbe betreibt, dh ohne räumlichen oder sachlichen Zusammenhang mit seiner gewerblichen → Niederlassung, hat die Anzeige nach § 14 I GewO (→ Anzeigepflicht (Gewerberecht)) der zuständigen Behörde seiner Hauptniederlassung zu erstatten. Familienname, ladungsfähige Anschrift, und Anschrift der Hauptniederlassung, sowie ggf. Firmenname sind am Automaten anzubringen (§ 14 III GewO). Warenautomaten unterliegen nicht den Regelungen des → Ladenschlusses.

Automatenaufstell(ungs)vertrag
Ein Automatenaufstell(ungs)vertrag kann ein reiner → Mietvertrag ist (so das § 550 BGB anwendbar ist), wenn der Vermieter eine (Teil)Fläche zur ausschließlichen Nutzung überlässt (zB Vertrag über die Aufstellung eines Geldautomaten). Ansonsten, insbes. bei der Gestattung der Aufstellung eines Spielautomaten in einer Gaststätte (mit Vereinbarung einer Gewinnbeteiligung) liegt ein Gestattungsvertrag eigener Art mit mietrechtlichen Elementen und personenbezogener Prägung vor (sa → Vertrag, 2), daher gilt die Schriftform des § 550 BGB regelmäßig nicht; auch kann eine → Gesellschaft oder ein → partiarischer Vertrag in Betracht kommen. Entscheidend ist die Vereinbarung der Beteiligten im Einzelfall.

Automatenmissbrauch
Das Erschleichen der Leistung eines Automaten in der Absicht, das Entgelt nicht zu entrichten, zB durch Einwerfen einer Falschmünze, ist nach § 265a StGB (Erschleichen von Leistungen) mit Freiheitsstrafe bis zu 1 Jahr oder Geldstrafe bedroht (auch der Versuch). Maßgeblich ist diese Vorschrift insb. für alle Leistungsautomaten (zB Musikautomat, gegen Entgelt benutzbare Waage; ebenso bei Spielautomaten, wenn es dem Täter um die Spielmöglichkeit und nicht um die Manipulation einer Gewinnchance geht). Bei Warenautomaten erfüllt die auf gleiche Weise vorgenommene Leerung regelmäßig den Tatbestand des → Diebstahls (§ 242 StGB), da Tatobjekt dann fremde bewegliche Sachen iSd Norm

sind. Gleiches gilt, wenn das Münzfach eines Automaten (auch eines Leistungsautomaten) geleert wird. → Computerbetrug.

Automatische Kennzeichenerfassung
→ Kennzeichenerfassung.

Automatischer Abruf von Kontoinformationen
→ Bankgeheimnis (3).

Automatisiertes Fahren
Als automatisiertes Fahren wird das Fahren unter Einsatz von Systemen bezeichnet, welche die Fahrzeugführung in speziellen Situationen und für einen begrenzten Zeitraum vollständig übernehmen können. Dazu kann etwa gehören, auf bestimmten Streckenabschnitten das Einhalten des Abstands (→ Abstand im Straßenverkehr) zu vorausfahrenden Fahrzeugen, die Spurführung und Spurwechsel zu übernehmen. Wegen der Begrenzung auf bestimmte Situationen und Zeiträume ist beim automatisierten Fahren weiterhin ein menschlicher Fahrer erforderlich. Die Verwendung von Systemen, die keinen Fahrer mehr zu Fahrzeugsteuerung benötigen, wird als → autonomes Fahren bezeichnet. Hierzu wurden im Jahr 2021 die §§ 1d–1l StVG geschaffen.

Das StVG enthält seit 2017 Regelungen zum automatisierten Fahren, die durch das 8. StVGÄndG vom 16.6.2017 eingefügt wurden (BGBl. 2017 I 1648):

So lässt § 1a I StVG den Betrieb eines Kraftfahrzeugs unter Nutzung hoch- oder vollautomatisierter Fahrfunktionen im öffentlichen Straßenverkehr zul wenn diese bestimmungsgemäß, dh entsprechend dem Automatisierungsgrad des Systems, verwendet werden. Eine Definition der hoch- oder vollautomatisierten Fahrfunktion enthält § 1a II StVG: Diese zeichnet sich dadurch aus, dass sie zur Bewältigung der Fahraufgabe (einschließlich Längs- und Querführung) nach Aktivierung durch den Fahrzeugführer die Fahraufgabe übernehmen kann, aber jederzeit durch den Fahrzeugführer übersteuerbar oder deaktivierbar ist. Ferner muss die Fahrfunktion das Erfordernis der eigenhändigen Fahrzeugsteuerung durch den Fahrzeugführer erkennen und ihm optisch, akustisch, taktil oder sonst wahrnehmbar anzeigen können. Die eingesetzte hoch- oder vollautomatisierte Fahrfunktion muss zudem in der Lage sein, während des Betriebs die straßenverkehrsrechtlichen Vorschriften einzuhalten (vgl. BT-Drs. 18/11300, 20 f.).

In § 1a IV StVG wird klargestellt, dass auch derjenige Fahrzeugführer (→ Fahrzeugführer im Straßenverkehr) ist, der eine hoch- oder vollautomatisierte Fahrfunktion aktiviert und zur Fahrzeugsteuerung verwendet, auch wenn er im Rahmen der bestimmungsgemäßen Verwendung dieser Funktion das Fahrzeug nicht eigenhändig steuert. Die Rechte und Pflichten des Fahrzeugführers bei Nutzung der Funktionen regelt § 1b StVG: Danach ist der Fahrzeugführer verpflichtet, die Fahrzeugsteuerung unverzüglich wieder zu übernehmen, wenn das System ihn dazu auffordert oder wenn er erkennt oder auf Grund offensichtlicher Umstände erkennen muss, dass die Voraussetzungen für eine bestimmungsgemäße Verwendung der Fahrfunktionen nicht mehr vorliegen (§ 1b II StVG). Er darf sich während der Nutzung des Systems vom Verkehrsgeschehen und der Fahrzeugsteuerung abwenden, muss dabei aber derart wahrnehmungsbereit bleiben, dass er den genannten Pflichten jederzeit nachkommen kann (§ 1b I StVG).

Autonome Fallentscheidung
→ Begriffsjurisprudenz.

Autonome Satzung
→ Satzung (autonome).

Autonome Selbstgefährdung
→ Selbstgefährdung oder -schädigung, eigenverantwortliche.

Autonomes Fahren
Als autonomes Fahren wird das Fahren unter Einsatz eines technischen Systems bezeichnet, welches die Führung eines Kraftfahrzeugs ohne menschlichen Fahrzeugführer ermöglicht. Vermag das System die Fahrzeugführung dagegen nur in speziellen Situationen und für einen begrenzten Zeitraum vollständig zu übernehmen, so wird dies als → automatisiertes Fahren bezeichnet. Zu letzterem bestehen in §§ 1a, 1b StVG schon seit 2017 Regelungen, die den Einsatz entsprechender Systeme im Straßenverkehr zulassen. Durch die im Jahr 2021 geschaffenen (Gesetz zur Änderung des StVG u. des PflVG – Gesetz zum autonomen Fahren v. 12.7.2021, BGBl. 2021 I 3108) §§ 1d–1l StVG wurde zudem ein Einsatz autonomer Fahrzeuge in festgelegten Betriebsbereichen im Straßenverkehr ermöglicht. Für die Zulassung eines Fahrzeugs (→ Zulassung von Kraftfahrzeugen) mit autonomer Fahrfunktion gilt ergänzend die Autonome-Fahrzeuge-Genehmigungs-und-Betriebs-VO (AFGBV).

Die Zulässigkeit des Betriebs eines Kraftfahrzeugs mittels autonomer Fahrfunktion regelt § 1e I StVG und macht diese neben der Zulassung und einer durch das Kraftfahrt-Bundesamt zu erteilenden Betriebserlaubnis (hierzu § 1e IV StVG) insbes. davon abhängig, dass das Fahrzeug in einem von der nach Bundes- oder Landesrecht zuständigen Behörde bzw. Infrastrukturgesellschaft (bei Bundesfernstraßen) genehmigten, festgelegten Betriebsbereich (definiert als ein örtlich und räumlich bestimmter öffentlicher Straßenraum, § 1d II StVG) eingesetzt wird und den in § 1e II StVG normierten technischen Voraussetzungen entspricht. Letzteres ist der Fall, wenn das Fahrzeug über eine technische Ausrüstung verfügt, die ua in der Lage ist, die Fahraufgabe innerhalb des jeweiligen festgelegten Betriebsbereichs selbständig zu bewältigen, ohne dass eine fahrzeugführende Person in die Steuerung eingreift oder die Fahrt permanent von der Technischen Aufsicht (definiert als diejenige natürliche Person, die das Fahrzeug während des Betriebs deaktivieren und die Fahrmanöver freigeben kann, § 1d III StVG) überwacht wird (§ 1e II Nr. 1 StVG). Ferner muss das System selbständig den an die Fahrzeugführung gerichteten Verkehrsvorschriften entsprechen und über ein System der Unfallvermeidung verfügen, das auf Schadensvermeidung und Schadensreduzierung ausgelegt ist. Dieses System muss bei einer unvermeidbaren alternativen Schädigung unterschiedlicher Rechtsgüter die Bedeutung der Rechtsgüter berücksichtigen, wobei der Schutz menschlichen Lebens die höchste Priorität besitzt, und es darf für den Fall einer unvermeidbaren alternativen Gefährdung von Menschenleben keine weitere Gewichtung anhand persönlicher Merkmale vorsehen (§ 1e II Nr. 2 StVG). Die letztgenannte Vorgabe betrifft in der Öffentlichkeit viel diskutierte dilemmatische Fahrsituationen, in denen zB nur die Wahl zwischen zwei Kollisionsobjekten bleibt, und soll der im Recht des → Notstands (dort 1a) anerkannten Rangfolge abzuwägender Rechtsgüter sowie dem Verbot einer Abwägung Leben gegen Leben Rechnung tragen (vgl. BT-DRs. 19/27439, 22).

Die autonome Fahrfunktion muss ferner in der Lage sein, das Kraftfahrzeug selbständig in einen risikominimalen Zustand zu versetzen, wenn die Fortsetzung der Fahrt nur durch eine Verletzung des Straßenverkehrsrechts möglich wäre (§ 1e II Nr. 3 StVG). Als „risikominimalen Zustand" definiert der Entwurf einen Zustand, in dem sich das Kraftfahrzeug mit autonomer Fahrfunktion auf eigene Veranlassung oder auf Veranlassung der Technischen Aufsicht an einer möglichst sicheren Stelle in den Stillstand versetzt und die Warnblinkanlage aktiviert, um unter an-gemessener Beachtung der Verkehrssituation die größtmögliche Sicherheit für die Fahrzeuginsassen, andere Verkehrsteilnehmende und Dritte zu gewährleisten (§ 1d IV StVG). In einen solchen Zustand versetzen muss sich das System ferner beim Erreichen einer Systemgrenze, beim Auftreten relevanter technischer Störungen oder beim Erreichen der Grenzen des festgelegten Betriebsbereichs (§ 1e II Nr. 7 StVG). Ferner muss dies geschehen, wenn das System durch die technische Aufsicht oder durch Fahrzeuginsassen deaktiviert wird, was diesen jederzeit möglich sein muss (§ 1e II Nr. 8 StVG).

Pflichten des Halters (→ Halter eines Kraftfahrzeugs) und der Technischen Aufsicht regelt § 1 f StVG. Der Halter hat danach ua die regelmäßige Wartung der für die autonome Fahrfunktion erforderlichen Systeme sicherzustellen und die Aufgaben der Technischen Aufsicht zu erfüllen. Zu letzteren gehört insbes., auf Anzeigen und Signale des autonomen Fahrzeugsystems zu reagieren sowie ggf. erforderliche Maßnahmen zur Verkehrssicherung einzuleiten und unverzüglich Kontakt mit den Insassen des Kraftfahrzeugs herzustellen.

Autonomie
Der Begriff Autonomie stammt aus dem Griechischen und bedeutet wörtlich übersetzt Selbstgesetzgebung. Autonomie ist zunächst allgemein die Befugnis von Teilgebieten eines Staates, bestimmte Angelegenheiten im Wege der → Selbstverwaltung zu regeln (insbes. durch den Erlass von Rechtsnormen), ohne dass dieses Gebiet dadurch die Eigenschaft eines → Staates erlangt. Die Autonomie wird häufig im → Völkerrecht zum Schutze nationaler Minderheiten gewährt. Sie ist meist auf bestimmte Sachgebiete beschränkt, insbes. auf Sprache, Schule und Kirche (sog. „Kulturautonomie"). Innerstaatlich ist Autonomie ein Teil der → Selbstverwaltung der → juristischen Personen des öffentlichen Rechts (Körperschaften, Anstalten), nämlich die Befugnis zur selbständigen Regelung ihrer Rechtsverhältnisse durch Erlass von Rechtsnormen. Diese sind zumeist → Satzungen (auch: „Autonome Satzungen"), weshalb man die Autonomie insoweit oft als → Satzungsgewalt bezeichnet. Unter „Verbands-(Vereins-)autonomie" versteht man das Recht privater → Vereine (Verbände), ihre inneren Angelegenheiten selbst zu regeln.

Autopsie
(Autoskopie; griech.), eigentl. Selbstschau, eigenes Sehen, Besichtigung; → Leichenschau.

Autor
ist der → Urheber eines Sprachwerks (→ Urheberrecht). Die Bezeichnung Autor ist insbes. üblich beim → Verlagsvertrag; das VerlG bezeichnet den Urheber allerdings als Verfasser.

Autostraßen
1. Autostraßen können sein:

a) → Bundesfernstraßen, und zwar → Bundesautobahnen oder Bundesstraßen mit den Ortsdurchfahrten; für sie ist das Wegerecht, die Straßenbaulast usw. im (FStrG) idF v. 28.6.2007 (BGBl. 2007 I 1206) geregelt;

b) → Landstraßen I. Ordnung (Staatsstraßen) oder II. Ordnung (Kreisstraßen);

c) → Gemeindestraßen (Gemeindeverbindungsstraßen, Ortsstraßen). Für die Straßen zu b) und c) gelten die Landesstraßengesetze (→ Straßenbaulast, → Straßen- und Wegerecht).

2. Nach dem → Straßenverkehrsrecht sind für den Verkehr auf Autostraßen insbes. von Bedeutung:

a) Die Sondervorschriften über → Bundesautobahnen und → Kraftfahrstraßen. Nach § 1 III FStrG dienen Autobahnen ausschließlich dem Kfz-Schnellverkehr, sind frei von höhengleichen Kreuzungen und haben besondere → Anschlussstellen für Zu- und Abfahrt, an denen der fließende Verkehr den Vorrang hat, möglichst auch getrennte Fahrbahnen für den Richtungsverkehr. Zu den Autobahnen gehören Nebenanlagen und Nebenbetriebe. Autobahnen und Kraftfahrstraßen dürfen nur von Kfz mit mehr als 60 km/h Höchstgeschwindigkeit benutzt werden (§ 18 I StVO, → Fahrgeschwindigkeit). Fußgänger dürfen Autobahnen nicht betreten, Kraftfahrstraßen nur an Kreuzungen, Einmündungen und sonstigen dafür vorgesehenen Stellen (§ 18 IX StVO). Unbefugte Benutzung ist als Ordnungswidrigkeit (§ 24 StVG) verfolgbar, soweit nicht weitergehend → Straßenverkehrsgefährdung vorliegt. Der fließende Verkehr hat stets Vorrang vor dem ruhenden. Wenden, Rückwärtsfahren und Halten ist verboten, auch auf Seitenstreifen (§ 18 VII, VIII StVO). Parken ist nur auf besonders bezeichneten Parkplätzen gestattet. Bei Verkehrsstockungen ist für die Durchfahrt von Polizei- und Hilfsfahrzeugen eine freie Gasse (→ Rettungsgasse) zu bilden; dies gilt auch für Straßen außerhalb geschlossener Ortschaften mit mindestens zwei → Fahrstreifen für eine Richtung (§ 11 II StVO). Ein- und Ausfahren ist auf Autobahnen nur an gekennzeichneten → Anschlussstellen, auf Kraftfahrstraßen an Kreuzungen oder Einmündungen erlaubt (§ 18 II, X StVO).

b) Auf allen Schnellstraßen wird die Geschwindigkeit, die der Verkehrslage anzupassen ist (§ 3 I StVO), entscheidend durch die Sichtweite bestimmt. Sie ist so einzurichten, dass vor plötzlich auftauchenden Hindernissen, mit denen gerechnet werden muss, oder bei unvorhergesehenem Stoppen vorausfahrender Fz. noch gehalten werden kann. Doch braucht der Fahrer nicht mit ganz ungewöhnlichen Hindernissen zu rechnen (unbeleuchtet liegengebliebendes Fz., Wildwechsel außerhalb von Wald). Über gesetzliche Höchstgeschwindigkeiten → Fahrgeschwindigkeit. Liegengebliebene Fz. müssen ausreichend gesichert sein, um eine Schädigung anderer Verkehrsteilnehmer zu vermeiden. Hierzu genügt bei Dunkelheit die Schlussbeleuchtung jedenfalls bei Schnellstraßen idR nicht; hier ist zusätzliche Sicherung durch Gegenstände notwendig, deren Mitführen nach § 53a StVZO vorgeschrieben ist (Warndreieck, bei schweren Kfz. auch Warnleuchte, bei mehrspurigen zusätzlich Warnblinkanlage). Ferner ist eine Warnweste mitzuführen; es besteht aber keine Verpflichtung, sie zu tragen.

3. Nach dem → Straßen- und Wegerecht ist im Rahmen der → Widmung und der Beschränkungen zu 2. jedermann die Benutzung der Bundesfernstraßen gestattet (→ Gemeingebrauch). Hochbauten dürfen längs der Autobahnen in Entfernung von 40m, längs der Bundesstraßen von 20 m nicht errichtet werden, andere Bauanlagen bis zu 100 bzw. 40 m Entfernung nur mit Sondergenehmigung (ggf. Entschädigung für entgangene Bebauungsmöglichkeit). Waldungen können in Breite von 40 m zu Schutzwaldungen erklärt werden. Anpflanzungen, die den Verkehr behindern, sind unstatthaft; Schutzeinrichtungen – zB Schneezäune – muss der Angrenzer dulden (§§ 7, 9, 10, 11 FStrG).

Autostraßenraub
Wegen eines „Räuberischen Angriffs auf Kraftfahrer“ macht sich nach § 316a StGB strafbar, wer unter Ausnutzung der besonderen Verhältnisse des Straßenverkehrs (dh der sich aus dem fließenden Verkehr ergebenden eigentümlichen Gefahrenlage) einen Angriff auf Leib, Leben oder Entschlussfreiheit eines Kraftfahrers oder Mitfahrers zur Begehung von → Raub, → räuberischem Diebstahl oder → räuberischer Erpressung (§§ 249, 250, 252, 255 StGB) verübt. Der Strafrahmen sieht Freiheitsstrafe nicht unter 5 Jahren vor, bei wenigstens leichtfertiger Verursachung des Todes eines anderen (→ erfolgsqualifiziertes Delikt, § 316a III StGB) lebenslange Freiheitsstrafe oder Freiheitsstrafe nicht unter 10 Jahren, in minder schweren Fällen Freiheitsstrafe von 1–10 Jahren. Tathandlungen sind insbes. das Bereiten von Hindernissen (Fallen) auf der Fahrbahn sowie Angriffe gegen den Fahrer oder einen Mitfahrer während der Fahrt. Der Versuch ist strafbar.

Rechtspolitische Kritik richtet sich gegen die im Verhältnis zu den allgemeinen Raubdelikten deutlich erhöhte Mindeststrafdrohung sowie die bezogen auf den Tatverlauf zeitlich sehr früh ansetzende Strafbarkeit. Zwar handelt es sich seit dem 6. StrRG (BGBl. 1998 I 164) nicht mehr um ein → Unternehmensdelikt im eigentlichen Sinn, jedoch liegt die Tathandlung des Verübens eines Angriffs bereits mit jeder auf die Verletzung der genannten Güter gerichteten feindseligen Handlung vor und umfasst damit weiterhin auch klassische Versuchshandlungen (sog. unechtes Unternehmensdelikt). Trotz zwischenzeitlicher erheblicher Modifikationen weiter gegen den Tatbestand ins Feld geführt wird zudem, dass seine ursprüngliche Fassung aus nationalsozialistischer Zeit stammte (Gesetz gegen Straßenraub mittels Autofallen v. 22.6.1938) und seinerzeit ua wegen rückwirkender Inkraftsetzung (→ nulla poena sine lege) deutlich rechtsstaatswidrige Züge aufwies.

Autovermietung an Minderjährige
Der Vertrag (idR → Miete, uU auch → Leasingvertrag) ist infolge → Geschäftsunfähigkeit mangels Zustimmung des gesetzlichen Vertreters unwirksam (§ 108 BGB, nicht § 107 BGB). Auch ein Anspruch aus → ungerechtfertigter Bereicherung (insbes. die verschärfte Haftung nach § 819 BGB) wird von der hM abgelehnt. Unberührt bleiben etwaige Ansprüche aus → unerlaubter Handlung (bei Unfall); s. a. → Straßenverkehrshaftung, → elterliche Sorge (1).

Auxiliarbischof
→ Bischof (1).

Aval
(franz.) ist die Bezeichnung für eine → Bürgschaft seitens einer Bank gegen Entgelt (Avalprovision).

Avalkredit
→ Garantiegeschäft, → Aval.

Avalprovision
→ Aval.

Avis
(franz.; Ankündigung) ist die Mitteilung, die der Aussteller eines → Wechsels oder → Schecks dem Bezogenen über die Deckung der Wechsel- oder Schecksumme geben wird. Die A.klausel auf Wechsel oder Scheck lautet entweder „mit Avis (oder Bericht)“ oder „ohne Avis (oder Bericht)“. Sie betrifft nur das Deckungsverhältnis zwischen Aussteller und Bezogenem und soll diesen veranlassen, ohne oder nur mit einem solchen Avis des Ausstellers zu leisten. Die Avisklausel ist auf die Wirksamkeit des Wechsels (Schecks) ohne Einfluss.

Axiom
(griech.). Satz der Logik oder Mathematik, der weder beweisbar noch beweisbedürftig ist, weil sich seine Richtigkeit aus ihm selbst ergibt; insofern hat der Begriff auch für Rechtssätze Bedeutung.

B2B
→ business to business-Vertrag.

B2C
→ business to consumer-Vertrag, → business to business-Vertrag.

Babyjahr
1. Babyjahr bezeichnete nach dem politischen Sprachgebrauch die 1986 eingeführte Anrechnung eines Kindererziehungsjahres in der Rentenversicherung (zur heutigen Rechtslage → Kindererziehungszeiten, → Elternzeit, → Elterngeld, → Betreuungsgeld).

2. In der ehem. DDR wurde damit die einjährige Lohnfortzahlung für Mütter nach Geburt eines Kindes bezeichnet; diese Regelung wurde mit der → Wiedervereinigung aufgehoben.

Babyklappe
ist eine Einrichtung, in der ein heimlich geborenes Kind anonym zurückgelassen werden kann. Das Zurücklassen ist keine → Aussetzung Hilfloser, weil die Versorgung des Kindes durch den Betreiber der Babyklappe gewährleistet, ist, nach geltendem Recht aber → Personenstandsfälschung, weil das Kind dadurch zum Findelkind wird, und → Unterhaltspflichtverletzung. → Anonyme Geburt, → vertrauliche Geburt.

Bachelor
Bachelor ist die anglizierte Form von Baccalaureus oder Bakkalaureus. Im Mittelalter war Baccalaureus der niedrigste akademische Grad unterhalb von Magister (→ Master) und Doctor (→ Doktorgrad). In jüngerer Zeit ist Bachelor ein → Hochschulgrad, der im angelsächsischen Sprachraum vergeben wurde. Inzwischen ist der Bachelor-Abschluss im → Hochschulrecht der Länder als Hochschulgrad vorgesehen (ausgenommen sind Studiengänge, die mit einem Staatsexamen abschließen). Die Regelstudienzeit beträgt mindestens drei und höchstens vier Jahre. Im Rahmen des → Bologna-Prozess wird der Bachelor künftig der Regelabschluss des ersten Zyklus des idR 5-jährigen Studiums sein. Am Ende des 5-jährigen Studiums steht der → Master.

Bacon, Francis
→ Staatsutopien.

Bad Bank
Bad Bank ist die bank-englische Bezeichnung für eine Zweckgesellschaft oder Abwicklungsanstalt, in die Unternehmen des Finanzsektors zur Bilanzentlastung toxische Wertpapiere auslagern können. Das SAG (→ Kreditinstitute, Sanierung und Abwicklung) spricht von → Brückeninstitut oder Vermögensverwaltungsgesellschaft. → Finanzmarktstabilisierungsfonds.

Badegewässer
Die Bestimmungen über Badegewässer und Badegebiete werden landesrechtlich festgelegt. In der Regel sind sie → Gewässer oder Gewässerteile, in denen das Baden gestattet oder nicht untersagt ist und in denen üblicherweise eine große Anzahl Personen badet. Die Hygiene der Badegewässer und -gebiete wird durch regelmäßige Ortsbesichtigungen und Wasserproben überwacht. Vgl. dazu die Badesicherheits- und Badegewässer-VOen der Länder. → Baden.

Bademeister, medizinische
Es handelt sich um eine qualifizierte duale Ausbildung. Die korrekte Berufsbezeichnung lautet: Masseur/in und medizinische/r Bademeister/in. → Masseur.

Baden
Das Baden ist → Wassersport und in öffentlichen → Gewässern grundsätzlich erlaubt. § 8 BinnenschifffahrtsstraßenO (s. → Schifffahrtsverkehrsregeln) verbietet das Baden allerdings in bestimmten Bereichen, so im Bereich von Brücken, Hafeneinfahrten und Schleusen. Gem. § 26 SeeschifffahrtsstraßenO müssen bestimmte → Sportboote Mindestabstände zu Badenden und dabei Höchstgeschwindigkeiten einhalten. → Badegewässer.

Baden-Württemberg
1. Baden-Württemberg ist ein Land der → Bundesrepublik Deutschland. Es ist durch Vereinigung der früheren Länder Baden, Württemberg-Baden und Württemberg-Hohenzollern entstanden. Der Neubildung ging die Volksabstimmung vom 8.12.1951 voraus, die auf dem 2. Neugliederungsgesetz vom 4.5.1951 (BGBl. 1951 I 284) beruhte. Bestrebungen zur Wiederherstellung eines selbstständigen Landes Baden scheiterten beim Volksentscheid am 9.6.1970 (→ Neugliederung des Bundesgebiets). Landeshauptstadt ist Stuttgart.

2. Die verfassunggebende Landesversammlung hat die Verfassung vom 11.11.1953 (GBl. 1953, 173) mÄnd beschlossen. Baden-Württemberg ist ein republikanischer, demokratischer und sozialer Rechtsstaat. Der Landtag wird auf 5 Jahre gewählt. Er übt die gesetzgebende Gewalt aus und überwacht die Ausübung der vollziehenden Gewalt. Er ist vorzeitig aufzulösen, wenn $^1/_6$ der Wahlberechtigten dies verlangt und die Mehrheit der Wahlberechtigten bei einer binnen 6 Wochen vorzunehmenden Volksabstimmung diesem Verlangen beitritt. Gesetze können auch im Wege der → Volksabstimmung beschlossen werden. Die vollziehende Gewalt wird von der Regierung ausgeübt, die aus dem Ministerpräsidenten und den Ministern besteht. Als weitere Mitglieder der Regierung können Staatssekretäre, jedoch nur bis zu einem Drittel

der Ministerzahl, und ehrenamtliche Staatsräte vom Ministerpräsidenten berufen werden. Staatssekretären und Staatsräten kann vom Landtag das Stimmrecht in der Regierung verliehen werden. Der MinPräs wird vom Landtag gewählt, die Minister werden durch den MinPräs berufen. Die Regierung bedarf zur Amtsübernahme der Bestätigung des Landtags. Der Landtag kann dem MinPräs das Vertrauen nur dadurch entziehen, dass er mit der Mehrheit seiner Mitglieder einen Nachfolger wählt und die von diesem gebildete Regierung bestätigt (konstruktives Misstrauensvotum). Auf Beschluss von zwei Dritteln der Mitglieder des Landtags muss der MinPräs ein Mitglied der Regierung entlassen. Der MinPräs bestimmt die Richtlinien der Politik, führt den Vorsitz in der Regierung und leitet ihre Geschäfte. Er vertritt das Land nach außen. Innerhalb der gegebenen Richtlinien leitet jeder Minister seinen Geschäftsbereich selbständig. Für verfassungsrechtliche Streitigkeiten wurde ein Staatsgerichtshof gebildet (G v. 13.12.1954, GBl. 1954, 171) mÄnd, der seit 1.4.2013 als Verfassungsgerichtshof auch für Verfassungsbeschwerden einzelner Bürger zuständig ist. Die Verfassung behandelt in eigenen Abschnitten das Verhältnis Mensch und Staat, Religion und Religionsgemeinschaften, Erziehung und Unterricht. Die Grundrechte und staatsbürgerlichen Rechte des GG sind zum Bestandteil der Landesverfassung erklärt.

3. Baden-Württemberg ist in 4 → Regierungsbezirke mit → Regierungspräsidien in Stuttgart, Karlsruhe, Freiburg und Tübingen eingeteilt, diese wiederum in Landkreise und kreisfreie Städte.

Bäckereien

1. Der Betrieb einer Bäckerei oder Konditorei unterliegt als → Handwerk der → Handwerksordnung. Für die selbständige Ausübung des Bäcker- und Konditorenhandwerks besteht Meisterzwang; → zulassungspflichtiges Handwerk nach Anl. A zur HwO.

2. Die → Arbeitszeit in Bäckereien unterliegt den §§ 3 ff. ArbZG, wobei für Bäckereien Nachtzeit die Zeit von 22 bis 5 Uhr ist (§ 2 III ArbZG). Auch dürfen an Sonn- und → Feiertagen Arbeitnehmer in Bäckereien und Konditoreien für bis zu drei Stunden mit Herstellung und Vertrieb von Backwaren beschäftigt werden (§ 10 III ArbZG). Sowohl die LadenöffnungsG der → Länder als auch das in Bayern noch fortgeltende Gesetz über den Ladenschluss des Bundes (§ 12 iVm SonntVerkVO) gestatten den Verkauf von Backwaren an Sonn- und Feiertagen für mehrere Stunden. → Ladenschluss. Betreibt die Bäckerei auch ein Café, kann sie an Sonn- und Feiertagen nach § 7 GastG auch nach Ladenschluss Backwaren verkaufen.

3. Seit 1.1.2023 sind Bäckerein, die Speisen oder Getränke zur Mitnahme anbieten, nach § 33 VerpackG (G über das Inverkehrbringen, die Rücknahme und die hochwertige Verwertung von Verpackungen v. 5.7.2017 (BGBl. 2017 I 2234) mÄnd) verpflichtet, → Mehrwegverpackungen anzubieten. Unternehmen mit nicht mehr als fünf Beschäftigten müssen nach § 34 VerpackG zumindest die von Kunden mitgebrachten Mehrwegbehältnisse akzeptieren.

Bäuerliches Erbrecht

→ Höfeordnung.

Bäume

→ Nachbarrecht, → Grenzregelung bei Grundstücken; sa → Baumschutz, → Waldschutz.

BAFA

→ Bundesamt für Wirtschaft und Ausfuhrkontrolle.

BaFin

→ Bundesanstalt für Finanzdienstleistungsaufsicht.

BAföG

(Bundesausbildungsförderungsgesetz) → Ausbildungsförderung, → Unterhaltspflicht unter Verwandten.

Bagatellstrafsachen

Für die Verfolgung bestimmter geringfügiger Straftaten gilt das → Opportunitätsprinzip. Es bietet insb. die Möglichkeit, von einer Verfolgung folgenlos (§ 153 StPO) oder iVm Auflagen oder Weisungen (§ 153a StPO) abzusehen. Ziel ist dabei nicht nur die ressourcenschonende Bewältigung von Massenkriminalität, sondern auch der Gedanke, dass insb. bei erstmaliger Begehung einer geringfügigen Straftat oft schon die bloße Verfahrenseinleitung zur Verhinderung erneuter Taten genügt, so dass auf die stets auch mit negativen Effekten (Stigmatisierung, Entsozialisierung) verbundene förmliche Bestrafung verzichtet werden kann (→ Diversion).

1. Nach § 153 StPO kann die StA bei Vergehen mit Zustimmung des Gerichts von der Verfolgung absehen, wenn die Schuld des Täters als gering anzusehen wäre und kein öffentliches Interesse an der Verfolgung besteht, zB wegen Häufung der Delikte oder um eine grundsätzliche Rechtsfrage zu klären; der Zustimmung des Gerichts bedarf es nicht bei einem Vergehen, das nicht mit einer im Mindestmaß erhöhten Strafe bedroht ist und bei dem die durch die Tat verursachten Folgen gering sind (§ 153 I 2 StPO).

Ist Anklage erhoben, entscheidet über die Einstellung das Gericht, das aber der Zustimmung der StA und idR auch des Angeschuldigten bedarf (§ 153 II StPO). Der Beschluss, der auch in der Berufungs- oder Revisionsinstanz ergehen kann, ist nicht anfechtbar (außer bei Verfahrensmängeln); es tritt ein beschränkter → Strafklageverbrauch ein, so dass das Verfahren nur auf Grund neuer Tatsachen oder Beweismittel wieder aufgenommen werden kann oder wenn sich die Tat nachträglich als Verbrechen darstellt (BGH NJW 2004, 375).

Für Steuer- und Zollstraftaten (→ Steuerstrafrecht, → Zollstrafrecht) gelten daneben §§ 398, 398a AO und § 32 ZollVG.

2. § 153a StPO ermöglicht eine vorläufige Einstellung vor oder nach Anklageerhebung iVm Auflagen oder Weisungen – Bußzahlung, Schadenswiedergutmachung, gemeinnützige Leistung, → Täter-Opfer-Ausgleich, Teilnahme an sozialem Trainingskurs zur Gewaltprävention oder an einem → Aufbauseminar u. dgl. Zulässig ist dies, wenn eine solche Reaktion geeignet ist, das öffentliche Interesse an der Strafverfolgung zu beseitigen, und die Schwere der Schuld nicht entgegensteht. Erforderlich ist stets die Zustimmung des Beschuldigten. Bzgl. der Zustimmung des Gerichts gilt § 153 I 2 StPO. Werden die Auflagen oder Weisungen erfüllt, kann die Tat nicht mehr als Vergehen verfolgt werden (§ 153a I 5 StPO). Im Jahr 2017 wurde der Anwendungsbereich der Norm auf die Revisionsinstanz ausgeweitet.

3. Bei Straftaten, bei denen das Gericht nach dem Strafgesetz von Strafe absehen kann (insb. § 60 StGB, → Absehen von Strafe), kann bei Einverständnis der StA und des Gerichts bereits von der Anklageerhebung abgesehen bzw. mit Zustimmung des Angeschuldigten das Verfahren eingestellt werden (§ 153b StPO).

4. Bei Jugendlichen kann die StA im Interesse der Resozialisierung besonders weitgehend von der Verfolgung – uU nur mit Zustimmung des Jugendrichters – Abstand nehmen, so wenn an Stelle einer Bestrafung bestimmte Auflagen (Teilnahme am Verkehrsunterricht, Arbeitsauflagen u. dgl.) treten sollen; nach Anklageerhebung kann der Jugendrichter in Bagatellstrafsachen das Verfahren mit Zustimmung der StA einstellen (§§ 45, 47 JGG).

5. Im → Privatklageverfahren entscheidet über die Einstellung wegen Geringfügigkeit das Gericht (§ 383 II StPO).

6. In → Bußgeldsachen entscheidet die Verwaltungsbehörde, solange das Verfahren bei ihr schwebt; ergeht eine → Verwarnung und wird Verwarnungsgeld gezahlt, so kann die Tat nicht mehr als → Ordnungswidrigkeit verfolgt werden (§§ 47, 56 IV OWiG).

Bahnkreuzungen
Zu Kreuzungen von Bahnstrecken mit Straßen → Eisenbahnkreuzungen und -übergänge. Vorgaben zur Kreuzung von Bahnstrecken mit Straßenbahnen enthält § 15 III, IV BOStrab (Verordnung über den Bau und Betrieb der Straßenbahnen – Straßenbahn-Bau- und Betriebsordnung): Straßenbahnen dürfen danach Eisenbahnstrecken des öffentlichen Verkehrs nicht höhengleich kreuzen. Bei höhengleichen Kreuzungen mit Eisenbahnstrecken des nicht öffentlichen Verkehrs entscheiden die zuständigen technischen Aufsichtsbehörden über Art und Umfang der Sicherung. → Straßenbahnen.

Bahnpolizei
Die früher selbständige Bahnpolizei wurde mit Gesetz v. 21.1.1992 (BGBl. 1992 I 178) in den → Bundesgrenzschutz eingegliedert. Inzwischen werden die Aufgaben der früheren Bahnpolizei von der → Bundespolizei wahrgenommen.

Bahnspediteur
→ Spediteur.

Bahnübergänge
Zur Sicherung von Bahnübergängen sieht die StVO verschiedene Varianten vor: Eingesetzt werden kann das Warnzeichen „Bahnübergang" (Zeichen 151 nach Anlage 1 StVO) sowie das allgemeine dreieckige Gefahrenwarnzeichen (Zeichen 101 nach Anlage 1 StVO). Möglich ist ferner die Aufstellung eines Andreaskreuzes (Zeichen 201 nach Anlage 2 StVO) und von Baken (Zeichen 156, 159, 162 nach Anlage 1 StVO) sowie von Warnlichtern. Fz.-Führer dürfen an B. ab dem Zeichen 151 oder 156 Kfz. nicht überholen. Ein Andreaskreuz bezeichnet zugleich den Vorrang der Schienenbahnen (§ 19 I 1 Nr. 1 StVO). Bahnübergänge mit Vorrang dürfen nicht überquert werden, wenn sich ein Schienenfahrzeug nähert, ein Blinklicht oder gelbe oder rote Lichtzeichen gegeben werden, die Schranken sich senken oder geschlossen sind, ein Bahnbediensteter Halt gebietet oder ein hörbares Signal wie ein Pfeifsignal des herannahenden Zuges ertönt. In diesen Fällen müssen Fz. vor dem Warnzeichen halten, Fußgänger in sicherer Entfernung vor dem Bahnübergang (§ 19 II StVO). Gegenüber Fuß-, Feld-, Wald- oder Radwegen besteht der Vorrang des Schienenverkehrs auch ohne Warnkreuz (§ 19 IV StVO). In jedem Fall ist vor Bahnübergängen und bei der Überquerung besondere Aufmerksamkeit geboten; dies gilt für alle Verkehrsteilnehmer namentlich an unbeschrankten Bahnübergängen. Eine Eisenbahn darf nur an dazu bestimmten Übergängen überquert werden, außerdem vom Berechtigten an genehmigten Privatübergängen (§ 62 III EBO (→ Eisenbahn-Bau und -Betriebsordnung)).

Bahnversicherungsanstalt
Ehemaliger Träger der → Rentenversicherung der Arbeiter, u. a. zuständig für Versicherte, die als Arbeiter beim Bundeseisenbahnvermögen, bei der Deutschen Bahn Aktiengesellschaft oder bei den Bahn-Versicherungsträgern, der Krankenversorgung der Bundesbahnbeamten oder dem Bahnsozialwerk beschäftigt waren. An die Stelle der Bahnversicherungsanstalt ist zum 1.10.2005 (BGBl. 2005 I 3242) die → Deutsche Rentenversicherung Knappschaft-Bahn-See (DRV KBS) getreten (→ Bundesträger, → Gesetzliche Rentenversicherung, → Regionalträger (gesetzliche Rentenversicherung)). Der Hauptsitz ist in Bochum. Als bundesunmittelbarer Rentenversicherungsträger untersteht sie in fachlicher und rechtlicher Hinsicht dem → Bundesversicherungsamt.

Bakkalaureus
→ Bachelor.

Balkonkraftwerk
→ Steckersolargerät.

Ballone
sind bemannte → Luftfahrzeuge, die durch Verwendung eine Gases, das leichter als Luft ist, oder eines bordseitigen Brenners in der Luft gehalten werden. Ab April 2019 wird deren Flugbetrieb durch die VO (EU) 2018/395 zur Festlegung detaillierter Vorschriften für den Flugbetrieb mit Ballonen v. 13.3.2018, ABl. EU 2018 L 71, 10, geregelt.

Bambergische Halsgerichtsordnung
(Bambergiensis), eine 1507 für das Bistum Bamberg erlassene Strafrechtssammlung, war der Vorläufer der → Constitutio Criminalis Carolina.

Bande
Eine Bande ist strafrechtlich der verabredete, ernsthafte Zusammenschluss mehrerer Personen (mind. drei) zur Begehung von im Einzelnen noch unbestimmten Straftaten für eine gewisse Dauer. Ein gefestigter Bandenwille oder ein Tätigwerden in einem übergeordneten Bandeninteresse ist nicht erforderlich (BGH NJW 2001, 2266). Mitglied kann auch sein, wer nach der Bandenabrede nur Aufgaben als Gehilfe (→ Beihilfe) hat (BGH NJW 2002, 1662). Die Eigenschaft, Mitglied einer Bande zu sein, ist ein besonderes persönliches Merkmal iSd § 28 II StGB. Bandenmäßige Begehung ist ein Gesichtspunkt der → Strafzumessung; viele Strafnormen sehen hierzu zudem gesonderte → Qualifikationstatbestände mit erhöhtem Strafrahmen vor: → Bandendiebstahl, schwerer Bandendiebstahl → Bandenhehlerei (→ Hehlerei), → Bandenschmuggel sowie bandenmäßige Begehung von zB → Betrug, → Geldwäsche, → Glücksspiel, Steuerhinterziehung (→ Steuerstrafrecht), bestimmten → Betäubungsmitteldelikten und Waffendelikten. → Kriminelle Vereinigungen, → Terroristische Vereinigungen.

Bandenbildung
→ Bildung bewaffneter Gruppen, → Bande, → Kriminelle Vereinigungen, → Terroristische Vereinigungen.

Bandendiebstahl
ist ein qualifizierter Fall (→ Qualifikationstatbestand) des → Diebstahls. Nach § 244 I Nr. 2 StGB ist der Teilnehmer an einem Diebstahl mit Freiheitsstrafe von 6 Mon. bis zu 10 Jahren zu bestrafen, wenn er sich zur fortgesetzten Begehung von Raub oder Diebstahl mit anderen verbunden (→ Bande) und unter Mitwirkung eines anderen Bandenmitglieds einen Diebstahl begangen hat. Das setzt nicht voraus, dass wenigstens zwei Bandenmitglieder örtlich und zeitlich den Diebstahl zusammen begehen. Es genügt, wenn ein Bandenmitglied als Täter und ein anderes Bandenmitglied beim Diebstahl in irgendeiner Weise zusammenwirken. Die Wegnahmehandlung selbst kann auch durch einen bandenfremden Täter ausgeführt werden (BGH NJW 2001, 2266). Verüben die bandenmäßig Zusammengeschlossenen mehrere gemeinsame, vorher nicht im Einzelnen geplante Diebstähle, so besteht trotz der Bandenmäßigkeit keine Handlungseinheit, sondern Tatmehrheit (Realkonkurrenz; → Konkurrenz von Straftaten).

Schwerer Bandendiebstahl (§ 244a StGB) ist ein Bandendiebstahl, der zugleich die Merkmale des Diebstahls in einem besonders schweren Fall (s. § 243 I 2 StGB, zB Einbruch) erfüllt oder als Diebstahl mit Waffen oder als Wohnungseinbruchsdiebstahl (§ 244 I Nr. 1 oder 3 StGB) begangen wird. Er ist mit Freiheitsstrafe von 1 bis zu 10 Jahren bedroht und damit ein → Verbrechen (§ 12 I StGB).

Bandenhehlerei
→ Hehlerei.

Bandenschmuggel
ist ein → Qualifikationstatbestand zur Steuerhinterziehung (§ 370 AO) durch Hinterziehung von Einfuhr- oder Ausfuhrabgaben sowie zum Bannbruch (§ 372 AO, → Steuerstrafrecht): Wer sich mit anderen zu gemeinschaftlicher Ausübung solcher Delikte verbunden hat (→ Bande) und eine dieser Straftaten als Mitglied einer solchen Bande begeht, wird mit Freiheitsstrafe von 6 Mon. bis 10 Jahren bestraft (§ 373 II Nr. 3 AO).

Bank deutscher Länder
wurde im Zusammenhang mit der Währungsreform am 1.3.1948 durch Gesetz der Militärregierung Nr. 60 gegründet und bildete zusammen mit den → Landeszentralbanken bis zum Inkrafttreten des Gesetzes über die Deutsche → Bundesbank 1957 das deutsche → Zentralbanksystem.

Bank für internationalen Zahlungsausgleich (BIZ)
(Bank for International Settlement) ist eine → internationale Organisation, die zur Abwicklung der deutschen Reparationszahlungen 1930 gegründet wurde. Sie ist eine Aktiengesellschaft schweizerischen Rechts mit dem Sitz in Basel, deren Aktionäre über 50 Notenbanken sind. Die ursprünglichen Aufgaben sind weggefallen. Die Bank dient heute der Förderung der Zusammenarbeit der Notenbanken und fungiert als Zentralbank der Zentralbanken. S. → Basler Ausschuss für Bankenaufsicht.

Bankakzept
Nimmt eine Bank einen Wechsel an (→ Akzept), um damit ihrem Kunden Kredit in der Weise zu verschaffen, dass er den Wechsel von einer dritten Stelle diskontieren lässt (→ Wechseldiskont), so ist der Kunde als Aussteller der Bank gegenüber verpflichtet, rechtzeitig für Deckung zu sorgen. Die Gewährung des Akzeptkredits stellt entweder ein → Darle-

hen oder einen → Geschäftsbesorgungsvertrag dar.

Bankauskunft
→ Raterteilung, → Anlageberatung.

Bankbürgschaft
→ Bürgschaft, → Sicherheitsleistung, → Garantiegeschäft.

Bankdarlehen
→ Bankgeschäfte, → Darlehensvertrag.

Bankeinlagen
Die Annahme fremder Gelder als Einlagen (→ Einlagengeschäft) ist nach § 1 I S. 2 Nr. 1 KWG ein → Bankgeschäft. Bankeinlagen in diesem Sinne sind die von einem → Kreditinstitut als → Darlehen oder zur unregelmäßigen → Verwahrung (§ 700 BGB) angenommenen Gelder, wenn sie von einer Vielzahl von Geldgebern auf Grund typisierter Verträge ohne Bestellung banküblicher Sicherheiten entgegengenommen werden; dazu zählen auch Gutschriften im bargeldlosen Zahlungsverkehr → der aus Kreditgewährung. Bankeinlagen werden herkömmlicherweise nach der Fälligkeit unterschieden in → Sichteinlagen, für die eine Laufzeit oder Kündigungsfrist nicht vereinbart ist, Termineinlagen mit fester Laufzeit, Bankeinlagen mit einer Kündigungsfrist (Kündigungsgelder) oder einer Laufzeit von mindestens 30 Zinstagen (Festgelder) und Spareinlagen, für die Kreditinstitute idR ein → Sparbuch ausgeben.

Banken
→ Bundesbank, → Kreditinstitute, → Pfandbriefbanken, → Sparkassen.

Bankenabgabe
→ Restrukturierungsfonds.

Bankenabwicklung
→ Kreditinstitute, Sanierung und Abwicklung
.

Bankenaufsicht
→ Kreditinstitute, Aufsicht.

Bankenkonsortium
Ein Bankenkonsortium ist der Zusammenschluss mehrerer → Kreditinstitute zur gemeinsamen Durchführung bestimmter → Bankgeschäfte in der Form einer → Gesellschaft des bürgerlichen Rechts.

Bankenstimmrecht
Das Bankenstimmrecht nennt man das → Aktienstimmrecht, das eine Bank in der → Hauptversammlung einer → Aktiengesellschaft für einen ihrer Kunden in Vollmacht ausübt, insbes. wenn dieser Kunde seine → Aktie im Depot (→ Depotgesetz) der Bank hat. Das Bankenstimmrecht ist mit dem Zweck, Missstände zu verhindern, ausführlich in § 135 AktG geregelt. Die Bank muss ihren Depotkunden rechtzeitig vorher Vorschläge über die Ausübung des Bankenstimmrechts machen, die vom Interesse des Aktionärs bestimmt und von eigenen Interessen der Bank hinreichend abgegrenzt sind (§ 128 AktG). Die Bank ist an Weisungen des Aktionärs gebunden. Hat der Aktionär für die Ausübung des Stimmrechts keine Weisung erteilt, so hat die Bank dieses entsprechend ihren Vorstellungen auszuüben, sofern nicht anzunehmen ist, dass der Aktionär bei Kenntnis der Sachlage eine Abweichung billigen würde (§ 135 III AktG). Eine Unterbevollmächtigung (→ Vollmacht) ist unter Umständen möglich.

Bankenunion
Als europäische Bankenunion bezeichnet man die Harmonisierung der aufsichtsrechtlichen Rahmenbedingungen für → Kreditinstitute und Wertpapierfirmen innerhalb der → Europäischen Union. Die Schaffung der Bankenunion war die Reaktion auf die Finanz- und Eurokrise der Jahre 2008–2014, während der sich die Einsicht durchsetzte, dass eine gemeinsame Währung (→ Euro) gemeinsame Regeln erfordert. Die drei Säulen der Bankenunion sind:

– Der einheitliche Aufsichtsmechanismus (Single Supervisory Mechanism), nach dem die Aufsicht über systemrelevante Institute bei der EZB, im übrigen bei den nationalen Aufsichtsbehörden liegt und insgesamt einheitlichen Regeln folgt. Die wichtigste Vorschrift hierzu ist VO (EU) 1024/2013 v. 15.10.2013 (ABl. EU 2013 L 287, 63) zur Übertragung besonderer Aufgaben im Zusammenhang mit der Aufsicht über Kreditinstitute auf die → Europäische Zentralbank (sog. Single Supervisory Regulation (SSR)); dazu → Kreditinstitute, Aufsicht. Hierzu gehören auch die materiellen Aufsichtsanforderungen, die vor allem enthalten sind in der VO (EU) 575/2013 v. 26.6.2013 (ABl. EU 2013 L 176, 1, sog. Capital Requirements Regulation) sowie der Richtlinie 2013/36/EU v. 26.6.2013 (ABl. EU 2013 L 176, 338, sog. Capital Requirements Directive IV).
– Der einheitliche Abwicklungsmechanismus (Single Resolution Mechanism), nach dem bestandsgefährdete Institute nach einheitlichen Regeln abgewickelt werden. Die wichtigsten Vorschriften hierzu sind RL 2014/59/EU v. 15.5.2014 (ABl. EU 2014 L 173, 84) zur Festlegung eines Rahmens für die Sanierung und Abwicklung von Kreditinstituten und Wertpapierfirmen (sog. Bank Recovery and Resolution Directive (BRRD)) und die VO (EU) 806/2014 v. 15.7.2014 (ABl. EU 2014 L 225, 1) zur Festlegung einheitlicher Vorschriften und eines einheitlichen Verfahrens für die Abwicklung von Kreditinstituten und bestimmten Wertpapierfirmen im Rahmen eines einheitlichen Abwicklungsmechanismus und eines einheitlichen Abwicklungsfonds (sog. Single Resolution Regulation (SRR)); dazu → Kreditinstitute, Sanierung und Abwicklung.

– Das einheitliche Regelwerk (Single Rule Book) der für alle Institute verbindlichen Vorschriften. Hierzu gehören vor allem die Regeln zur → Einlagensicherung der Richtlinie 2014/49/EU über Einlagensicherungssysteme v. 16.4.2014 (ABl. EU 2014 L 173, 149, sog. Deposit Guarantee Schemes Directive), aber auch alle anderen für Kreditinstitute geltenden harmonisierten Vorschriften.

Das BVerfG hat mit Urt. v. 30.7.2019 (2 BvR 1685/14) Verfassungsbeschwerden gegen die Vorschriften der Bankenunion zurückgewiesen.

Bankett
Als Bankett bezeichnet man den meist unbefestigten, längs der Straße verlaufenden Seitenstreifen, der nicht zur Fahrbahn gehört und nicht zum Befahren durch Kfz bestimmt ist. Ein Bankett kann als Fußgänger- oder Radweg gekennzeichnet sein. Radfahrer dürfen auf dem rechten Bankett fahren, wenn keine Radwege vorhanden sind und Fußgänger nicht behindert werden (§ 2 IV 5 StVO). Fußgänger müssen ein vorhandenes Bankett benutzen, wenn die Straße keinen Gehweg hat (§ 25 I 1, 2 StVO).

Bankgarantie
→ Garantiegeschäft, → Bürgschaft.

Bankgeheimnis
1. Das Bankgeheimnis umfasst die Pflicht der → Kredit-, → Finanzdienstleistungs- und → Zahlungsinstitute, die Vermögensverhältnisse ihrer Kunden gegenüber Dritten geheim zuhalten, und das Recht, entsprechende Auskünfte über die Kunden zu verweigern. Es ist gesetzlich nicht geregelt; die einschlägigen Vorschriften gehen aber davon, dass es existiert. Ob das Bankgeheimnis Verfassungsrang (Art. 2, 12 GG) hat, ist umstritten; eher hat es seine Rechtsgrundlage im Privatrecht (Schutz des allgemeinen Persönlichkeitsrechts und Treuepflicht der Institute aus dem → Bankvertrag). Die Wahrung des Bankgeheimnisses ist auch in Nr. 2 der → Allgemeine Geschäftsbedingungen der Privatbanken ausdrücklich niedergelegt. Das Bankgeheimnis begründet für Bankbedienstete ein → Zeugnisverweigerungsrecht in Zivilprozessen (§ 383 I Nr. 6 ZPO), nicht jedoch in Strafprozessen (vgl. §§ 53, 161a StPO). Seine Verletzung durch Institute führt zum Schadensersatz nach § 280 BGB wegen Pflichtverletzung.

2. Das Bankgeheimnis findet seine Grenze zum einen mit Einwilligung des Bankkunden, wenn dieser das Kreditinstitut zu Bankauskünften ermächtigt. Es findet ferner seine Grenze in öffentlich-rechtlichen Auskunftspflichten der Kreditinstitute, wie sie zB gegenüber der EZB, der → Bundesanstalt für Finanzdienstleistungsaufsicht oder der Deutschen → Bundesbank im Rahmen der Bankenaufsicht (→ Kreditinstitute, Aufsicht) bestehen (§§ 44 ff. KWG), die jedoch ihrerseits die Geheimhaltung gewährleisten (§ 9 KWG). Auch gegenüber → Finanzämtern ist das B. nicht unmittelbar rechtlich geschützt; vielmehr besteht gemäß §§ 93–96 → Abgabenordnung grundsätzlich Auskunftsverpflichtung. Vor allem haben die Banken kein Auskunfts- und Vorlageverweigerungsrecht nach §§ 101–106 AO. Der ehemalige § 30a AO, nachdem das Bankgeheimnis in Steuerermittlungsverfahren von den Finanzämtern weitgehend respektiert wurde, ist 2017 aufgehoben worden. Kreditinstitute sollen entspr. § 93 I 3 AO nur um Auskunft gebeten werden, wenn die Sachverhaltsaufklärung durch den Steuerpflichtigen nicht zum Erfolg geführt hat oder keinen Erfolg verspricht.

3. Im Zuge des Vierten Finanzmarktförderungsgesetzes v. 21.6.2002 (BGBl. 2002 I 2010, 2316) wurde in das KWG zur Bekämpfung der → Geldwäsche und der Finanzierung des Terrorismus der § 24c KWG über den automatisierten Abruf von Kontoinformationen eingefügt. Diese Vorschrift verpflichtet alle Kreditinstitute (einschließlich der Deutschen Bundesbank), zehn Jahre lang tagesaktuell bestimmte personenbezogene Daten (Nummern von Konten u. Depots, Adressen etc., sog. Konto-Evidenz-Zentrale) zu speichern, welche die BaFin zur Erfüllung ihrer Aufgaben (ohne Kenntnis der speichernden Stelle) abrufen und auch auf deren Ersuchen an andere Behörden oder Gerichte zu Strafverfolgungszwecken übermitteln darf (s. a. → Gewinnaufspürung, → organisierte Kriminalität). Nach § 93b AO darf auch das Bundeszentralamt für Steuern auf Ersuchen der für die Besteuerung zuständigen Finanzbehörden Daten bei den Kreditinstituten abrufen. Dieses Recht steht darüber hinaus nach § 93 VIII AO auch anderen Behörden zu, zB der Bundesagentur für Arbeit, Sozialämter oder BAföG-Stellen, wenn dies für die Überprüfung von Anspruchsvoraussetzungen erforderlich ist. Kritiker sehen darin eine Verkürzung des Bankgeheimnisses in erheblichem Maße. Der Kontenabruf ist auch durch Gerichtsvollzieher in der Zwangsvollstreckung möglich (§ 802l ZPO).

4. Nach dem Gesetz zum automatischen Austausch von Informationen über Finanzkonten in Steuersachen (Finanzkonten-Informationsaustauschgesetz) v. 21.12.2015 (BGBl. 2015 I 2431) mÄnd sind Finanzinstitute seit 2017 verpflichtet, dem Bundeszentralamt für Steuern Informationen über Finanzkonten zu übermitteln, die im Ausland steuerpflichtige Personen im Inland unterhalten. Zu diesen Finanzdaten gehören ua Name, Anschrift, Kontonummer, Jahressaldo. Das Bundeszentralamt für Steuern leitet diese Finanzinformationen an die zuständigen ausländischen Finanzbehörden weiter und empfängt seinerseits entsprechende Finanzdaten deutscher Steuerpflichtiger. Betroffen sind nach der EU-Amtshilfe-Richtlinie 2011/16 v. 15.2.2011 (ABl. EU 2011 L 64, 1) alle Staaten der Europäischen Union (→ Amts-

hilfe) sowie die Mitgliedstaaten der Mehrseitigen Vereinbarung zwischen den zuständigen Behörden über den automatischen Austausch von Informationen über Finanzkonten v. 29.10.2014 (BGBl. 2015 II 1630).

5. Als Verwahrer und Verwalter fremden Vermögens haben Kreditinstitute nach § 33 ErbStG, § 1 ErbStDV beim Tod eines Kunden dem für die Verwaltung der Erbschaftsteuer zuständigen Finanzamt vorhandene Vermögensstücke (zB Wertpapiere) und Guthaben sowie die Tatsache, dass der Kunde Depots oder Schließfächer unterhielt, anzuzeigen.

6. → Berufsgeheimnis, → Sozialgeheimnis, → Steuergeheimnis.

Bankgeschäfte
1. Bankgeschäfte sind nach § 1 I S. 2 KWG das → Einlagengeschäft, das → Pfandbriefgeschäft, das → Kreditgeschäft, das → Diskontgeschäft, das → Finanzkommissionsgeschäft, das → Depotgeschäft, die Tätigkeit als Zentralverwahrer, die Eingehung der Verpflichtung, zuvor veräußerte Darlehensforderungen vor Fälligkeit zurückzuerwerben (Revolvinggeschäft), das → Garantiegeschäft, das → Scheck- und → Wechseleinzugsgeschäft mit Reisescheckgeschäft, das → Emissionsgeschäft sowie die Tätigkeit als → zentrale Gegenpartei, ferner das außerhalb des KWG geregelte → Bauspargeschäft. Zahlungsdienste und E-Geld-Geschäft sind im ZAG geregelt (→ E-Geld-Institute, → Zahlungsinstitute).

2. Bankgeschäfte dürfen nur von → Kreditinstituten betrieben werden. Jedes gewerbsmäßige Betreiben von Bankgeschäften im Inland unterliegt der Erlaubnispflicht (§ 32) und den Beschränkungen des KWG. Sa → Finanzdienstleistungen, → zentrale Gegenpartei.

Bankkonto
→ Girovertrag, → Kontokorrent.

Bankkredit
→ Bankgeschäfte, → Darlehensvertrag, → Verbraucherdarlehensvertrag.

Banknote
Banknote ist ein Geldschein (Papiergeld), der von der nach dem Währungsrecht des Staates berechtigten Bank (→ Notenbank) ausgegeben worden ist und auf einen runden Betrag von Währungseinheiten lautet. Zur Ausgabe der auf Euro lautenden Banknoten in der → Wirtschafts- und Währungsunion s. → Euro. Diese Banknoten sind das einzige unbeschränkte → gesetzliche Zahlungsmittel. Eine Pflicht zur Einlösung der Noten gegen Währungsmetallgeld oder Goldbarren besteht schon lange nicht mehr.

Banknotenfälschung
→ Geld- und Wertzeichenfälschung.

Bankomatenmissbrauch
→ Computerbetrug.

Bankplatz
ist die Bezeichnung für die Orte, an denen sich die 9 Hauptverwaltungen und 35 Filialen der Deutschen → Bundesbank befinden.

Bankrott
(ital. banca rotta = zerschlagene Wechselbank) bedeutet → Zahlungsunfähigkeit des Schuldners gegenüber seinen Gläubigern. Bei Überschuldung oder bei drohender oder eingetretener Zahlungsunfähigkeit kann der Schuldner sich wegen Bankrotts (§§ 283, 283a StGB) strafbar machen, wenn er zB Bestandteile seines Vermögens, die im Falle der Eröffnung des Insolvenzverfahrens zur Insolvenzmasse gehören, beiseite schafft oder verheimlicht (→ Insolvenzstraftaten). Ferner → Staatsbankrott.

Bankvertrag
→ Geschäftsbesorgungsvertrag (2), → Girovertrag, → Überweisungsvertrag.

Bann
Der Begriff Bann ist aus der deutschen Rechtsgeschichte in verschiedenem Sinne bekannt. Als Königsbann umfasste er einmal das Recht des Landesherrn zur Gesetzgebung und Verwaltung innerhalb seines Gebietes (Verordnungs-, Verwaltungsbann), ferner die Inschutznahme gewisser Personengruppen oder Sachgüter, zB der Geistlichen und der kirchlichen Besitzungen (Friedensbann), und die Strafgewalt (Strafbann). Die schwerste kirchliche Strafe ist der kirchliche Bann. → Exkommunikation.

Bannbruch
Straftatbestand nach § 372 AO; → Steuerstrafrecht (1b).

Bannkreis
(Bannmeile) wurde früher die Zone um den Sitz der Gesetzgebungsorgane des Bundes und der Länder sowie des BVerfG genannt; er diente dem Schutz gegen verfassungsfeindliche Störungsversuche. Das BannmeilenG trat am 31.7.2000 außer Kraft. In Berlin und Karlsruhe sind die Bundesorgane nunmehr durch → befriedete Bezirke geschützt.

Bannwald
ist der im bayer. Waldrecht verwendete Begriff für → Schutzwald.

Bannware
Bannware sind Gegenstände, deren Beförderung für das Transport-Fz. oder die Ladung die Gefahr der Beschlagnahme oder Einziehung oder für den Führer oder Halter des Tranpsport-Fz. die Gefahr der Bestrafung (zB nach dem BtMG oder wegen → Bannbruchs nach § 372 AO) verursacht.

Wer Bannware an Bord eines deutschen Schiffes ohne Wissen des Schiffsführers oder Reeders oder in Kfz. oder Luft-Fz. ohne Wissen des Fz.-Führers oder Halters bringt oder nimmt, wird nach § 297 StGB wegen Gefährdung von Schiffen, Kraft- oder Luft-Fz. durch Bannware mit Freiheitsstrafe bis zu 2 Jahren oder Geldstrafe bedroht. Täter kann auch der Schiffs- oder Fz.-Führer bzw. der Reeder oder Halter sein.

S. a. → Konterbande.

Bareinlage
→ Einlage.

Bargebot
Das Bargebot ist bei der Zwangsversteigerung der Teil des → Meistgebots, der im Versteigerungstermin in bar oder durch Nachweis einer vorherigen Überweisung oder Einzahlung auf ein Konto der Gerichtskasse (auch per Verrechnungsscheck) entrichtet werden muss (§ 49 ZVG). Das Bargebot besteht aus dem Betrag des Meistgebots, der das → geringste Gebot übersteigt, ferner aus dem Teil des geringsten Gebots, der dazu bestimmt ist, die Kosten des Verfahrens sowie die in § 10 Nr. 1–3 ZVG und § 12 Nr. 1 und 2 ZVG bezeichneten Ansprüche zu decken.

Bargeldloser Zahlungsverkehr
→ Lastschriftverfahren, → Überweisung, → Girovertrag, → Zahlungsinstitute, → E-Geld-Institute.

Bargeldverkehr
Zur Bekämpfung von → Geldwäsche (s. § 261 StGB) und → Terrorismusfinanzierung (s. § 89c StGB) werden Ein-, Aus- und Durchfuhr in, aus und durch die EU sowie das sonstige Verbringen von Bargeld und gleichgestellten Zahlungsmitteln (Wertpapiere, Schecks, Wechsel, Edelmetalle, Edelsteine, → E-Geld) in, aus und durch das Bundesgebiet zollamtlich überwacht. Auf Verlangen von Bediensteten der → Zollbehörden oder der → Bundespolizei ist ein solcher grenzüberschreitender Bargeldverkehr im Wert von 10 000 EUR oder mehr nach Art, Zahl und Wert anzuzeigen sowie Herkunft, wirtschaftlich Berechtigter und Verwendungszweck darzulegen. Wer diesem Verlangen nicht oder nicht vollständig nachkommt, begeht eine Ordnungswidrigkeit, die mit Geldbuße bis zu 1 Mio. EUR geahndet werden kann (§ 1 IIIa–IIIc ZollVG, §§ 12a–12c, 31a ZollVG vom 21.12.1992, BGBl. 1992 I 2125, mÄnd).

Barkauf
Der Barkauf ist die übliche Form des → Kaufs im täglichen Leben, wobei der Kaufpreis Zug um Zug gegen Übergabe und Übereignung der Kaufsache zu zahlen ist (sa → Handkauf). Andere Formen der Kaufpreiszahlung müssen besonders vereinbart sein, so zB beim Pränumerationskauf (Vorleistungspflicht des Käufers) oder beim Kauf gegen Teilzahlung oder Zahlungsaufschub (Zahlung des Kaufpreises in Raten oder mit einem Zahlungsziel erst nach Lieferung der Kaufsache); insoweit gelten die Vorschriften über das → Teilzahlungsgeschäft. Sa → Verbraucherdarlehensvertrag, → Zahlungsaufschub (Stundung).

Barrierefreiheit
ist die Bezeichnung für Maßnahmen, die Menschen mit Behinderung und mit sonstiger Mobilitäts-, Seh-, Hör- oder Sprachbeeinträchtigung, in gleicher Weise wie anderen Menschen den Zugang zu und die Benutzung von baulichen und anderen Anlagen, öffentlichen Wegen, Plätzen und Straßen, öffentlich zugänglichen Verkehrsanlagen und Beförderungsmitteln, Räumen, auch Wahlräumen, und Leistungen, ferner Dokumenten sowie Internetauftritten und -angeboten der Verwaltung und auch die Ausübung der Arbeit am Arbeitsplatz ermöglichen. Dazu wurden zahlreiche Bundes- und Landesvorschriften erlassen, zB das BehindertengleichstellungsG (BGG) v. 27.4.2002 (BGBl. 2002 I 1468), die KommunikationshilfenVO (KHV – VO nach Bundesrecht, für jedes Bundesland eigene KHV)), die VO über barrierefreie Dokumente in der Bundesverwaltung (VBD) und Barrierefreie Informationstechnik-VO (BITV) jeweils v. 17.7.2002 (BGBl. 2002 I 2650, 2552, 2654), §§ 8, 12 PBefG, §§ 19d, 20b LuftVG, § 4 I 1 Nr. 2a GastG, § 3 II 2 ArbStättV, § 554a BGB, § 46 I BWO, § 17 I SGB I. Barrierefreiheit ist Voraussetzung für eine wirksame Inklusion.

Barscheck
ist ein → Scheck, der vom Bezogenen in Bargeld einzulösen ist. Gegensatz eines Barschecks ist der → Verrechnungsscheck.

Bartergeschäft
→ Kompensationsgeschäft.

Barunterhalt
→ Unterhaltsanspruch.

Basel II
→ Basel III.

Basel III
Mit den Schlagworten Basel I, II oder III bezeichnet man Empfehlungen des → Baseler Ausschusses für Bankenaufsicht zur Eigenkapital- und Liquiditätsausstattung von → Kreditinstituten. Auf die „Baseler Eigenkapitalakkords“ (Basel I) von 1988 folgte 2004 Basel II. An ihre Stelle sind die zwischen 2010 und 2017 verabschiedeten Basel III-Empfehlungen getreten. Sie sind eine Reaktion auf die Finanzkrise von 2008 und sollen Banken krisenfester machen. Danach müssen Banken Kredite und sonstige Risiken mit Eigenmitteln in Höhe von 8% (davon mindestens 4,5% mit hartem Kernkapital) und einem Kapitalerhaltungspuffer von hartem Kernkapital in Höhe von 2,5% des gewichteten Gesamtrisikobetrags unterlegen. Insgesamt sind Mindeseigenmittel in Höhe von 10,5%, davon 7% hartes Kernkapital, von Basel III vorgeschrieben. Die Umsetzung der von den G 20-Staaten angenommenen Empfehlungen erfolgte auf EU-Ebene vor allem durch Erlass und Änderung der VO (EU) 575/2013 v. 26.6.2013 (ABl. EU 2013 L 176, 1, CRR) sowie der Richtlinien CRD IV und CRD V, die wie-

derum im KWG transformiert wurden. → Bankenunion, → Kreditinstitute, → Aufsicht.

Basisfreibetrag
→ Lohnpfändung (3).

Basisgesellschaft
Gründet ein Unternehmen in einem ausländischen steuergünstigen Staat eine Kapitalgesellschaft, die selbständiger Träger von Einkommen und Vermögen wird (zB Holding-, Vermögensverwaltungs- und Finanzierungsgesellschaft) und bestimmte Aktivitäten für das inländische Unternehmen übernimmt, spricht man von einer Basisgesellschaft; → Zwischengesellschaft. Eine allgemeingültige Definition des Begriffs existiert nicht. Wird die Basisgesellschaft. als Kapitalgesellschaft in einem Niedrigsteuerland und mit passiven Funktionen betrieben, so werden die Gewinne dem inländischen Gesellschafter zugerechnet. In bestimmten Fällen kann die Existenz der ausländischen Basisgesellschaft negiert werden, zB bei Scheingeschäften oder Missbrauch. → Briefkastenfirma.

Basisinformationsblatt
Wer Anlageprodukte wie Finanzinstrumente, Derivate oder Anteile an → Investmentvermögen herstellt, vertreibt oder über sie berät (→ Anlageberatung), hat vorab ein Basisinformationsblatt (Key Information Document) gemäß der Verordnung (EU) 1286/2014 v. 26.11.2014 über Basisinformationsblätter für verpackte (= strukturierte) Anlageprodukte für Kleinanleger und Versicherungsanlageprodukte (PRIIP) (ABl. EU 2014 L 352, 1) zur Verfügung zu stellen. Diese Basisinformationsblätter dienen dem Anlegerschutz und enthalten deshalb neben den technischen Daten des Anlageprodukts (etwa Laufzeit, Risiken und Kosten) zahlreiche Warnhinweise (zB „Sie sind im Begriff, ein Produkt zu erwerben, dass nicht einfach ist und schwer zu verstehen sein kann"). Ein Basisinformationsblatt ist nicht erforderlich, wenn die Anlageprodukte ausschließlich an professionelle Anleger vertrieben werden, Art. 1 VO (EU) 1286/2014 sowie etwa § 164 KAGB, und ersetzt keinen eventuell notwendigen Verkaufsprospekt (→ Prospektpflicht). Auch für eine → Schwarmfinanzierung ist ein Basisinformationsblatt notwendig.

Basispfändungsschutz
→ Lohnpfändung (3).

Basisregister
→ Unternehmensbasisdatenregister.

Basistarif
Der Basistarif ist ein einheitlicher Tarif in der privaten Krankenkasse, dessen Leistungen denjenigen der gesetzlichen Krankenkasse entsprechen → Krankenversicherung (2). Die monatliche Versicherungsprämie dafür darf maximal den jeweiligen Höchstsatz des Beitrags der gesetzlichen Krankenkasse betragen. Entsprechend der Regelung der gesetzlichen Krankenkasse sind Risikozuschläge und Leistungsausschlüsse nicht erlaubt. Rechtsgrundlage für den Basistarif ist § 152 VAG. Der Basistarif wurde in Zusammenhang mit der Einführung einer allgemeinen Verpflichtung zum Abschluss einer Krankenversicherung eingeführt (§ 193 III VVG).

Basiszinssatz
Der Basiszinssatz ist die Grundlage für viele Arten der → Zinsschuld. Verschiedene Rechtsvorschriften nehmen auf den Basiszinssatz Bezug, zB § 288 BGB (Verzugszinsen), § 291 BGB (Prozesszinsen). Der Basiszinssatz betrug ursprünglich 3,62 vH, § 247 I 1 BGB; er verändert sich zum 1.1. und 1.7. eines jeden Jahres entsprechend dem Zinssatz der Europäischen Zentralbank für die Refinanzierung, § 247 I 2, 3 BGB. Der aktuelle Basiszinssatz wird von der Deutschen Bundesbank jeweils im Bundesanzeiger bekannt gegeben, § 247 II BGB.

Im Einzelnen:
Gültig ab 1.7.2002 2,47%
Gültig ab 1.1.2003 1,97%
Gültig ab 1.7.2003 1,22%
Gültig ab 1.1.2004 1,14%
Gültig ab 1.7.2004 1,13%
Gültig ab 1.1.2005 1,21%
Gültig ab 1.7.2005 1,17%
Gültig ab 1.1.2006 1,37%
Gültig ab 1.7.2006 1,95%
Gültig ab 1.1.2007 2,70%
Gültig ab 1.7.2007 3,19%
Gültig ab 1.1.2008 3,32%
Gültig ab 1.7.2008 3,19%
Gültig ab 1.1.2009 1,62%
Gültig ab 1.7.2009 bis 30.6.2011 0,12%
Gültig ab 1.7.2011 0,37%
Gültig ab 1.1.2012 0,12%
Gültig ab 1.1.2013 – 0,13%
Gültig ab 1.7.2013 – 0,38%
Gültig ab 1.1.2014 – 0,63%
Gültig ab 1.7.2014 – 0,73%
Gültig ab 1.1.2015 – 0,83%
Gültig ab 1.7.2015 – 0,83%
Gültig ab 1.1.2016 – 0,83%
Gültig ab 1.7.2016 bis 31.12.2022 – 0,88%
Gültig ab 1.1.2023 1,62%
Gültig ab 1.7.2023 3,12%
Gültig ab 1.1.2024 3,62%
Gültig ab 1.7.2024 3,37%
Gültig ab 1.1.2025 2,25%
Gültig ab 1.7.2025 1,27%

Basler Ausschuss für Bankenaufsicht
Der 1974 gegründete und bei der → Bank für internationalen Zahlungsausgleich angesiedelte Basler Ausschuss für Bankenaufsicht (Basel Committee on Banking Supervision) entwickelt und empfiehlt neue Regeln zur Bankenaufsicht (→ Kreditinstitute, Aufsicht). Er hat zB die als Basel II und → Basel III bekannt gewordenen Regeln zu den Eigenkapitalanforderungen verabschiedet. Der Basler Ausschuss für Bankenaufsicht besteht aus den Vertretern der Bankenaufsichtsbehörden und Zentralbanken von 28 Staaten, darunter

Deutschland, Brasilien, China, Frankreich, Indien, Japan, Kanada, Luxemburg, Russland, Schweiz, Türkei, USA sowie Vereinigtes Königreich. Dieser Ausschuss erarbeitet Vorgaben, die in der Europäischen Union durch den Erlass von Richtlinien und Verordnungen Eingang in das jeweilige nationale Recht finden.

Basler Übereinkommen
→ Abfallverbringung.

BAT
1. Der frühere Bundes-Angestelltentarifvertrag (BAT) war seit dem 1.4.1961 in Kraft, er ist seither 78mal geändert worden, zuletzt durch Änderungstarifvertrag vom 10.1.2003. Der BAT galt ursprünglich für alle → Angestellten des → öffentlichen Dienstes (nicht für → Arbeiter des öffentlichen Dienstes und nicht für → Beamte). Eine eigene Regelung galt mit dem → BAT-O für die Beschäftigten im Beitrittsgebiet. Nach der → Wiedervereinigung sollte das vorher in der Bundesrepublik Deutschland geltende Tarifrecht des öffentlichen Dienstes schnellst möglich auch auf die → neuen Länder übertragen werden. Der Anfang wurde mit dem Tarifvertrag zur Anpassung des Tarifrechts (BAT-O) vom 10.12.1990 gemacht.

2. 2003 einigten sicht die Tarifvertragsparteien des BAT und des BAT-O auf eine umfassende Modernisierung des Tarifrechts des öffentlichen Dienstes. Nachdem die Länder die Verlängerung der Arbeitszeit zum maßgebenden Verhandlungspunkt machten und dies am Widerstand der Arbeitnehmerseite scheiterte, schieden die Länder aus den Verhandlungen aus. Am 13.9.2005 schlossen die Tarifvertragsparteien ohne Beteiligung der Länder mit Wirkung zum 1.10.2005 den → TVöD und den → TVÜ. Seitdem galten BAT und BAT-O – mit Ausnahme der Vorschriften über die Eingruppierung – nicht mehr für die Angestellten des → Bundes und der → Kommunen. Für die Beschäftigten der → Länder blieb es zunächst beim BAT. Seit 1.11.2006 wurde der BAT auch für die Länder durch den Tarifvertrag für den öffentlichen Dienst der Länder (→ TV-L) abgelöst; in Hessen galt der BAT zunächst noch fort, bis dort am 1.1.2010 der VV-L in Kraft trat. Eine Sonderregelung galt in Berlin (sa → TdL). Weiter Bedeutung hatten die Eingruppierungsvorschriften des BAT, solange TVöD und TV-L noch kein eigenes Eingruppierungsrecht enthielten (iE → TVöD, 3; → Entgeltordnung).

3. Für die Arbeiter des öffentlichen Dienstes (seit 1.10.2005 nur mehr für die Arbeiter der Länder) galten dem BAT und dem BAT-O entsprechende Regelungen in den Manteltarifverträgen für Arbeiterinnen und Arbeiter des Bundes, der Länder sowie der Gemeinden.

BAT-O
Der → Tarifvertrag zu Anpassung des Tarifrechts – Manteltarifrechtliche Vorschriften – vom 10.12.1990 (BAT-O), zul. geänd. d. Änderungstarifvertrag v. 31.1.2003, diente nach der → Wiedervereinigung der schrittweisen Übertragung des Tarifrechts des → BAT auf die → neuen Länder. Nach dem In-Kraft-Treten des → TVöD und des → TVÜ am 1.10.2005 galt der BAT-O wie auch der BAT im Wesentlichen nur noch für die → Länder, nicht mehr für die → Kommunen. Seit 1.11.2006 wurde der BAT für die Beschäftigten der Länder durch den → TV-L ersetzt. Eine Sonderregelung gilt für Berlin.

Batterien
1. Das Gesetz über das Inverkehrbringen, die Rücknahme und umweltverträgliche Entsorgung von Batterien und Akkumulatoren (BattG) v. 25.6.2009 (BGBl. 2009 I 1582 mÄnd) gilt für alle Arten von Batterien. Es definiert sie in § 2 als Quellen elektrischer Energie, die entweder aus nicht wiederaufladbaren Primärzellen oder wiederaufladbaren Sekundärzellen, die oft als Akkumulatoren oder Akkus bezeichnet werden, bestehen. → Elektro- und Elektronikgeräte. Es setzt die EU-Richtlinie 2006/66/EG in deutsches Recht um.

Mit dem 18.2.2024 ist die EU-Verordnung (EU) 2023/1542 des Europäischen Parlaments und des Rates vom 12. Juli 2023 über Batterien und Altbatterien in Kraft getreten. Sie gilt unmittelbar und verbindet erstmalig produkt- und abfallrechtliche Regelungen mit dem Ziel einer nachhaltigeren und klimaschonenderen Herstellung, Verwendung und Entsorgung von Batterien (→ European Green Deal). Sie hebt die bisherige Richtlinie auf und erlangt für verschiedene Arten von Batterien schrittweise bis 2027 Geltung. U. a. wird hierdurch eine EU-weite Mindestsammelquote für Altbatterien eingeführt, es ändern sich Batteriekategorien und es soll auf eine grüne Beschaffung geachtet werden.

2. Batterien müssen besonders gekennzeichnet sein und mit bestimmten Hinweisen versehen werden (§§ 17, 18 BattG). Altbatterien dürfen nicht im Hausmüll (→ Siedlungsabfälle) entsorgt werden (§ 11 BattG). Sie werden von Händlern und öffentlich-rechtlichen Entsorgungsträgern unentgeltlich angenommen und über herstellerfinanzierte Rücknahmesysteme entsorgt (§ 7 BattG). Das Institut des Gemeinsamen Rücknahmesystems wurde 2021 mit Aufhebung von § 6 BattG abgeschafft. → Abfallrecht.

3. Seit dem 1.1.2021 müssen die Hersteller von Batterien ihre Tätigkeit nicht mehr bei → Umweltbundesamt anzeigen, sondern sie müssen sich mit Batterieart und Marke bei der Stiftung elektro-altgeräte-register (Stiftung ear) registrieren.

Bauabnahme
Eine Bauabnahme ist zT nach Maßgabe des Landesrechts nach teilweiser (Rohbauabnahme) oder endgültiger (Schlussabnahme) Fertigstellung einer genehmigungspflichtigen (→ Baugenehmigung) baulichen Anlage

durchzuführen. Für das Zivilrecht → Bauvertrag (2), → Architekten- und Ingenieurvertrag, sa → Werkvertrag (2, 3).

Bauabstand
→ Abstandsflächen im Baurecht.

Bauabzugssteuer
1. Rechtsgrundlage für die Bauabzugssteuer sind die §§ 48–48d EStG. Die Bauabzugssteuer verpflichtet ab 1.1.2002 den unternehmerisch tätigen Auftraggeber von Bauleistungen im Inland, einen Steuerabzug von 15 vH der Gegenleistung für die Bautätigkeit einzubehalten. Unter Bauleistungen sind alle Leistungen zu verstehen, die der Herstellung, Instandsetzung oder -haltung, Änderung oder Beseitigung von Bauwerken dienen. Abzugsverpflichtet ist der Auftraggeber (Leistungsempfänger), wenn es sich um eine juristische Person des öffentlichen Rechts oder einen → Unternehmer iSd Umsatzsteuerrechts handelt. Es werden auch Tätigkeiten erfasst, die einkommensteuerlich eine → Liebhaberei darstellen. Die Tätigkeit der Vermietung und Verpachtung wird erfasst, wenn der Auftraggeber mehr als zwei Objekte vermietet.

2. Ein Einbehalt ist dann nicht erforderlich, wenn das die Bauleistung erbringende Unternehmen eine Freistellungsbescheinigung vorlegt oder bestimmte Freigrenzen nicht überschritten werden. Die Freistellungsbescheinigung wird auf Antrag vom Finanzamt erteilt, wenn ein inländischer Empfangsbevollmächtigter bestellt ist und der Steueranspruch nicht gefährdet erscheint, also sichergestellt ist, dass der Leistende seine steuerlichen Pflichten im Inland ordnungsgemäß erfüllt. Beträgt die Gegenleistung im laufenden Kalenderjahr voraussichtlich nicht mehr als 5.000 EUR, so kann auch ohne Freistellungsbescheinigung vom Steuerabzug abgesehen werden. Besteht die Tätigkeit des Auftraggebers allein in umsatzsteuerfreien Vermietungsumsätzen, dann gilt insgesamt die Freigrenze von 15.000 EUR. Für die Ermittlung des Betrags sind sämtliche für den Auftraggeber erbrachten und voraussichtlich zu erbringenden Bauleistungen zusammenzurechnen. Der zunächst unterlassene Steuerabzug ist nachzuholen, wenn es im Nachhinein zur Überschreitung der Freigrenze im Kalenderjahr kommt. Auf ein Verschulden des Auftraggebers kommt es nicht an.

3. Der Auftraggeber hat den innerhalb eines Kalendermonats einbehaltenen Steuerabzugsbetrag unter Angabe des Verwendungszwecks jeweils bis zum 10. des Folgemonats anzumelden und an das für die Besteuerung des Einkommens des Auftragnehmers zuständige Finanzamt abzuführen. Bei verspäteter Abgabe kann ein → Verspätungszuschlag festgesetzt werden. Bei verspäteter Zahlung entstehen → Säumniszuschläge. Des Weiteren hat der Auftraggeber dem Auftragnehmer einen Abrechnungsbeleg zu erstellen, aus dem der Name und die Anschrift des Leistenden, der Rechnungsbetrag, Rechnungsdatum, Zahlungstag, die Höhe des Steuerabzugs und das Finanzamt, bei dem der Abzugsbetrag angemeldet worden ist, hervorgeht. Ausreichend ist auch die Aushändigung des Durchschlags der Steueranmeldung. Kommt der Auftraggeber diesen Pflichten nicht ordnungsgemäß nach, so haftet er für den nicht oder zu niedrig abgeführten Abzugsbetrag (→ Haftung im Steuerrecht). Die Haftung ist grundsätzlich unabhängig vom Verschulden des Leistungsempfängers, wenn ihm keine Freistellungsbescheinigung vorgelegen hat. Durfte der Auftraggeber auf die ihm vorgelegte Freistellungsbescheinigung vertrauen, so ist die Haftung ausgeschlossen. Der Auftraggeber ist jedoch verpflichtet, die Freistellungsbescheinigung zu überprüfen, insbes. soll er sich vergewissern, ob diese mit Dienstsiegeln versehen ist und eine Sicherheitsnummer trägt. Auch besteht die Möglichkeit einer Abfrage der Gültigkeit beim Bundesamt für Finanzen oder bei dem auf der Freistellungsbescheinigung angegebenen Finanzamt. Die Freistellungsbescheinigung kann widerrufen oder zurückgenommen werden. Wurde sie für eine bestimmte Bauleistung erteilt, so informiert das Finanzamt den Auftraggeber dieser Bauleistung über den Widerruf bzw. die Rücknahme. Der Auftraggeber hat dann von künftigen Leistungen den Abzug nachzuholen.

4. Der Abzugsbetrag wird vom Finanzamt auf die Steuern des Auftragnehmers angerechnet. Voraussetzung für die Anrechnung ist die Vorlage der Abrechnungsbelege und ab 2025 die elektronische Antragstellung auf Erstattung des Bauabzugssteuerbetrags. Zum Schutz des Auftragnehmers ist die tatsächliche Abführung des Abzugsbetrages für die Anrechnung nicht zwingend erforderlich. Wurde der Abzugsbetrag nicht abgeführt, so hat das Finanzamt jedoch durch Sachverhaltsermittlungen zu prüfen, ob ein Missbrauch des Abzugsverfahrens vorliegt. Die Reihenfolge der Anrechnung ist vorgegeben. Vorrangig wird die Lohnsteuer bedient. Anschließend werden die Abzugsbeträge auf die Vorauszahlungen für → Einkommen- und → Körperschaftsteuer angerechnet. Eine Erstattung des Abzugsbetrages ist ausgeschlossen. Vielmehr erfolgt dann die Anrechnung auf die jeweilige Jahreseinkommen- und Körperschaftsteuer und ggf. auf die vom Auftragnehmer selbst nach dem Abzugsverfahren geschuldeten Abzugsbeträge. Eine Erstattung der Abzugsbeträge kommt grundsätzlich erst nach Abschluss der Veranlagung der Jahressteuer in Betracht.

4. Sa BMF-Schreiben v. 27.12.2002 IV A 5 – S 2272 – 1/02, BStBl. I 2003, 1399.

Bauanfrage
→ Vorbescheid (2).

Bauanlagen
→ bauliche Anlagen.

Bauanspruch
nennt man gelegentlich das aus der → Baufreiheit folgende grundgesetzlich geschützte (Art. 14 GG) Recht, ein Grundstück bebauen zu dürfen (→ Baurecht; → Baugenehmigung).

Bauartgenehmigung für Fahrzeugteile
→ Zulassung von Kraftfahrzeugen.

Bauaufsicht
Den Bauaufsichtsbehörden obliegt es, bei Errichtung, Änderung, Abbruch und Unterhaltung baulicher Anlagen die Einhaltung der öffentlichrechtlichen Vorschriften und die hiernach ergangenen Anforderungen zu überwachen. Sie haben die dazu erforderlichen Maßnahmen zu treffen. Die für die Bauaufsicht zuständigen Behörden werden durch die Baugesetze (Bauordnungen) der Länder bestimmt (→ Baubehörden, früher auch → Baupolizei bezeichnet). Im engeren Sinn bezeichnet man die Bauaufsicht als Bauüberwachung (vgl. zB Art. 77 BayBO v. 14.8.2007, GVBl. 2007, 588 mÄnd). Wichtigstes Mittel der Bauaufsicht ist die → Baugenehmigung; wenn ein Vorhaben nicht den Vorschriften des → Bauordnungsrechts und des → Bauplanungsrechts entspricht, wird keine Baugenehmigung erteilt. Soweit nicht in bestimmten Fällen Baugenehmigungsfreiheit besteht, ist die Errichtung von Bauwerken ohne Baugenehmigung verboten.

Bauaufsichtsbehörden
→ Baubehörden.

Baubehörden
Baubehörden sind die mit dem Vollzug des → Bauordnungsrechts befassten Behörden. Sie wurden früher häufig als Baupolizei und werden heute zumeist als Bauaufsichtsbehörden oder Bauordnungsbehörden bezeichnet. Ihre Einrichtung ist Sache des Landesrechts. IdR ist die Kreisverwaltungsbehörde (→ Kreisverwaltung) untere, die höhere Verwaltungsbehörde (→ Regierungspräsident, → Regierung) mittlere und das Innenministerium des Landes oberste Bauaufsichtsbehörde. Den Baubehörden obliegt in erster Linie die Entscheidung über die → Baugenehmigung. Von den Baubehörden zu unterscheiden sind die staatlichen oder von Körperschaften oder Anstalten des öffentlichen Rechts eingerichteten Bauämter und sonstigen Behörden zur Durchführung öffentlicher Bauvorhaben wie zB die Straßenbaubehörden (Straßenbauämter) und Wasserwirtschaftsämter, denen die Baumaßnahmen an den öffentlichen Straßen und Gewässern obliegen.

Baubeschränkungen
Ausfluss des durch Art. 14 GG garantierten Eigentumsrechts ist der Grundsatz der → Baufreiheit. Sie wird durch die Vorschriften des → Baurechts eingeschränkt, die Inhalt und Schranken des Eigentums und damit der Baufreiheit festlegen. Eine formelle Beschränkung der Baufreiheit liegt darin, dass zur Errichtung, Änderung oder zum Abbruch baulicher Anlagen eine Genehmigung erforderlich ist (→ Baugenehmigung). Auf ihre Erteilung besteht ein Rechtsanspruch: sie muss erteilt werden, wenn das Bauvorhaben den öffentlichrechtlichen Vorschriften entspricht, insbes. den planungs- und bauordnungsrechtlichen Bestimmungen (dem materiellen Baurecht). Diese sind umfangreich und einschränkend. Die planungsrechtlichen Vorschriften finden sich im → Baugesetzbuch idF v. 23.9.2004 (BGBl. 2004 I 2414) mÄnd und in den auf dieser gesetzl. Grundlage ergangenen → Bauleitplänen (insbes. den verbindlichen, als → Satzung erlassenen Bebauungsplänen). Im Geltungsbereich eines Bebauungsplanes ist ein Vorhaben zulässig, wenn es den Festsetzungen des Planes nicht widerspricht; Ausnahmen und Befreiungen sind möglich. In Gebieten ohne Bebauungsplan ist ein Vorhaben zulässig, wenn es innerhalb der in Zusammenhang bebauten Ortsteile nach der vorhandenen Bebauung und Erschließung unbedenklich ist. Im → Außenbereich ist ein Vorhaben nur unter engen Voraussetzungen zulässig. Auch zahlreiche andere Gesetze (zB Bundesfernstraßengesetz; Wassergesetze; Straßen- und Wegegesetze der Länder; Luftverkehrsgesetz) schränken die Errichtung baulicher Vorhaben ein. Die bauordnungsrechtlichen Bestimmungen finden sich in den → Bauordnungen der Länder (sa → Bauordnungsrecht). Bauliche Anlagen sind so anzuordnen, zu errichten, zu ändern und zu unterhalten, dass die öffentliche Sicherheit und Ordnung nicht gefährdet wird. Sie sind einwandfrei zu gestalten, dürfen das Gesamtbild der Umgebung nicht verunstalten und müssen ohne Missstände benutzbar sein. Die allgemein anerkannten Regeln der Baukunst sind zu beachten. Der Sicherung dieses Anliegens dienen die Vorschriften über die Anforderungen an Grundstücke und Bauausführung. Auch von bauordnungsrechtlichen Beschränkungen kann bei Vorliegen der gesetzlichen Voraussetzungen Befreiung erteilt werden.

Baubetreuungsvertrag
Der Baubetreuungsvertrag ist ein → Geschäftsbesorgungsvertrag eigener Art mit Werkvertragscharakter. Der Baubetreuer verpflichtet sich gegenüber dem Bauherrn gegen eine Vergütung meist zur planerischen, organisatorischen, wirtschaftlichen und finanziellen Gestaltung, Durchführung, Beaufsichtigung und Abrechnung des Baugeschehens, das auf einem Grundstück des Bauherrn, des Baubetreuers oder einem noch zu erwerbenden Grundstück erfolgen kann; die konkreten Pflichten richten sich nach den im Einzelnen getroffenen vertraglichen Vereinbarungen. Gegenüber Dritten, zB Bauhandwerkern, wird der Baubetreuer im Namen und für Rechnung des Bauherrn tätig. Der Vertrag wird bei einer Vollbetreuung teilweise als → Bauvertrag, ggf. als → Verbraucherbauvertrag, mit den entsprechenden

Rechtsfolgen zu qualifizieren sein. Ist nur die organisatorische oder wirtschaftliche Betreuung, nicht aber Planung und Errichtung geschuldet, liegt ein Geschäftsbesorgungsvertrag mit Dienstvertragscharakter vor. Beim Generalübernehmervertrag und beim Generalunternehmervertrag erfolgt durch einen Werkvertrag, ggf. einen → Bauvertrag, die Verpflichtung zur Erstellung des Gesamtwerks, die einzelnen Werkleistungen werden (teilweise) an Subunternehmer vergeben; der Generalübernehmer erbringt selbst keine Lesitungen und hat meist auch keinen dafür eingerichteten Betrieb. Bauträger ist, wer ein Bauvorhaben im eigenen Namen (für eigene oder fremde Rechnung) durchführt, s. → Bauträgervertrag. S. weiterhin auch → Bauherren-Modell. Der Vertragsschluss bedarf ggf. der notariellen Form, wenn er auch auf einen Grundstückserwerb gerichtet ist (→ Grundstückskaufvertrag).

Die gewerbsmäßige treuhänderische Bauerrichtung sowie die gewerbsmäßige Baubetreuung bedürfen einer gewerberechtlichen Erlaubnis (§ 34c GewO; → Gewerbezulassung). Die Erlaubnis ist zu versagen, wenn der Baubetreuer oder eine mit der Betriebsleitung betraute Person nicht die erforderliche → Zuverlässigkeit besitzt (zB einschlägige Vorstrafen, ungeordnete Vermögensverhältnisse oÄ). Die DVO hierzu idF vom 7.11.1990 (BGBl. 1990 I 2479) mÄnd, sog. Makler- und Bauträger-VO, enthält zum Schutz der Immobilienkäufer eine Reihe zwingender Vorschriften, insbes. über die Pflicht zur Absicherung und Information.

Steuerlich stellt die Baubetreuungsvertrag eine gewerbliche Tätigkeit dar, auch wenn sie von Freiberuflern (→ freie Berufe), insbesondere von Architekten oder auch von Steuerberatern oder Rechtsanwälten, betrieben wird.

Baudispens
Baudispens ist eine andere Bezeichnung für die Befreiung von → Baubeschränkungen); heute spricht man idR von → Ausnahmen und Befreiungen im Baurecht.

Bauerngericht
→ Grundstücksverkehr, landwirtschaftlicher.

Baufluchtlinie
→ Baulinie.

Bauforderungen
Zur Sicherung von Bauforderungen s. → Bauvertrag (4), → Architekten- und Ingenieurvertrag, → Bauträgervertrag, → Verbraucherbauvertrag; sa → Werkvertrag (4). Darüber hinaus sieht das Gesetz über die Sicherung der Bauforderungen vom 1.6.1909 (BGBl. 1909 III 213–2) mÄnd vor, dass Baugeld (Geldbeträge, die zur Erstellung eines erst später zu übereignenden Bauwerks, auch eines Umbaus, oder, gesichert durch eine → Hypothek oder → Grundschuld, zum Bestreiten der Kosten eines Baus zur Verfügung gestellt werden) vom Empfänger (zB Bauträger) nur bestimmungsgemäß (insbes. Auszahlung an Baustofflieferant, Bauhandwerker, Architekt) verwendet werden darf. Dasselbe gilt für geleistete Abschlagszahlungen. Ist der Empfänger selbst an der Herstellung oder dem Umbau beteiligt, so darf er das Baugeld in Höhe des angemessenen Werts der von ihm erbrachten Leistungen für sich behalten. Die Verletzung dieses Schutzgesetzes (§ 823 II BGB) führt zur Schadensersatzpflicht aus → unerlaubter Handlung (2b).

Baufreiheit
wird die sich aus dem verfassungsmäßig (Art. 14 GG) garantierten Eigentumsrecht ergebende Befugnis genannt, ein Grundstück zu bebauen (→ Bauanspruch). Die Baufreiheit ist im öffentlichen Interesse durch das → Baurecht zahlreichen Beschränkungen unterworfen (sa → Baubeschränkungen). Privatrechtliche Einschränkungen der Baufreiheit ergeben sich aus dem → Nachbarrecht.

Baugebot
Im Geltungsbereich eines Bebauungsplans (→ Bauleitplan) oder innerhalb der im Zusammenhang bebauten Ortsteile kann die Gemeinde den Eigentümer durch Bescheid verpflichten, sein Grundstück entsprechend dem Bebauungsplan zu bebauen oder ein vorhandenes Gebäude den Festsetzungen anzupassen, Einzelheiten vgl. § 176 BauGB (→ Baugesetzbuch (BauGB). In ähnlicher Weise können auch Modernisierungs- und Instandsetzungsgebote, Pflanzgebote und Abbruchgebote erlassen werden (§§ 177–179 BauGB). Allgemeines und Verfahren hierzu sind in § 175 BauGB geregelt. Wenn Gemeinden Grundstücke an private Interessenten verkaufen, auf denen sie ein Baugebot durchsetzen wollen, werden häuig privatrechtliche Gestaltungen gewählt, zB ein Rückkaufsrecht der Gemeinde, wenn der Erwerber nicht binnen einer bestimmten Frist ein Bauwerk errichtet.

Baugefährdung
→ gemeingefährliche Straftaten.

Baugeld
→ Bauforderungen.

Baugenehmigung
1. Errichtung, Änderung (idR auch Nutzungsänderung) und Abbruch baulicher Anlagen bedürfen nach den → Bauordnungen der Länder grundsätzlich der vorherigen baubehördlichen Genehmigung (von ganz geringfügigen Vorhaben abgesehen). In neuester Zeit sehen manche Bauordnungen in stark vermehrtem Maße Freistellungen und Ausnahmen von der Genehmigungspflicht vor (vgl. zB Art. 57 und 58 BayBO – Bayer. Bauordnung – idF vom 14.8.2007, GVBl. 2007, 588 mÄnd), zT aber Anzeigepflichten. So sind gem. Art. 58 II BayBO Gebäude genehmigungsfrei gestellt, wenn sie im Geltungsbereich eines Bebauungsplans liegen, das Vorhaben den Festsetzungen des → Bebauungsplans

nicht widerspricht, die Erschließung gesichert ist und die Gemeinde binnen eines Monats nach Anzeige nicht die Durchführung eines Genehmigungsverfahrens anordnet.

2. Das Genehmigungsverfahren wird auf Antrag (Bauantrag) eingeleitet, der zusammen mit den Bauvorlagen (Pläne usw.) idR bei der Gemeinde (Bauamt) einzureichen ist. Über den Antrag entscheidet die Kreisverwaltungsbehörde (→ Kreisverwaltung). Soweit → kreisfreie Städte die Aufgaben der Kreisverwaltung wahrnehmen, entscheiden diese. Teilweise wurde die untere Bauaufsicht und damit die Zuständigkeit zur Erteilung der B. a leistungsfähige kreisangehörige Gemeinden übertragen. Die Baugenehmigung ist zu erteilen, wenn das → Vorhaben den öffentlich-rechtlichen Vorschriften entspricht. Dabei sind insbes. die Beachtung der bauplanungsrechtlichen Vorschriften des Baugesetzbuches (namentlich die Übereinstimmung mit dem Bebauungsplan; vgl. → Bauplanungsrecht; → Bauleitpläne; → Bebaubarkeit) und der bauordnungsrechtlichen Vorschriften (→ Bauordnungsrecht) über die Bauausführung sowie die Baugestaltung zu prüfen. Einschlägige Vorschriften enthalten die Bauordnungen der Länder und zahlreiche andere Gesetze (zB Wassergesetze, Straßen- und Wegegesetze der Länder; Bundesfernstraßengesetz; Luftverkehrsgesetz). Unter bestimmten gesetzlichen Voraussetzungen können von einzelnen Beschränkungen → Ausnahmen und Befreiungen (Abweichungen) erlaubt werden. Überdies sieht das Recht der meisten Länder vereinfachte Genehmigungsverfahren vor, bei dem nur mehr die Übereinstimmung mit ganz bestimmten Vorschriften geprüft wird; so steht es zB in Bayern im Ermessen der Genehmigungsbehörde, die Einhaltung der → Abstandsflächen zu prüfen (vgl. Art. 59, 68 BayBO). Die Baugenehmigung kann mit Auflagen und Bedingungen (→ Verwaltungsakt) verbunden werden. Sie ergeht unbeschadet der Rechte Dritter; diese können privatrechtliche Einwendungen gegen das Bauvorhaben (→ Nachbarrecht) auch nach erteilter Genehmigung noch geltend machen. Öffentlich-rechtliche Bestimmungen zugunsten Dritter (insbes. → nachbarschützende Vorschriften) sind im Genehmigungsverfahren aber zu beachten. Soweit solche Vorschriften dem Dritten ein subjektives Recht gewähren, kann er gegen eine Baugenehmigung, die sein Recht nicht beachtet, mit Anfechtungsklage (→ Verwaltungsstreitverfahren) vorgehen.

3. Widerspruch und Anfechtungsklage gegen die Baugenehmigung haben grundsätzlich keine aufschiebende Wirkung (§ 212a I BauGB). Unter den Voraussetzungen des § 80 V VwGO kann das Gericht die aufschiebende Wirkung wiederherstellen (→ Vollziehung, sofortige). Wird ein Bauvorhaben ohne Genehmigung begonnen („Schwarzbau"), kann es von der Bauaufsichtsbehörde eingestellt werden. Eine Beseitigung kann jedoch nur dann angeordnet werden, wenn das Vorhaben nach den baurechtlichen Vorschriften nicht genehmigungsfähig ist (vgl. zur Beseitigungsanordnung zB Art. 76 BayBO).

Baugesetzbuch (BauGB)

1. Das Baugesetzbuch idF v. 3.11.2017 (BGBl. 2017 I 3634) mÄnd fasst das früher im Bundesbaugesetz und im Städtebauförderungsgesetz enthaltene → Bauplanungsrecht (→ Baurecht) zusammen. Mit dem Baugesetzbuch werden die rechtlichen Grundlagen des Städtebaues, soweit sie zur Gesetzgebungskompetenz des Bundes gehören, in einem einheitlichen Gesetzeswerk geregelt. Das Baugesetzbuch will das Städtebaurecht auf die Gegenwarts- und Zukunftsaufgaben ausrichten, Rechts- und Verwaltungsvereinfachung erreichen, die Bauleitplanung beschleunigen und vereinfachen, die Rechtssicherheit im Bau- und Planungsrecht erhöhen, das Bauen erleichtern, die Planungshoheit der Gemeinden stärken, die Mischfinanzierung im Städtebau abbauen, abweichende landesrechtliche Regelungen ermöglichen sowie Umwelt- und Denkmalschutz verbessern.

2. Wesentlicher Inhalt des BauGB: Im 1. Kapitel „Allgemeines Städtebaurecht" werden die früher im Bundesbaugesetz enthaltenen Gebiete geregelt, insbesondere die Aufstellung eines vorbereitenden und verbindlichen → Bauleitplans, → Veränderungssperre, → Teilung von Grundstücken, gesetzliche Vorkaufsrechte der Gemeinde (→ Vorkaufsrecht, 4), Regelungen der baulichen Nutzung (zB Zulässigkeit von Vorhaben während der Planaufstellung, im Innenbereich und im Außenbereich), Entschädigung im Zusammenhang mit Planungen, → Umlegung, Grenzregelung, → Enteignung (Gründe, Entschädigung, Verfahren), Erschließung. Das 2. Kapitel „Besonderes Städtebaurecht" (§§ 136–191 BauGB, früher im Städtebauförderungsgesetz) regelt die → städtebaulichen Sanierungsmaßnahmen und → städtebaulichen Entwicklungsmaßnahmen, → Stadtumbau und soziale Stadt, → Erhaltungssatzung und → städtebauliche Gebote sowie Vorschriften über Sozialplan und Härteausgleich (sa → Städtebaurecht, → Baugebot). Das 3. Kapitel „Sonstige Vorschriften" enthält Bestimmungen über die → Wertermittlung von Grundstücken, über Zuständigkeiten, Verwaltungsverfahren, Widerspruchsverfahren und das Verfahren vor den Kammern für Baulandsachen. Das 4. Kapitel enthält Überleitungs- und Schlussvorschriften.

3. Grundsätzlich sind nach dem Baugesetzbuch Vorhaben im Geltungsbereich eines qualifizierten Bebauungsplanes zulässig, wenn sie den Festsetzungen dieses qualifizierten Bebauungsplanes entsprechen. Besteht kein Bebauungsplan, dann sind Vorhaben im Innenbereich gleichwohl zulässig, wenn sie sich in die bestehende Bebauung einfügen; letzteres ist auch dann der Fall, wenn die Eigenart der näheren Umgebung eines Bauvorhabens einem Gebiet gemäß der → Baunutzungsverord-

nung entspricht und das Bauvorhaben in dem entsprechenden Gebiet nach der Baunutzungsverordnung zulässig wäre. Im → Außenbereich außerhalb der zusammenhängenden Bebauung sind Vorhaben nur in besonders privilegierten Ausnahmefällen zulässig, zB wenn das Vorhaben einem land- oder forstwirtschaftlichen Betrieb dient, der Versorgung mit Energie, Wasser oder Telekommunikation, der Nutzung von Wind- oder Wasserenergie oder - unter engen Voraussetzungen - der gewerblichen Tierhaltung. § 246 VIII BauGB bestimmt, dass befristet bis 31.12.2024 für die Unterbringung von → Flüchtlingen und Asylbewerbern (→ Asylrecht) im unbeplanten Innenbereich Bauvorhaben auch dann genehmigt werden dürfen, wenn sie sich nicht in die umgebende Bebauung einfügen.

Baugewerbe
Baugewerbe ist ein allgemeiner Begriff für die Bauwirtschaft, dh für Planung und Erstellung von Straßen, Bauwerken etc. (Hoch- und Tiefbau). Die → Statistik unterscheidet zwischen Bauhaupt- (zB Dachdecker), – neben – (zB Installateur) und -hilfsgewerbe (zB Bautransport). Als Baugewerbe werden idR kleine und mittelständische Unternehmen bezeichnet, bei Großunternehmen spricht man von Bauindustrie. Anders als beim Bauhandwerk (zur Unterscheidung s. → Handwerk) ist die Ausübung des Baugewerbes nach der → Gewerbeordnung von keiner persönlichen oder sachlichen Qualifikation abhängig. Beim Baugewerbe wird der Schutz der Allgemeinheit vor unzuverlässigen Gewerbetreibenden durch die Untersagungsmöglichkeit nach § 35 GewO gewährleistet (→ Zuverlässigkeit). Anforderungen, die das Bauordnungsrecht an Bauvorhaben und Bauleiter stellt, enthalten die landesrechtlichen → Bauordnungen. S. a. → Architekten, → Baurecht, → Baustellen.

Bauhandwerkerforderung, -sicherung
→ Bauforderungen, → Bauvertrag, → Verbraucherbauvertrag, → Architekten- und Ingenieurvertrag, → Bauträgervertrag.

Bauherren-Modell
Beim Bauherren-Modell schließen sich Kapitalanleger meist über einen Treuhänder zu einer Bauherrengemeinschaft zusammen, die zur späteren Vermietung Eigentumswohnungen usw. errichtet (anders Erwerbermodell: Kauf eines bereits fertiggestellten Objekts). Durch Zusammenballung von sofort abzugsfähigen → Werbungskosten in den Jahren der Errichtung, zB Vermittlungs-, Baubetreuungs-, Treuhandgebühren und Zinsen infolge hoher Fremdfinanzierung, sollen bei den Einkünften aus Vermietung und Verpachtung hohe Verluste entstehen, die der Bauherr durch → Verlustausgleich mit anderen positiven Einkünften saldieren kann, um die Eigentumswohnung aus Steuerersparnissen zu finanzieren. Durch Grundsatzurteil vom 14.11.1989 (BStBl. 1990 II 299) hat der BFH entschieden, dass die Anleger bei einem Bauherren-Modell regelmäßig nicht Bauherren, sondern Erwerber des bebauten Grundstücks sind, so dass die Gebühren für Baubetreuung, Treuhandtätigkeit und -vermittlung nicht sofort abzugsfähige Werbungskosten, sondern Anschaffungskosten sind. Diese wirken sich nur über die → Absetzung für Abnutzung steuerlich aus (Bauherren-Erlass v. 31.8.1990, BStBl. I 1990, 366). Sa → Immobilienfond, → Verlustzuweisungsgesellschaft.

Da das Bauherren-Modell damit seine früheren (vermeintlichen) steuerlichen Vorteile verloren hat, wird es heute meist (zB in Sanierungsmodellen) nur noch verwendet, um Käuferschutzbestimmungen (zB Haftung des Initiators nach Werkvertragsrecht) zu umgehen.

Baukindergeld
→ Eigenheimzulage.

Baukostenzuschuss
Ein Baukostenzuschuss kommt im → Zivilrecht in zwei Formen vor: Ein sog. verlorener Baukostenzuschuss ist eine (meist einmalige) Geld- oder Sachleistung des Mieters (oder eines Dritten für den Mieter) an den Vermieter zum Neubau, Wiederaufbau, Ausbau oder zur Instandsetzung des Gebäudes, ohne dass im Mietvertrag eine Verrechnung mit der Miete oder eine Rückerstattung durch den Vermieter vereinbart wird; der Baukostenzuschuss soll also endgültig beim Vermieter verbleiben. Ob eine solche Vereinbarung vorliegt, ist im Einzelfall Auslegungsfrage. Die Vereinbarung eines verlorenen Baukostenzuschuss ist grds. zulässig, nicht jedoch im öffentlich geförderten → sozialen Wohnungsbau, sofern gegen § 9 Wohnungsbindungsgesetz verstoßen wird (dann besteht ein gesetzlicher Rückzahlungsanspruch). Beim sog. abwohnbaren Baukostenzuschuss wird die Leistung des Mieters auf die Miete angerechnet. Solche Leistungen sind wie Mietvorauszahlungen (Unterschied der Mietvorauszahlung zum Baukostenzuschuss: Verwendung ist dem Vermieter freigestellt) zu behandeln, § 547 BGB ist anzuwenden, der noch nicht abgewohnte Teil des Baukostenzuschuss damit zwingend bei Beendigung des Mietverhältnisses zurückzuzahlen. Auch die Vereinbarung eines abwohnbaren Baukostenzuschusses bzw. einer Mietvorauszahlung ist grds. zulässig (Ausnahme uU auch hier beim öffentlich geförderten sozialen Wohnungsbau, s. o.). Die Rückzahlung richtet sich in jedem Falle nach den Vorschriften über den → Rücktritt vom Vertrag, §§ 346 ff. BGB; hat der Vermieter die Beendigung des Mietverhältnisses nicht zu vertreten (zB freie Kündigung durch den Mieter), so haftet er nur aus → ungerechtfertigter Bereicherung. Als weitere Leistung des Mieters an den Vermieter kommt ein Mieterdarlehen (→ Darlehen, das mit Rücksicht auf den Abschluss des Mietvertrages idR bei dessen Abschluss gewährt wird) in Betracht (Zulässigkeit beim sozialen Wohnungsbau uU einge-

schränkt, s. o.); häufig erfolgt die Tilgung ratenweise durch Verrechnung mit der Miete, bei vorzeitiger Beendigung des Mietvertrages ist der Rest vom Vermieter zurückzuzahlen. Sa → Mietkaution.

Abstandszahlungen (ohne Übernahme von Einrichtungsgegenständen) eines neuen Mieters an den alten Mieter, damit dieser den Mietvertrag beendet, sind bei gewerblicher Miete zulässig, bei der Wohnraummiete unzulässig, § 4a WohnungsvermittlungsG v. 4.11.1971 (BGBl. 1971 I 1745, 1747) mÄnd. Davon zu unterscheiden sind Ablösezahlungen für die Übernahme von Mobiliar (als Kauf zu qualifizieren).

Baulärm
→ Lärmbekämpfung.

Baulandbereitstellung
1. (Baulandbeschaffung). Das WoFG (→ soziale Wohnraumförderung) regelt seit dem 1.1.2002 die Förderung des Wohnungsbaus zur Unterstützung von Haushalten bei der Versorgung mit Mietwohnraum und bei der Bildung von selbst genutztem Wohneigentum, § 1 WoFG. Zu diesem Zweck sollen Bund, Länder, Gemeinden, Gemeindeverbände, sonstige Körperschaften usw. in ausreichendem Umfang geeignete Grundstücke als Bauland für den Wohnungsbau zu → Eigentum oder in → Erbbaurecht überlassen, § 4 WoFG. Die Gemeinden sollen dafür Sorge tragen, dass die erforderlichen Grundstücke bebaut und erforderliche Modernisierungsmaßnahmen durchgeführt werden können. Bis zum 31.12.2001 galt für die Baulandbereitstellung § 89 des II. WohnungsbauG, s. → sozialer Wohnungsbau.

2. Der Beschaffung von Bauland dient auch das gesetzliche → Vorkaufsrecht der Gemeinden sowie letztlich die Möglichkeit der → Enteignung. Die Einzelheiten sind im BauGB (§§ 24 ff., 85 ff. BauGB) geregelt. S. → Siedlungsrecht.

Baulanderschließung
→ Erschließung.

Baulandsachen
Bei → Enteignung und enteignungsähnlichen Eingriffen (zB Umlegung), die den Zwecken des BauGB dienen, nämlich die städtebauliche Entwicklung in Stadt und Land zu ordnen, ist der Rechtsweg zu den ordentlichen Gerichten eröffnet (§§ 217 ff. BauGB). Im ersten Rechtszug ist das Landgericht, Kammer für Baulandsachen, zuständig (2 Berufsrichter des Landgerichts einschl. des Vorsitzenden, 1 des Verwaltungsgerichts). Über die Berufung entscheidet das Oberlandesgericht, Senat für B. (2 Berufsrichter des Oberlandesgerichts einschl. des Vors., 1 des Oberverwaltungsgerichts). Über die Revision entscheidet ein Senat des Bundesgerichtshofs. Das Verfahren entspricht einem durch → Klage im → Zivilprozess eingeleiteten Rechtsstreit, vgl. § 221 BauGB; zum Umfang der → Beteiligten vgl. § 222 BauGB.

Baulast
→ Straßenbaulast, → Patronatsrecht, → öffentliche Lasten.

Baulasten, -verzeichnis
→ Öffentliche Lasten.

Bauleitpläne
1. Während die → Raumordnung (→ Landesplanung) die übergeordnete zusammenfassende Planung für größere Gebiete zum Gegenstand hat, soll die Bauleitplanung die städtebauliche Entwicklung ordnen. Zu diesem Zweck ist die bauliche und sonstige Nutzung der Grundstücke durch Bauleitpläne vorzubereiten und zu leiten (§ 1 des → Baugesetzbuches – BauGB). Als Bauleitpläne haben die Gemeinden, soweit erforderlich, einen Flächennutzungsplan und einen Bebauungsplan aufzustellen. An Stelle der Gemeinden können nach § 205 BauGB auch freiwillig oder zwangsweise gebildete Planungsverbände zuständig sein; ferner besteht landesrechtlich Übertragungsmöglichkeit auf höherstufige Kommunalkörperschaften gem. § 203 BauGB. Bei der Aufstellung sind dabei die Ziele der Raumordnung und der Landesplanung zu beachten. Nach § 1a BauGB muss bei der Aufstellung der B. mit Grund und Boden sparsam umgegangen werden.

2. Der Flächennutzungsplan (§§ 5–7 BauGB) ist ein vorbereitender Bauleitplan. In ihm ist für das gesamte Gemeindegebiet die beabsichtigte Art der Bodennutzung nach den voraussehbaren Bedürfnissen der Gemeinde in den Grundzügen darzustellen (insbes. Bauflächen, Baugebiete, Verkehrs-, Versorgungsflächen usw.). Er bedarf der Genehmigung der höheren Verwaltungsbehörde, die sie aber nur aus Rechtsgründen versagen darf (§ 6 BauGB).

3. Der Bebauungsplan (§§ 8–10 BauGB) enthält als verbindlicher Bauleitplan die rechtsverbindlichen Festsetzungen für die städtebauliche Ordnung. Er bildet die Grundlage für weitere zum Vollzug des BauGB erforderliche Maßnahmen. Er ist aus dem Flächennutzungsplan zu entwickeln. In Ausnahmefällen kann ein Bebauungsplan auch ohne Flächennutzungsplan oder gleichzeitig mit diesem (Parallelverfahren) aufgestellt werden. Der Bebauungsplan setzt für das Bauland die Art und das Maß der baulichen Nutzung, die Bauweise, die überbaubaren und die nicht überbaubaren Grundstücksflächen, die Mindestgröße der Baugrundstücke, die Höhenlage der baulichen Anlagen, die Flächen für Stellplätze und Garagen sowie die Baugrundstücke für den Gemeinbedarf fest; er bestimmt ferner ua die Grundstücke, die von der Bebauung freizuhalten sind, die Verkehrs- und Versorgungsflächen, die Grünflächen, die Gemeinschaftsanlagen usw. Enthält ein Bebauungsplan mindestens Festsetzungen über die Art und das Maß der baulichen Nutzung, die überbaubaren Grundstücksflächen und die örtlichen Verkehrsflächen – was in der Regel der Fall ist –,

so spricht man von einem „qualifizierten Bebauungsplan"; ist das nicht der Fall, so liegt ein „einfacher Bebauungsplan" vor (vgl. § 30 BauGB). Der Bebauungsplan wird von der Gemeinde als → Satzung beschlossen; er ist also → Gesetz im materiellen Sinn und kann im Wege der → Normenkontrolle überprüft werden (vgl. § 47 I Nr. 1 VwGO). Nach § 10 II BauGB bedürfen nur Bebauungspläne der Genehmigung, die nicht aus Flächennutzungsplänen entwickelt sind. Die Gemeinde hat den ggf. genehmigten Plan ortsüblich bekanntzumachen. Der Bebauungsplan ist mit der Begründung zu jedermanns Einsicht bereitzuhalten. Mit der Bekanntmachung tritt der Bebauungsplan in Kraft. Die Bauleitplanung wird durch die Bestimmungen des BauGB über die Veränderungssperre während einer Planaufstellung (§§ 14 ff. BauGB) und das → Vorkaufsrecht der Gemeinden bei Grundstücksverkäufen gesichert. Bauvorhaben sind nur zulässig, wenn sie den Festsetzungen des Bebauungsplans nicht widersprechen (s. aber → Ausnahmen und Befreiungen im Baurecht); hiervon hängt die → Baugenehmigung ab. Während einer Planaufstellung ist ein Bauvorhaben zulässig, wenn nach dem Stand der Planungsarbeiten anzunehmen ist, dass das Vorhaben den künftigen Festsetzungen des Bebauungsplanes nicht widersprechen wird, der Antragsteller diese Festsetzungen für sich und seine Rechtsnachfolger schriftlich anerkennt und die Erschließung gesichert ist (§ 33 BauGB). In der → Baunutzungsverordnung ist festgelegt, welche Darstellungen und Festsetzungen hinsichtlich Art und Maß der baulichen Nutzung in einem Bauleitplan erfolgen können.

4. Bestimmte Einzelaspekte – zB Milieuschutz – können ebenfalls in einem Bebauungsplan oder in einer gesonderten → Erhaltungssatzung geregelt werden.

5. Sa → Vorhaben- und Erschließungsplan.

Bauliche Anlagen
Bauliche Anlagen iS des Baurechts (Bauordnungen) sind mit dem Erdboden verbundene, aus Baustoffen und Bauteilen hergestellte Anlagen, ferner auch Aufschüttungen und Abgrabungen (auch zur Gewinnung von Bodenschätzen), Lager-, Abstell- und Ausstellungsplätze, Camping- und Wochenendplätze sowie Stellplätze für Kraftfahrzeuge. Errichtung, Änderung und Beseitigung baulicher Anlagen sind grundsätzl. genehmigungs- oder anzeigepflichtig; vgl. → Baugenehmigung, → Vorhaben.

Baulinie
Der Bebauungsplan (→ Bauleitplan) setzt durch Zeichnung und Farbe ua die überbaubaren und nicht überbaubaren Grundstücksflächen sowie die Stelle der baulichen Anlagen (§ 9 BauGB) fest. Die überbaubaren Grundstücksflächen können durch Baulinien, Baugrenzen und Bebauungstiefen bestimmt werden (s. → Abstandsflächen im Baurecht). Ist eine Baulinie festgesetzt, so muss auf ihr gebaut werden; ein Vor- oder Zurücktreten von Gebäudeteilen in geringfügigem Ausmaß kann zugelassen werden. Ist eine Baugrenze festgesetzt, so dürfen Gebäude diese nicht überschreiten; ein geringfügiges Vortreten kann zugelassen werden. Gleiches gilt, wenn eine Bebauungstiefe von der Straßengrenze ab festgesetzt ist. Die Festsetzung der Baulinien ist, da sie als Teil des Bebauungsplans ergeht, ein Akt der Rechtsetzung (→ Satzung).

Baumängel
→ Bauvertrag (1, 3), → Verbrauchervertrag, → Bauträgervertrag, → Werkvertrag (1, 3).

Baumeister
ist ein älterer Meistertitel aus dem → Baugewerbe (§ 133 GewO), der nicht mehr erworben werden kann. Heute benutzt man Bauingenieur oder andere Meistertitel (→ Meister).

Baumschutz
(im Gegensatz zu → Waldschutz) ist im Rahmen von → Bebauungsplänen (vgl. § 9 I Nr. 15, 18, 25 BauGB) oder durch RechtsVO oder Satzung möglich, die auf Grund von Naturschutzgesetzen erlassen werden (s. → Naturschutz). Auf dieser Grundlage sind vielfach Baumschutzverordnungen oder -satzungen erlassen worden, welche die Beseitigung auch einzelner Bäume genehmigungspflichtig machen (zB Berliner B.VO v. 11.1.1982, GVBl. 1982, 250 mÄnd); s. a. → Überhang.

Baunutzungsverordnung
Die VO über die bauliche Nutzung der Grundstücke idF v. 21.11.2017 (BGBl. 2017 I 3786; BauNVO) regelt zur Ausführung des → Baugesetzbuches (BauGB) die Art der baulichen Nutzung (→ Kleinsiedlungsgebiete; → Reines Wohngebiet; → Allgemeines Wohngebiet; → Besonderes Wohngebiet; → Dorfgebiet; → Mischgebiet; → Urbanes Gebiet; → Kerngebiet; → Gewerbegebiet; → Industriegebiet), das Maß der baulichen Nutzung (Geschossflächen-, Grundflächenzahl, Größe der Grundflächen baulicher Anlagen, Zahl der Vollgeschosse) sowie die Bauweise und die überbaubaren Grundstücksflächen. Die entspr. Festsetzungen sind im Flächennutzungsplan und im Bebauungsplan (→ Bauleitpläne) zu treffen. Eine besondere Bedeutung der BauNVO liegt darin, dass in einem Gebiet des unbeplanten Innenbereiches (→ Bauleitpläne), in dem die tatsächliche Bebauung dem Charakter eines in der BauNVO festgesetzten Gebietes entspricht, alle Vorhaben zulässig sind, die die BauNVO in einem entsprechenden Gebiet zulässt. So sind zB seit der Novellierung des BauGB durch das Gesetz zur Stärkung der Innenentwicklung in den Städten und Gemeinden und weiteren Fortentwicklung des Städtebaurechts v. 11.6.2013 (BGBl. 2013 I 1548) Kindertagesstätten in reinen Wohngebieten auch ohne Festsetzung in einem Bebauungsplan zulässig.

Bauordnungen
Bauordnungen (BO) oder Landesbauordnungen (LBO) sind landesrechtliche Gesetze, die die wesentlichen Vorschriften des → Bauordnungsrechts enthalten. Bauordnungen regeln die materiellrechtlichen Voraussetzungen für die Errichtung, die Änderung und den Abbruch baulicher Anlagen und das baurechtliche Verfahren, insbes. die Einrichtung der Baubehörden und die Erteilung der → Baugenehmigung (Zusammenstellung b. Sartorius I, Verf.- u. Verw.-gesetze, Nr. 300). Im Einzelnen LBO Baden-Württemberg idF v. 5.3.2010 (GBl. 2010, 357, 358, ber. 416) mÄnd; BayBO idF v. 14.8.2007 (GVBl. 2007, 588) mÄnd; BO Berlin v. 29.9.2005 v. 29.9.2005 (GVBl. 2005495), mÄnd; BO Brandenburg v. 15.11.2018 (GVBl. I 2018 Nr. 39) mÄnd; Bremische LBO v. 4.9.2018 (GBl. 2018,320); Hamburgische BO v. 14.12.2005 (GVBl. 2005, 525) mÄnd; Hessische BO v. 28.5.2018 (GVBl. 2018,198) mÄnd; LBO Mecklenburg-Vorpommern v. 15.10.2015 (GVOBl. 2015, 344) mÄnd; Niedersächsische BO v. 3.4.2012 (GVBl. 2012,46) mÄnd; BO Nordrhein-Westfalen v. 21.7.2018 (GV NW 2018, 421) mÄnd; LBO Rheinland-Pfalz v. 24.11.1998 (GVBl. 1998, 365) mÄnd; LBO Saarland v. 18.2.2004 (AmtsBl. 2004, 822) mÄnd; Sächsische BauO v. 11.5.2016 (GVBl. 2016, 186) mÄnd; BO Sachsen-Anhalt v. 10.9.2012 (GVBl. 2013, 440, 441) mÄnd; LBO Schleswig-Holstein v. 22.1.2009 (GVOBl. 2009,6) mÄnd; Thüringer BO v. 13.3.2014 (GVBl. 2014, 49) mÄnd. In den Grundzügen stimmen die Bauordnungen der Länder weitgehend überein, im Detail zeigen sie aber durchaus Unterschiede. Nicht in den Bauordnungen geregelt sind das Bauplanungsrecht (→ Baurecht, → Baugesetzbuch, → Bauleitpläne) und die baurechtlichen Bezüge in anderen Rechtsgebiete, zB Naturschutzrecht, Wasserrecht, Immissionsschutzrecht).

Bauordnungsbehörden
→ Baubehörden.

Bauordnungsrecht
Das Bauordnungsrecht regelt die technische und gestalterische Seite des Baurechts sowie das Baugenehmigungsverfahren (→ Baurecht, → Baugenehmigung, → Bauordnungen). Im Wesentlichen ist es in den Bauordnungen der Länder normiert. Es umfasst das Recht der → Abstandsflächen im Baurecht, allgemeine Anforderungen an Baugestaltung und Bauprodukte, Brandschutz und Rettungswege, Bautechnik sowie die besonderen Anforderungen an Aufenthaltsräume und Wohnungen, barrierefreies Bauen und Regelungen über Kraftfahrzeugstellplätze (→ Garagen, Stellplätze). Das Bauordnungsrecht bestimmt ferner, welche Vorhaben genehmigungsfrei sind und wie das Baugenehmigungsverfahren abläuft sowie die Zuständigkeit der → Baubehörden. Ein Bauvorhaben ist nur dann zulässig, wenn es sowohl den Bestimmungen des Bauordnungsrechts als auch den Bestimmungen des → Bauplanungsrechts entspricht. Fragen der energetischen Anforderungen an Gebäude und der energetischen Sanierung sind bundesrechtlich im Gesetz zur Einsparung von Energie und zur Nutzung erneuerbarer Energien zur Wärme- und Kälteerzeugung in Gebäuden (Gebäudeenergiegesetz – GEG) v. 8.8.2020 (BGBl. 2020 I 1728) mÄnd geregelt (→ Gebäudeenergie).

Bauplanungsrecht
Das Bauplanungsrecht regelt unabhängig von den Vorgaben des → Bauordnungsrechts, wie Grundstücke baulich nutzbar sind, welche Flächen in welchen Umfang überbaut werden dürfen und welche Baumasse auf einem Grundstück errichtet werden darf. Hierzu dient vor allem die Bauleitplanung (→ Bauleitpläne). Das Bauplanungsrecht bestimmt die Art der zulässigen Nutzung (Wohnungsnutzung, Gewerbe, usw.) nach den Bauleitplänen, den Baugebietsbeschreibungen nach der → Baunutzungsverordnung oder der umgebenden Bebauung. Ein Bauwerk darf nur errichtet werden, wenn es den Festsetzungen des für das Gebiet geltenden Bebauungsplanes (Bauleitplanes) entspricht. Gibt es für ein bestimmtes Gebiet keinen Bauleitplan, muss sich das Bauvorhaben in die Umgebung einfügen (§ 34 BauGB); entspricht das betreffende Gebiet einem Gebiet nach der Baunutzungsverordnung, dann genügt es, wenn das Vorhaben in diesem Gebiet nach der Baunutzungsverordnung zulässig ist. Eine → Baugenehmigung darf nur erteilt werden, wenn sowohl die Anforderungen des Bauordnungsrechts als auch die Anforderungen des Bauplanungsrechts erfüllt sind. Wichtigstes Gesetz im Bauplanungsrecht ist das → Baugesetzbuch; → Baurecht.

Baupolizei
Baupolizei ist die überkommene, mit der Einschränkung des Begriffes → Polizei zurückgedrängte Bezeichnung der → Baubehörden (→ Ordnungsbehörden). Baupolizeiliche Vorschriften ist ein überkommener Ausdruck für die materiellrechtlichen Vorschriften des Baurechts (→ Bauordnungen).

Baupreisrecht
Im Bauwesen gab es preisrechtliche Vorschriften seit der Aufhebung der VO PR 1/72 über die Preise für Bauleistungen bei öffentlichen oder mit öffentlichen Mitteln finanzierten Aufträgen durch die VO v. 16.6.1999 (BGBl. 1999 I 1419) nur noch in der Honorarordnung für Architekten und Ingenieure (HOAI) v. 10.7.2013 (BGBl. 2013 I 2276). Die dort enthaltene Festlegung von Mindest- und Höchstpreisen für Planungsleistungen war jedoch nach einem Urteil des → Europäischen Gerichtshofs v. 4.7.2019 (C-377/17) unionsrechtswidrig, so dass die HOAI entsprechend abzuändern war (BGBl. 2020 I 2392). → Architekten- und Ingenieurvertrag.

Baurecht
1. Baurecht im objektiven Sinne ist die Gesamtheit der die Bebauung von Grundstücken regelnden privatrechtlichen und öffentlich-rechtlichen Rechtsvorschriften.

2. Zum privaten Baurecht siehe → Bauvertrag, → Baubetreuungsvertrag, → Vergabe- und Vertragsordnungen.

3. Das öffentliche Baurecht gliedert sich in → Bauplanungsrecht und → Bauordnungsrecht. Das Bauplanungsrecht bestimmt in erster Linie, ob und wo ein Grundstück baulich genutzt werden kann, das Bauordnungsrecht regelt die technische und gestalterische Seite sowie das Baugenehmigungsverfahren. Das Bauplanungsrecht liegt in der Regelungskompetenz des → Bundes (Art. 74 I Nr. 18 GG); wichtigste Vorschriften sind das → Baugesetzbuch, die → Baunutzungsverordnung und die auf Grund dieser Regelungen als Satzungen erlassenen gemeindlichen → Bauleitpläne. Das Bauordnungsrecht fällt nach dem Baurechtsgutachten des BVerfG (BVerfGE 3, 407) in die Gesetzgebungszuständigkeit der Länder, die jeweils → Bauordnungen erlassen haben (siehe auch → Baugenehmigung, → Bauaufsicht, → Baupolizei, → Ordnungsrecht). Fragen der → Gebäudeenergie sind bundesrechtlich geregelt.

4. Im subjektiven Sinne bedeutet Baurecht die öffentlich-rechtliche Befugnis, auf einem Grundstück ein Bauwerk zu errichten (→ Baufreiheit, → Plangewährleistung, → Werkvertrag).

Bauschutzbereich
Der Bauschutzbereich dient der Sicherheit des Luftverkehrs insbes. im Bereich eines Flughafens (→ Flugplätze). Im Bauschutzbereich gelten bestimmte Baubeschränkungen (§ 12 LuftVG). Der Bauschutzbereich ist Teil der Hindernisbegrenzungs- und Hindernisschutzflächen gem. Art. 2 u. 8 VO (EU) 139/2014 v. 12.2.2014 zur Festlegung von Anforderungen und Verwaltungsverfahren in Bezug auf Flugplätze (ABl. EU 2014 L 44, 1). → Fluglärm.

Bausparbeiträge
→ Bausparvertrag, → Wohnungsbauprämie.

Bauspargeschäft
ist ein → Bankgeschäft, dass darauf gerichtet ist, Einlagen von Bausparern (→ Bankeinlagen) entgegenzunehmen und aus den angesammelten Beträgen Darlehen an die Bausparer für wohnungswirtschaftliche Maßnahmen zu vergeben (§ 1 BausparkG). Das Bauspargeschäft darf nur von → Bausparkassen betrieben werden.

Bausparkassen
1. Die ca. 25 in Deutschland tätigen Bausparkassen sind → Kreditinstitute, die das → Bauspargeschäft betreiben (§ 1 BauSparkG – G über Bausparkassen idF v. 15.2.1991 (BGBl. 1991 I 454) mÄnd)). Darüber hinaus dürfen sie → Bankgeschäfte nur beschränkt tätigen (§ 4 BauSparkG). Private Bausparkassen dürfen nur in der Rechtsform der → Aktiengesellschaft betrieben werden; die Rechtsform von öffentlich-rechtlichen Bausparkassen, die idR zur Sparkassenorganisation gehören, wird von den Ländern bestimmt (§ 2 BauSparkG). Die Aufsicht über die Bausparkassen übt die → Bundesanstalt für Finanzdienstleistungsaufsicht nach Maßgabe der Vorschriften über die Bankenaufsicht (→ Kreditinstitute, Aufsicht) mit zT erweiterten Befugnissen aus (§§ 3, 8 ff. BauSparkG).

2. Zum Schutz der Bausparer enthält das G Regeln für die Allgemeinen Geschäftsgrundsätze und Allgemeinen Bedingungen für → Bausparverträge (§ 5 BauSparkG, → Allgemeine Geschäftsbedingungen); die Allgemeinen Geschäftsgrundsätze müssen ua Bestimmungen enthalten über die Berechnung für die Abwicklung der Bausparverträge, die Dauer der Wartezeiten, Zuteilungsmasse und Zuteilungsverfahren, Berechnung des Beleihungswertes, Verfahren bei Rückzahlung der Einlagen ua. Die Allgemeinen Bedingungen für Bausparverträge müssen Höhe und Fälligkeit der Leistungen des Bausparers, die Verzinsung der Bauspareinlagen und der Darlehen sowie weitere Regeln für die Durchführung des Bausparvertrages enthalten. Allgemeine Geschäftsgrundsätze und Allgemeine Bedingungen sowie ihre Änderung sind genehmigungsbedürftig (§ 9 BauSparkG). Weitere Einzelheiten enthält die BausparkV v. 29.12.2015 (BGBl. 2015 I 2576, mÄnd).

3. Die Bezeichnung „Bausparkasse" oder eine Bezeichnung, in der dieses Wort oder der Wortstamm „Bauspar" enthalten ist, dürfen in der → Firma oder als Zusatz zur Firma für Bezeichnung des Geschäftszwecks oder zu Werbezwecken nur Unternehmen führen, die die Erlaubnis zum Betreiben der Geschäfte einer Bausparkasse besitzen (§ 17 BauSparkG). → Wohnungsbau.

Bausparkassenvertreter
Ein Bausparkassenvertreter ist ein → Handelsvertreter, der damit betraut ist, → Bausparverträge zu vermitteln oder abzuschließen. Der Bausparkassenvertreter ist in Bezug auf seine Provisionsansprüche und auf den → Ausgleichsanspruch dem → Versicherungsvertreter gleichgestellt (§ 92 V HGB).

Bausparprämie
→ Wohnungsbauprämie.

Bausparvertrag
1. Bausparvertrag ist ein Zwecksparvertrag, den der Bausparer mit einer → Bausparkasse schließt und durch den er nach Leistung von Bauspareinlagen einen Rechtsanspruch auf Gewährung eines Bauspardarlehens erwirbt (§ 1 II BauSparkG). Der Bausparvertrag lautet über eine bestimmte Vertragssumme (Bausparsumme), die sich aus dem Betrag des anzusammelnden Sparguthabens (idR 40% der Vertragssumme) und dem Bauspardarlehen (idR 60% der Vertragssumme) zusammensetzt.

Nach Ablauf einer Mindestfrist (18 Mon.) und Erreichen des Mindestsparguthabens wird nach Maßgabe der angesammelten Mittel die Vertragssumme zugeteilt und unter Gewährung des Bauspardarlehens, das durch Bestellung von → Hypothek oder → Grundschuld zu sichern ist (§ 7 I BauSparkG), ausgezahlt. Rechtsgrundlagen sind neben dem BausparkG die Allgemeinen Geschäftsgrundsätze der Bausparkassen und ihre Allgemeinen Bedingungen für Bausparverträge (§ 5 BauSparkG) sowie die Vorschriften des BGB, insbes. §§ 488 ff. BGB (→ Darlehensvertrag).

2. Die Beiträge zu Bausparkassen sind nicht als → Sonderausgaben abzugsfähig; dafür können sie durch → Wohnungsbauprämien belohnt werden. Auf einen Bausparvertrag können auch vermögenswirksame Leistungen erbracht werden (→ Vermögensbildung der Arbeitnehmer). → Nachversteuerung.

Bausperre
→ Veränderungssperre.

Baustellen
Baustellen sind vom Bauunternehmer, dh dem für den Bau und dessen Ausführung Verantwortlichen, sachgemäß und im Verkehrsinteresse zu sichern. Wirken sich Bauarbeiten auf den Straßenverkehr aus, hat der Unternehmer vor Baubeginn an Hand eines Verkehrszeichenplanes die Anordnung der zuständigen Behörde (Straßenbau- oder -verkehrsbeh.) über Absperrungen und Kennzeichnung, evtl. Verkehrsbeschränkung und -regelung einzuholen. Die anzubringenden Anlagen (auch Lichtzeichen) hat er zu bedienen. Bei Vorfahrt- und Umleitungsstraßen ist vor Arbeiten, welche die Fahrbahn einengen, die Zustimmung der Behörde erforderlich (§ 45 VI, VII StVO). Bei den Ausführungsmaßnahmen und zur Erfüllung der allgemeinen → Verkehrssicherungspflicht gegenüber Dritten kann er sich geeigneter anderer Personen bedienen, muss diese aber überwachen. Verstöße können zur Schadensersatzpflicht nach §§ 823, 836 BGB führen. S. a. → Baustellenverordnung.

Baustellenverordnung
Die im Vollzug der Baustellenrichtlinie vom 24.6.1992 (ABl. EG 1992 L 245, 6) erlassene Baustellenverordnung vom 10.6.1998 (BGBl. 1998 I 1283) mÄnd soll den → Arbeitsschutz auf → Baustellen verbessern. Anders als das allgemeine Arbeitsschutzrecht knüpft die Baustellenverordnung (§ 4 BaustellV) Schutzpflichten nicht nur an die Arbeitgebereigenschaft, sondern auch an die Bauherreneigenschaft an, weil auf Baustellen oft Arbeitnehmer verschiedener Arbeitgeber zusammenarbeiten. Der Bauherr ist bei größeren Baustellen idR verpflichtet, einen Sicherheits- und Gesundheitskoordinator zu bestellen, der seinerseits einen Sicherheits- und Gesundheitsplan zu erstellen sowie ggf. weitere vorbeugende Maßnahmen zum Arbeitsschutz zu veranlassen hat.

Bauträgervertrag
Das Bauvertragsrechtsreformgesetz (s. hierzu → Bauvertrag, 1) hat mit Wirkung vom 1.1.2018 den Bauträgervertrag als typischen Vertrag (→ Vertrag, 2) normiert (wenn auch nur bruchstückhaft) und in § 650u I 1 BGB definiert: Gegenstand sind Errichtung oder Umbau eines Hauses (jedes Gebäude, s. → Verbraucherbauvertrag, 2) oder eines vergleichbaren Bauwerks (→ Bauvertrag, 1) sowie zugleich die Verpflichtung zur Verschaffung des Eigentums am Grundstück bzw. zur Bestellung eines Erbbaurechts (die Vereinbarung von zusätzlichen Geschäftsbesorgungsleistungen ist möglich und häufig). Der Besteller bekommt also Grundstück und Bau in einem Vertrag; das Bauwerk kann bereits fertiggestellt sein. Der Bauträgervertrag hat damit grds. ein werkvertragliches Element, für das nach § 650u I 2 BGB grds. allg. Werkvertragsrecht, §§ 631–650 BGB (→ Werkvertrag), gilt (Ausnahmen s. u.), ebenso wie ggf. auch die Vorschriften des → Bauvertrags, §§ 650a-650h BGB (Ausnahmen s. u.), und ggf. des → Verbraucherbauvertrags, §§ 650i-650n BGB (Ausnahmen s. u.), einschließlich der Regelung über die Unabdingbarkeit, § 650o BGB. Weiterhin hat der Bauträgervertrag ein kaufrechtliches Element, für das Kaufrecht (§§ 433 ff. BGB) einschließlich der Mängelhaftung Anwendung findet (→ Kaufvertrag, → Gewährleistung). Wesen des Bauträgervertrags ist aber die Einheitlichkeit der Vertragselemente, eine Aufspaltung ist daher nicht möglich; daher ist auch nur eine Vertragsbeendigung, zB durch Rücktritt, des gesamten Vertrages möglich, sa u. Kündigung. Der Vertragsschluss ist formbedürftig (§ 311b BGB, § 11 II ErbbauRG, → Grundstückskaufvertrag, → Form). Bauträger ist nach der gewerberechtlichen Terminologie, wer ein Bauvorhaben (Neubau oder Sanierung Altbau) im eigenen Namen (auf eigene oder freme Rechnung) vorbereitet bzw. durchführt; der Bauträger bedarf einer gewerberechtlichen Erlaubnis, s. → Baubetreuungsvertrag. Zum Schutz des Bestellers enthält die Makler- und BauträgerVO öffentlich-rechtliche Vorschriften (→ Makler). Nach § 650u II BGB sind bestimmte Vorschriften des Werk- und Bauvertragsrechts auf den Bauträgervertrag nicht anwendbar: Nicht möglich ist eine → Kündigung nach § 648 BGB, auch keine Kündigung aus wichtigem Grund nach § 648a BGB (→ Werkvertrag, 5), da die verschiedenen Elemente des B. aus kalkulatorischen und bautechnischen Gründen verknüpft sind und nicht getrennt werden sollen; möglich ist ggf. nur eine Abwicklung des gesamten Vertrags im Rahmen eines → Rücktritts bei Mängeln oder → Pflichtverletzung. Hinsichtlich der bauvertraglichen Vorschriften gelten nicht die Normen zur Vertragsänderung (einseitiges Anordnungsrecht, Vergütungsanpassung, → Bauvertrag, 2) und Sicherungshypothek, §§ 650b–650e BGB. Wenn die Vorschriften über den Verbraucherbauvertrag

grds. zur Anwendung kommen, gelten jedoch nicht (wegen des Formzwangs) § 650k I BGB (Wirkung der Baubeschreibung) und § 650l BGB (Widerrufsrecht); statt § 650m BGB ist die Berechtigung zu → Abschlagszahlungen in § 650v BGB gesondert geregelt: Ein Anspruch auf Abschlagszahlung besteht nur bei entsprechender vertraglicher Vereinbarung und auf der Grundlage einer nach Art. 244 EGBGB erlassenen Rechtsverordnung. Abgrenzung des B. zum → Baubetreuungsvertrag s. dort. Sa → Projektentwicklung (Projektentwickler).

Bauvertrag

1. Kodifizierung des Bauvertragsrechts, Systematik, Vertragsgegenstand: Das am 1.1.2018 in Kraft getretene Bauvertragsrechtsreformgesetz vom 28.4.2017 (BGBl. 2017 I 969) hat das Bauvertragsrecht als eigenes Rechtsgebiet kodifiziert. Es wurde eine ausdrückliche gesetzliche Basis für den B. als eigenständigen Vertragstyp geschaffen; die bislang in den Regelungen zum Werkvertrag verstreuten Vorschriften für den Bauvertrag wurden zusammengefasst und durch weitere Sondervorschriften ergänzt. Titel 9 des BGB (Werkvertrag und ähnliche Verträge) wurde neu gegliedert: Untertitel 1 enthält allg. Vorschriften für alle → Werkverträge (§§ 631–650 BGB) sowie die Vorschriften über Bauverträge (§§ 650a–h BGB) und → Verbraucherbauverträge (§§ 650i–n BGB), Untertitel 2 regelt den → Architekten- und Ingenieurvertrag (§§ 650p–t BGB), Untertitel 3 den → Bauträgervertrag (§§ 650u–650v BGB). Da der Bauvertrag ein → Werkvertrag ist, gelten ergänzend §§ 631–650 BGB (s. Erläuterungen zum → Werkvertrag). Für die Ausgestaltung, Abrechnung (→ Schlussrechnung, sa u. 2 aE), Abnahme, Mängelhaftung, Verjährung usw. enthält weiterhin die Vergabe- und Vertragsordnung für Bauleistungen (→ VOB) in Teil B (VOB/B) zahlreiche Sonderregelungen; die VOB ist jedoch keine gesetzliche Regelung, sondern ein vorgefertigter Vertragsentwurf, ähnlich wie → Allgemeine Geschäftsbedingungen; sie gilt nur, wenn sie aufgrund ausdrücklicher Bezugnahme im Bauvertrag Anwendung finden soll, was nach der Rspr. insgesamt geschehen muss, die Einbeziehung nur einzelner (insbes. für den Verwender günstiger) Teile ist unwirksam. Für ab dem 1.1.2018 abgeschlossene Verträge gelten die neuen Vorschriften der §§ 650a–650h BGB (Art. 229 § 39 EGBGB). Abweichende Regelungen hiervon sind grds. möglich.

Nach § 650a I BGB ist ein Bauvertrag (angelehnt an die bisherige Definition der Rspr.) ein Vertrag über die Herstellung, Wiederherstellung, Beseitigung oder den Umbau eines Bauwerks (unbewegliche, durch Arbeit und Material iVm dem Erdboden hergestellte und nicht nur vorübergehend vebundene Sache), einer Außenanlage (durch zB Erdarbeiten besonders gestaltete Grundstücksfläche) oder eines Teils davon. Auch ein Vertrag über die Instandhaltung eines Bauwerks (nicht einer Außenanlage) ist ein Bauvertrag, wenn das Werk für die Konstruktion, den Bestand oder bestimmungsgemäßen Gebrauch von wesentlicher Bedeutung ist, § 650a II BGB. Beispiele: Errichtung von Rohbau oder Dach; Einbau von Fenstern, Heizung; Installations-, Malerarbeiten größeren Umfangs; Gestaltung von Grundstücksflächen. Zur Abgrenzung des Bauvertrags vom → Baubetreuungsvertrag s. dort.

2. Form, allg. Vertragspflichten, Anordnungsrecht des Bestellers, Vergütungsanpassung: Der Bauvertrag bedarf der notariellen Form, wenn er mit einem → Grundstückskaufvertrag eine rechtliche Einheit bildet. Für die allg. Vertragspflichten gelten grds. die Regeln des → Werkvertrag (s. dort 2). § 650b BGB regelt (anknüpfend an Regelungen der VOB) erstmals ein einseitiges Anordnungsrecht für den Besteller einer Bauleistung, er kann auch im Verlauf der Vertragsabwicklung Modifikationen an dem von ihm bestellten Bauwerk verlangen: Änderung des Werkerfolgs (zB vereinbarte Beschaffenheit, Funktion; wohl nicht Bauzeit) aufgrund freier Entscheidung des Bestellers nach § 650b I 1 Nr. 1 BGB, § 631 II BGB, notwendige Änderung zur Erreichung des vereinbarten Werkerfolgs nach § 650 I 1 Nr. 2 BGB (zB bei fehlerhafter Planung, behördlichen Anordnungen, geänderter Rechtslage); zunächst sind die Vertragsparteien jedoch verpflichtet, einen Konsens über die begehrte Änderung einschließlich der veränderten Vergütung anzustreben (sog. Einigungsmodell). Der Unternehmer muss grds. ein Angebot über die Mehr- oder Mindervergütung erstellen, bei einem nicht notwendigen Änderungsbegehren jedoch nur, wenn ihm die Ausführung der Änderung zumutbar ist, § 650b I 2 BGB. Zu weiteren Einzelheiten des Anordnungsrechts (zB bei einer Planungsverantwortung des Bestellers) s. § 650b I 3 ff. BGB. Scheitert eine Einigung, kann der Besteller binnen 30 Tagen nach Zugang des Änderungsbegehrens einseitig eine Änderung des vereinbarten Werkerfolgs (also des als geschuldet vereinbarten Ergebnisses der Arbeit des Unternehmers) verlangen (zB bei Änderung der Vorstellung des Bestellers oder bei neuen, bei der Planung noch nicht berücksichtigten Umständen), die Anordnung muss in Textform (→ Form, 1a, also nicht mündlich) erfolgen, § 650b II 1 BGB (Nichtbeachtung führt zur Nichtigkeit der Anordnung). Der Unternehmer ist verpflichtet, der Anordung zur Änderung des vereinbarten Werkerfolgs nachzukommen, bei einer nicht notwendigen Änderung jedoch nur, wenn ihm diese unter Abwägung der beiderseitigen Interessen und Umstände zumutbar ist (zB infolge technischen Aufwands, technischer Möglichkeiten, innerbetrieblicher Gründe; Beweislast dann aber beim Unternehmer, § 650b II 3 BGB), § 650b II 2 BGB (sa → Zumutbarkeit). Die Beweislast für die Zumutbarkeit der Ausführung hat grds. der Besteller

(anders aber für vom Unternehmer geltend gemachte innerbetriebliche Gründe, § 650b II 3 BGB).

§ 650c BGB sieht für den Fall einer Anordnung nach § 650b BGB eine Vergütungsanpassung vor und enthält Vorgaben für die Berechnung. Vorrangig ist eine Vereinbarung nach § 650b BGB. Fehlt eine solche, ist der vermehrte oder verminderte Aufwand nicht auf der Grundlage der üblichen Vergütung iSv § 632 BGB (→ Werkvertrag, dort 2) zu berechnen, sondern nach den tatsächlich erforderlichen Kosten (→ Beweislast hierfür: Unternehmer) mit angemessenen Zuschlägen für allg. Geschäftskosten, Wagnis und → Gewinn (die in den Preis einkalkulierte Gewinnspanne unter Berücksichtigung der durch die betriebliche Tätigkeit bedingten Verlustgefahr), § 650c I BGB. Die für unveränderte Vertragsleistungen vereinbarten Preise bleiben unberührt. Wahlweise kann der Unternehmer nach § 650 II BGB zur Berechnung der Vergütungsanpassung auf die Kostenansätze einer vereinbarungsgemäß hinterlegten Urkalkulation zurückgreifen (mit Beweislastumkehr für den Unternehmer). Bei Abschlagszahlungen (→ Werkvertrag, 2) kann der Unternehmer grds. 80% eines von ihm vorgelegten Nachtragsangebots fordern, der Besteller kann den Betrag ggf. herabsetzen lassen, § 650c III BGB. Im Fall von infolge des Anordungsrechts oder der Vergütungsanpassung entstehenden Streitigkeiten erleichtert § 650d BGB den vorläufigen → Rechtsschutz, um Baustillstand oder Liquiditätsengpässe zu vermeiden: Im Fall einer → einstweiligen Verfügung ist nach Beginn der Bauausführung die → Glaubhaftmachung eines Verfügungsgrunds nicht erforderlich (widerlegliche Vermutung). Zur Zuständigkeit s. u. 6.

3. Abnahme, Fälligkeit, Gewährleistungsrechte: s. zunächst → Werkvertrag (2). Die Regelung zur fiktiven Abnahme in § 640 II BGB wird ergänzt: § 650g I, II BGB räumt dem Unternehmer das Recht ein, bei Abnahmeverweigerung des Bestellers eine Zustandsfeststellung des Werks zu verlangen (Mitwirkungsobliegenheit, keine Vertragspflicht des Bestellers); ggf. ist eine einseitige Feststellung des Unternehmers möglich. An die Zustandsfeststellung wird nach § 650g III BGB unter bestimmten Voraussetzungen eine Vermutung geknüpft, die den Unternehmer davon entlastet, auch für Mängel einstehen zu müssen, die er wahrscheinlich nicht verursacht hat. Es wird insbes. vermutet, dass ein in der Zustandsfeststellung nicht angegebener offenkundiger (ohne weiteres entdeckbarer) Mangel nach der Feststellung entstanden und vom Besteller zu vertreten ist. Weitere Voraussetzung für die Fälligkeit der Vergütung ist (neben der Abnahme) nach § 650g IV BGB die Vorlage einer prüffähigen → Schlussrechnung (sa o. 1), die alle erbrachten Leistungen enthält und nachvollziehbar ist; sie gilt als prüffähig, wenn der Besteller nicht innerhalb von 30 Tagen Einwendungen erhebt. Hinsichtlich der Mängelrechte gelten grds. die allg. Regeln des → Werkvertrags (dort 3). Verjährung: Bei Arbeiten an einem Bauwerk beträgt die Frist 5 Jahre ab Abnahme (§ 634a I Nr. 2, II BGB).

4. Sicherungshypothek, Bauhandwerkersicherung: Als Sicherheit erwirbt der Unternehmer beim Bauvertrag keine gesetzliche → Hypothek (anders: das gesetzliche Unternehmerpfandrecht gem. § 647 BGB beim allg. → Werkvertrag), sondern er hat nur einen Anspruch gegen den Besteller auf Einräumung einer → Sicherungshypothek am Baugrundstück, § 650e BGB. Ferner hat er gem. § 650 f BGB (gilt aber nicht für den → Verbraucherbauvertrag) Anspruch auf Bauhandwerkersicherheit (→ Sicherheitsleistung), insbes. aus den zum Bau bestimmten Finanzierungsmitteln des Bestellers oder durch Garantie (→ Bürgschaft) einer Bank; erfolgt keine Sicherheit, kann der Unternehmer die Leistung verweigern oder den Vertrag kündigen.

5. Kündigung: Nach §§ 648, 648a BGB ist die Kündigung eines allg. → Werkvertrags (dort 5) formfrei möglich; gem. § 650h BGB (der auch für den → Verbraucherbauvertrag gilt) bedarf die Kündigung eines Bauvertrags nunmehr grds. der Schriftform (→ Form), sie kann gem. § 126a BGB durch die elektronische Form, nicht aber durch die Textform nach § 126b BGB ersetzt werden, eine Kündigung per E-Mail ist künftig daher nicht mehr möglich. Wird die Form nicht eingehalten, ist die Kündigung nichtig; möglich ist eine Heilung durch eine erneute, formgerechte Kündigung.

6. Gerichtliche Zuständigkeit: Bei den Land- und Oberlandesgerichten sind auf Bausachen spezialisierte Spruchkörper zu bilden, § 72a S. 1 Nr. 2 GVG, § 119a S. 1 Nr. 2 GVG. Für Rechtsstreitigkeiten über einstweilige Verfügungen betreffend Anordnungsrechte des Bestellers oder eine Vergütungsanpassung (s. o. 2) sind die Baukammern der Landgerichte ausschließlich zuständig, § 71 II Nr. 5 GVG.

Bauvorbescheid
→ Vorbescheid (2).

Bauvorhaben
→ Vorhaben.

Bauwerk
Zivilrecht: → Bauvertrag (1), → Bauträgervertrag, → Architekten- und Ingenieurvertrag, → Verbraucherbauvertrag, → Erbbaurecht, → Sachbeschädigung.

Im Steuerrecht ist Bauwerk der bewertungsrechtliche Oberbegriff für Gebäude, Außenanlagen (zB Einfriedungen, Tore, Stützmauern, Schwimmbecken) und → Betriebsvorrichtungen (technische Anlagen).

Bauwich
ist der landesrechtlich im Interesse des Brandschutzes und des Lichtbedarfs der Nachbar-

bauten vorgeschriebene Gebäudeabstand; er ist meist in den → Bauordnungen geregelt. → Abstandsflächen im Baurecht.

Bayerisches Oberstes Landesgericht
Das BayObLG war das einzige oberste Landesgericht in Deutschland. Es war auf Grund der Gesetzgebungsvorbehalte für die Länder (§§ 8–10 EGGVG aF) wiedererrichtet worden, nachdem es die Nationalsozialisten nach jahrhundertelanger Tradition 1935 aufgelöst hatten. Das BayObLG konnte in bestimmten Fällen letztinstanzlich anstelle des → Bundesgerichtshofs entscheiden (u. a. Angelegenheiten der → Freiwilligen Gerichtsbarkeit). Aus Einsparungsgründen wurde das BayObLG mit Wirkung vom 1.7.2006 wieder abgeschafft; Gesetz zur Auflösung des BayObLG v. 25.10.2004 (GVBl. 2004, 400). Im September 2018 wurde das Gericht wiedererrichtet, allerdings ohne eigene → Generalstaatsanwaltschaft. Sitz des Gerichts ist München mit auswärtigen Strafsenaten in Nürnberg und Bamberg. Der örtliche Zuständigkeitsbereich erstreckt sich auf den gesamten Freistaat Bayern. Neben den Zuständigkeiten, die sich aus den o. g. Vorbehalten ergeben, werden bzw. wurden dem BayObLG auch noch nach und nach einige Zuständigkeiten zugewiesen, die bislang den bayerischen → Oberlandesgerichten oblagen, zB → Kapitalanlegermusterverfahren und → Massenverfahren (Zivilprozess), → Musterfeststellungsklagen. Da der entsprechende bundesgesetzliche Vorbehalt nicht mehr vorhanden ist, können die Angelegenheiten der → Freiwilligen Gerichtsbarkeit, früher eine wesentliche Rechtsmaterie in der Rechtsprechung des BayObLG, jedoch nicht mehr zugewiesen werden. Das Gericht feiert 2025 das 400-jährige Jubiläum seines Bestehens.

Bayern
1. Bayern ist ein Land der → Bundesrepublik Deutschland. Landeshauptstadt ist München.

2. Nach der Verfassung v. 2.12.1946 (GVBl. 1946, 333) mÄnd ist Bayern ein Freistaat, Volksstaat, Rechts-, Kultur- und Sozialstaat. Die gesetzgebende Gewalt steht ausschließlich dem Volk und der Volksvertretung zu. Wichtigstes Gesetzgebungsorgan ist der Landtag. Er besteht aus den Abgeordneten, die in allgemeiner, gleicher, unmittelbarer und geheimer Wahl nach einem verbesserten Verhältniswahlrecht von den wahlberechtigten Staatsbürgern in Wahlkreisen und Stimmkreisen für 5 Jahre gewählt werden. Als zweite Kammer bestand bis 31.12.1999 der Senat aus 60 Vertretern der sozialen, wirtschaftlichen, kulturellen und gemeindlichen Körperschaften des Landes. Seine Mitwirkung an der Gesetzgebung beschränkte sich auf die gutachtliche Stellungnahme und die Erhebung von Einwendungen, über die der Landtag zu beschließen hat. Durch Gesetz v. 20.2.1998 (GVBl. 1998, 42) wurde der Senat mit Wirkung vom 1.1.2000 abgeschafft. Die Verfassung sieht vor, dass das Volk unmittelbar durch Volksbegehren und Volksentscheid (→ Volksabstimmung) an der Gesetzgebung mitwirkt. Die Staatsbürger haben das Recht, Angelegenheiten des eigenen Wirkungskreises der → Gemeinden und → Kreise durch Bürgerbegehren und → Bürgerentscheid zu regeln (Art. 12 III). Die vollziehende Gewalt liegt in den Händen der Staatsregierung (MinPräs, Staatsminister, Staatssekretäre) und der nachgeordneten Vollzugsbehörden. Die Zahl der Mitglieder der Staatsregierung ist auf 17 beschränkt. Der MinPräs wird vom Landtag gewählt, die Staatsminister und Staatssekretäre mit Zustimmung des Landtags vom Ministerpräsidenten berufen. Der Ministerpräsident führt in der Staatsregierung den Vorsitz und leitet ihre Geschäfte; er bestimmt die Richtlinien der Politik. Als oberstes Gericht für staatsrechtliche Fragen besteht ein Verfassungsgerichtshof (Gesetz v. 10.5.1990, GVBl. 1990, 122, ber. 231, mÄnd). In eigenen Abschnitten der Verfassung werden Grundrechte und Grundpflichten festgelegt sowie Grundsätze für das Gemeinschaftsleben (Ehe und Familie; Bildung und Schule; Religion) sowie für Arbeits-, Eigentums- und Landwirtschaftsordnungen entwickelt.

3. Bayern ist in 7 → Regierungsbezirke (sa → Bezirk, 3) eingeteilt (Oberbayern, Niederbayern, Schwaben, Oberpfalz, Oberfranken, Mittelfranken, Unterfranken), diese wiederum in → Landkreise und → kreisfreie Städte.

Beamte
1. Beamte stehen in einem öffentlich-rechtlichen, gesetzlich durch das → Beamtenrecht (§ 3 BeamtStG; § 4 BBG) besonders geregelten Dienst- und Treueverhältnis gegenüber dem Staat (→ Bund, → Land), einer → Gemeinde oder sonstigen juristischen Personen des öffentlichen Rechts (→ Körperschaften des öffentlichen Rechts; → Anstalten des öffentlichen Rechts; Stiftungen des öffentlichen Rechts; sa → Dienstherr). Das Beamtenverhältnis wird durch Aushändigung einer Urkunde mit den Worten „unter Berufung in das Beamtenverhältnis" (§ 8 II 2 Nr. 1 BeamtStG; § 10 II 2 Nr. 1 BBG; → Ernennung), bei einigen → Wahlbeamten durch Annahme der Wahl, begründet (Beamter im staatsrechtlichen Sinne). Die Berufung in das → Beamtenverhältnis ist nur zulässig zur Wahrnehmung von → Hoheitsaufgaben oder solcher Aufgaben, die aus Gründen der Sicherheit des Staates oder des öffentlichen Lebens nicht ausschließlich Personen übertragen werden dürfen, die in einem privatrechtlichen Arbeitsverhältnis stehen (§ 3 II BeamtStG, § 5 BBG; sa: → Beamtenvorbehalt). Zu den Voraussetzungen der Berufung sowie den Rechten und Pflichten des Beamten s. → Beamtenverhältnis, → Beamtenrecht.

2. Es werden folgende Arten von Beamten unterschieden (§ 4 BeamtStG; § 6 BBG): a) Beamte auf Lebenszeit, die hauptberuflich und auf die Dauer der Dienstfähigkeit als Beamte tätig sind (Voraussetzung der Ernennung

ist die Bewährung in einer mindestens sechsmonatigen, bei Bundesbeamten mindestens dreijährigen, und höchstens fünfjährigen Probezeit, § 10 BeamtStG, § 11 BBG). Dies ist der Regelfall.

b) Beamte auf Zeit, die nur für eine bestimmte Anzahl von Jahren zur hauptberuflichen Dienstleistung verpflichtet sind (§ 4 II BeamtStG; § 6 II BBG), zB kommunale Wahlbeamte, Hochschulpräsidenten. Ferner kann Beamten ein Amt mit leitender Funktion (→ Beamte in leitender Funktion) zunächst im Beamtenverhältnis auf Zeit übertragen werden (§ 4 II b BeamtStG).

c) Beamte auf Probe, die zur späteren Verwendung auf Lebenszeit eine Probezeit zurücklegen (§ 4 IIIa BeamtStG; § 6 III Nr. 1 BBG). Ferner kann bestimmt werden, dass Beamten auf Lebenszeit auf Probe ein Amt mit leitender Funktion übertragen wird (§ 4b BeamtStG; § 6 III Nr. 2 BBG). Sa → Beamte in leitender Funktion.

d) Beamte auf Widerruf (zB Beamte im Vorbereitungsdienst, wissenschaftliche Assistenten oder Beamte, die nur nebenbei oder vorübergehend für hoheitliche Aufgaben eingesetzt werden; § 4 IV BeamtStG; § 6 IV BBG).

e) S. ferner → Ehrenbeamte, → politische Beamte.

3. Planmäßige Beamte sind diejenigen, die eine im Haushaltsplan ausgewiesene Stelle innehaben, Laufbahnbeamte diejenigen, welche die für ihre → Laufbahn maßgebliche Vor- und Ausbildung abgeleistet haben.

4. Den Begriff des Beamten im strafrechtlichen Sinne erweitert § 11 I Nr. 2 StGB zu dem des → Amtsträgers, dem teilweise der für den öffentlichen Dienst besonders Verpflichtete, der selbst nicht Amtsträger ist (§ 11 I Nr. 4 StGB und Verpflichtungsgesetz v. 2.3.1974, BGBl. 1974 I 547, mÄnd), gleichgestellt ist (→ Verpflichtung nichtbeamteter Personen). Dem strafrechtlichen Schutz des Beamten dienen insbes. die Vorschriften gegen → Widerstand gegen die Staatsgewalt (§§ 113 ff. StGB).

Beamte in leitender Funktion

1. IdR wird → Beamten erst nach längerer Dienstzeit eine Führungsfunktion übertragen. Zu diesem Zeitpunkt sind diese Beamten bereits Beamte auf Lebenszeit. Um die Ernennung ungeeigneter Beamter zu Beamten in leitender Funktion zu vermeiden, lässt das Gesetz die Ernennung der Beamten als Beamte auf Zeit oder Beamte auf Probe zu (§ 4 II b und III b BeamtStG; § 6 III Nr. 2 BBG).

2. Das Bundesrecht sieht Führungsämter auf Probe für Beamte vor (vgl. § 24 BBG). Danach kann in ein Amt der Besoldungsgruppen B 6 bis B 9 (zur Besoldung s. → Dienstbezüge, 6) bei obersten Bundesbehörden sowie ein Amt der der Besoldungsgruppe B angehörenden Ämter der Leiter der übrigen Bundesbehörden und vergleichbarer Positionen zunächst nur für zwei Jahre auf Probe übertragen werden. Verkürzung ist möglich. Die Mindestprobezeit beträgt ein Jahr. Zeiten, in denen die leitende Funktion bereits übertragen war oder eine vergleichbare Funktion übertragen war, können angerechnet werden. Eine Verlängerung der Probezeit ist nicht zulässig, es sei denn, wegen → Elternzeit konnte die Mindestprobezeit nicht abgeleistet werden. Mit der Ernennung auf Probe ruhen die Rechte aus dem bisherigen Amt. Das Beamtenverhältnis auf Lebenszeit besteht aber fort, so dass bei Scheitern der Erprobung der Beamte sein früheres Amt weiterhin ausüben kann. Mit erfolgreichem Abschluss der Probezeit soll das Amt auf Lebenszeit übertragen werden. Eine erneute Berufung in ein Beamtenverhältnis auf Probe zur Übertragung dieses Amtes innerhalb eines Jahres ist nicht zulässig. Die generelle Regel, dass bei allen Beförderungen, die mit einer höherwertigen Funktion verbunden sind, vorher eine sechsmonatige Erprobungsphase erfolgt, findet bei der Übertragung von Führungsämtern auf Probe keine Anwendung (§ 22 I 8 BBG, § 22 II BBG). Vergleichbare Vorschriften gibt es auch in den Ländern (vgl. Art. 46 BayBG).

3. Das Landesrecht kann zudem Führungsämter auf Zeit für Beamte vorsehen (§ 4 II b BeamtStG; vgl. zB Art. 45 BayBG). Nach Art. 45 BayBG werden die Ämter der Amtschefs, Bereichsleiter und Abteilungsleiter der Ministerien, Behördenleiter in der Besoldungsordnung B (zu Besoldung s. → Dienstbezüge, 6) und Leiter von Organisationseinheiten mindestens in Besoldungsgruppe B 4 zunächst im Beamtenverhältnis auf Zeit übertragen. Eine Übertragung auf Probe findet nicht statt. Die Amtsperiode dauert zunächst fünf Jahre; bestimmte Anrechnungen sind möglich. Bei Bewährung ist das Amt auf Lebenszeit zu übertragen. Ein weitere Übertragung auf Zeit ist nicht möglich. Das bisherige Amt des Beamten auf Zeit ruht und lebt wieder auf, wenn das auf Zeit verliehene Amt nicht auf Lebenszeit übertragen wird.

Beamtenbeleidigung

→ Beleidigung (4: Strafantragsrecht des Vorgesetzten).

Beamtendelikte

→ Amtsdelikte.

Beamtenhaftung

→ Staatshaftung.

Beamtenrecht

1. Beamtenrecht ist die Gesamtheit der Normen, die die Rechtsverhältnisse der → Beamten (→ Beamtenverhältnis) regelt. Beamtenrechtliche Regelungen finden sich sowohl im → Bundesrecht als auch im → Landesrecht.

2. Den verfassungsrechtlichen Rahmen für das Beamtenrecht gibt Art. 33 II–V GG vor. Danach hat jeder Deutsche allein nach den Kriterien Eignung, Befähigung und fachliche Leistung gleichen Zugang zu jedem öffentlichen Amt. Dies gilt für alle Ämter im → Bund,

in den → Ländern, in den → Gemeinden und bei allen anderen öffentlich-rechtlichen → Dienstherrn, gleich aus welchem Land der Bewerber kommt. Nach → europäischem Recht gilt dies auch für alle Bürger eines Mitgliedstaates der → Europäischen Union. Die Ausübung hoheitlicher Befugnisse ist idR Beamten zu übertragen (Art. 33 IV GG). Das Beamtenrecht ist nach Art. 33 V GG unter Berücksichtigung der hergebrachten Grundsätze des → Berufsbeamtentums zu regeln und fortzuentwickeln.

3. Die Regelung sämtlicher Rechtsverhältnisse der Beamten des → Bundes fällt in die → ausschließliche Gesetzgebung des Bundes (Art. 73 I Nr. 8 GG). Für diese gilt das Bundesbeamtengesetz (BBG) v. 5.2.2009 (BGBl. 2009 I 160). Das BBG gilt nicht für die → Richter und → Soldaten. Die Regelungen des BBG entsprechen den Regelungen des Beamtenstatusgesetzes (s. u. Ziffer 4), soweit letzteres Regelungen enthält. Im BBG sind alle Rechte und Pflichten der Beamten mit Ausnahme von Besoldung (→ Dienstbezüge) und Versorgung (→ Beamtenversorgung) geregelt. Für die Besoldung der Beamten des Bundes gilt das Bundesbesoldungsgesetz (BBesG) idF v. 19.9.2009 (BGBl. 2009 I 1434) mÄnd und das Besoldungsüberleitungsgesetz (BesÜG) v. 5.2.2009 (BGBl. 2009 I 160, 221). Die Versorgung der Beamten des Bundes bei Ruhestand und Dienstunfähigkeit ist im Beamtenversorgungsgesetz (BeamtVG) mÄnd geregelt. Hinzu kommen zahlreiche weitere Vorschriften, zB zu den → Laufbahnen der Beamten, dem → Disziplinarrecht, der → Arbeitszeit (s. dort a. E.), zu → Nebentätigkeiten, → Mutterschutz, → Teilzeit, → Urlaub, → Reisekosten und → Umzugskosten. Für Beamte der → Bundespolizei finden sich Sonderregelungen im Bundespolizeibeamtengesetz (BPolBG) v. 3.6.1976 (BGBl. 1976 I 1357) mÄnd.

4. Das Beamtenrecht der nicht im Bundesdienst stehenden Beamten ist teils bundesrechtlich, teils landesrechtlich geregelt.

a) Die Regelung der Statusrechte und -pflichten der Beamten der → Länder, Gemeinde und der der Aufsicht der Länder unterliegenden Körperschaften, Anstalten und Stiftungen (Dienstherrnfähigkeit, Begründung und die Arten des Beamtenverhältnisses, Ernennungsrecht, Beendigungstatbestände sowie Regelungen für → Abordnung, → Versetzung und → Zuweisung sowie grundlegenden Rechte und Pflichten der Beamten) fällt seit der → Föderalismusreform I in die → konkurrierende Gesetzgebung des Bundes (Art. 74 I Nr. 27 GG). Von dieser Gesetzgebungszuständigkeit hat der Bund mit dem Beamtenstatusgesetz (BeamtStG) v. 17.6.2008 (BGBl. 2008 I 1010) mÄnd Gebrauch gemacht. Das BeamtStG gilt für alle Beamten von Ländern, Gemeinden, Gemeindeverbänden (→ Kommunalverband) sowie sonstigen der Aufsicht eines Landes unterstehenden Körperschaften, Anstalten und Stiftungen des öffentlichen Rechts (sa → Anstalten des öffentlichen Rechts; → Körperschaften des öffentlichen Rechts). Es regelt Dienstherrnfähigkeit, Arten des → Beamtenverhältnisses, Voraussetzungen der → Ernennung, → Abordnung, → Versetzung, → Zuweisung, → Entlassung, → Dienstunfähigkeit, → Ruhestandsversetzung und rechtliche Stellung im Beamtenverhältnis; hinzu kommen Sonderregelungen für Spannungs- und Verteidigungsfall, Auslandsverwendungen und wissenschaftliches Hochschulpersonal. Nicht unter das BeamtStG fallen die → Richter. Das BeamtStG trat am 1.4.2009 in Kraft und trat an die Stelle des früheren → Beamtenrechtsrahmengesetzes.

b) Die Länder erließen neben dem BeamtStG eigene Beamtengesetze, deren Spezialregelungen neben dem bundeseinheitlich geltenden BeamtStG gelten und dieses ergänzen, soweit der Bund von seiner Gesetzgebungszuständigkeit keinen Gebrauch gemacht hat (Art. 72 I GG; vgl. zB das BayBG v. 29.7.2008, GVBl. 2008, 500, mÄnd). Die noch unter Geltung des Beamtenrechtsrahmengesetzes erlassenen Beamtengesetze der Länder wären mit Inkrafttreten des BeamtStG am 1.4.2009 verfassungswidrig geworden, soweit sie dem BeamtStG entgegenstehende Vorschriften enthielten. Das Besoldungsrecht (→ Dienstbezüge) und das Beamtenversorgungsrecht (→ Beamtenversorgung) der Länder, Gemeinden, Gemeindeverbände befindet seit der Föderalismusreform I (→ Föderalismusreform) in einem grundlegenden Umbruch. Vor dem Inkrafttreten der Föderalismusreform I war das Besoldungsrecht von wenigen Ausnahmen abgesehen bundesrechtlich durch das BBesG geregelt. Die Föderalismusreform I beließ dem Bund nur das Besoldungsrecht für die Bundesbeamten. Bis zum Erlass eigener Regelungen der Länder bleiben die bundesrechtlichen Regelungen in Kraft. In § 85 BBesG und § 108 BeamtVG ist geregelt, dass die fortgeltenden Regelungen für die Länder in der Fassung vom 31.8.2006 gelten. Spätere Änderungen des Bundesrechts, insbesondere auch Besoldungserhöhungen, gelten in den Ländern nicht. Teilweise gab es in den Ländern Besoldungserhöhungen auf der Grundlage des Bundesrechts idF v. 31.8.2006. Neue Besoldungs- und Versorgungsgesetze sind in den meisten Ländern in Vorbereitung oder bereits in Kraft.

Beamtenrechtsrahmengesetz

Vor der → Förderalismusreform I hatte der Bund gem. Art. 75 I Nr. 1, II alt GG eine Rahmengesetzgebungskompetenz für das Recht der Länderbeamten. Aufgrund dieser Rahmengesetzgebungskompetenz galt bis zum Inkrafttreten der Neuregelung insbes. des Beamtenstatusgesetzes (→ Beamtenrecht, 4) das Beamtenrechtsrahmengesetz (BRRG) idF d. Bek. v. 31.3.1999 (BGBl. 1999 I 654) mÄnd. Das BRRG entsprach weitgehend dem früheren Bundesbeamtengesetz (→ Beamtenrecht), so dass ein im Wesentlichen einheitliches Beamtenrecht für alle Beamten des Bundes und der Länder in Deutschland gewährleistet war. Zusammen mit der einheitlichen Besoldung (→ Dienstbezüge) nach dem BundesbesoldungsG sichert dies einen einheitlichen Qualitätsstandard der öffentlichen Verwaltung und verhindert gegenseitige Abwerbung durch die verschiedenen Dienstherren.

Beamtenstreik
→ Beamte haben kein Streikrecht (sa → Streik; → Beamtenverhältnis).

Beamtenverhältnis
1. Als Beamtenverhältnis bezeichnet man das Rechtsverhältnis der → Beamten zu ihrem jeweiligen → Dienstherrn. Die maßgeblichen Regelungen finden sich im → Beamtenrecht des → Bundes und der → Länder. Die Statusrechte der Länderbeamten sind dabei ebenfalls bundesrechtlich geregelt (BeamtStG); das Landesrecht enthält ergänzende statusrechtliche Bestimmungen.

2. Beamtenverhältnis ist das zwischen dem Beamten und seinem Dienstherrn bestehende öffentlich-rechtliche Dienst- und Treueverhältnis (§ 3 I BeamtStG; § 4 BBG). In ein Beamtenverhältnis dürfen nur Deutsche (→ Staatsangehörigkeit) oder Staatsangehörige eines Mitgliedstaates der → Europäischen Union, eines Vertragsstaates des Abkommens über den → Europäischen Wirtschaftsraum oder eines Drittstaates, dem Deutschland und die EU vertraglich einen entsprechenden Anspruch auf Anerkennung von Berufsqualifikationen eingeräumt haben, berufen werden. Beamte müssen die Gewähr dafür bieten, jederzeit für die freiheitliche demokratische Grundordnung im Sinne des Grundgesetzes einzutreten (→ Radikale im öffentlichen Dienst). Beamte müssen die nach Landesrecht vorgeschriebene Befähigung besitzen (§ 7 BeamtStG; § 7 BBG). Ernennungen sind nach Eignung, Befähigung und fachlicher Leistung ohne Rücksicht auf Geschlecht, Abstammung, Rasse oder ethnische Herkunft, Behinderung, Religion oder Weltanschauung, politische Anschauungen, Herkunft, Beziehungen oder sexuelle Identität vorzunehmen (§ 9 BeamtStG; § 9 BBG). Die Ernennung von Personen, die die Fähigkeit zur Bekleidung öffentlicher Ämter verloren haben, ist unwirksam (§ 11 I Nr. 3b BeamtStG; § 13 I Nr. 3b BBG). Besondere Bestimmungen gelten für → Abordnung, → Versetzung und → Zuweisung. Das Beamtenverhältnis endet durch → Entlassung, Verlust der Beamtenrechte, Entfernung aus dem Beamtenverhältnis nach den Disziplinargesetzen (→ Disziplinarrecht) und Eintritt oder → Versetzung in den Ruhestand (§ 21 BeamtStG; § 30 BBG; sa → Altersgrenze).

3. Beamte dienen dem ganzen Volk und nicht einer Partei. Sie müssen ihre Aufgaben unparteiisch und gerecht zum Wohle der Allgemeinheit führen. Bei politischer Betätigung müssen sich Beamte zurückhalten (§ 33 BeamtStG; § 60 BBG). Beamte haben im Dienst auch hinsichtlich ihres Erscheinungsbildes Rücksicht auf das ihrem Amt entgegengebrachte Vertrauen zu nehmen; religiös oder weltanschaulich konnotierte Merkmale können indes nur untersagt werden, wenn sie objektiv geeignet sind, das Vertrauen in die neutrale Amtsführung zu beeinträchtigen (vl. § 60 II BBG u. § 34 II BeamtStG). Beamte haben sich mit vollem persönlichen Einsatz ihrem Beruf zu widmen (§§ 34 u. 40 BeamtStG; §§ 61, 97 ff. BBG; sa → Nebentätigkeit, 1). Beamte sind Weisungsgebungen (§ 35 BeamtStG; § 62 BBG). Sie haben kein Streikrecht. Beamte sind für die Rechtmäßigkeit ihrer dienstlichen Handlungen verantwortlich (§ 36 BeamtStG; § 63 BBG). Sie sind zur Verschwiegenheit verpflichtet (§ 37 BeamtStG; § 67 BBG). Im Übrigen sa §§ 42 ff. BeamtStG, §§ 69 ff. BBG sowie → Amtsbezeichnung, → Arbeitszeit, 2, → Mutterschutz (3), → Elternzeit, → Teilzeit, → Urlaub des Beamten, Richters und Soldaten, → Beihilfen für Beamte, → Reisekosten, → Umzugskosten. Sa → Berufsbeamtentum, → Kopftuch.

4. Besoldung (→ Dienstbezüge) und Versorgung (→ Beamtenversorgung) der Bundesbeamten regelt das Bundesrecht in gesonderten Gesetzen, der dem Landesrecht unterfallenden Beamten regeln Landesgesetze (s. → Beamtenrecht, 3, 4).

5. Für alle Klagen der aktiven und früheren Beamten und für Klagen des Dienstherrn aus dem Beamtenverhältnis ist der Verwaltungsrechtsweg (s. → Verwaltungsgerichtsbarkeit, → Verwaltungsstreitverfahren) gegeben (§ 54 BeamtStG; § 126 BBG).

Beamtenversorgung
1. Beamtenversorgung nennt man die finanziellen Leistungen des Staates und anderer öffentlich-rechtlicher → Dienstherrn an seine → Beamten und → Richter sowie Soldaten im → Ruhestand; zur Besoldung der aktiven Beamten, Richter und Soldaten s. → Dienstbezüge. Seit der → Föderalismusreform I befindet sich auch das Recht der Beamten, Richter und Soldaten in einem grundlegenden Umbruch (sa → Beamtenrecht, 3 und 4). Nachdem das Recht der Beamtenversorgung bis zur Föderalismusreform I von wenigen Ausnahmen abgesehen bundesrechtlich geregelt war, wird die Versorgung der Beamten und Richter der → Länder und → Gemeinden jetzt von der Ländern geregelt. Lediglich für die Beamten und Richter sowie Soldaten des Bundes behielt der Bund die Gesetzgebungszuständigkeit. Bis zum In-Kraft-Treten neuer Regelungen galten die bisherigen Vorschriften über die Beamtenversorgung in der am 31.8.2006 geltenden Fassung in den Ländern fort (§ 108 BeamtVG).

2. Beamte und Richter des Bundes haben Anspruch auf Versorgungsbezüge nach dem Gesetz über die Versorgung der Beamten und Richter des Bundes (Beamtenversorgungsge-

setz – BeamtVG) idF v. 24.2.2010 (BGBl. 2010 I 150) mÄnd. Gesondert geregelt ist die Versorgung der Soldaten im → Soldatenversorgungsgesetz, das sich indes an das Recht der Beamtenversorgung anlehnt. Wesentliche Bestandteile der Beamtenversorgung – ebenso wie der Versorgung der Richter – sind das Ruhegehalt (§§ 2 I Nr. 1 BeamtVG iVm §§ 4 ff. BeamtVG; s. unten Nr. 6) einschließlich des Unterhaltsbeitrages für entlassene Beamte auf Lebenszeit und auf Probe (§ 15 BeamtVG) sowie die Hinterbliebenenversorgung (§ 2 I Nr. 2 BeamtVG iVm §§ 16 BeamtVG; s. unten Nr. 7).

3. Das BeamtVG galt in der Fassung v. 31.8.2006 (§ 108 BeamtVG) auch noch für die Versorgung der Beamten und Richter der Länder sowie der Beamten der Gemeinden und sonstigen der Aufsicht eines Landes unterstehenden Körperschaften, Anstalten und Stiftungen des öffentlichen Rechts. Die Länder konnten früher versorgungsrechtliche Vorschriften nur erlassen, soweit dies bundesrechtlich ausdrücklich zugelassen war. Seit der → Föderalismusreform I sind die Länder frei, ihr Recht der Beamtenversorgung selbst zu gestalten. Bislang haben die Länder noch auf der Basis des BeamtVG nur einzelne Anpassungen vorgenommen und lehnen sich weiterhin an das Bundesrecht an. Grundlegende strukturelle Reformen des Versorgungsrechts in den Ländern stehen noch aus.

4. Die Beamtenversorgung wird ausschließlich durch Gesetz geregelt (§ 3 I BeamtVG). Zusicherungen, Vereinbarungen und Vergleiche, die dem Beamten eine höhere als die gesetzliche Versorgung verschaffen sollen, sind unwirksam; das gleiche gilt für Versicherungsverträge, die zu diesem Zweck abgeschlossen werden (§ 3 II BeamtVG). Auf die gesetzlich zustehende Beamtenversorgung kann weder ganz noch teilweise verzichtet werden.

5. Zur steuerrechtlichen Behandlung der Beamtenversorgung s. → Versorgungsbezüge und → Versorgungsfreibetrag.

6. Ein Ruhegehalt wird nach dem BeamtVG nur gewährt, wenn der Beamte (oder Richter) eine Dienstzeit von mindestens 5 Jahren abgeleistet hat oder wenn er infolge Krankheit, Verwundung oder sonstiger Beschädigung, die er sich ohne grobes Verschulden in Ausübung seines Dienstes zugezogen hat, dienstunfähig geworden ist (§ 4 BeamtVG). Das Ruhegehalt beginnt mit dem Eintritt in den Ruhestand (§ 4 II BeamtVG). Es wird auf der Grundlage der ruhegehaltfähigen Diensbezüge und der ruhegehaltfähigen Dienstzeit (§ 4 III BeamtVG) berechnet. Ruhegehaltfähige Dienstbezüge sind 99,01 vH des letzte Grundgehalts zuzüglich des Familienzuschlags der Stufe 1 („Verheiratetenzuschlag") und sonstiger vom Gesetz als ruhegehaltfähig bezeichneten Bezüge im Zeitpunkt der Versetzung in den Ruhestand (§ 5 I BeamtVG). Ist der Beamte wegen Dienstunfähigkeit aufgrund eines Dienstunfalls in den Ruhestand getreten, so ist das Grundgehalt maßgeblich, das der betreffende Beamte (oder Richter) bis zum Eintritt in den Ruhestand wegen Erreichens der Altersgrenze erreichen hätte können (§ 5 II BeamtVG). Die Bestimmung, wonach der Beamte das betreffende Amt mindestens 2 Jahre inne gehabt haben musste (§ 5 III 1 BeamtVG) wurde vom BVerfG mit B. v. 20.7.2007 – 2 BvL 11/04 – für verfassungswidrig erklärt. Ruhegehaltfähig ist die Dienstzeit, die der Beamte oder Richter vom ersten Tag seiner Berufung in das Beamtenverhältnis oder Richterverhältnis bis zum Ruhestand zurückgelegt hat (§ 6 I 1 BeamtVG). Zeiten der Beurlaubung ohne Bezüge sind grundsätzlich nicht, Zeiten der Teilzeitbeschäftigung grundsätzlich nur teilweise berücksichtigungsfähig (§ 6 I 2 und 3 BeamtVG). Unter bestimmten Voraussetzungen können andere Dienst- und Ausbildungszeiten auf die ruhegehaltfähige Dienstzeit angerechnet werden (vgl. §§ 7 ff. BeamtVG). Nach §§ 14 I 1, IV 1 BeamtVG beträgt das Ruhegehalt für jedes Jahr der ruhegehaltfähigen Dienstzeit 1,79375 vH der ruhegehaltfähigen Dienstbezüge (s. o.), insgesamt jedoch mindestens 35 vH und höchstens 71,75 vH der ruhegehaltfähigen Dienstbezüge. Tritt ein Beamter vor Erreichen der für ihn geltenden → Altersgrenze in Ruhestand, vermindert sich das Ruhegehalt um 3,6 vH je Jahr. Ein verheirateter Bundesrichter (alle Zahlen jeweils Stand 31.12.2017), der zuzüglich Anrechnungszeiten insgesamt 35 Jahre ruhegehaltfähiger Dienstzeit erreicht hat und mit Erreichen der Altersgrenze in den Ruhestand tritt, erhält damit ein Ruhegehalt von 6147,31 EUR; seine mögliche Höchstgrenze iHv 6911,21 EUR hätte er nach 40 Jahren erreicht. Ein verheirateter Oberinspektor im Bundesdienst kann unter den gleichen Voraussetzungen nach 40 Jahren maximal 2883,60 EUR erreichen.

7. Witwen oder Witwer erhalten 55 vH des Ruhegehalts, das der oder die Verstorbene erhalten hat oder hätte erhalten können, wenn sie oder er am Tage ihres oder seines Todes in den Ruhestand getreten wäre (§ 20 I BeamtVG). Die Witwe des im Beispiel in Ziffer 6 genannten Richters (alle Zahlen jeweils Stand 31.12.2017) erhält damit 3381,02 EUR, maximal 3801,16 EUR; die Witwe des im Beispiel in Ziffer 6 genannten Oberinspektors im Bundesdienst erhält 1585,98 EUR. Für Kindererziehungszeiten gibt es Zuschläge; bei Heirat nach Eintritt in den Ruhestand oder kurzer Ehedauer gibt es an der Stelle der Witwenversorgung einen gekürzten Unterhaltsbeitrag. Kinder erhalten Waisengeld (§§ 23 ff. BeamtVG).

8. Beamte und Richter, die vor der Versetzung in den Ruhestand ausscheiden, können im Bund und in den Ländern Baden-Württember, Bremen, Hamburg, Hessen, Niedersachsen, Sachsen und Schleswig-Holstein anstelle der → Nachversicherung → Altersgeld beantragen, das entsprechend ihrer Dienstzeit

eine anteilige Versorgung gewährt. Das Altersgeld ist idR höher als die Ansprüche, die durch eine Nachversicherung aufgebaut werden können.

Beamtenversorgungsgesetz
→ Beamtenversorgung.

Beamtenvorbehalt
(Funktionsvorbehalt für Beamte). Nach Art. 33 IV GG ist die Ausübung hoheitlicher Befugnisse als ständige Aufgabe idR Angehörigen des → öffentlichen Dienstes zu übertragen, die in einem öffentlich-rechtlichen Dienst- und Treueverhältnis stehen. Dieses Erfordernis erfüllen neben → Beamten im staatsrechtlichen Sinn (→ Beamtenverhältnis) auch Angestellte nach Dienstordnung der Sozialversicherungsträger (hM, aber zweifelhaft), nicht aber sonstige Angestellte und Arbeiter des öffentlichen Dienstes.

Bearbeitung
Über Eigentumsveränderungen durch Bearbeitung einer fremden Sache → Verarbeitung. Die Bearbeitung eines urheberrechtlich geschützten Werkes – zB eines Musikwerkes – wird, wenn sie eine persönliche geistige Schöpfung des Bearbeiters darstellt, neben dem → Urheberrecht am bearbeiteten Werk wie ein selbständiges Werk geschützt (§ 3 UrhG).

Beauftragter für die biologische Sicherheit
Der Betreiber einer gentechnischen → Anlage (s. dort 2) hat, je nach Art und Umfang der gentechnischen Arbeiten oder Freisetzungen, einen oder mehrere Beauftragte für die biologische Sicherheit zu benennen, § 29 GenTSV (Gentechnik-Sicherheitsverordnung, → Gentechniksicherheit). Im letzteren Fall sind die Aufgaben eines jeden präzise zu bezeichnen. Der oder die Beauftragte können betriebsfremd sein. Sachkundeerfordernis und -Nachweis regelt § 30 GenTSV. Zu den Rechten und Pflichten der Beauftragten gehören die sicherheitsbezogene Überwachung bestimmter Aufgaben des Projektleiters und die Beratung von Betreiber und Betriebsrat. Der Beauftragte für die biologische Sicherheit hat in bestimmten Fällen Vortragsrecht an entscheidender Stelle für Bedenken und Vorschläge. Er darf nicht benachteiligt werden (§ 32 GenTSV). Ein besonderer Kündigungsschutz besteht nicht.

Beauftragter Richter
Beauftragter Richter ist das Mitglied eines Kollegialgerichts, das für und an Stelle des Kollegiums einzelne richterliche Maßnahmen, insbes. eine Beweiserhebung, durchführt. Das ist zulässig namentlich zur Einnahme eines Augenscheins oder zur (→ kommissarischen) Vernehmung von Zeugen und Sachverständigen, wenn das gesamte Gericht das Beweisergebnis auch ohne unmittelbaren Eindruck vom Verlauf der Beweisaufnahme sachgemäß zu würdigen vermag; vgl. §§ 355, 372 II ZPO, §§ 375, 402, 434, 451 ZPO, § 223 StPO. Von dem beauftragten Richter zu unterscheiden ist → ersuchte Richter, der → Einzelrichter sowie der Richter kraft Auftrags; d. i. ein Beamter, der zwecks späterer Anstellung im Richterdienst vorübergehend unter Beibehaltung seines bisherigen Amtes als Richter verwendet wird (§§ 14 ff. DRiG).

Bebaubarkeit
Ein Grundstück ist zwar grundsätzlich bebaubar (→ Baufreiheit). In der Praxis ist Bebaubarkeit aber nur gegeben, wenn Bauplanungsrecht (→ Baurecht, → Baugesetzbuch) und Bauordnungsrecht (→ Bauordnungen) die Bebauung zulassen. Dabei steht das Bauordnungsrecht idR der Bebaubarkeit eines bauplanungsrechtlich bebaubaren Grundstücks nicht entgegen; das Bauordnungsrecht bestimmt allerdings, wie das Bauwerk auszuführen ist. In welchem Umfang ein Grundstück bebaut werden darf, bestimmen in erster Linie die → Bauleitpläne. Soweit für ein Grundstück kein Bauleitplan vorliegt, kann es im Innenbereich bebaut werden, soweit sich das Vorhaben in die Umgebung einfügt (§ 34 BauGB); im → Außenbereich sind nur in Ausnahmefällen bestimmte besonders priviligierte Bauvorhaben zulässig (§ 35 BauGB).

Bebauungsplan
→ Bauleitpläne.

Bedarfsgegenstände
1. Der sehr umfangreiche gesetzliche Katalog der Bedarfsgegenstände (§ 2 VI LFGB und § 4 III LFGB, → Lebensmittel- und Futtermittelrecht) versucht, alle Gegenstände und Mittel des täglichen Bedarfs sowie alle Gegenstände und Materialien zu erfassen, die bei Erzeugung und Vertrieb von Lebensmitteln verwendet werden. Zu Bedarfsgegenständen gehören daher Gegenstände, die der Erzeugung, der Zubereitung, dem Vertrieb oder dem Verzehr von Lebensmitteln zu dienen bestimmt sind (zB → Maschinen, Geschirr, Tisch- und Kochgerät, Lebensmittelpackungen), Gegenstände der Körperpflege (Kämme, Zahnbürsten), Gegenstände, die bestimmungsgemäß mit dem menschlichen Körper in Berührung kommen (Bekleidung, Wäsche, Haarersatz, Brillen), schließlich Reinigungs-, Pflege- und Ausrüstungsmittel, Insektenvertilgungsmittel für den häuslichen Bedarf, → Spielwaren und → Scherzartikel. Nicht zu Bedarfsgegenständen zählen → Lebensmittel, → Arzneimittel, → Medizinprodukte und deren Zubehör sowie → Biozidprodukte.

2. Für Bedarfsgegenstände gelten im Interesse des Gesundheitsschutzes strenge gesetzliche Beschränkungen nach dem Lebensmittel- und Futtermittelrecht (§§ 30 ff. LFGB). Danach ist es verboten, Bedarfsgegenstände so herzustellen, dass sie bei Verwendung die Gesundheit schädigen können. Ferner ist es verboten, an sich unbedenkliche Bedarfsgegenstände bei der Zubereitung von Lebensmitteln

so zu verwenden, dass von ihnen schädliche Einwirkungen ausgehen können (§ 30 Nr. 3 LFGB). Umgekehrt dürfen Lebensmittel nicht in den Verkehr gebracht werden, die mit verbotenen Bedarfsgegenständen hergestellt oder behandelt wurden (§ 31 III LFBG). Schließlich dürfen Bedarfsgegenstände nicht mit Lebensmitteln verwechselt werden können (§ 5 II Nr. 2 LFBG, zB Abbildung von Zitronen auf Reinigungsmitteln u. ä.). Den Schutz vor Täuschung regelt § 33 LFBG. Für die Überwachung gelten die Vorschriften der → Lebensmittel- und Futtermittelüberwachung.

3. Die Bedarfsgegenständeverordnung (BedGgstV) idF v. 23.12.1997 (BGBl. 1998 I 5) regelt die Anforderungen an die chemische Zusammensetzung bestimmter Bedarfsgegenstände, zB Verpackungsfolien und Spielwaren, soweit nicht unmittelbar geltendes EU-Recht Vorrang hat. So definiert etwa die VO (EG) 1935/2004 v. 27.10.2004, ABl. EG 2004 L 338, 4, Anforderungen an bestimmte Materialien und Gegenstände, die mit Lebensmitteln in Berührung kommen sowie deren Zulassung und Kennzeichnung. → Recycling.

Bedarfsgemeinschaft
Der Begriff der Bedarfsgemeinschaft geht zurück auf das Vierte Gesetz für moderne Dienstleistungen am Arbeitsmarkt (→ Hartz-Gesetze) bzw. das SGB II (→ Bürgergeld, → Arbeitslosengeld II, → Grundsicherung für Arbeitsuchende), das am 1.1.2005 in Kraft getreten ist. Vorgesehen ist danach die Erbringung von Leistungen an → erwerbsfähige Hilfebedürftige und an Personen, die mit ihnen in einer Bedarfsgemeinschaft leben (§ 7 II SGB II).

Zur Bedarfsgemeinschaft gehören die erwerbsfähigen Hilfebedürftigen, die im Haushalt lebenden Eltern oder der im Haushalt lebende Elternteil eines minderjährigen, unverheirateten erwerbsfähigen Kindes, als Partner der erwerbsfähigen Hilfebedürftigen der nicht dauernd getrennt lebende Ehegatte, die Person, die mit dem erwerbsfähigen Hilfebedürftigen in eheähnlicher Gemeinschaft lebt oder der nicht dauernd getrennt lebende Lebenspartner sowie die dem Haushalt angehörenden minderjährigen, unverheirateten Kinder des erwerbsfähigen Hilfebedürftigen, soweit sie nicht aus eigenem Einkommen oder Vermögen die Leistungen zur Sicherung ihres Lebensunterhalts beschaffen können (§ 7 III SGB II). Obwohl der Begriff "Bedarfsgemeinschaft" im Bereich des SGB XII nicht verwendet wird, ist der anspruchsberechtigte Personenkreis, abgesehen von der Grundintention des SGB XII, gleich. Statt von einer Bedarfsgemeinschaft ist hier von Leistungsberechtigten die Rede (§ 19 SGB XII). Gleichwohl ergeben sich Anwendungen der Regelungen zur Bedarfsgemeinschaft, zB bei der Prüfung von Vermögen (§ 90 SGB XII). Werden Leistungen nach dem SGB II erbracht und zeitgleich Leistungen nach dem SGB XII beantragt, sprich man von einer gemischten Bedarfsgemeinschaft.

Bedarfsplan
→ Bundesfernstraßen; → Kassenarzt.

Bedarfsverwaltung
ist der Teil der öffentlichen → Verwaltung, der für die Bereitstellung der zur Erfüllung der Verwaltungsaufgaben erforderlichen persönlichen und sächlichen Mittel sorgt. Im erstgenannten Bereich (zB Personalverwaltung) wird die Verwaltung hoheitlich (Beamte) oder privatrechtlich (fiskalisch) tätig (Angestellte und Arbeiter), bei der Beschaffung des Sachbedarfs meist fiskalisch, zB beim Abschluss von Kauf- oder Mietverträgen. Die Bedarfsverwaltung ist meist in die Fachverwaltung eingegliedert, zT eigene Dienststelle („Beschaffungsämter").

Bedienungsgeld
→ Trinkgeld.

Bedingte Entlassung
→ Strafaussetzung zur Bewährung (2).

Bedingte Forderung
→ Bedingung (3).

Bedingte Strafaussetzung
→ Strafaussetzung zur Bewährung.

Bedingter Vorsatz
(dolus evenutalis) → Vorsatz.

Bedingtes Arbeitsverhältnis
→ befristetes Arbeitsverhältnis.

Bedingung
1. Die Bedingung (lat. conditio) ist die einer → Willenserklärung hinzugefügte Bestimmung, nach der die Wirksamkeit des → Rechtsgeschäfts von einem zukünftigen ungewissen Ereignis abhängen soll. Tritt das zukünftige Ereignis bestimmt ein (zB „wenn mein Sohn volljährig wird"), so ist keine Bedingung, sondern eine → Zeitbestimmung gegeben. Keine Bedingung liegt daher auch vor, wenn der fragliche Umstand in der Vergangenheit liegt, mag er auch den Parteien unbekannt sein (Scheinbedingung, zB „wenn gestern mein Fußballverein gewonnen hat"); hier ist uU → Wette anzunehmen. Keine echte Bedingung ist ferner die sog. Rechtsbedingung, die lediglich gesetzliche Erfordernisse in Form einer Bedingung wiederholt (zB „wenn das Familiengericht den Gesellschaftsvertrag mit dem Minderjährigen genehmigt"); die Rechtsbedingung ist aber unschädlich. Die sog. Vertragsbedingungen sind oftmals keine eigentlichen Bedingungen, sondern Bestandteile des Vertragsinhalts (zB Zahlungszeit, Erfüllungsort; → Allgemeine Geschäftsbedingungen). Unwirksam sind unmögliche und unsittliche Bedingungen; über die Folgen → Teilnichtigkeit. Nicht Bedingung eines Rechtsgeschäfts ist auch dessen → Geschäftsgrundlage. Über Bedingung in letztwilligen Verfügungen → Auslegung von Verfügungen von Todes wegen.

2. Die echte Bedingung kann von einem rein zufälligen Umstand (kasuelle Bedingung, zB „wenn die Grundstückspreise nicht steigen"), allein vom Willen des Betreffenden (sog. Potestativbedingung, zB „wenn Du nicht wieder heiratest", → Wiederverheiratungsklausel) oder von beiden Momenten gleichzeitig abhängig sein (gemischte Bedingung, zB „wenn Du Dein Examen machst und bestehst"). Die Bedingung kann ferner positiv (affirmativ, zB „wenn ich im Lotto gewinne") oder negativ („wenn ich nicht wieder heirate") ausgestaltet sein. Die wichtigste Unterscheidung ist die zwischen aufschiebender (Suspensiv-) und auflösender (Resolutiv-)Bedingung. Wird ein Rechtsgeschäft unter einer aufschiebenden Bedingung (zB → Eigentumsvorbehalt, → Kauf auf Probe) vorgenommen, so tritt die Wirkung erst mit Eintritt der Bedingung ein (§ 158 I BGB). Bei einer auflösenden Bedingung (zB → Wiederverheiratungsklausel) endet in diesem Zeitpunkt das bisher voll wirksame Rechtsgeschäft und tritt der frühere Rechtszustand wieder ein (§ 158 II BGB). Die Wirkung tritt ab Bedingungseintritt (ex nunc) ein; eine Rückwirkung ist also nicht gegeben (bei Vereinbarung der Rückwirkung hat dies nur schuldrechtliche Wirkung, § 159 BGB). Während bei der auflösenden Bedingung bis zum Eintritt der Bedingung das Rechtsgeschäft voll wirksam ist, hat bei der aufschiebenden Bedingung der andere Beteiligte den betreffenden Gegenstand (Sache, Forderung, Recht) noch nicht erworben; es steht ihm jedoch wegen der Gebundenheit des anderen Teils bereits ein → Anwartschaftsrecht zu. Als Folge dieses Anwartschaftsrechts kann der Erwerber bei Bedingungseintritt → Schadensersatz verlangen, wenn die andere Seite das von der Bedingung abhängige Recht in der Schwebezeit schuldhaft vereitelt oder beeinträchtigt hat (§ 160 BGB). Jede weitere Verfügung über einen Gegenstand, über den bereits unter einer aufschiebenden Bedingung verfügt wurde (Zwischenverfügung, auch jede → Zwangsvollstreckung in den Gegenstand), ist nach Bedingungseintritt insoweit unwirksam, als sie die von der Bedingung abhängige Wirkung vereiteln oder beeinträchtigen würde (zB eine zweimalige Übereignung unter Eigentumsvorbehalt; über die Pfändung der Anwartschaft und die Verfügung über sie s. dort). Doch finden auch hier die Vorschriften zugunsten derjenigen, die Rechte von einem Nichtberechtigten herleiten (→ Gutglaubensschutz, Verfügung eines Nichtberechtigten) entsprechende Anwendung (§ 161 BGB). Wird der Bedingungseintritt von der hiervon benachteiligten Partei wider → Treu und Glauben verhindert, so gilt (→ Fiktion) die Bedingung als eingetreten, umgekehrt bei treuwidriger Herbeiführung des Bedingungseintritts durch die bevorzugte Seite als nicht eingetreten (§ 162 BGB). Wird im Prozess eine aufschiebende Bedingung behauptet, so muss der Anspruchsberechtigte ihr Fehlen beweisen; für den Wegfall einer Verpflichtung auf Grund einer auflösenden Bedingung trägt dagegen der Verpflichtete die → Beweislast.

3. Grds. kann jedes Rechtsgeschäft unter einer Bedingung vorgenommen werden. So gibt es bedingte Forderungen (anders Betagung; dort ist die Forderung bereits entstanden oder übertragen, aber noch nicht fällig), bedingte dingliche Rechte, zB Pfandrechte usw. Ausgenommen sind hiervon die bedingungsfeindlichen Rechtsgeschäfte. Bedingungsfeindlich sind insbes. die meisten familienrechtlichen Rechtsgeschäft, zB → Eheschließung, → Adoption usw, aber auch kraft ausdrücklicher Bestimmung die → Auflassung eines Grundstücks, die → Aufrechnung, die → Ausschlagung einer Erbschaft ua. Bedingungsfeindlich sind ferner aus der Natur des Rechtsgeschäft regelmäßig die → Gestaltungsrechte (zB Kündigung, Rücktritt, Anfechtung), da hier von vornherein Klarheit über die eintretenden Rechtsfolgen bestehen muss. Eine Kündigung unter der Bedingung ihres Wegfalls, dh unter der Voraussetzung, dass der andere Teil in die Fortsetzung des Rechtsverhältnisses unter abgeänderten Voraussetzungen einwilligt (→ Änderungskündigung), ist jedoch zulässig, da hier keine eigentliche Bedingung vorliegt. Bedingungsfeindlich sind schließlich idR auch → Prozesshandlungen; die zulässige Stellung eines Hilfs-(Eventual-)antrags steht dem nicht entgegen, da es sich bei der Unbegründetheit des zunächst gestellten Hauptantrags um eine unschädliche Rechtsbedingung (s. o.) handelt.

Bedingungen der Strafbarkeit
sind Umstände, die außerhalb des Straftatbestandes liegen, die aber Voraussetzung für eine Bestrafung sind. Sie sind für die rechtliche Missbilligung der Tat bedeutungslos und brauchen deshalb vom → Vorsatz des Täters nicht umfasst zu werden (daher meist objektive Bedingung der Strafbarkeit genannt); ein → Irrtum über ihr Vorliegen ist für die Strafbarkeit ohne Bedeutung. Bedingung der Strafbarkeit ist nach hM zB Zahlungseinstellung oder Eröffnung des Insolvenzverfahrens bei → Insolvenzstraftaten (§§ 283 ff. StGB) sowie die Begehung einer mit Strafe bedrohten Handlung beim → Vollrausch (§ 323a StGB), ferner die Tötung oder Verletzung eines anderen für den Straftatbestand der → Schlägerei (§ 231 StGB) sowie die Nichterweislichkeit der Wahrheit einer Behauptung bei der üblen Nachrede (§ 186 StGB, → Beleidigung).

Bedingungsfeindliche Rechtsgeschäfte
→ Bedingung.

Bedingungstheorie
Sie ist im Strafrecht die als maßgeblich angesehene Kausalitätstheorie und bei den Straftatbeständen von Bedeutung, bei denen die Strafbarkeit nicht schon mit Vornahme der Tathandlung eintritt (schlichte Tätigkeitsdelikte, zB → Sachbeschädigung), sondern erst mit ei-

nem auf die Tathandlung zurückzuführenden Ereignis, so zB dem Tod eines Verkehrsunfallverletzten (→ Erfolgsdelikt). Für diese Tatbestände besagt die Bedingungstheorie, dass dem Täter strafrechtlich der Erfolg seiner Handlung zuzurechnen ist, wenn diese als Ursache nicht hinweggedacht werden kann, ohne dass der Erfolg entfiele (condicio sine qua non). Näheres s. → Kausalität im Strafrecht. Über die Bedingungstheorie im bürgerl. Recht s. → Schadensersatz (1).

Bedrohung

1. Straftatbestand nach § 241 StGB, der als abstraktes → Gefährdungsdelikt den Rechtsfrieden des Einzelnen schützt. Er sieht drei sich zT überschneidende Tatalternativen vor: § 241 I StGB erfasst denjenigen, der einen Menschen mit der Begehung einer gegen ihn oder eine ihm nahestehende Person gerichteten rechtswidrigen Tat (also einer Straftat, vgl. § 11 I Nr. 5 StGB) gegen die sexuelle Selbstbestimmung, die körperliche Unversehrtheit, die persönliche Freiheit oder gegen eine Sache von bedeutendem Wert bedroht. Es muss sich um eine ernstliche → Drohung (nicht nur Verwünschungen o. dgl.) handeln; ob der Bedrohte sie ernst nimmt, ist unerheblich. Der Strafrahmen reicht von Geldstrafe bis Freiheitsstrafe von einem Jahr. § 241 II StGB stellt in gleicher Weise die Androhung eines → Verbrechens unter Strafe, wobei die Strafobergrenze hier bei zwei Jahren Freiheitsstrafe liegt. Für die Androhung eines Verbrechens, das auch unter § 241 I StGB fällt, enthält § 241 II StGB somit einen → Qualifikationstatbestand. Mit gleicher Strafdrohung erfasst § 241 III StGB die wissentliche Vortäuschung der bevorstehenden Begehung eines Verbrechens. Der Qualifikationstatbestand des § 241 IV StGB erhöht die Strafobergrenze auf zwei (gegenüber § 241 I StGB) bzw. drei (gegenüber § 241 II, III StGB) Jahre Freiheitsstrafe, wenn die Tat öffentlich, in einer Versammlung oder durch Verbreiten eines → Inhalts (§ 11 III StGB) begangen wird. Die Bedrohung tritt hinter weitergehenden Verletzungsdelikten zurück (zB → Widerstand gegen die Staatsgewalt, → Nötigung, → Raub und → Erpressung; sog. Gesetzeskonkurrenz, → Konkurrenz von Straftaten). Es handelt sich um ein Privatklagedelikt (§ 374 I Nr. 5 StPO, → Privatklage). Sa → Aufforderung zu Straftaten, → Androhung von Straftaten (§ 126 StGB), → Belohnung und Billigung von Straftaten (§ 140 StGB), → Nachstellung (§ 238 StGB), → Hasskriminalität. Zum Begriff der → Drohung s. dort. Zur Verbreitung sog. „Feindeslisten“ → Gefährdendes Verbreiten personenbezogener Daten (§ 126a StGB).

2. Zivilrechtlich: → Anfechtung von Willenserklärungen (2). Bei einer Drohung mit einer Verletzung von Leben, Körper, Gesundheit oder Freiheit muss auf Antrag des Opfers das Familiengericht die erforderlichen Maßnahmen zur Abwendung weiterer Bedrohung treffen (→ Gewaltschutz). Es kann dem Täter insbes. verbieten, die Wohnung des Opfers zu betreten, Verbindung mit dem Opfer aufzunehmen oder es zu treffen; der Verstoß gegen die Anordnung ist strafbar (§§ 1, 4 GewaltschutzG v. 11.12.2001, BGBl. 2001 I 3513).

Bedürfnisprüfung

1. Eine Bedürfnisprüfung findet statt, wenn das Gesetz für die Zulassung zu einer beruflichen Tätigkeit (→ Gewerbe oder anderer Beruf) das Vorliegen eines öffentlichen Bedürfnisses oder → öffentlichen Interesses verlangt. Die Bedürfnisprüfung beschränkt das Grundrecht der Berufsfreiheit (→ Beruf, freie Wahl; Art. 12 I GG) durch eine objektive, vom Bewerber nicht beeinflussbare Zulassungsvoraussetzung. Darin unterscheidet sie sich von subjektiven Zulassungsvoraussetzungen (zB Vorbildung, → Berufsbildung; → Befähigungsnachweis) und von bloßen Berufsausübungsregeln.

2. Nach der grundlegenden Entscheidung des BVerfG vom 11.6.1958 (BVerfGE 7, 377; sog. Apothekenurteil) darf die Berufsfreiheit durch objektive Zulassungsvoraussetzungen nur eingeschränkt werden, wenn der Schutz eines überragend wichtigen Gemeinschaftsgutes (zB Volksgesundheit, Funktionsfähigkeit der Rechtspflege, eventuell auch Bekämpfung der Spiel- und Wettsucht) dies erfordert. Daher ist eine uneingeschränkte Bedürfnisprüfung, wie sie in zahlreichen reichsrechtlichen Vorschriften vorgesehen war, idR unzulässig. Praktische Bedeutung hat die Bedürfnisprüfung heute vor allem noch im Bereich des Verkehrsgewerbes (→ Personenbeförderung), wo sie unter dem Gesichtspunkt der öffentlichen Verkehrsinteressen bei verschiedenen Verkehrsarten (→ Linienverkehr, → Taxi) und für → Notare vorgenommen wird. Eine Art Bedürfnisprüfung besteht für die Zulassung zum → Vertragsarzt der Sozialversicherungskassen.

Bedürftigentestament

→ Behindertentestament.

Bedürftigkeit

→ Unterhaltspflicht unter Verwandten, → Scheidungsunterhalt, → Prozesskostenhilfe, → Sozialhilfe.

Beeidigung

Die Beeidigung bezieht sich begrifflich nach dem (uneinheitlichen) Sprachgebrauch der Gesetze sowohl auf Personen als auf Aussagen und Gutachtenerstattung, Vereidigung hingegen nur auf eine Person. Beeidigung ist in vielfacher Weise vorgesehen, insbes. für → Zeugen, → Sachverständige, Parteien (→ Parteivernehmung), → Dolmetscher; vereidigt werden auch → Beamte und → Richter. Die Eidesnorm ist je nach dem Gegenstand der Eidesleistung im Gesetz wörtlich vorgeschrieben, zB für Zeugen (§ 392 ZPO, § 64 StPO), Sachverständige (§ 410 ZPO, § 79 StPO), Parteien (§ 452 ZPO), Richter (§ 38

DRiG), Dolmetscher (§ 189 GVG). Über die Beeidigung von → Zeugen sowie über die Fassung der → Eidesformel s. jeweils dort. Im → Strafprozess werden Zeugen nur vereidigt, wenn es das Gericht wegen der ausschlaggebenden Bedeutung der Aussage oder zur Herbeiführung einer wahren Aussage nach seinem Ermessen für notwendig hält (§ 59 I StPO). Die Beeidigung entfällt nach § 60 StPO bei Minderjährigen und Tatbeteiligten. In den anderen Verfahrensarten wird der Zeuge meist uneidlich vernommen, bei Verzicht der Parteien immer, sonst nach Ermessen des Gerichts (§ 391 ZPO, § 98 VwGO), im Sozialgerichtsverfahren eidlich nur, wenn notwendig (§ 118 II SGG). Für das Verfahren bei der Abnahme von Eiden im Zivilprozess, der freiwilligen Gerichtsbarkeit, der Arbeitsgerichtsbarkeit, im Verwaltungs-, Finanz- und Sozialstreitverfahren gelten die §§ 478–484 ZPO. Der Eid kann mit oder ohne religiöse Beteuerung erfolgen, vgl. § 480 ZPO. Der Eid kann nur in bestimmten Fällen verweigert werden (→ Eidesverweigerung). Falsche Eide sind strafbar (→ Falscheid, → Meineid).

Beeinflussung der Rechtspflege
durch Presseberichte, Stellungnahmen in der Öffentlichkeit u. dgl. vor Abschluss eines gerichtlichen Verfahrens ist nach geltendem Recht in der BRD nicht strafbar (wohl aber zB in Großbritannien, sog. contempt of court). Mit Strafe bedroht ist lediglich das Veröffentlichen einer Anklageschrift oder anderer amtlicher Strafprozessunterlagen, zB eines Haftbefehls, vor der Verhandlung oder dem Verfahrensabschluss (§ 353d Nr. 3 StGB; gilt auch für Bußgeld- und Disziplinarverfahren) sowie das missbräuchliche Unternehmen einer Beeinflussung von Soldaten, die als Organe der Rechtspflege tätig sind, durch Vorgesetzte (§ 37 WStG). → Unabhängigkeit des Richters.

Beendeter Versuch
→ Rücktritt vom Versuch 3a.

Beendigung (einer Straftat)
Die Beendigung einer → Straftat tritt ein, sobald der in der Tat liegende Angriff auf das geschützte Rechtsgut seinen Abschluss gefunden hat. Das ist der Fall, wenn das Gut nicht mehr weiter gefährdet oder geschädigt wird, insbes. weil eine Gefährdung beseitigt oder aber in einen Schaden umgeschlagen ist bzw. weil ein Schaden endgültig eingetreten und nicht mehr durch sofortige Gegenmaßnahmen verhinderbar ist. Der Zeitpunkt der Beendigung markiert damit zugleich das Ende der Phase, in der eine Straftat einen gegenwärtigen, weil noch andauernden Angriff iSd § 32 StGB darstellt und damit durch → Notwehr oder Nothilfe gewaltsam abgewehrt werden darf; danach bleibt nur mehr die Inanspruchnahme hoheitlicher Hilfe. Materiell gleichgestellt werden kann der Beendigung zudem der Fehlschlag des → Versuchs einer Straftat (hierzu → Rücktritt vom Versuch, s. dort 3a auch zur Unterscheidung zwischen unbeendetem und beendetem Versuch – trotz ähnlicher Begrifflichkeit betrifft diese allein die Dogmatik des Rücktritts und hat mit der hier behandelten Thematik nichts zu tun). Bei Straftatbeständen, für die der Gesetzgeber die Möglichkeit einer → Tätigen Reue einräumt, endet diese typischerweise mit der Beendigung der Tat. Bedeutung besitzt der Zeitpunkt der Beendigung zudem insofern, als grds. erst mit ihm die → Strafverfolgungsverjährung beginnt (vgl. § 78a S. 1 StGB).

Von der Beendigung zu unterscheiden ist die → Vollendung einer Straftat. Sie tritt bereits ein, sobald der Täter alle objektiven und subjektiven Merkmale des Tatbestands erfüllt hat. Der Zeitpunkt der Beendigung kann bei manchen Straftatbeständen deutlich hinter demjenigen der Vollendung liegen, so dass zwischen beiden Zeitpunkten eine sog. Beendigungsphase verbleibt. Das gilt insbes. bei manchen sog. Delikten mit überschießender Innentendenz, bei denen bestimmte wesentliche Tatziele nicht objektiv verwirklicht, sondern lediglich subjektiv angestrebt worden sein müssen. Dies bewirkt, dass die Vollendung schon vor Erreichung eines solchen Ziels eintritt und der Tatbestand materiell einer Versuchskonstellation ähnelt. So erfolgt die Beendigung eines → Diebstahls (§ 242 StGB) oder → Raubs (§ 249 StGB) erst, wenn dem Täter die Sicherung seiner Beute gelungen ist (Vollendung dagegen bereits mit erfolgreicher Wegnahme, dh Gewahrsamsbruch), bei einem → Betrug (§ 263 StGB) oder einer → Erpressung (§ 253 StGB) erst dann, wenn die vom Täter erstrebte Bereicherung eingetreten ist (Vollendung dagegen bereits mit Enstehung eines Vermögensschadens beim Opfer, der auch schon in einer konkreten Vermögensgefährdung liegen kann). Eine Beendigungsphase weisen ferner auch → Dauerdelikte auf. So ist eine → Freiheitsberaubung (§ 239 StGB) zB bereits mit dem Einschießen des Opfers vollendet, die Beendigung erfolgt jedoch erst, wenn es seine Freiheit wieder erlangt. Eine eigenständige Normierung, die speziell das Handeln des Täters eines Diebstahls oder Raubs in der Beendigungsphase erfasst, enthält der Straftatbestand des → Räuberischen Diebstahls (§ 252 StGB): Strafbar macht sich danach ein Dieb oder Räuber, der „auf frischer Tat" (dh zwischen Voll- und Beendigung dieser Tat) betroffen wird und nun Nötigungsmittel zur Sicherung seiner Beute einsetzt.

Die rechtliche Behandlung einer solchen zwischen Voll- und Beendigung liegenden Beendigungsphase ist in mehrfacher Hinsicht umstritten. Das gilt etwa für die Frage, ob in diesem Stadium noch ein → Qualifikationstatbestand verwirklicht werden, also zB durch die erst jetzt erfolgende schwere körperliche Misshandlung einer Person aus einem einfachen Raub nach § 249 StGB ein besonders schwerer Raub nach § 250 II Nr. 3a StGB werden kann. Ebenso ist fraglich, ob man sich einer Tat in dieser Phase noch als → Mittäter iSd § 25 II StGB (oder nur als Gehilfe, → Beihilfe) anschließen kann; hierbei handelt es sich um eine Fallgruppe der sog. sukzessiven → Mittäterschaft (dort 3). Ähnlich streitig ist, ob zwischen Voll- und Beendigung noch → Beihilfe (§ 27 StGB) geleistet werden kann oder entsprechende Handlungen allein als → Begünstigung (§ 257 StGB) erfassbar sind. Die Rechtsprechung bejaht alle genannten Fragen im Grundsatz, wenn auch unter begrenzenden Bedingungen, während im strafrechtlichen Schrifttum jeweils überwiegend restriktive Ansätze vertreten werden.

Beerdigung
(Genehmigung) → Bestattung, → Totenfürsorge.

Beerdigungskosten
Die Kosten des Bestattungsakts, nicht jedoch der → Grabpflege, trägt der → Erbe als Teil der → Nachlassverbindlichkeiten (§ 1968 BGB).

Befähigung zum höheren Verwaltungsdienst
ist in den Beamtengesetzen und Laufbahnverordnungen des Bundes und der Länder geregelt. IeS versteht man darunter die Befähigung zum höheren Dienst in der allgemeinen inneren Verwaltung. Diese wird, da die Ausbildung zum höheren Justiz- und Verwaltungsdienst in den Ländern der BRep. einheitlich ist, im Allgemeinen zusammen mit der → Befähigung zum Richteramt erworben (dort auch über die Übergangsvorschrift des § 110 DRiG).

Befähigung zum Richteramt
1. Die Befähigung zum Richteramt ist nicht nur die Voraussetzung für die Ernennung zum → Richter oder Staatsanwalt, sondern zugleich Voraussetzung für die Zulassung zum → Rechtsanwalt und die Bestellung zum → Notar sowie für die Anstellung als Jurist im höheren Verwaltungsdienst (→ Befähigung zum höheren Verwaltungsdienst). Anders als in fast allen anderen Staaten der Welt gibt es damit in Deutschland eine einheitliche Ausbildung für alle klassischen juristischen Berufe („Einheitsjurist"; sa → Jurist, → Juristenausbildung).

2. Der Erwerb der Befähigung zum Richteramt ist in §§ 5–7 DRiG geregelt. Einzelheiten der Ausbildung und Prüfungen regeln die → Länder durch Juristenausbildungsgesetze und Ausbildungs- und Prüfungsordnungen, zB die Bayerische Ausbildungs- und Prüfungsordnung für Juristen (JAPO) v. 13.10.2003 (GVBl. 2003, 758) mÄnd, das Juristenausbildungsgesetz Nordrhein-Westfalen (JAG NRW) v. 11.3.2003 (GV NRW 2003, 135, ber. 431) mÄnd oder die Ausbildungs- und Prüfungsordnung für Juristen des Freistaates Sachsen v. 7.4.2006 (SächsGVBl. 2006, 105) mÄnd

3. Die Befähigung zum Richteramt erwirbt, wer ein rechtswissenschaftliches Studium an einer Universität mit der Ersten Juristischen Prüfung und einen anschließenden Vorbereitungsdienst mit der Zweiten Juristischen Staatsprüfung abschließt. Der ersten Prüfung muss ein Studium von mindestens 4 1/2 Jahren, davon 2 Jahre in Deutschland, vorangehen. Pflichtfächer sind Zivilrecht, Strafrecht und Öffentliches Recht einschließlich des Verfahrensrechts und der europarechtlichen Bezüge, Methodenlehre sowie die philosophischen, geschichtlichen und gesellschaftlichen Grundlagen des Rechts einschließlich der Auseinandersetzung mit dem nationalsozialistischen Unrecht und dem Unrecht der SED-Diktatur. Schwerpunktbereiche ergänzen das Studium. Ferner soll Fremdsprachenkompetenz nachgewiesen werden. Die Inhalte des Studiums berücksichtigen die ethischen Grundlagen des Rechts und sollen die Fähigkeit zu dessen kritischer Reflexion fördern. Ferner soll das Studium die rechtsprechende, verwaltende und rechtsberatende Praxis einschließlich Verhandlungsmanagement, Gesprächsführung, Rhetorik, Streitschlichtung, Mediation, Vernehmungslehre und Kommunikationsfähigkeit berücksichtigen. Während der vorlesungsfreien Zeit finden praktische Studienzeiten von insgesamt mindestens drei Monaten Dauer statt. Die Erste Juristische Prüfung besteht aus einer universitären Schwerpunktbereichsprüfung und einer staatlichen Pflichtfachprüfung. Der Vorbereitungsdienst dauert 2 Jahre und findet bei einem ordentlichen Gericht in Zivilsachen, einem Gericht in Strafsachen oder einer Staatsanwaltschaft, einer Verwaltungsbehörde, einem Rechtsanwalt und in einer Wahlstation im In- oder Ausland statt. Bei Betreuung eines minderjährigen Kindes oder eines pflegebedürftigen Angehörigen kann der Vorbereitungsdienst in Teilzeit abgeleistet werden; der regelmäßige Dienst ermäßigt sich dann um ein Fünftel; zugleich wird der Vorbereitungsdienst auf 2 1/2 Jahre ausgedehnt. Die abschließende Zweite Juristische Staatsprüfung erstreckt sich in einem Block auf alle wesentlichen Rechtsgebiete. Die Stoffkataloge für Erste Juristische Prüfung und Zweite Juristische Staatsprüfung sind in den Ländern unterschiedlich geregelt und sollen künftig enger aneinander angeglichen werden.

4. Die universitäre Schwerpunktbereichsprüfung ist je nach Universität unterschiedlich ausgestaltet; idR umfasst sie eine Haus- oder Seminararbeit, eine mündliche und eine schriftliche Prüfung. Die staatliche Pflichfachprüfung der Ersten Juristischen Prüfung besteht aus schriftlichen Leistungen (Klausuren) und einer mündlichen Prüfung. In das Ergebnis der Ersten Juristischen Prüfung fließen die universitäre Schwerpunktprüfung zu 30% und die staatliche Pflichtfachprüfung zu 70% ein. Die Zweite Juristische Staatsprüfung umfasst schriftliche Leistungen (Klausuren) und eine mündliche Prüfung. In der staatlichen Pflichtfachprüfung der Ersten Juristischen Prüfung und in der Zweiten Juristischen Staatsprüfung

kann vorgesehen werden, dass schriftliche Leistungen elektronisch erbracht werden dürfen (§ 5d VI DRiG).

5. Die im Geltungsbereich des DRiG erworbene Befähigung zum Richteramt gilt im Bund und in jedem deutschen Land. Kraft Gesetzes (§ 7 DRiG) besitzt die Befähigung zum Richteramt jeder ordentliche Professor der Rechte an einer Universität im Geltungsbereich des DRiG, auch wenn er ausnahmsweise die beiden Staatsprüfungen nicht abgelegt hat. Juristische Prüfungen, die nicht im Geltungsbereich des DRiG abgelegt wurden, können nur in eng begrenzten Fällen anerkannt werden (§ 112 DRiG, § 92 BVFG: Flüchtlinge und Vertriebene). Nach § 112a DRiG werden EU-Bürger und Bürger der Schweiz und eines Vertragsstaates des Abkommens über den Europäischen Wirtschaftsraum mit rechtswissenschaftlichem Universitätsdiplom, das dort den Zugang zur postuniversitären Anwaltsausbildung eröffnet, zum Vorbereitungsdienst zugelassen, wenn ihre Kenntnisse und Fähigkeiten den durch die erste Prüfung nachgewiesenen Kenntnissen und Fähigkeiten entsprechen. Nach EuGH Urt. v. 10.12.2009 (NJW 2010, 137) sind Maßstab die Kenntnisse in dem Mitgliedstaat, in dem der Vorbereitungsdienst abgeleistet werden soll. Besteht keine Gleichwertigkeit, besteht Anspruch auf eine gesonderte Eignungsprüfung.

Befähigungsnachweis
ist die Bezeichnung für den vor der Zulassung zu zahlreichen Berufen erforderlichen Nachweis der fachlichen (theoretischen und/oder praktischen) Vorbildung. Einen nicht durch praktische Tätigkeit, Ausbildungsgang oder Prüfung formalisierten Befähigungsnachweis bezeichnet die Gesetzessprache meist als Sachkunde oder fachliche Eignung (Gegensatz: persönliche Eignung; → Zuverlässigkeit). Als großer Befähigungsnachweis wird das Bestehen der → Meisterprüfung im Handwerk bezeichnet, die zum selbständigen Betrieb eines → zulassungspflichtigen Handwerks (§§ 1 ff. HwO), zur Ausbildung von Lehrlingen (§ 22b HwO) sowie zur Führung des Meistertitels (§ 51 HwO) berechtigt; sa → Handwerksrolle.

Befangenheit
Befangenheit des Richters → Ablehnung von Gerichtspersonen.

Befehl
Die Verbindlichkeit eines dienstlichen Befehls setzt voraus, dass dieser von einem zum Erlass des Befehls zuständigen → Vorgesetzten an einen zur Durchführung zuständigen Beamten oder Soldaten erteilt wird, zu amtlichen oder dienstlichen Zwecken ergeht und nicht erkennbar widerrechtlich ist, indem er die Menschenwürde verletzt oder durch das Befolgen eine Straftat begangen fwürde (vgl. auch § 22 I WStG). Sa → Gehorsamspflicht, → Weisungsrecht.

Befehlsbefugnis
→ Vorgesetzter, militärischer.

Beflaggung
Die Beflaggung von Dienstgebäuden der BRep., zB an → Gedenktagen, mit der Bundesdienstflagge, der → Bundesflagge und der Europaflagge (→ Hoheitszeichen) ist im Beflaggungserlass der BReg. vom 22.5.2005 (BAnz. 2005, 4982) geregelt. Die Länder wenden für die Beflaggung ihrer Dienstgebäude diesen Erlass an oder haben sie selbst geregelt.

Beförderung gefährlicher Güter
1. Die Beförderung von → Gefahrgut ist grundsätzlich geregelt im Gesetz über die Beförderung gefährlicher Güter (Gefahrgutbeförderungsgesetz, GGBefG) idF v. 7.7.2009 (BGBl. 2009 I 1774) mÄnd. Die Beförderung gefährlicher Güter ist danach nur zulässig, wenn alle gesetzlichen Bestimmungen eingehalten werden, und bedarf der Überwachung (§ 9 GGBefG). Das Gesetz regelt die behördlichen Zuständigkeiten und Befugnisse und erfasst sämtliche Beförderungsmittel. Die Einzelheiten werden durch auf dem GGBefG fußende Verordnungen und völkerrechtliche Übereinkommen geregelt, auf welche die Vorschriften verweisen.

2. Die Gefahrgutverordnung Straße, Eisenbahn und Binnenschifffahrt (GGVSEB) idF v. 18.8.2023 (BGBl. 2023 I Nr. 227) setzt die Richtlinie 2008/68/EG v. 24.9.2009 über die Beförderung gefährlicher Güter im Binnenland (ABl. EU 2008 L 260, 13) um. Beide Vorschriften verweisen auf folgende völkerrechtlichen Übereinkommen:

– Für die Beförderung auf der Straße das Übereinkommen über die internationale Beförderung gefährlicher Güter auf der Straße (ADR) v. 30.9.1957 (BGBl. 1969 II 1489), das im Wesentlichen bestimmt, welches Gefahrgut unter welchen sicherheitstechnischen Voraussetzungen auf der Straße transportiert werden darf.
– Für die Beförderung auf der Schiene die Ordnung für die internationale Eisenbahnbeförderung gefährlicher Güter (RID), die Anhang C zum → COTIF ist, und
– für die Beförderung auf Binnenwasserstraßen das Europäische Übereinkommen über die internationale Beförderung gefährlicher Güter auf Binnenwasserstraßen (ADN) v. 26.5.2000 (BGBl. 2007 II 1906).

3. Darüber hinaus regelt die Gefahrgutverordnung See (GGVSee) idF v. 21.10.2019 (BGBl. 2019 I 1475, mÄnd), ebenfalls auf der Basis zahlreicher internationaler rechtlicher und technischer Vorschriften, die Beförderung gefährlicher Güter auf See. Zur Haftung für daraus resultierende Schäden → HNS-Übereinkommen 2010. Die Einzelheiten der Beförderung gefährlicher Güter mit Flugzeugen unterliegt den IATA-Gefahrgutvorschriften (Dangerous Goods Regulations, DGR). Egal, um welches Transportmittel es geht, die Be-

förderung gefährlicher Güter setzt im Prinzip immer die richtige äußere Kennzeichnung, ein sicheres Transportbehältnis, die korrekten Dokumente, entsprechend geschultes Personal und uU die Benachrichtigung von Behörden voraus.

4. Die Gefahrgut-Ausnahmeverordnung (GGAV) idF v. 11.3.2019 (BGBl. 2019 I 229, mÄnd) regelt Ausnahmen, etwa für Kleinmengen oder Gase. Jedes Unternehmen, das an der Beförderung gefährlicher Güter beteiligt ist, hat einen Gefahrgutbeauftragten zu bestellen nach der Gefahrgutbeauftragtenverordnung (GbV) idF v. 11.3.2019 (BGBl. 2019 I 304) mÄnd.

Beförderung von Beamten
Beförderung von → Beamten ist die Verleihung eines anderen Amtes mit höherem Endgrundgehalt, meist verbunden mit der Verleihung einer neuen Amtsbezeichnung. Die Voraussetzungen sind im → Beamtenrecht des → Bundes und der → Länder geregelt. Die Bundeslaufbahnverordnung (BLV) sieht für die Beamten des Bundes vor, dass die Beförderung nach Eignung, Befähigung und Leistung erfolgt, die Eignung in einer 6 bis 12-monatigen Erprobungszeit nachgewiesen wird und kein Beförderungsverbot vorliegt (§§ 32, 34 BLV). Ähnliche Vorschriften finden sich in den Ländern. Auf die Beförderung besteht grundsätzlich kein Rechtsanspruch. Eine Regelbeförderung nach Ablauf bestimmter Dienstzeiten gibt es nicht. Unterlassen einer Beförderung kann ausnahmsweise gegen die → Fürsorgepflicht des → Dienstherrn verstoßen, was der Beamte durch verwaltungsgerichtliche verwaltungsgerichtliche Klage (→ Konkurrentenklage) klären lassen kann. Auch kann ein Anspruch auf Beförderung aus einer wirksamen Zusicherung erwachsen (s. § 38 VwVfG). Soweit die Beförderung durch Richtlinien (Beförderungsgrundsätze mit dem Charakter von → Verwaltungsvorschriften) mit festen Beförderungszeiten geregelt ist, kann aus Gründen der → Selbstbindung der Verwaltung ein Rechtsanspruch auf Beförderung im Rahmen der vorhandenen Planstellen bestehen.

Beförderung von Personen
→ Beförderungspflicht, → Beförderungsvertrag, → Fahrgastbeförderung, → Personenbeförderung, → Gefälligkeitsverkehr.

Beförderungserschleichung
→ Erschleichen von Leistungen.

Beförderungsgefahr
→ Versendungskauf.

Beförderungsmittel (Einziehung von –)
Wird ein Kraftfahrzeug oder ein anderes Beförderungsmittel zur Begehung oder Vorbereitung einer vorsätzlichen Straftat gebraucht, so kann es nach § 74 I StGB eingezogen werden, wenn es dem Täter oder einem Teilnehmer gehört (§ 74 III StGB). Dasselbe gilt, wenn das Beförderungsmittel zur Tat zwar (noch) nicht benutzt worden ist, aber hierzu bestimmt war. Nach anderen Bestimmungen, zB Steuergesetzen (vgl. § 375 II 2 AO), ist die Einziehung der zur Tat benutzten Beförderungsmittel aber auch zulässig, wenn sie weder dem Täter noch einem Teilnehmer gehören, also zB entliehen oder unter Eigentumsvorbehalt erworben sind, wenn aber der Eigentümer leichtfertig zu der strafbaren Verwendung beigetragen oder den Gegenstand in Kenntnis des Einziehungsgrundes in verwerflicher Weise erworben hat (§ 74a StGB). Doch darf die Einziehung nicht außer Verhältnis zur Bedeutung der Tat stehen (wie etwa beim Schmuggel geringfügiger Warenmengen mit einem wertvollen PKW), § 74 f I 1 StGB. Ist die Benutzung des Beförderungsmittels für die Straftat dem Dritten nicht vorzuwerfen, geht von ihm aber eine Gefahr für die Allgemeinheit aus bzw. besteht die Gefahr, dass es weiter der Begehung rechtswidriger Taten dienen wird, so ist ihre Einziehung gleichwohl möglich, jedoch ist der Dritte für die Einziehung zu entschädigen (§ 74b StGB). Ähnliches gilt für das Benutzen von Beförderungsmitteln bei → Ordnungswidrigkeiten oder sog. Mischtatbeständen nach §§ 22 ff. OWiG. Über das Verfahren → Einziehung im Strafverfahren.

Beförderungspflicht
Als Beförderungspflicht bezeichnet man im Recht der → Personenbeförderung die Pflicht von Verkehrsunternehmen, Personen und Gepäck zu befördern. Es handelt sich um einen → Kontrahierungszwang, da der Unternehmer die Beförderung grds. nicht ablehnen darf. Für Eisenbahnen ergibt sich die Beförderungspflicht aus § 10 AEG (→ Eisenbahnunternehmen), für Straßenbahnen, Busse und → Taxis aus § 22 PBefG und für Luftfahrtunternehmen aus § 21 LuftVG. Im Schiffsverkehr gibt es keine Beförderungspflicht. Sie setzt immer voraus, dass die Beförderungsbedingungen eingehalten werden, die Beförderung möglich und zumutbar ist und keine Gefahr für die Sicherheit und Ordnung besteht.

Beförderungsvertrag
Ein Beförderungsvertrag ist ein → Werkvertrag über die Beförderung von Personen oder Sachen (Gütern); werkvertragliche Vorschriften gelten, soweit nicht Sondervorschriften vorrangig sind. Bei Beteiligung eines → Verbrauchers gelten die Vorschriften über den → Verbrauchervertrag nur sehr eingeschränkt (s. dort). Sondervorschriften bestehen insbes. für die → Personenbeförderung, den → Frachtvertrag, den → Seefrachtvertrag, nach der → Eisenbahn-Verkehrsordnung, dem Güterkraftverkehrsgesetz (→ Güterkraftverkehr), dem → Luftfahrtrecht und für die → Binnenschifffahrt. Sa → Beförderung gefährlicher Güter.

Befrachter
(Begriff aus dem Seehandel) Befrachter ist, wer mit dem → Verfrachter den → Seefracht-

vertrag abschließt und in dessen Rahmen die Stückgüter befördern oder das gecharterte Schiff, dessen Teil oder Raum, beladen lässt.

Befreiende Schuldübernahme
→ Schuldübernahme.

Befreite Vorerbschaft
→ Vorerbe.

Befreite Vormundschaft
Die Eltern können bei der Benennung eines → Vormunds – zB im Testament für den Todesfall – die Bestellung eines → Gegenvormunds ausschließen, den Vormund von gewissen Vorschriften über die Anlegung von → Mündelgeld oder von seiner Verpflichtung zur periodischen Rechnungslegung befreien (§§ 1852 ff. BGB, § 1801 BGB nach dem Gesetz zur Reform des Vormundschafts- und Betreuungsrechts vom 4.5.2021 (BGBl. 2021 I S. 882), dessen Änderungen zum 1.1.2023 in Kraft treten). Befreite Vormundschaft kraft Gesetzes ist die → Amtsvormundschaft und die → Vereinsvormundschaft.

Befreiung
→ Dispens.

Befreiung des Schuldners
→ Unmöglichkeit der Leistung, → Erfüllung, → Erlassvertrag, → Schuldübernahme; s. ferner → Hinterlegung, → Aufrechnung. Wer berechtigt ist, Aufwendungsersatz zu verlangen (→ Auftrag), kann, wenn er für den betreffenden Zweck eine Verbindlichkeit eingegangen ist, Befreiung von dieser Verbindlichkeit vom Auftraggeber usw verlangen (sog. Freistellungsanspruch, § 257 BGB).

Befreiung von der Gerichtsbarkeit
→ Exterritorialität.

Befreiung von der Versicherungspflicht
Die Befreiung von der Versicherungspflicht ist in der gesetzlichen Krankenversicherung möglich, sofern ein bestimmtes idR jährlich neu festzusetzendes Arbeitsentgelt überschritten wird (→ Jahresarbeitsverdienst) und in der gesetzlichen Rentenversicherung bei Vorliegen einer anderweitigen Alterssicherung iSd § 6 SGB VI (→ Versicherungsbefreiung), etwa eine berufständische Alterssicherung.

Befreiung von der Zuzahlung
Grundsätzlich ist in der gesetzlichen Krankenversicherung eine → Kostenbeteiligung der Versicherten vorgesehen. Diese gilt nicht unbegrenzt, sondern nur bis zur individuellen → Belastungsgrenze. Ist diese erreicht besteht für die weitere Inanspruchnahme zuzahlungspflichtiger Leistungen eine Befreiung von der Zuzahlung (§§ 61, 62 SGB V, zur Rechtsgeschichte sa → → Praxisgebühr). Die Belastungsgrenze beträgt im Regelfall 2% der jährlichen Bruttoeinnahmen zum Lebensunterhalt, bei chronisch Kranken 1% (zur genauen Berechnungsmethode s. § 62 II SGB V). Die Krankenkassen stellen über die Befreiung eine Bescheinigung aus.

Befriedete Bezirke
1. Befriedete Bezirke heißen die im Gesetz über befriedete Bezirke für Verfassungsorgane des Bundes v. 11.8.1999 (BGBl. 1999 I 1818) mÄnd straßenweise genau definierten, unmittelbaren Gebiete um das Reichstagsgebäude in Berlin (Sitz des → Bundestages), das ehem. Preußische Herrenhaus in Berlin (Sitz des → Bundesrates) und den Sitz des → Bundesverfassungsgerichts in Karlsruhe. Öffentliche Versammlungen unter freiem Himmel und Aufzüge innerhalb der befriedeten Bezirke sind nur zuzulassen, wenn eine Beeinträchtigung der Tätigkeit des deutschen Bundestages und seiner Fraktionen, des Bundesrates und des Bundesverfassungsgerichts sowie ihrer Organe und Gremien und eine Behinderung des freien Zugangs zu ihren im befriedeten Bezirk gelegenen Gebäuden nicht zu befürchten ist. Diese Regelung ist großzügiger als das frühere BannmeilenG (→ Bannkreis), das Versammlungen grundsätzlich verbot und nur in Ausnahmefällen zuließ. Die Entscheidung über die Zulassung nach dem Gesetz über befriedete Bezirke trifft das Bundesministerium des Innern im Einvernehmen mit dem Präsidenten des betroffenen Verfassungsorgans.

2. Nach dem → Jagdrecht (vgl. § 6 BJagdG und Art. 6 BayJG - Bayerisches Jagdgesetz v. 13.10.1978, BayRS 792–1–L, mÄnd) sind befriedete Bezirke Flächen, auf denen Jagdhandlungen nicht ohne weitere Erlaubnis vorgenommen werden dürfen (zB im Zusammenhang bebaute Ortsteile oder Friedhöfe).

Befriedigung des Gläubigers
→ Erfüllung, → Schuldverhältnis (Beendigung), → Ablösungsrecht.

Befristete Renten
Die → Renten der Sozialversicherung werden typischerweise auf Dauer gewährt; sowohl die → Unfallversicherung als auch die → Rentenversicherung kennen jedoch Ausnahmen.

In der Unfallversicherung kann das Ausmaß der dauernden Erwerbsminderung oftmals erst nach einiger Zeit beurteilt werden. Der Versicherungsträger soll in derartigen Fällen während der ersten drei Jahre eine vorläufige Rente gewähren, die spätestens nach Ablauf dieser Zeit in eine Rente auf unbestimmte Zeit umzuwandeln ist (vorläufige Entschädigung nach § 62 SGB VII). Die Höhe der Rente kann dabei unterschiedlich sein, weil der Grad der Erwerbsminderung sich verändert haben kann.

In der → Rentenversicherung ist eine befristete Rente zu gewähren, wenn die begründete Aussicht besteht, dass die Erwerbsminderung (→ Rente wegen verminderter Erwerbsfähigkeit) in absehbarer Zeit behoben werden kann. In einem solchen Fall wird die Rente auf Zeit, längstens für drei Jahre gewährt. Eine Wiederholung ist möglich, in unmittelbarer Folge jedoch nur bis zur Gesamtbefristung von neun Jahren seit dem ersten Rentenbeginn (§§ 101, 102 SGB VI). Für der Zeitraum der

Befristung wird auf den Rentenbeginn abgestellt. Ist der Arbeitsmarkt für die Gewährung der Rente ausschlaggebend, ist die Gewährung einer Rente auf Zeit ausgeschlossen. Von einer Verschlossenheit des Arbeitsmarktes ist dann auszugehen, wenn eine geeignete Arbeitsstelle nicht innerhalb eines Jahres nachgewiesen werden kann. Ist bei einer Witwe/einem Witwer vor Vollendung des 47. Lebensjahres eine Erwerbsminderung eingetreten, wird die befristete Rente ebenfalls nur auf Zeit geleistet. Dabei ist die Frist auf das Ende des Monats zu legen, an welchem die Erwerbsminderung behoben sein kann oder auf das 47. Lebensjahr.

Befristetes Arbeitsverhältnis
1. Befristete Arbeitsverhältnisse werden durch das Gesetz über Teilzeitarbeit und befristete Arbeitsverträge (Teilzeit- und Befristungsgesetz – TzBfG) v. 21.12.2000 (BGBl. 2000 I 1966) mÄnd (Umsetzung der Richtlinie 1999/70/EG) und spezielle Gesetze geregelt. Das BAG hatte vor der gesetzlichen Regelung einen Befristungsschutz aus den Gedanken des Kündigungsschutzes hergeleitet; dies kann so nicht mehr gelten, weil das TzBfG Befristungsschutz auch gewährt, wenn ein Kündigungsschutz – etwa in Kleinbetrieben – nicht existiert. Dennoch sollen die gesetzlichen Regelungen sicherstellen, dass die Beendigung eines Arbeitsverhältnisses durch Befristung den Ausnahmefall bildet, da ansonsten der Kündigungsschutz leerliefe.

Befristet beschäftigt ist ein Arbeitnehmer mit einem auf bestimmte Zeit (oder hins. des Erreichens eines bestimmten Zwecks auflösend bedingt) abgeschlossenen → Arbeitsvertrag (§§ 3, 21 TzBfG, im öffentlichen Dienst wird oft die Bezeichnung Zeitvertrag verwendet, → Zeitarbeitsverhältnis, 2). Die Befristung eines Arbeitsverhältnisses ist zulässig, wenn sie durch einen sachlichen Grund gerechtfertigt ist. Ein sachlicher Grund liegt insbes. vor, wenn der betriebliche Bedarf an der Arbeitsleistung nur vorübergehend besteht (zB während der → Pflegezeit, 4), im Vertretungs- oder Erprobungsfall (→ Probearbeitsverhältnis) oder wenn die Eigenart der Arbeitsleistung oder ein Grund in der Person des Arbeitnehmers dies rechtfertigt (§ 14 I TzBfG; die dortige Aufzählung ist nicht abschließend, anerkannt ist zB auch die Beschäftigung in einem sog. Prozessarbeitsverhältnis während eines Kündigungsschutzprozesses, → Prozessbeschäftigung). Ohne Vorliegen eines sachlichen Grundes ist die Befristung (nur) bis zur Dauer von 2 Jahren (bei über 52-jährigen Arbeitnehmern, die zuvor mindestens 4 Monate beschäftigungslos waren, bis zu einer Dauer von 5 Jahren, bei Unternehmensgründungen in den ersten 4 Jahren bis zu 4 Jahren) zulässig (§ 14 II–III TzBfG; abweichende Regelung durch → Tarifvertrag möglich). Eine sachgrundlose Befristung ist zudem unzulässig, wenn mit demselben Arbeitnehmer zuvor bereits ein (befristetes oder unbefristetes) Arbeitsverhältnis bestanden hat (§ 14 II 2 TzBfG); eine starre Beschränkung dieses Vorbeschäftigungsverbots auf die letzten drei Jahre (wie vom BAG versucht) wurde vom BVerfG (v. 6.6.2018 – 1 BvL 7/14, NZA 2018, 774) als unzulässig angesehen, sodass der Abschluss eines erneuten, sachgrundlos befristeten Vertrages nur in unzumutbaren Konstellationen erlaubt sein kann (zB sehr kurze Vorbeschäftigung mit deutlich anderer Tätigkeit vor langer Zeit). Bis zur Gesamtdauer von 2 Jahren ist auch die höchstens dreimalige Verlängerung eines befristeten Arbeitsverhältnisses ohne Sachgrund zulässig. Bei der Aneinanderreihung von mehreren an sich zulässigen Befristungen (sog. Kettenarbeitsvertrag/-befristungen) prüfen die Arbeitsgerichte, ob ein "institutioneller Rechtsmissbrauch" vorliegt, wobei auf die Anzahl und den zeitlichen Umfang der Befristungen abgestellt und dann eine Gesamtabwägung durchgeführt wird. Die Befristung eines Arbeitsverhältnisses bedarf zu ihrer Wirksamkeit der Schriftform (§ 14 IV TzBfG, → Form, 1a). Für das Verbot der Diskriminierung eines nur befristet beschäftigten Arbeitnehmers gelten die Vorschriften im Teilzeitarbeitsverhältnis entsprechend, sofern nicht sachliche Gründe die unterschiedliche Behandlung rechtfertigen (§ 4 II TzBfG); auf den in Textform geäußerten Wunsch des Arbeitnehmers nach unbefristeter Beschäftigung hat der Arbeitgeber grds. begründet in Textform zu antworten (§ 18 II TzBfG nF; seit 1.8.2022). Nur kraft besonderer Vereinbarung ist die ordentliche Kündigung während eines befristeten Arbeitsverhältnisses zulässig (§ 15 IV TzBfG), wobei die Vereinbarung von Kündigungsfristen ausreichend sein kann; eine Probezeit muss in einem angemessenen Verhältnis zur Befristungsdauer stehen (§ 15 III TzBfG nF).

2. Ist die Befristung rechtsunwirksam, gilt der befristete Arbeitsvertrag als auf unbestimmte Zeit geschlossen (§ 16 TzBfG), dgl. bei widerspruchsloser Fortsetzung nach Fristablauf (§ 15 VI TzBfG). Will der Arbeitnehmer geltend machen, dass die Befristung seines Arbeitsverhältnisses unwirksam ist, muss er grds. spätestens innerhalb von 3 Wochen nach dessen vereinbarten Ende Klage (→ Kündigungsschutz für Arbeitnehmer) erheben (§ 17 TzBfG; anders als bei Kündigungen setzt auch eine formunwirksame Befristungsabrede die Frist in Lauf).

3. Über diese Vorschriften hinaus gelten Besonderheiten für befristete Arbeitsverhältnisse mit wissenschaftlichem (Hochschul-)Personal gem. → Wissenschaftszeitvertragsgesetz (WissZeitVG) sowie für Ärzte in der Weiterbildung (ÄArbVtrG v. 15.5.1986 (BGBl. 1986 I 742) mÄnd, betrifft seit 1.9.2020 auch Psychotherapeuten). S. ferner § 21 BEEG über die Zweckbefristung eines Arbeitsvertrags für die Vertretung während des → Mutterschutzes oder der → Elternzeit und § 6 PflegeZG sowie § 9 V FamPflG während der → (Familien-) Pflegezeit.

Befristung
→ Zeitbestimmung.

Befruchtung, künstliche
→ künstliche Fortpflanzung; eine andere Bezeichnung ist assistierte Reproduktion.

Befugnis
wird insbesondere im → Ordnungsrecht und im → Polizeirecht die gesetzliche Vorschrift bezeichnet, die die → Ordnungsbehörden oder die → Polizei zur Erfüllung ihrer Aufgaben zum Eingriff in die Rechte anderer ermächtigt (→ ordnungsbehördliche Maßnahmen und → polizeiliche Maßnahmen).

Begabtenförderung
besteht in der Gewährung von Ausbildungsbeihilfen an überdurchschnittlich begabte Schüler und Studenten. Sie ist landesrechtl. geregelt (vgl. zB Bayer. EliteförderungsG v. 26.4.2005, GVBl. 2005, 104). IwS fällt hierunter auch die mit öffentl. Mitteln unterstützte Förderung qualifizierter Studenten durch kirchliche (zB Cusanuswerk), politische (zB Konrad-Adenauer-Stiftung; Friedrich-Ebert-Stiftung) und sonstige (Studienstiftung des Deutschen Volkes) Stiftungen.

Begebungsvertrag
ist ein Begriff aus dem → Wertpapierrecht. Man unterscheidet den schuldrechtlichen Begebungsvertrag, durch den die im Wertpapier verbriefte Verbindlichkeit entsteht, und den sachenrechtlichen Begebungsvertrag, durch den das im Wertpapier verbriefte Recht wie eine Sache gem. § 929 BGB übertragen wird.

Begehungsdelikt
Im Strafrecht unterscheidet man nach der Art der Tathandlung Begehungs- und Unterlassungsdelikte, je nachdem, ob ein aktives Tätigwerden oder das Unterlassen einer rechtlich gebotenen Handlung mit Strafe bedroht ist. Straftatbestände sind idR Begehungsdelikte. Zu den wenigen (echten) Unterlassungsdelikten zählen zB die Nichtanzeige geplanter Straftaten (§ 138 StGB, → Anzeigepflicht) und die unterlassene → Hilfeleistung (§ 323c I StGB). Daneben kann aber auch ein Begehungsdelikt durch Unterlassen begangen werden, wenn der Täter aufgrund besonderer Umstände rechtlich dafür einzustehen hat, dass der zum Tatbestand gehörende Erfolg nicht eintritt (§ 13 I StGB, sog. unechte → Unterlassensdelikte).

Nicht zu verwechseln ist das Begehungsdelikt mit dem → Tätigkeitsdelikt: Dieses bildet den Gegensatzbegriff zum → Erfolgsdelikt und damit eine andere Unterscheidungsebene in der Struktur von Straftatbeständen. Bedeutung besitzt diese Unterscheidung jedoch für die unechten Unterlassensdelikte insoweit, als umstritten ist, inwieweit § 13 I StGB trotz Verwendung des Begriffs „Erfolg" auch zumindest bestimmte Tätigkeitsdelikte erfasst.

Begehungsort
→ Tatort.

Beglaubigung
(Urkunden) → Form (1b).

Beglaubigung von Diplomaten (= Akkreditierung)
Während die Entsendung von Mitarbeitern einer diplomatischen Vertretung einseitig dem Entsendestaat obliegt, wird vor der Ernennung eines Missionschefs (Botschafter, Gesandter; → Diplomat) der Empfangsstaat um seine vorherige Zustimmung gebeten (agrément). Wird diese erteilt, wird der Missionschef vom Entsendestaat ernannt und erhält ein Beglaubigungsschreiben, das er nach Ankunft im Empfangsstaat dem Staatsoberhaupt überreicht. Dann erst ist er zur Ausübung seiner Funktionen als Missionschef berechtigt. Gleichwohl billigt ihm das → Völkerrecht schon bei seiner Anreise die → diplomatischen Vorrechte zu.

Begleitetes Fahren ab 17
→ Fahrerlaubnis, 2.

Begleitname
→ Name der Familie.

Begleitpapiere
→ Frachtvertrag.

Begnadigung
→ Gnadenrecht.

Begriffsjurisprudenz
Begriffsjurisprudenz als eine Methode der → Rechtsanwendung geht von dem Grundgedanken aus, dass die Rechtsordnung in einem geschlossenen System von Begriffen besteht, das mit den Mitteln der logischen Deduktion ausgelegt wird (→ Laband).

Aus ihr entwickelte sich die reine Rechtslehre (Kelsen), die auf der Grundlage mathematischen Denkens die Rechtsanwendung nach der systematisch-deduktiven Methode ausrichtete. Die Begriffsjurisprudenz und ebenso die Kelsen'sche Lehre bergen die Gefahr starren Rechtsdenkens in sich, behindern die rechtschöpfende Tätigkeit des Richters (→ Rechtsfortbildung) und können zu untragbaren Ergebnissen führen.

Im Gegensatz dazu hält die Freirechtslehre (Ehrlich) den Richter für berechtigt, den Einzelfall frei von der Bindung an generelle Vorschriften nach seinen Besonderheiten zu würdigen und zu entscheiden, um zu einem gerechten Ergebnis zu gelangen (sog. autonome Fallentscheidung); diese Lehre begründet die Gefahr willkürlicher Rechtsanwendung und wird deshalb in der Rspr. nicht mehr befolgt.

Vielmehr sind für diese heute überwiegend Gesichtspunkte der sog. Interessenjurisprudenz (→ Jhering, → Heck, → Rümelin) bestimmend. Nach ihr ist der Einzelfall in kasuistisch-empirischer Methode unter Abwägung der Interessengesichtspunkte zu entscheiden, die den Absichten des Gesetzgebers und seinen in den Rechtssätzen niedergelegten Wertungen zugrunde liegen (kausale Faktoren der Rechtsbildung); dabei ist aber auch der besonderen Interessenlage der Beteiligten im Einzelfall Rechnung zu tragen.

Begründetheit
→ Zulässigkeit, → Sachurteil.

Begründung
1. Begründung von Entscheidungen der Gerichte ist bei → Urteilen idR erforderlich (s. aber §§ 313a, 313b, 495a, 540 ZPO; § 267 IV, V StPO; § 77b OWiG; §§ 117 V, 130b VwGO, § 105 V FGO; § 136 III SGG, § 153 II SGG); für → Beschlüsse gilt das, soweit sie mit einem → Rechtsmittel anfechtbar sind oder über ein Rechtsmittel entscheiden oder einen Antrag ablehnen (vgl. §§ 522, 620d S. 2, 922 I 2 ZPO, § 34 StPO, § 69 II FamFG, § 122 II VwGO, § 113 II FGO, § 142 II SGG, § 153 IV SGG). Außerdem kann ausnahmsweise eine Pflicht zur Begründung gem. Art. 3 I GG, Art. 20 III GG bestehen, so wenn das Gericht vom eindeutigen Wortlaut einer Entscheidung abweicht und der Grund dafür nicht erkennbar ist. Dies gilt auch für mit ordentlichen Rechtsmitteln nicht mehr anfechtbare letztinstanzliche Gerichtsentscheidungen, die von Verfassungs wegen grundsätzlich keiner Begründung bedürfen. Für prozessuale Verfügungen des Vorsitzenden oder eines anderen Richters besteht grundsätzlich kein Begründungszwang.

2. Zur Begründung der Verwaltungsbehörden von Widerspruchsbescheiden, Einspruchsentscheidungen s. § 73 III VwGO, § 366 AO, § 85 III SGG; von Verwaltungsakten, Steuerbescheiden s. § 39 VwVfG, § 157 AO, § 35 SGB X; von Bußgeldbescheiden s. § 66 OWiG, von Verfügungen der Kartellbehörden s. § 61 GWB. Die Begründung muss ersehen lassen, ob die Entscheidung auf tatsächlichen oder rechtlichen Erwägungen beruht und welche für sie maßgebend sind; bloße Wiedergabe des Gesetzeswortlauts genügt in aller Regel nicht.

Begünstigung
Straftatbestand nach § 257 StGB, der die sachliche Begünstigung erfasst, nämlich die Hilfeleistung in der Absicht, einem Straftäter die Vorteile der Tat zu sichern. Die persönliche – Begünstigung wird nach § 258 StGB als → Strafvereitelung verfolgt. Als Vortat der Begünstigung genügt eine rechtswidrige tatbestandsmäßige, wenn auch schuldlos begangene Handlung. Begünstigungshandlungen vor → Vollendung der Vortat, d. h. bevor der oder die Täter alle Tatbestandsmerkmale erfüllt haben, ist als → Beihilfe zur Vortat strafbar. Wird Begünstigung nach Vollendung in der Phase der → Beendigung der Vortat geleistet, so ist sie anhand der inneren Willensrichtung des Handelnden von der Beihilfe abzugenzen (BGHSt 4, 132 (133), str.): Will er den erfolgreichen Abschluss der Vortat fördern, leistet er Beihilfe zu dieser. Will er den Vortäter vor Verlust seiner Beute schützen, begeht er eine Begünstigung nach § 257 StGB. Ab Beendigung der Vortat (Abschluss des Rechtsgutsangriffs, zB mit Beutesicherung) scheidet Beihilfe aus, es ist dann nur noch Begünstigung möglich.

Der Beteiligte (→ Beteiligung) an der Vortat ist als solcher nicht wegen Begünstigung strafbar, außer wenn er einen an der Vortat Unbeteiligten zur Begünstigung anstiftet (§ 257 III StGB). Die Selbstbegünstigung (zB das Beseitigen von Tatspuren durch den Täter) ist auch dann straffrei, wenn durch sie zugleich ein anderer begünstigt wird (die Spuren führen auch zur Beute eines anderen Beteiligten). Würde der Begünstiger bei Beteiligung an der Vortat nur auf Strafantrag verfolgt werden können (zB als Angehöriger des Bestohlenen), so gilt dies auch für die Begünstigung. Über Gläubiger- und Schuldner-Begünstigung → Insolvenzstraftaten.

Behandlungsabbruch
→ Sterbehilfe.

Behandlungsfehler
Von einem Behandlungsfehler wird dann gesprochen, wenn eine Behandlung nicht nach den erforderlichen medizinischen Standards durchgeführt worden ist. Dies kann im Einzelnen zB erfolgt sein durch einen Fehler bei der Übernahme der Behandlung, einen Aufklärungsfehler, einen Organisationsfehler, einen Diagnosefehler oder einen Therapiefehler. Die Krankenkassen sind angehalten ihre Versicherten bei der Geltendmachung von Schadensersatzansprüchen zu unterstützen (§§ 66, 275 SGB V) → Arzt. Für den Fall des voll beherrschbaren Risikos und des groben Behandlungsfehlers (§ 630h I, V BGB) gelten Beweiserleichterungsregelungen, bzw. eine Beweislastumkehr zugunsten des Patienten. Nach § 630h BGB muss zudem der Behandelnde nachweisen, dass er den Aufklärungspflichten nachgekommen ist → Aufklärungspflicht des Arztes. Die weiteren Einzelheiten des ärztlichen Behandlungsvertrages sind in den §§ 630a-630h BGB geregelt. Schadensersatzansprüche kämen aus der Verletzung des Behandlungsvertrages oder aus unerlaubter Handlung in Frage.

Behandlungsvertrag
Der Behandlungsvertrag ist jetzt gesetzlich als Unterfall des → Dienstvertrages geregelt, §§ 630a-630h BGB; die Vorschriften über den Dienstvertrag gelten grds. ergänzend, § 630b BGB (zB Pflicht zur persönlichen Leisungserbringung, Vergütungsvorschriften, Beendigung des Vertrags, zB auch fristlose Kündigung nach § 627 BGB da idR Leistung von Diensten höherer Art). § 630a I BGB definiert den Behandlungsvertrag: Durch den Behandlungsvertrag wird derjenige, der die medizinische Behandlung eines Patienten zusagt (Behandelnder) zur Leisung der medizinischen Behandlung, der Patient zur Gewährung der vereinbarten Vergütung verpflichtet; Patient ist, wer selbst oder durch einen Vertreter einen

Vertrag mit dem Behandelnden abschließt, unabhängig davon, welche Versicherung besteht (auch im Fall einer → gesetzlichen Krankenversicherung schließt der Patient einen Behandlungsvertrag; zur freien Wählbarkeit des Vertragsarztes § 76 SGB V). Hauptanwendungsfall ist der Arztvertrag (aber auch Verträge mit Psychotherapeuten, Geburtshelfern, Heilpraktikern, Masseuren, Mutter-Kind-Kur etc). In Notfällen richtet sich die Rechtsbeziehung nach den Vorschriften über die → Geschäftsführung ohne Auftrag. Zur stationären Behandlung sa → Krankenhausvertrag. Die Hauptpflicht des Privatpatienten besteht in der Vergütungspflicht (die er nach § 192 VVG von seinem Versicherer ersetzt erhält); der gesetzlich Versicherte hat keine Vergütungspflicht (sa §§ 87b, 108, 109 SGB V). Die Behandlung muss den allg. anerkannten fachlichen Standards des jeweiligen Heilberufs entsprechen, § 630a II BGB. Nach § 630c I BGB müssen Behandelnder und Patient zusammenwirken (Patient muss zB wichtige Umstände offenlegen und Anweisungen befolgen, ein Obliegenheitsverstoß wirkt ggf. schadensmindernd, → Mitverschulden). Der Behandelnde ist verpflichtet, dem Patienten in verständlicher Weise die wesentlichen Umstände der Behandlung wie zB Diagnose, Therapie und mögliche gesundheitliche Entwicklung, darzulegen, § 630c II BGB. Auch eine Information über zu erwartende Kosten für den Patienten ist zu geben, um den Patienten vor finanziellen Überraschungen zu schützen, § 630c III BGB (bei Pflichtverletzung insoweit ggfs Befreiung von der Vergütungspflicht); Ausnahmen § 630c IV BGB in Notfällen oder bei Verzicht des Patienten, der aber deutlich klar und unmissverständlich erfolgen muss. Ausdrücklich gesetzlich niedergelegt ist weiter, dass die Durchführung der Behandlung die (jederzeit widerrufliche) → Einwilligung des Patienten voraussetzt, § 630d BGB, welche eine natürliche Einsichtsfähigkeit des Patienten erfordert. Eine wirksame Einwilligung setzt eine umfassende Aufklärung über die Behandlung (Chancen, Risiken, Alternativen etc.) voraus, § 630e BGB (→ Aufklärungspflicht des Arztes); Ausnahmen: § 630e III BGB. Der Behandelnde hat ferner über die Behandlung eine Patientenakte in Papierform oder elektronisch zu führen, um eine lückenlose Dokumentation (über wesentliche Maßnahmen, Ergebnisse etc.) sicherzustellen. Dabei muss bei Änderungen der ursprüngliche Inhalt erkennbar bleiben, § 630 f BGB. Die Patientenakte ist 10 Jahre aufzubewahren, § 630 f III BGB. Der Patient ist befugt, in seine Akte Einsicht zu nehmen, § 630g BGB (sa → Krankenunterlagen). Für die Haftung des Behandelnden bei Behandlungsfehlern gelten grds. die allg. Vorschriften (→ Pflichtverletzung, → Unerlaubte Handlung (Delikt), die Haftung erfordert grds. ein Vertretenmüssen bzw. → Verschulden); eine Haftung kommt auch bei mangelnder Aufklärung in Betracht. § 630h BGB regelt eingehend eine Beweislastverteilung bei Behandlungs- und Aufklärungsfehlern (insbes. Vermutung einer Pflichtverletzung bei Verwirklichung eines beherrschbaren allg. Behandlungsrisikos, Vermutung des Unterlassens einer gebotenen Maßnahme bei fehlender Dokumentation, Beweislast des Behandelnden für die Einwilligung, Vermutung bei Anfängeroperation und bei grobem Behandlungsfehler). Die Vorschriften über den → Verbrauchervertrag finden auf den B. nur sehr eingeschränkt Anwendung (s. dort). Dieser nunmehr gesetzlich modifizierte Typus (→ Vertrag, 2) des Behandlungsvertrags führt zu keinem grundlegend neuen Rechtszustand, sondern nimmt grds. das bisherige Richterrecht in das BGB auf. Ziel der Neuregelung ist die Erhöhung der Transparenz und die Gewährleistung von Rechtssicherheit.

Behauptungslast
Behauptungslast bedeutet, dass jede Partei im Prozess, soweit der → Verhandlungsgrundsatz gilt, die Tatsachen behaupten muss, welche die Anwendung einer für sie günstigen → Rechtsnorm bzw. gewünschten Rechtsfolge durch das Gericht begründen sollen. Die Behauptungslast deckt sich mit der → Beweislast.

Behavioural Law and Economics
→ Ökonomische Analyse des Rechts.

Behelfsheime
(Behelfsbaracken) → Bestandteil.

Beherbergungsverbot
Während der → COVID-19-Pandemie hatten einige Länder Beherbergungsverbote für Reisende aus sogenannten innerdeutschen → Risikogebieten (mehr als 50 Ansteckungen je 100000 Einwohnern in einer Woche) erlassen. Die entsprechenden Verordnungen wurden von den Oberverwaltungsgerichten idR aufgehoben, da sie als zu unbestimmt und unverhältnismäßig angesehen wurden (sa → Infektionsschutzgesetz).

Beherbergungsvertrag
→ Gastwirtsvertrag.

Beherrschungsvertrag
Ein Beherrschungsvertrag ist ein → Unternehmensvertrag, durch den eine → Aktiengesellschaft oder → Kommanditgesellschaft auf Aktien die Leitung ihrer Gesellschaft einem anderen → Unternehmen unterstellt (§ 291 I AktG). Der Beherrschungsvertrag wird meistens im Rahmen eines Unterordnungskonzerns (→ Konzern) abgeschlossen (§ 18 I AktG). Bei einem Gleichordnungskonzern und zwischen den untergeordneten Konzernunternehmen besteht kein Beherrschungsvertrag (§ 291 II AktG). Zur Sicherung außenstehender Aktionäre (Ausgleich, Abfindung) s. §§ 304 ff. AktG sowie SpruchverfahrensG v. 12.6.2003 (BGBl. 2003 I 838).

Behinderte Menschen
1. Sozialrecht: Im Sozialrecht können ua. die folgenden Leistungen für behinderte Menschen erbracht werden → Eingliederungshilfe für behinderte Menschen; über Arbeits- und Berufsförderung für behinderte Menschen → Ausbildungsgeld, → Ausbildungszuschüsse der → Bundesagentur für Arbeit; ferner → Berufsförderung (in der sozialen Rentenversicherung), → Berufshilfe (in der Unfallversicherung), → Rehabilitation und Teilhabe behinderter Menschen, → Rehabilitationsmaßnahmen; vgl. auch SGB IX v. 19.6.2001 (BGBl. 2001 I 1046) mÄnd → Altersrente. Behindert ist ein Mensch dann, wenn er einen → Grad der Behinderung von wenigstens 50% erreicht. Liegt ein Grad der Behinderung von unter 50% aber mindestens 30% vor, kann eine Gleichstellung möglich sein (§ 2 III SGB IX). Dieses kann Auswirkungen im arbeitsrechtlichen Sinne nach sich ziehen.

2. Steuerrecht: Behinderten Menschen steht gemäß § 33b EStG ein Behinderten-Pauschbetrag zu, dessen Höhe sich nach dem Grad der Behinderung richtet. Ab 1.1.2008 erfasst dieser Pauschbetrag nicht mehr sämtliche Kosten, sondern nur laufende und typische Kosten der Behinderung. Somit können nun zusätzlich zum Pauschbetrag weitere Kosten geltend gemacht werden, zB Fahrkosten, wenn der Nachteilsausgleich „G" bzw. „aG" festgestellt wurde. → Belastungen, außergewöhnliche (2e). Die Anerkennung weiterer Fahrkosten, über die pauschal anzuerkennenden KM hinaus, kann von der Führungen eines Fahrtenbuches abhängig gemacht werden. Bei behinderten Menschen, die denen der Nachteilsausgleich „aG" im Behindertenausweis eingetragen ist, können auch privat veranlasste Fahrten geltend gemacht werden.

Ab 1.1.2009 wurde für die Aufnahme eines behinderten Menschen in einer Familie eine Steuerbefreiung geschaffen (§ 3 Nr. 10 EStG). Die Einnahmen der Gastfamilie für seine Aufnahme in der Familie sind von der Einkommensteuer befreit. Darunter fallen alle Einnahmen, die für Pflege, Betreuung, Unterkunft und Verpflegung eines behinderten oder von Behinderung bedrohten Menschen zufließen und die auf Leistungen eines oder mehrerer Sozialleistungsträger beruhen. In die Steuerbefreiung einbezogen werden auch Einnahmen, die aus einem persönlichen Budget stammen (§ 29 SGB IX). Grund für die Gesetzesänderung ist das Interesse des Staates, behinderte Menschen in einer Familie zu betreuen und damit eine stationäre Betreuung zu vermeiden.

Behindertentestament
Das → Testament von Eltern eines Kindes, das eine Behinderung hat, kann Bestimmungen enthalten, die das Ziel haben, einen möglichst großen Teil des zu vererbenden Vermögens dem Zugriff von Sozialleistungsträgern vorzuenthalten. Die Leistungsträger könnten nach dem → Erbanfall aus vergangenen Leistungsbezügen Rückgriffsansprüche haben oder für die Zukunft gemäß dem → Subsidiaritätsprinzip Leistungen kürzen oder Beiträge fordern. Eine mögliche Gestaltung ist die Gewährung eines Erbteils in einer den → Pflichtteilsanspruch übersteigenden Höhe (um eine ggfs. zulässige Geltendmachung des Pflichtteils durch den Sozialleistungsträger zu vermeiden) an das Kind als → Vorerbe (mit der Wirkung eines Vollstreckungsschutz, § 2215 BGB) kombiniert mit einer dauerhaften → Testamentsvollstreckung (mit dem erweiterten Vollstreckungsschutz des § 2214 BGB) und mit Anweisungen an den Testamentsvollstrecker, welche Zuwendungen er dem Kind unterhalb der sozialrechtlichen Schwellen macht. Eine solche Gestaltung ist nicht per se → sittenwidrig (BGH NJW 2020, 58). Auch bei der Ausgestaltung eines Testaments, das einen Bezieher von Leistungen nach dem SGB II begünstigen soll (sog. Bedürftigentestament) ergeben sich ähnliche Fragestellungen und Gestaltungsansätze.

Behindertenwerkstatt
Behindertenwerkstatt ist ein umgangssprachliche Ausdruck für → Werkstätten für behinderte Menschen (§ 219 SGB IX). Die Voraussetzungen für die Aufnahme in eine Behindertenwerkstatt ergeben sich aus § 219 II SGB IX.

Behinderung im Sozialrecht
Menschen mit Behinderungen sind Menschen, die körperliche, seelische, geistige oder Sinnesbeeinträchtigungen haben (= wenn der Körper- und Gesundheitszustand von dem für das Lebensalter typischen Zustand abweicht), die sie in Wechselwirkung mit einstellungs- und umweltbedingten Barrieren an der gleichberechtigten Teilhabe an der Gesellschaft mit hoher Wahrscheinlichkeit länger als sechs Monate hindern können → Behinderte Menschen (§ 2 SGB IX). Für die Sozialleistungsträger ergeben sich Verpflichtungen aus § 17 SGB I (zB Barrierefreiheit).

Behinderung im Straßenverkehr
Nach der Grundregel in § 1 II StVO hat jeder Teilnehmer an dem in Bewegung befindlichen Verkehr sich so zu verhalten, dass andere nicht mehr behindert werden, als nach den Umständen unvermeidbar. Darüber hinaus gelten Sondervorschriften gegen Behinderungen im Straßenverkehr, so nach § 3 II StVO gegen unangebrachtes Langsamfahren, nach § 12 StVO für → Halten und → Parken, nach § 14 II StVO für Vorkehrungen gegen Verkehrsstörungen beim Verlassen eines Fz. Das allgemeine Behinderungsverbot des § 1 StVO trifft alle → Verkehrsteilnehmer, zB Fußgänger, die sich einem Fz. in den Weg stellen, nicht verkehrsbedingtes Halten eines Fz. auf einer Kreuzung usw. Ahndung der Behinderung als → Ordnungswidrigkeit (§ 49 StVO) setzt bei

Zuwiderhandlungen gegen § 1 II StVO eine konkrete Behinderung anderer voraus (anders bei Verletzung der übrigen o. a. Vorschriften). Eine stärkere Form der Behinderung ist das → Hindernisbereiten im Straßenverkehr; s. a. → Belästigung im Straßenverkehr.

Behinderung von Parlamentariern
→ Parlamentsnötigung.

Behinderungsmissbrauch
→ Marktbeherrschende Unternehmen dürfen andere Unternehmen nicht in einer für den → Wettbewerb erheblichen Weise unbillig behindern oder ohne sachlich gerechtfertigten Grund anders behandeln als gleichartige Unternehmen (§ 19 II Nr. 1 GWB); die Beeinträchtigung des Wettbewerbs auf einem anderen als dem beherrschten Markt kann genügen (zB bei → Koppelungsgeschäften oder Quersubventionierungen). Verlangt etwa ein Lieferant von seinen Kunden langfristige ausschließliche Bezugverpflichtungen, so kann er dadurch seine Wettbewerber behindern, weil er ihnen Absatzmöglichkeiten nimmt. Bietet ein Unternehmen sowohl Vor- als auch Endprodukte an, so kann die Erhöhung der Preise der Vorprodukte bei gleichzeitiger Senkung der Preise der Endprodukte (Preis-Kosten-Schere) die auf die Vorprodukte angewiesenen Unternehmen behindern, die ebenfalls Endprodukte anbieten. Wettbewerber können auch durch den Aufkauf von für sie notwendigen Ressourcen (zB Rohstoffe, Transportleistungen, Patente) behindert werden. Eine sachlich nicht gerechtfertigte Ungleichbehandlung oder unbillige Behinderung kann auch dann missbräuchlich sein, wenn das behindernde Unternehmen zwar nicht marktbeherrschend ist, aber → relative Marktmacht besitzt (§ 20 I GWB). Auch ohne beherrschende Stellung auf einem bestimmten Markt können einem Unternehmen von überragender marktübergreifender Bedeutung für den Wettbewerb vom → Bundeskartellamt bestimmte sachlich nicht gerechtfertigte Verhaltensweisen untersagt werden (§ 19a GWB).

Behörden
Behörden sind allgemein in den Organismus der Verwaltung des Staates (oder anderer Körperschaften und Anstalten des öffentl. Rechts) eingeordnete organisatorische Einheiten von Personen und sächlichen Mitteln, die – mit einer gewissen Selbständigkeit ausgestattet – dazu berufen sind, unter öffentl. Autorität für die Erreichung der Zwecke des Staates oder von ihm geförderter Zwecke tätig zu sein (vgl. BVerfGE 10, 48). Nach § 1 IV VwVfG ist Behörde im Sinne dieses Gesetzes jede Stelle, die Aufgaben der öffentl. Verwaltung wahrnimmt. Dieser Begriff ist bewusst weit gefasst, um möglichst umfassende Rechtskontrolle zu gewährleisten. Er sieht von organisationsrechtlichen Erfordernissen ab, so dass auch Personen des Privatrechts darunter fallen können, soweit sie öff.-rechtlich tätig werden (zB → beliehene Unternehmer, uU auch Privatschulen). Keine Behörden sind die Träger der öffentlichen Verwaltung, also der Staat oder die sonstige juristische Person selbst (sie sind keine Behörden, sondern haben Behörden); ebenso wenig die Volksvertretungen als solche (aber ihre Verwaltung) und die Gerichte als solche (sie haben aber Verwaltungsabteilungen, die insoweit Behörden gleichstehen). Die Behörde ist eine personelle und sachliche Gesamtheit; Behörden„abteilungen" sind selbst keine Behörden. Die Behördenorganisation (→ Verwaltungsbehörden – Aufbau) ist zumeist durch Gesetz oder RechtsVO geregelt, in geringerem Umfang durch → Verwaltungs-(Organisations)vorschriften.

Behördenbetreuung
→ Betreuung (4).

Behördenorganisation
→ Verwaltungsbehörden (Aufbau); → Behörden.

Beibehaltungswahlrecht
→ Abschreibung.

Beibringungsgrundsatz
→ Verhandlungsgrundsatz.

Beichtgeheimnis
→ Geistliche.

Beifahrer
Den Beifahrer eines Fahrzeugs, insbes. eines Lkw, Lieferwagens usw., kann als → Verkehrsteilnehmer nach § 1 StVO selbständig die Pflicht treffen, sich so zu verhalten, dass andere nicht gefährdet, geschädigt oder unnötig behindert oder belästigt werden. Dies jedenfalls dann, wenn er nicht nur Insasse des Fz ist, sondern auf die Tätigkeit des Fahrers unmittelbar unterstützend einwirkt; aus dem Arbeitsverhältnis ergibt sich idR die Pflicht hierzu zB durch Beobachten des Verkehrs usw. Der B.Beifahrer kann dann für Verkehrsverstöße neben dem Fahrer zivil- und strafrechtlich verantwortlich sein.

Ein Beifahrer kann im Einzelfall auch Unfallbeteiligter iSd § 142 V StGB sein, wenn sein Verhalten nach den Umständen zur Verursachung eines Unfalls beigetragen haben kann. Er unterliegt dann der Pflicht, zugunsten amderer Beteiligter Feststellungen zu seiner Person zu ermöglichen, und kann sich bei Missachtung wegen → unerlaubten Entfernens vom Unfallort strafbar machen.

Zum Verlust des Unfallversicherungsschutzes bei 2‰ Blutalkoholgehalt s. BGH NJW 1976, 801. S. a. → Soziusfahrer. Beifahrer iS der Schutzvorschriften für das → Fahrpersonal sind Personen, die einen Fahrer zu seiner Ablösung oder zur Vornahme von Lade- und Hilfsarbeiten nicht nur gelegentlich begleiten (→ Kraftfahrer).

Beigeladene
→ Beteiligter, → Beiladung.

Beigeordneter
ist in einigen Ländern die Bezeichnung für einen kommunalen → Wahlbeamten als Leiter eines Teiles der Stadtverwaltung (Gemeindeverwaltung; → Gemeindeverfassung, 4). Vgl. → Berufsmäßiger Stadtrat.

Beihilfe
Beihilfe (§ 27 StGB) ist neben der → Anstiftung eine der beiden Formen der → Teilnahme an der Straftat eines anderen und ist von einer eigenen Stellung als Täter insb. in Form der → Mittäterschaft abzugrenzen.

1. Objektive Voraussetzungen: Als Gehilfe wird bestraft, wer dem Täter vorsätzlich zur Begehung einer vorsätzlichen rechtswidrigen Tat Hilfe geleistet hat (§ 27 StGB). Eine Beihilfe kommt damit nur bei → Vorsatzdelikten in Betracht; bei → Fahrlässigkeitsdelikten gilt das Prinzip des Einheitstäters. Nach dem Grundsatz der limitierten → Akzessorietät genügt es, wenn die Haupttat tatbestandsmäßig und rechtswidrig ist; Schuldlosigkeit des Haupttäters befreit den Gehilfen nicht von Strafe. Als Hilfeleistung genügt jede Handlung, welche die Haupttat objektiv fördert oder erleichtert. Für den Erfolgseintritt der Haupttat (→ Erfolgsdelikt) muss sie nach der Rspr. nicht kausal sein (str.). Möglich ist zudem eine psychische Beihilfe in der Weise, dass der Täter in seinem (bereits vorhandenen, sonst liegt → Anstiftung vor) Tatentschluss zB durch Ausdruck der Billigung bestärkt wird. Bloße Anwesenheit am Tatort genügt hierzu jedoch nicht. Eine nur versuchte Beihilfe ist nicht strafbar, wohl aber die Beihilfe zu einer (nur) versuchten Haupttat.

2. Subjektive Voraussetzungen: Der (zumindest bedingte) → Vorsatz des Gehilfen muss sich sowohl auf die Haupttat als auch auf deren Unterstützung richten. Für einen sog. Exzess des Haupttäters ist der Gehilfe nicht verantwortlich, sondern nur für solche Handlungen und Erfolge der Haupttat, die von seinem eigenen Vorsatz umfasst sind. Eine „fahrlässige“ Beihilfe genauo wie eine „Beihilfe“ zur fahrlässigen Haupttat ist als solche nicht strafbar; uU kann sie aber zur Strafbarkeit als Täter aus einem parallelen Fahrlässigkeitstatbestand führen (fahrlässige Nebentäterschaft).

3. Zeitlicher Rahmen: Die Hilfeleistung kann bereits im Vorbereitungsstadium der Haupttat geleistet werden, jedoch muss diese mindestens bis in das Versuchsstadium (→ Versuch 3) gelangen. Nach Beendigung der Haupttat ist keine Beihilfe, sondern nur noch → Begünstigung oder → Strafvereitelung möglich. Umstritten ist die Abgrenzung in der Phase zwischen → Vollendung und → Beendigung der Haupttat, näher → Begünstigung. Tritt der Gehilfe erst nach Beginn der Tathandlung hinzu (sukzessive Beihilfe), so ist er für den vorhergehenden Teil mitverantwortlich, wenn er in dessen Kenntnis die noch unvollendete Haupttat fördert. Streitig ist jedoch, inwieweit einem Gehilfen auch schon vor seinem Eintritt vollständig verwirklichte Tatbestandsmerkmale zurechenbar sind.

4. Abgrenzung zur → Mittäterschaft (näher s. dort): Diese nimmt die Rechtsprechung heute anhand anhand einer Gesamtwürdigung aller von der Vorstellung der Beteiligten umfassten Umstände vor, wobei wesentliche Bedeutung auch objektiven Gesichtspunkten wie dem Umfang der Beteiligung und der → Tatherrschaft zukommt, daneben aber auch subjektiven Kriterien wie dem Grad des eigenen Interesses am Taterfolg und dem (bloßen) Willen zur Tatherrschaft. Im Schrifttum wird die Tatherrschaft als allein maßgebliches Kriterium der Abgrenzung angesehen.

5. Sanktionierung: Die Strafe des Gehilfen bestimmt sich nach dem Gesetz, das auf die Haupttat anzuwenden ist; sie ist jedoch nach § 49 I StGB zu mildern.

6. Bei → Ordnungswidrigkeiten gilt der Begriff der → Beteiligung; dort wird nicht zwischen Täterschaft und Teilnahme unterschieden.

Beihilfen für Beamte
Beihilfe sind ein den Eigenarten dieses Bereichs angeglichenes Sozialsystem, das für Beamte in seinen sozialen und wirtschaftlichen Auswirkungen dem → Arbeitgeberanteil zur → Sozialversicherung entspricht. Die Beamten haben idR keine gesetzliche Krankenversicherung, sondern bekommen einen Teil der Krankheitskosten direkt vom Dienstherrn erstattet. Für den von der Beihilfe nicht abgedeckten Teil der Krankheitskosten muss sich der Beamte privat versichern. Die Aufwendungen der öffentlichen Arbeitgeber für Beihilfe sind insgesamt allerdings niedriger als sie für entsprechende Arbeitgeberbeiträge wären. Der Anspruch auf Beihilfe ergibt sich für Beamte aus der → Fürsorgepflicht des Dienstherrn. Die Regelung im Einzelnen findet sich in den Beihilfevorschriften (→ Verwaltungsvorschrift) des Bundes und in den praktisch übereinstimmenden Vorschriften der Länder (Bundesbeihilfeverordnung – BBhV – v. 13.2.2009, BGBl. 2009 I 160; Bayer. Beihilfeverordnung – BayBhV – v. 2.1.2007, BayGVBl. 2007, 15, mÄnd; Beihilfenverordnung NRW-BVO-NRW – v. 5.11.2009, GV NRW 2009, 602, mÄnd).

Beihilferecht
Zum Schutz des Gemeinsamen Markts vor Wettbewerbsverzerrungen enthält Art. 107 Abs. 1 AEUV ein grds. Verbot staatlicher Beihilfen (Subventionen und vergleichbarer Maßnahmen), die durch die Begünstigung bestimmter Unternehmen oder Produktionszweige den Wettbewerb verfälschen können und so den Handel zwischen den Mitgliedstaaten beeinträchtigen; dabei spielt es keine Rolle, aus welchen Steuermitteln die Beihilfen finanziert werden. Ausnahmen vom grds. Verbot gelten gem. Art. 107 Abs. 2 AEUV für ohne Diskriminierung nach Herkunft der Waren gewährte Subventionen sozialer Art an einzelne

Verbraucher, für Subventionen zur Beseitigung von Schäden durch Naturkatastrophen oder sonstige außergewöhnliche Ereignisse und (praktisch bedeutungslos geworden) für Subventionen für die von der Teilung Deutschlands betroffenen Wirtschaftsbereiche. Zugelassen werden können gem. Art. 107 Abs. 3 AEUV Beihilfen im Rahmen regionalpolitischer Zielsetzungen, zur Behebung beträchtlicher Störungen im Wirtschaftsleben eines Mitgliedstaates, zur Förderung der Kultur und der Erhaltung des kulturellen Erbes und sonstige auf Vorschlag der → Europäischen Kommission vom → Rat der EU bestimmte Beihilfen. Der Rat kann auch Beihilfen wegen außergewöhnlicher Umstände zulassen (Art. 108 Abs. 2 Unterabs. 3 S. 1 AEUV). Die Durchsetzung des Beihilferechts ist in Art. 108 AEUV und in der VO (EU) 2015/1589 (ABl. EU 2015 L 248, 9) geregelt. Danach obliegen der Kommission die Durchsetzung des Beihilfeverbots, die Erstellung von Freistellungsgenehmigungen und die fortlaufende Überwachung der Beihilfengewährung durch die Mitgliedstaaten; sie kann feststellen, dass keine Beihilfe vorliegt, und Beihilfen untersagen oder (ggf. unter Auflagen und Bedingungen) genehmigen. Jeder Mitgliedstaat ist verpflichtet, die Einführung neuer und die Umgestaltung bestehender Beihilfen der Kommission zu notifizieren; ausgenommen sind Beihilfen, die von einer → Gruppenfreistellungsverordnung, insbes. der VO (EU) 651/2014 (ABl. EU 2014 L 187, 1), erfasst sind. Entgegen dieser Verpflichtung nicht notifizierte Beihilfen, die die Kommission als unvereinbar mit dem Gemeinsamen Markt erklärt, müssen vom Mitgliedstaat samt Zinsen zurückgefordert werden.

Beiladung
Im → Verwaltungsstreitverfahren kann das Gericht, solange das Verfahren noch bei ihm anhängig ist, von Amts wegen oder auf Antrag andere beiladen, deren rechtliche Interessen durch die Entscheidung berührt werden (§ 65 VwGO). Sind an dem streitigen Rechtsverhältnis Dritte derart beteiligt, dass die Entscheidung auch ihnen gegenüber nur einheitlich ergehen kann, so müssen sie beigeladen werden (notwendige Beiladung). Der Beiladungsbeschluss ist allen Beteiligten zuzustellen. Dabei sollen der Stand der Sache und der Grund der Beiladung angegeben werden. Die Beiladung ist unanfechtbar. Der Beigeladene kann innerhalb der Anträge eines Beteiligten selbständig Angriffs- und Verteidigungsmittel geltend machen und alle Verfahrenshandlungen wirksam vornehmen. Abweichende Sachanträge kann er nur stellen, wenn eine notwendige Beiladung vorliegt. Entsprechendes gilt im Finanzgerichtsverfahren (§§ 60, 60a FGO). Eine Beiladung gibt es auch im Verfahren in → Kindschaftssachen und im → Vergaberecht (§ 162 GWB).

Beiordnung
→ Notanwalt, → Prozesskostenhilfe.

Beirat
→ Verein (1b), → Gesellschaft mit beschränkter Haftung (3), → Wohnungseigentum (3); sa → Elternbeirat.

Beirat für die Teilhabe behinderter Menschen
Durch das 9. Buch des Sozialgesetzbuches (SGB IX v. 19.6.2001, BGBl. 2001 I 1046 m. spät. Änd.; → Rehabilitation und Teilhabe behinderter Menschen) ist beim Bundesministerium für Arbeit und Soziales ein Beirat für behinderte Menschen geschaffen worden. Der Beirat besteht aus 49 Mitgliedern, die verschiedenen Organsiationen angehören und sowohl aus der Verwaltung als auch aus den Bereichen der Arbeitnehmer und Arbeitgeber kommen. Für jedes Mitglied ist ein stellvertretendes Mitglied zu berufen. Aufgabe des Beirats ist, das Ministerium in Fragen der Teilhabe behinderter Menschen zu beraten. Zu seinen Aufgaben gehören insbesondere die Unterstützung bei der Förderung von Rehabilitationseinrichtungen und die Mitwirkung bei der Vergabe von Mitteln des → Ausgleichsfonds sowie die Anregung und Koordinierung von Maßnahmen zur Evaluierung nach dem SGB IX (§§ 86 f. SGB IX).

Beischlaf
Beischlaf bezeichnet in der Gesetzessprache den Geschlechtsverkehr. Strafrechtlich ist dafür erforderlich, aber auch ausreichend das Eindringen des männlichen Gliedes in den Scheidenvorhof. Anal- oder Oralverkehr oder homosexuelle Handlungen sind kein Beischlaf. Bei einzelnen Sexualdeliten ist der Vollzug des Beischlafs zwischen Täter und Opfer Gegenstand von → Qualifikationstatbeständen oder Regelbeispielen zu besonders schwerer Fällen, wobei aber „ähnliche sexuelle Handlungen" jedenfalls dann gleichgestellt werden, wenn sie „mit einem Eindringen in den Körper verbunden" sind (§ 176a I Nr. 1 StGB, → sexueller Missbrauch von Kindern; § 177 VI 2 Nr. 1 StGB, → sexueller Übergriff, sexuelle Nötigung). Sa → Sexualstraftaten, → Vergewaltigung. Zum Beischlaf zwischen Verwandten, der strafbar (§ 173 StGB), aber keine Sexualstraftat ist, s. → Inzest. Zivilrechtlich wird der Beischlaf auch als → Beiwohnung bezeichnet.

Beischreibung in Personenstandsbüchern
(Nachschreibung, Berichtigung) → Personenstandsbücher.

Beisitzer
Beisitzer nennt man bei einem Kollegialgericht (→ Kammer, → Senat, → Schöffengericht) die Richter, die nicht Vorsitzender sind. Bei der → Abstimmung haben die Beisitzer gleiches Stimmrecht wie der Vorsitzende. Das gilt sowohl für richterliche Beisitzer (Berufsrichter) wie für beisitzende → ehrenamtliche Richter.

Beistand

1. Im Familienrecht: Die frühere (obligatorische) gesetzliche → Amtspflegschaft zur Unterstützung von Müttern nichtehelicher Kinder ist durch eine neu geordnete, freiwillige (vgl. § 52a SGB VIII) Beistandschaft ersetzt worden. Danach wird auf schriftlichen Antrag eines sorgeberechtigten Elternteils, der auch schon vor der Geburt des Kindes zulässig ist, das → Jugendamt (§ 55 SGB VIII; nach Landesrecht auch ein freier Träger, Art. 144 EGBGB, → Vereinsvormundschaft) mit Eingang des Antrags Beistand des (im Inland lebenden) Kindes (§§ 1712 f. BGB, § 1717 BGB). Dem Beistand obliegt die Feststellung der Vaterschaft (→ Abstammung, 2c) und die Geltendmachung von Unterhaltsansprüchen des Kindes. Durch die Beistandschaft wird die → elterliche Sorge nicht eingeschränkt; nur die Vertretung des Kindes durch den sorgeberechtigten Elternteil ist in einem von dem Beistand geführten Rechtsstreit ausgeschlossen (§ 173 FamFG, § 234 FamFG). Im Übrigen gelten die Vorschriften über die → Pflegschaft weitgehend sinngemäß (§ 1716 BGB). Die Beistandschaft endet, wenn dies der Antragsteller schriftlich verlangt oder mit dem Wegfall seines Sorgerechts (§ 1715 BGB), sonst mit Aufgabenerfüllung.

2. Im Prozessrecht: Der Beistand ist eine von der Partei (oder dem Beteiligten) hinzugezogene Person, die in der Verhandlung neben ihr und ihrem Prozessbevollmächtigten auftritt und das Wort ergreifen kann. Beistand kann jede Person sein, die als Bevollmächtigter zur Vertretung in der Verhandlung befugt wäre (→ Parteiprozess); das Gericht kann auch andere Personen als Beistand zulassen, wenn dies sachdienlich ist und im Einzelfall ein Bedürfnis danach besteht. Der Beistand ist in allen Verfahrensordnungen vorgesehen (§ 90 I ZPO, § 67 VII VwGO, § 62 VII FGO, § 73 VII SGG, § 11 VI ArbGG, § 12 FamFG). Im Strafverfahren ist der Ehegatte oder eingetragene Lebenspartner oder der gesetzliche Vertreter des Angeklagten in der Hauptverhandlung als Beistand zuzulassen und auf sein Verlangen zur Sache zu hören; er muss von Ort und Zeit der Verhandlung rechtzeitig benachrichtigt werden, falls er die Zulassung beantragt hat. Im → Ermittlungsverfahren besteht hierauf kein Anspruch; es entscheidet richterliches Ermessen (§ 149 StPO). Der Zeuge, der Nebenkläger und der Verletzte können sich im Strafverfahren und im Ermittlungsverfahren eines Rechtsanwalts als Beistand bedienen, der unter bestimmten Voraussetzungen vom Gericht bestellt wird (§ 68b StPO, § 397a StPO, §§ 406 f. StPO); der Verletzte kann bei seiner Vernehmung auch eine andere Person seines Vertrauens hinzuziehen. Der Verletzte kann sich zudem eines psychosozialen Begleiters bedienen (§ 406g StPO, → Opferschutz) Im Verfahren vor dem Jugendgericht kann der Vorsitzende dem Beschuldigten einen Beistand bestellen, insbes. den Erziehungsberechtigten oder gesetzlichen Vertreter, falls dies nicht für die Erziehung des Beschuldigten nachteilig ist (§ 69 JGG).

3. Im Besteuerungsverfahren: Vgl. § 80 AO und §§ 2 f. StBerG.

4. Vom Beistand zu unterscheiden war der berufliche → Rechtsbeistand. → Rechtsdienstleistung.

Beistandschaft

→ Beistand (1).

Beiträge (öffentliche)

sind eine Unterart der öffentlichen → Abgaben. Man versteht darunter Geldleistungen, die dem einzelnen im Hinblick auf eine besondere Gegenleistung des Beitragsberechtigten auferlegt werden, nämlich dafür, dass ihm die Möglichkeit der Benutzung besonderer Einrichtungen oder der Ausnutzung besonderer Vorteile zur Verfügung gestellt wird (Vorzugslasten). Voraussetzung ist deshalb die Nutzungsmöglichkeit; entsprechend dieser sind daher ggf. die Beitragssätze zu staffeln. Ob der Beitragspflichtige von der Nutzungsmöglichkeit Gebrauch macht, ist unerheblich. Praktisch sehr bedeutsame Beiträge sind zB die sog. Anliegerbeiträge, die als Erschließungsbeiträge im Baugesetzbuch geregelt sind (vgl. → Erschließung).

Beitragsbemessungsgrenze

Die Beitragsbemessungsgrenze in der → Sozialversicherung ist der Bruttohöchstbetrag, bis zu dem die Entgelte zur Beitragsleistung herangezogen werden.

1. In der → Krankenversicherung war die Beitragsbemessungsgrenze lange Zeit identisch mit der Versicherungspflichtgrenze (auch → Jahresarbeitsentgeltgrenze). 2003 wurden die beiden Grenzbeträge getrennt, wobei seitdem die Versicherungspflichtgrenze (Jahresarbeitsentgeltgrenze) höher liegt als die Beitragsbemessungsgrenze.

a) 2015 beträgt die Beitragsbemessungsgrenze in der Krankenversicherung 49.500 EUR, im Jahr 2016 beläuft sie sich auf 50.850 EUR, im Jahr 2017 auf 52.200 EUR, im Jahr 2018 auf 53.100 EUR, im Jahr 2019 auf 54.450 EUR, im Jahr 2020 auf 56.250 EUR und im Jahr 2021 auf 58.050 EUR (§ 223 SGB V). Im Jahr 2022 ist die Beitragsbemessungsgrenze nicht erhöht worden, sondern gleich geblieben. Im Jahr 2023 beläuft sich die Beitragsbemessungsgrenze auf 59.850 EUR, im Jahr 2024 auf 62.100 EUR und im Jahr 2025 auf 66.150 EUR. Die Beitragsbemessungsgrenze darf nicht mit der → Jahresarbeitsentgeltgrenze verwechselt werden, die das jährliche Bruttoeinkommen eines Arbeitnehmers bestimmt, bis zu dem in der gesetzlichen Krankenversicherung eine gesetzliche Versicherungspflicht besteht).

b) Die Versicherungspflichtgrenze (Jahresarbeitsentgeltgrenze) beträgt 2016 56.250 EUR und stieg in den Folgejahren auf 57.600 EUR in 2017, auf 59.400 EUR im Jahr 2018, im Jahr

2019 auf 60.750 EUR, im Jahr 2020 auf 62.550 und beläuft sich ab dem 1.1.2021 auf 64.350 EUR. Diese Grenze gilt auch im Jahr 2022 weiter. Im Jahr 2023 erfogte eine Erhöhung auf 66.600 EUR, auf 69.300 EUR im Jahr 2024 sowie auf 73.800 EUR im Jahr 2025.

Für Arbeitnehmer, die am 31.12.2002 wegen Überschreitens der damaligen Jahresarbeitsentgeltgrenze pflichtversicherungsfrei und privat versichert waren lag diese Grenze im Jahr 2016 bei 50 850 EUR und stieg in den Folgejahren auf 52.200 EUR im Jahr 2017, 53.100 EUR im Jahr 2018, im Jahr 2019 auf 54.450 EUR, im Jahr 2020 auf 56.250 EUR und ab dem Jahr 2021 auf 58.050 EUR an (§ 6 IV, VII SGB V). Im Jahr 2024 beträgt diese Grenze 62.100 EUR und im Jahr 2025 66.150 EUR.

2. In der → Pflegeversicherung gilt die Beitragsbemessungsgrenze der Krankenversicherung entsprechend (§ 55 II SGB XI).

3. In der → Rentenversicherung wird die Beitragsbemessungsgrenze ebenfalls jährlich durch die Bundesregierung bekannt gemacht; für 2015 beträgt sie 72.600 EUR (West). Im Jahr 2016 beläuft sich die Beitragsbemessungsgrenze in den alten Bundesländern auf 74.400 EUR, im Jahr 2017 auf 76.200 EUR, im Jahr 2018 auf 78.000 EUR, im Jahr 2019 auf 80.400 EUR und im Jahr 2020 auf 82.800 EUR und im Jahr 2021 auf 85.200 EUR. Das Jahr 2022 brachte eine Senkung der Beitragsbemessungsgrundlage auf 84.600 EUR/jährlich. Im Jahr 2023 beträgt die Beitragsbemessungsgrenze 87.600 EUR, im Jahr 2024 90.600 EUR und im Jahr 2025 96.600 EUR (bundeseinheitlicher Wert).

Soweit ein Beschäftigungsverhältnis in den Neuen Bundesländern besteht, belaufen sich der Wert im Jahr 2015 auf 62.400 EUR. Der Wert steigt für das Jahr 2016 auf 64.800 EUR, im Jahr 2017 auf 68.400 EUR, im Jahr 2018 auf 69.600 EUR, für 2019 auf 73.800 EUR, für 2020 auf 77.400 EUR, für 2021 auf 80.400 EUR, für 2022 auf 81.000 EUR sowie ab 1.1.2023 auf 85.200 EUR und auf 89.400 im Jahr 2024 (§§ 159, 160 SGB VI). Ab 2025 gilt der bundeseinheitliche Wert.

In der knappschaftlichen Rentenversicherung belaufen sich die Beträge im Jahr 2015 auf 89.400 EUR (West) und 76.200 EUR (Ost). Diese Werte stiegen im Jahr 2016 auf 91.800 EUR (West) bzw. 79.800 EUR (Ost), im Jahr 2017 auf 94.200 EUR (West), 84.000 EUR (Ost), im Jahr 2018 auf 96.000 EUR (West) bzw. 85.800 EUR (Ost) sowie im Jahr 2019 auf 98.400 EUR (West) bzw. 91.200 EUR (Ost). Für das Jahr 2020 belaufen sich die Werte auf 101.400 EUR (West) bzw. 94.800 EUR (Ost) und für das Jahr 2021 auf 104.400 EUR (West) bzw. 99.000 EUR (Ost). 2022 sank der Betrag West auf 103.800 EUR; der Betrag Ost stieg dagegen auf 100.200 EUR. Im Jahr 2023 beträgt die Beitragsbemessungsgrenze 107.400 EUR (West) und 104.400 EUR (Ost). Diese Werte wurden für das Jahr 2024 erhöht auf 111.600 EUR (West) und 110.400 EUR (Ost). Der bundeseinheitliche Wert für das Jahr 2025 beträgt 118.800 EUR.

4. Für die → Arbeitsförderung gilt die gleiche Beitragsbemessungsgrenze (dort: Beitragsbemessungsgrundlage) wie für die Rentenversicherung (§ 341 IV SGB III).

Die Erhöhung, bzw. Senkung der Ausgangsbeträge erfolgt jährlich durch Rechtsverordnung der Bundesregierung (Sozialversicherungs-Rechengrößenverordnung).

Beitragserstattung
wird in der sozialen → Rentenversicherung gewährt: auf Antrag eines Versicherten, wenn die Versicherungspflicht in allen Zweigen der Rentenversicherung entfällt, ohne dass das Recht zur → freiwilligen Versicherung besteht; wenn bei Vollendung des 65. Lebensjahres die allgemeine → Wartezeit nicht erfüllt ist; auf Antrag der Witwe (des Witwers, der Waise), wenn die Wartezeit für die Hinterbliebenenrente nicht erfüllt ist, Halbwaisen aber nur, wenn eine Witwe oder ein Witwer nicht vorhanden ist. In allen Fällen wird die Hälfte der für die Zeit nach dem 20.6.1948 entrichteten Beiträge erstattet, in der → Höherversicherung der volle Beitrag. Beiträge in den neuen Ländern werden nur erstattet, wenn sie nach dem 30.6.1990 gezahlt worden sind. Zu Unrecht entrichtete Beiträge sind ebenfalls zu erstatten. Wurde eine Regelleistung gewährt, können nur die nachher entrichteten Beiträge erstattet werden. Bei Beitragserstattung entfallen alle Ansprüche aus den erstatteten Beiträgen. § 26 SGB IV, §§ 210, 211 SGB VI. Wurden freiwillige Beiträge gezahlt, obwohl eine vorrangige Pflichtversicherung bestand, sind die Beiträge auf Antrag zurückzuzahlen. Zu Unrecht entrichtete Pflichtbeiträge sind ebenfalls nur auf Antrag zu erstatten. Die Verjährungsfristen nach § 27 SGB IV sind dabei zu beachten.

Wurde wegen Heirat einer versicherten Frau eine „Heiratserstattung“ gewährt, konnten für diese Zeiten Beiträge in die Rentenversicherung wieder eingezahlt werden, um einen Anspruch auf Leistungen zu erwerben. Diese Möglichkeit ist seit dem 31.12.1997 nicht mehr möglich.

Beitragsfreie Zeiten
Beitragsfreie Zeiten sind in der → Rentenversicherung Zeiten ohne Beitragsleistung, die dennoch zur Erfüllung der Anspruchsvoraussetzungen für die Inanspruchnahme einer Rente oder zu einer Erhöhung der Rente führen können. Es handelt sich dabei um → Anrechnungszeiten → Ersatzzeiten und → Zurechnungszeiten (§ 54 I Nr. 2, IV SGB VI). Wurden während der vorgenannten Zeiten Beiträge entrichtet, sind diese vorrangig zu berücksichtigen. Das gilt auch für Zeiten einer durchgeführten → Nachversicherung. Auch eine solche kann die spätere Rentenleistung erhöhen.

Beitragsgeminderte Zeiten
sind in der gesetzlichen → Rentenversicherung Kalendermonate, die sowohl mit Beitragszeiten als auch mit → Anrechnungszeiten, einer → Zurechnungszeit oder → Ersatzzeiten belegt sind. Als beitragsgeminderte Zeiten gelten Kalendermonate mit Pflichtbeiträgen für die Berufsausbildung (Legaldefinition des § 54 III SGB VI). Bei Zeiten der → Berufsausbildung ist Voraussetzung, dass es sich tatsächlich um Berufsausbildung handeln muss. Das bedeutet, dass die Ableistung eines Berufsgrundbildungsjahres keine Berufsausbildung ist, auch wenn die Ableistung für anschließende Berufsausbildung vorgeschrieben ist.

Beitragspflicht
Zur Beitragspflicht in der → Sozialversicherung vgl. → Arbeitgeberbeitrag, → Arbeitnehmerbeitrag, → Selbständige. Handelt es sich um abhängige Beschäftigungen (§ 7 SGB IV) besteht in der Regel → Versicherungspflicht mit der Folge, dass Beiträge zu entrichten sind. Das gilt auch für → geringfügige Beschäftigungen sowie solche in der → Gleitzone.

Beitragsrückzahlung
Die → Krankenkassen als Träger der gesetzlichen → Krankenversicherung konnten bis zum 31.3.2007 in ihrer Satzung vorsehen, dass freiwillige Mitglieder (→ freiwillige Versicherung), die im Kalenderjahr länger als drei Monate versichert waren, eine Beitragsrückzahlung erhalten, wenn sie und ihre mit versicherten Angehörigen (→ Familienversicherung) in diesem Kalenderjahr Leistungen zu Lasten der Krankenkasse nicht in Anspruch genommen haben (§ 54 SGB V aF). An die Stelle der Beitragsrückzahlungen sind → Prämienzahlungen im Rahmen von → Wahltarifen getreten (§ 53 SGB V). Die Voraussetzungen für die Prämiengewährung sind ähnlich denen der früheren Beitragsrückzahlung.

Beitragszeiten
Beitragszeiten sind in der gesetzlichen → Rentenversicherung Zeiten mit vollwertigen Beiträgen oder → beitragsgeminderte Zeiten. Daneben gibt es noch → beitragsfreie Zeiten und → Berücksichtigungszeiten (§ 55 I SGB VI). Zu den Beitragszeiten gehören auch die Zeiten, für die freiwillige Beiträge gezahlt wurden, soweit diese als Pflichtbeiträge gelten. Unter Beitragszeiten sind auch die Zeiten zu subsummieren, während derer der Versicherte Beitragsanteile für → Anrechnungszeiten mitgetragen hat. Wurde eine Pflichtversicherung auf Antrag durchgeführt (zB für → Entwicklungshelfer) oder wurden → Kindererziehungszeiten zurückgelegt, handelt es sich hierbei auch um Beitragszeiten.

Beitreibung
1. Privatrechtliche Forderungen werden grundsätzlich in der → Zwangsvollstreckung nach den Vorschriften der ZPO beigetrieben.

2. Öffentlich-rechtliche Geldforderungen werden nach den → Verwaltungsvollstreckungsgesetzen des Bundes und der Länder vollstreckt, soweit nicht Vorschriften der Abgabenordnung (s. u. 3), des Sozialversicherungsrechts oder der → Justizbeitreibungsordnung eingreifen. Die Vollstreckung wird durch eine Vollstreckungsanordnung eingeleitet; eines → Vollstreckungstitels bedarf es nicht. Neben den allgemeinen Vollstreckungsvoraussetzungen ist grundsätzlich erforderlich ein Leistungsbescheid, die Fälligkeit der Leistung, der Ablauf einer gewissen Frist nach Bekanntgabe des Bescheids oder nach Fälligkeit oder nach Fristsetzung durch Mahnung (vgl. für das Bundesrecht §§ 1–5 Verwaltungs-VollstreckungsG (VwVG) v. 27.4.1953, BGBl. 1953 I 157 m. spät. Änd.; das Landesrecht enthält entspr. Regelungen). Die Zuständigkeit der Vollstreckungsbehörden bestimmt sich jeweils danach, ob es sich um Geldforderungen des Bundes, der Länder oder sonstiger → juristischer Personen des öffentlichen Rechts handelt. Ist zu Unrecht vollstreckt worden, so besteht grundsätzlich ein Erstattungsanspruch (Rückzahlung des Betrages); uU kommen auch Schadensersatzansprüche aus → Amtspflichtverletzung in Betracht; → Justizbeitreibungsordnung.

3. Die Beitreibung von steuerlichen Forderungen weist zwar Parallelen zum verwaltungsrechtlichen Verfahren auf. Sie findet jedoch eine eigenständige Regelung in der AO, vgl. §§ 249 ff. AO. Diese finden auch im finanzgerichtlichen Verfahren Anwendung, vgl. §§ 150 ff. FGO; → Vollstreckung von Steueransprüchen. Zuständige Behörden nach der FGO sind die Finanzämter und die Hauptzollämter.

4. Die Vollstreckung von Vermögensstrafen iwS – insbes. Geldstrafen – aber auch zB der Einziehung richtet sich gemäß § 459 StPO nach der Justizbeitreibungsordnung (JBeitrO), soweit nicht prozessuale Sonderbestimmungen (zB über Einwendungen, Zahlungserleichterungen, Fristen usw.; §§ 458, 459a ff. StPO) eingreifen. Die Einforderungs- und BeitreibungsAO (EBAO, → Strafvollstreckung), die sich auch auf gerichtlich erkannte Geldbußen, Nebenfolgen, Ordnungs- und Zwangsgeld erstreckt, regelt das Verfahren der Vollstreckungsbehörde. Weitere Verwaltungsvorschriften über die Vollstreckung von Geldstrafen und – bei Nichtzahlung – von Ersatzfreiheitsstrafen enthalten die §§ 48 ff. StVollstrO (→ Strafvollstreckung). Sie betreffen Geld-, Ordnungs-, Wertersatzstrafen u. dgl. Über die Vollstreckung von Bußgeldentscheidungen vgl. §§ 89 ff. OWiG; für solche der Verwaltungsbehörden gelten die → Verwaltungs-Vollstreckungsgesetze. Gerichtskosten werden nach der EBAO miteingezogen, sonst ebenso wie Justizverwaltungsabgaben nach dem → Justizbeitreibungsgesetz.

5. In der → Sozialversicherung richtet sich die Beitreibung von Rückständen (zB Beitragsforderungen, Säumniszuschlägen, Geldstrafen) im Verwaltungsverfahren nach dem

Verwaltungs-Vollstreckungsgesetz bzw. den landesrechtlichen Vorschriften über das Verwaltungsvollstreckungsverfahren (§ 66 SGB X). Grundlage der Beitreibung sind im Regelfall Bescheide der Sozialversicherungsträger. Die Behörden sind den Versicherungsträgern gegenüber zur Vollstreckungshilfe verpflichtet. Die Vollstreckung durch Bedienstete der Sozialleistungsträger ist zulässig (§ 66 I SGB X). Im Bereich der Krankenkassen können deren Verbände als Vollstreckungsbehörden tätig werden. Soweit Behörden Vollstreckungshilfe leisten, ergibt sich die Kostentragungspflicht aus § 788 ZPO. Die Vorschriften über die Kostenfreiheit § 64 SGB X, § 2 GvKostG finden keine Anwendung. § 2 II S. 1 GvKostG ist lediglich für die Träger der Sozialhilfe bei der Durchführung des SGB XII, die zuständigen Träger bei der Durchführung des SGB II, die Träger der öffentlichen Jugendhilfe bei der Durchführung des SGB VIII sowie die Träger der Kriegsopferfürsorge bei der Durchführung der ihnen obliegenden Aufgaben nach dem Bundesversorgungsgesetz anzuwenden mit der Folge einer Gebührenbefreiung.

Beitritt
1. Zum Beitritt der ehem. → Deutschen Demokratischen Republik zur Bundesrepublik Deutschland gem. dem früheren Art. 23 GG s. → Wiedervereinigung; zum Beitritt von Staaten zur → Europäischen Union (EU) s. → Europäische Integration.

2. Beitritt zu einem → Verein (1c), einer → Genossenschaft, zum Verfahren → Nebenintervention, → Beteiligter, → Nebenklage; eines Gesellschafters → Gesellschaft des bürgerlichen Rechts (2), → Offene Handelsgesellschaft (6).

Beitrittsgebiet
sind die Teile Deutschlands, die bei der → Wiedervereinigung der Bundesrepublik Deutschland beigetreten sind (→ Abschließende Regelung in Bezug auf Deutschland; → Einigungsvertrag). Das Beitrittsgebiet entspricht der ehemaligen → Deutschen Demokratischen Republik.

Beiwagen
Die → Fahrerlaubnis Klassen AM, A1, A2 und A für Krafträder gilt auch für solche mit Beiwagen. (§ 6 I 1 FeV). Beiwagen von Krafträdern dürfen nur in einer amtlich genehmigten Bauart ausgeführt werden; Kraftrad und Beiwagen müssen seitliche Begrenzungsleuchten haben (§ 51 I StVZO). Bei Fahrrädern müssen Beiwagen rote Rückstrahler haben (§ 67 IV 3, 4 StVZO).

Beiwohnung
Beiwohnung ist der Geschlechtsverkehr durch Vereinigung der Geschlechtsteile, im → Abstammungsrecht (2c) auch die → Samenspende. Der gerichtliche Antrag auf → Vaterschaftsanfechtung und auf Klärung der → Abstammung muss die → eidesstattliche Versicherung enthalten, der Muttter im → Empfängniszeitraum beigewohnt zu haben (§ 1600 Abs. 1 Nr. 2 BGB, § 167a Abs. 1 FamFG) Strafrechtlich → Beischlaf.

Beiwohnungsvermutung
→ Abstammung (2c).

Bekanntgabe der Verurteilung
Bei → Beleidigung und falscher → Verdächtigung kann das Gericht die Bekanntgabe der Verurteilung anordnen (§§ 165, 200 StGB). Hierbei handelt es sich nach hM um eine Nebenfolge ohne Strafcharakter, die der Genugtuung des Verletzten dient (→ Nebenstrafen, Nebenfolgen). Voraussetzung ist, dass die Tat öffentlich oder durch Verbreiten von → Schriften oder ihnen gleichstehende Darstellungen begangen worden ist und der Verletzte die Bekanntgabe beantragt. Gegen einen Jugendlichen kann die Bekanntgabe der Verurteilung nicht angeordnet werden (§ 6 I 2 JGG). Art und Umfang der Bekanntgabe (zB Aushang) bestimmt das Gericht; sie ist, wenn die Tat durch Veröffentlichung in einer Zeitung usw. begangen worden ist, in diese aufzunehmen (§§ 103, 165, 200 StGB). Das weitere Verfahren richtet sich nach § 463c StPO; die Bekanntgabe erfolgt nur auf besonderes Verlangen des Antragstellers und ist ggf. mittels Zwangsgeldes oder Zwangshaft durchzusetzen. Bei Aufnahmeverweigerung ist der verantwortliche Redakteur uU nach landespresserechtlicher Vorschrift wegen einer → Ordnungswidrigkeit verfolgbar.

Bekanntgabe von Verwaltungsakten
1. → Verwaltungsakte bedürfen der Bekanntgabe gegenüber dem Betroffenen (vgl. § 41 VwVfG); ein schriftlicher Verwaltungsakt gilt im Inland am dritten Tage nach der Aufgabe zur Post, ein elektronisch übermittelter Verwaltungsakt am dritten Tage nach der Absendung als bekannt gegeben (§ 41 II VwVfG). In besonderen Fällen ist → Zustellung erforderlich.

2. Für das Besteuerungsverfahren → Steuerbescheid. Ein schriftlicher Steuerverwaltungsakt, der durch die Post übermittelt wird, gilt bei Übermittlung im Inland am dritten Tag nach Aufgabe zur Post als bekannt gegeben (sog. Bekanntgabefiktion; § 122 II Nr. 1 AO). Fällt das Fristende auf einen Sonnabend, Sonntag oder gesetzlichen Feiertag, so endet die Frist erst mit Ablauf des nächsten Werktages (vgl. BFH-Urt. v. 14.10.2003 – IX R 68/98). → Frist, → Steuerbescheid.

Bekanntgabefiktion
→ Bekanntgabe von Verwaltungsakten (2).

Bekanntmachung
Als Bekanntmachung werden gewisse Arten von → Verwaltungsvorschriften bezeichnet. Obwohl sie sich teilweise an die Bevölkerung wenden und zu diesem Zweck veröffentlicht werden (zB in Amtsblättern oder durch Aushang), sind sie keine Rechtssätze und begründen daher aus sich heraus für den einzelnen

Bürger keine Rechte oder Pflichten. Allerdings geben sie häufig den Inhalt (verbindlicher) Rechtsvorschriften wieder oder erläutern diese. Durch ständige Anwendung können sie zu einer Selbstbindung des → Ermessens der Verwaltungsbehörde führen.

Bekanntmachung von Rechtsvorschriften
→ Verkündung von Rechtsvorschriften.

Bekanntmachungsbefugnis
→ Bekanntgabe der Verurteilung.

Bekenntnis, religiöses
→ Bekenntnisfreiheit, → Bekenntnisschulen; zur Bestimmung des Bekentnisses eines Kindes → Personensorge.

Bekenntnisfreiheit
1. Neben der Freiheit des Glaubens und des Gewissens erklärt Art. 4 I GG die Freiheit des religiösen und weltanschaulichen Bekenntnisses für unverletzlich. Ausfluss der Bekenntnisfreiheit ist damit auch die freie → Religionsausübung. Während die → Glaubens- und Gewissensfreiheit die Bildung und Verwirklichung der inneren Überzeugung und sittlichen Wertvorstellungen schätzt, betrifft die auf ihr beruhende Bekenntnisfreiheit die Kundgabe der Glaubens- und Gewissensentscheidungen. Schon aus der Garantie der Glaubens- und Gewissensfreiheit ergibt sich das Recht, auszusprechen und zu verschweigen, was man glaubt, oder nicht glaubt, also auch das Recht, seine religiöse Überzeugung (auch glaubensfeindlicher Art) zu verschweigen. Mit der ausdrücklichen Garantie der Freiheit des religiösen und weltanschaulichen Bekenntnisses ist dieses Recht besonders hervorgehoben. Es wird zudem durch Art. 136 II, III WV, der gemäß Art. 140 GG Bestandteil des Grundgesetzes ist, noch besonders geschätzt.

2. Nach der Bekenntnisfreiheit ist niemand verpflichtet, seine religiöse Überzeugung zu offenbaren. Die Behörden dürfen nur dann nach der Zugehörigkeit zu einer Religionsgemeinschaft fragen, wenn davon Rechte und Pflichten (zB steuerliche) abhängen, außerdem zu Zwecken der Statistik. Der Genuss bürgerlicher und staatsbürgerlicher Rechte sowie die Zulassung zu den öffentlichen Ämtern dürfen vom religiösen Bekenntnis nicht abhängig sein (Art. 33 III GG). Das Grundrecht der Bekenntnisfreiheit steht unter keinem Gesetzesvorbehalt, doch gelten auch hier die → immanenten Schranken. Zu den Fragen des → Schächtens, des → Kruzifixes in Schulen und des Tragens von Kopftüchern durch muslimische Lehrerinnen im Dienst → Religionsausübung, freie und → Glaubens- und Gewissensfreiheit (3).

Bekenntnisschulen
(Konfessionsschulen) waren Schulen, an denen Kinder aus bestimmten Bekenntnissen nach deren Grundsätzen erzogen und unterrichtet wurden. Sie stehen damit in Gegensatz zu den christlichen und weltlichen → Gemeinschaftsschulen, in denen nach christlichen Grundsätzen bzw. ohne jeden Einfluss von Religionsgemeinschaften unterrichtet wird. Die Frage, ob und unter welchen Voraussetzungen Bekenntnisschulen zu errichten sind, hat der Landesgesetzgeber zu entscheiden. Inzwischen ist die Bekenntnisschule zu Gunsten der Gemeinschaftsschule fast völlig zurückgetreten. Zum Teil ist innerhalb von Gemeinschaftsschulen die Bildung von Bekenntnisklassen vorgesehen (vgl. zB Art. 7 Abs. 2 Bay. Gesetz über das Erziehungs- und Unterrichtswesen idF v. 31.5.2000, GVBl. 2000, 414, ber. 632, m. spät. Änd.).

Beklagter
→ Klage, → Partei.

Beladen von Fahrzeugen
→ Ladegeschäft; → Belastung von Kraftfahrzeugen; → Überladung.

Belästigung der Allgemeinheit
Die Belästigung der Allgemeinheit durch eine grob ungehörige Handlung ist → Ordnungswidrigkeit nach § 118 OWiG, wenn sie geeignet ist, die öffentliche Ordnung zu beeinträchtigen. Die Handlung muss geeignet sein, eine unbestimmte Personenmehrheit unmittelbar zu belästigen. Gleichgestellt ist eine Gefährdung der Allgemeinheit. Die Beeinträchtigung der öffentlichen Ordnung kann zB in grundlosem Alarmieren von Polizei oder Feuerwehr, Verkehrsbehinderung, Störung erlaubter Filmvorführungen liegen. Der Vorsatz des Täters muss die Ungehörigkeit ebenso wie die Eignung zur B. oder Gefährdung und zur Beeinträchtigung der öffentlichen Ordnung umfassen.

Sonderfall der Belästigung der Allgemeinheit sind bestimmte grob anstößige oder belästigende Handlungen auf sexuellem Gebiet (§ 119 OWiG). Bußgeldbedroht ist das Anbieten, Ankündigen oder Anpreisen von Gelegenheiten zu sexuellen Handlungen sowie von Mitteln oder Gegenständen, die dem sexuellen Gebrauch dienen (Reizmittel u. dgl.), wenn es öffentlich oder durch das Verbreiten oder der Öffentlichkeit Zugänglichmachen (Ausstellen, Vorführen usw.) von → Inhalten iSd § 11 III StGB erfolgt, und zwar in einer Weise, die geeignet ist, andere zu belästigen, oder in grob anstößiger Weise (§ 119 I, II OWiG). Ordnungswidrig handelt zudem, wer einen sexuellen (also nicht nur pornographischen) Inhalt an Orten der Öffentlichkeit zugänglich macht, an denen dies grob anstößig wirkt (§ 119 III OWiG). Letzteres ist beim Laden- oder Kioskverkauf an sich noch nicht der Fall, wohl aber bei öffentlicher aufdringlicher Werbung.

Zum Straftatbestand der → Erregung öffentlichen Ärgernisses (§ 183a StGB) s. dort. Siehe zudem → Exhibitionismus, → sexuelle Belästigung, → Pornographische Inhalte.

Belästigung durch Nachstellen
1. Familiengerichtliche Gegenmaßnahmen zum → Gewaltschutz: Bei einer unzumutbaren Belästigung dadurch, dass der Täter dem Op-

fer gegen den ausdrücklich erklärten Willen wiederholt nachstellt oder es unter Verwendung von Fernkommunikationsmitteln verfolgt, muss auf Antrag des Opfers das Familiengericht die erforderlichen Maßnahmen zur Abwendung weiterer Belästigungen treffen. Es kann dem Täter insbes. verbieten, die Wohnung des Opfers zu betreten, Verbindung mit dem Opfer aufzunehmen oder es zu treffen; der Verstoß gegen die Anordnung ist strafbar (§§ 1, 4 GewaltschutzG v. 11.12.2001, BGBl. 2001 I 3513).
2. Strafrecht: → Nachstellung, → Stalking.
3. Zur Auskunft bei belästigenden Anrufen → Brief-, Post- und Fernmeldegeheimnis (3a).

Belästigung im Straßenverkehr
Jeder → Verkehrsteilnehmer muss sich im öffentlichen Straßenverkehr so verhalten, dass andere nicht mehr belästigt werden, als nach den Umständen unvermeidbar (§ 1 StVO). Die mit dem Verkehr notwendigerweise verbundenen Geräusche insbes. von Fz. müssen dagegen hingenommen werden, so das (nicht übermäßige) Motorengeräusch usw. Verboten ist die unnötige oder übermäßige Abgabe von → Warnzeichen, zB vor dem Überholen (erlaubt aber außerhalb geschlossener Ortschaften, § 5 V 1 StVO), unnötiges Laufenlassen von Motoren, übermäßig lautes Schließen von Wagentüren, unnützes Hin- und Herfahren in geschlossenen Ortschaften, das andere belästigt, sowie jedes unnötige Lärmen bei der Fz.benutzung (§ 30 I StVO). Verboten ist auch die Belästigung der Verkehrsteilnehmer durch Lautsprecher, Anbieten von Waren oder Leistungen sowie außerhalb geschlossener Ortschaften Werbung durch Bild, Schrift, Licht oder Ton (§ 33 I StVO); für Ausnahmen hiervon ist eine Genehmigung erforderlich (§ 46 I 1 Nr. 9 StVO). Zuwiderhandlungen sind → Ordnungswidrigkeiten nach § 49 StVO. Eine stärkere Form der Belästigung im Straßenverkehr ist die → Behinderung im Straßenverkehr.

Belästigung von Nachbarn
→ Immissionen, → Nachbarrecht, → Lärmbekämpfung.

Belastung eines Grundstücks
→ Grundstücksrechte.

Belastung von Kraftfahrzeugen
Das in § 34 StVZO für Kfz zugelassene Höchstgewicht bemisst sich nach der Achslast (d. i. die Gesamtlast, die von den Rädern einer Achse auf die Fahrbahn übertragen wird) und nach dem Gesamtgewicht (von Fahrzeug und Ladung). So darf zB bei luftbereiften Kfz und Anhängern die Achslast der Einzelachse 10,0t, das Gesamtgewicht bei Einzelfahrzeugen mit nicht mehr als 2 Achsen 18,0t nicht übersteigen. Für Gelenkfahrzeugomnibusse, Sattelkraftfahrzeuge, Züge und Gleiskettenfahrzeuge gelten Sondervorschriften. → Überladung.

Belastung, zumutbare
→ Belastungen, außergewöhnliche (1b).

Belastungen, außergewöhnliche
1. Außergewöhnliche Belastungen sind Ausgaben, die steuerlich weder als → Betriebsausgaben oder → Werbungskosten noch als → Sonderausgaben abzugsfähig sind.

a) Es handelt sich dabei an sich um → Lebensführungskosten, die aber wegen ihres außergewöhnlichen Charakters gleichwohl steuerlich berücksichtigt werden, da sie die individuelle Leistungsfähigkeit des einzelnen Stpfl. wesentlich beeinflussen. Die steuerliche Berücksichtigung erfolgt auf Antrag bei der Einkommensteuer durch Abzug des jeweilig zu berücksichtigenden Betrages vom Gesamtbetrag der Einkünfte. Bei Zusammenveranlagung wird der jeweilig zu berücksichtigende Betrag bei jedem Ehegatten zur Hälfte abgezogen. Die Ehegatten können jedoch gemeinsam eine andere Aufteilung beantragen. Die außergewöhnlichen Belastungen unterteilen sich in individuelle Einzelfälle, die nicht einheitlich geregelt werden können (§ 33 EStG), im Wesentlichen gleichartige Fälle, die durch Typisierung berücksichtigt werden (§§ 33a–33c EStG).

b) Voraussetzung für außergewöhnliche Belastungen nach § 33 EStG ist, dass die Aufwendungen größer sind als diejenigen der überwiegenden Mehrzahl der Stpfl. mit gleichen Einkommens- und Vermögensverhältnissen sowie gleichem Familienstand. Erforderlich ist eine echte wirtschaftliche Belastung des Stpfl., dh er muss zu Ausgaben gezwungen sein, die er endgültig selbst zu tragen hat. Erhält der Stpfl. einen Gegenwert für seine Aufwendungen, liegt keine Belastung vor (Gegenwerttheorie). Ebenso werden Vorgänge auf der reinen Vermögensebene, die die individuelle Leistungsfähigkeit nicht berühren, grundsätzlich nicht berücksichtigt. Weiter müssen die Aufwendungen zwangsläufig entstehen, dh der Stpfl. kann sich ihnen aus rechtlichen, tatsächlichen oder sittlichen Gründen nicht entziehen. Sie müssen ferner notwendig und angemessen sein (§ 33 I u. II EStG). Die tatsächlich angefallenen Aufwendungen sind für ihre steuerliche Berücksichtigung um den Teil der zumutbaren Belastung zu kürzen. Die zumutbare Belastung beträgt 1–7 vH des Gesamtbetrags der Einkünfte (§ 33 III EStG). Beispiele für außergewöhnliche Belastungen sind Aufwendungen für Krankheit, Sanatoriumsaufenthalt, Beerdigungskosten und bestimmte Kosten der → Ehescheidung. Die Berücksichtigung von Prozesskosten ist ab 2013 als Reaktion auf die Rspr. gesetzlich eingeschränkt worden (§ 33 II EStG). Sie ist nur noch mögl., wenn es sich um Aufwendungen handelt, ohne die der Stpfl. Gefahr liefe, seine Existenzgrundlage zu verlieren und seine lebensnotwendigen Bedürfnisse im übl. Rahmen nicht mehr befriedigen zu können.

2. Bei den außergewöhnlichen Belastungen der §§ 33a und 33b EStG handelt es sich um besondere Fälle, die bei einer größeren Zahl von Stpfl. auftreten und die zweckmäßig typisiert geregelt werden, um eine → Gleichmäßigkeit der Besteuerung herbeizuführen. Eine zumutbare Belastung ist bei diesen nicht zu berücksichtigen. Dazu gehören:

a) Aufwendungen bis zu einem Höchstbetrag von 10.347 EUR (seit 1.1.2022, ab 2023 erfolgt eine dynamisierte Erhöhung) für den Unterhalt und eine etwaige Berufsausbildung gegenüber einer gesetzlich unterhaltsberechtigten Person (§ 33a EStG). Voraussetzung ist, dass weder der Stpfl. noch eine andere Person Anspruch auf einen Kinderfreibetrag oder Kindergeld hat (→ Familienleistungsausgleich). Eigene Einkünfte und Bezüge des Unterhaltsberechtigten sind bis 624 EUR unschädlich; Ausbildungsbeihilfen usw. sind voll anzurechnen (§ 33a I EStG). Weitere tatbestandliche Voraussetzung ist die Angabe der → Identifikationsnummer (§ 139b AO) der unterhaltenen Person. Für 2023 wurde der Ausbildungsfreibetrag auf 1.200 EUR erhöht.

b) Aufwendungen in Höhe von 924 EUR für die Berufsausbildung eines auswärtig untergebrachten, volljährigen Kindes für das der Stpfl. einen Kinderfreibetrag oder Kindergeld erhält (§ 33a II EStG, Ausbildungsfreibetrag). Seit 2012 entfällt die Anrechnung eigener Bezüge und Einkünfte des Kindes. Wird das 18. Lebensjahr erst während des Kalenderjahrs vollendet, werden die Ausbildungsfreibeträge gezwölftelt, angefangene Monate zählen voll (§ 33a IV EStG). Der Freibetrag kann nur einmal abgezogen werden. Jedem Elternteil steht grundsätzlich die Hälfte des Abzugsbetrages zu. Auf gemeinsamen Antrag der Eltern ist eine andere Aufteilung möglich.

c) Zur Abgeltung der außergewöhnlichen Belastungen, die einem behinderten Menschen infolge seiner Belastung entstehen, sind in § 33b I–III EStG Pauschalen vorgesehen (Behindertenpauschbetrag). Diese sind nach dem Grad der Behinderung gestaffelt und betragen 384 EUR bis 7.400 EUR. Daneben wird für Aufwendungen für durch eine Behinderung veranlasste Fahrten eine behinderungsbedingte Fahrtkostenpauschale von 900 oder 4.500 EUR (abhängig vom Grad der Behinderung) gewährt.

d) Weitere Pauschbeträge werden für Hinterbliebene, die Hinterbliebenenrente beziehen (370 EUR, § 33b IV EStG), und für die persönliche Pflege eines Hilflosen gewährt (abhängig vom Pflegegrad 600 bis 1.800 EUR, Pflege-Pauschbetrag, § 33b VI EStG). Dabei zählt das von den Eltern eines behinderten Kindes für dieses empfangene Pflegegeld unabhängig von seiner Verwendung nicht zu den Einnahmen.

Belastungserprobung und Arbeitstherapie

Die Belastungserprobung und die Arbeitstherapie gehören zu den Leistungen der gesetzlichen → Krankenversicherung (§ 42 SGB V).

Die Belastungserprobung dient der Feststellung, ob und inwieweit ein Versicherter den Anforderungen seines bisherigen oder notfalls eines anderen angemessenen Berufs (noch) gewachsen ist. Die Belastungserprobung erfasst die körperliche, psychische, intellektuelle und praktische Leistungsfähigkeit des Betroffenen; weiterhin sollen durch die Belastungserprobung das arbeitsrelevante Leistungsprofil und die soziale Anpassungsfähigkeit ermittelt werden. Ziel der Belastungserprobung ist es, die beruflichen Eingliederungschancen zu ermitteln und Vorschläge zur beruflichen Eingliederung zu unterbreiten. Die Belastungserprobung und Arbeitstherapie werden in der Regel in Einrichtungen am Wohnort des Versicherten oder in Rehabilitationseinrichtungen durchgeführt. In Einzelfällen kann sie auch in einem Krankenhaus bzw. einem Betrieb als ausgelagerte Therapie durchgeführt werden.

Die Belastungserprobung wird ergänzt durch die → Arbeitstherapie.

Gegenüber vergleichbaren Leistungen anderer Träger der Sozialversicherung, insbesondere der Rentenversicherung, sind die genannten Leistungen der Krankenversicherung subsidiär. Für die Subsidarität kommt es nicht auf die Durchführung der Leistung sondern ausschließlich auf die rechtliche Befugnis zur Bewilligung der Leistung an. Die Versicherten haben gegenüber ihrer Krankenkasse einen Rechtsanspruch auf Belastungserprobung und Arbeitstherapie, bei der die Krankenkasse keinen Ermessenspielraum hat. Die Belastungserprobung und Arbeitstherapie kann auch im Rahmen einer stationären Krankenhausbehandlung erfolgen. Wird die Leistung als Dauerleistung erbracht, entscheidet die Krankenkasse nach pflichtgemäßem Ermessen über Art, Beginn, Dauer, Ende und Umfang der Leistung.

Belastungsgrenze

Die Belastungsgrenze richtet sich in der gesetzlichen → Krankenversicherung nach § 62 SGB V. Unter ihr werden alle Zuzahlungen der Versicherten erfasst, die diese für → Arzneimittel, → Heilmittel, → Hilfsmittel, → häusliche Krankenpflege, → Haushaltshilfe, → Krankenhausbehandlung, Aufwendungen für stationäre medizinische Vorsorge, Aufwendungen für → ambulante oder stationäre Maßnahme zur Rehabilitation sowie für → Soziotherapie leisten. Unter die Belastungsgrenze fallen zB nicht die Aufwendungen für Zahnersatz (Ausnahme s. § 55 II SGB V). Ausgeschlossen sind ferner zB Aufwendungen für ausgeschlossene Arznei-, Heil- und Hilfsmittel sowie für Arznei- oder Hilfsmittel, deren Abgabepreis über dem Festbetrag liegt. Kosten für Maßnahmen der künstlichen Befruchtung sind ebenso nicht zu berücksichtigen wie Aufwendungen für empfängnisverhütende Mittel nach Vollendung des 20. Lebensjahres. Die vorstehende Aufzählung ist nicht abschließend. Wichtig ist in diesem Zusammenhang aber auch noch, dass Aufwendungen für im Ausland in Anspruch genommene Sachleistungen, die nicht unter (EG) 987/09 fallen, auch nicht berücksichtigt werden können.

Die Belastungsgrenze berechnet sich nach einem Vor-Hundert-Satz der Brutteinkünfte. Bei verheirateten Paaren zählt das Bruttoeinkommen beider Personen. Übersteigen die berücksichtigungsfähigen Zuzahlungen in einem Kalenderjahr 2% der Bruttoeinkünfte, ist die Belastungsgrenze erreicht. Bei chronisch Erkrankten ist die Belastungsgrenze bei geleisteten berücksichtigungsfähigen Zuzahlungen iHv 1% der Bruttoeinkünfte erreicht. Wird die Belastungsgrenze bei einem chronisch Erkrankten erreicht, gilt die Belastungsgrenze aber nur für ihn. Der Ehepartner profitiert hiervon nicht. Für ihn verbleibt es bei der 2%-Belasungsgrenze, wenn er nicht ebenfalls chronisch erkrankt ist.

Wird bereits eine Rente aus der gesetzlichen → Rentenversicherung oder der gesetzlichen → Unfallversicherung bezogen, ist der Bruttobetrag für die Berechnung der Belastungsgrenze heranzuziehen. Die vom Versicherten zu zahlenden Eigenanteile zur → Krankenversicherung der Rentner werden nicht abgezogen.

Wird die Belastungsgrenze überschritten, erhält das Mitglied von seiner → Krankenkasse einen entsprechenden Nachweis.

Belegarztvertrag
Ein Belegarztvertrag ist ein atypischer Dauervertrag (→ Vertrag, → Dauerschuldverhältnis), den ein frei praktizierender → Arzt mit einem Krankenhaus zur Unterbringung seiner stationär zu behandelnden Patienten schließt (§ 18 KrankenhausentgeltG v. 23.4.2002 (BGBl. 2002 I 1422)). Bei der → Kündigung des Belegarztvertrags ist entsprechend der Regelung beim → Dienstvertrag und bei der → Gesellschaft des bürgerlichen Rechts eine angemessene Frist einzuhalten. Vom Belegarztvertrag zu unterscheiden sind der vom Patienten mit dem Krankenhaus geschlossene Vertrag, → Krankenhausvertrag, der nur zur Erbringung von Versorgungs- und Pflegeleistungen verpflichtet, sowie der zwischen Belegarzt und seinem Patienten geschlossene → Behandlungsvertrag, der die Heilbehandlung zum Gegenstand hat.

Belegenheit
→ Internationales Privatrecht (2 f).

Belegschaftsaktie
→ Bezugsrecht.

Belegschaftsrabatt
→ Rabattfreibetrag.

Belegschaftsversammlung
→ Betriebsversammlung.

Belehrung
→ Rechtsmittelbelehrung, → Rechtsbehelfsbelehrung, → Zeugnisverweigerungsrecht, → Verwarnung bei Ordnungswidrigkeiten, → Vernehmungen im Strafverfahren, → Beweisverbote.

Beleidigung
Straftatbestand nach § 185 StGB, wo der Begriff der Beleidigung aber nicht definiert wird. Beleidigung ist nach der Rspr. der rechtswidrige Angriff auf die Ehre eines anderen durch vorsätzliche Kundgabe der Missachtung.

1. Die → Ehre als geschütztes Rechtsgut ist der innere und äußere Wert des Menschen, dh seine Würde (geschützt durch Art. 1 I GG) und sein Achtungsanspruch innerhalb der menschlichen Gesellschaft. Geschützt wird grundsätzlich die Ehre des Lebenden; wegen Beschimpfung des Andenkens Verstorbener s. 2d. Beleidigungsfähig sind auch Behörden und Verwaltungskörperschaften (§ 194 III 2 StGB), nach der Rspr. aber auch sonstige Personengemeinschaften, soweit sie eine rechtlich anerkannte gesellschaftliche, soziale oder wirtschaftliche Funktion besitzen und einen einheitlichen Willen bilden können bestimmbar sind (zB bestimmte Vereine, Verbände, Parteien, Personen- oder Kapitalgesellschaften). Dagegen versteht man unter einer Kollektivbeleidigung bzw. Beleidigung unter einer Kollektivbezeichnung die Beleidigung einer Personenmehrheit, die nicht durch solche Beziehungen zusammengehalten wird, aber nach anderen äußeren Kennzeichen klar abgrenzbar und überschaubar ist (zB die im Nationalsozialismus verfolgten deutschen Juden, die an einem bestimmten Einsatz mitwirkenden oder in einer bestimmten Stadt tätigen Polizeibeamten; zur Äußerung „Soldaten sind Mörder" s. BVerfG NJW 1995, 3303 mit Sondervotum NJW 1995, 3309). Wird das Opfer aufgrund seiner Zugehörigkeit zu einer nicht klar abgrenzbaren Gruppe getroffen, indem man bestimmte die Gruppe beschimpfende → Inhalte (§ 11 III StGB) an ihn gelangen lässt, kann eine → verhetzende Beleidigung (§ 192a StGB) gegeben sein. Zu weiteren Erscheinungsformen sog. → Hasskriminalität s. dort, → Volksverhetzung.

Die Missachtung (Nichtachtung) kann mündlich, schriftlich, tätlich (körperlicher Angriff, Berührung) oder in sonstiger Weise kundgegeben werden; es ist aber immer eine Kundgabe (Äußerung) erforderlich. Vertrauliche Äußerungen (zB im engsten Familienkreis) sind nur dann kundgegeben, wenn die begründete Möglichkeit der Weitergabe an Dritte besteht. Die Anerkennung derartiger sog. beleidigungsfreier Räume dient dem verfassungsrechtlich gebotenen Schutz des Kernbereichs privater Lebensführung. Durch die Überwachung in einer Haftanstalt verliert eine vertrauliche Äußerung zwischen der inhaftierten Person und einem Dritten diesen Charakter nicht (BVerfG NJW 1995, 1015). Zu sexuell konnotierten Äußerungen bzw. einer Verletzung der „Geschlechtsehre" s. auch → Sexuelle Belästigung, → Catcalling. Die Rechtswidrigkeit der Beleidigung entfällt bei → Einwilligung des Verletzten (bei unsittlichen Angriffen auf Jugendliche nur, soweit diese den beleidigenden Charakter der Handlung erkennen) sowie nach § 193 StGB bei Wahrnehmung berechtigter Interessen (s. 3b). In allen Fällen der Beleidigung ist Vorsatz des Täters erforderlich.

2. In der Systematik der Beleidigungsdelikte des StGB spielt v. a. die Unterscheidung von Werturteilen und Tatsachenbehauptungen eine Rolle:

a) Eine Verleumdung (§ 187 StGB) liegt vor, wenn der Täter gegenüber einem Dritten über einen anderen wider besseres Wissen eine unwahre Tatsache behauptet, die geeignet ist, diesen verächtlich zu machen oder in der öffentlichen Meinung herabzuwürdigen oder seinen Kredit zu gefährden. Die Strafe ist Freiheitsstrafe bis zu 2 Jahren (bei öffentl. Begehung bis zu 5 Jahren) od. Geldstrafe.

b) Eine üble Nachrede, die in § 186 StGB mit der gleichen Strafe wie in § 185 StGB bedroht ist, liegt bei einer Handlung nach a) schon dann vor, wenn die behauptete Tatsache in den wesentlichen Punkten nicht erweislich wahr ist. Auf Letzteres muss sich der Vorsatz des Täters nicht beziehen; es handelt sich um eine objektive → Bedingung der Strafbarkeit. Die Frage der Erweislichkeit hat das Gericht zu klären; den Behauptenden trifft keine Beweisführungslast, doch wirkt sich ein Misslingen des Wahrheitsbeweises (→ non liquet) in Abweichung von dem Grundsatz → in dubio pro reo zu seinem Nachteil aus.

c) § 185 StGB erfasst als Auffangtatbestand die Fälle der Kundgabe einer ehrenrührigen Tatsache gegenüber dem Betroffenen (bei a) und b) muss sie gegenüber Dritten erfolgen) sowie die Äußerung von Werturteilen, wobei dies gegenüber dem Betroffenen genauso wie gegenüber Dritten geschehen kann. Bedroht ist sie mit Geldstrafe oder Freiheitsstrafe bis zu 1 Jahr; die tätliche Beleidigung sowie eine öffentlich, in einer Versammlung oder durch Verbreiten eines → Inhalts begangene Beleidigung wird mit Geldstrafe oder Freiheitsstrafe bis zu 2 Jahren bestraft.

d) Die Verunglimpfung des Andenkens Verstorbener wird nach § 189 StGB mit Freiheitsstrafe bis zu 2 Jahren oder Geldstrafe bestraft.

e) Zugunsten im politischen Leben stehender Person sieht der → Qualifikationstatbestand des § 188 StGB erhöhte Strafdrohungen vor, wenn eine Beleidigung, eine üble Nachrede oder Verleumdung öffentlich oder durch Verbreitung von → Inhalten (§ 11 III StGB) gegen eine solche Person aus Motiven begangen wird, die mit politischen Tätigkeit zusammenhängen, und die Tat geeignet ist, das öffentliche Wirken erheblich zu erschweren. Der Schutz des politischen Lebens reicht dabei bis zur kommunalen Ebene (§ 188 I 2 StGB). → Hasskriminalität.

3. a) Schon tatbestandlich scheidet eine Beleidigung idR aus, wenn Gegenstand der Kundgabe die Äußerung einer wahren Tatsache ist, auch wenn diese "ehrenrührig" ist. Eine Ausnahme gilt nach § 192 StGB dann, wenn die Form oder die Umstände der Äußerung gleichwohl eine bewusste Ehrenkränkung erkennen lassen, zB durch Verwendung von Schimpfworten oder betont öffentliches Vorgehen. Unter denselben Voraussetzungen entfällt der Ausschluss der Rechtswidrigkeit bei Wahrnehmung berechtigter Interessen (s. b); § 193 StGB aE). Fälle des § 192 StGB werden zT auch als „Formalbeleidigung" bezeichnet, wobei dem Begriff aber auch noch eine abweichende verfassungsrechtliche Bedeutung zukommt (nachfolgend 3b).

b) Die Beleidigung ist nicht rechtswidrig, wenn es sich um tadelnde Urteile über wissenschaftliche, künstlerische oder gewerbliche Leistungen, Rügen von Vorgesetzten oder dienstliche Beurteilungen handelt, ebenso nicht, wenn der Täter bei einer inhaltlich beleidigenden Äußerung in Ausübung oder Verteidigung von Rechten oder in Wahrnehmung berechtigter Interessen handelt (§ 193 StGB). IdR zählen hierzu nur eigene (persönliche) Interessen des Äußernden, hingegen allgemeine (zB wirtschaftliche) nur, wenn sie ihn zugleich – etwa als Staatsbürger – berühren, fremde Interessen nur kraft besonderer Beziehung (Vormund, Rechtsanwalt). Für Presse, Rundfunk und Fernsehen ist (zum Teil schon in den Landespressegesetzen) ein Recht zur Wahrnehmung allgemeiner Interessen im Rahmen ihrer Informationspflicht und ihrer Aufgabe, zur öffentlichen Meinungsbildung beizutragen, anerkannt. Doch ist die Rechtswidrigkeit nur ausgeschlossen, wenn die Schwere des Angriffs der Bedeutung des durch die Interessenwahrnehmung zu wahrenden Rechtsgutes angemessen ist. Regelmäßig erforderlich ist daher eine Abwägung zwischen diesem Gut und der Beeinträchtigung der Ehre.

Wesentliche Bedeutung kommt bei dieser Abwägung der Ausstrahlung der Grundrechte aus Art. 5 GG (Meinungs-, Presse-, Kunstfreiheit) zu: Die §§ 185 - 187 StGB sind allgemeine Gesetze iSd Art. 5 II GG, sind jedoch ihrerseits im Licht dieses Grundrechts auszulegen. Zu beachten ist dabei, dass die Meinungsfreiheit nicht nur sachlich-differenzierte Äußerungen schützt; vielmehr darf Kritik gerade auch pointiert, polemisch und überspitzt erfolgen. Insb. gegenüber Maßnahmen der öffentlichen Gewalt ist auch drastische Kritik grundsätzlich zulässig. Eine schwere Ehrenkränkung ist aber iErg weder durch die Verteidigung eines minder wichtigen Interesses noch bei Presseveröffentlichungen durch das Sensationsbedürfnis der Leser zu rechtfertigen (BGHSt. 18, 182). Außerdem dürfen ehrenkränkende Behauptungen nicht leichtfertig, dh ohne die mögliche und zumutbare Nachprüfung ihrer Richtigkeit aufgestellt werden.

Nicht von einer Abwägung hängt die Strafbarkeit einer Äußerung dann ab, wenn diese auf die unantastbare Menschenwürde des Betroffenen durchschlägt und damit einer Abwägung nicht mehr zugänglich ist. Das ist der Fall bei sog. Schmähkritik, bei der nicht mehr eine Auseinandersetzung in der Sache, sondern die Diffamierung einer Person im Vordergrund steht, dh wenn kein irgendwie nachvollziehbarer Bezug zu einer sachlichen Auseinandersetzung mehr besteht und es dem Äußernden nur um das grundlose Verächtlichmachen der betroffenen Person geht. Hierzu gehören auch sog. Formalbeleidigungen (im verfassungsrechtlichen Sinn, nicht deckungsgleich mit § 192 StGB, s. hierzu oben 3a), nämlich beim Einsatz kontextunabhängig gesellschaftlich absolut missbilligter und tabuisierter Begrifflichkeiten, also va bei mit Vorbedacht verwendeten, besonders krassen, aus sich heraus herabwürdigenden Schimpfwörtern insbes. der Fäkalsprache (BVerfG NJW 2020, 2622, (2624)).

c) Bei wechselseitigen, auf der Stelle erwiderten Beleidigungen kann der Richter beide oder einen Beteiligten für straffrei erklären (Kompensation, § 199 StGB).

4. Die Beleidigung ist → Antragsdelikt; sie wird nur auf Antrag des Verletzten oder sonst Antragsberechtigten – insbes. des gesetzlichen Vertreters – verfolgt (§ 194 StGB, → Strafantrag). Bei Verunglimpfung des Andenkens Verstorbener sind deren Ehegatten, eingetragene Lebenspartner und Kinder, evtl. Eltern, Geschwister und Enkel antragsberechtigt (§ 77 II StGB). Bei Beleidigung eines → Amtsträgers kann auch der Dienstvorgesetzte Strafantrag stellen (§ 194 III StGB). Über Verfolgung von Amts wegen bei (öffentl.) Beleidigungen von Opfern einer Gewaltherrschaft s. § 194 I 2–5, II 2–4 StGB. Stellt die behauptete Tatsache eine Straftat dar, und ist es für die richterliche Entscheidung von Bedeutung, ob sie wahr oder unwahr ist, so ist der Wahrheitsbeweis als erbracht anzusehen, wenn der Beleidigte rechtskräftig verurteilt worden ist; nach rechtskräftigem Freispruch ist er ausgeschlossen (§ 190 StGB). Schweben die Ermittlungen noch, so ist das Verfahren wegen Beleidigung auszusetzen (§ 154e StPO). S. ferner → Privatklage, → Verdächtigung (falsche), → Bekanntgabe der Verurteilung.

5. Die Beleidigung von Organen und Vertretern ausländischer Staaten war in § 103 I StGB aF als eigener Straftatbestand normiert. Zur Verfolgung der Tat war erforderlich, dass die Gegenseitigkeit verbürgt war, ein Strafverlangen der ausländischen Regierung vorlag und die Bundesregierung die Ermächtigung zur Strafverfolgung erteilte (§ 104a StGB). Im Zug der politischen Diskussion um ein durch den Präsidenten der Republik Türkei angestoßenes und auf § 103 StGB aF gestütztes Strafverfahren wurde der Tatbestand mit Wirkung zum 1.1.2018 aufgehoben (BGBl. 2017 I 2439).

Beleuchtung von Fahrzeugen

1. a) Für Kraftfahrzeuge regeln die §§ 49a ff. StVZO insbes. die Abmessungen und das Anbringen der Scheinwerfer für Fern- und Abblendlicht (§ 50 StVZO), der Seitenbegrenzungsleuchten, Park- und Umrissleuchten (§§ 51 ff. StVZO), der Nebel-, Such- und Rückfahrscheinwerfer (§§ 52 f. StVZO), der Schluss- und Bremsleuchten, Rückstrahler, Warn- und Nebelschlussleuchten (§§ 53, 53a, 53d StVZO), der hinteren Kennzeichenbeleuchtung (§ 60 IV, V StVZO) sowie der Kontrollampen für Fernlicht und Richtungsanzeiger (§§ 50 V, 54 II StVZO). Über Stärke der Scheinwerfer s. §§ 50 V, VI a StVZO, für Fahrräder § 67 I StVZO. Verwendung blauen Blinklichts ist bestimmten Kfz der Polizei, der → Bundespolizei, des Zolldienstes, der Feuerwehr, des Katastrophenschutzes sowie den Unfallhilfs- und Krankenwagen vorbehalten, gelbes Blinklicht den Kfz des Straßendienstes und der Müllabfuhr sowie nach Genehmigung den Pannenhilfsfahrzeugen, den Notfallarztwagen und Fz von besonders breiter Bauart (§ 52 III–VI StVZO).

b) Andere Fahrzeuge (Pferdefuhrwerke usw.) und ihre Anhänger müssen bei Dunkelheit oder, wenn die Sichtverhältnisse es erfordern, vorn eine Leuchte mit weißem Licht und ein rotes Schlusslicht führen, außerdem an der Rückseite zwei rote Rückstrahler (§ 66a StVZO). An Fahrrädern und Leichtmofas müssen ein Scheinwerfer mit weißem Licht, ein nach vorn wirkender weißer Rückstrahler, an der Rückseite ein rotes Schlusslicht und ein roter Rückstrahler sowie an beiden Seiten der Pedale gelbe Rückstrahler, an den Längsseiten Speichenrückstrahler oder reflektierende Reifenstreifen angebracht sein; die Schlussleuchte und einer der Rückstrahler dürfen in einem Gerät vereinigt sein (§ 67 StVZO, § 1 Leichtmofa-AusnahmeVO vom 26.3.1993, BGBl. 1993 I 394; über Mofas u. Kleinkrafträder s. § 50 VIa StVZO; über elektronische → Mobilitätshilfen s. § 5 Mobilitätshilfen-VO).

2. Für die Beleuchtung des Fz ist in erster Linie der Fahrer verantwortlich, neben ihm der Halter, der sich in Zeitabständen, die dem Umfang der Benutzung angemessen sind, vom Zustand der Beleuchtungseinrichtungen überzeugen muss; der Halter haftet für Mängel, wenn er sie kennt oder kennen muss (§ 31 I, II StVZO). Der Fahrer hat vor Fahrtantritt die Beleuchtungseinrichtungen zu prüfen, während der Fahrt nur, wenn sich dazu Anlass ergibt. Während der Dämmerung, bei Dunkelheit oder wenn es die Sichtverhältnisse sonst erfordern, sind die Beleuchtungseinrichtungen einzuschalten. Mit Standlicht darf nicht gefahren werden. Bei starkem Nebel, Schneefall oder Regen ist Abblendlicht einzu-

schalten. Nebelscheinwerfer dürfen nur bei solchem Wetter verwendet werden, Suchscheinwerfer nur vorübergehend und nicht zum Beleuchten der Fahrbahn; Krafträder, ausgenommen Leichtmofas, müssen auch am Tage mit Abblendlicht fahren (§ 17 StVO, § 52 I, II StVZO). Haltende Fz sind außerhalb geschlossener Ortschaften mit eigener Lichtquelle zu beleuchten; innerorts genügen Parkleuchten, Park-Warntafeln (§ 51c III StVZO) oder andere Lichtquellen (Straßenbeleuchtung u. dgl., § 17 IV 2 StVO; sog. Laternengarage – ausgenommen größere Kfz. und Anhänger). Liegenbleibende mehrspurige Fz. sind durch Blinklicht, Warnzeichen (bei Schnellverkehr in 100m Entfernung) und Warndreieck zu sichern (§ 15 StVO).

Beliehene Unternehmer
sind (natürliche oder juristische) Personen des Privatrechts, die hoheitliche Funktionen im eigenen Namen und meist auch im eigenen Interesse, aber im Auftrag des Staates ausüben, ohne Teil der Staatsorganisation zu sein. Sind ihnen Aufgaben des öffentl. Rechts in dessen Handlungsformen übertragen, so sind sie → Behörden iS von § 1 IV VwVfG; das ist zB beim Techn. Überwachungsverein (TÜV) der Fall.

Belohnung
→ Auslobung.

Belohnung und Billigung von Straftaten
Straftatbestand nach § 140 StGB, der als abstraktes → Gefährdungsdelikt den öffentlichen Frieden schützt (str.). Danach macht sich strafbar, wer eine der besonders schweren Straftaten, deren Vorhaben der strafrechtlichen → Anzeigepflicht nach § 138 I Nr. 1 bis 4 StGB unterliegt oder deren Androhung nach § 126 I StGB (→ Androhung von Straftaten) strafbar ist (zB Mord, → Raub, → Hochverrat oder bestimmte → Sexualstraftaten) belohnt oder öffentlich, in einer Versammlung oder durch Verbreiten eines → Inhalts in friedensstörender Weise billigt. Eine Belohnung erfüllt den Tatbestand nur bei Taten, die bereits begangen oder versucht worden sind. Dagegen kann die Billigung seit der Erweiterung des Tatbestands im Jahr 2021 (→ Hasskriminalität 2b) auch einer zukünftigen Tat gelten. Der Strafrahmen umfasst Freiheitsstrafe bis zu drei Jahren sowie Geldstrafe (→ Strafen). Die Vorschrift gilt nur subsidiär, dh falls nicht nach anderen Bestimmungen eine schwerere Strafe angedroht ist; so zB wenn der Anstifter dem Täter eine vorher zugesagte Belohnung nach der Tat zahlt (Bestrafung dann wegen → Anstiftung). Zur Verbreitung sog. „Feindeslisten" → Gefährdendes Verbreiten personenbezogener Daten (§ 126a StGB). → Aufforderung zu Straftaten.

Belohnungen für Aufklärung von Straftaten
werden durch → Auslobung nach den Landesvorschriften der Innen- und Justizverwaltung für Hinweise aus der Bevölkerung zugesagt, die zur Ermittlung eines Straftäters (namentlich bei Kapitalverbrechen) führen können. Zuständig ist die ermittelnde Staatsanwaltschaft oder Polizeibehörde. IdR behält sich die aussetzende Stelle die Verteilung der Belohnungen je nach der Bedeutung der Hinweise unter Ausschluss des Rechtsweges vor, dh ohne dass ein Rechtsanspruch zuerkannt wird. Empfänger der Belohnungen dürfen nur Privatpersonen sein, nicht Beamte, die berufsmäßig in der Strafverfolgung tätig sind.

Bemessungsgrundlage
im Steuerrecht ist der Maßstab zur Ermittlung der Steuer (Besteuerungsgrundlage). Aus Bemessungsgrundlage und Steuertarif ergibt sich die Steuer. Die Bemessungsgrundlage hängt von der Steuerart ab. Bei der Einkommen- und Körperschaftsteuer ist Bemessungsgrundlage das zu versteuernde Einkommen (§ 2 V EStG, § 7 I KStG). Bei der Umsatzsteuer ist Bemessungsgrundlage das Entgelt für die Lieferung oder sonstige Leistung (§ 10 I UStG). Verbreiterung der Bemessungsgrundlage ist eine Umschreibung für Erhöhung der Bemessungsgrundlage und damit für Erhöhung der Steuern.

Benachteiligungsverbot
→ Gleichberechtigung, → Gleichbehandlung, sa → Diskriminierungsverbot im Wettbewerb.

beneficium
(lat.; eigentlich Wohltat) Beneficium war im Mittelalter vornehmlich die Bezeichnung für das dem Lehnsmann (Vasallen) gegebene → Lehen. Es bestand ursprünglich in einer Landschenkung, dann nur noch in einer auf Lebzeiten des Herrn und des Vasallen beschränkten Leihe und konnte erst später erblich sein. Ein beneficium konnte aber auch unabhängig von einem Lehensverhältnis zur Leihe gegeben werden, so zB als Belohnung für geleistete Dienste oder bei Kirchengut zur bäuerlichen Nutzung. Der Begriff beneficium wird ferner iS von Rechtswohltat gebraucht. Historisch ist eines der bekanntesten Benefizien das beneficium emigrationis, das im Augsburger Religionsfrieden 1555 den Andersgläubigen, die nach dem Grundsatz → cuius regio eius religio den Glauben hätten wechseln müssen, das Recht zur Auswanderung einräumte. Fälle, in denen ein beneficium eine echte Rechtswohltat darstellte, kannte bereits das → römische Recht, zB das beneficium inventarii (Recht des Erben, durch Aufstellen eines Inventars seine Haftung auf den Nachlass zu beschränken; so in begrenztem Umfang heute nach § 2009 BGB).

Benehmen
→ Einvernehmen.

Beneluxstaaten
ist die Abkürzung für Belgien, Niederlande, Luxemburg; sie sind außer durch eine Zollunion (seit 1948) inzwischen in erster Linie

durch die → Europäische Union untereinander verbunden.

Benennungsverlangen
Für die Prüfung, ob die Empfänger/Gläubiger eine vom Stpfl. geleistete Zahlung der Besteuerung unterworfen haben, können die Finanzbehörden vom Stpfl. die genaue Benennung der Empfänger/Gläubiger verlangen. Kommt der Stpfl. dieser Aufforderung nicht nach, so erkennt die Finanzbehörde idR die Zahlung nicht als steuermindernde Aufwendung an (§ 160 AO). Es handelt sich beim Benennungsverlangen um eine → Ermessensentscheidung, die sich auf zwei Stufen vollzieht:

Das Benennungsverlangen muss sich im Rahmen des pflichtgemäßen Ermessens halten, dh es dürfen vom Stpfl. keine Angaben gefordert werden, die für ihn unzumutbar sind.

Bei nicht ordnungsgemäßer Empfängerbenennung ist zu prüfen, ob die Folgen für den Stpfl. pflichtgemäßem Ermessen entsprechen.

Das Benennungsverlangen ist kein Verwaltungsakt und kann daher nicht mit Einspruch angefochten werden. Der Stpfl. muss die Prüfung der Rechtmäßigkeit des Benennungsverlangens durch Einspruch gegen den Steuerbescheid klären lassen; → Bestechung (5).

Benutzer, informierter
→ Informierter Benutzer; → Design.

Benutzung der Fahrbahn
im Straßenverkehr → Fahrbahn.

Benutzung der Gewässer
→ Gewässer.

Benutzung, öffentliche
→ Gemeingebrauch.

Benutzung urheberrechtlich geschützter Werke
→ Nutzungsrecht, → Urheberrecht.

Benutzungsgebühren
→ Abgaben.

Benutzungsordnungen
für öffentliche Einrichtungen (zB Verkehrsmittel, Bibliotheken, Schwimmbäder) können öffentlich-rechtlicher (dann sind sie meist → Satzungen) oder privatrechtlicher Natur sein, je nachdem, wie das Rechtsverhältnis der Einrichtung zu den Benutzern geregelt ist.

Benutzungszwang
→ Anschluss- und Benutzungszwang.

Beobachtung in einem psychiatrischen Krankenhaus
1. Im Strafverfahren kann zur Vorbereitung eines psychiatrischen Gutachtens die Beobachtung eines dringend tatverdächtigen Beschuldigten in einem öffentl. psychiatrischen Krankenhaus auf die Dauer von höchstens 6 Wochen durch Gerichtsbeschluss angeordnet werden (§ 81 StPO). Ein Jugendlicher kann auch zur Begutachtung seines Entwicklungsstandes, der für die jugendstrafrechtliche Verantwortlichkeit von Bedeutung ist, in eine geeignete Anstalt eingewiesen werden (§ 73 JGG). Nach dem Grundsatz der → Verhältnismäßigkeit ist die Einweisung nur zulässig, wenn andere Untersuchungsmöglichkeiten nicht ausreichen. Wiederholte Unterbringung ist möglich; die Dauer darf aber 6 Wochen insgesamt nicht übersteigen. Vor der Beschlussfassung hat das Gericht einen Sachverständigen und den Verteidiger, der ggf. zu bestellen ist, zu hören. Gegen den Einweisungsbeschluss ist sofortige Beschwerde zulässig. Sie hat aufschiebende Wirkung. Die Einlieferung und die nötigen körperlichen Untersuchungen können nach § 81a StPO auf Grund gerichtlicher Anordnung erzwungen werden.

2. Im Verfahren über eine → Betreuung (§§ 271 ff. FamFG) oder eine Unterbringung (§ 312 FamFG) kann das Gericht nach Anhörung eines Sachverständigen anordnen, dass der Betroffene zur Vorbereitung eines Gutachtens über die Notwendigkeit der Betreuung oder Unterbringung bis zu 6 Wochen auch in einer Krankenanstalt untergebracht und beobachtet wird (§ 284 II FamFG, § 322 FamFG). Eine Verlängerung bis zu 3 Monaten ist möglich.

3. → Anstaltsunterbringung.

Beobachtungsfall
→ Verfassungsschutz, 3.

Beratung
→ Raterteilung; → Anlageberatung; Beratung durch die Behörde s. → Aufklärungspflicht der Verwaltungsbehörde, → Auskunft (behördliche), → Aufklärungspflicht über Sozialleistungen; Beratung im Gericht s. → Abstimmung (2) und im Folgenden.

Beratung vor gerichtlichen Entscheidungen
Das Verfahren, in dem die mitwirkenden Richter beraten und abstimmen (§§ 192–197 GVG), ist bei allen Gerichtsbarkeiten gleich. Die Beratung darf ebenso wie die Abstimmung nur in Anwesenheit der mitwirkenden Richter und der bei dem Gericht zur juristischen Ausbildung Beschäftigten (auch ausländische Richter usw.) stattfinden (§ 193 GVG, § 52 III FGO). Sie ist geheim (→ Beratungsgeheimnis); der Vorsitzende leitet sie. Jeder Richter (auch der ehrenamtliche, zB Schöffe) ist zur Stimmabgabe verpflichtet. Das Gericht entscheidet mit absoluter Mehrheit der Stimmen; im Strafprozess ist für jede dem Angeklagten nachteilige Entscheidung über Schuld und Strafe – außer in der Frage der Strafaussetzung zur Bewährung – Zweidrittelmehrheit erforderlich (§ 263 StPO). Die Reihenfolge der Stimmabgabe regelt § 197 GVG (vgl. → Abstimmung).

Beratungsgeheimnis
Alle Richter – auch ehrenamtliche – haben über den gesamten Hergang bei der → Beratung und Abstimmung zu schweigen, auch

nachdem ihr Dienstverhältnis beendet ist (§§ 43, 45 III DRiG). Motiv für das Beratungsgeheimnis ist die → Unabhängigkeit des Richters. Unter besonderen Voraussetzungen gibt es gewisse Ausnahmen (übergesetzlicher Notstand; Feststellung des Abstimmungsverhältnisses für die Nachprüfung der gesetzlichen Voraussetzungen oder von Gesetzwidrigkeiten bei der Beratung, wenn damit Rechtsfolgen verbunden sind). Verletzung des Beratungsgeheimnisses ist ein Dienstvergehen (→ Disziplinarrecht). Die Bekanntgabe des Minderheitsvotums des überstimmten Richters – dissenting opinion (vote) – ist nur beim Bundesverfassungsgericht zugelassen (§ 30 II BVerfGG; § 55 GeschO d. BVerfG). Zum geheimen Ablauf der richterlichen Beratung siehe auch § 193 GVG.

Beratungshilfe
→ Rechtsberatung für Bürger mit geringem Einkommen.

Beratungsvertrag
→ Raterteilung.

Berauschende Mittel
→ Betäubungsmittel (-Abkommen, -Delikte, -Gesetz), → Vollrausch, → Anstaltsunterbringung (4), → Drogenfahrt, → Fahruntüchtigkeit, → Fahrverbot, → Straßenverkehrsgefährdung, → Trunkenheit im Verkehr, → Maßregeln der Besserung und Sicherung (2).

Berechnungsirrtum
= Kalkulationsirrtum → Anfechtung von Willenserklärungen (1a).

Berechtigte Interessen
Wahrnehmung berechtigter Interessen (§ 193 StGB) → Beleidigung (3a).

Berechtigung im Verwaltungsrecht
→ subjektives öffentliches Recht.

Berechtigungsanfrage
Mit einer Berechtigungsanfrage kann sich derjenige, der sich in seinen Rechten verletzt glaubt (weil er sich zB einer Markenrechtsverletzung ausgesetzt sieht), sich aber nicht sicher ist, ob der vermeintliche Verletzer nicht doch rechtmäßig handelt (zB weil er über die älteren Rechte verfügt), an den vermeintlichen Rechtsverletzer zum Zwecke der weiteren Aufklärung der Sach- und Rechtslage wenden. Ähnlich wie in einer → Abmahnung schildert der sich in seinen Rechten vermeintlich Verletzte in der Berechtigungsanfrage den ihn störenden Sachverhalt und weist auf seine eigene Rechtsposition hin, → berühmt sich aber gerade nicht eines eigenen Anspruchs. Der Adressat einer solchen Anfrage kann auf die Anfrage antworten, muss dies aber nicht. Erfolgt auf die Berechtigungsanfrage keine Reaktion, wird der Anfragende in der Regel davon ausgehen, dass tatsächlich eine Rechtsverletzung vorliegt, und daher seine Rechte gegenüber dem Verletzer geltend machen. Dabei sollte er jedoch stets beachten, dass er vor der gerichtlichen Geltendmachung seiner Ansprüche nunmehr zunächst noch „scharf" abmahnen sollte, um nicht Gefahr zu laufen, dass der Verletzte bei einer unmittelbaren Klageerhebung sofort iSv § 93 ZPO anerkennt. Nur ausnahmsweise ist eine sich an die Berechtigungsanfrage anschließende Abmahnung entbehrlich – etwa dann, wenn sich aus der Antwort auf die Berechtigungsanfrage ergibt, dass auch eine Abmahnung unter keinen Umständen zu einem Einlenken des Verletzers führen wird.

Berechtigungsvertrag
→ Verwertungsgesellschaft, → GEMA.

Bereicherung
→ ungerechtfertigte Bereicherung.

Bereichsausnahmen
→ Ausnahmebereiche.

Bereifung
Alle Straßenfahrzeuge müssen eine Bereifung aufweisen, die den Betriebsbedingungen genügt und insbes. ihrer Belastung und Geschwindigkeit entspricht. Die Bereifung darf keine Unebenheiten aufweisen, die eine feste Fahrbahn beschädigen können; Eisenreifen müssen abgerundete Kanten haben, Nägel eingelassen sein (§ 36 I StVZO). Kraftfahrzeuge müssen grundsätzlich Luftreifen mit Profilrillen oder Einschnitten von mind. 1,6 mm haben (→ Fahrräder mit Hilfsmotor, → Kleinkrafträder und Leichtkrafträder 1,0 mm). Bei winterlichen Straßenverhältnissen sind → Winterreifen vorgeschrieben (§ 2 IIIa StVO). Spikes dürfen nicht verwendet werden. Schneeketten müssen so beschaffen und angebracht sein, dass sie die Fahrbahn nicht beschädigen können; metallene Schneeketten dürfen nur bei Gummireifen verwendet werden (§ 37 II StVZO). Anbringen bei tiefem Schnee (nicht bei Glatteis!) ist gesetzlich nicht vorgeschrieben, kann aber auf Grund der allgemeinen Sorgfaltspflicht nach § 1 StVO geboten sein (Höchstgeschwindigkeit dann 50 km/h, § 3 IV StVO). Vollgummireifen sind für langsamfahrende, Eisenreifen für schwere Kfz. zugelassen. Sondervorschriften gelten für die Bereifung von Gleiskettenfahrzeugen (§ 36 II–V StVZO). Für andere Fahrzeuge als Kfz ist Luftbereifung nicht vorgeschrieben; für sie gilt § 36 I StVZO (vgl. § 63 StVZO).

Bereitschaftsdienst
→ Arbeitszeit (1).

Bereitschaftsfall
Nach § 48 I WehrpflG ist der Bereitschaftsfall gegeben, wenn die BReg. Wehrübungen (→ Wehrpflicht) als Bereitschaftsdienst nach § 6 VI WehrpflG angeordnet hat; das setzt grundsätzlich eine Krisenlage voraus. Für diesen Fall sind zusätzliche Erleichterungen und Beschleunigungen für das Musterungs- und Einberufungsverfahren vorgesehen. Die als Bereitschaftsdienst zu leistende Wehrübung ist

zeitlich nicht befristet. Auch Berufssoldaten im Ruhestand können bis zur Vollendung des 65. Lebensjahres herangezogen werden (§ 51 SoldatenG). Die Anordnung des Bereitschaftsdienstes ist rechtlich als Regierungsakt zu qualifizieren, für den die BReg. lediglich parlamentarisch verantwortlich ist.

Bereitschaftspolizeien
Bereitschaftspolizeien sind als besondere staatliche Polizeiverbände im → Polizeirecht der meisten Länder der BRep. vorgesehen. Ihre Aufgabe ist idR die Ausbildung des Nachwuchses für den polizeilichen Einzeldienst, die Unterstützung des ständigen polizeilichen Vollzugsdienstes bei Erfüllung seiner Aufgaben, insbes. bei polizeilichen Einsätzen, und der Einsatz nach Art. 91 GG im Falle einer drohenden Gefahr für den Bestand oder die freiheitliche demokratische Grundordnung des Bundes oder eines Landes. Die Bereitschaftspolizei ist idR kaserniert und voll motorisiert. Über die Einrichtung von Bereitschaftspolizeien sind zwischen Bund und Ländern Verwaltungsabkommen geschlossen worden; in den Ländern bestehen gesetzliche Regelungen (vgl. zB Art. 6 POG - BayPolizeiorganisationsG v. 10.8.1976, GVBl. 1976, 303, mÄnd; § 71 Sächsisches Polizeigesetz idF v. 13.8.1999, GVBl. 1999, 466, mÄnd). Die Bereitschaftspolizei ist ein organisatorisch selbständiger Teil der → Polizei im institutionellen Sinn (Vollzugspolizei; Polizeivollzugsdienst; → Polizei, 2).

Bergamt
→ Bergbehörden.

Bergarbeiterwohnung
→ Werkmietwohnung.

Bergaufsicht
→ Bergbehörden.

Bergbahnen
sind insbes. Zahnrad- und → Seilbahnen, aber auch → Schienenbahnen, die Verbindungen auf Berge herstellen (vgl. zB Thüringer B. u. ParkeisenbahnG v. 12.6.2003, GVBl. 2003, 309 und Bayer. Eisenbahn- und SeilbahnG v. 9.8.2003, GVBl. 2003, 598, jeweils mÄnd). Die Regelung ihrer Rechtsverhältnisse gehört zur ausschließlichen Zuständigkeit des Landesgesetzgebers (vgl. Art. 74 I Nr. 23 GG). Geregelt werden insbes. Bau- und Betriebsgenehmigungen, Baubeschränkungen, Enteignungen und Versicherungspflicht. Zur Haftung s. → Eisenbahnbetriebshaftung; → Schienenbahn.

Bergbau
ist die Gewinnung von → Bodenschätzen, s. → Bergrecht.

Bergbauregal
→ Regalien.

Bergbehörden
Hauptaufgabe der Bergbehörden ist die Bergaufsicht (2.). Sie überwachen die Einhaltung des BBergG (→ Bergrecht), der darauf beruhenden Rechtsverordnungen (Bergverordnungen, §§ 65–68 BBergG) sowie der Betriebspläne (§§ 50 ff. BBergG).

1. Nach Art. 84 GG sind die Länder zuständig für die Organisation der Bergbehörden. Diese gliedern sich idR in Bergämter, Oberbergämter (Obere Bergbehörden) als Aufsichts- und Beschwerdeinstanz und die Wirtschaftsministerien der Länder (Oberste Bergbehörden). In NRW wurden die Aufgaben sämtlicher Bergämter der Bezirksregierung Arnsberg übertragen (Art. 1 G zur Straffung der Behördenstruktur v. 12.12.2006, GVBl. NW 2006, 622 u. VO v. 2.3.2010, GVBl. NW 2010, 163). Manche Länder haben gemeinsame Bergbehörden. Das Landesamt für Bergbau, Energie und Geologie in Hannover und das Bergamt des Landes M-V in Stralsund sind für den → Festlandsockel zuständig gem. § 136 BBergG.

2. Die Bergaufsicht ist in den §§ 69 ff. BBergG geregelt und erfasst auch Markscheider (→ Vermessungswesen). Es bestehen sehr umfangreiche Aufsichtsbefugnisse der Bergbehörden sowie Auskunfts- und Duldungspflichten der Berechtigten (§ 70 BBergG), ferner Anordnungsermächtigungen zur Durchführung des BBergG, zur Verhinderung unerlaubter Tätigkeiten sowie zur Untersagung der Beschäftigung bestimmter Personen (§§ 71–73 BBergG). Die Bergaufsicht beginnt mit der Aufnahme einer der in § 2 I BBergG genannten Tätigkeiten und endet mit der Durchführung eines Abschlussbetriebsplans (§ 69 II BBergG).

Bergelohn
→ Bergung.

Bergmannsinvalidenrente
Die Bergmannsinvalidenrente war eine frühere Leistung der Rentenversicherung in den → neuen Ländern. Seit dem 1.1.1992 wird anstelle der Bergmannsinvalidenrente → Berufsunfähigkeitsrente oder → Erwerbsunfähigkeitsrente gezahlt (Art. 2 RÜG, § 302a SGB VI). Bis zum 30.6.2017 konnte sie als Rente wegen Berufsunfähigkeit oder als Rente wegen Erwerbsunfähigkeit zu leisten sein, wenn die → Hinzuverdienstgrenze eingehalten wurde. Unter Beachtung der geänderten Anrechnung von Einkommen (Hinzuverdienstgrenze) gilt sie seit dem 1.7.2017 stets als Rente wegen voller Erwerbsminderung (→ Bergmannsrente).

Bergmannsrente
Die Bergmannsrente (Rente für Bergleute) wird als Rentenleistung der knappschaftlichen → Rentenversicherung (→ Knappschaftsversicherung, → Bundesknappschaft) gewährt bei Verminderung der bergmännischen Berufsfähigkeit (in den letzten 5 Jahren vor deren Eintritt müssen 3 knappschaftliche Pflichtbeitragsjahre vorhanden sein) und Erfüllung der Wartezeit von 5 Jahren oder nach Vollendung des

50. Lebensjahres bei Erfüllung der Wartezeit von 25 Jahren. Verminderte bergmännische Berufsfähigkeit liegt vor, wenn der Versicherte infolge von Krankheit oder Behinderung weder die knappschaftliche noch andere im Wesentlichen wirtschaftlich gleichwertige Arbeit in knappschaftlich versicherten Betrieben ausüben kann. Ob es sich um eine gleichwertige Arbeit handelt, ist von den qualitativen und/ oder wirtschaftlichen Bedingungen der Arbeit abhängig. Die Bergmannsrente fällt bei Gewährung der → Berufsunfähigkeitsrente, der → Erwerbsunfähigkeitsrente, der → Rente wegen verminderter Erwerbsfähigkeit oder der → Altersrente wieder weg (§ 45 SGB VI. → Bergmannsinvalidenrente). Seit dem 1.7.2017 gilt die Bergmannsrente als Rente wegen voller → Erwerbsminderung.

Bergrecht
1. Das in die konkurrierende Gesetzgebungszuständigkeit des Bundes fallende Recht des → Bergbaus (Art. 74 I Nr. 11 GG) ist Teil des → Wirtschaftsrechts und bundesrechtlich geregelt durch das Bundesberggesetz (BBergG) v. 13.8.1980 (BGBl. 1980 I 1310) mÄnd. Bergfrei, also dem Bergrecht unterstellt, sind – praktisch alle wertvollen → Bodenschätze (Aufzählung: § 3 I BBergG), einschließlich der → Erdwärme sowie der Bodenschätze im → Festlandsockel und im → Küstenmeer; besondere Bestimmungen gelten für den → Tiefseebergbau. Das BBergG hat mit wenigen Ausnahmen Landesrecht ersetzt, s. dazu → Gewerkschaft, bergrechtliche. Durch Landesrecht wird insbes. die Bergaufsicht (→ Bergbehörden) geregelt. In Deutschland bergrechtlich zu berücksichtigendes internationales Recht setzen insbes. die → Internationale Arbeitsorganisation, die → Energie-Charta und Vorschriften des → Seerechtsübereinkommens.

2. Das BBergG soll die Rohstoffversorgung bei sparsamem und schonendem Umgang mit Grund und Boden sichern, die Sicherheit der Beschäftigten gewährleisten sowie Gefahren aus bergbaulicher Tätigkeit vermeiden (§ 1 BBergG). Es regelt vorrangig Aufsuchen, Gewinnen und Aufbereiten der Bodenschätze. Nicht dem Bergrecht unterstellt sind das Aufsuchen und die Aneignung von bergfreien Mineralien im Rahmen der geologischen Landesaufnahme, für Lehr- und Unterrichtszwecke sowie für private mineralogische oder geologische Sammlungen. Für Aufsuchen und Gewinnung von bergfreien Bodenschätzen ist eine Bergbauberechtigung erforderlich, und zwar für das Aufsuchen eine Erlaubnis, für die Gewinnung eine Bewilligung oder → Bergwerkseigentum (§ 6 BBergG). Die Erlaubnis gewährt das absolute Recht (Begriff: → unerlaubte Handlung, 2. a.), in einem bestimmten Feld Bodenschätze aufzusuchen; die Bewilligung wie auch das Bergwerkseigentum berechtigen zur Gewinnung der Bodenschätze. Bergbauberechtigungen werden auf Antrag erteilt, Bergwerkseigentum verliehen (§ 10 BBergG). Auf beides besteht bei Erfüllung der Voraussetzungen ein Rechtsanspruch (§§ 11–13 BBergG). Erlaubnis und Bewilligung sind widerruflich.

3. Das BBergG regelt im Einzelnen den Interessenausgleich zwischen Aufsuchendem und Grundeigentümer (§§ 39–41 BBergG), die erforderlichen Anzeigen und den Betriebsplan (§§ 50–57 BBergG), die Bergaufsicht, die Führung des Berechtsamsbuches (§§ 75–76 BBergG) und das Recht des → Bergschadens. Von Bedeutung für den Bergbaubetrieb sind ferner die Vorschriften des → Immissionsschutzrechts sowie die gewerberechtlichen Vorschriften über die → Arbeitszeit (für den Untertage-Bergbau s. VO v. 9.6.1983, BGBl. 1983 I 685). Zur Arbeitssicherheit im B. s. ua die VO v. 31.7.1991 (BGBl. 1991 I 1751) mÄnd. Ohne ausdrückliche Bestimmung ist sonst auf den B. das Gewerberecht nicht anzuwenden (→ Gewerbe, → Urproduktion). Sa → Kohleausstieg, → Versatz.

4. Den Anpassungsbedarf des Bergbaus in deutschen Küstengewässern und dem Festlandsockel (Offshorebereich) an die heutigen Anforderungen spiegelt der Erlass der OffshoreBergV v. 3.8.2016 (BGBl. 2016 I 1866) mÄnd wider. Sie regelt für Erdöl- und Erdgasaktivitäten in diesen Zonen insbes. den Schutz des Meeres, Maßnahmen zur Sicherheit des Verkehrs und der Versorgungsinfrastruktur, den Arbeitsschutz sowie die Genehmigung von Plattformen bzw. Anforderungen an Bohrungen. Die vertrauliche Meldung von eingesetztem Personal über Bedenken hinsichtlich Sicherheit und Umweltschutz an die Behörden basiert auf § 61 OffshoreBergV. Für Notfälle haben neben den Unternehmen auch die Behörden gem. § 65 OffshoreBergV Notfallpläne für die einzelnen Plattformen ihres Zuständigkeitsbereiches zu erstellen, in denen eine Strategie zur Begrenzung der Folgen eines schweren Unfalles (zB Explosion auf der Plattform oder Verlust der Bohrloch-Kontrolle) festgelegt ist. Auf → Transit-Rohrleitungen findet diese VO keine Anwendung. → Seeanlagen.

Bergrechtliche Gewerkschaft
→ Gewerkschaft, bergrechtliche.

Bergschaden
ist jeder Schaden, der durch den unterirdisch oder über Tage durchgeführten Betrieb eines Bergwerks verursacht wird (§ 114 BBergG). Eine der bekanntesten Erscheinungsformen neben Rissen in Straßen und Gebäuden ist der → Tagesbruch. Zu den in diesem Zusammenhang vorzunehmenden Messungen und Beobachtungen vgl. die VO v. 19.12.1986 (BGBl. 1986 I 2631) mÄnd. § 9 II Untergrund-Datenübermittlungsverordnung NRW v. 25.4.2013, GVBl. 211, benennt abschließend Gefährdungspotenziale für Bergschäden in diesem Bundesland. Der Betreiber des Bergwerks (Unternehmer) sowie der Bergwerkseigentümer haften als Gesamtschuldner

unabhängig von einem Verschulden (→ Gefährdungshaftung) bis zu bestimmten Höchstgrenzen (§§ 115–117 BBergG). Zur Betriebserleichterung enthält § 120 BBergG für typische Schäden eine Bergschadensvermutung. Auf Verursachung und Verjährung finden auch die §§ 170, 170a BBergG Anwendung. Zur Entschädigung, wenn vom Verursacher kein Ersatz erlangt werden kann, hat die Bergbauwirtschaft die Bergschaden-Ausfallkasse e. V. gegründet, die von der Vereinigung Rohstoffe und Bergbau e. V. in Berlin verwaltet wird. Für einen Bergschaden, der vor dem 1.1.1982 bzw. für die ehemalige DDR nach dem 3.10.1990 verursacht wurde, haftet der Bund (NJW 1970, 747). Sa → Bergrecht, → Bergwerkseigentum.

Bergung
Bergung ist die Hilfeleistung für Schiffe und bestimmte weitere Vermögensgegenstände, § 574 HGB. Führen die geleisteten Dienste zum Erfolg, so kann Berge- oder Hilfslohn von den Eigentümern beansprucht werden (§ 576 HGB, § 577 HGB). Er wird nach billigem Ermessen in Geld bestimmt, wenn die Beteiligten seine Höhe nicht vereinbaren (§ 577 HGB); er darf keinesfalls den Wert der geborgenen oder geretteten Gegenstände übersteigen. Aus Seenot gerettete Personen haben keinen Berge- oder Hilfslohn zu entrichten (§ 583 HGB); jedoch können die Retter einen Anteil an der Vergütung beanspruchen, die denjenigen zusteht, die das Schiff oder die an Bord befindlichen Sachen gerettet haben.

Bergwerk
→ Bergrecht, zur Betriebshaftung → Eisenbahnbetriebshaftung.

Bergwerkseigentum
ist das ausschließliche Recht im Bergbau (→ Bergrecht), in einem bestimmten Feld die in der Bewilligung bezeichneten Bodenschätze aufzusuchen, zu gewinnen und das Eigentum an ihnen zu erwerben (§§ 8, 9 I BBergG) ua m. Es wird durch Verleihung begründet und steht rechtlich einem Grundstück gleich (Eintragung auf besonderem Blatt des → Grundbuchs, Eigentumsübertragung durch Auflassung und Eintragung, dingliche Belastung durch Einigung und Eintragung). Die Bewilligung wird erteilt und begründet den Anspruch auf das Eigentum an den bewilligten Bodenschätzen. Verleihung und Bewilligung sind gebundene Verwaltungsakte (§§ 11–13 BBergG). Die §§ 77–106 BBergG regeln Grundabtretung, Entschädigung und vorzeitige Besitzeinweisung. Bergwerkseigentümer und Unternehmer haften gesamtschuldnerisch für einen → Bergschaden (§§ 114 ff. BBergG). Da Bergwerkseigentum und Bewilligung jahrzehntelange Laufzeiten haben, sind die Vorschriften zu alten Rechten und Verträgen zu beachten (§§ 149 ff. BBergG).

Berichterstatter
1. Berichterstatter ist einem → Kollegialgericht ist dasjenige Mitglied, das die Entscheidung durch ein schriftliches oder mündliches Gutachten vorzubereiten und nach → Beratung und Abstimmung schriftlich abzufassen hat. In der Beratung stimmt er zuerst (§ 197 GVG). In Strafsachen trägt er in der Hauptverhandlung des Berufungs- und Revisionsverfahrens die Ergebnisse des bisherigen Verfahrens vor (§§ 324, 351 StPO).

2. In → Ausschüssen des Parlaments ist Berichterstatter der → Abgeordnete, der gegenüber dem → Plenum der Beschluss des Ausschusses vertritt.

Berichterstattung, Freiheit der –
→ Pressefreiheit.

Berichtigung
1. Die Berichtigung gerichtlicher Entscheidungen in allen ihren Bestandteilen kann im Zivilprozess sowie im Verwaltungs-, Finanz- und Sozialstreitverfahren von Amts wegen oder auf Antrag vorgenommen werden, soweit es sich um Schreibfehler, Rechenfehler und ähnliche offenbare Unrichtigkeiten, zB versehentlich falsche Jahresangaben, handelt (§ 319 ZPO, § 118 VwGO, § 107 FGO, § 138 SGG). Der Tatbestand einer gerichtlichen Entscheidung (→ Tatbestand des Urteils) kann ferner auf Antrag der Parteien berichtigt werden, soweit er andere Unrichtigkeiten enthält, insbes. Auslassungen, Unklarheiten oder Widersprüche (§ 320 ZPO, § 119 VwGO, § 108 FGO, § 139 SGG). Die Berichtigung erfordert stets einen Beschluss. Die Berichtigung ist zu unterscheiden von der Ergänzung eines Urteils (→ Ergänzungsurteil). Im Strafprozessrecht wird eine Berichtigung von Urteilen und Beschlüssen nur für zulässig gehalten, soweit es sich um offenbare Unrichtigkeiten der genannten Art handelt. Das gilt sowohl für den Spruch (Urteils-, Beschlusstenor) wie für die Gründe. Unzulässig ist es, die Entscheidung oder ihre Begründung sachlich zu ändern oder zu ergänzen. Beschlüsse, die nicht in der Verhandlung verkündet und dadurch wirksam werden, können aber auch insoweit geändert werden, bis sie an eine Behörde oder Person außerhalb des Gerichts hinausgegeben worden sind.

2. In einem Verhandlungsprotokoll können offenbare Fehler durch eine der beteiligten Urkundspersonen (Vorsitzender, Protokollführer) berichtigt werden. Im Zivilprozess ist die Berichtigung des Verhandlungsprotokolls in § 164 ZPO geregelt. Eine inhaltliche Berichtigung, zB über die Beeidigung eines Zeugen, ist bei Übereinstimmung beider zulässig. Für Protokolle im Strafverfahren wird die Berichtigung ebenfalls als zulässig erachtet. In der Revision kann nach der Rspr. des Großen Senats des BGH (BGH 23.4.2007 – GSSt 1/06, BGHSt 51 298) durch eine Berichtigung des Protokolls einer Verfahrensrüge die Tatsachengrundlage entzogen werden (sog. Rüge-

verkümmerung), wenn der Angeklagte vorher angehört worden ist, im Falle seines Widerspruchs weitere Beteiligte befragt werden und die Entscheidung über die Berichtigung mit Gründen versehen wird; die Beachtlichkeit dieser Berichtigung wird vom Revisionsgericht geprüft.

3. In einem → Verwaltungsakt unterlaufene Schreibfehler, Rechenfehler und ähnliche offenbare Unrichtigkeiten kann die Behörde jederzeit berichtigen. Bei berechtigtem Interesse des Beteiligten hat dieser einen Anspruch auf Berichtigung (§ 42 VwVfG).

4. Die entsprechende Regelung für → Steuerverwaltungsakte findet sich in § 129 AO.

5. Berichtigung von Erklärungen im Steuerverfahren: Erkennt ein Steuerpflichtiger nachträglich vor Ablauf der → Festsetzungsfrist, dass zB eine Steuererklärung unrichtig oder unvollständig ist, so ist er verpflichtet, dies unverzüglich der Finanzbehörde anzuzeigen. Die Verpflichtung trifft auch den → Gesamtrechtsnachfolger (§ 153 AO). Unterlassene Berichtigung kann → Steuerhinterziehung sein.

6. Über die Berichtigung im Presserecht → Gegendarstellung.

Berichtigung des Grundbuchs
Stimmt eine Eintragung im → Grundbuch nicht mit der wirklichen Rechtslage überein (zB Eintragung eines falschen Berechtigten, Löschung einer bestehenden Belastung oder Verfügungsbeschränkung), so besteht für den wahren Rechtsinhaber wegen des → öffentlichen Glaubens des Grundbuchs und der Möglichkeit eines → gutgläubigen Erwerbs Dritter die Gefahr eines Rechtsverlustes. Sofern der wahre Berechtigte nicht schon dem → Grundbuchamt gegenüber den Nachweis der Unrichtigkeit des Grundbuchs durch öffentliche oder öffentlich beglaubigte Urkunden erbringen kann (zB der → Erbe des eingetragenen Rechtsinhabers durch → Erbschein oder → öffentliches Testament, vgl. §§ 22, 35 GBO), hat er nach § 894 BGB einen Anspruch auf Zustimmung zur Berichtigung des Grundbuch gegen denjenigen, dessen unrichtig eingetragenes Recht von der Berichtigung betroffen wird (sog. Grundbuchberichtigungsanspruch; daneben oft Anspruch aus → ungerechtfertigter Bereicherung). Voraussetzung der Berichtigung ist (abgesehen vom Unrichtigkeitsnachweis, s. o.) eine Bewilligung des Betroffenen (sog. Berichtigungsbewilligung); im Weigerungsfall ersetzt ein rechtskräftiges Urteil dessen Erklärung (§ 894 ZPO). Der dingliche Berichtigungsanspruch ist unverjährbar (§ 898 BGB). Im Falle der Unrichtigkeit des Grundbuchs kann zur einstweiligen Sicherung des wahren Berechtigten ein → Widerspruch eingetragen werden (§ 899 BGB).

Berichtigung falscher Angaben
Über Berichtigung einer falschen Aussage vor Gericht → Meineid, → falsche uneidliche Aussage, → Falscheid und §§ 158, 161 StGB; über Berichtigung unrichtiger oder unvollständiger Angaben bei der Steuerbehörde → Berichtigung (5) und → Selbstanzeige.

Berichtigungsbewilligung
→ Berichtigung des Grundbuchs.

Berichtstermin
→ Insolvenzverfahren (4a).

Berlin
1. Berlin ist heute ein Land der BRep. Deutschland und zugleich eine Stadt (→ Stadtstaat).

2. Nach Besetzung durch Truppen der UdSSR Ende April 1945 wurde das Stadtgebiet am 11.7.1945 in 4 Sektoren aufgeteilt, deren Verwaltung die 4 → Alliierten Mächte übernahmen. Für die 3 Westsektoren (West-Berlin) wurde am 1.9.1950 eine neue Verfassung beschlossen (VOBl. 1950 I 433), die vom 1.10.1950 bis 1995 (seit 1990 für Gesamtberlin; s. 3) galt. Str. war, inwieweit Berlin als Land der BRep. angesehen werden konnte, da das Genehmigungsschreiben der westlichen Militärgouverneure zum GG v. 12.5.1949 den Vorbehalt enthielt, dass Berlin keine abstimmungsberechtigte Mitgliedschaft im BT und BR erhält und nicht durch den Bund regiert wird. Demgemäß entsandte (West-)B. zwar Vertreter in BT (sie wurden vom Abgeordnetenhaus gewählt) und BR; sie hatten aber kein Stimmrecht bei Abstimmungen mit Außenwirkung, wohl aber in den Ausschüssen. Alle Bundesgesetze, die auch für Berlin gelten sollten, bedurften einer sog. → Berlinklausel, wonach sie erst nach ausdrücklicher Übernahme durch Berlin dort in Kraft traten. Auch eine Verwaltung Berlins durch Bundesbehörden fand nicht statt. Das BVerfG war für Berlin grundsätzlich nicht zuständig, konnte aber in „Berliner Sachen“ entscheiden, wenn es sich um die Vereinbarkeit einer in Berlin ergangenen Entscheidung mit Bundesrecht handelte (BVerfGE 19, 377). Zur Lösung der Berlin-Frage schlossen die 4 → Alliierten Mächte am 3.9.1971 das Berlin-Abkommen. Zum Status (West-)Berlins bestätigten die Westmächte ihre Auffassung, dass die Bindungen zur BRep. weiterentwickelt werden sollten. Die Außenvertretung (West-)Berlins oblag den Westmächten; doch konnte die BRep. die konsularische Vertretung der Westberliner auch in den ehemaligen Ostblock-Staaten übernehmen. Die Bestimmung des GG, wonach Berlin ein Land der BRep. ist, blieb suspendiert; die Verfassungsorgane der BRep. durften keine dem widersprechenden Verfassungs- oder Amtsakte in Berlin vornehmen (zB keine Plenarsitzungen des BT und des BR).

3. Mit der → Wiedervereinigung wurden auch Ost-Berlin und West-Berlin zum Land Berlin vereinigt. Nach dem → Einigungsvertrag umfasste das Land Berlin nunmehr alle damaligen 23 Bezirke von Berlin. Mit einer eigenen Regelung wurde das

bislang nur in West-Berlin geltende Recht mit Maßgaben im Einzelnen auch im bisherigen Ostteil der Stadt in Kraft gesetzt (vgl. Gesetz über die Vereinheitlichung des Berliner Landesrechts vom 28.9.1990, GVBl. 1990, 2119).

4. Am 8. Juni 1995 beschloss das Abgeordnetenhaus von Berlin eine neue Verfassung, die am 22. Oktober 1995 in einer Volksabstimmung von über 75% der Abstimmenden angenommen wurde und am 23. November 1995 in Kraft trat (GVBl. 1995, 779; mÄnd). Danach ist Berlin ein deutsches Land und zugleich eine Stadt. Das aus mindestens 150 Abgeordneten bestehende Abgeordnetenhaus ist die von den wahlberechtigten Deutschen gewählte Volksvertretung. Die Abgeordneten werden in allgemeiner, gleicher, geheimer und direkter Wahl gewählt. Die Wahlperiode beträgt 5 Jahre. Die Regierung wird durch den Senat ausgeübt, der aus dem Regierenden Bürgermeister und bis zu acht Senatoren, von denen zwei zu Bürgermeistern gewählt werden, besteht. Der Regierende Bürgermeister wird mit der Mehrheit der abgegebenen Stimmen vom Abgeordnetenhaus gewählt. Die Wahl der Bürgermeister und der Senatoren erfolgt auf Vorschlag des Regierenden Bürgermeisters durch das Abgeordnetenhaus. Der Regierende Bürgermeister vertritt Berlin nach außen. Er führt den Vorsitz im Senat und leitet die Sitzungen. Bei Stimmengleichheit gibt seine Stimme den Ausschlag. Im Einvernehmen mit dem Senat bestimmt der Regierende Bürgermeister die Richtlinien der Politik; sie bedürfen der Billigung des Abgeordnetenhauses. Die Gesetzgebung erfolgt durch das Abgeordnetenhaus oder durch Volksentscheid. Der neunköpfige Verfassungsgerichtshof wird vom Abgeordnetenhaus mit Zweidrittelmehrheit gewählt. Abschnitt II der Verfassung sichert die Grundrechte und definiert die Staatsziele. Das → Recht auf Arbeit, auf Wohnraum, auf soziale Sicherung sowie auf Mitbestimmung der Arbeiter und Angestellten in der Wirtschaft und Verwaltung sind verfassungsrechtlich abgesichert. Die Umwelt und die natürlichen Lebensgrundlagen stehen unter dem besonderen Schutz des Landes. Verfassungsänderungen können vom Abgeordnetenhaus durch Gesetz mit einer Mehrheit von $^{2}/_{3}$ der gewählten Mitglieder beschlossen werden; Änderungen der Vorschriften über Volksbegehren und Volksentscheid sind nur durch Volksabstimmung möglich.

5. Durch das 2. Gesetz zur Änderung der Verfassung v. 3.4.1998 (GVBl. 1998, 82) wurde die Zahl der Bezirke mit Wirkung vom 1.1.2001 von 23 auf 12 reduziert. Der Senat nimmt durch seine Hauptverwaltung die Aufgaben wahr, die von gesamtstädtischer Bedeutung sind oder wegen ihrer Eigenart zwingend einer einheitlichen Durchführung bedürfen. Alle anderen Aufgaben nehmen die Bezirke unter der Rechtsaufsicht des Senats wahr. Organe der Bezirke sind die Bezirksverordnetenversammlung und das Bezirksamt; das Bezirksamt besteht aus dem Bezirksbürgermeister und den Bezirksstadträten. Jeder Bezirksstadtrat leitet sein Ressort eigenverantwortlich; bei Meinungsverschiedenheiten zwischen den Bezirksstadträten entscheidet das Bezirksamt als Gremium. Die Ausgestaltung entspricht der unechten Magistratsverfassung (→ Gemeinde, 2b). Die Bezirke haben keine Rechtspersönlichkeit. Das Bezirksamt vertritt Berlin in den Angelegenheiten des Bezirks.

6. Nach Art. 118a GG (eingefügt durch das 42. Gesetz zur Änderung des GG vom 27.10.1994, BGBl. 1994 I 3146; vorher schon Art. 5–2. Spiegelstrich – EinigV) kann die → Neugliederung in dem die Länder Berlin und → Brandenburg umfassenden Gebiet abweichend von den allgemeinen Neugliederungsvorschriften des Art. 29 GG unter Beteiligung ihrer Wahlberechtigten durch Vereinbarung beider Länder erfolgen. Ein erster Einigungsversuch scheiterte 1996. 1997 wurde ein Staatsvertrag mit Brandenburg geschlossen, der Raumordnung und Landesplanung koordinieren soll; am 26.4.2004 unterzeichneten Berlin und Brandenburg einen Staatsvertrag über die Zusammenlegung der Oberverwaltungsgerichte (seit 2005 in Berlin), der Landessozialgerichte (seit 2005 in Potsdam), der Landesarbeitsgerichte (seit 2007 in Berlin) und der Finanzgerichte (seit 2006 in Cottbus) der beiden Länder; eine dagegen gerichtete Verfassungsbeschwerde blieb erfolglos.

7. Berlin ist Hauptstadt der Bundesrepublik Deutschland (→ Bundeshauptstadt) und Sitz von Bundesregierung, Bundesrat und Bundestag.

Berliner Testament

wird eine Sonderform des → gemeinschaftlichen Testaments genannt, in dem sich Ehegatten gegenseitig als Alleinerben einsetzen und gleichzeitig bestimmen, dass nach dem Tode des Längstlebenden der beiderseitige Nachlass an einen Dritten (meist die Kinder) fallen soll. Zu diesem Zweck kann der überlebende Ehegatte als → Vorerbe, der Dritte als Nacherbe nach dem Tode des längstlebenden Ehegatten oder als → Ersatzerbe des längstlebenden Ehegatten eingesetzt werden (Trennungslösung). Um diese Trennung des Nachlasses zu vermeiden, bestimmt § 2269 I BGB, dass im Zweifel der gesamte Nachlass einheitlich auf den längerlebenden Ehegatten als Alleinerben und von diesem zusammen mit dessen Hinterlassenschaft auf den sog. Schlusserben übergeht (Einheitslösung). Der Schlusserbe ist dann nur Erbe des längstlebenden Ehegatten, muss also dessen Tod erleben und hat vorher keine vererbliche Anwartschaft; er kann jedoch bereits nach dem ersten Erbfall, wenn er gegenüber dem erstversterbenden Ehegatten pflichtteilsberechtigt ist, den → Pflichtteil verlangen, da er ja zunächst enterbt ist. Haben die Ehegatten in einem Berliner Testament ein → Vermächtnis angeordnet, das erst nach dem Tode des Überlebenden zu erfüllen ist, so ist im Zweifel anzunehmen, dass das Vermächtnis dem Dritten erst mit dem Tode des längstlebenden Ehegatten anfällt; der Bedachte muss daher beide Ehegatten überleben (§ 2269 II BGB, § 2160 BGB). → Wiederverheiratungsklausel.

Berlinklausel
Auf Grund des Genehmigungsvorbehalts der westlichen Militärgouverneure vom 12.5.1949 (vgl. → Berlin, 1) galten die vom Bundestag beschlossenen Gesetze nicht unmittelbar in Berlin. Nach Art. 87 II der früheren Verfassung von Berlin konnte das Abgeordnetenhaus aber durch Gesetz feststellen, dass ein Gesetz der Bundesrepublik Deutschland unverändert auch in Berlin Anwendung findet. Wollte der Bundesgesetzgeber eine solche Übernahme, so nahm er eine Bestimmung auf, dass das Gesetz nach Maßgabe des Dritten Überleitungsgesetzes auch im Land Berlin Anwendung finden sollte. Mit dem Ende der verfassungsrechtlichen Sonderstellung Berlins durch die → Wiedervereinigung wurde die Berlinklausel gegenstandslos.

Berner Übereinkunft
Als Berner Übereinkunft zum Schutze von Werken der Literatur und Kunst wird das erste größere, 1886 abgeschlossene internationale Abkommen zum → Urheberrecht genannt. Darin gestehen die Vertragsstaaten den Angehörigen der anderen Vertragsstaaten den gleichen Urheberrechtsschutz wie den eigenen Staatsangehörigen zu. Die Berner Übereinkunft wurde 1896 und 1908 nach Revisionskonferenzen revidiert, insbes. zur Erweiterung des Schutzes auf mechanische Wiedergaben. Weitere Revisionen fanden 1928, 1948, 1967 und 1971 statt. Die BRep. ist der neuen Revidierten Berner Übereinkunft beigetreten (BGBl. 1965 II 1213; BGBl. 1973 II 1069). S. a. → TRIPS.

Berücksichtigungszeiten in der Rentenversicherung
Zeiten der Kindererziehung bis zur Vollendung des 10. Lebensjahres und der nicht erwerbsmäßigen häuslichen Pflege eines Schwerpflegebedürftigen wirken sich als Berücksichtigungszeiten auf die → Wartezeit für sämtliche Rentenarten und auf die Gesamtleistungsbewertung von beitragsfreien Zeiten aus (§ 43 IV Nr. 2 SGB VI, §§ 57, 71 III SGB VI, § 263 SGB VI). In der Zeit vom 1.1.1992 bis 31.3.1995 konnten Pflegepersonen, die eine Person pflegen, freiwillige Beiträge während der Berücksichtigungszeiten entrichten, welche dann als Pflichtbeiträge angerechnet wurden. Die Entrichtung war nur auf Antrag möglich. Mittlerweile sind Pflegepersonen unter den Voraussetzungen des § 3 S. 1 Nr. 1a SGB VI pflichtversichert in der Rentenversicherung.

Berühmung
Derjenige, der sich eines Rechts berühmt, geriert sich als Inhaber einer entsprechenden Rechtsposition (Anspruchs-Berühmung), etwa dadurch, dass er einen vermeintlichen Rechtsverletzer → abmahnt. Bezweifelt der Gegner die behauptete Rechtsposition, kann ihn dies unter Umständen zu einer negativen Feststellungsklage berechtigen (s. auch → Patentberühmung; → Designberühmung; → Berechtigungsanfrage; → Feststellungsklage).

Beruf (freie Wahl und Ausübung)
Nach Art. 12 I GG haben alle Deutschen das Recht, Beruf, Arbeitsplatz und Ausbildungsstätte frei zu wählen; die Berufsausübung kann durch Gesetz geregelt werden. Dieses → Grundrecht gilt für alle Berufe, selbständige und unselbständige (auch für den Übergang von einem Beruf zu einem anderen), auch für die des öffentlichen Dienstes. Beruf ist die auf Dauer angelegte, Arbeitskraft und -zeit überwiegend in Anspruch nehmende Tätigkeit, die im Allgemeinen zur Gewinnung des Lebensunterhalts dient. Geschützt ist jede nach Gesetz und allgemeiner Wertordnung erlaubte (nicht verbotene) Tätigkeit, also auch Tätigkeiten, die nicht gesetzlich oder herkömmlich fixiert sind (nicht aber sozialschädliche Tätigkeiten wie zB Glücksspiel u. ä.). Das Grundrecht garantiert allerdings nicht die Möglichkeit, in einem gewählten Beruf auch wirklich unterzukommen. Gewährleistet ist jedoch die freie Wahl der Ausbildung, insbes. der Zugang zu den Ausbildungsplätzen; ein → numerus clausus ist verfassungsrechtlich nur unter besonderen Voraussetzungen zulässig. In der Frage, ob der für die Berufsausübung bestehende → Gesetzesvorbehalt die Berufsaufnahme (insbes. die Zulassung zu einem Gewerbe) umfasst, weil diese nicht zur Berufswahl, sondern zur Berufsausübung zu rechnen ist, hat das BVerfG im sog. „Apothekenurteil" (BVerfGE 7, 377) entschieden, dass zwischen beiden nicht scharf getrennt werden darf. Berufswahl und Berufsausübung können durch Gesetz im materiellen Sinne, also auch Rechtsverordnungen, beschränkt werden, die Berufswahl aber nur so weit, als dies zur Regelung der Berufsausübung erforderlich ist. Die Berufsausübung ist in weiterem Umfang der gesetzlichen Regelung unterworfen, insbes. soweit vernünftige Erwägungen des Gemeinwohls dies rechtfertigen; nur übermäßige Belastungen sind unzulässig. Die Berufswahl darf nur eingeschränkt werden, wenn es zum Schutz besonders wichtiger Gemeinschaftsgüter zwingend erforderlich ist. Insbes. sind danach subjektive Zulassungsvoraussetzungen (persönliche Eigenschaften; Nachweis von Eignung, Fähigkeiten und Kenntnissen durch Prüfungen u. ä.; → Befähigungsnachweis) statthaft, soweit sie in einem angemessenen Verhältnis zu dem angestrebten Berufsziel stehen. Objektive Zulassungsvoraussetzungen, d. s. solche, auf die der Bewerber keinen Einfluss nehmen kann (insbes. eine → Bedürfnisprüfung), sind nur zulässig, soweit sie zum Schutz überragender Gemeinschaftsgüter unumgänglich notwendig sind, der durch sie erstrebte Zweck also auf

andere Weise nicht erreicht werden kann. So wurde die Verfassungsmäßigkeit einer Bedürfnisprüfung zB verneint für Gelegenheitsverkehr mit Mietwagen, für den Handel mit unedlen Metallen, bejaht für Hebammen, für Taxen (wegen der Beförderungspflicht). Freier gestellt ist der Gesetzgeber bei „staatlich gebundenen" Berufe (vgl. zB BVerfGE 17, 380: Beschränkung der Zahl der → Notare). Auch für Beamte, Richter und Soldaten lässt Art. 33 GG besondere Regelungen zu, so dass sich die Berufsfreiheit auf das Recht des gleichen Zugangs reduziert (→ Zulassung zu öffentl. Ämtern).

Berufliche Fortbildung
Berufliche Fortbildung (sa → Weiterbildung oder → berufliche Umschulung) soll nach § 1 IV BBiG (→ Berufsbildung) ermöglichen, die → berufliche Handlungsfähigkeit zu erhalten, anzupassen und beruflich aufzusteigen; Einzelheiten regeln §§ 53–57 BBiG. Zu den Kosten und zur Behandlung als Arbeitzeit bei Pflichtfortbildungen s. seit dem 1.8.2022 auch § 111 GewO. Zudem wurden mit dem „Gesetz zur Stärkung der Aus- und Weiterbildungsförderung" (sog. Weiterbildungsgesetz) mWv 1.4.2024 zunächst ein Berufsorientierungspraktikum (§ 48a SGB III; → Sozialgesetzbuch) sowie ein Mobilitätszuschuss (§ 73a SGB III) als erste Maßnahmen einer Ausbildungsgarantie eingeführt und die Einstiegsqualifizierung (§ 54a SGB III) sowie die Weiterbildungsförderung Beschäftigter (§ 82 SGB III) durch ein verbessertes Zuschusssystem und die Einführung eines Qualifizierungsgeldes (§§ 82a–82c SGB III; teilw. Entgeltersatz während einer Weiterbildung zur Sicherung eines durch den Strukturwandel (Klimawandel, Digitalisierung, Region, Branche etc) gefährdeten Arbeitsplatzes) reformiert. MWv 1.8.2024 wurde die Ausbildungsgarantie dadurch ergänzt, dass § 76 SGB III nunmehr einen Rechtsanspruch auf Förderung einer außerbetrieblichen Berufsbildung durch die Agentur für Arbeit vorsieht und der Anwendungsbereich auf sog. Marktbenachteiligte ausgeweitet wird, dh auf junge Menschen, die trotz umfassender Bemühungen keinen betrieblichen Ausbildungsplatz finden konnten und in einer Region mit erheblicher Unterversorgung an Ausbildungsplätzen wohnen. Die Regelungen gelten bundesweit und ergänzend zu in einigen Ländern bereits bestehenden Weiterbildungsgesetzen, jedoch ist der geplante Anspruch auf bezahlte Bildungszeit bzw. ein Weiterbildungsjahr in diesem G noch nicht enthalten (sa → Bildungsurlaub).

Berufliche Handlungsfähigkeit
Berufliche Handlungsfähigkeit ist ein zentraler Begriff des BBiG v. 4.5.2020 (→ Berufsbildung). Darunter versteht man die Vermittlung beruflicher Fertigkeiten, Kenntnisse und Fähigkeiten für die Ausübung einer qualifizierten beruflichen Tätigkeit in einer sich wandelnden Arbeitswelt (§ 1 III BBiG). Dazu können zB auch Team- und Kommunikationsfähigkeit gehören. Zur Verringerung des Fachkräftemangels besteht seit dem 1.8.2024 die Möglichkeit der Feststellung der individuellen beruflichen Handlungsfähigkeit am Maßstab eines anerkannten Ausbildungsberufs unabhängig vom Durchlaufen einer Berufsausbildung im formalen System (§§ 1 VI, 50b ff. BBiG, §§ 41b ff. HwO).

Berufliche Rehabilitierung (DDR)
→ Rehabilitierungsgesetze.

Berufliche Schulen
ist der Sammelbegriff für die berufsbezogenen (Gegensatz: allgemeinbildende) Schulen; dazu gehören → Berufsschulen, Berufsaufbauschulen, Berufsfachschulen, Fachschulen, Fachoberschulen, Berufsoberschulen und Fachakademien. Das berufl. Schulwesen ist landesrechtlich geregelt; vgl. Art. 11 ff. bayer. Gesetz über das Erziehungs- und Unterrichtswesen idF v. 31.5.2000 (GVBl. 2000, 414, ber. 632) mÄnd.

Berufliche Umschulung
Die Berufliche Umschulung soll zu einer anderen beruflichen Tätigkeit befähigen (§ 1 V BBiG, → Berufsbildung). Einzelheiten regeln §§ 58–63 BBiG. Sa → Umschulung.

Berufliches Rehabilitationsgesetz
Zweck des BerRehaG – BGBl. 1997 I, 1625 ist der Ausgleich beruflicher Benachteiligungen, die Opfer von politischer Verfolgung im → Beitrittsgebiet erlitten haben. Das Berufliche Rehabilitationsgesetz regelt die Anerkennung von Zeiten der Verfolgung im Rahmen der → Rentenberechnung.

Das Berufliche Rehabilitationsgesetz enthält auch Vergünstigungen für verfolgte Schüler. Sie können eine bevorzugte berufliche Fortbildung und Umschulung erhalten. Darüber hinaus werden Vorzüg bei der beruflichen Fortbildung gewährt wie der Anspruch auf Pflichtleistung bei der beruflichen Weiterbildung (eigentlich eine Ermessensleistung), Anspruch auf Arbeitslosengeld ohne Erfüllung der Wartezeiten sowie die Übernahme aller mit der beruflichen Weiterbildung anfallenden Kosten.

Berufsabzeichen
(Schutz) → Berufstrachten.

Berufsakademie
In einigen Ländern (vgl. Niedersächsisches BerufsakademieG v. 6.6.1994, GVBl 1994, 233, mÄnd; Sächsisches BerufsakademieG v. 11.6.1999, SächsGVBl. 1999, 276, mÄnd) bestehen als besondere Bildungseinrichtungen Berufsakademien. Sie vermitteln eine wissenschaftsbezogene und zugleich praxisorientierte berufliche Bildung. In gewissem Umfang werden für die Abschlüsse besondere Bezeichnungen verliehen (in Niedersachsen zB „Betriebswirt (Berufsakademie)" oder „Wirtschafsinformatiker (Berufsakademie)".

Berufsausbildung
Die Berufsausbildung soll nach § 1 III BBiG (→ Berufsbildung) die → berufliche Handlungsfähigkeit in einem geordneten Ausbildungsgang vermitteln und den Erwerb der erforderlichen Berufserfahrung ermöglichen (meist in einem → Berufsausbildungsverhältnis); für einen anerkannten Ausbildungsberuf darf nur nach der Ausbildungsordnung ausgebildet werden (§§ 4 III, 5 BBiG). Insbesondere für Berufe im Gesundheitswesen wird die Berufsausbildung nicht im BBiG, sondern in Spezialgesetzen geregelt (zB Pflegeberufsgesetz); für Berufe im Handwerk ist teilw. die Handwerksordnung (HwO) vorrangig (§ 3 III BBiG). Zur Berufsausbildung → behinderter Menschen im → Handwerk s. §§ 42p ff. HwO (ansonsten: §§ 64 ff. BBiG). Zur Förderung des Zugangs zur Berufsausbildung wurden durch das „Gesetz zur Stärkung der Aus- und Weiterbildungsförderung" zum 1.4.2024 ein Mobilitätszuschuss und die Förderung von Berufsorientierungspraktika als erste Maßnahmen einer sog. Ausbildungsgarantie in das SGB III aufgenommen (§§ 48a, 73a SGB III), seit dem 1.8.2024 flankiert durch einen Anspruch auf Förderung einer außerbetrieblichen Berufsbildung (§ 76 SGB III, → Berufliche Fortbildung). Zur Verringerung des Fachkräftemangels besteht seit dem 1.8.2024 zudem die Möglichkeit der Feststellung der individuellen beruflichen Handlungsfähigkeit am Maßstab eines anerkannten Ausbildungsberufs unabhängig vom Durchlaufen einer Berufsausbildung im formalen System (§§ 1 VI, 50b ff. BBiG, §§ 41b ff. HwO).

Berufsausbildungsabgabe
→ Ausbildungsförderung (2).

Berufsausbildungsbeihilfe
Die Berufsausbildungsbeihilfe (BAB) gehört zu den Leistungen der → Arbeitsförderung nach dem SGB III. Anspruch auf Berufsausbildungsbeihilfe haben unter den Voraussetzungen der §§ 56 f. SGB III Auszubildende, die an einer förderungsfähigen Ausbildung teilnehmen und die nicht über die erforderlichen Mittel zur Deckung ihres Lebensbedarfs etc. verfügen. Die Berechnung der BAB erfolgt nach pauschalen Bedarfen, die sich an den Bedarfssätzen des Bundesausbildungsförderungegesetzes (BAföG) orientieren. Die tatsächliche Höhe kann daher im Einzelfall sehr stark von den persönlichen Vorstellungen der Antragstellenden abweichen. Sofern eine → berufsvorbereitende Bildungsmaßnahme (BvB) absolviert wird, richtet sich der Anspruch auf Berufsausbildungsbeihilfe nach § 51 SGB III. Die Leistung kann auch für Zeiten einer assistierten Ausbildung gewährt werden (§ 56 II 2 SGB III).

Berufsausbildungsförderung
→ Ausbildungsförderung (1).

Berufsausbildungsverhältnis
Das Berufsausbildungsverhältnis (im Handwerk auch Lehre) ist ein Rechtsverhältnis, dessen Zweck auf die Berufsausbildung gerichtet ist. Das Berufsausbildungsverhältnis ist weitgehend im Berufsbildungsgesetz (BBiG; → Berufsausbildung) geregelt. Es unterliegt zahlreichen öffentlich-rechtlichen Bindungen, ist aber als solches eine zivilrechtliche Vertragsbeziehung. Es wird durch Vertrag begründet (§ 10 BBiG), ist auch in Teilzeit möglich (§ 7a BBiG) und der → Auszubildende gilt oft als → Arbeitnehmer (zB § 5 I ArbGG, § 2 BUrlG). Den → Ausbildenden treffen besonders ausgestaltete Pflichten (Ausbildung, § 14 BBiG; Freistellung für Berufsschulunterricht und Prüfungen, § 15 BBiG (seit 2020 differenzierter geregelt); → Zeugnis, 16 BBiG (seit 1.8.2024 in elektronischer Form möglich); Vergütung, §§ 17–19 BBiG, wobei hier die Regelung zur Mindestvergütung seit 2020 verschärft wurde, indem eine sich jährlich erhöhende Mindestgrenze vorgeschrieben und die mittelbare Bindung an branchenübliche Tarifverträge verstärkt wird). Für die Pflichten des Auszubildenden ua zum Lernen und zur Befolgung von Weisungen vgl. § 13 BBiG. Die Probezeit dauert 1 bis 4 Monate (§ 20 BBiG). Während der Probezeit ist die fristlose Kündigung jederzeit möglich, danach nur noch aus wichtigem Grund oder durch den Auszubildenden bei Aufgabe der Berufsausbildung (§ 22 BBiG). Die Kündigung nach Ablauf der Probezeit muss die Angabe eines Kündigungsgrundes enthalten (§ 22 III BBiG). Das Berufsausbildungsverhältnis endet mit Ablauf der Ausbildungszeit oder mit Bestehen der Abschlussprüfung, bei deren Nichtbestehen verlängert es sich auf Verlangen bis zur Wiederholungsprüfung (§ 21 BBiG). Bei Weiterarbeit nach Prüfung gilt ein Arbeitsverhältnis als auf unbestimmte Zeit begründet (§ 24 BBiG). Für Streitigkeiten im bestehenden Ausbildungsverhältnis oder über dessen Beendigung ist (wenn vorhanden) ein Schlichtungsausschuss (auch: → Lehrlingsausschuss) vor einer Klage vor dem Arbeitsgericht anzurufen (§ 111 II ArbGG). Berufsausbildungsverhältnisse iwS, die nicht oder nur zT vom BBiG erfasst werden, sind das → Volontärverhältnis und das → Praktikantenverhältnis; sa → Mitbestimmung, → Ausbildungsförderung, → Aufstiegsfortbildungsförderungsgesetz.

Berufsausbildungsvorbereitung
Die Berufsausbildungsvorbereitung dient nach § 1 II BBiG (→ Berufsbildung) dem Ziel, durch die Vermittlung von Grundlagen für den Erwerb → beruflicher Handlungsfähigkeit an eine → Berufsausbildung heranzuführen (§§ 68–70 BBiG). Zur Berufsausbildungsvorbereitung → behinderter Menschen im → Handwerk s. §§ 42t–42v HwO.

Berufsausübung, Untersagung der –
→ Berufsverbot.

Berufsbeamtentum
1. Das Berufsbeamtentum im heutigen Sinne hat sich im Laufe des 17. Jahrhunderts entwickelt, als die souveränen Landesherren im Zuge des Aufbaus einer obrigkeitlichen Verwaltung ein auf besonderer Pflichterfüllung beruhendes, von dem Landesherrn einseitig gestaltetes Dienstverhältnis schufen (Beamtentum). Die weitere Entwicklung ist gekennzeichnet durch eine zunehmende Sicherung der Rechtsstellung der Beamten (Besoldungs- und Versorgungsrecht, → Disziplinarrecht), wobei insbes. nach dem Wegfall der Monarchie die Verpflichtung der Beamten gegenüber dem Gemeinwohl zum prägenden Charakteristikum wurde (Beamtenethos). Die Weimarer Reichsverfassung hat den Berufsbeamten als einen mit spezifischen Rechten und Pflichten ausgestatteten „Diener der Gesamtheit" verfassungsrechtlich gewährleistet (Art. 128–130 WRV).

2. Aus der Erfahrung der tiefgreifenden und widerrechtlichen Eingriffe des Nationalsozialismus in das Berufsbeamtentum (vgl. Gesetz zur Wiederherstellung des Berufsbeamtentums v. 7.4.1933 ua) hat der Gesetzgeber des GG die „herkömmlichen Grundsätze des Berufsbeamtentums" verfassungsrechtlich garantiert (Art. 33 V GG). Verfassungsrechtlich gesichert sind hierdurch, bei aller Möglichkeit der Fortentwicklung im Einzelnen, die Institution des Berufsbeamtentums und die sie tragenden Strukturprinzipien (ua: öffentl.-rechtl. Ausgestaltung, Begründung auf Lebenszeit als Regel und somit der Charakter als Lebens- und Hauptberuf, Laufbahnprinzip, Fürsorgepflicht des Dienstherrn, vor allem Anspruch auf angemessene Dienst- und Versorgungsbezüge, Gewährleistung wohlerworbener Rechte, ohne dass damit eine betragsmäßige Garantie der Besoldung oder eine Garantie für eine einheitliche Besoldung in ganz Deutschland verbunden wären). Zu den hergebrachten Grundsätzen des Berufsbeamtentums ist auch die Verpflichtung zum aktiven Einsatz und das Bekenntnis zur verfassungsmäßigen Ordnung zu rechnen; sa → Radikale im öffentlichen Dienst. Im Allgemeinen wird zu diesen Grundsätzen auch das Verbot des Streiks – auch in der Form von „Dienst nach Vorschrift", Bummelstreik („go slow") u. dgl. – gezählt. Im Einzelnen → Beamtenrecht, → Beamtenverhältnis.

3. Durch die → Föderalismusreform I erhielten die Gesetzgeber (→ Beamtenrecht) den Auftrag, das Recht des öffentlichen Dienstes fortzuentwickeln (Art. 33 V GG). Durch diese Bestimmung wird die bisher gebotene und daneben noch fortgeltende Berücksichtigung der hergebrachten Grundsätze des Berufsbeamtentums nachhaltig relativiert. Insbesondere kann nunmehr das Gebot der Fortentwicklung des Dienstrechts Einschnitte in die Rechtsstellung der Beamten – auch in finanzieller Hinsicht – rechtfertigen, die die hergebrachten Grundsätze des Berufsbeamtentums berühren und deshalb bislang nicht möglich gewesen wären.

Berufsberatung
Berufsberatung, dh die Erteilung von Rat und Auskunft in Fragen der Berufswahl einschl. des Berufswechsels, obliegt nach dem SGB III → Arbeitsförderung) der → Bundesagentur für Arbeit sowie privaten Berufsberatern (§§ 29–34, 289 SGB III, Untersagung § 288a SGB III). Sie wird durch die Vermittlung in berufliche Ausbildungsstätten ergänzt (sa → Arbeitsvermittlung). Die konkreten Themen der Berufsberatung ergeben sich aus § 30 SGB III. Für die Zeit ab dem 1.3.2020 umfasst die Berufsberatung auch die Möglichkeiten der Anerkennung ausländischer Berufsabschlüsse.

Berufsbetreuer
→ Betreuung (4).

Berufsbezeichnung
Die unbefugte Führung einer Berufsbezeichnung ist häufig mit Strafe oder Bußgeld bedroht, wenn die Berufsausübung an den Nachweis besonderer Fachkunde geknüpft ist. Der Strafschutz des § 132a StGB erfasst das unerlaubte Führen von Amts(Dienst-)bezeichnungen und der Bezeichnung für andere berufliche Tätigkeiten, die auf Grund öffentlich-rechtlicher Zulassung ausgeübt werden (Arzt, Zahnarzt, Psychotherapeut, Tierarzt, Apotheker, Rechtsanwalt, Patentanwalt, Wirtschaftsprüfer, Steuerberater, europ. Rechtsanwalt mit der entsprechenden Berufsbezeichnung usw.). Für weitere Berufe bestehen entsprechende Schutzvorschriften in den jeweiligen Berufsordnungen, so in §§ 51, 117 HwO für den Meistertitel, §§ 1, 16 KrankenpflegeG, § 14 MasseurG (auch für med. Bademeister, Krankengymnasten), §§ 1, 12 MedTechnAssG. Die Bezeichnung „Ingenieur" ist durch die Ingenieurgesetze der Länder, „Architekt" durch Landesarchitektengesetze geschützt → akademische Grade.

Berufsbildende Schulen
(auch berufliche Schulen) ist der Sammelbegriff für die berufsbezogenen (Gegensatz: allgemein bildende) Schulen; dazu gehören → Berufsschulen, Berufsaufbauschulen, → Berufsfachschulen, Fachschulen, → Fachoberschulen, Berufsoberschulen und → Fachakademien. Das berufliche Schulwesen ist landesrechtlich sehr unterschiedlich geregelt.

Berufsbildung
1. Das Berufsbildungsgesetz (BBiG) v. 4.5.2020 (BGBl. 2020 I 920) mÄnd regelt die Berufsbildung, dh die → Berufsausbildungsvorbereitung, die → Berufsausbildung, die → berufliche Fortbildung und die → berufliche Umschulung (§ 1 BBiG). Ziel ist es, die → berufliche Handlungsfähigkeit zu gewährleisten. Lernorte der Berufsbildung sind gem. § 2 I BBiG Betriebe der Wirtschaft sowie vergleichbare Einrichtungen insbes. des öffentlichen Dienstes, der freien Berufe und in Haushalten

(betriebliche Berufsbildung), berufsbildende Schulen (schulische Berufsbildung) und sonstige Einrichtungen (außerbetriebliche Berufsbildung). Teile der Berufsbildung können auch im Ausland ausgeführt werden (§ 2 BBiG).

2. Anders als etwa bei den akademischen Berufen sind die durch die Berufsbildung erlangten Qualifikationen nicht exklusiv, dh gleichwertige Qualifikationen können auch durch Fachschul-, Fachhochschul- oder Hochschulausbildung erreicht werden. Dementsprechend gilt das BBiG nicht für die Berufsbildung im Rahmen eines Hochschulstudiums, in einem öffentlich-rechtlichen Dienstverhältnis oder auf bestimmten Kauffahrteischiffen (§ 3 BBiG). Für die Berufsbildung besteht → konkurrierende Gesetzgebungskompetenz (Art. 74 I Nr. 12 GG), die der Bund mit dem BBiG und einigen Nebengesetzen weitgehend ausgeschöpft hat (Ländergesetze existieren in Teilbereichen des Gesundheitswesens).

3. Das BBiG enthält arbeitsrechtliche Vorschriften für das → Berufsausbildungsverhältnis, von denen durch Vereinbarung nicht zuungunsten → Auszubildender abgewichen werden darf (§ 25 BBiG). Mit der Novellierung im Jahr 2020 wurde neben der Regelung zur Berufsausbildung in Teilzeit (§ 7a BBiG), differenzierteren Regelungen zu Freistellung für Berufsschulunterricht und Prüfungen (§ 15 BBiG) auch eine sich jährlich fortentwickelnde, konkrete Mindestvergütung – jedoch mit → Tariföffnungsklausel – in § 17 II-V BBiG nF eingeführt. Zum 1.8.2022 wurden die Anforderungen an die Niederschrift des Ausbildungsvertrages (§ 11 BBiG) verschärft, zum 1.8.2024 wurde das Schriftformerfordernis zugunsten einer digitalen Erfassung von Ausbildungsverträgen gestrichen; auch sind seitdem Ausbildungszeugnisse in elektronischer Form zulässig (§ 16 BBiG). Die öffentlich-rechtlichen Vorschriften des BBiG betreffen die Anerkennung von → Ausbildungsberufen (§ 4 BBiG), → Ausbildungsordnungen (§ 5 BBiG), die Abkürzung und Verlängerung der Ausbildungszeit (§§ 7–8 BBiG), die Eignung von Ausbildungsstätte und -personal (§§ 27–33 BBiG), das Verzeichnis der Berufsausbildungsverhältnisse (§§ 3–36 BBiG), das Prüfungswesen (§§ 37–50a BBiG; seit 1.8.2024 möglich: Teilnahme von Prüfenden an Prüfungen im Wege der Videokonferenz) sowie (zur Verringerung des Fachkräftemangels) Anerkennung von Berufserfahrung am Maßstab eines anerkannten Referenzberufs (§§ 50b–50e BBiG). Im Rahmen einer Berufsausbildung sind ua gestreckte Abschlussprüfungen oder die Anrechnung von bereits abgeschlossenen Berufsausbildungen (§ 5 BBiG) möglich; die Begrifflichkeit der Stufenausbildung wurde zum 1.8.2024 abgeschafft. Vgl. zum Mobilitätszuschuss, zur Förderung von Berufsorientierungspraktika und zur (außerbetrieblichen) Ausbildungsgarante §§ 48a, 73a, 76 SGB III.

4. Das BBiG enthält ferner Vorschriften über → berufliche Fortbildung, → berufliche Umschulung, Berufsbildung für besondere Personengruppen, insbes. behinderte Menschen (§§ 64–67 BBiG), → Berufsausbildungsvorbereitung (§§ 68–70 BBiG), Organisation der Berufsbildung (zuständige Stellen, Überwachung, §§ 71–83 BBiG), Berufsbildungsforschung, Planung und Statistik (§§ 84–88 BBiG) sowie das → Bundesinstitut für Berufsbildung (§§ 89–100 BBiG) und Bußgeldvorschriften (§ 101 BBiG). Im Bereich der beruflichen Fortbildung wurden transparente Fortbildungsstufen für die höherqualifizierende Berufsbildung mit international verständlichen Bezeichnungen eingeführt, die auch die Gleichwertigkeit von beruflicher Fortbildung und Studium besser sichtbar machen sollen (§§ 53a ff. BBiG): Geprüfte/r Berufsspezialist/in, Bachelor Professional und Master Professional. Sonderregelungen gelten für einzelne Wirtschaftszweige; so ist zB die Berufsbildung im Handwerk iRd → Handwerksordnung geregelt (§§ 21–44b HwO).

Berufseinstiegsbegleitung
Rechtsgrundlage § 49 SGB III. Förderfähig durch die Agentur für Arbeit sind junge Menschen, die voraussichtlich den allgemeinen Schulabschluss oder den Übergang von der Schul- zur → Berufsausbildung nicht erreichen. Berufseinstiegsbegleitung ist nur dann zulässig, wenn sich Dritte mit mindestens 50% an der Förderung beteiligen. Die Berufseinstiegsbegleitung erfolgt durch Berufseinstiegsbegleiterinnen und Berufseinstiegsbegleiter. Diese sollen eng mit den Verantwortlichen in der allgemeinbildenden Schule, mit Dritten, die junge Menschen in der Region mit ähnlichen Inhalten unterstützen, und mit den Arbeitgebern in der Region zusammenarbeiten.

Berufsfachschulen
sind nach Fachrichtungen (zB Hauswirtschaft, Landwirtschaft) gegliederte Vollzeitschulen mit mindestens einjähriger Schulbesuchsdauer, die zur Berufsvorbereitung oder zur vollen Berufsausbildung – auch ohne vorherige praktische Berufsausbildung – besucht werden können. Zugangsvoraussetzung ist der Abschluss der → Hauptschule.

Berufsfördernde Leistungen zur Rehabilitation
Die berufsfördernden Leistungen zur Rehabilitation → Leistungen zur Teilhabe am Arbeitsleben sollen vor der Gewährung einer Rente wegen → Erwerbsminderungdurch die gesetzliche → Rentenversicherung erfolgen (§ 23 Abs. 1 Nr. 1 SGB I). Die Teilnahme an solchen Leistungen ist verpflichtend (§ 64 SGB I). Sofern Reha-Leistungen nicht mehr in Frage kommen gilt der entsprechende Antrag als Antrag auf Rente wegen Erwerbsminderung.

Berufsförderung der Soldaten
Die Berufsförderung für freiwillig Wehrdienst Leistende (→ Bundesfreiwilligendienst, 1, → Wehrpflicht) und Soldaten auf Zeit ist in § 3 SVG (→ Soldatenversorgungsgesetz) geregelt.

Berufsförderung in der Sozialversicherung
Unter Berufsförderung bzw. Leistungen zur beruflichen Rehabilitation verstand man bis zum Inkrafttreten des SGB IX am 1.7.2001 (→ Rehabilitation und Teilhabe behinderter Menschen) Leistungen der gesetzlichen → Unfallversicherung oder der gesetzlichen → Rentenversicherung, die darauf gerichtet waren, Versicherten insbesondere durch Maßnahmen zur Berufsvorbereitung oder zur beruflichen Fortbildung, Ausbildung oder Umschulung wieder zu einem Arbeitsplatz zu verhelfen oder einen solchen zu sichern. An ihre Stelle sind die → Leistungen zur Teilhabe am Arbeitsleben nach dem SGB IX getreten. Die Leistungen zur Teilhabe nach dem SGB III sind gegenüber den Leistungen nach dem SGB IX nachrangig (§ 22 SGB III), da zu prüfen ist, ob vorrangig andere Reha-Träger leistungsverpflichtet sind. Allerdings besteht im Einzelfall unter den Voraussetzungen des § 23 SGB III eine Vorleistungsverpflichtung der Arbeitsförderung, die dafür einen Erstattungsanspruch gegen den verpflichteten Träger erwirbt.

Berufsfreiheit
→ Beruf (freie Wahl).

Berufsgeheimnis
1. Die berufliche Schweigepflicht, deren Strafschutz zusammenfassend in §§ 203 ff. StGB normiert ist, erstreckt sich auf Privatgeheimnisse, dh auf Tatsachen insbes. aus dem persönlichen Lebensbereich oder sonstigen Geheimbereich. Nicht geschützt sind offenkundige Tatsachen, dh solche, die verständige Menschen kennen oder sich durch Benutzung allgemein zugänglicher Quellen beschaffen können. Öffentliche Register gehören nicht zu diesen Quellen, wenn die Einsichtsmöglichkeit von einem besonderen Interesse abhängt. Die Geheimnisse müssen dem Verpflichteten anvertraut oder sonst bekannt geworden sein. Die Vorschriften betreffen vor allem Angehörige der Heilberufe (Ärzte usw.) und der rechts- und wirtschaftsberatenden Berufe (Anwälte, auch europ. Rechtsanwälte, Steuerberater, usw.), Berufspsychologen, Berater für Ehe-, Familien-, Erziehungs-, Jugend-, Schwangerschafts- und Suchtfragen, Sozialarbeiter und -pädagogen, ebenso Angehörige von privaten Kranken-, Lebens- oder Unfallversicherungsunternehmen oder privatärztlichen, steuerberaterlichen oder anwaltlichen Verrechnungsstellen. Sie dürfen das ihnen in ihrer beruflichen Eigenschaft (also nicht privat) bekannt gewordene Geheimnis nicht unbefugt offenbaren. Ihnen stehen ihre Gehilfen und die von ihnen auszubildenden Personen gleich.

2. Der Geheimnisbruch, dh die Weitergabe an einen Dritten, kann gerechtfertigt sein einmal durch die Einwilligung des Geschützten (zB wenn er sich einer Eignungsuntersuchung unterzieht oder den Berufsgeheimnisträger von seiner Schweigepflicht entbindet), zum Zweck eigener Rechtswahrung (der Arzt klagt sein Honorar ein oder wird auf Schadensersatz verklagt) oder durch ein überwiegendes allgemeines Interesse (das Gericht fordert ein Gutachten an; der Arzt unterrichtet die Gesundheitsbehörde über schwere körperliche Mängel eines Führerscheininhabers). Der Bruch des Berufsgeheimnisses kann sogar gesetzlich geboten sein: Das ist insbes. der Fall aufgrund der allgemeinen Pflicht zur Zeugenaussage vor Gericht, sofern dem Berufsgeheimnisträger kein prozessuales → Zeugnisverweigerungsrecht zusteht (zB häufig der Fall im Strafprozess, wo §§ 53, 53a StPO bewusst nicht alle nach §§ 203 ff. StGB verpflichteten Berufsgruppen erfasst). Eine Rechtfertigung besteht ferner im Fall der Anzeigepflicht beim Vorhaben besonders schwerer Straftaten (§ 138, vgl. aber § 139 III 2 StGB; → Anzeigepflicht, strafrechtliche) sowie nach §§ 6 ff., 73 IfSG (→ InfektionsschutzG). Eine übergesetzliche Offenbarungspflicht kann sich bei Pflichtenkollision ergeben (zB Warnung des Haushaltsvorstandes bei ansteckender Krankheit der Hausangestellten).

3. Da § 353b StGB (Verletzung des → Dienstgeheimnisses) nicht eingreift, weil er Gefährdung öffentl. Interessen voraussetzt, erstreckt § 203 II StGB den Strafschutz auf → Amtsträger und besonders Verpflichtete sowie andere mit bestimmten öffentl. Aufgaben (zB in der Gesetzgebung) betraute Personen, die dienstlich von privaten Geheimnissen Kenntnis erlangen. Zum Meldegeheimnis (→ Meldewesen), → Sozialgeheimnis und → Steuergeheimnis bestehen abschließende gesetzliche Regelungen über die Befugnis zur Offenbarung. Die Verletzung des Berufsgeheimnisses ist → Antragsdelikt (§ 205 StGB).

Berufsgenossenschaften
Berufsgenossenschaften sind Träger der gesetzlichen → Unfallversicherung, neben den anderen in § 114 SGB VII aufgelisteten Unfallversicherzungsträgern. Sie gliedern sich in → gewerbliche Berufsgenossenschaften und → landwirtschaftliche Berufsgenossenschaften. Berufsgenossenschaften sind Selbstverwaltungskörperschaften des öffentlichen Rechts, denen die Unternehmer als Mitglieder angehören. Die Zusammenstellung der Berufsgenossenschaften ergibt sich aus der Anl. 1 zu § 114 SGB VII. Nicht zu den Berufsgenossenschaften gehört die Unfallversicherung Bund und Bahn, die Berufsgenossenschaft Verkehrswirtschaft-Post-Logistik Telekommunikation. Die bisher selbständigen Unfallkassen der Post und der Telekom, verloren durch den Zusam-

menschluss ihren selbständigen Status. Weitere Unfallversicherungsträger sind die Unfallkassen der Länder, die Gemeindeunfallversicherungsverbände und Unfallkassen der Gemeinden, die Feuerwehr-Unfallkassen und die gemeinsamen Unfallkassen für den Landes- und den kommunalen Bereich. Die landwirtschaftliche Berufsgenossenschaft ist zuständig für den Bereich Land- und Forstwirtschaft sowie den Gartenbau.

Berufsgenossenschaft Verkehr (Verkehrswesen, Post-Logistik und Telekommunikation)
Die Post und Telekom war der Träger der gesetzlichen → Unfallversicherung für Versicherte in der → Bundesanstalt für Post und Telekommunikation, in den aus der Deutschen Bundespost hervorgegangenen Aktiengesellschaften, in der Bundesdruckerei GmbH und im Bundesministerium für Post und Telekommunikation und in dessen nachgeordneten Behörden und Einrichtungen. Die Post und Telekom hat zwischenzeitlich fusioniert zur Berufsgenossenschaft Verkehr (Verkehrswesen, Post-Logistik und Telekommunikation).

Berufsgerichte
(früher Ehrengerichte → Ehrengerichtsbarkeit) sind → Disziplinargerichte einzelner Berufsstände (idR → freier Berufe) zur Ahndung einer Pflichtverletzung oder eines Verhaltens, das dem Ansehen des Berufsstandes abträglich ist → Standesrecht. Die berufsgerichtlichen Maßnahmen reichen idR vom Verweis über Geldbußen bis zum Ausschluss aus dem Berufsstand. Sa → Berufsverbot. Die Berufsgerichte sind dabei nicht an feststehende Tatbestände gebunden und können jedes schuldhafte standeswidrige Verhalten ahnden. Sie sind zT bei den ordentlichen Gerichten (Landgerichte, Oberlandesgerichte, BGH) eingerichtet und mit Berufsrichtern als richterlichen Mitgliedern und Berufsvertretern als nichtrichterlichen Mitgliedern besetzt. Das Verfahren ist dem → Strafprozess angeglichen. Schwebt gleichzeitig ein ordentliches Strafverfahren, wird das berufsgerichtliche Verfahren idR bis zu dessen Entscheidung ausgesetzt. Gegen die Entscheidung des Berufsgerichts ist idR Berufung zu einem Berufsgericht zweiter Instanz, zT gegen dessen Urteil auch Revision gegeben. Bundesrechtliche Regelungen bestehen für → Rechtsanwälte (dort 4), → Patentanwälte, → Wirtschaftsprüfer, Steuerberater und Steuerbevollmächtigte (→ Steuerberatungsgesetz, 7.), landesrechtliche Regelungen für → Ärzte, → Tierärzte, → Zahnärzte → Psychotherapeuten; vgl. zB Bay. Heilberufe-KammerG idF v. 6.2.2002 (GVBl. 2002, 43) mÄnd. Zu den Architekten und Ingenieuren s. Art. 26 ff. Bay. Baukammerngesetz v. 9.5.2007 (GVBl. 2007, 308) mÄnd.

Berufsgruppenbestimmung
Der Berufsgruppenkatalog kann den Rundschreiben der gesetzlichen Rentenversicherung entnommen werden. Er dient der Frage, ob eine Beschäftigung als versicherungspflichtige oder selbständige Tätigkeit ausgeübt wird (→ Angestellte, → Berufsgruppenkatalog).

Berufsgruppenkatalog
Verzeichnis der Berufe, die unter einem bestimmten Oberbegriff subsummiert werden. Der Berufsgruppenkatalog wird in erster Linie für die Bereiche Musik, darstellende Kunst und bildende Kunst verwendet. Der Berufsgruppenkatalog wird auch verwendet bei der Einordnung in bestimmte Leistungsgruppen bei der → Rentenberechnung. Der Berufsgruppenkatalog kann den Rundschreiben der gesetzlichen Rentenversicherung entnommen werden. Er dient der Frage, ob eine Beschäftigung als versicherungspflichtige oder selbständige Tätigkeit ausgeübt wird.

Berufsgruppenversicherung
wird eine öffentlich-rechtliche Versicherungs- oder Versorgungseinrichtung bestimmter Berufsgruppen genannt. Besteht eine gesetzliche Pflichtmitgliedschaft (zB Ärzte-, Apothekerversorgung, Rechtsanwälte, Steuerberater), so kann auf Antrag des Mitgliedes eine Befreiung von einer gleichzeitig bestehenden Versicherungspflicht in der gesetzlichen → Rentenversicherung gewährt werden (§ 6 SGB VI). Bei der Übernahme und Erstattung von Beiträgen bei Befreiung von der Versicherungspflicht in der Rentenversicherung für den vorgenannten Personenkreis ist die Befreiung maßgebend, solange → Arbeitslosengeld oder → Übergangsgeld durch die → Agentur für Arbeit gezahlt werden muss. Die Berufsgruppenversicherung kommt auch bei Kirchenbeamten zum Tragen (vgl. Kirchenbeamtenbesoldungsgesetz).

Berufshaftpflichtversicherung
Die Berufshaftpflichtversicherung ist für bestimmte Berufe verpflichtend (→ Pflichtversicherung). Der Abschluss einer Berufshaftpflichtversicherung ist zB. Voraussetzung für die Tätigkeit von Rechtsanwälten oder Hebammen. Bei der Berufshaftpflichtversicherung der Freiberufler spricht man auch von der sog. Vermögensschadenhaftpflicht, die die typischerweise in den bestimmten Tätigkeitsfeldern auftretenden Schadensereignisse abdeckt. Im Regelfall ist eine bestimmte Mindestdeckungssumme erforderlich.

Berufshilfe
Als Berufshilfe bezeichnete man bis zum Inkrafttreten des SGB VII die Maßnahmen der gesetzlichen → Unfallversicherung, durch die einem Versicherten nach einem → Arbeitsunfall zur Aufnahme seines bisherigen oder eines anderen Berufes verholfen werden sollte. Nach der Terminologie des SGB VII handelte es sich dabei um berufsfördernde Leistungen zur Rehabilitation. Mit dem Inkrafttreten des SGB IX am 1.7.2001 sind sie abgelöst worden durch die → Leistungen zur Teilhabe am Arbeitsleben. Die Leistung unterscheidet sich

von den Leistungen nach dem SGB VIII im Rahmen der → Jugendberufshilfe.

Berufsjäger
→ Revierjäger.

Berufskleidung
→ Arbeitskleidung.

Berufskrankheiten
Bestimmte Krankheiten, die ein Versicherter der gesetzlichen → Unfallversicherung bei einer vom Versicherungsschutz umfassten Tätigkeit erleidet, gelten als → Versicherungsfall mit den daraus für den Betroffenen entstehenden Ansprüchen (§ 9 SGB VII). Diese Krankheiten sind in einer RechtsVO der Bundesregierung bezeichnet (Berufskrankheiten-VO v. 31.10.1997, BGBl. 1997 I 2623 mÄnd). Hilfestellung für die Feststellung einer Berufskrankheit geben ua die entsprechenden Reporte des Instituts für Arbeitsschutz der Deutschen Gesetzlichen Unfallversicherung. Voraussetzung für die Anerkennung einer Berufskrankheit ist, dass die Erkrankung in konkretem Zusammenhang mit der versicherten Tätigkeit steht (zB Steinstaublunge, Asbestose, COVID-19 für Personen im Gesundheitsdienst). In Betracht kommen auch solche Erkankungen, die im Zusammenhang mit dem Wehrdienst stehen (zB traumatische Folgen eines Auslandseinsatzes bei der Bundeswehr). Die Feststellung einer Berufskrankheit löst eine entsprechende Leistungspflicht der Unfallversicherungsträger aus.

Berufsmäßiger Stadtrat
ist in Bayern die Bezeichnung für einen → Kommunalen Wahlbeamten als Leiter eines Teiles der Stadtverwaltung (Gemeindeverwaltung; → Gemeindeverfassung, 4). Vgl. → Beigeordneter.

Berufsorientierungsmaßnahmen
Berufsorientierungsmaßnahmen gehören zu den Leistungen der → Arbeitsförderung nach dem SGB III. Sie sind mit Wirkung vom 1.1.2002 durch das sog. → Job-AQTIV-Gesetz eingeführt worden. Die → Agentur für Arbeit kann in diesem Zusammenhang Schüler allgemeinbildender Schulen durch vertiefte Berufsorientierung und Berufswahlvorbereitung fördern. Die Maßnahme kann bis zu vier Wochen dauern und soll regelmäßig in der unterrichtsfreien Zeit durchgeführt werden. Eine Intergration in den Unterrichtsablauf ist möglich. Voraussetzung der Berufsorientierungsmaßnahme ist, dass sich Dritte mit mindestens 50 vH an der Förderung beteiligen (§ 48 SGB III). Die besonderen Bedürfnisse von Schülerinnen und Schülern mit sonderpädagogischem Förderbedarf und von schwerbehinderten Schülerinnen und Schülern sollen bei der Ausgestaltung der Maßnahmen berücksichtigt werden. Neben der Berufsorientierungsmaßnahme kommt auch eine → Berufseinstiegsbegleitung (§ 49 SGB III) in Betracht.

Berufsrichter
ist der in das → Richterverhältnis im Dienst des Bundes oder eines Landes berufene → Richter. Die Berufung setzt deutsche Staatsangehörigkeit, die durch das Bestehen zweier juristischer Staatsprüfungen erlangte → Befähigung zum Richteramt, persönliche Eignung und Verfassungstreue voraus (§ 5 I DRiG, §§ 9, 22 II Nr. 1 DRiG). Berufsrichter (Gegensatz: → ehrenamtliche Richter) dürfen nur auf Lebenszeit, auf Zeit, auf Probe oder kraft Auftrags berufen werden, also nicht auf Widerruf (§ 8 DRiG).

Berufsrückkehrende
sind Personen, die ihre Erwerbstätigkeit oder Arbeitslosigkeit oder Berufsausbildung wegen der Betreuung und Erziehung von Kindern oder der Betreuung pflegebedürftiger Angehöriger unterbrochen haben und die in einer angemessenen Zeit danach in die Erwerbstätigkeit zurückwollen (§ 20 SGB III). Sie sollen seit dem 1.1.2004 (vgl. Drittes Gesetz für moderne Dienstleistungen am Arbeitsmarkt v. 23.12.2003, BGBl. 2003 I 2848; s. a. → Hartz-Gesetze) nach dem SGB III (→ Arbeitsförderung) die zu ihrer Rückkehr in die Erwerbstätigkeit notwendigen Leistungen der aktiven Arbeitsförderung erhalten; hierzu gehören insbesondere die Beratung und Vermittlung sowie die Förderung der beruflichen Weiterbildung durch Übernahme der Weiterbildungskosten (§ 8 Abs. 2 SGB III). Der Begriff der angemessenen Zeit ist nicht zu eng auszulegen. Eine Zeitspanne von $^1/_3$ der Unterbrechungszeit wird aber als zu lang angesehen. Maßgebend für die Angemessenheit ist nicht die Dauer der Unterberechnung sondern die Zeitspanne zwischen dem Ende des Unterbrechungstatbestandes und dem Rückkehrwillen.

Berufsschulen
unterrichten Jugendliche, die Auszubildende (→ Berufsausbildungsverhältnis) sind, sich in einem → Arbeitsverhältnis befinden oder arbeitslos sind. Sie dienen auch der Erfüllung der allgemeinen → Schulpflicht. Der Unterricht wird idR als Teilzeit-Unterricht als Blockunterricht erteilt. Die Berufsschulpflicht dauert bis zum Ende des Ausbildungsverhältnisses. Berufsschulen haben die Aufgabe, die Allgemeinbildung zu vertiefen und eine fachtheoretische, berufsfeldbezogene Grund- und Fachbildung zu vermitteln (sa → berufsbildende Schulen; → Schule).

Berufssoldat
Soldat (→ Soldatengesetz).

Berufsständische Versorgungswerke
Die Mitgliedschaft in einem Berufsständischem Versorgungswerk (zB einer Versorgungskammer für Rechtsanwälte) kann gem. § 6 Abs. 1 S. 1 SGB VI zu einer Befreiung von der Rentenversicherungspflicht führen. Die Befreiung kann nur auf Antrag erfolgen (§ 6 Abs. 2 SGB VI) und gilt nur für die ausgeübte Tätigkeit, für die die Befreiung ausgesprochen wor-

den ist. Eine Versicherung einer Person in zwei (theoretisch auch mehr) verschiedenen Versorgungssystemen ist daher möglich, wenn entsprechende unterschiedliche Tätigkeiten ausgeübt werden. Die Beiträge zu einem Berufsständischen Versorgungswerk sind → Altersvorsorgeaufwendungen. Eine Auflistung der Berufsständischen Versorgungswerke kann dem Internetauftritt der Arbeitsgemeinschaft berufsständischer Versorgungseinrichtungen entnommen werden. Zwingende Voraussetzung für die Befreiung von der Rentenversicherungspflicht ist, dass die Mitgliedschaft in dem Berufsständischen Versorgungswerk als Zwangsmitgliedschaft durchgeführt wird. Ferner muss neben der Mitgliedschaft in dem Berufsständischen Versorgungswerk eine Mitgliedschaft in der berufsständischen Kammer besteht. Die Versorgung ist im Regelfall in Satzungen festgehalten.

Berufstrachten, Schutz der –
Das unbefugte Tragen von Berufstrachten oder von Berufsabzeichen einer Organisation der Kranken- oder Wohlfahrtspflege, die im Inland staatlich anerkannt oder genehmigt ist (zB solche der Schwestern vom Roten Kreuz), ist → Ordnungswidrigkeit (§ 126 OWiG). Dasselbe gilt für Trachten und Abzeichen religiöser Vereinigungen, die von Religionsgesellschaften des öffentlichen Rechts anerkannt sind (zB Ordensgewänder). Das Verbot erfasst auch Trachten und Abzeichen, die den geschützten zum Verwechseln ähnlich sind.

Berufsunfähigkeit
1. Berufsunfähigkeit war in der → Rentenversicherung bis zum 31.12.2000 die Voraussetzung für die Gewährung einer → Berufsunfähigkeitsrente und ist seit dem 1.1.2001 eine Voraussetzung für die Gewährung einer → Rente wegen teilweiser Erwerbsminderung an Versicherte, die vor dem 2.1.1961 geboren sind.

2. Berufsunfähigkeit ist gegeben bei einer Minderung der Erwerbsfähigkeit durch Krankheit oder Behinderung auf weniger als die Hälfte der Erwerbsfähigkeit eines gesunden Versicherten mit ähnlicher Ausbildung und gleichwertigen Kenntnissen und Fähigkeiten. Der Versicherte darf auf zumutbare andere Tätigkeiten nur verwiesen werden, wenn er sie noch ausfüllen kann und sie ihm unter Berücksichtigung der Dauer und des Umfangs seiner Ausbildung sowie seines bisherigen Berufes und der besonderen Anforderungen seiner bisherigen Berufstätigkeiten zugemutet werden können. Zuzumuten sind stets solche Tätigkeiten, für die die Versicherten im Rahmen der Leistungen zur Teilhabe am Arbeitsleben erfolgreich ausgebildet oder umgeschult wurden. Nicht berufsunfähig ist, wer eine zumutbare Tätigkeit mindestens sechs Stunden täglich ausüben kann; dabei ist die jeweilige Arbeitsmarktlage nicht zu berücksichtigen (§ 240 II SGB VI).

Berufsunfähigkeitsrente
1. Einen Anspruch auf Rente wegen → Berufsunfähigkeit konnten bis zum 31.12.2000 Versicherte der gesetzlichen → Rentenversicherung erlangen, die von → Berufsunfähigkeit betroffen waren, eine → Wartezeit von 5 Jahren erfüllt hatten und in den letzten 5 Jahren vor Eintritt der Berufsunfähigkeit mindestens 3 Jahre Pflichtbeiträge (→ Drei-Fünftel-Deckung) gezahlt hatten. Gleiches galt für Versicherte, deren Berufsunfähigkeit die Folge eines Arbeitsunfalls oder ähnlicher Ereignisse war (vgl. §§ 43, 53 SGB VI aF).

2. Die Berufsunfähigkeitsrente ist ab 1.1.2001 abgelöst worden von den Renten wegen verminderter Erwerbsfähigkeit (§ 43 SGB VI) sowie der Rente wegen teilweiser Erwerbsminderung bei Berufsunfähigkeit (§ 240 SGB VI; s. → Rente wegen verminderter Erwerbsfähigkeit). Die Rente wegen teilweiser Erwerbsminderung entspricht dabei weitgehend der früheren Berufsunfähigkeitsrente. Versicherten, die am 31.12.2000 bereits Anspruch auf eine Berufsunfähigkeitsrente hatten, wird diese Rente aus Gründen des Vertrauensschutzes jedoch weiterhin gewährt (§ 302b SGB VI). Ist der Leistungsfall (bis 31.12.2000 Versicherungsfall) vor dem 1.1.2001 eingetreten, ist auch dann eine Berufsunfähigkeitsrente zu leisten, wenn der Rentenbeginn nach dem 31.12.2000 liegt. Es kommt lediglich auf das Bestehen des Rentenanspruchs an sich an, nicht aber auf dessen Fälligkeit.

Berufsunfähigkeitsversicherung
Die (privatrechtliche) Berufsunfähigkeitsversicherung ist eine Art der → Personenversicherung. Bei der Berufsunfähigkeitsversicherung ist der Versicherer verpflichtet, für eine eingetretene Berufsunfähigkeit die vereinbarten Leistungen zu erbringen. Berufsunfähig ist, wer seinen zuletzt ausgeübten Beruf infolge Krankheit, Körperverletzung oder übermäßigem Kräfteverfall ganz oder teilweise voraussichtlich auf Dauer nicht mehr ausüben kann. Für die Berufsunfähigkeitsversicherung gelten über die allgemeinen Vorschriften hinaus (→ Versicherungsvertrag) die Sonderbestimmungen der §§ 172 ff. VVG (sa → Unfallversicherung), sowie die entsprechenden Versicherungsbedingungen des Anbieters. Eine Verweisung auf eine andere zumutbare Tätigkeit als den ausgeübten Beruf kann in den Versicherungsbedingungen vereinbart werden (§ 172 Abs. 3 VVG). Versicherungsvermittler bzw. Versicherungsberater müssen hinsichtlich der Berufsunfähigkeitsversicherung ihre Sachkunde im Rahmen der Sachkundeprüfung unter Beweis stellen (§ 2 Abs. 1 S. 1 Buchst. b). Das Ablegen der Sachkundeprüfung ist Voraussetzung für die Tätigkeit als Versicherungsvermittler bzw. Versicherungsberater (§ 34d Abs. 5 S. 1 Nr. 4 der GewO). Durch den Wegfall der gesetzlichen Berufsunfähigkeitsrente zum 31.12.2000 hat die Berufsunfähig-

keitsversicherung eine besondere Bedeutung erlangt.

Berufsverbandsprinzip
Das Berufsverbandsprinzip liegt Zusammenschlüssen von Arbeitgebern oder Arbeitnehmern (→ Arbeitgeberverbände, → Gewerkschaften) zugrunde, die nach ihrer Satzung nur Mitglieder eines bestimmten Berufszweigs aufnehmen (zB Handwerker, Angestellte). Das abweichende → Industrieverbandsprinzip versucht der Gesetzgeber zum Teil durchzusetzen (→ Tarifkollision).

Berufsverbot
Ein Berufsverbot ist die zeitweilige oder dauernde Untersagung der Ausübung eines bestimmten Berufs wegen eines schwerwiegenden Verstoßes gegen die Berufspflichten. Es kann im berufsgerichtlichen Verfahren von den für verschiedene → freie Berufe (zB → Rechtsanwälte, → Ärzte) bestehenden → Berufsgerichten ausgesprochen werden. Teilwirkung eines Berufsverbots hat das Vertretungsverbot für Rechtsanwälte nach § 114 I Nr. 4 BRAO und auch das vorläufige Vertretungsverbot, das gegen Rechtsanwälte (§§ 150 ff. BRAO) und Steuerberater (§ 134 StBerG) verhängt werden kann. Einem Berufsverbot gleich kommt ferner der Widerruf oder die Rücknahme einer für die Berufsausübung erforderlichen Erlaubnis oder → Approbation durch die Zulassungsbehörde (Verwaltungsbehörde). Praktisch die Wirkung eines Berufsverbots hat auch die → Gewerbeuntersagung wegen Unzuverlässigkeit des Gewerbetreibenden (§ 35 GewO). Im → Strafprozess kann nach § 70 StGB ein Berufsverbot als → Maßregel der Besserung und Sicherung verhängt werden.

Berufsvereinigungen
Art. 9 I GG garantiert allen Deutschen das Recht, Vereine und Gesellschaften zu bilden (→ Vereinsfreiheit); nach Art. 9 III GG ist für jedermann und für alle Berufe das Recht gewährleistet, zur Wahrung und Förderung der Arbeits- und Wirtschaftsbedingungen Vereinigungen zu bilden (→ Koalitionsfreiheit). Diese Bestimmung erfasst nur die arbeitsrechtlichen Berufsverbände (Koalitionen), also Vereinigungen von Arbeitnehmern oder Arbeitgebern zur Wahrnehmung ihrer kollektiven (sozialen) Interessen. Dagegen fallen wirtschaftliche Vereinigungen wie Konsumvereine, Kartelle, Syndikate, Wirtschafts- und Unternehmensverbände mangels spezieller arbeitsrechtlicher und sozialer Zielsetzung nicht unter Art. 9 III GG. Sie sind durch Art. 9 I GG geschützt, können also ebenfalls frei gebildet werden. Ihre Tätigkeit ist allerdings gewissen Einschränkungen unterworfen, namentlich im → Kartellrecht. Danach sind Verträge zwischen Unternehmen und Unternehmensvereinigungen und Beschlüsse von Unternehmensvereinigungen unwirksam, soweit sie geeignet sind, wettbewerbsbeschränkend zu wirken; lehnt eine Wirtschafts- oder Berufsvereinigung die Aufnahme eines Unternehmers ab, so kann die Kartellbehörde die Aufnahme anordnen, wenn die Ablehnung eine sachlich nicht gerechtfertigte ungleiche Behandlung darstellt und zu einer unbilligen Benachteiligung des Unternehmens im Wettbewerb führt (§ 20 VI GWB).

Berufsverkehr
→ Linienverkehr.

Berufsvorbereitende Bildungsmaßnahme
Rechtsgrundlage der Maßnahmen ist § 51 SGB III. Die berufsvorbereitende Bildungsmaßnahme dient der Förderung zur Aufnahme einer → Berufsausbildung oder der beruflichen Eingliederung. Sie darf nicht den Schulgesetzen der Länder unterliegen. Voraussetzung ist weiter, dass eine erfolgreiche berufliche Ausbildung erwartet werden kann. Die Maßnahme kann auch im Ausland durchgeführt werden, wenn die Aufenthaltsdauer im Ausland hinsichtlich der Gesamtdauer angemessen ist und die Hälfte der Förderdauer nicht überschreitet. Sie darf auch dem nachträglichen Erwerb des Hauptschul- oder gleichwertigen Schulabschlusses dienen (§ 53 SGB III). Betriebliche Praktika können in angemessenem Umfang ebenfalls berücksichtigt werden (→ Berufsausbildungsbeihilfe, → Ausbildungsgeld). Der förderungsbrerechtigte Personenkreis ist in § 52 SGB III aufgelistet.

Berufsvormund
→ Vormund, → Amtsvormundschaft, → Vereinsvormundschaft, → Jugendamt.

Berufswahl, Freiheit der –
→ Beruf (freie Wahl und Ausübung).

Berufung
Die Berufung ist das Rechtsmittel, das grds. gegen die Urteile des ersten Rechtszuges gegeben ist (§ 511 I ZPO, § 8 II ArbGG, § 4 I ArbGG, § 124 I VwGO, § 143 SGG, § 312 StPO). Die Berufung eröffnet im Gegensatz zur → Revision an sich eine neue (zweite) Tatsacheninstanz. Insbes. im Zivilprozess ist die Berufung aber in erster Linie ein Instrument der Fehlerkontrolle und -beseitigung gegenüber der ersten Instanz; neue Tatsachen, Angriffs- und Verteidigungsmittel (sog. Novenrecht) können deshalb im Interesse der Verfahrensbeschleunigung nur eingeschränkt vorgetragen werden (§ 513 I ZPO, §§ 529 ff. ZPO; vgl. auch § 67 ArbGG).

1. Die Berufung ist im Allgemeinen dann zulässig, wenn die → Rechtszugvoraussetzungen vorliegen, nämlich die → Statthaftigkeit, das Einhalten der für die Berufung vorgeschriebenen Form (§ 519 ZPO, § 151 III SGG, § 314 StPO) und Frist, eine → Beschwer des Berufungsführers durch die angegriffene Entscheidung sowie sonstige Zulässigkeitsvoraussetzungen (zB Zulassung der Berufung oder Erreichen einer Berufungssumme). Die Berufungsfrist beträgt im Zivilprozess, im arbeitsgerichtlichen Verfahren und im Sozialge-

richtsverfahren 1 Monat ab Zustellung des in vollständiger Form abgefassten Ersturteils (§ 517 ZPO – Beginn jedenfalls 5 Monate nach Verkündung –, § 66 I ArbGG – hier erst nach ordnungsgemäßer → Rechtsmittelbelehrung, § 151 SGG), im Strafprozess 1 Woche ab Verkündung des Urteils (§ 314 I StPO).

a) Im Zivilprozess und im arbeitsgerichtlichen Verfahren ist die Berufung nur zulässig, wenn der Wert des Beschwerdegegenstands 600 EUR übersteigt oder – bei einem geringeren Wert des Beschwerdegegenstandes – das Gericht des ersten Rechtszugs die Berufung in seinem Urteil wegen grundsätzlicher Bedeutung, zur Rechtsfortbildung oder zur Sicherung einer einheitlichen Rechtsprechung zugelassen hat (§ 511 ZPO, § 64 ArbGG). Eine → Nichtzulassungsbeschwerde gegen deren Versagung ist nicht vorgesehen.

b) Im → Verwaltungsstreitverfahren ist die Berufung nur bei Zulassung durch das VG oder das OVG zulässig (§§ 124, 124a VwGO; s. iE → Verwaltungsstreitverfahren, 7a) oder in Einzelfällen ganz ausgeschlossen; im letzteren Fall findet (bei Zulassung) unmittelbar die → Revision statt (§ 135 VwGO; → Sprungrevision, → Nichtzulassungsbeschwerde).

c) In der → Sozialgerichtsbarkeit ist für die Berufung teilweise die Zulassung erforderlich (§ 144 SGG). Ist die Berufung nicht zugelassen worden, ist die Nichtzulassungsbeschwerde das statthaft Rechtsmittel. Keine Zulassung ist erforderlich, wenn der angegriffene Verwaltungsakt einen Wert von 750 EUR übersteigt und bei Erstattungsstreitigkeiten zwischen juristischen Personen des öffentlichen Rechts über mehr als 10.000 EUR. Die Berufung ist zuzulassen, wenn es sich in dem Rechtsstreit um einen solchen mit grundsätzlicher Bedeutung handelt, das Urteil von einer Entscheidung des Landessozialgerichts, des Bundessozialgerichts, des Gemeinsamen Senats der obersten Gerichtshöfe des Bundes oder des Bundesverfassungsgerichts abweicht und auf dieser Abweichung beruht oder ein der Beurteilung des Berufungsgerichts unterliegender Verfahrensmangel geltend gemacht wird und vorliegt, auf dem die Entscheidung beruhen kann. Die in § 144 II SGG genannten Gründe hinsichtlich einer Berufung sind abschließend. Ein Ermessen kann nicht ausgeübt werden. Liegen die entsprechenden Gründe vor, ist die Berufung zuzulassen. Das LSG ist an die Zulassung gebunden (§ 144 III SGG). Die Berufung ist hinsichtlich der Verfahrenskosten ausgeschlossen (§ 144 IV SGG).

d) Im → Strafprozess ist die Berufung nur gegen Urteile des Amtsgerichts zulässig, also des Strafrichters oder des Schöffengerichts. Gegen erstinstanzliche Urteile des Landgerichts und des Oberlandesgerichts ist nur Revision möglich. Im Jugendstrafverfahren bestehen weitere Einchränkungen nach § 55 JGG. Eine Berufung des Angeklagten bedarf der Annahme (§ 313 I StPO), wenn er zu → Geldstrafe bis zu 15 Tagessätzen verurteilt wird, eine → Verwarnung mit Strafvorbehalt in dieser Höhe erhält oder nur zu → Geldbuße verurteilt wird. Gleiches gilt für eine Berufung der → Staatsanwaltschaft nach → Freispruch des Angeklagten oder Einstellung des Verfahrens in der → Hauptverhandlung, wenn die StA ihrerseits nur Geldstrafe bis zu 30 Tagessätzen beantragt hatte. Die Berufung wird angenommen, wenn sie nicht offensichtlich unbegründet ist oder die Rechtsbeschwerde nach §§ 79, 80 OWiG zulässig wäre.

2. Eine Berufungsbegründung ist im Zivilprozess zwingend erforderlich, im Strafprozess freigestellt (§ 317 StPO). Die Berufung ist nach § 520 ZPO schriftlich zu begründen. Die Frist beträgt im Zivilprozess und im arbeitsgerichtlichen Verfahren 2 Monate ab Zustellung des vollständigen Ersturteils (§ 520 II ZPO, § 66 I ArbGG); sie kann auf Antrag – wenn erhebliche Gründe hierfür vorliegen auch ohne Einwilligung des Gegners – vom Vorsitzenden verlängert werden. Die Berufungsbegründung muss einen Berufungsantrag und die Berufungsgründe enthalten, dh angeben, inwieweit das Urteil angefochten und welche Abänderung begehrt wird, sowie die Gründe hierfür (Rechtsverletzung, unrichtige oder unvollständige Tatsachenfeststellungen, ggf. neue Tatsachen und Beweismittel, § 520 III ZPO). Im Verwaltungs- und Sozialstreitverfahren muss ein Berufungsantrag gestellt und soll eine Begründung gegeben werden.

3. Berufungsgericht ist in Zivilsachen für Entscheidungen des Amtsgerichts das → Landgericht oder das → Oberlandesgericht (s. iE dort), für Entscheidungen des Landgerichts (in erster Instanz) das Oberlandesgericht. In Strafsachen ist das Landgericht Berufungsgericht für Entscheidungen des Amtsgerichts, ferner das Landesarbeitsgericht für die Entscheidungen des Arbeitsgerichts, das Oberverwaltungsgericht (der Verwaltungsgerichtshof) für die Entscheidungen des Verwaltungsgerichts, das Landessozialgericht für die Entscheidungen des Sozialgerichts. Das Berufungsgericht prüft von Amts wegen die Zulässigkeit der Berufung (§ 522 I ZPO, § 125 II VwGO, § 158 SGG, § 322 StPO). Eine unzulässige Berufung wird verworfen (auch durch Beschluss, gegen den die → Rechtsbeschwerde stattfindet, vgl. § 522 I ZPO).

Im Übrigen richtet sich das Berufungsverfahren grundsätzlich nach den Vorschriften für das Verfahren erster Instanz (§ 525 ZPO, § 64 VI ArbGG, § 125 I VwGO, § 153 I SGG, § 332 StPO). Doch gelten in allen Verfahrensordnungen Sondervorschriften, die dem Wesen des Rechtsmittels angepasst sind. So kann zB das OVG eine grundsätzliche Rechtsfrage vorab durch das BVerwG klären lassen (§ 124b VwGO; → Rechtsentscheid). Im Zivilprozess soll eine Berufung, die offensichtlich keine Aussicht auf Erfolg und deren Rechtssache keine grundsätzliche Bedeutung hat, (nach vorherigem Hinweis an die Parteien) unverzüglich durch einstimmigen Beschluss zurückgewiesen werden (§ 522 II, III ZPO). Sonstige unbegründete Berufungen werden – idR durch Urteil – zurückgewiesen. Eine begründete Berufung führt zur Aufhebung des Urteils erster Instanz und grundsätzlich zu neuer (eigener) Entscheidung des Berufungsgerichts (§ 538 I ZPO, § 328 StPO), in besonderen Fällen, insbes. bei Verfahrensfehlern, auch zur → Zurückverweisung an die erste Instanz (§ 538 II ZPO, § 539 ZPO, § 130 VwGO, § 159 SGG). Gegen die Berufungsurteile findet zum Teil → Revision statt. Auf die Berufung kann verzichtet werden (§ 515 ZPO, → Rechtsmittelverzicht), auch kann sie zurückgenommen werden (→ Zurücknahme von Rechtsmitteln, § 516 ZPO, § 126 VwGO, § 156 SGG, § 302 StPO). → Anschlussberufung.

Berufungsantrag, -begründung
→ Berufung (2).

Berufungsfrist
→ Berufung (1).

Berufungsgericht
→ Berufung (3).

Berufungssumme
→ Berufung (1).

Besatzungsbehörden
Nach der Kapitulation Deutschlands am 8.5.1945 übten die Besatzungsmächte (USA, Großbritannien, Frankreich, Sowjetunion) die gesamte Staatsgewalt in Deutschland durch Besatzungsbehörden aus. Sie behielten sich ihre Rechte grundsätzlich auch noch mit Einführung des Besatzungsstatus (1949) vor und verzichteten darauf erst im → Deutschlandvertrag.

Besatzungsgerichte
Als Folge der Übernahme der obersten Regierungsgewalt in Deutschland durch die Alliierten Mächte mit der Berliner Erklärung vom 5.6.1945 (→ Viermächteerklärung) setzten diese in Deutschland auch eigene Gerichte ein. Zu diesen zählte das Internationale Militärtribunal in Nürnberg, das zur Aburteilung von Verbrechen gegen den Frieden, Kriegsverbrechen und Verbrechen gegen die Menschlichkeit für zuständig erklärt wurde (Londoner Abkommen vom 8.8.1945).

Besatzungsliste
Die Besatzungsliste gem. § 22 SeeArbG hat die Musterrolle nach dem Seemannsgesetz ersetzt. Sie ist auf Schiffen auf internationaler Fahrt Pflicht und gibt die aktuelle vollständige Zusammensetzung der Schiffsbesatzung → Seeleute wieder. Insbes. enthält sie den vollständigen Namen, die Nummer des Identitätsnachweises und die Funktion eines jeden Besatzungsmitgliedes. Auf Schiffen auf nationaler Fahrt kann die Besatzungsliste auch durch die Eintragung im Seetagebuch ersetzt werden.

Besatzungsrecht
waren die von den → Alliierten Mächten für das Gebiet des besetzten Deutschland erlassenen Rechtsvorschriften. Das Besatzungsrecht trat neben das in der Zeit vor dem 8.5.1945 geschaffene und noch fortgeltende Recht. Es war nicht an deutsche Verfassungen gebunden und konnte von deutschen Gerichten nicht überprüft werden. Durch den → Überleitungsvertrag wurden Bund und Länder ermächtigt, das von den Besatzungsbehörden erlassene Recht aufzuheben oder zu ändern. Zu Enteignungen, die „auf besatzungsrechtlicher oder besatzungshoheitlicher Grundlage“ von 1945–1949 in der ehem. DDR vorgenommen wurden und nicht rückgängig gemacht werden können, vgl. → Offene Vermögensfragen, → Entschädigungs- und Ausgleichsleistungsgesetz.

Beschädigtenrente
1. Die Beschädigtenrente wird (bzw. wurde nach dem BVG) als laufende Barleistung der → Kriegsopferversorgung an Beschädigte bei einer Minderung der Erwerbsfähigkeit (MdE) um mindestens 30 vH gewährt, wobei die MdE nach der körperlichen Beeinträchtigung im allgemeinen Erwerbsleben beurteilt wird. Höhere Bewertungen erfolgen, wenn der Beruf durch die Schädigung besonders betroffen ist. Zum 1.1.2024 wurde die Leistung in das SGB XIV mit Besitzstandsregelung übergeleitet.

2. Die Grundrente gilt als Entschädigung für die Einbuße an körperlicher Unversehrtheit; sie ist von den Einkommensverhältnissen des Beschädigten unabhängig. Ihre Höhe ist nach dem Grade der MdE gestaffelt und wird für Schwerbeschädigte (MdE mind. 50 vH) nach Vollendung des 65. Lebensjahres erhöht.

3. Schwerbeschädigte erhalten dazu eine Ausgleichsrente, auf die andere Einkünfte zT anzurechnen sind, ferner Ehegattenzuschlag und Kinderzuschlag (sofern nicht Anspruch auf → Kindergeld, → Kinderzulage, → Kinderzuschuss o. ä. besteht) bis zur Vollendung des 16. bzw. 27. Lebensjahres des Kindes für ein unverheiratetes Kind in Schul- oder Berufsausbildung oder in einem freiwilligen sozialen oder ökologischen Jahr, bei körperlichen oder geistigen Gebrechen und bei Wehr- oder Zivildienst auch darüber hinaus. Zahlungsverlängerung ist möglich aus bestimmten gesetzlichen, vom Anspruchsberechtigten nicht zu vertretenden Gründen. Ausgleichsrente können auch Witwen bzw. hinterbliebene Lebenspartner erhalten, wobei auch in diesen Fällen bestimmte Einkünfte angerechnet werden. Die Höhe der Ausgleichsrente richtet sich nach dem Grad der Behinderung.

4. Erwerbsunfähige Beschädigte, die durch Schädigungsfolgen gesundheitlich außergewöhnlich betroffen sind, erhalten eine gestaffelte Schwerstbeschädigtenzulage (§ 144 SGB XIV).

Beschädigung fremder Sachen
1. Zivilrecht: Die Beschädigung fremder Sachen führt zu Schadensersatz- und anderen Ansprüchen; → unerlaubte Handlung, → Ei-

gentumsstörungen, → positive Vertragsverletzung.

2. Strafrecht: → Sachbeschädigung. Die Beschädigung gewisser unter öffentlichem Schutz stehender Sachen ist darüber hinaus strafbar: bei amtlich aufbewahrten Sachen als → Verwahrungsbruch (§ 133 StGB), bei böswilliger Beschädigung amtlicher Bekanntmachungen usw. (§ 134 StGB), bei Beschädigung amtlicher Siegel an gepfändeten Sachen u. dgl. (→ Siegelbruch, § 136 StGB), bei Beschädigung von Wehrmitteln als → Wehrmittelsabotage (§ 109e StGB). Wegen Beschädigung von Verkehrseinrichtungen vgl. §§ 315, 315b, 316b, 317 StGB, wegen Beschädigung fremder Urkunden vgl. § 274 StGB.

Beschäftigte
Der Begriff des Beschäftigten ist weiter als der des → Arbeitnehmers. Er wird im Sozialrecht (zB § 7 SGB IV), aber auch in anderen Gesetzen verwendet. Der Begriffsinhalt schwankt je nach Zweck des einzelnen Gesetzes. Im SGB III sind etwa auch außerbetriebliche Ausbildungsverhältnisse umfasst; das Pflegezeitgesetz erfasst auch → arbeitnehmerähnliche Personen, das AGG auch Bewerber und ehemalige Arbeitnehmer (→ Gleichbehandlung (2), § 6 II AGG).

Beschäftigungsgesellschaft
ist eine Form der Trägerschaft für den Einsatz arbeitsmarktpolitischer Maßnahmen. Sie wurde vor allem nach der Wiedervereinigung als gemeinnützige GmbH oder eingetragener Verein zur Bewältigung der Massenentlassung und des Strukturwandels in den neuen Ländern eingesetzt. Sie soll arbeitslose oder von Arbeitslosigkeit bedrohte Personen wieder in den Arbeitsmarkt integrieren. An ihrer Bildung wirken ggf. auch das Land und die Kommunen mit. Der Beschäftigungsgesellschaft liegt u. a. der Grundsatz des Förderns gem. § 2 SGB III zu Grunde.

Beschäftigungslosigkeit
Beschäftigungslosigkeit ist eine Voraussetzung der → Arbeitslosigkeit iSd § 138 Abs. 1 SGB III und damit Vorraussetzung für die Inanspruchnahme von → Arbeitslosengeld als Leistung der → Arbeitsförderung nach dem SGB III. Soweit Leistungen nach § 16 SGB II beantragt werden sollen, ist auch hier Beschäftigungslosigkeit iSd SGB III Anspruchsvoraussetzung. Beschäftigungslos iSd 138 Abs. 1 Nr. 1, Abs. 3 SGB III ist, wer nicht in einem Beschäftigungsverhältnis steht. Die Ausübung einer weniger als 15 Wochenstunden umfassenden Beschäftigung (gelegentliche Abweichungen von geringer Dauer sind möglich) steht der Beschäftigungslosigkeit nicht im Wege. Sofern eine Beschäftigung aus der Arbeitslosigkeit heraus aufgenommen wird, ist diese unbedingt der Agentur für Arbeit mitzuteilen, da eine nicht mitgeteilte Arbeitsaufnahme die Wirkung der Arbeitslosmeldung erlöschen lässt (§ 141 Abs. 2 SGB III) und damit die Voraussetzungen für den Anspruch auf die Zahlung von Arbeitslosengeld nicht mehr vorliegen und folglich überzahltes Arbeitslosengeld zu erstatten ist. Dies kann existenzbedrohende Ausmaße annehmen, da die Aufhebung, bzw. Rücknahme der Arbeitslosengeldbewilligung nicht nur für die Dauer der Beschäftigung erfolgt, sondern folgerichtig nach der Systematik des SGB III bis zu dem Zeitpunkt in dem erneut alle Voraussetzung für die Wiederbewilligung von Arbeitslosengeld vorliegen. Spätestens mit Durchführung des automatisierten Datenabgleichs mit der Datenstelle der Rentenversicherung (DaLEB nach § 397 SGB III) werden der Bundesagentur für Arbeit nicht mitgeteilte geringfügige und versicherungspflichtige Beschäftigungsverhältnisse bekannt.

Beschäftigungspflicht
Die Beschäftigungspflicht ist eine (privatrechtliche) Pflicht des → Arbeitgebers, den → Arbeitnehmer iRd → Arbeitsverhältnisses zu beschäftigen; sie ist das Gegenstück zur Arbeitsleistungspflicht des Arbeitnehmers. Die grds. stets zu bejahende Beschäftigungspflicht (bei voller Zahlung des → Arbeitslohnes) besteht nur ausnahmsweise dann nicht, wenn überwiegende schützenswerte Interessen des Arbeitgebers entgegenstehen (zB bei schweren Pflichtverletzungen des Arbeitnehmers, bei Auftragsmangel oder auch zur Senkung des Infektionsrisikos bei Pandemien, s. dazu LAG Köln v. 12.4.2021 – 2 SaGa 1/21, ArbRAktuell 2021, 33). Eine → Freistellung gegen den Willen des Arbeitnehmers ist also begründungsbedürftig. Zudem sind Konstellationen denkbar, in denen zwar die Beschäftigungspflicht entfällt, aber das Entgelt weiter zu zahlen ist (→ Betriebsrisiko).

Eine Beschäftigungspflicht des Arbeitgebers (bzw. ein Weiterbeschäftigungsanspruch des Arbeitnehmers) besteht grds. auch nach → Kündigung des Arbeitsverhältnisses jedenfalls dann, wenn das Arbeitsgericht – wenn auch noch nicht rechtskräftig – die Kündigung für unwirksam erklärt hat. Dies hat taktische Bedeutung im Kündigungsschutzprozess, weil der Arbeitnehmer so während des Prozesses – wenn er in erster Instanz obsiegt hat – seine Beschäftigung erzwingen und auch eine Bezahlung (nur für die tatsächlich erbrachte Arbeit) verlangen kann, selbst wenn er später den Prozess doch verliert (Weiterbeschäftigungsantrag, erzwungene Weiterbeschäftigung). Ausnahmen bestehen bei einer unter Vorbehalt angenommenen → Änderungskündigung. Einen besonderen Beschäftigungsanspruch gewährt § 102 V BetrVG, wenn der Betriebsrat einer Kündigung ordnungsgemäß widersprochen hat. Dieser gewährt weitergehend eine gewisse vorübergehende Verlängerung des Arbeitsverhältnisses (mit vollem Vergütungsanspruch), auch wenn die Kündigung sich als wirksam erweisen sollte; der Arbeitgeber kann jedoch iRd einstweiligen Rechtsschutzes von dieser Verpflichtung zur Weiterbeschäftigung befreit werden. Der Weiterbeschäftigungsantrag erzeugt Anwalts- und Gerichtsgebühren, sollte daher nur bedingt für den Fall des Obsiegens mit dem Kündigungsschutzantrag gestellt werden (Ausnahme: § 102 V BetrVG). Wegen des Direktionsrechts des Arbeitgebers kann der Antrag nie vollständig bestimmt gestellt werden, auf möglichste Konkretisierung ist jedoch zu achten. Zulässig ist zB, die Weiterbeschäftigung unter Angabe der Berufsbezeichnung zu beantragen. Sa → Kündigungsschutz für Arbeitnehmer.

Beschäftigungsverhältnis
Arbeitsrechtlich ist mit dem Beschäftigungsverhältnis grds. zugleich das Arbeitsverhältnis gemeint. Der Begriff ist allerdings weiter als der des Arbeitsverhältnisses und wird va im Sozialrecht, im Personalvertretungsrecht (§ 4 BPersVG) und in anderen neueren Gesetzen (zB → Pflegezeit, → Familienpflegezeit, § 6 I AGG, § 4 Nr. 12 GenDG, § 5 II EntgTranspG) verwendet (→ Beschäftigte). Beschäftigungsverhältnis wird in Anlehnung an das Sozialversicherungsrecht auch das sog. → fehlerhafte Arbeitsverhältnis genannt.

Beschäftigungsverordnung
Die Beschäftigungsverordnung (BeschVO) v. 6.6.2013 (BGBl. 2013 I 1499) mÄnd regelt einerseits die Fälle, in denen die Erteilung eines → Aufenthaltstitels (→ Aufenthaltserlaubnis, 2b) keiner Zustimmung durch die → Bundesagentur für Arbeit bedarf oder wann diese erteilt werden kann. Damit soll die Zuwanderung in den deutschen Arbeitsmarkt gesteuert werden. Die Zustimmungsfreiheit gilt für Hochqualifizierte (teilweise erst ab einem gewissen Mindestverdienst von 52% oder zwei Dritteln der Beitragsbemessungsgrenze), Führungskräfte (zB Prokuristen, s. → Prokura, oder → Organe juristischer Personen) und Wissenschaftler (§§ 2–9 BeschVO). Erteilt werden kann die Zustimmung zB für Spezialisten und Absolventen deutscher Ausbildungsgänge (§§ 4 und 6 BeschVO). In §§ 10–15c BeschVO sind vorübergehende Beschäftigungen wie Saisonbeschäftigungen und Au-Pair-Aufenthalte geregelt. §§ 16–21 BeschVO betreffen die Entsendung von Arbeitnehmern aus dem Ausland (zB Geschäftsreisende und Journalisten). Nicht auf die Art der beruflichen Tätigkeit stellt § 31 BeschVO ab, die keine Zustimmungsbedürftigkeit bei Aufenthalten aus humanitären Gründen vorsieht. Für geduldete Ausländer (§ 32 BeschVO) besteht ein gestuftes System aus Zustimmungsfreiheit (etwa bei → Praktikantenverhältnissen, Berufsausbildung und Aufenthalt von mindestens vier Jahren), Zustimmung im Regelfall (Aufenthalt mindestens 15 Monate); oder einer Ermessenseröffnung (Aufenthalt über drei Monate). Die Erlaubnis zur Tätigkeit als Leiharbeitnehmer ist teilweise besonders beschränkt.

Beschaffenheitsgarantie
→ Gewährleistung (3, 4), → Garantie.

Beschaffenheitsvereinbarung
→ Kauf, → Garantie.

Beschaffungsrisiko
Grds. kann ein Schuldner nur bei vorwerfbarem Verhalten (Vorsatz, Fahrlässigkeit) in Anspruch genommen werden, s. → Verschulden (1, 2); unabhängig vom Verschulden hat er für den Leistungserfolg dann einzustehen, wenn er eine Garantie (→ Garantiehaftung) oder eine Pflicht zur Beschaffung übernimmt, § 276 I 1 BGB. Die Übernahme eines Beschaffungsrisikos setzt danach die vertraglich bindende Übernahme voraus, was durch → Auslegung zu ermitteln ist. Die Übernahme eines Beschaffungsrisikos beschränkt sich meist auf Gelingen und Rechtzeitigkeit der Beschaffung, nicht aber auf die Qualität des Gegenstands. Bei der → Gattungsschuld erfolgt regelmäßig die Übernahme eines Beschaffungsrisikos.

Beschaffungsschuld
Den Begriff der Beschaffungsschuld kennt das BGB nicht. Bei der → Gattungsschuld hat der Schuldner eine Beschaffungspflicht (→ Beschaffungsrisiko), auch der Schuldner einer Stückschuld kann sich verpflichten, den geschuldeten Gegenstand zu beschaffen und übernimmt damit das → Beschaffungsrisiko. Sa → Unmöglichkeit der Leistung.

Bescheid
ist eine in der Praxis häufige, vielfach auch gesetzlich vorgesehene Bezeichnung der Entscheidung von Verwaltungsbehörden (zB Baubescheid = Entscheidung über einen Antrag auf Baugenehmigung). Ein Bescheid kann die Merkmale des → Verwaltungsaktes erfüllen; doch wird die Bezeichnung auch für bloße Mitteilungen, Auskünfte u. dgl. verwendet.

Bescheidungsurteil
nennt man das Urteil eines Verwaltungsgerichts, das die beklagte Verwaltungsbehörde verpflichtet, den Kläger unter Beachtung der Rechtsauffassung des Gerichts zu bescheiden (§ 113 V 2 VwGO; → Verwaltungsstreitverfahren). Ein Bescheidungsurteil ergeht, wenn das Gericht auf Verpflichtungsklage feststellt, dass die Ablehnung oder Unterlassung des vom Kläger beantragten Verwaltungsaktes rechtswidrig und der Kläger dadurch in seinen Rechten verletzt ist, wenn es aber die Verpflichtung der Verwaltungsbehörde zur Vornahme der beantragten Amtshandlung nicht aussprechen kann, weil die Sache nicht spruchreif ist. IdR ist dies der Fall, wenn der Verwaltungsbehörde ein Ermessensspielraum bleibt.

Beschimpfender Unfug
→ Beschimpfung.

Beschimpfung
Die Beschimpfung ist eine durch Form oder Inhalt besonders verletzende Äußerungen der Missachtung, wobei das besonders Verletzende entweder äußerlich in der Roheit des Ausdrucks oder inhaltlich in dem Vorwurf eines

schimpflichen Verhaltens oder Zustandes zu sehen ist (BGHSt 7, 110). Es handelt sich damit ähnlich wie bei der → Verunglimpfung um eine gesteigerte Form der → Beleidigung. Straftatbestände, die Formen der Beschimpfung pönalisieren, enthält das StGB in § 130 StGB (→ Volksverhetzung) sowie in § 166 StGB (Beschimpfung von Bekenntnissen, Religionsgesellschaften und Weltanschauungsvereinigungen), § 167 StGB (Störung der Religionsausübung) und § 168 StGB (Störung der Totenruhe); zu den drei letztgenannten → Religionsvergehen. Hinzu kommen noch Tatbestände der → Verunglimpfung, in denen einzelne Tathandlungen mit dem Begriff der Beschimpfung bezeichnet sind, nämlich die § 90a StGB (Verunglimpfung des Staates und seiner Symbole), § 90c StGB (Verunglimpfung von Symbolen der Europäischen Union) und § 104 StGB (Verletzung von Flaggen und Hoheitszeichen ausländischer Staaten). Soweit einzelne dieser Normen (§§ 90a, 90c, 104, 167, 168 StGB) speziell die Verübung „beschimpfenden Unfugs" voraussetzen, erfordert dies regelmäßig eine grob ungehörige Handlung, die rohe Gesinnung gegenüber dem jeweils betroffenen und besonderem Schutz unterliegenden Objekt zeigt.

Beschlagnahme

1. Allgemein: Die Beschlagnahme ist die zwangsweise Sicherstellung einer Sache durch Verwaltungsakt zur Verfügung einer Behörde zwecks Sicherung öffentlicher oder privater Belange. Sie ist zur Sicherung privater Rechte insbes. vorgesehen durch Pfändung sowie im Rahmen des → Insolvenzverfahrens oder der → Zwangsversteigerung, im öffentlichen Interesse durch vorbeugende polizeiliche Beschlagnahme (zB Inverwahrungnahme gefährlicher Gegenstände) oder als strafprozessuale Maßnahme. Die Beschlagnahme hat eine Verstrickung der Sache zur Folge, dh eine staatliche Herrschaftsgewalt, die nicht immer an die Besitzergreifung durch die Behörde geknüpft ist; so bei Eröffnung des Insolvenzverfahrens (§ 80 InsO) oder bei der → Immobiliarvollstreckung, wo die Anordnung der → Zwangsversteigerung oder → Zwangsverwaltung ein → Veräußerungsverbot bewirkt und die Zwangsverwaltung überdies dem Schuldner (Grundstückseigentümer) die Verwaltung und Benutzung des Grundstücks entzieht (§§ 23, 146, 148 ZVG). Die Beschlagnahme ist durch die Strafvorschrift gegen → Verstrickungsbruch (§ 136 StGB) geschützt.

2. Speziell zur strafprozessualen Beschlagnahme (§§ 94–100, 101 StPO):

a) Anwendungsbereich: Sie kann Gegenstände erfassen, die als Beweismittel für die Untersuchung von Bedeutung sein können (insbes. Überführungsstücke), sowie bewegliche Sachen, die der → Einziehung im Strafverfahren unterliegen (§ 111b StPO). Sie ist nur erforderlich, wenn der Gegenstand vom Gewahrsamsinhaber nicht freiwillig herausgegeben wird oder sonstwie in den Besitz der Behörde gelangt ist; in diesen Fällen genügt es, dass er in Verwahrung genommen oder sonst sichergestellt wird (über die Beschlagnahme von Grundstücken, Forderungen ua Rechten vgl. § 111c II–IV StPO).

b) Anordnungskompetenz: Die Beschlagnahme muss grds. vom Gericht angeordnet werden; bei Gefahr im Verzug kann auch der Staatsanwalt oder ein → Ermittlungsbeamter der StA die Anordnung treffen, soll aber bei Widerspruch des Betroffenen binnen 3 Tagen die richterliche Bestätigung einholen. Der Betroffene kann jederzeit die gerichtliche Entscheidung beantragen (§ 98 StPO). Gegen diese ist Beschwerde zulässig. Durch Erledigung der Beschlagnahme wird ein Rechtsbehelf wie bei der → Durchsuchung nicht unzulässig. Werden bei Gelegenheit einer Durchsuchung Gegenstände gefunden, die zwar in keiner Beziehung zu den anlassgebenenden Straftaten stehen, aber auf die Verübung einer anderen, bislang unbekannten Straftat hindeuten (für die folglich keine Beschlagnahmeanordnung besteht, sog. → Zufallsfunde), so sind sie einstweilen in Beschlag zu nehmen (§ 108 StPO); eine gerichtliche Anordnung kann dann nachträglich ergehen. Im Steuerstrafverfahren sind die Finanzämter beschlagnahmeberechtigt, wenn sie das Ermittlungsverfahren führen (§ 399 AO).

c) Beschlagnahmeverbote: Unzulässig ist die Beschlagnahme schriftlicher Mitteilungen zwischen dem Beschuldigten und zur → Zeugnisverweigerung berechtigten Angehörigen, Geistlichen, Ärzten, Rechtsanwälten und ihnen gleichgestellten Vertrauenspersonen und Beratern, ferner Abgeordneten und Journalisten, von deren Aufzeichnungen und von anderen Gegenständen, auf die sich das Zeugnisverweigerungsrecht erstreckt (beschlagnahmefreie Gegenstände, § 97 StPO, zB Handakten des Rechtsanwalts, Krankengeschichten, auch in der Krankenanstalt; nicht aber eine elektronische Gesundheitskarte gem. § 291a SGB V). Dies gilt grds. aber nur für Gegenstände, die sich im Besitz des Zeugnisverweigerungsberechtigten (bei Journalisten auch des Verlags etc.) befinden, uneingeschränkt dagegen bei Abgeordneten. Zudem muss bei Berufsgeheimnisträgern der jeweilige Mandant, Patient etc. der Beschuldigte des Verfahrens sein, in dem die Beschlagnahme erfolgen soll. Die Beschlagnahme ist zudem stets zulässig, wenn der Zeugnisverweigerungsberechtigte selbst der → Teilnahme an der Tat, der → Begünstigung, → Strafvereitelung oder → Hehlerei verdächtig ist oder wenn der Gegenstand durch eine Straftat hervorgebracht oder zur Begehung einer Straftat gebraucht oder bestimmt ist oder aus einer Straftat herrührt. Beschlagnahmeverbote können sich neben § 97 StPO auch ergeben aus § 148 StPO für Verteidigungsunterlagen (die Einschränkungen nach § 97 StPO gelten für sie weitgehend nicht, zudem sind auch eigene Verteidigungsunterlagen des Beschuldigten geschützt) sowie aus Art. 1, 2 I GG, etwa bei privaten → Tagebuchaufzeichnungen, → Tonaufnahme in Verfahren. Zur Beschlagnahme von Unterlagen, die aus → Internal Investigations stammen s. dort 3.

d) Rückgabe: Beschlagnahmte Gegenstände sind zurückzugeben, sobald sie für das Verfahren nicht mehr benötigt werden, und zwar grds. an den letzten Gewahrsamsinhaber. Sie sind aber dem Verletzten auszuhändigen, wenn sie ihm durch die Straftat entzogen worden sind, soweit nicht Ansprüche Dritter entgegenstehen (§ 111n II StPO, Nr. 75 RiStBV).

e) Postbeschlagnahme: Die §§ 99, 100 StPO ermöglichen in Beschränkung des Postgeheimnisses (→ Brief-, Post- und Fernmeldegeheimnis) die Anordnung der Beschlagnahme aller (auch zukünftig) an den Beschuldigten gerichteten Sendungen. Sie wird angeordnet gegenüber Personen oder Unternehmen, die geschäftsmäßig Post- oder Telekommunikationsdienste erbringen. Für auf diesem Weg erlangte Sendungen kann dann ggf. nach § 94 StPO eine Beschlagnahme angeordnet werden. Alternativ kann Auskunft über Postsendungen verlangt werden, etwa über Namen und Anschriften von Absendern u. Empfängern, Maße und Gewicht der jeweiligen Postsendung, zugeteilte Sendungsnummern sowie Zeit- und Ortsangaben zum jeweiligen Postsendungsverlauf. Die Auskunft ist auch über Postsendungen zu erteilen, die sich noch nicht oder nicht mehr im Gewahrsam des Postdienstleisters befinden (§ 99 II StPO). Maßnahmen nach § 99 StPO dürfen nur vom Gericht und bei Gefahr im Verzug von der Staatsanwaltschaft angeordnet werden. Auch die Öffnung der ausgelieferten Postsendungen steht grds. nur dem Gericht zu (§ 100 III StPO).

f) Wegen Beschlagnahme des Führerscheins vgl. → Fahrerlaubnis; s. ferner → Vermögensbeschlagnahme. Zur Beschlagnahme von Druckschriften → Pressedelikte.

Beschleunigtes Verfahren
Im Strafprozess kann, wenn die Sache auf Grund des einfachen Sachverhalts oder der klaren Beweislage (zB Geständnis des Täters) zur sofortigen Verhandlung geeignet ist, ohne → Anklageschrift und → Eröffnungsverfahren mit abgekürzter → Ladungsfrist von 24 Std. die Hauptverhandlung vor dem Einzelrichter oder dem Schöffengericht anberaumt und durchgeführt werden (§§ 417 ff. StPO). Der Staatsanwalt kann die Anklage mündlich in der Sitzung erheben. Ist Freiheitsstrafe von mindestens 6 Monaten zu erwarten, so wird dem Beschuldigten ein Verteidiger bestellt, wenn er noch keinen hat. Das Gericht hat dem Antrag auf Entscheidung im beschleunigten Verfahren zu entsprechen, wenn die Sache sich für dieses eignet. Eine höhere Strafe als 1 Jahr Freiheitsstrafe darf im beschleunigten Verfahren nicht verhängt werden, ebenso keine → Maßregeln der Besserung und Sicherung mit Ausnahme der Entziehung der Fahrerlaubnis. In der → Hauptverhandlung ist → Urkundenbeweis in erweitertem Umfang möglich (§ 420 StPO). Das beschleunigte Verfahren ist gegen → Jugendliche nicht zulässig (§ 79 II JGG), wohl aber gegen Heranwachsende; gegen Jugendliche ist statt dessen das → vereinfachte Jugendverfahren vorgesehen (§§ 76–78 JGG).

Beschleunigung des Rechtsstreits
→ mündliche Verhandlung, → Verteidigungsmittel, → Berufung.

Beschleunigung des Strafprozesses
ist in jedem Verfahrensabschnitt geboten. Dies folgt aus der gerichtlichen Fürsorgepflicht, den Vorschriften der StPO und Art. 6 MRK sowie für Haftsachen auch aus dem Grundrecht der → Freiheit (Art. 2 II 2 GG) und Art. 5 III MRK. Lange Verfahrensdauer und langer Zeitablauf seit der Tat müssen bei der Strafzumessung mildernd berücksichtigt werden. Eine rechtsstaatswidrige Verfahrensverzögerung ist nicht nur mit der langen Verfahrensdauer bei der Strafzumessung mildernd zu berücksichtigen, sondern ist auch ausdrücklich festzustellen und es ist, wenn dies allein als Entschädigung nicht ausreicht, in der Urteilsformel auszusprechen, dass ein zu beziffernder Teil der verhängten Strafe als vollstreckt gilt (BGH NJW 2008, 860).

Beschlüsse von Unternehmensvereinigungen
Beschlüsse von Unternehmensvereinigungen, etwa von Branchenvereinigungen, Berufsorganisationen oder öffentlich-rechtlichen Verbänden, können gegen das Verbot wettbewerbsbeschränkender Vereinbarungen im → Kartellrecht verstoßen, wenn sie eine Verhinderung, Beschränkung oder Verfälschung des Wettbewerbs bezwecken oder bewirken.

Beschluss
Der Beschluss als gerichtliche Entscheidung unterscheidet sich vom → Urteil in der Form; sie ist weniger streng. Ein Beschluss hat zum Mindestinhalt eine kurze, dem → Urteilskopf entsprechende Bezeichnung des Rechtsstreits, eine Formel, die der → Urteilsformel entspricht, und die Unterschrift(en). Gründe, die den Tatbestand und die Entscheidungsgründe umfassen, sind bei einem Beschluss je nach Verfahren und Inhalt nicht selten entbehrlich. Der Beschluss ist die Entscheidungsform in der → freiwilligen Gerichtsbarkeit (§§ 38, 116 FamFG). Über seine Bekanntgabe s. § 329 ZPO, § 41 FamFG. Beschlüsse können angefochten werden (idR durch → Beschwerde) und in → Rechtskraft erwachsen, soweit nur ein befristetes Rechtsmittel zulässig ist oder sie nach ihrem Inhalt endgültig sind. Häufige Beispiele sind Scheidungs- oder Adoptionsbeschlüsse des Familiengerichts oder Beschlüsse im Rahmen einer → Berufung (3).

Beschluss-Sammlung
→ Wohnungseigentum.

Beschlussersetzungsklage
(WEG) → Wohnungseigentum 3. e).

Beschlussfähigkeit
Beschlussfähigkeit ist gegeben, wenn eine festgelegte Mindestzahl der Mitglieder eines Kollegialorgans (→ Kollegialprinzip) anwesend ist, um im Mehrheitsweg einen Beschluss fassen zu können (→ Wohnungseigentum 3, → Bundestag 3).

Beschlussfeststellungsklage
(WEG) → Wohnungseigentum 3.e).

Beschlussverfahren
1. Gerichtliche Entscheidungen, die weder die Form eines → Urteils erfordern noch als → Verfügung ergehen, werden ohne (oder auf freigestellte) mündliche Verhandlung durch → Beschluss getroffen. Dies gilt für alle gerichtlichen Verfahren; vgl. insbes. § 329 ZPO, § 33 StPO, § 122 VwGO.

2. Daneben sind besondere Beschlussverfahren – im Gegensatz zum → Urteilsverfahren – vorgesehen, so iRd der Arbeitsgerichtsbarkeit, in der im Beschlussverfahren (§§ 80–100 ArbGG) insbes. Streitigkeiten aus dem → Betriebsverfassungsrecht (→ Mitbestimmung) und über die → Tariffähigkeit entschieden werden (§ 2a ArbGG), von denen auch nicht unmittelbar beteiligte Personen betroffen sind. Das Beschlussverfahren wird auf Antrag eingeleitet (§ 81 ArbGG). Es gilt der (eingeschränkte) → Untersuchungsgrundsatz; als → Beteiligte sind der Arbeitgeber, die Arbeitnehmer und die betriebsverfassungsmäßig beteiligten Stellen – insbes. der → Betriebsrat – zuzuziehen (§ 83 ArbGG). Im ersten Rechtszug entscheidet das → Arbeitsgericht durch Beschluss (§ 84 ArbGG), der (außer in vermögensrechtlichen Streitigkeiten) erst nach Rechtskraft einen → Vollstreckungstitel darstellt (§ 85 ArbGG). Es findet Beschwerde zum Landesarbeitsgericht statt, danach → Rechtsbeschwerde (ggf. → Sprungrechtsbeschwerde) zum Bundesarbeitsgericht. Das Beschlussverfahren ist gerichtskostenfrei (§ 2 II GKG). Im Personalvertretungsrecht wird das Beschlussverfahren auch in der Verwaltungsgerichtsbarkeit angewendet (§ 83 II BPersVG; Personalvertretungsgesetze der Länder). Vgl. auch §§ 38 ff. FamFG für Beschlussverfahren in anderen Verfahrensarten.

3. In anderen Gesetzen sind Beschlussverfahren vor Verwaltungsbehörden geregelt; in ihnen wird meist über Anträge oder Ansprüche in einem förmlichen Verfahren entschieden, das vielfach dem verwaltungsgerichtlichen nachgebildet ist, so im Enteignungsverfahren nach §§ 104 ff., 112 ff. BauGB. Vielfach entscheiden Ausschüsse, die bei der Behörde unter Heranziehung ehrenamtlicher Beisitzer gebildet sind (zB der Ausgleichsausschuss nach dem LastenausgleichsG). Für diese Beschlussverfahren gelten die Grundsätze der Mündlichkeit, des rechtlichen Gehörs und das Offizialprinzip. Gegen die Entscheidungen ist idR der Verwaltungsrechtsweg gegeben.

Beschneidung
Beschneidung von Jungen und Männern: Die Beschneidung (Zirkumzision) der Penisvorhaut, die aus religiösen (vor allem im Judentum und im Islam), kulturellen, sozialen oder medizinischen Gründen bei männlichen Kindern durchgeführt wird, erfüllt strafrechtlich den Tatbestand der → Körperverletzung, die zur Rechtfertigung der Einwilligung des Verletzten bedarf. Ist die Beschneidung nicht medizinisch erforderlich und das männliche Kind nicht einsichts- und urteilsfähig, umfasst nach der 2012 geschaffenen (Gesetz v. 20.12.2012, BGBl. 2012 I 2749) Vorschrift des § 1631d BGB die → Personensorge der Eltern auch das Recht zur Einwilligung in die Beschneidung, wobei das Gesetz lediglich voraussetzt, dass die Beschneidung das Kindeswohl nicht gefährdet und nach den Regeln der ärztlichen Kunst durchgeführt wird. In den ersten sechs Monaten nach der Geburt des Kindes erlaubt § 1631d II BGB zudem auch die Beschneidung durch von einer Religionsgesellschaft dazu vorgesehene Personen, wenn sie „dafür besonders ausgebildet und, ohne Arzt zu sein, für die Durchführung der Beschneidung vergleichbar befähigt" sind.

Die Beschneidung von Mädchen und Frauen wird seit 2013 durch einen eigenen Verbrechenstatbestand (§ 226a StGB, Verstümmelung weiblicher Genitalien) unter Mindeststrafe von 1 Jahr Freiheitsstrafe gestellt (BGBl. 2013 I 3671).

Beschränkte dingliche Rechte
→ Sachenrecht.

Beschränkte Geschäftsfähigkeit
→ Geschäftsfähigkeit.

Beschränkte Haftung
→ Beschränkung der Erbenhaftung, → elterliche Sorge (1), → Gesellschaft mit beschränkter Haftung, → Kapitalgesellschaft.

Beschränkte persönliche Dienstbarkeit
Sie entspricht in ihrem Inhalt der → Grunddienstbarkeit, steht jedoch anders als diese nicht dem jeweiligen Eigentümer eines Grundstücks, sondern einer bestimmten Person zu (§ 1090 BGB). Die beschränkte persönliche Dienstbarkeit ist deshalb nicht veräußerlich, übertragbar (Ausnahme bei einer beschränkten persönlichen Dienstbarkeit zugunsten einer juristischen Person oder einer rechtsfähigen → Personengesellschaft, insbes. bei einem Strom-, Gas-, Wasser- oder ähnlichen Leitungsrecht), belastbar und vererblich; auch ihre Ausübung kann nur bei Gestattung durch den Eigentümer einem Dritten überlassen werden (§ 1092 BGB). Im Übrigen gelten die Vorschriften über die Grunddienstbarkeit. Eine besondere Form der beschränkten per-

sönlichen Dienstbarkeit ist das dingliche Wohnungsrecht (§ 1093 BGB).

Beschränkte Steuerpflicht
→ Steuerpflicht.

Beschränkung der Erbenhaftung
Der → Erbe (s. aber → Erbe, vorläufiger) haftet grds. für die → Nachlassverbindlichkeiten unbeschränkt, dh mit seinem ganzen Vermögen. Neben der → Ausschlagung der Erbschaft hat er jedoch grds. die Möglichkeit der Beschränkung der Erbenhaftung für die Nachlassverbindlichkeiten auf den Nachlass; es tritt eine Trennung in zwei selbständige Vermögensmassen ein (Eigenvermögen, Nachlass; sog. separatio bonorum, → Sondervermögen), so dass Nachlassgläubiger nicht gegen das Eigenvermögen des Erben vorgehen können. Während der Fiskus als gesetzlicher Erbe (→ Erbfolge) immer beschränkt haftet (vgl. § 2011 BGB), tritt iÜ die Beschränkung der Erbenhaftung sämtlichen Nachlassgläubigern gegenüber durch → Nachlassverwaltung oder durch Eröffnung des → Nachlassinsolvenzverfahrens ein (§ 1975 BGB). Kommt dieses infolge Dürftigkeit eines Nachlasses, der nicht einmal die Kosten deckt, nicht in Betracht oder ist der Nachlass durch → Vermächtnisse oder → Auflagen überschuldet, so kann der Erbe die Befriedigung eines Nachlassgläubigers insoweit verweigern, als der Nachlass nicht ausreicht; er muss in diesem Fall den Nachlass zum Zweck der Befriedigung der Nachlassgläubiger im Wege der Zwangsvollstreckung herausgeben. Diese sog. Dürftigkeits-, Erschöpfungs- oder Unzulänglichkeitseinrede (§ 1990 BGB, § 1992 BGB) setzt aber voraus, dass der Erbe nicht bereits sein Recht auf Beschränkung der Erbenhaftung verloren hat (s. u.). Einzelnen Nachlassgläubigern haftet der Erbe beschränkt auf den Nachlass, wenn sie durch Aufgebot ausgeschlossen oder infolge verspäteter Geltendmachung ihrer Forderung (länger als 5 Jahre nach dem → Erbfall) säumig sind.

Der Erbe verliert sein Beschränkungsrecht und haftet damit endgültig unbeschränkt allen Gläubigern bei Versäumung der Inventarfrist (§ 1994 I BGB) oder Inventaruntreue (§ 2005 I BGB), einzelnen Gläubigern gegenüber durch Verweigerung der eidesstattlichen Bekräftigung des Nachlassinventars (§ 2006 III BGB) oder durch Verzicht auf die Haftungsbeschränkung. S. iE → Inventarerrichtung. Einen vorübergehenden Schutz bieten dem Erben die → Dreimonatseinrede und die → Aufgebotseinrede.

Der Erbe kann die Beschränkung für eine Schuld des Erblassers nach einem Rechtsstreit nur geltend machen, wenn sie ihm im → Urteil vorbehalten ist (§ 780 ZPO); er muss diese Einrede daher im Prozess vorbringen. Der Vorbehalt ist nicht erforderlich, wenn der Fiskus als gesetzlicher Erbe verurteilt oder der Anspruch gegen einen → Nachlassverwalter, → Nachlasspfleger oder gegen einen → Testamentsvollstrecker geltend gemacht wird. Trotz Vorbehalts bleibt die Haftungsbeschränkung im Vollstreckungsverfahren gegen das Eigenvermögen des Erben zunächst unberücksichtigt, bis er sie durch → Vollstreckungsabwehrklage geltend macht (§ 781 ZPO, § 785 ZPO, § 767 ZPO).

Beschuldigter
Als Beschuldigter bezeichnet wird eine Person, gegen die ein Strafverfahren (auch schon ein → Ermittlungsverfahren der Polizei oder Staatsanwaltschaft) betrieben wird; im → Bußgeldverfahren wird sie als Betroffener bezeichnet. Ist gegen den Beschuldigten → Anklage erhoben, wird er Angeschuldigter. Nach Eröffnung des → Hauptverfahrens wird er Angeklagter genannt (§ 157 StPO).

Beschuldigung, falsche
→ Verdächtigung.

Beschussgesetz
Das Beschussgesetz v. 11.10.2002 (BGBl. 2002 I 4003) mÄnd regelt die amtliche Prüfung und Zulassung von Feuerwaffen, Böllern, Geräten, bei denen zum Antrieb Munition oder hülsenlose Treibladungen verwendet werden, Munition und sonstigen Waffen zum Schutz der Benutzer und Dritter bei bestimmungsgemäßer Verwendung (s. a. → Waffen). Wer Feuerwaffen usw. herstellt oder einführt, hat sie, bevor er sie in den Verkehr bringt, durch Beschuss amtlich prüfen zu lassen (§ 3 I BeschG). Einzelheiten der Beschussprüfung regelt die BeschussVO v. 13.7.2006 (BGBl. 2006 I 1474) mÄnd Ergeben sich keine Beanstandungen, so sind sie mit dem Beschusszeichen zu versehen.

Beschwer
(lat. gravamen) ist eine → Rechtszugvoraussetzung für → Rechtsmittel. Beschwer bedeutet, dass die Entscheidung, die angefochten werden soll, ungünstig für denjenigen ist, der das Rechtsmittel einlegt. Man unterscheidet formelle Beschwer, die nur dann vorliegt, wenn die Entscheidung ungünstiger ist, als sie der Rechtsmittelführer beantragt hat, und materielle Beschwer; hierfür genügt, dass die angefochtene Entscheidung irgendwie einen nachteiligen Inhalt für den Rechtsmittelführer hat. Soweit eine Berufungs- oder Beschwerdesumme vorausgesetzt wird, muss die Beschwer als Rechtszugvoraussetzung in dieser Höhe bestehen (→ Berufung 1, → Beschwerde). Im Strafprozess ist für ein Rechtsmittel der Staatsanwaltschaft keine Beschwer erforderlich (§ 296 II StPO). Der Angeklagte kann aus den Urteilsgründen allein keine Beschwer herleiten (zB bei Freispruch mangels Beweises).

Beschwerde
1. Als gerichtlicher Rechtsbehelf führt die Beschwerde dazu, dass die nächsthöhere Instanz die angefochtene Entscheidung oder Maßnahme nachprüft. Beschwerde ist auf nahezu allen Rechtsgebieten gesetzlich vorgesehen und vielfach geregelt. Es gibt zahlreiche Arten und

Formen von Beschwerden: → Verfassungsbeschwerde, → Rechtsbeschwerde, → sofortige Beschwerde, → weitere Beschwerde, → Anschlussbeschwerde, Verwaltungsbeschwerde (s. u. 2), → Dienstaufsichtsbeschwerde. Unter Beschwerde ieS versteht man nur das Rechtsmittel, das in den Verfahrensordnungen unter dieser Bezeichnung vorgesehen ist. Darin ist die Beschwerde grundsätzlich gegen Beschlüsse und Verfügungen, nur ausnahmsweise gegen Urteile zugelassen (§ 567 I ZPO, § 146 I VwGO, § 128 FGO, § 172 I SGG, § 304 StPO, §§ 58 ff. FamFG).

Die Beschwerde ist nur zulässig, wenn die → Rechtszugvoraussetzungen vorliegen. Die → Statthaftigkeit der Beschwerde ist vielfach durch besondere Vorschriften ausgeschlossen (zB § 146 II VwGO, § 305 StPO), im Zivil- und Strafprozess insbes. weitgehend gegen Entscheidungen der Oberlandesgerichte. Ob bei „greifbarer Gesetzwidrigkeit der angefochtenen Entscheidung" über die Anhörungsrüge (→ rechtliches Gehör) hinaus eine außerordentliche (dh im Gesetz nicht vorgesehene) Beschwerde stattfindet, ist str., wird aber überwiegend verneint. Als Form ist für die Beschwerde idR vorgeschrieben: Schriftform oder Erklärung zu Protokoll der Geschäftsstelle. Oft ist auch eine bestimmte Frist einzuhalten (→ Sofortige Beschwerde, § 569 ZPO, § 147 VwGO, § 129 FGO, § 311 StPO, § 173 SGG, § 63 FamFG). Der Beschwerdeführer muss idR beschwert sein (→ Beschwer). In Zivil- und Strafsachen muss bei Beschwerden gegen eine Entscheidung über Prozesskosten eine Beschwerdesumme von mehr als 200 EUR erreicht sein (§ 567 II ZPO, § 304 III StPO, § 66 II GKG, § 83 I GNotKG, in vermögensrechtlichen Angelegenheiten der → freiwilligen Gerichtsbarkeit 600 EUR oder Zulassung. Hält das Gericht, dessen Entscheidung angefochten wird, die Beschwerde für zulässig und begründet, so hat es ihr abzuhelfen, anderenfalls die Beschwerde unverzüglich dem Beschwerdegericht vorzulegen (§ 572 ZPO, § 148 VwGO, § 130 FGO, § 306 StPO). Bei der sofortigen Beschwerde im Strafprozess muss das Ausgangsgericht idR sofort vorlegen und besitzt keine eigene Abhilfemöglichkeit (§ 311 III 1 StPO). Eine unzulässige Beschwerde wird von dem übergeordneten Gericht als Beschwerdegericht verworfen. Für das Beschwerdeverfahren gelten grundsätzlich die Verfahrensvorschriften des ersten Rechtszugs; im Übrigen ist es dem Berufungsverfahren (→ Berufung) nachgebildet. Sofern es sich nicht um eine → Rechtsbeschwerde handelt, können neue Tatsachen und Beweismittel vorgebracht werden (§ 571 II ZPO). Ist die Beschwerde begründet, so wird die angefochtene Entscheidung vom Beschwerdegericht durch Beschluss aufgehoben. Das Beschwerdegericht entscheidet also selbst in der Sache; nur ausnahmsweise ist eine → Zurückverweisung zulässig. Zur Anfechtung der Beschwerdeentscheidung → weitere Beschwerde.

2. Im Verwaltungsrecht ist die früher häufig vorgesehene Beschwerde (auch „Verwaltungsbeschwerde") allgemein durch den Widerspruch ersetzt worden (→ Widerspruchsverfahren). Als formlosen Rechtsbehelf gibt es noch die → Dienstaufsichtsbeschwerde (Aufsichtsbeschwerde).

3. Seit 1.1.1996 ist die Beschwerde gegen Steuerverwaltungsakte nicht mehr gegeben. Statthafter Rechtsbehelf ist nur noch der → Einspruch (§§ 347 ff. AO). Dagegen kann bei finanzgerichtlichen Beschlüssen die Beschwerde statthaftes Rechtsmittel sein, vgl. § 128 FGO. Ist in einem finanzgerichtlichen Urteil die Revision nicht zugelassen worden, kann dagegen Nichtzulassungsbeschwerde an den BFH eingelegt werden (§ 116 FGO).

4. Im Sozialrecht entscheidet gem. § 176 SGG das Landessozialgericht über die Beschwerde durch → Beschluss. Die Beschwerde kann aufschiebende Wirkung haben; ggf. ordnet sie das Gericht oder der Vorsitzende, dessen Entscheidung angefochten wird, an. Wird die Revision im Berufungsverfahren des sozialgerichtlichen Verfahrens nicht zugelassen, ist eine Nichtzulassungsbeschwerde beim Bundessozialgericht möglich (§ 160a SGG). Die Fristen für die Einlegung und Begründung der Nichtzulassungsbeschwerde sind identisch mit denen der Klagefrist. Ähnlich verhält es sich bei Entscheidungen der Sozialgerichte, bei denen die Berufung nicht zugelassen worden ist. Auch hier kann binnen eines Monats nach Zustellung des Urteils eine Beschwerde zum Landessozialgericht eingelegt werden (§ 145 SGG).

Beschwerde- und Petitionsrecht
Nach Art. 17 GG (und entsprechenden Bestimmungen der Verfassungen der Länder) hat jedermann das Recht, sich einzeln oder in Gemeinschaft mit anderen schriftlich mit Bitten oder Beschwerden an die zuständigen Stellen und an die Volksvertretung (Bundestag und Parlamente der Länder; Kommunalvertretungen, zB Gemeinderat oder Kreistag, fallen nicht darunter, können aber „zuständige Stelle" sein) zu wenden. Art. 17 GG verleiht ein → subjektives öffentliches Recht, das aber einen streng formellen Charakter hat und sich nur auf sachliche Prüfung und Erteilung eines schriftlichen Bescheides – nicht auf einen dem Petenten günstigen Bescheid – richtet. Ein Anspruch auf Begründung des Bescheids besteht nicht. Mit dem Recht können nicht nur eigene (wie bei den „förmlichen" Rechtsbehelfen Widerspruch und verwaltungsgerichtlicher Klage, → Widerspruchsverfahren), sondern auch allgemeine Interessen verfolgt werden. Eingaben an die Volksvertretung werden idR nicht vom Plenum, sondern von einem Petitionsausschuss behandelt (vgl. Art. 45c GG; Gesetz über die Befugnisse des Petitionsausschusses des Deutschen BT v. 19.7.1975, BGBl. 1975 I 1921, mÄnd). Das Parlament kann die Petition der Regierung (im Hinblick

auf den Gewaltenteilungsgrundsatz ohne rechtliche Bindungswirkung) zur Kenntnisnahme, als Material, zur Erwägung oder zur Berücksichtigung überweisen. Der dem Petenten erteilte Bescheid ist kein → Verwaltungsakt. Eine zweite Eingabe zum gleichen Gegenstand gibt, sofern sie kein wesentliches neues Vorbringen enthält, kein Recht auf erneute Bescheidung.

Beschwerdeberechtigung
Die Beschwerdeberechtigung des Beschwerdeführers ist eine Voraussetzung für die Zulässigkeit einer Beschwerde im Verfahren der → freiwilligen Gerichtsbarkeit (§ 59 I FamFG). Die Beschwerdeberechtigung setzt voraus, dass durch die angefochtene Entscheidung der Beschwerdeführer betroffen, dh von ihren Wirkungen in seinen Rechten berührt ist und dass die Unrichtigkeit der angefochtenen Entscheidung behauptet wird. Ist der Antrag auf eine Verfügung, die nur auf Antrag ergehen kann, zurückgewiesen worden, so ist nur der Antragsteller beschwerdeberechtigt (§ 59 II FamFG). Die Beschwerdeberechtigung im Verfahren nach dem FamFG entspricht in etwa der → Beschwer als Zulässigkeitsvoraussetzung in anderen Verfahrensarten.

Beschwerderecht der Soldaten
→ Wehrbeschwerdeordnung.

Beschwerdewert
Der Beschwerdewert (Beschwerdesumme, Wert des Beschwerdegegenstandes) ist der für die Zulässigkeit eines → Rechtsmittels maßgebende Wert, der hierfür nach dem in Geld bemessenen Interesse des Rechtsmittelführers am Erfolg seines Rechtsmittels festgestellt wird. Dies entspricht dem Umfang seines Unterliegens im vorangegangenen Rechtszug (anders → Streitwert). Oftmals werden für die Zulässigkeit eines Rechtsmittels vom Gesetz Mindestwerte festgelegt (→ Beschwerde, → Berufung 1a).

Beseitigungsanspruch, Beseitigungsklage
→ Unterlassungsanspruch.

Besetzung der Gerichte
Hierzu s. bei den einzelnen Gerichtszweigen und Gerichtsstufen (→ Arbeitsgericht, → Amtsgericht, → Landgericht, → Oberlandesgericht, → Bundesgerichtshof, → Verwaltungs-, → Oberverwaltungsgericht, → Sozialgericht, → Landessozialgericht, → Finanzgericht usw) sowie Anhang D: Überblick über das gesamte Gerichtswesen. S. ferner → Quorum.

Besichtigung
→ Vorlegung von Sachen; Besichtigung der Mietwohnung durch Vermieter → Wohnraummietvertrag (1); Kauf nach Besichtigung → Kauf nach Probe.

Besichtigungsverfahren im gewerblichen Rechtsschutz
Die Verletzung von → Immaterialgüterrechten im Bereich des → Gewerblichen Rechtsschutzes und des → Urheberrechts erfolgt oft innerhalb eines Betriebs. So können ein Produktionsprozess ein → Patent oder → Gebrauchsmuster verletzen, die Nutzung von Computerprogrammen eine → urheberrechtsverletzend sein oder in einem Lager mit einer fremden → Marke gekennzeichnete Waren zum Weiterverkauf aufbewahrt werden. Solange der Inhaber des verletzten Rechts keinen Zutritt zum Betrieb des Verletzers hat, kann er sich in Beweisschwierigkeiten befinden. Deshalb gewähren die entsprechenden Gesetze dem Rechtsinhaber einen Anspruch gegen den mutmaßlichen Verletzer auf Besichtigung einer in dessen Verfügungsgewalt befindlichen Sache, wenn eine Verletzung hinreichend wahrscheinlich ist (§ 140c PatG, § 24c GebrMG, § 101a UrhG, § 19a MarkenG, § 46a DesignG, § 37c SortG). Besteht die hinreichende Wahrscheinlichkeit einer in gewerblichem Ausmaß begangenen Rechtsverletzung, erstreckt sich der Anspruch grds. auch auf die Vorlage von Bank-, Finanz- oder Handelsunterlagen.

Der Besichtigungsanspruch kann unter Umständen im Wege der → Einstweiligen Verfügung durchgesetzt werden, vor deren Erlass der Besichtigungsschuldner nicht angehört wird, um ihm nicht die Möglichkeit der Beweisvereitelung zu eröffnen. Häufig wird gleichzeitig ein Verfahren der → Beweissicherung durchgeführt, damit bei der Besichtigung ein Sachverständiger feststellen kann, ob tatsächlich eine Rechtsverletzung vorliegt.

Die durch die Besichtigung gewonnenen Erkenntnisse dürfen in einem Straf- oder Bußgeldverfahren gegen den Besichtigungsschuldner oder dessen Angehörige nur mit Zustimmung des Besichtigungsschuldners verwertet werden. Stellt sich heraus, dass keine Rechtsverletzung vorlag oder drohte, hat der Besichtigungsgläubiger dem Besichtigungsschuldner den Schaden zu ersetzen, der diesem aus der Geltendmachung des Besichtigungsanspruchs entstanden ist.

Besitz
1. Besitz ist die tatsächliche Herrschaft einer Person über eine → Sache (auch Computerprogramme, nicht aber Personen, Arbeitskraft, geistiges Werk). Anders als das (hiervon scharf zu unterscheidende) → Eigentum erhält der Besitz keine rechtliche Zuordnung der Sache, sondern lediglich eine tatsächliche Beziehung zwischen dem Besitzer und der Sache (durch die Wegnahme erlangt auch der Dieb den Besitz, aber kein Eigentum). Zugunsten des Besitzers einer beweglichen Sache wird allerdings – widerlegbar – vermutet (→ Vermutung), dass er Eigentümer der Sache sei; dies gilt aber, soweit es sich nicht um Geld oder → Wertpapiere handelt, nicht gegenüber einem frühe-

ren Besitzer, dem die Sache gestohlen wurde, verlorengegangen oder sonst abhanden gekommen ist (§ 1006 BGB; s. auch → Eigentumsvermutungen bei Ehegatten). Str. ist, ob der Besitz ein → Recht ist. Jedenfalls genießt er einen weitgehenden Besitzschutz gegen unrechtmäßige Störung oder Entziehung und kann sowohl Gegenstand einer → ungerechtfertigten Bereicherung (§ 812 BGB) als auch eines Schadensersatzanspruchs aus → unerlaubter Handlung sein (§ 823 BGB). Auch besteht verschiedentlich ein „Recht zum Besitz", zB (des Mieters ua gegenüber dem → Eigentumsherausgabeanspruch, § 986 BGB; über Grundstücke im Beitrittsgebiet Art. 233 § 2a EGBGB, sofern nicht durch → Sachenrechtsbereinigung überholt). Der Besitz ist ferner Voraussetzung für die Entstehung und Übertragung verschiedener → dinglicher Rechte (→ Übereignung beweglicher Sachen, → Ersitzung, → Pfandrecht ua).

2. Der Besitz wird erworben durch die Erlangung der tatsächlichen Gewalt über die Sache (dies nach der Verkehrsanschauung zu entscheiden) für eine gewisse Zeit (zB nicht bei Ausleihen eines Opernglases vom Nachbarn im Theater) mit Besitzwillen, dh mit dem Willen zur tatsächlichen Beherrschung der Sache (§ 854 I BGB). Dieser Besitzerwerb ist ein rein tatsächlicher Vorgang, daher nicht durch einen Vertreter (→ Stellvertretung), wohl aber durch einen → Besitzdiener möglich; der Besitzwille setzt keine → Geschäftsfähigkeit voraus (auch Kinder können Besitz erlangen). Ist der Erwerber in der Lage, die tatsächliche Gewalt über die Sache auszuüben (zB gestapeltes Holz im Walde), so genügt zum Besitzerwerb die bloße (hier → rechtsgeschäftliche) Einigung des bisherigen Besitzers und des Erwerbers (§ 854 II BGB). Der Besitz wird beendigt durch freiwillige Aufgabe oder sonstigen Verlust der tatsächlichen Herrschaftsgewalt, nicht aber durch eine nur vorübergehende Verhinderung in der Ausübung der Gewalt (§ 856 BGB). Auch ohne die tatsächliche Herrschaftsgewalt geht der Besitz (und damit die Besitzschutzansprüche) mit dem → Erbfall auf den → Erben über (§ 857 BGB; nicht zu verwechseln mit dem → Erbschaftsbesitzer).

Man unterscheidet: 1. Alleinbesitz und Mitbesitz (Mehrere haben eine Sache gemeinschaftlich und gleichrangig im Besitz, zB Ehegatten an der Ehewohnung, § 866 BGB); 2. Vollbesitz und Teilbesitz (insbes. an abgesonderten Wohnräumen, § 865 BGB); 3. Eigenbesitz und Fremdbesitz: Eigenbesitzer ist, wer eine Sache als ihm gehörend besitzt (§ 872 BGB; ob tatsächlich zu Recht, ist gleichgültig). Fremdbesitzer ist, wer eine Sache wie eine fremde (wenn auch für sich, sonst Besitzdiener) benutzt, zB der Mieter. Die Unterscheidung ist für den Eigentumserwerb, die Ersitzung ua von Bedeutung. Nicht zu verwechseln hiermit ist die Unterscheidung: 4. unmittelbarer und mittelbarer Besitz: über die unmittelbare tatsächliche Sachherrschaft hinaus ist (mittelbarer) Besitzer auch, wer einem anderen den unmittelbaren Besitz auf Grund eines bestimmten Rechtsverhältnisses überlassen hat (Besitzmittlungsverhältnis, zB Miete, Nießbrauch, → Besitzkonstitut, §§ 868 f. BGB). Eine Kette solcher Besitzmittlungsverhältnisse begründet mehrstufigen Besitz (Hauseigentümer – Mieter – Untermieter); jeder ist also gegenüber seinem Besitzmittler Oberbesitzer. Die Möglichkeit eines mehrfachen gleichstufigen mittelbaren Besitzes (Nebenbesitz; zB der Lagerhalter als unmittelbarer Besitzer will gleichzeitig den Besitz dem Einlagerer und dessen Gläubiger vermitteln) wird dagegen von der hM und der Rspr. verneint. In der → Zwangsvollstreckung ist der dort geforderte „Gewahrsam" des Schuldners dem unmittelbaren Besitz gleichzustellen. Im Strafrecht dagegen ist „Gewahrsam" als Möglichkeit der unmittelbaren natürlichen Herrschaftseinwirkung unabhängig von den Begriffen des BGB nach der Verkehrsanschauung zu beurteilen; so hat der Besitzdiener keinen Besitz, wohl aber Gewahrsam, umgekehrt der Erbe zwar Besitz (s. o.), aber keinen Gewahrsam.

Besitzarten
→ Besitz.

Besitzdiener
Hat jemand zwar die tatsächliche Gewalt über eine Sache (→ Besitz), übt er sie aber im Haushalt oder Erwerbsgeschäft oder in einem ähnlichen Verhältnis aus, in dem er den Weisungen eines anderen Folge zu leisten hat (zB Hausangestellte, Fabrikarbeiter, auch Beamter hinsichtlich Dienstuniform usw), so ist nur der andere (Dienstherr usw) Besitzer, der in einem sozialen Abhängigkeitsverhältnis Stehende dagegen Besitzdiener (§ 855 BGB). Der Besitzdiener hat keinen Anspruch auf → Besitzschutz, ist aber berechtigt, das Recht auf → Selbsthilfe des Besitzers zu dessen Schutz auszuüben (§ 860 BGB). Erwirbt jemand im Rahmen eines derartigen sozialen Abhängigkeitsverhältnisses die tatsächliche Gewalt an einer Sache (zB beim Einkauf), so ist, sofern ein entgegenstehender Wille nicht erkennbar wird, davon auszugehen, dass der Besitz hierdurch unmittelbar auf den Besitzherrn übergeht; den → bösen Glauben des Besitzdieners muss sich jedoch der Besitzherr nach hM anrechnen lassen, so dass er dann ggf. kein Eigentum erwirbt. Der Verlust der tatsächlichen Gewalt des Besitzdieners beendet auch den Besitz des Besitzherrn, desgleichen wenn sich der Besitzdiener selbst zum Besitzer aufschwingt.

Besitzeinweisung, vorzeitige
Ist in Enteignungsverfahren über Grundstücke die sofortige Ausführung der beabsichtigten Maßnahme (vor Rechtskraft des Enteignungsbeschlusses) aus Gründen des Wohls der Allgemeinheit dringend geboten, so kann die

Enteignungsbehörde durch Beschluss den Antragsteller vorzeitig in den Besitz des betroffenen Grundstücks einweisen (vgl. zB § 116 BauGB (→ Baugesetzbuch); Art. 38 ff. LBG (→ Landbeschaffung). Der Eingewiesene wird Besitzer und kann das Grundstück grundsätzlich so nutzen, wie er es mit dem Enteignungsverfahren bezweckt. Der Beschluss über die vorzeitige Besitzeinweisung ist ein anfechtbarer → Verwaltungsakt. Dem Schutz des Betroffenen dienen Vorschriften über Fristen zur Besitzeinweisung, über Sicherheitsleistungen und Entschädigungspflichten.

Besitzentziehung
→ Besitzschutz.

Besitzkehr
→ Besitzschutz.

Besitzkonstitut
Über den unmittelbaren → Besitz hinaus ist Besitzer auch, wer eine Sache als sog. mittelbarer Besitzer besitzt. Überlässt jemand auf Grund eines konkret bestimmten Rechtsverhältnisses (zB → Nießbrauch, → Leihe, → Verwahrung, → Miete, → Sicherungsübereignung, → Eigentumsvorbehalt) den unmittelbaren Besitz einem anderen, so bleibt er selbst mittelbarer Besitzer, solange ihm der andere den Besitz vermittelt, dh für ihn besitzen will (§ 868 BGB). Besondere Bedeutung erlangt der mittelbare Besitz beim sog. Besitzkonstitut (constitutum possessorium); in diesem Falle wird mittelbarer Besitz dadurch begründet, dass der Besitzer einem anderen (insbes. Kreditgeber) unter Beibehaltung des unmittelbaren Besitzes den mittelbaren Besitz einräumt (→ Eigentumsübertragung (2), → Sicherungsübereignung). Das Besitzkonstitut kann auch vor Erlangung der tatsächlichen Gewalt durch den unmittelbaren Besitzer vereinbart werden (sog. antizipiertes Besitzkonstitut). Auch der mittelbare Besitzer hat Anspruch auf → Besitzschutz (§ 869 BGB). Der mittelbare Besitz wird durch Abtretung des Herausgabeanspruchs übertragen (§ 870 BGB). Der mittelbare Besitz endet durch Beendigung der tatsächlichen Gewalt des unmittelbaren Besitzers oder dadurch, dass dieser nicht mehr für den mittelbaren Besitzer (sondern zB für sich) besitzen will.

Besitzmittlungsverhältnis
→ Besitz, → Besitzkonstitut.

Besitznachweis
(für Orden und Ehrenzeichen) → Orden.

Besitzpfandrecht
→ Pfandrecht (1).

Besitzschutz
Ohne Rücksicht auf eine etwaige Beeinträchtigung des → Eigentums ist auch der → Besitz vom Gesetz in weitem Umfang geschützt. Der Besitzschutz richtet sich gegen verbotene Eigenmacht eines Dritten, dh gegen eine widerrechtliche Entziehung oder Störung des Besitzes gegen den Willen des Besitzers, sofern diese nicht ausnahmsweise gestattet ist (§ 858 I BGB), wie zB erlaubte → Notwehr, → Pfändung durch den Gerichtsvollzieher, nicht aber Anspruch des Käufers auf Besitzeinräumung. Der durch verbotene Eigenmacht erlangte Besitz – ein Verschulden ist hierfür nicht erforderlich – ist (auch für den bösgläubigen Rechtsnachfolger und den → Erben) fehlerhaft, dh er gewährt innerhalb eines Jahres keine Besitzschutzansprüche gegen den bisherigen (rechtmäßigen) Besitzer (§ 858 II BGB, § 861 II BGB, § 862 II BGB). Bei Verschulden besteht ein Anspruch auf Schadensersatz aus → unerlaubter Handlung (2b) nach § 823 II BGB (zB Ersatz der Abschleppkosten bei unbefugt abgestelltem Kfz).

Der Besitzschutz äußert sich zunächst in einem erweiterten Selbsthilferecht des Besitzers: dieser darf sich verbotener Eigenmacht mit Gewalt erwehren (Besitzwehr) und sich seiner entzogenen Sache sofort nach Entziehung des Besitzes, zB bei Verfolgung des Täters, wieder bemächtigen (Besitzkehr, § 859 BGB); s. auch → Verfolgungsrecht. Anschließend hat der Besitzer (innerhalb eines Jahres seit Verübung der verbotenen Eigenmacht, § 864 BGB) bei Besitzentziehung einen Anspruch auf Wiedereinräumung des Besitzes, bei Besitzstörung auf Beseitigung der Störung bzw. bei Wiederholungsgefahr auf Unterlassung weiterer Störungen (§ 861 BGB, § 862 BGB). Diese Ansprüche, die auf Wiederherstellung des früheren Besitzstands gehen (nicht auf Schadensersatz, dies nur bei Verschulden, → unerlaubte Handlung), sind im Wege der Klage, in Eilfällen durch → einstweilige Verfügung geltend zu machen. Gegen diese (possessorischen) Ansprüche kann nur eingewandt werden, dass die Besitzentziehung oder -störung keine verbotene Eigenmacht gewesen sei; Einwendungen aus dem Recht zum Besitz (zB Anspruch des Vermieters auf Rückgabe der Mietsache nach Beendigung des Mietverhältnisses; petitorische Ansprüche) können gegenüber dem reinen Besitzschutzanspruch nicht erhoben, sondern müssen in einem eigenen Verfahren (zB auf Räumung, Herausgabe ua) vorgebracht werden (§ 863 BGB).

Daneben hat der frühere Besitzer einer beweglichen → Sache gegen den jetzigen Besitzer einen Anspruch auf → Herausgabe, wenn dieser bei Erwerb des Besitzes in → bösem Glauben war, sofern er nicht den Besitz freiwillig aufgegeben hat. Ist die Sache dem früheren Besitzer gestohlen worden, verlorengegangen oder sonst abhanden gekommen, so kann er die Herausgabe – mit Ausnahme von Geld- und → Inhaberpapieren – auch von einem gutgläubigen Besitzer verlangen (§ 1007 BGB). Im Übrigen gelten die Vorschriften über den → Eigentumsherausgabeanspruch entsprechend.

Besitzsteuern
gehören zu den → Personensteuern. Bei den Besitzsteuern wird zwischen Steuern vom

Einkommen und Ertrag, zB ESt, GewSt, und den Steuern vom Vermögen, zB ErbSt, GrSt, unterschieden. → Steuer.

Besitzstörung
→ Besitzschutz.

Besitzunternehmen
→ Betriebsaufspaltung.

Besitzwehr
→ Besitzschutz.

Besoldung des Beamten
→ Dienstbezüge, – des Soldaten → Wehrsold.

Besondere Haverei
→ Haverei.

Besondere Schwere der Schuld
1. Stellt das Gericht bei der Verurteilung zu einer lebenslangen Freiheitsstrafe zugleich die „besondere Schwere der Schuld" des Angeklagten fest, so verhindert dies, dass bei dieser Strafe bereits nach Ablauf der Mindestverbüßungszeit von 15 Jahren eine → Strafaussetzung zur Bewährung (2b) erfolgen kann (vgl. § 57a I 1 Nr. 2 StGB). Vielmehr hat in diesem Fall nach Ablauf der Mindestverbüßungszeit die Strafvollstreckungskammer auf Antrag zu entscheiden, ob und ggf. wie lange die festgestellte Schwere der Schuld die weitere Vollstreckung der Freiheitsstrafe gebietet. Unabhängig davon erfolgt eine Strafaussetzung erst, wenn die übrigen Voraussetzungen dafür vorliegen, also insbesondere nur wenn sie unter Berücksichtigung des Sicherheitsinteresses der Allgemeinheit verantwortet werden kann (§ 57a I 1 Nr. 3 StGB iVm § 57 I 1 Nr. 2 StGB).

2. Begeht ein Heranwachsender (→ Jugendstrafrecht 1) einen Mord (→ Tötung 1a) und wendet das Gericht auf ihn gemäß § 105 I JGG die Rechtsfolgen des JGG an, so erhöht sich nach § 105 III 2 JGG das Höchstmaß der → Jugendstrafe auf 15 Jahre, wenn das allgemeine Höchstmaß von zehn Jahren wegen einer „besonderen Schwere der Schuld" nicht ausreicht. Bei Anwendung der Norm sind die von der Rechtsprechung zu § 57a I 1 Nr. 2 StGB (oben 1) entwickelten Maßstäbe anzuwenden (BGH NStZ 2016, 685).

Besonderes elektronisches Anwaltspostfach
→ elektronischer Rechtsverkehr.

Besonderes Gewaltverhältnis
→ Gewaltverhältnis, öffentl.-rechtl.

Besonderes Leistungsstörungsrecht
→ Allgemeines Leistungsstörungsrecht.

Besonderes Schuldrecht
→ Schuldrecht.

Besonderes Verhandlungsgremium
Die wirtschaftliche → Mitbestimmung (2) der Arbeitnehmer nach deutschem Recht (mit Vertretern der Arbeitnehmer im Aufsichtsrat) beschränkt sich auf die deutschen Gesellschaftsformen. Wird eine solche umgewandelt, kommt es zu einer grenzüberschreitenden Verschmelzung oder soll eine europäische Gesellschaftsform gegründet werden, verhandelt der Arbeitgeber mit einem besonderen Verhandlungsgremium über den Umfang der wirtschaftlichen Mitbestimmung; → Aktiengesellschaft (1b), → Betriebsrat (2), Genossenschaft (8), Umwandlung (1b). Ebenso wird beim → Europäischen Betriebsrat oder der Gründung einer → Societas Europaea, SE oder → SCE verfahren. Die Sachkosten des besonderen Verhandlunsgremiums trägt regelmäßig der Arbeitgeber (etwa gem. § 16 EBRG, § 19 SEBG, § 20 MgVG), vorgesehen sind auch Schutzvorschriften die Mitglieder des besonderen Verhandlungsgremiums (etwa § 40 II EBRG, § 42 SEBG). Das besondere Verhandlungsgremium ist aus Arbeitnehmervertretern der betroffenen EU-Länder zusammengesetzt (zB § 7 MgVG).

Besonderes Wohngebiet
Gebiet nach der → Baunutzungsverordnung, in dem ua Wohngebäude, Läden, Wirtschaften, Beherbergungsbetriebe, Gewerbebetriebe, Geschäfts- und Bürogebäude und Anlagen für kirchliche, kulturelle, soziale, gesundheitliche und sportliche Zwecke zulässig sind.

Besonders Verpflichtete
(öffentl. Dienst) → Beamte.

Besorgnis der Befangenheit
→ Ablehnung von Gerichtspersonen.

Besorgung fremder Geschäfte
→ Geschäftsbesorgungsvertrag, → Geschäftsführung ohne Auftrag, → Auftrag.

Besorgung fremder Rechtsangelegenheiten
→ Rechtsberatung.

Besserungsmaßregeln
→ Maßregeln der Besserung und Sicherung.

Bestätigung
(eines Rechtsgeschäfts) → Nichtigkeit von Rechtsgeschäften, → Anfechtung von Willenserklärungen, → Eheaufhebung; sa → Reisevertrag.

Bestätigungsschreiben
Im Handelsverkehr werden mündlich (auch telefonisch oder telegrafisch) getroffene Vereinbarungen idR von einem oder beiden Vertragspartnern zum Zweck des Beweises schriftlich bestätigt. Weicht der Inhalt eines solchen kaufmännischen Bestätigungsschreibens von dem vorher mündlich Vereinbarten ab und nimmt der Empfänger das Bestätigungsschreiben widerspruchslos entgegen, so gilt nach → Handelsbrauch der Inhalt des Schreibens als der vereinbarte Vertragsinhalt. Gesetzlichen Niederschlag hat das kaufmännische Bestätigungsschreiben in § 362 HGB gefunden. Die beschriebene Wirkung wird nur dann ausgeschlossen, wenn der Empfänger rechtzeitig (innerhalb einer angemessenen, kurzen Frist) widerspricht, es sei denn, der Absender des

Bestätigungsschreibens weicht aus Arglist von dem vorher Vereinbarten ab oder der Inhalt des Bestätigungsschreibens widerspricht dem mündlich Vereinbarten so sehr, dass der Absender des Bestätigungsschreibens selbst nicht mehr mit dem Einverständnis des Empfängers rechnen kann. Ist bei den vorangegangenen Vertragsverhandlungen der Vertrag in Wirklichkeit noch nicht zustande gekommen, so kann Schweigen auf ein nachfolgendes Bestätigungsschreiben den Abschluss des Vertrages mit seinem Inhalt herbeiführen (anders bei einer bloßen – gegenüber dem Angebot modifizierten – Auftragsbestätigung, § 150 II BGB). Diese Rechtswirkungen gelten uneingeschränkt unter Kaufleuten, nur ausnahmsweise gegenüber einem Nichtkaufmann.

Bestätigungsvermerk
→ Abschlussprüfer.

Bestallung
1. Der Begriff ist überkommen als Bezeichnung für die Erlaubnis zur Betätigung in einigen → freien Berufen, die das Gemeinwohl betreffen (Ärzte, Apotheker ua). Der Sache nach handelt es sich um eine → Erlaubnis. Die aktuelle Gesetzessprache verwendet anstelle von Bestallung zT die Begriffe → Approbation, Bestellung (→ Wirtschaftsprüfer), Zulassung (→ Lotsen, → Zulassung zur Rechtsanwaltschaft).

2. Als Bestallung wird ferner die dem → Vormund, → Betreuer oder → Pfleger ausgehändigte amtliche Bescheinigung über seine Bestellung bezeichnet. Nach dem Gesetz zur Reform des Vormundschafts- und Betreuungsrechts vom 4.5.2021 (BGBl. 2021 I S. 882), dessen Änderungen zum 1.1.2023 in Kraft getreten sind, wird die Erteilung der Bestallung nicht mehr im BGB, sondern in § 168b FamFG geregelt.

Einen öffentlichen Glauben wie das → Testamentsvollstreckerzeugnis oder der → Erbschein genießt die Bestallung nicht. Bei Beendigung des Amtes ist die Bestallung zurückzugeben (§ 168b III FamFG).

Bestandsaufnahme
→ Inventur.

Bestandskraft von Verwaltungsakten
→ Verwaltungsakt (8), → Steuerbescheid.

Bestandsschutz im Verwaltungsrecht
Bestandsschutz ist kein Begriff der Gesetzessprache. Man kann darunter die dem Einzelnen durch eine behördliche Erlaubnis gewährte öffentl.-rechtl. Berechtigung verstehen, die von den Verwaltungsbehörden nur aus Rechtsgründen entzogen oder eingeschränkt werden kann. Der Bestandsschutz ist je nach der Art der Berechtigung verschieden stark gegen Widerruf geschützt. Sie reicht von der durch die Ausnahmebewilligung von einer repressiven Verbotsnorm (Dispens) erlangten Rechtsstellung über die auf Grund einer „Verbotsnorm mit Erlaubnisvorbehalt" erteilten → Erlaubnis (Genehmigung; zB Baugenehmigung, wasserrechtliche Erlaubnis) bis zur → Konzession und → Verleihung. Die Terminologie ist nicht einheitlich (frühere Bezeichnung im Umkreis des Dispenses zB „Verstattung", „Gestattung", „Ausnahmebewilligung"). Umfang der Rechtsstellung und Widerrufsvoraussetzungen sind nicht allgemein, sondern zumeist in den einzelnen die Materie betreffenden Gesetzen geregelt. Sa → Verwaltungsakt (6) und §§ 48–50 VwVfG.

Bestandsverzeichnis
→ Auskunftspflicht, → Grundbuch, → Inventar.

Bestandswohnung
→ Mietpreisbremse.

Bestandteil
1. ist jeder Teil einer → Sache, der nach natürlicher Verkehrsanschauung als zu der Hauptsache gehörig – und nicht als selbständige Sache – angesehen wird. Entscheidend sind also der räumliche Zusammenhang und der Zweck der Verbindung. So ist zB die Schraube ein Bestandteil der Maschine, das Fenster ein Bestandteil des Hauses, nicht aber der Gartenstuhl ein Bestandteil der Gastwirtschaft (hier aber → Zubehör). Als Bestandteil des Grundstücks gilt auch ein mit dem Eigentum hieran verbundenes Recht (zB die → Grunddienstbarkeit, § 96 BGB). Der Bestandteil wird grds. – soweit nichts anderes vereinbart – entsprechend dem Schicksal der Hauptsache behandelt, kann aber bei entsprechender Klarstellung Gegenstand besonderer Rechte sein. So bleibt zB ein → Eigentumsvorbehalt einer gelieferten Sache, die durch Verbindung Bestandteil einer anderen Hauptsache wird, grds. bestehen.

2. Anders ist die Rechtslage beim wesentlichen Bestandteil einer Sache. Dazu zählen die Bestandteile, die nicht getrennt werden können, ohne dass der eine oder der andere zerstört oder in seinem Wesen verändert wird (§ 93 BGB). So sind wesentliche Bestandteile zB der Einband eines Buches, Tapeten an der Wand eines Hauses, nicht aber der Motor, Räder usw eines Kraftfahrzeugs, da diese ohne Wertminderung ausgebaut werden können. Bei → Grundstücken gehören zu den wesentlichen Bestandteilen die mit dem Grund und Boden fest verbundenen Sachen, insbes. Gebäude, die Erzeugnisse des Bodens bis zur Trennung (→ Fruchterwerb), Pflanzen seit dem Einpflanzen usw. Eine feste Verbindung mit dem Boden ist gegeben, wenn die Trennung zu einer Zerstörung oder erheblichen Beschädigung der eingefügten Sache führen oder erhebliche Kosten verursachen würde. Zu den wesentlichen Bestandteilen eines Gebäudes (und damit eines Grundstücks) gehören die zu seiner Herstellung eingefügten Sachen (§ 94 BGB). Unerheblich ist, ob die Einfügung erforderlich war; entscheidend ist allein

deren Zweck sowie die Festigkeit der Verbindung. Wesentliche Bestandteile eines Grundstücks sind demnach festeingebaute oder besonders für den Einzelfall eingefügte Maschinen einer Fabrik, eingebaute Badewannen, die Liftanlage eines Hauses, die eingebaute Zentralheizung, die Fenster, Türen, Wände usw eines Hauses, nicht aber bloße Behelfsbaracken, nur aufgestellte oder einfach verschraubte Maschinen in einer Fabrikhalle usw. Die Bedeutung der wesentlichen Bestandteile liegt darin, dass diese nicht Gegenstand besonderer Rechte sein können (§ 93 BGB). Diese Sonderrechtsunfähigkeit ist zwingend; ein vereinbarter Eigentumsvorbehalt der Lieferfirma zB geht daher bei Einbau der gelieferten Steine in das zu errichtende Haus unter. Vgl. – auch über den für den Rechtsverlust vorgesehenen Ausgleich – → Verbindung, → Vermischung, → Verarbeitung. Wesentliche Bestandteile können deshalb auch nicht selbständig übereignet oder verpfändet werden usw. Das Gleiche gilt an sich bei Einbau von Sachen durch den Mieter eines Grundstücks (Hauses); das → Wegnahmerecht des Mieters bei Beendigung des Mietverhältnisses bleibt hiervon unberührt (s. aber u.). Eine wesentliche Ausnahme von der Sonderrechtsunfähigkeit wesentlicher Bestandteile bringt das Gesetz über das → Wohnungseigentum, nach dem auch einzelne Teile eines Hauses Gegenstand besonderer Rechte sein können.

3. Zu den (wesentlichen) Bestandteilen eines Grundstücks (Gebäudes) gehören jedoch trotz fester Verbindung solche Sachen nicht, die nach dem Willen des Einfügenden nur zu einem vorübergehenden Zweck mit dem Grund und Boden verbunden oder in das Gebäude eingefügt worden sind (§ 95 BGB, sog. Scheinbestandteile). Dazu gehören Baubuden, Jahrmarktszelte, Pflanzen einer Baumschule usw, aber wegen des hier vermuteten vorübergehenden Zwecks oftmals auch Einbauten im Rahmen eines – auch länger dauernden – Miet- oder Pachtverhältnisses, selbst wenn eine feste Verbindung mit dem Grundstück hergestellt wird, es sei denn, es ist von vornherein nicht an eine Trennung gedacht (Ablösevereinbarung). Ein Scheinbestandteil liegt auch vor, wenn ein Gebäude oder ein anderes Werk in Ausübung eines → dinglichen Rechts, zB eines Nießbrauchsrechts an dem Grundstück errichtet wird. Scheinbestandteile teilen als selbständige Sachen mangels besonderer Abrede nicht das rechtliche Schicksal der Hauptsache. Einer besonderen Regelung unterliegt das → Erbbaurecht: Es ist ein grundstücksgleiches Recht; das auf ihm errichtete Gebäude ist daher wesentlicher Bestandteil des Erbbaurechts, nicht des Grundstücks (s. dort). Gebiet ehem. DDR → Nutzungsberechtigungen.

Bestattung
Die Bestattung Verstorbener hat grundsätzlich als Erdbestattung zu erfolgen; dieser ist jetzt die → Feuerbestattung gleichgestellt (→ Leichen- und Bestattungswesen). Ob die Bestattung durch Versenkung der Urne mit der Asche des Verstorbenen im Meer („Seemannsgrab") zulässig ist, bestimmt sich nach Landesrecht; zur Problematik insbes. für Binnenländer vgl. Naser BayVBl. 1980, 107. Die Bestattung der Leiche eines aufgefundenen Unbekannten oder einer Person, bei der Anhaltspunkte für eine nicht natürliche Todesursache (zB Vergiftung, Gewaltanwendung, Selbsttötung) bestehen, ist nur mit schriftlicher Genehmigung der Staatsanwaltschaft zulässig. Polizei und Gemeindebehörde sind in solchen Fällen zur sofortigen Anzeige an Staatsanwalt oder Amtsgericht verpflichtet (§ 159 StPO, → Leichenschau, -öffnung).

Wegen der Ausgrabung bereits Bestatteter → Exhumierung. Zur Berechtigung, über Art und Weise der Bestattung zu bestimmen → Totenfürsorge.

Bestattungsgeld
Das Bestatunsggeld ist eine Leistung nach dem BVG, SGB XIV an → Hinterbliebene von Kriegsopfern. Das Bestattungsgeld darf nicht mit dem → Sterbegeld verwechselt werden.

Bestattungsverfügung
→ Totenfürsorge.

Bestattungswesen
→ Leichen- und Bestattungswesen

Beste verfügbare Technik
ist der effizienteste und fortschrittlichste Entwicklungsstand einer verfügbaren Technik, um als Grundlage für Genehmigungsauflagen oder Emissionsgrenzwerte zu dienen – zur Vermeidung oder Verminderung von Emissionen in und Auswirkungen auf die Umwelt (Art. 3 Nr. 10 Richtlinie 2010/75/EU (Industrieemissionenrichtlinie), s. → Immissionsschutzrecht, 1.); s. → Regeln der Technik.

Bestechung
1. Bestechung liegt nach § 334 StGB vor, wenn der Täter einem → Amtsträger, Europ. Amtsträger oder für den öffentlichen Dienst besonders Verpflichteten (s. zu diesen Begriffen § 11 I Nr. 2–4 StGB) einen Vorteil für diesen oder einen Dritten anbietet, verspricht oder gewährt, um ihn zu einer Verletzung seiner Dienstpflicht zu bestimmen (aktive Bestechung; ebenso § 48 WStG bzgl. Soldaten der Bundeswehr). Die Strafe ist Freiheitsstrafe von 3 Mon. bis zu 5 Jahren, in minder schweren Fällen bis zu 2 Jahren oder Geldstrafe. Gleichgestellt sind gem § 335a StGB bestimmte ausländische Bedienstete und Soldaten und Verpflichtete. Geschieht die Tathandlung für die rechtmäßige Dienstausübung, so liegt lediglich Vorteilsgewährung vor, die mit Freiheitsstrafe bis zu 3 Jahren oder Geldstrafe bedroht ist (§ 333 StGB).

2. Der Amtsträger (Europ. Amtsträger, Soldat, Verpflichtete, Gleichstehende), der für

sich oder einen Dritten einen Vorteil für eine Dienstpflichtverletzung fordert, sich versprechen lässt oder annimmt, wird wegen Bestechlichkeit (passiver Bestechung) mit Freiheitsstrafe von 6 Mon. bis zu 5 Jahren – in minder schweren Fällen bis zu 3 Jahren oder Geldstrafe – bestraft (§ 332 StGB, § 48 WStG). Ist die Dienstausübung nicht pflichtwidrig, tritt Freiheitsstrafe bis zu 3 Jahren oder Geldstrafe wegen Vorteilsannahme ein (§ 331 StGB).

3. Für die Strafbarkeit des Amtsträgers usw. wegen Bestechlichkeit wie für die des Vorteilsgebers wegen Bestechung ist wesentlich, ob eine Diensthandlung, der deren Unterlassen gleichsteht (§ 336 StGB), vorliegt (das ist nicht der Fall bei einer außerdienstlichen Tätigkeit, zB bei privatem Anfertigen von Zeichnungen), ob diese pflichtwidrig ist (hierüber entscheiden die einschlägigen Gesetze und Verwaltungsbestimmungen), und schließlich, ob der Vorteil (auf Grund einer Unrechtsvereinbarung, BGHSt 15, 88, 97) als Gegenleistung für die erwartete Diensthandlung, also im Zusammenhang mit dieser oder nur gelegentlich dienstlicher Tätigkeit gegeben wird (zweifelhaft bei Einladungen). Bei Vorteilsgewährung und -annahme ist eine hinreichend bestimmte Diensthandlung nicht notwendig. Die Unrechtsvereinbarung muss sich nur auf die Dienstausübung beziehen. Damit werden Zuwendungen erfasst, die keiner Diensthandlung zugerechnet werden können. Der Vorteil braucht kein Vermögensvorteil zu sein. Er kann auch bei Weitergabe eines Geschenks durch den Amtsträger an Dritte vorliegen. Er kann für eine schon vorgenommene Diensthandlung oder -ausübung nachträglich gewährt werden; nicht erforderlich ist, dass überhaupt eine Diensthandlung oder -ausübung stattfindet, weil schon die Hingabe und Annahme des Vorteils in Erwartung einer Diensthandlung oder -ausübung genügt. Bloße Aufmerksamkeiten oder offensichtlich für Werbungszwecke bestimmte Gegenstände von geringem Wert pflegen keine Gegenleistung für eine Diensthandlung zu sein. Hat der Amtsträger die von ihm erwartete Entscheidung nach seinem Ermessen zu treffen (sog. Ermessensbeamter), so handelt er pflichtwidrig, wenn er sich durch den gewährten Vorteil in seinem Ermessen beeinflussen lässt; nach § 332 III Nr. 2 StGB aber auch schon, wenn er sich bereit gezeigt hat, sich in seinem Ermessen beeinflussen zu lassen. Genehmigt der Dienstvorgesetzte die Vorteilsannahme, so ist die Rechtswidrigkeit aufgehoben, aber nur bei nicht pflichtwidriger Diensthandlung oder -ausübung; dasselbe gilt, wenn der Amtsträger nachträglich unverzüglich die Genehmigung einholt (hat er irrig mit Genehmigung gerechnet, kommt → Verbotsirrtum in Betracht).

4. Sondervorschriften gelten nach §§ 331–335a StGB für die Bestechung usw. von Richtern deutscher, ausländischer und internationaler Gerichte und der EU, auch → ehrenamtlichen Richtern oder → Schiedsrichtern im Hinblick auf richterliche Handlungen (erhöhte Strafdrohungen; → Rechtsbeugung). Durch § 3 EUFinSchStG wird zudem klargestellt, dass für die Anwendung der §§ 332, 334, 335, 335a StGB eine Schädigung oder Gefährdung des Vermögens der EU einer Dienstpflichtverletzung bzw. einer Verletzung richterlicher Pflichten gleichsteht (s. auch → Europäische Staatsanwaltschaft). Nach § 299 StGB ist strafbar, wer im geschäftlichen Verkehr Angestellte eines Betriebs besticht oder wer sich als Angestellter bestechen lässt (→ Angestelltenbestechung). Bestechlichkeit und → Bestechung im Gesundheitswesen erfassen die §§ 299a, 299b StGB. S. ferner → Wahldelikte zur sog. Wähler-Bestechung, → Mandatsträgerbestechung, → Stimmenkauf, -verkauf.

5. Im Besteuerungsverfahren sind Bestechungsgelder als → Betriebsausgaben oder → Werbungskosten steuerlich zu berücksichtigen, wenn der Empfänger benannt wird (§ 160 AO). Dies gilt jedoch nicht, wenn die Bestechung eine rechtswidrige Handlung iS des Straf- und Ordnungswidrigkeitenrechts darstellt (§ 4 V Nr. 8 EStG).

Bestechung im geschäftlichen Verkehr
→ Angestelltenbestechung.

Bestechung im Gesundheitswesen
Sie wird durch die 2016 geschaffenen §§ 299a–300 StGB (BGBl. 2016 I 1254) unter Strafe gestellt: Wer einem Angehörigen eines Heilberufs, der für die Berufsausübung oder die Führung der Berufsbezeichnung eine staatlich geregelte Ausbildung erfordert (akademische Heilberufe wie zB Arzt und Gesundheitsfachberufe wie zB Krankenpfleger), im Zusammenhang mit dessen Berufsausübung einen Vorteil für diesen oder einen Dritten als Gegenleistung dafür anbietet, verspricht oder gewährt, dass er bei der Verordnung oder der Abgabe von Arznei-, Heil- oder Hilfsmitteln oder von Medizinprodukten, bei dem Bezug von Arznei- oder Hilfsmitteln oder von Medizinprodukten, die jeweils zur unmittelbaren Anwendung durch den Heilberufsangehörigen oder einen seiner Berufshelfer bestimmt sind, oder bei der Zuführung von Patienten oder Untersuchungsmaterial ihn oder einen anderen im inländischen oder ausländischen Wettbewerb in unlauterer Weise bevorzuge, wird mit Freiheitsstrafe bis zu drei Jahren oder mit Geldstrafe bestraft (§ 299b StGB).

Ebenso wird wegen Bestechlichkeit im Gesundheitswesen (§ 299a StGB) bestraft, wer als Angehöriger eines solchen Heilberufs im Zusammenhang mit der Ausübung seines Berufs einen Vorteil für sich oder einen Dritten als Gegenleistung dafür fordert, sich versprechen lässt oder annimmt, dass er eine der beschriebenen Handlungen begeht.

In besonders schweren Fällen nach § 300 StGB tritt Strafschärfung ein.

Besteller
→ Werkvertrag (1), → Bauvertrag.

Bestellerprinzip beschreibt eine Änderung des Gesetzes zur Wohnungsvermittlung durch das Mietrechtsnovellierungsgesetz v. 21.4.2015 (BGBl. 2015 I 610), wonach es Vermietern nicht mehr möglich ist, Kosten für von ihnen beauftragte Makler auf Mieter abzuwälzen. Der Mieter hat einen Wohnungsvermittler nur dann zu bezahlen, wenn er ihn für die Wohnungssuche ausdrücklich selbst beauftragt hat (→ Wohnungsvermittlung).

Bestellung
→ unbestellte Lieferung (Leistung).

Bestellvertrag
Ein Bestellvertrag liegt vor, wenn jemand – insbes. ein Verleger – ein literarisches Werk bestellt und er dem Urheber den Inhalt des Werks sowie Art und Weise der Behandlung genau vorschreibt. In diesem Fall ist der Besteller im Zweifel - anders als beim → Verlagsvertrag - nicht zur Vervielfältigung und Verbreitung des Werks verpflichtet (§ 47 Abs. 1 VerlG). Der Bestellvertrag ist grds. ein → Werkvertrag, der aber, weil er nicht nur die Erstellung des Werks, sondern auch die Einräumung von urheberrechtlichen → Nutzungsrechten umfasst, den Besonderheiten des → Urheberrechts unterliegt.

Besteuerungsgrenze
→ Freibetrag, → Halbteilungsgrundsatz.

Besteuerungsgrundlagen
sind die tatsächlichen und rechtlichen Verhältnisse, die für die Steuerpflicht und für die → Bemessungsgrundlage der Steuer maßgebend sind, zB Einnahmen, Ausgaben, Werbungskosten, Gewinn. Ihre Feststellung bildet regelmäßig einen unselbständigen Teil des → Steuerbescheids (§ 157 II AO). Die Besteuerungsgrundlage kann daher nicht selbständig angefochten werden, sondern gegen den Steuerbescheid ist insgesamt Einspruch einzulegen. Ausnahmsweise können Besteuerungsgrundlagen durch Feststellungsbescheid gesondert festgesetzt werden (§ 179 I AO). So wird zB der Gewinn aus Gewerbebetrieb gesondert festgestellt, wenn das Betriebs- und Wohnsitzfinanzamt nicht identisch sind (→ Finanzamt). Der Feststellungsbescheid des Betriebsfinanzamts hat grundsätzlich Bindungswirkung für das Wohnsitzfinanzamt.

Ist ein Feststellungsbescheid für die Festsetzung einer Steuer bindend (sog. Grundlagenbescheid), endet die Festsetzungsfrist nicht vor Ablauf von zwei Jahren nach Bekanntgabe des Grundlagenbescheids (§ 171 X AO). Einwendungen gegen den Grundlagenbescheid, zB unzutreffende Ermittlung des Gewinns, können nur im Einspruchs- bzw. Klageverfahren gegen den Grundlagenbescheid berücksichtigt werden. Wird der Grundlagenbescheid geändert, so zieht dies die Änderung des Folgebescheides nach sich (§ 175 I Nr. 1 AO). Soweit in einem Feststellungsbescheid eine notwendige Feststellung unterblieben ist, ist sie in einem → Ergänzungsbescheid nachzuholen (§ 179 III AO).

Besteuerungsmaßstab
→ Bemessungsgrundlage.

Besteuerungsverfahren
Das Besteuerungsverfahren gliedert sich in Veranlagungs- und → Erhebungsverfahren. Es hat die Aufgabe, den Steueranspruch zu konkretisieren und geltend zu machen. Die für das Besteuerungsverfahren maßgeblichen Vorschriften enthält die → Abgabenordnung. Das Besteuerungsverfahren wird durch → Mitwirkungspflichten des Stpfl. und den Grundsatz der Amtsermittlung geprägt.

Veranlagungsverfahren: Bei den meisten Steuerarten hat der Stpfl. seine steuerlichen Verhältnisse durch Abgabe einer Steuererklärung darzulegen (§ 149 AO iVm § 25 EStG, § 49 KStG, § 18 UStG, § 25 GewSt-Durchführungsverordnung, § 31 ErbStG). Die Form der Erklärung bestimmt sich nach § 150 AO. Die Abgabefrist für → Veranlagungssteuern, zB die Einkommensteuer, läuft ab 1.1.2017 grundsätzlich bis zum 31.7. des Folgejahres mit Verlängerungsmöglichkeit (§ 149 II AO). Für die steuerberatenden Berufe wurde ab 2017 die Abgabefrist bis zum letzten Tag des Monats Februar des zweiten auf den Besteuerungszeitraum folgenden Kalenderjahres verlängert. Die Finanzbehörde überprüft die Angaben in der Steuererklärung. Dabei hat sie grundsätzlich von der Richtigkeit der Angaben auszugehen. Andererseits ist sie jedoch wegen des Untersuchungsgrundsatzes (§ 88 AO) gehalten, den Sachverhalt von Amts wegen zu ermitteln; → Außenprüfung. Dies soll auch zu Gunsten des Stpfl. erfolgen (§ 88 II AO). Die Grenzen der Ermittlungspflicht ergeben sich aus dem Grundsatz des Zumutbaren und der Verhältnismäßigkeit der Mittel. Auf Grundlage der Steuererklärung und ggf. der Ermittlungen der Finanzbehörde wird ein → Steuerbescheid (§ 155 AO) erlassen. Werden → Besteuerungsgrundlagen selbständig in einem Feststellungsbescheid (Grundlagenbescheid) festgestellt, übermittelt das für den Grundlagenbescheid zuständige Finanzamt eine Mitteilung an das Wohnsitzfinanzamt. Dieses nimmt in der Steuerfestsetzung die selbständigen Besteuerungsgrundlagen auf. Wird keine Steuererklärung eingereicht, erfolgt der Steuerbescheid mittels → Schätzung der Besteuerungsgrundlagen (§ 162 AO). Das Besteuerungsverfahren soll die → Gleichmäßigkeit der Besteuerung gewährleisten. Zu diesem Zweck bestehen Verwaltungsanweisungen, die bestimmte Grundregeln für die Arbeitsweise der Finanzbehörden festlegen, sog. GNOFÄ (Grundsätze zur Neuorganisation der Finanzämter und zur Neuordnung des Besteuerungsverfahrens). Zur elektronischen Steuererklärung s. → Elster.

Besteuerungszeitraum
ist der Zeitraum, für den die Steuer erhoben wird, zB bei der → Umsatzsteuer das Kalenderjahr oder der Teil des Kalenderjahres, in dem der Unternehmer seine Tätigkeit ausgeübt hat (§ 16 UStG).

Bestimmtheit
→ Sicherungsübereignung, → Minderheitsrechte.

Bestimmungsmensur
→ Zweikampf, → Sportverletzungen.

Bestimmungsort
→ Versendungskauf.

Bestreiten der Klagetatsachen
Gemäß § 138 II ZPO hat sich eine Prozesspartei zu den von der Gegenseite behaupteten Tatsachen zu erklären. Werden diese Tatsachen nicht ausdrücklich bzw. nicht mit hinreichender Deutlichkeit im Wege anderer Prozesserklärungen bestritten, so hat das Gericht sie seiner Entscheidungsfindung zugrunde zu legen (§ 138 III ZPO). Das Bestreiten kann mit Nichtwissen erfolgen, wenn der Bestreitende keine eigene Wahrnehmung zu dem betreffenden Sachverhalt hat (§ 138 IV ZPO). → Beweislast, → Einrede, → Schlüssigkeit.

Besuchsrecht
→ Umgangsrecht.

Betäubungsmittel-Abkommen
1. Das Einheits-Übereinkommen v. 1961 (BGBl. 1977 II 111) mÄnd bezweckt, die Verfügbarkeit von Suchtstoffen aus medizinischen Gründen zu sichern und koordinierte Maßnahmen gegen den Missbrauch zu treffen. Es gilt insbes. für die natürlichen Betäubungsmittel wie Opium u. → Cannabis.

2. Das Übereinkommen über psychotrope Stoffe v. 1971 (BGBl. 1976 II 1477) mÄnd regelt die Kontrolle – durch die Vertragsstaaten – von Herstellung, Verschreibungspflicht oder Handel von Betäubungsmitteln sowie Maßnahmen gegen Missbrauch und unerlaubten Verkehr (Art. 2). Art. 2 IV definiert psychotrope Stoffe (insbes. künstliche Drogen wie LSD).

3. Das Übereinkommen der Vereinten Nationen vom 20.12.1988 gegen den unerlaubten Verkehr mit Suchtstoffen und psychotropen Stoffen (BGBl. II S. 1993 S. 1137) ergänzt die beiden früheren Übereinkommen.

Sa → Betäubungsmittelgesetz.

Betäubungsmitteldelikte
1. Strafvorschriften zu Betäubungsmitteldelikten enthalten §§ 29, 29a, 30, 30a, 30b BtMG. Danach sind ohne Genehmigung ua folgende Handlungen mit Betäubungsmitteln (BtM) mit Freiheitsstrafe bis zu 5 Jahren oder mit Geldstrafe bedroht: Anbau, Herstellung, Ein-, Aus- und Durchfuhr, Verschreiben, Verabreichen, Überlassen zum unmittelbaren Verbrauch, Abgabe, Inverkehrbringen, Erwerb, Verschaffen (darunter fällt nicht der Betrieb eines → Drogenkonsumraums), Handeltreiben und Besitz von BtM, Mitteilen, Verschaffen oder Gewähren einer Gelegenheit zu Verbrauch, Erwerb oder Abgabe von BtM, Verleiten zum Verbrauch von BtM, Bereitstellen von Geld oder Vermögensgegenständen für ein Betäubungsmitteldelikt und Aufforderung zum Verbrauch von BtM (zur Verfassungsmäßigkeit hinsichtl. Cannabisprodukten s. BVerfG NJW 1994, 1577). Teilweise sind auch fahrlässige Handlungen strafbar.

Als BtM erfasst werden dabei nur die in den Anlagen I bis III des BtMG aufgeführten Stoffe und Zubereitungen (§ 1 I BtMG). In der Praxis sind dies meist Heroin, Kokain und bislang auch Cannabis-Produkte (s. aber unten), insbes. Haschisch. Zunehmende Bedeutung besitzen sog. synthetische Drogen wie Ecstasy (MDMA) oder Speed (Amphetamin). Um weitere sog. → Designerdrogen zu erfassen, wurde 2016 das → Neue-psychoaktive-Stoffe-Gesetz (NpSG) mit gesonderten Strafvorschriften geschaffen. Eine Strafbarkeit des Umgangs mit Stoffen kann sich zudem grundsätzlich aus §§ 95, 96 Arzneimittelgesetz (AMG) ergeben, da das AMG nicht auf einem ständiger Anpassung bedürfenden Substanzkatalog, sondern in §§ 2, 3 AMG auf allgemeinen Begriffsumschreibungen aufbaut. Allerdings können neue psychoaktive Stoffe nach dem Urteil des EuGH vom 10.7.2014 (Rechtssachen C-358/13 und C-181/14) im Regelfall nicht mehr als Arzneimittel im Sinne des AMG eingeordnet werden (vgl. BT-Drs. 18/8579, S. 16).

Der Umgang mit → Cannabis unterfällt nicht mehr dem allgemeinen Betäubungsmittelrecht. Mit dem Gesetz zum kontrollierten Umgang mit Cannabis und zur Änderung weiterer Vorschriften (Cannabisgesetz – CanG) vom 27.3.2024 (BGBl. I Nr. 109) wurden hierzu vielmehr eigenständige Regelwerke geschaffen: Das → Konsumcannabisgesetz (KCanG) gestattet Erwachsenen den Besitz einer bestimmten Stoffmenge sowie in begrenzter Form den gemeinschaftlichen, nichtgewerblichen Eigenanbau sowie den privaten Eigenanbau. Es enthält Strafvorschriften für die verbleibenden Fälle eines unerlaubten Umgangs mit Cannabis (§§ 34 ff. KCanG). Der Einsatz von Cannabis zu medizinischen und zu wissenschaftlichen Zwecken ist eigenständig im → Medizinal-Cannabisgesetz (MedCanG) geregelt.

2. Allein Freiheitsstrafe in erhöhtem Maß ist vorgesehen, wenn bestimmte Begehungsweisen oder Folgen vorliegen, zB Handeln mit BtM in nicht geringer Menge, gewerbs- oder bandenmäßiges Vorgehen, Einbeziehung eines Minderjährigen in das Betäubungsmitteldelikt, Gefährdung der Gesundheit mehrerer Menschen, leichtfertige Verursachung des Todes eines Menschen. Der Vertrieb von BtM wird nach dem Weltrechtsprinzip (§ 6 Nr. 5 StGB → Geltungsbereich des Strafrechts) auch bei Taten von Ausländern oder → Auslandsdelikten verfolgt. Die Strafbarkeit wegen Bildung

einer → kriminellen Vereinigung gilt auch dann, wenn diese auf den Vertrieb von BtM gerichtet ist und im Ausland besteht (§ 30b BtMG). Bei allen Betäubungsmitteldelikten ist → Einziehung, bei bestimmten Betäubungsmitteldelikten auch Führungsaufsicht (§ 34 BtMG) zulässig.

3. Nicht strafbar ist als straflose Selbstgefährdung oder -schädigung der Verbrauch von BtM, wohl aber der Besitz. Ausdrücklich klargestellt ist in § 13 BtMG, dass zur ärztlichen Behandlung einer BtM-Abhängigkeit BtM, also Ersatzdrogen, verschrieben werden dürfen, und in § 29 I 2 BtMG, dass die Abgabe von sterilen Einmalspritzen an BtM-Abhängige kein strafbares Verschaffen von Gelegenheit zum Verbrauch von BtM darstellt. Zu den Einzelheiten der Substitutionsbehandlung insbes. mit Codein, Methadon und Diamorphin und zum Substitutionsregister s. §§ 2, 5, 5a der BtM-VerschreibungsVO vom 20.1.1998 (BGBl. 1998 I 74, 80) mÄnd.

4. Verstöße gegen Ordnungsvorschriften des → Betäubungsmittelgesetzes, zB Anzeige-, Mitteilungs- oder Kennzeichnungspflichten sind als → Ordnungswidrigkeiten mit Geldbuße bedroht (§ 32 BtMG). Daneben ist Einziehung möglich.

5. Ergänzend enthält das das Grundstoffüberwachungsgesetz vom 11.3.2008 (BGBl. 2008 I 306) Bußgeld- und Strafvorschriften gegen Herstellen und Inverkehrbringen von bestimmten chemischen Erzeugnissen (Grundstoffen) zum Zwecke der unerlaubten Herstellung von BtM.

6. Nach § 31a BtMG, der § 153 StPO ähnelt (→ Opportunitätsprinzip, → Bagatellstrafsachen), kann oder soll bei bestimmten Betäubungsmitteldelikten mit BtM in geringer Menge zum Eigenverbrauch (s. dazu BVerfG NJW 1994, 1577), geringer Schuld des Täters und Fehlen des öffentlichen Interesses an der Strafverfolgung die Staatsanwaltschaft von der Verfolgung absehen oder nach Anklageerhebung das Gericht das Verfahren mit Zustimmung von Staatsanwaltschaft und Angeschuldigtem einstellen. Möglich ist in diesem Fall auch ein → Absehen von Strafe (§ 29 V BtMG). Mithilfe bei Aufklärung weiterer begangener oder geplanter Betäubungsmitteldelikte kann ebenfalls zu Absehen von Strafe oder Strafmilderung führen (§ 31 BtMG → Kronzeuge). Hat der Täter auf Grund BtM-Abhängigkeit Betäubungsmitteldelikte oder andere Straftaten, insbes. Beschaffungsdelikte, begangen, für die er höchstens 2 Jahre Freiheitsstrafe zu erwarten oder zu verbüßen hat, und unterzieht er sich einer Entziehungsbehandlung (Drogentherapie), kann von der Verfolgung abgesehen werden (§ 37 BtMG) oder die → Strafvollstreckung mit gerichtlicher Zustimmung, deren Versagung anfechtbar ist, zurückgestellt und die nachgewiesene Zeit in der Therapieeinrichtung in bestimmter Höhe auf die Strafe angerechnet werden (§§ 35, 36 BtMG).

7. Eine Drogenfahrt, dh das Führen eines Kfz unter der Wirkung bestimmter BtM (Heroin, Morphin, Kokain, Amphetamin), die im Blut nachgewiesen werden, wird als Ordnungswidrigkeit mit Geldbuße bis zu 3000 EUR und einem → Fahrverbot geahndet (§ 24a II, § 25 StVG). Für Cannabis besteht nach § 24a Ia StVG ein Grenzwert von 3,5 ng/ml Tetrahydrocannabinol (THC) im Blutserum und eine erhöhte Sanktionsfolge, wenn zuleich Alkohol konsumiert wurde oder wird (§ 24a IIa StVG). Liegt bei dem Kfz-Führer infolge dieser oder anderer BtM → Fahruntüchtigkeit vor, macht er sich strafbar wegen → Trunkenheit im Verkehr (§ 316 StGB) oder, wenn er eine Gefährdung verursacht, wegen → Straßenverkehrsgefährdung (§ 315c StGB).

Betäubungsmittelgesetz

1. Nach dem Betäubungsmittelgesetz (BtMG) idF v. 1.3.1994 (BGBl. 1994 I 358) mÄnd sind Betäubungsmittel die in den Anl. I bis III des Gesetzes aufgeführten Stoffe und Zubereitungen (§ 1 BtMG). Zweck des Gesetzes ist es, die notwendige medizinische Versorgung der Bevölkerung sicherzustellen, daneben aber auch den Missbrauch von Betäubungsmitteln zu verhindern (§ 5 I Nr. 6 BtMG). Deshalb bedarf der Verkehr mit Betäubungsmitteln der Erlaubnis durch das → Bundesinstitut für Arzneimittel und Medizinprodukte in Bonn (§ 3 BtMG). Verkehr umfasst Herstellung, Anbau, Handel, Erwerb, Veräußerung sowie Aus- und Einfuhr. Ausnahmen, zB für → Apotheken sowie für Erwerb auf Grund ärztlicher Verordnung, regelt § 4 BtMG.

Der Umgang mit → Cannabis unterfällt seit 1.4.2024 nicht mehr dem BtMG, sondern dem → Konsumcannabisgesetz (KCanG) und dem → Medizinal-Cannabisgesetz (MedCanG).

2. Voraussetzungen für die Erlaubnis sind ua → Zuverlässigkeit, Sachkunde und geeignete Betriebseinrichtungen (§§ 5, 6 BtMG). Der zulässige Verkehr mit Betäubungsmitteln unterliegt zahlreichen Überwachungs- und Sicherungsvorschriften (§§ 11–18 BtMG). Überwachungsbehörde ist ebenfalls das Bundesinstitut, das umfangreiche Kontrollbefugnisse hat (§§ 19 ff. BtMG). Die nähere Durchführung regeln die Betäubungsmittel-AußenhandelsVO vom 16.12.1981 (BGBl. 1981 I 1420), die Betäubungsmittel-BinnenhandelsVO vom 16.12.1981 (BGBl. 1981 I 1425) und die Betäubungsmittel-VerschreibungsVO v. 20.1.1998 (BGBl. 1998 I 74), jeweils mÄnd.

3. Verstöße gegen Betäubungsmittel-Vorschriften sind ordnungswidrig oder strafbar; vgl. dazu → Betäubungsmitteldelikte; s. a. → Designerdroge, → Methadon, → Diamorphin, → Drogenkonsumraum, → Betäubungsmittel-Abkommen. Der vorbeugenden Kontrolle dienen das → Grundstoffüberwachungsgesetz v. 11.3.2008 (BGBl. 2008 I 306) und die VO (EG) 111/2005 v. 22.12.2004 zur

Überwachung des Handels mit Drogenausgangsstoffen zwischen der Gemeinschaft und Drittländern (ABl. EU 2004 L 22, 1). Zur Bekämpfung weiterer synthetischer Drogen dient das → Neue-psychoaktive-Stoffe-Gesetz (NpSG).

Betagung
→ Zeitbestimmung, → Leistungszeit.

Beteiligter
1. Beteiligter in einem gerichtlichen Verfahren oder förmlichen Verwaltungsverfahren ist, wer – ohne das Verfahren zu führen – eine bestimmte Funktion wahrnimmt und deshalb berechtigt ist, Anträge zu stellen, Rechtsmittel einzulegen und sonstige Verfahrenshandlungen vorzunehmen. Insoweit ist der Begriff enger als der des → Verfahrensbeteiligten (dort insbes. für das Strafverfahren), der auch Nebenbeteiligte umfasst. Im Verwaltungsgerichtsprozess sind Beteiligte: der Kläger, der Beklagte, der Beigeladene und der Vertreter des öffentlichen Interesses (§ 63 VwGO). Beigeladener ist, wessen rechtliche Interessen durch das Verfahren berührt werden (zB Hauseigentümer in einem Konzessionsstreit); die Beiladung kann durch Gerichtsbeschluss, auf Antrag oder von Amts wegen angeordnet werden (§ 65 VwGO). Ähnliches gilt für die Sozialgerichtsbarkeit (§§ 69, 75 SGG). Der Beigeladene kann selbständig Angriffs- und Verteidigungsmittel geltend machen und alle Verfahrenshandlungen vornehmen.

2. In der freiwilligen Gerichtsbarkeit entspricht der Begriff des Beteiligten dem der Partei im Zivilprozess. Beteiligter im materiellen Sinne ist jeder, dessen Rechte und Pflichten durch das Verfahren unmittelbar beeinflusst werden können (zB jeder Erbe bei Erteilung eines Erbscheins). Beteiligter im formellen Sinne ist, wer am Verfahren, um seine Rechtsstellung wahrzunehmen, teilnimmt oder zum Verfahren zugezogen wird; ferner im Antragsverfahren jeder Antragsteller, im Amtsverfahren außerdem jeder, gegen den ein Verfahren eingeleitet wird (zB im Freiheitsentziehungsverfahren der Unterzubringende), im Streitverfahren der Antragsteller und der Antragsgegner (zB in → Ehesachen, §§ 7 f., 121 ff. FamFG). Beteiligter kann nur sein, wer rechtsfähig ist (→ Rechtsfähigkeit, → Prozessfähigkeit). Die gerichtlichen Entscheidungen werden allen Beteiligten bekanntgemacht (§ 41 FamFG). Der Beteiligte kann sich im Verfahren vertreten lassen (§ 10 II FamFG, zT besteht Anwaltszwang, → Anwaltsprozess). Für die → Zwangsversteigerung vgl. § 9 ZVG.

3. Im steuerlichen Verfahren bestehen Parallelen zum verwaltungsrechtlichen Verfahren. Im finanzgerichtlichen Verfahren sind gemäß § 57 FGO Beteiligte der Kläger, der Beklagte, der Beigeladene und die Behörde, die dem Verfahren beigetreten ist. Soweit es sich um ein gerichtliches Antragsverfahren handelt, zB Antrag auf Aussetzung der Vollziehung, sind Beteiligte der Antragsteller und der Antragsgegner. Im → außergerichtlichen Rechtsbehelfsverfahren sind gemäß § 359 AO Beteiligte der Einspruchsführer und der Hinzugezogene (§ 360 AO).

Beteiligung
Beteiligung ist strafrechtlich der zusammenfassende Begriff (Legaldefinition in § 28 II StGB) für → Mittäterschaft, → Anstiftung und → Beihilfe (§§ 25 ff. StGB, § 14 OWiG).

Beteiligung an Handelsgesellschaften
Die Beteiligung an Handelsgesellschaften ist in folgenden Formen möglich: Eintritt als Gesellschafter in eine → Offene Handelsgesellschaft, → Kommanditgesellschaft, → Gesellschaft mit beschränkter Haftung, durch Gründung einer → Stillen Gesellschaft, durch Erwerb von → Aktien einer → Aktiengesellschaft oder → Kommanditgesellschaft auf Aktien, Eintritt als Mitglied (Genosse) einer → Genossenschaft. Siehe auch → Geschäftsanteil.

Beteiligung, wesentliche
Der Gewinn aus der Veräußerung oder Auflösung einer im Privatvermögen (→ Betriebsvermögen) gehaltenen wesentlichen Beteiligung an einer Kapitalgesellschaft ist einkommensteuerpflichtig (§ 17 EStG), → Auflösungsgewinn. Eine wesentliche Beteiligung liegt vor, wenn der Stpfl. innerhalb der letzten 5 Jahre am Kapital der Gesellschaft zu mindestens 1 vH mittelbar oder unmittelbar beteiligt war. Der Stpfl. gilt demnach, obwohl Privatmann, im Zeitpunkt der Veräußerung/Auflösung als Unternehmer. Durch diese Regelung werden Wertsteigerungen der Anteile steuerlich erfasst. Steuerpflichtig ist auch die Herabsetzung und Rückzahlung des Kapitals und die Ausschüttung und Rückzahlung des Eigenkapitals iSd Körperschaftsteuergesetzes (§ 17 IV EStG). Der Gewinn wird nach dem → Halbeinkünfteverfahren besteuert. Die Tarifbegünstigung nach § 34 EStG gilt nicht, → Veräußerungsgewinne.

Beteiligungsgesetze
Regeln die Beteiligung von Personal- oder Betriebsräten sowie der → Vertrauensperson. Die Rechtsgrundlagen ergeben sich aus den einschlägigen Gesetzen, zB § 14 AÜG (Arbeitnehmerüberlassungsgesetz–AÜG) oder § 4 WDO (Wehrdisziplinarordnung-WDO) für den Bereich der Bundeswehr.

Betreibender Gläubiger
Betreibender Gläubiger ist der Gläubiger, auf dessen Antrag die → Zwangsversteigerung angeordnet wird. Betreibende Gläubiger können mehrere Gläubiger zugleich oder nacheinander werden (§ 27 ZVG).

Betreten der freien Landschaft
Das Betreten der freien Landschaft auf Straßen und Wegen sowie ungenutzten Grundflächen zur Erholung ist allen gestattet (§ 59 BNatSchG). Das Betreten der freien Landschaft kann aber zB aus Gründen des → Naturschutzes von den Ländern eingeschränkt wer-

den; es geschieht auf eigene Gefahr (§ 60 BNatSchG). Sa → Forstrecht, → Wald.

Betretungsrecht
Der Begriff umfasst zum einen die Möglichkeit für jedermann, Flur und Wald zum Zweck der Erholung zu betreten (§ 59 BNatSchG, § 14 BundeswaldG, s. a. → Naturschutz, → Wald, → Betreten der freien Landschaft). Zum anderen fällt darunter das behördliche Betretungsrecht zum Zweck der Besichtigung im Interesse des Gemeinwohls, vor allem im Bereich des Wirtschaftsverwaltungsrechts (zB § 22 II GastG, § 139b GewO, § 42 II LFGB, § 17 HwO, § 52 II BImSchG) sowie zur Bekämpfung von → Leistungsmissbrauch und → illegaler Beschäftigung (§§ 3, 4 SchwarzArbG, § 319 SGB III). Sa → Geschäftsräume, → Lebensmittel- und Futtermittelüberwachung, → Wohnung, Unverletzlichkeit der –, → Nachschau.

Betreuer
→ Betreuung (2, 4), → Betreuungsgericht.

Betreuung
1. Die rechtliche Betreuung dient der Regelung der Rechtsstellung Volljähriger, die aufgrund einer Krankheit oder Behinderung ihre rechtlichen Angelegenheiten nicht ohne Hilfe besorgen können. Sie ist an die Stelle der früheren Entmündigung, der Vormundschaft (über Erwachsene) und der Gebrechlichkeitspflegschaft getreten. Mit dem Gesetz zur Reform des Vormundschafts- und Betreuungsrechts vom 4.5.2021 (BGBl. 2021 I S. 882), dessen Änderungen zum 1.1.2023 in Kraft treten, wird die Gesetzesystematik des Betreuungsrechts im BGB neu gefasst und das aus der → UN-Konvention über die Rechte von Menschen mit Behinderungen folgende Gebot größtmöglicher Selbstbestimmung gestärkt.

2. Kann ein Volljähriger auf Grund einer Krankheit oder einer Behinderung seine Angelegenheiten ganz oder teilweise nicht besorgen, so bestellt das → Betreuungsgericht auf seinen Antrag oder – insbes. bei geistigen Gebrechen – auch von Amts wegen für ihn einen Betreuer (§ 1814 I BGB). Die früheren Begriffe Geisteskrankheit, Geistesschwäche, Verschwendung, Trunksucht oder Rauschgiftsucht werden als Voraussetzungen nicht mehr verwendet, auch die Differenzierung zwischen psychischen Krankheiten und einer körperliche, geistigen oder seelischen Behinderung entfällt mit der Reform; entscheidend ist allein die Hilfs- (Pflege-)bedürftigkeit des Betroffenen. Gegen den freien Willen eines Volljährigen darf aber ein Betreuer nicht bestellt werden (§ 1814 II BGB). Umfang (Aufgabenbereich des Betreuers, zB Besorgung der persönlichen Angelegenheiten, Aufenthaltsbestimmung, Unterbringung und/oder Vermögensbetreuung, nach der Reform auch die Bestimmung des Umgangs des Betreuten, § 1815 II Nr. 4 BGB) und Dauer der Betreuung richten sich danach, was im konkreten Fall erforderlich ist, der Betroffene also nicht mehr selbst erledigen kann (§ 1814 III BGB). Andere – private oder öffentliche – Hilfen, insbes. wirksame Maßnahmen des Betroffenen (zB die Bestellung eines Bevollmächtigten, sog. Vorsorgevollmacht) haben Vorrang (sa → Patientenverfügung). Die Vollmacht unterliegt für bestimmte Maßnahmen der Schriftform (§ 1820 II BGB) und der Kontrolle durch das Betreuungsgericht (§ 1820 I, III, IV BGB). Die Betreuung reicht nur insoweit, als sie für den genau bestimmten Aufgabenbereich erforderlich ist (§ 1815 I S. 2 BGB).

3. Die Betreuung umfasst alle Tätigkeiten, die erforderlich sind, um die Angelegenheiten des Betreuten iRd gerichtlich bestimmten Aufgabenbereiches rechtlich zu besorgen.

Die Betreuung hat als solche keine Auswirkung auf die → Geschäftsfähigkeit; diese beurteilt sich vielmehr – ebenso wie die Ehe- und Testierfähigkeit – nach allgemeinen Grundsätzen. Für die → Prozessfähigkeit hat der Gesetzgeber dies mit der Reform in § 53 I ZPO klargestellt. Soweit es zur Abwendung einer erheblichen Gefahr für die Person oder das Vermögen erforderlich ist, hat das Betreuungsgericht jedoch anzuordnen, dass der Betreute zu einer (nicht nur geringfügigen oder ihm lediglich einen rechtlichen Vorteil bringenden) → Willenserklärung, die den Aufgabenbereich des Betreuers betrifft, dessen Einwilligung bedarf (sog. Einwilligungsvorbehalt, § 1825 BGB). In einem Rechtsstreit des Betreuten kann der Betreuer erklären, dass der Rechtsstreit ausschließlich durch ihn geführt wird (→ Ausschließlichkeitserklärung).

Vor der Reform hatte der Betreuer die Angelegenheiten des Betreuten so zu besorgen, wie es dessen Wohl entspricht, wobei dessen Wünschen und Fähigkeiten (auch bei Geschäftsunfähigkeit) soweit als möglich und zumutbar zu entsprechen ist (§ 1901 BGB aF). Nach der Reform bestimmt § 1821 BGB zur Stärkung der Selbstbestimmung, dass statt des Wohls des Betreuten als Maßstab die Angelegenheiten des Betreuten so zu regeln sind, dass dieser im Rahmen seiner Möglichkeiten sein Leben nach seinen Wünschen gestalten kann. Von dem Wunsch der Betreuten kann der Betreuer nur dann abweichen, wenn bei einer erheblichen Gefährdung des Betreuten oder seines Vermögens der Betreute diese Gefahr aufgrund seiner Krankheit oder Behinderung nicht erkennen oder nicht nach dieser Einsicht handeln kann, oder wenn die Ausübung für den Betreuer nicht zumutbar wäre, § 1821 III BGB. Zentral ist damit der persönliche regelmäßige Kontakt verbunden, § 1821 V BGB. Nur wenn dem Willen nicht entsprochen werden kann, oder ist er nicht feststellbar, ist auf den mutmaßlichen Willen abzustellen, § 1821 IV BGB.

Eine → Vorsorgevollmacht kann die Betreuung entbehrlich machen. Für den Fall der → Patientenverfügung und des → Ehegattennotvertretungsrecht s. dort. In seinem Aufgabenbereich (vor der Reform: Aufgabenkreis) kann der Betreuer den Betreuten gerichtlich und außergerichtlich vertreten (§ 53 ZPO, § 1823 BGB). Besonders schwerwiegende Maßnahmen des Betreuers oder eines (hierzu ausdrücklich und schriftlich) Bevollmächtigten, zB die Kündigung des Mietvertrages des Betreuten (§ 1833 III BGB), der Abbruch lebenserhaltender Maßnahmen, die Einwilligung in eine gefährliche Untersuchung oder Heilbehandlung (§ 1829 BGB) bedürfen grds. der Zustimmung des Betreuungsgerichts. Besondere Vorschriften gelten für eine → Sterilisation (§ 1830 BGB) und insbes. für eine (vorläufige oder längerdauernde) → Anstaltsunterbringung des Betreuten (§ 1831 BGB, §§ 271 ff. FamFG, § 284 FamFG) und ärztliche Zwangsmaßnahmen (§ 1832 BGB).

4. Zum Betreuer bestellt das Betreuungsgericht grds. eine (oder auch mehrere, § 1817 BGB) natürliche Person, die geeignet und in der Lage ist, in dem gerichtlich bestellten Aufgabenbereich die Angelegenheiten des Betreuten zu besorgen und ihn hierbei im erforderlichen Umfang persönlich zu betreuen (§ 1816 I BGB). Wer die Betreuung im Rahmen seiner Berufsausübung führt (sog. Berufsbetreuer), soll nur dann zum Betreuer bestellt werden, wenn keine andere geeignete Person zur Verfügung steht, die zur ehrenamtlichen Führung der Betreuung bereit ist (§ 1816 V BGB). Einem Wunsch des Betroffenen, etwa auch in einer → Betreuungsverfügung, ist unter dem Vorbehalt unzureichender Eignung des Betreuers zu entsprechen (§ 1816 I BGB). Voraussetzung der Ausübung der Betreuung ist für den ehrenamtlichen wie den berufsmäßigen Betreuer gleichermaßen die persönliche Eignung und Zuverlässigkeit, die durch Vorlage eines Auzugs aus dem → Bundeszentralregister und dem → Schuldnerverzeichnis nachgewiesen wird, §§ 21, 23 BetreuungsorganisationsG. Ausgeschlossen sind in der Regel Heimmitarbeiter und Mitarbeiter von ambulanten Pflegediensten (§ 1816 VI BGB) des Betreuten. Ist Betreuung durch eine natürliche Person nicht möglich, so kann sie auch einem – anerkannten (§ 1818 I BGB) – Verein (sog. Vereinsbetreuung, → Vereinsvormundschaft) oder der nach dem Landesrecht iVm dem BetreuungsorganisationsG zuständigen Behörde (sog. Behördenbetreuung) übertragen werden (§ 1818 IV BGB). Die Betreuungsbehörde berät auch über Vorsorgevollmachten und andere Hilfen mit dem Ziel, eine Betreuung zu vermeiden, und ist nach der Reform auch bei Anträgen und Kontakten mit Behörden und Sozialleistungsträgern in Form einer erweiterten Unterstützung behilflich. Das Betreuungsgericht hat den Betreuer zu entlassen, wenn seine Eignung nicht mehr gewährleistet ist, sonst ein wichtiger Grund hierfür vorliegt oder für den Berufsbetreuer eine andere geeignete Person zur Verfügung steht (§ 1868 BGB). Die Vergütung des Betreuers ist wie beim → Vormund (5) geregelt (insbes. für sog. Berufsbetreuer); Einzelheiten (zB Stundensatz mindestens 23 EUR) regeln § 3 ff. des Vormünder- und Betreuervergütungsgesetzes (VBVG).

5. Die Betreuung ist (ganz oder teilweise) aufzuheben, wenn ihre Voraussetzungen weggefallen (§ 1871 I BGB). Ist der Betreuer auf Antrag des Betreuten bestellt, so ist die Betreuung auf dessen Antrag wieder aufzuheben, es sei denn, dass eine Betreuung von Amts wegen erforderlich ist (§ 1871 II BGB). Zum Verfahren in Betreuungssachen s. → Betreuungsgericht.

Betreuungsfreibetrag
→ Familienleistungsausgleich.

Betreuungsgeld
Das Betreuungsgeld wurde im Rahmen der Koalitionsverhandlungen (CDU, CSU und SPD) 2012 in den Koalitionsvertrag aufgenommen. Es wurde gewährt für Kinder in deren zweiten und dritten Lebensjahr, wenn kein Kindertagesstättenplatz (vgl. auch → Tagesmütter) in Anspruch genommen wurde. Am 21.7.2015 hat das Bundesverfassungsgericht die Regelung für ungültig erklärt, weil es gegen das Grundgesetz verstoße. Die Kompetenz für die Regelung des Betreuungsgeldes läge bei den → Ländern. Das Betreuungsgeld wird in dieser Form aufgrund einer landesrechtlichen Regelung nur in Bayern geleistet (vgl. Bayerisches BetreuungsgeldG v. 14.6.2016, BayGVBl S. 94).

Betreuungsgericht
ist eine Abteilung des → Amtsgerichts, die für Betreuungs- und Unterbringungssachen zuständig ist (§ 23c GVG). Das Verfahren des Betreuungsgericht ist in §§ 271 ff. FamFG geregelt. In → Betreuungssachen ist der Betroffene ohne Rücksicht auf seine → Geschäftsfähigkeit verfahrensfähig (§ 275 FamFG); erforderlichenfalls hat ihm das Betreuungsgericht jedoch einen Verfahrenspfleger zu bestellen (§ 276 FamFG, Vergütung und Aufwendungsersatz wie beim Vormund, 5, § 277 FamFG). Ohne gesetzlicher Vertreter zu sein, unterstützt der Verfahrenspfleger den Betroffenen im gerichtlichen Verfahren zur Wahrung seiner Rechte und Berücksichtigung seiner Wünsche (§ 276 Abs. 3 FamFG in der Fassung des Gesetzes zur Reform des Vormundschafts- und Betreuungsrechts vom 4.5.2021, BGBl. 2021 I 882). Das Betreuungsgericht hat den Betroffenen grds. persönlich anzuhören und sich einen persönlichen Eindruck von ihm zu verschaffen (§ 278 FamFG). Vor der Bestellung eines Betreuers ist regelmäßig ein ärztliches Sachverständigengutachten über die Notwendigkeit der Maßnahme einzuholen; hierzu kann erfoderlichenfalls auch die Vorführung oder die Unterbringung des Betroffenen bis zu 6 Wochen angeordnet werden (§§ 280, 283, 284 FamFG). Bereits vorher kann das Betreuungsgericht durch → einstweilige Anordnung (auf längstens 6 Monate, ver-

längerbar bis zu 1 Jahr) einen vorläufigen Betreuer bestellen (oder einen vorläufigen Einwilligungsvorbehalt anordnen), wenn die Bestellung eines Betreuers wahrscheinlich ist, ein entsprechendes ärztliches Zeugnis vorliegt und ein dringendes Bedürfnis für ein sofortiges Tätigwerden besteht (§§ 300, 302 FamFG). Gegen die Entscheidung des Betreuungsgericht ist die → Beschwerde gegeben (Einzelheiten s. → freiwillige Gerichtsbarkeit), die neben dem Betroffenen auch dessen Ehegatte oder Lebenspartner, eine persönliche Vertrauensperson, der Verfahrenspfleger sowie die Staatskasse einlegen kann (§§ 303 f. FamFG).

Betreuungssachen
→ Betreuungsgericht.

Betreuungsunterhalt
Anspruch des Kindes auf Betreuungsunterhalt → Unterhaltsanspruch

Anspruch eines Elternteils auf Unterhalt wegen der Betreuung eines Kindes → Unterhaltspflicht bei nicht miteinander verheirateten Eltern (1), → Scheidungsunterhalt (2).

Betreuungsverfügung
In einer Betreuungsverfügung äußert ein Volljähriger für den Fall, dass für ihn ein → Betreuer bestellt werden muss, Wünsche zur Auswahl des Betreuers oder zur Wahrnehmung der Betreuung (§ 1816 II 4 BGB). Wünschen über die Auswahl des Betreuers hat das → Betreuungsgericht zu entsprechen, außer der Genannte ist nicht als Betreuer geeignet (§ 1816 I BGB). Die Ablehnung einer Person in der Betreuungsverfügung ist für das Gericht bindend. Die Betreuungsverfügung kann zur Wahrnehmung der Betreuung Wünsche an den Betreuer enthalten, wie mit dem eigenen Vermögen umzugehen ist, welche Pflegeeinrichtung in Betracht kommt etc. Den Wünschen hat der Betreuer zu entsprechen, außer der Betreute oder sein Vermögen würden erheblich gefährdet, oder die Verwirklichung ist dem Betreuer nicht zuzumuten (§ 1821 II BGB). S. a. → Vorsorgevollmacht, → Patientenverfügung.

Betrieb
Der Betrieb als arbeitsrechtlicher Begriff ist eine Organisation, in der ein Arbeitgeber allein oder mit seinen Arbeitnehmern unter Einsatz sächlicher oder immaterieller Mittel einen arbeitstechnischen Zweck fortgesetzt verfolgt. Der Betrieb ist zu unterscheiden vom Unternehmen (dem Rechtsträger). Der Betrieb kann ein Produktions-, Verkaufs-, Dienstleistungs- oder Verwaltungsbetrieb sein. Dem Gegenstand nach kann er sein: Gewerbebetrieb (fortgesetzte, auf ständigen Gewinn gerichtete private Tätigkeit einschl. Urproduktion), freiberuflicher Betrieb (zB Privatklinik, Anwaltskanzlei), → Tendenzbetrieb (eingerichtet zu politischen, gewerkschaftlichen, konfessionellen, karitativen, erzieherischen, wissenschaftlichen oder künstlerischen Zwecken) oder Betrieb einer juristischen Person des öffentlichen Rechts (zB Regiebetrieb, → Eigenbetrieb). Ein Betrieb kann aus mehreren Teilen (sog. Betriebsteilen) bestehen, insbes. dann, wenn er auf mehrere räumlich voneinander getrennte Betriebsstätten verteilt ist. Mehrere Betriebe können in einem → Unternehmen zusammengefasst sein, wenn sie in der Hand einer natürlichen oder juristischen Person miteinander verbunden sind (zB Produktions- und Verkaufsbetrieb); hierbei ist das Verhältnis Haupt- und Nebenbetrieb möglich (zB Kunststeinerzeugung aus abfallender Schlacke des Eisenhüttenwerks). Wichtig ist der Betriebsbegriff für das → Betriebsverfassungsrecht und den → Kündigungsschutz für Arbeitnehmer, indem er die Arbeitnehmergruppen festlegt, innerhalb derer der Betriebsrat gewählt wird bzw. Solidarität erzwungen wird (zB Sozialauswahl). Das Betriebsverfassungsrecht ermöglicht den Tarifvertragsparteien – mit auf die Organisation der Betriebsräte begrenzten Folgen – festzulegen, wie Betriebe geschnitten werden (§ 3 BetrVG). Relevant ist der Begriff zudem für den den → Betriebsübergang; Bedeutung hat er auch für das Steuerrecht.

Schließen sich mehrere Unternehmen (etwa in einer Arbeitsgemeinschaft im zivilrechtlichen Sinne) zur gemeinsamen Leitung eines Betriebes zusammen, entsteht ein gemeinsamer Betrieb. Dieser ist kündigungsschutzrechtlich im Wesentlichen eine Einheit, innerhalb derer die Sozialauswahl arbeitgeberübergreifend stattfindet. Das aus diesem Grund oft behauptete Vorliegen eines gemeinsamen Betriebes muss aber im Kündigungsschutzprozess idR vom Gekündigten hinsichtlich der gemeinsamen Leitungsmacht substantiiert vorgetragen werden. Gem. § 322 UmwG besteht immer ein gemeinsamer Betrieb, wenn nach einer Unternehmensspaltung oder Teilübertragung ein Betrieb gemeinsam geführt wird. Der Einsatz in einem gemeinsamen Betrieb ist keine Arbeitnehmerüberlassung, weshalb der gemeinsame Betrieb als Gestaltungsmittel zur Vermeidung der Folgen von → Leiharbeitsverhältnissen genutzt wird.

Abzugrenzen ist der abweichende europarechtliche Betriebsbegriff, der etwa für → Anzeigepflichtige Entlassungen heranzuziehen ist.

Betriebliche Altersversorgung
Darunter werden alle dem Arbeitnehmer vom Arbeitgeber zugesagten Leistungen der Alters-, Invaliditäts- oder Hinterbliebenenversorgung aus Anlass seines Arbeitsverhältnisses erfasst → Altersversorgung, betriebliche; → Ruhestandsverhältnis, → Entgeldumwandlung. Zu beachten ist die Betriebliche Altersvorsorge auch bei Abänderung eines → Versorgungsausgleichs. Die Abänderung des Versorgungsausgleichs ist gem. § 51 VersAusglG zulässig.

Betriebliches Eingliederungsmanagement
Gem. § 167 Abs. 2 SGB IX ist der Arbeitgeber zur Prävention bei allen (nicht nur schwerbehinderten) Arbeitnehmern, die länger als sechs Wochen innerhalb des Zeitraumes eines Jahres

arbeitsunfähig erkranken, zu Gesprächen und Hilfsmaßnahmen verpflichtet (betriebliches Eingliederungsmanagement, BEM). Wird ein BEM durchgeführt und ist der Arbeitnehmer innerhalb der darauffolgenden 12 Monate erneut länger als sechs Wochen arbeitsunfähig erkrankt, ist ein neues BEM durchzuführen. Unterlässt der Arbeitgeber diese Maßnahmen, kann deshalb eine personenbedingte Kündigung iErg unwirksam sein; der Arbeitgeber muss dann nämlich umfassend darlegen, welche Maßnahmen denkbar gewesen sind bzw. nicht und die Kündigung nicht hätten verhindern können (→ Kündigungsschutz für Arbeitnehmer). Das BEM ist allerdings keine formelle Kündigungsvoraussetzung, sondern verschärft die Darlegungs- und Beweislast des Arbeitgebers im Kündigungsschutzprozess: Nur wenn auch die BEM-Durchführung nebst Umsetzung denkbarer Ergebnisse (zB Beschäftigung auf einem anderen Arbeitsplatz) die Arbeitsfähigkeit nicht wiederhergestellt hätte (was der Arbeitgeber zu beweisen hat), kann das Fehlen des BEM die Wirksamkeit einer Kündigung nicht beeinflussen. Voraussetzung für die Erfüllung der Verpflichtungen des Arbeitgebers ist die Bereitschaft des Arbeitnehmers zur Teilnahme an Gesprächen und Maßnahmen; fehlt diese Bereitschaft, wird dadurch die Wirksamkeit einer Kündigung nicht von vornherein ausgeschlossen. Über das BEM und den hierbei zu beachtenden Datenschutz muss der Arbeitgeber den Arbeitnehmer bereits vor bzw. bei der Aufforderung zur Teilnahme ausführlich informieren. Der Betriebsrat (ähnlich der Personalrat) hat eine Überwachungsfunktion wahrzunehmen und bestimmt über das BEM-Verfahren mit, wobei ihm jedoch Grenzen gesetzt sind. Der Betriebsrat kann bei den Verfahren mit den Arbeitnehmern seine Anwesenheit nicht erzwingen (BAG v. 22.3.2016 – 1 ABR 14/14, NZA 2016, 283). In gewissem Umfang kann das BEM staatlich gefördert werden.

Betriebliche Gesundheitsförderung
Betriebliche Gesundheitsförderung dient der Prävention und wird in enger Zusammenarbeit mit den Trägern der → gesetzlichen Unfallversicherung durchgeführt. Rechtsgrundlage ist § 20b StGB V.

Zur Erhöhung der Bereitschaft der Arbeitgeber, die betriebsinterne Gesundheitsförderung zu stärken, wurde für Leistungen des Arbeitgebers im Rahmen der betrieblichen Gesundheitsförderung eine Steuerbefreiung eingeführt. Es muss sich dabei um Maßnahmen handeln, die hinsichtlich der Qualität, Zweckbindung und Zielgerichtetheit den Anforderungen des § 20b I SGB V iVm § 20 I 3 SGB V genügen. Dazu gehören ua Kurse zur gesunden Ernährung, Rückengymnastik, Suchtprävention, Stressbewältigung. Die Übernahme der Beiträge für Fitnessstudios oder Sportvereine werden nicht erfasst. Die Leistungen müssen zusätzlich zum geschuldeten Arbeitslohn erbracht werden und dürfen den Betrag von 600 EUR je Arbeitnehmer und Jahr nicht überschreiten (§ 3 Nr. 34 EStG). Die Regelung gilt erstmals für die in 2008 erbrachten Leistungen.

Im Bereich der Rehabilitation und Teilhabe behinderter Menschen sind die §§ 166, 167, 185 und 216 SGB IX einschlägig. Vgl. auch → Betriebliches Eingliederungsmanagement.

Betriebliche Übung
Eine betriebliche Übung kann einen Rechtsanspruch auf eine Leistung des Arbeitgebers begründen, zB auf eine → Gratifikation nach mindestens dreimaliger vorbehaltloser Zahlung. Nach hM handelt es sich um einen vertraglichen Anspruch auf „Gleichbehandlung in der Zeit", wobei die Annahme des (durch Gewährung der Leistung erfolgten) Angebotes des Arbeitgebers durch den Arbeitnehmer gem. § 151 BGB konkludent durch bloße Entgegennahme der Leistung erfolgt. Eine besondere gesetzliche Regelung gibt es nicht, die betriebliche Übung wird aber in § 1b I 4 BetrAVG erwähnt und vom Gesetzgeber anerkannt. Die mehrfach gewährte Leistung des Arbeitgebers muss nicht völlig gleichförmig sein, uU kann auch eine Sonderzahlung in unterschiedlicher Höhe einen Anspruch auf weitere Sonderzahlungen, dann bzgl. der Höhe aber nach billigem Ermessen des Arbeitgebers, erzeugen (BAG v. 3.5.2015 – 10 AZR 266/14, NJW 2015, 3326). Ein tatsächliches Verhalten führt nicht zum Entstehen einer betrieblichen Übung, wenn es sich um reinen Normvollzug (zB Umsetzung von verpflichtenden Tariferhöhungen) handelt oder jedenfalls handeln soll.

Eine „Entübung" durch dreimalige Nichtgewährung gegenüber dem Arbeitnehmer ist nicht mehr möglich (BAG v. 18.3.2009 – 10 AZR 281/08, NJW 2009, 2475). Auch Schriftformklauseln oder Freiwilligkeitsvorbehalte in → AGB hindern das Entstehen einer betrieblichen Übung nicht mehr. Ein Hinweis im Zusammenhang mit der konkreten Leistung, dass sich aus ihr keine Ansprüche für die Zukunft ergeben, macht aber deutlich, dass kein Vertragsangebot für die Zukunft abgegeben werden soll; derartige Hinweise unterliegen auch keiner AGB-Kontrolle. Wegen der strikten Bindung der öffentlichen Arbeitgeber an das Haushaltsrecht (die als den Arbeitnehmern bekannt vorausgesetzt wird) lehnt die Rechtsprechung eine betriebliche Übung im Bereich des öffentlichen Dienstes ab.

Betriebsänderung
Eine Betriebsänderung liegt vor, wenn ein → Betrieb oder Betriebsteil stillgelegt, eingeschränkt oder verlegt oder mit einem anderen Betrieb zusammengeschlossen wird, ferner wenn Betriebszweck, Betriebsorganisation oder Betriebsanlagen geändert oder grundlegend neue Arbeitsmethoden eingeführt werden (§ 111 BetrVG). Auch die bloße Kündi-

gung mehrerer Arbeitsverhältnisse kann eine Betriebsänderung sein (§ 112a I BetrVG). Bei einer Betriebsänderung besteht ein Beteiligungsrecht des → Betriebsrats: → Mitbestimmung, → Sozialplan. Bei einer Betriebsänderung sind Fördermaßnahmen der Bundesagentur für Arbeit möglich: § 110 SGB III; Transferkurzarbeitergeld, § 111 II SGB III.

Betriebsärzte

Der Arbeitgeber hat gem. § 1 Arbeitssicherheitsgesetz (ASiG) Betriebsärzte zu bestellen (→ Arbeitssicherheit). Neben den weiteren Arbeitssicherheitskräften ist es die Aufgabe der Betriebsärzte mit arbeitsmedizinischen Erkenntnissen an Arbeitsschutz und Unfallverhütung mitzuwirken. Eine Spezialisierung dartauf ist möglich mit dem Facharzt für Arbeitsmedizin.

Betriebsaufgabe

→ Auflösungsgewinn, → Veräußerungsgewinne.

Betriebsaufspaltung

1. Der Begriff der Betriebsaufspaltung kennzeichnet einen Sachverhalt, bei dem rechtlich selbständige Unternehmen auf Grundlage bestimmter personeller und sachlicher Verflechtungen miteinander verbunden sind. Das Verhalten der beiden Unternehmen ist wirtschaftlich aufeinander abgestimmt. Die Unternehmen werden nach ihren Funktionen Besitz- und Betriebsunternehmen genannt. Die Funktion des Besitzunternehmens (idR Einzelunternehmen oder Personengesellschaft) liegt darin, Wirtschaftsgüter an das Betriebsunternehmen zu verpachten. Die betrieblichen Aufgaben, insbes. Produktion und Vertrieb, werden vom Betriebsunternehmen – idR eine GmbH – wahrgenommen. Durch die Betriebsaufspaltung wird eine Haftungsbeschränkung herbeigeführt, da die verpachteten Wirtschaftsgüter bei einer Insolvenz des Betriebsunternehmens nicht betroffen sind. → Umwandlung (1c).

2. Steuerlich liegt eine Betriebsaufspaltung vor, wenn das Besitzunternehmen mindestens eine wesentliche Betriebsgrundlage an die Betriebsgesellschaft verpachtet (sachliche Verflechtung) und beide Unternehmen von derselben Person oder Personengruppe beherrscht werden (einheitlicher geschäftlicher Betätigungswille = personelle Verflechtung). Steuerliche Folgen der Betriebsaufspaltung sind: Pachteinnahmen des Besitzunternehmens werden zu gewerblichen Einkünften und unterliegen der → Gewerbesteuer (→ Abfärbetheorie). Verpachtete Wirtschaftsgüter bleiben → Betriebsvermögen. GmbH-Anteile sind notwendiges → Betriebsvermögen des Besitzunternehmens. Bei Veräußerung von → Umlaufvermögen an die Betriebsgesellschaft brauchen stille Reserven nicht aufgelöst werden.

Betriebsausgaben

1. Betriebsausgaben iS der steuerlichen Gewinnermittlung sind Aufwendungen, die durch den Betrieb veranlasst sind (§ 4 IV EStG). Betriebsausgaben brauchen grundsätzlich nicht notwendig zu sein. Fehlt dieses Merkmal jedoch, so kann dies Rückschlüsse auf die Beurteilung der betrieblichen Veranlassung zulassen, vor allem, wenn die Möglichkeit der privaten Mitveranlassung im Raum steht. Der Stpfl. trägt die Feststellungslast für das Vorliegen der Betriebsausgaben, dh er hat die betriebliche Veranlassung darzulegen und ggf. nachzuweisen. Die Grenzen jeder betrieblichen Veranlassung liegen dort, wo bereits bei objektiver Betrachtung ein sachlicher Zusammenhang mit dem Betrieb nicht mehr begründet werden kann. Aufwendungen für die private Lebensführung dürfen nicht abgezogen werden. Hierzu gehören auch solche Aufwendungen, die die berufliche oder gesellschaftliche Stellung des Stpfl. mit sich bringen. Für Aufwendungen, die sowohl die betriebliche als auch die private Sphäre betreffen können, gilt grundsätzlich das Abzugsverbot, sofern eine Mitursächlichkeit aus der privaten Lebensführung nicht auszuschließen ist (gemischte Aufwendungen), → Lebensführungskosten. Besonderheiten gelten für den Schuldzinsenabzug, → Zweikontenmodell. Bestimmte in § 4 V EStG aufgezählte Betriebsausgaben sind betrieblich veranlasst, dürfen aber bei der Gewinnermittlung (→ Gewinnermittlungsarten) zumindest teilweise nicht gewinnmindernd berücksichtigt werden, sog. nicht abzugsfähige Betriebsausgaben (§ 4 V, VII EStG). Dazu gehören Aufwendungen für:

a) Geschenke an Nichtarbeitnehmer, wenn deren Wert über 35 EUR liegt;

b) Bewirtung von Geschäftsfreunden, die nur zu 70 vH abzugsfähig sind (→ Bewirtung von Personen aus geschäftlichem Anlass);

c) Gästehäuser außerhalb der Gemeinde einer Betriebsstätte, soweit sie nicht der Bewirtung oder Beherbergung eigener Arbeitnehmer dienen;

d) Jagd, Fischerei und Jachten;

e) Mehraufwendungen für Verpflegung, soweit die Pauschalen überschritten werden (→ Reisekosten);

f) Fahrten zwischen Wohnung und Betriebsstätte und für Familienheimfahrten, soweit die gesetzlichen Pauschalen überschritten werden (→ Entfernungspauschale, → Private Pkw-Nutzung). In den meisten Fällen ist das häusliche → Arbeitszimmer keine Betriebsausgabe;

g) Unangemessene Aufwendungen, die die Lebensführung des Stpfl. oder Dritter berühren;

h) von einem Gericht, einer Behörde oder einem Organ der EG festgesetzte Geldbußen, Ordnungsgelder und Verwarnungsgelder; Zinsen auf hinterzogene Steuern;

i) Garantiedividenden an außenstehende Anteilseigner bei körperschaftsteuerlicher → Organschaft;

j) Bestechungsgelder → Bestechung. Keine B. sind → Spenden an politische Parteien (§ 4 VI EStG).

2. Soweit diese Betriebsausgaben teilweise abzugsfähig sind, ist gemäß § 4 VII EStG grundsätzlich Voraussetzung, dass sie einzeln und getrennt von den sonstigen Betriebsausgaben aufgezeichnet werden.

Betriebsausschuss
→ Betriebsrat (§ 27 BetrVG).

Betriebsbeauftragte
In vielen verwaltungsrechtlichen Gesetzen mit technisch-wirtschaftlichem Bezug findet sich eine Regelung über den Betriebsbeauftragten. Er hat die Funktion, die innerbetriebliche Überwachung zu gewährleisten. Dazu ist er in einigen Fällen arbeitsrechtlich besonders geschützt. S. exemplarisch → Immissionsschutzbeauftragter und → Datenschutzbeauftragter. Im → Umweltschutz ist auch die Bezeichnung Umweltschutzbeauftragter oder Umweltbeauftragter üblich (dagegen: → Umweltbevollmächtigter).

Betriebsbedingte Kündigung
→ Kündigungsschutz für Arbeitnehmer (2a).

Betriebsbuße
→ Betriebsjustiz.

Betriebseinnahmen
iSd steuerlichen Gewinnermittlung (→ Gewinn) sind alle Güter, die in Geld oder Geldeswert bestehen und dem Stpfl. im Rahmen einer Gewinneinkunft zuzurechnen sind (§ 8 EStG entsprechend), → Einnahmen.

BetriebserfindungLehmann-Richter/ Wobst WEG-R
Von der → Arbeitnehmererfindung ist die sog. Betriebserfindung abzugrenzen. Eine solche beruht nicht maßgeblich auf der Tätigkeit eines → Arbeitnehmers, sondern sie entsteht durch das allmähliche Zusammenarbeiten mehrerer Arbeitnehmer unter Benutzung der bei dem Unternehmen bereits vorhandenen Vorarbeiten und Erfahrungen, so dass nicht zwischen dem Anteil Einzelner und dem des Unternehmens an der Erfindung getrennt werden kann (s. hierzu Boemke/Kursawe, Gesetz über Arbeitnehmererfindungen/Raif, 2. Aufl. 2024, ArbNerfG § 4 Rn. 94 ff.).

Betriebserlaubnis für Kraftfahrzeuge
→ Zulassung von Kfz.

Betriebsferien
→ Urlaub.

Betriebsgefährdung
(Bahn-, Schiffs-, Luftverkehr) → Transportgefährdung.

Betriebsgefahr
Betriebsgefahr ist die Gefahr, die der Betrieb einer Sache (zB Fahrzeug, Energieanlage für Elektrizität, Gas usw) grds. mit sich bringt. Die Betriebsgefahr ist, abweichend von dem im Haftungsrecht des BGB geltenden Verschuldensgrundsatz, in bestimmten Bereichen Grundlage einer → Gefährdungshaftung in Schadensfällen, also auch ohne Verschulden des Betreibers (zB des Halters oder Führers des Fahrzeugs, des Betreibers einer Anlage), zB bei Kraftfahrzeugen nach §§ 7 ff. StVG, bei Luftfahrzeugen nach §§ 33 ff. LuftVG, beim Betrieb von Schienen- oder Schwebebahnen nach dem Haftpflichtgesetz idF vom 4.1.1978 (BGBl. 1978 I 145). IE → Gefährdungshaftung, → Straßenverkehrshaftung, → Eisenbahnbetriebshaftung.

Betriebsgeheimnis
→ Geschäftsgeheimnis, → Geheimnisverrat.

Betriebsgrundstücke
sind in der steuerlichen Einheitsbewertung Grundstücke, die nicht dem Grundvermögen, sondern dem → Betriebsvermögen zugerechnet werden. Diese bloße Zurechnungsbezeichnung ist ohne Einfluss auf die Höhe des → Einheitswerts (§§ 99, 97 BewG). Die Einkommensteuer kennt richtigerweise keine „Betriebsgrundstücke", sondern Grundstücke oder Grundstücksteile „im → Betriebsvermögen".

Betriebshaftpflichtversicherung
Die Betriebshaftpflichtversicherung ist eine spezielle Form der → Haftpflichtversicherung, die auf die Belange von Arbeitgebern zugeschnitten ist. Entsprechend der allgemeinen Haftpflicht erstreckt sich der Versicherungsschutz auf die Regulierung berechtigter und die Abwehr unberechtigter Ansprüche gegen den Versicherungsnehmer. Einzelne Gesetze schreiben den Abschluss einer Betriebshaftpflichtversicherung vor. Wurde keine Betriebshaftpflichtversicherung abgeschlossen, kann zB die Erteilung von Genehmigungen abhängig gemacht werden (zB Bewachungsgewerbe auf Seeschiffen § 31 GewO). § 102 VVG beschreibt die Versicherungsgrenzen. § 17a LFGB schreibt für den Berech der Herstellung von Lebensmittel-, Bedarfs- und Futtermittelgegegenstände eine Mindestversicherungssumme vor.

Eine besondere Form der Berufshaftpflichtversicherung ist die für rechts- und steuerberatende Berufe vorgeschriebene Vermögensschadenhaftpflicht, deren Bestehen bereits Voraussetzung für die Zulassung zur Berufsausübung ist (zB für Rechtsanwälte geregelt in § 51 BRAO).

Eine weitere Sonderform der Betriebshaftpflicht ist die D&O-Versicherung (auch Managerhaftpflicht genannt), die die speziellen Risiken der Tätigkeit als Führungskraft im Unternehmen absichert.

Betriebshaftung
→ Gefährdungshaftung, → Eisenbahnbetriebshaftung.

Betriebshilfe
Es handelt sich bei Betriebshilfe um eine Leistung nach § 74 SGB IX. Im Bereich der Landwirtschaft ist hinsichtlich der Betriebshilfe bei Unfällen § 54 SGB VII einschlägig. Ist eine in der Landwirtschaft tätige Person arbeitsunfähig

oder befindet sich im Mutterschutz, richtet sich die Betriebshilfe nach den einschlägigen Vorschriften des KVLG 1989 (→ Alterssicherung der Landwirte, → Krankenversicherung der Landwirte, → Unfallversicherung).

Betriebsjustiz
Betriebsjustiz wird gelegentlich ein Verfahren genannt, das in Wirtschaftsbetrieben teilweise zur betriebsinternen Ahndung von Disziplinarverstößen der Arbeitnehmer angewendet wird. Es handelt sich hierbei ebenso wenig um ein justizielles Verfahren wie etwa die nach Vereinsrecht zulässige Verhängung von Geldbußen und sonstigen Vereinsstrafen. Vielmehr werden betriebsinterne Maßnahmen, zB wegen Unpünktlichkeit, Verletzung des Rauch- oder Alkoholverbots, Beschädigung von Arbeitsgeräten oder unkameradschaftlichen Verhaltens, aber auch wegen krimineller Verfehlungen, etwa wegen Diebstahls oder Betrugs, auf Grund einer Betriebsordnung verhängt (→ Betriebsvereinbarung). In Betracht kommen hiernach insbes. Verwarnung, Verweis, Geldbuße, Entzug freiwilliger Sozialleistungen, Rückstufung, Versetzung an einen anderen Arbeitsplatz usw. Auf einer solchen Ordnung kann auch das Verfahren beruhen, das vielfach äußerlich dem Strafverfahren nachgebildet, mit diesem aber mangels amtlicher Funktion der Beteiligten nicht vergleichbar ist (Ermittlung des Sachverhalts durch den Werkschutz, Vertretung der Beschuldigung durch einen Beauftragten der Betriebsleitung, Entscheidung über die Maßnahmen, soweit sie nicht von der Werksleitung getroffen werden, durch einen Ausschuss unter Mitwirkung von Vertretern der Betriebsleitung und des Betriebsrats). Die nur auf allgemeiner arbeitsrechtlicher Grundlage zulässigen Maßnahmen, die Gewährung des → rechtlichen Gehörs voraussetzen, unterliegen der gerichtlichen Nachprüfung nach den allgemeinen Bestimmungen (Klage des Arbeitgebers wegen Nichtzahlung der Buße, des Arbeitnehmers bei Herabstufung, ggf. negative → Feststellungsklage). Bei strafbaren Handlungen bleibt die Verfolgung im Wege des ordentlichen → Strafprozesses unberührt. Abzugrenzen ist die Betriebsjustiz – auch das Ermittlungsverfahren – von der heute tatsächlich bedeutenderen → Compliance, die teilweise auf Vorgaben von Aufsichtsbehörden beruht und nicht originär arbeitsrechtlich oder betriebsverfassungsrechtlich ausgestaltet ist.

Betriebskosten
→ Wohnraummietvertrag (2), → Mietvertrag (2), → Gebäudeenergie, → Kohlendioxidkostenaufteilung.

Betriebskostenverordnung
Die Verordnung über die Aufstellung von Betriebskosten (BetrKV) v. 25.11.2003 (BGBl. 2003 I 2346) enthält neben einer Definition (Kosten, die dem Grundstückseigentümer durch den bestimmungsgemäßen Gebrauch des Gebäudes laufend entstehen) eine detaillierte Aufstellung von Betriebskosten. Die Betriebskostenverordnung bestimmt, welche Kosten der Vermieter auf den Mieter umlegen kann. Das allg. Wohnraummietrecht nimmt auf die Betriebskostenverordnung Bezug (→ Wohnraummietvertrag, 2). Sa → soziale Wohnraumförderung.

Betriebskrankenkasse
Die Betriebskrankenkassen sind einer der Träger der gesetzlichen → Krankenversicherung. Eine Betriebskrankenkasse kann errichtet werden, wenn in den Betrieben mindestens 1000 Versicherungspflichtige beschäftigt sind und ihre Leistungsfähigkeit auf Dauer gesichert ist. Die Errichtung einer Betriebskrankenkasse bedarf der Genehmigung durch die zuständige Aufsichtsbehörde sowie der Zustimmung der Mehrheit der im Betrieb Beschäftigten. Die Betriebskrankenkasse ist Körperschaft des öffentlichen Rechts (§ 29 SGB IV; §§ 147–156, 174 SGB V; → Kassenwahl, → Krankenkassen). Wenn die Satzung dieses zulässt, kann die Betriebskrankenkasse auch für Versicherte geöffnet werden, die nicht Mitarbeiter des Betriebes sind. Seit 1908 gibt es die Betriebskrankenkasse, zunächst bis zu über 7700. Die Anzahl nahm stetig ab. Derzeit gibt es noch ca. 70 Betriebskrankenkassen. Aufgrund Fusionen verringert sich die Anzahl laufend.

Betriebslizenz
→ Lizenzvertrag.

Betriebsnachfolge
Eine Betriebsnachfolge liegt vor, wenn ein → Betrieb im Wege einer Rechtsnachfolge auf eine andere Person übergeht, zB durch → Erbfolge, Übernahme der → Firma, → Umwandlung oder → Betriebspachtvertrag (iwS). Im Allgemeinen tritt der Nachfolger in die Rechte und Pflichten des bisherigen Betriebsinhabers ein, so dass bei fortbestehender Identität des Betriebes insbes. die Rechtsverhältnisse nach dem → Betriebsverfassungsrecht und dem Kündigungsschutzrecht unverändert bleiben. Zum rechtsgeschäftlichen → Betriebsübergang s. im Einzelnen dort. Steuerlich → Betriebsveräußerung. Zur Fortführung eines Handelsgeschäfts siehe insbesondere §§ 25–27 HGB.

Betriebsnormen
→ Tarifvertrag (1), → Betriebsvereinbarung.

Betriebsordnung
Eine Betriebsordnung ist eine für einen → Betrieb gültige Regelung innerbetrieblicher Angelegenheiten, zB Arbeitszeit, Ruhepausen usw. Sie hat vielfach die Form einer → Betriebsvereinbarung, da oft Mitbestimmungsrechte des → Betriebsrats bestehen.

Betriebspachtvertrag
Ein Betriebspachtvertrag ist ein → Unternehmensvertrag, durch den eine → Aktiengesellschaft oder → Kommanditgesellschaft auf Aktien den Betrieb ihres → Unternehmens einem

anderen verpachtet (→ Pachtvertrag) oder sonst überlässt (Betriebsüberlassungsvertrag), § 292 I Nr. 3 AktG. Im allgemeinen Sprachgebrauch wird häufig auch die Verpachtung des Betriebes eines anderen Unternehmens als einer AG oder KGaA als Betriebspachtvertrag bezeichnet. Solche Verträge fallen nicht unter § 292 AktG und das → Konzernrecht.

Betriebspensionskassen
Betriebspensionskassen führen betriebliche Altersvorsorge in Betrieben durch (→ Altersversorgung, betriebliche; → Versorgungsausgleich). Zweck und Aufgaben ergeben sich aus § 232 VAG. Die Betriebspension stellt damit eine zweite Säule für das sichere Auskommen im Alter dar.

Betriebspflicht
ist insbes. im Bereich der Daseinsvorsorge (→ Leistungsverwaltung, zB öffentlicher Personennahverkehr nach § 21 PBefG) die Pflicht, den Betrieb aufrecht zu erhalten. → Luftfahrtunternehmen, → Personenbeförderung.

Betriebsrat
1. Der Betriebsrat ist das von den → Arbeitnehmern eines → Betriebes gewählte Organ, das iRd → Betriebsverfassungsrechts als Partner des → Arbeitgebers (im Zusammenwirken mit den im Betrieb vertretenen → Gewerkschaften und Arbeitgebervereinigungen) in den Angelegenheiten des Betriebes mitbestimmt und mitwirkt (vgl. § 2 BetrVG); darüber hinaus ist aber der Betriebsrat nicht generell rechts- und vermögensfähig. Betriebsratsfähig ist ein Betrieb mit idR mindestens fünf wahlberechtigten Arbeitnehmern, von denen drei wählbar sind (§§ 1, 7 f. BetrVG; → Betriebsratswahl); Betriebsteile gelten bei räumlicher oder organisatorischer Selbständigkeit als eigener Betrieb (§ 4 BetrVG).

Der Betriebsrat besteht in Betrieben mit idR fünf bis 20 wahlberechtigten Arbeitnehmern aus einer Person; darüber hinaus – gestaffelt nach der Zahl der Arbeitnehmer – stets aus einer ungeraden Anzahl (3, 5 usw) von Mitgliedern (§ 9 BetrVG). Die regelmäßige Amtszeit des Betriebsrats beträgt vier Jahre (§ 21 BetrVG); für ein ausscheidendes Mitglied (Gründe: §§ 23, 24 BetrVG) rückt ein Ersatzmitglied nach (§ 25 BetrVG; dgl. als Stellvertreter eines verhinderten Betriebsratsmitglieds), hilfsweise auch aus einer anderen Kandidatenliste. Der Betriebsrat wählt aus seiner Mitte den Vorsitzenden und dessen Stellvertreter, die den Betriebsrat iRd von ihm gefassten Beschlüsse vertreten (§ 26 BetrVG). Hat ein Betriebsrat 9 oder mehr Mitglieder (dh in Betrieben mit mind. 201 Arbeitnehmern), wählt der Betriebsrat zudem aus seiner Mitte drei bis neun Mitglieder (im Verhältnis der im Betriebsrat vertretenen Listen), die zusammen mit dem Vorsitzenden und dessen Stellvertreter den Betriebsausschuss bilden, der die laufenden Geschäfte des Betriebsrats führt (§ 27 BetrVG); auch können in Betrieben mit mehr als 100 Arbeitnehmern weitere Ausschüsse oder Arbeitsgruppen gebildet werden (§§ 28, 28a BetrVG). Der Betriebsrat fasst seine Beschlüsse in nicht-öffentlicher Sitzung (Teilnahme des Arbeitgebers: § 29 IV BetrVG, von anderen Personen: §§ 31, 32 BetrVG; seit der Novellierung 2021 dauerhaft möglich: Sitzung oder Sitzungsteilnahme im Wege der Video- und Telefonkonferenz, § 30 II BetrVG) mit der Mehrheit der Stimmen der anwesenden Mitglieder (§§ 30, 33 BetrVG). Die Mitglieder des Betriebsrats sind grds. ehrenamtlich und unentgeltlich tätig; jedoch hat der Arbeitgeber Aufwendungsersatz und je Größe des Betriebsrats (zB bei über 200 Arbeitnehmern ein, bei 901–1500 Arbeitnehmern mind. drei Betriebsratsmitglieder) sowie bei konkretem Bedarf für die Betriebsratstätigkeit Freistellung von Arbeit bei vollem Arbeitslohn zu gewähren (§§ 37–40 BetrVG; → Bildungsurlaub).

2. Durch → Tarifvertrag (ersatzweise durch → Betriebsvereinbarung) können auch andere Arbeitnehmervertretungsstrukturen (zB Sparten- oder Filialbetriebsrat, unternehmenseinheitlicher Betriebsrat) oder – zusätzlich zum Betriebsrat – weitere Gremien (Arbeitsgemeinschaften) oder Arbeitnehmervertretungen zur Zusammenarbeit zwischen Betriebsrat und Arbeitnehmern bestimmt werden (§ 3 BetrVG). In Betrieben mit mehr als 100 Arbeitnehmern können auch bestimmte Aufgaben auf Arbeitsgruppen übertragen werden (§ 28a BetrVG). Umfasst ein → Unternehmen mehrere Betriebe, so ist neben den Einzelbetriebsräten ein Gesamtbetriebsrat unter verhältnismäßiger Berücksichtigung der einzelnen Gruppen zu errichten, der – ohne Überordnung über den Einzelbetriebsrat – für die Behandlung von Angelegenheiten des Gesamtunternehmens (oder mehrerer Betriebe) zuständig ist; auf den Gesamtbetriebsrat finden die oa Vorschriften über den Betriebsrat im Wesentlichen sinngemäß Anwendung (§§ 47–53 BetrVG). Für einen → Konzern (§ 18 I AktG) kann durch Beschlüsse der einzelnen Gesamtbetriebsräte ein Konzernbetriebsrat errichtet werden (§§ 54–59 BetrVG). In Betrieben, in denen idR mind. fünf noch nicht 18-jährige Arbeitnehmer oder Auszubildende (seit der Novellierung 2021: ohne Altersobergrenze) beschäftigt sind, wird von diesen zusätzlich eine → Jugend- und Auszubildendenvertretung gewählt (§§ 60 ff. BetrVG).

Besonderheiten gelten für die Bordvertretung und den See-Betriebsrat im Bereich der Seeschifffahrt (§§ 114–116 BetrVG), für im Flugbetrieb beschäftigte Arbeitnehmer (§ 117 BetrVG; Möglichkeit der Schaffung spezieller Vertretungen durch Tarifvertrag, zB Personalvertretung (PV) Cockpit bzw. PV Kabine) sowie gem. § 118 BetrVG für Tendenzbetriebe (absoluter oder teilweiser Ausschluss der Geltung von Vorschriften des BetrVG bei zB Presse- und Rundfunkbetrieben, politischen Parteien etc) und Religionsgemeinschaften (keine Geltung des BetrVG, stattdessen: → Mitarbeitervertretungsrecht).

3. Hauptaufgabe des Betriebsrats ist die Mitwirkung und → Mitbestimmung (s. iE dort) in sozialen, personellen und wirtschaftlichen Angelegenheiten sowie bei der Gestaltung des Arbeitsplatzes und beim Arbeitsschutz sowie beim betrieblichen Umweltschutz (§§ 87–113 BetrVG). Zum Anhörungsrecht des Betriebsrats bei Kündigungen → Kündigungsschutz für Arbeitnehmer (4). IÜ hat der Betriebsrat in beratender Funktion generell die Interessen der Arbeitnehmer gegenüber dem Arbeitgeber wahrzunehmen und bei berechtigt erscheinenden Anregungen und Beschwerden beim Arbeitgeber auf eine Erledigung (Abhilfe) hinzuwirken (§§ 80, 85 BetrVG). Jeder Arbeitnehmer hat das Recht, dem Betriebsrat Themen zur Beratung vorzuschlagen; wird ein solcher Vorschlag von mindestens 5% der Arbeitnehmer unterstützt, so muss sich der Betriebsrat innerhalb von 2 Monaten hiermit beschäftigen (§ 86a BetrVG). Der Betriebsrat arbeitet in Wahrnehmung seiner Aufgaben mit dem Arbeitgeber zusammen (auch und va bei der Einhaltung datenschutzrechtlicher Vorschriften, denen ggü der Arbeitgeber der Verantwortliche ist, § 79a BetrVG); beide haben alles zu unterlassen, was den Arbeitsablauf oder den Betriebsfrieden beeinträchtigt (Friedenspflicht). Insbes. ist jede parteipolitische Betätigung im Betrieb unzulässig, dgl. Maßnahmen des → Arbeitskampfes zwischen Arbeitgeber und Betriebsrat (§ 74 BetrVG; unberührt hiervon bleibt die Beteiligung am rechtmäßigen Arbeitskampf tariffähiger Parteien). Der Gleichbehandlungsgrundsatz ist zu wahren (§ 75 BetrVG). Zur Beilegung von Meinungsverschiedenheiten zwischen Arbeitgeber und Betriebsrat ist bei Bedarf eine – paritätisch besetzte und von einem neutralen Vorsitzenden geleitete – Einigungsstelle zu bilden, die in vielen Fällen abschließend entscheidet (§ 76 BetrVG; s. auch → Beschlussverfahren, 2). Einseitige Eingriffe des Betriebsrats in die Betriebsleitung sind unzulässig. Die gemeinsam vom Arbeitgeber und vom Betriebsrat gefassten Beschlüsse, auch Sprüche der Einigungsstelle, führt der Arbeitgeber durch (§ 77 BetrVG; s. auch → Betriebsvereinbarung). Betriebsratsmitglieder dürfen in der Ausübung ihrer Tätigkeit nicht gestört oder behindert und auf Grund ihrer Stellung (vom Arbeitgeber) nicht bevorzugt oder benachteiligt werden (§ 78 BetrVG). Eine ordentliche → Kündigung eines Mitglieds der og Gremien (bis 1 Jahr nach Beendigung seiner Amtszeit) und von Wahlvorstandsmitgliedern sowie Wahlinitiatoren ist jedoch grds. unzulässig und teilweise nur bei Betriebsstilllegung möglich (§ 15 KSchG). Auch eine außerordentliche Kündigung aus wichtigem Grund oder eine Versetzung, die zum Verlust des Mandats führen würde, bedarf der Zustimmung des Betriebsrats oder – sofern verweigert oder sofern kein Betriebsrat besteht – der Ersetzung durch das Arbeitsgericht (§ 103 BetrVG).

4. Zum Betriebsrat bei der SE (Europäische Aktiengesellschaft) → Aktiengesellschaft (1b). Zum → Europäischen Betriebsrat s. dort.

Betriebsratswahl

Der → Betriebsrat wird in geheimer und unmittelbarer Wahl gewählt, idR nach den Grundsätzen der → Verhältniswahl. Wahlberechtigt sind alle → Arbeitnehmer (auch Auszubildende und nach mehr als 3 Monaten Einsatz im Betrieb Leiharbeitnehmer), die das 16. Lebensjahr vollendet haben, (§ 5 I BetrVG und § 7 BetrVG), nicht aber arbeitgeberähnliche Personen (wie geschäftsführende Gesellschafter, Organe einer → juristischen Person) sowie → leitende Angestellte (§ 5 II, III BetrVG). Wählbar sind alle Wahlberechtigten, die seit 6 Monaten dem Betrieb angehören und das 18. Lebensjahr vollendet haben (§ 8 BetrVG; bei neuen Betrieben: seit der Einleitung der Betriebsratswahl), es ist gem. § 15 BetrVG eine Geschlechterquote einzuhalten, dies hat Vorrang vor der Abbildung der Stimmanteile. Vom bisherigen Betriebsrat, vom Gesamt- oder Konzern-Betriebsrat, sonst von der → Betriebsversammlung, hilfsweise vom Arbeitsgericht wird ein Wahlvorstand bestimmt, der die Wahl vorbereitet, leitet und durchführt (§§ 16–18 BetrVG). Die regelmäßigen Betriebsratswahlen finden alle 4 Jahre in der Zeit vom 1.3. bis 31.5. statt (§ 13 BetrVG); die nächsten regelmäßigen Betriebsratswahlen in 2022. Einzelheiten der Betriebsratswahl regelt die 1. DVO zum BetrVG (Wahlordnung) vom 11.12.2001 (BGBl. 2001 I 3494). Für Kleinbetriebe bis zu 100 wahlberechtigten Arbeitnehmern (bei Vereinbarung zwischen Wahlvorstand und Arbeitgeber auch bis zu 200 Arbeitnehmern) findet ein vereinfachtes Wahlverfahren statt (§ 14a BetrVG: Wahl durch die Betriebsversammlung in 2 Stufen: zuerst Wahlvorstand, dann Betriebsrat). Nur bei ganz offensichtlichen groben Verstößen ist die Betriebsratswahl nichtig; sonst kann sie bei Missachtung wesentlicher Vorschriften, die das Wahlergebnis beeinflusst haben kann, binnen 2 Wochen von einer im Betrieb vertretenen Gewerkschaft, dem Arbeitgeber oder mindestens drei wahlberechtigten Arbeitnehmern beim → Arbeitsgericht angefochten werden (§ 19 BetrVG).

Betriebsrente

Eine Betriebsrente ist eine Leistung des Arbeitgebers zur Erhaltung des Lebensstandards im Alter und bei verminderter Erwerbsfähigkeit. Rechtsgrundlage ist das Gesetz zur Verbesserung der betrieblichen Altersversorgung – Betriebsrentengesetz (BetrAVG) v. 19.12.1974 (BGBl. 1974 I 3610) mÄnd. Im öffentlichen Dienst bestehen landesrechtliche Sonderregelungen. Die Betriebsrente ist – sofern keine tarifliche Regelung besteht – eine freiwillige Leistung des Arbeitgebers, Arbeitnehmer können aber eine Entgeltumwandlung (also eine

Betriebsrente aus eigenen Beiträgen) verlangen (§ 1a BetrAVG). Sie ergänzt die Rente aus der → gesetzlichen Rentenversicherung.

Eine betriebliche Altersversorgung wird von Arbeitgebern zur zusätzlichen Absicherung der Arbeitnehmer und zur Personalgewinnung gewährt. Zugleich kann es auch steuerlich und sozialversicherungsrechtlich interessant sein, den Arbeitnehmern eine Altersversorgung zuzusichern und die zur Deckung erforderlichen Beträge im Unternehmen zu halten. Die besonders langfristige Bindung der Parteien bei einer Altersversorgung bedingt besondere Regelungen, die im BetrAVG enthalten sind. Die langfristige Belastung der Unternehmensbilanz hat dazu geführt, dass neue Betriebsrenten eher vorsichtig und nur mit Beiträgen der Arbeitnehmer gewährt werden. Das BetrAVG enthält verschiedene Modelle einer betrieblichen Altersversorgung, die aber sämtlich gegen Insolvenz geschützt werden müssen. Dies geschieht über Beiträge an den unter staatlicher Aufsicht stehenden Pensions-Sicherungs-Verein (PSVaG), der für die Forderungen von Betriebsrentnern gegen insolvente Arbeitgeber einsteht. Auch wenn die Durchführung der Betriebsrente etwa an eine Pensionskasse – die hierzu mit Mitteln des Arbeitgebers ausgestattet wurde – delegiert wird, bleibt es grds. bei der Haftung des Arbeitgebers. Weiterhin enthält das BetrAVG insbesondere in § 16 BetrAVG Regelungen zur automatischen Anpassung der Leistungshöhe, um eine Teilhabe der Betriebsrentner an den wirtschaftlichen Erfolgen der Zukunft zu sichern. Die Anpassung richtet sich iW nach der wirtschaftlichen Lage des Unternehmens, ersatzweise nach Hilfskriterien. Dies hat in einigen Fällen dazu geführt, dass Unternehmen nur noch als Rentnergesellschaften geführt werden, indem die produktiven Teile gesellschaftsrechtlich abgetrennt werden. Beruht die Betriebsrente auf einer → Betriebsvereinbarung, kann sie zwischen Arbeitgeber und Betriebsrat unter Berücksichtigung des erdienten Vertrauens der Arbeitnehmer (Betriebsrentner und Inhaber von Anwartschaften) verändert werden. Dies, aber auch etwa die Einhaltung von Diskriminierungsverboten, unterliegen gerichtlicher Kontrolle. In bestimmtem Umfang ist es auch möglich, Ansprüche aus der betrieblichen Altersversorgung auf neue Arbeitgeber zu übertragen.

Betriebsrentengesetz
Rechtsgrundlage ist Gesetz zur Verbesserung der betrieblichen Altersversorgung vom 19.12.1974 (BGBl. 1974 I 3610) mAnd, im dem die → Altersversorgung, betriebliche, zur Sicherung des Auskommens der Beschäftigten im Alter, geregelt wird.

Betriebsrisiko
Das Betriebsrisiko – dh die Pflicht zur Lohnzahlung, auch wenn die Belegschaft ohne Verschulden aus betriebstechnischen Gründen (zB Stromausfall) nicht beschäftigt werden kann – sowie das Wirtschaftsrisiko – wenn die Belegschaft (zB wegen Auftrags- oder Absatzmangels) nur unwirtschaftlich beschäftigt werden kann – trägt grds. der Arbeitgeber (vgl. § 615 S. 3 BGB; Ausnahme vom Grundsatz "Ohne Arbeit kein Lohn"); nicht aber bei Ausfällen zB infolge eines behördlich angeordneten Corona-Lockdowns (BAG 13.10.2021 – 5 AZR 211/21, NJW 2022, 560). Durch → Betriebsvereinbarung können aber anderweitige Regelungen, zB über die Einführung von Kurzarbeit, Ausfall von Arbeitsschichten usw., getroffen werden. Möglich sind auch einzelvertragliche Regelung über eine → Flexibilisierung der Arbeitszeit.

Vom Betriebsrisiko ist das sog. Arbeitskampfrisiko zu unterscheiden. Während früher bei arbeitskampfbedingten Betriebsstörungen die sog. Sphärentheorie maßgeblich war (dh ob die Betriebsstörung aus der Sphäre der Arbeitnehmerschaft – Streik in einem Zulieferbetrieb – oder der Arbeitgeberschaft herrührte), stellt die Rspr. heute auf den in der Tarifautonomie wurzelnden Grundsatz der Kampfparität ab. Können zB Fernwirkungen eines (Teil- oder Schwerpunkt-) Streiks das Kräfteverhältnis der kampfführenden Parteien beeinflussen, so tragen, insbes. wenn auch für den mittelbar betroffenen Betrieb die gleichen Verbände zuständig sind, beide Seiten das Arbeitskampfrisiko, sodass für die betroffenen Arbeitnehmer für die Dauer der Betriebsstörung Beschäftigungs- und Vergütungsansprüche entfallen können. Einzelheiten, zB Arbeitszeitregelung, unterliegen auch hier der → Mitbestimmung des → Betriebsrats (BAG 22.12.1980 – 1 ABR 2/79, NJW 1981, 937). → Dienstvertrag (2).

Betriebssabotage
Gegen Betriebssabotage besteht der Straftatbestand nach § 316b StGB (Betriebsstörung): Wer vorsätzlich den Betrieb einer Eisenbahn, von Postdienstunternehmen oder -anlagen oder sonstiger öffentlicher Verkehrsunternehmen, eines öffentlichen Versorgungsbetriebs (Elektrizitäts-, Wasserwerk u. dgl.) oder anderer der öffentlichen Sicherheit und Ordnung dienender Anlagen (Feuer-, Polizeimelder) verhindert oder stört, ist nach dieser Norm strafbar, wenn er eine dem Betrieb dienende Sache zerstört, beschädigt, unbrauchbar macht oder beseitigt. Auch der Versuch ist strafbar. Die Strafe ist Freiheitsstrafe bis zu 5 Jahren oder Geldstrafe. Die gleichen Strafen sieht § 317 StGB für die Sabotage an Telekommunikationsanlagen vor. Dies sind technische Einrichtungen und Systeme, die als Nachrichten identifizierbare elektromagnetische oder optische Signale senden, übertragen, vermitteln, empfangen, steuern oder kontrollieren können (§ 3 Nr. 23 TKG), wie zB Fernsprech-, Funk-, Fernseheinrichtungen. Doch ist hier auch fahrlässiges Handeln mit Strafe bedroht (Freiheitsstrafe bis zu 1 Jahr oder Geldstrafe). Sondervorschriften gelten nach

§§ 87, 88 StGB für die Agententätigkeit zwecks Sabotage von Betriebs- oder Telekommunikationsanlagen sowie wenn diese in staatsgefährdender Absicht vorgenommen wird (→ Rechtsstaatsgefährdung). Sa → Wehrmittelsabotage.

Betriebsschließungsversicherung
→ Corana-Krise und Versicherungsrecht.

Betriebsschutz
Der Betriebsschutz gehört zum → Arbeitsschutz und hat seine Rechtsgrundlage sowohl in der arbeitsvertraglichen (privatrechtlichen) Fürsorgepflicht des Arbeitgebers (§ 618 BGB, § 62 HGB) wie in den Normen des Arbeitsschutzes, die der Staat durch die → Gewerbeaufsicht (§ 139b GewO) überwacht. Sa → Arbeitsstättenverordnung; Unfallverhütungsvorschriften der → Berufsgenossenschaften, ferner → Gesundheitsschutz in Betrieben.

Betriebssicherheit
Die Betriebssicherheits-VO (BetrSichV) v. 3.2.2015 (BGBl. 2015 I 49), zul. geänd. durch Art. 7 des G v. 27.7.2021 (BGBl. 2021 I 3146) regelt für Arbeitsmittel und → überwachungsbedürftige Anlagen die Gefahrenmomente Druck, Brand, Explosion und Heben von Personen und Gütern, → Dampfkesselanlagen. Sie präzisiert insbesondere die Pflichten des Arbeitgebers im Hinblick auf die Gefährdungsbeurteilung von Arbeitsmitteln, ihre Instandhaltung, Schutzmaßnahmen und Dokumentationspflichten. Die ausführlichen Anhänge enthalten detaillierte technische und Prüfvorschriften.

Betriebsspionage
→ Geheimnisverrat, → unlauterer Wettbewerb.

Betriebsstätte
iSd Steuergesetze ist jede feste Geschäftseinrichtung oder Anlage, die der Tätigkeit eines Unternehmens dient. Als Betriebsstätte gelten der Ort der Geschäftsleitung, Zweigniederlassungen, Fabrikationsstätten usw. und Bauausführungen oder Montagen in einer Gemeinde, wenn diese länger als 6 Monate dauern. Die Aufzählung von Betriebsstätten in § 12 AO ist nicht abschließend. Grundsätzlich ist jeder räumlich und organisatorisch abgegrenzte Teil eines Unternehmens, in dem Teilaufgaben des Gesamtunternehmens wahrgenommen werden, eine Betriebsstätte. Der Begriff ist vor allem für die steuerliche Zuordnung eines Gewerbebetriebes zum Inland oder Ausland oder zu einer bestimmten inländischen Gemeinde sowie für die örtliche Zuständigkeit der Finanzbehörde von Bedeutung; → Gewerbesteuer; → Zerlegungsgesetz. Bei Doppelbesteuerungsabkommen gelten idR besondere Begriffsbestimmungen, vgl. Art. 5 OECD-Musterabkommen, die vorrangig für die Zuweisung des jeweiligen Besteuerungsrechts sind.

Betriebsstilllegung
1. → Betriebsänderung.

2. Betriebsstilllegung ist eine Maßnahme im → Arbeitskampf. Wenn der Arbeitgeber seinen Betrieb entsprechend dem Streikbeschluss der Gewerkschaft stilllegt, kann er (als milderes Mittel im Vergleich zur → Aussperrung) auch die Beschäftigung und Bezahlung (dazu → Betriebsrisiko) der nicht streikenden Arbeitnehmer beenden, wobei auch die Arbeitnehmer betroffen sind, die der streikenden Gewerkschaft nicht angehören.

Betriebsstörung
→ Betriebssabotage.

Betriebsstrafe
→ Betriebsjustiz.

Betriebsteil
→ Betrieb.

Betriebsübergang
Geht ein → Betrieb oder Betriebsteil durch → Rechtsgeschäft auf einen anderen Inhaber über (auch bei Pächterwechsel; abzugrenzen von der bloßen Funktionsnachfolge und der Übernahme des Rechtsträgers/share deal bzw. Gesamtrechtsnachfolge), so tritt dieser nach § 613a BGB (der die RL 2001/23/EG umsetzt) als Gesamtschuldner (→ Gesamtschuld) mit dem bisherigen Arbeitgeber in alle Rechte und Pflichten aus den im Zeitpunkt des Übergangs bestehenden → Arbeitsverhältnissen (nicht aber zB aus dem für den Geschäftsführer einer GmbH bestehenden Anstellungsverhältnis) ein. Schutzzweck der Regelungen zum Betriebsübergang ist, dass der Erwerber einer Organisationsstruktur nicht die Vorteile der übernommenen Organisationsstruktur erhalten soll, ohne auch die bestehenden Arbeitsverhältnisse zu übernehmen. Der Arbeitnehmer kann dem Betriebsübergang widersprechen. Ein Widerspruch ist einen Monat nach vollständiger Unterrichtung über die Einzelheiten des Betriebsübergangs zulässig, wegen der Schwierigkeit, den Anforderungen an die Unterrichtung beginnt die Frist oft nicht zu laufen, das Recht unterliegt aber der Verwirkung. Kündigung des Arbeitnehmers nur wegen des Betriebsübergangs ist unzulässig, ebenso innerhalb eines Jahres nach Betriebsübergang eine einzelvertragliche Verschlechterung von durch → Tarifvertrag oder → Betriebsvereinbarung gewährten Arbeitsbedingungen. In der Beratungspraxis wird einerseits versucht, einen Betriebsübergang zu vermeiden, indem Betriebsgegenstände nicht übernommen werden; andererseits ist es möglich, bestimmte Arbeitsplätze Betriebsteilen zuzuordnen, die gezielt einem Betriebsübergang unterworfen werden. Bei geänderter Auftragsvergabe im öffentlichen Personenverkehr kann teilweise ein Betriebsübergang angeordnet werden (etwa § 131 III GWB). Ein Betriebsübergang als solcher ist keine mitbestimmungspflichtige → Betriebsänderung; im Rahmen eines Betriebsübergangs wird es aber

häufig zugleich zu einer solchen kommen. § 613a BGB gilt auch bei einer → Umwandlung (entsprechend, vgl. § 324 UmwG) sowie für einen Betriebsübergang im Rahmen eines → Insolvenzverfahrens insbes. für den → Arbeitsplatzschutz, den Eintritt in eine Versorgungsanwartschaft sowie für das Verbot einer Kündigung ausschließlich wegen des Betriebsübergangs (→ Insolvenzverfahren, 3a, 4) aber nicht bzgl. Haftungsübernahme für bereits entstandene Ansprüche; insoweit haben die Verteilungsgrundsätze des → Insolvenzverfahrens Vorrang (BAG 17.1.1980 – 3 AZR 160/79, NJW 1980, 1124). Sa → Übernahme eines Handelsgeschäfts (Unternehmens). Steuerlich s. → Betriebsveräußerung.

Betriebsüberlassungsvertrag
→ Betriebspachtvertrag.

Betriebsunfall
Der Betriebsunfall ist ein → Arbeitsunfall, der sich im Betrieb zuträgt (→ gefahrgeneigte Arbeit, → Gefährdungshaftung, → Wegeunfall, → Berufskrankheit). Ansprüche auf Leistungen bei einem Betriebsunfall richten sich nach dem SGB VII. Zuständig sind die Träger der gesetzlichen → Unfallversicherung.

Betriebsunternehmen
→ Betriebsaufspaltung.

Betriebsunterstützungskasse
Die Betriebsunterstützungskasse ist eine Einrichtung zur Durchführung der betrieblichen Altersversorgung (→ Altersversorgung, betriebliche). Rechtsgrundlage für die Errichtung der Betriebsunterstützungskasse ist § 1 IV BetrAVG.

Betriebsurlaub
→ Urlaub.

Betriebsveranstaltungen
sind Veranstaltungen auf betrieblicher Ebene, die gesellschaftlichen Charakter haben und bei denen die Teilnahme allen Betriebsangehörigen offen steht, zB Betriebsausflüge, Weihnachtsfeiern, Jubiläumsfeiern. Aufwendungen des Arbeitsgebers für die üblichen Zuwendungen anlässlich einer Betriebsveranstaltung sind bis zu 110 EUR (einschließlich USt) für bis zu zwei Betriebsveranstaltungen jährlich pro Arbeitnehmer steuerfrei (§ 19 I Nr. 1a EStG). Wird die Grenze von 110 EUR überschritten, so ist der diese Grenze übersteigende Betrag vom Arbeitnehmer grundsätzlich nach den allgemeinen steuerlichen Vorschriften zu versteuern. Abweichend hiervon besteht jedoch für den Arbeitgeber die Möglichkeit einer Pauschalversteuerung mit dem (regelmäßig günstigeren) Steuersatz von 25% (§ 40 II 1 Nr. 2 EStG).

Betriebsveräußerung
Entgegen des Wortlautes wird unter einer B. nicht nur die Veräußerung eines Betriebes, sondern auch die Betriebsaufgabe, die Aufgabe eines Mitunternehmeranteils an einem Betrieb sowie die Realteilung einer Mitunternehmerschaft, wenn die Mitunternehmer im Zuge der Realteilung nur einzelne Wirtschaftgüter erhalten, erfasst (§ 16 II EStG), → Mitunternehmerschaften. Der Gewinn aus einer Betriebsveräußerung ist steuerpflichtig, → Veräußerungsgewinn, → außerordentliche Einkünfte.

Betriebsvereinbarung
1. Eine Betriebsvereinbarung ist ein privatrechtlicher → Vertrag zwischen → Arbeitgeber und → Betriebsrat (Vertragstheorie), der gegenseitige Pflichten, Angelegenheiten des → Betriebs und der Betriebsverfassung zum Gegenstand haben, ferner sich auf die → Arbeitsverhältnisse des Betriebs beziehen kann. Nach der Satzungstheorie stellt die Betriebsvereinbarung eine autonome → Satzung dar, die dadurch zustande kommt, dass Arbeitgeber und Betriebsrat gleich lautend aufeinander bezogene Beschlüsse fassen. Die Betriebsvereinbarung bedarf der Schriftform (§ 77 II BetrVG). Vertragspartner sind der Arbeitgeber und die durch den Betriebsrat vertretenen Arbeitnehmer des Betriebs. Die Betriebsvereinbarung gilt nur in dem Betrieb, für den sie abgeschlossen ist (entsprechend weiter für Gesamt- bzw. Konzernbetriebsvereinbarungen), aber für alle seine Arbeitnehmer (nicht für die ausgeschiedenen und die → leitenden Angestellten). Sie kann nur solche Angelegenheiten zum Inhalt haben, die zum Aufgabenbereich des Betriebsrats gehören. Die Betriebsvereinbarung ist vom → Tarifvertrag zu unterscheiden, hat aber mit ihm insbes. gemeinsam, dass sie einen schuldrechtlichen und normativen Teil haben kann. Schuldrechtlich können bestimmte Pflichten der Vertragspartner begründet werden (zB über Aufwandsentschädigung der Betriebsratsmitglieder). Normativ (dh wie ein Gesetz auf den Inhalt der Arbeitsverhältnisse wirkend) können durch Betriebsvereinbarung Bestimmungen über Abschluss, Inhalt und Beendigung des Arbeitsverhältnisses (sog. Inhaltsnormen) und Regelungen von betrieblichen und betriebsverfassungsrechtlichen Fragen (sog. Betriebsnormen) getroffen werden. Inhaltsnormen sind zB die Festsetzung von Akkordlohnsätzen, Arbeitszeitbeginn und -ende oder Gruppenarbeit (§ 87 BetrVG). Betriebsnormen sind zB Errichtung und Verwaltung betrieblicher Wohlfahrtseinrichtungen, Erlass von Unfallverhütungsvorschriften oder Maßnahmen des betrieblichen Umweltschutzes (§ 88 BetrVG). Eine besondere Betriebsvereinbarung ist der → Sozialplan.

2. Gegenüber der Betriebsvereinbarung besteht ein Vorrang des Tarifvertrags insbes. insoweit, als Arbeitsentgelte (dh → Arbeitslohn) und sonstige Arbeitsbedingungen (insbes. die Arbeitszeit) üblicherweise durch Tarifvertrag geregelt werden (auch wenn sie im Einzelfall nicht durch Tarifvertrag geregelt sind); in diesem Rahmen ist eine Betriebsvereinbarung unzulässig (§ 77 III BetrVG) und nichtig (§ 134 BGB), wenn sie im Tarifvertrag nicht aus-

drücklich zugelassen ist (anders aber für sog. übertarifliche Zulagen). Eine wirksame Betriebsvereinbarung ist in ihren Inhaltsnormen unabdingbar, dh es dürfen in den Arbeitsverträgen für den Arbeitnehmer ungünstigere Arbeitsbedingungen nicht vereinbart werden. Der Arbeitnehmer ist vor Eingriffen in seine Rechte dadurch geschützt, dass für das Verhältnis von Betriebsvereinbarung und Arbeitsvertrag das → Günstigkeitsprinzip gilt (wenn sein Arbeitsvertrag nicht durch eine → Bezugnahmeklausel für die Betriebsvereinbarungen geöffnet wurde). Inhaltlich unterliegt eine Betriebsvereinbarung keiner AGB-Kontrolle (vgl. § 310 IV BGB), muss aber dem Gleichbehandlungsgrundsatz gem. § 75 I BetrVG entsprechen. Eine Betriebsvereinbarung kann zustande kommen durch freiwilligen Vertragsabschluss (§§ 145–151 BGB) oder im Verfahren nach § 76 BetrVG durch die Einigungsstelle, deren Spruch in vielen Fällen, zB bei der sozialen → Mitbestimmung des Betriebsrats nach § 87 BetrVG, erzwingbar ist und die Einigung zwischen Arbeitgeber und Betriebsrat ersetzt. Betriebsvereinbarungen können mangels anderweitiger Vereinbarung mit einer Frist von 3 Monaten gekündigt werden, erzwingbare Betriebsvereinbarungen wirken allerdings bis zum Erlass einer neuen Regelung nach. Die Betriebsvereinbarung endet darüber hinaus (bei durch die Einigungsstelle ersetzbaren Betriebsvereinbarung mit Nachwirkung bis zum Abschluss einer anderen Abmachung) durch Zeitablauf, formfreien Aufhebungsvertrag (der auch im Abschluss einer neuen Betriebsvereinbarung gegenteiligen Inhalts gesehen werden kann), ferner mit Beendigung des Betriebs (zB durch Stilllegung).

3. Von der Betriebsvereinbarung zu unterscheiden ist die bloße betriebliche Einigung (Regelungsabrede) zwischen Arbeitgeber und Betriebsrat. Die Regelungsabrede hat keine normative Bindung, kann also durch Einzelvereinbarung im Arbeitsvertrag abgeändert werden. Sa → Gesamtzusage.

Betriebsverfassungsrecht
Das Betriebsverfassungsrecht ist die Gesamtheit der Normen, die die nicht unmittelbar das → Arbeitsverhältnis betreffenden Beziehungen des Arbeitgebers zu den Arbeitnehmern und deren Vertretungen (insbes. → Betriebsrat und → Personalrat) regeln. Es ist für die private Wirtschaft (einschließlich Unternehmen der öffentlichen Hand in privater Rechtsform) im BetriebsverfassungsG idF v. 25.9.2001 (BGBl. 2001 I 2518) mÄnd und (iwS) in den Mitbestimmungsgesetzen nebst DVOen enthalten. Das Betriebsverfassungsrecht gehört zum kollektiven → Arbeitsrecht und teilweise zum öffentlichen Recht. Rechtsstreitigkeiten aus dem BetrVG gehören zur Zuständigkeit der Arbeitsgerichte im → Beschlussverfahren, wenn nicht vorher vor einer Einigungsstelle (§ 76 BetrVG) oder einer Vermittlungsstelle (§ 112 BetrVG) die Beteiligten sich einigen oder die Einigungsstelle bindend entscheiden kann. Für das Betriebsverfassungsrecht im öffentlichen Dienst gelten die besonderen Regelungen des Rechts der → Personalvertretung (BundespersonalvertretungsG – BPersVG v. 9.6.2021, BGBl. 2021 I 1614, mÄnd sowie Personalvertretungsgesetze der Länder). Spezielle Vertretungen sind der → Sprecherausschuss der leitenden Angestellten, die Schwerbehindertenvertretung (→ Vertrauensperson) sowie der Werkstattrat in → Werkstätten für behinderte Menschen. Die Kirchen haben ein eigenes → Mitarbeitervertretungsrecht geschaffen.

Betriebsverhältnis
→ Gewaltverhältnis (öffentlich-rechtliches).

Betriebsverlegung
→ Betriebsänderung.

Betriebsvermögen
1. Das Betriebsvermögen ist nicht gesetzlich definiert. Grundsätzlich sind dem Betriebsvermögen alle → Wirtschaftsgüter zuzurechnen, die für betriebliche Zwecke eingesetzt oder erworben werden.

2. In der Einkommensteuer wird idR zwischen notwendigem Betriebsvermögen, gewillkürtem Betriebsvermögen und Privatvermögen unterschieden. Notwendiges Betriebsvermögen ist gegeben, wenn die Wirtschaftsgüter dem Betrieb in dem Sinn unmittelbar dienen, dass sie objektiv erkennbar zum unmittelbaren Einsatz in dem Betrieb selbst bestimmt sind (BFH BStBl. II 1997, 399). Das Merkmal „dienen" bringt die besonders enge Beziehung zwischen Wirtschaftsgut und Betrieb zum Ausdruck. Wird notwendiges Betriebsvermögen zu Unrecht nicht bilanziert, so wird es steuerlich behandelt, als wäre es bilanziert. Zum notwendigen Betriebsvermögen eines Einzelunternehmers sind alle Wirtschaftsgüter, die dem Unternehmer gehören und die er betrieblich nutzt, zu erfassen. Ein Wirtschaftsgut, das unmittelbar betrieblichen Zwecken einer Personengesellschaft dient, aber im Eigentum eines Mitunternehmers steht, gehört steuerlich zum Betriebsvermögen. Es ist als → Sonderbetriebsvermögen auszuweisen (→ Mitunternehmerschaften). Bei teilweise betrieblich genutzten Grundstücken kann der betrieblich genutzte Teil notwendiges Betriebsvermögen sein. Gewillkürtes Betriebsvermögen ist anzunehmen, wenn die Wirtschaftsgüter objektiv bestimmt und geeignet sind, den Betrieb zu fördern. Erforderlich ist, dass diese in der Bilanz als Betriebsvermögen ausgewiesen werden. Aber auch bei der Gewinnermittlung durch Einnahme-Überschussrechnung (→ Gewinnermittlungsarten) ist nach der Änderung der Rechtsprechung des BFH die Bildung von gewillkürten Betriebsvermögen möglich. Voraussetzung ist, dass das Wirtschaftsgut nicht nur in geringem Umfang, dh bis 10 vH, betrieblich genutzt wird (vgl. BFH-Urt. v. 2.10.2003 – IV R 13/03). Not-

wendiges Privatvermögen sind solche Wirtschaftsgüter, die in keinem Zusammenhang mit dem Betrieb stehen, zB das selbstgenutzte Einfamilienhaus. Körperschaftsteuerlich existiert nur Betriebsvermögen, da eine Kapitalgesellschaft keine Privatsphäre hat.

3. Neben diesen drei Arten des Betriebsvermögens wird der Begriff des geduldeten Betriebsvermögens verwendet. Damit wird ausgedrückt, dass ein Wirtschaftsgut zwar jetzt nicht mehr (notwendiges oder gewillkürtes) Betriebsvermögen werden könnte, jedoch eine vorher gegebene Betriebsvermögenseigenschaft nicht durch einen Wechsel äußerer Umstände verliert, es sei denn es würde notwendiges Privatvermögen. Mit dem Begriff geduldetes Betriebsvermögen wird die fortbestehende Bindung des Wirtschaftsguts zum Betriebsvermögen bis zur eindeutigen Lösung aus dem Betriebsvermögen durch weitere Entnahmehandlung verdeutlicht. Beispiel: Ein bislang betrieblich genutztes Grundstück wird nun fremdvermietet. Das Grundstück wird jedoch weiter in der Gewinnermittlung berücksichtigt. Durch die Aufgabe der betrieblichen Nutzung handelt es sich nicht mehr um notwendiges Betriebsvermögen. Mangels eindeutiger Entnahmehandlung handelt es sich nicht um Privatvermögen. Bis zur eindeutigen Entnahmehandlung liegt geduldetes Betriebsvermögen vor.

Betriebsvermögensvergleich
ist eine der steuerlichen Gewinnermittlungsmethoden. Beim Betriebsvermögensvergleich ist Gewinn der Unterschiedsbetrag zwischen dem Betriebsvermögen am Schluss des Wirtschaftsjahres und dem Betriebsvermögen am Schluss des vorangegangenen Wirtschaftsjahres, vermehrt um den Wert der → Entnahmen und vermindert um den Wert der → Einlagen (§ 4 I EStG). Es handelt sich um eine grundlegend von statischen Gesichtspunkten geprägte, stichtagsbezogene Betriebsvermögens-Bestandsrechnung nach Sollzahlen, die eine Buchführung voraussetzt (Kasse, Bestandskonten, Inventar u. ä. Aufzeichnungen, vgl. auch § 60 EStDV und § 146 AO). → Gewinnermittlungsarten.

Betriebsversammlung
Die aus den → Arbeitnehmern eines Betriebs bestehende Betriebsversammlung muss mind. vierteljährlich stattfinden; ggf. sind Abteilungsversammlungen abzuhalten (§ 42 II BetrVG). Sie wird vom Vorsitzenden des → Betriebsrats geleitet (§ 42 BetrVG). Gewerkschaftsbeauftragte dürfen beratend teilnehmen (§ 46 BetrVG); der → Arbeitgeber ist zur Betriebsversammlung einzuladen und berechtigt und zT auch verpflichtet, in ihr zu sprechen (§ 43 II BetrVG). Die Betriebsversammlung ist ein wesentliches Element der innerbetrieblichen Demokratie, auf ihr muss sich der Betriebsrat ggf. einer kritischen Betriebsöffentlichkeit stellen, die sonst - schon mangels einer „Betriebspresse" - nicht hergestellt werden könnte; eine Betriebsversammlung nicht einzuberufen ist deshalb eine schwere Amtspflichtverletzung des Betriebsrates, die zu dessen Auflösung führen kann. Betriebsversammlungen finden grundsätzlich während der Arbeitszeit (mit voller Vergütung der Arbeitnehmer) statt (§ 44 BetrVG). Der Betriebsrat erstattet in der Betriebsversammlung einen Tätigkeitsbericht; sonst dürfen nur Angelegenheiten des Betriebs oder der Arbeitnehmer, nicht aber zB Maßnahmen des Arbeitskampfes behandelt werden (§ 45 BetrVG). Die Betriebsversammlung kann Beschlüsse fassen, die aber nur Stellungnahmen und Anträge an den Betriebsrat darstellen und ihn nicht binden. Die Betriebsversammlung ist ferner zuständig für die Wahl eines Wahlvorstands, wenn in einem Betrieb noch kein Betriebsrat besteht (§§ 14a, 17 BetrVG). Zur → Jugend- und Auszubildendenvertretung s. § 71 BetrVG.

Daneben kann der Arbeitgeber auch eine Belegschaftsversammlung aller betriebsangehörigen Arbeitnehmer zur Erörterung betriebsbedingter Fragen (zB Rationalisierungsmaßnahmen) einberufen.

Betriebsvorrichtungen
sind Maschinen und sonstige Vorrichtungen aller Art, die zu einer Betriebsanlage gehören (zB Fabrikschornsteine, Industriegeleise, Lastenaufzug) und zwar auch dann, wenn sie wesentliche Bestandteile eines Grundstücks (Gebäudes) bilden. Zu den Betriebsvorrichtungen gehören nicht nur Maschinen und maschinenähnliche Anlagen, sondern alle Vorrichtungen einer Betriebsanlage, die in so enger Beziehung zu einem Gewerbebetrieb als solchem stehen, dass dieser unmittelbar durch sie betrieben wird. Dies setzt voraus, dass zwischen Anlage und Betriebsablauf ein besonders enger Zusammenhang besteht, wie er bei Maschinen üblicherweise gegeben ist. Dass eine Anlage für einen Gewerbebetrieb lediglich nützlich, notwendig oder gewerbe-polizeilich vorgeschrieben ist, reicht nicht aus, die Eigenschaft einer Betriebsvorrichtung zu begründen. Gebäude können keine Betriebsvorrichtungen sein. Ein Bauwerk ist als Gebäude anzusehen, wenn es Menschen oder Sachen durch räumliche Umschließung Schutz gegen Witterungseinflüsse gewährt, den Aufenthalt von Menschen gestattet, fest mit dem Grund und Boden verbunden, von einiger Beständigkeit und ausreichend standfest ist (zur Abgrenzung vgl. § 68 II 1 Nr. 2 BewG). Betriebsvorrichtungen werden steuerlich wie bewegliche Anlagegüter behandelt. Sie werden nach der betriebsgewöhnlichen Nutzungsdauer abgeschrieben (§ 7 I, II EStG → Absetzung für Abnutzung). Sie sind nicht im → Einheitswert der → Betriebsgrundstücke enthalten und unterliegen nicht der → Grund-, sondern der → Gewerbesteuer. Bei ihrer Veräußerung entsteht nicht → Grunderwerbsteuer, sondern → Umsatzsteuer. In der Handelsbilanz: Technische Anlagen (§ 266 II HGB).

Betriebswohnung
→ Werkmietwohnung.

Betroffenenrechte im Datenschutz
Die → Datenschutz-Grundverordnung (DS-GVO) stärkt die Rechte der von einer → Datenverarbeitung → betroffene Person in den Gebieten 1. Permission (→ Einwilligung in die Datenverarbeitung), 2. Intervention (Recht auf Berichtigung, Recht auf Löschung (→ Recht auf Vergessen), Recht auf Einschränkung der Verarbeitung), 3. Information (→ Auskunftsrecht, → Informationspflichten, → Datenpannen, → Datenübertragbarkeit), 4. Petition (Anrufung des → Datenschutzbeauftragten sowie Beschwerde bei der Datenschutzaufsichtsbehörde) und 5. Kompensation (Schadensersatz). Zu Transparenz, Kommunikation und den Modalitäten der Betroffenenrechte legt sie in Art. 12 DS-GVO allgemeine Anforderungen fest, ua muss die Kommunikation mit den betroffenen Personen in präziser, transparenter und verständlicher Sprache erfolgen und leicht zugänglich sein. Innerhalb der Betroffenenrechte sind das Auskunftsrecht (Art. 15 DS-GVO) sowie die → Informationspflichten (Art. 13, 14 DS-GVO) von besonderer praktischer Relevanz.

Betroffene Person
→ personenbezogene Daten.

Betroffener
ist im Verwaltungsrecht jeder, der von einer behördlichen Maßnahme (auch Planung) in seinem Rechtskreis berührt wird; das ist von Bedeutung, weil die Klage im → Verwaltungsstreitverfahren (vgl. dort 1) grundsätzl. die Behauptung des Klägers voraussetzt, in seinen Rechten verletzt zu sein (§ 42 VwGO; sa → Verbandsklage), was allerdings oft schwierig zu bestimmen ist, zB bei Großvorhaben wie Flughäfen, Kernkraft-, Industrie- od. Verkehrsanlagen. In Verfahren nach dem Gesetz über → Ordnungswidrigkeiten (vgl. §§ 50, 51, 55, 94, 95 VwGO) ist Betroffener jeder, gegen den sich das Verfahren richtet; der Betroffene gehört zu den → Beteiligten. → Beschuldigter.

Betrug
1. Straftatbestand nach § 263 StGB: Danach wird bestraft, wer in der Absicht, sich oder einem Dritten einen rechtswidrigen Vermögensvorteil zu verschaffen, das Vermögen eines anderen dadurch schädigt, dass er durch Vorspiegeln falscher oder durch Entstellen oder Unterdrücken wahrer Tatsachen einen Irrtum erregt oder unterhält. Der Versuch ist strafbar. Die Strafe ist Freiheitsstrafe bis zu 5 Jahren oder Geldstrafe. Der Betrug gegen Angehörige, Vormund, Betreuer oder Mitglieder der Hausgemeinschaft ist → Antragsdelikt, ebenso der mit Bezug auf geringwertige Sachen begangene Betrug (außer bei besonderem öffentl. Interesse an der Verfolgung).

Der Betrug ist im Strafrecht allein ein Vermögensdelikt. Täuschungen zu einem anderen Zweck als der Bereicherung sind kein Betrug. Der äußere Tatbestand des Betrugs ist gegeben, wenn 4 Voraussetzungen erfüllt sind: 1. eine Täuschungshandlung des Täters, 2. ein dadurch hervorgerufener Irrtum des Getäuschten, 3. eine hierdurch veranlasste Vermögensverfügung des Getäuschten und 4. ein hierauf zurückzuführender Vermögensschaden.

a) Täuschung ist die irreführende Einwirkung auf die Vorstellungen einer natürlichen Person. Getäuscht werden können daher nur Menschen; wirkt der Täter manipulativ auf einen maschinellen Datenverarbeitungsprozess ein, so kommt Computerbetrug (§ 263a StGB) in Betracht. Die Täuschung muss sich auf Tatsachen beziehen, wozu auch innere Tatsachen gehören (zB Mangel der Zahlungsabsicht). Das Vorspiegeln kann auch durch schlüssige Handlungen geschehen (Hingabe eines ungedeckten Schecks), solange diese einen Kommunikationsakt darstellt. Eine Täuschung durch Unterlassen ist möglich, wenn eine Pflicht zum Reden besteht, sei es kraft Gesetzes (zB § 666 BGB: Berichtspflicht des Beauftragten), kraft Vertrags (Aufklärung über Mängel der verkauften Sache, die für den Vertragspartner ersichtlich von Bedeutung sind) oder kraft eines besonderen Vertrauensverhältnisses oder auch nach Treu und Glauben (§ 242 BGB); sa → Heiratsschwindel.

b) Der Irrtum des Getäuschten muss durch die Täuschung verursacht sein, kann also zB beim sog. Bettelbetrug fehlen, wenn der Spender sowieso Zweifel an den Angaben des Bettlers hat. Die Zweifel sind aber unbeachtlich, solange das Opfer die Wahrheit der behaupteten Tatsache für möglich hält.

c) Die vom Getäuschten vorgenommene Verfügung wird allg. definiert als Handeln, Dulden oder Unterlassen, das sich unmittelbar, dh ohne deliktische Zwischenhandlungen des Täters, vermögensmindernd auswirkt. Sie kann das eigene oder fremdes Vermögen betreffen. Getäuschter und Geschädigter brauchen nicht identisch zu sein (sog. Dreiecksbetrug). Die Vermögensverfügung kann auch in einem Unterlassen liegen (Nichtgeltendmachen von Schadensersatzansprüchen).

d) Vermögen ist der Inbegriff der geldwerten Güter einer Person; zur Feststellung eines Schadens ist der Bestand des Vermögens vor und nach der auf Grund der Täuschung vorgenommenen Verfügung zu vergleichen, wobei sich eine objektive Wertminderung des Gesamtvermögens ergeben muss. Eine konkrete Vermögensgefährdung genügt, so bei Darlehenshingabe gegen ein im Wert gemindertes Pfand oder zur Sicherung übereignetes Warenlager. Beim Eingehungsbetrug (Täuschung schon bei Vertragsschluss) liegt ein Schaden vor, wenn der Anspruch des Getäuschten wirtschaftlich weniger wert ist als dessen Verpflichtung; beim Erfüllungsbetrug (Täuschung erst bei Ausführung des Vertrages), wenn die erlangte Leistung weniger wert ist als die geschuldete. Beim Anstellungsbetrug ist ein Schaden anzunehmen, wenn der Täter der übernommenen Tätigkeit nicht gewachsen ist, insbes. nicht die erforderliche Vorbildung hat. Der Vermögensschaden muss grundsätzlich der Höhe nach festgestellt und beziffert werden, notfalls durch Schätzung eines Mindestschadens.

e) Der vom Täter erstrebte Vermögensvorteil muss rechtswidrig sein; Erschleichen einer Zahlung, auf die der Täter Anspruch hat, ist nicht Betrug.

f) Der Vorsatz des Täters muss umfassen: das Bewusstsein, durch Täuschung einen Irrtum hervorzurufen, der zu einer Vermögensverfügung des Getäuschten und dadurch zu einem Vermögensschaden führt; ferner muss der Täter die Absicht haben, sich einen Vermögensvorteil zu verschaffen (es muss ihm auf diesen Erfolg ankommen), und das Bewusstsein, dass dieser Vorteil rechtswidrig ist (insofern ist nicht Absicht erforderlich; Vorsatz – auch bedingter – genügt).

2. Besonders schwere Fälle des Betrugs sind mit Freiheitsstrafe von 6 Mon. bis 10 Jahren bedroht (§ 263 III StGB). Regelbeispiele sind nach § 263 III 2 StGB gewerbs- oder bandenmäßiges Handeln, Herbeiführen eines großen Vermögensverlustes oder der wirtschaftlichen Not eines anderen, Missbrauch der Stellung als → Amtsträger, Vortäuschen eines Versicherungsfalles durch Inbrandsetzen (→ Brandstiftung) wertvoller Sachen (Brandversicherungs-B.) oder durch Versenken oder Strandenlassen eines Schiffes (Seeversicherungs-Betrug).

3. Eine qualifizierte Straftat ist der gewerbsmäßige Banden-Betrug (§ 263 V StGB) durch ein Mitglied einer Bande, die sich zur fortgesetzten Begehung von Betrug- und Urkundenfälschungsstraftaten verbunden hat. Die Strafe ist Freiheitsstrafe von 1–10 Jahren.

4. Sonderfälle des Betrugs sind → Computerbetrug (§ 263a StGB), → Subventionsbetrug (§ 264 StGB), → Kapitalanlagenbetrug (§ 264a StGB), → Versicherungsbetrug (§ 265 StGB), → Automatenmissbrauch und → Erschleichen von Leistungen (§ 265a StGB), → Kreditbetrug (§ 265b StGB), → Missbrauch von Kreditkarten (§ 266b StGB), → Gebührenüberhebung (§ 352 StGB), → Steuerhinterziehung (§ 370 AO; → Steuerstrafrecht), Erschleichen von Sozialleistungen (§ 9 SchwarzArbG) uam. Vgl. zudem → Untreue; → arglistige Täuschung.

Betteln
Strafrechtlich kann Betteln nur als → Betrug (s. dort Bettelbetrug) geahndet werden.

Beugemittel
Beugemittel sind staatliche → Ordnungsmittel (Ordnungsgeld, Zwangsgeld, ersatzweise auch Ordnungshaft), die – vielfach mit dem Erfordernis vorheriger Androhung – dem Zweck dienen, bei Personen bestimmte Handlungen, Duldungen oder Unterlassungen, die nur die betreffende Person selbst vornehmen kann, zu erzwingen. Beugemittel sind insbes. vorgesehen in der → Zwangsvollstreckung (§§ 888, 890 ZPO), bei der → eidesstattliche Versicherung, in der → freiwilligen Gerichtsbarkeit (§§ 35, 89 FamFG), bei grundlosem Nichterscheinen eines Zeugen, Sachverständigen, Schöffen oder ehrenamtlichen Richters bzw. unbegründeter Aussage- oder Eidesverweigerung (§§ 380, 390, 409 ZPO, §§ 51, 70, 77 StPO, § 56 GVG, § 28 ArbGG, § 33 VwGO, § 30 FGO, § 21 SGG, §§ 328, 329 AO) ua.

Beurkundung(sgesetz)
→ Form (1c).

Beurteilung
(dienstliche Beurteilung des Beamten). Eignung, Befähigung und fachliche Leistung von Beamten sind regelmäßig zu beurteilen (§ 21 BBG). Einzelheiten regeln §§ 48 ff. BLV. Die Landesbeamtengesetze enthalten ähnliche Bestimmungen. Danach sind Eignung und Leistung aller Beamten regelmäßig mindestens alle drei Jahre (periodische Beurteilung) sowie aus gegebenem Anlass (zB Beförderungsvorschlag, → Versetzung) zu beurteilen (§ 48 I BLV). Wegen Ausnahmen vgl. § 48 II BLV. Die Beurteilung soll die fachliche Leistung nachvollziehbar darstellen und Eignung und Befähigung einschätzen (§ 49 I BLV). Bei Führungskräften sind auch die Führungseigenschaften zu beurteilen (§ 49 III BLV). Die Beurteilung ist verwaltungsgerichtlich überprüfbar (je nach Fallgestaltung nach Durchführung des → Widerspruchsverfahrens mit → Anfechtungsklage oder → Verpflichtungsklage).

Beurteilungsspielraum
→ Ermessen, → Rechtsanwendung, → unbestimmte Rechtsbegriffe.

Bevölkerungsschutz
→ Zivilschutz.

Bevölkerungsschutzgesetze
→ Infektionsschutzgesetz (1). Sa → Zivilschutz, → Katastrophenschutz .

Bevollmächtigter
→ Vollmacht.

Bevorrechtigte Fahrzeuge
→ Vorfahrt.

Bewacherregister
→ Bewachungsgewerbe.

Bewachungsgewerbe
1. a) Bewachungsgewerbetreibende: Wer gewerbsmäßig Leben oder Eigentum fremder Personen bewachen will, bedarf nach § 34a GewO (→ Gewerbeordnung) einer Erlaubnis durch das Gewerbe- oder Gewerbeaufsichtsamt (→ Gewerbezulassung). Auf deren Erteilung hat der Bewerber einen Rechtsanspruch, wenn er zuverlässig (→ Zuverlässigkeit) ist, in geordeneten Vermögensverhältnissen lebt, durch eine vor der → Industrie- und Handelskammer erfolgreich abgelegte Prüfung die erforderliche Sachkunde nachweist und eine Haftpflichtversicherung abgeschlossen hat. Die Zuverlässigkeit besitzt nicht, wer einem ver-

botenen Verein oder einer verfassungswidrigen Partei angehört oder wegen bestimmter Straftaten rechtskräftig verurteilt ist. Bei der Prüfung der Zuverlässigkeit holt die zuständige Behörde Auskünfte des → Gewerbezentralregisters und des Bundeszentralregisters (→ Strafregister) ein und kann Polizei und Verfassungsschutz zu Rate ziehen.

b) Bewachungspersonal, dh vom Bewachungsgewerbetreibenden mit Bewachungsaufgaben betraute Personen, müssen ebenfalls die oben beschriebene Zuverlässigkeit besitzen und durch eine Bescheinigung der IHK nachweisen, dass sie mit den rechtlichen und fachlichen Grundlagen des B. vertraut sind. Für die Ausübung bestimmter Tätigkeiten (zB Schutz vor Ladendieben) ist darüber hinaus der Nachweis einer erfolgreich abgelegten Sachkundeprüfung erforderlich. Bewachungsgewerbetreibende und Bewachungspersonal dürfen gegenüber Dritten grundsätzlich nur die jedermann zustehenden Notwehr-, Notstand und Selbsthilferechte ausüben.

c) Einzelheiten der Ausübung des Bewachungsgewerbes regelt die VO über das Bewachungsgewerbe (BewachV) v. 3.5.2019 (BGBl. 2019 I 692) mÄnd, ua Unterrichtungsverfahren, Sachkundeprüfung, Abschluss einer Haftpflichtversicherung, Vorschriften über Ausweis, Dienstkleidung, Waffengebrauch, Buchführungspflichten. Verkehrsübliche Bezeichnungen für Unternehmen des Bewachungsgewerbes sind Sicherheitsdienst, → Werkschutz, Wach- und Schließgesellschaft, Schwarze Sheriffs, → Privatpolizeien uÄ. Seit 2019 gibt es ein vom → Bundesamt für Wirtschaft und Ausfuhrkontrolle geführtes bundesweites Bewacherregister mit Informationen über Bewachungsgewerbetreibende und Bewachungspersonal, § 11b GewO, dazu Bewachungsregisterverordnung (BewachRV) v. 24.6.2019 (BGBl. 2019 I 882). Zweck des Registers ist die Informationszusammenstellung, um die Durchsetzung der Normen des Bewachungsgewerbes zu erleichtern.

2. Wer das Bewachungsgewerbe auf Seeschiffen ausserhalb der deutschen Wirtschaftszone betreiben will, etwa zum Schutz vor Piraten, bedarf nach § 31 GewO einer Zulassung. Einzelheiten enthalten die SeeBewachV v. 11.6.2013 (BGBl. 2013 I 1562) und die SeeBewachDV v. 21.6.2013 (BGBl. 2013 I 1623). Zuständig hierfür ist das → Bundesamt für Wirtschaft und Ausfuhrkontrolle im Benehmen mit der → Bundespolizei.

Bewährungsauflage
→ Strafaussetzung zur Bewährung (1).

Bewährungshelfer
Der vom Gericht nach § 56d StGB oder § 24 JGG eingesetzte Bewährungshelfer kann haupt- oder ehrenamtlich tätig sein. Er soll den Verurteilten, dem → Strafaussetzung zur Bewährung gewährt worden ist, als Helfer und Berater betreuen und ihn im Auftrag des Gerichts, dem er regelmäßig Bericht zu erstatten hat, in seiner Lebensführung überwachen, vor allem hins. der Erfüllung gerichtlicher Auflagen; gröbliche oder beharrliche Verstöße gegen Weisungen usw. hat er dem Gericht mitzuteilen. Der Bewährungshelfer für Jugendliche soll mit dem Erziehungsberechtigten und dem gesetzlichen Vertreter vertrauensvoll zusammenarbeiten. Sachlich untersteht der Bewährungshelfer, auch wenn er als hauptberuflicher Bewährungshelfer Beamter ist, den Weisungen des Gerichts (§ 56d IV 2 StGB, § 25 JGG). Seine Berichte dienen dem Gericht zur Vorbereitung der Entscheidungen über Straferlass, Widerruf der Strafaussetzung usw. Ein Bewährungshelfer kann auch eingesetzt werden, wenn im Gnadenwege bedingte Strafaussetzung bewilligt wird. Ein Bewährungshelfer ist ferner nach § 68a StGB Verurteilten zu bestellen, die der Führungsaufsicht unterstehen (→ Maßregeln der Besserung und Sicherung, 5). Die Rechtsstellung der hauptamtlichen Bewährungshelfer, Dienstaufsicht usw. sind durch Landesgesetz geregelt.

Bewährungszeit
→ Strafaussetzung zur Bewährung (1).

Bewaffnete Gruppen
→ Bildung bewaffneter Gruppen.

Bewegliche Sache
→ Sache.

Bewegliches Vermögen, Zwangsvollstreckung in bewegliches Vermögen
→ Mobiliarzwangsvollstreckung.

Beweis
1. Beweis wird von einem Verfahrensbeteiligten im Zivilprozess durch Beweisantritt (Beweisangebot) geführt, in den Verfahren mit → Untersuchungsgrundsatz durch Beweisantrag; dadurch wird eine bestimmte Tatsachenbehauptung in den Rechtsstreit eingeführt (für die den Grundsätzen des Zivilprozesses unterliegenden Verfahren vgl. §§ 284 ff., 371, 373, 403, 420 f., 428, 432, 445 ZPO). Beweisermittlungs(Ausforschungs)anträge, durch die erst Beweismittel gefunden werden sollen, sind unstatthaft. Ein Beweisangebot besteht aus einem Beweisgegenstand und einem Beweismittel. Beweisgegenstand (Beweisthema) können sein: Tatsachen, Erfahrungssätze, an Rechtssätzen nur dem Gericht unbekanntes ausländisches Recht, Gewohnheitsrecht und Satzungen (s. hierzu § 293 ZPO). Beweismittel sind im Zivilprozess der richterliche → Augenschein, der → Zeuge (Personalbeweis), der → Sachverständige, die → Urkunde (Sachbeweis) und die → Parteivernehmung, ferner die amtliche Auskunft. Das Gleiche gilt für die Arbeitsgerichtsbarkeit (§ 46 II ArbGG). Im Verwaltungs-, Finanz- und Sozialstreitverfahren sind die gleichen Beweismittel zugelassen (§ 96 I VwGO, § 87 VwGO, § 81 I FGO, § 79 S. 3 FGO, § 118 I SGG, § 106 III SGG), anstatt der Parteivernehmung die Beteiligtenvernehmung.

2. Im Strafprozess sind Beweismittel im → Strengbeweis nur Augenschein, Zeugen, Sachverständige und Urkunden; die Vernehmung des Angeklagten gehört nicht formell zur Beweisaufnahme (§ 244 I StPO), wenngleich seine Aussage materiell als Beweis gewertet werden kann. Sa → Beweisantrag im Strafprozess.

3. Zum selbständigen Beweisverfahren → Beweissicherung. Zur grenzüberschreitenden Beweisaufnahme in Zivil- und Handelssachen in den Mitgliedstaaten der → Europäischen Gemeinschaft s. VO (EG) Nr. 1206/2001 v. 28.5.2001 (ABl. EG 2001 L 174, 1) und hierzu §§ 1072 ff. ZPO.

4. Ein Beweisbeschluss ist im Zivilprozess und den ihm nachgebildeten Verfahrensarten notwendig, wenn die Beweisaufnahme ein besonderes Verfahren erfordert (§ 358 ZPO, § 98 VwGO, § 82 FGO, § 118 I SGG); er kann schon vor der → mündlichen Verhandlung ergehen (§ 358a ZPO). Er bezeichnet das Beweisthema, das Beweismittel und die beweisführende Partei (§ 359 ZPO). Die Beweisaufnahme (Beweiserhebung) obliegt dem Gericht nach näherer gesetzlicher Regelung, für den Zivilprozess nach §§ 355–455 ZPO, die auch in anderen Verfahrensordnungen mind. zT entsprechend anwendbar sind (§ 98 VwGO, § 82 FGO, § 118 I SGG, §§ 29 ff. FamFG, § 46 II ArbGG, § 28 I BVerfGG; für den Strafprozess gelten die §§ 244–257, 48–93 StPO). Ein allgemeiner Grundsatz ist die Unmittelbarkeit der Beweisaufnahme, die in § 355 ZPO, § 96 VwGO, § 81 FGO, § 117 SGG, in der StPO verschiedentlich, insbes. in § 250 StPO, verankert ist (→ Unmittelbarkeitsgrundsatz); doch gibt es weitgehende Ausnahmen (→ beauftragter und ersuchter Richter). Die Beweisaufnahme unterliegt der → Parteiöffentlichkeit. Sie muss sich auf Tatsachen beschränken, die für die Entscheidung erheblich sind. Über Beweisaufnahme im oder für das Ausland s. §§ 1072 ff. ZPO (Beweisaufnahme nach der VO EG Nr. 1206/2001 v. 28.5.2001, ABl. EG 2001 L 174, 1) sowie → Haager Übereinkommen in Zivil- und Handelssachen.

5. In der Beweiswürdigung bildet sich das Gericht die Überzeugung von der Wahrheit oder Unwahrheit einer Tatsache. Hier gilt allgemein der Grundsatz der freien Beweiswürdigung (§ 286 ZPO, § 261 StPO, § 108 I VwGO, § 96 I VwGO, § 128 SGG). Nur soweit gesetzliche Vermutungen und Beweisregeln (s. u.) eingreifen, ist das Gericht gebunden; sonst aber kann es zB eine bestrittene Tatsache auch ohne Beweisaufnahme für wahr halten, einer unbeeideten Zeugenaussage mehr als einer beeideten, einem Zeugen überhaupt nicht und statt dessen einer Partei (einem Beteiligten) glauben. Für die Überzeugung genügt ein so hoher Grad an Wahrscheinlichkeit, dass vernünftige Zweifel schweigen. Im Strafprozess gilt dabei der Grundsatz → in dubio pro reo. Ist das Gericht weder von der Wahrheit noch von der Unwahrheit einer Tatsache überzeugt, so kommt es, soweit der → Verhandlungsgrundsatz gilt, auf die → Beweislast an. Die Beweiswürdigung ist in die Entscheidungsgründe des Urteils aufzunehmen; Fehler unterliegen der → Revision nur in sehr beschränktem Umfang. Über die Arten des Beweises → Strengbeweis, → Freibeweis (zur Zulässigkeit dieser erleichterten Form der Beweiserhebung s. dort), → Indizienbeweis, → Anscheinsbeweis).

6. Soweit gesetzliche Beweisregeln bestehen, darf der Beweis nur durch bestimmte Beweismittel geführt werden; dadurch ist die freie Beweiswürdigung eingeschränkt (§ 286 II ZPO; vgl. zB §§ 165, 314, 415–418 ZPO). Solche gesetzlichen Beweisregeln finden sich auch im materiellen Recht, insbes. im StGB. So ist zB bei übler Nachrede die beleidigende Behauptung einer Straftat als erwiesen anzusehen, wenn der Beleidigte wegen dieser rechtskräftig verurteilt worden ist; nach rechtskräftigem Freispruch ist der Wahrheitsbeweis ausgeschlossen (§ 190 StGB).

Beweis des ersten Anscheins
(prima-facie-Beweis) → Anscheinsbeweis.

Beweisangebot
→ Beweis (1).

Beweisantrag
→ Beweis (1), → Beweisantrag im Strafprozess.

Beweisantrag im Strafprozess
Das Recht zur Stellung eines Beweisantrags gewährt den Verfahrensbeteiligten eine wesentliche Möglichkeit, aktiv gestaltend in den Prozessverlauf einzuwirken. Es bildet insbes. ein zentrales und in der Praxis bedeutsames Verteidigungsrecht. Während die Beweisaufnahme im Strafverfahren ansonsten allein durch das Gericht von Amts wegen betrieben wird (→ Inquisitionsprinzip), kann ein Verfahrensbeteiligter durch Stellung eines Beweisantrags das Gericht veranlassen, die Beweisaufnahme über die Grenzen der Amtsermittlungspflicht hinaus auf den gewünschten Gesichtspunkt auszudehnen. Um vor allem eine effektive Verteidigung zu gewährleisten, sind die Möglichkeiten der Ablehnung eines Beweisantrags durch das Gesetz streng limitiert. Mit der starken Ausgestaltung des Beweisantragsrechts verbinden sich Missbrauchsmöglichkeiten insbes. zur Prozessverschleppung, denen Gesetzgeber wie Rechtsprechung zu begegnen versuchen, ohne dabei die Mitwirkungsmöglichkeiten der Verfahrensbeteiligten über Gebühr zu beschneiden. Das Spannungsfeld zwischen den Anliegen der Verteidigung einerseits und den Erfordernissen einer effektiven Strafverfolgung andererseits bietet regelmäßig Raum zu rechtspolitischer Diskussion.

1. Im → Ermittlungsverfahren haben die verfahrenleitende Behörde (Polizei, Staatsanwaltschaft) und der vernehmende Richter ei-

nem Beweisantrag des Beschuldigten stattzugeben, wenn der Beweis von Bedeutung ist (§ 163a II StPO, § 166 I StPO).

2. Dem Angeschuldigten ist ferner im → Eröffnungsverfahren bei Zustellung der → Anklageschrift Gelegenheit zum Beweisantrag zu geben (§ 201 StPO); er kann einen solchen auch noch vor der Hauptverhandlung stellen (§ 219 StPO). Auch sonst ist ihm nicht verwehrt, einen Beweisantrag einzureichen; ein unerledigter schriftlicher Beweisantrag, der aufrechterhalten wird, ist in der Hauptverhandlung zu wiederholen.

3. In der → Hauptverhandlung (§ 244 III-VI StPO):

a) Antragsberechtigung: Zur Stellung eines Beweisantrags berechtigt sind der Vertreter der → Staatsanwaltschaft, der → Verteidiger, der → Angeklagte und die weiteren Verfahrensbeteiligten (→ Nebenkläger usw.).

b) Anforderungen an einen Beweisantrag: Ein solcher muss die strengen Voraussetzungen der Legaldefinition in § 244 III 1 StPO erfüllen. Ein Beweisantrag liegt danach nur vor, wenn der Antragsteller ernsthaft verlangt, Beweis über eine bestimmt behauptete konkrete Tatsache, die die Schuld- oder Rechtsfolgenfrage betrifft, durch ein bestimmt bezeichnetes Beweismittel zu erheben und dem Antrag zu entnehmen ist, weshalb das bezeichnete Beweismittel die behauptete Tatsache belegen können soll. Das zuletzt genannte Kriterium der sog. Konnexität, das durch die Rechtsprechung entwickelt (BGH NStZ 1998, 97) und 2019 durch den Gesetzgeber übernommen wurde, betrifft vor allem den Zeugenbeweis: Im Beweisantrag muss, soweit sich dies nicht von selbst versteht, verdeutlicht werden, aufgrund welcher Umstände anzunehmen ist, dass der gewünschte Zeuge überhaupt Wahrnehmungen zum Beweisthema gemacht hat. Generell muss der Beweisantrag als Beweisthema stets diejenige Tatsache formulieren, die durch das Beweismittel unmittelbar belegt werden kann. Der Antragsteller darf sich nicht mit der Angabe eines Beweisziels begnügen, dh mit der bloß möglichen Schlussfolgerung, die er sich seitens des Gerichts erhofft. Er ist andererseits nicht gehindert, auch Beweisbehauptungen aufzustellen, deren Richtigkeit er lediglich vermutet; zudem muss er – abgesehen von den genannten Anforderungen der Konnexität – nicht offenlegen, aus welcher Quelle seine Behauptung stammt und weshalb er glaubt, dass das benannte Beweismittel die behauptete Tatsache bestätigen werde. Eine Grenze zieht die Rechtsprechung aber dort, wo sich eine Beweisbehauptung selbst gemessen an den vom Antragsteller selbst nicht in Frage gestellten Tatsachen als „aufs Geratewohl" aufgestellt darbietet. Nicht als Beweisantrag anzusehen ist zudem ein Antrag, der zum Zweck der Prozessverschleppung gestellt wird (§ 244 VI 1 StPO).

c) Für die Ablehnung eines die unter b) genannten Voraussetzungen erfüllenden Beweisantrags gelten folgende inhaltliche Kriterien:

aa) Ein Beweisantrag ist unzulässig und muss abgelehnt werden, wenn die Beweiserhebung unmöglich oder verboten ist (§ 244 III 2 StPO), zB weil der gewünschte Zeuge das Zeugnis berechtigt verweigert oder eine gesetzlich erforderliche Aussagegenehmigung fehlt; ebenso wenn über den Beweisgegenstand bereits bindende Feststellungen aus einem anderen Verfahren existieren (zB nach § 190 StGB).

bb) Ein Beweisantrag darf im Übrigen nur aus bestimmten Gründen abgelehnt werden, soweit dadurch nicht die Pflicht des Gerichts zur Sachaufklärung verletzt wird, nämlich (§ 244 III 3 Nr. 1–6 StPO).

(1) wenn die Beweistatsache offenkundig und die Beweiserhebung deshalb überflüssig ist;

(2) wenn sie für die Entscheidung rechtlich oder aus tatsächlichen Gründen ohne Bedeutung ist (stellt das Gericht die Beweistatsache in sein bisheriges Ergebnis der Beweisaufnahme so ein, als wäre sie erwiesen, so bliebe sie trotzdem für die Entscheidung unerheblich);

(3) wenn sie schon erwiesen (nicht: nach Ansicht des Gerichts schon widerlegt!) ist;

(4) wenn das Beweismittel schon bei abstrakter Betrachtung völlig ungeeignet ist (der Zeuge kann den Umständen nach vom Beweisgegenstand keinesfalls Kenntnis haben; dem Sachverständigen fehlen die Anknüpfungstatsachen für die gewünschte Begutachtung);

(5) wenn es unerreichbar ist (der Aufenthalt des Zeugen ist unbekannt; die Heranziehung aus dem Ausland im Wege der → Rechtshilfe ist nicht möglich oder für den Zeugen mit Gefahr verbunden; alle der Bedeutung des Beweismittels entsprechenden Bemühungen um Heranziehung waren erfolglos und sind für absehbare Zeit aussichtslos, BGH NStZ 1982, 212);

(6) wenn eine den Angeklagten entlastende, erhebliche (also gerade nicht iSv (2) bedeutungslose) Beweistatsache als wahr unterstellt werden kann.

cc) Beim Sachverständigenbeweis ist die Ablehnung außer in den unter bb) genannten Fällen zulässig: wenn das Gericht die erforderliche Sachkunde selbst besitzt (oft zweifelhaft in psychologisch bedeutsamen Fragen – zB bei Affekthandlungen – oder bei Beurteilung der Glaubhaftigkeit der Aussagen kindlicher Zeugen in Prozessen wegen Sexualstraftaten); wenn der Beweisantrag auf Anhörung eines weiteren Sachverständigen gerichtet ist und das Gegenteil der behaupteten Tatsache bereits durch das frühere Gutachten erwiesen ist; doch ist ein neues Gutachten einzuholen, wenn das frühere möglicherweise an Mängeln leidet, weil entweder die Sachkunde des ersten Sachverständigen zweifelhaft ist, oder wenn das erste Gutachten von falschen tatsächlichen Voraussetzungen ausgeht oder Widersprüche enthält oder wenn der neue Sachverständige über überlegene Forschungsmittel verfügt (zB Arzt der Universitätsklinik gegenüber dem praktischen Arzt). Liegen bereits mehrere Gutachten vor, die einander widersprechen oder Zweifel offen lassen, kann die Aufklärungspflicht (§ 244 II StPO) die Einholung eines Obergutachtens erforderlich machen.

dd) Die Augenscheinseinnahme und die Vernehmung eines Zeugen, dessen Vernehmung im Ausland zu bewirken wäre, liegen im pflichtgemäßem Ermessen des Gerichts im Rahmen seiner Aufklärungspflicht (§ 244 V StPO) und können abgelehnt werden, wenn letztere die Beweiserhebung nicht gebietet.

d) Verfahren der Ablehnung eines Beweisantrags:

aa) Grundsätzl. erforderlich ist ein begründeter Beschluss des Gerichts (also ggf. des Kollegiums, § 244 VI 1 StPO), der noch vor Abschluss der Beweisaufnahme ergehen muss und dessen Funktion va darin liegt, dem Antragsteller die Möglichkeit zu geben, seine Beweisstrategie der aus der Beschlussbegründung deutlich werdenden (derzeitigen) Ansicht des Gerichts zum betreffenden Thema anzupassen. Das Gericht darf sich später im Urteil nicht in Widerspruch zu den Gründen seiner Ablehnungsentscheidung setzen. Will es seine Ansicht ändern, muss es seine Entscheidung noch vor Abschluss der Beweisaufnahme per Beschluss revidieren, dort die Gründe dafür offenlegen und dem Antragsteller Gelegenheit geben, auf die geänderte Situation zu reagieren. Im Urteil kann ein etwaiger Rechtsfehler bei Anwendung der Vorgaben des § 244 III-V StPO nicht mehr korrigiert werden; er begründet die Revision, wenn das Urteil möglicherweise auf ihm beruht (§ 337 StPO).

bb) Einen Verzicht auf eine solche Verbescheidung der Ablehnung eines Antrags gestattet das Gesetz nur in Ausnahmefällen:

(1) Wenn die beantragte Beweiserhebung nichts Sachdienliches zu Gunsten des Antragstellers erbringen kann, der Antragsteller sich dessen bewusst ist und er die Verschleppung des Verfahrens bezweckt (Verschleppungsabsicht), so kann der Vorsitzende über dieses Ansinnen allein nach Maßgabe der Amtsermittlungspflicht entscheiden (§ 244 VI 2 StPO). Ein Gerichtsbeschluss ergeht hier nur nach einer Beanstandung seiner Entscheidung nach § 238 II StPO. Dem Gericht steht hierbei ein Beurteilungsspielraum zu, den auch das Revisionsgericht zu beachten hat.

(2) Zudem kann der Vorsitzende nach Abschluss der von Amts wegen vorgesehenen Beweisaufnahme eine angemessene Frist zum Stellen von Beweisanträgen bestimmen mit der Folge, dass nach Fristablauf gestellte Beweisanträge erst im Urteil beschieden zu werden brauchen, sofern nicht die Stellung des Beweisantrags vor Fristablauf nicht möglich war (§ 244 VI 3–5 StPO).

(3) Außerhalb des Wortlauts des § 244 VI StPO anerkannt ist, dass auch über einen unter die Bedingung einer bestimmten Entscheidung im Urteil gestellten Hilfs(Eventual)-Beweisantrag erst in der Urteilsberatung befunden zu werden braucht. Will das Gericht ihm bei Bedingungseintritt folgen, muss es erneut in die Beweisaufnahme eintreten. Lehnt das Gericht ihn ab, so kann es ihn in der Urteilsbegründung bescheiden.

e) Erfüllt ein auf eine Beweiserhebung gerichtetes Begehren nicht die unter b) genannten Anforderungen, so gebietet die Fürsorgepflicht des Gerichts, soweit möglich zunächst zB durch Nachfragen auf eine Nachbesserung hinzuwirken. Verbleiben Unklarheiten, so ist der Antrag nach seinem Sinn und Zweck auszulegen und ggf. diejenige Interpretation zu wählen, bei der der Antrag Erfolg hat. Ist das nicht möglich, so liegt idR einen sog. Beweisermittlungsantrag oder eine Beweisanregung vor. Über sie hat das Gericht (nur) am Maßstab seiner Aufklärungspflicht (§ 244 II StPO) zu befinden, dh ihr ist zu entsprechen, wenn das Gebot umfassender Sachaufklärung bei Würdigung der bisherigen Ergebnisse der Beweisaufnahme dazu drängt.

f) Sondervorschriften gelten für → präsente Beweismittel nach § 245 StPO und für verspätete Beweisanträge nach § 246 StPO. Wegen Verspätung allein darf ein Beweisantrag im Hinblick auf die Aufklärungspflicht des Gerichts – außer bei Verschleppungsabsicht – nicht abgelehnt werden (s. aber § 244 VI 2–4 StPO); doch berechtigt verspätete Benennung von Zeugen oder Sachverständigen den Gegner des Antragstellers, Aussetzung der Verhandlung zwecks Erkundigung zu verlangen, wenn ihm diese wegen der Verspätung nicht möglich war.

Beweisantritt
→ Beweis (1).

Beweisaufnahme
→ Beweis (4).

Beweisbeschluss
→ Beweis (4).

Beweiserhebung
→ Beweis (4).

Beweiserhebungsverbote
→ Beweisverbote.

Beweisgegenstand
→ Beweis (1).

Beweislast
Grundsätzlich trägt jede Partei die Beweislast für die tatsächlichen Voraussetzungen der ihr günstigen Rechtsnorm (Beispiel → Schadensersatz, 2; sog. Hauptbeweis). Jedoch kann die Beweislast durch gesetzliche Vorschriften, durch Vereinbarung oder durch Rechtsprechungsgrundsätze umgekehrt sein. Beispielsweise ist in der Rechtsprechung anerkannt, dass bei grober Fahrlässigkeit eines behandelnden Arztes die Beweislast für fehlende Kausalität eines Behandlungsfehlers für den Schaden

beim Arzt liegt; der Arzt muss also beweisen, dass sein grob fahrlässiges Verhalten die eingetretenen Schaden nicht verursacht hat → Behandlungsvertrag; s. a. → Produkthaftung, 3). Eine Beweislastumkehr kann aber nicht durch → Allgemeine Geschäftsbedingungen (§ 309 Nr. 12 BGB) vereinbart werden. Die Beweislast deckt sich mit der → Behauptungslast und gilt – insbes. im Zivilprozess – nur im Rahmen des → Verhandlungsgrundsatzes. In Verfahren mit → Untersuchungsgrundsatz (zB Erbscheinsverfahren) spricht man hingegen von einer objektiven Feststellungslast (zB Nichterweislichkeit der vom gesetzlichen Erben behaupteten Testierunfähigkeit des Erblassers). Steht nach Beweiserhebung nicht fest, ob die behauptete Tatsache wahr oder unwahr ist, wird zuungunsten dessen entschieden, der die Beweislast oder die objektive Feststellungslast trägt. Der von der beweisbelasteten Partei (zunächst) erfolgreich geführte Beweis kann durch Gegenbeweis der anderen Seite erschüttert werden. S. a. → Anscheinsbeweis.

Beweismittel
→ Beweis (1).

Beweisregeln
(gesetzliche) → Beweis (6).

Beweissicherung
In einem selbständigen Beweisverfahren (auch: Beweissicherungsverfahren) können auf Antrag außerhalb oder auch während eines Prozesses ein Augenschein eingenommen oder Zeugen vernommen werden, wenn der Gegner zustimmt oder insbes. zu besorgen ist, dass das Beweismittel verloren geht (zB lebensgefährliche Erkrankung eines Zeugen). Ist ein Rechtsstreit noch nicht anhängig, kann darüber hinaus auch die schriftliche Begutachtung durch einen Sachverständigen zur Feststellung des Zustands einer Person oder einer Sache oder des Umfangs eines Schadens und der Kosten für seine Beseitigung angeordnet werden. Das ist etwa sinnvoll, wenn nach einem Schadensfall der Betroffene den Zustand rasch beheben möchte, etwa sich einer ärztlichen Behandlung unterziehen möchte, oder sonstwie eine gewisse Eilbedürftigkeit vorliegt, und der vorherige Zustand (zB Behandlungsfehler einer Zahnarztes) durch gerichtliches Sachverständigengutachten dokumentiert werden kann. Zuständig ist das Prozessgericht, in Eilfällen auch das örtliche Amtsgericht. Ist ein Rechtsstreit nicht anhängig, ist dem Antragsteller auf Antrag des Gegners eine Frist zur Klageerhebung zu setzen, sofern nicht vorher ein → Prozessvergleich zustandekommt. Einzelheiten §§ 485–494a ZPO; diese Vorschriften gelten in anderen Verfahrensordnungen entsprechend (§ 98 VwGO, § 82 FGO, § 118 SGG).

Beweisthema
→ Beweis (1).

Beweisverbote
im Strafverfahren schränken die Erhebung (Gewinnung) und Verwertung von Beweisen, also den → Untersuchungsgrundsatz (→ Inquisitionsprinzip) und damit die Möglichkeiten zur Wahrheitsermittlung ein. Sie können trotz dieses negativen Effekts im Einzelfall resultieren aus dem Gebot der Wahrung eines rechtsstaatlichen Verfahrens und grundlegender Rechte des Betroffenen, insbes. der → Menschenwürde. Dabei wird zwischen Beweiserhebungsverboten und Beweisverwertungsverboten unterschieden.

Die gesetzlichen Beweiserhebungsverbote betreffen Beweisthemen (zB Hergang bei der Beratung, § 43 DRiG; im → Strafregister getilgte Verurteilung § 51 I BZRG), Beweismittel (zB Vernehmung eines Zeugen, der sich auf ein → Zeugnisverweigerungsrecht beruft; → Beschlagnahme eines beschlagnahmefreien Gegenstandes); Ermittlungsmaßnahmen insbes. mit → Einsatz technischer Mittel, durch die ein Berufsgeheimnisträger betroffen ist (§ 160a StPO), oder Beweismethoden (zB Beeinträchtigung der Willensfreiheit bei → Vernehmungen im Strafverfahren zur Herbeiführung eines → Geständnisses, § 136a I, II StPO).

Beweisverwertungsverbote sind teils gesetzlich bestimmt (zB § 136a III 2 StPO, § 393 II AO, § 51 I BZRG). Sie können sich auch aus dem Verstoß gegen ein Beweiserhebungsverbot ergeben (sog. unsellbständige Beweisverwertungsverbote), wenn das Interesse des Betroffenen, insbes. die Sicherung seiner verfahrensrechtlichen Stellung, höher zu bewerten ist als das staatliche Aufklärungsinteresse (zB bei → Vernehmungen im Strafverfahren ohne Belehrung des Beschuldigten nach § 136 I StPO). Der BGH wendet dazu die sog. Rechtskreistheorie (BGHSt 11, 213) an und unterscheidet danach, ob die verletzte Vorschrift auch dem Interesse des Beschuldigten (zB das → Zeugnisverweigerungsrecht nach §§ 52, 53 StPO) oder nur dem einer anderen Person (zB das → Auskunftsverweigerungsrecht des Zeugen nach § 55 I StPO) dient, so dass das Unterlassen der Belehrung nach § 55 II StPO nicht zu einem Beweisverwertungsverbot führt. Außerdem hat die Rspr. unter bestimmten Voraussetzungen aus den → Grundrechten nach Art. 1, 2 I GG Beweisverwertungsverbote abgeleitet (sog. sellbständige Beweisverwertungsverbote, zB betreffend → Tagebuchaufzeichnungen, Einsatz technischer Mittel oder heimlicher → Tonaufnahmen in Verfahren, Verteidigungsunterlagen des Beschuldigten). Bei Berufsgeheimnisträgern ist zwischen absoluten und relativen Beweisverboten zu unterscheiden (§ 160a StPO).

Eine Fernwirkung, die weitere Beweismittel unverwertbar werden lässt, die erst durch eine unverwertbare Beweiserhebung bekannt geworden sind (zB Auffinden des Tatopfers oder der Tatbeute auf Grund eines unverwertbaren Geständnisses), besteht grundsätzlich nicht. Der BGH hat sie bislang nur für das Beweisverwertungsverbot nach § 7 III G 10 (v. 13.8.1968, BGBl. 1968 I 949) bejaht (BGHSt 29, 244).

Zur Verwertung von in einem Strafverfahren gewonnenen Daten und Erkenntnissen für ein anderes Strafverfahren s. → Zufallsfunde.

Beweisverfahren
→ Beweis (4), → Zeuge, → Sachverständiger. Zum selbständigen Beweisverfahren → Beweissicherung.

Beweisvermutung
→ Vermutung.

Beweisverwertungsverbote
→ Beweisverbote.

Beweiswürdigung
→ Beweis (5).

Bewertung
Für die ertragsteuerliche Gewinnermittlung muss der Wert der einzelnen Wirtschaftsgüter, die zum Betriebsvermögen gehören, festgelegt werden (§ 6 EStG). Dabei gilt der Grundsatz, dass Wirtschaftsgüter mit den fortgeführten → Anschaffungs- oder Herstellungskosten (AHK) zu bewerten sind. Dementsprechend ist Obergrenze für die Bewertung der Wert, der sich nach Verminderung der AHK um die → Absetzung für Abnutzung, erhöhte Absetzungen, Sonderabschreibungen, Abzüge nach § 6b EStG und ähnlicher Abzüge ergibt. Ist der → Teilwert niedriger als dieser, so kann der Teilwert bei einer voraussichtlich dauernden Wertminderung angesetzt werden, → Teilwertabschreibung. Wird der Teilwert gewählt, so ist in den folgenden Wirtschaftsjahren vom Stpfl. nachzuweisen, dass die Wertminderung weiterhin gegeben ist. Sobald diese wegfällt, ist der höhere Wert anzusetzen (Wertaufholungsgebot). → Entnahmen und → Einlagen sind idR mit dem Teilwert anzusetzen (§ 6 I Nr. 4, 5 EStG). Vgl. → Bilanz. Die Wertermittlung für → Einheitswerte, → Grundsteuer sowie → Schenkungsteuer regelt sich nach dem → Bewertungsgesetz.

Bewertungsforum
→ Bewertungsportal.

Bewertungsfreiheit
→ Sonderabschreibungen, → geringwertige Wirtschaftsgüter.

Bewertungsgesetz
Das BewG stellt einheitliche Grundsätze für die Bewertung von Gütern im Steuerrecht auf. Dies ist erforderlich, um Sachgüter mit einem bestimmten Geldwert zutreffend in der Besteuerung zu erfassen (→ Einheit, wirtschaftliche). Es wird ergänzt durch die Bewertungsteuer-Durchführungsverordnung.
→ Grund-, → Erbschaft- und → Schenkungsteuer und (zT) → Gewerbesteuer.

Bewertungsportal
Im Internet finden sich zahlreiche Bewertungsportale, in denen Unternehmen, Produkte und Dienstleistungen bewertet werden (zB Yelp, KennstDuEinen, GoogleMyBusiness, Jameda). Dies ist grds. zulässig, Kritik an Leistungen und deren öffentliche Erörterung ist hinzunehmen. Bei unwahren oder irreführenden Behauptungen kommen aber ggf. Unterlassungs- und Schadensersatzansprüche aus → unerlaubter Handlung (Delikt), etwa wegen Eingriffs in den eingerichteten und ausgeübten Gewerbebetrieb, in das → Persönlichkeitsrecht oder aus Kreditgefährdung, in Betracht. Die Plattform darf die Rolle des neutralen Informationsvermittlers nicht verlassen.

Bewertungsstetigkeit
In der Handelsbilanz soll bei Bewertungswahlrechten die Bewertungsmethode des Vorjahrs beibehalten werden, um die Vergleichbarkeit der Jahresabschlüsse zu verbessern (§ 252 I Nr. 6 HGB). Die Bewertungsstetigkeit gilt auch in der Steuerbilanz, soweit keine steuerlichen Sondervorschriften bestehen. Vgl. → Bilanz, → Bewertung.

Bewilligung
→ Grundbuch, → Verleihung.

Bewirtschaftung
→ Wirtschaftslenkung.

Bewirtung von Personen aus geschäftlichem Anlass
Aufwendungen hierfür sind als → Betriebsausgaben bei der Einkommen-, Körperschaft- und Gewerbesteuer nur mit 70 vH abzugsfähig, soweit sie angemessen, einzeln und getrennt von den sonstigen Betriebsausgaben aufgezeichnet sind und der betriebliche Anlass nachgewiesen ist (§ 4 V Nr. 2, VII EStG). Zum Nachweis der Höhe und der betrieblichen Veranlassung hat der Stpfl. grundsätzlich folgende Angaben zu machen: Ort, Tag, Teilnehmer, Anlass der Bewirtung und die Höhe der Aufwendungen. Die Rechnung muss alle verzehrten Speisen und Getränke mit den einzelnen Preisen maschinell ausgedruckt angeben. Umsatzsteuerlich ist der Vorsteuerabzug ebenfalls nur eingeschränkt möglich, → Umsatzsteuer. In der Handelsbilanz erfolgt Vollabzug mit 100 vH.

Die Bewirtung von Personen aus geschäftlichem Anlass in der Wohnung des Steuerpflichtigen ist nach § 12 Nr. 1 S. 2 EStG regelmäßig nicht abzugsfähig, da eine einwandfreie Trennung der betrieblich (beruflich) veranlassten und der für die private Lebensführung entstandenen Aufwendungen nicht möglich ist. Die Bewirtung von Arbeitnehmern im eigenen Betrieb kann steuerfrei sein, wenn sie im überwiegenden betrieblichen Interesse des Arbeitgebers erfolgt; → Aufmerksamkeiten.

Bewohner-Parkzonen
können für Bewohner städtischer Quartiere mit erheblichem Parkraummangel durch Re-

servierung des Parkraums oder durch Freistellung von Parkraumbewirtschaftungsmaßnahmen geschaffen werden (§ 45 Ib 1 Nr. 2a StVO). Bei der Einrichtung muss berücksichtigt werden, dass es sich um eine Ausnahmeregelung handelt, das Straßenverkehrsrecht privilegienfeindlich ist und damit nicht städtebauliche Entscheidungen getroffen werden dürfen (BVerwG NJW 1998, 2840 zu den früheren Anwohner-Parkzonen).

Bewusstlosigkeit
→ Geschäftsfähigkeit, → Schuldunfähigkeit.

Bewusstsein der Rechtswidrigkeit
Tatbestandsmerkmale einer Straftat sind die im Gesetz beschriebenen äußeren Voraussetzungen, Vorgänge oder Handlungen, an die das Gesetz die strafrechtlichen Folgen knüpft. Sie müssen daher idR vom Vorsatz des Täters umfasst sein, soweit nicht aufgrund ausdrücklicher gesetzlicher Anordnung auch → Fahrlässigkeit strafbar ist. Die Rechtswidrigkeit der Tat dagegen ist zwar ebenfalls Voraussetzung der Strafbarkeit, aber nicht Tatbestandsmerkmal. Bis zur Schaffung des neuen Allgemeinen Teils des StGB 1975 war str., ob sie gleichwohl vom Vorsatz umfasst werden muss und somit das Bewusstsein der Rechtswidrigkeit Teil des Vorsatzes ist. Nach der Vorsatztheorie ist das zu bejahen, während die herrschende, auch vom BGH (grundlegend BGHSt. 2, 194) vertretene Schuldtheorie das Bewusstsein der Rechtswidrigkeit als selbständiges Schuldelement neben den Vorsatz stellt. Der Gesetzgeber hat diese Konzeption in die Regelung des → Verbotsirrtums in § 17 StGB übernommen: Das Fehlen des Bewusstseins, Unrecht zu tun, hat danach anders als der in § 16 StGB geregelte Tatbestandsirrtum keine Auswirkung auf den Vorsatz. Vielmehr liegt ein schuldloses Handeln vor, falls der Täter seinen Irrtum nicht hat vermeiden können. Ist ihm sein Irrtum dagegen vorwerfbar, zB weil er sich hätte erkundigen können, so besteht lediglich die Möglichkeit der Strafmilderung (§ 17 S. 2 StGB).

Unabhängig hiervon ist zu beachten, dass die Rechtswidrigkeit eines ausgeführten oder vorgestellten Verhaltens in manchen Straftatbeständen ein besonderes Tatbestandsmerkmal darstellen kann und dann wie grds. jedes Tatbestandsmerkmal eines Vorsatzdelikts auch vom Vorsatz des Täters umfasst sein muss. Das gilt zB für die Rechtswidrigkeit der beabsichtigten Zueignung beim → Diebstahl oder der beabsichtigten Bereicherung beim → Betrug. Hält der Täter das Beabsichtigte für erlaubt, so liegt ein vorsatzausschließender Tatbestandsirrtum nach § 16 StGB vor.

Bewusstseinsstörung
→ Schuldunfähigkeit.

Bezahlen mit Daten
→ Verbrauchervertrag, → Verbraucherverträge über digitale Produkte.

Bezahlkarten
für Asylbewerber → Asylbewerberleistungsgesetz.

Bezahlte Karenz
Bezahlte Karenz nennt man beim nachvertraglichen → Wettbewerbsverbot, das einen Arbeitnehmer (meist kaufmännische Angestellte) trifft, die Sperrzeit, für die das Verbot wirkt und die vorgeschriebene Entschädigung (§ 74 II HGB) gezahlt wird.

Bezahlter Urlaub
→ Urlaubsentgelt.

Bezirk
1. Allgemein die Bezeichnung territorialer Zuständigkeitsbereiche (zB Landgerichtsbezirk). In den → Ländern der BRep. führen die Mittelstufen der Staatsverwaltung häufig die Bezeichnung → Regierungsbezirk.

2. In einigen Ländern gibt es rechtlich unselbständige, aber mit eigenen Organen ausgestattete → Gemeindebezirke. Besondere Vorschriften gelten für die → Stadtstaaten (→ Berlin, 5, und → Hamburg, 3) wo eigene → Bezirksämter errichtet sind.

3. In → Bayern sind für den Bereich der 7 Regierungsbezirke (Mittelstufe der Staatsverwaltung; → Verwaltungsbehörden, Aufbau) Bezirke als höhere Kommunalverbände gebildet (Bezirksordnung idF v. 22.8.1998, GVBl. 1998, 850, mÄnd). Organe sind der Bezirkstag (unmittelbar vom Volk gewählt), der Bezirkstagspräsident und der Bezirksausschuss. Der Bezirk nimmt eigene und übertragene Aufgaben wahr. Eigene Aufgaben sind überörtliche Angelegenheiten zB auf dem Gebiet der Sozialhilfe, der Jugendhilfe oder der psychiatrischen Versorgung (Bezirkskrankenhäuser). In → Rheinland-Pfalz gibt es den Bezirksverband Pfalz mit einer ähnlichen Struktur wie die Bezirke in Bayern. Entsprechende Körperschaften sind die Landeswohlfahrtsverbände/Sozialverbände in → Baden-Württemberg, → Hessen und → Mecklenburg-Vorpommern sowie die Landschaftsverbände (→ Landschaftsverband) Rheinland und Westfalen-Lippe in Nordrhein-Westfalen. In → Niedersachsen gibt es - aus historischen Gründen - nur für einen Teil des Landes höhere Kommunalverbände, nämlich die Ostfriesische Landschaft und die Oldenburgische Landschaft, sowie seit 2001 die Region Hannover. Ein besonders ausgestalteter Regionalverband ist der Verband Region Stuttgart, bei dem im Gegensatz zu anderen Regionalverbänden die Mitglieder der Regionalversammlung unmittelbar durch das Volk gewählt werden. Sa → Kommunalverband.

4. In der ehem. DDR waren nach Auflösung der Länder die 14 Bezirke Verwaltungseinheiten der Mittelinstanz. Nach der → Wiedervereinigung wurden die Bezirke aufgelöst und zT durch Verwaltungseinheiten mit anderer Bezeichnung (im Allgemeinen: Regierungsbezirk) ersetzt.

Bezirksamt
→ Bezirk (2); → Gemeindebezirk; → Berlin (5); → Hamburg (3).

Bezirksamtsleiter
→ Hamburg (3).

Bezirksausschuss
→ Gemeindebezirk.

Bezirksbeirat
→ Gemeindebezirk.

Bezirksbürgermeister
→ Gemeindebezirk; → Berlin (5).

Bezirksgericht
In der ehem. DDR (ohne Ostberlin) war das Bezirksgericht Gericht zweiter Instanz (erste Instanz: Kreisgericht). Alle → neuen Länder haben inzwischen durch Gesetz die im → Gerichtsverfassungsgesetz vorgesehenen Gerichte und Staatsanwaltschaften eingerichtet.

Bezirksnotar
In den württembergischen Teilen des Landes Baden-Württemberg konnten (neben den normalen → Notaren) auch Bezirksnotare bestellt werden. Voraussetzung war eine dem → Rechtspfleger ähnliche Ausbildung. Die Zuständigkeit des Bezirksnotars, der im Landesdienst stand und kein Freiberufler war, umfasste neben den Geschäften des Notars auch gewisse Aufgaben des Grundbuchamts. Neue Bezirksnotare wurden seit 2008 nicht mehr bestellt; im Jahr 2018 wurden die staatlichen Notariate mit den Bezirksnotaren aufgelöst.

Bezirksrat
1. Mitglied eines Bezirkstages (→ Bezirk, 3). 2. → Gemeindebezirk.

Bezirksregierung
→ Regierung (3), → Regierungsbezirk.

Bezirksstadtrat
→ Berlin (5).

Bezirkstag
→ Bezirk (3).

Bezirksumlage
→ Finanzausgleich.

Bezirksverordnetenversammlung
→ Berlin (5).

Bezirksversammlung
→ Hamburg (3).

Bezirksvertreter
Ein Bezirksvertreter ist ein → Handelsvertreter, dem ein gebietsmäßig bestimmter Bezirk zugewiesen ist. Für diesen genießt der Bezirksvertreter den sog. Gebietsschutz, dh er erhält Provision für alle Geschäftsabschlüsse in seinem Bezirk, auch wenn sie ohne seine Mitwirkung abgeschlossen werden (sog. Direktgeschäfte, § 87 II HGB). Der Bezirksvertreter genießt damit einen höheren Kundenschutz. Der Gebietsschutz erstreckt sich aber nur auf Geschäfte der Art, für die die Vermittlungs- oder Abschlusstätigkeit des Handelsvertreters vereinbart ist. Dem Bezirksvertreter steht der Handelsvertreter gleich, dem ein bestimmter, abgrenzbarer Kundenkreis zugewiesen ist (§ 87 II HGB).

Bezirksvertretung
→ Gemeindebezirk.

Bezogener
Bezogener ist bei einem → Wechsel oder → Scheck derjenige, der die Wechsel(Scheck)summe zahlen soll (Art. 1 Nr. 3 WG, Art. 1 Nr. 3 ScheckG). Zur Zahlung verpflichtet wird der Bezogene bei einem Wechsel aber erst, wenn er diesen annimmt (→ Akzept). Ein Scheck kann nicht angenommen werden (Art. 4 ScheckG); Bezogener darf bei einem Scheck nur ein öffentliches oder privates im Handelsregister eingetragenes Bankinstitut sein (Art. 3, 54 ScheckG). Verweigert der Bezogene bei einem Wechsel die Annahme, so kann → Wechselprotest erhoben werden (Art. 44 WG).

Bezugnahmeklausel
Tarifverträge gelten heute (außer bei → Allgemeinverbindlichkeit) nur selten normativ (also Kraft Mitgliedschaft beider Arbeitsvertragsparteien beim jeweiligen → Tarifpartner, → Tarifvertrag, 2). Um dennoch eine Regelungsgleichheit zu erreichen (und den Gewerkschaftseintritt nicht zu fördern), nehmen Arbeitgeber oft im Arbeitsvertrag dynamisch (also einschließlich von Änderungen und neuen Tarifverträgen) auf einen Tarifvertrag Bezug. Das BAG legte diese Klauseln früher als Gleichstellungsabrede (Arbeitnehmer sollten so gestellt werden wie Gewerkschaftsmitglieder) aus; bei Verbandsaustritt des Arbeitgebers folgte hieraus der Abbruch der tariflichen Dynamik. Seitdem das BAG diese Rechtsprechung geändert hat (für Verträge ab dem 1.1.2002, Urt. v. 14.12.2005 – 4 AZR 536/04, NZA 2006, 607), hat für Arbeitgeber mit Bezugnahmeklausel der Austritt aus dem Arbeitgeberverband für bestehende Arbeitsverhältnisse nicht mehr die Wirkung, dass Lohnerhöhungen etc. in neuen Tarifverträgen vermieden werden können. Andererseits folgt aus der Bezugnahmeklausel je nach Formulierung, dass die Arbeitsverhältnisse auch für Nicht-Gewerkschaftsmitglieder unter Sanierungstarifverträge mit Entgeltabsenkungen fallen. Weitere Probleme bei Bezugnahmeklauseln ergeben sich bei Ablösung eines ganzen Tarifwerkes (zB des BAT durch → TVÖD und → TV-L) oder dem Wechsel eines Betriebes in eine andere Branche (Ausgliederung der Kantine eines Metallbetriebes), weil dann jeweils die Bezugnahmeklausel ausgelegt werden muss, um zu ermitteln, welcher Tarifvertrag gilt. Soweit gesetzliche Vorschriften tarifdispositiv sind, gilt dies meist auch für über Bezugnahmeklauseln einbezogene Tarifverträge, wobei aber jedenfalls ein vollständiger Regelungskomplex aus einem Tarifvertrag in Bezug

genommen werden muss, der sachlich einschlägig ist.

Möglich ist auch die Bezugnahme auf → Betriebsvereinbarungen. Umstritten ist, in welchem Maße hierdurch das → Günstigkeitsprinzip zu Lasten eines Schutzes der Arbeitnehmer vor den Betriebsparteien überlagert wird, und ob die bloße Verwendung von AGB durch den Arbeitgeber eine Betriebsvereinbarungsoffenheit erzeugt.

Bezugsaktien
Bezugsaktien sind die neuen (jungen) → Aktien, die eine → Aktiengesellschaft oder → Kommanditgesellschaft auf Aktien bei einer bedingten → Kapitalerhöhung ausgibt, dh einer Erhöhung, von der im Rahmen der Ausübung des → Bezugsrechts Gebrauch gemacht wird (§ 192 I AktG).

Bezugserklärung
Die Bezugserklärung ist die schriftliche Erklärung, durch die das → Bezugs- oder Umtauschrecht (→ Wandelschuldverschreibung) nach § 198 AktG ausgeübt wird. Die Bezugserklärung hat die gleiche Wirkung wie eine Zeichnungserklärung (→ Zeichnungsschein). Auf Grund der Bezugserklärung wird die → Bezugsaktie ausgegeben.

Bezugsgröße
Die Bezugsgröße ist eine Rechengröße der Sozialversicherung. Bestimmte Grenzwerte in der → Sozialversicherung, zB der Mindest-Jahresarbeitsverdienst in der → Unfallversicherung, richten sich nach der Bezugsgröße. Die Bezugsgröße entspricht jeweils dem Durchschnittsentgelt der gesetzlichen → Rentenversicherung im vorvergangenen Kalenderjahr, aufgerundet auf den nächsthöheren, durch 420 teilbaren Betrag. Sie wird jährlich neu durch Gesetz oder Verordnung festgesetzt.

Es ist zwischen den alten und den neuen Bundesländern zu differenzieren: Während für die alten Länder insgesamt die genannten Werte zur Anwendung kommen, gilt in den neuen Ländern eine eigene Bezugsgröße (§ 18 SGB IV). 2024 beträgt diese Bezugsgröße in den alten Ländern 3.535 EUR/Monat bzw. 42.420 EUR/Jahr, in den → neuen Ländern 3.465 EUR/Monat bzw. 41.580 EUR/Jahr. Im Jahr 2023 betrug die Bezugsgröße in den alten Ländern 3.395 EUR/Monat bzw. 40.740 EUR/Jahr; in den neuen Ländern 3.290 EUR/Monat bzw. 39.480 EUR/Jahr.

Bezugsrecht
Gibt eine → Aktiengesellschaft bei einer → Kapitalerhöhung neue (junge) → Aktien aus, so hat jeder Aktionär grundsätzlich das Recht, dass ihm ein seinem Anteil am bisherigen → Grundkapital entsprechender Teil der neuen Aktien zugeteilt, dh zum Ausgabekurs angeboten wird (§ 186 I 1 AktG). Damit soll dem Aktionär die Möglichkeit gegeben werden, eine Verwässerung seiner Beteiligung zu vermeiden. Im Kapitalerhöhungsbeschluss kann jedoch das Bezugsrecht ganz oder zum Teil ausgeschlossen werden (zulässig insbes. bei Barkapitalerhöhung bis zu 10% des Grundkapitals, § 186 III AktG, oder zur Ausgabe von sog. Belegschaftsaktien (Arbeitnehmeraktien) zur Förderung der Bindung der Arbeitnehmer an das Unternehmen). Der Ausschluss muss im Gesellschaftsinteresse liegen sowie erforderlich und verhältnismäßig sein. Ein solcher Ausschluss liegt aber nicht vor, wenn die neuen Aktien von einer Bank mit der Verpflichtung übernommen werden sollen, sie den Aktionären zum Bezug anzubieten (§ 186 V AktG; mittelbares Bezugsrecht).

Das Bezugsrecht besteht auch bei → Wandelschuldverschreibungen, → Gewinnschuldverschreibungen und Genussrechten (→ Genussschein). Durch → Vertrag kann ein Bezugsrecht für neue Aktien in anderer Weise, als es das gesetzliche Bezugsrecht vorsieht, begründet werden, aber nur unter Vorbehalt des gesetzlichen Bezugsrechts (§ 187 AktG). Zur Bezugsberechtigung bei der → Lebensversicherung s. dort.

Bezugsvertrag
Ein Bezugsvertrag über Gas, Wasser, Strom, Telefon- und Internetdienstleistungen oÄ (früher häufig als → Wiederkehrschuldverhältnis bezeichnet) wird auf unbestimmte, jedenfalls aber auf längere Zeit ohne Festlegung einer bestimmten Liefermenge abgeschlossen, die Leistungsmenge richtet sich nach der Annahme des Kunden. Der Bezugsvertrag erfordert ständige Lieferbereitschaft und ist deshalb ein → Dauerschuldverhältnis. In der Preisgestaltung findet sich häufig die Aufteilung in eine Grundgebühr als Entgelt für die Lieferbereitschaft und die Gebühren für die abgenommenen Einheiten. Im Insolvenzfall s. §§ 103, 105 InsO. Sa → Sukzessivlieferungsvertrag, → Ratenlieferungsvertrag.

BGB
→ Bürgerliches Recht (2).

BGB-Gesellschaft
= → Gesellschaft des bürgerlichen Rechts.

BGB-Informationspflichten-Verordnung
Die BGB-Informationspflichten-VO idF der Bekanntmachung v. 5.8.2002 (BGBl. 2002 I 3002) mÄnd regelte früher Informationspflichten in verschiedenen Verbraucherverträgen, zuletzt nur noch für den → Reisevertrag. Sie wurde mit Wirkung vom 1.7.2018 endgültig aufgehoben. Der Regelungsgehalt findet sich nunmehr weitgehend in Art. 246 ff. EGBGB.

BGH
→ Bundesgerichtshof.

Bibliotheksgroschen
Der sog. Bibliotheksgroschen bezeichnet die dem → Urheber zustehende Vergütung dafür, dass seine Werke von öffentlichen Einrichtungen verliehen werden, § 27 Abs. 2 UrhG. Ein solcher Anspruch kann jedoch gem. § 27

Abs. 3 UrhG nur durch eine → Verwertungsgesellschaft geltend gemacht werden (s. auch → Urheberrecht, dort 3).

Bier
Bier wird definiert in der Bierverordnung (BierV) v. 2.7.1990 (BGBl. 1990 I 1332) mÄnd. Danach dürfen unter der Bezeichnung "Bier" nur gegorene Getränke gewerbsmäßig in Verkehr gebracht werden, die den fortgeltenden Vorschriften des aufgehobenen Vorläufigen Biergesetzes idF v. 29.7.1993 (BGBl. 1993 I 1399) sowie der Verordnung zur Durchführung des Vorläufigen Biergesetzes (BierStDB) idF v. 29.7.1993 (BGBl. 1993 I 1422 mÄnd) entsprechen. So darf nach diesen Vorschriften zB untergäriges Bier grundsätzlich nur aus Gerstenmalz, → Hopfen, Hefe und Wasser zubereitet werden (→ Reinheitsgebot). Im Übrigen gelten für alle Biere die allgemeinen Vorschriften des LFGB (→ Lebensmittel- und Futtermittelrecht) und der dazu ergangenen Durchführungsbestimmungen. So muss etwa vorverpacktes Bier beim Inverkehrbringen mit einem Verzeichnis der → Zutaten gekennzeichnet sein (§ 3 LMIDV, → Kennzeichnung von Lebensmitteln).

Bierlieferungsvertrag
In einem Bierlieferungsvertrag verpflichtet sich ein Gastwirt gegenüber der Brauerei zur laufenden Abnahme von Bier und sonstigen Getränken im Rahmen eines → Dauerschuldverhältnisses. Meist erhält der Gastwirt von der Bauerei auch ein Darlehen oder Inventar zur Verfügung gestellt (gemischter → Vertrag). Die beiderseitigen Verpflichtungen stehen dann in engem wirtschaftlichen Zusammenhang. Die Grundsätze des → Sukzessivlieferungsvertrags sind auf den Bierlieferungsvertrag anzuwenden. Der Bierlieferungsvertrag kann im Falle einer übermäßigen wirtschaftlichen Knebelung (zB stets bei über 20-jähriger Dauer; sonst ggf. entspr. Herabsetzung der zeitlichen Bindung) wegen → Sittenwidrigkeit nichtig sein. Sa → Ausschließlichkeitsverträge.

Biersteuer
wird nach dem BiersteuerG auf → Bier und Mischungen von Bier mit nichtalkoholischen Getränken (zB Radler) erhoben. Die Biersteuer ist eine → Verbrauchsteuer und gehört zu den Steuern, die auf EU-Ebene harmonisiert sind. Die Höhe der Steuer richtet sich nach dem Stammwürzegehalt des Bieres, der in Grad Plato gemessen wird. Der Regelsteuersatz beträgt pro Hektoliter 0,787 EUR je Grad Plato. Ein Hektoliter Bier mit einem Stammwürzegehalt von 12 Grad Plato (entspricht einem durchschnittlich starken Bier) ist demnach mit 9,44 EUR Biersteuer belastet. Rechtlich und wirtschaftlich selbständige Brauereien mit einer Gesamtjahreserzeugung von weniger als 200.000 Hektoliter können ermäßigte Steuersätze in Anspruch nehmen. Die Biersteuer entsteht mit Entfernung des Biers aus der Brauerei oder der Entnahme des Biers zum Verbrauch in der Brauerei. Steuerschuldner ist der Hersteller oder Importeur. Das Aufkommen an Biersteuer steht den Ländern zu (Art. 106 II Nr. 5 GG), wobei die Biersteuer von den Bundesfinanzbehörden (Zollverwaltung) erhoben wird. Die Verteilung unter den Ländern bestimmt sich nach dem Wohnsitz des Steuerschuldners. Das Aufkommen ist rückläufig und betrug 2019 ca. 617 Mio EUR.

Die Biersteuer ist eine der ältesten Abgaben auf Verbrauchsgüter. Sie wurde schon in mittelalterlichen Städten als Bierungeld, Bierziese, Bierpfennig, Trankgeld oder Schank- oder Malzaufschlag erhoben. Im 15. Jh. war sie eine der wichtigsten Bestandteile der landesstaatlichen Besteuerung.

Biet(ungs)abkommen, -vollmacht
→ Zwangsversteigerung.

Bietsicherheit
→ Zwangsversteigerung.

Big Data
→ Künstliche Intelligenz.

Bigamie (Doppelehe, doppelte Lebenspartnerschaft)
1. Nach § 1306 BGB darf eine Ehe nicht geschlossen werden, wenn zwischen einer der Personen, die die Ehe eingehen wollen, und einer dritten Person eine Ehe oder Lebenspartnerschaft besteht. Ebenso durfte nach § 1 III Nr. 1 LPartG eine → Lebenspartnerschaft nicht geschlossen werden, wenn eine der Personen mit einer dritten Person verheiratet war oder bereits mit einer anderen Person eine Lebenspartnerschaft führte. Der vorsätzliche Verstoß gegen dieses → Eheverbot oder Lebenspartnerschaftsverbot wird nach § 172 StGB mit Freiheitsstrafe bis zu 3 Jahren oder Geldstrafe bestraft. Die Strafvorschrift erfasst eine verheiratete oder verpartnerte Person, die mit einer dritten Person die Ehe schließt oder eine Lebenspartnerschaft begründet, sowie eine Person, die mit einer dritten verheirateten oder verpartnerten Person die Ehe schließt oder eine Lebenspartnerschaft begründet. Die frühere Ehe besteht noch, solange sie nicht aufgelöst ist (durch Tod oder rechtskräftige Scheidung) oder rechtskräftig aufgehoben ist; dies gilt entsprechend für die frühere Lebenspartnerschaft. Der Vorsatz des Täters muss das Wissen umfassen, dass die frühere Ehe oder Lebenspartnerschaft noch besteht, wobei bedingter Vorsatz genügt (so, wenn er das Fortbestehen der früheren Ehe oder Lebenspartnerschaft für möglich hält, weil noch keine Rechtskraft des Scheidungs- oder Aufhebungsbeschlusses bekannt ist, und er dies billigend in Kauf nimmt).

2. → Mehrehe, → Scharia (2).

Bilanz

1. Handelsbilanz ist ein das Vermögen und die Schulden gegenüberstellender Abschluss, den jeder → Kaufmann bei Beginn des Geschäftsbetriebs (Eröffnungsbilanz, Gründungsbilanz) und zum Ende eines jeden → Geschäftsjahres (Jahresabschlussbilanz) vorzunehmen hat (§ 242 I HGB). Einzelkaufleute, die in 2 aufeinanderfolgenden Geschäftsjahren nicht mehr als 600.000 EUR Umsatzerlöse und 60.000 EUR Jahresüberschuss aufweisen, sind von der Bilanzpflicht befreit (§ 242 III HGB, § 241a HGB). Die Bilanzen sind nach den Grundsätzen ordnungsmäßiger → Buchführung aufzustellen (§ 243 I HGB). Die Bilanz und eine – gesondert zu erstellende – Gewinn- und Verlustrechnung bilden den → Jahresabschluss. In der Bilanz sind für den Zeitpunkt der Aufstellung (Bilanzstichtag) sämtliche Vermögensgegenstände (getrennt nach Anlage- und Umlaufvermögen sowie Eigenkapital), die Schulden und Rechnungsabgrenzungsposten (Aufwendungen oder Erträge für die Zukunft, § 250 HGB) gesondert auszuweisen und hinreichend aufzugliedern (§ 247 I HGB); Posten der Aktivseite dürfen nicht mit Posten der Passivseite verrechnet werden (§ 246 II HGB). Für ungewisse Verbindlichkeiten (zB Pensionen) und drohende Verluste aus schwebenden Geschäften sind → Rückstellungen zu bilden (§ 249 HGB). Vermögensgegenstände sind höchstens mit den Anschaffungs- oder Herstellungskosten (vermindert um → Abschreibungen und vorhersehbare Risiken), Verbindlichkeiten zu ihrem Rückzahlungsbetrag anzusetzen. Es ist vorsichtig zu bewerten, namentlich sind alle vorhersehbaren Risiken und Verluste, die bis zum Abschlußstichtag entstanden sind, zu berücksichtigen, selbst wenn diese erst zwischen dem Abschlußstichtag und dem Tag der Aufstellung des Jahresabschlusses bekanntgeworden sind; Gewinne sind nur zu berücksichtigen, wenn sie am Abschlußstichtag realisiert sind (§ 252 I Nr. 4 HGB). Trotz grundsätzlich getrennter Bewertung gelten Vereinfachungen für den Wertansatz gleichartiger Vermögensgegenstände (Einzelheiten §§ 252 ff. HGB). Für → Kapitalgesellschaften und → GmbH & Co enthalten zudem §§ 266 ff. HGB detaillierte Sondervorschriften über Erstellung und Gliederung der Bilanz (Bewertungsvorschriften in §§ 279 ff. HGB). Diese gelten wiederum nur eingeschränkt für sog. „kleine Kapitalgesellschaften" (unter 6.000.000 EUR Bilanzsumme, 12.000.000 EUR Umsatzerlöse oder weniger als 50 Arbeitnehmern, § 267 HGB). Für Kreditinstitute bestehen Sondervorschriften in §§ 340 ff. HGB und für → Versicherungsunternehmen und Pensionsfonds in §§ 341 ff. HGB. Die Überprüfung der Rechnungslegung und von Unternehmensabschlüssen kann – neben einem Rechnungsbeirat (§ 342a HGB) – auch einer (privatrechtlichen organisierten) Prüfstelle (sog. Enforcement-Einrichtung) übertragen werden, §§ 342b ff. HGB, §§ 106 ff. WpHG (→ Wertpapierhandelsgesetz).

Die Bilanz ist wie das → Inventar zu unterzeichnen (§ 245 HGB) und muss 10 Jahre lang im Original aufbewahrt werden (§ 257 HGB). Zur Bilanzierung nach den → International Financial Reporting Standards (IFRS) s. dort; sa → Konzernbilanz, → Rechnungslegung. Verletzungen der Bilanzpflicht sind uU strafbar (→ Buchführung, → Insolvenzstraftaten). Von der Handelsbilanz kann die Steuerbilanz abweichen (u. 2).

2. Unter Steuerbilanz wird regelmäßig eine den einkommen- und körperschaftsteuerlichen Vorschriften entsprechende Ertragsteuerbilanz verstanden. Die Steuerbilanz wird zur Gewinnermittlung nach § 4 I EStG (Land- und Forstwirte, selbständig Tätige) oder § 5 EStG (Gewerbetreibende) wahlweise originär oder durch Anpassung der Handelsbilanz aufgestellt. Sie dient der Ermittlung der → Bemessungsgrundlagen für die → Einkommen-, → Körperschaft- und → Gewerbesteuer. Bei Gewinnermittlung nach § 5 EStG muss die Steuerbilanz sowohl den handelsrechtlichen Grundsätzen → ordnungsmäßiger Buchführung wie auch den steuerlichen Vorschriften der §§ 4–7, 9b, 15 EStG entsprechen. → Betriebsvermögensvergleich, → Bewertung, → Maßgeblichkeit der Handelsbilanz, → Mitunternehmerschaften, → DM-Eröffnungsbilanz, steuerlich.

Bilanzänderung

Ist ein Wertansatz in der Steuerbilanz nicht fehlerhaft, kann er durch einen anderen gesetzlich wahlweise zulässigen Ansatz ersetzt werden (§ 4 II EStG), zB Wahl einer anderen Abschreibungsmethode, → Absetzung für Abnutzung. Nach Einreichung beim Finanzamt kann die → Bilanz nur geändert werden, wenn dies in einem engen zeitlichen und sachlichen Zusammenhang mit einer → Bilanzberichtigung erfolgt. Dabei ist die Bilanzänderung betragsmäßig auf die Gewinnänderung, die sich durch die Bilanzberichtigung ergibt, begrenzt. Die frühere Möglichkeit, die Steuerbilanz zu einem späteren Zeitpunkt mit Zustimmung des Finanzamts zu ändern, ist entfallen.

Bilanzberichtigung

ist die Richtigstellung von Wertansätzen in der Steuerbilanz, dh die Ersetzung unzulässiger Wertansätze durch zulässige. Ein Wertansatz ist fehlerhaft, wenn er objektiv gegen ein handels- oder steuerrechtliches Bilanzierungsgebot oder -verbot verstößt und der Stpfl. dies bei pflichtgemäßer und gewissenhafter Prüfung hätte erkennen können. Eine Bilanzberichtigung ist zwingend vorzunehmen. Sie bedarf nicht der Zustimmung des Finanzamts. Sie wirkt sich auf die Steuerschuld jedoch nur aus, soweit die Veranlagung noch nicht bestandskräftig ist, oder bei bestandskräftigen Veranlagungen eine Änderung, zB nach § 173 AO, erfolgt. Nach Auffassung des BFH (BStBl. II 1973, 846) verlangt bei der Rückwärtsberichtigung der Grundsatz des Bilanzenzusammenhangs, dass die Schlussbilanz, die einer bestandskräftigen Veranlagung unterlegen hat, so falsch sie auch sein mag, richtige Eröffnungsbilanz des nächsten Wirtschaftsjahrs ist. Die Verweigerung der Berichtigung der Eröffnungsbilanz in diesen Fällen bedeutet Verzicht auf die Besteuerung des richtigen Periodengewinns. → Verjährung (§§ 169 ff. AO).

Bilanzierungsgrundsätze, -vorschriften
→ Bilanz.

Bilaterale Abkommen
sind zweiseitige → völkerrechtliche Verträge oder Abkommen (Gegensatz: multilaterale Abkommen).

Bild- oder Tonträger
ist eine Vorrichtung zur wiederholbaren Wiedergabe von Bild- oder Tonfolgen (§ 16 Abs. 2 UrhG) unabhängig von der Technik des Speichermediums; der Begriff erfasst insbes. Magnetband, Film, Schallplatte, CD, DVD, Blu-ray Disc, Festplatte und Flash-Speicher. Das Recht zur Herstellung von Bild- oder Tonträgern als Vervielfältigungsstücke eines urheberrechtlich geschützten Werks ist Teil des → Vervielfältigungsrechts des → Urhebers, dessen Nutzung er in einem → Lizenzvertrag dem Hersteller von Bild- oder Tonträgern einräumen kann. Daneben hat der Hersteller eines Tonträgers für 70 Jahre nach dem Erscheinen des Tonträgers das eigene ausschließliche Recht, den Tonträger zu vervielfältigen, zu verbreiten oder erlaubterweise öffentlich zugänglich zu machen (§ 85 UrhG); entsprechendes gilt für den Filmhersteller für einen Zeitraum von 50 Jahren (§ 94 UrhG).

Bild- oder Tonträger sind in verschiedenen Bereichen → Schriften gleichgestellt (vgl. etwa § 11 Abs. 3 StGB).

Bildaufnahme, unzulässige
Das deutsche Recht kennt mehrere Straftatbestände, welche das unzulässige Herstellen, Zugänglichmachen oder Verbreiten von Bildaufnahmen unter Strafe stellen, die Personen abbilden. Sie unterscheiden primär nach dem jeweils im Vordergrund stehenden Schutzgut.

1. Schutz des höchstpersönlichen Lebensbereichs und von Persönlichkeitsrechten (§ 201a StGB)

Der seit seiner Einführung im Jahr 2004 mehrfach erweiterte Straftatbestand des § 201a StGB verfolgt verschiedene Schutzrichtungen und erfasst in seiner ab 1.1.2021 geltenden Fassung eine Reihe sich teilweise überschneidender Tatvarianten, wobei seine Absätze 1 bis 3 partiell hinsichtlich der jeweils erfassten Tathandlungen differenzieren.

a) § 201a I StGB unterscheidet drei Fallgruppen strafbarer Abbildungen einer Person, wobei einmal an den besonders schutzwürdigen Ort der Aufnahme und zweimal daran angeknüpft wird, dass sich die aufgenommene Person in einer besonders schutzbedürftigen Situation befindet:

Die erste Gruppe bilden Bildaufnahmen einer anderen Person, die sich in einer Wohnung oder einem gegen Einblick besonders geschützten Raum befindet (§ 201a I Nr. 1 StGB). Derartige Räume stellen va eigene und fremde Wohnungen einschließlich Gäste- oder Hotelzimmer dar. Zudem sind Räume einbezogen, die zwar öffentlich zugänglich, aber bei Benutzung gerade gegen unbefugten Einblick geschützt sind. Gedacht ist hierbei zB an Aufnahmen einer Person, die sich in einer Toilette, Umkleidekabine, einem Solarium oder einem ärztlichen Behandlungszimmer aufhält (vgl. BT-Drs. 15/2466, 5).

Als zweite Gruppe hat § 201a I Nr. 2 StGB Bildaufnahmen zum Gegenstand, die die Hilflosigkeit einer anderen Person zur Schau stellen. Dabei kann es sich zB um eine betrunkene Person handeln oder um das Opfer eines Unfalls oder einer Gewalttat. Der Tatbestand will der Herstellung und nachfolgenden Verbreitung von Bildaufnahmen in – zum Teil sogar aktiv von dem Täter herbeigeführten – für das Opfer entwürdigenden, bloßstellenden oder gewalttätigen Situationen entgegenwirken. Anlass hierzu geben aus Sicht des Gesetzgebers zwei Faktoren, nämlich die ständige Verfügbarkeit von Aufnahmegeräten (den in Mobiltelefonen eingebauten Kameras) sowie der sog. Online-Enthemmungseffekt, dh die angesichts der Anonymität geringe Hemmschwelle bei der Verbreitung von Inhalten in Telemedien, in denen die soziale Kontrolle fehlt (BT-Drs. 18/2601, 36). Hinzu kommen dürfte die Gewohnheit vieler Nutzer sog. sozialer Netzwerke, jegliches Erleben bildlich festzuhalten und per Internet mit anderen Nutzern zu teilen. Die Variante überschneidet sich mit § 201a II StGB (dem Ansehen der abgebildeten Person erheblich schadende Bildaufnahmen, unten b). Sie wurde eingefügt, weil nicht jede abgebildete Hilflosigkeit einer Person deren Ansehen schmälert, insbes. dann nicht, wenn die Person zB als Opfer einer Gewalttat unverschuldet in die hilflose Lage geraten ist (BT-Drs. 18/3032, 28). Bei Aufnahmen von Gewaltopfern kommt auch eine Strafbarkeit nach § 131 StGB (→ Gewaltdarstellung) in Betracht.

In beiden genannten Gruppen setzt der Tatbestand voraus, dass mit der Tathandlung der „höchstpersönliche Lebensbereich" der abgebildeten Person verletzt wird. Ob § 201a I Nr. 1 und 2 StGB, was wohl der Vorstellung des historischen Gesetzgebers entspräche, mit Blick auf diese Voraussetzung als → Erfolgsdelikte auszulegen sind (hM) oder als bloße → Tätigkeitsdelikte in der Form eines abstrakten → Gefährdungsdelikts, ist umstritten. Der Bereich soll sich inhaltlich an dem durch die Rechtsprechung des BVerfG verwendeten und in der zivilrechtlichen Rechtsprechung näher ausgeformten Begriff der Intimsphäre (→ Persönlichkeitsrecht 2) orientieren. Ihm sind va, aber nicht nur die Bereiche Krankheit, Tod und Sexualität zuzuordnen (BT-Drs. 15/2466, 5). Dass der Gesetzgeber überhaupt von Fällen ausgeht, in denen dieser Schutzbereich durch die unbefugte Anfertigung von Bildaufnahmen der genannten Art nicht verletzt wird, sowie dass die Konkretisierung insoweit der Rechtsprechung überlassen wurde, ist Gegenstand rechtspolitischer Kritik.

Als dritte Gruppe erfasst § 201a I Nr. 3 StGB Bildaufnahmen, die in grob anstößiger Weise eine verstorbene Person zur Schau stellen. Schutzgut dieser Variante ist nicht der nur Lebenden zukommende höchstpersönliche Lebensbereich, sondern der Anspruch auf postmortale Respektierung eines Kernbereichs dessen, was den Verstorbenen in seinem Leben ausmachte und prägte (BT-Drs. 19/17795, 10). Anlass zu dieser Regelung gaben durch die bereits genannten Effekte (ständige Verfügbarkeit von Aufnahmegeräten, Enthemmung und Mitteilungsdrang in sozialen Medien) begünstigte Fälle, in denen → Schaulustige bei Unfällen oder Unglücksfällen Bildaufnahmen vom Geschehen, insbesondere von verletzten und verstorbenen Personen verbreiteten. Grob anstößig ist eine Bildaufnahme, wenn der Inhalt der Aufnahme unter Missachtung des postmortalen Achtungsanspruchs den über den Tod hinauswirkenden sittlichen Geltungswert der verstorbenen Person verletzt. Maßgeblich ist dabei die objektive Eignung der Bildaufnahme hierzu, nicht die Vorstellung des Täters (BT-Drs. 19/17795, 1, 11).

Hinsichtlich der drei genannten Gruppen des § 201a I StGB stehen jeweils folgende Tathandlungen unter Strafe: Erfasst wird, wer die Bildaufnahmen unbefugt herstellt oder überträgt; Letzteres soll Echtzeitübertragungen einbeziehen. Strafbar macht sich auch, wer durch einen anderen unbefugt hergestellte Bildaufnahmen gebraucht oder einer dritten Person zugänglich macht (§ 201a I Nr. 4 StGB), sowie derjenige, der eine befugt hergestellte Bildaufnahme wissentlich unbefugt einer dritten Person zugänglich macht (§ 201a I Nr. 5 StGB).

b) Bloßstellende Bildaufnahmen (§ 201a II StGB): Dieser Tatbestand stellt denjenigen unter Strafe, der unbefugt eine Bildaufnahme einer anderen Person, die geeignet ist, dem Ansehen der abgebildeten Person erheblich zu schaden, einer dritten Person zugänglich macht. Dabei kann es sich auch um eine verstorbene Person handeln (§ 201a II 2 StGB). Die Norm richtet sich insbes. gegen Cybermobbing. Unter bloßstellenden Bildaufnahmen versteht der Gesetzgeber solche, die die abgebildete Person in peinlichen oder entwürdigenden Situationen oder in einem solchen Zustand zeigen und bei denen angenommen werden kann, dass üblicherweise ein Interesse daran besteht, dass sie nicht hergestellt, übertragen oder Dritten zugänglich gemacht werden. Maßstab ist die Beurteilung durch einen durchschnittlichen Betrachter (BT-Drs. 18/2601 S. 37). Die hohe Wertungsabhängigkeit und damit geringe Bestimmtheit der Tatbestandsumschreibung werden in der Literatur als problematisch angesehen. Sie überschneidet sich mit derjenigen der Aufnahme hilfloser Personen (§ 201a I Nr. 2 StGB), setzt aber im Gegensatz zu diesem nicht voraus, dass der höchstpersönliche Lebensbereich verletzt wird (BT-Drs. 19/17795, 7). Anders als in den Fällen des § 201a I StGB wird das bloße Herstellen der Bildaufnahme nicht erfasst.

c) Kommerzielle Nacktaufnahmen von Kindern und Jugendlichen (§ 201a III StGB): Sanktioniert wird mit dieser Variante das Herstellen oder Anbieten einer Bildaufnahme, welche die Nacktheit einer anderen Person unter achtzehn Jahren zum Gegenstand hat, wenn dies in der Absicht geschieht, das Bild einer dritten Person gegen Entgelt zu verschaffen. Ebenso ist strafbar, wer eine solche Bildaufnahme sich oder einer dritten Person gegen Entgelt verschafft. Der Gesetzgeber wollte mit dieser Norm insbes. den strafrechtlichen Schutz gegenüber vorwiegend sexuellen Zwecken dienenden Bildaufnahmen verbessern und Wege zur Umgehung einer Strafbarkeit nach den §§ 184b, 184c StGB (→ Pornographische Inhalte) verschließen. Anders als dort erfasst § 201a III StGB auch Bilder, die keine sexuelle Handlung und auch keine geschlechtsbetonte Körperhaltung oder Position der abgebildeten Person zeigen (BT-Drs. 18/2601, 17, 36). Dafür beschränkt sich die Norm auf entgeltliches Handeln, so dass zB Urlaubsfotos der eigenen Kinder am Strand nicht erfasst werden. Als „Entgelt" gilt nach § 11 I Nr. 9 StGB jede in einem Vermögensvorteil bestehende Gegenleistung; umfasst ist auch das Anbieten und Zugänglichmachen im Rahmen eines Tauschsystems (BT-Drs. 18/3202, 28).

d) Tatbestandsausschluss: Außer in den Fällen des § 201a I Nr. 1 StGB besteht bei allen Tatvarianten keine Strafbarkeit von Handlungen, die in Wahrnehmung überwiegender berechtigter Interessen erfolgen, namentlich der Kunst oder der Wissenschaft, der Forschung oder der Lehre, der Berichterstattung über Vorgänge des Zeitgeschehens oder der Geschichte, oder die ähnlichen Zwecken dienen (§ 201a IV StGB). Es handelt sich um eine positive Ausformung des Gedankens der Sozialadäquanz (→ Objektive Zurechnung).

e) Nach § 201a StGB strafbar ist nur ein Handeln mit → Vorsatz. Dieser muss sich auch auf die zT vorausgesetzten besonderen Umstände und Wirkungen der Aufnahmesituation beziehen, also auf die Hilflosigkeit der Person bei § 201a I Nr. 2 StGB, der groben Anstößigkeit der Aufnahme bei § 201a I Nr. 3 StGB oder die Eignung zur Ansehensschädigung bei § 201a II StGB. Dabei genügt es jeweils, wenn der Täter die tatsächlichen Umstände kennt, aus denen sich die jeweilige Bewertung ergibt; er handelt auch dann vorsätzlich, wenn er selbst keinen Anstoß nimmt (BT-Drs. 19/17795, 1, 11; → Normative Tatbestandsmerkmale und Rechtsbegriffe). Bei § 201a III StGB ist Absicht (→ Vorsatz 1a) bzgl. der Entgeltlichkeit des Handelns erforderlich.

f) Der Strafrahmen für alle Varianten des § 201a StGB umfasst jeweils Geldstrafe und Freiheitsstrafe bis zu 2 Jahren. Die verwendeten Bildträger und Bildaufnahmegeräte können eingezogen werden (§ 201a V StGB, → Einziehung). Der Versuch ist jeweils straflos. Die Tat ist → Antragsdelikt (§ 205 StGB).

2. Schutz des Intimbereichs (§ 184k StGB)

Nach dem mit Wirkung zum 1.1.2021 neu geschaffenen Tatbestand macht sich strafbar, wer absichtlich oder wissentlich von den Genitalien, dem Gesäß, der weiblichen Brust oder der diese Körperteile bedeckenden Unterwäsche einer anderen Person unbefugt eine Bildaufnahme herstellt oder überträgt, soweit diese Bereiche gegen Anblick geschützt sind. Gleiches gilt für das unbefugte Gebrauchen oder (gegenüber einer dritten Person) Zugänglichmachen einer derartigen Bildaufnahme. Unter Strafe gestellt ist es zudem, eine befugt hergestellte Bildaufnahme der genannten Art wissentlich unbefugt einer dritten Person zugänglich zu machen. Schutzgut der Norm ist nicht nur das Recht am eigenen Bild als Ausprägung des allgemeinen → Persönlichkeitsrechts, sondern primär das Recht auf sexuelle Selbstbestimmung (BT-Drs. 19/20668, 15), auch wenn eine sexuelle Motivation nicht vorausgesetzt wird. Ziel des Gesetzgebers war es, insbes. Fälle des sog. „Upskirtings" (unbefugte Bildaufnahmen unter den Rock) und des „Downblousings" (unbefugte Bildaufnahmen in den Ausschnitt einer weiblichen Person) zu erfassen. Der Tatbestand setzt absichtliches oder wissentliches Handeln voraus; bedingter Vorsatz genügt nicht (→ Vorsatz 1a). Mit dieser Beschränkung wird dem Umstand Rechnung getragen, dass es wesentlich vom Bewegungsverhalten der abgebildeten Person und vom Standort bzw. Blickwinkel des Aufnehmenden abhängt, ob bestimmte Körperteile „gegen Anblick geschützt sind" (vgl. Stellungnahme des BR, BT-Drs. 19/17795, 15). Wie § 201a IV StGB (oben 1d) enthält § 184k III einen Tatbestandsausschluss für Fälle der Sozialadäquanz. Der Strafrahmen umfasst Geldstrafe sowie Freiheitsstrafe bis zu zwei Jahren. Die verwendeten Bildträger und Bildaufnahmegeräte können eingezogen werden (§ 184k IV StGB). Es handelt sich um ein → Antragsdelikt (§ 184k II StGB), wobei die Strafverfolgungsbehörde die Tat wegen eines besonderen öffentlichen Interesses auch von Amts wegen verfolgen kann.

3. Schutz des Rechts am eigenen Bild (§ 33 KunstUrhG)

Mit Freiheitsstrafe bis zu einem Jahr oder mit Geldstrafe wird nach § 33 KunstUrhG bestraft, wer ohne Einwilligung des Abgebildeten (§ 22 KunstUrhG) und ohne Vorliegen eines der Fälle des § 23 KunstUrhG (ua Bildnisse aus dem Bereich der Zeitgeschichte, Bilder von Versammlungen, Aufzügen) ein Bildnis verbreitet oder öffentlich zur Schau stellt. Die Tat ist → Antragsdelikt und Privatklagedelikt (→ Privatklage).

4. Ergänzend zum Schutz nach dem KunstUrhG und zum zivilrechtlichen Schutz → Bildnis. Siehe zudem → Tonaufnahme, unzulässige, → Belästigung durch Nachstellen, → Nachstellung.

Bildnis

Das Recht am eigenen Bildnis wird als → Persönlichkeitsrecht nach dem insoweit aufrechterhaltenen Gesetz betr. das Urheberrecht an Werken der bildenden Künste und der Photographie – KunstUrhG – v. 9.1.1907 (RGBl. 1907, 7) geschützt. Danach dürfen Bildnisse (gleich welcher Herstellungsart) grds. nur mit Einwilligung der abgebildeten Person verbreitet oder öffentlich ausgestellt werden. In der Annahme einer Entlohnung liegt im Zweifel die Einwilligung. Die Schutzfrist beträgt 10 Jahre vom Tode des Abgebildeten an; während dieser Zeit ist die Einwilligung der Angehörigen erforderlich (§ 22). Ohne Einwilligung darf ein Bildnis unter den Voraussetzungen der §§ 23, 24 KunstUrhG verbreitet oder ausgestellt werden, insbes. wenn das Bildnis zur Zeitgeschichte gehört (nicht aber zB allein die abgebildete Person in ihrer Privatsphäre), die Person nur als Beiwerk neben einer Landschaft oder sonstigen Örtlichkeit abgebildet ist, Bilder von Versammlungen, Aufzügen u. dgl., bei Vorliegen eines höheren Interesses der Kunst oder eines öffentlichen Interesses (insbes. der Rechtspflege oder öff. Sicherheit, zB der Strafverfolgung). Rechtswidrige Verletzung des Rechts am eigenen Bildnis kann strafrechtlich verfolgt werden, wobei der Verletzte Vernichtung des Bildnis verlangen kann; im Zivilrechtswege kann → Schadensersatz (aus § 823 I BGB), Unterlassung und Vernichtung gefordert werden (§§ 33 ff. KunstUrhG). Vom Recht am eigenen Bildnis zu unterscheiden ist das → Urheberrecht am → Lichtbild oder am Werk der bildenden Kunst (Portraitbild oder -büste). Das Bildnis wird ergänzend durch das → allgemeine Persönlichkeitsrecht geschützt (zB schon das Anfertigen von Bildnissen, → Bildaufnahme, unzulässige).

Bildschirmarbeitsplatz

Hierunter versteht man die Tätigkeit eines → Arbeitnehmers an einem Datensichtgerät (zB Computer). Zum Umfang der → Mitbestimmung des → Betriebsrats in diesem Zusammenhang s. BAG 6.12.1983 – 1 ABR 43/81, NJW 1984, 1476. Die arbeitsschutzrechtlichen Bestimmungen wurden in die → Arbeitsstättenverordnung integriert (insbes. Anhang 6).

Bild-Ton-Aufzeichnungen und Übertragungen

→ Video-Aufzeichnungen und -Übertragungen.

Bildung bewaffneter Gruppen

Nach § 127 StGB ist strafbar, wer unbefugt eine Gruppe (mindestens 3 Personen), die über Waffen oder andere gefährliche Werkzeuge verfügt, bildet oder befehligt oder sich ihr anschließt, sie mit Waffen oder Geld versorgt oder sonst unterstützt. Sa → kriminelle Vereinigungen, → terroristische Vereinigungen. Über die Strafbarkeit unerlaubter Herstellung und Inverkehrbringens von → Kriegswaffen s. § 22a KrWaffKontrG.

Bildungsförderung
→ Ausbildungsförderung.

Bildungspaket
Rechtsgrundlage für das Bildungspaket ist § 25 SGB I. Es handelt sich dabei um Leistungen, die zusätzlich zu den Regelbedarfsleistungen an bedürftige Kinder und Jugendliche erbracht werden können, um deren Teilhabe an Gesellschaft und Bildung zu ermöglichen. Durch das Starke-Familien-Gesetz wurden die entsprechenden Vorschriften, zB im BKGG, SGB II oder SGB XII geändert und den zeitgemäßen Bedürfnissen angepasst → Leistungen für Bildung und Teilhabe.

Bildungsplanung
kann nach Art. 91b GG Gegenstand von Vereinbarungen zwischen Bund und → Ländern zur Förderung von Einrichtungen und Vorhaben der wissenschaftlichen Forschung von überregionaler Bedeutung sein; hierbei ist die Aufteilung der Kosten zu regeln. Damit ist eine Rechtsgrundlage für die Zusammenarbeit auf den genannten Gebieten gegeben. Hochschulbauförderungsgesetz, → Gemeinschaftsaufgaben.

Bildungsurlaub
Anspruch auf (bezahlten) Bildungsurlaub haben Mitglieder des → Betriebsrats (3–4 Wochen im Verlauf ihrer Amtszeit sowie weiter nach Erforderlichkeit) zur Teilnahme an Schulungs- und Fortbildungsveranstaltungen für ihr Amt (§ 37 VII BetrVG). Darüber hinaus ist für → Arbeitnehmer ein Anspruch auf Bildungsurlaub zur politischen, beruflichen oder allgemeinen Weiterbildung im Rahmen hierfür anerkannter Veranstaltungen verschiedentlich durch → Tarifvertrag oder → Betriebsvereinbarung geregelt. In fast allen Bundesländern (außer in Bayern und Sachsen) besteht für Arbeitnehmer ein gesetzlicher Anspruch hierauf (meist eine Woche pro Jahr bzw. zwei Wochen in zwei Jahren; zB AWbG NRW), wobei unterschiedlich ausgestaltet ist, ob eine Entgeltfortzahlung durch den Arbeitgeber erfolgt und ob ein tariflicher Bildungsurlaub anzurechnen ist. Da ein Anspruch auf Bildungsurlaub im BUrlG nicht geregelt ist, können die Länder insoweit Regelungen treffen; der Bund hat aber das Übereinkommen Nr. 140 der Internationalen Arbeitsorganisation vom 24.6.1974 über den bezahlten Bildungsurlaub ratifiziert (BGBl. 1976 II 1526). Auch können Urlaubsverordnungen des Bundes und der Länder für Beamten und Richter Sonderurlaub zu Fortbildungszwecken vorsehen. Die bundesweite Einführung einer bezahlten Bildungszeit bzw. eines Weiterbildungsjahres war vom BMAS für 2023 angekündigt worden, im bis 1.8.2024 schrittweise in Kraft getretenen sog. Weiterbildungsgesetz (sa → Berufliche Fortbildung) war der Anspruch noch nicht enthalten.

Bildzeichen
Von einem Bildzeichen oder einer Bildmarke spricht man bei einer → Marke, die ausschließlich aus Bildelementen besteht (in Abgrenzung zur → Wort-Bild-Marke, die sowohl Bild- als auch Textelemente aufweist). In Bezug auf Unionsmarken wird diese Abgrenzung indes nicht vorgenommen. Hier gilt auch ein Wort-Bild-Zeichen als Bildzeichen.

Bill of Rights
Der Bill of Rights ist ein in England 1689 ergangenes Gesetzeswerk, das die in der Declaration of Rights (ebenfalls von 1689) festgelegten Grundsätze des Verfassungsrechts sanktionierte. Diese → Konstitution räumte den Bürgern bestimmte Freiheiten ein, die von der Krone nur mit Zustimmung des Parlaments angetastet werden durften; dem Parlament wurden ua das Budgetrecht und die Steuerhoheit zugestanden.

Billiges Recht, strenges Recht
→ Recht (3).

Billigkeit
→ Leistung.

Billigkeitserlass
Nach § 227 AO können im Einzelfall Steuern und andere Ansprüche aus dem Steuerschuldverhältnis (§ 37 AO) ganz oder zum Teil erlassen, erstattet oder angerechnet werden, wenn ihre Einziehung nach Lage des Falles unbillig wäre. Unter den gleichen Voraussetzungen können Steuern niedriger festgesetzt werden und einzelne Besteuerungsgrundlagen, die die Steuern erhöhen, bei der Festsetzung der Steuer unberücksichtigt bleiben (§ 163 AO). Auch bereits entrichtete Steuern können erstattet oder angerechnet werden. Gegen die Versagung eines Billigkeitserlasses (Ermessensentscheidung) ist → Einspruch gegeben. Die gerichtliche Nachprüfung beschränkt sich darauf, ob die Finanzbehörde bei ihrer Entscheidung das Ermessen fehlerhaft ausgeübt hat (§ 102 FGO; → Ermessen). Die Zuständigkeit zum Erlass von Billigkeitsmaßnahmen richtet sich nach dem gleichlautenden Ländererlass vom 17.12.2015. Für Beträge bis 20.000 EUR ist das FA zuständig, für Beträge bis 100.000 EUR ist die Zustimmung der OFD erforderlich. In den übrigen Fällen ist die Zustimmung der obersten Landesfinanzbehörde notwendig.

Billigkeitshaftung
→ Deliktsfähigkeit (1).

Billigkeitsklausel
→ Scheidungsunterhalt (2).

Billigkeitskontrolle
→ Inhaltskontrolle.

Billigung von Straftaten
(§ 140 StGB) → Belohnung und Billigung von Straftaten.

Binding, Karl
(1841–1920), dt. Rechtslehrer, Vertreter der klassischen Strafrechtsschule, die den Vergeltungsgedanken als → Strafzweck in den Vordergrund stellte (→ Strafrechtstheorien).

Bindungswirkung
Bindungswirkung gerichtlicher Entscheidungen. In bestimmten Fällen bindet eine gerichtliche Entscheidung nicht nur die Parteien und Verfahrensbeteiligten, sondern auch am Verfahren nicht beteiligte Behörden kraft Gesetzes, so insbes. bei der → Tatbestands- oder Feststellungswirkung des gerichtlichen Urteils, ferner zB nach § 3 StVG durch die gerichtliche Entziehung der → Fahrerlaubnis sowie in besonderem Maße durch die nach § 31 BVerfGG mit Gesetzeskraft ausgestatteten Entscheidungen des Bundesverfassungsgerichts. Umgekehrt besteht ausnahmsweise eine gesetzliche Bindung des Gerichts an bestimmte Vorentscheidungen einer Behörde (oder die hierauf in einem anderen Gerichtszweig ergehenden Rechtsmittelentscheidungen), so nach § 108 SGB VII an die Vorentscheidung über das Vorliegen eines Arbeitsunfalls und die hieraus entstehenden Unfallversicherungsansprüche. Eine Bindungswirkung ist ferner für das nachgeordnete Gericht gegenüber Entscheidungen des Rechtsmittelgerichts gesetzlich bestimmt durch Bindung an die rechtliche Beurteilung des Falles durch das Revisionsgericht, aber auch umgekehrt durch eine grundsätzliche Bindung des Revisionsgerichts an die tatsächlichen Feststellungen der Vorinstanz (§ 559 II ZPO, § 563 II ZPO, § 358 I StPO, § 137 II VwGO, § 118 II FGO, § 163 SGG, § 170 SGG). Entsprechendes gilt im Zivilprozess für die Bindungswirkung eines Berufungsurteils nach → Zurückverweisung (hM). Dagegen besteht grundsätzlich keine Bindungswirkung für das Gericht derselben Instanz bzgl. der von ihm gefällten früheren Entscheidungen in derselben oder einer anderen Sache; doch begründet § 318 ZPO eine Bindungswirkung für die im Zivilprozess ergangenen End- und Zwischenurteile, insbes. über den Grund des Anspruchs oder einen Teilbetrag. Schließlich kann nach gesetzlicher Vorschrift eine Bindungswirkung durch Verweisung einer Sache an eine andere Instanz derselben oder an das zuständige Gericht einer anderen Gerichtsbarkeit gegeben sein (vgl. zB § 281 ZPO, § 506 ZPO, § 696 ZPO, § 270 StPO, § 17 GVG, § 17a GVG). S. ergänzend → Rechtskraft gerichtlicher Entscheidungen.

Binnenfischerei
→ Fischerei.

Binnengrenze
→ EG-Außengrenze, → Grenzkontrollen, → Schengener Übereinkommen.

Binnenlotse
→ Lotsen.

Binnenmarkt, digitaler
1. Als digitaler Binnenmarkt (Engl.: Digital Single Market) bezeichnet die → Europäische Kommission das Ziel, einen gemeinsamen → Europäischen Binnenmarkt für Daten und digitale Inhalte zu schaffen (Com (2015) 192 final). Die drei Säulen dieser Strategie sind
– die Schaffung einheitlicher Rahmenbedingungen für digitale Netze und Dienstleistungen,
– die Verbesserung des Zugang zu digitalen Waren und Dienstleistungen und
– die Stärkung der digitalen Wirtschaft.

2. Es ist wahrscheinlich, dass mit Schaffung des digitalen Binnenmarktes eine fünfte Grundfreiheit entsteht, die als freier Verkehr von Daten neben die vier klassischen europäischen Grundfreiheiten des freien Verkehrs von Waren, Dienstleistungen, Personen und Kapital treten wird.

Legislative Vorhaben im Rahmen des digitalen Binnenmarktes betreffen ua den E-Commerce (→ elektronischer Geschäftsverkehr, → Online-Vermittlungsdienste), → Paketzustelldienste, → Geoblocking, Daten-Portabilität (VO (EU) 2017/1128 v. 14.6.2017 zur grenzüberschreitenden Portabilität von Online-Inhaltediensten im Binnenmarkt, ABl. EU 2017 L 168, 1), vertragliche Aspekte der Bereitstellung digitale Inhalte (RL (EU) 2019/770 v. 20.5.2019 über bestimmte vertragliche Aspekte der Bereitstellung digitaler Inhalte und digitaler Dienstleistungen, ABl. EU 2019 L 136, 1), → Urheberrecht, Datenschutz (→ Datenschutz-Grundverordnung), e-Privacy und IT-Sicherheit. Überlegungen des EU-Gesetzgebers bestehen auch für die Bereiche KI (Künstliche Intelligenz), IoT (Internet of Things) und Robotik.

3. Mit VO (EU) 2018/1488 v. 28.9.2018 zur Gründung des Gemeinsamen Unternehmens für europäisches Hochleistungsrechnen (high performance computing) (ABl. EU 2018 L 252, 1) hat die EU ein Gemeinsames Unternehmen nach Art. 187 AEUV mit eigener Rechtspersönlichkeit und Sitz in Luxemburg gegründet. Seine mit etwa 1 Mrd. Euro finanzierte Aufgabe ist es, zur Förderung des digitalen Binnenmarktes eine integrierte Hochleistungsrechen- und Dateninfrastruktur von Weltrang aufzubauen.

Binnenmarkt, europäischer
Bereits in der einheitlichen → Europäischen Akte haben sich die Mitgliedstaaten der EG verpflichtet, schrittweise einen „Raum ohne Binnengrenzen" zu verwirklichen, in dem „der freie Verkehr von Waren, Personen, Dienstleistungen und Kapital gewährleistet ist" (vgl. auch → Europäische Integration, 3a). Grundlage war die Erkenntnis, dass der durch Abbau von Handels- und Dienstleistungsbeschränkungen geschaffene → Gemeinsame

Markt sich nicht als ausreichend erwiesen hatte, Grenzhindernisse effektiv zu beseitigen. Deshalb wurden durch eine Reihe von ergänzenden Vorschriften für den Binnenmarkt die Befugnisse der EG mit dem Ziel des Abbaues von Grenzhindernissen erheblich erweitert. Die maßgeblichen Vorschriften sind nunmehr in Art. 21 ff. AEUV (→ AEUV) enthalten; Art. 114 ff. AEUV schaffen die Möglichkeit, zur Verwirklichung des Binnenmarktes gem. Art. 26 AEUV → Richtlinien der Europäischen Union zur Angleichung der Rechtsvorschriften zu schaffen.

Binnenmarkt, Umsatzsteuer

1. Der von der → Europäischen Union angestrebte und zum 1.1.1993 verwirklichte gemeinsame Wirtschaftsraum (Binnenmarkt) verlangte die Angleichung der Umsatzsteuer und der speziellen → Verbrauchsteuern in den Mitgliedstaaten. Nur so konnte ein freier Warenverkehr ohne Grenzkontrollen zwischen den Mitgliedstaaten gewährleistet werden. Diesem Ziel dient die → Richtlinie des Europäischen Rates vom 16.12.1991 (Binnenmarkt-Richtlinie). Art. 3 der Richtlinie hat die Mitgliedstaaten verpflichtet, die notwendigen Rechts- und Verwaltungsvorschriften, die zur Anpassung erforderlich sind, mit Wirkung zum 1.1.1993 zu erlassen. Die BRep. hat durch das Gesetz zur Anpassung des Umsatzsteuergesetzes an den Binnenmarkt vom 25.8.1992 die erforderlichen Ergänzungen und Änderungen vorgenommen. Die Binnenmarktbesteuerung wurde durch das Einschieben von „a, b, c …"-§§ in das Umsatzsteuergesetz vorgenommen. Die zunächst bis zum 31.12.1996 befristete Übergangslösung gilt mangels anderweitiger Regelung noch heute.

2. Durch das Umsatzsteuer-Binnenmarktgesetz wurden u. a. folgende neue Begriffe und Prinzipien eingeführt:

a) Innergemeinschaftliche Lieferung: Lieferung von Gegenständen, die im Rahmen des innergemeinschaftlichen gewerblichen Warenverkehrs aus einem Mitgliedstaat in einen anderen ausgeführt werden. Diese Lieferung ist grundsätzlich umsatzsteuerfrei.

b) Innergemeinschaftlicher Erwerb: Gelangt im Rahmen des innergemeinschaftlichen gewerblichen Warenverkehrs ein Gegenstand aus einem Mitgliedstaat in einen anderen, so liegt beim Erwerber regelmäßig ein innergemeinschaftlicher Erwerb vor. Dieser Erwerb ist grundsätzlich umsatzsteuerpflichtig in dem Mitgliedstaat, in den der Gegenstand durch die Lieferung gelangt (Bestimmungsland).

Umsatzsteuerfreie innergemeinschaftliche Lieferung und umsatzsteuerpflichtiger innergemeinschaftlicher Erwerb stehen einander spiegelbildlich gegenüber. Zur Gewährleistung dieses Grundprinzips erhalten Unternehmen, die sich am innergemeinschaftlichen Waren- und Dienstleistungsverkehr beteiligen, eine Umsatzsteuer-Identifikationsnummer. Diese wird auf Antrag vom Bundeszentralamt für Steuern erteilt. Gibt der Erwerber beim Kauf des Liefergegenstandes diese an, so kann der liefernde Unternehmer davon ausgehen, dass der Erwerb des Gegenstands beim Abnehmer im anderen Mitgliedstaat der Umsatzsteuer unterliegt.

c) Privatperson: Erfolgt eine Lieferung aus einem Mitgliedstaat an eine Privatperson in einem anderen Mitgliedstaat, so ist die Umsatzsteuer grundsätzlich in dem Staat zu erheben, aus dem der gelieferte Gegenstand kommt (Ursprungsland). Ausnahmen bestehen bei Fernverkäufen (früher: Versandhandel) und bei der Fahrzeugeinzelbesteuerung.

d) Fernverkäufe (früher Versandhandel): Eine Versendungslieferung (Fernverkauf) liegt vor, wenn Gegenstände aus einem Gebiet des Mitgliedstaats in das Gebiet eines anderen – insbes. an private Abnehmer – vom liefernden Unternehmer befördert oder versendet werden. Grundsätzlich sind diese Lieferungen dort zu erfassen, wo die Beförderung oder Versendung endet (Bestimmungsland). Bedingung ist ua, dass der Lieferant mit seinen gesamten innergemeinschaftlichen Versendungslieferungen im Vorjahr und voraussichtlich auch im laufenden Jahr die Lieferschwelle überschreitet. Die Lieferschwellen sind in den einzelnen Mitgliedstaaten unterschiedlich (vgl. UStAE). Bis 31.7.2021 betrug die deutsche Lieferschwelle 100.000 EUR und galt für Unternehmer aus anderen Mitgliedstaaten, die in die BRep. Versendungslieferungen ausführten. Wurde diese Lieferschwelle nicht erreicht, so war die Umsatzsteuer für die Versendungslieferung in dem Mitgliedstaat abzuführen, in dem die Versendung begann (Ursprungsland). Seit 1.7.2021 ist diese Lieferschwelle entfallen. Stattdessen gilt eine für alle Mitgliedsstaaten einheitliche Bagatellgrenze iHv 10.000 EUR (§ 3c IV UStG), die zusammen mit der bisherigen Lieferschwelle für sog. Fernverkäufe in der Union für Telekommunikations-, Rundfunk- und Fernsehdienstleistungen sowie elektronisch erbrachte Dienstleistungen (§ 3a Abs. 5 S. 3 UStg) angwendet wird. Diese Bagatellgrenze gilt nicht pro Land, sondern für die Summe sämtlicher unter diese Regelungen fallenden Umsätze.

e) Fahrzeugeinzelbesteuerung. Die Lieferung neuer Fahrzeuge (bis 6.000 km, stets in den ersten 6 Monaten) unterliegt immer der Umsatzsteuer im Bestimmungsland. Der Lieferant ist zum Vorsteuerabzug berechtigt. Der Erwerber muss im Inland die Umsatzsteuer (Erwerbsteuer) bezahlen. Damit diese Steuerfestsetzung erfolgt, muss der Erwerber innerhalb von 10 Tagen nach dem Erwerb eine Umsatzsteuererklärung abgeben.

f) Schwellenerwerber. Unternehmer, die wegen ausschließlich steuerfreier Umsätze vom Vorsteuerabzug ausgeschlossen sind, zB Ärzte; Kleinunternehmer, die keine Umsatzsteuer entrichten (§ 19 I UStG); pauschaliert besteuerte Land- und Forstwirte (§ 24 I UStG, → Durchschnittssätze) sowie juristische Personen außerhalb ihres Unternehmens, zB öffentliche Hand im Hoheitsbereich oder gemeinnütziger Verein im ideellen Bereich, führen grundsätzlich keinen innergemeinschaftlichen Erwerb aus. Überschreitet der Gesamtbetrag der Entgelte für derartige Erwerbe im laufenden Jahr 50.000 EUR oder 17.500 EUR im Vorjahr, dann nehmen auch diese Unternehmer einen innergemeinschaftlichen Erwerb vor. Ein Vorsteuerabzug steht ihnen aus diesen Erwerben grundsätzlich nicht zu (→ Umsatzsteuer, 7). Die Erwerbsschwellen der einzelnen Mitgliedstaaten sind verschieden hoch. Auf die Anwendung der Erwerbsschwelle kann der Unternehmer verzichten und sich für eine uneingeschränkte Besteuerung des innergemeinschaftlichen Erwerbs entscheiden. Die Verzichtserklärung hat der betreffende Erwerber an das Finanzamt zu richten. Sie bindet ihn für mindestens fünf Jahre.

g) Zusammenfassende Meldung (§ 18a UStG). Die Abgabe einer vollständigen und richtigen Zusammenfassenden Meldung ist seit 1.1.2020 materiell-rechtliche Voraussetzung für die Inanspruchnahme der Steuerbefreiung von innergemeinschaftlichen Lieferungen. Der Unternehmer ist verpflichtet, bis zum 25. jeden Monats die steuerfreien innergemeinschaftlichen Lieferungen und Dienstleistungen in zusammenfassenden Meldungen an das Bundeszentralamt für Steuern zu melden. Dabei ist für jeden belieferten Erwerber der Gesamtbetrag der umsatzsteuerlichen Bemessungsgrundlage der an ihn ausgeführten innergemeinschaftlichen Lieferungen im Meldezeitraum sowie dessen Umsatzsteuer-Identifikationsnummer anzugeben (zu den Einzelheiten s. VO 13.5.1993 (BGBl. 1993 I 726); BMF BStBl. I 1998, 99). Als innergemeinschaftliche Dienstleistungen werden solche Dienstleistungen erfasst, die unter das Empfängerortprinzip (→ Umsatzsteuer, 4b) fallen und für die die in anderen Mitgliedstaaten ansässigen Leistungsempfänger die Steuer schulden. Die Anforderungen an die Angaben entsprechen denen bei innergemeinschaftlichen Lieferungen.

h) Fiskalvertreter. Ein solcher ist erforderlich, wenn ein ausländischer Unternehmer in einem Mitgliedstaat keine Betriebsstätte hat, dort jedoch Umsätze ausführt und deshalb gegenüber den Steuerbehörden dieses Mitgliedstaates Pflichten zu erfüllen hat. Der Fiskalvertreter hat in der Regel die gleichen Rechte und Pflichten wie der ausländische Unternehmer. Die Anforderungen, die an den Fiskalvertreter gestellt werden, sind in den Mitgliedstaaten unterschiedlich.

i) Vorsteuervergütungsverfahren. Sind einem in Deutschland ansässigen Unternehmer im europäischen Ausland Vorsteuerbeträge entstanden, kann er einen Erstattungsantrag beim Bundeszentralamt für Steuern einreichen (§ 18g UStG). Der Antrag ist grundsätzlich in dem Staat zu stellen, in dem der Antragsteller ansässig ist. Der Antrag ist in elektronischer Form zu übermitteln. Das Bundeszentralamt für Steuern leitet den Antrag an den Erstattungsstaat. Dabei wird bestätigt, dass die Umsatzsteuer-Identifikationsnummer gültig ist und einem für Mehrwertsteuerzwecke registrierten Unternehmen zugewiesen ist. Der Erstattungsstaat soll dem Antragsteller unverzüglich eine Empfangsbestätigung auf elektronischen Weg übersenden. Innerhalb von 4 Wochen soll die Prüfung des Antrags beendet sein. Bei verspäteter Auszahlung erfolgt eine Verzinsung.

Binnenmarkt-Notfall

Die Verordnung (EU) 2024/2747 v. 9.10.204 über Binnenmarkt-Notfälle und die Resilienz des Binnenmarkts (ABl. L 2024/2747, 8.11.2024) ist die Reaktion der EU auf Krisen wie → COVID-19, den → Angriffskrieg Russlands gegen die Ukraine und die daraus folgende → Energiekrise. Mit diesem europäischen Gesetz (englisch: Internal Market Emergency and Relience Act) soll die Funktion des → Binnenmarkts, also vor allem die Versorgung mit wichtigen Gütern und Dienstleistungen, in Krisenzeiten sichergestellt werden.

Zu diesem Zweck werden Notfall- und Resilienzgremien geschaffen, welche die Kommission in Krisenzeiten, zu denen auch Naturkatastrophen zählen können, beraten. Je nach Krisenentwicklung können ein Wachsamkeits- und ein Notfallmodus ausgerufen werden, in denen Maßnahmen empfohlen und angeordnet werden können, etwa die Koordinierung von Beschaffungen oder die Erleichterung der Freizügigkeit von kritischen Arbeitnehmern und Gütern. Unkoordinierte Maßnahmen der Mitgliedstaaten, die es während der COVID-19-Krise zuhauf gab, sind grundsätzlich untersagt. Ferner enthält die Verordnung Vorschriften für die Vergabe von öffentlichen Aufträgen im Krisenfall, die vom allgemeinen → Vergaberecht abweichen. Die Verordnung gilt ab Mai 2026 und muss von den Mitgliedstaaten umgesetzt werden.

Binnenschiff(sregister)

→ Schiff.

Binnenschifffahrt

1. Binnenschifffahrt ist die Schifffahrt – auch mit Seefahrzeugen – auf Binnenwasserstraßen (→ Wasserstraßen, → Bundeswasserstraßen). Für die Binnenschifffahrt hat der Bund die → konkurrierende Gesetzgebung (Art. 74 I Nr. 21 GG). Für die Verwaltung ist der Bund zuständig, soweit die Aufgaben über den Bereich eines Landes hinausgehen (Art. 89 II S. 2 GG). Nach dem Gesetz über die Aufgaben des Bundes auf dem Gebiet der Binnenschifffahrt (Binnenschifffahrtsaufgabengesetz, BinSchAufgG) idF v. 20.3.2023 (BGBl. 2023 I Nr. 82) obliegt dem Bund ua die Förderung der Binnenflotte und des Binnenschiffsverkehrs; → Wasserstraßen- und Schifffahrtsverwaltung. Die Binnenschiffsuntersuchungsordnung (BinSchUO) v. 21.9.2018 (BGBl. 2018 I

1398, 2032, mÄnd) regelt die technische Zulassung von Schiffen und schwimmendem Gerät zur Binnenschifffahrt, die eine → Fahrtauglichkeitsbescheinigung nach vorheriger Untersuchung erfordert. Welche Befähigungszeugnisse die Besatzung benötigt und wie sie erworben werden ist Inhalt der Binnenschiffspersonalverordnung (BinSchPersV) v. 26.11.2021 (BGBl. 2021 I 4982) mÄnd. Sie setzt die Richtlinie (EU) 2017/2397 v. 12.12.2017 über die Anerkennung von Berufsqualifikationen in der Binnenschifffahrt um (Unionspatent). Die Berufsausbildung zum Binnenschifffahrtskapitän ist Gegenstand der Binnenschifffahrtskapitänausbildungsverordnung (BinSchKapAusbV) v. 2.3.2022 (BGBl. 2022 I 271), die zum Binnenschiffer ist Gegenstand der Binnenschifferausbildungsverordnung (BinSchAusbV) v. 2.3.2022 (BGBl. 2022 I 257). Bestimmte Binnenschiffe werden ins → Schiffsregister eingetragen. Verkehrsvorschriften für die Binnenschifffahrt enthält die Binnenschifffahrtsstraßen-Ordnung (BinSchStrO = Anlage zur EinführungsVO v. 16.12.2011, BGBl. 2012 I 2, 1666, 1717 mÄnd). Sa → Schifffahrtsverkehrsregeln; → Rheinschifffahrt. Wer eine Fahrerlaubnis für → Bundeswasserstraßen benötigt, regelt § 2 BinSchAufG. Sa → Schiffsführer; → Lotsen; → Sportboot.

2. Das Gesetz über die privatrechtlichen Verhältnisse in der Binnenschifffahrt (Binnenschiffahrtsgesetz, BinSchG) vom 15.6.1895 (RGBl. 1895, 301) mÄnd enthält Vorschriften über die Pflichten des Schiffseigners (→ Reeder), Schiffers, der Schiffsmannschaft, den Schadensersatz bei Zusammenstößen von Schiffen, die → Bergung und Hilfeleistung, die Rechtsstellung der Schiffsgläubiger sowie die Haftung(sbeschränkung) in der Binnenschifffahrt (§§ 4 ff.). Für die Binnenschifffahrt gelten die Vorschriften des allgemeinen Frachtrechts gem. §§ 407 ff. HGB (sa → Transportversicherung). Sonderregelungen bestehen nach der VO über die Lade- u. Löschzeiten (→ Ladezeit) sowie das Liegegeld idF v. 25.1.2010 (BGBl. 2010 I 62). Die Vertragsfreiheit ist durch § 449 HGB begrenzt (→ Frachtvertrag). Die innerstaatliche Marktöffnung auch für Güter- und Personenbeförderung regelt VO (EG) 3921/91 v. 16.12.1991 (ABl. 1991 EG L 373, 1); ausgenommen ist insbes. die Kabotage in allen neuen Bundesländern und Berlin (Art. 4). Den zwischenstaatlichen Verkehr für beide Beförderungsgruppen regelt die VO (EG) 1356/1996 v. 8.7.1996 (ABl. EG 1996 L 175, 7).

3. Das Straßburger Übereinkommen von 2012 über die Beschränkung der Haftung in der Binnenschifffahrt (CLNI – Convention sur la limitation de la respnsabilité en navigation intérieure 2012) v. 27.9.2012 (BGBl. 2016 II 739) ist für die Bundesrepublik am 1.7.2019 in Kraft getreten. Es ersetzt das Straßburger Übereinkommen von 1988 und regelt die Beschränkung der Haftung von Schiffseigner, Berger und Retter bei Unfällen. Die innerstaatliche Umsetzung erfolgte durch das 2. Gesetz zur Änderung der Haftungsbeschränkungen in der Binnenschifffahrt v. 5.7.2016 (BGBl. 2016 I 1578, 2019 I 196). Das Übereinkommen v. 9.9.1996 über die Sammlung, Abgabe und Annahme von Abfällen in der Rhein- und Binnenschifffahrt (BGBl. 2003 II 1799) wird durch das Binnenschifffahrt-Abfallübereinkommen-Ausführungsgesetz (BinSchAbfÜbkAG) v. 27.1.2021 (BGBl. 2021 I 130) umgesetzt.

4. Sa → Fahrgastrechte (See- und Binnenschiffsverkehr), → Schiff, → Pfandrecht, → Hafen, ferner Gesetz über das gerichtliche Verfahren in Binnenschiffahrtssachen vom 27.9.1952 (BGBl. 1952 I 641) mÄnd, → Küstenschifffahrt → Bundesstelle für Seeunfalluntersuchung, → Seeamt, → Schifffahrtsverbände; → Schifffahrtsgerichte; → Verteilungsverfahren (2., Schifffahrt).

Binnenschifffahrtssachen
sind → bürgerliche Rechtsstreitigkeiten aus der Benutzung von Binnengewässern (mit Ausnahme des Rheins, → Rheinschifffahrtsgerichte), durch Schifffahrt und Flößerei, insbes. aus von Schiffen verursachten Schäden; ferner Strafsachen wegen Verstoßes gegen strom- und schiffahrtspolizeiliche Vorschriften. Zuständig sind die → Schifffahrtsgerichte.

Binnenwasserstraßen
Binnenwasserstraßen sind → Wasserstraßen, die keine Seewasserstraßen sind, also Flüsse, Kanäle und auch Seen. Soweit es sich um → Bundeswasserstraßen handelt, sind die wichtigsten Binnenwasserstraßen in der Anlage zu § 1 I WaStrG aufgeführt, wie etwa der Dortmund-Ems-Kanal oder die Mosel. Das → Seerechtsübereinkommen spricht von → inneren Gewässern.

Bioabfälle
sind biologisch abbaubare pflanzliche, tierische und aus Pilz-Materialien bestehende → Abfälle gem. § 3 VII KrWG. Bioabfälle aus privaten Haushalten unterliegen regelmäßig der Getrenntsammlung (allgemein § 9 I KrWG, für öffentlich-rechtliche Entsorgungsträger § 20 II Nr. 1 KrWG). Ihre Behandlung wird weitgehend von der BioAbfV (BGBl. I S. 700; 2023 I Nr. 153) geregelt, die der Umsetzung Art. 22 Abs. 2 Abfall-Rahmen-RL (→ Abfallrecht) dient.

Biodiversität
→ Biologische Vielfalt.

Bioethik-Konvention
Das Übereinkommen über Menschenrechte und Biomedizin v. 1997, bekannt als Bioethik-Konvention, regelt völkerrechtlich die Bereiche → Gentechnik, Embryonenforschung sowie Organtransplantationen und enthält ein Verbot des Klonens. Es ist von Deutschland nicht ratifiziert worden, da die Schutzbestimmungen als nicht ausreichend angesehen wer-

den. Die maßgeblichen politischen Kräfte bemühen sich gemeinsam um ein weltweites generelles Klon-Verbot. → Nationaler Ethikrat.

Biogas
ZT auch synonym Biomethan, wird insbes. aus Biomasse erzeugt und gehört zu den durch das Gesetz über → Erneuerbare Energien förderfähigen Energiequellen. Sa → Biokraftstoff.

Biokraftstoff
Biokraftstoff ist gem. § 37b BImSchG ein → alternativer Kraftstoff, idR ausschließlich auf Basis von Biomasse, dh auf Basis biologisch abbaubarer pflanzlicher (→ Energiepflanzen) oder tierischer Stoffe aus den Bereichen Land-, Forst- und → Kreislaufwirtschaft. Biokraftstoff ist praktisch der Oberbegriff für Kraftstoffe dieser Art, wie Biodiesel oder Bioethanol. Biokraftstoffe sollen einmal fossile Kraftstoffe wie Benzin ersetzen. §§ 37a ff. BImSchG regeln die Verminderung von Treibhausgasemissionen (→ Treibhausgasminderungs-Quote) durch die Kraftstoffverbrennung. Danach ist der Anteil an Biokraftstoff in Otto- und Dieselkraftstoffen im Laufe der Jahre ständig zu erhöhen (zB durch Einführung des Kraftstoffes → Super E10). Gleichzeitig sind die Treibhausgasemissionen der in Verkehr gebrachten Kraftstoffe um festgelegte Mengen zu mindern. Die Biokraftstoff-Nachhaltigkeitsverordnung (Biokraft-NachV) v. 2.12.2021 (BGBl. 2021 I 5143) legt fest, aus welchen Bereichen die Biomasse stammen darf und wie dies nachzuweisen ist.

Biologische Sicherheit
→ Gentechniksicherheit, → Zentrale Kommission für die Biologische Sicherheit.

Biologische Vielfalt
1. Biologische Vielfalt (auch Biodiversität) gemäß § 7 I BNatSchG ist die Vielfalt der Tier- und Pflanzenarten einschließlich der innerartlichen Vielfalt sowie der Vielfalt an Formen von Lebensgemeinschaften und → Biotopen (s. → Artenschutz, → Naturschutz).

a) Biologische Vielfalt im Sinne des Übereinkommens über die Biologische Vielfalt bedeutet die Variabilität unter lebenden Organismen jeglicher Art. Sie umfasst die Vielfalt innerhalb und zwischen den Arten sowie die Vielfalt der Ökosysteme (Art. 2 des Übereinkommens v. 5.6.1992, BGBl. 1993 II 1742). Das Übereinkommen zielt insbesondere darauf ab, die Biologische Vielfalt und die nachhaltige Nutzung ihrer Bestandteile zu erhalten (Art. 1). Art. 3 erinnert für dieses Übereinkommen daran, dass die Charta der → Vereinten Nationen sowie die Grundsätze des → Völkerrechts den einzelnen Staaten das souveräne Recht zusprechen, ihre eigenen Ressourcen gemäß ihrer eigenen Umweltpolitik zu nutzen. Sie haben aber auch die Pflicht, durch Tätigkeiten auf eigenem Hoheitsgebiet anderen Staaten und internationalen Gebieten keinen Schaden zuzufügen.

b) Das Protokoll v. 29.1.2000 zu diesem Übereinkommen (sog. Cartagena-Protokoll, Gesetz v. 28.10.2003, BGBl. 2003 II 1506) regelt die grenzüberschreitende Verbringung, Durchfuhr, Handhabung sowie Verwendung lebender Organismen. Es gilt idR nicht für die grenzüberschreitende Verbringung von Humanarzneimitteln.

c) Das Nagoya-Protokoll regelt Zugang zu und Nutzung von → genetischen Ressourcen.

Biologisches Material
(Biomaterial) ist Material, das genetische Informationen enthält und sich selbst reproduzieren oder in einem biologischen System reproduziert werden kann (§ 2a III Nr. 1 PatG). → Biotechnologische Erfindungen beruhen auf biologischem Material oder Verfahren, mit denen es hergestellt, bearbeitet oder bei denen es verwendet wird (§ 1 II PatG). Der menschliche Körper und seine verschiedenen Entwicklungsphasen gehören nicht dazu, isolierte Bestandteile des menschlichen Körpers, einschließlich Gensequenzen sind jedoch patentierbar (§ 1a PatG).

Biometrische Merkmale
→ Passwesen (3); → Terrorismusbekämpfungsgesetz.

Bio-Siegel
Bio-Siegel (auch Öko-Kennzeichen oder Öko-Siegel) ist das Kennzeichen für Erzeugnisse aus ökologischer/biologischer Produktion (→ ökologischer Landbau) gem. der Verordnung (EU) 2018/848 v. 30.5.2018 über ökologische/biologische Produktion und die Kennzeichnung von ökologischen/biologischen Erzeugnissen (ABl. EU 2018 L 150, 1). Die Umsetzung in Deutschland erfolgte durch das Öko-Kennzeichengesetz (ÖkoKennzG) idF v. 20.1.2009 (BGBl. 2009 I 78 mÄnd) und die Öko-Kennzeichenverordnung (Öko-KennzV) v. 6.2.2002 (BGBl. 2002 I 589 mÄnd). Mit einem Bio-Siegel oder Öko-Kennzeichen dürfen nur Erzeugnisse in den Verkehr gebracht werden, die gemäß den Vorschriften der geltenden EU-VO produziert und gekennzeichnet sind. Die Verwendung des Bio-Siegels ist gem. § 3 ÖkoKennzV anzeigepflichtig. Der EuGH entschied, dass Fleisch von Tieren, die ohne Betäubung rituell geschlachtet wurden (→ Schächten), nicht das Bio-Siegel tragen darf (Urt. v. 26.2.2019 – C-497/17). Zur Auszeichnung des Bio-Anteils bei Außerhausverpflegung (Gaststätten, Kantinen, Mensen): → Ökologischer Landbau, zu anderen Siegeln: → energieverbrauchsrelevante Produkte, → Tierhaltungskennzeichnung, → Umweltzeichen.

Biosphärenreservate
wie das niedersächsisches Wattenmeer, der Spreewald oder die schwäbische Alb gehen auf völkerrechtliche Vereinbarungen zurück, die der Umsetzung der → Agenda 21 bzw. des Übereinkommens über die → biologische Vielfalt dienen. Biosphärenreservate sind gem.

§ 25 BNatSchG (→ Naturschutz) einheitlich zu entwickelnde → Schutzgebiete, die großräumig und für bestimmte Landschaftstypen charakteristisch sind, in wesentlichen Teilen ihres Gebiets die Voraussetzungen eines → Naturschutzgebiets, im Übrigen überwiegend die eines → Landschaftsschutzgebiets erfüllen und beispielhaft der Entwicklung und Erprobung von die Naturgüter besonders schonenden Wirtschaftsweisen dienen. Biosphärenreservate müssen über Kernzonen, Pflegezonen und Entwicklungszonen entwickelt und wie Naturschutzgebiete oder Landschaftsschutzgebiete geschützt werden.

Biostoffe
Biostoffe sind biologische Arbeitsstoffe gem. § 2 BiostoffVO v. 15.7.2013 (BGBl. 2013 I 2514, mÄnd). Es handelt sich dabei um Mikroorganismen, die den Menschen durch Infektionen, infektionsbedingte akute oder chronische Krankheiten, Toxinbildung oder sensibilisierende Wirkungen gefährden können. Mit → TSE assoziierte Agenzien fallen ebenso unter die Legaldefinition. Biostoffe gleichgestellt sind bestimmte Parasiten und technisch hergestellte biologische Einheiten. Die VO regelt Maßnahmen zur Sicherheit und zum Schutz der Gesundheit bei Tätigkeiten mit Biostoffen. Die VO findet auf → gentechnisch veränderte Organismen nur subsidiär zum → Gentechnikrecht Anwendung (§ 1 BiostoffVO).

Biotechnik (Biotechnologie)
→ Gentechnikrecht, → Reproduktionstechnik, → Biologisches Material, → Biotechnologische Erfindungen.

Biotechnologische Erfindungen
→ Patente werden auch für → Erfindungen erteilt, wenn sie ein Erzeugnis, das aus biologischem Material besteht oder solches enthält, zum Gegenstand haben oder ein Verfahren, mit dem biologisches Material hergestellt oder bearbeitet wird oder bei dem es verwendet wird; biologisches Material, das mit Hilfe eines technischen Verfahrens aus seiner natürlichen Umgebung isoliert oder hergestellt wird, kann auch dann Gegenstand einer patentierbaren Erfindung sein, wenn es in der Natur schon vorhanden war (§ 1 Abs. 2 S. 2 PatG). Das gilt auch für isolierte Bestandteile des menschlichen Körpers oder auf andere Weise durch ein technisches Verfahren gewonnene Bestandteile, einschließlich der Sequenz oder Teilsequenz eines Gens, selbst wenn der Aufbau dieses Bestandteils mit dem Aufbau eines natürlichen Bestandteils identisch ist (§ 1a Abs. 2 PatG). Dagegen können der menschliche Körper in den einzelnen Phasen seiner Entstehung und Entwicklung, einschließlich der Keimzellen, sowie die bloße Entdeckung eines seiner Bestandteile, einschließlich der Sequenz oder Teilsequenz eines Gens, keine patentierbaren Erfindungen sein (§ 1a Abs. 1 PatG). Nicht erteilt werden Patente für Verfahren zum Klonen von menschlichen Lebewesen oder zur Veränderung der genetischen Identität der Keimbahn des menschlichen Lebewesens, für die Verwendung von menschlichen Embryonen zu industriellen oder kommerziellen Zwecken oder für Verfahren zur Veränderung der genetischen Identität von Tieren, die geeignet sind, Leiden dieser Tiere ohne wesentlichen medizinischen Nutzen für den Menschen oder das Tier zu verursachen, sowie für die mit Hilfe solcher Verfahren erzeugten Tiere (§ 2 Abs. 2 S. 1 PatG); gleiches gilt für Pflanzensorten und Tierrassen sowie biologische Verfahren zur Züchtung von Pflanzen und Tieren und die ausschließlich durch solche Verfahren gewonnenen Pflanzen und Tiere sowie Verfahren zur chirurgischen oder therapeutischen Behandlung des menschlichen oder tierischen Körpers und Diagnostizierverfahren, die am menschlichen oder tierischen Körper vorgenommen werden (§ 2a Abs. 1 PatG).

Dagegen können biotechnologische → Erfindungen nicht Gegenstand eines → Gebrauchsmusters sein (§ 1 Abs. 2 Nr. 5 GebrMG).

Biotope
Biotope sind im Sinne von § 7 II Nr. 4 BNatSchG (→ Naturschutz) Lebensräume wild lebender Tiere und Pflanzen. Für gesetzlich geschützte Biotope bestimmt § 30 BNatSchG, dass Landesrecht solche Maßnahmen zu verbieten hat, die zu einer Zerstörung oder zu einer sonstigen erheblichen oder nachhaltigen Beeinträchtigung führen können. Die Ausbringung von → Biozidprodukten in Biotopen ist seit dem 1.3.2022 grundsätzlich verboten (§ 30a BNatSchG und § 4 PflSchAnwV 1992). Besondere Vorschriften gelten dem Biotope-Verbund gem. §§ 20 ff. BNatSchG. Danach haben die Länder ein Netz verbundener Biotope zu schaffen, das mindestens 10% der Landesfläche umfasst. Hierzu gehören ua Kernflächen wie → Nationalparke und → Naturschutzgebiete sowie zugehörige Verbindungsflächen.

Biozidprodukte
Gem. Art. 3 VO (EU) 528/2012 über die Bereitstellung auf dem Markt und die Verwendung von Biozidprodukten v. 22.5.2012 (ABl. EU 2012 L 167, 1) sind Biozidprodukte Stoffe, die dazu bestimmt sind, Schadorganismen zu zerstören oder unschädlich zu machen, zB Mittel zur → Schädlingsbekämpfung oder zur Eindämmung von Krankheitserregern. Auf diese Definition verweist § 3 Nr. 11 ChemG. Biozidprodukte enthalten Biozid-Wirkstoffe wie zB Viren, Pilze oder Gemische und bedürfen einer widerruflichen Zulassung gem. VO (EU) 528/2012. Die Biozidrechts-Durchführungsverordnung (ChemBiozidDV) v. 18.8.2021 (BGBl. 2021 I 3706) dient der Durchführung der VO (EU) 528/2012 und regelt deutsche Details zur Meldung von Biozidprodukten, Registrierung, Abgabe und Zu-

lassung. § 16 GefStoffV (→ Gefahrstoffe) untersagt den Einsatz von Biozidprodukten, wenn dabei mit Schäden zu rechnen ist. Die Ausbringung von Biozidprodukten in Naturschutz- und ähnlichen Gebieten ist seit dem 1.3.2022 grundsätzlich verboten (§ 30a BNatSchG und § 4 PflSchAnwV 1992). → Chemikaliengesetz, → invasive gebietsfremde Arten.

bipolar-mehrseitiger Vertrag
ist ein mehrseitiger Vertrag mit nur zwei Interessenlagern (zB ein Mietvertrag, in dem auf Vermieter oder Mieterseite mehrere Personen stehen); sa → multipolar-mehrseitiger Vertrag.

Bischof
1. In der → kath. Kirche wird der bischöfliche Dienst aus göttlichem Recht hergeleitet und durch sakramentale Weihe übertragen.

a) Von der Bischofsweihe ist die Bestellung in ein bestimmtes Bischofsamt zu trennen. Man unterscheidet Diözesanbischöfe und Titularbischöfe. Den Diözesanbischöfen obliegt die Leitung einer → Diözese mit gesetzgebender, vollziehender und rechtsprechender Gewalt. Titularbischöfe üben entweder unter Leitung des Diözesanbischofs bestimmte Funktionen innerhalb einer Diözese aus (Koadjutor-, Auxiliar-, Weihbischöfe) oder fungieren als Leiter diözesanähnlicher Teilkirchen (Territorialprälaturen, → Apostolische Administraturen, Apostolische Vikariate, Apostolische Präfekturen) oder sind in leitender Stellung in der Römischen Kurie, als päpstliche Gesandte (→ Nuntius) oder ähnlichen Aufgabenbereichen tätig.

b) Die Bestellung in das Bischofsamt erfolgt durch freie Ernennung durch den → Papst oder, soweit dies durch ein → Konkordat (sa → Kirchenvertrag) vorgesehen ist, durch Bestätigung des rechtmäßig gewählten. In den bayerischen Diözesen und in der Diözese Speyer hat der Papst bei der Auswahl aus den unabhängig von einem Besetzungsfall von den Bischöfen und → Domkapiteln, im Erledigungsfall vom Domkapitel vorzulegenden Kandidatenlisten volle Freiheit; der Apostolische Stuhl muss sich lediglich durch Rückfrage bei der Staatsregierung versichern, dass gegen den zur Ernennung vorgesehenen Kandidaten keine „Erinnerungen politischer Natur obwalten“. Im Geltungsbereich des preußischen Konkordats wählt der Papst unter Würdigung der im Erledigungsfall vorzulegenden Kandidatenlisten drei Personen aus, aus denen das zuständige Domkapitel eine wählt. Durch Anfrage bei der zuständigen Landesregierung ist festzustellen, dass keine Bedenken politischer Art gegen den Gewählten bestehen. Ein ähnliches Verfahren ist in den Diözesen Dresden-Meißen, Freiburg, Mainz und Rottenburg-Stuttgart vorgesehen.

c) Die Bischöfe wirken im → Ökumenischen Konzil an der Leitung der Gesamtkirche mit.

2. Die → Evangelische Kirche in Deutschland kennt zT die Amtsbezeichnung „Bischof“ oder „Landesbischof“ für die oberste Spitze ihrer Kirchenleitung, die von der Landes- oder Provinzial-Synode gewählt wird (zB in der Evang.-Luth. Landeskirche in Bayern oder der Evang.-Luth. Kirche in Oldenburg). Anders als in der katholische Kirche (s. o.) ist der Bischof aber mit dem gleichen geistlichen Amt ausgestattet wie jeder Pfarrer; lediglich erstreckt sich sein Predigtbezirk über das Gebiet der ganzen Landeskirche.

Bischofskonferenz
ist in der → kath. Kirche der Zusammenschluss der → Bischöfe eines bestimmten Gebietes oder einer Nation als ständige Einrichtung. Mitglieder sind alle Diözesanbischöfe, die ihnen rechtlich Gleichgestellten (zB → Apostolische Administratoren) und die Titularbischöfe, die im Gebiet der Bischofskonferenz eine besondere von der Bischofskonferenz oder vom Apostolischen Stuhl übertragene Aufgabe wahrnehmen. Die Bischofskonferenzen besitzen eine Reihe von Befugnissen auf dem Gebiet der (partikularen) Gesetzgebung, Verwaltung und Rechtsprechung. Ihre Beschlüsse bedürfen der Bestätigung und Veröffentlichung durch den → Apostolischen Stuhl. Sa → Katholische Kirche (5).

Bischofssynode
In der → kath. Kirche eine vom Papst einberufene Versammlung einer im CIC näher bestimmten Anzahl von → Bischöfen zur Beratung allgemeiner Fragen.

Bischofsvikar
→ Diözese.

Bismarcksche Sozialversicherung
Als Bismarcksche Sozialversicherung oder Bismarcksche Sozialversicherungsgesetze bezeichnet man das Arbeiterkrankenversicherungsgesetz v. 15.6.1883 (RGBl. 1883, 73), das Unfallversicherungsgesetz v. 7.6.1884 (RGBl. 1884, 69) und das Invaliditäts- und Altersversicherungsgesetz v. 22.6.1889 (RGBl. 1889, 97). Die genannten Gesetze sind aufgegangen in der → Reichsversicherungsordnung vom 19.7.1911 (RGBl. 1911, 509), die am 1.1.1914 in Kraft getreten ist. Die Bismarckschen Sozialversicherungsgesetze sind in vielen Bereichen direkte Vorläufer der Regelungen im SGB V, VI und VII (→ Sozialgesetzbuch). Erster Vorläufer der Bismarckschen Sozialversicherung war der Büchsen- oder Hüttenpfennig (Sozialkassen der Bergleute). Dieser Pfennig wurde für finanzielle Hilfen an Kranke, Verunfallte, Invaliden oder Witwen und Waisen tödlich Verunglückter Bergleute verausgabt.

Bistum
Andere Bezeichnung für → Diözese.

Bitcoins
Bitcoins sind die bekannteste von sehr vielen → Kryptowährungen, die auch als digitale

Währungen oder virtuelles Geld bezeichnet werden, weil sie unter Einsatz hoher Rechnerkapazitäten und damit großen Stromverbrauchs idR von Privatleuten mittels sog. → Blockchains erstellt werden. Sie können im Internet gehandelt und zur Zahlung eingesetzt werden. Ihr Wert ist sehr volatil, sie gelten als Spekulationsobjekt und mögliches Vehikel von → Geldwäsche und → Terrorismusfinanzierung.

Bitcoins sind → Kryptowerte und unterliegen dem dort beschriebenen Aufsichtsregime. Sie sind kein → gesetzliches Zahlungsmittel, dies ist im Euroraum ausschließlich der → Euro. (Bitcoins haben den Status eines gesetzlichen Zahlungsmittels wohl ua in El Salvador und der Zentralafrikanischen Republik.) Ob sie im zivilrechtlichen Sinne → Geld darstellen, ist umstritten, weil sie mit Zustimmung der Beteiligten durchaus als Tauschmittel eingesetzt werden können, es aber wohl noch an einer allgemeinen Verkehrsgeltung fehlt.

BIZ
→ Bank für Internationalen Zahlungsausgleich.

Blankett
→ Form(erfordernisse).

Blankettfälschung
→ Urkundenfälschung.

Blankettgesetz
Ein Blankettgesetz ist eine Rechtsvorschrift (meist ein förmliches → Gesetz), die eine Rechtsfolge festlegt, aber die Bestimmung der Voraussetzungen hierfür anderen Rechtsquellen überlässt. Bei diesen handelt es sich typischerweise um Ausführungsvorschriften, die nicht notwendig als förmliches Gesetz ergehen, sondern häufig als → Rechtsverordnung. Das Blankettgesetz muss eine ausdrückliche Ermächtigung zum Erlass der ausfüllenden Rechtsvorschriften enthalten. An diese sind bei Strafgesetzen nach Art. 103 II GG, Art. 80 I GG besonders strenge Anforderungen zu stellen; die Voraussetzungen der Strafbarkeit müssen schon aus der gesetzlichen Ermächtigungsnorm ersichtlich sein (BVerfGE 14, 174, 185, 254, 257).

Als Blankettstrafgesetz bedroht zB § 315a I Nr. 2 StGB den Führer eines Schienenbahn- oder Luftfahrzeugs oder eines Schiffs mit Strafe, der den zur Sicherung des Verkehrs erlassenen Rechtsvorschriften zuwiderhandelt; diese Vorschriften sind die „blankettausfüllenden Normen“. Diese sind, weil sich der vollständige Tatbestand erst aus ihnen ergibt, vor allem bei der Feststellung zu berücksichtigen, welches Gesetz bei Gesetzesänderung zwischen Straftat und Aburteilung nach § 2 III StGB als das mildere anzuwenden ist. Ferner ist der Irrtum über eine ausfüllende Norm idR nach den Grundsätzen der strafrechtlichen Lehre über den → Verbotsirrtum zu berücksichtigen.

Blankoadoption
→ Inkognitoadoption.

Blankoakzept
Blankoakzept wird ein → Blankowechsel genannt, bei dem der Akzeptant die Annahme (→ Akzept) des Wechsels erklärt, wobei aber regelmäßig die → Wechselsumme, oft auch die Verfallzeit (Fälligkeit) offengelassen wird.

Blankoindossament
→ Indossament.

Blankoscheck
Ist ein nicht vollständig (zB die Schecksumme wurde offengelassen) ausgestellter → Scheck später abredewidrig ausgefüllt worden, so kann die Nichteinhaltung der Abrede dem Scheckinhaber nur entgegengehalten werden, wenn er hiervon beim Erwerb des Blankoschecks Kenntnis hatte oder seine Unkenntnis grobfahrlässig ist (Art. 13 ScheckG).

Blankounterschrift
→ Form (1a).

Blankowechsel
Der Blankowechsel ist ein → Wechsel, der beim → Begebungsvertrag unvollständig ausgestellt wird (zB durch Offenlassen der Wechselsumme) und bei dem derjenige, der den Wechsel begibt, den Empfänger ermächtigt, den Wechsel zu vervollständigen; hierdurch wird der Blankowechsel zum vollgültigen Wechsel. Der Blankowechsel darf nur im Rahmen der Ermächtigung ausgefüllt werden. Wird den getroffenen Vereinbarungen zuwider dem Wechsel später ein anderer Inhalt gegeben (zB Eintragung einer zu hohen Wechselsumme), so kann dies dem Erwerber nur entgegengehalten werden, wenn ihm dies beim Erwerb bekannt oder infolge grober Fahrlässigkeit unbekannt war (Art. 10 WG).

Blankozession
→ Abtretung (1).

Blaue Karte EU
1. Blaue Karte EU ist ein → Aufenthaltstitel für Angehörige von Drittstaaten in einem EU-Mitgliedstaat (→ Aufenthaltserlaubnis, 2b; → Beschäftigungsverordnung). Für Staatsangehörige der EU-Staaten selbst gilt Freizügigkeit hinsichtlich ihres Aufenthalts (→ Aufenthaltserlaubnis, 1; → Ausländerrecht, 3).

2. Eine Blaue Karte EU wird nach § 18g AufenthG einem → Ausländer, der nicht Staatsangehöriger eines EU-Landes ist, für Deutschland erteilt, wenn er ein Jahresgehalt iHv mindestens 50 vH (45.300 EUR) der jährlichen Beitragsbemessungsgrenze in der allgemeinen Rentenversicherung (2024: 90.600 EUR) erhält. Eine Zustimmung der Bundesanstalt für Arbeit ist nich erforderlich. Bei Ausländern mit akademischem Abschluss in bestimmten Berufsgruppen genügen 45,3 vH (41.041,80 EUR) der Beitragsbemessungsgrenze. Bei erstmaliger Erteilung besteht mit der Blaue Karte EU eine Aufent-

haltserlaubnis für vier Jahre. Nach 33monatiger Beschäftigung kann bereits eine unbefristete Niederlassungserlaubnis erteilt werden, bei guten Sprachkenntnissen bereits nach 21monatiger Beschäftigung. Die Aufenthaltstitel neben der Blauen Karte EU bestehen neben den Aufenthaltstiteln auf anderer Rechtsgrundlage.

Blauer Engel
(auch: Umweltengel) ist ein → Umweltzeichen, das seit 1978 für Produkte und Dienstleistungen vergeben wird.

Blauhelmeinsätze
Die Generalversammlung oder der Sicherheitsrat der → Vereinten Nationen können militärische Kräfte der Vereinten Nationen in Gebiete entsenden, in denen der Frieden bedroht ist. Bei der Entsendung dieser sogenannten Friedenstruppen handelt es sich um keine militärische Zwangsmaßnahme im Sinne des Art. 42 der Satzung der Vereinten Nationen (→ Gewaltverbot, 1a), da die Entsendung nur mit Genehmigung des betreffenden Staates erfolgt, zB in Zypern oder im Südlibanon. Bei der Jugoslawien-Krise 1992 wurde sowohl die Genehmigung des zerfallenden Bundesstaates Jugoslawien als auch die des noch nicht von allen Staaten anerkannten Staates Kroatien eingeholt. Ziel und Aufgabe der Friedenstruppen ist es, einen Zusammenstoß gegnerischer Streitkräfte durch ihre Anwesenheit zu verhindern und die Einhaltung von Waffenstillstandsabkommen zu beobachten. Die Blauhelmeinsätze berühren daher nicht die Frage des völkerrechtlichen Gewaltverbotes. Die Friedenstruppen sollen Waffengewalt nur zur Selbstverteidigung gebrauchen. Im Hinblick auf die der Flagge der Vereinten Nationen entsprechende blaue Farbe der Helme ist für diese Friedenstruppen die Bezeichnung „Blauhelme", für ihre Einsätze der Begriff „Blauhelmeinsätze" gebräuchlich. Zur Zulässigkeit der Entsendung deutscher Streitkräfte zu Blauhelmeinsätzen → Auslandseinsätze der Bundeswehr.

Blendung im Straßenverkehr
Der Fahrzeugführer, der durch eine fremde Lichtquelle geblendet wird (Scheinwerfer im Gegenverkehr, Sonnenreflex auf Glas usw.), muss seine Geschwindigkeit soweit verringern, dass ihm die noch bestehende Sichtweite gefahrloses Weiterfahren und notfalls rechtzeitiges Halten gestattet (§ 3 I StVO); der Anhalteweg darf nicht größer sein als die Sichtweite. Dauert die Sehbehinderung nach der Blindsekunde fort, muss er sich auf sofortiges Halten einstellen und an den rechten Straßenrand fahren. Bei Dunkelheit muss er auf Blendung durch andere Fz gefasst sein; er kann Fahrer entgegenkommender Fz, die nicht abblenden, durch kurzes → Aufblenden warnen und muss ggf. seine Geschwindigkeit vorsorglich verringern. Begeht der Fahrer während der Blind- oder Schrecksekunde (→ Reaktionszeit) einen Verkehrsverstoß, so handelt er nur dann schuldlos, wenn er auf eine Blendung nicht gefasst sein musste. Sa → Abblenden.

Blindenfürsorge
iwS umfasst die Leistungen und sonstigen Maßnahmen für Kriegsblinde nach dem → Bundesversorgungsgesetz, für Zivilblinde nach dem SGB XII (vgl. § 72 SGB XII; sa → Sozialhilfe) und nach den Gesetzen der Länder über die Gewährung von → Blindenpflegegeld. IeS versteht man unter Blindenfürsorge die Leistungen der → Kriegsopferfürsorge, die als persönliche Hilfe oder als Geld- oder Sachleistung für Kriegsblinde in Frage kommen (§§ 25 ff. BVG; sa → Schwerbehinderte Menschen). Gleichartige Leistungen können auch als Pflegezulagen nach dem SGB VII oder dem LAG in Betracht kommen.

Blindenhilfe
ist eine Geldleistung der → Sozialhilfe an Blinde, die das 1. Lebensjahr vollendet haben, zum Ausgleich der durch die Blindheit bedingten Mehraufwendungen. Sie wird jährlich den jeweiligen Änderungen der Renten angepasst. Die Höhe der Blindenhilfe verändert sich jährlich in dem Umfang, in welchem sich der → aktuelle Rentenwert verändert. Gleichartige Leistungen nach anderen Rechtsvorschriften (zB → Blindenpflegegeld) werden auf die Blindenhilfe angerechnet (§ 72 SGB XII). Im Übrigen gelten für die einzelnen Bundesländer eigene Regelungen.

Blindenpflegegeld
ist eine von Bedürftigkeit unabhängige Geldleistung an Zivilblinde für den besonderen Aufwand infolge der Blindheit. Anspruch auf Blindenpflegegeld besteht in allen Ländern der BRD nach den einschlägigen Landesgesetzen (→ Landesblindengeld). Auf das Blindenpflegegeld werden die gleichartigen Leistungen der → Blindenhilfe nach § 72 SGB XII (→ Sozialhilfe) angerechnet. Die Leistungen nach § 72 SGB XII sind subsidiär. Bestimmte Einnahmen sind auf das Blindenpflegegeld anzurechnen.

Blindenwaren
Nach dem Blindenwarenvertriebsgesetz vom 9.4.1965 (BGBl. 1965 I 311) mÄnd durften unter Hinweis auf die Beschäftigung von Blinden oder die Fürsorge für Blinde an öffentlichen Orten oder ohne vorherige Bestellung von Haus zu Haus nur diejenigen Blindenwaren und Zusatzwaren vertrieben werden, die durch die DVO vom 11.8.1965 (BGBl. 1965 I 807) mÄnd zugelassen waren. Beide Vorschriften sind außer Kraft getreten (G v. 7.9.2007, BGBl. 2007 I 2246). Für den Vertrieb von Blindenwaren gibt es keine speziellen Regelungen mehr; sie sind gem. § 4 Nr. 19b) aa) UStG steuerbefreit. Die Anerkennung als Blindenwerkstätte erfolgt nach §§ 142 f. SGB IX.

Blinder Passagier
→ Erschleichen von Leistungen.

Blindsekunde
→ Blendung im Straßenverkehr.

Blinklicht
→ Bahnübergänge, → Beleuchtung, → Vorfahrt, → Warnblinklicht, → Warnzeichen.

Blockade
ist Absperrung eines Gebietes, insbes. von der Einfuhr lebens- oder kriegswichtiger Güter. Sie ist zulässig zur Erreichung von Zwecken, die nicht völkerrechtswidrig sind. S → völkerrechtliches Unrecht. Zur Blockade durch eine Sitzdemonstration oder ähnliche Aktionen → Nötigung, zur Betriebs-Blockade → Streik.

Blockchain
Die Technologie einer Blockchain basiert auf Computerprotokollen und Kommunikationsnetzen, die Informationen nicht über eine zentrale Stelle senden, sondern zwischen den einzelnen individuellen Akteuren. Eingesetzt werden Algorithmen, die eine solche zentrale Stelle überflüssig machen. Alle „Beziehungen" und alle nacheinander folgenden Vorgänge („Block" und „Chain") zwischen den individuellen Akteuren sind kryptographisch besonders abgesichert und rechnerisch aufeinander bezogen. Zugleich sind sie allen zugänglich, sodass das Netzwerk als gesamtes für valide Zustände sorgt. Je zahlreicher die Akteure und elektronisch aufgezeichneten Beziehungen sind, desto größer ist die Richtigkeitsgewähr der nachfolgenden Beziehungen und desto größer der Fälschungsaufwand, sodass insgesamt das Netzwerk erheblich fälschungssicher wird. Diese Techniken kommen beispielsweise bei → Kryptowährungen zum Einsatz, könnten aber auch für den Echtheitsnachweis amtlicher Dokumente (zB Erbscheine, Vollmachten) verwendet werden.

Blockwahl
Von Blockwahl spricht man, wenn in einem Wahlgang mehrere Personen gleichzeitig zu wählen sind und jeder Wähler eine bestimmte Zahl von Stimmen abgeben muss, so dass bei Abgabe von weniger Stimmen seine Stimmabgabe ungültig ist. Dieses vor allem bei parteiinternen Wahlen (zB Delegiertenwahlen) geübte System fördert zwar das Interesse der Mitglieder an Personalentscheidungen, birgt aber die Gefahr, dass Minderheiten zur Wahl ihnen nicht genehmer Personen gezwungen werden. Der BGH hat an die Zulässigkeit der Blockwahl strenge Anforderungen gestellt (nur bei angemessenem Verhältnis zwischen Mitgliederzahl und abzugebenden Stimmen; NJW 1974, 183).

Blue Card, Blue Card EU
→ Blaue Karte EU; vgl. auch → Green Card.

Blutalkohol
Der Alkoholgehalt des Blutes kann bei Straftaten für die → Schuldunfähigkeit und für die Strafbarkeit wegen einer unter Alkoholwirkung begangenen strafbedrohten Handlung entscheidend sein (→ Alkoholdelikte, → Vollrausch). Die Feststellung erfolgt durch Entnahme einer Blutprobe, was nach § 81a StPO, § 46 IV 1 OWiG auch gegen den Willen des Beschuldigten bzw. Betroffenen geschehen kann.

Die Teilnahme am Straßenverkehr ist grundsätzlich jedem untersagt, der sich infolge körperlicher Mängel – dazu zählt auch Trunkenheit – nicht sicher im Verkehr bewegen kann, § 2 I FeV. Als Grenze für den Blutalkohol-Gehalt, deren Überschreitung durch den Kfz-Führer allein schon als → Ordnungswidrigkeit mit Geldbuße geahndet werden kann, ist eine Konzentration von 0,5‰ Blutalkohol oder 0,25 mg/l → Atemalkohol bestimmt (§ 24a StVG). Ab 0,8‰ B. oder 0,40 mg/Atemalkohol droht auch ein Fahrverbot (§ 25 StVG). Die Rspr. bezeichnet Kraftfahrer bei einem Blutalkohol-Gehalt von 1,1‰ (Grundwert von 1,0‰ und Sicherheitszuschlag von 0,1‰) als absolut fahruntüchtig (BGH NJW 1990, 2393), Radfahrer bei 1,6‰. Konsequenz ist regelmäßig eine Strafbarkeit nach § 316 StGB, die aber auch schon ab einem Blutalkohol-Gehalt von 0,3‰ eintreten kann, sofern sich aus alkoholbedingten Ausfallerscheinungen eine dann als relativ bezeichnete Fahruntüchtigkeik ergibt. Für Kfz-Führer bis zum 21. Lebensjahr oder mit Fahrerlaubnis zur Probe besteht ein Alkoholverbot; der Verstoß stellt eine Ordnungswidrigkeit dar (§ 24c StVG).

Blutentnahme
Die Entnahme von Blutproben durch Feststellung des Blutalkohols ist nach § 81a StPO, § 46 IV 1 OWiG bei dem einer Straftat oder Ordnungswidrigkeit, insbes. gem. § 24a StVG, Verdächtigen auch gegen seinen Willen und notfalls unter Zwangsanwendung zulässig; sie darf aber nur durch einen approbierten Arzt und nur auf Anordnung eines Richters, Staatsanwalts oder einer → Ermittlungsperson der StA vorgenommen werden. Bei Verdacht einer alkoholbedingten Straftat nach §§ 315a, 315c, 316 StGB bedarf es keiner richterlichen Anordnung (§ 81a II 2 StPO). Bei Personen, die als Zeugen in Betracht kommen, ist die Blutentnahme – soweit sie nicht ein → Zeugnisverweigerungsrecht geltend machen – in gleicher Weise zulässig, wenn der Blutalkoholgehalt für die Erforschung einer Straftat von Bedeutung ist; unmittelbarer Zwang bei Weigerung setzt richterliche Anordnung und Gefahr im Verzug oder vergebliche Festsetzung eines Ordnungsgeldes voraus (§ 81c StPO). Im Strafverfahren entnommene Blutproben dürfen nur in diesem oder einem anderen Strafverfahren sowie in einem → Bußgeldverfahren nach Übergang aus dem Strafverfahren verwendet werden (§ 81a III StPO, § 81c V StPO, § 46 IV 2 OWiG), im Bußgeld-

verfahren aber nicht zu → molekulargenetischen Untersuchungen.

Im Zivilprozess kommt die Blutentnahme insbes. zur Feststellung der Abstammung (→ Abstammungsgutachten) durch → Blutgruppenuntersuchung in Betracht.

Blutgruppenuntersuchung
ist eine besondere Form des Beweises durch → Augenschein. Die Blutgruppenuntersuchung alleine kann die → Abstammung (dort 2c) ausschließen, jedoch nicht bestätigen. Jedermann ist verpflichtet, die Entnahme von Blutproben zum Zwecke der Blutgruppenuntersuchung zu dulden, soweit die Untersuchung eine Aufklärung des Sachverhalts verspricht und dem zu Untersuchenden ohne Nachteil für seine Gesundheit, aber auch unter Berücksichtigung möglicher Folgen für nahe Angehörige (Verurteilung zur Unterhaltszahlung) zugemutet werden kann (§ 178 FamFG). → Genomanalyse.

Blutprobe
→ Blutalkohol, → Blutentnahme.

Blutspenden
werden im → Transfusionsgesetz mit dem Ziel sicherer und gesicherter Versorgung geregelt. Blutspender sind kraft Gesetzes unfallversichert (§ 2 I Nr. 13b SGB VII).

BNotO
→ Notar.

Bodenaltertümer
Bodenaltertümer sind vorgeschichtlich oder geschichtlich bedeutsame Gegenstände (auch Skelette u. dgl.), die in oder auf einem Grundstück oder in einem wesentlichen → Bestandteil eines solchen so lange verborgen gelegen haben, dass ihr Eigentümer nicht mehr zu ermitteln ist. Der Erlass von Vorschriften zum Schutze noch nicht erschlossener Bodenaltertümer vor Beschädigung, Verminderung usw. ist Sache des Landesgesetzgebers; insbes. sollen Ausgrabungen durch nicht geschulte Personen verhindert, Sucharbeiten unter sachkundige Beobachtung gestellt und der öffentlichen Hand freier Ankauf gefundener Gegenstände ermöglicht werden. So ist zB nach Art. 7 ff. Bayer. DenkmalschutzG v. 25.6.1973 (GVBl. 1973, 328) mÄnd, das Graben nach Bodendenkmälern erlaubnis-, das Auffinden anzeigepflichtig. Ferner bestehen Auswertungs- und Enteignungsrechte des Staates. Sa Europ. Übereinkommen zum Schutz archäolog. Kulturguts vom 6.5.1969 (BGBl. 1974 II 1286).

Bodenkredit
→ Realkredit.

Bodenordnung
→ Baugesetzbuch.

Bodenrecht
→ Sachenrecht, → Grundstück, → Eigentum, → Erbbaurecht, → Grundpfandrechte, → Grundstücksverkehr (landwirtschaftlicher), → Baurecht, → Baugesetzbuch, → Bodenreform. Über den staatsrechtlichen Begriff Bodenrecht (ius soli) → Staatsangehörigkeit.

Bodenreform
1. Ursprünglich zielte die Bodenreform vorwiegend darauf ab, landwirtschaftliche Gebiete, Bau- und Siedlungsland größeren Bevölkerungsschichten zugänglich zu machen, wobei manche Reformer das Privateigentum nicht antasten wollten (Damaschke, J. St. Mill ua), während die sozialistischen Vertreter die Überführung von Grund und Boden in Gemeineigentum forderten (Marx, Kautsky ua).

2. Der Begriff Bodenreform wird auch für die seinerzeit entschädigungslosen Grundstücksenteignungen von 1945 bis 1949 in der ehem. DDR (insgesamt ca. 3,3 Mio ha Land) auf Grund von Vorschriften und Anordnungen der sowjetischen Besatzungsmacht verwendet (s. auch → Offene Vermögensfragen, → Entschädigungs- und Ausgleichsleistungsgesetz). Die Abwicklung dieser Bodenreform richtet sich nach Art. 233 §§ 11 ff. EGBGB.

3. Eine andere Zielsetzung hat die → Flurbereinigung, dh die Zusammenlegung zersplitterten ländlichen Grundbesitzes und seine Umgestaltung und Verbesserung nach neuzeitlichen betriebswirtschaftlichen Gesichtspunkten.

Bodenschätze
sind – abgesehen vom Wasser – alle mineralischen festen, flüssigen oder gasförmigen Rohstoffe, wenn sie in natürlichen Ablagerungen oder Ansammlungen in oder auf der Erde, dem Meeresgrund oder im Meerwasser vorkommen, sowie → Erdwärme (§ 3 I BBergG); sa → Gewinnungsabfälle. Im → Bergrecht wird zwischen grundeigenen u. bergfreien Bodenschätzen unterschieden. Grundeigene Bodenschätze stehen im Eigentum des Grundeigentümers (§ 3 II BBergG), während für bergfreie Bodenschätze für den Erwerb wie für das Aufsuchen das Eigentum am Grundstück nicht von Bedeutung ist. Vielmehr steht die Befugnis hierzu den Bergbauberechtigten zu, s → Bergwerkseigentum. Für die Zuordnung müssen neben den Aufzählungen in § 3 BBergG und den Bestimmungen zu alten Rechten in den §§ 149–159 BBergG auch die Bestandsschutzregelungen des Gesetzes zur Vereinheitlichung der Rechtsverhältnisse bei Bodenschätzen v. 15.4.1996 (BGBl. 1996 I 602) berücksichtigt werden, die alle → neuen Länder und Berlin betreffen.

Bodenschutz
1. Das Bundes-Bodenschutzgesetz vom 17.3.1998 (BGBl. 1998 I 502) mÄnd regelt die Sicherung und Wiederherstellung der Funktionen des Bodens (→ Umweltrecht). Hierzu sind schädliche Bodenveränderungen abzuwehren, der Boden und Altlasten sowie hierdurch verursachte Gewässerverunreinigungen zu sanieren und Vorsorge gegen nachteilige Einwirkungen auf den Boden zu treffen (§ 1 BBodSchG). Das Gesetz gilt subsidiär ge-

genüber spezielleren Gesetzen, die ebenfalls schädliche Bodenveränderungen oder Altlasten betreffen, wie zB dem GenTG (→ Gentechnikrecht), dem → Baurecht und dem → Immissionsschutzrecht. Den Vollzug regelt Landesrecht.

2. Jeder, der auf den Boden einwirkt, ist verpflichtet, schädliche Bodenveränderungen zu vermeiden (§ 4 BBodSchG). Grundstückseigentümer sind verpflichtet, gegen schädliche Bodeneinwirkungen Vorsorge zu treffen (§ 7 BBodSchG). Durch RechtsVO können Grenzwerte festgelegt werden (§ 8 BBodSchG). Sondervorschriften gelten für Altlasten (§§ 11 ff. BBodSchG). Bezüglich der Sanierungspflicht spielt das Datum der Eigentumsübertragung eine wesentliche Rolle (Stichtag: 1.3.1999). Bei der landwirtschaftlichen Bodennutzung wird die Vorsorgepflicht durch → gute fachliche Praxis erfüllt (§ 17 BBodSchG). Einzelheiten enthält die Bundes-Bodenschutz- und Altlastenverordnung (BBodSchV) v. 9.7.2021 (BGBl. 2021 I 2598) mÄnd.

Bodensee
Die Schifffahrt auf dem größten deutschen See wird durch Bestimmungen der Internationalen Schifffahrtskommission für den Bodensee geregelt, die in Bayern und Baden-Württemberg in Landesrecht umgesetzt werden, zB durch die baden-württembergische VO zur Einführung der Bodensee-SchifffahrtsO v. 10.12.2001 (GVBl. 2001, 709) mÄnd. Sa → Rheinschifffahrt, → internationale Wasserläufe.

Bodenverbände
→ Wasser- und Bodenverbände.

Bodenverwertungs- und -verwaltungsgesellschaft
→ Treuhandanstalt (3).

Bodin, Jean
(1530–1596), franz. Rechtsgelehrter, entwickelte im Rahmen seiner Staatsrechtstheorie vor allem die Lehre von der (naturrechtlich begrenzten) → Souveränität.

Börse
Das europäische → Kapitalmarktrecht unterscheidet für den multilateralen Handel von → Finanzinstrumenten drei Handelsplätze: Organisierte oder → regulierte Märkte, → multilaterale Handelssysteme und → organisiertes Handelssystem. Börsen sind regulierte Märkte (vgl. § 2 V BörsG (→ Börsengesetz). Für sie, Mittler zwischen Kapitalaufbringern und -nachfragern, gelten die höchsten Anforderungen.

1. Eine etwas sperrige Legaldefinition der Börse enthält § 2 I BörsG. Danach regeln und überwachen Börsen multilaterale Systeme, welche die Interessen einer Vielzahl von Personen am Kauf und Verkauf von bei ihnen zum Handel zugelassenen Wirtschaftsgütern und Rechten innerhalb des Systems nach nichtdiskretionären Bestimmungen in einer Weise zusammenbringen oder das Zusammenbringen fördern, die zu einem Vertrag über den Kauf dieser Handelsobjekte führt. Börsen sind, mit anderen Worten, regelmäßig zugängliche Handelssysteme für vertretbare, idR nicht gegenwärtige Wirtschaftsgüter und Rechte, zu denen nur professionelle Teilnehmer zugelassen sind (dazu 2.). Die wichtigsten Arten sind → Wertpapierbörsen (§ 2 II 2 BörsG, Effektenbörsen) und → Warenbörsen (§ 2 III BörsG), bis zur Einführung des → Euro bestanden auch zahlreiche → Devisenbörsen; ferner existieren Börsen für Emissionsberechtigungen (→ Emissionshandel) und Schiffsversicherungen. Während es früher nur Präsenzbörsen gab, dominiert heute der elektronische Handel (zB → Xetra).

2. Die Börse ist eine teilrechtsfähige → Anstalt des öffentlichen Rechts (§ 2 I BörsG), die aber von ihrem privatrechtlichen Träger zu trennen ist. So ist die Deutsche Börse AG zB Träger der Frankfurter Wertpapierbörse. Das Börsengeschäft wird von sog. Handelsteilnehmern durchgeführt. Dies sind die zum Börsenhandel nach § 19 BörsG zugelassenen Unternehmen (→ Börsenmakler), → Börsenhändler, → Skontroführer und skontroführende Personen. Zu den Marktsegmenten und den Voraussetzungen, unter denen Wertpapiere zum Handel zugelassen werden: → Prime Standard, → Freiverkehr, → Börsenorgane, → Börsenrecht, → Transparenz.

3. Es gibt in Deutschland folgende Wertpapierbörsen
– Leitbörse: Frankfurt,
– Regionalbörsen: Berlin, Düsseldorf, Hamburg/Hannover (gleiche Trägergesellschaft) München, Stuttgart.

Ferner gibt es die European Energy Exchange (Leipzig) für den Handel mit Strom, Gas und Emissionsberechtigungen und die → Terminbörse Eurex (Frankfurt/Zürich).

Börsenähnliche Einrichtungen
waren → Kredit- und → Finanzdienstleistungsinstitute, die im Inland ein elektronisches Handelssystem betrieben, in dem Angebot und Nachfrage in börsenmäßig handelbaren Wirtschaftsgütern oder Rechten zusammengeführt wurden (§ 59 BörsG aF). Heute spricht man von → multilateralen Handelssystemen.

Börsenaufsicht
→ Börsen unterliegen staatlicher Rechts-, Markt- und Handelsaufsicht durch die → Börsenaufsichtsbehörde (§ 3 → Börsengesetz, Börsenaufsicht der Länder). Darüber hinaus überwacht die → BaFin ua die Einhaltung der Verbote von → Insidergeschäften (Art. 14 MAR), von → Marktmanipulationen (Art. 15 MAR) sowie zahlreicher Melde- und Berichtspflichten. Aufsichtsfunktionen haben ferner der Wertpapierrat (§ 16 WpHG), die Handelsüberwachungsstelle (§ 7 BörsG) sowie der Börsenrat (§ 12 BörsG).

Börsenaufsichtsbehörde
1. Börsenaufsichtsbehörde ist gem. § 3 I BörsG (→ Börsengesetz) die zuständige oberste Landesbehörde. Dies ist idR der Wirtschaftsminister des Bundeslandes, in dem die jeweilige → Börse ihren Sitz hat. Bei rein elektronischen Handelssystemen wird auf den Sitz der Börsenverwaltung abgestellt.

2. Die Börsenaufsichtsbehörde übt eine Rechts-, Markt- und Handelsaufsicht aus. Der Aufsicht unterliegen die → Börsenorgane, der Börsenträger, die Einrichtungen des Börsenverkehrs sowie der → Freiverkehr (§ 3 I BörsG). Zu ihren Aufgaben gehört auch die Genehmigung der Errichtung einer Börse (§ 4 I BörsG) und der → Börsenordnung (§ 16 BörsG). Die Aufsicht erstreckt sich auch auf die Einhaltung der börsenrechtlichen Vorschriften und Anordnungen, die ordnungsgemäße Durchführung des Handels an der Börse und die Börsengeschäftsabwicklung. Sa → Börsenaufsicht.

Börsengesetz
Das Börsengesetz v. 16.7.2007 (BGBl. 2007 I 1351) mÄnd regelt in Abschn. 1 (§§ 1–22b BörsG) die → Börsen und deren Organe. Die Errichtung einer Börse bedarf der schriftlichen Erlaubnis der obersten Landesbehörde (→ Börsenaufsichtsbehörde, §§ 3 f. BörsG, idR der Wirtschaftsminister), die auch die → Börsenordnung genehmigt (§ 16 BörsG) und Anordnungen zur Aufrechterhaltung der Ordnung und für den Geschäftsverkehr an der Börse erlassen kann (§ 3 V BörsG). Die Aufrechterhaltung der Ordnung in den Börsenräumen obliegt allerdings grundsätzl. der Geschäftsführung (§ 15 IV BörsG). Auf Zulassung zur Teilnahme am Börsenhandel (→ Verwaltungsakt), die von der Geschäftsführung auszusprechen ist, besteht ein gesetzlich geregelter Rechtsanspruch (§ 19 BörsG). Abschn. 2 (§§ 23–26g BörsG) regelt die Ermittlung des Börsenpreises, Abschn. 3 (§§ 27–31 BörsG) die Skontroführung. Abschn. 4 und 5 (§§ 32–48b BörsG) enthalten Bestimmungen über die Zulassung von Wertpapieren zum Börsenhandel im → regulierten Markt sowie über den → Freiverkehr. Den 6. und letzten Abschn. (§§ 49–52 BörsG) bilden Straf- und Bußgeldvorschriften. Sa → Börsenzulassungsverordnung, → Prime Standard, → Börsenaufsicht, → Börsenorgane, → Transparenz.

Börsenhändler
sind gem. § 19 I BörsG Personen, die berechtigt sind, für ein zum Börsenhandel zugelassenes Unternehmen (→ Börsenmakler) an der → Börse zu handeln. Sie bedürfen der Zulassung durch die Börsengeschäftsführung, Voraussetzung sind Zuverlässigkeit und berufliche Eignung (§ 19 V BörsG).

Börsenmakler
Börsenmakler ist ein zur Teilnahme am Börsenhandel zugelassenes Unternehmen (§ 19 I BörsG). Der Börsenmakler vermittelt an der → Börse Kauf und Verkauf von Wertpapieren oder Waren iSd § 2 WpHG und führt dabei den Ausgleich der Kauf- und Verkaufaufträge (Order) durch. Die Voraussetzungen der Zulassung durch die Geschäftsführung der Börse sind in § 19 BörSG (→ Börsengesetz) und den → Börsenordnungen geregelt. Viele Börsenmakler sind → Kreditinstitute, → Wertpapierinstitute und → Finanzdienstleistungsinstitute. Die für Börsenmakler handelnden Personen heißen → Börsenhändler. Eine besondere Art des Börsenmaklers ist der → Skontroführer.

Börsenmantelaktiengesellschaft
Die Börsenmantelaktiengesellschaft ist eine Sonderform der → Aktiengesellschaft, deren Zweck es ist, noch nicht börsennotierte Unternehmen an die Börse zu bringen. Die Börsenmantelaktiengesellschaft wurde Ende 2023 eingeführt und ist in den §§ 44–47b BörsG geregelt. Sie ist der aus dem US-amerikanischen Recht bekannten SPAC (Special Purpose Acquisition Company) nachgebildet und soll zukunftsträchtigen und wachstumsstarken Unternehmen (Zielunternehmen) den raschen Gang an die Börse und damit den Zugang zum Kapitalmarkt ermöglichen.

Die Börsenmantelaktiengesellschaft ist eine Aktiengesellschaft oder → SE, deren Unternehmensgegenstand erst der eigene Börsengang sowie danach der Erwerb eines nicht börsennotierten Zielunternehmens ist. Mit dem Erwerb, der innerhalb einer in der Satzung festgeschriebenen Frist von höchstens 48 Monaten nach Börsenzulassung der Aktien der Börsenmantelaktiengesellschaft erfolgen muss und eine Dreiviertelmehrheit der Hauptversammlung erfordert, ist das erworbene Zielunternehmen „praktisch" börsennotiert. Dies ist schneller, einfacher und kostengünstiger als die „normale" Bösenzulassung des Zielunternehmens, dass dafür zB oft vorher erst in eine Aktiengesellschaft umgewandelt werden müsste.

Auf die Börsenmantelaktiengesellschaft finden die Vorschriften über die Aktiengesellschaft subsidiär Anwendung. Ihre Firma muss den Zusatz „Börsenmantelaktiengesellschaft" oder eine allgemeinverständliche Abkürzung dieses Begriffs enthalten. Die Zahlungen der Aktionäre werden von einem Treuhänder verwaltet. Für die Zulassung ihrer Aktien an der Börse gelten die allgemeinen Vorschriften (→ Börsenzulassungsverordnung), insbesondere besteht → Prospektpflicht. Im Börsenzulassungsprospekt müssen aus Gründen der Transparenz und des Anlegerschutzes die Kriterien für die Auswahl des später zu erwerbenden Unternehmens erläutert werden.

Wird innerhalb der Frist ein Zielunternehmen erworben, wird die Gesellschaft als normale börsennotierte Aktiengesellschaft fortgeführt, deren Zweck jetzt der Betrieb des erworbenen Unternehmens ist. Kommt es innerhalb der Frist nicht zum Erwerb eines Zielunternehmens, wird die Gesellschaft aufgelöst und die Börsenzulassung ihrer Aktien widerrufen.

Börsenordnung
ist eine für jede → Börse vom Börsenrat erlassene Satzung, die sicherstellen soll, dass die Börse die ihr obliegenden Aufgaben erfüllen kann. Sie muss Regelungen enthalten über Geschäftszweig und Organisation der Börse, die Handelsarten, die Veröffentlichung von Preisen, Kursen und Umsätzen sowie eine Entgeltordnung für → Skontroführer, ferner bei Wertpapierbörsen Vorschriften über die Bedeutung von Kurszusätzen u. ä. Näheres vgl. § 16 BörsG (→ Börsengesetz).

Börsenorgane
sind der Börsenrat (§ 12 BörSG (→ BörsG)), die Börsengeschäftsführung (§ 15 BörsG), die Handelsüberwachungsstelle (§ 7 BörsG) und der Sanktionsausschuss (§ 22 BörsG). Sie üben öffentlich-rechtliche Funktionen aus. Sa → Börse.

Börsenrecht
1. Das Börsenrecht ist Teil des → Kapitalmarktrechts und umfasst alle Vorschriften, die sich auf den Absatz von Kapitalanlagen an der → Börse beziehen. Die wichtigsten Vorschriften in Deutschland sind das → Börsengesetz (Organisation und Zulassung), die → BörsenzulassungsVO, das → Wertpapierhandelsgesetz, und das → Wertpapierprospektgesetz.

2. Das Börsenrecht ist Gegenstand der → konkurrierenden Gesetzgebung des Bundes, Art. 74 I Nr. 11 GG. EU-Vorgaben spielen eine große Rolle (zB → MiFID).

Börsentermingeschäft
→ Finanztermingeschäft.

Börsenzulassungsverordnung
Die Börsenzulassungsverordnung (BörsZulV) idF v. 9.9.1998 (BGBl. 1998 I 2832) mÄnd regelt Aspekte der Zulassung von → Wertpapieren, auch elektronischen, zum → regulierten Markt einer → Wertpapierbörse. Sie normiert Anforderungen an den Emittenten, der ordnungsgemäß gegründet worden sein und bei Aktienemission mindestens drei Jahre als Unternehmen bestanden haben muss, an die Handelbarkeit der Wertpapiere, ihre Stückelung, den Gesamtnennbetrag etc. § 9 verlangt, dass mindestens 25 vH einer Aktienemission sich in → Streubesitz befinden müssen. Weitere Voraussetzungen einer Börsenzulassung regeln das → Börsengesetz, das → Wertpapierprospektgesetz und die → Börsenordnungen. Die Börsenzulassungsverordnung gilt nicht für den → Freiverkehr oder andere → multilaterale Handelssysteme.

Böser Glaube
(mala fides). Der Erwerber einer → beweglichen Sache ist nicht in gutem Glauben, wenn ihm positiv bekannt oder infolge → grober Fahrlässigkeit unbekannt ist, dass die Sache nicht dem Veräußerer gehört (§ 932 II BGB). Ob die Unkenntnis grob fahrlässig ist, entscheidet sich nach den Umständen des Falles, ist aber zB anzunehmen bei Erwerb eines Kraftfahrzeugs ohne Übergabe des dazu gehörenden → Fahrzeugbriefs, bei Erwerb wertvoller Waren zu besonders günstigen Bedingungen ua. Der böse Glaube schließt einen → gutgläubigen Erwerb einer beweglichen Sache aus; er ist ferner für den gutgläubig – lastenfreien Erwerb einer Sache, für den Umfang der Schadensersatzansprüche des Eigentümers gegen den Besitzer (→ Eigentumsherausgabeanspruch), für den gutgläubigen Erwerb eines → Pfandrechts, der Rechte aus einem → Wechsel oder Scheck ua, nicht dagegen für den → „gutgläubigen" Erwerb eines → Grundstücksrechts (zB Hypothek) von Bedeutung (dort schadet nur positive Kenntnis bzw. Eintragung eines → Widerspruchs im Grundbuch, vgl. § 892 BGB, § 1155 BGB).

Bohrinsel
→ Seeanlagen; → Meeresbodenbergbau.

Bologna-Prozess
1. Mit der Erklärung von Bologna v. 19.6.1999 haben sich 29 europäische Bildungsminister für die Schaffung eines einheitlichen europäischen Hochschulraumes bis 2010 ausgesprochen; 18 weitere Staaten haben sich dieser Erklärung in der Folge angeschlossen. Die Erklärung ist eine politische Absichtserklärung ohne rechtliche Bindungswirkung. Gleichwohl passen eine Vielzahl von Staaten einschließlich Deutschlands und der deutschen Länder ihre Hochschulausbildung der Erklärung von Bologna an. Die Umsetzung ist noch nicht abgeschlossen.

2. Die Erklärung von Bologna sieht ein einheitliches, zweigliedriges Studiensystem mit zwei Zyklen vor, die insgesamt nicht länger als 5 Jahre dauern sollen. Der erste Zyklus (undergraduate) schließt nach idR 3 Jahren mit dem → Bachelor ab. Voraussetzung für die Aufnahme des zweiten Zyklus ist das erfolgreiche Bestehen des ersten Zyklus. Der zweite Zyklus (graduate) schließt nach idR mit dem → Master ab. Die → Promotion (sa → Promotionsrecht) erfolgt im dritten Zyklus. Bereits der erfolgreiche Abschluss des ersten Zyklus (Bachelor) soll berufsqualifizierend sein. Bachelor- und Masterabschluss sind im → Hochschulrecht entsprechend den Vorgaben der Bologna-Erklärung bereits vorgesehen. Die neue Studienordnung ist oder wird in den deutschen → Ländern für zahlreiche Studiengänge eingeführt, idR aber nicht für Studiengänge, die zu staatlichen Prüfungen führen (Medizin; Zahnmedizin; Jura, s. dazu → Befähigung zum Richteramt, 5).

3. Ein zentrales Element des Bologna-Prozesses ist das Europäische System zur Übertragung und Akkumulierung von Studienleistungen (European Credit Transfer and Accumulatioin System → ECTS), das Studienleistungen in verschiedenen Europäischen Ländern vergleichbar machen und so auch die Mobilität der Studierenden erhöhen soll.

Bon
→ Inhaberzeichen.

bona fide
(lat.) = in gutem Glauben; bona fides = guter Glaube.

Bonds
Bonds ist eine aus dem Englischen stammende Bezeichnung für → Anleihen.

Bonität
Bonität einer Forderung: Zahlungsfähigkeit des Schuldners. Sa → Gewährleistung (1a), → Zahlungsunfähigkeit.

Bonus
Hierunter versteht man im Versicherungs- und Aktienrecht eine vertragsmäßig vereinbarte oder auf Grund des guten Geschäftsergebnisses außerplanmäßig vorgenommene Gutschrift des Versicherungsunternehmens bzw. der Aktiengesellschaft. Der Bonus wird regelmäßig in Prozenten der Prämie bzw. der Aktie berechnet. Im Handelsverkehr wird ein Bonus oft vom Lieferanten als Mengenrabatt für umfangreiche Warenabnahme gewährt. Die systematische Gewährung eines Bonus kann → unlauterer Wettbewerb sein. Weiterhin ist Bonus eine andere Bezeichnung für → Tantieme.

Bonus-Malus-System
→ Studienplätze (Vergabe).

BORA
→ Rechtsanwalt (2).

Bordell
ist ein auf Gewinnerzielung gerichtetes Unternehmen, dessen Inhaber mehrere (männl. od. weibl.) Personen zur → Prostitution bereithält. Der Betrieb eines Bordells ist nicht mehr strafbar, soweit nicht im Einzelfall eine → Ausbeutung von Prostituierten erfolgt. Die Erzielung eines angemessenen Unternehmergewinns durch die Bereithaltung von Zimmern und anderen Einrichtungen erfüllt nicht den Tatbestand der Ausbeutung. Im Hinblick auf die Neuregelung im ProstitutionsG v. 20.12.2001 (BGBl. 2001 I 3983) kann nicht mehr davon ausgegangen werden, dass der Betrieb eines Bordells idR nach öffentlich-rechtlichen Vorschriften unzulässig ist. Auch die Tatsache allein, dass Gewerberäume zum Betrieb eines Bordells überlassen werden, kann nicht die Sittenwidrigkeit des Miet- oder Pachtvertrages begründen.

Bordvertretung
→ Betriebsrat.

Bote
Anders als der Vertreter (→ Stellvertretung) gibt der Bote keine eigene Erklärung im Namen des Vertretenen ab, sondern übermittelt nur die bereits fertige → Willenserklärung des Geschäftsherrn. Für die Voraussetzungen und die Wirksamkeit der Erklärung kommt es daher nicht auf die Person des Boten, sondern auf den Geschäftsherrn an; der Bote kann mithin zB auch geschäftsunfähig (Kind) sein. Dem Boten kann allerdings die Auswahl unter verschiedenen Erklärungen überlassen werden. Man unterscheidet den Erklärungsboten, der als Werkzeug des Auftraggebers dessen Willenserklärung weitergibt, und den Empfangsboten, der die Erklärung für den Geschäftsherrn entgegennimmt. Empfangsbote ist nur, wer von dem Geschäftsherrn entsprechend beauftragt ist, Erklärungen anderer entgegenzunehmen. In diesem Fall ist die Willenserklärung bereits mit Abgabe gegenüber dem Empfangsboten dem Geschäftsherrn zugegangen und damit wirksam (→ Willenserklärung, 1c), sonst – dh beim Erklärungsboten – erst, wenn dieser sie dem anderen tatsächlich ausrichtet. Die Gefahr unrichtiger Übermittlung trägt der Geschäftsherr; bei Übermittlungsirrtum des Erklärungsboten – nicht des Empfangsboten – kann der Geschäftsherr die Willenserklärung (als eigene) anfechten (§ 120 BGB, → Anfechtung von Willenserklärungen). Überschreitet der Bote seinen Auftrag, gibt er insbes. eigene Erklärungen im Namen des Geschäftsherrn ab, so ist dies wie → Vertretung ohne Vertretungsmacht zu behandeln (hM). Sondervorschriften gelten für den Vermittler (→ Maklervertrag, → Handelsmakler, → Handelsvertreter).

Botschafter
→ Diplomat.

BOT-Vertrag
→ Privatisierung.

Boxveranstaltungen
sportlichen Charakters bedürfen keiner Genehmigung. Dagegen sind gewerbliche Schaukämpfe (Box-, Ring-, Catcherkämpfe u. ä.) → Schaustellungen von Personen im Sinne des Gewerberechts; → Jugendschutz.

Boykott
Der Begriff Boykott hat seinen Ursprung in der persönlichen und geschäftlichen Ächtung eines irischen Gutsverwalters aus dem 19. Jh. namens Charles Boycott, der auf diese Weise für dessen Härte und schlechte Behandlung seiner Arbeiter abgestraft wurde. Heute steht der Begriff für einen auf einer Verabredung beruhenden Kampfzustand, durch den der Boykottierte durch Missachtung zu einem bestimmten Verhalten gezwungen werden soll, und zwar unabhängig von einer dahinterstehenden moralisch nachvollziehbaren Motivation der Boykottierenden. Außen- oder handelspolitisch kann er als Kampfmittel zwischen Staaten oder Staatengruppen eingesetzt werden, aber uU als → Sanktion völkerrechtlich gerechtfertigt sein (sa → Wirtschaftssanktionen; → Repressalie;→ Retorsion). Auch im Bereich des Sports findet der Begriff Verwendung (zB zur Umschreibung des politisch motivierten Fernbleibens bestimmter Nationen an den Olympischen Sommerspielen in Mont-

real 1976, in Moskau 1980 und in Los Angeles 1984).

Der wirtschaftliche Boykott kann darin bestehen, dass der Betroffene planmäßig vom üblichen Geschäftsverkehr ausgeschlossen wird. Er kann auch ein Mittel des → Arbeitskampfs sein (zB eine Gewerkschaft veranlasst ihre Mitglieder, bei einem bestimmten Arbeitgeber nicht in ein Arbeitsverhältnis zu treten). Richtet sich der Boykott gegen einen Mitbewerber, wird er regelmäßig als gezielte Mitbewerberbehinderung unlauter sein (→ unlauterer Wettbewerb). Das Gesetz gegen Wettbewerbsbeschränkungen verbietet es Unternehmen zudem, andere Unternehmen zum Boykott Dritter (zB durch Liefer- oder Bezugssperren) aufzufordern (§ 21 GWB).

BPatG
Abkürzung für → Bundespatentgericht

Brandenburg
1. Brandenburg wurde durch das Ländereinführungsgesetz der ehemaligen – DDR v. 22.7.1990 (GBl. 1990 I 55) mit Wirkung v. 3.10.1990 errichtet und ist seit dem selben Tag gem. dem → Einigungsvertrag mit dem Wirksamwerden des → Beitritts Land der Bundesrepublik Deutschland. Landeshauptstadt ist Potsdam.

2. Nach der Verfassung v. 20.8.1992 (GVBl. 1992 I 298) mÄnd ist Brandenburg ein freiheitliches, rechtsstaatliches, soziales, dem Frieden und der Gerechtigkeit, dem Schutz der natürlichen Umwelt und der Kultur verpflichtetes demokratisches Land. Die Gesetzgebung wird durch den Landtag und durch Volksentscheid ausgeübt. Der Landtag wird auf fünf Jahre gewählt. Er kann sich durch Beschluss einer Mehrheit von zwei Dritteln seiner Mitglieder selbst auflösen. Gesetzesvorlagen im Landtag können aus der Mitte des Landtags, durch die Landesregierung oder im Wege des Volksbegehrens eingebracht werden. Entspricht der Landtag nicht binnen zwei Monaten einem Volksbegehren, so findet innerhalb von weiteren drei Monaten ein Volksentscheid statt. Verfassungsänderungen bedürfen der Zwei-Drittel-Mehrheit. Rechtsverordnungen können nur auf Grund eines Gesetzes erlassen werden, das Inhalt, Zweck und Ausmaß der Verordnung bestimmt. Die Landesregierung besteht aus dem Ministerpräsidenten und den Landesministern. Der Ministerpräsident wird vom Landtag gewählt. Er ernennt und entlässt die Minister. Der Landtag kann dem Ministerpräsidenten das Misstrauen nur dadurch aussprechen, dass er mit den Stimmen der Mehrheit seiner Mitglieder einen Nachfolger wählt. Der Ministerpräsident bestimmt die Richtlinien der Politik und ist dafür dem Landtag verantwortlich. Innerhalb dieser Richtlinien leitet jeder Minister den ihm anvertrauten Geschäftsbereich selbständig und unter eigener Verantwortung gegenüber dem Landtag. Der Ministerpräsident vertritt das Land nach außen. Das Verfassungsgericht gemäß Gesetz v. 22.11.1996 (GVBl. 1996 I 344) mÄnd. besteht aus neun Richtern, die vom Landtag für die Dauer von zehn Jahren gewählt werden; eine Wiederwahl ist ausgeschlossen. In eigenen Abschnitten der Verfassung werden die Grundrechte gewährleistet. Für das Volk der Sorben sind besondere Minderheitenrechte vorgesehen.

3. Der Verwaltungsaufbau nach dem Gesetz über die Organisation der Landesverwaltung v. 24.5.2004 (GVBl. 2004, 186) mÄnd ist zweistufig mit obersten Landesbehörden und oberen Landeshörden sowie den sonstigen unteren Landesbehörden. (→ Landkreise und → kreisfreie Städte); Mittelbehörden – zB → Regierungspräsidien – sind nicht eingerichtet.

4. Zur Frage einer Vereinigung mit Berlin → Berlin (7).

Brandgefährdung
→ Brandstiftung.

Brandlegung
→ Brandstiftung.

Brandschutz
→ Brandverhütung.

Brandstiftung
Die Brandstiftungsdelikte der §§ 306 ff. StGB dienen dem Schutz vor Gemeingefahren; lediglich bei § 306 StGB (unten 1.) steht der Eigentumsschutz im Vordergrund. Als Brandstiftung unter Strafe gestellt werden regelmäßig zwei Handlungsalternativen, nämlich eine Sache in Brand zu setzen oder durch eine Brandlegung ganz oder teilweise zu zerstören.

Inbrandsetzen liegt vor, wenn eine Sache so vom Feuer erfasst wird, dass es selbständig ohne Fortwirken des Zündstoffs weiterbrennt und der Brand sich auf Teile, die für den bestimmungsgemäßen Gebrauch der Sache wesentlich sind, ausbreiten kann.

Zerstören durch Brandlegung liegt vor, wenn die Sache ganz oder teilweise infolge Einwirkung von Hitze, Gas, Rauch, Ruß oder Druck, zB Explosion des Zündstoffes, zerstört wird, ohne dass wesentliche Teile selbständig brennen. Mit dieser Handlungsalternative hat der Gesetzgeber dem Umstand Rechnung getragen, dass moderne Baustoffe und -techniken zwar häufig das Inbrandsetzen eines Gebäudes verhindern, die Brandlegung in der genannten Weise aber trotzdem zu erheblichen Schäden führen kann.

Die einzelnen Straftatbestände differenzieren danach, welche Sache von der Brandstiftung erfasst wird und welche Gefährdung oder Folge durch die Brandstiftung eintritt.

1. Brandstiftung an fremden Gebäuden, Hütten, Betriebsstätten, technischen Einrichtungen wie Maschinen, Warenlagern oder -vorräten, Kfz., Schienen-, Luft- oder Wasserfz., Wäldern, Heiden, Mooren oder land-, ernährungs- oder forstwirtschaftlichen Anlagen oder Erzeugnissen wird mit Freiheitsstrafe von 1–10 Jahren bedroht (§ 306 StGB). Sie ist ein Sonderfall der → Sachbeschädigung. Die

Einwilligung des Eigentümers ist ein Rechtfertigungsgrund.

2. Schwere Brandstiftung ist Brandstiftung an einer Räumlichkeit, die der Wohnung von Menschen dient, zB Gebäude, Schiff oder Hütte (auch wenn sich zur Tatzeit niemand darin aufhält), an einer Kirche oder einem anderen der Religionsausübung dienenden Gebäude oder an einer zeitweise dem Aufenthalt von Menschen dienenden Räumlichkeit zu einer Zeit, in der sich Menschen dort aufzuhalten pflegen. Sie wird mit Freiheitsstrafe von mindestens 1 Jahr bestraft (§ 306a I StGB). Auf das Eigentum an der Sache und den Willen des Eigentümers kommt es dabei nicht an. Ebenso wird bestraft die Brandstiftung an den in § 306 StGB bezeichneten Sachen, die einen anderen in die Gefahr einer Gesundheitsschädigung bringt (§ 306a II StGB). Diese Sachen können auch dem Täter gehören oder herrenlos sein.

3. Besonders schwere Brandstiftung ist mit mindestens 2 Jahren Freiheitsstrafe bedroht. Sie liegt vor, wenn durch eine Brandstiftung eine schwere Gesundheitsschädigung eines anderen oder eine Gesundheitsschädigung einer großen Zahl von Menschen verursacht wird. Die Freiheitsstrafe beträgt mindestens 5 Jahre, wenn der Täter im Fall einer schweren Brandstiftung einen anderen in Todesgefahr bringt, eine andere Straftat ermöglichen oder verdecken will oder das Löschen des Brandes verhindern oder erschweren will (§ 306b StGB).

4. Brandstiftung mit Todesfolge ist mit mindestens 10 Jahren oder lebenslanger Freiheitsstrafe bedroht. Sie liegt vor, wenn der Täter durch eine Brandstiftung wenigstens leichtfertig den Tod eines anderen verursacht (§ 306c StGB).

5. Fahrlässige Brandstiftung ist nach § 306d StGB strafbar in den Fällen der Brandstiftung nach §§ 306 und 306a StGB. Die §§ 306b I, 306c StGB enthalten → erfolgsqualifizierte Delikte, so dass dort hinsichtlich des Eintritts zB des Todes bei § 306c StGB → Fahrlässigkeit des Täters genügt.

6. → Tätige Reue durch freiwilliges Löschen des Brandes, bevor erheblicher Schaden entsteht, kann in den Fällen der §§ 306, 306a und 306b StGB zu Strafmilderung oder Absehen von Strafe führen und hat bei fahrlässiger Brandstiftung Straflosigkeit zur Folge. Bei Löschen des Brandes ohne Zutun des Täters genügt dessen freiwilliges und ersthaftes Bemühen (§ 306c StGB).

7. Brandgefährdung, dh Herbeiführen einer Brandgefahr, ist nach § 306 f StGB eine mit Freiheitsstrafe bis zu 3 Jahren oder Geldstrafe bedrohte Straftat, die keine Brandstiftung voraussetzt. Erforderlich ist vielmehr, dass der Täter fremde feuergefährdete Betriebe und Anlagen (zB Ölraffinerien, Tankstellen), land- und ernährungswirtschaftliche Anlagen, in denen sich Erzeugnisse befinden, Wälder, Heide oder Moore, bestellte Felder oder landwirtschaftliche Erzeugnisse, die auf Feldern lagern, durch Rauchen, offenes Feuer oder Licht, Wegwerfen brennender oder glimmender Gegenstände u. ä. in (konkrete) Brandgefahr bringt (§ 306 f I StGB). Ebenso wird bestraft, ohne dass es auf das Eigentum ankommt, die Brandgefährdung der in § 306 f I StGB bezeichneten Sachen, die Leib oder Leben eines anderen oder fremde Sachen von bedeutendem Wert gefährdet (§ 306 f II StGB). Die Brandgefährdung ist auch bei fahrlässiger Begehung strafbar. → Waldbrandschutz, Waldbrandstiftung.

→ Versicherungsmissbrauch, → Betrug.

Brandverhütung
Strafbestimmungen zur Brandverhütung enthält das StGB in den Vorschriften gegen → Brandstiftung (§§ 306 ff. StGB) und gegen Herbeiführen einer Brandgefahr (§ 310 f StGB) in feuergefährdeten Anlagen oder Betrieben; der Strafschutz erfasst insbes. die Gefährdung durch Rauchen, Verwenden von offenem Feuer oder Licht, Wegwerfen brennender oder glimmender Gegenstände usw. Geschützt sind auch land- oder ernährungswirtschaftliche Erzeugnisse u. dgl. → Waldbrandschutz. Gewerberechtliche Vorschriften bestehen ua für → elektrische Anlagen und → brennbare Flüssigkeiten; s. ferner → ArbeitsstättenVO (§ 13) und → Schornsteinfegerwesen. Ergänzend gelten landesrechtliche Vorschriften, insbes. in den → Bauordnungen, über die Feuerbeschau von Gebäuden ua brandgefährlichen Gegenständen, Lichtspieltheater (einschl. Ausbildungs- und Bedienungsvorschriften für Filmvorführer), Brandverhütung in Theatern und Versammlungsräumen, für die Lagerung und Verwendung brandgefährlicher Stoffe, über Blitzableiter, Feuerlöscheinrichtungen und die Bekämpfung von Bränden. Missachtung der Vorschriften ist teils mit Strafe, teils als Ordnungswidrigkeit mit Geldbuße bedroht. Nach dem Bauordnungsrecht der Länder besteht in den meisten Ländern (nicht aber zB in Sachsen) die Pflicht, in bestimmten Räumen (idR in Schlafräumen und Räumen, durch die der Fluchtweg führt) Rauchwarnmelder anzubringen.

Branntwein, Abgabe von –
ist durch Vorschriften des GaststättenG (→ Gaststätte) teilweise eingeschränkt (zB durch Automaten, vgl. § 20 Nr. 1 GastG, § 28 Nr. 8 und 9 GastG); über Abgabe an Jugendliche s. → Jugendschutz (4).

Branntweinmonopol
→ Finanzmonopole.

BRAO
→ Rechtsanwalt (1).

Brauereidarlehen
→ Bierlieferungsvertrag.

Brautgeschenke
→ Verlöbnis.

Bremen
1. Die Freie Hansestadt Bremen (F. H. B.) ist Land der → Bundesrepublik Deutschland.

2. Die staatlichen Verhältnisse der F. H. B. sind durch die Landesverfassung v. 21.10.1947 (GBl. 1947, 251) mÄnd geregelt. Die Gesetzgebung steht der Bürgerschaft zu. Daneben besteht die Möglichkeit, durch Volksentscheid (→ Volksabstimmung) Gesetze zu beschließen. Die Bürgerschaft besteht aus 83 Mitgliedern, die in allgemeiner, gleicher, unmittelbarer und geheimer Wahl auf 4 Jahre gewählt werden. Die vollziehende Gewalt obliegt der Landesregierung, welche die Bezeichnung Senat führt. Die Mitglieder des Senats (Senatoren) werden von der Bürgerschaft für die Dauer der Wahlperiode gewählt. Dabei wird zunächst der Präsident des Senats in einem gesonderten Wahlgang gewählt. Der Präsident des Senats und ein weiterer vom Senat zu wählender Senator sind Bürgermeister. Der Präsident des Senats leitet die Geschäfte des Senats. Der Senat führt die Geschäfte nach den Gesetzen und den von der Bürgerschaft gegebenen Richtlinien; er vertritt Bremen nach außen. Die Mitglieder des Senats tragen nach einer vom Senat zu beschließenden Geschäftsverteilung die Verantwortung für die einzelnen Verwaltungsbehörden und Ämter. Für Angelegenheiten der verschiedenen Verwaltungszweige kann die Bürgerschaft Deputationen einsetzen. In die Deputationen können auch Personen gewählt werden, die nicht zur Bürgschaft gehören. Für verfassungsrechtliche Fragen ist der Staatsgerichtshof der F. H. B. gebildet (Gesetz v. 18.6.1996, GBl. 1996, 179). Die Verfassung statuiert in einem ersten Hauptteil Grundrechte und Grundpflichten, in einem zweiten Hauptteil Grundsätze für die Ordnung des sozialen Lebens (Familie, Erziehung und Unterricht, Arbeit und Wirtschaft, Kirche und Religionsgesellschaften).

3. Die Freie Hansestadt Bremen bildet einen aus dem Gemeinden Stadt Bremen und Stadt Bremerhaven zusammengesetzten Gemeindeverband (→ Kommunalverband) höherer Ordnung.

Bremer Klausel
→ Religionsunterricht.

Bremsen der Fahrzeuge
1. a) Kraftfahrzeuge müssen nach § 41 StVZO grundsätzlich zwei voneinander unabhängige Bremsanlagen oder eine solche mit zwei selbständig wirkenden Bedienungsvorrichtungen haben. Diese müssen durch getrennte Übertragungsmittel auf verschiedene Bremsflächen wirken (Ausnahme für Vierradbremsen). Die Bedienungsvorrichtung der zweiten Bremse (Handbremse) von Kraftwagen muss feststellbar sein. Sondervorschriften gelten für bestimmte langsame Fahrzeuge. Schwere Kfz müssen Unterlegkeile mitführen, um das Abrollen zu verhindern; schwere Kraftomnibusse und überschwere Kfz müssen über eine dritte Bremsanlage verfügen. b) Andere Fahrzeuge müssen eine ausreichende Bremsvorrichtung haben, Fahrräder zwei unabhängig voneinander wirkende Bremsen Sperrhölzer, Hemmschuhe und Ketten dürfen nur als zusätzliche Bremsen benutzt werden (§ 65 StVZO). Für Fahrräder mit Hilfsmotor gelten die Vorschriften über Krafträder.

2. Der Fahrer muss die Betriebssicherheit der Bremsen vor Antritt der Fahrt prüfen und während der Fahrt auf sie achten (§ 23 StVO). Der → Halter des Fz ist für Mängel verantwortlich, die er trotz Kenntnis nicht beseitigt oder die ihm infolge nicht ausreichender regelmäßiger Überwachung unbekannt geblieben sind.

3. Bei Betätigung der Bremsen muss die Grundregel des § 1 StVO (Verhalten im Straßenverkehr) beachtet werden; auf schlüpfriger Fahrbahn ist beim Bremsen Vorsicht geboten, bei Glatteis muss es unterbleiben. Die Berechnung des Anhaltewegs nach Verkehrsunfällen – wichtig für zivil- und strafrechtliche Folgen – ist nur auf Grund eines Sachverständigengutachtens möglich, in dem insbes. Schrecksekunde, → Reaktionszeit des Fahrers, Bremsansprech- und Bremsverzögerungszeit, Beschaffenheit der Fahrbahn, Bremsspur ua m. zu berücksichtigen sind. Über Bremsleuchten vgl. § 53 StVZO.

Brennbare Flüssigkeiten
Die VO über brennbare Flüssigkeiten (idF v. 13.12.1996, BGBl. 1996 I 1937, mÄnd) ist bis auf wenige Vorschriften, die → Rohrfernleitungsanlagen betreffen, außer Kraft getreten. S → Betriebssicherheit, → überwachungsbedürftige Anlagen.

Brennelementesteuer
→ Kernbrennstoffsteuer.

Brennstoffe, fossile
→ Emissionshandel, → Ozon, → Treibhausgase.

Brennstoffzelle
Brennstoffzelle ist eine Anlage, in der Strom und Nutzwärme erzeugt werden (§ 3 II Gesetz zur Förderung der KraftWärme-Kopplung; → KraftWärme-Kopplung). Die Markteinführung der Brennstoffzelle ist ein Ziel dieses Gesetzes.

brevi manu traditio
→ Eigentumsübertragung (2).

Brexit
1. Brexit ist die umgangssprachliche Bezeichnung für das Ausscheiden des Vereinigten Königreichs aus der → Europäischen Union zum 31.1.2020 (→ Europäische Integration). Bei einem (Parlament und Regierung rechtlich nicht bindenden) Referendum am 23.6.2016 stimmten 51,89% der Wähler für den Austritt des Vereinigten Königreichs aus der Europäischen Union. Am 29.3.2017 stellte das Vereinigte Königreich den Austrittsantrag gemäß Art. 50 EUV beim Präsidenten des → Europäischen Rats. Zugleich wurde der Austritt

aus der → Europäischen Atomgemeinschaft erklärt. Zwei Jahre nach der Austrittserklärung (am 29.3.2019) wäre die Mitgliedschaft des Vereinigten Königreiches unabhängig vom Verhandlungsstand erloschen, soweit nicht der → Europäische Rat den Verhandlungszeitraum einstimmig verlängert hätte (Art. 50 III AEUV). Im Hinblick auf die langwierigen Verhandlungen und das mehrfache Scheitern des Austrittsabkommens im Britischen Unterhaus entschied der Europäische Rat am 28.10.2019, den Austrittstermin auf den 31.1.2020 zu verschieben.

2. Seit 1.2.2020 ist das Vereinigte Königreich im Verhältnis zur EU ein Drittstaat. Das seinerzeit vereinbarte Austrittsabkommen sah für eine Übergangszeit vor, dass Nordirland Teil des → Zollgebietes des Vereinigten Königreiches blieb, aber alle Binnenmarktregeln der EU sowie der EU-Zollkodex (→ Zollkodex) in Nordirland Anwendung fanden. Das Austrittsabkommen sicherte so bis auf Weiteres die offene Grenze zwischen der Republik Irland und Nordirland. Die Rechte der Bürger der Mitgliedstaaten der Europäischen Union im Vereinigen Königreich blieben ebenso gewahrt wie Rechte der Bürger des Vereinigten Königreichs in der Europäischen Union; sie konnten im jeweils anderen Hoheitsgebiet weiterhin leben, arbeiten, studieren und soziale Sicherheit genießen. In einer Übergangsphase bis 31.12.2020 – einmalig um bis zu 2 Jahre verlängerbar - sollte in Verhandlungen Einigkeit über die künftigen Beziehungen zwischen der EU und dem Vereinigten Königreich erzielt werden. Am 30.12.2020 wurde ein Handels- und Kooperationsabkommen zwischen der EU und der → Europäischen Atomgemeinschaft einerseits und dem Vereinigten Königreich andererseits geschlossen, das die wechselseitigen Beziehungen umfassend regelt..

3. Hinsichtlich des Abkommens vom 30.12.2020 ist zwischen Nordirland und dem Rest des Vereinigten Königreichs zu unterscheiden. Nordirland bleibt nach diesem Abkommen zwar Teil des Zollgebietes des Vereinigten Königreiches, weite Teile des Binnenmarktrechts bleiben aber für Nordirland anwendbar, einschließlich der Zuständigkeit der jeweiligen EU-Organe. Das Vereinigte Königreich wird dadurch wirtschaftsrechtlich zu einem geteilten Staat. Das Abkommen kann mit einer Frist von 12 Monaten wieder gekündigt werden. Streitigkeiten soll ein internationales Schiedsgericht entscheiden. Für Nordirland behält der → Europäische Gerichtshof (EuGH) seine Zuständigkeit für Fragen des Zoll- und Warenverkehrs. Zwischen der EU und dem übrigen Vereinigten Königreich wurde der derzeit liberalisierte Standard im wechselseitigen Handel weitgehend aufrechterhalten; gleiches gilt für Dienstleistungen und Investitionen. Dies schließt indes Zollformalitäten nicht aus. Weitere Bestimmungen des Abkommens vom 30.12.2020 betreffen die Zusammenarbeit in den Bereichen Justiz und Strafverfolgung. Insgesamt bleibt das Abkommen hinter dem bisherigen Grad der Integration des Vereinigten Königreichs in die EU zurück.

4. Der Brexit löste erneut Bestrebungen für eine → Sezession Schottlands vom Vereinigten Königreich aus.

Brief-, Post- und Fernmeldegeheimnis
1. → Grundrecht: Nach Art. 10 I GG sind das Briefgeheimnis, das Postgeheimnis und das Fernmeldegeheimnis unverletzlich. Beschränkungen dürfen nur auf Grund eines Gesetzes angeordnet werden, wobei zu bestimmten Zwecken die Mitteilung an den Betroffenen unterbleiben und der Rechtsweg zugunsten einer Nachprüfung durch Organe ausgeschlossen werden kann, die von der Volksvertretung bestimmt werden (Art. 10 II GG; s. u. 4).

a) Das Briefgeheimnis betrifft schriftliche Mitteilungen aller Art von Person zu Person (nicht nur Briefsendungen iSd Straf- und Postrechts).

b) Das Postgeheimnis erfasst die näheren Umstände des Postverkehrs bestimmter Personen und den Inhalt der Postsendungen (§ 39 I PostG, § 206 V StGB).

c) Dem Fernmeldegeheimnis unterliegen der Inhalt der Telekommunikation, dh Nachrichten aller Art, die in Zeichen, Sprache, Bildern oder Tönen mit Telekommunikationsanlagen ausgesandt, übermittelt oder empfangen werden, und ihre näheren Umstände, auch erfolglose Verbindungsversuche (§ 88 I TKG, § 206 V StGB). Die Bestandsdaten (Daten eines Teilnehmers für Begründung, inhaltliche Ausgestaltung, Änderung oder Beendigung des Vertragsverhältnisses wie Name, Anschrift, Rufnummer, § 3 Nr. 3 TKG) der Kunden von Telekommunikationsunternehmen werden nicht vom Fernmeldegeheimnis erfasst (zur Auskunft darüber an Gerichte, StA und bestimmte Behörden s. § 112 II TKG, § 113 TKG). Das Recht am gesprochenen Wort, zu dem auch die Selbstbestimmung gehört, welche Person ein Gespräch mithören soll, wird nicht durch das Fernmeldegeheimnis, sondern das allgemeine → Persönlichkeitsrecht geschützt (→ Mithören).

d) Das Grundrecht des Brief-, Post- und Fernmeldegeheimnis besteht gegenüber den Staatsorganen (Regierung, Verwaltung, Justiz) sowie den Personen, die geschäftsmäßig Post- und Telekommunikationsdienste erbringen oder daran mitwirken. Den Verpflichteten ist es untersagt, sich Kenntnisse zu verschaffen oder diese weiterzugeben. → Drittwirkung gegenüber sonstigen Privatpersonen hat das Brief-, Post- und Fernmeldegeheimnis nach hM nicht; insoweit besteht aber straf- und zivilrechtlicher Schutz (s. u. 2).

2. a) Privatpersonen, die einen verschlossenen Brief oder ein anderes nicht zu ihrer Kenntnis bestimmtes verschlossenes Schriftstück, zB ein Testament, vorsätzlich unbefugt

öffnen, werden nach § 202 StGB wegen Verletzung des Briefgeheimnisses bestraft (→ Antragsdelikt). Gleiches gilt bei Anwendung anderer technischer Mittel oder Öffnen eines verschlossenen Aufbewahrungsbehältnisses zwecks Einsichtnahme in das Schriftstück.

Beschäftigte und Inhaber von Postdiensten, die Postsendungen unbefugt öffnen oder unterdrücken (dh sie, wenn auch nur vorübergehend, dem Postverkehr entziehen) oder dies durch andere wissentlich geschehen lassen, sind in § 206 III StGB wegen Verletzung des Post- und Fernmeldegeheimnis mit Freiheitsstrafe bis zu 5 Jahren oder Geldstrafe bedroht. Ebenfalls wegen Verletzung des Post- und Fernmeldegeheimnisses werden Beschäftigte oder Inhaber von Postdiensten bestraft, die unbefugt einem anderen von einer ihnen betrieblich bekanntgewordenen, dem Postgeheimnis unterliegenden Tatsache Mitteilung machen. → Amtsträger, die befugt oder unbefugt von solchen Tatsachen Kenntnis erlangen und sie unbefugt mitteilen, unterliegen gleichfalls der Strafvorschrift (§ 206 StGB). Die Taten nach § 206 StGB sind Antragsdelikte.

Wird ein Brief nicht nur eröffnet, sondern der Brief oder der Inhalt entwendet oder unterschlagen, liegt auch → Diebstahl oder → Unterschlagung vor.

b) Eine Befugnis zur Öffnung kann sich bei Verdacht einer Straftat aus §§ 99, 100 StPO ergeben (→ Beschlagnahme), präventivpolizeilich aus § 50 BKAG sowie den Polizeigesetzen der Länder, zwecks Verhütung von bestimmten Straftaten nach dem KriegswaffenkontrollG aus § 72 ZFdG, bei Einfuhr staatsgefährdender Schriften aus § 2 II des Gesetz zur Überwachung strafrechtlicher und anderer → Verbringungsverbote v. 24.5.1961 (BGBl. 1961 I 607), ferner auf Grund des sog. Abhörgesetzes (s. u. 4). Bei Strafgefangenen ergibt sie sich für den Anstaltsleiter aus dem jeweiligen LandesstrafvollzugsG, zB Art. 32–34 BayStVollzG, oder, wenn ein solches nicht besteht (→ Strafvollzug), aus §§ 23, 28, 30, 31 StVollzG; bei Personen in → Untersuchungshaft für den Richter, dem die Briefkontrolle obliegt, aus § 119 StPO und iÜ aus dem jeweiligen LandesUVollzG, zB §§ 37–39 BbgUVollzG (→ Strafvollzug); bei Personen unter → Betreuung für den Betreuer auf Grund gerichtlicher Anordnung (§ 1896 IV BGB); für die Eltern aus dem Erziehungsrecht (§ 1631 BGB), beim Schuldner für den → Insolvenzverwalter nach gerichtlicher Anordnung (§ 99 InsO). Die Befugnis besteht grundsätzlich nicht für den Ehegatten (in besonderen Fällen aber aus → Geschäftsführung ohne Auftrag).

Das Bundesamt für → Verfassungsschutz hat zur Erfüllung seiner Aufgaben die Befugnis, von Unternehmen für Postdienstleistungen Auskünfte zu den Bestandsdaten (s. o. 1) eines Nutzers (Name, Anschriften, Postfächer und im Falle staatsgefährdender Bestrebungen zu den sonstigen Umständen des Postverkehrs zu verlangen; § 8a I, II 1 Nr. 3 BVerfSchG). Das Verfahren (Antrag, Anordnung, Kontrolle und Mitteilung) ist ähnlich wie im G 10 (s. 4) geregelt (§ 8 IV–VIII BVerfSchG). Sa → Terrorismusbekämpfungsgesetz.

3. a) Das unbefugte Abhören von Telekommunikation ist grundsätzlich verfassungswidrig und durch §§ 201 (→ Tonaufnahme, unzulässige) und 206 StGB (s. o.) sowie § 148 I Nr. 1 TKG (→ Abhörverbot) unter Strafe gestellt. Erhebung, Verarbeitung und Nutzung der Bestands- und Verbindungsdaten der an der Telekommunikation Beteiligten sind iE in §§ 91 ff. TKG geregelt. Die Diensteanbieter sind dazu ua auch bei Anhaltspunkten für → Erschleichen von Leistungen und sonstiger rechtswidriger Inanspruchnahme der Telekommunikationsnetze und -dienste berechtigt und haben, wenn bedrohende oder belästigende Anrufe bei einem Beteiligten ankommen, diesem Auskunft über die Anschlüsse, von denen die Anrufe ausgehen, zu erteilen (§§ 100, 101 TKG).

b) Zu Maßnahmen der Strafverfolgungsbehörden im Strafverfahren → Telekommunikationsüberwachung.

c) Eine präventive Überwachung und Aufzeichnung der Telekommunikation ist zur Verhütung bestimmter Straftaten nach dem KriegswaffenkontrollG gemäß § 72 ZFdG zulässig. Die in den Polizeigesetzen der Länder vorgesehene präventive Überwachung ist nichtig, weil der Bundesgesetzgeber von seiner Befugnis aus Art. 74 I Nr. 1 GG, die Verfolgung von Straftaten durch Maßnahmen der Telekommunikation zu regeln, abschließend Gebrauch gemacht hat (BVerfG NJW 2005, 2603).

4. Das Gesetz zur Beschränkung des Brief-, Post- und Fernmeldegeheimnisses – Artikel 10-G (G 10) v. 26.6.2001 (BGBl. 2001 I 1254) mÄnd schränkt die genannten → Grundrechte ebenfalls ein.

a) Zur Abwehr von drohenden Gefahren für die → freiheitliche demokratische Grundordnung oder den Bestand oder die Sicherheit des Bundes oder eines Landes einschl. der Sicherheit der in der BRep. stationierten NATO-Truppen sind die Verfassungsschutzbehörden (→ Verfassungsschutz) des Bundes und der Länder, der → Militärische Abschirmdienst und der → Bundesnachrichtendienst berechtigt, die Telekommunikation zu überwachen und aufzuzeichnen sowie die dem Brief- oder Postgeheimnis unterliegenden Sendungen zu öffnen und einzusehen (→ nachrichtendienstliche Mittel; § 1 I Nr. 1 G 10); Post- und Telekommunikationsdienstleistungsunternehmen sind zur Mitwirkung und Verschwiegenheit verpflichtet (§§ 2, 17 G 10); die Verletzung der Verschwiegenheitspflicht ist strafbar (§ 18 G 10). Voraussetzung für die Maßnahmen (Beschränkungen in Einzelfällen) ist der begründete Verdacht, dass jemand bestimmte staatsgefährdende Straftaten (insbes. → Friedensverrat, → Hochverrat, → Rechtsstaatsgefährdung, → Landesverrat, Bildung terroristischer Vereinigungen, → Volksverhetzung ua) oder bestimmte schwere Straftaten, die sich gegen die freiheitliche demokratische Grundordnung, den Bestand oder die Sicherheit des Bundes oder eines Landes richten, plant, begeht oder begangen hat (vgl. iE § 3 I G 10) sowie dass die Erforschung des Sachverhalts sonst aussichtslos oder wesentlich erschwert wäre. Die Anordnung darf sich auch gegen Personen richten, die für den Verdächtigen bestimmte oder von ihm herrührende Mitteilungen entgegennehmen oder weitergeben. Der Bundesnachrichtendienst hat die Befugnis zu diesen Beschränkungen auch zu weiteren Zwecken (§ 1 I Nr. 2 G 10). Kommunikationsinhalte aus dem Kernbereich privater Lebensgestaltung dürfen nicht erfasst werden (§ 3a G 10). Weitere Einschränkungen bestehen bei Maßnahmen gegen eine Person, die ein → Zeugnisverweigerungsrecht gem. §§ 53, 53a StPO hat (§ 3b G 10).

b) Darüber hinaus dürfen zur (verdachtslosen) Nachrichtensammlung durch den Bundesnachrichtendienst (strategische) Beschränkungen für internationale Telekommunikationsbeziehungen zur Erkennung und Abwehr eines bewaffneten Angriffs auf die BRep., internationaler terroristischer Anschläge in der BRep., unerlaubten Kriegswaffen-, Außenwirtschafts- und Betäubungsmittelhandels, der Beeinträchtigung der Geldwertstabilität im Euro-Währungsraum durch im Ausland begangene Geldfälschungen, international organisierter Geldwäsche oder des gewerbs- oder bandenmäßig organisierten Einschleusens von ausländischen Personen angeordnet werden (§ 5 G 10). Kommunikationsinhalte aus dem Kernbereich privater Lebensgestaltung dürfen nicht erfasst werden (§ 5a G 10).

c) Die Beschränkungen werden nur auf Antrag bestimmter Stellen von einem vom Bundeskanzler beauftragten Bundesministerium oder von der zuständigen obersten Landesbehörde angeordnet. Die schriftliche Anordnung muss Art, Umfang und Dauer der Maßnahme (höchstens 3 Monate; Verlängerung möglich) bestimmen (§§ 9, 10 G 10). Der Betroffene wird von den Beschränkungsmaßnahmen nach ihrer Einstellung unterrichtet, sobald eine Gefährdung ihres Zwecks ausgeschlossen werden kann. (§ 12 G 10). Die Maßnahmen sind unter Aufsicht eines Bediensteten vorzunehmen, der die → Befähigung zum Richteramt besitzt (§ 11 I G 10). Die durch die Maßnahmen erlangten Kenntnisse dürfen nur zu den in § 4 II 3, IV G 10, § 6 II 3 G 10, §§ 7, 7a, 8 V, VI G 10 genannten Zwecken verwendet werden. Nicht mehr erforderliche Maßnahmen sind zu beenden (§ 11 II G 10) und entsprechend die Daten zu löschen. Das zuständige Bundesministerium unterrichtet monatlich eine G 10-Kommission über die angeordneten Maßnahmen vor ihrem Vollzug (bei Gefahr im Verzug Vollzug ohne vorherige Unterrichtung) sowie über Mitteilungen an die Betroffenen oder Gründe gegen Mitteilungen (§ 15 VI, VII G 10). Die Kommission wird von einem Parlamentarischen Kontrollgremium (→ Nachrichtendienste) bestellt. Sie hat den gesamten Prozess der Erhebung, Verarbeitung und Nutzung der Daten zu kontrollieren und entscheidet von Amts wegen oder auf Grund von Beschwerden über Zulässigkeit und Notwendigkeit der Maßnahmen (§ 15 V G 10); das Bundesministerium ist hieran gebunden. Die parlamentarische Kontrolle der zuständigen Landesbehörden und ihrer Anordnungen ist landesrechtl. geregelt. Der → Rechtsweg gegen die Anordnung von Beschränkungsmaßnahmen nach §§ 3, 5 I 3 Nr. 1 G 10 und ihren Vollzug ist in § 13 G 10 ausgeschlossen (im Hinblick auf Art. 19 IV GG umstritten, aber nach BVerfGE 30, 1 verfassungskonform). Es bestehen auch entsprechende Regelungen in denlandesrechtlichen Verfassungsschutzgesetzen, die die Arbeit der Verfassungsschutzbehörden der Länder regeln, zB Bayer. Verfassungsschutzgesetz v. 12.7.2016 (GVBl. 2016, 145) mÄnd. oder Niedersächsisches Verfassungsschutzgesetz v. 2.8.2021 (GVBl. 2021, 654). Sa → Verfassungsschutz.

d) Das Bundesamt für Verfassungsschutz, der Militärische Abschirmdienst und der Bundesnachrichtendienst dürfen von Unternehmen für Telekommunikationsdienste und Teledienste (→ Telemedien) zur Erfüllung ihrer Aufgaben Auskünfte über Bestandsdaten (s. o. 1) und zur Erfüllung bestimmter Aufgaben Auskünfte über Telekommunikationsverkehrsdaten und Teledienstenutzungsdaten verlangen; das Bundesamt für Verfassungsschutz darf außerdem technische Mittel zur Ermittlung des Standorts eines aktiv geschalteten Mobilfunkendgeräts und der Geräte- und Kartennummer einsetzen (§ 8a BVerfSchG, § 9 BVerfSchG, § 4a MADG, § 3 BNDG). Das Verfahren (Antrag, Anordnung, Kontrolle und Mitteilung) ist ähnlich wie im G 10 geregelt (§ 8b BVerfSchG, § 4a MADG, § 3 BNDG).

e) Das → Bundeskriminalamt kann unter bestimmten Voraussetzungen die Telekommunikation einer Person überwachen und aufzeichnen, Telekommunikationsverkehrsdaten und Nutzungsdaten erheben sowie Mobilfunkkarten und Mobilfunkendgeräte identifizieren und lokalisieren (§§ 51–53 BKAG).

5. Die technische Umsetzung der Telekommunikationsüberwachung nach §§ 100a, 100b StPO, § 72 ZFdG (s. o. 2b), dem G 10 und § 51 BKAG ist in der Telekommunikations-ÜberwachungsVO v. 3.11.2005 (BGBl. 2005 I 3136) geregelt.

Briefgrundschuld
→ Grundschuld.

Briefhypothek
→ Hypothek, → Hypothekenbrief.

Briefkastenfirma
wird eine Gesellschaft genannt, die zwecks Erlangung von Steuervorteilen in einem Niedrigsteuerland errichtet wird, nach dessen

Recht die Bestellung eines Repräsentanten mit Postvollmacht („Briefkasten") zur Errichtung der Gesellschaft ausreicht. Am Sitzort wird keine unternehmerische Tätigkeit entfaltet. Soweit kein wirtschaftlich vernünftiger Zweck verfolgt wird, ist die Briefkastenfirma grundsätzlich steuerlich nicht anzuerkennen (§ 41 II AO). Die Einkünfte werden dann nicht der ausländischen Gesellschaft, sondern den inländischen Gesellschaftern zugerechnet. → Zwischengesellschaft.

Briefsammlung
→ Sammlung, öffentliche.

Brieftestament
→ Testament 4.

Briefwahl
Briefwahl ist als eine Art der Stimmabgabe nunmehr bei fast allen Wahlen in der BRep. zugelassen (vgl. zB § 36 BundeswahlG idF v. 23.7.1993, BGBl. 1993 I 1288, ber. 1594, m. Änd.). Der Regelfall bleibt zwar, dass der Wähler seine Stimme im Wahllokal persönlich (eigenhändig) mittels eines nicht unterschriebenen Zettels abgibt. Hält sich jedoch ein Wähler am Wahltag aus triftigen Gründen außerhalb seines Wahl-(Stimm)bezirks auf, kann er wegen eines körperlichen Gebrechens den Wahlraum nicht aufsuchen oder hat er nach Beginn der Auslegungsfrist für das Wählerverzeichnis seine Wohnung in einen anderen Wahlbezirk verlegt, so kann er einen Wahlschein beantragen, ebenso wenn er zu Unrecht nicht ins Wählerverzeichnis eingetragen und deshalb die persönliche Stimmabgabe nicht möglich ist. Bei der Briefwahl wird der Stimmzettel in verschlossenem Umschlag mit dem Wahlschein dem zuständigen Wahlorgan bis zum Ablauf der Abstimmungszeit zugesandt. Ähnliche Bestimmungen enthalten die Landes- und die Kommunalwahlgesetze.

Brille
Brillen sind Hilfemittel iSv § 33 SGB V (→ Sehhilfe, zu Kontaktlinsen § 33 III SGB V), auf die nur noch unter den dortigen strengen Voraussetzungen ein Versorgungsanspruch besteht. Die Übernahme der Kosten durch die → Krankenkassen erfassen nicht die Kosten für das Brillengestell. Werden statt der Brille Kontaktlinsen gewählt, zahlt die Krankenkasse idR die Aufwendungen, die für eine Brille entstanden wären (bezüglich Unfallfolgen § 22 SGB I).

Bringschuld
→ Leistungsort.

BRRD
→ Bankenunion.

Bruchteilseigentum
→ Miteigentum, → Gemeinschaft.

Bruchteilsgemeinschaft
→ Gemeinschaft.

Brückeninstitut
Der Begriff Brückeninstitut oder Vermögensverwaltungsgesellschaft bezeichnet eine von der Abwicklungsbehörde oder dem → Restrukturierungsfonds nach § 61 SAG (→ Kreditinstitute, Sanierung und Abwicklung) gegründete Zweckgesellschaft, auf die Anteile oder Vermögen von bestandsgefährdeten → Kreditinstituten und Wertpapierfirmen zum Zwecke der Sanierung oder Abwicklung nach § 107 SAG übertragen werden können. Ähnlich die Definition in Art. 3 I Nr. 31 VO (EU) 806/2014 v. 15.7.2014, ABl. EU 2014 L 225, 1. Häufig spricht man auch von einer → Bad Bank.

Brückenteilzeit
→ Zeitarbeitsverhältnis.

Brüssel Ia-Verordnung
Nicht amtliche Abkürzung für die Verordnung (EU) Nr. 1215/2012 vom 12.12.2012 über die gerichtliche Zuständigkeit und die Anerkennung und Vollstreckung von Entscheidungen in Zivil- und Handelssachen. Sie ersetzt seit dem 10.1.2015 die Brüssel I-Verordnung. Sa → EuGVVO.

Brüssel IIa/IIb-Verordnung
Brüssel IIa ist die nicht amtliche Bezeichnung der Verordnung (EG) Nr. 2201/2003 vom 27.11.2003 über die Zuständigkeit und die Anerkennung von Entscheidungen in Ehesachen und in Verfahren betreffend die elterliche Verantwortung (ABl. EG 2003 L 338, 1 vom 23.12.2003 mÄnd). Sie gilt ua für Ehescheidungen, die elterliche Sorge oder die Vormundschaft, nicht jedoch für Adoptionen (Art. 1 Brüssel IIa-VO). Sie regelt die internationale Zuständigkeit und das Verfahren in den genannten Fällen. Zu allgemeinen und ausschließlichen Zuständigkeiten bei Scheidungsfällen s. etwa Art. 3 ff. Brüssel IIa-VO. Zuständigkeitsvereinbarungen sind unter bestimmten Voraussetzungen möglich (Art. 12 Brüssel IIa-VO). Ferner enthält die Verordnung Bestimmungen über die Anerkennung und Vollstreckung von Entscheidungen (Art. 21 ff. Brüssel IIa-VO). Die Verordnung wird auch mit den Abkürzungen EuEheVO oder EheVO bezeichnet. Das Haager Übereinkommen vom 25. Oktober 1980 über die zivilrechtlichen Aspekte internationaler Kindesentführung (→ Personensorge, 3) ist vorrangig, vgl. Art. 60 Brüssel IIa-VO. Die Verordnung wurde am 1. August 2022 durch die VO (EU) 2019/1111 (ABl. 2019 L 178/1) (Brüssel IIb) ersetzt, mit eine Abschaffung des Exequaturverfahrens stattfand und auch erstmals Vorgaben für den Umgang mit außergerichtlichen Scheidungen gemacht werden.

Brüssel I-Verordnung
Nicht amtliche Abkürzung für die Verordnung (EG) Nr. 44/2001 des Rates über die gerichtliche Zuständigkeit und die Anerkennung und Vollstreckung von Entscheidungen in Zivil- und Handelssachen vom 22.12.2000

(ABl. EG 2000 L 307, 28), mit Wirkung zum 10.1.2015 aufgehoben durch die sogenannte → Brüssel Ia-Verordnung. Die Brüssel I-Verordnung gilt also nur mehr für Altfälle. S. a. → EuGVVO.

Brüsseler-Vertrag

1. Mit Vertrag vom 17.3.1948 zwischen dem Vereinigten Königreich, Frankreich, den Niederlanden, Belgien und Luxemburg haben die genannten Staaten eine Verstärkung ihrer Zusammenarbeit auf wirtschaftlichem, sozialem und kulturellem Gebiet (Art. I–III), eine enge Zusammenarbeit mit der Organisation des → Nordatlantikvertrages (Art. IV) und eine gegenseitige militärische Unterstützung (Art. V) vereinbart. Deutschland und Italien sind dem Vertrag 1954 beigetreten (vgl. Protokoll zur Änderung und Ergänzung des Brüsseler Vertrages vom 23.10.1954 nebst Protokoll Nr. II über die Streitkräfte der Westeuropäischen Union, Protokoll Nr. III über die Rüstungskontrolle, Protokoll Nr. IV über das Amt für Rüstungskontrolle der Westeuropäischen Union; Gesetz v. 24.3.1955, BGBl. 1955 II 256). Zur Durchführung des Vertrags, seiner Protokolle und Anlagen wurdet ein Rat eingerichtet, der die Bezeichnung „Rat der Westeuropäischen Union" führte (Art. VIII).

2. Seit 1990 hatte die mit dem Brüsseler Vertrag geschaffene Westeuropäische Union (WEU) grundlegende Veränderungen erfahren. Mit der Petersberger Erklärung vom 19.6.1992 wurden humanitäre Missionen, Rettungseinsätze, Krisenintervention und Maßnahmen der Friedenserzwingung als Aufgaben der WEU neu definiert. Seit 1990 waren auch Spanien und Portugal Mitglied, seit 1995 Griechenland. Island, Norwegen, Polen, die Tschechische Republik, die Türkei und Ungarn waren assoziiert, Dänemark, Finnland, Irland, Österreich und Schweden hatten Beobachterstatus.

3. Die gemeinsame Außen- und Sicherheitspolitik (→ GASP), inzwischen ergänzt um die gemeinsame Sicherheits- und Verteidigungspolitik (→ GSVP) ist inzwischen zentraler Bestandteil der → Europäischen Union. Der Mitgliederkreis der EU (s. dort) und der WEU (s. o. 2) war jedoch nicht deckungsgleich. Gleichwohl wurden die Aufgaben der WEU nach der Petersberger Erklärung (s. o. 2) durch den Amsterdamer Vertrag in den EU-Vertrag übernommen (→ Europäische Integration, 3c). Das Recht der Mitglieder der WEU, nach ihrem jeweiligen innerstaatlichen Recht über die Teilnahme an bestimmten Missionen zu entscheiden, blieb unberührt. Am 13.11.2000 hatte der Rat der WEU beschlossen, der Aufgabenverlagerung auf die EU durch funktionelle und strukturelle Reformen Rechnung zu tragen. Das Generalsekretariat der WEU wurde von Paris nach Brüssel verlagert, der Militärstab aufgelöst. Die Aufgaben der WEU-Versammlung sollten vom Europäischen Parlament wahrgenommen werden.

4. Am 31.3.2010 beschloss Deutschland – wie vorher das Vereinigte Königreich – im Hinblick auf den Übergang der Aufgaben auf die EU und die dadurch geschwundene Bedeutung den Austritt aus der WEU. Zum 30.6.2011 wurde die WEU aufgelöst.

Brunnenvergiftung

→ Vergiftung (gemeingefährliche).

Brutto für netto

Beim → Handelskauf übliche Klausel, wonach der Kaufpreis nach dem Gewicht einschl. Verpackung berechnet wird.

Brutto(arbeits)lohn

→ Arbeitslohn.

BSE

(bovine spongiforme Enzephalopathie) bezeichnet eine auch Rinderwahnsinn genannte Tierkrankheit, die von mindestens 3 verschiedenen TSE-Erregern (→ TSE) hervorgerufen werden kann und möglicherweise auf Menschen übertragbar ist, → Tierseuchen, → tierische Nebenprodukte, dazu auch RindfleischetikettierungsG v. 26.2.1998 (BGBl. 1998 I 380) mÄnd. Unionsrechtlich (→ Europäische Union) sind die VO (EG) Nr. 999/2001 v. 22.5.2001 (ABl. EG 2001 L 147, 1) und Nr. 1326/2001 v. 29.6.2001 (ABl. EG 2001 L 177, 60, L 325, 35 u. 2002 L 43, 27), jeweils mÄnd, zu beachten. Sie regeln Verhütung, Kontrolle und Tilgung von TSE, zB durch Tötung befallener Tiere. Die TSE-ResistenzzuchtVO v. 17.10.2005 (BGBl. 2005 I 3028) mÄnd regelt erstmalig die Mindestanforderungen an Tiere, namentlich → Schafe, für die Zucht von gegen TSE resistenten Artgenossen. Die TSE-VorsorgeVO v. 20.12.2005 (BGBl. 2005 I 3618) eröffnet den zuständigen Behörden einen begrenzten Ermessensspielraum für Ausnahmen von der Tötungspflicht von Rindern, Schafen und Ziegen in mit TSE befallenen Beständen.

Buchersitzung

Wer als Eigentümer eines → Grundstücks im → Grundbuch eingetragen ist, ohne dass er das Eigentum erlangt hat (→ Grundstücksrechte), erwirbt das Eigentum, wenn die Eintragung 30 Jahre bestanden hat und er während dieser Zeit das Grundstück im Eigenbesitz (→ Besitz) gehabt hat (§ 900 BGB; sog. Buch- oder Tabularersitzung). Ein → guter Glaube ist hier – anders als bei der → Ersitzung beweglicher Sachen – nicht erforderlich. Eine Buchersitzung ist unter den gleichen Voraussetzungen ferner bei Grundstücksrechten möglich, die zum Besitz berechtigen (zB → Grunddienstbarkeit, nicht → Hypothek).

Hingegen kann der wirkliche Eigentümer eines Grundstücks, wenn dieses seit 30 Jahren im Eigenbesitz eines anderen ist, im Wege des → Aufgebotsverfahrens mit seinem Recht ausgeschlossen werden (§ 927 BGB, sog. Kontratabularersitzung). Der Eigenbesitzer, der den Ausschließungsbeschluss erwirkt, hat das

Recht der → Aneignung des Grundstücks durch Eintragung im Grundbuch. Sa → Buchversitzung.

Buchführung

1. Darunter versteht man allgemein die kaufmännische Buchführung. Hierzu ist grundsätzlich jeder → Kaufmann verpflichtet (§ 238 HGB). Die Buchführung besteht darin, dass die → Handelsbücher geführt, → Inventare und → Bilanzen errichtet werden, wobei die Grundsätze ordnungsmäßiger Buchführung einzuhalten sind. Diese haben sich in jahrhundertelanger Übung gebildet und verlangen, dass alle Geschäftsvorfälle und die mit ihnen verbundenen Mengen- und Wertbewegungen lückenlos erfasst und planmäßig geordnet werden. (Einzelheiten §§ 238 ff. HGB mit Besonderheiten für Kapitalgesellschaften in §§ 264 ff. HGB). Einzelkaufleute, die in zwei aufeinanderfolgenden Geschäftsjahren nicht mehr als 600.000 EUR Umsatzerlöse und 60.000 EUR Jahresüberschuss aufweisen, sind von der Buchführungpflicht befreit (§ 241a HGB).

2. Die Unterlagen der Buchführung hat jeder Kaufmann eine Zeit lang aufzubewahren (§ 257 HGB). Wird die Buchführungspflicht verletzt, so können sich daraus, insbes. im Steuerrecht, nachteilige Folgen ergeben. Sa → Aufzeichnungspflichten (im Steuerrecht). Die Verletzung der Buchführungspflicht in oder vor der Krise (Überschuldung oder Zahlungsunfähigkeit) stellt eine → Insolvenzstraftat dar. Sie ist aber auch ohne Krise in bestimmten Fällen strafbar als unrichtige Darstellung bei Kapitalgesellschaften, Aktiengesellschaften und Kreditinstituten (§§ 331, 340m HGB, § 400 AktG), für daran beteiligte → Abschlussprüfer als Verletzung der Berichtspflicht (§§ 332, 340m HGB, § 403 AktG).

3. Im Steuerrecht ist die Buchführung grds. eine notwendige Voraussetzung für die steuerliche Gewinnermittlung. Steuerpflichtige, die nach anderen als den Steuergesetzen zur Führung von Büchern verpflichtet sind, müssen sie auch für steuerliche Zwecke führen (§ 140 AO). Bei Erreichen bestimmter Größenkriterien ergibt sich die steuerliche Buchführungspflicht aus § 141 AO, → Aufzeichnungspflichten im Steuerrecht.

Buchgrundschuld

→ Grundschuld.

Buchhalter

Gewerblich tätige Buchhalter mit kaufmännischer Abschlussprüfung oder gleichwertiger Vorbildung und mindestens dreijähriger hauptberuflicher Tätigkeit auf dem Gebiet des Buchhaltungswesens dürfen laufende Geschäftsvorfälle verbuchen, die laufende Lohnabrechnung erledigen und Lohnsteuer-Anmeldungen fertigen (§ 6 Nr. 4 StBerG). Buchhalter unterliegen – anders als Steuerberater – keinem generellen Werbeverbot (§ 8 IV 2 StBerG). Vgl. → Steuerberatungsgesetz.

Buchhypothek

→ Hypothek.

Buchmacher

schließen gewerbsmäßig Wetten bei öffentlichen Leistungsprüfungen für Pferde ab oder vermitteln solche. Die Tätigkeit ist erlaubnispflichtig. Auch die Örtlichkeit, wo die Wetten entgegengenommen bzw. vermittelt werden, sowie die Personen, derer sich der Buchmacher dabei bedient, müssen genehmigt werden (Buchmacherkonzession). → Rennwett- und Lotteriesteuer.

Buchpreisbindung

Nach dem Gesetz über die Preisbindung für Bücher (dort § 3 BuchPrG) muss sich an die gem. § 5 BuchPrG vom Verleger (bzw. Importeur) festgesetzten Preise halten, wer gewerbs- oder geschäftsmäßig Bücher, darunter auch E-Books, an Letztabnehmer in Deutschland verkauft, es sei denn, es handelt sich um gebrauchte Bücher. Hintergrund dieser Ausnahme von → kartellrechtlichen Vorschriften ist die dem Buch zugeschriebene Sonderstellung als Kulturgut, weswegen der Gesetzgeber durch die Festsetzung verbindlicher Verkaufspreise erreichen möchte, dass ein möglichst breites Buchangebot gesichert ist und zudem eine große Zahl an Verkaufsstellen fortbestehen kann (ohne dass diese sich dem Preiskampf stellen müssen), vgl. § 1 BuchPrG. Die Buchpreisbindung kann grds. frühestens 18 Monate nach Herstellung der Druckauflage aufgehoben werden (§ 8 BuchPrG). Für den grenzüberschreitenden Verkehr innerhalb des Europäischen Wirtschaftsraums gelten Besonderheiten (§ 5 Abs. 2, Abs. 3 BuchPrG). Ausnahmen von der Buchpreisbindung gelten u. a. für den Verkauf von Mängelexemplare (§ 7 Abs. 1 Nr. 4 BuchPrG), den Verkauf von Büchern an Lehrer zum Zwecke der Prüfung einer Verwendung im Unterricht (§ 7 Abs. 1 Nr. 3 BuchPrG), im Rahmen einer Geschäftsschließung § 7 Abs. 1 Nr. 5 BuchPrG oder auch für Sammelbestellungen für den Schulunterricht (§ 7 Abs. 3 BuchPrG).

Buchprüfer

→ Bücherrevisor, → vereidigte Buchprüfer, → Abschlussprüfer.

Buchprüfungsgesellschaft

→ vereidigter Buchprüfer.

Buchungsbelege

Buchungsbelege sind Schriftstücke, die eine in die → Handelsbücher vorgenommene Eintragung belegen (zB Rechnungen, Quittungen). Jeder → Kaufmann ist im Rahmen der → Buchführung zur Aufbewahrung der Buchungsbelege für eine Frist von 6 Jahren, beginnend mit dem Schluss des Kalenderjahres, in dem der Buchungsbeleg entstanden ist, verpflichtet (auch auf Bild- oder Datenträgern zulässig, § 257 HGB), → Aufbewahrungspflicht.

Buchungszwang
→ Grundbuch.

Buchversitzung
Ist ein → dingliches Recht an einem → Grundstück im → Grundbuch zu Unrecht gelöscht oder ein kraft Gesetzes entstandenes Recht nicht eingetragen worden, so erlischt es, wenn der Anspruch des Berechtigten gegen den Eigentümer → verjährt ist (§ 901 BGB, sog. Buchversitzung oder Tabularverschweigung).

Buchwert
ist der Wertansatz, mit dem Vermögensgegenstände und Schulden eines Unternehmens in den Geschäftsbüchern oder in der → Bilanz ausgewiesen werden. Er ergibt sich als Differenz zwischen → Anschaffungs- oder Herstellungskosten und verrechneten Zu- oder Abschreibungen. Liegt der Buchwert unter dem den Vermögensgegenständen am Bewertungsstichtag beizulegenden tatsächlichen Wert, so bestehen stille Reserven.

Buchwertklausel
Die Buchwertklausel ist eine Regelung im Gesellschaftsvertrag, wonach ein Gesellschafter bei seinem Ausscheiden aus der Gesellschaft nicht mit dem wahren Wert seines Anteils, sondern nur mit dem → Buchwert (Bilanzwerte der einzelnen Posten ohne → stille Reserven, good will usw) abgefunden wird. Eine Buchwertklausel kann bei unangemessenen Ergebnissen zu Lasten des Ausscheidenden wegen → Sittenwidrigkeit unwirksam sein.

Budget, persönliches
Der Begriff „Budget" wird im Sozialrecht an mehreren Stellen verwendet. Die Rechtsgrundlage ergibt sich aus § 29 SGB IX, § 35a SGB XI, § 57 SGB XII → Persönliches Budget. Dabei werden statt Sach- und Dienstleistungen den Betroffenen entsprechende Geldmittel zur Verfügung gestellt, mit denen sie nach eigenen Bedürfnissen die erforderlichen Leistungen und Sachmittel einkaufen können. Zur Arbeitsvermittlung vgl. § 44 SGB III → Vermittlungsbudget.

Budgetrecht
ist das Recht, den → Haushaltsplan des Staates verbindlich festzustellen. Es gehört zu den ältesten Befugnissen der → Parlamente. Es steht sowohl nach dem GG wie auch nach den Verfassungen der Länder den gesetzgebenden Körperschaften (Bundestag, Landtag) zu. Gegenstand des Budgetrechts ist die verbindliche Festlegung aller Einnahmen und Ausgaben des Staates durch → Gesetz (im formellen Sinn). Hierdurch kann das Parlament wesentlichen Einfluss auf die Tätigkeit der Regierung nehmen und diese sogar – durch Verweigerung der Mittel – zum Rücktritt zwingen. Die Beratungen des Staatshaushalts führen regelmäßig zu einer allgemeinen Aussprache über die Politik der Regierung („Haushaltsdebatte").

Büchergeld
→ Lernmittelfreiheit.

Bücherrevisor, Buchprüfer
Die Führung der Berufsbezeichnung „Bücherrevisor", „Buchprüfer" oder „Wirtschaftstreuhänder" ist nach § 132 WirtschaftsprüferO (→ Wirtschaftsprüfer) untersagt und als Ordnungswidrigkeit verfolgbar. S. nunmehr → Vereidigte Buchprüfer, ferner → Abschlussprüfer, → Wirtschaftsprüfer.

Bühnenschiedsgericht
Die durch Tarifvertrag errichteten Bühnenschiedsgerichte sind einige der wenigen im Arbeitsrecht zulässigen (ständigen) Schiedsgerichte (§§ 101–110 ArbGG), deren Entscheidungen von den Arbeitsgerichten gem. § 101 I Nr. 2 ArbGG nur beschränkt überprüft werden können. Es sind zwei Instanzen eingerichtet, das Bühnenoberschiedsgericht (II. Instanz) hat seinen Sitz in Frankfurt a. M., die I. Instanz bilden sechs Bezirksschiedsgerichte. Das Verfahren richtet sich iW nach dem Tarifvertrag über die Bühnenschiedsgerichtsbarkeit – Bühnenschiedsgerichtsordnung (BSchGO). → Theater.

Bündelungsfunktion
→ Planfeststellung; sa → Sternverfahren.

Bündnisfall
→ Nordatlantikvertrag.

Bürge
→ Bürgschaft.

Bürger
Bürger eines Gemeinwesens (Staat, Gemeinde) ist nicht jeder → Einwohner, sondern nur, wer das Bürgerrecht besitzt. Es wird idR nicht durch Verleihung, sondern beim Vorliegen bestimmter Voraussetzungen kraft Gesetzes erworben, und zwar ab dem Wahlalter zusammen mit dem aktiven → Wahlrecht. Inhalt des Bürgerrechts ist das Recht und die Pflicht, nach Maßgabe der Gesetze am politischen Leben des Gemeinwesens teilzunehmen. Bei einem Staat spricht man von Staatsbürgern, die Inhaber der Staatsbürgerschaft sind (→ Staatsangehörigkeit); bei → Gemeinden von Gemeindebürgern.

Bürgerantrag
ist eine Form der → Bürgerbeteiligung, bei der eine bestimmte Zahl von Gemeindebürgern (in Bayern gem. Art. 18b BayGO (Bayer. Gemeindeverordnung idF v. 22.8.1998, GVBl. 1998, 796, mÄnd) 1 vH) beantragen kann, dass das zuständige Gemeindeorgan (zB der → Gemeinderat) eine gemeindliche Angelegenheit behandelt.

Bürgerbeauftragter
→ Ombudsman.

Bürgerbegehren
→ Bürgerbeteiligung; → Bürgerentscheid.

Bürgerbeteiligung
Bürgerbeteiligung nennt man im → Gemeinderecht alle Formen der direkten Mitwirkung der Gemeindebürger an Entscheidungen in gemeindlichen Angelegenheiten. Die Einzelheiten sind in den → Gemeindeordnungen der Länder (sa → Gemeinderecht) höchst unterschiedlich geregelt. Schwächste Form ist die in den meisten Gemeindeordnungen vorgesehene → Bürgerversammlung, deren Beschlüsse jedoch nur den Charakter von Empfehlungen haben. Mit einem → Bürgerantrag können die Gemeindebürger beantragen, dass das zuständige Gemeindeorgan eine gemeindliche Angelegenheit behandeln muss. Entscheiden die Gemeindebürger (sofern gesetzlich vorgesehen) unmittelbar über eine Frage der Gemeindeverwaltung, so spricht man vom → Bürgerentscheid. Herbeigeführt wird ein Bürgerentscheid durch den Beschluss der gewählten Organe der Gemeinde oder durch ein → Bürgerbegehren. Auf staatlicher Ebene spricht man von Volksbegehren und Volksentscheid (→ Volksabstimmung). Auf europäischer Ebene besteht die Möglichkeit einer → Europäischen Bürgerinitiative. Sa → Bürgerräte.

Bürgerenergiegesellschaften
Bürgerenergiegesellschaften gem. § 3 Nr. 15 EEG 2023 (→ erneuerbare Energien) sind Gesellschaften, die in der Gemeinde oder dem Landkreis ihrer Mitglieder → Windenergieanlagen an Land oder → Solaranlagen betreiben. Zu ihren Mitgliedern müssen mindestens 50 natürliche Personen gehören, die mindestens 75% der Stimmrechte halten. Der Gesetzgeber wünscht sich mehr lokale Betreiber von Windenergie- und Solaranlagen und hofft, durch diese lokale Verankerung ihre Akzeptanz zu erhöhen. Aus diesem Grund sind Bürgerenergiegesellschaften privilegiert. Seit dem 1.1.2023 müssen sie sich nicht mehr an Ausschreibungen beteiligen (§ 22 EEG 2023) und erhalten auch ohne Zuschlag die Förderung nach dem EEG 2023. Vorher konnte es passieren, dass Bürgerenergiegesellschaften bei Ausschreibungen leer ausgingen und damit ihre Planungs- und Entwicklungskosten verloren hatten.

Bürgerentscheid
1. Bürgerbegehren und Bürgerentscheid als Elemente der → Bürgerbeteiligung sind derzeit nach dem → Gemeinderecht aller Länder vorgesehen. Besonderheiten finden sich in den → Stadtstaaten, wo aber auf Landesebene → Volksabstimmungen stattfinden können. In den → Gemeindeordnungen findet sich ein unterschiedlicher Negativkatalog, in welchen Angelegenheiten kein Bürgerentscheid durchgeführt werden darf; zu diesen Angelegenheiten gehört in der Regel die Haushaltssatzung. Die Möglichkeit eines Bürgerentscheids nur für die Frage des Zusammenschlusses zweier Gemeinden besteht in Brandenburg.

2. Ein Bürgerentscheiden kann entweder durch einen Beschluss der gewählten Organe der Gemeinde (Gemeinderat) oder durch ein Bürgerbegehren herbeigeführt werden.

a) Das Bürgerbegehren (auch: Einwohnerbegehren) muss idR von einer bestimmten Prozentzahl der Gemeindebürger unterzeichnet sein (vgl. §§ 24 f. Gemeindeordnung Sachsen v. 9.3.2018, GVBl. 2018, 62 mÄnd). Dieses → Quorum ist zT sehr niedrig (in Städten über 500000 Einwohnern in Bayern 3 vH; vgl. Art. 18a BayGO (Bayer. Gemeindeordnung idF v. 22.8.1998, GVBl. 1998, 796, mÄnd)).

b) Die Zustimmung zu dem Bürgerbegehren im Bürgerentscheid erfordert idR, ein Zustimmungsquorum (→ Quorum) von 10 bis 30 vH (zB in Bayern je nach Gemeindegröße zwischen 10 und 20 vH) der Abstimmungsberechtigten und die Mehrheit der abgegebenen gültigen Stimmen.

Bürgergeld
1. Bei dem sog. „Bürgergeld" handelt es sich um eine im Koalitionsvertrag zur 20. Legislaturperiode vereinbarte Leistung, die zum 1.1.2023 das bisherige → Arbeitslosengeld II abgelöst hat (Zwölftes Gesetz zur Änderung des Zweiten Buches Sozialgesetzbuch und anderer Gesetze – Einführung eines Bürgergeldes vom 16.12.2022, BGBl. I 2328). Der Gesetzesentwurf sieht weitere Neuregelungen am SGB II vor, die nach und nach in Kraft treten sollen und die bisherigen Vorschriften entsprechend ablösen sollen. Nach der ursprünglichen Intention des Gesetzgebers sollte es eine große sozialpolitische Reform des Grundsicherungssystems im Sinne einer Abkehr vom Arbeitslosengeld-2-System werden. Geplant waren ua Karenzzeiten bezüglich der Anrechnung eigenen Vermögens und höhere Vermögensfreibeträge, die Abschaffung des Vermittlungsvorrangs, eine Neuregelung der Eingliederungsleistungen, eine verstärkte Förderung der Weiterbildung mit dem Ziel der nachhaltigen Integration in den Arbeitsmarkt und neue Hinzuverdienstregelungen. Diese hochgesteckten Ziele sind in der konkreten Umsetzung nur teilweise erreicht worden, da nach der Verweigerung der Zustimmung des Bundesrates zum Gesetzesvorhaben im Vermittlungsausschuss die Änderungen reduziert worden sind.

2. Das Bürgergeld ist eine Sozialleistung nach dem SGB II (→ Arbeitslosengeld II, → Grundsicherung für Arbeitsuchende, → Hartz-Gesetze). Bürgergeld erhalten → erwerbsfähige Hilfebedürftige und nicht erwerbsfähige Hilfebedürftige, die mit erwerbsfähigen Hilfebedürftigen in einer Bedarfsgemeinschaft leben. Das Bürgergeld umfasst einen Regelbetrag (der in eine von sechs Regelbedarfsstufen festgelegt ist) zur Sicherung des Lebensunterhalts einschließlich der angemessenen Kosten für Unterkunft und Verpflegung. Es wird regelmäßig an die geänderten Lebensverhältnisse der Bürger angepasst. Die jeweilige Festsetzung und Fortschreibung er-

gibt sich aus sich aus den §§ 28, 28a, 29 SGB XII.

3. Als Regelleistung umfasst das Bürgergeld zunächst die Aufwendungen für Ernährung, Kleidung, Körperpflege, Hausrat, Bedarfe des täglichen Lebens sowie in vertretbarem Umfang auch Beziehungen zur Umwelt und eine Teilnahme am kulturellen Leben. Die monatliche Regelleistung beträgt für Personen, die alleinstehend oder alleinerziehend sind oder deren Partner minderjährig ist gegenwärtig (Stand 2023) 502 EUR. Haben zwei Angehörige einer → Bedarfsgemeinschaft das 18. Lebensjahr vollendet, beträgt die Regelleistung für die beiden erwachsenen Personen jeweils einen Betrag in Höhe der Regelbedarfsstufe 2 (ab 1.1.2023 mtl. 451 EUR). Die Regelleistung erhöht sich ua für werdende Mütter, Personen, die mit einem oder mehreren minderjährigen Kinder zusammenleben und für behinderte Hilfebedürftige (§§ 19 ff. SGB II). Für die weiteren im Haushalt des Hilfebedürftigen lebenden Personen werden altersabhängige Zahlbeträge erbracht. Für Kinder sind die Beträge altersabhängig gestaffelt und betragen (Stand 1.1.2023) für Kinder bis zur Vollendung des 6. Lebensjahres 318 Euro; für Kinder ab Beginn des 7. bis zur Vollendung des 14. Lebensjahres 348 Euro und für Kinder ab Beginn des 15. bis zur Vollendung des 18. Lebensjahres 420 Euro. Die Erhöhung des Bürgergeldes für 2024 ist Gegenstand einer vehement geführten politischen Diskussion.

4. Darüber hinaus werden im Rahmen des Bürgergeldes in den ersten zwölf Monaten Leistungen für die Unterkunft in Höhe der tatsächlichen Aufwendungen erbracht (Karenzzeit). Erst im Anschluss daran erfolgt eine Überprüfung, ob diese angemessen sind. Heizkosten werden grundsätzlich nur in angemessenem Umfang berücksichtigt. Soweit die Aufwendungen für die Unterkunft den der Besonderheit des Einzelfalls entsprechenden Umfang übersteigen, sind sie als Bedarf so lange zu berücksichtigen, wie es nicht möglich oder nicht zumutbar ist, durch einen Wohnungswechsel, durch Vermieten oder auf andere Weise die Aufwendungen zu senken, idR jedoch für längstens sechs Monate nach Ablauf der Karenzzeit (§ 22 SGB II).

5. Ebenfalls eine Karenzzeit von zwölf Monaten gilt im Bereich der Vermögensanrechnung: innerhalb dieses Zeitraums bleibt ein Vermögen iHv 40.000 EUR für die erste Person der Bedarfsgemeinschaft geschützt; für jede weitere Person der Bedarfsgemeinschaft erhöht sich das geschützte Vermögen während der Karenzzeit um 15.000 Euro. Nach Ablauf der zwölf Monate besteht ein Vermögensfreibetrag iHv 15.000 EUR für jede Person der Bedarfsgemeinschaft.

6. Kann im Einzelfall ein vom Regelbedarf zur Sicherung des Lebensunterhalts umfasster und nach den Umständen unabweisbarer Bedarf nicht gedeckt werden, erbringt die Agentur für Arbeit bei entsprechendem Nachweis den Bedarf als Sachleistung oder als Geldleistung und gewährt der oder dem Leistungsberechtigten ein entsprechendes Darlehen (§ 24 SGB II).

7. Wenn ein Anspruch auf Leistungen bei medizinischer Rehabilitation der Rentenversicherung oder dem Grunde nach Ansprüche auf Verletztengeld der Unfallversicherung bestehen, wird das Bürgergeld als Vorschuss auf diese Leistungen bezahlt.

7. Bei Pflichtverletzungen (§ 31 SGB II) des Beziehers kann das Bürgergeld gemindert werden (§ 31a SGB II). Bis Ende 2022 war durch § 84 SGB II im Rahmen eines sog. „Sanktionsmoratoriums" die Anwendung des § 31a SGB II befristet ausgesetzt. Diese Regelung wurde nicht übernommen.

8. Eine weitere wichtige Neuerung ist, dass überzahltes Bürgergeld bis zu einer Bagatellgrenze von 50 EUR pro Bedarfsgemeinschaft nicht mehr zurückbezahlt werden muss. Damit soll unvertretbarer bürokratischer Aufwand vermieden werden. Die Regelung, dass ältere Leistungsberechtigte eine vorzeitige → Altersrente in Anspruch nehmen müssen, entfällt.

9. Weitere Maßnahmen sind zB eine Erhöhung der Freibeträge für erwerbstätige Leistungsberechtigte, ein Ersetzen der bisherigen Eingliederungsvereinbarung durch einen sog. Kooperationsplans und auch die Einführung einer Weiterbildungsgeldes während der Teilnahme an einer berufsabschlussbezogenen Maßnahme.

10. Das Bürgergeld ist praktisch ständig einer ausgiebigen politischen Diskussion ausgesetzt mit entsprechend häufigen Gesetzesänderungen bis hin zur Ankündigung, das Bürgergeld in seiner jetzigen Form komplett abzuschaffen.

Bürgerinitiative

1. Bürgerinitiative nennt man den manchmal als → Verein oder → Gesellschaft des bürgerlichen Rechts, sonst aber rechtlich nicht fixierten losen Zusammenschluss von Bürgern zur Verfolgung eines bestimmten öffentlichen Zwecks (zB Förderung oder Verhinderung bestimmter Bauvorhaben). Die auch vom Kommunalrecht nicht geregelten Bürgerinitiative treten besonders in Fragen des → Umweltschutzes (Naturschutzes) in Erscheinung. Sofern sie keine eigene Rechtspersönlichkeit besitzen, können sie nicht selbständig förmliche Rechtsbehelfe ergreifen oder klagen; auch soweit sie eigene Rechtspersönlichkeit besitzen, können sie nur eigene Rechte, nicht aber die Rechte ihrer Mitglieder einklagen (vgl. auch → Verbandsklage, → Massenverfahren). Häufig dienen Bürgerinitiative im Rahmen der → Bürgerbeteiligung der Vorbereitung von → Bürgerantrag, → Bürgerbegehren und → Bürgerentscheid.

2. Teilweise werden etwas unscharf die Begriffe Bürgerinitiative einerseits und Bürgerbegehren auf gemeindlicher Ebene sowie Volks-

begehren (→ Volksentscheid) auf staatlicher Ebene andererseits gleichgesetzt. Neuerdings verwendet das → Europäische Recht den Begriff der → Europäischen Bürgerinitiative, mit der Bürger der → EU die → Europäische Kommission auffordern, ein Gesetz in einem Bereich vorzuschlagen, in dem sie dazu befugt ist (sa → Europäische Gesetzgebung).

Bürgerkriegsflüchtlinge
→ Kriegsflüchtlinge und Bürgerkriegsflüchtlinge.

Bürgerliche Rechtsstreitigkeit
Eine Bürgerliche Rechtsstreitigkeit ist ein gerichtliches Verfahren, in dem der → Streitgegenstand eine unmittelbare Rechtsfolge des Zivilrechts ist. Der Gegensatz ist eine öffentlich-rechtliche Streitigkeit (§ 40 I VwGO; → Verwaltungsgerichtsbarkeit). Die Abgrenzung wird nach heute überwiegender Meinung durch eine gemischte Anwendung der sog. Subjektionstheorie und der Interessentheorie vorgenommen. Eine Bürgerliche Rechtsstreitigkeit liegt insbes. vor, wenn sie aus einem Rechtsverhältnis nach dem BGB, HGB, AktG oder den anderen zivilrechtlichen Gesetzen stammt, also zB aus → Kauf, → Mietvertrag, → Arbeitsverhältnis, → Werkvertrag, → Erbrecht, → Gesellschaftsrecht, → unlauterem Wettbewerb (auch wenn gegenüber einem Hoheitsträger). Über Bürgerliche entscheiden die Gerichte der → ordentlichen Gerichtsbarkeit, soweit nicht der Rechtsweg zu besonderen Gerichten zugelassen ist (§§ 13, 14 GVG), wie namentlich zu den Gerichten der → Arbeitsgerichtsbarkeit.

Bürgerlicher Name
ist der Name einer Person, der aus mindestens einem Vornamen (→ Personensorge, 1) und dem Nachnamen (→ Name der Familie, → Name des Kindes) besteht; zum Handelsnamen s. → Firma.

Bürgerliches Gesetzbuch
→ Bürgerliches Recht.

Bürgerliches Recht
1. Das Bürgerliche Recht ist ein Teil des → Privatrechts. Es ist das Recht des täglichen Lebens, das jeden in seinen privatrechtlichen Beziehungen zur Umwelt betrifft. Anders als die nur für bestimmte Personen oder Lebensbereiche geltenden besonderen Rechtsgebiete des Privatrechts (zB Handelsrecht, Gesellschaftsrecht, Wechselrecht, zT auch Arbeitsrecht) ist das Bürgerliche Recht die generelle Regelung für den Rechtsverkehr des Bürgers im Allgemeinen.

2. Die Hauptmaterien des Bürgerlichen Rechts sind im Bürgerlichen Gesetzbuch – BGB – v. 18.8.1896 (in Kraft seit 1.1.1900, heute idF v. 2.1.2002, BGBl. 2002 I 42) mÄnd geregelt. Dieses enthält in 5 Büchern: (1.) allgemeine Vorschriften (zB über Rechts- und Geschäftsfähigkeit, Willenserklärung, Verträge, Vertretung, Verjährung usw.) sowie in den weiteren Büchern die wichtigsten Vorschriften über (2.) die persönlichen Rechtsbeziehungen zweier Beteiligter (→ Schuldrecht), (3.) über die dingliche Zuordnung des Eigentums an beweglichen Sachen und Grundstücken sowie die Eigentumsbeschränkungen durch Belastung (→ Sachenrecht), (4.) über die familienrechtlichen Verhältnisse einer Person (→ Familienrecht, insbes. Verwandtschaft, Güterrecht, Vormundschaft, Ehescheidung) und (5.) über die rechtlichen Verhältnisse nach dem Tode einer Person (→ Erbrecht). Daneben sind zum Bürgerlichen Recht verschiedene, in Sondergesetzen geregelte Rechtsmaterien zu rechnen, zB das BeurkundungsG (→ Form, 1b), das Recht der → Produkthaftung und des → Wohnungseigentums, ferner auch das → internationale Privatrecht.

Bürgerlich-rechtliche Prospekthaftung
Für den sog. grauen, nicht organisierten Kapitalmarkt besteht mittlerweile eine nahezu umfassende Prospektpflicht und dementsprechend eine gesetzliche → Prospekthaftung nach den Vorschriften des VermAnlG und des KAGB. Diese Prospekthaftung verdrängt die von der Rspr. entwickelte bürgerlich-rechtliche Prospekthaftung im engeren Sinne, auch eigentliche Prospekthaftung genannt, die nicht an persönliches, sondern an durch die Prospektangaben typisiertes Vertrauen anknüpft und auf die Grundsätze der Vertrauenshaftung und ein Verschulden bei Vertragsschluss gestützt wird. Nur soweit die Vorschriften des VermAnlG und KAGB im Einzelfall nicht greifen (zB bei neuen, von VermAnlG und KAGB nicht erfassten Anlagen, bei Bauträgermodellen, Haftung von Hintermännern, die keine Prospektverantwortung haben; iE sehr str.) kommt noch eine bürgerlich-rechtliche Prospekthaftung im engeren Sinn in Betracht. Zu unterscheiden von dieser bürgerlich-rechtlichen Prospekthaftung im engeren Sinn, deren Grund in typisiertem Vertrauen besteht, kommt eine auf § 280 I BGB iVm § 311 II, III BGB (→ Verschulden beim Vertragsschluss) gestützte sog. bürgerlich-rechtliche Prospekthaftung im weiteren Sinne, auch uneigentliche Prospekthaftung genannt, in Betracht, wenn Vertragsverhandlungen über Anlagen auf der Grundlage von Verkaufsprospekten geführt werden. Haftbar gemacht werden für fehlerhafte Prospektangaben können diejenigen, die im Rahmen dieser Verhandlungen im Verhältnis zum Anlageinteressenten persönliches Vertrauen für die Richtigkeit der Prospektangaben in Anspruch nehmen, zB als künftiger Vertragspartner, Anlageberater, Anlagevermittler, Sachwalter oÄ. Grds. hat die gesetzliche Prospekthaftung Vorrang auch vor der Prospekthaftung im weiteren Sinne; möglich ist aber jedenfalls eine Anwendung der Prospekthaftung im weiteren Sinn gegenüber einem Gründungsgesellschafter, wenn dieser eine Anlage selbst vertrieben oder für den Ver-

trieb Verantwortung übernommen hat. Sa → Anlageberatungsvertrag, → Anlageberatung.

Bürgermeister
ist das in der Regel vom Volk gewählte leitende Organ einer → Gemeinde (→ Gemeindeverfassung, 2). In den → kreisfreien Städten kreisfreien Städten und in bestimmten kreisangehörigen Städten führt der Bürgermeister die Bezeichnung → Oberbürgermeister (→ Gemeindeverfassung, 3).

Bürgermeistertestament
→ Testament (3).

Bürgerrat
1. Bürgerräte auf Bundesebene sind Versammlungen von 30 bis 200 per Los zufällig ausgewählten Personen, die ein vorgegebenes Thema diskutieren und der Politik ihre Handlungsempfehlungen als Bürgergutachten übergeben. Die Moderation erfolgt durch ein neutrales Team. Expertinnen und Experten stellen Hintergrundinformationen zur Verfügung. Bürgerräte sollen die Vielfalt der Bevölkerung abbilden. Vorbild sind entsprechende Institutionen auf kommunaler Ebene sowie im Ausland (Vorarlberg, Republik Irland). Die Gutachten der Bürgerräte haben nur beratende Funktion und besitzen gegenüber den parlamentarischen Gremien über keine Bindungswirkung. Die Themen sollen von nationaler Bedeutung sein und in die Zuständigkeit der → Bundestages fallen. Am 21.7.2021 wurden die Teilnehmenden des ersten Bürgerrates des Bundestages zum Thema „Ernährung im Wandel" ausgelost.

2. Da die Gutachten der Bürgerräte nur empfehlenden Charakter haben, verstößt ihre Einrichtung nicht gegen die Prinzipien der → Demokratie, wonach die Staatsgewalt dem gesamten Volk und nicht nur einzelnen zufällig ausgelosten Personen zusteht. Die Bürgergutachten können im Einzelfall den Abgeordneten zusätzliche Informationen und Anregungen für ihre Entscheidungen geben. Verfassungsrechtlich bedenklich wäre es allerdings, wenn den Bürgerratsgutachten in irgendeiner Weise eine Bindungswirkung für parlamentarische Entscheidungen zugemessen würde.

Bürgerschaft
Bürgerschaft ist die Bezeichnung der Volksvertretung (Landesparlament) in den Ländern → Bremen und → Hamburg (→ Landtag).

Bürgersteig
→ Gehweg.

Bürgerversammlung
Die Ausgestaltung der zur Erörterung gemeindlicher Angelegenheiten einzuberufenden Bürgerversammlung ist in den → Gemeindeordnungen unterschiedlich geregelt; die Einberufung ist zT mindestens einmal jährlich vorgeschrieben. In größeren Gemeinden kann sie auf Teile des Gemeindegebiets beschränkt sein. Empfehlungen der Bürgerversammlung, in der grundsätzlich nur Gemeindebürger das Wort erhalten, müssen vom Gemeinderat binnen bestimmter Frist behandelt werden. Darüber hinausgehende Formen der → Bürgerbeteiligung sind Bürgerbegehren und → Bürgerentscheid.

Bürgerversicherung
Die sog. „Bürgerversicherung" ist ein bereits seit längerem diskutierter Reformansatz in der → Krankenversicherung, wonach das derzeitige duale Krankenversicherungssystem, bestehend aus gesetzlicher Krankenversicherung und privater Krankenversicherung, durch ein einheitliches Krankenversicherungssystem ersetzt werden soll. Ob in Konsequenz auch die an Beamte geleistete Beihilfe in diesem neuen System aufgehen soll, ist noch unklar.

Die Finanzierung erfolgt entweder wie bisher über Beiträge oder aber über eine sog. „Kopfpauschale", wonach für alle Versicherten ein einheitlicher Beitrag gelten soll. Für einkommensschwache Personen ist ein sozialer Ausgleich vorgesehen. Welche Einkommensarten zur Krankenversicherung verbeitragt werden sollen, ist bislang allerdings noch strittig (Erwerbseinkommen oder aber auch Kapital- und Mieteinkünfte).

Die Reformbefürworter versprechen sich von einer Bürgerversicherung geringere Kosten für die Versicherten und ein Ende der als ungerecht empfundenen besseren Versorgung der privat Versicherten. Kritiker verweisen dagegen auf die - im Vergleich zu Deutschland - schlechter funktionierenden steuerfinanzierten Gesundheitssysteme, wie zB in Großbritannien und die auch weiterhin im Bürgerversicherungssystem bestehende Möglichkeit zur privaten Zusatzversicherung.

Bürgerwehr
Die Bildung von Bürgerwehren im Sinne bewaffneter Einheiten zum Schutz von Leben, Gesundheit und Eigentum oder zur Durchsetzung von Rechten ist im Hinblick auf das → Gewaltmonopol des Staates unzulässig. Es sind allerdings theoretisch Situationen denkbar, in denen der Staat nicht in der Lage ist, den Schutz dieser Rechtsgüter zu gewährleisten (Naturkatastrophen, innere Unruhen). In solchen Fällen könnte die Bildung von Bürgerwehren nach den Grundsätzen von → Notwehr und → Nothilfe gedeckt sein. Seit 1949 sind solche Situationen bislang nicht eingetreten. Sa → Privatpolizeien, → Sicherheitswacht.

Bürgschaft
1. Vertrag, Abgrenzung: Die Bürgschaft ist ein (meist nur einseitig verpflichtender) → Vertrag, durch den sich der Bürge gegenüber dem Gläubiger verpflichtet, für die Erfüllung der Verbindlichkeit eines Dritten (Schuldner) einzustehen, § 765 I BGB. Neben das → Schuldverhältnis zwischen Gläubiger und Schuldner, dessen Rechtsgrund gleichgültig ist, tritt also ein weiteres Schuldverhältnis zwischen Gläubiger und Bürge, das in seinem Bestand vom

Umfang der Hauptschuld abhängig ist (s. u., sa → Akzessorietät). Am wichtigsten sind die Bank-Bürgschaft, die häufig der → Sicherheitsleistung dient (im Rechtsstreit sog. Prozess-Bürgschaft), sowie die Bundes- oder Ausfuhr-Bürgschaft (insbes. zur Absicherung der Exportfinanzierung; → Hermesdeckung). Keine Bürgschaft, wenn auch im wirtschaftlichen Zweck hiermit verwandt, sind die → Schuldmitübernahme (Begründung einer zweiten Hauptschuld), der → Garantievertrag (selbständige Verpflichtung zur Haftung für einen Erfolg; ähnlich auch die sog. Patronatserklärung einer Muttergesellschaft für ihre Tochterunternehmen), der → Versicherungsvertrag, die Delkrederehaftung des Kommissionärs, die → Vertragsstrafe sowie der → Kreditauftrag; Sondervorschriften gelten ferner für den → Wechselbürgen (Art. 30 ff. WG: selbständige Verpflichtung). Ob eine Bürgschaft ein → Verbrauchervertrag iSv §§ 312 ff. BGB sein kann, wenn der Bürge → Verbraucher ist, ist str. (bejahren teilw. die Lit., ablehnend der BGH mit der Folge, dass ein Widerrufsrecht nach §§ 312b, 312g BGB ausscheidet). Maßgeblich ist, ob die Bürgschaft ein Vertrag über eine entgeltliche Leistung ist, was nicht der Fall ist, da nicht eine vertragstypische Leistung gegen ein vereinbartes Entgelt erbracht wird. Nicht anwendbar sind auch die Vorschriften über den Verbraucherdarlehensvertrag, §§ 491 ff. BGB.

2. Vertragsgegenstand, Form, Akzessorietät, Sittenwidrigkeit: Die Bürgschaft kann auch für eine künftige oder bedingte Schuld übernommen werden (sog. Kreditbürgschaft, § 765 II BGB). Die Schuld muss aber bestimmt oder zumindest bestimmbar sein. Eine formularmäßige B. „für alle bestehenden und künftigen Verbindlichkeiten des Schuldners" verstößt regelmäßig gegen § 307 BGB (→ Allgemeine Geschäftsbedingungen), sofern es sich nicht um den typischen Geschäftsbetrieb des Bürgen oder um die Übernahme der persönlichen Haftung des Geschäftsführers, Allein- oder Mehrheitsgesellschafters für Gesellschaftsverbindlichkeiten handelt. Zur Gültigkeit des Vertrags. über die B. ist die schriftliche Erteilung der Erklärung über die B. erforderlich (§ 766 BGB; → Form, 1a; Heilung bei Erfüllung der Schuld durch den Bürgen). Keiner Form bedarf die B. des → Kaufmanns, wenn sie auf seiner Seite ein → Handelsgeschäft ist (Handelsbürgschaft, § 350 HGB). Für die Verpflichtung des Bürgen (Höhe, Umfang) ist der jeweilige Bestand der Hauptverbindlichkeit maßgebend, § 767 BGB. Die Haftung kann aber auf einen bestimmten Höchstbetrag beschränkt werden. Der Bürge haftet auch für vom Schuldner zu vertretende Schadensersatzansprüche, Prozesskosten usw., nicht aber für nachträglich durch den Hauptschuldner abgeschlossene Rechtsgeschäfte, welche die Haftung des Bürgen erweitern. Eine Bürgschaft, die, insbes. seitens einer Bank, von einem finanziell krass überforderten Verwandten, Ehegatten oder Lebenspartner oder von einem Arbeitnehmer zu Gunsten des Arbeitgebers verlangt worden ist, kann wegen → Sittenwidrigkeit (1) nichtig sein.

3. Erlöschen der Hauptschuld, Einreden, Mehrheit von Bürgen: Die Bürgschaft erlischt mit der Hauptschuld (zB durch deren → Erfüllung, → Aufrechnung, → Erlass usw.); vorher wird der Bürge frei, wenn er sich nur für eine bestimmte Zeit verpflichtet hat (Zeitbürgschaft, § 777 BGB). Der Bürge kann die dem Hauptschuldner gegen die Forderung zustehenden → Einreden (zB → Verjährung, nicht aber die → Beschränkung der Erbenhaftung) geltend machen, auch wenn der Hauptschuldner darauf verzichtet hat, § 768 BGB. Er kann ferner die Befriedigung des Gläubigers verweigern, solange der Schuldner durch ein Gestaltungsrecht seine Verbindlichkeit beseitigen kann (zB durch Anfechtung, → Rücktritt vom Vertrag) oder der Gläubiger sich durch → Aufrechnung gegen eine fällige Forderung des Hauptschuldners befriedigen kann, § 770 BGB. Verbürgen sich mehrere für dieselbe Verbindlichkeit (Mitbürgen), so haften sie, auch wenn sie die Bürgschaft nicht gemeinschaftlich übernommen haben, als Gesamtschuldner (§ 769 BGB; → Gesamtschuld); untereinander haben sie bei Inanspruchnahme durch den Gläubiger keinen Rückgriffs- (s. u.), sondern nur einen Ausgleichsanspruch, § 774 II BGB, § 426 BGB. Verbürgt sich jedoch ein weiterer Bürge nicht für den Schuldner, sondern für den Bürgen (Nachbürge), so hat er einen vollen Rückgriffsanspruch gegen den Erstbürgen. Der Bürge kann sich gegen seine Inanspruchnahme durch einen weiteren Bürgen absichern (sog. Rückbürge); hier hat der Bürge bei Leistung an den Gläubiger einen Rückgriffsanspruch gegen den Rückbürgen und dieser gegen den Hauptschuldner.

4. Subsidiarität der Bürgschaft: Der Bürge kann idR die Befriedigung des Gläubigers verweigern, solange nicht der Gläubiger eine → Zwangsvollstreckung gegen den Hauptschuldner (oder eine Verwertung aus einem haftenden → Pfandrecht oÄ) ohne Erfolg versucht hat (Einrede der Vorausklage, Subsidiarität der Bürgschaft, §§ 771 ff. BGB); bis dahin ist die → Verjährung des Anspruchs des Gläubigers gegen den Bürgen gehemmt. Die Einrede der Vorausklage ist ausgeschlossen, wenn über das Vermögen des Hauptschuldners das → Insolvenzverfahren eröffnet, die Zwangsvollstreckung durch Wohnsitzwechsel erheblich erschwert oder sonst anzunehmen ist, dass sie erfolglos sein wird. Die Einrede der Vorausklage ist ferner dann ausgeschlossen, wenn der Bürge hierauf verzichtet, insbes. wenn er sich als Selbstschuldner verbürgt hat, § 773 BGB; auch dann liegt eine selbstschuldnerische Bürgschaft, die bei der Bürgschaft eines Kaufmanns idR anzunehmen ist (§ 349 HGB), keine Schuldmitübernahme vor.

5. Bürgschaft auf erstes Anfordern, Ausfall-Bürgschaft, Forderungsübergang: Zulässig ist

im Rahmen der Vertragsfreiheit grds. die Verpflichtung (insbes. einer Bank oder einer am internationalen Wirtschaftsverkehr beteiligten Aktiengesellschaft), der Bürge habe, ungeachtet der erst später erfolgenden Überprüfung der Berechtigung der Hauptforderung (Beweislast bleibt hierfür beim Gläubiger), vorläufig ohne Einwendungsmöglichkeit insoweit an den Gläubiger zu leisten (sog. Zahlung oder Bürgschaft auf erstes Anfordern); der Bürge muss seine Einwendungen dann später im Rahmen der Rückforderung nach § 812 BGB (→ Ungerechtfertigte Bereicherung) geltend machen. Umgekehrt kann auch vereinbart werden, dass der Bürge nur in Anspruch genommen werden soll, wenn der Gläubiger trotz pflichtgemäßer Wahrnehmung sämtlicher Möglichkeiten in Zwangsvollstreckung und Insolvenz gegen den Schuldner oder bei der Verwertung von Sicherheiten mit seiner Forderung ganz oder teilweise endgültig ausgefallen ist (Ausfallbürgschaft). Soweit der Bürge den Gläubiger befriedigt, geht die Forderung des Gläubigers gegen den Hauptschuldner mit allen Nebenrechten auf ihn über (gesetzlicher Forderungsübergang, → Abtretung, § 774 BGB); neben diesem Rückgriffsrecht (Revalierungsanspruch) besteht meist ein Anspruch aus dem zwischen Bürgen und Hauptschuldner bestehenden Schuldverhältnis (→ Auftrag, Geschäftsbesorgung), dessen Einwendungen (zB Verzicht auf Ersatz) vom Hauptschuldner gegenüber der auf den Bürgen übergegangenen Forderung des Gläubigers geltend gemacht werden können. Schon vor Leistung an den Gläubiger hat der Bürge einen Anspruch auf Befreiung oder auf → Sicherheitsleistung gegen den Hauptschuldner, wenn dieser seine Verbindlichkeit nicht erfüllt oder wenn sich dessen Vermögensverhältnisse wesentlich verschlechtert haben, § 775 BGB.

Bürgschaft auf erstes Anfordern
→ Bürgschaft (5).

Bürogemeinschaft
Bei der Bürogemeinschaft handelt es sich um einen Zusammenschluss von verschiedenen Berufsträgern, die für ihre jeweils selbständige Berufsausübung ein Büro, ggf. auch Büropersonal, gemeinsam nutzen, zB um Miet- und Personalkosten zu sparen. Eine Bürogemeinschaft ist eine wesentlich losere Art des Zusammenschlusses als eine → Sozietät.

Bulle, päpstliche
Frühere Bezeichnung für ein in feierlicher Form ergehendes päpstliches Gesetz (bulla = Bleisiegel); → kirchliche Gesetze.

Bulletin
ist ein in der Staatspraxis – so vom Informationsdienst des Bundespresseamts – verwendeter Ausdruck für einen Bericht (Tagesbericht) oder eine Verlautbarung der Regierung. Er geht auf die Heeresberichte zurück, die Napoleon I. regelmäßig in der Presse abdrucken ließ.

Bund
Bund ist die Bezeichnung des GG für den Gesamtstaat (Zentralstaat), dessen Gliedstaaten die → Länder sind (→ Bundesstaat).

Bundesagentur für Arbeit
ist die zum 1.1.2004 eingeführte neue Bezeichnung für die frühere Bundesanstalt für Arbeit (vgl. Drittes Gesetz für moderne Dienstleistungen am Arbeitsmarkt v. 23.12.2003, BGBl. 2003 I 2848; → Hartz-Gesetze).

Die Bundesagentur für Arbeit ist Träger der → Arbeitsförderung nach dem SGB III, zuständig insbesondere für die Gewährung von → Arbeitslosengeld, → Kurzarbeitergeld, → Insolvenzgeld, → Winterausfallgeld und → Wintergeld sowie sonstiger Maßnahmen zur Verhütung und Beseitigung von Arbeitslosigkeit (zB Förderung der beruflichen Bildung, Maßnahmen zur Erhaltung und Schaffung von Arbeitsplätzen, Förderung der Teilhabe behinderter Menschen am Arbeitsleben).

Die Bundesagentur für Arbeit ist eine Körperschaft des öffentlichen Rechts, die sich in die Zentrale mit Sitz in Nürnberg, → Regionaldirektionen und → Agenturen für Arbeit gliedert. Organe sind der Vorstand und der Verwaltungsrat der Bundesagentur sowie die Verwaltungsausschüsse bei den Regionaldirektionen und den Agenturen für Arbeit. Die Organmitglieder werden aus den Reihen der Arbeitnehmer und der Arbeitgeber sowie aus den öffentlichen Körperschaften berufen, die Rechtsaufsicht führt das Bundesministerium für Arbeit und Soziales (§§ 367 ff., 393 SGB III).

→ Job-Center, die Leistungen nach dem SGB II erbringen, sind kein Teil der Bundesagentur für Arbeit. Die Bundesagentur für Arbeit errichtet mit kommunalen Trägern die vorgenannten Jobcenter.

Bundesamt
Diese Bezeichnung (mit einem das Fachgebiet bezeichnenden Zusatz) führen zahlreiche → Bundesoberbehörden (vgl. dort im Einzelnen), die als Behörden der unmittelbaren Bundesverwaltung (→ Verwaltungsbehörden) geschaffen worden sind.

Bundesamt für Bevölkerungsschutz und Katastrophenhilfe
ist eine dem BMI unterstehende selbständige Bundesoberbehörde, das die ihm durch das Gesetz über den Zivilschutz und die Katastrophenhilfe des Bundes (Zivilschutz- und KatastrophenhilfeG – ZSKG –) v. 25.3.1997 (BGBl. 1997 I 726) mÄnd (→ Zivilschutz; sa → Katastrophenschutz) und andere Gesetze übertragenen Aufgaben wahrnimmt.

Bundesamt für das Personalmanagement der Bundeswehr
→ Bundeswehrverwaltung.

Bundesamt für die Sicherheit der nuklearen Entsorgung
Das Bundesamt für die Sicherheit der nuklearen Entsorgung (BASE, zuerst Bundesamt für kerntechnische Entsorgung) wurde durch Gesetz v. 23.7.2013 (BfkEG, BGBl. 2013 I 2563, mÄnd) als selbständige Bundesoberbehörde im Geschäftsbereich des Bundesministeriums für Umwelt, Naturschutz, Bau und Reaktorsicherheit geschaffen. Es erledigt Verwaltungsaufgaben des Bundes auf den Gebieten der Planfeststellung, Genehmigung und Überwachung von Anlagen zur Sicherstellung und zur Endlagerung radioaktiver Abfälle (→ Atommüll, → Endlager), der Entsorgung radioaktiver Abfälle, der Beförderung und Aufbewahrung radioaktiver Stoffe sowie der kerntechnischen Sicherheit. Das BASE hat seinen Sitz in Berlin. → Atomgesetz.

Bundesamt für Güterverkehr
Das ehemalige Bundesamt für Güterverkehr heißt seit Anfang 2023 → Bundesamt für Logistik und Mobilität.

Bundesamt für Familie und zivilgesellschaftliche Aufgaben
Zentrale Aufgabe des Bundesamtes für Familie und zivilgesellschaftliche Aufgaben ist die Durchführung des → Bundesfreiwilligendienstes. Soweit der → Zivildienst im → Spannungsfall oder im → Verteidigungsfall noch Bedeutung hat, ist das Bundesamt für Familie und zivilgesellschaftliche Aufgaben als Nachfolgebehörde des Bundesamtes für den Zivildienst weiterhin für die Anerkennung der → Kriegsdienstverweigerer zuständig. Daneben können dem Bundesamt für Familie und zivilgesellschaftliche Aufgaben weitere Aufgaben übertragen werden (§ 14 II BundesfreiwilligendienstG). So ist diese Behörde ua für die Durchführung des Familienpflegezeitgesetzes, die Geschäftsstelle der Contergan-Stiftung, die Schwangerenberatung, die Geschäftsstelle Fonds Sexueller Missbrauch und das Bundesförderprogramm „Gewalt gegen Frauen" zuständig.

Bundesamt für Justiz
Es wurde durch das Gesetz über die Errichtung des Bundesamtes für Justiz (BfJG) v. 17.12.2006 (BGBl. 2006 I 3171) mÄnd als Bundesoberbehörde zum 1.1.2007 errichtet. Zweck ist die Neuorganisation der Bundesjustizverwaltung durch Schaffung einer zentralen Dienstleistungsbehörde. Das Bundesamt für Justiz, das dem BMJ untersteht, nimmt die Aufgaben des Bundes auf den Gebieten des Registerwesens, des internationalen Rechtsverkehrs, der Verfolgung und Ahndung von Ordnungswidrigkeiten und der allgemeinen Justizverwaltung wahr. Hierzu gehören ua die bisher vom → Generalbundesanwalt wahrgenommenen Aufgaben wie die Führung von Bundeszentralregister, Gewerbezentralregister und Zentralem Staatsanwaltschaftlichen Verfahrensregister, die Wahrnehmung der Aufgaben nach dem AuslandsunterhaltsG, dem Internat. FamilienrechtsverfahrensG und dem Adoptionsübereinkommens-AusführungsG sowie die Tätigkeit als Kontaktstelle im Europ. Justiziellen Netz, ferner die Unterstützung des BMJ bei den Aufgaben gemäß § 2 II BfJG.

Bundesamt für Logistik und Mobilität
Das Bundesamt für Logistik und Mobilität (BALM) ist eine selbständige Bundesoberbehörde im Geschäftsbereich des für Verkehr zuständigen Bundesministeriums. Es hieß bis Anfang 2023 "Bundesamt für Güterverkehr" und hat seine Zentrale in Köln. Es erledigt die Verwaltungsaufgaben des Bundes im Bereich des Verkehrs, insbesondere des gewerblichen → Güterkraftverkehrs und des → Werkverkehrs (§§ 10 ff. GüKG). Hierbei überwacht es die Einhaltung aller Vorschriften über zB das Fahrpersonal, die Ladung, technische Maße, Abgase und das → Fahrverbot an Sonn- und Feiertagen (→ Verkehrskontrolle). Dem Bundesamt obliegt ferner die Marktbeobachtung, dh es beobachtet und begutachtet die Entwicklung des Marktgeschehens im Verkehr, die Durchführung von Beihilfe- und Förderprogrammen, die Führung der → Verkehrsunternehmensdatei sowie die Verfolgung der festgestellten Ordnungswidrigkeiten (§ 20 GüKG). Das Bundesamt hat zudem zahlreiche Aufgaben im Rahmen des Mautsystems nach MautSysG und BFStrMG (→ Maut). Es ist in Einzelfällen auch für andere Verkehrsbereiche zuständig, zB gem. §§ 21, 63 LuftVG für die Vorlage und Untersagung von Beförderungsentgelten der → Luftfahrtunternehmen.

Bundesamt für Migration und Flüchtlinge (BAMF)
Das BAMF entscheidet über Asylanträge (→ Asyl, → Asylrecht, → Asylgesetz) sowie über die Zuerkennung der Flüchtlingseigenschaft nach dem Genfer Abkommen über die Rechtsstellung der → Flüchtlinge (§ 5 I 1 AsylG, § 60 I AufenthG). Es trifft alle ausländerrechtlichen Entscheidungen gemäß dem AsylG (§ 5 I 2 AsylG). Das BAMF ist dem Bundesministerium des Innern unterstellt.

Bundesamt für Seeschifffahrt und Hydrographie
Das BSH ist eine → Bundesoberbehörde in Hamburg, die dem für Verkehr zuständigen Ministerium untersteht (§ 5 SeeAufgG). Ihm obliegen ua die Aufgaben der Schifffahrtspolizei, die Überwachung der Verkehrs- und Betriebssicherheit der seegängigen Wasserfahrzeuge, die Abwehr von Gefahren für Sicherheit und Gesundheit der → Seeleute (§ 1 SeeAufgG) sowie die Bereitstellung fachärztlicher Beratung. Es gibt amtliche Seekarten und andere nautische Literatur heraus, ist Prüfungs- und Zulassungsstelle für Navigations- und Funkausrüstung sowie Planungs- und Zulassungbehörde für bestimmte Offshore-Aktivitäten, zB für den Bau von → Windenergieanlagen auf See, Pipelines und Seekabel.

→ Seeanlagen, → Wasserstraßen- und Schifffahrtsverwaltung.

Bundesamt für Sicherheit in der Informationstechnik
Das Bundesamt für Sicherheit in der Informationstechnik (BSI) ist eine in der → Bundesstadt Bonn ansässige obere Bundesbehörde im Geschäftsbereich des Bundesministeriums des Innern, die für Fragen der IT-Sicherheit zuständig ist. Der Aufgabenbereich wird durch das Gesetz zur Stärkung der Sicherheit in der Informationstechnik des Bundes (BSI-G) v. 14.8.2009 (BGBl. 2009 I 2821) mÄnd bestimmt. Zu den Aufgaben des BSI gehören ua der Schutz der Netze des Bundes, Prüfung, Zertifizierung und Akkreditierung von IT-Produkten, Warnung vor Schadprogrammen oder Sicherheitslücken sowie Sicherheitsberatung für die Bundesbehörden und Information der Bürger zur IT-Sicherheit. Beim BSI angesiedelt ist seit 1.4.2011 das nationale Cyber-Abwehrzentrum. In den → Ländern gibt es mit dem Landesamt für Sicherheit in der Informationstechnik nur in Bayern eine dem BSI entsprechende Behörde.

Bundesamt für Soziale Sicherung
Das → Bundesversicherungsamt wurde zum 1.1.2020 umbenannt in Bundesamt für Soziale Sicherung. Der Tätigkeitsbereich hat sich nicht verändert und umfasst zB die Verwaltung des Gesundheitsfonds und die Aufsicht über Sozialversicherungsträger (nicht alle).

Bundesamt für Verbraucherschutz und Lebensmittelsicherheit
Das Bundesamt für Verbraucherschutz und Lebensmittelsicherheit ist eine selbständige Bundesoberbehörde des BMEL in Braunschweig (G v. 6.8.2002, BGBl. 2002 I 3082 mÄnd). Es nimmt insbes. die Verwaltungsaufgaben des Bundes in den Bereichen Verbraucherschutz (→ Verbraucherschutzrecht) und → Lebensmittel- und Futtermittelsicherheit (auch Risikomanagement genannt) wahr. Dabei wird es wissenschaftlich unterstützt vom → Bundesinstitut für Risikobewertung. Das Bundesamt ist Zulassungsbehörde für den Großteil der → Tierarzneimittel in Deutschland gem. § 65 TAMG.

Bundesamt für Verfassungsschutz
→ Verfassungsschutz (2).

Bundesamt für Wirtschaft und Ausfuhrkontrolle
(BAFA). Das Bundesamt für Wirtschaft und Ausfuhrkontrolle ist eine → Bundesoberbehörde im Geschäftsbereich des BMWi mit Sitz in Eschborn und Bochum. Es entstand 2000 (BGBl. 2000 I 1956) durch Zusammenlegung des Bundesamtes für Wirtschaft mit dem Bundesausfuhramt und erfüllt Aufgaben in den Bereichen → Außenwirtschaftsrecht (zB Ausfuhrkontrolle, Umsetzung der Einfuhrregelungen der EU), Wirtschaftsförderung und Energie. Ua ist es Bundesstelle für → Energieeffizienz und beherbergt die → Abschlussprüferaufsichtsstelle.

Bundesangestelltentarifvertrag
→ BAT.

Bundesanstalt
Diese Bezeichnung (mit einem dem Fachgebiet entsprechenden Zusatz) führen mehrere → Bundesoberbehörden als Behörden der unmittelbaren Bundesverwaltung. Sie sind zu unterscheiden von den (bundesunmittelbaren) Anstalten des öffentlichen Rechts, deren Bildung nach Art. 87 III GG gleichfalls möglich ist, soweit dem Bund auf einem Gebiet die Gesetzgebungskompetenz zusteht. Letztere sind als selbständige juristische Personen des öffentlichen Rechts Einrichtungen der mittelbaren Bundesverwaltung (vgl. → mittelbare Staatsverwaltung). S. im folg. über einige auch in anderem Zusammenhang erwähnte Bundesanstalten.

Bundesanstalt für Arbeit
Bundesanstalt für Arbeit war vor dem 1.1.2004 die Bezeichnung der → Bundesagentur für Arbeit.

Bundesanstalt für den Digitalfunk der Behörden und Organisationen mit Sicherheitsaufgaben
Die Bundesanstalt für den Digitalfunk der Behörden und Organisationen mit Sicherheitsaufgaben wurde mit Gesetz v. 28.8.2006 (BGBl. 2006 I 2039) als bundesunmittelbare rechtsfähige Anstalt des öffentlichen Rechts im Geschäftsbereich des BMI errichtet. Ihr Zweck ist Aufbau und Betrieb eines bundesweit einheitlichen Sprech- und Datenfunksystems für Behörden und Organisationen mit Sicherheitsaufgaben (zB Polizeifunk).

Bundesanstalt für Finanzdienstleistungsaufsicht (BaFin)
1. Die BaFin ist seit dem 1.5.2002 die zentrale Aufsichtsbehörde des deutschen Finanz- und → Kapitalmarkts. Die drei früheren Bundesaufsichtsämter für Kreditwesen, Versicherungswesen und Wertpapierhandel wurden bei Gründung der BaFin zusammengelegt und in diese integriert (§ 1 G über die Bundesanstalt für Finanzdienstleistungsaufsicht (FinanzdienstleistungsaufsichtsG (FinDAG) v. 22.4.2002, BGBl. 2002 I 1310 mÄnd). Damit existiert in Deutschland eine Sektor übergreifende staatliche Allfinanzaufsicht nach englischem Vorbild (Financial Service Authority bis 31.3.2013, nachfolgend Financial Conduct Authority (FCA) und die Prudential Regulation Authority (PRA)).

2. Die BaFin nimmt die Aufgaben der Bankenaufsicht (→ Kreditinstitute, Aufsicht), der Aufsicht über → Wertpapierinstitute und → Finanzdienstleistungsinstitute, der → Versicherungsaufsicht, der Aufsicht über den Wertpapierhandel (→ Wertpapierhandelsgesetz) sowie der Aufsicht über die Kryptomärkte (→ Kryptowerte) wahr und beaufsichtigte im

Jahre 2021 damit etwa 2700 → Kreditinstitute, → Finanzdienstleistungsinstitute, → Zahlungsinstitute und → E-Geld-Institute sowie über 500 → Versicherungsunternehmen und → Pensionsfonds. Im Bereich Banken, sonstiger Institute und Versicherungen ist sie vor allem für Zulassung, Solvenz- und Marktaufsicht zuständig; beim Wertpapierhandel überwacht sie insbes. die Verhaltenspflichten von WpHG, WpPG (→ Prospektpflicht) und WpÜG (→ Wertpapiererwerbs- und Übernahmegesetz). Darüber hinaus ist die BaFin zuständig für die Überwachung der Unternehmensabschlüsse von Emittenten nach §§ 106 ff. WpHG (Bilanzkontrolle). Diese Vorschriften wurden als Reaktion auf den Wirecard-Skandal durch das Finanzmarktintegritätsstärkungsgesetz v. 3.6.2021 (BGBl. 2021 I 1534) verschärft. Die Behörde überwacht ferner die Einhaltung der Pflichten der → Zahlungsdienstleister nach dem ZKG, während die → Börsenaufsicht weiterhin den Ländern obliegt. Die BaFin spielt damit eine wichtige Rolle bei der Wahrung der → Finanzstabilität. Zu ihren Aufgaben gehört auch der Schutz der kollektiven Verbraucherinteressen. Die Kommunikation mit der BaFin soll zunehmend elektronisch und kann teilweise auch auf Englisch erfolgen (vgl. § 4j FinDAG).

3. Seit Anfang 2018 ist die BaFin auch nationale Abwicklungsbehörde nach § 3 SAG und § 4 I FinDAG. Sie ist damit zuständig für die Zusammenarbeit mit dem Ausschuss für die einheitliche Abwicklung (SRB), falls ein deutsches Institut, das der EZB-Aufsicht unterliegt, in Schieflage gerät. Ferner ist sie zuständig für die Abwicklung aller anderen deutschen Institute; dazu → Kreditinstitute, Sanierung und Abwicklung. Zum selben Zeitpunkt hat die BaFin von der → Bundesanstalt für Finanzmarktstabilisierung die Aufgabe übernommen, die Bankenabgabe zu erheben (§ 1 RStruktFG, § 4 I FinDAG, → Restrukturierungsfonds).

4. Die BaFin ist eine bundesunmittelbare → Anstalt des öffentlichen Rechts gem. Art. 87 III 1 GG. Sie hat ihren Sitz in Frankfurt und Bonn und untersteht der Rechts- und Fachaufsicht des BMF (§ 2 FinDAG). Organe sind das Direktorium, der Präsident und der Verwaltungsrat (§ 5 FinDAG). Einzelheiten regelt die Satzung (BGBl. 2002 I 1499 mÄnd). Die Anstalt gliedert sich in die Geschäftsbereiche Bankenaufsicht, Versicherungs- und Pensionsfondsaufsicht, Wertpapieraufsicht/Asset Management, Abwicklung, Innere Verwaltung sowie Strategie, Policy und Steuerung, für die jeweils ein Exekutivdirektor zuständig ist (§ 6 FinDAG). Der Verwaltungsrat überwacht die Geschäftsführung (§ 7 FinDAG). Mitglieder sind neben Vertretern von Bundesministerien und Abgeordneten des Bundestags auch Repräsentanten der beaufsichtigten Wirtschaftsbereiche. Neben den genannten Organen gibt es noch einen Fachbeirat (§ 8 FinDAG) sowie einen Verbraucherschutzbeirat (§ 8a FinDAG) jeweils mit beratender Funktion (§ 8 FinDAG). Die Finanzierung der BaFin erfolgt ua durch Gebühren (FinDAGebV v. 2.9.2021, BGBl. 2021 I 4077) und sonstige Einnahmen, etwa durch Umlage von Kosten auf die beaufsichtigten Institute (§ 16 FinDAG).

Bundesanstalt für Finanzmarktstabilisierung

1. Die durch § 3a StFG (→ Finanzmarktstabilisierungsgesetze) am 17.10.2008 gegründete unselbständige Finanzmarktstabilisierungsanstalt (Satzung in der Fassung v. 20.12.2017, BGBl. 2017 I 4020) wurde mit Wirkung zum 23.7.2009 eine bundesunmittelbare, rechtsfähige → Anstalt des öffentlichen Rechts im Geschäftsbereich des BMF. Sie trägt die Bezeichnung Bundesanstalt für Finanzmarktstabilisierung (FMSA) und hat ihren Sitz in Frankfurt. Ihr Träger ist seit dem 1.1.2018 die Bundesrepublik Deutschland → Finanzagentur GmbH, ihre Aufgaben wurden gleichzeitig stark reduziert (FMSA-Neuordnungsgesetz v. 23.12.2017, BGBl. 2017 I 3171). Zum 1.1.2026 wird die FMSA aufgelöst, § 14e StFG.

2. Vorrangige Aufgabe der FMSA war die Verwaltung des → Finanzmarktstabilisierungsfonds; diese Aufgabe ist auf die Bundesrepublik Deutschland - Finanzagentur GmbH übergegangen. Bis Ende 2017 erhob sie ferner die Beiträge für den → Abwicklungsfonds, dies ist seitdem Aufgabe der → BaFin, die insoweit alle Rechte und Pflichten der Bundesanstalt übernommen hat (§ 18a FinDAG). Heute hat die Bundesanstalt für Finanzmarktstabilisierung nur noch die Aufgabe, die Abwicklungsanstalten FMS Wertmanagement (Bad Bank der HRE) und Erste Abwicklungsanstalt (Bad Bank der WestLB) zu überwachen. Nach Auflösung der FSMA übernimmt die Bundesrepublik Deutschland – Finanzagentur GmbH diese Aufgaben.

Bundesanstalt für Immobilienaufgaben

Die im Jahre 2005 gegründete Bundesanstalt für Immobilienaufgaben (Gesetz über die Bundesanstalt für Immobilienaufgaben v. 9.12.2004, BGBl. 2004 I 3235 mÄnd) ist eine bundesunmittelbare rechtsfähige → Anstalt des öffentlichen Rechts im Geschäftsbereich des BMF (§ 1 BImAG), dessen Aufsicht sie untersteht. Diese Aufsicht wurde mit dem Gesetz v. 19.12.2022 (BGBl. 2022 I 2507) zur „Reform Bundesbau" in eine reine Rechtsaufsicht umgewandelt (§ 3 I). Sie ist Eigentümerin aller Dienstliegenschaften des Bundes (§ 2 II, III BImAG) und soll diese nach kaufmännischen Grundsätzen verwalten und ggf. veräußern. Organe der Bundesanstalt sind ein Vorstand und ein Verwaltungsrat (§ 4 BImAG). Sie soll sich mit den Erträgen der Liegenschaftsverwaltung selbst finanzieren (§ 6 BImAG). Die Bundesanstalt für Immobilienaufgaben ist Nachfolgerin der Bundesvermögensämter, der Bundesforstämter und der Bundesvermögensabteilungen der Oberfinanzdirektionen (§§ 2, 13 BImAG). Sie hat ihren Sitz in Bonn. Durch das Gesetz v. 19.12.2022 wird ihr die Zuständigkeit für den zivilen Bundesbau als originäre Aufgabe übertragen und der Verwaltungsrat mit neuen Aufgaben und Entscheidungsbefugnissen ausgestattet.

Bundesanstalt für Landwirtschaft und Ernährung (BLE)
1. Die Bundesanstalt für Landwirtschaft und Ernährung (BLE) wurde durch das Gesetz über die Errichtung einer Bundesanstalt für Landwirtschaft und Ernährung (BLEG) v. 2.8.1994 (BGBl. 1994 I 2018) mÄnd als bundesunmittelbare rechtsfähige Anstalt des öffentlichen Rechts mit Sitz in Bonn errichtet (§ 1 BLEG). Sie gehört zum Geschäftsbereich des Bundesministeriums für Ernährung und Landwirtschaft und untersteht seiner Rechts- und Fachaufsicht (→ Staatsaufsicht). Organe der BLE sind ihr Präsident als gesetzlicher Vertreter und der Verwaltungsrat als Aufsichtsorgan (§ 3 BLEG). Einzelheiten enthält die Satzung der BLE vom 29.9.1994 (BGBl. 1994 I 2781) mÄnd.

2. Die BLE hat umfassende Zuständigkeiten im Rahmen der → Gemeinsamen Agrarpolitik (→ Gemeinsame Marktorganisation, → Direktzahlungen), der landwirtschaftlichen → Absatzförderung, der Ernährungssicherstellung (→ Sicherstellungsgesetze) und des Außenwirtschaftsverkehrs (→ Außenwirtschaftsrecht) mit landwirtschaftlichen Produkten (§ 2 BLEG). Die BLE ist ferner zuständige Behörde für die Ahndung unlauterer Handelspraktiken in Lebensmittellieferketten (→ Agrarorganisationen und Lieferketten), kontrolliert die Einhaltung von → Vermarktungsnormen und Etikettierungsvorschriften landwirtschaftlicher Erzeugnisse und ist Fischereiüberwachungszentrum nach § 6 SeeFischG (→ Seefischerei).

Bundesanstalt für Post und Telekommunikation Deutsche Bundespost
Durch die → Postreform wurde die → Deutsche Bundespost umgewandelt in die → Deutsche Post AG, die → Deutsche Postbank AG und die → Deutsche Telekom AG. Die Bundesanstalt für Post und Telekommunikation Deutsche Bundespost wurde als Anstalt des öffentlichen Rechts zur Wahrnehmung der sich aus dem Postneuordnungsgesetz v. 14.9.1994 (BGBl. 1994 I 2325, 1996 I 103) ergebenden Rechte und Pflichten betreffend diese drei Aktiengesellschaften gegründet (Gesetz über die Errichtung einer Bundesanstalt für Post und Telekommunikation Deutsche Bundespost (BAPostG) = Art. 1 des Postneuordnungsgesetzes, mÄnd). Sie wird von einem Präsidenten geleitet, dem ein Verwaltungsrat zur Seite steht. Sie untersteht der Aufsicht des Bundesministeriums der Finanzen. Der Verbraucherservice Post ist der Bundesnetzagentur unterstellt. Die Bundesanstalt ist Trägerin der sozial- und dienstrechtlichen Personalbefugnisse. So sind auf sie die dienstrechtlichen Befugnisse für die Postbeamten übergeleitet (§ 24 BAPostG). Sie ist Trägerin der Postbeamtenkrankenkasse und anderer Sozialeinrichtungen. Auf das operative Geschäft der drei AG hat die Bundesanstalt keinen Einfluss. Sie hat ihren Sitz in Bonn.

Bundesanstalt für vereinigungsbedingte Sonderaufgaben
→ Treuhandanstalt (3).

Bundesanwaltschaft
Eine solche besteht beim → Bundesgerichtshof unter Leitung des Generalbundesanwalts als selbständiges Organ der → Staatsanwaltschaft (§ 142a GVG). Die Funktion des so. Oberbundesanwalts wurde abgeschafft und durch den → Vertreter des Bundesinteresses beim → Bundesverwaltungsgericht ersetzt.

Bundesanzeiger
Der Bundesanzeiger ist ein vom Bundesjustizministerium herausgegebenes Bekanntmachungsorgan des → Bundes gemäß § 1 II des G über die Verkündung von Gesetzen und Rechtsverordnungen und über Bekanntmachungen (Verkündungs- und Bekanntmachungsgesetz – VkBkmG –) v. 20.12.2022 (BGBl. 2022 I 2752). In seinem amtlichen Teil werden alle Bekanntmachungen des Bundes veröffentlicht, die nicht als Gesetze oder Verordnungen im → Bundesgesetzblatt zu veröffentlichen sind. Dies vor allem → Verwaltungsvorschriften, aber auch Ausschreibungen und Hinweise. Der Bundesanzeiger wird vom Betreiber des Bundesanzeigers auf der Internetseite www.bundesanzeiger.de veröffentlicht und sodann vollständig und dauerhaft bereitgehalten (§ 2 II VkBkmG). Der amtliche Teil des Bundesanzeigers ist jederzeit frei zugänglich; er kann unentgeltlich gelesen, ausgedruckt und gespeichert werden (§ 4 II VkBkmG). Im gerichtlichen Teil finden sich ua Aufgebote in Grundstücks- und Nachlasssachen, das Klageregister nach dem → Kapitalanleger-Musterverfahrensgesetz und Mitteilungen in → Insolvenzverfahren; ferner finden sich im nichtamtlichen Teil des Bundesanzeigers auch Gesellschaftsbekanntmachungen (→ Gesellschaftsblätter) und → Kapitalmarktinformationen.

Bundesarbeitsgericht
Das Bundesarbeitsgericht (BAG) ist der → oberste Gerichtshof des Bundes im Bereich der → Arbeitsgerichtsbarkeit mit Sitz in Erfurt (§ 40 I ArbGG, seit 1999, zuvor Kassel). Die → Gerichtsverwaltung wird vom BMAS im Einvernehmen mit dem BMJV ausgeübt (§ 40 II ArbGG). Das BAG besteht aus dem Präsidenten, den Vorsitzenden Richtern, den weiteren (→ Berufs-)Richtern am BAG sowie den → ehrenamtlichen Richtern. Die Senate werden mit einem Vorsitzenden, zwei Berufsrichtern und zwei ehrenamtlichen Richtern tätig (§ 41 II ArbGG). Ferner ist ein Großer Senat gebildet (Präsident, je 1 Berufsrichter der Senate, in denen der Präsident nicht den Vorsitz

führt, und je 3 ehrenamtliche Richter aus den Kreisen der Arbeitnehmer und Arbeitgeber), der über Rechtsfragen entscheidet, wenn ein Senat von der Entscheidung eines anderen abweichen will (§ 45 ArbGG). Das BAG entscheidet über die → Revision gegen Urteile der → Landesarbeitsgerichte (§ 72 ArbGG), ggf. vorab über Nichtzulassungsbeschwerden, über die → Sprungrevision gegen Urteile der Arbeitsgerichte (§ 76 ArbGG), über die → Rechtsbeschwerde gegen Beschlüsse der Landesarbeitsgerichte (§ 92 ArbGG) und die → Sprungrechtsbeschwerde gegen Beschlüsse der Arbeitsgerichte (§ 96a ArbGG) im → Beschlussverfahren sowie über → Beschwerden gegen Beschlüsse der Landesarbeitsgerichte in den Ausnahmefällen des § 70 ArbGG. In wenigen Spezialfällen ist das BAG erstinstanzlich zuständig (zB § 240 I SGB IX).

Bundesarchivgesetz
Nach § 1 des Bundesarchivgesetzes v. 6.1.1988 (BGBl. 1988 I 62) mÄnd ist das Archivgut des Bundes durch das Bundesarchiv (Sitz Koblenz) auf Dauer zu sichern, nutzbar zu machen und wissenschaftlich zu verwerten. Das Bundesarchivgesetz regelt insbes. Anbietungspflichten, Archivwürdigkeit und Benutzungsrechte (grundsätzl. erst nach 30 Jahren Zeitablauf oder 30 Jahren nach dem Tod Betroffener; Einzelheiten § 1). In den Ländern bestehen Landesarchive.

Bundesaufsicht
→ Ausführung von Gesetzen (1).

Bundesaufsichtsamt für das Kreditwesen
übte bis 1.5.2002 die Aufsicht über die → Kreditinstitute aus. Aufgaben und Befugnisse sind auf die → Bundesanstalt für Finanzdienstleistungsaufsicht übergegangen.

Bundesaufsichtsamt für das Versicherungswesen
war bis 1.5.2002 die Zulassungs- und Aufsichtsbehörde für → Versicherungsunternehmen. Aufgaben und Befugnisse sind unter Zusammenlegung mit den Bundesaufsichtsämtern für Kreditwesen und Wertpapierhandel auf die → Bundesanstalt für Finanzdienstleistungsaufsicht übergegangen.

Bundesaufsichtsamt für Wertpapierhandel
war bis 1.5.2002 die Aufsichtsbehörde für den Wertpapierhandel (→ Wertpapierhandelsgesetz). Aufgaben und Befugnisse sind auf die → Bundesanstalt für Finanzdienstleistungsaufsicht übergegangen.

Bundesauftragsverwaltung
→ Ausführung von Gesetzen (1).

Bundesausbildungsförderungsgesetz
(BAföG) → Ausbildungsförderung.

Bundesautobahnen
sind → Bundesfernstraßen, die nur für den Schnellverkehr mit Kraftfahrzeugen bestimmt und so angelegt sind, dass sie frei von höhengleichen Kreuzungen und für Zu- und Abfahrt mit besonderen → Anschlussstellen ausgestattet sind. Sie sollen getrennte Fahrbahnen für den Richtungsverkehr haben (§ 1 III BundesfernstraßenG); → Bundesfernstraßen. Sa → Autostraßen (insbes. über Benutzung der Bundesautobahnen).

Bundesbahn
Bundesbahn oder Deutsche Bundesbahn war die Bezeichnung der Staatsbahn der Bundesrepublik Deutschland bis zum 31.12.1993. Bis dahin war sie ein nicht rechtsfähiges Sondervermögen des Bundes, das für das gesamte Bahnwesen zuständig war. Die Bundesbahn war öffentlich-rechtlich strukturiert. Vgl. dazu im Einzelnen das Gesetz über die vermögensrechtlichen Verhältnisse der Deutschen Bundesbahn v. 2.3.1951 (BGBl. 1951 I 155) und das BundesbahnG v. 13.12.1951 (BGBl. 1951 I 1955), jeweils mÄnd. Mit der Neuordnung des Eisenbahnwesens zum 1.1.1994 wurde die Bundesbahn Teil des → Bundeseisenbahnvermögens, gleichzeitig wurden die → Deutschen Bahn AG ausgegliedert und die hoheitlichen Aufgaben auf das → Eisenbahn-Bundesamt übertragen.

Bundesbahnversicherungsanstalt
Die Bundesbahnversicherungsanstalt war ein Träger der gesetzlichen Rentenversicherung und ist im Zuge der Organsiationsreform der Rentenversicherungsträger übergegangen in die → Deutsche Rentenversicherung Knappschaft-Bahn-See (→ Allgemeine Rentenversicherung, → Bahnversicherungsanstalt, → Gesetzliche Rentenversicherung, → gesetzliche Krankenversicherung, → gesetzliche Pflegeversicherung).

Bundesbank
1. Die Deutsche Bundesbank ist die Zentralbank der Bundesrepublik Deutschland. Sie entstand 1957 gem. dem Verfassungsauftrag des Art. 88 GG durch Verschmelzung der → Landeszentralbanken mit der → Bank deutscher Länder. Sie ist eine bundesunmittelbare juristische Person des öffentlichen Rechts mit Sitz in Frankfurt (§ 2 des Gesetz über die Deutsche Bundesbank (BBankG) idF v. 22.10.1992, BGBl. 1992 I 1782 mÄnd). Seit Einführung des → Euro ist sie integraler Bestandteil des → Europäischen Systems der Zentralbanken (ESZB) und wirkt an der Erfüllung seiner Aufgaben mit dem vorrangigen Ziel mit, Preisstabilität zu gewährleisten (Art. 127 AEUV, § 3 BBankG). Ihr Grundkapital von 2,5 Milliarden Euro steht dem Bund zu (§ 2).

2. Die vor Einführung des Euro der Bundesbank nach §§ 14–18 BBankG aF zustehenden währungspolitischen Aufgaben (→ Notenprivileg, → Diskont-, Kredit-, → Offenmarkt-, → Mindestreservenpolitik) sind auf die → Europäische Zentralbank übergegangen, an deren Erfüllung sie aber mitwirkt (s. o. 1). Ferner verwaltet sie nach § 3 die Gold- (in 2008 ca.

3400 t) und Währungsreserven (in 2008 Devisen im Wert von ca. 27 Mrd. EUR) der BRD, sorgt für die bankmäßige Abwicklung des Zahlungsverkehrs im Inland und mit dem Ausland, trägt zur Stabilität der Zahlungs- und Verrechnungssysteme bei und erfüllt Aufgaben der → Bankenaufsicht (s. u. 5). Dabei hat die Bundesbank die Stellung einer Bank der Banken. Sie dient den → Kreditinstituten als Refinanzierungsquelle. Außerdem wirkt sie als Staatsbank des Bundes.

3. Die Bundesbank unterhält 9 früher als Landeszentralbanken bezeichnete Hauptverwaltungen, ferner 35 sog. Filialen (§ 8 I BBankG, § 10 BBankG). Hauptverwaltungen jeweils in einem Land bestehen in Baden-Württemberg, Bayern, Hessen und Nordrhein-Westfalen, solche für mehrere Länder in Berlin/Brandenburg, Bremen/Niedersachsen/Sachsen-Anhalt, Rheinland-Pfalz/Saarland sowie Sachsen/Thüringen. Die Bundesbank ist von Weisungen der BReg. unabhängig (§ 12 BBankG); Gewinne, die über eine gesetzliche Rücklage hinausgehen, führt sie an den Bund ab (§ 27 BBankG; in 2015 3,1 Mrd. EUR).

4. Einziges Organ der Bundesbank ist der Vorstand (§ 7 BBankG). Er leitet und verwaltet die Bank. Er beschließt das Organisationsstatut, das die Zuständigkeiten innerhalb des Vorstands und die Aufgaben, die den Hauptverwaltungen übertragen werden können, festlegt. Der Vorstand besteht aus dem Präsidenten, dem Vizepräsidenten und 4 weiteren Mitgliedern. Von den weiteren Mitgliedern werden 3 auf Vorschlag des Bundesrats ernannt, die übrigen auf Vorschlag der Bundesregierung. Der Vorstand hat die Stellung einer obersten Bundesbehörde, Hauptverwaltungen und Filialen die Stellung von Bundesbehörden (§ 29 I BBankG).

5. Die Finanzmarktaufsicht wurde in Deutschland mit dem Gesetz über die integrierte Finanzdienstleistungsaufsicht v. 22.4.2002 (BGBl. 2002 I 1310) neu strukturiert. Wahrgenommen wird die Bankenaufsicht durch die → Europäische Zentralbank, die → Bundesanstalt für Finanzdienstleistungsaufsicht (BaFin) und die Bundesbank (→ Kreditinstitute, Aufsicht). Die BaFin ist gegenüber der Bundesbank die nach außen handelnde Institution, wohingegen die laufende Überwachung der Kreditinstitute ausdrücklich der Bundesbank zugewiesen ist (§ 7 KWG). Zu ihren Aufgaben gehört auch die Wahrung der → Finanzstabilität.

Bundesbeamte(ngesetz)
→ Beamtenrecht.

Bundesbeauftragter für den Datenschutz und die Informationsfreiheit
1. Der Bundesbeauftragte für den Datenschutz und die Informationsfreiheit ist oberste Bundesbehörde (§ 8 I BDSG). Der BT wählt auf Vorschlag der BReg. den Bundesbeauftragten mit absoluter Mehrheit (§ 11 I 1 BDSG). Der Bundesbeauftragte für den Datenschutz und die Informationsfreiheit kontrolliert bei den öffentlichen Stellen des Bundes die Einhaltung der Vorschriften über den → Datenschutz. sa → Datenschutz-Grundverordnung (DS-GVO); → Bundesdatenschutzgesetz (BDSG); → Informationsfreiheitsgesetz). Der Bundesbeauftragte ist unabhängig (§ 10 BDSG), zur Verschwiegenheit verpflichtet (§ 13 IV BDSG) und hat ein → Zeugnisverweigerungsrecht (§ 13 III BDS). Verschwiegenheitspflicht und Zeugnisverweigerungsrecht gilt auch für seine Mitarbeiter.

2. Der Bundesbeauftragte für den Datenschutz und die Informationsfreiheit ist zuständig für die Aufsicht über die öffentlichen Stellen des Bundes, auch soweit diese als öffentlich-rechtliche Unternehmen am Wettbewerb teilnehmen (§ 9 I 1 BDSG) sowie Telekommunikations- und Postdienstunternehmen. Nicht von der Zuständigkeit des Bundesbeauftragten für den Datenschutz und die Informationsfreiheit umfasst ist die richterliche Tätigkeit (§ 9 II BDSG). Er informiert die Öffentlichkeit, berät BR, BT und BReg., geht Beschwerden nach und arbeitet mit anderen Aufsichtsbehörden zusammen (§ 14 I BDSG). Er hat die Rechte nach Art. 58 DS-GVO (§ 16 I 1 BDSG). So kann er Untersuchungen durchführen und anordnen, dass Verarbeitungsvorgänge auf bestimmte Weise und innerhalb eines bestimmten Zeitraumes in Einklang mit dem Datenschutzrecht zu bringen sind. Die Zuständigkeiten des Bundesbeauftragten für den Datenschutz und die Informationsfreiheit und der → Datenschutzbeauftragten bei den einzelnen öffentlichen Stellen bestehen nebeneinander. Er gibt jährlich einen Tätigkeitsbericht heraus, in dem er über seine Arbeit insbesondere über die von ihm verhängten Sanktionen und Maßnahmen informiert.

Bundesbedarfsplan
→ Energiewirtschaft, → Netzausbau.

Bundesbehandlungsschein
Der Bundesbehandlungsschein war früher der Nachweis der Leistungsberechtigung nach dem → Bundesversorgungsgesetz. An die Stelle des Bundesbehandlungsscheins ist ein Ausweis getreten, der der → Krankenversichertenkarte in der gesetzlichen → Krankenversicherung entspricht (§ 18b BVG; § 15 SGB V).

Bundesbehörden
→ Verwaltungsbehörden (Aufbau); → Ausführung von Gesetzen.

Bundesbesoldungsgesetz
→ Dienstbezüge, 2.

Bundesbürgschaft
Eine Bundesbürgschaft ist eine → Bürgschaft des Bundes, die zur Absicherung förderungswürdiger Vorhaben, für die ansonsten keine Sicherheit zur Verfügung steht, gestellt wird.

Bundesdatenschutzgesetz

1. Das Bundesdatenschutzgesetz (BDSG) wurde aus Anlass des Inkrafttretens der → Datenschutz-Grundverordnung (DS-GVO) am 25.5.2018 durch Gesetz vom 30.6.2017 (BGBl. 2017 I 2097) völlig neu gefasst und an die Regelung der unmittelbar geltenden DS-GVO angepasst. Grundsätzlich hat die DS-GVO Vorrang. Der europäische Verordnungsgeber der DS-GVO hat jedoch den nationalen Gesetzgebern erheblichen Gestaltungsspielraum eingeräumt. So ermöglicht zB die Öffnungsklausel des Art. 6 II und III DS-GVO den Mitgliedstaaten, Regelungen des bereichsspezifischen Datenschutzrechts aufrechtzuerhalten. Diese Öffnungsklauseln verlagern einen Großteil der datenschutzrechtlichen Regelungen zurück in die Regelungskompetenz der Mitgliedstaaten. Man spricht daher zT von einer hinkenden Verordnung oder einem Hybrid zwischen → Verordnung der Europäischen Union und → Richtlinie der Europäischen Union. Neben den Öffnungsklauseln enthält die DS-GVO auch Regelungsgebote, nach denen durch die Mitgliedsstaaten zB unabhängige Aufsichtsbehörden mit bestimmten Aufgaben (Art. 52, 57) zu errichten und strafrechtliche Sanktionen und Verfahren für Geldbußen (Art. 84, Art. 83 Abs. 8) zu regeln sind. Für die Beantwortung konkreter datenschutzrechtlicher Fragen müssen stets DS-GVO und BDSG geprüft werden.

2. Das BDSG gilt für öffentliche Stellen des → Bundes und der → Länder, soweit die Länder nicht eigene → Landesdatenschutzgesetze erlassen haben (§ 1 I 1 BDSG). Für nichtöffentliche Stellen gilt das BDSG für die automatisierte Verarbeitung personenbezogener Daten oder die nichtautomatisierte Verarbeitung personenbezogener, in einem Dateisystem gespeicherter Daten; ausgenommen ist die Datenverarbeitung durch natürliche Personen für ausschließlich persönliche oder familiäre Angelegenheiten (§ 1 I 2 BDSG). Spezielle Datenschutzbestimmungen gehen vor (§ 1 II BDSG).

3. Öffentliche Stellen haben → Datenschutzbeauftragte zu benennen (§§ 5 ff. BDSG). Als oberste Bundesbehörde wurde die Stelle des → Bundesbeauftragter für den Datenschutz und die Informationsfreiheit geschaffen (§§ 8 ff. BDSG).

4. §§ 22 ff. und §§ 45 BDSG enthalten umfangreiche Bestimmungen in Ergänzung und Konkretisierung der DS-GVO.

5. Im 3. Teil des BDSG, §§ 46 ff., ist die RL (EU) 2016/680 vom 27.4.2016 zum Schutz personenbezogener Daten im Bereich der Verhütung, Ermittlung, Aufdeckung und Verfolgung von Straftaten und Ordnungswidrigkeiten umgesetzt.

6. Für spezifische Verstöße gegen das BDSG sind Geld- und → Freiheitsstrafen vorgesehen (§§ 41 ff. BDSG). Nach § 42 BDSG ist Freiheitsstrafe vorgesehen, wenn nicht allgemein zugängliche Daten entweder einem größeren Personenkreis oder gegen Entgelt zugänglich gemacht werden. Erfüllt ein Verhalten den Tatbestand einer Ordnungswidrigeit nach der DS-GVO und zugleich den Tatbestand einer Strafnorm nach dem BDSG, greift das Verbot der Doppelbestrafung (→ Strafklageverbrauch).

Bundeseigene Verwaltung

→ Verwaltungsbehörden (Aufbau); → Ausführung von Gesetzen.

Bundeseisenbahnvermögen

Das Bundeseisenbahnvermögen ist ein nicht rechtsfähiges Sondervermögen des Bundes mit Sitz in Bonn, das aus den Sondervermögen → Bundesbahn und → Deutsche Reichsbahn gebildet worden ist. Grundlage ist das Gesetz zur Neuordnung des Eisenbahnwesens v. 27.12.1993 (BGBl. 1993 I 2378, BGBl. 1994 I, 2439). Die → Deutsche Bahn AG wurde aus dem Bundeseisenbahnvermögen ausgegliedert, die staatlichen Befugnisse der zusammengelegten Sondervermögen an das → Eisenbahn-Bundesamt übertragen. Aufgaben des Bundeseisenbahnvermögens sind vor allem die Personalverwaltung für die Beamten der Deutschen Bahn AG, die Betreuung der Versorgungsempfänger sowie die Verwaltung und Verwertung nicht bahnnotwendiger Liegenschaften.

Bundesentschädigungsgesetz

→ Entschädigung (nationalsozialistisches Unrecht).

Bundesfernstraßen

1. Bundesfernstraßen sind öffentliche Straßen, die ein zusammenhängendes Verkehrsnetz bilden und einem weiträumigen Verkehr dienen. Sie gliedern sich in → Bundesautobahnen und → Bundesstraßen (mit den Ortsdurchfahrten); → Autostraßen. Die Rechtsverhältnisse der Bundesfernstraßen sind im BundesfernstraßenG – FStrG idF 28.6.2007, BGBl. 2007 I 1206) mÄnd geregelt. Es enthält insbes. Vorschriften über → Widmung, Umstufung, Einziehung, → Straßenbaulast, → Ortsdurchfahrten, Eigentumsrechte, → Gemeingebrauch, → Sondernutzungen, Bauanlagen an Bundesfernstraßen, → Veränderungssperren, Kreuzungen, Umleitungen, → Nebenbetriebe an den Bundesautobahnen, Planung und → Planfeststellungsverfahren, → Enteignung und → Straßenaufsicht. Das FernstraßenausbauG idF v. 20.1.2005 (BGBl. 2005 I 201) mÄnd enthält einen Bedarfsplan, der in Stufen die Projekte neuer od. auszubauender Bundesfernstraßen festlegt.

2. Das Recht der Bundesfernstraßen ist ein bedeutsames Sondergebiet des allgemeinen → Straßen- und Wegerechts. S. neuerdings auch das FernstraßenbauprivatfinanzierungsG idF v. 6.1.2006 (BGBl. 2006 I 49) mÄnd. Sa → Bundesfernstraßenfinanzierung, → Maut.

Bundesfernstraßenfinanzierung

1. Die Finanzierung der → Bundesfernstraßen (ca. 52000 km im Jahre 2016, davon 13000 km

→ Bundesautobahnen und 39000 km → Bundesstraßen) ist Aufgabe des Bundes. Die Mittel hierzu werden im Bundeshaushalt (→ Haushaltsrecht) ausgewiesen und nach den Vorgaben des Straßenbauplans (Art. 3 StraßenbaufinanzierungsG v. 28.3.1960, BGBl. 1960 I 201, mÄnd), der auf dem Bedarfsplan basiert (§ 1 FernstraßenausbauG idF v. 20.1.2005, BGBl. 2005 I 201, mÄnd), verwendet. Hierzu gehören ua der zweckgebundene Teil des Mineralölsteueraufkommens (Art. 1 StraßenbaufinanzierungsG) sowie Teile des Aufkommens der → Maut. Zur Verteilung dieser Mautmittel hat der Bund die VIFG Verkehrsinfrastrukturfinanzierungsgesellschaft mbH gegründet (G v. 28.6.2003, BGBl. 2003 I 1050, mÄnd). Sa → Privatisierung (3). Die Verwaltung der Bundesfernstraßen erfolgt durch die Länder als Bundesauftragsverwaltung (Art. 90, 85 GG, → Ausführung von Gesetzen, 1). → Gemeindeverkehrsfinanzierungsgesetz.

2. Planung, Bau, Betrieb, Erhaltung, vermögensrechtliche Verwaltung und Finanzierung der Bundesautobahnen und -fernstraßen hat der Bundesgesetzgeber mit Wirkung zum 1.1.2021 auf die privatrechtliche Infrastrukturgesellschaft Verkehr übertragen und damit gewissermaßen privatisiert (InfrGG v. 14.8.2017, BGBl. 2017 I 3122).

Bundesfinanzhof (BFH)
ist der oberste Gerichtshof für die → Finanzgerichtsbarkeit mit Sitz in München. Er besteht aus elf Senaten, die in der Besetzung mit fünf Richtern (außerhalb der mündlichen Verhandlung drei) entscheiden; daneben besteht ein Großer Senat (in der Besetzung von zehn Richtern sowie dem Präsidenten) zur Entscheidung von grundsätzlichen Rechtsfragen oder bei beabsichtigter Abweichung in der Rspr. der Senate (§§ 10, 11 FGO). Der BFH ist zuständig für die Revision gegen Urteile der Finanzgerichte und die Beschwerde gegen andere Entscheidungen der Finanzgerichte. Vor dem Bundesfinanzhof besteht Vertretungszwang. Vertretungsbefugt sind Rechtsanwälte, Steuerberater und Wirtschaftsprüfer. → Anwaltsprozess.

Bundesflagge
Die Flagge gehört wie Wappen, Hymnen (→ Nationalhymne; → Hymne der Bundesrepublik), Feiertage, Orden und Uniformen zu den Symbolen eines Staates (sa → Hoheitszeichen). Für die BRep. ist die Flagge (schwarz-rot-gold) verfassungsmäßig in Art. 22 GG festgelegt. Sie besteht nach der Anordnung über die deutschen Flaggen vom 13.11.1996 (BGBl. 1996 I 1729) aus drei gleich breiten Querstreifen, oben schwarz, mitte rot, unten goldfarben; Verhältnis der Höhe zur Länge des Flaggentuches 3 : 5. Neben der Bundesflagge, die insbes. von allen Kauffahrteischiffen und sonstigen Seeschiffen zu führen ist, deren Eigentümer in Deutschland ansässige Deutsche sind (Flaggenrechtsgesetz → Seeschifffahrt), gibt es die Standarte des Bundespräsidenten und die Dienstflagge der übrigen Bundesbehörden.

Bundesfreiwilligendienst
1. Nach der Aussetzung der → Wehrpflicht und der Zivildienstpflicht (→ Zivildienst) für anerkannte → Kriegsdienstverweigerer wurde durch das Gesetz zur Einführung eines Bundesfreiwilligendienst v. 28.4.2011 (BGBl. 2011 I 687) der Bundesfreiwilligendienst eingeführt; die Einzelheiten sind in dem als Art. 1 dieses Gesetzes erlassenen Bundesfreiwilligendienstgesetz (BFDG) geregelt. Wehrpflicht und dieser folgend die Zivildienstpflicht sind nun auf den Spannungs- und Verteidigungsfall beschränkt. Außerhalb des Spannungs- und Verteidigungsfalls besteht nach der Aussetzung keine Dienstpflicht mehr. Menschen, die sich dennoch freiwillig in einem Dienst für das Gemeinwohl einsetzen wollen, haben nunmehr drei Möglichkeiten, nämlich

– den freiwilligen Wehrdienst nach §§ 58b ff. SoldatenG (→ Wehrdienst, 8),
– den Bundesfreiwilligendienst nach dem BFDG oder
– das freiwillige → soziale Jahr oder das freiwillige → ökologische Jahr nach dem fortgeltenden Gesetz zur Förderung von → Jugendfreiwilligendiensten.

2. Nach § 1 BFDG engagieren sich im Bundesfreiwilligendienst Frauen und Männer für das Allgemeinwohl, insbesondere im sozialen, ökologischen und kulturellen Bereich sowie im Bereich des Sports, der Integration und des → Zivilschutzes sowie des → Katastrophenschutzes. Freiwilliger iSd Bundesfreiwilligendienstes kann sein, wer die Vollzeitschulpflicht erfüllt hat (§ 2 Nr. 1 BFDG). Der Dienst ist ohne Erwerbsabsicht und vergleichbar einer Vollzeitbeschäftigung, nach Vollendung des 27. Lebensjahres auch in Teilzeit abzuleisten (§ 2 Nr. 2 BFDG). Der Bundesfreiwilligendienst wird auf Grund einer Vereinbarung zwischen einer anerkannten Einsatzstelle und dem Freiwilligen mindestens 6 und höchstens 18, in Ausnahmefällen 24 Monate abgeleistet (§ 2 Nr. 3 BFDG, § 3 II BFDG, § 8 BFDG). Die Freiwilligen erhalten unentgeltlich Unterkunft, Verpflegung und Arbeitskleidung (oder statt dessen eine entsprechende Geldersatzleistung) sowie ein angemessenes Taschengeld, das 6% der Beitragsbemessungsgrenze in der Rentenversicherung (→ Beitragsbemessungsgrenze, 2) nicht übersteigen darf. Die Vereinbarung muss auch Regelungen über eine vorzeitige Beendigung des Dienstverhältnisses enthalten (§ 8 I 2 Nr. 3 BFDG).

3. Als Einsatzstellen werden auf deren Antrag insbesondere Einrichtungen der Kinder- und Jugendhilfe, der außerschulischen Jugendbildung, der Jugendarbeit, Einrichtungen der wohlfahrts-, Gesundheits- und Altenpflege, der Behindertenhilfe, der Kultur- und Denkmalpflege, des Sports, der Integration, der Zivil- und Katastrophenschutzes sowie Einrich-

tungen des Umwelt- und Naturschutzes zugelassen (§ 6 II Nr. 1 BFDG). Die vor Einführung des Bundesfreiwilligendienstes anerkannten Beschäftigungsstellen und Dienstplätze des → Zivildienstes gelten automatisch als anerkannte Einsatzstellen iSd Bundesfreiwilligendienstes (§ 6 III BFDG). Zuständig ist das → Bundesamt für Familie und zivilgesellschaftliche Aufgaben, das dem Bundesministerium für Familie, Senioren, Frauen und Jugend untersteht (§ 14 BFDG).

Bundesgebiet
ist das → Staatsgebiet der BRep. Es besteht aus den Gebieten der → Länder. Bundesunmittelbares Gebiet – dh Gebiet, das nicht zugleich einem Land angehört – gibt es nicht. Demgemäß bestehen innerhalb des Bundesgebietes die Gebietshoheit sowohl des Bundes als auch der Länder nebeneinander. Änderungen des Bundesgebietes bedürfen eines Bundesgesetzes (in Verbindung mit einem Staatsvertrag) und der Zustimmung des betroffenen Landes. Die innergebietliche Gliederung des Bundesgebietes in Länder wird vom Grundgesetz nicht als unabänderlich betrachtet; es sieht vielmehr in Art. 29 GG ein Verfahren zur → Neugliederung des Bundesgebiets vor. → Wiedervereinigung.

Bundesgerichte
Die → rechtsprechende Gewalt in der BRep. obliegt nach Art. 92 GG dem → Bundesverfassungsgericht, dem → Gemeinsamen Senat und den im GG vorgesehenen → Obersten Gerichtshöfen des Bundes sowie sonstigen Bundesgerichten und den Gerichten der Länder. Für das Gebiet der ordentlichen, der Verwaltungs-, der Finanz-, der Arbeits- und der Sozialgerichtsbarkeit sind nach Art. 95 GG oberste Gerichtshöfe errichtet worden: der → Bundesgerichtshof (Sitz Karlsruhe; 5. Strafsenat in Leipzig), das → Bundesverwaltungsgericht (Sitz Leipzig), der → Bundesfinanzhof (Sitz München), das → Bundesarbeitsgericht (Sitz Erfurt) und das → Bundessozialgericht (Sitz Kassel). Auf Grund der Ermächtigung in Art. 96 I GG wurde durch §§ 65 ff. PatG (Patentgesetz für Angelegenheiten des gewerblichen Rechtsschutzes) das → Bundespatentgericht (Sitz München) als selbständiges und unabhängiges Bundesgericht errichtet. Ferner wurden auf Grund des Art. 96 IV GG Bundesdisziplinargerichte geschaffen. Nach Art. 96 II GG kann der Bund Wehrstrafgerichte für die Streitkräfte als Bundesgerichte errichten. Alle übrigen Gerichte sind Gerichte der Länder. Ausnahmsweise können nach Art. 96 V GG Gerichte der Länder durch Bundesgesetz ermächtigt werden, in Strafverfahren wegen → Friedensverrats und in → Staatsschutzsachen Gerichtsbarkeit des Bundes auszuüben („Organleihe"; wichtig für die Mitwirkung des Generalbundesanwalts und für das Begnadigungsrecht); vgl. § 120 GVG.

Bundesgerichtshof
Der BGH ist der → oberste Gerichtshof des Bundes (→ Bundesgerichte) im Bereich der → ordentlichen Gerichtsbarkeit. Er wurde am 1. Oktober 1950 gegründet. Sein Sitz ist Karlsruhe (§ 123 GVG), der V. und der VI. Strafsenat sind allerdings in Leipzig ansässig. Er ist mit dem Präsidenten, Vorsitzenden Richtern und Richtern am BGH besetzt. Es sind Zivil- und Strafsenate gebildet und → Ermittlungsrichter bestellt; außerdem bestehen Senate für Sondergebiete (zB Anwaltssachen). Die Senate entscheiden in der Besetzung von fünf Richtern, in Strafsachen über Beschwerden idR mit drei Richtern (§ 139 GVG). Ferner bestehen Große Senate für Zivilsachen und für Strafsachen sowie die Vereinigten Großen Senate (§ 132 GVG). Der BGH ist in Zivilsachen in erster Linie für die → Revision und die → Rechtsbeschwerde zuständig (§ 133 GVG; s. a. → Kartellbehörden). In Strafsachen entscheidet er über Revisionen gegen die Urteile der großen Strafkammern (auch als Schwurgerichte) und der Oberlandesgerichte im ersten Rechtszug (§ 135 GVG). Die Hauptaufgabe des BGH besteht darin, für die Rechtseinheit und damit Voraussehbarkeit der Rechtsanwendung zu sorgen. Die Großen Senate und die Vereinigten Großen Senate entscheiden zur Wahrung der Rechtseinheit bei beabsichtigter Abweichung eines Senats von der Entscheidung eines anderen oder auf Anrufung durch einen Senat in einer grundsätzlichen Rechtsfrage (§ 132 GVG). Der BGH verfügt gegenwärtig über dreizehn Zivilsenate und sechs Strafsenate. Angesichts der hohen Belastung des Gerichts durch die Verfahren zum → Dieselskandal ist zudem vorübergehend ein Hilfszivilsenat (VIa. Senat) eingerichtet worden, der sich aus den Richterinnen und Richtern aller anderen Zivilsenate speist. Vor dem BGH können in Zivilsachen nur besonders zugelassene Rechtsanwälte auftreten (vgl. § 170 BRAO).

Bundesgesetz
ist in der BRep. ein von den gesetzgebenden Körperschaften des Bundes (→ Bundestag, → Bundesrat) beschlossenes → Gesetz (Gegensatz: → Landesgesetz). → Bundesrecht; → Ausführung von Gesetzen; → Gesetzgebungskompetenz; → Gesetzgebungsverfahren.

Bundesgesetzblatt
1. Das Bundesgesetzblatt (BGBl.) ist das Verkündungsorgan für die vom Bund erlassenen Gesetze und Rechtsverordnungen. Es wird vom Bundesminister der Justiz herausgegeben. Durch 82 I 2 GG (idF des G zur Änderung des GG v. 19.12.2022, BGBl. 2022 I 2478) kann das Bundesgesetzblatt in elektronischer Form geführt werden. Seit 1.1.2023 erfolgt die Veröffentlichung ausschließlich in digitaler Form über die Internetseite www.recht.bund.de des Bundesamtes für Justiz gem. § 1 und § 2 I des G über die Verkündung von Gesetzen und Rechtsverordnungen und über Bekanntma-

chungen (Verkündungs- und Bekanntmachungsgesetz – VkBkmG –) in der Fassung des G zur Modernisierung des Verkündungs- und Bekanntmachungswesens v. 20.12.2022 (BGBl. 2022 I 2752). Bis 31.12.2022 gab es gedruckte Ausgaben des Bundesgesetzblattes.

2. In Teil I (BGBl. I) und II (BGBl. II) werden die Gesetze und Verordnungendes → Bundes) nach ihrer Ausfertigung verkündet (→ Verkündung von Rechtsvorschriften; sa → Gesetzgebungsverfahren), wobei Teil II insbes. die durch Transformationsgesetze(→ Staatsvertrag) zu innerstaatlichem Recht gewordenen völkerrechtlichen Abkommen enthält. Die Verkündung von Gesetzen und Rechtsverordnungen erfolgt jeweils durch die Ausgabe einer Nummer des Bundesgesetzblattes (§ 3 I 1 VkBkmG). Bis 31.12.2022 enthielt jeder Teil des Bundesgesetzblattes eine durchgängige Seitenzählung; in einer Nummer des Bundesgesetzblattes konnten mehrere Gesetze oder Rechtsverordnungen verkündet werden. Fundstellen bis 31.12.2022 werden daher nicht nach der jeweiligen Nummer des Bundesgesetzblattes, sondern jeweils nach der Seite zitiert, auf der der Abdruck einer Rechtsvorschrift beginnt. Seit 1.1.2023 enthält jede Nummer des Bundesgesetzblattes nur noch ein Gesetz oder eine Rechtsverordnung, so dass die Zitierung der nach dem 31.12.2022 erlassenen Vorschriften nach der jeweiligen Nummer erfolgt. In Teil III wurde das als fortgeltend festgestellte Bundesrecht auf Grund des G über die → Sammlung des Bundesrechts vom 10.7.1958 (BGBl. 1958 I 437) nach Sachgebieten geordnet veröffentlicht; dieser Teil dient also der → Rechtsbereinigung.

3. §§ 8 ff. VkBkmG sieht Ersatzverkündungen des Bundesgesetzblattes vor, wenn die ordnungsgemäße Verkündung nicht erfolgen kann. Notfalls kann auch die Ausgabe in gedruckter Form erfolgen. Im → Verteidigungsfall und im → Spannungsfall ist auch eine vereinfachte Verkündung in Rundfunk und Fernsehen, in der gedruckten oder digitalen Tagespresse, durch Aushang oder in den sozialen Netzwerken möglich (§§ 9 und 10 VkBkmG). Die sozialen Netzwerke sind zur Mitwirkung verpflichtet (§ 11 VkBkmG). Die Verfügbarkeit auf dem normalen Weg über www.recht.bund.de ist nachzuholen, wenn sich die Verhältnisse normalisiert haben (§ 12 VkBmkG).

4. Das Bundesgesetzblatt ist jederzeit frei zugänglich; es kann unentgeltlich gelesen, ausgedruckt und gespeichert werden (§ 4 I VkBmkG).

5. → Verwaltungsvorschriften werden nicht im Bundesgesetzblatt, aber zB im → Bundesanzeiger bekannt gemacht.

Bundesgesetzgebung
→ Gesetzgebung, → Gesetzgebungsverfahren.

Bundesgrenzschutz
Mit Gesetz v. 21.6.2005 (BGBl. 2005 I 1818) wurde der Bundesgrenzschutz unter wesentlicher Beibehaltung seiner Aufgaben in → Bundespolizei umbenannt.

Bundeshauptstadt
ist → Berlin (Art. 2 I 1 EinigV; Beschluss des Deutschen Bundestags vom 20.6.1991). Sie ist Sitz von → Bundestag, → Bundesregierung (§ 2 I, § 3 I Berlin/Bonn-Gesetz vom 26.4.1994, BGBl. 1994 I 918) und → Bundespräsident. Die Bundesministerien befinden sich in der Bundeshauptstadt und in der Bundesstadt Bonn (§ 4 I 1 Berlin/Bonn-Gesetz). Der Bundesrat tagt seit der Sommerpause 2000 in der Bundeshauptstadt.

Bundeshaushalt
→ Haushaltsrecht.

Bundeshymne
→ Hymne der Bundesrepublik; → Nationalhymne.

Bundesimmissionschutzgesetz
(BImSchG) → Immissionsschutzrecht.

Bundesinnungsverband
→ Handwerksinnung.

Bundesinstitut für Arzneimittel und Medizinprodukte (BfArM)
Das Bundesinstitut für Arzneimittel und Medizinprodukte (BfArM) ist eine Nachfolgeeinrichtung des Bundesgesundheitsamtes mit Sitz in Bonn. Das Institut ist zuständig für die Zulassung und die Registrierung von → Arzneimitteln, für den Verkehr mit Betäubungsmitteln und für die zentrale Risikoerfassung bei Medizinprodukten (vgl. § 77 AMG v. 12.12.2005 (BGBl. 2005 I 3394) mÄnd). Es ist dann nicht zuständig, wenn das Paul-Ehrlich-Institut (Langen/Hessen) oder das → Bundesamt für Verbraucherschutz und Lebensmittelsicherheit (Berlin) zuständig ist.

Bundesinstitut für Berufsbildung
Das Bundesinstitut für Berufsbildung ist eine bundesunmittelbare rechtsfähige Anstalt des öffentlichen Rechts mit Sitz in Bonn (§ 89 BBiG, → Berufsbildung). Es soll durch wissenschaftliche Forschung zur Berufsbildungsforschung beitragen (§ 90 BBiG). Das Bundesinstitut für Berufsbildung identifiziert Zukunftsaufgaben der Berufsbildung und entwickelt Praxislösungen für die berufliche Aus- und Weiterbildung. Organe sind der Präsident sowie der Hauptausschuss (§ 91 BBiG). Es wird durch Zuschüsse des Bundes finanziert (§ 96 BBiG) und untersteht der Rechtsaufsicht des BMBF (§ 100 BBiG). Sa → Ausbildungsberufe. Im Zuge der Weiterentwicklung der Fachkräfteeinwanderung wirkt das Bundesinstitut für Berufsbildung seit November 2023 auch bei der Prüfung und Anerkennung von im Ausland absolvierter Ausbildungen mit (§ 90 IIIb BBiG).

Bundesinstitut für Risikobewertung
Das Bundesinstitut für Risikobewertung in Berlin ist eine bundesunmittelbare rechtsfähige → Anstalt des öffentlichen Rechts im Ge-

schäftsbereich des BMEL (§ 1 des Gesetzes über die Errichtung eines Bundesinstitutes für Risikobewertung (BfRG) v. 6.8.2002, BGBl. 2002 I 3082, mÄnd). Es führt insbes. die wissenschaftliche Bewertung des Risikos für Menschen in den Bereichen Lebensmittelsicherheit (→ Lebensmittel- und Futtermittelsicherheit) und Verbraucherschutz (→ Verbraucherschutzrecht) durch, deren Ergebnisse idR öffentlich zugänglich sind, und unterstützt das → Bundesamt für Verbraucherschutz und Lebensmittelsicherheit.

Bundesjagdgesetz
→ Jagdrecht.

Bundesjugendkuratorium
Das Bundesjugendkuratorium berät die Bundesregierung in grundsätzlichen Fragen der → Kinder- und Jugendhilfe (§ 83 II SGB VIII). Die bis zu 15 Experten aus Politik, Verwaltung, Verbänden und Wissenschaft werden vom Bundesministerium für Familie, Senioren, Frauen und Jugend für die Dauer der laufenden Legislaturperiode berufen. Unterstützt wird das Bundesjugendkuratorium durch die beim Deutschen Jugendinstitut angesiedelte → „Arbeitsstelle Kinder- und Jugendhilfe". Beratungsaufgaben kommen zB aus den Bereichen Betreuungsgeld, Ganztagsschulen, Inklusion oder Migration. Ansprechpartner ist nicht das zuständige Fachministerium sondern die Bundesregierung in ihrer Gesamtheit.

Bundesjustizministerium
Das Bundesjustizministerium ist die oberste Bundesbehörde für den Bereich der → Justizverwaltung. Ihm obliegt die Dienstaufsicht über die ordentliche Gerichtsbarkeit des Bundes (→ Bundesgerichtshof, → Bundesanwaltschaft) und die Bearbeitung der diese betreffenden Personal- und Haushaltsangelegenheiten. Eine wesentliche Aufgabe ist ferner die Mitwirkung an der gesamten → Gesetzgebung des Bundes (einschl. der Mitprüfung von Gesetz- und Verordnungsentwürfen der übrigen BMin.). Die daneben bestehende Prüfungsbefugnis des Nationalen Normenkontrollrates bleibt dadurch unberührt (s. → Normenkontrolle, 4). Zum Geschäftsbereich des Bundesjustizministeriums gehören auch → Bundesverwaltungsgericht, → Bundesfinanzhof, → Bundessozialgericht, → Bundespatentgericht, ferner die Rechtsaufsicht über die Bundesrechtsanwaltskammer (→ Rechtsanwalt, 3). Seit 2007 nimmt das → Bundesamt für Justiz in Bonn nichtministerielle Aufgaben des Bundesjustizministeriums wahr und führt das Bundeszentralregister (→ Strafregister).

Bundeskanzler
Der Bundeskanzler ist Mitglied der → Bundesregierung (Art. 62 GG), deren Geschäfte er leitet. Die besondere Bedeutung seines Amtes liegt darin, dass er die Richtlinien der Politik bestimmt und dafür die Verantwortung trägt; nur innerhalb dieser Richtlinien leitet jeder → Bundesminister seinen Geschäftsbereich selbständig und unter eigener Verantwortung (Art. 65 GG). Die Richtlinienkompetenz ist gesetzlich nicht abgegrenzt, umfasst aber jedenfalls die grundsätzlichen Ziele der Innen- und Außenpolitik. Der Bundeskanzler schlägt die Bundesminister dem → Bundespräsidenten zur Ernennung und Entlassung vor (Art. 64 GG). Er ernennt einen Bundesminister zu seinem Stellvertreter (Art. 69 I GG; „Vizekanzler"). Die Wahl des Bundeskanzlers (Art. 63 GG) erfolgt auf Vorschlag des BPräs. durch den → Bundestag mit den Stimmen der Mehrheit seiner Mitglieder. Wird der Vorgeschlagene nicht gewählt, so kann der BT in den folgenden 14 Tagen durch die Mehrheit seiner Mitglieder, sodann durch einfache Mehrheit, einen Bundeskanzler wählen. Die Ernennung des Bundeskanzlers obliegt dem BPräs.; er kann sie ablehnen, wenn der Gewählte nicht die Mehrheit der Stimmen des BT erreicht hat. Die Amtszeit des Bundeskanzlers endet (außer durch Tod) durch freiwilligen Rücktritt sowie mit dem Zusammentritt eines neuen BT. Kommt mangels Mehrheit oder weil kein Kandidat vorgeschlagen wird, kann der Bundeskanzler auf Bitte des BPräs. geschäftsführend im Amt bleiben. Ferner endet die Amtszeit durch ein → Misstrauensvotum des BT und gleichzeitige Wahl eines neuen Bundeskanzlers; in diesem Fall hat der BPräs. den Bundeskanzler zu entlassen (Art. 67 GG).

Bundeskartellamt
Das Bundeskartellamt ist eine selbständige Bundesoberbehörde im Geschäftsbereich des Bundesministeriums für Wirtschaft und Klimaschutz mit Sitz in Bonn, dessen Beschlussabteilungen unanhängig entscheiden und dabei keinen Weisungen der Behördenleitung oder gar des Ministeriums unterliegen. Es hat von den → Kartellbehörden die meisten Aufgaben bei der Durchsetzung des deutschen → Kartellrechts . Es wendet ferner neben der → Europäischen Kommission das europäische Kartellrecht auf Sachverhalte in Deutschland an und ist für Deutschland die nationale Behörde im → Netzwerk der Kartellbehörden. Beim Bundeskartellamt sind auch die → Vergabekammern des Bundes für das → Nachprüfungsverfahren bei der Vergabe → öffentlicher Aufträge (→ Vergaberecht), die → Markttransparenzstelle für Kraftstoffe und das → Wettbewerbsregister eingerichtet. Seit 2017 hat das Bundeskartellamt zudem die Befugnis, Untersuchungen im Bereich des wirtschaftlichen Verbraucherschutzes durchzuführen. Gegen Entscheidungen des Bundeskartellamts kann Beschwerde eingelegt werden, für die das Oberlandesgericht Düsseldorf zuständig ist; über die Rechtsbeschwerde gegen dessen Entscheidungen entscheidet der → Bundesgerichtshof.

Bundeskasse
Es gibt zwei der Generalzolldirektion angeschlossene Bundeskassen (Trier mit weiterem

Dienstsitz in Kiel, und Halle/Saale mit weiterem Dienstsitz in Weiden). Sie wickeln den Zahlungsverkehr des Bundes außerhalb der Steuererhebung ab (zB → Bundeswehr, → Zoll). Rechtsgrundlage ist § 79 BundeshaushaltsO v. 19.8.1969 (BGBl. 1969 I 1284) mÄnd sowie das FinanzverwaltungsG idF v. 4.4.2006 (BGBl. 2006 I 846) mÄnd.

Bundeskindergeldgesetz
Das Bundeskindergeldgesetz legt fest, wer Anspruchsberechtigt ist (§ 1 BKGG). Aus § 2 BKGG ergibt sich, für welche Kinder über den anspruchsberechtigten Personenkreis des § 1 BKGG hinaus als Kinder zu berücksichtigen sind zB → Pflegekinder oder Enkel, die im Haushalt des Berechtigten wohnen (→ Abkömmlinge. → Einkommensteuerrecht).

Bundesknappschaft
Die Bundesknappschaft war Träger der → Krankenversicherung und der → Rentenversicherung der Bergleute. Sie ist in die → Deutsche Rentenversicherung Knappschaft-Bahn-See überführt worden (→ Bundesträger, → Gesetzliche Rentenversicherung, § 29 SGB IV, § 4 SGB V, § 136 SGB VI). Bei der Bundesknappschaft konnten nur die Personen versichert sein, die auf Grund einer Beschäftigung mindestens einen Beitrag zur knappschaftlichen Rentenversicherung gezahlt hatten.

Bundeskriminalamt
Das Bundeskriminalamt, das unter der Aufsicht des BMI steht, beruht auf Art, 73 Nr. 10 GG, Art. 87 I 2 GG und dem dazu erlassenen Bundeskriminalamt-Gesetz (BKAG) v. 7.7.1997 (BGBl. 1997 I 1650) mÄnd. Danach ist es zentrale Bundeseinrichtung zur Zusammenarbeit des Bundes und der Länder in kriminalpolizeilichen Angelegenheiten (§ 1 I BKAG). Es hat folgende Aufgaben, die die grundsätzliche Zuständigkeit der Länder für Strafverfolgung und Gefahrenabwehr einschließlich vorbeugender Bekämpfung von Straftaten unberührt lassen:

1. Zentralstelle für das polizeiliche Auskunfts- und Nachrichtenwesen und für die Kriminalpolizei bei Verhütung und Verfolgung von Straftaten; hierzu unterhält es insbes. Sammlungen von personenbezogenen Daten und ein polizeiliches Informationssystem (→ INPOL; §§ 2, 7 ff. BKAG);

2. Nationales Zentralbüro für → Interpol und Verbindungsbehörde zu öffentlichen Stellen, insbes. Polizei, anderer Staaten vor allem zu Zwecken der Fahndung (§§ 3, 14, 15 BKAG);

3. Verfolgungsbehörde für bestimmte schwere internationale oder nationale Straftaten, auf Ersuchen der zuständigen Landesbehörde oder des → Generalbundesanwalts oder auf Anordnung des BMI auch für andere Straftaten (§ 4 BKAG); es kann auch eine Koordinierung der Strafverfolgung bei bestimmten Straftaten vornehmen (§ 18 BKAG) und Bedienstete zur Unterstützung entsenden (§ 17 BKAG). Die Beamten des Bundeskriminalamt können in diesen Fällen Amtshandlungen im gesamten Bundesgebiet vornehmen und sind → Ermittlungspersonen der StA (§ 19 BKAG) mit den Befugnissen nach der StPO. Außerdem sind sie in bestimmten Fällen zur Eigensicherung zum Einsatz technischer Mittel nach § 16 BKAG berechtigt, der das Abhören und Aufzeichnen des innerhalb oder außerhalb einer Wohnung nicht öffentlich gesprochenen Wortes und das Herstellen von Bildern gestattet;

4. Schutz von Mitgliedern der Verfassungsorgane sowie deren Gästen aus anderen Staaten in bestimmten Fällen (§ 5 BKAG); hierbei haben die Beamten des Bundeskriminalamtes die Befugnisse nach §§ 21 ff. BKAG (darunter → Datenerhebung), Vorschriften des BPolG (→ Bundespolizei) und des UZwG (→ Waffengebrauch der Polizei);

5. Zeugenschutz bei der Strafverfolgung nach 3 (§§ 6, 26 BKAG) mit bestimmten Befugnissen nach 4.

6. Das Bundeskriminalamt ist außerdem Zentralstelle für den nationalen Teil des SIS (→ Schengener Übereinkommen; s. § 14 IV BKAG), nationale Verbindungsstelle zu → Europol.

7. Schließlich hat das Bundeskriminalamt noch verschiedene ordnungsbehördliche Aufgaben (s. zB § 33d II GewO → Spiele, § 27 BtMG, § 16 III AsylG, § 89 AufenthG).

8. Das Bundeskriminalamt hat grundsätzlich keine nachrichtendienstliche Befugnisse. Es kann jedoch für die Dauer einer befristeten projektbezogenen Zusammenarbeit mit den Verfassungsschutzbehörden des Bundes und der Länder (→ Verfassungsschutz, 2), dem → Militärischen Abschirmdienst, dem → Bundesnachrichtendienst und den Polizeibehörden des Bundes und der Länder gemeinsame Dateien errichten.

Bundesland
ist eine verbreitete, aber dem Sprachgebrauch des GG nicht entsprechende Bezeichnung für die → Länder der BRep.

Bundesleistungsgesetz
Nach dem Bundesleistungsgesetz (BLG) idF v. 27.9.1961 (BGBl. 1961 I 1770) mÄnd können die → Anforderungsbehörden auf Antrag von Bedarfsträgern für bestimmte öffentl. Zwecke durch schriftl. Leistungsbescheid (§§ 35 ff. BLG; → Verwaltungsakt) die in § 2 des Gesetzes abschließend aufgeführten Leistungen anfordern, wenn der Bedarf auf andere Weise nicht gedeckt werden kann (§ 3 BLG). Leistungen können angefordert werden zur Abwendung einer drohenden Gefahr für den Bestand oder die freiheitliche demokratische Grundordnung des Bundes oder eines Landes, zur Abwendung oder Beseitigung einer die Sicherheit der Grenzen gefährdenden Störung der öffentlichen Ordnung im Grenzgebiet, für Zwecke der Verteidigung, zur Erfüllung der

Verpflichtungen des Bundes aus zwischenstaatlichen Verträgen über die Stationierung und die Rechtsstellung von Streitkräften auswärtiger Staaten im Bundesgebiet sowie zur Unterbringung von Personen oder zur Verlegung von Betrieben und öffentlichen Einrichtungen als Folge einer Inanspruchnahme von Grundstücken für die vorgenannten Zwecke (§ 1 BLG). Als Leistungen kommen vor allem in Betracht die Überlassung von Grundstücken, Gebäuden und beweglichen Sachen zum Gebrauch, Mitgebrauch oder zur sonstigen Nutzung, die Überlassung beweglicher Sachen zum Eigentum sowie Werkleistungen (zB Transportleistungen) und der Abschluss von Verträgen über wiederkehrende oder Dauerleistungen. Als Abgeltung für die Inanspruchnahme und Nutzung der angeforderten Sachen wird eine Entschädigung gewährt, die sich nach den im Wirtschaftsverkehr üblichen Miet- und Pachtzinsbeträgen oder dem sonstigen Leistungsentgelt richtet (§§ 20 ff. BLG), bei Zerstörung, Verlust oder Beschädigung der Sache eine Ersatzleistung (§§ 26 ff. BLG). Der Abgeltungsbetrag wird in einem förmlichen Verfahren festgesetzt (§§ 49 ff. BLG). Sa → Manöver(schäden).

Bundesminister
Die Bundesminister bilden zusammen mit dem → Bundeskanzler die → Bundesregierung (Art. 62 GG). Sie leiten innerhalb dieser einen Geschäftsbereich (→ Ressort) im Rahmen der vom Bundeskanzler gegebenen Richtlinien der Politik selbständig und unter eigener Verantwortung (Art. 65 GG). Zahl und Geschäftsbereich der Bundesminister sind vom GG nicht festgelegt; sie werden nach Tradition und Bedürfnis jeweils bestimmt. Eine besondere Stellung hat der Bundesfinanzminister; er überwacht den Vollzug des → Haushaltsplans auch der anderen Ministerien; Haushaltsüberschreitungen und außerplanmäßige Ausgaben bedürfen seiner Zustimmung (Art. 112 GG). Der Bundesverteidigungsminister hat die Befehls- und Kommandogewalt über die Streitkräfte (Art. 65a GG). Die Bundesminister werden durch den → Bundespräsidenten auf Vorschlag des Bundeskanzlers ernannt und ebenso entlassen. Ihr Amt endet ferner mit jeder Erledigung des Amtes des Bundeskanzlers., insbes. beim Zusammentritt eines neuen, soweit die Bundesregierung nicht noch geschäftsführend im Amt bleibt, weil kein neuer Bundeskanzler gewählt wird. Eine unmittelbare Verantwortlichkeit der Bundesminister gegenüber dem Bundestag besteht nicht. Die Bundesminister haben ein → Amt, ohne aber → Beamte zu sein; ihre Rechtsverhältnisse regelt das Bundesministergesetz idF v. 27.7.1971 (BGBl. 1971 I 1166) mÄnd. Den Bundesministern können → Parlamentarische Staatssekretäre beigegeben werden.

Bundesmittelbehörden
→ Verwaltungsbehörden (Aufbau); → Ausführung von Gesetzen.

Bundesmonopolverwaltung
→ Finanzmonopole.

Bundesnachrichtendienst (BND)
Der Bundesnachrichtendienst (BND) ist als → Nachrichtendienst (sa → Geheimdienst) im Wesentlichen für die Auslandsaufklärung zuständig. Die Rechtsverhältnisse des BND sind nunmehr durch das BND-Gesetz v. 20.12.1990 (BGBl. 1990 I 2954, 2979) mÄnd geregelt. Nach § 1 BNDG ist der BND eine → Bundesoberbehörde im Geschäftsbereich des Chefs des Bundeskanzleramtes. Er sammelt zur Gewinnung von außen- und sicherheitspolitisch bedeutsamen Erkenntnissen über das Ausland die erforderlichen Informationen – auch mit → nachrichtendienstlichen Mitteln – und wertet sie aus. Das BNDG regelt insbes. die Befugnisse des BND (polizeiliche Befugnisse oder Weisungsbefugnisse stehen ihm nicht zu, § 2 III BNDG), Datenerhebung und Datenschutz, Auskunft an den Betroffenen (§ 7 BNDG) sowie die Informationsübermittlung an und durch den BND. Durch das VerbrechensbekämpfungsG v. 28.10.1994 (BGBl. 1994 I 3186) sind die Befugnisse des BND zur Überwachung des Fernmeldeverkehrs sowie zur Auswertung und Weitergabe an andere Behörden erweitert worden. Durch das Gesetz zur Bekämpfung des internationalen Terrorismus (→ Terrorismusbekämpfung) erhielt der BND auch die Befugnis zur Erholung von Auskünften bei → Kreditinstituten und Teledienstleistern. Der BND darf auch tätig werden, um der Verbreitung von Kriegswaffen, der Verbringung von Betäubungsmitteln (→ Betäubungsmitteldelikte), der Geldfälschung und der Geldwäsche zu begegnen. In diesem zweiten Bereich entwickelt sich der BND zu einer Behörde, die im Geheimen wie das → Bundeskriminalamt arbeitet. Der BND gehört neben den Verfassungsschutzbehörden (→ Verfassungsschutz) des Bundes und der Länder und dem → Militärischen Abschirmdienst zu den Stellen, die zur Überwachung des → Brief-, Post- und Fernmeldeverkehrs nach dem Gesetz zur Beschränkung des Brief-, Post- und Fernmeldegeheimnisses (G 10-Gesetz) v. 26.6.2001 (BGBl. 2001 I 1254) mÄnd berechtigt sind. Vgl. → Brief-, Post- und Fernmeldegeheimnis (4) und → Nachrichtendienste.

Bundesnaturschutzgesetz
→ Naturschutz.

Bundesnetzagentur
1. Die 1996 gegründete Regulierungsbehörde für Telekommunikation und Post wurde 2005 umbenannt in Bundesnetzagentur für Elektrizität, Gas, Telekommunikation, Post und Eisenbahnen (§ 1 des Gesetzes über die Bundesnetzagentur (BEGTPG) v. 7.7.2005, BGBl. 2005 I 2009). Sie ist zentrale Regulierungsbehörde für Strom-, Gas-, Wasserstoff-,

Telekommunikations-, Post- und Schienennetze.

2. Die Bundesnetzagentur ist eine selbständige → Bundesoberbehörde im Geschäftsbereich des Bundesministeriums für Wirtschaft und Klimaschutz mit Sitz in Bonn und wird von einem Präsidenten und zwei Vizepräsidenten geleitet (§ 3 BEGTPG). Es steht ihr ein Beirat zur Seite, der aus jeweils 16 Mitgliedern des Deutschen → Bundestages und 16 Vertretern des → Bundesrates besteht (§ 5 BEGTPG). Ferner gibt es einen Länderausschuss aus Vertretern der für die Wahrnehmung der Aufgaben nach § 54 EnWG zuständigen Landesregulierungsbehörden (§ 8 BEGTPG). Die Bundesnetzagentur hat für ihre Veröffentlichungen ein eigenes Amtsblatt.

3. Die Bundesnetzagentur ist nach§ 2 BEGTPG Regulierungsbehörde für

- → Telekommunikationsrecht (§§ 191 ff. TKG),
- Postwesen (§§ 79 ff. PostG, → Postwesen und Telekommunikation),
- Elektrizitäts- und Gasversorgung (§ 54 EnWG, → Energiewirtschaft) und hat damit eine wichtige Funktion bei der Sicherung der Energieversorgung (→ Energiesicherung, → Gasversorgung),
- Eisenbahninfrastruktur (§ 4 BEVVG, → Eisenbahnaufsicht) und
- das Recht der digitalen Dienste nach dem Digitale-Dienste-Gesetz.

Die Bundesnetzagentur entscheidet in den Bereichen Telekommunikation und Post idR durch Beschlusskammern, deren Entscheidungen → Verwaltungsakte sind, die ohne aufschiebende Wirkung vor den Verwaltungsgerichten angefochten werden können (§ 217 TKG). Im Bereich Energie sind die Oberlandesgerichte zuständig (§ 75 IV EnWG).

4. Die Bundesnetzagentur hat außerdem andere ihr durch Gesetz zugewiesene Aufgaben, etwa beim → Kohleausstieg (§ 61 KVBG).

Bundesnotarordnung
→ Notar.

Bundesnotbremse
Bundesnotbremse war die nicht rechtstechnische Bezeichnung für das Vierte Gesetz zum Schutz der Bevölkerung bei einer epidemischen Lage von nationaler Tragweite v. 22.4.2021 (BGBl. 2021 I 802), insbesondere die hierdurch neu in das → Infektionsschutzgesetz eingefügte Vorschrift des früheren § 28b IfSG. Die Vorschrift wurde erlassen, um durch Gesetz bundeseinheitliche Maßnahmen (zB → Kontaktbeschränkungen) zur Bekämpfung der → COVID-19-Pandemie (sa → COVID-19) zu treffen, die den höchst unterschiedlichen und nach Auffassung der BReg. unzureichenden Maßnahmen der → Länder vorgingen. Die Bestimmung war bis 30.6.2021 befristet.

Bundesoberbehörden
Bundesoberbehörden sind Behörden der Bundesverwaltung, die einer obersten Bundesbehörde (Ministerium usw.) nachgeordnet sind, deren Zuständigkeitsbereich aber – im Unterschied zu sonstigen nachgeordneten Bundesbehörden – das gesamte Bundesgebiet umfasst (→ Verwaltungsbehörden, Aufbau; → Ausführung von Gesetzen). Im Gegensatz zu den → Körperschaften und → Anstalten des öffentlichen Rechts sind die Bundesoberbehörden Teil der unmittelbaren Bundesverwaltung. Als Bundesoberbehörden wurden zB errichtet: Bundesamt für Verfassungsschutz, → Bundesanstalt für Finanzdienstleistungsaufsicht, → Bundesamt für Güterverkehr, Kraftfahrt-Bundesamt, Deutscher Wetterdienst, Bundesprüfstelle für jugendgefährdende Medien, Statistisches Bundesamt, Bundesamt für → Strahlenschutz, → Luftfahrt-Bundesamt, → Bundesamt für Verbraucherschutz und Lebensmittelsicherheit, Bundesverwaltungsamt, Bundeskartellamt, → Bundesnetzagentur und → Umweltbundesamt.

Bundespatentgericht
1. Das deutsche Bundespatentgericht ist ein in München ansässiges Oberes Bundesgericht, das als Spezialgericht für Entscheidungen über den Bestand gewerblicher Schutzrechte zuständig ist. Es entscheidet über Beschwerden gegen Beschlüsse des → Deutschen Patent- und Markenamts in Patent- und Gebrauchsmustersachen (§ 65 PatG, § 18 GebrMG), in Halbleiterschutzsachen (§ 4 Abs. 4 HalblSchG), in Markensachen (§ 66 MarkenG) und in Designsachen (§ 23 Abs. 4 DesignG) sowie über Beschwerden gegen Beschlüsse des Bundessortenamts in Sortenschutzsachen (§ 34 SortSchG); außerdem entscheidet es über Klagen auf Nichtigkeit eines deutschen oder → Europäischen Patents (§ 65 PatG) (s. hierzu auch: → Einheitliches Patentgericht (EPG)). Für Ansprüche aus der Verletzung dieser Schutzrechte sind dagegen die Zivilgerichte oder das → Einheitliche Patentgericht und nicht das Bundespatentgericht zuständig. Das Bundespatentgericht besteht aus der Präsidentin, Vorsitzenden Richtern und weiteren Richtern; diese müssen die Befähigung zum Richteramt besitzen (rechtskundige Mitglieder) oder in einem Zweig der Technik sachverständig sein (technische Mitglieder). Rechtsmittelgericht ist der → Bundesgerichtshof.

2. Seit dem 1.1.2012 ist in der Schweiz das in St. Gallen ansässige Bundespatentgericht für Streitigkeiten um den Bestand von Patenten und deren Verletzung zuständig.

Bundespersonalausschuss
Der nach §§ 119 ff. BBG zur einheitlichen Durchführung der beamtenrechtlichen Vorschriften errichtete Bundespersonalausschuss besteht aus 8 ordentlichen und 8 stellvertretenden Mitgliedern; ständiges ordentliches Mitglied und Vorsitzender ist der Präsident des → Bundesrechnungshofs, weiteres ständiges ordentliches Mitglied der Leiter der Personalrechtsabteilung des BMI. Die Mitglieder

sind unabhängig und nur dem Gesetz unterworfen. Der Bundespersonalausschuss hat insbesondere über die nach den laufbahnrechtlichen Bestimmungen vorgesehenen Ausnahmen bei Einstellungen und Beförderungen zu entscheiden. Zum Verfahren vgl. §§ 99 ff. BBG sowie GeschO v. 1.6.2015, GMBl. 2015, 582). Für den Landesbereich s. → Landespersonalausschuss.

Bundespolizei

1. Die Bundespolizei ist neben dem → Bundeskriminalamt die einzige institutionelle → Polizei des → Bundes. Im Übrigen fällt die Polizei in die Zuständigkeit der Länder. Die Errichtung der Bundespolizei wird auf die Befugnis nach Art. 87 I 2 GG gestützt, Grenzschutzbehörden einzurichten.

2. Aufgaben und Verwendungsmöglichkeiten, Befugnisse, Organisation und Zuständigkeiten der Bundespolizei sind durch das Bundespolizeigesetz – BPolG – v. 19.10.1994 (BGBl. 1994 I 2978) mÄnd geregelt. Mit Gesetz v. 21.6.2005 (BGBl. 2005 I 1818) wurde der frühere → Bundesgrenzschutz in Bundespolizei umbenannt. Der Bundespolizei wird in bundeseigener Verwaltung geführt und gehört zum Geschäftsbereich des Bundesministeriums des Innern.

3. Aufgabe der Bundespolizei ist in erster Linie der grenzpolizeiliche Schutz des Bundesgebietes (→ Grenzschutz), soweit nicht ein Land im Einvernehmen mit dem Bund (schriftliche Vereinbarung zwischen Bund und Land mit Veröffentlichung im → Bundesanzeiger, § 2 III BPolG) Aufgaben des grenzpolizeilichen Einzeldienstes mit eigenen Kräften wahrnimmt (zB bis 1.4.1998 die Bayerische → Grenzpolizei). Die mWv 1.8.2018 wiedererrichtete bayer. Grenzpolizei hat nur noch eingeschränkte Befugnisse und lässit die originären Befugnisse der Bundespolizei unberührt). Der Grenzschutz umfasst die polizeiliche Überwachung der Grenze, die Kontrolle des grenzüberschreitenden Verkehrs (auch Überprüfung der Grenzübertrittspapiere und Grenzfahndung) und im Grenzgebiet bis zu einer Tiefe von 30 km (50 km an der Seegrenze) die Abwehr von Gefahren, die die Sicherheit der Grenzen beeinträchtigen (sa → Grenzkontrollen). Die polizeiliche Überwachung der Grenzen, Grenzkontrollen im grenzüberschreitenden Verkehr sowie die Gefahrenabwehr im Grenzbereich wurden auf Beamte der Zollverwaltung (→ Zollbehörden) übertragen (Verordnung über die Übertragung von Bundespolizeiaufgaben auf die Zollkverwaltung – BPolZollV – v. 24.6.2005, BGBl. 2005 I 1867 mÄnd).

4. Weitere Aufgaben der Bundespolizei sind die Abwehr von Gefahren für die öffentliche Sicherheit und Ordnung auf den Bahnanlagen der Eisenbahnen des Bundes („Bahnpolizei", § 3 BPolG), die Luftsicherheit (§ 4 BPolG) sowie Sicherheitsmaßnahmen an Bord von Luftfahrzeugen (§ 4a BPolG; sa → Flugsicherheitsbegleiter), der Schutz von Bundesorganen (§ 5 BPolG), Wahrnehmung der Befugnisse des Bundes auf See (§ 6 BPolG), Gefahrenabwehr im Notstands- und Verteidigungsfall (§ 7 BPolG; Art. 91 II GG, Art. 115 f I Nr. 1 GG, Art. 115i I GG), die Mitwirkung an polizeilichen oder anderen nichtmilitärischen Aufgaben auf Ersuchen und unter Verantwortung der → Vereinten Nationen, der → Europäischen Union oder der Westeuropäischen Union (→ Brüsseler Vertrag) im Ausland, die Unterstützung anderer Bundesbehörden wie insbesondere des Bundesamtes für → Verfassungsschutz sowie in besonderen Fällen die Unterstützung eines Landes (vgl. §§ 8–11 BPolG). Außerdem nimmt die Bundespolizei bei Verdacht bestimmter Straftaten die Aufgabe der Strafverfolgung wahr (§ 12 BPolG).

5. Die → Befugnisse der Bundespolizei sind in den §§ 14–50 BPolG in enger Anlehnung an die Befugnisse in den Landespolizeigesetze eingehend geregelt (→ polizeiliche Maßnahmen). Unter „allgemeine Befugnisse" findet sich die subsidiäre Generalklausel und der Gefahrbegriff (→ Gefahrenabwehr), der → Verhältnismäßigkeitsgrundsatz und der Ermessensgrundsatz, die Verantwortlichkeit für das Verhalten von Personen (Handlungsstörer) sowie für den Zustand von Sachen (Zustandsstörer; s. → Störer), die unmittelbare Ausführung einer Maßnahme und die Inanspruchnahme Dritter; (§§ 14–20 BPolG). Unter den „besonderen Befugnissen" finden sich ua die umfassend geregelte → Datenerhebung (§§ 21–28 BPolG). Insbesondere sind im Einzelnen geregelt die Erhebung von Telekommunikationsdaten (§ 22a BPolG), die Identitätsfeststellung (§ 23 BPolG), erkennungsdienstliche Maßnahmen (§ 24 BPolG), die Datenerhebung bei öffentlichen Veranstaltungen oder Ansammlungen (§ 29 BPolG), der Einsatz von selbsttätigen Bild- und Tonaufzeichnungsgeräten (§ 27a BPolG), die anlassbezogene automatische Kennzeichenerfassung (§ 27b BPolG), die Gesprächsaufzeichnung (§ 27c BPolG) sowie gem. § 28 BPolG die längerfristige Observation, die verdeckte Anfertigung mittels technischer Mittel von Bild- oder Wortaufzeichnungen, der Einsatz von → V-Personen sowie von → verdeckten Ermittlern. Geregelt sind ferner → Datenverarbeitung und -nutzung (§§ 29–37 BPolG), → Platzverweisung, → Gewahrsam, → Durchsuchung, → Sicherstellung, und → Verwahrung (§§ 38–50 BPolG). Den Schadensausgleich für Betroffene und unbeteiligte Dritte regeln die §§ 51–56 BPolG.

6. Organisation und Zuständigkeiten der Bundespolizei behandeln die §§ 57–68 BPolG.

Bundespost

→ Deutsche Bundespost.

Bundespräsident

1. Der Bundespräsident ist das Staatsoberhaupt der Bundesrepublik Deutschland. Er wird von

der → Bundesversammlung ohne Aussprache gewählt (Art. 54, 55 GG). Wählbar ist jeder Deutsche, der das Wahlrecht zum Bundestag besitzt und das 40. Lebensjahr vollendet hat. Die Amtsdauer beträgt 5 Jahre; anschließende Wiederwahl ist einmal zulässig. Stellvertreter ist der jeweilige Präsident des → Bundesrates (Art. 57 GG). Der BPräs. darf weder der Regierung noch der gesetzgebenden Körperschaft des Bundes oder eines Landes angehören (→ Inkompatibilität). Die rechtlichen Befugnisse des Bundespräsidenten sind im GG abschließend geregelt.

2. Wichtigstes Recht ist die Mitwirkung bei der → Gesetzgebung durch Ausfertigung der verfassungsmäßig zustande gekommenen Gesetze (→ Ausfertigung von Gesetzen; sa → Gesetzgebungsverfahren, 7). Dem Bundespräsidenten steht das Recht zu, die Unterzeichnung eines von ihm nicht für verfassungsmäßig erachteten Gesetzes zu verweigern.

3. Weitere Zuständigkeiten sind: Völkerrechtliche Vertretung der BRep., insbes. bei Abschluss von Verträgen des Bundes mit auswärtigen Staaten und durch → Beglaubigung und Empfang der → Gesandten (Art. 59 GG); Vorschlagsrecht bei der Wahl des → Bundeskanzlers (Art. 63 GG); Ernennung und Entlassung des Bundeskanzlers, der Bundesminister, der Bundesrichter, der Bundesbeamten sowie der Offiziere und Unteroffiziere, soweit nicht auf Bundesbehörden übertragen (Art. 63, 64, 69 GG); Genehmigung der Geschäftsordnung der Bundesregierung (Art. 65 GG); Ausübung des → Gnadenrechts für den Bund (Art. 60 II GG). Der Bundespräsident kann, wenn der → Bundestag dem Bundeskanzler das Vertrauen verweigert, den Bundestag auflösen (Art. 68 GG) oder den → Gesetzgebungsnotstand (Art. 81 GG) erklären. Ferner kann er die vorzeitige Einberufung des Bundestags verlangen (Art. 39 III GG).

4. Insgesamt ist die Stellung des BPräs. im Vergleich zu der des Reichspräsidenten der Weimarer Verfassung wesentlich schwächer, zumal er für zahlreiche Amtshandlungen der Gegenzeichnung durch den Bundeskanzler oder den zuständigen Bundesminister bedarf (Art. 58 GG).

5. Der Bundespräsident kann von seinem Amt zurücktreten. Amtsverlust tritt nur ein, wenn das BVerfG den BPräs. wegen Verletzung des GG oder eines anderen Bundesgesetzes seines Amtes für verlustig erklärt; Voraussetzung ist Anklage durch den BT oder BR, die von 1/4 der Mitglieder des BT oder BR beantragt und von 2/3 der Mitglieder beschlossen werden muss (Art. 61 GG). Der BPräs. genießt wie die → Abgeordneten → Immunität; die Immunität kann vom BT aufgehoben werden. Scheidet der BPräs. mit Ablauf seiner Amtszeit oder vorher aus politischen oder gesundheitlichen Gründen aus seinem Amt aus, so erhält er einen Ehrensold in Höhe der Amtsbezüge; wenn das BVerfG den Bundespräsidenten auf Grund einer Anklage gem. Art. 61 GG für schuldig erklärt, entscheidet es zugleich darüber, ob und in welcher Höhe ihm ein Ehrensold zu gewähren ist (Gesetz über die Ruhebezüge des Bundespräsidenten v. 17.6.1953, BGBl. 1953 III 1100–2).

Bundesprüfstelle
→ jugendgefährdende Medien.

Bundesrat
1. Durch den Bundesrat wirken die → Länder an der → Gesetzgebung und → Verwaltung des Bundes mit (Art. 50 GG). Der Bundesrat ist aber, ebenso wie der → Bundestag, ein Bundesorgan, nicht ein Organ der Länder. Er besteht aus Mitgliedern der Regierungen der Länder, die diese Mitglieder bestellen und abberufen. Der Bundesrat wird also nicht unmittelbar vom Volk oder den Landesparlamenten gewählt.

2. Jedes Land hat mindestens 3 Stimmen, Länder mit mehr als 2 Mill. Einwohnern haben 4, mit mehr als 6 Mill. Einwohnern 5, mit mehr als 7 Mill. Einwohnern 6 Stimmen. Demnach haben z. Zt. Bad.-Württ., Bayern, Niedersachsen und Nordrhein-Westfalen je 6 Stimmen, Hessen 5 Stimmen, Berlin, Brandenburg, Rheinland-Pfalz, Sachsen, Sachsen-Anhalt, Schleswig-Holstein und Thüringen je 4, Bremen, Hamburg, Mecklenburg-Vorpommern und Saarland je 3 Stimmen, insgesamt 69 Stimmen. Jedes Land kann so viele Mitglieder entsenden, wie es Stimmen hat, dazu die gleiche Zahl von Stellvertretern. Anders als die Mitglieder der Bundestages genießen die Mitglieder des Bundesrates und ihre Stellvertreter keine → Immunität. Organe des Bundesrates sind der Präsident, dessen Stellvertreter und die Ausschüsse.

3. Das GG setzt eine einheitliche Stimmabgabe durch alle Mitglieder eines Landes voraus und respektiert die Praxis der Stimmabgabe durch die landesautonom bestimmten Stimmführer. Widerspricht ein Mitglied eines Landes der Stimmabgabe durch den Stimmführer, dann gibt es keine Stimmführerschaft mehr und damit keine einheitliche Stimmabgabe. Nachfragen durch den Präsidenten des Bundesrates sind unzulässig, wenn keine einheitliche Stimmabgabe zu erwarten ist. Die Stimmabgabe ist bei uneinheitlicher Abstimmung durch die Mitglieder eines Landes unwirksam, so dass die Stimmen des betreffenden Landes nicht mitzuzählen sind, soweit die Mehrheit der Stimmen des Bundesrates erforderlich ist (BVerfG Urt. v. 18.12.2002, NJW 2003, 339).

4. Der Bundesrat hat das Recht zur Gesetzesinitiative (Art. 51 GG; → Initiativrecht). Im Rahmen des → Gesetzgebungsverfahrens ist bei bestimmten Gesetzen seine Zustimmung nötig (Zustimmungsgesetze); bei den anderen kann er gegen das vom Bundestag beschlossene Gesetz Einspruch erheben (Einspruchsgesetze). Im Übrigen hat er Mitwirkungsbefugnisse bei der Durchführung des → Bundeszwangs und bei Erklärung des

→ Gesetzgebungsnotstandes. Der Bundesrat entsendet Vertreter in den → Gemeinsamen Ausschuss.

5. Die Organe und Einrichtungen des Bundesrates sowie sein Verfahren regelt die Geschäftsordnung v. 26.11.1993 (BGBl. 1993 I 2007) mÄnd. Darin sind insbes. geregelt Organe und Einrichtungen, Vorbereitung der Sitzungen, allgem. Verfahrensgrundsätze, Geschäftsgang, Verfahren in den Ausschüssen sowie das besondere Verfahren in Angelegenheiten der Europ. Gemeinschaften (§§ 45a ff. GO-BR).

Bundesrechnungshof
→ Rechnungshöfe.

Bundesrecht
1. Bundesrecht ist – im Gegensatz zum → Landesrecht – jede von Rechtssetzungsorganen des Bundes erlassene Rechtsnorm sowie das als Bundesrecht fortgeltende ehemalige → Reichsrecht und Recht der ehem. → DDR. → Rechtsverordnungen, die von Organen eines Landes (LdReg., LdMin.) erlassen werden, sind dagegen Landesrecht, auch wenn sie auf einer bundesrechtl. Ermächtigung beruhen. Sa → Gesetzgebungszuständigkeit, → Normenkontrolle; → Föderalismusreform I.

2. Mit der Bestimmung „Bundesrecht bricht Landesrecht" setzt Art. 31 GG den Vorrang des Bundesrechts fest. Jegliches Bundesrecht (also auch → Rechtsverordnungen) geht jeglichem Landesrecht (auch dem Landesverfassungsrecht) vor, gleichgültig, ob es das frühere oder spätere, das speziellere oder das allgemeinere Gesetz ist. Voraussetzung für den Vorrang des Bundesrechts ist, dass die betreffende Regelung in die → Gesetzgebungszuständigkeit (ausschließliche oder konkurrierende) des Bundes fällt. Ist der Bund zur gesetzlichen Regelung einer bestimmten Materie nicht zuständig, so kann das Bundesrecht das kompetenzgerecht erlassene Landesrecht nicht brechen.

3. Das → EU-Recht hat Vorrang vor dem nationalen Bundesrecht.

Bundesrechtsanwaltsordnung
→ Rechtsanwalt (1).

Bundesregierung
Die Bundesregierung ist ein kollegiales Bundesorgan, das aus dem → Bundeskanzler und den → Bundesministern besteht (Art. 62 GG). Sie wird nicht gewählt. Der → Bundestag wählt nur den Bundeskanzler. Dieser schlägt dem Bundespräsidenten die Bundesminister zur Ernennung vor. Ebenso richten sich ein → Misstrauensvotum und die Verneinung der Vertrauensfrage nach Art. 68 GG nur gegen den Bundeskanzler. Mit der Amtszeit des Bundeskanzlers endet die Amtszeit der gesamten BReg. Bleibt der Bundeskanzler (weil die Neuwahl eines Bundeskanzlers nicht zu Stande kommt) auf Bitte des BPräs. geschäftsführend im Amt, bleibt die ganze BReg. geschäftsführend im Amt. Die Kompetenz der Bundesregierung als Kollegialorgan ist insofern eingeschränkt, als einerseits der Bundeskanzler die Richtlinien der Politik bestimmt, andererseits jeder Bundesminister im Rahmen dieser Richtlinien seinen Geschäftsbereich selbständig leitet. Über Meinungsverschiedenheiten zwischen den Bundesministerien entscheidet die BReg. (Art. 65 GG). An der Rechtsetzung wirkt sie insbes. durch ihr → Initiativrecht im ordentlichen → Gesetzgebungsverfahren (Art. 76 GG) sowie durch die Befugnis zum Erlass von → Rechtsverordnungen auf Grund besonderer gesetzlicher Ermächtigung (Art. 80 GG) mit. Im Übrigen obliegt ihr die vollziehende → Verwaltung, soweit der Bund nach Art. 83 ff. GG Verwaltungskompetenzen besitzt. Die Beschlussfassung der Bundesregierung richtet sich nach der Geschäftsordnung v. 11.5.1951, GMBl. 1951, 137.

Bundesrepublik Deutschland
1. Nach der Annahme des → Grundgesetzes (GG) durch den → Parlamentarischen Rat, seiner Genehmigung durch die Besatzungsmächte und Billigung durch die → Länder wurde mit Inkrafttreten des GG am 24.5.1949 die Bundesrepublik Deutschland errichtet. Sie umfasste zunächst gebietsmäßig die ehemalige amerikanische, britische und französische Besatzungszone. Str. ist, ob die BRep. Rechtsnachfolger des → Deutschen Reiches oder mit diesem sogar identisch ist (Lehre vom Fortbestand des Reiches) oder ob sie, nachdem das Reich am 8.5.1945 untergegangen war, nach einer staatslosen Zwischenzeit durch die Besatzungsmächte als neuer deutscher Staat errichtet worden ist (Lehre vom Untergang des Reiches). Die überwiegende Meinung vertritt die Fortbestandslehre. Str. war, ob die BRep., wie von ihr lange vertreten wurde, allein das Reich fortsetzte und daher einen Alleinvertretungsanspruch erheben konnte, oder ob die BRep. und die ehem. DDR als zwei staatliche Teilordnungen auf dem Gebiet des ehem. Deutschen Reiches bestanden.

2. Die Bundesrepublik Deutschland bestand bis 1990 aus dem Gebiet der Länder → Baden-Württemberg, → Bayern, → Bremen, → Hamburg, → Hessen, → Niedersachsen, → Nordrhein-Westfalen, → Rheinland-Pfalz, → Saarland, → Schleswig-Holstein. Auch → Berlin war ein Land der durch das GG organisierten BRep., hatte jedoch eine verfassungsrechtliche Sonderstellung.

3. Mit dem Wirksamwerden des Beitritts am 3. Oktober 1990 (→ Wiedervereinigung, → Einigungsvertrag, → Abschließende Regelung in Bezug auf Deutschland) endete die verfassungsrechtliche Sonderstellung Berlins. Zum selben Zeitpunkt wurden → Brandenburg, → Mecklenburg-Vorpommern, → Sachsen, → Sachsen-Anhalt und → Thüringen wiedererrichtet und Länder der Bundesrepublik Deutschland. Die BRep. ist (Art. 20 GG) ein demokratischer und sozialer → Bundesstaat.

4. Die staatliche Ordnung der Bundesrepublik Deutschland wird durch das → Grundgesetz festgelegt; s. → Bundespräsident, → Bundestag, → Bundesrat, → Bundesregierung, → Grundrechte. Zur → Nationalhymne s. dort. Daneben haben die Länder, die selbst → Staaten darstellen, ihre eigenen Verfassungen, die gemäß Art. 28 GG den Grundsätzen des republikanischen, demokratischen und sozialen Rechtsstaates entsprechen müssen (→ Homogenitätsgrundsatz).

5. Im Zuge der → europäischen Integration wurden zunehmend Hoheitsrechte auf die → Europäische Gemeinschaft und jetzt die → Europäische Union übertragen. In zahlreichen Rechtsgebieten (zB Handels- und Gesellschaftsrecht, Wettbewerbsrecht, Kartellrecht) kann nationale Rechtsetzung nur im Rahmen der EU-Richtlinien erfolgen; EU-Verordnungen gelten unmittelbar. Die Gewährung bestimmter Beihilfen hängt von der Genehmigung der zuständigen Organe der EU ab (vgl. Art. 107 ff. AEUV (→ AEUV); sa → Subventionswesen, europäisches). Der EuGH (→ Europäischer Gerichtshof) entscheidet auf Antrag der Kommission darüber, ob ein Mitgliedstaat (und damit zB auch die BRep.) gegen den EGV verstoßen hat (Art. 260 AEUV (→ AEUV)). Sa → Lissabon, Vertrag von und → Lissabon-Entscheidung.

Bundesrepublik Deutschland – Finanzagentur GmbH
→ Finanzagentur.

Bundesschuldbuch
Für den Bund und seine Sondervermögen wird ein Bundesschuldbuch geführt, das der Begründung, Dokumentation und Verwaltung von Schuldbuchforderungen und sonstigen Verbindlichkeiten dient (§ 5 Bundesschuldenwesengesetz (BSchuWG) v. 12.7.2006, BGBl. 2006 I 1466). Es kann elektronisch geführt werden und genießt öffentlichen Glauben (§ 8 BSchuWG); seine Eintragungen unterliegen dem mit dem → Bankgeheimnis vergleichbaren Schuldbuchgeheimnis. Zuständig ist die Bundesrepublik Deutschland – → Finanzagentur GmbH (BSchuWV v. 19.7.2006, BGBl. 2006 I 1700).

Bundesschuldenverwaltung
→ Bundesschuldbuch, → Finanzagentur.

Bundes-Seuchengesetz
Das Bundes-Seuchengesetz ist durch das als Art. 1 des Seuchenrechtsneuordnungsgesetzes v. 20.7.2000 (BGBl. 2000 I 1045) erlassene → Infektionsschutzgesetz abgelöst worden.

Bundessiegel
→ Hoheitszeichen.

Bundessozialgericht
Das Bundessozialgericht ist oberster Gerichtshof des Bundes für die → Sozialgerichtsbarkeit (Sitz Kassel). Es entscheidet über das Rechtsmittel der → Revision bei öffentlich-rechtlichen Streitigkeiten in Angelegenheiten der → Sozialversicherung, der → Arbeitslosenversicherung und der übrigen Aufgaben der Bundesagentur für Arbeit, der → Kriegsopferversorgung und der übrigen Angelegenheiten, die durch Gesetz der Sozialgerichtsbarkeit zugewiesen sind; außerdem im ersten und letzten Rechtszug in nichtverfassungsrechtlichen Streitigkeiten dieser Art zwischen Bund und Ländern sowie zwischen den Ländern untereinander. Die Aufsicht führt das Bundesministerium für Arbeit und Soziales. Die Senate sind besetzt mit dem Vorsitzenden Richter, zwei weiteren Berufsrichtern und zwei ehrenamtlichen Richtern. Es besteht zudem ein Großer Senat mit der Präsidentin des Bundessozialgerichts als Vorsitzender, sechs Berufs- und vier ehrenamtlichen Richtern. Vor dem Bundessozialgericht besteht Vertretungszwang; zugelassen sind Anwälte sowie Mitglieder und Angestellte von Gewerkschaften, selbstständigen Arbeitnehmervereinigungen mit sozial- oder berufspolitischer Zwecksetzung, Arbeitgebervereinigungen und Vereinigungen der Kriegsopfer. §§ 38 ff., 160 ff. SGG. Die Berufsrichter müssen das 35. Lebensjahr vollendet haben. Es gelten die Bestimmungen des Richterwahlgesetzes (RiWG). Die Ernennung erfolgt durch den zuständigen Minister (§ 1 RiWG). Die Dienstzeit eines Berufsrichters endet mit der Vollendung der Regelaltersgrenze (67. Lebensjahr) gem. § 48 DRiG.

Bundessozialhilfegesetz
Im Bundessozialhilfegesetz (BSHG) waren die Vorschriften über die → Sozialhilfe enthalten. Das Bundessozialhilfegesetz wurde durch das SGB II (Grundsicherung für Arbeitsuchende) v. 24.12.2003 und das SGB XII (Sozialhilfe) v. 24.12.2003 ersetzt.

Bundesstaat
1. Im Gegensatz zum → Staatenbund und zum → Staatenstaat ist der Bundesstaat eine staatsrechtliche → Staatenverbindung in der Form, dass durch den Zusammenschluss ein neuer → Staat entsteht, die zusammengeschlossenen Staaten jedoch ihre Staatlichkeit nicht verlieren. Neben dem neu gebildeten Gesamtstaat bleiben die bisherigen Staaten als Gliedstaaten bestehen. Nach dem GG ist die → Bundesrepublik Deutschland ein Bundesstaat; die → Länder als Gliedstaaten bilden den Gesamtstaat Bundesrepublik Deutschland. Das bundesstaatliche Prinzip ist Grundlage der Verfassung; die Gliederung des Bundes in Länder ist sogar gegen Verfassungsänderung geschützt (Art. 79 III GG). Im Bundesstaat haben sowohl die Gliedstaaten wie der Gesamtstaat eigene unabgeleitete (originäre) → Staatsgewalt; weder leitet der Gesamtstaat seine Staatsgewalt von den Gliedstaaten noch leiten umgekehrt diese ihre Staatsgewalt vom Gesamtstaat ab. Gliedstaat wie Gesamtstaat besitzen jedoch die Staatsgewalt nicht auf allen Sachgebieten; vielmehr ist sie gemäß der Verfassung des Bundesstaates gegenständlich aufgeteilt. Die Verfassungsbereiche des → Bundes und der → Län-

der stehen nebeneinander. Aus der bundesstaatlichen (föderativen) Gestaltung Deutschlands folgt für den Bund wie für die Länder die Rechtspflicht zu bundesfreundlichem Verhalten (→ Bundestreue). Sie müssen dem Wesen des Bündnisses entsprechend zusammenwirken und zur Förderung der Belange des Bundes und der Gliedstaaten beitragen. Daraus folgen die Pflicht zur Verständigung und gegenseitigen Rücksichtnahme zwischen den Staaten und die Pflicht zur Bewahrung und Herstellung der grundgesetzlichen Ordnung (sa → Föderalismusreform).

2. Noch kein Bundesstaat ist trotz teilweise erkennbarer bundesstaatlicher Elemente die → Europäischen Union. Derzeit handelt es sich um einen Staatenverbund (iE s. → Staatenverbindung; Europäische Union, 7), der seine Hoheitsrechte auf Grund begrenzter Einzelermächtigungen von den Mitgliedstaaten herleitet.

Bundesstadt
→ Bundeshauptstadt.

Bundesstatistikgesetz
→ Statistik.

Bundesstelle für Flugunfalluntersuchung
→ Flugunfalluntersuchung.

Bundesstelle für Seeunfalluntersuchung
Das frühere Bundes-Oberseeamt in Hamburg hat durch § 12 Seesicherheits-UntersuchungsG (SUG) idF v. 1.3.2012 (BGBl. 2012 I 390) mÄnd den Namen Bundesstelle für Seeunfalluntersuchung erhalten. Sie ist eine → Bundesoberbehörde im Geschäftsbereich des BMV. Der Bundesstelle für Seeunfalluntersuchung obliegt vor allem die Aufgabe, die amtliche technische Untersuchung von Seeunfällen gem. § 1 SUG bzw. den geltenden internationalen Regelungen durchzuführen und mit einem zu veröffentlichenden Bericht abzuschließen. Über die Durchführung einer Untersuchung entscheidet die Leitung der Bundesstelle gem. § 11 SUG.

Bundessteuerblatt (BStBl.)
Das Bundessteuerblatt (BStBl.) enthält in Teil I steuerliche Rechtsvorschriften und Verwaltungsanweisungen des Bundes und der Länder. In Teil II werden vom Bundesfinanzminister ausgewählte Entscheidungen des → Bundesfinanzhofs (BFH) veröffentlicht. Durch eine Veröffentlichung von Urteilen und Beschlüssen des BFH im BStBl. werden die Finanzämter angewiesen, diese Entscheidungen auch in vergleichbaren Fällen anzuwenden. Dies ist bedeutsam, denn die in einem finanzgerichtlichen Verfahren ergangenen rechtskräftig gewordenen Entscheidungen binden nur die am Rechtsstreit Beteiligten und ihre Rechtsnachfolger (§ 110 I FGO).

Bundessteuern
→ Verteilung des Steueraufkommens.

Bundesstraße
ist ein Unterbegriff der → Bundesfernstraßen, zu denen außer den Bundesstraßen auch die → Bundesautobahnen gehören. S. → Autostraßen.

Bundestag
1. Der Deutsche Bundestag (BT) ist die Volksvertretung der BRep. (vgl. Art. 38–49 GG). Er besteht aus 630 vom Volk gewählten → Abgeordneten. Er repräsentiert das Volk und übt dessen Rechte aus (mittelbare oder repräsentative → Demokratie).

2. Der BT wird auf vier Jahre gewählt. Die → Wahlperiode endet mit dem Zusammentritt eines neuen BT; die Neuwahl findet frühestens 46, spätestens 48 Monate nach Beginn der Wahlperiode statt, im Falle der Auflösung spätestens innerhalb von 60 Tagen (Art. 39 I GG). Nach Art. 38 GG iVm dem Bundeswahlgesetz (BWG) idF v. 23.7.1993 (BGBl. 1993 I 1288) mÄnd und der Bundeswahlordnung (BWO) idF v. 19.4.2002 (BGBl. 2002 I 1376) mÄnd werden die Abgeordneten des BT in allgemeiner, unmittelbarer, freier, gleicher und geheimer Wahl von den wahlberechtigten Deutschen (§ 12 BWG) nach den Grundsätzen einer mit der Persönlichkeitswahl (vgl. → Mehrheitswahl) verbundenen → Verhältniswahl gewählt. Durch die Wahlrechtsreform durch G v. 3.5.2013 (BGBl. 2013 I 1082) im Anschluss an die Entscheidung des BVerfG v. 25.7.2012 (NJW 2012, 2869) wurde das Verhältniswahlprinzip noch stärker betont. Grundsätzlich hatte der Bundestag 598 Sitze. Der Wähler wählte mit seiner Erststimme einen Wahlkreisabgeordneten aus den 299 Wahlkreisen, mit der Zweitstimme im Idealfall weitere 299 Abgeordnete über die Landeslisten. Auf dieser Regelung beruhte die Zusammensetzung des regulär bis 2025 gewählten Bundestages. Im Einzelnen:

a) Wahlkreisabgeordneter wurde bislang grundsätzlich, wer die relative Mehrheit der Erststimmen im Wahlkreis erhält (Direktmandat). Dies gilt auch dann, wenn dieser Abgeordnete keiner Partei angehört oder die Partei, der er angehört, durch keinen weiteren Abgeordneten im Parlament vertreten ist (§ 6 II BWG iVm § 20 III BWG).

b) Die übrigen Abgeordneten werden über Landeslisten durch die sog. Zweitstimme bestimmt. Die Zahl der Sitze im BT für die einzelnen → Parteien wird auf der Grundlage der erzielten Zweitstimmen nach § 6 BWG länderweise (Landeslisten) errechnet (nach dem → Hare-Niemeyer-Verfahren; vgl. auch → d'Hondt'sches System). Für die Verteilung der nach Landeslisten zu besetzenden Sitze werden die für jede Landesliste abgegebenen Zweitstimmen zusammengezählt. Bei der Verteilung der Zweitstimmen wurden bisher die Stimmen derjenigen Wähler nicht berücksichtigt, die erfolgreiche Bewerber gewählt haben, die von keiner Partei vorgeschlagen wurden oder die von einer Partei vorgeschlagen wurden, die weniger als 5% der im Wahlgebiet abgegebenen Zweitstimmen erhalten hat und auch nicht in mindestens drei Wahlkreisen einen Sitz errungen hat. Auf jedes Land entfallen doppelt so viele Sitze wie Wahlkreise. Um die länderweise Zuordnung der Sitze zu den einzelnen Parteien festzulegen, wird ermittelt, wie viele Stimmen eine Partei braucht, um in dem betreffenden Land einen Sitz zu erringen; dafür wird die Zahl der Zweitstimmen durch die Zahl der zu vergebenden Sitze dividiert (landesbezogener Divisor). Die Zweitstimmen einer Partei in einem Land werden dann durch den Divisor geteilt, um festzustellen, wie viele Sitze diese am Ende insgesamt zu erhalten hat. Bei der Verteilung der Sitze wurden bisher nur Parteien berücksichtigt, die mindestens 5% der im Wahlgebiet gültigen Zweitstimmen erhalten oder in mind. drei Wahlkreisen ein Direktmandat (sog. Grundmandat; → Grundmandatsklausel) errungen haben; für Parteien nationaler Minderheiten gilt dies nicht. Von den so für jede Partei länderweise ermittelten Sitzen wird die Zahl der errungenen → Direktmandate im jeweiligen Land abgezogen. Die einer Partei dann noch verbleibenden Sitze werden in der Reihenfolge der Landesliste aufgefüllt; soweit die Kandidaten auf der Landesliste ein Direktmandat errungen haben, bleiben sie unberücksichtigt. Wenn eine Partei mehr Wahlkreise (Direktmandate) erringt als ihr nach dem Verhältnis der Zweitstimmen zustehen, dann durfte sie die überzähligen Direktmandate bisher behalten (sog. → Überhangmandate). In einem zweiten Schritt wurde dann die Zahl der zu verteilenden Sitze so lange erhöht, bis in einem zweiten Verteilungsverfahren dann rechnerisch keine sog. Überhangmandate mehr verblieben. Jede Partei erhielt somit den dem Zweitstimmenproporz entsprechenden Stimmenanteil nach dem Verhältniswahlprinzip, die Partei mit den meisten Überhangmandaten in einem Land erhielt für dieses genau so viele Sitze wie sie Direktmandate errungen hat. Diese so entstehenden zusätzlichen Sitze wurden traditionell als Ausgleichsmandate bezeichnet. Diese sog. → Überhangmandate und Ausgleichsmandate konnten die Zahl der Mitglieder des BT erheblich erhöhen. So hatte der 20. Bundestag zunächst 736 Abgeordnete. Zur → Nachwahl und → Wiederholungswahl s. dort.

c) Am 8.10.2020 beschloss der Deutsche Bundestag eine Wahlrechtsreform mit dem Ziel einer Verkleinerung des Bundestages. Danach soll die Zahl der Wahlkreise und damit die Zahl der Direktmandate auf 280 verringert werden. Die Regelgröße von 598 Abgeordneten blieb. Neu gefasst wurden die die → Überhangmandate betreffenden Regeln. Nach der bisherigen Regelung in § 6 IV BWG verblieben in den Wahlkreisen errungene Sitze einer Partei auch dann, wenn sie die Zahl der Listenmandate überstieg (sog. Überhangmandate). Dann wurde die Gesamtzahl der Sitze solange erhöht, bis in einem zweiten Verteilungsverfahren rechnerisch keine Überhangmandate mehr verblieben. Dieses Berechnungsverfahren wurde nach § 6 V BWG modifiziert. Obergrenze für die Erhöhung war dann entweder die Gesamtzahl der durch Wahlkreisbewerber gewonnenen Sitze oder der Mittelwert zwischen der über die Landesliste gewonnenen Sitze und den durch Wahlkreisbewerber gewonnenen Sitzen; entscheidend war die höhere Zahl. Bei der Erhöhung blieben je Landesliste drei nicht anrechenbare Direktmandate (= Überhangmandate) von Wahlkreisbewerbern unberücksichtigt. Im Ergebnis wurde dadurch die Zahl der Ausgleichsmandate verringert und das Gewicht der Direktmandate gestärkt. Die Reform trat hinsichtlich des Ausgleichs der Überhangmandate durch Ausgleichsmandate zur Bundestagswahl 2021 in Kraft. Hinsichtlich der Verringerung der Wahlkreise sollte sie erst zum 1.1.2024 in Kraft treten.

d) Am 17.3.2023 beschloss der Bundestag für die Wahlen 2025 eine weitere umfassende Wahlrechtsreform. Ziel war die dauerhafte Verkleinerung des Bundestages auf 630 Abgeordnete. Kernpunkte waren die Abschaffung der Überhang- und Ausgleichsmandate und die Aufhebung der sog. Grundmandatsklausel; letzteres heißt, dass eine Partei immer mindestens 5% der im Wahlgebiet gültigen Zweitstimmen erhalten muss und drei sog. Grundmandate (s. o.) nicht mehr ausreichen sollten, um in den Bundestag einzuziehen. Mit Urt. v. 30.7.2024 (2 BvF 1/23) hob das BVerfG die Neuregelung vom 17.3.2023 hinsichtlich der Abschaffung der Grundmandatsklausel auf. Es bleibt zwar bei der bundesweiten Fünfprozent-Klausel, allerdings mit der Maßgabe, dass Parteien nur dann nicht in den Bundestag einziehen, wenn ihre Bewerber in weniger als drei Wahlkreisen die meisten Erststimmen auf sich vereinigt haben. Die (vorgezogenen) Wahlen für den Bundestag 2025 am 22.2.2025 fanden erstmals nach der Regelung vom 17.3.2023 unter Maßgabe der Entscheidung des BVerfG v. 30.7.2024 statt. Die Neuregelung schwächte – auch nach der Korrektur durch das BVerfG – die Stellung der Direktkandidaten und betont nochmals das Prinzip der Verhältniswahl. Eine Reihe von Direktkandidaten, die in ihren Wahlkreisen die meisten Stimmen erreichten, konnten so nicht mehr in den neuen 21. Bundestag einziehen.

e) Wahlberechtigt ist grundsätzl. jeder Deutsche, der 18 Jahre alt ist und seit mindestens drei Monaten im Bundesgebiet wohnt oder hier dauernden Aufenthalt hat, nach § 12 BWG unter bestimmten Voraussetzungen auch Deutsche im Ausland. Wählbar ist, wer volljährig und Deutscher iSv Art. 116 I GG ist (vgl. → Wahlrecht; → Wahlprüfung). Wahltermin ist ein Sonntag oder ein gesetzlicher Feiertag.

3. Zu den Aufgaben des BT gehören:

a) die → Gesetzgebung. Der BT kann aus seiner Mitte Gesetzesentwürfe einbringen

(→ Initiativrecht, Art. 76 GG). Nur der BT kann – außer im Falle des Gesetzgebungsnotstandes – die Bundesgesetze beschließen, zT nur mit Zustimmung des → Bundesrats; → Gesetzgebungsverfahren;

b) die Mitwirkung bei der Bestellung von Bundesorganen. Der BT wählt den → Bundeskanzler und kann diesem das Misstrauen aussprechen (vgl. → Misstrauensvotum; Art. 63, 67 GG). Er wählt die Hälfte der Mitglieder des → Bundesverfassungsgerichts (Art. 94 GG; dazu § 6 BVerfGG). Über den → Richterwahlausschuss ist der BT mittelbar an der Besetzung der obersten → Bundesgerichte (Art. 95, 96 GG), über die → Bundesversammlung an der Wahl des → Bundespräsidenten beteiligt (Art. 54 GG);

c) die Feststellung des → Haushaltsplans und Entgegennahme der Rechnungslegung (Art. 110 ff. GG);

d) die Kontrolle der → vollziehenden Gewalt durch Anfragen, Überweisung von Petitionen an die Bundesregierung und Einsetzung von parlamentarischen → Untersuchungsausschüssen;

e) ferner entscheidet der BT über → Auslandseinsätze der Bundeswehr.

4. Der BT wählt seinen Präsidenten, dessen Stellvertreter (Vizepräsidenten) und die Schriftführer. Weitere Organe sind das Präsidium, der → Ältestenrat und die → Ausschüsse (→ Geschäftsordnung idF v. 2.7.1980, BGBl. 1980 I 1237, mÄnd). Der BTPräsident wird für die Dauer der Wahlperiode gewählt; er vertritt den BT nach außen und leitet die Sitzungen. Der BT verhandelt grundsätzlich öffentlich und beschließt mit der Mehrheit der abgegebenen Stimmen, soweit das GG nicht eine qualifizierte Mehrheit vorschreibt (Art. 42 GG). Sa → Lobbyismus und → Lobbyregistergesetz.

Bundesträger (gesetzliche Rentenversicherung)
Die Bundesträger der → gesetzlichen Rentenversicherung bzw. der → allgemeinen Rentenversicherung sind nach den Vorgaben des Gesetzes zur Organisationsreform der gesetzlichen Rentenversicherung (RVOrgG v. 9.12.2004, BGBl. 2004 I 3242) seit dem 1.10.2005 die → Deutsche Rentenversicherung Bund (DRV Bund) und die → Deutsche Rentenversicherung Knappschaft-Bahn-See (DRV K-B-S).

Bundestreue
ist im → Bundesstaat die wechselseitige Verpflichtung zwischen dem Gesamtstaat und den Gliedstaaten (in der BRep. also zwischen Bund und Ländern) zu vertrauensvoller Zusammenarbeit und zur Einhaltung der verfassungsmäßigen Kompetenzverteilung. Die Verpflichtung zur Bundestreue (Treue zum „Bund" iS des verfassungsmäßigen „Bündnisses") ist in der Rspr. des BVerfG als verfassungsrechtlicher Grundsatz anerkannt; vgl. BVerfGE 6, 361; 12, 255; 14, 215.

Bundestrojaner
Massenmedial geprägte Bezeichnung für „technische Mittel", insb. Spionagesoftware, die zur Durchführung einer Quellen-Telekommunikationsüberwachung (§ 100a I 2, 3 StPO; → Telekommunikationsüberwachung 1) sowie einer → Online-Durchsuchung (§ 100b StPO) eingesetzt werden.

Bundesumweltpreis
→ Deutsche Bundesstiftung Umwelt.

Bundesunmittelbare Sozialversicherungsträger
Bundesunmittelbare Sozialversicherungsträger sind → Sozialversicherungsträger, deren Zuständigkeitsbereich sich über das Gebiet eines Landes hinaus erstreckt. Die Aufsicht führt das Bundesamt für Soziale Sicherung (§ 90 SGB IV). Bundesunmittelbare Sozialversicherungsträger gibt es in den Bereichen → Rentenversicherung, → Krankenversicherung und → Unfallversicherung.

Bundesunmittelbare Verwaltung
→ Ausführung von Gesetzen.

Bundesurlaubsgesetz
→ Urlaub.

Bundesverbände der Krankenkassen, Bundesverbände der Sozialversicherungsträger
Bei den Krankenkassen gibt es zurzeit sechs Kassenarten. Sie werden von eigenen Verbänden vertreten. Neben den Einzelverbänden ist zum 1.4.2007 der GKV-Spitzenverband als gemeinsame Interessenvertretung aller gesetzlicher Krankenkassen geschaffen worden. Für die übrigen Sozialversicherungsträger ist im Bereich der → Rentenversicherung die Deutsche Rentenversicherung Bund zuständig für die Grundsatz- und Querschnittsaufgaben der Deutschen Rentenversicherung (§ 138 SGB VI). Für den Bereich der → Sozialversicherung für Landwirtschaft, Forsten und Gartenbau wurde im Jahr 2009 der Spitzenverband der landwirtschaftlichen Sozialversicherung gegründet. In ihm sind der Bundesverband der landwirtschaftlichen Berufsgenossenschaften (BLB), der Gesamtverband der landwirtschaftlichen Alterskassen (GLA) und der Bundesverband der landwirtschaftlichen Kranken- und Pflegekassen (BLK) vertreten (→ Krankenkassen, → Sozialversicherungsträger). Hohe praktische Bedeutung haben insbesondere die in regelmäßigten Abständen veröffentlichten Besprechungsergebnisse der Spitzenverbände der Sozialversicherung und die Rundschreiben der Spitzenverbände der Sozialversicherung, in denen zB die praktische Durchführung der Beitragsberechnung, -abführung sowie der Feststellung von Versicherungspflicht geregelt sind.

Bundesverdienstkreuz
→ Orden.

Bundesverfassungsgericht
1. Das Bundesverfassungsgericht ist ein allen übrigen → Verfassungsorganen gegenüber selbständiger und unabhängiger Gerichtshof des Bundes. Es übt neben den Verfassungsgerichtshöfen (Staatsgerichtshöfen) der Länder die Verfassungsgerichtsbarkeit in Deutschland aus. Seine Zuständigkeit und Verfassung sowie die Verfahrensvorschriften sind in Art. 93, 94 GG und im Gesetz über das Bundesverfassungsgericht (BVerfGG) idF v. 11.8.1993 (BGBl. 1993 I 1473) mÄnd geregelt. Das Gericht hat seinen Sitz in Karlsruhe.

2. Die wesentlichen Bestimmungen zur Zusammensetzung des Bundesverfassungsgerichts sowie der Wahl und der Amtszeit seiner Richter wurden mit dem Gesetz zur Änderung des Grundgesetzes v. 20.12.2024 (BGBl. 2024 I Nr. 439) in Art. 93 und 94 GG aufgenommen, so dass Änderungen der Regelungen nicht mehr durch → einfaches Gesetz, sondern nur noch durch → Verfassungsänderung mit entsprechend qualifizierten Mehrheiten möglich sind. Die Mitglieder des Bundesverfassungsgerichts werden je zur Hälfte vom Bundestag (durch einen besonderen Wahlausschuss, nicht vom Plenum) und vom Bundesrat (Plenum) gewählt (Art. 93 II GG). Sie dürfen weder dem Bundestag, dem Bundesrat, der Bundesregierung noch den entsprechenden Organen der Länder angehören. Das Bundesverfassungsgericht besteht aus zwei Senaten mit je acht Richtern (Art. 93 II 1 GG), die entweder Bundesrichter oder andere Mitglieder sind. Nach § 2 III BVerfGG sollen in jedem Senat je drei Richter aus den → obersten Gerichtshöfen des Bundes gewählt werden diese sollen dort mindestens drei Jahre tätig gewesen sein. Die Richter müssen das 40. Lebensjahr vollendet haben und die → Befähigung zum Richteramt besitzen (§ 3 I und II BVerfGG). Die Richter werden vom Bundestag und vom Bundesrat mit Zweidrittelmehrheit gewählt (Art. 93 II 2 GG, § 6 I BVerfGG). Kommt in einem Wahlorgan keine Zweidrittelmehrheit zustande, geht die Zuständigkeit auf das andere Wahlorgan über (Art. 93 II 3 GG iVm § 7 V BVerfGG). Die Amtszeit beträgt zwölf Jahre ohne Möglichkeit der Wiederwahl und endet immer mit Vollendung des 68. Lebensjahres (Art. 93 III GG).

3. Die Zuständigkeit zwischen den beiden Senaten ist in § 14 BVerfGG aufgeteilt (ungenaue Schlagworte: Erster Senat „Grundrechtssenat", Zweiter Senat „Staatsrechtssenat"). Die Senate berufen für das Geschäftsjahr mehrere Kammern, die aus je drei Richtern bestehen (§ 15a BVerfGG). Die Kammern sind für die Entscheidung über Verfassungsbeschwerden von besonderer Bedeutung (vgl. §§ 93b–93d BVerfGG). Will ein Senat von der Rechtsauffassung des anderen Senats abweichen, so entscheidet das Plenum (§ 16 BVerfGG; bislang ganz seltener Fall). Jeder Senat ist beschlussfähig, wenn wenigstens sechs Richter anwesend sind. Die Zuständigkeiten des Bundesverfassungsgerichts sind in Art. 94 GG und § 13 BVerfGG enumerativ festgelegt; nur die dort aufgezählten → Verfassungsstreitigkeiten fallen in seine Zuständigkeit, insbes. Verwirkung von Grundrechten (Art. 18 GG), Verfassungswidrigkeit von Parteien (Art. 21 II GG), Anklage des BPräs. und der Bundesrichter (Art. 61, 18 GG), ferner sog. Organstreitigkeiten zwischen obersten Bundesorganen und solchen des Bundes und der Länder über ihre verfassungsmäßigen Rechte und Pflichten (Art. 94 I 1–3 GG), im Besonderen aber Vereinbarkeit von Landesrecht mit Bundesrecht (Art. 94 I Nr. 2 GG, Art. 100 I GG), schließlich die Entscheidung über → Verfassungsbeschwerden.

4. Die Entscheidungen des Bundesverfassungsgerichts binden die übrigen Verfassungsorgane des Bundes und der Länder sowie alle Gerichte und Behörden (Art. 94 IV 1 GG). Ein überstimmter Richter kann seine abweichende Ansicht in einem Sondervotum niederlegen (§ 30 II BVerfGG). Wird im Verfahren der → Normenkontrolle über die Gültigkeit eines Gesetzes entschieden, so hat diese Entscheidung Gesetzeskraft. Vorschriften zur Organisation und Verwaltung des BVerfG sowie verfahrensergänzende Bestimmungen enthält die Geschäftsordnung des BVerfG v. 19.11.2014 (BGBl. 2015 I 286).

5. Im → Verteidigungsfall dürfen Stellung und Aufgaben des Bundesverfassungsgerichts nicht beeinträchtigt werden (Art. 115g GG). Das BVerfGG darf vom → Gemeinsamen Ausschuss nur zur Aufrechterhaltung der Funktionsfähigkeit des Bundesverfassungsgericht und in Übereinstimmung mit diesem geändert werden.

Bundesverfassungsrichter
ist die Kurzbezeichnung für die „Richter des Bundesverfassungsgerichts"; → Bundesverfassungsgericht.

Bundesversammlung
Die Bundesversammlung ist ein oberstes Bundesorgan, das nur die Funktion hat, den → Bundespräsidenten zu wählen (Art. 54 GG). Sie besteht aus den Mitgliedern des → Bundestags und einer gleichen Zahl von Mitgliedern, die von den Volksvertretungen der Länder nach den Grundsätzen der Verhältniswahl gewählt werden. Dabei ist nicht von der Regelzahl von 598 Abgeordneten des Bundestages nach dem Bundeswahlgesetz, sondern von der tatsächlichen Zahl einschließlich der Überhangmandate auszugehen. Die 16. Bundesversammlung v. 12.2.2017 setzte sich daher zB aus den 630 Mitgliedern des Bundestages und 630 von den Volksvertretungen der Länder gewählten Mitgliedern zusammen, insgesamt also aus 1260 Mitgliedern. Die Quote der einzelnen Länder bemisst sich nach deren Bevölkerungszahl ohne → Ausländer. Die → Bundesregierung stellt fest, wie viele Mitglieder von jedem Land zu wählen sind. In der 16. Bundesversammlung waren dies 80 von

Baden-Württemberg, 97 von Bayern, 26 von Berlin, 21 von Brandenburg, 5 von Bremen, 13 von Hamburg, 45 von Hessen, 13 von Mecklenburg-Vorpommern, 63 von Niedersachsen, 135 von Nordrhein-Westfalen, 31 von Rheinland-Pfalz, 8 vom Saarland, 34 von Sachsen, 18 von Sachsen-Anhalt, 23 von Schleswig-Holstein und 18 von Thüringen (vgl. BGBl. 2016 I 2194). Die von den Volksvertretungen der Länder nach dem → d'Hondt'schen System zu wählenden Mitglieder müssen nicht Mitglieder dieser Volksvertretungen sein; wählbar ist jeder volljährige Deutsche. Die Mitglieder der Bundesversammlung genießen von der Annahme ihrer Wahl bis zur Beendigung der Bundesversammlung nach Annahme der Wahl durch den neu gewählten Bundespräsidenten → Immunität. Zu weiteren Einzelheiten s. Gesetz über die Wahl des Bundespräsidenten durch die Bundesversammlung (BGBl. III 1100–1 mÄnd).

Bundesversicherungsamt
Das Bundesversicherungsamt ist eine Bundesoberbehörde mit dem Sitz in Bonn. Das Bundesversicherungsamt hat die Aufsicht über die → bundesunmittelbaren Sozialversicherungsträger und nimmt die ihm durch Gesetz oder sonstiges Recht übertragenen Aufgaben wahr. Es untersteht dem Bundesministerium für Arbeit und Soziales für den Bereich der gesetzlichen → Rentenversicherung, der → Deutsche Rentenversicherung Bund, der → Deutsche Rentenversicherung Knappschaft-Bahn-See. der → Alterskassen der Landwirtschaft sowie der → Künstlersozialversicherung und der → Berufsgenossenschaften; für den Bereich der gesetzlichen → Krankenversicherung und der sozialen → Pflegeversicherung dem Bundesministerium für Gesundheit. Es ist nur an allgemeine Weisungen des zuständigen Bundesministeriums gebunden (§ 94 SGB IV). Das Bundesversicherungsamt ist kein selbständiger Rechtsträger sondern Teil der bundeseigenen Verwaltung. Die Entscheidungen des Bundesversicherungsamtes ergehen als → Verwaltungsakt. → Rechtsmittel sind beim → Sozialgericht einzulegen. Ab dem 1.1.2020 lautet die offizielle Bezeichnung des Bundesversicherungsamtes nunmehr → Bundesamt für Soziale Sicherung.

Bundesversicherungsanstalt für Angestellte
Die Bundesversicherungsanstalt für Angestellte war früher Träger der → Rentenversicherung für Angestellte mit Zuständigkeit für Versicherte, die als Angestellte oder zur Ausbildung für den Beruf des Angestellten beschäftigt waren und für die nicht die → Bundesknappschaft, die → Seekasse oder die → Bahnversicherungsanstalt zuständig war.

An die Stelle der Bundesversicherungsanstalt für Angestellte ist die → Deutsche Rentenversicherung Bund getreten (→ Bundesträger, → gesetzliche Rentenversicherung, → Verband Deutscher Rentenversicherung VDR). Die → Clearingstelle ist bei ihr angesiedelt.

Bundesversorgungsgesetz
Das Bundesversorgungsgesetz idF v. 22.1.1982 (BGBl. 1982 I 21) mÄnd ist die Grundlage für die → Kriegsopferversorgung. Außerdem ist der Anwendungsbereich des Bundesversorgungsgesetzes dadurch erheblich ausgeweitet worden, dass in zahlreichen anderen Gesetzen auf das Leistungsrecht des Bundesversorgungsgesetzes Bezug genommen wird. Dies gilt für das → Soldatenversorgungsgesetz, das Gesetz über den → Bundesgrenzschutz, das Gesetz über den → Zivildienst, das → Infektionsschutzgesetz (→ übertragbare Krankheiten), das Gesetz über die Entschädigung für Opfer von Gewalttaten und das Gesetz über → Häftlingshilfe → Erstattungsansprüche nach dem SGB X. Zum 1.1.2024 wurde das BVG in das neue SGB XIV mit aufgenommen.

Bundesvertriebenengesetz
Das Gesetz über die Angelegenheiten der Vertriebenen und Flüchtlinge (Bundesvertriebenengesetz – BVFG –) idF v. 10.8.2007 (BGBl. 2007 I 1902) mÄnd begründet für → Vertriebene, Heimatvertriebene, Sowjetzonenflüchtlinge und → Spätaussiedler eine Reihe von Rechten und Vergünstigungen. Da die Vertriebenen- und Heimatvertriebeneneigenschaft an die Ereignisse des 2. Weltkrieges anknüpft, ist das Gesetz insoweit weitgehend gegenstandslos. Bedeutung haben nur mehr die Vorschriften über Familien- und Vornamen (§ 94 BVFG), die unentgeltliche Beratung (§ 95 BVFG), die Pflege des Kulturgutes und die Forschung (§ 96 BVFG) sowie die Statistik (§ 97 BVFG). Wichtig ist das Gesetz in erster Linie für Spätaussiedler, denen das BVFG Eingliederungshilfen, Leistungen bei Krankheit und Anerkennung von Prüfungen und Befähigungsnachweisen gewährt. In §§ 26 ff. BVFG ist das Aufnahmeverfahren für Spätaussiedler geregelt.

Bundesverwaltung
→ Verwaltungsbehörden (Aufbau), → Ausführung von Gesetzen.

Bundesverwaltungsamt
Das Bundesverwaltungsamt ist eine selbständige Bundesoberbehörde und nimmt die ihr durch Gesetz zugewiesenen besonderen Verwaltungsaufgaben des Bundes aus verschiedenen Sachgebieten wahr (zB Staatsangehörigkeit, Ausländerwesen, BAföG, Führung des → nationalen Waffenregisters). Vgl. Gesetz über die Errichtung des Bundesverwaltungsamt v. 28.12.1959 (BGBl. 1959 I 829) mÄnd.

Bundesverwaltungsgericht
1. Das Bundesverwaltungsgericht (BVerwG) ist oberstes Gericht der allgemeinen → Verwaltungsgerichtsbarkeit (Sitz Leipzig, § 2 VwGO).

2. Das BVerwG besteht aus dem Präsidenten, Vorsitzenden Richtern und weiteren

Richtern. Beim Bundesverwaltungsgericht sind Senate gebildet, die in der Besetzung von 5 Richtern (bei Beschlüssen außerhalb der mündlichen Verhandlung 3 Richter) entscheiden. Zur Wahrung der Einheitlichkeit der Rechtsprechung ist ein aus dem Präsidenten und je einem Richter der Revisionssenate bestehender Großer Senat gebildet (§ 11 VwGO). Zur Wahrung des öffentlichen Interesses ist ein → Vertreter des Bundesinteresses bestellt.

3. Das Bundesverwaltungsgericht entscheidet über das Rechtsmittel der Revision gegen Urteile und Beschlüsse gem. § 47 VwGO des → Oberverwaltungsgerichts nach §§ 132, 133 VwGO, der Revision gegen Urteile des → Verwaltungsgerichts nach §§ 134, 135 VwGO und der Beschwerde nach § 99 II VwGO, § 133 I VwGO, § 17a IV 4 GVG (vgl. § 49 VwGO). Im ersten und letzten Rechtszug ist das Bundesverwaltungsgericht nach § 50 I VwGO zuständig für öffentlich-rechtliche Streitigkeiten nicht verfassungsrechtlicher Art zwischen Bund und Ländern oder zwischen verschiedenen Ländern, für Klagen gegen die vom BMin. d. Innern nach § 3 II Nr. 2 VereinsG (→ Vereinsgesetz) ausgesprochenen Vereinsverbote und bestimmte Verfügungen nach diesem Gesetz, für Klagen gegen den Bund auf Grund dienstrechtlicher Vorgänge im Geschäftsbereich des → Bundesnachrichtendienstes sowie für bestimmte Großverfahren wie zB nach dem → Allgemeinen Eisenbahngesetz, dem Bundesfernstraßengesetz (→ Bundesfernstraßen), dem Bundeswasserstraßengesetz (→ Bundeswasserstraßen) ua. Für Disziplinarsachen sind Disziplinarsenate gebildet (§ 55 BDO; → Disziplinargerichte).

Bundeswahlgesetz
→ Bundestag.

Bundeswahlordnung
→ Bundestag.

Bundeswaldinventur
Die Bundeswaldinventur soll einen Gesamtüberblick über die großräumigen Waldverhältnisse und forstlichen Produktionsmöglichkeiten liefern (§ 41a BWaldG, s. → Waldschutz). Die letzte Bundeswaldinventur 2011/12 (3. B.-VO v. 23.5.2007, BGBl. 2007 I 954) wurde 2014 abgeschlossen, die 4. Bundeswaldinventur findet 2021/22 statt, 4. Bundeswaldinventur-Verordnung (4. BWI-VO) v. 16.6.2019 (BGBl. 2019 I 890). Die Erhebung von Daten zur Nährstoffversorgung und Schadstoffbelastung der Waldböden sind Ziel der Verordnung über Erhebungen zum Zustand des Waldbodens (BZEV) v. 29.6.2020 (BGBl. 2020 I 1600).

Bundeswappen
→ Hoheitszeichen.

Bundeswasserstraßen
1. Nach Art. 89 I GG ist der Bund Eigentümer der Bundeswasserstraßen (iW die früheren Reichswasserstrassen). Er ist für ihre Verwaltung als Verkehrswege nach Art. 87 I, 89 II 1 GG durch eigene Behörden (→ Wasserstraßen- und Schifffahrtsverwaltung) zuständig. Für die Verwaltung der Bundeswasserstraßen als Gewässer sind die Bundesländer zuständig. Bundeswasserstraßen sind alle → Seewasserstraßen sowie grundsätzlich alle → Binnenwasserstraßen, die dem allgemeinen Verkehr dienen (§ 1 Bundeswasserstrassengesetz (WaStrG) idF v. 23.5.2007, BGBl. 2007 I 962 mÄnd). Dazu gehören auch wesentliche Infrastruktureinrichtungen wie Schleusen, Schutz- und Bauhäfen (→ Hafen).

2. Verwaltung als Verkehrswege sowie Ausbau und Neubau von Bundeswasserstraßen sind im WaStrG geregelt, wobei entsprechend Art. 89 III GG die Bedürfnisse der Landeskultur und der Wasserwirtschaft im Einvernehmen mit den Ländern gewahrt werden sollen (§ 4 WaStrG). Jedermann darf im Rahmen dieses Gesetzes und des Schifffahrtsrechts Bundeswasserstraßen befahren; der → Gemeingebrauch ist aber beschränkbar (§§ 5, 6; → Wassersport). Die Behörden der → Wasserstraßen- und Schifffahrtsverwaltung haben die Aufgabe, zur → Gefahrenabwehr Maßnahmen zur Schiffbarerhaltung der Bundeswasserstraßen zu ergreifen (§§ 24 ff.: Strompolizei, s. → Polizei, 3). Aus- und Neubau von Bundeswasserstraßen bedürfen grds. der → Planfeststellung nach §§ 12 ff. WaStrG. Allerdings wurde zur Beschleunigung von Planung und Durchführung von Verkehrsinfrastrukturprojekten sowie zur Erhöhung ihrer Akzeptanz das Maßnahmengesetzvorbereitungsgesetz (MgvG) v. 22.3.2020 (BGBl. 2020 I 640 mÄnd) erlassen. Danach dürfen zahlreiche namentlich genannte Projekte durch Gesetz anstelle eines Verwaltungsakts zugelassen werden. Es handelt sich dann um Einzelfall- bzw. → Maßnahmegesetze, denen ein vorbereitendes Verfahren vorgeschaltet ist, welches dem entfallenden Planfeststellungsverfahren (→ Planfeststellung) ähnelt. Zu den Wasserstraßenvorhaben, die das MgvG erfasst, gehört zB die Vertiefung des Nord-Ostsee-Kanals (§ 2 Nr. 11 MgvG). Die übrigen Vorhaben betreffen vor allem Eisenbahnstrecken.

3. Die Zulässigkeit von → Enteignungen für Unterhaltung, Neu- oder Ausbau von Bundeswasserstraßen richtet sich nach § 44 WaStrG. Sa → Unterhaltung der Gewässer. In wasserwirtschaftlicher Hinsicht unterliegen die Bundeswasserstraßen den wasserrechtlichen Vorschriften der Länder (s. hierzu → Wasserrecht). Über die Benutzung der Bundeswasserstraßen als Verkehrsträger s. → Binnenschifffahrt, → Seeschifffahrt.

Bundeswehr
1. Bundeswehr ist die Gesamtheit der Einrichtungen zur militärischen Landesverteidigung. Die Bundeswehr besteht aus den Streitkräften (Heer, Luftwaffe, Marine Sanitätswesen) und

der → Bundeswehrverwaltung (Art. 87a und b GG).

2. Nach 1945 waren zunächst keine eigenen Streitkräfte im GG v. 23.5.1949 (BGBl. 1949 I 1) vorgesehen. Die die Bundeswehr betreffenden Vorschriften wurden erst nachträglich in das GG eingefügt (vgl. Gesetz zur Ergänzung des GG v. 26.3.1954, BGBl. 1954 I 45, sowie Gesetz zur Ergänzung des GG v. 19.3.1956, BGBl. 1956 I 111, sog. „Wehrverfassung"). Die ursprünglichen Pläne für gemeinsame europäische Streitkräfte (Europäische Verteidigungsgemeinschaft v. 27.5.1952) scheiterten am Widerstand Frankreichs; dies führte letztlich 1955 zum Beitritt Deutschlands zur NATO (→ Nordatlantikvertrag).

3. Die Bundeswehr steht unter der Leitung des Bundesministers der Verteidigung, der im Frieden die Befehls- und Kommandogewalt über alle Streitkräfte hat; mit der Verkündung des → Verteidigungsfalls geht die Befehls- und Kommandogewalt auf den → Bundeskanzler über (Art. 65, 65a und 115b GG). Aus dieser Regelung ergibt sich, dass die Bundeswehr verfassungsrechtlich insgesamt Teil der parlamentarisch verantwortlichen und den Gesetzen unterworfenen Exekutive ist. Sämtliche Maßnahmen der Bundeswehr sowohl im Frieden als auch im Verteidigungsfall haben sich daher an den Vorgaben der Verfassung und des einfachen Rechts zu orientieren. Soweit deutsche Streitkräfte einem NATO-Befehlshaber (→ Nordatlantikvertrag) assigniert sind, steht diesem sowohl die alle Teile des militärischen Bereichs umfassende Befehlsgewalt, sondern auch die Befugnis zu, nachgeordneten Kommandeuren Aufgaben zuzuweisen.

4. Primäre Aufgabe der Bundeswehr ist die Verteidigung Deutschlands bei einem bewaffneten Angriff oder dem unmittelbaren Bevorstehen eines bewaffneten Angriffs eines anderen Staates auf Deutschland (→ Verteidigungsfall); vgl. Art 115a ff. GG). Völkerrechtlich ist die → militärische Verteidigung (sa → militärische Maßnahmen) in diesem Fall ohne Weiteres zulässig (s. → Gewaltverbot, 1; sa → Krieg). Unter ganz bestimmten Voraussetzungen ist der Einsatz der Bundeswehr im Ausland (→ Auslandseinsätze der Bundeswehr) auch dann zulässig, wenn kein Fall des Art. 115a GG vorliegt. Ebenfalls unter besonderen Voraussetzungen ist der Einsatz der Bundeswehr im Inland (→ Bundeswehreinsätze im Inland) möglich, wobei die Verwendung spezifisch militärischer Waffen dort nach der Rspr. des BVerfG besonderen Beschränkungen unterliegt (s. ua → Luftsicherheitsgesetz, 4; vgl. a. → Notstand, innerer).

5. Im Einzelnen sa → Wehrdienst, → Wehrpflicht, → Soldat, → Soldatengesetz sowie → Kriegsdienstverweigerer und → Zivildienst.

Bundeswehrdisziplinaranwalt
→ Wehrdisziplinaranwalt.

Bundeswehreinsätze im Ausland
→ Auslandseinsätze der Bundeswehr.

Bundeswehreinsätze im Inland
1. Primäre Aufgabe der → Bundeswehr ist die Verteidigung Deutschlands bei einem bewaffneten Angriff eines anderen Staates (s. → Bundeswehr, 4). In diesem Fall ist ein Einsatz der Bundeswehr sowohl im Inland als auch im Ausland zulässig und geboten (sa → Verteidigungsfall; → Gewaltverbot, 1). Ein terroristischer Angriff (→ Terrorismus) im Inland kann zur Feststellung des Verteidigungsfalles führen, soweit er einem anderen Staat zugerechnet werden kann.

2. In allen anderen Fällen ist ein Bundeswehreinsatz im Inland nur unter engen Voraussetzungen zulässig (sa → Notstand, innerer).

a) Bei Gefahren für den Bestand des → Bundes oder eines → Landes oder die freiheitlich demokratische Grundordnung im Bund oder in einem Land kann die → Bundesregierung Streitkräfte zur Unterstützung der → Polizei einschließlich der → Bundespolizei beim Schutz ziviler Objekte und der Bekämpfung organisierter und militärisch bewaffneter Aufständischer einsetzen (Art. 87a IV GG und Art. 91 II GG); diese Vorschriften betreffen Sezession, Revolution und Bürgerkrieg.

b) Nach Art. 35 II 2 GG kann ein Land bei einer Naturkatastrophe oder bei einem besonders schweren Unglücksfall Streitkräfte anfordern; gefährdet diese Naturkatastrophe oder dieser Unglücksfall das Gebiet mehr als eines Landes, kann die BReg. nach Art. 35 III 1 GG von sich aus Streitkräfte zur Unterstützung der Polizei einsetzen. In beiden Fällen dürfen aber keine spezifisch militärischen Waffen eingesetzt werden (BVerfG Urt. v. 15.2.2006, NJW 2006, 751; sa → Luftsicherheitsgesetz, 4; → Wehrdienst, 1).

Bundeswehrverwaltung
1. Die Bundeswehrverwaltung wird als bundeseigene Verwaltung mit eigenem Verwaltungsunterbau geführt. Sie dient den Aufgaben des Personalwesens und der unmittelbaren Deckung des Sachbedarfs der Streitkräfte (Art. 87b I GG). Ferner sind ihr Aufgaben des → Wehrersatzwesens – mit Ausnahme der Erfassung – übertragen (Art. 87b II GG, § 14 I WehrpflG).

2. Die gesetzliche Regelung im Wehrpflichtgesetz (→ Wehrpflicht) und im → Soldatengesetz orientiert sich immer noch an der früheren Behördengliederung in das Bundesamt für Wehrverwaltung, die Wehrbereichsverwaltungen als Mittelbehörden und die Kreiswehrersatzämter (→ Wehrersatzwesen). Die Angehörigen der Bundeswehrverwaltung sind im Unterschied zu den Angehörigen der Streitkräfte keine → Soldaten. Sie unterliegen daher den Bestimmungen für Bedienstete im zivilen öffentlichen Dienst (→ Bundesbeamtengesetz, → TVöD).

3. Nach der → Aussetzung der Wehrpflicht erfolgte ein umfassender Umbau der Bundeswehrverwaltung. Durch § 1 Gesetz zur Übertragung von Aufgaben der Bundes-

wehrverwaltung auf neue Behörden der Personalmanagementorganisation der Bundeswehr (Wehrverwaltungsaufgabenübertragungsgesetz – WVwAÜG) v. 21.7.2012 (BGBl. 2012 I 1583, 1590) wurden die Aufgaben des Bundesamtes für Wehrverwaltung und die Wehrbereichsverwaltungen auf das neu geschaffene Bundesamt für das Personalmanagement der Bundeswehr übertragen. Die den Kreiswehrersatzämtern zugewiesenen Aufgaben wurden durch § 2 dieses Gesetzes den Karrierecentern der Bundeswehr übertragen.

4. Neben den für das Personal zuständigen Behörden (dem Bundesamt für das Personalmanagement der Bundeswehr und den Karrierecentern der Bunderswehr) gehören das Bundesamt für Wehrtechnik und Beschaffung und die für die Liegenschaften zuständigen Bundeswehr-Dienstleistungszentren zur Bundeswehrverwaltung.

Bundeswertpapierverwaltung
→ Bundesschuldbuch, → Finanzagentur.

Bundeszentralregister
→ Strafregister; sa → Gewerbezentralregister, → Ausländerzentralregister.

Bundeszwang
Mit dem Bundeszwang kann die → Bundesregierung ein → Land zur Erfüllung seiner Pflichten anhalten, wenn dieses die ihm nach dem Grundgesetz oder einem anderen Bundesgesetz obliegenden Bundespflichten (insbes. die Ausführung der Bundesgesetze) nicht erfüllt. Die BReg. kann in einem solchen Fall die notwendigen Maßnahmen treffen, insbes. Beanstandungen erheben, Beauftragte zu den Landesbehörden entsenden, selbst oder durch den Beauftragten Weisungen erteilen sowie vom → Bundesrat förmlich feststellen lassen, dass das Land das Recht verletzt habe (Art. 37, 84 IV GG). Der Bundeszwang kann nur mit Zustimmung des BRats ausgeübt werden.

Buntbücher
sind amtliche Veröffentlichungen einer Regierung zur auswärtigen Politik, die unregelmäßig, meist aus besonderem politischen Anlass, herausgegeben werden. Die Bezeichnung bezieht sich auf die verschiedenartigen Farben für die Umschläge, die in den einzelnen Staaten für solche Veröffentlichungen traditionell verwendet werden (zB Weißbücher in Deutschland, Gelbbücher in Frankreich, Graubücher in Japan, Blaubücher in Großbritannien).

Burgfriede
→ Landfriede.

Business Judgement Rule
Die Business Judgement Rule spielt im Rahmen der zunehmenden Verfolgung von Pflichtverletzungen der Organe von Kapitalgesellschaften eine Rolle. Sie ist inzwischen im Aktienrecht kodifiziert, gilt aber gleichermaßen für Organe der GmbH. Die BJR gewährleistet, dass für die Organe bei unternehmerischen Entscheidungen ein nicht nachprüfbarer Ermessenspielraum besteht. Die Gesetzesformulierung bestimmt, dass eine Pflichtverletzung nicht vorliegt, wenn das Mitglied des Organs einer Kapitalgesellschaft bei einer unternehmerischen Entscheidung vernünftigerweise annehmen durfte, auf der Grundlage angemessener Information zum Wohle der Gesellschaft zu handeln (vgl. § 93 I 2 AktG). Zur Beweislast für einen Schadensersatzanspruch der Gesellschaft siehe § 93 II 2 AktG.

business to business-Vertrag
Das EU-Recht sieht bei Verträgen über Waren und Dienstleistungen drei verschiedene Arten von Verträgen vor: business to business-Verträge (B2B), also Verträge zwischen → Unternehmer; consumer to consumer-Verträge (C2C), also Verträge zwischen → Verbrauchern; business to consumer-Verträge (B2C), also Verträge zwischen Unternehmer und Verbraucher. Für B2C-Verträge gelten zahlreiche Sondervorschriften, → Verbrauchervertrag (1).

business to consumer-Vertrag
→ business to business-Vertrag.

Buße
Dem Täter einer geringfügigen → Straftat kann mit seinem Einverständnis die Geldzahlung an eine gemeinnützige Einrichtung auferlegt werden (§ 153a StPO), was ein vorläufiges Absehen von der Anklageerhebung bzw. nach schon erfolgter Anklageerhebung eine vorläufige Einstellung des Verfahrens ermöglicht (→ Bagatellstrafsachen). Über entsprechende Auflagen für den straffälligen Jugendlichen → Zuchtmittel. Zur Buße als Bewährungsauflage → Strafaussetzung zur Bewährung.

Bußgeld, Bußgeldverfahren
1. Zuwiderhandlungen gegen Gesetze sind in zahlreichen Fällen, insbes. im → Wirtschaftsrecht, mit Geldbuße von mindestens 5 EUR (Höchstgrenze grundsätzlich 1000 EUR, § 17 OWiG) bedroht; solche Handlungen sind → Ordnungswidrigkeiten und, wenn sie je nach der Schwere der Zuwiderhandlung mit Strafe oder Geldbuße geahndet werden können, sog. Mischtatbestände (dh im ersten Fall Straftat, im zweiten Fall Ordnungswidrigkeit; vgl. zB §§ 1, 2 WiStG 1954).

2. Kommt die Verhängung einer Geldbuße nach Bundes- oder Landesrecht in Betracht, so wird das Bußgeldverfahren eingeleitet. Es richtet sich stets nach dem Gesetz über Ordnungswidrigkeiten idF vom 19.2.1987 (BGBl. 1987 I 602).

a) Das Ermittlungsverfahren (zB wegen Preisvergehens oder sonstiger Wirtschaftsdelikte) wird von der Verwaltungsbehörde geführt, die sich dazu der Polizei bedienen kann (§§ 35 ff. OWiG). Wird das Verfahren nicht eingestellt oder an die Staatsanwaltschaft abgegeben, weil eine Straftat in Betracht kommt, so kann die Verwaltungsbehörde einen Bußgeldbescheid erlassen.

b) Gegen ihn kann der Betroffene binnen 2 Wochen Einspruch (→ Einspruch, 2) erheben und dadurch die Entscheidung des Amtsgerichts herbeiführen (§§ 67 ff. OWiG). Dieses entscheidet wie im → Strafprozess auf Grund einer → Hauptverhandlung durch Urteil oder, wenn der Betroffene und die Staatsanwaltschaft nicht widersprechen, im Beschlussverfahren. Es kann auf Freispruch, Bußgeldfestsetzung oder Einstellung erkennen, auch vom Bußgeldbescheid zum Nachteil des Betroffenen abweichen (§§ 71 ff. OWiG), nicht jedoch, wenn es durch Beschluss entscheidet.

c) Gegen seine Entscheidung ist die Rechtsbeschwerde zulässig, die nur auf Gesetzesverletzung, nicht auf Unrichtigkeiten in der Tatsachenfeststellung gestützt werden kann; sie ist aber nur statthaft, wenn eine Geldbuße von mehr als 250 EUR festgesetzt worden ist, im Falle des Freispruchs oder der Einstellung oder des Absehens von einem Fahrverbot nur, wenn der Bußgeldbescheid auf mehr als 600 EUR lautete, in ihm ein Fahrverbot verhängt war oder eine solche Geldbuße oder ein Fahrverbot von der StA beantragt war, ferner wenn der Einspruch durch Urteil als unzulässig verworfen worden ist, sonst auch, wenn die Rechtsbeschwerde ausdrücklich zugelassen worden ist (§§ 79, 80). Über sie entscheidet das Oberlandesgericht (in Bayern: das Bayerische Oberste Landesgericht).

d) Die Rechtskraft des Bußgeldbescheids schließt erneute Verfolgung wegen der Tat aus, es sei denn, diese stelle sich nachträglich als Straftat dar. Auch dann ist aber, wenn das Gericht rechtskräftig entschieden hat, erneute Verfolgung ausgeschlossen, gleichviel ob das Gericht die Tat als Straftat oder als Ordnungswidrigkeit angesehen hat (§ 84 OWiG).

3. Über den Übergang vom Bußgeld- zum strafrechtlichen Ermittlungsverfahren vgl. §§ 41 ff. OWiG, über den Übergang in das gerichtliche Verfahren und die gleichzeitige Behandlung von Straftaten und Ordnungswidrigkeiten §§ 81 ff. OWiG.

4. Für die Höhe der Ahndung von Verkehrsordnungswidrigkeiten gilt die nach § 26a StVG erlassene Bußgeldkatalog-VO (BKatV) vom 14.3.2013 (BGBl. 2013 I 498). In deren Anlage, dem Bußgeldkatalog (BKat), sind Regelsätze für die Höhe der Bußgelder vorgegeben, die bei gewöhnlichen Tatumständen und fahrlässiger bzw. vorsätzlicher Begehung für die dort aufgeführten Ordnungswidrigkeiten zu verhängen sind. Bei geringfügigem Verstoß mit einem Regelsatz bis 55 EUR ist eine → Verwarnung mit entsprechendem Verwarnungsgeld vorgesehen. Für grobe oder beharrliche Pflichtverletzungen sieht § 25 StVG zudem ein → Fahrverbot vor. Bei Alkoholfahrt ab 0,5‰ (→ Blutalkohol) oder → Drogenfahrt ist es regelmäßig zu verhängen (§ 25 I 2 StVG iVm § 24a StVG). Weitere Regelfahrverbote sieht § 4 BKatV iVm mit dem BKat vor.

Durch die 54. Verordnung zur Änderung straßenverkehrsrechtlicher Vorschriften vom 20.4.2020 (BGBl. 2020 I 814) wurden Änderungen in der Bußgeldkatalog-Verordnung (BKatV) vorgenommen, aufgrund derer für einen erweiterten Kreis von Ordnungswidrigkeiten ein Fahrverbot als regelmäßig anzuordnende Nebenfolge vorgesehen wird (näher → Fahrverbot 2). Ein dabei unterlaufener Verstoß gegen das Zitiergebot des Art. 80 I 3 GG (→ Rechtsverordnung) wurde durch die 1. Verordnung zur Änderung der BKatV vom 13.10.2021 (BGBl. 2021 I 4688) behoben.

5. Zum Verfahren in Bußgeldsachen nach dem → KartellG vgl. §§ 81–85 GWB (Festsetzung der Geldbuße durch die Kartellbehörde, auf Einspruch Entscheidung durch das Oberlandesgericht, Rechtsbeschwerde zum Bundesgerichtshof).

6. Für die Verfolgung von Steuerordnungswidrigkeiten (§§ 377 ff., 409 ff. AO) sind die Finanzämter zuständig. Über den Einspruch binnen zwei Wochen gegen den Bußgeldbescheid entscheidet das Amtsgericht (§§ 67, 68 I OWiG).

Bußgeldkatalog
→ Bußgeld, Bußgeldverfahren.

Butterverordnung
Die Butterverordnung v. 3.2.1997 (BGBl. 1997 I 144) mÄnd ist auf Grund des Milch- und MargarineG (→ Milch), des Milch- und FettG idF v. 10.12.1952 (BGBl. 1952 I 811) mÄnd sowie des LFGB (→ Lebensmittel- und Futtermittelrecht) erlassen worden. Die VO regelt Herstellung, Kennzeichnung, Verpackung und Handelsklassen von Butter. Zutaten gem. Anlage 3 der VO über die → Kennzeichnung von Lebensmitteln, die Unverträglichkeitsreaktionen auslösen können, müssen angegeben werden, wenn nicht die Verkehrsbezeichnung der Butter auf das Vorhandensein dieser Zutaten schließen lässt.

→ Elektronischer Geschäftsverkehr.

C2B
consumer to business-Vertrag, → business to business-Vertrag.

C2C
consumer to consumer-Vertrag, → business to business-Vertrag.

Call & Collect
Für ein Call & Collect-System, vielfach praktiziert während eines Lockdowns in der Corona-Krise, ist kennzeichnend, dass ein Kunde Waren telefonisch, per E-mail, SMS oder Messengerdienst bestellt und anschließend beim Unternehmer abholt. Wie und zu welchem Zeitpunkt ein Vertrag zwischen den Beteiligten zustandekommt, ist str., s. hierzu → Click & Collect. Sa → Fernabsatzvertrag, → Elektronischer Geschäftsverkehr.

Campanella, Thomas
→ Staatsutopien.

Campingplätze
→ Zeltlagerplätze.

Cannabis
Als Cannabis bezeichnet § 1 Nr. 8 KCanG Pflanzen, Blüten und sonstige Pflanzenteile sowie Harz der zur Gattung Cannabis gehörenden Pflanzen (→ Hanf). Als Rauschmittel wird Cannabis meist in Form von Marihuana (bestehend aus den getrockneten Blüten und blütennahen Blättern der Cannabispflanze, § 1 Nr. 4 KCanG) oder Haschisch (dem abgesonderten Harz der Cannabispflanze, § 1 Nr. 5 KCanG) konsumiert; als hierfür maßgeblichen Wirkstoff enthält es Tetrahydrocannabinol (THC).

Der Umgang mit Cannabis unterfällt seit 1.4.2024 nicht mehr dem allgemeinen Betäubungsmittelrecht (→ Betäubungsmitteldelikte). Mit dem Gesetz zum kontrollierten Umgang mit Cannabis und zur Änderung weiterer Vorschriften (Cannabisgesetz – CanG) vom 27.3.2024 (BGBl. 2024 I Nr. 109) wurden hierzu vielmehr eigenständige Regelwerke geschaffen: Das → Konsumcannabisgesetz (KCanG) gestattet Erwachsenen den Besitz einer bestimmten Stoffmenge sowie in begrenzter Form den gemeinschaftlichen, nichtgewerblichen sowie den privaten Eigenanbau. Es enthält Strafvorschriften für die verbleibenden Fälle eines unerlaubten Umgangs mit Cannabis (§§ 34 ff. KCanG), wobei die Strafrahmen deutlich milder ausgestaltet sind als diejenigen der §§ 29 ff. des → Betäubungsmittelgesetzes. Der Einsatz von Cannabis zu medizinischen und zu wissenschaftlichen Zwecken ist eigenständig im → Medizinal-Cannabisgesetz (MedCanG) geregelt.

Als Ziel der teilweisen Abkehr vom umfassenden Verbot hat der Gesetzgeber angegeben, dass Konsumenten ein „verantwortungsvoller Umgang mit Cannabis erleichtert“ werden solle: Der Konsum von Cannabis steige trotz der bisherigen Verbotsregelungen an. Vom Schwarzmarkt bezogenes Cannabis weise aufgrund von Verunreinigungen etc. ein erhöhtes Gesundheitsrisiko auf. Daher solle der Eigenanbau und die Weitergabe von Cannabis durch Anbauvereinigungen ermöglicht werden (vgl. BT-Drs. 20/8704, S. 1).

Das Führen eines Kfz unter der Wirkung von Cannabis wird ab einem Grenzwert von 3,5 ng/ml Tetrahydrocannabinol (THC) im Blutserum als → Ordnungswidrigkeit mit Geldbuße bis zu 3000 EUR und einem → Fahrverbot geahndet (§ 24a Ia, III, § 25 StVG). Die Geldbuße kann bis 5000 EUR betragen, wenn der Fahrer zusätzlich unter der Wirkung eines alkoholischen Getränks steht oder ein solches während der Fahrt konsumiert (§ 24a IIa, III StGV).

canon
→ Codex iuris canonici.

Carbon-Leakage
→ Emissionshandel, Brennstoffemissionen.

Carolina
→ Constitutio Criminalis Carolina.

Carpzow, Benedikt
(1595–1666), kursächsischer Richter und Rechtslehrer, schuf in seinen wissenschaftlichen Werken die theoretische Grundlage für die Weiterentwicklung des Strafrechts. Seine Auffassung über Sinn und Zweck der Strafe war noch weitgehend von den auf religiösen Vorstellungen beruhenden strengen Grundsätzen der → Constitutio Criminalis Carolina bestimmt.

carry back, carry forward
→ Verlustabzug.

Carsharing
Als Carsharing bezeichnet wird die geteilte Nutzung eines oder mehrerer Pkw durch verschiedene Personen. Zivilechtlich liegt je nach den Umständen ein → Gefälligkeitsverhältnis (Gefälligkeitsvertrag), → Leihe, → Mietvertrag, → Bruchteilsgemeinschaft, → Gesellschaft des bürgerlichen Rechts, → Gesellschaft mit beschränkter Haftung, → Verein oder → Genossenschaft vor.

Mit dem Carsharinggesetz (CsgG) vom 5.7.2017 (BGBl. 2017 I 2230) wurde die Möglichkeit geschaffen, Carsharingfahrzeugen iSd § 2 CsgG Bevorrechtigungen bei der Teilnahme am Straßenverkehr einzuräumen, die das → Parken auf öffentlichen Straßen oder Wegen sowie das Erheben von Gebühren hierfür betreffen (§ 3 CsgG). Umgesetzt wurde dies durch § 13 V StVO, wonach für Carsharingfahrzeuge durch bevorrechtigende Zusatzzeichen (vgl. § 45 Ih StVO) angeordnet werden kann, dass Einrichtungen und Vorrichtungen zur Überwachung der Parkzeit nicht betätigt werden müssen, sowie durch § 39 XI 1 StVO, wonach durch entspechende Zusatzzeichen zu den Zeichen 314, 314.1 und 315 (Anlage 3 zu § 42 II StVO) eine Parkbevorrechtigung von Carsharingfahrzeugen ausgesprochen werden kann, indem eine Parkerlaubnis auf sie beschränkt wird. In den Fahrzeugen muss die in § 39 XI 2 StVO vorgesehene Plakette deutlich sichtbar auf der Innenseite der Windschutzscheibe angebracht sein. Durch ein entsprechendes Zusatzzeichen können Carsharingfahrzeuge zudem von Parkverboten ausgenommen werden, die durch die Zeichen 286, 290.1 (Anlage 1 zu § 41 I StVO) angeordnet werden.

case-law
→ Common law.

Cashflow
Hierunter versteht man – zur Beurteilung der Finanzkraft eines Unternehmens – den Überschuss der Erträge über die Aufwendungen innerhalb eines bestimmten Zeitraums. Sa § 264 I 2 HGB und → Jahresabschluss.

Cash-Pooling
Der Begriff bezeichnet in einem → Konzern den Abzug liquider Mittel von einer Tochtergesellschaft zur zentralen Verwaltung durch die Muttergesellschaft, also um diese Mittel zusammenzufassen (engl. Pool). Dies gilt nicht als – grundsätzlich unzulässige – Rückgewähr von Einlagen (§ 57 I 3 AktG, § 30 I 2 GmbHG).

Cassis-Formel
Die Cassis-Formel stellt eine Modifizierung der → Dassonville-Formel durch den → Europäischen Gerichtshof dar, wonach grds. jede Handelsregelung der Mitgliedstaaten der → Europäischen Union (EU), die geeignet ist, den innergemeinschaftlichen Handel unmittelbar oder mittelbar, tatsächlich oder potenziell zu behindern, eine unzulässige Beschränkung i. S. d. Art. 34 AEUV ist. Nach der Cassis-Formel (s. Cassis-de-Dijon-Urteil v. 20.2.1979 (Rs. 120/78)) sind solche Beschränkungen für den Binnenhandel der Gemeinschaft hinzunehmen, die sich aus den Unterschieden der nationalen Regelungen über die Vermarktung ergeben, soweit diese Bestimmungen notwendig sind, um zwingenden Erfordernissen (insbesondere denen einer wirksamen steuerlichen Kontrolle, des Schutzes der öffentlichen Gesundheit, der Lauterkeit des Handelsverkehrs und des Verbraucherschutzes) gerecht zu werden. Eine weitere Modifizierung erfolgte hinsichtlich nicht diskriminierender Verkaufsmodalitäten in der Entscheidung → Keck und Mithouard.

Casus belli
(Kriegsfall) ist das Eintreten der Umstände, die von einem Staat als Kriegsgrund angesehen werden. Sa → Gewaltverbot (1); → Krieg.

Catcalling
Mit dem aus dem Englischen entlehnten Begriff (engl. „catcall“ bedeutet „Hinterherpfeifen“) wird eine Form verbaler Belästigung bezeichnet, die sich typischerweise eines primitiven Vokabulars bedient und zumindest vordergründig auf eine sexuelle Kontaktanbahnung zur angesprochenen Person abzielt. Im geltenden Recht kann solches Verhalten im Einzelfall als → Beleidigung (§ 185 StGB) strafbar sein, wenn in der Äußerung zugleich eine intendierte Herabwürdigung des Gegenüber zum Ausdruck kommt, etwa eine Aussage dergestalt, dass die angesprochene Person jederzeit als Lustobjekt zur Befriedigung sexueller Bedürfnisse zur Verfügung stehe. Sexualdelikte wie § 177 StGB (→ Sexueller Übergriff) oder § 184i StGB (→ Sexuelle Belästigung) setzen dagegen eine körperliche Berührung des Opfers voraus. Forderungen nach umfassender Pönalisierung durch einen eigenen Straftatbestand dürfte entgegenstehen, dass das Strafrecht als ultima ratio staatlichen Eingriffshandelns nur gegen hinreichend gewichtige Angriffe auf Rechtsgüter einsetzbar ist. Näher zum Thema aus strafrechtlicher Sicht Pörner NStZ 2021, 336.

causa
(lat.) Rechtsgrund, Ursache, → Rechtsgeschäft, → ungerechtfertigte Bereicherung.

CE-Kennzeichnung
→ Konformitätszeichen, → Geräte- und Produktsicherheitsrecht, → Prüfzeichen.

Celex-Datenbank
→ Gemeinschaftsrecht, europäisches.

CEPOL
→ europäische zentrale Fachbehörden.

cessio
(lat.) Zession, → Abtretung.

cessio legis
(lat.) Legalzession, gesetzlicher Forderungsübergang, → Abtretung (5).

Chancen-Aufenthaltsrecht
Einem → Ausländer (sa→ Ausländerrecht), dessen Aufenthalt seit mehr als fünf Jahren geduldet (→ Duldung von Ausländern) oder gestattet (→ Aufenthaltsgestattung) ist, kann eine → Aufenthaltserlaubnis auch dann erteilt werden, wenn weder sein Lebensunterhalt gesichert, noch seine Identität festgestellt noch die Passpflicht erfüllt ist. Gefordert wird nur, dass er sich zur → Freiheitlichen demokratischen Grundordnung bekennt und keine schweren Straftaten begangen hat (§ 104c AufenthG). Nicht zu verwechseln ist das Chancen-Aufenthaltsrecht mit der → Chancenkarte.

Chancenkarte
Eine Chancenkarte ist eine → Aufenthaltserlaubnis zur Suche nach einer Erwerbstätigkeit oder nach Maßnahmen zur Anerkennung ausländischer Berufsqualifikationen (§ 20a Auf-

enthG). Die Chancenkarte ermöglicht auch Teilzeittätigkeiten und Probearbeitsverhältnisse. Für die Erteilung gibt es Mindestanforderungen an die Qualifikation des betreffenden Ausländers. Die Chancenkarte darf nicht mit dem → Chancen-Aufenthaltsrecht verwechselt werden.

Chancenausgleich
→ Parteien (politische).

Chancengleichheit
ist ein aus der → Gleichheit vor dem Gesetz (Gleichheitssatz) und anderen Verfassungsbestimmungen (zB Art. 33 GG) folgender Grundsatz, der besagt, dass alle Bewerber um Teilhabe an politischer Macht (zB polit. → Parteien), öffentlichen Einrichtungen, Ämtern und Leistungen im Wettbewerb stehen und gleiche Möglichkeiten haben müssen. Der Grundsatz hat je nach Rechtsgebiet verschiedenartige Ausprägungen (vgl. zB den finanziellen Chancenausgleich bei polit. → Parteien). Besondere Bedeutung hat die Chancengleichheit bei Prüfungen; hier darf das Verfahren keinen Bewerber ohne sachl. Grund bevorzugen oder benachteiligen.

Charta der Grundrechte der Europäischen Union (Grundrechte-Charta)
1. Gemäß Art. 6 I EUV (→ EU-Vertrag (EUV)) erkennt die → Europäische Union (EU) die Rechte, Freiheiten und Grundsätze an, die in der Grundrechte-Charta v. 7.12.2000 in der am 12.12.2007 in Straßburg angepassten Fassung niedergelegt sind; → Europäisches Parlament, → Rat der EU und → Europäische Kommission haben den Text an diesem Tag feierlich proklamiert. Die Grundrechte-Charta ist mit EUV und → AEUV gleichrangig. Im Vereinigten Königreich und in Polen gilt die Grundrechte-Charta nur unter Vorbehalt (Protokoll über die Anwendung der Charta der Grundrechte der Europäischen Union auf Polen und das Vereinigte Königreich, ABl. 2007 Nr. C 306, 270). Die ursprüngliche Fassung der Grundrechte-Charta wurde aufgrund Mandats des → Europäischen Rates von Köln am 3./4.6.1999 durch ein Gremium – das sich selbst den Namen „Konvent" gab – unter Vorsitz des früheren Bundespräsidenten Herzog ausgearbeitet. Die Grundrechte-Charta sollte zunächst als Teil II in die im Ratifikationsprozess gescheiterte → Europäische Verfassung aufgenommen werden.

2. Die Grundrechte sind in 6 Gruppen aufgeteilt:

a) Würde des Menschen mit den Rechten auf Leben und Unversehrtheit, Verbot der Folter, unmenschlicher oder erniedrigender Strafe oder Behandlung, Verbot der Sklaverei und Zwangsarbeit (Art. 1 bis 5 EU-Grundrechte-Charta);

b) Freiheit einschließlich unternehmerischer Freiheit, Eigentum, Asylrecht, Schutz bei Abschiebung, Ausweisung und Auslieferung (Art. 6 bis 19 EU-Grundrechte-Charta);

c) Gleichheit, insbes. Gleichheit vor dem Gesetz und Gleichheit von Männern und Frauen, Diskriminierungsverbote und Achtungsgebote, Kindesrechte, Integration Behinderter, Vielfalt der Kulturen, Religionen und Sprachen (Art. 20 bis 26 EU-Grundrechte-Charta);

d) Solidarität (Art. 27 bis 38 EU-Grundrechte-Charta);

e) Bürgerrechte wie Wahlrecht und Freizügigkeit, diplomatischer und konsularischer Schutz sowie die Justizgrundrechte einschließlich der Unschuldsvermutung (Art. 47 bis 50 EU-Grundrechte-Charta).

3. Eine besondere Beschwerde bei Verletzung der in der Grundrechte-Charta geregelten Grundrechte zum EuGH (ähnlich dem Verfahren der → Verfassungsbeschwerde) ist nicht vorgesehen. Allerdings kann jede natürliche oder juristische Person gegen die an sie gerichteten oder sie unmittelbar und individuell betreffenden Handlungen sowie gegen Rechtsakte mit Verordnungscharakter, die sie unmittelbar betreffen und keine Durchführungsmaßnahmen nach sich ziehen, Klage erheben (Art. 263 IV AEUV). Allerdings können im → Sekundärrecht besondere Bedingungen und Einzelheiten für die Erhebung dieser Klagen natürlicher oder juristischer Personen vorgesehen werden (Art. 263 V AEUV).

4. Neben der Grundrechte-Charta besteht in der EU auch ein Grundrechtsschutz nach der → Konvention zum Schutze der Menschenrechte und Grundfreiheiten. Die EU tritt dieser Konvention bei; die Grundrechte, wie sie in der Konvention zum Schutze der Menschenrechte und Grundfreiheiten gewährleistet sind, sind als allgemeine Grundsätze Teil des Unionsrechts (Art. 6 II und III EUV). Zusätzlich sind die Grundrechte, wie sie sich aus der gemeinsamen Verfassungstradition der Mitgliedstaaten ergeben, Teil des Unionsrechts. Durch Grundrechte-Charta, Konvention zum Schutze der Menschenrechte und Grundfreiheiten und die in den Rang europäischen → Primärrechts erhoben Grundrechtstraditionen der Mitgliedstaaten besteht für Unionsbürger dreifacher Grundrechtsschutz auf Ebene der EU: hinzu kommt in Deutschland der Grundrechtsschutz nach Bundes- und Landesrecht (s. → Grundrechte, 1, 2, 8, 9).

Charta der Vereinten Nationen
ist die Satzung der → Vereinten Nationen.

Chartervertrag
Ein Chartervertrag ist eine besondere Art der Miete, durch die ein bestimmtes Seeschiff mit Besatzung auf Zeit überlassen wird und mit dem Güter oder Personen befördert werden (§ 557 HGB). Ein Chartervertrag kann auch in Bezug auf Flugzeuge abgeschlossen werden, idR aber nur für das ganze Flugzeug und für einzelne oder eine bestimmte Anzahl von

Flugreisen; je nach Ausgestaltung des Chartervertrags handelt es sich hierbei um einen → Mietvertrag oder um einen → Beförderungsvertrag (Gruppenreise). S. a. → Reeder (Haftung).

Chemikaliengesetz
1. Das Chemikaliengesetz (ChemG) idF v. 28.8.2013 (BGBl. 2013 I 3498, 3991) soll Menschen und Umwelt vor schädlichen Einwirkungen gefährlicher Stoffe und Zubereitungen schützen, insbes. sie erkennbar machen, abwenden und ihrem Entstehen vorbeugen (§ 1 ChemG, s. → Gefahrstoffrecht). Den Anwendungsbereich des Gesetzes regelt § 2 ChemG, er umfasst zT auch → Arzneimittel, → Medizinprodukte, → Abfälle ua m. Was einen chemischen Stoff als gefährlich erscheinen lässt (zB Giftigkeit, Explosions- und Umweltgefährlichkeit), bestimmt § 3a ChemG.

2. Das ChemG regelt insbes. den Vollzug von → REACH und den der Zulassung von → Biozidprodukten. Ergänzend enthält es Bestimmungen zu Einstufung, Verpackung und Kennzeichnung von gefährlichen Stoffen, Gemischen und Erzeugnissen (§§ 13–14 ChemG) sowie Mitteilungspflichten (§§ 16d–16e ChemG), Informationspflichten (§ 16f ChemG), Ermächtigungen zu Verboten und Beschränkungen (ua für giftige Pflanzen und Tiere, § 18 ChemG) und Vorschriften für den Schutz von Beschäftigten (§ 19 ChemG). Für Prüfverfahren und Prüfnachweise gelten die → Grundsätze der guten Laborpraxis (GLP).

3. Ordnungswidrigkeiten können mit Bußgeldern von bis zu 200 000 EUR geahndet, Straftaten mit Gefängnis von bis zu 10 Jahren bestraft werden (§§ 26, 27 ChemG). Wichtige Vollzugsvorschriften enthalten die VO über Verbote und Beschränkungen des Inverkehrbringens gefährlicher Stoffe, Gemische und Erzeugnisse nach dem ChemG (ChemVerbotsV) v. 20.1.2017 (BGBl. 2017 I 94, mÄnd) und die Chemikalien-SanktionsV idF v. 10.5.2016, BGBl. 2016 I 1175; s. a. → Gefahrstoffe; → Gifte.

4. Das Chemikalienrecht unterliegt einer langsamen, aber zunehmenden internationalen Harmonisierung. So ist beim Im- und Export seit November 2008 das Übereinkommen der ILO (→ Internationale Arbeitsorganisation) über die Sicherheit bei der Verwendung chemischer Stoffe bei der Arbeit v. 25.6.1990 zu berücksichtigen (BGBl. 2007 II 130, 2008 II 232). Es regelt insbes. die Kennzeichnung und begleitende Information beim Im- und Export gefährlicher Stoffe. Ergänzt wird es durch die VO (EG) 1272/2008 v. 16.12.2008 über die Einstufung, Kennzeichnung und Verpackung von Stoffen und Gemischen (ABl. L 353/1, 2011 L 16/1 u. 2015 L 94/9).

Chemikalienrecht
→ REACH, → Beförderung gefährlicher Güter, → Chemikaliengesetz, → Gefahrgut, → Gefahrstoffe.

Cholera
→ Infektionsschutzgesetz.

Christlicher Gewerkschaftsbund
Der Christliche Gewerkschaftsbund (CGB) ist ein unabhängig vom → Deutschen Gewerkschaftsbund bestehender, nach dem Berufsverbandsprinzip aufgebauter Zusammenschluss von Gewerkschaften; er besitzt → Tariffähigkeit, was für seine Mitgliedsgewerkschaften im Einzelnen aber sehr umstritten ist. Für den CGZP (eine Tarifgemeinschaft mehrerer Mitgliedsgewerkschaften des CGB für die Arbeitnehmerüberlassung) hat das BAG die Tariffähigkeit abgelehnt; dies hat erhebliche Bedeutung für das → Leiharbeitsverhältnis.

Churning
Churning ist das häufige Umschichten von Vermögenswerten (Wertpapieren) ohne zwingenden sachlichen Grund, um zu Lasten des Anlegers Transaktionskosten (zB Provisionen) zu Gunsten von Bank oder Vermögensverwaltern abzuschöpfen. Churning kann den Tatbestand einer → unerlaubten Handlung (§ 826 BGB, § 823 II BGB iVm → Betrug oder → Untreue) oder einer → positiven Vertragsverletzung erfüllen und so einen Schadensersatzanspruch des Anlegers begründen.

c. i. c.
→ Verschulden beim Vertragsschluss.
→ Codex Iuris Canonici.

cif
Cif (engl. cost, insurance, freight) lautet eine Klausel, insbes. beim → Handelskauf bzw. im Seefrachtgeschäft, wonach der Verkäufer die Kosten der Verladung (cost), der Versicherung (insurance) und der Fracht (freight) bis zum Zielort der Ware zu tragen hat. Eine Änderung des → Leistungsorts ist mit dieser Klausel allein regelmäßig noch nicht verbunden (→ Versendungskauf). S. a. → fob.

CIM
CIM ist die Abkürzung für Règles uniformes concernant le contrat de transport international ferroviaire des marchandises = Einheitliche Rechtsvorschriften für den Vertrag über die internationale Eisenbahnbeförderung von Gütern (BGBl. 1985 II 224, mÄnd). Als Anhang B zum → COTIF regeln diese Vorschriften die zivilrechtlichen Aspekte der entgeltlichen Beförderung von Gütern auf der Schiene, wenn der Ort der Übernahme der Güter und der für die Ablieferung vorgesehene Ort in zwei Mitgliedstaaten liegen. Das CIM enthält Bestimmungen zu dem Abschluss des internationalen Beförderungsvertrags, dem Frachtbrief, den Leistungspflichten des Beförderers und seiner Haftung.

CISG
Das CISG (Convention on Contracts for the International Sale of Goods, auch UN-Kaufrechtsübereinkommen) ist das Wiener UN-Übereinkommen v. 11.4.1980 über den internationalen Warenkauf (für die BRD G. v.

5.7.1989, BGBl. 1989 II 586). Es stellt einen völkerrechtlichen Vertrag dar, welcher – international einheitlich – den Abschluss und vor allem die Abwicklung und Gewährleistungsrechte von Kauf- und Werklieferungsverträgen über Waren (nicht Grundstücke, Rechte oder zum persönlichen Gebrauch des Erwerbers) regelt. Wesentliche Anwendungsvoraussetzung ist, dass die Parteien ihre Niederlassung in verschiedenen Vertragsstaaten haben. Das CISG verdrängt in seinem Anwendungsbereich das sonstige nationale Recht; es geht als materielles Recht dem → internationalen Privatrecht und den nationalen Vorschriften über → Kauf und → Gewährleistung vor. Das CISG wurde inzwischen von 97 Staaten ratifiziert.

CIV
CIV ist die Abkürzung für Règles uniformes concernant le contrat de transport international ferroviaire des voyageurs = Einheitliche Rechtsvorschriften für den Vertrag über die internationale Eisenbahnbeförderung von Personen (BGBl. 1985 II 178, mÄnd). Als Anhang A zum → COTIF regeln diese Vorschriften die zivilrechtlichen Aspekte der Beförderung von Personen auf der Schiene, wenn Abgangs- und Bestimmungsort in zwei verschiedenen Mitgliedstaaten liegen. Das CIV enthält Bestimmungen zu dem Abschluss des Beförderungsvertrags, dem Beförderungsausweis, den Leistungspflichten des Beförderers und seiner Haftung. Ferner enthält das CIV Vorschriften zur Mitbeförderung von Gepäck, Tieren und Fahrzeugen.

Das CIV ist als Anlage I Bestandteil der VO (EU) 2021/782 (→ Fahrgastrechte (Eisenbahnverkehr)). Dadurch gelten manche Vorschriften des CIV auch für rein nationale Sachverhalte, sofern die VO (EU) 2021/782 nicht Vorrang hat.

class action
→ Sammelklage.

clausula rebus sic stantibus
Der Begriff (lat.) umschreibt eine Abmachung, dass die Verhältnisse so bleiben. Nach dem gemeinen Recht galt der Grundsatz, dass jeder Vertrag eine solche Abrede enthalte, und zwar auch ohne, dass dies durch eine besondere Vereinbarung erfolgt; damit galt ein Vertrag nur solange, als sich die Verhältnisse nicht änderten. Diesen Grundsatz hat das BGB in dieser Weise nicht übernommen. Die Anpassung von Verträgen richtet sich nach § 313 BGB, s. hierzu → Geschäftsgrundlage.

Clearing
Clearing ist eine durch → Aufrechnung zwischen Mitgliedern eines bestimmten Teilnehmerkreises (insbes. Banken) vorgenommene bargeldlose Zahlung (Verrechnung von Forderungen und Verbindlichkeiten); häufig auch im internationalen Verkehr in verschiedenen Währungen.

Clearingstelle
Die Clearingstelle entscheidet darüber, ob eine selbstständige Tätigkeit als Selbstständigkeit zu qualifizieren ist, oder ob es sich um eine abhängige Beschäftigung handelt. Rechtsgrundlage ist § 7a SGB IV. Die Clearingstelle hat ihren Sitz bei der → Deutschen Rentenversicherung Bund in Berlin. Das Clearingverfahren kann sowohl von Beschäftigten als auch von Arbeitgebern beantragt werden. Die Einzugsstelle muss in den Fällen des § 7a I 1 SGB IV (Beschäftigung von Ehegatten, Lebenspartnern, Abkömmlingen, geschäftsführenden Gesellschaftern) ein Entscheidung der Clearingstelle herbeiführen. Gegen die Entscheidung der Clearingstelle sind sowohl Widerspruch als auch Rechtsmittel vor den → Sozialgerichten einzulegen. Ein eingelegtes Rechtmittel hat → aufschiebende Wirkung.

Click & Collect
Für ein Click & Collect-System, vielfach praktiziert während eines Lockdowns in der Corona-Krise, ist kennzeichnend, dass ein Kunde Waren online bestellt und anschließend beim Unternehmen abholt. Wie und zu welchem Zeitpunkt ein Vertrag zwischen den Beteiligten zustandekommt, ist str.; zu ermitteln ist im Einzelfall durch Auslegung, ob die Erklärung des Kunden ein Angebot oder eine unverbindliche Reservierungsanfrage darstellt und zu welchem Zeitpunkt ein Angebot ggfs. angenommen wird. Problematisch ist auch die Einbeziehung von → Allgemeinen Geschäftsbedingungen. Sa → Fernabsatzvertrag, → Elektronischer Geschäftsverkehr.

Click-Through-Buchung
→ Reisevertrag.

Climate Change Litigation
→ Klimaklage.

CMR-Übereinkommen
→ Frachtvertrag.

CO2-Abgabe
→ Emissionshandel, Brennstoffemissionen, → Kohlendioxid.

CO2-Grenzausgleichssystem
Der europäische → Emissionshandel verteuert europäische Waren (zB aus Stahl), weil für die mit der Herstellung verbundene Umweltverschmutzung Berechtigungen (Zertifikate) erworben werden müssen. Diese kosten Geld. Um zu vermeiden, dass energieintensive Unternehmen in Länder abwandern, in denen Emissionen nicht bepreist werden (Verlagerung von CO2-Emissionen = Carbon Leakage), wurden bisher großzügig kostenlose Zertifikate verteilt oder Kompensationen gezahlt (zB für den Luftverkehr und die Stromerzeugung).

Im Rahmen der Reform des europäischen Emissionshandels (→ Emissionshandel, Treibhausgase) wird diese Form der Unterstützung europäischer Unternehmen ab 2024 schrittweise bis 2034 durch ein CO2-Grenzausgleichssystem ersetzt (CBAM - Carbon Border Adjustment Mechanism, Verordnung 2023/956 v. 10.5.2023 zur Schaffung eines CO2-Grenzausgleichssystems, ABl. EU 2023 L 130, 52). Danach müssen die Importeure bestimmter Waren in Zukunft CBAM-Zertifikate erwerben, so dass der Preis dieser Waren den gleichen CO2-Anteil enthält, wie er in der EU angefallen wäre. Manchmal wird daher auch von einem CO2-Zoll gesprochen. Gem. Anhang I Verordnung 2023/956 fallen vorerst nur Waren der Sektoren Zement, Strom, Düngemittel, Eisen, Stahl, Aluminium und Wasserstoff unter dieses CO2-Grenzausgleichssystem; eine spätere Ausweitung ist jedoch angedacht.

Cocceji, Samuel von –
(1679 bis 1755), nahm als Großkanzler und Justizminister Friedrichs d. Gr. starken Einfluss auf die Rechtsentwicklung in Preußen. Im Rahmen einer Justizreform schuf er eine neue Prozessordnung und entwarf das „Corpus Juris Fridericiani" (1749).

Code
(franz.) = Gesetzbuch.

Code civil
Code civil (Zivilgesetzbuch) von 1804, zeitweise auch als Code Napoléon bezeichnet, Kodifikation des franz. Zivilrechts, nach der Okkupation des Rheinlands durch Frankreich in den linksrheinischen Gebieten von Preußen, Bayern und Hessen sowie in Baden eingeführt und dort noch bis zum Inkrafttreten des BGB in Geltung. Der Code civil hat weitgehend die Fortentwicklung des bürgerlichen Rechts im romanischen Rechtskreis beeinflusst.

Code de commerce
Der Code de commerce, die Kodifikation des französischen Handels- und Gesellschaftsrechts, wurde im Jahr 1807 geschaffen. Es gehört zu den sog. Napoleonischen Gesetzen (→ Code civil), galt bis zum Inkrafttreten des Allgemeinen Deutschen Handelsgesetzbuches von 1861 in bestimmten rheinischen Gebieten Deutschlands und hat das deutsche → Handelsrecht beeinflusst.

Code of best practice
→ Corporate Governance Kodex.

Code pénal
Franz. Strafgesetzbuch, dessen ursprüngliche Version vom 12.2.1810 stammt. Die heute geltende Neufassung vom 22.7.1992 trat zum 1.3.1994 in Kraft.

Codex Hammurabi
Eine nach dem babylonischen König Hammurabi (Hammurapi, Chammurabi; 1728–1686 v. Chr.) benannte, in Keilschrift in Stein gehauene Sammlung von Gesetzen; umfasste bürgerliches, Handels- und Strafrecht.

Codex Iuris Canonici (CIC)
1. Der Codex Iuris Canonici (CIC) ist die Kodifikation des allgemeinen katholischen → Kirchenrechts. Die aktuelle Fassung wurde am 25.1.1983 von Papst Johannes Paul II. promulgiert (veröffentlicht) und trat am 27.11.1983 in Kraft. Der CIC gilt nur für die lateinische (abendländische) Kirche. Für die mit Rom unierten Ostkirchen wurde 18.10.1990 ein eigener Codex Canonum Ecclesiarum Orientalium (CCEO) erlassen.

2. Der CIC regelt nicht das in eigenen Gesetzbüchern enthaltene Liturgische Recht und lässt das durch Verträge geschaffene Recht (→ Konkordate) unberührt. Im Übrigen werden durch den CIC alle früheren Gesetze, die ihm widersprechen, alle Strafgesetze, sowie insbesondere der 1917 promulgierte Codex iuris canonici aufgehoben.

3. Der CIC gliedert sich in sieben Bücher. Buch I – Allgemeiner Teil – befasst sich mit den kirchlichen Rechtsnormen und Verwaltungsakten, den natürlichen und juristischen Personen, der Leitungsgewalt und den Kirchenämtern, Fristen und Verjährung. Buch II – Überschrift „Volk Gottes" – befasst sich in Teil I mit Rechten und Pflichten aller Gläubigen sowie Stand und Ausbildung der Kleriker; Teil II regelt die hierarchische Verfassung der Kirche (Papst, Bischofskollegium, Bischofssynode, Kardinäle, Kurie, Gesandte, Metropoliten, Bischöfe und Diözesen); Teil III regelt die Institute des geweihten Lebens (Ordensinstitute, Säkularinstitute) und Gesellschaften des Apostolischen Lebens. Buch III normiert den Verkündigungsdienst, Buch IV den Heiligungsdienst der Kirche. Buch V enthält Bestimmungen über das Kirchenvermögen, Buch VI das kirchliche Strafrecht und Buch VII das Prozessrecht. Die einzelnen Bestimmungen heißen „canon", Plural (lat.) „canones". Die 1752 canones gliedern sich in Paragrafen.

4. Als Reaktion auf Missbrauchsfälle (sa → Sexueller Missbrauch von Jugendlichen und → Sexueller Missbrauch von Kindern) wurden die Strafbestimmungen des CIC 2021 ergänzt und verschärft. So wurde mit can. 1398 ein eigener Straftatbestand für den Missbrauch Minderjähriger und geistig Behinderter geschaffen. Nach dem neuen can. 1371 § 6 wird nunmehr überdies bestraft, wer die Weitergabe einer Strafanzeige versäumt. Im Hinblick auf finanzielle Unregelmäßigkeiten in der Vergangenheit ist nunmehr auch grob fahrlässiges Verhalten bei der Verwaltung der Kirchengüter unter Strafe gestellt (can. 1376 § 2 Nr. 2).

5. Durch den CIC wurde entgegenstehendes Partikularrecht (nur in bestimmten Gebieten geltendes oder sonstiges im Range unter dem CIC stehendes Recht) aufgehoben. Im Übrigen bleibt das Partikularrecht unberührt. Auch kann im Rahmen des CIC neues Partikularrecht (zB durch → Bischofskonferenzen oder → Bischöfe) geschaffen werden. Im Hinblick auf finanzielle Unregeläßigkeiten in der Vergangenheit ist nunmehr auch grob fahrläs-

siges Verhalten bei der Verwaltung der Kirchengüter unter Strafe gestellt (can. 1376 § 2 Nr. 2).

6. Weltliches Recht gilt nach can. 22 nur insoweit, als der CIC hierauf verweist und dieses göttlichem Recht nicht widerspricht. Nach weltlichem Rechtsverständnis dagegen besteht, soweit das staatliche Recht nicht auf eine Regelung innerkirchlicher Angelegenheiten verzichtet (vgl. Art. 140 GG iVm Art. 137 WRV bzw. konkordatäre Regelungen), Vorrang des weltlichen Rechts (→ Staatskirchenrecht).

Codex Justinianus
→ römisches Recht.

Cold Call
Als Cold Call bezeichnet man einen Werbetelefonanruf ohne vorherige Einwilligung des Angerufenen, der nach § 7 Abs. 2 Nr. 1 UWG eine unzumutbare Belästigung darstellt (→ Unlauterer Wettbewerb).

Commercial Court
An einigen Gerichtsstandorten (z. B. Stuttgart) gibt es sog. Commercial Courts. Diese sind den Landgerichten bzw. Oberlandesgerichten zugeordnet und ermöglichen - zu bestimmten unternehmerischen Streitigkeiten - ein Verfahren in englischer Sprache. Zweck ist es, das deutsche Gerichtswesen für ausländische bzw. international agierende Rechtssuchende attraktiver zu machen (→ Wettbewerb der Rechtsordnungen). Eine gesetzliche Regelung, etwa zur Zuständigkeit und zum Verfahrensablauf, gibt es erst seit kurzem. Mit dem Justizstandort-Stärkungsgesetz wurde nun das Phänomen in Deutschland gesetzlich genauer erfasst und um flächendeckend die Einführung von Commercial Courts (bei den Oberlandesgerichten, höchstens eines je Bundesland, Streitwert mehr als 500.000 Euro) ermöglicht. Dabei werden die Parteien zwischen Englisch und Deutsch als Gerichtssprache wählen können (BGH aber voraussichtlich nur Deutsch bzw. nur bei Zustimmung des Senats). Nun obliegt es der Ländern, den Entwurf sinnvoll umzusetzen und sinnvolle Anwendungsbereiche oder Konzentrationen zu entwickeln. Nur dann können die Commercial Courts ein echte Konkurrenz zu privaten Streitbeilegungsmechanismen werden.

commodum (stellvertretendes)
→ Unmöglichkeit der Leistung (3).

commodum ex negotiatione
→ Ungerechtfertigte Bereicherung (3).

Common law
Common law ist das in England geltende gemeine Recht, das weitgehend Gewohnheitsrecht ist. Das engl. Recht ist nur zum geringen Teil in Gesetzeswerken zusammengefasst (kodifiziert; sog. statute law). Es beruht meist als sog. Fall-Recht (case-law) auf früheren Entscheidungen höherer Gerichte, die in Fallsammlungen zusammengefasst sind und die Gerichte binden. Die Sammlungen, die sich als Richterrecht darstellen (judiciary law), werden ständig durch neue Entscheidungen ergänzt; auf diese Weise wird das Recht fortgebildet. Zum Unterschied hiervon umfasst das civil law bürgerlich-rechtliche Grundsätze, die dem → römischen Recht entlehnt sind.

Commonwealth
(wörtl.: Gemeinwesen) ist die Bezeichnung für den Britischen Staatsverband. Sie verdrängte, endgültig im Westminsterstatut vom 11.12.1931, die frühere Bezeichnung → Empire. Während zwischen den beiden Weltkriegen von einem „British Commonwealth of Nations" gesprochen wurde, ist die Bezeichnung heute „Commonwealth of Nations." Aus dem früheren Staatenbund ist inzwischen eine völkerrechtlich nahezu bedeutungslose → Personalunion mit der englischen Königin als Staatsoberhaupt geworden.

communis opinio
(lat.) = allgemeine Meinung.

compensatio lucri cum damno
→ Vorteilsausgleichung.

Compliance
Compliance (auch: Corporate Compliance). Hierunter versteht man die rechtlich ordnungsgemäße systematische Organisation eines Unternehmens mit dem Ziel, eine zivil- oder sogar strafrechtliche Haftung des Unternehmens und seiner Organe zu vermeiden (s. auch Ziff. 4.1.3 DCGK; → Corporate Governance Kodex). Beispiele sind eine wirksame Korruptionsbekämpfung oder eine unternehmensinterne Selbstkontrolle (zB gegen schwarze Kassen). Die Compliance ist allgemeiner Ausdruck der organschaftlichen Sorgfaltspflicht, teilweise aber auch spezialgesetzlich vorgeschrieben. Teilweise ist auch ein besonderer Compliance-Beauftragter zu bestellen. Insbesondere das → Wertpapierhandelsgesetz sieht – in Verbindung mit einer Ausführungsverordnung und dem Rundschreiben der Aufsichtsbehörde (Rundschreiben der → Bundesanstalt für Finanzdienstleistungsaufsicht (BaFin), „MA Comp") – die Ernennung eines solchen Beauftragten vor, der bestimmte Weisungs- und Informationsrechte hat. Ähnliche Regelungen enthält das KAGB.

Computer
(Vertrag) → Software. Sa → Urheberrecht, → unlauterer Wettbewerb (2b, e).

Computerbetrug
Straftatbestand nach § 263a StGB, der den klassischen Betrugstatbestand (§ 263 StGB) für Fälle ergänzt, in denen kein Mensch getäuscht, sondern manipulativ auf einen maschinellen Datenverarbeitungsprozess eingewirkt wird. Den Tatbestand erfüllt, wer in der Absicht, sich oder einem Dritten einen rechtswidrigen Vermögensvorteil zu verschaffen, das Vermögen eines anderen dadurch beschädigt, dass er das Ergebnis eines Datenverarbeitungsvorgan-

ges durch unrichtige Gestaltung des Programms, durch Verwendung unrichtiger oder unvollständiger Daten, durch unbefugte Verwendung von Daten (insbes. Geldautomatenmissbrauch durch den Dieb der Zahlungskarte oder den Nutzer einer mittels sog. → Skimming erstellten Kartenkopie, s. auch → Fälschung von Zahlungskarten, nicht dagegen durch den berechtigten Karteninhaber) oder sonst durch unbefugte Einwirkung auf den Ablauf beeinflusst. Für die Strafbarkeit des Versuchs, die Sanktionsdrohungen und Verfolgungsvoraussetzungen verweist die Norm auf § 263 StGB (→ Betrug).

§ 263a III StGB stellt zudem verschiedene Vorbereitungshandlungen unter Strafe: Dies betrifft zunächst denjenigen, der Computerprogramme herstellt, sich oder einem anderen verschafft, feilhält, verwahrt oder einem anderen überlässt, deren Zweck die Begehung einer solchen Tat ist (§ 263a III Nr. 1 StGB). Im Jahr 2021 mit § 263a III Nr. 2 StGB ergänzt wurde die Strafbarkeit desjenigen, der gleiche Handlungen in Bezug auf Passwörter oder sonstige Sicherungscodes vornimmt, die sich zur Begehung eines Computerbetrugs eignen (61. StRÄndG v. 10.3.2021, BGBl. 2021 I 333). Mit dieser Variante soll insbes. bereits die Erlangung der Daten einer Zahlungskarte im Rahmen des → Skimmings erfasst werden (s. BT-Drs. 19/25631, 23). Die Sanktionsdrohung des § 263a III StGB reicht bis zu Freiheitsstrafe von drei Jahren. → Computerkriminalität, → Internetkriminalität.

Computerkriminalität
Computerkriminalität ist mit Strafe bedroht insbes. als → Ausspähen von Daten (sog. Computerspionage), → Abfangen von Daten, → Computerbetrug, → Fälschung technischer Aufzeichnungen, Fälschung beweiserheblicher Daten (→ Urkundenfälschung), → Urkundenunterdrückung, → Datenveränderung, → Computersabotage, Betriebsspionage (→ Geheimnisverrat, → Geschäftsgeheimnis), unerlaubte Verwertung von Computerprogrammen (§ 106 I UrhG, → Urheberrecht). Sa → Internetkriminalität.

Computermanipulation
→ Urkundenfälschung.

Computersabotage
Straftatbestand nach § 303b StGB: Wer eine Datenverarbeitung, die für einen anderen, insbes. einem fremden Betrieb, ein fremdes Unternehmen oder eine Behörde von wesentlicher Bedeutung ist, durch → Datenveränderung oder dadurch stört, dass er elektronisch, magnetisch oder sonst nicht unmittelbar wahrnehmbar gespeicherte oder übermittelte Daten in der Absicht, einem anderen Nachteil zuzufügen, eingibt oder übermittelt oder eine Datenverarbeitungsanlage oder einen Datenträger zerstört, beschädigt, unbrauchbar macht, beseitigt oder verändert, wird danach mit Freiheitsstrafe bis zu 5 Jahren oder Geldstrafe bestraft. In besonders schweren Fällen, wenn der Täter zB eine Vermögensverlust großen Ausmaßes herbeiführt, gewerbsmäßig oder als Mitglied einer Bande handelt oder die Versorgung der Bevölkerung mit lebenswichtigen Gütern beeinträchtigt oder die Sicherheit der BRep. beeinträchtigt, droht Freiheitsstrafe bis zu 10 Jahren (§ 303b IV StGB). Versuch ist strafbar. Verfolgung einer Tat gem. § 303b I, II StGB nur nach → Strafantrag oder bei besonderem öffentl. Interesse an der Strafverfolgung (§ 303c StGB). Die Vorbereitung der Tat ist strafbar wie bei → Datenveränderung, → Abfangen von Daten, → Ausspähen von Daten. Sa → Datenhehlerei.

condicio
(lat.) → Bedingung, → Ungerechtfertigte Bereicherung (2a).

condictio
(lat.) Anspruch aus → ungerechtfertigter Bereicherung (2a).

condictio causa data, causa non secuta
(lat.) Anspruch auf Rückgewähr wegen Nichteintritts des mit der Leistung bezweckten Erfolgs (→ ungerechtfertigte Bereicherung, 2b).

condictio causa finita
(lat.) Anspruch auf Rückgewähr wegen Wegfalls des mit der Leistung bezweckten Erfolgs (→ ungerechtfertigte Bereicherung, 2b).

condictio indebiti
(lat.) Anspruch auf Rückgewähr einer nicht geschuldeten Leistung (→ ungerechtfertigte Bereicherung, 2b).

condictio ob turpem vel iniustam causam
(lat.) Anspruch auf Rückgewähr, weil die Annahme der Leistung gegen die guten Sitten oder das Gesetz verstieß (→ ungerechtfertigte Bereicherung, 2c).

condictio possessionis
(lat.) Anspruch auf Rückgewähr des ohne Rechtsgrund erlangten Besitzes (→ ungerechtfertigte Bereicherung, 2b).

condictio sine causa
(lat.) Anspruch auf Rückgewähr einer ohne Rechtsgrund erbrachten Leistung (→ ungerechtfertigte Bereicherung, 2a).

conditio
= → Bedingung.

conditio facti
= tatsächliche Bedingung.

conditio iuris
= Rechtsbedingung (je nachdem, ob die an die Bedingung geknüpfte Rechtsfolge von einem tatsächlichen Ereignis oder von einem rechtlichen Gesichtspunkt abhängt).

conditio sine qua non
→ Bedingungstheorie, → Kausalität im Strafrecht; für das bürgerliche Recht → Schadensersatz (1).

confidentiality agreement
→ due diligence.

Congress
(USA) ist das Parlament der Vereinigten Staaten von Nordamerika. Der Congress besteht aus zwei Häusern, dem Senat und dem Repräsentantenhaus. Die Mitglieder des Repräsentantenhauses, deren Zahl sich nach der Bevölkerungszahl bestimmt, werden in gleicher, unmittelbarer und geheimer Wahl nach einem Mehrheitswahlrecht alle 2 Jahre neu gewählt. Im Senat ist jeder Bundesstaat durch 2 von den Bürgern des betreffenden Bundesstaats unmittelbar auf 6 Jahre gewählten Repräsentanten vertreten; in jedem zweiten Jahr wird ein Drittel der Senatoren turnusmäßig neugewählt. Es handelt sich um ein echtes Zweikammersystem; jedes Gesetz muss von beiden Kammern verabschiedet werden.

consensus contrarius
→ actus contrarius.

Consolidator
nennt man Tickethändler beim Flugscheinverkauf. Der Verkauf von Einzeltickets für grenzüberschreitende Flüge (Linie oder Charter) ist umsatzsteuerfrei (§ 4 Nr. 5b UStG; Einzelheiten BMF v. 12.11.1997, BStBl. I 1997, 956).

Constitutio Criminalis Carolina (CCC)
Die Constitutio Criminalis Carolina (CCC), die Peinliche Hals- und Gerichtsordnung Karls V. von 1532, war das erste Reichsstrafgesetzbuch. Sie beruhte großenteils auf der → Bambergischen Halsgerichtsordnung von 1507. Die Constitutio Criminalis Carolina enthielt – neben zT überaus harten Strafdrohungen und strengen Verfahrensvorschriften (Zulässigkeit der → Folter) – viele noch heute gebräuchliche Straftatbestände, außerdem eine Reihe allgemeiner strafrechtlicher Begriffe wie zB Versuch, Notwehr, Zurechnungsfähigkeit. Die CCC galt aber nur subsidiär; das Landesstrafrecht hatte Vorrang (zB in Kurbaiern der Codex Bavaricus Criminalis von 1751, in Österreich die Constitutio Criminalis Theresiana von 1768).

constitutum possessorium
→ Besitzkonstitut.

consumer to business-Vertrag
→ business to business-Vertrag.

consumer to consumer-Vertrag
→ business to business-Vertrag.

Containern
Als Containern wird das Entwenden von Lebensmitteln aus den Abfallcontainern von Supermärkten bezeichnet. Dabei geht es den Handelnden meist darum, noch genießbare, aber vom Eigentümer bereits entsorgte Lebensmittel noch ihrer eigentlichen Bestimmung (dem Verzehr durch sie selbst oder Dritte) zuzuführen und zudem ein politisches Zeichen für einen nachhaltigeren Umgang mit diesen Produkten zu setzen. Wird dabei ohne das Einverständnis des Marktbetreibers vorgegangen, ist Containern jedoch nach geltendem Recht regelmäßig als → Diebstahl (§ 242 StGB) strafbar. Das BayObLG (NStZ-RR 2020, 104) hat einen entsprechenden Schuldspruch bestätigt und dabei hervorgehoben, dass es sich bei solchen Lebensmitteln weiterhin um in fremden → Eigentum stehende Sachen und damit um taugliche Tatobjekte eines Diebstahls handelt. Die Entsorgung in einen Abfallcontainer bedeute regelmäßig keine → Eigentumsaufgabe. Die äußere Situation (im entschiedenen Fall: Verbringung in einen verschlossenen Container auf dem Betriebsgrundstück des Marktes) sowie der Umstand, dass der Markt für die gesundheitliche Unbedenklichkeit in Verkehr gebrachter Lebensmittel einzustehen habe, sprächen vielmehr für den Willen, das Eigentum nur zugunsten einer bestimmten Person, hier des beauftragten Entsorgungsunternehmens, aufgeben zu wollen. Entsprechend sei auch kein Einverständnis (→ Einwilligung des Verletzten 4) mit einer Wegnahme durch beliebige Dritte anzunehmen. Ein Recht hierzu folge auch nicht aus der wirtschaftlichen Wertlosigkeit der Objekte.

Das BVerfG (NJW 2020, 2953) hat diese Entscheidung gebilligt und gegen sie gerichtete Verfassungsbeschwerden nicht zur Entscheidung angenommen. Es hat dabei betont, dass in Fällen des Containerns nicht lediglich eine rein formale, letztlich inhaltsleere Eigentumsposition (→ Eigentumsgarantie) geschützt werde, sondern ein legitimes Verfügungs- und Ausschlussinteresse am betroffenen Privateigentum. Bereits das Interesse des verfügungsberechtigten Eigentümers daran, von vornherein etwaige Risiken im Zusammenhang mit verdorbener Ware durch die Vernichtung seiner Sachen auszuschließen und keinen erhöhten Sorgfaltspflichten im Hinblick auf die Sicherheit der Lebensmittel ausgesetzt zu sein, sei im Rahmen der Eigentumsfreiheit grds. zu akzeptieren, soweit der Gesetzgeber die Verfügungsbefugnis des Eigentümers nicht durch eine gegenläufige, verhältnismäßige Inhalts- und Schrankenbestimmung eingegrenzt habe. Die im Wortlaut des § 242 StGB angelegte und durch die Fachgerichte konkretisierte kriminalpolitische Grundentscheidung des Gesetzgebers zur Strafbarkeit des Containerns sei deshalb verfassungsrechtlich nicht zu beanstanden.

contempt of court
→ Beeinflussung der Rechtspflege.

contra legem
= gegen das Gesetz (den Wortlaut des Gesetzes).

contractus
= → Vertrag.

contrarius actus, sensus
→ actus contrarius.

Convaleszenz
→ Konvaleszenz.

Convertible Bonds
Convertible Bonds sind → Wandelschuldverschreibungen.

Cooling-Off
Cooling-Off ist die – nicht gesetzestechnische – Bezeichnung für das Verbot für Vorstandsmitglieder einer börsennotierten Aktiengesellschaft, unmittelbar im Anschluss an ihre Vorstandstätigkeit in den Aufsichtsrat derselben Gesellschaft zu wechseln. Denn Aufsichtsratsmitglied kann nicht sein, wer in den letzten zwei Jahren Vorstandsmitglied derselben börsennotierten Gesellschaft war (§ 100 II 1 Nr. 4 AktG). Dies gilt nicht, wenn seine Wahl auf Vorschlag von Aktionären erfolgt, die mehr als 25 Prozent der Stimmrechte an der Gesellschaft halten.

Copyright
bezeichnet das anglo-amerikanische → Urheberrecht. Anders als das kontinentaleuropäische Urheberrecht steht bei ihm nicht der Urheber als Person im Mittelpunkt, sondern die wirtschaftliche Verwertung des Werks; so kann das Copyright anders als im deutschen Urheberrecht originär beim Arbeitgeber eines Urhebers entstehen (work made for hire) und vollständig übertragen werden. Bis 1989 war im US-amerikanischen Urheberrecht ein Copyright-Vermerk (©) auf den Werkstücken zur Rechtserhaltung erforderlich und ist heute noch üblich; ist im Copyright-Vermerk eine natürliche Person genannt, so kann das die Urhebervermutung des § 10 Abs. 1 UrhG begründen.

COREPER
(= Comité des Représentants Permanents des Etats Membres) ist ein ständiger Botschafterausschuss, der die Arbeit des → Rats der EG außerhalb der Sessionen aufrechterhält und koordiniert. COREPER hat keine selbstständigen Befugnisse, formuliert aber praktisch endgültig alle nicht problematischen Ratsentscheidungen (sog. A-Vorlagen).

Corona
Corona oder Coronavirus ist die populäre Bezeichnung für den ursprünglich „neuartigen Coronavirus" oder „2019-nCoV" genannten Erreger (zB in der VO v. 30.1.2020 BAnzAT 31.1.2020 V1). Inzwischen wird Corona auch im amtlichen und insbesondere gesetzlichen Sprachgebrauch → SARS-CoV-2 genannt. Die von diesem Erreger ausgelöste Pandemie wird als COVID-19-Pandemie bezeichnet, die Erkrankung → COVID-19. Die COVID-19-Pandemie führte zu umfangreichen Änderungen des → Infektionsschutzgesetzes.

Corona-Bonds
→ Eurobonds.

Corona-Gesetzgebung
→ COVID-19-Gesetzgebung.

Corona-Hilfspaket der Europäischen Union
Die Europäische Union hat zahlreiche Maßnahmen ergriffen, um die wirtschaftlichen Folgen in den Mitgliedstaaten während und nach der → Corona- oder → COVID-19-Krise abzumildern. Hierzu gehören ua:
- Ein Bürgschaftsprogramm der → Europäischen Investitionsbank in Höhe von bis zu 200 Mrd. €, für das die Mitgliedstaaten entsprechend ihrem Eigenkapitalschlüssel an der Bank einen Garantiefonds über 25 Mrd. € einrichten. Aus diesem Programm soll durch die Tochtergesellschaft der Bank, den Europäischen Investitionsfonds, kleinen und mittleren Unternehmen durch Bürgschaften und Garantien geholfen werden, Liquiditätsengpässe zu überwinden.
- Das Programm SURE (Support to mitigate Unemployment Risks in an Emergency) der → Europäischen Kommission über bis zu 100 Mrd. €, mit dem auf Antrag Mitgliedstaaten zinsgünstige Darlehen gewährt werden können (VO (EU) 2020/672 v. 19.5.2020, ABl. EU 2020 L 159, 1). Diese Darlehen müssen für die Zahlung von Kurzarbeitergeld und ähnlichen Leistungen an Arbeitnehmer verwendet werden. Das SURE-Gewährleistungsgesetz (SURE-GewährlG) v. 10.7.2020 (BGBl. 2020 I 1633) ermächtigt das BMF, die hierfür notwendige Kreditaufnahme der EU anteilmäßig zu garantieren.
- Die „Investitionsinitiative zur Bewältigung der Coronavirus-Krise" (VO (EU) 2020/460 v. 30.3.2020, ABl. EU 2020 L 99, 5). Durch sie wurden noch vorhandene Mittel aus den verschiedenen Fonds der Europäischen Union (zB des → Europäischen Sozialfonds und des Kohäsionsfonds) umgewidmet für die Stärkung von Gesundheitssystemen und gemeindenahen Dienstleistungen. Auch Mittel des Solidaritätsfonds wurden zur Verfügung gestellt (VO (EU) 2020/461 v. 30.3.2020, ABl. EU 2020 L 99, 9).
- Die → Europäische Zentralbank hat ein Anleihekaufprogramm über 1.850 Mrd. € (Pandemic Emergency Purchasing Programme) aufgelegt (ABl. EU 2020 L 91, 1). Durch den Ankauf der Anleihen privater und öffentlicher Emittenten des Euro-Raums sollen diese wirtschaftlich unterstützt werden.
- Kredite des → Europäischen Stabilitätsmechanismus von bis zu 240 Mrd. € für direkte und indirekte Kosten der Gesundheitsversorgung, Heilung und Prävention im Rahmen der Corona-Krise. Staaten können danach ohne zusätzliche Auflagen zinsgünstigen Darlehen in Höhe von bis zu 2% ihres Bruttoinlandsproduktes (Stand 2019) für diesen Zweck beantragen.
- Die vielen Corona-Hilfsmaßnahmen der Mitgliedstaaten, mit denen diese ihre Wirtschaft stützen (für Deutschland → Corona-

Hilfspaket des Bundes), stellen fast ausnahmslos staatliche Beihilfen dar. Sie sind nach Art. 107 AEUV verboten, können aber ausnahmsweise von der Kommission genehmigt werden (→ Beihilferecht). Um nicht jede einzelne Maßnahme genehmigen zu müssen, hat die Kommission eine befristete allgemeine Ausnahme für Corona-Hilfsmaßnahmen erteilt („Befristeter Rahmen", ABl. EU 2020 C 91 I, 1 mÄnd) und im übrigen nicht hiervon abgedeckte Maßnahmen einzeln genehmigt.

– Aufbaumaßnahmen von bis zu 750 Mrd. €, die teilweise am Kapitalmarkt aufgenommen werden und iRd Programms „Next Generation EU" Teil des Mittelfristigen Finanzrahmens 2021–2027 und damit des Haushalts der EU sein sollen (VO (EU) 2020/2094 v. 14.12.2020, ABl. EU 2020 L 433 I, 23, Zustimmung Deutschlands im Eigenmittelbeschluss-Ratifizierungsgesetz v. 23.4.2021, BGBl. 2021 II 322, eine Klage hiergegen ist vor dem BVerfG anhängig). 360 Mrd. € davon sind für Darlehen, 390 Mrd. € als Ausgaben vorgesehen. Der Großteil dieser Gelder ist Gegenstand der Aufbau- und Resilienzfazilität (Recovery and Resilience Facility, VO (EU) 2021/241 v. 12.2.2021, ABl. EU 2021 L 57, 1). Die Mittel sollen insgesamt nur zur Beseitigung der Corona-Folgen für die Wirtschaft der Mitgliedstaaten eingesetzt werden dürfen. Dadurch steigen ihre Beiträge sowie die Eigenmittelobergrenzen vorübergehend. Eine Finanzierung der Aufbaumaßnahmen durch → Eurobonds oder den → Europäischen Stabilitätsmechanismus ist nicht vorgesehen.
– Die Aktivierung der „Escape-clauses" des → Stabilitätspakts (dort. 3) und die Verlängerung von Fristen für die Umsetzung zahlreicher Richtlinien und Verordnungen.
– Unterstützungsmaßnahmen für zB Landwirte (VO (EU) v. 24.6.2020, ABl. EU 2020 L 204, 1), den Weinsektor, Empfehlungen an die Mitgliedstaaten für zB den Schutz von Saisonarbeitern, die Ausgabe von Gutscheinen für Reiseleistungen, den Umgang mit Beschränkungen der Freizügigkeit und ihre Aufhebungen, sowie humanitäre Hilfe in und außerhalb Europas.
– Zahlreiche vorübergehende regulatorische Erleichterungen für Kreditinstitute und Finanzdienstleister, zB VO (EU) 2020/873 v. 24.6.2020 (ABl. EU 2020 L 204, 4). Ferner wurde Kreditinstituten empfohlen, während der Corona-Krise keine Dividendenausschüttungen vorzunehmen (ABl. 2021 EU C 27, 1).

Corona-Hilfspaket des Bundes

1. Neben zahlreichen anderen Maßnahmen zur Überwindung der → Corona- oder → COVID-19-Krise, etwa dem → COVID-19-Folgenabmilderungsgesetz, den → Sozialschutz-Paketen, dem Pflegebonus oder dem Ausgleich von Gewerbesteuerausfällen (dazu der vorübergehend eingefügte Art. 143h GG sowie das Gesetz v. 6.10.2020, BGBl. 2020 I 2072), hat der Bund seit Ende März 2020 wirtschaftliche Hilfspakete verabschiedet, die ua enthalten:

– eine Soforthilfe für Kleinunternehmen und Solo-Selbständige,
– das KfW-Sonderprogramm 2020 für junge und etablierte Unternehmen,
– den → Wirtschaftsstabilisierungsfonds,
– eine vorübergehende Senkung der Umsatzsteuer,
– die Erhöhung der Kaufprämie für Elektroautos (→ Umweltbonus),
– Absenkung der → EEG-Umlage,
– die Bundesprogramme Überbrückungshilfe I, II (Novemberhilfe) und III sowie
– eine einmalige Sonderzahlung an Besoldungs- und Wehrsoldempfänger (BGBl. 2020 I 3136).

Unter der Bezeichnung „Neustart Kultur" hat der Bund ferner ein Rettungspaket für die Kultur- und Medienbranche geschaffen sowie für den Profisport die „Corona-Hilfen Profisport".

2. Das Sofortprogramm für Kleinunternehmen (bis zu 10 Beschäftigte), Solo-Selbständige, Landwirte sowie Angehörige der Freien Berufe gewährte einmalige Zuschüsse von 9.000 € oder 15.000 € bei wirtschaftlichen Schwierigkeiten in Folge der Corona-Krise. Auch Künstler und Kreative waren berechtigt. Ziel war es, durch Zuschüsse zu den Betriebskosten wirtschaftliche Existenzen zu sichern und Liquiditätsengpässe zu überbrücken. Rechtsgrundlage der Soforthilfe, die von den Ländern und Kommunen auf Grund einer Verwaltungsvereinbarung bewilligt und bearbeitet wird, ist die Bundesregelung Kleinbeihilfen 2020. Sie ist im Sommer 2020 ausgelaufen. Es wurde abgelöst durch das Bundesprogramm Überbrückungshilfe I für kleine und mittelständische Unternehmen, Selbständige sowie gemeinnützige Organisationen, das branchenübergreifend für Corona-bedingte Einbußen insgesamt bis zu 25 Mrd. € zur Verfügung stellte und von den Ländern verwaltet wurde. Nach Beginn des zweiten Lockdowns im November 2020 wurden im Rahmen der Überbrückungshilfe II oder Novemberhilfe Umsatzeinbußen für pandemiebedingt geschlossenen Unternehmen ersetzt. Ab Januar 2021 wurde die Unterstützung wieder auf den Ersatz von Fixkosten bis Juni 2021 umgestellt (Überbrückungshilfe III). Bis September 2021 soll die Überbrückungshilfe IIIplus coronabedingte Umsatzausfälle durch Schließungen oder Auflagen bei kleinen und mittelständischen Unternehmen, Solo-Selbstständigen (Neustarthilfe) und Angehörigen freier Berufe auffangen.

3. Das von der → Kreditanstalt für Wiederaufbau aufgelegte Sonderprogramm 2020 richtet sich an kleine, mittelständische und große Unternehmen. Diese können zinsgünstige

Kredite sowie Haftungsfreistellungen von bis zu 90% für die Finanzierung von Betriebsmitteln erhalten. § 23 StFG enthält eine Kreditermächtigung des Bundes von bis zu 100 Mrd. € für dieses Programm.

4. Zur wirtschaftlichen Stabilisierung von mittelständischen und großen Unternehmen wurde der Wirtschaftsstabilisierungsfonds mit einem Gesamtvolumen von 600 Milliarden Euro aufgelegt zur Absicherung von Krediten und Rekapitalisierung.

5. Darüber hinaus hat der Bund gegenüber der Kreditversicherungswirtschaft für 2020 und bis Juni 2021 eine Garantie für Entschädigungszahlungen von bis zu 30 Mrd. € übernommen. Dieser Schutzschirm sollte sicherstellen, dass Kreditversicherungen weiterhin für alle Unternehmen verfügbar sind. Mit Kreditversicherungen sichern sich Unternehmen vor Ausfällen ihrer in- und ausländischen Abnehmer ab. Rechtsgrundlage ist eine Vereinbarung der Bundesregierung mit der Kreditversicherungswirtschaft.

6. Weil staatliche Beihilfen nach Art. 107 AEUV grundsätzlich mit dem Binnenmarkt unvereinbar sind (→ Beihilferecht), bedurften die Maßnahmen des Corona-Hilfspakets des Bundes der Genehmigung durch die EU-Kommission. Sie hat mit dem „Befristeten Rahmen für staatliche Beihilfe" (ABl. EU 2020 C 91 I, 1 und C 112 I, 1) eine allgemeine Genehmigung für staatliche Beihilfen wegen der Corona-Krise erteilt, im übrigen die Maßnahmen separat gebilligt, etwa ABl. EU 2020 C 112, C 144.

7. Ferner gibt es das → Corona-Hilfspaket der Europäischen Union sowie die → Corona-Hilfspakete der Bundesländer.

Corona-Hilfspakete der Länder

Neben dem → Corona-Hilfspaket des Bundes und dem → Corona-Hilfspaket der Europäischen Union haben auch die meisten → Länder zum Schutz ihrer Wirtschaft Unterstützungsprogramme aufgelegt, die häufig als Schutzschirm, Rettungsschirm oder Soforthilfe bezeichnet wurden. So hat etwa Bayern die „Soforthilfe Corona" für geschädigte Unternehmen und Angehörige Freier Berufe (Bek. v. 17.3.2020, BayMBl. 2020 Nr. 156 mÄnd) sowie den „BayernFonds" (GVBl. 2020, 230), NRW den „NRW-Rettungsschirm" (Gesetz v. 24.3.2020, GV. NRW. 2020, 185), Rheinland-Pfalz den „Zukunftsfonds starke Wirtschaft Rheinland-Pfalz" und Berlin die „Rettungsbeihilfe Corona" ins Leben gerufen. Diese Hilfen ergänzen die Maßnahmen des Bundes und erweitern sie teilweise auf besondere Unternehmen oder Bereiche. Die Leistungen der Länder werden idR auf die des Bundes angerechnet bzw. durch letztere aufgestockt; eine doppelte Inanspruchnahme soll verhindert werden. Zusätzlich gab es in allen Bundesländern zahlreiche weiter Hilfsmaßnahmen, etwa in Bayern einen einmaligen Bonus für Pflege- und Rettungskräfte (BayMBl. 2020 Nr. 238), Künstlerhilfsprogramme (BayMBl. 2020 Nr. 301, 769), kommunalwirtschaftliche Erleichterungen (BayGVBl. 2020, 443), Kinohilfen (BayMBl. 2020 Nr. 754), die Übernahme von Gewerbesteuerausfällen der Kommunen usw.

Corona-Krise und Darlehensrecht

1. Anwendungsbereich: Zur Abmilderung der Folgen der Corona-Krise hatte der Gesetzgeber in Art. 240 § 3 EGBGB bestimmte Sonderregelungen geschaffen für → Verbraucherdarlehensverträge, § 491 BGB (wenn also der → Verbraucher Darlehensnehmer ist). Erfasst waren Allgemein-Verbraucherdarlehensverträge, § 491 II BGB, und Immobiliar-Verbraucherdarlehensverträge, § 491 III BGB, nicht jedoch Sachdarlehensverträge, § 697 BGB sowie Finanzierungshilfen und Teilzahlungsgeschäfte, § 506 BGB (→ Verbraucherdarlehensvertrag, → Corona-Krise und Vertragsrecht). Art. 240 EGBGB ist insgesamt zum 30.9.2022 außer Kraft getreten.

2. Stundung, abweichende Vereinbarung, Verlängerung Vertragszeit: Für vor dem 15.3.2020 geschlossene Verbraucherdarlehensverträge trat gem. Art. 240 § 3 I EGBGB kraft Gesetzes eine → Stundung (also kein Erlass) der Ansprüche des Darlehensgebers auf Rückzahlung, Zinsen und Tilgungsleistungen, welche zwischen dem 1.4. und dem 30.6.2020 fällig (→ Leistungszeit) wurden, ein. Voraussetzung der Stundung war, dass der Verbraucher aufgrund der Corona-Krise Einnahmeausfälle hatte, die dazu führten, dass ihm die Erbringung der geschuldeten Leistung nicht zumutbar war, was er darzulegen und ggf. zu beweisen hatte. Unzumutbarkeit war nach dem Gesetzeswortlaut insbes. anzunehmen, wenn der angemessene Lebensunterhalt des Verbrauchers oder seiner Unterhaltsberechtigten gefährdet war. Die Unzumutbarkeit beurteilte sich nach der konkreten Situation des Verbrauchers. Die Dauer der Stundung betrug 3 Monate. Während der Zeit der Stundung kam der Verbraucher nicht in Verzug (→ Schuldnerverzug). Die Vertragsparteien behielten die Freiheit, den Vertrag anzupassen und abweichende Vereinbarungen über Teilleistungen, Zins- oder Tilgungsanpassungen oder Umschuldungen zu treffen, Art. 240 § 3 II EGBGB. Wenn die Parteien keine einvernehmliche Veränderung des Vertrags für die Zeit nach dem 30.6.2020 vornahmen, verlängerte sich die Vertragslaufzeit automatisch um insgesamt 3 Monate.

3. Kündigungssperre: Weitgehend nur klarstellend wurde in Art. 240 § 3 III EGBGB geregelt, dass eine Kündigung durch den Darlehensgeber wegen Zahlungsverzugs, wegen wesentlicher Verschlechterung der Vermögensverhältnisse des Verbrauchers oder der Werthaltigkeit einer für das Darlehen gestellten Sicherheit (vgl. § 490 I BGB) bei einer Stundung nach Absatz 1 ausgeschlossen war;

die Regelung war halbzwingend (→ Recht, 3, → Vertrag, 2).

4. Unzumutbarkeit für den Darlehensgeber: Die Regelungen über Stundung und Kündigungssperre galten nicht, wenn dies (ausnahmsweise) unter Berücksichtigung aller Umstände des Einzelfalls einschließlich der durch die → COVID-19-Pandemie verursachten allg. Lebensumstände dem Darlehensgeber nicht zumutbar war, Art. 240 § 3 VI EGBGB.

5. Gesamtschuldnerausgleich: Die dargestellten Regelungen galten gem. Art. 240 § 3 VII EGBGB grds. auch, wenn von mehreren gesamtschuldnerisch haftenden Darlehensnehmern zugunsten eines Gesamtschuldners die Stundung zum Tragen kam, zugunsten eines anderen aber nicht.

Corona-Krise und Insolvenzrecht
→ COVID-19-Folgenabmilderungsgesetz.

Coronakrise und Mietrecht
1. Kündigungssperre für Immobiliarmiete und -pacht: Zur Abmilderung der Folgen der Corona-Krise hatte der Gesetzgeber eine vorübergehende Kündigungssperre für Immobiliarmiete und -pacht erlassen. Durch Art. 240 § 2 EGBGB wurde für → Mietverhältnisse über Grundstücke sowie von zu privaten oder gewerblichen Zwecken gemieteten Räumen (einschließlich Wohnräumen, → Wohnraummietvertrag) das Recht des Vermieters zur → Kündigung des Mietverhältnisses eingeschränkt, wenn der Mieter vorübergehend die fällige Miete (für die Monate April, Mai, Juni 2020) nicht fristgerecht bezahlen konnte (Kündigungssperre; sa → COVID-19-Folgenabmilderungsgesetz); die Regelung war halbzwingend (→ Recht, 3, → Vertrag, 2). Grds. kann ein Vermieter den → Mietvertrag kündigen, wenn der Mieter für zwei aufeinanderfolgende Termine mit der Entrichtung der Miete oder eines nicht unerheblichen Teils der Miete (oder für einen längeren Zeitraum mit mindestens zwei Monatsmieten) in → Schuldnerverzug ist (→ Mietvertrag, 3). Diese Kündigungsmöglichkeit war für den Beginn der Pandemie eingeschränkt, der Vermieter durfte wegen des Rückstands weder außerordentlich (§ 543 BGB) noch ordentlich (§ 573 BGB) kündigen, wenn der Zahlungsrückstand auf den Auswirkungen der Krise beruhte. Der Zusammenhang zwischen der Nichtleistung der Miete und der Krise war glaubhaft zu machen (→ Glaubhaftmachung). Eine existenzielle Bedrohung des Mieters war nicht Voraussetzung für den Kausalzusammenhang („beruht"), erhebliche Einnahmeausfälle genügten. Ob auf vorhandene liquide Mittel (Barvermögen, Bankguthaben, Festgeld etc.) zurückgegriffen werden musste, ist str. Der Vermieter konnte den behaupteten Zusammenhang mit der Krise ebenfalls bereits durch Glaubhaftmachung entkräften. Hatte die Nichtleistung andere Gründe (zB bloße Zahlungsunwilligkeit), war die Kündigung nicht ausgeschlossen. Auch andere Kündigungsgründe (zB wegen Zahlungsrückständen aus einem früheren Zeitraum vor dem 1.4.2020) blieben bestehen. Die Kündigungssperre galt bis zum 30.6.2022. Die Kündigungsrechte des Mieters blieben unberührt. Art. 240 EGBGB trat insgesamt am 30.9.2022 wieder außer Kraft.

2. Kein Leistungsverweigerungsrecht: Anders als nach Art. 240 § 1 EGBGB (→ und Vertragsrecht) erhielt der Mieter aber kein Leistungsverweigerungsrecht, die grds. Verpflichtung zur Zahlung der Miete blieb bestehen, die Mietzahlung fällig (→ Fälligkeit) und durchsetzbar, der Mieter konnte auch ggf. in Verzug geraten und Verzugszinsen schulden (→ Schuldnerverzug). Eine Härteklausel zugunsten des Vermieters gab es nicht.

3. Kein Mangel der Mietsache, keine Unmöglichkeit der Gebrauchsüberlassung: Grds. wurde die Anwendbarkeit der mietrechtlichen Gewährleistungsvorschriften und der allg. Regeln des Leistungsstörungsrechts durch Art. 240 EGBGB zwar nicht verdrängt. Gesetzliche oder behördliche Beschränkungen betreffend die Nutzung der Mietsache im Zusammenhang mit Corona-Pandemie begründeten aber grds. keinen Mangel (→ Mietvertrag, 2a) der Mietsache, der zur Minderung der Miete berechtigt (so die Rspr. des BGH), da diese ihre Grundlage nicht in der Beschaffenheit der Mietsache haben und das Verwendungsrisiko der Mietsache grds. der Mieter trägt. Die dem Vermieter obliegende Pflicht zur Gebrauchsüberlassung wurde diesem durch gesetzliche oder behördliche Beschränkungen aufgrund der Pandemier auch nicht unmöglich.

4. Störung der Geschäftsgrundlage: In Betracht kam allerdings ein Anspruch auf Anpassung der Miethöhe nach den Regeln des Wegfalls der → Geschäftsgrundlage. Die Pandemie hat nach Auffassung der Rspr. die Geschäftsgrundlage eines mit einem Gewerbemieter abschlossenen Vertrages schwerwiegend verändert, sofern nicht im jeweiligen Vertrag eine eindeutige Risikozuweisung an eine Vertragspartei erfolgt ist (Auslegung). Eine Anpassung des Mietzinses konnte aber nur verlangt werden, wenn unter Berücksichtigung aller Umstände des Einzelfalls das Festhalten am unveränderten Vertrag unzumutbar war. Insbes. um die Verhandlungspositionen der Gewerbemieter zu stärken, hat der Gesetzgeber mit dem am 31.12.2020 in Kraft getretenen Gesetz zur weiteren Verkürzung des Restschuldbefreiungsverfahrens und zur Anpassung pandemiebedingter Vorschriften im Gesellschafts-, Genossenschafts-, Vereins- und Stiftungsrecht sowie im Miet- und Pachtrecht durch den neuen Art. 240 § 7 EGBGB bestimmt, dass für gewerblich vermietete oder verpachtete Räume, die infolge staatlicher Pandemiebekämpfungsmaßnahmen nicht oder nur eingeschränkt nutzbar sind, vermutet wird, dass sich insoweit ein Umstand iSv § 313 I BGB, der zur Vertragsgrundlage geworden

ist, nach Vertragsschluss schwerwiegend verändert hat Mit der Regelung wurde an die Verhandlungsbereitschaft der Vertragsparteien appelliert. Bei der Prüfung, ob und ggf. in welchem Umfang eine Anpassung geboten ist, waren die Umstände des Einzelfalls maßgeblich und eine umfassende Interessenabwägung nötig. Die gesetzliche Vermutung war aber widerlegbar (z. B. wenn der Mietvertrag erst nach Absehbarkeit der pandemieartigen Ausbreitung abgeschlossen wurde). Parallel dazu hatte der Gesetzgeber eine verfahrensrechtliche Regelung zum Vorrang und zur Beschleunigung eines gerichtlichen Verfahrens getroffen, die sich an alle Instanzen richtet (§ 44 EGZPO).

Corona-Krise und Reiserecht
Die → COVID-19-Pandemie hatte vor allem zu Beginn zu einem nahezu vollständigen Erliegen des Reiseverkehrs geführt. Insoweit stellten und stellen sich Fragen, inwieweit das geltende Reiserecht Antworten für Probleme bei Reisen, die in diesen Zeitraum fielen, bot, sa → Reisevertrag. Immer noch gibt es bislang nur einige wenige höchstrichterliche Entscheidungen.

1. Pauschalreiserecht (→ Reisevertrag, 4): Die Voraussetzungen eines Rücktritts durch den Reisenden oder den Reiseveranstalter und die daran geknüpften Rechtsfolgen bestimmen sich bei einer Pauschalreise insbes. nach §§ 651h I, III, IV, V, 346 BGB (→ Reisevertrag, 4); grds. ist ein bereits gezahlter Reisepreis zurückzuerstatten, ggf. steht dem Reiseveranstalter eine Entschädigung zu; zur Möglichkeit des Angebots eines Gutscheins s. u. 3. Beim Rücktritt von einer gebuchten Pauschalreise vor Reisebeginn braucht der Reisende nach § 651h III BGB keine Entschädigung zu leisten, wenn am Bestimmungsort unvermeidbare, außergewöhnliche Umstände auftreten, die die Durchführung der Reise oder die Beförderung erheblich beeinträchtigen. Eine solche erhebliche Beeinträchtigung ist grds. anzunehmen, wenn die Durchführung der Reise zu nicht zumutbaren Risiken für die Gesundheit oder andere Rechtsgüter des Reisenden führen würde. Nach der Rspr. des BGH war die Corona-Pandemie grds. ein unvermeidbarer, außergewöhnlicher Umstand. Ob dieser im Einzelfall tatsächlich zu einer erheblichen Beeinträchtigung geführt hat, bestimmt sich aufgrund einer Gesamtwürdigung aller Umstände des Einzelfalls (zB Alter des Reisenden, konkrete Risiken am Bestimmungsort, Zeitpunkt der Reisebuchung). Maßgeblich ist, ob bereits im Zeitpunkt der Rücktrittserklärung eine hinreichende Wahrscheinlichkeit für eine erhebliche Beeinträchtigung der Reise bestand; wenn die außergewöhnlichen Umstände erst danach aufgetreten sind, kann der Reiseveranstalter eine Stornogebühr nach § 615h III BGB verlangen. Das Bestehen einer Reisewarnung des Auswärtigen Amts oder einer Einschätzung einer anderen fachkundigen Stellen (zB WHO, Robert-Koch-Institut) ist insoweit ein gewichtiges Indiz (sa → Höhere Gewalt, → Verschulden, 4). Auch der Reiseveranstalter konnte vor Reisebeginn zurücktreten, die Reise also absagen, § 651h IV BGB, ebenfalls ohne Entschädigungsanspruch. Einen bereits bezahlten Reisepreis hatte der Veranstalter in beiden Fällen gem. § 561h V BGB unverzüglich, spätestens innerhalb von 14 Tagen, zurückzuerstatten. Str. ist, ob ein Entschädigungsanspruch des Veranstalters auch dann ausgeschlossen ist, wenn die die Reise beeinträchtigenden außergewöhnlichen Umstände erst nachträglich, also nach der Rücktrittserklärung des Reisenden, eingetreten sind (zB Rücktritt des Reisenden und später erfolgende Absage der Reise durch den Veranstalter); insoweit steht eine Entscheidung des EuGH aus. War der Reisende nur aus persönlichen Gründen (zB Infizierung oder Erkrankung des Reisenden oder einer ihm nahestehenden Person) am Antritt der (grds. durchführbaren) Reise gehindert, gelten die allg. Grundsätze (Rücktrittsrecht, Anspruch auf Erstattung des bereits bezahlten Reisepreises, aber ggf. Anspruch des Veranstalters auf Entschädigung, §§ 651h I, 346 BGB). Über am Bestimmungsort geltende gesundheitsrelevanten Bestimmungen und Formalitäten musste der Veranstalter den Reisenden vor Reiseantritt informieren (§ 651d I 1 BGB, Art. 250 § 3 Nr. 6 EGBGB). Bei Vertragswidrigkeit der erbrachten Reise (etwa wegen verhängten Ausgangssperren, Schließung zahlreicher touristischer Einrichtungen) bestand grds. ein Reisemangel nach § 651i BGB, der zur Minderung berechtigte, auch wenn der Mangel durch unvermeidbare, außergewöhnliche Umstände bedingt war, die vom Veranstalter nicht beherrschbar waren, sa → Reisevertrag. Bei einem Mangel hatte der Reisende (ohne Abhilfefrist, § 651k BGB) ein Kündigungsrecht nach § 651l BGB, der Reiseveranstalter war, wenn die Beförderung Reisebestandteil ist, grds. zur umgehenden Rückbeförderung verpflichtet und hatte auch die Mehrkosten hierfür zu tragen. Nur wenn der Veranstalter dieser Pflicht nicht nachkommt, kann der Reisende selbst angemessene Maßnahmen (zB Beschaffung Ersatztransport) ergreifen und ggf. nach §§ 683, 677 BGB Kostenersatz verlangen (aber kein Kostenerstattungsanspruch nach der europäischen Fluggastrechteverordnung gegen den Reiseveranstalter hinsichtlich der Kosten staatlicher Hilfe bei der Rückbeförderung).

2. Individualreisende: War kein Pauschalreisevertrag abgeschlossen worden, ist bei Problemen im Zusammenhang mit der Corona-Krise das für den jeweiligen einzelnen Vertrag geltende Recht maßgeblich. Bei einem → Beförderungsvertrag mit einem Luftfahrtunternehmen sind insbes. die Vorschriften der Fluggastrechte-Verordnung (→ Fluggastrechte, auch zum Anwendungsbereich) von Bedeutung. Annulierte das Luftbeförderungsunter-

nehmen einen Flug, so hatte der Fluggast grds. einen Anspruch auf Erstattung des Flugpreises. Bei Kündigung des Fluggastes gilt grds. § 648 BGB, ggf. konkretisiert durch → Allgemeine Geschäftsbedingungen. Auch bei Bahnfahrten, → Fahrgastrechte (Eisenbahnverkehr), Busfahrten, → Fahrgastrechte (Kraftomnibusverkehr) und im Schiffsverkehr, → Fahrgastrechte (See- und Binnenschiffsverkehr) gelten ähnliche Regelungen, grds. hatte der Fahrgast bei Annulierungen Anspruch auf Erstattung des gezahlten Preises. Bei einem Beherbergungsvertrag (→ Gastwirtsvertrag), für den deutsches Recht gilt, war idR ein Vertragsrücktritt auch bereits vor Beginn des gebuchten Zeitraums gerechtfertigt und damit die Rückerstattung eines gezahlten Entgelts nach §§ 326, 346 BGB geschuldet, wenn der Beherbergungsbetrieb aufgrund behördlicher Anordung (Schließung des Betriebs) die Leistung nicht erbringen konnte, § 275 BGB (→ Unmöglichkeit (der Leistung)), und zwar auch dann, wenn zu diesem Zeitpunkt das Leistungshindernis (insbes. das behördliche Beherbungsverbot) noch nicht eingetreten war, sondern erst bevorstand. Im Fall einer Buchung direkt bei einem Unternehmen in einem anderen Land ist die dortige Rechtslage maßgeblich.

3. Gutscheinlösung: Einige EU-Mitgliedstaaten hatten (unionsrechtswidrig) Vorschriften erlassen, wonach die geschuldete Rückerstattung des für eine undurchführbare Reise bezahlten Entgelts durch einen → Gutschein ersetzt werden konnte. In Deutschland trat am 31.7.2020 das Gesetz zur Abmilderung der Folgen der Covid-19-Pandemie im Pauschalreisevertragsrecht in Kraft. Nach Art. 240 § 6 EGBGB konnte ein Reiseveranstalter dem Reisenden einer Pauschalreise unter bestimmten Voraussetzungen statt der geschuldeten Rückerstattung des Reisepreises einen von staatlicher Seite gegen eine etwaige Insolvenz abgesicherten Reisegutschein anbieten. Der Reisende hatte ein Wahlrecht (Gutschein oder Rückerstattung der geleisteten Zahlungen). Die Vorschrift ist zum 30.9.2022 außer Kraft getreten. Zur Abmilderung von Liquiditätsproblemen für betroffene Unternehmen sa → Corona-Krise und Insolvenzrecht. Zur Gutscheinslösung im Veranstaltungsvertragsrecht → Corona-Krise und Vertragsrecht.

Corona-Krise und Verbraucherrecht
→ Corona-Krise und Vertragsrecht , → Corona-Krise und Darlehensrecht.

Corona-Krise und Versicherungsrecht
Manche Unternehmen, insbes. Hotels, Gaststätten und Einzelhandelsbetriebe, machten wegen der infolge hoheitlicher Anordnungen erfolgten Schließungen ihrer Betriebe infolge der Coroana-Pandemie (→ Corona) Ansprüche aus einer Betriebsschließungsversicherung (str., ob → Schadensversicherung oder Summenversicherung, zur Einordnung sa → Versicherungsvertrag, 2) geltend. Ob im konkreten Fall tatsächlich Versicherungsschutz besteht, hängt von der konkreten Formulierung des einzelnen Vertrags und den jeweiligen Regelungen und Vertragsbedingungen ab. Gemeinsam ist den Verträgen meist, dass der Versicherungsschutz eine infektionsschutzrechtlich bedingte behördliche Maßnahme voraussetzt, aufgrund derer der versicherte Betrieb geschlossen werden musste. Eine bloße Teilschließung des Betriebs oder der Betriebsstätte genügt grds. nicht; maßgeblich sind die konkreten Verhältnisse im Einzelfall. Die Rechtmäßigkeit der Schließungsanordnung ist irrelevant. Unerheblich ist grds. die Rechtsgrundlage bzw. Rechtsform für die Schließungsanordnung (also, ob aufgrund → Rechtsverordnung, → Allgemeinverfügung oder → Verwaltungsakt), da die Vertragsbedingungen meist nur eine behördliche Schließung verlangen. Eine Verpflichtung, zur Schadensminderung verwaltungsgerichtlichen Rechtsschutz gegen die behördliche Schließung zu ergreifen, ist nicht zumutbar, da behördliche Anordnungen und Rechtsvorschriften grds. zu beachten sind (auf die Geltung von § 82 VVG kommt es nicht an). Ob im Einzelfall Versicherungsschutz besteht, hängt insbes. von den jeweiligen → Versicherungsbedingungen ab, diese sind nach allg. Regeln (nicht gesetzesähnlich) auszulegen (Auslegung so, wie sie ein durchschnittlicher Versicherungsnehmer bei verständiger Würdigung, aufmerksamer Durchsicht und Berücksichtiugn des erkennbaren Sinnzusammenhangs verstehen würde). Falls die Auslegung zu einem klaren Ergebnis führt, kann § 305c II BGB (Zweifel bei der Auslegung gehen zu Lasten des Verwenders, → Allgemeine Geschäftsbedingungen, 2) nicht zur Anwendung gelangen, ebensowenig eine Unwirksamkeit nach dem Tranzparenzgebot des § 307 BGB. Wenn die Vertragsbedingungen etwa lediglich eine behördliche Schließung wegen meldepflichtiger Krankheiten oder Krankheitserreger nach dem → Infektionsschutzgesetz (s. dort zur Ausdehnung der Meldepflicht und Aufnahme des SARS-CoV-2-Virus in §§ 6,7 IfSG) voraussetzen, besteht grds. Versicherungsschutz, da die Bezugnahme auf eine gesetzliche Regelung grds. (in Anwendung der Unklarheitenregelung des § 305c II BGB) als dynamisch (also nicht beschränkt auf die Gesetzesfassung im Zeitpunkt des Vertragsschlusses) auszulegen ist. Wenn im Vertrag bestimmte Krankheiten oder Krankheitserreger aufgezählt sind und das SARS-CoV-2-Virus nicht erwähnt ist, kommt es auf die konkrete Formulierung an, ob Versicherungsschutz besteht; maßgeblich ist, ob der Versicherer eindeutig nur genau bestimmte Erreger bzw. Erkrankungen versichern wollte, nicht aber möglicherweise künftig noch entstehende (kein Schutz, wenn die Formulierung als abschließend zu verstehen ist, zB bei einem umfangreichen Katalog von aufgelisteten Krankheiten, der Verwendung einer Formulierung wie „nur", „namentlich die folgenden", „namentlich genannten"). Versiche-

rungsschutz kann bestehen, wenn die Aufzählung nicht als abschließend zu verstehen ist, sondern Veränderungen einschließen will (zB „vor allem", „im Besonderen", „insbes.", str.). Die Ergänzung von Versicherungsklauseln im Wege der Analogie wird von der Rspr. (im Hinblick auf die Risikokalkulation der Versicherer) abgelehnt. Die Höhe des Versicherungsschutzes richtet sich nach den jeweiligen Vertragsbedingungen, zweifelhaft ist, ob Kurzarbeitergeld, staatliche Hilfen etc. anspruchsmindernd zu berücksichtigen sind.

Durch eine Reiserücktrittsversicherung kann das Risiko, eine Reise aus bestimmten Gründen, beispielsweise wegen einer Erkrankung nicht antreten zu können, abgesichert werden. Die Versicherungsbedingungen sehen aber ggfs. bestimmte Ausschlusstatbestände vor, z. B. die Versicherung von Gefahren „aus Pandemien". Str. ist, ob in einem solchen Fall eine Leistungspflicht besteht, wenn ein Reisender sich mit → COVID-19 infiziert hat. Maßgeblich ist die jeweils konkrete Formulierung. Sa → und Reiserecht.

Corona-Krise und Vertragsrecht

1. Grundsatz, Sonderregelungen: Das Schuldrecht stellt mit den allg. (→ Allgemeines Leistungsstörungsrecht, sa → Pflichtverletzung) sowie den für die verschiedenen Vertragstypen geltenden besonderen Regelungen (s. hierzu zB im Kaufrecht → Gewährleistung, 2, → Werkvertrag, 3) für Leistungsstörungen grds. ein Instrumentarium zur Verfügung, das auch für die Bewältigung der im Zusammenhang mit der → COVID-19-Pandemie auftretenden Störungen geeignet war. Konnte ein → Schuldner nicht leisten (zB weil eine behördliche Anordnung dies untersagte), war die Erbringung der → Leistung ihm unmöglich, § 275 BGB (→ Unmöglichkeit (der Leistung), der Schuldner von der Leistungspflicht befreit (ggf. nur vorübergehend, solange das Leistungshindernis bestand), bei Unzumutbarkeit des weiteren Zuwartens aber dauerhaft (bei einem für einen längeren Zeitraum abgeschlossenen → Fitnessstudiovertrag lag auch bei nur vorübergehender Schließung des Studios nach der Rspr. dauerhafte Unmöglichkeit vor); sa → Fixgeschäft. Bei dauerhafter Unmöglichkeit entfiel der Anspruch auf die Gegenleistung, § 326 I 1 BGB; die Voraussetzungen des § 326 II 1 Alt. 1 BGB dürften grds. nicht vorgelegen haben, Alt. 2 konnte vorliegen, wenn der Gläubiger schon vor der Krise in Annahmeverzug (→ Gläubigerverzug) war, dann behielt der Schuldner den Anspruch auf die Gegenleistung. Bei dauerhafter Unmöglichkeit kam ein Rücktrittsrecht nach § 325 BGB in Betracht, bei nur vorübergehender Unmöglichkeit ein Leistungsverweigerungsrecht, § 320 BGB (sa § 321 BGB), ggf. ein Rücktrittsrecht nach § 323 BGB. Da der Schuldner das Leistungshindernis nicht zu vertreten hatte, kamen regelmäßig keine Ersatzansprüche des Gläubigers nach § 280 BGB in Betracht. Eine Korrektur der Ergebnisse des gesetzlichen Leistungsstörungsrechts über die Regelungen des Wegfalls der → Geschäftsgrundlage nach § 313 BGB kam nach der Rspr. nicht in Betracht, da § 313 BGB insoweit, etwa im Verhältnis zu § 275 BGB, subsidiär ist (und durch Art. 240 EGBGB spezielle abschließende Sondervorschriften geschaffen wurden). Bei → Dauerschuldverhältnissen konnte für den Schuldner wie auch für den Gläubiger eine Kündigung nach § 314 BGB in Betracht kommen, wenn dem kündigenden Teil ein Festhalten am Vertrag unter Berücksichtigung der Umstände des Einzelfalls und Abwägung der beiderseitigen Interessen nicht zumutbar war, was aber nur ganz ausnahmsweise der Fall gewesen sein dürfte, da die beiderseitigen Leistungspflichten entfielen.

Zur Abmilderung der Folgen der Corona-Krise hat der Gesetzgeber jedoch für bestimmte typische Sachverhalte in Art. 240 EGBGB zeitlich befristete vertragsrechtliche Sonderregelungen geschaffen, s. u. Ziff. 2 bis 4 (sa Überblick unter → COVID-19-Folgenabmilderungsgesetz); Art. 240 EGBGB trat am 30.9.2022 wieder außer Kraft. Kerngedanke der allg. vertragsrechtlichen Regelung in Art. 240 § 1 EGBGB war ein → Moratorium für Forderungen gegen → Verbraucher und → Kleinstunternehmer, die aufgrund der → COVID-19-Pandemie in erhebliche wirtschaftliche Schwierigkeiten geraten waren; die → Schuldner bestimmter Leistungspflichten erhielten ein Leistungsverweigerungsrecht. Die 1.4.2020 in Kraft getretene Regelung war halbzwingend (→ Recht, 2, → Vertrag, 3), von ihr konnte nicht zu Lasten der Verbraucher oder Kleinstunternehmer abgewichen werden. Das Leistungsverweigerungsrecht galt nach Art. 240 § 1 IV EGBGB nicht für → Mietverhältnisse (zur Kündigungssperre für die Immobiliarmiete- und -pacht s. → Corona-Krise und Mietrecht), für Darlehensverträge (s. hierzu → Corona-Krise und Darlehensrecht) sowie Arbeitsverträge. Zur Gutscheinlösung für Veranstaltungen und Freizeiteinrichtungen s. u. Ziff. 4.

2. Leistungsverweigerungsrecht für → Verbraucher: Verbraucher konnten, wenn sie aus einem → Verbrauchervertrag iSv § 310 III BGB, sofern er ein → Dauerschuldverhältnis war, eine → Leistung (meist die Zahlung des Entgelts, ggf. auch eine Sachleistung) schulden, diese verweigern, wenn die Erbringung der Leistung ohne Gefährdung seines eigenen angemessenen Lebensunterhalts oder eines unterhaltsberechtigten Angehörigen nicht möglich gewesen wäre, sofern die fehlende Leistungsfähigkeit auf den Umständen der Corona-Krise beruhte; eine Gefährdungslage war anzunehmen, wenn das monatliche Haushalteinkommen der Grundbedarf unterschritt und keine nennenswerten liquiden Mittel vorhanden waren. Der Anspruch des Verbrauchers auf die Gegenleistung blieb trotz Ausübung des Leistungsverweigerungsrechts

bestehen. Das Leistungsverweigerungsrecht galt nur für alle wesentlichen Dauerschuldverhältnisse, also solche, die zur Eindeckung mit Leistungen der angemessenen Daseinsvorsorge erforderlich (insbes. Verträge über die Lieferung von Strom, Gas Telekommunikationsdienste, ggf. auch Wasser, wenn ein zivilrechtlicher Vertrag vorlag; auch Pflichtversicherungen) und vor dem 8.3.2020 abgeschlossen worden waren (eine Schutzwürdigkeit für danach abgeschlossene Verträge besteht nicht, da ab dann die pandemieartige Ausbreitung absehbar war); die Angemessenheit war objektiv (nicht nach subjektiven Vorstellungen) zu bestimmen. Die Leistungspflicht als solche blieb bestehen, sie war nach Ablauf des Moratoriums (s. u.) zu erfüllen. Das Leistungsverweigerungsrecht bestand nur, solange der Schuldner wegen der Krise nicht erfüllen konnte. Die Leistungsverweigerung musste als → Einrede geltend gemacht werden, der Verbraucher musste sich ausdrücklich darauf berufen, die bloße Nichtleistung genügte nicht. Grds. musste der Schuldner auch darlegen und ggf. beweisen, dass die Krise für seine Leistungsschwierigkeiten kausal war und er durch die Leistungserbringung existenziell gefährdet worden wäre. Mit Erhebung der Einrede entfiel die Durchsetzbarkeit (und Vollstreckbarkeit) der Forderung, damit konnten auch keine Sekundäransprüche entstehen, die an die Nichterbringung der Leistungspflicht geknüpft sind (zB konnte der Verbraucher nicht in → Schuldnerverzug nach § 286 BGB geraten). Das Leistungsverweigerungsrecht erfasste alle Ansprüche im Zusammenhang mit dem Vertrag (auch Rückgewähr-, Schadensersatz-, Aufwendungsersatzansprüche), die vor dem Inkrafttreten der Regelung entstanden sind. Auch Leistungen, die schon vor Inkrafttreten des Gesetzes fällig waren, konnten verweigert werden, wenn insoweit bereits Verzug eingetreten war, entfiel dieser. Die Ausübung des Leistungsverweigerungsrechts entfiel, wenn es für den Gläubiger seinerseits wegen Gefährdung seines Lebensunterhalts oder seiner unterhaltsberechtigten Angehörigen oder wegen Gefährdung der wirtschaftlichen Grundlage seines Erwerbsbetriebs unzumutbar gewesen wäre; in diesem Fall konnte der Verbraucher ggf. den Vertrag kündigen (und sich die Leistungen günstiger anderweitig beschaffen). Das Leistungsverweigerungsrecht war begrenzt bis zum 30.6.2020, von der Verlängerungsmöglichkeit, vgl. Art. 240 § 4 EGBGB, wurde kein Gebrauch gemacht. Zum Außerkrafttreten von Art. 240 EGBGB s. o. Ziff. 1.

3. Leistungsverweigerungsrecht für → Kleinstunternehmer: Kleinstunternehmer konnten eine → Leistung (meist die Zahlung des Entgelts, erfasst werden konnten aber auch Dienst- oder Sachleistungen) verweigern, wenn die Leistung aufgrund von Umständen, die auf der Corona-Krise beruhen, nicht erbracht werden konnte (fehlende Leistungsfähigkeit) oder wenn dem Unternehmen die Erbringung der Leistung óhne Gefährdung der wirtschaftlichen Grundlagen des Erwerbsbetriebs nicht möglich gewesen (eine solche Gefährdungslage dürfte jedenfalls bei Zahlungsunfähigkeit, drohender Zahlungsunfähigkeit und Überschuldung anzunehmen sein, §§ 17 ff. InsO). Das Leistungsverweigerungsrecht galt für alle wesentlichen → Dauerschuldverhältnisse, also solche, die zur Eindeckung mit Leistungen zur angemessenen Fortsetzung des Erwerbsbetriebs erforderlich und or dem 8.3.2020 abgeschlossen worden waren. Die Darstellung unter Ziff. 2 gilt iÜ entsprechend.

4. Gutscheinsonderregelung für Veranstaltungen und Freizeiteinrichtungen: Mit dem Gesetz zur Abmilderung der Folgen der Covid-19-Pandemie im Veranstaltungsvertragsrecht und im Rechts der Europäischen Gesellschaft (SE) und der Europäischen Genossenschaft (SCE) wurde eine Gutscheinsonderregelung geschaffen (ebenfalls außer Kraft seit 30.9.2022). Infolge der → COVID-19-Pandemie musste ein Großteil der geplanten Musik-, Kultur-, Sport- und sonstigen Freizeitveranstaltungen abgesagt werden, ebenso bleiben zahlreiche Freizeit- und Kultureinrichtungen geschlossen. Eine Vielzahl von bereits erworbenen Eintrittskarten konnte damit nicht mehr eingelöst werden. Nach den Regelungen des → Allgemeinen Leistungsstörungsrechts hätten die Inhaber der Eintrittskarten bzw. die Nutzungsberechtigten nach § 326 IV BGB die Rückerstattung ihrer Zahlungen verlangen können: Denn wenn zB ein Konzert abgesagt wird, wird die Leistung des Konzertveranstalters unmöglich, § 275 I BGB (→ Unmöglichkeit (der Leistung), die Gegenleistung ist damit gem. § 326 I 1 Alt. 1 BGB nicht mehr geschuldet und kann, wenn sie schon erbracht wurde, zurückverlangt werden. Entsprechendes gilt für die Schließung einer Freizeiteinrichtung (zB Museum, Fitnessstudio, → Fitnessstudiovertrag): Für die Dauer der Schließung wird die Leistung des Betreibers unmöglich, der Nutzungsberechtigte schuldet kein Entgelt (zur dauerhaften Unmöglichkeit bei nur vorübergehender Schließung s. o. Ziff. 1). Um den bei Veranstaltern und Betreibern drohenden erheblichen Liquiditätsabfluss abzumildern, wurde durch Art. 240 § 5 EGBGB eine Gutscheinlösung eingeführt, die im Ergebnis einen Zahlungsaufschub begründet (zu verfassungsrechtlichen Bedenken gegen die Lösung Eibenstein, COVuR 2020, 249). Wenn eine Musik-, Kultur-, Sport- oder sonstige Freizeitveranstaltungen (zB Konzerte, Festivals, Theater, Lesungen, Filmvorführungen, Sportwettkämpfe) aufgrund der Corona-Krise nicht stattfinden konnte, war der Veranstalter berechtigt, dem Inhaber einer vorm dem 8.3.2020 erworbenen Eintrittskarte oder sonstigen Teilnahmeberechtigung anstelle der Erstattung des Eintrittspreises oder des sonstigen Entgelts einen Gutschein zu übergeben (dh den unmittelbaren Besitz daran zu verschaffen); nicht erfasst von der Regelung wa-

ren Veranstaltungen im beruflichen Kontext, zB Fortbildungen, Seminare, Fachmessen, Kongresse. Wenn die Eintrittskarte oder Berechtigung die Teilnahme an mehreren Veranstaltungen umfasste, die teilweise schon stattgefunden hatten, so konnte der Gutschein den Wert des nicht genutzten Teils umfassen (zB bei Musik-, Sprach- oder Sportkursen, Dauerkarten für die Heimspiele eines Sportvereins). Entsprechendes gal, wenn eine Musik-, Kultur-, Sport- oder sonstige Freizeiteinrichtung (zB Museen, Freizeitparks, Tierparks, Schwimmbäder, Sportstudios) zu schließen war. Der Betreiber konnte den Inhabern einer solchen zeitlichen Nutzungsberechtigung (zB Monats-, Saison- oder Jahreskarte) einen Gutschein für den nicht mehr nutzbaren Zeitraum ausstellen. Voraussetzung war stets, dass der Grund für die Absage oder Schließung die Corona-Krise war. Der ausgestellte Wertgutschein musste den gesamten Eintrittspreis bzw. das gesamte Entgelt einschließlich Vorverkaufsgebühren umfassen. Kosten für Ausstellung und Übersendung durften dem Berechtigten nicht in Rechnung gestellt werden. Der Gutschein war als reiner Wertgutschein (also keine Sachgutschein) zu gestalten und konnte für beliebige (andere) Veranstaltungen (desselben Veranstalters) eingelöst werden; eine etwaige Preissteigerung bei einem Nachholtermin (aufgrund der allg. Preisentwicklung oder sonstiger Umstände) musste der Inhaber ggf. in Kauf nehmen. Aus dem Gutschein selbst musste sich ergeben, dass dieser aufgrund einer Absage (bzw. Schließung) im Rahmen der Corona-Krise ausgestellt war; zudem musste er die Angabe enthalten, unter welchen Voraussetzungen der Inhaber die Auszahlung des Gutscheinwerts verlangen kann. Der Inhaber eines Gutscheins konnte von dem Veranstalter oder Betreiber die Auszahlung des Werts des Gutscheins verlangen, wenn ihm der Verweis auf die Nutzung des Gutscheins aufgrund seiner persönlichen Lebensumstände unzumutbar gewesen wäre (zB Eintrittskarte für eine Veranstaltung, die im Rahmen einer Urlaubsreise besucht werden sollte, oder wenn der Inhaber das Geld brauchte, um existenziell wichtige Lebenshaltungskosten wie Miete oder Energierechnungen zu zahlen). Der Inhaber konnte die Auszahlung des Werts verlangen, wenn er den Gutschein bis zum 31.12.2021 nicht eingelöst hatte (egal warum). Für die Geltendmachung dieses Anspruch gilt die regelmäßige Verjährungsfrist von drei Jahren (§ 195 BGB). Nicht einbezogen in die Gutschein-Sonderregelung waren Reiseverträge (→ Corona-Krise und Reiserecht).

Corona-Krise und Zivilprozess
Die Corona-Krise hatte die Arbeit der Gerichte in erheblichem Umfang beeinflusst. Der Betrieb der Gerichte wurde häufig reduziert und im Fall von Abwesenheit oder Ausfall von Gerichtspersonal überwiegend auf Kern- bzw. eilige Aufgaben fokussiert (in Zivilsachen etwa → einstweilige Verfügungen, Verfahren von besonderer wirtschaftlicher Tragweite oder → Gewaltschutzverfahren). Weiterhin wurde versucht, auf Homeoffice des Gerichtspersonals umzustellen, Fristverlängerungsgesuche und Terminverlegungsanträge großzügig zu handhaben und Verfahren verstärkt im schriftlichen Weg zu erledigen (→ schriftliches Verfahren), etwa schriftlich zu einem gütlichen Abschluss des Verfahrens zu gelangen (→ Vergleich). Manche Gerichte versuchen außerdem verstärkt, Verhandlungen im Wege der Bild-und Ton-Übertragung nach § 128a ZPO zu fördern (Videoverhandlung). Zudem wurden organisatorische Maßnahmen ergriffen, um die Ansteckungsgefahr in den Gerichtsgebäuden zu reduzieren (zB Sitzabstand im Sitzungssaal, Wechsel in größere Sitzungssäle, Aufstellen von mobilen Plexiglaswänden auf der Rechtsantragstelle oder in räumlich beengten Sitzungssälen). Von einem → Stillstand der Rechtspflege konnte nie die Rede sein. Verfahren konnten weiterhin eingeleitet werden, Zustellungen fanden weiterhin statt und ebenso Vollstreckungshandlungen (bei Gerichtsvollzieherhandlungen ggf allerdings punktuell reduziert).

Corporate Compliance
→ Compliance.

Corporate Governance Kodex
Unter Corporate Governance versteht man die Ausgestaltung von Leitung und Kontrolle eines Unternehmens sowie dessen Beziehungen zum Kapitalmarkt. Der Offenlegung der Corporate Governance kommt in der Wirtschaftspraxis eine erhebliche Rolle zu. Der von einer unabhängigen Kommission am 26.2.1992 formulierte Corporate Governance Kodex (auch bezeichnet als ein Code of best practice) idF v. 28.4.2022 (vgl. http://www.dcgk.de/de/) gibt Anregungen und Empfehlungen für börsennotierte Unternehmen, die auf international und national anerkannten Standards guter und verantwortungsvoller Unternehmensführung beruhen. Der Corporate Governance Kodex ist keine gesetzliche Regelung. Er beansprucht dennoch allgemeine Geltung (→ Aktiengesellschaft, 4), zB müssen nach § 161 AktG Vorstand und Aufsichtsrat börsennotierter Gesellschaften jährlich erklären, dass dem Corporate Governance Kodex entsprochen wurde und wird, oder erklären, welche Empfehlungen nicht angewendet wurden oder werden (Entsprechenserklärung).

Corporate Identity
Corporate Identity ist ganz allgemein die Gesamtheit aller Merkmale, die ein Unternehmen ausmachen und dessen Selbstbild prägen. Oft wird der Begriff auch als das (einheitliche) Erscheinungsbild eines Unternehmens nach außen verstanden.

Corporate Social Responsibility
→ Aktiengesellschaft (3c).

Corps diplomatique
→ Diplomatisches Korps.

corpus delicti
= Beweisgegenstand, Überführungsstück.

Corpus Iuris Canonici
Das Corpus iuris canonici bildete bis zum Inkrafttreten des → Codex Iuris Canonici von 1917 die grundlegende Rechtsquelle des kanonischen Rechts. Es regelte nicht nur das innere Kirchenrecht der → Katholischen Kirche, sondern auch die weltlichen Rechtsverhältnisse ihrer Angehörigen und trat damit als umfassendes Rechtssystem neben das römischrechtliche Corpus iuris civilis. Das Corpus iuris canonici entstand in der Zeit von 1140 bis 1500 und wurde 1882 neugefasst veröffentlicht. Es bestand aus sechs Teilen. Der Erste und älteste Teil („Decretum Gratiani") enthält eine Sammlung des älteren Kirchenrechts (insbes. Konzilsbeschlüsse und Dekretalen), wie es von Gratian (um 1140) vorgefunden und zusammengestellt wurde. Die in der späteren Zeit ergangenen Konzilsbeschlüsse und Dekretalen wurden in weiteren Büchern gesammelt, die weitere Teile des Corpus iuris canonici bildeten. So als nächstes das Liber Extra („Liber canonum extra Decretum vagantium", auch Decretales Gregorii genannt), das im Jahre 1234 unter Papst Gregor fertiggestellt wurde und sich ua mit Straf- und Strafprozessrecht, Eherecht und Vermögensrecht befasste. Weitere Dekretalen wurden im Jahre 1298 unter Bonifaz VII. dem Liber Extra hinzugefügt (Liber Sextus). Die Konzilsbeschlüsse von 1311 und Dekretale Papst Clemens V. bilden als sog. „Clementinae" einen weiteren Teil des Corpus, ebenso wie die aus späterer Zeit stammenden Extravagantes Joanni XXII. und die Extravagantes communes. Die Bezeichnung Corpus iuris canonici wurde erstmals von Gregor XIII. im Jahre 1580 verwendet.

Corpus iuris civilis
→ römisches Recht.

COTIF
COTIF ist die Abkürzung für Convention relative aux transports internationaux ferroviaires = Übereinkommen über den internationalen Eisenbahnverkehr v. 9.5.1980 (BGBl. 1985 II 130, mÄnd). Dieser völkerrechtliche Vertrag gehört zum internationalen → Eisenbahnrecht und hat etwa 50 Mitgliedsstaaten in Europa, Nordafrika und dem Mittleren Osten. Der internationale Eisenbahnverkehr zwischen diesen Mitgliedstaaten wird auf der Basis von COTIF und der dadurch gegründeten Organisation intergouvernementale pour les transports internationaux ferroviaires (OTIF) mit Sitz in Bern abgewickelt. OTIF hat das Ziel, den internationalen Eisenbahnverkehr zu fördern und zu erleichtern. Dazu stellt die Organisation einheitliche Rechtsvorschriften für Güter- und Personenbeförderung sowie die Infrastrukturnutzung auf und trägt zur → Interoperabilität und technischen Harmonisierung bei. Die 7 Anhänge zum COTIF enthalten die eigentlichen rechtlichen Regelungen, zB → CIV, → CIM und RID (→ Beförderung gefährlicher Güter).

Coupon
→ Kupon.

Courtage
ist die Vermittlungsprovision (→ Provision) des Maklers (→ Mäklervertrag), aber auch einer Bank, wenn sie einen Kredit vermittelt.

COVID-19
COVID-19 wurde die vom Virus → SARS-CoV-2 (eher umgangssprachlich Coronavirus oder kurz → Corona genannt) verursachte Erkrankung bezeichnet, die 2020 bis 2022 weltweit zur → COVID-19-Pandemie führte; die Zahl 19 beruht darauf, dass der Erreger erstmals 2019 in China festgestellt wurde. Die COVID-19-Pandemie führte ua zu umfangreichen Änderungen des → Infektionsschutzgesetzes und weiteren gesetzgeberischen Maßnahmen (→ COVID-19-Gesetzgebung), insbesondere um die wirtschaftlichen Folgen der Pandemie und ihrer Bekämpfung abzumildern (ua → COVID-19-Folgenabmilderungsgesetz). Sa → Schuldenbremse.

COVID-19-Folgenabmilderungsgesetz
Das Gesetz zur Abmilderung der Folgen der → COVID-19-Pandemie im Zivil-, Insolvenz- und Strafverfahrensrecht tratvom 1.3.2020 bis zum 1.4.2020 in Kraft (BGBl. 2020 I 569 mÄnd). Es erfasst verschiedene Rechtsgebiete mit dem Ziel, die Folgen der COVID-19-Pandemie für Bürger, Unternehmen, aber auch für laufende Gerichtsverfahren abzumildern.

1. Zivilrechtliche Regelungen. In Art. 240 EGBGB wurden zeitlich befristet (bis 30. Juni 2020) Regelungen eingeführt, damit Schuldner, die wegen der COVID-19-Pandemie ihre vertraglichen Pflichten nicht erfüllen konnten, keine nachteiligen rechtlichen Folgen erleiden. Damit wurde für → Verbraucher und Kleinstunternehmen sichergestellt, dass sie insbesondere nicht von der Grundversorgung (zB Strom, Gas, Telekommunikation) abgeschnitten werden, weil sie ihren Zahlungspflichten krisenbedingt nicht nachkommen konnten (Art. 240 § 1 EGBGB). Für Mietverhältnisse über Grundstücke oder über Räume wurde das Recht der Vermieter zur Kündigung von Mietverhältnissen eingeschränkt. Wegen Mietschulden aus dem Zeitraum vom 1. April 2020 bis 30. Juni 2020 dürfen Vermieter das Mietverhältnis nicht kündigen, sofern die Mietschulden auf den Auswirkungen der COVID-19-Pandemie beruhen (Art. 240 § 2 EGBGB). Bei alledem ist zu beachten, dass die geschilderten Schutzmaßnahmen die Schuldner nicht von ihrer Leistungspflicht befreien, sondern nur andere Rechtsfolgen aus einer Nichtleistung abmildern, dh die Verpflichtung der Mieter zur Zahlung der Miete blieb unverändert bestehen.

2. Insolvenzrecht. Die Insolvenzantragspflicht (→ Insolvenzantrag) und die Zahlungsverbote wurden gem. § 1 COVInsAG bis zum 30. September 2020 ausgesetzt, außer die Insolvenz beruhte nicht auf den Auswirkungen der COVID-19-Pandemie oder es bestand keine Aussicht auf die Beseitigung einer eingetretenen → Zahlungsunfähigkeit. Diese Regelung wurde letztmals bis zum 30. April 2021 verlängert, jedoch nur für Unternehmen, die wegen der schleppenden Auszahlung der staatlichen Hilfen insolvenzreif gewesen wären.

3. Gesellschafts-, Vereins-, Genossenschafts- und WEG-Recht. Damit Gesellschaften, Vereine, Genossenschaften oder WEGs weiterhin ihre erforderlichen Beschlüsse fassen können und damit handlungsfähig bleiben, wurden vorübergehend Erleichterungen zB für → Hauptversammlungen von Aktiengesellschaften sowie für → Gesellschafterversammlungen von Gesellschaften mit beschränkter Haftung, von → Generalversammlungen der → Genossenschaften sowie für Mitgliederversammlungen von → Vereinen geschaffen. Der Vorstand der Gesellschaft konnte auch ohne Satzungsermächtigung eine Online-Teilnahme an der Hauptversammlung (virtuelle Hauptversammlung) ermöglichen. Auch für Genossenschaften und Vereine wurden vorübergehend Erleichterungen eingeführt, vor allem dass die Versammlungen ohne physische Präsenz durchgeführt sowie Beschlüsse außerhalb von Versammlungen gefasst werden können. Die positiven Erfahrungen mit Gesellschafterversammlungen während der Pandemie haben den Gesetzgeber bewogen, die Möglichkeiten virtuellen Versammlungen auszubauen (→ virtuelle Hauptversammlung).

4. Strafverfahren. Es wurde ein Hemmungstatbestand für die Unterbrechungsfrist einer strafgerichtlichen → Hauptverhandlung geschaffen, damit Gerichte die Hauptverhandlung für maximal drei Monate und zehn Tage unterbrechen können, wenn diese aufgrund von Maßnahmen zur Vermeidung der Verbreitung der COVID-19-Pandemie (zB Infektion oder Quarantäne eines Richters) nicht durchgeführt werden kann (§ 10 EGStPO). Die Regelung lief Mitte 2022 aus.

5. Sa → Corona-Krise und Zivilprozess, → Corona-Krise und Reiserecht → Corona-Krise und Darlehensrecht, → Corona-Krise und Mietrecht, → Corona-Krise und Verbraucherrecht, → Corona-Krise und Vertragsrecht.

COVID-19-Gesetzgebung

1. Zur Bewältigung der → COVID-19-Pandemie (→ COVID-19) erließ der Gesetzeber zahlreiche Vorschriften auf allen Rechtsgebieten, um insbesondere die pandemiebedingten vertragsrechtlichen Probleme zu lösen und den gestiegenen Finanzbedarf von Staat und Unternehmen zu befriedigen. Den Beginn machte das Wirtschaftsstabilisierungsfondsgesetz (→ Wirtschaftsstabilisierungsfonds) v. 27.3.2020 (BGBl. 2020 I 543), das Nachtragshaushaltsgesetz v. 27.3.2020 (BGBl. 2020 I 556), mit dem zur Abfederung von Steuermindereinnahmen und Mehrausaben eine Erhöhung der Verschuldung des Bundes um rund 150 Mrd. EUR beschlossen wurde, das → COVID-19-Folgenabmilderungsgesetz v. 27.3.2020 (BGBl. 2020 I 569), das → Sozialschutz-Paket v. 27.3.2020 (BGBl. 2020 I 575), das COVID-19-Krankenhausentlastungsgesetz v. 27.3.2020 (BGBl. 2020 I 580).

2. Es folgten umfassende Änderungen des → Infektionsschutzgesetzes durch das Gesetz zum Schutz der Bevölkerung bei einer → epidemischen Lage von nationaler Tragweite v. 27.3.2020 (BGBl. 2020 I 587), das Zweite Gesetz zum Schutz der Bevölkerung bei einer epidemischen Lage von nationaler Tragweite v. 18.5.2020 (BGBl. 2020 I 1018), das Dritte Gesetz zum Schutz der Bevölkerung bei einer epidemischen Lage von nationaler Tragweite v. 18.11.2020 (BGBl. 2021 I 2397) sowie das Vierte Gesetz zum Schutz der Bevölkerung bei einer epidemischen Lage von nationaler Tragweite v. 22.4.2021 (BGBl. 2021 I 802; sa Bundesnotbremse). Durch das Gesetz zur Änderung des Infektionsschutzgesetzes und weiterer Gesetze anlässlich der Aufhebung der Feststellung der epidemischen Lage von nationaler Tragweite vom 22.11.2021 (BGBl. 2021 I 4906) wurden die die COVID-19-Pandemie betreffenden Vorschriften in §§ 28a und 28b IfSG nochmals grundlegend geändert. Zur weiteren Entwicklung → Infektionsschutzgesetz.

3. Durch das Zweite Nachtragshaushaltsgesetz v. 14.7.2020 (BGBl. 2020 I 1669) wurde die Verschuldung des Bundes nochmals um ca. 60 Mrd. EUR angehoben (sa → Schuldenbremse).

4. Zur COVID-19-Gesetzebung gehört auch die Aussetzung der Diätenerhöhung im Jahre 2020 (→ Diäten, 2). Sa → Corona-Hilfspaket der Europäischen Union; → Corona-Hilfspaket des Bundes; → Corona-Hilfspakete der Länder; → Corona-Krise und Darlehensrecht; → Corona-Krise und Insolvenzrecht; → Corona-Krise und Mietrecht; → Corona-Krise und Reiserecht; → Corona-Krise und Versicherungsrecht; → Corona-Krise und Vertragsrecht; → Corona-Krise und Zivilprozess.

COVID-19-Pandemie

→ COVID-19; → COVID-19-Gesetzgebung; → Epidemische Lage von nationaler Tragweite.

COVID-19-Test

Nach der früheren VO zum Anspruch auf Testung in Bezug auf einen direkten Erregernachweis des Coronavirus SARS-CoV-2 (Coronavirus-Testverordnung – TestV) v. 21.9.2021 (BAnz. AT v. 21.9.2021 V1) mÄnd hatten in der gesetzlichen Krankenversicherung versicherte und nicht versicherte Personen im Rahmen der Testkapazitäten Anspruch auf Testung in Bezug auf das Coronavirus SARS-CoV-2 (sa → COVID-19, → COVID-19-Pandemie, → Infektionsschutzgesetz). Den getesteten Personen entstanden dadurch keine Kosten. Der Testanspruch bestand für Kontaktpersonen Infizierter sowie Mitarbeiter und Betreute in Einrichtungen des Gesundheitswesens wie zB Krankenhäusern oder Altenheimen; ansonsten bestand für Personen ohne Krankheitssymptome unter bestimmten Voraussetzungen ein Anspruch auf einen Antigen-Test ohne direkten Erregernachweis zur patientennahen Anwendung durch Dritte (nicht nur Selbsttest, aber kein PCR-Test zum unmittelbaren Nachweis des Coronavirus) als sogenannter Bürgertest, zB für Kontaktpersonen von Risikopersonen, Vorerkrankte, Besucher von Veranstaltungen in Innenräumen und für Personen, die über die Warn-App einen Kontakt mit erhöhtem Risiko angezeigt erhalten hatten. Seit 1.3.2023 sind diese ganz oder teilweise unentgeltlichen Testmöglichkeiten abgeschafft.

Cross Compliance
Im Rahmen der → Gemeinsamen Agrarpolitik bezeichnete Cross Compliance die Verknüpfung von → Direktzahlungen an die Einhaltung der „Grundanforderungen an die Betriebsführung" und die Erhaltung landwirtschaftlicher Flächen in „gutem landwirtschaftlichen und ökologischen Zustand". Die Einkommensunterstützung in der Landwirtschaft war damit an die Einhaltung von Vorschriften anderer Bereiche, vor allem des → Naturschutzes, des → Tierschutzes und des → Umweltschutzes, gebunden. Seit der am 1.1.2023 in Kraft getretenen Agrarreform wird Cross Compliance durch das ähnliche Konzept der → Konditionalität ersetzt.

Crowdfunding
Crowdfunding ist der englische Begriff für → Schwarmfinanzierung.

Crowdworking
Beim Crowdworking werden - möglichst klein zugeschnittene - Arbeitsaufgaben meist über eine Internetplattform vergeben, für die sich dort Auftragnehmer bewerben können und auch häufig dort die Arbeitsergebnisse weitergeben können. Meist ist eine gegenseitige Bewertung von Auftraggebern und -nehmern möglich. Es kann sich um sehr kleinteilige Tätigkeiten wie die Erstellung von Bildbeschriftungen, aber auch umfangreichere Softwaretests handeln. Die Plattform kann als Vermittler oder Vertragspartner auftreten. Mangels besonders enger Einbindung der Crowdworker in die Arbeitsabläufe der Auftraggeber und einer Pflicht zur Auftragsübernahme wird es sich selten um Arbeitnehmer handeln. Denkbar ist aber die Einordnung als → arbeitnehmerähnliche Person. Relevant ist jedoch auch, ob und welche Rechtsbeziehungen mit dem Intermediär bzw. Vermittler zustande kommen. Selbständige Crowdworker werden in gewissem Umfang durch die AGB-Kontrolle geschützt.

CRR
→ Bankenunion.

CSR-Richtlinie
→ Aktiengesellschaft, 3c.

cuius regio eius religio
(wessen Gebiet, dessen Bekenntnis). Nach diesem im Augsburger Religionsfrieden 1555 niedergelegten Grundsatz bestimmte jeder Landesherr für sein Gebiet einheitlich das religiöse Bekenntnis seiner Untertanen; Andersgläubige, die nicht konvertieren wollten, konnten von dem → beneficium emigrationis Gebrauch machen und auswandern. Diese Regelung entfiel erst mit dem Westfälischen Frieden 1648.

culpa
(lat.) → Schuld, → Verschulden.

culpa in abstracto
(lat.) Außerachtlassung der im Verkehr allg. erforderlichen Sorgfalt (→ Verschulden, 1, 2).

culpa in contrahendo
→ Verschulden beim Vertragsschluss.

culpa in eligendo
(lat.) Verschulden bei der Auswahl (→ unerlaubte Handlung, 5a).

culpa lata
(lat.) grobe Fahrlässigkeit (→ Schuld, → Verschulden).

culpa levis
(lat.) leichte Fahrlässigkeit (→ Schuld, → Verschulden).

cum viribus hereditatis
= beschränkte Haftung des Erben mit den erlangten Nachlassgegenständen; → Beschränkung der Erbenhaftung.

Curricularnormwert
→ Hochschulzulassungsrecht (6).

Cybergrooming
Der Begriff des Cybergroomings bezeichnet eine strafbare Form des → sexuellen Missbrauchs von Kindern. Er beinhaltet das gezielte Ansprechen von Kindern über das Internet mit dem Ziel der Anbahnung sexueller Kontakte. Ansatzpunkt für die Kontaktaufnahme sind dabei die Aktivitäten von Kindern im Internet, etwa die Nutzung sozialer Medien, von Chatrooms und Online-Spielen. Typischerweise täuscht der Täter dabei im Chatverkehr über sein wahres Alter und gibt sich als Kind oder Jugendlicher aus. Ausgenutzt wird dabei zum einen die Anonymität des Internets, zum anderen die Unerfahrenheit, Neugier und Gutgläubigkeit von Kindern, die häufig nicht in der Lage sind, heikle und gefährliche Situationen zu erkennen.

Cybergrooming steht seit 2003 unter Strafe. Der Tatbestand wurde seitdem mehrfach erweitertund ist heute in § 176b StGB (Vorbereitung des sexuellen Missbrauchs von Kindern) geregelt. Er erfasst heute denjenigen, der auf ein Kind mittels → Inhalten (§ 11 III StGB) einwirkt, um das Kind zu sexuellen Handlungen zu bringen, die es an oder vor dem Täter oder einer dritten Person vornehmen oder von dem Täter oder einer dritten Person an sich vornehmen lassen soll, oder um eine Tat nach § 184b I 1 Nr. 3 StGB oder nach § 184b III StGB (→ Pornographische Inhalte) zu begehen.

Im Jahr 2020 neu unter Strafe gestellt (BGBl. 2020 I 431, damals noch für § 176 IV Nr. 3 StGB aF) wurde zudem der Versuch einer Tat nach § 176b I StGB, wenn die Vollendung der Tat allein daran scheitert, dass der Täter irrig annimmt, sein Einwirken beziehe sich auf ein Kind (§ 176b III StGB). Erfasst wird hiermit insbes. der Fall, in dem der Täter über das Internet unwissentlich auf ein „Scheinkind" einwirkt, etwa auf einen Polizeibeamten, der mit einer Alias-Identität die Inhalte einer durch Verdachtsmeldungen bekannt gewordenen Website überprüft (BT-Drs. 19/13836, 9). Zugleich hat der Gesetzgeber mit dem heutigen § 184b VI StGB und § 110d StPO zur Erleichterung einschlägiger polizeilicher Ermittlungen die Möglichkeit geschaffen, selbst legal kinderpornographische Schriften herzustellen und zu verbreiten, wobei diese kein tatsächliches Geschehen wiedergeben und auch nicht unter Verwendung einer Bildaufnahme eines Kindes oder Jugendlichen hergestellt worden sein dürfen. Nur so können sich Ermittler Zugang zu geschlossenen Foren im Internet verschaffen, in denen illegal Kinderpornographie verbreitet wird und in denen zur Prüfung der „Vertrauenswürdigkeit" regelmäßig verlangt wird, dass Nutzer sowohl bei ihrer erstmaligen Registrierung als auch für den weiteren Verbleib in regelmäßigen Abständen selbst strafbares kinderpornographisches Material zur Verfügung stellen (s. BT-Drs. 19/16543, 10).

Cyberstalking
→ Nachstellung 1b.

Data Governance Act
1. Der Data Governance Act (DGA) (VO (EU) 2022/868 vom 30.5.2022, anzuwenden seit 24.9.2023) regelt die Voraussetzungen für den Betrieb von Datennutzungsinfrastrukturen. Unter Data Governance wird allgemein ein Mechanismus verstanden, der den Umgang mit Daten und die Organisation von Daten regelt. Beim DGA stehen der Datenaustausch und eine Vereinfachung der Kooperation im europäischen Binnenmarkt im Vordergrund. Ziele des DGA sind die Verbesserung der Datennutzung, die Stärkung des Vertrauens in Datenvermittlungsdienste und die Erhöhung der Datenverfügbarkeit durch Datenaltruismus.

2. Der DGA gilt als erste Säule der europäischen Datenstrategie, dessen zweite Säule der → Data Act darstellt (Data Act (DA) (VO (EU) 2023/2854 vom 27.11.2023, anzuwenden ab 12.9.2025). Der DA enthält in erster Linie Nutzungsregeln für Daten im Zusammenhang mit vernetzten Produkten und verbundenen Diensten auf. Der DGA regelt vier Themen (Art. 4 DGA): Die Weiterverwendung bestimmter Daten, die im Besitz öffentlicher Stellen sind; den Aufsichtsrahmen für Datenvermittlungsdienste, den Rahmen für die Eintragung von Einrichtungen, die für altruistische Zwecke zur Verfügung gestellte Daten verarbeiten; die institutionellen Rahmenbedingungen für das beratende Expertengremium „europäischer Dateninnovationsrat“

3. Adressaten des DSG sind u. a. Dateninhaber (Art. 2 Nr. 8 DGA), öffentliche Stellen (Art. 2 Nr. 17 DGA), Datenvermittlungsdienste (Art. 2 Nr. 11) und datenaltruistische Organisationen (Art. 2 Nr. 16 DGA).

4. Eine ausdrückliche Rechtsgrundlage für den Zugang zu Daten, die im Besitz öffentlicher Stellen sind schafft der DGA nicht. Vielmehr regelt der DGA die Rahmenbedingungen (Kap. II DGA), unter denen eine zulässige Weiterverwendung ausgestaltet werden soll. U. a. sind dabei Ausschließlichkeitsvereinbarungen zur Weiterverwendung grundsätzlich nicht möglich (Art. 4 DGA), müssen personenbezogenen Daten, Geschäftsgeheimnisse und das geistige Eigentum geschützt werden (ausführlich Art. 5 DGA). Die Datenschutz-Grundverordnung bleibt ausdrücklich unberührt (Art. 3 I lit. d DGA).

5. Bezüglich Datenvermittlungsdiensten, also Diensten, die Geschäftsbeziehungen zwischen einer unbestimmten Anzahl von betroffenen Personen oder Dateninhabern einerseits und Datennutzern andererseits herstellen, um die gemeinsame Datennutzung zu ermöglichen (Art. 2 Nr. 11 DGA), wird geregelt, welchen Anmeldeverfahren, Anforderungen und welcher Aufsicht sie unterliegen (Kap. III DGA).

6. Kap. IV DGA regelt die Pflicht zur Führung eines öffentlichen Registers anerkannter datenaltruistischer Organisationen, um die Datenverfügbarkeit durch freiwillige Datenspenden zu erhöhen. Datenaltruismus ist die freiwillige gemeinsame Nutzung von Daten aufgrund einer Erlaubnis (z. B. Einwilligung) und ohne Entgelt, um allgemeine Interessen wie zB die Gesundheitsversorgung, die Bekämpfung des Klimawandels oder die Verbesserung der Mobilität zu fördern (Legaldefinition in Art. 2 Nr. 16 DGA).

7. Die institutionellen Rahmenbedingungen für den durch die EUKomm eingesetzten europäischen Dateninnovationsrat als beratendes Expertengremium ohne Rechtspersönlichkeit regelt der DGA ebenso wie dessen Aufsichtsfunktion, Aufgaben und rechtsverbindliche Entscheidungsbefugnisse (Art. 29 f. DGA).

DA
→ Data Act.

da mihi factum, dabo tibi ius
(wörtl.: gib mir den Tatbestand, ich werde dir das Recht geben). Dieser dem → römischen Recht entstammende Grundsatz ist allgemeine Verfahrensregel. Die Parteien brauchen dem Gericht nur den Sachverhalt zu unterbreiten, aber keine Rechtsausführungen zu machen; das Gericht wendet die Rechtsnormen von Amts wegen an, ohne an die vorgetragenen Rechtsauffassungen der Parteien gebunden zu sein. Insbes. kann es im Rahmen des Grundsatzes → ne ultra petita partium dem Klageantrag aus einem anderen Rechtsgrund als dem vom Kläger herangezogenen stattgeben, sofern die klagebegründenden Tatsachen vorgetragen sind. S. a. → iura novit curia; dort auch über eine Ausnahme für den Nachweis ausländischen Rechts.

Dachfonds
Dachfonds sind Investmentfonds (→ Investmentvermögen), die ausschließlich oder überwiegend andere Fonds als Kapitalanlage halten, also ihr Kapital wiederum in andere Fonds investieren. Dadurch wird eine breitere Risikostreuung ermöglicht. Bei → Hedgefonds spricht man von Dach-Hedgefonds (§§ 225 ff. KAGB).

Dachgesellschaft
→ Holdinggesellschaft.

Daktyloskopie
ist die vergleichende Untersuchung eines am Tatort einer → Straftat gefundenen Fingerabdrucks mit dem eines Beschuldigten, dem ein solcher gem. § 81b StPO abgenommen werden darf. Sie basiert auf der Tatsache der biologischen Unregelmäßigkeit in den Papillar-Linien von Fingern und Händen.

Damm
→ Deich.

Damnationslegat
→ Vermächtnis.

Damnum
→ Disagio.

damnum emergens
(lat.) entstehender → Schaden.

Dampfkesselanlagen
Errichtung und Betrieb von Dampfkesselanlagen unterliegen gem. § 18 I Nr. 1 VO über → Betriebssicherheit als → überwachungsbedürftige Anlagen einer Erlaubnispflicht und einer regelmäßig wiederkehrenden Prüfung durch Sachverständige (→ Überwachungsstelle). Daneben kann eine Baugenehmigungspflicht nach den Landesbauordnungen stehen (vgl. zB Art. 56 S. 1 Nr. 8 BayBO). Besteht für die gesamte Feuerungsanlage eine Genehmigungspflicht nach → Immissionsschutzrecht, so tritt Konzentrationswirkung nach § 13 BImSchG ein.

Darlegungslast
→ Substantiierung. Sa → Beweislast.

Darlehen
→ Darlehensvertrag.

Darlehensmakler
Darlehensmakler oder Darlehensvermittler bedürfen nach § 34c I Nr. 2 GewO einer gewerberechtlichen → Erlaubnis, wenn sie gewerbsmäßig (→ Gewerbe) den Abschluss von → Darlehensverträgen vermitteln oder die Gelegenheit zum Abschluss solcher Verträge nachweisen wollen (→ Maklervertrag). Im Einzelnen gelten dieselben Vorschriften wie für → Grundstücksmakler. Zum Darlehensvermittlungsvertrag → Verbraucherdarlehensvertrag (9).

Darlehensschuldschein
→ Schuldschein.

Darlehensvaluta
→ Darlehensvertrag (1).

Darlehensvermittlungsvertrag
→ Verbraucherdarlehensvertrag (9).

Darlehensversprechen
→ Darlehensvertrag (1).

Darlehensvertrag
1. Sytematik, Vertragsgegenstand, Zins: Das BGB strukturiert das Darlehensrecht in Vorschriften über das Gelddarlehen (§§ 488 ff. BGB) und das Sachdarlehen (§§ 607 ff. BGB). Die Vorschriften über das Gelddarlehen sind unterteilt in einen Allg. Teil (§§ 488–490 BGB) und einen Besonderen Teil für den → Verbraucherdarlehensvertrag, der das allg. Darlehensrecht ergänzende zahlreiche Sondervorschriften enthält (§§ 491–515 BGB; s. iE die Erläuterungen zum → Verbraucherdarlehensvertrag); Voraussetzung für die Anwendbarkeit der zwingenden Vorschriften über den Verbraucherdarlehensvertrag ist die Beteiligung eines → Unternehmers aufseiten des Darlehensgebers und eines → Verbrauchers oder eines → Existenzgründers aufseiten des Darlehensnehmers. Der Darlehensvertrag ist ein → gegenseitiger Vertrag; es gelten die allg. Vorschriften über → Schuldverhältnisse; sa → Erfüllung, → Schuldschein, → Quittung usw. Durch den Darlehensvertrag über ein Gelddarlehen wird der Darlehensgeber verpflichtet, dem Darlehensnehmer einen Geldbetrag (Darlehensvaluta) in der vereinbarten Höhe für die Überlassungszeit zur Verfügung zu stellen. Der Darlehensnehmer ist verpflichtet, Zins zu zahlen, sofern dies vereinbart ist (entgeltliches Darlehen), und bei Fälligkeit (bzw. nach Ablauf der vereinbarten Laufzeit) das zur Verfügung gestellte Darlehen zurückzuerstatten, § 488 I BGB. Die Entgeltlichkeit im Rahmen des im Geschäftslebens üblichen Darlehensvertrags wird regelmäßig durch Vereinbarung entsprechender Zinsen (→ Zinsschuld) oder durch ein → Disagio (Abschlag) bei der Auszahlung der Darlehensvaluta erreicht. Zins ist eine laufzeitabhängige Gegenleistung für die zeitweise Darlehensüberlassung. Ist Verzinsung vereinbart, jedoch deren Höhe nicht bestimmt, so sind regelmäßig 4% zu zahlen (§ 246 BGB). Die vereinbarten Zinsen sind mangels anderer Bestimmung nach dem Ablauf je eines Jahres, bei kürzerer Laufzeit (ebenso wie das Entgelt beim Sachdarlehen) bei der Rückerstattung zu entrichten, § 488 II BGB, § 609 BGB. Der Sachdarlehensvertrag verpflichtet zur Überlassung einer vertretbaren (idR verbrauchbaren) → Sache gegen Entgelt und bei Fälligkeit zur Rückgabe von Sachen gleicher Art, Güte und Menge, § 607 BGB. Das sog. Darlehensversprechen ist entweder ein bloßer Vorvertrag (→ Vertrag, 3) auf Abschluss eines späteren Darlehensvertrags oder, je nach Ausgestaltung, der Darlehensvertrag selbst mit der Verpflichtung zur Hingabe des Darlehensbetrags einerseits und zur Abnahme des Darlehens andererseits (zB beim sog. Krediteröffnungsvertrag mit der Bank; sa → Kontokorrent). Ein Darlehensvertrag kann auch durch Novation (Schuldumschaffung, → Vertrag, 5) einer bisherigen anderweitigen Schuld (zB einer kurzfristigen Wechselschuld) in ein echtes Darlehen begründet werden (Vereinbarungsdarlehen, Verrechnungsdarlehen oder Umschuldung genannt).

2. Form, Absicherung, Sittenwidrigkeit: Ein Darlehensvertrag zwischen Unternehmern oder zwischen Verbrauchern kann formfrei (also auch konkludent) abgeschlossen werden, nicht aber der → Verbraucherdarlehensvertrag, für den eine qualifizierte Schriftform gilt. Ein Darlehensvertrag wird oftmals abgedeckt durch Sicherungsmittel persönlicher (Personalkredit, → Schuldmitübernahme, → Bürgschaft, Wechselakzept) oder sachlicher (Realkredit, → Hypothek, → Grundschuld, → Pfandrecht, → Lombardgeschäft) Art. Ein Darlehensvertrag kann im Einzelfall wegen → Sittenwidrig-

keit nichtig sein, zB bei auffälligem Missverhältnis zwischen Leistung (Überlassung Darlehensbetrag auf Zeit) und Gegenleistung (Zins), etwa bei Überschreiten des marktüblichen Zinses (relativ um 100% oder absolut um 12 Prozentpunkte) oder bei Einschränkung der wirtschaftlichen Bewegungsfreiheit des Darlehensnehmers (noch nicht aber bei bloßer finanzieller Überforderung).

3. Fälligkeit, Kündigung, vorzeitige Rückzahlung: Bei Vereinbarung einer festen Laufzeit des Darlehens gibt es keine Möglichkeit der ordentlichen Kündigung. Ist keine feste Laufzeit bestimmt, so hängt die Fälligkeit von einer → Kündigung einer der beiden Vertragsteile ab. Die ordentliche Kündigungsfrist beträgt 3 Monate, § 488 III 2 BGB; beim Sachdarlehen ist Kündigung ohne Frist möglich, § 608 BGB. Der Darlehensnehmer kann außerdem einen Darlehensvertrag mit gebundenem Sollzinssatz jederzeit mit einer Kündigungsfrist von 3 Monaten, ein fest verzinsliches Darlehen nach Ende der Zinsbindung, in jedem Fall nach Ablauf von 10 Jahren (mit einer Kündigungsfrist von 6 Monaten) kündigen, § 489 I, II BGB; diese Regelung ist zwingend, § 489 IV BGB. Die Kündigung gilt als nicht erfolgt, wenn der Darlehensnehmer dann den geschuldeten Betrag nicht binnen 2 Wochen nach Wirksamwerden der Kündigung zurückzahlt, § 489 III BGB. Darüber hinaus kann der Darlehensnehmer einen Darlehensvertrag, bei dem für einen bestimmten Zeitraum ein fester Zinssatz vereinbart und das Darlehen durch ein → Grundpfandrecht gesichert ist, vorzeitig (außerordentlich) kündigen, wenn seine berechtigten Interessen dies gebieten. Ein solches Interesse liegt insbes. vor, wenn der Darlehensnehmer ein berechtigtes Bedürfnis nach einer anderweitigen (besseren) Verwertung der zur Sicherung des Darlehens beliehenen Sache hat. Der Darlehensnehmer hat in diesem Fall dem Darlehensgeber den Schaden zu ersetzen, der diesem aus der vorzeitigen Kündigung entsteht (also eine Vorfälligkeitsentschädigung zu leisten), § 490 II BGB. Der Darlehensgeber hat (vor Auszahlung der Darlehensvaluta stets, danach in der Regel) ein außerordentliches Kündigungsrecht, wenn in den Vermögensverhältnissen des Darlehensnehmers oder in der Werthaltigkeit einer von ihm gestellten Sicherheit eine wesentliche Verschlechterung eintritt oder einzutreten droht, die die Rückerstattung des Darlehens (auch unter Verwertung der Sicherheit) gefährdet (§ 490 I BGB); die allg. Vorschriften über die Änderung der → Geschäftsgrundlage und über die → Kündigung bei → Dauerschuldverhältnissen bleiben daneben in beiden Fällen unberührt (§ 490 III BGB). Sa → partiarischer Vertrag (partiarisches Darlehen), → Verwahrung aE (Hinterlegungsdarlehen), → Gesellschafterdarlehen. Von der Frage der Fälligkeit des Rückzahlungsanspruch zu trennen ist die Frage, ob der Darlehensnehmer das Darlehen vorzeitig zurückzahlen darf. Abweichend vom Grundsatz der jederzeitigen Erfüllbarkeit (nach § 271 I Alt. 2, II Alt. 2 BGB) kann nur ein zinsloses Darlehen jederzeit zurückbezahlt werden, ein verzinsliches Darlehen nur, wenn dies ausdrücklich vereinbart ist, § 488 III 3 BGB.

Darstellungen
Darstellungen sind sinnlich wahrnehmbare, verkörperte Gebilde, die eine Vorstellung oder einen Gedanken ausdrücken. Unter diesem Oberbegriff wurden in § 11 III StGB Ton- und Bildträger, Datenspeicher und Abbildungen erfasst und den → Schriften gleichgestellt. An seiner Stelle wurde mit der Reform durch das 60. StRÄndG (BGBl. 2020 I 2600) der Terminus der → Verkörperungen als neuer Oberbegriff eingeführt, der in § 11 III StGB eine Kategorie der → Inhalte bildet (BT-Drs. 19/19859, 25).

Daseinsvorsorge
→ Leistungsverwaltung.

Dashcam
Eine Dashcam ist eine Videokamera, die während einer Autofahrt ununterbrochen frontal den Verkehr aufzeichnet. Meist wird die Dashcam auf dem Armaturenbrett oder innen an der Windschutzscheibe befestigt. Wegen des ununterbrochenen Filmens werden nach einer gewissen Zeit vorangegangene Aufnahmen überschrieben, es ist also unter Umständen nur ein Teil der Fahrt in der Kamera festgehalten; wichtige Sequenzen (zB eines Unfalls) können aber technisch erhalten bleiben. Dashcam-Funktionen können auch von Smartphones übernommen werden (sog. Dashcam-Apps). Autofahrer bezwecken mit dem Einsatz von Dashcams, etwaige Unfallhergänge besser dokumentieren zu können, insbesondere dabei ein Verschulden des Unfallgegners besser nachweisen zu können. Allerdings kann das Filmmaterial, dessen Herausgabe unter Umständen von der Polizei erzwungen werden kann, auch eigene Verschuldensbeiträge an dem Verkehrsunfall dokumentieren. Der Bundesgerichtshof (BGH 15.5.2018 – VI ZR 233/17, FD-StrVR 2018, 405830) hat entschieden, dass Filmmaterial von Dashcams im Verkehrszivilprozess als Beweismittel verwendet werden kann.

Dassonville-Formel
Die Dassonville-Formel betrifft die Definition der Maßnahmen mit gleicher Wirkung wie mengenmäßige Beschränkungen des → freien Warenverkehrs. Der → Europäische Gerichtshof hat in seiner Dassonville-Entscheidung vom 11.7.1974, Rs. 8/74, ausgeführt, dass jede Handelsregelung der Mitgliedstaaten, die geeignet ist, den innergemeinschaftlichen Handel unmittelbar oder mittelbar, tatsächlich oder potenziell zu behindern, eine unzulässige Beschränkung i. S. d. nunmehrigen Art. 34 AEUV (früher Art. 28 EGV) ist. Diese Definition wurde durch die → Cassis-Formel und

die Entscheidung → Keck & Mithouard modifiziert.

Data Act

1. Der Data Act (DA) (VO (EU) 2023/2854 vom 27.11.2023, anzuwenden ab 12.9.2025) zielt als horizontale, vollharmonisierte Verordnung darauf ab, den Zugang zu und die Nutzung von Daten in allen Lebensbereichen zu verbessern. Entsprechend ihrer vollständigen Bezeichnung „Verordnung über harmonisierte Vorschriften für einen fairen Datenzugang und eine faire Datennutzung" soll mit der Verordnung die gerechte Verteilung der Wertschöpfung aus Daten auf die Akteure der Datenwirtschaft gewährleistet und Datenzugang und -nutzung gefördert werden.

2. Der DA tritt als zweite Säule der europäischen Datenstrategie neben den → Data Governance Act (DGA) (VO (EU) 2022/868 vom 30.5.2022, anzuwenden seit 24.9.2023), mit der die EU-Komm die Datennutzung im Interesse von Politik, Wirtschaft und Gesellschaft verbessern und die Voraussetzungen für den Aufbau einer europäischen Datenwirtschaft schaffen möchte. Der DGA regelt als erste Säule im Wesentlichen die Voraussetzungen für den Betrieb von Datennutzungsinfrastrukturen. Ergänzend dazu regelt der DA, wer unter welchen Bedingungen auf Daten zuzugreifen darf, die durch Produkte oder verbundene Dienste erzeugt werden.

3. Adressaten des DA sind Hersteller von vernetzten Produkten („IoT"-Geräte) und Anbieter verbundener Dienste sowie deren Nutzer (juristische oder natürliche Personen, bspw. Unternehmen oder Verbraucher), außerdem Dateninhaber und öffentliche Stellen. Es gilt das Marktortprinzip, wonach der DA zu beachten ist, wenn die definierten Produkte oder Dienste in der EU angeboten werden.

4. Der DA enthält Vorgaben zum Austausch von Daten im B2C- und B2B-Bereich, die durch die Nutzung von vernetzten Produkten oder damit verbundenen Diensten entstehen sowie Vorgaben zur Bereitstellung von Daten für öffentliche Stellen (B2G) wegen außergewöhnlicher Notwendigkeit. Werden durch ein Produkt oder einen verbundenen Dienst → Personenbezogene Daten eines Nutzers erzeugt, gelten sowohl die → Datenschutz-Grundverordnung als auch der DA. Der DA stellt Anforderungen zur Interoperabilität auf (Art. 33 ff. DA).

5. Dem Nutzer müssen nach Art. 3 I DA die bei der Nutzung von vernetzten Produkten oder verbundenen Diensten erzeugten Daten zugänglich sein; Produkte und Dienste sind entsprechend zu konzipieren (Access by Design). Vor Abschluss eines Kauf-, Miet- oder Leasingvertrages über ein vernetztes Produkt sind dem Nutzer Informationen zu Art, Format und geschätztem Umfang der Daten, die das Produkt generieren kann, sowie Informationen darüber, ob das vernetzte Produkt in der Lage ist, kontinuierlich und in Echtzeit Daten zu generieren, in verständlicher und klarer Form zur Verfügung zu stellen. Die Datenschutz-Grundverordnung kennt vergleichbare → Informationspflicht.

6. Art. 4 DA eröffnet dem Nutzer und Dateninhaber ein Zugangs- und Nutzungsrecht zu den Produktdaten und verbundenen Dienstdaten. Geschäftsgeheimnisse sind nach Art. 4 VI DA zu schützen. Art. 4 XIII DA enthält die Vorgabe, dass der Dateninhaber auch ohne Weiteres verfügbare Daten nur auf Grundlage einer vertraglichen Vereinbarung mit dem Nutzer nutzen darf.

7. Mittels Verweis (Art. 40 DA) auf die Sanktionsmöglichkeiten der → Datenschutz-Grundverordnung (Art. 83 DS-GVO) ist die Möglichkeit zu Geldbußen bis zu 20 Mio. EUR oder bis zu 4% des weltweiten Jahresumsatzes eröffnet.

data room

→ due diligence.

Daten, Bezahlen mit

→ Verbrauchervertrag, → Verbraucherverträge über digitale Produkte.

Daten, persönliche

→ Bundesdatenschutzgesetz; → Datenschutz; → Datenschutzgrundverordnung.

Datenabgleich

Zur Aufklärung einer Straftat oder zur Ermittlung des Aufenthaltsorts einer Person, nach der für Zwecke eines Strafverfahrens gefahndet wird, dürfen personenbezogene Daten aus einem Strafverfahren mit anderen zur Strafverfolgung oder Strafvollstreckung oder zur Gefahrenabwehr gespeicherten Daten unter Einsatz der elektronischen Datenverarbeitung uneingeschränkt abgeglichen werden (§ 98c StPO). Die besonderen Voraussetzungen der → Rasterfahndung (§ 98a StPO) gelten dafür nicht. S. auch → Schleppnetzfahndung. Der Datenabgleich zu präventiven Zwecken ist im → Polizeirecht geregelt (vgl. zB Art. 43 BayPAG). Sa → Datenerhebung; → Datenschutz.

Datenbank

Datenbank iSd → Urheberrechts ist eine Sammlung von Werken, Daten oder anderen unabhängigen Elementen, die systematisch oder methodisch angeordnet und einzeln mit Hilfe elektronischer Mittel oder auf andere Weise zugänglich sind und deren Beschaffung, Überprüfung oder Darstellung eine nach Art oder Umfang wesentliche Investition erfordert (§ 87a I UrhG). Der Hersteller einer Datenbank hat 15 Jahre lang das ausschließliche Recht, die Datenbank insgesamt oder in wesentlichen Teilen zu vervielfältigen, zu verbreiten und öffentlich wiederzugeben.

Stellt die Auswahl oder Anordnung der Elemente eine persönliche geistige Schöpfung dar, so handelt es sich unabhängig von den erforderlichen Investitionen um ein Datenbankwerk, das – wie alle Werke des Urheberrechts – umfangreicheren Schutz genießt (§ 4 II UrhG).

Datenerhebung

1. Die Voraussetzungen der Datenerhebung sind allgemein im Recht des → Datenschutzes oder in spezialgesetzlichen Vorschriften (zB → Polizeirecht; → Strafprozessrecht) geregelt. Sa → Datenschutz-Grundverordnung (DS-GVO). Zahlreiche Vorschriften der StPO wurden an die DS-GVO angepasst, zB § 100 f StPO (akkustische Überwachung außerhalb von Wohnraum), § 100g StPO (Erhebung von Verkehrsdaten), § 100h StPO (Observation außerhalb des Wohnraums) und § 100j StPO (technische Ermittlungsmaßnahmen bei Mobilfunkendgeräten) sowie insbesondere die §§ 474 ff. StPO (8. Buch der StPO, Schutz und Verwendung von Daten).

2. Datenerhebung durch die → Polizei im Rahmen ihrer präventiven Tätigkeit ist in den Spezialvorschriften des → Polizeirechts (sa → Bundespolizei, 5) geregelt; die Datenerhebung der Polizei im Rahmen der Strafverfolgung regelt das → Strafprozessrecht. Datenerhebung durch die Polizei darf ebenfalls nur erfolgen, wenn dies gesetzlich ausdrücklich zugelassen ist. Eine polizeitypische Form der Datenerhebung ist die → Identitätsfeststellung einschließlich der → erkennungsdienstlichen Maßnahmen. Bestimmte besondere Formen der Datenerhebung sind nur unter engen Voraussetzungen zulässig, so zB die planmäßig angelegte Beobachtung einer Person über mehr als 24 Stunden (→ Observation), der verdeckte → Einsatz technischer Mittel zur Anfertigung von Bildaufnahmen oder -aufzeichnungen sowie zum Abhören oder zur Aufzeichnung des nichtöffentlich gesprochenen Wortes (zur Verfassungsmäßigkeit des → Lauschangriffes s. dort) und der Einsatz von → V-Personen oder Polizeibeamten unter einer → Legende im kriminellen Milieu (→ verdeckter Ermittler). Diese besonderen Formen der polizeilichen Datenerhebungen entsprechen dem Einsatz → nachrichtendienstlicher Mittel durch die → Nachrichtendienste. Im Hinblick auf die überkommene Trennung von Nachrichtendiensten und Polizei unterliegt die Übermittlung der so gewonnenen Daten von der Polizei an die Nachrichtendienste und umgekehrt besonderen gesetzlichen Restriktionen; vgl. §§ 17 ff. BVerfSchG – Gesetz über die Zusammenarbeit des Bundes und der Länder in Angelegenheiten des Verfassungsschutzes und über das Bundesamt für Verfassungsschutz (Bundesverfassungsschutzgesetz) v. 20.12.1990 (BGBl. 1990 I 2954) mÄnd. Zur Abwehr oder Verfolgung besonders schwerer Straftaten kommt die → Rasterfahndung in Betracht.

3. Nach dem Gesetz zur Errichtung einer standardisierten zentralen Dateien von Polizeibehörden und Nachrichtendiensten von Bund und Ländern zur Bekämpfung des gewaltbezogenen Rechtsextremismus (Rechtsextremismus-Datei-Gesetz – RED-G) v. 20.8.2012 führen das → Bundeskriminalamt, die → Bundespolizei, die Landeskriminalämter, die Verfassungsschutzbehörden des Bundes (→ Verfassungsschutz) und der Länder sowie der → Militärische Abschirmdienst beim Bundeskriminalamt zur Erfüllung ihrer jeweiligen gesetzlichen Aufgaben zur Aufklärung oder Bekämpfung des gewaltbezogenen Rechtsextremismus eine standardisierte gemeinsame Datei.

Datenhehlerei

Ende 2015 neu geschaffener Straftatbestand nach § 202d StGB. Nach § 202d StGB wird mit Freiheitsstrafe bis zu 3 Jahren oder mit Geldstrafe bestraft, wer durch § 202a II StGB geschützte Daten (→ Ausspähen von Daten), die nicht allgemein zugänglich sind und die ein anderer durch eine rechtswidrige Tat (§ 11 I Nr. 5 StGB), typischerweise eine solche nach § 202a StGB, erlangt hat, sich oder einem anderen verschafft, einem anderen überlässt, verbreitet oder sonst zugänglich macht, um sich oder einen Dritten zu bereichern oder einen anderen zu schädigen. Die Strafe darf nicht schwerer sein als die für die Vortat angedrohte Strafe. Verfolgung nur nach → Strafantrag oder bei besonderem öffentl. Interesse an der Strafverfolgung (§ 205 StGB). Weitere, den Schutz von Daten ähnlich wie § 202d StGB an denjenigen von Sachen anlehnende Straftatbestände bestehen in Form der → Datenveränderung (§ 303a StGB) und der → Computersabotage (§ 303b StGB). Sa → Abfangen von Daten.

Datennutzungsgesetz

Das Datennutzungsgesetz (DNG) v. 16.7.2021 (BGBl. 2021 I 2941) stellt Regeln auf, wie Daten insbesondere öffentlicher Stellen und Unternehmen genutzt werden dürfen. Es ersetzt das bisher geltende → Informationsweiterverwendungsgesetz, das nur für öffentliche Stellen galt. Die Bedingungen für die Datennutzungg müssen nichtdiskriminierend sein (§ 5 I DNG). Das DNG regelt nicht, in welchen Fällen ein Informationsanspruch besteht. Insoweit ist das → Informationsfreiheitsgesetz einschlägig. Wenn aber ein Nutzungsanspruch besteht, greift das DNG ein. Das DNG garantiert gleiche Nutzungsbedingungen für alle; Vereinbarungen öffentlicher Stellen oder Unternehmen der Daseinsvorsorge, die ausschließliche Rechte an der Nutzung von Daten gewähren, sind unzulässig (§ 6 I DNG). Die Datennutzung muss unentgeltlich sein (§ 5 I 1 DNG), wobei es zulässig ist, die Erstattung von Kosten für Bereitstellung und Anonymisierung zu verlangen. Bei Streitigkeiten ist der Verwaltungsrechtsweg gegeben.

Datenpanne

Als Datenpanne wird ein Vorfall bezeichnet, bei dem ein Unberechtigter Zugriff auf eine Datensammlung erhalten hat; auch die Vernichtung von Daten fällt darunter. Die Datenpanne ist als „Verletzung des Schutzes personenbezogener Daten“ in Art. 4 Nr. 12 DS-GVO legaldefiniert. Es kommt nicht darauf an, ob der Vorfall vorsätzlich, fahrlässig oder gegebenenfalls ohne Verschulden verursacht wurde. Nach Art. 33 DS-GVO müssen Datenpannen an die zuständige Datenschutzaufsichtsbehörde gemeldet werden und nach Maßgabe des Art. 34 DS-GVO an die betroffene Person. → Datenschutz-Grundverordnung (5).

Datenraum
→ due diligence.

Datenportabilität
→ Datenübertragbarkeit.

Datenschutz
1. Datenschutz ist der Schutz des Einzelnen vor der Beeinträchtigung seines Persönlichkeitsrechts durch den Umgang mit seinen personenbezogenen Daten. Datenschutz umfasst dabei sowohl den öffentlichen als auch den privaten Bereich. Datenschutz steht in engem Zusammenhang mit dem Recht auf → informationelle Selbstbestimmung. Die Definitionen in den unterschiedlichen Rechtsvorschriften zum Datenschutz variieren zwar im Wortlaut, sind aber inhaltlich im Wesentlichen übereinstimmend. Regelungen zum Datenschutz finden sich sowohl im → EU-Recht als auch im → Bundesrecht und im → Landesrecht.

2. EU-Recht. a) Der Datenschutz ist bereits im europäischen Primärrecht geregelt. Nach Art. 16 I AEUV hat jede Person das Recht auf Schutz der sie betreffenden personenbezogenen Daten. In Art. 16 II AEUV werden → Europäisches Parlament und → Rat der EU ermächtigt, Vorschriften über den Schutz natürlicher Personen bei der Verarbeitung personenbezogener Daten durch die → Europäische Union sowie durch die Mitgliedstaaten im Rahmen der Ausübung von Tätigkeiten, die in den Anwendungsbereich des Unionsrechts fallen, und über den freien Datenverkehr zu erlassen (s. dazu unter b)). Auch nach Art. 8 I GRCh → Charta der Grundrechte der Europäischen Union hat jede Person das Recht auf Schutz der sie betreffenden personenbezogenen Daten. Nach Art. 8 II GRCh → Charta der Grundrechte der Europäischen Union dürfen diese Daten nur nach Treu und Glauben für festgelegte Zwecke und mit Einwilligung der betroffenen Person oder oder auf einer sonstigen gesetzlich geregelten Grundlage verarbeitet werden.

b) Zentrales Regelwerk des europäischen Sekundärrechts (→ EU-Recht, 3) ist die → Datenschutz-Grundverordnung (DS-GVO), die am 25.5.2018 in Kraft getreten ist. Der Anwendungsbereich der DS-GVO ist weit angelegt; alle Tätigkeiten im Anwendungsbereich des Unionsrechts fallenunter die DS-GVO (Art. 2 II a DS-GVO). Lediglich der Bereich der Gemeinsamen Außen- und Sicherheitspolitik (→ GASP) ist davon nicht umfasst (Art. 2 II b DS-GVO). Ferner können speziellere datenschutzrechtliche Bestimmungen des Unionsrechts die DS-GVO verdrängen. Damit betrifft die DS-GVO praktisch alle Rechtsbereiche. Lediglich die nationale Sicherheit und damit auch die Tätigkeit der → Nachrichtendienste sind ausgenommen (Art. 4 II 3 EUV). Neben der DS-GVO regelt die Richtlinie (EU) 2016/680 vom 27.4.2016 den Schutz personenbezogener Daten im Bereich der Verhütung, Ermittlung, Aufdeckung und Verfolgung von Straftaten und Ordnungswidrigkeiten; sie ist in §§ 46 ff BDSG und rglm in den Landesdatenschutzgesetzen umgesetzt.

3. Bundesrecht. a) Im GG sind Datenschutz und das nach deutschem Recht den Datenschutz gewährleistende Grundrecht auf informationelle Selbstbestimmung nicht ausdrücklich geregelt. Das Grundrecht auf → informationelle Selbstbestimmung ist eine Ausprägung des → allgemeinen Persönlichkeitsrechts, das aus Art. 1 I GG (→ Menschenwürde) und Art. 2 I GG (→ Freiheit, persönliche) hergeleitet wird. Geschützt ist das Recht des Einzelnen, selbst darüber entscheiden zu dürfen, wie er sich gegenüber Dritten oder der Öffentlichkeit darstellen will, was seinen sozialen Geltungsanspruch ausmachen soll und ob und inwieweit Dritte über seine Persönlichkeit verfügen können. Wer nicht mit hinreichender Sicherheit überschauen kann, welche ihn betreffenden Informationenin bestimmten Bereichen seiner sozialen Umwelt bekannt sind, und wer das Wissen möglicher Kommunikationspartner nicht einigermaßen abzuschätzen vermag, kann in seiner Freiheit wesentlich gehemmt werden, aus eigener Selbstbestimmung zu planen oder zu entscheiden (so das sog. Volkszählungsurteil des BVerfG Urt. v. 15.12.1983 – 1 BvR 209/83, sa → Volkszählung). Das nationale Grundrecht ist allerdings nur anwendbar, soweit das Unionsrecht einen Umsetzungsspielraum zulässt. Dies führt zu einem faktischen Vorrang der europarechtlichen Regelungen vor den nationalen Grundrechten.

b) Zentrales Regelwerk des Bundesrechts ist das → Bundesdatenschutzgesetz (BDSG). Im Anwendungsbereich der DS-GVO – und damit in fast allen Rechtsbereichen (s. 2b) – ist die DS-GVO der Ausgangspunkt für den Normanwender. Das BDSG ergänzt jedoch die DS-GVO. Allerdings haben Bereichsspezifische Datenschutzregelungen Vorrang vor dem BDSG. So enthalten zB auch das Zensusvorbereitungsgesetz 2022 und das Zensusgesetz 2022 (→ Zensus) umfangreiche datenschutzrechtliche Bestimmungen. Den Datenschutz gegenüber öffentlichen Stellen der → Länder regelt das BDSG überdies nur insoweit, als keine speziellen landesrechtlichen Datenschutzbestimmungen bestehen.

4. Landesrecht. Das Datenschutzrecht ist kompetenzrechtlich Teil des Verfahrensrechts. Damit gilt Bundesdatenschutzrecht subsidiär

nur für das gerichtliche Verfahren, das in die Gesetzgebungszuständigkeit des Bundes fällt. Hinsichtlich des Verwaltungsverfahrensrechts liegt die Gesetzgebungszuständigkeit bei den Ländern, so dass alle Länder Landesdatenschutzgesetze erlassen haben.

5. Aus Art. 82 DS-GVO ergibt sich ein unionsrechtlicher deliktischer Schadenersatzanspruch. Jede Person, der wegen eines Verstoßes gegen die DS-GVO ein materieller oder immaterieller Schaden entstanden ist, hat Anspruch auf Schadenersatz gegen den Verantwortlichen. Verbände können Ansprüche für Betroffene geltend machen (Art. 80 DS-GVO). Auch aus § 83 BDSG ergibt sich ein deliktischer Schadeneratzanspruch. Sowohl nach DS-GVO als auch nach BDSG trtt keine Haftung ein, wenn der Schädiger nachweisen kann, dass er nicht vorsätzlich oder fahrlässig gehandelt hat.

6. Verstöße gegen die → Datenschutz-Grundverordnung können mit hohen Geldbußen belegt werden (bis zu 10 Mio EUR oder 2% des weltweiten Umsatzes eines Unternehmens; Art. 83 DS-GVO). § 44 BDSG sieht Freiheitsstrafe oder Geldstrafe bis zu 2 Jahren vor.

7. Die Einhaltung der Vorschriften wird durch die Datenschutzaufsichtsbehörden (Bund, Länder) im öffentlichen und nicht-öffentlichen Bereich überwacht. Sofern ein → Datenschutzbeauftragter (Art. 37 DS-GVO, bundesrechtlich gemäß §§ 5, 6, 7, 38 BDSG) zu bestellen ist, fungiert dieser als weisungsfreies internes Kontrollorgan. Öffentliche Stellen haben stets einen Datenschutzbeauftragten zu bestellen, nicht-öffentliche Stellen (Unternehmen, Vereine etc) nach Maßgabe des § 38 BDSG.

8. Der Datenschutz bei der Verwendung der Versicherungsnummer in der Sozialversicherung ist in §§ 18 f, 18g SGB IV geregelt, für die Grundsicherung für Arbeitsuchende in §§ 50–52 SGB II, für die Arbeitsförderung in §§ 402, 403 SGB III, für die Krankenversicherung in §§ 284–305 SGB V, für die Rentenversicherung in §§ 147–152 SGB VI, für die Unfallversicherung in §§ 199–208 SGB VII, für die Pflegeversicherung in §§ 99–108 SGB XI, für die Sozialhilfe in § 118 SGB XII, für das SGB im Übrigen in §§ 67–85a SGB X; s. a. → Sozialdaten, → Sozialgeheimnis.

9. Unbefugte Verwertung von Daten kann auch nach anderen Vorschriften strafbar sein (→ Ausspähen von Daten, → Berufsgeheimnis, → Computerbetrug, → Computersabotage, → Datenhehlerei und → Datenveränderung). Das BDSG gilt nur subsidiär. Spezielle bundesgesetzliche Vorschriften (zB in EGGVG, StPO, OWiG, PassG, StVG, BStatG; sa §§ 67 ff. SGB X, §§ 2–10, 17 ff. MRRG) und für öffentliche Stellen der Länder auch spezielle landesgesetzl. Bestimmungen und Landesdatenschutzgesetze gehen vor. Besondere Vorschriften gelten für die Datenerhebung im Rahmen polizeilicher Maßnahmen (→ Datenerhebung, 2). Für den → Strafprozess sind §§ 474 ff. StPO zu beachten, für das Bußgeldverfahren §§ 49 ff. OWiG. Für die Telekommunikation gelten §§ 91 ff. TKG sowie §§ 11 ff. TelemedienG v. 26.2.2007 (BGBl. 2007 I 179) mÄnd.

Für die Stasi-Akten (→ Staatssicherheitsdienst) gelten eigene Bestimmungen (§ 43 Stasi-Unterlagen-Gesetz). Zum Datenschutz im → Polizeirecht sa → Datenerhebung (2), → Datenverarbeitung (2) sowie → polizeiliche Maßnahmen (2).

Datenschutzbeauftragter
1. Nach der → Datenschutz-Grundverordnung haben öffentliche und nichtöffentliche Stellen einen Datenschutzbeauftragten zu benennen (Art. 37 I DS-GVO). Nach § 5 BDSG (→ Bundesdatenschutzgesetz) benennen öffentliche Stellen einen Datenschutzbeauftragten. § 38 BDSG regelt, wann nicht-öffentliche Stellen (zB Unternehmen, Vereine) einen Datenschutzbeauftragten bestellen müssen.

2. Im Übrigen regeln DS-GVO und BDSG die Stellung des Datenschutzbeauftragten im Wesentlichen gleich. Der Datenschutzbeauftragte kann Beschäftigter der betreffenden Stelle oder Externer sein (Art. 37 VI DS-GVO; § 5 IV BDSG). Die betreffende Stelle hatte den Datenschutzbeauftragten frühzeitig in alle Fragen des Schutzes personenbezogener Daten einzubeziehen (Art. 38 I DS-GVO; § 6 I BDSG). Hauptaufgabe des Datenschutzbeauftragten ist die Überwachung der Einhaltung der datenschutzrechtlichen Vorschriften, insbes. der → Datenschutz-Grundverordnung und des → Bundesdatenschutzgesetz (Art. 39 DS-GVO; § 7 BDSG). Der Datenschutzbeauftragte ist unabhängig von Weisungen (Art. 38 III 1 DS-GVO; § 6 III BDSG). Nach Art. 38 III 2 DS-GVO darf der Datenschutzbeauftragte wegen der Erfüllung seiner Aufgaben nicht abberufen oder benachteiligt werden; nach § 6 IV BDSG ist die Abberufung nur aus wichtigem Grund zulässig, auch das Beschäftigungsverhältnis des Datenschutzbeauftragten kann nur aus wichtigem Grund beendet werden. Der Datenschutzbeauftragte ist zur Verschwiegenheit verpflichtet (Art. 38 V DS-GVO; § 6 V BDSG). Die Tätigkeit der Datenschutzbeauftragten an Gerichten betrifft nicht die richterliche Tätigkeit (Art. 37 I 1a DS-GVO; § 7 I 2 BDSG).

Datenschutz-Folgenabschätzung
Die Datenschutz-Folgenabschätzung ist nach Art. 35 DS-GVO ein Instrument des → Datenschutzes. Sie dient dazu, den Schutz → personenbezogener Daten der → betroffenen Person und die Einhaltung der Vorgaben der → Datenschutz-Grundverordnung (DS-GVO) sicherzustellen. Risikoreiche → Datenverarbeitungen werden dazu präventiv auf mögliche Folgen für die betroffene Person untersucht. Anschließend werden risikominimierende Maßnahmen identifiziert und implementiert.

2. Zuständig zur Durchführung der Datenschutz-Folgenabschätzung ist der für die Datenverarbeitung Verantwortliche soweit die Datenverarbeitung im Anwendungsbereich der → Datenschutz-Grundverordnung (Art. 2, 3 DS-GVO) liegt. Art. 27 RL (EU) 2016/680 vom 27.4.2016 zum Schutz personenbezogener Daten im Bereich der Verhütung, Ermittlung, Aufdeckung und Verfolgung von Straftaten und Ordnungswidrigkeiten sieht eine vergleichbare Regelung vor, die zB in § 67 BDSG (→ Bundesdatenschutzgesetz) und in den → Landesdatenschutzgesetzen umgesetzt wurde.

3. Die Beurteilung, ob es sich bei einer geplanten Datenverarbeitung um eine Verarbeitung mit einem hohen Risiko für die Rechte und Freiheiten der betroffenen Person handelt, ist anhand verschiedener Kriterien im Vorfeld, dh vor der Durchführung der Verarbeitung vorzunehmen. Es handelt sich daher um die Prognoseentscheidung, ob die Schwelle eines hohen Risikos überschritten wird (Schwellenwertanalyse).

a) Ein hohes Risiko für die betroffenen Person kann sich grundsätzlich aus Art, Umfang, Umständen und Zwecken der geplanten Verarbeitung ergeben (Art. 35 I DS-GVO). Ua soweit eine große Anzahl von Gesundheitsdaten (Art. 9 DS-GVO) verarbeitet werden soll oder soweit die Verarbeitung zum Zwecke der Beobachtung, Überwachung oder Kontrolle der betroffene Person erfolgen soll.

b) Regelbeispiele, bei denen vom Vorliegen eines hohen Risikos auszugehen ist sind:

- systematische und umfassende Bewertung persönlicher Aspekte natürlicher Personen (zB Profilig, Art. 22 DS-GVO);
- umfangreiche Verarbeitung besonders schutzbedürftiger personenbezogener Daten (Art. 9 DS-GVO) oder Daten über strafrechtliche Verurteilungen (Art. 10 DS-GVO) oder
- systematische Überwachung öffentlich zugänglicher Bereiche, zB mittels Videoüberwachung (Art. 35 III DS-GVO).

c) Die für den Datenschutzaufsichtsbehörden (Bund oder Länder) können Listen von Datenverarbeitungen erstellen und veröffentlichen, für die stets eine Datenschutz-Folgenabschätzung vorzunehmen ist (Positiv-Liste) oder für die eine solche unterbleiben kann (Negativ-Liste).

4. Der interne → Datenschutzbeauftragte ist, sofern ein solcher benannt ist, beratend hinzuzuziehen (Art. 35 II DS-GVO).

5. Für mehrere ähnliche Datenverarbeitungsvorgänge kann eine gemeinsame (kumulierte) Datenschutz-Folgenabschätzung vorgenommen werden (Art. 35 I 2 DS-GVO). Bei der Durchführung der Datenschutz-Folgenabschätzung sind inhaltliche Mindestanforderungen zu beachten, ua die systematische Beschreibung der geplanten Verarbeitung und der mit ihr verfolgten Interessen, die normative Bewertung der Notwendigkeit und Verhältnismäßigkeit der Verarbeitung, die Risikoanalyse sowie geplante Abhilfemaßnahmen zur Bewältigung des Risikos (Art. 35 VII DSGVO). Hier kommen sowohl technische (zB IT-Sicherheitskonzepte) als auch organisatorische Maßnahmen in Betracht, die auf die Verarbeitung Anwendung finden. Bei der Durchführung kann in der Praxis auf Prüfschemata oder spezielle Software zurückgegriffen werden. Damit kann zugleich der Rechenschaftspflicht nachgekommen werden, denn die Durchführung der Datenschutz-Folgenabschätzung ist nach Art. 5 Abs. 2 DS-GVO zu dokumentieren. Kommt die Datenschutz-Folgenabschätzung zu dem Ergebnis, dass die geplanten Abhilfemaßnahmen nicht ausreichen, ist die geplante Verarbeitung nicht zulässig. Der Verantwortliche hat dann die Möglichkeiten, die Abhilfemaßnahmen so anzupassen, dass das Risiko minimiert wird, die geplante Verarbeitung zu unterlassen oder die Datenschutzaufsichtsbehörde nach Art. 36 DS-GVO zu konsultieren.

6. Verstöße gegen die Pflicht zur Durchführung einer Datenschutz-Folgenabschätzung können neben Maßnahmen der Datenschutzaufsichtsbehörden (Art. 58 II lit. d, f DS-GVO) einen Schadensersatzanspruch (Art. 82 DS-GVO) der betroffenen Person und ein Bußgeld (Art. 83 IV lit. a DS-GVO) von bis zu 10 Mio. Euro oder 2% des weltweiten Jahresumsatzes auslösen.

Datenschutz-Grundverordnung

1. Zentrales Regelwerk für den → Datenschutz im → EU-Recht ist die sog. Datenschutz-Grundverordnung (DS-GVO). Die Verordnung (EU) 2016/679 v. 27.4.2016 zum Schutz natürlicher Personen bei der Verarbeitung personenbezogener Daten, zum freien Datenverkehr und zur Aufhebung der Richtlinie 95/46/EG (Datenschutz-Grundverordnung - DS-GVO) trat am 25.5.2018 in Kraft. Als → Verordnung der Europäischen Union enthält sie unmittelbar geltendes Recht.

2. Die DS-GVO gilt für die ganz oder teilweise automatisierte Verarbeitung personenbezogener Daten sowie für die nichtautomatisierte Verarbeitung personenbezogener Daten, die in einem Dateisystem gespeichert sind oder gespeichert werden sollen (Art. 2 I DS-GVO). Die DS-GVO betrifft alle öffentlichen und privaten Rechtssubjekte und alle Tätigkeitsbereiche, soweit diese in den Anwendungsbereich des Unionsrechts fallen (Art. 2 II a DS-GVO). Damit betrifft sie grundsätzlich alle Rechtsbereiche. Ausgenommen sind natürliche Personen bei persönlichen oder familiären Tätigkeiten (sog. Haushaltsausnahme). Trotz der nationalen Verfahrensautonomie fällt darunter auch das Prozessrecht der Mitgliedstaaten. Ausgenommen ist nach Art. 4 II 3 EUV die nationale Sicherheit und damit die Tätigkeit der Nachrichtendienste. Sie findet auch dann Anwendung, wenn sich im Gebiet

der EU nur eine Niederlassung eines Unternehmens befindet und die Bearbeitung selbst außerhalb der EU erfolgt (Art. 3 I DS-GVO); ferner gilt sie auch für Verantwortliche außerhalb des Gebietes der EU, wenn diese Personen im Gebiet der EU Waren oder Dienstleistungen anbieten oder das Verhalten von Personen im Gebiet der EU beobachten (Art. 3 II DS-GVO). → Personenbezogene Daten sind alle Informationen, die sich auf Merkmale der physischen, physiologischen, genetischen, psychischen, wirtschaftlichen, kulturellen oder sozialen Identität einer natürlichen Person beziehen.

3. Art. 5 DS-GVO regelt die Grundsätze der Verarbeitung personenbezogener Daten. Diese müssen rechtmäßig, nach Treu und Glaube und in nachvollziehbarere Weise verarbeitet werden. Die Erhebung ist nur für festgelegte Zwecke zulässig. Die personenbezogenen Daten dürfen nur für diese Zwecke weiterverarbeitet werden. Die Datenerhebung muss auf das notwendige Maß beschränkt werden ("Datenminimierung). Die Identifizierung der betroffenen Person darf nur so lange möglich sein, wie dies für den Erhebungszweck erforderlich ist. Die Datensicherheit muss gewährleistet sein. Die Verarbeitung personenbezogener Daten ist nach Art. 6 DS-GVO nur zulässig

– mit Einwilligung der betroffenen Peson oder

– zur Erfüllung eines Vertrages mit der betroffenen Person oder

– zur Erfüllung einer rechtlichen Verpflichtung oder

– zum Schutz lebenswichtiger Interessen oder

– zur Wahrnehmung einer Aufgabe im öffentlichen Interesse oder in Ausübung öffentlicher Gewalt oder

– zur Wahrung berechtigter Interessen, die die Interessen der betroffenen Person überwiegen.

Der für die Verarbeitung Verantwortliche muss das Vorliegen der Einwilligung beweisen.

4. Insbesondere für die Datenverarbeitung im Bereich der öffentlichen Gewalt enthält die DS-GVO eine weite Öffnungsklausel für Regelungen des nationalen Gesetzgebers (§§ 6 II und III DS-GVO), der hiervon im → Bundesdatenschutzgesetz (BDSG) Gebrauch gemacht hat. Weitere Öffnungsklauseln für den nationalen Gesetzgeber kommen hinzu (zB Art. 9 II, III u. IV DS-GVO). Neben den Öffnungsklauseln enthält die DS-GVO auch Regelungsgebote, nach denen durch die Mitgliedsstaaten zB unabhängige Aufsichtsbehörden mit bestimmten Aufgaben (Art. 52, 57 DS-GVO) zu errichten und strafrechtliche Sanktionen und Verfahren für Geldbußen (Art. 84, Art. 83 VIII DS-GVO) zu regeln sind.

5. Die Mitgliedstaaten der EU müssen eine oder mehrere unabhängige Aufsichtsbehörden schaffen (Art. 51 und 52 DS-GVO). Die entsprechenden Regelungen finden sich ebenfalls im → Bundesdatenschutzgesetz (sa → Bundesbeauftragter für den Datenschutz und die Informationsfreiheit). Die Aufsichtsbehörden sind unbnhängig (Art. 52 I und II DS-GVO). Die Aufsichtsbehörden haben umfassende Überprüfungs-, Beanstandungs- und Weisungsbefugnisse (Art. 57 und 58 DS-GVO).

6. Jede betroffene Person kann sich neben den verwaltungsrechtlichen oder gerichtlichen Rechtsbehelfen bei der Aufsichtsbehörde beschweren (Art. 77 DS-GVO). Gegen Beschlüsse der Aufsichtsbehörden sind Rechtsbehelfe zuzulassen (Art. 78 I DS-GVO). Bei Verstößen gegen den Datenschutz kann die betroffene Person Schadenersatz für materielle und immaterielle Schäden verlangen (Art. 82 I DS-GVO). Art. 83 DS-GVO sieht bei Verstößen überdies Geldbußen bis 10 Mio EUR oder im Fall eines Unternehmens bis zu 2% des weltweiten Jahresumsatzes vor, in schweren Fällen bis 20 Mio. EUR oder bis zu 4% des weltweiten Jahresumsatzes. Die Verhängung erfolgt in D nach bußgeldrechtlichen Vorschriften durch den Bundesbeauftragten für Datenschutz (§ 16 I 1 BDSG iVm Art. 58 DS-GVO).

Datensicherheit
Durch Gesetz v. 17.12.1990 (BGBl. 1990 I 2834) mÄnd wurde das Bundesamt für Sicherheit in der Informationstechnik errichtet. Es soll diese bei der technischen Verarbeitung und Übertragung von Informationen im Bereich der öffentl. Verwaltung fördern, etwa durch Unterstützung der Strafverfolgungsbehörden und im Bereich der gewerblichen Wirtschaft, zB durch Beratung oder Erteilung von Sicherheitszertifikaten. Sa → De-Mail-Dienste.

Datenübertragbarkeit
Das Recht auf Datenübertragbarkeit (Art. 20 DS-GVO) ermöglicht es der → betroffenen Person, von der Stelle, die ihre → personenbezogenen Daten verarbeitet, diese Daten in einem übertragungsfähigen Format herauszuverlangen.

Dadurch wird der betroffenen Person ein Anbieterwechsel erleichtert oder ermöglicht, weil sie ihre Daten so zu einem anderen Anbieter „umziehen" kann. Aus Sicht des → Datenschutzes wird der betroffenen Person die Kontrolle über ihre personenbezogenen Daten und deren Verfügbarkeit (zuück-)gegeben. Das Recht auf Datenübertragbarkeit hat daneben einen verbraucherschützenden und marktregulierenden Charakter.

Datenveränderung
Straftatbestand nach § 303a StGB, der im StGB in systematischer Nähe zur Sachbeschädigung (§ 303 StGB) angesiedelt ist, als Tatobjekt jedoch Daten iSd § 202a II StGB zum Gegenstand hat und die Verfügungsgewalt des Berechtigten an diesen schützt. Wer rechtswidrig elektronisch, magnetisch oder sonst nicht unmittelbar wahrnehmbar gespeicherte

oder übermittelte Daten löscht, unterdrückt, unbrauchbar macht oder verändert, wird danach mit Freiheitsstrafe bis zu 2 Jahren oder mit Geldstrafe bestraft. Der Versuch ist strafbar. Verfolgung nur nach → Strafantrag oder bei besonderem öffentlichen Interesse an der Strafverfolgung. Die Vorbereitung der Tat ist strafbar wie bei → Computersabotage, → Abfangen von Daten, → Ausspähen von Daten (§ 303a II StGB). Ein → Qualifikationstatbestand besteht in Form einer Variante der Comptersabotage (§ 303b I Nr. 1 StGB). Ein weiterer, den Schutz von Daten an denjenigen von Sachen anlehnender Straftatbestand besteht in Form der → Datenhehlerei (§ 202d StGB).

Datenverarbeitung
Die Voraussetzungen der Datenverarbeitung sind allgemein im Recht des → Datenschutzes geregelt. Spezialgesetzliche Vorschriften bestehen zB für die → Polizei: Die Datenverarbeitung im Rahmen ihrer präventiven Tätigkeit ist in den Spezialvorschriften des → Polizeirechts geregelt; die Datenverarbeitung im Rahmen der Strafverfolgung regelt das → Strafprozessrecht. Unter Datenverarbeitung fallen ua Speicherung, Veränderung, Nutzung und Übermittlung gewonnener Daten. Datenverarbeitung durch die Polizei darf wie die → Datenerhebung ebenfalls nur erfolgen, wenn dies gesetzlich ausdrücklich zugelassen ist. Besondere Vorschriften gelten für die Übermittlung von Daten von der Polizei an die Nachrichtendienste und umgekehrt (vgl. → Datenerhebung, 2; → Rasterfahndung).

Datowechsel
Datowechsel ist ein → Wechsel, der auf eine bestimmte Zeit nach Ausstellung fällig gestellt ist. Soll die Frist nicht von der Ausstellung, sondern erst von einem späteren Zeitpunkt ab laufen (Nachdatowechsel), so ist sie vom → Aussteller zu berechnen und auf dem Wechsel datumsmäßig zu bezeichnen; dadurch wird der Nachdatowechsel zum → Tagwechsel (Art. 33 WG).

Dauerarrest
→ Jugendarrest.

Daueraufenthaltsrecht
1. Die Erlaubnis zum Daueraufenthalt (§ 9a AufenthG) ist ein unbefristeter Aufenthaltstitel für Ausländer, die der → Niederlassungserlaubnis nach § 9 AufenthG entspricht. Der wesentliche Unterschied zur Niederlassungserlaubnis besteht darin, dass die Erlaubnis zum Daueraufenthalt nach § 9a AufenthG zur Weitermigration in einen anderen EU-Mitgliedstaat berechtigt.

2. Voraussetzung ist ein fünfjähriger Aufenthalt in Deutschland mit Aufenthaltstitel, die Sicherung des Lebensunterhalts auch für Unterhaltsberechtigte, deutsche Sprachkenntnisse und Grundkenntnisse der deutschen Rechts- und Gesellschaftsordnung, ausreichender Wohnraum und keine entgegenstehenden Gründe der öffentlichen Sicherheit und Ordnung. Nach § 4a FreizügG/EU kann das Daueraufenthaltsrecht zB für ältere Erwerbstätige schon nach drei Jahren gewährt werden (→ Freizügigkeitsgesetz).

Dauerauftrag
Ein Dauerauftrag ist im Rahmen eines → Überweisungsvertrages die Anordnung, periodisch wiederkehrende Überweisungen vorzunehmen.

Dauerdelikt
Als Dauerdelikt wird eine Straftat bezeichnet, deren Tatbestand nicht nur in der Begründung eines rechtswidrigen Zustandes, sondern auch in dessen Aufrechterhaltung durch den Täter besteht, so bei → Freiheitsberaubung (§ 239 StGB) oder beim → Hausfriedensbruch (§ 123 StGB) durch unbefugtes Verweilen in fremden Räumen. Im Gegensatz dazu ist beim Zustandsdelikt der Tatbestand schon mit der Herbeiführung des rechtswidrigen Zustandes erfüllt. Die Unterscheidung ist bedeutsam für → Beihilfe und → Strafverfolgungsverjährung: Beim Dauerdelikt ist die Tat mit dem Beginn des rechtswidrigen Zustandes (zB Freiheitsberaubung durch Versperren einer Ausgangstür) zwar rechtlich vollendet, aber noch nicht beendet, solange der Täter den rechtswidrigen Zustand schuldhaft aufrechterhält; während dieser Zeit kann ihm noch Beihilfe geleistet werden, und die Verjährung beginnt erst mit dem Ende der Freiheitsentziehung. Beim Zustandsdelikt hingegen ist mit Herbeiführung des rechtswidrigen Zustandes die Tathandlung vollzogen und zugleich das Delikt rechtlich vollendet und beendet (zB bei Körperverletzung durch Herbeiführung einer Wunde). Mit der Beendigung beginnt – ungeachtet der Fortdauer des rechtswidrigen Zustandes (zB der nur langsam verheilenden Wunde) – die Verjährung (§ 78a S. 1 StGB). Beihilfe ist nicht mehr möglich, sondern nur noch → Begünstigung oder → Strafvereitelung. Noch näher zu differenzieren ist allerdings bei Zustandsdelikten, bei denen Vollendung und Beendigung zeitlich außeinander fallen, zB beim → Raub). S. ferner → Sammelstraftat.

Dauerfristverlängerung
Die Frist zur Abgabe der Umsatzsteuer-Voranmeldung und der Entrichtung der Vorauszahlungen kann auf Antrag um einen Monat verlängert werden, → Umsatzsteuer (16). Der Antrag ist auf amtlichem Vordruck zu stellen. Für die Dauerfristverlängerung müssen Monatszahler eine Sondervorauszahlung leisten, nicht dagegen Vierteljahreszahler. Eine vom Finanzamt gewährte Dauerfristverlängerung gilt bis zu ihrem Widerruf. Die angemeldete und bezahlte Sondervorauszahlung wird bei der letzten Umsatzsteuer-Voranmeldung des Kalenderjahres – idR Dezember – auf die Vorauszahlung angerechnet.

Dauerlieferungsvertrag
→ Dauerschuldverhältnis.

Dauernde Lasten
sind (rentenähnliche) wiederkehrende Aufwendungen, die ein Stpfl. auf Grund einer besonderen Verpflichtung für längere Zeit einem anderen gegenüber in Geld- oder Sachleistungen zu erbringen hat. Im Gegensatz zur Rente setzen dauernde Lasten abänderbare Leistungen/Bezüge voraus. Sie liegen vor, wenn die Zahlungen gewinn-, umsatz- oder einkommensabhängig sind oder der → Abänderungsklage nach § 323 ZPO unterliegen. Ein Grund- oder Stammrecht ist für die Annahme einer dauernden Last – anders als bei Renten – nicht erforderlich. Im Privatvermögen werden dauernde Lasten einkommensteuerlich zu Gunsten des Verpflichteten nicht wie → Leibrenten mit dem → Ertragsanteil, sondern mit dem vollen Betrag als → Werbungskosten, wenn sie mit einer Einkunftsart in wirtschaftlichem Zusammenhang stehen (§ 9 I Nr. 1 EStG). In gleicher Weise werden sie dem Berechtigten in vollem Umfang als wiederkehrende Bezüge (§ 22 Nr. 1 S. 1 EStG) zugerechnet (Korrespondenzprinzip). Der Betriebsausgabenabzug ist gegeben, wenn die dauernde Last den Kaufpreis für den Betrieb oder ein betriebliches → Wirtschaftsgut darstellt. Das ist der Fall, wenn Leistung und Gegenleistung sich entsprechen. In der → Bilanz wird das Wirtschaftsgut aktiviert und der Barwert der dauernden Last als Passivposten erfasst. Voraussetzung für die Berücksichtigung einer dauernden Last ist stets, dass tatsächlich Aufwendungen erbracht wurden, dh eine wirtschaftliche Belastung des Stpfl. gegeben ist. Daran fehlt es insbesondere dann, wenn die Aufwendungen aus einer hierfür empfangenen Gegenleistung erbracht werden können.

Dauernutzungsrecht
→ Wohnungseigentum.

Dauerrente
1. In der → Unfallversicherung kann das Ausmaß der dauernden Erwerbsminderung oftmals erst nach einiger Zeit beurteilt werden. Der Versicherungsträger soll in solchen Fällen während der ersten drei Jahre eine Rente als vorläufige Entschädigung gewähren, die spätestens nach Ablauf dieser Zeit in eine Rente auf unbestimmte Zeit umzuwandeln ist (§ 62 SGB VII).

2. In der → Rentenversicherung ist Dauerrente zu gewähren, wenn keine begründete Aussicht auf Behebung der Erwerbsminderung (→ Rente wegen verminderter Erwerbsfähigkeit) in absehbarer Zeit besteht. In diesem Falle wird die Rente auf Zeit, und zwar längstens für drei Jahre, gewährt. Die Wiederholung ist möglich; in unmittelbarer Folge jedoch nur bis zur Dauer von neun Jahren seit dem ersten Rentenbeginn (§§ 101, 102 SGB VI). Ist eine Verschlossenheit des Arbeitsmarktes gegeben, ist die Rente aus der gesetzlichen Rentenversicherung ausschließlich auf Zeit zu gewähren. Auch nach Ablauf der vorbezeichneten neunjährigen Bezugsdauer ist keine Dauerrente zu gewähren, wenn sich die Arbeitsmarktlage nicht geändert hat. Eine Befristung über die Vollendung des für eine → Regelaltersrente hinausgehenden Datums ist unzulässig.

Dauerschuldverhältnis
ist ein → Schuldverhältnis, das sich nicht auf eine einmalige Leistungshandlung richtet (zB Kauf eines einzelnen Gegenstands, Werkvertrag über ein bestimmtes Werk), sondern aus dem dauerhaft ständig neue Leistungspflichten (sowie Neben- und Schutzpflichten) entstehen (zB Miete, Pacht, Darlehen, Arbeitsvertrag, Gesellschaft sowie zahlreiche verkehrstypische Verträge). Ein Dauerschuldverhältnis kann für unbestimmte oder eine bestimmte Zeit abgeschlossen werden. Auf ein Dauerschuldverhältnis finden grds. die allg. Vorschriften über Schuldverhältnisse entsprechende Anwendung. Wegen der Bindung der Parteien für lange Zeit und der Notwendigkeit besonderen Vertrauens müssen jedoch für die Beendigung eines Dauerschuldverhältnisses Besonderheiten gelten. Die gestaltenden Rechtsgeschäfte der → Anfechtung von Willenserklärungen und des → Rücktritts vom Vertrag, die sonst auf den Zeitpunkt des Vertragsabschlusses zurückwirken, werden weitgehend, insbes. nach Beginn des Dauerschuldverhältnisses, durch die erst für die Zukunft wirkende → Kündigung ersetzt. So hat zB die Anfechtung eines Arbeits- oder Gesellschaftsvertrags wegen eines Willensmangels nach Beginn des Dauerschuldverhältnisses nach der Rspr. nur die Wirkung einer (fristlosen) Kündigung. Ein auf unbestimmte Zeit abgeschlossenes Dauerschuldverhältnis kann grds. durch ordentliche Kündigung beendet werden. Sofern für das betreffende Dauerschuldverhältnis keine gesonderten Bestimmungen gelten (die als leges speziales vorgehen), kann jedes Dauerschuldverhältnis auch gem. § 314 BGB (im Fall einer Pflichtverletzung nach Fristsetzung bzw. Abmahnung) außerordentlich aus wichtigem Grund gekündigt werden. Ein wichtiger Grund liegt nach § 314 I 2 BGB vor, wenn dem kündigenden Teil unter Berücksichtigung aller Umstände des Einzelfalls und unter Abwägung der beiderseitigen Interessen die Fortsetzung des Vertrages bis zur vereinbarten Beendigung oder bis zum Ablauf einer Kündigungsfrist nicht zugemutet werden kann; Unzumutbarkeit kann auch bei Zerstörung der Vertrauensgrundlage vorliegen. Sa → Sukzessivlieferungsvertrag, → Bezugsvertrag. Die Möglichkeit der Ausgestaltung von Dauerschuldverhältnissen durch → Allgemeine Geschäftsbedingungen (übermäßige Laufzeit usw) ist beschränkt, § 309 Nr. 9 BGB. Sa → Gesetz über faire Verbraucherverträge.

Zu den Sonderregelungen während der → COVID-19-Pandemie s. insbes. → Corona-Krise und Vertragsrecht, → Corona-Krise und Darlehensrecht; → Corona-Krise und Mietrecht.

Dauerschuldzinsen
→ Gewerbesteuer.

Dauerstraftat
→ Dauerdelikt.

Dauerwohnrecht
→ Wohnungseigentum.

DAX®
DAX bedeutet Deutscher Aktienindex. Es handelt sich um einen von der Deutsche Börse AG berechneten Aktienindex, der auf der Kursentwicklung von 40 der größten deutschen Aktiengesellschaften basiert, die alle im → Regulierten Markt der Frankfurter Wertpapierbörse notiert sein müssen. Wichtigstes Kriterium für die Aufnahme ist die Marktkapitalisierung des Streubesitzes, darüberhinaus muss das Unternehmen seinen Sitz in Deutschland haben und unterliegt besonderen Veröffentlichungs- und Transparenzpflichten. Seine Berechnung erfolgt auf der Basis der Handelsdaten der Handelsplattform → Xetra. Dax ist eine eingetragene → Marke der Deutsche Börse AG.

DDG
→ Digitale-Dienste-Gesetz.

DDR
→ Deutsche Demokratische Republik.

DDR-Straftaten
1. Vor dem 3.10.1990 in der ehem. DDR begangene Straftaten werden seit dem → Grundvertrag nach den Grundsätzen des → internationalen Strafrechts als → Auslandsdelikte nach § 7 StGB angesehen. Ergänzungen dazu enthalten die durch den → Einigungsvertrag eingefügten Art. 315–315c EGStGB. Auf die Straftaten ist das mildeste Gesetz anzuwenden (§ 2 III StGB). Wenn nach dem zur Tatzeit geltenden DDR-Strafrecht Freiheitsstrafe, Verurteilung auf Bewährung oder Geldstrafe nicht verwirkt gewesen wäre, ist von Strafe abzusehen. Die Vorschriften über → Strafaussetzung zur Bewährung und deren Widerruf sind auf vor dem 3.10.1990 in der ehem. DDR verhängte Strafen anzuwenden. Soweit für die Straftaten das Strafrecht der BRep. gegolten hat (zB → Denunziation, → Verschleppung), bleibt es dabei (Art. 315 IV EGStGB). Bei einer am 3.10.1990 eingetretenen → Strafverfolgungs- oder → Strafvollstreckungsverjährung bleibt es. Dies gilt auch, wenn für die Straftaten das Recht der BRep. gegolten hat. Eine noch nicht eingetretene Strafverfolgungsverjährung gilt als am 3.10.1990 unterbrochen, beginnt also von neuem. Die Verjährung von SED-Unrechtstaten (die während der Herrschaft des SED-Regimes begangen wurden, aber entsprechend dem Willen der Staats- und Parteiführung der DDR aus politischen oder sonstigen Gründen nicht geahndet worden sind) hat in der Zeit vom 11.10.1949 bis 2.10.1990 geruht (Gesetz vom 26.3.1993, BGBl. 1993 I 392). Für bestimmte mittelschwere Straftaten, insbes. der Regierungskriminalität wurde die Verjährungsfrist bis 2.10.2000 verlängert; Mord verjährt nicht (Art. 315a EGStGB). Für einen → Strafantrag gelten §§ 77–77d StGB. Soweit DDR-Strafrecht fortgilt, werden seine Strafdrohungen durch Freiheitsstrafe und Geldstrafe (→ Strafen) ersetzt. Letztere ist durch das Höchstmaß des StGB und des StGB-DDR begrenzt.

Die Strafbarkeit der Straftaten ist nicht mit der Aufhebung von DDR-Strafvorschriften durch den → Einigungsvertrag (→ Strafrecht 3) entfallen. Für die Straftaten ist grundsätzlich von DDR-Recht auszugehen (§ 2 I StGB), wenn das Strafrecht der BRep. nicht milder ist (§ 2 III StGB, Art. 315 I–III EGStGB). Dies gilt auch für Straftaten, die der Staatstätigkeit der DDR zuzuordnen sind (SED-Unrechtstaten, Regierungskriminalität). Strafbar sind insbes. die Todesschüsse von Mauerschützen (BVerfG NJW 1997, 929; BGH NJW 1993, 141, 1932; 1994, 2237, 2240 und 2708; 1995, 2728; 1996, 2042; 1997, 1245, der dabei ua auf die → Radbruch'sche Formel und die Menschenrechte hinweist) und der → Schießbefehl dazu, der Einsatz von Minensperren (BGH NJW 1994, 2703; 1999, 589), Wahlfälschung (BGH NJW 1993, 1019), → Rechtsbeugung (BGH NJW 1994, 529 und 3238; 1995, 64, 2734 und 3324; 1996, 857; 1999, 3347), Wirtschaftsstraftaten, u. U. politische → Denunziation (BGH NJW 1994, 3174). Die Rechtslage hinsichtlich der Strafbarkeit von → DDR-Spionage in der BRep. richtet sich nach den Vorschriften des StGB. Zur Verfolgung insbes. von Straftaten im Zusammenhang mit dem DDR-Regime dürfen Stasi-Unterlagen verwendet werden (§ 23 Stasi-Unterlagen-Gesetz → Staatssicherheitsdienst).

2. Nach dem 3.10.1990 in den neuen Ländern begangene Straftaten sind nach dem StGB zu beurteilen.

DDR-Unrechtsbereinigung
→ Offene Vermögensfragen, → Entschädigungs- und Ausgleichsleistungsgesetz, → Rehabilitierungsgesetze (strafrechtliches, verwaltungsrechtliches, berufliches Rehabilitierungsgesetz). DDR-Steuerbescheide, die sich unter rechtsstaatlichen Gesichtspunkten als mutmaßlich politisch motivierte Willkürmaßnahme darstellen, können aufgehoben werden (BFH BStBl. II 1995, 686).

DDR-Urteile
(incl. Berlin-Ost).

1. Urteile aus einem → Zivilprozess sind grundsätzlich nach wie vor wirksam und vollstreckbar (Art. 18 I EV). Dies schließt eine Überprüfung der Entscheidung und ihrer Vollstreckung dahin nicht aus, ob bei ihr rechtsstaatl. Verfahrensgrundsätze verletzt wurden (zB Ehescheidung ohne Beteiligung des in der BRep. lebenden Antragsgegners) oder ob sie dem jetzt geltenden Recht krass zuwiderläuft.

2. Strafurteile hatten vor dem 3.10.1990 in der BRep. grundsätzlich Wirkung. Die → Strafvollstreckung fand in der BRep. aber nur statt, soweit die Urteile rechtsstaatlichen Anforderungen genügten, und wurde andernfalls nach dem Gesetz über die innerdeutsche Rechts- und Amtshilfe vom 2.5.1953 (BGBl. 1953 I 161) für unzulässig erklärt. Eine solche Feststellung gilt weiter.

Der → Einigungsvertrag bestimmt, dass die vor dem 3.10.1990 ergangenen Urteile wirksam bleiben (Art. 18 I EV). Zugleich legt er aber fest, dass sie und ihre Vollstreckung auf die Vereinbarkeit mit rechtsstaatlichen Grundsätzen überprüft werden können. Dazu bestehen folgende Möglichkeiten:

a) Rehabilitierung durch Feststellung der Rechtsstaatswidrigkeit und Aufhebung des Urteils (→ Rehabilitierungsgesetze).

b) Wiederaufnahme kommt zur Aufhebung eines Urteils ebenfalls in Betracht (→ Wiederaufnahmeverfahren).

c) Eine Feststellung der Unzulässigkeit der → Strafvollstreckung (s. 2) gilt seit 3.10.1990 auch in den neuen Ländern. Sie findet auch weiterhin auf Antrag des Verurteilten oder der StA statt, wenn das Urteil mit rechtsstaatlichen Maßstäben nicht vereinbar ist oder die Rechtsfolge nach rechtsstaatlichen Grundsätzen nicht angemessen ist oder dem Zweck eines Bundesgesetzes widerspricht (Anl. I Kap. III Sachgebiet A Abschnitt III Nr. 14d zum EinigV). Der Antrag ist ua unzulässig, wenn ein Rehabilitierungsverfahren durchgeführt werden kann.

de facto
= nach der Tatsachenlage (in Wirklichkeit).

de facto-Anerkennung
→ Anerkennung von Staaten.

de facto-Vergabe
Der Begriff bezeichnet im → Vergaberecht den Fall, in dem ein → öffentlicher Auftrag oberhalb der → Schwellenwerte absichtlich oder unter Verkennung der Rechtslage ohne das vorgeschriebene formelle Verfahren vergeben wird. Ein auf einer de-facto-Vergabe beruhender Vertrag ist unwirksam, wenn der Verstoß in einem → Nachprüfungsverfahren festgestellt wird (§ 135 GWB).

de iure
= nach der Rechtslage (von Rechts wegen).

de iure-Anerkennung
→ Anerkennung von Staaten.

de lege ferenda
= vom Standpunkt des künftigen (noch zu erlassenden) Gesetzes (Rechts), dh was als künftige Rechtslage als sinnvoll und wünschenswert erscheint.

de lege lata
= nach geltendem Gesetz (Recht).

Deal
(im Strafverfahren) → Verständigung im Strafverfahren.

Deal Breaker
→ due diligence.

Debet
(lat.) Schuld (Soll-Seite eines Kontos).

Debitkarte
(von lat. debere = schulden) ist eine → Zahlungskarte, die zur Barabhebung am Geldautomaten oder zur bargeldlosen Bezahlung dient; grds. wird das Konto des Karteninhabers sofort belastet (anders: → Kreditkarte). Beispiel: → Girokarte.

Debitor
(lat.) → Schuldner; sa → Schuldverhältnis.

Debitorenziehung
Eine Debitorenziehung liegt vor, wenn ein Gläubiger auf seinen Schuldner einen → Wechsel lediglich zu dem Zweck zieht, sich durch diesen Wechsel im Wege des → Wechseldiskonts Kredit zu verschaffen. Ein solcher Wechsel zählt zu den → Finanzierungswechseln.

Debt-Equity-Swap
(→ Insolvenzplan). Im gestaltenden Teil eines Insolvenzplans kann vorgesehen werden, dass Forderungen (debt) von Gläubigern in Anteils- oder Mitgliedschaftsrechte (Eigenkapital, equity) umgewandelt werden. Eine Umwandlung gegen den Willen der betroffenen Gläubiger ist ausgeschlossen (§ 225a InsO). Diese Maßnahme soll die Sanierung von Unternehmen im Insolvenzfall erleichtern. Eine solche Maßnahme setzt einen Kapitalschnitt voraus. Einer Kapitalherabsetzung folgt dabei eine → Kapitalerhöhung gegen Sacheinlagen.

Deckname
(Pseudonym) → Namensrecht; sa → Legende.

Deckungskapital
Deckungskapital ist ein Rechenwert in der Versicherungsmathematik siehe auch → Lebensversicherung (2a). Die der Berechnung zugundeliegenden Werte sind nicht festgelegt und können daher je nach Bewertungsweise variieren.

Deckungskauf
→ Schadensersatz.

Deckungsklausel
→ Revalierungsklausel.

Deckungsmasse
→ Pfandbriefbanken (3), → Sicherungsvermögen.

Deckungsprinzip
Das Deckungsprinzip ist der für die → Zwangsversteigerung geltende Grundsatz, dass die Berechtigten, die dem betreibenden Gläubiger im Rang vorgehen, nicht aus ihren Rechten verdrängt werden dürfen. Das Deckungsprinzip wird durch das → geringste Ge-

bot mit der Rechtsfolge verwirklicht, dass grundsätzlich alle Rechte, die in das geringste Gebot fallen, bestehen bleiben oder durch Zahlung zu decken sind (§ 91 I ZVG, § 52 ZVG).

Deckungsregister
→ Pfandbriefbanken (3).

Deckungsrückstellung
Die Deckungsrückstellung (früher: Deckungsrücklage) für Lebens-, Kranken-, Unfall-, Haftpflicht-, Kfz-Haftpflicht- und Kfz-Unfallversicherung ist eine versicherungstechnische → Rückstellung nach § 341 f HGB und § 75 VAG. Sie soll künftige Ansprüche der Versicherungsnehmer gegen das → Versicherungsunternehmen absichern und dem Barwert der künftigen Verpflichtungen entsprechen. Einzelheiten regelt die Anlageverordnung (AnlV) v. 18.4.2016, BGBl. 2016 I 769. Sa → Sicherungsvermögen, → Versicherungsaufsicht.

Deckungsstock
→ Pfandbriefbanken (3), → Sicherungsvermögen.

Deckungsverhältnis
Wenn bei der Abwicklung eines Rechtsverhältnisses, das einen schuldrechtlichen Anspruch zum Gegenstand hat, eine dritte Person beteiligt ist und die geschuldete Leistung nicht direkt vom Schuldner an den Gläubiger, sondern aufgrund einer Anweisung durch die dritte Person erfolgt, so unterscheidet man bei der Erbringung der Leistung das Valutaverhältnis zwischen Anweisendem und Anweisungsempfänger und das Deckungsverhältnis zwischen Anweisendem und Angewiesenem. Weist zB der Schuldner eines Darlehens (Anweisender) einen Dritten (Angewiesener) an, an den Darlehensgläubiger (Anweisungsempfänger) die Leistungspflicht des Schuldners (Rückzahlung der Darlehenssumme) zu erbringen, weil der Dritte seinerseits eine Leistung gegenüber dem Schuldner, zB aus einem Kaufvertrag, zu erfüllen hat, so wird das Verhältnis zwischen dem anweisenden Schuldner und dem angewiesenen Dritten (der Kaufvertrag) als Deckungsverhältnis, das Verhältnis zwischen dem anweisenden Schuldner und dem Gläubiger als Anweisungsempfänger (das Darlehen) als Valutaverhältnis bezeichnet. Sa → Anweisung. Über weitere Fälle → Vertrag zugunsten Dritter, → ungerechtfertigte Bereicherung (2b).

Deckungsverkauf
→ Schadensersatz.

Deckungsvorsorge
für Atomschadenhaftpflicht → Atomgesetz.

Für das → Arzneimittelrecht findet sich in § 94 AMG eine Legaldefinition: „Der pharmazeutische Unternehmer hat dafür Vorsorge zu treffen, dass er seinen gesetzlichen Verpflichtungen zum Ersatz von Schäden nachkommen kann, die durch die Anwendung eines von ihm in den Verkehr gebrachten, zum Gebrauch bei Menschen bestimmten Arzneimittels entstehen, das der Pflicht zur Zulassung unterliegt oder durch Rechtsverordnung von der Zulassung befreit worden ist (Deckungsvorsorge).“

Deckungszusage
→ Versicherungsvertrag (2b).

Declaration of Rights
→ Bill of Rights.

défense sociale
(soziale Verteidigung) ist die programmatische Bezeichnung für Maßnahmen der Gesellschaft gegen Straffällige oder Asoziale, die darauf abzielen, den Gestrauchelten oder von Verwahrlosung Bedrohten durch Mittel der Fürsorge, Vorbeugung und persönlichen Betreuung als vollwertiges Glied der Gemeinschaft zurückzugewinnen. Entsprechene Zielsetzungen haben insbes. Erwägungen zu einer grundsätzlichen Reform des Strafrechts beeinflusst, die es bei der im geltenden Recht vorgesehenen sog. → Zweispurigkeit, also der Differenzierung des Sanktionensystems zwischen primär schuldvergeltenden → Strafen einerseits und den ohnehin bereits allein spezialpräveniv ausgerichteten → Maßregeln der Besserung und Sicherung andererseits, nicht bewenden lassen wollen. Dem meist charakterlich labilen Straftäter soll mit weniger einschneidenden, erzieherischen Mitteln innerer Halt gegeben werden, um ihn von weiteren gemeinschaftsfeindlichen Handlungen abzuhalten. In Betracht kommt etwa die Einweisung des Straffälligen in eine halboffene Anstalt oder ein Heim, verbunden mit zugewiesener oder freier Arbeit und einer begrenzten Aufsicht über seine Lebenführung. In dieser Richtung bewegt sich die Führungsaufsicht (→ Maßregeln der Besserung und Sicherung, 4). Eine weitere Forderung geht dahin, der Richter solle sich auf die Schuldfeststellung beschränken und die Auswahl der Maßnahmen Verwaltungs- oder Fachgremien überlassen (Wohlfahrts-, Schutzkommissionen u. dgl.).

Defensives Fahren
im Straßenverkehr ist kein Rechtsbegriff, sondern ein Leitbild für den Fahrzeugführer. Zum Unterschied vom Unterlassen gewagter Fahrweise, die sich schon nach § 1 StVO verbietet, verzichtet der defensiv Fahrende zur Risikoverringerung freiwillig auf ein Vorrecht und auf den Schutz des → Vertrauensgrundsatzes im Straßenverkehr, indem er mit Fehlverhalten anderer Verkehrsteilnehmer rechnet und seine Fahrweise hierrauf einstellt.

Defensivnotstand
→ Notstand (2).

Defensivzeichen
→ Marken (2).

Defizitverfahren
→ Stabilitätspakt.

Defraudation
= Veruntreuung; → Unterschlagung, → Untreue.

Degressive Abschreibung
→ Absetzung für Abnutzung.

Deich
1. Deiche sind Anlagen zum → Hochwasserschutz an der See sowie an Flussmündungen und Flüssen und schützen bestimmte Gebiete vor Flut, Sturmflut und Hochwasser. Im Binnenbereich werden Deiche auch als Dämme bezeichnet. Beide sind Formen des Gewässerausbaus, der in den §§ 67 ff. WHG grds. geregelt ist. Im Übrigen haben die Länder das Deichwesen umfassend geregelt (zB Niedersächsisches Deichgesetz (NDG) v. 23.2.2004, GVBl. 2004, 83 mÄnd und Wassergesetz für das Land Nordrhein-Westfalen (LWG) idF v. 8.7.2016, GV. NRW 2016, 559 mÄnd).

2. Grds. sind die Eigentümer aller im Schutz der Deiche und Dämme gelegenen Grundstücke zur gemeinschaftlichen Erhaltung der Schutzanlagen verpflichtet (Deichpflicht, zB § 6 NDG). Die Eigentümer dieser Grundstücke sollen sich zu → Wasser- und Bodenverbänden (Deichverbänden) zusammenschließen; teilweise – zB für Hauptdeiche – wurden Wasser- und Bodenverbände durch Gesetz gegründet (zB § 7 NDG und Anlage). An den Kosten beteiligt sich in großem Umfang das jeweilige Land (zB § 8 NDG). In Hamburg steht der Deich idR in öffentlichem Eigentum und ist von der Wasserbehörde zu unterhalten und wiederherzustellen, § 56 HWaG (Hamburgisches Wassergesetz idF v. 29.3.2005, GVBl. 2005, 97, mÄnd). Nach Art. 66 EGBGB gehen landesgesetzliche Vorschriften über das Deich- und Sielrecht denen des BGB vor.

3. → Küstenschutz, → Sachbeschädigung, → Wassergefahr.

Dekan
1. An der → Hochschule führt der Dekan die Geschäfte der → Fakultät. Er wird aus dem Kreis der ordentlichen (noch nicht entpflichteten) Professoren meist auf 1 oder 2 Jahre gewählt. Sein Vertreter ist der Prodekan, früher meist der Dekan des Vorjahres. Bei einer Gliederung der Hochschule in → Fachbereiche entspricht dem Dekan der Fachbereichssprecher(-leiter).

2. In der → kath. Kirche steht der Dekan (auch Bezirksvikar, Dechant, Erzpriester oder Archipresbyter) an der Spitze eines Dekanats, in dem mehrere Pfarreien zusammengefasst sind. Der Dekan muss → Priester sein. Er wird durch den Bischof bestellt und abgesetzt. Dem Dekan obliegt die Koordinierung der Seelsorge, die Aufsicht über Angehörigen des → Klerus und die Seelsorge an diesen. In der → evang. Kirche ist der Dekan, auch als Superintendent bezeichnet, leitendes Organ eines Kirchenkreises (das ist die Zusammenfassung mehrerer Kirchengemeinden). Er wird von der Kirchenleitung der Gesamtkirche (Gliedkirche) ernannt, uU unter Mitwirkung der Kreissynode, und führt die Aufsicht über die Pfarrer seines Kirchenkreises.

Dekartellierung
war die gebräuchliche Bezeichnung für die von den Besatzungsmächten nach dem 2. Weltkrieg erlassenen Vorschriften zur Auflösung wirtschaftlicher Machtpositionen (zB der IG-Farben AG). Da es dabei überwiegend um die Auflösung von Konzernen ging (→ Entflechtung), ist die Bezeichnung ungenau.

Deklaration
→ völkerrechtlicher Vertrag.

Deklaratorische Wirkung
Ein Rechtsakt kann deklaratorische oder konstitutive Wirkung haben. Im ersten Fall wird das Bestehen eines Rechts oder Rechtsverhältnisses lediglich festgestellt, bezeugt oder klargestellt, zB im Zivilprozess durch Feststellungsurteil über ein streitiges Rechtsverhältnis, im Verwaltungsrecht durch Ausstellung einer Bescheinigung über die Staatsangehörigkeit. Im zweiten Fall wird durch den Rechtsakt ein Recht oder Rechtsverhältnis begründet, aufgehoben oder gestaltet, zB durch Verleihung der Staatsbürgerschaft, Erteilung einer Gewerbekonzession, Ehescheidung durch Urteil usw. Konstitutivwirkung eines Rechtsgeschäfts liegt zB bei → gutgläubigem Erwerb einer Sache vom Nichteigentümer vor.

Deklaratorisches Schuldanerkenntnis
→ Schuldanerkenntnis.

Dekonzentration
ist kein Rechtsbegriff. IdR wird darunter die Verlagerung von Zuständigkeiten auf nachgeordnete Behörden oder Behörden der mittelbaren Staatsverwaltung verstanden. Teilweise wird der Begriff auch synonym mit → Dezentralisation verwendet. Dekonzentration ist Teil der → Deregulierung. Sa → Zentralismus, → Konzentration in der Verwaltung.

Delaware-Effekt
→ Wettbewerb der Rechtsordnungen.

Delcredere
→ Delkredere.

Delegation
Der Begriff wird in zweifachem Sinne verwendet. a) Im zwischenstaatlichen Verkehr ist eine Delegation eine Gruppe von diplomatischen, wirtschaftlichen oder militärischen Bevollmächtigten oder Unterhändlern. b) Innerstaatlich ist Delegation die Übertragung von Zuständigkeiten eines Staatsorgans auf ein anderes (meist nachgeordnetes). Der wichtigste Fall ist die Delegation der Rechtsetzungsbefugnis von den gesetzgebenden Körperschaften auf Verwaltungsorgane (→ Rechtsverordnungen). Grundsätzlich sind Staatsorgane, insbes. Behörden, zur Delegation der Rechtsetzungsbefugnis nicht befugt. Soweit Verwaltungsbehörden zur Rechtsetzung ermächtigt sind, er-

gibt sich das aus Art. 80 I 4 GG, dessen Grundgedanke auch für landesgesetzliche Ermächtigungen gilt. Danach darf die Ermächtigung zum Erlass von Rechtsverordnungen von der ermächtigten Behörde nur dann auf eine andere Behörde weiter übertragen werden (sog. Subdelegation), wenn dies in dem ermächtigenden Gesetz vorgesehen ist; die Übertragung bedarf außerdem der Form einer RechtsVO. Auch die Ausübung hoheitlicher Verwaltungskompetenzen (→ Ausführung von Gesetzen) kann die Behörde nur auf Grundgesetzlicher Ermächtigung durch Rechtssatz delegieren, falls die Übertragung Außenwirkung hat, dh durch Verschiebung der Behördenzuständigkeit in den Rechtskreis der Bürger eingreift.

delictum sui generis
→ Sonderdelikt.

Delikt
(lat. = Vergehen) ist ein rechtswidriges, schuldhaftes Verhalten, das im Zivilrecht grundsätzlich mit Schadensersatzpflicht (→ unerlaubte Handlung, „deliktischer → Anspruch"), im Strafrecht mit Straffolge (→ Straftat) verknüpft ist. Eine Sonderstellung nimmt das → völkerrechtliche Delikt ein.

Deliktsfähigkeit
Eine → Straftat und regelmäßig auch eine zu Schadensersatz verpflichtende → unerlaubte Handlung kann nur schuldhaft begangen werden; das Verschulden setzt Deliktsfähigkeit (im Strafrecht: Strafmündigkeit bzw. Schuldfähigkeit) voraus.

1. Zivilrechtlich (→ Zivilrecht) ist für einen durch eine → unerlaubte Handlung verursachten Schaden nicht verantwortlich, wer das 7. Lebensjahr noch nicht vollendet hat, ferner wer im Zustand der Bewusstlosigkeit oder in einem die freie Willensbestimmung ausschließenden Zustand krankhafter Störung der Geistestätigkeit handelt, § 828 I BGB, § 827 BGB; bei einem selbstverschuldeten vorübergehenden Ausschluss der freien Willensbestimmung (zB aufgrund Alkohol, Drogen, Medikamente) ist der Täter jedoch verantwortlich, wenn die begangene unerlaubte Handlung auch bei fahrlässiger Begehung zum Schadensersatz verpflichtet. Bei einem nicht vorsätzlich herbeigeführten Unfall mit einem Kfz, einer Schienenbahn oder einer Schwebebahn beginnt die Deliktsfähigkeit (und damit auch die Anrechnung etwaigen → Mitverschuldens) erst mit Vollendung des 10. Lebensjahrs, § 828 II BGB (keine Anwendung nach der Rspr. aber, wenn keine typische Überforderungssituation des Kindes durch verkehrsspezifische Gefahren, zB bei Beschädigung eines geparkten Kfz). Wer noch nicht das 18. Lebensjahr vollendet hat, ist für eine unerlaubte Handlung nicht verantwortlich, wenn er bei deren Begehung nicht die zur Erkenntnis der Verantwortlichkeit erforderliche Einsicht hat, § 828 III BGB. Wer danach für einen Schaden nicht verantwortlich ist, hat gleichwohl, sofern Schadensersatz nicht von einem aufsichtspflichtigen Dritten zu erlangen ist, den Schaden insoweit zu ersetzen, als die Billigkeit nach den Umständen eine Schadlosigkeit erfordert (zB reiches sechsjähriges Kind verletzt Spielkameraden durch Steinwurf), § 829 BGB (sog. Billigkeitshaftung). Zur Haftung von Aufsichtspflichtigen s. → unerlaubte Handlung, 3.

2. Im → Strafrecht bestehen altersbezogene Vorschriften zur → Strafmündigkeit in § 19 StGB und § 1 II JGG, § 3 JGG. → Schuldfähigkeit.

Delisting
oder Going Private ist der Rückzug einer → Aktiengesellschaft aus dem → regulierten Markt an einer → Börse (§ 39 BörsG, → BörsenG). Voraussetzung hierfür ist ein → Hauptversammlungsbeschluss sowie ein Pflichtangebot über den Kauf der Aktien von Minderheitsaktionären, das im Spruchstellenverfahren überprüft werden kann (→ Spruchverfahrensgesetz). Als kaltes Delisting bezeichnet man den Rückzug von der Börse durch → Umwandlung, Verschmelzung und Eingliederungsvorgänge.

Delkredere
Delkredere ist eine besondere Art des → Garantievertrags. Das Delkredere kommt bei → Handelsvertretern und → Kommissionären vor. Beim Delkredere steht der Handelsvertreter oder Kommissionär dem Unternehmer oder Kommittenten gegenüber dafür ein, dass der Dritte (Kunde, Vertragspartner des Kommissionärs) die Verbindlichkeit aus dem abgeschlossenen oder vermittelten Geschäft erfüllt. Das Delkredere ist also eine Garantie für die Zahlungsfähigkeit. Bei Handelsvertretern bedarf das Delkredere der Schriftform; es kann nur für bestimmte Geschäfte oder für noch unbestimmte Geschäfte mit bestimmten Dritten (Kunden) übernommen werden (§ 86b I HGB). Bei Kommissionären ist das Delkredere mündlich wirksam, muss aber eigens übernommen werden oder am jeweiligen Ort → Handelsbrauch sein (§ 394 HGB). Das Delkredere begründet den Anspruch auf die (zusätzliche) Delkredereprovision (§ 86b II HGB, § 394 II HGB).

Delkredereprovision
→ Delkredere.

De-Mail-Dienste
1. De-Mail-Dienste sollen im Internet die sichere, vertrauliche und nachweisbare Kommunikation gewährleisten. Die gesetzlichen Grundlagen enthält das De-Mail-Gesetz v. 28.4.2011 (BGBl. 2011 I 666), mÄnd. Nutzer können bei einem akkreditierten Diensteanbieter nach Überprüfung ihrer Identität ein elektronisches De-Mail-Konto eröffnen (§ 3 De-Mail-Gesetz) und mit den Nutzern desselben oder anderer Diensteanbieter Nachrichten und Dokumente austauschen. Die Übermitt-

lung erfolgt verschlüsselt, Versand, Empfang und Abholung werden auf Antrag mit qualifizierter elektronischer Signatur (→ Signatur, elektronische) bestätigt (etwa § 5 VII De-Mail-Gesetz). Es handelt sich um eine sichere Variante des Verkehrs mit → E-Mail, die teilweise auch für → Zustellungen genügt (zB § 174 III ZPO). Entsprechend können Schriftsätze im → Elektronischen Rechtsverkehr über die Dienste ausgetauscht werden.

2. Diensteanbieter bedürfen der → Akkreditierung (§§ 17 ff. De-Mail-Gesetz) durch das → Bundesamt für Sicherheit in der Informationstechnik und stehen unter seiner Aufsicht (§ 20 De-Mail-Gesetz). Sie unterliegen darüber hinaus den Vorschriften des TMG (→ Telemedien), des → Telekommunikationsgesetzes und der → Datenschutz-Grundverordnung.

Demarche
(franz.; wörtl.: Schritt) bedeutet das Vorstelligwerden eines Staates bei einem anderen Staat auf diplomatischem Weg.

Demarkationslinie
bezeichnet im Waffenstillstandsrecht die Linie, jenseits derer sich die kriegführenden Parteien militärischer Maßnahmen enthalten sollen.

Dementi
bedeutet in der diplomatischen und politischen Fachsprache das Abstreiten behaupteter Vorfälle oder Äußerungen.

Demenzerkrankungen
Die Demenz ist keine eigenständige Erkrankung, sondern beschreibt Symptome mehrerer Erkrankungen, die in einer wesentlichen Verschlechterung der geistigen Fähigkeiten deutlich werden. Bedeutung erlangen die Demenzsymptome besonders im Recht der gesetzlichen Pflegeversicherung (→ Pflegegeld, → Pflegestufen, → Pflegegrad, → Zusätzliche Betreuungsleistungen) sowie im Zivilrecht hinsichtlich Geschäftsunfähigkeit und Bestellung einer Betreuungsperson. Für die an Demenz erkrankten Personen gilt der jeweilige → Pflegegrad wie für die Personen, die nicht an einer eingeschränkten Alltagskompetenz leiden.

de-minimis-Beihilfen
Im → Beihilferecht sind staatliche Subventionen, die den zwischenstaatlichen Handel beeinträchtigen, gemäß Art. 107 AEUV (→ AEUV) grundsätzlich verboten. In der Demimimis-Verordnung (EU) 1407/2013 (ABl. EU 2013 L 352, 1) hat die → Europäische Kommission die Voraussetzungen konkretisiert, unter denen davon auszugehen ist, dass Beihilfen wegen Geringfügigkeit nicht unter das Verbot fallen. Das ist idR der Fall, wenn einem Unternehmen weniger als 200.000 EUR in drei Jahren gewährt werden.

Demission
= Rücktritt (einer Regierung, eines Ministers).

Demokratie
(griech.; „Volksherrschaft"). 1. Demokratie ist eine → Staatsform iwS, die dadurch gekennzeichnet ist, dass die → Staatsgewalt der Gesamtheit des Volkes zusteht. Das Volk ist Träger des Staatswillens („Volkssouveränität") und übt ihn unmittelbar durch Wahlen und Abstimmungen (Volksbegehren, Volksentscheid) und mittelbar über die Volksvertretung (→ Parlament) aus. Demgemäß unterscheidet man zwischen unmittelbarer Demokratie, in der das Volk selbst die politischen Entscheidungen trifft, und mittelbarer (repräsentativer, parlamentarischer) Demokratie, in der es bei den politischen Entscheidungen durch Abgeordnete vertreten wird. Eine unmittelbare Demokratie ist heute selbst in kleineren Gemeinwesen nicht oder nur sehr beschränkt möglich (Beisp.: die Landgemeinden der schweizerischen Kantone; vgl. auch Art. 28 I 3 GG). Wesensmerkmal der repräsentativen Demokratie ist die Existenz einer Volksvertretung, die entscheidenden Einfluss auf die politische Gestaltung des Gemeinwesens nehmen und dadurch den politischen Willen des Volkes verwirklichen kann. Die Volksvertretung muss aus freien Wahlen hervorgehen, an der die Staatsbürger in gleicher Weise teilnehmen können. Sie muss in regelmäßigen, im Voraus bestimmten Abständen durch Wahlen abgelöst und so vom Volk neu legitimiert werden. Zum Prinzip der Demokratie gehört weiter, dass bei den staatsgestaltenden Akten die Mehrheit der stimmberechtigten Bürger und die Mehrheit der gewählten Volksvertreter entscheidet („Herrschaft der Mehrheit"). Die freie Willensbildung des Volkes setzt voraus, dass die Staatsbürger politische Gleichheit besitzen und dass Meinungen und Gegenmeinungen im politischen Raum sich frei entfalten können; dies schließt die Möglichkeit einer → Opposition ein. Die Demokratie ist in aller Regel auch durch die mehr oder minder stark ausgeprägte Aufgliederung der Staatsgewalt in Gesetzgebung, vollziehende Gewalt und Rechtsprechung (→ Gewaltentrennung) gekennzeichnet; hierin liegt ein wesentlicher Unterschied der „klassischen" Demokratie („demokratischer → Rechtsstaat") zur „Volksdemokratie" kommunistischer Prägung, die auf eine strenge Gewaltenteilung verzichtet und die Staatsgewalt bei der „Volksvertretung" anhäuft. In der gewaltentrennenden Demokratie steht der Volksvertretung primär die gesetzgebende Gewalt zu. Außerdem besitzt sie idR ein Kontrollrecht gegenüber der vollziehenden Gewalt, das häufig so ausgeprägt ist, dass die Regierung vom Vertrauen des Parlaments abhängig ist (vgl. parlamentarisches Regierungssystem, Präsidialverfassung). Die rechtsprechende Gewalt ist unabhängig, aber der Verfassung, den von der Volksvertretung beschlossenen Gesetzen und dem auf dieser Grundlage beruhenden Recht unterworfen. In neuerer Zeit wird der Begriff Demokratie mehr und mehr nicht nur nach formalen Ord-

nungsprinzipien bestimmt, sondern auch nach materialen Gesichtspunkten; insbes. verbindet man mit dem Begriff Demokratie die Anerkennung von → Grundrechten und die Verpflichtung zum → Sozialstaat.

2. Das GG hat sich in Art. 20 GG ausdrücklich zur Gestaltung der BRep. als Demokratie bekannt. Dieser Grundsatz kann nach Art. 79 III GG auch im Wege der Verfassungsänderung nicht angetastet werden. Nach Art. 28 I GG muss die verfassungsmäßige Ordnung in den Ländern den Grundsätzen des demokratischen Rechtsstaates im Sinne des GG entsprechen. In den Ländern, Kreisen und Gemeinden muss das Volk eine Vertretung haben, die aus allgemeinen, unmittelbaren, gleichen und geheimen Wahlen hervorgegangen ist. Sa → Grundordnung, freiheitl. demokr.

Demonstration
nennt man eine Veranstaltung unter freiem Himmel, welche die Kundgabe einer (meist politischen) Meinung bezweckt. Demonstration ist kein Begriff des Gesetzes, das nur von Versammlungen und Aufzügen spricht. Über das Recht zur Demonstration vgl. → Versammlungsfreiheit, → Versammlungsgesetz (hier auch Spontandemonstration); → Tumultschäden.

Demonstrationsdelikte
(kein Ausdruck des Gesetzes) nennt man Straftaten, die sich im Zusammenhang mit Demonstrationen häufiger ereignen, insbes. Verstöße gegen das → Versammlungsgesetz (sa → Ansammlung, unerlaubte), → Widerstand gegen die Staatsgewalt und → Landfriedensbruch. → Nötigung. Zivilrechtlich → Tumultschäden.

Demonstrationsrecht
→ Versammlungsgesetz.

Demonstrationsschäden
→ Tumultschäden, → unerlaubte Handlung (5b).

Denkgesetze, Verstoß gegen –
→ Revision (3).

Denkmalschutz
1. Schutz und Pflege von Denkmälern der Kunst und der Geschichte sind jetzt in den meisten Ländern in Deutschland umfassend gesetzlich geregelt (vgl. zB bad.-württ. Gesetz v. 6.12.1983, GBl. 1983, 797, mÄnd; bayer. Gesetz v. 25.6.1973, GVBl. 1973, 328, mÄnd). Die Denkmalschutzgesetze enthalten Begriffsbestimmungen (Baudenkm., Bodendenkm., bewegl. Denkmäler), Erhaltungsgebote und Veränderungsverbote, Vorschriften über Denkmallisten, Denkmalschutzbehörden, das Verfahren, → Enteignung, Vorkaufsrechte und Finanzierung. Umstr. ist, ob Art. 5 III GG sich über den Grundrechtsschutz für das Kunstschaffen hinaus auf die geschaffene Kunst erstreckt und den Staat verfassungsrechtlich zum Denkmalschutz verpflichtet. Zahlreiche Bundesgesetze (zB RaumordnungsG, BundesfernstraßenG, FlurbereinigungsG, NaturschutzG) sehen die Berücksichtigung von Belangen des Denkmalschutzes vor.

2. Steuerrechtlich: Bei denkmalgeschützten Gebäuden und Gebäudeteilen können nach § 7i EStG von den Herstellungskosten für Baumaßnahmen, die nach Art und Umfang zur Erhaltung des Gebäudes als Baudenkmal oder zu seiner sinnvollen Nutzung erforderlich und nach Abstimmung mit der nach Landesrecht zuständigen Stelle durchgeführt worden sind, anstelle der linearen Abschreibung (→ Absetzung für Abnutzung) erhöhte Absetzungen vorgenommen werden. Diese betragen für Baumaßnahmen, die nach dem 31.12.2003 begonnen wurden, im Jahr der Herstellung und in den folgenden sieben Jahren jeweils 9 vH und in den folgenden Jahren jeweils 7 vH der Herstellungskosten (§ 82i EStDV). Neben den Herstellungskosten sind auch Anschaffungskosten begünstigt, soweit die Baumaßnahme nach dem rechtswirksamen Abschluss des Kaufvertrags durchgeführt worden ist. Wird das denkmalgeschützte Gebäude zu eigenen Wohnzwecken genutzt, so besteht die Möglichkeit, die erhöhten Absetzungen gleichfalls in Anspruch zu nehmen (§ 10f EStG). Hier kann der Stpfl. bei Baumaßnahmen, mit denen nach dem 31.12.2003 begonnen wurde, im Jahr des Abschlusses der Baumaßnahme und in den folgenden neun Kalenderjahren jeweils bis zu 9 vH wie Sonderausgaben steuerlich geltend machen. Auch schutzwürdige Kulturgüter, die weder zur Einkünfteerzielung noch zu eigenen Wohnzwecken dienen, sind entsprechend steuerlich begünstigt (§ 10g EStG). Nach § 11b EStG kann der → Erhaltungsaufwand bei Baudenkmälern auf zwei bis fünf Jahre gleichmäßig verteilt als → Werbungskosten abgezogen werden. Die jeweiligen Aufwendungen sind um erhaltene Zuschüsse zu kürzen. Die einkommensteuerlichen Vergünstigungen können grundsätzlich nur in Anspruch genommen werden, wenn die erforderlichen Voraussetzungen durch eine Bescheinigung der nach Landesrecht zuständigen Stelle nachgewiesen werden. Für denkmalgeschützte Objekte wird die Grundsteuer erlassen, wenn die jährlichen Kosten idR die Einnahmen übersteigen, wobei es auf die zukünftigen Ertragsaussichten ankommt (§ 32 GrStG).

Denunziation
1. Die Denunziation ist als falsche → Verdächtigung nach § 164 StGB strafbar, wenn der Täter einen anderen bei einer Behörde einer Straftat oder einer Dienstpflichtverletzung verdächtigt oder eine sonstige nachteilige Behauptung über ihn aufstellt und dabei wider besseres Wissen und in der Absicht handelt, gegen den Denunzierten ein Verfahren (Straf-, Disziplinarverfahren o. dgl.) oder andere behördliche Maßnahmen (zB Konzessionsentziehung) herbeizuführen.

2. Wegen politischer Denunziation wird nach § 241a StGB bestraft, wer einen anderen durch eine Anzeige oder Verdächtigung der Gefahr aussetzt, aus politischen Gründen verfolgt zu werden und hierbei rechtsstaatswidrig durch Gewalt- oder Willkürmaßnahmen Schaden an Leib, Leben oder Freiheit oder empfindliche berufliche oder wirtschaftliche Nachteile zu erleiden. Dasselbe gilt, wenn der Täter zwar nicht durch eine Anzeige, aber durch eine andere Mitteilung (zB mündlich durch einen Mittelsmann) den Betroffenen einer solchen rechtsstaatswidrigen Gefährdung aussetzt. Auf die Wahrheit der Verdächtigung kommt es dabei jeweils nicht an. Der Versuch ist strafbar. Tatort kann wegen des Schutzcharakters der Vorschrift die BRep. oder das Ausland sein. Die Strafe ist Freiheitsstrafe bis zu 5 Jahren oder Geldstrafe, in besonders schweren Fällen Freiheitsstrafe von 1–10 Jahren.

Deponie
1. Deponie ist eine Anlage (→ Anlage, 4.) zur → Abfallbeseitigung durch zeitlich unbegrenzte Ablagerung (§ 3 XXVII KrWG). Es gibt oberirdische und unterirdische Deponien sowie Langzeitlager. Sie werden entsprechend ihrer Eignung zur Ablagerung in 5 verschiedene Klassen eingestuft (Deponie-Verordnung (DepV) v. 27.4.2009, BGBl. 2009 I 900, mÄnd).

2. Die DepV regelt Errichtung, Betrieb und wesentliche Änderungen von Deponien, die meist der → Planfeststellung (§ 35 KrWG) bedürfen, die Entscheidung hierzu ist im Internet öffentlich bekannt zu geben (§ 21a DepV); das → Umwelt-Rechtsbehelfsgesetz findet Anwendung. Darüber hinaus werden auch Stilllegung sowie Nachsorge von Deponien und Langzeitlagern durch die DepV geregelt. Der Betreiber hat auf Verlangen Sicherheit für Gefahren zu leisten (§ 36 III KrWG, § 18 DepV). Die Ablagerung der → Siedlungsabfälle und die dazu erforderliche Vorbehandlung richten sich ebenfalls nach der DepV. Dabei muss nach Art. 5 RL 2018/850/EU (Abfalldeponierichtlinie) sichergestellt sein, dass bis 2035 die Menge der Siedlungsabfälle in Deponien auf höchsten 10% des gesamten Aufkommens verringert wird. Weiter enthält die DepV Anforderungen an Abfälle, die als Deponie-Ersatzbaustoffe eingesetzt werden sollen.

Deportation
(lat.; Wegführung) ist die vom Staat vorgenommene Verschickung von Schwerverbrechern oder politischen Gegnern in weitentlegene, häufig überseeische Gebiete (Strafkolonien) zu langjährigem oder lebenslangem Zwangsaufenthalt. Sie ist unzulässig, sofern sie nicht auf gesetzlicher Grundlage beruht, und verstößt, insbes. wenn mit Zwangsarbeit verbunden, gegen Art. 4 Europäische Menschenrechtskonvention (sa → Konvention zum Schutze der Menschenrechte und Grundfreiheiten).

Depositengeschäft
→ Einlagengeschäft, → Bankeinlagen, → Verwahrung.

depositum regulare, irregulare
→ Verwahrung.

Depotgeschäft (Effektenverwahrung)
1. Werden Effekten, dh eine bestimmte Art von → Wertpapieren (zB → Aktien, → Inhaberschuldverschreibungen ua, nicht aber → Wechsel) bei jemandem, der im Betrieb seines Gewerbes Verwahrungsgeschäfte vornimmt (Verwahrer, insbes. Banken, auch öffentlich-rechtliche Sparkassen), hinterlegt, so gelten für dieses Depotgeschäft über die → Verwahrung hinaus die Besonderheiten des Depotgesetzes idF v. 11.1.1995 (BGBl. 1995 I 34), mÄnd. Das Depotgeschäft ist ein → Bankgeschäft, darf also regelmäßig nur von zugelassenen → Kreditinstituten betrieben werden. Meist werden Wertpapiere dem Verwahrer unverschlossen übergeben (offenes Depot). Der Verwahrer hat die Stücke regelmäßig gesondert von seinen eigenen Beständen und von den Wertpapieren Dritter aufzubewahren (Sonderverwahrung, § 2 DepotG); es muss also ein eigenes Depotkonto geführt werden. Üblicherweise geschieht dies durch Einlegen der Wertpapiere in ein Streifband unter Angabe des Inhalts und des Inhabers (Streifbanddepot). Die Eigentumsverhältnisse an den hinterlegten Effekten werden durch diesen Vorgang nicht berührt. Der Verwahrer ist jedoch berechtigt, die Wertpapiere einem anderen Verwahrer zur Verwahrung anzuvertrauen (Drittverwahrung, § 3 DepotG); er haftet dann als sog. Zwischenverwahrer für das → Verschulden des Drittverwahrers wie für eigenes Verschulden. Falls der Hinterleger dem Verwahrer eine ausdrückliche schriftliche Ermächtigung erteilt hat, die nicht in den → Allgemeinen Geschäftsbedingungen der Bank enthalten sein darf, kann der Verwahrer vertretbare Wertpapiere ein und derselben Art auch ungetrennt von eigenen Beständen derselben Art aufbewahren (Sammelverwahrung, Girosammelverwahrung, § 5 DepotG); hierbei entsteht → Miteigentum nach Bruchteilen zwischen Verwahrer und Hinterleger im Verhältnis der Stückzahl und für den Hinterleger nur ein Anspruch auf Herausgabe einer entsprechenden Anzahl von Wertpapieren aus dem Sammelbestand. Durch eine in der gleichen ausdrücklichen Form abgegebene Erklärung kann auch vereinbart werden, dass der Verwahrer ihm anvertraute Wertpapiere aus dem Depot entnehmen darf und statt dessen andere Wertpapiere derselben Art zurückzugeben hat (Tauschverwahrung, § 10 DepotG). Wird dagegen vereinbart, dass die Wertpapiere sofort in das Eigentum des Verwahrers übergehen sollen und dieser nur verpflichtet ist, Wertpapiere derselben Art zurückzugeben, so muss diese Erklärung zwar gleichfalls ausdrücklich und schriftlich abgegeben werden; im Übrigen finden jedoch die Vorschriften des DepotG

keine Anwendung; es liegt vielmehr eine sog. uneigentliche Verwahrung (Stückekonto) vor, auf die die Bestimmungen über das Darlehen angewendet werden (§ 700 BGB). In den Fällen der Sonder-, Sammel-, und Tauschverwahrung hat der Verwahrer über die rechtlichen Verhältnisse des Depotgeschäfts sowie über die tatsächlichen Umstände – Verwahrungsart und -ort usw. – ein Verwahrungsbuch zu führen (§ 14 DepotG). Im Insolvenzverfahren über das Vermögen des Verwahrers sind die Forderungen der Hinterleger unter bestimmten Voraussetzungen vorrangig vor den Forderungen aller anderen Insolvenzgläubiger aus einer Sondermasse (Wertpapiere derselben Art) zu begleichen (§§ 32 ff. DepotG), soweit die Hinterleger nicht als Eigentümer → Aussonderung begehren können. Das Depotgeschäft ist ein → Bankgeschäft iS des § 1 I Nr. 5 KWG und unterliegt als solches einer besonderen bankaufsichtsrechtlichen Depotprüfung (§ 29 II 2 KWG).

2. Soweit der Verwahrer neben dem reinen Depotgeschäft noch andere Handlungen vorzunehmen hat (zB Verwaltung der Wertpapiere, Einziehung von Zinsen und Dividenden), liegt daneben ein → Geschäftsbesorgungsvertrag vor. Das DepotG gilt ferner nicht bei der verschlossenen Übergabe von Wertgegenständen (sog. verschlossenes Depot); hier liegt reine → Verwahrung vor (s. dort über Schließfach). S. ferner → Einkaufskommission.

3. Zur Einführung elektronischer Wertpapiere, die ohne eine körperliche Deponierung auskommen, siehe → Wertpapier.

Depotgesetz
→ Depotgeschäft, → Einkaufskommission.

Depotkonto
→ Depotgeschäft.

Depotprüfung
→ Depotgeschäft.

Depotschein
Der über ein → Depotgeschäft ausgestellte Depotschein, mit dem von der Bank die Verwahrung von Wertpapieren bestätigt wird, ist ein → Legitimationspapier.

Depotstimmrecht
→ Bankenstimmrecht.

Depotunterschlagung
(§ 34 DepotG) ist ein Sonderfall der → Unterschlagung bzw. der → Untreue (§§ 246, 266 StGB). Depotunterschlagung liegt vor, wenn ein → Kaufmann über ihm in → Verwahrung, → Kommission oder zum → Pfand gegebene → Wertpapiere zum eigenen oder fremden Vorteil rechtswidrig verfügt oder ein Sammeldepot verringert oder darüber rechtswidrig verfügt. Ist der Verletzte ein → Angehöriger, ist die Tat → Antragsdelikt (§ 36 DepotG).

Depotwechsel
Ein Depotwechsel ist ein → Kautionswechsel, der von einer Bank als Gläubigerin bis zum Verfalltag ins Depot genommen wird.

Deputat
Deputat ist ein → Naturallohn, der insbes. Arbeitnehmern der Land- und Forstwirtschaft und auch Bergleuten gewährt wird. Das Deputat ist Teil des → Arbeitslohns und gehört in der → Sozialversicherung zum beitragspflichtigen → Arbeitsentgelt (§§ 14, 16 SGB IV). Für die Bewertung → Sachbezüge. Außerdem bezeichnet man als Deputat auch den Umfang bestimmter Verpflichtungen (zB Lehrdeputat der → Hochschullehrer).

Deputation
1. Deputation ist ein aus der Mitte von Kollegialorganen gebildetes kollegiales Kommissionsorgan. Im alten deutschen Reich setzte der Reichstag zur Erledigung bestimmter Aufgaben sog. Reichsdeputationen ein (→ Reichsdeputationshauptschluss).

2. Zu den Deputation in den Stadtstaaten s. → Bremen (2) und Hamburg (2).

Deregulierung
Oberbegriff für alle Maßnahmen mit dem Ziel, die Regulierung privater Tätigkeit durch staatliche Rechtsnormen sowie die Regulierung der Tätigkeit der öffentlichen Verwaltung durch Rechtsnormen und Verwaltungsvorschriften zu reduzieren. Die Kompetenz der Entscheidungsträger zu flexibler Reaktion soll dadurch erweitert und deren Verantwortungsbereitschaft erhöht werden; dazu gehört auch, Entscheidungszuständigkeiten einer höheren Ebene nach Möglichkeit auf eine untere Ebene zu delegieren (→ Subsidiarität; → Dekonzentration; → Dezentralisation). Zur Deregulierung gehören auch → Privatisierung und → Rechtsbereinigung. Durch die Deregulierung sollen Verwaltungsabläufe beschleunigt, vereinfacht und wirtschaftlicher gestaltet sowie private und unternehmerische Eigeninitiative gefördert werden.

Dereliktion
→ Eigentumsaufgabe.

Derivate
1. Derivate sind nach der Legaldefinition in § 2 XXXV WpHG (→ Wertpapierhandelsgesetz) derivative Geschäfte nach § 2 III WpHG sowie Wertpapiere nach § 2 I Nr. 3 Buchst. b) WpHG. Diese rechtstechnische Definition ist der Umsetzung von → MiFID 2 geschuldet und verstellt den Blick auf die Tatsache, dass die eigentliche Defiinition von Derivaten in § 2 III WpHG zu finden ist, dort jedoch von derivativen Geschäften gesprochen wird.

2. Derivate (oder derivative Geschäfte) sind nach § 2 III WpHG als Fest- oder als Optionsgeschäfte ausgestaltete Termingeschäfte (Futures und Optionen), die zeitlich verzögert zu erfüllen sind und deren Preis sich unmittelbar oder mittelbar vom Preis oder Maß eines Ba-

siswerts ableitet. Basiswerte können sein → Wertpapiere (iSd § 2 I WpHG), Geldmarktinstrumente (§ 2 II WpHG), Devisen, Rechnungseinheiten, Zinssätze, Indices und Derivate selbst. Beispiele sind Devisenoptionsgeschäfte, Währungsswaps, DAX-Optionen.

3. Derivate in → Investmentvermögen nach dem → Kapitalanlagegesetzbuch unterliegen der DerivateV v. 16.7.2013 (BGBl. 2013 I 2463 mÄnd); sa → Energiederivat, → Finanzinstrumente.

Derivative Geschäfte
sind die wichtigste Gruppe von → Derivaten.

Derivativer Erwerb
→ Rechtserwerb.

Derogation
Von Derogation spricht man, wenn ein Rechtssatz durch einen späteren ranggleichen oder ranghöheren Rechtssatz aufgehoben oder ersetzt wird, und zwar derart, dass er nicht vollständig beseitigt (→ Abrogation), sondern seine Geltung nur teilweise beendet wird. Die Derogation kann durch ausdrückliche Aufhebung oder durch inhaltlichen Widerspruch geschehen. Der spätere Rechtssatz geht dem früheren (ranggleichen) Rechtssatz vor (lex posterior derogat legi priori). Ein späterer allgemeiner Rechtssatz setzt frühere spezielle Rechtsvorschriften grundsätzlich nicht außer Kraft (lex specialis derogat legi generali). Auch → Gewohnheitsrecht kann positives Recht derogieren. Der derogierte Rechtssatz wird nicht nur suspendiert; bei Aufhebung des derogierenden Rechtssatzes lebt er grundsätzlich nicht wieder auf.

Desertion
(desertieren) → Fahnenflucht.

Design
1. Mit dem zum 1.1.2014 in Kraft getretenen Gesetz über den rechtlichen Schutz von Design (DesignG) idF der Bekanntmachung v. 24.2.2014 (BGBl. 2014 I 122 mÄnd) ist der bisherige Begriff des Geschmacksmusters (jedenfalls auf nationaler Ebene) durch den des Designs ersetzt worden, ohne dass damit allerdings inhaltliche Änderungen verbunden wären.

2. Was als Design iSd Gesetzes anzusehen ist, definiert § 1 Nr. 1 DesignG. Danach ist ein Design die zwei- oder dreidimensionale Erscheinungsform eines ganzen Erzeugnisses oder eines Teils davon, die sich insbesondere aus den Merkmalen der Linien, Konturen, Farben, der Gestalt, Oberflächenstruktur oder der Werkstoffe der Erzeugnisse selbst oder seiner Verzierung ergibt. Auch wann ein Erzeugnis vorliegt, definiert das Gesetz, nämlich ein industrieller oder handwerklicher Gegenstand (allerdings nicht ein Computerprogramm), einschließlich Verpackung, Ausstattung sowie grafischer Symbole und typografischer Schriftszeichen (§ 1 Nr. 2 DesignG). Diese Definition sagt allerdings noch nichts darüber aus, ob ein solches Design auch geschützt ist. Vielmehr besteht Schutz gem. § 2 DesignG nur dann, wenn das in dem vom → Deutschen Patent- und Markenamt (DPMA) geführten Register (vgl. § 19 DesignG) eingetragene Design neu ist und Eigenart hat, wobei Schutzgegenstand das ganze, auch aus Einzelteilen zusammengebaute komplexe Erzeugnis (zB Auto, Lampe, Vase) oder ein Teil hiervon (Karosserie, Verzierung) sein kann.

Neu ist ein Design gem. § 2 Abs. 2 DesignG, wenn vor dem Anmeldetag (also bereits vor der Eintragung) kein identisches Design offenbart – also (s. § 5 DesignG) bekannt gemacht, ausgestellt, im Verkehr verwendet oder auf sonstige Weise der Öffentlichkeit zugänglich gemacht – worden ist (wobei Identität auch dann anzunehmen ist, wenn sich das zu beurteilende Design und das bereits offenbarte nur in unwesentlichen Einzelheiten unterscheiden).

Ob ein Design zudem die erforderliche Eigenart hat, richtet sich nach dem Gesamteindruck, der sich von dem Gesamteindruck unterscheiden muss, den ein anderes (älteres) Design hervorruft, wobei es wiederum auf den Anmeldetag des zu beurteilenden Designs ankommt (§ 2 Abs. 3 DesignG). Diese Eigenart ergibt sich insbes. aus Linien, Konturen, Farben, Gestaltung, Werkstoffen, Ausstattung und Symbolen. Erscheinungsmerkmale von Erzeugnissen, die ausschließlich durch deren technische Funktion bedingt sind, sind vom Designschutz ausgeschlossen (§ 3 Abs. 1 Nr. 1 DesignG); hierin liegt der wesentliche Unterschied insbesondere zum → Gebrauchsmuster.

Wichtig ist, dass die Frage, ob ein Design über die erforderliche Eigenart verfügt, aus Sicht des „→ informierten Benutzers" zu beurteilen ist.

3. Das Recht auf das eingetragene Design steht dem Entwerfer oder seinem Rechtsnachfolger, bei Erstellung durch einen → Arbeitnehmer im Rahmen der Dienstpflicht mangels abweichender Vereinbarung dem → Arbeitgeber zu (§ 7 DesignG). Der Designschutz entsteht mit der Eintragung des Designs (§ 27 I DesignG). Die Schutzdauer beträgt – bei Gebührenzahlung alle fünf Jahre (§ 28 DesignG) – maximal 25 Jahre ab dem Anmeldetag (§ 27 Abs. 2 DesignG). Der Schutz, der gem. § 37 Abs. 1 DesignG für diejenigen Merkmale begründet werden, die in der Anmeldung sichtbar (!) wiedergegeben sind (weshalb besondere Sorgfalt auf die Anmeldung gelegt werden sollte) besteht darin, dass der Rechtsinhaber das ausschließliche Recht hat, das eingetragene Design zu benutzen (insbes. Erzeugnisse mit dem Design herzustellen, anzubieten und in den Verkehr zu bringen), und Dritten verbieten kann, dieses sowie jedes andere Design ohne seine Zustimmung zu benutzen, dass keinen anderen Gesamteindruck als das eingetragene Design erweckt, wobei es wiederum auf die Sichtweise des „→ informierten Benut-

zers" ankommt (§ 38 Abs. 1, Abs. 2 DesignG). Gesetzlich erlaubt sind jedoch u.a. Handlungen im privaten Bereich zu nicht gewerblichen Zwecken oder die Wiedergabe zum Zwecke der Zitierung oder der Lehre (§ 40 DesignG). Das Recht an einem eingetragenen Design ist vererblich und kann (ganz oder teilweise) auf andere übertragen werden (§ 29 DesignG); der Rechtsinhaber kann auch eine (ausschließliche oder einfache) Lizenz (→ Lizenzvertrag) erteilen (§ 31 DesignG).

4. Die Verletzung des Designrechts begründet unabhängig vom → Verschulden Ansprüche auf Beseitigung und (bei Erstbegehungs- oder Wiederholungsgefahr) Unterlassung (§ 42 Abs. 1 DesignG, → Unterlassungsanspruch) sowie auf Vernichtung der rechtsverletzenden Gegenstände (§ 43 Abs. 1 S. 1 DesignG); bei schuldloser Verletzung allerdings kann es der Verhältnismäßigkeitsgrundsatz gebieten, dem Verletzer die Abwendung dieser Ansprüche durch eine angemessene Entschädigung in Geld zu gestatten (§ 45 DesignG). Außerdem bestehen Ansprüche auf Herausgabe des Werts des Erlangten (→ ungerechtfertigte Bereicherung; entspricht der marktüblichen → Lizenzgebühr) und Auskunft über die Herkunft und den Vertriebsweg der rechtsverletzenden Gegenstände (§ 46 DesignG), bei → Verschulden auch auf → Schadensersatz (§ 42 Abs. 2 DesignG). → Verjährung tritt grds. binnen drei Jahren ab Kenntnis ein (§ 49 DesignG iVm § 195 BGB). Vor der Einleitung eines gerichtlichen Verfahrens kann der Inhaber des eingetragenen Designs den Verletzer durch eine Schutzrechtsverwarnung → abmahnen und ihm Gelegenheit geben, den Streit durch Abgabe einer mit einer angemessenen → Vertragsstrafe bewehrten Unterlassungsverpflichtung (strafbewehrte Unterlassungserklärung) beizulegen. Die Ansprüche können in → Designstreitsachen durchgesetzt werden. Vorsätzliche Designverletzungen sind strafbar, wobei die Gewerbsmäßigkeit den Strafrahmen erhöht (§ 51 DesignG); vgl. auch → Produktpiraterie.

5. Auf Unionsebene besteht ebenfalls Designschutz, wobei insoweit bislang vom Gemeinschaftsgeschmacksmuster gesprochen wird. Dieser besteht auf der Grundlage der VO (EG) 6/2002, der Gemeinschaftsgeschmacksmusterverordnung (GGV) und besteht nicht nur auf nationaler Ebene, sondern – wie bei der Unionsmarke (s. → Marken) – einheitlich unionsweit. Gegenüber dem nach dem deutschen DesignG gewährten nationalen Designschutz besteht zudem die Besonderheit, dass auf europäischer Ebene ein Geschmackmuster auch durch ein nicht eingetragenes Gemeinschaftsgeschmacksmuster geschützt wird, wenn es in der in der GGV vorgesehenen Weise zugänglich gemacht wird. Der Schutz für ein nicht eingetragenes Gemeinschaftsgeschacksmuster ist allerdings nicht so weitreichend wie derjenige des eingetragenen Gemeinschaftsgeschmacksmusters, sondern besteht nur für drei Jahre, beginnend mit dem Tag, an dem es der Öffentlichkeit innerhalb der Gemeinschaft erstmals zugänglich gemacht wurde (Art. 11 GGV), und gewährt gem. Art. 19 Abs. 2 GGV Verbotsrechte nur, wenn die angefochtene Benutzung das Ergebnis einer Nachahmung des geschützten Musters ist (was insbes. dann nicht der Fall ist, wenn der vermeintliche Verletzer das geschützte nicht eingetragene Muster gar nicht kannte).

Mit Wirkung vom 1.5.2025 wird die GGV durch die VO (EU) 2024/2822 vom 23.10.2024 geändert, und zwar sowohl in inhaltlicher als auch in mehr oder weniger formaler Hinsicht. So werden mit Wirkung vom 1.5.2025 in der GGV bislang verwendete Begriffe an die mit dem Vertrag von Lissabon eingeführten Änderungen an den Gründungsverträgen angepasst werden, mit der Folge, dass der Begriff des Gemeinschaftsgeschmacksmusters erstezt wird durch den des Unionsgeschmacksmusters. Zudem wird im Hinblick auf die fortgeschrittene Entwicklung der Informationstechnologie die Definition der als Geschmacksmuster schutzfähigen Erzeugniss erweitert. Auch wird mit dem ab 1.5.2025 geltenden Art. 20a GGV (an prominenterer Stelle und deutlich detaliierter als bislang in der Übergangsbestimmung des Art. 110 GGV) eine Reparaturklausel aufgenommen, wie sie bereits (allerdings zumindest anders fomuliert) in § 40a DesignG Gegenstand des nationalen Rechts ist.

6. Schließlich sind international registrierte Muster (IR-Muster) nach dem Haager Musterabkommen → Haager Musterabkommen im Inland zu beachten, wenn deren Schutz darauf erstreckt worden ist.

Designberühmung
meint die Verwendung einer Bezeichnung, die geeignet ist, den Eindruck zu erwecken, dass ein Erzeugnis durch ein eingetragenes → Design geschützt sei. Nach § 59 DesignG ist derjenige, der sich eines eingetragenen Designs in dieser Weise berühmt, verpflichtet, jedem, der ein berechtigtes Interesse an der Kenntnis der Rechtslage hat, auf Verlangen Auskunft darüber zu geben, auf welches eingetragene Design sich die Verwendung der Bezeichnung bezieht. Vgl. zum Patentrecht die → Patentberühmung.

Designerdroge
Der Begriff bezeichnet ohne einen natürlichen Ausgangsstoff synthetisch im Labor hergestellte Drogen, insbes. solche, die in jüngerer Vergangenheit einer breiten Öffentlichkeit bekannt geworden sind, wie → Ecstasy (MDMA) oder Speed (Amphetamin); sa → Betäubungsmitteldelikte, → Betäubungsmittelgesetz. Der Bekämpfung weiterer synthetischer Drogen dient das → Neue-psychoaktive-Stoffe-Gesetz (NpSG).

Designstreitsachen
Designstreitsachen sind nach der Legaldefinition in § 52 Abs. 1 DesignG Zivilprozesse, in denen ein Anspruch aus einem der im DesignG geregelten Rechtsverhältnisse geltend gemacht wird. Für Designstreitsachen sind erstinstanzlich die → Landgerichte ausschließlich zuständig; die Landesregierungen können für die Bezirke mehrerer Landgerichte eines von ihnen als Gericht für Designstreitsachen bestimmen (§ 52 DesignG).

Soweit es sich um Klagen handelt, für die die Gemeinschaftsgeschmacksmustergerichte nach Art. 80 Abs. 1 GGV zuständig sind, handelt es sich der Definition des § 63 Abs. 1 DesignG nach um Gemeinschaftsgeschmacksmustersachen, für welche ebenfalls die Landgerichte erstinstanzlich ausschließlich zuständig sind. Auch hier haben die Landesregierungen die Möglichkeit der Konzentration (§ 63 Abs. 2, Abs. 3 DesignG).

Deskriptive Merkmale
sind beschreibende Tatbestandsvoraussetzungen einer Rechtsnorm im Gegensatz zu normativen Merkmalen, die einer Wertung bedürfen. Die Feststellung der deskriptiven (kognitiven) Gesetzesmerkmale ist ohne weiteres durch sinnliche Wahrnehmung möglich (zB das Merkmal der „beweglichen Sache" bei der Eigentumsübertragung, § 929 BGB, oder beim Diebstahl, § 242 StGB). Eine Wertung erfordern dagegen Merkmale wie zB der „Verstoß gegen die guten Sitten", in „verwerflicher" Weise oder Begriffe, die eine rechtliche Wertung voraussetzen, wie „fremd" (bei einer Sache) oder „Dienstvorgesetzter" u. dgl. Entsprechend unterscheiden sich die Voraussetzungen, unter denen bzgl. solcher Merkmale ein Vorsatz des Täters angenmmen werden kann. Bei normativen Tatbestandsmerkmalen muss der Täter dazu jedoch keine exakte juristische Subsumtion vorgenommen haben (sonst könnten Straftatbestände mit normativen Merkmalen bestenfalls durch Juristen begangen werden). Es genügt vielmehr, wenn der Täter im Sinne einer sog. Parallelwertung in der Laiensphäre die Bedeutung eines Begriffs in ihren wesentlichen Elementen erfasst hat. Nur wenn ihm dies nicht gelungen ist, kommt ein Tatbestandsirrtum (→ Irrtum) in Betracht.

Destinatär
ist der Bezugsberechtigte bei einer → Stiftung des Privatrechts. Da diese – anders als der → Verein – nicht körperschaftlich organisiert ist, stehen dem Destinatär Mitgliedschaftsrechte an der Stiftung nicht zu.

Deszendenten
sind die → Abkömmlinge eines Menschen, im Gegensatz zu den Vorfahren, den → Aszendenten.

Detachierte (auswärtige) Kammern/Senate
sind für einen oder mehrere Unterbezirke des Gerichtsbezirks des Land(Oberlandes)gerichts gebildete Spruchkörper, die ihren Sitz nicht am eigentlichen Gerichtssitz haben; vgl. für Strafkammer § 78 GVG, für Kammer für Handelssachen § 93 GVG, für OLG-Senate § 116 II GVG.

Detektei
→ Auskunftei.

Detergenzien
1. Detergenzien, auch Wasch- u. Reinigungsmittel, sind Stoffe oder Gemische, die Seife und/oder Tenside enthalten und für Wasch- und Reinigungsprozesse bestimmt sind, Art. 2 VO (EG) 648/2004 v. 31.3.2004 (ABl. EU 2004 L 104, 1). Die Vorschrift regelt die Herstellung durch in der → Europäischen Union niedergelassene Hersteller sowie Kennzeichnung, Inverkehrbringen und Bereitstellung auf dem Markt. Detergenzien mit an der Luft (aerob) vollständig biologisch abbaubaren Tensiden können unbeschränkt in Verkehr gebracht werden.

2. Im deutschen Recht fallen Detergenzien als → Bedarfsgegenstände unter das → Lebensmittel- und Futtermittelrecht. Das Gesetz über die Umweltverträglichkeit von Wasch- und Reinigungsmitteln idF v. 17.7.2013 (BGBl. 2013 I 2538) mÄnd findet über die EU-VO hinaus auch auf solche Produkte Anwendung, die nach dem Gebrauch erfahrungsgemäß in Gewässer gelangen können (§ 2 IG über die Umweltverträglichkeit von Wasch- und Reinigungsmitteln). Es regelt Höchstmengen an Phosphorverbindungen, Kennzeichnung, Nennung von Wasserhärtebereichen, Überwachung, Ordnungswidrigkeiten (Höchstsatz 50 000 EUR) ua m. Das Inverkehrbringen von Detergenzien, die keine aerobe biologische Mindestabbaurate gem. § 4 aufweisen, ist verboten. Sa → Reinhaltung der Gewässer, → Tierversuche (1.).

Deutsche Angestellten-Gewerkschaft
Die Deutsche Angestellten-Gewerkschaft (DAG) war eine unabhängig vom → Deutschen Gewerkschaftsbund bestehende Gewerkschaft für → Angestellte aller Zweige der Industrie und Verwaltung. Sie ist 2001 in der DGB-Gewerkschaft ver.di aufgegangen.

Deutsche Bahn AG
Die Deutsche Bahn AG oder DB AG wurde nach der erforderlichen Änderung des GG (Art. 87e GG, Art. 143a GG) unter Zusammenfassung der → Bundesbahn und der → Deutschen Reichsbahn aus dem → Bundeseisenbahnvermögen ausgegliedert und als privatrechtlich organisiertes Unternehmen des Bundes Anfang 1994 als → Aktiengesellschaft gegründet (Deutsche Bahn GründungsG (DBGrG) = Art. 2 des G v. 27.12.1993 über die Neuordnung des Eisenbahnwesens, BGBl. 1993 I 2386 mÄnd). Sie steht im alleinigen Eigentum des Bundes. Die Deutsche Bahn AG ist Muttergesellschaft des DB-Konzerns, dessen Struktur den üblichen Veränderungen von Konzernen dieser Größenordnung unterliegt. Beamtetes

Personal wird gemäß § 12 DBGrG gewissermaßen vom Bundeseisenbahnvermögen ausgeliehen. Sa → Eisenbahnrecht.

Deutsche Bundesakte
→ Wiener Kongress.

Deutsche Bundesbank
→ Bundesbank.

Deutsche Bundespost
Seit dem PostverwaltungsG v. 24.7.1953 (BGBl. 1953 I 676) bis zur → Postreform war die Deutsche Bundespost ein Sondervermögen des Bundes mit eigener Haushalts- und Rechnungsführung. Nach Art. 87 I GG aF wurde sie in bundeseigener Verwaltung mit einem Verwaltungsunterbau geführt. Die unternehmerische und hoheitliche Leitung über die drei Säulen Postdienst, Postbankdienst und Fernmeldedienst oblag einem eigenen Bundesministerium. Im Zuge der Postreform wurde die Deutsche Bundespost aufgelöst. Sa → Bundesanstalt für Post und Telekommunikation Deutsche Bundespost, → Postrecht.

Deutsche Bundesstiftung Umwelt
ist eine gemäß der Ermächtigung des Gesetzes v. 18.7.1990 (BGBl. 1990 I 1448) mÄnd gegründete Stiftung des privaten Rechts mit Sitz in Osnabrück mit der Aufgabe, vorwiegend subsidiär zu staatlichen Programmen Vorhaben zum Schutz der Umwelt zu fördern. Die Stiftung soll jährlich einen Umweltpreis vergeben.

Deutsche Demokratische Republik (DDR)
Die Deutsche Demokratische Republik (DDR) wurde 1949 nach Gründung der BRep. Deutschland auf dem Gebiet der sowjet. Besatzungszone errichtet. Auf Grund eines vom Deutschen Volksrat aufgestellten Entwurfs billigte der Volkskongress am 30.5.1949 eine Verfassung, die von der Sowjetischen Militäradministration genehmigt wurde. Am 7.10.1949 konstituierte sich ein neu gewählter Volksrat als Provisorische Volkskammer; diese setzte die Verfassung durch Gesetz in Kraft (GBl. 1949, 5). Durch Gesetz v. 23.7.1952 wurden die 5 Länder (Thüringen, Sachsen, Sachsen-Anhalt, Brandenburg, Mecklenburg) de facto aufgelöst und durch 14 Bezirke ersetzt. Durch Gesetz v. 8.12.1958 wurde die Länderkammer abgeschafft, durch Gesetz v. 12.9.1960 der „Präsident der Republik" durch den kollegialen „Staatsrat" abgelöst. Die Verf. der DDR v. 6.4.1968 (GBl. 1968 I 199) behandelte in Abschn. I die Grundlagen der sozialistischen Gesellschafts- und Staatsordnung; sie proklamierte die DDR als sozialistischen Staat Deutscher Nation, in dem die politische Macht von den Werktätigen unter Führung der Arbeiterklasse durch demokratisch gewählte Volksvertretungen ausgeübt wurde. Abschn. II regelte Grundrechte und Grundpflichten, die Verhältnisse der Betriebe, Städte und Gemeinden, Gewerkschaften und Produktionsgenossenschaften. Abschn. III enthielt die Vorschriften über die → Volkskammer, den → Staatsrat, den → Ministerrat und die örtl. Volksvertretungen. Abschn. IV behandelte sozialistische Gesetzlichkeit und Rechtspflege. Die Rechtspflege oblag dem Obersten Gericht, Bezirks- und Kreisgerichten, „gesellschaftlichen Gerichten" sowie Militärgerichten und -obergerichten. Das Oberste Gericht sicherte die einheitliche Rechtsanwendung und konnte für alle Gerichte verbindliche Richtlinien und Beschlüsse erlassen (§ 17 GVG v. 17.4.1963, GBl. 1963 I 45). Wahl und Rechtsstellung der Richter regelten Art. 94–96d. Verf. und §§ 46 ff. GVG. Organisation und Befugnisse der Staatsanwaltschaft waren in Art. 97, 98d. Verf. und im Gesetz v. 7.4.1977 (GBl. 1977 I 93) behandelt. Alle StAe unterstanden den Weisungen des GeneralStA der DDR, wurden von ihm ernannt und abberufen und waren an seine Weisungen gebunden. Durch ÄndG v. 7.10.1974 (GBl. 1974 I 425) wurde die Verfassung in wichtigen Punkten revidiert: Alle Bestimmungen, in denen die Vorstellung von der Einheit der Deutschen Nation zum Ausdruck kamen, wurden beseitigt (zB „sozialistischer Staat Deutscher Nation" durch „sozialistischer Staat der Arbeiter und Bauern" ersetzt) und der Wiedervereinigungsauftrag des Art. 8 II gestrichen; ferner wurde die Tendenz zu sozialistischer Wirtschaftsordnung verstärkt (vgl. Art. 14) und die Gewichtung in der Kompetenzverteilung der zentralen Staatsorgane verschoben. Zum früheren Verhältnis BRep.-DDR → Bundesrepublik Deutschland, → Grundvertrag, → Zweistaatentheorie, → Berlin. Mit dem Beitritt (→ Wiedervereinigung, → Einigungsvertrag, → Abschließende Regelung in Bezug auf Deutschland) am 3.10.1990 ist die DDR untergegangen. Sa → DDR-Straftaten, → DDR-Unrechtsbereinigung, → DDR-Urteile.

Deutsche Gesellschaft zur Rettung Schiffbrüchiger
Kurz Deutsche Gesellschaft zur Rettung Schiffbrüchiger, ist ein privatrechtlicher uneigennütziger Verein mit Sitz in Bremen. Er ist aufgrund eines Vertrages mit dem Bund seit 1979 für den maritimen → Such- und Rettungsdienst zuständig.

Deutsche Gesetzliche Unfallversicherung
Die Deutsche Gesetzliche Unfallversicherung e. V. (DGUV) mit Sitz in Berlin ist als Spitzenverband an die Stelle des früheren Hauptverbandes der gewerblichen → Berufsgenossenschaften und des Bundesverbandes der Unfallkassen der öffentlichen Hand getreten. Ein weiterer Verwaltungsstandort befindet sich in St. Augstin. Ua unterstützt die DGUV die Unfallversicherungsträger bei der Erfüllung ihrer Präventionsaufgaben (§ 14 SGB VII), wirkt beim Erlass von Unfallverhütungsvorschriften mit (§ 15 SGB VII) und nimmt Aufgaben der Deutschen Verbindungsstelle Unfallversicherung – Ausland wahr (→ Sozialversicherungsträger). Weitere Schwerpunkte der Tätigkeit

sind Arbeitsschutz und Arbeitsmedizin, für die eigene Institute bei der Deutschen Gesetzlichen Unfallversicherung eingerichtet worden sind.

Deutsche Post

Das Sondervermögen Deutsche Post (Ost) wurde mit Wirksamwerden des Beitritts gem. Art. 27 EinigV mit der ehemaligen → Deutschen Bundespost vereinigt; → Reichspost, → Postreform, → Deutsche Post AG.

Deutsche Post AG

Die Deutsche Post AG nimmt nach dem Postneuordnungsgesetz (→ Postreform) als Teilnachfolgerin der → Deutschen Bundespost in privatrechtlicher Form die Aufgaben eines → Kreditinstituts wahr. Da sie keine Pflichtaufgaben und keine Monopolberechtigungen hat, ist sie einem privatrechtlichen Unternehmen weitgehend gleichgestellt. Die früher bestehenden Ausnahmen im Bereich der Kreditaufsicht sind aufgehoben. Größter Aktionär der im Sommer 2004 an die Börse gegangenen Deutsche Post AG ist die → Deutsche Post AG. → Postgesetz, → Postrecht.

Deutsche Postbank AG

Die Deutsche Postbank AG nahm nach dem Postneuordnungsgesetz (→ Postreform) als Teilnachfolgerin der → Deutschen Bundespost in privatrechtlicher Form die Aufgaben eines → Kreditinstitutes wahr. Da sie keine Pflichtaufgaben und keine Monopolberechtigungen hatte, war sie einem privatrechtlichen Unternehmen weitgehend gleichgestellt. Die früher bestehenden Ausnahmen im Bereich der Kreditaufsicht waren aufgehoben. Die Deutsche Postbank AG wurde 2018 auf die Deutsche Bank Privat- und Geschäftskunden AG (Verordnung v. 18.5.2018, BGBl. 2018 I 618, 2020 I 135) und 2020 auf die Deutsche Bank AG verschmolzen (PBNUBestV v. 17.3.2020, BGBl. 2020 I 523, 1208).

Deutsche Reichsbahn

Deutsche Reichsbahn oder auch nur Reichsbahn war zuerst die Bezeichnung der Staatsbahn des Deutschen Reichs bis 1945. Das nach Kriegsende im Gebiet der BRep. belegene Sondervermögen „Deutsche Reichsbahn" wurde nach § 1 des Gesetzes über die vermögensrechtlichen Verhältnisse der Deutschen Bundesbahn v. 2.3.1951 (BGBl. 1951 I 155) mit Wirkung v. 24.5.1949 als Sondervermögen „Deutsche Bundesbahn" Sondervermögen des Bundes (→ Bundesbahn). Deutsche Reichsbahn war auch die Bezeichnung der Staatsbahn der DDR. Sie ist als Sondervermögen „Deutsche Reichsbahn" (Ost) gemäß Art. 26 EinigV mit Vermögen und Verbindlichkeiten auf die BRep. übergegangen. Zur Rechtslage nach Durchführung der Bahnreform vgl. → Bundeseisenbahnvermögen.

Deutsche Rentenversicherung Bund

1. In der Deutschen Rentenversicherung Bund (D. R. B.) sind die in der → gesetzlichen Rentenversicherung Versicherten Mitglied, die nicht der → Deutschen Rentenversicherung Knappschaft-Bahn-See (K-B-S) oder einem → Regionalträger der DRV angehören. Die aus der → Bundesversicherungsanstalt für Angestellte (BfA) und dem Verband Deutscher Rentenversicherungsträger (VDR) hervorgegangene Deutsche Rentenversicherung Bund (vgl. Gesetz zur Organisationsreform der gesetzlichen Rentenversicherung – RVOrgG – v. 9.12.2004, BGBl. 2004 I 3242) hat über die Aufgaben als Versicherungsträger für die bei ihr Versicherten hinaus auch die Grundsatz- und Querschnittsaufgaben und die gemeinsamen Angelegenheiten der Träger der Rentenversicherung wahrzunehmen (§ 125 II SGB VI, § 138 SGB VI).

2. Die Deutsche Rentenversicherung Bund ist eine Selbstverwaltungskörperschaft des öffentlichen Rechts mit Sitz in Berlin sowie Außenstellen in Gera und Stralsund. Ihre Organe sind der Bundesvorstand und die Bundesvertreterversammlung. Bundesvorstand und Bundesvertreterversammlung entscheiden an Stelle der bei den übrigen Rentenversicherungsträgern vorhandenen Organe (Vorstand und Vertreterversammlung). Den Organen gehören paritätisch Vertreter der Versicherten und der Arbeitgeber sowie Repräsentanten der → Deutsche Rentenversicherung Knappschaft-Bahn-See und der → Regionalträger an (§ 31 SGB IV). Die Aufgaben des Vorstands bzw. der Vertreterversammlung werden bei der Deutschen Rentenversicherung Bund anders als bei anderen → Sozialversicherungsträgern teilweise von Ausschüssen des Vorstands bzw. der Vertreterversammlung übernommen (§ 31 I, III b SGB IV); die Führung der laufenden Verwaltungsgeschäfte obliegt einem dreiköpfigen Direktorium, das insoweit an die Stelle des bei den übrigen Sozialversicherungsträgern zuständigen Geschäftsführers tritt (vgl. § 36 I, III a SGB IV). Bei Trägern der DRV mit mehr als eineinhalb Millionen Versicherten kann die Satzung bestimmen, dass die Vertreterversammlung auf Vorschlag des Vorstandes ein dreiköpfiges Geschäftsführergremium und aus diesem Gremium einen Vorsitzenden wählt. Die Organmitglieder arbeiten ehrenamtlich, erhalten aber eine Entschädigung (§ 41 SGB IV). Die Deutsche Rentenversicherung Bund hat, wie alle übrigen Rentenversicherungsträger auch → Versichertenälteste. Ausweislich der Satzung der Deutschen Rentenversicherung Bund werden auf Arbeitgeberseite für die Widerspruchsausschüsse mehrere Personen als → Vertrauensperson gewählt (§ 39 SGB IV).

3. Die Aufsicht über die Deutsche Rentenversicherung Bund führt das → Bundesamt für Soziale Sicherung (§ 94 SGB IV).

Deutsche Rentenversicherung Knappschaft-Bahn-See
Die aus der → Bundesknappschaft, der → Bahnversicherungsanstalt und der → See-Kasse hervorgegangene Deutsche Rentenversicherung Knappschaft-Bahn-See (vgl. Gesetz zur Organisationsreform der gesetzlichen Rentenversicherung – RVOrgG – v. 9.12.2004, BGBl. 2004 I 3242) ist Träger der → Allgemeinen Rentenversicherung bzw. der → Gesetzlichen Rentenversicherung. Mitglied sind diejenigen Versicherten, die nicht bei der → Deutschen Rentenversicherung Bund oder einem → Regionalträger der DRV Mitglied sind.

Die Deutsche Rentenversicherung Knappschaft-Bahn-See ist insbesondere zuständig, wenn die Versicherten beim Bundeseisenbahnvermögen, bei der Deutsche Bahn AG, bei den Bahn-Versicherungsträgern, in der Seefahrt (Seeschifffahrt und Seefischerei) oder bei der Deutschen Rentenversicherung Knappschaft-Bahn-See beschäftigt sind (§ 129 SGB VI).

Die Deutsche Rentenversicherung Knappschaft-Bahn-See ist eine Selbstverwaltungskörperschaft des öffentlichen Rechts mit Sitz in Bochum. Ihre Organe sind der Vorstand und die Vertreterversammlung; ihnen gehören paritätisch Vertreter der Versicherten und der Arbeitgeber an; die Führung der laufenden Verwaltungsgeschäfte obliegt einem Direktorium, das insoweit an die Stelle des bei den übrigen Sozialversicherungsträgern zuständigen Geschäftsführers tritt (vgl. §§ 31 ff. SGB IV).

Die Aufsicht über die Deutsche Rentenversicherung Bund führt das → Bundesamt für Soziale Sicherung (§ 94 SGB IV).

Deutsche Telekom AG
Die Deutsche Telekom AG ist ein im Zuge der → Postreform gegründetes Wirtschaftsunternehmen, das die Geschäftsaufgaben des früheren Postteilunternehmens Telekom/Fernmeldedienst weiterführt. Die Deutsche Telekom AG hat umfangreiche Aufgaben in Telekommunikation, Informationstechnologie und Multimedia. Der Bund ist noch größter Aktionär der Deutschen Telekom AG. Sa → Telekommunikationsrecht.

Deutsche Welle
Hörfunk, Fernsehen und Telemedien für das Ausland in deutscher Sprache wie auch in Fremdsprachen bietet die Deutsche Welle an, eine gemeinnützige öffentlich-rechtliche Anstalt des Bundesrechts mit Sitz in Bonn und Berlin (§§ 1–3 Gesetz über die Rundfunkanstalt des Bundesrechts „Deutsche Welle“ idF v. 11.1.2005, BGBl. 2005 I 90 mÄnd). Das Gesetz regelt im Einzelnen die Gestaltung der Sendungen, §§ 4–7 Deutsche-Welle-Gesetz, Werbung und Werbungsbeschränkungen, § 10 Deutsche-Welle-Gesetz, das Sponsern von Sendungen, § 11 Deutsche-Welle-Gesetz, Gegendarstellung, § 18 Deutsche-Welle-Gesetz. Organe der Deutschen Welle sind der Rundfunkrat, der Verwaltungsrat und der Intendant, § 24 Deutsche-Welle-Gesetz; die erstgenannten sind „Gremien“. Zusammensetzung und Aufgaben des Rundfunkrates ergeben sich aus §§ 31–35 Deutsche-Welle-Gesetz, die des Verwaltungsrates aus §§ 36–39 Deutsche-Welle-Gesetz. Anders als die → Rundfunkanstalten des Landesrechts (s. a. → Rundfunk, → Rundfunkrecht) wird die Deutsche Welle nicht aus Beiträgen, sondern überwiegend aus Haushaltsmitteln finanziert. Sie ist Mitglied der → ARD.

Deutschenspiegel
→ Schwabenspiegel.

Deutscher
(Art. 116 GG) → Staatsangehörigkeit.

Deutscher Bund
(1815–1866). Der auf dem → Wiener Kongress gegründete Deutsche Bund, dem 35 Fürsten und 4 freie Reichsstädte beitraten, war völkerrechtlich ein → Staatenbund, dem nach außen und innen wenig Macht zukam. Leitendes Organ war der unter österreichischem Vorsitz stehende Deutsche Bundestag in Frankfurt a. M., der sich aus Gesandten der – völlig selbständigen – Mitgliedstaaten zusammensetzte. Die Bestrebungen der Nationalversammlung in der Frankfurter Paulskirche (1848), durch die von ihr beschlossene Reichsverfassung einen → Bundesstaat mit einem erblichen Kaiser, einem Reichstag und einem Staatenhaus (als Vertretung der Länder) zu schaffen, schlugen fehl, nachdem der König von Preußen die Kaiserkrone abgelehnt hatte und die Versammlung, die nach dem Ausscheiden der preuß. und österr. und anderer Mitglieder mit dem Rest als Rumpfparlament nach Stuttgart übergesiedelt war, aufgelöst worden war. Auseinandersetzungen zwischen den Großdeutschen und den Kleindeutschen, die über die Einbeziehung Österreichs in ein Deutsches Reich stritten, und der Krieg zwischen Preußen und Österreich 1866 führten schließlich im Prager Frieden (23.8.1866) zum Austritt Österreichs aus dem Deutschen Bund und zur Gründung des → Norddeutschen Bundes, der ihn ablöste.

Deutscher Corporate Governance Kodex
→ Corporate Governance Kodex.

Deutscher Ethikrat
Der Deutsche Ethikrat wird auf der Grundlage des Ethikratgesetzes v. 16.7.2007 (BGBl. 2007 I 1385) gebildet. Er befasst sich mit den wesentlichen geistes- und naturwissenschaftlichen Fragen der deutschen Gesellschaft und ihren Auswirkungen auf Individuum und Gesellschaft, fördert deren Diskussion in der Öffentlichkeit, erarbeitet Stellungnahmen für Legislative und Exekutive ua m. Er hat die Funktion des Nationalen Ethikrates übernommen und setzt sich aus 26 Personen zusammen, die für maximal 8 Jahre berufen werden können.

Deutscher Gemeindetag
→ Deutscher Städte- und Gemeindebund.

Deutscher Gewerkschaftsbund
Der Deutsche Gewerkschaftsbund (DGB) ist der wesentliche Spitzenverband der deutschen Gewerkschaften (→ Gewerkschaft, arbeitsrechtliche). Sein Sitz ist Berlin. Organe sind Bundeskongress, Bundesvorstand, Bundesausschuss und Revisionskommission. Der DGB ist regional gegliedert in Bezirke (oft über mehrere Bundesländer), innerhalb derer Kreis- und Stadtverbände gebildet sind. Der Rechtsform nach ist der DGB ein nichtrechtsfähiger Verein (→ Verein, 2). Die DGB Rechtsschutz GmbH ist eine Tochtergesellschaft mit bundesweit über 100 Standorten, die für Gewerkschaftsmitglieder Rechtsschutz vor den Arbeits- und Sozialgerichten gewährt.

Deutscher Industrie- und Handelskammertag
Deutscher Industrie- und Handelskammertag (DIHK) mit Sitz in Berlin ist eine privatrechtliche Vereinigung (eingetragener → Verein) und Dachorganisation der 79 → Industrie- und Handelskammern, deren gemeinsame Interessen er wahrnimmt.

Deutscher Juristentag
Privatrechtlicher Verein, der sich Fragen der Fortentwicklung des Rechts annimmt und den Meinungsaustausch unter Juristen aller Berufsgruppen fördert, insbes. im Rahmen des alle zwei Jahre stattfindenden Juristentages (Leitungsgremium: „Ständige Deputation").

Deutscher Landkreistag
ist ein Verband der → Landkreise der BRep. Er gehört zu den → kommunalen Spitzenverbänden. In den Ländern bestehen Landesverbände.

Deutscher Städte- und Gemeindebund
ist ein Zusammenschluss des früheren Dt. Städtebundes und des Dt. Gemeindetags. Er gehört zu den → kommunalen Spitzenverbänden und umfasst kreisangehörige Städte, die (mittelbare) Mitglieder des → Deutschen Städtetages sind, und kreisangehörige Gemeinden.

Deutscher Städtetag
ist ein Zusammenschluss der kreisfreien Städte des Bundesgebiets, dem in einigen Ländern auch kreisangehörige Städte und Gemeinden (→ Deutscher Städte- und Gemeindebund) beigetreten sind. Der Deutsche Städtetag, einer der → kommunalen Spitzenverbände, hat Mitgliederverbände in allen Ländern.

Deutscher Volkszugehöriger
→ Staatsangehörigkeit.

Deutsches Lebensmittelbuch
Das Deutsche Lebensmittelbuch (§ 15 LFGB) ist eine Sammlung von Leitsätzen, in denen Herstellung, Beschaffenheit oder sonstige Merkmale von → Lebensmitteln, die für die Verkehrsfähigkeit von Bedeutung sind, beschrieben werden. Die Leitsätze werden von der Deutschen Lebensmittel-Kommission beschlossen und bei Einvernehmen mit den zuständigen Bundesministerien veröffentlicht.

Deutsches Patent- und Markenamt (DPMA)
Das Deutsche Patent- und Markenamt (DPMA) ist eine dem Bundesministerium der Justiz nachgeordnete Bundesbehörde mit Sitz in München und Dienststellen in Jena und Berlin. Es ist zuständig für die Erteilung von deutschen → Patenten (§ 34 PatG, § 49 PatG) sowie die Eintragung von → Gebrauchsmustern (§ 4 I GebrMG), → Topografien (§ 3 HalblSchG), → Designs (§ 11 DesignG) und → Marken (§ 32 MarkenG); gegen seine Entscheidungen kann das → Bundespatentgericht angerufen werden. Außerdem sind beim DPMA die Schiedsstelle nach dem Gesetz über → Arbeitnehmererfindungen errichtet (§ 29 ArbNErfG) und die Schiedsstelle nach dem Verwertungsgesellschaftengesetz (§ 124 Abs. 1 VGG iVm § 75 Abs. 1 VGG) und die Prüfungskommission für die Patentanwaltsprüfung (§ 9 PAO) gebildet. Dem DPMA obliegt zudem die Aufsicht über urheberrechtliche → Verwertungsgesellschaften (§ 75 I VGG).

Deutsches Reich
1. Das erste Deutsche Reich (911–1806; sa → Heiliges Römisches Reich deutscher Nation) war eine Wahlmonarchie, deren Verfassungsleben vom 13. Jh. ab durch die immer stärker werdenden Territorialgewalten (Landesfürsten), zum Schluss insbes. durch die Rivalität zwischen → Preußen und Österreich gekennzeichnet war. Im Jahre 1806 legte der damalige Kaiser Franz II. die Kaiserkrone nieder.

2. 1815 schlossen sich die deutschen Staaten zum → Deutschen Bund zusammen, der nur den Charakter einer völkerrechtlichen Staatenverbindung, nicht den eines Staates hatte. Dasselbe war bei dem nach dem preußisch-österreichischen Kriege 1866 geschlossenen → Norddeutschen Bund der Fall. Aus ihm entstand durch den Beitritt der süddeutschen Staaten (Österreich blieb ausgeschlossen) im Jahre 1871 das (zweite) Deutsche Reich. Es bestand zuletzt aus 25 Staaten, unter denen Preußen durch Gebietsumfang und Bevölkerungszahl eine führende Stellung einnahm. Dem Reich stand nur auf bestimmten Gebieten das Gesetzgebungsrecht zu (insbes. Auswärtiger Dienst, Reichspost, Reichsmarine). Es hatte als Organ den Bundesrat, bestehend aus Vertretern der Mitglieder des Bundes (Preußen hatte 17 von 58 Stimmen), das Präsidium, das dem König von Preußen als deutschem Kaiser zustand, und den Reichstag, der aus allgemeiner und direkter Wahl hervorging. Die → Reichsverfassung von 1871 wurde durch Inkrafttreten der Verfassung v. 11.8.1919 (Weimarer Reichsverfassung) mit Wirkung vom 14.8.1919 aufgehoben.

3. Nach der Abdankung Kaiser Wilhelms II. 1918 wurde das Deutsche Reich 1919 eine Republik; seine Organe waren der aus allgemeinen, gleichen, unmittelbaren und geheimen Wahlen hervorgegangene Reichstag, dem die Gesetzgebung zustand, der Reichsrat als Vertretung der deutschen Länder, der Reichspräsident und die Reichsregierung. Diese Verfassung wurde niemals ausdrücklich aufgehoben. Wichtige rechtsstaatliche Grundsätze und Grundrechte wurden jedoch nach der Machtübernahme durch den Nationalsozialismus im sog. → Ermächtigungsgesetz vom 24.3.1933 und durch die sog. VO zum Schutz von Volk und Staat v. 28.2.1933 außer Kraft gesetzt.

4. Mit der vollständigen Kapitulation Deutschlands 1945 und der Übernahme der Staatsgewalt durch die → Alliierten Mächte wurde zweifelhaft, ob das Deutsche Reich noch fortbesteht. Lehre und Rspr. bejahen das überwiegend. Daran hat sich auch durch die Konstituierung der BRep. und der ehem. DDR nichts geändert. Zu der Frage, ob die BRep. Deutschland allein das Deutsche Reich fortsetzt oder ob sie und die DDR als Teilordnungen des Deutschen Reiches fortbestanden, s. → Zweistaatentheorie, Hallstein-Doktrin. Die Frage hat sich durch die → Wiedervereinigung (→ Abschließende Regelung in bezug auf Deutschland) faktisch erledigt. Theoretisch ist die Frage nach wie vor ungelöst.

5. Altes Reichsrecht gilt nach Art. 123 I GG fort; das gilt ebenso grundsätzlich für die vom Deutsche Reich abgeschlossenen Staatsverträge (Art. 123 II GG). Soweit das Reichsrecht Gegenstände der ausschließlichen oder konkurrierenden Gesetzgebung des Bundes betrifft, wurde es Bundesrecht, im übrigen Landesrecht. Das Vermögen des Reiches wurde grundsätzlich Bundesvermögen. Art. 135a GG (eingefügt durch Gesetz v. 22.10.1957, BGBl. 1957 I 1745) ermächtigt den Bund, durch Gesetz zu bestimmen, dass Verbindlichkeiten des Reiches, des Staates Preußen oder nicht mehr bestehender früherer Körperschaften und Anstalten des öffentlichen Rechts usw. aus der Zeit vor dem 1.8.1945 nicht oder nicht in voller Höhe zu erfüllen sind; s. hierzu → Allgemeines Kriegsfolgengesetz.

Deutschland
→ Deutscher Bund, → Deutsches Reich, → Bundesrepublik Deutschland.

Deutschlandfonds
→ Wirtschaftsfonds für Deutschland.

Deutschlandlied
→ Hymne der Bundesrepublik, → Nationalhymne.

Deutschlandticket
Nach dem Erfolg des Neun-Euro-Tickets (→ Öffentlicher Personennahverkehr) haben der Bund und die Länder seit Mai 2023 mit dem Deutschlandticket eine Nachfolgeregelung geschaffen. Nach § 9 Regionalisierungsgesetz (RegG) berechtigt es für 58 € im Monat (vor 2025: 49 €) zur bundesweiten Nutzung des öffentlichen Personennahverkehrs, ist auch digital erhältlich und kann monatlich gekündigt werden. Man kann damit, solange man nur Transportmittel des ÖPNV und nicht des Fernverkehrs benutzt, ganz Deutschland bereisen, daher der Name. In Zügen gilt es nur für die zweite Klasse. Die Länder können den Preis des Deutschlandtickets weiter ermäßigen, etwa für sozial Bedürftige, Arbeitnehmer oder Studenten (Sozial-, Job- oder Studententicket). Das Deutschlandticket soll eine Entlastung von den erhöhten Benzinpreisen anbieten, den ÖPNV attraktiver machen und somit auch den Klimaschutz fördern.

Die Einführung des Deutschlandtickets obliegt den Ländern, in deren Aufgabenbereich der ÖPNV fällt. Der Bund gleicht den Ländern die entstehenden finanziellen Nachteile, das sind vor allem geringere Einnahmen aus Fahrscheinverkäufen, bis Ende 2025 aus, und zwar pauschal mit jährlich 1,5 Mrd. € und darüber hinaus gegen Nachweis. Die Länder müssen dieses Geld für die Einführung des Deutschlandtickets verwenden, insbesondere die finanziellen Nachteile der beteiligten Verkehrsbetriebe ausgleichen, und darüber jährlich berichten.

Deutschlandvertrag
Deutschlandvertrag wurde der Vertrag über die Beziehungen zwischen der BRep. Deutschland und den Drei Mächten v. 26.5.1952 genannt (auch „Generalvertrag“ oder „Bonner Konvention“), der idF des am 23.10.1954 in Paris unterzeichneten Protokolls über die Beendigung des Besatzungsregimes in der BRep. (BGBl. 1955 II 215; vgl. auch Gesetz v. 24.3.1955, BGBl. 1955 II 213) am 5.5.1955 in Kraft getreten war und bis zur → Wiedervereinigung die völkerrechtliche Stellung der BRep. bestimmt hatte. Mit dem Inkrafttreten des Vertrages wurden das Besatzungsstatut und die Alliierte Hohe Kommission sowie die Dienststellen der Landeskommissare aufgehoben. Die BRep. Deutschland erlangte grundsätzlich die volle Verfügungsgewalt eines souveränen Staates über ihre inneren und äußeren Angelegenheiten. Bezüglich → Berlins und Deutschlands als Ganzes einschl. der → Wiedervereinigung und einer friedensvertraglichen Regelung behielten die Drei Mächte ihre Rechte und Verantwortlichkeiten. Ferner behielten sie sich ihre Rechte in Bezug auf die Stationierung ihrer Streitkräfte in der BRep. vor, solange die zuständigen deutschen Behörden entsprechende Vollmachten durch die deutsche Gesetzgebung noch nicht erhalten hatten und dadurch nicht imstande waren, wirksame Maßnahmen zum Schutz der Sicherheit dieser Streitkräfte zu treffen und ernstlichen Störungen der öffentlichen Sicherheit und Ordnung zu begegnen. Diese Vorbehaltsrechte sind anlässlich der Verabschiedung der → Notstandsverfassung und

des Gesetzes zur Beschränkung des → Brief-, Post- und Fernmeldegeheimnisses v. 13.8.1968 (BGBl. 1968 I 949) erloschen; vgl. Bek. der Drei-Mächte-Erklärung v. 27.5.1968 zur Ablösung der alliierten Vorbehaltsrechte v. 18.6.1968 (BGBl. 1968 I 714). Alle Beteiligten erkannten im Deutschlandvertrag als gemeinsames Ziel die → Wiedervereinigung Deutschlands an; die BRep. Deutschland verpflichtete sich, ihre Politik in Einklang mit den Zielen der → Vereinten Nationen und des → Europarates zu gestalten. Der Deutschlandvertrag ist durch die Wiedervereinigung und die → Abschließende Regelung in bezug auf Deutschland überholt.

Devastationsklage
→ Hypothek (4).

Devisen
im engeren Sinne sind Guthaben in fremder Währung bei → Kreditinstituten im Heimatland der Währung. Im weiteren Sinne zählt man alle gesetzlichen Zahlungsmittel ausländischer Währungen dazu. Zu Devisen gehören auch Ansprüche, die wertpapiermäßig verbrieft sind (Wechsel,→ Schuldverschreibungen). Bei → Devisenbewirtschaftung werden idR auch Gold, Silber, Platin und Legierungen dieser Metalle einbezogen. Im Unterschied dazu sind unter Sorten Münzen (→ Münzwesen) und → Banknoten einer Fremdwährung zu verstehen.

Devisenbewirtschaftung
bezeichnet die vollständige oder teilweise Kontrolle des Zahlungsverkehrs eines Staates mit dem Ausland. Mittel der Devisenbewirtschaftung sind ua Ausfuhrverbote für ausländische und eigene Zahlungsmittel. Die Einführung einer Devisenbewirtschaftung war früher im Außenwirtschaftsgesetz (→ Außenwirtschaftsrecht) vorgesehen. Materiell besteht nach Einführung des → Euro keine nationalstaatliche Zuständigkeit für solche Regelungen mehr. Nach Art. 63 AEUV (→ AEUV) sind der Kapital- und Zahlungsverkehr sowohl im Verhältnis zu anderen Mitgliedstaaten als auch zu Drittländern grundsätzlich frei. Sa → Devisen, → Kapitalausfuhr, -einfuhr, → Zahlungsverkehr.

Devisenbörsen
sind selbständige → Börsen oder Teile von → Wertpapierbörsen, an denen → Devisen gehandelt werden. In Deutschland gibt es Devisenbörsen in Berlin, Düsseldorf, Frankfurt, Hamburg und München.

Devisenkurs
→ Wechselkurs.

Devolutionsrecht
→ Eintrittsrecht.

Devolutiveffekt
Der Devolutiveffekt ist die einem → Rechtsmittel eigene Wirkung, dass ein Rechtsstreit oder sonstiges gesetzlich geordnetes Verfahren in der höheren Instanz anhängig wird.

Dezember-Soforthilfe
oder Dezember-Abschlag: → Gaspreis.

Dezentralisation
ist kein Rechtsbegriff. IdR wird darunter die Auslagerung von Verwaltungsbehörden aus der Hauptstadt des Bundes, eines Landes oder eines anderen Verwaltungsbezirkes in andere Orte des Bundes, dieses Landes oder dieses Verwaltungsbezirkes verstanden. Teilweise wird der Begriff auch synonym mit → Dekonzentration verwendet. Dezentralisation ist Teil der → Deregulierung. Sa → Zentralismus, → Konzentration in der Verwaltung.

DGA
→ Data Governance Act .

DGzRS
→ Deutsche Gesellschaft zur Rettung Schiffbrüchiger.

d'Hondt'sches System
(Höchstzahlverfahren) ist ein Berechnungsmodus zur Verteilung der Sitze eines → Parlaments (oder sonstiger Gremien) nach der Zahl der für die Liste der einzelnen Parteien oder Wählergruppen abgegebenen Stimmen im Rahmen einer → Verhältniswahl. Die für die einzelnen Listen abgegebenen Stimmenzahlen werden nacheinander durch 1, 2, 3 usw geteilt. Von den dadurch gewonnenen Zahlen werden die höchsten ausgesondert, und zwar so viele, wie Sitze zu vergeben sind. Für jede ausgesonderte Höchstzahl erhält die betreffende Partei einen Sitz. Das d'Hondt'sche System ist inzwischen weitgehend abgelöst durch das „Verfahren der mathematischen Proportion" nach Hare-Niemeyer (→ Hare-Niemeyer-Verfahren), das seit 1985 für die Sitzverteilung im Deutschen → Bundestag gilt (vgl. § 6 BWG) und die leichte Begünstigung der großen Parteien durch das d'Hondt'sche System vermeiden soll.

Diätassistentin, Diätassistent
Wer diesen Beruf ausübt, bedarf der Erlaubnis nach dem Diätassistentengesetz (DiätAssG) v. 8.3.1994 (BGBl. 1994 I 446) mÄnd. Voraussetzung für die Erteilung der Erlaubnis ist der erfolgreiche Abschluss der vorgeschriebenen Ausbildung (Realschule oder erweiteter Hauptschulabschluss, 3-jährige Schulausbildung, gesundheitliche Eignung, für die Ausübung der Tätigkeit ausreichende Kenntnisse der deutschen Sprache, Abschlussprüfung), ferner persönliche → Zuverlässigkeit. Durch das Fachkräfteeinwanderungsgesetz v. 15.8.2019 (BGBl. 2019 I 1309) können die Bundesländer vereinbaren, dass Abweichungen von § 81a Aufenthaltsgesetz möglich sind (§ 8 IV DiätAssG).

Diäten
1. Diät nennt man die finanzielle Entschädigung der → Abgeordneten der → Parlamente (von frz. „diète" = tagende Versammlung); richtig heißt es Abgeordnetenentschädigung. Nach Art. 48 III GG haben die Abgeordneten Anspruch auf eine angemessene, ihre Unab-

hängigkeit sichernde Entschädigung. Im sog. „Diätenurteil" des BVerfG Urt. v. 5.11.1975 – 2 BvR 193/74 (BVerfGE 40, 296) wurden wichtige Grundsätze über die Abgeordnetenentschädigung aufgestellt; danach ist sie nicht mehr bloß Aufwandsentschädigung, sondern Entgelt für das zur Hauptbeschäftigung gewordenes Mandat.

2. Ein Mitglied des BT erhält gem. § 11 I 1 AbgeordnetenG (AbgG) idF v. 21.2.1996 (BGBl. 1996 I 326) mÄnd eine monatliche Abgeordnetenentschädigung, die sich an den Monatsbezügen eines Richters bei einem obersten Gerichtshof des Bundes der Besoldungsgruppe R 6 oder eines → kommunalen Wahlbeamten der Besoldungsgruppe B 6 orientiert (→ Dienstbezüge, 6). § 11 I 2 nennt hierfür den Betrag von 10083,45 EUR. Dies ist indes ein historischer Wert. Seit der Änderung des AbgG durch G v. 11.4.2014 (BGBl. 2014 I 906) erfolgt die Anpassung der Diäten nicht mehr durch Gesetz. Vielmehr erfolgt nach § 11 IV AbgG idF seitdem eine dynamische automatische Anpassung an die Entwicklung des vom Statistischen Bundesamt ermittelten Nominallohnindex jeweils zum 1.7. eines Jahres, erstmals zum 1.7.2016. Dieses Anpassungsverfahren bedarf nach § 11 V AbgG für jede Wahlperiode der Bestätigung des neu gewählten Bundestages. Durch Gesetz v. 27.5.2020 (BGBl. 2020 I 1161) wurde im Hinblick auf die → COVID-19-Pandemie (→ COVID-19) die für 1.7.2020 fällige Erhöhung der Diäten ausgesetzt. Zum 1.7.2021 sanken die monatlichen Diäten nach dem System der Anpassung an die Nettolohnentwicklung auf 10012,89 EUR, da pandemiebedingt die Nettolöhne gesunken sind. Zum 1.7.2022 folgte eine Anhebung auf 10323,29 EUR, zum 1.7.2023 auf 10591,70 €. Seit 1.7.2024 beträgt die Abgeordnetenentschädigung 11.227,20 €.

3. Zusätzlich zu der Abgeordnetenentschädigung erhält ein Mitglied des BT zur Abgeltung seiner durch das Mandat veranlassten Aufwendungen gem. § 12 AbgG eine Amtsausstattung als Aufwandsentschädigung, die Geld- und Sachleistungen umfasst im Einzelnen:

– als Geldleistung eine monatliche Kostenpauschale in Höhe von 5051,54 EUR (Stand 1.1.2024), durch die die Kosten für Wahlkreisbüro, Mehraufwendungen am Sitz des BT und auf Inlandsreisen (Tagegeldersatz) und Repräsentation als abgegolten gelten; die Höhe wird durch Haushaltsgesetz und Ältestenrat jeweils zum 1.1. eines Jahres an die Entwicklung der Lebenshaltungskosten angepasst; die Kostenpauschale wird für jeden Sitzungstag, an dem das Mitglied des BT nicht anwesend ist, um 100 EUR, für jeden Plenarsitzungstag um 200 EUR, bei Krankheit jeweils nur um 20 EUR gekürzt (§ 14 AbgG);
– als Geldleistung Erstattung der Aufwendungen für die Beschäftigung von Mitarbeitern in tatsächlich entstandener Höhe gegen Nachweis bis zur Gesamthöhe von maximal 25874 EUR im Monat (Stand 1.3.2024); die Erstattung erfolgt nicht für Mitarbeiter, die mit dem Mitglied der BT verwandt, verschwägert oder verheiratet sind oder in Lebenspartnerschaft stehen;
– als Sachleistung Einrichtung eines Büros am Sitz des BT, Zur-Verfügung-Stellung eines Dienstfahrzeuges des BT und Nutzung des Informations- und Kommunikationssystems des BT einschließlich Telefon und Internetzugang; die Kosten für die Büroausstattung sind auf 12.000 EUR im Jahr begrenzt.
– als Sachleistung Freifahrt auf allen Strecken der Deutschen Bahn AG sowie im Übrigen-Kostenerstattung bei allen Dienstreisen (auch ins Ausland) in der höchsten Beförderungsklasse (§ 16 AbgG, § 17 AbgG); bei Flügen von weniger als vier Stunden Flugdauer werden nur Tickets der Economy-Class erstattet. Im Inland werden die Übernachtungskosten erstattet, während die Tagegelder durch die monatliche Kostenpauschale als abgegolten gelten; im Ausland werden als Geldleistung Übernachtungskosten erstattet und Tagegelder bezahlt (§ 17 AbgG).

4. Ehemalige Mitglieder des BT erhalten unter näher bestimmten Voraussetzungen (§§ 18 ff. AbgG) Übergangsgeld, Altersentschädigung, Versorgungsabfindung, Überbrückungsgeld und Hinterbliebenenversorgung. Die Altersentschädigung beträgt für jedes Jahr der Mitgliedschaft im BT 2,5 vH der og Abgeordnetenentschädigung; der Höchstbetrag liegt bei 65 vH und wird nach 26 Jahren erreicht (§ 20 AbgG).

5. Für die Abgeordneten der Landesparlamente sind entsprechende Landesgesetze ergangen (zB Bayer. Abgeordnetengesetz idF v. 6.3.1996, GVBl. 1996, 82, mÄnd; Sächs. AbgeordnetenG idF v. 4.7.2000, GVBl. 2000, 99, mÄnd). Die Abgeordnetenentschädigungen in den Landtagen liegen niedriger als im BT, so in Bayern bei monatlich 9786 EUR (Stand 1.7.2024) zuzüglich 3984 EUR steuerfreier Kostenpauschale. In Sachsen betragen die monatlichen Diäten 6954,09 EUR zuzüglich – abhängig von der Entfernung des Wohnsitzes vom Sitz des Landtages – 3940,65 EUR bis 5152,41 EUR steuerfreier Kostenpauschale (Stand jeweils 1.4.2024). Die Anpassungen in den Ländern folgen im Übrigen ganz ähnlichen Prinzipien wie die Anpassungen im Bund (s. o.).

6. Die Abgeordnetenentschädigung ist steuerpflichtig (§ 22 Nr. 4 EStG), die Kostenpauschale steuerfrei (§ 3 Nr. 12 EStG). Wahlkampfkosten und sämtliche durch das Mandat veranlasste Aufwendungen sind vom Abzug als → Werbungskosten ausgeschlossen. Das Abzugsverbot verstößt nicht gegen das GG (BFH BStBl. II 1988, 436). Partei- und Fraktionsausgaben können → Sonderausgaben

sein. Wahlkampfzuschüsse unterliegen nicht der Steuer.

Diätetische Lebensmittel
Diätetische Lebensmittel sind Lebensmittel, die für eine bestimmte Ernährung besonderer Verbrauchergruppen bestimmt und geeignet sind und sich von den Lebensmitteln des allgemeinen Verzehrs unterscheiden. Sie unterlagen bis 2023 der außer Kraft getretenen Diätenverordnung (DiätV) idF v. 28.4.2005 (BGBl. 2005 I 1161). Zur jetzigen Rechtslage → Lebensmittel für bestimmte Verbrauchergruppen.

Diakon
Niederste Weihestufe in der → kath. Kirche (→ Sakramente). Während das Diakonat früher zeitweise nur eine Zwischenstufe vor der Weihe zum → Priester war, ist nunmehr auch wieder als ständiges Diakonat vorgesehen. Bei den ständigen Diakonen ist zwischen den zölibatären Diakonen und den verheirateten „diaconi uxorati" zu unterscheiden; das Weihealter liegt für die unverheirateten bei 25 Jahren, für verheiratete bei 35 Jahren. Nach der Weihe zum Diakon darf keine (weitere) Ehe eingegangen werden. Die Diakone haben Predigtvollmacht und sind zur Spende der Taufe und zur → Eheassistenz befugt. In der → evang. Kirche ist der Diakon ohne vorgeschriebene akadem. Ausbildung Helfer des Pfarrers in einzelnen Funktionen.

Diamanten
→ Kimberley-Prozess.

Diamorphin
ist synthetisches Heroin. Seine Verschreibung zur Substitutionsbehandlung ist bei Schwerstdrogenabhängigen, die mit herkömmlichen Methoden nicht therapierbar sind, zulässig. Sa → Betäubungsmittelgesetz, → Methadon.

Dichotomie
nennt man im Strafrecht die Zweiteilung der → Straftaten in → Verbrechen und → Vergehen (§ 12 StGB).

Diebstahl
Straftatbestand nach § 242 StGB, der das Eigentum an Sachen schützt. Einen Diebstahl begeht danach, wer einem anderen eine fremde bewegliche Sache in der Absicht wegnimmt, sie sich oder einem Dritten rechtswidrig zuzueignen.

1. a) Objektiver Tatbestand: Gegenstand des Diebstahl können nur fremde bewegliche Sachen sein, nicht dem Täter gehörende oder → herrenlose Sachen, zB weggeworfene Gegenstände (s. aber → Containern), wilde Tiere oder Fische in Freiheit (die Erlegung jagdbarer Tiere ist → Wilderei). Maßgeblich hierfür ist die zivilrechtliche Eigentumszuordnung; die Fremdheit ist → normatives Tatbestandsmerkmal.

Der Täter muss diesen Gegenstand wegnehmen, dh den an diesem Gegenstand bestehenden Gewahrsam eines anderen brechen. Ist die Sache gewahrsamslos oder hat der Täter selbst bereits Gewahrsam an ihr, so kommt → Unterschlagung in Betracht. Der Gewahrsam ist ein tatsächliches Herrschaftsverhältnis, das von einem natürlichen Herrschaftswillen getragen wird. Gewahrsam ist nicht identisch mit dem → Besitz iS des BGB, der eine tatsächliche Herrschaft nicht voraussetzt (zB beim mittelbaren Besitz). Die Annahme eines Gewahrsams hängt va von den faktischen Zugriffsmöglichkeiten ab. Entscheidende Bedeutung kommt zudem der sozialen Zuordnung eines Gegenstands zu: So hebt eine vorübergehende Behinderung des Zugriffs den Gewahrsam nicht zwingend auf. Er besteht noch für den verreisten Inhaber einer abgeschlossenen Wohnung, den Eigentümer eines geparkten Kraftfahrzeugs, den Hofbesitzer für frei umherlaufende Haustiere. Mitgewahrsam (zB bei mehreren Bewohnern eines Zimmers) bzw. untergeordneter Gewahrsam (zB des Hausangestellten an Sachen des Hausherrn) genügt.

Der Diebstahl ist vollendet, wenn der Täter die Sache aus fremdem Gewahrsam weggenommen und eigenen Gewahrsam begründet hat. Dazu genügt im Regelfall schon das Ergreifen des Gegenstands (Apprehensionstheorie). Befindet sich dieser jedoch in einer fremden Gewahrsamssphäre, so muss der Täter ihn daraus entfernen oder aber zumindest in eine eigene Gewahrsamsenklave überführen, zB durch Verstecken in den Räumen des Bestohlenen durch die Hausangestellte, oder im Selbstbedienungsladen durch Einstecken in eine mitgebrachte Tasche. Eigener Gewahrsam wird regelmäßig auch dann begründet, wenn der Täter beobachtet wird (str.).

Die Wegnahme muss rechtswidrig sein, was bei Einverständnis des Gewahrsamsinhabers entfällt (dieses liegt nicht vor, wenn ein verdächtigter Postbeamter einen Fangbrief wegnimmt).

b) Subjektiver Tatbestand: Der Vorsatz des Täters muss entsprechend der Voraussetzungen des objektiven Tatbestands die Verletzung fremden Gewahrsams und Eigentums sowie die Begründung eigenen Gewahrsams erfassen. Zusätzlich erfordert er die Absicht rechtswidriger Zueignung (Diebstahl ist ein sog. Delikt mit überschießender Innentendenz). Diese setzt voraus, dass es dem Täter auf Begründung seiner eigentümergleichen Stellung ankommt; bedingter Vorsatz genügt insoweit nicht, wohl aber hinsichtl. der Rechtswidrigkeit der Zueignung.

Die angestrebte Zueignung muss bestehen in der Begründung des Eigen- oder Fremdbesitzes unter Ausschluss des Berechtigten mit dem Willen, dass der Täter selbst oder ein Dritter wie ein Eigentümer über die Sache verfügen kann; dazu genügt Zueignen der Sache selbst oder ihres wirtschaftlichen Wertes (vereinigte Substanz- und Sachwerttheorie), so beim Diebstahl von Fahrkarten, Biermarken, Sparkassenbüchern. Das spätere Ausnutzen des

Wertes ist dann „mitbestrafte Nachtat“ (s. Konkurrenz von Straftaten). Zuwendung des Gestohlenen an einen Dritten, zB Verschenken, schließt Diebstahl nicht aus.

Die Rechtswidrigkeit der Zueignung fehlt insbes., wenn der Täter einen fälligen, einredefreien Anspruch auf die konkrete Sache hat (anders bei → Gattungssachen, zB Geld).

c) Der Diebstahl wird mit Freiheitsstrafe bis zu 5 Jahren oder Geldstrafe bestraft. Der Versuch ist strafbar. Die → Vollendung der Tat tritt mit der Wegnahme ein, die → Beendigung erst mit der Beutesicherung. Bis letztere gelingt, kann gegen die Tat → Notwehr geübt werden. Setzt der Täter in der Beendigungsphase Nötigungsmittel ein, um sich im Besitz der Beute zu halten, kommt Strafbarkeit wegen → räuberischen Diebstahls in Betracht.

2. Besonders schwere Fälle (→ Regelbeispiele) des Diebstahls sind in § 243 StGB mit Freiheitsstrafe von 3 Monaten bis zu 10 Jahren bedroht. Ein solcher Fall liegt idR vor bei: a) Einbruch-, Einsteig- oder Nachschlüssel-Diebstahl (der Täter dringt in ein Gebäude – bei Wohnung s. 3. – oder einen anderen umschlossenen Raum ein oder benutzt einen falschen Schlüssel oder ein anderes nicht zur ordnungsmäßigen Öffnung bestimmtes Werkzeug oder hält sich in dem Raum verborgen); b) Diebstahl einer durch ein verschlossenes Behältnis oder eine andere Schutzvorrichtung besonders gesicherten Sache; c) → Gewerbsmäßigem Diebstahl d) Kirchen-Diebstahl; e) Diebstahl wissenschaftlich, künstlerisch oder für die technische Entwicklung besonders wertvoller Gegenstände aus einer öffentlichen Ausstellung oder Sammlung; f) Diebstahl unter Ausnutzung der Hilflosigkeit eines anderen, eines Unglücksfalles oder einer gemeinen Gefahr (Brand, Überschwemmung usw.); g) Diebstahl bestimmter gefährlicher Waffen (Maschinengewehr und -pistole usw.).

3. → Qualifikationstatbestände des Diebstahl sind in §§ 244 und 244a StGB mit Freiheitsstrafe von 6 Monaten bis zu 10 Jahren bedroht, in minder schweren Fällen von 3 bzw. 6 Monaten bis zu 5 Jahren. Sie liegen vor, wenn a) der Täter oder Teilnehmer eine (objektiv gefährliche und zur Verursachung von Verletzungen geeignete) Waffe (worunter auch eine geladene Gas- oder Schreckschusswaffe fällt) oder ein anderes gefährliches Werkzeug oder ein Werkzeug oder Mittel zum Überwinden oder Verhindern von Widerstand, wozu auch Scheinwaffen (wie Spielzeugpistolen und Schusswaffenattrappen, nicht dagegen nach dem äußeren Erscheinungsbild offenkundig objektiv ungefährliche Gegenstände wie Metallrohr, Wasserpistole) gehören, bei sich führt (Diebstahl mit Waffen), b) der Täter als Mitglied einer → Bande unter Mitwirkung eines anderen Mitglieds handelt (Banden-Diebstahl), oder c) der Täter zur Ausführung des Diebstahls in eine Wohnung einbricht, einsteigt, mit einem falschen Schlüssel oder sonstigem Werkzeug eindringt oder sich in der Wohnung verborgen hält (Wohnungseinbruch-Diebstahl). Schwerer Banden-Diebstahl ist ein Banden-Diebstahl unter den Voraussetzungen von a), c) oder 2. Er ist → Verbrechen. Ein weiterer Verbrechenstatbestand wurde 2017 mit § 244 IV StGB für den Wohnungseinbruch-Diebstahl geschaffen in Fällen, in denen die Tat eine dauerhaft genutzte Privatwohnung betrifft.

4. Diebstahl gegen → Angehörige, den Vormund, den Betreuer oder mit dem Täter in Hausgemeinschaft lebende Personen ist Antragsdelikt (§ 247 StGB, sog. Familiendiebstahl), ebenso grundsätzlich die Entwendung geringwertiger Gegenstände (§ 248a StGB; hier jedoch Verfolgung bei bes. öffentl. Interesse auch ohne Antrag zulässig). S. ferner → Containern, → Stromentwendung, → unbefugter Gebrauch von Fahrzeugen, → Feld- und Forstschutzrecht, → Ladendiebstahl.

Diebstahlsicherung am Kraftfahrzeug
→ Verlassen eines Fahrzeugs.

Diebstahlsversicherung
→ Schadensversicherung, → Kaskoversicherung.

Dienst nach Vorschrift
→ Berufsbeamtentum.

Dienstalter
1. Der Begriff des Dienstalters ist vor allem im Recht des → öffentlichen Dienstes relevant, wobei der Begriff Dienstalter so im Gesetz nicht mehr verwendet wird. Die praktische Bedeutung des Dienstalters ist mit den Reformen des → Beamtenrechts eher im Schwinden begriffen. → TVöD, → TV-L und → BAT haben den Begriff in dieser Form nie verwendet. Man unterscheidet traditionell
– allgemeines Dienstalter
– Jubiläumsdienstalter
– Rangdienstalter.

Keine Bedeutung hat das Dienstalter als solches mehr im Bereich der Besoldung (s. u. Nr. 5).

2. Das allgemeine Dienstalter bezeichnet die Zeit seit erstmaliger → Ernennung zum → Beamten:

3. Das Jubiläumsdienstalter wird zur Feststellung des Zeitpunkts des 25-jährigen oder 40-jährigen Dienstjubiläums errechnet (vgl. zB BayVO über die Gewährung von Jubiläumszuwendungen an Beamte und Richter v. 1.3.2005, GVBl. 2005, 76, mÄnd). Abweichend vom allgemeinen Dienstalter werden in das Jubiläumsdienstalter auch Ausbildungszeiten eingerechnet.

4. Das Rangdienstalter bestimmt sich nach der Dauer der Tätigkeit innerhalb einer Beförderungsstufe. Seine Bedeutung liegt ua darin, Wartezeiten bis zur nächsten Beförderung (s. → Beförderung von Beamten) zu berechnen. In mit Beamten besetzten Gremien richtet sich die Frage des Vorsitzes häufig danach, welches Mitglied die höchste Beförderungs-

stufe innehat. Haben mehrere Mitglieder die selbe Beförderungsstufe, richtet sich der Vorrang nach dem höheren Rangdienstalter.

5. Im Besoldungsrecht spielt das Dienstalter als solches keine Rolle mehr. Nach § 27 BBesG (sa → Dienstbezüge) sind vielmehr Dienstzeiten und Erfahrungszeiten entscheidend. Mit der ersten Ernennung wird ein Grundgehalt der Stufe 1 festgesetzt, soweit nicht bestimmte Erfahrungszeiten anerkannt werden (§ 27 II 1 BBesG); Erfahrungszeiten können zB Zeiten einer gleichwertigen hauptberuflichen Tätigkeit und Wehrdienstzeiten sein (§ 28 I 1 BBesG). Das Grundgehalt steigt dann nach Erfahrungszeiten von 2 Jahren in der Stufe 1, von jeweils 3 Jahren in den Stufen 2 bis 4 und von jeweils 4 Jahren in den Stufen 5–7 (§ 27 III 1 BBesG).

Dienstaufsicht

Dienstaufsicht ist die Aufsichts- und Weisungsbefugnis der höheren gegenüber der nachgeordneten Behörde und des Vorgesetzten gegenüber den ihm unterstellten Beamten und sonstigen Angehörigen der öffentlichen Verwaltung (sa → Weisungsrecht, Weisungen, Weisungsgebundenheit (im Verwaltungsrecht). Die Dienstaufsicht erstreckt sich sowohl auf die fachliche Seite wie auf die Art und Weise der Erledigung der Dienstgeschäfte. Sie umfasst die Befugnis, das dienstliche Verhalten zu beobachten („Beobachtungsfunktion" der Dienstaufsicht), den Beamten in seiner dienstlichen Tätigkeit durch allgemeine oder für den Einzelfall erteilte Weisungen anzuleiten, die ordnungswidrige oder unsachgemäße Erledigung eines Dienstgeschäfts zu beanstanden, zu seiner anderweitigen Erledigung anzuweisen oder es selbst vorzunehmen („Berichtigungsfunktion" der Dienstaufsicht). Eine gesteigerte Form der Dienstaufsicht ist, dass der Dienstherr den Beamten wegen eines Dienstvergehens, dh eines schuldhaften Verstoßes gegen die Dienstpflichten, disziplinar zur Verantwortung ziehen kann (→ Disziplinarrecht). Die Dienstaufsicht gegenüber → Richtern darf nicht zu einer Beeinträchtigung der richterlichen → Unabhängigkeit führen. Der Dienstaufsicht sind daher die richterliche Entscheidung und alle richterlichen Handlungen entzogen, die die Rechtsfindung vorbereiten, zustandebringen oder ihr nachfolgen. Der Dienstaufsicht unterliegen nur der äußere Geschäftsablauf und die äußere Form der Erledigung der Amtsgeschäfte. Die Dienstaufsicht darf daher keinesfalls dazu benutzt werden, auf die Entscheidung oder den Gang des Verfahrens in einem bestimmten Fall Einfluss zu nehmen. Doch umfasst sie die Befugnis, die ordnungswidrige Art der Ausführung eines Amtsgeschäftes vorzuhalten und zu ordnungsgemäßer, unverzögerter Erledigung zu ermahnen. Behauptet der Richter, eine Maßnahme der Dienstaufsicht beeinträchtige seine Unabhängigkeit, so entscheidet auf seinen Antrag das → Dienstgericht nach Maßgabe des DRiG (§ 26 III DRiG). Beamte können Maßnahmen der Dienstaufsicht, soweit es sich um Verwaltungsakte handelt, mit Widerspruch und Anfechtungsklage angreifen. Soweit es sich um innerdienstliche Maßnahmen handelt, ist der Beamte entgegen der früher vertretenen Auffassung ebenfalls nicht ohne Rechtsschutz; insoweit kommen Feststellungsklage oder allgemeine Leistungsklage in Betracht. Über Rechtsbehelfe gegen Disziplinarmaßnahmen s. → Disziplinarrecht.

Dienstaufsichtsbeschwerde

Dienstaufsichtsbeschwerde ist die an eine übergeordnete Behörde gerichtete Anregung zur Nachprüfung oder zum Einschreiten. Sie ist neben und unabhängig von einem förmlichen → Rechtsbehelf zulässig und von der formellen → Beschwerde und dem Widerspruch im Verwaltungsverfahren (→ Widerspruchsverfahren) zu unterscheiden. Sie kann von jedermann, nicht nur vom Beschwerten, ohne Einhaltung einer Frist erhoben werden. Die Dienstaufsichtsbeschwerde hat keine aufschiebende Wirkung. Neuerdings unterscheidet man die Dienstaufsichtsbeschwerde ieS von der Aufsichtsbeschwerde. Danach bezweckt die Dienstaufsichtsbeschwerde, eine dienstrechtliche Überprüfung, also vor allem des dienstlichen Verhaltens des angegriffenen Beamten, die Aufsichtsbeschwerde dagegen, eine Überprüfung des sachlichen Inhalts einer behördlichen Maßnahme herbeizuführen. Im einen wie im anderen Sinne verpflichtet die Dienstaufsichtsbeschwerde kraft des verfassungsrechtlichen → Petitionsrechts die Aufsichtsbehörde, die Dienstaufsichtsbeschwerde entgegenzunehmen, sich sachlich mit ihr zu befassen und sie zu bescheiden. Der Bescheid muss zu erkennen geben, dass eine sachliche Prüfung stattgefunden hat und ob etwas veranlasst wurde. Eine Begründung ist – auch bei ablehnender Entscheidung – nicht erforderlich. Kosten werden für die Verbescheidung einer Dienstaufsichtsbeschwerde nicht erhoben.

Dienstbarkeiten

→ Grunddienstbarkeit, → beschränkte persönliche Dienstbarkeit. Sa → Nießbrauch; für das Gebiet ehem. DDR s. → Mitbenutzungsrechte.

Dienstbefehl

→ Gewaltverhältnis (öff.-rechtliches), → Gehorsamspflicht, → Vorgesetzter, militärischer.

Dienstbezeichnung

→ Amtsbezeichnung.

Dienstbezüge

1. Dienstbezüge oder Besoldung nennt man die finanziellen Leistungen des Staates und anderer öffentlich-rechtlicher → Dienstherrn an seine aktiven → Beamten und → Richter sowie → Soldaten (– → Soldatengesetz). Zu den Dienstbezügen im → Ruhestand s. → Beamtenversorgung. Geregelt sind die Dienstbe-

züge in den Besondungsgesetzen des → Bundes und der → Länder. Vor der → Föderalismusreform I war das Besoldungsrecht von wenigen Ausnahmen abgesehen bundeseinheitlich geregelt. Seitdem wird die Besoldung für die Beamten der → Länder und → Kommunen von den Ländern geregelt. Für die Beamten und Richter sowie Soldaten des → Bundes behielt der Bund die → Gesetzgebungszuständigkeit. Bis zum In-Kraft-Treten neuer Regelungen galten die bisherigen Vorschriften in der am 31.8.2006 geltenden Fassung in den Ländern fort (§ 86 BBesG aF); s. u. Nr. 2 und Nr. 6.

2. Beamte und Richter des → Bundes haben Anspruch auf die mit ihrem Amt verbundene Besoldung; § 3 BundesbesoldungsG (BBesG) idF v. 19.6.2009 (BGBl. 2009 I 1434) mÄnd. Nach § 1 II BBesG gehören zu den Dienstbezügen das Grundgehalt, Leistungsbezüge für Professoren (→ Professorenbesoldungsreformgesetz), Familienzuschlag, Zulagen, Vergütungen und Auslandsdienstbezüge. Im Übrigen erhalten Besoldungsempfänger vermögenswirksame Leistungen. Die frühere jährliche Sonderzahlung (Weihnachtsgeld) wurde mWv 1.1.2011 in das Grundgehalt integriert. Beamte auf Widerruf im Vorbereitungsdienst erhalten → Anwärterbezüge (früher Unterhaltszuschuss). Das Grundgehalt bemisst sich nach der dem Amt des Beamten entsprechenden Besoldungsgruppe (s. hierzu auch → Laufbahnen) und bei der Besoldungsgruppe A nach der jeweiligen Stufe, die ihrerseits von der geleisteten Dienstzeit abhängt. In der Besoldungsgruppe B (idR für Führungsfunktionen) sind die Grundgehälter dienstzeit- oder lebensaltersunabhängig. Die Grundgehälter für Richter richten sich in den Besoldungsgruppen R 1 und R 2 nach dem Lebensalter; im Übrigen sind die Gehälter der (höheren) Richter unabhängig vom Dienst- oder Lebensalter. Das Grundgehalt und der Familienzuschlag der Stufe 1 für Ehegatten sind stets ruhegehaltsfähig, sonstige Zulagen nur, wenn sie im Besoldungsrecht als ruhegehaltfähig bezeichnet werden (s. → Beamtenversorgung). Mehrarbeit ist grundsätzlich in Freizeit und nur im Ausnahmefällen durch eine Mehrarbeitsvergütung auszugleichen (§ 48 BBesG).

3. Dienstbezüge werden nicht ausgehandelt oder durch Tarifvertrag vereinbart, sondern durch Gesetz festgelegt. Auf laufende Dienst- und Versorgungsbezüge kann weder ganz noch teilweise verzichtet werden. Zusicherungen, Vereinbarungen oder Vergleiche, die den Beamten eine höhere als nach dem Besoldungsrecht zulässige Besoldung oder über das BeamtenG hinausgehende Versorgung verschaffen, sind unwirksam (§ 2 II BBesG, § 3 II BeamtVG). Ansprüche auf Dienst- oder Versorgungsbezüge können grundsätzlich nur insoweit abgetreten oder verpfändet werden, als sie der Pfändung unterliegen (→ Lohnpfändung). Gleiches gilt für eine → Aufrechnung oder ein → Zurückbehaltungsrecht des Dienstherrn gegenüber Ansprüchen auf Dienst- oder Versorgungsbezüge, es sei denn, dass gegen den Empfänger ein Anspruch auf Schadensersatz wegen vorsätzlicher → unerlaubter Handlung besteht (§ 11 II 2 BBesG). Die Rückforderung zu viel gezahlter Bezüge richtet sich nach den Vorschriften des BGB über die Herausgabe einer → ungerechtfertigten Bereicherung (§ 12 BBesG). Über Erschwerniszulagen vgl. die Erschwerniszulagen-VO idF v. 3.12.1998 (BGBl. 1998 I 3497) mÄnd (zB Dienst zu ungünstigen Zeiten, gefährliche Tätigkeiten ua). Für besondere Leistungen können Prämien und Zulagen gewährt werden (§ 42a BBesG iVm BundesleistungsbesoldungsVO (BLBV) v. 23.7.2009, BGBl. 2009 I 2170 mÄnd).

4. Dienstbezüge unterliegen steuerlich als → Einkünfte aus nichtselbständiger Tätigkeit der → Einkommensteuer und dem Abzug der → Lohnsteuer. Beiträge zur → Sozialversicherung werden nicht erhoben. Beamte sind nicht Mitglieder der Arbeitslosenversicherung. Beamte erhalten Pensionen (→ Beamtenversorgung), so dass sie nicht Mitglieder der gesetzlichen Rentenversicherung sind. An die Stelle der gesetzlichen Krankenversicherung tritt die → Beihilfe für Beamte, idR ergänzt durch eine private Krankenversicherung (→ Krankenversicherung, 2). Bei einem Vergleich der Dienstbezüge mit dem Arbeitsentgelt im privaten Bereich müssen daher die (fiktiven) Beiträge zur Arbeitslosenversicherung und zur Rentenversicherung zu den Dienstbezügen hinzugerechnet werden; hinzu kommt, dass die Beiträge zur privaten Krankenversicherung niedriger sein können als die Beiträge zur gesetzlichen Krankenversicherung.

5. a) Bei den Dienstbezügen besteht nur eine geringe Spreizung zwischen den unteren und mittleren Besoldungsgruppen einerseits sowie Führungsfunktionen andererseits. Die im Folgenden angegebenen Beträge für Beamte des Bundes entsprechen dem BBesG idF des Gesetzes v. 22.12.2023 (BGBl. 2023 I Nr. 414) mÄnd. In den Ländern liegt die Besoldung in vergleichbarer Höhe, idR etwas niedriger, aber mit teilweise erheblichen Unterschieden von Land zu Land (vgl. unten Nr. 6).

b) Danach beträgt das monatliche Grundgehalt für Beamte mit dem Stand 1.3.2024 (in den Besoldungsgruppen A jeweils in einer mittleren Dienstaltersstufe; in der Besoldungsgruppe B handelt es sich um Festgehälter ohne Berücksichtigung des Dienstalters) bei einem

- Justizvollstreckungsobersekretär, Polizeimeister oder Feldwebel (Besoldungsgruppe A 7) 3281 EUR,
- Polizeikommissar, Verwaltungsinspektor oder Leutnant (Besoldungsgruppe A 9) 3784 EUR,
- Grundschullehrer, Justizamtsrat, Polizeihauptkommissar oder Hauptmann (Besoldungsgruppe A 12) 5104 EUR,

– Realschullehrer, Studienrat, Grundschulrektor, Regierungsrat oder Major (Besoldungsgruppe A 13) 5767 EUR,
– Oberstudiendirektor, Ministerialrat oder Oberst (Besoldungsgruppe A 16) 7734 EUR,
– Leitender Ministerialrat (Besoldungsgruppe B 3) 9603 EUR,
– Ministerialdirigent oder Brigadegeneral (Besoldungsgruppe B 6) 11373 EUR,
– Regierungspräsident oder Konteradmiral (Besoldungsgruppe B 7) 11947 EUR,
– Ministerialdirektor, Präsident des Bundesnachrichtendienst (Besoldungsgruppe B 9) 13295 EUR,
– Staatssekretär in einem Bundesministerium (Besoldungsgruppe B 11) 16084 EUR.

c) Die Grundgehälter der Richter bewegen sich mit Stand 1.3.2024 zwischen 8751 EUR für einen Richter in der höchsten Stufe der Besoldungsgruppe R 2 (soweit sich dieser im Bundesdienst befinden sollte) und – unabhängig vom Dienstalter – 16084 EUR für den Präsidenten des Bundesgerichtshofs (Besoldungsgruppe R 10). Die Besoldungsstufe R 2 entspricht in den Ländern einem Vorsitzenden Richter am Landgericht. Die Besoldungsstufe R 1 (zB Richter am Amtsgericht) ist im Bund nicht mehr relevant; zur Richterbesoldung in den Ländern siehe unten.

d) Zu den Grundgehältern aller Besoldungsgruppen kommt für Verheiratete ein Familienzuschlag iHv 171,28 EUR (bzw. 85,64 EUR, falls der Ehegatte ebenfalls im öffentlichen Dienst beschäftigt ist). Mit einem Kind erhöht sich der Familienzuschlag auf 317,66 EUR, für das zweite Kind um weitere 146,38 EUR und für das dritte und jedes weitere Kind um 456,06 EUR; die erhöhten Beträge halbieren sich wiederum, wenn auch der Ehegatte im öffentlichen Dienst beschäftigt ist. Eine jährliche Sonderzahlung (Weihnachtsgeld) wird für Bundesbeamte nicht mehr bezahlt; der Betrag wurde in das Grundgehalt integriert. Beamten kommen auch in den Genuß einer → Inflationsausgleichsprämie.

e) Eigene Vorschriften gelten für die Dienstbezüge der Hochschullehrer (§§ 32–35 und 77 BBesG; sa → Professorenbesoldung).

f) Seit 2020 besteht in größerem Umfang auch die Möglichkeit von Personalgewinnungs- und Personalbindungsprämien (→ Personalgewinnungsprämie, § 43 BBesG).

6. Im Hinblick auf die frühere bundeseinheitliche Regelung sind die Dienstbezüge in den Ländern zwar vergleichbar, aber von Land zu Land unterschiedlich und idR niedriger als im Bund. In den Ländern bestehen inzwischen eigenständige Regelungen (vgl. Bayer. Besoldungsgesetz v. 5.8.2010, GVBl. 2010, 410, 764 mÄnd, Landesbesoldungsgesetz NRW v. 14.6.2016, GV.NRW 2016, 310, ber. 642, mÄnd, Sächs. Besoldungsgesetz v. 18.12.2013, SächsGVBl. 970, 1005 mÄnd). Während ein Ministerialdirigent beim Bund ein Grundgehalt von 11373 EUR bezieht, sind es in Bayern (Stand seit 1.12.2022) 10315 EUR und in Nordrhein-Westfalen (Stand 1.12.2022) nur 10275 EUR. Ein Richter am Amtsgericht in Bayern (Stand seit 1.12.2022) erhält in der höchsten Stufe ein Grundgehalt von 7241 EUR, in Nordrhein-Westfalen (Stand seit 1.12.2022) 7231 EUR. Beim Vergleich mit dem Bund und beim Vergleich der Länder untereinander ist zu berücksichtigen, dass der Bund keine jährliche Sonderzahlung leistet (s. o.), während in einem Teil der Länder noch eine jährliche Sonderzahlung (Weihnachtsgeld) bezahlt wird (so derzeit noch in Bayern, Berlin, Bremen, Hessen, Mecklenburg-Vorpommern, Niedersachsen, Sachsen-Anhalt und Schleswig-Holstein). Die Zahlungen der jährlichen Sonderzahlung sind in vielen dieser Länder für die höheren Besoldungsgruppen prozentual niedriger oder von vorneherein auf die unteren Besoldungsgruppen beschränkt. ZB in Bayern beträgt die jährliche Sonderzahlung bis einschließlich Besoldungsgruppe A 11 70% vom Grundgehalt, ab Besoldungsgruppe A 12 65%, in Schleswig-Holstein ist die Zahlung auf Beamte bis einschließlich Besoldungsgruppe A 10 beschränkt. In vielen Ländern sind Besoldungserhöhungen in Angleichung an die Erhöhungen im Bund vom 1.3.2024 für Herbst 2024 geplant, so auch in Bayern und Nordrhein-Westfalen. Auch können Landesbeamte in Abhängigkeit von der jeweiligen Landesgesetzgebung eine → Inflationsausgleichsprämie erhalten. Teilweise sind auch → Personalgewinnungsprämien vorgesehen (zB Art 60b Bayer. Besoldungsgesetz v. 5.8.2010, GVBl. 410, 764 mÄnd, im Bereich des Gesundheitswesens oder allgemein gem. § 72 der Überleitungsfassung für Berlin des Bundesbesoldungsgesetzes idF v. 21.6.2011, GVBl. 266).

Diensteid des Beamten
Der → Beamte hat einen Diensteid zu leisten, der eine Verpflichtung auf das GG enthält (vgl. § 38 BeamtStG, § 64 BBG; s. → Beamtenrecht). Er hat bei Bundesbeamten folgenden Wortlaut: „Ich schwöre, das Grundgesetz und alle in der Bundesrepublik geltenden Gesetze zu wahren und meine Amtspflichten gewissenhaft zu erfüllen, so wahr mir Gott helfe" (§ 64 I BBG). Entsprechende Bestimmungen über Eidesformeln usw. sehen die Landesbeamtengesetze vor. Die religiöse Beteuerung kann weggelassen oder unter bestimmten Voraussetzungen durch die Beteuerungsformel einer anderen Religionsgemeinschaft ersetzt werden. Mit Beschl. v. 25.10.1988 (2 BvR 745/88) hat das BVerfG entschieden, dass im Hinblick auf die → Glaubens- und Gewissensfreiheit kommunale Mandatsträger die Eidesleistung ganz verweigern und an deren Stelle ein Gelöbnis ablegen können. Da die in dieser Entscheidung niedergelegten Grundsätze auch für Beamte herangezogen werden können, wurde in den Beamtengesetzen (vgl. zB § 38 II

BeamtStG und § 64 II BBG) die Leistung eines Gelöbnisses an der Stelle des Eides ausdrücklich vorgesehen. Da Richter selbst Eide abnehmen müssen, kommt für diese die Ablegung eines Gelöbnisses an Stelle des Eides nicht in Betracht (vgl. § 38 DRiG). Bei ungerechtfertigter Eidesverweigerung ist der Beamte zu entlassen (§ 23 I 1 Nr. 1 BeamtStG, § 38 I Nr. 1 BBG). An Stelle des D. tritt ferner ein Gelöbnis bei ausnahmsweise berufenen nichtdeutschen Beamten (§ 64 IV BBG) sowie bei Soldaten, die Grundwehrdienst leisten (§ 9 II SoldatenG).

Dienstenthebung, vorläufige
Ein Beamter kann vorläufig des Dienstes enthoben werden, wenn im → Disziplinarverfahren gegen ihn voraussichtlich auf Entfernung aus dem Beamtenverhältnis oder auf Aberkennung des Ruhegehalts erkannt werden wird (§ 38 BDG und entsprechende Landesgesetze). Daneben oder später kann die teilweise Einbehaltung der Dienstbezüge – höchstens die Hälfte – angeordnet werden (§ 38 II BDG; sa → Disziplinarmaßnahmen).

Dienstentziehung durch Täuschung
→ Wehrdienstentziehung.

Diensterfindung
Die Diensterfindung bzw. gebundene Erfindung ist eine Form der → Arbeitnehmererfindung und meint nach § 4 Abs. 2 ArbNErfG eine Erfindung eines → Arbeitnehmers (die den Anforderungen des § 2 ArbNErfG genügt), die während der Dauer eines → Arbeitsverhältnisses entweder aus der dem Arbeitnehmer obliegenden Tätigkeit entstanden ist oder maßgeblich auf Erfahrungen oder Arbeiten des Betriebs oder der öffentllchen Verwaltung beruht. Entsprechendes gilt für Erfindungen von → Beamten oder → Soldaten, § 4 Abs. 4 ArbNErfG.

Dienstgeheimnis
1. Geheim sind Angelegenheiten, deren Kenntnis nicht über einen begrenzten Personenkreis hinausgeht. Ein Dienstgeheimnis ist eine Angelegenheit, mit der eine Behörde befasst ist und deren Geheimhaltung durch Gesetz oder dienstliche Anordnung vorgeschrieben oder ihrer Natur nach erforderlich ist. S. → Amtsverschwiegenheit, → Verschlusssachen.

2. Der Bruch des Dienstgeheimnisses ist als → Amtsdelikt in § 353b StGB unter Strafe gestellt. a) Wer als → Amtsträger oder besonders Verpflichteter unbefugt ein Geheimnis offenbart, das ihm anvertraut oder sonst bekanntgeworden, wird mit Freiheitsstrafe bis zu 5 Jahren oder Geldstrafe bestraft, wenn durch die Offenbarung wichtige öffentliche Interessen gefährdet worden sind (bei fahrlässiger Gefährdung bis zu 1 Jahr oder Geldstrafe). Die Erlaubnis zur Offenbarung kann grundsätzlich nur der zuständige Vorgesetzte erteilen. Wichtige öffentliche Interessen können gefährdet sein, wenn behördliche Maßnahmen, die im Interesse der Allgemeinheit liegen (zB polizeiliche), durchkreuzt werden, aber auch schon bei Erschütterung des Vertrauens der Bevölkerung zur Behörde. b) Mit Freiheitsstrafe bis zu 3 Jahren od. Geldstrafe ist bedroht, wer einen Gegenstand oder eine Nachricht an einen anderen gelangen lässt oder öffentlich bekanntmacht, obwohl ihm gemäß Beschluss eines Gesetzgebungsorgans oder förmlicher Verpflichtung (unter Hinweis auf die Strafbarkeit der Zuwiderhandlung) seitens einer anderen amtlichen Stelle Geheimhaltung obliegt; auch hier wird Gefährdung wichtiger öffentl. Interessen vorausgesetzt. Der Versuch ist strafbar. Die Verfolgung setzt Ermächtigung durch die dem Täter vorgesetzte oberste Bundes- od. Landesbehörde bzw. den Präs. des Gesetzgebungsorgans voraus (Prozessvoraussetzung). Beihilfehandlungen eines Journalisten (§ 53 I 1 Nr. 5 StPO) sind nicht rechtswidrig, wenn sie sich auf die Entgegennahme, Auswertung oder Veröffentlichung des Dienstgeheimnisses beschränken.

3. Sa → Berufsgeheimnis, → Steuergeheimnis, → Brief-, Post- u. Fernmeldegeheimnis.

4. Die Geheimhaltungspflicht im Sozialrecht umfasst den persönlichen Lebensbereich des Betroffenen, Betriebs- und Geschäftsgeheimnisse; sie gilt für die Sozialleistungsträger und ihre Verbände und andere öff.-rechtl. Vereinigungen sowie die Aufsichtsbehörden, soweit keine gesetzliche Mitteilungspflicht besteht (§ 35 SGB I, → Sozialgeheimnis).

Dienstgerichte
Für Disziplinarverfahren gegen → Beamte bestehen → Disziplinargerichte, gegen Soldaten → Wehrdienstgerichte. Dienstgerichte für Richter sind zuständig für die Entscheidung in Disziplinarsachen der Richter (auch im Ruhestand), über → Versetzung im Interesse der Rechtspflege, Nichtigkeit oder Rücknahme einer Ernennung, Entlassung und Versetzung in den Ruhestand wegen Dienstunfähigkeit und Anfechtung bestimmter dienstrechtlicher Maßnahmen (vgl. §§ 62, 78 DRiG). Für die Richter im Bundesdienst ist als D. des Bundes ein besonderer Senat des → Bundesgerichtshofes gebildet (Vorsitzender, 2 ständige Beisitzer und 2 nichtständige Beisitzer, die als Richter auf Lebenszeit dem Gerichtszweig des betroffenen Richter angehören müssen). Der Präsident eines Gerichts und sein ständiger Vertreter können nicht Mitglied des Dienstgerichts sein. Errichtung und Besetzung der Dienstgerichte der Länder sind durch die Richtergesetze der Länder näher geregelt.

Dienstgrade
1. Die Festsetzung der Dienstgradbezeichnungen in der → Bundeswehr obliegt dem Bundespräsidenten (§ 4 III SoldatenG). S. hierzu Anordnung idF v. 14.7.1978 (BGBl. 1978 I 1067) mÄnd. Die Zuordnung der Dienstgrade zu den einzelnen Laufbahnen sowie die Erlangung eines höheren Dienstgrades (Beförderung) regelt die → SoldatenlaufbahnVO. Eine Herabsetzung des Dienstgrades ist möglich im

disziplinargerichtlichen Verfahren (§ 57 Wehrdisziplinarordnung).

2. Verlust des Dienstgrades tritt kraft Gesetzes bei → Berufssoldaten und Soldaten auf Zeit grundsätzlich bei Entlassung sowie bei Verlust der Rechtsstellung des Berufssoldaten oder Soldaten auf Zeit ein, insbes. bei Verurteilung zu Freiheitsstrafe wegen vorsätzlichen Friedens-, Hoch- oder Landesverrats oder Rechtsstaatsgefährdung oder zu Freiheitsstrafe von mindestens 1 Jahr wegen einer sonstigen, ab → Verbrechen mit Strafe bedrohten Tat, ferner bei Aberkennung der Amtsfähigkeit sowie bei freiheitsentziehenden → Maßregeln der Besserung und Sicherung (§§ 26, 49, 53, 56 SoldatenG); bei Wehrpflichtsoldaten bei Ausschluss aus der Bundeswehr sowie einer der genannten Verurteilungen (§ 30 WehrpflichtG); bei allen Soldaten bei Entfernung aus dem Dienst auf Grund einer Entscheidung im disziplinargerichtlichen Verfahren (§ 58 Wehrdisziplinarordnung).

Dienstherr
Dienstherr ist eine → juristische Person des öffentlichen Rechts, der das Recht zusteht, → Beamte zu haben (sog. Personalhoheit). Die Dienstherrnfähigkeit steht nach § 2 BBG sowie nach § 2 BeamtStG (sa → Beamtenrecht) dem Bund, den Ländern, Gemeinden und Gemeindeverbänden sowie sonstigen Körperschaften, Anstalten und Stiftungen des öffentlichen Rechts zu, die dieses Recht im Zeitpunkt des Inkrafttretens des BBG oder BeamtStG besitzen (zB Landesversicherungsanstalten, Landschaftsverbände, auch → Kirchen mit dem Status einer → Körperschaft des öffentlichen Rechts) oder denen es nach diesem Zeitpunkt durch Gesetz, RechtsVO oder Satzung verliehen wird. Der Dienstherr wird vertreten durch den Dienstvorgesetzten, in einigen wichtigen Angelegenheiten (zB Einleitung eines Disziplinarverfahrens) durch die oberste Dienstbehörde (= oberste Behörde des Dienstherrn, in deren Dienstbereich der Beamte ein Amt bekleidet; vgl. zB § 3 I BBG).

Dienstleistender
→ Zivildienst.

Dienstleistung(spflicht) in Haushalt und Erwerbsgeschäft
→ Mitarbeit der Ehegatten, → Hausgemeinschaft.

Dienstleistungs-Informationspflichten-Verordnung
1. Die Dienstleistungs-Informationspflichten-Verordnung v. 12.3.2010 (BGBl. 2010 I 267 (DL-InfoV)) verpflichtet Personen, die Dienstleistungen erbringen, den Empfängern der Dienstleistungen bestimmte Informationen vor Abschluss eines schriftlichen Vertrags bzw. vor der Erbringung der Dienstleistung zur Verfügung zu stellen. Die → Rechtsverordnung ist Teil der Umsetzung der → Dienstleistungsrichtlinie, soll Dienstleistungsangebote transparenter machen und fußt auf § 6c GewO (→ Gewerbeordnung). Sie erfasst auch die → Freien Berufe sowie vom Inland ins europäische Ausland erbrachte Dienstleistungen (§ 1 DL-InfoV).

2. Die Dienstleistungs-Informationspflichten-Verordnung unterscheidet zwischen Informationen, die zur Verfügung gestellt werden müssen (§ 2 DL-InfoV), und solchen, die nur auf Anfrage mitzuteilen sind (§ 3 DL-InfoV). Zur ersten Gruppe zählen ua Name, Firma, Rechtsform, Anschrift, Register- und Umsatzsteuer-Identifikationsnummer, → Allgemeine Geschäftsbedingungen, Rechtswahl- und Gerichtsstandsklauseln, wesentliche Merkmale der Dienstleistung und Berufshaftpflichtversicherungen. Zur zweiten Gruppe zählen ua Berufsqualifikationen. Auch Preisangaben sind erforderlich (§ 4 DL-InfoV); allerdings nur, wenn die PAngV (→ Preisangaben) nicht eingreift.

3. Die Dienstleistungs-Informationspflichten-Verordnung ähnelt der BGB-Informationspflichten-Verordnung. Deren Informationspflichten und diejenigen anderer Vorschriften, etwa des → Telemediengesetzes, Berufs-, Handels-, Gesellschafts- oder Umsatzsteuerrechts, bleiben, wie die der PAngV, unberührt.

Dienstleistungsrichtlinie
1. Die RL 2006/123/EG v. 12.12.2006 (ABl. EG 2006 L 376, 36) über Dienstleistungen im Binnenmarkt ist nach kontroverser Entstehungsgeschichte am 28.12.2006 in Kraft getreten und wurde seit 2009 von allen Mitgliedstaaten umgesetzt.

2. Die Richtlinie zielt auf die Abschaffung administrativer Hindernisse für grenzüberschreitende Dienstleistungen (→ Dienstleistungsverkehr) in der → Europäischen Union und richtet sich gegen die Abschottung der nationalen Dienstleistungsmärkte, und zwar auch, soweit sie sozial motiviert sind. Sie gliedert sich in die Kapitel Verwaltungsvereinfachung, → Niederlassungsfreiheit der Dienstleister, freier Dienstleistungsverkehr, Qualität der Dienstleistungen und Verwaltungszusammenarbeit. Wichtige Dienstleistungsbereiche sind allerdings ausgenommen, etwa Finanz-, Kommunikations-, Gesundheits- und Verkehrsdienstleistungen.

3. Mitgliedstaaten, in denen eine Dienstleistung erbracht wird, gewähren ihre freie Aufnahme und Ausübung in ihren Hoheitsgebieten. Eventuelle Anforderungen an den ausländischen Dienstleistungserbringer dürfen nicht diskriminieren und müssen erforderlich und verhältnismäßig sein (Art. 16 RL 2006/123/EG). Die Kontrolle der Dienstleistung erfolgt idR durch den Mitgliedstaat, in dem sie ausgeübt wird. Das umstrittene vollumfängliche Herkunftslandprinzip wurde in der Dienstleistungsrichtlinie abgeschwächt. Die Dienstleistungsrichtlinie hängt auf Ebene der Arbeitnehmer zusammen mit der → Entsenderichtlinie.

Dienstleistungsverkehr (europäisches Recht)
Für die Freiheit des Dienstleistungsverkehrs gelten nach → europäischem Recht im Wesentlichen die Grundsätze für den → freien Warenverkehr (Art. 34 ff. AEUV, → AEUV). Während bei diesem Waren Gegenstand des Handels sind, betrifft der Dienstleistungsverkehr den Verkehr mit sonstigen wirtschaftlichen Leistungen über die Grenze. Demgemäß wendet der EuGH die Rechtsprechung zum Warenverkehr (→ Dassonvilleformel, → Cassisformel) weitgehend auch auf den Dienstleistungsverkehr an. Zum Dienstleistungsverkehr iSv Art. 56 ff. AEUV, → AEUV gehört Wirtschaftsverkehr jeder Art, der nicht Waren- oder Kapitalverkehr ist, zB die Versicherungswirtschaft und die Bauwirtschaft (hierzu → Entsenderichtlinie) aber auch nur mittelbar wirtschaftliche Leistungen wie kommerzieller Sport, Fernsehen, Werbung, sowie auch die Leistungen der → freien Berufe. Zum Dienstleistungsverkehr gehört auch der gesamte Bereich des Bankverkehrs einschließlich der Immobiliarsicherheiten. Begibt sich der Dienstleistende selbst über die Grenze, spricht man von aktivem Dienstleistungsverkehr, wird lediglich die Dienstleistung über die Grenze geschickt, etwa eine Versicherungspolice, statische Leistungen etc., wird das passiver Dienstleistungsverkehr genannt. Anders als die Arbeitnehmerfreizügigkeit ist die Freiheit des Dienstleistungsverkehrs für die Beitrittsstaaten der Osterweiterung (→ Europäische Integration) nur im Bereich bestimmter Gewerbe (Bauerrichtung und Gebäudebewirtschaftung) beschränkt.

Sa → Arbeitnehmerfreizügigkeit, → Dienstleistungsrichtlinie. Zum weltweiten Dienstleistungsverkehr → GATS.

Dienstordnung in der Sozialversicherung
Rechte und Pflichten der Angestellten von → Krankenkassen und → Berufsgenossenschaften werden bzw. wurden durch eine von behördlicher Genehmigung abhängigen Dienstordnung geregelt. Die Anstellung geschieht durch Privatdienstvertrag. Im Übrigen nimmt die Dienstordnung in der Sozialversicherung weitgehend Bezug auf Beamten- und Besoldungsrecht oder ist diesem nachgebildet. Seit dem 1.1.1993 dürfen bei den Krankenkassen keine neuen Dienstordnungsverhältnisse mehr begründet werden, es sei denn, der Angestellte unterstand am 31.12.1992 bereits einer D. (§§ 349 ff. RVO, §§ 144 ff. SGB VII). Für die Rechtsstreitigkeiten ist das Arbeitsgericht zuständig. Neue Dienstordnungs-Arbeitsverhältnisse werden derzeit nur noch in der gesetzlichen Unfallversicherung abgeschlossen.

Dienstpflichten
1. Nicht gesetzestechnische Bezeichnung für → Dienstverpflichtungen nach Art. 12a GG.

2. Dienstpflichten im Beamtenrecht umfassen die Gesamtheit der dem Beamten gegenüber seinem → Dienstherrn obliegenden Pflichten (→ Beamtenverhältnis, → Disziplinarrecht, → Staatshaftung).

Dienstrecht
ist im → öffentlichen Recht das Recht des öffentlichen Dienstes, umfasst also insbes. die Vorschriften, die das → Beamtenverhältnis und die Rechtsstellung der Angestellten und Arbeiter des öffentlichen Dienstes betreffen (sa → Beamtenrecht, → TVÖD, → TV-L, → BAT). Für das Privatrecht vgl. insbes. → Dienstvertrag, → Arbeitsverhältnis.

Dienstreise
→ Reisekosten.

Dienstsiegel
Das von einer Behörde geführte Dienstsiegel wird auf amtlichen Urkunden zum Nachweis der Echtheit neben der Unterschrift des unterzeichnenden oder beglaubigenden Beamten verwendet. Das Dienstsiegel der BRep. ist durch Erlass des Bundespräsidenten v. 20.1.1950 (BGBl. 1950 I 26) bestimmt. Die Dienstsiegel der Länder sind landesrechtlich festgelegt.

Dienststrafe
(Dienststrafrecht, -gericht) ist ein überholter Begriff und ersetzt durch → Disziplinarmaßnahme.

Dienstunfähigkeit
→ Versetzung in den Ruhestand.

Dienstunfall
ist ein auf äußerer Einwirkung beruhendes plötzliches, örtlich und zeitlich bestimmbares Ereignis, das in Ausübung oder infolge des Dienstes eingetreten ist und einen Körperschaden verursacht (§ 31 I BeamtVG; s. → Beamtenversorgung). Ihm steht eine → Berufskrankheit gleich (s. Unfallfürsorge-KrankheitenVO v. 20.6.1977, BGBl. 1977 I 1004). Zum Dienst gehören auch Dienstreisen, Teilnahme an dienstlichen Veranstaltungen sowie das Zurücklegen des mit dem Dienst zusammenhängenden Weges nach und von der Dienststelle. Der Dienstunfall muss wesentliche Ursache der Verletzung sein; ein während des Beamtenverhältnisses aufgetretenes, aber anlagebedingtes Leiden ist kein Dienstunfall. Ein Beamter, der bei einem nicht vorsätzlich herbeigeführten Dienstunfall verletzt worden ist, und ggf. seine Hinterbliebenen haben Anspruch auf → Unfallfürsorge.

Dienstvereinbarung
ist ein öffentlich-rechtlicher Vertrag (hM) zwischen einer Dienststelle (des öffentlichen Dienstes) und der → Personalvertretung über bestimmte gesetzlich zugelassene soziale Angelegenheiten (§ 75 BPersVG). Die Dienstvereinbarung entspricht für den öffentlichen Dienst der → Betriebsvereinbarung und entfaltet insbes. normative Wirkung auf die Arbeits- und Dienstverhältnisse.

Dienstvergehen
→ Disziplinarrecht.

Dienstverhältnis
ist ein Rechtsverhältnis, in dem der Verpflichtete Dienstleistungen in abhängiger Stellung erbringt. Vgl. insbes. (für das öffentl. Recht) → Beamtenverhältnis, (für das → Zivilrecht) → Dienstvertrag, → Arbeitsverhältnis; sa → Treueverhältnis.

Dienstverhältnis Minderjähriger
→ Geschäftsfähigkeit.

Dienstverpflichtungen
1. Nach Art. 12a GG kann den Bürgern allgemein und insbes. im Verteidigungsfall eine Reihe Dienstverpflichtungen auferlegt werden. Wichtigste Dienstverpflichtung ist für Männer ab dem vollendeten 18. Lebensjahr die → Wehrpflicht, die durch Ableistung des → Wehrdienstes oder für → Kriegsdienstverweigerer durch Ableistung des → Zivildienstes erfüllt wird.

2. Daneben können wehrpflichtige Männer, die nicht zum Wehr- oder Zivildienst herangezogen sind, im Verteidigungsfall durch Gesetz oder auf Grund eines Gesetzes zu zivilen Dienstleistungen für Zwecke der Verteidigung einschließlich des Schutzes der Zivilbevölkerung in Arbeitsverhältnisse verpflichtet werden. Solche Arbeitsverhältnisse können bei den Streitkräften, im Bereich der ihrer Versorgung sowie bei der öffentlichen Verwaltung, in Ausnahmefällen auch bei privaten Arbeitgebern begründet werden. Für Aufgaben im polizeilichen Bereich oder für andere Aufgaben, die nur hoheitlich wahrgenommen werden können, kann auch eine Verpflichtung in öffentlich-rechtliche Dienstverhältnisse erfolgen.

3. Im → Spannungsfall sowie im → Verteidigungsfall können auch Frauen vom vollendeten 18. bis zum vollendeten 55. Lebensjahr zur Dienstleistung im zivilen Sanitäts- und Heilwesen sowie in ortsfesten militärischen Lazarettorganisationen zur Dienstleistung herangezogen werden, falls der Bedarf dort anders nicht gedeckt werden kann; eine Verpflichtung zum Dienst mit der Waffe ist nicht zulässig.

4. Sa → Arbeitssicherstellungsgesetz.

Dienstverschaffungsvertrag
→ Dienstvertrag (1).

Dienstvertrag
1. Der Dienstvertrag ist ein → gegenseitiger Vertrag, durch den der eine Teil zur Leistung der versprochenen Dienste, der andere zur Entrichtung der vereinbarten Vergütung verpflichtet wird, § 611 BGB. In Abgrenzung zum → Werkvertrag ist beim Dienstvertrag die bloße Verpflichtung zum Tätigwerden, nicht zur Herbeiführung eines Erfolgs (Herstellung eines Werks) geschuldet. Sa → Architekten- und Ingenieurvertrag, → Bauvertrag, → Bauträgervertrag, die dem Werkvertragsrecht zugeordnet sind. Gegenstand eines Dienstvertrages können Dienste jeder Art sein, zB auch der Zugang zum Mobilfunknetz oder zum Internet. Liegt eine selbständige höhere (meist geistige) Tätigkeit wirtschaftlicher Art vor (zB Rechtsanwaltsvertrag), so gelten die Besonderheiten des → Geschäftsbesorgungsvertrags. Verpflichtet sich jemand, Dienste durch einen anderen leisten zu lassen (Zurverfügungstellen einer Arbeitskraft), so liegt, sofern dieser nicht als → Erfüllungsgehilfe des Vertragspartners tätig werden soll, kein Dienstvertrag, sondern ein sog. Dienstverschaffungsvertrag vor, den der Vertragspartner mit Stellung der Arbeitskraft bereits erfüllt hat. Besondere Bedeutung hat der Dienstvertrag für das Recht der abhängigen Arbeit (→ Arbeitsrecht): § 611a BGB normiert seit 2017 den → Arbeitsvertrag (Einzelheiten s. dort) und nennt die maßgeblichen Merkmale; durch den Arbeitsvertrag wird der Arbeitnehmer im Dienste eines anderen zur Leistung weisungsgebundener, fremdbestimmter Arbeit in persönlicher Abhängigkeit, der Arbeitgeber zur Zahlung der vereinbarten Vergütung verpflichtet. Dieser unterscheidet sich vom Dienstvertrag insbes. dadurch, dass aus der sozialen Einordnung heraus weitergehende gegenseitige Rechte und Pflichten (zB Weisungsbefugnis, Fürsorgepflicht, Sozialansprüche, Arbeitsschutz, Urlaub usw.) entstehen. Für den → Arbeitsvertrag gelten die Vorschriften über den Dienstvertrag nur hilfsweise, s. dort. Soweit das Dienstverhältnis öffentlich-rechtlich geregelt ist, zB das Beamtenverhältnis, gelten Sonderbestimmungen (→ Beamter). Sa → Verbraucherverträge über digitale Produkte.

2. Ein Dienstvertrag liegt stets vor, wenn die vereinbarte Dienstleistung den Umständen nach nur gegen Vergütung zu erwarten ist (Abgrenzung zum unentgeltlichen → Auftrag, sa → Gefälligkeitsverhältnis, Gefälligkeitsvertrag). Diese braucht nicht notwendig in Geld zu bestehen; mangels Vereinbarung der Höhe ist eine etwa bestehende → Taxe, sonst die ortsübliche Vergütung zu entrichten, § 612 BGB. Die Vergütung ist nach Leistung der Dienste zu erbringen, § 614 BGB; die Vorschrift hat kaum Bedeutung, da die Vorleistungspflicht meist abbedungen wird. Die Dienste sind iZw in Person zu leisten, der Anspruch auf die Dienste ist iZw nicht übertragbar, § 613 BGB; anders aber bei Arbeitsverhältnissen, → Betriebsübergang. Kommt der Dienstberechtigte mit der Annahme der Dienste in Annahmeverzug, so kann der Verpflichtete die Vergütung ohne Nachleistungspflicht verlangen; er muss sich allerdings einen anderweitigen Verdienst oder ersparte Aufwendungen hierauf anrechnen lassen, § 615 BGB. Bei unverschuldeter Unmöglichkeit der Annahme der Dienste trägt der Dienstherr grds. das sog. → Betriebsrisiko (s. dort auch über das Arbeitskampfrisiko); er ist daher zB weiterhin lohnzahlungspflichtig, wenn die Arbeit wegen mangelnder Rohstoffe, Stromausfall, mangelnden Absatzes usw. nicht abgenommen werden kann, § 615 S. 3 BGB. Der Vergütungsanspruch entfällt nicht dadurch,

dass der Dienstverpflichtete für eine verhältnismäßig nicht erhebliche Zeit (entscheidend ist hier die vereinbarte Dauer des Dienstverhältnisses) durch einen in seiner Person liegenden Grund ohne sein → Verschulden an der Dienstleistung verhindert wird, § 616 BGB (zB durch den Tod eines nahen Verwandten). Soweit die Verhinderung auf einer Erkrankung des Dienstpflichtigen beruht, gelten auch hier wieder arbeitsrechtliche Sondervorschriften, die regelmäßig die Lohnfortzahlung durch den Arbeitgeber für 6 Wochen zwingend vorsehen (→ Entgeltfortzahlung im Krankheitsfall). Hat der Dienstverpflichtete daneben Ansprüche gegen einen Dritten (zB aus einer ihm schuldhaft zugefügten Körperverletzung, aus einem → Versicherungsvertrag), so hat er diese an den Dienstherrn abzutreten oder für diesen im Wege der Drittschadensliquidation geltendzumachen (→ Schadensersatz, 1); der Schädiger wird durch die Lohnfortzahlungspflicht nicht befreit. Besondere Informationspflichten können sich aus der→ Dienstleistungs-Informationspflichten-Verordnung ergeben.

3. Das Dienstverhältnis endet mit Ablauf der vereinbarten Zeit (§ 620 I BGB), mit Erreichung seines Zwecks (vgl. § 620 II BGB), durch Aufhebungsvertrag (actus contrarius) sowie bei unbefristeten Dienstverhältnissen durch → Kündigung, § 620 II BGB. Eine ordentliche Kündigung ist nur unter Einhaltung bestimmter Kündigungsfristen zulässig, § 621 BGB; diese richten sich nach der Art der Entlohnung (zB bei wöchentlicher Entlohnung spätestens am ersten Werktag einer Woche zum Schluss dieser Woche, bei monatlicher Entlohnung spätestens am 15. eines Monats für den Schluss des Kalendermonats usw). Auch hier gelten für das → Arbeitsverhältnis Sondervorschriften (s. iE dort; vgl. ferner die Sonderbestimmungen über den → Kündigungsschutz für Arbeitnehmer). Die Kündigung ist als gestaltendes Rechtsgeschäft unwiderruflich, formfrei (anders im → Arbeitsverhältnis, § 623 BGB), zugangsbedürftig und grds. bedingungsfrei (s. aber → Änderungskündigung). Das Dienstverhältnis kann darüber hinaus von jedem Teil ohne Einhaltung einer Frist gekündigt werden, wenn ein wichtiger Grund hierfür vorliegt (§ 626 I BGB, außerordentliche Kündigung). Dieses Kündigungsrecht ist nach ganz hM zwingend, kann also nicht abbedungen werden. Ein wichtiger Grund liegt vor, wenn dem Kündigenden unter Berücksichtigung aller Umstände des Einzelfalls und unter Abwägung der Interessen beider Vertragsteile die Fortsetzung des Dienstvertrages bis zum Ablauf der normalen Kündigungsfrist nach → Treu und Glauben nicht mehr zugemutet werden kann; ein Verschulden des anderen Teils ist häufig, aber nicht stets Voraussetzung (zB strafbare Handlungen, beharrliche Arbeitsverweigerung, Vertrauensbruch usw). Die außerordentliche Kündigung muss binnen 2 Wochen seit Kenntnis des (auf Verlangen anzugebenden) wichtigen Grundes erklärt werden, sonst ist das Kündigungsrecht verwirkt, § 626 II BGB. Bei Diensten höherer Art, die auf Grund besonderen Vertrauens übertragen zu werden pflegen (zB Rechtsanwaltsvertrag), ist eine jederzeitige außerordentliche Kündigung möglich, § 627 BGB (dieses Kündigungsrecht ist abdingbar, nicht aber in → Allgemeinen Geschäftsbedingungen).

4. Nach der Kündigung eines dauernden Dienstvertrages hat der Dienstherr die Pflicht, dem Dienstverpflichteten auf Verlangen Zeit zur Stellensuche zu gewähren, § 629 BGB; die Vergütungspflicht besteht während dieser Zeit fort. Bei Beendigung des Dienstvertrages kann der Verpflichtete ferner ein schriftliches → Zeugnis über den Dienstvertrag und dessen Dauer verlangen, § 630 BGB. Die Rspr. nimmt darüber hinaus an, dass der Dienstverpflichtete bereits angemessene Zeit vor Beendigung des Dienstvertrages zur Bewerbung für eine neue Stelle ein Zeugnis (Zwischenzeugnis) verlangen kann. Über den Inhalt und die Rechtsfolgen eines unrichtigen → Zeugnisses s. dort.

Dienstvorgesetzter
→ Vorgesetzter.

Dienstwohnung
→ Werkmietwohnung.

Dienstzeugnis
→ Beamtenverhältnis, → Zeugnis, → Dienstvertrag (4).

dies interpellat pro homine
→ Schuldnerverzug.

Dieselfahrverbot
1. Die Verordnung über Luftqualitätsstandards und Emissionshöchstmengen (39. BImSchV) v. 2.8.2010 (BGBl. 2010 I 1065 mÄnd) enthält zum Schutz der menschlichen Gesundheit Immissionsgrenzwerte für Schwefeldioxid, Stickstoffdioxid, → Feinstaub, Blei und andere schädliche Stoffe (→ Immissionswerte). Die Verordnung gehört zu §§ 44 ff. BImSchG und setzt die Richtlinie 2008/50/EG v. 21.5.2008 über Luftqualität und saubere Luft für Europa (ABl. EU 2008 L 152, 1) um (→ Luftreinhaltung). Werden die festgelegten Immissionsgrenzwerte überschritten, müssen die zuständigen Behörden (meistens die Kommunen) nach § 47 BImSchG Luftreinhaltepläne aufstellen, in denen die erforderlichen Maßnahmen zur dauerhaften Vermeidung der Luftverunreinigungen enthalten sind. Solche Maßnahmen müssen dem Verursacherprinzip entsprechen und verhältnismäßig sein. Der Immissionsgrenzwert für Stickstoffdioxid (NO2) beträgt 40 Mikrogramm pro Kubikmeter Luft über ein Kalenderjahr gemittelt.

2. Mehrere deutsche Großstädte, die den Immissionsgrenzwert für Stickstoffdioxid nicht einhielten, haben auf der Basis ihrer Luftreinhaltepläne Fahrverbote für ältere Dieselfahrzeuge der Euro-Abgasnormen 4 und 5 erlas-

sen, etwa Frankfurt, Hamburg, München und Stuttgart, denn Dieselmotoren gelten als Hauptemittenten von Stickstoffdioxid. Nach Entscheidungen des EuGH und des BVerwG sind solche Fahrverbote grundsätzlich nicht mehr strittig, fraglich bleibt jedoch, was im Einzelfall verhältnismäßig ist. So sind streckenbezogene Fahrverbote eher zulässig als zonale, die das Befahren ganzer Stadtgebiete untersagen. Auch das Alter der Dieselfahrzeuge und die Euro-Abgasnorm spielen eine wichtige Rolle. Um verhältnismäßig zu sein, enthalten die Fahrverbote idR Ausnahmen für Rettungsfahrzeuge, Müllabfuhr, Pflegedienste, Anwohner und Handwerker.

3. Zur Thematik der Dieselfahrverbote gehören auch die Umweltzone (→ Fahrverbot, 2.), bei der manche Kommunen das Befahren ihrer Innenstädte von bestimmten farbigen Plaketten abhängig machen (zur Kennzeichnung der Kfz. mit geringem Beitrag zur Schadstoffbelastung vgl. die 35. BImSchV v. 10.10.2006, BGBl. 2006 I 2218), und der → Dieselskandal.

Dieselskandal
1. Der sog. Dieselskandal, der zu einer Flut von Klagen und gerichtlichen Entscheidungen geführt hat und immer noch führt, resultiert im Kern aus einer in Dieselfahrzeugen eingesetzten Software, die bewirkt, dass der Ausstoß von Stickstoffoxiden auf dem technischen Prüfstand gegenüber dem normalen Fahrbetrieb reduziert wird (Schummel-Software; abzugrenzen davon ist das sog. → Thermofenster, das die über eine Abgasrückführung erfolgende Abgasreinigung bei kühleren Temperaturen reduziert, s. dazu u. 2.). Die Software erkennt, ob sich das Kfz in einem Prüfzyklus zur Ermittlung von Emissionswerten befindet. Eine so programmierte Abschalteinrichtung ist gem. Art. 5 II VO (EG) 715/2007 unzulässig, wenn keiner der dort geregelten Ausnahmetatbestände greift; die Kfz-Zulassungsbehörde kann den Betrieb eines Kfz untersagen. Insbesondere in bestimmten Motoren der Volkswagen AG (aber auch anderer Hersteller) wurden solche Einrichtungen verbaut. Die Konstellationen der gerichtlichen Verfahren sind äußerst vielschichtig, die rechtliche Bewertung vieler kauf- und deliktsrechtlicher Folgen teilweise umstitten (insbes. Fragen der Wirksamkeit eines Kaufvertrags, der Kausalität, der Mängelrechte des Käufers, der Verjährung, der deliktischen Haftung der Hersteller, des Umfangs einer Schadensersatzpflicht). Mittlerweile sind wesentliche Fragen höchstrichterlich geklärt. Die Verwendung einer illegalen Abschalteinrichtung ist ein → Mangel und begründet Gewährleistungsansprüche. Die Verwendung der illegalen Abschalteinrichtung ist grds. als sittenwidrige Schädigung anzusehen, der Kfz-Hersteller haftet damit ggf. nach §§ 826, 31 BGB (sekundäre Darlegungslast des Herstellers hinsichtlich der Kenntnis der Entscheidungsträger vom Einsatz einer unzulässigen Abschalteinrichtung). Der → Schaden liegt im täuschungsbedingten Vertragsschluss mit dem Händler, der Erwerber hat deshalb einen Anspruch auf → Schadensersatz durch Befreiung von dem sittenwidrig herbeigeführten Vertrag und dessen belastenden Folgen (Rückgabe des Kfz gegen Erstattung des Kaufpreises, sog. großer Schadensersatz; anzurechnen sind die gezogenen Nutzungsvorteile, insbes. die gefahrenen Kilometer; die Nutzungsentschädigung kann den Ersatzanspruch auch völlig aufzehren). Der Geschädigte kann auch das Kfz behalten und die Differenz vom objektiven Wert zum gezahlten Kaufpreis verlangen (sog. kleiner Schadensersatz). Die bloße Verwendung eines in die Motorsteuerung installierten Thermofensters ist als solche noch keine sittenwidrige Schädigung, nur wenn insoweit ein Gesetzesverstoß billigend in Kauf genommen wurde, s. aber u. 2. zu einer möglichen Haftung nach § 823 II BGB. Eine sittenwidrige Täuschung liegt ab dem Zeitpunkt, ab dem Unregelmäßigkeiten seitens der Hersteller eingeräumt worden, nicht mehr vor. Die Ersatzlieferung eines Nachfolgemodells kann nur innerhalb von 2 Jahren ab Vertragsschluss geltend gemacht werden. Ein Ersatzanspruch besteht auch bei Durchführung eines Software-Updates. Kein Schadensersatz besteht bei Kauf nach Bekanntwerden des Dieselskandals im Herbst 2015 ab der Mitteilung v. 22.9. Der Ersatzanspruch umfasst auch etwaige Finanzierungskosten. Ein Ersatzanspruch besteht auch bei Weiterverkauf des Kfz, der erzielte Verkaufserlös ist dann anzurechnen (aber kein eigenständiger Anspruch des Schädigers auf Herausgabe, wenn dies zu dessen Bereicherung führen würde). Deliktszinsen nach § 849 BGB sind nicht geschuldet. Die Rechtsverfolgung versprach schon 2015 hinreichende Aussicht auf Erfolg und war zumutbar (was zum Beginn der Verjährungsfrist führte). Ggf. besteht ein Anspruch auf Restschadensersatz nach § 852 BGB auch nach Verjährung. Ein Anspruch auf Rückzahlung von Leasingraten bei einem geleasten Kfz besteht nicht. Abgelehnt hat die Rspr. Amtshaftungsansprüche gerichtet gegen die Bundesrepublik Deutschland.

2. Wenn aufgrund des Einbaus eines → Thermofensters bei niedrigeren Temperaturen die Abgasreinigung eines Kfz gedrosselt oder vollständig eingestellt wird, so handelt es sich dabei ebenfalls um eine unzulässige Abschalteinrichtung. Entgegen seiner bisherigen Rspr. bejaht der BGH bei Verwendung einer solchen unzulässigen Abschalteinrichtung im Anschluss an eine Entscheidung des EuGH vom 21.3.2023, nach der bei der Verwendung eines Thermofensters auch Schadensersatz bei Fahrlässigkeit nach nationalem Recht zu leisten sei, nunmehr insoweit deliktische Schadensersatzansprüche; der Hersteller (grds. nicht aber der Motorhersteller) haftet nach § 823 II BGB iVm §§ 6, 27 EG-FZO, sofern dem Hersteller Verschulden hinsichtlich der

Verwendung des Thermofenster zur Last liegt; das Verschulden wird vermutet, bei Vorliegen eines unvermeidbaren Verbotsirrtums hinsichtlich der Frage, ob das Kfz unionsrechtlichen Vorschriften entsprach, haftet der Hersteller aber nicht; der Hersteller muss den Verbotsirrtum und dessen Unvermeidbarkeit darlegen und beweisen. Sofern der Hersteller haftet, hat der Käufer grds. keinen Anspruch auf Rückgabe des Kfz gegen Erstattung des gezahlten Kaufpreises, da die genannten Vorschriften nur das Vertrauen des Käufers auf die Übereinstimmung des Kfz mit den maßgebenden Rechtsakten beim Kauf schützen; er hat nur Anspruch auf Geldersatz in Form des Differenzschadens iHv zwischen 5 und 15% des gezahlten Kaufpreises (insoweit hat der Tatrichter ein Schätzungsermessen nach § 287 ZPO, ein Sachverständigengutachten ist nicht einzuholen). Diese Argumentation des BGH ist dogmatisch nicht nachvollziehbar, denn der hypothetische Erwerb eines Kfz mit einer unzulässigen Abschalteinrichtung zu einem günstigeren Preis ist unrealistisch, der Grundsatz der Naturalresitution wird missachtet und die Vorgaben zur Schadensschätzung entbehren jeder gesetzlichen Grundlage (§ 287 ZPO dient nur dazu, Schwierigkeiten bei der Feststellung streitiger Tatsachen zu überwinden).

3. Sa → Gewährleistung (1b), → Unerlaubte Handlung (Delikt), → Schadensersatz.

Differenzbesteuerung
greift ein, wenn ein „Wiederverkäufer", das ist der Unternehmer iSd UStG, bewegliche körperliche Gegenstände veräußert oder zum Eigenverbrauch entnimmt, die er ohne Möglichkeit des Vorsteuerabzugs, also von einem Nichtunternehmer (Privatmann), erworben hat. Bemessungsgrundlage für die Umsatzsteuer ist die Differenz von Verkaufspreis zu Einkaufspreis (§ 25a UStG). Auf diese Weise soll der fehlende Vorsteuerabzug für den Unternehmer nachträglich ausgeglichen werden. Die Differenzbesteuerung erfasste ursprünglich den Handel mit gebrauchten Pkw und erstreckt sich nun allgemein auf die Umsätze mit gebrauchten Gegenständen sowie mit Kunstgegenständen, Sammlungsstücken und Antiquitäten. Verzicht auf Differenzbesteuerung und Option zur Differenzbesteuerung kann zulässig sein. Mit der Einführung der Differenzbesteuerung ist die EG-Richtlinie 94/5 EG, die sogenannte 7. EG-Richtlinie (ABl. EG 1994 L 60, 16) in materielles Recht umgesetzt worden. Einzelheiten BMF v. 11.8.1997, BStBl. I 1997, 806.

Differenzgeschäft
Wird ein auf Lieferung von Waren oder → Wertpapieren lautender Vertrag in der – offenen oder verdeckten – Absicht geschlossen, im Zeitpunkt der Fälligkeit (→ Fixgeschäft) nicht wirklich zu liefern, sondern nur den Unterschied zwischen dem vereinbarten und dem Börsen- oder Marktpreis vom verlierenden an den gewinnenden Teil zu zahlen, so lag nach früherem Recht ein → Spiel vor, das nur eine → Naturalobligation begründet (§ 764 BGB aF). Ein Differenzgeschäft war schon dann anzunehmen, wenn nur die Absicht des einen Teils auf Zahlung des Unterschieds gerichtet ist und der andere Teil diese Absicht kannte oder fahrlässig nicht kannte; desgl. beim bloßen Handel mit Kaufoptionen zu Spekulationszwecken. Sondervorschriften, insbes. über volle Verbindlichkeit, gelten nach dem WertpapierhandelsG (vgl. § 2 III WpHG) für bestimmte zugelassene Arten des → Finanztermingeschäfts (zB Aktienkauf oder -verkauf mit Lieferung zu einem späteren Zeitpunkt zu dem dann geltenden Kurs).

Differenzhaftung
→ Gesellschaft mit beschränkter Haftung (2).

Differenzierungsklausel
→ Lohngleichheit.

Differenzmethode
→ Trennungsunterhalt 2.

Differenztheorie, Differenzschaden
(im Schuldrecht) → Schadensersatz (4); sa → Dieselskandal.

Digesten
→ römisches Recht.

Digitale-Dienste-Gesetz
Das Digitale-Dienste-Gesetz (DDG) setzt u. a. den → Digital Services Act (DSA – VO (EU) 2022/2065) in Deutschland um. Es konkretisiert die Pflichten für digitale Diensteanbieter, etwa beim Verbraucherschutz, dem Schutz Minderjähriger und der Bekämpfung illegaler Inhalte und stärkt die Rechte der Internetnutzenden.

Die Bundesnetzagentur ist zuständige nationale Aufsichtsbehörde für die Anbieter von Vermittlungsdiensten und nationale Koordinierungsstelle für digitale (Art. 49 DSA); weiter werden Sonderzuständigkeiten für die Bundeszentrale für Kinder- und Jugendmedienschutz (Online-Schutz Minderjähriger nach Art. 28 DSA) sowie für den Bundesbeauftragten für den Datenschutz und die Informationsfreiheit (u. a. bei Werbung aufgrund Profiling, Art. 26 Abs. 3 DSA) geschaffen.

§ 5 DDG regelt die Allgemeinen Informationspflicht (Impressumspflicht) für Diensteanbieter, bestimmte Informationen leicht erkennbar, unmittelbar erreichbar und ständig verfügbar zu halten: Name und Anschrift ihrer Niederlassung; Angaben, die eine schnelle elektronische Kontaktaufnahme und eine unmittelbare Kommunikation ermöglichen; zuständige Aufsichtsbehörde, Handels- oder ähnliche Registereinträge, bestimmte Berufsbezeichnungen und Kammerangehörigkeiten (soweit jeweils einschlägig).

Bei Verstößen ermöglicht das DDG abgestufte Bußgelder in einer Höhe bis zu 6% des Jahresumsatzes.

Digital Markets Act
1. Mit dem Digital Markets Act (VO (EU) 2022/1925 vom 14.9.2022 – DMA) sollen Verbraucher und gewerbliche Nutzer der von Gatekeepern (Torwächter) bereitgestellten zentralen Plattformdienste (ZPD) vor unfairen Praktiken durch Festlegung geeigneter, EU-weit einheitlicher regulatorischer Maßnahmen geschützt werden. Dazu legt der DMA Verhaltensanforderungen für die ZPD fest.

2. Die EU-Komm benennt Gatekeeper, wenn die in Art. 3 I DMA festgelegten drei objektiven Kriterien kumulativ vorliegen: eine starke wirtschaftliche Position mit erheblichen Auswirkungen auf den Binnenmarkt und in mehreren EU-Ländern aktiv, eine starke Vermittlungsposition, d. h. es werden eine große Nutzerbasis mit einer großen Anzahl von Unternehmen verbunden sowie eine gefestigte und dauerhafte Position auf dem Markt (bestehend oder in absehbarer Zeit erreicht). Das Vorliegen der Voraussetzungen wird widerleglich vermutet (Art. 3 Abs. 2 DMA), wenn Schwellenwerte bzgl. Umsatz, Marktkapitalisierung und Nutzerzahl überschritten sind. Als Gatekeeper könnten u. a. eingestuft werden Alphabet (Google), Amazon, Meta (Facebook), Microsoft. Soweit Unternehmen die Vermutungsschwellen nicht erreichen, kann die EU Komm sie nach qualitativen Kriterien als Gatekeeper benennen (Art. 3 VIII DMA).

3. Für Gatekeeper gelten zwei Kataloge mit insgesamt 21 Verhaltenspflichten. Aus diesen Pflichten ergibt sich u. a., dass → Personenbezogene Daten aus den ZPD grundsätzlich nicht mit anderen Daten kombiniert oder zu Werbezwecken genutzt werden dürfen, gewerbliche Nutzer nicht daran gehindert werden dürfen, Verbrauchern Produkte über andere Kanäle zu besseren Konditionen anzubieten, Beschwerden oder Klagen gegen einen Gatekeeper nicht zu Sperrung des Nutzerkontos führen dürfen, gewerbliche Nutzer bestimmte Zusatzdienste (zB Zahlungsdienste) zwingend nutzen müssen, ein Torwächter im Wettbewerb mit gewerblichen Nutzern die Daten der gewerblichen Nutzer aus seiner Plattform nicht verwenden darf, um eigene konkurrierende Waren anzubieten, Verbraucher nicht unabdingbare Software des Gatekeepers deinstallieren können, Verbraucher Software auch über andere Kanäle als einen bestimmten App-Store des Gatekeepers installieren und nutzen können, Vorgaben zur Interoperabilität und Datenportabilität zwischen unterschiedlichen Diensten beachtet werden und Werbetreibenden die Daten bereitgestellt werden, mit denen sie den Werbeerfolg messen können.

4. Weiter sieht der DMA Sanktionen von bis zu 10% des weltweiten Gesamtumsatzes des Unternehmens (bis zu 20% bei wiederholter Zuwiderhandlung) und Zwangsgelder von bis zu 5% des durchschnittlichen Tagesumsatzes vor.

Digital Services Act
1. Mit dem Digital Services Act (VO (EU) 2022/2065 vom 19.10.2022 – DSA) werden einheitliche Regeln für ein sicheres, berechenbares und vertrauenswürdiges Online-Umfeld festgelegt. Ziel des DSA ist es, bei der Nutzung von Online-Vermittlungsdiensten die effektive Ausübung der Grundrechte, wie Meinungs- und Informationsfreiheit, Nichtdiskriminierung und unternehmerische Freiheit zu gewährleisten. Mit dem → Daten-Dienste-Gesetz (DDG) wird der DSA in Deutschland umgesetzt.

2. Der DSA betrifft vier Stufen von Adressaten: Stufe 1 – Vermittlungsdienste, Stufe 2 – Hosting-Dienste, Stufe 3 – Online-Plattformen und Stufe 4 – sehr große Online-Plattformen, die ihre Dienste Nutzern in der EU anbieten. Dies umfasst soziale Medien und Online-Marktplätze. Art und Umfang der Pflichten für die jeweiligen Adressaten der DSA werden anhand der vierstufigen Einordnung der Adressaten geregelt. Die Adressaten werden zu organisatorischen Maßnahmen verpflichtet, u. a. Kontaktstellen für Behörden bereitzustellen, Melde- und Abhilfeverfahren für rechtswidrige Inhalten bereitzustellen und Meldungen unter Beachtung bestimmter Standards (zB zeitnah, diskriminierungsfrei und datenschutzkonform) zu bearbeiten.

3. Sehr große Online-Plattformen, die anhand von Schwellenwerten (Art. 33 DSA) zu ermitteln sind, treffen weitere Pflichten aufgrund der möglichen gesellschaftlichen Risiken illegaler, rechtswidriger oder desinformatorischer Inhalte, u. a. müssen sie sich unabhängigen Prüfungen unterziehen. Weiter werden die Adressaten gegenüber den Nutzern u. a. dazu verpflichtet, Transparenz hinsichtlich ihrer Werbe- und Empfehlungssysteme herzustellen und Werbung zu unterlassen, die sich gezielt an Kinder richtet oder spezielle → Personenbezogene Daten nutzt.

Digitale Dienstleistungen
→ Digitale Produkte.

Digitale Inhalte
→ Digitale Produkte.

Digitale-Inhalte-Richtlinie
Die EU-Richtlinie über bestimmte vertragsrechtliche Aspekte der Bereitstellung digitaler Inhalte und digitaler Dienstleistungen (ABl. 2019 L 136, 1) schafft einen Rechtsrahmen für Verträge, insbes. → Verbraucherverträge, über digitale Inhalte (zB Computerprogrammer) und digitale Dienstleistungen (zB Streamingdienste), die ab dem 1.1.2022 geschlossen wurden. Sie verfolgt eine → Vollharmonisierung und wurde vom deutschen Gesetzgeber fristgerecht umgesetzt durch das Gesetz zur Umsetzung der Richtlinie über bestimmte vertragsrechtliche Aspekte der Bereitstellung digitaler Inhalte und Dienstleistungen v. 25.6.21 (BGBl. 2021 I 2123), s. hierzu iE → Verbraucherverträge über digitale Pro-

dukte; sa → Gewährleistung, → Verbrauchsgüterkauf, → Verträge über digitale Produkte zwischen Unternehmern. Sa → Warengüterkaufrichtlinie; → Modernisierungsrichtlinie.

Digitale Netze
→ Netzausbau.

Digitale Produkte
Digitale Produkte ist der Oberbegriff für die Begriffe digitale Inhalte und digitale Dienstleistungen, die in § 327 II BGB definiert werden, s. hierzu iE → Verbraucherverträge über digitale Produkte; → Verträge über digitale Produkte zwischen Unternehmern, → Gewährleistung, → Warenkaufrichtlinie; sa → Verbrauchsgüterkauf.

Digitale Signatur
→ Signatur, elektronische.

Digitaler Binnenmarkt
→ Binnenmarkt, digitaler.

Digitaler Dienst
Digitaler Dienst iSd § 1 Abs. 4 Nr. 1 DDG → Digitale-Dienste-Gesetz (verweisend auf Art. 1 Abs. 1 lit. b Info-RL (RL (EU) 2015/1535)) ist eine Dienstleistung der Informationsgesellschaft, dh jede idR gegen Entgelt elektronisch ohne gleichzeitige physische Anwesenheit der Vertragsparteien (im Fernabsatz) und auf individuelle Anforderung des Empfängers erbrachte Dienstleistung, die mittels Geräten für die elektronische Verarbeitung (einschließlich digitaler Kompression) und Speicherung von Daten am Ausgangspunkt gesendet und am Endpunkt empfangen wird und die vollständig über Draht, über Funk, auf optischem oder anderem elektromagnetischem Wege gesendet, weitergeleitet und empfangen wird (elektronisch erbrachte Dienstleistung).

Digitaler Nachlass
→ Nachlass, digitaler.

Digitales Vertragsrecht
→ Verbraucherverträge über digitale Produkte, → Verträge über digitale Produkte zwischen Unternehmern, → Verbrauchsgüterkauf, → Digitale-Inhalte-Richtlinie; sa → Warengüterkaufrichtlinie.

Digitalpakt
2018 wurde beschlossen, dass der → Bund die Digitalisierung der Schulen mit 5 Mrd. EUR fördert. Im Hinblick auf die → Kulturhoheit der Länder musste hierfür das GG geändet werden. Nach Art. 104c GG ist dies nun zulässig, wobei die Entscheidungshoheit der Länder über die konkrete Mittelverwendung erhalten blieb.

DIHK
→ Industrie- und Handelskammer aE.

Diktatur
Von einer Diktatur spricht man, wenn in einem Staat die Herrschaftsgewalt nicht auf verschiedene Organe verteilt ist (→ Gewaltentrennung), sondern unbeschränkt einem einzelnen oder einer Gruppe (insbes. einer Partei oder dem Militär: Partei-, Militärd.) zusteht. In der neueren Geschichte trat die Diktatur häufig unter Bruch der Verfassung auf (→ Faschismus); verschiedentlich wurde sie auch scheinbar legal errichtet (NS-Regime). Die Diktatur neigt häufig zum Totalitarismus (→ totaler Staat) und zur Willkürherrschaft, da es an einer wirksamen Hemmung und Kontrolle der Staatsgewalt, insbes. an einer unabhängigen → Rechtsprechung, fehlt. In einem besonderen Sinne, nämlich dem des beherrschenden Einflusses der Arbeiter- und Bauernklasse auf Staat und Gesellschaft, spricht man von der Diktatur des Proletariats. Nach kommunistischer Auffassung liegt hierin aber keine Diktatur im obigen Sinne, weil die Herrschaft des Proletariats nicht diktatorisch, sondern durch das → Rätesystem verwirklicht wird. Keine Diktatur begründet die auch in rechtsstaatlichen Verfassungen vorgesehene → Notstandsgesetzgebung mit besonderen Rechten für die → vollziehende Gewalt, zB einem Notverordnungsrecht (→ Notverordnungen); bei verfassungsmäßiger Anwendung führen sie lediglich zu einer zeitlich und sachlich begrenzten Konzentration staatlicher Befugnisse bei bestimmten Stellen. Eine gewisse Verwandtschaft besteht zwischen Diktatur und Tyrannei (Tyrannis). Dieser überkommene Begriff wird heute zumeist iS materiell ungerechter oder grausamer Ausübung der Staatsgewalt gebraucht, wozu die Diktatur infolge ihrer Machtfülle und des Fehlens von Kontrollinstanzen naturgemäß neigt.

Diktierter Vertrag
→ Vertrag (2).

Dilatorische Einrede
→ Einrede.

diligentia
(lat.) Sorgfalt; diligentia quam in suis: → Sorgfalt (wie) in eigenen Angelegenheiten.

Dingliche Haftung
→ Haftung.

Dingliche Rechte
→ Sachenrecht, → subjektives Recht, → subjektiv-dingliches Recht, → Recht (1b).

Dingliche Surrogation
→ Surrogation.

Dinglicher Anspruch
ist der → Anspruch, der sich aus einem → dinglichen Recht ergibt, zB aus dem Eigentum der → Eigentumsherausgabeanspruch.

Dinglicher Arrest
→ Arrest.

Dinglicher Verwaltungsakt
Dinglicher Verwaltungsakt ist ein gegen alle wirkender Verwaltungsakt, durch den die öff.-rechtl. Eigenschaft einer Sache oder ihre Benutzung geregelt wird (zB Widmung einer Straße, Widmung eines Naturdenkmals, Auf-

stellung eines Verkehrszeichens). Der dingliche Verwaltungsakt hat keinen bestimmten Adressaten, sondern wird dem Einzelnen gegenüber erst durch dessen Annäherung aktualisiert; er ist häufig Allgemeinverfügung (§ 35 S. 2 VwVfG). Als Verwaltungsakt bedarf er einer gesetzl. Grundlage und kann von Betroffenen (§ 42 II VwGO) im verwaltungsgerichtlichen Verfahren angegriffen werden. Der dingliche Verwaltungsakt ist von den allgemein-abstrakten Regelungen (Rechtsnormen), insbes. von → Satzungen und → Rechtsverordnungen zu unterscheiden. Diese Unterscheidung kann uU schwierig sein, da das Gesetz mitunter auch vorsieht, dass die öff.-rechtliche Eigenschaft einer Sache durch eine Rechtsnorm bestimmt wird (zB Bestimmung eines Waldes zum Schutzwald durch → Rechtsverordnung).

Dingliches Vorkaufsrecht
→ Vorkaufsrecht (2).

Diözese
1. Diözese (oder Bistum) ist in der → kath. Kirche ein territorial abgegrenzter, vom → Bischof (Diözesenbischof) geleiteter Teil der Gesamtkirche; Erzdiözesen sind Diözesen, mit deren Bischofssitz das Amt eines eine Kirchenprovinz leitenden des → Metropoliten verbunden ist; sie werden von einem Erzbischof geleitet. Der Diözese gleichgestellt sind die diözesanähnlichen Teilkirchen: Territorialprälaturen, Territorialabteien, → Apostolische Administraturen, Apostolische Vikariate und Apostolische Präfekturen.

2. Bei Erledigung des Bischofsamtes oder Behinderung des Bischofs übernimmt die Leitung einer Diözese der Diözesanadministrator oder ein Koadjutorbischof mit dem Recht der Nachfolge. Der Diözesanbischof wird von Auxiliar- und Koadjutorbischöfen (Titularbischöfen, Weihbischöfen) unterstützt. Als Beratungsorgan besteht die Diözesansynode. Ferner sind ein mit Anhörungsrechten ausgestatteter Priesterrat und als dessen Ausschuss ein Konsultorenkollegium zu bilden; dessen Aufgaben können dem Domkapitel übertragen werden. Im Bereich der Vermögensverwaltung besteht ein mit Anhörungs- und Zustimmungsrechten ausgestatteter Diözesanverwaltungsrat.

3. Die gesetzgebende Gewalt des Bischofs ist nicht delegierbar, wohl aber Verwaltung und Rechtsprechung. Die Verwaltungsaufgaben werden vom Generalvikariat oder Ordinariat (Leitung: ein Generalvikar) ausgeübt; für bestimmte Aufgabenbereiche kann ein Bischofsvikar bestellt werden. Die Rechtsprechung wird durch ein Offizialat oder Konsistorium unter Leitung eines Offizials ausgeübt (→ kirchliche Gerichtsbarkeit).

4. Die Diözese gliedert sich in Dekanate (→ Dekan) und → Pfarreien.

Dioxin
Für die meisten großen Energieerzeugungsanlagen, die fossile Brennstoffe verbrennen, gilt ein Emissionsgrenzwert für Dioxin gem. Anlage I der 13. DVO zum BImSchG v. 2.5.2013 (BGBl. 2013 I 1021) mÄnd. → Abfallverbrennung, → Lebensmittelunternehmen.

Diphterie
→ Infektionsschutzgesetz.

Diplom
→ Diplomgrad.

Diplomat
Die → völkerrechtliche Vertretung eines Staates im Ausland wird auf Regierungsebene von Diplomaten wahrgenommen. Aufgabe der Diplomaten sind Verhandlungen mit der Regierung des Empfangsstaates, Schutz der Staatsangehörigen des eigenen Staates. Unterrichtung des eigenen Staates über die Verhältnisse im Empfangsstaat sowie die Pflege freundschaftlicher Beziehungen. → Konsuln nehmen vergleichbare Funktionen im Verkehr mit den nachgeordneten Instanzen des Empfangsstaats wahr. Das Recht der Diplomaten wurde in dem → Wiener Übereinkommen über Diplomatische Beziehungen v. 18.4.1963 (BGBl. 1964 II 958) kodifiziert. Bis dahin entsprach das Diplomatenrecht weitgehend noch der auf dem Wiener Kongress von 1815 und im Aachener Protokoll von 1818 getroffenen Regelung. Innerstaatlich regelt die Rechte des deutschen Auswärtigen Dienstes das Gesetz v. 30.8.1990 (BGBl. 1990 I 1842). In der Regel unterhalten Staaten ständige Auslandsvertretungen (Missionen) unter Leitung eines Diplomaten (Missionschef) mit weiterem diplomatischen Personal. Alle diese Personen sowie das Verwaltungs- und Dienstpersonals einschließlich ihrer Familienangehörigen genießen in abgestuftem Maße diplomatische Vorrechte und Immunitäten. Der Empfangsstaat ist zu besonderem Schutz der Diplomaten verpflichtet; Diplomaten sind von persönlichen Dienstleistungen befreit und sind von der Zwangsgewalt und der Straf- und Zivilgerichtsbarkeit einschließlich der Zeugenpflicht des Empfangsstaates ausgenommen (Immunität); Diplomaten, die Staatsangehörige des Empfangsstaates sind (regnicoles), genießen Immunität nur für ihre dienstlichen Handlungen (→ diplomatische Vorrechte). Die Rangordnung der als Missionschefs tätigen Diplomaten hat heute nur mehr protokollarische Bedeutung. Als → Doyen wird der Sprecher der in einem bestimmten Staat akkreditierten Diplomaten bezeichnet; kraft Tradition oder Vertrag ist dies häufig der → Nuntius als Vertreter des → Heiligen Stuhls. Botschafter (entspricht dem → Nuntius) und Gesandter (entspricht dem Internuntius) sind beim Staatsoberhaupt, Geschäftsträger beim Außenminister akkreditiert (→ Beglaubigung).

Diplomatik
Diplomatik ist eine historische Hilfswissenschaft, die sich mit der Echtheitsprüfung und Auswertung amtlicher oder privater Urkunden – insbes. solcher aus den Kanzleien der Herr-

scher früherer Jahrhunderte – befasst. Die Urkunden (diplomata) können dadurch rechtshistorische Bedeutung gewinnen.

Diplomatische Beziehungen
sind die durch Diplomaten vermittelten Beziehungen von Staaten untereinander und mit internationalen Organisationen (→ Völkerrechtssubjekte). Die Aufnahme und der Abbruch der diplomatischen Beziehungen ist in das Ermessen der Staaten (internationalen Organisationen) gestellt; das Angebot, diplomatische Beziehungen aufzunehmen, ist eine der Formen, in denen die → Anerkennung eines Staates oder einer Regierung erfolgen kann. Dagegen bedeutet der Abbruch der diplomatischen Beziehungen nicht ohne weiteres einen Widerruf der Anerkennung. Die beharrliche Weigerung eines Staates, mit einem anderen Staat diplomatische Beziehungen aufzunehmen, kann einen → Unfreundlichen Akt darstellen.

Diplomatische Vorrechte
→ Diplomaten genießen nach dem → Völkerrecht im Empfangsstaat diplomatische Vorrechte und Immunitäten (sa → Staatenimmunität). Früher und zum Teil auch heute noch wird für diplomatische Vorrechte und Immunitäten der Begriff der Exterritorialität verwandt. Dies ist irreführend, da das Missionsgebäude weiterhin zum Staatsgebiet des Empfangsstaates gehört.

1. Die Person der Diplomaten ist unverletzlich. Sie genießen grundsätzlich den besonderen Schutz des Empfangsstaates und sind von allen persönlichen Dienstleistungen wie der Übernahme öffentlicher Ämter, Militärdienst, Einquartierung ua befreit. Die Diplomaten sind ferner von der Straf- und Zivilgerichtsbarkeit einschließlich der Zeugenpflicht ausgenommen (Immunität). Selbst bei groben Verstößen gegen die Rechtsordnung des Empfangsstaates ist die Immunität nicht verwirkt; der Empfangsstaat kann solche Personen allerdings zur → persona non grata erklären. Die Immunität gilt grundsätzlich auch für private Akte des Diplomaten; ausgenommen sind sein im Empfangsstaat belegenes Grundvermögen betreffende dingliche Klagen, ihn selbst betreffende Nachlassangelegenheiten und Klagen, die seine gewerbliche oder freiberufliche Tätigkeit betreffen.

2. Das Betreten der Missionsgebäude ist den Behörden des Empfangsstaates nur mit Zustimmung der die Mission leitenden Diplomaten gestattet. Dies gilt nicht nur für die Polizei, sondern auch für die Feuerwehr. Ausnahmen bei Verfolgung auf frischer Tat werden nicht mehr anerkannt. Ein völkerrechtlich anerkanntes Recht auf diplomatisches Asyl wird gleichwohl verneint.

3. Der Empfangsstaat ist ferner zur Sicherstellung des diplomatischen Verkehrs verpflichtet. Dazu gehört die freie Ein- und Ausreise der Mitglieder der diplomatischen Missionen, freie Nachrichtenverbindungen, unkontrollierter Transport des Kuriergepäcks.

4. Die Diplomaten selbst und die für die Missionsgebäude verwendeten Liegenschaften sind von Steuern und Abgaben des Empfangsstaates befreit.

5. Die diplomatischen Vorrechte genießen in erster Linie die Diplomaten und das diplomatische Personal. In abgestufter Weise stehen sie auch Familienangehörigen, Verwaltungspersonal, technischem Personal und Dienstpersonal zu.

Diplomatisches Asyl
→ Diplomatische Vorrechte.

Diplomatisches Korps
(Corps diplomatique = CD) ist der Sammelbegriff für die Angehörigen der diplomatischen Vertretungen in einem bestimmten Land. Das Außenministerium des Empfangstaates führt eine Liste der zum diplomatischen Korps gehörenden Personen („Diplomatische Liste"). Sprecher des diplomatischen Korps ist der → Doyen. Gegenstück ist das Konsularkorps (Corps consulaire = CC).

Diplomgrad
Nach dem → Hochschulrecht einiger Länder (zB Bayern) verleiht die → Hochschule auf Grund der Hochschulprüfung, mit der ein berufsqualifizierender Abschluss erworben wird, als → Hochschulgrad den Diplomgrad mit Angabe der Fachrichtung (zB Diplom-Volkswirt, Diplom-Ingenieur), → Fachhochschulen mit entspr. Zusatz („FH"). Der Diplomgrad kann auch auf Grund einer entsprechenden staatlichen oder kirchlichen Prüfung verliehen werden (s. zB → Diplom-Jurist). Sa → Akademische Grade, → Doktorgrad. Künftig wird idR der → Bachelor oder → Master an die Stelle des Diplomgrades treten. Die nach früherem Recht verliehenen Diplomgrade bleiben bestehen.

Diplom-Jurist
1. Diplom-Jurist war ursprünglich die Bezeichnung für die in der ehem. DDR ausgebildeten Juristen.

2. Nach § 18 I 3 HRG sowie entsprechenden Regelungen in den Landesgesetzen können die Universitäten den → Diplomgrad auch aufgrund einer staatlichen Prüfung verteilen, mit der ein Hochschulstudium abgeschlossen wird. Somit kann auf Grund der ersten Prüfung in der → Juristenausbildung (→ Befähigung zum Richteramt, 3, → Jurist) der Grad Diplom-Jurist verliehen werden; die meisten Universitäten haben von dieser Möglichkeit Gebrauch gemacht. Da außerhalb des rechtswissenschaftlichen Studiums der → Diplomgrad weitestgehend urch den → Master ersetzt ist, wird teilweise der Titel eines Magister iuris verliehen (zB in Bonn, Düsseldorf, Heidelberg, Köln und Konstanz).

3. In wirtschaftsrechtlichen Studiengängen neben der klassischen → Juristenausbildung, die zur → Befähigung zum Richteramt führt,

wurde der Titel Diplomwirtschaftsjurist verliehen. Inzwischen schließt die Wirtschaftsjuristenausbildung idR mit → Bachelor und → Master ab. Entsprechende Studiengänge werden sowohl an → Universitäten als auch an → Fachhochschulen (→ Hochschulen für angewandte Wissenschaften) angeboten.

Diplomwirtschaftsjurist
→ Diplom-Jurist (3).

Directors' Dealing
→ Eigengeschäfte von Führungskräften.

Direktanspruch
In Schadensersatzangelegenheiten bei der eine Versicherungspflicht des Schädigers nach dem Pflichtversicherungsgesetz besteht (zB KFZ-Haftpflicht) kann der Schadensersatzanspruch direkt gegen den Versicherer geltend gemacht werden → Pflichtversicherung, → Kraftfahrzeug-Haftpflichtversicherung (§ 15 VVG, weitere Anwendungsfälle des Direktanspruchs sind die Insolvenz oder ein unbekannter Aufenthaltsort des Versicherungsnehmers). In der → Sozialversicherung ist § 116 SGB X einschlägig (übergegangener Direktanspruch gegen den Versicherer).

Direkte Steuern
werden unmittelbar bei demjenigen erhoben, den sie wirtschaftlich treffen sollen (zB Einkommensteuer); indirekte Steuern werden nicht von demjenigen erhoben, der sie nach dem Willen des Gesetzgebers wirtschaftlich tragen soll, sondern von einem anderen. Dieser überwälzt die Steuer auf den, der sie wirtschaftlich tragen soll, → Steuerüberwälzung. Bekannteste indirekte Steuer ist die → Umsatzsteuer.

Direkterwerb
→ Verfügung eines Nichtberechtigten, → Anwartschaftsrecht.

Direktionsrecht
Das Direktionsrecht oder Weisungsrecht ist das dem → Arbeitgeber aus dem → Arbeitsverhältnis zustehende Recht, einseitig den Inhalt der Arbeitsleistung und die → Arbeitsbedingungen zu bestimmen, soweit dies nicht durch Gesetz, → Tarifvertrag, → Betriebsvereinbarung oder → Arbeitsvertrag festgelegt ist (§ 106 GewO). Auf Grund des Direktionsrechts kann der Arbeitgeber zur Arbeitsleistung und zum Verhalten des Arbeitnehmers im Betrieb Weisungen erteilen, die der Arbeitnehmer befolgen muss, soweit sie nicht gegen Gesetz, Vertrag, die guten Sitten oder gegen die Fürsorgepflicht verstoßen; zB → Rauchverbot während der Arbeit, die Bestimmung des Arbeitsortes und der Arbeitszeit in den Grenzen des Vertrags. Die Ausübung des Direktionsrechts kann gerichtlich neben der Einhaltung der vorerwähnten Grenzen nur eingeschränkt auf Unbilligkeit kontrolliert werden, vielfach bestehen aber Mitwirkungsrechte des Betriebsrates (zB bei → Versetzung). Überschreitet das Vorhaben des Arbeitgebers die Grenzen des Direktionsrechts, scheidet eine Versetzung aus und es kommen allenfalls eine einvernehmliche, dh von der Zustimmung des Arbeitnehmers abhängige, Vertragsänderung oder eine einseitige, aber idR dem allgemeinen Kündigungsschutz unterliegende → Änderungskündigung in Betracht.

Direktmandat
nennt man im Bundeswahlrecht die im Wahlkreis errungenen Mandate im Gegensatz zu den nach Landeswahlvorschlägen (Landeslisten) vergebenen Mandaten (→ Bundestag, 2a).

Direktunterrichtsvertrag
→ Fernunterricht.

Direktvermarktung erneuerbarer Energie
Als Direktvermarktung → erneuerbarer Energien definiert § 3 Nr. 16 EEG 2023 die Veräußerung von Strom aus erneuerbaren Energien oder Grubengas an Dritte. Der Betreiber einer Anlage zur Erzeugung von Strom aus erneuerbaren Energien verkauft in diesem Fall seinen Strom selbst, häufig unter Einschaltung eines Direktvermarktungsunternehmers (§ 3 Nr. 17 EEG 2023), und bekommt dafür den Kaufpreis. Zusätzlich erhält der Betreiber der Anlage vom Netzbetreiber als Förderung die Marktprämie nach §§ 19 f. EEG 2023. Die Höhe dieser Marktprämie hängt ab von dem durch → Ausschreibung nach § 22 EEG 2023 ermittelten „anzulegenden Wert“ und stellt einen über den Strompreis hinausgehenden finanziellen Anreiz für die Erzeugung von „grünem“ Strom dar. Wird Strom aus erneuerbaren Energien nicht direkt vermarktet, erfolgt die Förderung durch eine → Einspeisevergütung oder einen Zuschlag zum → Mieterstrom. Zur Direktvermarktung bei der → Kraft-Wärme-Kopplung dort.

Direktversicherung
ist eine → Lebensversicherung auf das Leben des Arbeitnehmers (Versicherter), die durch den Arbeitgeber (Versicherungsnehmer) abgeschlossen wird (§ 4b EStG). Die Beiträge sind beim Arbeitgeber → Betriebsausgaben. Der Versicherungsanspruch darf nicht aktiviert werden.

Für den Arbeitnehmer haben sich durch das → Alterseinkünftegesetz wichtige Änderungen ab 1.1.2005 ergeben: Für ab diesem Zeitpunkt abgeschlossene Direktversicherung besteht nicht mehr die Möglichkeit der Pauschalversteuerung. Beiträge zu diesen Versicherungen sind seit 1.1.2018 8 vH der Beitragsbemessungsgrenze (früher: 4 vH der Beitragsbemessungsgrenze zuzüglich 1.800 EUR) lohnsteuerfrei (§ 3 Nr. 63 EStG), falls nur Leistungen in Form laufender Renten oder eines Auszahlungsplanes vorgesehen sind. Im Gegenzug ist die Auszahlung der Direktversicherung voll zu versteuern (§ 22 Nr. 5 EStG), → nachgelagerte Besteuerung.

Für Direktversicherung, die vor dem 1.1.2005 abgeschlossen wurden, besteht weiterhin die Möglichkeit der Pauschalversteuerung. Die Lohnsteuer kann dann bis 1.752 EUR jährlich mit 20 vH pauschal berücksichtigt werden. Voraussetzung ist, dass der Arbeitnehmer gegenüber dem Arbeitgeber erklärt, dass er diese Form der Besteuerung will. Spätere Leistungen aus der Direktversicherung sind dann nur mit dem → Ertragsanteil nach § 22 Nr. 1 EStG zu erfassen. Erklärt sich der Arbeitnehmer nicht, so erfolgt auch hier eine Steuerfreistellung in der Ansparphase mit nachgelagerter Besteuerung in der Auszahlungphase (§ 22 Nr. 5 EStG). Diese Art der Besteuerung erfolgt auch, wenn der Arbeitnehmer eine steuerliche Förderung nach § 10a EStG oder über Alterszulagen erhielt.

Wird die Pauschalbesteuerung fortgesetzt und eine weitere Direktversicherung nach dem 1.1.2005 abgeschlossen, so sind bei der neuen Versicherung nur Beiträge bis 8 vH der Beitragsbemessungsgrenze (früher 4 vH der Beitragsbemessungsgrenze ohne weitere Erhöhung um 1.800 EUR) lohnsteuerfrei. → Altersversorgung, betriebliche.

Direktzahlungen

In der → Gemeinsamen Agrarpolitik bezeichnet man als Direktzahlungen finanzielle Zuwendungen der EU sowie der Mitgliedstaaten an Landwirte zur Einkommensunterstützung. Sie machen den Großteil der Agrarhaushaltsmittel in der EU aus.

1. Ursprünglich an die Produktionsmenge gekoppelt, sind die Direktzahlungen von 2013 bis Ende 2022 i. W. an die Produktionsfläche (sog. entkoppelte Direktzahlungen) und die Erfüllung der Voraussetzungen der → Cross Compliance gebunden gewesen. Bis Ende 2022 basierten die Direktzahlungen auf den Verordnungen (EU) 1305 – 1310/2013, jeweils v. 17.12.2013, ABl. EU 2013 L 347, 487 ff. Sie wurden in Deutschland umgesetzt durch das MOG (→ Gemeinsame Marktorganisation), das Direktzahlungen-Durchführungsgesetz (DirektZahlDurchfG) v. 9.7.2014 (BGBl. 2014 I 897) mÄnd und das Agrarzahlungen-Verpflichtungengesetz v. 2.12.2014 (BGBl. 2014 I 1928) mÄnd.

2. a) Eine weitere Reform der GAP ist am 1.1.2023 in Kraft getreten. Diese Reform knüpft Direktzahlungen noch stärker an die Einhaltung von umweltschützenden Maßnahmen als bisher. Die Mitgliedstaaten erstellen dazu nationale → Strategiepläne. Die wichtigsten der seit dem 1.1.2023 geltenden Vorschriften sind:

– VO (EU) 2021/2115 v. 2.12.2021 mit Vorschriften für die Unterstützung der von den Mitgliedstaaten im Rahmen der Gemeinsamen Agrarpolitik zu erstellenden ... Strategiepläne (GAP-Strategiepläne), ABl. EU 2021 L 435, 1,
– VO (EU) 2021/2116 v. 2.12.2021 über die Finanzierung, Verwaltung und Überwachung der Gemeinsamen Agrarpolitik, ABl. EU 2021 L 435, 187 und
– die geänderte VO (EU) Nr. 1308/2013 v. 17.12.2013 über eine gemeinsame Marktorganisation für landwirtschaftliche Erzeugnisse.

Die deutschen Durchführungsvorschriften hierzu sind ua:

– GAP-Konditionalitäten-Gesetz (GAPKondG) v. 16.7.2021 (BGBl. 2021 I 2996),
– GAP-Direktzahlungen-Gesetz (GAPDZG) v. 16.7.2021 (BGBl. 2021 I 3003),
– GAP-Integriertes Verwaltungs- und Kontrollsystem-Gesetz (GAPInVeKoSG) v. 10.8.2021 (BGBl. 2021 I 3523),
– GAP-Direktzahlungen-Verordnung (GAPDZV) v. 24.1.2022 (BGBl. 2022 I 139) mÄnd,
– GAP-Konditionalitäten-Verordnung (GAPKondV) v. 7.12.2022 (BGBl. 2022 I 2244) mÄnd sowie
– GAP-Finanzinteressen-Schutz-Gesetz (GAPFinISchG) v. 26.7.2023 (BGBl. 2023 I Nr. 204).

b) Landwirte können nach diesen Vorschriften auf Antrag Einkommensunterstützung in Form von jährlichen Direktzahlungen erhalten. Die Einkommensunterstützung besteht aus der Einkommensgrundunterstützung (etwa 150 € pro ha), der Umverteilungseinkommensstützung (etwa 65 € pro ha), der Einkommensstützung für Junglandwirte unter 41 Jahren (etwa 130 € pro ha) und der Einkommensstützung für die Haltung von Mutterschafen, -ziegen und -kühen (Art. 16 ff. VO (EU) 2021/2115, §§ 4 ff. GAPDZG). Die flächenbezogenen Direktzahlungen werden pro Hektar förderungsfähiger Fläche gezahlt und setzen voraus, dass die unter dem Begriff der → Konditionalität zusammengefassten Nachhaltigkeitsanforderungen erfüllt werden. Zusätzlich zur Einkommensstützung können landwirtschaftliche Betriebe Direktzahlungen für sogenannten Öko-Regelungen (Art. 31 VO (EU) 2021/2115, §§ 18 ff. GAPDZG) und Agrarumwelt- und Klimaschutzmaßnahmen erhalten (Art. 70 VO (EU) 2021/2115), wenn sie die dafür erforderlichen Maßnahmen treffen. Von 2023 bis 2027 erhält Deutschland von der EU für Direktzahlungen etwa 30 Mrd. € (Anhänge V und XI VO (EU) 2021/2115). Nationale Verwaltungsbehörde ist die → Bundesanstalt für Landwirtschaft und Ernährung.

Direktzusage

→ Pensionszusage.

Disagio

Abschlag, Abgeld, Damnum. Verschiedentlich werden Darlehen (→ Darlehensvertrag), → Schuldverschreibungen und sonstige Wertpapiere nicht zum vollen Nennwert (dh pari, wenn also der Börsenkurs mit dem Nennwert übereinstimmt) ausgegeben, sondern zu einem niedrigeren Kurs. Der Schuldner muss infolge dieses Abschlags (Disagio) mehr zurückzahlen, als er erhalten hat. Ein Disagio (→ Unterpariemission) ist bei Aktien unzulässig, § 9 I AktG. Umgekehrt ist gerade bei diesen Wertpapieren häufig der Ausgabekurs höher als der Nennbetrag (sog. Agio oder Aufgeld; → Überpariemission).

Discovery
Bei der Discovery (dt. "Entdeckung") handelt es sich eine Besonderheit des amerikanischen Zivilprozesses (Beweiserhebung), wonach im Vorfeld eines Gerichtsverfahrens die jeweilige Gegenseite von einer Prozesspartei Informationen und Unterlagen zum Streitgegenstand verlangen kann (auch: pre-trial discovery). Dieses Instrument ist dem deutschen Zivilprozessrecht fremd und erinnert in der Sache an einen Ausforschungsbeweis (→ Ausforschungsbeweisantrag).

Diskont
ist ein Zins, der vorweg bei noch nicht fälligen Zahlungen, insbes. beim Ankauf von → Wechseln, abgezogen wird (Diskontierung). S. a. → Diskontgeschäft, → Wechseldiskont.

Diskontgeschäft
ist der Ankauf von → Wechseln und → Schecks unter Abzug eines Zwischenzinses durch → Kreditinstitute. Es gehört zu den → Bankgeschäften (§ 1 I 2 Nr. 3 KWG). Banküblich wird auch die in der Praxis häufigere Bevorschussung eines Wechsel- oder Scheckbetrags (Hereinnahme zum Einzug oder zur Sicherung unter Gutschrift mit Vorbehalt) als Diskontgeschäft („Diskontierung") bezeichnet. Bankrechtlich ist dieses Geschäft jedoch ein Kreditgeschäft (Diskontkredit). Sa → Diskontpolitik.

Diskontinuitätsgrundsatz
Nach dem Diskontinuitätsgrundsatz gelten die am Ende der → Wahlperiode eines → Parlaments nicht abschließend beratenen Angelegenheiten (insbes. Gesetzentwürfe) mit Ablauf der Wahlperiode als erledigt und müssen – falls sie weiterverfolgt werden sollen – im neuen Parlament erneut eingebracht werden (§ 125 GO BT).

Diskontkredit
→ Diskontgeschäft.

Diskontpolitik
gehörte bis zur Einführung des → Euro am 1.1.1999 zum währungspolitischen Instrumentarium der → Bundesbank. Diese kaufte von anderen Banken zu deren Refinanzierung → Wechsel (§ 19 BBankG aF, Rediskontgeschäft). Den dafür relevanten Diskontsatz legte die Bundesbank fest (§ 15 BBankG aF), die damit Geldumlauf und Zinsen beeinflusste. Die Diskontpolitik war eine deutsche Spezialität und ist für die → Europäischen Zentralbank, anders als die → Offenmarktpolitik und die Festsetzung von → Mindestreserven, als währungspolitisches Instrumentarium nicht mehr vorgesehen, könnte allerdings mit Mehrheit von zwei Dritteln gemäß Art. 20 ESZB-Satzung als außerordentliches Mittel eingesetzt werden. Sa → Diskontgeschäft.

Diskontsatz
war ein ehemaliger Leitzinssatz der Deutschen → Bundesbank, zu dem sie von → Kreditinstituten → Wechsel ankaufte (s. → Diskontpolitik). Der Diskontsatz wurde in Gesetzen und Verträgen als Bezugsgröße für Zinsen (Diskontsatz plus x) verwendet. Zum 1.1.1999 wurde der Diskontsatz durch den → Basiszinssatz ersetzt.

Diskothek
→ Tanzveranstaltungen, → Lärmbekämpfung (3).

Diskriminierung im Völkerrecht
ist die Schlechterstellung eines von mehreren Völkerrechtssubjekten, zu denen Rechtsbeziehungen bestehen. Das Recht des → völkerrechtlichen Vertrags kennt zahlreiche Diskriminierungsverbote, ua auf handelspolitischem Gebiet. Sie besagen, dass es den Vertragsstaaten untersagt ist, einen der Vertragspartner in dem von der Regelung betroffenen Bereich schlechter zu stellen als die anderen. Sa → Inländerbehandlung, → Meistbegünstigung. Innerstaatlich wird der Begriff Diskriminierung neuerdings gelegentlich zur Kennzeichnung sachlich nicht gerechtfertigter Schlechterstellungen verwendet, aber weniger mit rechtlichem als mit politisch-soziologischem Inhalt; → Gleichberechtigung, → Gleichheit vor dem Gesetz.

Diskriminierungsverbot
1. Das Diskriminierungsverbot ist in EU-Vertrag (EUV) und → AEUV, genauso wie im früheren EGV, der unionsrechtliche Gleichheitssatz. Verboten ist die willkürliche Ungleichbehandlung, vor allem die Anknüpfung an die Staatsangehörigkeit oder den Wohnsitz. Zur Feststellung der Gleichheit nach Gegenstand und Maßstab ist wesentlich auf den Zweck der unionsrechtlichen Norm und ihre spezifischen Zielsetzungen abzustellen. Nach der Rspr. des EuGH ist das Diskriminierungsverbot weitgehend unmittelbar geltendes Unionsrecht und nicht bloß Programmsatz.

2. Grundlegend verbietet Art. 18 AEUV (früher Art. 12 EGV) „jede Diskriminierung aus Gründen der Staatsangehörigkeit". → Rat und → Parlament können Regelungen für das Verbot solcher Diskriminierungen erlassen. Diskriminierungsverbote sind ferner erwähnt für → Arbeitnehmerfreizügigkeit in Art. 45 AEUV (früher Art. 39 EGV), für Verkehr in Art. 95 AEUV (früher Art. 75 EGV) und für Landwirtschaft in Art. 40 AEUV (früher Art. 34 EGV).

3. Das Diskriminierungsverbot hat unmittelbar kassatorische Wirkung für entgegenstehendes nationales Recht. Ferner können nach Art. 19 AEUV (früher Art. 13 EGV) Rat und Parlament geeignete Vorkehrungen treffen, um Diskriminierungen aus Gründen des Geschlechts, der Rasse, der ethnischen Herkunft,

der Religion oder der Weltanschauung, einer Behinderung, des Alters oder der sexuellen Ausrichtung zu bekämpfen.

4. Im nationalen Recht verbietet Art. 3 III GG die Diskriminierung. Danach darf niemand wegen seines Geschlechts, seiner Abstammung, seiner Rasse, seiner Heimat und Herkunft, seines Glaubens, seiner religiösen oder politischen Anschauungen benachteiligt werden; → Gleichheit vor dem Gesetz (Gleichheitssatz). Der Durchsetzung dieses Verbots dient auch das Allgemeine Gleichbehandlungsgesetz, → Gleichbehandlung (2).

Diskriminierungsverbot im Arbeitsrecht
→ Gleichbehandlung, → Gleichberechtigung, → Zeitarbeitsverhältnis.

Diskriminierungsverbot im Wettbewerbsrecht
→ Marktbeherrschende Unternehmen dürfen andere Unternehmen nicht gegenüber diesen gleichartigen Unternehmen ohne sachlich gerechtfertigten Grund unterschiedlich behandeln (§ 19 Abs. 2 Nr. 1 GWB; vgl. auch Art. 102 S. 2 AEUV). Ein derartiges Verhalten ist auch dann verboten, wenn das diskriminierende Unternehmen zwar nicht marktbeherrschend ist, aber relative oder überlegene Marktmacht (→ Marktmacht, relative) besitzt (§ 20 Abs. 1 GWB). Ein Verstoß begründet Unterlassungs- und Beseitigungsansprüche (§ 33 GWB) und - bei → Verschulden - Schadensersatzansprüche (§ 33a GWB). S. ferner → Anschlusspflicht, → Behinderungsmissbrauch, → Boykott, → Netzzugang.

Dismembration
Die vollständige Aufspaltung eines Staates in mehrere Staaten bezeichnet man als Dismembration. Im Unterschied dazu bleibt bei der → Separation oder → Sezession der ursprüngliche Staat, wenn auch reduziert um das abgespaltene Gebiet oder die abgespaltenen Gebiete, bestehen. Historische Beispiele für die Dismembration sind die Aufspaltung von Großkolumbien in Venezuela, Ecuador und Neugranada (später Kolumbien) 1829 und die Auflösung der Sowietunion 1991; Russland hat sich mit den Nachfolgestaaten darauf verständigt, dass die Sowietunion als → Völkerrechtssubjektuntergegangen ist, so dass Russland nicht im Sinne einer Sezesson der anderen Teile der Sowietunion als Rest- oder Rumpfstaat in Rechtsnachfolge der Sowietunion angesehen wird. Strittig ist die Situation bei Jugoslawien; hier sieht sich Serbien als Rechtsnachfolger, so dass wohl eher von einer Sezession Sloweniens, Kroatien, Mazedoniens usw. ausgeangen werden könnte; anders gehet die Mehrheit der Staaten einschließlich der EU derzeit von einer vollständigen Dismembration Jugoslawiens aus.

Dispache
Dispache ist eine Berechnung, in der ein Sachverständiger (der Dispacheur) im Falle einer großen → Haverei die Beitragspflicht der Beteiligten zum Ersatz der entstandenen Schäden feststellt; sie ist vom Schiffer unverzüglich zu veranlassen (§ 595 HGB). Das Verfahren ist in den §§ 403 ff. FamFG geregelt. Über die vom Dispacheur aufgemachte Dispache kann auf Antrag eines Beteiligten vor dem → Amtsgericht verhandelt werden. Eine durch Beschluss rechtskräftig bestätigte Dispache ist ein → Vollstreckungstitel (§ 409 FamFG).

Dispacheur
→ Dispache.

Dispens
1. Der Dispens im Verwaltungsrecht hebt ein repressives gesetzliches Verbot für den Einzelfall auf. Er ist von der → Erlaubnis zu unterscheiden, die von der Verwaltungsbehörde auf Grund des Erlaubnisvorbehalts einer Verbotsnorm erteil wird. Die Verbotsnorm dient in diesem Falle nur dem Zweck, das von der Erlaubnis abhängige Tun der behördlichen Kontrolle zu unterstellen (nicht, es zu untersagen). So besteht etwa auf Ausübung eines dem materiellen Baurecht entsprechenden Bauvorhabens ein subjektives öffentliches Recht (→ Baufreiheit); sie soll vom Gesetz nicht verhindert werden. Das Bestehende formelle Bauverbot (ohne vorherige → Baugenehmigung darf nicht gebaut werden) will nur die Einhaltung der baurechtlichen Vorschriften sichern. Demgegenüber liegt ein Dispens (Ausnahmebewilligung, Befreiung) dann vor, wenn das Gesetz eine Tätigkeit überhaupt verbieten, also ein gewisses Verhalten verhindern will, hiervon jedoch im Einzelfall von der Verwaltungsbehörde eine Ausnahme bewilligt wird. Der Dispens soll idR unbillige Härten für den einzelnen vermeiden, kann aber auch aus Gründen des Allgemeinwohls ergehen. So sind zB Befreiungen von den Vorschriften des materiellen Baurechts möglich (→ Ausnahmen und Befreiungen im Baurecht).

2. Im Eherecht ist Dispens die Befreiung von → Eheverboten; ebenso im kath. → Kirchenrecht.

Displaced persons
nannte man nichtdeutsche verschleppte Personen und Flüchtlinge, die sich bei Ende des 2. Weltkrieges (insbes. als Zwangsarbeiter) auf dem Gebiet des früheren Deutschen Reiches befanden. Ihr Status wurde durch das Gesetz über die Rechtsstellung → heimatloser Ausländer im Bundesgebiet vom 25.4.1951 (BGBl. 1951 I 269) geregelt.

Dispositionskredit
→ Überziehungskredit; → Verbraucherdarlehensvertrag.

Dispositionsmaxime
→ Verfügungsgrundsatz.

Dispositives Recht
= nachgiebiges (abänderliches) Recht; → Recht (3).

Dispositivurkunde
→ Urkunde.

Dissens
→ Vertrag (1).

dissenting opinion (vote)
→ Beratungsgeheimnis.

Dissimuliertes Geschäft
(Dissimulation) → Scheingeschäft.

Distanzdelikt
nennt man eine Straftat, die an mehreren Orten begangen wird oder bei der der Erfolg an einem anderen als dem Handlungsort eintritt (zB Versendung eines beleidigenden Briefes). Nach § 9 StGB können dann unterschiedliche Strafrechtsnormen in Betracht kommen (→ Geltungsbereich des Strafrechts), weil → Tatort sowohl der Ort der Handlung (Unterlassung) wie der des Erfolgs ist. Beim → Teilnehmer ist sowohl der Ort der Haupttat wie der seiner Teilnahmehandlung maßgebend. Zum → Internet, → Internetkriminalität, → Volksverhetzung.

Im Zusammenhang mit der Abgenzung zwischen Vorbereitungshandlung und Versuch werden unter dem Stichwort des „Distanzdelikts" zB Fälle der Tötung durch eine Gift- oder Sprengfalle diskutiert (→ Versuch 3b).

Distanzwechsel
Ein Distanzwechsel ist ein → Wechsel, bei dem Zahlungs- und Ausstellungsort (Art. 1 Nr. 5, 7 WG) verschieden sind.

Disziplinargerichte
sind nach §§ 45 ff. BDG (→ Disziplinarrecht) die → Verwaltungsgerichte. Hierzu werden bei den Verwaltungsgerichten Kammern für Disziplinarsachen und bei den Oberverwaltungsgerichten Senate für Disziplinarsachen gebildet. Die Kammern bestehen aus 3 Berufsrichtern und 2 Beamtenbeisitzern. Einer der Beamtenbeisitzer soll dem Verwaltungszweig und der Laufbahngruppe des Beamten angehören, gegen den sich das Disziplinarverfahren richtet. Revisionsinstanz ist das Bundesverwaltungsgericht. Für Disziplinarverfahren aus dem Bereich des → Bundesnachrichtendienstes entscheidet das Bundesverwaltungsgericht in erster und letzter Instanz (§ 45 S. 5 BDG iVm § 50 I Nr. 4 VwGO).

Disziplinarmaßnahmen
Disziplinarmaßnahmen gegen → Beamte sind nach dem Bundesdisziplinargesetz (BDG) v. 9.7.2001 (BGBl. 2001 I 1510) mÄnd und dem Disziplinarrecht der Länder: Verweis (= Tadel eines bestimmten Verhaltens), Geldbuße bis zur Höhe der einmonatigen Dienstbezüge, Gehaltskürzung bis zum Höchstbetrag von 1/5 der Dienstbezüge auf längstens 3 Jahre, Zurückstufung in ein Amt derselben Laufbahn mit geringerem Endgrundgehalt (was eine Minderung der Dienstbezüge und den Verlust der bisherigen Dienstbezeichnung bedeutet), Entfernung aus dem Beamtenverhältnis (mit Verlust des Anspruchs auf → Dienstbezüge und → Versorgung sowie des Rechts, die Dienstgradbezeichnung zu führen), Kürzung des Ruhegehalts und Aberkennung des Ruhegehalts. Missbilligende Äußerungen des Dienstvorgesetzten, die nicht ausdrücklich als Warnung oder Verweis bezeichnet werden (Zurechtweisungen, Ermahnungen, Rügen u. dgl.), sind keine Disziplinarmaßnahmen. Verweis, Geldbuße, eine Kürzung der Dienstbezüge und Kürzung des Ruhegehalts konnten bishervom Dienstvorgesetzten durch Disziplinarverfügung (§ 33 BDG aF), die schwereren Disziplinarmaßnahmen (sog. Laufbahnstrafen) nur von den → Disziplinargerichten ausgesprochen werden; durch das G zur Beschleunigung von Disziplinarverfahren in der Bundesverwaltung und zur Änderung weiterer dienstrechtlicher Vorschriften können nun sämtliche Disziplinarmaßnahmen gegen Bundesbeamte unmittelbar durch die zuständigen Dienstbehörden verhängt werden; die Möglichkeit der Überprüfung durch die Disziplinargerichte bleibt bestehen(→ Disziplinarverfahren). Inwieweit die Landesdisziplinarverfahren nach den Landesdisziplinargesetzen sich dieser Entwicklung anschließen, bleibt abzuwarten. Die Neuregelung soll ermöglichen, Extremisten (sa → Extremismus) möglichst rasch aus dem Staatsdienst zu entfernen. Bei Beamten im → Ruhestand kann nur das → Ruhegehalt gekürzt oder aberkannt werden. Die Aberkennung bewirkt auch den Verlust der Ansprüche auf → Hinterbliebenenversorgung und des Rechts, eine Dienstgradbezeichnung und amtsbezogene Titel zu führen. Bei Entfernung aus dem Dienst und bei Aberkennung des Ruhegehalts kann dem Verurteilten ein Unterhaltsbeitrag zuerkannt werden (§ 79 BDG). Missbilligende Äußerungen des Dienstvorgesetzten, die nicht ausdrücklich als Verweis bezeichnet werden (Zurechtweisungen, Ermahnungen, Rügen), sind keine Disziplinarmaßnahmen. Sa → Disziplinarverfahren. Für Soldaten gilt die→ Wehrdisziplinarordnung. Besondere Vorschriften gelten für → Richter (→ Richtergesetze); die neuen Vorschriften zum Erlass von Disziplinarmaßnahmen durch die Dienstbehörden gelten nicht für Richter.

Disziplinarrecht
1. Das Disziplinarrecht ist Teil des → Beamtenrechts (sa → Beamtenverhältnis) und umfasst die Gesamtheit der für die Ahndung dienstlicher Verfehlungen von → Beamten geltenden Rechtsvorschriften. Kern des materiellen Disziplinarrechts ist der in den Beamtengesetzen des Bundes und der Länder enthaltene Begriff des „Dienstvergehens", worunter jede schuldhafte Verletzung der dem Beamten obliegenden Pflichten verstanden wird (§ 47 BeamtStG, § 77 BBG; zu den einzelnen Pflichten des Beamten s. dort); ein Verhalten außerhalb des Dienstes ist jedoch nur dann ein Dienstvergehen, wenn es nach den Umständen des Falles in besonderem Maße geeignet ist, die Achtung und das Vertrauen in

einer für das Amt des Betreffenden oder das Ansehen des Beamtentums bedeutsamen Weise zu beeinträchtigen (§ 47 I 2 BeamtStG, § 77 I 2 BBG). Inhalt des formellen Disziplinarrechts ist die Regelung des Aufbaues, der Zuständigkeit und der Befugnisse der im Disziplinarrecht vorgesehenen Stellen (→ Disziplinargerichte, → Disziplinarmaßnahmen) sowie die Regelung des → Disziplinarverfahrens.

2. Für den Bund ist das Disziplinarrecht geregelt im Bundesdisziplinargesetz (BDG) v. 9.7.2001 (BGBl. 2001 I 1510) mÄnd. Die Länder haben damit inhaltlich im Wesentlichen übereinstimmende Disziplinar-(Dienststraf-)ordnungen erlassen. Zweck des Disziplinarrechts ist einerseits, das Vertrauen in das Beamtentum durch Wahrung der Disziplin und Ausschluss untauglicher Personen zu erhalten, andererseits die Rechtsstellung des Beamten selbst durch förmliche Ausgestaltung des Verfahrens und Einrichtung besonderer Disziplinargerichte zu festigen. Im Gegensatz zum allgemeinen Strafrecht gilt das → Opportunitätsprinzip, dh der Dienstvorgesetzte und die Einleitungsbehörde entscheiden nach pflichtgemäßem Ermessen unter Würdigung der Tat, der Persönlichkeit des Beamten sowie seines gesamten dienstlichen und außerdienstlichen Verhaltens, ob disziplinäre Ahndung geboten ist. Für geringere Vergehen gilt eine Verjährungsfrist von 2 oder 3, sonst von 7 Jahren (§ 15 BDG). Erfüllt eine Dienstpflichtverletzung zugleich den Tatbestand eines Strafgesetzes, so ist neben der strafrechtlichen zugleich eine disziplinarrechtliche Ahndung durch Verweis, Geldbuße oder Kürzung des Ruhegehalts nicht zulässig; Kürzung der Dienstbezüge und Zurückstufung dürfen nur ausgesprochen werden, wenn dies zusätzlich erforderlich ist, um den Beamten zur Pflichterfüllung anzuhalten (§ 14 BDG); das Disziplinargericht ist in gewissem Umfang an das Urteil im Strafverfahren, dem ein Vorrang zukommt, gebunden (→ Tatbestands-, Feststellungswirkung; § 23 BDG).

3. Während früher schwere Disziplinarmaßnahmen wie Zurückstufung, Entfernung aus dem Beamtenverhältnis und Aberkennung des Ruhegehalts nur durch Disziplinarklage verhängt werden konnten, können nach der Änderung des BDG durch das G zur Beschleunigung von Disziplinarverfahren in der Bundesverwaltung v. 20.12.2023 (BGBl. 2023 I Nr. 389) sämtliche Disziplinarmaßnahmen durch die zuständige Dienstbehörde verhängt werden (sa → Disziplinarverfahren).

4. Für Soldaten gilt die → Wehrdisziplinarordnung idF v. 16.8.2001 (BGBl. 2001 I 2093) mÄnd, für Richter vgl. §§ 61–68 DRiG und die Richtergesetze sowie Sonderbestimmungen der Disziplinarordnungen der Länder.

Disziplinarstrafen
Der Begriff ist für den Bereich des Bundes und der meisten Länder durch den der → Disziplinarmaßnahmen ersetzt worden, um den Unterschied zwischen Straf- und Disziplinarrecht auch äußerlich zu kennzeichnen (§§ 5 ff. BDG; → Disziplinarrecht).

Disziplinarverfahren
Das Disziplinarverfahren dient der Durchsetzung der Disziplinargewalt des → Dienstherrn gegenüber den Beamten. Es gehört zum formellen → Disziplinarrecht und ist teilweise dem Strafverfahren nachgebildet. Das Disziplinarverfahren gliedert sich in ein behördliches Disziplinarverfahren unter Leitung des Dienstvorgesetzten bei Verdacht eines Dienstvergehens zur Aufklärung des Sachverhalts; es endet durch Einstellung des Verfahrens, durch Erlass einer Disziplinarverfügung oder Erhebung der Disziplinarklage. Gegen die Disziplinarverfügung ist der Rechtsweg gegeben. Durch die Disziplinarverfügung konnten bisher nur Verweis, Geldbuße, Kürzung der Dienstbezüge und Kürzung des Ruhegehalts ausgesprochen werden. Soll gegen den Beamten auf Zurückstufung, Entfernung aus dem Beamtenverhältnis oder Aberkennung des Ruhegehalts erkannt werden, ist gegen ihn Disziplinarklage zu erheben. Dafür sind bei den → Verwaltungsgerichten besondere Kammern und Senate für Disziplinarsachen eingerichtet. Die für die Erhebung der Disziplinarklage zuständige Behörde kann einen Beamten gleichzeitig oder nach Einleitung des Disziplinarverfahrens vorläufig des Dienstes entheben, wenn voraussichtlich auf Entfernung aus dem Beamtenverhältnis oder Aberkennung des Ruhegehalts erkannt werden wird. Nach dem G zur Beschleunigung von Disziplinarverfahren in der Bundesverwaltung und zur Änderung weiterer dienstrechtlicher Vorschriften v. 20.12.2023 (BGBl. 2023 I Nr. 389) können nach dem Disziplinarrecht des Bundes sämtliche Disziplinarmaßnahmen durch die zuständige Dienstbehörde verhängt werden. Es findet dann erst im Nachhinein eine verwaltungsgerichtliche Überprüfung durch die zuständigen → Disziplinargerichte statt. Ziel des Gesetzes ist in erster Linie, Extremisten (→ Extremismus) rascher aus dem Staatsdienst entfernen zu können. Die Anpassung der Disziplinargesetze der Länder an die Neuregelung des Bundesdisziplinargesetzes bleibt abzuwarten.

Disziplinarvergehen
→ Disziplinarrecht.

Divergenz gerichtlicher Entscheidungen
1. Weichen gerichtliche Entscheidungen in derselben Rechtsfrage voneinander ab, so wird dies als Innendivergenz bezeichnet, wenn es sich um Entscheidungen verschiedener Abteilungen (Kammern, Senate) desselben Gerichts handelt; die Abweichungen verschiedener Gerichte bezeichnet man als Außendivergenz.

2. Unterschiedliche Rechtsauffassungen der unteren Gerichte können im Rechtsmittelwege durch Anrufung eines übergeordneten Gerichts geklärt werden. Zur sog. Divergenzrevision → Revision (2b).

3. Eine besondere Regelung für den Fall der Innendivergenz besteht bei den → obersten Gerichtshöfen: Will ein Senat eines solchen Gerichts in einer Rechtsfrage von der Entscheidung eines anderen Senats abweichen, so muss er den → Großen Senat anrufen (beim BGH den Gr. Sen. für Zivilsachen oder den Gr. Sen. für Strafsachen, bei übergreifenden Sachen die Vereinigten Großen Senate; § 132 GVG). Für die Oberlandesgerichte besteht keine entsprechende Einrichtung, wohl aber bei den Oberverwaltungsgerichten, soweit es um landesrechtliche Rechtsfragen geht (§ 12 VwGO).

4. Bei einer Außendivergenz zwischen obersten Gerichtshöfen entscheidet der → Gemeinsame Senat. Für Oberlandesgerichte enthält § 121 II GVG eine Regelung für Strafsachen. Danach muss ein OLG, das von einer nach dem 1.4.1950 ergangenen Entscheidung eines anderen OLG oder des BGH abweichen will, die Sache dem BGH zur Entscheidung vorlegen. Voraussetzung ist, dass in einer Rechtsfrage abgewichen werden soll, auf der die voraufgegangene Entscheidung beruht (also nicht von einer beiläufigen Bemerkung, auf die es im Ergebnis nicht ankommt, sog. obiter dictum). Eine D. liegt auch vor, wenn zwar nicht dieselbe Bestimmung, aber der in anderen Vorschriften enthaltene gleiche Rechtsgrundsatz anders ausgelegt werden soll (zB Beisichführen von Waffen bei schwerem Diebstahl und Raub; §§ 244, 250 StGB). Vorlagepflicht besteht auch, wenn das OLG einem anderen OLG beitreten will, von dem inzwischen ein drittes OLG abgewichen ist; nicht dagegen, wenn es sich dem BGH anschließen will, von dem ein anderes OLG abgewichen ist. Eine entsprechende Regelung für den Fall der Außendivergenz zwischen OLGen und dem BGH besteht bei Entscheidungen über Beschwerden, die die Erledigung der Unterbringung in der Sicherungsverwahrung oder in einem psychiatrischen Krankenhaus (→ Maßregeln der Besserung und Sicherung) oder die Zulässigkeit ihrer weiteren Vollstreckung betreffen, sowie über Rechtsbeschwerden in Strafvollzugssachen.

Diese Grundsätze gelten sinngemäß für die Innendivergenz (str.).

Divergenzbeschwerde
→ Nichtzulassungsbeschwerde.

Divergenzrevision
→ Revision (2b).

divers
Zur Eintragung des → Personenstands in das → Geburtenregister sieht § 22 III PStG aufgrund Änderung durch G v. 18.12.2018 (BGBl. 2018 I 2635, basierend auf dem Beschluss des BVerfG v. 10.10.2017, 1 BvR 2019/16) neben dem Verzicht auf einen Eintrag und den Eintragungen „männlich“ oder „weiblich“ die Geschlechtsbezeichnung „divers“ vor. Das aus dem allgemeinen → Persönlichkeitsrecht abgeleitete Recht auf → Selbstbestimmung auch der sexuellen Identität soll nicht durch die bloßen Ordnungsvorschriften des Personenstandsrechts eingeschränkt werden. Die Eintragung der Bezeichnung „divers“ kann neben der Änderung der geschlechtsbezogenen Eintragung und der Streichung der Geschlechtsbezeichnung auch nachträglich erfolgen und dann auch zu einer Änderung des → Vornamens führen (→ Selbstbestimmungsgesetz). Diese Bezeichnungen sind auch in anderen Zusammenhängen zu beachten (zB bei Stellenausschreibungen, → Gleichbehandlung, → Geschlechtsneutrale Gesetzessprache).

Diversion
nennt man das Absehen von der Strafverfolgung, zumeist zugunsten der Resozialisierung des Täters oder der Lösung des Konflikts, aus dem die Straftat entstanden ist. Die Diversion spielt insbesondere im → Jugendstrafrecht eine Rolle, wo gem. § 45 JGG von der Verfolgung abgesehen oder gem. § 47 JGG das Verfahren eingestellt werden kann, dabei aber gegenüber dem Jugendlichen idR eine erzieherische Maßnahme angeordnet wird. Im Erwachsenenstrafrecht kommt bei → Bagatellstrafsachen Einstellung nach §§ 153, 153a StPO in Betracht.

Dividende
Die Dividende ist der auf die Aktionäre entfallende Anteil am Bilanzgewinn der → Aktiengesellschaft, sofern er nicht nach Gesetz, Satzung oder Beschluss der → Hauptversammlung von der Verteilung unter die Aktionäre ausgeschlossen ist (§ 58 IV AktG). Sie bemisst sich an deren Anteilen am Grundkapital, wenn die Satzung nicht eine andere Art der Gewinnverteilung bestimmt (§ 60 AktG); s. a. → Tracking Stock. Mit dem Beschluss der Hauptversammlung über die Gewinnverwendung (§ 174 AktG) entsteht der Anspruch auf Auszahlung der Dividende. Diese ist am dritten auf die Hauptversammlung folgenden Geschäftstag fällig (§ 58 IV AktG). Für den selbständig übertragbaren Anspruch auf Dividende können bei einzelverbrieften Aktien Gewinnanteilscheine ausgegeben werden (s. a. → Erneuerungsschein).

Dividenden-Besteuerung
→ Körperschaftsteuer.

Dividendenschein
→ Kupon, → Zinsschein.

DM-Eröffnungsbilanz, steuerlich
war die zum 1.7.1990 aufzustellende erste Bilanz für Unternehmen der ehemaligen DDR. Durch den Wandel der Wirtschaftsform und die Einführung der DM als Währung in den → neuen Ländern war eine Neubewertung der Unternehmensvermögen erforderlich. Diese erfolgte auf Grundlage des DM-Bilanzgesetzes, wobei die Vermögenswerte der Unternehmen mit den Verkehrswerten anzusetzen waren.

DMA
→ Digital Markets Act.

DNA-Analyse
→ Genomanalyse, → Gendiagnostik, → molekulargenetische Untersuchung.

DNA-Identifizierungsdatei
→ molekulargenetische Untersuchung.

do ut des
(lat.) ich gebe, damit du gibst; s. → gegenseitiger Vertrag (1).

DO-Angestellte
Die Dienstordnungs-Angestellten (werden als DO-Angestellte bezeichnet) sind idR Beschäftigte im Bereich der → gesetzliche Krankenversicherung oder der → gesetzliche Unfallversicherung. Sie sind Angestellte mit einem privatrechtlichen Arbeitsvertrag, können aber die Leistungen ähnlich von Beamten wie Besoldung und Versorgung in Anspruch nehmen (→ Dienstordnung, → öffentlicher Dienst). Rechtstreitigkeiten aus dem DO-Verhältnis sind vor dem → Arbeitsgericht zu führen. Neue Dienstordnungs-Anstellungsverhältnisse werden derzeit nur noch von den Unfallversicherungsträgern begründet.

Doktorgrad
1. Der Doktorgrad ist neben dem → Diplomgrad und inzwischen dem → Master der praktisch wichtigste der → akademischen Grade (sa Hochschulgrade). Er wird von den Universitäten und den mit Promotionsrecht ausgestatteten (wissenschaftl.) → Hochschulen (nicht von → Fachhochschulen) verliehen. Je nach der Fachrichtung unterscheidet man den Doktor der Theologie (Dr. theol., auch „D."), der Rechte (Dr. jur.), der Medizin (Dr. med.), der Philosophie (Dr. phil.), der Staatswissenschaften (Dr. rer. pol.), den von den Technischen Hochschulen verliehenen Dr.-Ing. ua. Die Voraussetzungen für die Erlangung des Doktorgrades (idR wissenschaftliche Arbeit und mündliche Prüfung) und das Verfahren sind in den → Promotionsordnungen der einzelnen Hochschulen geregelt. Der Doktorgrad kann unter bestimmten Voraussetzungen entzogen werden (→ akad. Grade).

2. Das unbefugte Führen des Doktorgrades ist nach § 132a StGB strafbar. Die Vorschrift erfasst auch das unbefugte Führen einer Bezeichnung, die den Anschein erweckt, als handle es sich um den Doktorgrad oder als sei dieser dem Doktoranden bereits verliehen (zB „Dr. designatus"). Über die Strafbarkeit bei Vermittlung eines ausländ. Doktorgrades → akademische Grade.

Doktrin
(lat., wörtl.: Lehre) ist in der Staatenpraxis die programmatische Festlegung bestimmter rechtlicher oder politischer Überzeugungen durch einen Staat. Berühmte Doktrin sind etwa die Monroe-Doktrin, mit der der amerikanische Präsident James Monroe 1823 die Vereinigten Staaten außenpolitisch auf den Grundsatz des Desinteressements an den europäischen Angelegenheiten und auf die Nichtduldung der Einmischung europäischer Staaten in die Angelegenheiten Gesamtamerikas festlegte, und die sog. Stimson-Doktrin, durch die der amerikanische Staatssekretär Stimson 1932 erklärte, die Vereinigten Staaten würden keine durch Gewalt herbeigeführten Gebietsänderungen (→ Annexion) anerkennen. Bekannt ist weiter die Hallstein-Doktrin. Als einseitige Erklärung vermag die Doktrin keine völkerrechtlichen Rechte und Pflichten (→ Völkerrecht) zu begründen. Häufig finden aber rechtliche und politische Überzeugungen, die zunächst in Form einer Doktrin geäußert wurden, später auch in einen → völkerrechtlichen Vertrag Eingang.

Dokumentenakkreditiv
→ Akkreditiv.

Dolmetscher
Dolmetscher werden im Bereich der Gerichtsbarkeit herangezogen, um bei der Verhandlung mit Personen, die der deutschen Sprache nicht mächtig sind, in die → Gerichtssprache zu übersetzen (§ 185 GVG). Entsprechendes gilt für die Verständigung mit hör- oder sprachbehinderten Personen (§ 186 GVG). Erforderlich ist idR die schriftliche Übersetzung von freiheitsentziehenden Anordnungen sowie von Anklageschriften, Strafbefehlen und nicht rechtskräftigen Urteilen. § 187 GVG regelt dies zur Ausübung strafprozessualer Rechte für Beschuldigte, die darauf hinzuweisen sind, Verurteilte und zur Nebenklage Berechtigte. Die Heranziehung ist im Strafverfahren und gerichtl. Bußgeldverfahren für die Beteiligten grundsätzlich kostenfrei (vgl. § 187 I GVG), auch bei Brief- und Besuchskontrolle (BVerfG NJW 2004, 1095) sowie weitgehend in der → Arbeitsgerichtsbarkeit. Zum Dolmetscher für den Verletzten im Strafverfahren s. → Opferschutz. Dolmetscher müssen einen Eid, dass er treu und gewissenhaft übertragen werde, leisten und können wie Sachverständige abgelehnt werden (§§ 189, 191 GVG). Für → Gerichtsdolmetscher nach dem Gerichtsdolmetschergesetz genügt eine allgemeine Vereidigung (§ 189 II GVG). Die Vergütung richtet sich (ebenso wie für Übersetzer) nach dem JVEG (→ Sachverständiger).

dolo facit (agit), qui petit, quod statim redditurus est
(lat.) arglistig handelt, wer eine Leistung fordert, die er sofort (aus einem anderen Rechtsgrund) wieder zurückgeben muss. Der dem röm. Recht entstammende Grundsatz ist ein Anwendungsfall von → Treu und Glauben.

dolos
= arglistig.

dolus
= → Vorsatz (strafrechtl.), Arglist (zivilrechtl., → Anfechtung von Willenserklärungen, 2).

dolus antecedens
→ Vorsatz.

dolus directus
= unbedingter Vorsatz (→ Vorsatz).

dolus eventualis
= bedingter Vorsatz (→ Vorsatz).

dolus generalis
ist ein im Strafrecht heute nur noch selten verwendeter Rechtsbegriff. Er bezeichnet die Fälle, in denen der Erfolg nicht durch die zu diesem Zweck vorgenommene Handlung, sondern durch eine weitere erreicht wird, die der Täter in der irrigen Annahme ausführt, der Erfolg sei bereits eingetreten (er hält das Opfer, auf das er geschossen hat, irrig für tot und wirft es ins Wasser, um die Tat zu verwischen; der Tod tritt erst durch Ertrinken ein). Da es sich hierbei nur um eine unwesentliche Abweichung vom gewollten Tatverlauf handelt, nimmt die hM vollendete vorsätzliche Tötung (Mord) an, eine Mindermeinung versuchten Mord in Tateinheit mit fahrlässiger Tötung.

dolus subsequens
→ Vorsatz.

Domain-Name
Ein Domain-Name ist die registrierte Bezeichnung (Zuordnung einer Buchstabenkombination zur IP-Adresse) eines Anbieters im → Internet, die den einzelnen Rechner identifiziert. Der Domain-Name setzt sich aus einer Top-Level-Domain (TLD; etwa „.com", „.org", „.net", „.de" oder „.eu") und (ggf. mehreren) weiteren Ebenen (Second-Level: zB mueller.de; Third-Leve: zB www.mueller.de) zusammen.

Die Vergabe ist gesetzlich nicht geregelt und erfolgt nach dem Prioritätsprinzip durch private Gesellschaften. Domain-Namen mit der TLD „.de" werden von der DENIC eG vergeben, mit welcher der Domaininhaber einen Domainvertrag abschließt. Nicht-länderspezifische TLD, etwa „.com", „.org" oder „.net", werden von der Internet Corporation for Assigned Names and Numbers ICANN vergeben, die auch Aufgaben der weltweiten Koordinierung wahrnimmt.

Die Benutzung eines Domain-Namens kann – uU – → Kennzeichenrechte des Verwenders begründen. Insbesondere kann in ihr die Benutzungsaufnahme eines → Unternehmenskennzeichens liegen; sie kann aber auch Schutz als → Werktitel begründen, wenn unter dem Domain-Namen ein Werk zugänglich gemacht wird; dagegen begründet die Benutzung eines Domain-Namens – ohne entsprechende Eintragung in das Markenregister – wegen des dann bestehenden (und bei bloßer Benutzung als Domain-Name schwer erfüllbaren) Erfordernisses der Verkehrsgeltung (→ Marken) für sich regelmäßig keinen Markenschutz. Ein Domain-Name kann aber umgekehrt ein → Kennzeichenrecht (auch eine Marke) eines Dritten oder aber auch dessen → Namensrecht verletzen.

Begehren mehrere denselben Domain-Name, so hat grds. die zeitlich frühere Anmeldung Vorrang. Der Domain-Name ist zwar kein Vermögensrecht iSd § 857 Abs. 1 ZPO, das selbst Gegenstand einer Zwangsvollstreckung sein könnte; pfändbar sind aber die gesamten schuldrechtlichen Ansprüche gegenüber der Vergabestelle aus dem zu Grunde liegenden Vertragsverhältnis (BGH 5.7.2005 – VII ZB 5/05, GRUR 2005, 969 – Domain-Pfändung).

Domino-Effekt
Ein Domino-Effekt kann bestehen, wenn durch einen Störfall wegen anderer störanfälliger Betriebe in der Umgebung weitere Störfälle möglich werden. Die betroffenen Betreiber sind in diesem Fall zum Informationsaustausch verpflichtet. Die Behörden müssen das Bestehen des Domino-Effekts förmlich mitteilen (§§ 6, 15 VO über → Störfälle).

Domizilgesellschaft
→ Briefkastenfirma.

Domizilwechsel
Ein Domizilwechsel ist ein → Wechsel, der bei einem Dritten, also nicht beim → Bezogenen, zu zahlen ist (Art. 4 WG). Ein echter Domizilwechsel liegt vor, wenn der Wechsel an einem anderen Ort als am Wohnort des Bezogenen zu zahlen ist, ein unechter Domizilwechsel (sog. Zahlstellenwechsel), wenn die Zahlstelle sich am Wohnort des Bezogenen befindet. Der Dritte, bei dem zu zahlen ist, heißt Domiziliant, die Angabe der Zahlstelle Domizilvermerk („Zahlbar in …").

Domkapitel
Domkapitel (auch Kathedralkapitel genannt) ist ein in der kath. Kirche, in der ein → Bischof seinen Sitz hat, zur feierlichen Gestaltung des Gottesdienstes errichtetes geistliches Gremium. Das Domkapitel hat darüber hinaus den Bischof bei der Regierung der → Diözese zu unterstützen, wenn ihm die Aufgaben des Konsultorenkollegiums übertragen werden (→ Diözese). Die Kanoniker als Mitglieder des Domkapitels sind Teilnehmer der Diözesansynode (s. → Diözese, → Synode).

Dooring-Unfall
ist ein Unfall im Straßenverkehr, bei dem ein Fahrradfahrer durch eine sich öffnende Autotür zu Sturz kommt.

Doping
1. Doping nennt man im Sport die Leistungssteigerung durch Medikamente, deren Verwendung in den von den Fachverbänden des Sports aufgestellten (häufig aktualisierten) Listen verboten ist. Sportintern (→ Sportrecht) ist das Doping mit harten Sanktionen bedroht (bis zur Sperre auf Lebenszeit). Völkerrechtlich hat sich Deutschland mit dem Übereinkommen vom 16.11.1989 gegen Doping (Gesetz v.

2.3.1994, BGBl. 1994 II 334) und Zusatzprotokoll v. 12.9.2002 (BGBl. 2007 II 706) verpflichtet, für Doping-Kontrollen während des Trainings einzutreten, eine Liste verbotener Medikamente anzuerkennen, die Verfügbarkeit von Anabolika zu beschränken und Finanzhilfe für Doping-Analysen zu gewähren, sowie erzieherische Tätigkeit, Informationsaustausch und Zusammenarbeit mit den Vertragsstaaten und den Sportorganisationen zu gewährleisten. Staatliche Leistungen an den Sport werden von hinreichenden Doping-Kontrollen abhängig gemacht. Sa das Internationale Übereinkommen v. 19.10.2005 gegen Doping im Sport (BGBl. 2007 II 354).

2. Doping ist, wenn es erhebliche Gesundheitsschädigungen zur Folge haben kann, auch bei hinreichender Aufklärung und → Einwilligung sittenwidrig.

3. Verboten nach dem Anti-Doping-Gesetz (AntiDopG) vom 10.12.2015 (BGBl. 2015 I 2210) sind der unerlaubte Umgang (Herstellen, Handeltreiben, Veräußern, Abgeben, Inverkehrbringen, Verschreiben) mit in dem Internationalen Übereinkommen genannten Doping-Mitteln, die unerlaubte Anwendung der in dem Übereinkommen genannten Doping-Mittel oder Doping-Methoden bei einer anderen Person und der unerlaubte Umgang (Erwerben, Besitzen, Einführen) mit den in der Anlage zu dem AntiDopG aufgeführten Stoffen in nicht geringer Menge, die in der Doping-Mittel-Mengen-VO (DmMV) v. 24.6.2013 (BGBl. 2013 I 1687) bestimmt ist, jeweils zum Zweck des Dopings beim Menschen im Sport. Verboten ist ferner Selbstdoping (Anwenden, Zulassen der Anwendung, Teilnehmen an Wettbewerb unter Anwendung, Erwerben, Besitzen) mit in dem Internationalen Übereinkommen genannten Doping-Mitteln oder Doping-Methoden jeweils in der Absicht, sich in einem Wettbewerb des organisierten Sports einen Vorteil zu Verschaffen. Der Verstoß gegen diese Verbote ist strafbar, Selbstdoping aber nur für Personen, die Spitzensportler des organisierten Sports sind oder aus der sportlichen Betätigung Einnahmen von erheblichem Umfang erzielen. Die Strafe ist Freiheitsstrafe bis zu 3 Jahren oder Geldstrafe, in besonders schweren Fällen, zB Abgabe an Personen unter 18 Jahren oder Anwendung bei diesen, Freiheitsstrafe bis zu 10 Jahren. Bei eigenverantwortlicher → Selbstgefährdung oder -schädigung des Sportlers kann die Beteiligung am Doping durch Verschaffen des Doping-Mittels uU keine → Körperverletzung oder → Tötung darstellen. Anders ist ein dopender Arzt zu beurteilen, der kraft seines überlegenen Sachwissens das gesundheitl. Risiko besser erfasst als die gedopte Person. Erhält der Sportler vom Veranstalter des Wettkampfes eine Prämie, die ihm nach den Regeln nicht zusteht, kann → Betrug (§ 263 StGB) vorliegen.

4. Doping-Opfer der ehem. DDR erhalten finanzielle Hilfe nach dem Gesetz v. 24.8.2002 (BGBl. 2002 I 3410) und dem Gesetz v. 28.6.2016 (BGBl. 2016 I 1546).

5. Zum Doping bei Tieren s. § 3 S. 1 Nr. 1b TierschutzG, § 18 I Nr. 4 TierschutzG.

Doppelbelastung
ist die mehrfache Besteuerung desselben Steuergegenstandes durch denselben Staat. Eine solche ergibt sich insbes., weil unterschiedliche Steuerarten an die gleiche → Besteuerungsgrundlage anknüpfen, zB Belastung des zu versteuernden Einkommens mit Einkommen- und Gewerbesteuer oder Belastung des Grundstückserwerbs mit Grunderwerb- und Umsatzsteuer. Doppelbelastungen werden teilweise durch Steuerbefreiungen oder Anrechnungsmöglichkeiten beseitigt. So ist der grunderwerbsteuerpflichtige Immobilienerwerb von der Umsatzsteuer befreit (§ 4 Nr. 9a UStG) und die Gewerbesteuer bei der Einkommensteuer anzurechnen.

Doppelbesteuerung
ist die mehrfache Besteuerung desselben Steuergegenstandes durch zwei Staaten. Zu einer solchen kommt es, wenn ausländische Einkünfte sowohl im Ausland als auch in der BRep. der Besteuerung unterliegen. Die deutsche unbeschränkte Steuerpflicht erstreckt sich auch auf im Ausland erzielte Einkünfte. Diese unterliegen häufig auch im ausländischen Staat (Quellenstaat) der beschränkten Steuerpflicht, weil es sich dort um inländische Einkünfte handelt. Umgekehrt besteuern ausländische Staaten idR als Wohnsitzstaaten das Welteinkommen der dort ansässigen Personen. Die Doppelbesteuerung wird beseitigt oder gemildert durch einseitige Maßnahmen im nationalen Steuerrecht und zwischenstaatliche Doppelbesteuerungsabkommen (DBA), § 2 AO.

1. DBA verwenden folgende Methoden:

a) Freistellungsmethode: demnach sind die ausländischen Einkünfte aus der deutschen steuerlichen → Bemessungsgrundlage herauszunehmen. Sie sind steuerfrei und unterliegen dem → Progressionsvorbehalt, dh sie erhöhen den Steuersatz für die übrigen steuerpflichtigen Einkünfte. Die Freistellungsmethode gilt nur, wenn ein DBA ausdrücklich die Anwendung vorsieht.

b) Anrechnungsmethode: das Besteuerungsrecht bleibt beim jeweiligen Wohnsitzstaat. Die im Ausland zu zahlende Steuer wird auf die deutsche Steuer, die auf die ausländischen Einkünfte entfällt, angerechnet. Ab → Veranlagungszeitraum 2003 dürfen ausländische Steuern grds. nur insoweit angerechnet werden, als auf diese deutsche Einkommensteuer entfällt. Einkünfte, die der Quellenstaat nach seinem innerstaatlichen Recht zwar besteuern würde, auf Grund des mit Deutschland bestehenden DBA tatsächlich aber nicht besteuern darf, sind nicht einzubeziehen (§ 34c VI 3 EStG).

2. Anrechnungsverfahren, falls kein DBA (§ 34c EStG, § 26 KStG, § 21 ErbStG):

a) Auch hier dürfen ausländische Steuern nur insoweit angerechnet werden, als auf diese Einkünfte deutsche Einkommensteuer entfällt (Höchstbetrag). Dieser Höchstbetrag ist länderbezogen zu ermitteln, und zwar ab dem → Veranlagungszeitraum 2003 nur unter Ansatz der ausländischen Einkünfte, die der Quellenstaat tatsächlich besteuert und die somit doppelt besteuert sind (§ 34c I 2 EStG).

b) Bei der indirekten Steueranrechnung (indirect tax credit) sind deutschen → Muttergesellschaften nicht nur solche Steuern anzurechnen, die im Ausland erhoben werden (zB ausländische Quellensteuer, § 26 I KStG), sondern auch die Gewinnsteuern ausländischer → Tochtergesellschaften (§ 26 II KStG), die eine aktive Tätigkeit entfalten (§ 8 AStG). Die Schachteldividende bleibt in diesen Fällen Bestandteil des deutschen Einkommens.

c) Bei Entwicklungsländern wird eine fiktive ausländische Steuer (matching tax credit) angerechnet, damit die vom Entwicklungsland gewährte Vergünstigung nicht bei der Steueranrechnung verloren geht. Es wird unterstellt, dass die anrechenbare ausländische Steuer der anteiligen deutschen Steuer entspricht (§ 26 III KStG). Zum Stand der DBA s. BMF v. 18.2.2021 (BStBl. I 2021, 265).

Doppelbestrafung, Verbot der –
→ Strafklageverbrauch.

Doppelehe
→ Bigamie, → Eheverbote, → Eheaufhebung.

Doppelerfindung
Von einer Doppelerfindung spricht man, wenn dieselbe → Erfindung von mehreren unabhängig voneinander gemacht wird. Ist das der Fall, so bestimmt § 6 S. 3 PatG, dass das Recht auf das → Patent demjenigen zusteht, der die Erfindung zuerst beim → Deutschen Patent- und Markenamt (DPMA) angemeldet hat.

Doppelfunktion von Verwaltungsbehörden
liegt vor, wenn sich – auf gesetzlicher Grundlage – verschiedene Verwaltungsträger (Bund-Land; Staat-Kommune) zur Erledigung ihrer Angelegenheiten einer gemeinsamen Behörde bedienen. Das ist zB der Fall bei den Oberfinanzdirektionen, die sowohl Bundes- wie Landesbehörden sind → Finanzwesen), und bei unteren staatlichen Verwaltungsbehörden (je nach Land die Landratsämter, der Landrat), die zugleich staatliche Verwaltungsbehörde und Behörde der kommunalen Selbstverwaltungskörperschaft sein können (→ Kreisverwaltung). Bei → Amtspflichtverletzungen haftet grundsätzlich die Körperschaft, die → Dienstherr des Beamten ist (Anstellungstheorie), nicht diejenige, deren Funktion er bei der in Frage stehenden Handlung wahrgenommen hat (Funktionstheorie).

Doppelfunktionelle Prozesshandlungen
Doppelfunktionelle Prozesshandlungen heißen Verfahrenshandlungen, die eine Rechtswirkung für das betreffende Verfahren und zugleich für das sachliche Recht äußern, so zB im Zivilprozess die → Klageerhebung, die ein Prozessrechtsverhältnis begründet und zugleich die Verjährung unterbricht oder einen Zinsanspruch begründen kann, oder der Abschluss eines → Prozessvergleichs, der Rechtsbeziehungen zwischen den Parteien regelt und zugleich den Prozess beendet.

Doppelname
→ Name der Familie, → Name des Kindes, → Adoption.

Doppelstaater
→ Mehrstaater.

Doppelstöckige Personengesellschaft
ist die Beteiligung einer Personen-Obergesellschaft an einer Personen-Untergesellschaft, zB einer KG-Obergesellschaft als Kommanditistin an einer GmbH & Co KG-Untergesellschaft. Steuerlich sind die Gesellschafter der Obergesellschaft Mitunternehmer der Untergesellschaft (Durchgriff – § 15 I Nr. 2 S. 2 EStG), wodurch Vergütungen der gewerblichen Untergesellschaft an die Gesellschafter der Obergesellschaft bei diesen zu gewerblichen → Einkünften umqualifiziert werden, zB Tätigkeitsvergütung, Miete oder Zinsen. Ein vermietetes Grundstück ist Sonderbetriebsvermögen. Vgl. → Mitunternehmerschaften.

Doppelstufiges Rechtsetzungsverfahren
→ Gemeinschaftsrecht, europäisches, → integriertes Gemeinschaftsrecht.

Doppelte Haushaltsführung
1. Doppelte Haushaltsführung liegt vor, wenn der Stpfl. außerhalb des Ortes, in dem er einen eigenen Hausstand unterhält, beschäftigt ist und auch am Beschäftigungsort wohnt. Die Begründung der doppelten Haushaltsführung muss beruflich veranlasst sein, dh der Stpfl. muss die Wohnung am Beschäftigungsort nutzen, um seinen Arbeitsplatz von dort aus erreichen zu können. Dies liegt auch dann vor, wenn neben der Wohnung am Beschäftigungsort ein zweiter (doppelter) Haushalt zum Hausstand des Stpfl. hinzutritt. Somit ist eine doppelte Haushaltsführung auch dann möglich, wenn der Stpfl. seinen Haupthausstand aus privaten Gründen vom Beschäftigungsort wegverlegt und dann in einer Wohnung am Beschäftigungsort einen Zweithaushalt begründet. Ein enger zeitlicher Zusammenhang zwischen Wegverlegung und Neubegründung muss nicht bestehen.

Bsp.: M verlegt wegen einer bevorstehenden Eheschließung mit F seinen Wohnsitz von A nach B. Seinen Arbeitsplatz in A behält er bei. Die Kosten für die dann erforderliche Wohnung in A kann M steuerlich als d. H. geltend machen, vgl. dazu Urteile des BFH vom 5.3.2009 – VI R 23/07; VI R 58/06. Auch bei

Alleinstehenden ist eine d. H. möglich (BFH BStBl. II 1995, 180; BMF BStBl. I 1995, 168). Notwendige Mehraufwendungen, die dem Stpfl. anlässlich einer beruflich begründeten doppelten Haushaltsführung entstehen, sind → Betriebsausgaben bzw. → Werbungskosten. Voraussetzung ist, dass entsprechende Aufwendungen tatsächlich vom Stpfl. getragen werden, dh kein oder kein vollständiger Ersatz durch den Arbeitgeber erfolgt (→ Werbungskostenersatz, → Auslösungen). Zu den Aufwendungen für eine doppelte Haushaltsführung gehören die notwendigen Aufwendungen: ua Mietaufwendungen (für eine Wohnung in angemessener Größe, bei Alleinstehenden ca. 60 qm), notwendiges Mobiliar, Fahrtkosten anlässlich des Wohnungswechsels zu Beginn und am Ende der doppelten Haushaltsführung (0,30 EUR je gefahrenen Kilometer); wöchentliche → Familienheimfahrten (0,30 EUR je Entfernungskilometer) oder Aufwendungen für wöchentliche Familien-Ferngespräche; Verpflegungsmehraufwendungen für die ersten drei Monate.

2. Ab 2014 ist für die Bestimmung des Beschäftigungsortes die sog. → erste Tätigkeitsstätte maßgeblich. Die Aufwendungen für die angemessene Unterkunft können nur bis max. 1.000 EUR monatl. geltend gemacht werden. Darunter fallen alle Aufwendungen für die Wohnung (Miete, Stellplatz, Nebenkosten ect.). Die notwendige Möblierung der Wohnung wird nicht erfasst.

3. Der Begriff des eigenen Hausstandes ist ab 2014 gesetzlich definiert, § 9 I S. 3 Nr. 5 S. 3 EStG. Er verlangt neben dem Innehaben einer Wohnung aus eigenem Recht oder als Mieter auch eine angemessene finanzielle Beteiligung an den Kosten der Lebensführung.

Doppelte Staatsbürgerschaft
→ Mehrstaater.

Doppelversicherung
→ Schadensversicherung.

Doppelwohnsitz
→ Wohnsitz.

Doppik
1. Neben der klassischen – kameralistischen – Aufstellung des Haushalts (sa → Kameralistik, → Haushaltsrecht) lässt das Haushaltsgrundsätzegesetz (HGrG) seit der Reform durch das Gesetz zur Modernisierung des HGrG und zur Änderung anderer Gesetze v. 31.7.2009 (BGBl. 2009 I 2580) mÄnd auch die Haushaltsführung nach den Grundsätzen der staatlichen doppelten Buchführung (= Doppik) zu.

2. Die Doppik nähert die Aufstellung des Haushaltes an die → Rechnungslegung (sa → Bilanz; → Jahresabschluss) nach handelsrechtlichen Grundsätzen an. § 7a HGrG sieht ua laufende Buchführung, Inventur sowie Bilanzierung nach den Grundsätzen der Aktivierung und Passivierung in entsprechender Anwendung der Bestimmungen über die → Kapitalgesellschaften vor. Der Vorteil der Doppik liegt darin, dass auch die Substanz des Staatsvermögens und dessen Entwicklung sichtbar gemacht werden können. Soll zB aus propagandistischen Gründen ein sog. „ausgeglichener Haushalt" erreicht werden und kann dies nur durch die Veräußerung von Staatsvermögen erreicht werden, dann macht die Doppik deutlich, dass mit diesem Schritt ein Verlust von staatlicher Vermögenssubstanz verbunden ist. Durch die Doppik kann überdies besser als durch die kameralistische Haushaltsführung verdeutlicht werden, ob die Aufnahme von Krediten Investitionen dient, die die staatliche Vermögenssubstanz tatsächlich vermehren.

Dorfgebiet
Gebiet nach der → Baunutzungsverordnung, in dem ua land- und forstwirtschaftliche Betriebe, Kleinsiedlungen (→ Kleinsiedlungsgebiet), sonstige Wohngebäude und Anlagen für die örtliche Verwaltung sowie kirchliche, kulturelle, soziale, gesundheitliche und sportliche Zwecke zulässig sind.

Dorftestament
→ Testament (3).

Dosenpfand
ist das Schlagwort für das Pfand auf → Einwegverpackungen, die früher von der Pfandpflicht befreit waren.

Dotation (im Kirchenrecht)
→ Säkularisation. Auch sonst wird der Begriff häufig für Zuwendungen gebraucht, die nicht mit einer unmittelbaren Gegenleistung verknüpft sind (für das Staatsrecht → Dotationsauflagen). Im Zivilrecht wird der Begriff gelegentlich im Zusammenhang mit → Ausstattung, → Aussteuer und → Stiftung des Privatrechts verwendet.

Dotationsauflagen
nennt man im Verfassungs- und Verwaltungsrecht die mit einer finanziellen Zuwendung zwischen öffentl.-rechtl. Körperschaften, insbes. zwischen Bund und Ländern, verknüpften Auflagen (Bedingungen) für die Verwendung der Geldmittel. Nach dem Urteil des BVerfG vom 4.3.1975 (NJW 1975, 819) muss die bundesstaatliche Ordnung grundsätzlich sicherstellen, dass Finanzhilfen aus dem Bundeshaushalt an die Länder Ausnahme bleiben und nicht zum Mittel der Einflussnahme bei der Erfüllung der diesen obliegenden Aufgaben werden. Dotationsauflagen (auch Einvernehmens-, Zustimmungs- und Genehmigungsvorbehalte, Einspruchsrechte) des Bundes, die darauf abzielen, die Planungs- und Gestaltungsfreiheit der Länder außerhalb der Grenzen des Art. 104a IV 1 GG und ohne Grundlage im Gesetz nach Art. 104a IV 2 GG an bundespolitische Interessen und Absichten zu binden, sind unzulässig.

Downblousing
Der Begriff bezeichnet die Herstellung unbefugter Bildaufnahmen in den Ausschnitt einer

weiblichen Person, was typischerweise heimlich und zu voyeuristischen Zwecken geschieht. Wie beim sog. „→ Upskirting“ ist das absichtliche oder wissentliche unbefugte Herstellen oder Übertragen solcher Aufnahmen nach § 184k StGB (Verletzung des Intimbereichs durch Bildaufnahmen, in Kraft ab 1.1.2021) strafbar, soweit der fotografierte Bereich gegen Anblick geschützt ist. Näher → Bildaufnahme, unzulässige.

Doyen
(franz. = lat. decanus) ist der Sprecher des örtlichen → diplomatischen Korps, idR der ranghöchste und am längsten an diesem Ort akkreditierte Diplomat. Ist beim Staatsoberhaupt ein → Diplomat des → Heiligen Stuhls im Range eines Botschafters beglaubigt, so ist dieser häufig ohne Rücksicht auf die örtliche Anciennität Doyen mit dem Titel eines → Nuntius. Eine entsprechende Vereinbarung findet sich in den meisten neueren Konkordaten (sa Schlussprotokoll z. Reichskonkordat v. 20.7.1933, RGBl. 1933 II 689).

DPMA
Abkürzung für → Deutsches Patent- und Markenamt.

Draufgabe
→ Vertrag (4).

Drei-Fünftel-Deckung
Unter diesem Begriff versteht man die sich aus § 43 SGB VI ergebende Notwendigkeit, in den letzten fünf Jahren vor dem Leistungsfall der → verminderten Erwerbsfähigkeit mindestens drei Jahre mit Pflichtbeiträgen belegt zu haben. Die wichtigste Ausnahme von diesem Grundsatz ist der Fall, dass die Erwerbsminderung die Folge eines Arbeitsunfalles ist. Freiwillige Beiträge zählen nur dann mit, wenn sie nach § 55 Abs. 2 SGB VI als Pflichtbeiträge (→ Pflichtbeitragszeiten) zählen.

Dreiklassenwahlrecht
Vor dem ersten Weltkrieg bestand in manchen Ländern, insbes. in Preußen, ein nach der Steuerleistung abgestuftes Wahlrecht. Die erste Wählerklasse bestand aus den Wahlberechtigten, die zusammen ein Drittel der direkten Steuern aufbrachten, die zweite Klasse aus den Beziehern weniger hoher Einkommen, die das zweite Drittel aufbrachten, während in der dritten Klasse alle nicht zur Einkommensteuer Veranlagten auf der Grundlage eines niedrigen fiktiven Steuersatzes zusammengefasst waren. Jede Klasse wählte eine im Wesentlichen gleich große Zahl von Wahlmännern, die sodann die Abgeordneten bestimmten. Dieses Wahlsystem, das die wohlhabenden Kreise drastisch bevorzugte, ist mit demokratischen Grundsätzen unvereinbar.

Dreimonatseinrede
Der → Erbe ist berechtigt, sofern er nicht das Recht auf → Beschränkung der Erbenhaftung bereits verloren hat, die Berichtigung einer → Nachlassverbindlichkeit bis zum Ablauf der ersten 3 Monate nach der → Annahme der Erbschaft oder Bestellung eines → Nachlasspflegers, nicht jedoch über die → Inventarerrichtung hinaus, zu verweigern (§ 2014 BGB, § 2016 BGB, § 2017 BGB). Der Erbe kann nur unter dem Vorbehalt der beschränkten Erbenhaftung verurteilt werden (§ 305 ZPO). Eine Zwangsvollstreckung darf während dieser Zeit nur zur Sicherung, nicht zur Befriedigung des Nachlassgläubigers führen; widrigenfalls kann der Erbe → Vollstreckungsabwehrklage erheben (§ 782 ZPO, § 783 ZPO, § 785 ZPO, §§ 767 f. ZPO).

Drei-Prozent-Klausel
→ Fünf-Prozent-Klausel (4); → Europäisches Parlament (5).

Dreißigster
Der → Erbe ist verpflichtet, Familienangehörigen des → Erblasser, die zur Zeit des Todes des Erblassers zu dessen Hausstand gehörten und von ihm Unterhalt bezogen haben, in den ersten 30 Tagen nach Eintritt des → Erbfalls in demselben Umfang, wie es der Erblasser getan hat, Unterhalt zu gewähren und die Benutzung der Wohnung und der Haushaltsgegenstände zu gestatten, sofern der Erblasser nicht durch → letztwillige Verfügung eine abweichende Anordnung getroffen hat (§ 1969 BGB). Es handelt sich hierbei um ein gesetzliches → Vermächtnis.

Dreißigtagefrist
→ Schuldnerverzug (2).

Dreiteilung der Gewalten
→ Gewaltentrennung.

Dreizeugentestament
→ Testament (3).

Drittaufwand
Unter Drittaufwand sind Kosten zu verstehen, die ein anderer als der Stpfl. getragen hat, die aber durch die Tätigkeit des Stpfl. verursacht sind und sich bei ihm steuerlich auswirken. Beispiel: Dem Ehegatten, der einen Betrieb unterhält, wird ein → Wirtschaftsgut überlassen, dessen → Anschaffungs- und Herstellungskosten sowie laufende Kosten der überlassende Ehegatte trägt. Die Rspr. erkennt solche Aufwendungen beim Betriebsinhaber nicht als steuerlich abzugsfähig an (vgl. BFH v. 23.8.1999 GrS 1/97, 2/97, 3/97, 5/97, NJW 1999, 3577 ff.). Da der Überlassende mit dem Wirtschaftsgut bei unentgeltlicher Überlassung keine Einkünfte erzielt, kann er auch keine Abschreibungen dafür ansetzen. Wegen der fehlenden Einnahmeerzielungsabsicht geht dem Überlassenden auch die steuerliche Berücksichtigung aller übrigen laufenden Aufwendungen für das Wirtschaftsgut verloren.

Dagegen wird Drittaufwand anerkannt, wenn er lediglich die Abkürzung des Zahlungsweges darstellt. Beispiel: Ehemann ist Eigentümer eines vermieteten Geschäftslokals. Weil sein Konto über kein ausreichendes Guthaben verfügt, begleicht die Ehefrau eine Reparaturrechnung, die das Geschäftslokal betrifft. Ein späterer Ausgleich wird nicht geleistet. Die Reparaturkosten sind als → Werbungskosten beim Ehemann zu berücksichtigen. Die Begleichung der Rechnung durch die Ehefrau wird als abgekürzter Zahlungsweg angesehen. Sie hätte ihrem Mann das Geld zunächst schenken und dieser hätte dann die Rechnung bezahlen können. Bei dieser Gestaltung wären beim Ehemann Werbungskosten gegeben. Die steuerliche Behandlung soll jedoch nicht davon abhängig gemacht werden, ob dieser umständliche Zahlungsweg gewählt wird oder er durch direkte Zahlung abgekürzt wird.

Drittelbeteiligungsgesetz
Das Drittelbeteiligungsgesetz gilt für bestimmte → Kapitalgesellschaften, → Versicherungsvereine auf Gegenseitigkeit sowie → Genossenschaften nach deutschem Recht mit mehr als 500 Arbeitnehmern (§ 1 DrittelbG, Ausnahmen für ältere Kapitalgesellschaften mit weniger Arbeitnehmern). Arbeitnehmer konzernangehöriger Unternehmen werden gem. § 2 II DrittelbG dem herrschenden Unternehmen hinzugerechnet. Tendenzunternehmen und Religionsgemeinschaften sind ausgenommen. Der → Aufsichtsrat dieser Unternehmen muss zu einem Drittel aus Arbeitnehmervertretern bestehen (sa → Mitbestimmung 2 zu weitergehender Beteiligung der Arbeitnehmer in größeren Unternehmen). Die Anwendung des Drittelbeteiligungsgesetzes führt dazu, dass die Einrichtung eines Aufsichtsrates zwingend ist und diesem bestimmte Kompetenzen zugewiesen sind, was etwa für die GmbH von der gesetzlichen Grundregel abweicht. Das DrittelbG v. 18.5.2004 (BGBl. 2004 I 974) trat an die Stelle des früheren sog. Betriebsverfassungsgesetzes 1952.

Drittelparität
nannte man die im Rahmen der Bestrebungen zur Reform des → Hochschulrechts Ende der 60er Jahre aufgestellte Forderung, dass sich die Entscheidungsgremien einer Hochschule zu gleichen Teilen aus Vertretern der Professoren, des „akademischen Mittelbaus" (Assistenten, sonstiges Personal) und der Studenten zusammensetzen. Im Arbeitsrecht s. → Drittelbeteiligungsgesetz.

Dritter Weg
Nach hM sind die → Kirchen (→ katholische Kirche, → evangelische Kirche) nicht zum Abschluss von Tarifverträgen (→ Tarifvertrag) verpflichtet. Eine rein einseitige Festlegung erfolgt nur für das Dienstrecht der Pfarrer und → Kirchenbeamten. Für alle anderen kirchlichen Arbeitnehmer wurde der sog. Dritte Weg gewählt. Der Dritte Weg vermeidet einen Tarifvertrag, sieht aber eine paritätische Mitwirkung der Arbeitnehmer bei der Festlegung des kirchlichen Arbeitsrechts vor. Dieses wird auf katholischer Seite von den Kommissionen zur Ordnung des diözesanen Arbeitsrechts (KODA) beschlossen; auf evangelischer Seite bestehen vergleichbare Regelungen.

Drittes Geschlecht
→ Diverse.

Drittkäufer
→ Vorkaufsrecht (1).

Drittland, sicheres
ist ein anderer Begriff für den Gesetzesbegriff sicherer Drittstaat (→ Asylgesetz 2, 3; → Asylrecht, 2; → Flüchtlinge, 4).

Drittlandsgebiet
Die → Umsatzsteuer unterscheidet → Inland, Gemeinschaftsgebiet und Drittlandsgebiet. Gemeinschaftsgebiet ist das deutsche Inland und das Inland der übrigen EU-Mitgliedstaaten. Drittlandsgebiete sind alle Gebiete, die nicht Gemeinschaftsgebiet sind, zB Nicht-EU-Mitgliedstaaten und deutsche Freihäfen (Freizonen statt bisher Zollfreigebiete).

1. Ausfuhrlieferungen sind umsatzsteuerfrei (§§ 4 Nr. 1a, 6, 7 UStG), wenn ein Unternehmer (§ 2 UStG) in ein Drittland befördert oder versendet. Befördert oder versendet der Abnehmer, ist die Ausfuhrlieferung nur befreit, falls dieser ein ausländischer Abnehmer ist (§ 6 II UStG). Ist der ausländische Abnehmer kein Unternehmer und befördert er den Gegenstand mit seinem persönlichen Reisegepäck in das Drittlandsgebiet, so ist die Lieferung nur steuerbefreit, wenn der Abnehmer seinen Wohnort oder Sitz im Drittlandsgebiet – ausgenommen die deutschen Freihäfen – hat. Des weiteren muss der Liefergegenstand vor Ablauf des dritten Kalendermonats, der auf den Monat der Lieferung folgt, ausgeführt worden sein, zB kauft ein Südafrikaner am 2. Januar einen Fernseher in München, so muss dieser für die Steuerfreiheit bis Ende April ausgeführt werden. Handelt es sich um Gegenstände zur Ausrüstung oder Versorgung eines Beförderungsmittels, so tritt beim nichtunternehmerischen Abnehmer immer Steuerpflicht ein. Über die steuerfreie Ausfuhrlieferung sind Ausfuhrnachweis und buchmäßiger Nachweis zu führen (§ 6 IV UStG mit §§ 8–13 UStDV).

2. Der → Einfuhrumsatzsteuer (§§ 1 I Nr. 4, 21 UStG) unterliegt die Einfuhr von Gegenständen aus dem Drittlandsgebiet in das Inland, um sie in gleicher Weise mit Umsatzsteuer zu belasten wie im Inland gelieferte Gegenstände. → Bemessungsgrundlage ist der → Zollwert bzw. das Entgelt zuzüglich → Einfuhrabgaben, → Verbrauchsteuern ohne Einfuhrumsatzsteuer, Kosten der Vermittlung und Beförderungskosten bis zum ersten Bestimmungsort im Inland (§ 11 UStG). Einfuhren aus Drittlandsgebieten unterliegen der Einfuhrumsatzsteuer mit 19 vH (bis 31.12.2006 16 vH) oder 7 vH. Die entrichtete Einfuhrumsatzsteuer ist als Vorsteuer abziehbar (§ 15 I Nr. 2 UStG). Befreiungen s. § 5 UStG. Für die Einfuhrumsatzsteuer gelten die Vorschriften für Zölle sinngemäß (§ 21 II UStG).

Drittmittelforschung
Die Drittmittelforschung ist entgegen früherer BFH-Rechtsprechung steuerfreier Zweckbetrieb (§ 68 Nr. 9 AO; → Körperschaftsteuer), um gemeinnützigen Forschungseinrichtungen die mit der Auftragsforschung regelmäßig verbundenen, schwierigen Abgrenzungsfragen und Planungsunsicherheiten zu ersparen.

Drittorganschaft
Drittorganschaft (Fremdorganschaft) liegt vor, wenn bei einer → Gesellschaft oder → Körperschaft die Geschäfte durch besondere Organe (Personen) geführt werden, die nicht notwendig Gesellschafter oder Mitglieder sind. Die Drittorganschaft ist Merkmal einer → Kapitalgesellschaft und einer Körperschaft; sie ist bei einer → Personengesellschaft nur in Ausnahmefällen zulässig (→ Selbstorganschaft).

Drittschadensliquidation
→ Schadensersatz (1).

Drittschuldner
Betreibt der Gläubiger die → Pfändung einer dem Schuldner zustehenden Forderung (oder eines Rechts), so ist Drittschuldner die Person, gegen die sich diese gepfändete Forderung (das Recht) richtet (zB der Arbeitgeber bei Pfändung des Arbeitslohns). Der Drittschuldner hat innerhalb von 2 Wochen nach Zustellung des Pfändungs- und → Überweisungsbeschlusses Auskunft über die (behauptete) Forderung zu geben (§ 840 ZPO), sog. Drittschuldnererklärung. Der Vollstreckungstitel gegen den Schuldner, auf dessen Grundlage die Pfändung erfolgt, ist allerdings kein Vollstreckungstitel gegen den Drittschuldner. Weigert sich also der Drittschuldner nach der Pfändung, auf die gepfändete Forderung zu zahlen, so muss der Gläubiger unter Umständen nochmals gerichtlich vorgehen und die fremde Forderung in → Prozessstandschaft einklagen.

Drittschuldnererklärung
→ Drittschuldner.

Drittstaat, sicherer
→ Asylgesetz (2, 3) → Asylrecht (2), → Flüchtlinge (4).

Drittverwahrung
→ Depotgeschäft.

Drittwiderklage
→ Widerklage.

Drittwiderspruchsklage
Eine Drittwiderspruchsklage (Interventionsklage, Widerspruchsklage, § 771 ZPO) ist eine prozessuale → Gestaltungsklage. Mit ihr macht der Kläger ein sog. veräußerungshinderndes Recht (zB Eigentum) an einem → Gegenstand geltend, in den der Gläubiger die Zwangsvollstreckung auf Grund eines Titels betreibt, der nicht gegen den Kläger, sondern gegen einen anderen gerichtet ist. Ziel der Drittwiderspruchsklage ist, dass die Zwangsvollstreckung in diesen bestimmten Gegenstand vom → Prozessgericht für unzulässig erklärt wird. Es muss dann die Vollstreckung eingestellt werden. Durch eine Drittwiderspruchsklage wird also der Gegenstand selbst erhalten und nicht nur der Wert, den er verkörpert (anders zB → Vorzugsklage).

Drittwirkung der Grundrechte
Nach überwiegender Meinung richten sich die → Grundrechte nur gegen den Staat, dh sie sichern dem Einzelnen einen Freiheitsbereich (oder einen „Teilhabeanspruch") gegenüber der öffentlichen Gewalt; vgl. Art. 1 III GG, wonach die Grundrechte die Gesetzgebung, die vollziehende Gewalt und die Rechtsprechung als unmittelbares Recht binden. Vereinzelt wird die Meinung vertreten, dass die Grundrechte ganz allgemein unmittelbare Wirkung auch gegenüber Dritten (Bürgern) äußern, also auch im Privatrechtsbereich. Danach wäre zB der Gleichheitssatz auch im Verkehr zwischen den Bürgern untereinander als Prinzip zu beachten. Ausdrücklich angeordnet ist eine Drittwirkung der Grundrechte nur in Art. 9 III GG für die Garantie der → Koalitionsfreiheit. Abreden, die dieses Recht einschränken oder zu behindern suchen, sind nichtig, hierauf gerichtete Maßnahmen rechtswidrig. Darüber hinaus kann jedoch eine unmittelbare Drittwirkung nicht angenommen werden. Allerdings beeinflusst das Verfassungsrecht auch das Privatrecht. Die Grundrechte können deshalb zB bei der Auslegung der unbestimmten Rechtsbegriffe und Generalklauseln des bürgerl. Rechts nicht außer acht gelassen werden. Deshalb wird es etwa als zulässig erachtet, für die Beurteilung, wann ein Aufruf zum Boykott gegen die guten Sitten verstößt, auch auf das in Art. 5 GG garantierte Grundrechte der freien Meinungsäußerung, oder bei Verwertung persönlicher Aufzeichnungen, zB im Strafverfahren oder im Eheprozess, auf den Schutz der Intimsphäre (→ Menschenwürde; freie Entfaltung der Persönlichkeit; Art. 1, 2 GG) abzustellen. Bei der Auslegung der Kündigungsschutzvorschriften im Mietrecht ist Art. 14 GG zu beachten. Auch gegenüber wirtschaftl. Monopol- od. Machtstellungen können uU grundrechtl. Gedankengänge, insbes. das Willkürverbot, Bedeutung erlangen. Vor allem kann dies auch für privatrechtl. Betätigungen öffentl.-rechtl. Körperschaften und Anstalten (vgl. → Verwaltungsprivatrecht) gelten.

Drogen
→ Betäubungsmittel-Abkommen, → Betäubungsmittelgesetz, → Betäubungsmitteldelikte, → Drogenkonsumraum, → Doping.

Drogenfahrt
Wer unter der Wirkung bestimmter Betäubungsmittel (zB Cannabis, Heroin, Morphin, Kokain, Amphetamin) ein Kfz im Straßenverkehr führt, begeht eine → Ordnungswidrigkeit, die mit Geldbuße bis zu 3000 EUR und → Fahrverbot geahndet werden kann (§§ 24a,

25 StVG). Führen die Drogen oder andere berauschende Mittel zur → Fahruntüchtigkeit, macht sich der Kfz-Führer strafbar wegen → Trunkenheit im Verkehr (§ 316 StGB) oder, wenn er eine konkrete Gefährdung verursacht, wegen → Straßenverkehrsgefährdung (§ 315c StGB).

Drogenkonsumraum
ist eine Einrichtung, in der Betäubungsmittelabhängigen eine Gelegenheit zum Verbrauch von mitgeführten, ärztlich nicht verschriebenen Betäubungsmitteln verschafft oder gewährt wird (§ 10a BtMG). Sein Betrieb bedarf der Erlaubnis und ist dann nicht strafbar (s. § 29 I 1 Nr. 11 BtMG). Der Betäubungsmittelabhängige, der Betäubungsmittel in dem Drogenkonsumraum verbraucht, begeht zwar durch den vorausgehenden Besitz ein → Betäubungsmitteldelikt (§ 29 I 1 Nr. 3 BtMG), von seiner Verfolgung soll aber abgesehen werden, wenn es sich um Betäubungsmittel zum Eigenverbrauch in geringer Menge handelt (§ 31a I 2 BtMG).

Drohnen
→ Unbemannte Luftfahrzeuge.

Drohung
Im Strafrecht wird der Begriff der Drohung vielfach als Tatbestandsmerkmal verwendet. Im Allgemeinen ist darunter die Ankündigung eines Nachteils zu verstehen, der für den Betroffenen nicht ohne Bedeutung ist und auf dessen Eintritt der Täter Einfluss hat oder zu haben vorgibt. So ist zB die Drohung mit einem empfindlichen Übel ein Mittel zu → Nötigung oder → Erpressung (§§ 240, 253 StGB), die Drohung mit Gewalt ein Mittel zu → Widerstand gegen die Staatsgewalt, die Drohung mit gegenwärtiger Gefahr für Leib oder Leben ein Mittel zu → sexuellem Übergriff, → sexueller Nötigung (§ 177 StGB) und → Raub (§ 249 StGB). Entscheidend ist nicht, ob die Drohung ernst genommen wird, sondern nur, ob der Täter will, dass der Bedrohte sie ernst nimmt. Sa → Androhung von Straftaten (§ 126 StGB), → Bedrohung (§ 241 StGB), → Hasskriminalität. Zur Verbreitung sog. „Feindeslisten" → Gefährdendes Verbreiten personenbezogener Daten (§ 126a StGB).

Im bürgerlichen Recht kann eine Drohung die Anfechtung einer Willenserklärung begründen (§ 123 BGB); s. → Anfechtung von Willenserklärungen (2).

Druckgeräte
1. Druckgeräte sind Behälter, Rohrleitungen, Ausrüstungsteile mit Sicherheitsfunktion sowie druckhaltende Ausrüstungsteile und gehören zu den → überwachungsbedürftigen Anlagen. Auf Druckgeräte finden die VO über → Betriebssicherheit, die Druckgeräte-VO v. 13.5.2015 (BGBl. 2015 I 692) mÄnd, und die Ortsbewegliche-Druckgeräte-VO v. 29.11.2011 (BGBl. 2011 I 2349) mÄnd sowie die VO über einfache Druckbehälter, die 6. ProdSV, v. 6.4.2016 (BGBl. 2016 I 597) Anwendung. → Rohrfernleitungsanlagen gehören nicht dazu.

2. Für Druckbehälter und Druckgasanlagen in Kraftfahrzeugen gelten die Bestimmungen der StVZO (→ Straßenverkehrsrecht).

Druckkündigung
Die Druckkündigung ist eine → Kündigung, die der Arbeitgeber unter dem Druck eines Dritten (zB eines Teils der Belegschaft oder von Kunden) erklärt. Liegt unabhängig von der Druckausübung auch tatsächlich ein Grund für eine verhaltens- oder personenbedingte Kündigung vor, spricht man von einer „unechten" Druckkündigung; soll das Arbeitsverhältnis ausschließlich aufgrund des Drucks beendet werden, handelt es sich um eine sog. „echte" Druckkündigung. Bei dieser gibt der Druck allein noch keine Rechtfertigung ggü. dem → Kündigungsschutz für Arbeitnehmer, unter weiteren Voraussetzungen kann eine Kündigung aber gerechtfertigt sein, ua muss sich der Arbeitgeber zuvor erfolglos schützend vor den Arbeitnehmer gestellt haben (vgl. BAG 15.12.2016 – 2 AZR 431/15, NZA 2017, 500). Unter bestimmten Umständen kann auch der Betriebsrat die Entfernung eines betriebsstörenden Arbeitnehmers verlangen (§ 104 BetrVG).

Druckschriften, Druckwerke
Druckschriften bzw. Druckwerke sind nach den Landespressegesetzen (→ Presserecht, → Pressedelikte) alle mittels Buchdruckerpresse oder eines sonstigen zur Massenherstellung geeigneten Vervielfältigungsverfahren hergestellten und zur Verbreitung bestimmten Schriften, besprochenen Tonträger, bildlichen Darstellungen mit oder ohne Schrift, Bildträger und Musikalien mit Text oder Erläuterungen.

Zu den für viele Strafvorschriften relevanten Begriffen der → Schriften, → Verkörperungen und → Inhalte s. jeweils dort. Wegen der Strafbarkeit hochverräterischer oder staatsgefährdender Inhalte s. → Hochverrat, → Rechtsstaatsgefährdung. Wegen weiterer Strafvorschriften vgl. → jugendgefährdende Medien, → Pornographische Inhalte, → Einziehung und → Unbrauchbarmachung. Vgl. ferner → örtliche Zuständigkeit des Gerichts (bei strafbaren Handlungen durch Verbreiten von Druckschriften).

DSGVO
→ Datenschutz-Grundverordnung.

DSA
→ Digital Services Act.

Duales System
1. Abfallrecht. Ursprünglich stand der Begriff für das Nebeneinander von öffentlich-rechtlichem und privatem Entsorgungssystem im Bereich der volkswirtschaftlich und ökologisch sehr bedeutsamen → Verpackungen. Er lehnte sich an das Nebeneinander von staatlicher und gewerblicher Ausbildung an (s. Ziffer 2). Mitt-

lerweile ist die Verpflichtung von Unternehmen, die Verpackungen herstellen oder vertreiben, sich an einem flächendeckenden System der unentgeltlichen Abholung (nun Rücknahme) und Verwertung (nun → Recycling) zu beteiligen, umfassend im VerpackG geregelt, das seit Januar 2019 die Verpackungsverordnung abgelöst hat. Dienstleister in diesem Bereich, etwa der Entsorger „Grüner Punkt", finanzieren sich durch eine auf die Verpackungen erhobene Lizenzabgabe der entsorgungspflichtigen Unternehmen. Man kann daher nicht mehr von einem dualen System sprechen. → Abfälle, → Abfallrecht.

2. In der → Berufsbildung bezeichnet man als Duales System die Kombination von betrieblicher und schulischer → Berufsausbildung (§ 2 Berufsbildungsgesetz (BBiG) v. 4.5.2020, BGBl. 2020 I 920 mÄnd, → berufsbildende Schulen). Die Ausbildung erfolgt an zwei Orten, einerseits der Lehrstätte (zB Betrieb, öff. Dienst, Angehörige freier Berufe), der die praktische Ausbildung obliegt, andererseits in der Berufsschule, deren Schwerpunkte Fachtheorie (die über das an der Lehrstätte erworbene Wissen hinausgeht) und Allgemeinbildung sind. Grundlage der betrieblichen Ausbildung sind das BBiG und die → Ausbildungsordnungen.

Dual-Use-Güter
Dual-Use-Güter sind Güter mit doppeltem Verwendungszweck, einschließlich Datenverarbeitungsprogrammen und Technologien, die sowohl für zivile als auch für militärische Zwecke verwendet werden können (Art. 2 Nr. 1 VO (EU) 2021/821 v. 11.6.2021 (ABl. EU 2021 L 206, 1) über eine Unionsregelung für die Kontrolle der Ausfuhr, der Vermittlung, der technischen Unterstützung der Durchfuhr und der Verbringung von Gütern mit doppeltem Verwendungszweck). Hierzu zählen auch Güter, die für nukleare, chemische oder biologische Waffen (→ ABC-Waffen) oder ihre Trägersystemen verwendet werden können. Eine Liste mit Gütern ist in der Delegierten Verordnung der Kommission (EU) 2023/996 v. 23.2.2023 (ABl. EU 2023 L 138, 1) zur Umsetzung internationaler Verpflichtungen verfügbar.

Ihre Ausfuhr ist idR genehmigungspflichtig (Art. 3 VO (EU) 2021/821). Zur firmeninternen Kontrolle (→ Compliance) des Handels mit Dual-Use-Gütern gibt es von der EU Kommission die Empfehlung (EU) 2019/1318 v. 30.7.2019 (ABl. EU 2019 L 205, 15). → Ausfuhrliste, → Außenwirtschaftsrecht.

Dublinabkommen
→ Dublin-III-VO.

Dubliner Übereinkommen
→ Dublin-III-VO.

Dublin-III-VO
Die VO (EU) Nr. 604/2013 des Europäischen Parlaments und des Rates v. 26.6.2013 zur Festlegung der Kriterien und Verfahren zur Bestimmung des Mitgliedstaates, der für die Prüfung eines von einem Drittstaatsangehörigen oder Staatenlosen in einem Mitgliedstaat gestellten Antrags auf internationalen Schutz zuständig ist, wird gemeinhin Dublin-III-VO genannt. Sie regelt das Verfahren zur Anerkennung von → Flüchtlingen von außerhalb der → EU in der EU. Die Dublin-III-VO geht zurück auf das Dubliner Übereinkommen oder Dublinabkommen v. 15.6.1990, das am 1.9.1997 in Kraft trat. Ab 1.3.2003 wurde das Dubliner Übereinkommen von der Dublin-II-VO abgelöst, der mit Wirkung vom 1.1.2014 die D.-III-VO folgte. Ursprünglicher Zweck der Regelung war zu verhindern, dass Flüchtlinge in mehreren Staaten der EU gleichzeitig um Schutz nachsuchen. Art. 3 I 2 Dublin-III-VO bestimmt, dass der Antrag von einem einzigen Mitgliedstaat geprüft wird. Grundsätzlich ist der Mitgliedstaat zuständig, in den der betreffende Flüchtling aus einem Drittstaat außerhalb der EU kommend erstmals eingereist ist (Art. 13 I 1 Dublin-III-VO). Sonderregelungen gelten für Minderjährige und Familienangehörige. Abweichend vom Grundsatz kann ein Mitgliedstaat beschließen, ein Anerkennungsverfahren auch dann selbst durchzuführen, wenn an sich die Zuständigkeit eines anderen Mitgliedstaates gegeben wäre; dadurch wird dieser Staat zum alleinig zuständigen Mitgliedstaat (Art. 17 Dublin-III-VO). → Flüchtlinge (3).

Duchesne-Paragraph
wird nach dem Belgier Duchesne, der sich zu einem Mordanschlag auf Bismarck erboten hatte, eine durch Gesetz vom 26.2.1876 (RGBl. 1876, 25) in das StGB eingefügte Strafvorschrift – jetzt § 30 – genannt. Sie stellt als Versuch der Beteiligung den erfolglosen Versuch unter Strafe, einen anderen zur Begehung eines → Verbrechens zu bestimmen, ferner das Verabreden eines Verbrechens, das Sichbereiterklären zu einem solchen und die Annahme eines entsprechenden Anerbietens. Im Einzelnen (auch wegen Straflosigkeit bei Rücktritt oder tätiger Reue) → Anstiftung (2).

due diligence
Due diligence bezeichnet die Prüfung eines Unternehmens in rechtlicher, wirtschaftlicher und technischer Hinsicht vor Abschluss eines Unternehmenskaufvertrages durch den Käufer, um herauszufinden, ob bzw. wo in dem zu erwerbenden Unternehmen Risiken und Probleme vorhanden sind. Der aus der US-amerikanischen Transaktionspraxis stammende Begriff bedeutet sinngemäß soviel wie „im Verkehr erforderliche Sorgfalt". Das Unternehmen wird dabei in der Praxis von mehreren spezialisierten Beratern des Käufers geprüft. Für den Erwerbsinteressenten bzw. dessen anwaltliche Vertreter ein Datenraum (engl. data room) eingerichtet, zT auch rein virtuell, um diesem die Prüfung der Unternehmensdokumentation zu ermöglichen. Vertraulichkeit wird durch Vertraulichkeitsverein-

barungen sichergestellt (engl. confidentiality agreement). Das Ergebnis der Prüfung bildet sich dann in kaufvertraglichen Gewährleistungsregelungen sowie in der Gestaltung des Kaufpreises ab. Fördert die due diligence schwerwiegende Erkenntnisse zu Tage, die den Interessenten vom Unternehmenswerb zwingend Abstand nehmen lassen, spricht man im Branchenjargon von einem Deal Breaker. Gewährleistungsrechte des Käufers wegen eines Mangels des Unternehmens sind ausgeschlossen, wenn er bei Durchführung der due diligence den Mangel erkannt hat (§ 442 I 1 BGB). Bei grob fahrlässiger Unkenntnis können Gewährleistungsrechte nur geltend gemacht werden, wenn der Verkäufer den Mangel arglistig verschwiegen hat (§ 442 I 2 BGB). S. a. → Unternehmen (2).

Duell
→ Zweikampf.

Düngemittel
1. Das Düngegesetz (DüngG) v. 9.1.2009 (BGBl. 2009 I 54, 136) mÄnd soll i. W. die Ernährung von Nutzpflanzen sicherstellen, die Fruchtbarkeit des Bodens erhalten oder verbessern, Gefahren für Menschen, Tiere und den Naturhaushalt vorbeugen sowie einen nachhaltigen und ressourceneffizienten Umgang mit Nährstoffen sicherstellen. Es regelt zusammen mit der Düngemittelverordnung (DüMV) v. 5.12.2012 (BGBl. 2012 I 2482 mÄnd) Zulassung, Kennzeichnung und Verkehrsbeschränkungen für Düngemittel; sa → Gefahrstoffrecht. Düngemittel sind Stoffe, die Nutzpflanzen Nährstoffe zuführen und ihr Wachstum fördern, wie Mist, Gülle und Jauche. Kennzeichnung und Inverkehrbringen von Düngemitteln unterliegen der VO (EU) 2019/1009 v. 5.6.2019 mit Vorschriften für die Bereitstellung von EU-Düngeprodukten auf dem Markt (ABl. EU 2019 L 170, 1). Düngemittel, die mehr als 0,5% → gentechnisch veränderte Organismen enthalten, fallen unter die Vorschriften des GenTG; → Inverkehrbringen eines gentechnisch veränderte Organismen enthaltenden Produktes.

2. Die Düngeverordnung (DüV) v. 26.5.2017 (BGBl. 2017 I 1305 mÄnd) regelt die → gute fachliche Praxis bei der Anwendung von Düngemitteln auf landwirtschaftlich genutzten Flächen und das Vermindern von stofflichen Risiken durch Düngemittel. Sie dient ua der Umsetzung der Richtlinie 91/676/EWG v. 12.12.1991 zum Schutz der Gewässer vor Verunreinigung durch Nitrat aus landwirtschaftlichen Quellen (ABl. EG 1991 L 375, 1), musste allerdings nach einem Urteil des EuGH in einem gegen Deutschland angestrengten Vertragsverletzungsverfahren (C-543/16) 2020 nachgebessert werden. Die DüV setzt Obergrenzen für Düngemittel, enthält Sperrfristen, in denen bestimmte Düngemittel nicht ausgebracht werden dürfen, regelt den Gewässerabstand, wenn Hanglagen gedüngt werden, und führt Aufzeichnungspflichten ein. Dies soll zu einer Reduzierung der Düngemittel, insbesondere von Gülle, führen. Die lange zwischen der EU und Deutschland strittige Ausweisung der mit Nitrat belasteten landwirtschaftlichen Flächen sowie das Messnetz regelt nun die AVV Gebietsausweisung (AVVGeA) v. 10.8.2022, BAnz AT 16.8.2022 B2, dazu auch → Grundwasser.

Dürftigkeit des Nachlasses, Dürftigkeitseinrede
→ Beschränkung der Erbenhaftung.

Düsseldorfer Tabelle
Die Familiensenate der → Oberlandesgerichte führen pauschalierende → Unterhaltstabellen. Sie beziehen sich auf die vom OLG Düsseldorf jährlich aktualisierte Düsseldorfer Tabelle. Diese enthält in tabellarischer Form ausgehend vom gesetzlich festgelegten → Mindestunterhalt (§ 1612a BGB) die betragsmäßige Höhe des → Kindesunterhalts abhängig vom Einkommen des Barunterhaltspflichtigen und dem Alter des Kindes und füllt damit den unbestimmten Rechtsbegriff des „Maß des Unterhalts" im Sinne des § 1610 BGB aus. Da der → Bundesgerichtshof und die → Oberlandesgerichte - mit einzelnen Modifikationen - die Tabelle ihrer Rechtsprechung zugrundelegen, sind die Unterhaltsbeträge verbindlich, ohne → Gesetz im materiellen Sinn zu sein. Die Düsseldorfer Tabelle hat 15 Einkommensgruppen und umfasst Einkommen bis zu 11.200 EUR. Der monatliche Unterhaltsbetrag wird über diese Gruppen gestaffelt zwischen dem Mindestunterhalt (100%, Gruppe 1, Einkommen bis 2.100 EUR) und dem Doppelten, also 200% des Mindestunterhalts (Gruppe 15, Einkommen zwischen 9.701 und 11.200 EUR). Je höher das Einkommen, desto größer ist der Anteil, der nicht verkonsumiert wird, sondern der Vermögensbildung dient, und damit grundsätzlich dem Unterhalt entzogen ist. Für Einkommen über 11.200 EUR ist der Unterhalt daher individuell zu bestimmen.

Ein Beispiel zur Anwendung der Düsseldorfer Tabelle: Ein Elternteil hat ein → bereinigtes Nettoeinkommen von 3.400 EUR, das gemeinsame dreijährige Kind wird vom anderen Elternteil betreut. Das Einkommen von 3.400 EUR fällt in die 5. Einkommensgruppe (3.301 – 3.700 EUR). Die Tabelle sieht hierfür 120% des Mindestunterhalts vor, das sind für ein dreijähriges Kind in 2025 monatlich 579 EUR. Von dem so ermittelten Tabellenbetrag ist zur Ermittlung des geschuldeten Zahlbetrags das Kindergeld → anzurechnen. Wird das dreijährige Kind von dem anderen Elternteil betreut, ergibt sich unter Abzug des hälftigen → Kindergelds (§ 1612b BGB) ein Zahlbetrag von monatlich 579 – (1/2*255) sind 451,50 EUR.

Die Belastung durch eine Mehrzahl an Unterhaltsverpflichtungen kann durch die Einstufung in eine geringere Einkommensgruppe berücksichtigt werden, wobei die Tabelle als Grundfall von zwei Unterhaltsverpflichtungen ausgeht. Die Geltendmachung des Betrages steht unter dem Vorbehalt der → Leistungsfähigkeit des Unterhaltsverpflichteten. S. a. → Unterhaltspflicht unter Verwandten, → Ausbildungsunterhalt.

Duldung, behördliche

1. Strafrechtl. Bedeutung bei rechtswidrigen Zuständen → Umweltkriminalität.

2. Allgemein-verwaltungsrechtlich kann die Duldung eines rechtswidrigen Zustands durch die zuständige Behörde (zB im Baurecht) noch im Rahmen eines ihr vom Gesetz eingeräumten → Ermessens (zB Beseitigung eines „Schwarzbaues") liegen und dann uU einen Vertrauensschutz für den Betroffenen begründen. Die Duldung kann ausdrücklich („Duldungsverfügung") oder stillschweigend geschehen, muss aber auch im letzteren Falle bewusst geschehen (Nichtwissen ist keine Duldung). Die (rechtmäßige) Duldung kann uU zur Selbstbindung des Ermessens führen.

3. Zur → Duldung von Ausländern gemäß § 60a AufenthG siehe dort.

Duldung von Ausländern

1. Die vorübergehende Aussetzung der → Abschiebung (2) von → Ausländern (sa → Ausländerrecht) wird als Duldung bezeichnet (§ 60a AufenthG). Die zuständige oberste Landesbehörde kann aus völkerrechtlichen oder humanitären Gründen oder zur Wahrung der politischen Interessen Deutschlands anordnen, dass die Abschiebung von Ausländern aus bestimmten Staaten oder von in sonstiger Weise bestimmten Ausländergruppen für längstens drei Monate ausgesetzt wird (§ 60a I AufenthG). Die Abschiebung ist ferner auszusetzen, wenn diese aus tatsächlichen oder rechtlichen Gründen unmöglich ist, wenn die Aussagen des betroffenen Ausländers für ein Strafverfahren wegen eines Verbrechens relevant sind oder wenn in der Person des Ausländers dringend humanitäre oder persönliche Gründe eine Duldung der weiteren Anwesenheit in Deutschland erfordern (§ 60a II AufenthG). Die grundsätzliche Ausreisepflicht bleibt trotz Aussetzung der Abschiebung und Duldung bestehen.

2. Untere besonderen Voraussetzungen kann einem seit mehr als fünf Jahren ununterbrochen geduldeten Ausländer ein sog. → Chancen-Aufenthaltsrecht gewährt werden (§ 104c AufenthG).

Duldungsanspruch, -pflicht

→ Duldungstitel.

Duldungsbescheid

Wer kraft Gesetzes verpflichtet ist, die Zwangsvollstreckung in Vermögen, das seiner Verwaltung unterliegt, zu dulden, kann durch Duldungsbescheid des Finanzamts in Anspruch genommen werden (§ 191 I AO). Dies kommt für Verwalter fremden Vermögens (§ 77 I AO) und für Grundstückseigentümer (§ 77 II AO) in Betracht. Der Duldungsbescheid unterliegt ähnlich dem → Haftungsbescheid dem Ermessen des Finanzamts.

Duldungspflicht

→ Duldungstitel.

Duldungstitel

Ein Duldungstitel ist ein → Vollstreckungstitel des Inhalts, dass jemand eine bestimmte Handlung (zB Vollstreckung in ein ihm gehörendes Grundstück) zu dulden hat. Duldungstitel kommen am häufigsten in Form von vollstreckbaren Urkunden und Urteilen vor (→ Leistungsklage). Die Vollstreckung solcher Titel erfolgt durch Ordnungsgeld oder Ordungshaft, § 890 ZPO.

Duldungsvollmacht

→ Vollmacht.

Dumping

1. Nach Art. VI (1) → GATT 1947 bezeichnet Dumping die einen Wirtschaftszweig des Importhandels schädigende Einfuhr von Erzeugnissen eines anderen Landes zu einem den normalen Wert, aber vor allem den Inlandspreis des Exportlandes unterschreitenden Preis. Dumping ist im internationalen Handel grundsätzl. unzulässig und kann zu Gegenmaßnahmen (zB Antidumpingzöllen in Höhe der Dumpingspanne) führen. Einzelheiten regelt das Übereinkommen zur Durchführung des Artikels VI des Allgemeinen Zoll- und Handelsabkommens 1994 (Anh. 1A zum Übereinkommen zur Errichtung der → WTO; auch Antidumping-Kodex genannt).

2. Die Abwehr von Dumping ist in der EU Teil der gemeinsamen → Handelspolitik. Die EU ist an die unter 1. genannten Vorschriften von GATT und WTO gebunden und hat sie durch die VO (EG) Nr. 384/96 (ABl. EG 1996 L 56, 1) mÄnd umgesetzt. Danach leitet die → Europäische Kommission bei schädigenden Importen ein Antidumpingverfahren ein, an dessen Ende der → Rat per VO Ausgleichszölle festsetzen kann.

3. Dem internationalen Dumping entspricht national der Verkauf unter Einstandspreis. Er ist häufig aus kartellrechtlichen (→ Untereinstandspreisverkauf, → Kartellrecht), manchmal auch wettbewerbsrechtlichen Gründen (→ unlauterer Wettbewerb (2a)) unzulässig.

Dunkelheit, Verhalten im Straßenverkehr bei –

Vom Beginn der Dämmerung bis zum Wiedereintreten des Tageslichtes bestehen für alle → Verkehrsteilnehmer besondere Sorgfaltspflichten, ebenso bei einer der Dunkelheit nahekommenden Sichtbehinderung durch Nebel usw. Für die Führer von Fz. (auch Radfahrer) → Beleuchtung. Die → Fahrgeschwindigkeit ist den Sichtverhältnissen anzupassen. Unbeleuchtete Fahrräder müssen geführt werden. Fußgänger müssen besondere Vorsicht walten lassen, insbes. einen vorhandenen Gehweg benutzen, außerhalb geschlossener Ortschaften grundsätzl. am linken Fahrbahnrand und einzeln hintereinander gehen (§ 25 I StVO). Sa → Aufblenden.

Duplik
Eine Duplik ist eine Einwendung oder → Einrede, die gegen eine → Replik gerichtet ist und ihr die Wirkung nehmen kann. Als Duplik bezeichnet man allgemeiner auch einen Schriftsatz, der auf eine Replik des Prozessgegners folgt.

Durchfahrtsrecht
→ Grunddienstbarkeit.

Durchführungsvorschriften(-bestimmungen, -verordnung)
Durchführungsvorschriften(-bestimmungen, -verordnungen) sind Verwaltungsanweisungen zur konkreten Umsetzung von Gesetzen oder sonstiger Regelungen durch die ausführenden Behörden → Verwaltungsvorschriften. Frei einsehbar und für jedermann zugänglich sind zB die Verwaltungsanweisungen der Bundesagentur für Arbeit und der Deutschen Rentenversicherung Bund.

Durchfuhr
ist nach den Begriffsbestimmungen des → Außenwirtschaftsrechts die Beförderung von Waren aus dem Ausland durch Deutschland, ohne dass sie hier in den zollrechtlich freien Verkehr gelangen (§ 2 IX AWG); sa → Transithandel.

Durchgang
(im Bundesrat) → Gesetzgebungsverfahren.

Durchgangserwerb
→ Verfügung eines Nichtberechtigten, → Anwartschaftsrecht.

Durchgriffshaftung
Wegen der rechtlichen Selbständigkeit (→ Rechtsfähigkeit) einer → juristischen Person (Verein, AG, GmbH usw) haften ihre Mitglieder und Organe grundsätzlich nicht persönlich für deren Schulden (Beschränkung auf das Gesellschaftsvermögen; Ausnahmen s. bei den genannten Stichwörtern sowie → Gründerhaftung). Eine Durchgriffshaftung auf die Person des Mitglieds, Gesellschafters usw. findet nach der Rspr. nach dem Zweck der Rechtsordnung aber ausnahmsweise dann statt, wenn die Berufung auf die förmliche Selbständigkeit der juristischen Person gegen → Treu und Glauben (§ 242 BGB) verstoßen würde und deshalb rechtsmissbräuchlich ist. Dies ist in bestimmten Einzelfällen für den Alleingesellschafter einer → Einmanngesellschaft, für den beherrschenden Gesellschafter bei sog. existenzvernichtenden Eingriffen (massiver Vermögensentzug mit der Folge, das die Gesellschaft ihre Verbindlichkeiten nicht mehr begleichen kann), für die Muttergesellschaft, welche die handelnde Tochtergesellschaft finanziell und wirtschaftlich (→ Gewinnabführung) völlig beherrscht, und ausnahmsweise für den Kommanditisten einer → Kommanditgesellschaft bejaht worden. Das Verhalten, das zur Annahme einer Durchgriffshaftung führt, kann unter Umständen auch als eine vorsätzliche sittenwidrige Schädigung nach § 826 BGB angesehen werden (uU aber nur als Haftung gegenüber der Gesellschaft, str). S. a. → Firmenbestattung. Zur Durchgriffshaftung wegen existenzvernichtenden Eingriffs bei verbundenen Unternehmen s. → Konzernrecht. S. a. Einwendungsdurchgriff beim → Verbraucherdarlehensvertrag (8).

Durchlaufende Posten
sind im Steuerrecht nicht als → Betriebseinnahmen und → Betriebsausgaben zu erfassende Vorgänge, die im Namen und für Rechnung eines anderen vereinnahmt und verausgabt werden (§ 4 III 2 EStG), → Gewinnermittlungsarten.

Durchlieferung
→ Auslieferung.

Durchschnittsätze
Zur Vereinfachung des → Besteuerungsverfahrens ist in bestimmten Fällen eine Besteuerung nach Durchschnittsätzen vorgesehen.

1. Einkommensteuer: bei Einkünften aus Land- und Forstwirtschaft (§ 13a EStG).

2. Umsatzsteuer:

a) Nach § 23 UStG kann das Bundesministerium der Finanzen für Gruppen von Unternehmern, die nicht zur Buchführung verpflichtet sind und für die hinsichtlich der Besteuerungsgrundlagen annähernd gleiche Verhältnisse vorliegen, für die abziehbaren Vorsteuerbeträge und für die zu entrichtende → Umsatzsteuer (Ausgangsteuer) Durchschnittsätze festsetzen, die auf Antrag anzuwenden sind. Die Vorsteuerpauschalierung ist in §§ 69, 70 UStDV geregelt, → Umsatzsteuer, 10.

b) Als Regelbesteuerung der Umsätze eines land- und forstwirtschaftlichen Betriebs betragen die Durchschnittsätze für die Umsatzsteuer in Bezug auf Ausgangsumsätze 5,5 vH, 9,5 vH (bis VZ 2021 10,7 vH) oder 19 vH. Die Vorsteuer wird auf 5,5 vH und 9,0 vH (bis einschließlich VZ 2021 9,5 vH) festgelegt.

Durch das Jahressteuergesetz 2020 ist zum 1.1.2022 eine Einschränkung des Anwendungsbereichs der Durchschnittssatzbesteuerung eingeführt worden. Da die Regelung nach Auffassung der EU-Kommission im Ergebnis zu einer Subvention geführt hat, wurde die Anwendungsmöglichkeit auf Land- und Forstwirte beschränkt, deren Gesamtumsatz nach § 19 Abs. 3 UStG im vorangegangenen Kalenderjahr 600.000 EUR nicht überschritten hat.

Durchsuchung
1. Die Durchsuchung von Räumen und Personen ist im Strafverfahren nach §§ 102 ff. StPO unter gewissen Voraussetzungen zulässig.

a) Bei dem als Täter oder → Teilnehmer einer Straftat, der Begünstigung, Strafvereitelung oder Hehlerei Verdächtigen kann eine Durchsuchung seiner Wohnung und anderer Räume, seiner Person und seiner Sachen zum Zweck seiner Ergreifung oder dann vorgenommen werden, wenn zu vermuten ist (dh Anhaltspunkte dafür bestehen), dass sie zur Auffindung von Beweismitteln führen wird (§ 102 StPO).

b) Bei Nichtverdächtigen sind die Voraussetzungen der Durchsuchung enger (§ 103 StPO): Sie ist nur zulässig zur Ergreifung des Beschuldigten, zur Verfolgung von Spuren einer Straftat oder zwecks → Beschlagnahme bestimmter Gegenstände (also nicht – wie zu a) – zwecks Suche nach noch unbestimmten Beweismitteln), wenn Tatsachen vorliegen, aus denen zu schließen ist, dass die gesuchte Person, Spur oder Sache sich in den Räumen des Betroffenen oder bei ihm selbst befindet (dann auch Leibesvisitation möglich). Ist aber der Beschuldigte in den Räumen eines Nichtverdächtigen ergriffen worden oder hat er sie während der Verfolgung betreten, so gelten die weiteren Voraussetzungen zu a). Darüber hinaus ist die Durchsuchung von Gebäuden zwecks Ergreifung eines darin vermuteten dringend Tatverdächtigen zulässig in Verfahren wegen Vorbereitung einer schweren staatsgefährdenden Gewalttat (§ 89a StGB, → Rechtsstaatsgefährdung), → Terrorismusfinanzierung oder Zugehörigkeit zu einer → terroristischen Vereinigung nach § 129a StGB oder wegen einer der dort bezeichneten schweren Straftaten. Wer ein → Zeugnisverweigerungsrecht hat, kann der Durchsuchung nicht widersprechen, außer wenn sie eine wegen des Verweigerungsrechts nach § 97 StPO unzulässige → Beschlagnahme bezweckt.

c) Haussuchungen zur Nachtzeit, dh zwischen 21 Uhr abends und 6 Uhr morgens, sind nur in Eilfällen zulässig (§ 104 I StPO), nämlich bei Verfolgung auf frischer Tat, bei Gefahr im Verzug oder zwecks Ergreifung eines entwichenen Gefangenen. Möglich ist die Durchsuchung in dieser Zeit ferner dann, wenn auf ein elektronisches Speichermedium zugegriffen werden muss und die Auswertung insbes. in unverschlüsselter Form andernfalls aussichtslos oder wesentlich erschwert wäre. Dies zielt auf Fälle etwa im Bereich der Kinderpornographie, in denen Beschuldigte möglichst - gerade auch nachts - bei Benutzung ihres Rechners angetroffen werden sollen, um der Aktivierung einer Verschlüsselung zuvorkommen zu können (BT-Drs. 19/30517, 90). Die Beschränkung gilt nicht für Räume, die nachts allgemein zugänglich sind (zB geöffnete Hotels), sowie für Zusammenkunftsräume Vorbestrafter, Hehlerwarenlager, Schlupfwinkel der Prostitution, des Rauschgift- oder Waffenhandels oder des Glücksspiels (§ 104 II StPO).

d) Für die Anordnung der Durchsuchung, die höchstens 6 Monate gilt (BVerfG NJW 1997, 2165), ist grundsätzlich der Richter zuständig, bei Gefahr im Verzug auch die Staatsanwaltschaft und ihre → Ermittlungspersonen (diese jedoch nicht im Falle b) bei Verfahren nach § 129a StGB), in Steuerstrafsachen auch das Finanzamt (§ 105 StPO, §§ 399, 402 AO). Der Betroffene erhält auf Verlangen eine schriftliche Mitteilung über die Durchsuchung nebst Angabe der Gründe und ein Verzeichnis der sichergestellten Gegenstände. Die Staatsanwaltschaft und auf ihre Anordnung hin ihre Ermittlungspersonen sind zur Durchsicht der Papiere des Betroffenen berechtigt, andere Beamte nur mit Genehmigung des Inhabers. Die Durchsicht eines elektronischen Speichermediums darf sich auch auf hiervon räumlich getrennte Speichermedien, zB auf den Server im Internet, erstrecken, wenn sonst der Verlust der Daten zu befürchten ist (§ 110 StPO).

e) Bei der Durchsuchung kann ggf. eine → Beschlagnahme der aufgefundenen Gegenstände angeordnet werden (§ 94 StPO). Auch sie bedarf grds. vorheriger richterlicher Anordnung bzw. nachträglicher richterlicher Bestätigung (§ 98 StPO); letztere ist meist entscheidend, da die zu beschlagnahmenden Gegenstände vor der Durchsuchung regelmäßig nur abstrakt umschrieben werden können. Möglich ist auch die einstweilige Beschlagnahme von → Zufallsfunden.

f) Rechtsbehelf gegen die Anordnung wie auch die Art und Weise der Durchsuchung der Strafverfolgungsbehörde ist der Antrag auf gerichtliche Entscheidung (entspr. § 98 II 2 StPO), gegen eine Anordnung des Richters die Beschwerde. Nach Vollzug der Durchsuchung, durch die sich die Maßnahme erledigt hat, wird der Rechtsbehelf grundsätzlich nicht wegen prozessualer Überholung unzulässig: Das gilt für die nicht richterliche (BGHSt 36, 242) wie die richterliche Anordnung (BVerfG NJW 1997, 2163).

2. Einen verdeckten strafprozessualen Zugriff auf informationstechnische Systeme erlaubt § 100b StPO (→ Online-Durchsuchung).

3. Zwecks Vorführung eines Wehrpflichtigen kann die Polizei in dessen Räumen nach ihm suchen; in anderen Räumen nur, wenn er sie kurz zuvor betreten hat, um sich dem Zugriff zu entziehen, und nicht zur Nachtzeit (§ 44 WPflG).

4. Der Gerichtsvollzieher kann zum Zwecke der Zwangsvollstreckung die Wohnung des Schuldners auf Grund richterlicher Anordnung durchsuchen. Dies ist nicht erforderlich, wenn ihre vorherige Einholung den Durchsuchungserfolg gefährden würde. Eine Durchsuchung zur Nachtzeit oder an Sonn- und Feiertagen bedarf in jedem Fall einer besonderen Anordnung des Richters (§§ 758, 758a ZPO).

5. Die Durchsuchung zu präventivpolizeilichen Zwecken richtet sich nach dem → Polizeirecht; es handelt sich dabei um eine → polizeiliche Maßnahme. Möglich sind auch doppelfunktionale Maßnahmen, die zugleich präventiven und repressiven Zielen dienen. Dabei kommt auch ein Vorgehen in Betracht, bei dem ein originär vorhandenes Strafverfol-

gungsinteresse nicht sofort offengelegt wird (→ legendierte Kontrolle).

Dynamic Packaging
Verstanden wird unter diesem Begriff in der Touristik die dynamische Zusammenstellung von verschiedenen Reiseleistungen zu einer Pauschalreise aus dem Angebot verschiedener Bausteine eines Reiseveranstalters, oftmals auf einem Onlineportal, durch den Kunden nach dessen speziellen Wünschen. S. hierzu → Reisevertrag.

Dynamische Gehälter
→ Geldschuld (Wertsicherungsklausel).

Dynamische Renten
In der Publizistik ist „Dynamische Renten" die gebräuchliche Bezeichnung für die Renten der → Rentenversicherung, der → Alterssicherung der Landwirte, der → Unfallversicherung und der → Kriegsopferversorgung. Durch den Begriff soll zum Ausdruck gebracht werden soll, dass die Renten zum 1. Juli jeden Jahres der jeweiligen Lohn- und Gehaltsentwicklung angeglichen werden. Die Anpassung erfolgt seit dem Inkrafttreten des Rentenreformgesetzes 1992 durch die Änderung des → aktuellen Rentenwertes (§ 68 SGB VI). Rentenanpassungsgesetze sind anders als nach früherem Recht nicht mehr erforderlich.

Dynamische Verweisung
Dynamische Verweisung ist ein Begriff aus der Gesetzgebungstechnik. Der Gesetzgeber kann auf Regelungen in einem anderen Gesetz oder im selben Gesetz verweisen, die einen anderen – aber idR vergleichbaren Sachverhalt regeln, und bestimmen, dass die anderen Regelungen in ihrer jeweiligen Fassung auf den nunmehr geregelten Fall entsprechend anzuwenden sind. Im Gegensatz dazu steht die statische Verweisung, die auf den Normtext in der im Zeitpunkt der statischen Verweisung geltenden Fassung verweist. Dynamische Verweisungen auf dasselbe Gesetz oder dieselbe Rechtsverordnung sind idR unproblematisch, da es der Normgeber dann ohnehin in der Hand hat, die Bestimmungen, auf die verwiesen wird ebenfalls zu ändern. Problematisch ist regelmäßig der Verweis auf Normen, die ein anderer Normgeber erlassen hat, da dadurch der Normgeber der verweisenden Bestimmung seine Normsetzungsbefugnis aus der Hand gibt. Sa → Verweisung.

Dynamisierung
In der ges. → Rentenversicherung ergibt sich die Dynamisierung aus § 63 Abs. 7 SGB VI. Die Rentenhöhe ist vom aktuellen Rentenwert abhängig (§ 68 SGB VI). § 63 Abs. 7 SGB VI legt fest, dass der aktuelle Rentenwert entsprechend der Entwicklung des Durchschnittsentgelts unter Berücksichtigung der Veränderung des Beitragssatzes zur allgemeinen Rentenversicherung jährlich angepasst wird. § 255a SGB VI legt hinsichtlich der Versicherten in den neuen Bundesländern eine Abweichung in der Form fest, dass bis zum 30.6.2024 der aktuelle Rentenwert (Ost) um einen bestimmten Prozentsatz des aktuellen Rentenwertes erhöht wird. Zum 1.7.2024 wird dadurch eine Angleichung an das Westniveau erreicht.

Hinsichtlich der Leistungen → Krankengeld, → Versorgungskrankengeld, → Verletztengeld und → Übergangsgeld ist § 70 SGB IX maßgebend. Die Rechtsnorm schreibt vor, dass die Anpassung der Leistungen sich an § 68 Abs. 2 S. 1 SGB VI orientiert. § 70 Abs. 2 SGB IX beschreibt dabei das konkrete Prozedere für die Berechnung des Anpassungsfaktors.

Hinsichtlich der Versorgung aus berufsständischer Versorgung orientieren sich deren Leistungen auch an § 68 Abs. 1 S. 2 SGB VI. Dabei setzt die → Vertreterversammlung des jeweiligen berufsständischen Versorgungswerks den Rentensteigerungsbetrag fest. Als Schlussfolge bedeutet dass, dass auch eine Verringerung der berufsständischen Versorgung möglich ist. Hintergrund wären dann im Wesentlichen die gestiegene Lebenserwartung und die daraus resultierenden verlängerten Rentenlaufzeiten.

In der ges. → Pflegeversicherung legt § 30 SGB XI fest, dass die Notwendigkeit und Höhe der Leistungen aus der Pflegeversicherung alle 3 Jahre zu überprüfen sind. Ist eine Anpassung notwendig, soll eine entsprechende → Rechtsverordnung durch die → Bundesregierung erlassen werden (§ 30 Abs. 2 SGB XI).

Hinsichtlich des Arbeitslosengeldanspruchs gibt es keine Dynamisierung.

e. V.
= eingetragener → Verein; sa → Vereinsregister.

E-Akte
→ elektronischer Rechtsverkehr.

EAR
→ europäische zentrale Fachbehörden.

EASA
European Aviation Safety Agency, s. → Luftfahrt-Bundesamt.

EBA
(European Banking Authority) → Europäische Bankenaufsichtsbehörde.

eBay-Versteigerung
Die eBay-Versteigerung ist eine Vertriebsform mittels eines → Online-Vermittlungsdienstes im → Internet, die (mangels Zuschlags) keine echte → Versteigerung (sa → Vertrag, 1) darstellt. Auf die eBay-Versteigerung sind vielmehr die Regeln über den → Fernabsatzvertrag (zB Widerrufsrecht) anwendbar. → Internet-Auktion. Diese Vertriebsform unterliegt gleichwohl gewissen eigenen Regeln nach den → allgemeinen Geschäftsbedingungen.

EBDD
→ europäische zentrale Fachbehörden.

EBITDA
Abkürzung für Earnings Before Interest, Tax, Depreciation and Amortization. Modifiziertes Betriebsergebnis, das für die Anwendung der Zinsschranke benötigt wird. Angeknüpft wird an den steuerlichen Gewinn vor Zinsen, Steuern und Abschreibungen auf materielle und immaterielle Wirtschaftsgüter.

Ebola
→ Infektionsschutzgesetz.

ECE-Regelungen
→ Zulassung von Kfz.

EC-Karte
ist die immer noch gebräuchliche, aber eigentlich nicht mehr aktuelle Bezeichnung für die → Girokarte. Sa → Missbrauch von Kreditkarten, → Fälschung von Zahlungskarten.

Ecklohn
Unter dem Ecklohn versteht man die Vergütung einer bestimmten Arbeitsgruppe, die im Rahmen eines → Tarifvertrages Leitbild auch für andere Lohngruppen ist. Bei einem betrieblichen Entgeltsystem (§ 87 I Nr. 10 BetrVG) kann ein (der Höhe nach nicht mitbestimmter) Lohn als Ecklohn heranzuziehen sein.

ECOFIN-Rat
(Economics and Finance Ministers) ist die für den Ministerrat der → Europäischen Union übliche Bezeichnung, wenn er sich aus den mitgliedstaatlichen Wirtschafts- und/oder Finanzministern, ggf. auch den für Haushalt zuständigen Ressortchefs, zusammensetzt.

E-Commerce
Unter E-Commerce (auch elektronischer Handel, Internethandel oder Onlinehandel) versteht man die Abwicklung von Verträgen (zB Kauf von Waren) auf elektronischem Wege; s. → Elektronischer Geschäftsverkehr. Sa → Online-Marktplatz.

ECRIS
(European Criminal Records Information System) ist das computergestützte Europ. Strafregisterinformationssystem. Es beruht auf dem Rahmenbeschluss 2009/315/JI des EU-Rates vom 26.2.2009 über die Durchführung und den Inhalt des Austauschs von Informationen aus dem Strafregister zwischen den EU-Mitgliedstaaten (ABl. EU 2009 L 93, 23). Dadurch soll der systematische Austausch von Informationen aus den nationalen → Strafregistern verbessert werden: Es können damit Vorstrafen von EU-Bürgern aus anderen EU-Mitgliedstaaten abgefragt werden.

Ecstasy
Im engeren Sinne ist Ecstasy ein Rauschgift auf Amphetaminbasis, das gem. Anlage 1 des → Betäubungsmittelgesetzes ein nicht verkehrsfähiger Stoff ist. Es bezeichnet allgemein aber alle möglichen, in Tablettenform in einschlägigen Kreisen angebotenen Substanzen.

ECU
(European Currency Unit) → Europäische Währungseinheit, → Euro.

EDA
(European Defense Agency) ist die → Europäische Verteidigungsagentur. Die EDA wurde 2004 zunächst zur Koordination des Beschaffungswesens geschaffen. Sie hat auch die Aufgabe, den → Rat der EU und die Mitgliedstaaten der EU (→ Europäische Union) bei der Verbesserung der Verteidigungsfähigkeit im Bereich der Krisenbewältigung zu unterstützen. Die EDA hat keine Weisungsbefugnisse gegenüber den Mitgliedstaaten. Die EDA ist Teil der Gemeinsamen Sicherheits- und Verteidigungspolitik (→ GSVP) der EU.

Edelmetall
a) Der Handel mit Edelmetallen (→ Gold, Silber, Platin und Platinbeimetalle) unterliegt nach § 38 I Nr. 1c GewO den Bestimmungen für → überwachungsbedürftige Gewerbe und kann von Seiten der Länder durch Rechtsverordnung beschränkt werden. Die gewerbsmäßige Vermittlung von Edelmetallen als Vermögensanlage ist als → Finanzanlagenvermittlung nach § 34 f I 1 Nr. 3 GewO erlaubnispflichtig.

b) Verboten ist es, gewerbsmäßig (→ gewerbsmäßiges Handeln, → Gewerbe) Edelmetalle sowie Perlen und → Edelsteine (einschließlich synthetischer Steine und Schmucksteine) von Minderjährigen zu erwerben; ein Verstoß wird auch bei Fahrlässigkeit als → Ordnungswidrigkeit geahndet (§ 147a GewO). Das Feilbieten und der Ankauf von Edelmetallen im → Reisegewerbe – ausgenommen Silberschmuck bis zu einem Verkaufspreis von 40 EUR und Waren mit Silberauflagen – sind verboten (§ 56 I Nr. 2a GewO). Strafbar ist die fahrlässige → Hehlerei von Edelmetallen usw. durch Personen, die damit gewerbsmäßig Handel treiben oder die sie gewerbsmäßig einschmelzen bzw. ähnlichen Bearbeitungen unterziehen (§ 148b GewO); sa → Feingehalt. Zur Einfuhr von Zinn, Tantal, Wolfram und Gold → Außenwirtschaftsrecht, 3.

Edelsteine
Die Regelungen für den Handel mit → Edelmetall sind auf den ebenfalls überwachungsbedürftigen gewerblichen Handel mit Edelsteinen entsprechend anzuwenden (§ 38 I Nr. 1d GewO, § 56 I Nr. 2b GewO).

E-Discovery
→ Legal Tech. Allgemein zum Begriff → Discovery siehe dort.

Editionspflicht
→ Vorlegung von Sachen.

E-Examen
Ein E-Examen (oder E-Prüfung) bezeichnet eine (Examens-)Prüfung unter Einsatz digitaler Technologien, also Laptop, Netzwerk, Prüfungssoftware (zur Strukturierung, Authentifizierung und Betrugsvermeidung) sowie ggf. auch einem digitalen Korrektur-Workflow. Beispielsweise im Bereich der Juristischen Staatsprüfungen sind die Bemühungen weit gediehen. In den meisten Ländern werden die (Zweiten) Juristischen Staatsprüfungen bereits digital geschrieben oder aber die Einführung steht kurz bevor.

EEA
ist die Abkürzung für Einheitliche → Europäische Akte; sa → Europäische Integration (3).

EEG-Umlage
Als EEG-Umlage bezeichnete man die Umlage der Kosten der Förderung der Stromerzeugung durch → erneuerbare Energien. Rechtsgrundlage waren §§ 60 ff. EEG 2021 sowie die Erneuerbare-Energien-Verordnung (EEV) v. 17.2.2015 (BGBl. 2015 I 146). Die EEG-Umlage wurde von den Letztverbrauchern des Stroms gezahlt, betrug 2021 6,5 Cent pro kWh und 2022 anfänglich 3,723 Cent. Zur Senkung der Stromkosten wurde sie ab dem 1.7.2022 auf Null reduziert (§ 60 Ia EEG 2021) und mit der Reform des EEG zum 1.1.2023 auch formal abgeschafft. Die Förderung der Stromerzeugung durch erneuerbare Energien erfolgt nun nach dem → Energiefinanzierungsgesetz mit Mitteln des → Klima- und Transformationsfonds.

Effekten
Bankrechtlicher Begriff für → Wertpapiere, insbes. → Aktien, → Zins-, → Gewinnanteil- und → Erneuerungsscheine, → Inhaberschuldverschreibungen; ferner andere Wertpapiere, soweit sie vertretbar sind, dh durch ein anderes Wertpapier mit gleich lautendem Inhalt beliebig ersetzt werden können (§ 1 DepotG). Keine Effekten sind insbes. → Wechsel, → Scheck und die gekorenen → Orderpapiere, → kaufmännische Verpflichtungsscheine und → Hypothekenbriefe.

Effektenbörse
→ Wertpapierbörse.

Effektengeschäft
bedeutet Anschaffung und Veräußerung von → Wertpapieren (→ Effekten); so hieß früher das → Bankgeschäft, das das KWG jetzt mit etwas erweitertem Regelungsinhalt als → Finanzkommissionsgeschäft bezeichnet.

Effektenkommission
→ Einkaufskommission.

Effektenlombard
→ Lombardgeschäft.

Effektenverwahrung
→ Depotgeschäft.

Effektiver Jahreszins
Der effektive Jahreszins (eigentlich: effektiver Jahreszinssatz) beziffert die jährlichen Gesamtkosten eines Darlehens bezogen auf die gesamte Darlehenssumme und die gesamte Laufzeit, angegeben in Prozent; damit wird für den Darlehensnehmer auf einen Blick erkennbar, welche jährlichen Gesamtkosten er haben wird. Sa → Darlehensvertrag, → Verbraucherdarlehensvertrag (5).

Effektivgarantieklausel
→ Effektivklausel.

Effektivklausel
→ Geldschuld (1). Im → Arbeitsrecht ist die Effektivklausel eine in → Tarifverträgen enthaltene Vereinbarung, die das Verhältnis des tariflichen Lohns zu einem (jedenfalls zuvor) übertariflichen einzelvertraglichen Lohn regelt. Individualrechtlich ist eine Anrechnung einer übertariflichen Vergütung auf die Tariflohnerhöhung grds. möglich und für ein individualvertragliches Grund- oder Gesamtentgelt auch die Regel. Eine sog. begrenzte Effektivklausel sieht vor, dass die tarifliche Lohnerhöhung zu dem bisherigen effektiven, durch Einzelarbeitsvertrag festgesetzten Lohn des Arbeitnehmers hinzugezahlt werden muss. Damit wird aber nicht der gesamte effektive Lohn zum Tariflohn. Eine Effektivklausel, die hierauf abzielt (sog. Effektivgarantieklausel), ist unzulässig und unwirksam (hM). Auch die begrenzte Effektivklausel wird vom BAG (14.2.1968 – 4 AZR 275/67, NJW 1968,

1396; 21.7.1993 – 4 AZR 468/92, DB 1994, 1294) für nichtig gehalten, da sonst einzelvertraglich vereinbarte Lohnbestandteile dem Zugriff der Arbeitsvertragsparteien entzogen würden. Ebenfalls unzulässig ist eine negative Effektivklausel (Anrechnungsklausel), die auch entgegen der individualrechtlichen Lage eine Aufzehrung von Entgeltbestandteilen vorsieht. Zulässig sind aber Besitzstandsklauseln, die dem Arbeitgeber die einseitige Kürzung von (nicht tariflichem) Arbeitslohn anlässlich der Tariflohnerhöhung untersagen, sowie Verdienstsicherungsklauseln, die als Übergangsregelungen oder bei einer Umsetzung leistungsgeminderter Arbeitnehmer den gesamten (nicht nur tariflichen) Lohn schützen.

Effektivlohn
Effektivlohn ist der → Arbeitslohn, der dem → Arbeitnehmer tatsächlich auszuzahlen ist, zB über den Tariflohn hinaus inklusive übertariflicher Zulagen.

Effet utile
Nach der ständigen Rechtsprechung des → Europäischen Gerichtshofs sind die Mitgliedstaaten verpflichtet, alles zu tun, was zur Anwendung und Durchsetzung des → EU-Rechts notwendig ist (→ Auslegung (Interpretation). Man nennt dies mit der französischen Bezeichnung den „effet utile" des Unionsrecht (vgl. die Entscheidung Factortame I, C-213/89). Er folgt unmittelbar aus dem Vorrang des Unionsrecht („primauté") vor dem nationalen Recht der Mitgliedstaaten, der erstmalig in der Entscheidung Costa/ENEL (C-6/64) formuliert wurde. Als „effet direct" bezeichnet man dagegen die unmittelbare Anwendbarkeit des Unionsrechts.

EFRE
Abkürzung für den → Europäischen Fonds für regionale Entwicklung

EFSA
→ europäische zentrale Fachbehörden.

EFSF
→ Europäische Finanzstabilisierungsfaszilität.

EFSM
→ Europäischer Finanzstabilisierungsmechanismus.

EFTA
EFTA ist die Kurzbezeichnung für die am 4.1.1960 von den damals nicht der EG und dann der → Europäischen Union (EU) angehörenden Staaten Vereinigtes Königreich, Dänemark, Schweden, Österreich und Portugal sowie Norwegen und der Schweiz gegründeten European Free Trade Association (vgl. BGBl. für die Rep. Österreich 1960 S. 893); beigetreten ist Island. Vereinigtes Königreich, Dänemark, Schweden Österreich und Portugal sind inzwischen Mitglieder der EU und damit aus der EFTA ausgeschieden.Der EFTA assoziiert war bis zu seiner Vollmitgliedschaft 1991 Liechtenstein und war bis zu seinem Beitritt zur EG Finnland. Ihre Ziele sind die fortwährende Ausweitung der wirtschaftlichen Tätigkeit, Vollbeschäftigung, Steigerung der Produktivität und finanziellen Stabilität in den Mitgliedstaaten, die Gewährleistung gerechter Wettbewerbsbedingungen im Handel zwischen den Mitgliedstaaten, die gleichmäßige Versorgung mit Rohstoffen sowie die Ausweitung des Welthandels und die Beseitigung aller Handelshemmnisse. Der Verwirklichung dieser Ziele dient die Errichtung der Freihandelszone durch schrittweise Beseitigung der Ein- und Ausführzölle und Abschaffung mengenmäßiger Handelsbeschränkungen zwischen den Mitgliedstaaten. Anders als bei der → Europäischen Wirtschaftsgemeinschaft oder der Europäischen Union ist weder ein gemeinsamer Außenzolltarif noch politischer Zusammenschluss vorgesehen. Zwischen den Mitgliedstaaten der EFTA und EU bestehen Freihandelsabkommen. Wegen der engeren Zusammenarbeit zwischen EFTA, der inzwischen nur noch Island, Liechtenstein, Norwegen und die Schweiz angehören, und EU s. → Europäischer Wirtschaftsraum.

EFTA-Gerichtshof, EFTA-Überwachungsbehörde
Mit dem Inkrafttreten des Vertrages über den Europäischen Wirtschaftsraum haben der EFTA-Gerichtshof und die EFTA-Überwachungsbehörde ihre Arbeit aufgenommen. Der Gerichtshof mit Sitz in Luxemburg hat ähnliche Aufgaben wie der EuGH, die Überwachungsbehörde mit Sitz in Brüssel, entspricht bei weit geringeren Befugnissen etwa der → Europäischen Kommission. Amtssprache der beiden Behörden ist englisch. Die Bedeutung der Institutionen ist seit dem Beitritt von Schweden, Finnland und Österreich zur EG (jetzt → Europäische Union) nurmehr gering.

eG (Eingetragene Genossenschaft)
= eingetragene → Genossenschaft.
→ Europäische Gemeinschaft.

eGbR
→ Gesellschaft des bürgerlichen Rechts (GbR).

E-Geld
Als E-Geld bezeichnet § 1 II 3 ZahlungsdiensteaufsichtsG v. 17.7.2017 (BGBl. 2017 I 2446) jeden elektronisch, darunter auch magnetisch, gespeicherten monetären Wert in Form einer Forderung an den Emittenten, der gegen Zahlung eines Geldbetrags ausgestellt wird, um damit Zahlungsvorgänge im Sinne des § 675 f IV 1 BGB (→ Zahlungsdienstevertrag) durchzuführen, und der auch von anderen natürlichen oder juristischen Personen als dem Emittenten angenommen wird. Beispiele sind Guthaben auf Geldkarten (Chipgeld) oder bei Bezahldiensten wie PayPal. → Bitcoins stellen zwar einen elektronischen monetären Wert dar, jedoch keine Forderung gegen einen Emittenten, den es nicht gibt; sie

sind → Kryptowerte. Zum elektronischen Geld gehören nach § 2 I Nr. 10 ZAG nicht elektronische Guthaben, die ausschließlich zum Erwerb von Waren oder Dienstleistungen beim Aussteller berechtigen. Kunden-, Kantinen- und Bezahlkarten in Fußballstadien unterliegen daher dem ZAG genausowenig wie Prepaid-Guthaben im Mobilfunk. → E-Geld-Institute.

E-Geld-Geschäft
→ E-Geld-Institute.

E-Geld-Institute
1. Als E-Geld-Institute bezeichnet § 1 II Nr. 1 Zahlungsdiensteaufsichtsgesetz (ZAG) v. 17.7.2017 (BGBl. 2017 I 2446) Unternehmen, die → E-Geld herausgeben, ohne → Kreditinstitute zu sein. Die Ausgabe von E-Geld wird als E-Geld-Geschäft bezeichnet (§ 1 II ZAG). Es kann von Kreditinstituten und seit Umsetzung der 2. E-Geld-Richtlinie (2009/110/EG v. 16.9.2009, ABl. L 267/7) auch von E-Geld-Instituten betrieben werden; beide zusammen werden E-Geld-Emittenten genannt. Die Vorschriften ähneln denjenigen für → Zahlungsinstitute und sind ebenfalls im ZAG enthalten.

2. E-Geld-Institute benötigen eine schriftliche → Erlaubnis der → Bundesanstalt für Finanzdienstleistungsaufsicht (§ 11 ZAG). Sie müssen sowohl über ein ausreichendes Anfangskapital von mindestens 350 000 EUR (§ 12 Nr. 3 Buchst. d ZAG) als auch über eine angemessene Eigenkapitalausstattung (Solvabilität) verfügen (§ 15 ZAG). Geldbeträge, die E-Geld-Institute zum Zwecke der Ausgabe von E-Geld entgegen nehmen, müssen umgehend in E-Geld umgetauscht werden (§ 3 II ZAG). Die so eingenommenen Geldbeträge müssen gesichert werden (§ 17 ZAG). Kredite dürfen nur eingeschränkt gewährt werden (§ 3 IV ZAG). E-Geld-Institute sind verpflichtet, E-Geld jederzeit zum Nennwert – abzüglich vereinbarter Gebühren – zurückzutauschen (§ 33 ZAG).

3. Zuständige Aufsichtsbehörde ist die BaFin, der im Falle einer Schieflage des E-Geld-Instituts umfangreiche Kompetenzen zustehen (§§ 4, 21 ZAG). Sie führt darüber hinaus auf ihren Internetseiten ein E-Geld-Instituts-Register (§ 44 ZAG). Für Beschwerden über E-Geld-Emittenten gibt es neben dem Weg zum Gericht ein außergerichtliches Beschwerdeverfahren bei der BaFin (§ 61 ZAG) und die Schlichtung nach § 14 UKlaG (→ Gütestellen, → Unterlassungsklage).

4. Als Universalbanken können Kreditinstitute das E-Geld-Geschäft ebenfalls betreiben. Sie unterliegen dabei nur den aufsichtsrechtlichen Vorschriften (→ Kreditinstitute, Aufsicht). Von den Vorschriften des ZAG finden nur wenige, etwa § 33 ZAG (Ausgabe und Rücktausch von E-Geld) und § 61 ZAG (außergerichtliches Beschwerdeverfahren), auf sie Anwendung.

EGKS
→ Europäische Gemeinschaft für Kohle und Stahl.

E-Governement
→ elektronische Verwaltung (1).

EG-Typgenehmigung für Kraftfahrzeuge
→ Zulassung von Kfz.

Ehe
Die Ehe ist die rechtlich anerkannte, mit Eheschließungswillen eingegangene, grds. auf Lebensdauer bestimmte (§ 1353 I 1 BGB) Lebensgemeinschaft zwischen zwei volljährigen (→ Ehefähigkeit) Personen. Auf das Geschlecht der Ehepartner kommt es nicht an (sa → Lebenspartnerschaft). Begründung, Inhalt, Rechtsfolgen und Beendigung der Ehe werden im → Kirchenrecht (→ kirchliche Trauung) oftmals anders behandelt als im staatlichen Recht. Art. 6 GG stellt Ehe und Familie als Grundlage jedes staatlichen Gemeinschaftslebens unter den besonderen Schutz der staatlichen Ordnung und verschafft der Ehe eine → Institutsgarantie. Aus Art. 6 GG und dem → Gleichheitssatz des Art. 3 II GG wird das Grundrecht der Ehefreiheit abgeleitet, die Ehe ist eine auf freiem Entschluss beruhende, gleichberechtigte und autonom ausgestaltete Lebensgemeinschaft (→ Ehefähigkeit).

Die Ehe wird durch Vertrag begründet und erlangt durch die besondere Form der → Eheschließung kraft staatlicher Anerkennung den gesetzlich näher festgelegten Inhalt als familienrechtliches Gemeinschaftsverhältnis. Nur in äußerst seltenen Fällen liegt bei fehlerhafter Eingehung der Ehe eine → Nichtehe vor; sonst kommt nur Aufhebung der Ehe (→ Eheaufhebung) durch gerichtliches Urteil in Betracht. Über die Wirkungen der Ehe s. insbes. → eheliche Lebensgemeinschaft, gesetzliche → Erbfolge, → Namen der Familie, → Mitarbeit der Ehegatten, → Güterstände. Die Ehe löst während des Zusammenlebens → Familienunterhaltsansprüche aus, nach der Trennung der Ehegatten → Trennungsunterhaltsansprüche und nach der → Ehescheidung Ansprüche auf → nachehelichen Scheidungsunterhalt. Die → Staatsangehörigkeit der Ehegatten wird durch die Ehe an sich nicht berührt; doch hat der ausländische Ehegatte eines Deutschen einen in seinen Voraussetzungen gegenüber den allg. Bestimmungen erleichterten Anspruch auf → Einbürgerung (§ 9 StAG; → Staatsangehörigkeit). Etwaige Abreden, die dem Wesen der → ehelichen Lebensgemeinschaft widersprechen (zB eine Scheinehe zu führen), führen zur Möglichkeit der → Eheaufhebung. Obwohl die Ehe regelmäßig auf Lebensdauer, dh bis zum Tode eines Ehegatten, geschlossen ist, lässt das staatliche Gesetz – anders als das Kirchenrecht – neben der Eheaufhebung die → Ehescheidung zu, wenn die eheliche Lebensgemeinschaft so zerrüttet ist, dass eine dem Wesen der Ehe entsprechende Wiederherstellung nicht möglich erscheint. Dadurch soll vermieden werden, dass eine inhaltlos gewordene gescheiterte Ehe nur um ihrer Form willen aufrechterhalten bleibt und das Zusammenleben der Ehegatten unerträglich wird; auf die Feststellung eines Verschuldens kommt es hierbei nicht (mehr) an. Einzelheiten → Ehescheidung; s. ferner → Eheverbote, → hinkende Ehe, steuerlich → Veranlagungsarten.

Ehe für Alle
Schlagwortartige, nicht rechtstechnische Bezeichnung für die mit Wirkung vom 1.10.2017 geschaffene Möglichkeit der → Eheschließung (sa → Ehe) auch für Personen gleichen Geschlechts (sa → Gleichgeschlechtliche Lebensgemeinschaften).

Eheähnliche Gemeinschaft
Die eheähnliche Gemeinschaft (auch eheähnliche Lebensgemeinschaft) ist wie die → nichteheliche Lebensgemeinschaft das auf Dauer abgestellte Zusammenleben zweier Personen ohne förmliche → Eheschließung. Es findet keine nähere Betrachtung und damit rechtliche Abstufung der Nähe einer Gemeinschaft zur Ehe statt. Die eheähnliche Gemeinschaft hat schlicht nicht die Wirkungen einer → Ehe. In einzelnen Belangen wird die eheähnliche Gemeinschaft jedoch wie eine Ehe behandelt. Näher → Nichteheliche Lebensgemeinschaft.

Eheanbahnung
→ Ehevermittlung.

Eheassistenz
ist in der → kath. Kirche der Teil der Trauung, bei dem das Trauungsorgan – grundsätzlich in Gegenwart zweier Zeugen – den Konsens der persönlich anwesenden Brautleute erfrägt und ihn im Namen der Kirche entgegennimmt. Zur Eheassistenz sind neben dem Diözesanbischof der Ortspfarrer oder ein durch die Genannten Delegierter befugt (anderer → Priester, → Diakon, in besonderen Ausnahmefällen auch Laien).

Eheaufhebung
Die Folgen rechtsfehlerhafter → Eheschließung sind heute in den Vorschriften über die Eheaufhebung vereinheitlicht (vgl. für früher auch → Ehenichtigkeit; zum Übergangsrecht für vor dem 1.7.1998 geschlossene Ehe s. Art. 226 EGBGB). Die Eheaufhebung ersetzt die rückwirkende → Anfechtung von Willenserklärungen des allgemeinen bürgerlichen Rechts und wirkt wie die → Ehescheidung nur für die Zukunft. Während sich die Ehescheidung jedoch nur auf Gründe stützen kann, die das Scheitern der Ehe während ihres Verlaufs bewirkt haben, müssen die Gründe für die Aufhebung der Ehe bereits im Zeitpunkt der Eheschließung vorhanden gewesen sein.

Die Eheaufhebung kann nur aus bestimmten, im Gesetz abschließend aufgezählten Gründen begehrt werden (§ 1314 BGB). Danach kann eine Ehe aufgehoben werden, wenn sie entgegen den Vorschriften über die → Ehefähigkeit (§ 1303 BGB), mit einem Geschäftsunfähigen (§ 1304 BGB), unter Verstoß gegen die → Eheverbote der Doppelehe (§ 1306 BGB; sa → Wiederverheiratung im Fall der Todeserklärung) und der nahen Verwandtschaft (§ 1307 BGB) sowie unter Verletzung der erforderlichen Form der → Eheschließung geschlossen worden ist (§ 1314 I BGB). Eine Ehe kann ferner aufgehoben werden (§ 1314 II BGB), wenn ein Ehegatte sich bei der Eheschließung im Zustand der Bewusstlosigkeit oder vorübergehenden Störung der Geistestätigkeit befand oder nicht gewusst hat, dass es sich um eine (echte) Eheschließung handelt (zB beim Vorspiegeln einer bloßen „Probe"). E. kann auch dann begehrt werden, wenn ein Ehegatte zur Eingehung der Ehe widerrechtlich durch Drohung bestimmt worden ist (→ Anfechtung von Willenserklärungen, 2) oder beide Ehegatten sich bei der Eheschließung darüber einig waren, dass sie in Wahrheit keine Verpflichtung zur → ehelichen Lebensgemeinschaft begründen wollen (zB nur um eine Aufenthaltserlaubnis zu erreichen oder eine → Einbürgerung zu erleichtern). Schließlich kann eine Ehe aufgehoben werden, wenn ein Ehegatte zur Eingehung der Ehe durch (vorsätzliche) arglistige Täuschung (→ Anfechtung von Willenserklärungen, 2) über solche Umstände bestimmt worden ist, die ihn bei Kenntnis der Sachlage und bei richtiger Würdigung des Wesens der Ehe von der Eingehung der Ehe abgehalten hätten. Zur Bewertung der Erheblichkeit solcher Umstände sind die gesamten Lebensverhältnisse der Ehepartner heranzuziehen. In Betracht kommen insbes. das Verschweigen gravierender persönlicher Eigenschaften des anderen Ehegatten wie erhebliche geistige oder unheilbare körperliche Erkrankung, frühere strafbare Handlungen, aber auch Kinder aus früheren Beziehungen, frühere Ehen. Die Täuschung über Vermögensverhältnisse oder die von einem Dritten ohne Wissen des anderen Ehegatten verübte Täuschung vermag dagegen eine Eheaufhebung nicht zu rechtfertigen. Auch der bloße (nicht durch arglistige Täuschung bewirkte) Irrtum (→ Anfechtung von Willenserklärungen, 1) über derartige Umstände ist kein Grund für die Eheaufhebung mehr. Weitere Aufhebungsgründe (zB Eheschließung unter einem geheimen Vorbehalt) kennt das Gesetz nicht.

Trotz (ursprünglichen) Vorliegens eines Eheaufhebungsgrundes ist die Eheaufhebung ausgeschlossen, wenn ihr Anlass weggefallen ist, also zB die → Ehefähigkeit eingetreten oder der Ehegatte nach Eintritt der Volljährigkeit, Wegfall der Geschäftsunfähigkeit, Entdeckung der Täuschung oder Drohung usw – wenn auch nur stillschweigend – zu erkennen gegeben hat, dass er die Ehe fortsetzen will (Bestätigung, § 1315 I BGB). Dasselbe gilt, wenn die bereits ausgesprochene Scheidung der ersten Ehe erst nach Eingehung der neuen Ehe rechtskräftig wird (§ 1315 II BGB).

Eine Ehe kann nur durch Entscheidung des → Familiengerichts auf Antrag aufgehoben werden. Mit der → Rechtskraft dieses Beschlusses ist die Ehe (für die Zukunft) aufgelöst (§ 1313 BGB). Antragsberechtigt ist regelmäßig der aufhebungsberechtigte Ehegatte (ggf. dessen gesetzlicher Vertreter), im Fall der Doppelehe auch der hiervon betroffene Dritte, in bestimmten Fällen (zB bei der genannten nicht ernsthaft gemeinten Ehe) auch die zuständige Verwaltungsbehörde (§ 1316 BGB). Der Antrag kann grds. nur binnen eines Jahres ab Kenntnis des Eheaufhebungsgrundes gestellt werden (§ 1317 BGB). Prozessual gelten die Besonderheiten des Verfahrens in → Ehesachen (§ 121 FamFG). Der Antrag auf Eheaufhebung kann, wenn auch Gründe für die Scheidung der Ehe gegeben sind, mit dem Antrag auf → Ehescheidung verbunden werden; sind beide Anträge begründet, so ist nur auf Eheaufhebung zu erkennen (§ 126 III FamFG).

Da die Eheaufhebung nur für die Zukunft wirkt, bestimmen sich deren Folgen in bestimmter Hinsicht nach den Vorschriften über die Folgen der → Ehescheidung (§ 1318 BGB). Dies gilt insbes. für die Unterhaltsberechtigung des Ehegatten, der den Eheaufhebungsgrund bei der Eheschließung nicht gekannt hat oder getäuscht, bedroht usw worden ist (→ Scheidungsunterhalt), für den → Zugewinnausgleich und den → Versorgungsausgleich sowie für die Teilung der → Haushaltsgegenstände, soweit dies nicht im Hinblick auf die Umstände bei der Eheschließung grob unbillig wäre. Zum Erbrecht des überlebenden Ehegatten → Erbfolge.

Ehebedingter Nachteil
→ Scheidungsunterhalt 3.

Ehebetrug
(arglistiges Verschweigen eines gesetzl. Ehehindernisses, s. § 1314 I BGB) und Eheerschleichung (arglistige Täuschung iS des § 1314 II Nr. 3 BGB) sind seit dem 4. StrRG 1974 nicht mehr strafbar, abgesehen vom Fall der → Bigamie. S. aber → Heiratsschwindel.

Ehebezogene Zuwendung
→ Mitarbeit der Ehegatten, → unbenannte Zuwendung.

Ehedispens
ist eine vielfach übliche, aber ungenaue Bezeichnung für die Befreiung von einem → Eheverbot.

Eheerschleichung
→ Ehebetrug.

Ehefähigkeit
ist die Fähigkeit einer Person zur rechtswirksamen → Eheschließung. Wer geschäftsunfähig ist (→ Geschäftsfähigkeit), kann eine Ehe nicht eingehen (§ 1304 BGB). Eine Ehe darf nicht geschlossen werden, wenn ein Ehegatte minderjährig ist; sie kann nicht geschlossen werden, wenn er noch nicht das 16. Lebensjahr vollendet hat (sog. Ehemündigkeit, § 1303 I BGB).

Die Ehe eines Minderjährigen, der das 16. Lebensjahr noch nicht vollendet hat, ist unwirksam. Ursprünglich sah das Gesetz vor, dass sie keinerlei Folgen hat. Das verletzt nach Ansicht des BVerfG (Beschluss vom 1.2.2023, 1 BvL 7/18) die aus Art. 6 I GG abgeleitete Ehefreiheit. Das Ziel der Regelung, eine auf einem freien selbstverantwortlichen Entschluss beruhende sowie gleichberechtigte Partnerschaft zu gewährleisten, ist legitim. Sie ist aber nicht verhältnismäßig im engeren Sinne, da die Partner keine Möglichkeit haben, ihre auf der Grundlage ausländischen Rechts im Alter unter 16 Jahren wirksam geschlossene Ehe nach Erreichen der Volljährigkeit aufgrund eigenverantwortlicher Entscheidung inländisch als wirksame Ehe zu führen. Nur so hätte ein Partner aber später Ansprüche auf nachehelichen Unterhalt. Auf den Beschluss des BVerfG hat der Gesetzgeber reagiert und mit Wirkung vom 1.7.2024 die folgenden Regelungen geschaffen: Die Eheschließung mit einem Minderjährigen, der noch nicht 16 Jahre alt ist, kann → Familienunterhaltsansprüche auslösen, bei einem Getrenntleben bis zu drei Jahren → Trennungsunterhaltsansprüche und danach → nachehelichen Scheidungsunterhalt, jedoch nur zugunsten des Ehegatten, der bei Eheschließung minderjährig war (§ 1305 I BGB). Das gilt nicht, wenn beide Ehegatten bei Eheschließung noch nicht 16 Jahre alt waren. Die Ehegatten können, wenn der Minderjährige volljährig geworden ist, die Ehe rückwirkend heilen, in dem sie sie erneut schließen. Sie gilt dann als zu dem Zeitpunkt der unwirksamen Eheschliessung eingegangen (§ 1305 II BGB).

Wird eine Ehe mit einem Minderjährigen geschlossen, der im Zeitpunkt der Eheschließung das 16. Lebensjahr vollendet hatte, ist sie zunächst wirksam, unterliegt aber der → Eheaufhebung (§ 1314 I BGB), mit der Folge, dass → nacheheliche Unterhaltsansprüche möglich sind (§ 1318 BGB). Eine Aufhebung der Ehefähigkeit ist ausgeschlossen, wenn der Ehegatte nach Wegfall der Geschäftsunfähigkeit oder Eintritt der Volljährigkeit zu erkennen gegeben hat, dass er die Ehe fortsetzen will (Bestätigung) oder auf Grund außergewöhnlicher Umstände die Aufhebung der Ehe eine so schwere Härte für den minderjährigen Ehegatten darstellen würde, dass die Aufrechterhaltung der Ehe ausnahmsweise geboten erscheint (§ 1315 I BGB).

Die Regelung zur Ehemündigkeit Minderjähriger gilt auch für Eheschließungen nach ausländischem Recht (Art. 13 III EGBGB), außer die Ehegatten haben erst ab der Volljährigkeit ihren gewöhnlichen Aufenthalt in Deutschland (Art. 229 § 44 IV EGBGB).

Ehefähigkeitszeugnis
→ Eheschließung.

Ehefeststellungsklage
→ Ehesachen.

Ehefrau, -mann
(Rechtsstellung) → eheliche Lebensgemeinschaft, → Gleichberechtigungsgesetz, → Mitarbeit der Ehegatten, → Unterhaltspflicht der Ehegatten, → Ehescheidung. Zum Namen der Ehefrau, -mann → Name der Familie.

Ehefreiheit
→ Ehe.

Ehegatte
ist die mit einer anderen Person in einer wirksamen → Ehe verbundene Person. Obwohl zwischen Ehegatten keine → Verwandtschaft besteht, wird die Stellung einer Person durch ihre Eigenschaft als Ehegatte im Rechtsleben vielfach beeinflusst; s. insbes. → eheliche Lebensgemeinschaft (mit weiteren Verweisungen), → Güterstände, → Zugewinngemeinschaft, gesetzliche → Erbfolge, → Pflichtteil, → Unterhaltspflicht der Ehegatten, → Staatsangehörigkeit des Ehegatten, → Einbürgerung, → Ehescheidung, → Mitarbeit der Ehegatten (Arbeits- und Gesellschaftsverträge).

Ehegattenbesteuerung
→ Veranlagungsarten, → Splittingverfahren.

Ehegattenerbrecht
→ Erbfolge.

Ehegattengesellschaft (-arbeitsverhältnis)
→ Mitarbeit der Ehegatten.

Ehegattennotvertretung
Ehegatten, die nicht → getrennt gelebt haben, werden in Gesundheitsangelegenheiten gegenseitig → vertreten, wenn einer von ihnen aufgrund von Krankheit oder Bewusstlosigkeit nicht in der Lage ist, selbst Entscheidungen in diesen Angelegenheiten zu treffen. Hierzu gehört die ärztliche ambulante und stationäre Untersuchung und Heilbehandlung und der Abschluss entsprechender Verträge mit Krankenhäusern, aber auch für bis zu sechs Wochen die Entscheidung über freiheitsentziehende Maßnahmen wie Bettgitter, Gurte und sedierende Medikamente, die ausschließlich zur Ruhigstellung verabreicht werden. Die behandelnden Ärzte sind gegenüber dem Ehegatten von der Schweigepflicht entbunden. Das Bestehen des Notvertretungsrechts wird von behandelndem Arzt und vertretendem Ehegatten dokumentiert. Die gesetzliche Vertretungsmacht wurde mit Wirkung zum 1.1.2023 in § 1358 BGB geschaffen. Den vertretenden Ehegatten treffen die gleichen Bindungen, wie einen → Betreuer oder einen kraft → Vorsorgevollmacht Bevollmächtigten. Die Entscheidungen sind an dem geäußerten oder mutmaßlichen Willen des vertretenen Ehegatten auszurichten, es sei denn, die Erfüllung der Wünsche würde zu einer erheblichen Gefährdung der Person oder des Vermögens des vertretenen Ehegatten führen und dieser könnte aufgrund seiner Erkrankung diese Gefahr nicht erkennen oder nicht nach dieser Einsicht handeln, oder es wäre dem vertretenden Ehegatten nicht zuzumuten (§ 1358 VI BGB, § 1821 Abs. 3 BGB). Die Notvertretung kann die vorläufige Anordnung einer → Betreuung entbehrlich machen, die sonst greifen würde, wenn ein Volljähriger aufgrund Krankheit nicht mehr rechtlich handlungsfähig ist. Besteht bereits eine Betreuung in Gesundheitsangelegenheiten oder hat sich der vertretene Ehegatte gegen die Vertretung ausgesprochen oder in einer → Vorsorgevollmacht eine andere Person bevollmächtigt, greift die Notvertretung nicht, sie ist subsidiär. Die behandelnden Ärzte haben diesbezüglich ein Einsichtrecht in das → Vorsorgeregister. Die Notvertretung endet jedenfalls nach sechs Monaten. Sie gilt auch für → Lebenspartner (§ 21 LPartG) und für inländische Behandlungen auch dann, wenn nach anderen Vorschriften möglicherweise → kollidierendes ausländisches Recht anwendbar wäre (Art. 15 EGBGB).

Ehegattensplitting
→ Splittingverfahren.

Ehegattentestament
Ehegatten können ein → gemeinschaftliches Testament errichten, in dem sie das gegenseitige Erbrecht und das etwaiger Kinder regeln (→ Berliner Testament). Der → Widerruf des Ehegattentestaments durch einen Ehegatten ist gegenüber einem Einzeltestament erschwer.

Eheherstellungsklage
→ Ehesachen.

Ehehindernisse
sind an sich alle Umstände, die einer → Eheschließung entgegenstehen, so im kath. → Kirchenrecht zB die Konfessionsverschiedenheit (→ Mischehe). Das staatliche Recht kennt dagegen nur bestimmte → Eheverbote; über den Verstoß hiergegen sowie über die Folgen von Formfehlern, Willensmängeln und über Verstöße gegen die → Ehefähigkeit s. → Eheaufhebung.

Eheliche Gemeinschaft
→ eheliche Lebensgemeinschaft.

Eheliche Kinder
→ Kinder.

Eheliche Lebensgemeinschaft
1. Ehegatten sind einander zur ehelichen Lebensgemeinschaft verpflichtet; sie tragen füreinander Verantwortung (§ 1353 I 2 BGB). Sie können zur Einhaltung dieser Verpflichtung und der daraus resultierenden Folgen (s. u.) im Verfahren in → Ehesachen auf Wiederherstellung der ehelichen Lebensgemeinschaft klagen, allerdings ohne Vollstreckungsmöglichkeit (§§ 121 ff. FamFG, § 120 III FamFG), sofern sich das Verlangen nicht als Rechtsmissbrauch darstellt (zB bei ständiger Misshandlung der Kinder), ferner nicht, wenn die Ehe gescheitert (→ Ehescheidung) oder im Ehe-

scheidungsverfahren das → Getrenntleben vom Gericht gestattet worden ist (§ 1353 II BGB). Über Ansprüche gegen Dritte → Ehestörungen. Sa → Lebenspartnerschaft.

2. Der Inhalt der ehelichen Lebensgemeinschaft, dh des gesamten persönlichen Verhältnisses der Ehegatten zueinander (anders die vermögensrechtlichen Beziehungen, → Güterstand), bestimmt sich aus dem Wesen der Ehe als einer auf Dauer bestimmten Lebens- und Geschlechtsgemeinschaft unter Berücksichtigung der besonderen Lebensumstände der Ehegatten. Regelmäßig umfasst die eheliche Lebensgemeinschaft eine Verpflichtung zum Zusammenleben der Ehegatten, soweit dies möglich ist, in häuslicher Gemeinschaft, zur gegenseitigen Treue und Achtung, zum ehelichen Verkehr, zur Sorge für den anderen Ehegatten, zur ordnungsgemäßen Ausübung der → elterlichen Sorge über die (auch vorehelichen) Kinder, insbes. zu deren Erziehung, ggf. zur Unterstützung des anderen Ehegatten in Haushalt und Beruf (→ Mitarbeit der Ehegatten), zur Namensführung (→ Name der Familie), in gewissem Umfange zum Handeln für den anderen (§ 1357 BGB), zum gegenseitigen Unterhalt (§§ 1360 f. BGB; → Unterhaltspflicht der Ehegatten) sowie überhaupt zur Mitentscheidung über alle Fragen, die das gemeinschaftliche eheliche Leben betreffen. Das frühere Entscheidungsrecht des Mannes sowie ein Kündigungsrecht des Ehemannes bei einem Arbeitsverhältnis der Ehefrau hat das → Gleichberechtigungsgesetz beseitigt. Die eheliche Lebensgemeinschaft verpflichtet allerdings nur zum Zusammenwirken der Ehegatten bei der Ausgestaltung des ehelichen Lebens; in der Entscheidung rein persönlicher Dinge (zB Berufswahl und -ausübung, Lebensstil, Bekleidung usw) ist jeder Ehegatte frei; er muss aber auf die Belange des anderen Ehegatten und der Familie, soweit diese hierdurch berührt werden, die gebotene Rücksicht nehmen (vgl. § 1356 II 2 BGB). Die → Geschäftsfähigkeit oder die → Prozessfähigkeit werden durch die Eheschließung nicht berührt; auch folgt aus der ehelichen Lebensgemeinschaft kein allgemeines gegenseitiges Vertretungsrecht der Ehegatten. S. ferner → Eigentumsvermutungen, → Ehestörungen, → eheähnliche Gemeinschaft.

Eheliche Pflichten
→ eheliche Lebensgemeinschaft.

Eheliches Güterrecht
→ Güterrecht.

Ehelichkeitsanfechtung
→ Abstammung (3).

Ehemäkler
→ Ehevermittlung.

Ehemündigkeit
→ Ehefähigkeit.

Ehename
→ Name der Familie.

Ehenichtigkeit
Die früher neben dem Vorliegen einer → Nichtehe und der Möglichkeit der → Eheaufhebung vorgesehene Ehenichtigkeit (insbes. bei Verstoß gegen die Form der → Eheschließung oder gegen bestimmte → Eheverbote) hat das Gesetz zur Neuordnung des Eheschließungsrechts v. 4.5.1998 (BGBl. 1998 I 833) abgeschafft. Die Folgen rechtsfehlerhafter Eheschließung sind heute in den Vorschriften über die → Eheaufhebung vereinheitlicht. Sa → Ehefähigkeit.

Eheprozess
ist die frühere Bezeichnung für das Verfahren in → Ehesachen.

Eheregister
Das Eheregister ist ein → Personenstandsregister, in dem die → Eheschließung vom → Standesbeamten im Beisein der Ehegatten und etwaiger Trauzeugen zu beurkunden ist. Die Eintragung hat die persönlichen Verhältnisse der Ehegatten, den gewählten → Namen der Familie und die Tatsache der Eheschließung zum Inhalt (§ 15 PStG).

Ehesachen
1. Ehesachen sind neben den Verfahren auf → Eheaufhebung und auf Feststellung des Bestehens oder Nichtbestehens einer Ehe insbes. die Verfahren auf → Ehescheidung und die damit zusammenhängenden (Scheidungs-) Folgesachen, also die Regelung der → elterlichen Sorge (zB der Personensorge) über Kinder, die → Unterhaltspflicht der Ehegatten untereinander und gegenüber ihren Kindern, der → Zugewinnausgleich, der → Versorgungsausgleich, die Regelung der Rechtsverhältnisse an der Ehewohnung und am Hausrat usw (§ 121 FamFG). Für diese Ehesachen ist das → Familiengericht ausschließlich zuständig (→ gerichtliche Zuständigkeit, 4). Das Verfahren in Ehesachen richtet sich grds. nach dem FamFG (→ freiwillige Gerichtsbarkeit, → gerichtliche Zuständigkeit, 4). Das Verfahren in Ehesachen richtet sich grds. nach dem FamFG (→ freiwillige Gerichtsbarkeit, §§ 111 ff. FamFG, §§ 121 ff. FamFG); teilweise gelten jedoch stattdessen die allgemeinen Vorschriften der ZPO (§ 113 FamFG, → Zivilprozess). Der → Verfügungs- und der → Verhandlungsgrundsatz sind eingeschränkt, der → Untersuchungsgrundsatz stärker ausgebildet. Das Gericht kann zB auch von Amts wegen Beweise erheben und in eingeschränktem Umfang nicht vorgebrachte Tatsachen berücksichtigen (§ 127 FamFG). Der Bevollmächtigte bedarf einer speziellen, hierauf gerichteten → Prozessvollmacht (§ 114 V FamFG). Das Gericht kann im Wege der → einstweiligen Anordnung schon während des Verfahrens Regelungen, zB über das Getrenntleben der Ehegatten, einstweilige Regelungen der Unterhaltspflicht, der Benutzung der Ehewohnung, der elterlichen Sorge über gemeinschaftliche Kin-

der und Leistung eines Verfahrenskostenvorschusses treffen (§§ 49 ff., 246 ff. FamFG). Zur Anerkennung und Vollstreckung ausländischer Entscheidungen in Ehesachen s. das G zum internationalen Familienrecht v. 26.1.2005 (BGBl. 2005 I 162).

2. Besondere Vorschriften gelten insbes. für das – auf Antrag einzuleitende – Verfahren auf Ehescheidung (§§ 133 f. FamFG). Grds. hat das Gericht iRd Scheidungsverfahrens gleichzeitig auch über die Scheidungsfolgesachen (insbes. Unterhaltssachen, Versorgungsausgleich) zu verhandeln und zu entscheiden (§ 137 FamFG). Durch diesen Entscheidungsverbund (Scheidungsverbund), von dem nur unter bestimmten engen Voraussetzungen abgewichen werden kann (§ 140 FamFG), soll erreicht werden, dass ohne Klarheit über die Scheidungsfolgen, also über das Schicksal der Kinder, die Regelung des Unterhalts, den Zugewinn- und Versorgungsausgleich und die Verteilung von Hausrat und Vermögen, eine Ehescheidung grds nicht mehr möglich ist und hierdurch unerquickliche Folgeprozesse vermieden werden. Die Kosten der Ehescheidung und der Folgesachen, die als eine Angelegenheit anzusehen sind (die Werte werden zusammengerechnet, § 44 FamGKG, § 16 Nr. 4 RVG), tragen die Ehegatten mangels abweichender Entscheidung nach Billigkeit je zur Hälfte (lediglich bei Abweisung des Scheidungsantrags trägt die Kosten allein der Antragsteller); ggf. kann hierfür → Verfahrenskostenhilfe beantragt werden (§ 150 FamFG).

3. Der Scheidungsantrag hat ferner Ausführungen darüber zu enthalten, ob der andere Ehegatte der Ehescheidung zustimmt und ob für diesen Fall eine Regelung für die Scheidungsfolgesachen getroffen worden ist (§ 133 FamFG), sog. offene Konventionalscheidung. Da die Zustimmung aber bis zum Schluss der mündlichen Verhandlung widerrufen werden kann (§ 134 FamFG) und das Gericht über Scheidung und Folgesachen grds. einheitlich zu entscheiden hat (§ 142 FamFG), bevorzugen die Ehegatten, auch wenn sie über die Voraussetzungen der Ehescheidung keinen Scheidungsvertrag schließen, vielmehr nur die Folgen der Scheidung (zB den → Scheidungsunterhalt oder den → Versorgungsausgleich) vertraglich regeln können, oftmals die sog. verdeckte Konventionalscheidung. Dabei wird vereinbart, dass der Antragsgegner das Vorbringen des Antragstellers über die Scheidungsvoraussetzungen (Zerrüttung, Dauer des Getrenntlebens usw) und über die Scheidungsfolgen nicht bestreitet.

Ehescheidung

1. Obwohl die Ehe grundsätzlich auf Lebenszeit geschlossen ist (§ 1353 I BGB), lässt das in der BRep. geltende Eherecht (anders weitgehend das → Kirchenrecht) neben der Besonderheit der → Eheaufhebung die vorzeitige Scheidung der Ehe durch Entscheidung des → Familiengerichts (§ 1564 BGB) in der Erkenntnis zu, dass eine gescheiterte Ehe, die jede innere Bindung verloren hat, nicht geeignet ist, weiterhin Grundlage der Gesellschaftsordnung und des Staates zu sein. Eine andere Möglichkeit der Eheauflösung, zB durch bloße Aufhebung der → ehelichen Lebensgemeinschaft oder die → Trennung von Bett, Tisch und Wohnung, kennt das deutsche Recht ebenso wenig wie die Trennung der Ehe auf andere Weise (zB auch nicht für Ausländer durch eine nach deren Heimatrecht zuständige geistliche Instanz oder im Wege der sog. Privatscheidung).

2. Das Recht der Ehescheidung ist mit Wirkung ab 1.7.1977 grundlegend umgestaltet worden. Nach früherem Recht konnte das Scheidungsbegehren nur auf bestimmte Ehescheidungsgründe gestützt werden, die idR → Verschulden voraussetzten (zB Ehebruch). Hauptanliegen der Reform des Ehescheidungsrechts war die Ersetzung dieses Verschuldensprinzips, das oftmals schwierige und kaum erträgliche Feststellungen erforderte, durch das Zerrüttungsprinzip. Einziger Ehescheidungsgrund ist nunmehr das Scheitern der Ehe (§ 1565 I 1 BGB). Die Ehe ist gescheitert, wenn die → eheliche Lebensgemeinschaft nicht mehr besteht und wenn nach der voraussichtlichen Prognose über die künftigen Beziehungen der Ehegatten zueinander nicht erwartet werden kann, dass die Ehegatten sie wieder herstellen (§ 1565 I 2 BGB). Die Ursachen der Zerrüttung einer Ehe können mannigfaltig sein; insbes. zählen hierher die früheren „schweren Eheverfehlungen" (also zB schwere Verletzungen der ehelichen Treue, der Unterhaltspflicht, Beleidigungen, Beschimpfungen und Tätlichkeiten erheblicher und fortdauernder Art, Verweigerung der ehelichen Lebensgemeinschaft, des ehelichen Verkehrs und der häuslichen Gemeinschaft usw.). Auf ein Verschulden hieran kommt es allerdings nicht an. Maßgebend für die Zerrüttung sind vielmehr die individuellen Verhältnisse der Ehegatten.

Das Scheitern der Ehe muss der Antragsteller beweisen, wobei eine einseitige Zerrüttung genügt, wonach die Wiederherstellung der ehelichen Lebensgemeinschaft nur aus der Warte des Antragstellers nicht zu erwarten ist. Zur Beweiserleichterung wird unwiderlegbar vermutet, dass die Ehe gescheitert ist, wenn die Ehegatten seit 3 Jahren getrennt leben (§ 1566 II BGB). Beantragen beide Ehegatten die Ehescheidung oder stimmt der Antragsgegner der Ehescheidung zu, so verkürzt sich diese Frist auf 1 Jahr (sog. Trennungsjahr, § 1566 I BGB). Ein nochmaliges Zusammenleben der Ehegatten über kürzere Zeit, das einer – versuchten, dann aber doch gescheiterten – Versöhnung der Ehegatten dienen sollte, unterbricht oder hemmt diese Fristen nicht (§ 1567 II BGB). Leben die Ehegatten noch nicht ein Jahr getrennt – eine bestimmte Ehedauer wird dagegen nicht verlangt –, so kann die Ehe nur geschieden werden, wenn die

Fortsetzung der Ehe für den Antragsteller aus Gründen, die (ausschließlich) in der Person des anderen Ehegatten liegen (zB eheähnliches Zusammenleben mit einem Dritten), eine unzumutbare Härte darstellen würde (§ 1565 II BGB); hierdurch sollen sowohl übereilte Scheidungsanträge als auch die Möglichkeit ausgeschlossen werden, selbst den Zerrüttungsgrund zu setzen und sodann kurzfristig die E. zu erzwingen.

Eine weitere Härteklausel enthält § 1568 BGB. Danach soll die Ehe nicht geschieden werden, obwohl sie an sich gescheitert ist, wenn und solange deren Aufrechterhaltung im Interesse der aus der Ehe hervorgegangenen minderjährigen Kinder ausnahmsweise notwendig ist oder die Scheidung für den Antragsgegner, der sie ablehnt, auf Grund außergewöhnlicher Umstände eine so schwere Härte darstellen würde, dass die Aufrechterhaltung der Ehe auch unter Berücksichtigung der Belange des Antragstellers ausnahmsweise geboten erscheint. Danach sind also die Interessen des Kindeswohls und des anderen Ehegatten, allerdings nur in besonders gelagerten Ausnahmefällen, in denen auf Grund der Lebensumstände und der Scheidungsursachen die Ehescheidung für diese Personen eine weit überdurchschnittliche Härte darstellen würde, gegen die Belange des aus der Ehe drängenden Ehepartners abzuwägen.

3. Folgen der Ehescheidung: Mit der → Rechtskraft des Scheidungsbeschlusses ist die Ehe für die Zukunft in personen- und vermögensrechtlicher Hinsicht aufgelöst. Jeder Ehegatte kann eine neue Ehe eingehen; es besteht kein gegenseitiges → Erbrecht mehr (auch eine Erbeinsetzung entfällt idR; → Auslegung von Verfügungen von Todes wegen); der → Güterstand ist beendet; die vermögensrechtlichen Beziehungen müssen auseinandergesetzt werden (→ Zugewinnausgleich). Dennoch verliert die aufgelöste Ehe nicht jede Wirkung. Eine auf Grund der Eheschließung erworbene → Staatsangehörigkeit wird durch die E. nicht berührt; desgleichen besteht das durch die Ehe begründete → Zeugnisverweigerungsrecht auch nach der E. fort (§ 383 ZPO, § 52 StPO). Zur Fortführung des bisherigen Ehenamens s. → Name der Familie.

Die Ehescheidung der Eltern lässt die → elterliche Sorge über ein gemeinschaftliches minderjähriges Kind als solche unberührt. Dies bedeutet, dass es auch nach der Ehescheidung im Grundsatz bei der gemeinsamen Sorge beider Eltern für das Kind verbleibt. Über Einzelheiten der Ausgestaltung der elterlichen Sorge, insbes. bei Wegfall eines Elternteils oder sonstigen nachträglichen Änderungen s. dort. Leben Eltern, denen die elterliche Sorge gemeinsam zusteht, nicht nur vorübergehend getrennt, so kann jedoch jeder Elternteil beantragen, dass das → Familiengericht die elterliche Sorge ganz oder teilweise ihm allein überträgt (§ 1671 I BGB). Dies gilt unabhängig davon, ob die Eltern einmal miteinander verheiratet waren oder nicht. Wird der Antrag im Zusammenhang mit einem E.verfahren gestellt, so hat das Familiengericht hierüber grdsätzl. im Verbund mit der Scheidungssache (→ Ehesachen) zu verhandeln und zu entscheiden (§ 137 FamFG). Dem Antrag ist stattzugeben, wenn der andere Elternteil zustimmt (und ein über 14 Jahre altes Kind nicht widerspricht) oder wenn zu erwarten ist, dass die Aufhebung der gemeinsamen Sorge und die Übertragung auf den Antragsteller dem Wohl des Kindes am besten entspricht (§ 1671 II BGB). Dem Antrag ist nicht stattzugeben, soweit die elterliche Sorge auf Grund anderer Vorschriften (insbes. § 1666 BGB bei Missbrauch der → elterlichen Sorge, s. dort) anderweitig geregelt werden muss (§ 1671 III BGB). Die Eltern haben einen Anspruch auf Beratung und Unterstützung durch das Jugendamt (§ 17 II SGB VIII). Dessen Konzept kann sodann auch Grundlage der gerichtlichen Entscheidung sein. Jedenfalls trifft das Gericht eine Pflicht zur vorherigen – meist persönlichen – Anhörung der Beteiligten, dh insbes. der Eltern, aber auch des Kindes, soweit es ein bestimmtes Alter erreicht hat oder die Gewinnung eines persönlichen Eindrucks angezeigt erscheint (§ 34 FamFG, §§ 159 f. FamFG). Über das → Umgangsrecht des danach nicht (mehr) sorgeberechtigten Elternteils mit dem Kind s. dort.

4. Mit der Ehescheidung endet auch nicht jede → Unterhaltspflicht der Ehegatten (die Unterhaltspflicht gegenüber den gemeinsamen Kindern wird als solche durch die Ehescheidung überhaupt nicht berührt); zur Art der Unterhaltsgewährung → Unterhaltspflicht unter Verwandten). Einzelheiten → Scheidungsunterhalt.

5. Unabhängig von Unterhaltsverpflichtungen und ohne Rücksicht auf den Güterstand (→ Güterstände) wird zwischen den geschiedenen Ehegatten bei der Ehescheidung grundsätzlich von Amts wegen ein → Versorgungsausgleich durchgeführt, um den Ehegatten die hälftige Teilhabe an den Anwartschaften des anderen auf die Altersversorgung, die während der Ehe erworben wurden, zu gewährleisten (§ 1587 BGB, §§ 9 ff. VersAusglG). Einzelheiten s. dort.

6. Zum Verfahren der Ehescheidung s. iE → Ehesachen (dort auch über Konventionalscheidung), → Familiengericht. Zur Anerkennung einer Ehescheidung im Ausland s. → hinkende Ehe. S. ferner → Haager Eheschließungsabkommen.

7. Anwendbares Recht bei E. mit Auslandsbezug: → Internationales Privatrecht Nr. 2b, → Rom III.

8. Gebiet ehem. DDR: Die Ehescheidung und ihre Folgen richten sich auch dort seit 3.10.1990 grundsätzlich nach den oa Vorschriften (Art. 234 § 1 EGBGB). Dies gilt auch für die → Unterhaltspflicht der Ehegatten einer vor diesem Zeitpunkt geschlossenen

(und noch nicht rechtskräftig geschiedenen) Ehe. Ist die Ehe (von Angehörigen der ehem. DDR dort) jedoch bereits zuvor geschieden worden, so bleibt für den Unterhaltsanspruch des geschiedenen Ehegatten – abgesehen von etwaigen (fortgeltenden) Unterhaltsvereinbarungen – das bisherige Recht (iE §§ 29 ff. Familiengesetzbuch der DDR vom 20.12.1965, GBl.-DDR 1966 I 1 m. spät. Änd.; DDR-Schönfelder Nr. 30) maßgebend (Art. 234 § 5 EGBGB). Für (rechtskräftige) Ehescheidungen bis zum 31.12.1991 gilt das Recht des → Versorgungsausgleich nicht. Wird die Ehe ab 1.1.1992 geschieden, so findet ein Versorgungsausgleich grundsätzlich statt; dies allerdings insoweit nicht, als das auszugleichende Anrecht bereits Gegenstand oder Grundlage einer vor dem 3.10.1990 geschlossenen wirksamen Vereinbarung oder einer gerichtlichen Entscheidung über die Vermögensverteilung war (Art. 234 § 6 EGBGB). Für den Ausgleich von im Gebiet der ehem. DDR erworbenen Anrechten gelten im Übrigen die besonderen Bestimmungen (insbes. zeitweilige Aussetzung des Verfahrens) der Anlage I Kapitel III Sachgebiet B Abschnitt II Nr. 2 des → Einigungsvertrags.

9. Steuerlich: Die Anwalts- und Verfahrenskosten der Ehescheidung sind nicht mehr als außergewöhnliche Belastung zu berücksichtigen (§ 33 II EStG (VZ 2016) S. 4, BFH v. 18.5.2017, Az. VI R 9/16). Unterhaltszahlungen an Kinder, für die kein Anspruch auf → Kindergeld oder auf den → Kinderfreibetrag besteht, sind Aufwendungen iSd § 33a I EStG (VZ 2016). Unterhaltszahlungen an den geschiedenen Ehegatten können bis zu bestimmten Beträgen steuerlich im → Realsplitting berücksichtigt werden. Dagegen sind Prozesskosten bei vermögensrechtlichen Streitigkeiten nicht abziehbar. Auch die Kosten des Umzugs und der Einrichtung der neuen Wohnung sind keine außergewöhnlichen Belastungen. → Belastung, außergewöhnliche.

Ehescheidungsgründe
→ Ehescheidung (2).

Eheschließung
In Deutschland gilt seit 1875 das Prinzip der obligatorischen Zivilehe. Eine wirksame → Ehe kommt nur zustande, wenn die Eheschließung vor dem → Standesbeamten stattgefunden hat (§ 1310 I BGB, sonst → Nichtehe). Die kirchliche Trauung soll grds. erst nach der staatlichen Eheschließung vorgenommen werden und hat (allein) nicht die Rechtswirkungen einer Zivilehe; wie bei einer sonstigen → eheähnlichen Gemeinschaft besteht insbes. kein Anspruch auf Unterhalt, Versorgungs- und Zugewinnausgleich oder Ehegattensplitting. Zuständig für die Eheschließung ist jedes deutsche Standesamt (§ 11 PStG). Das früher (zwecks Bekanntwerden etwaiger Ehehindernisse) grds. erforderliche vorherige Aufgebot der Verlobten ist ersatzlos entfallen; sie haben lediglich ihre beabsichtigte Eheschließung bei dem Standesbeamten anzumelden (§ 12 PStG). Dieser hat zu prüfen, ob der Eheschließung ein Ehehindernis (→ Eheverbote oder ein sonstiger Grund zur → Eheaufhebung) entgegensteht (§ 13 PStG). Vor der Eheschließung soll der Standesbeamte die Verlobten befragen, ob sie einen Ehenamen (→ Name der Familie) bestimmen wollen (§ 14 PStG). Von Ausländern, soweit auf sie nicht nach Art. 13 II EGBGB deutsches Recht anzuwenden ist (zB ein Verlobter ist Deutscher oder hat seinen gewöhnlichen Aufenthalt im Inland), soll er ein Ehefähigkeitszeugnis ihres Heimatlandes verlangen, dh ein Zeugnis darüber, dass der Eheschließung kein in den Gesetzen ihres Heimatlandes begründetes → Ehehindernis entgegensteht (vgl. zum Übereinkommen über die Ausstellung von Ehefähigkeitszeugnissen vom 5.9.1980 das G v. 5.6.1997, BGBl. 1997 II 1086); hiervon kann aber der zuständige Oberlandesgerichtspräsident Befreiung erteilen (§ 1309 BGB). Besitzt keiner der beiden Verlobten die deutsche → Staatsangehörigkeit, so kann die Ehe ausnahmsweise auch vor einer von dem ausländischen Staat ordnungsgemäß ermächtigten Person, zB einem Konsul, in der von den Gesetzen dieses Landes vorgeschriebenen Form geschlossen werden (Art. 13 IV 2 EGBGB). Zum Ehefähigkeitszeugnis für einen Deutschen zur Eheschließung im Ausland s. § 39 PStG. Über die Anerkennung ausländischer Ehescheidungen → hinkende Ehe. S. ferner das internationale Übereinkommen vom 10.12.1962 über die Erklärung des Ehewillens, das Heiratsmindestalter und die Registrierung von Eheschließungen (BGBl. 1969 II 161) sowie → Haager Eheschließungsabkommen. Zur gleichgeschlechtlichen Lebensgemeinschaft → Lebenspartnerschaft.

Der Standesbeamte darf seine Mitwirkung an der Eheschließung nicht verweigern, wenn deren Voraussetzungen vorliegen; er muss sie aber verweigern, wenn ein Grund zur → Eheaufhebung offenkundig ist (§ 1310 I 2 BGB). Die Ehe wird dadurch geschlossen, dass die Verlobten vor dem Standesbeamten persönlich, bei gleichzeitiger Anwesenheit (also keine Ferntrauung oder Handschuhehe), unbedingt und unbefristet erklären, die Ehe miteinander eingehen zu wollen (§ 1310 I BGB, § 1311 BGB); ein Verstoß hiergegen führt grds. zur → Eheaufhebung (§ 1314 I BGB). Der Standesbeamte soll bei der Eheschließung die Eheschließenden einzeln befragen, ob sie die Ehe miteinander eingehen wollen, und, nachdem sie diese Frage bejaht haben, aussprechen, dass sie nunmehr rechtmäßig verbundene Eheleute sind. Die Eheschließung kann in Gegenwart von einem oder zwei Zeugen (Trauzeugen) erfolgen, sofern die Eheschließenden dies wünschen. Die Eheschließung ist im → Eheregister einzutragen (§ 15 PStG). Eheschließung im Ausland oder vor einer hierzu ermächtigten Person (zB Konsul) können dort auf Antrag gleichfalls nachträglich eingetragen werden (§ 34 PStG).

Im Gebiet der ehem. DDR gelten diese Vorschriften – ebenso wie die über → Ehefähigkeit, → Eheverbote und → Eheaufhebung – erst für Eheschließung nach dem Beitritt (Anlage I Kapitel III Sachgebiet B Abschnitt III Nr. 11 zum → Einigungsvertrag). Die Wirksamkeit vor dem 3.10.1990 geschlossener Ehen bestimmt sich nach dem bisherigen Recht, insbes. nach dem Familiengesetzbuch der DDR v. 20.12.1965 (GBl.-DDR 1966 I 1) mÄnd (Habersack II Nr. 30).

Ehestörungen
Aus dem Charakter der → ehelichen Lebensgemeinschaft als absolutes Recht folgt, dass jeder Ehegatte berechtigt ist, Störungen dieser Gemeinschaft durch Dritte entgegenzutreten, insbes. Angriffe auf den räumlich-gegenständlichen Bereich der Ehe abzuwehren. So hat zB der Ehemann einen Anspruch darauf, dass ein Geliebter des anderen Ehemanns aus der Ehewohnung oder dem hiermit verbundenen Geschäft entfernt wird und künftig derartige Ehestörungen unterlässt. Gegen den Ehegatten selbst ist allerdings nur die nicht vollstreckbare (§ 120 III FamFG) Klage auf Herstellung des ehelichen Lebens oder auf → Ehescheidung gegeben. Zu Schadensersatzansprüchen (insbes. des Scheinvaters) bei Ehestörungen → Abstammung (3d).

Eheunbedenklichkeitszeugnis
→ Eheschließung (Ehefähigkeitszeugnis).

Eheurkunde
→ Personenstandsurkunden.

Eheverbote
Während es im → Kirchenrecht zahlreiche → Ehehindernisse gibt, kennt das staatliche Recht nur noch eine beschränkte, abschließend aufgezählte Anzahl von Eheverboten. Eine → Ehe darf demnach nicht geschlossen werden, wenn zwischen einer der Personen, die die Ehe miteinander eingehen wollen, und einer dritten Person bereits eine Ehe oder → Lebenspartnerschaft besteht (§ 1306 BGB). Dieses Eheverbot der → Doppelehe besteht so lange, als die erste Ehe oder Lebenspartnerschaft nicht durch Tod, → Eheaufhebung oder → Ehescheidung rechtskräftig beseitigt ist. Eine Ehe darf ferner nicht zwischen Verwandten in gerader Linie (→ Verwandtschaft), auch wenn das Verwandtschaftsverhältnis inzwischen durch → Adoption erloschen ist, sowie zwischen (auch Halb-)Geschwistern eingegangen werden (Verwandtenehe, § 1307 BGB). Eine Ehe soll auch nicht geschlossen werden zwischen einem angenommenen Kind (und seinen Abkömmlingen) einerseits und dem Annehmenden andererseits, solange die → Adoption besteht (über die Folgen eines Verstoßes s. dort 1d); das → Familiengericht kann auf Antrag von diesem Eheverbot unter bestimmten Voraussetzungen Befreiung erteilen (§ 1308 BGB). Weitere Eheverbote bestehen nicht (mehr); insbes. kann wegen → Schwägerschaft, erst kurz zuvor aufgelöster anderweitiger Ehe (Wartezeit), verschiedener → Staatsangehörigkeit, großen Altersunterschieds, fehlender Zeugungsfähigkeit oder dgl. die Trauung nicht verweigert werden.

Eine entgegen dem Eheverbot der Doppelehe oder der Verwandtschaft geschlossene Ehe unterliegt grds. der → Eheaufhebung (§ 1314 I BGB). Eine Aufhebung der Ehe ist allerdings ausgeschlossen, wenn vor Schließung der neuen Ehe die Scheidung oder Aufhebung der früheren Ehe bereits ausgesprochen war und dieser Ausspruch erst nach Eingehung der neuen Ehe rechtskräftig wird (§ 1315 II BGB).

Ehevereinbarung
→ Ehevertrag.

Eheverfahren
→ Ehesachen.

Ehevermittlung
Der Ehemäkler hat für seine Tätigkeit keinen klagbaren Anspruch auf den Ehemäklerlohn, auch nicht, wenn er in Form eines → Schuldanerkenntnisses o. dgl. versprochen wird (§ 656 BGB, sog. → Naturalobligation; str. ob dies auch dem Anspruch aus einem zu diesem Zweck aufgenommenen → Darlehen entgegengehalten werden kann, sog. finanzierter Ehemäklervertrag). Doch kann das auf Grund eines Zahlungsversprechens Geleistete nicht mit der Begründung zurückgefordert werden, dass eine Verbindlichkeit nicht bestehe. Üblicherweise wird daher bei der entgeltlichen Ehevermittlung die Zahlung eines entsprechenden Vorschusses verlangt. Die Unklagbarkeit des Ehemäklerlohns steht einem Schadensersatzanspruch gegen den Ehemäkler aus → positiver Vertragsverletzung nicht entgegen. Auf einen echten → Dienstvertrag (Servicevertrag) ist § 656 BGB nicht anwendbar, wohl aber auch auf einen Eheanbahnungs- oder Partnerschaftsvermittlungsdienstvertrag (BGH NJW 1990, 2550, str.). Zur Überwachung der Ehevermittlung (Überprüfung der Zuverlässigkeit) s. iE § 38 GewO. Sa → Partnervermittlung, auch zur Online-Partnervermittlung.

Eheversprechen
→ Verlöbnis.

Ehevertrag
Die Ehegatten können das für sie geltende eheliche → Güterrecht durch Ehevertrag regeln (§ 1408 BGB). Der Ehevertrag kann sowohl vor wie nach Eingehung der Ehe bei gleichzeitiger Anwesenheit beider Teile (Vertretung insoweit zulässig) vor einem Notar geschlossen werden (§ 1410 BGB). Der Abschluss eines → Erbvertrags in derselben Urkunde ist zulässig; es genügt dann die für den Ehevertrag vorgesehene Form (§ 2276 II BGB). Beschränkt geschäftsfähige Ehegatten können einen Ehevertrag nur mit Genehmigung des → gesetzlichen Vertreters abschlie-

ßen, der, wenn er → Vormund oder → Betreuer ist, bei Ausschluss des → Zugewinns oder bei Vereinbarung von → Gütergemeinschaft außerdem der Genehmigung des → Betreuungsgerichts bedarf. Für geschäftsunfähige Ehegatten kann nur der gesetzliche Vertreter handeln, ein Vormund nur mit Zustimmung des Betreuungsgerichts, Gütergemeinschaft kann nicht vereinbart oder aufgehoben werden (§ 1411 BGB).

Inhalt des Ehevertrags kann der Ausschluss des gesetzlichen → Güterstandes der → Zugewinngemeinschaft und deren Ersetzung durch einen vertraglichen Güterstand sein, dessen weitere spätere vertragliche Änderung sowie die nur teilweise Aufhebung oder Abänderung nicht zwingender Vorschriften innerhalb der gesetzlichen oder vertraglichen Güterstände (zB Beseitigung der Verfügungsbeschränkungen, andere Berechnung und Verteilung des Zugewinns beim gesetzlichen Güterstand, Regelung der Verwaltung des Gesamtguts bei Gütergemeinschaft ua), ferner der Ausschluss des → Versorgungsausgleichs (§ 6 VersAusglG) und Regelungen zum Unterhalt nach einer Scheidung (§ 1585c BGB).

Ein Ehevertrag liegt dagegen nicht vor, wenn nur die sich aus der bestehenden → ehelichen Lebensgemeinschaft ergebenden Rechte und Pflichten (zB die → Unterhaltspflicht der Ehegatten) vertraglich abgeändert werden sollen (sog. Ehevereinbarung), ferner nicht bei Abschluss sonstiger Rechtsgeschäfte unter den Ehegatten (zB Schenkungen, Darlehensvertrag, Gesellschafts- und Arbeitsverträge; vgl. Mitarbeit der Ehegatten) sowie bei der Überlassung des Vermögens des einen Ehegatten an den anderen zur Verwaltung (→ Vermögensverwaltung unter Ehegatten; hier bedarf nur der Ausschluss des jederzeitigen Widerrufs der Verwaltungsüberlassung der Form des Ehevertrags, § 1413 BGB).

Die grds. bestehende Vertragsfreiheit findet ihre Grenzen in den allgemeinen Bestimmungen über das Verbot von → Gesetzwidrigkeit (§ 134 BGB) und → Sittenwidrigkeit (§ 138 BGB), insbes. bei übermäßig und einseitig wirkenden Eingriffen in das Scheidungsfolgenrecht, zB bei Ausschluss des Betreuungsunterhalts (→ Scheidungsunterhalt, 2) oder des → Versorgungsausgleichs (BGH NJW 2005, 137). Ferner können zwingende Vorschriften des jeweiligen Güterstands nicht abgeändert und im BGB nicht vorgesehene → Güterstände nicht begründet werden. Nach den Grundsätzen des → Wegfall der Geschäftsgrundlage kann eine nachträgliche Anpassung des Vertrages erfolgen.

Ehewohnung
Ehewohnung sind die Räume, in denen die → Ehegatten zusammenleben. Unabhängig von der Beendigung des Güterstands (s. → Zugewinngemeinschaft) kann im Rahmen einer → Ehescheidung ein Ehegatte verlangen, dass ihm der andere Ehegatte die Ehewohnung (und → Haushaltsgegenstände) überlässt, wenn er auf deren Nutzung unter Berücksichtigung des Wohls der im Haushalt lebenden Kinder und der Lebensverhältnisse der Ehegatten in stärkerem Maße angewiesen ist als der andere Ehegatte oder die Überlassung aus anderen Gründen der Billigkeit entspricht (§ 1568a BGB). Zuständig für diese Ehewohnungssachen ist das → Familiengericht. Ist ein Ehegatte Eigentümer, → Nießbrauchsberechtigter oder sonst → dinglich an der Wohnung berechtigt, ist eine Zuweisung an den anderen Ehegatten nur ausnahmsweise möglich, um eine unbillige Härte zu vermeiden. Sind beide Ehegatten oder nur der weichende Ehegatte → Mieter der Wohnung, können die Ehegatten einvernehmlich auch gegen den Willen des Vermieters durch Mitteilung an ihn ab Rechtskraft der Ehescheidung erreichen, dass nur noch der die Wohnung weiter nutzende Ehegatte Mieter der Wohnung ist. Sind sich die Ehegatten nicht einig, kann der Wechsel auf der Mieterseite auch durch eine Endentscheidung des Familiengerichts im Wohnungszuweisungsverfahren bewirkt werden. Das Verfahren ist in §§ 200 ff. FamFG geregelt. Dem Vermieter wird ein Sonderkündigungsrecht eingeräumt, wenn in der Person des Eingetretenen ein wichtiger Grund vorliegt.

Bereits anlässlich der → Trennung der Ehegatten kann ein Ehegatte vorläufig von der Nutzung der Ehewohnung nach den genannten Billigkeitserwägungen ausgeschlossen werden (§ 1361b BGB). In den Fällen häuslicher Gewalt ist idR dem Opfer die gesamte Wohnung zur alleinigen Benutzung zu überlassen. Sa → eheliche Lebensgemeinschaft, → Haushaltsgegenstände, → Gewaltschutz.

Ehewohnungssachen
→ Ehewohnung.

Ehezeitanteil
(→ Versorgungsausgleich). Der Begriff Ehezeitanteil wird in § 1 VersAusglG definiert. Es sind für jeden → Ehegatten entsprechend der Ehezeit die erworbenen Rentenanwartschaften zu ermitteln. Die Hälfte dieses Ehezeitanteils wird unter den Ehegatten im Wege des Hin- und Her-Ausgleichs ausgeglichen. Die Ehezeit beginnt mit dem ersten Tag des Monats, in dem die Ehe geschlossen worden ist; sie endet am letzten Tag des Monats vor Zustellung des → Scheidungsantrags (§ 3 I VersAusglG).

Ehezerrüttung
→ Ehescheidung (2).

Ehre
Die Ehre, dh die Anerkennung vor sich selbst und insbes. die Wertschätzung der Person in der Gesellschaft, ist vom Gesetz nicht ausdrücklich (wie zB das → Namensrecht) geschützt. Bei einer schuldhaften Ehrverletzung liegt jedoch regelmäßig eine strafbare → Beleidigung (§§ 185 ff. StGB) und zivilrechtlich

eine → unerlaubte Handlung (Verletzung eines Schutzgesetzes, nämlich der Vorschriften des StGB über den Ehrenschutz) vor. Ferner ist die Ehre ein Ausfluss des allg. → Persönlichkeitsrechts und wie dieses geschützt. Schon bei objektiv rechtswidrigen Eingriffen, also auch ohne Verschulden (insbes. bei unwahren bzw. ehrmindernden Veröffentlichungen durch Presse, Rundfunk und Fernsehen), kann daher ein → Unterlassungsanspruch gegeben sein (zur Abgrenzung gegenüber der Pressefreiheit s. → unerlaubte Handlung, 2c). Über die strafrechtlichen Folgen einer Ehrverletzung s. → Beleidigung.

Ehrenamt
wird im engeren Sinn ein öffentliches Amt genannt, das unentgeltlich wahrgenommen wird. Es werden lediglich die baren Auslagen und der Verdienstausfall oder ein Pauschbetrag für Zeitverlust ersetzt. Zur steuerlichen Behandlung des Entgelts für das Ehrenamt → Aufwandsentschädigungen, → Nebentätigkeit. Im weiteren Sinne spricht man von ehrenamtlicher Tätigkeit auch im privatrechtlichen Bereich, zB in Vereinen und Verbänden, wenn dafür außer Auslagenersatz keine Bezahlung stattfindet.

Ehrenamtliche Richter
Ehrenamtliche Richter wirken an der Rechtsprechung mit vollem richterlichen Stimmrecht mit, stehen aber nicht in einem Dienstverhältnis wie die → Berufsrichter und brauchen nicht die durch zwei juristische Staatsprüfungen erlangte → Befähigung zum Richteramt zu besitzen. Sie unterliegen grundsätzlich nicht dem DRiG, abgesehen von Bestimmungen über Bestallung und Abberufung (§§ 44–44b DRiG) und Unabhängigkeit (§ 45 DRiG). Sie dürfen nur auf Grund eines Gesetzes unter den darin bestimmten Voraussetzungen tätig werden. Ehrenamtliche Richter sind in der ordentlichen Gerichtsbarkeit die → Schöffen und die → Handelsrichter; alle anderen Laienrichter (zB in Landwirtschaftssachen; s. → Grundstücksverkehr, landwirtschaftlicher) werden nur noch als ehrenamtliche Richter bezeichnet (→ Richteramtsbezeichnungen). Ehrenamtliche Richter sind auch die Beisitzer bei den → Disziplinargerichten und den Gerichten der → Ehren- und → Berufsgerichtsbarkeit. Ehrenamtliche Richter werden nach dem Justizvergütungs- und -entschädigungsG (JVEG, → Sachverständiger) entschädigt durch Aufwands- und Auslagenersatz (zB Kilometerpauschale 0,30 EUR undTagegeld für auswärtige ehrenamtliche Richter), Entschädigung für Zeitversäumnis (6 EUR pro Stunde), zuzüglich zur Entschädigung für die Zeitversäumnis Verdienstausfall (idR maximal 24 EUR/Stunde, bei langdauernden Verfahren unter bestimmten Voraussetzungen 46 EUR oder 61 EUR; vgl. § 18 JVEG) und für nicht berufstätige Haushaltsmitglieder 14 EUR pro Stunde. Sa → Beugemittel (bei Nichterscheinen).

Ehrenannahme
→ Wechselregress.

Ehrenbeamte
(§§ 5, 3 II BeamtStG) sind → Beamte, die ein hoheitliches Amt neben ihrem bürgerlichen Beruf – idR zeitlich befristet – ausüben (zB → Wahlkonsuln). Sie werden berufen durch Aushändigung einer Urkunde mit den Worten „unter Berufung in das Beamtenverhältnis als Ehrenbeamter". Ehrenbeamte erhalten weder Dienstbezüge noch Versorgung. Dienstaufwandsentschädigung kann gewährt werden. Von den Ehrenbeamten sind die ehrenamtlich tätigen Personen zu unterscheiden; bei ihnen findet keine Berufung in ein Beamtenverhältnis statt (zB Schöffen, Stadtverordnete).

Ehrendoktor
→ akademische Würden.

Ehreneintritt
Der Ehreneintritt ist bei → Wechseln, die nicht angenommen (→ Akzept) oder bezahlt werden, in Form der Ehrenannahme (Art. 56–58 WG) und der Ehrenzahlung (Art. 59–63 WG) zulässig. Dadurch soll der Rückgriff auf einen bestimmten Wechselverpflichteten vermieden werden (Art. 55 WG). Der Ehreneintritt kann von jedem Dritten, auch vom → Bezogenen sowie von jedem Wechselverpflichteten, nur nicht vom Akzeptanten ausgehen.

Ehrengerichtsbarkeit
Ehrengerichtsbarkeit ist die frühere Bezeichnung der staatlichen Gerichtsbarkeit für die Angehörigen bestimmter freier Berufe; sie entscheidet durch → Berufsgerichte über gewisse auf den Beruf bezogene Streitigkeiten (zB über Zulassung) und ahndet die Verletzung von Berufs- oder Standespflichten. Berufsgerichtliche Strafen werden von den Berufsgerichten nicht an Stelle der Strafgerichtsbarkeit verhängt, sondern treten, wenn zugleich Strafgesetze verletzt sind, neben sie; sie dienen dem besonderen Zweck, den Berufsstand reinzuhalten. Berufsgerichte gibt es insbes. für → Rechtsanwälte (dort 4: Anwaltsgerichtsbarkeit), Patentanwälte, Ärzte, Zahnärzte, Tierärzte, Apotheker, → Wirtschaftsprüfer (dort 5), Steuerberater. Zu Voraussetzungen, Zuständigkeit und Verfahren im Bereich der Anwaltsgerichtsbarkeit siehe §§ 92–161a BRAO.

Ehrenkränkung
→ Beleidigung.

Ehrenrechte, Verlust der bürgerlichen –
Der „Verlust der bürgerlichen Ehrenrechte" war im bis 1970 geltenden Strafrecht als → Nebenstrafe vorgesehen (§§ 32–34 StGB aF). Die betreffenden Vorschriften wurden durch das Erste Gesetz zur Reform des Strafrechts (1. StrRG) zum 1.4.1970 geändert bzw. aufgehoben (BGBl. 1969 I 645, 649). Im heutigen Recht besteht der enger begrenzte Verlust der Amtsfähigkeit, der Wählbarkeit und

des Stimmrechts (§ 45 StGB, → Aberkennung (Verlust) von Rechten und Fähigkeiten).

Ehrenschutz
→ Persönlichkeitsrecht, → Beleidigung.

Ehrensold
ist unter den Voraussetzungen des § 3 Nr. 20 EStG steuerfrei.

Ehrenwort
ist eine Bekräftigung einer Erklärung unter Bezugnahme auf außerrechtliche Maßstäbe und idR rechtlich ohne Bedeutung. Maßgeblich ist nur, ob einer Erklärung ein rechtlicher Verpflichtungswille zugrunde liegt. Ein → Wettbewerbsverbot, dessen Erfüllung auf Ehrenwort versprochen wird, ist nichtig (§ 74a II 1 HGB). Das einem Dritten gegebene Ehrenwort gibt dem Erklärenden weder einen Rechtfertigungsgrund (→ unerlaubte Handlung 1, → Rechtswidrigkeit) noch ein → Zeugnisverweigerungsrecht und entbindet ihn auch nicht von einer gesetzlichen oder vertraglichen Aufklärungs- oder Mitwirkungspflicht, zB § 90 AO.

Ehrenzahlung
→ Wechselregress.

Ehrenzeichen
→ Orden.

Ehrverletzung
→ unerlaubte Handlung (2b), → Beleidigung, → Persönlichkeitsrecht.

EIB
→ Europäische Investitionsbank.

Eichwesen
1. Das Mess- und Eichgesetz (MessEG) v. 25.7.2013 (BGBl. 2013 I 2722) mÄnd hat zum Ziel, die Messsicherheit sowie den Schutz und das Vertrauen des Verbrauchers zu stärken. Viele Vorschriften beruhen auf europarechtlichen Vorgaben. → Messgeräte (zB Längen- und Flächenmessgeräte, Abfüllmaschinen, Gas-, Wasser-, Stromzähler, Wegestreckenmesser, Gewichte und Waagen) dürfen daher erst nach einer Konformitätsbewertung und mit → Konformitätszeichen in den Verkehr gebracht werden (§ 6 MessEG) und unterliegen der Eichpflicht (§ 37 MessEG). Eichung ist nach § 3 Nr. 5 MessEG die Prüfung eines Messgeräts mit der Erlaubnis, es bis zum Ablauf der weiteren Eichfrist zu verwenden. Zuständig sind nach § 40 MessEG die Landesbehörden, in vielen Fällen auch staatlich anerkannte Prüfstellen.

2. Die → Marktüberwachung obliegt den Ländern, ein Verstoß gegen das MessEG wird grundsätzlich als Ordnungswidrigkeit geahndet; entsprechende Bußgeldvorschriften enthält § 60 MessEG. Die zur Durchführung erlassene Mess- und EichVO (MessEV) v. 11.12.2014 (BGBl. 2014 I 2011) mÄnd enthält alle wesentlichen Vollzugsbestimmungen sowie die Eichkennzeichen (Anlage 8). Messwerte müssen in gesetzlichen Einheiten (→ Messwesen) angezeigt werden. → Gebühren regelt die Mess- und EichgebührenVO (MessEGebV) v. 24.3.2015 (BGBl. 2015 I 330, mÄnd).

Eid
→ Beeidigung, → Eidesmündigkeit, → Eidesformel, → Eidesverweigerung, → Zeuge, → Sachverständiger, → Parteivernehmung, → Amtseid, → Diensteid, → Meineid, → Falscheid, → eidesstattliche Versicherung.

Eidesbelehrung
→ Eidesformel.

Eidesfähigkeit
→ Eidesmündigkeit.

Eidesformel
Soweit das Gesetz eine → Beeidigung vorsieht, hat der Verpflichtete die Wahl, den Eid mit („ich schwöre es, so wahr mir Gott helfe") oder ohne („ich schwöre es") religiöse Beteuerung abzulegen; als Mitglied einer bestimmten Religionsgemeinschaft kann er auch deren Beteuerungsformel dem Eid anfügen (§ 64 StPO, § 481 ZPO). Gibt der Verpflichtete an, dass er aus Glaubens- oder Gewissensgründen keinen Eid leisten wolle, so hat er die Wahrheit seiner Aussage mit einem „ja" (auf die entspr. Frage des Gerichts) zu bekräftigen; diese Bekräftigung steht dem Eid gleich (§ 65 StPO, § 484 ZPO, sog. eidesgleiche Bekräftigung), auch hins. der strafrechtlichen Folgen (§ 155 StGB). Über sein Wahlrecht ist der Verpflichtete zu belehren. Die Eidesformel ist von der Eidesnorm (→ Beeidigung) zu unterscheiden.

Eidesgleiche Bekräftigung
→ Eidesformel.

Eidesmündigkeit
Die Eidesmündigkeit ist die Fähigkeit, eine Aussage vor Gericht durch Eidesleistung zu bekräftigen; sie tritt im Zivilprozess mit Vollendung des 16. Lebensjahres, im Strafprozess mit Vollendung des 18. Lebensjahres ein (§ 393 ZPO, § 60 Nr. 1 StPO). Die Eidesmündigkeit fehlt weiterhin, wenn wegen mangelnder Verstandesreife oder geistiger und seelischer Behinderung von dem Wesen und der Bedeutung des Eides keine genügende Vorstellung gegeben ist.

Eidesnorm
→ Beeidigung.

Eidesnotstand
→ Meineid.

Eidespflicht
→ Zeuge, → Sachverständiger, → Eidesverweigerung.

Eidesstattliche Versicherung
1. Eidesstattliche Versicherung ist die verkürzte Bezeichnung für die Versicherung an Eides Statt. Sie ist eine Form der Beteuerung der Richtigkeit einer Erklärung und gilt als eine schwächere Bekräftigung als der Eid. Die eidesstattliche Versicherung ist in vielen Fällen gesetzlich vorgeschrieben oder zugelassen,

kann aber auch sonst in einem förmlichen Beweisverfahren vor einer Behörde als Grundlage für eine Entscheidung abgegeben werden. Im → Zivilrecht ist die eidesstattliche Versicherung ein Zwangsmittel, wenn eine Pflicht zur → Rechenschaftslegung besteht (§§ 259, 260, 2006, 2028, 2057 BGB). Ist hiernach jemand zur Abgabe einer eidesstattlichen Versicherung verpflichtet (→ Auskunftspflicht, → Rechenschaftslegung, → Inventarerrichtung des Erben), so ist diese bei freiwilliger Leistung auf Kosten des Gläubigers im Verfahren der → freiwilligen Gerichtsbarkeit vor dem → Amtsgericht abzugeben (§ 410 Nr. 1 FamFG, § 413 FamFG, § 261 BGB). Bei Nichterfüllung kann diese Verpflichtung eingeklagt werden (Verbindung mit dem Auskunftsanspruch → Stufenklage). Die eidesstattliche Versicherung ist dann vor dem → Vollstreckungsgericht abzugeben; die Vollstreckung kann durch → Ordnungsmittel erzwungen werden.

2. Im Zivilprozess ist die eidesstattliche Versicherung zulässig insbes. zur → Glaubhaftmachung (nicht zum Beweis) einer Parteibehauptung (§ 294 ZPO), so im Verfahren zur Erlangung einer → einstweiligen Verfügung oder über Prozessfragen, zB für die → Wiedereinsetzung in den vorigen Stand. Auch ist die eidesstattliche Versicherung ein Hilfsmittel in der → Zwangsvollstreckung: Bei der Zwangsvollstreckung wegen einer Geldforderung ist der Schuldner ggf. zur Vermögensauskunft verpflichtet und muss deren Richtigkeit an Eides Statt versichern, § 802c III ZPO (Offenbarungsversicherung, früherer Offenbarungseid); eine eidesstattliche Versicherung ist auch bei der Zwangsvollstreckung wegen der Herausgabe bestimmter beweglicher Sachen abzugeben, die beim Schuldner nicht vorgefunden werden, § 883 II ZPO. Die eidesstattliche Versicherung nach §§ 802c, 883 ZPO ist vor dem → Gerichtsvollzieher abzugeben. Bestreitet der Schuldner die Pflicht zur Vermögensauskunft und zur Abgabe einer eidesstattlichen Versicherung, so hat er den Rechtsbehelf der Erinnerung nach § 766 ZPO. Im Strafprozess ist die eidesstattliche Versicherung des Beschuldigten unzulässig; wohl aber kann er die eidesstattliche Versicherung eines Zeugen zur Begründung einer Richterablehnung oder eines Antrags auf → Wiedereinsetzung in den vorigen Stand beibringen (§ 26 II 1 StPO, § 45 II 1 StPO). Auch im Verfahren der → freiwilligen Gerichtsbarkeit ist die eidesstattliche Versicherung zur Glaubhaftmachung tatsächlicher Behauptungen zugelassen (§§ 31, 410 Nr. 1 FamFG, § 413 FamFG), ebenso im Verwaltungsverfahren auf Grund gesetzlicher Vorschrift (§ 27 VwVfG, § 95 AO), zB bei Eintragung in das → Personenstandsregister (§ 9 II 2 PStG).

3. Im Rahmen der → Vollstreckung von Steuerschulden kann das Finanzamt vom Steuerschuldner eine eidesstattliche Versicherung verlangen, wenn die Vollstreckung in das bewegliche Vermögen ohne Erfolg geblieben ist, § 284 AO.

4. Strafbar ist die vorsätzlich oder fahrlässig falsche Abgabe einer eidesstattlichen Versicherung vor einer zur Abnahme zuständigen Behörde (§§ 156, 161 StGB). Hierfür genügt die allg. abstrakte Zuständigkeit, selbst wenn sie im konkreten Fall nicht gegeben ist. Nicht strafbar ist die falsche eidesstattliche Versicherung, wenn sie in dem betr. Verfahren überhaupt nicht entgegengenommen werden darf oder sonst rechtlich völlig wirkungslos ist (so die im Zivilprozess zum Beweis einer Parteibehauptung, im Strafprozess vom Beschuldigten abgegebene). Die Zuständigkeit der Behörde zur Entgegennahme der eidesstattlichen Versicherung muss vom Vorsatz des Täters umfasst werden. Ist die eidesstattliche Versicherung nur fahrlässig falsch abgegeben worden und wird sie rechtzeitig berichtigt, tritt Straflosigkeit ein (§ 163 II StGB, zum Begriff rechtzeitig § 158 II, III StGB).

Eidesunmündigkeit
→ Eidesmündigkeit.

Eidesverletzung
→ Meineid, → Falscheid.

Eidesverweigerung
Grundsätzlich dürfen vernommene Zeugen und Sachverständige den Eid (→ Beeidigung) oder die eidesgleiche Bekräftigung (→ Eidesformel) nicht verweigern (→ Beugemittel). Hingegen steht bei der → Parteivernehmung der Partei das Recht der Eidesverweigerung zu (§ 453 II ZPO); dies kann aber zu einer ihr ungünstigen Beweiswürdigung durch das Gericht führen (§ 446 ZPO). Zeugen können im Strafprozess den Eid nur verweigern, wenn sie ein → Zeugnisverweigerungsrecht haben; dieser von Rspr. und Schrifttum vertretene Grundsatz gilt auch in den anderen Verfahren. Bei grundloser Eidesverweigerung sind → Beugemittel vorgesehen (§ 390 I ZPO, § 70 StPO).

Eidliche Vernehmung der Partei
→ Parteivernehmung.

Eier
Die Hygiene-Anforderungen an das gewerbsmäßige Herstellen, Behandeln u. Inverkehrbringen von Eiern und Eiprodukten als → Lebensmittel regeln die Lebensmittelhygiene- und die Tierische Lebensmittelhygiene-VO, s. → Lebensmittel- und Futtermittelhygiene (1).

Das LegehennenbetriebsregisterG v. 12.9.2003 (BGBl. 2003 I 1894) mÄnd betrifft die Registrierung sämtlicher Betriebsställe zum Zweck der E.-Kennzeichnung, denn Eier dürfen nur noch aus registrierten Ställen in Verkehr gebracht werden. Die → Vermarktungsnormen richten sich nach der VO (EG) 589/2008 der Kommission v. 23.6.2008 (ABl. EU 2008 L 163, 6) sowie der Verordnung über Vermarktungsnormen für Eier (EiMarktV) idF v. 18.1.1995 (BGBl. 1995 I 46, mÄnd). Sa → Kennzeichnung von Lebensmitteln, → Aufstallungspflicht, → Vogelgrippe.

Eigenbedarf
→ Wohnraummietvertrag (5); → Unterhaltspflicht unter Verwandten (2).

Eigenbemühungen
Eigenbemühungen sind eine Voraussetzung der → Arbeitslosigkeit iSd § 138 III SGB III und damit zugleich Voraussetzung für die Inanspruchnahme von → Arbeitslosengeld. Art und Umfang der Eigenbemühungen werden im Regelfall in → Eingliederungsvereinbarungen festgehalten. Eigenbemühungen sind grundsätzlich für die arbeitslose Person vorgeschrieben. Dabei kommen aber nur solche Eigenbemühungen in Betracht, die nach § 140 SGB III zumutbar sind. Zumutbar sind alle Beschäftigungen, bei denen allgemeine oder personenbezogene Gründe der Zumutbarkeit einer Beschäftigung nicht entgegenstehen. Die Zumutbarkeit orientiert sich dabei ua an dem in der neuen Beschäftigung zu erzielendem Arbeitslohn. Mit fortdauernder Arbeitslosigkeit verringert sich dabei die Zumutbarkeitsgrenze solange, bis alle Tätigkeiten mit einem Nettoentgelt höher als das Arbeitslosengeld zumutbar sind. Ein weiteres Zumutbarkeitskriterium sind Pendelzeiten (§ 140 IV SGB III). Für eine Vollzeittätigkeit werden im Regelfall mehr als zweieinhalb Stunden Pendelzeit als unverhältnismäßig lang angesehen; bei einer Teilzeittätigkeit mehr als zwei Stunden.

Eigenbesitz
→ Besitz.

Eigenbetriebe
sind wirtschaftliche Unternehmen einer → Gemeinde, die keine eigene Rechtspersönlichkeit besitzen; sie können zu ihren Abnehmern (Benutzern) in öffentlich-rechtlichen oder privatrechtlichen Beziehungen stehen. Keine Eigenbetriebe sind Betriebe, die von der Gemeinde als sog. Eigengesellschaft in der Form einer juristischen Person betrieben werden (zB Aktiengesellschaft, Gesellschaft mit beschränkter Haftung; häufig bei Verkehrs- oder Versorgungsunternehmen), und solche, an denen die Gemeinde nur beteiligt ist. Keine Eigenbetriebe sind auch gemeindliche Einrichtungen, die nicht wirtschaftliche Unternehmen sind (zB Schwimmbad, Schlachthof). Sa → Privatisierung.

Eigene Aktie
Eine → Aktiengesellschaft kann → Aktien ihres eigenen → Grundkapitals erwerben. Zulässig ist dies jedoch nur unter den Voraussetzungen des § 71 I AktG (zB wenn der Erwerb notwendig ist, um schwere Schäden von der AG abzuwenden oder auf Grund einer zeitlich beschränkten Ermächtigung der Hauptversammlung bis zu 10% des Grundkapitals). Umgehungsgeschäfte sind nichtig (§ 71a AktG). Der AG stehen aus den eigenen Aktien keine Rechte zu (§ 71b AktG). S. a. → Vorratsaktie.

Eigener Wechsel
→ Solawechsel.

Eigener Wirkungskreis
→ Gemeinde (3).

Eigenfinanzierung
ist die Finanzierung eines Unternehmens mit → Eigenkapital. Anders → Fremdfinanzierung.

Eigengeschäft
→ Kommission.

Eigengeschäfte von Führungskräften
Nach Art. 19 MAR (→ Insidergeschäfte) müssen Führungskräfte eines → Emittenten ihm und der → Bundesanstalt für Finanzdienstleistungsaufsicht unverzüglich alle Eigengeschäfte über → Finanzinstrumente des Emittenten mitteilen, insbes. wenn sie selbst oder ihnen nahestehende Personen Papiere des Emittenten erworben oder veräußert haben. In Anlehnung an die US-amerikanische Regelung spricht man auch von Directors' Dealings. Der Emittent hat die Mitteilung zu veröffentlichen. Die Vorschrift ist bußgeldbewehrt (§ 120 XV Nr. 17 ff. WpHG). Der → Corporate Governance Kodex enthält eine ähnliche Verpflichtung. Sa → Ad-hoc-Publizität.

Eigengeschäftsführung
→ Geschäftsführung ohne Auftrag.

Eigengesellschaft
Eine Eigengesellschaft ist eine → juristische Person (idR eine → Gesellschaft mit beschränkter Haftung), deren Anteile im Besitz einer → Gebietskörperschaft (idR → Gemeinde oder → Kreis; s. a. → Kommunen) sind (zB Verkehrsbetriebe oder sonstige Betriebe zur Daseinsvorsorge).

Eigengewässer
→ Territorialgewässer.

Eigenhändiges Delikt
So wird ein Straftatbestand bezeichnet, dessen Merkmale nur vom Täter persönlich (körperlich) verwirklicht werden können, so zB bei → Meineid (§ 154 StGB) und Beischlaf zwischen Verwandten (§ 173 StGB, → Inzest) sowie bei Gefährdung des Straßenverkehrs (§ 315c StGB), Verbotenen Kraftfahrzeugrennen (§ 315d StGB) und Trunkenheit im Verkehr (§ 316 StGB). Beim eigenhändigen Delikt ist → mittelbare Täterschaft ausgeschlossen, ebenso → Mittäterschaft. Dagegen sind → Anstiftung und → Beihilfe stets auch beim eigenhändigen Delikt möglich.

Eigenhändiges Testament
→ Testament (2a).

Eigenhändler
→ Vertragshändler.

Eigenheimzulage
Seit dem 1.1.2006 wird keine Eigenheimzulage mehr gewährt (Gesetz zur Abschaffung der Ei-

genheimzulage v. 22.12.2005, BGBl. 2055 I 3680).

Eigenjagdbezirk
Zusammenhängende Grundflächen mit einer land-, forst- oder fischereiwirtschaftlich nutzbaren Fläche von 75 ha an, die im Eigentum ein und derselben Person oder einer Personengemeinschaft stehen, bilden nach § 7 I BJagdG einen Eigenjagdbezirk. In einem Eigenjagdbezirk ist jagdausübungsberechtigt der Eigentümer, an seiner Stelle der Nutznießer (→ Jagdpacht), wenn ihm die Nutzung des ganzen Eigenjagdbezirks zusteht (§ 7 IV BJagdG). Diese Vorschriften des BJagdG gelten allerdings nur, soweit die Länder keine eigenständigen Regelungen erlassen haben (vgl. → Jagdrecht).

Eigenkapital
Das Eigenkapital ist bei → Aktiengesellschaft deren → Grundkapital samt offenen Rücklagen. S. a. → Sanierung von Handelsgesellschaften, → Gesellschafterdarlehen. Die Entsprechung zum Eigenkapital ist bei einer → Gesellschaft mit beschränkter Haftung (GmbH) das → Stammkapital, wobei die Begriffe im allgemeinen Gebrauch gelegentlich als Synonyme verwendet werden.

Eigenkapitalgliederung
→ Körperschaftsteuer (5).

Eigenmacht, verbotene
→ Besitzschutz.

Eigenschaften, Irrtum (Täuschung) über
→ Anfechtung von Willenserklärungen (1c, 2).

Eigenschaften, zugesicherte
→ Gewährleistung (1b).

Eigenschaftsirrtum
→ Anfechtung von Willenserklärungen (1).

Eigenschuld
→ Nachlassverbindlichkeiten.

Eigenständiges Delikt
→ Sonderdelikt.
→ Bürgerlich-rechtliche Prospekthaftung.

Eigentümer-Besitzerverhältnis
→ Eigentumsherausgabeanspruch.

Eigentümergrundschuld
ist eine → Grundschuld, die dem Eigentümer des belasteten Grundstücks zusteht; es besteht also Identität zwischen Gläubiger und Eigentümer des haftenden Grundstücks. Sie kann – originär – vom Grundstückseigentümer durch einseitige Erklärung gegenüber dem → Grundbuchamt und Eintragung im → Grundbuch bestellt werden (§ 1196 BGB). Sie entsteht ferner – derivativ – regelmäßig durch Umwandlung einer → Eigentümerhypothek, der keine gesicherte Forderung mehr zugrunde liegt (dann grds. Anspruch eines nachrangigen Grundpfandgläubigers auf Löschung, § 1196 III BGB), sowie durch Zahlung auf die Grundschuld selbst (nicht auf die Forderung; → Grundschuld). Die Zwangsvollstreckung in sein eigenes Grundstück kann der Inhaber einer Eigentümergrundschuld nicht betreiben (§ 1197 I BGB).

Eigentümerhypothek
Eine → Hypothek kann auch dem Grundstückseigentümer als Gläubiger zustehen. Eine ursprüngliche Eigentümerhypothek entsteht, wenn die Forderung, für welche die Hypothek bestellt wurde, nicht oder noch nicht entstanden ist (zB die Darlehensvaluta ist noch nicht ausbezahlt, § 1163 I BGB). Desgleichen steht bei der Briefhypothek die Hypothek vor Übergabe des → Hypothekenbriefs an den Gläubiger dem Eigentümer zu (§ 1117 II BGB, § 1163 II BGB). Diese vorläufige Eigentümerhypothek kann vom Eigentümer zur → Zwischenfinanzierung verwendet werden. Nachträglich entsteht eine Eigentümerhypothek, wenn die Forderung, für welche die Hypothek bestellt ist, zB infolge Tilgung erlischt (§ 1163 I 2 BGB). Die Hypothek geht hierbei automatisch (also ohne Einigung und Eintragung im Grundbuch, dort nur → Berichtigung) auf den Eigentümer über, sofern sie nicht ausnahmsweise der persönliche Schuldner für eine Ersatzforderung gegen den Eigentümer erwirbt (§ 1164 BGB). Die Hypothek steht ferner dem Eigentümer zu bei einseitigem Verzicht des Gläubigers auf die Hypothek (§ 1168 BGB) und bei → Konsolidation (§ 889 BGB). Regelmäßig erwirbt der Eigentümer die Hypothek ohne eine zugrundeliegende Forderung; in diesem Fall verwandelt sich die Eigentümerhypothek wegen ihrer → Akzessorietät in eine → Eigentümergrundschuld, da sie nicht ohne Forderung bestehen kann (§ 1177 BGB). Der Gläubiger einer nachrangigen Hypothek hat grds. Anspruch auf Löschung einer solchen Eigentümerhypothek (§§ 1179a f. BGB); sa → Löschungsvormerkung.

Eigentum
1. Eigentum ist das umfassendste → dingliche Recht an einer → Sache (→ Sachenrecht). Während demnach im Privatrecht Eigentum nur an einzelnen körperlichen, beweglichen oder unbeweglichen Gegenständen möglich ist (nicht an Sachgesamtheiten, zB an einem Betrieb), geht der öffentlich-rechtliche Begriff des Eigentums und sein grundrechtlich gewährleisteter Schutz (Art. 14 Abs. 1 GG: „Das Eigentum … wird gewährleistet") darüber hinaus und umfasst zB auch Forderungen und Rechte (→ „geistiges Eigentum"), vermögenswerte öffentlich-rechtliche Rechtspositionen (zB unwiderrufliche Konzessionen) usw, die damit gleichfalls den einschränkenden Vorschriften über die Möglichkeit einer → Enteignung unterliegen. S. → Eigentumsgarantie.

2. Das (privatrechtliche) Eigentum als das grds. unbeschränkte Herrschaftsrecht über eine Sache berechtigt den Eigentümer regelmäßig, mit der Sache nach Belieben zu verfahren (zB durch → Übereignung, → Belas-

tung von Grundstücken ua) und andere (Unberechtigte) von jeder Einwirkung auszuschließen (§ 903 BGB, → Eigentumsstörungen, → Eigentumsherausgabeanspruch). Das Eigentum an einem → Grundstück erstreckt sich auch auf den Raum über und unter der Oberfläche; der Eigentümer kann jedoch Einwirkungen nicht untersagen, die in solcher Höhe oder Tiefe vorgenommen werden, dass er an der Ausschließung kein schutzwürdiges Interesse hat (§ 905 BGB; zB Überfliegen mit einem Flugzeug, Grundwasserstrom; anders U-Bahnbau unter einem Haus). Das Eigentum räumt jedoch kein schrankenloses Herrschaftsrecht ein. Schon § 903 BGB gewährt die genannte umfassende Befugnis dem Eigentümer nur, soweit nicht das Gesetz oder Rechte Dritter entgegenstehen. Als zivilrechtliche Beschränkungen des Eigentums kommen demnach das Verbot der missbräuchlichen Ausübung (→ Treu und Glauben) und der → Schikane in Betracht, ferner der (zivilrechtliche) → Notstand, das → Nachbarrecht sowie sämtliche beschränkten dinglichen Rechte, die das Eigentum belasten und seinen Inhalt einschränken (zB Dienstbarkeit, Hypothek, Pfandrecht ua; → Sachenrecht). Darüber hinaus betont das Grundgesetz die Sozialgebundenheit des Eigentums („Eigentum verpflichtet. Sein Gebrauch soll zugleich dem Wohle der Allgemeinheit dienen. Inhalt und Schranken werden durch die Gesetze bestimmt“). Im öffentlichen Interesse ist das Eigentum daher heute weitgehend pflichtgebunden. Die wichtigsten öffentlich-rechtlichen Beschränkungen des Eigentums enthalten das Bau- und (öffentliche) Nachbarrecht (Aufstellung von Flächennutzungsplänen, Regelung der Baugestaltung, der Grenzabstände, Genehmigungsbedürftigkeit usw), das Verkehrsrecht (Einschränkung von Anliegerbauten an Straßen), die Regelung des landwirtschaftlichen → Grundstücksverkehrs, der → Naturschutz und das → Immissionsschutzrecht, das Wasser(haushalts-)recht, die im Interesse der Landesverteidigung erlassenen Vorschriften (zB → Bundesleistungsgesetz, → Sicherstellungsgesetze) sowie die Beschränkungen beim → Wohnraummietvertrag und iRd → Gemeingebrauchs an öffentlichen Wegen und Gewässern. Über diese inhaltliche Beschränkung des Eigentums hinaus, die regelmäßig vom Eigentümer entschädigungslos hingenommen werden muss, sehen verschiedene Gesetze zum Wohle der Allgemeinheit die Möglichkeit einer – nur gegen angemessene Entschädigung möglichen – → Enteignung vor (s. dort auch über die Abgrenzung zur bloßen Eigentumsbindung). S. ferner → enteignungsgleicher Eingriff, → Aufopferungsanspruch.

3. Als Arten des Eigentums kommen neben dem Alleineigentum in Betracht: das → Miteigentum nach Bruchteilen, das Gesamthandseigentum (→ Gesamthandsgemeinschaft), das Sicherungs (→ Treuhand-)eigentum, das vorbehaltene Eigentum (→ Eigentumsvorbehalt) und das → Wohnungseigentum; ein Über- und Untereigentum (wie beim → Besitz) ist nicht möglich. Auch das sog. öffentliche Eigentum, dh das Eigentum an einer dem Staat, einer Gemeinde oder einer sonstigen öffentlichen Körperschaft gehörenden Sache, ist grds. wie das privatrechtliche Eigentum zu behandeln; es ist aber, soweit die Sache nicht zum Finanzvermögen gehört (zB die Gemeinde hat einen Wald), als sog. Verwaltungsvermögen (öffentliche Wege und Gebäude) nur beschränkt für Verwaltungszwecke ua verkehrsfähig (→ Sache). S. → Eigentumserwerb, → Eigentumsverlust, → Eigentumsübertragung; zum Eigentum an Kernbrennstoffen → Europ. Atomgemeinschaft.

4. Für das im Gebiet der ehem. DDR begründete persönliche und sog. sozialistische Eigentum (insbes. das Eigentum sozialistischer Genossenschaften und das sog. Volkseigentum als Grundlage der sozialistischen Produktionsverhältnisse, §§ 18 ff. ZGB) gelten hinsichtlich Voraussetzungen, Inhalt und Umfang seit 3.10.1990 grds. die Vorschriften des BGB (Art. 233 § 2 EGBGB). Besonderheiten gelten für → Gebäudeeigentum und dingliche Nutzungsrechte (→ Nutzungsberechtigungen). Wem bisheriges Volkseigentum zufällt oder wer die Verfügungsbefugnis hierüber erhält, richtet sich allerdings nach besonderen Vorschriften, insbes. nach dem → Investitionsvorranggesetz sowie nach dem G zur Regelung → offener Vermögensfragen (Anlage II Kapitel III Sachgebiet B Abschnitt I Nrn. 1 und 2 des → Einigungsvertrags).

Eigentumsaufgabe
Gibt der Eigentümer in der Absicht, auf das → Eigentum zu verzichten, den → Besitz einer beweglichen → Sache auf (zB bewusstes Liegenlassen), so verliert er das Eigentum; die Sache wird → herrenlos und unterliegt dem → Aneignungsrecht (§ 959 BGB, sog. Dereliktion). Die Eigentumsaufgabe ist – anders als die Aneignung – ein → Rechtsgeschäft, setzt also insbes. → Geschäftsfähigkeit des Aufgebenden voraus. Auch das Eigentum an einem → Grundstück kann – ohne Rücksicht auf die fortbestehenden, hieran begründeten Grundstücksrechte – durch Verzicht gegenüber dem → Grundbuchamt und Eintragung des Verzichts im Grundbuch aufgegeben werden (§ 928 BGB).

Eigentumsbeeinträchtigung
→ Eigentumsstörungen.

Eigentumsbeschränkungen
→ Eigentum, → Nachbarrecht.

Eigentumserwerb
Die regelmäßige Form des Eigentumserwerbs ist der abgeleitete (derivative) Erwerb durch → Eigentumsübertragung (sa → Sicherungsübereignung), daneben auch der Erwerb vom Nichtberechtigten (→ gutgläubiger Erwerb). Ursprüngliche (originäre) Eigentumserwerbsarten sind die → Aneignung herrenloser Sa-

chen, die → Ersitzung und → Buchersitzung, die → Verbindung, die → Vermischung und → Verarbeitung sowie der → Fruchterwerb. Eigentum wird auch im Wege der → Gesamtrechtsnachfolge (zB → Erbfolge, Vereinbarung einer → Gütergemeinschaft) oder durch → Surrogation erworben. Schließlich kommt der Eigentumserwerb kraft Staatsakts (zB durch Zuschlag bei → Zwangsversteigerung) oder infolge → Enteignung in Betracht.

Eigentumsfreiheitsanspruch
→ Eigentumsstörungen.

Eigentumsgarantie
Art. 14 I 1 GG gewährleistet das Eigentumsrecht (→ Eigentum) als → Grundrecht durch → institutionelle Garantie. Die Verfassung schützt nicht nur das Eigentum im bürgerlichrechtlichen Sinne, sondern jedes private Vermögensrecht (andere dingliche Rechte, Forderungen, sonstige Vermögensrechte wie zB das Recht am eingerichteten und ausgeübten Gewerbebetrieb oder das Patentrecht, neuerdings nach BVerfG auch die Rechtsstellung des Mieters). Darüber hinaus können auch → subjektive öffentliche Rechte darunter fallen, nämlich dann, wenn sie im Einzelfall dem Inhaber eine Position verschaffen, deren ersatzlose Entziehung dem rechtsstaatlichen Gehalt des GG widersprechen würde, insbes. wenn sie der Ausgleich für eine eigene Leistung des Inhabers ist (zB anerkannt für den Kernbestand der Versorgungsansprüche eines Berufssoldaten, nicht aber zB für das Recht der Weiterversicherung in der Sozialversicherung oder die Freiheit der „Gebührenbeamten" von Konkurrenz). Die Eigentumsgarantie besteht nur innerhalb der Schranken des Eigentums. Inhalt und Schranken des Eigentums werden durch die Gesetze bestimmt. Als solche Regelungen sind zB angesehen worden die Vorschriften des Baurechts, die nachbarrechtliche Pflicht zur Duldung gewisser Emissionen, die Duldung der Tötung verseuchter Tiere, landwirtschaftliche Anbaubeschränkungen sowie die Belastung von Eigentum durch Steuern. Die Substanz des Eigentums muss dabei unberührt bleiben (keine „konfiskatorischen" Steuern). Eigentum verpflichtet: Sein Gebrauch soll zugleich dem Wohl der Allgemeinheit dienen, sein Inhalt und seine Schranken werden durch die Gesetze bestimmt (Art. 14 I, II GG). Die „Sozialpflichtigkeit" ist also dem Eigentum immanent. Der Gesetzgeber kann diese immanenten Schranken näher bestimmen, also Grenzen ziehen und Pflichten auferlegen (zB die Erhaltung einer Sache in einem die → öffentliche Sicherheit und Ordnung nicht gefährdenden Zustand gebieten, Bestimmungen über die Nutzung von Grundstücken treffen, bei Bauland befristete Bausperren anordnen oder Grundstücke wertgleich umlegen, in bestimmtem Umfang den Eigentümer zur Erhaltung von Bau- oder Naturdenkmälern verpflichten). Konkretisiert der Gesetzgeber nur die dem Eigentum innewohnende soziale Bindung, so liegt keine → Enteignung vor; es besteht keine Entschädigungspflicht nach den GG. Die Abgrenzung von gesetzlicher Eigentumsbindung und entschädigungspflichtiger Enteignung ist im Einzelfall oft schwierig. Neben der Enteignung stellt die nach Art. 15 GG in beschränktem Umfang zulässige → Vergesellschaftung eine Durchbrechung der Eigentumsgarantie dar.

Eigentumsherausgabeanspruch
(Vindikation, rei vindicatio). Der Eigentümer kann von dem (unmittelbaren oder mittelbaren) → Besitzer die Herausgabe seiner Sache verlangen, zB Rückgabe eines ausgeliehenen Buchs, Räumung einer Wohnung (§ 985 BGB). Der Besitzer kann die Herausgabe verweigern, wenn er oder der mittelbare Besitzer, von dem er sein Recht zum Besitz ableitet (zB bei Untervermietung), dem Eigentümer gegenüber zum Besitz berechtigt ist (§ 986 BGB). Diese Berechtigung kann sich aus einem → dinglichen Recht (→ Nießbrauch, → Pfandrecht), aus einem schuldrechtlichen Rechtsverhältnis (zB → Mietvertrag) oder einem → Zurückbehaltungsrecht (zB wegen → Verwendungen auf die Sache) ergeben. Der Käufer einer unter → Eigentumsvorbehalt veräußerten Sache hat auf Grund seines → Anwartschaftsrechts ein Recht zum Besitz, solange der Verkäufer nicht vom Vertrag zurückgetreten ist (§ 449 II BGB); kein Besitzrecht auch, wenn sich der Käufer auf → Verjährung der Kaufpreisforderung beruft. Der Eigentumsherausgabeanspruch ist abtretbar (Vindikationszession; → Eigentumsübertragung, 2 f).

Der Eigentümer hat ferner gegen den unrechtmäßigen Besitzer (dem ein Recht zum Besitz nicht zusteht) einen Anspruch auf Herausgabe der → Nutzungen, die dieser nach dem Eintritt der → Rechtshängigkeit des Eigentumsherausgabeanspruch zieht oder schuldhafterweise zu ziehen unterlässt (dann Ersatz, § 987 BGB). Ein unentgeltlicher (zB Leihe) oder rechtsgrundloser Besitzer (zB auf Grund eines nichtigen Kaufvertrags) hat auch die vor Rechtshängigkeit gezogenen Nutzungen der Sache nach den Vorschriften über die → ungerechtfertigte Bereicherung herauszugeben (§ 988 BGB). Kann der Eigentumsherausgabeanspruch des Eigentümers nicht zum Erfolg führen, weil die Sache nach Rechtshängigkeit infolge eines Verschuldens des Besitzers verschlechtert worden oder untergegangen ist oder aus einem sonstigen Grund nicht mehr herausgegeben werden kann (zB bei wirksamer Weiterveräußerung der Sache, → gutgläubiger Erwerb), so hat der Besitzer → Schadensersatz zu leisten (§ 989 BGB). Die vorgenannten Ansprüche auf Herausgabe der Nutzungen und auf Schadensersatz, die auch gegen einen redlichen objektiv unrechtmäßigen Besitzer gegeben sind, stehen dem Eigentümer vor Rechtshängigkeit des Eigentumsherausgabeanspruch bereits gegen den sog. unredlichen Besitzer zu, dh gegen den Besitzer der Sache, der entweder bei Erwerb des Besitzes hinsichtlich seines Rechts zum Besitz in → bösem Glauben war oder der nachträglich positiv erfährt (hier schadet also grobe Fahrlässigkeit nicht mehr), dass er zum Besitz nicht berechtigt ist; eine weitergehende Haftung des unredlichen Besitzers aus → Verzug bleibt unberührt (§ 990 BGB). Über Besitzerwerb durch einen → Besitzdiener s. dort. Die genannten Vorschriften der §§ 987 ff. BGB sind in einem Eigentümer-Besitzerverhältnis grds. Sondervorschriften; die allgemeinen Bestimmungen über die Haftung aus → ungerechtfertigter Bereicherung und aus → unerlaubter Handlung sind daher – insbes. für den redlichen Besitzer, der sich im Rahmen seines vermeintlichen Besitz- und Nutzungsrechts hält – regelmäßig nicht anwendbar (§ 993 BGB). Eine Haftung des Besitzers aus unerlaubter Handlung kommt nur in Betracht, wenn sich der Besitzer den Besitz durch → verbotene Eigenmacht oder eine strafbare Handlung verschafft hat (§ 992 BGB) oder wenn er den Rahmen seines vermeintlichen Besitzrechts überschreitet (zB der auf Grund eines unwirksamen Mietvertrags besitzende „Mieter" zerstört die Mietsache, sog. Fremdbesitzerexzess). Gegenansprüche des Besitzers sind dessen Anspruch auf Ersatz von → Verwendungen auf die Sache sowie das → Wegnahme- und das → Zurückbehaltungsrecht.

Eigentumsstörungen
Wird das → Eigentum in anderer Weise als durch Entziehung oder Vorenthaltung des → Besitzes (hier → Eigentumsherausgabeanspruch) beeinträchtigt – zB durch Betreten (Hausverbot), Eindringen von Feuchtigkeit, Benutzung der Sache durch einen Unberechtigten –, so kann der Eigentümer von dem Störer die Beseitigung der Beeinträchtigung auf dessen Kosten verlangen (Abwehranspruch, actio negatoria). Sind weitere Beeinträchtigungen zu besorgen (Wiederholungsgefahr, zB bei wiederholtem Begehen eines fremden Grundstücks), so kann er die Unterlassungsklage (→ Unterlassungsanspruch) erheben (§ 1004 BGB). Der Anspruch ist ausgeschlossen, wenn der Eigentümer zur Duldung der Störung verpflichtet ist, zB auf Grund eines dinglichen Rechts (→ Grunddienstbarkeit) oder einer persönlichen Gestattung sowie kraft Gesetzes, insbes. nach dem → Nachbarrecht (→ Immissionen, → Überbau) oder aus dem → Gemeingebrauch. Er setzt nur einen objektiv rechtswidrigen Eingriff (also kein Verschulden) des Störers voraus; Schadensersatz aus → unerlaubter Handlung kann aber nur bei einem zumindest fahrlässigen Verhalten des Störers verlangt werden.

Eigentumsübertragung
1. Eigentumsübertragung von → Grundstücken: Zunächst gelten hierfür die Vorschriften über die Übertragung von → Grundstücksrechten; dh es ist die → Einigung zwischen den Beteiligten und die Eintragung des Rechtsübergangs im → Grundbuch erforderlich (§ 873 I BGB). Wegen der besonderen Bedeutung der Eigentumsübertragung von Grundstücken muss jedoch die erforderliche Einigung zwischen dem Veräußerer und Erwerber, die sog. Auflassung, bei gleichzeitiger Anwesenheit beider Teile (→ Stellvertretung zulässig) vor einer zuständigen Stelle – das ist regelmäßig ein → Notar, aber auch in einem gerichtlichen Vergleich oder in einem → Insolvenzplan – erklärt werden; eine Auflassung unter einer → Bedingung oder Zeitbestimmung ist unwirksam (§ 925 BGB). Die Auflassung ist scharf zu scheiden (→ Sachenrecht) von dem zugrundeliegenden schuldrechtlichen Rechtsgeschäft (→ Grundstückskaufvertrag); die Erklärung einer Auflassung soll jedoch von der zuständigen Stelle nur entgegengenommen werden, wenn der Grundstückskaufvertrag vorgelegt oder eine entsprechende Urkunde zumindest gleichzeitig errichtet wird (§ 925a BGB). Die Auflassung ist in manchen Fällen genehmigungsbedürftig; s. zB → Grundstücksverkehr, landwirtschaftlicher. Mit der stets bindenden Auflassung erlangt der Erwerber ein → Anwartschaftsrecht bis zur Eintragung (hM), das allerdings weder zum Besitz des Grundstücks berechtigt (str.) noch gutgläubig erworben werden kann. Regelmäßig geht bei entsprechender Einigung mit der Eigentumsübertragung des Grundstücks auch das → Zubehör, soweit es im Eigentum des Veräußerers steht, auf den Grundstückserwerber über (§ 926 BGB).

2. Eigentumsübertragung von beweglichen Sachen: a) Zur Übertragung des Eigentums an einer beweglichen → Sache ist regelmäßig die → Einigung zwischen dem Veräußerer und dem Erwerber über den Eigentumsübergang und die Übergabe der Sache, dh die Einräumung des unmittelbaren → Besitzes, erforderlich (§ 929 S. 1 BGB; → Traditionsprinzip). Die Einigung ist auch hier infolge des Abstraktionsprinzips (→ Sachenrecht) von dem zugrunde liegenden schuldrechtlichen Geschäft, zB Kauf, zu unterscheiden, fällt aber bei den Geschäften des täglichen Lebens häufig mit diesem zusammen. b) Die Übergabe wird ersetzt durch die Einigung über den Besitzübergang, wenn der Erwerber in der Lage ist, die tatsächliche Gewalt über die Sache auszuüben (sog. longa manu traditio, § 854 II BGB; → Besitz). Bei den handelsrechtlichen → Traditionspapieren (zB Lagerschein, Konnossement) wird die Übergabe der Ware durch die Übergabe des Papiers ersetzt. c) Ist der Erwerber bereits im Besitz der Sache, so genügt die bloße Einigung über den Übergang, die Übergabe entfällt ganz (sog. brevi manu traditio, § 929 S. 2 BGB). d) Die Übereignung einer beweglichen Sache ist – anders als bei einem Grundstück – auch unter einer → Bedingung möglich; der in der Praxis häufigste Fall ist der → Eigentumsvorbehalt. In diesem Fall hat der Erwerber bis zum Eintritt der Bedingung bereits ein (vielfältig verwert-

bares) → Anwartschaftsrecht. e) Will der bisherige Eigentümer den unmittelbaren Besitz an der Sache nicht aufgeben, so kann die Übergabe dadurch ersetzt werden, dass zwischen ihm und dem Erwerber ein konkret bestimmtes Rechtsverhältnis vereinbart wird (zB Miete, Leihe, Verwahrung), auf Grund dessen der Erwerber den → mittelbaren Besitz erlangt (§ 930 BGB, → Besitzkonstitut). Der wichtigste Fall der Eigentumsübertragung durch Vereinbarung eines Besitzkonstituts ist die → Sicherungsübereignung. f) Ist ein Dritter im Besitz der Sache, so kann die Übergabe dadurch ersetzt werden, dass der Eigentümer dem Erwerber den Anspruch auf Herausgabe der Sache (→ Eigentumsherausgabeanspruch) abtritt; sog. Vindikationszession, § 931 BGB. Eine Eigentusmübertragung über einen Vertreter des Erwerbers ist hinsichtlich der Einigung, die ein → Rechtsgeschäft ist, ohne weiteres möglich; die Übergabe dagegen ist ein → Realakt, bei dem es keine Stellvertretung gibt; sie führt daher zum Besitzerwerb des Vertretenen nur, wenn der Vertreter → Besitzdiener ist; andernfalls muss der Besitz durch ein Besitzkonstitut vom Vertreter auf den Vertretenen übertragen und damit die Übergabe vollendet werden. Gibt der Vertreter sich nicht als solcher zu erkennen (→ mittelbare Stellvertretung), so erwirbt zunächst der Vertreter das Eigentum; er hat es an den Vertretenen in den genannten Formen (oftmals durch sog. Insichgeschäft; → Selbstkontrahieren) – weiter zu übertragen. Bei vielen Barkäufen des täglichen Lebens ist es jedoch dem Veräußerer gleichgültig, auf wen das Eigentum übergehen soll; hier richtet sich der Übertragungswille auf den eigentlichen Geschäftsherrn; es liegt, wenn auch der Handelnde für den Geschäftsherrn erwerben will, ein Fall unmittelbarer → Stellvertretung vor (sog. Übereignung an den, den es angeht).

3. Zum Erwerb vom Nichtberechtigten → gutgläubiger Erwerb.

Eigentumsverletzung
→ unerlaubte Handlung (2a).

Eigentumsverlust
Neben den Gründen, die zum (ursprünglichen oder abgeleiteten) → Eigentumserwerb eines anderen führen, kennt das Gesetz noch die Möglichkeit der einseitigen → Eigentumsaufgabe.

Eigentumsvermutung
zugunsten des Besitzers → Besitz.

Eigentumsvermutung bei Ehegatten
Zugunsten der Gläubiger jedes der Ehegatten wird vermutet, dass bewegliche Sachen, die sich im Besitz eines oder beider Ehegatten befinden, dem jeweiligen Schuldner gehören (§ 1362 I BGB). Dieser gilt auch als der jeweilige Gewahrsamsinhaber und Besitzer (§ 739 ZPO) und kann daher einer → Zwangsvollstreckung nur widersprechen (→ Drittwiderspruchsklage), wenn er sein Eigentum nachweist. Diese Eigentumsvermutung gelten zum Schutze der Gläubiger zwingend bei jedem → Güterstand, dagegen nicht bei → Getrenntleben der Ehegatten. Bei Sachen, die ausschließlich zum persönlichem Gebrauch eines Ehegatten bestimmt sind (zB Bekleidung, Schmuck, Geräte zur Berufsausübung), wird im Verhältnis der Ehegatten zueinander und gegenüber Dritten (Gläubigern) vermutet, dass sie dem Ehegatten gehören, für dessen Gebrauch sie bestimmt sind (§ 1362 II BGB). Diese Vorschriften sind nach der Rspr. auf eine → eheähnliche Gemeinschaft nicht entsprechend anwendbar.

Eigentumsvorbehalt
1. Anders als die → Auflassung ist die Übereignung beweglicher Sachen (→ Eigentumsübertragung, 2) auch unter einer → Bedingung zulässig. Der praktisch wichtigste Fall ist der Eigentumsvorbehalt. Hier ist der → Kauf zwar unbedingt abgeschlossen, aber vereinbart, dass das → Eigentum erst unter der aufschiebenden Bedingung vollständiger Zahlung des Kaufpreises übertragen wird (§ 449 I BGB). Der Erwerber ist allerdings bereits berechtigt, die Sache in → Besitz zu nehmen und zu benutzen, ggf. auch zu verwerten (s. u.). Mit dem Eintritt der Bedingung (idR Zahlung der letzten Kaufpreisrate) geht das Eigentum automatisch auf den Erwerber über, ohne dass es einer nochmaligen → Einigung bedarf. Auf Grund des Eigentumsvorbehalts kann der Verkäufer (Warenlieferant) die Sache nur herausverlangen, wenn er – insbes. wegen → Schuldnerverzugs mit der Kaufpreiszahlung – wirksam vom Vertrag zurückgetreten ist (§ 449 II BGB; Einzelheiten → gegenseitiger Vertrag).

2. Das Eigentum kann auch einseitig, zB durch einen Vermerk auf dem mitübersandten Lieferschein oder der Rechnung, wirksam vorbehalten werden, sofern diese Erklärung dem Erwerber mindestens gleichzeitig mit der Übersendung der Ware zugeht. Bis zum Eintritt der Bedingung hat der Vorbehaltskäufer ein → Anwartschaftsrecht an der unter Eigentumsvorbehalt veräußerten Sache. Während er hinsichtlich der Sache selbst noch Nichtberechtigter ist, so dass eine wirksame Weiterübertragung der Sache nur mit Genehmigung des Eigentümers oder bei → gutgläubigem Erwerb möglich ist, kann der Vorbehaltskäufer über das Anwartschaftsrecht (s. dort) bereits als Berechtigter, insbes. zu Kreditzwecken, verfügen.

3. Besondere Formen des Eigentumsvorbehalts sind der erweiterte Eigentumsvorbehalt (auch Kontokorrentvorbehalt genannt) und der in → Allgemeinen Geschäftsbedingungen häufige verlängerte Eigentumsvorbehalt. Beim erweiterten Eigentumsvorbehalt wird der Eigentumsübergang von der Bezahlung sämtlicher offener Forderungen (zB Ausgleich des → Kontokorrents) des Vorbehaltsverkäufers (unzulässig: eines Dritten, zB eines mit dem Verkäufer verbundenen Unternehmens, sog. Konzernvorbehalt, § 449 III BGB) abhängig

gemacht. Ist ein verlängerter Eigentumsvorbehalt vereinbart, darf der Vorbehaltskäufer die unter Eigentumsvorbehalt erworbene Sache im gewöhnlichen Geschäftsgang veräußern oder verarbeiten (→ Verarbeitung), überträgt dafür aber sicherungshalber (→ Sicherungsübereignung) durch vorweggenommenes → Besitzkonstitut das Eigentum an der durch Verarbeitung erlangten Sache bzw. den Erlös an den Lieferanten oder tritt die künftige Kaufpreisforderung aus einem Weiterverkauf an diesen ab. Der verlängerte Eigentumsvorbehalt kommt dadurch häufig in Kollision mit der sog. Globalzession, dh der sicherungsweisen Abtretung sämtlicher Forderungen des Unternehmers, soweit sie hinreichend bestimmt oder bestimmbar sind, an einen Kreditgeber (idR Bank). Nach ständiger Rspr. des BGH ist hier eine zur Sicherung eines Kredits vereinbarte Globalzession künftiger Kundenforderungen an eine Bank idR sittenwidrig (→ Sittenwidrigkeit, zur Übersicherung → Abtretung, 1), soweit sie auch solche Forderungen umfassen soll, die der Schuldner üblicherweise seinen Lieferanten auf Grund verlängerten Eigentumsvorbehalts künftig abtreten muss und abtritt. Zur Sicherung der schutzwürdigen Belange des Kreditnehmers und seiner Lieferanten hat also regelmäßig der verlängerte Eigentumsvorbehalt Vorrang; die Abtretung (Globalzession) muss eine (dinglich und nicht nur schuldrechtlich wirkende) Teilverzichtsklausel auf diese Forderungen enthalten.

Eigentumswohnung
→ Wohnungseigentum, → Werkvertrag (1), → selbstgenutzte Wohnung, steuerlich.

Eigenunfallversicherung
Als Eigenunfallversicherung bezeichnete man bis zum Inkrafttreten des SGB VII die vom Bund, der Bundesanstalt für Arbeit, den Ländern und Gemeinden bzw. Gemeindeverbänden für bestimmte (meist eigene) Bereiche selbst durchgeführte gesetzliche → Unfallversicherung. Träger war jeweils die → Ausführungsbehörde für Unfallversicherung bzw. der Gemeindeunfallversicherungsverband. An ihre Stelle sind nach dem SGB VII selbständige → Unfallversicherungsträger getreten (§§ 125 ff. SGB VII).

Eigenverantwortliche Selbstgefährdung
→ Selbstgefährdung oder -schädigung, eigenverantwortliche.

Eigenverantwortung
→ Scheidungsunterhalt (1).

Eigenverbrauch
1. Der Eigenverbrauch stellt eine umsatzsteuerpflichtige Lieferung oder sonstige Leistung dar (→ Umsatzsteuer). Ziel der Eigenverbrauchserfassung im Umsatzsteuerrecht ist es, den → Unternehmer bei Verwendung von Gegenständen oder sonstigen Leistungen für unternehmensfremde Zwecke einem Privatmann gleichzustellen. Dieser müsste für den Erwerb bzw. Verwendung des Gegenstandes oder der sonstigen Leistung Umsatzsteuer entrichten, ohne zuvor Vorsteuer abziehen zu können. Voraussetzung für die Gleichstellung des Eigenverbrauchs mit einer steuerbaren und steuerpflichtigen Lieferung oder sonstigen Leistung ist stets, dass der Gegenstand oder seine Bestandteile zum vollen oder teilweisen Vorsteuerabzug berechtigt haben. Der Eigenverbrauch wurde mit Wirkung v. 1.4.1999 neu gestaltet. An die Stelle des Eigenverbrauchs trat der Tatbestand der unentgeltlichen Wertabgabe. Gleichwohl wird der Begriff Eigenverbrauch weiter verwendet.

2. Eigenverbrauchstatbestände des Umsatzsteuergesetzes (UStG) sind: die Entnahme eines Gegenstandes durch einen Unternehmer aus seinem Unternehmen für Zwecke, die außerhalb des Unternehmens liegen (§ 3 Ib Nr. 1 UStG); die unentgeltliche Zuwendung eines Gegenstandes durch den Unternehmer an sein Personal für dessen privaten Bedarf (§ 3 Ib Nr. 2 UStG) und jede andere unentgeltliche Zuwendung eines Gegenstandes. Ausgenommen sind → Aufmerksamkeiten, Geschenke von geringem Wert und Warenmuster für Zwecke, des Unternehmens (§ 3 Ib Nr. 3 UStG). Bemessungsgrundlage sind der Einkaufspreis einschließlich Nebenkosten oder die Selbstkosten.

3. Einer steuerbaren und steuerpflichtigen sonstigen Leistung werden folgende Eigenverbrauchstatbestände gleichgestellt: die Verwendung eines dem Unternehmen zugeordneten Gegenstandes durch den Unternehmer für Zwecke, die außerhalb des Unternehmens liegen, oder für den privaten Bedarf des Personals; die unentgeltliche Erbringung einer anderen sonstigen Leistung durch den Unternehmer für Zwecke, die außerhalb seines Unternehmens liegen, oder für den privaten Bedarf seines Personals. Ausgenommen sind auch hier → Aufmerksamkeiten (§ 3 IXa Nr. 2 UStG). Als → Bemessungsgrundlage sind die Kosten heranzuziehen. Bei der Verwendung eines Pkws gelten Besonderheiten (→ Private Pkw-Nutzung).

4. Der Eigenverbrauch ist bei Einkommen- und Körperschaftsteuer nicht abzugsfähig (§ 12 Nr. 3 EStG, § 10 Nr. 2 KStG).

Eigenverwaltung
→ Insolvenzverfahren (2).

Eigenverwaltung (unmittelbare Staatsverwaltung)
→ Ausführung von Gesetzen.

Eigenwirtschaftliches Interesse
Eigenwirtschaftliches Interesse liegt dann vor, wenn ein kumulativer Zusammenhang zwischen einem → Arbeitsunfall oder einem → Wegeunfall (Leistungsfall der gesetzlichen → Unfallversicherung) und der versicherten Beschäftigung nicht besteht. Es muss also ein sachlicher Zusammenhang zwischen dem Unfall und der Tätigkeit bestehen. Wird z. B. ein

Arbeitsweg verlassen, um zu Hause vergessene Medikamente zu holen, ist die Strecke zwischen der Umkehr auf dem Arbeitsweg nach Hause und zurück bis zum Ausgangspunkt der Umkehr, dem eigenwirtschaftlichen Interesse zuzurechnen.

Eigenwirtschaftliche Verrichtung
Gemeint ist damit, dass bei einem → Arbeitsunfall nicht die berufliche Tätigkeit im Vordergrund stand. Dieses gilt zB bei der Einnahme eines Mittagessens am Arbeitsplatz oder der zum Betrieb gehörenden Kantine. Immer dann, wenn zwischem dem Unfallgeschehen und der versicherten Tätigkeit kein kausaler Zusammenhang besteht, handelt es sich um eine eigenwirtschaftliche Verrichtung.

Die vorstehenden Ausführungen gelten auch für einen → Wegeunfall. Hierbei muss es sich auch um einen kausalen Zusammenhang zwischen der versicherten Tätigkeit und dem Wegeunfall handeln. Das ist zB nicht der Fall, wenn auf dem Weg zur oder von der Arbeit Bankgeschäfte erledigt werden.

Eignungsdelikt
Der Begriff bezeichnet die Kategorie der alternativ sog. abstrakt-konkreten oder potenziellen → Gefährdungsdelikte.

Eignungsprüfung Wehrpflichtiger
→ Eignungsuntersuchung Wehrpflichtiger.

Eignungsübungen
(zu unterscheiden von → Eignungsprüfungen) dienen der Auswahl freiwilliger Soldaten (Berufssoldaten, Soldaten auf Zeit). Das EignungsübungsG vom 20.1.1956 (BGBl. 1956 I 13) mÄnd gewährt Schutz vor beruflichen und betrieblichen Nachteilen wegen Ableistung einer Eignungsübung bis zu einer Dauer von grundsätzlich 4 Monaten für Arbeitnehmer, Handelsvertreter und Beamte. Es sichert Arbeitsplatz und Werkwohnung und hält Versicherungsverhältnisse aufrecht.

Eignungsuntersuchung Wehrpflichtiger
Ungediente Wehrpflichtige können nach ihrer → Musterung und vor ihrer → Einberufung auf ihre Eignung für Verwendungen in den Streitkräften untersucht werden; dies gilt auch, soweit die bei der Musterung getroffenen Feststellungen nicht ausreichen (§ 20a WPflG). Bei der wissenschaftlich abgesicherten Eignungsuntersuchung können mit Hilfe psychologischer Testverfahren die Fähigkeiten, Fertigkeiten und Kenntnisse der Wehrpflichtigen festgestellt und für die Eignungsfeststellung ausgewertet werden (§ 20a WPflG iVm § 17 VIII 2 WPflG). Zuständig sind die → Karrierecenter der Bundeswehr.

Eike von Repgow
Eike von Repgow (etwa 1180 bis 1233) war der Verfasser des → Sachsenspiegels; er gilt als der erste deutsche Rechtsdenker.

Eilantrag
→ Einstweilige Verfügung, → Einstweilige Anordnung, → Arrest.

Eilbedürftige Gesetze
(Art. 76 II 4 GG) → Gesetzgebungsverfahren (3).

Einäscherung
→ Feuerbestattung.

Einbahnstraßen
sind besonders gekennzeichnet (Zeichen 220 aus Anlage 2 zu § 41 I StVO). Sie dürfen nur in einer Richtung befahren werden, auch von Zweirädern. Mit einem Zusatzzeichen ist Radverkehr in der Gegenrichtung zugelassen. Auch auf einer Einbahnstraße ist rechts zu fahren und links zu überholen; Schienenfahrzeuge dürfen rechts oder links überholt werden (§ 5 VII 2–4 StVO). Grundsätzlich darf rechts und links gehalten und geparkt werden (§ 12 IV 4 StVO). Wenden in der Einbahnstraße ist verboten, außer nach irrtümlichem Einfahren.

Einbauten des Mieters
→ Bestandteil, → Wegnahmerecht, → Mietvertrag (2).

Einbenennung
Der Elternteil, dem die → elterliche Sorge für ein unverheiratetes Kind allein oder gemeinsam mit dem anderen Elternteil zusteht, und sein Ehegatte, der nicht Elternteil des Kindes ist, können dem Kind durch (öffentlich beglaubigte, → Form, 1b) Erklärung gegenüber dem → Standesbeamten ihren Ehenamen (→ Name der Familie) erteilen; dies auch in Verbindung mit dem bisherigen → Namen des Kindes als Doppelname (§ 1617e BGB, Zuständigkeit des Standesbeamten gem. § 45 PStG). Diese sog. Einbenennung bedarf der Einwilligung des anderen Elternteils, sofern er mit sorgeberechtigt ist oder das Kind bisher dessen Namen führt (diese kann vom → Familiengericht ersetzt werden), sowie des Kindes, wenn es das 5. Lebensjahr vollendet hat. Die Einbenennung hat – außer der Namensänderung – keine weitergehenden rechtlichen Wirkungen; insbes. liegt in ihr keine Anerkennung der Vaterschaft (→ Abstammung, 2b) oder dgl. Jeder sorgeberechtigte Elternteil oder das inzwischen volljährige Kind können die Einbenennung rückgängig machen, wenn die Ehe aufgelöst wird oder das Kind aus dem gemeinsamen Haushalt ausscheidet (§ 1617e IV BGB, Rückbenennung).

Einberufung Wehrpflichtiger
1. Die Vorschriften über die Einberufung Wehrpflichtiger hat nach der → Aussetzung der Wehrpflicht nur mehr Bedeutung im → Spannungsfall oder → Verteidigungsfall. Die ungedienten Wehrpflichtigen (→ Wehrpflicht; → Wehrdienst) werden auf Grund des Ergebnisses der → Musterung und ggf. einer → Eignungsuntersuchung gemäß den Personalanforderungen der Truppe von den → Karrierecentern der Bundeswehr einbe-

rufen (sa → Grundwehrdienst). Sie werden nach Maßgabe der Tauglichkeit, Vorbildung, Eignung und Verwendbarkeit ausgewählt. Die E. nur eines Teils der verfügbaren Wehrpflichtigen verletzt nicht den Gleichheitsgrundsatz, wenn sie sich nach sachlichen Gesichtspunkten richtet (BVerwGE 7, 325). Der Einberufungsbescheid ist grundsätzlich sofort vollziehbar (§ 33 IV WPflG; → Widerspruchsverfahren). Ist der Musterungsbescheid unanfechtbar, so ist ein Rechtsbehelf gegen einen Einberufungsbescheid nur insoweit zulässig, als eine Rechtsverletzung durch den Einberufungsbescheid selbst geltend gemacht wird (§ 33 V WPflG). Der Widerspruch gegen → Verwaltungsakte im Rahmen des Einberufungsverfahrens kann abweichend von den allgemeinen Vorschriften nur innerhalb von 2 Wochen nach Zustellung des Bescheids erhoben werden (§ 33 I WPflG). Die Mindestfrist zwischen seiner Zustellung und dem Einberufungstermin soll 4 Wochen betragen (§ 21 III WPflG). Schuldhaftes Ausbleiben oder verspätetes Einrücken ist ein militärisches Dienstvergehen iS des § 23 I SoldatenG, das gemäß § 7 WehrdisziplinarO disziplinär geahndet werden kann. Es kann aber auch eine Straftat nach § 15 WStG (eigenmächtige Abwesenheit) oder § 16 WStG (→ Fahnenflucht) vorliegen.

2. Außerhalb des Spannungs- oder Verteidigungsfalls wird nicht mehr von Einberufung Wehrpflichtiger gesprochen. Die zuständige Behörde fordert zum Dienstantritt des → freiwilligen Wehrdienstes (→ Wehrdienst, 8) auf. Im Bescheid sind Ort und Zeitpunkt des Dienstantritts sowie die Dauer des freiwilligen Wehrdienstes zu nennen. Der Bescheid soll dem freiwillig Wehrdienstleistenden vier Wochen vor dem Dienstantrittstermin bekannt gegeben werden (§ 58g SG).

Einbeziehung von Allgemeinen Geschäftsbedingungen
→ Allgemeine Geschäftsbedingungen (2).

Einbiegen im Straßenverkehr
→ Abbiegen im Straßenverkehr.

Einbringung von Sachen
→ Wohnraummietvertrag (3), → Gastwirtshaftung, → Fürsorgepflicht, → Verwahrung.

Einbruchsdiebstahl
→ Diebstahl (2, 3), → Bandendiebstahl; → Schadensversicherung, → Kaskoversicherung.

Einbürgerung
1. Die deutsche → Staatsangehörigkeit wird nach dem Staatsangehörigkeitsgesetz (§ 3 Nr. 5, §§ 8–16 und 40a StAG) ua durch die Einbürgerung erworben. Ein → Ausländer, der sich im Inland niedergelassen hat, kann auf seinen Antrag eingebürgert werden, wenn er nach den Gesetzen seiner bisherigen Heimat unbeschränkt geschäftsfähig (oder der Antrag von seinem gesetzlichen Vertreter gestellt) ist, er nicht straffällig geworden ist, eine eigene Wohnung oder ein Unterkommen gefunden hat und er sich und seine Angehörigen zu ernähren imstande ist. Die Einbürgerung ist Verwaltungsakt, der im → Ermessen der Einbürgerungsbehörde steht. Maßgebend ist, ob die Einbürgerung nach allgemeinen politischen und wirtschaftlichen Gesichtspunkten wünschenswert ist, also das Interesse des Aufnahmestaates, nicht das private Interesse des Antragstellers. Nach fünf Jahren rechtmäßigem Aufenthalt in Deutschland besteht ein Rechtsanspruch (→ subjektives Recht ohne behördliches → Ermessen) auf Einbürgerung, ua wenn er sich zur freiheitlichen demokratischen Grundordnung und zur historischen Verantwortung Deutschlands für die nationalsozialistische Unrechtsherrschaft bekennt, ein unbefristetes → Aufenthaltsrecht hat, keine → Hilfe zum Lebensunterhalt beansprucht, über ausreichende Kenntnisse der deutschen Sprache und über Kenntnisse der Rechts- und Gesellschaftsordnung in Deutschland verfügt. Die Sprachkenntnisse sind durch einen Sprachtest (§ 10 IV StAG), die Kenntnisse der Rechts- und Gesellschaftsordnung durch einen Einbürgerungstest (§ 10 V StAG) nachzuweisen. Die Einbürgerung wird mit der Aushändigung der Einbürgerungsurkunde wirksam.

2. Ehegatten Deutscher sollen nach drei Jahren rechtmäßigem Aufenthalt in Deutschland eingebürgert werden (§ 9 StAG). Deutsche, denen die Staatsangehörigkeit aus politischen, rassischen oder religiösen Gründen entzogen worden ist sowie deren Abkömmlinge sind auf Antrag wiedereinzubürgern (Art. 116 II GG).

3. Die Aufgabe der bisherigen Staatsangehörigkeit ist nicht mehr Voraussetzung der Einbürgerung. Mehrstaatigkeit (→ Mehrstaater) ist damit uneingeschränkt möglich.

Einbürgerungstest
→ Einbürgerung (2c).

EINECS
(European Inventory of Existing Chemical Substances oder Europäisches Verzeichnis existierender Chemikalien): → Altstoffverzeichnis der EU.

Ein-Euro-Job
→ Arbeitsgelegenheit.

Einfaches Gesetz
nennt man ein förmliches → Gesetz (des Bundes oder eines → Landes), das keine → Verfassungsänderung zum Inhalt hat und deshalb nicht der hierfür vorgesehenen qualifizierten → Mehrheit bedarf.

Einfahren aus Grundstücken
auf eine Straße erfordert rechtzeitiges Ankündigen unter Benutzung des Fahrtrichtungsanzeigers und große Vorsicht; eine Gefährdung anderer Verkehrsteilnehmer muss ausgeschlossen sein. Notfalls muss sich der Fahrer einweisen lassen. Der fließende Verkehr darf nicht behindert werden. Dasselbe gilt vom Wechsel

von anderen, nicht dem fließenden Verkehr dienenden Straßenteilen auf die Fahrbahn (§ 10 StVO). Besonders ist auf nachfolgende Verkehrsteilnehmer und beim Überqueren eines Radweges auf Radfahrer sowie auf Fußgänger zu achten. Vor Grundstücksein- und -ausfahrten besteht Parkverbot (§ 12 III Nr. 3 StVO), außer für Grundstücksbenutzer.

Einfamilienhaus
→ Selbstgenutzte Wohnung, steuerlich, → Eigenheimzulage, → Erbschaftsteuer.

Einführungsgesetz
ist ein → Gesetz im formellen und materiellen Sinne, das idR gleichzeitig mit der umfassenden Neuregelung eines größeren Rechtsgebietes erlassen wird. Es regelt insbes. das Verhältnis des neuen Rechts zum alten Recht (vor allem durch Anpassung anderer Rechtsgebiete an die neuen Bestimmungen), ferner im → Bundesstaat uU das Verhältnis des → Bundes- zum → Landesrecht (so die Einführungsgesetze zum BGB, HGB, StGB, zur ZPO und StPO). Einführungsgesetze können aber auch selbständige Rechtsnormen enthalten, so zB das Einführungsgesetz zum BGB mit seiner Regelung des → Internationalen Privatrechts.

Einfuhr
Als Einfuhr bezeichnet § 2 XI AWG (→ Außenwirtschaftsrecht) die Lieferung von Waren aus Drittländern in das Inland und die Übertragung von Software oder Technologie an Inländer.

1. Die Einfuhr aus den Mitgliedstaaten der EU (Binnenhandel) ist im Grundsatz keinerlei verfahrensrechtlichen oder sonstigen Beschränkungen unterworfen; das Verfahren der Einfuhrabfertigung nach §§ 27 ff. AWV dient insoweit nur der Kontrolle der tatbestandlichen Voraussetzungen einer genehmigungsfreien Einfuhr.

2. Die materielle Regelung der Einfuhr aus Drittländern ist außer bei vorbehaltenen Bereichen, vor allem → Kriegswaffen (Art. 346 I b AEUV – → AEUV), primär Sache der gemeinschaftlichen → Handelspolitik (s. dort auch wegen Beschränkungen). Bei fehlender gemeinschaftsrechtlicher Regelung können die Mitgliedstaaten nach Maßgabe der → Cassisformel in beschränktem Umfang Regelungen treffen. Das Zollverfahren für die Einfuhr von Waren in das Unionsgebiet ist EU-weit einheitlich geregelt. → Einfuhrabgaben. Seit Juli 2024 gibt es in manchen Mitgliedstaaten die Möglichkeit der transeuropäischen zentralisierten Einfuhrzollabfertigung (Centralised Clearance for Import, CCI), die schrittweise ausgebaut werden soll und es ermöglicht, Waren abzufertigen, die sich physisch bei einem anderen, kooperierenden Zollamt befinden.

Einfuhrabgaben
sind Zölle (→ Zoll), Abschöpfungen sowie die Einfuhrumsatzsteuer (→ Drittlandsgebiet, 2) und die → Verbrauchsteuern auf eingeführte Waren (Art. 5 Nr. 20 UZK, § 1 I 3 ZollVG). Einfuhrabgaben unterliegen der zollamtlichen Überwachung durch die Zollverwaltung nach dem Zollverwaltungsgesetz (ZollVG).

Einfuhrumsatzsteuer
→ Drittlandsgebiet (2). Zu Lieferungen aus anderen EU-Mitgliedstaaten → Binnenmarkt, Umsatzsteuer.

Einfuhrzoll
ist der → Zoll auf eingeführte Waren. Vgl. → Zolltarif. Ausfuhrzölle auf ausgeführte Waren werden innerhalb der EU nicht erhoben.

Eingabe
ist eine gesetzlich nicht genauer umrissene Bezeichnung für Anträge, Einwendungen und Anregungen an Verwaltungsbehörden sowie für Bitten und Beschwerden an die Volksvertretung (→ Beschwerde- und Petitionsrecht). Über „gleichförmige Eingaben" (§§ 17–19 VwVfG) → Massenverfahren.

Eingangssteuersatz
Steuersatz in der → Einkommensteuer, mit dem der erste über dem → Grundfreibetrag liegende Euro besteuert wird. Seine Absenkung hat für alle über dem Grundfreibetrag liegenden Einkommen geringere Steuern zur Folge. Ab 2009 beträgt er 14 vH (zuvor 15 vH), der Spitzensteuersatz liegt bei 42 vH, der Höchstsatz für zu versteuernde Einkommen beträgt 45 Prozent und greift im VAZ 2023 ab 277.826 Euro/555.652 Euro (Ledige/Verheiratete).

Eingebrachte Sachen
→ Wohnraummietvertrag (3), → Gastwirtshaftung, → Fürsorgepflicht, → Verwahrung.

Eingemeindung
Unterfall der Gemeindegebietsreform (→ Gemeinde, 5), bei dem eine Gemeinde oder ein Teil einer Gemeinde in eine andere – in der Regel größere – Gemeinde eingegliedert wird. Gemeinden genießen dabei keinen absoluten Bestandsschutz. Die Eingemeindung erfolgt grundsätzlich durch Gesetz.

Eingerichteter Gewerbebetrieb
Schädigung eines eingerichteten und ausgeübten Gewerbebetriebs → unerlaubte Handlung (2a).

Eingetragene Genossenschaft (e. G.)
→ Genossenschaft.

Eingetragene Lebenspartnerschaft
→ Lebenspartnerschaft.

Eingetragener Verein (e. V.)
→ Verein (1a).

Eingetragenes Design
→ Design.

Eingliederung
Eingliederung bedeutet im → Konzernrecht die Aufnahme einer → Aktiengesellschaft in eine andere inländische AG unter Fortbestand

äußerer rechtlicher Selbständigkeit, also als hundertprozentige Tochtergesellschaft. Die Eingliederung (§§ 319–327 AktG) setzt voraus, dass die eingliedernde Gesellschaft (Hauptgesellschaft) mindestens 95% der → Aktien der einzugliedernden Gesellschaft besitzt und dass deren → Hauptversammlung die Eingliederung beschließt. Die Eingliederung bedarf der Zustimmung einer 3/4-Mehrheit der Hauptversammlung der Hauptgesellschaft. Mit der Eintragung der Eingliederung in das Handelsregister gehen alle Aktien, die sich nicht in der Hand der Hauptgesellschaft befinden, auf diese über. Die ausgeschiedenen Aktionäre der eingegliederten Gesellschaft haben Anspruch auf angemessene Abfindung, zuvörderst in eigenen Aktien der Hauptgesellschaft (§ 320b AktG).

Eingliederungsgutschein
Der Eingliederungsgutschein war eine Leistung der → Arbeitsförderung nach dem SGB III für ältere Arbeitnehmer. Arbeitnehmer, die das 50. Lebensjahr vollendet hatten, konnten einen Gutschein über die Gewährung eines → Eingliederungszuschusses erhalten, wenn sie einen Anspruch auf → Arbeitslosengeld hatten; waren sie mindestens 12 Monate beschäftigungslos, bestand ein entsprechender Anspruch. Mit dem Eingliederungszuschuss verpflichtete sich die → Agentur für Arbeit, einen Eingliederungszuschuss an den Arbeitgeber zu leisten, wenn der Arbeitnehmer eine sozialversicherungspflichtige Tätigkeit aufnahm und das Beschäftigungsverhältnis für mindestens ein Jahr begründet wurde. Durch die Änderung von § 3 V SGB III wurde der Eingliederungsgutschein zum 31.3.2012 gestrichen.

Eingliederungshilfe für behinderte Menschen
Behinderte Menschen erhalten, wenn sie nicht gleichartige Ansprüche gegen andere haben, Leistungen zur Eingliederungshilfe nach dem SGB IX (Regelungen für Menschen mit Behinderungen und von Behinderung bedrohte Menschen). Diese Leistungen umfassen insbes. Hilfen zu einer angemessenen Schulausbildung, Hilfen zur schulischen Ausbildung für einen angemessenen Beruf oder zur Ausbildung für eine sonstige angemessene Tätigkeit und nachgehende Hilfen zur Sicherung der Teilhabe des behinderten Menschen am Arbeitsleben. Die Aufgaben der Eingliederungshilfe für behinderte Menschen sind in § 90 SGB IX ausgeführt. Der leistungsberechtigte Personenkreis ergibt sich aus § 99 SGB IX.

Medizinische und berufliche Eingliederung obliegt ferner der → Rentenversicherung (§§ 9–32 SGB VI), der → Unfallversicherung (§§ 35 ff. SGB VII), der → Kriegsopferversorgung und der → Kriegsopferfürsorge (§§ 10 ff., §§ 25 ff. BVG, § 62 ff SGB XIV) und für die berufliche Eingliederungshilfe für behinderte Menschen auch der → Bundesagentur für Arbeit (§ 112 SGB III; sa → Leistungen zur Teilhabe am Arbeitsleben, → Rehabilitation und Teilhabe behinderter Menschen, → schwerbehinderte Menschen).

Eingliederungshilfe nach dem Häftlingshilfegesetz
Eingliederungshilfe ist eine Leistung nach dem Häftlingshilfegesetz an deutsche Staatsangehörige, die in den sowjetischen Besatzungszonen aus politischen Gründen in Haft waren → Häftlingshilfe. Nach der Rechtsprechung der Sozialgerichte können hierunter auch Personen fallen, die in der ehem. DDR zu Unrecht inhaftiert gewesen waren. Der Widerruf einer Anerkennung nach dem HHG kann erfolgen, wenn der Inhaftierung durch eigenes Verschulden Vorschub geleistet wurde, zB bei einer Tätigkeit für das MfS → Staatssicherheit (vgl. auch BerRehaG, StrRehaG).

Eingliederungsschein
für Soldaten auf Zeit → Soldatenversorgungsgesetz, → Berufsförderung der Soldaten.

Eingliederungsvereinbarungen
1. Eingliederungsvereinbarungen gehören zu den Maßnahmen der → Arbeitsförderung nach dem SGB III. Sie sind mit Wirkung vom 1.1.2002 erstmals durch das sog. → Job-AQTIV-Gesetz eingeführt worden. In einer Eingliederungsvereinbarung, die die → Agentur für Arbeit zusammen mit den Arbeitslosen (→ Arbeitslosenversicherung) oder Ausbildungsuchenden trifft, werden für einen zu bestimmenden Zeitraum die Vermittlungsbemühungen der Agentur für Arbeit, die Eigenbemühungen des Arbeitslosen oder Ausbildungsuchenden sowie unter Umständen die künftigen Leistungen der aktiven Arbeitsförderung festgelegt (vgl. § 37 Abs. 2 SGB III). Speziell hinsichtlich der Leistungen der aktiven Arbeitsförderung durch die Agentur für Arbeit kann, soweit es sich dabei um Ermessensleistungen handelt, eine Ermessensreduzierung auf Null für die Agentur für Arbeit durch die Aufnahme in die Eingliederungsvereinbarung begründet werden; etwa wenn die Förderung einer Existenzgründung mittles Gründungszuschuss zugesagt wird. Soweit Eingliederungsvereinbarungen mit behinderten Menschen abgeschlossen werden sollen, sind deren speziellen Bedürfnisse angemessen zu berücksichtigen (SGB IX).

2. Nach dem SGB II (→ Arbeitslosengeld II, → Grundsicherung für Arbeitsuchende, → Hartz-Gesetze) sollen die Agenturen für Arbeit mit den → erwerbsfähigen Hilfebedürftigen ebenfalls Eingliederungsvereinbarungen schließen. Die im SGB II verwendete Bezeichnung dafür ist jetzt Kooperationsplan. Die Eingliederungsvereinbarungen nach dem SGB II sollen insbesondere bestimmen, welche Leistungen die erwerbsfähigen Arbeitsuchenden erhalten und welche Bemühungen sie in welcher Häufigkeit zur Eingliederung in Arbeit mindestens unternehmen müssen und in welcher Form die Bemühungen nachzu-

weisen sind. Die Eingliederungsvereinbarungen sollen für sechs Monate geschlossen werden; danach ist eine neue Eingliederungsvereinbarung zu schließen, in der die bisherigen Erfahrungen berücksichtigt werden. In der Eingliederungsvereinbarung kann auch vereinbart werden, welche Leistungen die Personen erhalten, die mit dem erwerbsfähigen Hilfebedürftigen in einer → Bedarfsgemeinschaft leben (§ 15 Abs. 2 SGB II). Die Personen sind zu beteiligen. Wird eine Eingliederungsvereinbarung nicht abgeschlossen, werden die erwerbsfähigen Hilfebedürftigen nicht sanktioniert.

Eingliederungsvertrag
Zur Eingliederung förderungsbedürftiger Arbeitsloser, insbes. → Langzeitarbeitsloser, konnten der Arbeitgeber und der Arbeitslose bis zum 31.12.2001 mit Zustimmung des damaligen → Arbeitsamtes einen Eingliederungsvertrag abschließen. Die Regelungen sind durch das sog. → Job-AQTIV-Gesetz aufgehoben worden.

Eingliederungszuschuss
Zur Eingliederung von Arbeitnehmerinne und Arbeitnehmern, die ohne diese Leistung der → Arbeitsförderung nicht oder nicht dauerhaft eingegliedert werden könnten, können Arbeitgeber Zuschüsse zum Arbeitsentgelt zum Ausgleich von Minderleistungen von der Agentur für Arbeit erhalten. Rechtsgrundlage für die Gewährung des Eingliederungszuschusses ist § 88 SGB III. Die Höhe des Eingliederungszuschusses richtet sich nach § 89 SGB III. Der Eingliederungszuschuss darf grundsätzlich 50% des berücksichtigungsfähigen Arbeitsentgelts nicht überschreiten und längstens für eine Förderdauer von 12 Monaten erbracht werden. Ist der Arbeitnehmer älter als 50 Jahre, kann die Förderdauer 36 Monate betragen, wenn die Förderung vor dem 31.12.2023 begonnen hat. Bei schwerbehinderten oder sonstigen behinderten Menschen kann die Förderhöhe bis zu 70% und die Förderdauer bis zu 24 Monate betragen. Für besonders betroffene schwerbehinderte Menschen kann der Eingliederungszuschuss für bis zu 60 Kalendermonate gewährt werden (§ 90 Abs. 2 SGB III). Wurde bereits das 55. Lebensjahr vollendet, ist eine Förderung für 96 Monate zulässig. Eine besondere Betroffenheit iSd Vorschrift ist dann gegeben, wenn die Vermittlung aufgrund in der Person liegender Gründe erschwert ist. Die Förderung ist ausgeschlossen, wenn zu vermuten ist, dass das Beschäftigungsverhältnis ausschließlich zur Erlangung des Zuschusses begründet worden ist. Eine Rückzahlung des Zuschusses hat grundsätzlich dann zu erfolgen, wenn das Arbeitsverhältnis während des Förderzeitraums oder der Nachbeschäftigungszeit beendet worden ist (Ausnahmen möglich § 92 SGB III).

Eingriffskondiktion
→ ungerechtfertigte Bereicherung (2a).

Eingriffsnorm
→ Internationales Privatrecht (1c).

Eingriffsverwaltung
ist der Teil des öffentlichen Verwaltungshandelns, der mit hoheitlichen Anordnungen in die Rechts- und Freiheitssphäre der Rechtsunterworfenen eingreift. Derartige Eingriffe sind nur auf gesetzlicher Grundlage zulässig (→ Gesetzmäßigkeit der Verwaltung, → Rechtsstaat). Anordnungen der Eingriffsverwaltung können mit → Verwaltungszwang durchgesetzt werden. Im Gegensatz zur Eingriffsverwaltung steht die → Leistungsverwaltung, die der „Daseinsvorsorge" für die Bürger sowie wirtschafts- und sozialpolitischen Zwecken dient; in ihr gilt der Grundsatz der Gesetzmäßigkeit der Verwaltung nur eingeschränkt. Hauptbeispiel der Eingriffsverwaltung sind das → Polizei- und → Ordnungsrecht.

Eingruppierung
1. Als Eingruppierung bezeichnet man allgemein im Tarifrecht die Zuordnung von Beschäftigten zu einer bestimmten Entgelt- oder Vergütungsgruppe eines → Tarifvertrages. Im Tarifrecht des → öffentlichen Dienstesist die Eingruppierung in die 16 Entgeltgruppen (15 Entgeltgruppen und Entgeltgruppe 15 Ü) in den → Entgeltordnungen zu → TVöD und → TV-L geregelt.

2. Für die Beschäftigten der Länder gelten die Eingruppierungsregelungen in der als Anlage A zum → TV-L mit Wirkung vom 1.1.2012 (für Hessen vom 1.7.2014) vereinbarten → Entgeltordnung mÄnd. Daneben gelten besondere Entgeltordnungen für Pflegekräfte, ärztliches Personal, Bereitschaftsdienste, Beschäftigte im Sozial- und Erziehungsdienst, Lehrkräfte und Beschäftigte in der staatlichen Forstverwaltung. Für die Tarifbeschäftigten des Bundes gilt die am 1.1.2014 in Kraft getretene Entgeltordnung mÄnd zum → TVöD für den Bund, für die Tarifbeschäftigten der Kommunen trat am 1.1.2017 die entsprechende Entgeltordnung zum TVöD in Kraft.

3. Neben allgemeinen Tätigkeitsmerkmalen für den Verwaltungsdienst sind in den Entgeltordnungen nach wie vor sehr ausdifferenzierte Tätigkeitsmerkmale für bestimmte Beschäftigtengruppen geregelt wie zB Beschäftigte in Archiven, Bibliotheken, Büchereien, Museen, Apotheker (soweit im öffentlichen Dienst), Ärzte, Zahnärzte, Tierärzte, Bademeister, Beschäftigte der Landesversorgungsämter, Fernmeldetechniker, Forstbedienstete, Dolmetscher, Übersetzer, Beschäftigte in staatlichen Betrieben des Wein- und Gartenbaus sowie der sonstigen Landwirtschaft, Beschäftigte im Gesundheitswesen, Beschäftigte in IT-Organisation und IT-Systemtechnik, Jusitzbedienstete, Beschäftigte im Strahlenschutz, an Theatern usw. Höhere Entgeltgruppen gelten häufig dann, wenn bestimmte Aufgaben mit „höherer Verantwortung", „großer Selbständigkeit", „schwierigen Arbeitsbereichen",

„langjähriger Tätigkeit" oder „besonderer Bedeutung" verbunden sind. Teilweise sind die Eingruppierungsmerkmale sehr formalistisch und detailgenau. So sind Beschäftigte in der Datenerfassung, denen mindestens 10 Beschäftigte in der Datenerfassung unterstellt sind, in Entgeltgruppe 6, mit mindestens 25 unterstellten Beschäftigten in der Datenerfassung in Entgeltgruppe 8 und mit mindestens 40 unterstellten Beschäftigten in der Datenerfassung in Entgeltgruppe 9. Das Ziel einer Vereinfachung und Flexibilisierung im Verhältnis zu der früheren Eingruppierung nach dem → BAT wurde so nur zT erreicht.

Einheit der Rechtsordnung
bedeutete im 19. Jahrhundert vor allem das Bestreben um Vereinheitlichung des territorial und inhaltlich zersplitterten Rechts in Deutschland (Ergebnis zB StGB 1871, BGB 1896, HGB 1897). Heute meint man damit das Bemühen, trotz ausufernder Gesetzgebung begriffliche und systematische Unterschiede sowie Wertungsunterschiede zwischen verschiedenen Rechtsgebieten zu vermeiden.

Einheit, wirtschaftliche
Bei der steuerlichen Einheitsbewertung nach dem → Bewertungsgesetz wird die wirtschaftliche Einheit, bestehend zB aus Grund und Boden und dem daraufstehenden Gebäude, bewertet. Was als wirtschaftliche Einheit zu gelten hat, ist nach den Anschauungen des Verkehrs zu entscheiden. Bei Wohnungseigentum stellt jede Wohnung eine wirtschaftliche Einheit dar, die das Sondereigentum an einer Wohnung und den Miteigentumsanteil an dem wirtschaftlichen Eigentum erfasst. Für jede Eigentumswohnung wird daher ein eigener Einheitswert festgestellt. Garagen werden in die wirtschaftliche Einheit eines Grundstücks oder einer Eigentumswohnung mit einbezogen. Mehrere → Wirtschaftsgüter kommen als wirtschaftliche Einheit nur insoweit in Betracht, als sie demselben Eigentümer gehören (§ 2 I, II BewG). Ausnahmen gelten für die Vermögenszusammenrechnung bei Ehegatten (§ 26 BewG).

Einheitlicher Bewertungsmaßstab
Der Einheitliche Bewertungsmaßstab (EBM) findet seine Rechtsgrundlage in § 87 Abs. 2 SGB V und regelt das Abrechnungssystem der Vertragsärzte in Deutschland. Im EBM sind die einzelnen ärztlichen Leistungen aufgeführt und wie sie gegenüber den Kassenärztlichen Vereinigungen abgerechnet werden. Die darin enthaltenen Regelungen werden von einem Bewertungsausschuss getroffen, dem die Kassenärztliche Bundesvereinigung und der Spitzenverband Bund der Krankenkassen angehören. Für Zahnärzte gilt der Bewertungsmaßstab zahnärztlicher Leistungen (BEMA). Die privatärztliche Abrechnung dagegen richtet sich nach der Gebührenordnung für Ärzte (GOÄ).

Einheitliches Patentgericht (EPG)
1. Das Einheitliche Patentgericht (EPG, engl. Unified Patent Court, UPC), das seine Arbeit nach jahrelangen Vorbereitungshandlungen am 1.6.2023 aufgenommen hat, ist ein spezialisiertes Patentgericht, welches zuständig ist für Streitigkeiten in Bezug auf → Einheitspatente (Europäische Patente mit einheitlicher Wirkung) und gewöhnliche → Europäische Patente sowie deren Rechtsbestand. Der Rechtsschutz im Erteilungsverfahren verbleibt dagegen beim → Europäischen Patentamt (EPA). Die teilnehmenden Staaten (nach derzeitigem Stand 18 Mitgliedstaaten der EU, darunter Deutschland) versprechen sich von der neu geschaffenen Gerichtsbarkeit mehr Rechtssicherheit durch eine harmonisierte Rechtsprechung in dem beschriebenen Zuständigkeitsbereich und zudem für die Parteien eine einfachere, schnellere und effizientere Rechtsprechung als dies bisher durch die nationalen Verletzungs- und Bestandsgerichtsbarkeiten gewährleistet wurde. Es soll dem als Problem erkannten Umstand entgegenwirken, dass nach bisheriger Rechtslage ein → Patentinhaber ein europäisches Patent, welches in verschiedenen Ländern verletzt wird, auch vor verschiedenen Gerichten in den Ländern, in denen der Patentinhaber seine Rechte beachtet sehen will, durchsetzen muss. Letzteres verursacht unweigerlich erhebliche Kosten und birgt zudem die Gefahr einer inkongruenten Entscheidungspraxis in den unterschiedlichen Ländern.

2. Rechtsgrundlage für das EPG ist das Übereinkommen über ein Einheitliches Patentgericht (ABl. EU 2013 C 175, 1). Bis zu dem Zeitpunkt, zu dem das EPG nunmehr seine Tätigkeit aufgenommen hat, mussten verschiedene Hürden genommen werden - insbesondere auch aufgrund des → Brexit, was einige daran zweifeln ließ, ob das Projekt überhaupt umgesetzt werden würde. So hat etwa das → Bundesverfassungsgericht ein erstes deutsches Zustimmungsgesetz zu dem Übereinkommen für nichtig erklärt, weil es im Bundestag nicht mit der erforderlichen Zweidrittelmehrheit beschlossen worden war (Beschl. v. 13.2.2020 – 2 BvR 739/17), und musste es sich mit Anträgen auf Erlass einer einstweiligen Anordnung in zwei weiteren → Verfassungsbeschwerdeverfahren (Az.: 2 BvR 2216/20 und 2 BvR 2217/20) gegen das am 18.12.2020 erneut beschlossene Gesetz befassen, die es aber letztlich zurückgewiesen hat. Das Gesetz ist am 13.8.2021 in Kraft getreten (BGBl. 2021 II 850).

3. 24 der EU-Mitgliedstaaten haben das genannte Übereinkommen unterzeichnet, allerdings ist dieses derzeit nur in den 18 Mitgliedstaaten in Kraft treten, die das Übereinkommen bereits ratifiziert haben. Die verbleibenden 6 Staaten haben jedoch jederzeit die Möglichkeit, die Ratifizierung nachzuholen.

4. Das EPG besteht aus einem Gericht Erster Instanz sowie einem Berufungsgericht. Da-

bei ist das Gericht Erster Instanz derzentralisiert strukturiert und besteht aus Lokal- und Regionalkammern in den Mitgliedstaaten und einer Zentralkammer (mit speziellen Zuständigkeiten mit Sitz in Paris und Abteilungen in München und Mailand), während das Berufungsgericht seinen Sitz in Luxemburg hat. Bis zum → Brexit war vorgesehen, dass eine Abteilung der Zentralkammer ihren Sitz London haben würde, was nunmehr obsolet ist.

5. Zu den Richtern zählen sowohl rechtskundige als auch technische Richter. Bei der Auswahl der Richter lag und liegt ein besonderer Fokus auf einer hinreichenden Abdeckung der teilnehmenden Staaten und entsprechend vorhandener patentrechtlicher Kenntnisse und Qualifikationen lag. Als problematisch wird allerdings angesehen, dass unter den technischen Richtern auch → Patentanwälte zu finden sind, die jedenfalls in der Anfangszeit sowohl als Richter am EPG tätig sein sollen als auch ihrer Tätigkeit als → Patentanwalt nachgehen werden. Daraus könnten einigen kritischen Stimmen zufolge Interessenkonflikte resultieren, die Zweifel an der richterlichen Unabhängigkeit begründen könnten.

Da sich das EPG noch in der Anlaufphase befindet und noch nicht mit Sicherheit abzusehen ist, auf welchem Niveau sich die Zahl der dort zu verbescheidenden Fälle einpendeln wird, sind die weit überwiegende Zahl der Richter nicht in Vollzeit für das EPG tätig, sondern gehen daneben noch parallel ihrem bisherigen Beruf nach. So sind beispielsweise einige der EPG-Richter nach wie vor bei nationalen Gerichten tätig. Ob und inwieweit die Einrichtung des EPG dazu führen wird, dass die überwiegende Zahl von Patentstreitigkeiten statt bei den nationalen Gerichten zukünftig vor dem Einheitlichen Patentgericht ausgetragen werden wird, bleibt abzuwarten und wird u. a. davon abhängen, welche Akzeptanz der Rechtsprechung dieses international besetzten Gerichts entgegen gebracht werden wird. Gleichwohl ist bereits jetzt festzustellen, dass zu Beginn des Jahres 2025 bereits nahezu 500 Fälle in erster Instanz anhängig waren, davon knapp die Hälfte Verletzungsklagen. Für solche ist das EPG international zuständig, wenn das Streitpatent in mindestens einem EPG-Vertragsstaat wirksam ist und der vom Kläger behauptete Schaden in diesem Vertragsstaat eintregen kann. Auffällig ist, dass die Belastung der einzelnen Lokal- und Regionalkammern mit Verletzungsklagen in der Anfangszeit unterschiedlich groß war und der Hauptanteil der Verletzungsklagen in Deutschland und dort überwiegend in München, gefolgt von Düsseldorf, Mannheim und Hamburg anhängig gemacht wurde.

6. Detaillierte Informationen insbesondere zu Aufbau, Organisation und aktuellen Entwicklungen in Bezug auf das EPG finden sich auf dessen Internetseiten, die unter www.unified-patent-court.org aufgerufen werden können.

Einheitlichkeit der Rechtsprechung
Die Einheitlichkeit der Rechtsprechung iS einheitlicher Gesetzesauslegung und → Rechtsfortbildung wird in erster Linie durch die Rechtsprechung der übergeordneten Gerichte, insbes. der → Revisionsgerichte, gewährleistet. Zwischen den → obersten Gerichtshöfen des Bundes wird sie durch den → Gemeinsamen Senat gewahrt. Sa → Divergenz gerichtlicher Entscheidungen.

Einheitsgesellschaft
Damit sind zum einen Unternehmen gemeint, die im Bereich der Montanindustrie bei Entflechtung der Konzerne neu gebildet und denen die Produktionsanlagen der früheren Konzerne übertragen wurden. Bei Einheitsgesellschaften besteht die erweiterte → Mitbestimmung (2) nach dem MitbestimmungsG für die Montanindustrie (BGBl. 1951 I 347). Zum anderen wird der Begriff verwendet, um eine → GmbH & Co KG zu beschreiben, bei der die KG (→ Kommanditgesellschaft) alle Anteile der Komplementär-GmbH (→ Komplementär) hält.

Einheitsgründung
Die Einheitsgründung ist die nach § 29 AktG allein noch zugelassene Form der Gründung einer → Aktiengesellschaft, bei der die Gründer selbst alle Aktien übernehmen. Die früher außerdem gestattete Stufengründung (das Publikum zeichnete die Aktien bereits im Gründungsstadium) ist nicht mehr zulässig.

Einheitsjurist
→ Jurist, → Juristenausbildung.

Einheitsmietvertrag
→ Wohnraummietvertrag (1).

Einheitspatent (Europäisches Patent mit einheitlicher Wirkung)
1. Einem Erfinder, der seine → Erfindung nicht nur national über ein ihm erteiltes → Patent schützen lassen möchte, sondern der mit der Stellung eines einzigen Antrags Patentschutz in mehreren Staaten erreichen möchte, steht das sog. Einheitspatent als eine Option zur Verfügung. Um dieses zu erlangen, ist die Beantragung eines → Europäischen Patents bei der für die Erteilung zuständigen Stelle, dem → Europäischen Patentamt erforderlich, wobei der Antrag in Englisch, Französisch oder Deutsch gestellt werden kann. Sieht das Amt die Erteilungsvoraussetzungen für gegeben an und erteilt es ein → Europäisches Patent hat der Patentinhaber die Möglichkeit, einen Antrag auf einheitliche Wirkung zu stellen. Auf diese Weise erhält er einen entsprechenden Patentschutz in all den EU-Mitgliedstaaten, die am Einheitspatentsystem teilnehmen (derzeit 18 Staaten, darunter Deutschland).

2. Der Vorteil des Einheitspatents gegenüber dem „gewöhnlichen“ und bereits existenten → Europäischen Patent wird vor allem darin gesehen, das letzteres keinen einheitli-

chen Schutz gewährt und Ansprüche aus diesem auch nicht zentral vor einem einzigen Gericht für verschiedene Staaten geltend gemacht werden können, weil es nach seiner Erteilung in ein Bündel nationaler → Patente zerfällt. So müssen → Europäische Patente, denen keine einheitliche Wirkung zukommt, in jedem einzelnen Land, in dem sie nach dem Willen des Patentinhabers Schutz beanspruchen sollen, einzeln validiert und auch aufrechterhalten werden. Dies wiederum verursacht einen nicht unerheblichen Aufwand und damit verbundene Kosten für den Patentinhaber. Deshalb verspricht man sich vom erst kürzlich etablierten Einheitspatent, dass es nunmehr möglich ist, in den an dem System teilnehmenden Mitgliedstaaten der Europäischen Union relativ kostengünstig einen einheitlichen Erfindungsschutz zu gewähren.

3. Rechtsgrundlagen des Einheitspatents sind vor allem die Verordnung (EU) Nr. 1257/2012 über die Umsetzung der Verstärkten Zusammenarbeit im Bereich der Schaffung eines einheitlichen Patentschutzes (EPatVO; ABl. EU 2012 Nr. L 361, 1 mÄnd) und das Übereinkommen über ein Einheitliches Patentgericht (EPGÜ; ABl. EU 2013 C 175, 1). In Deutschland ist das entsprechende Zustimmungsgesetz zu dem Übereinkommen am 13.8.2021 in Kraft getreten (BGBl. 2021 II 850), die letzten formalen Hürden zur Teilnahme am Einhatspatentsystem wurden jedoch erst im Frühjahr 2023 und damit kurz vor Start des Systems zum 1.6.2023 genommen.

4. Streitigkeiten über den Bestand des Einheitspatents und die Folgen seiner Verletzung fallen in die Zuständigkeit des → Einheitlichen Patentgerichts (EPG). Der Rechtsschutz im Erteilungsverfahren verbleibt beim → Europäischen Patentamt (EPA).

Einheitspreis

Der Einheitspreis ist ein Preis, der auf eine Leistungseinheit, zB für Flächenmaß, Gewicht oder Stück bezogen ist. Der Einheitspreis ist im Preissystem der → VOB der Regelpreis (§ 4 VOB/A, § 2 VOB/B).

Einheitsstaat

Der Einheitsstaat steht im Gegensatz zum → Bundesstaat und zu sonstigen → Staatenverbindungen. Er setzt sich nicht aus mehreren → Staaten zusammen, sondern besitzt von vornherein nur eine einzige → Staatsgewalt. Innerhalb dieses Staates bestehende → Gebietskörperschaften haben nicht den Rechtscharakter von Staaten, da sie keine originäre Staatsgewalt besitzen, sondern ihre Hoheitsbefugnisse vom Staat ableiten. Unabhängig davon ist die Frage, ob der Einheitsstaat zentralisiert oder dezentralisiert verwaltet wird. Dem Einheitsstaat wohnt der → Zentralismus häufig, aber nicht notwendig inne.

Einheitsstrafe

Mit dem Begriff verbindet sich eine bestimmte, gesetzlich vorgegebene Vorgehensweise im Rahmen der Strafzumessung bei der Aburteilung mehrerer, durch einen Täter verübter selbständiger Straftaten. Im Gegensatz zur Einheitsstrafe steht die Bildung einer Gesamtstrafe (→ Konkurrenz von Straftaten).

Die Bildung von Einheitsstrafen kennt das deutsche Strafrecht nur im → Jugendstrafrecht, dessen erzieherischer und damit tendenziell täterstrafrechtlicher Orientierung (→ Strafrecht, 1a) sie besser entspricht als das Gesamtstrafensystem. Dort ist bei Aburteilung mehrerer selbständiger Straftaten eine einzige Jugendstrafe (Einheitsstrafe) zu bilden oder es werden einheitlich Erziehungsmaßregeln oder Zuchtmittel festgesetzt; aus erzieherischen Gründen wäre ein Nebeneinander verschiedener strafrechtlicher Reaktionsmittel unzweckmäßig. Dabei dürfen die gesetzlichen Höchstgrenzen zB der Jugendstrafe nicht überschritten werden (§ 31 I JGG). Schon rechtskräftig abgeurteilte Taten kann der Richter in die Einheitsstrafe einbeziehen, wenn das frühere Urteil noch nicht ganz vollstreckt ist; er kann aber hiervon auch absehen (§ 31 II, III JGG). Ist ein Straftäter wegen mehrerer Taten abzuurteilen, die teils nach Jugendstrafrecht, teils nach allgemeinem Strafrecht zu ahnden sind – etwa wenn er sie teils als Jugendlicher oder Heranwachsender, teils als Erwachsener begangen hat –, so soll aus denselben Gründen eine parallele Anwendung beider Strafsysteme unterbleiben. Daher ist auf alle Taten entweder das Jugend- oder das allgemeine Strafrecht anzuwenden, je nachdem, bei welchen Taten das Schwergewicht liegt (§ 32 JGG).

Ist dagegen jemand nach dem allgemeinen, tatstrafrechtlich orientierten Strafrecht (Erwachsenenstrafrecht) für mehrere selbständige Straftaten (Tatmehrheit) zu ahnden, so setzt das Gericht für jede Tat zunächst eine Einzelstrafe fest, was jeweils einen gesonderten Zumessungsakt samt der Darlegung der erforderlichen Erwägungen im Urteil erfordert. Erst in einem zweiten Schritt werden die mehreren Einzelstrafen sodann zu einer Gesamtstrafe zusammengezogen, ggf. nachträglich (§§ 53 ff. StGB, § 460 StPO).

Einheitstäter

Wird in einem Strafrecht nicht zwischen → Täter und → Teilnehmer unterschieden, so wird dies als Einheitstäterprinzip bezeichnet. Im deutschen Strafrecht ist das nur bei → Fahrlässigkeitsdelikten der Fall; zudem gilt das Einheitstäterprinzip im Recht der → Ordnungswidrigkeiten (§ 14 OWiG, → Beteiligung). Für → Vorsatzdelikte differenziert das deutsche Strafrecht dagegen mit den §§ 25 ff. StGB ausdrücklich zwischen den Beteiligungsformen der Täterschaft (→ Täter), der → Anstiftung und der → Beihilfe, was bei der Rechtsanwendung entsprechende Wertungen erfordert.

Einheitswerte

sind die → Besteuerungsgrundlage der Einheitsbewertung (→ Bewertungsgesetz). Sie spielen nach der Entscheidung des BVerfG (BStBl. II 1995, 655, 671), wonach die Bewertung des Grundbesitzes für Erbschaftsteuer- und Vermögensteuerzwecke nach den Einheitswerten auf der Basis 1.1.1964 mit Wertzuschlag zum 1.1.1974 für verfassungswidrig erklärt worden ist (→ Erbschaftsteuer, → Vermögensteuer) und nachdem die Gewerbekapitalsteuer aufgehoben worden ist (→ Gewerbesteuer, 3.), hauptsächlich noch für die → Grundsteuer eine Rolle. Sie haben den Zweck, eine mehrfache Bewertung und unterschiedliche Wertansätze bei einzelnen Steuern zu vermeiden. E. werden für inländischen Grundbesitz, und zwar für Betriebe der Land- und Forstwirtschaft, für Grundstücke und für → Betriebsgrundstücke (§ 19 I BewG) durch Feststellungsbescheid (→ Besteuerungsgrundlagen) festgestellt. Das BVerG hat mit Urteil vom 10.4.2018 (BGBl. 2018 I 531) festgestellt, dass die Regeln über die Einheitsbewertung unvereinbar mit dem Grundgesetz sind und dem Gesetzgeber aufgegeben, eine Neuregelung bis zum 31. Dezember 2019 zu treffen.

Nach der gesetzlichen Neuregelung werden die Grundstücke nach einem wertabhängigen Modell bewertet, in das Bodenrichtwert, Nettokaltmiete, Grundstücksfläche, Immobilienart und Alter des Gebäudes einfließen. Die alten Regelungen zur Einheitsbewertung dürfen aber noch bis fünf Jahre nach Verkündung einer Neureglung, längstens bis 31.12.2024 angewandt werden. Grund für die lange Übergangsregelung ist der enorme administrative Aufwand (es müssen bundesweit mehr als 35 Millionen Grundstücke neu bewertet werden).

Einigung
ist im → Sachenrecht der dingliche Vertrag (→ Vertrag, 4), der grds. zur Begründung, Übertragung und Belastung von → Grundstücksrechten neben der Eintragung im → Grundbuch, bei beweglichen Sachen neben deren Übergabe erforderlich ist, soweit diese nicht durch eine Vereinbarung, zB beim Besitzmittlungsverhältnis, ersetzt werden kann (→ Eigentumsübertragung). Die für einen wirksamen Vertrag erforderlichen allgemeinen Voraussetzungen (zB → Geschäftsfähigkeit, Freiheit von → Verfügungsbeschränkungen) müssen auch bei der Einigung vorhanden sein. Die Einigung ist regelmäßig formfrei, ausgenommen bei der → Auflassung von Grundstücken; zum Nachweis gegenüber dem Grundbuchamt (Form) → Grundbuch. Die Einigung wird für die Beteiligten bei Grundstücksrechten erst bindend, wenn sie notariell beurkundet oder beim Grundbuchamt eingereicht ist (§ 873 II BGB); bis dahin ist sie grds. frei widerruflich.

Einigung, betriebliche
→ Betriebsvereinbarung.

Einigungsmangel
(Dissens) → Vertrag (1).

Einigungsstellen
Einigungsstellen sind Einrichtungen, die einen Konflikt durch eine Entscheidung oder eine Empfehlung beenden. Sie existieren im Betriebsverfassungsrecht (§§ 76 f. BetrVG, → Betriebsrat, 3), im Recht der → Personalvertretung (zB §§ 71 ff. BPersVG) und auch im kirchlichen → Mitarbeitervertretungsrecht (zB §§ 40 ff. MAVO). Diese Einigungsstellen sind mit einem neutralen Vorsitzenden und Beisitzern von Seiten des Arbeitgebers und der Mitarbeiter besetzt. Vgl. zur Einigungsstelle im Bereich des Wettbewerbsrechts § 15 UWG, → Unlauterer Wettbewerb (3).

Einigungsvertrag (EVertr)
1. Der Vertrag zwischen der → Bundesrepublik Deutschland und der → Deutschen Demokratischen Republik über die Herstellung der Einheit Deutschlands vom 31.8.1990 (BGBl. 1990 II 885) beendete verfassungsrechtlich die Teilung Deutschlands (→ Wiedervereinigung). Mit dem Wirksamwerden des Beitritts der DDR gemäß Art. 23 GG aF am 3.10.1990 wurden die Länder Brandenburg, Mecklenburg-Vorpommern, Sachsen, Sachsen-Anhalt und Thüringen Länder der Bundesrepublik Deutschland. Die 23 Bezirke von Berlin bilden das Land Berlin. Als Hauptstadt wurde Berlin bestimmt. Die Frage des Sitzes von Parlament und Regierung wurde zunächst noch offen gelassen (→ Bundeshauptstadt). Der Tag des Wirksamwerdens des Beitritts wurde zum gesetzlichen Feiertag bestimmt. Die Verwaltungsorgane und sonstigen der öffentlichen Verwaltung oder Rechtspflege dienenden Einrichtungen wurden, soweit ihre Aufgaben der → Verwaltungskompetenz des Bundes unterfallen, auf den Bund, im Übrigen auf die Länder übergeführt. Die → Rehabilitierung der Opfer des SED-Unrechts-Regimes wurde vertraglich abgesichert. Im Übrigen wurde festgelegt, dass gerichtliche Entscheidungen und Verwaltungsentscheidungen grundsätzlich fortbestehen. Die Beschäftigungsverhältnisse der im öffentlichen Dienst stehenden Personen wurden grundsätzlich auf Bund und Länder übergeleitet. Soweit Einrichtungen nicht übernommen, sondern abgewickelt werden, traten die Beschäftigten in Wartestand, wobei ihre Beschäftigungsverhältnisse nach sechs Monaten endeten, soweit keine anderweitige Beschäftigung für sie gefunden werden konnte. Überdies konnte wegen mangelnden Bedarfs ordentlich und bei Mitarbeit im Ministerium für Staatssicherheit außerordentlich gekündigt werden. Das Verwaltungsvermögen der DDR wurde auf Bund und Länder übergeleitet, das Finanzvermögen auf den Bund. Die bis zum Wirksamwerden des Beitritts aufgelaufene Gesamtverschuldung des Republikhaushaltes der DDR wurde von einem nicht rechtsfähigen Sondervermögen des Bundes übernommen. Die Bundesrepublik Deutschland haftet aber nur insoweit, als dies im E. ausdrücklich geregelt ist; eine Haf-

tung im Wege der → Gesamtrechtsnachfolge besteht nicht. Die → Treuhandanstalt blieb damit beauftragt, die früheren volkseigenen Betriebe wettbewerblich zu strukturieren und zu privatisieren. Die → Deutsche Reichsbahn und die → Deutsche Post wurden Sondervermögen des Bundes, wobei die Deutsche Post mit der Deutschen → Bundespost vereinigt wurde. Besondere Vorschriften wurden für die Bereiche Arbeit, Soziales, Familie, Frauen, Gesundheitswesen und Umweltschutz sowie Kultur, Bildung, Wissenschaft und Sport getroffen. Die Bestimmungen zur Regelung der → offenen Vermögensfragen wurden bekräftigt. Kernstück des gesamten Vertragswerkes war die Rechtsangleichung.

2. Das Grundgesetz wurde im → Beitrittsgebiet in Kraft gesetzt und gleichzeitig geändert. Die Präambel wurde neu gefasst und klargestellt, dass durch den Beitritt Einheit und Freiheit Deutschlands in freier Selbstbestimmung vollendet sind. Die Beitrittsvorschrift des Art. 23 GG aF wurde aufgehoben. Die Stimmenverteilung im → Bundesrat wurde neu geregelt. Das Recht im Beitrittsgebiet durfte bis 31.12.1992 vom Grundgesetz abweichen. Die Möglichkeit des Erlasses einer neuen Verfassung wurde offen gelassen. Künftige Verfassungsänderungen blieben vorbehalten.

3. Mit dem Wirksamwerden des Beitritts trat in dem Beitrittsgebiet das einfache Bundesrecht in Kraft, soweit in Anlage I des Einigungsvertrags nichts anderes bestimmt war. Anlage I umfasste einen umfangreichen Katalog von Maßgaben für alle Rechtsgebiete, die – jeweils mit unterschiedlichen Übergangsfristen – zahlreiche Modifikationen für die Geltung des Bundesrechts enthalten.

4. Das Recht der DDR, das nunmehr Gegenstände des Landesrechts betraf, galt – soweit es mit dem Grundgesetz vereinbar war – als Landesrecht fort. Die gesetzgebenden Körperschaften der → neuen Länder können dieses Recht jederzeit ändern oder aufheben. Im Übrigen galt das Recht der DDR als Bundesrecht nur dann fort, wenn es in der Anlage II des Einigungsvertrages ausdrücklich aufgeführt ist. In der Regel bestimmte die Anlage II Maßgaben für die Dauer der Fortgeltung.

5. Mit dem Wirksamwerden des Beitritts galten im Beitrittsgebiet die Verträge über die Europäischen Gemeinschaften nebst Änderungen und Ergänzungen sowie die internationalen Vereinbarungen, Verträge und Beschlüsse, die in Verbindung mit diesen Verträgen in Kraft getreten waren.

6. Sonstige völkerrechtliche Verträge der Bundesrepublik Deutschland galten auch für das Beitrittsgebiet. Hinsichtlich der völkerrechtlichen Verträge der DDR wurde Einigkeit dahingehend erzielt, dass diese unter den Gesichtspunkten des Vertrauensschutzes, der Interessenlage der beteiligten Staaten und der vertraglichen Verpflichtungen der Bundesrepublik Deutschland zu erörtern sind, um ihre Fortgeltung, Anpassung oder ihr Erlöschen zu regeln beziehungsweise festzustellen. Im Übrigen regelte die äußeren Aspekte der Wiedervereinigung die → Abschließende Regelung in Bezug auf Deutschland.

Einkammersystem
ist ein Verfassungssystem, bei dem das → Parlament aus nur einem Organ besteht (Gegensatz: → Zweikammersystem).

Einkaufskommission
S. zunächst → Kommission. Ferner enthält das Depotgesetz idF v. 11.1.1995 (BGBl. 1995 I 34) mÄnd Sondervorschriften (§§ 18 ff.) über das Kommissionsgeschäft bei Einkauf von → Effekten. In diesem Fall gibt es besondere Schutzvorschriften zugunsten des Kommittenten (also desjenigen, der den Auftrag zum Erwerb der Wertpapiere erteilt). Beispielsweise hat der Kommissionär unverzüglich, spätestens binnen 1 Woche nach Erwerb der Wertpapiere, dem Kommittenten ein Verzeichnis über die gekauften Wertpapiere (Stückeverzeichnis) zu übersenden. Bereits mit der Absendung des Verzeichnisses geht das Eigentum an den Wertpapieren auf den Kommittenten über. Unterlässt der Kommissionär unberechtigterweise die Übersendung, so kann der Kommittent nach Fristsetzung das Geschäft zurückweisen und → Schadensersatz wegen Nichterfüllung verlangen. In der → Insolvenz des Kommissionärs hat der Kommittent, der seine Verpflichtungen voll erfüllt hat, ein Recht auf vorzugsweise Befriedigung aus einer Sondermasse (Wertpapiere gem. §§ 32 ff. DepotG); ist der Kommittent bereits Eigentümer geworden, so kann er darüber hinaus → Aussonderung begehren.

Einkommen
→ Einkommensteuer.

Einkommens- und Verbrauchsstichprobe
(EVS) → Existenzminimum.

Einkommensanrechnung
In der → gesetzlichen Rentenversicherung und der → gesetzlichen Unfallversicherung wird das neben einer → Witwenrente (Witwerrente) zeitgleich erzielte Einkommen angerechnet. Rechtsgrundlage der Einkommensanrechnung ist in der → gesetzlichen Rentenversicherung § 97 SGB IV, in der → gesetzlichen Unfallversicherung § 65 SGB VII. Die Höhe und der Beginn sowie das Ende der Einkommensanrechnung richten sich nach §§ 18a ff. SGB IV. Von der Einkommensanrechnung sind alle Einnahmen betroffen, die der → Hinterbliebene zeitgleich erhält, unabhängig davon, woraus diese Einnahmen stammen (Kapitalerträge, Arbeitseinkommen, weitere Renten usw). Beim Bezug von Bürgergeld ist daneben erzieltes Einkommen nach den §§ 11–11b SGB II – unter Berücksichtigung von Absetzbeträgen – anzurechnen. Die Anrechnung von Nebeneinkommen während des Bezuges von Arbeitslosengeld erfolgt nach § 155 SGB III unter Be-

rücksichtigung eines Freibetrages von 165 EUR.

Einkommensbereinigung
In → Unterhaltssachen ist die Höhe des → Barunterhalts abhängig von den Einkommens- und Vermögensverhältnissen der Beteiligten. Ausgehend von den → Einkunftsarten nach § 2 EStG werden die verschiedenen → Einkünfte und die laufenden Ausgaben der Beteiligten wertend mit Zu- und Abschlägen bereinigt, um sie vergleichbar zu machen und einer Billigkeitskorrektur zu unterziehen. Steuern auf die Einkommen werden ebenso abgezogen, wie Kosten, die unmittelbar durch die Einkommenserzielung ausgelöst werden, sowie unabweisliche Aufwendungen, wie für Heilbehandlungen. Kosten im Zusammenhang mit der Einkommenserzielung können vergleichbar den → Werbungskosten im Steuerrecht abgezogen werden. Die Kosten können pauschaliert werden, etwa 5% der Erwerbseinkommens als pauschale berufsbedingte Aufwendungen. Statt dessen können Fahrtkosten zum Arbeitsplatz mit dem → Kraftfahrzeug nach den → Leitlinien der Oberlandesgerichts pauschal nach zurückgelegtem Entfernungskilometer entsprechend § 5 II Nr. 2 JVEG mit 0,42 EUR abgezogen werden. Luxusaufwendungen werden ebenso wenig in Abzug gebracht, wie laufende Kosten der allgemeinen Lebensführung, zu denen auch die Miete gehört. Jene sind bereits in dem → Selbstbehalt des Unterhaltsverpflichteten enthalten. Wie Einkommen wird auch der vermögenswerte Vorteil behandelt, der sich aus der Nutzung einer eigenen Wohnung ergibt, der → Wohnwert. Eine Billigkeitskorrektur findet dann statt, wenn das Einkommen als überobligatorisch gilt, weil es etwa aus einer Nebentätigkeit oder von freiwilligen Leistungen Dritter stammt. Inwieweit Veränderungen der Einkommensverhältnisse der Beteiligten zu berücksichtigen sind, ist abhängig von dem jeweiligen Unterhaltstatbestand. Während beim → Kindesunterhalt das Kind an den sich ändernden wirtschaftlichen Verhältnissen der Eltern laufend teilhat, und im Bereich des → Mindestunterhalts, der das → Existenzminimum des Kindes sichern soll, strenge Maßstäbe an die Abzugsfähigkeit von Ausgaben geknüpft werden, geht der → Scheidungsunterhalt im Prinzip von der Perpetuierung der ehelichen Lebensverhältnisse (§ 1578 I BGB) ab dem Stichtag der Scheidung aus, so dass etwa das Einkommen des Unterhaltsverpflichteten nicht um den Unterhalt für sein nach der Ehe geborenes Kind zu bereinigen ist.

Einkommensteuer
1. Rechtsgrundlage für die Einkommensteuer (ESt) ist das Einkommensteuergesetz (EStG) (BGBl. 2002 I 4210). Zugehörige Verordnungen (Art. 80 GG) sind die ESt-Durchführungsverordnung (BGBl. 2000 I 717) und die LSt-Durchführungsverordnung 1990 (BGBl. 1989 I 1848). Verwaltungsvorschriften (Art. 108 VII GG) sind die ESt-Änderungsrichtlinien (EStÄR) (BStBl. I 2013, 276) und die LStÄR 2015 (BStBl. I 2015 58). Die ESt unterliegt der → konkurrierenden Gesetzgebung des Bundes (Art. 105 II GG), der Verwaltungshoheit der Länder (Art. 108 II, III GG) und der gemeinsamen Ertragshoheit von Bund und Ländern (→ Verteilung des Steueraufkommens).

2. Die ESt ist eine Steuer, die vom Einkommen der natürlichen Personen erhoben wird. Als → Personensteuer knüpft sie an die Leistungsfähigkeit einer Person an. Es handelt sich dabei um eine direkte Steuer, weil sie von demjenigen erhoben wird, der die Belastung auch selbst trägt. Unbeschränkt steuerpflichtig sind natürliche Personen mit → Wohnsitz oder → gewöhnlichem Aufenthalt im → Inland. Sie unterliegen der ESt mit ihren gesamten in- und ausländischen Einkünften (Welteinkünfteprinzip). Die unbeschränkte Steuerpflicht gilt auch für im Ausland ansässige öffentliche Bedienstete und Auslandsbewohner mit inländischen Einkünften, wozu insbes. Grenzpendler gehören (sog. erweiterte unbeschränkte Steuerpflicht, § 1 II, III EStG, § 1a EStG). Beschränkt Stpfl. sind natürliche Personen, die im Inland weder einen Wohnsitz noch einen gewöhnlichen Aufenthalt haben. Sie sind lediglich mit ihren inländischen Einkünften (§ 49 EStG) steuerpflichtig. Sonderfall ist die erweiterte beschränkte Steuerpflicht nach → Außensteuergesetz.

3. Der ESt unterliegen nur → Einkünfte, die unter eine der sieben Einkunftsarten des § 2 EStG fallen. Dazu gehören Einkünfte aus Land- und Forstwirtschaft, Gewerbebetrieb, selbständiger Arbeit, nichtselbständiger Arbeit, Kapitalvermögen, Vermietung und Verpachtung sowie sonstige Einkünfte. Die Aufzählung ist abschließend.

4. Die Summe der Einkünfte ergibt sich aus der Verrechnung positiver und negativer Einkünfte der gleichen Einkunftsart und der anschließenden Verrechnung der Salden aus den verschiedenen Einkünften. Das ab 1999 geltende komplexe Verrechnungssystem, das nur einen beschränkten Verlustabzug in der ESt gestattete (nur Gewinne und Verluste innerhalb derselben Einkunftsart konnten unbeschränkt verrechnet werden) und eine → Mindestbesteuerung sicherstellen sollte, ist ab dem → Veranlagungszeitraum 2004 abgeschafft worden. Eine Verrechnung des Verlustabzugs zwischen verschiedenen Einkunftsarten ist somit wieder möglich, wobei die Einschränkungen bei → Steuerstundungsmodellen (§ 15b EStG) zu beachten sind. Von der ermittelten Summe der Einkünfte verbleibt nach Abzug des → Altersentlastungsbetrags (§ 24a EStG) und des Freibetrags für Land- und Forstwirte (§ 13 III EStG) der Gesamtbetrag der Einkünfte (§ 2 III EStG), nach Abzug der → Sonderausgaben (§§ 10–10g EStG) und der außergewöhnlichen → Belastungen (§§ 33–33b EStG) das Einkommen (§ 2 IV EStG), nach Abzug

der Kinderfreibeträge (§§ 31, 32 EStG) und des → Entlastungsbetrages (§ 24b EStG) das zu versteuernde Einkommen (§ 2 V EStG und § 32a I EStG). Dieses bildet die → Bemessungsgrundlage für die tarifliche ESt. Bei Einzelveranlagung (§ 25 EStG), getrennter Veranlagung (§§ 26, 26a EStG) und bei besonderer Veranlagung im Jahr der Eheschließung (§§ 26, 26c EStG) ergibt sich die ESt aus der Formel des § 32a I EStG. Bei Zusammenveranlagung von Ehegatten (§§ 26, 26b EStG) und bei Einzelveranlagung in den Fällen des → Gnadensplitting ist das Splittingverfahren (§ 32a V u. VI EStG) anzuwenden. → Antragsveranlagung, → Veranlagungsarten, → Haushaltsbesteuerung.

5. Der Einkommensteuertarif ist gemäß § 32a EStG ein komplizierter, stufenloser Formeltarif. Ab 1.1.2019 beträgt der steuerfreie Grundfreibetrag 9.168/18.336 EUR. Damit wird das Existenzminimum steuerfrei gestellt und einer entsprechenden Forderung des BVerfG Rechnung getragen, vgl. BVerfG v. 25.9.1992 (BStBl. II 1993, 413). Für die Veranlagung ab 2009 sinkt der → Eingangsteuersatz, der oberhalb des Grundfreibetrages beginnt, auf 14 vH. Anschließend steigt der Steuersatz (→ Progression). Der Anstieg der Progressionskurve wird ab 2009 durch eine Korrektur abgeflacht, so dass bei einem höheren zu versteuerndem Einkommen die festzusetzende Einkommensteuer schwächer ansteigt. Der Spitzensteuersatz von 42 vH wird ab einem zu versteuernden Einkommen von 55.961/111.922 EUR erhoben. Dieser Spitzensteuersatz erhöht sich durch die sog. → Reichensteuer ab 265.327/530.654 EUR noch um weitere 3 vH auf 45 vH.

Die Tarifermäßigung für gewerbliche Einkünfte (§ 32c EStG) ist ab 1.1.2001 entfallen. Sie ist durch die Gewerbesteueranrechnung nach § 35 EStG abgelöst worden; → Gewerbesteuer.

Die sich aus der Tabelle ergebende tarifliche ESt ist um Steuerermäßigungen zu kürzen (zB Anrechnung ausländischer ESt nach § 34c I EStG oder Mitgliedsbeiträge und Spenden an politische Parteien nach § 34g EStG) bzw. um Nachsteuer (§ 10 V EStG) und ggf. das Kindergeld (§ 36 II 1 EStG) zu erhöhen (§ 2 VI EStG; → Familienleistungsausgleich). Hieraus ergibt sich dann die festzusetzende ESt (§ 2 VI EStG).

6. Die ESt wird im → Steuerbescheid festgesetzt. Die Festsetzung der ESt ist ein Verwaltungsakt und kann mit → Einspruch angefochten werden. Die Einzelnen in die Besteuerung eingegangenen Einkünfte, Einnahmen oder Ausgaben sind dagegen grundsätzlich unselbständige → Besteuerungsgrundlagen, die nicht eigenständig angefochten werden können. Ab dem Veranlagungszeitraum 1995 wird zusätzlich ein → Solidaritätszuschlag in Höhe von 7,5 vH, ab 1998 5,5 vH der festgesetzten ESt erhoben. Ab dem VAZ 2021 werden die Freigrenzen in § 3 Abs. 4a SolZG angehoben, so dass künftig ca. 90% der Zahler vollständig entlastet werden und der SolZ nur noch von ca. 10% der Steuerpflichtigen erhoben werden soll (Verfassungsmäßigkeit stark zweifelhaft).

7. Auf die festgesetzte ESt werden die ESt-Vorauszahlungen (s. u. 8.), die einbehaltenen und abgeführten Steuerabzugsbeträge angerechnet (→ Lohnsteuer, → Kapitalertragsteuer, s. u. 9.). Die Feststellung dieses Saldos stellt einen eigenen, von der Steuerfestsetzung zu trennenden, anfechtbaren Verwaltungsakt dar, die sog. Anrechnungsverfügung. Ergibt der Saldo für den Stpfl. einen Schuldbetrag, so ist die sich ergebende Abschlusszahlung binnen einen Monats nach Bekanntgabe des → Steuerbescheids zu entrichten. Eine Überzahlung zugunsten des Stpfl. wird erstattet oder gutgeschrieben (§ 36 IV EStG).

8. Vorauszahlungen sind regelmäßig in Höhe von je 1/4 der zu entrichtenden Steuer der letzten Veranlagung nach Abzug der Abzugsbeträge am 10.3., 10.6., 10.9. und 10.12. zu entrichten. Die Vorauszahlungen erhöhen sich um den → Solidaritätszuschlag. Das Finanzamt kann die Vorauszahlungen bis zum Ablauf des auf den Veranlagungszeitraum folgenden 15. Monats an die voraussichtliche Steuer anpassen (§ 37 III EStG). Vorauszahlungen sind nur festzusetzen, wenn sie mindestens 400 EUR im Kalenderjahr und mindestens 100 EUR für einen Vorauszahlungszeitpunkt betragen. Kommt es zu einer nachträglichen Erhöhung der Einkommensteuervorauszahlung für ein bereits abgelaufenes Kalenderjahr, muss der Erhöhungsbetrag ab 1.1.2009 5.000 EUR betragen (zuvor 2.500 EUR; vgl. § 37 V EStG).

9. Lohn- und Gehaltsempfänger zahlen → Lohnsteuer als → Vorauszahlung auf die ESt in der Form des Steuerabzugs vom Arbeitslohn durch den Arbeitgeber (§§ 38–42 f, 46 EStG). Sie werden nur veranlagt, wenn einer der Gründe des § 46 EStG vorliegt, zB Nebeneinkünfte über 410 EUR. Wird keine Antragsveranlagung durchgeführt, gilt die ESt durch den Lohnsteuerabzug als abgegolten (§ 46 V EStG). Der Steuerabzug vom Kapitalertrag (vgl. → Kapitalertragsteuer §§ 43, 43a EStG) ist bei unbeschränkt steuerpflichtigen natürlichen Personen eine → Vorauszahlung auf die ESt. Bei beschränkt steuerpflichtigen Aufsichts- und Verwaltungsratsmitgliedern wird die ESt als Aufsichtsratsteuer mit 30 vH der Vergütungen erhoben (§ 50a EStG).

10. Auch die Abzugsteuern nach 9. erhöhen sich ab 1995 um den → Solidaritätszuschlag. Vgl. → Antragsveranlagung, → Veranlagungsarten.

Einkreisung
→ Kreisstadt.

Einkünfte
1. Einkünfte sind die Grundlage für die Festsetzung der Einkommensteuer. Sie ergeben sich aus dem Saldo der Einnahmen und der

damit im Zusammenhang stehenden Aufwendungen. Dieser Saldo ist bei den Gewinneinkünften der Gewinn und bei den Überschusseinkünften der Überschuss der Einnahmen über die Werbungskosten. Einkünfte können sowohl positiv als auch negativ sein. Einkommensteuerrelevante Einkünfte sind nur die in § 2 EStG abschließend aufgezählten → Einkunftsarten. Einkünfte liegen nur dann vor, wenn die Tätigkeit mit Einkünfteerzielungsabsicht ausgeübt wird. → Gewinnerzielungsabsicht, → Liebhaberei.

2. Inländische Einkünfte Nur die inländischen Einkünfte sind bei beschränkt Steuerpflichtigen heranzuziehen (§ 1 IV EStG, § 2 KStG). Inländische Einkünfte sind nicht alle im Inland bezogenen Einkünfte, sondern nur die in § 49 EStG erschöpfend aufgezählten („49er-Katalog"). So sind zB – obwohl im Inland bezogen – Einkünfte aus wiederkehrenden Bezügen, soweit sie dem Steuerabzug nicht unterworfen sind (§ 49 I Nr. 7 EStG) und Einkünfte aus Spekulationsgewinnen außer bei Grundstücken (§ 49 I Nr. 8 EStG) keine inländischen Einkünfte.

3. Zu → ausländischen Einkünften s. dort und → Doppelbesteuerung.

Einkünfteerzielungsabsicht
→ Gewinnerzielungsabsicht.

Einkunftsarten
sind in § 2 EStG abschließend aufgezählt. Sie lassen sich in zwei Gruppen unterteilen:

1. Gewinneinkünfte: Einkünfte aus Land- und Forstwirtschaft (§§ 13–14a EStG), Einkünfte aus Gewerbebetrieb (§§ 15–17 EStG), Einkünfte aus selbständiger Tätigkeit (§ 18 EStG). Die Bezeichnung als Gewinneinkünfte resultiert daraus, dass hier die zu ermittelnden Einkünfte Gewinn genannt werden. Die Ermittlung des Gewinns kann durch → Betriebsvermögensvergleich, Einnahme-Überschussrechnung oder für Forst- und Landwirte nach Durchschnittsätzen ermittelt werden; → Gewinnermittlungsarten.

2. Überschusseinkünfte: Einkünfte aus nichtselbständiger Tätigkeit (§ 19 EStG), Einkünfte aus Kapitalvermögen (§ 20 EStG), Einkünfte aus Vermietung und Verpachtung (§ 21 EStG) und sonstige Einkünfte (§§ 22, 23 EStG). Dabei sind die sonstigen Einkünfte nicht ein Auffangtatbestand für alle Einnahmen, die nicht unter eine der übrigen Einkunftsarten fallen, sondern nur die gesetzlich in § 22 genannten Einkünfte werden hier erfasst. Dazu gehören insbesondere → private Veräußerungsgeschäfte (§ 23 EStG). Bei den Überschusseinkünften erfolgt die Ermittlung der Einkünfte durch eine Gegenüberstellung der → Einnahmen über die → Werbungskosten. → Liebhaberei.

Einlage
wird der Beitrag eines Gesellschafters genannt, den er als Beteiligung an einer → Gesellschaft des bürgerlichen Rechts, einer → Handelsgesellschaft oder einer stillen Gesellschaft leistet. Der Begriff wird aber auch im Zusammenhang mit → Kapitalgesellschaften verwendet. Meist wird die Einlage in Geld erbracht (Kapitaleinlage, Bareinlage, zB durch Einzahlung zum → Gesellschaftsvermögen oder auf den → Geschäftsanteil, Übernahme von → Aktien). Sie kann aber (insbes. im Rahmen einer Sachgründung) auch durch Übertragung von Sachwerten oder Rechten geleistet werden (sog. Sacheinlage). Hier ist genau zu prüfen, ob die eingebrachte Sache bzw. das eingebrachte Recht tatsächlich dem Wert entspricht, der in den Gründungsunterlagen dafür veranschlagt ist. Rechtliche Konstruktionen, bei denen die Beteiligten eine Bareinlage vereinbaren, jedoch in engem Zusammenhang hiermit die Gesellschaft zB eine Sache von dem Gesellschafter erwirbt, können als eine verdeckte Sacheinlage gewertet werden. Die Höhe der Einlage richtet sich nach dem Nennbetrag des → Geschäftsanteils; sie ist immer Ausgangsbetrag für die Feststellung des → Kapitalanteils. → Gesellschafterdarlehen.

Ertragsteuerlich sind Einlagen alle Wirtschaftsgüter (auch Bareinzahlungen), die der Steuerpflichtige dem Betrieb im Laufe des → Wirtschaftsjahrs zuführt (§ 4 I 8 EStG). Einlagen sind ein wichtiger Bestandteil des → Betriebsvermögensvergleichs (§ 4 EStG und § 5 EStG). Die Einlagen dürfen den zu ermittelnden Gewinn (definiert als Zuwachs an Betriebsvermögen) nicht erhöhen, da sie nicht vom Betrieb erwirtschaftet wurden. Einlagen sind grundsätzlich mit dem → Teilwert anzusetzen (§ 6 I Nr. 5 EStG). Bei der Bemessung der → AfA ist idR von diesem Wert auszugehen. → Bewertung.

Einlage, verdeckte
→ Körperschaftsteuer (8).

Einlagengeschäft
(Depositengeschäft) ist nach § 1 I 2 Nr. 1 KWG ein → Bankgeschäft, das die Annahme fremder Gelder als Einlagen ohne Verbriefung und ohne Rücksicht darauf umfasst, ob Zinsen vergütet werden. Das Europarecht bezeichnet als Einlagen die Entgegennahme von rückzahlbaren Geldern des Publikums (zB Art. 9 RL 2013/36/EU v. 26.6.2013 über den Zugang zur Tätigkeit von Kreditinstituten, ABl. EU 2013 L 176, 338). Gutschriften im bargeldlosen Zahlungsverkehr (→ Zahlungsinstitute) sind ebenso Einlagen wie Termingelder oder Spareinlagen gegen Ausfertigung eines → Sparbuches; → Bankeinlagen.

Einlagensicherung
1. Als Einlagensicherung bezeichnet man den Schutz von Einlagen (→ Einlagengeschäft), falls das → Kreditinstitut nicht in der Lage ist, die fällige Einlage zurückzuzahlen (Entschädigungsfall). Die Einlagensicherung in Deutschland hat eine gesetzliche und eine freiwillige Komponente. Eine gesetzliche Mindestsicherung schreibt das EinSiG vor (dazu 2.); ferner

gibt es eine freiwillige zusätzliche Sicherung durch die Sicherungssysteme der Kreditwirtschaft (dazu 3.), die je nach Verbandszugehörigkeit variiert. Diese Form der Einlagensicherung entstand lange vor dem Inkrafttreten des Vorläufers des EinSiG, nämlich im Anschluss an den Zusammenbruch des Bankhauses Herstatt 1974.

2. a) Die gesetzliche Einlagensicherung wurde in Europa im Rahmen der Schaffung einer → Bankenunion durch die Richtlinie 2014/49/EU v. 16.4.2014 (ABl. EU 2014 L 173, 149, sog. Deposit Guarantee Schemes Directive) reformiert, die mit dem Erlass des Einlagensicherungsgesetzes (EinSiG) v. 28.3.2015 (BGBl. 2015 I 786) in Deutschland umgesetzt wurde.

b) Nach § 1 EinSiG müssen alle Kreditinstitute zum Schutz ihrer Einlagen einem Einlagensicherungssystem angehören. Auf die Zugehörigkeit zu solch einer Einrichtung sind die Kunden hinzuweisen (§ 23a KWG). Im Entschädigungsfall hat der Einleger einen Entschädigungsanspruch gegen das Einlagensicherungssystem (§ 5 EinSiG), der grundsätzl. auf 100 000 EUR begrenzt ist (§ 8 EinSiG) und vom Einlagensicherungssystem innerhalb von sieben Arbeitstagen zu erfüllen ist (§ 14 EinSiG). Nicht geschützt sind Einlagen anderer Kreditinstitute oder staatlicher Stellen (§ 6 EinSiG). Einlagensicherungssysteme müssen über angemessene Finanzmittel verfügen (§ 17 EinSiG), die durch Beiträge der angeschlossenen Kreditinstitute aufgebracht werden (§ 19 EinSiG), und unterliegen der Aufsicht durch die → BaFin (§ 50 EinSiG).

c) Alleiniges gesetzliches Einlagensicherungssystem in Deutschland ist die Entschädigungseinrichtung deutscher Banken GmbH (VO v. 24.8.1998, BGBl. 1998 I 2391). Seine Finanzierung und andere Einzelheiten regelt die Entschädigungseinrichtungs-Finanzierungsverordnung (EntschFinV) v. 5.1.2016 (BGBl. 2016 I 9). Die ehemalige Entschädigungseinrichtung des Bundesverbandes Öffentlicher Banken Deutschlands GmbH wurde zum 1.10.2021 aufgelöst (Verordnung v. 8.6.2021, BGBl. 2021 I 1711).

Nach § 43 EinSiG anerkannte Einlagensicherungssysteme sind

- das institutsbezogene Sicherungssystem der Deutschen Sparkassen-Finanzgruppe und
- die BVR Institutssicherung GmbH der → Volks- und Raiffeisenbanken.

3. a) Die deutsche Kreditwirtschaft ist bemüht, die Einlagen ihrer Kunden über das vom EinSiG vorgeschriebene Mindestmaß hinaus freiwillig zu sichern. Dies geschieht für die privaten Kreditinstitute durch den Einlagensicherungsfonds des Bundesverbands deutscher Banken e. V. Der Fonds verspricht pro Kunde bis 2020 eine zusätzliche Einlagensicherung in Höhe von bis zu 20% des haftenden Eigenkapitals der Bank (vgl. Nr. 20 AGB-Banken). Von 2020–2025 beträgt die Sicherung 15% des haftenden Eigenkapitals und danach 8,75%. Der Einlagensicherungsfonds des Bundesverbandes Öffentlicher Banken Deutschlands e. V. sichert über das EinSiG hinaus die Ansprüche der Kunden öffentlicher Banken.

b) Das Sicherungssystem der Deutschen Sparkassen-Finanzgruppe und die BVR Institutssicherung der Volks- und Raiffeisenbanken will ebenfalls alle Ansprüche seiner Kunden über das vom EinSiG vorgeschriebene Mindesmaß hinaus schützen. Beide stellen sogenannte institutsbezogene Sicherungssysteme dar. Sie sollen Insolvenzen der ihr angeschlossenen Kreditinstitute verhindern. Indem sie die Existenz der Institute garantieren, sichern sie indirekt auch deren Einlagen und können daher als gesetzliche Einlagensicherungssysteme iSd EinSiG anerkannt werden, was geschehen ist. Das Sicherungssystem der Deutschen Sparkassen-Finanzgruppe soll reformiert werden und einen ab 2025 zu befüllenden Sicherungsfonds erhalten.

4. Eingreifen musste die Einlagensicherung ua 2002 (Schmidt-Bank), 2008 (deutsche Lehman-Tochter, Weserbank), 2009 (Quelle Bausparkasse), 2016 (Maple Bank), 2019 (NordLB), 2021 (Greensill Bank) und 2023 (North Channel).

5. Dem Schutz von Anlegern im Falle der Insolvenz eines → Wertpapierinstituts dient die → Anlegerentschädigung.

Einlagerer
→ Lagergeschäft.

Einlassung
Einlassung nennt man ganz allgemein die Äußerung eines Verfahrensbeteiligten zum Verfahrensgegenstand.

Einlassungsfrist
Die Einlassungsfrist ist der Zeitraum zwischen der Zustellung der → Klageschrift und der → mündlichen Verhandlung. Die Einlassungsfrist beträgt idR mindestens 2 Wochen; bei Zustellung im Ausland bestimmt der Vorsitzende die Einlassungsfrist (§ 274 III ZPO). Eine Einlassungsfrist gibt es nicht im Verfahren über → Arrest und → einstweilige Verfügung. Die Einlassungsfrist dient dazu, dass sich der Beklagte auf den Termin vorbereiten kann. S. a. → Ladung. Allgemeiner verstanden ist die Einlassungsfrist eine Frist, innerhalb derer sich ein Verfahrensbeteiligter zum Verfahrensgegenstand äußern kann (→ Einlassung).

Einlieferung
ist der Parallelbegriff zur → Auslieferung. Hat ein ausländischer Staat die Auslieferung eines Strafverfolgten bewilligt, so wird dieser von den Behörden des ersuchten Staates am vereinbarten Grenzübergang überstellt und damit in den ersuchenden Staat eingeliefert.

Einlösungsgarantie
Die Einlösungsgarantie ist die Verpflichtung einer in einem → Scheck bezogenen Bank ge-

genüber dem Scheckinhaber, den Scheck einzulösen. Die Einlösungsgarantie wird idR schriftlich gegeben; sie ist dem Wesen nach → Garantievertrag oder → Schuldübernahme.

Einlösungsrückgriff
→ Remboursrückgriff.

Einmanngesellschaft, Einpersonengesellschaft
Die Einmanngesellschaft hat nur einen einzigen Gesellschafter und ist nur bei einer → Kapitalgesellschaft möglich. Sowohl bei der → Aktiengesellschaft als auch bei der → Gesellschaft mit beschränkter Haftung kann ein Gesellschafter bereits bei der Gründung sämtliche Aktien (§§ 2, 42 AktG) bzw. Geschäftsanteile (§ 5 II GmbHG) übernehmen oder diese nachträglich erwerben. Er fasst damit auch allein alle Gesellschafterbeschlüsse. Bei einer Personengesellschaft kommt eine Einmanngesellschaft nicht in Betracht. Für → Rechtsgeschäfte des Alleingesellschafters einer GmbH mit der Einmanngesellschaft gilt das Verbot des → Selbstkontrahierens, § 181 BGB (§ 35 III GmbHG). Zur persönlichen Haftung des Gesellschafters der Einmanngesellschaft s. → Durchgriffshaftung. Auch auf europäischer Ebene gibt es Bestrebungen zur Schaffung einer Einpersonengesellschaft (SUP, Societas Unius Personae), bei der die Haftung auf das Gesellschaftsvermögen beschränkt sein soll.

Einmischungsklage
→ Hauptintervention.

Einmündungen
→ Kreuzungen.

Einnahmeminderungen
(Staatshaushalt) → Haushaltsrecht.

Einnahmen
sind alle Güter, die in Geld oder Geldeswert bestehen und dem Stpfl. im Rahmen der sog. Überschusseinkünfte zufließen (§ 8 EStG), → Einkunftsarten. Jeder wirtschaftliche Vorteil wird erfasst. Dazu gehören außer Geld auch andere greifbare geldwerte Vermögensvorteile (sog. geldwerter Vorteil). Solche können in Nutzungen oder Leistungen an den Stpfl. liegen, zB vom Arbeitgeber zur Verfügung gestellte Wohnung, Incentivereise. Für steuerliche Zwecke sind diese mit den üblichen Endpreisen am Abgabeort anzusetzen. Für Gewinneinkünfte gilt § 8 EStG entsprechend, → Betriebseinnahmen). Vgl. → Einkünfte, → Sachbezüge.

Einnahmen-Überschussrechnung
→ Gewinnermittlungsarten.

Einordnungsverhältnis
→ Gewaltverhältnis, öffentl.-rechtl.

Einphasensteuer
→ Allphasensteuer.

Einrede
1. Die Einrede ist ein Recht, das die Durchsetzung des → subjektiven Rechts eines anderen verhindert, also ein Gegenrecht. Durch dieses negative Recht wird das subjektive Recht nicht vernichtet (anders Einwendung, s. u.), sondern nur in seiner Verwirklichung beeinträchtigt (Leistungsverweigerungsrecht). Da sich die Durchsetzung eines subjektiven Rechts regelmäßig in der Form des → Anspruchs äußert, ist die Einrede das Recht, die Erfüllung eines Anspruchs ganz oder teilweise zu verweigern (so zB Einrede des nichterfüllten Vertrags; → gegenseitiger Vertrag, 1). Man unterscheidet die aufschiebende Einrede (hemmende, dilatorische Einrede, zB die Einrede des → Zurückbehaltungsrechts, des nichterfüllten Vertrags, der Stundung usw.) und die dauernde Einrede (zerstörende, peremptorische Einrede, zB die → Verjährung). Die Geltendmachung einer nur aufschiebenden Einrede (sie führt zur Klageabweisung als derzeit unbegründet oder, zB beim Zurückbehaltungsrecht, zur Verurteilung → Zug um Zug) hindert die Geltendmachung des Rechts nach Wegfall des Hindernisses nicht; bei einer dauernden Einrede ist die Verwirklichung des Rechts dagegen praktisch für immer ausgeschlossen. Der Einrede kann zur Entkräftung von der anderen Seite eine Gegeneinrede (Replik), dieser eine weitere Gegeneinrede (Duplik) entgegengehalten werden (zB gegenüber der Einrede der Verjährung der Einwand eines Verstoßes gegen → Treu und Glauben durch rechtsmissbräuchliche Herbeiführung der Verjährung).

Anders als die Einrede, die das Recht als solches unberührt lässt und nur ein Leistungsverweigerungsrecht gibt, beseitigt die Einwendung das Recht als solches selbst, nicht nur dessen Durchsetzbarkeit. Man unterscheidet rechtshindernde und rechtsvernichtende Einwendungen. Bei den rechtshindernden Einwendungen ist das geltendgemachte Recht überhaupt nicht entstanden (zB Nichtigkeit des Vertrags wegen mangelnder → Geschäftsfähigkeit, infolge → Sittenwidrigkeit oÄ), bei den rechtsvernichtenden Einwendungen ist ein zunächst wirksam entstandenes Recht nachträglich wieder erloschen (zB infolge → Erfüllung, → Rücktritt vom Vertrag usw). Der Unterschied zur Einrede besteht darin, dass die Einwendung als anspruchsvernichtender Umstand im Prozess von Amts wegen zu berücksichtigen ist, während die Einrede als bloßes Gegenrecht vom Einredeberechtigten vorgebracht werden muss. So ist zB eine Klage wegen Nichtigkeit des Vertrags infolge Geschäftsunfähigkeit von Amts wegen abzuweisen, wegen Verjährung der Forderung aber nur, wenn sich der Schuldner auf sie beruft.

2. Im Zivilprozessrecht werden abweichend hiervon alle Umstände, die nicht nur in einem bloßen Leugnen des Klageanspruchs bestehen (zB Bestreiten der Hingabe der Darlehenssumme), als Einreden bezeichnet. Diese können sowohl auf prozessualem (→ prozesshindernde Einrede) als auch auf materiellrechtlichem Gebiet liegen. Die materiell-rechtlichen „Einre-

den" umfassen daher sowohl rechtsverneinende, dh rechtshindernde und rechtsvernichtende Umstände (das sind die oben genannten Einwendungen) als auch rechtshemmende Tatsachen (die eigentlichen Einreden). Die → Beweislast für die tatsächlichen Voraussetzungen einer Einrede trägt regelmäßig, dh soweit keine andere Verteilung der Beweislast vorgesehen ist, derjenige, der sich auf sie beruft. Sa → Schlüssigkeit.

Einrede der Bereicherung
→ ungerechtfertigte Bereicherung (2a).

Einrede der Vorausklage
→ Bürgschaft.

Einrede des nichterfüllten Vertrags
→ gegenseitiger Vertrag (1).

Einreise
1. Für Deutsche (→ Staatsangehörigkeit) ist die Einreise nach Deutschland stets frei. Die Einreise kann ihnen selbst dann nicht verwehrt werden, wenn sie entgegen dem Passgesetz (→ Passwesen) nicht einen Pass oder andere zugelassene Ausweispapiere mit sich führen.

2. → Ausländer dürfen grundsätzlich nur dann einreisen, wenn sie den erforderlichen → Aufenthaltstitel (sa → Visum, → Aufenthaltserlaubnis) und den erforderlichen Pass besitzen (§ 13 AufenthG). Ohne Pass und Aufenthaltstitel ist die Einreise grundsätzlich unerlaubt (§ 14 I AufenthG); wer unerlaubt einzureisen versucht, kann zurückgewiesen (→ Zurückweisung von Ausländern) oder nach unerlaubter Einreise unter bestimmten Voraussetzungen zurückgeschoben werden (→ Zurückschiebung). Das Recht der EU befreit von dem Erfordernis eines Aufenthaltstitels. Die Angehörigen der meisten europäischen und vieler außereuropäischen Staaten bedürfen für Aufenthalte bis zu 3 Monaten keiner Aufenthaltsgenehmigung, wenn sie einen Pass oder andere zugelassene Ausweispapiere mit sich führen und keine Erwerbstätigkeit aufnehmen (idR Touristen). Sa → Ausländerrecht, → Asylgesetz, → Asylrecht).

3. Besondere Regeln galten während der → COVID-19-Pandemie (sa → COVID-19) auch für die Eineise deutscher Staatsangehöriger. Nach § 5 der VO zum Schutz vor einreisebedingten Infektionsgefahren in Bezug auf das Coronavirus SARS-CoV-2 (Coronavirus-EinreiseVO) v. 28.9.2021 (BAnz AT v. 29.9.2021 V1) mÄnd mussten Pesonen, die das 12. Lebensjahr vollendet haben, bei der Einreise nach Deutschland über einen Testnachweis, einen Genesenennachweis oder einen Impfnachweis (→ Immunitätsnachweis; → Testpflicht; → Impfzwang) verfügen. Mit dem Ende der Pandemie sind faktisch inzwischen alle Restriktionen entfallen.

Einreisefreimengen
Die Einreise-Freimengen-VO regelt, welche Waren als Reisemitbringsel frei von → Einfuhrabgaben eingeführt werden können. Dazu gehören ua: 200 Zigaretten, 1 Liter Spirituosen mit einem Alkoholgehalt von mehr als 22% vol, 16 Liter Bier. Die Freigrenze für aus Drittländern auf dem Flug- oder Seeweg mitgebrachte Reisemitbringsel beträgt 430 EUR, auf anderen Verkehrswegen 300 EUR, für Reisende unter 15 Jahren 175 EUR. Die Abgabenfreiheit ist ausgeschlossen, wenn die Waren durch ihre Beschaffenheit oder Menge Anlass zu der Annahme geben, dass die Einfuhr aus geschäftlichen Gründen erfolgt. Vgl. Einreise-Freimengen-VO v. 24.11.2008 (BGBl. 2008 I 2235; ber. 2009 I 403).

Einreisevisum
→ Einreise.

Einsatz technischer Mittel
1. Der Einsatz technischer Mittel der Strafverfolgung kann in vielen Fällen auf §§ 161, 163 StPO (strafprozessuale Ermittlungsgeneralklausel) gestützt werden. Durch spezielle Eingriffsnormen zugelassen und zugleich durch differenzierte Voraussetzungen eingeschränkt werden verschiedene optische, akustische und andere technische Überwachungsmaßnahmen ohne Wissen des Betroffenen; dabei wird zwischen Maßnahmen gegen den Beschuldigten und andere Personen, im öffentlichen und nichtöffentlichen Raum sowie außerhalb und innerhalb der Wohnung unterschieden.

a) Die Herstellung von Bildaufnahmen und die Verwendung sonstiger besonderer technischer Mittel zur → Observation, zB Peilsender, sind außerhalb von Wohnungen zulässig, wenn Sachverhaltserforschung oder Aufenthaltermittlung des Täters auf andere Weise weniger Erfolg versprechend oder erschwert wäre (§ 100h I StPO). Gegen andere Personen als den Beschuldigten erfordern diese Maßnahmen weitere Voraussetzungen (§ 100h II 2 StPO). Eine optische Wohnraumüberwachung, dh der Vorgänge in einer Wohnung, ist unzulässig (s. Art. 13 III GG).

b) Abhören und Aufzeichnen des außerhalb einer Wohnung nichtöffentlich gesprochenen Wortes setzen voraus, dass eine der in § 100a StPO genannten Straftaten vorliegt und eine Ermittlung auf andere Weise aussichtslos oder wesentlich erschwert wäre (§ 100f I StPO, sog. „kleiner Lauschangriff"). Bei gezielten Einsätzen gegen Dritte sind weitere Voraussetzungen zu beachten (§ 100f II 2 StPO). Äußerungen, die dem Kernbereich privater Lebensgestaltung zuzurechnen sind, unterliegen einem Beweisverwertungsverbot (→ Beweisverbote) von Verfassungs wegen (Mitsch NJW 2012, 1486 zu Selbstgespräch in Kfz).

c) Abhören und Aufzeichnen des in einer Wohnung nichtöffentlich gesprochenen Wortes des Beschuldigten (akustische Wohnraumüberwachung, sog. „großer Lauschangriff") sind nach Art. 13 III GG, § 100c I StPO zulässig, wenn eine der in § 100b II StPO genannten besonders schweren Straftaten vorliegt und eine Ermittlung auf andere Weise unverhältnismäßig erschwert oder aussichtslos wäre. Unter den Begriff der Wohnung fallen auch andere Räume, die die Funktion als Rückzugsbereich privater Lebensgestaltung erfüllen, zB Hotel- od. Krankenzimmer, nicht allgemein zugängliche Geschäfts- oder Büroräume. In Wohnungen anderer Personen als des Beschuldigten müssen für die Maßnahme weitere Voraussetzungen vorliegen (§ 100c II StPO). Mit der Maßnahme notwendig verbundene Eingriffe, zB heimliches Betreten der Wohnung, sind erlaubt. Die Maßnahme darf nur angeordnet werden, wenn anzunehmen ist, dass Äußerungen, die dem Kernbereich privater Lebensgestaltung zuzurechnen sind, wozu auch Selbstgespräche gehören (BGH NJW 2005, 3295), nicht erfasst werden. Ergeben sich Anhaltspunkte, dass solche Äußerungen erfasst werden, ist die Maßnahme zu unterbrechen; die Äußerungen sind zu löschen, Erkenntnisse darüber nicht zu verwerten (§ 100d StPO).

d) Unzulässig ist die Maßnahme gem. c) bei Gesprächen des Beschuldigten mit Berufsgeheimnisträgern, die ein → Zeugnisverweigerungsrecht nach § 53 StPO haben, zB Geistliche, Verteidiger, Rechtsanwälte, Ärzte und Journalisten (§ 100d V StPO). Bei Maßnahmen gem. b) und c) gegen Berufsgeheimnisträger iS von §§ 53, 53a StPO ist das Beweisverbot gem. § 160a StPO zu beachten.

e) Weiterhin unbeschränkt zulässig bleiben der Einsatz bloßer Sicht- und Sehhilfen (→ Observation), das Aufzeichnen des öffentlich gesprochenen Wortes und das Mithören des nichtöffentlich gesprochenen Wortes.

f) Unter den Voraussetzungen des § 100i StPO dürfen durch technische Mittel die Gerätenummer eines Mobilfunkendgeräts und die Kartennummer der darin verwendeten Karten und der Standort des Mobilfunkendgeräts ermittelt werden. Ermöglicht wird so insb. der Einsatz eines sog. „IMSI-Catchers“. Ferner kann nach § 100j StPO zur Erforschung des Sachverhalts oder zur Ermittlung des Aufenthaltsorts des Beschuldigten von dem, der Telekommunikationsdienste geschäftsmäßig erbringt, Auskunft über die Daten gemäß §§ 95 und 111 TKG verlangt werden. → Telekommunikationsüberwachung.

g) Anordnungskompetenz: Abhören und Aufzeichnen außerhalb der Wohnung nach § 100 f II StPO darf das Gericht, bei Gefahr im Verzug auch die StA anordnen (§ 100 f IV StPO iVm § 100e I StPO). Gleiches gilt für Maßnahmen nach § 100i StPO (§ 100i III StPO) sowie nach § 100j StPO, sofern sich das Auskunftsverlangen auf Zugangssicherungscodes bezieht (§ 100j III StPO). Über das Abhören und Aufzeichnen innerhalb der Wohnung nach § 100c StPO entscheidet eine → Strafkammer des Landgerichts gemäß § 74a IV GVG, bei Gefahr im Verzug auch deren Vorsitzender (§ 100e II 2 StPO). Auch nach Erledigung einer Maßnahme nach § 100c StPO, § 100 f StPO oder § 100h StPO kann deren gerichtliche Überprüfung verlangt werden (§ 101 VII 2 StPO).

h) Die Verwertung der durch Maßnahmen nach § 100c StPO, § 100 f StPO, § 100h StPO erlangten personenbezogenen Daten für andere Strafverfahren ist nach § 100e VI StPO, § 477 II StPO beschränkt.

i) Wird das → Bundeskriminalamt oder der Zollfahndungsdienst (→ Zollbehörden) zur Verfolgung von Straftaten tätig, sind sie in bestimmten Fällen zur Eigensicherung zum Einsatz technischer Mittel nach § 16 BKAG oder §§ 22, 32 ZFdG berechtigt, die das Abhören und Aufzeichnen des innerhalb oder außerhalb einer Wohnung nicht öffentlich gesprochenen Wortes und das Herstellen von Bildern gestatten.

2. Für die präventive Tätigkeit der Polizei → Datenerhebung → Bundeskriminalamt.

Einsatzhorn
→ Vorfahrt.

Einsatzstrafe
→ Konkurrenz von Straftaten.

Einsatzwechseltätigkeit
1. Einsatzwechseltätigkeit liegt bei Arbeitnehmern vor, die bei ihrer individuellen beruflichen Tätigkeit typischerweise an ständig wechselnden Tätigkeitsstätten eingesetzt werden, zB Bau- oder Montagearbeiter, Leiharbeitnehmer, Mitglieder einer Betriebsreserve für Filialbetriebe. Eine regelmäßige Arbeitsstätte des Arbeitnehmers ist in diesem Fall nicht gegeben. Wird allerdings der Betrieb des Arbeitgebers mindestens einmal wöchentlich aufgesucht, so liegt die regelmäßige Arbeitsstätte im Betrieb. Die anschließenden Fahrten zu den Einsatzorten stellen dann Dienstreisen dar. Auch für Einsatzwechseltätigkeiten gelten die Regelungen über Reisekosten (→ Reisekosten, 3.).

2. Wird der Arbeitnehmer vom Betrieb zu den einzelnen Einsatzstellen vom Arbeitgeber unentgeltlich befördert, so kann er für diese Strecken nicht die → Entfernungspauschale geltend machen. Kehrt der Arbeitnehmer nicht täglich von der Einsatzstelle zur Wohnung zurück, an der sich sein Lebensmittelpunkt befindet, liegt nach der Rechtsprechung des → Bundesfinanzhofs keine → doppelte Haushaltsführung vor. Der Arbeitnehmer kann allerdings die ihm entstandenen Fahrt- und Übernachtungskosten sowie für die ersten drei Monate Mehraufwendungen für Verpflegung als Werbungskosten geltend machen. Der Ersatz dieser Aufwendungen durch den Arbeitgeber ist nach § 3 Nr. 13 und 16 EStG steuerfrei.

3. Kehrt der Arbeitnehmer dagegen täglich zurück, dann kann er zeitlich unbegrenzt die Fahrtkosten als Werbungskosten geltend machen (0,30 EUR je gefahrener Kilometer).

4. Zur zeitlichen Befristung der Berücksichtigung des Verpflegungsmehraufwands vgl. BMF-Schreiben v. 26.10.2005, IV C 5 – S 2353 – 211/05.

5. Seit 2014 liegt eine Einsatzwechseltätigkeit nur dann vor, wenn der Arbeitnehmer keine → erste Tätigkeitsstätte hat. Wird der Arbeitnehmer ohne erste Tätigkeitsstätte in einem weiträumigen Arbeitsgebiet tätig, zB Forstarbeiter oder Briefzusteller, so ist die → Entfernungspauschale für Fahrten von seiner Wohnung zu seinem weiträumigen Arbeitsgebiet anzusetzen (§ 9 I 3 Nr. 4a S. 3 EStG). Dabei ist entweder der stets genutzte Zugang zum weiträumigen Arbeitsgebiet, oder bei wechselnden Zugängen, der von der Wohnung nächstgelegene Zugang zugrunde zu legen. Ein weiträumiges Arbeitsgebiet hat ein Arbeitnehmer, der seine Arbeitsleistung auf einer festgelegten Fläche zu erbringen hat und nicht in einer ortsfesten betrieblichen Einrichtung des Arbeitgebers, eines verbundenen Unternehmens oder eines vom Arbeitgeber bestimmten Dritten. Somit besteht für zB Kundendienstmonteure oder Pflegekräfte weiterhin die Möglichkeit der Einsatzwechseltätigkeit.

Einschreibung
(Hochschule) → Studenten.

Einseitige Erledigterklärung
→ Erledigung der Hauptsache.

Einseitige Rechtsgeschäfte
→ Rechtsgeschäft (2a), → Willenserklärung (1c), → Zustimmung.

Einsicht(nahme)
→ Akteneinsicht, → Grundbuch, → Güterrechtsregister, → Handelsregister, → Vereinsregister, → Musterregister, → Vorlegung von Sachen (Einsichtnahme in Urkunden).

Einsichtsfähigkeit
→ Schuldunfähigkeit.

Einspeisevergütung
Betreiber von kleinen Anlagen zur Erzeugung von bis zu 100 kW Strom aus → erneuerbaren Energien haben nach § 19 EEG 2023 iVm § 21 EEG 2023 Anspruch auf eine Einspeisevergütung ihres Netzbetreibers. Voraussetzung ist, dass sie den gesamten in der Anlage erzeugten Strom dem Netzbetreiber zur Verfügung stellen. Die Höhe der Einspeisevergütung hängt von dem durch → Ausschreibung ermittelten „anzulegenden Wert" ab und reduziert sich nach § 53 EEG 2023 geringfügig. Die Einspeisevergütung fördert durch einen finanziellen Anreiz die Erzeugung von „grünem" Strom. Alternativ kann sich der Betreiber einer Anlage zur Erzeugung von Strom aus erneuerbaren Energien auch für eine Förderung durch die Marktprämie (→ Direktvermarktung) oder den Zuschlag für → Mieterstrom entscheiden.

Einsperren
eines Menschen → Freiheitsberaubung.

Einspruch
1. Im Zivilprozess ist der Einspruch gegen → Versäumnisurteile und → Vollstreckungsbescheide zulässig (§§ 338, 700 ZPO). Er muss schriftlich mit Begründung (§ 340 ZPO) binnen zwei Wochen ab Zustellung eingelegt werden (§ 339 ZPO). Ein zulässiger Einspruch (§ 341 I ZPO) versetzt im Umfang der Anfechtung den Prozess in die Lage zurück, in der er sich vor Eintritt der → Säumnis befunden hat (§ 342 ZPO). Der Einspruch wird verworfen, wenn er unzulässig ist (§ 341 II ZPO) oder wenn die Partei, die ihn eingelegt hat, im nächsten Termin erneut säumig ist (sog. zweites Versäumnisurteil, § 345 ZPO).

2. Im Strafprozess kann gegen einen → Strafbefehl binnen zwei Wochen Einspruch eingelegt werden (§ 410 I StPO), ebenso im → Bußgeldverfahren gegen einen Bußgeldbescheid (§ 67 I OWiG). Für das Verwaltungsverfahren → Widerspruchsverfahren; für das Patenterteilungsverfahren → Patentanmeldung. → Widerspruch im Zivilprozess.

3. Bevor gegen einen Verwaltungsakt von Finanzbehörden vor dem Finanzgericht geklagt werden kann, muss das sog. Vorverfahren durchlaufen werden (→ außergerichtliches Rechtsbehelfsverfahren). Darunter versteht man die nochmalige Überprüfung einer Entscheidung durch die Behörde, die durch den Einspruch vom Steuerpflichtigen herbeigeführt wird. Der Einspruch ist seit 1996 allein statthafter Rechtsbehelf (§§ 347, 348, 366, 367 AO). Die Möglichkeit der → Beschwerde ist entfallen. Zum Einspruch der → Gleichstellungsbeauftragten s. dort.

Einspruchsgesetz
nennt man in der Bundesgesetzgebung ein → Gesetz, das – im Gegensatz zum sog. → Zustimmungsgesetz – nicht der Zustimmung des Bundesrates bedarf, gegen das dieser aber Einspruch erheben kann (Art. 77 III GG; → Gesetzgebungsverfahren, 4).

Einstandspreis
→ unlauterer Wettbewerb (2a).

Einsteigdiebstahl
→ Diebstahl (2).

Einstellplätze
→ Garagen.

Einstellung
(prozessual) → Ermittlungsverfahren in Strafsachen (2), → Bagatellstrafsachen, → Bußgeldverfahren, → Vollstreckungsschutz, → Insolvenzverfahren (4c); (materiell) → Arbeitsvertrag, → Arbeitsverhältnis.

Einstellung der Vollstreckung
→ Zwangsversteigerung.

Einstellung mangels Masse
→ Insolvenzverfahren (1).

Einstellungszuschuss
Der Einstellungszuschuss war eine Leistung der → Arbeitsförderung nach dem SGB III an Arbeitgeber, die vor nicht mehr als zwei Jahren eine selbständige Tätigkeit aufgenommen und einen Langzeitarbeitslosen eingestellt hat-

ten (§§ 225 ff. SGB III aF). Die Leistung ist durch das Gesetz zur Neuausrichtung der arbeitsmarktpolitischen Instrumente v. 21.12.2008 (BGBl. 2008 I 2917) im Hinblick auf die zahlreichen anderen Förderungsmöglichkeiten für Existenzgründer entfallen. Die Leistung ist vergleichbar mit dem aktuellen → Eingliederungszuschuss (§§ 88 ff. SGB III).

Einstiegsgeld
Das Einstiegsgeld ist eine Sozialleistung, die nach dem SGB II gewährt werden kann (→ Grundsicherung für Arbeitsuchende, → Hartz-Gesetze). Das Einstiegsgeld kann erbracht werden, sofern dies erforderlich ist, um → erwerbsfähigen Hilfebedürftigen die Überwindung der → Hilfebedürftigkeit und die Eingliederung auf dem allgemeinen Arbeitsmarkt zu erleichtern (§ 16b SGB II). Es kommt eine Gewährung für die Aufnahme einer selbstständigen Tätigkeit in Betracht (Gründungsförderung) oder für die Aufnahme einer sozialversicherungspflichtigen Beschäftigung. Die Leistung steht im Ermessen des zuständigen SGB II-Trägers. Das Einstiegsgeld wird für höchstens 24 Monate erbracht. Bei der Berechnung des Einstiegsgeldes sind die vorherige Dauer der Arbeitslosigkeit sowie die Größe der Bedarfsgemeinschaft zu berücksichtigen. Die konkrete Berechnung erfolgt unter Beachtung der EGSV (→ Einstiegsgeld-Verordnung). Die Obergrenze für die Höhe des Einstiegsgeldes bildet § 20 SGB II (Regelbedarf zur Sicherung des Lebensunterhalts → Regelsätze). In der Praxis spielt das Einstiegsgeld eine relativ geringe Rolle. Dies kann sich in wirtschaftlich schwachen Zeiten wieder ändern, da es sich um einen weitere Möglichkeit handelt, effektiv Arbeitslosigkeit zu beenden.

Einstiegsqualifizierung
Die Einstiegsqualifizierung ist eine Leistung der → Arbeitsförderung nach dem SGB III. Rechtsgrundlage ist § 54a SGB III. Förderungsfähig sind bei der → Agentur für Arbeit gemeldete Ausbildungsbewerber mit aus individuellen Gründen eingeschränkten Vermittlungsperspektiven, die auch nach den bundesweiten Nachvermittlungsaktionen keinen Ausbildungsplatz gefunden haben, Ausbildungssuchende, die noch nicht in vollem Maße über die erforderliche Ausbildungsreife verfügen, und lernbeeinträchtigte und sozial benachteiligte Ausbildungssuchende. Arbeitgeber, die eine betriebliche Einstiegsqualifizierung durchführen, können für die Dauer der Einstiegsqualifizierung (6 bis max. 12 Monate) durch Zuschüsse zur Vergütung in Höhe von 276 EUR monatlich zuzüglich eines pauschalierten Anteils am durchschnittlichen Gesamtsozialversicherungsbeitrag des Auszubildenden gefördert werden (§ 54a SGB III). Seit dem 1.1.2020 kann die Einstiegsqualifizierung auch für die Personen gewährt werden, einen anerkannten Beruf nach Teil 2 des Pflegeberufereformgesetz anstreben.

Einstrahlung
Wird ein → Arbeitnehmer im Rahmen eines ausländischen Beschäftigungsverhältnisses vorübergehend in die Bundesrepublik entsandt, unterliegt er hier vorbehaltlich anderer Regelungen im EU-Recht oder in zwischenstaatlichen Sozialversicherungsabkommen nicht der Versicherungspflicht in der → Sozialversicherung. Für Personen, die eine selbstständige Tätigkeit ausüben, gilt dies entsprechend (§ 5 SGB IV). Der Gegensatz hierzu ist die → Ausstrahlung, bei welcher der Arbeitnehmer eines im Inland bestehenden Beschäftigungsverhältnisses ins Ausland entsandt wird (§ 4 SGB IV).

Einstufige Juristenausbildung
→ Befähigung zum Richteramt.

Einstweilige Anordnung
Einstweilige Anordnung ist eine vorläufige Entscheidung des Gerichts im Verlaufe eines Rechtsstreits, in dem es die endgültige Entscheidung zu treffen hat. Sie ist in vielen Fällen im Gesetz vorgesehen: vor dem → Bundesverfassungsgericht (§ 32 BVerfGG); im Verfahren der → freiwilligen Gerichtsbarkeit, insbes. in → Ehesachen (§§ 49 ff., 246 ff. FamFG) oder → Betreuung (§ 300 FamFG), wo durch einstweilige Anordnung → Getrenntleben, → Unterhaltspflicht der Ehegatten, → Personensorge, → Prozesskostenvorschüsse, Unterbringung ua geregelt werden können; bei → Rechtsbehelfen, mit denen durch einstweilige Anordnung Vollzug oder Zwangsvollstreckung der angefochtenen Entscheidung einstweilen ausgesetzt werden kann (§§ 707, 719, 732 II ZPO, § 766 I 2 ZPO, § 572 ZPO, § 307 II StPO). Die einstweilige Anordnung soll vermeiden, dass Entscheidungen vor ihrer → Rechtskraft vollstreckt und dadurch möglicherweise rechtswidrige Zustände herbeigeführt werden. Die einstweilige Anordnung im → Verwaltungsstreitverfahren (§ 123 VwGO) entspricht der → einstweiligen Verfügung. Nach § 427 FamFG soll die einstweilige Anordnung den Vollzug einer → Freiheitsentziehung vorläufig sicherstellen. Für den Finanzrechtsweg vgl. § 114 FGO.

Einstweilige Einstellung
(der Zwangsvollstreckung) → Vollstreckungsschutz, → Zwangsversteigerung. Sa → vorläufige Einstellung (strafprozessual), → einstweilige Anordnung.

Einstweilige Unterbringung
Ist ein Beschuldigter dringend verdächtig, einen Straftatbestand im Zustand der → Schuldunfähigkeit oder verminderten Schuldfähigkeit verwirklicht zu haben, und ist deshalb mit großer Wahrscheinlichkeit zu erwarten, dass im Strafurteil seine Unterbringung in einem psychiatrischen Krankenhaus oder einer Entziehungsanstalt als sichernde → Maßregel angeordnet wird, so kann das Gericht durch → Unterbringungsbefehl seine einstweilige Unterbringung in einer solchen Anstalt anordnen, falls die öffentliche Sicherheit es erfordert

(etwa wegen der Gefährlichkeit des geisteskranken Täters). Der Unterbringungsbefehl tritt an die Stelle des → Haftbefehls. Für ihn gelten entsprechende Vorschriften (§ 126a StPO). Er ist eine Präventivmaßnahme. – Eine solche ist auch die einstweilige Unterbringung eines Jugendlichen, gegen den Jugendstrafe zu erwarten ist, in einem Heim der Jugendhilfe. Der Richter kann sie anordnen, um den Jugendlichen vor einer weiteren Gefährdung seiner Entwicklung, insbes. vor der Begehung neuer Straftaten, zu bewahren (§ 71 II JGG). Die einstweilige Unterbringung in einem Heim der Jugendhilfe kann aber auch gegen einen Jugendlichen anstelle eines Haftbefehls angeordnet werden, wenn dessen Voraussetzungen vorliegen, aber die mildere Form der Heim-Einweisung statt Vollzugs in der Untersuchungshaftanstalt ausreicht (§ 72 IV JGG).

Einstweilige Verfügung
Eine einstweilige Verfügung ist eine vorläufige Anordnung des Gerichts, die der Sicherung eines Anspruchs (→ Streitgegenstand) oder des Rechtsfriedens dient (§§ 935, 940 ZPO). Wegen des Verhältnisses zwischen Arrest und einstweiliger Verfügung → Arrest. Eine einstweilige Verfügung setzt einen Verfügungsanspruch – Individualanspruch, zB auf Herausgabe einer Sache – und einen Verfügungsgrund voraus, nämlich dass durch eine Veränderung des bestehenden Zustandes ein Anspruch vereitelt oder wesentlich erschwert werden kann. Zuständig für den Erlass der einstweilige Verfügung ist das Gericht, das für die Hauptsache (den zu sichernden Verfügungsanspruch) zuständig wäre (§ 937 ZPO, → Hauptsacheklage), in dringenden Fällen auch das Amtsgericht, in dessen Bezirk sich die streitbefangene Sache befindet (§ 942 ZPO). Bei → Kollegialgerichten kann auch der Vorsitzende die einstweilige Verfügung anstelle des Gerichts erlassen (§ 944 ZPO). Der Inhalt der einstweiligen Verfügung wird vom Gericht nach freiem Ermessen bestimmt, insbes. durch Verbot oder Gebot bestimmter Handlungen (zB an Vermieter, Mitbenutzung bestimmter Grundstücksteile durch Mieter zu gestatten; Verbot an Dritte, bestimmte Durchgänge zu benutzen), § 938 ZPO. Die angeordneten Maßnahmen dürfen grundsätzlich nicht dazu führen, dass der Gläubiger des Verfügungsanspruchs befriedigt wird, da die einstweilige Verfügung nur der Sicherung des Anspruchs dient; dies kommt nur unter sehr engen Voraussetzungen in Betracht (Leistungsverfügung bzw. Regelungsverfügung, vgl. auch § 940 ZPO). Das Verfahren der einstweiligen Verfügung – insbes. Erlass, Vollziehung und Rechtsmittel – entspricht im Übrigen dem Verfahren auf Erlass eines → Arrestes (vgl. § 936 ZPO) mit einigen Sonderregeln (zB in dringenden Fällen und bei Zurückweisung des Antrags auch ohne mündl. Verhandlung, § 937 II ZPO). Dem Verfahren der einstweiligen Verfügung nachgebildet ist die → einstweilige Anordnung im Verfahren nach § 49 FamFG sowie im Verfahren der Verwaltungsgerichte (§ 123 VwGO). In der Praxis werden einstweilige Verfügungen am häufigsten erlassen im gewerblichen Rechtsschutz sowie zum Ehren- und Besitzschutz.

Einstweiliger Rechtsschutz
→ einstweilige Anordnung, → einstweilige Verfügung, → Arrest.

Einstweiliger Ruhestand
→ Versetzung in den Ruhestand (2).

Eintragung (von Grundstücksrechten), Eintragungsantrag, Eintragungsbewilligung
→ Grundbuch, → Grundstücksrechte. Sa → Handelsregister.

Eintragungsfähigkeit
Nicht alle Rechtsvorgänge, die sich auf → Grundstücke beziehen, werden im → Grundbuch eingetragen. Eintragungsfähig sind nur → Grundstücksrechte, → Vormerkungen, Widersprüche, relative – dh bestimmte Personen schützende – → Verfügungsbeschränkungen (zB Vermerke über → Nacherben, → Testamentsvollstrecker, Insolvenz, Nachlassverwaltung) sowie sonstige vom Gesetz als eintragungsfähig anerkannte Tatsachen (zB → Einreden gegenüber der → Hypothek), nicht aber absolute, dh gegen jedermann wirkende Verfügungsbeschränkungen (zB bei Ehegatten, → Zugewinngemeinschaft), mangelnde → Geschäftsfähigkeit des Grundstückseigentümers, schuldrechtliche Vorgänge (zB → Grundstückskaufvertrag, Miete usw) und → öffentliche Lasten (dort auch über Baulastenverzeichnis). Entsprechendes gilt für die Nichteintragungsfähigkeit im → Handelsregister, → Genossenschaftsregister und → Vereinsregister.

Eintragungsklage
→ Marken (3b).

Eintragungspflicht
→ Handelsregister.

Eintragungsverfahren
→ Patentanmeldung, → Marken (3a).

Eintritt eines Gesellschafters
→ Gesellschaft des bürgerlichen Rechts (2), → Offene Handelsgesellschaft (6).

Eintrittsklausel
Eine Eintrittsklausel ist eine Vereinbarung in einem Gesellschaftsvertrag, wonach unter bestimmten Voraussetzungen (zB Tod eines Gesellschafters) ein Dritter das Recht hat, Gesellschafter zu werden. Sa → Gesellschaft des bürgerlichen Rechts (GbR) (5), → Offene Handelsgesellschaft (6).

Eintrittsrecht
Eintrittsrecht (der übergeordneten Verwaltungsbehörde) ist die Befugnis der im Verwaltungsaufbau vorgesetzten Behörde, Angelegenheiten, die in den Zuständigkeitsbereich

einer ihr nachgeordneten Behörde fallen, an sich zu ziehen und selbst zu entscheiden (Selbsteintritt). Ist die Zuständigkeit einer Behörde rechtssatzmäßig (durch Gesetz, Rechtsverordnung, Satzung) festgelegt, so ist – jedenfalls bei Entscheidungen, die nach außen wirken – der Selbsteintritt nur statthaft, wenn er vom Gesetz zugelassen ist (wie zB häufig im Polizeirecht; vgl. auch Art. 3a BayVwVfG, eingef. durch Gesetz v. 23.7.1985, GVBl. 1985, 269). IdR ist die höhere Behörde nur → Aufsichtsbehörde, die allerdings mit allgemeinen oder auch für den Einzelfall erteilten Weisungen die Tätigkeit der nachgeordneten Behörde steuern kann. Die auf Weisung erlassenen Akte sind solche der angewiesenen Behörde, was zB für die Frage des Anfechtungsgegners im Verwaltungsstreitverfahren von Bedeutung ist; die Weisung selbst kann als innerdienstlicher Vorgang grundsätzlich nicht angefochten werden (vgl. → Weisungsrecht). In welchen Fällen auch ohne besondere gesetzliche Ermächtigung ein Selbsteintritt zulässig ist (etwa bei Gefahr im Verzug), ist im Einzelnen umstritten. Ein in unzulässigem Selbsteintritt erlassener Verwaltungsakt ist anfechtbar, aber grundsätzlich nicht nichtig, weil Fehler der erstinstanziellen Zuständigkeit nicht so schwerwiegend sind (vgl. → Verwaltungsakt, 5).

In Strafsachen steht den leitenden Beamten der LStA beim Oberlandesgericht und Landgericht (GeneralLStA, OberLStA) nach § 145 I GVG das Eintritts- oder Devolutionsrecht zu, dh die Befugnis, bei allen Gerichten ihres Bezirks die Amtsverrichtungen eines LStA selbst zu übernehmen. Sie können also die Ermittlungen anstelle der nachgeordneten Behörde selbst führen, die Anklage erheben und in der Hauptverhandlung vertreten usw. Statt dessen können sie einen anderen als den geschäftsplanmäßig zuständigen LStA mit der Wahrnehmung bestimmter Dienstgeschäfte beauftragen (Substitutionsrecht).

Einvernehmen

Einvernehmen bedeutet in der Gesetzes- wie in der Verwaltungssprache, dass das Einverständnis eines anderen Gesetzgebungsorgans bzw. einer anderen Behörde (Stelle) vor einem Gesetzes- oder → Verwaltungsakt herbeigeführt werden muss. Ist dagegen eine Entschließung im Benehmen mit einer anderen Stelle zu treffen, so ist dieser lediglich Gelegenheit zur Stellungnahme (mit dem Ziel der Verständigung) zu geben, ohne dass eine Bindung an das Einverständnis besteht; allerdings muss die Stellungnahme von der entscheidenden Behörde zur Kenntnis genommen und in ihre Überlegungen einbezogen werden. Ist beim Erlass eines Verwaltungsaktes die nach einer Rechtsvorschrift erforderliche Mitwirkung einer anderen Behörde unterblieben (das Benehmen oder Einvernehmen also nicht hergestellt), so ist der Verwaltungsakt deswegen nicht nichtig (§ 44 III Nr. 4 VwVfG), aber fehlerhaft: die versäumte Mitwirkung kann nachgeholt und der Fehler dadurch geheilt werden (§ 45 I Nr. 5 VwVfG).

Einvernehmliche Scheidung

(Konventionalscheidung) → Ehesachen.

Einverständliche Fremdgefährdung

→ Fremdgefährdung, einverständliche.

Einverständnis

Die Einwilligung des Verletzten, bei der es sich nach hM grds. um einen Rechtfertigungsgrund handelt, schließt als sog. tatbestandsausschließendes Einverständnis schon den Tatbestand einer Strafnorm aus, wenn dessen Unrecht gerade auch darin besteht, dass der Täter sich bei seiner Handlung über das fehlende Einverständnis des Berechtigten hinweggesetzt hat (→ Einwilligung des Verletzten 4). So liegt zB bei einem Einverständnis mit einer Wegnahme schon tatbestandlich kein → Diebstahl (§ 242 StGB) vor und bei einem einverständlichen Geschlechtsverkehr schon tatbestandlich kein → sexueller Übergriff (§ 177 StGB). Abweichend von der hM unterscheiden manche Vertreter des strafrechtlichen Schrifttums das Einverständnis nicht von der Einwilligung und messen letzterer generell und nicht nur bei bestimmten Delikten tatbestandsausschließende Wirkung zu.

Einwanderung

1. Als Einwanderung bezeichnet man es, wenn einzelne oder Gruppen von Menschen ihren bisherigen Aufenthaltsort aufgeben, um in einem anderen Staat auf Dauer ansässig zu werden. Dabei kann sowohl die Staatsangehörigkeit des anderen Staates als auch nur der dauernde Aufenthalt in diesem Staat angestrebt sein. Das Gegenteil ist die → Auswanderung. Oberbegriff ist die → Migration.

2. In der Vergangenheit war Deutschland im Hinblick auf seine Bevölkerungsüberschüsse kein Einwanderungsland; im Hinblick auf die Zerstörungen des 2. Weltkrieges blieb dies bis in die erste Nachkriegszeit so. Seitdem hat sich dies grundlegend geändert. Zunächst kamen seit der 50er Jahren des 20. Jahrhunderts Arbeitskräfte aus Süd- und Südosteuropa sowie später der Türkei, die später ihre Familien nachholten, später Zuwanderer aus ehemals Deutschen Siedlungsgebieten im Osten, Zuwanderer aufgrund der Freizügigkeit in der EU (→ Ausländerrecht, 1), Asylbewerber (→ Asylgesetz) und Wirtschaftsflüchtlinge aus den verschiedensten Ländern des Nahen und Mittleren Ostens sowie Afrikas. Faktisch wurde Deutschland damit zum Einwanderungsland; in einigen Großstädten stellen Einwohner mit Migrationshintergrund bereits mehr als 50% der Bevölkerung.

3. Die Gesetzgebung in Deutschland reagierte erst spät auf das Phänomen der Einwanderung. Die maßgeblichen Regelungen fanden sich im → Ausländerrecht und im → Asylrecht (→ Asylgesetz). Erstmals das Gesetz zur Steuerung und Begrenzung der Zuwanderung

und zur Regelung des Aufenthalts und der Integration von Unionsbürgern und Ausländern (→ Zuwanderungsgesetz) v. 30.7.2004 (BGBl. 2004 I 1950) wurde die „Zuwanderung" (wenn auch noch nicht „Einwanderung") klar angesprochen. Das → Fachkräfteeinwanderungsgesetz v. 15.8.2019 (BGBl. 2019 I 1307) trifft Regelungen speziell für die Einwanderung von Fachkräften zur Behebung des Fachkräftemangels in zahlreichen Branchen in Deutschland.

Einwegkunststoffprodukte
Einwegplastikprodukte sind Produkte, die ganz oder teilweise aus Kunststoff bestehen und nur einmal verwendet werden sollen. Die Richtlinie (EU) 2019/904 v. 5.6.2019 über die Verringerung der Auswirkungen bestimmter Kunststoffprodukte auf die Umwelt (ABl. EU 2019 L 155, 1) will den Einsatz von Einwegkunststoffprodukten einschränken bzw. verbieten. Ein Teil der Richtlinie wurde durch die Einwegkunststoffverbotsverordnung (EWKVerbotsV) v. 20.1.2021 (BGBl. 2021 I 95) in deutsches Recht umgesetzt. Danach dürfen ab dem 3.7.2021 folgende Einwegplastikprodukte nicht mehr in den Verkehr gebracht werden: Wattestäbchen, Besteck, Teller, Trinkhalme, Rührstäbchen und Luftballonstäbe sowie aus expandiertem Polystyrol (Styropor) bestehende Lebensmittelbehälter, Getränkebehälter und Getränkebecher (zB Kaffeebecher). Generell verboten ist ab diesem Zeitpunkt auch das Inverkehrbringen von oxo-abbaubaren Kunststoffprodukten. Das sind Plastikprodukte, die durch Oxidation in Mikropartikel zerfallen. Die DVO (EU) 2020/2151 v. 17.12.2020 (ABl. EU 2020 L 428, 57) enthält für bestimmte, von diesem Verbot nicht erfasste Einwegkunststoffprodukte (Hygieneeinlagen, Feuchttücher, Tabakprodukte mit Filter und Getränkebecher) eine ebenfalls ab dem 3.7.2021 geltende Kennzeichnungspflicht.

Einwegpfand
→ Verpackungen, → Getränkeverpackungen.

Einwegverpackungen
Nach der Definition in § 3 IV VerpackG sind Einwegverpackungen → Verpackungen, die keine → Mehrwegverpackungen sind, also nicht zur Wiederverwendung bestimmt sind. Einweggetränkeverpackungen sind grds. pfandpflichtig (§§ 31 f. VerpackG). Endverbraucher müssen in der Verkaufsstelle durch Tafeln mit dem Schriftzeichen „Einweg" darauf hingewiesen werden, dass Verpackungen dieser Getränke nach der Rückgabe nicht wiederverwendet werden. Auf Mehrweggetränkeverpackungen muss entsprechend mit dem Schriftzeichen „Mehrweg" hingewiesen werden (§ 32 VerpackG). Eine kommunale → Verpackungsteuer ist nach einer Rechtsprechungsänderung unter Umständen zulässig (BVerwG, U. v.24.5.2023 – 9 CN 1.22) → Einwegkunststoffprodukte.

Einwendung
→ Einrede, → Wechsel.

Einwendungsdurchgriff
→ Verbraucherdarlehensvertrag (8).

Einwilligung des Patienten
Sie ist auf Grund seines Selbstbestimmungsrechts Voraussetzung für ärztliche Behandlung und Heileingriff (vgl. § 630d BGB). Sie ist nur wirksam, wenn der Patient über die Maßnahme aufgeklärt (→ Aufklärungspflicht des Arztes) und einwilligungsfähig ist. Unter diesen Voraussetzungen ist auch eine Verweigerung der Einwilligung, zB für eine Bluttransfusion aus Glaubensgründen, verbindlich. Zugleich rechtfertigt die Einwilligung die mit einem ärztlichen Heileingriff häufig verbundene → Körperverletzung (§ 223 StGB) und verhindert die ansonsten mögliche Strafbarkeit des Arztes.

Ist der Patient nicht einwilligungsfähig, so ist zu unterscheiden: Bei volljährigem Patient ist dann grundsätzlich eine → Betreuung erforderlich (zur Zustimmung des Betreuungsgerichts s. → Betreuung, 3). Ist ihre Anordnung wegen eines Notfalls nicht möglich, richtet sich die Behandlung nach dem mutmaßlichen Willen des Patienten (§ 630d I 4 BGB). Bei minderjährigem Patienten kommt es auf die Entscheidung des Inhabers der Personensorge an, wenn sie dem Wohl des Kindes entspricht; andernfalls greift das Familiengericht ein (§§ 1666, 1837 IV BGB). → Beschneidung.

Ein besonderer Fall der (verweigerten) Einwilligung ist die → Patientenverfügung (Patiententestament) (§ 630d I 2 BGB).

Einwilligung des Verletzten
Die Einwilligung des Verletzten stellt einen Rechtfertigungsgrund dar. Sie schließt die → Rechtswidrigkeit einer → unerlaubten oder mit Strafe bedrohten Handlung aus und damit für den Täter auch eine zivilrechtliche Pflicht zur Leistung von → Schadensersatz sowie eine Strafbarkeit.

1. Voraussetzungen einer Einwilligung

a) Verfügbarkeit des Rechtsguts: Einer Einwilligung zugänglich sind nur Eingriffe in Individualrechtsgüter wie das Recht auf körperliche Unversehrtheit, das → Persönlichkeitsrecht, → Eigentum, → Besitz und Vermögen. Gerechtfertigt wird eine Tat auch nur insoweit, als sie Rechtsgüter gerade des Einwilligenden betrifft. Schützt ein Straftatbestand Güter der Allgemeinheit, so scheidet insoweit eine Einwilligung aus. Str. ist dies zB beim Grundtatbestand der → Brandstiftung nach § 306 StGB, der zu den → gemeingefährlichen Straftaten gehört, aber einen Angriff auf ein für den Täter fremdes Gut und damit auf das Individualgut des Eigentums voraussetzt. Aus der Existenz des § 216 StGB (Tötung auf Verlangen, s. → Tötung) folgt, dass der Gesetzgeber das Rechtsgut des menschlichen Lebens als nicht verfügbar ansieht (siehe aber unten 3a zur mutmaßlichen Einwilligung in einen Behandlungsabbruch). Beim Recht auf körperliche Unversehrtheit folgt zumindest eine Einschränkung der Verfügungbarkeit aus § 228 StGB, wonach die Einwilligung die Rechtswidrigkeit einer → Körperverletzung nicht aufhebt, wenn die Tat als solche trotz der Einwilligung des Verletzten sittenwidrig ist. Die Rechtsprechung bejaht dies nur bei konkret (nicht nur abstrakt) lebensgefährlichen oder besonders gravierenden Verletzungshandlungen ohne billigenswertes Motiv, weitergehend zudem bei verabredeten → Schlägereien zB unter Fußball-Hooligans (BGHSt 58, 140; BGHSt 60, 166).

b) Einwilligungsfähigkeit: Die Wirksamkeit der Einwilligung hängt nicht von der → Geschäftsfähigkeit oder → Strafmündigkeit des Einwilligenden ab. Er bedarf jedoch der Fähigkeit, die Bedeutung der Verletzungshandlung zu erkennen und demgemäß zu handeln. Sie wird Kindern idR fehlen, jedoch hängt dies von der Komplexität und den potentiellen Folgen der Verletzung (insbes. eines ärztlichen Heileingriffs) ab sowie von der individuellen Reife des Kindes. Für eine einwilligungsunfähige Person kann deren gesetzlicher Vertreter handeln. So können zB die Erziehungsberechtigten für ein Kind in eine medizinische Operation einwilligen.

c) Freiheit von Willensmängeln: Wird eine Einwilligung durch → Gewalt oder → Drohung erzwungen, so ist sie jedenfalls dann unwirksam, wenn die Voraussetzungen einer → Nötigung (§ 240 StGB) erfüllt wurden (str.). Unterlag der Einwilligende einem Irrtum, so ist zu unterscheiden: War dieser auf das verletzte Rechtsgut bezogen, betraf also die Frage, welche Güter wie intensiv und mit welchen Risiken beeinträchtigt werden sollen, so schließt der Irrtum die Wirksamkeit der Einwilligung aus. Umstritten ist dies dagegen bei sonstigen Irrtümern, etwa wenn diese nur das Motiv des Einwilligenden betreffen. Steht der Täter gegenüber dem Einwilligenden in einer → Garantenstellung, so kann daraus allerdings eine umfassende Aufklärungspflicht resultieren, so die → Aufklärungspflicht des Arztes vor einer Heilbehandlung (→ Einwilligung des Patienten), ergänzend unten 3b.

d) Erklärung der Einwilligung: Die Einwilligung muss vor der Verletzung kundgegeben worden sein, wobei ein schlüssiges Verhalten genügt. Eine nachträgliche Zustimmung des Verletzten reicht nicht aus (siehe aber unten 3b).

e) Subjektive Voraussetzung auf Täterseite: Nach hM muss dem Täter die Einwilligung bei der Tat jedenfalls bekannt sein. Ist das nicht der Fall, kann ein strafbarer untauglicher → Versuch vorliegen. Teilweise wird weitergehend gefordert, dass der Täter aufgrund der Einwilligung gehandelt hat.

2. Nimmt der Täter aufgrund einer Fehlwahrnehmung tatsächlicher Umstände irrig an, der Verletzte habe eingewilligt, so wird das iE wie ein → Irrtum über den Tatbestand behandelt (sog. Erlaubnistatbestandsirrtum), der Bestrafung wegen vorsätzlichen Handelns ausschließt (§ 16 StGB, str.). Verkennt er die obigen rechtlichen Grenzen der Einwilligung, kommt ein Verbotsirrtum (§ 17 StGB) in Betracht.

3. Sonderformen der Einwilligung

a) Mutmaßliche Einwilligung: Entspräche die Beeinträchtigung eines Guts dem individuell zu bestimmenden mutmaßlichen Willen des Rechtsgutsträgers und kann seine Entscheidung nicht rechtzeitig eingeholt werden, ohne gewichtige Rechtsgüter zu gefährden, so kommt auch einer solchen mutmaßlichen Einwilligung rechtfertigende Wirkung zu. Bei Handlungen, die im Interesse des Rechtsgutsträgers vorgenommen werden, ergeben sich dabei Überschneidungen mit dem Rechtfertigungsgrund des § 34 StGB (rechtfertigender → Notstand) sowie dem in §§ 677 ff. BGB geregelten Institut der → Geschäftsführung ohne Auftrag (GoA); eine berechtigte GoA stellt ebenfalls einen Rechtfertigungsgrund dar. Bedeutung besitzt die mutmaßliche Einwilligung nach der Rechtsprechung auch in den Fällen des Behandlungsabbruchs (→ Sterbehilfe 1b) bei einem todkranken und nicht entscheidungsfähigem Patienten, auch wenn sie hier das Rechtsgut des menschlichen Lebens zum Gegenstand hat. Mit der Verfügungsbeschränkung des § 216 StGB (oben 1a) dürfte dies vereinbar sein, weil der Behandlungsabbruch lediglich zum weiteren Ablauf eines unabhängig hiervon ohnehin in Gang befindlichen Sterbeprozesses führt.

b) Hypothetische Einwilligung: Hierbei handelt es sich um ein durch die Rechtsprechung im Medizinstrafrecht entwickeltes, im strafrechtlichen Schrifttum wegen der darin liegenden Schwächung der Patientenautonomie umstrittenes Institut. Es gilt Fällen, in denen die → Einwilligung des Patienten in einen medizinischen Eingriff wegen unterbliebener oder unzureichender Erfüllung der → Aufklärungspflicht des Arztes unwirksam ist und die Annahme einer mutmaßlichen Einwilligung ausscheidet, weil eine vorherige Befragung des Patienten möglich gewesen wäre. Der Eingriff soll dann gleichwohl gerechtfertigt sein, wenn der Patient bei wahrheitsgemäßer Aufklärung in die Operation eingewilligt hätte (BGH NStZ-RR 2004, 16).

c) Einwilligung in eine Gefährdung / Einverständliche Fremdgefährdung: Eine Einwilligung ist auch gegenüber einem fahrlässigen Verhalten möglich. Sie bezieht sich hier nicht auf den Eintritt eines Schadens bzw. eines Erfolgs (→ Erfolgsdelikt), sondern auf die Handlung und die mit ihr verbundene Gefährdung eines Rechtsguts (iE str., diskutiert wird dies samt der dogmatischen Einordnung im Strafrecht auch unter dem Stichwort der → einverständlichen Fremdgefährdung). Beispiele für die Einwilligung in eine fahrlässige Körperverletzung bilden etwa sportliche Betätigungen in Gruppen mit dem Risiko gegenseitiger

→ Sportverletzungen oder das Mitfahren im Auto eines alkoholisierten Kfz.-Führers (sa → Gefälligkeitsfahrt, → Mitverschulden). Die Fremdgefährdung ist abzugrenzen zur → Selbstgefährdung oder -schädigung (dort 3), die bei Mitwirkenden zu einem Ausschluss des objektiven Tatbestands führen kann.

4. Tatbestandsausschließendes Einverständnis: Die Einwilligung des Verletzten schließt als sog. Einverständnis schon den Tatbestand einer Strafnorm aus, wenn dessen Unrecht gerade auch darin besteht, dass der Täter sich bei seiner Handlung über das fehlende Einverständnis des Berechtigten hinweggesetzt hat, zB beim → Diebstahl (§ 242 StGB) oder beim → sexuellen Übergriff (§ 177 StGB). Im strafrechtlichen Schrifttum wird zT vertreten, dass die Einwilligung generell und nicht nur bei bestimmten Delikten tatbestandsausschließende Wirkung habe.

Einwilligung im Verfahrensrecht
→ Klagerücknahme, → Klageänderung, → Zurücknahme von Rechtsmitteln.

Einwilligung in ein Rechtsgeschäft
→ Zustimmung.

Einwilligung in die Datenverarbeitung
1. Die Einwilligung im → Datenschutz ist eine Erklärung, mit der die → betroffenen Person einer bestimmten Verarbeitung (→ Datenverarbeitung) ihrer → personenbezogenen Daten zustimmt. Bei dem in Art. 6 I DS-GVO normierten Verbot mit Erlaubnisvorbehalt wird die Einwilligung in der Reihe der Erlaubnistatbestände als erstes genannt. Sie ist Ausdruck des Selbstbestimmungsrechts einer natürlichen Person über ihr Datenschutzgrundrecht (→ Informationelle Selbstbestimmung). Die Einwilligung ist freiwillig und für einen bestimmten Verarbeitungszweck, nach vorheriger Information (informierte Einwilligung), unmissverständlich und mittels eindeutig bestätigender Handlung zu erteilen.

2. Die Anforderungen an eine Einwilligung sind in Art. 7 DS-GVO im Detail normiert:
– Zustimmung der betroffenen Person,
– Zustimmung zu einer Datenverarbeitung eines angegebenen Verantwortlichen,
– unter Angabe eines konkreten Zwecks der Datenverarbeitung,
– vor Beginn der beabsichtigten Datenverarbeitung,
– durch unmissverständliche und eindeutige bestätigende Handlung,
– freiwillig,
– ohne Kopplung der Einwilligung mit einem Vertrag und ohne Vermischung mit der Zustimmung zu anderen Regelwerken, zB AGB.

3. Die DS-GVO macht keine Vorgabe für den Nachweis der Einwilligung. Da sich der Verantwortliche als Rechtsgrundlage nach Art. 6 I lit. a DS-GVO darauf beruft, ist die Schriftform oder die elektronische Form ratsam; auch um der Dokumentationspflicht des Art. 5 II DS-GVO zu genügen.

4. Die betroffene Person kann ihre Einwilligung mit Wirkung für die Zukunft widerrufen. Die bis zum Widerruf auf Grundlage der Einwilligung durchgeführte Datenverarbeitung bleibt dabei rechtmäßig.

Einwilligungsvorbehalt
→ Betreuung (3).

Einwirkungen auf Nachbargrundstück
→ Immissionen.

Einwohner
ist, wer im Gebiet eines Gemeinwesens (Staat, → Gemeinde, 6) wohnt, dh sich für dauernd aufhält. Wer sich nur vorübergehend im Staatsgebiet aufhält, ist nicht Einwohner, wohl aber der Staatsgewalt unterworfen (zB in polizeilicher u. strafrechtlicher Hinsicht). Der Einwohner ist vom → Bürger (Staatsbürger) zu unterscheiden, der zur Mitwirkung an der Ausübung der Staatsgewalt berechtigt und verpflichtet ist.

Einzelausgebot
→ Ausgebot.

Einzelfallgesetz
→ Maßnahmegesetz.

Einzelfirma
→ Firma (1, 2a).

Einzelhaft
(Trennung von anderen Gefangenen) → Untersuchungshaft (3), → Strafvollzug (2).

Einzelhandel
betreibt, wer gewerbsmäßig Waren anschafft und sie unverändert oder nach im Einzelhandel üblicher Be- oder Verarbeitung in einer oder mehreren offenen Verkaufsstellen zum Verkauf an Endverbraucher, auch in kleinen Mengen, anbietet (→ Handel). Zum Einzelhandel zählt auch die Versendung von Waren, die im Internet (→ E-Commerce), nach Katalog, Mustern, Proben oder auf Grund eines sonstigen Angebots bestellt sind (Versandhandel, → Fernabsatzvertrag, → Teleshopping, → Reisegewerbe). Zum Einzelhandel mit → Arzneimitteln sa → Internetapotheken.

Einzelprokura
→ Prokura.

Einzelraumfeuerungsanlage
Öfen, Kachelöfen, Holzöfen usw. bezeichnet die Verordnung über kleine und mittlere Feuerungsanlagen (1. BImSchV, → Immissionsschutzrecht) v. 26.1.2010 (BGBl. 2010 I 38 mÄnd) als Einzelraumfeuerungsanlagen, da sie vorrangig zur Beheizung des Aufstellraumes verwendet werden. Zum Zweck der → Anlagensicherheit und der → Luftreinhaltung enthält die 1. BImSchV allgemeine Anforderungen an Errichtung, Beschaffenheit und Betrieb solcher Feuerungsanlagen. Sie müssen sich in einem ordnungsgemäßen technischen Zustand befinden, können nur bestimmte Brennstoffe

verwenden (wie zB Gas, Heizöl, Holz, Kohle, Torf) und dürfen festgelegte → Emissionswerte nicht überschreiten.

So dürfen Einzelraumfeuerungsanlagen für feste Brennstoffe, also zB Holz- und Kohleöfen, die seit dem 22.3.2010 errichtet worden sind, seither nur betrieben werden, wenn sie die in der Anlage 1 der 1. BImSchV aufgeführten Mengen an Kohlenmonoxid (CO) und Feinstaub pro Kubikmeter Abgase nicht überschreiten, die je nach Bauart unterschiedlich sind. Einzelraumfeuerungsanlagen für feste Brennstoffe, die vor dem 22.3.2010 errichtet und in Betrieb genommen wurden, dürfen ab dem 1.1.2025 nur weiterbetrieben werden, wenn sie weniger als 0,15 Gramm Feinstaub und weniger als 4 Gramm CO je Kubikmeter Abgase emittieren. Genügen sie dem nicht, sind sie nachzurüsten oder außer Betrieb zu nehmen (§ 26 1. BImSchV). Den Nachweis über die Einhaltung der Grenzwerte erstellen die → Schornsteinfeger. Verstöße können mit Bußgeldern geahndet werden.

Die energetischen Vorschriften des Gebäudeenergiegesetzes (→ Gebäudeenergie) für → Heizungen gelten grundsätzlich auch für Einzelraumfeuerungsanlagen, allerdings erst nach einer langen Übergangsfrist (§ 71l GEG).

Einzelrechtsnachfolge
→ Gesamtrechtsnachfolge.

Einzelrichter
Der Einzelrichter ist ein Richter, der eine Rechtssache allein entscheidet (anders der → beauftragte Richter). Beim → Amtsgericht entscheidet der Richter idR als Einzelrichter, in Strafsachen als „Strafrichter" (§ 22 I GVG, § 25 GVG; Ausnahme ua beim → Schöffengericht). Alle anderen Gerichte sind zwar an sich Kollegialgerichte (Einzelheiten s. Anhang). Im Zivilprozess beim → Landgericht entscheidet aber in vielen Fällen die Zivilkammer durch den (originären) Einzelrichter, wenn nicht wegen besonderer Schwierigkeiten oder grundsätzlicher Bedeutung der Sache eine Übernahme durch die Kammer veranlasst ist (§ 348 ZPO). Ist dies nicht der Fall, so überträgt die Kammer auch andere Verfahren auf den Einzelrichter (§ 348a ZPO; für das finanz- und verwaltungsgerichtliche Verfahren vgl. § 6 FGO, § 6 VwGO). Auch im Berufungsverfahren kann unter bestimmten Voraussetzungen die Entscheidung, sonst jedenfalls deren Vorbereitung auf den Einzelrichter übertragen werden (§§ 526 f. ZPO). Zum Einzelrichter im Beschwerdeverfahren s. § 568 ZPO; bei der → Kammer für Handelssachen entscheidet der Vorsitzende in manchen Fällen allein (§ 349 II ZPO).

Einzelveranlagung
→ Veranlagungsarten.

Einzelvollmacht
→ Vollmacht.

Einzelvormund
→ Amtsvormundschaft, → Vormund.

Einzelzahlungsvertrag
→ Zahlungsdienstevertrag, → Geschäftsbesorgungsvertrag (2).

Einziehung eines Erbscheins
→ Erbschein.

Einziehung eines Gesellschaftsanteils
→ Amortisation (2).

Einziehung im Strafverfahren
Seit der Reform des Rechts der strafrechtlichen Vermögensabschöpfung zum 1.7.2017 durch Gesetz vom 13.4.2017 (BGBl. 2017 I 872) bezeichnet der Begriff der Einziehung im Strafrecht ein einheitliches Rechtsinstitut, das alle Formen des Zugriffs auf Sachen und Vermögen aus Anlass einer Straftat umfasst und im 7. Titel des 3. Abschnitts des Allgemeinen Teils des StGB (§§ 73–76b StGB) geregelt ist. Aufgegeben wurde mit der Reform die begriffliche Unterscheidung zwischen dem zuvor so bezeichneten „Verfall" (dem Zugriff auf Taterträge) und der Einziehung des früheren Rechts, die den Zugriff auf Tatprodukte, Tatmitttel und Tatobjekte ermöglichte. Das StGB verwendet nun einheitlich den Begriff der Einziehung. Der Gesetzgeber verband mit der begrifflichen Änderung das Ziel, das deutsche Recht an die im Recht der Europäischen Union gebräuchliche Begrifflichkeit („confiscation") anzunähern (s. BT-Drs. 18/9525, 48). Während des Recht der Einziehung von Taterträgen mit der Reform auch inhaltlich reformiert wurde, blieben die Regelungen zur Einziehung von Tatprodukten etc. weitgehend unverändert.

1. Einziehung von Taterträgen (bis 1.7.2017: „Verfall", §§ 73–73e StGB): Diese ist keine Strafe, sondern eine Maßnahme (§ 11 I Nr. 8 StGB) und besitzt nach hM keine schuldvergeltende Funktion. Nach dem Grundsatz des § 73 I StGB gilt: Hat der Täter oder Teilnehmer durch eine rechtswidrige Tat oder für sie etwas erlangt, so ordnet das Gericht dessen Einziehung an. Diese kann sich auch gegen einen Dritten richten, zB wenn diesem das Erlangte unentgeltlich oder rechtsgrundlos zugeflossen ist oder der Täter für ihn handelte (§ 73b StGB). Ist die Einziehung zB wegen der Beschaffenheit des Erlangten nicht möglich, so erfolgt die Einziehung eines Geldbetrags entsprechend dem erlangten Wert (§ 73c StGB). Bei der Wertbestimmung bleibt außer Betracht, was für die Begehung der Tat oder für ihre Vorbereitung aufgewandt wurde, soweit es sich nicht um Leistungen zur Erfüllung einer Verbindlichkeit gegenüber dem Verletzten der Tat handelt (§ 73d I 2 StGB). Dieses sog. Bruttoprinzip basiert wie auch die Einziehung bei Dritten wesentlich auf Wertungen, die auch das zivile Bereicherungsrecht prägen (s. § 817 S. 2 BGB): Was in Verbotenes investiert worden ist, muss unwiederbringlich verloren sein. Im Rahmen der „Er-

weiterten Einziehung“ hat das Gericht auch Gegenstände einzuziehen, die nach seiner Überzeugung aus einer anderen als der dem aktuellen Strafverfahren zugrunde liegenden Straftat erlangt sind (§ 73a StGB); diese nunmehr (in Umsetzung der EU-Richtlinie 2014/42/EU) universal geltende Regelung ist mit der Reform 2017 an die Stelle des nur für bestimmte Tatvorwürfe angeordneten „Erweiterten Verfalls“ (§ 73d StGB aF) nach früherem Recht getreten. Über § 76 StGB wird auch eine nachträgliche Einziehung ermöglicht, wenn bestimmte Voraussetzungen erst nach Abschluss des Strafverfahrens eintreten oder bekanntwerden.

Soweit der Täter vor Verurteilung den Verletzten der Straftat entschädigt, ist die Einziehung ausgeschlossen (§ 73e I StGB). Im Übrigen dient sie mittelbar auch der Sicherung der Restitutionsansprüche des Verletzten der Straftat. Nach Rechtskraft erhält dieser zB die eingezogene Tatbeute zurück; ein als Wertersatz eingezogener Geldbetrag wird an ihn ausgekehrt (§ 459h StPO). Er hat dazu seinen Anspruch binnen sechs Monaten bei der StA als Vollstreckungsbehörde geltend zu machen. Bis dahin wird der Anspruch des Verletzten durch die strafprozessuale Beschlagnahmeanordnung (bei eingezogenem Gegenstand, § 111b StPO) bzw. den gegen den Täter angeordneten Vermögensarrest (bei Einziehung einer Geldsumme, § 111e StPO) gesichert. Eine Verzahnung mit einem ggf. eröffneten Insolvenzverfahren regelt § 111i StPO. Mit der Reform 2017 beseitigt wurde die frühere Regelung des § 73 I 2 StGB aF, wonach der Verfall ausgeschlossen war, wenn er mit einem Anspruch des Verletzten gegen den Täter konkurrieren würde. Diese vielfach kritisierte Norm („Totengräber des Verfalls“) hatte zur Konsequenz, dass ein Verfall ausgerechnet bei Vermögenskriminalität weitgehend ausgeschlossen war. Die Sicherung von Vermögenswerten des Täters konnte dann nur zur sog. Rückgewinnungshilfe für den Verletzten dienen und, wenn dieser nicht tätig wurde, zu einem Auffangrechtserwerb des Staates.

Im Verfahren bei → Ordnungswidrigkeiten übernimmt die Geldbuße auch die Funktion der Einziehung von Taterträgen, denn ihre Höhe soll den wirtschaftlichen Vorteil, den der Täter aus der Ordnungswidrigkeit gezogen hat, übersteigen. Hierzu kann das gesetzliche Höchstmaß überschritten werden (§ 17 IV OWiG). Wird keine Geldbuße verhängt, ermöglicht § 29a OWiG die Einziehung des Wertes des Erlangten. Bei Verstößen gegen das WiStG 1954 (→ Wirtschaftsstrafrecht) kommt es zur Abführung des → Mehrerlöses.

2. Einziehung von Tatprodukten, Tatmitteln und Tatobjekten (§§ 74–74 f StGB): Sie kann im Strafverfahren als Strafe oder als Sicherungs(Vorbeugungs)maßnahme angeordnet werden. Die Einziehung ist Strafe (und zwar → Nebenstrafe), wenn nur Gegenstände eingezogen werden, die dem Täter oder einem → Teilnehmer an der Straftat gehören (§ 74 StGB). Lässt das Strafgesetz die Einziehung ohne Rücksicht hierauf zu, also auch gegen tatunbeteiligte Dritte, so dient sie der Gefahrenabwehr, hat also grundsätzlich polizeirechtlichen Charakter (§ 74b StGB). Soweit sie Strafe ist, verjährt sie mit der Hauptstrafe und wird mit dieser von einer → Amnestie (mangels anderweitiger gesetzlicher Regelung) erfasst; sie unterliegt nach § 2 V StGB dem Verbot der → Rückwirkung aber auch, wenn sie Sicherungsmaßnahme ist.

a) Allgemein ist die Einziehung nach § 74 StGB zulässig (aber nicht vorgeschrieben) bei → Gegenständen, die durch eine vorsätzliche Straftat hervorgebracht oder zu ihrer Begehung gebraucht oder bestimmt sind, sofern sie dem Täter oder einem Teilnehmer gehören. Hervorgebracht (producta sceleris) sind zB gefälschte Banknoten, zur Tat bestimmt oder benutzt (instrumenta sceleris) Einbruchswerkzeuge. Die Eigentumsverhältnisse sind dagegen unerheblich bei allgemeingefährlichen Gegenständen (zB Sprengstoff) oder bei Gefahr weiterer Benutzung zu strafbedrohten Handlungen (zB Diebeswerkzeug). Die Einziehung kann nach § 74 II StGB durch bes. Vorschrift darüber hinaus zugelassen sein hinsichtlich sog Beziehungsgegenstände (Tatobjekte), ohne deren Einsatz eine bestimmte Tat gar nicht begangen werden könnte (zB Drogen bei Straftaten nach dem BtMG, Kfz bei Straßenverkehrsgefährung nach § 315c StGB).

b) Nach anderen gesetzlichen Bestimmungen, die jeweils auf § 74a StGB verweisen, kann die Einziehung mit Wirkung gegen den Dritteigentümer angeordnet werden, wenn dieser leichtfertig zur Benutzung der Sache zur Tat beigetragen oder den Gegenstand in Kenntnis der Tatumstände in verwerflicher Weise erworben hat; so zB Jagdgerät bei Wilderei oder das bei verbotenem Glücksspiel beschlagnahmte Geld (§§ 295, 286 StGB). Doch ist nach dem Grundsatz der → Verhältnismäßigkeit von der fakultativen Einziehung abzusehen, wenn sie zur Bedeutung von Tat und Schuld außer Verhältnis stehen würde; dann bleibt sie aber vorbehalten und ist ggf. durch mildere Maßnahmen zu ersetzen (zB Unbrauchbarmachung; § 74 f I StGB). Der tatunbeteiligte Dritte, dessen Rechte von der Einziehung betroffen sind, erhält grundsätzlich eine Entschädigung aus der Staatskasse, außer wenn er leichtfertig zur Benutzung des Gegenstandes zur Tat beigetragen oder diesen in Kenntnis der Tat in verwerflicher Weise erworben hat (§ 74b II, III StGB).

c) Gegen → juristische Personen, rechtsfähige Personengesellschaften und nichtrechtsfähige → Vereine kann die Einziehung angeordnet werden, wenn ein vertretungsberechtigtes Organ, Vorstandsmitglied usw. für sie gehandelt und dabei die Voraussetzungen der Einziehung erfüllt hat (§ 74e StGB).

d) Über die Einziehung des Wertersatzes, wenn der Täter oder Teilnehmer den Gegenstand vor Entscheidung über die Einziehung veräußert oder sonstwie verwertet hat, s. § 74c StGB. Für die Einziehung von Tatmitteln bei → Ordnungswidrigkeiten gelten nach §§ 22 ff. OWiG entsprechende Vorschriften wie bei Straftaten.

3. Wirkung der Einziehung eines Gegenstands (§ 75 StGB): Mit der Einziehung eines Gegenstands geht das Eigentum auf den Staat über, wenn der Gegenstand zu dieser Zeit dem von der Anordnung Betroffenen gehört oder einem Dritten, der ihn für die Tat oder andere Zwecke in Kenntnis der Tatumstände gewährt hat. Ansonsten geht das Eigentum nach 6 Monaten auf den Staat über, wenn nicht derjenige, dem der Gegenstand gehört oder zusteht, sein Recht zuvor bei der Vollstreckungsbehörde anmeldet (Auffangrechtserwerb des Staates).

4. Einziehungsverfahren (§§ 421 ff. StPO): Die durch die Einziehung betroffenen Drittberechtigten – Eigentümer, Hypothekengläubiger usw.; sog. Einziehungsbeteiligte – sind im → Ermittlungsverfahren und → Hauptverfahren zu hören, in dem sie dieselbe Rechtsstellung wie ein Angeklagter haben, insbes. Anspruch auf Ladung zur → Hauptverhandlung, auf → rechtliches Gehör und das Recht, Anträge zu stellen und → Rechtsbehelfe einzulegen (§§ 424 ff. StPO). Ist die Einziehung rechtskräftig angeordnet, so kann der Einziehungbeteiligte, der ohne sein Verschulden seine Rechte nicht geltend gemacht hat, diese in einem Nachverfahren zur Geltung bringen (§ 433 StPO). Die Vollstreckung der Einziehung erfolgt nach den §§ 459g ff. StPO. Die vorläufige Sicherung durch Beschlagnahme und Vermögensarrest während des Verfahrens richtet sich nach §§ 111b ff. StPO.

Ist die Einziehung im (subjektiven) Strafverfahren nicht möglich, weil keine bestimmte Person verfolgt oder verurteilt werden kann – sei es aus tatsächlichen Gründen, etwa weil der Beschuldigte flüchtig ist, oder aus rechtlichen, etwa wegen → Strafverfolgungsverjährung oder → Schuldunfähigkeit des Täters –, so kann das selbständige (objektive) Einziehungsverfahren nach Maßgabe der § 76a StGB, §§ 435 ff. StPO durchgeführt werden. Auf Grund einer Antragsschrift der Staatsanwaltschaft kann hierbei auch außerhalb der Hauptverhandlung durch Beschluss entschieden werden, sonst durch Urteil, so wenn ein Beteiligter es beantragt, der einen Rechtsanspruch auf den Gegenstand der Einziehung geltend macht.

5. Zur Einziehung in Betäubungsmittelsachen s. § 33 BtMG, zur Einziehung von Waffen s. § 54 WaffG. Zur Einziehung von → Verkörperungen eines → Inhalts (§ 11 III StGB) ergänzend → Unbrauchbarmachung. Zur Einziehung im Kennzeichenrecht s. § 147 MarkenG.

Einziehung im Straßenrecht
→ Widmung.

Einziehungsbeteiligte
Richtet sich die → Einziehung im Strafverfahren gegen eine Person, die nicht Beschuldigter ist, so wird diese als Einziehungsbeteiligte auf Anordnung des Gerichts am Strafverfahren beteiligt, soweit dieses die Einziehung betrifft (§ 424 I StPO). Vgl. §§ 424 ff. StPO, § 87 OWiG.

Einziehungsermächtigung
Inkassomandat, → Abtretung (2).

Einzugsbereich
1. Einzugsbereich ist der durch Landesrecht bestimmte Bereich, in dem die Beseitigungspflichtigen, dh grundsätzlich die zuständigen Körperschaften des öffentlichen Rechts, die Abholung, Verarbeitung und Beseitigung → tierischer Nebenprodukte durchzuführen haben (§ 6 Tierische Nebenprodukte-BeseitigungsG).

2.Im Schulrecht müssen grundsätzlich alle im Einzugsbereich einer bestimmten Pflichtschule (zB → Grundschule) wohnenden Schulpflichtigen (→ Schulpflicht) diese Schule besuchen (→ Schulsprengel).

Einzugsermächtigungsverfahren
→ Lastschriftverfahren.

Einzuggsstelle
Die Einzugsstelle ist zuständig für das Einziehen des vom Arbeitgeber abzuführenden Gesamtsozialversicherungsbeitrags auf den Arbeitslohn. Die Einzugstelle leitet diese Einnahmen dann in entsprechender Höhe an die jeweiligen Sozialversicherungsträger, bzw. den Gesundheitsfonds weiter. Die gesetzliche Regelung dazu findet sich in den § 28d-28n SGB IV. Die Einzustelle leitet diese Einnahmen dann in entsprechender Höhe an die jeweiligen Sozialversicherungsträger, bzw. den Gesundheitsfonds weiter. Zuständige Einzugsstelle ist immer die gesetzliche Krankenkasse des Beschäftigten, bzw. bei privat Krankenversicherten, die vom Arbeitgeber gewählte Einzugstelle. Die Einzugstelle entscheidet auch in Fragen zur Beitragspflicht von Beschäftigten, mit Ausnahme derjenigen Statusfeststellungsverfahren über die die Clearingstelle der Rentenversicherung Bund entscheidet (§ 28h II SGB IV, § 7a SGB IV).

EIOPA
(European Insurance and Occupational Pension Authority) → Europäische Aufsichtsbehörde für das Versicherungswesen und die betriebliche Altersversorgung.

Eisenbahn
Eisenbahn ist nach § 2 AEG (→ Allgemeines Eisenbahngesetz) ein Oberbegriff für Unternehmen, die Eisenbahnverkehrsdienste erbringen oder eine Eisenbahninfrastruktur betreiben. Eine andere Bezeichnung ist → Eisenbahnunternehmen, Näheres dort.

Eisenbahnagentur der Europäischen Union
Die Eisenbahnagentur der Europäischen Union (früher: Europäische Eisenbahnagentur) in Valenciennes (und Lille) ist eine seit 2004 bestehende → europäische zentrale Fachbehörden. Die gegenwärtige Fassung ihres Statuts enthält die VO (EU) 2016/796 v. 11.5.2016 über die Eisenbahnagentur der Europäischen Union (ABl. EU 2016 L 138, 1). Ziel der Agentur ist es, zur Entwicklung und zum Funktionieren eines einheitlichen europäischen Eisenbahnraums beizutragen. Dafür soll sie Eisenbahnsicherheit, → Interoperabilität und Wettbewerb gewährleisten und in technischen Fragen das Unionsrecht durchsetzen. Die Agentur erteilt die Genehmigungen für das Inverkehrbringen von Eisenbahnfahrzeugen und die einheitlichen Sicherheitsbescheinigungen für → Eisenbahnunternehmen.

Eisenbahnaufsicht
Die Eisenbahnaufsicht stellt die Einhaltung aller nationalen und europarechtlichen Rechtsvorschriften sowie zwischenstaatlichen Vereinbarungen sicher, §§ 5, 5a AEG (→ Allgemeines Eisenbahngesetz). Ihre Aufgaben sind insbes., Gefahren durch den Betrieb einer Eisenbahn (→ Eisenbahnunternehmen) abzuwehren und gefährliche Ereignisse zu untersuchen. Zuständig sind das → Eisenbahn-Bundesamt, zT auch Landesbehörden, und die → Eisenbahnagentur der Europäischen Union. Die Überprüfung der Einhaltung der technischen Vorschriften erfolgt idR durch nach der Eisenbahn-Prüfsachverständigenverordnung (EPSV) v. 5.10.2020 (BGBl. 2020 I 2077) anerkannte Prüfsachverständige. Für die Abwehr von Gefahren für die öffentliche Sicherheit oder Ordnung auf dem Gebiet der Bahnanlagen ist die → Bundespolizei zuständig (§ 3 BPolG). Die Eisenbahnaufsicht im Rahmen des ERegG obliegt der → Bundesnetzagentur als Regulierungsbehörde (§§ 66–79 ERegG und § 4 BEVVG).

Eisenbahn-Bau- und Betriebsordnung
Die Eisenbahn-Bau- und Betriebsordnung v. 8.5.1967 (BGBl. 1967 II 1563) mÄnd gilt für jede regelspurige Eisenbahn (→ Eisenbahnunternehmen) des öffentlichen Verkehrs (→ Deutsche Bahn AG, → nicht-bundeseigene Eisenbahnen) und regelt in eingehenden technischen Vorschriften die Beschaffenheit der Bahnanlagen (§§ 4–17 EBO), der Fahrzeuge (§§ 18–33 EBO) sowie den Bahnbetrieb (§§ 34–45 EBO). Die VO enthält ferner Vorschriften über die Anforderungen an das Betriebspersonal (§§ 47–54 EBO) sowie Regelungen über die Sicherheit und Ordnung auf dem Gebiet der Bahnanlagen, zB das Verbot des Betretens und Überquerens von Bahnanlagen auf freier Strecke (§§ 62 f. EBO). Für nicht regelspurige Schmalspurbahnen enthält die Eisenbahn-Bau- und Betriebs-Ordnung für Schmalspurbahnen (ESBO) v. 25.2.1972 (BGBl. 1972 I 269) mÄnd entsprechende Vorschriften. Die Eisenbahn-Inbetriebnahmegenehmigungsverordnung (EIGV) v. 26.7.2018 (BGBl. 2018 I 1270) mÄnd regelt in Umsetzung europarechtlicher Vorgaben das Inverkehrbringen und die Inbetriebnahme von Fahrzeugen, Infrastruktur und anderen Bestandteilen des Eisenbahnsystems. Zu den technischen Spezifikationen im Rahmen der → Interoperabilität des europäischen Eisenbahnsystems s. zB für das Teilsystem „Lokomotiven u. Personenwagen" die VO (EU) 1302/2014 der Kommission v. 18.11.2014, ABl. EU 2014 L 356, 228 oder für das Teilsystem „Fahrzeuge – Lärm" die VO (EU) 1304/2014 der Kommission v. 26.11.2014, ABl. EU 2014 L 356, 421.

Eisenbahnbetriebshaftung
Wenn bei dem Betrieb einer Schienen- (→ Eisenbahn, → Straßenbahn) oder Schwebebahn ein Mensch getötet oder körperlich verletzt oder eine Sache beschädigt wird, so haftet der Unternehmer zwingend (ohne Entlastungsmöglichkeit für → Verrichtungsgehilfen) für den dadurch entstandenen Schaden ohne Nachweis eines Verschuldens (→ Gefährdungshaftung), sofern er nicht nachweist, dass der Unfall durch höhere Gewalt (→ Verschulden, 4) oder durch ein eigenes Verschulden (evt. Mitverschulden) des Verletzten verursacht worden ist (§§ 1, 4 Haftpflichtgesetz, HPflG, idF v. 4.1.1978, BGBl. 1978 I 145, mÄnd). Eine gleiche Haftung trifft den Unternehmer eines Gas- oder Elektrizitätswerks bzw. den Inhaber einer sonstigen Rohrleitungsanlage, wenn der Unfall von dieser Anlage ausgeht oder diese sich nicht in ordnungsgemäßem Zustand befindet (§ 2 HPflG; ausgenommen Schäden am oder durch Verbrauchsgerät). Wer ein Bergwerk, einen Steinbruch oder eine Fabrik betreibt, haftet in gleicher Weise für Personenschäden, wenn diese durch ein Verschulden einer Aufsichtsperson eintreten (§ 3 HPflG). Der Schadensersatz ist grds. unbeschränkbar (§ 7 HPflG); er umfasst bei einer Tötung die Beerdigungs- und Behandlungskosten sowie eine Geldrente für unterhaltsberechtigte Angehörige (→ unerlaubte Handlung, 6), bei einer Körperverletzung die Heilungskosten; ferner haftet der Unternehmer bei Tötung oder Körperverletzung pro Person bis zu einem Kapitalbetrag von 600.000 EUR oder einer Jahresrente von 36.000 EUR; auch kann → Schmerzensgeld gefordert werden. Für Sachschäden beträgt die Haftungshöchstgrenze 300.000 EUR (§§ 5–10 HPflG). Für die Verjährung gelten die Vorschriften über die → unerlaubte Handlung (s. dort 7) entsprechend. Eine weitergehende Haftung des Inhabers des Unternehmens aus → Beförderungsvertrag oder sonstigen Rechtsgrundlagen bleibt unberührt.

Eisenbahn-Bundesamt
Das Eisenbahn-Bundesamt (EBA) ist eine dem BMVI unterstehende selbständige → Bundesoberbehörde für die hoheitlichen Aufgaben

der Eisenbahnverkehrsverwaltung des Bundes (§§ 1 ff. Bundeseisenbahnverkehrsverwaltungsgesetz (BEVVG) v. 27.12.1993, BGBl. 1993 I 2378, 2394, mÄnd). Dem Eisenbahn-Bundesamt, das seinen Sitz in Bonn hat, obliegen nach § 3 BEVVG ua die Planfeststellung für Betriebsanlagen (mit Schienenwegen) der Eisenbahnen des Bundes, die Ausübung der → Eisenbahnaufsicht (§ 5 AEG), die Bauaufsicht für Betriebsanlagen, die Erteilung und der Widerruf von Betriebs- bzw. Unternehmensgenehmigungen sowie die Bewilligung von Bundesmitteln zur Förderung des Schienenverkehrs. Sofern dies nicht in die Zuständigkeit der → Eisenbahnagentur der Europäischen Union fällt, erteilt das Eisenbahn-Bundesamt Sicherheitsbescheinigungen an Eisenbahnverkehrsunternehmen nach § 5 EiSV sowie Genehmigungen für das Inverkehrbringen von Eisenbahnfahrzeugen nach § 10 EIGV. Das Eisenbahn-Bundesamt ist ferner zuständig für die Anerkennung und Überwachung von Instandhaltungsstellen (§ 5 Id AEG) und für Projekte nach dem Maßnahmengesetzvorbereitungsgesetz (§ 3 MgvG, → Allgemeines Eisenbahngesetz, 2.). Der Vollzug das → Infektionsschutzgesetzes für Schienenfahrzeuge und Bahnhöfe obliegt ebenfalls dem Eisenbahn-Bundesamt (§ 54b IfSG). Ferner ist es zuständige Stelle für die Durchsetzung der EU-Verordnungen über die → Fahrgastrechte (Eisenbahnverkehr), → Fahrgastrechte (Kraftomnibusverkehr) und → Fahrgastrechte (See- und Binnenschiffsverkehr).

Eisenbahnfrachtgeschäft

Das Eisenbahnfrachtgeschäft war früher ein rechtlich besonders ausgestalteter Frachtvertrag. Nach der Vereinheitlichung des Transportrechts gelten auch für den Güterverkehr auf der Schiene grundsätzlich die allgemeinen Bestimmungen über den → Frachtvertrag (s. i. E. dort), insbes. für die Haftung der Bahn bei Verlust und Beschädigung des Transportguts oder Überschreitung der Lieferfrist. In einzelnen Punkten enthält die → Eisenbahn-Verkehrsordnung Sonderbestimmungen, zB über die Beförderung von → Reisegepäck (und die Haftung hierbei). Über die Beförderung gefährlicher Güter durch die Bahn und das internationale Eisenbahngeschäft s. gleichfalls → Eisenbahn-Verkehrsordnung.

Eisenbahnkreuzungen und -übergänge

Für Kreuzungen von Eisenbahnen und Straßen gilt das EisenbahnkreuzungsG v. 21.3.1971 (BGBl. 1971 I 337) mÄnd. Straßenbahnen mit eigenem Gleiskörper werden, wenn sie Eisenbahnen kreuzen, iS des Gesetzes wie Straßen, wenn sie Straßen kreuzen, wie Eisenbahnen behandelt. Neue Kreuzungen von Eisenbahnen mit Straßen, die dem allgemeinen Kfz.-Verkehr dienen, sind als Überführungen herzustellen. Bestehende Kreuzungen sind, soweit es die Verkehrssicherheit erfordert, zu beseitigen, durch verkehrsmindernde Baumaßnahmen zu entlasten, durch Überführungen zu ersetzen oder durch Schranken, Lichtsignale usw. zu sichern. Bei Herstellung von Kreuzungen oder neuen Straßen besteht für die Beteiligten Duldungspflicht. Das Gesetz regelt im Einzelnen die Durchführung der Baumaßnahmen, die Verteilung der Kosten auf die Beteiligten usw. Erzielen diese hierüber keine Vereinbarung, kann ein Kreuzungsrechtsverfahren eingeleitet werden; ggf. findet zur Durchführung der erforderlichen Maßnahmen ein Planfeststellungsverfahren statt. Über Kreuzungen von Schienenbahnen (einschl. Straßenbahnen) → Bahnkreuzungen; über die Sicherung von → Bahnübergängen s. dort.

Eisenbahnrecht

Das Eisenbahnrecht als Teil des → Verkehrsrechts ordnet die Voraussetzungen für den Betrieb von Eisenbahnen, ihren Verkehr sowie ihre Aufsicht. Verfassungsrechtliche Grundlagensind Art. 73 I Nr. 6a GG (→ ausschließliche Gesetzgebung des Bundes für ganz oder mehrheitlich in seinem Eigentum stehende Eisenbahnen) auf Grund dessen der Bund das → Allgemeine Eisenbahngesetz erlassen hat, sowie Art. 87e GG (bundeseigene Verwaltung der Eisenbahnen des Bundes) und Art. 143a GG. Für → nicht-bundeseigene Eisenbahn ist auch Landesrecht einschlägig. Europäischem Recht kommt immer größere Bedeutung zu, vgl. etwa zum 4. Eisenbahnpaket der EU → Eisenbahnunternehmen, 1. Für den internationalen Verkehr ist vor allem das Übereinkommen über den internationalen Eisenbahnverkehr (dazu → COTIF) maßgeblich. Zum Eisenbahnrecht ferner → Eisenbahnaufsicht, → Eisenbahn-Bau- und Betriebsordnung, → Eisenbahnbetriebshaftung, → Eisenbahn-Bundesamt.

Eisenbahnunfall

So bezeichnet § 2 XXI AEG ein gefährliches Ereignis im Eisenbahnbetrieb, dessen fachliche Untersuchung durch die Eisenbahn-UnfalluntersuchungsVO (EUV) v. 5.7.2007 (BGBl. 2007 I 1319, mÄnd) geregelt ist. Die Durchführung obliegt der Bundesstelle für Eisenbahnunfall-Untersuchung in Bonn auf der Grundlage der §§ 6–8 BEVVG sowie §§ 5b–5f AEG (→ Allgemeines Eisenbahngesetz).

Eisenbahn-Unfallkasse

Die Eisenbahn-Unfallkasse ist ein Träger der gesetzlichen → Unfallversicherung, insbesondere für Versicherte im Bundeseisenbahnvermögen und bei der Deutschen Bahn AG. (§ 125 SGB VII; sa → Unfallversicherungsträger). Seit dem 1.1.2015 sind die Unfallkasse des Bundes und die Eisenbahn-Unfallkasse zur Unfallversicherung Bund und Bahn zusammengelegt worden.

Eisenbahnunternehmen

1. Nach § 2 AEG (→ Allgemeines Eisenbahngesetz) ist Eisenbahnunternehmen der Oberbegriff für Eisenbahnverkehrs- und Eisenbah-

ninfrastrukturunternehmen. Eisenbahnverkehrsunternehmen erbringen Eisenbahnverkehrsdienste, dh sie befördern Personen und Güter. Eisenbahninfrastrukturunternehmen betreiben die Infrastruktur, also die Betriebsanlagen wie Schienenwege, Trassen, Tunnel oder Bahnstromfernleitungen. Zahlreiche Gesetze des Unionsrechts, dessen Ziel ein einheitlicher europäischer Eisenbahnraum ist, regeln ihre Tätigkeit, etwa die als 4. Eisenbahnpaket bezeichneten VO (EU) 2016/796 v. 11.5.2016 über die → Eisenbahnagentur der Europäischen Union (ABl. EU 2016 L 138, 1), RL (EU) 2016/797 v. 11.5.2016 über die → Interoperabilität des Eisenbahnsystems in der EU (ABl. EU 2016 L 138, 44) und RL (EU) 2016/798 v. 11.5.2016 über Eisenbahnsicherheit (ABl. EU 2016 L 138, 102). Alle diese Gesetze sind Neufassungen älterer Vorschriften.

2. Eisenbahnunternehmen bedürfen einer Unternehmensgenehmigung, die Zuverlässigkeit, finanzielle Leistungsfähigkeit und fachliche Eignung voraussetzt (§§ 6–6i AEG). Sie sind neben dem Halter von Eisenbahnfahrzeugen grds. für die sichere Betriebsführung verantwortlich (§ 4 III AEG) und müssen eine Niederlassung in der BRD haben (§ 6 III AEG). Eisenbahnverkehrsunternehmen benötigen zusätzlich für den Betrieb auf übergeordneten Netzen (dazu § 2b AEG) eine Sicherheitsbescheinigung (§ 7a AEG). Sie wird als einheitliche Sicherheitsbescheinigung gem. der VO (EU) 2016/796 von der Eisenbahnagentur der Europäischen Union erteilt, wenn das Eisenbahnverkehrsunternehmen grenzüberschreitend tätig ist, anderenfalls auf Antrag auch vom → Eisenbahn-Bundesamt. Die Details dazu enthalten die DVO (EU) 2018/763 v. 9.4.2018 (ABl. EU 2018 L 129, 49) sowie die Eisenbahn-Sicherheitsverordnung (EiSV) v. 17.6.2020 (BGBl. 2020 I 1298). Eisenbahnstrukturunternehmen benötigen stattdessen eine Sicherheitsgenehmigung (§ 7c AEG iVm §§ 14 ff. EiSV). Während der Corona- oder Covid-19-Krise gestattete es die VO (EU) 2020/1429 v. 7.10.2020 (ABl. EU 2020 L 333,1) den Mitgliedstaaten, für Eisenbahnunternehmen bestimmte finanzielle Erleichterungen einzuführen.

3. Die rechtliche und organisatorische Trennung von Eisenbahnverkehrs- und -infrastrukturunternehmen regelt das Eisenbahnregulierungsgesetz (ERegG) v. 29.8.2016 (BGBl. 2016 I 2082) mÄnd, mit dem die EU-rechtlichen Rahmenvorgaben zur Entflechtung der Eisenbahnunternehmen in deutsches Recht umgesetzt wurden. Die Entflechtungsbestimmungen gelten iW für Fernverkehr betreibende Eisenbahnverkehrs- sowie -infrastrukturunternehmen (§ 2 ERegG), die unabhängig voneinander sein müssen (§ 8 ERegG). Ziele des ERegG sind ua, den Anteil des Personen- und Güterverkehrs am gesamten Verkehrsaufkommen zu erhöhen und einen einheitlichen europäischen Eisenbahnmarkt zu fördern (§ 3 ERegG). Eisenbahnverkehrsunternehmen, die öffentlich-rechtlich kontrolliert werden, müssen eine unabhängige Geschäftsführung haben und nach betriebswirtschaftlichen Grundsätzen geführt werden (§§ 5 f. ERegG). Regulierungsbehörde nach dem ERegG ist die → Bundesnetzagentur (§ 4 BEVVG).

4. Eisenbahnverkehrsunternehmen sind zur Beförderung von Personen und Gepäck verpflichtet (§ 10 AEG), müssen ihre Beförderungsbedingungen (nicht Tarife) vorab genehmigen lassen und alle erforderlichen Fahrgastinformationen zur Verfügung stellen (§ 12a AEG). Zur Haftpflicht der Eisenbahnunternehmen, für die Versicherungspflicht besteht, → Eisenbahnbetriebshaftung und zu Verspätungsfolgen → Fahrgastrechte (Eisenbahnverkehr).

5. Zu bahnrechtlichen Besonderheiten bei Insolvenz und Zwangsvollstreckung s. das Gesetz über Maßnahmen zur Aufrechterhaltung des Betriebs von Bahnunternehmen des öffentlichen Verkehrs (BahnG) v. 7.3.1934 (RGBl. 1934 II 91) mÄnd und das Gesetz betreffend die Unzulässigkeit der Pfändung von Eisenbahnfahrbetriebsmitteln (EBPfSchG) v. 3.5.1886 (RGBl. 1886, 131) mÄnd. Zum IPR des Eigentums am rollenden Material → Internationales Privatrecht (2. f) und Art. 45 EGBGB.

Eisenbahn-Verkehrsordnung
Die Eisenbahn-Verkehrsordnung (EVO) v. 4.8.2023 (BGBl. 2023 I Nr. 208) gilt für jedes Eisenbahnverkehrsunternehmen des öffentlichen Verkehrs (→ Deutsche Bahn AG, → nicht-bundeseigene Eisenbahnen). Sie regelt die Beförderung von Personen und → Gepäck sowie die Gepäckaufbewahrung. Sie findet allerdings nur subsidiär Anwendung, soweit → COTIF und die VO (EU) 2021/782 (→ Fahrgastrechte (Eisenbahnverkehr)) keine inhaltsgleichen oder entgegenstehenden Regelungen enthalten. Die Beförderung von Gütern unterliegt dem allgemeinen Transportrecht (→ Frachtvertrag).

Eisgefahr
→ Hochwasserschutz (2).

EKD
→ Evangelische Kirche.

Ekelfleisch
oder Gammelfleisch. Der Begriff steht für überlagertes, illegal umgepacktes oder umdeklariertes → Fleisch im Zusammenhang mit den Fleischskandalen, in die 2005/06 Unternehmen aus ganz Deutschland verstrickt waren.

Elektrische Anlagen
eines Stromabnehmers sind gemäß § 12 VO über Allgemeine Bedingungen für die Stromversorgung von Tarifkunden (→ Energiewirtschaft) technisch ordnungsgemäß einzurichten (zB Einhaltung d. VDE-Vorschriften). § 13

Niederspannungsanschlussverordnung (NAV) regelt die Pflicht des Anschlussnehmers zur ordnungsgemäßen Errichtung, Erweiterung, Änderung und Instandhaltung der elektrischen Anlage. Zu elektrischen Anlagen in explosionsgefährdeten Räumen s. → Betriebssicherheit.

Elektrische Zigaretten
→ Tabakerzeugnisse.

Elektrizität
→ Energiewirtschaft; zur Entziehung elektrischer Energie → Stromentwendung.

Elektrizitätsbinnenmarkt
Der Schaffung und Verbesserung des Elektrizitätsbinnenmarktes dienen die
- VO (EU) 2019/941 v. 5.6.2019 über die Risikovorsorge im Elektrizitätssektor (ABl. EU 2019 L 158, 1),
- VO (EU) 2019/942 v. 5.6.2019 zur Gründung einer Agentur für die Zusammenarbeit der Energieregulierungsbehörden (ABl. EU 2019 L 158, 22). Es handelt sich um eine Neufassung der aufgehobenen VO 713/2009; die Agentur existiert bereits seit 2009,
- VO (EU) 2019/943 v. 5.6.2019 über den Elektrizitätsbinnenmarkt (ABl. EU 2019 L 158, 54) sowie die
- RL 2019/944 v. 5.6.2019 mit gemeinsamen Vorschriften für den Elektrizitätsbinnenmarkt (ABl. EU 2019 L 158, 125).

Ziel dieses Gesetzespakets ist die Verbesserung des Binnenwettbewerbs unter Berücksichtigung der Besonderheiten nationaler und regionaler Märkte. Die Regelungen enthalten gemeinsame Vorschriften zur Elektrizitätserzeugung und -verteilung, zur Energiespeicherung, zum Verbraucherschutz, zur Vermeidung und Bewältigung von Stromversorgungskrisen, zu Netzzugang und Netzentgelten und sollen der Verwirklichung der europäischen Klimaschutzziele dienen. → Energieunion, → Energiewirtschaft, → Klimaschutz.

Elektrizitätsunternehmen
→ Energiewirtschaft.

Elektro- und Elektronikgeräte
Das Elektro- und Elektronikgeräte-Gesetz (ElektroG) v. 20.10.2015 (BGBl. 2015 I 1739) mÄnd und die VO zur Beschränkung der Verwendung gefährlicher Stoffe in Elektro- und Elektronik-Neugeräten (ElektroStoffV) v. 19.3.2013, BGBl. 2013 I 1111 mÄnd regeln das Inverkehrbringen, die Rücknahme sowie die umweltverträgliche Entsorgung dieser Geräte in Ergänzung der Vorschriften zur → Kreislaufwirtschaft. Sie dienen der Umsetzung der Richtlinien 2012/19/EU v. 4.7.2012 (ABl. EU 2012 L 197, 38) über Elektro- und Elektronik-Altgeräte und 2011/65/EU zur Beschränkung der Verwendung bestimmter gefährlicher Stoffe in Elektro- und Elektronikgeräten v. 8.6.2011 (ABl. EU 2011 L 174, 88).

1. a) Elektro- und Elektronikgeräte sind Geräte, die Strom oder → elektromagnetische Felder zum Betrieb benötigen oder beim Betrieb erzeugen (§ 3 ElektroG). Unter den Geltungsbereich des Gesetzes fallen insbes. Haushaltsgeräte, Computer, Geräte der Telekommunikation und Unterhaltungselektronik, Beleuchtungskörper, Sport- und Spielgeräte sowie Medizinprodukte. Ausgenommen sind ua bestimmte medizinische Produkte wie Herzschrittmacher, Geräte für Forschungs- und Entwicklungszwecke sowie militärische Geräte. Hinsichtlich der Verwertungsvorgaben (s. u. Ziffer 1.b), werden sie in 10, ab August 2018 in 6 Kategorien eingeteilt (§ 2 u. Anlage 1 ElektroG); sa → elektromagnetische Verträglichkeit. Elektro- und Elektronikgeräte dürfen nur von Herstellern oder Bevollmächtigten in Verkehr gebracht werden, die gem. §§ 6 und 8 ElektroG registriert und in Deutschland niedergelassen sind. Zuständig ist die Stiftung Elektro-Altgeräte Register in Fürth als → beliehener Unternehmer (§§ 40 ff. ElektroG), die Gemeinsame Stelle iS der §§ 31 ff. ElektroG ist. Es bestehen ferner Kennzeichnungspflichten (§ 9 ElektroG). Es können Bußgelder bis zu 100 000 EUR verhängt werden (§ 45 ElektroG). Die DVOen (EG) 640/2009, 642/2009 u. 643/2009 regeln beispielhaft die – zT zukünftigen – Anforderungen an die umweltgerechte Gestaltung von Elektromotoren, Fernsehern und Kühlschränken (jeweils v. 22.7.2009, ABl. EU 2009 L 191, 26, 2011 L 46,/63, 42 u. 53).

b) Elektro- und Elektronikgeräte, die → Abfall sind (Altgeräte, § 3 ElektroG), müssen gem. den Bestimmungen der §§ 12 ff. ElektroG. zurückgenommen werden. Vertreiber können Altgeräte unentgeltlich zurücknehmen. Kleingeräte müssen im Geschäft oder in seiner unmittelbaren Nähe unentgeltlich zurückgenommen werden. Wird eine bestimmte Verkaufsfläche für Elektro- und Elektronikgeräte überschritten (400m^2), muss beim Kauf eines neuen Gerätes ein Altgerät gleicher Art gem. § 17 I ElektroG am Ort der Abgabe unentgeltlich zurückgenommen werden. Auch ohne Kauf eines anderen Gerätes müssen Vertreiber mit der genannten Verkaufsfläche jederzeit bis zu fünf Geräte zurücknehmen, die in keiner äußeren Abmessung größer als 25 cm sind. Für den Vertrieb durch Fernkommunikation (zB Internethandel) gilt die Rücknahmepflicht bei entsprechender Lager- und Versandfläche; eine unentgeltliche Rückgabemöglichkeit ist dann in zumutbarer Entfernung zum Endnutzer zu gewährleisten. Der Vertreiber darf weder für die Übergabe, die Behandlung noch für die Entsorgung von privaten Haushalten ein Entgelt verlangen. Die Rücknahme von Geräten, die nicht aus privaten Haushalten stammen, regelt § 19 ElektroG. Sa → historische Altgeräte.

c) Altgeräte sollen gem. den Verwertungsvorgaben des § 22 ElektroG behandelt werden. Dazu haben die öffentlich-rechtlichen Entsorgungsträger die Sammlung von Altgeräten aus privaten Haushalten (§ 3 Nr. 4 ElektroG) durchzuführen; werden Sammelstellen eingerichtet, darf bei Anlieferung kein Entgelt erhoben werden (§ 13 ElektroG). Sie haben die Geräte zur Abholung durch die rücknahmepflichtigen Hersteller bereitzustellen (§§ 14, 15 ElektroG), die auf eigene Kosten dafür zu sorgen haben, dass die Geräte behandelt und entsorgt werden (§§ 20 ff. ElektroG). Jeder Hersteller hat jährlich dem → Umweltbundesamt als zuständiger Behörde (§ 36 ElektroG) eine insolvenzsichere Garantie für die Finanzierung der Rücknahme und Entsorgung seiner seit dem Inkrafttreten des ElektroG 2005 in Verkehr gebrachten Elektro- und Elektronikgeräte nachzuweisen (§ 7 ElektroG).

2. Die ElektroStoffV regelt Inverkehrbringen und Bereitstellung von Neugeräten mit dem Ziel, dass bestimmte → Gefahrstoffe wie Quecksilber nicht mehr in diesen Geräten verwendet werden. Der Geltungsbereich weicht von dem des ElektroG ab: ausgenommen sind etwa Geräte, die speziell als Teil von Geräten konzipiert und installiert werden sollen, die nicht vom Anwendungsbereich der VO erfasst werden, zB Satelliten oder Photovoltaikmodule zum ständigen Betrieb an einem festen Ort (§ 2 ElektroStoffV).

3. → Batterien, → energieverbrauchsrelevante Produkte.

Elektroauto
→ Elektromobilität.

Elektrofahrzeuge
Im Straßenverkehr unterliegen Elektrofahrzeuge grds. den Bestimmungen für → Kraftfahrzeuge (§ 1 II StVG). Das gilt auch für → Elektrokleinstfahrzeuge (E-Scooter, Elektroroller), für die allerdings Sonderregelungen in der Elektrokleinstfahrzeuge-Verordnung (eKFV) enthalten sind. Sondervorschriften gelten iÜ für die Ausrüstung der Elektrofahrzeuge, zB für Motorleistung (§ 35 StVZO), Bremseinrichtungen (§ 41 VII StVZO), und insbes. für Elektrokarren (kein Rückspiegel erforderlich, § 56 III StVZO); weitere Befreiungen kann die höhere Verwaltungsbehörde zulassen (§ 70 I Nr. 1 StVZO). → Elektromobilität; → private Pkw-Nutzung; → Ladepunkte; → Kraftfahrzeugsteuer 9; → Umweltbonus.

Elektrokleinstfahrzeuge
MWv 15.6.2019 wurden Elektrokleinstfahrzeuge, damit insbes. Elektrotretroller (Elektroscooter, E-Scooter, Elektroroller), in Deutschland zur Teilnahme am öffentlichen Straßenverkehr zugelassen. Erlassen wurde hierzu die Verordnung über die Teilnahme von Elektrokleinstfahrzeugen am Straßenverkehr (Elektrokleinstfahrzeuge-Verordnung – eKFV) v. 6.6.2019 (BGBl. 2019 I 756). Nachdem sich Elektrokleinstfahrzeuge aufgrund ihrer meist kleinen Ausmaße und ihres geringen Gewichts vielfach zur Mitnahme eignen, versprach sich der Verordnungsgeber von ihrer Zulassung einen besonderen Mehrwert zur Verknüpfung unterschiedlicher Transportmittel und zur Überbrückung insbes. kurzer Distanzen (vgl. BR-Drs. 158/19, 1 f.).

1. Straßenverkehrsrecht: Die eKFV enthält gegenüber den allg. Normen des → Straßenverkehrsrechts Sonderregelungen insbes. im Zulassungs- und Fahrerlaubnisrecht; teils wurden entsprechende Änderungen mit ihr auch in den einschlägigen Kodifikationen vorgenommen.

a) Elektrokleinstfahrzeuge iSd eKFV: Unter die eKFV fallen nach § 1 I eKFV nur Elektrokleinstfahrzeugen mit elektrischem Antrieb und einer bauartbedingten Höchstgeschwindigkeit von nicht weniger als 6 km/h und nicht mehr als 20 km/h, die ohne Sitz oder als selbstbalancierendes Fahrzeug mit oder ohne Sitz ausgestattet sind, eine Nenndauerleistung von nicht mehr als 500 Watt bzw. 1400 Watt (wenn mindestens 60 Prozent der Leistung zur Selbstbalancierung verwendet werden) sowie eine maximale Fahrzeugmasse ohne Fahrer von nicht mehr als 55 kg aufweisen und die hinsichtlich ihrer Abmessungen bestimmte in § 1 I Nr. 2 und 4 eKFV genannte Werte nicht über- bzw. unterschreiten. Wird durch „Tuning" die bauartbedingte Höchstgeschwindigkeit auf über 20 km/h erhöht, so führt dies regelmäßig zum Erlöschen der Betriebserlaubnis (§ 2 III eKFV iVm § 19 II, III StVZO). Seit Inkrafttreten der eKFV gelten deren Regelungen auch für elektronische Mobilitätshilfen. Die zuvor für sie einschlägige Mobilitätshilfenverordnung (MobHV) v. 16.7.2009 trat außer Kraft.

b) Verkehrsrechtliche Vorgaben für Elektrokleinstfahrzeuge: Da Elektrokleinstfahrzeuge über einen elektrischen Antriebsmotor verfügen, sind sie → Kraftfahrzeuge nach § 1 II StVG. Trotzdem sind sie nach § 3 II 1 Nr. 1 lit. g FZV zulassungsfrei, bedürfen aber nach § 2 I Nr. 1 eKFV einer Typgenehmigung (→ Zulassung von Kraftfahrzeugen). Sie unterliegen der → Versicherungspflicht nach dem PflVG, wobei der Nachweis des Bestehens eines Versicherungsvertrags nicht durch ein Versicherungskennzeichen zu führen ist, sondern durch eine gültige Versicherungsplakette (§ 2 I Nr. 2 eKFV; § 29a FZV). Elektrokleinstfahrzeuge müssen zudem mit einer Fahrzeug-Identifizierungsnummer sowie einem Fabrikschild nach den Maßgaben des § 2 I Nr. 3 eKFV versehen sein. Von der Fahrerlaubnispflicht sind Elektrokleinstfahrzeuge ausgenommen (§ 4 I Nr. 1a FeV), jedoch muss der Führer das 14. Lebensjahr vollendet haben (§ 3 eKFV). Fahrer von Elektrokleinstfahrzeugen haben grds. → Radwege, Radfahrstreifen und → Fahrradstraßen zu benutzen (§ 10 eKFV). Für das Abstellen von Elektrokleinstfahrzeugen gelten die für Fahrräder geltenden Parkvorschriften entsprechend (§ 11 V eKFV).

2. Zivilrecht: Die Haftung des Fahrers eines Elektrokleinstfahrzeugs richtet sich nach dem allg. Deliktsrecht (→ Unerlaubte Handlung (Delikt)). In Betracht kommen insbes. ver-

schuldensabhängige Ansprüche aus § 823 I BGB sowie aus § 823 II BGB iVm mit einem Schutzgesetz; als solches können auch die allg. Verhaltensregeln aus § 11 eKFV fungieren (→ Straßenverkehrshaftung 1). Liegt die bauartbedingte Höchstgeschwindigkeit entsprechend § 1 I eKFV bei maximal 20 km/h, so besteht keine verschuldensunabhängige → Halterhaftung nach § 7 StVG (§ 8 Nr. 1 StVG) und ebenso keine Fahrerhaftung nach § 18 I StVG. Bei der Bestimmung von Haftungsquoten erfolgt zulasten des Fahrers eines Elektrokleinstfahrzeugs auch keine Anrechnung einer Betriebsgefahr.

3. Strafrecht: Für Elektrokleinstfahrzeuge als Kraftfahrzeuge gelten die einschlägigen Vorschriften des StGB. Bei Trunkenheit des Fahrers kommt eine Strafbarkeit nach §§ 315c, 316 StGB (→ Alkoholdelikte) in Betracht, wobei für die Bestimmung der → Fahruntüchtigkeit die für Kraftfahrer geltenden Grenzwerte einschlägig sind. So ist der für Kraftfahrer durch die Rechtsprechung entwickelte Grenzwert der absoluten Fahruntüchtigkeit von 1,1 Promille Blutalkohol (→ Alkoholgenuss des Verkehrsteilnehmers) auch auf Fahrer von Elektrokleinstfahrzeugen anzuwenden (BayObLG NStZ 2020, 736). Strafbar macht sich auch, wer ein Elektrokleinstfahrzeug gegen den Willen des Berechtigten in Gebrauch nimmt (§ 248b StGB, → unbefugter Gebrauch von Fahrzeugen, → Gebrauchsanmaßung). Erhält ein Elektrokleinstfahrzeug aufgrund „Tunings" eine bauartbedingte Höchstgeschwindigkeit von mehr als 20 km/h, so kann es fahrerlaubnispflichtig werden mit der Konsequenz einer Strafbarkeit nach § 21 StVG, wenn es ohne Fahrerlaubnis betrieben wird. Verstöße gegen die Begrenzung der Höchstgeschwindigkeit sowie die weiteren, oben unter 1b) genannten Vorgaben sind zudem als → Ordnungswidrigkeiten bußgeldbewehrt (§ 14 eKFV).

Elektromagnetische Felder
Die VO über elektromagnetische Felder (26. DVO zum BImSchG) idF v. 14.8.2013 (BGBl. 2013 I 3266) regelt zum Schutz vor sowie zur Vorsorge gegen schädlichen Umwelteinwirkungen durch elektrische, magnetische und elektromagnetische Felder die Anforderungen an bestimmte Niederfrequenz-, Hochfrequenz- und Gleichstromanlagen (zB Sendeanlagen u. Stromleitungen). Sa → elektromagnetische Verträglichkeit. Den → Arbeitsschutz regelt die Arbeitsschutzverordnung zu elektromagnetischen Feldern (EMFV) v. 15.11.2016 (BGBl. 2016 I 2531).

Elektromagnetische Verträglichkeit
regelt das Gesetz v. 14.12.2016 (EMVG, BGBl. 2016 I 2879). Elektromagnetische Verträglichkeit bezeichnet danach die Fähigkeit eines Gerätes oder einer ortsfesten Anlage (Betriebsmittel), zufriedenstellend zu arbeiten und bei anderen Betriebsmitteln in dieser Umgebung keine unannehmbaren Störungen zu verursachen. Das EMVG gilt für Betriebsmittel, die elektromagnetische Störungen verursachen können oder deren Betrieb durch diese Störungen beeinträchtigt werden kann (§§ 1, 2 EMVG). Grds. dürfen nur Geräte mit einer → CE-Kennzeichnung in den Verkehr gebracht werden. Das Bußgeld bei Verstößen gem. § 33 EMVG kann 100 000 EUR erreichen. Zuständig ist die → Bundesnetzagentur.

Elektromobilität
Elektromobilität ist die Bezeichnung für das Nutzen von Fahrzeugen mit Elektroantrieb. Dazu gehören neben dem → Elektrorad alle Kraftfahrzeuge, die mit einem elektrischen Antrieb ausgestattet sind (→ Elektrofahrzeuge; zu E-Scootern bzw. Elektrorollern → Elektrokleinstfahrzeuge). Maßnahmen zur Bevorrechtigung der Teilnahme bestimmter elektrisch betriebener Fahrzeuge am Straßenverkehr ermöglicht das ElektromobilitätsG (EmoG) v. 5.6.2015 (BGBl. 2015 I 898). Begünstigt werden bis 31.12.2026 Kraftfahrzeuge mit mind. 4 Rädern zur Beförderung von bis zu 8 Personen außer dem Fahrer oder von Gütern mit einer Gesamtmasse bis zu 3,5 t sowie → Krafträder, auch mit Beiwagen, und 3rädrige Kraftfahrzeuge. Elektrisch betriebene Fahrzeuge sind ein reines Batterieelektrofahrzeug, ein von außen aufladbares Hybridelektrofahrzeug und ein Brennstoffzellenfahrzeug. Bevorrechtigungen sind möglich für das → Parken auf öffentlichen Straßen oder Wegen (durch reservierte Parkflächen), bei der Nutzung von für besondere Zwecke bestimmten öffentlichen Straßen oder Wegen (insbes. von Bussonderfahrstreifen), durch das Zulassen von Ausnahmen von Zufahrtbeschränkungen oder Durchfahrtverboten (zB zum Schutz vor Lärm und Abgasen) und im Hinblick auf das Erheben von Gebühren für das Parken auf öffentlichen Straßen oder Wegen (durch Ermäßigungen oder Befreiungen). Sie dürfen nur Fahrzeugen gewährt werden, die mit einer Kennzeichnung durch den Kennbuchstaben „E" versehen sind (→ Kennzeichen am Kraftfahrzeug).

Elektronische Aktenführung
1. Gerichte: Mit dem Gesetz zur Einführung der elektronischen Akte in der Justiz und zur weiteren Förderung des elektronischen Rechtsverkehrs v. 5.7.2017 (BGBl. 2017 I 2208) wurden in allen Prozessordnungen Vorschriften zum Wechsel der Aktenführung auf eine elektronische Verarbeitung und Speicherung geschaffen bzw. vorhandene Normen reformiert.

a) Zivilverfahren: Ab 1.1.2026 wird danach die elektronische Akte als führende Akte an die Stelle der Papierakte treten (zB § 298a ZPO, § 46e ArbGG). Für die Übergangszeit besteht bereits die Möglichkeit einer entsprechenden Umstellung durch RechtsVO, von der Bund und Länder für ihren Bereich Gebrauch machen können, ggf. auch in Form von Pilotprojekten an einzelnen Gerichten oder für bestimmte Gruppen von Verfahren.

Dies ist in verschiedenen Bundesländern jeweils für einzelne Gerichte oder Gerichtsbarkeiten bereits geschehen, zum Teil hat die Umstellung schon jetzt vollständig stattgefunden. Soweit parallel eine Papier- und eine elektronische Akte geführt wird, spricht man von einer Hybridakte. Verordnungsermächtigungen bestehen zudem zur näheren Bestimmung der organisatorischen und technischen Rahmenbedingungen einschließlich der einzuhaltenden Anforderungen an Datenschutz, Datensicherheit und Barrierefreiheit. Zugleich enthält das Gesetz v. 5.7.2017 auch Vorgaben, mit denen die schriftliche Kommunikation mit den Gerichten soweit noch nicht geschehen (vgl. G zur Förderung des elektronischen Rechtsverkehrs mit den Gerichten vom 10.10.2013, BGBl. 2013 I 3786) auf elektronische Übermittlungswege umgestellt wird (→ Elektronischer Rechtsverkehr durch Einreichung → elektronischer Dokumente).

b) Strafverfahren: Die maßgeblichen Normen sind enthalten in den §§ 32–32f StPO. Die materiellen Regelungen zum Aktenbegriff (zB Unterscheidung von Akteninhalt und Beweismitteln, Recht der Akteneinsicht) ändern sich nicht. Den technischen Weg der Einsicht in eine elektronische Akte bestimmt § 32 f I StPO, in eine Papierakte § 32 f II StPO. Für den → elektronischen Rechtsverkehr ersetzt § 32a StPO, der die Möglichkeit der Einreichung elektronischer Dokumente eröffnet, seit 1.1.2018 die frühere Regelung in § 41a StPO. Bund und Länder können insoweit für ihren Bereich durch RechtsVO eine Verschiebung auf den 1.1.2019 oder 2020 vornehmen. Durch das Gesetz zur weiteren Digitalisierung der Justiz v. 12.7.2024 (BGBl. 2024 I Nr. 234) wurden ergänzende Regelungen zur Hybridaktenführung während der Pilotierungsphase der elektronischen Akte sowie für geheimhaltungsbedürftige Dokumente und Aktenbestandteile geschaffen (§ 15 EGStPO).

c) Bußgeldverfahren: Die elektronische Aktenführung bestimmt sich nach §§ 110a–110c OWiG, wobei § 110c OWiG weitgehend auf die StPO verweist. Für die Einreichung elektronischer Dokumente besteht für Bund und Länder wie im Strafverfahren die Option, deren Einreichung erst zum 1.1.2019 oder 2020 zu ermöglichen.

2. Verwaltung: → Elektronische Verwaltung. Für die öffentliche Verwaltung sieht § 6 EGovG ab dem 1.1.2020 die elektronische Aktenführung vor. Auch wenn es sich um eine Sollvorschrift handelt, ist nach § 36a SGB I die elektronische Kommunikation zumindest durch die Träger der → Sozialversicherung einschließlich der → Bundesagentur für Arbeit, ihre Verbände und Arbeitsgemeinschaften zu ermöglichen. Dazu gehört auch die Überprüfbarkeit der → digitalen Signatur.

Elektronische Aufenthaltsüberwachung
Die elektronische Aufenthaltsüberwachung (oft auch als „elektronische Fußfessel" bezeichnet) ist im deutschen Recht nur als eine mögliche Weisung gem. § 68b I 1 Nr. 12 StGB im Rahmen der Führungsaufsicht (→ Maßregeln der Besserung und Sicherung 5) vorgesehen. Der Verurteilte wird vom Gericht angewiesen, für die Dauer der Führungsaufsicht die für die elektronische Aufenthaltsüberwachung erforderlichen technischen Mittel ständig in betriebsbereitem Zustand bei sich zu führen und deren Funktionsfähigkeit nicht zu beeinträchtigen. Voraussetzung ist, dass die Führungsaufsicht auf Grund der vollständigen Vollstreckung von mindestens 3 Jahren Freiheitsstrafe oder auf Grund einer erledigten Maßregel wie der Sicherungsverwahrung für eine schwere Straftat, insbes. eine Gewalt- oder Sexualstraftat, eingetreten ist, die Gefahr weiterer solcher Straftaten besteht und die Weisung erforderlich ist, um den Verurteilten von solchen abzuhalten (§ 68b I 3, 4 StGB). Trotz der Intensität des mit der Weisung verbundenen Grundrechtseingriffs ist die elektronische Aufenthaltsüberwachung mit dem Grundgesetz vereinbar (BVerfG, Beschluss vom 1.12.2020, 2 BvR 916/11, 2 BvR 636/12). Zur Durchführung wurde der Staatsvertrag über die Einrichtung der Gemeinsamen elektronischen Überwachungsstelle der Länder (zB GV NRW 2011, 553) geschlossen.

Elektronische Datenverarbeitung
Vertrag über den Erwerb oder die Erstellung von → Software s. dort.

Elektronische Dokumente
Strafverfahren und Ordungswidrigkeitenverfahren: Elektronische Dokumente mit einer qualifizierten elektronischen → Signatur können an Stelle von Erklärungen, Anträgen oder Begründungen, die nach dem Gesetz ausdrücklich schriftlich abzufassen oder zu unterzeichnen sind, nach Maßgabe von § 32a StPO und § 110a OWiG eingereicht werden. Für den → elektronischen Rechtsverkehr ersetzt § 32a StPO seit 1.1.2018 die frühere Regelung in § 41a StPO (G zur Einführung der elektronischen Akte in der Justiz und zur weiteren Förderung des elektronischen Rechtsverkehrs vom 5.7.2017, BGBl. 2017 I 2208). Bund und Länder konnten insoweit für ihren Bereich durch RechtsVO eine Verschiebung auf den 1.1.2019 oder 2020 vornehmen; in diesem Fall galt § 41a StPO so lange fort. Dasselbe gilt im Ordungswidrigkeitenverfahren (§ 134 OWiG). Elektronische Dokumente müssen für die Bearbeitung durch die Strafverfolgungsbehörde oder das Gericht geeignet sein; hierzu bestimmt die Bundesregierung durch RechtsVO die technischen Rahmenbedingungen (§ 32a II StPO; Verordnung über die technischen Rahmenbedingungen des elektronischen Rechtsverkehrs und über das besondere elektronische Behördenpostfach – ERVV v. 9.2.2018, BGBl. 2018 I 200). Eine Pflicht zur elektronischen Einreichung bestimmter Dokumente für Verteidiger und

Rechtsanwälte trat zum 1.1.2022 in Kraft (§ 32d StPO). → Elektronische Aktenführung.

Zur elektronischen Kommunikation im Zivilprozess siehe → Elektronischer Rechtsverkehr. Unter dem Gesichtspunkt des Beweisrechts im Zivilprozess (→ Beweis) erfolgt die Einführung eines elektronischen Dokuments als Beweismittel in einen Zivilprozess durch einen → Augenschein.

Zu Formfragen betreffend Willenserklärungen, die ein elektronisches Dokument beinhaltet, → Form(erfordernisse, -vorschriften) (1a).

Im Sozialrecht ist die Übermittlung elektronischer Dokumente zulässig, wenn der Empfänger hierfür einen Zugang besitzt (§ 36a I SGB I). § 21 SGB X gestattet die Beiziehung von Urkunden und Akten in elektronischer Form, soweit keine Rechtsvorschriften dieses ausschließen. Hinsichtlich der Akteneinsicht gibt § 25 SGB X vor, dass, sofern eine Akteneinsicht zu gewähren ist, die Wiedergabe elektronischer Dokumente auch am Bildschirm zu ermöglichen ist.

Elektronische Form
→ Form (1a), → Verkehr mit Gerichten.

Elektronische Fußfessel
→ elektronische Aufenthaltsüberwachung.

Elektronische Gesundheitskarte
Die → Krankenversichertenkarte, die die Versicherten der gesetzlichen → Krankenversicherung bisher bei der Inanspruchnahme ärztlicher oder zahnärztlicher Leistungen vorzulegen haben, ist seit dem 1.1.2015 durch eine elektronische Gesundheitskarte (§§ 291, 291a SGB V) ersetzt worden. Die elektronische Gesundheitskarte hat einen wesentlich größeren Funktionsumfang als die Krankenversicherungskarte, Die Versicherten sollen die Möglichkeit erhalten, ihre persönlichen Gesundheitsdaten mit der Karte zu verwalten und einzelnen Leistungserbringern zur Verfügung zu stellen. Die elektronische Gesundheitskarte muss mit einem Lichtbild versehen sein. Die Kosten für das Lichtbild sind vom Versicherten zu tragen. In bestimmten Einzelfällen kann auf ein Lichtbild verzichtet werden.

In der ersten Phase enthält die elektronische Versicherungskarte nur die persönlichen Daten des Versicherten, ein Lichtbild und die auch auf der Europäischen Krankenversicherungskarte enthaltenen Informationen.

Für die nächsten Ausbaustufen sind vorgesehen die Online-Aktualisierung der Versichertenstammdaten, die Aufnahme von Notfalldaten und persönlichen Erklärungen des Versicherten, zB Organspendeerklärungen und der Aufbau einer Arzt-zu-Arzt-Kommunikation.

Zum 30.6.2020 musste die Gesellschaft für Telematik Maßnahmen erarbeiten, wie eine Speicherung ärztlicher Verordnungen für apothekenpflichtige → Arzneimittel in elektronischer Form übermittelt werden kann. Dieses wurde durch das Patientendaten-Schutz-Gesetz – PDSG vom 14.10.2020 (BGBl. I S. 2115) umgesetzt und infolgedessen ist zB das sog. E-Rezept eingeführt worden. Die entsprechende erforderliche App (E-Rezept) ist im Apple App Store und im Google Play Store (auch in der Huawei AppGallery) erhältlich. Eine weitergehende Speicherung ist vorgesehen. Die Gesellschaft für Telematik hat dabei zu beachten dass die notwendige Telematikinfrastruktur nur schrittweiser aufgebaut werden kann. Vorgesehen ist im Weiteren, dass das Verfahren auch auf sonstige ärztliche Verordnungen, Verordnungen von Betäubungsmitteln und Verordnungen ohne direkten Kontakt zwischen Arzt oder Zahnarzt und Versicherten ausgedehnt werden soll.

Perspektivisch sind auch die Speicherung einer Arzneimitteldokumentation, die Möglichkeit eines elektronischen Rezepts und die Speicherung der Patientenakte ins Auge gefasst. Die Bestimmungen des Datenschutzes müssen beachtet werden. Zum 1.1.2024 wurde so das elektronische Rezept eingeführt.

Zum 1.1.2022 ist durch das Patientendaten-Schutz-Gesetz – PDSG vom 14.10.2020 (BGBl. I S. 2115) zudem ermöglicht worden, den Impfausweis, den Mutterpass, das gelbe U-Heft für Kinder und das Zahn-Bonusheft zu speichern.

Elektronische Identitätsfeststellung
Nach § 18 PersonalausweisG (→ Personalausweis, 5) kann ein Personalausweisinhaber seinen Personalausweis dazu verwenden, seine Identität gegenüber öffentlichen und nichtöffentlichen Stellen elektronisch nachzuweisen (elektronischer Identitätsnachweis). Der elektronische Identitätsnachweis erfolgt durch Übermittlung von Daten aus dem elektronischen Speicher- und Verarbeitungsmedium des Personalausweises. Dabei sind dem jeweiligen Stand der Technik entsprechende Maßnahmen zur Sicherstellung von Datenschutz und → Datensicherheit zu treffen, die insbes. die Vertraulichkeit und Sicherheit der Daten gewährleisten.

Elektronische Kommunikation
→ Form (1a), → Verkehr mit Gerichten.

Ab dem Jahr 2025 ist die stufenweise bundesweite Einführung einer elektronischen Patientenakte in der gesetzlichen Krankenversicherung vorgesehen. Diese soll wesentliche Erleichterungen bringen, da darin zentral zB Behandlungsdaten, Befunde, Diagnosen und Medikationen abgespeichert werden können. Diese Informationen sollen sektorübergreifend von Arztpraxen, Kliniken und Apotheken abgerufen werden können. Es besteht die Möglichkeit der Versicherten dem Anlegen einer elektronischen Patientenakte für sie zu widersprechen oder aber der Veraktung einzelner Dokumente zu widersprechen. Es besteht eine Verpflichtung der Leistungsträger die elektronische Patienakte mit den entsprechenden Informationen zu befüllen.

Elektronische Lohnsteuerabzugsmerkmale (ELStAM)
Früher wurde der Lohnsteuerabzug nach den Merkmalen der von den Gemeinden ausgestellten Lohnsteuerkarten vorgenommen. Seit 2012 ist die Erhebung der Lohnsteuer mit Hilfe der ELStAM an die Stelle der Lohnsteuerkarte getreten. Jeder Arbeitgeber ist verpflichtet, die für den Lohnsteuerabzug benötigten Lohnsteuerabzugsmerkmale elektronisch aus einer Datenbank der Finanzverwaltung abrufen und die Lohnsteuerbescheinigungen für seine Arbeitnehmer elektronisch an die Finanzverwaltung zu übermitteln.

Elektronische Verwaltung
1. Durch das Gesetz zur Förderung der elektronischen Verwaltung (E-Government-Gesetz – EGovG) v. 25.7.2013 (BGBl. 2013 I 2749) mÄnd schuf der Bundesgesetzgeber für die Behörden des Bundes einschließlich der bundesunmittelbaren Körperschaften, Anstalten und Stiftungen des öffentlichen Rechts sowie für Länder und Gemeinden, soweit sie Bundesrecht ausführen, die Rechtsgrundlage für den elektronischen Rechtsverkehr mit den Behörden. Nach § 2 EGovG ist nun jede Behörde verpflichtet, einen Zugang für die Übermittlung elektronischer Dokumente zu eröffnen. Jede Behörde des Bundes ist verpflichtet, den → elektronischen Identitätsnachweis nach § 18 PersonalausweisG (→ Personalausweis, 5) anzubieten. Nach § 3 EGovG muss jede Behörde eine elektronische Information über ihre Aufgaben und Kontaktdaten ins Netz stellen. Nach § 4 EGovG sind elektronische Bezahlmöglichkeiten zu schaffen. Nach § 8 EGovG kann → Akteneinsicht elektronisch ermöglicht werden. Nach § 12a EGovG stellen Behörden des Bundes unbearbeitete maschinenlesbare Daten, die sie zur Erfüllung ihrer öffentlich-rechtlichen Aufgaben erhoben haben, zum Datenabruf über öffentlich zugängliche Netze bereit. Ein eigener Rechtanspruch ergibt sich hieraus nicht. Die Behörden können aber so ihre Verpflichtungen aus dem → Datennutzungsgesetz und dem → Informationsfreiheitsgesetz erfüllen.

2. Nach § 3a VwVfG (→ Verwaltungsverfahren) ist nun die Schriftform in größerem Umfang als bisher durch die elektronische Form ersetzbar (s. a. Form, 1a). Sa → Verwaltungsakt (3a).

Elektronische Wertpapiere
→ Wertpapier.

Elektronische Zigaretten
→ Tabakerzeugnisse.

Elektronischer Geschäftsverkehr
1. Der Vertrag im elektronischen Geschäftsverkehr ist in § 312i I BGB legal definiert: Bedient sich ein → Unternehmer zum Zwecke des Abschlusses eines → Vertrags über die Lieferung von → Waren oder über die Erbringung von Dienstleistungen der → Telemedien (insbes. Internethandel; nicht erfasst sind zB Vertragsschlüsse über Telefon oder Fax), so gelten für diesen Vertrag über die allg. und besonderen Bestimmungen hinaus (s. zB zur elektronischen Signatur → Form, 1a, oder zum Widerrufsrecht nach § 312g BGB, → Fernabsatzvertrag, → Außerhalb von Geschäftsräumen geschlossene Verträge (AGV)) Sondervorschriften. Dem Anbieter obliegen im Interesse des Kunden (der nicht unbedingt → Verbraucher sein muss, s. aber u. § 312j BGB) bestimmte Pflichten, insbes. muss er technische Mittel zur Verfügung stellen, damit der Kunde Eingabefehler vor der Bestellung erkennen und berichtigen kann. Auch hat er umfangreiche Informationspflichten über sein Angebot, die Mittel zur Korrektur von Eingabefehlern, die Umstände der Vertragsabwicklung usw. sowie Dokumentations- und Speicherpflichten (§ 312i I BGB, Art. 246a, c EGBGB; sa → Online-Marktplatz). Dies gilt nur dann nicht, wenn der Vertrag ausschließlich durch individuelle Kommunikation geschlossen oder wenn zwischen den Vertragspartnern, die nicht → Verbraucher sein dürfen (hier ist die genannte Regelung zwingend), etwas anderes vereinbart wird (§ 312i II BGB). Weitergehende Informationspflichten auf Grund anderer Vorschriften (zB über den → Fernabsatzvertrag, der jede Form des Vertragsschlusses unter Abwesenden erfasst, nicht nur bei Einsatz von elektronischen Kommunikationsmitteln) bleiben unberührt, § 312i III BGB. Generell gilt, dass der Unternehmer auf einer Webseite für den Verbraucher beim Bestellvorgang ergänzend klar und deutlich anzugeben hat, ob Lieferbeschränkungen bestehen und welche Zahlungsmittel akzeptiert werden, § 312j I BGB. Sa → Gesetz über faire Verbraucherverträge.

2. § 312j BGB sieht zusätzliche Pflichten vor, wenn der Kunde Verbraucher ist. Der Unternehmer hat die Bestellsituation im elektronischen Geschäftsverkehr so zu gestalten, dass der Verbraucher mit seiner Bestellung ausdrücklich bestätigt, dass er sich zu einer Zahlung verpflichtet, § 312j III 1 BGB. Sofern die Bestellung über eine Schaltfläche erfolgt, dann erfüllt der Unternehmer diese Verpflichtung nur dann, wenn die Schaltfläche gut lesbar mit nichts anderem als „zahlungspflichtig bestellen" oder mit einer vergleichbar eindeutigen Formulierung versehen ist, § 312j III 2 BGB. Ein wirksamer Vertragsschluss ist davon abhängig, dass der Anbieter die eben genannten Verpflichtungen erfüllt, § 312j IV BGB. Diese sog. Buttonlösung stellt sicher, dass sich der Käufer seiner Zahlungspflicht klar bewusst wird. Zur Bußgeldbewehrung der Pflicht seit dem 28.5.22 s. Art. 246e EGBGB, s. hierzu → Modernisierungsrichtlinie.

3. Sa → E-Commerce, → Fernabsatzvertrag, → Online-Marktplatz, → Gesetz über faire Verbraucherverträge, → Verbrauchsgüterkauf über digitale Produkte, → Verbraucherverträge über digitale Produkte, → elektronische Verwaltung, → Online-Vermittlungsdienst. Sa → Elektronischer Rechtsverkehr.

Elektronischer Identitätsnachweis
→ Personalausweis, 5; → elektronische Identitätsfeststellung.

Elektronischer Rechtsverkehr
Unter dem elektronischen Rechtsverkehr versteht man im Allgemeinen eine besonders gesicherte elektronische Kommunikation zwischen Gerichten und anderen Behörden mit Rechtsanwälten, Notaren oder privaten Personen bzw. Unternehmen (also nicht für Naturalparteien) Durch das G zur Förderung des elektronischen Rechtsverkehrs mit den Gerichten vom 10.10.2013 (BGBl. 2013 I 3786) wurde die Bundesrechtsanwaltskammer bis 1.1.2016 verpflichtet, für jeden → Rechtsanwalt ein besonderes elektronisches Anwaltspostfach einzurichten. Hierbei handelt es sich um ein besonders gesichertes E-Mail-Postfach, auf das entweder über die Kanzleisoftware oder über einen Webbrowser zugegriffen werden kann (zu Einzelheiten § 130a ZPO und Rechtsanwaltsverzeichnis- und -postfachverordnung v. 23.9.2016, BGBl. 2016 I 2167 mÄnd). Seit 1.1.2018 können Rechtsanwälte elektronische Dokumente über das elektronische Anwaltspostfach bei Gericht einreichen, wobei die Länder diesen Zeitpunkt bis 31.12.2019 verschieben konnten. Seit 1.1.2022 besteht für Rechtsanwälte die Pflicht, mit den Gerichten elektronisch zu kommunizieren (vgl. § 130d ZPO nF). Für das → Handelsregister ist die elektronische Einreichung von Anmeldungen bereits seit 2007 zwingend vorgeschrieben. Mit diesen Entwicklungen geht die Schaffung der E-Akte (oder elektronische Akte, Einzelheiten § 298a ZPO und § 14 FamFG) bei den Justizbehörden einher, also einer rein virtuellen Sammlung aller verfahrensrelevanten Dateien und Dokumente in einem elektronischen Dateiordner. Eine handschriftliche Unterzeichnung von behördlichen Dokumenten, auch von Urteilen oder Beschlüssen, wird durch eine elektronische Signatur ersetzt (§ 130b ZPO). Die Umstellung auf die E-Akte ist auch deshalb wichtig, damit nicht bei den Gerichten Unmengen an digital eingereichten Dokumenten ausgedruckt werden müssen.

Strafverfahren und im Ordungswidrigkeitenverfahren: Mit dem G zur Einführung der elektronischen Akte in der Justiz und zur weiteren Förderung des elektronischen Rechtsverkehrs vom 5.7.2017 (BGBl. 2017 I 2208) wurde auch dort die Möglichkeit geschaffen, → elektronische Dokumente mit einer qualifizierten elektronischen → Signatur nach Maßgabe von § 32a StPO und § 110a OWiG einzureichen. § 32a StPO ersetzt seit 1.1.2018 die frühere Regelung in § 41a StPO. Bund und Länder können insoweit für ihren Bereich durch RechtsVO eine Verschiebung auf den 1.1.2019 oder 2020 vornehmen; in diesem Fall galt § 41a StPO so lange fort. Dasselbe gilt im Ordungswidrigkeitenverfahren (§ 134 OWiG). Elektronische Dokumente müssen für die Bearbeitung durch die Strafverfolgungsbehörde oder das Gericht geeignet sein; hierzu bestimmt die Bundesregierung durch RechtsVO die technischen Rahmenbedingungen (§ 32a II StPO; Verordnung über die technischen Rahmenbedingungen des elektronischen Rechtsverkehrs und über das besondere elektronische Behördenpostfach – ERVV v. 9.2.2018, BGBl. 2018 I 200). Eine Pflicht zur elektronischen Einreichung bestimmter Dokumente, insbes. solche zur Einlegung von Berufung und Revision, für Verteidiger und Rechtsanwälte trat zum 1.1.2022 in Kraft (§ 32d StPO). Sie wurde durch das Gesetz zur weiteren Digitalisierung der Justiz v. 12.7.2024 (BGBl. 2024 I Nr. 234) erweitert insbes. auf die Rücknahme der genannten Rechtsmittel sowie auf den Einspruch gegen einen Strafbefehl und dessen Rücknahme. → Elektronische Aktenführung.

Nach 3a VwVfG ist im Verwaltungsverfahren die Übermittlung elektronischer Dokumente zulässig, soweit der Empfänger hierfür einen Zugang eröffnet. Für das Verwaltungsstreitverfahren gilt § 55a VwGO.

Zum 1.1.2023 hat auch die Bundessteuerberaterkammer eine Steuerberaterplattform und damit das besondere elektronische Steuerberaterpostfach (kurz beSt) zur Vereinfachung und Beschleunigung der elektronischen Kommunikation von Steuerberatern mit Gerichten, Behörden, Kammern und sonstigen Dritten eingerichtet Einzelheiten §§ 86c–86e StBerG). Steuerberater sind verpflichtet, die für die Nutzung des beSt erforderlichen technischen Einrichtungen vorzuhalten sowie Zustellungen und den Zugang von Mitteilungen über das besondere elektronische Postfach zur Kenntnis zu nehmen.

Elektronischer Schriftverkehr
→ Form (1a), → elektronische Verwaltung.

Elektronischer Vertrag
Zum Vertrag im → Elektronischen Geschäftsverkehr s. dort; sa → E-Commerce.

Elektronischer Verwaltungsakt
→ Verwaltungsakt (3a); → elektronische Verwaltung.

Elektronisches Geld
→ E-Geld.

Elektronisches Handelsregister
→ Handelsregister (1), s. a. → Unternehmensregister.

Elektrorad
ist ein zweirädriges Fz., das neben dem mechanischen Antrieb über Pedale über einen Speicher für elektrische Energie und einen damit betriebenen Elektromotor als Zusatzantrieb verfügt. Es ist kein Kfz., wenn es die Merkmale des § 1 III StVG erfüllt.

Pedelec (Pedal Electric Cycle) ist ein Elektrorad mit tretabhängigem Zusatzantrieb. Es wird, wenn der Zusatzantrieb das Treten der Pedale nur bis 25 km/h unterstützt, grundsätzlich als Fahrrad behandelt. Verfügt es über eine Anfahrhilfe bis 6 km/h, handelt es sich um ein Mofa (→ Fahrräder mit Hilfsmotor), und es wird eine Mofa-Prüfbescheinigung benötigt (§ 5 FeV). Erreicht es durch den Zusatzantrieb eine Geschwindigkeit von mehr als 25 km/h, ist die Fahrerlaubnis Klasse AM erforderlich (str.).

E-Bike ist ein Elektrorad mit tretunabhängigem Zusatzantrieb. Bei einer Höchstgeschwindigkeit von 20 km/h ist es ein Leichtmofa, von 25 km/h ein Mofa und von 45 km/h ein Kleinkraftrad (→ Fahrräder mit Hilfsmotor, → Kleinkrafträder).

Elektroroller
→ Elektrokleinstfahrzeuge.

Elektroschrott
→ Elektro- und Elektronikgeräte.

Elektroscooter
→ Elektrokleinstfahrzeuge.

Elektrosmog
Schlagwort für Auswirkungen → elektromagnetischer Felder auf Mensch und Umwelt, insbesondere im Zusammenhang mit dem Mobilfunk. → Elektromagnetische Verträglichkeit.

ELER
→ Europäischer Garantiefonds für die Landwirtschaft.

Eliteförderung
→ Begabtenförderung.

ELStAM
→ elektronische Lohnsteuerabzugsmerkmale.

Elster
Elster ist die Abkürzung für Elektronische Steuererklärung.

1. Es handelt sich um ein Gemeinschaftsprojekt der Steuerverwaltung aller Länder zur elektronischen Übermittlung von Einkommensteuererklärungen und Lohnsteueranmeldungen sowie die Rückübermittlung von Steuerbescheiden an die Steuerpflichtigen. Ziel ist es, das vorherrschende Kommunikationsmedium Papier zu ersetzen und durch die Nutzung elektronischer Kommunikationsmittel eine effizientere Verwaltung zu schaffen, um dem Stpfl. zu ermöglichen, früher in Schriftform zu erbringende Anträge, Erklärungen oder Mitteilungen in elektronischer Form (zB per → E-Mail, durch unmittelbare Abgabe der Erklärung in einem elektronischen Formular, das von der Behörde in einem Eingabegerät oder über öffentlich zugängliche Netze zur Verfügung gestellt wird, oder durch Versendung eines elektronischen Dokuments an die Behörde mit der Versandart nach § 5 V De-Mail-Gesetz) an das Finanzamt zu übermitteln. Rechtsgrundlage ist § 87a AO. Das elektronische Dokument ist grds. mit einer qualifizierten elektronischen Signatur zu versehen, s. → Signatur, elektronische. Dies gilt auch dann, wenn die eigenhändige Unterschrift gesetzlich vorgesehen ist. Auch die Finanzbehörden können in Schriftform zu erteilende Verwaltungsakte, zB Steuerbescheide oder Einspruchsentscheidungen, in elektronischer Form bekannt geben. Neben einer qualifizierten elektronischen Signatur ist hierfür erforderlich, dass Daten, die dem Steuergeheimnis unterliegen, mit einem geeigneten technischen Verfahren verschlüsselt werden, soweit nicht alle betroffenen Personen schriftlich auf eine Verschlüsselung verzichtet haben (§ 87a I 3 AO).

2. Die Übermittlung elektronischer Dokumente ist zulässig, wenn der Empfänger einen Zugang hierfür eröffnet. Bei juristischen und natürlichen Personen, die eine gewerbliche oder berufliche Tätigkeit selbständig ausüben, und die auf einem im Schriftverkehr mit der Finanzbehörde verwendeten Briefkopf oder in einem Antrag an die Finanzbehörde ihre E-Mail-Adresse angegeben oder sich per E-Mail an die Finanzbehörde gewandt haben, kann idR davon ausgegangen werden, dass sie damit konkludent ihre Bereitschaft zur Entgegennahme elektronischer Dokumente erklärt haben. Dies gilt zB für Unternehmen, Rechtsanwälte, Steuerberater, Wirtschaftsprüfer, aber auch für das Finanzamt. Bei anderen Stpfl., die keine gewerbliche oder berufliche Tätigkeit selbständig ausüben, etwa bei Arbeitnehmern, ist nur bei Vorliegen einer ausdrücklichen, aber nicht formgebundenen Einverständniserklärung von einer Zugangseröffnung iSd § 87a I 1 AO auszugehen. Ein elektronisches Dokument ist zugegangen, sobald es die für den Empfang bestimmte Einrichtung in einer für den Empfänger bearbeitbaren Weise aufgezeichnet hat (§ 87a I 2 AO).

3. Zur Sicherstellung der erforderlichen Authentifizierung sowie von Vertraulichkeit und Integrität des elektronisch übermittelten Datensatzes (§ 87a Abs. 6 AO) ist ein sicheres Verfahren zu verwenden, das den Datenübermittler authentifiziert und die Vertraulichkeit und Integrität des Datensatzes gewährleistet. Ein sicheres Verfahren liegt insbesondere vor, wenn ein Verwaltungsakt mit einer qualifizierten elektronischen Signatur versehen und mit einem geeigneten Verfahren verschlüsselt ist oder mit einer De-Mail-Nachricht nach § 5 V De-Mail-Gesetz versandt wird, bei der die Bestätigung des akkreditierten Diensteanbieters die erlassende Finanzbehörde als Nutzer des De-Mail-Kontos erkennen lässt.

3. Seit 2005 sind grundsätzlich die Lohnsteueranmeldung (→ Lohnsteuer) und die Umsatzsteuer-Voranmeldung (→ Steueranmeldung) elektronisch dem Finanzamt zu übermitteln. Nur in Härtefällen kann die Voranmeldung weiterhin in Papierform abgegeben werden. Auch ist eine elektronische Lohnsteuerbescheinigung vorgesehen (vgl. § 41b EStG), mit der die frühere klassische Lohnsteuerkarte (→ Steuerkarte) ersetzt wurde. Seit 2011 müssen auch Bilanzen nebst Anhang, Gewinn- und Verlustrechnungen, Einnahme-Überschuss-

rechnungen und die dazu gehörigen Steuererklärungen selbst elektronisch übermittelt werden.

Elterliche Gewalt
→ elterliche Sorge (1).

Elterliche Sorge
1. Um die Wechselwirkung zwischen Rechten und Pflichten zu unterstreichen (§ 1618a BGB: Eltern und Kinder sind einander Beistand und Rücksicht schuldig), ist der frühere Begriff der elterlichen Gewalt durch den der elterlichen Sorge ersetzt worden. Elterliche Sorge bedeutet demnach die den Eltern eines minderjährigen Kindes obliegende Pflicht und dementsprechend das – auch gegen Dritte wirkende – unverzichtbare und nur der Ausübung nach übertragbare Recht, für das Wohl des Kindes zu sorgen (§ 1626 I BGB). Die elterliche Sorge umfasst insbesondere die Sorge für die Person des Kindes (→ Personensorge) und für sein Vermögen (→ Vermögenssorge) sowie die Vertretung des Kindes auf diesen Gebieten (§ 1629 BGB). Zum Wohl des Kindes gehört ferner der Umgang des Kindes mit beiden Elternteilen und dritten Personen (§ 1626 III BGB, → Umgangsrecht). Bei der Pflege und Erziehung haben die Eltern die wachsende Fähigkeit und das wachsende Bedürfnis des Kindes zu selbständigem verantwortungsbewusstem Handeln zu berücksichtigen. Ferner sollen die Eltern je nach dem Entwicklungsstand des Kindes mit diesem Fragen der elterlichen Sorge besprechen und versuchen, eine einvernehmliche Lösung herbeizuführen (§ 1626 II BGB); letztlich verbleibt den Eltern aber die verantwortliche Entscheidung.

Die Haftung des Minderjährigen für Verbindlichkeiten, die die Eltern im Rahmen ihrer gesetzlichen Vertretungsmacht (oder der Minderjährige mit deren Zustimmung) begründet haben oder die auf Grund eines während der Minderjährigkeit erfolgten Erwerbs von Todes wegen entstanden sind, beschränkt sich grundsätzlich auf den Bestand des bei Eintritt der Volljährigkeit vorhanden Vermögens des Kindes. Die Rechte der Gläubiger gegen Mitschuldner und Mithaftende bleiben hiervon unberührt. Beruft sich der volljährig Gewordene auf diese Beschränkung seiner Haftung, so gelten die Grundsätze der → Beschränkung der Erbenhaftung entsprechend. Hat das volljährig gewordene Mitglied einer → Erbengemeinschaft oder einer → Gesellschaft des bürgerlichen Rechts (GbR) aber nicht binnen 3 Monaten nach Eintritt der Volljährigkeit die Auseinandersetzung des Nachlasses beantragt oder die Kündigung der Gesellschaft erklärt, so wird im Zweifel angenommen, dass die Verbindlichkeit erst nach Eintritt der Volljährigkeit (dh mit unbeschränkter Haftung hierfür) entstanden ist (§ 1629a BGB).

2. Die früher unterschiedliche Regelung der elterlichen Sorge bei ehelichen und nichtehelichen Kindern hat das KindschaftsrechtsreformG v. 16.12.1997 (BGBl. 1997 I 2942) im Grundsatz beseitigt. Danach obliegt die elterliche Sorge (einschl. des Vertretungsrechts) den Eltern grundsätzlich gemeinschaftlich (Gesamtvertretung, → Stellvertretung). Sind die Eltern bei der Geburt des Kindes nicht miteinander verheiratet, so steht ihnen die elterliche Sorge dann gemeinsam zu, wenn sie einander heiraten oder erklären, dass sie die Sorge gemeinsam übernehmen wollen (§ 1626a I BGB). Diese Sorgeerklärung (§§ 1626b ff. BGB), die schon vor der Geburt des Kindes abgegeben werden kann, muss unbedingt und unbefristet sein sowie von den Eltern persönlich abgegeben werden; sie bedarf der öffentlichen Beurkundung (→ Form, 1c), die auch vom Jugendamt vorgenommen werden kann (§ 59 I Nr. 8 SGB VIII). Die Sorgeerklärung setzt weder einen gemeinsamen Hausstand voraus, noch dass die beiden Elternteile jeweils ledig sind. Im Übrigen überträgt das → Familiengericht auf Antrag eines Elternteils die elterliche Sorge gemeinsam, wenn die Übertragung dem Kindeswohl nicht widerspricht (§ 1626a II BGB). Dies wird zunächst vermutet, sodass auch bei nicht miteinander verheirateten Eltern die gemeinsame elterliche Sorge die Regel wird. Das Bestehen eines gemeinschaftlichen Haushaltes hat keine Auswirkungen auf die elterliche Sorge. Bei dauerhaftem Getrenntleben der Eltern kann jeder Elternteil beantragen, dass das Familiengericht ihm die elterliche Sorge überträgt, wenn der andere Elternteil nicht widerspricht oder zu erwarten ist, dass die Aufhebung der gemeinsamen Sorge dem Wohl des Kindes am besten entspricht (§ 1671 I BGB). Zur elterlichen Sorge nach der → Ehescheidung der Eltern s. dort 3.

Besteht gemeinschaftliche elterliche Sorge, so müssen im Grundsatz beide Eltern gemeinsam entscheiden und handeln; doch kann ein Elternteil – auch stillschweigend – den anderen ermächtigen, allein für das Kind zu handeln, was bei den Geschäften des täglichen Lebens oftmals angenommen werden kann. Bei Meinungsverschiedenheiten über die Ausübung der elterlichen Sorge müssen die Eltern versuchen, sich zu einigen (§ 1627 S. 2 BGB). Kommt eine Einigung in einer einzelnen Angelegenheit oder in einer bestimmten Art von Angelegenheiten der elterlichen Sorge, deren Regelung für das Kind von erheblicher Bedeutung ist, nicht zustande, so kann das → Familiengericht einem Elternteil die Entscheidung (und Vertretung) übertragen und diese Übertragung mit Beschränkungen oder Auflagen versehen (§ 1628 BGB; eine eigene Entscheidung ist dem Familiengericht dagegen hier verwehrt). Bei Gefahr im Verzug ist jeder Elternteil berechtigt, alle Rechtshandlungen vorzunehmen, die zum Wohl des Kindes notwendig sind (zB auch einen Unterhaltsanspruch gegen den anderen Ehegatten geltend zu machen); der andere Elternteil ist hiervon unverzüglich zu unterrichten (§ 1629 I BGB).

Diese Grundsätze gelten auch dann, wenn Eltern, denen die gemeinsame elterliche Sorge zusteht, nicht nur vorübergehend getrennt leben, und zwar für Entscheidungen in Angelegenheiten, deren Regelung für das Kind von erheblicher Bedeutung ist (§ 1687 I 1 BGB). Der Elternteil, bei dem sich das Kind mit Einwilligung des anderen Elternteils oder auf Grund einer gerichtlichen Entscheidung gewöhnlich aufhält, hat jedoch in Angelegenheiten des täglichen Lebens, die häufig vorkommen und die keine schwer abzuändernden Auswirkungen auf die Entwicklung des Kindes haben, das alleinige Entscheidungsrecht, sofern das Familiengericht nicht zum Wohl des Kindes eine andere Entscheidung trifft (§ 1687 I 2–4, II BGB). Jeder Elternteil kann vom anderen bei berechtigtem Interesse Auskunft über die persönlichen Verhältnisse des Kindes verlangen; bei Streitigkeiten entscheidet auch hier das Familiengericht (§ 1686 BGB). In allen Verfahren, die die elterliche Sorge betreffen, hat das Gericht zuvor (idR persönlich) die Beteiligten anzuhören, dh die Eltern, aber auch das Kind, soweit es ein bestimmtes Alter erreicht hat oder die Gewinnung eines persönlichen Eindrucks angezeigt erscheint (§ 34 FamFG, §§ 159 f. FamFG), in bestimmten Fällen auch das → Jugendamt. Zum Verfahren s. → Kindschaftssachen. Das Gericht trifft die Entscheidung, die unter Berücksichtigung der tatsächlichen Gegebenheiten und Möglichkeiten sowie der berechtigten Interessen der Beteiligten dem Wohl des Kindes am besten entspricht (§ 1697a BGB).

3. Die elterliche Sorge, in deren Ausübung die Eltern dem Kind gegenüber nur für die → Sorgfalt haften, die sie auch in eigenen Angelegenheiten anzuwenden pflegen (§ 1664 BGB, § 277 BGB), ist nicht unbeschränkt (vgl. BVerfGE 72, 155). Eine Reihe von Rechtsgeschäften kann das minderjährige Kind selbst vornehmen (→ Ehevertrag, → Erbvertrag, → Adoption, → Testamentserrichtung ua); bei anderen sind die Eltern entweder von der Vertretung völlig ausgeschlossen (zB soweit auch ein → Betreuer von der Vertretung ausgeschlossen ist, § 1629 II BGB, § 1824 BGB, insbes. bei Rechtsgeschäften zwischen dem Kind einerseits und den Eltern und deren Verwandten. Allerdings führt bei nicht verheirateten Eltern der bei einem Elternteil verwirklichte Aussschlussgrund nicht zugleich zum Ausschluss des anderen, vom Ausschluss nicht betroffenen Elternteils (BGHZ 239, 378). Dessen Vertretungsmacht bleibt bestehen. Das hat praktische Auswirkungen für die Geltendmachung von → Kindesunterhalt. Hat ein Elternteil die Obhut des Kindes, kann er nach § 1629 II 2 BGB den Kindesunterhalt für das Kind geltend machen. Hat er die Obhut nicht, etwa im → Wechselmodell, kann er gleichwohl Kindesunterhalt nach § 1629 II 1 BGB geltend machen. Jeder Elternteil kann gegen den anderen Elternteil dessen → Teilschuld am Unterhalt für das Kind einfordern. Die Vertretung ist ausgeschlossen in den Fällen, in denen ein → Pfleger bestellt ist (§ 1630 BGB) oder wegen der Wichtigkeit das Geschäft von der Zustimmung des Familiengerichts abhängig ist (insbes. § 1643 BGB, §§ 1850 f. BGB, s. iE → Vermögenssorge). Sa → Beistand (1), → Pflegekinder.

Wird das körperliche, geistige oder seelische Wohl des Kindes oder sein Vermögen durch missbräuchliche Ausübung der elterlichen Sorge, durch Vernachlässigung des Kindes (insbes. Verwahrlosung), aber auch durch unverschuldetes Versagen der Eltern oder durch das Verhalten eines Dritten gefährdet, so hat das Familiengericht, wenn die Eltern nicht gewillt oder nicht in der Lage sind, die Gefahr abzuwenden, subsidiär die hierfür erforderlichen Maßnahmen zu treffen (§ 1666 I BGB). IdR ist anzunehmen, dass das Vermögen des Kindes gefährdet ist, wenn der Inhaber der → Vermögenssorge seine Unterhaltspflicht gegenüber dem Kind oder sonstige mit der Vermögenssorge verbundenen Pflichten verletzt (§ 1666 II BGB). In Betracht kommen zunächst Gebote (zB zur Einhaltung der Schulpflicht) und Verbote (zB Aufenthaltsbestimmung), § 1666 III BGB. Je nach Verhältnismäßigkeit kann das Recht der elterlichen Sorge in einzelnen Punkten, hinsichtlich einzelner Gegenstände, (mit der Folge der → Ergänzungspflegschaft) uU aber auch in vollem Umfang (mit der Folge der → Vormundschaft) durch das → Familiengericht entzogen werden; die gesamte Personensorge darf allerdings nur entzogen werden, wenn andere Maßnahmen erfolglos geblieben sind oder voraussichtlich nicht ausreichen (§ 1666a II BGB). Das Gericht kann auch Maßnahmen mit unmittelbarer Wirkung gegen einen Dritten treffen (§ 1666 IV BGB). In diesen Fällen kommt vielfach, weil das Interesse des Kindes zu dem seines gesetzlichen Vertreters in erheblichem Widerspruch steht, die Bestellung eines Verfahrensbeistands in Betracht („Anwalt des Kindes", § 158 FamFG). Maßnahmen, mit denen eine Trennung des Kindes von der elterlichen Familie verbunden ist (Unterbringung in einer geeigneten anderen Familie oder in einer Erziehungsanstalt, aber auch Entzug der Nutzung der gemeinsamen Wohnung gegenüber einem Elternteil, → Gewaltschutz), sind nur zulässig, wenn der Gefahr nicht auf andere Weise (auch nicht durch öffentliche Erziehungshilfen) begegnet werden kann (§ 1666a I BGB). Die getroffenen Maßnahmen hat das Gericht laufend zu überprüfen und zu ändern, wenn dies aus triftigen, das Wohl des Kindes nachhaltig berührenden Gründen angezeigt ist, insbes. diese aufzuheben, wenn eine Gefahr für das Wohl des Kindes nicht mehr besteht (§ 1696 BGB).

4. Fällt bei gemeinschaftlicher elterlicher Sorge ein Elternteil aus, so steht die elterliche Sorge dem anderen Elternteil allein zu. Dies gilt gleichermaßen bei Tod eines Elternteils, ganzem oder teilweisem Entzug der elterlichen

Sorge, Ruhen der elterlichen Sorge (zB bei Geschäftsunfähigkeit) oder tatsächlicher Verhinderung, zB infolge Krankheit (§ 1678 BGB, §§ 1680 f. BGB). Insbes. beim Entzug der elterlichen Sorge kann das Familiengericht aber im Interesse des Kindeswohls auch eine andere Regelung treffen (siehe 3.). Entfällt die Mutter, der kraft Gesetzes die Alleinsorge nach § 1626a II BGB zustand (s. o. 2), so hat das Familiengericht die elterliche Sorge dem Vater zu übertragen, wenn dies dem Wohl des Kindes dient. Beruhte die Alleinsorge auf gerichtlicher Entscheidung (zB nach Ehescheidung), so ist die elterliche Sorge dem verbleibenden Elternteil zu übertragen, wenn dies dem Wohl des Kindes nicht widerspricht. Stief- und Pflegeeltern sowie sonstigen Bezugspersonen steht zwar die elterliche Sorge nicht zu (→ Pflegekinder). Der nunmehr allein sorgeberechtigte Elternteil kann diesen Personen aber das Kind, wenn es mit ihnen in längerer häuslicher Gemeinschaft lebte, nicht ohne weiteres wegnehmen; vielmehr kann das Familiengericht, wenn das Kindeswohl durch die Wegnahme gefährdet würde, das Verbleiben des Kindes bei diesen anordnen (§ 1632 IV BGB, § 1682 BGB).

Sind beide Eltern verhindert, so muss das Familiengericht die notwendigen Maßnahmen (zB Bestellung eines Vormunds) ergreifen. Die elterliche Sorge endet außerdem durch Tod, Volljährigkeit oder → Adoption des Kindes (§ 1754 BGB).

Elterliches Erziehungsrecht
→ Personensorge (2).

Eltern
(Rechtsstellung) → elterliche Sorge.

Elternbeirat
Elternbeirat (auch Elternrat, Elternvertretung) ist ein an der → Schule von den Schülereltern gewähltes Organ zur Mitwirkung in schulischen Angelegenheiten. Zum Teil ist der Elternbeirat in den Länderverfassungen (LV) verankert (Art. 56 Hess. LV; Art. 10 NRW LV; Art. 17 BW LV; Art. 104 Sächs. LV; Art. 29 Sachs-Anh. LV; Art. 23 Thür. LV). Die Mitwirkung im Einzelnen ist im Landesrecht ganz unterschiedlich geregelt. Teilweise bestehen nur Anhörungsrechte, teilweise muss bei Entscheidungen der Schule das Einvernehmen mit dem Elternbeirat hergestellt werden (zB in Bayern nach § 20 V Gymnasialschulordnung v. 23.1.2007, GVBl. 2007, 68, mÄnd, für die Veranstaltung von Klassenfahrten). Die Eltern, Erziehungsberechtigten oder Personensorgeberechtigte (vgl. zB § 45 Sächs. SchulG idF v. 27.9.2018, GVBl. 648, mÄnd) wirken auf Schulebene durch Klassenelternvertreter und Schulelternvertreter mit; teilweise bestehen weitere Vertretungen auf den höheren Verwaltungsebenen (zB Gemeinde-, Kreis- oder Stadtelternräte nach §§ 88 ff. nds. SchulG v. 3.3.1998, GVBl. 1998, 137, mÄnd, sowie zB der Landeselternrat nach § 49 Sächs. SchulG idF v. 27.9.2018, GVBl. 648, mÄnd), die von den Schulträgern und Schulbehörden bei organisatorischen Entscheidungen zu hören sind.

Elterngeld
An die Stelle des Erziehungsgeldes (→ Elternzeit, 1) ist für Geburten nach dem 31.12.2006 das Elterngeld nach dem Gesetz zum Elterngeld und zur Erziehungszeit v. 5.12.2006 (BGBl. 2006 I 2748) getreten.

1. Anspruch auf Elterngeld hat, wer seinen Wohnsitz oder gewöhnlichen Aufenthalt in Deutschland hat, mit seinem Kind in einem Haushalt lebt, dieses Kind selbst betreut und erzieht und keine oder keine volle Erwerbstätigkeit ausübt. Eine Person ist nicht voll erwerbstätig, wenn ihre wöchentliche Arbeitszeit 30 Wochenstunden im Durchschnitt des Monats nicht übersteigt, oder sie eine Beschäftigung zur Berufsbildung ausübt oder als Tagespflegeperson nicht mehr als fünf Kinder in Tagespflege betreut (§ 1 I, VI BEEG).

2. Elterngeld wird in Höhe von 67 vH des in den 12 Kalendermonaten vor der Geburt des Kindes durchschnittlich erzielten Einkommens aus Erwerbstätigkeit bis zu einem Höchstbetrag von 1800 EUR monatlich für volle Monate gezahlt, in denen die berechtigte Person kein Einkommen aus Erwerbstätigkeit erzielt. In den Fällen, in denen das maßgebliche Einkommen vor der Geburt geringer als 1000 EUR war, erhöht sich der Prozentsatz auf bis zu 100%. Für Monate, in denen die berechtigte Person ein Einkommen aus Erwerbstätigkeit bezieht, das durchschnittlich geringer ist als 2770 EUR, wird Elterngeld in Höhe von 67% der Differenz zwischen 2770 EUR und dem tatsächliche erzielten Erwerbseinkommen gezahlt. Bei Mehrlingsgeburten erhöht sich das Elterngeld um je 300 EUR für das zweite und jedes weitere Kind (§ 2a IV BEEG). Ob bereits ein Geschwisterbonus gezahlt wird (§ 2a I BEEG) ist unerheblich. Wurde vor der Geburt kein Einkommen aus Erwerbstätigkeit erzielt, wird ein Mindestelterngeld in Höhe von 300 EUR gezahlt. Soweit im Haushalt 2 Kinder unter 3 Jahren oder 3 Kinder unter 6 Jahren leben, wird das Elterngeld um 10%, mindestens jedoch um 75 EUR erhöht. Damit ein Anspruch auf Elterngeld besteht, gelten Höchtsgrenzen bei der Höhe des vorherigen zu versteuernden Einkommens. Sofern ein zu versteuerndes Einkommen von über 200.000 EUR jährlich erzielt wird (ab 1.4.2025 175.000 EUR), besteht kein Anspruch auf Elterngeld.

3. Elterngeld kann grundsätzlich in der Zeit vom Tag der Geburt bis zur Vollendung des 14. Lebensmonats des Kindes bezogen werden. Ein Elternteil kann jedoch grundsätzlich nur für höchstens zwölf Monate Elterngeld beziehen; der volle Anspruch entsteht nur dann, wenn beide Elternteile ihre Erwerbstätigkeit vorübergehend einstellen bzw. einschränken (sog. Vätermonate); eine Sonderre-

gelung gilt insoweit für Alleinerziehende (§ 4 V BEEG). Erfüllen beide Elternteile die Anspruchsvoraussetzungen, bestimmen sie, an wen die jeweiligen Monatsbeträge gezahlt werden (§ 5 I BEEG).

4. Mit Wirkung vom 1.7.2015 an kann für nach dem 30.6.2015 geborene Kinder → Elterngeld Plus beansprucht werden. Dabei wird die mtl. Leistung halbiert, die Anspruchsdauer dadurch auf die doppelte Zeit verlängert (§ 4 BEEG).

5. Das Elterngeld ist schriftlich zu beantragen; es wird rückwirkend nur für die drei letzten Monate vor dem Beginn des Monats geleistet, in dem der Antrag auf Elterngeld eingegangen ist (§ 7 BEEG). Zurzeit läuft eine Erprobungsphase bezüblich der elektronischen Beantragung (§ 22b BEEG). Die zur Ausführung des Gesetzes zuständigen Stellen werden von den Landesregierungen bestimmt.

6. Das Elterngeld ist grundsätzlich Einkommensteuerfrei. Zu beachten ist aber, dass das Elterngeld beim Porgressionsvorbehalt vollumfänglich berücksichtigt wird. Es kann daher aus steuerlichen Gründen sinnvoll sein, statt des Elterngeldes die Leistung Elterngeld Plus in Anspruch zu nehmen.

7. Liegt Hilfebedürftigkeit nach dem SGB II (→ Sozialhilfe) vor, ist die Frage, wer Elterngeld in Anspruch nimmt, für die Zumutbarkeit einer Arbeitsaufnahme unbeachtlich.

Elterngeld Plus
Rechtsgrundlage ist § 4 BEEG. Elterngeld Plus bedeutet, dass sich die Bezugsdauer des Elterngeldes verdoppelt. Gleichzeitig halbiert sich der mtl. Leistungsbetrag. Das Elterngeld Plus ist nur für die Kinder zu beziehen, die nach dem 1.7.2015 geboren wurden. Bei Elterngeld Plus halbieren sich auch neben dem Mindestbetrag für das Elterngeld der Mindestgeschwisterbonus, der Mehrlingszuschlag sowie die von der Anrechnung freigestellten Elterngeldbeträge → Elterngeld.

Elternrat
→ Elternbeirat.

Elternrente
Die Elternrente gehört zu den → Hinterbliebenenrenten in der Sozialversicherung (2) und zu den Renten an → Hinterbliebene von Kriegsopfern. Elternrente kann auch nach dem SVG oder dem SGV VII → Unfallversicherung beansprucht werden.

Elternunterhalt
→ Unterhalt unter Verwandten.

Elternvertretung
→ Elternbeirat.

Elternzeit
1. Das Bundeselterngeld- und Elternzeitgesetz (BEEG) v. 27.1.2015 (BGBl. 2015 I 33) mÄnd gewährt einerseits Anspruch auf → Elterngeld für bis zu 14 Monate nach der Geburt. Für nach dem 30.6.2015 geborene Kinder kann in reduzierter Höhe das → Elterngeld Plus in doppelter Dauer in Anspruch genommen werden.

2. Zugleich haben Eltern (und in engen Grenzen Großeltern) während der Erziehungszeit auf schriftlichen Antrag hin Anspruch auf Elternzeit (§ 15 BEEG; früher: Erziehungsurlaub), also ganze oder teilweise Freistellung von der Arbeit. Damit wird die EU-Elternurlaub-Richtlinie (RL 2010/18/EU) umgesetzt. Die Elternzeit und der Bezugszeitraum für Elterngeld müssen nicht übereinstimmen. Der Anspruch besteht bis zur Vollendung des dritten Lebensjahres. Bis zu 24 Monate Elternzeit können in der Zeit zwischen dem dritten Geburtstag und dem vollendeten achten Lebensjahr des Kindes genommen werden. Auf die Elternzeit wird die Zeit der Mutterschutzfrist angerechnet. Die Elternzeit kann für jedes Kind in Anspruch genommen werden. Bei Mehrlingsgeburten steigt somit auch der max. Elternzeit-Anspruch. Die Elternzeit kann in bis zu drei Abschnitte aufgeteilt und von jedem Elternteil allein oder – auch anteilig – von beiden Elternteilen gemeinsam genommen werden (§ 15 BEEG).

Während der Elternzeit und teilweise schon ab Antragstellung besteht Kündigungsschutz; die Kündigung ist nur mit behördlicher Zustimmung zulässig und kann ansonsten erst wieder ab Ende der Elternzeit unter Einhaltung der Kündigungsfrist ausgesprochen werden (§§ 18 f. BEEG). Zu beachten ist auch der Kündigungsschutz gem. § 18 II BEEG für Teilzeitarbeitnehmer auch außerhalb von Elternzeit, wenn gleichzeitig Elterngeld bezogen wird. Da auch Elterngeld Plus erfasst ist, kann insoweit für einen erheblich längeren Zeitraum ein Kündigungsschutz bestehen, ohne dass der Arbeitgeber hiervon Kenntnis haben muss (wenn er nicht durch die Erstellung von Verdienstbescheinigungen über den Elterngeldbezug informiert ist); entfallen allerdings die Voraussetzungen für Elterngeld Plus, weil zB einer der Partner unter 25 Wochenstunden arbeitet (etwa durch eine Verringerung der betrieblichen Vollzeitarbeit, auf die anteilig im Arbeitsvertrag Bezug genommen wurde), entfällt automatisch auch der besondere Kündigungsschutz. Für Arbeitnehmer besteht zum Ende der Elternzeit ein Sonderkündigungsrecht (§ 19 BEEG).

In gewissen Grenzen (mind. 15 bzw. max. 32 Wochenstunden bei einer Dauer von mind. zwei Monaten) kann der Arbeitnehmer zweimal die Zustimmung des Arbeitgebers zu einer Teilzeitbeschäftigung während der Elternzeit verlangen, wenn mehr als 15 Arbeitnehmer beschäftigt werden, das Arbeitsverhältnis länger als sechs Monate ununterbrochen bestanden hat, keine dringenden betrieblichen Gründe entgegenstehen und der Antrag rechtzeitig mitgeteilt wurde; in Anlehnung an die Regelung in § 8 TzBfG wurde eine Zustimmungsfiktion nach Zeitablauf ohne Ablehnung des Teilzeitantrages durch den Arbeitgeber geschaffen (§ 15 VII BEEG); seit 1.1.2025 ist für Antrag und Ablehnung die Textform ausreichend (zuvor: Schriftform erforderlich). Mit Zustimmung des Arbeitgebers darf der Arbeitnehmer während der Elternzeit zudem anderweitig selbständig oder als Arbeitnehmer tätig werden. Unter bestimmten Umständen kann der Arbeitnehmer die Elternzeit vorzeitig beenden (§ 16 III BEEG). Den Anspruch des Arbeitnehmers auf → Urlaub kann der Arbeitgeber anteilig kürzen, dies aber nur durch Erklärung während des Bestehens des Arbeitsverhältnisses; Alturlaub wird bis zum Ende der Elternzeit übertragen (§ 17 BEEG). Mit Ersatzkräften (auch während tariflich geregelter längerer Elternzeit) kann ein → befristetes Arbeitsverhältnis vereinbart werden; diese haben bei vorzeitiger Rückkehr der Stammkraft nur einen sehr geringen Kündigungsschutz (vgl. zu allem § 21 BEEG).

E-Mail
Mit E-Mail (electronic mail) bezeichnet man einen Telemediendienst (→ Telemedien) mit dem per Mail-Programm elektronische Post in Computernetzwerken (→ Internet) zum Zwecke der Individualkommunikation verschickt werden kann. E-Mail genügt der Textform des § 126b BGB (→ Form, 1a) und kann immer eingesetzt werden, wenn das Gesetz Formfreiheit genügen lässt (siehe aber → De-Mail-Dienste). E-Mails unterliegen dem Fernmeldegeheimnis (BVerfG Urt. v. 16.6.2009 – 2 BvR 902/06, NJW 2009, 2431). Zur Werbung per E-Mail s. → Spam, → unlauterer Wettbewerb (2e). S. ferner → Medienrecht, → Hauptversammlung, → Fernabsatzvertrag; zur Abgabe von Steuererklärungen per E-Mail s. → Elster. Zur E-Mail im Rechtsverkehr s. → Elektronischer Rechtsverkehr, → telefonische/telegrafische Einlegung von Rechtsmitteln.

Embargo
Ursprünglich bezeichnete das spanische Wort eine Verfügung, durch die ein Schiff in einem Hafen zurückgehalten oder vom Anlaufen eines Hafens abgehalten wurde. Nunmehr ist Embargo Ausdruck für das Verbot der Ausfuhr bestimmter Waren in bestimmte Länder (Embargolisten); Ein Embargo ist damit ein Fall einer → Wirtschaftssanktion. Die Verhängung eines Embargos ist in der EU Sache der → Handelspolitik. Auch der UN-Sicherheitsrat (→ Vereinte Nationen) kann gegen einen Mitgliedstaat ein Embargo verhängen. → Außenwirtschaftsrecht, → Boykott.

Embryo
(Rechtsstellung) → Leibesfrucht, → Rechtsfähigkeit, → Adoptionsvermittlung, → Kinderhandel, → künstliche Fortpflanzung, → Leiche (unbefugte Wegnahme).

Embryonenschutz
→ Künstliche Fortpflanzung.

Embryotransfer
→ Künstliche Fortpflanzung.

Emissionen
sind nach → Immissionsschutzrecht die von einer Anlage über Luft oder Boden ausgehenden Umwelteinwirkungen (§ 3 BImSchG). Im Wasserrecht spricht man von Einleitung oder Einbringung. → Immissionen.

Emissionsgeschäft
wird die Tätigkeit von Banken oder Bankenkonsortien bei der Ausgabe (Emission) von → Effekten genannt. Sie kann im Kauf vom → Emittenten (Ausgeber) und Weiterverkauf der Effekten im eigenen Namen und für eigene Rechnung oder im Verkauf der Effekten auf Rechnung des Emittenten in dessen oder im eigenen Namen bestehen. Verbreitet sind Mischformen, zB Vereinbarung eines Rückgaberechts. § 1 I Nr. 10 KWG definiert als Emissionsgeschäft die Übernahme von Finanzinstrumenten für eigenes Risiko zur Plazierung oder die Übernahme gleichwertiger Garantien. Gewerbliches Betreiben des Emissionsgeschäfts in diesem Sinne ist ein → Bankgeschäft und macht das Unternehmen zum → Kreditinstitut mit Erlaubnis- und Aufsichtspflicht.

Emissionshandel
Als Emissionshandel bezeichnet man den Handel mit Berechtigungen oder Zertifikaten, die Voraussetzung für die Emission von → Treibhausgasen sind. Wer für die Emission von Treibhausgasen verantwortlich ist, muss soviele Zertifikate erwerben, wie er Treibhausgase ausstößt. Damit werden Emissionen teurer und mittelfristig verringert. Dieser Effekt wird noch dadurch verstärkt, dass die Menge der verfügbaren Zertifikate kontinuierlich verkleinert wird.

Es gibt gegenwärtig in Deutschland zwei Emissionshandels-Systeme (EHS, englisch: ETS – Emissions Trading System): Der EU-Emissionshandel nach dem Treibhausgas-Emissionshandelsgesetz (→ Emissionshandel, Treibhausgase) basiert auf der Richtlinie 2003/87/EG und erfasst seit 2005 die Sektoren Energiewirtschaft, Industrie und Luftverkehr. Die von diesem Emissionshandel nicht erfassten Sektoren Wärme und sonstiger Verkehr unterliegen seit 2021 dem nationalen Emissionshandel, der im Brennstoffemissionshandelsgesetz geregelt ist (→ Emissionshandel, Brennstoffemissionen).

Zur Erreichung ihrer Klimaziele (→ European Green Deal) hat die Europäische Union den Emissionshandel 2023 neu strukturiert (ABl. EU 2023 L 130): In Zukunft unterliegt auch der Sektor Schiffsverkehr dem europäischen Emissionshandel. Für die Sektoren Verkehr und Gebäude wird ab 2027 ein neuer, selbständiger europäischer Emissionshandel geschaffen, in dem der deutsche Brennstoffemissionshandel aufgehen wird. Ferner werden ein → CO2-Grenzausgleichssystem (CBAM – Carbon Border Adjustment Mechanism, manchmal auch CO2-Zoll) sowie ein Klima-Sozialfonds eingeführt werden.

Emissionshandel, Brennstoffemissionen

1. Das Gesetz über einen nationalen Zertifikatehandel für Brennstoffemissionen (Brennstoffemissionshandelsgesetz, BEHG) v. 12.12.2019 (BGBl. 2019 I 2728) verpflichtet diejenigen, die fossile Brennstoffe in Verkehr bringen, Zertifikate zu erwerben und abzugeben. Diese Verpflichtung gilt für alle in Anlage 1 des Gesetzes aufgeführten Brennstoffe, dh für Benzin, Diesel, Erdgas, → Flüssigerdgas, Gasöl und Heizöl seit 2021, für Kohle seit 2023 und seit 2024 auch für Abfälle. Die daraus resultierende Verteuerung der Brennstoffe führt zu einer Bepreisung der von allen fossilen Brennstoffen verursachten Emissionen (§ 1 BEHG). Damit soll ein Beitrag geleistet werden, die CO2-Emissionen (→ Treibhausgase) zu verringern und die Klimaziele der EU und der Bundesrepublik Deutschland zu erreichen. Das BEHG erfasst nur die Sektoren Wärme und Verkehr (ohne Luftverkehr), die nicht dem EU-Emissionshandel (→ Emissionshandel, Treibhausgase) unterliegen, und kann als nationaler → Emissionshandel bezeichnet werden. Weil ab 2027 ein neuer EU-Emissionshandel für die Brennstoffe des Gebäude- und des Staßenverkehrssektors sowie anderer Sektoren geschaffen wird, wird dieser den hier beschriebenen nationalen Emissionshandel ablösen (dazu u. 3.).

2. a) Zur Durchführung des Brennstoffemissionshandels bestimmt die Bundesregierung nach § 4 BEHG jährliche Emissionsmengen, die letztendlich auf EU-Vorgaben beruhen und kontinuierlich reduziert werden. Die für den Brennstoffemissionshandel nach § 13 BEHG zuständige Behörde, das → Umweltbundesamt, veräußert die diese Emissionsmenge abbildenden Zertifikate. In einer ersten Phase werden sie zu einem Festpreis verkauft, der 2021 bei 25 € pro Tonne CO2 begann, 2024 auf 45 € stieg und 2025 55 € betragen wird. Dieser Zertifikatepreis wird auch CO2-Abgabe, CO2-Preis oder CO2-Steuer genannt, → Ökosteuer. Ab 2026 sollen die Zertifikate auf einer noch zu errichtenden Handelsplattform in einem Preiskorridor von 55–65 € pro Tonne CO2 versteigert werden (§ 10 BEHG).

b) Jeder, der die einschlägigen Brennstoffe in den Verkehr bringt, ist verpflichtet, diejenige Anzahl von Emissionszertifikaten an das Umweltbundesamt abzugeben, die der Gesamtmenge der dadurch verursachten Brennstoffemissionen entspricht (§ 8 BEHG). Dies geschieht einmal pro Jahr auf der Basis eines vom Verpflichteten, den das Gesetz „Verantwortlicher" nennt, aufzustellenden Überwachungsplans (§ 6 BEHG). Dieser Überwachungsplan muss vom Umweltbundesamt genehmigt werden. Die danach an die zuständige Behörde abzugebenden Zertifikate muss der Verantwortliche vorher erwerben, in der ersten Phase beim Umweltbundesamt selbst, später im Wege einer Versteigerung. Für jeden Verantwortlichen führt das Umweltbundesamt ein Konto im elektronischen „Nationalen Emissionshandelsregister". Einzelheiten enthalten die Emissionsberichterstattungsverordnung 2030 (EBeV 2030) v. 21.12.2022 (BGBl. 2022 I 2868) sowie die Brennstoffemissionshandelsverordnung (BEHV) v. 17.12.2020 (BGBl. 2020 I 3026). Zur Verteilung der auf dem Emissionshandel basierenden Kohlendioxidkosten zwischen Vermieter und Mieter: → Kohlendioxidkostenaufteilung.

c) Emissionsintensive Unternehmen können eine Beihilfe beantragen, um die finanziellen Härten der Brennstoffverteuerung abzufedern. Einzelheiten regelt die BEHG-Carbon-Leakage-Verordnung (BECV) v. 21.7.2021 (BGBl. 2021 I 3129). Damit soll verhindert werden, dass emissionsintensive Unternehmen ihre Produktion in Länder verlagern, in denen sie CO2 billiger ausstoßen können. Dies nennt man Carbon-Leakage.

3. Mit der 2023 erfolgten Änderung der Richtlinie 2003/87/EG v. 13.10.2003 (ABl. EU 2003 L 275, 32) wird schrittweise ab 2025 ein neuer EU-Emissionshandel eingeführt, der die Brennstoffe des Gebäude- und des Staßenverkehrssektors erfasst. Der nationale Emissionshandel muss dann insoweit beendet werden. Kapitel IVa Richtlinie 2003/87/EG sieht vor, dass ab 2025 jeder, der die erfassten Brennstoffe in den Verkehr bringt, erst eine Emissionsgenehmigung benötigt, dann seine Emissionsmengen berichten und ab 2027 dafür erworbene Emissionszertifikate abgeben muss. Der Preis der Emissionszertifikate soll 45 € nicht übersteigen. Soziale Härten (Energiearmut) können die Mitgliedstaaten durch Mittel aus dem europäischen Klima-Sozialfonds abmildern, der mit über 65 Mrd. € dotiert werden soll (Verordnung (EU) 2023/955 v. 10.5.2023 zur Einrichtung eines Klima-Sozialfonds, ABl. EU 2023 L 130, 1). Um die Abwanderung CO2-intensiver Unternehmen zu vermeiden und ihre Kostennachteile auszugleichen, wird ein CO2-Grenzausgleichssystem, manchmal auch CO2-Zoll genannt, eingeführt, dazu → CO2-Grenzausgleichssystem.

Emissionshandel, Treibhausgase

1. a) Um die Emission klimaschädlicher Treibhausgase in der Europäischen Union zu reduzieren, gibt es seit 2005 den unionsweiten Handel mit Treibhausgasemissionsberechtigungen, die auch -zertifikate genannt werden. Durch den Handel sollen Treibhausgasemissionen bepreist und damit ein finanzieller Anreiz gesetzt werden, sie zu verringern. Dieser Handel ist Teil des → European Green Deal und soll einen wichtigen Beitrag zum globalen Umweltschutz leisten (→ Pariser Klimaabkommen). Er basiert auf der 2023 reformierten Richtlinie 2003/87/EG v. 13.10.2003 über ein System für den Handel mit Treibhausgasemissionszertifikaten in der Union (ABl. EU 2003 L 275, 32), die in Deutschland umgesetzt wird durch das Gesetz über den Handel mit

Berechtigungen zur Emission von → Treibhausgasen (Treibhausgas-Emissionshandelsgesetz – TEHG) idF v. 27.2.2025 (BGBl. 2025 I Nr. 70).

b) Das Emissionshandelssystem (EHS, englisch: ETS – Emissions Trading System) basiert auf verschiedenen Grundsätzen. Danach müssen Betreiber von Anlagen für die tatsächlichen Treibhausgasemissionen eines Jahres im Folgejahr entsprechende Berechtigungen abgeben. Als Berechtigung bezeichnet das Gesetz die Befugnis, eine Tonne Kohlendioxidäquivalent in einem bestimmten Zeitraum freizusetzen (§ 3 Nr. 3 TEHG). Nach einem zweiten Grundsatz werden diese Berechtigungen den Betreibern kostenlos zugeteilt (etwa § 23 TEHG), jedoch wird das kostenlose Kontingent, welches die Europäische Union den Mitgliedstaaten und diese den Betreibern zuteilt, jährlich reduziert. Betreiber von Anlagen, die dem EHS unterliegen, müssen daher ihre Treibhausgasemissionen durch Umweltschutzmaßnahmen ständig reduzieren. Sind sie darin erfolgreich, können sie nicht benötigte Berechtigungen verkaufen, sind sie weniger erfolgreich, müssen sie Berechtigungen teuer zukaufen. Der dritte Grundsatz, auf dem das EHS beruht, lautet, dass Berechtigungen handelbar sind. Handelsplatz in Deutschland ist dafür die Leipziger European Energy Exchange (EEX, → Warenbörse).

2. ETS 1: a) Das TEHG erfasst im Wesentlichen die Emissionen ortsfester → Anlagen, 1 wie Kraft- und Stahlwerke (§§ 19 ff. TEHG und Anhang A Absch. 2), des Luftverkehrs (§§ 29 ff. TEHG) und ab 2027 des Seeverkehrs (§§ 36 ff. TEHG, § 55 TEHG). Zusammen werden diese Sektoren auch als ETS 1 bezeichnet. Die Freisetzung von Treibhausgasen, zu denen neben Kohlendioxid auch Methan, Distickstoffoxid ua gehören, bedarf der Genehmigung (§ 4 TEHG). Für genehmigte Freisetzungen werden den Anlagenbetreibern, Luftfahrzeugbetreibern und ab 2027 Schifffahrtsunternehmen Berechtigungen zugeteilt (etwa § 32 TEHG).

b) Die zugeteilten kostenlosen Berechtigungen werden einem Konto des verantwortlichen Kontoinhabers im Emissionshandelsregister (§ 9 TEHG) gutgeschrieben. Der Verantwortliche muss von diesem Konto jährlich Berechtigungen in dem Umfang an die zuständigen Behörden zurückgeben, die den im Vorjahr tatsächlich verursachten Emissionen der Anlagen, Luftfahrzeuge und ab 2027 Schiffe entsprechen, für die das Konto errichtet wurde (§ 7 TEHG). Sind diese Emissionen größer als das Guthaben an Berechtigungen, müssen Berechtigungen gekauft oder die ungedeckten Emissionen bezahlt werden (§ 46 TEHG).

c) Berechtigungen sind zeitlich unbegrenzt gültig und übertragbar. Der Kontoinhaber kann sie daher veräußern oder auch fremde erwerben. Die Übertragung erfolgt durch Einigung und Eintragung auf dem Konto des Erwerbers (§ 8 TEHG). In Deutschland werden Emissionsberechtigungen von der Bundesrepublik Deutschland an der Leipziger European Energy Exchange versteigert, die ihr von der EU-Kommission zugeteilt wurden (§ 10 TEHG). Die Versteigerung selbst regelt die Delegierte VO (EU) 2023/2830 der Kommission v. 17.10.2023 (ABl. L 2023/2830, 20.12.2023) über den zeitlichen und administrativen Ablauf sowie andere Aspekte der Versteigerung von Treibhausgasemissionszertifikaten. Auch die verantwortlichen Betreiber können auf dieser Plattform ihre Berechtigungen veräußern.

d) § 5 II BImSchG bestimmt, dass bei dem TEHG unterliegenden Anlagen keine über die Genehmigung hinausgehenden Anforderungen an die Begrenzung von Treibhausgasemissionen gestellt werden dürfen. Zur Anlagengenehmigung → Immissionsschutzrecht, → Luftreinhaltung.

3. ETS 2: Neben dem ETS 1 enthält das TEHG die Grundlagen für den 2027 beginnenden unionsweiten Handel genehmigter Emissionen von Treibhausgasen der Sektoren Wärme (also vor allem Gebäude) und Verkehr (also vor allem des Straßenverkehrs, nicht des bereits im ETS 1 geregelten Luft- und Schiffsverkehrs), der auch ETS 2 genannt wird. Diese Brennstoffemissionen unterliegen in Deutschland seit 2021 bereits einem nationalen Brennstoffemissionshandel (→ Emissionshandel, Brennstoffemissionen). Mit Einführung des unionsweiten Handels der Treibhausgasemissionen für diese Brennstoffe ab 2027 wird das bisherige nationale System in das unionsweite überführt werden. §§ 41 ff. TEHG enthalten dafür die ersten Regelungen. Soziale Härten (Energiearmut) können die Mitgliedstaaten dann durch Mittel aus dem Europäischen Klima-Sozialfonds abmildern, der mit über 65 Mrd. € dotiert werden soll (Verordnung (EU) 2023/955 v. 10.5.2023 zur Einrichtung eines Klima-Sozialfonds, ABl. EU 2023 L 130, 1).

4. Zuständig für den Vollzug des TEHG ist das → Umweltbundesamt (§ 11 TEHG), das viele Aufgaben an die ihm unterstellte Deutsche Emissionshandelsstelle übertragen hat, etwa die Führung des deutschen Emissionshandelsregister.

5. Um die Abwanderung CO2-intensiver Unternehmen zu vermeiden und ihre Kostennachteile auszugleichen, wird ein → CO2-Grenzausgleichssystem, manchmal auch CO2-Zoll genannt, eingeführt.

Emissionshandelsregister
Im EU-Emissionshandel werden Emissionsberechtigungen in einem Emissionshandelsregister gehalten und übertragen (→ Emissionshandel, Treibhausgase). Im nationalen Emissionshandel (→ Emissionshandel, Brennstoffemissionen) werden die Konten mit den Zertifikaten im nationalen Emissionshandelsregister geführt.

Emissionskataster
Emissionskataster, dh kartographische Aufzeichnungen über Art, Menge, räumliche und zeitliche Verteilung von Luftverunreinigungen in Belastungsgebieten (→ Luftreinhaltung, → Immissionsschutzrecht), haben die Landesbehörden nach § 46 BImSchG aufzustellen. Sa → Umweltschutz.

Emissionswerte
sind Mess- und Grenzwerte, die auf den Ausstoß einer → Anlage (1) bezogen sind, während man von → Immissionen spricht, wenn der Eintrag an anderer Stelle maßgeblich ist; s. hierzu → Immissionsschutzrecht.

Emittent
Als Emittent (von lat. herausschicken) bezeichnet man an den Finanzmärkten den Ausgeber von zum Handel bestimmten → Wertpapieren und → Vermögensanlagen. Eine Legaldefinition enthält zB Art. 3 I Nr. 21 MAR (MarktmissbrauchsVO) (→ Insidergeschäft). Danach bezeichnet Emittent eine juristische Person des privaten oder öffentlichen Rechts, die Finanzinstrumente emittiert oder deren Emission vorschlägt. Bei börsennotierten Aktien ist Emittent zB die Gesellschaft, bei → Anleihen der Schuldner. Emittenten unterliegen bei der Emission zahlreichen gesetzlichen Vorschriften, die man in Zulassungs- und Zulassungsfolgepflichten trennen kann, dazu → regulierter Markt. Ferner gibt es hierzu einen Emittentenleitfaden der → Bundesanstalt für Finanzdienstleistungsaufsicht, die auch für die Überwachung der Unternehmensabschlüsse der Emittenten nach §§ 106 ff. WpHG (Bilanzkontrolle) zuständig ist. Sa → Emissionsgeschäft, → Kapitalmarkt.

Empfängnisverhütung
→ Sterilisation.

Empfängniszeit
Die Empfängniszeit ist für die → Abstammung (2c, Vaterschaftsfeststellung) von Bedeutung. Als Empfängniszeit gilt die Zeit vom 181. bis zum 300. Tag (jeweils einschließlich) vor dem Tage der Geburt des Kindes. Der Geschlechtsverkehr des Mannes mit der Mutter in der Empfängniszeit hat die – etwa durch → DNA-Analyse – widerlegliche Vermutung der Zeugung zur Folge. Bei entsprechendem Nachweis einer abweichenden Tragezeit gilt auch eine längere oder kürzere Zeit als Empfängniszeit (§ 1600d III BGB).

Empfangsbedürftigkeit
→ Willenserklärung (1c).

Empfangsbekenntnis
Ein Empfangsbekenntnis ist allgemein die schriftliche Bestätigung des → Gläubigers über den Empfang der Leistung (→ Quittung). Es ist auch die schriftliche Erklärung eines → Rechtsanwalts oder einer Behörde, in dem sie bei der → Zustellung den Empfang eines Schriftstückes bestätigen (§§ 174, 195 II ZPO, § 5 I VwZG). Das Empfangsbekenntnis ersetzt die → Zustellungsurkunde. S. a. → Gegenbescheinigung.

Empfangsbote
→ Bote.

Empfangsspediteur
→ Spediteur.

Empfangstheorie
→ Willenserklärung (1c).

Empfehlungen über Preise oder Verkaufskonditionen
Empfehlungen über Preise oder Verkaufskonditionen innerhalb einer → Vertikalvereinbarung können wettbewerbsbeschränkend und nicht freistellungsfähig (→ Freistellung im Kartellrecht) und somit unzulässig sein, wenn sie faktisch nicht nur empfehlend, sondern bindend wirken.

Empire (engl.)
Empire war bis zum Westminsterstatut vom 11.12.1931 die offizielle Bezeichnung für das Britische Weltreich. Durch dieses Statut wurde sie durch die schon vorher gebrauchte Bezeichnung → Commonwealth ersetzt. Vom Beginn des 17. Jh. ab erwarb Großbritannien ein koloniales Weltreich (→ Kolonien), das zu Beginn des Ersten Weltkrieges ein Viertel der Erdoberfläche und der Erdbewohner umfasste. Seit 1847 wurde den am weitesten entwickelten Kolonien das Recht der Selbstverwaltung gegeben (Neufundland 1855, Kanada 1867, Australien 1901, Neuseeland 1907, Südafrika 1910): diese Kolonien wurden in den Status eines sog. Dominion erhoben. Es entstanden komplizierte rechtliche Verhältnisse zwischen dem Mutterland einerseits und den Kolonien und den Dominions andererseits sowie unter den letzteren, die sich mit den herkömmlichen Begriffen des Rechts der → Staatenverbindungen nur unvollkommen erfassen lassen. Es lag weder ein → Staatenbund noch ein → Bundesstaat vor. Eine auf der Reichskonferenz von 1926 gebrauchte Formel bezeichnete die Mitgliedstaaten des Empire als autonome Gemeinschaften innerhalb des Empire, gleichberechtigt und voneinander völlig unabhängig in allen Belangen der Innen- und Außenpolitik, vereint durch eine gemeinsame Bindung an die Krone und frei zusammengeschlossen als Mitglieder des British Commonwealth of Nations. Nach dem 2. Weltkrieg schritt die Desintegration des Britischen Reichsverbandes weiter fort, nicht zuletzt dadurch, dass sich einzelne Mitglieder zur Republik erklärt haben; die Schwierigkeiten für die juristische Erfassung wurden damit noch vergrößert. Auch heute noch besteht das Empire in Gestalt des → Commonwealth of Nations als Staatenverbindung eigener Art fort.

Empire (franz.)
Empire war in Frankreich die Bezeichnung für das Kaiserreich Napoleons I. von 1804–1813 und Napoleons III. von 1852–1870.

EMSA
→ Europäische zentrale Fachbehörden.

Endlager
Gem. § 2 Standortauswahlgesetz (StandAG) v. 5.5.2017 (BGBl. 2017 I 1074 mÄnd) ist Endlager eine → Atomanlage des Bundes, in der radioaktive Abfälle (→ Atommüll) endgelagert werden. Das Gesetz dient dazu, das Auswahlverfahren für einen zukünftigen Endlagerstandort zu regeln, der für die in Deutschland verursachten radioaktiven Abfälle eine Lagerung für einen Zeitraum von einer Millionen Jahre gewährleistet (§ 1 StandAG). Als Wirtsgesteine kommen Steinsalz, Ton- und Kristallgestein in Betracht. Die Beteiligung der Öffentlichkeit regeln die §§ 5–11 StandAG, Auswahlkriterien und Standortanforderungen enthalten die §§ 22–27 StandAG. Details des Auswahlverfahrens, das bis 2031 abgeschlossen sein soll, enthalten die Endlagersicherheitsanforderungsverordnung (EndlSiAnfV) v. 6.10.2020 (BGBl. 2020 I 2094) sowie die Endlagersicherheitsuntersuchungsverordnung (EndlSiUntV) v. 6.10.2020 (BGBl. 2020 I 2103). Zuständig für das Verfahren sind die Bundesgesellschaft für Endlagerung und das → Bundesamt für die Sicherheit der nuklearen Entsorgung. Die politisch umstrittene Standortentscheidung wird durch Bundesgesetz getroffen werden, ihr folgt die Genehmigung des Endlagers ohne ein Raumordnungsverfahren (§ 20 StanAG). Als möglicher Standort galt lange → Gorleben.

Endmieter
→ Zwischenmiete.

Endpreis
ist die frühere Bezeichnung für → Gesamtpreis.

Endtermin
→ Zeitbestimmung.

Endurteil
Ein Endurteil ist ein → Urteil, das die Endentscheidung über einen Rechtsstreit enthält (§ 300 ZPO). Im Endurteil kann über alle → Streitgegenstände (→ Vollurteil), über einen von mehreren oder über einen Teil eines Streitgegenstandes (→ Teilurteil) entschieden werden.

Endvermögen
→ Zugewinnausgleich.

Energetische Sanierung
→ Gebäudeenergie.

Energie- und Klimafonds
→ Klima- und Transformationsfonds.

Energieausweis
Der Energieausweis gibt Auskunft über die energetischen Eigenschaften eines Gebäudes, § 79 Gebäudeenergiegesetz (GEG, → Gebäudeenergie). Er kann als Energiebedarfs- oder -verbrauchsausweis ausgestellt sein und enthält neben weiteren technischen Angaben im Falle von Wohngebäuden auch deren Energieeffizienzklasse (§ 86 GEG). Der Energieausweis ist grundsätzlich 10 Jahre lang gültig und dient allein der Information. Jedoch sind Bauherr und Eigentümer bzw. Verkäufer, Verpächter, Vermieter und Leassinggeber verpflichtet, sich den Energieausweis ausstellen zu lassen bzw. potentiellen Interessenten vorzulegen; außerdem müssen Immobilienanzeigen Angaben zum Energieausweis machen (§ 87 GEG). Wer berechtigt ist, den Energieausweis auszustellen, bestimmt § 88 GEG (zB Hochschulabsolventen bestimmter Fachrichtungen, in einschlägigen Handwerken ausgebildete Personen usw). BAnz AT 8.12.2023 B1 enthält die Muster des Energieausweises.

Energiebezugsvertrag
→ Energielieferungsvertrag.

Energiecharta
Der Internationale Vertrag über die Energiecharta v. 17.12.1994 (BGBl. 1997 II 4) schuf einen rechtlichen Rahmen für die Förderung langfristiger internationaler Zusammenarbeit im Energiebereich. Dazu regelt er zB Handel, Förderung und Schutz von Investitionen, Souveränität über Energievorkommen und Umweltaspekte. Da die Energiecharta zunehmen als Hindernis für die Energiewende aufgefasst wird, hat Deutschland seinen Rücktritt zum Ende 2023 erklärt (BGBl. 2023 II Nr. 15), die Europäische Union tat dies 2024 ebenfalls.

Energiederivat
ist nach § 3 Nr. 15a EnWG (→ Energiewirtschaft) ein → Finanzinstrument, zB ein Warentermingeschäft, das auf Elektrizität oder Gas bezogen ist. Gem. § 5a EnWG müssen → Energieversorgungsunternehmen Daten zu Transaktionen mit Energiederivaten mindestens 5 Jahre speichern. → Derivate.

Energieeffizienz
1. Die Steigerung der Energieeffizienz soll den Energieverbrauch senken und somit im Rahmen der → Energiewirtschaft zur → Energiewende und zum → Klimaschutz beitragen. Energieeffizienz ist gem. § 3 Nr. 14 des Gesetzes zur Steigerung der Energieeffizienz in Deutschland (Energieeffizienzgesetz, EnEfG) v. 13.11.2023 (BGBl. 2023 I Nr. 309) das Verhältnis des Ertrags an Leistung, Dienstleistungen, Waren oder Energie zum Energieeinsatz. Die gleiche Definition enthält das Gesetz über Energiedienstleistungen und andere Energieeffizienzmaßnahmen (EDL-G) v. 4.11.2010 (BGBl. 2010 I 1483, mÄnd). Das EnEfG und das EDL-G dienen der Umsetzung der Energieeffizienz-Richtlinie 2012/27/EU v. 25.10.2012 (ABl. EU 2012 L 315, 1), die ein Baustein der europäischen → Energieunion ist und ab Oktober 2025 durch die Richtlinie 2023/1791 v. 13.9.2023 (ABl. EU 2023 L 231, 1) ersetzt wird.

2. Das EnEfG enthält jährliche Energieeinsparverpflichtungen des Bundes und der Länder und verpflichtet energieintensive Unter-

nehmen, ein Energie- oder Umweltmanagementsystem einzurichten. Das EDL-G enthält Energieeinsparziele für Endkunden und verpflichtet Unternehmen zu Durchführung von Energieaudits. Bundesstelle für Energieeffizienz ist das → Bundesamt für Wirtschaft und Ausfuhrkontrolle (§ 9 EDL-G).

Energieentziehung
→ Stromentwendung.

Energiefinanzierungsgesetz
Das Energiefinanzierungsgesetz (EnFG) v. 20.7.2022 (BGBl. I S. 1237, 1272) regelt die Finanzierung der Energiewende im Stromsektor durch Zahlungen des Bundes und die Erhebung von Umlagen.

1. Die Förderung der Stromerzeugung durch erneuerbare Energien nach dem EEG 2023 erfolgt ausschließlich durch den Bund mit Mitteln des → Klima- und Transformationsfonds. Gem. § 6 EnFG erstattet der Bund den Übertragungsnetzbetreibern den sogenannten EEG-Finanzierungsbedarf, der ihnen dadurch entsteht, dass sie den Verteilernetzbetreibern nach § 13 EnFG die Gelder ersetzen, die diese nach dem EEG 2023 an Betreiber von Anlagen zur Erzeugung von Strom aus → erneuerbaren Energien zahlen müssen. Bis 2022 wurde dieser EEG-Finanzierungsbedarf durch die nunmehr abgeschaffte → EEG-Umlage gedeckt.

2. Anders als der EEG-Finanzierungsbedarf wird der KWKG-Finanzierungsbedarf durch eine Umlage gedeckt. Dabei handelt es sich um den finanziellen Bedarf der Förderung der → Kraft-Wärme-Kopplung. Dieser wird nicht vom Bund getragen, sondern nach dem Abwälzungsprinzip vom Letztverbraucher per KWKG-Umlage. Die Verteilernetzbetreiber erheben sie als Aufschlag in Cent pro Kilowattstunde auf die Netzentgelte von den Letztverbrauchern (§§ 10 ff. EnFG). In 2023 beträgt die Umlage 0,357 Cent/kWh. Auch die Kosten der Anbindung von → Windenergieanlagen auf See werden durch die Offshore-Netzumlage von den Letztverbrauchern getragen (§§ 10 ff. EnFG iVm §§ 17d f. EnWG). Für besonders stromintensive Unternehmen, Unternehmen, die grünen Wasserstoff herstellen, und Verkehrsunternehmen können KWKG- und Offshore-Netzumlage auf Antrag begrenzt werden (§§ 28 ff. EnFG).

Zuständige Behörden sind das BMWK, die → Bundesnetzagentur und das → Bundesamt für Wirtschaft und Ausfuhrkontrolle.

Energiegroßhandel
ist der Handel mit Strom und Gas für Endverbraucher mit einem Verbrauch von mehr als 600 Millionen kWh im Jahr. Die VO (EU) 1227/2011 v. 25.10.2011 über die Integrität und Transparenz des Energiegroßhandelmarktes (ABl. EU 2011 L 326, 1) regelt die Registrierung der Teilnehmer, Marktmissbrauchsverbote (Insider-Handel u. Markt-Manipulation) sowie die → Marktüberwachung. Die abgeschlossenen Transport- und Lieferverträge müssen gem. Art. 3 DVO (EU) 1348/2014 v. 17.12.2014 über Datenmeldungen (ABl. EU 2014 L 363, 121) der Europäischen Agentur für die Zusammenarbeit der Energieregulierungsbehörden, ACER, in Ljubljana gemeldet werden. → Emissionshandel.

Energiekostenvergleich
Nach § 3 IV EnVKG (→ energieverbrauchsrelevante Produkte) haben Tankstellen, die über mehr als sechs Mehrproduktzapfsäulen verfügen, einen Energiekostenvergleich gut sichtbar anzubringen. Darauf sind die Energiekosten für PKW in €/100 km für die verschiedenen Kraftstoffe, auch für Strom, Erdgas und Autogas, getrennt für kleinere und größere PKW, aufzuführen. Die anzugebenden Energiekosten veröffentlicht das Bundesministerium für Wirtschaft und Energie alle drei Monate. Ein Muster enthält die Anlage 4 des EnVKG. Der Energiekostenvergleich soll das Kosten- und Umweltbewußtsein der Fahrer erhöhen und langfristig die Energiekosten von PKW senken.

Energiekrise
Nach dem Beginn des → Ukrainekrieges am 24. Februar 2022 wurden die Gaslieferungen von Russland nach Deutschland drastisch reduziert; die Öllieferungen wurden aufgrund der EU-Sanktionen seit 1. Januar 2023 eingestellt. Damit drohte in der Europäischen Union eine Energiekrise, denn Russland war bis dahin einer der wichtigsten Energielieferanten für eine Reihe von Mitgliedstaaten. Gas und Öl wurden knapp und vorübergehend sehr teuer. Zahlreiche Maßnahmen auf europäischer und nationaler Ebene sollten die Energieversorgung gewährleisten und die wirtschaftlichen Folgen der Preissteigerungen abfedern. Neben Anreizen zum Energiesparen waren dies in Deutschland vor allem die finanzielle Unterstützung von Verbrauchern und Unternehmen (→ Energiepreispauschale, → Entlastungspakete, → Gaspreisbremse, → Strompreisbremse) sowie zur → Energiesicherung (→ Gasversorgung, → Stromversorgung) die Beschleunigung des Ausbaus → erneuerbarer Energien, insbesondere der → Windenergie.

Energielabel, -pass, -siegel
Um Verbraucher im Interesse des → Klimaschutzes zu sensibilisieren sind Energieverbrauch und → Energieeffizienz bei bestimmten Produkten zu kennzeichnen. Solche Energielabel werden auch Energiepass oder Energiesiegel genannt. Es gibt sie für → energieverbrauchsrelevante Produkte und als → Energieausweis für Gebäude.

Energielieferungsvertrag
Auf Verträge von Energieversorgern mit Endverbrauchern über den Bezug von Energie, insbes. Gas, Wärme und Strom, finden grds. gem. § 453 I 1 BGB (sonstige Gegenstände) die Vorschriften über den → Kauf von Sachen Anwendung, auch dann, wenn die Versorgung

öffentlich-rechtlich geregelt ist. Ein Vertragsschluss kann ggf. auch im Wege der Annahme einer Realofferte des Energieversorgers durch → Sozialtypisches Verhalten zustandekommen. Häufig sehen die Verträge Preisanpassungungsklauseln vor. Bei befristeten Verträgen mit einer Preisgarantie besteht, auch bei drastischen Steigerungen der Energiepreise, etwa infolge des Kriegs in der Ukraine, grds. keine Möglichkeit der Preisanpassung nach den Regeln der Störung der → Geschäftsgrundlage. Zur Anpassung von Betriebskostenvorschusszahlungen → Wohnraummietvertrag. Sa → Energiesicherung.

Energiepflanzen
sind Pflanzen, die im Wesentlichen zur Herstellung von → Biokraftstoffen oder zur Wärme- und Stromerzeugung verwendet werden. Der Anbau wird nicht mehr von der EU gefördert (s. → Gemeinsame Agrarpolitik). → Gentechnik.

Energiepreispauschale
Zur Abfederung der durch die → Energiekrise (→ Energiesicherung, → Energiewirtschaft) stark gestiegenen Energiepreise haben im Jahr 2022 fast alle Arbeitnehmer, Beamte, Rentner und Pensionäre eine einmalige staatliche Energiepreispauschale in Höhe von 300 € erhalten. Studenten und Fachschüler erhielten eine Energiepreispauschale von 200 €.

1. Nach den durch das Steuerentlastungsgesetz 2022 v. 23.5.2022 (BGBl. 2022 I 749) eingefügten §§ 112–122 EStG sind anspruchsberechtigt alle unbeschränkt Steuerpflichtigen, die in 2022 Einkünfte aus Land- und Forstwirtschaft, Gewerbebetrieb, selbständiger oder nichtselbständiger Arbeit erzielt haben. Der Anspruch ist am 1.9.2022 entstanden. Ausgezahlt wurden die 300 € für Arbeitnehmer durch den Arbeitgeber, für alle anderen wird die Energiepreispauschale bei der Einkommensteuerveranlagung auf die Einkommensteuer angerechnet. Sie ist zwar einkommensteuerpflichtig (§ 119 EStG), wird aber bei einkommensabhängigen Sozialleistungen nicht als Einkommen berücksichtigt (§ 122 EStG).

2. Eine ähnliche Regelung enthalten das Rentenbeziehende-Energiepreispauschalengesetz (RentEPPG) für Rentner und das Versorgungsrechtliche Energiepreispauschalen-Gewährungsgesetz (VEPPGewG) für Versorgungsempfänger des Bundes, jeweils v. 7.11.2022 (BGBl. 2022 I 1985). Anspruch auf die einmalige staatliche Zahlung von 300 € haben Rentner und Versorgungsempfänger des Bundes, die am 1.12.2022 ihren Wohnsitz im Inland hatten. Die Auszahlung erfolgte durch die Träger der Rentenversicherung bis zum 15.12.2022 bzw. den ehemaligen Dienstherrn. Diese Energiepreispauschale ist ebenfalls einkommensteuerpflichtig und wird bei einkommensabhängigen Sozialleistungen auch nicht als Einkommen berücksichtigt. Das VEPPGewG gilt nicht für Versorgungsempfänger der Länder (§ 3 III VEPPGewG), soweit ersichtlich haben allerdings die meisten Bundesländer ihren Versorgungsempfängern die Energiepreispauschale separat gewährt.

3. Ähnliche Regelungen gelten für die Energiepreispauschale für Studierende und Fachschüler in Höhe von 200 €. Sie basiert auf dem Studierenden-Energiepreispauschalengesetz (EPPSG) v. 16.12.2022 (BGBl. 2022 I 2357).

→ Entlastungspaket, → Gaspreis, → Strompreis.

Energierecht
Energierecht ist kein fest definierter Begriff. Die meisten Juristen verstehen darunter alle Normen, die sich unmittelbar mit Energie befassen, wie zB das Windenergie-auf-See-Gesetz oder die Verordnung über Allgemeine Bedingungen für die Versorgung mit Fernwärme. Energierecht umfasst alle Arten von Energie, alle Stadien der Energiekette und sämtliche Rechtsbeziehungen aller Akteure des Energiemarkts. Ob Völkerrecht (zB → Pariser Klimaabkommen) oder Kommunalrecht, zum Energierecht gehörende Vorschriften finden sich auf jeder Ebene der Normenhierarchie. In Deutschland am wichtigsten sind die Regelungen des Europarechts und des Bundesrechts, die zunehmend Ziele des → Klimaschutzes und des → Umweltschutzes verfolgen.

Im Europarecht gibt es neben der → Europäischen Atomgemeinschaft ein dichtes Netz von Verordnungen und Richtlinien, die idR auf Art. 192 AEUV (Umwelt) und Art. 194 AEUV (Energie) fußen. Ihr übergeordnetes Ziel ist die → Energieunion, zu der auch der → Elektrizitätsbinnenmarkt gehört. Die zentrale Norm des deutschen Energierechts ist das Energiewirtschaftsgesetz (→ Energiewirtschaft). Große Bedeutung hat, da zur Erreichung der Energiewende → erneuerbare Energien unerlässlich sind, auch das EEG 2023.

Früher gehörte das Energierecht fast ausschließlich zum öffentlichen Recht. Seit den → Privatisierungen in den 80er und 90er Jahren des vorigen Jahrhunderts beschränkte sich der Staat darauf, den regulatorischen Rahmen vorzugeben, die Marktaufsicht durch die → Bundesnetzagentur auszuüben und im Übrigen den Energiemarkt den privatrechtlichen Mechanismen zu überlassen. Nach dem Angriffskrieg Russlands gegen die Ukraine hat der Gesetzgeber wieder verstärkt eingegriffen und das Energierecht zur → Energiesicherung an vielen Stellen reformiert.

Energiesicherung
1. Der Sicherung der Energieversorgung im Krisenfall dient das Energiesicherungsgesetz (EnSiG) v. 20.12.1974 (BGBl. 1974 I 3681), das zum → Energierecht gehört. Es wurde nach dem völkerrechtswidrigen Angriffskrieg Russlands gegen die Ukraine im Mai 2022 (→ Energiekrise) umfassend reformiert und berücksichtigt nun auch die VO (EU) 2017/

1938 v. 25.10.2017 über Maßnahmen zur Gewährleistung der sicheren Gasversorgung (ABl. EU 2017 L 280, 1). Es gehört damit zu den → Sicherstellungsgesetzen und wird ergänzt durch die Vorschriften zur → Erdöl- und Gasbevorratung (→ Gasspeicher, → Gasversorgung).

2. Das EnSiG gestattet es der Bundesregierung, durch Rechtsverordnung ua Bevorratung, Verteilung und Einsparung von Erdöl, Gas, Elektrizität und sonstigen Energien zu regeln, wenn die Energieversorgung unmittelbar gefährdet oder gestört ist. Gleiches gilt für den Fall, dass die Bundesrepublik zu Solidaritätsmaßnahmen nach der VO (EU) 2017/1938 verpflichtet ist (§§ 1 f. EnSiG). Ferner können Unternehmen, die zur kritischen Infrastruktur im Energiesektor (§ 2 X BSI-Gesetz) zählen, unter Treuhandschaft der → Bundesnetzagentur gestellt werden, wenn ein Unternehmen seine Aufgaben bei der Energieversorgung nicht erfüllt (§ 17 EnSiG). Dies geschah im Sommer 2022 etwa für die Rosneft Deutschland GmbH und die Gazprom Germania GmbH. Unternehmen der kritischen Infrastruktur im Energiesektor können auch in den Genuß von Stabilisierungsmaßnahmen kommen (§ 29 EnSiG), die Maßnahmen des → Wirtschaftsstabilisierungsfonds ähneln. So wurde ebenfalls im Sommer 2022 der Energiekonzern Uniper gestützt, später hat der Bund 99% der Anteile übernommen. Auch eine Enteignung gegen Entschädigung ist möglich, Details regelt die Energiesicherungsgesetzentschädigungsverordnung (EnSiGEntschV) v. 16.9.1974 (BGBl. 1974 I 2330). Ferner können → Energieversorgungsunternehmen entlang der Lieferkette ihre Gaspreise einseitig angemessen erhöhen (einseitiges Preisanpassungsrecht), falls die Bundesnetzagentur eine erhebliche Reduzierung der Gesamtgasimportmengen nach § 24 EnSG festgestellt hat (→ Gaspreis). Ähnliches gilt für → Fernwärme. Zur besseren Durchführung aller Maßnahmen haben die Energieversorgungsunternehmen eine digitale Plattform für Erdgas zu errichten. Ferner müssen Übertragungsnetzbetreiber nach § 12i EnWG regelmäßig über die Systemstabilität ihrer Netze berichten.

3. Auf der Grundlage von § 30 EnSiG kann die Bundesregierung durch Rechtsverordnung Energiesparmaßnahmen anordnen, um eine Störung der Energieversorgung zu vermeiden. Hiervon hatte sie mit der Kurzfristenergieversorgungssicherungsmaßnahmenverordnung (EnSikuMaV) v. 26.8.2022 (BGBl. 2022 I 1446) Gebrauch gemacht. Danach durften zB private Schwimmbecken nicht mehr mit Gas oder Strom geheizt werden, in öffentlichen Nichtwohngebäuden war das Beheizen von Gemeinschaftsflächen untersagt und öffentliche Gebäude oder Baudenkmäler sollten nicht mehr beleuchtet werden. Die EnSikuMaV war bis zum 15.4.2023 befristet und ist außer Kraft getreten. Die Mittelfristenergieversorgungssicherheitsmaßnahmenverordnung (EnSimiMaV) v. 23.9.2022 (BGBl. 2022 I 1530) fußte ebenfalls auf § 30 EnSiG und verpflichtete Gebäudeeigentümer und Unternehmen zur Energieeinsparung durch mehr → Energieeffizienz. Sie ist am 30.9.2024 außer Kraft getreten. Auf § 30 EnSiG basierte auch die bis 31.3.2024 befristete Energiesicherungstransportverordnung (EnSiTrV) v. 26.8.2022 (BAnz AT 29.8.2022 V1), nach der Eisenbahnunternehmen den Transport von Energieerzeugnissen und -trägern vorrangig abzuwickeln hatten.

4. Die staatlichen Mittel zur Abfederung der Folgen der Energiekrise, wie etwa Stabilisierungsmaßnahmen, Gas- und Strompreisbremse, werden überwiegend vom → Wirtschaftsstabilisierungsfonds bereitgestellt (§§ 16, 26a StFG). → Sondervermögen.

Energiesteuergesetz

1. Das Energiesteuergesetz v. 15.7.2006 (BGBl. 2006 I 1534) löste das → Mineralölsteuergesetz (→ Mineralölsteuer) ab, wodurch eine deutliche Vereinfachung des Besteuerungssystems der verschiedenen Energieerzeugnisse erreicht wurde. Besteuerungsgegenstand sind grundsätzlich Waren, die als Kraft- oder Heizstoff verwendet werden (können). Es handelt sich um eine → Verbrauchsteuer.

2. Steuergebiet ist das Gebiet der BRD ohne Büsingen und Helgoland.

3. Steuertarif (§ 2 EnergieStG): Die Steuersätze sind regelmäßig vom jeweiligen Verwendungszweck abhängig. Den niedrigsten Steuersätzen unterliegen diejenigen Energieerzeugnisse, die zum Verheizen oder als Kraftstoff zum Antrieb in begünstigten Anlagen verwendet werden. Für bleifreies Benzin mit einem Schwefelgehalt von höchstens 10 mg/kg beträgt die Steuer 0,6545 EUR je Liter, darüber 0,6698 EUR je Liter, für verbleites Benzin 0,721 EUR je Liter; für Diesel mit einem Schwefelgehalt von höchstens 10 mg/kg beträgt die Steuer 0,4704 EUR je Liter, darüber 0,4857 EUR je Liter, für Heizöl 0,13 EUR je Liter. Für Gase sollen – unabhängig von der jeweiligen Verwendung – ermäßigte Steuersätze bis zum 31.12.2023 Anwendung finden. Für ein Gigajoule Kohle fallen 0,33 EUR an.

4. Die Steuer entsteht grundsätzlich mit der Entfernung aus dem Steuerlager in den freien Verkehr. Steuerschuldner ist der Inhaber des Steuerlagers bzw. der Hersteller, der monatlich zum 15. die für den Vormonat entstandene Steuer anzumelden hat. In dieser hat er die Steuer selbst zu berechnen (Steueranmeldung), wobei für den Monat Dezember Besonderheiten bestehen. Zuständig für die Besteuerung ist das Hauptzollamt. Das Gesetz sieht zahlreiche Befreiungen und Ermäßigungen vor, zB für die Schiff- und Luftfahrt.

5. Neben der Energiesteuer ist beim Erwerb von Kraft- und Heizstoffen auch die → EEG-Umlage zu entrichten. Mit dem Klimapaket

hat die Bundesregierung 2020 eine zukünftige Erhöhung des Preises für den Ausstoß von Kohlendioxid beschlossen (2021: 25 Euro pro Tonne emittiertes Kohlendioxid). Bei der Verbrennung von jeweils einem Liter entstehen bei Heizöl 2,66, bei Diesel 2,61 und bei Benzin 2,33 kg CO2. Dies schlägt sich pro Liter Heizöl und Diesel mit ca. 0,08 Euro sowie pro Liter Benzin mit ca. 0,07 Euro nieder.

Energiesteuerrichtlinie
ist die Richtlinie 2003/96 EG des Rates v. 27.10.2003 (ABl. EU 2003 L 283, 51) zur Restrukturierung der gemeinschaftlichen Rahmenvorschriften zur Besteuerung von Energieerzeugnissen und elektrischem Strom. Ziel ist, die Besteuerung von Energieerzeugnissen und elektrischem Strom in der → Europäischen Union zu harmonisieren. Dies soll erforderlich sein, um das reibungslose Funktionieren des Binnenmarktes sicherzustellen. In der RL werden erstmals neben den klassischen Mineralölen auch Strom, Erdgas und Kohle in einen gemeinschaftsweiten Rahmen einbezogen und für die neu hinzugekommenen Energieträger Mindeststeuersätze festgelegt. Die Umsetzung der Energiesteuerrichtlinie erfolgte durch das → Energiesteuergesetz.

Energieunion
Die Europäische Energieunion ist eine Rahmenstrategie für → Energiewirtschaft und → Klimaschutz. Sie gibt mit unterschiedlichen Maßnahmen Vorgaben (1.) für eine verstärkte Integration und Koordination der EU-Mitgliedstaaten bei der Energieversorgungssicherheit, zB den gemeinsamen Einkauf von Gas, (2.) für Solidarität und Vertrauen in einem vollständig integrierten Energiebinnenmarkt (Stromverbund), der auf gegenseitigen Energieaustausch gerichtet ist und vor allem → erneuerbare Energien unterstützt, (3.) für Energieeffizienz als Beitrag zur Senkung des Energiebedarfs, (4.) für Dekarbonisierung bzw. → Kohleausstieg der Wirtschaft zur Eindämmung der → Treibhausgase sowie (5.) für die Unterstützung von Forschung und Innovation auf diesem Gebiet sowie der Wettbewerbsfähigkeit der europäischen Unternehmen. Die VO (EU) 2018/1999 v. 11.12.2018 über das Governance-System für die Energieunion und für den Klimaschutz (ABl. EU 2018 L 328, 1) dient der Sicherstellung der Umsetzung der Maßnahmen. Die Verordnung (EU) 2022/869 v. 30.5.2022 zu Leitlinien für die transeuropäische Energieinfrastruktur (ABl. EU 2022 L 152, 45) soll Planung und Genehmigung von grenzüberschreitenden Projekten erleichtern. → Elektrizitätsbinnenmarkt.

Energieverbrauchsrelevante Produkte
Energieverbrauchsrelevante Produkte sind Gegenstände, deren Nutzung den Energieverbrauch beeinflussen. Damit sind Geräte gemeint, die Strom, Gas usw. verbrauchen wie Fernseher, Kühlschränke und Waschmaschinen, also häufig → Elektro- und Elektronikgeräte.

1. Das auf europäischen Vorgaben fußende Energieverbrauchsrelevante-Produkte-Gesetz (EVPG) v. 27.2.2008 (BGBl. 2008 I 258, mÄnd) regelt grds. deren Inverkehrbringen und Inbetriebnahme. Es verlangt als Voraussetzung dafür eine umweltgerechte Gestaltung, die CE-Kennzeichnung (→ Konformitätszeichen) sowie eine Konformitätserklärung des Herstellers (§§ 4 ff. EVPG). Die umweltgerechte Gestaltung wird auch → Ökodesign genannt und durch EU-Verordnungen festgelegt. Gebrauchte und militärische Produkte sowie Verkehrsmittel sind von der Anwendung ausgenommen.

2. Die VO (EU) 2017/1369 v. 4.7.2017 zur Festlegung eines Rahmens für die Energieverbrauchskennzeichnung (ABl. EU 2017 L 198, 1), das Energieverbrauchskennzeichnungsgesetz (EnVKG) v. 10.5.2012 (BGBl. 2012 I 1070, mÄnd) sowie die Energieverbrauchskennzeichnungsverordnung (EnVKV) v. 30.10.1997 (BGBl. 1997 I 2616, mÄnd) regeln, wie für bestimmte energieverbrauchsrelevante Produkte zusätzlich Energieverbrauch und Energieeffizienz durch ein Etikett (Energielabel, -siegel) anzugeben sind, das eine Skala mit den Buchstaben A–G (oder weniger Buchstaben) in den Farben Dunkelgrün bis Rot enthält. Welche Produkte dieses Energielabel haben müssen, bestimmt die EU per Delegierter Verordnung; vgl. etwa DVO (EU) 2015/1186 der Kommission v. 24.4.2015 im Hinblick auf die Energieverbrauchskennzeichnung von Einzelraumheizgeräten (ABl. 2015 L 193, 20). Nach § 3 IV EnVKG haben Tankstellen einen → Energiekostenvergleich auszuhängen.

3. Für Gebäude gibt es einen → Energieausweis.

Energieversorgungsunternehmen
Energieversorgungsunternehmen sind natürliche und juristische Personen, die andere mit Energie (= Elektrizität, Gas, Wasserstoff) versorgen oder ein Versorgungsnetz betreiben (§ 3 Nr. 18 EnWG). Das EnWG verwendet die Bezeichnung als Oberbegriff für alle Akteure der → Energiewirtschaft, also alle Unternehmen, die Energie erzeugen, über Netze transportieren und an Letztverbraucher liefern.

Energiewende
Die Energiewende in Deutschland bezeichnet zum einen die Abkehr von den fossilen Energieträgern Stein- und Braunkohle (→ Kohleausstieg) sowie Erdöl und -gas, deren Nutzung zu einer Erhöhung an → Treibhausgasen führt, hin zur Verwendung → erneuerbarer Energien. In Deutschland sind das auf der Grundlage des EEG 2023 nunmehr hauptsächlich Wind und Sonne. Damit einher gehen die Abkehr vom Einsatz von Kernenergie (→ Atomgesetz). Zur Energiewende gehört zum anderen die Erhöhung der → Energieeffizienz. Die Energiewende ist damit das zentrale

Instrument zur Erreichung der Klimaschutzziele, die auf die früheren → Kyoto-Protokolle zurückgehen. Für die Situation auf der internationalen Ebene ab 2020: → Pariser Klimaabkommen, ferner → Klimaschutz.

Energiewirtschaft

1. Das Energiewirtschaftsgesetz (EnWG) v. 7.7.2005 (BGBl. 2005 I 1970, 3621 mÄnd) ist die zentrale Vorschrift des deutschen → Energierechts. Das Gesetz setzt für alle Akteure des Energiemarkts den regulatorischen Rahmen für die leitungsgebundene Versorgung mit Elektrizität, Gas und seit kurzem auch Wasserstoff. Das Gesetz will eine sichere, preisgünstige, verbraucherfreundliche, umweltverträgliche und treibhausgasneutrale Versorgung der Allgemeinheit gewährleisten, die zunehmend auf → erneuerbaren Energien beruht (§ 1 EnWG). Zu diesem Zweck enthält das EnWG Vorschriften zur Entflechtung der Netzbetreiber sowie zur Regulierung des Netzbetriebs (u. 2.), zu Füllstandsvorgaben für → Gasspeicher, zur Energielieferung an Letztverbraucher (u. 3.), zur Planfeststellung für Leitungen (u. 4.) sowie zur Sicherung der Energieversorgung. Darüber hinaus regelt das EnWG Aufgaben und Verfahren der Regulierungsbehörde (u. 5.). Für die Versorgung von Eisenbahnen mit leitungsgebundener Energie, insbesondere mit Fahrstrom, gilt das EnWG subsidiär zum → Eisenbahnrecht (§ 3a EnWG). Zur Atomenergie → Atomgesetz.

2. → Energieversorgungsunternehmen sind grundsätzlich zur Versorgung mit Energie verpflichtet (§ 2 EnWG). Wenn sie Energieversorgungsnetze betreiben, müssen diese rechtlich und operationell selbständig sein (§§ 6 ff. EnWG, → Entflechtung). Damit soll ein wirksamer Wettbewerb auf den dem Netzbetrieb vor- und nachgelagerten Märkten Erzeugung und Vertrieb geschaffen werden. Die Vorschriften zur Netzregulierung (§§ 11 ff. EnWG) legen fest, wie Elektrizitäts-, Gas- und Wasserstoffnetze zu betreiben und zu entwickeln sind. Die Aufnahme des Betriebs eines Energieversorgungsnetzes bedarf der Genehmigung (§ 4 EnWG), der Betrieb der Zertifizierung (§ 4a EnWG) durch die Regulierungsbehörde. Netzbetreiber sind verpflichtet, jedermann diskriminierungsfrei Anschluss an und Zugang zu ihrem Netz zu gewähren. Die 2021 eingefügten §§ 28j ff. EnWG enthalten zur Umsetzung der Nationalen Wasserstoffstrategie erste Regulierungsansätze der im Entstehen begriffenen → Wasserstoffnetze.

3. Anschluss, Netzzugang und Belieferung von Letztverbrauchern und anderen Energieversorgungsnetzen regeln die §§ 17 ff. EnWG und §§ 36 ff. EnWG. Letztverbraucher ist jeder Kunde, der Energie für den eigenen Verbrauch kauft (§ 3 Nr. 25 EnWG). Es besteht grundsätzlich → Anschlusspflicht, die beim Haushaltskunden auch Grundversorgungspflicht genannt wird (§ 36 EnWG). Deshalb unterscheiden manche Vorschriften zwischen der Energielieferung im Rahmen der Grundversorgung und außerhalb davon.

a) Das Energieversorgungsunternehmen, welches die meisten Haushaltskunden in einem Netzgebiet versorgt, ist dort Grundversorger und muss auf Wunsch jeden Haushaltskunden versorgen. Preise und Konditionen müssen gleich sein und dürfen nicht davon abhängen, wann der Grundversorgungsvertrag geschlossen wurde (§ 36 EnWG). Das Rechtsverhältnis zwischen dem Energieversorgungsunternehmen und dem Haushaltskunden richtet sich im Einzelnen nach → Allgemeinen Versorgungsbedingungen, etwa der Stromgrundversorgungsverordnung (StromGVV) v. 26.10.2006 (BGBl. 2006 I 2391 mÄnd) und der Gasgrundversorgungsverordnung (GasGVV) v. 26.10.2006 (BGBl. 2006 I 2396 mÄnd). Danach dürfen Energieversorgungsunternehmen die Grundversorgung wegen Zahlungsverzugs nur unterbrechen, wenn sie dies dem Kunden vorher androhen, ihn ausführlich beraten, ihn auf Hilfsmöglichkeiten hinweisen und ihm den Abschluss einer Abwendungsvereinbarung anbieten (§ 19 StromGVV, § 19 GasGVV). Grundversorger sind nach § 38 EnWG auch zur Ersatzversorgung verpflichtet: Sie müssen bis maximal drei Monate Haushaltskunden mit Energie versorgen, die keinen wirksamen Energieliefervertrag haben, zB wenn ihr bisheriges Energieversorgungsunternehmen insolvent geworden ist oder ein Vertragswechsel scheiterte. Seit Sommer 2022 dürfen Energieversorgungsunternehmen wegen der gestiegenen Energiepreise für die Ersatzversorgung unter gewissen Voraussetzungen höhere Preise als für die Grundversorgung verlangen. → Messstellen müssen dem Messstellenbetriebsgesetz (MsbG) v. 29.8.2016 (BGBl. 2016 I 2034 mÄnd) entsprechen.

b) Verbraucherbeschwerden regelt § 111a EnWG. Wird der Beschwerde vom Energieversorgungsunternehmen nicht abgeholfen, kann der Verbraucher gemäß § 111b EnWG ein Streitbeilegungsverfahren nach dem VSBG vor einer anerkannten Schlichtungsstelle, etwa der „Schlichtungsstelle Energie e. V.", einleiten. Das Energieversorgungsunternehmen ist zur Teilnahme daran verpflichtet. Zur Erhöhung der Transparenz gibt es das → Marktstammdatenregister.

4. Errichtung und Betrieb von Hochspannungsleitungen, von Netzanbindungen von → Windenergieanlagen auf See sowie von Gasversorgungsleitungen mit einem Durchmesser von mehr als 300 Millimetern bedürfen der Planfeststellung (§§ 43 ff. EnWG). Vor diesem Hintergrund stellt das Bundesbedarfsplangesetz (BBPlG) v. 23.7.2013 (BGBl. 2013 I 2543, 2014 I 148, 271 mÄnd) für bestimmte Vorhaben die energiewirtschaftliche Notwendigkeit und den vordringlichen Bedarf zur Gewährleistung eines sicheren und zuverlässigen Netzbetriebs gem. § 12e EnWG fest (§ 1 BBPlG). Hierbei handelt es sich um Vorhaben, die beispielsweise dem Ausbau von

→ Übertragungsnetzen dienen oder der Interoperabilität des Stromnetzes der EU. → Netzausbau.

5. Regulierungsbehörden sind die → Bundesnetzagentur sowie für Energieversorgungsunternehmen auf dem Gebiet eines Landes und mit weniger als 100.000 Kunden auch die Landesregulierungsbehörden (§ 54 EnWG). Sie genehmigen zB die Netzzugangsentgelte (§ 23a EnWG) und kooperieren eng mit den Kartellbehörden. Auf der Basis des § 49d EnWG soll ein Energieanlagenregister eingerichtet werden.

6. Seit der → Energiekrise nach dem russischen Angriffskrieg auf die Ukraine steht die Sicherheit der Energieversorgung besonders im Fokus. Dazu → Energiesicherung, → Gasversorgung, → Stromversorgung.

Energydrinks
sind koffeinhaltige Erfrischungsgetränke gem. der Fruchtsaft-, Erfrischungsgetränke- und Teeverordnung, → Fruchtsäfte.

Enforcement-Einrichtung
→ Bilanz (1).

ENISA
→ Europäische zentrale Fachbehörden.

Enklave
Der Gebietsteil eines Staates, der vom → Staatsgebiet getrennt und ringsum von fremdem Staatsgebiet umschlossen ist, wird vom Standpunkt des umschließenden Staates als Enklave (Einschluss), vom Standpunkt des Mutterstaates als Exklave (Ausschluss) bezeichnet. Aus der Sicht der Russischen Föderation ist der sog. Oblast Kaliningrad (= Bezirk Königsberg) als Exklave anzusehen; die Gebiete der spanischen Städte Ceuta und Melilla sind aus Sicht des Königreichs Marokko Enklave, aus der Sicht des Königreichs Spanien Exklaven. Währung, Post und Zoll sind für die Enklave häufig durch → völkerrechtlichen Vertrag geregelt. Mitunter werden auch kleine Staaten, die ringsum von fremdem Staatsgebiet umschlossen sind, als Enklave bezeichnet (zB San Marino, Monaco oder die → Vatikanstadt in Italien).

Enquêtekommissionen
werden vom → Bundestag zur Klärung gesetzgebungspolitischer Fragenkomplexe eingesetzt, zB „Enquêtekommission-Verfassungsreform" (Schlussbericht BT-Drs. 7/5924).

Enquêterecht
ieS ist das Recht des → Parlaments, zur Nachprüfung bestimmter Vorgänge parlamentarische → Untersuchungsausschüsse oder Enquetekommissionen einzusetzen. Es ist Teil der Kontrolle des Parlaments über die → Regierung. Das Enquêterecht steht dem → Bundestag nach Art. 44 GG zu und ist auch in den Verfassungen der → Länder vorgesehen. Wegen des Enquêterechts der → Kommission der Europ. Gemeinschaften in Wettbewerbsangelegenheiten → Kartellrecht, europ.

Entbindungsanstalten
Soweit eine Entbindungsanstalt (= Entbindungsklinik; nicht zu verwechseln mit Geburtshaus) als Privatkrankenanstalt errichtet wird, benötigt diese zum Betrieb eine Konzession nach § 30 GewO → Krankenpflegeanstalten, → Privatkrankenanstalten. Der Begriff ist außerhalb des Gesetzestextes kaum mehr gebräuchlich.

Entbindungskosten
→ Unterhaltspflicht bei nicht miteinander verheirateten Eltern, → Mutterschaftshilfe.

Entbindungspfleger
Entbindungspfleger war die männliche Berufsbezeichnung für → Hebammen. Ausweislich § 3 HebG gilt die Berufsbezeichnung Hebamme mittlerweile auch für männliche Berufstätige.

Enteignender Eingriff
Enteignender Eingriff wird in Rspr. und Lit. ein Sonderopfer genannt, das dem Einzelnen als Nebenfolge rechtmäßigen hoheitlichen Handelns entstanden ist. Ein enteignender Eingriff ist keine → Enteignung iS des Verfassungsrechts, da hierunter nur gezielte, auf Entzug oder wesentliche Beschränkung von Eigentum gerichtete hoheitliche Rechtsakte fallen. Vom „Enteignungsgleichen Eingriff" unterscheidet sich der enteignende Eingriff dadurch, dass nur jener einen rechts widrigen Eingriff darstellt. Hauptfälle des enteignenden Eingriffs sind Beeinträchtigungen von Nachbarn durch lästige öffentl. Anlagen (Straßen, Kläranlagen). Voraussetzungen, Abwehrmöglichkeiten (Öffentliches Nachbarrecht) und Entschädigungsfolgen des enteignenden Eingriffs sind im Einzelnen str. Die Problematik liegt zT ähnlich wie beim → Enteignungsgleichen Eingriff; vgl. dort. Der BGH hält trotz des Nassauskiesungsbeschlusses des BVerfG (→ Enteignung) am enteignenden Eingriff fest (NJW 1984, 1876).

Enteignung
1. Art. 14 I GG gewährleistet das Eigentum und das Erbrecht. Inhalt und Schranken werden durch die Gesetze bestimmt. Eigentum verpflichtet; sein Gebrauch soll zugleich dem Wohle der Allgemeinheit dienen (Art. 14 II GG). Nach Art. 14 III GG ist eine Enteignung nur zum Wohle der Allgemeinheit zulässig. Sie darf nur durch Gesetz oder auf Grund eines Gesetzes erfolgen, das Art und Ausmaß der Entschädigung regelt. Die Entschädigung ist unter gerechter Abwägung der Interessen der Allgemeinheit und der Beteiligten zu bestimmen. Wegen der Höhe der Entschädigung steht im Streitfall der Rechtsweg vor den ordentlichen Gerichten offen.

2. Der Begriff Enteignung gehört zu den schwierigsten (weil eine Vielzahl denkbarer Lebensverhältnisse umfassend und eine sensible Grundbeziehung zwischen dem Einzelnen und der Allgemeinheit regelnd) und umstrittensten des öffentlichen Rechts. Er ist weder

durch die Verfassung noch durch Gesetz definiert. Einigkeit besteht im Wesentlichen darüber, dass Enteignung nicht nur bei Entziehung von „Eigentum" im Sinne des bürgerlichen Rechts vorliegen kann; vielmehr kann jede konkrete privatrechtliche (unter gewissen Umständen auch öffentlich-rechtliche, zB ein durch Beitragszahlungen erworbener existenzsichernder Rentenanspruch) Rechtsposition, zB eine schuldrechtliche Forderung, Gegenstand einer Enteignung sein. Auch ist für den Begriff nicht erforderlich, dass die Rechtsposition (das „Eigentum" im Sinne von Art. 14 GG) zur Gänze entzogen wird; auch eine Belastung oder eine Beschränkung der dem Eigentum wesentlichen Funktionen kann darunter fallen. Daraus ergeben sich die Abgrenzungsschwierigkeiten zwischen Enteignung und der (grundsätzlich entschädigungslos hinzunehmenden) Sozialbindung des Eigentums (Inhalts- und Schrankenbestimmung; sa → Eigentumsgarantie). Der Bundesgerichtshof, in Verfahren über die Höhe der Entschädigung häufig mit Enteignungsfragen befasst, nahm eine Enteignung an, wenn die Beeinträchtigung des Eigentums den Betroffenen im Vergleich zu anderen ungleich traf und ihm ein besonderes, den anderen nicht zugemutetes Opfer für die Allgemeinheit auferlegte (Sonderopfertheorie), während das Bundesverwaltungsgericht zur Abgrenzung mehr auf Schwere und Tragweite des Eingriffs abstellte (Schwere- oder Zumutbarkeitstheorie). Die lange Zeit herrschende Rechtsprechung des BGH führte zu einer starken Ausdehnung des Enteignungsbegriffs: Enteignung war jeder unmittelbare, den Betroffenen im Vergleich zu anderen ungleich belastende Eingriff der öffentlichen Gewalt in vermögenswerte Rechte Privater zur Verfolgung öffentlicher Zwecke. Jedes Sonderopfer führte zur Entschädigung, sei es für einen rechtmäßigen Enteignungseingriff, sei es für einen rechtswidrigen → enteignungsgleichen Eingriff. Mit dem „Nassauskiesungsbeschluss" vom 15.7.1981 (BVerfGE 58, 300 = NJW 1982, 745) – es ging um den entschädigungslosen Ausschluss der Grundwasserbenutzung durch § 1a III Wasserhaushaltsgesetz – hat das BVerfG eine dogmatisch und in ihren praktischen Auswirkungen sehr bedeutsame Entscheidung getroffen, der sich inzwischen die Rspr. und weitgehend auch die Literatur angeschlossen haben. Danach ist Enteignung (nur) die vollständige oder teilweise Entziehung vermögenswerter Rechtspositionen (Eigentum im verfassungsrechtlichen Sinn) durch einen gezielten hoheitlichen Rechtsakt zur Erfüllung bestimmter öffentlicher Aufgaben. Dieser Enteignungsbegriff ist enger als der des BGH, dem jede Beeinträchtigung jenseits der Sozialbindung genügte, während das BVerfG auf Form und Zweckrichtung des Aktes abstellt. Nach dem BVerfG ist strikt zu trennen zwischen der Enteignung und der Inhalts- und Schrankenbestimmung. Der Eigentumsbegriff des Art. 14 GG bedarf gesetzlicher Ausgestaltung: Der Gesetzgeber muss bestimmen, was zum Eigentum in diesem Sinne gehört und was nicht (ob also zB das Grundeigentum die Benutzung des Grundwassers überhaupt umfasst). Bei dieser Inhaltsbestimmung ist er allerdings nicht völlig frei, sondern er muss die Grundentscheidung der Verfassung für privates Eigentum, dessen Wesensgehalt (Art. 19 II GG) mit den sozialen Bindungsbedürfnissen unter Beachtung des Gleichheits- und des Verhältnismäßigkeitsgrundsatzes abwägen. Diese Inhaltsbestimmung begründet erst die durch Art. 14 GG geschützte Rechtsposition. Eine verfassungswidrige gesetzliche Inhaltsbestimmung ist nichtig und kann keine Grundlage für Enteignungsakte sein; der Betroffene muss einen hierauf gestützten Verwaltungsakt anfechten, soweit dies möglich und zumutbar ist, kann ihn also nicht einfach hinnehmen und Entschädigung verlangen, wie dies nach der Rspr. des BGH möglich war (kein Wahlrecht zwischen Primär- und Sekundärrechtsschutz; kein „Dulde und liquidiere"). Inhaltsbestimmungen müssen auch berücksichtigen, ob sie im Einzelfall zu unverhältnismäßigen und gleichheitswidrigen Belastungen führen können; dies muss dann durch einen finanziellen Ausgleich gemindert werden („ausgleichspflichtige Inhaltsbestimmung"); vgl. dazu die „Pflichtexemplarentscheidung" des BVerfG vom 14.7.1981, BVerfGE 58, 137; in diesen Zusammenhang gehören auch sog. „salvatorische Entschädigungsklauseln": „eine Maßnahme getroffen, die eine Enteignung darstellt oder einer solchen gleichkommt, so ist dem Berechtigten Entschädigung in Geld zu leisten." Sa → Enteignungsgleicher Eingriff; → Enteignender Eingriff; → Aufopferungsanspruch.

In der Verwaltungspraxis ist die förmliche Entziehung von Grundeigentum (zB zum Straßenbau) selten, da sich die Beteiligten meist privatrechtlich einigen. Gegenstand der Rspr. sind zumeist Fragen der Inhalts- und Schrankenbestimmung (Sozialbindung) und der darüber hinausgehenden Rechtsposition, deren Entzug oder Beeinträchtigung Enteignung bedeutet.

3. Die Enteignung durchbricht die → Eigentumsgarantie des Art. 14 I GG. Sie ist nur zum Wohl der Allgemeinheit und nur durch ein → Gesetz oder auf Grund eines Gesetzes zulässig, das Art und Ausmaß der Entschädigung regelt. Das Enteignungsgesetz muss die Entschädigung selbst gewähren (sog. Junktimklausel). Die Junktimklausel gilt nicht für → vorkonstitutionelle Gesetze; sehen solche Gesetze eine Enteignung vor, ohne die Entschädigung zu regeln, so ist das Gesetz gültig und die Entschädigung nach den Grundsätzen des Art. 14 III GG zu gewähren. Schließt das vorkonstitutionelle Gesetz eine Entschädigung ausdrücklich aus, so ist es nichtig. Die Entschädigung ist (anders als beim Schadensersatzanspruch aus → Staatshaftung) unter gerechter

Abwägung der Interessen der Allgemeinheit und der Beteiligten zu bestimmen, muss also den Wert des abzutretenden Gegenstandes sowie die sonstigen eintretenden Nachteile nicht unbedingt voll ausgleichen; eine wesentliche Rolle spielt auch hier die „Situationsgebundenheit" der entzogenen oder beeinträchtigten Rechtsposition, zB die gegenwärtige Nutzung eines Grundstücks. Wegen der Höhe der Entschädigung steht der → ordentliche Rechtsweg offen. Enteignung kann unmittelbar durch Gesetz oder eine sonstige Rechtsnorm erfolgen (Legalenteignung, besser Legislativenteignung; verfassungsrechtlich nur in Ausnahmefällen zulässig, da sie den Rechtsschutz des Betroffenen verkürzen würde; vgl. → Einzelfallgesetz) oder aber durch einen auf einer Rechtsnorm beruhenden → Verwaltungsakt (Administrativenteignung). Wichtige Grundsätze für die Enteignung zugunsten privater Unternehmen und für den Einzelfall enthält das „Boxberg-Urteil" des BVerfG vom 24.3.1987, BVerfGE 74, 296.

4. Das Enteignungsrecht ist weitgehend Landesrecht. Dort sind Enteignungszweck, Gegenstand der Enteignung, Zulässigkeit, Umfang, Art und Maß der Entschädigung sowie das Enteignungsverfahren eingehend geregelt (vgl. zB Bayer. Gesetz über die entschädigungspflichtige Enteignung idF vom 25.7.1978, BayRS 2141–1-I). Daneben finden sich Enteignungsregelungen auch in Fachgesetzen der Länder. Auch Bundesgesetze sehen Enteignungstatbestände vor, so zB §§ 85 ff. BauGB für baurechtliche Grundstücksenteignungen, §§ 19 ff. FStrG für den Bau von Bundesfernstraßen oder § 11 EnWG – → Energiewirtschaftsgesetzes für Freileitungen. Soweit die Bundesgesetze keine eigene Entschädigungs- oder Verfahrensregelung enthalten, verweisen sie auf das entsprechende Landesrecht (vgl. BVerfG NJW 1984, 1873).

5. Zu Enteignung in der ehem. DDR: → Offene Vermögensfragen, → Entschädigungs- und Ausgleichsleistungsgesetz (EALG).

Enteignungsgleicher Eingriff

Nach der Rspr. des BGH (vgl. BGHZ 6, 270; 13, 88) kann der Einzelne nach den für die → Enteignung geltenden Grundsätzen Entschädigung verlangen, wenn er in seinem Vermögen durch einen rechtswidrigen (schuldlosen oder schuldhaften) Eingriff der öffentlichen Gewalt Schaden erlitten hat (im Gegensatz zum Enteignungseingriff, der rechtmäßig ist, weil er durch Gesetz oder auf Grund eines Gesetzes iS von Art. 14 III GG vorgenommen wird). „Enteignungsgleich" sind nur solche Eingriffe, die, wenn sie rechtmäßig wären, die Merkmale einer „Enteignung" erfüllen würden; so zB beim Eingriff in vermögenswerte Rechte auf Grund eines Gesetzes, das etwa wegen Verstoßes gegen die → Junktimklausel des Art. 14 III GG nichtig ist. Ob der enteignungsgleiche Eingriff überhaupt noch anerkannt werden kann und ob Entschädigung nur für solche Eingriffe in Betracht kommt, die durch verwaltungsrechtliche Rechtsbehelfe (insbes. durch Anfechtung im → Verwaltungsstreitverfahren) nicht zu beseitigen waren, ist insbes. auf Grund des „Nassauskiesungsbeschlusses" des BVerfG (→ Enteignung) vom 15.7.1981 (BVerfGE 58, 330) sehr streitig geworden (vgl. zB Ossenbühl NJW 1983, 1 ff.; Papier JuS 1985, 184 ff.). Der BGH hält sowohl am enteignungsgleichen Eingriff (BGHZ 90, 17), wie auch am → „Enteignenden Eingriff" (NJW 1984, 1876) fest; er gründet sie nunmehr aber nicht auf Art. 14 GG, sondern auf den „Aufopferungsgedanken in seiner richterrechtlich geprägten Ausformung" (→ Aufopferungsanspruch). Zur Frage der verwaltungsprozessualen Eingriffsabwehr neigt der BGH zu einer entspr. Anwendung von § 254 BGB (vgl. BGHZ 90, 17). Entschädigung aus enteignungsgleichem Eingriff kann also ausgeschlossen oder gemindert sein, wenn der Betroffene es trotz Zumutbarkeit versäumt hat, den Eingriff durch verwaltungsrechtl. Rechtsbehelfe abzuwehren (man kann nach dieser Auffassung also nicht einfach „dulden und liquidieren").

Wegen der Höhe der Entschädigung für enteignungsgleiche Eingriffe steht wie bei der Enteignung (Art. 14 III 4 GG) und beim Aufopferungsanspruch der Rechtsweg vor den ordentlichen Gerichten offen.

Entente

= Bündnis, Einverständnis. Als Entente cordiale (= herzliches Einverständnis) wurden insbes. die Beziehungen zwischen England und Frankreich seit 1904 bezeichnet, die auf der gelungenen Einigung über die nordafrikanischen Kolonialfragen beruhten. 1921/22 wurde zwischen der Tschechoslowakei, Jugoslawien und Rumänien die sog. kleine Entente gegründet, die sich die Wahrung der nach dem 1. Weltkrieg geschaffenen Verhältnisse gegenüber Ungarn zum Ziel gesetzt hatte.

Enterbung

Der → Erblasser kann durch → Testament oder durch einseitige Verfügung in einem → Erbvertrag einen Verwandten, Ehegatten oder Lebenspartner von der gesetzlichen → Erbfolge ausschließen (§ 1938 BGB, § 2278 II BGB, § 2299 BGB). Die Enterbung ist möglich durch sog. negatives Testament (auf ausdrücklichen Ausschluss des gesetzlich Erbberechtigten, der auch in der Beschränkung auf den → Pflichtteil liegen kann) oder durch Berufung anderer Personen zu Erben (gewillkürte → Erbfolge). Die Enterbung erstreckt sich im Zweifel nicht auf die Abkömmlinge des Ausgeschlossenen. Von der Enterbung ist die Entziehung des Pflichtteils zu unterscheiden. Während die Enterbung vom Erblasser jederzeit ohne Angabe eines Grundes ausgesprochen werden kann, darf der Pflichtteil, der bei Enterbung den Abkömmlingen, den Eltern und dem Ehegatten des Erblassers zusteht (§ 2303 BGB), nur unter bestimmten engen gesetzlichen Voraussetzungen entzogen werden (Pflichtteilsunwürdigkeit, §§ 2333 f. BGB). Sa → Erbunwürdigkeit.

Entfernungspauschale

1. Mit der Entfernungspauschale werden im Einkommensteuerrecht die Aufwendungen für Fahrten zwischen Wohnung und → erster Tätigkeitsstätte sowie für Familienheimfahrten im Rahmen einer → doppelten Haushaltsführung pauschaliert berücksichtigt.

Diese ab 2001 eingeführte verkehrsmittelunabhängige Pauschale wurde zum 1.1.2004 auf 0,30 EUR je Entfernungskilometer gekürzt. Zwischenzeitlich sollte die Entfernungspauschale abgeschafft werden. Nur zur Vermeidung von Härten blieb für Fernpendler (ab 21 km) eine Entfernungspauschale vorgesehen. Diese sollte mit 0,30 EUR je Entfernungskilometer wie Werbungskosten bzw. Betriebsausgaben steuermindernd berücksichtigt werden. Hinter dieser Regelung, die ab 2007 greifen sollte, stand der Gedanke, dass die Fahrten Wohnung/Arbeitsstätte grds. dem privaten Bereich zuzuordnen seien. Das BVerfG hat diese Neuregelung für verfassungswidrig erklärt, weshalb zur alten Regelung zurückgekehrt wurde (vgl. Entscheidung des BVerfG vom 9.12.2008, 2 BvL 1/07, 2 BvL 2/07, 2 BvL 1/08, 2 BvL 2/08, BB 2008, 2768). Somit kann wieder je Entfernungskilometer der Betrag von 0,30 EUR ab dem ersten Entfernungskilometer als Werbungskosten bzw. Betriebsausgaben geltend gemacht werden.

Mit dem Gesetz zur Umsetzung des Klimaschutzprogramms 2030 im Steuerrecht vom 21.12.2019 (BGBl. I 2019, 2886) hat der Gesetzgeber eine zeitlich begrenzte zweistufige Erhöhung der E. mit Wirkung ab VAZ 2021 bzw. ab VAZ 2024 beschlossen und darüber hinaus eine sog. Mobilitätsprämie eingeführt. Nach § 9 Abs. 1 S. 3 Nr. 4 S. 8 EStG wird die Entfernungspauschale für Berufspendler ab dem 21. Entfernungskilometer auf 0,35 EUR je Entfernungskilometer (bis einschließlich VAZ 2023) bzw. 0,38 EUR je Entfernungskilometer (ab VAZ 2024 bis einschließlich VAZ 2026) erhöht. Zusätzlich wird für Berufspendler, deren zu versteuerndes Einkommen unter dem Grundfreibetrag liegt, ab VAZ 2021 die Möglichkeit geschaffen, ab dem 21. Entfernungskilometer eine sog. Mobilitätsprämie in Höhe von 14% der vorgenannten erhöhten Pauschale zu beantragen (§§ 101–109 EStG).

Für die Berechnung der Entfernungskilometer ist die kürzeste benutzbare Straßenverbindung maßgeblich. Eine weitere Strecke ist dann zu berücksichtigen, wenn diese verkehrsgünstiger ist, dh eine nicht nur geringfügige Zeitersparnis erreicht und diese Strecke vom Arbeitnehmer regelmäßig genutzt wird. Angefangene Kilometer werden nicht berücksichtigt. Maximal können 4.500 EUR steuerlich geltend gemacht werden. Ferner können die Entfernungspauschale übersteigende Aufwendungen, die durch die Benutzung öffentlicher Verkehrsmittel entstanden sind, sowie Unfallkosten wieder steuerlich berücksichtigt werden. Weiter gilt der Höchstbetrag nicht bei Nutzung eines Kfz und für Flugstrecken. Für Behinderte sind weiter Härtefallregelungen vorgesehen, die einen höheren Abzug erlauben (LStR 2015 R 9.10).

Durch die Entfernungspauschale sind grds. sämtliche Aufwendungen abgegolten, die durch Wege zwischen Wohnung und regelmäßiger Arbeitsstätte entstehen, zB auch Parkgebühren, Finanzierungskosten und Versicherungsbeiträge.

2. Seit 1.1.2012 kommt es zur Festschreibung des Jahresprinzips für die Günstigerprüfung zwischen Entfernungspauschale und tatsächlichen Aufwendungen bei Nutzung öffentlicher Verkehrsmitteln. Zuvor konnte der Stpfl. bezogen auf den einzelnen Arbeitstag anstelle der Pauschale die tatsächlichen Kosten für die Nutzung öffentlicher Verkehrsmittel geltend machen, wenn diese höher als die Pauschale waren. Diese auf den jeweiligen Arbeitstag bezogene Prüfung entfällt. Vielmehr haben die Finanzämter jetzt jahresbezogen zu prüfen, ob für den Stpfl. die Pauschale oder die Berücksichtigung der tatsächlichen Kosten günstiger ist.

3. Stellt der Arbeitgeber dem Arbeitnehmer ein Kfz für die Fahrten Wohnung/Arbeitsstätte, so handelt es sich grundsätzlich um Arbeitslohn (→ geldwerter Vorteil; sa → private PKW-Nutzung). Als solcher sind für jeden Kilometer der einfachen Entfernung 0,03 vH des Listenpreis anzusetzen, wenn der geldwerte Vorteil nicht individuell ermittelt wird. Maßgeblich ist nicht pauschal der Monat, sondern abzustellen ist auf die Anzahl der tatsächlichen Nutzungstage. Bei einem Nutzungsumfang von weniger als 15 Arbeitstagen pro Monat verlangt der BFH eine Einzelbewertung der Fahrten mit 0,002 vH des Bruttolistenpreises im Zeitpunkt der Erstzulassung je Entfernungskilometer (fahrtbezogene Berechnung). Für den Stpfl. besteht ein Wahlrecht zwischen dem Ansatz der Pauschale 0,03 vH und der fahrtbezogenen Berechnungsweise. Das Wahlrecht kann für das jeweilige Kalenderjahr – auch bei Nutzung unterschiedlicher Fahrzeuge – nur einheitlich ausgeübt werden. Vgl. zu den Einzelheiten BMF-Schreiben v. 1.4.2011 IV C 5 – S 2334/08/10010.

Der Arbeitgeber kann aber auch die steuerpflichtigen Fahrtkostenzuschüsse und den geldwerten Vorteil mit dem Pauschsteuersatz von 15 vH versteuern (§ 40 II 2 EStG, → Lohnsteuerpauschalierung).

Entflechtung

1. Weder das deutsche noch das europäische → Kartellrecht kennen ein allg. Marktbeherrschungsverbot; deshalb gibt es keine allg. Regelung zur Entflechtung von marktbeherrschenden Unternehmen. Nur ein bereits vollzogener Zusammenschluss von Unternehmen,

der nach den Vorschriften der → Fusionskontrolle vor Vollzug hätte angemeldet werden müssen und der mit dem Gemeinsamen Markt unvereinbar (Art. 8 Abs. 4 EG-Fusionskontrollverordnung) bzw. zu untersagen (vgl. § 41 Abs. 3 GWB) ist, kann aufgelöst werden; die zusammengeschlossenen Unternehmen werden entflochten.

2. Einen Sonderfall der Entflechtung betrifft die Trennung (das „Unbundling") der verschiedenen Stufen von Energieerzeugung, -übertragung und -versorgung (→ Energiewirtschaft).

Entführung
1. Das Entführen eines Menschen stellt das deutsche Strafrecht als eine von mehreren möglichen Tathandlungen in den Tatbeständen des Menschenhandels (dort → Qualifikationstatbestand nach § 232 II Nr. 2 StGB), des erpresserischen Menschenraubs (§ 239a StGB) sowie der Geiselnahme (§ 239b StGB) unter Strafe. Vorausgesetzt ist jeweils, dass der Täter eine Person wider deren Willen mit List, Gewalt oder Drohung an einen anderen Ort verbringt, an dem es dem ungehemmten Einfluss des Täters ausgesetzt ist.

2. Vergleichbare Handlungen können zudem ähnlich umschriebene Tathandlungen (z.B. sich bemächtigen, entziehen, verschleppen) anderer Straftatbestände erfüllen, sa → Kindesentziehung, → Menschenhandel, → Menschenraub, → Luft- und Seepiraterie, → Verschleppung, → sexueller Missbrauch von Jugendlichen, → Frauenhandel, → Sklavenhandel.

3. Das deutsche Strafrecht kannte zudem bis 1998 den Straftatbestand der „Entführung mit Willen der Entführten" (§ 236 StGB aF, aufgehoben durch das 6. StrRG zum 1.4.1998, vgl. BGBl. 1998 I 164), die allein gegen unverehelichte Frauen unter achtzehn Jahren zum Zweck außerehelicher sexueller Handlungen begangen werden konnte. Schutzgut war das Erziehungs- und Aufsichtsrecht der Sorgeberechtigten. Entsprechende Handlungen – auch gegenüber männlichen Kindern und Jugendlichen – können heute insb. als → Entziehung Minderjähriger (§ 235 StGB) oder → Förderung sexueller Handlungen Minderjähriger (§ 180 StGB) strafbar sein. Zum 1.1.1999 aufgehoben wurde durch das 33. StrÄG (BGBl. 1997 I 1607) zudem der Straftatbestand der „Entführung gegen den Willen der Entführten" (§ 237 StGB aF), der allein Frauen gegen Taten schützte, die der Durchführung außerehelicher sexueller Handlungen dienten. Auch hier ist heute durch die Normen des Sexualstrafrechts (→ Sexualstraftaten) ein geschlechtsunabhängiger Schutz gewährleistet.

Entgangener Gewinn
→ Schadensersatz.

Entgangener Urlaub
→ Schaden.

Entgelt
→ Arbeitslohn, → Gehaltsanspruch, → Umsatzsteuer (5).

Entgeltforderung
→ Schuldnerverzug.

Entgeltfortzahlung bei Kinderbetreuung
Betreut ein Arbeitnehmer seine Kinder anstatt zu arbeiten, besteht an sich keine Vergütungspflicht des Arbeitgebers für diese Zeiten. Dazu bestehen Ausnahmen, die sich aber immer auf besondere Umstände, insbes. die Erkrankung der Kinder begrenzen. Es kann sich hierbei um einen Fall einer vorübergehenden Verhinderung (§ 616 BGB, → Arbeitsverhinderung) handeln. Diese Vorschrift ist jedoch abdingbar (und wird auch oft in Tarifverträgen konkretisiert und begrenzt, in den Tarifverträgen des öffentlichen Dienstes zB auf die Fälle, in denen kein Krankengeldanspruch besteht) und setzt eine verhältnismäßig geringe Zeit voraus; außerdem muss die Pflege der Kinder ggf. vom nicht erwerbstätigen Elternteil übernommen werden. Nachrangig ist die bloße Freistellungsregelung in § 45 III u. IV SGB V. Diese arbeitsrechtliche Freistellungsregelung gilt auch für privat Krankenversicherte (§ 45 V SGB V), schließt sich an den sozialrechtlichen Anspruch auf Kinderkrankengeld (→ Krankengeld) für gesetzlich Versicherte gem. § 45 I u. II SGB V an und teilt die zeitlichen (bis zu 10 Arbeitstage pro Kind, unabhängig von der Zahl der Kinder jährlich auf 25 Tage limitiert, wobei gem. § 45 IIa SGB V für 2024 und 2025 eine Sonderregelung gilt: 15 Tage pro Kind, jährlich max. 35 Tage; für Alleinerziehe gilt jeweils der doppelte Wert) und inhaltlichen (zB nur Kinder bis 12 Jahre bzw. Betreuungsbedarf wegen einer Behinderung) Begrenzungen. In besonderen Konfliktsituationen (die aber mind. den zwingenden und nicht anders abwendbaren Betreuungsbedarf des Kindes voraussetzen) kann auch ein Leistungsverweigerungsrecht gem. § 275 III BGB, → Unmöglichkeit (der Leistung), vorliegen, bei dem die Vergütungspflicht des Arbeitgebers ebenfalls entfällt. Flankierend enthält § 56 Ia IfSG (→ Infektionsschutzgesetz) – grds. begrenzt auf die Dauer der Feststellung einer epidemischen Lage von nationaler Tragweite durch den Deutschen Bundestag – einen Anspruch auf Zahlung des Verdienstausfalls für Eltern, die wegen der auf Grund des IfSG erfolgten Schließung einer Betreuungseinrichtung außerhalb von Schul- oder Betriebsferien und mangels anderweitiger Betreuungsmöglichkeit für ein Kind bis zwölf Jahre oder mit besonderem Betreuungsbedarf an der Arbeitsleistung gehindert sind und daher einen Verdienstausfall erleiden. Der Anspruch ist in der Höhe und zeitlich auf zehn Wochen pro erwerbstätiger Person (bei Alleinerziehenden: 20 Wochen) begrenzt.

Entgeltfortzahlung im Krankheitsfall

1. Für alle Arbeitnehmer (bei in der → Seeschifffahrt Beschäftigten teilw. abweichend: §§ 104 ff. SeeArbG) regelt das Entgeltfortzahlungsgesetz (EFZG) v. 26.5.1994 (BGBl. 1994 I 1014, 1064) mÄnd einheitlich die Fortzahlung des Arbeitsentgelts im Krankheitsfall. Wird ein Arbeitnehmer (nach mind. vierwöchiger ununterbrochener Dauer des Arbeitsverhältnisses) durch Arbeitsunfähigkeit infolge Erkrankung an seiner Arbeitsleistung verhindert, ohne dass ihn hieran ein → Verschulden trifft (so zB bei → Sportverletzungen bei Extremsport), verliert er dadurch nicht den Anspruch auf Arbeitsentgelt (§ 3 I 1 EFZG); als unverschuldete Arbeitsunfähigkeit gelten auch nicht rechtswidrige Sterilisation, Schwangerschaftsabbruch sowie eine Kur, §§ 3 II, 9 EFZG; erfasst sind auch Organ- und bestimmte Blutspenden, § 3a EFZG; s. aber → Urlaub).

Dem Arbeitnehmer ist bis zur Dauer von sechs Wochen das ihm bei der für ihn maßgebenden regelmäßigen Arbeitszeit zustehende Arbeitsentgelt fortzuzahlen (§ 4 EFZG), anschließend besteht grds. ein Anspruch auf → Krankengeld. Tritt zu einer bestehenden Erkrankung eine weitere hinzu und verlängert diese die Dauer der Arbeitsunfähigkeit (sog. Einheit des Verhinderungsfalls) ist insgesamt nur für die Dauer von sechs Wochen Entgeltfortzahlung zu leisten; liegt zwischen beiden Erkrankungen jedoch eine – im Zweifelsfall vor Gericht vom Arbeitnehmer zu beweisende – Unterbrechung bzw. Arbeitsfähigkeit (evtl. auch nur kurzfristig bzw. nur an einem arbeitsfreien Tag), besteht ein neuer sechswöchiger Anspruch. Beruht eine erneute Arbeitsunfähigkeit auf derselben Krankheit wie zuvor schon einmal (sog. Fortsetzungserkrankung) und hat der Arbeitgeber insgesamt bereits sechs Wochen lang das Entgelt fortgezahlt, besteht kein weiterer Entgeltfortzahlungsanspruch, es sei denn, dass mehr als sechs Monate zwischen den beiden Arbeitsunfähigkeitszeiträumen liegen bzw. mehr als 12 Monate seit Beginn des ersten Zeitraums vergangen sind, § 3 I 2 EFZG.

Der Anspruch auf Entgeltfortzahlung im Krankheitsfall erlischt nicht dadurch, dass der Arbeitgeber das → Arbeitsverhältnis aus Anlass der Arbeitsunfähigkeit kündigt, wohl aber bei dessen Beendigung aus anderen Gründen (zB Zeitablauf, § 8 EFZG). Unterliegt der Arbeitnehmer infektionsschutzrechtlichen Beschränkungen, ohne arbeitsunfähig zu sein, sind Leistungen gem. § 56 IfSG vorrangig, die über den Arbeitgeber ausgezahlt werden. Die Krankheit von betreuungsbedürftigen Kindern führt teilweise ebenfalls zu einer → Entgeltfortzahlung bei Kinderbetreuung. Liegt ausnahmsweise hins. der Erkrankung ein Verschulden des Arbeitgebers vor, das nicht wegen § 104 I SGB VII unbeachtlich ist, ist Entgeltfortzahlung ohne zeitliche Grenze zu leisten.

Zum fortzuzahlenden Entgelt zählen auch regelmäßig anfallende Zuschläge für Nacht-, Sonntags- und Feiertagsarbeit, nicht aber das zusätzlich für Überstunden (→ Überarbeit) gezahlte Arbeitsentgelt; bei → Kurzarbeit tritt eine entsprechende Minderung ein. Eine Vereinbarung über die Kürzung von (zusätzlich zum laufenden Arbeitsentgelt erbrachten) Sondervergütungen ist zulässig (§ 4a EFZG). Für → Heimarbeiter ist als wirtschaftliche Sicherung für den Krankheitsfall ein Zuschlag zum Arbeitsentgelt zu zahlen (§ 10 EFZG). Durch → Tarifvertrag kann die Bemessungsgrundlage anderweitig festgelegt werden; iÜ kann vom EFZG nicht zuungunsten des Arbeitnehmers abgewichen werden (§ 12 EFZG).

2. Der Arbeitnehmer ist verpflichtet, dem Arbeitgeber die Arbeitsunfähigkeit und deren voraussichtliche Dauer unverzüglich mitzuteilen (Anzeige- oder Meldepflicht). Dauert die Arbeitsunfähigkeit länger als drei Kalendertage, hat der Arbeitnehmer außerdem eine ärztliche Bescheinigung (Attest, Arbeitsunfähigkeitsbescheinigung) hierüber spätestens am darauf folgenden Arbeitstag vorzulegen (Nachweis- oder Vorlagepflicht); der Arbeitgeber kann – mit sehr weitem Ermessen – eine frühere Vorlage verlangen (§ 5 EFZG); bei einer kollektiven Anordnung besteht jedoch ein Mitbestimmungsrecht des → Betriebsrates. Solange der Arbeitnehmer schuldhaft dieser Verpflichtung nicht nachkommt, ist der Arbeitgeber berechtigt, die Entgeltfortzahlung zu verweigern (§ 7 EFZG); der Nachweis der Arbeitsunfähigkeit kann jedoch später (mit jedem zulässigen Beweismittel) noch erbracht werden. Seit dem 1.1.2023 tritt bei gesetzlich Versicherten an die Stelle der Arbeitsunfähigkeitsbescheinigung in Papierform ein elektronisches Melde- und Abrufverfahren (§ 5 Ia EFZG, §§ 295, 109 SGB IV; Ausnahmen: in Privathaushalten geringfügig Beschäftigte oder Feststellung der Arbeitsunfähigkeit durch einen Arzt, der nicht an der vertragsärztlichen Versorgung teilnimmt – zB bei Krankschreibung im Ausland): Der Arzt übermittelt die festgestellten Arbeitsunfähigkeitsdaten an die Krankenkasse, die einzelne Informationen (nicht die Diagnosen) dem Arbeitgeber elektronisch bereitstellt und die dieser abrufen kann. Dem Arbeitgeber geht dabei die Information über den ausstellenden Arzt verloren, die Krankenkasse vergleicht aber ihr vorliegende Diagnosedaten und übermittelt dem Arbeitgeber ggf. Angaben über relevante Vorerkrankungszeiten (§ 109 II SGB IV). Der Arzt bleibt dem Arbeitnehmer weiterhin zur Ausstellung einer Bescheinigung verpflichtet (§ 109 I 5 SGB IV, § 73 II 1 Nr. 9 SGB V). Das elektronische Nachweisverfahren entbindet den Arbeitnehmer nicht von seiner Anzeige-/Meldepflicht, deren (wiederholte) Verletzung einen verhaltensbedingten Kündigungsgrund darstellen kann.

3. Haftet ein Dritter dem Arbeitnehmer auf → Schadensersatz wegen Verdienstausfalls, so

geht dieser Anspruch auf den (Arbeitsentgelt und Beiträge zur → Sozialversicherung fortzahlenden) Arbeitgeber über (§ 6 EFZG); Aufwendungen für Organspender kann der Arbeitgeber gem. § 3a EFZG von der Krankenkasse des Empfängers ersetzt verlangen.

4. Für die Aufwendungen der Arbeitgeber im Rahmen der Entgeltfortzahlung im Krankheitsfall ist bei kleineren Unternehmen (bis zu 30 Arbeitnehmern) ein Ausgleichsverfahren mit einer Umlage zwingend vorgesehen, darüber hinaus freiwillig. Die Erstattung umfasst grds. 80% des Arbeitsentgelts und die entsprechenden → Arbeitgeberanteile zur → Sozialversicherung; zuständig sind die → Krankenkassen sowie die → Rentenversicherung (Knappschaft-Bahn-See) (§ 2 AufwendungsausgleichG v. 22.12.2005, BGBl. 2005 I 3686, mÄnd). Zur Entgeltfortzahlung während der → Pflegezeit s. dort 3.).

Entgeltgruppe
→ Eingruppierung, → Entgeltordnung (1).

Entgeltordnung
1. Die → Eingruppierung der Beschäftigten der Länder richtet sich nach § 12 I 1 TV-L (→ TV-L) nach den Tätigkeitsmerkmalen der Entgeltordnung zum TV-L. Die Entgeltordnung zum TV-L ist mit Wirkung v. 1.1.2012 als Anlage A zum TV-L in Kraft getreten. Die Entgeltordnung mÄnd enthält umfassende Regelungen für die Zuordnung aller nicht-beamteten Beschäftigten zu jeweils einer bestimmten Entgeltgruppe, die jeweils wiederum wesentliche Grundlage für die Berechnung des konkreten Gehalts ist. Hessen hat seit 1.7.2014 eine eigene Entgeltordnung mÄnd. Neben der allgemeinen Entgeltordnung gibt es auch noch weitere Entgeltordnungen für spezielle Berufsgruppen.

2. Für die Beschäftigten des Bundes einigten sich die Tarifparteien im September 2013 mit Wirkung v. 1.1.2014 auf eine Entgeltordnung, zum → TVÖD, die sich an die Entgeltordnung zum TV-L anlehnt. Für die Beschäftigten der Kommunen, für die der → TVÖD gilt, gab es zunächst noch keine eigene Entgeltordnung. Insoweit galt das frühere Recht der → Eingruppierung nach → BAT (einschl. → BAT-O) ua Regelungen fort. In der Tarifrunde 2016 hatten die Tarifparteien auch für die Beschäftigten der Kommunen eine Entgeltordnung vereinbart, die am 1.1.2017 in Kraft trat und seitdem mÄnd im detail fortgil. Neben den allgemeinen Entgeltordnungen gibt es auch hier noch weitere Entgeltordnungen für spezielle Berufsgruppen.

Entgeltpunkte
Die Entgeltpunkte → persönliche Entgeltpunkte (§ 66 SGB VI) werden in Rahmen der → Rentenberechnung ermittelt und führen im Ergebnis zum Rentenzahlbetrag. Die Berechnung der Entgeltpunkte für Beitragszeiten ist in § 70 SGB VI vorgegeben: die jeweilige Beitragsbemessungsgrundlage durch das jährlich neu ermittelte Durchschnittsentgelt geteilt.

Entgelttransparenz
→ Lohngleichheit.

Entgeltumwandlung
bedeutet, dass ein Teil des Gehaltes des Arbeitnehmers nicht in bar ausbezahlt, sondern für den Aufbau der betrieblichen Altersvorsorge verwendet wird (→ Altersversorgung, betriebliche). Grundsätzlich haben Arbeitnehmer ab 1.1.2002 einen Anspruch auf Entgeltumwandlung zugunsten einer arbeitnehmerfinanzierten betrieblichen Altersvorsorge. Soweit Tarifverträge vorliegen, ist eine Entgeltumwandlung nur zulässig, wenn der Tarifvertrag dies ausdrücklich vorsieht bzw. zulässt. Wird die Entgeltumwandlung vom Arbeitnehmer in Anspruch genommen, so hat er jährlich einen Mindestbetrag umzuwandeln (§ 1a I 4 BetrAVG). Bei Verwendung regelmäßigen Entgelts für die betriebliche Altersvorsorge kann der Arbeitgeber verlangen, dass während eines laufenden Kalenderjahres gleich bleibende monatliche Beträge verwendet werden. Ziel der Entgeltumwandlung muss die Gewährung einer Betriebsrente sein. Die durch die Entgeltumwandlung geleisteten Beiträge können auch bei der betrieblichen Altersvorsorge durch die Gewährung der Altersvorsorgezulagen gefördert werden (EStG § 10a iVm §§ 79 ff. EStG). Voraussetzung ist, dass die Entgeltumwandlung für Beiträge zum → Pensionsfonds, der → Pensionskasse, der Versorgungseinrichtung nach § 22 BetrAVG oder der → Direktversicherung durchgeführt wird (§ 82 II EStG). Des weiteren müssen die umgewandelten Beiträge individuell versteuert und sozialversicherungsrechtlich berücksichtigt worden sein.

Für 2024 wurden die Förderhöchstbeträge für die betriebliche Altersvorsorge weiter angehoben: Beiträge bleiben bis zu einer Höhe von 7.248 Euro lohnsteuerfrei. In der Sozialversicherung sind Beiträge bis zu 3.624 Euro sozialversicherungsfrei.

Entladen von Fahrzeugen
→ Ladegeschäft.

Entlassung aus der Staatsangehörigkeit
Der Verlust der deutschen → Staatsangehörigkeit tritt durch Entlassung (Ausbürgerung) nach §§ 18 ff. StAG ein. Sie darf nicht verweigert werden, ausgenommen aktiven Beamten, Richtern und Soldaten sowie anderen Personen, die in einem öffentlich-rechtlichen Dienst- oder Amtsverhältnis stehen, und Wehrpflichtigen (§ 22 StAG; bei Wehrpflichtigen Ausnahmen möglich). Die Entlassung aus der Staatsangehörigkeit ist → Verwaltungsakt und wird mit der Aushändigung der Entlassungsurkunde wirksam (§ 23 StAG). Zur Vermeidung von → Staatenlosigkeit wird ein Deutscher aus der Staatsangehörigkeit nur entlassen, wenn er den Erwerb einer ausländischen Staatsangehörigkeit beantragt und ihm

die zuständige Stelle die Verleihung zugesichert hat (§ 18 StAG); die Entlassung gilt als nicht erfolgt, wenn er die ausl. Staatsangehörigkeit nicht innerhalb eines Jahres erwirbt (§ 24 StAG). Eine Entziehung der Staatsangehörigkeit, dh ihre Aberkennung gegen den Willen des Betroffenen, ist nach Art. 16 I 1 GG unzulässig. Keine Entlassung aus der Staatsangehörigkeit und keine (verfassungswidrige) Entziehung ist der Verlust der Staatsangehörigkeit, wenn sich ein junger → Mehrstaater bis zu seinem 23. Lebensjahr für eine seiner Staatsangehörigkeiten entscheidet (hM; → Staatsangehörigkeit, 5).

Entlassung des Arbeitnehmers
Entlassung des Arbeitnehmers ist jede durch → Kündigung vom → Arbeitgeber herbeigeführte Beendigung des → Arbeitsverhältnisses (weiter ist der Begriff der Entlassung iSv § 17 KSchG bei → anzeigepflichtigen Entlassungen). Die Entlassung gehört zu den personellen Angelegenheiten, bei denen der Betriebsrat mitzubestimmen hat (s. → Kündigungsschutz für Arbeitnehmer, → Mitbestimmung, 1).

Entlassung des Beamten
Die Entlassung beendet das → Beamtenverhältnis (sa → Beamter, → Beamtenrecht). Die Entlassung des Beamten erfolgt kraft Gesetzes, wenn die Eigenschaft als Deutscher oder als Staatsangehöriger eines Mitgliedstaates der → Europäischen Union verloren geht oder ein Dienstverhältnis zu einem anderen Dienstherrn begründet wird (§ 22 I u. II BeamtStG, § 31 BBG). Die Entlassung durch → Verwaltungsakt erfolgt ua, wenn die Entlassung in schriftlicher Form verlangt wird (§ 23 I BeamtStG, § 33 BBG). Beamte auf Probe können entlassen werden, wenn sie sich in der Probezeit nicht bewährt haben (§ 23 III BeamtStG, § 34 BBG). Von der Entlassung zu unterscheiden ist die Beendigung des Beamtenverhältnisses mit Rechtskraft eines Urteils, durch das der Beamten zu einer → Freiheitsstrafe von mindestens 1 Jahr oder zu einer Freiheitsstrafe von mindestens 6 Monaten wegen bestimmter Amts- und Staatsschutzdelikte verurteilt wurde. Um keine Entlassung handelt es sich bei der Versetzung in den → Ruhestand. Zur Entfernung aus dem Dienst sa → Disziplinarmaßnahmen, → Ruhestand, → Nachversicherung.

Entlassung zur Bewährung
→ Strafaussetzung (2), → Jugendstrafe.

Entlastung
Entlastung eines Vorstands, Verwalters ua bedeutet allgemein das Einverständnis mit seiner Geschäftsführung sowie idR den Verzicht auf hieraus entstandene Ersatzansprüche (anders § 120 II 2 AktG). Bei schwerwiegenden Gesetzes- oder Satzungsverstößen kann keine wirksame Entlastung erteilt werden. Im öffentl. Recht hat die Entlastung mehr politische als rechtliche Bedeutung; vgl. aber zB Art. 114 GG (Rechnungslegung durch den BMF vor BT und BR zur Entlastung der Bundesregierung; ähnlich im Haushaltsrecht der Länder und Kommunen).

Entlastungsbetrag
An die Stelle des → Haushaltsfreibetrags ist seit 2004 einkommensteuerlich (→ Einkommensteuer) der Entlastungsbetrag für Alleinerziehende getreten (§ 24b EStG). Der Entlastungsbetrag wird ausschließlich Alleinerziehenden gewährt, die mit minderjährigen Kindern eine Haushaltsgemeinschaft bilden. Der Freibetrag knüpft daran an, dass die alleinstehende Person und das Kind in einer gemeinsamen Wohnung mit Hauptwohnsitz gemeldet sind, in der keine weitere erwachsene Person lebt, die sich an der Haushaltsführung beteiligt. Ist in dieser Wohnung eine weitere erwachsene Person mit Haupt- oder Nebenwohnsitz gemeldet, spricht eine widerlegbare Vermutung für das Vorliegen einer Haushaltsgemeinschaft des Stpfl. mit dieser erwachsenen Person. Seit 1.1.2015 beträgt der Entlastungsbetrag jährlich 1908 EUR und erhöht sich für jedes weitere Kind um 240 EUR. Für die Jahre 2020 und 2021 wurde der E. befristet auf 4008 Euro erhöht. Seit Januar 2022 gilt der erhöhte Entlastungsbetrag unbefristet. Ab 2023 beträgt der A. 4.260 EUR.

Entlastungsbeweis
Einen Entlastungsbeweis hat eine Prozesspartei zu erbringen, wenn ein bestimmtes Tatbestandsmerkmal, zB ein Verschulden, vom Gesetz vermutet wird; s. a. → unerlaubte Handlung (5a).

Entlastungspaket
Entlastungspaket (Entlastungspakete 1–3) ist die umgangssprachliche Bezeichnung für eine Reihe von Gesetzgebungsvorhaben, die im Zuge des → Ukrainekrieges mit dem Ziel beschlossen wurden, die hohe Inflation und die Kriegsfolgekosten – insbesondere die stark gestiegenen Energiepreise – für die Bevölkerung abzumildern. Die Entlastungen erfolgen ua im Bereich des Steuerrechts und des Sozialversicherungsrechts.

Zu nennen ist dazu im Bereich des Sozialversicherungsrechts zB das Gesetz zur Regelung eines Sofortzuschlags und einer Einmalzahlung in den sozialen Mindestsicherungssystemen sowie zur Änderung des Finanzausgleichsgesetzes und weiterer Gesetze vom 23.5.2022 (BGBl. I S. 760) aufgrund dessen ua eine Einmalzahlung in Höhe von 200 EUR an Sozialleistungsbeziehende und von 100 EUR an Arbeitslosengeldbeziehende geleistet worden ist. Weiter wird für Wohngeld beziehende oder BAFöG beziehende Personen ein einmaliger Zuschuss zu den Heizkosten in gestaffelter Höhe nach dem Heizkostenzuschussgesetz vom 29.4.2022 geleistet (BGBl. I S. 698). Eine zusätzliche Einmalzahlung an Rentenempfänger und Studierende ist vorgesehen (300 EUR bzw. 200 EUR); sa → Energiepreispauschale.

Entmannung
→ Kastration.

Entmilitarisierung
→ Neutralisierung.

Entmündigung
→ Betreuung (1).

Entnahmen
sind alle Wirtschaftsgüter (Barentnahmen, Waren, Erzeugnisse, Nutzungen und Leistungen), die der Stpfl. dem Betrieb für sich, für seinen Haushalt oder für andere betriebsfremde Zwecke im Laufe des → Wirtschaftsjahrs entnimmt (§ 4 I 2 EStG). Die Entnahmen dürfen den zu ermittelnden Gewinn nicht mindern. Die Entnahmen ist wertmäßig mit dem → Teilwert zu berücksichtigen (§ 6 I Nr. 4 EStG). Übersteigt dieser den → Buchwert, so werden gewinnerhöhende stille Reserven aufgedeckt. Die Entnahmen ist mit dem Buchwert anzusetzen, wenn das entnommene Wirtschaftsgut als → Spende an eine von der Körperschaftsteuer befreite Vereinigung usw. geht (§ 6 I Nr. 4 EStG). Vgl. zur → Umsatzsteuer, → Eigenverbrauch.

Entnahmerecht des Gesellschafters
→ offene Handelsgesellschaft (5); entsprechend für Komplementär der → Kommanditgesellschaft.

Entnazifizierung
Hierunter verstand man iwS alle nach dem zweiten Weltkrieg eingeleiteten Maßnahmen zur Befreiung des politischen und sonstigen öffentlichen Lebens in Deutschland vom Nationalsozialismus und Militarismus. Angehörige nat.-soz. Organisationen sowie Anhänger des Nationalsozialismus wurden durch sog. Spruchkammern als Hauptschuldige, Belastete, Minderbelastete, Mitläufer oder Entlastete eingestuft und – abgesehen von der letzten Gruppe – mit Sanktionen belegt. Diese Entnazifizierung ieS wurde nicht zu Ende geführt, sondern vorzeitig eingestellt. Rechtsgrundlage der Entnazifizierung war sowohl Besatzungsrecht (insbes. Kontrollratsdirektiven 24 u. 50, KontrollratsG Nr. 1, 2 u. 10) wie auch Gesetze der Länder (Gesetz zur Befreiung von Nationalsozialismus und Militarismus). Nach Art. 139 GG werden die „zur Befreiung des deutschen Volkes vom Nationalsozialismus und Militarismus" erlassenen Rechtsvorschriften von den Bestimmungen des GG nicht berührt.

Entreicherung
→ Ungerechtfertigte Bereicherung (3).

Entry standard
war bis 2017 ein Marktsegment innerhalb des → Freiverkehrs der Frankfurter Wertpapierbörse.

Entschädigung
→ Enteignung, → Schadensersatz u. im Folgenden.

Entschädigung (DDR-Unrecht)
DDR-Unrechtsbereinigung; → Entschädigungs- und Ausgleichsleistungsgesetz; → Offene Vermögensfragen; → Rehabilitierungsgesetz.

Entschädigung (nationalsozialistisches Unrecht)
Das Recht der Entschädigung für nationalsozialistisches Unrecht ist ein Teilgebiet der → Wiedergutmachung. Es regelt die nicht zum Gebiet der → Rückerstattung gehörigen, durch ns. Unrechtsmaßnahmen entstandenen Schäden. Das Bundesergänzungsgesetz zur Entschädigung für Opfer der nationalsozialistischen Verfolgung vom 18.9.1953 (BGBl. 1953 I 1387) und das Bundesentschädigungsgesetz (BEG) v. 29.6.1956 (BGBl. 1956 I 562), mÄnd, lösten die von den Ländern getroffenen Regelungen ab. Anspruch auf E. nach dem BEG haben die Opfer der nationalsozialistischen Verfolgung (→ Verfolgte), dh Personen, die wegen ihrer Gegnerschaft zum Nationalsozialismus oder wegen ihrer Rasse, ihres Glaubens oder ihrer Weltanschauung durch ns. Gewaltmaßnahmen Schaden an Leben, Körper, Gesundheit, Freiheit, Eigentum, Vermögen oder in ihrem beruflichen oder wirtschaftlichen Fortkommen erlitten haben (§§ 4 ff. BEG). Die Entschädigung besteht je nach Art des erlittenen Schadens in Kapitalentschädigungen, Renten, Abfindungen, Heilverfahren, Krankenversorgung, Umschulungsbeihilfen, Hinterbliebenenversorgung, Darlehen, Ausbildungsbeihilfen ua Besondere Vorschriften bestehen außerdem für juristische Personen, Anstalten, Personenvereinigungen und für gewisse Gruppen von Verfolgten, bei denen die allgemeinen Voraussetzungen des E.anspruches nicht vorliegen (Verfolgte aus den Vertreibungsgebieten, Staatenlose und Flüchtlinge iS der Genfer Konvention). Sieht das Gesetz für einen erlittenen Schaden eine Entschädigung nicht vor, so kann ein Härteausgleich gewährt werden. Eine Entschädigung wird nur auf Antrag bewilligt. Die Antragsfrist ist inzwischen abgelaufen.

Entschädigung der Abgeordneten
→ Diäten.

Entschädigung der ehrenamtlichen Richter
→ ehrenamtliche Richter.

Entschädigung des Verletzten
→ Verletzter, Rechtsstellung im Strafprozess, → Adhäsionsverfahren, → Opferentschädigungsgesetz, → Opferschutz.

Entschädigung für Amtspflichtverletzung
→ Staatshaftung.

Entschädigung für Enteignungen in der ehem. DDR
→ Offene Vermögensfragen, → Entschädigungs- und Ausgleichsleistungsgesetz (EALG).

Entschädigung für Inanspruchnahme nach dem Bundesleistungsgesetz
→ Bundesleistungsgesetz.

Entschädigung für nationalsozialistische Verfolgungsmaßnahmen
→ Entschädigung (nationalsozialistisches Unrecht).

Entschädigung für Opfer von Straftaten
→ Verletzter, Rechtsstellung im Strafprozess, → Adhäsionsverfahren, → Opferentschädigungsgesetz, → Opferschutz.

Entschädigung für ungerechtfertigte Strafverfolgung
→ Strafverfolgung, ungerechtfertigte.

Entschädigung von Zeugen und Sachverständigen
→ Zeuge, → Sachverständiger.

Entschädigungen (steuerliche Behandlung)
Entschädigungen, die als Ersatz für a) entgangene oder entgehende Einnahmen oder b) für die Aufgabe oder Nichtausübung einer Tätigkeit, für die Aufgabe einer Gewinnbeteiligung oder einer Anwartschaft auf eine solche oder c) als Ausgleichszahlung an Handelsvertreter nach § 89b HGB gewährt worden sind, sind grundsätzlich steuerpflichtige Einkünfte im Rahmen der Einkunftsart, auf Grund deren Rechtsverhältnis sie gezahlt werden (§ 24 I EStG), zB aus Anlass der Beendigung des Arbeitsverhältnisses. Sie unterliegen in der Regel einem tarifbegünstigten Steuersatz (§ 34 EStG, → außerordentliche Einkünfte). Die Ermäßigung entfällt, wenn die Entschädigung in Raten auf mehr als ein Jahr verteilt gezahlt wird. Werden Entschädigungen als Ersatz für entgangene steuerfreie Einnahmen oder zum Ausgleich privater Vermögensschäden geleistet, sind sie steuerfrei.

Entschädigungs- und Ausgleichsleistungsgesetz (EALG)
1. Das „Gesetz über die Entschädigung nach dem Gesetz zur Regelung offener Vermögensfragen und über staatliche Ausgleichsleistungen für Enteignungen auf besatzungsrechtlicher oder besatzungshoheitlicher Grundlage (Entschädigungs- und Ausgleichsleistungsgesetz – EALG)“ v. 27.9.1994 (BGBl. 1994 I 2624) ist das Ergebnis eines langen, außergewöhnlich komplizierten und kontroversen Gesetzgebungsverfahrens. Es enthält in 13 Artikeln (→ Artikelgesetz) insgesamt 10 neue bzw. Änderungsgesetze. Von besonderer Bedeutung sind das Entschädigungsgesetz (Art. 1 EALG; unten 2.), das Ausgleichsleistungsgesetz (Art. 2 EALG; unten 3.), das NS-Verfolgtenentschädigungsgesetz (Art. 3 EALG; unten 5.), das Schuldbuchbereinigungsgesetz (Art. 8 EALG) und das Vertriebenenzuwendungsgesetz (Art. 9 EALG; unten 5.); im Übrigen ändert das EALG mehrere andere Gesetze (Steuerrecht Art. 4, 5 EALG).

Über Wiedergutmachung für DDR-Unrecht s. weiter → Offene Vermögensfragen, → Rehabilitierungsgesetze (strafrechtliches, verwaltungsrechtliches und berufliches Rehabilitierungsgesetz).

2. Das „Gesetz über die Entschädigung nach dem Gesetz zur Regelung offener Vermögensfragen (Entschädigungsgesetz – EntschG)“ v. 27.9.1994 (BGBl. 1994 I 2624) mÄnd ergänzt das Vermögensgesetz (→ Offene Vermögensfragen). Letzteres zielt grundsätzlich auf Rückübertragung der in der DDR rechtswidrig entzogenen Vermögensgegenstände (Grundsatz „Rückgabe vor Entschädigung“, wenn auch mit verschiedenen Ausnahmen). Das EntschG regelt nun die Fälle, in denen Rückgabe nach dem VermG ausgeschlossen ist (§ 4 I und II EntschG, § 6 I 1 EntschG und § 11 V VermG) oder der Berechtigte statt Rückgabe Entschädigung gewählt hat (§ 6 VII, § 8 I und § 11 I 2 VermG); weitere Fälle von Ansprüchen auf Entschädigung s. §§ 1, 2 EntschG. In mehreren Fällen wird Entschädigung ausgeschlossen, zB wenn Grundstücke auf Grund nicht kostendeckender Mieten durch Eigentumsverzicht, Schenkung oder Erbausschlagung in Volkseigentum übernommen wurden. Außerdem wird keine Entschädigung gewährt bei bestimmten Ansprüchen, die schon im Lastenausgleich befriedigt wurden, bei Vermögensverlusten bis 1000 DM und Verlusten, die schon Gegenstand von Entschädigungsabkommen waren (Einzelheiten vgl. § 1 IV EntschG). Der Entschädigungsanspruch wird durch Zuteilung von übertragbaren Schuldverschreibungen des Entschädigungsfonds erfüllt, die mit dem vollen Betrag am 1.1.2004 fällig werden, von da an in 5 gleichen Jahresraten durch Auslosung getilgt und ebenfalls von da an mit 6 vH nachträglich verzinst werden (erste Zinsfälligkeit also am 1.1.2005); zu Einzelheiten vgl. § 1 I EntschG. Gemäß § 2 EntschG bestimmt sich die Höhe der Entschädigung nach der Bemessungsgrundlage, von welcher Verbindlichkeiten, erhaltene Gegenleistungen oder Entschädigungen, zurückgegebene Vermögensgegenstände (§ 6 EntschG) und Kürzungsbeträge abgezogen werden. In den §§ 3–5 EntschG werden die Bemessungsgrundlagen für Grundvermögen und land- und forstwirtschaftliches Vermögen, für Unternehmen und für Forderungen und Schutzrechte eingehend geregelt. Die Kürzungsbeträge nach § 7 EntschG bedeuten, dass Entschädigungen über 10000 DM nach einer Tabelle progressiv gekürzt werden (von 30 vH bis zu 95 vH des 3 Millionen übersteigenden Betrages). Die Entschädigungen werden aus einem nicht rechtsfähigen (gleichwohl aber klageberechtigten und verklagbaren) Sondervermögen des Bundes (Entschädigungsfonds) erbracht, das vom Bundes-

amt zur Regelung offener Vermögensfragen auf Weisung und unter Aufsicht des Bundesministeriums der Finanzen verwaltet wird (§ 9 EntschG). § 10 EntschG behandelt die Einnahmen des Fonds. Für die Durchführung des EntschG gelten die Bestimmungen des VermG entsprechend (vgl. §§ 30–38 VermG). Ist ein Anspruch auf Rückübertragung aus den Gründen des § 3 III VermG unanfechtbar abgewiesen, so entscheidet das Landesamt zur Regelung offener Vermögensfragen über einen Antrag des Betroffenen auf Entschädigung; dieser Antrag muss binnen einer Ausschlussfrist von 6 Monaten gestellt werden. Vgl. auch IV.

3. a) Das „Gesetz über staatliche Ausgleichsleistungen für Enteignungen auf besatzungsrechtlicher oder besatzungshoheitlicher Grundlage, die nicht mehr rückgängig gemacht werden können (Ausgleichsleistungsgesetz – AusglLeistG) v. 27.9.1994 (BGBl. 1994 I 2624) mÄnd regelt Ausgleichsleistungen für Personen, die Vermögenswerte im Sinne von § 2 II VermG durch entschädigungslose Enteignung im Beitrittsgebiet verloren haben (natürliche Personen, auch Erben und Erbeserben). In diesen Fällen (Enteignungen 1945–1949, insbes. auch Zerschlagung des Großgrundbesitzes) ist nach dem → Einigungsvertrag (vgl. Art. 41 I EinigV) eine Rückgabe ausgeschlossen (zur Verfassungsmäßigkeit BVerfGE 84, 90). Im Gegensatz zu Enteignungen nach 1949 musste der Gesetzgeber hier die Voraussetzungen für Ausgleichsleistungen (das „Ob") auch dem Grunde nach festlegen, was er im AusglLeistG getan hat. Für verschiedene Fälle von Vermögensverlusten in diesem Zeitraum werden nach § 1 III AusglLeistG keine Leistungen gewährt (zB Reparationsschäden, Restitutionsschäden, Zerstörungsschäden ua). Die Ausgleichsleistungen werden grundsätzlich entsprechend den §§ 1–8 EntschG (s. oben II) gewährt (§ 2 I 2 AusglLeistG). Eine Restitutions-(Rückgabe-)regelung trifft § 5 I AusglLeistG für bewegliche Sachen (Ausnahmen entsprechend dem VermG bei Unmöglichkeit, redlichem Erwerb). Kulturgut, das zur Ausstellung für die Öffentlichkeit bestimmt ist (auch Ausstattung denkmalgeschützter, der Öffentlichkeit zugänglicher Gebäude), bleibt auf die Dauer von 20 Jahren dem öffentlichen Gebrauch gewidmet (§ 5 II, III AusglLeistG).

b) Im voluminösen und gesetzestechnisch schwierigen § 3 AusglLeistG wird der Erwerb land- und forstwirtschaftlicher Flächen geregelt (Privatisierung des auf die → Treuhandanstalt übergegangenen Landwirtschafts- und Forstvermögens). Grundsätzlich erwerbsberechtigt sind die sog. Wiedereinrichter, Neueinrichter, uU auch juristische Personen (Nachfolgegesellschaften der früheren Landwirtschaftlichen Produktionsgenossenschaften – LPG) sowie nach 1949 Enteignete, die ihr Eigentum nicht zurückerhalten können, sowie zwischen 1945 und 1949 Enteignete. Zu Einzelheiten vgl. § 3 AusglLeistG. In dieser Vorschrift ist auch das Ausmaß des Erwerbsrechts detailliert geregelt.

4. Eine gute Übersicht über Grundsätze, Einzelheiten und verfassungsrechtliche Probleme des EntschG und des AusglLeistG (zB die „Wertschere", die dadurch entsteht, dass der nach dem VermG Restitutionsberechtigte mit der Rückgabe den Verkehrswert erlangt, während die Entschädigung idR nur einen Bruchteil hiervon beträgt) gibt Schmidt-Preuß NJW 1994, 3249.

5. Das NS-Verfolgtenentschädigungsgesetz (Art. 3 EALG) gibt Verfolgten des NS-Regimes Wiedergutmachung in Geld nach den Grundsätzen des alliierten Rückerstattungsrechts. Das Vertriebenenzuwendungsgesetz (Art. 9 EALG) sieht die einmalige Zahlung von 4000 DM an Vertriebene vor, die ihren Wohnsitz in den neuen Ländern genommen haben. Die Fälligkeit ist nach dem Lebensalter gestaffelt.

Entschädigungsfonds für Schäden aus Kraftfahrzeugunfällen
→ Kraftfahrzeug-Haftpflichtversicherung (1).

Entscheidung
Entscheidung ist ein im juristischen Sprachgebrauch vor allem für das → Erkenntnis eines Gerichts verwendeter Begriff. Die Entscheidung ergeht je nach Verfahrensart und Entscheidungsinhalt durch → Urteil, → Beschluss oder → Verfügung. Die Entscheidungsgründe, die bei Urteilen und anfechtbaren Beschlüssen idR, bei Verfügungen nicht erforderlich sind (→ Begründung von Entscheidungen), enthalten eine Sachverhaltsdarstellung (→ Tatbestand des Urteils), die Beweiswürdigung, Rechtsausführungen und die Subsumtion (→ Rechtsfindung). Sa → Berichtigung. Zur Entscheidung einer Verwaltungsbehörde → Verwaltungsakt. In der → Europäischen Union ist die Entscheidung eine der rechtlichen Handlungsformen des europäischen → Gemeinschaftsrechts. Sie entspricht in etwa dem → Verwaltungsakt nach deutschem Recht; s. im Übrigen → Rechtshandlungen der EU.

Entscheidungsgründe
→ Entscheidung, → Urteil.

Entscheidungsverbund
(in Scheidungssachen) → Ehesachen.

Entschließung
ist die in bestimmter Form beschlossene Erklärung eines → Parlaments oder eines sonstigen politischen Gremiums (häufig auch „Resolution" genannt). Meistens handelt es sich dabei um Absichts- oder Begleiterklärungen (zB zu einem völkerrechtlichen Vertrag) oder um politische Grundsatzerklärungen ohne unmittelbare rechtliche Außenwirkung. Im Verwaltungsrecht findet sich die Bezeichnung Entschließung mitunter für die interne Weisung (→ Weisungsrecht) oder sonstige Entscheidung einer – meist höheren – Verwaltungsbe-

hörde (zB Ministerialentschließung); vgl. auch → Verwaltungsvorschriften.

Entsendegesetz
1. Das Gesetz über zwingende Arbeitsbedingungen für grenzüberschreitend entsandte und für regelmäßig im Inland beschäftigte Arbeitnehmer und Arbeitnehmerinnen (AEntG) v. 20.4.2009 (BGBl. 2009 I 799) sollte in bestimmten Branchen für in Deutschland beschäftigte Arbeitnehmer ausländischer Arbeitgeber Mindestarbeitsbedingungen zwingend gewährleisten (§ 1 AEntG). Das Gesetz wurde entgegen seiner Kurzbezeichnung auf inländische Arbeitnehmer aller Branchen ausgedehnt und dient insoweit als Grundlage für erleichterte → Allgemeinverbindlicherklärungen von Tarifverträgen, zugleich aber auch übergangsweise als Möglichkeit, vom allgemeinen → Mindestlohn nach unten abzuweichen. Mit der Erstreckung auf ausländische Arbeitnehmer soll → Sozialdumping verhindert und fairer Wettbewerb gewährleistet werden. Zu diesem Zweck finden auf → Arbeitsverhältnisse zwischen einem im Ausland ansässigen → Arbeitgeber und seinen im Inland beschäftigten Arbeitnehmern Regelungen über Mindestentgeltsätze, Mindesturlaub (→ Urlaub), Höchstarbeitszeiten (→ Arbeitszeit), → Leiharbeitsverhältnisse und → Arbeitsschutz Anwendung (§ 2 AEntG). Für ausländische Arbeitnehmer (und die Urlaubskassen der Tarifvertragsparteien) von Bedeutung ist der besondere deutsche Gerichtsstand (§ 15 AEntG).

2. Darüber hinaus gelten die Rechtsnormen eines bundesweiten → Tarifvertrages für die im räumlichen Geltungsbereich des Tarifvertrages beschäftigten Arbeitnehmer eines ausländischen Arbeitgebers, wenn der Tarifvertrag für allgemein verbindlich erklärt oder eine entsprechende RVO erlassen wurde (§ 3 AEntG, → Allgemeinverbindlichkeit). Dies betrifft hinsichtlich der Wirkung auf entsandte Arbeitnehmer (§ 3 AEntG) unmittelbar folgende Branchen (§ 4 I AEntG):
- Bauhaupt- und Baunebengewerbe,
- Gebäudereinigung,
- Briefdienstleistungen,
- Sicherheitsdienstleistungen,
- Bergbauspezialarbeiten,
- Wäschereidienstleistungen,
- Abfallwirtschaft,
- Aus- und Weiterbildungsdienstleistungen nach SGB II und III und
- Schlachten und Fleischverarbeitung.

Für andere Branchen gelten zusätzliche Voraussetzungen (§ 4 II AEntG).

Dadurch soll verhindert werden, dass Arbeitnehmer ausländischer Arbeitgeber dieser Branchen für Arbeit im Inland untertariflich, etwa nach dem Lohngefüge ihres Herkunftsstaates, entlohnt werden. Für Arbeitsbedingungen in der Pflegebranche bestehen Sondervorschriften (§§ 10 f. AEntG), da hier nicht auf allgemein angewendete Tarifverträge zurückgegriffen werden kann, sondern die Besonderheiten des kirchlichen Arbeitsrechts berücksichtigt werden mussten.

3. Die Vorschriften des AEntG gelten zwingend (§§ 2, 9 AEntG). Zur zivilrechtlichen Durchsetzung haftet ein Unternehmer für ihre Einhaltung durch Nach- und Subunternehmer (§ 14 AEntG). §§ 16 ff. AEntG regeln die Kontrolle (zB Meldepflicht) und Durchsetzung durch staatliche Behörden (ua → Zollbehörden, wie bei der Bekämpfung der → Schwarzarbeit). Verstöße (wie schon die bloß fahrlässige Zuspätzahlung von Lohn) können als → Ordnungswidrigkeit geahndet werden (§ 23 AEntG).

4. Nach § 7 AEntG kann das BMAS durch Rechtsverordnung bestimmen, dass die Normen eines Tarifvertrages für alle Arbeitnehmer und Arbeitgeber Anwendung finden, egal, ob sie ihren Sitz im Inland oder Ausland haben. Der Erlass einer Rechtsverordnung ist leichter gegen den Willen einzelner Tarifparteien durchzusetzen als eine Allgemeinverbindlicherklärung. Auf diese Weise wurden in Deutschland → Mindestlöhne zB für Abfallwirtschaft, verschiedene Baubranchen, die Landwirtschaft, Sicherheitsdienstleistungen, die Pflegebranche, Bergbauspezialarbeiten, Wäschereidienstleistungen und Gebäudereinigung zeitlich befristet eingeführt. Insbes. in Ostdeutschland lagen diese Löhne zunächst teilweise unter dem allgemeinen Mindestlohn. Auch nachdem die Regelungen zu niedrigeren Mindestlöhnen ausgelaufen sind, hat das AEntG die Bedeutung behalten, in anderen Punkten vom → Mindestlohngesetz abweichen zu können. Anders als nach dem MiLoG können Vergütungsansprüche verfallen, wenn die jeweilige Verordnung eine Ausschlussfrist (→ Ausschlussklausel) vorsieht; → Arbeitszeitkonten sind leichter umzusetzen, wenn die Fälligkeit des Lohnanspruchs in den Verordnungen und damit mittelbar von den Tarifvertragsparteien festgesetzt wird, was die starren Grenzen von § 2 I MiLoG für sachgerechte Regelungen öffnet.

5. Das AEntG dient auch der Umsetzung der Entsenderichtlinie 96/71/EG v. 16.12.1996 (ABl. EG 1997 L 18, 1). Sie will gewährleisten, dass Arbeitnehmer, die längere Zeit für ihren Arbeitgeber in einem anderen Mitgliedstaat arbeiten, dies zu den dort geltenden Arbeitsbedingungen tun. Die Mindestarbeitsbedingungen des Empfangsstaates dürfen daher nicht unterschritten werden. Die Richtlinie fördert so den Sozialschutz und die Herstellung des → Binnenmarktes. Erhebliche Änderungen der Entsenderichtlinie (die ua eine stärkere Orientierung an den Arbeitsbedingungen des Landes vorsieht, in das entsandt wurde) sind mit Wirkung zum 30.7.2020 in das nationale Recht umgesetzt worden, zB durch Einführung der neuen §§ 2a, 2b, 13b, 13c, 15a, 23a AEntG. Auf die arbeits- und sozialrechtlichen Beratungsstellen nach § 23a AEntG sind aus dem Ausland stammende Unionsbürger grds. von ihrem inländischen Ar-

beitgeber in Textform hinzuweisen (§ 23c AEntG).

Entsenderichtlinie
→ Entsendegesetz.

Entsendung
→ Abordnung; (von Streitkräften) → Nordatlantikvertrag, → Blauhelmeinsätze.

Entsorgung
→ Abfallentsorgung, → Entsorgungsfachbetriebe.

Entsorgungsautarkie
Der abfallrechtliche Grundsatz der Entsorgungsautarkie basiert auf dem europarechtlichen Prinzip, dass Umweltbeeinträchtigungen mit Vorrang an ihrem Ursprung zu bekämpfen sind (Art. 191 II AEUV). Entsprechend soll die Entsorgung von Abfällen innerhalb der → Europäischen Union oder innerhalb eines einzelnen Mitgliedstaates gewährleistet werden. Die EU-Richtlinie 2008/98 v. 19.11.2008 über Abfälle (ABl. EU 2008 L 312, 3, 2009 L 127, 24) strebt Autarkie für die Beseitigung bzw. die Verwertung von Abfällen an. → Abfallrecht, → Abfallverbringung.

Entsorgungsfachbetriebe
Entsorgungsfachbetriebe betreiben gewerbsmäßig ua die Sammlung, Beförderung, Lagerung und Verwertung von Abfällen und sind dafür zertifiziert (§ 56 KrWG). Anforderungen an die Organisation, Tätigkeit und an die Qualifikation von Inhabern und Personal sowie an Überwachung und → Zertifizierung von Entsorgungsfachbetrieben regelt die Entsorgungsfachbetriebe-VO (EfbV) v. 2.12.2016 (BGBl. 2016 I 2770 mÄnd). Entsorgergemeinschaften sind rechtsfähige Vereinigungen von Entsorgungsfachbetrieben, die selbst die Anforderungen an einen Entsorgungsfachbetrieb durch Satzung festlegen, ihn überwachen lassen und die Zertifizierung regeln. Die Entsorgergemeinschaft bedarf der Anerkennung durch die zuständige Behörde. → Abfallrecht.

Entsprechenserklärung
→ Corporate Governance Kodex.

Entsteinerungsklausel
→ Rechtsverordnung.

Entstellung
Unter Entstellung (eines geschützten Werkes) versteht man die Verschlechterung eines urheberrechtlich geschützten Werks, die zu einer Verzerrung oder Verfälschung seiner Wesenszüge führt, § 14 UrhG (s. auch → Urheberrecht). Der → Urheber kann sich gegen eine solche Entstellung wehren, wenn diese geeignet ist, seine geistigen oder persönlichen Interessen am Werk zu gefährden.

Entstempeln
→ Zulassung von Kraftfahrzeugen, → Abmeldung.

Entweichen von Gefangenen
→ Ausbruch aus Gefangenenanstalt, → Gefangenenbefreiung (§ 120 StGB); → Meuterei (§ 121 StGB).

Entweichenlassen von Gefangenen
→ Gefangenenbefreiung.

Entwicklungsbereiche
im Bereich des Städtebaus → Städtebauliche Entwicklungsmaßnahmen.

Entwicklungsdienst
ist nach § 1 I Nr. 1 EntwicklungshelferG (EhfG) v. 18.6.1969 (BGBl. 1969 I 549) mÄnd ein Dienst, der in → Entwicklungsländern ohne Erwerbsabsicht geleistet wird, um in partnerschaftlicher Zusammenarbeit zum Fortschritt dieser Länder beizutragen. Träger des Entwicklungsdienstes sind nach § 2 EhfG gemeinnützige juristische Personen des privaten Rechts mit Sitz in Deutschland, die ausschließlich oder überwiegend Entwicklungsdienst betreiben. Sie bedürfen der Anerkennung durch das BMZ. Derzeit gibt es sieben anerkannte Träger des Entwicklungsdienstes (auch Entsendedienste genannt), von denen GIZ (Bund), AGEH (katholische Kirche) und Dienste in Übersee (evangelische Kirche) die größten sind. Anerkannte Träger des Entwicklungsdienstes sind verpflichtet, ihre Mitarbeiter, die → Entwicklungshelfer, nur zu solchen Vorhaben zu entsenden, die mit den entwicklungspolitischen Zielen der Bundesrepublik Deutschland im Einklang stehen. Sa → Entwicklungspolitik der EU.

Entwicklungshelfer, -hilfe
Nach § 1 I EhfG sind Entwicklungshelfer volljährige natürliche Personen, die sich auf Grund eines Entwicklungsdienstvertrags mit einem anerkannten Träger des → Entwicklungsdienstes verpflichtet haben, ohne Erwerbsabsicht für mindestens ein Jahr in → Entwicklungsländern Entwicklungsdienst zu leisten. Sie müssen die Staatangehörigkeit eines Mitgliedstaates der EU besitzen. Entwicklungshelfer erhalten vom Träger des Entwicklungsdienstes nach § 4 EhfG Unterhalts- und Sachleistungen, Erstattung der Reisekosten, Leistungen nach BUrlG und MuSchG sowie eine Wiedereingliederungsbeihilfe nach Beendigung ihrer Tätigkeit. Ferner regelt das EhfG Haftpflicht- und Krankenversicherung sowie Vorsorge für den Todesfall, Arbeitslosigkeit oder -unfähigkeit. Entwicklungshelfer gelten, da sie ohne Erwerbsabsicht tätig werden, nicht als Arbeitnehmer. Ihre Besteuerung in Deutschland hängt ua davon ab, ob sie ihren Wohnsitz in Deutschland beibehalten und ein Doppelbesteuerungsabkommen einschlägig ist. Entwicklungshelfer sind nach Maßgabe der § 13b WPflG und 14a ZivildienstG vom → Wehrdienst bzw. Zivildienst befreit. Nach Aussetzung der → Wehrpflicht haben diese Vorschriften nur mehr untergeordnete Bedeutung.

Entwicklungsländer
werden Gebiete genannt, deren Entwicklungsstand erheblich hinter dem der westlichen und östlichen Industrieländer zurückgeblieben ist (geringe Produktivität, niedriges Pro-Kopf-Einkommen, geringe Kapitalkraft). Finanzielle und technische Hilfe zur Beschleunigung des Wirtschaftswachstums der Entwicklungsländer gewähren im Rahmen der Entwicklungshilfe zahlreiche Industriestaaten sowie internationale Organisationen, zB → Europäische Union (→ Entwicklungspolitik der EU), → Weltbank. S. ferner → ERP-Sondervermögen, → Schwellenländer. Die frühere (bis 1.1.1982) steuerliche Begünstigung für Investitionen in Entwicklungsländer nach dem Entwicklungsländer-Steuergesetz vom 21.5.1979 (BGBl. 1979 I 564) ist entfallen. Zur Steueranrechnung → Doppelbesteuerung (2c).

Entwicklungspolitik der EU
Die Entwicklungspolitik der EU (→ Europäische Union) ist in Art. 208–211 → AEUV geregelt. Sie wird dort Entwicklungszusammenarbeit genannt und soll die Entwicklungspolitik der Mitgliedstaaten ergänzen. Sie hängt zusammen mit der Gemeinsamen Handelspolitik gem. Art. 206 ff. AEUV → Handelspolitik. Viele Projekte klassischer Entwicklungshilfe basieren hierauf und werden durch den wiederholt aufgelegten Europäischen Entwicklungsfonds (EEF) finanziert. Eine besondere Form der Entwicklungspolitik der EU ist die Assoziierung. Dabei handelt es sich um privilegierte Beziehungen zu Drittstaaten, die dadurch zahlreiche wirtschaftliche Vorteile wie freier Warenverkehr oder Zollunion genießen. Die einseitige Assoziierung (Art. 198–204 AEUV) erfasst vor allem die außereuropäischen Gebiete der Mitgliedstaaten. Darüber hinaus gibt es Assoziierungsabkommen nach Art. 217 AEUV. Das bekannteste ist das Abkommen von Cotonou mit 79 Staaten in Afrika, im karibischen Raum und im pazifischen Ozean (AKP). Eine Form der Entwicklungspolitik stellt auch das Allgemeine Präferenzsystem (APS) dar, das über 100 Entwicklungsländern Zollvorteile gewährt und direkte Hilfen zur Stabilisierung der Preise vorsieht. Gem. Art. 208 ff. AEUV leistet die EU auch in erheblichem Umfang Nahrungsmittelhilfe und sonstige Hilfe in Krisenfällen.

Entwidmung
→ Widmung.

Entwürdigende Behandlung
eines Untergebenen durch einen militärischen Vorgesetzten wird bei vorsätzlichem Handeln nach § 31 WStG mit Freiheitsstrafe bis zu 5 Jahren bestraft, ebenso das böswillige Erschweren des Dienstes eines Untergebenen, ferner vorsätzliches Fördern oder pflichtwidriges Dulden solcher Handlungen durch einen Vorgesetzten. In besonders schweren Fällen tritt Freiheitsstrafe von 6 Mon. bis zu 5 Jahren ein. Entwürdigende Behandlung von Kindern → Personensorge.

Entziehung der Fahrerlaubnis
→ Fahrerlaubnis, → Maßregeln der Besserung und Sicherung (6).

Entziehung der Geschäftsführungsbefugnis
(Vertretung) → Gesellschaft des bürgerlichen Rechts (3), → Offene Handelsgesellschaft (4).

Entziehung elektrischer Energie
Straftat nach § 248c StGB: Sie begeht, wer einer elektrischen Anlage fremde Energie mittels eines nicht zur ordnungsmäßigen Entnahme bestimmten Leiters entzieht in der Absicht, sich oder einem Dritten die Energie rechtswidrig zuzueignen. Die Strafe ist Freiheitsstrafe bis zu 5 Jahren oder Geldstrafe; schon der Versuch ist strafbar. Die Bestimmung trifft einen Sonderfall der Entwendung, der von der nur für die Wegnahme von Sachen (körperlicher Gegenstände) geltenden Vorschrift gegen Diebstahl nicht gedeckt wird. Sie erfasst insbes. das Anbringen und Benutzen einer Nebenleitung unter Umgehung des Stromzählers, aber auch die Entnahme billigeren Kraftstroms für Beleuchtungszwecke. Täuschung mittels Zurückstellens des Zählers dagegen ist → Betrug. Wird die Straftat gegen die in § 247 StGB genannten Personen, insbes. Angehörige, begangen, ist sie → Antragsdelikt, ebenso grundsätzlich bei Straftaten von geringem Wert (§ 248a StGB).

Entziehung Minderjähriger
Die Entziehung Minderjähriger (frühere Bezeichnungen: Kindesentziehung, Muntbruch) ist nach § 235 StGB strafbar. Geschützt werden die elterliche oder sonstige familienrechtliche Sorge und die entzogene Person. Die Einwilligung des Minderjährigen ist bedeutungslos. Entziehung liegt schon vor, wenn die Obhut für nicht nur ganz vorübergehende Zeit beseitigt wird (BGHSt 16, 61).

Entziehung Minderjähriger begeht, wer den Eltern, einem Elternteil, Vormund oder Pfleger a) eine Person unter 18 Jahren (dh Kind oder Jugendlichen) mit Gewalt, Drohung mit empfindlichem Übel oder durch List oder b) ein Kind (Person unter 14 Jahren), ohne dessen Angehöriger zu sein, entzieht oder vorenthält, c) ein Kind entzieht oder vorenthält, um es in das Ausland zu verbringen, d) ein Kind im Ausland vorenthält, nachdem es dorthin verbracht worden ist oder sich begeben hat.

Die Tat kann auch von einem Elternteil gegen den anderen Elternteil begangen werden, wenn dieser Mitinhaber der Sorge oder Umgangsberechtigter ist. Die Regelung erfasst auch die heimliche Wegnahme eines Säuglings (b) sowie die Fälle, in denen ein Kind in das Ausland verbracht oder von dort nicht zurückgebracht wird (c und d). Der Versuch ist in den Fällen b) und c) strafbar.

Die Tat wird nur verfolgt, wenn ein Strafantrag gestellt wird (→ Antragsdelikte) oder die StA das besondere öffentliche Interesse an der Strafverfolgung bejaht.

Die Strafe ist Freiheitsstrafe bis zu 5 Jahren oder Geldstrafe. Sie beträgt bei Todesgefahr, einer schweren Gesundheitsschädigung oder erheblichen Entwicklungsschädigung des Opfers oder Begehung gegen Entgelt oder in Bereicherungsabsicht 1–10 Jahre, bei Tod des Opfers mindestens 3 Jahre; in minder schweren Fällen ist der Strafrahmen niedriger.

Zivilrechtlich liegt eine Entziehung des Kindes bereits dann vor, wenn das Kind gegen den Willen des Inhabers des Aufenthaltsbestimmungsrechts als Teilrecht der → Personensorge dauerhaft an einen anderen Ort verbracht wird, ohne dass die weiteren Voraussetzungen des § 235 StGB erfüllt sind („legal kidnapping").

S. a. → Ordnungsmittel.

Entziehung von Vermögensgegenständen
→ Rückerstattung.

Entziehungsanstalt
→ Anstaltsunterbringung, → Maßregeln der Besserung und Sicherung (2).

Entzogenes Vermögen
→ Rückerstattung.

Entzug der elterlichen Sorge
→ Ergänzungspflegschaft, → elterliche Sorge.

Enumerationsprinzip
ist allgemein der Grundsatz, dass ein Gesetz eine Materie nicht abstrakt, sondern durch Aufzählung (= Enumeration) einzelner Tatbestände regelt (Gegensatz: → Generalklausel). Im Besonderen verstand man unter Enumerationsprinzip die frühere Regelung, dass nur bestimmte, im Gesetz enumerativ aufgeführte → Verwaltungsakte vor den Verwaltungsgerichten angefochten werden konnten. Nach dem zweiten Weltkrieg wurde allgemein die sog. verwaltungsgerichtliche Generalklausel eingeführt, wonach grundsätzlich alle Verwaltungsakte der Nachprüfung durch die Verwaltungsgerichte unterliegen (→ Verwaltungsgerichtsbarkeit).

Enumerativ
= (abschließend) aufzählend.

Enzyklika
Die Enzyklika ist nach kath. Kirchenrecht ein Rundschreiben des → Papstes an die → Bischöfe, das eine Stellungnahme zu kirchlichen Fragen enthält. Bedeutsame päpstliche Enzykliken, die nach den Anfangsworten ihres Textes benannt werden, waren Humani generis, die eine Stellungnahme zu dogmatischen Fragen, insbes. auch zu kirchlichen Vereinigungsbestrebungen enthielt, und die Sozialenzykliken Rerum novarum, Quadragesimo anno, Mater et Magistra, die insbes. wirtschaftliche und soziale Probleme behandelten.

EPA
Abkürzung für → Europäisches Patentamt.

EPG
Abkürzung für → Einheitliches Patentgericht (Unified Patent Court, UPC).

Epidemie
Als Epidemie bezeichnet man das zeitlich beschränkte, vermehrte Auftreten von Krankheitsfällen einheitlicher Ursache. Im Gegensatz zur → Pandemie ist die Epidemie örtlich oder zumindest regional beschränkt. Sa → Infektionsschutzgesetz.

Epidemische Lage von nationaler Tragweite
1. Nach § 5 des → Infektionsschutzgesetzes (IfSG) hat der → Bund und dort das Bundesministerium für Gesundheit bei epidemischen Lagen von nationaler Tragweite besonders weitreichende Rechtsetzungs- und Eingriffsbefugnisse, auch durch → Rechtsverordnungen im grundrechtsrelevanten Bereich. Zum Tragen kommt diese Vorschrift insbesondere bei großen → Epidemien und → Pandemien (sa → COVID-19). Voraussetzung ist eine ernsthafte Gefahr für die öffentliche Gesundheit in ganz D. Die epidemische Lage von nationaler Tragweite muss vom → Bundestag festgestellt werden; wenn die Voraussetzungen nicht mehr vorliegen, hebt der Bundestag die Feststellung wieder auf (§ 5 I IfSG). Die Befugnisse der → Länder werden hierdurch zwar nicht aufgehoben, aber durch die Maßnahmen des Bundes überlagert und verlieren dadurch teilweise ihre Bedeutung (§ 5 II IfSG).

2. Die umfassenden Befugnisse des Bundes werden vom Bundesministerium für Gesundheit wahrgenommen, ua:

a Durch Rechtsverordnung ohne Zustimmung des Bundesrates können Maßnahmen zur Sicherstellung der Versorgung mit Arzneimitteln und Medizinprodukten getroffen werden (§ 5 II Nr. 4 IfSG).

b) Nach § 13 PatG (→ Patent) kann angeordnet werden, dass eine Erfindung im Interesse der öffentlichen Wohlfahrt oder im Interesse des Bundes benutzt werden soll (§ 5 II Nr. 5 IfSG).

c) Durch Rechtsverordnung ohne Zustimmung des Bundesrates können Maßnahmen zur Aufrechterhaltung der Gesundheitsversorgung in ambulanten Praxen, Apotheken, Krankenhäusern, Laboren, Vorsorgungs- und Rehabilitationseinrichtungen sowie Pflegeeinrichtungen vorgesehen werden (§ 5 II Nr. 7 u. 8. IfSG).

d) Im Rahmen einer epidemischen Lage von nationaler Tragweite wird die Ausübung heilkundlicher Tätigkeit (→ Heilkunde) auch Altenpflegern, Gesundheitspflegern, Krankenpflegern, Notfallsanitätern und Pflegekräften gestattet (§ 5a I IfSG). Durch Rechtsverordnung des Bundesministeriums für Gesundheit kann ohne Zustimmung des Bundesrates den Angehörigen weiterer Gesundheitsfachberufe die Ausübung einer heilkundlichen Tätigkeit gestatten.

3. Die epidemische Lage von nationaler Tragweite muss nach § 5 I 3 IfSG jeweils nach 3 Monaten erneut festestellt werden. Erfolgt keine erneute Feststellung, endet sie automatisch. Zuletzt wurde aus Anlass der → COVID-19-Pandemie mit Beschluss des BT vom 25.8.2021 das Fortbestehen der epidemische Lage von nationaler Tragweite festgestellt. Sie endete mit Ablauf des 25.11.2021 ohne weitere Verlängerung.

EPO
Abkürzung für → Europäische Patentorganisation.

EPÜ
Abkürzung für das → Europäische Patentübereinkommen.

Erbanfall
Die → Erbschaft geht mit dem Erbanfall kraft Gesetzes auf den → Erben über, ohne dass es einer → Annahme der Erbschaft bedarf (§ 1942 BGB); der Erbe – mit Ausnahme des → Fiskus als gesetzlicher Erbe – hat jedoch grds. die Möglichkeit der → Ausschlagung. → Erbe, vorläufiger.

Erbauseinandersetzung
→ Erbengemeinschaft.

Erbausgleich
→ Ausgleichung von Vorempfängen und Vorleistungen.

Erbausschlagung
→ Ausschlagung der Erbschaft.

Erbausschluss
→ Enterbung.

Erbbaugrundbuch
→ Erbbaurecht.

Erbbaurecht
Das Erbbaurecht ist geregelt durch das ErbbaurechtsG v. 15.1.1919 (BGBl. 1919 III Nr. 403–6) mÄnd. Das Erbbaurecht ist als Belastung eines → Grundstücks das veräußerliche und vererbliche Recht, auf oder unter der Erdoberfläche ein Bauwerk zu haben (§ 1 ErbbauRG). Gegen ein Entgelt in regelmäßig wiederkehrenden Leistungen – sog. Erbbauzins, auf den die Vorschriften über die → Reallast entsprechende Anwendung finden, § 9 ErbbauRG – erlangt der Berechtigte für eine gewisse Zeit das dingliche Recht, auf diesem Grundstück ein Bauwerk zu errichten. Über die Zulässigkeit einer Vereinbarung zur Anpassung des Erbbaurechtszinses an veränderte Verhältnisse → Geldschuld (2). Dient das auf Grund eines Erbbaurechts errichtete Bauwerk Wohnzwecken, kann aber eine Erhöhung frühestens nach jeweils 3 Jahren und nur dann verlangt werden, wenn diese der Billigkeit nicht widerspricht, insbes. nicht über die Änderung der allgemeinen wirtschaftlichen Verhältnisse hinausgeht (§ 9a ErbbauRG).

Die Bestellung eines Erbbaurechts bedarf der → Einigung der Beteiligten und der Eintragung im → Grundbuch; die Vorschriften über die → Auflassung gelten nicht entsprechend. Der schuldrechtliche Verpflichtungsvertrag bedarf der Form des → Grundstückskaufvertrages. Das Erbbaurecht kann (zum Schutz vor Zwangsvollstreckungen) stets nur an erster Rangstelle im Grundbuch bestellt werden (§ 10 ErbbauRG). Für das E. wird bei der Eintragung im Grundbuch ein besonderes → Grundbuchblatt (Erbbaugrundbuch) angelegt, das für das Erbbaurecht als das Grundbuch anzusehen ist (§§ 14 f. ErbbauRG). Das Erbbaurecht ist ein → grundstücksgleiches Recht; es ist daher grds. wie ein Grundstück (mit Ausnahme der Auflassung, s. o.) übertragbar und mit einer → Hypothek, Grundschuld oder anderen dinglichen Rechten belastbar, §§ 18 f. ErbbauRG. Die dinglichen Rechte lasten dann nur auf dem Erbbaurecht, nicht auf dem Grundstück; sie werden auch nur in das Erbbaugrundbuch eingetragen. Der nähere Inhalt des Erbbaurechts unterliegt der im Grundbuch eintragungsfähigen Vereinbarung zwischen dem Grundstückseigentümer und dem Erbbaurechtsberechtigten, insbes. über den Heimfall (s. u.), über das zu errichtende Bauwerk sowie zB die Abrede, dass die Veräußerung des E. der Zustimmung des Grundstückseigentümers bedarf (§§ 2 ff. ErbbauRG). Da das E. ein grundstücksgleiches Recht ist, ist das auf ihm errichtete Bauwerk wesentlicher → Bestandteil des Erbbaurechts, nicht des Grundstücks (§ 12 ErbbauRG); das Bauwerk steht also im Eigentum des Erbbaurechtsberechtigten, nicht des Grundstückseigentümers, solange das Erbbaurecht besteht.

Mit dem Erlöschen des Erbbaurechts – regelmäßig mit Ablauf der vereinbarten Dauer – geht das Eigentum an dem errichteten Bauwerk automatisch auf den Grundstückseigentümer über; der bisherige Erbbaurechtsberechtigte hat dafür einen Anspruch auf eine dessen Wert entsprechende Entschädigung, für den das Grundstück erstrangig haftet (§ 12 III ErbbauRG, §§ 27 f. ErbbauRG). Das Erbbaurecht kann ferner durch den Berechtigten mit Zustimmung des Grundstückseigentümers aufgehoben werden (§ 875 BGB, § 26 ErbbauRG). Schließlich kann eine Verpflichtung des Erbbaurechtsberechtigten bestehen, das Erbbaurecht bei Eintreten bestimmter Voraussetzungen auf den Grundstückseigentümer zu übertragen (Heimfall). Ein Heimfallanspruch kann vertraglich vereinbart werden, zB bei Verzug des Erbbaurechtsberechtigten mit der Zahlung des Erbbauzinses für mindestens 2 Jahre (§ 9 III ErbbauRG). Anders als beim Zeitablauf erlischt das Erbbaurecht beim Heimfall nicht; es geht vielmehr samt dem Bauwerk und den hierauf ruhenden Lasten auf den Grundstückseigentümer über, der es neu übertragen kann. Der bisherige Erbbaurechtsberechtigte hat hinsichtlich des Bauwerks kein → Wegnahmerecht; er muss sich mit einer angemessenen Vergütung durch den Grundstückseigentümer begnügen (§§ 32 f. ErbbauRG). Zum Wohnungserbbaurecht s. → Wohnungseigentum (4). Zur Rechtslage auf dem Gebiet ehem. DDR → Nutzungsberechtigungen, → Gebäudeeigentum; zur Befristung § 112 SachenR-BereinigungsG v. 21.9.1994 (BGBl. 1994 I 2457).

Erbbauzins
→ Erbbaurecht.

Erbbiologisches Gutachten
ist eine besondere Form des → Beweises, die zwischen → Augenschein und Sachverständigenbeweis steht. Das erbbiologische Gutachten wurde durch erbkundliche Untersuchung der Ähnlichkeit von vererbbaren körperlichen Merkmalen wie Kopfform und Ohrform gewonnen. Es wurde abgelöst durch zuverlässigere Methoden wie die → DNA-Analyse.

Erbe
ist, wer beim Tod einer Person (→ Erbfall) kraft → Verfügung von Todes wegen oder kraft Gesetzes (→ Erbfolge) Gesamtnachfolger von Rechten und Pflichten des → Erblassers wird (→ Gesamtrechtsnachfolge), soweit diese vererblich sind (→ Erbschaft). Der Erbanfall tritt unmittelbar ein, dh ohne dass es einer Annahmeerklärung bedarf, aber mit der Möglichkeit einer → Ausschlagung. Der → Erbanfall tritt auch ein, wenn die Schulden im Nachlass überwiegen. Der Erbe hat jedoch die Möglichkeit der Haftungsbeschränkung durch → Nachlassinsolvenzverfahren und → Nachlassverwaltung; s. auch → Inventarerrichtung.

Während der Erbe den Nachlass mit Rechten und Pflichten, also allen → Nachlassverbindlichkeiten erwirbt, hat der → Vermächtnisnehmer nur einen schuldrechtlichen Anspruch gegen den Erben auf bestimmte Gegenstände. Die Abgrenzung ist oftmals schwierig. Entscheidend ist nicht die Bezeichnung (§ 2087 BGB), sondern der durch Auslegung zu erforschende Wille des Erblassers, ob dem Bedachten nur bestimmte Gegenstände (dann Vermutung für Vermächtnis) oder eine Gesamtrechtsnachfolgestellung eingeräumt werden sollte.

Erbe kann jede natürliche oder juristische → Person werden, die im Zeitpunkt des Erbfalls lebte bzw. bestand. Darüber hinaus ist erbfähig auch die → Leibesfrucht (§ 1923 II BGB) sowie eine noch nicht behördlich anerkannte Stiftung (§ 84 BGB). Sa → Erbunfähigkeit. Eine noch nicht gezeugte Person kann als → Nacherbe eingesetzt werden (§ 2101 I BGB); bei Erbeinsetzung einer solchen Person ist dies im Zweifel anzunehmen. Der Erbe kann entweder Alleinerbe sein oder mit anderen natürlichen oder juristischen Personen in → Erbengemeinschaft stehen; der Nachlass wird dann bis zur Auseinandersetzung gemeinschaftliches Vermögen aller Miterben. Dem Vollerben steht der → Vorerbe gegenüber, der nur für eine bestimmte Zeit Erbe ist und Beschränkungen zugunsten des → Nacherben unterliegt, dh der Person, die nach dem Vorerben Erbe des Erblassers – nicht des Vorerben – wird. Sa → Ersatzerbe, → Erbschaftsbesitzer.

Erbe, vorläufiger
Unbeschadet des sofort mit dem Tode des → Erblassers eintretenden → Erbanfalls ist der berufene → Erbe bis zur → Annahme der Erbschaft oder → Ausschlagung der Erbschaft nur vorläufiger Erbe, der in verschiedener Hinsicht einen besonderen Schutz genießt. So können Ansprüche gegen den Nachlass nicht gegen den vorläufigen Erben gerichtlich – wohl aber außergerichtlich, zB durch Kündigung u. dgl. – geltend gemacht werden (§ 1958 BGB). Zwangsvollstreckung wegen → Nachlassverbindlichkeiten ist nur in den → Nachlass, wegen Eigenverbindlichkeiten des vorläufigen Erben nur in dessen Eigenvermögen zulässig (§§ 778 f. ZPO). Die Haftung des vorläufigen Erben gegenüber dem endgültigen Erben für die Besorgung erbschaftlicher Geschäfte richtet sich nach den Vorschriften über die → Geschäftsführung ohne Auftrag. Unaufschiebbare Verfügungen des vorläufigen Erben sind stets wirksam (§ 1959 II BGB), andere nach → Ausschlagung der Erbschaft nur, wenn sie der endgültige Erbe genehmigt (§ 185 II BGB) oder wenn die Grundsätze über den Schutz des → gutgläubigen Erwerbs beim Erwerb vom Nichtberechtigten eingreifen. S. → Nachlasspfleger, → Dreimonatseinrede. Über die Ablaufhemmung der Verjährung bei Ansprüchen, die zu einem Nachlass gehören oder sich gegen ihn richten, → Verjährung (6b).

Erbeinsetzung
→ Erbfolge (gewillkürte).

Erbengemeinschaft
1. Hinterlässt der → Erblasser nicht nur einen → Erben (Alleinerbe), sondern mehrere Erben (Miterben, → Erbfolge), so wird bis zur Auseinandersetzung (s. u. 2) der → Nachlass gemeinschaftliches Vermögen der Erben (§ 2032 BGB). Die Erbengemeinschaft ist eine → Gesamthandsgemeinschaft, die weder rechtsfähig noch parteifähig ist. Jeder Miterbe kann über seinen Anteil am Nachlass (im Wege notarieller Beurkundung, → Form 1c) verfügen; dieses Recht kann mit dinglicher Wirkung auch durch den Erblasser nicht ausgeschlossen werden. Als → Verfügung in diesem Sinne kommen die Bestellung eines → Nießbrauchs (§ 1068 BGB) oder → Pfandrechts (§ 1273 BGB), vor allem aber die Veräußerung (Übertragung auf Grund Verkaufs, → Erbschaftskauf) in Betracht; für diesen Fall haben die übrigen Miterben für 2 Monate ein → Vorkaufsrecht (§ 2034 BGB), sofern der Erbteil an eine nicht zur Erbengemeinschaft gehörende Person verkauft werden soll. Der Miterbenanteil unterliegt auch der → Pfändung durch Gläubiger des Miterben (§ 859 II ZPO). Ein

Miterbe kann aber auch formfrei (dies auch, wenn sich ein Grundstück im Nachlass befindet) mit oder ohne → Abfindung aus der Erbengemeinschaft im Wege der sog. Abschichtung ausscheiden. Als Folge wächst der → Erbteil den verbleibenden Miterben an (→ Anwachsung); bleibt nur ein Miterbe übrig, führt die Anwachsung zu Alleineigentum am Nachlass und damit zur Beendigung der Erbengemeinschaft (BGH WM 1998, 1395).

Dagegen kann ein Miterbe auch bei Zustimmung der übrigen Miterben nicht über seinen Anteil an den einzelnen Nachlassgegenständen verfügen (§ 2033 II BGB); erforderlich ist vielmehr eine gemeinschaftliche Verfügung sämtlicher Miterben über den Nachlassgegenstand (§ 2040 I BGB). Bis zur Auseinandersetzung steht die Verwaltung des Nachlasses den Erben grds. gemeinschaftlich zu; die zur Erhaltung des Nachlasses notwendigen Maßnahmen kann aber jeder Miterbe ohne Mitwirkung der anderen treffen (§ 2038 BGB). Auch kann, falls ein → Anspruch zum Nachlass gehört, obwohl der Verpflichtete nur an alle Miterben gemeinschaftlich leisten und auch nicht mit einer ihm nur gegen einen einzelnen Miterben zustehenden Forderung aufrechnen kann, jeder einzelne Miterbe im eigenen Namen Leistung an die Gesamtheit der Miterben verlangen und notfalls gerichtlich geltend machen (§ 2039 BGB, § 2040 II BGB). → Nachlassverbindlichkeiten.

2. Auseinandersetzung der Erbengemeinschaft kann grds. jeder Miterbe jederzeit verlangen (§ 2042 I BGB). Der Erblasser kann die Auseinandersetzung – allerdings nur mit schuldrechtlicher Wirkung, so dass sich die Erben durch einstimmigen Beschluss darüber hinwegsetzen können – für idR höchstens 30 Jahre ausschließen (Teilungsverbot, § 2044 BGB, § 137 BGB; sa → Teilungsanordnung). Die Miterben können sie durch Vertrag (nicht durch Mehrheitsbeschluss) für immer oder auf Zeit, auch mit Wirkung für Erbteilserwerber, ausschließen. In beiden Fällen kann die Auseinandersetzung aus wichtigem Grund jedoch jederzeit verlangt werden (§ 749 II BGB); eine entgegenstehende Vereinbarung wäre nichtig. Grds. geschieht die Auseinandersetzung durch freie Vereinbarung der Miterben, die auch dem Willen des Erblassers widersprechen kann (→ Teilungsanordnung). Kommt eine Vereinbarung nicht zustande, so greifen die gesetzlichen Bestimmungen ein, an die auch der → Testamentsvollstrecker (§ 2204 BGB) gebunden ist. Demnach sind zunächst die → Nachlassverbindlichkeiten zu berichtigen (§ 2046 BGB); der Rest gebührt den Erben nach dem Verhältnis ihrer Erbteile (§ 2047 I BGB). Schriftstücke, die sich auf die persönlichen Verhältnisse des Erblassers, auf dessen Familie oder auf den ganzen Nachlass beziehen (Familienpapiere), bleiben jedoch gemeinschaftlich (§ 2047 II BGB). Die weitere Durchführung der Auseinandersetzung richtet sich nach den Vorschriften über die → Gemeinschaft (§§ 752 f. BGB): grds. Teilung in Natur, wenn ohne Wertminderung möglich, sonst Verkauf nach den Vorschriften über den → Pfandverkauf, bei Grundstücken durch → Teilungsversteigerung (§§ 180 f. ZVG) und Teilung des Erlöses. Teilauseinandersetzung einzelner Miterben oder über einzelne Nachlassgegenstände ist zulässig.

Ist ein Testamentsvollstrecker berufen, so hat dieser die Auseinandersetzung nach den Anordnungen des Erblassers und den gesetzlichen Bestimmungen vorzunehmen (§ 2204 BGB). Andernfalls und mangels Vereinbarung vermitteln → Notare auf Antrag; das Verfahren in Teilungssachen ist in §§ 363 f. FamFG geregelt. Ein Zuweisungsrecht an einen Miterben hat jedoch das Gericht bei landwirtschaftlichen Grundstücken, soweit die Erbengemeinschaft kraft Gesetzes zur → Erbfolge berufen ist und keine abweichenden Verfügungen des Erblassers vorliegen (§§ 13 ff. GrundstückverkehrsG v. 28.7.1961, BGBl. 1961 I 1091, → Grundstücksverkehr, landwirtschaftlicher). Versagen diese Möglichkeiten, so kann jeder Miterbe vor dem Prozessgericht gegen die übrigen Miterben → Klage auf Auseinandersetzung nach den obigen Grundsätzen erheben (Vereinbarung der Miterben, Teilungsanordnung des Erblassers, hilfsweise nach den gesetzlichen Bestimmungen). Es handelt sich um eine → Leistungsklage auf Zustimmung zu einem bestimmten Teilungsplan; klagebefugt ist jeder Miterbe. Das rechtskräftige Urteil ersetzt die Zustimmung der übrigen Miterben (§ 894 ZPO). → Teilungsanordnung, → Ausgleichung von Vorempfängen und Vorleistungen. Zur steuerlichen Behandlung der Erbengemeinschaft und ihrer Auseinandersetzung s. BFH BStBl. II 1990, 837; BMF BStBl. I 1993, 62; 1994 I, 603. → Sekundärfolgenrechtsprechung.

Erbenhaftung
→ Nachlassverbindlichkeiten, → Beschränkung der Erbenhaftung.

Erbenmutter
Die bedürftige Mutter eines zwar erzeugten, aber noch nicht geborenen → Erben hat bis zur Entbindung Anspruch auf angemessenen Unterhalt aus dem → Nachlass oder dem → Erbteil des Kindes (§ 1963 BGB). Das Gleiche gilt für die Mutter eines zu erwartenden → Nacherben im → Nacherbfall (§ 2141 BGB). Der Anspruch begründet eine → Nachlassverbindlichkeit.

Erbersatzanspruch
Das nichteheliche Kind war bereits auf Grund der seit 1.7.1970 geltenden Regelung nicht nur mit seiner Mutter, sondern auch mit dem nichtehelichen Vater im Rechtssinne verwandt. Infolge dessen war es seither auch beim Tod seines Vaters (oder eines von dessen Verwandten) zur gesetzlichen → Erbfolge berufen (umgekehrt ebenso der nichteheliche Vater und seine Verwandten gegenüber dem Kind) und hatte grds. die gleiche erbrechtliche Stel-

lung wie ein ehelicher Abkömmling, zB was → Erbanfall und → Ausschlagung der Erbschaft bzw. des → Pflichtteils, die Stellung in der → Erbengemeinschaft, die Haftung für → Nachlassverbindlichkeiten usw betrifft (die früheren gesetzlichen Vorschriften über den Ausschluss von der gesetzlichen Erbfolge gelten nur für Erbfälle vor dem 29.5.2009 und für vor dem 1.7.1949 geborene nichteheliche Kinder fort, Art. 12 § 10 G v. 19.8.1969, BGBl. 1969 I 1243, geändert durch das Zweite Gesetz zur erbrechtlichen Gleichstellung nichtehelicher Kinder vom 12.4.2011 (BGBl. 2011 I 615), BGH v. 26.10.2011 – IV ZR 150/10).

Um jedoch möglichen Auseinandersetzungen mit Miterben aus der Verwandtschaft des Erblassers vorzubeugen, sah das G (aaO; Einzelheiten s. 14. Auflage) für die alten Länder (anders bereits für das Beitrittsgebiet, Art. 235 § 1 II EGBGB) statt der Beteiligung an der → Erbengemeinschaft insoweit lediglich einen schuldrechtlichen Erbersatzanspruch gegen die übrigen Miterben in Höhe des Werts des Erbteils vor. Dieser Erbersatzanspruch wurde durch das G zur erbrechtlichen Gleichstellung nichtehelicher Kinder v. 16.12.1997 (BGBl. 1997 I 2968) ersatzlos beseitigt. Nichteheliche Kinder haben somit ab 1.4.1998 in vollem Umfang die gleiche erbrechtliche Stellung wie eheliche Kinder.

Die bisherigen Sondervorschriften über das Erbrecht des nichtehelichen Kindes gelten nur noch, wenn der Erbfall vor dem 1.4.1998 eingetreten oder vor diesem Zeitpunkt ein Erbausgleich (infolge rechtswirksamer Vereinbarung oder auf Grund rechtskräftigen Urteils) zustande gekommen ist (Art. 227 EGBGB).

Erbeserbe
ist der → Erbe des Erben. Auf ihn gehen beide → Erbschaften (getrennt hinsichtlich des Rechts der → Ausschlagung; vgl. § 1952 BGB) über.

Erbfähigkeit
ist die Fähigkeit, → Erbe oder → Nacherbe zu werden (§ 1923 BGB, § 2101 BGB). Sa → Erbunfähigkeit.

Erbfall
Mit dem Tode einer Person geht deren Vermögen (→ Erbschaft) nach § 1922 I BGB als Ganzes auf eine oder mehrere andere Personen (→ Erben, → Miterben) über. Nacherbfall ist dagegen nicht der Tod des → Erblassers, sondern der von diesem bestimmte Zeitpunkt des Übergangs der Erbschaft vom → Vorerben auf den → Nacherben; mangels Bestimmung durch den Erblasser ist dies der Tod des Vorerben (§ 2106 BGB).

Erbfallschulden
→ Nachlassverbindlichkeiten.

Erbfolge
ist – anders als das → Vermächtnis – beim → Erbfall die → Gesamtrechtsnachfolge des (der) → Erben in das Vermögen und die Verbindlichkeiten des → Erblassers (sa → Erbschaft). Die Erbfolge vollzieht sich, ohne dass der Erbe irgendeine Handlung, zB Besitzergreifung des → Nachlasses, vornehmen müsste und ohne dass er Kenntnis vom Tod des Erblassers zu haben braucht. Doch ist die Kenntnis von der Berufung zur Erbfolge in verschiedener Hinsicht von Bedeutung, zB für die → Ausschlagung der Erbschaft und die Möglichkeit der → Beschränkung der Erbenhaftung.

Das Gesetz unterscheidet gewillkürte und gesetzliche Erbfolge. Erstere ist gegeben, wenn der Erblasser die Person des Erben und den Umfang seiner Beteiligung am Nachlass durch einseitige letztwillige Verfügung (→ Testament) oder durch → Erbvertrag bestimmt. Liegt eine solche → Verfügung von Todes wegen nicht vor oder ist sie nicht wirksam (→ Sittenwidrigkeit, → Erbverzicht, → Ausschlagung, → Erbunwürdigkeit, → Anfechtung letztwilliger Verfügungen), so tritt die gesetzliche Erbfolge ein. Erschöpft die gewillkürte Erbfolge nur einen Bruchteil der Erbschaft, so gilt in Ansehung des übrigen Teiles ebenfalls die gesetzliche Erbfolge (§ 2088 BGB), sofern nicht die eingesetzten Erben nach dem Willen des Erblassers die alleinigen Erben sein sollen (dann verhältnismäßige Erhöhung der → Erbteile, § 2089 BGB).

Gesetzliche Erben eines Erblassers sind dessen Verwandte, sein Ehegatte oder Lebenspartner sowie subsidiär der → Fiskus. Die Verwandten des Erblassers sind in 5 Ordnungen zur gesetzl. Erbfolge berufen, wobei ein Verwandter nicht zur Erbfolge berufen ist, solange ein Verwandter einer vorhergehenden Ordnung vorhanden ist (§ 1930 BGB). Stirbt der Erbe der vorgehenden Ordnung nach dem → Erbfall, so war er schon Erbe geworden und vererbt den Nachlass weiter an seine eigenen Erben. Fällt der Verwandte der vorgehenden Ordnung dagegen vor dem Erbfall weg, zB auch durch → Ausschlagung, so ist der Verwandte der nachfolgenden Ordnung als Erbe berufen. In den ersten 3 Ordnungen tritt Erbfolge nach Stämmen (Parentelen) ein, dh an die Stelle eines zum Zeitpunkt des Erbfalls nicht mehr lebenden Berufenen treten die durch ihn mit dem Erblasser verwandten Abkömmlinge. Von der 4. Ordnung ab gilt die Berufung nach dem Verwandtschaftsgrad (Gradualsystem).

Gesetzl. Erben der 1. Ordnung sind die Abkömmlinge des Erblassers, wobei Kinder zu gleichen Teilen erben (§ 1924 BGB). Gesetzl. Erben der 2. Ordnung sind die Eltern des Erblassers und deren Abkömmlinge, wobei die Eltern, sofern sie zum Zeitpunkt des Erbfalls leben, allein und zu gleichen Teilen erben, während bei Wegfall eines Elternteils an dessen Stelle dessen Abkömmlinge treten (§ 1925 BGB). Entsprechendes gilt bei den gesetzl. Erben der 3. Ordnung (Großeltern des Erblassers und deren Abkömmlinge, § 1926 BGB). Gesetzl. Erben der 4. u. 5. Ordnung sind die Urgroßeltern bzw. die entfernteren Voreltern des Erblassers und deren Abkömmlinge. Leben diese zum Zeitpunkt des Erbfalls nicht mehr, so erbt von ihren Abkömmlingen derjenige, welcher mit dem Erblasser dem Grade nach am nächsten verwandt ist; mehrere gleich nahe Verwandte erben zu gleichen Teilen (§§ 1928, 1929 BGB). Wer in den ersten 3 Ordnungen verschiedenen Stämmen angehört, dh mehrfach mit dem Erblasser verwandt ist, erhält den ihm in jedem dieser Stämme zufallenden Anteil; jeder Anteil gilt als besonderer → Erbteil (§ 1927 BGB).

Neben den Verwandten des Erblassers ist dessen überlebender Ehegatte oder Lebenspartner kraft Gesetzes zur Erbfolge berufen, und zwar grds. – dh ohne Berücksichtigung des jeweiligen Güterstandes (s. u.) – neben Verwandten der 1. Ordnung zu 1/4, neben Verwandten der 2. Ordnung oder neben Großeltern zur Hälfte der Erbschaft. Sind weder Verwandte der 1. oder der 2. Ordnung noch Großeltern vorhanden, so erhält der überlebende Ehegatte die ganze Erbschaft (§ 1931 BGB; sa → Voraus). Voraussetzung ist allerdings, dass der verstorbene Ehegatte nicht bereits einen begründeten Antrag auf → Ehescheidung oder → Eheaufhebung erhoben hatte (§ 1933 BGB); in bestimmten Fällen findet § 1931 BGB zugunsten des überlebenden Ehegatten, der die Aufhebbarkeit der Ehe bei der Eheschließung gekannt hat, überhaupt keine Anwendung (§ 1318 V BGB). Lebte der Erblasser im gesetzl. → Güterstand der → Zugewinngemeinschaft, so wird der Ausgleich des Zugewinns idR dadurch verwirklicht, dass sich dieser gesetzl. Erbteil des überlebenden Ehegatten um 1/4 der Erbschaft erhöht; hierbei ist unerheblich, ob die Ehegatten im einzelnen Fall einen Zugewinn erzielt haben (§ 1371 I BGB; iE → Zugewinnausgleich). Gehört der überlebende Ehegatte zu den erbberechtigten Verwandten, so erbt er zugleich als Verwandter; der Erbteil, der ihm auf Grund der Verwandtschaft zufällt, gilt als besonderer Erbteil (§ 1934 BGB). Über die Erbfolge bei Gütergemeinschaft → fortgesetzte Gütergemeinschaft. Bestand beim Erbfall → Gütertrennung und sind als gesetzliche Erben neben dem überlebenden Ehegatten ein oder zwei Kinder des Erblassers berufen, so erben der überlebende Ehegatte und jedes Kind zu gleichen Teilen (§ 1931 IV BGB).

Ist zum Zeitpunkt des Erbfalles weder ein Verwandter noch ein Ehegatte des Erblassers vorhanden, so ist der Fiskus als letzter Erbe zur gesetzl. Erbfolge berufen; es erbt das Land, in dem der Erblasser seinen letzten Wohnsitz oder gewöhnlichen Aufenthalt hatte, im übrigen der Bund (§§ 1936, 1964 BGB).

Tabellarische Übersicht zur Erbfolge im Anhang.

Erbgesundheitsgesetz
Das nationalsozialistische „Gesetz zur Verhütung erbkranken Nachwuchses" vom 14.7.1933 (RGBl. 1933 I 529) idF vom 26.6.1935 (RGBl. 1935 I 773), das die zwangsweise → Sterilisation und → Kastration erlaubte, ist nach dem 8.5.1945 in einzelnen Ländern der BRep. ganz, in anderen teilweise und schließlich erst durch Gesetz v. 18.6.1974 (BGBl. 1974 I 1297) völlig aufgehoben worden. Die auf der Grundlage des Erbgesundheitsgesetzes durchgeführten Zwangssterilisierungen sind nationalsozialistisches Unrecht; die noch lebenden Opfer erhalten – neben laufenden Leistungen im Bedarfsfall – eine einmalige Entschädigung (Entschließung des BT vom 5.5.1988). Durch Gesetz v. 25.8.1998 (BGBl. 1998 I 2501) wurden die Beschlüsse der ehem. Erbgesundheitsgerichte ohne Einzelprüfung und gerichtliche Entscheidung aufgehoben.

Erbhofrecht
→ Höfeordnung.

Erbkrankheit
→ Erbgesundheitsgesetz, → Sterilisation, → Kastration.

Erblasser
ist eine natürliche → Person, durch deren Tod (→ Erbfall) die → Erbschaft auf den oder die → Erben übergeht. Der Erblasser kann durch einseitige → Verfügung von Todes wegen (→ Testament) oder durch → Erbvertrag den Erben bestimmen, ein → Vermächtnis zuwenden, eine → Auflage festsetzen oder einen Verwandten oder den Ehegatten von der gesetzlichen → Erbfolge ausschließen (→ Enterbung, §§ 1937 ff. BGB). Eine → juristische Person kann nicht Erblasser sein, sie wird aufgelöst oder tritt in → Liquidation; ihre Rechtsbeziehungen nach der Auflösung richten sich nach Vereins- bzw. Handelsrecht (vgl. §§ 45 ff. BGB, §§ 264 ff. AktG usw).

Erblasserschulden
→ Nachlassverbindlichkeiten.

Erblastentilgungsfonds
ist ein Sondervermögen des Bundes. Er umfasst die Verbindlichkeiten des Kreditabwicklungsfonds, vor allem aus der Gesamtverschuldung des DDR-Haushalts und aus der Währungsumstellung, und der → Treuhandanstalt sowie die → Altschulden (iE s. Erblastentilgungsfonds-Gesetz idF v. 18.8.1999, BGBl. 1999 I 1882, mÄnd).

Erbpacht
war früher das → dingliche Recht, auf fremdem Grund einen landwirtschaftlichen Betrieb zu unterhalten, ging also über die schuldrechtliche Pacht hinaus. Heute gibt es dieses Rechtsinstitut neben dem → Erbbaurecht nicht mehr, das teilweise mit Erbpacht bezeichnet wird. Sa → Wohnungseigentum.

Erbrecht
im objektiven Sinne ist die Gesamtheit aller privatrechtlichen Vorschriften, die den Übergang der → Erbschaft vom → Erblasser auf dessen Rechtsnachfolger (→ Erbe) regeln. Es ist

vornehmlich im 5. Buch des BGB (§§ 1922 f. BGB) enthalten, aber auch im Sachenrecht (zB § 857 BGB) und im Familienrecht (§ 1371 BGB). Für die erbrechtlichen Verhältnisse im Gebiet der ehem. DDR bleibt das bisherige Recht (insbes. §§ 362 ff. ZGB) maßgebend, wenn der Erblasser vor dem 3.10.1990 gestorben ist (Art. 235 § 1 EGBGB). Danach gelten grds. die vorgenannten Vorschriften (s. aber → Verfügung von Todes wegen, → Ersatzanspruch).

Erbrecht im subjektiven Sinne ist dagegen die Summe der Rechte und Pflichten, die dem Erben mit dem → Erbfall aus dem objektiven Erbrecht erwachsen. Häufig wird auch die kraft Gesetzes vor dem Erbfall bestehende Aussicht, Erbe zu werden, als Erbrecht bezeichnet. Sie ist noch kein → Anwartschaftsrecht (s. aber → Erbvertrag) und kann weder übertragen noch belastet oder gesichert werden, obwohl sie Gegenstand eines → Erbverzichts sein kann.

Verfassungsrechtlich gewährleistet Art. 14 I GG das Erbrecht als → Grundrecht durch → institutionelle Garantie. Darunter fällt sowohl das Vererbungsrecht (→ Testierfreiheit) wie auch das passive Erbrecht. Verfassungsrechtlich unzulässig wäre daher eine ausschließliche gesetzliche Erbfolge oder ein generelles Erbrecht des Staates. Zulässig ist eine → Erbschaftsteuer, die aber nicht konfiskatorischen Charakter haben darf. Zulässig sind auch Beschränkungen der Testierfreiheit wie zB durch das → Pflichtteilsrecht.

Erbrechtsverordnung
1. Die Verordnung (EU) Nr. 650/2012 des Europäischen Parlaments und des Rates über die Zuständigkeit, das anzuwendende Recht, die Anerkennung und Vollstreckung von Entscheidungen und die Annahme und Vollstreckung öffentlicher Urkunden in Erbsachen sowie zur Einführung eines Europäischen Nachlasszeugnisses (EuErbVO) enthält einheitliche Regeln über das anzuwendende Recht in internationalen Erbfällen innerhalb der EU. Es handelt sich also um eine Vereinheitlichung des → internationalen Privatrechts und des → internationalen Prozessrechts. Sie gilt für Erbfälle, die seit dem 17.8.2015 stattgefunden haben, nicht jedoch in den Mitgliedstaaten Dänemark, Irland und Großbritannien. Bilaterale Verträge haben Vorrang (Art. 75 EuErbVO). Für Deutschland sind dies Übereinkommen mit der Türkei, Russland (ehemalige Sowjetunion) und dem Iran.

2. Allgemein gilt, dass sich die Rechtsnachfolge nach dem Recht des Staates richtet, in dem der Erblasser im Zeitpunkt seines Todes seinen gewöhnlichen Aufenthalt hatte (Art. 21 EuErbVO). Die Gerichte dieses Staates sind gemeinhin für die Abwicklung des gesamten Nachlasses zuständig (Art. 4 EuErbVO). Ein Erblasser hat allerdings auch die Möglichkeit der Rechtswahl, insbesondere die Wahl seines Staatsangehörigkeitsrechts (Art. 22 EuErbVO). Eine Wahl des Sachrechts bestimmt auch die gerichtliche Zuständigkeit (Art. 7 EuErbVO). Die in einem Mitgliedstaat ergangenen Entscheidungen werden in den anderen Mitgliedstaaten ohne besonderes weiteres Verfahren anerkannt (Art. 39 EuErbVO) und sind dort auch regelmäßig vollstreckbar. Für Letzteres bedarf es eines zusätzlichen Verfahrens (Art. 46 ff. EuErbVO). Schließlich führt die EuErbVO ein → Europäisches Nachlasszeugnis (ENZ) ein. Verfügungen von Todes wegen, also vor allem Testamente, die vor dem 17.8.2015 errichtet worden sind, bleiben grundsätzlich zulässig bzw. wirksam (Einzelheiten Art. 83 EuErbVO).

3. Für die verfahrensrechtliche Umsetzung der EuErbVO hat der Gesetzgeber eigens das Internationale Erbrechtsverfahrensgesetz (IntErbRVG) erlassen. Es regelt die örtliche und sachliche Zuständigkeit von Verfahren, welche bei Erbfällen mit europäischem Bezug anfallen. Gleiches gilt für die eröffneten Rechtsmittel. Im Einzelnen sind auch die Verfahrensvorschriften für die Ausstellung, Berichtigung, Änderung oder Widerruf des ENZ geregelt.

Erbschaft
(Nachlass) ist das Vermögen, dh die Gesamtheit der Rechtsverhältnisse des → Erblassers, die beim → Erbfall als Ganzes auf den → Erben übergeht. Zur Erbschaft gehören nach hM neben den Rechten auch die Schulden des Erblassers (→ Nachlassverbindlichkeiten), für die der Erbe grundsätzl. aufzukommen hat. Vererblich und damit Bestandteil der Erbschaft sind alle vorwiegend vermögensbezogenen Rechte und Pflichten, zB → Eigentum, sonstige dingliche und persönliche → Rechte, → Forderungen, aber auch der → Besitz (§ 857 BGB), das → Handelsgeschäft mit seiner Firma (§§ 22 f. HGB), gewerbliche Schutzrechte, aber auch der Abgeltungsanspruch für nicht genommenen Urlaub (BAG NJW 2019, 2046) . S. a. → Offene Handelsgesellschaft, 6, → Vollmacht. Unvererblich sind dagegen nur → höchstpersönliche Rechtsbeziehungen des Erblassers, zB Mitgliedschaftsrechte, soweit sie nicht – wie bei → Kapitalgesellschaften (AG, GmbH) – überwiegend vermögensrechtlich sind, der → Nießbrauch (§ 1061 BGB), die → beschränkte persönliche Dienstbarkeit (§ 1090 II BGB), → Unterhaltsansprüche mit Ausnahme von Rückständen (§ 1360a III BGB, § 1586 BGB, § 1615 BGB), familienrechtliche Erziehungs-, Verwaltungs- und Nutznießungsrechte sowie der Leichnam des Erblassers. Während der Anspruch auf → Schmerzensgeld vererblich ist, ist es der Anspruch auf Geldentschädigung wegen Verletzung des → Allgemeinen Persönlichkeitsrechts aus Sicht des BGH (NJW 2017, 3004) nicht. S. ferner → Annahme, → Ausschlagung der Erbschaft.

Erbschaft- und Schenkungsteuer
Aufgrund des Urteils des BVerfG v. 7.11.2006 war die Erhebung der Erbschaftsteuer mit einheitlichen Steuersätzen bei unterschiedlicher Bewertung von Grundbesitz-

vermögen, Betriebsvermögen sowie land- und forstwirtschaftlichen Vermögen gegenüber dem übrigen Vermögen für verfassungswidrig erklärt worden (vgl. BVerfG, NJW 2007, 573). Der Gesetzgeber hatte hierauf mit dem Erbschaftsteuerreformgesetz 2008 reagiert, dessen Kernpunkte neue Bewertungsgrundsätze, die Verschonungsregelungen für das Produktivvermögen sowie die Änderungen bei den Freibeträgen und dem Steuertarif waren. Allerdings hatte das BVerfG auch diese Neuregelung teilweise für verfassungswidrig erklärt (BVerfG v. 17.12.2014, 1 BvL 21/12). Die Verschonung unternehmerischen Vermögens sei unvereinbar mit dem Gleichheitssatz des GG. Das Gericht hatte dem Gesetzgeber eine Frist für eine verfassungskonforme Neuregelung bis zum 30. Juni 2016 gesetzt, die der Gesetzgeber nicht eingehalten hatte. Erst am 9.11.2016 wurde das Gesetz schließlich bekanntgegeben (BGBl. 2016 I 2464), wobei eine (verfassungsrechtlich zweifelhafte) Rückwirkung zum 1.7.2016 angeordnet wurde.

1. Rechtsgrundlagen der Erbschaft- und Schenkungsteuer ist das Erbschaftsteuer- und Schenkungsteuergesetz (ErbStG). Allgemeine Verwaltungsvorschriften zur Anwendung des ErbStG sind in den ErbStR 2019 vom 16.12.2019 festgelegt. Das Aufkommen der Erbschaft- und Schenkungsteuer für 2019 betrug 6.99 Mrd. EUR.

2. Der Erbschaft- und Schenkungsteuer unterliegen neben Erwerben von Todes wegen und des Ersatzanspruchs in gleicher Weise Schenkungen unter Lebenden, Zweckzuwendungen und die Turnusbesteuerung von Familienstiftungen und -vereinen. Sind Erblasser, Schenker oder Erwerber Inländer, so ist der gesamte Vermögensanfall steuerpflichtig, sonst nur der Vermögensanfall, der in Inlandsvermögen (§ 121 BewG) oder in einem Nutzungsrecht an solchen Vermögensgegenständen besteht (§ 2 I ErbStG). Inländer sind natürliche Personen, die im → Inland einen → Wohnsitz (§ 8 AO) oder ihren gewöhnlichen → Aufenthalt (§ 9 AO) haben, ferner Auslandsbedienstete sowie deutsche Staatsangehörige, die sich nicht länger als fünf Jahre dauernd im Ausland aufgehalten haben, ohne im Inland einen Wohnsitz zu haben. Erst wenn diese „verlängerte unbeschränkte Steuerpflicht" des § 2 I Nr. 1b ErbStG abgelaufen ist, setzt bei Auswanderern in ein Niedrigsteuerland die „erweiterte beschränkte Steuerpflicht" des § 4 AStG ein. Für das Auslandsvermögen bezahlte ausländische E. wird nach § 21 ErbStG angerechnet; → Doppelbesteuerung.

3. Steuerklassen: Die Erbschaft- und Schenkungsteuer wird nach drei Steuerklassen erhoben:

– Steuerklasse I: Ehegatten, eingetragener Lebenspartner, Kinder und Stiefkinder, Abkömmlinge von Kindern und Stiefkindern, bei Erwerb von Todes wegen auch Eltern, Großeltern.

– Steuerklasse II: Eltern, Großeltern (soweit nicht Steuerklasse I), Geschwister und Kinder von Geschwistern, Schwieger- und Stiefeltern, Schwiegerkinder, geschiedene Ehegatten, Lebenspartner einer aufgehobenen Lebenspartnerschaft.

– Steuerklasse III: die übrigen Erwerber und Zweckzuwendungen.

4. Die Steuer ist nach dem Wert des steuerpflichtigen Erwerbs gestaffelt (§ 19 ErbStG). Die Erbschaftsteuer wird nach folgenden Prozentsätzen erhoben:

Wert des steuerpflichtigen Erwerbs bis einschließlich EUR Prozentsatz in der Steuerklasse ab 2010

	I	II	III
75.000	7	15	30
300.000	11	20	30
600.000	15	25	30
6.000.000	19	30	30
13.000.000	23	35	50
26.000.000	27	40	50
Über 26.000.000	30	43	50

5. Die gestaffelten persönlichen und sachlichen Freibeträge wurden erhöht (§ 16 ErbStG). Sie betragen für Ehegatten und eingetragene Lebenspartner 500.000 EUR, für Kinder, Stiefkinder und Enkel (wenn die Eltern verstorben sind) 400.000 EUR, für Enkel 200.000 EUR, für Groß-/Eltern im Erbfall 100.000 EUR, für die übrigen 20.000 EUR. Hinzu kommt ein Versorgungsfreibetrag für Ehegatten und eingetragene Lebenspartner in Höhe von 256.000 EUR und für Kinder altersabhängig von 10.300 EUR bis 52.000 EUR. Mit der Vollendung des 27. Lebensjahres steht Kindern kein Versorgungsfreibetrag mehr zu.

Hausrat ist in Steuerklasse I bis 41.000 EUR steuerfrei, in Steuerklasse II und III bis 12.000 EUR. Andere bewegliche körperliche Gegenstände sind in Steuerklasse I bis 120.000 EUR steuerfrei. Alle zehn Jahre werden die genannten Freibeträge neu gewährt (§ 14 ErbStG).

6. Selbstgenutztes Wohneigentum bleibt erbschaftsteuerfrei, § 13 I Nr. 4b ErbStG. Dies gilt bei Ehegatten/eingetragenen Lebenspartnern unabhängig von der Größe des Objekts. Bei Kindern darf die Wohnfläche nicht mehr als 200 qm betragen. Auch diese müssen das Objekt selbst nutzen. Die Steuerbefreiung entfällt jedoch rückwirkend, wenn der Erwerber das Familienheim innerhalb von zehn Jahren nach Erwerb nicht mehr selbst nutzt. Eine Ausnahme besteht für den Fall, dass die Selbstnutzung aus zwingenden Gründen, zB eigene Pflegebedürftigkeit, aufgegeben wird.

Wird der Güterstand der Zugewinngemeinschaft durch Tod eines Ehegatten/Lebenspartners beendet, so gilt auch bei erbrechtlicher Lösung der Betrag, den der überlebende Ehegatte/Lebenspartner im Falle der Scheidung als Ausgleichsforderung geltend machen könnte, als nicht erbschaftsteuerbar (§ 5 ErbStG). Vgl. → Zugewinnausgleich. Der Erwerber einer Rente usw kann statt vom Kapitalwert jährlich im Voraus die ErbSt nach dem Jahreswert entrichten (§ 23 I ErbStG). Die jährlich bezahlte Erbschaft- und Schenkungsteuer ist dann abzugsfähige → Sonderausgabe (§ 10 I Nr. 1a ErbStG).

7. Die Wertermittlung des übergehenden Vermögens erfolgt nach dem Bewertungsgesetz. Bewertungsmaßstab für Grundvermögen ist nun der gemeine Wert, der inhaltsgleich dem Verkehrswert (Marktwert) entspricht. Als geeignetes Verfahren wird die Bewertung auf Grundlage der Verordnung über die Grundsätze für die Ermittlung der Verkehrswerte von Grundstücken (Immobilienwertermittlungsverordnung v. 19.5.2010, BGBl. 2010 I 639) angesehen. Dabei werden Typisierungen und Vereinfachungen vorgesehen, so dass die Wertfindung ohne Ortsbesichtigung oder Sachverständigengutachten möglich ist. Zu Wohnzwecken vermietete Grundstücke, die nicht zu einem betrieblichen Vermögen gehören, werden nur 90 vH des ermittelten Wertes angesetzt (§ 13d ErbStG).

a) Unbebaute Grundstücke werden mit dem Bodenrichtwert bewertet. Der früher vorgenommene Bewertungsabschlag von 20 vH entfällt. Die Bodenrichtwerte werden – wie bisher – von Gutachterausschüssen (§ 196 BauGB) ermittelt und den Finanzbehörden mitgeteilt. Ist der gemeine Wert niedriger als der ermittelte Wert und kann der Stpfl. diesen Wert nachweisen, ist der gemeine Wert anzusetzen.

b) Die Bewertungsverfahren für bebaute Grundstücke kommen in Abhängigkeit von der jeweiligen Grundstücksart zur Anwendung. Zu unterscheiden sind Ein- und Zweifamilienhäuser, Mietwohngrundstücke, Wohnungs- und Teileigentum, Geschäftsgrundstücke und gemischt genutzte Grundstücke sowie sonstige bebaute Grundstücke. Für die Einordnung wurde der Begriff der Wohnung gesetzlich definiert. Demnach ist eine Wohnung die Zusammenfassung einer Mehrheit von Räumen, die in ihrer Gesamtheit so beschaffen sein müssen, dass die Führung eines selbständigen Haushalts möglich ist. Sie muss eine von anderen Wohnungen oder Räumen baulich getrennte, in sich abgeschlossene Wohneinheit mit selbstständigem Zugang darstellen. Die notwendigen Nebenräume (Küche, Bad oder Dusche, Toilette) müssen vorhanden sein und die Wohnfläche muss mindestens 23 qm betragen.

aa) Für Ein- und Zweifamilienhäuser sowie für das Wohnungs- und Teileigentum (unabhängig davon, ob diese vermietet sind oder nicht) gilt grds. das Vergleichswertverfahren. Hier ergibt sich der Wert aus dem Vergleich mit gleichartigen Grundstücken und den hierfür am Markt erzielten Preisen. Die Vergleichspreise werden von den Gutachterausschüssen mitgeteilt. Soweit ein Vergleichswert nicht vorliegt, gilt das Sachwertverfahren.

bb) Für Mietwohngrundstücke mit Drei- und Mehrfamilienhäusern, Geschäftsgrundstücke und gemischt genutzte Grundstücke gilt das Ertragswertverfahren. Bei diesem steht für die Wertermittlung die Rendite im Vordergrund, was erfordert, dass sich eine übliche Miete ermitteln lässt. Der Ertragswert eines Grundstücks setzt sich aus dem Bodenwert und dem Gebäudeertragswert zusammen. Als Mindestwert eines Grundstücks ist der Bodenwert heranzuziehen. Der Gebäudewert ermittelt sich aus dem Reinertrag des Grundstücks. Dies ist die Differenz zwischen Rohertrag und den Bewirtschaftungskosten. Ausgangsgröße für den Rohertrag ist die für zwölf Monate geschuldete Miete, die im Besteuerungszeitpunkt von den Mietern zu zahlen ist, ohne Berücksichtigung von Umlagen zur Deckung der Betriebskosten. Bewirtschaftungskosten sind die bei gewöhnlicher Bewirtschaftung nachhaltig entstehenden Verwaltungskosten, Betriebskosten, Instandhaltungskosten sowie das Mietausfallwagnis. Durch Umlagen gedeckte Betriebskosten sind nicht zu berücksichtigen. Diese Bewirtschaftungskosten sollen sich in erster Linie auf die Erfahrungssätze der Gutachterausschüsse stützen. Sind solche nicht vorhanden, so können die Bewirtschaftungskosten pauschal berücksichtigt werden. Die pauschalierten Bewirtschaftungskosten variieren je nach Art des Grundstücks und der Restnutzungsdauer zwischen 18 vH und 29 vH der Jahresmiete (vgl. Anlage 23 BewG). Die Restnutzungsdauer richtet sich nach dem Alter des Gebäudes und seiner wirtschaftlichen Gesamtnutzungsdauer, die in Anlage 22 des BewG festgelegt ist. Da zur Ermittlung des Ertragswertes des Grundstücks der Gebäudeertragswert und der Bodenwert zu addieren sind, ist ausgehend vom Reinertrag des Grundstücks der Gebäudereinertrag zu ermitteln. Dafür ist der Mietanteil, der auf den Grund und Boden entfällt, herauszurechnen. Der in Abzug zu bringende Betrag ist der Wert, der sich bei angemessener Verzinsung des Bodenwertes ergibt (§ 185 II 1 BewG). Dabei ist der Liegenschaftszins zugrunde zu legen, der von den Gutachterausschüssen ermittelt wird (§ 188 II 1 BewG). Der sich nach Abzug der Bodenwertverzinsung ergebende Gebäudereinertrag ist mit dem Vervielfältiger (Anlage 21 zum BewG) zu kapitalisieren, § 185 III 2 BewG. Zu diesem Betrag ist der ermittelte Bodenwert zu addieren. Das Ergebnis ist der Grundbesitzwert.

cc) Liegt ein Vergleichswert nicht vor, dann werden Wohnungseigentum, Teileigentum sowie Ein- und Zweifamilienhäuser im Sachwertverfahren bewertet. Dieses gilt auch für Geschäftsgrundstücke und gemischt genutzte Grundstücke, für die sich auf dem örtlichen

Grundstücksmarkt keine Miete ermitteln lässt, sowie für sonstige bebaute Grundstücke. Das Sachwertverfahren ist gegenüber dem Vergleichswert- und Ertragswertverfahren subsidiär. Über dieses sollen die Regelherstellungskosten eines Gebäudes ermittelt werden. Der Wert des Gebäudes zzgl. des Wertes von Grund und Boden entspricht dem Grundstückswert. Regelherstellungskosten sind die gewöhnlichen Herstellungskosten je Flächeneinheit (§ 190 I BewG). Der Gebäuderegelherstellungswert ergibt sich durch Multiplikation der in Anlage 24 zum BewG enthaltenen Regelherstellungskosten mit der Brutto-Grundfläche des Gebäudes. Die Brutto-Grundfläche wird in Anlage 24 I zum BewG definiert. Es handelt sich um die Summe der aus den Grundflächen aller Grundrissebenen eines Bauwerkes und aus deren konstruktiven Umschließungen. Ist bei Wohnungseigentum in Mehrfamilienhäusern die Wohnfläche angegeben, kann diese nach dem vorgegebenen Umrechnungsschlüssel in die Brutto-Grundfläche umgewandelt werden (Brutto-Grundfläche = 1,55 × Wohnfläche).

8. Betriebs- und Landwirtschaftliches Vermögen: Kernpunkt der Reform 2009 war die Ermöglichung einer weitgehenden Befreiung von der Steuerpflicht bei Betriebsnachfolgern, wobei die Vergünstigungen abhängig von der Steuerklasse des Erwerbers eintreten. Begünstigtes Vermögen war das inländische betriebliche Vermögen sowie das entsprechende betriebliche Vermögen einer Betriebsstätte mit Sitz in der EU oder einem Staat des Europäischen Wirtschaftsraums (§ 13b I, II ErbStG). Das begünstigte Vermögen durfte grds. nicht zu mehr als 50 vH aus Verwaltungsvermögen bestehen. Die jüngste Reform 2016 hat grundsätzlich an diesem System der Verschonung und der Aufteilung in begünstigtes und nichtbegünstigtes Vermögen festgehalten, jedoch einige Modifikationen vorgenommen:

a) Ab einem begünstigten Vermögen von 26 Mio EUR pro Erwerber ist eine individuelle Verschonungsbedarfsprüfung oder alternativ ein Verschonungsabschlagsmodell vorgesehen. Zwischen den Möglichkeiten kann der Erwerber wählen. Bei der individuellen Verschonungsbedarfsprüfung ist nachzuweisen, dass die Zahlung überfordernd wäre. Hierzu muss das gesamte Privatvermögen offengelegt werden. Der Verschonungsabschlag sinkt mit der Größe des Unternehmens. Er verringert sich um einen Prozentpunkt für jede 750.000 EUR, die das Erbe über 26 Mio EUR liegt. Keine Verschonung wird gewährt ab einem Erbe von 90 Mio EUR.

b) Fünfjährige Behaltensfrist: 85 vH des Wertes des Betriebsvermögens, Vermögen der Betriebe der Land- und Forstwirtschaft sowie bestimmten Anteilen an Kapitalgesellschaften sind von der Erbschaftsteuer unter folgenden Voraussetzungen befreit (sog. Verschonungsabschlag): der Betrieb muss sechs (früher: 20) oder mehr Arbeitnehmer beschäftigen und in einem Zeitraum von fünf Jahren darf die summierte Lohnsumme grundsätzlich nicht niedriger als das 4-fache der Ausgangslohnsumme sein (Ausnahmen: bei Betrieben von 6–10 Beschäftigten ist das Erreichen des 2,5-fachen, bei Betrieben mit 11–15 Beschäftigten des 3-fachen der Ausgangslohnsumme ausreichend); bei Betrieben mit fünf oder weniger Beschäftigten ist die Lohnsummenregelung nicht anwendbar. Ausgangslohnsumme ist die durchschnittliche Jahreslohnsumme des Betriebes in den letzten fünf Jahren vor dem Erbfall. Die übrigen 25 vH des betrieblichen Vermögens unterliegen der E. nur dann, wenn der Wert über 150.000 EUR liegt (Abzugsbetrag). Soweit dieser Wert überschritten wird, verringert sich der Abzugsbetrag um die Hälfte des übersteigenden Wertes. Ab 450.000 EUR beträgt er daher 0 EUR (§ 13a II ErbStG). Begünstigt ist grundsätzlich nur Betriebsvermögen, nicht dagegen sog. Verwaltungsvermögen (unabhängig davon, welchen Anteil es am gemeinen Wert ders übertragenen Vermögens hat). Begünstigtes Betriebsvermögen liegt vor, wenn es nach seinem Hauptzweck entweder der land- und forstwirtschaftlichen Tätigkeit (§ 13 EStG), überwiegend der gewerblichen Tätigkeit (§ 15 EStG) oder der freiberuflichen Tätigkeit (§ 18 EStG) dient. Die Annahme des Hauptzweckes ist gegeben, wenn eine Entnahme ohne die betriebliche Tätigkeit zu beeinträchtigen nicht erfolgen kann. Wird das Wirtschaftsgut zu mehr als 50 vH im Betrieb genutzt, so ist dies ein Indiz dafür, dass es einen betrieblichen Hauptzweck hat. Verwaltungsvermögen erfasst dagegen Gegenstände, die letztlich nur einer vermögensverwaltenden Tätigkeit dienen (vgl die Aufzählung in § 13b IV ErbStG). Finanzmittel können bis zu 15 vH zum begünstigten Vermögen gehören. Damit soll die notwendige Liquidität des Unternehmens gesichert werden. Die frühere Regelung aus dem ErbStG 2009, wonach nicht begünstigtes Vermögen bis zu 10 vH des Nettowertes des begünstigten Vermögens als begünstigtes Vermögen behandelt werden kann, ist vom BVerfG für verfassungswidrig erklärt worden und deshalb aufgehoben worden.

Die Befreiung entfällt, wenn während der Behaltensfrist von fünf Jahren der Betrieb verkauft wird, bei Teilverkäufen entfällt die Befreiung anteilig.

Familienunternehmen mit Kapitalbindung/Verfügungsbeschränkung (dh der Erbe kann nicht frei über Gewinne und Verkäufe der Anteile entscheiden), wird ein Steuerabschlag von 30 vH des Firmenwertes gewährt. Die Beschränkungen müssen zwei Jahre vor und 20 Jahre nach dem Tod des Erblassers bestehen.

c) Siebenjährige Behaltensfrist: Anstelle der fünf Jahre kann der Erwerber festlegen, dass er den Betrieb sieben Jahre behalten will. Dann tritt an die Stelle der 4-fachen Jahreslohnsumme die 7-fache summierte Lohnsumme. Der

Betrieb muss entsprechend sieben Jahre behalten werden (bei Betrieben mit 6–10 Beschäftigten anstelle der 2,5-fachen die 5-fache Jahreslohnsumme, bei Betrieben mit 11–15 Beschäftigten anstelle der 3-fachen die 5,65-fache Jahreslohnsumme). Das Verwaltungsvermögen darf nicht mehr als 20 vH aus Verwaltungsvermögen bestehen. Durch die Verlängerung erreicht der Erwerber die vollständige Erbschaftsteuerfreiheit.

9. Bewertung von Anteilen an Unternehmen: Änderungen ergeben sich auch bei der Bewertung von Unternehmen. Der Kapitalisierungsfaktor, der multipliziert mit dem nachhaltig erzielbaren Jahresertrag den Unternehmenswert ergibt, wurde von früher 17,86 auf 13,75 abgesenkt. Dies führt zu niedrigeren Werten.

10. Bewertung von Anteilen an Kapitalvermögen: Diese sind mit dem gemeinen Wert anzusetzen, der sich grundsätzlich aus dem Börsenkurs ergibt (§ 11 BewG). Bei nicht notierten Anteilen wird er primär aus Verkäufen unter fremden Dritten abgeleitet, die weniger als ein Jahr vor dem Besteuerungszeitpunkt zurückliegen. Liegen auch derartige Werte nicht vor, so ist der gemeine Wert zu schätzen.

11. Bewertung des sonstigen Vermögens: dieses ist grundsätzlich mit dem Verkehrswert anzusetzen, zB Kapitalforderungen und Schulden mit dem Nennwert.

12. Stundung: Bei Betriebsvermögen oder land- und forstwirtschaftlichen Vermögen kann die darauf entfallende Erbschaftsteuer auf Antrag bis zu sieben (früher: zehn) Jahre zinslos gestundet werden, soweit dies zur Erhaltung des Betriebs notwendig ist.

13. Bei der unentgeltlichen Übertragung von Wertpapieren besteht ab 2012 für das Kreditinstitut die Pflicht, die → Steuer-Identifikationsnummer von Schenker und Beschenkten sowie das Verwandtschaftsverhältnis mitzuteilen. Weiter besteht eine Anzeigepflicht für Nachlassgerichte und Notare.

Erbschaftsanfall
→ Erbanfall.

Erbschaftsanspruch
Der → Erbe hat die Wahl, ob er vom → Erbschaftsbesitzer die Herausgabe einzelner Gegenstände (§ 2029 BGB) oder auf Grund des Erbschaftsanspruchs die Herausgabe der → Erbschaft im Ganzen verlangen will. Bei Erhebung der Erbschaftsklage (→ Leistungsklage; Zuständigkeit: § 27 ZPO) sind die einzelnen Nachlassgegenstände im Klageantrag genau zu bezeichnen (§ 253 II ZPO). Mit ihr kann der Anspruch auf → Auskunft über den Bestand der Erbschaft und über den Verbleib der Erbschaftsgegenstände (§ 2027 BGB) sowie die Klage auf Feststellung des Erbrechts, die über die Herausgabe der verlangten Gegenstände hinaus wirkt (→ Feststellungsklage, → Rechtskraft), verbunden werden, Auskunfts- und Herausgabeanspruch auch im Wege der → Stufenklage.

Der Erbschaftsanspruch geht auf Herausgabe des aus der Erbschaft Erlangten, der Gegenstände, die durch → Rechtsgeschäft aus Mitteln der Erbschaft erworben wurden (Surrogation, § 2019 BGB), der gezogenen → Nutzungen und → Früchte (§ 2020 BGB) unter Berücksichtigung der vom Erbschaftsbesitzer gemachten → Verwendungen (§ 2022 BGB). Die Haftung des Erbschaftsbesitzers richtet sich grds. nach dem Recht der → ungerechtfertigten Bereicherung (§ 2021 BGB), ist aber verschärft ab → Rechtshängigkeit, bei → Bösgläubigkeit oder bei Erwerb durch → unerlaubte Handlung (§§ 2023 ff. BGB; → Eigentumsherausgabeanspruch). Der Erbschaftsanspruch verjährt in 30 Jahren (§ 197 BGB); vorher kann sich der Erbschaftsbesitzer nicht auf → Ersitzung berufen (§ 2026 BGB).

Erbschaftsbesitzer
ist jeder, der auf Grund eines ihm in Wirklichkeit nicht zustehenden → Erbrechts etwas aus der → Erbschaft erlangt hat (§ 2018 BGB). Ihm steht gleich, wer die Erbschaft durch Vertrag mit einem Erbschaftsbesitzer erwirbt (§ 2030 BGB). Voraussetzung ist, dass der Erbschaftsbesitzer (gut- oder bösgläubig) ein Erbrecht beansprucht; Erbschaftsbesitzer ist daher nicht, wer überhaupt kein Besitzrecht geltend macht (zB der Dieb) oder sich aus anderen Rechtsgründen (Vermächtnis, Rechtsgeschäft unter Lebenden) auf den Besitz an den Nachlassgegenständen beruft. Erbschaftsbesitzer ist auch nicht, wer kraft seines Amtes die Erbschaft in Händen hat (zB Testamentsvollstrecker, Nachlasspfleger, Nachlassverwalter; s. dort). Gegen den Erbschaftsbesitzer hat der wirkliche Erbe den → Erbschaftsanspruch.

Erbschaftserwerber
→ Erbschaftskauf, → Erbschaftsbesitzer.

Erbschaftsinsolvenz
→ Nachlassinsolvenzverfahren.

Erbschaftskauf
Der → Erbe (Miterbe) kann sich durch schuldrechtliches Geschäft (idR Kauf, aber auch Tausch, Schenkung u. dgl.) verpflichten, den ihm angefallenen → Nachlass oder → Erbteil (Erbteilskauf) im ganzen – nicht nur einzelne getrennte Nachlassgegenstände – auf den Erbschaftserwerber zu übertragen; der Vertrag bedarf der notariellen Beurkundung (§ 2371 BGB, § 2385 BGB, § 1922 II BGB; → Form, 1c). Nichtig ist dagegen der Vertrag über den Nachlass eines noch lebenden Dritten, ausgenommen die vorweggenommene – notariell beurkundete – Auseinandersetzung unter künftigen gesetzlichen Erben über ihren gesetzlichen Erb- oder Pflichtteil (§ 311b IV BGB). Während ein Erbteil auch als Ganzes übertragen werden kann (→ Erbengemeinschaft), kann der Alleinerbe den Erbschaftskauf nur durch Einzelübertragung der Nachlassge-

genstände und der → Surrogate nach den jeweils hierfür geltenden Vorschriften – → Übereignung, Abtretung usw – erfüllen (§ 2374 BGB). Auf den Erbschaftskauf finden grds. die Vorschriften über den → Kauf Anwendung; doch entfällt eine → Gewährleistung für Sachmängel, es sei denn, er hat diese arglistig verschwiegen oder eine → Garantie übernommen (§ 2376 II BGB). Die Haftung des Verkäufers für Rechtsmängel beschränkt sich auf erbrechtliche Mängel, zB Bestehen und Umfang des Erbrechts (§ 2376 I BGB). Von dem Abschluss des Erbschaftskaufs an, mit dem bereits – abweichend vom Kaufrecht – die Gefahr des zufälligen Untergangs der Erbschaftsgegenstände auf den Käufer übergeht (§ 2380 BGB), haftet der Käufer als Gesamtschuldner (→ Gesamtschuld) neben dem Erben für die → Nachlassverbindlichkeiten (§ 2382 BGB; im Innenverhältnis ist der Käufer dem Verkäufer gegenüber verpflichtet, die Nachlassverbindlichkeiten zu erfüllen (§ 2378 BGB), er kann sich allerdings, sofern dies der Verkäufer nicht bereits verwirkt hat, auf die → Beschränkung der Erbenhaftung berufen (§ 2383 BGB).

Erbschaftsklage
→ Erbschaftsanspruch.

Erbschaftsverwaltung
→ Vorerbe, → Erbe, vorläufiger.

Erbschein
1. Erbschein ist das amtliche Zeugnis des → Nachlassgerichts, in dem die Person des → Erblassers und des (der) → Erben, die Größe der → Erbteile sowie ggf. Beschränkungen des Erbrechts durch Einsetzung eines → Nacherben oder eines → Testamentsvollstreckers anzugeben sind (§ 2353 BGB, § 2363 BGB); nicht aufzunehmen sind dagegen Angaben über den Umfang des → Nachlasses oder → Nachlassverbindlichkeiten wie zB → Pflichtteile oder → Vermächtnisse. Der Erbschein wird nur auf Antrag erteilt; antragsberechtigt sind der endgültige Erbe oder Miterbe, ein → Nachlass- oder Erbengläubiger, der einen Titel zur Zwangsvollstreckung besitzt (§ 792 ZPO, § 896 ZPO), der → Nachlassverwalter, der Nachlassinsolvenzverwalter (→ Nachlassinsolvenzverfahren) und der → Testamentsvollstrecker, nicht dagegen der → vorläufige Erbe, der → Ersatzerbe und der → Nacherbe vor dem Anfall der Erbschaft an ihn sowie der → Nachlasspfleger. Das Verfahren in Erbscheinssachen ist in §§ 352 f. FamFG geregelt.

2. Der Erbschein kann als Alleinerbschein für den Alleinerben, als gemeinschaftlicher Erbschein für alle Miterben (§ 352a FamFG), als Teilerbschein über den Erbteil eines Miterben, als gemeinschaftlicher Teilerbschein über die Erbteile mehrerer, aber nicht aller Miterben – zB bei → Verschollenheit eines Miterben – oder ausnahmsweise als gegenständlich beschränkter Erbschein (auf Vermögen im Inland § 352c FamFG) erteilt werden. Zur Begründung des Antrags sind eine Reihe von Nachweisen (zB Vorlage des Testaments, Todesnachweis ua), uU auch → eidesstattliche Versicherungen erforderlich; das Nachlassgericht hat selbst Ermittlungen anzustellen und den Erbschein nach Anhörung der Beteiligten nur zu erteilen, wenn es die zur Begründung des Antrags erforderlichen Tatsachen für festgestellt erachtet (§ 352e FamFG). Ein formell (zB wegen fehlenden Antrags) oder materiell unrichtiger oder unrichtig gewordener Erbschein ist vom Nachlassgericht einzuziehen (§ 2361 BGB); kann er nicht erlangt werden, so ist er für kraftlos zu erklären (§ 353 FamFG). Der wirkliche Erbe kann von dem Besitzer eines unrichtigen Erbscheins dessen Herausgabe an das Nachlassgericht verlangen (§ 2362 BGB), insbes. nach Feststellung seines Erbrechts im Rechtsstreit.

3. Ist ein Erbschein erteilt, so wird zugunsten des darin als Erben Ausgewiesenen zur Beweiserleichterung, besonders in einem Rechtsstreit und im Grundbuchverkehr (vgl. § 35 GBO), widerlegbar vermutet, dass ihm das angegebene Erbrecht zusteht (positive Vermutung) und dass es nicht durch weitere, nicht aufgeführte Anordnungen beschränkt ist (negative Vermutung, § 2365 BGB). Ferner gilt im Rahmen dieser Vermutung gegenüber Dritten, die von dem im Erbschein als Erbe Bezeichneten einen Erbschaftsgegenstand oder ein Recht hieran erwerben oder die an diesen auf Grund eines zur Erbschaft gehörenden Rechts eine Leistung erbringen usw, der Inhalt des Erbscheins als richtig (§§ 2366 f. BGB). Der Erbschein genießt also beim Erwerb vom nichtberechtigten Erben oder bei Leistung an ihn → öffentlichen Glauben; dh der Erwerb ist auch dann wirksam, wenn der Erbschein inhaltlich unrichtig war, es sei denn der Dritte kannte die Unrichtigkeit des ausgestellten Erbscheins. Wegen dieser Wirkung des Erbscheins ist im Interesse der Verkehrssicherheit gegen seine Erteilung für andere Beteiligte keine Beschwerde, sondern nur die Anregung auf Einziehung (s. o.) gegeben.

Erbteil
ist der Anteil eines Miterben (→ Erbe) an der → Erbschaft. Auf den Erbteil finden grds. die Vorschriften über die → Erbschaft entsprechende Anwendung (§ 1922 II BGB). Werden einige von mehreren Erben auf ein und denselben Bruchteil der Erbschaft eingesetzt (gemeinschaftlicher Erbteil, zB: „meine Söhne erhalten die Hälfte meines Vermögens"), so bilden sie gegenüber den übrigen Miterben eine Einheit und haben den gemeinschaftlichen Erbteil nach den allgemeinen Teilungsvorschriften, dh im Zweifel nach Köpfen, aufzuteilen (§ 2093 BGB, §§ 2089 f. BGB). → Erbfolge, → Erbengemeinschaft (insbes. zur Übertragung des Erbteils).

Erbteilskauf
→ Erbschaftskauf.

Erbteilung
→ Erbengemeinschaft (2).

Erbunfähigkeit
Eine Klausel in einer → Verfügung von Todes wegen, durch die ein an sich berufener → Erbe von der Erbfolge ausgeschlossen wird, wenn er bestimmte Voraussetzungen nicht erfüllt (zB nicht in bestimmten Familienverhältnissen lebt), ist grds. zulässig. Grenze der → Testierfreiheit des Erblassers ist auch hier das Verbot der → Sittenwidrigkeit (§ 138 I BGB).

Erbunwürdigkeit
Erbunwürdig ist, wer den → Erblasser vorsätzlich und widerrechtlich getötet oder zu töten versucht hat, wer den Erblasser vorsätzlich und widerrechtlich verhindert oder durch arglistige Täuschung oder Drohung bestimmt hat, eine → Verfügung von Todes wegen zu errichten oder aufzuheben, und wer sich hinsichtlich einer Verfügung von Todes wegen gegenüber dem Erblasser eines strafbaren Urkundendelikts – → Urkundenfälschung, → Urkundenunterdrückung – schuldig gemacht hat (§ 2339 BGB). Das Gleiche gilt für einen Vermächtnisnehmer oder einen Pflichtteilsberechtigten (Vermächtnisunwürdigkeit, Pflichtteilsunwürdigkeit, § 2345 BGB). Die Erbunwürdigkeit führt jedoch nicht automatisch zum Ausschluss des Betroffenen. Sofern der Erblasser dem Erbunwürdigen nicht verziehen hat (§ 2343 BGB), gilt der → Erbanfall an den Erbunwürdigen nur dann als nicht erfolgt, wenn die Erbunwürdigkeit auf eine binnen Jahresfrist seit Kenntnis von dem Anfechtungsgrund zu erhebende Anfechtungsklage eines Nachberechtigten hin gerichtlich ausgesprochen worden ist (§§ 2340 ff. BGB). Die Erbschaft fällt dann rückwirkend auf den Zeitpunkt des → Erbfalls dem Nächstberufenen zu (§ 2344 BGB). Bei Vermächtnis- und Pflichtteilsunwürdigkeit genügt zur Anfechtung eine formlose Erklärung des Nachberufenen (§ 2345 BGB). Von der Erbunwürdigkeit zu unterscheiden ist die vom Erblasser durch letztwillige Verfügung vorgenommene → Pflichtteilsentziehung.

Erbvertrag
Der Erbvertrag ist eine → Verfügung von Todes wegen. In ihm kann der → Erblasser einseitig jede Verfügung treffen, die auch durch → Testament getroffen werden kann. Es gelten dann die gleichen Vorschriften, wie wenn die Verfügung durch Testament getroffen worden wäre (zB jederzeitiger → Widerruf durch den Erblasser möglich) mit der Besonderheit, dass mit Wegfall des Erbvertrags im Zweifel auch die einseitige Verfügung außer Kraft tritt (§ 2299 BGB). Darüber hinaus kann jedoch der Erblasser durch Erbvertrag mit vertragsmäßig bindender Wirkung einen → Erben (Vertragserbe) einsetzen, ein → Vermächtnis oder eine → Auflage anordnen; andere Verfügungen können vertragsmäßig nicht getroffen werden (§ 1941 I BGB, § 2278 BGB). Vertragserbe oder Vermächtnisnehmer kann sowohl der Vertragspartner des Erblassers als auch ein Dritter sein (§ 1941 II BGB); in diesem Fall ist der Erbvertrag ein → Vertrag zugunsten Dritter (§ 328 BGB).

Der Erblasser – dies können auch beide Vertragspartner sein, sog. zweiseitiger oder gemeinschaftlicher Erbvertrag, vgl. § 2289 BGB – kann den Erbvertrag nur persönlich, dh nicht durch einen Vertreter schließen (§ 2274 BGB). Er muss unbeschränkt → geschäftsfähig sein, ausgenommen Ehegatten und Verlobte mit Zustimmung ihres → gesetzlichen Vertreters; hier genügt beschränkte Geschäftsfähigkeit (§ 2275 BGB). Der Erbvertrag kann nur zur Niederschrift eines → Notars bei gleichzeitiger Anwesenheit beider Vertragspartner geschlossen werden; die Vorschriften über die Errichtung eines öffentlichen Testaments gelten entsprechend (§ 2276 I BGB). Der Erbvertrag zwischen Ehegatten oder Verlobten kann mit einem → Ehevertrag verbunden werden; seine Fortgeltung hängt dann von dessen Schicksal ab, auch genügt die für diesen vorgeschriebene Form (§ 2276 II BGB). Der Erbvertrag soll wie ein öffentliches Testament verschlossen und amtlich verwahrt werden (§ 2277 BGB, § 2300 BGB).

Inhaltlich gelten auch für vertragsmäßige Zuwendungen grds. die gleichen Vorschriften wie für einseitige letztwillige Verfügungen zB über die Auslegung (§ 2279 BGB); bei gegenseitiger Erbeinsetzung von Ehegatten gilt auch hier die Vermutung für das Vorliegen eines sog. → Berliner Testaments (§ 2280 BGB, § 2269 BGB). Der Erbvertrag beschränkt jedoch die → Testierfreiheit des Erblassers. Eine frühere letztwillige Verfügung wird durch den Erbvertrag insoweit aufgehoben, als sie das Recht des vertragsmäßig Bedachten wirtschaftlich beeinträchtigen würde (§ 2289 BGB). Nachträgliche abweichende Verfügungen von Todes wegen (Testamente oder Erbverträge mit Dritten) sind grds. im gleichen Umfang unwirksam, sofern dem Erblasser nicht ein Abweichen von dem Erbvertrag in diesem vorbehalten wurde, die Voraussetzungen für die → Pflichtteilsentziehung in guter Absicht (§ 2289 II BGB, § 2338 BGB) vorliegen oder die erbvertragliche Bindung, zB durch Rücktritt (vgl. § 2293 BGB), wegfällt. Dagegen wird durch den Erbvertrag das Recht des Erblassers, über sein Vermögen durch → Rechtsgeschäft unter Lebenden zu verfügen, grds. nicht beschränkt (§ 2286 BGB), sofern nicht ein Missbrauch dieses freien Verfügungsrechts zur → Sittenwidrigkeit des Rechtsgeschäfts (§ 138 BGB) führt; der Erblasser kann sich allerdings gleichzeitig durch schuldrechtlichen Vertrag dazu verpflichten, auch auf abweichende Verfügungen unter Lebenden zu verzichten (§ 137 S. 2 BGB). Bei → Schenkungen unter Lebenden (dies grds. auch bei sog. → unbenannten Zuwendungen unter Ehegatten, sofern nicht zur Alterssicherung oder Abgeltung von Unterhalt oder Diensten erbracht, BGHZ 116, 167, 178), die nach Vertragsabschluss von dem Erblasser in der Absicht gemacht wurden, den Vertragserben zu schädigen, kann von dem Beschenkten Herausgabe nach den Vorschriften über die → ungerechtfertigte Bereicherung verlangen (§ 2287 BGB); die regelmäßige Verjährungsfrist (→ Verjährung, 4) beginnt mit dem → Erbfall. Im gleichen Sinn ist ein vertragsmäßig bedachter Vermächtnisnehmer gegen absichtliche Zerstörung, Veräußerung oder Belastung des vermachten Gegenstands durch einen Anspruch gegen den Erben auf belastungsfreie Beschaffung des Gegenstands bzw. Wertersatz geschützt (§ 2288 BGB).

Der Erbvertrag kann unter den gleichen Voraussetzungen wie ein Testament (→ Anfechtung letztwilliger Verfügungen § 2078 BGB, § 2079 BGB) auch vom Erblasser wegen Irrtums, Drohung oder arglistiger Täuschung angefochten werden. Die Anfechtung kann nur vom Erblasser persönlich binnen Jahresfrist seit Kenntnis vom Anfechtungsgrund erfolgen; sie setzt volle oder beschränkte → Geschäftsfähigkeit voraus (sonst durch den gesetzlichen Vertreter) und bedarf notarieller Beurkundung (§ 2282 BGB, § 2283 BGB). Der Erblasser kann die anfechtbare Erklärung allerdings auch formlos (§ 144 II BGB) bestätigen. Die sonstigen Anfechtungsberechtigten (§ 2080 BGB, → Anfechtung letztwilliger Verfügungen) können den Erbvertrag nicht mehr anfechten, wenn das Anfechtungsrecht des Erblassers zzt des Erbfalls infolge Fristablaufs oder Bestätigung bereits erloschen war (§ 2285 BGB).

Die Bindungswirkung des Erbvertrags für vertragliche Verfügungen (s. o.) kann beseitigt werden durch Aufhebungsvertrag seitens der vertragschließenden Personen unter den gleichen Voraussetzungen wie bei der Errichtung des Erbvertrags (§ 2290 BGB, § 2276 BGB). Ein zwischen Ehegatten geschlossener Erbvertrag kann auch durch → gemeinschaftliches Testament (§ 2292 BGB), die vertragsmäßige Zuwendung eines Vermächtnisses oder einer Auflage (also nicht Erbeinsetzung) auch durch einseitiges Testament des Erblassers mit notariell beurkundeter unwiderruflicher Zustimmung des anderen Vertragspartners aufgehoben werden (§ 2291 BGB). Der Erblasser kann ferner (nur persönlich und durch notariell beurkundete Erklärung gegenüber dem anderen Vertragspartner bzw. nach dessen Tod durch Testament, § 2296 BGB, § 2297 BGB) von dem Erbvertrag zurücktreten, wenn er sich den Rücktritt in dem Vertrag vorbehalten hat (§ 2293 BGB), wenn der Bedachte sich einer Verfehlung schuldig macht, die den Erblasser zur → Pflichtteilsentziehung berechtigen würde (§ 2294 BGB), oder wenn eine als Gegenleistung für den Erbvertrag zugunsten des Erblassers übernommene Unterhaltsverpflichtung in Wegfall kommt (§ 2295 BGB). Keine Erbverträge sind der → Erbverzicht sowie Rechtsgeschäfte unter Lebenden wie der → Erbschaftskauf, die Übertragung des Erbteils (→ Erbengemeinschaft) und der Vertrag über den Nachlass eines noch lebenden Dritten. Dieser ist grds. aus sittlichen Erwägungen nichtig, sofern er nicht unter künftigen gesetzlichen Erben (gesetzliche → Erbfolge) über den gesetzlichen Erbteil oder → Pflichtteil eines von ihnen in notariell beurkundeter Form geschlossen wird (§ 311b IV BGB). Sa → Schenkung von Todes wegen.

Erbverzicht
Verwandte des → Erblassers und dessen Ehegatte können durch notariell beurkundeten Vertrag mit dem Erblasser auf ihr gesetzliches Erbrecht (→ Erbfolge) – und damit idR auf ihr Pflichtteilsrecht – verzichten (§ 2346 ff. BGB), ebenso Testamentserben und Vermächtnisnehmer auf die ihnen in einem → Testament oder → Erbvertrag gemachten Zuwendungen (§ 2352 BGB). Über die Pflicht zur Mitwirkung des → gesetzlichen Vertreters oder des → Familien- oder Betreuungsgerichts bei beschränkt geschäftsfähigen oder unter → Betreuung stehenden Vertragspartnern vgl. § 2347 BGB. Die Folge des Erbverzichts ist der Ausschluss von der Erbfolge und idR auch vom Pflichtteilsrecht, wie wenn der Verzichtende im Zeitpunkt des Erbfalls nicht gelebt hätte. Der Verzicht erstreckt sich im Zweifel auf Abkömmlinge (§ 2349 BGB); er kann auch nur für den Fall abgegeben werden, dass ein anderer Erbe wird (§ 2350 BGB). Der Erbverzicht ist als abstraktes erbrechtliches Verfügungsgeschäft (weder Erbvertrag noch Schenkung) an sich von der meist hiermit verbundenen Abfindung des Erben unter Lebenden unabhängig; doch können beide Parteien Leistung und Gegenleistung so miteinander verbinden, dass der Erbverzicht bei Unwirksamkeit der Abfindung gleichfalls nichtig ist.

Erdaufschlüsse
sind Arbeiten, die tief in den Boden eindringen (zB zum Brunnenbau, zur Gewinnung von → Erdwärme oder zum Bergbau). Sie sind vor Beginn der Arbeiten zumindest gem. § 49 WHG anzuzeigen. Wird unbeabsichtigt → Grundwasser erschlossen, ist dies unverzüglich anzuzeigen. Auf Landesebene können abweichende Regelungen getroffen werden.

Erdgassteuer
wird im Rahmen der → Energiesteuer erhoben.

Erdölbevorratung
regelt das Erdölbevorratungsgesetz (ErdölBevG) v. 16.1.2012 (BGBl. 2012 I 74) mÄnd. Es verpflichtet den Erdölbevorratungsverband, Vorräte an Erdöl und Erdölerzeugnissen in Höhe der durchschnittlichen Einfuhren von 90 Tagen zur Sicherung der Energieversorgung zu halten. Mitglieder des Verbandes sind die Mineralölunternehmen. Der Erdölbevorratungsverband (EBV) wurde im Jahre 1978 auf der Grundlage des Erdölbevorratungsgesetzes (ErdölBevG) als Körperschaft des öffentli-

chen Rechts mit Sitz in Hamburg errichtet. → Sicherstellungsgesetze → Gasversorgung → Energiesicherung.

Erdwärme
Erdwärme oder Geothermie ist eine Form → erneuerbarer Energien. Sie gehört zu den bergfreien → Bodenschätzen. Sa → Erdaufschlüsse.

Ereignis, unabwendbares
→ Verschulden (4), → Straßenverkehrshaftung (2b).

Erfahrungssätze, Verstoß gegen –
→ Revision (3).

Erfassung Wehrpflichtiger
1. Mit der → Aussetzung der Wehrpflicht findet eine Erfassung Wehrpflichtiger nur mehr im → Spannungsfall oder → Verteidigungsfall statt. Die Erfassung Wehrpflichtiger ist in diesem Fall die den Meldebehörden der Länder gemäß § 15 WPflG obliegende Anlage und Führung von Personennachweisen für die Wehrpflichtigen. Nach § 15 WPflG darf die Erfassungsbehörde die im Melderegister gespeicherten personenbezogenen Daten nutzen. Die Erfassungsbehörde fordert die Betroffenen auf, fehlerhafte Daten richtig zu stellen. Die Betroffenen sind verpflichtet, sich nach Aufforderung persönlich bei der Erfassungsbehörde zu melden. Bei unentschuldigtem Fernbleiben kann Vorführung durch die Polizei angeordnet werden (§ 44 II WPflG). Die Erfassungsbehörde übermittelt der Wehrersatzbehörde Familiennamen, frühere Namen, Vornamen, Doktorgrad, Tag und Ort der Geburt und gegenwärtige Anschrift (→ Wehrersatzwesen; → Wehrpflicht).

2. Außerhalb des Spannungs- oder Verteidigungsfalles übermitteln die Meldebehörden nunmehr gemäß § 58 WPflG jeweils bis 31.3. jeden Jahres dem Bundesamt für Wehrverwaltung die Daten von Personen deutscher → Staatsangehörigkeit, die im nächsten Jahr volljährig (→ Volljährigkeit) werden, zum Zweck der Übersendung von Informationsmaterial über den Dienst in den Streitkräften. Die erhobenen Daten dürfen nur zu diesem Zweck verwendet werden. Sie sind auf Verlangen der Betroffenen, spätestens aber ein Jahr nach erstmaliger Speicherung zu löschen.

Erfinder(be)nennung
ist die namentliche Bezeichnung des Erfinders (→ Erfindung), die in der Patentschrift (→ Patentanmeldung) sowie bei der Patenterteilung vorzunehmen ist (§ 63 PatG). Sie unterbleibt auf Antrag des Erfinders und kann nachgeholt oder berichtigt werden.

Erfinderrecht
Das Erfinderrecht ist Ausfluss der Theorie vom → geistigen Eigentum. Es entsteht aufgrund der → Erfindung von selbst in der Person des Erfinders, auch bei der → Arbeitnehmererfindung. Es umfasst bei einem Patent das Recht, als Erfinder genannt, bezeichnet und anerkannt zu werden (sog. Erfinderehre, § 63 PatG), das Recht, über das Schicksal der Erfindung zu entscheiden (Veröffentlichung oder Geheimhaltung, Anmeldung des Schutzrechts oder Freigabe zur Benutzung), vor allem aber das Recht, die Erfindung zu nutzen (selbst oder durch → Lizenzverträge), und das Recht auf Schutz durch ein → Patent (§ 6 PatG) oder → Gebrauchsmuster. Das gesetzlich geschützte Erfinderrecht ist ein absolutes Recht (jedoch kein dingliches Recht, vgl. BGH 19.3.2024 – X ZR 9/23, GRUR 2024, 836 Rn. 24 – Automatisierte Wärmebehandlung) und allgemein durch § 823 Abs. 1 BGB und entsprechend § 1004 Abs. 1 BGB geschützt (→ unerlaubte Handlung, → Unterlassungsanspruch); das Recht auf das Patent ist vererblich und übertragbar (§ 15 PatG).

Erfindung
Obwohl die Erfindung der zentrale Begriff im Patentrecht wie im Gebrauchsmusterrecht ist (denn die Erteilung eines → Patent setzt gem. § 1 PatG wie auch der Schutz über ein → Gebrauchsmusters gem. § 1 GebrMG eine Erfindung voraus), findet sich weder im PatG noch im GebrMG eine Definition der Erfindung. Auch das ArbNErfG definiert die Erfindung nicht generell, sondern definiert eine Erfindung iSd ArbNErfG als eine solche, die patent- oder gebrauchsmusterfähig ist, § 2 ArbNErfG. Gemeinhin versteht man unter einer Erfindung eine Lehre zum technischen Handeln; sie muss die Lösung eines technischen Problems mit technischen Mitteln darlegen (also nicht lediglich eine bloße Idee beinhalten). Eine Patenterteilung oder Gebrauchsmusterschutz ist nur für eine Erfindung möglich, die neu ist, also nicht zum Stand der Technik gehört (→ Patentfähigkeit); sie darf sich für den Fachmann ferner nicht in nahe liegender Weise aus dem Stand der Technik ergeben (sog. Erfindungshöhe). Erfinder kann nur eine natürliche Person sein, nämlich wer durch seine persönliche geistige Leistung die Lehre zum technischen Handeln entwickelt hat. Bei einer Doppel-Erfindung (dieselbe Erfindung wird von mehreren unabhängig voneinander gemacht) hat jeder Erfinder das Recht auf das Patent oder Gebrauchsmuster (→ Erfinderrecht), wobei die Priorität der Anmeldung entscheidet; Miterfinder (auf Grund Zusammenarbeit) erwerben das Recht in Gemeinschaft (§ 6 PatG).

Erfindung, gebundene
→ Diensterfindung; → Arbeitnehmererfindung.

Erfolgsabwendungspflicht
(Garantenpflicht) → Unterlassungsdelikt.

Erfolgsbeteiligung
Eine Erfolgsbeteiligung ist (über den regelmäßigen → Arbeitslohn hinaus) die vereinbarte Beteiligung eines → Arbeitnehmers am Gewinn des Unternehmens, zB in Form einer Prämie, → Tantieme. Wenn eine Prämie für die Erreichung bestimmter Ziele (Zielverein-

barung) vereinbart wurde, ist je nach Formulierung der Arbeitgeber verpflichtet, zeitgerecht konkrete Ziele vorzuschlagen, anderenfalls kann der Arbeitnehmer die Prämie als Schadensersatz verlangen. Es kann aber auch vereinbart werden, dass der Arbeitnehmer die oft jährlich zu vereinbarenden Ziele vorschlagen muss oder keine Seite eine solche Obliegenheit trifft. Kennt der Arbeitnehmer die zahlenmäßigen Grundlagen einer Erfolgsbeteiligung nicht, muss er im Wege der Stufenklage zunächst auf Abrechnung klagen.

Erfolgsdelikt
Anhand ihrer inneren Struktur lassen sich Straftatbestände in Erfolgsdelikte und Tätigkeitsdelikte unterscheiden. Während der Tatbestand eines Tätigkeitsdelikts bereits allein durch Vornahme der umschriebenen Tathandlung erfüllt wird, zeichnet sich ein Erfolgsdelikt dadurch aus, dass die Tathandlung eine von ihr abtrennbare, sichtbare Änderung der Außenwelt (den sog. Erfolg) herbeiführen muss. Zwischen Tathandlung und Erfolg muss eine Kausalbeziehung bestehen (→ Kausalität im Strafrecht, → Bedingungstheorie); zudem muss nach heute überwiegend vertretener Auffassung eine → objektive Zurechnung des Erfolgs möglich sein. Bei vorsätzlichen Erfolgsdelikten sind der Erfolgseintritt und der Kausalverlauf Bezugspunkte des Vorsatzes, beim fahrlässigen Erfolgsdelikt müssen beide für den Täter objektiv vorhersehbar gewesen sein. Beispiele für Erfolgsdelikte bilden die Tötungsdelikte (Erfolg ist hier der Tod eines anderen Menschen), die Körperverletzungsdelikte (Erfolg ist hier eine körperliche Misshandlung oder Gesundheitsschädigung eines anderen Menschen) oder auch die Nötigung (Erfolg ist das abgenötigte Tun, Dulden oder Unterlassen des Opfers). Zu den Erfolgsdelikten zählen auch die konkreten → Gefährdungsdelikte, nicht dagegen die abstrakten Gefährdungsdelikte, die eine wesentliche Gruppe der Tätigkeitsdelikte bilden. Eine wichtige Kategorie von → Qualifikationstatbeständen bilden die → erfolgsqualifizierten Delikte.

Erfolgshaftung
→ Verschulden (4).

Erfolgshonorar
→ Rechtsanwaltsgebühr (1).

Erfolgsqualifiziertes Delikt
wird ein → Qualifikationstatbestand genannt, bei dem das Gesetz an den Eintritt bestimmter schwerer Folgen eine strengere Strafdrohung knüpft, so zB bei Gesundheitsschädigung oder Tod nach Sexualstraftaten, Körperverletzung, Freiheitsberaubung, Raub, Brandstiftung (§§ 176b, 178, 226, 227, 239, 251, 306b, 306c StGB). Die erhöhte Strafbarkeit setzt hier nur voraus, dass der Täter die schwere Folge wenigstens fahrlässig herbeigeführt hat (§ 18 StGB; manche erfolgsqualifizierten Delikte setzen jedoch Leichtfertigkeit, also ein erhöhtes Maß an Fahrlässigkeit voraus, zB § 251 StGB). Der Vorsatz des Täters muss sich folglich auf den Eintritt der schweren Folge nicht beziehen. Die erfolgsqualifizierten Delikte bilden damit spezielle Vorsatz-Fahrlässigkeits-Kombinationen, die aber nach § 11 II StGB insgesamt wie → Vorsatzdelikte zu behandeln sind. In Konsequenz sind Vorschriften des Allgemeinen Teils des StGB, die sich nur auf Vorsatzdelikte beziehen, auch auf erfolgsqualifizierte Delikte anwendbar. Das gilt namentlich für die verschiedenen Beteiligungsformen. So sind Anstiftung und Beihilfe zu einem erfolgsqualifizierten Delikt möglich, wobei sich auch beim Teilnehmer der Vorsatz nicht auf die schwere Folge beziehen muss, sondern ausreicht, wenn er insoweit selbst fahrlässig handelt. Möglich ist zudem der Versuch eines erfolgsqualifizierten Deliktes (iE str.): Kommt es nur zum → Versuch des Grunddelikts, tritt aber bereits damit die schwere Folge ein (sog. erfolgsqualifizierter Versuch), liegt ein strafbarer Versuch des erfolgsqualifizierten Deliktes vor, wenn sich dadurch die von der Verletzungshandlung ausgehende deliktstypische Gefahr verwirklicht (BGH NJW 2003, 150). Möglich ist ein Versuch des erfolgsqualifizierten Deliktes auch in der Form, dass der Täter die schwere Folge vorsätzlich anstrebt, diese aber nicht eintritt (sog. versuchte Erfolgsqualifikaton).

Erfrischungsgetränke
→ Fruchtsäfte.

Erfüllbarkeit
→ Leistungszeit.

Erfüllung
Erfüllung ist das Bewirken der Leistung (zB Zahlung Kaufpreis, Übereignung Kaufsache) und führt zur Tilgung der Schuld. Das → Schuldverhältnis erlischt, wenn die geschuldete Leistung an den Gläubiger bewirkt wird, § 362 BGB. Regelmäßig wird der Schuldner selbst erfüllen (Erfüllung durch einen Dritten s. → Leistung, → Ablösungsrecht). Die Leistung ist idR an den Gläubiger (oder dessen → Vertreter; s. aber → Quittung, → Pfandrecht) zu erbringen; bei Leistung an einen Dritten zum Zwecke der Erfüllung finden die Vorschriften über die Verfügung eines → Nichtberechtigten (→ Genehmigung des Gläubigers) entsprechende Anwendung (§ 362 II BGB, § 185 BGB; s. auch → Vertrag zugunsten Dritter). Über die Art und Weise der geschuldeten Leistung s. → Leistungsort, → Leistungszeit, → Treu und Glauben. Str. ist, ob neben der tatsächlichen Erfüllungshandlung, ein rechtsgeschäftlicher Erfüllungswille des Schuldners und ein entsprechender Annahmewille des Gläubigers Voraussetzung einer rechtswirksamen Erfüllung ist, ob also insbes. zur Erfüllung → Geschäftsfähigkeit erforderlich ist. Nach dem Inhalt der geschuldeten Leistung ist zu unterscheiden: Besteht diese in einer bloßen Handlung oder Unterlassung (zB → Werkvertrag), so genügt die rein tatsächli-

che Erbringung (Theorie der realen Leistungsbewirkung); in anderen Fällen, insbes. bei Lieferung von Waren, Übersendung von Geld, wird entweder ein Erfüllungsvertrag (Vertragstheorie) oder die Bestimmung durch den Schuldner (s. u.) und die Empfangsberechtigung des Gläubigers, die Geschäftsfähigkeit voraussetzen (hM), gefordert. Zahlung ist regelmäßig Erfüllung; ebenso ist idR die Gewährung eines Vorschusses eine vorweggenommene Teilbefriedigung (kein → Darlehen). Auch eine Leistung unter Vorbehalt, zB um eine drohende → Zwangsvollstreckung abzuwenden, ist eine Erfüllung, die der Gläubiger anzunehmen verpflichtet ist; der Schuldner behält sich hier nur ausdrücklich das Recht zur Rückforderung des Geleisteten aus → ungerechtfertigter Bereicherung vor. Lehnt der Gläubiger die Annahme der Erfüllung ab, so gerät er in → Gläubigerverzug.

Hat der Schuldner mehrere Schuldverhältnisse zu erfüllen, so wird zunächst die Schuld getilgt, die er bei der Leistung bestimmt. Trifft der Schuldner keine Bestimmung, so werden zunächst angefallene Kosten, dann → Zinsen und zuletzt die Hauptsache getilgt (abweichend hiervon beim → Verbraucherdarlehensvertrag , 7). Von mehreren Schulden wird mangels Bestimmung durch den Schuldner zunächst die fällige → Schuld, unter mehreren fälligen diejenige, die dem Gläubiger geringere Sicherheit bietet (→ Pfandrecht, → Bürgschaft), unter mehreren gleich sicheren die dem Schuldner lästigere (zB wegen höherer Verzinsung, Vertragsstrafe usw), unter mehreren gleich lästigen die ältere Schuld und bei gleich alten Schulden jede verhältnismäßig getilgt, §§ 366, 367 BGB.

Der Schuldner trägt die Beweislast dafür, dass erfüllt worden ist. Hat der Gläubiger eine ihm als Erfüllung angebotene Leistung als solche angenommen, so trifft jedoch ihn → Beweislast, wenn er die Leistung nicht als Erfüllung gelten lassen will, insbes. weil diese eine andere als die geschuldete Leistung oder mangelhaft gewesen sei (Beweislastumkehr, § 363 BGB). Wird eine andere als die geschuldet Leistung erbracht, ist dies keine Erfüllung, das Schuldverhältnis kann aber ggf. dennoch erlöschen, s. → Leistung an Erfüllungs Statt, erfüllungshalber. S. ferner → Quittung, → Schuldschein.

Erfüllungs Statt
→ Leistung an Erfüllungs Statt, erfüllungshalber.

Erfüllungsgehilfe
Erfüllungsgehilfe ist, wer mit Willen des Schuldners bei der Erfüllung einer diesem obliegenden Verbindlichkeit als dessen Hilfsperson tätig wird (zB Handwerksgeselle bei Reparaturen im Auftrag des Meisters). Die Tätigkeit des Erfüllungsgehilfen muss zum Pflichtenkreis des Schuldners gehören. Die Art der zwischen dem Schuldner und dem Erfüllungsgehilfen bestehenden rechtlichen Beziehung ist ohne Belang, ebenso, ob der Erfüllungsgehilfe dem Schuldner weisungsunterworfen ist. Unerheblich ist auch, ob der Erfüllungsgehilfe zugleich auch eine eigene Verbindlichkeit erfüllen will (zB der Spediteur des Mieters in dessen Verhältnis zum Vermieter; anders beim → Versendungskauf). Der Schuldner muss sich das Verhalten des Erfüllungsgehilfen zurechnen lassen und haftet für des → Verschulden (s. dort 3) in gleichem Umfang wie für eigenes Verschulden (ebenso bei Mitverschulden), § 278 BGB. Eine Haftung entfällt jedoch, wenn die schädigende Handlung vom Erfüllungsgehilfen nicht in Erfüllung der Verbindlichkeit des Schuldners, sondern gelegentlich dieser vorgenommen wurde (zB der Erfüllungsgehilfe begeht anlässlich der Erfüllungshandlung einen Diebstahl). Der Erfüllungsgehilfe ist zu unterscheiden vom Verrichtungsgehilfen (→ unerlaubte Handlung, 5a), der von einem anderen zu einer Verrichtung bestellt ist, auch wenn diese nicht in Erfüllung einer Vertragsleistung besteht. Fügt der Verrichtungsgehilfe dabei einem Dritten Schaden zu, so haftet der Auftraggeber nach § 831 BGB aus vermutetem eigenem Verschulden, aber mit der Möglichkeit des Entlastungsbeweises.

Erfüllungshalber
→ Leistung an Erfüllungs Statt, erfüllungshalber.

Erfüllungsinteresse
→ Schadensersatz (4).

Erfüllungsort
→ Leistungsort.

Erfüllungssurrogat
→ Leistung an Erfüllungs Statt, erfüllungshalber.

Erfüllungsübernahme
→ Vertrag zugunsten Dritter, → Schuldübernahme.

Ergänzende Schutzzertifikate
Ergänzende Schutzzertifikate tragen im → Patentrecht dem Problem Rechnung, dass bei einigen Produktgruppen die wirtschaftliche Nutzung erst nach einem Genehmigungsverfahren möglich ist, das deutlich länger dauert als das Patenterteilungsverfahren, so dass die Schutzdauer eines darauf erteilten Patents von 20 Jahren (§ 16 PatG, Art. 63 Abs. 1 EPÜ), die bereits mit dem Tag beginnt, der auf die → Patentanmeldung folgt, als für die Amortisation des Forschungsaufwands nicht ausreichend angesehen wird. Der Schutz kann deshalb durch ergänzende Schutzzertifikate gem. § 16a PatG und Art. 63 Abs. 2 EPÜ für Arzneimittel (vgl. VO (EG) 469/2009 v. 6.5.2009, ABl. EG 2009 L 152, 1 mÄnd) und für Pflanzenschutzmittel (vgl. VO (EG) 1610/96 v. 23.7.1996, ABl. EG 1996 L 198, 30 mÄnd) um bis zu fünf Jahre über die Laufzeit des Grundpatents hinaus verlängert werden.

Ergänzende Vertragsauslegung
→ Auslegung (2b).

Ergänzung des Gesetzes
→ Auslegung (1c), → Analogie.

Ergänzungsabgabe
→ Solidaritätszuschlag.

Ergänzungsbescheid
→ Besteuerungsverfahren.

Ergänzungspflegschaft
Für Minderjährige, die unter → elterlicher Sorge stehen, ist Ergänzungspflegschaft anzuordnen für die Angelegenheiten, an deren Besorgung die Eltern verhindert sind, sei es tatsächlich (zB durch Krankheit, Abwesenheit) oder rechtlich (§ 1809 BGB). Letzteres ist der Fall bei teilweiser Entziehung oder Verwirkung der elterlichen Sorge, Rechtsgeschäften zwischen dem Kind und seinen Eltern (§ 1629 II BGB, § 1824 II BGB, § 181 BGB), Verwaltung des letztwillig Zugewendeten, das von der Verwaltungsbefugnis der Eltern ausdrücklich ausgeschlossen wurde, u. dgl. Der Entzug der elterlichen Sorge stellt einen erheblichen Grundrechtseingriff in das Elternrecht dar und ist deshalb nur bei einer nicht anders abwendbaren Kindeswohlgefährdung zulässig (Art. 6 III GG, § 1666 BGB). Falls die elterliche Sorge danach gänzlich nicht mehr ausgeübt werden kann, tritt → Vormundschaft ein. Zuständig ist das → Familiengericht. Über die Wirkungen der Ergänzungspflegschaft vgl. → Pflegschaft. Die Ergänzungspflegschaft endet – außer durch Aufhebung nach Wegfall des Bedürfnisses – mit Beendigung der elterlichen Sorge oder der Vormundschaft; die Pflegschaft zur Besorgung einer einzelnen Angelegenheit, zB Vertragsabschluss, endet außerdem mit deren Erledigung (§ 1812 II BGB).

Ergänzungsrichter
Ein Ergänzungsrichter ist ein Richter, der über die gesetzlich bestimmte Zahl der mitwirkenden Richter hinaus in der Verhandlung anwesend ist und im Fall der Verhinderung eines Richter für diesen eintritt; entsprechendes gilt für Ergänzungsschöffen (§ 192 II, III GVG). Ergänzungsrichter werden nur bei Verhandlungen von längerer Dauer zugezogen, zB wenn zu befürchten ist, dass ein Richter durch Krankheit oder → Ablehnung ausfallen oder wegen Ruhestands oder Beförderung den Spruchkörper verlassen könnte.

Ergänzungsurteil
Ein Ergänzungsurteil ist ein Urteil, das ein vorangegangenes Urteil desselben Rechtszuges in einem versehentlich offen gelassenen Punkt ergänzt. Ein Ergänzungsurteil ergeht nur auf Antrag (§ 321 ZPO, § 120 VwGO, § 109 FGO, § 140 SGG).

Ergebnisabführungsvertrag
→ Gewinnabführungsvertrag.

Erhaltungsaufwand
sind Aufwendungen zur Instandhaltung und Instandsetzung von → Wirtschaftsgütern. Erhaltungsaufwand kann in voller Höhe als → Betriebsausgabe oder → Werbungskosten abgesetzt werden, während Herstellungskosten nur über die → Absetzung für Abnutzung (AfA) absetzbar sind. Neben Aufwendungen für laufende Instandhaltung können auch Aufwendungen für die Erneuerung von Teilen und Einrichtungen, die bereits in den Herstellungskosten enthalten sind, Erhaltungsaufwand sein, zB Austausch von Holzfenstern mit Einfachglas gegen Aluminiumfenster mit Doppelglas oder Ersatz intakter Kohle-Einzelöfen durch Öl-Warmwasser-Zentralheizung. Aus diesem Grund ist die Abgrenzung zwischen Erhaltungsaufwand und → Anschaffungs- und Herstellungskosten häufig schwierig.

Erhaltungsmaßnahmen
→ Mietvertrag (2), → Wohnraummietvertrag (1).

Erhaltungspflicht
→ Mietvertrag (2).

Erhaltungssatzung
Die Gemeinde kann in einem Bebauungsplan (→ Bauleitplan) oder durch eine sonstige → Satzung Gebiete bezeichnen, in denen zur Erhaltung der städtebaulichen Eigenart oder der Zusammensetzung der Wohnbevölkerung oder bei Umstrukturierungen der Abbruch, die Änderung oder die Nutzungsänderung baulicher Anlagen der Genehmigung bedürfen. Einzelheiten in §§ 172 ff. BauGB (→ Baugesetzbuch (BauGB)). Die Verfassungsmäßigkeit von § 172 BauGB wird vom BVerfG bejaht (NVwZ 1987, 879). Voraussetzung für den Erlass einer Erhaltungssatzung ist nicht, dass die Bevölkerung im Geltungsbereich in ihrer Zusammensetzung Besonderheiten gegenüber anderen Wohngebieten aufweist. Von den Gemeinden wird die Erhaltungssatzung auch eingesetzt, wenn wegen baulicher Aufwertung eines Gebiets die Gefahr der Verdrängung von einkommensschwächeren Bewohnern und damit einer Strukturänderung der derzeitigen Wohnbevölkerung besteht (vgl. BayVGH BayVBl. 1995, 372).

Erhebungsverfahren
ist ein Teil des → Besteuerungsverfahrens. Durch die Veranlagung wird die Steuer festgesetzt. Das Erhebungsverfahren regelt die anschließende Einziehung der Steuer; das Erhebungsverfahren enthält dementsprechend Regelungen über die Fälligkeit, → Stundung, Zahlungsaufschub, Zahlung, Aufrechnung, → Billigkeitserlass, → Zahlungsverjährung, Verzinsung, → Säumniszuschläge und → Sicherheitsleistung, s. §§ 218–248 AO. → Abrechnungsbescheid.

Erhebungszeitraum
ist der Zeitraum, für den die Steuer erhoben wird; bei der → Gewerbesteuer ist Erhebungszeitraum grundsätzlich das Kalenderjahr (§ 14 II GewStG). Vgl. → Besteuerungszeitraum, → Veranlagungszeitraum.

Erholung
1. Erholung in Natur und Landschaft regeln §§ 59–62 BNatSchG als Element des → Naturschutzes. Im Einzelnen gilt danach, dass gem. §§ 59, 60 BNatSchG das Betreten der freien Landschaft auf Straßen und Wegen sowie auf ungenutzten Grundflächen zum Zweck der Erholung auf eigene Gefahr allen gestattet ist. Beschränkungen können aus wichtigen Gründen angeordnet werden (sa → Betretungsrecht, → Nutzungsberechtigungen). Der Bund, die Länder und sonstige juristische Personen des öffentlichen Rechts stellen ihre, für die Erholung geeigneten Grundstücke der Allgemeinheit in angemessenem Umfang zur Verfügung (§ 62 BNatSchG).

2. Zur erlaubnisfreien Benutzung von oberirdischen → Gewässern s. dort.

Erholungsurlaub
→ Urlaub.

Erholungswald
→ Wald kann zum Erholungswald erklärt werden, wenn die Erholungsfunktion des Waldes (→ Forstrecht) dies im Interesse der Allgemeinheit erfordert (§ 13 BundeswaldG). Nach Landesrecht kann für Erholungswald die Bewirtschaftung und die Jagdausübung geregelt und beschränkt werden. Der Waldbesitzer kann verpflichtet werden, Erholungseinrichtungen zu dulden (Wege, Bänke, Schutzhütten u. dgl.). Für Erholungswald kann das Verhalten der Waldbesucher geregelt werden. Sa → Waldschutz; → Naturschutz.

Erinnerung
Die Erinnerung ist ein → Rechtsbehelf, der gegen Entscheidungen und Maßnahmen eines beauftragten oder ersuchten Richters, eines Rechtspflegers, Urkundsbeamten oder Gerichtsvollziehers in den gesetzlich bestimmten Fällen zugelassen ist (zB §§ 573, 766 ZPO, § 11 II RPflG). Über sie entscheidet das jeweils zuständige Gericht, so dass die Sache damit (im Gegensatz zur → Beschwerde) in der gleichen Instanz bleibt. IdR gestattet das Gesetz, dass der Erinnerung schon von der erstentscheidenden Stelle abgeholfen wird. S. → Vollstreckungserinnerung.

Erinnerungswert (Erinnerungsposten)
ist ein Merkposten in der → Bilanz in Höhe von regelmäßig 1 EUR für bereits abgeschriebene, jedoch im Betrieb noch vorhandene Wirtschaftsgüter.

Erkennendes Gericht
Das erkennende Gericht ist iS der Verfahrensordnungen (vgl. zB § 128 I ZPO, § 305 StPO) das Gericht, das im Einzelfall für den jeweiligen Rechtszug die endgültige Entscheidung zu treffen hat. Außerdem wird unter dem erkennenden Gericht auch das Gericht als Spruchkörper im Gegensatz zum Gericht als Anstalt (Verwaltungskörper) verstanden. → Prozessgericht.

Erkenntnis
Anders als im allgemeinen Sprachgebrauch „die Erkenntnis" ist „das Erkenntnis" im juristischen Sprachgebrauch die Bezeichnung für eine abschließende Entscheidung in einem Rechtszug durch das → erkennende Gericht. Das zum Erkenntnis führende Verfahren wird → Erkenntnisverfahren genannt.

Erkenntnisverfahren
Das Erkenntnisverfahren ist der Teil eines gerichtlichen Verfahrens, in dem der Rechtsstreit in der Sache selbst entschieden wird und der zu einem abschließenden Titel führt (idR durch → Urteil). Das Erkenntnisverfahren ist vom Vollstreckungsverfahren, welches sich anschließt, zu unterscheiden (→ Zwangsvollstreckung).

Erkennungsdienstliche Maßnahmen
Wenn eine → Identitätsfeststellung eines Beschuldigten zur Durchführung des Strafverfahrens notwendig ist oder wenn sie zur vorbeugenden Bekämpfung von Straftaten (Strafverfolgungsvorsorge) erforderlich ist, können als erkennungsdienstliche Maßnahmen die Abnahme von Finger- und Handflächenabdrücken (→ Daktyloskopie), die Aufnahme von Lichtbildern, die Feststellung äußerer körperlicher Merkmale und Messungen sowie ähnliche Maßnahmen angeordnet werden (§ 81b StPO). Die erkennungsdienstlichen Maßnahmen als Strafverfolgungsvorsorge sind eine → polizeiliche Maßnahme.

Erklärung
→ Willenserklärung (1b).

Erklärung der Menschenrechte
→ Konvention zum Schutze der Menschenrechte u. Grundfreiheiten (1, 2).

Erklärungsbote
→ Bote.

Erklärungsirrtum
→ Anfechtung von Willenserklärungen (1a).

Erklärungswille
→ Willenserklärung (1a bb).

Erkrankung des Arbeitnehmers
Bei einer Erkrankung des Arbeitnehmers besteht bei mind. vierwöchigem Bestehen des Arbeitsverhältnisses grds. ein bis zu sechswöchiger Anspruch auf → Entgeltfortzahlung im Krankheitsfall (sa dort 2. zu Melde- und Nachweispflichten des Arbeitnehmers bzw. zur elektronischen Arbeitsunfähigkeitsbescheinigung). Entgegen verbreiteter Ansicht ist eine Kündigung bei Erkrankung des Arbeitnehmers nicht per se ausgeschlossen. Vielmehr kann bei längerer oder häufiger Erkrankung sogar ein

personenbedingter Kündigungsgrund vorliegen (→ Kündigungsschutz für Arbeitnehmer).

Erlass
(auch „Runderlass", „Ministerialerlass" o. ä.) wird im Verwaltungsrecht eine allgemeine Anordnung für den internen Dienstbetrieb einer oder mehrerer (nachgeordneter) Behörden benannt. Erlasse in diesem Sinn sind → Verwaltungsvorschriften, die nur für die Behörden, nicht aber für Außenstehende verbindlich sind. Ferner sind als Erlasse bestimmte Anordnungen des → Bundespräsidenten bezeichnet worden.

Erlass von Steuern
→ Billigkeitserlass.

Erlassvertrag
Ein Schuldverhältnis erlischt, wenn der Gläubiger dem Schuldner die Schuld erlässt. Der Erlass setzt, anders als der einseitige Verzicht auf dingliche Rechte im → Sachenrecht (→ Grundstücksrechte), einen → Vertrag (5, Aufhebungsvertrag) voraus; der einseitige Verzicht des Gläubigers ist wirkungslos, § 397 I BGB; sa → Erbverzicht). Die gleiche Wirkung wie der E. hat der zwischen Gläubiger und Schuldner abgeschlossene Vertrag, in dem der Gläubiger anerkennt, dass ein Schuldverhältnis nicht besteht, § 397 II BGB, sog. negatives → Schuldanerkenntnis. Über die sog. Schuldumschaffung (Novation) → Vertrag (5); s. ferner → Aufrechnung.

Erlaubnis (behördliche)
Voraussetzungen, Inhalt, Bestandskraft, Rücknahme und Widerruf einer Erlaubnis ergeben sich aus den die einzelnen Materien betreffenden Gesetzen (zB Gewerbeordnung, Wassergesetze, Baugesetze), allgemeine Grundsätze aus den Vorschriften über das → Verwaltungsverfahren, insbes. den → Verwaltungsakt. Eine allgemeine Einteilung der Erlaubnis (iwS) lässt sich danach treffen, ob a) von einem in einer „repressiven Verbotsnorm" enthaltenen grundsätzlichen Verbot eine Ausnahme bewilligt wird (Ausnahmebewilligung, Dispens, „Verstattung", Gestattung), oder ob b) die Erlaubnis auf Grund einer „Verbotsnorm mit Erlaubnisvorbehalt" erteilt wird (Erlaubnis im engeren – eigentlichen – Sinn; häufig auch Genehmigung genannt). Hier hat die Erlaubnis im Gegensatz zu a) nicht den Sinn, ein bestimmtes Tun grundsätzlich zu verhindern, sondern soll lediglich bewirken, dass die an eine Erlaubnis gebundene Tätigkeit einer wirksamen, vorherigen Kontrolle durch die Verwaltungsbehörden unterworfen wird; zB bei der → Baugenehmigung oder der wasserrechtl. Erlaubnis. Sonderfälle der Erlaubnis im engeren Sinne sind → Konzession und → Verleihung. Sa → Erlaubnis zum Daueraufenthalt – EU.

Grundsätzlich kann die Erlaubnis nur dann mit Bedingungen, Auflagen oder Befristungen versehen werden, wenn dies im Gesetz vorgesehen ist. Der Widerruf einer (rechtmäßig erteilten) Erlaubnis bestimmt sich nach den Grundsätzen über begünstigende → Verwaltungsakte (6); sa § 49 VwVfG. Die Beifügung eines Widerrufsvorbehalts ist nur statthaft, soweit das Gesetz dies ausdrücklich oder nach seinem Sinn und Zweck zulässt.

Erlaubnis zum Daueraufenthalt – EU
1. Die Erlaubnis zum Daueraufenthalt – EU ist ein unbefristeter → Aufenthaltstitel. Grundsätzlich ist sie der → Niederlassungserlaubnis gleichgestellt (§ 9a I AufenthG). Dieser Aufenthaltstitel beruht auf EU-Recht und tritt neben die nach nationalem Recht zu erteilenden Aufenthaltstitel; sa → Ausländerrecht, 2. Die Vorschrift gilt für Angehörige von Drittstaaten, die in einem Staat der → Europäischen Union (EU) gemäß Art. 2b RL 2003/109/EG v. 25.11.2003 eine langfristige Aufenthaltsberechtigung haben. Dieser Aufenthaltstitel ist nicht zu verwechseln mit dem Recht jedes Bürgers eines Mitgliedstaates der EU, sich in einem anderen EU-Staat niederzulassen (→ Freizügigkeitsgesetz; → Ausländerrecht, 1 u. 3).

2. Voraussetzung sind 5 Jahre Aufenthalt in Deutschland, gesicherter Lebensunterhalt, ausreichende Sprachkenntnisse, Grundkenntnisse der Rechts- und Gesellschaftsordnung und das Nichtvorliegen von gegen die Daueraufenthaltserlaubnis sprechenden Gründen der → öffentlichen Sicherheit und Ordnung.

Erlebensversicherung
→ Lebensversicherung.

Erledigung der Hauptsache
Die Erledigung der Hauptsache liegt vor, wenn der Antrag in einem Rechtsstreit durch ein Ereignis nach Eintritt der → Rechtshängigkeit oder der sonstigen Verfahrenseinleitung gegenstandslos wird, zB die geforderte Geldsumme bezahlt, die verlangte Sache herausgegeben, der angefochtene Verwaltungsakt zurückgenommen oder mit einer Gegenforderung die → Aufrechnung erklärt wird. Die Parteien können dann (müssen aber nicht) übereinstimmend die → Hauptsache für erledigt erklären; dasselbe gilt, wenn der Beklagte der Erledigterklärung des Klägers nicht binnen 2 Wochen widerspricht. Dann entscheidet das Gericht durch idR beschwerdefähigen Beschluss nur noch über die Kosten unter Berücksichtigung des bisherigen Sach- und Streitstands nach billigem Ermessen (§ 91a ZPO, § 161 VwGO, § 138 I FGO – nicht beschwerdefähig, § 128 IV FGO). Stimmt der Beklagte (Antragsgegner) der vom Kläger (Antragsteller) erklärten Erledigung nicht zu, so hat das Gericht hierüber (streitig) zu entscheiden; es stellt die Erledigung fest, wenn die Klage (Antrag) zulässig und begründet war und durch ein erledigendes Ereignis gegenstandslos geworden ist (hM). Auf diese Weise erreicht der Kläger (Antragsteller) eine obsiegende Entscheidung und damit, dass die Verfahrenskosten der Gegenseite aufgebürdet

werden. Tritt Erledigung vor Rechtshängigkeit (Klagezustellung) oder sonstiger Verfahrenseinleitung ein, kommt nur → Klagerücknahme in Betracht; die Kosten werden aber wie bei der Erledigung verteilt (§ 269 III 3 ZPO). Die Hauptsache kann sich auch teilweise erledigen, beispielsweise wenn auf die Klagesumme zumindest ein Teil gezahlt wird.

Erledigungserklärung
→ Erledigung der Hauptsache.

Erlös
→ Versteigerungserlös, → Pfandrecht (2c); sa → Mehrerlös.

Erlösauskehr
→ Teilungsplan.

Ermächtigung
ist die Befugnis, im eigenen Namen ein fremdes Recht geltendzumachen (auszuüben). Im bürgerlichen Recht steht die Ermächtigung zwischen der → Vollmacht (Stellvertretung, Handeln in fremdem Namen) und der → Abtretung (Übertragung des gesamten Rechts). Die Zulässigkeit einer Ernächtigung ist heute, obwohl sie im BGB nicht geregelt ist, aus dem Gedanken der → Zustimmung zur → Verfügung eines Nichtberechtigten weitgehend anerkannt. Der wichtigste Fall der Ermächtigung ist die Einziehungsermächtigung (→ Abtretung, 2; sa → Verfügung eines Nichtberechtigten). Im Prozessrecht lässt die Rspr. die Ermächtigung (Übertragung der Prozessführungsbefugnis) zur Vermeidung von Missbräuchen nur bei eigenem wirtschaftlichen Interesse des Ermächtigungsempfängers zu (→ Prozessstandschaft).

Ermächtigung zum Erlass von Rechtsvorschriften
→ Rechtsverordnung, → Delegation.

Ermächtigungsgesetz
Ermächtigungsgesetz nannte man das Gesetz zur Behebung der Not von Volk und Reich v. 24.3.1933 (RGBl. 1933 I 141), wonach Reichsgesetze außer in dem in der Reichsverfassung vorgesehenen Verfahren auch durch die Reichsregierung beschlossen werden und von der Verfassung abweichen konnten. Mit dieser Übertragung der Gesetzgebungsfunktion hat sich der Reichstag selbst entmachtet und den Weg zur Diktatur formal eröffnet. Nach dem das GG beherrschenden Grundsatz der → Gewaltentrennung ist eine Übertragung der förmlichen Gesetzgebung vom Parlament auf andere Staatsorgane nicht zulässig (vgl. aber → Gesetzgebungsnotstand, → Notstandsverfassung). Ein Gesetz, das im Rahmen des Art. 80 GG zum Erlass von → Rechtsverordnungen ermächtigt, wird nicht als Ermächtigungsgesetz, sondern als ermächtigendes Gesetz bezeichnet.

Ermächtigungsindossament
→ Indossament.

Ermahnung
1. Im Familienrecht ist die Ermahnung im Bereich der Erziehung des Minderjährigen eine der Maßregeln iS des § 1631 III BGB, durch die das Familiengericht die Eltern auf Antrag unterstützen kann.

2. Im → Jugendstrafrecht ist sie als formloser Vorhalt vorgesehen, durch den der Jugendrichter den Jugendlichen zur Erfüllung nicht eingehaltener Pflichten ermahnt. Sie kommt zB vor Verhängung des Jugendarrestes bei Nichtbefolgung richterlicher Weisungen in Betracht, ferner bei leichten Verfehlungen, wenn der Staatsanwalt in Übereinstimmung mit dem Jugendrichter von der Strafverfolgung absehen will oder der Richter nach Anklageerhebung das Verfahren einstellt, weil eine Entscheidung durch Urteil entbehrlich erscheint (§ 45 III JGG, § 47 I 1 Nr. 3 JGG). Die Ermahnung zählt – anders als die → Verwarnung nach Jugendstrafrecht – nicht zu den → Zuchtmitteln.

3. Im Straßenverkehrsrecht ist die Ermahnung eine Maßnahme des → Fahreignungs-Bewertungssystems.

4. Im Arbeitsrecht stellt die Ermahnung eine ggü. der Abmahnung mildere Form der vertraglichen Rüge dar, da die Ermahnung grds. keine kündigungsrechtliche Warnfunktion hat. Sa → Abmahnung im Arbeitsrecht.

Ermessen (Verwaltungsermessen)
1. Gesetzliche Tatbestände können der Verwaltung ein bestimmtes Tun oder Unterlassen zwingend vorschreiben („Muss-Vorschrift"); man spricht in diesen Fällen von „gebundener" Verwaltung. Das Gesetz kann es aber auch dem Ermessen der Verwaltung überlassen, ob sie in bestimmten Fällen einschreiten (→ Opportunitätsprinzip) oder welche von mehreren in Betracht kommenden Entscheidungen sie treffen will. Der geringste Spielraum für die Betätigung des Ermessens wird durch „Soll-Vorschriften" eingeräumt (sog. gebundenes Ermessen); hier kann die Verwaltung nur in besonderen Ausnahmefällen von der gesetzlich vorgesehenen Rechtsfolge abweichen. Die Formulierungen der Gesetze, die der Verwaltung „freies Ermessen" einräumen, sind verschieden (zB „kann"; „darf" u. ä.). Auch in diesen Fällen kann aber die Verwaltung nicht nach ihrem Belieben verfahren, sondern hat ihr Ermessen entsprechend dem Zweck der Ermächtigung auszuüben und die gesetzlichen Grenzen des Ermessen einzuhalten (§ 40 VwVfG). Die Behörde hat ihre Entscheidung nach sachlichen Gesichtspunkten unter gerechter und billiger Abwägung des öffentlichen Interesses und der Belange des Bürgers zu treffen und insbes. die Grundsätze der Zweckmäßigkeit und der Verhältnismäßigkeit zu beachten. Das Ermessen ist also nicht „frei", sondern „pflichtgemäß", dh in einer dem Sinn und Zweck der Ermächtigung entsprechenden Weise auszuüben. Ermessensfehler (Ermessensüberschreitung, Ermessens-

missbrauch) machen Maßnahmen der Verwaltung rechtswidrig. Ermessensüberschreitung liegt vor, wenn die Verwaltung den vom Gesetz festgelegten Rahmen des Ermessens nicht einhält; Ermessensmissbrauch ist gegeben, wenn die Verwaltung ihre Entscheidung auf Grund gesetzwidriger Erwägungen (zB Verletzung des → Gleichheitssatzes oder des Grundsatzes der → Verhältnismäßigkeit; Berücksichtigung sachfremder oder willkürlicher Gesichtspunkte) trifft. Räumt das Gesetz der Verwaltung Ermessensfreiheit ein, so hat der Einzelne keinen Anspruch auf eine bestimmte Entscheidung. Bezweckt die Vorschrift jedoch zumindest auch den Schutz des Individualinteresses (→ Rechtsreflex), so besteht ein Anspruch auf fehlerfreie Betätigung des Ermessens. Die Ermessensfreiheit kann in besonderen Fällen so gering sein, dass nur eine einzige ermessensfehlerfreie Entscheidung denkbar ist, so dass der an sich nur auf fehlerfreie Betätigung des Ermessens gehende Rechtsanspruch im Ergebnis einem Rechtsanspruch auf ein bestimmtes Verwaltungshandeln gleichkommen kann (Ermessensreduzierung). Die Behörde kann sich durch gleichmäßigen Ermessensgebrauch selbst binden; sie darf dann in gleichgearteten Fällen von ihrer Praxis ohne sachliche Gründe nicht abweichen (Auswirkung des Gleichheitssatzes).

2. Die Nachprüfung von Ermessensentscheidungen durch die Verwaltungsgerichte ist auf die Frage beschränkt, ob der Verwaltungsakt oder dessen Ablehnung oder Unterlassung deshalb rechtswidrig ist, weil die gesetzlichen Grenzen des Ermessens überschritten sind oder von dem Ermessen in einer dem Zweck der Ermächtigung nicht entsprechenden Weise Gebrauch gemacht worden ist (§ 114 VwGO). Die Verwaltungsbehörde kann ihre Ermessenserwägungen hinsichtlich des Verwaltungsaktes auch noch im verwaltungsgerichtlichen Verfahren ergänzen. Dagegen findet keine gerichtliche Überprüfung der Ermessensentscheidung darauf statt, ob sie zweckmäßig war oder ob eine „bessere" Entscheidung möglich gewesen wäre.

3. Kein Ermessen im oben dargelegten Sinn ist das sog. „kognitive" Ermessen, das der Verwaltung bei der Anwendung → unbestimmter Rechtsbegriffe (zB „öffentliches Wohl", „Leichtigkeit des Verkehrs", „Zuverlässigkeit") eingeräumt wird. Ob die Verwaltung die Voraussetzung eines solchen Begriffs zutreffend bejaht oder verneint hat, kann von den Verwaltungsgerichten grundsätzlich in vollem Umfang nachgeprüft werden. Doch ist hierbei häufig ein sog. Beurteilungsspielraum zu gewähren; insoweit findet eine Prüfung nur auf Fehlerhaftigkeit infolge unrichtiger Ausgangspunkte oder nicht sachgerechter oder willkürlicher Erwägungen statt. Ein bedeutsames Beispiel bilden Prüfungsentscheidungen, die weitgehend von pädagogischen, im Einzelnen nicht gerichtlich überprüfbaren Wertungen abhängen. Voraussetzungen und Umfang des Beurteilungsspielraums sind im Einzelnen sehr str.

4. Ebenfalls kein Ermessen im oben dargelegten Sinne ist das sog. „richterliche Ermessen" (etwa bei der → Strafzumessung). Der Richter wählt hier nicht zwischen mehreren möglichen Entscheidungen, sondern trifft innerhalb des ihm vom Gesetz zur Verfügung gestellten Rahmens die „allein richtige" Entscheidung.

5. Das Ermessen im Steuerrecht (§ 5 AO, § 102 FGO) entspricht § 40 VwVfG, § 114 VwGO, Beispiele: → Verspätungszuschlag, → Stundung von Steuern, → Billigkeitserlass.

Ermittlungsgrundsatz
→ Untersuchungsgrundsatz.

Ermittlungspersonen der Staatsanwaltschaft
Ermittlungspersonen der Staatsanwaltschaft sind Strafverfolgungsorgane iSd § 152 GVG. Zu ihnen gehören insbes. Polizeibeamte bestimmter Dienstgrade, denen die StPO für bestimmte Eilfälle Anordnungsbefugnisse einräumt, die sonst allein dem Gericht oder der → Staatsanwaltschaft (als der Herrin des → Ermittlungsverfahrens) vorbehalten sind. Das gilt etwa bei Maßnahmen wie der → Beschlagnahme, → Durchsuchung, Anordnung der → körperlichen Untersuchung, insbes. → Blutentnahme (§§ 98, 105, 81a, 81c StPO). Sie unterstehen bei Wahrnehmung dieser Funktion wie sonst auch in Strafverfahren tätige Polizeibeamte den fachlichen Weisungen der Staatsanwaltschaft (§ 152 I GVG), im Übrigen ihrer Dienstbehörde (Dienstaufsicht). Sie werden nach Beamtengruppen (auch Angestellte, wenn mind. 21 Jahre) durch RechtsVO der Landesregierungen od. -justizministerien bestellt. Bestimmte andere Beamte sind kraft Gesetzes Ermittlungspersonen, so Zoll- und Steuerfahndungsbeamte (§ 404 AO, → Zollfahndung, → Steuerfahndung), bestätigte Jagdaufseher (§ 25 II BJagdG), Vollzugsbeamte des Bundes und der Länder nach § 19 BKAG, Beamte der → Bundespolizei (§ 12 V BPolG) uam. Bis 2004 trugen die Ermittlungspersonen die Bezeichnung „Hilfsbeamte der Staatsanwaltschaft".

Ermittlungsrichter
wird im → Ermittlungsverfahren der Staatsanwaltschaft das Gericht genannt, das auf Antrag der StA richterliche Untersuchungshandlungen vornimmt, insbes. Vernehmungen von Beschuldigten und Zeugen, Erlass eines Haftbefehls uam. Zur Zuständigkeit des Ermittlungsrichters gehört zudem meist die Entscheidung über prozessuale Ermittlungsmaßnahmen, die mit erheblichen Grundrechtseingriffen verbunden sind und daher im Regelfall (Ausnahme häufig bei Gefahr in Verzug) nur durch das Gericht angeordnet werden dürfen (zB → Beschlagnahme, → Durchsuchung, → Telekommunikationsüberwachung etc.). Vor Anklageerhebung übernimmt die Funk-

tion des Ermittlungsrichters das Amtsgericht, danach das mit der Sache befasste Gericht, während des Revisionsverfahrens das Gericht, dessen Urteil angefochten ist (§§ 162, 165 StPO). Bei erstinstanzlicher Zuständigkeit des → Oberlandesgerichts kann dessen besonderer Ermittlungsrichter – falls der Generalbundesanwalt die Ermittlungen führt, der Ermittlungsrichter des → Bundesgerichtshofs – neben oder an Stelle des Gerichts tätig werden (§ 169 StPO). In Eilfällen, wenn ein StA nicht erreichbar ist, kann der Ermittlungsrichter als sog. Notstaatsanwalt auch ohne Antrag der StA, zB auf Vorlage der Polizei oder von Amts wegen tätig werden (§ 165 StPO).

Ermittlungsverfahren in Strafsachen
1. Strafrechtliche Ermittlungen können von der Staatsanwaltschaft oder von der Polizei (idR Kriminalpolizei) eingeleitet werden, von anderen zur Strafverfolgung befugten Behörden innerhalb ihres begrenzten Wirkungsbereichs (Finanzamt, Zollfahndungsdienst).

a) Die Ermittlungen werden von Amts wegen oder auf → Strafanzeige angestellt. Die Leitung des Ermittlungsverfahrens obliegt der Staatsanwaltschaft als der zur Strafverfolgung berufenen Behörde. Die StA ist gegenüber der Polizei weisungsbefugt. Sie hat nach dem → Legalitätsprinzip, sobald ein Anfangsverdacht vorliegt (§ 152 II StPO, → Tatverdacht 1), den Sachverhalt zu erforschen oder durch die Polizei erforschen zu lassen (§§ 160, 161 StPO).

b) Für die Durchführung des Ermittlungsverfahrens gilt der Grundsatz der freien Gestaltung. Die Ermittlungen werden deshalb in der Praxis oftmals geführt, ohne dass der Beschuldigte davon weiß. Bei schweren Straftaten kann zudem eine wirksame Strafverfolgung ein heimliches Vorgehen gegen den Beschuldigten erfordern (→ verdeckte Ermittlungen). Die Strafverfolgungsbehörde hat auch die zu Gunsten des Beschuldigten sprechenden Tatsachen und alle für die Bestimmung der Rechtsfolgen der Tat (→ Strafzumessung, → Strafaussetzung zur Bewährung, Anordnung von → Maßregeln der Besserung und Sicherung) bedeutsamen Umstände zu ermitteln.

c) Ist eine richterliche Untersuchungshandlung erforderlich, zB die eidliche Vernehmung eines Zeugen, kann die StA den → Ermittlungsrichter darum ersuchen (§ 162 StPO). Gleiches gilt, wenn eine Ermittlungsmaßnahme durchgeführt werden soll, die besonders eingriffsintensiv ist und daher nach dem Gesetz grds. richterlicher Anordnung bedarf, sa → Beschlagnahme, → Durchsuchung, → Telekommunikationsüberwachung, → Einsatz technischer Mittel, → Haftbefehl. Die Polizei wendet sich in diesen Fällen (außer bei Gefahr in Verzug, § 163 II 2 StPO) an die StA; diese entscheidet dann über einen Antrag bei Gericht und stellt diesen. Die Staatsanwaltschaft kann selbst Ermittlungen vornehmen. Beschuldigte, Zeugen und Sachverständige sind verpflichtet, vor ihr zu erscheinen, diese – nicht der Beschuldigte – auch, zur Sache auszusagen bzw. ein Gutachten zu erstatten. Bei Weigerung kann die StA → Ordnungsmittel anwenden, nicht jedoch Haft, deren Festsetzung ebenso wie die eidliche Vernehmung dem Richter vorbehalten ist (§§ 161a, 163a StPO).

d) Die Polizei kann auch ohne Auftrag der StA Ermittlungen anstellen; für sie gilt ebenfalls das Legalitätsprinzip. Dazu ist sie befugt, alle Behörden um Auskunft zu ersuchen und Ermittlungen jeder Art vorzunehmen, soweit ihre Befugnisse nicht besonders geregelt sind. Doch kann sie sich, wenn ihr der Verdacht einer Straftat bekannt wird, auf den → ersten Zugriff, dh auf unaufschiebbare Maßnahmen beschränken (§ 163 StPO; vorläufige Festnahme, Vernehmung, Beschlagnahme, auch Vorführung vor den Richter des Amtsgerichts zum Erlass eines Haftbefehls). Sie hat alsdann ihre Ermittlungsakten ohne Verzug der StA zu übersenden, die über den Fortgang oder Abschluss des Ermittlungsverfahrens entscheidet und ggf. der Polizei Ermittlungsaufträge erteilt, denen diese nachzukommen hat. Die Weisungen sind jedoch grundsätzlich an die Polizeibehörde zu richten. Nur die polizeilichen → Ermittlungspersonen der Staatsanwaltschaft haben als solche die Weisungen der StA ihres Bezirks zu befolgen (§ 152 I GVG).

2. Nach Abschluss der Ermittlungen entscheidet die StA, der das Anklagemonopol (→ Anklageerhebung) zusteht, ob sie Anklage erhebt oder das Verfahren mangels Beweises oder aus Rechtsgründen, zB wegen Verjährung, einstellt (§ 170 StPO); s. aber auch → Opportunitätsprinzip, → Bagatellstrafsachen; → Abwesenheitsverfahren.

Von der Einstellung wird der Beschuldigte nur dann in Kenntnis gesetzt, wenn er als solcher vernommen worden ist, wenn Haftbefehl gegen ihn ergangen war oder wenn er um Bescheid gebeten oder an einem solchen ersichtlich ein besonderes Interesse hat; eine Begründung braucht der Bescheid nicht zu enthalten. Dagegen werden dem Anzeigenden außer der Einstellung auch die Gründe hierfür mitgeteilt; ist er zugleich der durch die Straftat Verletzte (zB der Betrogene), so ist er über sein Recht zur Beschwerde und zur Durchführung des → Anklageerzwingungsverfahrens zu belehren (§ 171 StPO); sonst kann er nur → Dienstaufsichtsbeschwerde einlegen. Das eingestellte Ermittlungsverfahren kann beliebig wieder aufgenommen werden (anders, wenn der Anklageerzwingungsantrag vom Gericht verworfen worden ist, § 174 II StPO).

Vor Anklageerhebung ist der Beschuldigte zu hören (→ Schlussanhörung). Ferner vermerkt die StA den Abschluss des Ermittlungsverfahrens in den Akten; von da an hat der → Verteidiger unbeschränkte → Akteneinsicht (§§ 169a, 147 II StPO). Hat der StA Anklage erhoben, kann er sie nur zurücknehmen, solange das → Hauptverfahren noch nicht eröffnet ist (§ 156 StPO).

3. Über das Ermittlungsverfahren wegen → Ordnungswidrigkeiten vgl. §§ 35 ff., 46 ff., 59 ff. OWiG (→ Bußgeldverfahren), über das Ermittlungsverfahren wegen Steuerstraftaten §§ 397 ff. AO (→ Steuerstrafverfahren).

Ernährungssicherstellungsgesetz
→ Sicherstellungsgesetze.

Ernährungsvorsorgegesetz
v. 20.8.1990 (BGBl. 1990 I 1766) mÄnd enthält Regelungen zur Gewährleistung der Versorgung mit Nahrungsmitteln bei Versorgungskrisen, die nicht unter den Anwendungsbereich der → Sicherstellungsgesetze fallen.

Ernährungswirtschaft
→ Agrarrecht.

Ernennung
Die Ernennung der → Beamten ist ein mitwirkungsbedürftiger → Verwaltungsakt, durch den die Rechtsstellung des Beamten nach Art und Inhalt festgelegt wird (Begründung eines → Beamtenverhältnisses, Umwandlung eines Beamtenverhältnisses in ein solches anderer Art, zB Beamter auf Probe wird Beamter auf Lebenszeit, → Beförderung des Beamten). Sie erfolgt durch Aushändigung einer Ernennungsurkunde, die den in § 8 II BeamtStG, § 10 II BBG enthaltenen Formvorschriften entsprechen muss. Die Ernennungen sind nach Eignung, Befähigung und fachlicher Leistung ohne Rücksicht auf Geschlecht, Abstammung, Rasse oder ethnischer Herkunft, Behinderung, Religion oder Weltanschauung, politische Anschauungen, Herkunft, Beziehungen oder sexueller Idendität vorzunehmen (Art. 33 II, III GG, § 9 BeamtStG, § 9 BBG). Rückwirkende Ernennung ist unzulässig und insoweit nichtig (§ 8 IV BeamtStG, § 12 II 2 BBG). Zur Nichtigkeit der Ernennung (wegen Fehlens wesentlicher Voraussetzungen oder Unzuständigkeit der ernennenden Behörde) und Rücknahme (wegen arglistiger Täuschung, erheblicher Vorstrafen u. dgl.) s. § 11 BeamtStG, § 13 BBG und Beamtengesetze der Länder. Sa → Beamtenrecht.

Erneuerbare Energien
1. Erneuerbare Energien sind Wasserkraft, Windenergie, solare Strahlungsenergie (Solarenergie), Geothermie (Erdwärme) und Energie aus Biomasse (inkl. Biogas, Biomethan, Deponie- und Klärgas sowie aus biologisch abbaubarem Abfall), § 3 Nr. 21 Gesetz für den Ausbau erneuerbarer Energien (Erneuerbare-Energien-Gesetz, EEG 2023) v. 21.7.2014 (BGBl. 2014 I 1066). Ziel des Gesetzes, das zum → Energierecht gehört, ist im Interesse des → Klimaschutzes sowie des → Umweltschutzes die Transformation zu einer nachhaltigen und treibhausgasneutralen Stromversorgung, die vollständig auf erneuerbaren Energien beruht. Der Anteil von Strom aus erneuerbaren Energien am Bruttostromverbrauch soll bis 2030 auf mindestens 80% erhöht werden (§ 1 EEG 2023). Mit der Vollendung des → Kohleausstiegs 2038 soll aller in Deutschland erzeugter und verbrauchter Strom gemäß den Vorgaben des → European Green Deal treibhausgasneutral produziert sein. Errichtung und Betrieb von Anlagen zur Erzeugung erneuerbarer Energien liegen im überragenden öffentlichen Interesse und dienen der öffentlichen Gesundheit und Sicherheit (§ 2 EEG 2023). Mit dieser gesetzlichen Güterabwägung sollen Planung und Genehmigung solcher Anlagen beschleunigt werden. Das Gesetz dient damit der weiteren Umsetzung der → Energiewende. Die Jahreszahl nach dem Gesetzeskürzel gibt die jeweilige Fassung des EEG an. EEG 2023 bezeichnet zB die mit Wirkung vom 1.1.2023 umfangreich reformierte Version. Die Jahreszahl ist für die zahlreichen Übergangsvorschriften hilfreich, denn viele Sachverhalte unterliegen weiterhin den alten Vorschriften, etwa dem EEG 2021 oder dem EEG 2017. Das EEG 2023 setzt zahlreiche EU-Gesetze um, insbesondere die Richtlinie (EU) 2018/2001 v. 11.12.2018 zur Förderung der Nutzung von Energie aus erneuerbaren Quellen (ABl. EU 2018 L 328, 82) und die Richtlinie (EU) 2019/944 v. 5.6.2019 (→ Elektrizitätsbinnenmarkt). Zu internationalen Initiativen zB → Internationale Solarallianz.

2. Das Ziel des EEG 2023 soll durch den sog. Ausbaupfad (§ 4 EEG 2023) erreicht werden, der für die verschiedenen Technologien unterschiedliche Ausbauziele enthält. Die größte Bedeutung für die weitere Umsetzung der Energiewende kommt dabei der → Windenergie sowie der → Solarenergie zu. Insgesamt sollen im Jahr 2030 600 TWh Strom aus erneuerbaren Energien erzeugt werden (§ 4a EEG 2023). Die Vorschriften des EEG 2023 beruhen vor allem auf folgenden Grundsätzen (vgl. § 2 EEG 2021 aF): Integration des Stroms aus erneuerbaren Energien in das Elektrizitätsversorgungssystem (Marktintegration), Direktvermarktung des Stroms, Ermittlung der Höhe der Förderung für Strom aus erneuerbaren Energien durch → Ausschreibung (§§ 28–39q EEG 2023) sowie angemessene Verteilung der Lasten der finanziellen Förderung.

3. Die Erzeugung von Strom aus erneuerbaren Energien wird gefördert, um sie für Anlagenbetreiber rentabel zu machen. Diese Förderung, die 2038 eingestellt werden soll (§ 1a EEG 2023), hat verschiedene Aspekte: Die Betreiber von Elektrizitätsnetzen sind zum einen verpflichtet, Anlagen zur Stromerzeugung aus erneuerbaren Energien vorrangig an ihre Netze anzuschließen und den gesamten Strom abzunehmen (§§ 8–11b EEG 2023). Die notwendigen Anschlusskosten trägt zwar der Anlagenbetreiber (§ 16 EEG 2023), Anschluss- und Abnahmezwang garantieren ihm jedoch, dass er seinen Strom veräußern kann. § 19 EEG 2023 sieht zum anderen finanzielle An-

reize in Form entweder einer Marktprämie bei → Direktvermarktung, einer → Einspeisevergütung oder eines Zuschlags bei → Mieterstrom vor. Der Anlagenbetreiber erhält diese Prämien von seinem Netzbetreiber neben dem Strompreis, den er durch den Verkauf erzielt. Sie hängen von der Höhe des durch Ausschreibungen ermittelten „anzulegenden Wertes" ab, werden 20 Jahre (§ 25 EEG 2023) gezahlt und verringern sich kontinuierlich. Bis Juli 2022 wurde diese finanzielle Förderung vom Letztverbraucher über die → EEG-Umlage finanziert. Seit dem 1.1.2023 erfolgt sie aus Mitteln des → Klima- und Transformationsfonds nach den Vorgaben des → Energiefinanzierungsgesetzes. Anlagenbetreiber sollen die betroffenen Kommunen finanziell beteiligen (§ 6 EEG 2023).

4. Stromrechnungen müssen nach § 42 EnWG den Strom nach Energieträgern aufschlüsseln, also auch den Anteil von Strom aus erneuerbaren Energien am verbrauchten Strommix auflisten. Für nicht nach dem EEG 2023 geförderten Strom kann ein → Herkunftsnachweis für Strom ausgestellt werden, auch einen → Regionalnachweis für Strom gibt es. § 80 EEG 2023 verbietet die Doppelvermarktung von Strom aus erneuerbaren Energien. Für Betreiber von Anlagen zur Erzeugung von Strom aus erneuerbaren Energien besteht durch das Messstellenbetriebsgesetz (MsbG) v. 29.8.2016 (BGBl. 2016 I 2034) die Pflicht, intelligente Stromzähler (smart meter, → Messstellen) zu installieren.

5. Die Genehmigung von → Anlagen zur Erzeugung von Strom aus erneuerbaren Energien richtet sich nach allgemeinen Vorschriften, also vor allem dem BImSchG (→ Immissionsschutzrecht) sowie dem → Baurecht. Zur Genehmigung von Windenergieanlagen: → Windenergieanlagen an Land, → Windenergieanlagen auf See. Die Modernisierung bestehender Anlagen bezeichnet man als → Repowering.

Erneuerungsschein
Ein Erneuerungsschein (Talon) ist ein an den Inhaber einer → Inhaberschuldverschreibung oder einer → Aktie ausgegebenes → Legitimationspapier, das ihn zur Entgegennahme neuer Zins- (oder Renten-)scheine oder neuer Gewinnanteilscheine berechtigt (§ 805 BGB, § 75 AktG).

Erneuerungswechsel
→ Prolongation.

Eroberung
→ Angriffskrieg, → Annexion.

Eröffnungsbeschluss
→ Eröffnungsverfahren, → Insolvenzverfahren (2).

Eröffnungsbilanz
→ Bilanz, → Inventar.

Eröffnungsverfahren
(Zwischenverfahren) wird im Strafprozess der Verfahrensabschnitt genannt, in dem das Gericht nach Erhebung der → Anklage entscheidet, ob das → Hauptverfahren zu eröffnen und die Anklage zur Hauptverhandlung zuzulassen ist (§§ 199 ff. StPO). Der Zweck des Eröffnungsverfahrens besteht darin, der öffentlichen und schon deshalb für den Angeschuldigten unabhängig vom Verfahrensausgang besonders belastenden Hauptverhandlung eine gerichtliche Kontrolle vorzuschalten.

Die → Anklageschrift wird dem Angeschuldigten (so wird der Beschuldigte ab Anklageerhebung bezeichnet, § 157 StPO) mit einer Frist zur Erklärung zugestellt, ob er Einwendungen erheben oder Beweisanträge stellen will. Das für das Hauptverfahren zuständige Gericht kann weitere Beweiserhebungen anordnen (§§ 201, 202 StPO).

Es beschließt die Eröffnung, wenn es den Angeschuldigten einer Straftat für hinreichend verdächtig (→ Tatverdacht 2) und eine Verurteilung für überwiegend wahrscheinlich hält. Dabei lässt es die Anklage zur Hauptverhandlung zu, kann aber hierbei von der Anklageschrift in der rechtlichen Beurteilung des Sachverhalts abweichen, einzelne abtrennbare Tatbestände von der Eröffnung ausschließen oder solche Sachverhalte oder einzelne Rechtsverletzungen (bei Tateinheit) als minder bedeutungsvoll ausnehmen (§§ 203, 207 StPO). Der Eröffnungsbeschluss ist dem Angeschuldigten spätestens mit der Ladung zur Hauptverhandlung zuzustellen (§ 215 StPO); dieser wird ab Eröffnung als „Angeklagter" bezeichnet (§ 157 StPO). Lehnt das Gericht die Eröffnung ab, so muss der Beschluss gemäß § 204 I StPO ersehen lassen, ob dies aus tatsächlichen oder aus Rechtsgründen geschieht. Hintergrund hierfür ist § 211 StPO, der eine Wiederaufnahmemöglichkeit nur für den Fall neuer Tatsachen oder Beweismittel gewährt.

Der eröffnende Beschluss kann vom Angeschuldigten nicht angefochten werden, die Ablehnung von der Staatsanwaltschaft mit sofortiger Beschwerde; gibt das Beschwerdegericht dieser statt, so kann es die Sache einer anderen Kammer oder einem anderen Gericht als dem zuweisen, das die Eröffnung abgelehnt hat (§ 210 StPO).

Ist die Eröffnung rechtskräftig abgelehnt, kann eine neue Anklage nur auf Grund neuer Tatsachen oder Beweismittel erhoben werden (§ 211 StPO).

Erörterungstermin
1. Im Verwaltungsrecht sind Erörterungstermine zwischen Behörde sowie Bürgern und Betroffenen verschiedentlich vom Gesetz vorgeschrieben, vor allem bei Planungen oder Entscheidungen, die einen größeren Personenkreis betreffen. Beispiele sind die Erörterung im Rahmen der Bürgerbeteiligung bei der → Bauleitplanung gem. § 3 BauGB, bei der Straßenplanung nach § 17 FStrG und all-

gemein im Anhörungsverfahren der → Planfeststellung gem. § 73 VwVfG (dort eingehend zum Verfahren der Erörterung; über die nicht erledigten Einwendungen wird im Planfeststellungsbeschluss entschieden, § 74 II VwVfG).

2. Im Steuerrecht kann im → außergerichtlichen Rechtsbehelfsverfahren mit dem Stpfl. die Sach- und Rechtslage erörtert werden (§ 364a AO). Auch im finanzgerichtlichen Verfahren kann eine Erörterung mit den → Beteiligten erfolgen (§ 79 I 2 Nr. 1 FGO). Der Erörterungstermin soll der Klärung offener Fragen, der Vorbereitung der mündlichen Verhandlung oder zur gütlichen Beilegung des Rechtsstreits dienen.

Erpresserischer Menschenraub
→ Menschenraub (2).

Erpressung
Straftatbestand nach § 253 StGB, der ein Vermögensdelikt enthält und zugleich die Freiheit der Willensentschließung und -betätigung schützt.

1. Tatbestand: Erfasst wird, wer einen Menschen rechtswidrig mit → Gewalt oder durch → Drohung mit einem empfindlichen Übel zu einer Handlung, Duldung oder Unterlassung nötigt und dadurch dem Vermögen des Genötigten oder eines anderen (sog. Dreieckserpressung, die ein Näheverhältnis des Genötigten zum Vermögen des anderen erfordert, BGHSt 41, 123) Nachteil zufügt, um sich oder einen Dritten zu Unrecht zu bereichern. In Teilen des strafrechtlichen Schrifttums wird vertreten, dass der Tatbestand in Parallele zum → Betrug (dort 1c) eine Vermögensverfügung und damit ein willensgesteuertes Handeln des Opfers voraussetzt. In der Konsequenz dieser von der Rechtsprechung nicht geteilten Auffassung liegt ua, ein Handeln mit vis absoluta (→ Gewalt 2) aus dem Tatbestand auszunehmen.

Der Vorsatz des Täters muss die tatsächlichen Umstände umfassen, die das Übel empfindlich und sein Vorhaben verwerflich erscheinen lassen, nicht aber das Bewusstsein der Rechtswidrigkeit (insoweit kommt ggf. → Verbotsirrtum in Betracht). Hinzukommen muss – zum Unterschied von der → Nötigung – die Absicht, sich oder einen Dritten zu Unrecht zu bereichern. Die Bereicherung muss das Ziel der Tat sein, insoweit also Absicht vorliegen, so dass bedingter → Vorsatz nicht genügt; dieser reicht dagegen hinsichtl. der Unrechtmäßigkeit der Bereicherung aus. Der → Versuch ist strafbar.

2. Rechtswidrigkeit: Wie die → Nötigung (§ 240 StGB) ist die Erpressung ein Tatbestand, bei dem die Rechtswidrigkeit nicht schon durch die Erfüllung des Tatbetands indiziert wird, sondern gesondert festzustellen ist: Rechtswidrig ist die Tat, wenn die Gewaltanwendung oder Drohung zu dem angestrebten Zweck als verwerflich anzusehen ist (§ 253 II StGB), dh wenn das angewandte Mittel nicht im angemessenen (sozialadäquaten) Verhältnis zum Zweck steht. Unzulässig ist daher zB eine Drohung mit ungerechtfertigter Klage oder entehrender Veröffentlichung, um Geld zu erlangen; zulässig dagegen die Androhung von Kündigung oder legalem Streik, um Lohnerhöhung durchzusetzen, ebenso die Androhung einer Strafanzeige durch den Geschädigten (nicht durch Dritte im eigenen Interesse), um Schadenersatz zu erzwingen.

3. Strafrahmen: Dieser umfasst Geldstrafe und Freiheitsstrafe bis zu 5 Jahren. In besonders schweren Fällen (§ 253 IV StGB) liegt die Strafrahmenuntergrenze bei Freiheitsstrafe nicht unter einem Jahr. Das Gesetz nennt als → Regelbeispiel den Fall, dass der Täter gewerbsmäßig oder als Mitglied einer Bande handelt, die sich zur fortgesetzten Begehung einer Erpressung verbunden hat.

Als → Verbrechen ausgestaltet ist der → Qualifikationstatbestand der Räuberischen Erpressung (§ 255 StGB): Begeht der Täter die Erpressung mit Gewalt gegen eine Person oder unter Drohung mit gegenwärtiger Gefahr für Leib oder Leben (zB: der Täter erzwingt durch Vorhalten einer Waffe die Hergabe von Geld), sind die Vorschriften gegen → Raub (§ 249 StGB) anzuwenden. Das bezieht den dortigen Strafrahmen (Freiheitsstrafe nicht unter einem Jahr) und auch die Qualifikationstatbestände des Raubes ein (vgl. §§ 250, 251 StGB). Sa → Autostraßenraub.

Ist eine Erpressung durch die Drohung begangen worden, eine Straftat des Opfers zu offenbaren, so kann von deren Verfolgung abgesehen werden, wenn diese nicht zur Sühne unerlässlich ist; dies gilt auch, wenn das Opfer eine Erpressung anzeigt und dadurch ein von ihm begangenes Vergehen bekannt wird (§ 154c II StPO).

Erprobung eines Richters
→ Richterverhältnis (2b aE).

Erprobung neuer Leistungen in der Krankenversicherung
Die Erprobung neuer Leistungen in der Krankenversicherung bezeichnet die → Weiterentwicklung der Versorgung in der Krankenversicherung. Aufgrund des medizinischen Fortschritts findet eine ständige Weiterentwicklung statt. Als solche Maßnahme ist zB eine Speicherung ärztlicher Verordnungen für apothekenpflichtige → Arzneimittel, die in elektronischer Form übermittelt werden können, zu sehen. Auch die Einrichtung eines auf Landesebene zu führenden Krebsregisters ist hierunter zu fassen.

ERP-Sondervermögen
Die Bildung des ERP (European Recovery Program)-Sondervermögens beruht auf dem zwischen USA und BRep. Deutschland 1949 geschlossenen Abkommen über die wirtschaftliche Zusammenarbeit (BGBl. 1950, 9). Die ersten Einlagen stammen aus den Rückzah-

lungsbeträgen im Rahmen des Marshall-Plans. Das Vermögen wird als nicht rechtsfähiges Sondervermögen getrennt vom übrigen Vermögen des Bundes, gegenwärtig durch das Bundesministerium für Wirtschaft und Technologie, verwaltet (Gesetz v. 26.6.2007, BGBl. 2007 I 1160). Es soll in seinem Bestand erhalten bleiben. Die Mittel werden idR als verzinsliche Darlehen, ausnahmsweise als unverzinsliche Darlehen oder verlorene Zuschüsse insbes. für regionale Förderungsmaßnahmen (Struktur- und Anpassungshilfen), für Wasser- und Luftreinhaltung, zur Förderung des Mittelstandes gewährt. Der Wirtschaftsplan wird jährlich durch ein ERP-Wirtschaftsplangesetz festgelegt (vgl. zB ERP-Wirtschaftsplangesetz 2015 v. 29.11.2014, BGBl. 2014 I 1805). Sa Gesetz über die Finanzierungshilfe für Entwicklungsländer aus Mitteln des ERP-Sondervermögens v. 9.6.1961 (BGBl. 1961 I 577) mÄnd.

Erregung öffentlichen Ärgernisses
ist in § 183a StGB mit Freiheitsstrafe bis zu 1 Jahr oder Geldstrafe bedroht. Strafbar ist die öffentliche Vornahme → sexueller Handlungen, durch die der Täter absichtlich oder wissentlich Ärgernis erregt. Öffentlich ist die Handlung, wenn sie von unbestimmt vielen Personen, die nicht durch persönliche Beziehungen zusammengehalten werden, wahrgenommen werden kann; auch muss mindestens eine Person Anstoß genommen haben. Insoweit ist Vorsatz erforderlich; bedingter Vorsatz genügt. Die Vorschrift greift nicht ein in dem (weit häufigeren) Fall des → Exhibitionismus (§ 183 StGB), der an andere Merkmale geknüpft ist, aber weder öffentl. Handeln noch bewusste Ärgerniserregung, sondern nur Belästigung voraussetzt.

error
= Irrtum; sa → Anfechtung von Willenserklärungen (1).

error in obiecto vel persona
ist ein → Irrtum über die Identität des Angriffsgegenstands. Er ist unerheblich, wenn das vorgestellte und das tatsächliche Angriffsobjekt gleichwertig sind: Der Straftäter will zB den A töten und erschießt den B, den er irrig für den A hält; es liegt gleichwohl vollendeter Totschlag oder Mord vor. Anders, wenn der Straftäter den Hund seines Nachbarn töten will und in der Dämmerung dessen Kind erschießt, das er für den Hund hält; dies ist eine versuchte Sachbeschädigung in Tateinheit mit fahrlässiger Tötung. Vom Identitätsirrtum zu unterscheiden ist die → aberratio ictus.

Errungenschaftsgemeinschaft
→ Güterstände.

Ersatzaussonderung
Die Ersatzaussonderung ist ein Sonderfall der → Aussonderung im Insolvenzverfahren. Ist ein Gegenstand, der aus der Insolvenzmasse hätte ausgesondert werden können, vom → Schuldner oder vom → Insolvenzverwalter veräußert worden, so kann der Aussonderungsberechtigte die Abtretung des Anspruchs auf die Gegenleistung oder die Gegenleistung selbst aus der → Insolvenzmasse verlangen (§ 48 InsO). Die Ersatzaussonderung ist von der dinglichen → Surrogation zu unterscheiden, bei der im Hinblick auf den neuen Gegenstand unmittelbar Aussonderung nach § 47 InsO verlangt werden kann.

Ersatzdienst
→ Kriegsdienstverweigerer, → Wehrpflicht, → Zivildienst.

Ersatzdienstpflicht
→ Wehrpflicht, → Zivildienst.

Ersatzeinziehung
→ Wertersatz (Einziehung).

Ersatzerbe
Der Erblasser kann für den Fall, dass ein → Erbe (auch → Nacherbe) vor oder nach dem Erbfall wegfällt – zB vorher durch Tod, nachher durch → Ausschlagung, → Erbunwürdigkeit, Nichtigkeit der Erbeinsetzung – einen anderen als Ersatzerben einsetzen (§ 2096 BGB). Die Ersatzerbeinsetzung geht der → Anwachsung an die übrigen Miterben vor (§ 2099 BGB). Der Erblasser kann ferner mehrere Ersatzerben nacheinander oder nebeneinander einsetzen, auch für einen Nacherben (Ersatznacherbe). Der Ersatzerbe wird anders als der → Nacherbe mit dem Erbfall Erbe an Stelle des zunächst berufenen Erben; er braucht daher nur den Erbfall erlebt zu haben, nicht aber den Wegfall des Erstberufenen. Insoweit ist die Ersatzerbenstellung erblich. Die Einsetzung als Nacherbe enthält im Zweifel auch die Einsetzung als Ersatzerben (nicht umgekehrt). Ist zweifelhaft, ob jemand als Ersatzerben oder als Nacherbe eingesetzt ist, so gilt er als Ersatzerbe (§ 2102 BGB). Ersatzerben eines vom Erblasser bedachten Abkömmlings sind im Zweifel (Auslegungsregel) dessen Abkömmlinge, soweit sie bei der gesetzlichen Erbfolge an dessen Stelle treten würden (§ 2069 BGB).

Ersatzfreiheitsstrafe
Eine solche tritt kraft Gesetzes ein, wenn eine Geldstrafe uneinbringlich oder die Vollstreckung voraussichtlich erfolglos ist. Die Staatsanwaltschaft ordnet die Vollstreckung an; zwei Tagessätze entsprechen einem Tag Freiheitsstrafe (§ 43 StGB). Bei nachträglicher Zahlung entfällt die Vollstreckung. Das Gericht kann anordnen, dass die Vollstreckung unterbleibt, wenn sie für den Verurteilten eine unbillige Härte sein würde (§§ 459e, 459 f StPO). Bessern sich die wirtschaftlichen Verhältnisse des Verurteilten, kann die Geldstrafe gleichwohl nachträglich beigetrieben werden (§ 49 II StVollstrO). Die Vollstreckung der Ersatzfreiheitsstrafe nach § 43 StGB kann auch durch freie, unentgeltliche Arbeit oder → gemeinnützige Arbeit abgewendet werden (Art. 293

EGStGB iVm VOen der Länder). Hierauf ist der Verurteilte vor der Anordnung hinzuweisen, ebenso darauf, dass ihm gemäß § 459a StPO Zahlungserleichterungen bewilligt werden können. Die Vollstreckungsbehörde kann sich hierzu der Gerichtshilfe bedienen (§ 463d Satz 2 Nr. 2 StPO).

Ersatzgeldstrafe
wird gelegentlich die Geldstrafe genannt, die nach § 47 II StGB zu verhängen ist, wenn nach dem verletzten Strafgesetz Geldstrafe überhaupt nicht oder nur neben Freiheitsstrafe ausgesprochen werden darf, und wenn im Einzelfall Freiheitsstrafe unter 6 Mon. verwirkt ist. Dann ist eine Geldstrafe festzusetzen, wenn nicht Freiheitsstrafe unerlässlich ist.

Ersatzhehlerei
Der Begriff bezeichnet weniger eine bestimmte Straftat als die Problematik, inwieweit der Straftatbestand der → Hehlerei (§ 259 StGB, näher s. dort) auf Gegenstände anwendbar ist, die nicht unmittelbar aus einer Vortat erlangt wurden, sondern aus der Verwertung (zB Verkauf, Umtausch) eines anderen, seinerseits direkt durch die Vortat erlangten Gegenstands.

Ersatzkassen
Ersatzkassen sind Träger der gesetzlichen → Krankenversicherung; sie sind Selbstverwaltungskörperschaften öffentl. Rechts. Mitgliedschaft entsteht nicht kraft Gesetzes, sondern durch Ausübung eines entsprechenden Wahlrechts. Ersatzkassen waren die Krankenkassen, die am 31.12.1992 bereits bestanden haben. Neue Ersatzkassen werden nicht mehr zugelassen. Die Aufsicht führt das → Bundesamt für Soziale Sicherung (→ Kassenwahl, → Krankenkassen). Ersatzkassen dürfen keine Personenkreise von einer Mitgliedschaft ausschließen. Länderübergreifende Bezirke sind zulässig (§ 168 III SGB V). Ist die Wirtschaftlichkeit einer Ersatzkassen dauerhaft nicht mehr gegeben, wird sie durch die Aufsichtsbehörde geschlossen (§ 170 SGB V). Die Ersatzkassen sind zur gemeinsamen Interessenvertretung zusammengeschlossen im Verband der Ersatzkassen (vdek). Aktuell gibt es sechs Ersatzkassen.

Ersatzkraftwerke
Die Bundesregierung konnte nach §§ 50a ff. EnWG durch Rechtsverordnung zulassen, dass zur Netzreserve (→ Stromversorgung) gehörende Kraftwerke, die kein Erdgas für die Erzeugung elektrischer Energie einsetzten, vorübergehend am Strommarkt teilnahmen. Damit sollte der Gasverbrauch bei der Stromerzeugung verringert und mehr Strom mit Stein- und Braunkohle erzeugt werden. Voraussetzung hierfür war die Ausrufung der Alarm- oder Notfallstufe gem. der VO (EU) 2017/1938 v. 25.10.2017 über Maßnahmen zur Gewährleistung der sicheren → Gasversorgung iVm dem Notfallplan Gas. Da die Alarmstufe im Sommer 2022 ausgerufen wurde, konnten diejenigen Kohlekraftwerke, die nach den Vorschriften des → Kohleausstiegs 2022 und 2023 stillgelegt worden wären, etwas länger am Strommarkt teilnehmen.

Ersatzlieferung
→ Gewährleistung (2a).

Ersatzmutterschaft
→ Künstliche Fortpflanzung (2).

Ersatzorganisation
→ Tarnorganisationen; → Vereinsgesetz (3).

Ersatzpflegschaft
Die Ersatzpflegschaft war eine Form der → Ergänzungspflegschaft. Sie war anzuordnen, wenn die Voraussetzungen für die Anordnung einer → Vormundschaft vorliegen, ein → Vormund aber noch nicht bestellt war. Durch die Reform des Vormundschafts- und Betreuungsrechts zum 1.1.2023 (→ Betreuung 1.) wurde die Ersatzpflegschaft abgeschafft. Das Gericht kann stattdessen einen vorläufigen Betreuer bestellen (§ 1781 BGB). Das Jugendamt als → Amtspfleger oder ein vom Träger der Jugendhilfe anerkannter Vormundschaftsverein können zum vorläufigen Betreuer bestellt werden (§ 1774 IV BGB). Die Bestellung endet mit der Bestellung eines Vormunds (§ 1781 V BGB).

Ersatzreise
→ Reisevertrag.

Ersatzrevision
Darunter versteht man eine → Revision gegen Urteile eines Gerichts, gegen die an sich → Berufung zulässig sein würde, die aber kraft besonderer Vorschrift unzulässig ist. Das gilt in der Verwaltungsgerichtsbarkeit, wenn die Berufung durch Bundesgesetz – wie zB in § 34 WPflG – ausgeschlossen ist (§ 135 VwGO).

Ersatzschulen
→ Privatschulen.

Ersatzurlaub
→ Urlaub.

Ersatzvermächtnis
ist ein → Vermächtnis, das für den Fall des Wegfalls eines Vermächtnisnehmers angeordnet ist. Es gelten die Vorschriften über den → Ersatzerben entsprechend (§ 2190 BGB, §§ 2097 ff. BGB).

Ersatzversicherung
→ Versicherungsvertrag (1).

Ersatzvornahme
→ polizeiliche Zwangsmittel, → Verwaltungszwang, → Werkvertrag (3).

Ersatzzahlung
Die Ersatzzahlung ist die nach § 50 ZVG vorgeschriebene Erhöhung des → Bargebots, wenn beim → geringsten Gebot ein Recht berücksichtigt ist, das nicht besteht, wegfällt oder erlischt.

Ersatzzeiten
Ersatzzeiten sind in der gesetzlichen → Rentenversicherung bestimmte Zeiten vor dem

1.1.1992, in denen Versicherte aus Gründen, die sie nicht zu vertreten hatten, an der Ausübung einer beitragspflichtigen Beschäftigung gehindert waren (§ 250 SGB VI). Als Ersatzzeiten kamen folgende Zeiten in Frage: militärischer oder militärähnlicher Dienst auf Grund von Dienstpflicht oder während des Krieges, Minenräumdienst nach dem 8.5.1945, Kriegsgefangenschaft, Internierung oder Verschleppung iS des → Heimkehrergesetzes, Festhaltung im Ausland oder Verhinderung der Heimkehr von dort auf Grund feindlicher Maßnahmen, Freiheitsentziehung oder Arbeitslosigkeit oder Auslandsaufenthalt auf Grund nationalsozialistischer Verfolgung, außerhalb der Bundesrepublik aus politischen Gründen iS des → Häftlingshilfegesetzes und schließlich die Zeit vom 1.1.1945 bis 31.12.1946 sowie außerhalb dieses Zeitraumes liegende Zeiten der Vertreibung, Flucht, Aussiedlung bei den in §§ 1–4 BVFG bezeichneten Personen. Diese Zeiten sind auch dann zu berücksichtigen, wenn die Ableistung des Dienstes in der Wehrmacht oder einer Wehrmachtsdienststelle freiwillig erfolgt war. In der Literatur als auch in der Rechtsprechung sind Einzelfälle genannt, bei denen auch Zeiten in der Waffen-SS als Ersatzzeit anzurechnen sind. Nach dem Inkrafttreten des Rentenreformgesetzes 1992 zählen die nach früherem Recht entstandenen Ersatzzeiten als → beitragsgeminderte Zeiten oder → beitragslose Zeiten (§§ 54, 250 f. SGB VI). Waren in einer → Versichertenrente Ersatzzeiten anzurechnen gewesen, werden sie auch bei einer → Hinterbliebenenrente weiterhin berücksichtigt.

Ersatzzustellung
Die Ersatzzustellung ist die → Zustellung, die auf andere Weise als durch Übergabe an den Zustellungsempfänger durchgeführt wird. Die Ersatzzustellung ist nur zulässig, wenn der Empfänger nicht angetroffen wird. Sie wird durch Übergabe an bestimmte Personen in der gleichen Wohnung (haushaltszugehörige erwachsene Familienmitglieder oder Dienstboten), in den Geschäftsräumen und im gleichen Haus (empfangsbereiter Vermieter) oder durch Niederlegen des zuzustellenden Schriftstückes bei der Geschäftsstelle des örtlich zuständigen Amtsgerichts oder bei der mit der Zustellung beauftragten Post vollzogen (§§ 178–181 ZPO, § 5 II VwZG). Bei unberechtigt verweigerter Annahme ist das zuzustellende Schriftstück einfach am Ort der Zustellung zurückzulassen (§ 179 ZPO).

Ersatzzwangshaft
→ Verwaltungszwang, → Zwangsmittel.

Erscheinen, Pflicht zum –
→ persönliches Erscheinen.

Erschleichen von Leistungen
Straftatbestand nach § 265a StGB. Danach ist das Erschleichen der Leistung eines Automaten, eines öffentlichen → Telekommunikationsnetzes, einer Verkehrsleistung oder des Zutritts zu einer Veranstaltung oder Einrichtung mit Freiheitsstrafe bis zu 1 Jahr oder Geldstrafe bedroht. Die Vorschrift erfasst Leistungsautomaten, nicht dagegen Warenautomaten, deren Leerung → Diebstahl ist (→ Automatenmissbrauch). Sie erfasst ferner die Benutzung eines Telekommunikationsnetzes unter Umgehung der Abrechnungseinrichtungen, das Mitfahren als „blinder Passagier" (Schwarzfahrer) in öffentlichen Verkehrsmitteln sowie den Zutritt zu Veranstaltungen (zB Theater oder Konzert) oder die Benutzung von Einrichtungen (Badeanstalt, Kurpark) ohne Bezahlung des geschuldeten Entgelts. Erschleichen liegt nur vor, wenn der Täter in der Absicht (→ Vorsatz), dh hier mit dem auf den Erfolg gerichteten Willen handelt, die Gegenleistung nicht zu entrichten. Versuch ist strafbar. Die Tat ist bei geringer Schädigung → Antragsdelikt nach § 265a III StGB, § 248a StGB (s. → Diebstahl 4). Hat der Täter eine Person (zB einen Schaffner) durch unwahre Angaben getäuscht, liegt → Betrug vor. In öffentl. Verkehrsmitteln ist der Reisende in jedem Fall zur Entrichtung eines erhöhten Entgelts verpflichtet; es beträgt in Straßenbahnen und Obussen bis zu 60 EUR oder den doppelten Fahrpreis, falls dieser höher ist (§ 9 der VO über die Allgemeinen Beförderungsbedingungen für den Staßenbahn- und Obusverkehr sowie für den Linienverkehr mit Kfz v. 27.2.1970, BGBl. 1970 I 230 mÄnd), und in Eisenbahnen den doppelten Fahrpreis, mindestens 60 EUR (§ 12 EVO, → Eisenbahn-VerkehrsO). Sa → Computerbetrug, → Schwarzhören und -sehen.

Erschleichen von Sozialleistungen
Wer → Schwarzarbeit gem. § 1 II Nr. 3 SchwarzArbG leistet, dh Dienst- oder Werkleistungen erbringt und entgegen § 60 I 1 Nr. 1, 2 SGB I oder § 8a AsylbLG eine für eine Sozialleistung erhebliche Tatsache nicht mitteilt und dadurch bewirkt, dass ihm eine Sozialleistung zu Unrecht gewährt wird (→ Leistungsmissbrauch), wird mit Freiheitsstrafe bis zu drei Jahren o. Geldstrafe bestraft (§ 9 SchwarzArbG). Bereicherungsabsicht ist nicht erforderlich. § 9 SchwarzArbG tritt zurück, ist also subsidiär (→ Konkurrenz von Straftaten, hier § 263 StGB), wenn ein → Betrug vorliegt. Wer der Mitteilungspflicht nach § 8a AsylbLG nicht nachkommt, begeht eine Ordnungswidrigkeit, die mit einer Geldbuße bis zu 5000 EUR geahndet werden kann (§ 13 AsylbLG). Um ua eine wirksamere Bekämpfung der Thematik zu erreichen, wurde § 33a SGB I eingerichtet, um zu verhindern, dass durch Änderung des Geburtsdatums Sozialleistungen erschlichen werden können. Auf die entsprechende Rechtsprechung des BSG wird hingewiesen.

Erschließung
Die Erschließung von Bauland durch Herstellung von öffentlichen Straßen, Wegen, Plätzen, Parkflächen und Grünanlagen ist in §§ 123 ff. BauGB (→ Baugesetzbuch (BauGB)

geregelt. Sie ist Aufgabe der Gemeinden. Diese haben Erschließungsanlagen entsprechend den Erfordernissen der Bebauung und des Verkehrs herzustellen, die mit den Festsetzungen des Bebauungsplanes übereinstimmen müssen (vgl. → Bauleitplan). Zur Deckung des Aufwands erheben die Gemeinden Erschließungsbeiträge. Der Erschließungsaufwand umfasst die Kosten für den Grunderwerb und die erstmalige Herstellung oder die Übernahme von Anlagen. Dieser Aufwand ist nach näherer Regelung der → Satzung der Gemeinde auf die durch die Anlage erschlossenen Grundstücke zu verteilen, und zwar nach Art und Maß der baulichen oder sonstigen Nutzung, nach Grundstücksflächen oder nach der Grundstücksbreite an der Erschließungsanlage. Der Beitragspflicht unterliegen Grundstücke, für die eine bauliche oder gewerbliche Nutzung festgesetzt ist, sobald sie bebaut oder gewerblich genutzt werden dürfen. Die Beitragspflicht trifft den Grundstückseigentümer bzw. Erbbauberechtigten; sie entsteht mit der endgültigen Herstellung der Anlage, Teilbeträge und Vorausleistungen können verlangt werden. Das Erschließungsbeitragsrecht hat zu einer umfangreichen und schwer überschaubaren Rechtsprechung der Verwaltungsgerichte geführt. Beiträge für den Ausbau von Verkehrswegen (also nicht für die erstmalige Herstellung) sowie für Kanalisierung und Versorgungsanlagen sind landesrechtlich geregelt.

Erschöpfung
→ Immaterialgüterrechte erlauben ihrem Inhaber eine wirtschaftliche Nutzung dadurch, dass er den Vertrieb von Gegenständen untersagen kann, die in den jeweiligen Schutzbereich fallen (etwa weil sie von der durch das → Patent oder → Gebrauchsmuster geschützten Erfindung Gebrauch machen, mit der → Marke gekennzeichnet sind, die durch ein eingetragenes → Design geschützte Gestaltung aufweisen oder das nach dem → Urheberrecht geschützte Werk verkörpern). Hat der Inhaber jedoch bei konkreten körperlichen Gegenständen den ihm zustehenden wirtschaftlichen Nutzen dadurch bereits gezogen, dass er sie selbst in einem Mitgliedstaat der → Europäischen Union oder in einem anderen Staat des → Europäischen Wirtschaftsraums in Verkehr gebracht hat oder dem Inverkehrbringen durch einen Dritten zugestimmt hat – und dafür von dem Dritten ein Entgelt verlangen konnte –, so gibt es keine innere Rechtfertigung mehr dafür, dass er den weiteren Vertrieb eben dieser Gegenstände untersagen und damit den Wettbewerb auf nachgelagerten Handelsstufen beeinträchtigen könnte. Das begründet den Grundsatz der Erschöpfung, nach dem der Inhaber die Verbreitung solcher Gegenstände nicht untersagen kann, weil insoweit sein Recht „erschöpft" ist (vgl. zB § 24 MarkenG, § 48 DesignG, § 17 Abs. 2 UrhG; im deutschen Patentrecht beruht der Grundsatz auf Rspr., eine ausdrückliche gesetzliche Regelung findet sich nur hinsichtlich der Vermehrung biologischen Materials in § 9b PatG; demgegenüber ist der Grundsatz der Erschöpfung in Bezug auf → Europäische Patente in Art. 29 EPGÜ aufgenommen worden). Im Urheber- und Markenrecht umfasst die Erschöpfung auch die Verwendung des Schutzgegenstands für die Werbung für Gegenstände, bei denen ihrerseits Erschöpfung eingetreten ist. Ausnahmen vom Erschöpfungsgrundsatz bestehen im Urheberrecht hinsichtlich des Vermietungsrechts (§ 17 Abs. 2, 3 UrhG) und im Markenrecht bei entgegenstehenden berechtigten Interessen des Rechteinhabers, insbes. wenn sich der Zustand der Waren nach ihrem Inverkehrbringen verändert oder verschlechtert hat (§ 24 Abs. 2 MarkenG). Unter engen Voraussetzungen kann der Erschöpfungsgrundsatz auf unkörperliche Produkte wie per Download im Internet vertriebene Computerprogramme anwendbar sein.

Erschöpfung des Rechtsweges
→ Verfassungsbeschwerde.

Erschöpfungseinrede
→ Aufgebot der Nachlassgläubiger, → Beschränkung der Erbenhaftung.

Erschwerniszulage
→ Leistungszulage.

Ersetzungsbefugnis
(facultas alternativa) ist die (ggf. an bestimmte Voraussetzungen gebundene) Befugnis des → Schuldners, statt der aufgrund des → Schuldverhältnisses konkret geschuldeten Leistung eine andere bestimmte Leistung zu erbringen, zB Geldersatz statt Naturalherstellung bei der Leistung von → Schadensersatz, § 251 II BGB (anders bei der → Wahlschuld). Die Ersetzungsbefugnis kann auch zugunsten des → Gläubigers bestehen (vgl. § 249 II BGB, § 340 I BGB, § 843 III BGB).

Ersitzung
Wer eine bewegliche → Sache 10 Jahre im Eigenbesitz gehabt, dh als ihm gehörend besessen hat (§ 872 BGB), erwirbt – sofern nicht vorher bereits ein → gutgläubiger Erwerb stattgefunden hat (→ Eigentumserwerb) – das → Eigentum an der Sache. Voraussetzung ist, dass der Ersitzende nicht bei Erwerb des Eigenbesitzes im → bösen Glauben war oder nachträglich erfahren hat, dass ihm das Eigentum nicht zusteht (§ 937 II BGB). Die Ersitzung ist gehemmt, wenn der → Eigentumsherausgabeanspruch durch Klage geltend gemacht wird oder selbst gehemmt ist (→ Verjährung, 1b, § 939 BGB); sie wird durch Verlust des Eigenbesitzes oder Vollstreckungshandlungen gegen den Ersitzenden unterbrochen (§§ 940 f. BGB). Durch die Ersitzung erlöschen auch die an der Sache bestehenden Rechte Dritter (§ 945 BGB). Nach hM hat der bisherige Eigentümer gegen den Ersitzenden keinen Anspruch aus → ungerechtfertigter Bereicherung, da die Ersitzung der rechtliche Grund für den Eigentumserwerb

ist. Über die Ersitzung von Grundstücken → Buchersitzung.

Erstattung von Beiträgen
Rechtsgrundlage für die → Beitragserstattung ist § 26 SGB IV (zu Unrecht geleistete Beiträge) und § 210 SGB VI (rechtmäßig geleistete Rentenversicherungsbeiträge), in den dort abschließend geregelten Ausnahmefällen. Die Regelfälle dürften eine Beitragserstattung nach Feststellung des Nichtbestehens einer Versicherungspflicht und das Nichterfüllen der allgemeinen Wartezeit nach Erreichen der Regelaltersgrenze sein.

Erstattungsanspruch, öffentlich-rechtlicher
1. Ein öffentlich-rechtlicher Erstattungsanspruch ist in Rechtsprechung und Literatur allgemein anerkannt (vgl. BVerwGE 48, 279 (286)). Er ergibt sich aus dem Grundsatz der Gesetzmäßigkeit der Verwaltung und dient dem Ausgleich einer dem materiellen Recht nicht oder nicht mehr entsprechenden Vermögenslage. Er entspricht weitgehend der → ungerechtfertigten Bereicherung des bürgerlichen Rechts (§§ 812 ff. BGB, die grundsätzlich analog anwendbar sind, soweit das öff. Recht keine besondere Regelung trifft). Voraussetzung sind Vermögensverschiebung und Fehlen (oder späterer Wegfall) des rechtlichen Grundes für die Leistung. Im Einzelnen str. ist, ob und inwieweit der Empfänger sich auf den Wegfall der Bereicherung (§ 818 III BGB) berufen kann.

2. Soweit ein → Verwaltungsakt mit Wirkung für die Vergangenheit zurückgenommen oder widerrufen wird oder durch Eintreten einer auflösenden Bedingung unwirksam geworden ist, ist der öffentlich-rechtliche Erstattungsanspruch ausdrücklich gesetzlich geregelt. Die aufgrund eines zurückgenommenen, widerrufenen oder unwirksamen Verwaltungsaktes bereits erbrachten Leistungen sind zu erstatten (§ 49a I 1 VwVfG). .Auf den Wegfall der Bereicherung kann sich der Begünstigte nicht berufen, soweit er die Umstände kannte oder infolge grober Fahrlässigkeit nicht kannte, die zur Rücknahme, zum Widerruf oder zur Unwirksamkeit des Verwaltungsaktes geführt haben (§ 49a II 2 VwVfG). Die Verwaltung kann einen öffentlich-rechtlichen Erstattungsanspruch durch Verwaltungsakt (Rückforderungsbescheid) geltend machen (§ 49a I 2 VwVfG), der Bürger durch Leistungsklage zum Verwaltungsgericht. Vgl. auch → Folgenbeseitigungsanspruch (→ Verwaltungsstreitverfahren, 5). Vergleichbare Vorschriften finden sich in den Verwaltungsverfahrensgesetzen der Länder. Die Erstattung von Steuern richtet sich nach § 37 II AO. Erstattungsansprüche können abgetreten, verpfändet oder gepfändet werden (§ 46 AO). Zur Abtretung von Lohnsteuererstattungsansprüchen s. Abschn. 149 VI LStR, von Einkommensteuererstattungsansprüchen § 36 IV EStG.

Erste Tätigkeitsstätte
Einkommensteuerlicher Begriff, der ab dem 1.1.2014 an die Stelle der regelmäßigen Arbeitsstätte getreten ist. Die gesetzliche Definition ist in § 9 IV EStG enthalten. Von einer ersten Tätigkeitsstätte ist immer dann auszugehen, wenn der Arbeitnehmer an einer ortsfesten betrieblichen Einrichtung des Arbeitgebers, eines verbundenen Unternehmens oder eines vom Arbeitgeber bestimmten Dritten tätig ist, der er dauerhaft zugeordnet ist.

Ein Arbeitnehmer kann pro Dienstverhältnis max. eine erste Tätigkeitsstätte haben. Es kann aber auch keine erste Tätigkeitsstätte vorliegen, zB bei → Einsatzwechseltätigkeit oder bei Tätigkeit auf einem Fahrzeug.

Die Bestimmung der ersten Tätigkeitsstätte wird vorrangig durch den Arbeitgeber im Rahmen seines Direktionsrechts bestimmt (arbeitsrechtliches Zuordnungsprinzip). Eine dauerhafte Zuordnung liegt vor bei unbefristeter Tätigkeit, für die Dauer des gesamten Dienstverhältnisses oder über einen Zeitraum von 48 Monaten hinaus. Erfolgte keine arbeitsrechtliche Zuordnung, ist die zeitliche Zuordnung entscheidend. Zeitlich ist ein Arbeitnehmer in einer betrieblichen Einrichtung dauerhaft tätig, wenn er dort arbeitstäglich, zumindest zwei volle Arbeitstage pro Woche oder $^1/_3$ seiner vereinbarten Arbeitszeit dort verbringt. Für die Zuordnung des Arbeitnehmers zur ersten Tätigkeitsstätte ist eine Prognose zu Beginn des Beschäftigungsverhältnisses maßgebend. Nachweise für die arbeitsvertragliche Zuordnung sind zB der Arbeitsvertrag, Einsatzpläne oder dienstliche Verfügungen.

Bedeutsam ist die erste Tätigkeitsstätte insbes. für die → Reisekosten und die → Entfernungspauschale.

Ersteher
→ Zwangsversteigerung.

Erster Zugriff
Der Begriff bezeichnet die Durchgangszuständigkeit der Polizei im → Ermittlungsverfahren in Strafsachen (1d), die nach § 163 I und II StPO besteht. Die Polizei hat danach auch ohne Auftrag der StA Straftaten zu erforschen und alle keinen Aufschub gestattenden Anordnungen zu treffen, um die Verdunkelung der Sache zu verhüten. Sie übersendet ihre Ergebnisse sodann unverzüglich der StA.

Erstprämie
→ Versicherungsvertrag (3).

Erststimme
→ Bundestag.

Ersuchter Richter
Ersuchter Richter ist der Richter, der auf Grund eines Ersuchens um → Rechtshilfe tätig wird; im Einzelnen → kommissarische Vernehmung. Abzugrenzen ist zum → beauftragten Richter.

Ertragsanteil
Leibrenten, die unter die Ertragsanteilbesteuerung fallen, werden in einen Vermögensanteil und einen Ertragsanteil aufgespalten. Der Vermögensanteil setzt sich aus den eingezahlten Beiträgen zusammen. Der Ertragsanteil ist der fiktive Zinsanteil der im Lauf des aktiven Erwerbslebens einbezahlten Rentenbeiträge. Grundsätzlich ist nur der Ertragsanteil einkommensteuerpflichtig. Der Gesetzgeber hat den Ertragsanteil pauschal festgelegt, wobei zwischen lebenslangen Leibrenten und abgekürzten Leibrenten unterschieden wird (vgl. § 22 EStG). Maßgeblich für die Höhe des Ertragsanteils ist das vollendete Lebensjahr des Rentenberechtigten bei Beginn der Rente (§ 22 Nr. 1 S. 3 lit. a EStG). Der Ertragsanteil bleibt über den gesamten Bezugszeitraum gleich. Der steuerpflichtige Ertragsanteil wurde ab 2005 deutlich gesenkt, zB im Fall des Rentenbeginns ab dem 65. Lebensjahr von 27 vH auf 18 vH → Rentenbesteuerung.

Ertragshoheit
→ Verteilung des Steueraufkommens.

Ertragsteuern
sind Steuern, deren Bemessungsgrundlage der Gewinn bzw. der Überschuss ist. Sie sind nach der wirtschaftlichen Leistungsfähigkeit des einzelnen Steuersubjekts ausgerichtet. Dazu gehören die → Einkommen-, → Körperschaft- und → Gewerbesteuer.

Ertragswertverfahren
→ Einheitswerte, → Erbschaftsteuer.

Erwachsenenbildung
gibt als eigenständiger Bereich des Bildungswesens mit ihren Bildungsangeboten Gelegenheit, die in der Schule, Hochschule oder in der Berufsausbildung erworbene Bildung zu vertiefen, zu erneuern und zu erweitern. Die Ausgestaltung der Erwachsenenbildung ist landesrechtlich geregelt (vgl. zB bayer. Gesetz zur Förderung der Erwachsenenbildung vom 24.7.1974, GVBl. 1974, 368). Geregelt sind insbes. Grundlagen der Organisation (Träger und Einrichtungen), finanzielle Angelegenheiten (insbes. Förderung durch Staat und Kommunen), Ausbildungsvoraussetzungen, Forschung und Lehre, Zertifikate. Besondere Bedeutung im Bereich der Erwachsenenbildung haben die → Volkshochschulen.

Erwachsenheitssumme
→ Beschwerdewert.

Erweiterter Eigentumsvorbehalt
→ Eigentumsvorbehalt (3).

Erweiterter Verfall
Seit der Reform des Rechts der Vermögensabschöpfung im Strafverfahren 2017: Erweiterte Einziehung (§ 73a StGB); → Einziehung im Strafverfahren.

Erwerb vom Nichtberechtigten
→ gutgläubiger Erwerb.

Erwerb von Todes wegen
→ Erbe.

Erwerbermodell
→ Bauherren-Modell.

Erwerbsbedingte Kinderbetreuungskosten
→ Kinderbetreuungskosten.

Erwerbsbezüge
→ Erwerbseinkommen.

Erwerbseinkommen
→ Einkommensteuer (5).

Erwerbsfähige Leistungsberechtigte
Der Begriff Erwerbsfähige Leistungsberechtigte (→ Bürgergeld) geht zurück auf das Vierte Gesetz für moderne Dienstleistungen am Arbeitsmarkt (→ Hartz-Gesetze) bzw. das SGB II (→ Arbeitslosengeld II). Vorgesehen ist danach die Erbringung von Leistungen an Erwerbsfähige und an Personen, die mit ihnen in einer → Bedarfsgemeinschaft leben (§ 7 II SGB II).

Erwerbsfähige Leistungsberechtigte iSd SGB II sind Personen, die das 15. Lebensjahr vollendet und die Altersgrenze nach § 7a SGB II noch nicht erreicht haben, erwerbsfähig sind, hilfebedürftig sind und ihren gewöhnlichen Aufenthalt in Deutschland haben (§ 7 I SGB II). Ausländer erhalten Leistungen nach dem SGB II, wenn ihnen die Aufnahme einer Beschäftigung erlaubt ist oder erlaubt werden könnte. Liegt Erwerbsfähigkeit nicht vor → Erwerbsunfähigkeit, kommen Leistungen nach dem SGB XII in Betracht (Hilfe zum Lebensunterhalt).

Erwerbsgenossenschaften
→ Genossenschaft (1, 7).

Erwerbsminderung
Erwerbsminderung ist ein Sammelbegriff für die → Minderung der Erwerbsfähigkeit (gesetzliche → Unfallversicherung, → Kriegsopferversorgung) und die → verminderte Erwerbsfähigkeit (gesetzliche → Rentenversicherung). Die Erwerbsminderung wird durch gutachterliche Untersuchungen oder andere ärztliche Unterlagen vom → Sozialleistungsträger festgestellt. Die Feststellung ist gerichtlich überprüfbar.

Erwerbsobliegenheit
Zwischen Ehegatten → Trennungsunterhalt 3., gegenüber Kindern → Mindestunterhalt 2.

Erwerbsschwelle
→ Binnenmarkt, Umsatzsteuer (2g).

Erwerbsunfähigkeit
Erwerbsunfähigkeit war in der sozialen → Rentenversicherung neben der Erfüllung der → Wartezeit und einer Pflichtbeitragszeit von 3 Jahren in den letzten 5 Jahren vor Eintritt des Versicherungsfalls Voraussetzung für die Gewährung einer → Erwerbsunfähigkeitsrente. Sie setzte eine so weitgehende Minderung der Erwerbsfähigkeit eines Versicherten durch → Krankheit oder Behinderung (Sozial-

recht; → behinderte Menschen) voraus, dass er eine Erwerbstätigkeit in gewisser Regelmäßigkeit nicht mehr ausüben oder dabei nur geringfügige Monatseinkünfte (höchstens 1/7 der monatl. → Bezugsgröße) erzielen konnte. An ihre Stelle ist seit 1.1.2001 die volle oder teilweise Erwerbsminderung oder die Gewährung von → Renten wegen verminderter Erwerbsfähigkeit getreten (§ 43 SGB VI).

Erwerbsunfähigkeitsrente
Einen Anspruch auf Rente wegen → Erwerbsunfähigkeit konnten bis zum 31.12.2000 Versicherte der gesetzlichen → Rentenversicherung erlangen, die von Erwerbsunfähigkeit betroffen waren, die → Wartezeit erfüllt hatten und in den letzten 5 Jahren vor Eintritt der Erwerbsunfähigkeit mindestens 3 Jahre Pflichtbeiträge gezahlt hatten → Drei-Fünftel-Deckung. Gleiches galt für Versicherte, deren Erwerbsunfähigkeit die Folge eines Arbeitsunfalls oder ähnlicher Ereignisse war (vgl. §§ 44, 53 SGB VI aF).

Die Erwerbsunfähigkeitsrente ist ab 1.1.2001 abgelöst worden von den → Renten wegen verminderter Erwerbsfähigkeit (§ 43 SGB VI). Versicherten, die am 31.12.2000 bereits Anspruch auf eine Erwerbsunfähigkeitsrente hatten, wird diese Rente aus Gründen des Vertrauensschutzes jedoch weiterhin gewährt (§ 302b SGB VI).

Erwerbsverbot
→ Veräußerungsverbot.

Erzbischof, Erzdiözese
→ Diözese, → Metropolit.

Erzeugergemeinschaften
Erzeugergemeinschaften werden im europäischen Agrarrecht (→ Gemeinsame Agrarpolitik) als Erzeugerorganisationen bezeichnet. Nach Art. 152 VO (EU) 1308/2013 werden sie von Erzeugern gebildet und kontrolliert und dienen gemeinsamen wirtschaftlichen Zwecken, etwa der besseren Produktion oder Vermarktung. Sie bedürfen der staatlichen Anerkennung. Ein bekanntes Beispiel in Deutschland sind die Winzergenossenschaften, Erzeugerorganisationen können jedoch auch andere Rechtsformen haben. Einzelheiten regeln spezielle Vorschriften, zB die Obst-Gemüse-Erzeugerorganisationendurchführungsverordnung (OGErzeugerOrgDV) v. 22.7.2022 (BGBl. 2022 I 1197 mÄnd). Bezieht sich die Tätigkeit der Erzeugerorganiation auf Agrarerzeugnisse, spricht das deutsche Recht von Agrarorganisationen: → Agrarorganisationen und Lieferketten.

Erziehungsberechtigter
→ Personensorge, → Jugendstrafrecht.

Erziehungsförderung
soll insbesondere auf Bedürfnisse, Interessen und Erfahrungen von Familien in unterschiedlichen Lebens- und Erziehungssituationen eingehen. Des Weiteren sollen durch die Erziehungsförderung junge Menschen auf Ehe, Partnerschaft und das Zusammenleben vorbereitet werden. Ferner soll für die Betreuung und Versorgung des Kindes in Notsituationen gesorgt werden (§§ 16–21 SGB VIII; → Jugendamt). Die Erziehungsförderung schließt auch die Beratung zu Trennung und Scheidung der Eltern ein. Die betroffenen Kinder und Jugendlichen sind dabei in angemessener Weise zu beteiligen (§ 17 II SGB VIII). Im Verfahren der → Scheidung sind gem. § 17 III SGB VIII sowohl das Jugendamt als auch das → Familiengericht involviert.

Erziehungsgeld
Das Erziehungsgeldgesetz (BErzGG) ist zum 31.12.2008 außer Kraft getreten. Es wurde durch das Bundeselterngeld- und Elternzeitgesetz (BEEG) v. 5.12.2006 mÄnd abgelöst; siehe → Elternzeit (1) → Elterngeld, → Elterngeld Plus.

Erziehungsheim
→ Anstaltsunterbringung (1), → Erziehungsmaßregeln, → Unterbringungsbefehl.

Erziehungshilfe
1. Erziehungshilfe wird geleistet in Form von Beratung und Unterstützung von Kindern, Jugendlichen, Eltern und anderen Erziehungsberechtigten bei individuellen und familienbezogenen Problemen, Lösung von Erziehungsfragen und bei Trennung und Scheidung. Der Erziehungshilfe dienen auch soziale Gruppenarbeit, sozialpädagogische Hilfe, Erziehung in Tagesgruppen, Vollzeitpflege, Heimerziehung, betreute Wohnformen und Krankenhilfe (§§ 27–41 SGB VIII).

2. Im → Jugendstrafrecht kann dem Jugendlichen als → Erziehungsmaßregel nach § 12 JGG nach Anhörung des → Jugendamts auferlegt werden, unter den im SGB VIII genannten Voraussetzungen Hilfe zur Erziehung in Form der Erziehungsbeistandschaft nach § 30 SGB VIII oder in einer Einrichtung über Tag und Nacht oder in einer sonstigen betreuten Wohnform nach § 34 SGB III in Anspruch zu nehmen.

Erziehungsmaßregeln
können gegen gefährdete Kinder oder Jugendliche oder straffällig gewordene Jugendliche sowohl vom → Familiengericht wie vom Jugendrichter (→ Jugendstrafrecht) angewendet werden.

Nach §§ 1666 f., 1837 IV BGB kann, wenn der Inhaber der Personensorge das Kind durch missbräuchliche Ausübung des Sorgerechts, durch Vernachlässigen oder auch durch unverschuldetes Versagen bei der Erziehung gefährdet, der Familienrichter die zur Abwendung der Gefahr erforderlichen Maßnahmen treffen, wenn der Inhaber der Personensorge dazu nicht gewillt oder in der Lage ist; eine Trennung von der Familie (zB Heimunterbringung) ist nur als äußerste Maßnahme zulässig.

Im Jugendstrafrecht stehen dem Jugendrichter als Erziehungsmaßregeln zur Verfügung:

die Erteilung von → Weisungen sowie die Anordnung zur Inanspruchnahme von Hilfe zur Erziehung (§§ 9 ff. JGG) durch Erziehungsbeistandschaft iS des § 30 SGB VIII oder in einer Einrichtung über Tag und Nacht (Heimerziehung) oder in einer sonstigen betreuten Wohnform iS des § 34 SGB VIII. Gegen Soldaten ist während des Wehrdienstes diese Hilfe zur Erziehung iS des § 12 JGG nicht zugelassen (§ 112a Nr. 1 JGG). Die Erziehungsmaßregeln sind im Jugendstrafrecht idR die milderen Reaktionsmittel im Vergleich zu → Zuchtmitteln und → Jugendstrafe.

Erziehungsmittel
→ Ordnungsmaßnahmen.

Erziehungspflichtverletzung
→ Obhutspflicht, → Vernachlässigen von Schutzbefohlenen.

Erziehungsrecht
→ Personensorge.

Erziehungsregister
Das Erziehungsregister wird nach §§ 59 ff. BZRG beim Bundeszentralregister (→ Strafregister) geführt. Es soll dieses durch Aufnahme bestimmter jugend- und familiengerichtlicher Entscheidungen ergänzen, die keinen Strafcharakter haben: → Erziehungsmaßregeln und → Zuchtmittel (§§ 9 ff. JGG), ferner Freisprüche wegen mangelnder Reife, familiengerichtliche Maßnahmen. Auskunft aus dem Erziehungsregister erhalten nur Straf- und Familiengerichte, Staatsanwaltschaften, Strafvollzugsbehörden, Jugendämter und Gnadenbehörden. Die Vermerke des Erziehungsregisters werden entfernt, wenn der Betroffene 24 Jahre alt geworden und im Strafregister keine Freiheitsstrafe oder freiheitsentziehende → Maßregel der Besserung und Sicherung vermerkt ist (§ 63 BZRG). Das Bundesamt für Justiz kann vorzeitige Entfernung entsprechend der → Straftilgung anordnen. Auch vorher braucht der Betroffene Eintragungen im Erziehungsregister und die zugrundeliegenden Sachverhalte grundsätzlich nicht zu offenbaren.

Erziehungsrente
Wird eine Ehe (nach dem 30.6.1977) geschieden und stirbt ein Ex-Ehepartner, so erhält der andere, wenn er vor dem Tod des ersteren in der → Rentenversicherung eine → Wartezeit von 5 Jahren erfüllt hat und nicht wieder heiratet, bis zur Regelaltersgrenze für die Dauer der Erziehung von Kindern Erziehungsrente (§ 47 SGB VI). Es muss sich bei der Erziehung des Kindes nicht um ein Kind der verstorbenen Person handeln. Die Gewährung einer → Waisenrente ist keine Voraussetzung. Die Erziehungsrente kann auch im Falle einer Auflösung einer → Lebenspartnerschaft anfallen, weil die Auflösung der Lebenspartnerschaft als Scheidung angesehen wird (→ Ehescheidung). Die Bedeutung der Erziehungsrente ist relativ gering.

Erziehungsurlaub
Erziehungsurlaub war bis zur Einführung der → Elternzeit die Bezeichnnung für eine Freistellung von der Arbeit zur Betreuung der Kinder → Urlaub der Beamten, Richter und Soldaten aE.

Erzwingungshaft
1. Im Verfahren wegen Ordnungswidrigkeiten kann Erziehungshaft als → Zwangsmittel angeordnet werden, wenn eine rechtmäßig verhängte → Geldbuße nicht gezahlt und der Betroffene nicht zahlungsunfähig ist. Höchstdauer 6 Wochen, bei mehreren in einer Bußgeldentscheidung festgesetzten Geldbußen höchstens 3 Monate (§ 96 OWiG).

2. Im Strafverfahren kann gegen einen Zeugen, der ohne gesetzlichen Grund das Zeugnis oder den Eid verweigert, Erziehungshaft bis zu 6 Monaten verhängt werden (§ 70 II StPO).

3. Ebenfalls im Strafverfahren kann Erziehungshaft zur Herausgabe von Gegenständen angeordnet werden (§ 95 II StPO), so gegen einen Dritten, der einen der Beschlagnahme unterliegenden Führerschein nicht herausgibt, oder gegen den Betroffenen oder Beschuldigten, wenn gegen ihn ein rechtskräftiges Fahrverbot verhängt ist und der deswegen amtlich zu verwahrende Führerschein bei ihm nicht vorgefunden wird (§ 25 IV StVG; § 463b III StPO).

4. Im zivilrechtlichen Zwangsvollstreckungsverfahren wird die Erziehungshaft zur Abgabe einer eidesstattlichen Versicherung (→ eidesstattliche Versicherung) angeordnet, wenn ein Schuldner ohne Grund die Abgabe einer → Vermögensauskunft verweigert (§ 802g ZPO). Die Erziehungshaft darf die Dauer von sechs Monaten nicht überschreiten (§ 802j ZPO) und ist sofort zu beenden, wenn der Schuldner eine vollständige Vermögensauskunft abgibt (§ 802i II ZPO).

5. Sa → Ordnungsmittel, → persönliches Erscheinen.

Erzwingungsstrafe
→ Beugemittel. Im Verwaltungsrecht ist der Begriff Erzwingungsstrafe (auch Exekutivstrafe, Verwaltungsstrafe, Zwangsstrafe, Ungehorsamsstrafe genannt) ein überholter Ausdruck für das Zwangsgeld (→ Verwaltungszwang, → Zwangsmittel).

ESA
European Space Agency, s. → Europäische Weltraumorganisation.

E-Scooter
→ Elektrokleinstfahrzeuge.

ESFS
(European System of Financial Supervision) → Europäisches System der Finanzaufsicht.

ESM
(European Stability Mechanism) → Europäischer Stabilitätsmechanismus.

ESMA
(European Securities and Markets Authority) → Europäische Wertpapier- und Marktaufsichtsbehörde.

ESRB
(European Systemic Risk Board) → Europäischer Ausschuss für Systemrisiken.

Essensmarken
→ Aufmerksamkeiten, → Sachbezüge.

Essential facility
Der Begriff der Essential facility bezeichnet im → Kartellrecht eine Infrastruktureinrichtung i. w. S., deren Benutzung für die Teilnahme an einem nachgelagerten Markt erforderlich ist (z. B. Strom-, Telefon- und Schienennetze oder Häfen, aber u. U. auch Daten). Weigert sich ein → marktbeherrschendes Unternehmen, anderen Unternehmen den Zugang zur eigenen Essential facility gegen angemessenes Entgelt zu gewähren, kann ein Missbrauch der marktbeherrschenden Stellung vorliegen (vgl. § 19 Abs. 2 Nr. 4 GWB, Art. 102 AEUV).

Essentialien
sind die notwendigen Bestandteile eines → Rechtsgeschäfts, die es bestimmen, im Gegensatz zu Akzidentalien, den → Nebenabreden beim Vertragsschluss.

ESZB
→ Europäisches System der Zentralbanken.

Etat
(Haushaltsplan) → Haushaltsrecht.

ECTS
ECTS ist die Abkürzung für European Credit Transfer and Accumulation System (= Europäisches System zur Übertragung und Akkumulierung von Studienleistungen). Damit sollen in verschiedenen Europäischen Ländern erbrachte Studienleistungen vergleichbar gemacht werden (sa → Bologna-Prozess). Die ECTS-Punkte (Leistungspunkte, Kreditpunkte, Credit Points oder kurz Credits) sind ein Zahlenwert, durch den der im Studium vorgeschriebene Arbeitsaufwand angegeben wird. Ein ECTS-Punkt entspricht ca. 25 bis 30 Arbeitsstunden Im Vollzeitstudium wird davon ausgegangen, dass 60 ECTS-Punke pro Jahr gesammelt werden müssen. ECTS-Punkte berücksichtigen nicht nur die eigentliche Vorlesungszeit, sondern auch Vor- und Nachbereitung. Noten für bestimmte Studienleistungen werden danach gewichtet, wieviel Arbeitszeit nach ECTS-Punkten dafür aufzuwenden ist. Ein weiteres Element des ECTS sind Einstufungstabellen, dh wieviel Prozent einer Vergleichsgruppe haben eine bestimmte Note erreicht. Wenn man unterstellt, dass ähnliche Vergleichsgruppen ab einer gewissen Größe stets eine vergleichbare Leistungsdifferenzierung aufweisen, kann so die Benotung vergleichbar gemacht und der Noteninflation vorgebeugt werden. Entscheidend ist dann zB nicht, wer die Note „sehr gut" erhalten hat, sondern wer zu den 10% besten Studierenden gehört. Das ECTS beruht nicht auf einer Rechtsnorm, sondern ist als Teil des Erasmus-Programms der EU zur Förderung von Auslandsaufenthalten entstanden. Eine förmliche Regelungskompetenz der EU besteht insoweit nicht.

ETF
→ Europäische zentrale Fachbehörden.

Ethikrat
Ein Ethikrat ist eine Einrichtung, die beratend zu ethischen Fragen tätig wird (im Einzenlnen siehe → Deutscher Ethikrat). Rechtsgrundlage ist das EthRG. Auf europäischer Ebene existiert dazu die Ethikkommission.

Ethikunterricht
→ Religionsunterricht (2).

Ethische Indikation
→ Schwangerschaftsabbruch.

EU
→ Europäische Union.

EU-Amtshilfe
→ Amtshilfe.

EU-Außengrenze, EU-Binnengrenzen
EU-Außengrenze ist die Zoll- und Außenwirtschaftsgrenze der → Europäischen Union. Die Außengrenze definiert den Anwendungsbereich des gemeinsamen Zolltarifs und der gemeinsamen → Handelspolitik. Binnengrenzen sind die Grenzen zwischen den Mitgliedstaaten. Für die Binnengrenzen gelten die Grundfreiheiten des Binnenmarktes ua für → Waren-, Dienstleistungs-, → Kapital- und → Personenverkehr einschließlich der → Arbeitnehmerfreizügigkeit. Die Binnengrenzen zwischen den Vertragsstaaten des → Schengener Übereinkommens legen den Anwendungsbereich der Liberalisierungen des Personengrenzverkehrs fest. Sa → Grenzkontrollen.

EUCARIS
(Europäisches Fahrzeug- und Führerscheininformationssystem) ist ein gemeinsames System für den Austausch von Fz.- und Führerscheindaten, das nach dem Vertrag v. 29.6.2000 (BGBl. 2003 II 1786) errichtet und unterhalten wird, um insbes. die Richtigkeit und Zuverlässigkeit der Daten der Zentralen → Fahrzeugregister und der → Zentralen Fahrerlaubnisregister zu gewährleisten und Verstöße gegen Rechtsvorschriften in diesem Bereich zu verhindern, zu ermitteln und zu verfolgen.

EU-Ecolabel
→ Umweltzeichen.

EuEheVO
→ Brüssel IIa-Verordnung.

EuErbVO
→ Erbrechtsverordnung.

EU-Finanzkrise
So oder als Euro-Krise bezeichnet man die seit 2008 andauernden Versuche der Euro-Mitgliedstaaten, den Staatsbankrott einzelner Mitgliedstaaten zu vermeiden, die Staatsverschuldung allgemein zu senken und den Euro dauerhaft zu stabilisieren. Auslöser der Krise waren der Zusammenbruch des US-amerikanischen Wohnungsmarktes und die Insolvenz der Investmentbank Lehman Brothers, die viele europäische Banken in die Krise stürzten. Der Versuch, diese Banken mit staatlichen Mitteln zu unterstützen, überforderte manche der überschuldeten Euro-Mitgliedsstaaten wie etwa Irland und Griechenland. Man spricht deshalb auch von einer Staatsschuldenkrise, die zu zahlreichen Änderungen der Euro-Architektur, insbesondere dem → Europäischen Stabilitätsmechanismus, → Fiskalpakt und der → Bankenunion, geführt hat. Zu den nationalen Maßnahmen zur Unterstützung angeschlagener deutscher Banken als Folge der EU-Finanzkrise s. → Finanzmarktstabilisierungsgesetze, → Finanzmarktstabilisierungsfonds, → Restrukturierungsfonds. Zur der EU-Finanzkrise wirtschaftlich vergleichbaren Corona-Krise → Corona-Hilfspaket der Europäischen Union, → Eurobonds.

EU-Führerschein
→ Fahrerlaubnis, → Auslandsführerschein.

Eugenische Indikation
→ Schwangerschaftsabbruch.

EuGFVO
= VO (EG) Nr. 861/2007 v. 11.7.2007 zur Einführung eines europäischen Verfahrens für geringfügige Forderungen; → internationales Prozessrecht.

EuGH
→ Europäischer Gerichtshof.

EuGüVO
→ Internationales Privatrecht, 2b.

EuGVVO
EuGVVO ist die inzwischen in der juristischen Praxis gebräuchliche Abkürzung für die Verordnung (EG) Nr. 44/2001 vom 22.12.2000 über die gerichtliche Zuständigkeit und die Anerkennung und Vollstreckung von Entscheidungen in Zivil- und Handelssachen. Die Abkürzung wird auch für die diesen Rechtsakt seit 10.1.2015 ersetzende Verordnung (EU) vom 12.12.2012 über die gerichtliche Zuständigkeit und die Anerkennung und Vollstreckung von Entscheidungen in Zivil – und Handelssachen verwendet. Die VO gilt nur für Zivil- und Handelssachen, nicht etwa für Personenstandsfragen oder Insolvenzsachen (bei letzeren: Abgrenzung zur → EuInsVO). Die allgemeine Zuständigkeit orientiert sich am (Wohn)Sitz der beklagten Person, Art. 4 EuGVVO. Besondere Zuständigkeiten betreffen nach Art. 7 EuGVVO etwa Gerichtsstände aus Vertragsbeziehungen oder aus deliktischen Handlungen (→ Delikt), Zuständigkeiten in Verbrauchersachen finden sich in Art. 17 ff. EuGVVO Zuständigkeitsvereinbarungen sind möglich, Art. 25 EuGVVO (zu solchen Vereinbarungen im Rahmen des nationalen Rechts → Zuständigkeitsvereinbarung). Die in einem Mitgliedstaat ergangenen Entscheidungen werden in den anderen Mitgliedstaaten anerkannt, ohne dass es hierfür eines besonderen Verfahrens bedarf, Art. 36 I, eine in einem Mitgliedstaat ergangene Entscheidung, die in diesem Mitgliedstaat vollstreckbar ist, ist in den anderen Mitgliedstaaten vollstreckbar, ohne dass es einer Vollstreckbarerklärung bedarf, Art. 39 EuGVVO. Nur unter engen Voraussetzungen kann die Anerkennung und Vollstreckung versagt werden, Art. 45 ff. EuGVVO. Gerichtliche Vergleiche, die im Ursprungsmitgliedstaat vollstreckbar sind, werden in den anderen Mitgliedstaaten unter denselben Bedingungen wie öffentliche Urkunden vollstreckt (Art. 59 EuGVVO). S. a. → gerichtliche Zuständigkeit (5), → Brüssel Ia-Verordnung.

EuInsVO
= VO (EU) 2015/848 v. 20.5.2015 über Insolvenzverfahren, mÄnd; → Insolvenzrecht.

EUIPO
→ Amt der Europäischen Union für Geistiges Eigentum.

EuKoPfVO
= VO EU) Nr. 655/2014 v. 15.5.2014 zur Einführung eines Verfahrens für einen Europäischen Beschluss zur vorläufigen Kontenpfändung im Hinblick auf die Erleichterung der grenzüberschreitenden Eintreibung von Forderungen in Zivil- und Handelssachen; → internationales Prozessrecht.

EuMahnVO
= VO (EG) Nr. 1896/2006 v. 12.6.2006 zur Einführung eines Europäischen Mahnverfahrens, mÄnd; → internationales Prozessrecht.

EUMG
→ Europäische zentrale Fachbehörden.

EU-OSHA
→ Europäische zentrale Fachbehörden.

EU-Patent
→ Einheitspatent (Europäisches Patent mit einheitlicher Wirkung); → Europäisches Patent.

EuRAG
→ Rechtsanwalt (1).

Euratom
→ Europäische Atomgemeinschaft.

EU-Recht
1. Als EU-Recht, Europäisches Recht oder Unionsrecht werden der → EU-Vertrag (EUV) sowie der → AEUV sowie die von der Europäischen Union (EU) auf der Grundlage des EUV und des AEUV gesetzten Rechtsnormen bezeichnet.

2. EUV und AEUV bilden als untereinander gleichrangige Vertragswerke zusammen mit den diesen Verträgen beigefügten Protokollen und Anhängen (Art. 51 EUV) das europäische Primärrecht. Das Primärrecht bildet die Grundlage des Handelns der EU. Es kann nur durch die Mitgliedstaaten der EU und nicht durch die Organe der EU geändert werden.

3. Das auf der Grundlage des Primärrechts, insbes. des EUV und des AEUV gesetzte Recht, wird als abgeleitetes Recht oder Sekundärrecht bezeichnet. Das Sekundärrecht wird von den Organen der EU gesetzt und kann vom → Europäischen Gerichtshof (EuGH) auf seine Vereinbarkeit mit EUV und AEUV überprüft werden. In Art. 288 I AEUV werden fünf Handlungsarten unterschieden: Verordnungen, Richtlinien, Beschlüsse, Empfehlungen und Stellungnahmen. Für Verordnungen, Richtlinien und Beschlüsse – das Sekundärrecht im engeren Sinne – gilt das Gesetzgebungsverfahren gem. Art. 294 AEUV (→ europäische Gesetzgebung).

a) Die → Europäische Verordnung hat allgemeine Geltung; sie ist in allen ihren Teilen verbindlich und gilt in jedem Mitgliedstaat (Art. 288 II AEUV).

b) Die → Europäische Richtlinie ist für jeden Mitgliedstaat, an den sie gerichtet wird, hinsichtlich des zu ereichenden Ziels verbindlich, überlässt jedoch den innerstaatlichen Stellen die Wahl der Form und der Mittel (Art. 288 III AEUV).

c) Beschlüsse sind in allen ihren Teilen verbindlich; sind sie an bestimmte Adressaten gerichtet, so sind sie nur für diese verbindlich (Art. 288 IV AEUV).

d) Empfehlungen und Stellungnahmen sind keine Gesetzgebungsakte und nicht verbindlich (Art. 288 V AEUV).

4. In Gesetzgebungsakten (s. Nr. 3) kann der → Europäischen Kommission die Befugnis übertragen werden, Rechtsakte ohne Gesetzgebungscharakter (sog. Tertiärrecht) mit allgemeiner Geltung zur Ergänzung oder Änderung bestimmter nicht wesentlicher Vorschriften des betreffenden Gesetzgebungsaktes zu erlassen. In den zum Erlass von Tertiärrecht ermächtigenden Gesetzgebungsakten werden Ziele, Inhalt, Geltungsbereich und Dauer der Befugnisübertragung ausdrücklich festgelegt. Die wesentlichen Aspekte eines Bereichs sind dem Gesetzgebungsakt vorbehalten und eine Befugnisübertragung ist für sie deshalb ausgeschlossen (Art. 290 I AEUV).

5. Europäisches Recht, auch Sekundärrecht und Tertiärrecht, geht nationalem Recht – → Bundesrecht und → Landesrecht einschließlich des Verfassungsrechts – idR vor. Die nie in Kraft getretene Europäische Verfassung (Art. I-6) sah diesen Vorrang des Europäischen Rechts noch ausdrücklich vor. Eine so klare Regelung fehlt im → EU-Vertrag und im → AEUV. Für → Verordnungen der Europäischen Union ist der Vorrang aber unstreitig; → Richtlinien der Europäischen Union und Beschlüssen kann unmittelbare Wirkung zukommen, so dass entgegenstehendes nationales Recht, soweit aufgrund der Unbedingtheit und Bestimmtheit unionsrechtlicher Vorschriften eine Kollision mit diesen feststellbar ist, jedenfalls nicht angewendet werden darf; zum Verhältnis zwischen EU-Recht und nationalem Verfassungsrecht sa → Grundrechte (9, 10).

Euro

1. Euro (ISO-Währungscode EUR, Symbol €) ist nach Art. 3 IV EUV der Name der Währung der → Wirtschafts- und Währungsunion. 1 EUR hat 100 Cent.

2. Der Euro ist → Währung und → gesetzliches Zahlungsmittel in den Mitgliedstaaten der Europäischen Union, die uneingeschränkt am → Europäischen System der Zentralbanken teilnehmen. Das waren im Jahre 2023 folgende 20 Staaten: Belgien, Deutschland, Estland, Finnland, Frankreich, Griechenland, Irland, Italien, Kroation, Lettland, Litauen, Luxemburg, Malta, Niederlande, Österreich, Portugal, Slowakei, Slowenien, Spanien und Zypern. Der Euro wurde zum 1.1.1999 als Buchgeld und zum 1.1.2002 auch als Bargeld eingeführt. Die währungsrechtlichen Einzelheiten der Einführung enthält die VO (EG) 974/98 v. 3.5.1998 (ABl. EG 1998 L 139, 1). Mitgliedstaaten, deren Währung nicht der Euro ist, werden in Art. 139 AEUV als „Mitgliedstaaten mit Ausnahmeregelung" bezeichnet. Sie sind gem. Art. 140 AEUV (außer Dänemark, Prot. Nr. 16) grds. zur Einführung des Euro verpflichtet, sobald sie die → Konvergenzkriterien erfüllen. Neu in die EU aufgenommene Mitgliedstaaten tun dies in aller Regel nicht. Zur Sicherung der Finanzdisziplin in der Währungsunion wurde 1997 der → Stabilitätspakt geschaffen. Im Jahre 2002 erhielt der Euro den Karlspreis.

3. Die in allen Mitgliedstaaten identischen Euro-Banknoten werden nach Art. 128 AEUV von den nationalen Zentralbanken (→ Bundesbank) sowie der EZB emittiert, die über Stückelung, Gestaltung und technische Sicherheitsmerkmale entscheidet. Die Euro-Münzen werden dagegen nur von den nationalen Zentralbanken herausgegeben. Während Stückelung, Vorderseite und technische Details durch die VO (EG) 975/98 v. 3.5.1998 (ABl. EG 1998 L 139, 6) vorgegeben sind, können die Rückseiten unterschiedlich gestaltet werden. Euro-Münzen werden auch von Andorra, Monaco, San Marino und dem Vatikan herausgegeben.

4. Die Vorschriften über die innerstaatliche Einführung des Euros enthielten die verschiedenen Euro-Einführungsgesetze. Das 3. Euro-Einführungsgesetz v. 16.12.1999 (BGBl. 1999 I 2402) enthält in Art. 1 das Gesetz über die Beendigung der Zahlungsmitteleigenschaft der auf Deutsche Mark lautenden Banknoten und der auf Deutsche Mark oder Deutsche Pfennig

lautenden Bundesmünzen (DM-Beendigungsgesetz) sowie in Art. 2 ein neues → Münzgesetz; in ihm sind die Ausprägung von deutschen Euro-Münzen und Euro-Gedenkmünzen sowie die Annahme- und Umtauschpflicht geregelt. Die Ausprägung deutscher Euro-Gedenkmünzen wird im Bundesgesetzblatt I bekanntgemacht, vgl. etwa zur 2 Euro-Gedenkmünze „Brandenburg" BGBl. 2020 I 132.

Eurobonds
Der Begriff Eurobonds kann verschiedene Bedeutungen haben:

1. Ganz allgemein bezeichnet man so → Anleihen, die auf Euro lauten, egal, wer der Emittent ist. Der Begriff bezieht sich in diesem Fall auf die Anleihewährung, so wie man auch von Dollar- oder Yen-Anleihen spricht.

2. a) Als Eurobonds werden auch Anleihen bezeichnet, die von allen Mitgliedstaaten der EU oder der Eurozone gemeinsam emittiert werden, um so am Kapitalmarkt zusammen Geld aufzunehmen, für das sie gesamtschuldnerisch haften. Solche Anleihen wurden noch nie begeben, werden aber seit der → EU-Finanzkrise 2008 von verschiedenen Mitgliedstaaten als neues Instrument der solidarischen Kapitalbeschaffung gefordert. Vorgeschlagen wird, dass die Ausgabe dieser Anleihen durch ein Emissionsvehikel, etwa die → Europäische Investitionsbank oder eine noch zu gründende Europäische Schuldenagentur, erfolgt und die Erlöse durch ihren Verkauf an Anleger auf dem Kapitalmarkt nach einem vereinbarten Schlüssel an die Mitgliedstaaten verteilt werden. Befürworter solcher Eurobonds sind etwa Frankreich, Italien, Luxemburg und Spanien, während Deutschland, Finnland, die Niederlande und Österreich ihnen ablehnend gegenüberstehen.

b) Gegenwertig begibt jeder Mitgliedstaat der EU seine eigenen Schuldverschreibungen (Staatsanleihen). Je nach Bonität des Emittenten variiert der dafür zu zahlende Zinssatz. Deutschland nimmt zB deutlich preiswerter Geld am Kapitalmarkt auf als etwa Griechenland oder Italien. Da für Eurobonds alle Mitgliedstaaten im Außenverhältnis gesamtschuldnerisch haften würden, wäre der zu zahlende Zinssatz deutlich niedriger, als wenn ein Mitgliedstaat mit geringer Bonität alleine Staatsanleihen begibt. Diesem Vorteil stehen die Bedenken mancher Mitgliedstaaten gegenüber, auf diese Weise ihre eigene Bonität zu verschlechtern und für die Staatsschulden anderer Länder haften zu müssen. Manche sehen in Eurobonds auch ein fiskalpolitisch falsches Signal, weil es die Folgen mangelnder staatlicher Haushaltsdisziplin, nämlich höhere Kapitalmarktkosten, beseitigt.

c) Art. 125 I S. 2, 1. HS AEUV schließt die Haftung von Mitgliedstaaten für die Verbindlichkeiten anderer Mitgliedstaaten aus. Gegen diese sogenannte „No bail out-" oder „Nichtbeistands-Klausel" könnten Eurobonds verstoßen. Andererseits nehmen in der EU die EIB, der → Europäische Stabilitätsmechanismus und die Kommission (s. u.) Geld am Kapitalmarkt auf, für das letztendlich ebenfalls die Mitgliedstaaten gemeinsam aufkommen müssen. Auch die Ankaufprogramme der → Europäischen Zentralbank (OMT, PSPP, PEPP) enthalten Haftungsrisiken. Ferner gestattet es Art. 125 I S. 2, 2. HS Mitgliedstaaten durchaus, für die gemeinsame Durchführung bestimmter Vorhaben gegenseitige finanzielle Garantien zu übernehmen. In Deutschland bestehen des weiteren verfassungsrechtliche Bedenken gegen Eurobonds. So hat das BVerfG in seinen Entscheidungen zum Euro und den Ankaufprogrammen der EZB mehrfach festgehalten, dass sich der Deutsche Bundestag seiner Budgetverantwortung nicht entäußern darf, sich also keinen Mechanismen unterwerfen darf, die zu unübersehbaren finanziellen Belastungen führen können (etwa 2 BvR 2728/13 = NJW 2016, 2473). Die Zustimmung des Deutschen Bundestages zu diesen Eurobonds wäre daher wohl notwendig. Eventuell wird auch Art. 115 GG (→ Föderalismusreform II) tangiert.

3. Für bestimmte Projekte begibt die Kommission seit langem Anleihen am Kapitalmarkt, die ebenfalls als Eurobonds bekannt sind. Auf diese Weise wurde etwa der → Europäische Finanzstabilisierungsmechanismus finanziert. Auch die Maßnahmen im Rahmen des Programms SURE sowie die Aufbaumaßnahmen von bis zu 750 Mrd. € (→ Corona-Hilfspaket der Europäischen Union) werden durch Anleihen der Kommission finanziert. Man spricht in diesem Zusammenhang manchmal auch von Corona-Bonds. Im Gegensatz zu den unter 2. beschriebenen Eurobonds dienen sie nicht der allgemeinen Staatsfinanzierung der Mitgliedstaaten, sondern finanzieren konkrete Vorhaben der EU. Gleichwohl sind auch sie nicht unumstritten.

Eurocontrol
ist eine rechtsfähige → internationale Organisation zur → Flugsicherung, die durch den Eurocontrol-Vertrag v. 13.12.1960 gegründet wurde (vgl. Gesetz v. 14.12.1962, BGBl. 1962 II 2273 – in Kraft seit 1.3.1963). An dem Abkommen beteiligt sind neben Deutschland 40 europäische Staaten. Die Organisation hat ihren Sitz in Brüssel; Organe sind die ständige Kommission für Flugsicherung und die Agentur für Flugsicherung. Nach Änderung des Abkommens regelt Eurocontrol nunmehr die gemeinsame Gebührenerhebung und die Koordinierung der Flugpläne. In Deutschland erhebt Eurocontrol sämtliche Flugsicherungsgebühren, auch die für den unteren Luftraum. Für Gebührenstreitigkeiten sind die belgischen Zivilgerichte zuständig. Eine Änderung des Eurocontrol-Übereinkommens v. 1997 ist noch nicht in Kraft getreten.

Eurodac
ist eine auf Grund des Dubliner Abkommens (→ Asylrecht) und der VO (EG) 2725/2000

vom 11.12.2000 (ABl. EG 2000 L 316, 1) eingerichtete Datenbank für den Vergleich der Fingerabdrücke von Asylbewerbern, um mehrfache Asylanträge in verschiedenen EU-Mitgliedstaaten zu verhindern.

EUROFOUND
European Foundation for the Improvement of Living and Working Conditions ist eine 1975 gegründete EU-Agentur (→ europäische zentrale Fachbehörden) mit der deutschen Bezeichnung Europäische Stiftung zur Verbesserung der Lebens- und Arbeitsbedingungen.

Eurojust
Vom Rat der EU wurde Eurojust durch Beschluss v. 28.2.2002 (ABl. L 63/1) als rechtsfähige (s. VO v. 7.7.2003, BGBl. 2003 I 1271) Stelle errichtet. Sie soll, wenn zwei oder mehr Mitgliedstaaten betroffen sind, bei der Ermittlung und Verfolgung von schwerer Kriminalität die Koordinierung und die Zusammenarbeit zwischen den nationalen Behörden unterstützen und verstärken (Art. 85 AEUV). Eurojust besteht aus den von den Mitgliedstaaten entsandten Mitgliedern. Eurojust handelt durch die betroffenen nationalen Mitglieder oder als Kollegium und arbeitet auch mit → Europol und dem → Europäischen Justiziellen Netz zusammen. Die Einzelheiten der Zusammenarbeit zwischen Eurojust und Deutschland regeln das Eurojust-Gesetz v. 12.5.2004 (BGBl. 2004 I 902), die Eurojust-Anlaufstellen-VO (EJTAnV) v. 17.12.2004 (BGBl. 2004 I 3520) und die Eurojust-Koordinierungs-VO (EJKoV) v. 26.9.2012 (BGBl. 2012 I 2093).

Eurokennzeichen
→ Kennzeichen am Kfz.

Europäische Akte, Einheitliche (EEA)
Die Einheitliche Europäische Akte (EEA) (Text BGBl. 1986 II 1104) institutionalisierte und erweiterte die politische Zusammenarbeit der Mitgliedstaaten, die zuvor im → Europäischen Rat ohne formelle Grundlage im Rahmen der Europäischen Politischen Zusammenarbeit gepflegt worden war. EPZ und EEA sind Vorstufen der politischen Zusammenarbeit im Rahmen der → Europäischen Union; sa → europäische Integration (3).

Europäische Aktiengesellschaft
→ Aktiengesellschaft (1), → Societas Europaea, SE.

Europäische Arzneimittel-Agentur
Die Europäische Arzneimittel-Agentur (EMA) mit Sitz in Amsterdam ist zuständig für die Zulassung von → Arzneimitteln (auch Tierarzneimittel). Ein von der EMA geprüftes und dann mit Bescheid der → Europäischen Kommission genehmigtes Arzneimittel, zB ein Impfstoff, kann in der gesamten → EU und im Europäischen Wirtschaftsraum (EWR) in Verkehr gebracht werden, so dass keine weiteren nationalen Zulassungsverfahren mehr notwendig sind. Daneben gewährt die EMA durch eine laufende Überwachung mittels wissenschaftlicher Evaluierung die Sicherheit der in Verkehr gebrachten Arzneimittel. Rechtsgrundlage für die Errichtung der EMA war die Verordnung (EG) Nr. 2309/93, abgelöst im Mai 2004 durch die Verordnung (EG) Nr. 726/2004 mÄnd.

Europäische Atomgemeinschaft
Die Europäische Atomgemeinschaft (Euratom) wurde durch Vertrag vom 25.3.1957 (BGBl. 1957 II 1014) gemeinsam mit der Europäischen Wirtschaftsgemeinschaft (→ europäische Integration, 2) errichtet. Sie sollte vor allem die Voraussetzungen für die schnelle Bildung und Entwicklung von Kernindustrien schaffen. Zu ihren Aufgaben gehört ua die Entwicklung der Forschung, die Verbreitung technischer Kenntnisse, die Aufstellung einheitlicher Sicherheitsnormen, die Erleichterung von Investitionen, die Versorgung aller Mitglieder der Gemeinschaft mit Erzen und Kernbrennstoffen, die Überwachung der Verwendung der Kernbrennstoffe zu friedlichen Zwecken sowie die Schaffung eines gemeinsamen Marktes für den Bereich der Kernindustrie. Der Europäischen Atomgemeinschaft steht das Eigentum an sämtlichem spaltbaren Material innerhalb der Gemeinschaft zu. Staaten und Unternehmen können lediglich ein Nutzungsrecht erwerben. Die Verwaltung des Eigentums der Gemeinschaft, vor allem die Verteilung und die Zuweisung von Nutzungsrechten sowie der Import von spaltbarem Material, obliegt der Agentur der Europäischen Atomgemeinschaft. Der Euratom-Vertrag war und ist im Unterschied zum Vertrag über die → Europäische Gemeinschaft für Kohle und Stahl nicht befristet. Er sollte zunächst nach Inkrafttreten der → Europäischen Verfassung (→ Europäische Integration, 3 f) als hierzu angefügtes Protokoll weitergeführt werden. Nach dem Scheitern der Verfassung wurden einige Bestimmungen des Euratom-Vertrages mit dem Vertrag von Lissabon (→ Europäische Integration, 3g) vom 13.12.2007 durch das Protokoll Nr. 2 zur Änderung des Vertrags zur Gründung der Europäischen Atomgemeinschaft geändert. Die Änderungen beschränken sich auf Anpassungen an den neuen → EU-Vertrag (EUV) und den → AEUV. Die Europäische Atomgemeinschaft wurde nicht mit der → Europäischen Union fusioniert und behält auch nach Inkrafttreten des neuen EUV und des AEUV ihre eigene Rechtspersönlichkeit.

Europäische Aufsichtsbehörde für das Versicherungswesen und die betriebliche Altersversorgung
1. Die EIOPA (European Insurance and Occupational Pension Authority) wurde durch die auf Art. 114 AEUV (Rechtsangleichung im Binnenmarkt) fußende VO (EU) 1094/ 2010 v. 24.11.2010 zur Errichtung einer Europäischen Aufsichtsbehörde (Europäische Aufsichtsbehörde für das Versicherungswesen und

die betriebliche Altersversorgung) (ABl. EU 2010 L 331, 48) mit Wirkung zum 1.1.2011 geschaffen. Sie ist eine von drei Europäischen Aufsichtsbehörden, damit Teil des → Europäischen Systems der Finanzaufsicht (Art. 2 VO (EU) 1094/2010) und Nachfolgerin des Ausschusses der europäischen Aufsichtsbehörden für das Versicherungswesen und die betriebliche Altersversorgung (CEIOPS) (Art. 8 VO (EU) 1094/2010).

2. Während die tägliche → Versicherungsaufsicht Aufgabe der nationalen Aufsichtsbehörden (→ Bundesanstalt für Finanzdienstleistungsaufsicht) geblieben ist, harmonisiert und koordiniert die EIOPA diese Aufsicht in der EU (Art. 1 VO (EU) 1094/2010). Zu diesem Zweck entwickelt sie Regulierungs- und Aufsichtsstandards (Art. 8, 10 VO (EU) 1094/2010) und gibt Leitlinien und Empfehlungen für die nationalen Aufsichtsbehörden heraus (Art. 16 VO (EU) 1094/2010). Rechtsverletzungen kann sie untersuchen (Art. 17 VO (EU) 1094/2010) und im Krisenfall die nationalen Aufsichtsbehörden zu notwendigen Maßnahmen verpflichten (Art. 18 VO (EU) 1094/2010). Sie ermittelt und misst das → Systemrisiko (Art. 23 VO (EU) 1094/2010, → Europäischer Ausschuss für Systemrisiken) und entwickelt Maßnahmen zur Krisenverhütung (Art. 27 VO (EU) 1094/2010).

3. Die Behörde ist eine Einrichtung der → Europäischen Union mit eigener Rechtspersönlichkeit (Art. 5 VO (EU) 1094/2010) und Sitz in Frankfurt am Main (Art. 7 VO (EU) 1094/2010). Sie hat neben einem Rat der Aufseher einen Verwaltungsrat und wird geführt von einem Vorsitzenden zusammen mit einem Exekutivdirektor (Art. 6, 40 ff. VO (EU) 1094/2010).

Europäische Bankenaufsichtsbehörde

1. Die EBA (European Banking Authority) wurde durch die auf Art. 114 AEUV (Rechtsangleichung im Binnenmarkt) fußende VO (EU) 1093/2010 v. 24.11.2010 zur Errichtung einer Europäischen Aufsichtsbehörde (Europäische Bankenaufsichtsbehörde) (ABl. EU 2010 L 331, 12) mÄnd mit Wirkung zum 1.1.2011 geschaffen. Sie ist eine von drei Europäischen Aufsichtsbehörden, damit Teil des → Europäischen Systems der Finanzaufsicht (Art. 2 VO (EU) 1093/2010) und Nachfolgerin des Ausschusses der europäischen Bankaufsichtsbehörden (CEBS).

2. Während die Aufsicht über Kreditinstitute Aufgabe der → Europäischen Zentralbank sowie der nationalen Aufsichtsbehörden (→ Kreditinstitute, Aufsicht) ist, harmonisiert und koordiniert die EBA diese Aufsicht in der EU (Art. 1 VO (EU) 1093/2010). Zu diesem Zweck entwickelt sie Regulierungs- und Aufsichtsstandards, fördert den Einleger- und Anlegerschutz (Art. 8, 10 VO (EU) 1093/2010) und gibt Leitlinien und Empfehlungen für die nationalen Aufsichtsbehörden heraus (Art. 16). Rechtsverletzungen kann sie untersuchen (Art. 17 VO (EU) 1093/2010) und im Krisenfall die zuständigen Aufsichtsbehörden unterstützen (Art. 18 VO (EU) 1093/2010). Zur Ermittlung und Messung des Systemrisikos (→ Europäischer Ausschuss für Systemrisiken) entwickelt die Europäische Aufsichtsbehörde Methoden, zB Stresstests (Art. 23 VO (EU) 1093/2010).

3. Die EBA ist eine Einrichtung der → Europäischen Union mit eigener Rechtspersönlichkeit (Art. 5 VO (EU) 1093/2010). Sie hat ihren Sitz in Paris (Art. 7 VO (EU) 1093/2010), nachdem sie wegen des Brexits London hatte verlassen müssen. Die EBA hat neben einem Rat der Aufseher einen Verwaltungsrat und wird geführt von einem Vorsitzenden zusammen mit einem Exekutivdirektor (Art. 6, 40 ff. VO (EU) 1093/2010).

Europäische Blume

ist eines der ältesten → Umweltzeichen.

Europäische Bürgerinitiative

1. Nach Art. 11 IV EUV (→ EU-Vertrag (EUV)) können mindestens 1 Mio. Bürger der → Europäischen Union aus mehreren Mitgliedsstaaten die Initiative ergreifen und die → Europäische Kommission auffordern, im Rahmen ihrer Befugnisse geeignete Vorschläge zu Themen zu unterbreiten, zu denen es nach Ansicht dieser Initiatoren eines Rechtsakts bedarf. Die Europäische Bürgerinitiative ähnelt so einem → Bürgerbegehren (sa → Bürgerentscheid) auf kommunaler Ebene oder einem Volksbegehren (s. → Volksabstimmung) auf staatlicher Ebene. Eine Volksabstimmung selbst ist aber auf europäischer Ebene nicht vorgesehen. Im Hinblick darauf und die bürokratischen Hürden ist die Europäische Bürgerinitiative ein wenig effizientes Instrument der Bürgerbeteiligung auf europäischer Ebene.

2. Die VO (EU) Nr. 211/2011 v. 16.2.2011 regelt die Einzelheiten der Europäischen Bürgerinitiative. Alle Bürger der EU, die das Wahlalter (→ Wahlrecht, öffentliches) erreicht haben, können eine Europäische Bürgerinitiative organisieren. Sie müssen zunächst einen Bürgerausschuss bilden, der sich aus sieben Bürgern aus sieben verschiedenen EU-Mitgliedstaaten zusammensetzt und die Europäische Bürgerinitiative organisiert. Die Europäische Bürgerinitiative muss auf dem Internetportal der Kommission der EU registriert werden. Die Organisatoren müssen in einer der 23 EU-Amtssprachen in 200 Zeichen den Gegenstand der Europäischen Bürgerinitiative und in 500 Zeichen deren Ziele angeben. Die Unterstützung der Europäischen Bürgerinitiative erfolgt schriftlich oder online auf dem hierfür vorgeschriebenen Formular Dabei muss in sieben EU-Mitgliedstaaten eine bestimmte Mindestunterstützerzahl (zB in Deutschland 74250 oder in Österreich 14250), insgesamt in allen Mitgliedstaaten zusammen 1 Mio. erreicht werden; Unterstützungsbekundungen aus Mitgliedstaaten, die ihr Quo-

rum nicht erreichen, zählen mit, solange das Quorum in 7 Mitgliedstaaten erreicht ist. Sobald die Organisatoren die erforderliche Zahl von Unterstützungsbekundungen gesammelt haben, schicken sie sie zur Prüfung an die zuständigen nationalen Behörden. Die nationalen Behörden bescheinigen die Zahl der gültigen Unterstützungsbekundungen. Sobald die Organisatoren nachweisen können, dass die Quoren und die 1 Mio. Unterstützungsbekundungen erreicht ist, kann die Europäische Bürgerinitiative der Europäischen Kommission vorgelegt werden.

3. Binnen 3 Monaten nach Vorlage der Europäischen Bürgerinitiative müssen Vertreter der Europäischen Kommission die Organisatoren empfangen; diese haben innerhalb dieser 3 Monate ferner das Recht, die Europäische Bürgerinitiative dem → Europäischen Parlament vorzustellen. Die Europäische Kommission muss innerhalb dieser Frist mitteilen, welche Maßnahmen sie beabsichtigt, und dies begründen.

Europäische Chemieagentur
→ Europäische zentrale Fachbehörden.

Europäische Einigung
→ Europäische Integration.

Europäische Eisenbahnagentur
Europäische Eisenbahnagentur ist der alte Name der → Eisenbahnagentur der Europäischen Union.

Europäische Erbrechtsverordnung
→ Erbrechtsverordnung.

Europäische Ermittlungsanordnung
Bei der Europäischen Ermittlungsanordnung (EEA) handelt es sich um ein Rechtsinstrument der → Europäischen Union, welches auf der Grundlage des Prinzips der gegenseitigen Anerkennung (Art. 82 AEUV) umfassende Regelungen für die justizielle strafrechtliche Zusammenarbeit (→ Rechtshilfe 2b) zwischen den Mitgliedstaaten der EU im Bereich der grenzüberschreitenden Beweiserhebung (→ Beweis) geschaffen hat. Seine europarechtliche Grundlage findet es in der Richtlinie 2014/41/EU des Europäischen Parlaments und des Rates über die Europäische Ermittlungsanordnung in Strafsachen (ABl. EU 2014 L 130, 1 vom 1.5.2014; ABl. EU 2015 L 143, 16 vom 9.6.2015). Ziel der Richtlinie ist es, in diesem Bereich das bisherige Nebeneinander verschiedener Rechtsinstrumente abzubauen und die grenzüberschreitende Beweiserhebung innerhalb der EU zu vereinfachen und zu beschleunigen. Vorgesehen ist ein einheitliches Verfahren unter Vorgabe von Fristen und unter Verwendung von Formularen. Besondere Bedeutung kommt einer verstärkten Kommunikation zwischen den zuständigen Behörden des Anordnungsstaates und des Vollstreckungsstaates zu (näher BT-Drs. 18/9757, 17 ff.). Die Richtlinie wurde durch das Vierte Gesetz zur Änderung des Gesetzes über die internationale Rechtshilfe in Strafsachen vom 5.1.2017 (BGBl. 2017 I 31) in das deutsche Recht umgesetzt. Hierzu wurden die §§ 91a-91j IRG neu geschaffen. Eine EEA kann auch von Staatsanwaltschaften solcher Mitgliedstaaten erlassen werden, die wie Deutschland auch für Einzelfälle ein externes Weisungsrecht der Exekutive gegenüber der → Staatsanwaltschaft (s. dort hierzu sowie auch zur Problematik beim Europäischen Haftbefehl) vorsehen (EuGH Urt. v. 8.12.2020, Az. C-584/19, NJW 2021, 1373).

Europäische Finanzstabilisierungsfazilität
Die EFSF (European Financial Stability Facility) basiert auf einer zwischenstaatlichen Vereinbarung der Euro-Mitgliedstaaten und ist eine nach luxemburgischem Recht im Mai 2010 gegründete Zweckgesellschaft (société anonyme). Sie war Teil des von ihr verwalteten → Europäischen Finanzstabilisierungsmechanismus und nahm durch → Anleihen am → Kapitalmarkt Gelder auf. Diese Mittel konnten als Darlehen oder Kreditlinien an finanzschwache Mitgliedstaaten des Euro-Währungsgebietes weitergereicht und von diesen auch zur Kapitalisierung von Banken eingesetzt werden. Die Europäische Finanzstabilisierungsfazilität war damit wichtigster Teil des vorläufigen Euro-Rettungsschirms. Sie wurde durch einen permanenten Rettungsschirm, den → Europäischen Stabilitätsmechanismus, ersetzt und wickelt nach dem 30.6.2013 nur noch die Programme für Irland, Portugal und Griechenland ab.

Europäische Freihandelszone
→ EFTA.

Europäische Gemeinschaft (EG)
1. Die Europäische Gemeinschaft (EG) ist die wohl wichtigste Vorläuferin der heutigen → Europäischen Union (EU). Der Begriff selbst existierte dabei in dieser Form erst seit 1992. Seit dem damaligen Vertrag über die → Europäische Union v. 7.2.1992 (Vertrag von Maastricht; s. → Europäische Integration, 3b) wurde die offizielle Bezeichnung „Europäische Gemeinschaft" für die drei damaligen Europäischen Gemeinschaften, nämlich die frühere → Europäische Wirtschaftsgemeinschaft (EWG), die → Europäische Atomgemeinschaft und die frühere → Europäische Gemeinschaft für Kohle und Stahl gemäß dem Vertrag über die europäische Gemeinschaft (EGV) ohne Zusatz im Singular geführt. Das sollte Ausdruck des Gedankens sein, dass es sich um eine einheitliche Gemeinschaft handelte, die allerdings nach Kompetenzen und Handlungsrahmen unterschiedliche Gegenstände und Formen hatte. Diese drei, nach dem Auslaufen der Europäischen Gemeinschaft für Kohle und Stahl noch zwei Gemeinschaften, deren Organe verschmolzen wurden, waren gemäß dem damaligen Unionsvertrag „Grundlagen der Europäischen Union". Die EG wurde wie jetzt die EU zwar noch nicht

als → Bundesstaat, wohl aber als → Staatenverbindung eigener Art, nämlich als Staatenverbund angesehen. Die wichtigsten Organe der EG entsprachen denen der heutigen → Europäischen Union, nämlich der Rat der EG (jetzt Rat der EU), die Europäische Kommission, das → Europäische Parlament und der → Europäische Gerichtshof (EuGH). Die EG hatte bereits eine eigene, in ihrer Geltung vom nationalen Recht unabhängige Rechtsordnung; sie bezweckte die Errichtung eines Gemeinsamen Marktes durch eine Zollunion, eine gemeinschaftliche Handelspolitik und die → Wirtschafts- und Währungsunion, europäische Diskriminierungsverbot, ein gemeinschaftsrechtliches Wettbewerbsrecht, gemeinschaftsrechtliche Regelung des → Subventionswesens, → Niederlassungsfreiheit für Gemeinschaftsbürger, Freizügigkeit des Waren- und → Dienstleistungsverkehrs sowie des → Kapital- und Zahlungsverkehrs. Dem Abbau von innergemeinschaftlichen Grenzhindernissen sonstiger Art dienten die Regelungen für den → Binnenmarkt. Die EG verfügte darüber hinaus über gewichtige gemeinschaftsrechtliche Regelungskompetenzen im Bereich des Verbraucher- und Umweltschutzes und lieferte den organisatorischen Rahmen für eine gemeinsame Wirtschafts- und Währungspolitik, Beschäftigungspolitik, Sozialpolitik, Industriepolitik sowie Technologiepolitik zur Verkehrspolitik → transeuropäische Netze.

2. Durch den Vertrag von Lissabon (s. → Europäische Integration, 3g) ging die EG im Jahr 2009 in der nunmehr einheitlichen und mit einer eigenen Rechtpersönlichkeit ausgestatteten → Europäischen Union auf (sa → EU-Vertrag, → AEUV); lediglich die Europäische Atomgemeinschaft (Euratom), deren Vertrag unbefristet geschlossen wurde, blieb als eigenes Rechtssubjekt bestehen.

Europäische Gemeinschaft für Kohle und Stahl
Der Vertrag über die Europäische Gemeinschaft für Kohle und Stahl (EGKS) vom 18.4.1951 zwischen Belgien, Frankreich, Italien, Luxemburg, den Niederlanden und der Bundesrepublik Deutschland beruhte auf einem Plan des französischen Außenministers Schuman („Schuman-Plan"; ursprünglicher Vertragstext BGBl. 1952 II 447 mÄnd). Ziel der EGKS war die Errichtung eines gemeinsamen Marktes für Kohle, Eisen, Schrott und Stahl durch Abschaffung aller Zölle und Kontingente, Vereinfachung der Verwaltungsbestimmungen im grenzüberschreitenden Warenverkehr, Einführung durchgehender Transporttarife, Verpflichtung der Industrien der Mitgliedstaaten auf einheitliche Preisstellung, Kartellkontrolle durch Genehmigungspflicht für bestehende Absprachen und Zusammenschlüsse, durch Diskriminierungsverbote, Subventionsverbote (→ Beihilfenrecht), Gewährung von Anpassungshilfen und Umschulungshilfen. Die Organe der EGKS sind mit den entsprechenden Organen der früheren → EWG und der → Europäischen Atomgemeinschaft verschmolzen worden, sa → europäische Integration (1, 2). Der Vertrag über die EGKS wurde auf 50 Jahre abgeschlossen und ist am 22.7.2002 abgelaufen. Ab diesem Zeitpunkt wurde sein Inhalt im Wesentlichen in die allgemeinen Vorschriften des früheren EG-Vertrages überführt, die EGKS ging in der → Europäischen Gemeinschaft auf, die inzwischen ihrerseits in der einheitlichen → Europäischen Union aufgegangen ist (sa → Europäische Integration, 3).

Europäische Genossenschaft
→ Genossenschaft (8).

Europäische Gerichtsbarkeit
→ Europäischer Gerichtshof.

Europäische Gesetze
Nach dem gescheiterten Entwurf einer → Europäischen Verfassung sollten die → Verordnungen der Europäischen Union künftig Europäische Gesetze heißen. Der Begriff hat nach dem Scheitern des Verfassungsprojekts keinen Eingang in die europäische Rechtssprache gefunden. Sa → EU-Recht, → Europäische Gesetzgebung. Dies hindert den Europäischen Normgeber allerdings nicht, wichtige Europäische Regelungen mit der Bezeichnung „Act" zu versehen, dem im angelsächsischen Rechtsraum üblichen Bezeichnung für „Gesetz". Der Begriff ist in den Verträgen der Europäischen Union (→ EU-Vertrag (EUV) und → AEUV) nicht vorgesehen.

Europäische Gesetzgebung
1. Der → AEUV unterscheidet zwischen dem Erlass von Rechtsakten (Verordnungen, Richtlinien und Beschlüssen) im ordentlichen Gesetzgebungsverfahren (Art. 294 AEUV) und im besonderen Gesetzgebungsverfahren (Art. 289 II AEUV). Durch die europäische Gesetzgebung wird → EU-Recht, und zwar Sekundärrecht, geschaffen. Eine Änderung des Primärrechts, also insbes. des → EU-Vertrag (EUV) und AEUV, durch europäische Gesetzgebung ieS ist nicht möglich. Zur Setzung von → Tertiärrecht durch die Europäische Kommission → EU-Recht (4). Sa → Europäische Verordnung, → Europäische Richtlinie, → Europäische Gesetze.

2. Das ordentliche Gesetzgebungsverfahren nach Art. 294 AEUV gilt immer dann, wenn nach den Verträgen eine Maßnahme gemäß dem ordentlichen Gesetzgebungsverfahren zu erlassen ist. Das Verfahren beginnt mit dem Vorschlag der → Europäischen Kommission an das → Europäische Parlament und an den → Rat der EU. In der 1. Lesung legt das Europäische Parlament seinen Standpunkt fest und übermittelt ihn dem Rat der EU. Billigt der Rat der EU den Standpunkt, dann ist der Rechtsakt erlassen. Billigt der Rat der EU den Standpunkt nicht, so legt er einen eigenen Standpunkt fest und übermittelt ihn dem Europäischen Parlament. In der 2. Lesung kann

das Europäische Parlament den Standpunkt des Rates der EU entweder billigen oder abändern oder ablehnen. Bei Billigung ist der betreffende Rechtsakt erlassen. Bei Ablehnung ist das Gesetzgebungsverfahren bereits in diesem Stadium gescheitert. Bei Abänderung kommt es zu einem Vermittlungsverfahren, es sei denn der Rat der EU stimmt den Änderungen sofort zu. Billigt der Vermittlungsausschuss einen gemeinsamen Entwurf, so bedarf dieser im Rat der EU und im Europäischen Parlament – dort in 3. Lesung – der Zustimmung. Kommt diese doppelte Zustimmung zu Stande, dann ist der Rechtsakt erlassen. Kommt diese doppelte Zustimmung nicht zu Stande, ist das Gesetzgebungsverfahren gescheitert. In jedem Stadium des Gesetzgebungsverfahrens können zwischen Europäischem Parlament, dem Rat der EU und der Europäischen Parlament trilaterale informelle Gespräche (sog. → Trilogverfahren) stattfinden, um eine Einigung zu erzielen. In Gesetzgebungsverfahren, die zentrale Fragen des nationalen Interesses eines Mitgliedstaates betreffen, kann ein Mitglied des Rates der EU den Europäischen Rat anrufen. In diesen Fällen wird das ordentliche Gesetzgebungsverfahren ausgesetzt (Art. 48 II AEUV, Art. 82 III und IV AEUV).

3. Im besonderen Gesetzgebungsverfahren stehen Rat der EU und Europäisches Parlament nicht gleichberechtigt nebeneinander. Es gilt idR in den Fällen, in denen der AEUV Einstimmigkeit im Rat der EU vorsieht (zB Rechtsakte zur Freizügigkeit gem. Art. 21 II AEUV, zum kommunalen Wahlrecht gem. Art. 22 I AEUV und zum konsularischen Schutz für Unionsbürger gem. Art. 23 AEUV). Im besonderen Gesetzgebungsverfahren erfolgt nur eine Anhörung des Europäischen Parlaments, in Ausnahmefällen ist die Zustimmung erforderlich (zB für Antidiskriminierungsregelungen gemäß Art. 19 I AEUV).

4. Die EU darf von ihrer Gesetzgebungsbefugnis nur Gebrauch machen, wenn → EU-Vertrag und → AEUV (s. dort insbes. Nr. 2) entweder eine ausschließliche oder eine geteilte Zuständigkeit der EU vorsehen. Im Bereich der ausschließlichen Zuständigkeit darf nur die EU Rechtsnormen erlassen, nicht die Mitgliedstaaten; im Bereich der geteilten Zuständigkeit dürfen die Mitgliedstaaten Vorschriften nur erlassen, wenn nicht die EU Rechtsnormen erlassen hat.

5. Die innerstaatliche Beteiligung von Bundestag und Bundesrat sowie der → Länder am Rechtsetzungsverfahren der EU regeln Art. 23 I a–VI GG sowie das Gesetz über die Integrationsverantwortung des Bundestages und des Bundesrates in Angelegenheiten der Europäischen Union (Integrationsverantwortungsgesetz – IntVG) v. 22.9.2009 (BGBl. 2009 I 3022) mÄnd, das Gesetz über die Zusammenarbeit von Bundesregierung und Deutschem Bundestag in Angelegenheiten der Europäischen Union (EUZBBG) v. 4.7.2013 (BGBl. 2013 I 2170) und das Gesetz über die Zusammenarbeit von Bund und Ländern in Angelegenheiten der Europäischen Union v. 12.3.1993 (BGBl. 1993 I 313, ber. 1780) mÄnd. Das gesamte Regelwerk wurde unter Beachtung des → Lissabon-Urteils des BVerfG nochmals überarbeitet. In Angelegenheiten der EU wirken der → Bundestag und durch den → Bundesrat die → Länder mit. Die einzelnen Regelungen sehen umfassende Informationspflichten der Bundesregierung gegenüber Bundestag und Bundesrat in Angelegenheiten der EU vor. Wichtige Kontrollinstrumente des Bundestages und des Bundesrates sind die Subsidiaritätsrüge und die Subsidiaritätsklage (s. → Subsidiarität). Wenn im Schwerpunkt ausschließliche Gesetzgebungsbefugnisse der Länder auf den Gebieten der schulischen Bildung, der Kultur oder des Rundfunks betroffen sind, wird die Wahrnehmung der Rechte, die Deutschland als Mitgliedstaat der EU zustehen, auf einen vom Bundesrat benannten Vertreter der Länder übertragen; dieser nimmt die ihm für Deutschland zustehenden Rechte unter Beteiligung und in Abstimmung mit der Bundesregierung unter Wahrung der gesamtstaatlichen Verantwortung wahr (Art. 23 VI GG).

Europäische Integration
Europäische Integration oder Europäische Einigung bezeichnet die schrittweise Entwicklung der Europäischen Union von den ersten Anfängen (Schumanplan; Montanunion) bis zum Vertrag von Lissabon.

1. Schumanplan und Montanunion. Am Anfang stand die → Europäische Gemeinschaft für Kohle und Stahl (EGKS). Der Vertrag über die EGKS vom 18.4.1951 zwischen Belgien, Frankreich, Italien, Luxemburg, den Niederlanden und der Bundesrepublik Deutschland beruhte auf einem Plan des französischen Außenministers Schuman („Schuman-Plan"; ursprünglicher Vertragstext BGBl. 1952 II 447 mÄnd). Die Organe der EGKS – die Hohe Behörde als Exekutivorgan, die Versammlung, der Ministerrat und der Gerichtshof – sind später mit den entsprechenden Organen der Europäischen Wirtschaftsgemeinschaft (EWG) und der Euratom (→ Europäische Atomgemeinschaft) verschmolzen worden (s. Ziffer 2).

2. Römische Verträge und die weitere Entwicklung (Europäische Wirtschaftsgemeinschaft und Euratom). Der Vertrag über die Europäische Wirtschaftsgemeinschaft (EWG) zwischen Belgien, der Bundesrepublik Deutschland, Frankreich, Italien, Luxemburg und den Niederlanden (BGBl. 1957 II 766) wurde am 25.3.1957 in Rom zusammen mit dem Vertrag über die → Europäische Atomgemeinschaft unterzeichnet (Römische Verträge) und trat am 1.1.1958 in Kraft. Durch den Fusionsvertrag 1965 wurden für die Europäische Wirtschaftsgemeinschaft (EWG), die Europäische Atomgemeinschaft (EAG) und die EGKS eine gemeinsame Kommission und ein gemeinsamer Rat gebildet. Mit Wirkung

vom 1.1.1973 wurde die Gemeinschaft durch den Beitritt Dänemarks, Irlands und des Vereinigten Königreiches, ferner mit Wirkung vom 1.1.1981 durch den Beitritt Griechenlands sowie mit Wirkung vom 1.1.1986 durch den Beitritt Spaniens und Portugals erweitert; später traten Finnland, Österreich und Schweden bei. Aufgabe der EWG war es, durch Errichtung eines gemeinsamen Marktes und die schrittweise Annäherung der Wirtschaftspolitik der Mitgliedstaaten innerhalb einer Übergangszeit von 12–15 Jahren eine harmonische Entwicklung des Wirtschaftslebens innerhalb der Gemeinschaft, eine beständige und ausgewogene Wirtschaftsausweitung, eine größere Stabilität, eine beschleunigte Hebung der Lebenshaltung und engere Beziehungen zwischen den Staaten zu fördern, die in der Gemeinschaft zusammengeschlossen sind (Art. 2 des Vertrages).

3. Unionsverträge.

a) Vorstufen der Unionsverträge sind die Verträge über fortschreitende Intensivierung der politischen Zusammenarbeit der Mitgliedstaaten. Vor allem waren die Einheitliche Europäische Akte (EEA) und die institutionalisierte Europäische Politische Zusammenarbeit (EPZ) organisatorische Vorstufen der politischen Zusammenarbeit, wie sie heute in der Europäischen Union verwirklicht ist.

b) Maastricht (Vertrag über die Europäische Union). Der am 7.2.1992 unterzeichnete Vertrag von Maastricht (ABl. EG 1992 C 191, 1; s. a. C 224, 1) führte die drei Europäischen Gemeinschaften (EWG, EGKS und Euratom, s. Nr. 2) zu einer nunmehr so bezeichneten → Europäischen Gemeinschaft zusammen, wobei allerdings deren rechtliche Selbständigkeit erhalten blieb. Als institutionelles Dach für die weitere Zusammenarbeit wurde die Europäische Union (EU) geschaffen, die allerdings zunächst keine eigene Rechtspersönlichkeit erhielt, sich der Organe der Europäischen Gemeinschaft bediente und nur den äußeren Rahmen für die Zusammenarbeit der Regierungen darstellte. Im Zusammenhang und in Verbindung mit dem Vertrag von M. standen eine Reihe von Protokollen, im Wesentlichen die über die Einrichtung einer gemeinschaftlichen Zentralbank und über die Einführung der Währungsunion. Der Vertrag enthielt eine Reihe von institutionellen Änderungen des EWGV (jetzt daher EGV), Verlängerung der Amtszeit der Kommissionsmitglieder, Änderungen bei der Stellung des Rechnungshofs und des Gerichtshofs. Die Gemeinschaftskompetenzen wurden ausgedehnt, zB im Bereich Erziehung, Aus- und Weiterbildung, Ausbau europäischer Netze, Gesundheits-, Umwelt- und Verbraucherpolitik. Die Kontrollbefugnisse des europäischen Parlaments wurden beträchtlich erweitert, die Möglichkeit von Mehrheitsentscheidungen im Rat ebenfalls. Es wurden für das Handeln der Gemeinschaft die Prinzipien der Subsidiarität und der Verhältnismäßigkeit (Art. 3a EGV) niedergelegt.

c) Amsterdam. Der Vertrag von Amsterdam zur Änderung der Verträge über die → Europäische Union und zur Gründung der → Europäischen Gemeinschaft v. 2.10.1997 (ABl. C 340/1; BGBl. 1998 II 387, ber. BGBl. 1999 II 416) trat mit Ratifizierung durch sämtliche Mitgliedstaaten in Kraft getreten. Er enthielt neben einer Neunummerierung des EUV und des EGV einschließlich überwiegend redaktioneller Streichungen auch eine Reihe von neuen Regelungen, etwa den damaligen Art. 7 EUV über Verletzung fundamentaler Grundsätze durch einen Mitgliedstaat, die damaligen Art. 43–45 EUV über verstärkte Zusammenarbeit, den früheren Art. 6 EGV zum Umweltschutz, den damaligen Art. 13 EGV über Antidiskriminierungsmaßnahmen im Sinne des allgemeinen Gleichheitssatzes, die früheren Art. 61 ff. EGV zur Asyl- und Einwanderungspolitik, die damaligen Art. 125 ff. EGV zur Beschäftigungspolitik sowie schließlich eine Fülle von Protokollen mit gemeinsamen politischen Entschließungen, etwa über die Einbeziehung des → Schengener Übereinkommens in die Union und über die Anwendung der Grundsätze der Verhältnismäßigkeit und der Subsidiarität.

d) Nizza. Der Vertrag von Nizza vom 26.2.2001 (ABl. EG 2001 C 80, 1) setzt die Entwicklung fort. Er trat erst 2003 mit der letzten Ratifikation durch Irland in Kraft. Von Bedeutung ist vor allem die Anpassung an die beabsichtigte Osterweiterung (s. e). Er sicherte ua die einheitliche Gestaltung der Beitrittsverträge und passte die Entscheidungsmechanismen an die beabsichtigte Erweiterung an. Anlässlich der Konferenz von Nizza wurde auch die → Charta der Grundrechte der Europäischen Union proklamiert sowie eine grundlegend neu gestaltete Satzung des Europäischen Gerichtshofs verabschiedet. Die Charta der Grundrechte geht inhaltlich nicht über die ständige und auch praktisch durchgesetzte einschlägige Rechtsprechung des Europäischen Gerichtshofs hinaus. Methodisch folgt das Grundrechtsverständnis dem französischen Modell, das sich nicht unwesentlich von dem das Grundrechtsverständnis von Art. 1 III GG prägenden normativen Verständnis unterscheidet. Mit Inkrafttreten des Vertrages von Nizza erfolgt die Benennung und Ernennung des Präsidenten der Kommission und ihrer übrigen Mitglieder durch den Rat in der Zusammensetzung der Staats- und Regierungschefs (Art. 4 EUV) mit qualifizierter Mehrheit.

e) Osterweiterung. Zum 1.5.2004 wurde die Union um die früheren → MOE-Staaten (Estland, Lettland, Litauen, Polen, Tschechien, Slowakei, Ungarn, Slowenien; 1. Osterweiterung) sowie Malta und Zypern erweitert und zählte damit Ende 2006 25 Mitgliedstaaten (vgl. Beitrittsakte 2003 v. 16.4.2003, ABl. EU 2003 L 236, 940; BGBl. 2004 I 1102). Bei der Rechtsstellung der Unionsbürger aus diesen Staaten gibt es für eine Übergangzeit gewisse Einschränkungen (ua bei der → Arbeitnehmerfreizügigkeit). Ab dem 1.1.2005 stellte jeder Mitgliedstaat nur noch ein Mitglied der Kommission. Am 1.1.2007 traten Bulgarien und Rumänien als 26. und 27. Mitgliedstaat der Europäischen Union bei (2. Osterweiterung); vgl. Beitrittsakte 2005 v. 25.4.2005, ABl. EU 2005 L 157, 203; BGBl. 2007 II 127).

f) Europäische Verfassung. Bereits am 29.10.2004 unterzeichneten die Staats- und Regierungschefs der → Europäischen Union den Vertrag über eine Verfassung für Europa (→ Europäische Verfassung). Nach Scheitern der Referenden in den Niederlanden und in Frankreich wurde der Ratifikationsprozess gestoppt. Die erforderlichen Reformen wurden nun im Reformvertrag oder Vertrag von Lissabon (s. g) umgesetzt, der bewusst auf alle verfassungsähnlichen Elemente und auf eine Annäherung der Europäischen Union an einen Bundesstaat verzichtet.

g) Vertrag von Lissabon zur Änderung des Vertrages über die Europäische Union und des Vertrages zur Gründung der Europäischen Gemeinschaft (kurz Vertrag von Lissabon oder Reformvertrag). Am 13.12.2007 wurde in Lissabon der Vertrag von Lissabon unterzeichnet. Auch dieser Vertrag bedurfte der Ratifikation in allen inzwischen 27 Mitgliedstaaten entsprechend de Vorschriften des Nationalen Rechts. Die → Volksabstimmung (Referendum) in Irland scheiterte beim ersten Mal, ergab aber am 2.10.2008 eine Mehrheit für den Vertrag. Mit Urt. v. 30.6.2009 (NJW 2009, 2267) erklärte das BVerfG den Vertrag von Lissabon für verfassungsgemäß (s. → Europäische Union, 7; → Grundrechte, 8; → Lissabon-Entscheidung). Nachdem auch der Tschechische Verfassungsgerichtshof dem Vertrag zugestimmt und der Tschechische Staatspräsident als letzter die Ratifikationsurkunde unterzeichnet hat, konnte der Vertrag am 1.12.2009 in Kraft treten. Der Vertrag von Lissabon schuf zwei rechtlich gleichrangige Vertragswerke, den – reformierten – Vertrag über die Europäische Union (→ EU-Vertrag; EUV) und den Vertrag über die Arbeitsweise der Europäischen Union (→ AEUV); der AEUV ersetzt den früheren Vertrag zur Gründung der → Europäischen Gemeinschaft (EG-Vertrag; EGV). Die Trennung von Europäischer Union und Europäischer Gemeinschaft wurde aufgegeben. Die mit den Verträgen von Maastricht, Amsterdam und Nizza geschaffene Europäische Union wird zugleich Rechtsnachfolgerin der Europäischen Gemeinschaft und erhält, wie bereits bisher diese eine eigene Rechtspersönlichkeit, wodurch sie zum eigenständigen → Völkerrechtssubjekt wird. Zu allen Fragen der europäischen Union nach dem Vertrag von Lissabon s. → Europäische Union, → Europäischer Rat, → Rat der EU, → Europäische Kommission, → Europäischer Parlament, → Europäischer Gerichtshof, → Europäische Gesetzgebung, → Europäisches Recht; → Charta der Grundrechte der Europäischen Union. Zum rechtlichen Fortbestehen der → Europäischen Atomgemeinschaft (Euratom) s. dort.

h) Am 1.7.2013 trat Kroatien als 28. Mitgliedstaat der EU bei.

i) Brexit. Am 23.6.2016 ergab ein Referendum im Vereinigten Königreich eine Mehrheit für dessen Ausscheiden aus der EU. Das Referendum ändert zunächst an der Zugehörigkeit des Vereinigten Königreichs zur EU nichts. Am 29.3.2017 hat die Regierung des Vereinigten Königreiches den Austritt förmlich erklärt. Am 31.1.2020 schied das Vereinigte Königreich aus der EU aus (→ Brexit). In einer Übergangszeit bis 31.12.2020 (einmalig verlängerbar um bis zu 2 Jahre) sollten die künftigen Beziehungen zwischen dem Vereinigten Königreich und der EU geregelt werden. Hierfür gilt nun das Handels- und Kooperationsabkommen vom 30.12.2020, durch das Nordirland einer Sonderstatus behielt, der das Vereinigte Königreich wirtschaftsrechtlich zu einem geteilten Staat machte.

Europäische Investitionsbank
Die Europäische Investitionsbank (EIB), gem. Art. 308 f. AEUV gegründet (sa Protokoll über die Satzung der Europäischen Investitionsbank), hat die Aufgabe, zur ausgewogenen und reibungslosen Entwicklung des Gemeinsamen Marktes Bürgschaften und Darlehen für die Finanzierung bestimmter Vorhaben zu gewähren. Dazu gehören die Erschließung der weniger entwickelten Gebiete, die Modernisierung oder Umstellung von Unternehmen, die Schaffung neuer Arbeitsplätze sowie Vorhaben von gemeinsamem Interesse für mehrere Mitgliedstaaten, die wegen ihres Umfanges von den einzelnen Mitgliedstaaten nicht vollständig finanziert werden können (Art. 309 AEUV). Während der Corona-Krise war die EIB an der Durchführung des → Corona-Hilfspakets der Europäischen Union beteiligt. Die EIB ist Hausbank der → Europäischen Union, ihre Mitglieder sind alle Mitgliedstaaten und sie hat ihren Sitz in Luxemburg.

Europäische Kommission
1. Die Europäische Kommission ist Organ der → Europäischen Union (EU) neben → Europäischem Parlament, → Europäischem Rat und → Rat der EU. Die Europäische Kommission erfüllt im Wesentlichen die Aufgaben einer regierungsähnlichen obersten Verwaltungsbehörde der EU. Nach Art. 17 I EUV sorgt die Europäische Kommission für die Anwendung der Verträge sowie der von den Organen erlassenen Maßnahmen. Sie überwacht die Anwendung des Unionsrechts, führt den Haushaltsplan aus und verwaltet die Programme. Die Kommission wirkt bei der → Europäischen Gesetzgebung mit.

2. a) Die Europäische Kommission besteht aus je einem Staatsangehörigen jedes Mitgliedstaates (Art. 17 IV EUV), also nach dem Austritt des Vereinigten Königreichs (→ Brexit) zum 31.1.2020 27 Mitgliedern. Dies schließt

den Präsidenten der Europäischen Kommission sowie den Hohen Vertreter der Union für Außen- und Sicherheitspolitik (→ GASP) ein.

b) Ursprünglich sollte ab 1.11.2014 die Europäische Kommission nur mehr aus einer Anzahl von Mitgliedern bestehen, die zwei Dritteln der Zahl der Mitgliedstaaten entspricht, sofern der → Europäische Rat nicht einstimmig eine Änderung dieser Anzahl beschließt. Die Mitglieder der Europäischen Kommission sollten unter den Staatsangehörigen der Mitgliedstaaten in einem System der strikt gleichberechtigten Rotation zwischen den Mitgliedstaaten so ausgewählt werden, dass das demografische und geografische Spektrum der Gesamtheit der Mitgliedstaaten zum Ausdruck kommt (Art. 17 V EUV). Der Europäische Rat hat bereits 2008 zu erkennen gegeben, dass er von dieser Änderungsmöglichkeit Gebrauch machen und die bisherige Mitgliederzahl beibehalten wolle, um Irland vor seinem zweiten Referendum zum Vertrag von Lissabon (s. → Europäische Integration, 3 f und g) entgegen zu kommen. Inzwischen wurden die Bestrebungen zur Verkleinerung der Europäischen Kommission faktisch aufgegeben.

c) Die Mitglieder der Europäischen Kommission sind nicht Vertreter ihrer Mitgliedstaaten, sondern völlig unabhängig; sie haben sich jeder Handlung zu enthalten, die mit ihrem Amt oder mit der Erfüllung ihrer Aufgaben unvereinbar ist (Art. 17 III EUV). Der Präsident der Europäischen Kommission wird auf Vorschlag des → Europäischen Rates vom → Europäischen Parlament gewählt. Die Liste der übrigen Mitglieder der Europäischen Kommission muss zunächst auf der Grundlage der Vorschläge der Mitgliedstaaten im Einvernehmen mit dem Präsidenten der Europäischen Kommission vom → Rat der EU angenommen werden. Nach der Zustimmung des Europäischen Parlaments zu dieser Liste werden die Mitglieder der Europäischen Kommission vom → Europäischen Rat mit qualifizierter Mehrheit ernannt. Weitere Einzelheiten sind in Art. 244 ff. AEUV geregelt. Die Amtszeit der Mitglieder der Europäischen Kommission beträgt 5 Jahre. Nach Zusammentritt des neu gewählten Europäischen Parlaments wird die Kommission neu gewählt. Die Europäische Kommission ist – ähnlich einer demokratisch gewählten Regierung – in ihrer Gesamtheit dem → Europäischen Parlament verantwortlich; wird ein Misstrauensantrag angenommen, müssen die Vertreter der Kommission geschlossen ihr Amt niederlegen (Art. 17 VIII EUV). Durch die Ernennung von inzwischen insgesamt 7 Vizepräsidenten wurde innerhalb der Europäischen Kommission eine gewisse Hierarchie geschaffen.

3. Die Europäische Kommission entscheidet mit der Mehrheit ihrer Mitglieder (Art. 250 I AEUV); weitere Einzelheiten regelt eine Geschäftsordnung (Art. 249 und 250 II AEUV). Der Präsident der Europäischen Kommission legt die Leitlinien der Kommissionspolitik fest, regelt die interne Organisation der Kommission und ernennt (mit Ausnahme des Hohen Vertreters der Union für die Außen- und Sicherheitspolitik) die Vizepräsidenten. Die Dienststellen der Europäischen Kommission gliedern sich in Generaldirektionen, Direktionen und Referate. Die Europäische Kommission verfügt neben diesen unmittelbaren Dienststellen über keinen eigenen Verwaltungsunterbau. Die Europäische Kommission nimmt aber für sich in Anspruch, sekundärrechtlich Verwaltungseinrichtungen schaffen zu können (sa → EU-Recht).

Europäische Krankenversicherungskarte

1. Die europäische Krankenversicherungskarte (EHIC) hat den bisher für Erkrankungen im Ausland üblichen Auslandskrankenschein ersetzt. Die europäische Krankenversicherungskarte befindet sich auf der Rückseite der → elektronischen Gesundheitskarte. Sie enthält insbesondere den Namen und das Geburtsdatum des Karteninhabers, als persönliche Kennnummer des Karteninhabers die ersten zehn Stellen der Krankenversicherungsnummer, eine Kennnummer der Krankenkasse und der Karte sowie das Ablaufdatum der Karte. Es enthält des Weiteren ein Unterschriftenfeld für die Unterschrift des Karteninhabers sowie das EU-Emblem und das Länderkürzel (DE für Deutschland).

2. Die europäische Krankenversicherungskarte berechtigt zur Inanspruchnahme von medizinischen Leistungen, wie sie für Bürger des Gastlandes gewährt werden. Soll die Behandlung (keine Akutbehandlung) auf Wunsch des Karteninhabers bewusst im Ausland erfolgen, muss die Kostenübernahme vorab mit der Krankenkasse geklärt werden. Wichtig ist zu beachten, dass die europäische Krankenversicherungskarte keine privaten Leistungen, zB Rückflug in die Heimat, möglich macht. Der Rücktransport nach Deutschland ist grundsätzlich keine Leistung der gesetzlichen Krankenkasse (§ 60 IV SGB V). Hierfür ist eine eigene private Auslandsreisekrankenversicherung notwendig. Versicherte der gesetzlichen Krankenversicherung haben eine europäische Gesundheitskarte seit der flächendeckenden Einführung der elektronischen Gesundheitskarte. Diese ist dort auf der Rückseite enthalten.

3. Die EHIC ist in folgenden EU-Staaten gültig: Deutschland, Belgien, Bulgarien, Dänemark einschl. Grönlad, Estland, Finnland, Frankreich einschl. Französisch-Guyana, Guadeloupe, Martinique, Miquelon, Réunion und Saint-Pierre, Griechenland, Großbritannien (trotz Brexit) einschl. Gibraltar, Irland, Island, Italien, Kroatien, Lettland, Liechtenstein, Litauen, Luxemburg, Malta, Montenegro, Niederlande, Nordmazedonien, Norwegen, Österreich, Polen, Portugal einschl. Azoren und Madeira, Rumänien, Schweden, Schweiz, Serbien, Slowakei, Slowenien, Spanien einschl. Cueta, Melilla, Tschechien, Ungarn, Zypern, hier nur

griechischer Teil. Im Zweifelsfall ist eine Anfrage bei der Krankenkasse sinnvoll.

4. Keine Leistungen auf Grund der EHIC können erhalten werden in: Andorra, Britische Kanalinseln wie Jersey oder Guernsey, Färöer-Inseln, Isle auf Man, Kosovo, Manaco, Niederländische Antillen, San Marino, Svalbard (Spitzbergen, Bäreninsel) sowie Vatikanstaat. Dabei ist es unerheblich, ob in den betroffene Gebiete, die zu oben genannten Ländern gehören, eine Anwendung der EHIC möglich ist.

Europäische Menschenrechtskonvention
→ Konvention zum Schutze der Menschenrechte und Grundfreiheiten, 1.

Europäische Musterfeststellungsklage
→ Sammelklage, → Massenverfahren (Zivilprozess).

Europäische Patentorganisation (EPO)
ist die durch das → Europäische Patentübereinkommen (EPÜ) gegründete Trägerorganisation des → Europäischen Patentamts (EPA).

Europäische Richtlinie
→ Richtlinien der Europäischen Gemeinschaft.

Europäische Sicherheits- und Verteidigungspolitik (ESVP)
ist eine andere Bezeichnung für die Gemeinsame Sicherheits- und Verteidigungspolitik (→ GSVP).

Europäische Sozialcharta
Europäische Sozialcharta wird der multilaterale Vertrag v. 18.10.1961 (BGBl. 1964 II 1261) genannt, in dem sich die 18 Mitgliedstaaten des → Europarats zur gemeinsamen Anerkennung wichtiger sozialpolitischer Grundsätze verpflichten (Recht auf Arbeit, soziale Sicherheit, Schutz der Familie usw). Seit 1999 ist eine revidierte und erweiterte Fassung in Kraft. Die europäische Sozialcharta enthält in ihrem ersten Teil 19 Artikel, welche die einzelnen Rechte benennen. Aus Art. 20 der europäischen Sozialcharta (EUSozCh) ergeben sich die Verpflichtungen der jeweiligen Länden, sich zur Einhaltung der im ersten Teil der europäische Sozialcharta benannten Rechte zu verpflichten. Zu beachten ist allerdings, dass die Rechte aus der Sozialcharta nicht einklagbar sind.

Europäische Staatsanwaltschaft
Die Europäische Staatsanwaltschaft (EUStA) ist eine Einrichtung der → Europäischen Union, deren Aufgabe in der Bekämpfung von Straftaten zum Nachteil der finanziellen Interessen der Union besteht.

1. Europarechtliche Grundlagen: Ihre Basis im EU-Primärrecht findet die EUStA in Art. 86 AEUV. Dort ist geregelt, dass der Rat zur Bekämpfung von Straftaten zum Nachteil der finanziellen Interessen der Union gemäß einem besonderen Gesetzgebungsverfahren durch Verordnungen ausgehend von → Eurojust eine Europäische Staatsanwaltschaft einsetzen kann. Für den Fall, dass die für den Erlass der Verordnung erforderliche Einstimmigkeit im Rat nicht zu erzielen ist, sieht Art. 86 II, III AEUV die Möglichkeit vor, dass eine entsprechende Verordnung auch über die Bestimmungen über die Verstärkte Zusammenarbeit (Art. 20 EUV) geschaffen werden kann, wenn mindestens neun Mitgliedstaaten dies wünschen. Dieser Fall ist im Gesetzgebungsverfahren eingetreten und es wurde aufgrund einer entsprechenden Erklärung von 16 Mitgliedstaaten im Jahr 2017 eine verstärkte Zusammenarbeit zur Errichtung der EUStA begründet.

Auf dieser Basis erging die Verordnung (EU) 2017/1939 des Rates vom 12.10.2017 zur Durchführung einer Verstärkten Zusammenarbeit zur Errichtung der Europäischen Staatsanwaltschaft (ABl. EU 2017 L 283, 1 vom 31.10.2017, im Folgenden: EUStA-VO). Sie fungiert als sekundärrechtliche Grundlage der EUStA und ist (nur) für die an der verstärkten Zusammenarbeit beteiligten Mitgliedstaaten verbindlich. Nach weiteren Anschlüssen beteiligen sich derzeit 22 Mitgliedstaaten an der Schaffung der EUStA (nicht beteiligt sind Dänemark, Irland, Polen, Schweden und Ungarn). Die EUStA-Verordnung gilt wie → Verordnungen der Europäischen Union generell in diesen Mitgliedstaaten unmittelbar und bedarf keiner Umsetzung in das nationale Recht. Zu den gleichwohl im nationalen deutschen Recht vorgenommenen Anpassungen s. unten 6. Die EUStA hat ihre Tätigkeit zum 1.6.2021 aufgenommen.

2. Aufgaben: Die EUStA ist zuständig für die strafrechtliche Untersuchung und Verfolgung sowie die Anklageerhebung in Bezug auf Personen, die als Täter oder Teilnehmer Straftaten zum Nachteil der finanziellen Interessen der Union begangen haben. Die EUStA nimmt bei diesen Straftaten vor den Gerichten der Mitgliedstaaten die Aufgaben der Staatsanwaltschaft wahr (Art. 86 II AEUV, Art. 4 EUStA-VO). Konkret obliegt der EUStA die Verfolgung bei den Straftatbeständen, die in der Richtlinie (EU) 2017/1371 über die strafrechtliche Bekämpfung von gegen die finanziellen Interessen der Union gerichtetem Betrug (ABl. EU 2017 L 198, 29 vom 28.7.2017, allgemein und im Folgenden unter Anlehnung an die frz. Umschreibung „Protection des intérêts financiers“: PIF-Richtlinie) in ihrer Umsetzung in nationales Recht festgelegt sind (Art. 22 I EUStA-VO).

Die PIF-Richtlinie enthält Mindestvorschriften für die Definition von Straftatbeständen und Strafen zur Bekämpfung von Betrug und sonstigen gegen die finanziellen Interessen der EU gerichteten rechtswidrigen Handlungen. Zu diesen Interessen zählen auf der Ausgabenseite Subventionen und Beihilfen, auf der Einnahmenseite Zölle und Agrarabgaben. Die Richtlinie ist am 17.8.2017 in Kraft getreten und wurde durch Gesetz vom 19.6.2019

(BGBl. 2019 I S. 844) in das deutsche Recht umgesetzt. Hierbei wurde das Gesetz zur Stärkung des Schutzes der finanziellen Interessen der EU (EUFinSchStG) als Stammgesetz geschaffen, das zwei eigenständige Straftatbestände enthält, von denen § 1 (Missbräuchliche Verwendung von Leistungen der EU) die Ausgabenseite und § 2 (Rechtswidrige Verminderung von Einnahmen der EU) die Einnahmenseite schützt. Durch § 3 EUFinSchStG wird zudem klargestellt, dass für die Anwendung der §§ 332, 334, 335, 335a StGB (→ Bestechung) eine Schädigung oder Gefährdung des Vermögens der EU einer Dienstpflichtverletzung bzw. einer Verletzung richterlicher Pflichten gleichsteht. Daneben erfolgten Änderungen im StGB, die insbes. den Tatbestand des → Subventionsbetrugs (§ 264 StGB) betrafen.

3. Struktur: Die EUStA gliedert sich in eine zentrale Ebene und in eine dezentrale Ebene. Die zentrale Ebene besteht aus der zentralen Dienststelle am Sitz der EUStA. Die dezentrale Ebene besteht aus den Delegierten Europäischen Staatsanwälten, die in den Mitgliedstaaten angesiedelt sind (Art. 8 II, IV EUStA-VO).

a) Zentrale (europäische) Ebene: Die EUStA wird als Einrichtung der Union errichtet und besitzt eigene Rechtspersönlichkeit (Art. 3 I, II EUStA-VO). Die zentrale Dienststelle am Sitz der EUStA in Luxemburg setzt sich aus dem Kollegium, den Ständigen Kammern, dem Europäischen Generalstaatsanwalt und seinen Stellvertretern, den Europäischen Staatsanwälten und dem Verwaltungsdirektor zusammen (Art. 8 III EUStA-VO).

Der Europäische Generalstaatsanwalt ist Leiter der EUStA und zuständig für die Organisation ihrer Arbeit. Er vertritt die EUStA gegenüber den Organen der Union und der Mitgliedstaaten sowie gegenüber Dritten (Art. 11 EUStA-VO) und führt zudem den Vorsitz in einer der Ständigen Kammern (Art. 10 I EUStA-VO). Ernannt wird er durch das Europäische Parlament und den Rat in gegenseitigem Einvernehmen für eine nicht verlängerbare Amtszeit von sieben Jahren (Art. 14 EUStA-VO). Das Kollegium ernennt aus dem Kreis der Europäischen Staatsanwälte zwei Stellvertreter des Europäischen Generalstaatsanwalts für eine verlängerbare Amtszeit von drei Jahren (Art. 10 II, 15 I EUStA-VO).

Das Kollegium wird durch alle Europäischen Staatsanwälte und den Generalstaatsanwalt gemeinsam gebildet. Es führt eine allgemeine Aufsicht über die Tätigkeit der EUStA und trifft keine operativen Entscheidungen in Einzelfällen (Art. 9 EUStA-VO). Es richtet auf Vorschlag des Generalstaatsanwalts die Ständigen Kammern ein (Art. 9 III EUStA-VO).

Den Ständigen Kammern obliegt es grundsätzlich, alle Abschlussentscheidungen im Rahmen der Ermittlungsverfahren zu treffen, also insbes. über Anklageerhebung, Einstellung eines Verfahrens oder seine Verweisung an die nationalen Behörden zu befinden (Art. 10 III EUStA-VO). Die Kammern können den Delegierten Europäischen Staatsanwälten Weisungen erteilen (Art. 10 IV, V EUStA-VO) und unterliegen ihrerseits bestimmten Berichtspflichten gegenüber dem Kollegium. Einer ständigen Kammer gehören jeweils drei Mitglieder des Kollegiums an. Die Anzahl der Ständigen Kammern und ihre Zusammensetzung sowie die Aufteilung der Zuständigkeiten sollen den funktionalen Bedürfnissen der EUStA Rechnung tragen (Art. 10 I EUStA-VO).

Die Europäischen Staatsanwälte beaufsichtigen für die Ständige Kammer und im Einklang mit deren Weisungen die Ermittlungen und Strafverfolgungsmaßnahmen, für die die mit dem Verfahren betrauten Delegierten Europäischen Staatsanwälte in ihrem Herkunftsmitgliedstaat zuständig sind. Sie fungieren dabei als Verbindungsstellen und überwachen die Durchführung der Aufgaben der EUStA in ihrem jeweiligen Mitgliedstaat in Abstimmung mit den Delegierten Europäischen Staatsanwälten, denen sie hierzu Weisungen erteilen können (Art. 12 I, III, V EUStA-VO). Für jeden beteiligten Mitgliedstaat wird durch den Rat ein Europäischer Staatsanwalt ernannt (Art. 16 EUStA-VO).

b) Dezentrale (nationale) Ebene: Die dezentrale Ebene besteht aus den Delegierten Europäischen Staatsanwälten, die in den jeweiligen Mitgliedstaaten ansässig sind und dort unter Berücksichtigung der Weisungen der Ständigen Kammern und des aufsichtführenden Europäischen Staatsanwalts die eigentlichen Ermittlungsmaßnahmen durchführen bzw. gegenüber nationalen Behörden anordnen und die Anklage vor Gericht vertreten. Im Hinblick auf diese Funktionen der Zentrale soll deren Struktur sicherstellen, dass alle nationalen Rechtsordnungen der Mitgliedstaaten in der EUStA vertreten sind und die Staatsanwälte Kenntnisse der einzelnen Rechtsordnungen besitzen (vgl. BT-Drs. 19/17963, 18 f.). Die Delegierten Europäischen Staatsanwälte handeln (nur) in ihrem eigenen Mitgliedstaat und haben dort in Bezug auf Ermittlungen, Strafverfolgungsmaßnahmen und Anklageerhebung grds. die gleichen Befugnisse wie nationale Staatsanwälte (Art. 13 I EUStA-VO). In jedem Mitgliedstaat muss es zwei oder mehr Delegierte Europäische Staatsanwälte geben (Art. 13 II EUStA-VO). Die Delegierten Europäischen Staatsanwälte werden von den Mitgliedstaaten benannt und auf Vorschlag des Europäischen Generalstaatsanwalts durch das Kollegium für eine Amtszeit von fünf Jahren ernannt. Sie müssen ab dem Zeitpunkt ihrer Ernennung zum Delegierten Europäischen Staatsanwalt bis zur Amtsentlassung aktive Mitglieder der Staatsanwaltschaft oder der Richterschaft des Mitgliedstaats sein, der sie benannt hat (Art. 17 EUStA-VO).

4. Verhältnis der EUStA zur nationalen Justiz: Die Aburteilung von Straftaten zum Nach-

teil der EU findet auf nationaler Ebene durch die nationalen Gerichte statt. Die dabei anzuwendenden Straftatbestände sind solche des nationalen Rechts, in Deutschland etwa die Strafnormen gegen → Betrug (§§ 263 ff. StGB) und → Bestechung (§§ 331 ff. StGB), für welche die PIF-Richtlinie lediglich Mindeststandards festlegt. Spezielle Straftatbestände allein zum Schutz der finanziellen Interessen der EU enthält das deutsche Recht nur im EU-FinSchStG (oben 2). Auch hinsichtlich des anzuwendenden Prozessrechts verweist Art. 5 III EUStA-VO auf das nationale Recht, soweit die EUStA-VO selbst keine Regelungen enthält.

Auch aus der Zuständigkeit der nationalen Staatsanwaltschaften ist die Verfolgung von Straftaten zum Nachteil der EU nicht per se ausgenommen. Die EUStA-VO begründet vielmehr ein System der geteilten Zuständigkeit zwischen der EUStA und den nationalen Behörden. So sieht Art. 25 EUStA-VO vor, dass die EUStA ihre Zuständigkeit (Art. 22, 23 EUStA-VO) nicht in jedem Fall ausübt, sondern hiervon zB bei Taten absieht, durch die ein Schaden von weniger als 10.000 EUR zum Nachteil der EU eingetreten ist. In diesem Fall verweist die EUStA das Verfahren an die nationale Staatsanwaltschaft (Art. 34 II EUStA-VO), die es sodann ggf. weiterführt. Übt die EUStA ihre Zuständigkeit aus, so geschieht dies, indem sie originär ein Ermittlungsverfahrens einleitet (Art. 26 EUStA-VO) oder durch Wahrnehmung ihres Evokationsrechts (Art. 27 EUStA-VO) ein bereits durch die nationale Staatsanwaltschaft initiiertes Verfahren an sich zieht. Die nationalen Behörden haben dann davon abzusehen, ihre eigene Zuständigkeit in Bezug auf dieselbe strafbare Handlung auszuüben (Art. 25 I S. 2 EUStA-VO).

Um der EUStA Kenntnis von verfolgbaren Taten bzw. Verdachtsmomenten zu verschaffen, sieht Art. 24 I EUStA-VO eine entsprechende Meldepflicht für EU-Behörden und Behörden der Mitgliedstaaten vor. Daneben kann die EUStA auch Informationen aus anderen Quellen erhalten oder einholen, etwa von privaten Dritten; hierzu gehört wie bei der nationalen Staatsanwaltschaft insbes. die Anzeigeerstattung durch private Hinweisgeber.

Der mit einem Verfahren betraute Delegierte Europäische Staatsanwalt kann die nötigen Ermittlungsmaßnahmen entweder selbst treffen oder die zuständigen Behörden seines Mitgliedstaats dazu anweisen (Art. 28 I S. 1 EUStA-VO). In Deutschland steht der EUStA damit kraft des Verweises auf das nationale Recht wie der deutschen Staatsanwaltschaft die allgemeine Ermittlungsbefugnis zu (§ 161 I StPO, § 152 GVG, §§ 402, 404 AO) sowie die Möglichkeit, Weisungen und Ermittlungsaufträge an Polizei-, Zoll- und Steuerbehörden zu erteilen. Gegenüber der nationalen Staatsanwaltschaft besteht dagegen kein Weisungsrecht; soweit die EUStA ihre Zuständigkeit ausübt, tritt sie vielmehr an deren Stelle. Allerdings sieht das deutsche Recht in § 13 EUStAG die Möglichkeit eines Ersuchens an die nationale Staatsanwaltschaft um Amtshilfe bei der Durchführung einzelner Ermittlungsmaßnahmen vor.

5. Verfahrensregelungen und Befugnisse: Die EUStA ist bei ihrer Aufgabenwahrnehmung unabhängig und gegenüber Personen außerhalb der EUStA, Mitgliedstaaten oder Organen, Einrichtungen oder sonstigen Stellen der Union nicht an Weisungen gebunden (Art. 6 I EUStA-VO). Anders als die deutsche Staatsanwaltschaft (§ 147 Nr. 1, 2 GVG) unterliegt sie also keinem externen Weisungsrecht. Ermittlungen und Strafverfolgungsmaßnahmen im Namen der EUStA unterliegen den Regelungen der EUStA-VO. Soweit eine Frage dort nicht geregelt ist, gilt grds. das nationale Recht des Mitgliedstaats des mit dem Verfahren betrauten Delegierten Europäischen Staatsanwalts (Art. 5 III EUStA-VO), und zwar insbes. auch hinsichtlich der dort für die Staatsanwaltschaft vorgesehenen Befugnisse. Zu den in der EUStA selbst enthaltenen Verfahrensregelungen gehören ua solche zu den seitens des nationalen Rechts mindestens zu ermöglichenden Ermittlungsmaßnahmen (wie → Durchsuchung, → Beschlagnahme, → Telekommunikationsüberwachung etc., Art. 30 EUStA-VO), zum Verfahrensabschluss (Art. 35 EUStA-VO), zur Anklageerhebung (Art. 36 EUStA-VO), zu Beweismitteln (Art. 37 EUStA-VO; die freie Beweiswürdigung durch die nationalen Gerichte bleibt unberührt), zur Verfahrenseinstellung (Art. 39 EUStA-VO), zu Mindestvorgaben über den Umfang der Rechte Verdächtiger oder Beschuldigter (Art. 41 EUStA-VO) sowie zur Kontrolle durch die nationalen Gerichte (Art. 42 EUStA-VO). Erheblichen Raum nehmen in der EUStA-VO zudem die Vorgaben zum Datenschutz ein (Art. 47–89 EUStA-VO).

6. Die EUStA in Deutschland: Für Deutschland wurden im Jahr 2020 erstmals ein Europäischer Staatsanwalt sowie zehn Delegierte Europäische Staatsanwälte ernannt. Letztere sind jeweils zu zweit in fünf Zentren bei den Generalstaatsanwaltschaften in Hamburg, Berlin, Köln, Frankfurt am Main und München angesiedelt. Zudem erfolgten Anpassungen des deutschen Rechts an die Vorgaben der EUStA-VO durch Gesetz vom 10.7.2020 (BGBl. 2020 I S. 1648). Dabei wurde insbes. mit dem Europäische-Staatsanwaltschaft-Gesetz (EUStAG) ein neues Stammgesetz geschaffen, welches die nach der EUStA-VO anwendbaren Vorschriften der StPO, des GVG und anderer Gesetze konkretisiert. Zudem bestimmt § 142b I GVG in Abweichung zu § 142 GVG, dass das Amt der Staatsanwaltschaft in EUStA-Verfahren von dem nach Maßgabe der EUStA-VO zuständigen deutschen Delegierten Europäischen Staatsanwalt ausgeübt wird. Den deutschen Delegierten Europäischen Staatsanwälten ist abweichend

von § 143 GVG keine an die örtliche Zuständigkeit eines Gerichts gebundene, sondern eine bundesweite Zuständigkeit eingeräumt (§ 143 VI GVG). Nachdem die Zuständigkeit der EUStA nur bis zur endgültigen Klärung des Verdachts einer Straftat bzw. bis zur rechtskräftigen Aburteilung einer Tat besteht (Art. 4 S. 2 EUStA-VO), übernimmt die Funktion der Vollstreckungsbehörde (→ Strafvollstreckung) die deutsche Staatsanwaltschaft, und zwar diejenige am Sitz des erstinstanzlichen Gerichts (§ 10 I EUStAG). Zur Regelung des Verkehrs der deutschen Staatsanwaltschaft mit der EUStA wird ein XIV. Abschnitt in den Allgemeinen Teil der RiStBV (→ Staatsanwaltschaft) aufgenommen.

Europäische Stelle zur Prävention und Bekämpfung von Seuchen
→ Europäische zentrale Fachbehörden.

Europäische Umweltagentur
→ Umweltagentur, Europäische.

Europäische Union (EU)
1. Die Europäische Union (EU) ist nach Art. 1 und 3 EUV (→ EU-Vertrag (EUV)) ein Zusammenschluss der Völker Europas. Ziel der EU ist es, Frieden, werte und Wohlergehen dieser Volker zu fördern. Werte der EU sind insbesondere Achtung der → Menschenwürde, Freiheit (→ Freiheit, persönliche), Gleichheit (→ Gleichheit vor dem Gesetz), → Demokratie und Rechtsstaatlichkeit (→ Rechtsstaat). Die EU errichtet einen Binnenmarkt (→ Binnenmarkt, europäischer) und eine → Wirtschafts- und Währungsunion. Die EU wahrt den Reichtum ihrer kulturellen Vielfalt und sorgt für den Schutz und die Entwicklung des kulturellen Erbes Europas. Die 28 Mitgliedstaaten sind Belgien, Bulgarien, Dänemark, → Deutschland, Estland, Finnland, Frankreich, Griechenland, Irland, Italien, Kroatien, Lettland, Litauen, Luxemburg, Malta, Niederlande, Österreich, Polen, Portugal, Rumänien, Schweden, Slowakei, Slowenien, Spanien, Tschechien, Ungarn und Zypern. Bis zum Wirksamwerden des Austritts spätestens am 31.10.2019 (Stand April 2019) ist auch noch das Vereinigte Königreich Mitglied der EU (→ Brexit). Zur Geschichte der EU siehe → Europäische Integration.

2. Rechtsgrundlagen der Europäischen Union sind der → EU-Vertrag (EUV) und der Vertrag über die Arbeitsweise der Europäischen Union (→ AEUV).

3. EU war ursprünglich die Bezeichnung für die institutionalisierte politische Zusammenarbeit der Mitgliedstaaten der früheren → Europäischen Gemeinschaft nach Maßgabe des Vertrags über die EU v. 7.2.1992 (Vertrag von Maastricht). Die ältere Europäische Gemeinschaft blieb neben der durch den Vertrag von Maastricht geschaffenen EU weiter bestehen. Die EU hatte zunächst keine eigene Rechtspersönlichkeit. Im Grunde war es nur eine Regelung über die Zusammenarbeit souveräner Staaten auf bestimmten Gebieten. Erst durch den Vertrag von Lissabon wurden Europäische Gemeinschaft und EU zur EU in der heutigen Form zusammengeführt. Die EU verfügt nun über eine eigene Rechtspersönlichkeit und stellt eine besondere Form der → Staatenverbindung, nämlich einen Staatenverbund, aber noch keinen → Bundesstaat dar. IE s. → Europäische Integration.

4. Organe der EU sind der → Europäische Rat, der → Rat der EU, die → Europäische Kommission, das → Europäisches Parlament, und der → Europäischer Gerichtshof; zum Erlass eigener Rechtsnormen der EU s. → Europäische Gesetzgebung, → EU-Recht.

5. Die Zuständigkeiten der EU sind in → EU-Vertrag (EUV) und im → AEUV geregelt. Für die Abgrenzung der Zuständigkeiten der EU gilt der Grundsatz der begrenzten Einzelermächtigung (Art. 5 I EUV). Nach diesem Grundsatz wird die EU nur innerhalb der Grenzen der Zuständigkeiten tätig, die die Mitgliedstaaten ihr in den Verträgen übertragen haben; alle anderen Zuständigkeiten verbleiben bei den Mitgliedstaaten (Art. 5 II EUV). Man unterscheidet ausschließliche Zuständigkeiten (Art. 2 I AEUV) und geteilte Zuständigkeiten (Art. 2 II AEUV). Nach dem Subsidiaritätsprinzip (→ Subsidiarität) wird die Union in den Bereichen der geteilten Zuständigkeit nur tätig, wenn die Ziele der Maßnahmen auf Unionsebene besser verwirklicht werden können (Art. 5 III EUV). Die ausschließlichen Zuständigkeiten sind in Art. 3 AEUV, die geteilten Zuständigkeiten in Art. 4 AEUV geregelt (s. → AEUV, 2).

6. Es besteht eine eigene → Unionsbürgerschaft; Unionsbürger ist, wer die Staatsangehörigkeit eines Mitgliedstaates besitzt (Art. 20 I EUV).

7. Die Vereinbarkeit der Gründung der EU mit deutschem Verfassungsrecht war bereits Gegenstand der Entscheidung des BVerfG v. 12.10.2003 (NJW 1993, 3047). Das BVerfG bezeichnete die Europäische Gemeinschaft und die EU dort als Staatenverbund (→ Staatenverbindung). Das BVerfG betonte die abgeleitete demokratische Legitimation der Europäischen Gemeinschaft, das Prinzip der begrenzten Einzelermächtigung (im Gegensatz zur Souveränität) und daraus folgende Überprüfungsmöglichkeiten auf die Einhaltung von Zuständigkeiten und Handlungsschranken. Im Urt. v. 30.6.2009 (→ Lissabon-Entscheidung; NJW 2009, 2267) stellt das BVerfG nochmals klar, dass es sich bei der EU um einen → Staatenverbund handelt, dessen Zuständigkeiten sich aus dem Prinzip der begrenzten Einzelermächtigung ergeben; bei der EU und ihrem Recht handelt es sich daher um ein abgeleitetes Institut, das nicht kraft eigener Souveränität, sondern erst kraft des nationalen Zustimmungsgesetzes für Deutschland Rechtswirkungen entfalten kann. Mit dieser Maßgabe könne auch der Vertrag von Lissabon als verfassungsgemäß angesehen werden.

Europäische Verfassung
Am 18.6.2004 einigte sich eine Regierungskonferenz der damals 25 Mitgliedstaaten der → Europäischen Union auf einen Vertrag über eine Verfassung für Europa, der am 29.10.2004 von den Staats- und Regierungschefs unterzeichnet wurde. Der Vertrag bedurfte in allen Mitgliedstaaten der → Ratifikation gemäß den Vorschriften des jeweiligen nationalen Rechts, in einer Reihe von Mitgliedstaaten im Wege einer → Volksabstimmung (Referendum). Nach Scheitern der Referenden in den Niederlanden und in Frankreich setzte der → Europäische Rat am 17.6.2005 den Ratifikationsprozess aus. Die Europäische Verfassung zeichnete sich ua dadurch aus, dass die → Charta der Grundrechte der Europäischen Union als Teil II integriert werden sollte. Die Symbole der Union (Hymne, Flagge) waren eigens geregelt. Die Gesamtstruktur war der Verfassung eines nationalen → Bundesstaates angenähert (sa → Staatenverbindung). An die Stelle der Europäischen Verfassung trat nunmehr der Vertrag von Lissabon zur Änderung des Vertrages über die Europäische Union und des Vertrages zur Gründung der Europäischen Gemeinschaft, kurz Vertrag von Lissabon oder Reformvertrag. Im Vertrag von Lissabon ist auf bundesstaatliche Elemente und Ähnlichkeiten zu nationalen Verfassungen bewusst verzichtet (sa → Europäische Integration).

Europäische Verordnung
→ Verordnung der Europäischen Union.

Europäische Verteidigungsagentur
Nach Art. 346 AEUV (→ AEUV) gelten die Grundsätze und Regeln des Gemeinsamen Marktes nicht für die Beschaffung von Rüstungsgütern. Dieser Bereich ist deshalb auch oberhalb der Schwellenwerte vom öffentlichen Vergabewesen ausgenommen. In Ergänzung zu dieser Rechtslage haben die europäischen Verteidigungsminister 2004 eine freiwillige Koordination des Beschaffungswesens auf diesem Gebiet auf der Basis der Europäischen Sicherheits- und Verteidigungspolitik beschlossen. An dieser Kooperation nehmen 26 Mitgliedstaaten der → Europäischen Union teil. Ausgenommen ist Dänemark. Die Kooperation wird von der Europäischen Verteidigungsagentur (engl. European Defence Agency, → EDA) unter der Leitung des EDA Direktors koordiniert. Sanktionsmöglichkeiten hat die Agentur nicht. Die Vereinbarung ist am 1.7.2006 in Kraft getreten.

Europäische Verwaltungszusammenarbeit
Nach § 8a VwVG leistet jede Behörde Behörden anderer Mitgliedstaaten der → Europäischen Union auf Ersuchen Hilfe, soweit dies nach Maßgabe von deren Rechtsakten geboten ist. Umgekehrt können auch Behörden anderer Mitgliedstaaten um Hilfe ersucht werden. Bei dieser europäischen Verwaltungszusammenarbeit handelt es sich um eine besondere Form der → Amtshilfe. Die weiteren Einzelheiten sind in §§ 8b ff. VwVfG geregelt. Entsprechende Vorschriften gelten nach den Verwaltungsverfahrensgesetzen der Länder. Die §§ 8a ff. VwVfG und die entsprechenden Länderregelungen treten nur ergänzend neben das → EU-Recht und begründen selbst weder ein Recht noch eine Pflicht zur europäischen Verwaltungszusammenarbeit.

Europäische Währungseinheit
(EWE, ECU). Die europäische Währungseinheit war ein Vorläufer des → Euro. Für sie war zuletzt die Bezeichnung ECU allgemein gebräuchlich. Der ECU war die Verrechnungseinheit des → Europäischen Währungssystems und auch die Abrechnungseinheit des Gemeinschaftshaushalts. Der ECU war eine sog. Korbwährung, an dem die Währungen der beteiligten Staaten mit festen Beträgen teilhatten. Mit Beginn der Endstufe der → Wirtschafts- und Währungsunion wurde der amtliche ECU-Korb abgeschafft und im Verhältnis 1 : 1 durch den Euro ersetzt.

Europäische Weltraumorganisation (ESA, European Space Agency)
ist eine gegenüber der → Europäischen Union (EU) selbstständige internationale Organisation mit eigener Rechtspersönlichkeit (→ Völkerrechtssubjekte). Ihre 22 Mitgliedstaaten sind die Mitgliedstaaten der EU ohne Bulgarien, Kroatien, Lettland, Litauen, Malta, Slowakei, Slowenien und Zypern, aber mit UK, Norwegen und der Schweiz. Kanada, Lettland, Litauen und Slowenien sind assoziiert. Die EU unterstützt die ESA finanziell und beauftragt diese; die Art. 179–190 AEUV regeln die Aufgabenwahrnehmung im Bereich der Raumfahrt. Art. 189 Abs. 3 AEUV bildet die Grundlage für die Kooperation. Ihre Organe sind der Rat der Mitgliedstaaten und der Generaldirektor. Sitz der ESA ist Paris. Sie dient der friedlichen Weltraumforschung und -nutzung, indem sie die gemeinsame europäische Weltraumpolitik koordiniert. Vgl. G v. 23.11.1976 (BGBl. 1976 II 1861) mÄnd.

Europäische Wertpapier- und Marktaufsichtsbehörde
1. Die ESMA (European Securities and Markets Authority) wurde durch die auf Art. 114 AEUV (Rechtsangleichung im Binnenmarkt) fußende VO (EU) 1095/2010 v. 24.11.2010 zur Errichtung einer Europäischen Aufsichtsbehörde (Europäische Wertpapier- und Marktaufsichtsbehörde) (ABl. EU 2010 L 331, 84) mit Wirkung zum 1.1.2011 geschaffen. Sie ist eine von drei Europäischen Aufsichtsbehörden, damit Teil des → Europäischen Systems der Finanzaufsicht (Art. 2 VO (EU) 1095/2010) und Nachfolgerin des Ausschusses der europäischen Wertpapierregulierungsbehörden (CESR) (Art. 8 VO (EU) 1095/2010).

2. Während die tägliche Aufsicht über den Wertpapierhandel (→ Wertpapierhandelsgesetz) Aufgabe der nationalen Aufsichtsbehörden (→ Bundesanstalt für Finanzdienstleistungsaufsicht) geblieben ist, harmonisiert und koordiniert die ESMA diese Aufsicht in der EU (Art. 1 VO (EU) 1095/2010). Zu diesem Zweck entwickelt sie Regulierungs- und Aufsichtsstandards (Art. 8, 10 VO (EU) 1095/2010) und gibt Leitlinien und Empfehlungen für die nationalen Aufsichtsbehörden heraus (Art. 16 VO (EU) 1095/2010). Rechtsverletzungen kann sie untersuchen (Art. 17 VO (EU) 1095/2010) und im Krisenfall die nationalen Aufsichtsbehörden zu notwendigen Maßnahmen verpflichten (Art. 18 VO (EU) 1095/2010). → Systemrisiken soll sie ermitteln und eindämmen (Art. 23 VO (EU) 1095/2010). Die Esma führt ab 2027 auch das → zentrale europäische Zugangsportal.

3. Die ESMA ist eine Einrichtung der → Europäischen Union mit eigener Rechtspersönlichkeit (Art. 5 VO (EU) 1095/2010) und Sitz in Paris (Art. 7 VO (EU) 1095/2010). Sie hat neben einem Rat der Aufseher einen Verwaltungsrat und wird geführt von einem Vorsitzenden zusammen mit einem Exekutivdirektor (Art. 6, 40 ff. VO (EU) 1095/2010).

Europäische Wirtschaftgemeinschaft (EWG)
Die Europäische Wirtschaftsgemeinschaft (EWG) von 1957 ging in der → Europäischen Gemeinschaft (EG) und diese in der → Europäischen Union (EU) auf (→ Europäische Integration). Die EWG stellte die wichtigste der ursprünglich drei Europäischen Gemeinschaften (s. insbes. → Europäische Integration, 2) dar. Die Europäischen Gemeinschaften, im Sprachgebrauch ab 1992 Europäische Gemeinschaft, ihrerseits war wichtigste Vorläuferorganisation der heutigen EU.

Europäische Zentralbank (EZB)
1. Die Regelungen für die Europäische Zentralbank enthalten Art. 127 ff., 282 ff. AEUV (früher Art. 8, 105 ff. EGV) und das Protokoll über die Satzung des → Europäischen Systems der Zentralbanken und der Europäischen Zentralbank (Prot.), eine Anlage zu Art. 129 AEUV (früher Art. 8 EGV). Die EZB ist personell und hinsichtlich der sachlichen Mittel aus dem → Europäischen Währungsinstitut hervorgegangen. Die EZB ist Spitze des Systems der Europäischen Zentralbanken (ESZB). Die EZB ist durch den Vertrag von Lissabon Organ der Union geworden (Art. 13 EUV). Die Europäische Zentralbank ist unabhängig und hat umfassende Rechtspersönlichkeit in allen Mitgliedstaaten (Art. 9 Prot.).

2. Die EZB hat die Geldpolitik der Union festzulegen und auszuführen. Dabei ist sie dem Ziel der Preisstabilität verpflichtet (Art. 127 AEUV). Ferner hält sie die Währungsreserven der Mitgliedstaaten und hat für das reibungslose Funktionieren des Zahlungsverkehrs zu sorgen. Neben diesen geldpolitischen Aufgaben übt sie die Aufsicht über die bedeutenden Kreditinstitute der Eurozone aus (→ Kreditinstitute, Aufsicht).

3. Beschlussorgane sind gemäß Art. 129, 283 AEUV (früher Art. 107, 112 EGV), Art. 9.3 Prot. der EZB-Rat, das Direktorium und das Aufsichtsgremium. Der Rat besteht aus den Mitgliedern des Direktoriums und den Präsidenten der nationalen Zentralbanken, deren Mitgliedstaaten den → Euro eingeführt haben, Art. 10 Prot., das Direktorium aus dem Präsidenten, dem Vizepräsidenten und vier weiteren Mitgliedern, Art. 11 Prot. Die Amtszeit der Direktoriumsmitglieder beträgt 8 Jahre, Wiederernennung ist nicht zulässig. EZB-Rat und Direktorium beschließen mit einfacher Stimmenmehrheit, bei Stimmengleichheit entscheidet der Präsident. Ferner gibt es den erweiterten Rat, zu dem auch die Präsidenten der Zentralbanken gehören, die dem Eurosystem nicht angehören, Art. 141 AEUV, Art. 44 Prot. Die EZB leitet das ESZB und hat gemäß Art. 128 AEUV (früher Art. 106 EGV) und Art. 16 Prot. das alleinige Recht zur Ausgabe von → Banknoten (vgl. dazu den Beschluss der EZB in ABl. EU 2011 L 35, 26 v. 9.2.2011). Das Kapital der Europäischen Zentralbank beträgt 10,8 Mrd. EUR.

4. a) Die EZB erwirbt im Rahmen besonderer Programme regelmäßig Anleihen, insbes. Staatsanleihen, und andere Vermögenswerte am Sekundärmarkt. Solche Ankaufprogramme heißen zB OMT (Outright Monetary Transaction), PSPP (Public Sector Purchase Programme) oder PEPP (Pandemic Emergency Purchase Programm, → Corona-Hilfspaket der Europäischen Union). Es ist umstritten, ob diese Programme vom Mandat der EZB der Art. 119 AEUV und Art. 127 ff. AEUV gedeckt sind, ob sie zulässige geldpolitische oder unzulässige wirtschaftspolitische Zwecke verfolgen und ob sie nach Art. 123 AEUV verbotene Staatsfinanzierung darstellen. In diesem Fall wären sie ultra-vires-Maßnahmen und verstießen gegen das Demokratieverbot des Art. 20 GG iVm Art. 23 GG.

b) Zu dieser Frage gibt es mehrere Entscheidungen des BVerfG, das sich anfänglich zurückhaltend geäußert hat. So hat es das (bisher nicht durchgeführte) OMT-Programm unter bestimmten Bedingungen für mit dem GG vereinbar erklärt (Urt. v. 21.6.2016, 2 BvR 2728/13 = NJW 2016, 2473), ebenso wie vorher schon die deutsche Beteiligung am → Europäischen Stabilitätsmechanismus, die auf Grund ihrer Haftungsrisiken ähnliche verfassungsrechtliche Fragen aufwirft, und an der → Bankenunion. Mit Urt. v. 5.5.2020 (2 BvR 859/15) hat das BVerfG jedoch das PSPP-Programm als nicht verhältnismäßig iSv. Art. 5 IV EUV eingestuft und es damit für nicht mit dem GG vereinbar erklärt. Das BVerfG setzte sich dabei über eine Entscheidung des EuGH hinweg, die im Vorabentscheidungsverfahren ergangen war und im PEPP keine Kompetenzüberschreitung der Europäischen Zentralbank gesehen hatte (EuGH Urt. v. 11.12.2018, C-493/17 = NJW 2019, 907).

Europäische zentrale Fachbehörden
Die → Europäische Union hat eine Reihe von zentralen Fachbehörden (Agenturen), die überwiegend Einrichtungen des europäischen Gemeinschaftsrechts sind, teilweise aber auch der EU zuzuordnen sind. Die Einrichtungen sind auf die Mitgliedstaaten verteilt. Sie nehmen fachlich-administrative Funktionen wahr und stellen gewissermaßen den administrativen Unterbau der Union dar. Die Aufgaben sind im Wesentlichen mit denen entsprechender innerstaatlicher Ressorts vergleichbar. Wegen der Vielsprachigkeit der Union sind die abgekürzten Bezeichnungen der Einrichtungen von erheblicher praktischer Bedeutung. Dazu gehören die folgenden Institutionen (alphabetisch nach den Abkürzungsbezeichnungen): Cedefop – Zentrum für die Förderung der Berufsbildung – in Thessaloniki, CEPOL – Polizeiakademie – in Hampshire, EASA – Agentur für Flugsicherheit – in Köln, EEA – Europäische → Umweltagentur – in Kopenhagen, EFSA – Behörde für Lebensmittelsicherheit – in Parma, EMCCDA – Beobachtungsstelle für Drogen und Drogensucht – in Lissabon, EMEA – Agentur für die Beurteilung von Arzneimitteln – in London, EMSA – Agentur für die Sicherheit des Seeverkehrs – in Lissabon, ENISA – Agentur für Netz und Informationssicherheit – in Iraklio, ETF – Stiftung für Berufsbildung – in Turin, EU-OSHA – Agentur für Sicherheit und Gesundheitsschutz am Arbeitsplatz – in Bilbao, EUROFOUND – Stiftung zur Verbesserung der Lebens- und Arbeitsbedingungen – in Dublin, → Eurojust – Einheit für justizielle Zusammenarbeit – in Den Haag, ECHA – Chemiekalien-Agentur in Helsinki, ERA – Eisenbahn-Agentur – in Lille/Valenciennes, CPVO – Gemeinschaftliches Sortenamt – in Anges, ECDC-Stelle zur Prävention und Bekämpfung von Krankheiten in Schweden, → Europol – Polizeiamt – in Den Haag, EUSC – Satellitenzentrum – in Torrejón de Ardoz, EZB – → Europäische Zentralbank – in Frankfurt am Main, FRA – Agentur für Grundrechte in Wien, HABM – Harmonisierungsamt für den Binnenmarkt (Markenamt, Geschmacksmuster) – in Alicante.

Europäischer Ausschuss der Regionen
→ Ausschuss der Regionen.

Europäischer Ausschuss für Systemrisiken
1. Der mit VO (EU) 1092/2010 v. 24.11.2010 über die Finanzaufsicht der EU auf Makroebene und zur Errichtung eines Europäischen Ausschusses für Systemrisiken (ABl. EU 2010 L 331, 1) geschaffene ESRB (European Systemic Risk Board) ist Teil des → Europäischen Systems der Finanzaufsicht. Seine Aufgabe ist die Abwendung und Eindämmung von Systemrisiken für das europäische Finanzsystem (Art. 3). Als Systemrisiko bezeichnet Art. 2c VO (EU) 1092/2010) solche Risiken, die das gesamte europäische Finanzsystem gefährden können. Während die Insolvenz eines kleinen → Kreditinstituts kein → Systemrisiko darstellen muss, kann der Konkurs einer überregionalen oder internationalen Bank das gesamte System erschüttern. Zu diesem Zweck kann der Ausschuss Information erheben und austauschen (Art. 15 VO (EU) 1092/2010) sowie Warnungen und Empfehlungen aussprechen (Art. 16 VO (EU) 1092/2010).

2. Der ESRB hat seinen Sitz in Frankfurt am Main (Art. 1 VO (EU) 1092/2010). Er wird geleitet von einem Verwaltungsrat unter Vorsitz des Präsidenten der → Europäischen Zentralbank und einem Lenkungsausschuss (Art. 4 f. VO (EU) 1092/2010) Logistisch ist der Ausschuss an die EZB angebunden (VO (EU) 1096/2010 v. 17.11.2010 (ABl. EU 2010 L 331, 162)).

Europäischer Betriebsrat
Für im Rahmen der EU gemeinschaftsweit tätige (Groß-)Unternehmen gilt das Gesetz über Europäische Betriebsräte vom 28.10.1996 (BGBl. 1996 I 1548) mÄnd, das die Richtlinie 2009/38/EG umsetzt. Der Europäische Betriebsrat hat aber andere Aufgaben als der → Betriebsrat nach BetrVG, insbes. in der wirtschaftlichen Mitbestimmung. Die Kompetenzen können durch den Arbeitgeber und ein → Besonderes Verhandlungsgremium (§§ 8 ff. EBRG) vereinbart (§§ 17 ff. EBRG) werden, hilfsweise greift eine Auffangregelung (§§ 21 ff. EBRG). Jedenfalls der nach der Auffangregelung errichtete Europäische Betriebsrat hat nur das Recht auf ausreichende Unterrichtung über wirtschaftliche Angelegenheiten, die Betriebe in mehreren Mitgliedsstaaten der EU betreffen. Sa → Aktiengesellschaft (1b), → Genossenschaft (8), → Mitbestimmung (2).

Europäischer Binnenmarkt
→ Binnenmarkt.

Europäischer Entwicklungsfonds
→ Entwicklungspolitik der EU.

Europäischer Finanzstabilisierungsmechanismus
1. Der durch VO (EU) 407/2010 v. 11.5.2010 (ABl. EU 2010 L 118, 1) geschaffene EFSM (European Financial Stabilisation Mechanism) sollte in finanzielle Schwierigkeiten geratene Mitgliedstaaten des Euro-Währungsgebietes (→ Euro) finanziellen Beistand leisten. Es handelte sich um einen vorläufigen Rettungsschirm, der als Antwort auf die Euro-Krise 2010 ins Leben gerufen wurde. Auf Antrag konnten Mitgliedstaaten des Euro-Währungsgebietes vom EFSM Darlehen oder Kreditlinien gewährt werden, um ihre Zahlungsfähigkeit zu erhalten und so die Unionswährung zu stabilisieren. Die VO basierte auf Art. 122 II AEUV.

2. Der vorläufige Rettungsschirm wurde von der → Europäischen Finanzstabilisierungsfazilität verwaltet und hatte ein Volumen von bis zu 750 Mrd. EUR. Hiervon entfielen maximal 440 Mrd. EUR auf diese Finanzstabilisierungsfaszilität, 60 Mrd. EUR auf die → Europäische Kommission und 250 Mrd. EUR auf den IWF (→ Währungsfonds, internationaler). Die vom EFSF am → Kapitalmarkt aufgenommenen Gelder werden von den Mitgliedstaaten der Euro-Zone gemäß ihrem EZB-Kapitalanteil garantiert; die deutsche Gewährleistungsermächtigung enthält das StabilisierungsmechanismusG v. 22.5.2010 (BGBl. 2010 I 627) mÄnd. Dagegen gerichtete Verfassungsbeschwerden waren unbegründet (BVerfG Urt. v. 7.9.2011, 2 BvR 987/10).

3. Der EFSM war bis zum 30.6.2013 befristet und wurde durch einen permanenten Rettungsschirm, den → Europäischen Stabilitätsmechanismus, ersetzt.

Europäischer Fonds für regionale Entwicklung (EFRE)
Dieser Fonds ist einer der → Strukturfonds der EU. Er dient der Förderung besonders benachteiligter Gebiete (Art. 176 AEUV). Einzelheiten sind in der VO (EU) 1301/2013 (ABl. EU 2013 L 347, 289 mÄnd) und der VO (EU) 1303/2013 (ABl. EU 2013 L 347, 320 mÄnd) geregelt.

Europäischer Garantiefonds für die Landwirtschaft (EGFL)
1. Der europäische Garantiefonds für die Landwirtschaft (EGFL) finanziert zusammen mit dem → Europäischen Landwirtschaftsfonds für die Entwicklung des ländlichen Raums die → Gemeinsame Agrarpolitik als einer der Strukturfonds der EU. Aus dem EGFL werden insbes. Maßnahmen zur Regulierung der Agrarmärkte, → Direktzahlungen, Informations- und Absatzförderungen sowie Schulobst- und -gemüseprogramme bezahlt (bis Ende 2022 Art. 3 ff. VO (EU) 1306/2013 über die Finanzierung, Verwaltung und das Kontrollsystem der GAP v. 17.12.2013, ABl. EU 2013 L 347, 549, seitdem Art. 4 ff. VO (EU) 2021/2116 v. 2.12.2021 über die Finanzierung, Verwaltung und Überwachung der Gemeinsamen Agrarpolitik, ABl. EU 2021 L 435, 187).

2. In Umsetzung der europarechtlichen Vorgaben werden gem. Agrar- und Fischereifonds-Informationen-Gesetz (AFIG) v. 26.11.2008 (BGBl. 2008 I 2330) die Namen der Empfänger von Zahlungen aus den Garantiefonds von GAP und GFP sowie weitere Informationen dazu auf einer Internetseite der → Bundesanstalt für Landwirtschaft und Ernährung veröffentlicht. → Europäischer Meeres-, Fischerei- und Aquakulturfonds.

Europäischer Gerichtshof (EuGH)
1. Die Gerichtsbarkeit in der → Europäischen Union wird vom EuGH ausgeübt. Nach Art. 19 I EUV → EU-Vertrag (EUV) besteht der Europäische Gerichtshof (EuGH) der Europäischen Union (EU) aus dem Gerichtshof der Europäischen Union ieS und dem Gericht der Europäischen Union (früher Gericht erster Instanz bezeichnet); ferner könnten Fachgerichte eingerichtet werden, wovon derzeit kein Gebrauch gemacht wird.

2. Gerichtshof der Europäischen Union ieS.

a) Der Gerichtshof ieS besteht aus einem Richter je Mitgliedstaat (Art. 19 II EUV), also bisher 28 und nach dem Ausscheiden des Vereinigten Königreiches aus der EU 27 (sa → Brexit).

b) Der Gerichtshof ieS wird von 11 Generalanwälten unterstützt; auf Antrag des Gerichtshofs kann der Rat der Europäischen Union die Zahl der Generalanwälte erhöhen (Art. 252 AEUV (→ AEUV)). Die Generalanwälte bereiten die Entscheidungen des Gerichtshofs in völliger Unabhängigkeit gutachtlich vor. Für das Verständnis der Entscheidungen des EuGH sind diese Gutachten, die in der amtlichen Sammlung ebenfalls veröffentlicht werden, ein wertvolles Hilfsmittel.

c) Zu Richtern und Generalanwälten des Gerichtshofs ieS sind Persönlichkeiten auszuwählen, die jede Gewähr für Unabhängigkeit bieten und in ihrem Staat die für die höchsten richterlichen Ämter erforderlichen Voraussetzungen erfüllen oder Juristen von anerkannt hervorragender Befähigung sind; sie werden von den Regierungen der Mitgliedstaaten im gegenseitigen Einvernehmen nach Anhörung eines besonderen siebenköpfigen Ausschusses (dieser bestehend aus ehemaligen Richtern, Mitgliedern der höchsten einzelstaatlichen Gerichte und Juristen hervorragender Befähigung, Art. 255 AEUV) auf 6 Jahre ernannt; alle 3 Jahre wird die Hälfte der Stellen neu besetzt (Art. 253 AEUV). Die Richter wählen aus ihrer Mitte für jeweils 3 Jahre den Präsidenten und den Vizepräsidenten.

d) IdR entscheidet der Gerichtshof ieS in Kammern mit 3 oder 5 Richtern, auf Antrag eines Mitgliedstaates oder auf Antrag eines Organs der EU oder bei besonderer Schwierigkeit in Kammern mit 13 Richtern, im Einzelfall (zB bei Klagen auf Amtsenthebung eines Mitglieds der → Europäischen Kommission) im Plenum.

e) Zu den wichtigsten erstinstantiellen (und letztinstantiellen) Zuständigkeiten des Gerichtshofs ieS gehören ua

- das Vorabentscheidungsverfahren nach Art. 267 AEUV. Gegenstand ist die Entscheidung über die Gültigkeit der Verträge und die Auslegung eines Rechtsakts eines Organs der EU. Die nationalen Gerichte können diese Fragen vorlegen; soweit sie in letzter Instanz entscheiden, müssen sie die Frage dem EuGH vorlegen.
- das Vertragsverletzungsverfahren. In diesem Verfahren wird geprüft, ob ein Mitgliedstaat seine unionsrechtlichen Verpflichtungen, zB zum Erlass bestimmter Rechtsvorschriften, eingehalten hat.

– die Nichtigkeitsklagen und die Untätigkeitsklagen gegen Entscheidungen – zB Verordnungen – der Organe der EU; dabei ist der Gerichtshof ieS nur Zuständig für Klagen der Organe der EU untereinander und für Klagen von Mitgliedstaaten gegen den Europäischen Rat und gegen das Europäische Parlament; für die anderen Fälle ist das Gericht zuständig (s. Ziff. 3c).
– die Rechtsmittel gegen Entscheidungen des Gerichts (s. Ziff. 3).

3. Gericht der Europäischen Union.

a) Das Gericht bestand zunächst aus mindestens einem Richter je Mitgliedstaat. 2015 wurde beschlossen, im Hinblick auf die zunehmende Zahl der Verfahren das Gericht schrittweise zu vergrößern. Ab 1.9.2019 hat das Gericht 2 Richter je Mitgliedsstaat haben, also nach dem Wirksamwerden des → Brexit am 31.1.2020 54.Die Satzung des Gerichtshofs kann eine höhere Zahl und Generalanwälte vorsehen (Art. 254 AEUV); derzeit kann die Funktion des Generalanwaltes ausnahmsweise einem Richter übertragen werden. Im Übrigen entsprechen die Regeln für die Berufung der Richter denjenigen für den Gerichtshof ieS. Die Richter wählen aus ihrer Mitte den Präsidenten.

b) Das Gericht tagt in Kammern mit 5 oder 3 Richtern oder in bestimmten Fällen in Einzelrichterbesetzung. In schwierigen Fällen kann es als große Kammer mit 13 Richtern oder im Plenum tagen. 80 vH der Fälle werden in Kammern mit 3 Richtern entschieden.

c) Für eine Reihe von Rechtsfragen ist nach dem AEUV das Gericht und nicht der Gerichtshof ieS zuständig, insbes. zB für Klagen natürlicher oder juristischer Personen gegen Maßnahmen der Organe der EU sowie gegen Rechtsakte mit Verordnungscharakter, für Klagen der Mitgliedstaaten gegen die → Europäische Kommission, Klagen auf dem Gebiet der Gemeinschaftsmarke (s. → Marken, 1), Klagen auf Schadenersatz; ferner ist das Gericht für arbeitsrechtliche Streitigkeiten des Personals der Europäischen Union zuständig. und für Rechtsmittel gegen Entscheidungen der Fachgerichte (s. Ziff. 4; iÜ vgl. Art. 256, 263, 265, 270 und 272 AEUV). Gegen Entscheidungen des Gerichts kann beim Gerichtshof der Europäischen Union ieS ein auf Rechtsfragen beschränktes Rechtsmittel eingelegt werden (Art. 256 AEUV).

4. Fachgerichte.

a) Das → Europäische Parlament und der Rat der EU können auf Vorschlag der → Europäischen Kommission oder des EuGH durch → Verordnung der Europäischen Union dem Gericht beigeordnete Fachgerichte bilden, die für Entscheidungen im ersten Rechtszug über Klagen aus bestimmten in der Verordnung zu benennenden Sachgebieten zuständig sind, die ansonsten in die Zuständigkeit des Gerichts fielen (Art. 257 AEUV). Die Richter müssen Gewähr für ihre Unabhängigkeit bieten und über die Befähigung zum Richteramt verfügen. Die Richter der Fachgerichte werden einstimmig vom Rat der EU nach Anhörung des besonderen Ausschusses gem. Art. 255 AEUV (s. Ziff. 2c) berufen. Die Richter wählen aus ihrer Mitte den Präsidenten.

b) Gegen Entscheidungen der Fachgerichte kann zum Gericht (s. Ziff. 3) ein auf Rechtsfragen beschränktes Rechtsmittel eingelegt werden. Soweit dies in der einschlägigen Verordnung ausnahmsweise vorgesehen ist, kann sich das Rechtsmittel zum Gericht ausnahmsweise auch auf Sachverhaltsfragen erstrecken (Art. 257 III AEUV).

c) Als einziges Fachgericht bestand von 2005–2016 das Gericht für den Öffentlichen Dienst. Das Gericht für den Öffentlichen Dienst bestand aus 7 Richtern und tagte in Kammern mit 3 Richtern; bei besonderer Schwierigkeit des Falles konnte die Kammer die Entscheidung an das Plenum verweisen. Auch Einzelrichterentscheidung und Kammern mit 5 Richtern waren in der Verfahrensordnung vorgesehen. Das Gericht für den öffentlichen Dienst entschied Streitsachen zwischen der EU und ihren Bediensteten in arbeitsrechtlichen und sozialen Fragen (zB Bezüge, Laufbahn, Disziplinarmaßnahmen, Krankheit, Altersversorgung usw.). Seit Herbst 2016 sind diese arbeitsrechtliche Streitsachen in das Gericht der Europäischen Union (s. Nr. 3) integriert.

5. Verfahrenssprache vor dem EuGH ist idR die Sprache des Klägers; ist die Klage gegen einen Mitgliedstaat oder eine natürliche oder juristische Person aus einem Mitgliedstaat gerichtet, so ist dessen Amtssprache zugleich Verfahrenssprache. Bei Vorabentscheidungsverfahren ist Verfahrenssprache die Sprache des vorlegenden Gerichts. Alle Veröffentlichungen des Gerichts – insbesondere Urteile – sind in alle → Amtssprachen der EU zu übersetzen, wobei allein die Fassung in der Verfahrenssprache rechtsverbindlich ist. Arbeitssprache des Gerichts ist traditionell Französisch.

Europäischer Gerichtshof für Menschenrechte

→ Konvention zum Schutze der Menschenrechte und Grundfreiheiten.

Europäischer Haftbefehl

Der Europäische Haftbefehl ist ein auf dem Grundsatz der gegenseitigen Anerkennung basierendes Instrument der strafrechtlichen Zusammenarbeit und damit der → Rechtshilfe (dort 2b) in der → Europäischen Union. Dieses wurde auf europäischer Ebene geschaffen durch den Rahmenbeschluss über den Europäischen Haftbefehl v. 13.6.2002 über den Europäischen Haftbefehl und die Übergabeverfahren zwischen den Mitgliedstaaten (2002/584/JI, ABl. 2002 L 190, 1), geändert durch den Rahmenbeschlusses 2009/299/JI v. 26.2.2009 (2009/299/JI, ABl. 2009 L 81, 24). Im deutschen Recht ist der Rahmenbeschluss umgesetzt in den §§ 78 ff. IRG. Nachdem das

BVerfG (Beschluss v. 18.7.2005, Az. 2 BvR 2236/04, NJW 2005, 2289) ein erstes Umsetzungsgesetz für verfassungswidrig erklärt hatte, beruht die heutige Regelung insbes. auf dem Umsetzungsgesetz v. vom 20.7.2006 (BGBl. 2006 I 1721). Sa → Auslieferung, → Haftbefehl (5), → Vollstreckungshilfe (2b).

Europäischer Landwirtschaftsfonds für die Entwicklung des ländlichen Raums (ELER)
Der Europäische Landwirtschaftsfonds für die Entwicklung des ländlichen Raums (ELER) finanziert die Beteiligung der Europäischen Union an Entwicklungsprogrammen für den ländlichen Raum (bis Ende 2022 Art. 3 ff. VO (EU) 1306/2013 über die Finanzierung, Verwaltung und das Kontrollsystem der → Gemeinsamen Agrarpolitik v. 17.12.2013, ABl. EU 2013 L 347, 549, seitdem Art. 4 ff. VO (EU) 2021/2116 v. 2.12.2021 über die Finanzierung, Verwaltung und Überwachung der Gemeinsamen Agrarpolitik, ABl. EU 2021 L 435, 187).

Europäischer Meeres-, Fischerei- und Aquakulturfonds (EMFAF)
Die VO (EU) 2021/1139 v. 7.7.2021 über den Europäischen Meeres-, Fischerei- und Aquakulturfonds (ABl. EU 2021 L 247, 1) regelt für den Zeitraum 2021–2027 die finanziellen Maßnahmen der EU zur Durchführung der → Gemeinsamen Fischereipolitik und der → integrierten Meerespolitik. Zur Umsetzung der GFP in Deutschland → Europäischer Garantiefonds für die Landwirtschaft. Für die Förderperiode vor 2021 hieß der Fonds Europäischer Meeres- und Fischereifonds gemäß der VO (EU) 508/2014 v. 15.5.2014 (ABl. EU 2014 L 149, 1).

Europäischer Rat
1. Der Europäische Rat – nicht zu verwechseln mit dem → Rat der EU oder kurz Rat – setzt sich aus den Staats- und Regierungschefs der Mitgliedstaaten, dem Präsidenten der → Europäischen Kommission sowie dem Präsidenten des Europäischen Rates zusammen. Er ist protokollarisch nach dem → Europäischen Parlament das wichtigste und faktisch das politisch mächtigste Organ der → Europäischen Union (EU; sa → EU-Vertrag). Da der Begriff „Staats-und Regierungschefs" nicht eindeutig definiert ist, ist die Entscheidung, wer den jeweiligen Mitgliedstaat vertritt, den jeweiligen nationalen Bestimmungen überlassen. In den meisten Mitgliedstaaten ist dies der Regierungschef, also in Deutschland der → Bundeskanzler; für Frankreich und Litauen nimmt der jeweilige Staatschef teil. Der Europäische Rat wird zwar grundsätzlich nicht gesetzgeberisch (→ Europäische Gesetzgebung; → Europäisches Recht) tätig, definiert aber die politischen Zielsetzungen der EU (Art. 15 I EUV). Im vereinfachten Änderungsverfahren kann er im Zusammenwirken mit Europäischen Parlament und den Mitgliedstaaten die Verträge und damit das Primärrecht ändern (Art. 48 VI und VII EUV). Der Europäische Rat nominiert den Präsidenten der → Europäischen Kommission (Art. 17 V II EUV). Der Europäische Rat ernennt die Mitglieder des Direktoriums der → Europäischen Zentralbank (Art. 283 II EUV) und den Hohen Vertreters der EU für Außen und Sicherheitspolitik (Art. 18 I EUV). Im Übrigen fasst der Europäische Rat Beschlüsse zB im Bereich der Gemeinsamen Außen- und Sicherheitspolitik (→ GASP; Art. 24 I EUV). Der Hohe Vertreter für Außen- und Sicherheitspolitik nimmt an den Beratungen des Europäischen Rates teil (Art. 15 II EUV). Der Rat der EU hat im Vergleich zum Europäischen Rat eher ausführende Aufgaben.

2. Der Präsident des Europäischen Rates trat am 1.12.2009 an die Stelle der früher (wie heute noch beim Rat der EU) im 6monatigen Turnus wechselnden Vorsitz im Rat. Der Präsident des Europäischen Rates wird vom Europäischen Rat für eine Amtszeit von $2^1/_2$ Jahren mit der Möglichkeit einer einmaligen Wiederwahl gewählt (Art. 15 V und VI EUV); sein Amt ist jetzt unabhängig vom Wechsel des Vorsitzes im → Rat der EU. Aufgabe des Präsidenten des Europäischen Rates ist es, den Europäischen Rat zu führen und im Bereich der GASP die EU nach Außen zu vertreten. Präsidenten waren 2009 bis 2014 der Belgier Herman van Rompuy und 2014 bis 2019 der Pole Donald Tusk; seit 1.12.2019 ist der Belgier Charles Michel Präsident des Rates.

3. Grundsätzlich entscheidet der Europäische Rat im Konsensverfahren (Art. 15 IV EUV); im förmlichen Beschlussverfahren ist Beschlussfassung einstimmig (Art. 31 I EUV und Art. 48 VI EUV, Art. 86 IV AEUV), mit qualifizierter Mehrheit (Art. 18 I EUV) oder mit einfacher Mehrheit (Art. 48 III EUV) vorgesehen. Die Präsidenten von Kommission und Europäischem Rat sowie der Hohe Vertreter für Außen- und Sicherheitspolitik sind bei Abstimmungen nicht stimmberechtigt, was den Charakter des Europäischen Rates als Organ der Mitgliedstaaten unterstreicht. Für die Berechnung der Mehrheiten gelten die komplizierten Vorschriften für den Rat der EU entsprechend (Art. 235 I AEUV; → Rat der EU, 3); in der Regel wird allerdings stets der Konsens angestrebt (s. o.).

Europäischer Sozialfonds
Der Europäische Sozialfonds dient gemäß Art. 162 AEUV (→ AEUV) der Verbesserung der Beschäftigungsmöglichkeiten abhängiger Arbeitskräfte. Ziel ist die Förderung der Mobilität innerhalb der → EU und die Erleichterung der Anpassung an industrielle Wandlungsprozesse und an die Veränderung von Produktionssystemen durch berufliche Bildung und Umschulung. Ein weiteres Ziel des ESF ist die Gleichbehandlung von Mann und Frau. Der ESF wird in mehrjährigen Förder-

perioden aufgelegt, die immer unter einem anderen Schwerpunkt stehen. Für die Durchführung des Europäischen Sozialfonds wurden entsprechende Durchführungsverordnungen erlassen.

Europäischer Stabilitäts- und Wachstumspakt
→ Stabilitätspakt.

Europäischer Stabilitätsmechanismus
1. Der ESM (European Stability Mechanism) wurde – am EU-Recht vorbei – durch den am 27.9.2012 in Kraft getretenen völkerrechtlichen Vertrag zur Einrichtung des Europäischen Stabilitätsmechanismus gegründet (BGBl. 2012 II 981) mÄnd. Er löste als permanenter Rettungsschirm den → Europäischen Finanzstabilisierungsmechanismus ab. Sein Zweck ist es, seinen Mitgliedstaaten unter strikten Auflagen Stabilitätshilfen zu gewähren, wenn dies zur Wahrung der Finanzstabilität des Euro-Währungsgebiets insgesamt unabdingbar ist (Art. 3 ESM-Vertrag). In der Corona-Krise konnten betroffene Mitgliedstaaten zinsgüstige Darlehen ohne Auflagen erhalten, → Corona-Hilfspaket der Europäischen Union. Eine bereits beschlossene Reform des ESM-Vertrags sollte 2023 in Kraft treten, scheiterte aber am Veto Italiens.

2. Vertragsparteien des Europäischen Stabilitätsmechanismus sind alle 20 Mitgliedstaaten der Euro-Währungszone. Er hat einen Gouverneursrat (Finanzminister), ein Direktorium und einen geschäftsführenden Direktor (Art. 4) sowie seinen Sitz in Luxemburg (Art. 31 ESM-Vertrag). Das genehmigte Stammkapital (Art. 8 ESM-Vertrag) beträgt knapp 705 Mrd. EUR, von denen etwas über 80 Mrd. EUR entsprechend dem EZB-Beitragsschlüssel (Deutschland: 26,9%) von den Mitgliedstaaten eingezahlt werden müssen. Von diesem einzuzahlenden Kapital entfallen daher 21,7 Mrd. EUR auf Deutschland. Die übrigen 625 Mrd. EUR sind abrufbares Kapital (168,3 Mrd. EUR für Deutschland) und sollen nur im Notfall eingefordert werden, denn grundsätzlich finanziert sich der ESM am Kapitalmarkt (Art. 21 ESM-Vertrag). Er übernimmt ferner die Verbindlichkeiten der → europäischen Finanzstabilisierungsfazilität (Art. 40 ESM-Vertrag).

3. Der ESM kann nach einem Stabilitätshilfeersuchen (Art. 13 ESM-Vertrag) einem ESM-Mitglied folgende Stabilitätshilfen leisten: Vorsorgliche Finanzhilfe (Kreditlinie, Art. 14 ESM-Vertrag), Finanzhilfe zur Rekapitalisierung von systemrelevanten Finanzinstituten (Art. 15 ESM-Vertrag), Darlehen (Art. 16 ESM-Vertrag) sowie Ankauf von Anleihen eines ESM-Mitglieds auf dem Primär- und Sekundärmarkt (Art. 17 f. ESM-Vertrag). Voraussetzung für Stabilitätshilfe ist die Beteiligung am → Fiskalakt.

4. Langfristig soll der Europäische Stabilitätsmechanismus ein Europäischer Währungsfonds und damit ein Pendant zum Internationalen Währungsfonds (→ Währungsfonds, internationaler) werden. Art. 136 Abs. 3 AEUV enthält hierfür die unionsrechtliche Grundlage. Die Beteiligung des → Bundestags an den haushaltspolitisch wichtigen Entscheidungen des ESM regelt, nachdem das BVerfG diese angemahnt hatte (Urt. v. 19.6.2012, 2 BvE 4/11), das ESM-FinanzierungG v. 13.9.2012 (BGBl. 2012 I 1918, mÄnd). Mit Urt. v. 18.3.2014 (2 BvR 1390/12 = NJW 2014, 1505) hat das BVerfG die deutsche Beteiligung am ESM grds. gebilligt. Bisher haben Irland, Portugal, Griechenland, Spanien und Zypern Finanzhilfen durch EFSM und ESM erhalten. → Eurobonds.

Europäischer Wirtschaftsraum
Der Vertrag über den Europäischen Wirtschaftsraum enthält eine Art Assoziierung der → EFTA – außer der Schweiz – mit der → Europäischen Gemeinschaft. Er wurde am 2.5.1992 in Porto unterzeichnet und am 1.1.1994 in Kraft getreten (BGBl. 1993 II 266, 1294). Inhaltlich sieht die Vereinbarung eine weitgehende Eingliederung der EFTA in die EG vor, dies allerdings bei beschränkten Mitwirkungsbefugnissen („decision shaping"). Die Grundfreiheiten des EGV, also Freiheit des → Warenverkehrs, der Dienstleistungen, der → Niederlassung und die → Arbeitnehmerfreizügigkeit werden gegenseitig übernommen. Der Europäische Wirtschaftsraum ist seit dem Beitritt der Mitglieder Österreich, Finnland und Schweden zur EU praktisch nur noch von geringer Bedeutung. Das Abkommen über den Europäischen Wirtschaftsraum gilt nur noch im Verhältnis der EU zu Island, Norwegen und – nach der Modifikation des Zollvertrages mit der Schweiz – Liechtenstein. Sa → EFTA-Gerichtshof, EFTA-Überwachungsbehörde.

Europäisches Abfallverzeichnis
→ Abfallverzeichnis.

Europäisches Amt für Betrugsbekämpfung
(Office Européenne de la Lutte Anti-Fraude/OLAF). Es wurde durch Beschluss der Europ. Kommission v. 28.4.1999 (ABl. EG 1999 L 136, 20) zur Bekämpfung von Betrug, Korruption und sonstigen rechtswidrigen Handlungen zum Nachteil der finanziellen Interessen der EG nach dem früheren Art. 280 EGV (nun Art. 325 AEUV (→ AEUV)), Art. 183a des Vertrages zur Gründung der → Europ. Atomgemeinschaft errichtet. Dazu kann es weisungsunabhängig Untersuchungen außerhalb und innerhalb der Organe und Einrichtungen der EU durchführen und berichtet darüber den zuständigen Stellen der EU und der Mitgliedstaaten (VO [EG] 1073/1999 und VO [Euratom] 1074/1999 jeweils v. 25.5.1999, ABl. EG 1999 L 136, 1 und 136, 8).

Europäisches Gemeinschaftsrecht
bezeichnete man früher das Recht der Europäischen Gemeinschaft (s. → Gemeinschaftsrecht, europäisches). Nach dem Aufgehen der

Europäischen Gemeinschaft in der → Europäischen Union gibt es nur noch → EU-Recht.

Europäisches Justizielles Netz
ist ein vom Rat der EU durch Beschluss v. 29.6.1998 (ABl. EG 1998 L 191, 4) eingerichtetes Netz justizieller Kontaktstellen zwischen den EU-Mitgliedstaaten zur justiziellen Zusammenarbeit bei der Verfolgung der schweren Kriminalität. Kontaktstellen sind das → Bundesamt für Justiz und die von den Landesregierungen bestimmten Stellen (§ 16a EGGVG). Sa → Eurojust.

Europäisches Nachlasszeugnis
Die Europäische → Erbrechtsverordnung (EuErbVO) schafft für internationale Erbrechtsfälle mit EU-Bezug ein neues unionsrechtliches Rechtsinstitut in Gestalt des Europäischen Nachlasszeugnisses (Art. 62 EuErbVO). Das Europäische Nachlasszeugnis weist mit einer Wirkung ähnlich dem → Erbschein die Berechtigungen von am → Erbfall beteiligten Personen, wie Erben, Vermächtnisnehmer, Testamentsvollstrecker oder Nachlassverwalter aus (vgl. Art. 63 EuErbVO). Es ist ein einheitliches Dokument, das nach einem in der EU standardisierten Formblatt erstellt wird (Art. 67 I EuErbVO, Art. 80 EuErbVO iVm der Durchführungsverordnung der Kommission v. 9.12.2014). Das Europäische Nachlasszeugnis entfaltet seine Wirkungen in allen Mitgliedstaaten, ohne dass es eines besonderen weiteren Verfahrens bedarf (Art. 69 EuErbVO). Die beglaubigten Abschriften des Europäischen Nachlasszeugnisses haben eine zeitlich beschränkte Gültigkeit von 6 Monaten; eine Verlängerung des Gültigkeitszeitraum kann beantragt werden (Art. 70 III EuErbVO). Für die Ausstellung des Europäischen Nachlasszeugnisses sind in Deutschland die → Nachlassgerichte zuständig.

Europäisches Parlament
1. Das Europäische Parlament wird protokollarisch in Art. 13 I EUV (→ EU-Vertrag) als erstes er Organe der → Europäischen Union (EU) genannt. Das Europäische Parlament ist nicht ein Organ der Mitgliedstaaten, sondern die unmittelbare Vertretung der Unionsbürger (→ Unionsbürgerschaft). Das Europäische Parlament ist gemeinsam mit dem Rat der EU für Gesetzgebung (→ Europäische Gesetzgebung) und Haushalt zuständig: es übt die politische Kontrolle aus und wählt den Präsidenten der → Europäischen Kommission (vgl. Art. 14 I EUV). Die Abgeordneten werden alle 5 Jahre gewählt; sie genießen → Immunität und → Indemnität.

2. a) Der EU-Vertrag enthält für die Zusammensetzung des Europäischen Parlaments keinen festen Verteilungsschlüssel mehr. Nach Art. 14 II EUV darf das Europäische Parlament nicht mehr als 750 Abgeordnete zuzüglich des Präsidenten –. also nicht mehr als 751 Mitglieder – haben. Die Unionsbürger werden im Europäischen Parlament degressiv proportional, mindestens jedoch mit 6 Mitgliedern je Mitgliedstaat vertreten sein. Kein Mitgliedstaat darf grundsätzlich mehr als 96 Mitglieder haben. Der → Europäische Rat erlässt einstimmig auf Initiative des Europäischen Parlaments und mit dessen Zustimmung einen Beschluss über dies Zusammensetzung des Europäischen Parlaments, in dem die vorgenannten Grundsätze gewahrt sind (Art. 14 II EUV). Seit den Wahlen 2024 hat das Europäische Parlament 720 Abgeordnete.

b) Nach Titel I Art. 2 I des Protokolls über die Übergangsbestimmungen sollte rechtzeitig vor den Wahlen zum Europäischen Parlament im Juni 2009 der Beschluss über die Zusammensetzung des Europäischen Parlaments erfolgen. Da jedoch der Vertrag von Lissabon (→ Europäische Integration, 3g) erst nach den Wahlen 2009 am 1.12.2009 in Kraft treten konnte, galten für die Zusammensetzung des Europäischen Parlamenst zu Beginn der Legislaturperiode 2009 bis 2014 noch die vor Inkrafttreten des Vertrages von Lissabon geltenden Vorschriften gem. Art. 190 II EGV in der Fassung gem. Art. 9 der Akte zum Beitrittsvertrag v. 25.4.2005 (ABl. EU 2005 L 157, 203), geänd. d. Entschließung v. 29.10.2007 (ABl. EU 2007 L 288, 35). Danach hatte das Europäische Parlament 736 Mitglieder. Mit dem Inkrafttreten des Vertrages von Lissabon am 1.12.2009 hätte sich die Mitgliederzahl auf dann 751 erhöht. Die Staaten, denen nach dem Vertrag von Lissabon und den in dessen Ausführung gefassten Beschlüssen mehr Mitglieder zustehen, entsandten Nachrücker. Da aber Deutschland bisher 99 Mitglieder hatte und deren Zahl erst durch den während der Legislaturperiode 2009 bis 2014 in Kraft tretenden Vertrag von Lissabon auf 96 abgesenkt wird, durften die drei überzähligen deutschen Parlamentarier ihr Mandat bis zum Ende der Legislaturperiode im Jahr 2014 behalten, so dass das Parlament ab Inkrafttretern des Vertrags von Lissabon zunächst faktisch 754 Mitglieder zählte (Entschließung dees Europäischen Rates v. 11./12.12.2008 in Brüssel). Durch den Beitritt Kroatiens am 1.7.2013 kamen dann noch bis zum Ende der Wahlperiode 2014 weitere 12 Mitglieder des Europäischen Parlaments hinzu, so dass das Europäische Parlament ab diesem Zeitpunkt bis zum Ende der Legislaturperiode 2014 faktisch 766 Mitglieder zählte.

c) Seit den Wahlen 2014 hatte das Europäische Parlament dann (bis zum → Brexit) exakt 751 Mitglieder gemäß dem Vertrag von Lissabon, und zwar Belgien 21, Bulgarien 17, Dänemark 13, Deutschland 96, Estland 6, Griechenland 21, Finnland 13, Frankreich 74, Irland 11, Italien 73, Kroatien 11, Lettland 8, Litauen 11, Luxemburg 6, Malta 6, Niederlande 26, Österreich 18, Polen 51, Portugal 21, Rumänien 32, Schweden 20, Slowenien 8, Slowakei 13, Spanien 54, Tschechische Republik 21, Ungarn 21, Vereinigtes Königreich (bis zum → Brexit) 73, Zypern 6.

d) Bei den Wahlen 2019 wurden zunächst wiederum 751 Abgeordnete gewählt. Mit dem Ausscheiden des Vereinigten Königreichs (→ Brexit) am 31.1.2020 reduzierte sich die Zahl der Mitglieder auf 705. Grundlage war der Beschluss des → Europäischen Rates v. 28.6.2018 (Beschl. (EU) 2018/937). 46 Sitze des Vereinigten Königreiches entfielen ersatzlos, 27 wurden an die übrigen Mitglieder (nicht aber an Deutschland), proporzional verteilt. Die neue aktuelle Sitzverteilung stellt sich dar wie folgt (in Klammern die Zahl der durch den Brexit hinzugewonnenen Sitze): Belgien 21, Bulgarien 17, Dänemark 14 (+ 1), Deutschland 96, Estland 7 (+ 1), Griechenland 21, Finnland 14 (+ 1), Frankreich 79 (+ 5), Irland 13 (+ 2), Italien 76 (+ 3), Kroatien 12 (+ 1), Lettland 8, Litauen 11, Luxemburg 6, Malta 6, Niederlande 29 (+ 3), Österreich 19 (+ 1), Polen 52 (+ 1), + Portugal 21, Rumänien 33 (+ 1), Schweden 21 (+ 1), Slowenien 8, Slowakei 14 (+ 1), Spanien 59 (+ 5), Tschechische Republik 21, Ungarn 21, Zypern 6.

e) Mit Beschluss des Europäischen Rates v. 22.9.2023 im Vorfeld der Wahlen 2024 wurde die Mitgliederzahl in Anpassung an die Bevölkerungsentwicklung wieder leicht erhöht. Seit den Wahlen zum Europäischen Parlament im Juni 2024 hat das Parlament 720 Mitglieder (in Klammern etwaige Änderungen gegenüber dem Stand bis 2024): Belgien 22 (+ 1), Bulgarien 17, Dänemark 15 (+1), Deutschland 96, Estland 7, Griechenland 21, Finnland 15 (+ 1), Frankreich 81 (+ 2), Irland 14 (+ 1), Italien 76, Kroatien 12, Lettland 9 (+1) Litauen 11, Luxemburg 6, Malta 6, Niederlande 31 (+ 2), Österreich 20 (+ 1), Polen 53 (+ 1), Portugal 21, Rumänien 33, Schweden 21, Slowenien 9 (+ 1), Slowakei 15 (+ 1), Spanien 61 (+ 2), Tschechische Republik 21, Ungarn 21 und Zypern 6.

f) Die Kritik am Europäische Parlament bezieht sich vor allem darauf, dass der demokratische Grundsatz der Wahlrechtsgleichheit (→ Wahlrecht (öffentliches)) missachtet sein könnte. Dieser Legitimationsmangel hat sich durch die Verteilung der durch das Ausscheiden des Vereinigten Königreichs frei werdenden Sitze und die Erhöhung der Sitzzahl ab den Wahlen 2024 nochmals verschärft. In Deutschland entfallen auf einen Sitz ca. 873.000 Einwohner, in Malta ca. 88.500.

3. Das Europäische Parlament ist zwar am Europäischen Gesetzgebungsverfahren (→ Europäische Gesetzgebung) umfassend beteiligt, hat aber kein eigenes Gesetzesinitiativrecht; es kann lediglich die → Europäische Kommission auffordern, Vorschläge vorzulegen (Art. 225 AEUV). Kommt die Europäische Kommission dem nicht nach, muss sie dem Europäischen Parlament die Gründe darlegen. Allerdings besteht ein Initiativrecht bei Änderung des → EU-Vertrages und des → AEUV. Bei Vertragsergänzungen ist die Zustimmung des Europäischen Parlaments vorgesehen (Art. 352 I AEUV).

4. Das Abgeordnetenstatut (ABl. EU 2005 L 262, 1) regelt die Freiheit und Unabhängigkeit der Angeordneten des Europäischen Parlaments. Die Grundentschädigung der Abgeordneten beträgt 38,5% der Grundbezüge eines Richters am → Europäischen Gerichtshof, z. Zt. 9.166,30 EUR; hinzu kommen ua umfangreiche Reisekostenerstattungen und Spesenvergütungen iHv monatlich ca. 4800 EUR. Die → Fraktionen im E. werden entsprechend der politischen Zugehörigkeit gebildet. Zur Vorbereitung der Plenarberatungen sind derzeit 24 ständige → Ausschüsse gebildet, die nichtöffentlich tagen.

5. Für die Wahl der Abgeordneten aus Deutschland gilt das Europawahlgesetz (EuWG) v. 8.3.1994 (BGBl. 1994 I 423, 555, 582) mÄnd Die Regelungen entsprechen im Wesentlichen denen des Bundeswahlgesetzes (→ Bundestag, 2). Die bisherige → Fünf-Prozent-Klausel wurde vom BVerfG mit Urt. v. 9.11.2011 – BvC 4/10 – für verfassungswidrig erklärt und durch Gesetz v. 7.10.2013 (BGBl. 2013 I 3749) durch eine Drei-Prozent-Klausel ersetzt. Auch diese Regelung wurde vom BVerfG mit Urt. v. 26.2.2014 – 2 BvE 2/13 – für verfassungswidrig erklärt, so dass derzeit für Deutschland keine Sperrklausel gilt. Bemühungen auf nationaler und europäischer Ebene um Wiedereinführung einer Sperrklausel insbesondere für größere Länder blieben bislang erfolglos.

Europäisches Patent
Das Europäische Patent wird vom → Europäischen Patentamt (EPA) in einem einheitlichen Erteilungsvorgang für die in seiner Anmeldung genannten Vertrags- oder Erstreckungsstaaten des → Europäischen Patentübereinkommens (EPÜ) zum Schutz einer → Erfindung gewährt. Es ist zum einen kostenintensiv, weil es Übersetzungen in die Sprache jedes Staates erfordert, für den Schutz beansprucht wird, und zum anderen nicht einheitlich, weil es nach seiner Erteilung grds. in ein Bündel nationaler Patente zerfällt, die unterschiedliche Schicksale haben können. Einen Sonderfall bildet das → Einheitspatent (Europäische Patent mit einheitlicher Wirkung), das zwar ebenfalls vom Europäischen Patentamt erteilt wird, aber lediglich einen Antrag in den Sprachen Englisch, Französisch oder Deutsch erfordert und nach seiner Erteilung für die Vertragsmitgliedstaaten des Übereinkommens über ein Einheitliches Patentgericht (EPGÜ) (→ Einheitspatent [Europäisches Patent mit einheitlicher Wirkung]) einheitlich gilt.

Europäisches Patent mit einheitlicher Wirkung
→ Einheitspatent.

Europäisches Patentamt (EPA)
Das Europäische Patentamt erteilt → Europäische Patente nach dem → Europäischen Patentübereinkommen (EPÜ). Es ist keine Behörde der → Europäischen Union, sondern ist

Organ der → Europäischen Patentorganisation (EPO) mit Sitz in München und weiteren Dienststellen in Den Haag, Berlin und Wien sowie einer Repräsentanz in Brüssel. Gegen eine Ausgangsentscheidung des Europäischen Patentamts ist die Beschwerde zu dessen Beschwerdekammern eröffnet; gegen eine Entscheidung einer Beschwerdekammer ist der Antrag auf Überprüfung durch die Große Beschwerdekammer des Europäischen Patentamts eröffnet.

Europäisches Patentübereinkommen (EPÜ)
Das Europäische Patentübereinkommen v. 5.10.1973 (BGBl. 2007 II 1082), dem derzeit 39 Staaten beigetreten sind, eröffnet die Möglichkeit, durch eine einzige Anmeldung beim → Europäischen Patentamt in München → Patentschutz für alle in der Anmeldung benannten Vertragsstaaten zu erlangen. Nach Erteilung und ggf. einem Einspruchsverfahren stellt sich das → Europäische Patent als Bündel nationaler Patente dar, die sich unabhängig voneinander entwickeln können.

Europäisches Recht
→ EU-Recht.

Europäisches System der Finanzaufsicht
Das durch die VO (EU) 1092–1095/2010 v. 24.11.2010 (ABl. EU 2010 L 331, 1–119) ins Leben gerufenen ESFS (European System of Financial Supervision) besteht aus dem → Europäischen Ausschuss für Systemrisiken, der → Europäischen Bankenaufsichtsbehörde, der → Europäischen Aufsichtsbehörde für das Versicherungswesen und die betriebliche Altersversorgung, der → Europäischen Wertpapier- und Marktaufsichtsbehörde, dem Gemeinsamen Ausschuss (Lenkungsausschuss) dieser drei Europäischen Aufsichtsbehörden und den zuständigen Aufsichtsbehörden der Mitgliedstaaten, für Deutschland der → Bundesanstalt für Finanzdienstleistungsaufsicht (zB Art. 2 VO 1093/2010). Das ESFS wurde als Reaktion auf die Finanzkrise von 2008 kreiert und vereinheitlicht die Aufsicht über die europäischen Finanzmärkte. Es gewährleistet die angemessene Anwendung der für den Finanzsektor geltenden Vorschriften, um die Stabilität des Finanzsystems zu sichern und → Systemrisiken einzudämmen. Die drei Aufsichtsbehörden intensivieren die Zusammenarbeit mit den nationalen Aufsichtsbehörden und gleichen das Aufsichtshandeln in der EU an. Die VO fußen auf Art. 114 AEUV (Rechtsangleichung im Binnenmarkt). Praktische Aspekte der Zusammenarbeit der nationalen Aufsichtsbehörden innerhalb des ESFS regelt die RL 2010/78/EU v. 24.11.2010 (ABl. EU 2010 L 331/, 20), die mit G v. 4.12.2011 (BGBl. 2011 I 2427) umgesetzt wurde.

Europäisches System der Zentralbanken (ESZB)
1. ESZB ist die offizielle Bezeichnung des europäischen Zentralbanksystems nach Verwirklichung der 3. Stufe der → Wirtschafts- und Währungsunion. Das ESZB besteht aus der EZB (→ Europäische Zentralbank) und den Zentralbanken aller Mitgliedstaaten der → Europäischen Union („nationale Zentralbank", → Bundesbank), Art. 282 AEUV. Die EZB und die Zentralbanken der Mitgliedstaaten, die den → Euro eingeführt haben, bilden das Eurosystem. Die Regelungen für das ESZB enthalten Art. 127 ff. AEUV und das Protokoll (Prot.) über die Satzung des Europäischen Systems der Zentralbanken und der Europäischen Zentralbank, eine Anlage zu Art. 129 AEUV. Das ESZB wird von den Beschlussorganen der EZB geleitet (Art. 282 AEUV, Art. 8 Prot.).

2. Ziele des ESZB sind Wahrung der Preisstabilität und Unterstützung der allgemeinen Wirtschaftspolitik. Dabei ist der Grundsatz einer offenen Marktwirtschaft mit freiem Wettbewerb zu wahren (Art. 2 Prot.). Aufgaben sind ua die Geldpolitik, bestimmte Devisengeschäfte durchzuführen, die Verwaltung und Haltung der Währungsreserven der Mitgliedstaaten und das Funktionieren der Zahlungssysteme zu fördern (Art. 127 AEUV, Art. 3 Prot.). An währungspolitischen Aufgaben und Operationen nennt das Protokoll unter anderem die Offenmarkt- und Kreditpolitik (Art. 18 Prot., → Offenmarktpolitik), die Mindestreservenpolitik (Art. 19 Prot., → Mindestreserven), Geschäfte mit öffentlichen Stellen (Art. 21 Prot.), Verrechnungs- und Zahlungssysteme (Art. 22 Prot.) und sonstige Geschäfte (Art. 24 Prot.), für die die EZB weitgehende Freiheit genießt. Rechtsschutz gegen Handlungen und Unterlassungen der EZB ist gemäß Art. 35 Prot. gewährleistet.

Europäisches System volkswirtschaftlicher Gesamtrechnungen (ESVG)
Das ESVG ist der statistische Grundpfeiler der Europäischen Wirtschaftsunion, mit dem ua das Bruttoinlandsprodukt (BIP) errechnet wird. Es dient auf der Grundlage der VO (EG) 2223/96 v. 25.6.1996 (ABl. EG 1996 L 310, 1) zur laufenden Beobachtung der Wirtschafts- und Währungsunion. → umweltökonomische Gesamtrechnungen.

Europäisches Währungsinstitut (EWI)
Das durch den Vertrag über die Europäische Union (→ Europäische Integration) geschaffene Europäische Wirtschaftsinstitut (EWI) war vor allem ein organisatorischer Rahmen für die Zusammenarbeit der Zentralbanken der Mitgliedstaaten. Es sollte daneben Vorbereitungen für die geplante gemeinsame Währung schaffen. Das EWI hatte seinen Sitz in Frankfurt am Main. Mit Verwirklichung der dritten Stufe der Währungsunion wurde das EWI durch die → Europäische Zentralbank abgelöst.

Europäisches Währungssystem
Das Europäische Währungssystem (EWS) beruhte auf einer Entschließung des Rates der EG vom 5.12.1978 (Bulletin der EG 12/1978

S. 10 f.), in deren Vollzug ua die Verordnungen des Rates v. 30.12.1978 (ABl. EG L 379) ergangen sind. Es stellte eine Form der währungspolitischen Kooperation seiner Mitgliedstaaten im Hinblick auf eine (damals noch ungewisse) einheitliche europäische Währung dar. Zur Durchführung wurden eine „Korbwährung“, die → Europäische Währungseinheit ECU, und ein Wechselkursmechanismus geschaffen, in dem sich die teilnehmenden Währungen innerhalb bestimmter Bandbreiten bewegen durften. Mit Einführung des → Euro endete das EWS in seiner ursprünglichen Form. An seine Stelle ist das EWS II mit dem Wechselkursmechanismus II getreten. An ihm nehmen der Euro und die Währungen einiger Mitgliedstaaten teil, die ihn nicht eingeführt haben. Die Teilnahme am EWS II ist Voraussetzung für einen Beitritt zum Eurosystem (→ Konvergenzkriterien).

Europakammer
Nach Art. 52 III a GG kann der → Bundesrat eine Europakammer bilden, deren Beschlüsse als Beschlüsse des Bundesrats gelten.

Europarat (Conseil de l'Europe)
1. Der Europarat wurde am 5.5.1949 errichtet; er hat derzeit (2018) 47 Mitglieder. Sein Sitz ist in Straßburg. Gründungsmitglieder waren Belgien, Dänemark, Frankreich, Großbritannien, Irland, Italien, Luxemburg, Niederlande, Norwegen und Schweden. In der Folgezeit sind fast alle Staaten Europas beigetreten: 1949 Griechenland (ausgetreten 1969, seit 1974 wieder Mitglied) und Türkei, 1950 Island und Deutschland, 1956 Österreich, 1961 Zypern, 1963 Schweiz, 1965 Malta, 1975 Portugal, 1977 Spanien, 1978 Liechtenstein, 1988 San Marino, 1989 Finnland. Als erste Staaten des früheren Ostblocks traten 1990 Ungarn und 1991 die ehem. Tschechoslowakei (seit 1993 Mitgliedschaft von Slowakei und Tschechien) sowie Polen bei, 1992 Bulgarien, 1993 Estland, Litauen, Rumänien und Slowenien, 1994 Andorra, 1995 Albanien, Lettland, Nordmazedonien, Moldawien und Ukraine, 1996 Kroatien und Russische Föderation, 1999 Georgien, 2001 Armenien und Aserbaidschan, 2002 Bosnien und Herzegowina, 2003 Serbien, 2004 Monaco und 2007 Montenegro.

2. Der Europarat hat die Aufgabe, eine engere Verbindung zwischen seinen Mitgliedern zum Schutze und zur Förderung der Ideale und Grundsätze, die ihr gemeinsames Erbe bilden, herzustellen und ihren wirtschaftlichen und sozialen Fortschritt zu fördern (Art. 1a der Satzung). Organe des Europarates sind das Ministerkomitee und die Beratende Versammlung, denen das Sekretariat zur Seite steht. Im Ministerkomitee sind die Mitgliedstaaten durch ihre Außenminister vertreten; es herrscht Stimmengleichheit. Die Beratende Versammlung setzt sich aus Vertretern der Parlamente der Mitgliedstaaten zusammen; in Art. 26 der Satzung ist geregelt, wieviele Abgeordnete jeder Staat entsendet. Die Entscheidungsgewalt liegt beim Ministerkomitee. Die Beratende Versammlung kann nur Empfehlungen an das Ministerkomitee richten. Die Satzung bestimmt, welche Mehrheiten im Ministerkomitee bei den einzelnen zu regelnden Materien erforderlich sind. Eine der Hauptfrüchte der Arbeit des Europarates ist die → Konvention zum Schutze der Menschenrechte und Grundfreiheiten.

Europarecht
ist eine andere und etwas unscharfe Bezeichnung für Unionsrecht, EU-Recht oder → europäisches Recht. Sie sollte nicht verwendet werden, da damit eine Verwechslung mit dem Recht anderer europäischen Institutionen möglich ist (zB dem → Europarat), die kein Teil der EU sind.

Europastraßen
sind Fernstraßen in Europa, die auf Grund des Europ. Übereinkommens über die Hauptstraßen des internationalen Verkehrs (AGR) vom 15.11.1975 (BGBl. 1983 II 246) als Europastraßen bezeichnet werden. Sie dienen dem internationalen Verkehr. Sie sind durch Schilder mit einem weißen E und der Straßennummer auf grünem Grund gekennzeichnet.

Europawahl
→ Europäisches Parlament.

European Green Deal
Der European Green Deal ist ein Programm der EU-Kommission vom Dezember 2019 zur Eindämmung der Erderwärmung, welches auf EU-Ebene das Erreichen vollständiger Klimaneutralität (→ Klimaschutz) bis 2050 vorgibt. Dh, dass kein höherer Ausstoß von → Treibhausgasen erfolgen darf als auf natürliche Weise, also über Wälder, Pflanzen und Ozeane, wieder gebunden werden kann. Niedergelegt ist dieses Ziel nebst eines Zwischenziels für 2030 (55% weniger Treibhausgasemissionen = fit for 55) ua in der VO (EU) 2021/1119 v. 30.6.2021 zur Schaffung des Rahmens für die Verwirklichung der Klimaneutralität (ABl. EU 2021 L 243, 1). Zur Zielerreichung sollen Energieversorgung, Industrie, Landwirtschaft und Verkehr komplett neu ausgerichtet werden, um vor allem die Unabhängigkeit von fossilen Brennstoffen zu erreichen, insbes. in den osteuropäischen Mitgliedstaaten. Hierfür steht ein Budget von 100 Mrd. € zur Verfügung. Die EU will damit weltweit eine Vorrangstellung im Klimaschutz erreichen und als Vorbild dafür dienen, wie eine Transformation zu einer modernen „low carbon economy“ gelingen kann. Zur Umsetzung in Deutschland → Klimapakt und → Kohleausstieg.

Europol
In Art. 87–89 AEUV (→ AEUV) ist ua die polizeiliche Zusammenarbeit in der → Europäischen Union (EU) zur Verhütung und Bekämpfung der schweren Kriminalität des Terrorismus- und der Kriminalitätsformen, die

ein gemeinsames Interesse verletzen, geregelt. Dem dient Europol mit Sitz in Den Haag als eine rechtsfähige Stelle der EU mit dem Ziel, die Tätigkeit der zuständigen Behörden der Mitgliedstaaten und deren Zusammenarbeit zu unterstützen und zu verstärken. Die Einzelheiten regeln der Beschluss des EU-Rates 2009/371/JI v. 6.4.2009 (ABl. EU 2009 L 121, 37) und das Europol-Gesetz v. 16.12.1997 (BGBl. 1997 II 2150) mÄnd.

Euro-Rettungsschirm
ist die untechnische Bezeichnung für → Europäischer Finanzstabilisierungsmechanismus und → Europäischer Stabilitätsmechanismus.

Eurostat
ist die Abkürzung für das statistische Amt der → Europäischen Kommission.

Eurosystem
→ Wirtschafts- und Währungsunion, 3; → Europäisches System der Zentralbanken.

EUSC
→ Europäische zentrale Fachbehörden.

EU-Schuldenkrise
→ Europäische Integration (3, h), → Euro-Rettungsschirm, → Europäischer Finanzstabilisierungsmechanismus, → Finanzmarktstabilisierungsgesetze.

Eutelsat
(European Telecommunications Satellite Organization) ist der drittgrößte Satellitenbetreiber der Welt mit Sitz in Paris. Im Zuge des → Ukrainekrieges wurde ihm die Ausstrahlung von vier russischen Sendern untersagt, u. a. wegen eines Verstoßes gegen Art. 7 des Abkommens des Europarats über das grenzüberschreitende Fernsehen sowie wegen in der VO (EU) 2022/2474 v. 16.12.2022 ausgesprochenen → Sanktionen. Sa → Intelsat, → Satellitenrundfunk.

Euthanasie
(griech. „wohltätige Tötung") ist der in anderen Staaten gebräuchliche Begriff für → Sterbehilfe. Er wird in der BRep. kaum verwendet, weil er vom nationalsozialistischen Regime für die systematische Tötung behinderter Menschen („lebensunwertes Leben") missbraucht wurde.

EU-Truppenstatut
→ Streitkräfte, ausländische (3).

EuUnthVO
= VO (EG) 4/2009 v. 18.12.2008 über die Zuständigkeit, das anwendbare Recht, die Anerkennung und Vollstreckung von Entscheidungen und die Zusammenarbeit in Unterhaltssachen, mÄnd; → Internationales Privatrecht (1b).

EUV
→ EU-Vertrag (EUV).

EU-Vertrag (EUV)
1. Der Vertrag über die Europäische Union, kurz EU-Vertrag (EUV), regelt die Grundlagen der → Europäischen Union. Der EUV wurde durch den Vertrag von Lissabon zur Änderung des Vertrages über die Europäische Union und des Vertrages zur Gründung der Europäischen Gemeinschaft vom 13.12.2007 völlig neu gefasst (s. → Europäische Integration, 3 f und g). Zusammen mit dem rechtlich gleichrangigen → AEUV regelt er Status und die innere Ordnung der Europäischen Union (EU).

2. Art. 1–3 EUV regeln Werte und Ziele der EU; Art. 4 und 5 EUV bestimmen die Zuständigkeiten. In Art. 6 EUV verweist der EUV auf die → Charta der Grundrechte der Europäischen Union, die dadurch den rechtlichen Rang des EUV erhält und damit zu unmittelbar anwendbarem europäischem Recht wird. Die Union kann nach Art. 7 EUV die Einhaltung der in Art. 2 EUV definierten Werte in ihren Mitgliedstaaten sanktionieren. Art. 8 EUV regelt das Verhältnis zu den Nachbarländern. Art. 9–11 EUV schreiben das Demokratieprinzip fest. Art. 13–19 EUV bestimmen die Organe der EU und die Grundprinzipien ihrer Arbeitsweise (→ Europäischer Rat, → Rat der EU, → Europäische Kommission, → Europäisches Parlament, → Europäischer Gerichtshof, s. a. → Europäische Gesetzgebung). Art. 20 EUV enthält Bestimmungen über eine verstärkte Zusammenarbeit im Rahmen der nicht ausschließlichen Zuständigkeiten der EU. Art. 21 und 22 EUV regeln das Handeln der EU in auswärtigen Angelegenheiten in der Beziehung zu Drittstaaten. Art 23–46 EUV enthalten Vorschriften über die Gemeinsame Außen- und Sicherheitspolitik, → GASP). In Art. 47 EUV ist festgeschrieben, dass die EU über eine eigene Rechtspersönlichkeit verfügt.

3. Art. 48 EUV regelt das Verfahren zur Änderung von EUV und AEUV. Vertragsänderungen ohne Beteiligung der Mitgliedstaaten sind nicht möglich. Änderungen im ordentlichen Änderungsverfahren bedürfen der Zustimmung aller Mitgliedstaaten, bei Änderungen im vereinfachten Änderungsverfahren hat jeder Mitgliedstaat ein Vetorecht. Art. 49 EUV regelt den Beitritt neuer Mitgliedstaaten. Auch dieser erfordert die Ratifikation durch alle bisherigen Mitgliedstaaten. Art. 50 EUV sieht ein Verfahren für den geordneten Austritt aus der EU vor (sa → Brexit).

4. Art. 51–55 EUV enthalten Übergangs- und Schlussbestimmungen. Der Vertrag ist in allen Unionssprachen abgefasst, wobei jeder Wortlaut gleichermaßen verbindlich ist.

EuVTVO
= VO (EG) Nr. 805/2004 v. 21.4.2004 zur Einführung eines europäischen Vollstreckungstitels für unbestrittene Forderungen, mÄnd; → internationales Prozessrecht.

EU-Zinsrichtlinie
1. Die EU-Mitgliedstaaten haben sich darauf verständigt, durch Austausch von Informatio-

nen die effektive Besteuerung von Zinserträgen natürlicher Personen (wirtschaftlicher Eigentümer) und Personenzusammenschlüssen nicht gewerblicher Art (ausländischer Einrichtungen) im Gebiet der EU sicherzustellen. Mit der Regelung des § 45e EStG und der Zinsinformationsverordnung hat der deutsche Gesetzgeber die EU-Richtlinie 2014/48/EU (ABl. v. 15.4.2014, L III/50) in nationales Recht umgesetzt.

2. In Deutschland niedergelassene Kreditinstitute, die Zahlungen an im Ausland ansässige natürliche Personen bzw. Personenzusammenschlüsse leisten, melden die Höhe der Zinszahlungen an das Bundeszentralamt für Steuern. Dieses leitet die Information an die zuständige ausländische Steuerbehörde des Zinsempfängers für Zwecke der Einkommensbesteuerung. Ebenso erhält das Bundeszentralamt für Steuern von den ausländischen Steuerbehörden Information von im Ausland ansässigen Zahlstellen an die in Deutschland ansässigen Zahlungsempfänger. Diese Information leitet das Bundeszentralamt für Steuern an das jeweilige zuständige inländische Finanzamt zum Zweck der Einkommensbesteuerung.

3. Dieser Informationsaustausch erfolgt grundsätzlich zwischen den Mitgliedstaaten der EU in einem automatisierten Verfahren. Statt der Auskunftserteilung konnte für eine Übergangszeit von in den Mitgliedstaaten Belgien, Luxemburg und Österreich niedergelassenen Zahlstellen ein Steuerabzug von den Zinserträgen (→ Abzugsteuer) vorgenommen werden. Diese Quellensteuer wird ohne Angabe von Namen der wirtschaftlichen Empfänger an das Bundeszentralamt für Steuern überwiesen. Die Besteuerung der Zinserträge des Empfängers nach innerstaatlichen Vorschriften wird durch die Erhebung der Quellensteuer nicht ausgeschlossen. Über die Höhe der einbehaltenen Quellensteuer erhält der Empfänger eine Gutschrift, die bei der Einkommensteuerveranlagung des Empfängers angerechnet wird.

Evakuierung

Die Evakuierung bedrohter eigener Staatsangehöriger mit militärischer Gewalt aus dem Staat, von dem sie bedroht werden, wird als völkerrechtlich zulässig angesehen (→ Gewaltverbot, 1d).

Evangelische Kirche

1. Als Evangelische Kirchen bezeichnen sich Kirchen in der Tradition der Reformation. In der Reformationszeit wurde der Begriff „evangelisch" (dh dem Evangelium gemäß) bewusst kirchenkritisch im Gegensatz zur → Katholischen Kirche angewandt. Die Evangelische Kirche in Deutschland setzt sich aus den einzelnen Landeskirchen zusammen. Dabei besteht jedoch nicht für jedes → Land der Bundesrepublik Deutschland eine eigene Landeskirche. Lediglich das Gebiet der evang.-lutherischen Landeskirche in Bayern stimmt mit dem Staatsgebiet der Freistaates → Bayern überein. Überwiegend spiegeln die Landeskirchen den Gebietsstand der Bundesstaaten des Deutschen Kaiserreiches vor 1918 (→ Deutsches Reich, 2) sowie der Provinzen des früheren Bundesstaates Preußen wieder (iE s. Nr. 2). Die Evangelische Kirche in Deutschland (EKD) ist damit nicht die evangelische Einheitskirche ganz Deutschlands, sondern ein Bund lutherischer, reformierter und unierter Kirchen. Die in der EKD zusammengeschlossenen Kirchen haben kein einheitliches Bekenntnis mit einem einheitlichen Kanon bestimmter Lehrsätze. Anders als die → Katholische Kirche verfügt die Evangelische Kirche damit über eine partikulare und föderale Struktur. Die Ordnung der Evangelischen Kirche in Deutschland (EKD) richtet sich nach der „Grundordnung der Evangelischen Kirche in Deutschland" vom 20.11.2003 (ABl. EKD 2004, 1 ff.) mÄnd Danach ist die Evangelische Kirche in Deutschland (EKD) eine Gemeinschaft von derzeit 20 weithin selbständigen lutherischen, reformierten und unierten Landeskirchen, die in der Grundordnung als Gliedkirchen bezeichnet werden. Die EKD bemüht sich um die Festigung und Vertiefung der Verfassung der Gliedkirchen, hilft ihnen bei der Erfüllung ihres Dienstes und fördert den Austausch ihrer Kräfte und Mittel.

2. Seit 27.5.2012 besteht die EKD aus 20 Landeskirchen. Die EKD besteht aus 20 Landeskirchen: Evang. Landeskirche Anhalts, Evang. Landeskirche in Baden, Evang.-Lutherische Landeskirche in Bayern, Evang. Kirche in Berlin-Brandenburg-schlesische Oberlausitz, Evang.-Lutherische Landeskirche in Braunschweig, Bremisch Evang. Kirche, Evang.-Lutherische Landeskirche Hannovers, Evangelische Kirche in Hessen und Nassau, Evang. Kirche von Kurhessen-Waldeck, Lippische Landeskirche, Evang. Kirche in Mitteldeutschland (hervorgegangen aus der Fusion der Evang. Kirche der Kirchenprovinz Sachsen und der Evang.-Lutherische Kirche in Thüringen zum 1.1.2009), Evangelisch Lutherische Kirche in Norddeutschland (Nordkirche; aufgrund Fusionsvertrag v. 5.2.2009 im Jahre 2012 entstanden aus Nordelbisch Evang.-Lutherischer Kirche, Evang.-Lutherischer Landeskirche Mecklenburgs und Pommerscher Evang. Kirche), Evang.-Lutherische Kirche in Oldenburg, Evang. Kirche der Pfalz, Evang.-reformierte Kirche mit Sitz in Leer, Evang. Kirche im Rheinland, Evang.-Lutherische Landeskirche Sachsens, Evang.-Lutherische Landeskirche Schaumburg-Lippe, Evang. Kirche von Westfalen und Evang. Landeskirche in Württemberg.

3. Organe der EKD sind Synode, Kirchenkonferenz und Rat der EKD. Die Synode (Amtsdauer 6 Jahre) beschließt die Kirchengesetze sowie Vorlagen der Kirchenkonferenz und des Rates. Sie wählt in Gemeinschaft mit der Kirchenkonferenz den Rat der EKD. Die Synode besteht aus 120 Mitgliedern (100 von synodalen Organen der Gliedkirchen gewähl-

te, 20 vom Rat berufene). Sie wählt aus ihrer Mitte ein siebenköpfiges Präsidium. Die Kirchenkonferenz (Vertreter der Kirchenleitungen der 20 Gliedkirchen) hat die Aufgabe, über die Arbeit der EKD und die gemeinsamen Anliegen der Gliedkirchen zu beraten. Die 6 Gliedkirchen mit mehr als 2 Mio Mitgliedern haben 2 Stimmen, alle anderen 14 Gliedkirchen 1 Stimme. In die Kirchenkonferenz entsenden die Gliedkirchen in der Regel die Personen, denen die geistliche und die juristische Leitung der jeweiligen Gliedkirche obliegt. Sie wirkt bei der Wahl des Rates der EKD und bei der Kirchengesetzgebung mit. Sie wird vom Vorsitzenden des Rates geleitet. Der Rat der EKD (Amtsdauer 6 Jahre) hat die Aufgabe, die EKD zu leiten und zu verwalten; er vertritt die EKD nach außen. Er besteht aus 15 Mitgliedern (14 von Synode und Kirchenkonferenz gemeinsam mit Zweidrittelmehrheit gewählt und der Präses der Synode). Der Vorsitzende des Rates und ein Stellvertreter werden aus den Ratsmitgliedern von der Synode und der Kirchenkonferenz mit Zweidrittelmehrheit für 6 Jahre gewählt. Geschäftsstelle des Rates ist das Kirchenamt. Der Rat leitet die EKD in allen Fragen, die nicht anderen Organen vorbehalten sind. Ferner besteht eine eigene Gerichtsbarkeit (→ Kirchliche Gerichtsbarkeit, 2).

4. Die Gliedkirchen Anhalt, Baden, Berlin-Brandenburg – schlesische Oberlausitz, Bremen, Hessen und Nassau, Kurhessen-Waldeck, Lippe, Mitteldeutschland, Pfalz, Rheinland und Westfalen sowie die Evang.-Reformierte Kirche bilden die Union der Evangelischen Kirchen in der EKD (UEK). Die UEK ging aus der Evang. Kirche der Union (EKU) hervor. Der UEK-Vertrag wurde am 27.2.2003 unterzeichnet und trat am 1.7.2003 in Kraft. Die Gliedkirchen in Bayern, Braunschweig, Hannover, Mitteldeutschland, Nordkirche, Sachsen und Schaumburg-Lippe bilden die Vereinigte Evang.-Lutherische Kirche Deutschlands (VELKD). Die (2009 neu gebildete) Evangelische Kirche in Mitteldeutschland ist damit Mitglied sowohl der UEK als auch der VELKD, da sie die die Mitgliedschaft der in ihr aufgegangenen Evang.-Lutherische Kirche in Thüringen in der VELKD und die Mitgliedschaft der in ihr aufgegangenen Evang. Kirche der Kirchenprovinz Sachsen in der UEK weiterführt. Organe der VELKD sind der Leitende Bischof und die Bischofskonferenz, die Generalsynode und die Kirchenleitung. Die Synode der EKD, die Generalsynode der VELKD und die Vollkonferenz der UEK tagen seit 2008 erstmals gemeinsam. Die UEK hat in ihrer Verfassung festgeschrieben, alle sechs Jahre jeweils am Ende der Legislaturperiode der Vollkonferenz darüber zu befinden, ob eine Auflösung zugunsten der EKD stattfindet. Anfang 2008 entschied man sich noch gegen die Auflösung.

5. Die Verfassungen der Gliedkirchen sind sehr unterschiedlich gestaltet.

a) Alle Verfassungen sind sowohl von konsistorialen als auch von synodalen Elementen geprägt. Das synodale Element stellt die Gemeinde und Bestimmung durch Wahl in den Vordergrund, das konsistoriale betont den hierarchischen behördenähnlichen Aufbau. Diese beiden Elemente sind in vielfältiger Weise miteinander verflochten.

b) Die Leitung der Gemeinden obliegt dem Kirchenvorstand (je nach Landeskirche auch Kirchengemeinderat, → Gemeindekirchenrat, Kirchenrat oder Presbyterium genannt). Die Amtszeit beträgt idR sechs Jahre, wahlberechtigt sind ebenfalls idR die konfirmierten, wählbar die volljährigen (→ Volljährigkeit) Gemeindemitglieder. Aufgabe des Pfarrers oder der Pfarrerin (→ Pfarrer, 2) ist die geistliche Leitung durch Wortverkündigung und Sakramentsverwaltung. Im Hinblick auf seine wichtige Stellung hat er auch einen Sitz im Leitungsgremium und führt idR den Vorsitz. Die einzelnen Gliedkirchen haben idR eine geistliche und eine juristische Leitung. Die geistliche Leitung obliegt einem Bischof/einer Bischöfin oder einem/einer Präses. Die Bezeichnungen hierfür unterscheiden sich von Gliedkirche zu Gliedkirche. Die juristische Leitung einer Gliedkirche ist oft mit der Führung der Verwaltungszentrale verbunden, also zB des Landeskirchenamtes oder des Oberkirchenrates.

6. Die Rechtsverhältnisse von Evangelischer Kirche und Staat sind durch → Kirchenverträge geregelt.

Eventualantrag
→ Hilfsantrag.

Eventualaufrechnung
→ Aufrechnung.

Eventualklage
→ Klagenverbindung.

E-Vergabe
Unter E-Vergabe wird im → Vergaberecht die elektronische Durchführung des gesamten → Vergabeverfahrens verstanden. Sie ist in Umsetzung unionsrechtlicher Vorschriften (Art. 22 → Vergaberichtlinie, Art. 40 → Sektorenrichtlinie und Art. 29 RL 2014/23/EU über die Konzessionsvergabe [ABl. EU 2014 L 94, 1]) in § 97 Abs. 5 GWB geregelt. Die E-Vergabe ist grds. zwingend vorgeschrieben; nur in Sonderfällen (etwa bei Notwendigkeit der Einreichung maßstabsgetreuer physischer Modelle oder bei besonderen Sicherheitsbedürfnissen) kann von der elektronischen Durchführung der Vergabe abgesehen werden.

Evidenzprüfung
(kein gesetzestechnischer Ausdruck) besagt, dass sich die gerichtliche Nachprüfung von Gesetzgebungs- oder Verwaltungsakten mit besonders weiten Gestaltungsspielräumen praktisch auf die evidente (offenkundige) Fehlerhaftigkeit beschränkt.

Evokationsrecht
ist die Befugnis einer mit einer Strafsache nicht befassten, weil zunächst unzuständigen Behörde, das Verfahren an sich zu ziehen. Diese Befugnis steht zB der Staatsanwaltschaft in Abgabenstrafsachen zu (§ 386 IV 2 AO; bedingt auch in → Bußgeldverfahren, § 42 OWiG) oder dem Generalbundesanwalt in → Staatsschutzsachen, für die an sich das Landgericht zuständig ist, aber Anklage vor dem Oberlandesgericht in Betracht kommt (§ 74a II GVG, § 120 II 1 Nr. 1 GVG).

EWG
war früher die Abkürzung für → Europäische Wirtschaftsgemeinschaft. Die Abkürzung spielt ua noch in lebensmittelrechtlichen Kennzeichnungen eine Rolle. Die gesetzliche Bezeichnung ist jetzt → Europäische Union. Sa → Europäische Integration (1, 2).

Ewiger Landfriede
→ Landfriede.

EWIV
(Europäische wirtschaftliche Interessenvereinigung) ist eine supranationale Gesellschaftsform, der im Rahmen der → Europäischen Gemeinschaft einzelne Unternehmensfunktionen (zB Vertrieb, Forschung) übertragen werden können. Rechtsgrundlage ist die Verordnung (EWG) Nr. 2137/85 des Rates vom 25.7.1985 über die Schaffung einer Europäischen wirtschaftlichen Interessenvereinigung (EWIV). Subsidiär gelten für eine EWIV mit Sitz in der BRD die Vorschriften über die → Offene Handelsgesellschaft (G v. 14.4.1988, BGBl. 1988 I 514).

ex lege
= kraft gesetzlicher Vorschrift (s. zB → Rechtserwerb).

ex nunc
= von jetzt ab (mit Wirkung für die Zukunft); zB tritt bei gestaltenden Rechtsgeschäften wie → Kündigung die Rechtsfolge erst mit dieser ein.

ex officio
= von Amts wegen.

ex tunc
= rückwirkend (auch für die Vergangenheit wirkend); zB wirkt die Anfechtung eines Vertrags wegen Willensmangels auf den Abschlusszeitpunkt zurück.

exceptio
→ Einrede.

exceptio doli
= Einrede der Arglist (→ Treu und Glauben).

exceptio ex iure tertii
ist eine → Einrede aus dem Recht eines Dritten. Eine solche Einrede (zB Zurückbehaltungsrecht) ist grds. unzulässig, wenn dem Schuldner nicht ausnahmsweise die Geltendmachung des Gegenrechts eines Dritten kraft Vereinbarung oder Gesetzes gestattet ist.

Exekutive
→ vollziehende Gewalt.

Exekutivstrafe
→ Zwangsmittel.

Exemtion
im Völkerrecht: → Exterritorialität. Im kath. Kirchenrecht die Herausnahme einer Person aus der Leitungsgewalt des unmittelbar für sie zuständigen Amtsträgers und Unterstellung unter den nächsthöheren (zB eines Ordensinstituts aus der Leitungsgewalt des zuständigen → Bischofs).

Exequatur
(lat.; „er übe – sein Amt – aus!") ist im Völkerrecht die Zustimmung zur Ernennung eines → Konsuls durch den Empfangsstaat. Das Exequatur wird jeweils für einen bestimmten Konsulatsbezirk erteilt, entweder dadurch, dass der Antrag mit dem Vermerk „Exequatur" versehen wird, oder, wie heute meist, durch Ausstellung einer besonderen Urkunde. Nach Erteilung des Exequaturs werden die Konsuln regelmäßig bei den Behörden ihres Bezirks eingeführt. Wie das → Agrément kann das Exequatur versagt werden, wenn Einwendungen gegen die Person des Konsuls bestehen. Für den Zivilprozess s. Vollstreckungsurteil.

Exhibitionismus
ist der krankhafte Drang (idR von Männern) zur Selbstentblößung aus sexuellen Motiven. Nach § 183 StGB ist ein Mann strafbar, der eine andere Person durch eine solche Handlung belästigt, auch wenn das nicht öffentlich geschieht (anders bei → Erregung öffentlichen Ärgernisses). Die Tat ist → Antragsdelikt, aber bei besonderem öffentlichen Interesse auch ohne Antrag verfolgbar. → Strafaussetzung ist unter erweiterten Voraussetzungen (Heilbehandlung) zulässig (§ 183 III StGB).

Exhumierung
Im Strafverfahren kann das Ausgraben (Exhumieren) einer Leiche zum Zwecke der gerichtlichen → Leichenschau oder Leichenöffnung (Obduktion) angeordnet werden, um durch → Augenschein über das Vorliegen einer strafbaren Handlung Beweis zu erheben (§ 87 III StPO). Aus anderen Gründen kann eine Umbettung von Leichen oder ihre Ausgrabung zB zur Feststellung der Todesursache in einer Rentenangelegenheit auf Anordnung der Verwaltungsbehörde in Frage kommen.

Existenzgründer
ist, wer einen Beruf oder ein Gewerbe erst aufnimmt; bestimmte für Verbraucher geltende Vorschriften gelten auch für Existenzgründer (vgl. zB § 513 BGB); zum Begriff sa → Verbraucher. → Verbraucherdarlehensvertrag, → Existenzgründungsdarlehen, → Anspar-Rücklage, → Ratenlieferungsvertrag.

Existenzgründungsdarlehen
→ Verbraucherdarlehensvertrag (1, 7).

Existenzgründungszuschuss
Der Existenzgründungszuschuss – umgangssprachlich bekannter unter den Schlagworten Ich-AG und Familien-AG – war eine im Rahmen der Hartz-Gesetzgebung (2. Gesetz für moderne Dienstleistungen am Arbeitsmarkt) eingeführte kurzlebige Leistung des Rechts der → Arbeitsförderung nach dem SGB III, die für arbeitslose Arbeitnehmer einen Anreiz bieten sollte, sich selbständig zu machen. Die Leistung wurde zum 1.1.2003 eingeführt und ist am 30.6.2006 ausgelaufen. Notwendig war ab dem 27.11.2004 die Stellungnahme einer fachkundigen Stelle bezüglich der Tragfähigkeit der Existenzgründung. Der Zuschuss wurde bis zu drei Jahre erbracht und jeweils längstens für ein Jahr bewilligt. Er betrug im ersten Jahr monatlich 600 EUR, im zweiten Jahr monatlich 360 EUR und im dritten Jahr monatlich 240 EUR. Die Leistung wurde erbracht, damit der Existenzgründer in der Lage war, die fälligen Sozialversicherungsbeiträge zu entrichten. Kein Anspruch auf Existenzgründungszuschuss bestand nach Ablauf des Bewilligungsjahres, wenn ein Einkommen von 25. 000 EUR überschritten wurde. Die Jahre 2003 bis 2006 markierten den Höchststand an Gründungsförderungen in Deutschland durch die Bundesagentur für Arbeit, an denen der Existenzgründungszuschuss einen maßgeblichen Anteil hatte. Seit dem 1.8.2006 kann statt des Existenzgründungszuschusses unter Umständen ein → Gründungszuschuss in Anspruch genommen werden. Der Gründungszuschuss dient der Sicherung des Lebensunterhalts und der sozialen Sicherung in der Zeit nach der Existenzgründung (§ 93 I SGB III). Die Höhe der Beträge und die Zeitspanne der Gewährung richtet sich nach § 94 SGB III.

Existenzminimum
Aus dem → Sozialstaatsprinzip des Art. 20 Abs. 1 GG und der Unantasbarkeit der → Menschenwürde nach Art. 1 Abs. 1 GG ergibt sich der Auftrag zur hinreichenden Sicherung des Existenzminimums eines Menschen. Das Existenzminimum ist danach der Bedarf, der wenigstens für ein menschenwürdiges Dasein gedeckt sein muss. Die konkrete Höhe wird prognostisch in dem periodisch erscheinenden Existenzminimumbericht der Bundesregierung festgelegt. Der Bericht stützt sich auf die vom → Statistischen Bundesamt durchgeführte Einkommens- und Verbrauchsstichprobe, die auch Basis der Regelbedarfe für die → Sozialhilfe (§ 28 SGB XII) und das → Bürgergeld (§ 20 Abs. 1a SGB II) nach dem Regelbedarfsermittlungsgesetz ist. Das Existenzminimum ist in Form des → Grundfreibetrags von der → Einkommensteuer zu verschonen (§ 32a I EStG), auch in Form des → Familienleistungsausgleichs für Kinder des Steuerpflichtigen (§ 31 EStG). Der Grundfreibetrag ist Grundlage der → Pfändungsfreigrenzen der Vollstreckung in Lohnzahlungen (§ 850c IV ZPO). Aus dem Existenzminimum des Kindes leitet sich der → Mindestunterhalt ab, nötigenfalls als staatlicher → Unterhaltsvorschuss. → Leistungsfähig zur Zahlung von → Unterhalt ist schließlich nur, wem nach Abzug der Unterhaltszahlung wenigstens das Existenzminimum bleibt, um nicht selbst des sozialen Netzes zu bedürfen.

Existenzvernichtungshaftung
→ Konzernrecht (2), → Einmanngesellschaft, Einpersonengesellschaft.

Exklave
→ Enklave.

Exklusivlizenz
Einen Postzwang im Sinne eines umfassenden Postmonopols gibt es seit der → Postreform nicht mehr. Bis zum 31.12.2005 hatte die → Deutsche Post AG nach § 51 PostG aF jedoch das ausschließliche Recht, Briefsendungen bis 100 Gramm gewerbsmäßig zu befördern. Diese Exklusivlizenz wurde bis zum 31.12.2007 für Briefsendungen und andere Kataloge, deren Einzelgewicht bis 50 Gramm und deren Einzelpreis weniger als das Zweieinhalbfache des Preises für entsprechende Postsendungen der untersten Gewichtsklasse betrug, verlängert (§ 51 PostG nF). Im Gegenzug war die Deutsche Post AG bis zum Ende der Exklusivlizenz zur Erbringung der → Universaldienstleistungen verpflichtet (§ 52 PostG).

Exkommunikation
(can. 1331 CIC) ist die schwerste Kirchenstrafe in der → kath. Kirche. Sie besteht im Ausschluss von der Teilnahme an den → Sakramenten und vom sonstigen kirchlichen Leben, jedoch unter Aufrechterhaltung der kirchlichen Mitgliedschaft.

Exkulpationsbeweis
→ Entlastungsbeweis, → unerlaubte Handlung (5a).

Exmatrikulation
→ Studenten.

Experimentiergesetz
→ Experimentierklausel.

Experimentierklausel
ist kein verfassungsrechtlich definierter Begriff. Gemeint sind damit Rechtsvorschriften, die die Erprobung bestimmter Regelungen zulassen (zB durch Verordnungsermächtigungen oder → Öffnungsklauseln) oder vorsehen. Für diese Rechtsvorschriften wird idR mit dem Inkrafttreten bereits der Zeitpunkt des Außerkrafttretens festgelegt. Sa → Zeitgesetz.

Explosion, Herbeiführen einer –
→ Sprengstoff- und Strahlungsverbrechen.

Explosionsgefährliche Stoffe
→ Sprengstoff.

Export
→ Ausfuhr.

Exportkommission
→ Konsignation.

Extensive Interpretation
→ Auslegung (1b).

Externe Rechtskontrolle
ist eine heute nicht mehr gebräuchliche Bezeichnung für die Nachprüfung von → Verwaltungsakten durch unabhängige, von der Verwaltung organisatorisch und personell getrennte Verwaltungsgerichte. Der Begriff stand im Gegensatz zu der früher üblichen „internen" Rechtskontrolle durch besondere Verwaltungsbehörden oder Verwaltungsgerichte, die mit den Verwaltungsbehörden organisatorisch und personell verbunden waren (zB in Preußen die Bezirksverwaltungsgerichte bei den Regierungen, in Bayern die Bezirksverwaltungsbehörden und Kreisregierungen).

Externe Teilung
→ Versorgungsausgleich.

Exterritorialität
Der → Diplomat genießt im Empfangsstaat eine Vorzugsstellung. Die ältere Lehre betrachtete mittels einer Fiktion den diplomatischen Vertreter während seines Aufenthalts im Empfangsstaat (insbes. im Gesandtschaftsgebäude, dem sog. Gesandtschaftshotel) als in Wirklichkeit außerhalb des Staatsgebietes (lat. = ex terra) des Empfangsstaats befindlich. Die neuere Lehre hat diese Fiktion aufgegeben und leitet die den diplomatischen Vertretern in der Staatenpraxis zuerkannten Vorrechte und Befreiungen unmittelbar aus dem Zweck der diplomatischen Vertretung ab (→ diplomatische Vorrechte, → Immunität, 1 u. 5, → Staatenimmunität).

Extremismus
Bestrebungen, die auf Abschaffung der → freiheitlich demokratischen Grundordnung gerichtet sind, werden inzwischen üblicherweise als Extremismus bezeichnet. Im Gesetz über die Zusammenarbeit des Bundes und der Länder in Angelegenheiten des Verfassungsschutzes (Bundesverfassungsschutzgesetz – BVerfSchG) v. 20.12.1990 (BGBl. I 2954) mÄnd wird der Begriff nicht verwendet, so dass es an einer klaren Legaldefinition fehlt. Anders als der Begriff der „Freiheitlich demokratischen Grundordnung" war der Begriff „Extremismu" damit ursprünglich kein Gesetzesbegriff, wird aber in jüngerer Zeit inzwischen auch vom Gesetzgeber benutzt (zB im Titel des G zur Bekämpfung des Rechtsextremismus und der Hasskriminalität v. 30.3.2021 BGBl. 2021 S. 441).

Extremisten
→ Extremismus.

Exzedentenrückversicherung
→ Rückversicherung.

Exzellenzinitiative
→ Exzellenzstrategie.

Exzellenzstrategie
Die Exzellenzstrategie beruht auf der Verwaltungsvereinbarung zwischen → Bund und → Ländern gemäß Art. 91b I GG v. 19.10.2016 zur Förderung von Spitzenforschung an Universitäten. Die Förderung erfolgt jeweils vorbehaltlich der Bewilligung der erforderlichen Haushaltsmittel. Sie löste 2019 die bis 2018 geltende Exzellenzinitiative ab. Ziel ist die Stärkung der Universitäten durch wissenschaftliche Spitzenleistungen, durch Profilbildung und durch Kooperationen im Wissenschaftssystem. Dadurch soll der Wissenschaftsstandort D gefördert und dessen internationale Wettbewerbsfähigkeit verbessert werden. Die Förderung gilt auf unbestimmte Zeit.

Exzess
= Ausschreitung, Überschreitung; s. zB → Notwehr(exzess), → Anstiftung (1), → Beihilfe, → Mittäterschaft. Über Exzess des Fremdbesitzers → Eigentumsherausgabeanspruch.

EZB
→ Europäische Zentralbank.

EZB-Rat
besteht aus den Mitgliedern des Direktoriums der → Europäischen Zentralbank sowie den Zentralbankpräsidenten der Mitgliedstaaten, die den → Euro eingeführt haben (Art. 283 AEUV (→ AEUV), Art. 10 Prot.). Der erweiterte Rat besteht aus dem Präsidenten, dem Vizepräsidenten und dem Zentralbankpräsidenten aller Mitgliedstaaten (Art. 141 AEUV, Art. 44 Prot.).

E-Zigaretten
→ Tabakerzeugnisse.

Fabrikationsfehler
→ Produkthaftung (Produzentenhaftung).

Fachakademie
ist ein rechtlich nicht genau umgrenzter Begriff (sa → Akademie). Die Tendenz geht dahin, ihn für berufliche Bildungseinrichtungen zu verwenden, welche die Studierenden auf den Eintritt in eine gehobene Berufslaufbahn vorbereiten, idR im Anschluss an eine dem Studienziel dienende berufliche oder praktische Tätigkeit. Allgemein stehen die Fachakademien im Bildungsangebot unter den → Fachhochschulen. Sie sind im Zugang erleichtert und im Lehrangebot praxisnäher und spezialisierter. Sie sind keine → Hochschulen. Im Gegensatz zu den Fachhochschulen ist mit dem Abschluss der Fachakademie weder akademische Graduierung noch die allgemeine Hochschulreife verbunden. Sa → Berufsakademie.

Fachanwalt
Ein Fachanwalt ist ein → Rechtsanwalt, der auf einem bestimmten Gebiet (zB Verwaltungs-, Steuer-, Arbeits-, Sozial-, Familien-, Strafrecht) Spezialkenntnisse aufweist. Das Recht zur Führung dieser Bezeichnung wird auf Grund des Nachweises entsprechender theoretischer Kenntnisse und praktischer Erfahrungen von der zuständigen Rechtsanwaltskammer verliehen (§ 43c BRAO). Diese Befugnis darf für höchstens drei Rechtsgebiete erteilt werden.

Facharbeiter
Ein Facharbeiter ist ein gewerblicher → Arbeitnehmer mit besonderen theoretischen und praktischen Kenntnissen in seinem Fachbereich, der hierüber erfolgreich eine Prüfung abgelegt hat (sa → Industrie- und Handelskammer).

Fachassistent
→ amtlicher Fachassistent.

Fachaufsicht
→ Staatsaufsicht.

Fachbereich
Die Regelung der Binnenstruktur der → Hochschulen ist nunmehr den Ländern überlassen. Die Hochschulen sind – je nach Landesrecht unterschiedlich – in Fachbereiche oder → Fakultäten gegliedert (vgl. zB § 26 HochschulG NRW v. 16.9.2014, GV NRW 2014, 547 oder Art. 27 Bayer. HochschulG v. 23.5.2006, GVBl. 2006, 245). Lehre, Forschung und die Verleihung von → Hochschulgraden fällt nach Maßgabe des Landesrechts in die Zuständigkeit der Fachbereiche und Fakultäten.

Fachgerichte
nennt man teilweise als Gegensatz zu den Verfassungsgerichten (→ Verfassungsgerichtsbarkeit, → Bundesverfassungsgericht) die Gerichte aller anderen Gerichtszweige (→ Gerichtsbarkeit). Das Bundesverfassungsgericht betont immer wieder, dass Anwendung und Auslegung des einfachen Rechts Sache der Fachgerichte sei und es selbst nur überprüfe, ob hierbei Verfassungsrecht verletzt oder nicht beachtet worden ist. Teilweise wird der Begriff Fachgericht im Gegensatz zu der → ordentlichen Gerichtsbarkeit gebraucht und bezeichnet damit Verwaltungsgerichtsbarkeit, Arbeitsgerichtsbarkeit, Sozialgerichtsbarkeit und Finanzgerichtsbarkeit.

Fachhochschulen
1. Fachhochschulen sind Einrichtungen des Bildungswesens, die durch praxisbezogene Lehre eine auf wissenschaftlicher oder künstlerischer Grundlage beruhende Bildung vermitteln, die zu selbständiger Tätigkeit im Beruf befähigt. Die Fachhochschulen sind → Hochschulen im Sinne der Hochschulgesetze der Länder (Art. 1 Bayer. Hochschulgesetz v. 23.5.2006, GVBl. 2006, 245 mÄnd; HochschulG NRW v. 16.9.201, GV NRW 2014, 547). Die Fachhochschulen sollen eine gehobene Fachbildung neben der wissenschaftlichen Hochschule (Universität) vermitteln; Zugangsvoraussetzung ist die idR durch Realschule und 2 Jahre Fachoberschule erworbene „Fachhochschulreife". Auf Grund der Hochschulprüfung wird an Fachhochschulen der Diplomgrad mit dem Zusatz „Fachhochschule" („FH"), inzwischen auch → Bachelor und → Master verliehen. Der Abschluss einer Fachhochschulen vermittelt außerdem die allgemeine Hochschulreife. Fachhochschulen haben kein Recht zu → Promotion (→ Promotionsrecht) und → Habilitation. Die Fachhochschule umfassen eine oder mehrere Ausbildungseinrichtungen (zB „Ingenieurwesen"; „Wirtschaft"). Im allg. sind die Fachhochschulen als → Körperschaften öffentl. Rechts (mit → Selbstverwaltung) errichtet; doch bestehen auch „verwaltungsinterne" Fachhochschulen (zB die Bayer. Beamtenfachhochschule mit verschiedenen Fachbereichen), sonstige öffentl.-rechtl. (zB kirchliche) sowie private Fachhochschulen (die staatlicher Anerkennung bedürfen).

2. In der Mehrzahl der Länder haben sich die Fachhochschulen inzwischen alle oder zum Teil auf der Grundlage des Landesrechts in Hochschulen für angewandte Wissenschaften umbenannt.

Fachkräfteeinwanderung
→ Fachkräfteeinwanderungsgesetz.

Fachkräfteeinwanderungsgesetz
1. Das Fachkräfteeinwanderungsgesetz v. 15.8.2019 (BGBl. 2019 I 1307), in Kraft seit 1.3.2020, ist ein umfassendes → Änderungsgesetz, mit dem in 53 Artikeln (sa → Artikel; → Artikelgesetz) zahlreiche → Stammgesetze auf dem Gebiet des → Ausländerrechts, des → Asylrechts und des Staatsangehörigkeitsrechts (→ Staatsangehörigkeit) geändert wurden. Das Fachkräfteeinwanderungesetz ist neben den anderen Gesetzen des sog. Migrationspakets 2019 das wichtigste Reformgesetz im Ausländer-, Asyl- und Staatsangehöriggkeitsrecht nach Inkrafttreten des → Zuwanderungsgesetzes 2004. Das Fachkräfteeinwanderungsesetz trägt dem Umstand Rechnung, dass Deutschland nicht nur Zufluchtsland für → Flüchtlinge und Asylbewerber (→ Asyl) ist, sondern Einwanderungsland für Arbeits- und Wirtschaftsmigranten (→ Einwanderung; → Migration) geworden ist.

2. Die wichtigsten Regelungen sind:

a) Die Erwerbstätigkeit von Ausländern wurde grundsätzlich neu geregelt. Nach § 4a → Aufenthaltsgesetz dürfen Ausländer, die einen → Aufenthaltstitel besitzen, eine erwerbstätigkeit ausüben, soweit kein gesetzliches Verbot oder eine gesetzliche Beschränkung bestehen. In diesem Fall ist die Erwerbstätigkeit trotzdem möglich, soweit - ggf. unter dem Vorbehalt der Zustimmung der → Bundesagentur für Arbeit - dies erlaubt wird. Ausländer ohne Aufenthaltstitel dürfen ausnahmsweise Saisontätigkeiten ausüben. Jeder Aufenthaltstitel muss erkennen lassen, ob die Ausübung einer Erwerbsarbeit erlaubt ist. Die Regeln betreffend den Aufenthalt zur Ausbildung wurden neu gefasst (§§ 16 ff. AufenthaltsG). Nach §§ 18 AufenthaltsG wurde als Grundsatz der Fachkräfteeinwanderung bestimmt, dass sich die Zulassung ausländischer Beschäftigter an den Erfordernissen des Wirtschafts- und Wissenschaftsstandortes in Deutschland orientiert. Ausländische Fachkräfte dienen der Sicherung der Fachkräftebasis und der Stärkung der sozialen Sicherungssysteme. Die ausländischen Fachkräfte sollen in Arbeitsmarkt und Gesellschaft integriert werden. Die Regeln betreffend die → ICT-Karte (§§ 19b AufenthaltsG) wurden neu gefasst. Die wichtigste Neuerung ist, dass einer Fachkraft mit Berufsausbildung eine Aufenthaltserlaubnis für bis zu sechs Monate zur Suche nach einem Arbeitsplatz, zu dessen Ausübung ihre Qualifikation befähigt, erteilt werden kann, wenn die Fachkraft über der angestrebten Tätigkeit entsprechende deutsche Sprachkenntnisse verfügt (§ 20 AufenthaltsG).

b) Durch das Fachkräfteeinwanderungsgesetz wurde überdies eine Vielzahl von berufsregelnden Gesetzen den Änderungen insbes. des AufenthaltsG angepasst. Dies betrifft insbesondere das nunmehr in § 81a AufenthaltsG vorgesehene sog. beschleunigte Fachkräfteverfahren, dessen Ziel die Beschleunigung der ewinnung ausländischer Fachkräfte ist.

Fachoberschulen
vermitteln allgemeine, fachtheoretische und fachpraktische Bildung in verschiedenen fachlichen Bereichen. Der Bildungsgang setzt einen Realschulabschluss (→ Realschule) oder eine gleichwertige Vorbildung voraus, dauert bei Vollzeitunterricht idR 2 Jahre und führt zur Fachhochschulreife (→ Fachhochschulen), nicht aber zur allgemeinen → Hochschulreife.

Fachschule
→ Berufsschulen.

Factoringvertrag
Factoring ist eine Finanzdienstleistung für Unternehmen, um deren Liquidität auf der Absatzseite zu verbessern. Ein Factoringvertrag ist ein gemischter verkehrstypischer Vertrag (→ Vertrag, 2), in dem der → Kauf von Kundenforderungen eines Herstellers oder Lieferanten (die zum Zeitpunkt des Ankaufs meist noch nicht entstanden sind) durch eine Bank oÄ als Factor gegen sofortige Wertstellung oder Kreditierung mit der Übernahme von Dienstleistungspflichten (insbes. Kundenbuchhaltung, Beitreibung der Forderungen) kombiniert ist (Legaldefinition des Factoringvertrags nur in § 1 Ia 2 Nr. 9 KWG). Beim echten Factoringvertrag übernimmt der Factor das Risiko der Uneinbringlichkeit der Kundenforderung, also das Ausfallrisiko. Der Vertrag zwischen Factor und Hersteller bzw. Lieferant ist eine Forderungskauf nach §§ 453, 433 BGB, der durch → Abtretung der (künftigen) Forderungen, meist durch Globalzession, erfüllt wird. Bei dem in Deutschland vielfach verbreiteten sog. unechten Factoringvertrag werden die (künftigen) Forderungen aber nur erfüllungshalber (→ Leistung an Erfüllungs Statt, erfüllungshalber) an den Factor übertragen, so dass bei deren Nichtbeitreibbarkeit der Kunde aus seinem Kreditverhältnis mit dem Factor in Anspruch genommen wird. Zivilrechtlich wird beim unechten Factoring der Vertrag mit dem Factor von der hM nicht als Rechtskauf, sondern als darlehensähnliches Geschäft eingestuft. Auch liegt beim unechten Factoringvertrag steuerrechtlich kein Umsatz von Forderungen vor (BFH BB 1982, 170). Reverse Factoring (auch Lieferanten- oder Einkaufsfactoring genannt) dient durch Umkehrung der Finanzierungsart der Lieferanten- bzw. Einkaufsfinanzierung, ist also eine Vorfinanzierung gegenüber Lieferanten. Ein Factor übernimmt die Verbindlichkeiten eines Abnehmers von Waren gegenüber dessen Lieferanten (zB Zulieferer in der Automobilproduktion), der Lieferant verkauft seine Forderungen gegen den Abnehmer gegen Bezahlung des Kaufpreises (unter Einbezug von Skonti) an den Lieferanten; Reverse Factoring sorgt für eine stabile Lieferkette und rasche Bezahlung des Lieferanten.

Factoring ist nicht als → Rechtsberatung genehmigungspflichtig; s. aber § 32 KWG. Sa Gesetz zu dem Unidroit-Übereinkommen vom 28.5.1988 über das internationale F. vom

25.2.1998 (BGBl. 1998 II 172). Sa → Forfaitierung.

Factory Outlet Center
Ein Factory Outlet Center (FOC) stellt eine Zusammenfassung (Center) mehrerer Ladengeschäfte (Outlet Stores) in einem einheitlichen Gebäudekomplex dar, in denen die Hersteller als Mieter der Geschäfte losgelöst von der eigentlichen Produktionsstätte (Factory) ihre Waren unter Umgehung des Groß- und Einzelhandels direkt an die Endverbraucher verkaufen. Gegner dieser Form der Vermarktung sehen vor allem den Einzelhandel in den Innenstädten benachbarter Gemeinden gefährdet. Die baurechtliche Zulässigkeit hängt von den Umständen des Einzelfalles ab. Die Gefährdung des Einzelhandels in benachbarten Gemeinden gibt nach der Rechtsprechung jedenfalls bislang diesen Gemeinden keine Möglichkeit, klageweise gegen entsprechende Baugenehmigungen vorzugehen.

facultas alternativa
→ Ersetzungsbefugnis.

Fähigkeit zum Richteramt oder höh. Verwaltungsdienst
→ Befähigung zum höheren Verwaltungsdienst; → Befähigung zum Richteramt.

Fähigkeiten, Aberkennung
→ Aberkennung (Verlust) von Rechten und Fähigkeiten.

Fähre
Die Fähre dient dem Übersetzverkehr von einem zum anderen Ufer (zB § 1 FährenbetriebsVO v. 24.5.1995, BGBl. 1995 I 752, mÄnd). Sie ist eine → Anlage (3) iSv § 36 WHG.

1. In der → Binnenschifffahrt regelt die FährenbetriebsVO Betrieb und Aufsicht über Fähren auf bestimmten Wasserstraßen, ua auf Rhein und Donau. Die Fahrtauglichkeitsbescheinigung wird gemäß § 7 BinSchUO als Fähren-Zeugnis erteilt, das Schifferpatent gem. VO v. 15.12.1997 (BGBl. 1997 I 3066) mÄnd. Gefahren wird nach einem Fahrplan, der vorab der Aufsichtsbehörde mitzuteilen ist. Personen, Tiere und Gegenstände können bei Gefahr oder Belästigung von der Beförderung ausgeschlossen werden (§ 11 FährenbetriebsVO). Der Fährführer hat den Fährverkehr einzustellen, wenn das Übersetzen mit Gefahr verbunden ist (§ 12 FährenbetriebsVO).

2. Seeschifffahrt: Wenn beim Übersetzen das transportierte Gut im Eisenbahnwaggon oder LKW bleibt, gilt deren Beförderungsrecht (→ Gütertransport). Da Personen Bus oder Waggon verlassen können, kann das bei Haftungsfragen der → Personenbeförderung eine Rolle spielen. Sa → Multimodaler Verkehr.

Fährzeugnis
→ Binnenschifffahrt; → Fähre.

Fälligkeit
→ Leistungszeit, → Stundung. Zur Fälligkeit in der Corona-Krise → COVID-19-Folgenabmilderungsgesetz, → Corona-Krise und Vertragsrecht, → Corona-Krise und Darlehensrecht. Sa → Corona-Krise und Mietrecht.

Fallpauschale
Fallpauschale ist die umgangssprachliche Bezeichnung für die Abrechnung von Krankenhausleistungen auf der Basis von diagnosebezogenen Fallgruppen (German Diagnosis Related Groups). Die Rechtsgrundlage dafür findet sich in § 85 SGB V in Verbindung mit dem Krankenhausfinanzierunggsgesetz. Das Abrechnungssystem nach Fallpauschalen steht regelmäßig in der öffentlichen Kritik.

Fälschung beweiserheblicher Daten
→ Urkundenfälschung.

Fälschung technischer Aufzeichnungen
Straftatbestand nach § 268 StGB, der in Parallele zum Tatbestand der → Urkundenfälschung (§ 267 StGB) die Sicherheit und Zuverlässigkeit des Beweisverkehrs mit technischen Aufzeichnungen schützt. Er ergänzt insofern den Strafschutz gegen Urkundenfälschung, da technische Aufzeichnung an sich nicht als Urkunden anzusehen sind (sie enthalten anders als für eine Urkunde iSd § 267 StGB konstitutiv keine menschliche Gedankenerklärung und lassen keinen Aussteller erkennen). Nach § 268 StGB strafbar ist, wer zur Täuschung im Rechtsverkehr eine unechte technische Aufzeichnung herstellt oder eine echte technische Aufzeichnung verfälscht oder eine unechte oder verfälschte technische Aufzeichnung gebraucht. Unter einer technische Aufzeichnung ist zu verstehen: eine Darstellung von Daten, Mess- oder Rechenwerten, Geschehensabläufen u. dgl., die a) durch ein techn. Gerät selbsttätig bewirkt wird, b) den Gegenstand der Aufzeichnung erkennen lässt und c) zum Beweis einer rechtserheblichen Tatsache bestimmt ist. Darunter fallen ua Registriergeräte zur Ermittlung von Energieleistungen (Strom, Gas usw), Daten verarbeitende Maschinen u. dgl. Über die entsprechende Strafvorschrift gegen Beschädigung oder Unterdrückung von technische Aufzeichnung in § 274 StGB → Urkundenunterdrückung, -vernichtung.

Fälschung von Impfausweisen
→ Gesundheitszeugnis (4 und 6).

Fälschung von Zahlungskarten
Straftatbestände nach §§ 152a, 152b StGB, die dem Schutz des bargeldlosen Zahlungsverkehrs bezwecken. Sie dienen inzwischen zugleich der Umsetzung der Richtlinie (EU) 2019/713 vom 17.4.2019 zur Bekämpfung von Betrug und Fälschung im Zusammenhang mit unbaren Zahlungsmitteln und wurden hierzu 2021 geändert und erweitert (61. StRÄndG vom 10.3.2021, BGBl. 2021 I 333).

Der Tatbestand des § 152a StGB erfasst denjenigen, der zur Täuschung im Rechtsverkehr in- oder ausländische Zahlungskarten nachmacht oder verfälscht, verfälschte Zahlungskarten sich oder einem anderen verschafft, feilhält, einem anderen überlässt oder gebraucht. Zahlungskarten sind alle durch Ausgestaltung oder Codierung besonders gegen Nachahmung gesicherten Karten (§ 152a IV StGB). Geschützt sind daneben auch Schecks, Wechsel und andere körperliche unbare Zahlungsinstrumente. Die frühere Beschränkung auf Karten, die von einem Kreditinstitut oder Finanzdienstleistungsinstitut herausgegeben wurden, ist 2021 entfallen. Der → Versuch ist strafbar (§ 152a II StGB). Der Strafrahmen umfasst Geldstrafe und Freiheitsstrafe bis zu fünf Jahren, nach dem → Qualifikationstatbestand des § 152a III StGB bei gewerbs- oder bandenmäßiger Begehung Freiheitsstrafe von sechs Monaten bis zu zehn Jahren. Zum → Verbrechen mit Mindestfreiheitsstrafe von einem Jahr (bei gewerbs- oder bandenmäßiger Begehung nicht unter zwei Jahren) wird die Tat nach dem weiteren Qualifikationstatbestand des § 152b StGB, wenn sie in Bezug auf Zahlungskarten mit Garantiefunktion begangen wird. Zahlungskarten mit Garantiefunktion sind Kreditkarten und sonstige Karten, die gegen Nachahmung gesichert sind und es ermöglichen, den Aussteller im Zahlungsverkehr zu einer garantierten Zahlung zu veranlassen (§ 152b IV StGB, zB die → EC-Karte – electronic cash-Karte – sowie sog. elektronische Geldbörsen). Näher zur Fälschung von Zahlungskarten mittels → Skimming s. dort. Sa → Telefonkarten.

Vorbereitungshandlungen sind gem. § 152a V StGB, § 152b V StGB, § 149 StGB unter Strafe gestellt. Zudem bedroht der 2021 neu geschaffene Tatbestand des § 152c StGB bestimmte Handlungen mit Strafe, die der Vorbereitung eines → Diebstahls und einer → Unterschlagung von Zahlungskarten, Schecks, Wechseln und anderen körperlichen unbaren Zahlungsinstrumenten dienen, nämlich insbes. die Herstellung oder Verschaffung solchen Zwecken dienender Computerprogramme oder Vorrichtungen (zB solcher, die an Geldautomaten angebracht werden, um auf diese Weise die vom Kunden eingeführte Karte zu stehlen, s. BT-Drs. 19/25631 S. 23) oder für solche Taten geeigneter Passwörter oder sonstige Sicherungscodes. Eine → Ordnungswidrigkeit (§ 127 OWiG) begeht, wer Sachen zur Herstellung von Zahlungskarten, Schecks und Wechseln zwar ohne diese Zweckbestimmung, aber ohne schriftliche Erlaubnis der zuständigen Stelle herstellt usw. Über Einziehung von Falschgeld → Einziehung im Strafverfahren s. § 152a V StGB , § 152b V StBG jeweils iVm § 150 StGB.

Fälschung, landesverräterische
→ Landesverrat.

Fahndung
Die Fahndung umfasst die Maßnahmen der Staatsanwaltschaft und der Polizei zur Ermittlung eines unbekannten Straftäters oder des Aufenthalts eines bekannten oder mutmaßlichen Täters, eines wichtigen Zeugen oder einer Sache. Mittel sind ua Auskünfte von Behörden (s. zB § 68 I SGB X) und anderen Stellen, Bundeszentralregister (→ Strafregister), → Fahreignungsregister, → Gewerbezentralregister, → Ausländerzentralregister, EDV-Fahndungssystem der Polizei (→ INPOL), Deutsches Fahndungsbuch, Amtsblätter des → Bundeskriminalamtes und der Landeskriminalämter, Schengener Informationssystem (→ Schengener Übereinkommen), öffentliche Medien, Plakatanschläge, Aussetzung von Belohnung sowie → Ausschreibung im Strafprozess (sa → Suchvermerk), → Observation, → Durchsuchung, → Datenabgleich, Fahndung über → Interpol. Außerdem kommen in Betracht → Rasterfahndung, → Schleppnetzfahndung, → Polizeiliche Beobachtung, → Überwachung der Telekommunikation, → Einsatz technischer Mittel, → Kontrollstellen, → Kennzeichenerfassung, → Verdeckte Ermittler; in diesen Fällen ist idR eine richterliche Anordnung erforderlich, uU eine nachträgliche Benachrichtigung des Betroffenen; die Verwertbarkeit der gewonnenen Erkenntnisse für andere Strafverfahren ist zumeist eingeschränkt (→ Zufallsfunde).

Fahne
→ Bundesflagge.

Fahne, Verunglimpfung der –
In § 90a StGB ist die öffentlich, in einer Versammlung oder durch Verbreiten von → Schriften und anderen Darstellungen begangene → Verunglimpfung der Flagge, der Farben oder des Wappens der BRep. oder eines ihrer Länder unter Strafe gestellt, ebenso das Entfernen, Zerstören, Beschädigen usw. der öffentlich gezeigten Flagge oder des Hoheitszeichens oder beschimpfender Unfug (→ Beschimpfung) daran. § 90c StGB stellt ferner das Verunglimpfen der Flagge der Europäischen Union unter Strafe.

Die Entfernung, Beschädigung usw. der öffentlich gezeigten Flagge eines ausländischen Staates oder des an einer ausländischen Vertretung (Botschaft, Konsulat) angebrachten Hoheitszeichens wird nach § 104 StGB bestraft; sie ist aber nur verfolgbar, wenn diplomatische Beziehungen zu dem Staat bestehen, die Gegenseitigkeit verbürgt ist und ein Strafverlangen des Staates sowie die Ermächtigung der BReg. zur Strafverfolgung vorliegen (§ 104a StGB).

Fahnen verbotener Vereinigungen
→ Kennzeichen verfassungswidriger Organisationen.

Fahnenflucht
begeht ein Bundeswehrangehöriger, der eigenmächtig seine Truppe oder Dienststelle

verlässt oder ihr (zB nach Urlaubsablauf) fernbleibt, um sich der Verpflichtung zum Wehrdienst dauernd oder für die Zeit eines bewaffneten Einsatzes zu entziehen oder die Beendigung des Wehrdienstverhältnisses (zB durch Entlassung wegen Unwürdigkeit) zu erreichen. Die Strafe ist Freiheitsstrafe bis zu 5 Jahren, der Versuch strafbar. Stellt sich der Täter innerhalb eines Monats zum Wehrdienst (Unterfall der → tätigen Reue), ist die Höchststrafe 3 Jahre; § 16 WStG. Nichtsoldaten, die einen Soldaten zur Fahnenflucht verleiten oder zu verleiten suchen oder ihm die Fahnenflucht erleichtern, sind nach §§ 26, 27, 30 StGB, § 1 IV WStG, § 16 WStG strafbar. Fehlt dem Soldaten die Absicht, sich dem Wehrdienst überhaupt zu entziehen, ist er aber vorsätzlich oder fahrlässig länger als drei volle Kalendertage von der Truppe abwesend, so liegt eigenmächtiges Fernbleiben vor, das milder bestraft wird (§ 15 WStG, der auch bei Anstiftung, Beihilfe oder versuchter Beteiligung eines Nichtsoldaten heranzuziehen ist; § 1 IV WStG).

Fahrbahn
Die Fahrbahn einer öffentlichen Straße steht in erster Linie dem Fahrzeugverkehr zur Verfügung. Führer von Fahrzeugen müssen grundsätzlich die Fahrbahn benutzen, von zwei Fahrbahnen die rechte; Seitenstreifen sind nicht Bestandteil der Fahrbahn (§ 2 I StVO). Ausnahmen sind je nach Verkehrsdichte zulässig, in geschlossenen Ortschaften allgemein (§ 7 StVO → Fahrstreifen). Durch → Verkehrszeichen kann das Befahren des Seitenstreifens als → Fahrstreifen angeordnet werden. Die Fahrbahn darf von allen Fahrzeugen zum → Halten und → Parken benutzt werden, soweit nicht Verbote entgegenstehen.

Auch Radfahrer haben, wenn kein → Radweg vorhanden ist, die Fahrbahn zu benutzen, und zwar auf der äußersten rechten Seite; sie dürfen auf rechten Seitenstreifen fahren, wenn kein Radweg vorhanden ist und Fußgänger nicht behindert werden (§ 2 II, IV 5 StVO).

→ Fußgänger dürfen die Fahrbahn nur benutzen, wo weder ein → Gehweg noch ein Seitenstreifen vorhanden ist. In diesem Falle müssen sie innerhalb geschlossener Ortschaften am linken oder rechten, außerhalb am linken Fahrbahnrand gehen, außer wenn sie ein Fz. (zB Fahrrad) mitführen oder am Linksgehen zB durch eine Baustelle gehindert sind (§ 25 I, II StVO).

→ Sport und Spiel auf der Fahrbahn sind nicht erlaubt, es sei denn, dass die Zulassung einer Sport- oder Spielart durch ein Zusatzzeichen angezeigt ist (§ 31 I StVO).

Eine weiße unterbrochene Linie auf der Fahrbahn ist nur eine Leitlinie, die überfahren werden darf, wenn dadurch der Verkehr nicht gefährdet wird. Eine nicht unterbrochene Linie bedeutet Überfahrverbot.

S. ferner → Einbahnstraßen, → Bankett. Über die Verschmutzung der Fahrbahn → Hindernisbereiten im Straßenverkehr.

Fahreignungs-Bewertungssystem
1. Das Fahreignungs-Bewertungssystem (umgangssprachlich Punktesystem) dient dem Schutz vor Gefahren, die von Inhabern einer → Fahrerlaubnis ausgehen, die wiederholt gegen die Vorschriften zur Sicherheit des Straßenverkehrs verstoßen. Dazu werden nach § 4 StVG sowohl die von Fahrerlaubnisinhabern als auch die von Personen ohne Fahrerlaubnis begangenen Straftaten und Ordnungswidrigkeiten, die in der Anlage zu § 40 FeV aufgeführt sind, mit den dort angegebenen Punkten im → Fahreignungsregister eingetragen: 3 Punkte für eine Straftat mit Entziehung der Fahrerlaubnis, 2 Punkte für eine Straftat ohne Entziehung der Fahrerlaubnis oder eine besonders verkehrsicherheitsbeeinträchtigende Ordnungswidrigkeit (mit Regelfahrverbot), 1 Punkt für eine verkehrsicherheitsbeeinträchtigende Ordnungswidrigkeit (ohne Regelfahrverbot) ab einem Bußgeld von 60 EUR.

2. Bis zu 3 Punkten werden von der Fahrerlaubnisbehörde keine Maßnahmen gegen den Inhaber einer Fahrerlaubnis ergriffen. Ergeben sich 4 oder 5 Punkte, erhält der Inhaber einer Fahrerlaubnis eine Ermahnung. Bis dahin kann er durch Teilnahme an einem → Fahreignungsseminar einmal innerhalb von 5 Jahren einen Abzug von 1 Punkt erreichen. Ergeben sich 6 oder 7 Punkte, erhält er eine schriftliche Verwarnung. Das Erreichen von 8 Punkten oder mehr hat die Entziehung der Fahrerlaubnis, die eine → Sperrwirkung von 6 Monaten auslöst, zur Folge.

3. Tilgung von Punkten → Fahreignungsregister.

Fahreignungsregister
1. Das Fahreignungsregister, das bis 30.4.2014 als Verkehrszentralregister bezeichnet wurde, wird vom → Kraftfahrt-Bundesamt nach §§ 28 ff. StVG, §§ 59 ff. FeV geführt zur Speicherung von Daten für die Beurteilung der Eignung von Fahrerlaubnisbewerbern und -inhabern, für die Prüfung der Berechtigung von Kfz-Führern, für die Ahndung von Verkehrsverstößen und für die Beurteilung der Zuverlässigkeit von Personen wie Fahrlehrer und Kfz-Sachverständige, sog. Negativdaten, während Positivdaten zur Fahrerlaubnis im → Zentralen Fahrerlaubnisregister gespeichert werden.

2. Es enthält insbes. folgende Eintragungen: die Entziehung der → Fahrerlaubnis durch Gerichte oder Verwaltungsbehörden (auch deren Versagung) sowie die Verhängung eines → Fahrverbots, die strafgerichtliche Verurteilung wegen eines → Verkehrsdelikts oder einer anderen im Zusammenhang mit der Teilnahme am Straßenverkehr begangenen Straftat (auch wenn von Strafe abgesehen wird), Geldbußen von mindestens 60 EUR wegen Verkehrsordnungswidrigkeiten. Nach dem → Fahreignungs-Bewertungssystem gemäß § 4 StVG werden diese Straftaten und Ordnungswidrigkeiten, die in der Anlage zu

§ 40 FeV aufgeführt sind, mit der dort bestimmten Anzahl von Punkten eingetragen.

3. Die Eintragungen sind nach § 29 StVG zu tilgen: nach 10 Jahren bei Entscheidungen wegen Straftaten mit Entziehung der Fahrerlaubnis oder isolierter Sperre, nach 5 Jahren bei Entscheidungen wegen sonstiger Straftaten oder besonders verkehrsicherheitsbeeinträchtigender Ordnungswidrigkeiten, nach 2,5 Jahren bei Entscheidungen wegen verkehrsicherheitsbeeinträchtigender Ordnungswidrigkeiten. Die Tilgungsfrist beginnt mit der Rechtskraft der Entscheidung. Gelöscht werden die Eintragungen nach jeweils einem weiteren Jahr Überliegefrist, um korrekte Berechnungen zu ermöglichen. Bei Eintragungen mit 10-jähriger Tilgungsfrist sind Auskunft und Verwertung nach 5 Jahren beschränkt. Wird eine im Fahreignungsregister vermerkte Verurteilung im → Strafregister getilgt, so ist sie aus dem Fahreignungsregister zu entfernen.

4. Übermittelt werden dürfen die Eintragungen nach § 30 StVG, §§ 59 ff. FeV vor allem an Behörden zur Verfolgung von Straftaten und Verkehrsordnungswidrigkeiten, Fahrerlaubnisbehörden, Stellen für Verkehrs- und Grenzkontrollen sowie die zuständigen Stellen anderer Staaten. Dabei ist ein Abruf im automatisierten Verfahren zulässig (§§ 30a, 30b StVG). Über die Abrufe sind Aufzeichnungen zu fertigen. Der Betroffene erhält nach § 30 VIII StVG unentgeltlich Auskunft über den ihn betreffenden Inhalt des Fahreignungsregisters und über die Anzahl der Punkte (→ Fahreignungs-Bewertungssystem).

Fahreignungsseminar
Fahrerlaubnisinhabern, die wegen Verkehrsstraftaten oder -ordnungswidrigkeiten durch das → Fahreignungs-Bewertungssystem Punkte im → Fahreignungsregister aufweisen, wird die freiwillige Teilnahme an Fahreignungsseminaren angeboten (§ 4a StVG). Sie sollen dadurch sicherheitsrelevante Mängel in ihrem Verkehrsverhalten erkennen und abbauen. Ein Fahreignungsseminar besteht aus je einer verkehrspädagogischen und einer verkehrspsychologischen Teilmaßnahme.

Fahren ohne Fahrerlaubnis
Fahren ohne → Fahrerlaubnis ist strafbar; außerdem kann der Schutz der → Kraftfahrzeug-Haftpflichtversicherung entfallen. Wer auf öffentlichen Straßen (also nicht auf privatem Gelände, vgl. § 2 StVG) vorsätzlich ein Kfz führt, obwohl er die dafür erforderliche Erlaubnis nicht besitzt – dh wenn er sie nicht erworben hat oder wenn sie ihm entzogen worden ist – oder obwohl ihm ein → Fahrverbot auferlegt ist, wird nach § 21 StVG mit Freiheitsstrafe bis zu 1 Jahr oder Geldstrafe bestraft; dasselbe gilt für den Halter des Kfz, der dies vorsätzlich duldet oder anordnet. Wer die Tat fahrlässig begeht, ist mit Freiheitsstrafe bis zu 6 Mon. oder Geldstrafe bis zu 180 Tagessätzen bedroht. Diese Strafdrohung gilt auch für den Fahrer, dessen Führerschein beschlagnahmt (sichergestellt) ist, ohne dass aber eine Entziehung oder ein Fahrverbot ausgesprochen worden ist, und ggf. für den Halter, der die Tat duldet oder anordnet.

Ein Kfz führt, wer es in Betrieb setzt, wenn auch ohne Inanspruchnahme der Motorkraft; das gilt auch für die unmittelbar einleitenden Handlungen, die der Fortbewegung des Kfz auf öffentl. Straße dienen (Einstecken des Zündschlüssels und dgl.).

Ferner ist nach § 21 III StVG Einziehung des Kfz nach den Vorschriften der §§ 74 ff. StGB zulässig (→ Einziehung im Strafverfahren), wenn der Täter entweder in den letzten 3 Jahren schon wegen Fahrens ohne Fahrerlaubnis verurteilt worden ist oder entgegen einem Fahrverbot oder nach Entziehung (Sperre) der Fahrerlaubnis gehandelt hat.

Wer zwar eine Fahrerlaubnis besitzt, aber den Führerschein beim Führen des Kfz nicht bei sich führt, macht sich einer Ordnungswidrigkeit nach § 4 II 2 FeV, § 48 III 2 FeV, § 75 Nr. 4 FeV, § 24 StVG schuldig, die mit Geldbuße bedroht ist; statt dessen kann eine → Verwarnung mit Verwarnungsgeld ausgesprochen werden.

Das Führen eines → Mofas vor Vollendung des 15. Lebensjahres oder ohne Ablegung der Prüfung ist lediglich eine Ordnungswidrigkeit (§ 75 Nr. 4, 5, 7 FeV).

Über das Führen nicht zugelassener Kfz s. → Zulassung. Sa Missbrauch von → Kennzeichen an Kfz.

Fahrerbescheinigung
Ein Unternehmen des gewerblichen Straßengüterverkehrs mit Sitz in EU oder EWR benötigt für den Einsatz eines Ausländers ohne Aufenthaltstitel aus einem Drittstaat im grenzüberschreitenden Straßenverkehr eine europ. Fahrerbescheinigung seines Niederlassungsstaates zum Nachweis der Beschäftigung zu den dort geltenden Vorschriften gem. Art. 3 I VO (EWG) 881/93 v. 26.3.1992 (ABl. EG 1992 L 95, 1), § 7b GüKG, § 13 BeschV. Die Fahrerbescheinigung ersetzt die Zustimmung der Agentur für Arbeit zur Erteilung eines Aufenthaltstitels (→ Arbeitsgenehmigung). Für ein Unternehmen aus einem Drittstaat gilt dies ebenso für einen Aufenthalt von 3 Monaten innerhalb von 12 Monaten.

Fahrerflucht
→ unerlaubtes Entfernen vom Unfallort.

Fahrerlaubnis
Einer Fahrerlaubnis bedarf, wer auf öffentlichen Straßen ein Kraftfahrzeug (dh ein maschinell getriebenes, nicht an Gleise gebundenes Landfahrzeug) führen will.

Das Recht der Fahrerlaubnis wird seit 19.1.2013 weitgehend durch die 3. EU-Führerscheinrichtlinie 2006/126/EG v. 20.12.2006 (ABl. EG 2006 L 403, 18) mÄnd durch die RL 2009/113/EG v. 25.8.2009 (ABl. EG 2009 L 223, 31) und 2013/47/EG v. 2.10.2013 (ABl. EG 2013 L 261, 29), die für EU und EWR gilt, bestimmt. Sie enthält insbes. das internationale System der Fahrerlaubnisklassen und den → Stufenführerschein für Krafträder; die Zugangsvoraussetzungen der einzelnen Fahrerlaubnisklassen; die gegenseitige unbeschränkte Anerkennung der Führerscheine aus den Mitgliedstaaten ohne Umtausch bei Aufenthalts- oder Wohnsitzverlegung (→ Auslandsführerschein); ein einheitliches Führerscheinmuster (EU-Führerschein). Außerdem schreibt sie vor, dass jeder EU-Bürger nur eine Fahrerlaubnis und einen Führerschein besitzen darf.

Die Regelungen iE sowie Ergänzungen, zB über fahrerlaubnisfreie Fahrzeuge, sind in dem StVG und der FeV (→ Straßenverkehrsrecht) enthalten.

1. Die Fahrerlaubnis wird danach in folgenden Klassen erteilt: AM für zweirädrige → Kleinkrafträder (Mopeds), → Fahrräder mit Hilfsmotor, dreirädrige Kleinkrafträder (sog. Trikes) und vierrädrige → Leicht-Kfz bis 350 kg Leermasse (sog. Quads), jeweils bis 45 km/h, A1 für → Leichtkrafträder und dreirädrige Kfz bis 15 kW mit mehr als 45 km/h, A2 für → Krafträder bis 35 kW und 0,2 kW/kg, A für Krafträder mit mehr als 50 ccm und mehr als 45 km/h und dreirädrige Kfz mit mehr als 50 ccm oder 15 kW und mehr als 45 km/h, B für Pkw und andere Kfz bis 3500 kg zulässige Gesamtmasse und 8 Sitzplätzen außer dem Führersitz (wobei Inhaber der Fahrerlaubnis Klasse B unter erleichterten Bedingungen unter zusätzlicher Erteilung der Schlüsselzahl 196 auch eine allerdings nur national geltende Fahrerlaubnis für Krafträder bis 125 ccm erhalten können, s. § 6b FeV), C1 für → Lastkraftwagen von 3500–7500 kg, C für Lastkraftwagen über 3500 kg, D1 für Kfz zur → Personenbeförderung mit 9–16 Fahrgastsitzplätzen (→ Omnibusse, → Fahrgastbeförderung), D für Omnibusse mit mehr als 8 Fahrgastsitzplätzen, B bis D auch mit Anhänger bis 750 kg, ansonsten E iVm B bis D für Kfz dieser Klassen mit Anhänger über 750 kg, zudem B mit Anhänger bis zur Leermasse des Zug-Fahrzeugs und zulässiger Gesamtmasse der Kombination bis 3500 kg sowie B mit Schlüsselzahl 96 mit Anhänger von mehr als 750 kg und zulässiger Gesamtmasse der Kombination bis 4250 kg, T für land- oder forstwirtschaftliche Zugmaschinen bis 60 km/h, selbstfahrende Arbeitsmaschinen oder Futtermischwagen mit gleichem Zweck bis 40 km/h (jeweils auch mit Anhängern), L für land- oder forstwirtschaftliche Zugmaschinen bis 40 km/h, mit Anhängern bis 25 km/h, und selbstfahrende Arbeitsmaschinen oder Futtermischwagen, Stapler und andere Flurförder-Fahrzeuge, auch mit Anhängern, jeweils bis 25 km/h (§ 6 FeV).

Fahrerlaubnisfrei (§ 4 FeV) sind → Fahrräder mit Hilfsmotor bis 25 km/h (Mofas), → Elektrokleinstfahrzeuge iSd eKFV (E-Scooter uä) einschließlich → Mobilitätshilfen, geschwindigkeitsbeschränkte Kleinkrafträder der Klasse L1e (mit durch die Bauart gewährleisteter Höchstgeschwindigkeit von 25 km/h), motorisierte Krankenfahrstühle bis 15 km/h, land- oder forstwirtschaftliche Zugmaschinen, selbstfahrende Arbeitsmaschinen, Stapler und andere Flurförder-Fahrzeuge jeweils bis 6 km/h sowie von Fußgängern geführte einachsige Zug- und Arbeitsmaschinen (§ 4 I 2 FeV). Für Mofas bis 25 km/h und geschwindigkeitsbeschränkte Kleinkrafträder wird aber der Nachweis der Vorschriften- und Gefahrenkenntnis durch eine Prüfung verlangt, über die eine Prüfbescheinigung ausgestellt wird (§ 5 FeV).

Eine zusätzliche Fahrerlaubnis zur → Fahrgastbeförderung in bestimmten Kfz (zB Taxi) ist notwendig, wenn der Führer die Fahrerlaubnis Klasse D oder D1 nicht besitzt (§ 48 FeV).

2. Das Mindestalter (§ 10 FeV) beträgt: 15 Jahre für die Klasse AM, wobei bis zur Vollendung des 16. Lebensjahres von der Fahrerlaubnis nur bei Fahrten im Inland Gebrauch gemacht werden darf; 16 Jahre für die Klassen A1, T und L; 17 Jahre für die Klassen B und BE bei begleitetem Fahren (nur für Inlandsfahrten unter der Auflage, dass der Fahrerlaubnisinhaber von einer namentlich benannten Person über 30 Jahren mit 5 Jahren Fahrerlaubnis Klasse B und nicht mehr als 2 Punkten im Fahreignungsregister (→ Fahreignungs-Bewertungssystem) begleitet wird, § 48a FeV); 18 Jahre insbes. für die Klassen A2, B, BE, C1 und C1E; 20 Jahre für die Klasse A für leistungsunbeschränkte Krafträder bei Vorbesitz der Klasse A2 von 2 Jahren (→ Stufenführerschein); 21 Jahre für die Klassen A für dreirädrige Kfz. mit mehr als 15 kW, C, CE, D1 und D1E sowie zur Fahrgastbeförderung (19 Jahre für Kranken-Kfz.); 24 Jahre für die Klassen A für leistungsunbeschränkte Krafträder bei direktem Zugang, D und DE; bei Erwerb der Fahrerlaubnis der Klassen B, BE, C, CE, D, D1E und DE im Rahmen bestimmter Berufsaubildungen und der Klassen C und D für den Einsatz zu bestimmten Aufgaben verringert sich das Mindestalter; für fahrerlaubnisfreie Fahrzeuge beträgt das Mindestalter 15 Jahre (§ 10 I, III FeV, § 6 II FeV, § 48 IV Nr. 2 FeV). Vorbesitz der Fahrerlaubnis Klasse B ist Voraussetzung für die Erteilung der Fahrerlaubnis Klassen C1, C, D1 und D sowie zur Fahrgastbeförderung (§§ 9, 48 IV Nr. 5 FeV). Diese werden auch nur nach einer ärztlichen Untersuchung erteilt (§ 11 IX FeV, § 12 VI FeV). Außerdem gelten die Anforderungen des Berufskraftfahrer-QualifikationsG v. 14.8.2006 (BGBl. 2006 I 1958) für gewerbliche Fahrten im Güterkraftverkehr oder im Personenverkehr (→ Lastkraftwagen, → Fahrgastbeförderung).

3. Voraussetzungen für die Erteilung einer Fahrerlaubnis sind nach § 2 StVG, §§ 7 ff. FeV: ordentlicher Wohnsitz (dh mindestens für die Dauer von 185 Tagen, also 1/2 Jahr) im Inland; Mindestalter (s. o.); kein Besitz der beantragten Fahrerlaubnis in einem anderen EU-

oder EWR-Staat; körperliche und geistige Eignung; charakterliche Eignung, die bei erheblichem oder wiederholtem Verstoß gegen Verkehrsvorschriften oder Strafgesetze fehlen kann; Ausbildung nach dem FahrlehrerG und den auf ihm beruhenden Vorschriften (s. Fahrschüler-AusbildungsO v. 19.6.2012, BGBl. I 1318); Nachweis der Befähigung zum Führen von Kfz in theoretischer und praktischer Prüfung; Nachweis derTeilnahme an einer Schulung in Erster Hilfe; für die Fahrerlaubnis Klasse C1, C, D1 und D sowie zur Fahrgastbeförderung Vorbesitz der Fahrerlaubnis Klasse B und Nachweis der geistigen und körperlichen Eignung durch ein medizinisches Gutachten (§ 11 IX, § 48 V FeV).

4. Bei Bedenken gegen Eignung oder Befähigung muss oder kann die Fahrerlaubnisbehörde ein ärztliches oder medizinisch-psychologisches Gutachten oder ein Gutachten eines amtlich anerkannten Sachverständigen oder Prüfers für den Kfz-Verkehr verlangen (§ 46 III FeV). Bei bedingter körperlicher oder geistiger Eignung sind Beschränkungen oder Auflagen zulässig. Die Fahrerlaubnis wird grds. unbefristet erteilt. Die Fahrerlaubnis Klasse C1, C, D1 und D sowie zur Fahrgastbeförderung wird nur befristet erteilt. Für eine Verlängerung ist Nachweis der geistigen und körperlichen Eignung durch ein medizinisches Gutachten zu erbringen (§§ 23, 24 FeV).

5. Zum Nachweis der Fahrerlaubnis wird der Führerschein, eine amtliche Bescheinigung im Scheckkartenformat, ausgestellt, der beim Führen von Kfz mitzuführen und zuständigen Personen auf Verlangen zur Prüfung auszuhändigen ist (§ 2 I StVG, § 4 FeV).

6. Fahrerlaubnis und Führerscheine, die nach den bis 31.12.1998 geltenden Vorschriften oder nach den Bestimmungen der ehem. DDR bis zum Ablauf des 18.1.2013 erteilt worden sind, bleiben grds. im bisherigen Umfang gültig. Für einige Fahrerlaubnisse sind aber ärztliche Untersuchungen erforderlich. Die bisherigen Führerscheine können umgetauscht werden. Vor dem 19.1.2013 ausgestellte unbefristete Führerscheine sind bis 19.1.2033 umzutauschen. Ab dem 19.1.2013 ausgestellte Führerscheine sind 15 Jahre gültig und dann umzutauschen (§ 24a FeV). Der Umtausch ist nicht mit einer Prüfung verbunden; er bezieht sich nur auf das Dokument.

7. Bei erstmaligem Erwerb, ausgenommen die Fahrerlaubnis Klassen AM, L und T, wird eine Fahrerlaubnis auf Probe mit einer Probezeit von 2 Jahren erteilt (§ 2a StVG, §§ 32 ff. FeV). Inhaber einer solchen Fahrerlaubnis der Klasse B können durch Teilnahme an einem Seminar gem. der Fahranfängerfortbildungs-VO v. 16.5.2003 (BGBl. 2003 I 709) die Probezeit um 1 Jahr verkürzen. Während der Probezeit besteht für das Kfz-Führen ein Alkoholverbot; der Verstoß stellt eine Ordnungswidrigkeit dar (§ 24c StVG). Wird die Fahrerlaubnis während der Probezeit entzogen oder zurückgegeben, so endet diese; mit der Erteilung einer neuen Fahrerlaubnis beginnt eine neue Probezeit für die Restdauer der vorherigen Probezeit. Die Regelungen gelten auch für Inhaber einer Fahrerlaubnis aus EU oder EWR, die ihren Wohnsitz in das Inland verlegen. Bei 1 schwerwiegenden oder 2 weniger schwerwiegenden Verkehrsverstößen in der Probezeit, die zu rechtskräftiger Entscheidung und Eintragung in das → Fahreignungsregister führen, kommt es zu folgenden abgestuften Maßnahmen: Teilnahme an einem → Aufbauseminar – andernfalls Entziehung der Fahrerlaubnis – und Verlängerung der Probezeit um 2 Jahre; bei 1 weiteren schwerwiegenden Verstoß oder 2 weiteren weniger schwerwiegenden Verstößen nach dem Aufbauseminar in der Probezeit schriftliche Verwarnung und freiwillige Teilnahme an verkehrspsychologischer Beratung; bei 1 weiteren schwerwiegenden Verstoß oder 2 weiteren weniger schwerwiegenden Verstößen in der Probezeit Entziehung der Fahrerlaubnis.

8. Die Fahrerlaubnis kann entzogen werden:

a) durch die Fahrerlaubnisbehörde nach § 3 StVG, § 46 FeV, wenn sich der Inhaber als ungeeignet oder nicht befähigt zum Führen von Kfz erweist, wozu sie ein ärztliches oder → medizinisch-psychologisches Gutachten eines amtlich anerkannten Sachverständigen oder Prüfers für den Kfz-Verkehr verlangen kann, oder nach § 4 StVG, §§ 40 ff. FeV, wenn der Inhaber nach dem → Fahreignungs-Bewertungssystem als charakterlich ungeeignet gilt. Gegen die Entscheidung ist das Widerspruchsverfahren (§§ 68 ff. VwGO) und bei Erfolglosigkeit die Klage im Verwaltungsstreitverfahren (§§ 40, 42 VwGO) zugelassen;

b) durch strafgerichtliche Entscheidung nach §§ 69 ff. StGB (→ Maßregeln der Besserung u. Sicherung, 6).

c) vorläufig durch das Strafgericht nach § 111a StPO. Dies ist zulässig, wenn dringende Gründe die endgültige Entziehung durch das Strafgericht erwarten lassen, und dient zugleich der Verhütung gleichartiger Straftaten durch den ungeeigneten Kraftfahrer. Die vorläufige Entziehung wirkt gleichzeitig als Beschlagnahme des Führerscheins oder deren Bestätigung. Wird die Fahrerlaubnis im Urteil nicht entzogen, sind die vorläufigen Maßnahmen aufzuheben.

Bei einer ausländischen Fahrerlaubnis hat die Entziehung die Wirkung einer Aberkennung des Rechts, von der Fahrerlaubnis im Inland Gebrauch zu machen (§ 3 I StVG, § 69b StGB). Ist derselbe Sachverhalt Gegenstand eines Verwaltungs- und eines Strafverfahrens, so hat letzteres den Vorrang (§ 3 III, IV StVG). Die Verwaltungsbehörde hat das Entziehungsverfahren bis zum Abschluss des Strafverfahrens auszusetzen. Hat das Strafgericht über die Entziehung sachlich (positiv oder negativ) entschieden, so ist die Verwaltungsbehörde an die Sachverhaltsfeststellung und an die Beurteilung der Schuldfrage und der Eignung zum Führen von Kfz gebunden; nicht dagegen, wenn das Strafurteil hierüber schweigt.

9. Nach Ablauf der Sperrfrist oder Wegfall des sonstigen Hindernisses ist die Neuerteilung der Fahrerlaubnis zulässig (§ 20 FeV). Diese wird nach den Vorschriften für die Ersterteilung, dh nach erneuter Prüfung der gesetzlichen Voraussetzungen erteilt, wobei nach Entziehung der Fahrerlaubnis wegen fehlender charakterlicher Eignung ein → medizinisch-psychologisches Gutachten verlangt werden muss oder kann. Auf eine neue Fahrerlaubnisprüfung kann uU verzichtet werden. Ablauf der Sperre allein, die das Gericht auch vorzeitig verfügen kann, wenn der Betroffene nicht mehr ungeeignet erscheint (§ 69a VII StGB), verpflichtet noch nicht zur Neuerteilung. Sa → Fahren ohne Fahrerlaubnis.

10. Die Kosten zur Erlangung der Fahrerlaubnis Klasse B sind steuerlich nicht absetzbar, da sie der Allgemeinbildung dienen.

Fahrerlaubnisregister
→ Zentrales Fahrerlaubnisregister.

Fahrerlaubnis-Verordnung
(FeV) → Straßenverkehrsrecht.

Fahrgastbeförderung
Die Fahrgastbeförderung erfordert eine verkehrsrechtliche Erlaubnis. Bei → Omnibussen ist die Erlaubnis in der → Fahrerlaubnis Klasse D (Kfz mit mehr als 8 Fahrgastsitzplätzen) oder D1 (Kfz mit 9–16 Fahrgastsitzplätzen) enthalten (§ 6 FeV). Diese setzt ua ein Mindestalter von 24 bzw. 21 Jahren (§ 10 I FeV), Vorbesitz der Fahrerlaubnis Klasse B (§ 9 FeV), eine ärztliche Untersuchung der Eignung (§ 11 IX, § 12 VI FeV) und Ausbildung in Erster Hilfe (§ 19 II FeV) voraus. Sie gilt 5 Jahre (§ 23 I 2 Nr. 3 FeV) und wird nur nach erneuter ärztlicher Untersuchung jeweils um 5 Jahre verlängert (§ 11 IX, § 12 VI, § 24 FeV). Außerdem ist für gewerbliche Fahrten im Personenverkehr mit einem Kfz, für das eine Fahrerlaubnis Klasse D1, D, D1E oder DE notwendig ist, die Grundqualifikation nach dem Berufskraftfahrer-Qualifikations-Gesetz v. 14.8.2006 (BGBl. 2006 I 1958) und der VO dazu v. 22.8.2006 (BGBl. 2006 I 2108) erforderlich. Ansonsten ist neben der Fahrerlaubnis für das Kfz eine Erlaubnis zur Fahrgastbeförderung nach § 48 FeV notwendig für Führer von Taxen, Mietwagen, Krankenkraftwagen (ausgenommen solche bestimmter Dienste, zB der Feuerwehren) oder Pkw im Linienverkehr (§§ 42, 43 PBefG) oder bei gewerbsmäßigen Ausflugsfahrten oder Ferienziel-Reisen (§ 48 PBefG). Voraussetzungen, Geltung und Verlängerung sind im Wesentlichen wie bei der Fahrerlaubnis Klasse D oder D1 geregelt. Hierüber wird ein Führerschein zur Fahrgastbeförderung ausgestellt. Fahrgastbeförderung ohne Erlaubnis nach § 48 FeV ist nicht als → Fahren ohne Fahrerlaubnis strafbar, sondern nur ordnungswidrig (§ 75 Nr. 12 FeV). Taxiführer müssen Ortskenntnis nachweisen.

Im Übrigen gelten für alle Fahrzeuge Sicherheitsvorschriften nach der StVO: Sicht und Gehör des Fz.-Führers und die Verkehrssicherheit des Fz. dürfen durch die Besetzung nicht beeinträchtigt sein (§ 23 I StVO). Die Mitnahme von Personen auf der Ladefläche oder in Laderäumen von Kfz ist verboten, ebenso Mitnehmen von Personen auf Krafträdern ohne besondere Sitzgelegenheit oder in Wohnwagen hinter Kfz; Kinder bis zu 12 Jahren und 1,5 m Körpergröße dürfen im Pkw grundsätzlich nur auf Sitzen mit geeigneten Rückhalteeinrichtungen mitgenommen werden (§ 21 StVO, → Sicherheitsgurt).

Wegen der gewerberechtlichen Genehmigungspflicht zur entgeltlichen oder geschäftsmäßigen Beförderung von Personen s. → Personenbeförderung.

Fahrgastboote
Fahrgastboote sind gem. § 2 Nr. 21 BinSchPersV und § 2 III Nr. 11 BinSchUO (zu beiden → Binnenschifffahrt) Schiffe, die zur Fahrgastbeförderung zugelassen und keine → Fahrgastschiffe sind.

Fahrgastrechte (Eisenbahnverkehr)
1. Mit der Verordnung (EU) 2021/782 v. 29.4.2021 über die Rechte und Pflichten der Fahrgäste im Eisenbahnverkehr (ABl. EU 2021 L 172, 1) hat die EU die Fahrgastrechte im Eisenbahnverkehr unionsweit harmonisiert. Die VO (EU) 2021/782 ist eine Neufassung der VO (EG) 1371/2007 v. 23.10.2007 (ABl. EG 2007 L 315, 14) und ist seit dem 7.6.2023 an ihre Stelle getreten. Sie gilt für alle internationalen und inländischen Eisenbahnfahrten und -dienstleistungen eines → Eisenbahnunternehmens (Art. 2 VO (EU) 2021/782) und hat in allen Staaten der Europäischen Union unmittelbare Wirkung (→ Verordnungen der Europäischen Union). Sie stärkt die → Verbraucherschutzrechte ähnlich den Verordnungen über → Fluggastrechte, → Fahrgastrechte im See- und Binnenschiffsverkehr und → Fahrgastrechte im Kraftomnibusverkehr.

2. a) Die VO (EU) 2021/782 bezweckt den wirksamen Schutz aller Fahrgäste sowie die Förderung des Schienenverkehrs. Nach Art. 6 VO (EU) 2021/782 haben Fahrgäste grundsätzlichen einen Anspruch auf Mitnahme eines Fahrrads gegen ein angemessenes Entgelt. Die Verordnung enthält ferner Regelungen zu Reiseinformationen (Art. 8–10 VO (EU) 2021/782), Verfügbarkeit und Vertriebswegen von Fahrkarten (Art. 11 VO (EU) 2021/782) sowie Durchgangskarten (Art. 12 VO (EU) 2021/782), zur Haftung von Eisenbahnunternehmen für Fahrgäste und deren → Gepäck (Kap. III VO (EU) 2021/782), zu den Rechten von Reisenden mit Behinderung oder eingeschränkter Mobilität (Kap. V VO (EU) 2021/782, Grundsatz des diskriminierungsfreien Zugangs), zu Risikomanagement, Beschwerden und Dienstqualitätsnormen

(Kap. VI VO (EU) 2021/782) sowie zu den Information der Fahrgäste über ihre Rechte und die nationalen Durchsetzungsstellen (Kap. VII VO (EU) 2021/782). Die Vorschriften können vertraglich nicht abbedungen werden (Art. 7 VO (EU) 2021/782). → Reisegepäck, Haftung für.

b) Kernstück der Verordnung ist die Regelung der Haftung des Eisenbahnunternehmens für Verspätungen, verpasste Anschlüsse und Zugausfälle (Art. 17 ff. VO (EU) 2021/782). Ist mit einer Verspätung von über 60 Minuten am Zielort zu rechnen, so kann der Fahrgast wählen zwischen der vollständigen Erstattung des Fahrpreises für die nicht gefahrene Strecke oder der sofortigen oder späteren Fortsetzung der Fahrt auf einer anderen Strecke (Art. 18 VO (EU) 2021/782). Zusätzlich erhält er eine Entschädigung iHv 25 vH des Preises der Fahrkarte bei einer tatsächlichen Verspätung zwischen 60 und 119 Minuten und 50 vH bei einer tatsächlichen Verspätung über 120 Minuten (Art. 19 VO (EU) 2021/782). Ferner hat der Fahrgast uU Anrecht auf bestimmte Hilfeleistungen wie Mahlzeiten, Erfrischungen und Hotelunterbringung (Art. 20 VO (EU) 2021/782). Auch Fahrgäste, die Zeitfahrkarten besitzen, können Entschädigungen für wiederholt aufgetretene Verspätungen oder Zugausfälle geltend machen. Zu den Rechtsfolgen der Corona-Krise → Corona-Krise und Reiserecht. Die EU hatte auch „Auslegungsrichtlinien zu den EU-Richtlinien über Passagierrechte vor der sich entwickelnden Situation im Zusammenhang mit COVID-19" bekannt gemacht (ABl. 2020 C 89 I, 1).

c) Fahrpreisentschädigungen für Verspätungen können entfallen, wenn der Entschädigungsbetrag 4 EUR nicht überschreitet (Art. 19 VIII VO (EU) 2021/782, Bagatellgrenze), der Fahrgast schon vor dem Kauf der Fahrkarte über eine Verspätung informiert wurde oder wenn bei seiner Ankunft am Zielort die tatsächliche Verspätung weniger als 60 Minuten beträgt (Art. 19 IX VO (EU) 2021/782). Die Haftung des Eisenbahnunternehmens entfällt ferner, wenn die Verspätung auf einem betriebsfremden, vom Unternehmen nicht zu vertretenden Umstand beruht (etwa extremen Wetterbedingungen oder Naturkatastrophen), der Fahrgast die Verspätung verursacht hat (etwa durch das grundlose Betätigen der Notbremse) oder die Verspätung auf dem Verhalten Dritter beruht (etwa dem Betreten von Gleisen, Kabeldiebstahl, Sabotage). Soweit diese Vorschriften nicht eingreifen, gelten nach Art. 17 VO (EU) 2021/782 für die Haftung des Eisenbahnunternehmens die Regelungen des → CIV = Anhang I der VO (EU) 2021/782 subsidiär.

3. § 11 Eisenbahn-Verkehrsordnung (EVO) enthält Sonderregelungen für Verspätungen im Schienenpersonennahverkehr (Regional- und S-Bahn, → Straßenbahn, → öffentlicher Personennahverkehr), die zusätzlich zu den Vorschriften der VO (EU) 2021/782 eingreifen. Nach § 15 EVO kann der Reisende bei Streitigkeiten aus der Beförderung eine Verbraucherstreitbeilegungsstelle zur Schlichtung nach dem VSBG anrufen, etwa die „söp_Schlichtungsstelle für den öffentlichen Personenverkehr e. V.". Stattdessen oder danach kann sich der Fahrgast mit einer Beschwerde an das → Eisenbahn-Bundesamt wenden, § 5a VIII AEG. Denn das Eisenbahn-Bundesamt ist nach § 5 IVa AEG die zuständige Stelle in Deutschland für die Durchsetzung der VO (EU) 2021/782. Auch der Klageweg steht dem Fahrgast offen.

Fahrgastrechte (Kraftomnibusverkehr)
1. Mit VO (EU) 181/2011 v. 16.2.2011 über die Fahrgastrechte im Kraftomnibusverkehr (ABl. EU 2011 L 55, 1) harmonisiert die → Europäische Union die Rechte der Fahrgäste von → Omnibussen bei Unfällen, Annullierungen, Verspätungen und Überbuchungen. Die VO gilt ab dem 1.3.2013 (Art. 34 VO (EU) 181/2011) und hat in allen Mitgliedstaaten unmittelbare Wirkung (→ Verordnungen der Europäischen Union). Sie stärkt die → Verbraucherschutzrechte wie die ähnlichen VO zu den → Fahrgastrechten im Eisenbahnverkehr, den → Fahrgastrechten im See- und Binnenschiffsverkehr und den → Fluggastrechten.

2. Die VO gilt grundsätzlich nur für Fahrgäste von Linienverkehrsdiensten (→ Linienverkehr, → Personenbeförderung), bei denen Abfahrts- oder Ankunftsort in einem Mitgliedstaat liegen und die planmäßige Wegstrecke mindestens 250 km beträgt. Sie verpflichtet vor allem Beförderer, dh diejenigen Personen, die sich zur Beförderung des Fahrgastes vertraglich verpflichten (→ Beförderungsvertrag) oder Beförderungen öffentlich anbieten.

a) Bei Tod oder Körperverletzung muss die Höhe der nach nationalem Recht zu gewährenden Entschädigung pro Fahrgast mindestens 220 000 EUR betragen, bei Verlust oder Beschädigung eines Gepäckstückes mindestens 1200 EUR (Art. 7 VO (EU) 181/2011). Ferner muss der Beförderer bei Unfällen Hilfe leisten und die Fahrgäste unterbringen, verpflegen und weiterbefördern (Art. 8 VO (EU) 181/2011).

b) Die VO enthält detaillierte Vorschriften zur Beförderung von → behinderten Menschen und Personen mit eingeschränkter Mobilität (Art. 9–18 VO (EU) 181/2011). Sie haben Anspruch auf diskriminierungsfreie Beförderung, Hilfeleistung an Busbahnhöfen und im Bus sowie zusätzliche Informationen. Behindertengerechte Busbahnhöfe müssen benannt und Mitarbeiter geschult werden.

c) Bei Annullierung, einer Verspätung von mehr als 120 Minuten oder Überbuchung hat der Fahrgast gegen den Beförderer Anspruch auf Fortsetzung der Reise auf einer anderen Strecke oder Erstattung des Fahrpreises mit kostenloser Rückfahrt zum ursprünglichen

Abfahrtsort (Art. 19 VO (EU) 181/2011). Gleiches gilt, wenn der Bus unterwegs betriebsunfähig wird oder sich an einer Bushaltestelle eine Verspätung von mehr als 120 Minuten ergibt. Weitergehende Schadensersatzansprüche nach nationalem Recht bleiben unberührt (Art. 22 VO (EU) 181/2011). Zu den Rechtsfolgen der Corona-Krise → Corona-Krise und Reiserecht. Die EU hatte auch „Auslegungsrichtlinien zu den EU-Richtlinien über Passagierrechte vor der sich entwickelnden Situation im Zusammenhang mit COVID-19" bekannt gemacht (ABl. 2020 C 89 I, 1). → Reisegepäck, Haftung für.

d) Eine Abweichung von den Vorschriften der VO zu Lasten der Fahrgäste ist unzulässig (Art. 6 VO (EU) 181/2011). Beförderer unterliegen ferner einem allgemeinen → Diskriminierungsverbot (Art. 4 II VO (EU) 181/2011). Zuständige Behörde für die Durchsetzung der VO ist das → Eisenbahn-Bundesamt (§ 3 EU-Fahrgastrechte-Kraftomnibus-Gesetz v. 23.7.2013 (BGBl. 2013 I 2547 mÄnd)). Zur außergerichtlichen Beilegung von Streitigkeiten aus der Beförderung kann der Fahrgast ein Streitbeilegungsverfahren nach dem VSBG bei der „söp_Schlichtungsstelle für den öffentlichen Personenverkehr e.V." beginnen (§ 6 EU-Fahrgastrechte-Kraftomnibus-Gesetz).

3. Linienverkehrsdienste, deren planmäßige Wegstrecke geringer ist als 250 km (→ öffentlicher Personennahverkehr), unterliegen nicht der VO, allerdings gelten einzelne Vorschriften auch für sie (Art. 2 II VO (EU) 181/2011). Dagegen erfasst die VO auch → Gelegenheitsverkehr (zB Buscharter, → Mietomnibus), schließt allerdings die Anwendung einiger Vorschriften, etwa zu Annullierung und Verspätung, aus (Art. 2 III VO (EU) 181/2011).

Fahrgastrechte (See- und Binnenschiffsverkehr)
1. Mit VO (EU) 1177/2010 v. 24.11.2010 über die Fahrgastrechte im See- und Binnenschiffsverkehr (ABl. EU 2010 L 334, 1) hat die → Europäische Union die Rechte der Passagiere in der → See- und → Binnenschifffahrt harmonisiert. Die VO gilt seit dem 18.12.2012 (Art. 31 VO (EU) 1177/2010) und hat in allen Mitgliedstaaten unmittelbare Wirkung (→ Verordnungen der Europäischen Union). Sie stärkt die → Verbraucherschutzrechte wie die ähnlichen VO zu den → Fahrgastrechten im Eisenbahnverkehr, den → Fahrgastrechten im Kraftomnibusverkehr und den → Fluggastrechten. Durchführungsvorschriften enthalten das EU-Fahrgastrechte-Schifffahrt-Gesetz v. 5.12.2012 (BGBl. 2012 I 2454 mÄnd) und die VO v. 12.12.2012 (BGBl. 2012 I 2571).

2. Die VO erfasst Personenverkehrsdienste mit → Fahrgastschiffen auf See- oder Binnenwasserstraßen, wenn entweder der Einschiffungshafen oder der Ausschiffungshafen im Hoheitsgebiet eines Mitgliedstaates liegt. Auch Kreuzfahrten fallen unter die VO, wenn sich der Einschiffungshafen in der EU befindet (Art. 2 I VO (EU) 1177/2010). Die Regelungen enthalten ein → Diskriminierungsverbot (Art. 4 II VO (EU) 1177/2010), die Rechte → behinderter Menschen auf Beförderung und Hilfeleistung (Art. 7 ff. VO (EU) 1177/2010) und die Pflichten der Beförderer bei Annullierung und Verspätung.

3. Nach Art. 17 f. VO (EU) 1177/2010 hat ein Beförderer bei Annullierung oder um mehr als 90 Minuten verspäteter Abfahrt den Fahrgästen kostenlose Unterstützungsleistungen wie Mahlzeiten und Erfrischungen anzubieten. Gleichzeitig muss er entweder eine anderweitige Beförderung zum Endziel oder Erstattung des Fahrpreises und Rücktransport zum ursprünglichen Abfahrtsort anbieten. Bei einer verspäteten Ankunft haben die Fahrgäste uU Anspruch auf eine Entschädigung von 25 oder 50% des Fahrpreises, je nach Länge der Fahrt und Dauer der Verspätung (Art. 19 VO (EU) 1177/2010). Weitergehende Schadensersatzansprüche nach nationalem Recht sind zulässig (Art. 21 VO (EU) 1177/2010). Zu den Rechtsfolgen der Corona-Krise → Corona-Krise und Reiserecht. Die EU hatte auch „Auslegungsrichtlinien zu den EU-Richtlinien über Passagierrechte vor der sich entwickelnden Situation im Zusammenhang mit COVID-19" bekannt gemacht (ABl. 2020 C 89 I, 1. → Reisegepäck, Haftung für.

4. Zur Beilegung von Streitigkeiten aus der Beförderung kann der Fahrgast eine Verbraucherstreitbeilegungsstelle zur Schlichtung nach dem VSBG, etwa die „söp_Schlichtungsstelle für den öffentlichen Personenverkehr e.V." anrufen, § 6 EU-FahrgRSchG. Zuständige Stelle in Deutschland für die Durchsetzung der VO (EU) 1177/2010 ist das → Eisenbahn-Bundesamt, § 3 EU-FahrgRSchG.

Fahrgastschiffe
Fahrgastschiffe sind → Schiffe, die zur Beförderung von mehr als 12 Fahrgästen gebaut und eingerichtet sind, so § 2 III Nr. 8 BinSchUO und § 2 Nr. 20 BinSchPersV (zu beiden → Binnenschifffahrt). → Fahrgastboote.

Fahrgeschwindigkeit
1. Jeder Fahrzeugführer, also auch der Radfahrer, hat nach § 3 StVO die Fahrgeschwindigkeit so einzurichten, dass er jederzeit seinen Verkehrspflichten genügen und notfalls das Fz. rechtzeitig anhalten kann. Maßgebend sind insbes.: Sichtweite (häufig eingeschränkt durch Witterung oder Dunkelheit), Übersichtlichkeit der Straße, Beschaffenheit der Fahrbahn, Zustand des Fz. (Reifen, Bremsen, Beleuchtung), Fahrtüchtigkeit des Fahrers (Ausfallerscheinungen, Mangel an Übung), Verkehrsdichte, besondere Gefahrenquellen (Baustellen, Schulausgänge) ua m. Besondere Vorsicht ist an unübersichtlichen Stellen, höhengleichen → Bahnübergängen, Fußgängerüberwegen (→ Fußgänger) sowie gegenüber Kindern, Hilfsbedürftigen und älteren Menschen geboten; an Straßen mit → Vorfahrt und

Überwege darf nur mit mäßiger Fahrgeschwindigkeit herangefahren werden, und an Überwegen ist notfalls zu halten, um den Fußgängern das Überqueren zu ermöglichen. An → Haltestellen öff. Verkehrsmittel darf an Fahrgästen, die auf der Fahrbahn ein- oder aussteigen wollen, grundsätzlich nur mit Schrittgeschwindigkeit und gehörigem Abstand vorbeigefahren werden; nötigenfalls ist ihnen das ungefährdete Ein- und Aussteigen durch Warten zu ermöglichen (§ 20 StVO). Über den Anhalteweg → Bremsen (3).

2. Die Höchstgeschwindigkeit (§§ 3, 18 V StVO) beträgt, soweit sie nicht durch → Verkehrszeichen geregelt ist:

a) in geschlossenen Ortschaften (die Grenzen werden durch Ortstafeln oder eindeutig geschlossene Bauweise bestimmt) 50 km/h;

b) außerhalb geschlossener Ortschaften

aa) für Pkw und andere Kfz. bis 3,5t 100 km/h;

bb) für Pkw und andere Kfz. bis 3,5t mit Anhänger, Kfz. über 3,5t bis 7,5t und Omnibusse 80 km/h; für Kfz. bis 3,5t mit Anhänger unter bestimmten Voraussetzungen und für bestimmte Omnibusse 100 km/h (VO vom 15.10.1998, BGBl. 1998 I 3171 mÄnd);

cc) für sonstige Kfz. mit Anhänger, Kfz. über 7,5t und Omnibusse mit Fahrgästen ohne Sitzplätze 60 km/h;

c) auf Autobahnen innerhalb und außerhalb geschlossener Ortschaften sowie auf Kraftfahrstraßen mit getrennten Fahrbahnen oder mindestens 2 Fahrspuren für jede Richtung außerhalb geschlossener Ortschaften

aa) für Pkw keine Höchstgeschwindigkeit; empfohlen ist aber eine Autobahn-Richtgeschwindigkeit von nicht mehr als 130 km/h (VO vom 21.11.1978, BGBl. 1978 I 1824);

bb) für bestimmte Omnibusse 100 km/h;

cc) für Pkw, Lkw, Wohnmobile und Zugmaschinen jeweils mit Anhänger, Omnibusse und Kfz über 3,5t, ausgenommen Pkw, 80 km/h;

dd) für Krafträder mit Anhänger und Omnibusse mit Fahrgästen ohne Sitzplätze 60 km/h;

d) nach der Art des Fz. für Kfz. mit Schneeketten 50 km/h, für Fz. mit Vollgummi- oder Eisenreifen oder Gleisketten s. § 36 V StVZO;

e) nach den Sichtverhältnissen: bei Sichtweite durch Nebel, Schneefall oder Regen von weniger als 50 m 50 km/h.

3. Durch → Verkehrszeichen kann in geschlossenen Ortschaften für alle Fz. eine Fahrgeschwindigkeit über 50 km/h und außerhalb geschlossener Ortschaften für Pkw und bestimmte Kfz. eine Fahrgeschwindigkeit von über 100 km/h gestattet werden. Außerdem kann eine MindestF. vorgeschrieben werden. Die zulässigen Fahrgeschwindigkeiten können durch Verkehrszeichen herabgesetzt werden für Strecken, Zonen mit einer Zonen-Geschwindigkeitsbeschränkung von 30 km/h (Tempo 30-Zone) oder weniger, für → verkehrsberuhigte Bereiche, für → Fahrradstraßen und Fußgängerbereiche. Kriterien für die Anordnung sind insbes. die Verkehrssicherheit, der Schutz der Bevölkerung vor Lärm und Abgasen und die Unterstützung einer geordneten städtebaulichen Entwicklung (s. § 45 I–Id StVO). In geschlossenen Ortschaften ist abseits der Vorfahrtstraßen mit Tempo 30-Zonen zu rechnen (§ 39 I a StVO).

4. Überschreiten der zulässigen Fahrgeschwindigkeit ist in § 49 StVO, § 24 StVG mit Geldbuße bedroht; ebenso aber ungewöhnlich langsames Fahren mit Kfz., das den Verkehr behindert (§ 3 II StVO). Die Überschreitung der Geschwindigkeitsgrenze, zB zur Rettung eines lebensgefährlich Erkrankten, kann durch → Notstand gerechtfertigt sein, wenn sie andere Verkehrsteilnehmer nicht gefährdet. Wer an unübersichtlichen Stellen, Straßenkreuzungen od. -einmündungen od. Bahnübergängen grob verkehrswidrig und rücksichtslos zu schnell fährt und dadurch Leib oder Leben eines anderen oder bedeutende fremde Sachwerte gefährdet, wird wegen → Straßenverkehrsgefährdung (§ 315c StGB) bestraft.

Fahrkarten
→ Inhaberzeichen.

Fahrlässigkeit
Im Strafrecht steht fahrlässiges Handeln nur dort unter Strafe, wo das Gesetz dies explizit anordnet (§ 15 StGB, → Fahrlässigkeitsdelikte). Fahrlässig handelt, wer durch seine Handlung einen Tatbestand verwirklicht, ohne dies zu wollen oder zu erkennen, dabei aber eine Sorgfaltspflicht verletzt und handelt, obwohl die Folge seines Tuns objektiv vorhersehbar war. Maßstab hierfür sind Wissen und Können eines besonnenen und gewissenhaften Normalmenschen. Wie jede Bestrafung setzt auch die Strafbarkeit fahrlässigen Handelns Rechtswidrigkeit und persönliche Vorwerfbarkeit (Schuld) voraus; letztere erfordert, dass der Täter nach seinen persönlichen Kenntnissen und Fähigkeiten in der Lage war, den Sorgfaltsanforderungen zu genügen und die Folgen seines Handelns vorauszusehen (subjektiver Maßstab, insofern abweichend vom bürgerl. Recht, wo allein die im Verkehr erforderliche Sorgfalt entscheidet). Bewußte Fahrlässigkeit (luxuria) liegt vor, wenn der Täter zwar erkennt, dass er den Tatbestand durch sein Tun möglicherweise verwirklicht, aber pflichtwidrig darauf vertraut, der Erfolg werde nicht eintreten. Dabei ist die Abgrenzung zum bedingten → Vorsatz oft schwierig. Unbewusst fahrlässig handelt, wer bei seiner sorgfaltswidrigen Handlung nicht voraussieht, dass er den Tatbestand verwirklicht (so häufig bei Tötung oder Körperverletzung im Straßenverkehr), dies aber nach den Umständen hätte erkennen können und müssen. Das bei den Vorsatzdelikten bestehende Erfordernis einer zeitlichen Koinzidenz von Vorsatz und Tathandlung findet bei den Fahrlässigkeitstatbeständen, die keine subjektive Einstellung voraussetzen (unbewusste Fahrlässigkeit genügt), keine Entsprechung. Der Vorwurf fahrlässigen Handelns kann deshalb an beliebi-

ges Vorverhalten anknüpfen, solange es für den Taterfolg kausal (→ Kausalität im Strafrecht) und dieser dem Täter objektiv zurechenbar (→ Objektive Zurechnung) war. Umstritten ist die Behandlung von Fällen, in denen an ein fahrlässiges Handeln ein vorsätzlich handelnder Dritter anknüpft und erst durch ihn ein bestimmter Erfolg herbeigeführt wird (zB verkauft der Täter eine Waffe an einen Dritten, der diese für einen Mord verwenden will und diesen auch begeht: Hat der Verkäufer dabei gegen waffenrechtliche Vorschriften verstoßen, die der Verhütung von Gefahren dienen, so ist er nach hM selbst wegen fahrlässiger Tötung strafbar, anders sah das die früher vertretene Lehre vom sog. Regressverbot). Die Beteiligungsformen des StGB (→ Mittäterschaft, → Anstiftung, → Beihilfe, s. §§ 25–27 StGB) setzen im Übrigen jeweils vorsätzliches Handeln voraus, so dass Fahrlässigkeitsdelikte nicht in dieser Weise begehbar sind. Beruht ein Erfolg auf dem sorgfaltswidrigen Handeln mehrerer, so macht sich jeder als Täter eines Fahrlässigkeitsdelikts strafbar (sog. fahrlässige Nebentäterschaft). Bei der von manchen Tatbeständen vorausgesetzten Leichtfertigkeit handelt es sich um erhöhte Fahrlässigkeit (entsprechend der groben Fahrlässigkeit im bürgerlichen Recht).

Im Zivilrecht → Verschulden (2).

Fahrlässigkeitsdelikte
Fahrlässigkeitsdelikte sind Straftatbestände, die kein Handeln mit → Vorsatz voraussetzen (→ Vorsatzdelikte), sondern schon fahrlässiges Handeln (→ Fahrlässigkeit) unter Strafe stellen. Dies ist nur der Fall, wenn die jeweilige Strafnorm dies ausdrücklich so vorsieht (§ 15 StGB). Zu den Fahrlässigkeitsdelikten gehören auch die Tatbestände, die nur leichtfertiges Handeln, also ein erhöhtes Maß an Fahrlässigkeit, unter Strafe stellen, zB bei Nichtanzeige von → Verbrechen nach § 138 III StGB → Anzeigepflicht (Strafrecht), oder zum Gegenstand eines → Qualifikationstatbestands (zB → Raub mit Todesfolge, § 251 StGB) machen. Daneben existieren Mischformen: Manche Straftatbestände kombinieren in ihren subjektiven Anforderungen je nach objektivem Tatbestandsmerkmal Vorsatz und Fahrlässigkeit (Vorsatz-Fahrlässigkeits-Kombinationen). Zu diesen Tatbeständen gehören auch die → erfolgsqualifizierten Delikte (§ 18 StGB), die nach § 11 II StGB insgesamt wie Vorsatzdelikte zu behandeln sind. Bei Fahrlässigkeitsdelikten wird nach hM nicht zwischen Täterschaft (→ Täter) und → Teilnahme an einer Straftat unterschieden; es gilt das Prinzip des → Einheitstäters. Auch eine Strafbarkeit des → Versuchs kennt das StGB bei diesen Delikten nicht.

Fahrlehrer
Nach § 1 I Gesetz über das Fahrlehrerwesen (FahrlG) v. 30.6.2017 (BGBl. 2017 I 2162, mÄnd) bedarf, wer Personen ausbildet, die eine Erlaubnis zum Führen von Kraftfahrzeugen nach § 2 StVG (→ Fahrerlaubnis) erwerben wollen (Fahrschüler), einer Fahrlehrerlaubnis (Fahrlehrerschein; Muster Anl. 1 DVO zum FahrlehrerG (Fahrl2018DV) v. 2.1.2018, BGBl 2018 I 2, mÄnd). Von der Erlaubnis darf nur zusammen mit einer Fahrschulerlaubnis oder im Rahmen eines Beschäftigungsverhältnisses mit dem Inhaber einer → Fahrschule Gebrauch gemacht werden (§ 1 IV FahrlG). Der Bewerber muss ua mindestens 21 Jahre alt, geistig, körperlich und fachlich geeignet sein, über eine Fahrpraxis von drei Jahren in Klasse B und 2 Jahren in den Klassen A2, CE und D verfügen (§ 2 FahrlG) sowie nach einem Lehrgang an einer Fahrlehrerausbildungsstätte (→ Fahrlehrerausbildung) die Fahrlehrerprüfung bestehen (§§ 7 f. FahrlG); sa Fahrlehrer-Prüfverordnung (FahrlPrüfV) v. 2.1.2018 (BGBl. 2018 I 42, mÄnd). Der Fahrlehrerschein ist bei Fahrten mit Fahrschülern mitzuführen (§ 10 FahrlG). Fahrlehrer haben die Fahrschüler gewissenhaft auszubilden (§ 12 FahrlG). Für den Betrieb einer Fahrschule ist eine Fahrschulerlaubnis erforderlich. Für → Aufbauseminare nach § 2a II StVG ist eine besondere Erlaubnis erforderlich (§ 45 FahrlG).

Fahrlehrerausbildung
Die Ausbildung zum → Fahrlehrer (§ 7 FahrlG) darf nur in amtlich anerkannten Fahrlehrer-Ausbildungsstätten betrieben werden (§§ 36 ff. FahrlG). Die Ausbildungsstätten werden durch die Aufsichtsbehörde gem. § 33 FahrlG überwacht. Die Ausbildung ist in der Fahrlehrer-Ausbildungsverordnung geregelt.

Fahrnis
= bewegliche Sache, → Sachenrecht. Gegensatz: → Liegenschaft.

Fahrnisgemeinschaft
→ Güterstände.

Fahrnispfandrecht
→ Pfandrecht.

Fahrpersonal
iS des Fahrpersonalgesetzes (FPersG) idF v. 19.2.1987 (BGBl. 1987 I 640) mÄnd sind Fahrer, → Beifahrer und Schaffner von Kfz über 2,8t und Straßenbahnen, sofern sie am öffentlichen Verkehr teilnehmen. Fahrpersonal von Pkw und Kfz bis 2,8t wird vom FPersG nur erfasst, wenn es in einem Arbeitsverhältnis steht. Nicht unter das FPersG fällt das Fahrpersonal von Dienstfahrzeugen der Bundeswehr, Feuerwehr und Einrichtungen des Katastrophenschutzes sowie der Polizei und des Zolldienstes (§ 1). Das FPersG dient vor allem dazu, die Vorschriften für die Beschäftigungszeiten des Fahrpersonals (→ Kraftfahrer) und für die Kontrollen (→ Kontrollgerät, → Fahrtschreiber) zusammen zu fassen, und bestimmt, welche Verstöße → Ordnungswidrigkeiten darstellen (Bußgelder bis zu 15 000 EUR). Das ArbeitszeitG (→ Arbeitszeit)

gilt nur subsidiär. → Personenbeförderung (1). → Uber-Fahrdienste.

Fahrprüfung
→ Fahrerlaubnis.

Fahrradstraßen
Bei Fahrradstraßen handelt es sich um durch ein entsprechendes → Verkehrszeichen gekennzeichnete Straßen (→ Fahrbahn), die nur → Radfahrer sowie Fahrer von → Elektrokleinstfahrzeugen im Sinne der eKFV benutzen dürfen, es sei denn, dass durch Zusatzzeichen anderer Fahrverkehr erlaubt ist (vgl. die Angaben zu Zeichen 244.1 in Anlage 2 zu § 41 I StVO). Die Höchstgeschwindigkeit auf Fahrradstraßen beträgt 30 km/h. Radfahrer dürfen auf Fahrradstraßen nebeneinander fahren. Durch andere Verkehrsteilnehmer darf der Radverkehr weder gefährdet noch behindert werden. → Radwege (§ 2 IV StVO).

Fahrradtaxi
ist ein mehrspuriges, dreirädriges Fahrzeug zur Beförderung von Personen nach dem Vorbild der asiatischen Rikscha. Eine Genehmigung zur → Fahrgastbeförderung oder → Personenbeförderung ist nicht erforderlich. Fraglich und str. ist aber, ob wegen der Pflicht zur Benutzung der → Radwege sowie den Verboten, Personen über 7 Jahren mitzunehmen (→ Radfahrer) und Leistungen auf der Straße anzubieten (→ Belästigung im Straßenverkehr), eine Ausnahmegenehmigung gemäß § 46 StVO erforderlich ist.

Fahrradwege
→ Radwege, → Fahrradstraßen, → Fahrradzone.

Fahrradzone
Durch → Verkehrszeichen können Straßen als Fahrradzone gekennzeichnet werden. Anderer Fahrzeugverkehr als Radverkehr sowie → Elektrokleinstfahrzeuge im Sinne der eKFV darf Fahrradzonen nicht benutzen, es sei denn, dies ist durch Zusatzzeichen erlaubt (vgl. die Angaben zu Zeichen 244.3 in Anlage 2 zu § 41 I StVO). Die Höchstgeschwindigkeit innerhalb einer Fahrradzone beträgt 30 km/h. Radfahrer und Fahrer von Elektrokleinstfahrzeugen dürfen in einer Fahrradzone nebeneinander fahren. Durch andere Verkehrsteilnehmer darf der Radverkehr weder gefährdet noch behindert werden. Anders als bei → Fahrradstraßen ist es anderem Fahrzeugverkehr nicht erlaubt, eine Fahrradzone an einer Kreuzung zum Erreichen der weiterführenden Straße zu überqueren. Vorgaben für die Anordnung einer Fahrradzone enthält § 45 Abs. 1i StVO: Die Zonen-Anordnung darf sich weder auf Straßen des überörtlichen Verkehrs (Bundes-, Landes- und Kreisstraßen) noch auf weitere Vorfahrtstraßen erstrecken. Sie darf nur Straßen ohne durch Lichtzeichen geregelte Kreuzungen oder Einmündungen, Fahrstreifenbegrenzungen, Leitlinien und benutzungspflichtige → Radwege (§ 2 IV StVO) umfassen. An Kreuzungen und Einmündungen innerhalb der Zone muss grundsätzlich die Vorfahrtregel nach § 8 I 1 StVO („rechts vor links") gelten.

Fahrräder
sind Straßen-Fz. mit mindestens 2 Rädern, die durch Muskelkraft des Fahrers bewegt werden. Über die Ausrüstung von Fahrrädern → Beleuchtung, → Bremsen, → Beiwagen und über das Anbringen einer Glocke § 64a StVZO; über die Benutzung von Fahrrädern im öffentlichen Verkehr → Ausweichen, → Überholen, → Autostraßen (unter 2), → Bankett, → Radfahrer, → Radweg, → Fahrradtaxi. Einen → Schutzhelm zu tragen, ist gesetzlich nicht vorgeschrieben. Wird er nicht getragen, kann dies haftungsrechtlich uU als → Mitverschulden berücksichtigt werden (s. BGH NJW 2014, 2493, der jedenfalls bei Unfällen bis 2011 Mitverschulden grundsätzlich verneint).

Fahrräder mit Hilfsmotor
1. Fahrräder mit Hilfsmotor sind → Kleinkrafträder mit Fahrradmerkmalen, dh zweirädrig und einsitzig (§ 6 I FeV, § 2 Nr. 11 Buchst. a FZV). Leistungsbeschränkte Fahrräder mit Hilfsmotor sind das Mofa mit 25 km/h Höchstgeschwindigkeit (§ 4 I 2 Nr. 1 FeV) und das Leichtmofa mit 20 km/h Höchstgeschwindigkeit und bis zu 30 ccm Hubraum (§ 1 Leichtmofa-AusnahmeVO vom 26.3.1993, BGBl. 1993 I S. 394). Sie bedürfen keiner Zulassung, aber einer Betriebserlaubnis oder einer EG-Typgenehmigung (§ 3 III 1 Nr. 1 Buchst. d, § 4 I FZV).

2. Zum Führen von nicht leistungsbeschränkten Fahrrädern mit Hilfsmotor ist die → Fahrerlaubnis Klasse AM erforderlich; das Mindestalter für deren Erteilung beträgt 16 Jahre (§§ 6, 10 I FeV). Für Mofa und Leichtmofa ist keine Fahrerlaubnis notwendig und genügt ein Mindestalter von 15 Jahren (§ 4 I 2 Nr. 1, § 10 III FeV); es muss aber die Vorschriften- und Gefahrenkenntnis in einer Prüfung nachgewiesen werden, über die eine Prüfbescheinigung erteilt wird (§ 5 FeV). Das Führen eines nicht leistungsbeschränkten Fahrrads mit Hilfsmotor ohne Fahrerlaubnis ist strafbar (→ Fahren ohne Führerschein), das Führen eines Mofas oder Leichtmofas ohne Prüfbescheinigung oder vor Vollendung des 15. Lebensjahres ist nur ordnungswidrig (§ 75 Nr. 4, 5, 7 FeV).

3. Fahrräder mit Hilfsmotor werden im Verkehr grundsätzlich als Kfz behandelt, unterliegen daher den für diese geltenden allgemeinen Verkehrsvorschriften und dem Zwang zum Abschluss einer → Kraftfahrzeug-Haftpflichtversicherung. Die Versicherung ist durch ein Versicherungskennzeichen nachzuweisen, das für 1 Jahr gilt (§§ 4 III, 52, 53 FZV). Fahrräder mit Hilfsmotor, ausgenommen Leichtmofas, müssen mit → Schutzhelm und auch am Tage mit Abblendlicht (→ Beleuchtung) gefahren werden. Autobahnen und Kraftfahrstraßen dürfen von Fahrrädern mit Hilfsmotor nicht benutzt werden (→ Autostra-

ßen), → Radwege nur außerhalb geschlossener Ortschaften (§ 2 IV 6 StVO).

4. Die → Gefährdungshaftung des Fahrers und Halters eines Fahrrads mit Hilfsmotor richtet sich nach den für Kfz geltenden Bestimmungen (vgl. §§ 7 ff. StVG).

Fahrschulen

1. Fahrschulerlaubnis. Eine Fahrschule betreibt, wer geschäftsmäßig (→ geschäftsmäßiges Handeln) Fahrschüler selbständig ausbildet oder durch Fahrlehrer ausbilden lässt. Er bedarf einer Fahrschulerlaubnis (§ 17 FahrlG, → Fahrlehrer), deren Erteilung von persönlichen (Mindestalter 25 Jahre, 2-jährige Fahrlehrertätigkeit) und sachlichen (Unterrichtsräume, Lehrmittel, Lehrfahrzeuge) Voraussetzungen abhängig ist (→ Konzession). Bei rechtskräftigem Führerscheinentzug erlischt die Erlaubnis (§ 33 FahrlG). Über allgemeine Berufs- sowie Anzeige- und Aufzeichnungspflichten s. §§ 29–31 FahrlG.

2. Unterricht. Einzelheiten zum Fahrschulunterricht regelt die DVO zum FahrlG v. 2.1.2018 (Fahrl2018DV, BGBl. 2018 I 2, mÄnd), zB Anforderungen an Unterrichtsräume, Ausbildungsfahrzeuge und Ausbildungsnachweise der Fahrschüler. Praktische und theoretische Unterrichtsinhalte der Fahrschüler regelt eingehend und umfassend die Fahrschüler-AusbildungsO v. 19.6.2012 (BGBl. 2012 I 1318) mÄnd, zB auch Rahmenpläne und Bescheinigungen.

Fahrstreifen

Auf → Fahrbahnen mit mehreren Fahrstreifen für eine Richtung dürfen Kfz links fahren, wenn die Verkehrsdichte dies rechtfertigt (§ 7 I 1 StVO). Innerhalb geschlossener Ortschaften darf der Fahrstreifen von Kfz bis 3,5t frei gewählt werden (§ 7 III StVO). Außerhalb geschlossener Ortschaften darf auf Fahrbahnen mit drei oder mehr Fahrstreifen der mittlere Fahrstreifen dort durchgängig befahren werden, wo auch nur hin und wieder rechts davon ein Fz. hält oder fährt (§ 7 III c StVO). Endet ein Fahrstreifen, ist den am Weiterfahren gehinderten Fz. der Übergang auf den benachbarten Fahrstreifen in der Weise zu ermöglichen, dass sich diese Fz. unmittelbar vor der Verengung jeweils im Wechsel nach einem auf dem durchgehenden Fahrstreifen fahrenden Fz. einordnen können (§ 7 IV StVO; Reißverschlussverfahren). Auf abgehenden Fahrstreifen darf schneller gefahren werden als auf der durchgehenden Fahrbahn, ebenso auf Einfädelungsstreifen, nicht dagegen auf Ausfädelungsstreifen (§ 7a StVO). Sa → Kolonnen. Der Seitenstreifen ist kein Fahrstreifen; er kann aber durch → Verkehrszeichen dazu bestimmt werden.

Fahrstuhl

→ Aufzugsanlagen; → Betriebssicherheit.

Fahrtätigkeit

üben Arbeitnehmer aus, deren Berufstätigkeit das Fahren auf einem Fahrzeug ist, zB Berufskraftfahrer, Beifahrer, Linienbusfahrer, Taxifahrer, Lokführer, Zugbegleitpersonal usw. Eine Fahrtätigkeit liegt regelmäßig nicht vor bei Polizeibeamten im Streifendienst, Kundendienstmonteuren und Fahrlehrern. Wechselt der Einsatzort ständig, so sind die Fahrten zwischen Wohnung und Standort, Depot oder Einsatzstelle abziehbare Aufwendungen im Rahmen einer → Einsatzwechseltätigkeit; sa → Entfernungspauschale. Darüber hinaus kann der Arbeitnehmer Verpflegungsmehraufwand geltend machen. Der Ansatz von Verpflegungskosten ist an die gesetzlichen Verpflegungspauschalen für Dienstreisen geknüpft (→ Reisekosten, 3c). Anders als bei Dienstreisen wird die Abwesenheitszeit ausschließlich in Bezug auf die Wohnung des Arbeitnehmers berechnet. Die Fahrtätigkeit beginnt mit dem Verlassen der Wohnung und endet zu dem Zeitpunkt, zu dem der Arbeitnehmer seine Wohnung wieder erreicht. Zu berücksichtigen ist also auch die Fahrzeit zum Einsatzort. Muss der Arbeitnehmer im Rahmen seiner Fahrtätigkeit auswärts übernachten, sind die Übernachtungskosten wie bei einer Dienstreise zu behandeln, → Reisekosten.

Fahrtauglichkeitsbescheinigung

Die Fahrtauglichkeitsbescheinigung ist in der → Binnenschifffahrt nach § 2 I Nr. 3 Binnenschiffsuntersuchungsordnung (BinSchUO) ein amtlicher Nachweis über die technische Zulassung zum Verkehr. § 2 III Nr. 3 BinSchUO definiert als Binnenschiff ein Schiff, das ausschließlich oder vorwiegend für die Fahrt auf Binnenwasserstraßen bestimmt ist. Die Erteilung der Fahrtauglichkeitsbescheinigung ist in §§ 9 ff. BinSchUO sowie den Anlagen dazu geregelt.

Fahrtenbuch

1. Kann nach einer Zuwiderhandlung gegen Verkehrsvorschriften nicht festgestellt werden, wer das beteiligte Fz. (nicht nur Kfz!) geführt hat, so kann die Verwaltungsbehörde dem Halter die Führung eines Fahrtenbuches auferlegen. Darin ist für jede Fahrt nachzuweisen, wer das Fz. geführt hat (auch Fahrerwechsel). Die Eintragung ist vom Halter oder Fahrer vor oder unverzüglich nach jeder Fahrt vorzunehmen; das Fahrtenbuch ist zuständigen Beamten auf Verlangen auszuhändigen (§ 31a StVZO), braucht aber während der Fahrt nicht mitgeführt zu werden.

2. Steuerlich kann mit dem Fahrtenbuch der betriebliche/berufliche Anteil der Nutzung eines Pkw nachgewiesen werden. Dieser Anteil ist als → Betriebsausgabe (sa → Werbungskosten) abzugsfähig. In einem ordnungsgemäß geführten Fahrtenbuch müssen private und dienstliche Fahrten gesondert und laufend eingetragen werden. Für dienstliche Fahrten sind grundsätzlich folgende Angaben erforderlich: Datum, Kilometerstand zu Beginn und Ende jeder einzelnen Tätigkeit, Reiseziel, bei Umwegen Reiseroute, Reisezweck und aufgesuchte Geschäftspartner. → Private Pkw-

Nutzung, → Entfernungspauschale, → Firmenwagenbesteuerung.

Fahrtkosten
→ Reisekosten.

Fahrtrecht
über ein fremdes Grundstück → Grunddienstbarkeit.

Fahrtrichtungsänderung
→ Richtungsänderung im Fahrverkehr.

Fahrtschreiber
Zum Nachweis der Lenk- und Ruhezeiten des → Fahrpersonals bestimmter Kfz (→ Kraftfahrer) ist ein Fahrtschreiber nach § 57a StVZO zu benutzen, sofern nicht ein → Kontrollgerät vorgeschrieben ist.

Fahruntüchtigkeit
Wer im Straßen-, Schienen- oder Luftverkehr oder auf dem Wasser ein Fz. führt, obwohl er nicht in fahrtüchtigem Zustand ist, macht sich strafbar und uU schadensersatzpflichtig.

Wer sich infolge geistiger oder körperlicher Mängel – dazu gehört auch Trunkenheit – nicht sicher im Verkehr bewegen kann, darf an diesem nicht teilnehmen (§ 2 I FeV), insbes. kein Fz., auch kein Fahrrad, führen. Zuwiderhandlung kann, wenn keine Folgen eingetreten sind, als Ordnungswidrigkeit geahndet werden (§ 75 Nr. 1 FeV). Zur Ordnungswidrigkeit wegen Führens eines Kfz. mit Alkohol oder Drogen, aber ohne Fahruntüchtigkeit, s. § 24a StVG (→ Blutalkohol, → Drogenfahrt).

Beruht die Fahruntüchtigkeit auf dem Genuss von Alkohol oder anderen berauschenden Mitteln, so wird schon die folgenlose Führung von Fz. im Verkehr nach § 316 StGB als Vergehen bestraft (→ Trunkenheit im Verkehr). Über absolute und relative Fahruntüchtigkeit → Alkoholgenuss des Verkehrsteilnehmers, über Feststellung des Alkoholgehalts → Blutalkohol, → Blutentnahme, → Atemalkohol. Fehlt ein Grenzwert für die absolute Fahruntüchtigkeit, wie zB nach Haschischkonsum, muss die erhebliche Beeinträchtigung des Reaktions- und Wahrnehmungsvermögens bei der Fahrt auf andere Weise für den Einzelfall festgestellt werden.

Führt diese Fahruntüchtigkeit oder eine Fahruntüchtigkeit infolge geistiger oder körperlicher Mängel (Ausfallerscheinungen wegen Übermüdung, herabgesetztes Seh- oder Hörvermögen) zu einer konkreten Gefährdung von Leib oder Leben eines anderen oder von fremden Sachen von bedeutendem Wert, so kann der Fz.-Führer wegen → Transportgefährdung oder → Straßenverkehrsgefährdung strafbar sein (§§ 315a, 315c StGB; → Alkoholdelikte). Kommt es dabei zu einem Verkehrsunfall, so kann der Fz.-Führer auch wegen → Körperverletzung oder → Tötung strafbar sein.

Zivilrechtlich kann die Fahruntüchtigkeit in diesen Fällen eine Schadensersatzpflicht begründen.

Fahrverbot
1. Fahrverbot als Sanktion: Eine solche kann sowohl aufgrund des Strafrechts als auch aufgrund des Ordnungswidrigkeitenrechts verhängt werden.

a) Fahrverbot als → Nebenstrafe zur Ahndung einer Straftat (§ 44 StGB): Ein solches kann neben Freiheits- oder Geldstrafe verhängt werden für eine Dauer von 1–6 Monaten (im materiellen Jugendstrafrecht: 3 Monate, § 8 III 2 JGG). Die frühere Einschränkung des Anwendungsbereichs auf Straftaten bei oder im Zusammenhang mit dem Führen eines Kraftfahrzeugs oder unter Verletzung der Pflichten eines Kraftfahrzeugführers (→ Straßenverkehrsgefährdung, → Körperverletzung usw) ist 2017 entfallen (G v. 17.8.2017, BGBl. 2017 I 3202); zugleich wurde das Höchstmaß von 3 auf 6 Monate angehoben. Die Anordnung eines Fahrverbots kommt nun namentlich auch dann in Betracht, wenn sie zur Einwirkung auf den Täter oder zur Verteidigung der Rechtsordnung erforderlich erscheint oder hierdurch die Verhängung einer Freiheitsstrafe oder deren Vollstreckung vermieden werden kann (§ 44 I 2 StGB; s. näher BT-Drs. 18/11272, 14 ff.). Ein Fahrverbot soll aber weiterhin idR bei Verurteilung nach § 315c I Nr. 1a, III StGB oder § 316 StGB wegen → Trunkenheit im Verkehr angeordnet werden, wenn → Entziehung der Fahrerlaubnis unterbleibt. Das Fahrverbot wird wirksam, wenn der Führerschein nach Rechtskraft des Urteils in amtliche Verwahrung gelangt, spätestens jedoch mit Ablauf von einem Monat seit Eintritt der Rechtskraft (§ 44 II 1 StGB). Die Dauer einer vorläufigen → Entziehung der Fahrerlaubnis (§ 111a StPO) ist regelmäßig anzurechnen (§ 51 I, V StGB).

b) Fahrverbot als Nebenfolge zur Ahndung einer → Ordnungswidrigkeit (§ 25 StVG): Ein solches Fahrverbot von 1–3 Monaten Dauer kann neben einer → Geldbuße wegen einer bei groben oder beharrlichen Verkehrsverstößen – auch von der Verwaltungsbehörde – verhängt werden („erzieherische Nebenfolge“, BVerfG NJW 1969, 1623). Es ist idR nach Führen eines Kfz trotz eines Gehalts von mind. 0,5‰ Blutalkohol bzw. 0,25 mg/l Atemalkohol oder unter der Wirkung bestimmter Drogen (→ Drogenfahrt) anzuordnen (§ 25 I 2 StVG iVm § 24a StVG, § 4 III BKatV). Ein grober Verkehrsverstoß erfordert eine gefährliche Ordnungswidrigkeit und besonders verantwortungsloses Handeln, das zB bei einem Augenblicksversagen wie dem Übersehen eines Verkehrszeichen infolge einfacher Fahrlässigkeit fehlt (BGH NJW 1997, 3252).

Durch die 54. Verordnung zur Änderung straßenverkehrsrechtlicher Vorschriften vom 20.4.2020 (BGBl. 2020 I 814) wurden Änderungen in der Bußgeldkatalog-Verordnung (BKatV) vorgenommen, aufgrund derer für einen erweiterten Kreis von Ordnungswidrigkeiten ein Fahrverbot als regelmäßig anzuordnende Nebenfolge vorgesehen wird. Ein dabei unterlaufener Verstoß gegen das Zitiergebot des Art. 80 I 3 GG (→ Rechtsverordnung) wurde durch die 1. Verordnung zur Änderung der BKatV vom 13.10.2021 (BGBl. 2021 I 4688) behoben. Es wurden insbes. in § 4 I 1 Nr. 3 BKatV und korrespondierend in der Anlage zu § 1 I BKatV (Bußgeldkatalog - BKat) neue Fahrverbotstatbestände aufgenommen, die Fehlverhalten beim → Abbiegen im Straßenverkehr (Lfd. Nr. 39.1 und 41 BKat) zum Gegenstand haben sowie das unberechtigte Benutzen einer → Rettungsgasse (Lfd. 50a BKat, zudem Ergänzung von lfd. Nr. 50 um ein Fahrverbot bei unterlassener Bildung einer → Rettungsgasse).

c) Verstöße gegen das Fahrverbot sind in § 21 StVG mit Strafe und Einziehung des Kfz (→ Einziehung im Strafverfahren) bedroht.

2. Fahrverbot als Instrument des Immissionsschutzes: Die Straßenverkehrsbehörde kann den Kfz-Verkehr nach § 40 I, II BImSchG unter den darin genannten Voraussetzungen zum Immissionsschutz beschränken oder verbieten (→ Feinstaub, → Immissionsschutzrecht, → Luftreinhaltung, → Dieselfahrverbot). Die Grenzen einer Verkehrsverbotszone zur Verminderung schädlicher Luftverunreinigungen (Umweltzone) bestimmt ein Verkehrszeichen mit entsprechender Aufschrift (§ 45 If StVO). Von einem Verkehrsverbot sind Kfz, die in der 35. BImSchV zur Kennzeichnung der Kfz. mit geringem Beitrag zur Schadstoffbelastung v. 10.10.2006 (BGBl. 2006 I 2218) bestimmt sind, ausgenommen. Dies sind insbes. emissionsarme Kfz der Schadstoffgruppen 2 bis 4 mit einer amtlichen Plakette an der Windschutzscheibe, wenn sie durch ein Zusatzzeichen zu dem Verkehrszeichen von dem Verkehrsverbot freigestellt sind, ferner bestimmte Kfz unabhängig von der Kennzeichnung mit einer Plakette wie zB zwei- und dreirädrige Kfz sowie Kranken- o. Arztwagen im Einsatz.

3. „Sonntagsfahrverbot“: Für bestimmte → Lastkraftwagen besteht ein Fahrverbot an Sonn- und Feiertagen von 0 bis 22 Uhr (§ 30 III StVO), ferner auf Autobahnen und Bundesstraßen, die in der FerienreiseVO v. 13.5.1985 (BGBl. 1985 I 774) mÄnd bezeichnet sind, zur Erleichterung des Ferienreiseverkehrs in der Zeit vom 1.7. bis 31.8. an Samstagen von 7 bis 20 Uhr.

Fahrwasser
→ Schifffahrtsverkehrsregeln.

Fahrzeug
Fahrzeuge sind Fortbewegungsmittel mit oder ohne Maschinenkraft. Es gibt Land-Fahrzeuge, bei denen zwischen → Straßenfahrzeug und → Schienenfahrzeug unterschieden wird, sowie → Wasserfahrzeuge und → Luftfahrzeuge.

Fahrzeug-Alarmsysteme
s. § 38b StVZO.

Fahrzeugbrief
Der Fahrzeugbrief (Zulassungsbescheinigung Teil II, § 14 FZV) ist eine → Urkunde, in der das Kfz und der Verfügungsberechtigte, nicht der Eigentümer vermerkt werden. Der Fahrzeugbrief ist kein → Wertpapier, insbes. kein → Traditionspapier; das → Eigentum am Fahrzeugbrief steht entsprechend § 952 BGB dem Eigentümer des Kfz zu (selbständige → Sicherungsübereignung des Fahrzeugbriefs unmöglich). Bei → Übereignung des Kfz durch Nichtberechtigten ohne gleichzeitige Übergabe des Fahrzeugbriefs ist der Erwerber regelmäßig in → bösem Glauben. Über Ausstellung des Fahrzeugbriefs vgl. → Zulassung von Kfz.

Fahrzeugeinzelbesteuerung
→ Binnenmarkt Umsatzsteuer (2 f).

Fahrzeugführer im Straßenverkehr
ist, wer die tatsächliche Herrschaft über das Fz. ausübt und den Betriebsvorgang beherrscht. Der Fahrzeugführer ist für seine Fahrtüchtigkeit und den ordnungsgemäßen Zustand von Fz. und Ladung verantwortlich (§§ 21, 22, 23 StVO, §§ 2, 3 FeV, § 31 StVZO). Über Fahrzeugführer von Kfz → Fahrerlaubnis, → Kraftfahrer (auch über Arbeitszeit), → Fahrtenbuch, → Fahrtschreiber, → Kontrollgerät; über Führen ohne Fahrerlaubnis → Fahren ohne Führerschein. Wegen der Sorgfaltspflicht des Fahrzeugführers → Verkehrsteilnehmer und im Besonderen → Beleuchtung von Fz., → Bremsen der Fz., → Fahrgeschwindigkeit, → Fahruntüchtigkeit, → Übermüdung usw. Fahrzeugführer mit besonderen Sorgfaltspflichten sind auch → Radfahrer, Kraftradfahrer und Führer von → Fuhrwerken. Sa → Kraftfahrzeughaftung, → Straßenverkehrsgefährdung, → Transportgefährdung (durch Fahrzeugführer im Schienen-, Schwebebahn-, Luft- und Schiffsverkehr).

Fahrzeughalter
→ Halter eines Kfz.

Fahrzeugregister
Über die kennzeichenpflichtigen Fz. (→ Zulassung von Kfz.) werden Fahrzeugregister geführt, und zwar von den örtlichen Zulassungsbehörden örtliche Fahrzeugregister über die in ihrem Bezirk und vom → Kraftfahrt-Bundesamt das Zentrale Fahrzeugregister über die im Geltungsbereich des StVG zugelassenen Kfz. Registriert werden Daten über Merkmale des Kfz., Papiere, rechtliche Verhältnisse (Verfügungsberechtigter, Haftpflichtversicherung usw.) sowie persönliche Daten des → Halters u. dgl. (§§ 31 ff. StVG). Das Fahrzeugregister dient insbes. für Zulassung und verkehrsrechtl. Überwachung der Kfz., Einhaltung der Vorschriften über Haftpflichtversicherung, des Kfz-Steuerrechts und Verfolgung von Straftaten und Ordnungswidrigkeiten. Über die Übermittlung der Daten an andere Behörden und Stellen, auch durch Abruf im automatisierten Verfahren, s. §§ 35 ff. StVG, zur Ver-

folgung von Rechtsansprüchen § 39 StVG. Einzelheiten sind in §§ 57 ff. FZV geregelt.

Fahrzeugschein
(Zulassungsbescheinigung Teil I, § 13 FZV) wird bei der → Zulassung von Kfz ausgestellt.

Fahrzeugteile(VO)
→ Zulassung von Kfz.

Fahrzeugversicherung
→ Kaskoversicherung.

Faires Verfahren
Der Grundsatz des fairen Verfahrens vor Gericht (fair trial) ist eine Ausprägung des → Rechtsstaates und auch in Art. 6 → Konvention zum Schutz der Menschenrechte und Grundfreiheiten enthalten. Er ist von der Rspr. anerkannt (BVerfGE 57, 250, 275), in seinem Umfang aber nicht vollständig geklärt und hat vor allem Bedeutung im Strafprozess. Dazu wird zB gerechnet, dass der Betroffene nicht Objekt des Verfahrens ist, sondern auf das Verfahren Einfluss nehmen kann, insbes. durch Gewährung → rechtlichen Gehörs. Auch Unparteilichkeit des Gerichts und Beiziehung eines Rechtsanwalts gehören dazu. Für den Strafprozess sind zusätzlich zu nennen die → Unschuldsvermutung sowie die Waffengleichheit zwischen Staatsanwaltschaft und Beschuldigtem, die Gleichwertigkeit der prozessualen Stellung bedeutet (s. BVerfGE 52, 131, 156 f.). Sie wird auch auf die → Gleichheit vor dem Gesetz gestützt.

Faksimile
→ Form (1a).

Faktische Gesellschaft
Als faktische Gesellschaft (besser: „fehlerhafte" Gesellschaft) wird eine → Personengesellschaft genannt, der kein → Gesellschaftsvertrag zugrundeliegt, weil er entweder nicht abgeschlossen worden oder nichtig ist. Ob die faktische Gesellschaft eine Gesellschaft im Rechtssinne darstellt, ist bestr. Doch werden gutgläubige Dritte geschützt (→ Scheingesellschaft); besteht bereits ein → Gesellschaftsvermögen bzw. haben die vermeintlichen Gesellschafter bereits mit ihrer gemeinsamen (geschäftlichen) Tätigkeit begonnen, so werden die Rechtsbeziehungen nicht nach den Grundsätzen der → ungerechtfertigten Bereicherung abgewickelt, sondern es findet – wie bei einer wirksamen Personengesellschaft – eine → Liquidation statt.

Faktischer Konzern
Bei Abschluss eines → Beherrschungsvertrages, mit dem eine → Aktiengesellschaft die Leitung ihres Unternehmens einem anderen Unternehmen unterstellt, hat das herrschende Unternehmen jeden Verlust des beherrschten Unternehmens auszugleichen (§ 302 I AktG). Fehlt es an dem Abschluss eines Beherrschungsvertrages, so hat gleichwohl das herrschende Unternehmen (§ 17 AktG) die Folgen nachteiliger Rechtsgeschäfte für das beherrschte Unternehmen auszugleichen (§ 311 I AktG). Für diese Konstellation wurde der nicht gesetztechnische Begriff des faktischen Konzerns geprägt. Zum sog. qualifizierten faktischen Konzern s. → Konzernrecht.

Faktischer Vertrag
→ Vertrag (4).

Faktisches Arbeitsverhältnis
→ Fehlerhaftes Arbeitsverhältnis.

Faktisches Parallelverhalten
→ abgestimmte Verhaltensweisen.

Faktorverfahren
Ab 1.1.2010 können Ehegatten, die beide als Arbeitnehmer tätig sind, anstelle der Steuerklassenkombination III/V die Steuerklassenkombination IV-Faktor/IV-Faktor wählen (§ 39 f EStG). Mit dem Faktorverfahren wird erreicht, dass beim jeweiligen Ehegatten mindestens die ihm persönlich zustehenden steuerentlastend wirkenden Vorschriften beim Lohnsteuerabzug berücksichtigt werden, wie → Grundfreibetrag, → Vorsorgepauschale, → Sonderausgabenabzug und Kinder. Dies hat zur Folge, dass der Ehegatte, der bislang in der Lohnsteuerklasse V eingestuft war, eine geringere steuerliche Belastung erfährt. Bei einem geringer verdienenden Ehepartner wäre dann bis zu einem Monatslohn von ca. 900 EUR keine Lohnsteuer einzubehalten. Damit soll erreicht werden, dass von mitverdienenden Ehegatten verstärkt eine sozialversicherungspflichtige Erwerbstätigkeit aufgenommen wird. → Steuerklassen (5).

Faktura
→ Rechnung.

Fakultät
ist – in Abhängigkeit vom Landesrecht – eine Bezeichnung der organisatorischen Grundeinheit der → Universität (zB Theologische Fakultät; Juristische Fakultät; Medizinische Fakultät). In der Aufgabenstellung entsprechen die Fakultäten den → Fachbereichen. Organe der Fakultät sind der Fakultätsrat (Fachbereichsrat) und der Dekan (Stellvertreter: Prodekan). Die Einzelheiten regelt das Landesrecht (→ Hochschule, → Hochschulrecht).

Fakultativklausel
Mit einer Fakultativklausel soll im Giroverkehr einem Kreditinstitut die Möglichkeit eröffnet werden, im Rahmen eines → Überweisungsvertrags die Überweisung auch auf ein anderes Konto des Empfängers (als von diesem angegeben) vorzunehmen. Eine formularmäßig vereinbarte Fakultativklausel verstößt gegen das Recht der → Allgemeinen Geschäftsbedingungen (§ 308 Nr. 4 BGB) und ist daher unwirksam.

Fallrecht
Fallrecht wird ein Rechtssystem genannt, bei dem sich im Gegensatz zum Gesetzesrecht die richterliche Entscheidung nicht nach Rechtsnormen richtet, die generell für jeden Einzel-

fall gelten, sondern nach früheren Urteilen, in denen dieselbe Rechtsfrage bereits entschieden worden ist (→ Präjudizien). Das Fallrecht besteht als sog. case-law im angelsächsischen Rechtskreis (→ Common law).

falsa demonstratio non nocet
(wörtl.: eine unrichtige Erklärung schadet nicht). Sinngemäß bedeutet dieser Grundsatz, dass ein Fehlgreifen des Erklärenden in der Ausdrucksweise ihm nicht nachteilig ist, wenn der wahre Sinn der Erklärung erkennbar oder unzweideutig feststellbar ist (→ Willenserklärung). Das gilt insbes. bei Abschluss eines Vertrags (zB bei irrtümlicher Angabe eines falschen Kennzeichens im Kaufvertrag über einen gebrauchten Pkw). Der Satz gilt auch im Verfahrensrecht; insbes. ist die irrige Bezeichnung eines Rechtsmittels idR unschädlich (vgl. § 300 StPO).

Falschaussage
Über uneidliche Falschaussage eines Zeugen oder Sachverständigen vor Gericht → falsche uneidliche Aussage, über eidliche Falschaussage → Falscheid, → Meineid.

Falschberatung
→ Raterteilung, → bürgerlich-rechtliche Prospekthaftung, → Anlageberatung.

Falschbeurkundung, mittelbare
Straftatbestand nach § 271 StGB, der anders als der Tatbestand der → Urkundenfälschung (§ 267 StGB) die inhaltliche Richtigkeit öffentlicher Urkunden (vgl. §§ 415 ff. ZPO), Bücher, Dateien und Register schützt. Er ergänzt den Tatbestand der Falschbeurkundung im Amt (§ 348 StGB) für den praktisch wichtigen Fall, dass ein Nichtbeamter einen gutgläubigen Amtsträger zB durch Täuschung zur Aufnahme falscher Erklärungen in eine solche Urkunde veranlasst. § 271 StGB stellt damit die → mittelbare Täterschaft zu § 348 StGB unter Strafe, die dort nach allgemeinen Regeln nicht erfassbar wäre, da bei § 348 StGB als echtem → Amtsdelikt und damit Sonderdelikt eine mittelbare Täterschaft ausscheidet. Wer dagegen einen bösgläubig handelnden Beamten zu der Tat anstiftet, ist auch als Nichtbeamter wegen Anstiftung zu § 348 StGB strafbar; die Strafe ist aber nach § 28 I StGB zu mildern.

Im Einzelnen erfasst § 271 StGB denjenigen, der vorsätzlich bewirkt, dass Erklärungen, Verhandlungen oder Tatsachen, die für Rechte oder Rechtsverhältnisse erheblich sind, in öffentlichen Urkunden, Büchern, Dateien oder Registern als abgegeben oder geschehen beurkundet werden, während sie überhaupt nicht oder in anderer Weise oder von jemand in einer ihm nicht zustehenden Eigenschaft oder von einem anderen abgegeben oder geschehen sind. Ebenso wird bestraft, wer eine solche Beurkundung oder Datenspeicherung zur Täuschung im Rechtsverkehr gebraucht. Die Strafdrohung reicht bis zu Freiheitsstrafe von 3 Jahren.

Hergestellt wird durch eine Tat nach § 271 StGB also eine echte, aber inhaltlich unrichtige Urkunde (daher die häufige Bezeichnung intellektuelle Urkundenfälschung). Doch fallen darunter nur Eintragungen, denen öffentlicher Glaube für und gegen jedermann zukommt; so zB in gerichtlichen oder notariellen Protokollen, im Handels- oder Vereinsregister usw. Maßgebend dafür ist, ob und in welcher Eigenschaft die Erklärung abgegeben wurde, nicht ob sie inhaltlich richtig ist; so wenn auf Grund der Erklärung ein Pass, Führerschein o. dgl. mit beglaubigter Unterschrift ausgestellt wird. Sondervorschriften gelten für die Beweiskraft der zu den Personenstandsregistern (Geburten-, Ehe-, Lebenspartnerschafts-, Sterberegister) abgegebenen Erklärungen nach § 54 PStG.

Nach dem Bezugstatbestand des § 348 StGB wird ein Beamter bestraft, der innerhalb seiner Zuständigkeit vorsätzlich eine rechtlich erhebliche Tatsache falsch beurkundet oder in öffentliche Register oder Bücher falsch einträgt; so zB bei unrichtiger Wiedergabe rechtlich erheblicher Vorgänge oder Erklärungen in dem Pfändungsprotokoll eines Gerichtsvollziehers oder in der Niederschrift eines Standesbeamten. Innerdienstliche Urkunden gehören nicht hierher.

Falschbezeichnung
→ Anfechtung von Willenserklärungen (1a), → Vertrag (1).

Falsche Anschuldigung
→ Verdächtigung, falsche.

Falsche Namensangabe
→ Namensangabe, falsche.

Falsche uneidliche Aussage
Ein Zeuge oder Sachverständiger (also nicht eine Partei im Zivilprozess!), der vor Gericht oder einer anderen zur eidlichen Vernehmung zuständigen Stelle uneidlich vorsätzlich falsch aussagt, wird nach § 153 StGB mit Freiheitsstrafe von 3 Mon. bis zu 5 Jahren bestraft. Dies gilt auch für eine falsche uneidliche Aussage vor einem internationalen Gericht oder einem parlamentarischen → Untersuchungsausschuss (§ 162 StGB). Falsch ist eine Aussage dann, wenn sie mit dem objektiven Geschehen nicht übereinstimmt. Hält der Täter seine Aussage irrtümlich für zutreffend, ist er wegen Tatbestandsirrtums (§ 16 StGB) straffrei; eine fahrlässige falsche uneidliche Aussage ist anders als beim → Meineid (§§ 154, 161 I StGB) nicht strafbar. Bei Aussagenotstand (Täter wollte sich od. einen Angehörigen vor Strafe bewahren) oder rechtzeitiger Berichtigung der Aussage ist Strafmilderung oder Absehen von Strafe möglich (§ 157 StGB). Gleiches gilt, wenn der Täter die falsche Angabe rechtzeitig berichtigt (§ 158 StGB). Beide Vorschriften gelten auch für den Meineid. Die fahrlässige unbeeidete Falschaussage ist nicht strafbar. Die → Anstiftung zur vorsätzlichen falschen uneidlichen Aussage ist nach §§ 26, 153 StGB straf-

bar, die misslungene Anstiftung, obwohl sie kein Verbrechen betrifft, entsprechend den hierfür nach § 30 StGB geltenden Bestimmungen (§ 159 StGB; → Anstiftung, 2). Die Norm des § 160 StGB (Verleitung zu unvorsätzlicher Falschaussage) ergänzt das System der Aussagedelikte für den praktisch wichtigen Fall, dass ein gutgläubiger Zeuge zB durch Täuschung zu einer objektiv falschen Aussage veranlasst wird. Unter Strafe gestellt wird damit die → mittelbare Täterschaft zu § 153 StGB, die dort nach allgemeinen Regeln nicht erfassbar wäre, da es sich um ein → eigenhändiges Delikt handelt, bei dem eine mittelbare Täterschaft ausscheidet. Wegen der beeideten unrichtigen Aussage → Meineid, → Falscheid.

Falsche Verdächtigung
→ Verdächtigung, falsche.

Falsche Versicherung an Eides Statt
→ eidesstattliche Versicherung.

Falscheid
Nach § 161 StGB (fahrlässiger Falscheid) werden verschiedene Formen der fahrlässigen Abgabe (→ Fahrlässigkeit) eines falschen Eides unter Strafe gestellt; der Tatbestand ergänzt damit insb. das Vorsatzdelikt des → Meineids (§ 154 StGB). So wird mit Freiheitsstrafe bis zu 1 Jahr oder Geldstrafe bestraft, wer vor Gericht oder einer anderen zur Eidesabnahme zuständigen Behörde (zB Konsulat) fahrlässig falsch schwört, dh eine unrichtige Erklärung eidlich bekräftigt. Erfasst wird auch der Falscheid vor einem internationalen Gericht (§ 162 I StGB). Wegen der objektiven Tatmerkmale im Einzelnen → Meineid. Die Fahrlässigkeit kann darin liegen, dass der Täter sein Gedächtnis nicht gehörig anspannt oder sich nicht vergewissert, auf welche Aussagen sich der Eid erstreckt (er umfasst häufig auch die Personalangaben). Straflosigkeit tritt ein, wenn der Täter die Aussage rechtzeitig berichtigt, dh bevor ein Nachteil für einen anderen entstanden oder gegen ihn Anzeige erstattet oder eine Untersuchung eingeleitet worden ist und solange die Berichtigung noch verwertet werden kann (§ 161 II StGB, § 158 II, III StGB). Wer einen anderen zur Ableistung eines objektiv falschen, dh entweder gutgläubig oder fahrlässig falsch geleisteten Eides verleitet oder zu verleiten versucht, wird mit Freiheitsstrafe bis zu 2 Jahren oder Geldstrafe bestraft (§ 160 StGB).

Falschgeld
sind nachgemachte oder verfälschte → Banknoten oder Münzen (§ 36 BBankG, → Münzwesen). Die → Bundesbank und alle → Kreditinstitute und → Finanzdienstleistungsinstitute haben Falschgeld und als Falschgeld verdächtige Banknoten und Münzen gegen Empfangsbescheinigung anzuhalten und mit einem Bericht der Polizei zu übersenden (§ 36 BBankG). Zur Strafbarkeit der Herstellung und Verbreitung sowie zur Einziehung von Falschgeld → Geld- und Wertzeichenfälschung.

Falschlieferung
→ Gewährleistung (1b), → Mängelrüge.

Falschmünzerei
→ Geld- und Wertzeichenfälschung.

falsus procurator
= Vertreter ohne Vertretungsmacht (→ Stellvertretung).

FamFG
→ freiwillige Gerichtsbarkeit.

FamGKG
→ Gerichtskosten.

Familie
1. Unter Familie verstand man früher die Gesamtheit der durch → Ehe und → Verwandtschaft miteinander verbundenen Personen. Heute werden unter Familie außer den Ehegatten mit ihren Kindern auch nicht miteinander verheiratete Partner oder Alleinerziehende mit Kind(ern) verstanden. Das BGB enthält keine gesetzliche Definition des Begriffs „Familie“, geht aber in verschiedenen Vorschriften (zB bei der Regelung der → Unterhaltspflicht unter Verwandten) von dieser neueren Begriffsbestimmung aus. S. zur Abgrenzung → Hausgemeinschaft, → Verwandtschaft, → Schwägerschaft, → Angehörige.

2. Auch Art. 6 GG geht von diesem vorstehenden Begriff aus und stellt Ehe und Familie als Grundlage jedes staatlichen Gemeinschaftslebens unter den besonderen Schutz der staatlichen Ordnung. Es erklärt die Pflege und Erziehung der Kinder als das natürliche Recht der Eltern, über deren Betätigung die staatliche Gemeinschaft wacht. Kinder dürfen gegen den Willen der Erziehungsberechtigten von der Familie nur getrennt werden, wenn die Erziehungsberechtigten versagen oder wenn die Kinder aus anderen Gründen zu verwahrlosen drohen (→ elterliche Sorge, 3, → Erziehungshilfe). Das damit anerkannte Elternrecht wird durch Art. 7 II GG ergänzt, wonach die Eltern über die Teilnahme eines Kindes am Religionsunterricht entscheiden. Art. 6 GG ist unmittelbar geltendes Verfassungsrecht (Grundsatznorm) und bindet als solches den Gesetzgeber. Er ist daneben → institutionelle Garantie und → Grundrecht. Daher sind störende Eingriffe des Staates in Ehe und Familie verboten. Zur Anpassung der Rechtsstellung der nichtehelichen Kinder s. → Kinder (mit weiteren Verweisungen).

Familien-AG
ist ein umgangssprachlicher Ausdruck für eine in den Jahren 2003 bis 2006 existierende Form der Existenzgründung vgl. → Existenzgründungszuschuss, Ich-AG.

Familienasyl
Nach § 26 AsylG (→ Asylgesetz; → Asylrecht) werden Ehegatten, Eltern und minderjährige Kinder von unanfechtbar anerkannten Asylbe-

werbern idR selbst als Asylberechtigte anerkannt. Die Möglichkeit des Familienasyls ist vom → Familiennachzug zu unterscheiden, der insbesondere für Flüchtlinge, die nur → subsidiären Schutz genießen, nur unter wesentlich engeren Voraussetzungen zulässig ist.

Familiendiebstahl
→ Diebstahl (4).

Familienfideikommiss
→ Fideikommiss.

Familiengericht
ist eine Abteilung des → Amtsgerichts, die über alle → Familiensachen entscheidet (§ 23b GVG, sog. Großes Familiengericht). Die Zuständigkeit ist ausschließlich (→ gerichtliche Zuständigkeit, 4); örtlich zuständig ist ausschließlich das Gericht, in dessen Bezirk ein betroffenes minderjähriges Kind lebt, im Übrigen zur Sicherung des → Scheidungsverbunds das Gericht, bei dem ein Scheidungsverfahren anhängig ist. In verschiedenen Familiensachen, insbes. in → Ehesachen (s. dort auch über das Verfahren vor dem Familiengericht) und den hiermit zusammenhängenden Scheidungsfolgesachen besteht auch vor dem Familiengericht Anwaltszwang (§ 114 FamFG; → Anwaltsprozess); das Gericht kann auch dem Antragsgegner von Amts wegen einen → Rechtsanwalt zur Vertretung seiner Interessen beiordnen (§ 138 FamFG). Soweit es sich um die Beaufsichtigung und Erziehung minderjähriger Kinder handelt, wird das Familiengericht vom → Jugendamt unterstützt (§§ 50 ff. SGB VIII), das vorher anzuhören ist (§§ 162, 176, 194 FamFG). Gegen Entscheidungen des Familiengerichts ist → Beschwerde zum → Oberlandesgericht, hiergegen ggf. Rechtsbeschwerde zum → Bundesgerichtshof vorgesehen (s. Anhang VII: Der Rechtsmittelzug in Zivilsachen). Die Aufgaben des Familiengerichts nimmt teilweise der → Rechtspfleger wahr.

Familiengesellschaft
→ Mitarbeit der Ehegatten.

Familienheimfahrten
Im Rahmen der → doppelten Haushaltsführung kann bei Benutzung eines eigenen Pkw ein Pauschbetrag von 0,30 EUR pro Entfernungskilometer angesetzt werden. Höhere tatsächliche Kosten können nur bei Behinderten berücksichtigt werden. Übersteigen die tatsächlichen Kosten die Entfernungspauschale, so können diese als Werbungskosten geltend gemacht werden. Die Begrenzung des Werbungskostenabzugs auf 4.500 EUR ist dabei ohne Bedeutung.

Familienkassen
→ Kindergeld.

Familienleistungsausgleich (§ 31 EStG)
1. Die steuerliche Entlastung von Familien mit Kindern war bereits mehrfach Gegenstand verfassungsrechtlicher Entscheidungen (zuletzt BVerfG v. 10.11.1998, NJW 1999, 561 ff.). Als Reaktion auf die Maßgaben des BVerfG zur Sicherung des steuerfreien Existenzminimums hat der Gesetzgeber den F. geschaffen, der durch das Gesetz zur Familienförderung v. 22.12.1999 (BGBl. 1999 I 2552) überarbeitet und durch das zweite Gesetz zur Familienförderung v. 16.8.2001 (BGBl. 2001 I 2074) ergänzt wurde.

2. Seit 1996 werden Kinder steuerlich durch → Kinderfreibetrag (§ 32 EStG) und → Kindergeld (§§ 62 ff. EStG) berücksichtigt. Zusätzlich zum Kinderfreibetrag wird ein Betreuungsfreibetrag von 1.080 EUR (seit 2010: 1.320 EUR) für den Betreuungs- und Erziehungs- oder Ausbildungsbedarf des Kindes gewährt. Bei Ehegatten, die nach §§ 26, 26b EStG zusammen zur Einkommensteuer veranlagt werden, verdoppelt sich dieser Betrag, wenn das Kind zu beiden Ehegatten in einem Kindschaftsverhältnis steht. Dagegen entfallen ab Januar 2002 die bisherigen Ausbildungsfreibeträge für Kinder in Berufsausbildung. Eine Ausnahme besteht lediglich bei volljährigen auswärtig untergebrachten Kindern, → Belastungen, außergewöhnliche. Weiter können → Kinderbetreuungskosten geltend gemacht werden.

3. Soweit das Kindergeld für die Sicherung des Existenzminimums nicht erforderlich ist, dient es zur Förderung der Familie. Im laufenden Kalenderjahr wird das Kindergeld als Steuervergütung (→ Vergütung) monatlich gezahlt. Reicht das Kindergeld zur gebotenen steuerlichen Entlastung nicht aus, ist bei der Veranlagung zur → Einkommensteuer (→ Veranlagungsarten) der Kinderfreibetrag abzuziehen. Im letzteren Fall ist dann das Kindergeld anzurechnen, um Doppelbegünstigung zu vermeiden. Erhält der Stpfl. nach ausländischem Recht ein höheres Kindergeld, beschränkt sich die Verrechnung auf die Höhe des inländischen Kindergeldes. Das bis 1995 geltende duale System (Kindergeld und Kinderfreibetrag) ist ab 1996 unter Erhöhung der entlastenden Wirkung auf ein Alternativsystem (Kindergeld oder Kinderfreibetrag; sog. Kinderlastenausgleich) umgestellt worden, wobei in 95 vH aller Fälle der Kinderfreibetrag nicht zum Tragen kommt, weil die gebotene Entlastung durch das Kindergeld in ausreichendem Maß bewirkt wird. Ein Wahlrecht zwischen Kindergeld und Kinderfreibetrag besteht nicht. Für welche Kinder Kindergeld gezahlt wird bzw. der Kinderfreibetrag gewährt wird, s. → Kinder, steuerliche Berücksichtigung (Verwaltungsvorschriften: BStBl. I 1998, 347, 386, 558).

Familienmitarbeit
→ Mitarbeit der Ehegatten.

Familiennachzug
Familienangehörige von → Ausländern erhalten gemäß §§ 27 ff. AufenthG unter den dort genannten Voraussetzungen eine → Aufent-

haltserlaubnis (dort 2d). Bei Vorliegen einer Zwangsehe oder von Anhaltspunkten, dass das Verwandtschaftsverhältnis nur zum Zweck der Erlangung einer Aufenthaltserlaubnis begründet wurde wird der Familiennachzug nicht zugelassen. Bei subsidiär Schutzberechtigten (→ Subsidiärer Schutz) ist der Familiennachzug auf 1000 Personen im Monat beschränkt. Ehegatten, Eltern und Kinder von bestandskräftig anerkannten Asylberechtigten genießen selbst Asyl (→ Asylrecht; → Familienasyl), so dass es bei diesem Personenkreis auf die obigen Regeln nicht ankommt.

Familienname
→ Name der Familie.

Familienpapiere
→ Erbengemeinschaft (2).

Familienpflege
→ Pflegekinder.

Familienpflegezeit
Das Gesetz über die Familienpflegezeit (Familienpflegezeitgesetz – FPfZG) ist zum 1.1.2012 in Kraft getreten; es wurde zum 1.1.2015 geändert. Arbeitnehmer können zur häuslichen Pflege naher Angehöriger entweder bis zu 6 Monaten komplett freigestellt werden oder bis zu 24 Monate (Höchstdauer) in Teilzeit arbeiten. Die verringerte wöchentliche Arbeitszeit muss mindestens 15 Stunden betragen. Das Verlangen nach Familienpflegezeit ist dem Arbeitgeber spätestens acht Wochen vor Beginn der Familienpflegezeit schriftlich mitzuteilen. Der Arbeitgeber kann – wenn er mehr als 25 Arbeitnehmer beschäftigt – den Anspruch nur aus dringenden betrieblichen Gründen ablehnen. Während der Familienpflegezeit kann dem Arbeitnehmer ein zinsloses Darlehen durch das Bundesamt für Familie und zivilgesellschaftliche Aufgaben gewährt werden. Die monatlichen Darlehensraten werden iH der Hälfte der Differenz zwischen monatlichem Nettoentgelt vor und während der Freistellung gewährt. Das Darlehen richtet sich nach der Höhe des Nettoverdienstes vor der Freistellung. Das Darlehen ist nach Ende der Familienpflegezeit in Monatsraten (innerhalb von 48 Monaten nach der Freistellung) zur erstatten. Eine Stundung der Rückzahlung ist im Rahmen einer Härtefallregelung möglich.

Eine Kündigung durch den Arbeitgeber ist in Pflege- und Nachpflegephase nur mit behördlicher Zustimmung zulässig. Die Stellung der Vertretungskräfte ist deutlich schwächer ausgeprägt: Gem. § 9 Abs. 5 FPfZG iVm § 6 PflegeZG liegt insoweit ein Sachgrund für eine Befristung vor, bei vorzeitiger Rückkehr des Arbeitnehmers aus der Pflegezeit kann der Vertreter mit einer Frist von zwei Wochen gekündigt werden.

Familienrecht
ist die Gesamtheit der staatlichen Rechtsnormen, welche die rechtlichen Beziehungen der Mitglieder der → Familie zueinander und zu Dritten regeln, insbes. das Recht der → Ehe in ihren personenrechtlichen und güterrechtlichen Auswirkungen, die → elterliche Sorge und ihre Ergänzung durch → Vormundschaft, → Betreuung und → Pflegschaft sowie die Regelung des Unterhalts unter Ehegatten, Verwandten und des Kindes bei nicht miteinander verheirateten Eltern. Das Familienrecht ist vornehmlich im 4. Buch des BGB (§§ 1297–1921 BGB) geregelt; formelle Vorschriften enthält das Personenstandsgesetz (→ Personenstandsbücher).

Familiensachen
sind die Angelegenheiten, über die das → Familiengericht zu entscheiden hat (§ 111 FamFG). Es handelt sich hierbei zunächst um die → Ehesachen samt den Scheidungsfolgesachen (Unterhalt, → Versorgungsausgleich, → elterliche Sorge usw.; s. iE → Ehescheidung). Andere Familiensachen sind zB die Entscheidung über → Kindschaftssachen, → Unterhaltssachen, die → Abstammung, über die → elterliche Sorge generell, das → Umgangsrecht, die → Unterhaltspflicht bei nicht miteinander verheirateten Eltern sowie über Ansprüche aus dem ehelichen → Güterrecht usw, auch im Rahmen einer → Lebenspartnerschaft, nicht aber innerhalb einer nichtehelichen Lebensgemeinschaft (→ eheähnliche Gemeinschaft). Als Familiensachen gelten auch sämtliche Verfahren nach den § 1 GewSchG ff., die nicht zwingend einen Bezug zur → Familie haben. Das Verfahren richtet sich grds. nach dem FamFG (→ freiwillige Gerichtsbarkeit); in → Ehesachen und Familienstreitsachen (den vermögensrechtlichen Auseinandersetzungen wie Güterrechtssachen und → Unterhaltssachen, § 112 FamFG) gelten ergänzend teilweise die allgemeinen Vorschriften der ZPO (§ 113 FamFG, s. → Zivilprozess). Über Gerichtskosten in Familiensachen s. das FamGKG v. 17.12.2008 (BGBl. 2008 I 2586, 2666) mÄnd. Für internationale Familiensachen s. das Internationale FamilienrechtsverfahrenG v. 26.1.2005 (BGBl. 2005 I 162) mÄnd.

Familienstand
→ Personenstand.

Familienstiftung
→ Stiftung des Privatrechts, → Fideikommiss.

Familienstreitsachen
→ Familiensachen.

Familienunterhalt
→ Unterhaltspflicht der Ehegatten, → Scheidungsunterhalt.

Familienunternehmen
ist ein weithin verwendeter Begriff, der unternehmerische Tätigkeit von Familien beschreibt, meist bezüglich kleiner und mittelständischer Unternehmen, in dem Familienmitglieder in der Geschäftsführung aktiv sind oder zumindest die wesentliche Anteile an dem Unternehmen halten. Es handelt sich

nicht um einen Rechtsbegriff, sondern um die Beschreibung eines tatsächlichen Phänomens. Das Familienunternehmen kann in vielfältiger Rechtsform betrieben und damit auf die individuellen Bedürfnisse zugeschnitten werden, auch im Hinblick auf das Erbrecht und die Rechtsnachfolge (z. B. Personengesellschaft, Kapitalgesellschaft, Stiftung). In diesem Zusammenhang werden aktuell auch neue Rechtsformen diskutiert (→ Verantwortungseigentum).

Familienversicherung

Eine Familienversicherung besteht in der gesetzlichen → Krankenversicherung für die unterhaltsberechtigten Ehegatten, (eingetragene) Lebenspartner und Kinder, sofern sich diese gewöhnlich im Inland aufhalten und nicht selbst einen gesetzlichen Anspruch auf die Leistungen haben. Dies jedoch nur, wenn sie kein Gesamteinkommen von idR mehr als $^1/_7$ der → Bezugsgröße haben; für Kinder eines Versicherten nicht, wenn der andere nichtversicherte Elternteil ein Gesamteinkommen über der → Jahresarbeitsentgeltgrenze der Krankenversicherung und über dem Gesamteinkommen seines versicherten Ehegatten hat (§ 10 SGB V, § 7 KVLG 1989). Die Familienversicherung für Kinder besteht im Regelfall bis zur Vollendung des 18. Lebensjahres. Eine Verlängerung bis zum 23. (nicht erwerbstätige Kinder), bzw. 25 Lebensjahr (Schul- oder Berufsausbildung, freiwillige soziales Jahr oder Wehrdienst) ist möglich. Für Kinder mit einer Behinderung iSd § 2 Abs. 1 SGB IX gilt die Familienversicherung ohne Altersgrenze, sofern das Kind sich nicht selbst unterhalten kann und die Behinderung innerhalb einer familienversicherten Zeit nach Abs. 2 Nr. 1–3 eingetreten ist. Die Familienversicherung ist subsidiär. Sie besteht nicht, wenn eine vorrangige Versicherungspflicht gegeben ist. Für die soziale → Pflegeversicherung gelten die vorstehenden Ausführungen entsprechend (vgl. § 25 SGB XI). In den anderen Zweigen der Sozialversicherung (→ Rentenversicherung, → Unfallversicherung) ist eine beitragsfreie Mitversicherung der Familienangehörigen nicht möglich. Die Familienversicherung ist ein wesentlicher Vorteil der gesetzlichen Kranken- und Pflegeversicherung gegenüber der Privaten Krankenversicherung, da dort für jedes Familienmitglied eine eigene kostenpflichtige Versicherung abgeschlossen werden muss.

Familienzuschlag

→ Dienstbezüge (5).

Fangjagd

ist eine von vier Arten der → Jagdausübung. Bestimmte Fanggeräte (Fallen) unterliegen gem. § 19 Abs. 1 Nr. 7–9 BJagdG Verboten; so sind Fanggeräte grundsätzl. verboten, die nicht unversehrt fangen oder nicht sofort töten.

Fangprämie

→ Ladendiebstahl.

FAO

(= Food and Agriculture Organization) ist die für Fragen der Landwirtschaft und Ernährung zuständige Unterorganisation der → Vereinten Nationen.

Farbstoffe in Lebensmitteln

Farbstoffe in Lebensmitteln sind → Zusatzstoffe, deren Regeln für sie gelten.

Faschismus

Politische Bewegung, in Italien von Benito Mussolini 1919 mit Stoßrichtung gegen alle sozialistischen, kommunistischen, liberalen und demokratischen Gesellschaftsordnungen unter dem Sinnbild des fascio (= Rutenbündel, Bund) organisiert. Der Faschismus stellt den absoluten Wert des Staates heraus, dem sich das Individuum unterzuordnen hat. Der → totale Staat unter einem mit allen Machtvollkommenheiten ausgestatteten Führer beherrscht das gesamte Leben des Volkes und durchdringt alle gesellschaftlichen Organisationen (Verbände usw.). Die den Staat beherrschende faschistische Partei erhob den Alleinvertretungsanspruch für das Volk. Mussolini wurde nach dem Marsch auf Rom (28.10.1922) italien. MinPräs. und machte sich 1925 mittels Staatsstreichs zum Diktator. Alle anderen Parteien wurden verboten, jede Opposition unterdrückt, das Parlament durch einen vom Duce (Führer) ernannten Großen Faschistenrat und die Gewerkschaften durch eine Zwangsorganisation ersetzt. Die faschistische Partei stützte sich auf eine Miliz (Schwarzhemden) und richtete staatliche Jugendorganisationen ein (Avantguardia, Balilla). Der Faschismus wurde in anderen Ländern das Vorbild für ähnliche rechtsextreme politische Bewegungen, so in Deutschland für den → Nationalsozialismus unter Hitler, in Spanien (Franco), Portugal (Salazar), Rumänien (Antonescu), Ungarn (Horthy), England (Mosley) und Argentinien (Perón). Während des 2. Weltkrieges wurde der Faschismus nach der Landung der Alliierten in Italien beseitigt.

Faustpfandrecht

→ Pfandrecht.

Faustrecht

Das Faustrecht kann in Zeiten eines rechtlosen Zustandes herrschen, in denen sich jeder „auf eigene Faust" Recht oder vermeintliches Recht zu verschaffen sucht, weil keine staatliche Ordnung ihm hierzu verhilft. Das Faustrecht bestand in der Geschichte vor Errichtung staatlicher Organisationen und trat in Zeiten staatlicher Desorganisation oder Anarchie wieder auf, so zB bei Zusammenbruch der Staatsgewalt infolge unglücklichen Kriegsausgangs. Im Mittelalter war das Raubrittertum eine Erscheinungsform des Faustrechts als Folge des Machtverlustes des Kaisertums. Mit zunehmender Erstarkung der Staatsgewalt und Ausbau der Rechtspflege wurde das Faustrecht verdrängt. Rechtlich gebilligte Restformen des Faustrechts bestehen noch im Recht der → Selbsthilfe und der → Notwehr.

Fautfracht
→ Frachtvertrag.

Fax
→ Telefonische/telegrafische (usw.) Einlegung von Rechtsmitteln, → Form.

Fazilitäten
sind → Kreditlinien unter Korrespondenzbanken im nationalen und internationalen Zahlungsverkehr. Refinanzierungsfazilitäten sind die Refinanzierungsmöglichkeiten, die eine → Notenbank den Geschäftsbanken einräumt. S. → ständige Fazilitäten, → Europäische Finanzstabilisierungsfazilität.

Fehde
Nach altem germanischen Recht durfte die Sippe, die über die Unversehrtheit ihrer Glieder zu wachen hatte, Angriffe auf die Ehre oder andere Rechtsgüter ihrer Angehörigen durch Fehde oder Blutrache ahnden. Die Sippenrache konnte bei Festnahme des Täters auf „handhafter Tat" durch sofortige Aburteilung und Vollstreckung geübt werden, sonst in Form der Fehde, die auf Vergeltung, Wiederherstellung der Sippenehre und Schadloshaltung im Wege der Selbsthilfe gerichtet war und sich gegen die gesamte Sippe des Täters wandte. Sie konnte durch Urfehde enden, dh durch Versöhnung, die durch Eide, Friedensbund und sogar durch Verlobung gefestigt wurde (wodurch es zu einer „Umsippung" kommen konnte); meist ging die Festsetzung einer Buße durch ein Schiedsgericht voraus. Verletzung der Urfehde konnte zur → Acht und Friedlosigkeit führen. Nach späteren Rechten schwor der Angeklagte Urfehde mit dem Versprechen, weitere Missetaten zu unterlassen oder – insbes. nach Freispruch – Kläger und Gerichtspersonen nicht anzugreifen. Fehdeverbote wurden häufig auf Zeit durch → Gottesfrieden oder → Landfrieden ausgesprochen. Seit der fränkischen Zeit versuchten die Könige immer wieder, diese Form der privaten Justiz auf die ordentlichen Gerichte überzuleiten; zeitweise war die Rechtmäßigkeit der Fehde davon abhängig, dass ein Anerbieten zu richterlicher Beilegung ergebnislos blieb. Ausdrückliche gesetzliche Verbote der Fehde konnten erst durchgesetzt werden, seitdem diese zugleich als Verstoß gegen das Landfriedensgebot mit schwerer Strafe bedroht war.

Fehlbelegungsabgabe
→ sozialer Wohnungsbau. Heute gibt es an Stelle der Fehlbelegungsabgabe für geförderten sozialen Wohnraum die Ausgleichszahlung (→ soziale Wohnraumförderung).

Fehlbestand
→ Mankohaftung.

Fehler
Bei einigen Verträgen verwendet das BGB nicht den Begriff des Fehlers, sondern die Begriffe Sach- und Rechtsmangel, s. zB beim Kaufvertrag → Gewährleistung (1), beim → Mietvertrag oder → Werkvertrag s. dort; s. aber → Reisevertrag; sa → Produkthaftung.

Fehlerhafte Entscheidungen
Fehlerhafte Entscheidungen von Gerichten oder Behörden, die auf unrichtigen Tatsachenfeststellungen oder auf Verletzung von sachlichen oder Verfahrensvorschriften beruhen, sind gleichwohl grundsätzlich wirksam und können nur mit den zulässigen → Rechtsbehelfen beseitigt werden. Anderenfalls erwächst auch eine fehlerhafte Entscheidung in Rechtskraft. Ausnahmen gelten bei → Nichtigkeit gerichtlicher Entscheidungen. Ist eine Entscheidung in ihrer Art oder Bezeichnung fehlerhaft, ist zB in einem Zivilprozess Beschluss statt Urteil ergangen, so kann die inkorrekte Entscheidung mit jedem → Rechtsmittel angefochten werden, das gegen die richtige, gewählte falsche oder jede mögliche Art der Entscheidung stattfindet (sog. Meistbegünstigungstheorie); im Strafprozess richtet sich das zulässige Rechtsmittel nach dem sachlichen Inhalt der Entscheidung.

Fehlerhafte Gesellschaft
→ faktische Gesellschaft.

Fehlerhaftes Arbeitsverhältnis
Ein rechtlich an sich unwirksames (weil zB wegen arglistiger Täuschung bei seiner Begründung angefochtenes), aber tatsächlich bestehendes → Arbeitsverhältnis kann rechtlich dennoch Wirkungen entfalten (ähnlich im Gesellschaftsrecht → Faktische Gesellschaft). Dieser Fall wird als fehlerhaftes Arbeitsverhältnis bezeichnet. Verwendet wird auch die Bezeichnung faktisches Arbeitsverhältnis, die aber ungenau bzw. zu weitgehend ist, weil jedenfalls eine – wenngleich nicht wirksame – Willensausübung bei der Begründung erforderlich ist, um die Anknüpfung von Rechtsfolgen zu rechtfertigen. Das fehlerhafte Arbeitsverhältnis ist zwar jederzeit beendbar (falls keine Verwirkung oder Anfechtungsfristen entgegenstehen), muss aber normalerweise nicht bereicherungsrechtlich rückabgewickelt werden (Wirkung der → Anfechtung iErg nur → ex nunc statt → ex tunc, s. zB BAG 3.12.1998 – 2 AZR 754/97, NZA 1999, 584).

Fehlgebrauch des Ermessens
→ Ermessen.

Fehlgeldentschädigungen
→ Mankohaftung.

Fehlgeschlagener Versuch
→ Rücktritt vom Versuch 2.

Feiertage
1. Feiertage werden unterschieden in gesetzliche (staatlich anerkannte) Feiertage, die zu-

gleich Feiertage im Sinne der gewerberechtlichen und arbeitsrechtlichen Bestimmungen (→ Ladenschluss, → Arbeitszeit) und im Sinne der Bestimmungen über → Fristen und Termine sind, und staatlich geschützte Tage (kirchliche Feiertage, stille Tage), die lediglich einen beschränkten Feiertagsschutz genießen und an denen öffentliche Unterhaltungsveranstaltungen eingeschränkt sind (zB Gründonnerstag und der Heilige Abend, vgl. Art. 3 Bay. FeiertagsG v. 21.5.1980, GVBl. 1980, 215, mÄnd). Zum Schutz der Feiertage sa → Religionsausübung, freie (1).

2. Bundesgesetzlich ist nur der 3.10. als „Tag der Deutschen Einheit" gesetzlicher Feiertag (Art. 2 II → Einigungsvertrag). Im Übrigen gelten die Feiertagsgesetze der Länder. Danach sind übereinstimmend gesetzliche Feiertage Neujahr, Karfreitag, Ostermontag, 1. Mai, Christi Himmelfahrt, Pfingstmontag, 1. und 2. Weihnachtsfeiertag. Hinzu kommen in katholischen Gegenden Heilige Drei Könige (6.1.), Fronleichnam, Mariä Himmelfahrt (15.8.), Allerheiligen (1.11.) und in evangelischen Gegenden das Reformationsfest (31.10.). Der Buß- und Bettag wurde zum Ausgleich der Arbeitgeberbelastung außer in Sachsen durch die → Pflegeversicherung abgeschafft. In Berlin gibt es auch den Internationalen Frauentag (8.3.) und in Thüringen den Weltkindertag (20.9). Die meisten Bundesländer haben 10 oder 11 gesetzliche Feiertage, Bayern, Baden-Württemberg und das Saarland haben 12. Zum Fristablauf an Feiertagen → Frist, zum Fahrverbot für LKW → Lastkraftwagen.

Feiertagsfahrverbot
→ Lastkraftwagen.

Feiertagsgeld
Das Feiertagsentgelt ist die Feiertagsbezahlung, die → Heimarbeiter und → Hausgewerbetreibende nach § 11 Entgeltfortzahlungsgesetz (EFZG) vom 26.5.1994 (BGBl. 1994 I 1014/1065 m. spät. Änd.) beanspruchen können. Das Feiertagsgeld berechnet sich nach § 11 II EFZG. Nach § 11 III EFZG ist das Feiertagsgeld vor dem Feiertag zusammen mit der Entgeltzahlung zu zahlen. Von seiner Konzeption her entspricht das Feiertagsgeld der Entgeltfortzahlung an Feiertagen der sozialversicherungspflichtig Beschäftigten (§ 2 EFZG).

Feiertagsvergütung
Feiertagsvergütung ist das Entgelt, das dem → Arbeitnehmer für die an einem gesetzlichen Feiertag ausgefallene Arbeitszeit gem. Entgeltfortzahlungsgesetz zu zahlen ist (§ 2 EFZG). Die Feiertagsvergütung entspricht in der Höhe dem Arbeitslohn, den der Arbeitnehmer ohne den Arbeitsausfall erhalten hätte. Der Anspruch auf Feiertagsvergütung entfällt, wenn der Arbeitnehmer am letzten Arbeitstag vor oder am ersten Arbeitstag nach dem Feiertag unentschuldigt der Arbeit fernbleibt. Zu abweichenden Regelung bei tatsächlicher Arbeitsleistung an Feiertagen → Feiertagszuschlag.

Feiertagszuschlag
Feiertagszuschlag ist der Zuschlag zum normalen Arbeitslohn, den der → Arbeitnehmer dafür erhält, dass er an einem gesetzlichen Feiertag auf Grund des Arbeitsverhältnisses Arbeit leistet. Der Feiertagszuschlag wird idR auf Grund eines → Tarifvertrags oder einer Einzelvereinbarung bezahlt; oft in Zusammenhang mit einem Zuschlag für Sonntagsarbeit. Gesetzlich ist nur die Gewährung eines Ersatzruhetages erforderlich (§ 11 III ArbZG). Der Feiertagszuschlag ist nur teilweise pfändbares Arbeitseinkommen (→ Lohnpfändung) und fällt iRd steuerlichen Freibeträge unter § 850a Nr. 3 ZPO. Der Zuschlag kann ebenso wie der Sonntags- und Nachtarbeitszuschlag steuerfrei sein (§ 3b EStG und R 3b LStR). Aufwendungen, die im Zusammenhang mit dem Feiertagszuschlag stehen, können nicht als → Werbungskosten abgezogen werden (§ 3c EStG). Ab 2004 wird für die Berechnung der steuerfreien Zuschläge auf einen Grundlohn abgestellt, der höchstens 50 EUR pro Stunde betragen darf. Dies entspricht einem monatlichen Arbeitslohn von ca. 8.000 EUR. Ab 1.1.2006 besteht ab 25 EUR (Grund-)Stundenlohn Sozialversicherungspflicht für Feiertagszuschläge (§ 1 I Nr. 1 SvEV).

Feindeslisten
Das Verbreiten sog. „Feindeslisten" kann den Straftatbestand des → Gefährdenden Verbreitens personenbezogener Daten (§ 126a StGB) erfüllen.

Feindliche Übernahme
→ Übernahme eines Handelsgeschäfts (Unternehmens).

Feingehalt
Das Gesetz über den Feingehalt von Gold- und Silberwaren v. 16.7.1884 (RGBl. 1884, 120) mÄnd besagt, dass Gold- und Silberwaren zu jedem Feingehalt angefertigt werden dürfen (§ 1 Feingehaltsgesetz). Ein bestimmter Mindestgehalt an Edelmetall ist nicht vorgeschrieben. Wird auf den Waren ein Feingehalt angegeben, so darf dies bei Gold nur in 585 oder mehr Tausendteilen, bei Silber nur in 800 oder mehr Tausendteilen erfolgen (§ 2 I Feingehaltsgesetz). Eine solche Angabe des Feingehalts, für die der Verkäufer haftet, erfolgt durch Stempelung (§§ 3, 7 Feingehaltsgesetz).

Feinstaub
Feinstaub sind besonders kleine Partikel, die üblicherweise Nase und Mundhöhle passieren, also lungengängig sind. Die genauen Bezeichnungen lauten PM10, PM2,5, Partikel oder Schwebstaub. Die wichtigsten Regelungen hierzu, vor allem Grenzwerte, enthält die 39. BImSchV (Luftqualitätsstandards und Emissionshöchstmengen, → Luftreinhaltung, → Immissionswerte). Die Emission von Feinstaub

wird für industrielle Anlagen ferner durch die TA Luft (→ Technische Anleitung) sowie durch die 1. BImSchV (kleine und mittlere Feuerungsanlagen), 13. BImSchV (Großfeuerungsanlagen), 17. BImSchV (Abfallverbrennung), 28. BImSchV (nicht für den Straßenverkehr bestimmte Verbrennungsmotoren) und 44. BImSchV (mittelgroße Feuerungsanlagen) beschränkt. Der für PM10 in der 39. BImSchVfestgelegte Immissionsgrenzwert beträgt 50 $\mu g/m^3$ als Tages-Mittelwert (mit 35 zugelassenen Überschreitungen je Kalenderjahr) und 40 $\mu g/m^3$ als Jahres-Mittelwert.→ Dieselfahrverbot, → Immissionsschutzrecht.

Feld- und Forstschutzrecht

1. Die besonderen landesrechtlichen, milderen Strafvorschriften gegen Feld- und Forstdiebstahl, -hehlerei usw. sind gem. Art. 4 EGStGB vom 2.3.1974 beseitigt, jedoch nicht Landesrecht, das unbedeutende Fälle straflos lässt oder von der Verfolgung ausnimmt. Bei geringwertigen Sachen greift im Übrigen § 248a StGB (→ Diebstahl, 4) ein. Dagegen sind andere Forstschutzdelikte (insbes. Schädigung von Früchten am Boden, von Wegen, Einfriedungen, Wegweisern, unbefugtes Betreten von Grundstücken usw.) landesrechtlich → Ordnungswidrigkeiten. Sa → Forstrügesachen.

2. Polizeirechtliche Vorschriften der unter 1 genannten Gesetze regeln insbes. Bestellung und polizeiliche Befugnisse der Feld- und Forsthüter.

3. Die Landesgesetze enthalten auf Grund des Gesetzesvorbehalts in Art. 107 EGBGB zT auch Vorschriften über Schadensersatzansprüche, Wertersatz, Ersatzgeld und Pfändungsrechte des Geschädigten.

Feldgeschworene

→ Grenzregelung bei Grundstücken.

Felonie

Felonie war im Mittelalter die Bezeichnung für den Treubruch des Vasallen gegenüber dem Lehnsherrn, so zB Versagen der Gefolgschaft bei Kriegszügen, Auflehnung gegen Verordnungen oder Weisungen. Die Felonie führte zum Heimfall des → Lehens an den Lehnsgeber.

Feme

(mittelhochdeutsch = Strafe) war eine Form der im frühen Mittelalter ausgeübten ordentlichen Gerichtsbarkeit; sie ging aus den westfälischen Grafengerichten hervor (Femegerichte, Freigerichte, Freistühle unter Vorsitz von Freiherren oder Freigrafen mit Freischöffen als Beisitzern). Die Femegerichte entwickelten sich vorwiegend zu Strafgerichten, an denen sieben Freischöffen teilnahmen; die Schöffen waren als „Wissende" in einem Freischöffenbund zusammengefasst. Die Femegerichte übten ihre Tätigkeit als sog. „stille" oder „heimliche" Gerichte aus, wenn auch zunächst öffentlich; mit der Zeit erstreckten sie als dem König unmittelbar unterstehende Rechtspflegeorgane ihre Zuständigkeit auf das gesamte Reichsgebiet. Im „Rügeverfahren" wurde der Beschuldigte vor das Femegericht geladen; bei Nichterscheinen konnte er der → Acht und damit dem Tode verfallen. Bei Ergreifung auf „handhafter Tat" konnte ein Schnellverfahren durchgeführt und das Urteil sofort vollstreckt werden. Späteres Eindringen unehrenhafter Elemente in den Freischöffenbund hatte Missbräuche zur Folge (Käuflichkeit, Willkür usw.) und führte zum Verfall der Feme, Ausscheiden der unbescholtenen Mitglieder und Übergang der Femegerichte zum heimlichen Verfahren, das häufig mit Unrechtsurteilen verbunden war. Diese Entwicklung hatte eine Abwertung der Feme zur Folge. In der Neuzeit ist der Begriff Feme daher mit dem Makel der Anrüchigkeit behaftet (Verurteilung Missliebiger in einem Geheimverfahren auf Grund angemaßter Privatgerichtsbarkeit; zB Femeurteile in der Reichswehr nach 1919).

Ferienjob

Unter einem Ferienjob (oder auch Ferienarbeit) versteht man ein Arbeitsverhältnis von Schülern oder Studenten während ihrer Schul- bzw. Semesterferien, um Geld zu verdienen und ggf. erste Erfahrungen in der Arbeitswelt zu sammeln. Es handelt sich dabei idR – aber nicht zwingend – um eine → geringfügige Beschäftigung iSv § 8 SGB IV mit den entsprechenden sozialversicherungsrechtlichen Auswirkungen. Arbeitsrechtlich liegt hingegen ein vollwertiges → Arbeitsverhältnis vor, das idR befristet eingegangen wird (→ Befristetes Arbeitsverhältnis). Ein schriftlicher Arbeitsvertrag wird schon wegen § 14 IV TzBfG zu schließen sein, iÜ gilt auch für Ferienjobs das Nachweisgesetz (NachwG; → Arbeitsvertrag). Bei minderjährigen Ferienjobbern sind va die nach dem Lebensalter und bestimmten Tätigkeiten differenzierenden Regelungen des JArbSchG zu beachten (zu Einzelheiten → Jugendarbeitsschutz). Der gesetzliche → Mindestlohn ist bei unter 18-Jährigen nicht einschlägig (§ 22 II MiLoG). Zudem bestehen steuerrechtliche sowie weitere sozialversicherungsrechtliche Besonderheiten, bspw. die Anrechnungsfreiheit der Einnahmen von Schülern aus Ferienjobs hins. des Bezugs von → Bürgergeld (§ 11a VII SGB II). Für Bezieher von Leistungen nach dem BAföG bestehen Freibeträge (vgl. §§ 21 ff. BAföG; → Ausbildungsförderung).

Feriensachen

→ Gerichtsferien.

Ferienwohnungen, -appartements

1. Als Ferienwohnung bezeichnet man üblicherweise Wohnraum, der möbliert zu Urlaubszwecken vermietet wird. Mietet der Urlauber den Wohnraum selbst an, liegt ein → Mietvertrag vor, wird über einen Reiseveranstalter gebucht, eventuell ein → Reisevertrag. Die Überlassung von Wohnraum als Feri-

enwohnung kann als Zweckentfremdung unzulässig oder genehmigungspflichtig sein. Manche Kommunen habe sog. Zweckentfremdungs- oder Ferienwohnungssatzungen erlassen, etwa München auf Grund des Bay. Zweckentfremdungsgesetzes v. 10.12.2007 (GVBl. 864 mÄnd), um knappen Wohnraum zu schützen. Die Vermietung von Ferienwohnungen ist ferner als → Gewerbe anzumelden, wenn sie dauerhaft mit Gewinnerzielungsabsicht ausgeübt werden soll. Unter Umständen liegt auch eine baurechtlich genehmgungspflichtige Nutzungsänderung (→ Baugenehmigung) vor, etwa wenn Wohnraum dauerhaft zu Ferienzwecken an wechselnde Personen vermietet wird. Im Geltungsbereich eines Bebauungsplans gilt für die Genehmigungsfähigkeit § 13a BauNVO, der Ferienwohnungen grundsätzlich als nicht störende Gewerbebetriebe einordnet. Falls der Vermieter nicht Eigentümer der Ferienwohnung ist, bedarf er einer Erlaubnis seines Vermieters zur Untervermietung, → Wohnraummietvertrag, 1, → airbnb.

2. Die Einkünfte aus der Vermietung von Ferienwohnungen sind als Einkünfte aus Vermietung und Verpachtung zu versteuern (→ Einkommensteuer). → Gewerbesteuer fällt an, wenn ein Gewerbe vorliegt und der Freibetrag überschritten wird. Nutzt der Vermieter die Ferienwohnung auch selbst, kann → Zweitwohnungssteuer anfallen.

Ferkelkastration
Männliche Ferkel werden chirurgisch kastriert, weil das Fleisch von Ebern einen Geruch entwickeln soll, den Verbraucher nicht mögen. §§ 5, 21 TierSchG verbieten seit Ende 2021 die bis dahin noch erlaubte betäubungslose Ferkelkastration. Da die Betäubung warmblütiger Wirbeltiere grundsätzlich → Tierärzten vorbehalten ist (§ 5 TierschG), wurde die Ferkelbetäubungssachkundeverordnung (FerkBetSachkV) v. 8.1.2020 (BGBl. 2020 I 96) erlassen. Sie gestattet sachkundigen Personen, Ferkel mit Isofluran zu betäuben und danach zu kastrieren. Die VO regelt auch die Anforderungen an die Sachkunde und ermöglicht es somit den Landwirten, die Ferkelkastration weiterhin selbst durchzuführen. → Tierschutz.

Fernabsatzvertrag
1. Fernabsatzvertrag ist jeder → Vertrag zwischen einem → Unternehmer und einem → Verbraucher (zB Lieferung von Waren, Erbringung von Dienstleistungen, auch zB Wett- und Lotterieabschlüsse, Finanzdienstleistungen usw.), der nicht unter Anwesenden, sondern unter Abwesenden bei ausschließlicher Verwendung von sog. Fernkommunikationsmitteln abgeschlossen wird, § 312c I BGB; erfasst werden alle Fernkommunikationsmittel (zB Briefe, Kataloge, Telekopien, E-Mails, Rundfunk, Telefon, Internet und sonstige → Teledienste; bei einem Vertrag im → elektronischen Geschäftsverkehr nach § 312i BGB ist dagegen der Einsatz von elektronischen Kommunikaionsmitteln nötig. Ein Fernabsatzvertrag liegt auch vor, wenn ein Vertrag auf einem → Online-Marktplatz geschlossen wird. Zu den Einzelheiten und den besonderen Informationspflichten insoweit s. dort. Ausgenommen von den Vorschriften über Fernabsatzverträge sind Fälle, in denen der Vertragschluss nicht im Rahmen eines für den Fernabsatz organisierten Vertriebs- oder Dienstleistungssystems erfolgt ist (zB nur gelegentliche Entgegennahme von telefonischen Bestellungen durch einen Händler; ein F. ist aber zB anzunehmen, wenn ein Rechtsanwalt zur Aquirierung einer Vielzahl von Kapitalanlage-Mandanten sich eines Strukturvertriebs zur Verteilung von Vollmachtsformularen und Fragebögen bedient); die Beweislast dafür, dass ein solche Ausnahme vorliegt, trägt der Unternehmer ("es sei denn"). Keine Anwendung finden die Vorschriften über den F. gem. § 312 II BGB für bestimmte Bereiche (zB Grundstücksgeschäfte, Verträge über Reiseleistungen, bei Verwendung von Warenautomaten usw.). Sa → Verbrauchervertrag, → Teilzahlungsgeschäft, → Versicherungsvertrag, → Fernunterricht, → Teilzeit-Wohnrechtevertrag.

2. Bei einem Fernabsatzvertrag muss der Unternehmer dem Verbraucher bestimmte Infomationen auf Papier (zB auch durch einen Verkaufsprospekt) oder, bei Einverständnis des Verbrauchers, einem anderen dauerhaften Datenträger vor Vertragsabschluss zur Verfügung stellen und den Verbraucher dadurch umfassend und klar über alle Einzelheiten des Vertrags unterrichten, § 312d BGB; Art. 246a EGBGB enthält hierzu nähere Ausgestaltungen. Zur Erweiterung und Neufassung der Informationspflichten seit dem 28.5.2022, insbes. hinsichtlich digitaler Produkte, Art. 246a EGBGB (→ Modernisierungsrichtlinie, → Digitale-Inhalte-Richtlinie). Zur Verletzung von Informationspflichten über Kosten und Dokumentationspflichten s. § 312e, f BGB, (seit 28.5.2022 bußgeldbewehrt nach Art. 246e EGBGB). Die Beweislast für die Erfüllung der Informationspflichten trägt der Unternehmer, § 312l BGB; sa → Gesetz für faire Verbraucherverträge. Zu den Pflichten des Betreibers eines → Online-Marktplatzes s. dort.

3. Der Verbraucher hat nach § 312g I BGB ein Widerrufsrecht (nach § 355 BGB), sofern keine der Ausnahmen in § 312g II BGB eingreift (zB individuell gefertigte, schnell verderbliche oder aus Gründen der Hygiene versiegelt gelieferte und nicht zur Rückgabe geeignete Waren, Reparatur- und Instandhaltungsarbeiten). Rechtsnatur, Wirkung, Frist, Belehrung, Ausübung und Rechtsfolgen des Widerrufs richten sich grds. nach §§ 355 ff. BGB (s. iE → Verbrauchervertrag, 2) mit einigen Besonderheiten. Der Unternehmer kann dem Verbraucher die Möglichkeit des Widerrufs durch ein Muster-Widerrufsformular (nach Anlage 2 zu Art. 246a § 1 II Nr. 1 EGBGB) oder eine Widerrufserklärung auf der Webseite des Unternehmers

einräumen, § 356 I BGB. Sofern der Fernabsatzvertrag ein → Verbrauchsgüterkauf ist, beginnt die Widerrufsfrist erst mit der Lieferung der Ware, § 356 II BGB (anders bei Lieferung von Energie und digitalen Inhalten). Die Widerrufsfrist beginnt nicht, bevor der Unternehmer nicht bestimmte Informationspflichten erfüllt hat, § 356 III BGB. Sonderregelungen gelten auch für das Erlöschen des Widerrufsrechts, § 356 IV, V BGB (s. zu den seit 28.5.2022 geltenden Änderungen im Widerrufsrecht, insbes. bei Verträgen über digitale Dienstleistungen, § 356 IV, V BGB, → Modernisierungsrichtlinie, → Digitale-Inhalte-Richtlinie). Nach einem Widerruf sind die empfangenen Leistungen spätestens nach 14 Tagen zurückzugewähren, § 357 I BGB. Der Verbraucher trägt die unmittelbaren Kosten der Rücksendung, wenn er vor der Bestellung von dieser Pflicht unterrichtet worden ist, § 357 VI BGB. Für einen etwaigen Wertverlust der Waren (zB durch Gebrauch) hat der Verbraucher dann Ersatz zu leisten, wenn diese auf einen Umgang mit der Ware zurückzuführen ist, der über die Prüfung der Eigenschaften und der Funktionsweise hinausgeht und er bei Vertragsschluss hierauf hingewiesen worden ist, § 357 VII BGB (anders: Vertrag über digitale Inhalte, § 357 IX BGB). Zur Neufassung der Rechtsfolgen seit dem 28.5.2022 §§ 357, 357a ff. BGB, zur Bußgeldbewehrung Art. 246e EGBGB, s. hierzu → Modernisierungsrichtlinie.

4. Von den Vorschriften über den Fernabsatzvertrag darf zum Nachteil des Kunden oder Verbrauchers nicht abgewichen und sie dürfen auch nicht umgangen werden, § 312l BGB.

Fernadoption
→ Inkognitoadoption.

Fernkauf
→ Versendungskauf, → Fernabsatzvertrag.

Fernmeldeanlagen
Das Recht der früher so bezeichneten Fernmeldeanlagen (jetzt → Telekommunikationsanlagen) ist jetzt im Wesentlichen im → Telekommunikationsgesetz (TKG) geregelt. Das gilt für den Inhalt sowohl des 1997 außer Kraft getretenen Fernmeldeanlagengesetzes als auch des ehemaligen Telegraphenwegegesetzes samt zugehöriger Planungsvorschriften. Sa → Telekommunikationsrecht.

Fernmeldegeheimnis
→ Brief-, Post- u. Fernmeldegeheimnis.

Fernmelde-Union
Die Internationale Fernmelde-Union (International Telecommunication Union, ITU) wurde gegründet durch Vertrag v. 12.11.1965 in Montreux. Sitz ist Genf. Die Fernmelde-Union verfolgt – ähnlich dem → Weltpostverein – die Zusammenarbeit der angeschlossenen Staaten zur Verbesserung und technischen Weiterentwicklung des Fernmeldedienstes. Die BRep. ist der Internationalen Fernmelde-Union beigetreten (BGBl. 1968 II 931).

Fernmeldewesen
Seit der Postreform II von 1994/95 wird Fernmeldewesen durch den Begriff Telekommunikation ersetzt. Auch die Terminologie des GG wurde dem neuen Sprachgebrauch angepasst (Art. 73 I Nr. 7 GG, Art. 87 f GG). Sa → Postreform, → Postwesen und Telekommunikation, → Telekommunikationsgesetz, → Telekommunikationsrecht.

Fernpilot
Als Fernpilot bezeichnet man den Führer eines → unbemannten Luftfahrzeugs, der von einem anderen Ort aus das System lenkt, Art. 3 Nr. 31 VO (EU) 2018/1139, → Luftfahrtrecht, → Luftfahrzeugführer.

Fernsehen
→ Rundfunk.

Fernsehkameras im Gerichtssaal
→ Öffentlichkeitsgrundsatz.

Fernsehrichtlinie
Die ursprünglich aus 1989 stammende Richtlinie wurde mehrfach geändert und heißt nunmehr Richtlinie über audiovisuelle Mediendienste, Richtlinie 2010/13/EU v. 10.3.2010 (ABl. EU 2010 L 95, 1). Sie betrifft vor allem Fernsehprogramme, ist eine Harmonisierungsrichtlinie und dient der Verwirklichung des freien → Dienstleistungsverkehrs (Gewährleistung des freien Empfangs, Art. 3 RL 2010/13/EU). Ein angemessener Teil des Hauptprogramms soll aus europäischer Produktion stammen (Art. 13 RL 2010/13/EU). Für Werbung und Teleshopping darf in einem Zeitraum von 30 Minuten nur einmal unterbrochen werden (Art. 19 ff. RL 2010/13/EU), Alkoholwerbung ist nur in äußerst engen Grenzen zulässig (Art. 22 RL 2010/13/EU). Ferner soll jeder ein Recht auf Gegendarstellung haben, Art. 28 RL 2010/13/EU. Die Fernsehrichtlinie ist zT im MStV und im Telemediengesetz umgesetzt, s. → Rundfunkrecht, → Telemedien.

Fernsehwerk
Im → Urheberrecht ist eine Fernsehsendung mit eigenem schöpferischen Gehalt als → Filmwerk gem. § 2 Abs. 1 Nr. 6 UrhG geschützt; insoweit kann von einem Fernsehwerk gesprochen werden. Hat eine Fernsehsendung mangels schöpferischen Gehalts keinen Werkcharakter (uU zB bei bloßen Übertragungen von Sportveranstaltungen), so genießt sie den reduzierten urheberrechtlichen Schutz, der → Laufbildern gem. § 95 UrhG zukommt. Die Idee zu einer Fernsehsendung oder ein Konzept ist – unabhängig davon, ob diese überhaupt urhebrrechtlich schutzfähig sind – jedenfalls noch keine Fernsehwerke, weil sie nicht aus bewegten Bild- oder Bild-/Ton-Folgen bestehen.

Fernsprechanlagen, -geheimnis
→ Brief-, Post- und Fernmeldegeheimnis, → Sende- und Telekommunikationsanlagenmissbrauch, → Telekommunikationsrecht.

Fernstraßenausbau
→ Bundesfernstraßen.

Fernstudium
Das Fernstudium sollte nach § 13 HRG und soll nach den diese Vorschrift ersetzenden Bestimmungen des Landesrechts (→ Hochschulrahmengesetz; Art. 55 II 3 Bayer. HochschulG, GVBl. 2006, 254, mÄnd) bei der Studienreform berücksichtigt werden. Gewisse Studienleistungen können auch im Wege des Fernstudiums erbracht werden, wenn sie den im Präsenzstudium erworbenen Leistungen gleichwertig sind.

Fernunterricht
1. Fernunterricht ist ein (meist gegen Entgelt erbrachter) Unterricht auf vertraglicher Grundlage mit dem Ziel der Vermittlung von Kenntnissen und Fähigkeiten, bei der die Vertragspartner (Veranstalter und Teilnehmer) überwiegend räumlich getrennt sind. Das FernunterrichtsschutzG (FernUSG) idF v. 4.12.2000 (BGBl. 2000 I 1670) mÄnd regelt iE die Rechte der Vertragsschließenden. Lehrgänge im Fernunterricht bedürfen der Zulassung (→ Verwaltungsakt) durch die staatliche Zentralstelle für Fernunterricht.

2. Der Fernunterrichtsvertrag (für den ergänzend die Vorschriften des → Dienstvertrags gelten) ist ohne Zulassung nichtig (§ 7 FernUSG) und kommt nur wirksam zustande, wenn die Vertragserklärung des Teilnehmers schriftlich abgefasst ist, § 3 I FernUSG. Der Fernunterrichtsvertrag muss den Teilnehmer insbes. über die Art und Geltung des Lehrgangsabschlusses, über Ort, Dauer und Häufigkeit des begleitenden Unterrichts, über Zeitabstände für die Lieferung des Lehrgangsmaterials und über etwaige Zulassungsvoraussetzungen von beabsichtigten Prüfungen unterrichten, § 3 III FernUSG. Der Teilnehmer hat ein Widerrufsrecht nach § 355 BGB innerhalb von 2 Wochen nach Vertragsschluss (beim → Teilzahlungsgeschäft ggf. länger, § 9 FernUSG, § 356b BGB), § 4 FernUSG. Neben der jederzeit möglichen außerordentlichen Kündigung aus wichtigem Grund besteht ein ordentliches Kündigungsrecht, erstmals nach 6 Monaten ab Vertragsschluss (mit 6 Wochen Kündigungsfrist), sodann jederzeit mit 3 Monaten Kündigungsfrist, § 5 FernUSG. Widerruf und Kündigung müssen schriftlich erklärt werden. Außer der vereinbarten Vergütung dürfen Nebenforderungen (Provision, Auslagen, Vertragsstrafe, pauschalierter Schadensersatz usw) oder Vorauszahlungen nicht vereinbart und verlangt werden, § 2 FernUSG. Abweichende Vereinbarungen zum Nachteil des Teilnehmers sind unwirksam, § 10 FernUSG. Ausschließlicher → Gerichtsstand ist der → Wohnsitz des Teilnehmers, § 26 FernUSG.

Fernunterrichtsvertrag
→ Fernunterricht (2).

Fernverkehrsstraßen
→ Autostraßen.

Fernwärme
1. Fernwärme gehört nicht zum Regelungsbereich des Gesetzes über die → Energiewirtschaft, da ihre Versorgungsnetze lokal eng begrenzt sind. Die Versorgung mit Fernwärme richtet sich nach der VO über Allgemeine Bedingungen für die Versorgung mit Fernwärme (AVBFernwärmeV) v. 20.6.1980 (BGBl. 1980 I 742) mÄnd. Die Fernwärme- oder Fernkälte-Verbrauchserfassungs- und -Abrechnungsverordnung (FFVAV) v. 28.9.2021 (BGBl. 2021 I 4591) enthält die gesetzlichen Vorgaben für die Verbrauchserfassung, ihre Abrechnung und die notwendigen Verbraucherinformationen. Ein Anschluss- und Benutzungszwang kann auf kommunaler Ebene durchgesetzt werden. → Wärmenetze, → Wärmeplanung.

2. Hat die → Bundesnetzagentur eine erhebliche Reduzierung der Gasimportmenge nach § 24 EnSiG festgestellt (→ Energiesicherung), so können Fernwärmeversorgungsunternehmen, die Gas zur Erzeugung von Fernwärme einsetzen, Preiserhöhungen gem. § 24 AVBFernwärmeV an ihre Kunden weitergeben.

3. Zur finanziellen Entlastung wurde der Mehrwertsteuersatz auf Gas und Fernwärme vom 1.10.2022 bis 31.3.2024 von 19% auf 7% reduziert (Gesetz v. 19.10.2022, BGBl. 2022 I 1743).

Fertighausvertrag
Ein Fertighausvertrag ist ein → Vertrag über die komplette Lieferung eines ganzen Hauses. Regelmäßig beinhaltet der Vertrag neben der Lieferung der Bauteile auch eine Errichtungsverpflichtung; dann liegt ein → Bauvertrag vor. Ein solcher Vertrag unterliegt grds. nicht dem Formzwang nach § 311b BGB, da meist keine unmittelbare Verpflichtung des Ferighausbestellers zum Erwerb eines Grundstücks besteht (anders aber ggf., wenn zwischen dem Bauvertrag und dem Grundstückserwerb eine rechtliche Einheit besteht; sa → Grundstückskaufvertrag). Wenn nur serienmäßig hergestellte Bauteile bestellt werden ohne Übernahme einer Errichtungspflicht, handelt es sich um einen Kaufvertrag (→ Kauf), sofern diese individuell angefertigt werden, um einen → Werklieferungsvertrag.

Fertigpackungen
§ 42 MessEG (→ Eichwesen) definiert Fertigpackungen als Erzeugnisse in Verpackungen, die insbes. in Abwesenheit des Käufers abgepackt und verschlossen werden. Sie dürfen nur in den Verkehr gebracht werden, wenn die Nennfüllmenge angegeben ist. Sie dürfen kei-

ne größere Füllmenge vortäuschen (§ 43 MessEG). Einzelheiten enthält die Fertigpackungsverordnung (FPackV) v. 18.11.2020 (BGBl. 2020 I 2504). → Kennzeichnung von Lebensmitteln.

Festbeträge
(für Arzneimittel) in der gesetzlichen → Krankenversicherung sind zur Kostendämpfung im Gesundheitswesen eingeführt worden; den Regelungen liegt die Überlegung zugrunde, dass es auf dem deutschen Arzneimittelmarkt eine Vielzahl von Arzneimitteln mit gleicher oder ähnlicher Wirkungsweise trotz teilweise sehr unterschiedlicher Preise gibt.

Der von den → Kassenärztlichen Bundesvereinigungen, der Deutschen Krankenhausgesellschaft, der Spitzenverband Bund der Krankenkassen → Gemeinsame Bundesausschuss bestimmt daher zunächst in Richtlinien, für welche Gruppen von Arzneimitteln Festbeträge festgesetzt werden sollen. Darauf aufbauend sind die Festbeträge für Arzneimittel so festzusetzen, dass sie im Allgemeinen eine ausreichende, zweckmäßige und wirtschaftliche sowie in der Qualität gesicherte Versorgung der Versicherten gewährleisten (§ 35 V SGB V).

Verordnet ein → Vertragsarzt ein Arzneimittel, dessen Preis über dem Festbetrag liegt, muss der Versicherte den Differenzbetrag zusätzlich zu seiner → Kostenbeteiligung entrichten. Dies gilt auch für Versicherte, die von der → Zuzahlung befreit sind. Der Arzt ist verpflichtet, den Versicherten vorher über seine Zahlungspflicht zu informieren (§ 73 V SGB V).

Gem. § 36 SGB V setzt der → Spitzenverband Bund der Krankenkassen Festbeträge für bestimmte → Hilfsmittel fest.

Festgebühr
→ Gerichtskosten (1).

Festhalten
zur Unterbindung von Störungen einer Gerichtsverhandlung: Hierzu kann der Vorsitzende das Festhalten von Parteien, Beschuldigten, Zeugen, Sachverständigen und an einer Gerichtsverhandlung nicht Beteiligten bis zu 24 Std. anordnen (§ 177 GVG). Bei sonstigen Amtshandlungen im Strafverfahren kann der diese leitende Beamte das Festhalten von Störern für die Dauer der Handlung anordnen, längstens jedoch bis zum Ablauf des nächsten Tages (§ 164 StPO). Die gleiche Begrenzung gilt für das Festhalten zur → Identitätsfeststellung nach Polizeirecht.

Festhypothek
→ Tilgungshypothek.

Festlandsockel
1. Nach Art. 76 I SRÜ (→ Seerechtsübereinkommen; → Seerecht) ist Festlandsockel der jenseits des → Küstenmeeres gelegene Meeresboden und Meeresuntergrund der Unterwassergebiete. Der Festlandsockel erstreckt sich über die gesamte natürliche Verlängerung des Landgebiets eines Küstenstaates bis zur äußeren Kante des Festlandrandes oder bis zu einer Entfernung von 200 Seemeilen ab den Basislinien (→ innere Gewässer, 1), wo die äußere Kante des Festlandrandes in einer geringeren Entfernung verläuft. Die zum Zwecke der Festlegung der seewärtigen Grenze des (völkerrechtlichen) Festlandsockels anhand von Festpunkten festgelegte äußere Kante des Festlandrandes darf jedoch nicht weiter als 350 Seemeilen von der Basislinie oder nicht weiter als 100 Seemeilen von der 2500-Meter-Wassertiefenlinie entfernt sein. Hinsichtlich der Methode der Festlegung jedes einzelnen Festpunktes ist der jeweilige Küstenstaat frei. Derzeit haben nur 30 Staaten Festlandsockelrechte jenseits der 200-Seemeilen-Grenze proklamiert. Das Recht am Festlandsockel besteht neben etwaigen Rechten an der → ausschließlichen Wirtschaftszone. → Meeresgewässer.

2. Die Festlandsockel aneinander grenzender Küstenstaaten sind durch Vereinbarung, hilfsweise nach Billigkeit gegeneinander abzugrenzen; auf die Äquidistanzlinie wird im SRÜ insoweit ausdrücklich nicht verwiesen.

3. Der Küstenstaat übt nach Art. 77 I SRÜ über den Festlandsockel souveräne Rechte zum Zwecke der Erforschung und der Ausbeutung seiner natürlichen Ressourcen aus. Die Nutzung des darüberliegenden Meeres durch andere Staaten ist durch die Rechte des Küstenstaates am Festlandsockel nicht beschränkt; Beschränkungen ergeben sich aber möglicherweise aus einer deckungsgleichen → ausschließlichen Wirtschaftszone.

4. Steuerlich gehört der Festlandsockel zum Inland (§ 1 I 2 EStG, § 1 III UStG, § 2 VII GewStG, § 2 II ErbStG).

Festnahme
1. a) Die Festnahme des Beschuldigten ist bei Verdacht einer Straftat auf Grund eines → Haftbefehls oder → Unterbringungsbefehls (ggf. auch eines → Steckbriefes, § 131 StPO) zulässig.

b) Liegt noch kein Haft(Unterbringungs)befehl vor, sind aber dessen Voraussetzungen gegeben, so sind StA und Polizeibeamte nach § 127 II StPO zur vorläufigen Festnahme befugt, wenn Gefahr im Verzug ist, dh der richterliche Befehl sonst nicht rechtzeitig erwirkt und vollstreckt werden könnte, weil der Beschuldigte flüchten würde.

Auch ohne diese Voraussetzungen ist jedermann zur vorläufigen Festnahme eines Beschuldigten berechtigt, der auf frischer Tat betroffen oder verfolgt wird und entweder fluchtverdächtig ist oder nicht sofort identifiziert werden kann (§ 127 I StPO). Zivilpersonen müssen den Festgenommenen unverzüglich der Polizei übergeben.

StA und Polizeibeamte sind zur vorläufigen Festnahme eines auf frischer Tat Betroffenen oder Verfolgten auch befugt, wenn eine unverzügliche Entscheidung im → beschleunigten Verfahren wahrscheinlich ist und das Fernbleiben des Festgenommenen von der Hauptverhandlung zu befürchten ist (§ 127b StPO).

Bei der vorläufigen Festnahme darf Gewalt angewendet werden, aber nur soweit nötig; das angewandte Mittel darf nicht außer Verhältnis zur Bedeutung der Straftat stehen (s. Verhältnismäßigkeitsgrundsatz). Daher darf zB beim Gebrauch der Schusswaffe gegen einen flüchtenden Einbrecher die Verletzungshandlung nicht weiter gehen, als zur vorläufigen Festnahme erforderlich ist (anders bei Notwehr gegen einen Angriff des Täters); sa → Waffengebrauch der Polizei.

c) Hat der Beschuldigte im Inland keinen festen Wohnsitz oder Aufenthalt, so kann von der Festnahme gegen Sicherheitsleistung Abstand genommen werden, wenn nur Fluchtgefahr vorliegt und weder Freiheitsstrafe noch eine freiheitsentziehende → Maßregel der Besserung und Sicherung zu erwarten ist (§ 127a StPO).

d) Eine vorläufigen Festnahme wegen einer → Ordnungswidrigkeit ist unzulässig (§ 46 III OWiG).

2. Wird der Festgenommene von Polizei oder StA nicht wieder in Freiheit gesetzt, ist er spätestens mit Ablauf des Tages nach der vorläufigen Festnahme dem Amtsgericht des Festnahmebezirks, nach → Anklageerhebung dem Amtsgericht oder dem mit dem Hauptverfahren befassten Gericht vorzuführen (Art. 104 III GG, §§ 128, 129 StPO). Er ist von Polizei, StA und Gericht über seine Rechte (Vorführung vor das Gericht, Äußerungsfreiheit, Beweiserhebung, Verteidigerbefragung, Untersuchung durch einen Arzt, Zuziehung eines Dolmetschers, Unterrichtung der konsularischen Vertretung seines Heimatstaates, Benachrichtigung eines Angehörigen oder einer Vertrauensperson) schriftlich und erforderlichenfalls auch mündlich zu belehren (§§ 114a–c, 127 IV StPO, § 127b I 2 StPO, § 136 I StPO, § 163a IV 2 StPO, § 163c I 2 StPO, sa → Haftbefehl 1b, → Vernehmungen im Strafverfahren). Das Gericht vernimmt ihn und gibt ihm Gelegenheit, sich zu entlasten. Ergeht Haftbefehl, ist der Verhaftete über sein Recht auf Beschwerde oder Antrag auf gerichtliche Entscheidung, Haftprüfung und mündliche Verhandlung über diese vom Richter zu belehren (§ 128 I StPO, §§ 129, 115 III, IV StPO, § 117 I, II StPO, § 118 I, II StPO, § 119 V StPO, § 119a I StPO). Der Richter muss außerdem einen Angehörigen des Verhafteten oder eine Person dessen Vertrauens (Freund, Anwalt) benachrichtigen (Art. 104 IV GG, § 114c StPO).

Wird der Festgenommene von Polizei oder StA in Freiheit gesetzt, kann er die erledigte vorläufige Festnahme durch Antrag auf gerichtliche Entscheidung entsprechend § 98 II 2 StPO überprüfen lassen.

3. In Steuerstrafsachen steht das Recht zur vorläufigen Festnahme beim Vorliegen der Voraussetzungen eines Haftbefehls auch der Finanzbehörde und ihren Ermittlungspersonen nach Maßgabe des § 399 AO zu.

4. Das Gericht (nicht nur ein Strafgericht) kann, wenn in einer – auch nichtöffentlichen – Sitzung eine Straftat begangen wird, zB ein Meineid, die vorläufige Festnahme des Täters verfügen, § 183 S. 2 GVG; dieser ist sodann der Staatsanwaltschaft zu überstellen. Über die Festhaltung von Störern einer Gerichtsverhandlung oder einer sonstigen strafprozessualen Amtshandlung → Festhalten.

5. Über die polizeiliche Festnahme zur Personenfeststellung → Identitätsfeststellung, → persönliches Erscheinen.

6. Zur Sicherung bürgerlich-rechtlicher Ansprüche kann der Gläubiger im Wege der Selbsthilfe den fluchtverdächtigen Schuldner festnehmen, wenn amtliche Hilfe nicht rechtzeitig zu erlangen ist und die Gefahr besteht, dass die Verwirklichung des Anspruchs vereitelt oder wesentlich erschwert wird (Festnahme auf dem Flugplatz vor Auslandsreise). Der Gläubiger muss den Festgenommenen unverzüglich dem Amtsgericht des Festnahmebezirks vorführen und den persönlichen → Arrest beantragen (§§ 229 f. BGB; §§ 918, 933 ZPO).

Festpreise
sind Preise (→ Preisrecht), die weder über- noch unterschritten werden dürfen (→ Höchst-, → Mindest- und → Gesamtpreise). Die Werbung mit Festpreisen ist irreführend, wenn tatsächlich Nachlässe gewährt werden oder sonstige Kostenfaktoren den Preis erhöhen (→ Preisangaben).

Im privaten Baurecht wird mit Festpreisen auch ein → Pauschalpreis bezeichnet. → Einheitspreis.

Festsetzungsfrist, Festsetzungsverjährung
(steuerl.) → Verjährung (11). Die Festsetzungsfrist beginnt grundsätzlich mit Ablauf des Kalenderjahres, in dem die Steuer entstanden ist. Ist aufgrund einer gesetzlichen Vorschrift oder aufgrund einer Aufforderung des Finanzamts eine → Steuererklärung, eine → Steueranmeldung oder eine Anzeige/Antrag einzureichen, beginnt die Frist mit dem Ablauf des Kalenderjahres, in dem diese eingereicht wurde (§ 170 II, III AO). Unabhängig hiervon beginnt die Festsetzungsfrist spätestens mit Ablauf des dritten Kalenderjahres, in dem die Steuer entstanden ist. Dies gilt nicht für → Zölle und → Verbrauchsteuern. Für die → Erbschaftsteuer gelten Sonderregelungen (§ 170 V AO). Für die Wahrung der Frist genügt es, wenn der → Steuerbescheid den Bereich des für die Festsetzung zuständigen Finanzamts verlassen hat bzw. wenn bei öffentlicher Zustellung der Steuerbescheid oder eine Benachrichtigung ausgehändigt wird. Der Ablauf der Festsetzungsfrist kann gehemmt werden, → Ablaufhemmung.

Feststellung der Vaterschaft
→ Abstammung (2c, 3 f).

Feststellung von Besteuerungsgrundlagen
→ Besteuerungsverfahren, → Besteuerungsgrundlagen.

Feststellungsbescheid
→ Besteuerungsverfahren, → Besteuerungsgrundlagen.

Feststellungsinteresse
→ Feststellungsklage.

Feststellungsklage
1. Eine Feststellungsklage ist im → Zivilprozess (auch in der → Arbeitsgerichtsbarkeit) eine → Klage (oder → Widerklage), mit der der Kläger erstrebt, dass das Bestehen (positive Feststellungsklage) oder Nichtbestehen (negative Feststellungsklage) eines Rechts oder eines Rechtsverhältnisses (auch eines zukünftigen: sog. vorbeugende Feststellungsklage) festgestellt werde. Beispielsweise kann auf die Feststellung der Ersatzpflicht hinsichtlich zukünftiger Schäden geklagt werden. Es kann auch auf Feststellung der Echtheit oder Unechtheit einer Urkunde, aber nicht auf Feststellung anderer Tatsachen geklagt werden. Die Feststellung bedarf als → Prozessvoraussetzung eines besonderen → Rechtsschutzbedürfnisses, des Feststellungsinteresses (§ 256 I ZPO); sie ist daher idR unzulässig, soweit Leistungs- oder Gestaltungsklage erhoben werden kann. Die erfolgreiche Feststellungsklage führt zum Feststellungsurteil; es ist seinem Wesen nach nicht vollstreckungsfähig, wirkt aber durch seine → Rechtskraft; sa → Zwischenfeststellungsklage.

2. Im Verwaltungs- und Finanzstreitverfahren kann sich die Feststellungsklage außer auf Bestehen oder Nichtbestehen eines Rechtsverhältnisses auch auf die Nichtigkeit eines → Verwaltungsaktes richten; hierfür ist wie im Zivilprozess ein Festellungsinteresse erforderlich (§ 43 VwGO, § 41 FGO). Hat sich der Verwaltungsakt vorher durch Zurücknahme oder anders erledigt, so spricht das Gericht auf Antrag durch Urteil aus, dass der Verwaltungsakt rechtswidrig gewesen ist, wenn der Kläger ein berechtigtes Interesse an dieser Feststellung hat (Fortsetzungsfeststellungsklage; § 113 I 4 VwGO, § 100 I 4 FGO). Im Sozialstreitverfahren sind außerdem noch Feststellungsklagen anderen Inhalts zulässig, zB über die Zuständigkeit eines → Versicherungsträgers oder den ursächlichen Zusammenhang zwischen einem → Arbeitsunfall oder einer Impfkrankheit und einem Gesundheitsschaden oder dem Tod des Versicherten (§ 55 SGG). Anträge (nicht Klagen) mit feststellendem Inhalt gibt es auch im Verfahren vor dem Bundesverfassungsgericht (zB §§ 39, 46 BVerfGG). Zum Musterfeststellungsantrag in kapitalmarktrechtlichen Streitigkeiten → Musterverfahren (2).

Feststellungslast
→ Beweislast.

Feststellungsurteil
Ein Feststellungsurteil ist ein → Urteil mit feststellendem Inhalt; dazu zählen die einer → Feststellungsklage stattgebenden und alle klageabweisenden Urteile.

Feststellungsverfahren
→ Insolvenzverfahren (4b).

Feststellungswirkung
→ Tatbestandswirkung.

Festungshaft
war im StGB früher als eine Form der Freiheitsstrafe ohne entehrende Wirkungen zugelassen. Das 3. StrÄndG vom 4.8.1953 hat sie durch die Einschließung ersetzt, die durch das 1. StrRG 1969 ebenfalls beseitigt wurde.

Feuchtgebiete
→ Artenschutz.

Feudalismus
Feudalismus ist die Bezeichnung für eine aus dem Mittelalter herrührende Sozialordnung, die sich bis in die neuere Zeit in Europa erhalten hat. Als feudum wurde im Mittelalter das → Lehen (Lehnsgut) bezeichnet, das der Lehnsherr dem Vasallen auf Lebenszeit zur Nutzung überließ, wodurch der Belehnte zu Dienstleistungen verpflichtet wurde. Nachdem das Lehen vielfach erblich geworden war, bildete sich eine Schicht von „Feudalherren", die den ihnen überlassenen Grund und Boden von Vasallen oder (meist hörigen) Hintersassen bewirtschaften ließen. Während die Feudalherren, die Adelige oder hohe geistliche Würdenträger waren, ursprünglich auch an der staatlichen Gewalt beteiligt waren, blieb ihnen nach der politischen Entmachtung noch die wirtschaftliche Machtstellung bis zur französischen Revolution.

Feuerbach, Anselm von –
(1775–1833), deutscher Strafrechtswissenschaftler, Schöpfer des bayer. StGB von 1813, Begründer der neuen Strafrechtsdogmatik und Verfechter der psychologischen Abschreckungstheorie (→ Strafzweck) als Form der → Generalprävention.

Feuerbestattung
ist als Bestattungsart der Erdbestattung grundsätzlich gleichgestellt. Die Feuerbestattung darf nur in behördlich genehmigten Anlagen stattfinden. Die Aschenreste sind in ein zu verschließendes Behältnis aufzunehmen und in einer Urnenhalle oder einem Grabe beizusetzen. Die Feuerbestattung ist jetzt landesrechtlich geregelt (→ Leichen- und Bestattungswesen) und hierbei auch in den Zulassungsvoraussetzungen der Erdbestattung gleichgestellt. Hinsichtlich der immissionsschutzrechtlichen Fragen ist die VO über Anlagen zur Feuerbestattung v. 19.3.1997 (BGBl. 1997 I 545) zu beachten.

Feuerschutzabgabe
→ Gemeindeabgaben.

Feuerschutzsteuer
schulden nach dem Gesetz v. 10.1.1996 (BGBl. 1996 I 18) die Feuerversicherungsunternehmen. Die Einnahmen aus der Feuerschutzsteuer sind zweckgebunden und dürfen nur zur Förderung des Brandschutzes verwendet werden. Der Steuersatz beträgt 8 vH; Bemessungsgrundlage ist das erhaltene Versicherungsentgelt. Das Steueraufkommen steht den Ländern zu.

Feuerversicherung
→ Gebäudefeuerversicherung.

Feuerwehr-Unfallkasse
Die Feuerwehr-Unfallkasse ist ein Träger der gesetzlichen → Unfallversicherung (§ 114 I Nr. 6 SGB VII). Die Aufsicht über die Unfallkasse ergibt sich aus § 90 SGB IV.

Feuerwehrwesen
Das Feuerwehrwesen ist landesrechtlich geregelt (vgl. zB Berlin G v. 23.9.2003, GVBl. 2003, 457, Bayer. FeuerwehrG v. 23.12.1981, GVBl. 1981, 526, jeweils mÄnd). Organisation (Berufsfeuerwehr, Freiwillige Feuerwehr), Rechtsformen, Aufgaben und Befugnisse unterscheiden sich zT in den Ländern. Der Aufgabenbereich erstreckt sich meist über die Brandbekämpfung hinaus auf sonstige Unglücks- und Notfälle. Gegebenenfalls kann die Einsatzbereitschaft freiwilliger Feuerwehren durch die Heranziehung von Gemeindebürgern (Feuerwehrdienstpflicht) gesichert werden (Pflichtfeuerwehr). Die in einigen Ländern (Baden-Württemberg, Bayern, Thüringen) auf Grund Landesrechts (als → Gemeindeabgabe) erhobene Feuerwehrabgabe (Feuerschutzabgabe, Brandschutzabgabe), die nur männlichen Gemeindebürgern auferlegt wird, die keinen freiwilligen Feuerwehrdienst leisten, ist wegen Verstoßes gegen Art. 3 I GG und wegen Fehlens der Voraussetzungen für eine Sonderabgabe (vgl. → Abgaben, öffentliche) verfassungswidrig (BVerfG v. 24.1.1995, NJW 1995, 1733 ff.).

FFP-2-Masken
→ Mund- und Nasenschutz; → Bundesnotbremse.

ff
ist die Abkürzung für das Wort „folgende" (Plural). Sie bedeutet bei einem Zitat, dass nicht nur die mit einer Zahl benannte Stelle, sondern auch zwei oder mehrere ihr nachfolgende Stellen gemeint sind, etwa bei Seiten, Paragraphen, zB §§ 985 ff. BGB oder Artikel, zB Art. 1 ff. GG. Sie wird üblicherweise auch so oder abgekürzt „effeff" ausgesprochen, also nicht mit dem Wort „fortfolgende".

FGG
→ freiwillige Gerichtsbarkeit.

FH
→ Fachhochschule.

Fideikommiss
Als Fideikommiss (lat. fidei commissum = der Treue anvertraut), dem römischen Erbrecht entlehnter Begriff, bezeichnete im deutschen Recht eine Vermögensmasse, die nach dem durch Rechtsgeschäft unter Lebenden oder → Verfügung von Todes wegen erklärten Willen des Berechtigten unveräußerlich bleiben und sich nach bestimmten Regeln – meist innerhalb einer Familie – vererben soll. IdR handelt es sich um Großgrundbesitz (Latifundien) im Besitz von Adelsfamilien (Familien-Fideikommiss). Die Fideikommisse waren schon nach Art. 155 II 2 WV aufzulösen. Die noch bestehenden Familien-Fideikommiss wurden weitgehend zu freiem, den allgemeinen Gesetzen unterworfenem Eigentum erklärt. Die Fideikommisse wurden häufig schon vor der gesetzlichen Auflösung in → Stiftungen des Privatrechts übergeführt; das war auch nach der Auflösung noch zulässig, wenn es sich um Vermögensteile von besonderem künstlerischen, geschichtlichen oder heimatlichen Wert oder um gemeinnützige Einrichtungen handelte.

Fiduziarische Abtretung
→ Abtretung (2).

Fiduziarische Rechtsgeschäfte
→ Rechtsgeschäft (2i), → Treuhandeigentum.

Fiktion
Als Fiktion wird in der Rechtslehre eine im Gesetz festgelegte Annahme eines Sachverhalts genannt, der in Wirklichkeit nicht besteht; die Fiktion ermöglicht in besonderen Fällen die Ableitung sonst nicht gegebener Rechtsfolgen (zB § 1923 II BGB: wer zurzeit des Erbfalles noch nicht lebte, aber bereits erzeugt war, gilt als vor dem Erbfall geboren und kann deshalb ggf. Erbe sein). Umgekehrt kann das Gesetz einen Sachverhalt entgegen der Wirklichkeit als nicht bestehend fingieren (so galt früher das „nichteheliche" Kind im Rechtssinne als mit dem Vater nicht verwandt, so dass kein Erbrecht bestand). Auch werden vom Gesetz oder der Rspr. verschiedentlich Rechtsfolgen fingiert (zB gilt das Schweigen auf ein → Bestätigungsschreiben als Zustimmung zu dessen Inhalt). Von der Fiktion zu unterscheiden ist die gesetzliche → Vermutung; sie kann – anders als die Fiktion –, soweit das Gesetz sie nicht als unwiderlegbar bezeichnet, durch den Beweis des Gegenteils entkräftet werden (vgl. § 1362 BGB: Eigentumsvermutung zugunsten des Gläubigers hinsichtl. der im Besitz eines oder beider Ehegatten befindlichen beweglichen Sachen).

Fiktionstheorie
→ juristische Person (1a).

Fiktive Reparaturkosten
→ Schadensersatz, 3, 4; → Werkvertrag, 3, → Gewährleistung, 2.

Fiktiver Schadensersatz
→ Schadensersatz, 3, 4, → Werkvertrag, 3, → Gewährleistung, 2.

Filiale
→ Zweigniederlassung.

Filibustern
Filibustern (vom frz. "Flibustier" = Freibeuter) ist die Bezeichnung für langes Reden im Parlament mit dem Ziel, eine Abstimmung zu verhindern (vor allem anzutreffen in Parlamenten in den Vereinigten Staaten).

Filmabgabe
→ Filmrecht.

Filmförderung
→ Filmrecht.

Filmrecht
1. Die Gesetzgebungskompetenz zur Regelung des Filmrechts steht nach Art. 30, 70 GG ausschließlich den Ländern zu.

a) Bundesgesetzlich ist im Filmrecht neben dem → Filmurheberrecht daher nur die Filmförderung des Bundes geregelt, und zwar durch das auf Art. 74 Abs. 1 Nr. 11 GG fußende Filmförderungsgesetz (FFG) idF v. 23.12.2016 (BGBl. 2016 I 3413). Die Förderung wird von der Filmförderungsanstalt mit Sitz in Berlin wahrgenommen (§ 1 FFG), und zwar zur Verbesserung der Struktur der deutschen Filmwirtschaft und der kreativ-künstlerischen Qualität des deutschen Films (Einzelheiten: § 2 FFG). Organe sind Vorstand, Präsidium und Verwaltungsrat (§§ 5–19 FFG). Daneben gibt es drei ständige Förderkommissionen für die Förderung von Filmen und Drehbüchern, Verleih- und Vertrieb sowie Kinos (§ 20 FFG). Der Verwaltungsrat besteht aus 36 Mitgliedern, diese werden aus verschiedenen gesellschaftlichen Bereichen, u. a. auch durch den Bundestag, benannt und durch die für Kultur und Medien zuständige oberste Bundesbehörde berufen (§ 7 FFG).

b) Gefördert werden nach bestimmten Kategorien (zB programmfüllender Film, Kinderfilm, Kurzfilm) Filmproduktionen, Drehbücher, Absatz, Kinos sowie die Digitalisierung des deutschen Filmerbes (§§ 39–145 FFG). Allgemeine Förderungsvoraussetzung ist ua ein deutscher Bezug des Filmprojekts (§ 41 FFG), etwa dass der Hersteller seinen Sitz im Inland hat, der Film auf Deutsch oder in Deutschland gedreht wird oder der Regisseur Deutscher ist. Nicht förderungsfähig sind nach § 46 FFG Vorhaben, die verfassungsfeindliche oder gesetzwidrige Inhalte enthalten, künstlerisch von geringer Qualität sind, einen pornographischen Schwerpunkt haben oder religiöse Gefühle verletzen. Förderhilfen setzen voraus, dass mindestens eine barrierefreie Endfassung des Films hergestellt wird (§ 47 FFG, → Barrierefreiheit). Gefördert wird auch die erstmalige technische Umstellung von Filmtheatern auf digitales Filmabspiel (§ 2 I Nr. 3 FFG und FilmtheaterdigitalisierungsV v. 28.1.2011, BGBl. 2011 I 125).

c) Finanziert wird die Filmförderung im Wesentlichen durch die Filmabgabe, die von Kinos, Videoprogrammanbietern, Videoabrufdiensten, Fernsehveranstaltern und Programmvermarktern (§§ 146 ff. FFG) aufgebracht wird. Die Filmabgabe ist nach Jahresumsatz, Programmkosten oder Werbeumsatz gestaffelt und wird von der Filmförderungsanstalt erhoben. Die Erhebung der Filmabgabe ist bis zum 31.12.2024 gefristet (§ 171 FFG); solche Befristungen wurden in der Vergangenheit regelmäßig verlängert. Die Filmförderung gehört zu den Aufgaben der Staatsministerin für Kultur und Medien.

2. Darüber hinaus engagieren sich sowohl die Länder als auch die EU in der Filmförderung.

Filmurheberrecht
Das Filmurheberrecht ist ein i.R.d. → Urheberrechts besonders ausgestattetes Recht an einem → Filmwerk iSv § 2 Abs. 1 Nr. 6 UrhG. Der Film, an dem mehrere durch geistige Werke und Leistungen mitwirken, ist ein verbundenes Werk iSd § 9 UrhG. Filmurheber sind gemeinsam alle, die schöpferisch an der Herstellung beteiligt sind, d. h. ein geistiges Werk oder eine geistige Leistung erbringen, insbes. Regisseur und Kameramann, ggf. auch Ausstatter, Cutter usw. Für alle Miturheber des Films und die daran mitwirkenden ausübenden Künstler gilt die Vermutung, dass sie ihre → Verwertungsrechte dem Filmhersteller zur ausschließlichen Nutzung übertragen (§ 89 UrhG, § 92 UrhG, → Nutzungsrecht). Der Filmhersteller hat daneben das – übertragbare – ausschließliche Leistungsschutzrecht an dem Film (§ 94 UrhG). Von den Rechten am Filmwerk und am Film ist das Recht zur Verfilmung zu unterscheiden (§ 88 UrhG). Diese stellt eine → Bearbeitung des verfilmten Werks (z. B. eines Romans oder eines Schauspiels) dar und muss von dessen Urheber dem Verfilmer gestattet werden. Zu den zur Herstellung benutzten Werken i. S. d. § 88 UrhG gehören auch die Werke, die eigens für den Film geschaffen werden (Drehbuch, Filmmusik). Das Recht zur Verfilmung berechtigt grds. zehn Jahre lang dazu, das betreffende Werk unverändert oder unter Bearbeitung oder Umgestaltung zur Herstellung eines Filmwerkes zu benutzen und das Filmwerk sowie Übersetzungen und andere filmische Bearbeitungen auf alle Nutzungsarten zu nutzen, aber nicht zu einer Wiederverfilmung.

Filmwerke
Filmwerke stellen im → Urheberrecht eine eigene Gattung geschützter Werke dar (s. § 2 Abs. 1 Nr. 6 UrhG). Sie bestehen aus Bewegungsabläufe zeigenden Bildfolgen (mit und ohne Ton), die eine persönliche schöpferische Leistung darstellen (vgl. § 2 Abs. 2 UrhG). Die schöpferische Leistung kommt in der Verwendung filmischer Gestaltungsmittel (etwa

bei Regie, Bildgestaltung und Schnitt) zum Ausdruck; fehlt sie, so liegen lediglich → Laufbilder vor, denen nur ein eingeschränkter urheberrechtlicher Schutz zukommt. Spielfilme sind nahezu ausnahmslos Filmwerke (anders u. U. bei der originalgetreuen Neuverfilmung eines bereits bestehenden Filmwerks); auch Dokumentarfilme beruhen regelmäßig auf einer persönlichen Gestaltung der thematischen und bildlichen Darstellung und sind dann ebenfalls Filmwerke. Urheber eines Filmwerks ist regelmäßig der Regisseur; daneben können andere, wie Kameramann, Cutter, Szenen- und Kostümbildner oder Tonmeister Miturheber sein.

Finale Handlungslehre
Im Allgemeinen wird unter strafrechtlich erheblichem Handeln jedes menschliche Tun oder Unterlassen verstanden, das als äußeres Verhalten von einer Strafnorm erfasst wird – normativer od. kausaler → Handlungsbegriff. Die finale Handlungslehre (Welzel) dagegen versteht unter Handlung im strafrechtlichen Sinne nur ein Verhalten, das, durch den Willen des Täters gesteuert, auf den Erfolg als Ziel ausgerichtet ist; sie trägt also in den Handlungsbegriff subjektive Elemente hinein. Diese Lehre ist im Hinblick auf unbewusste Fahrlässigkeits- sowie auf Unterlassungsdelikte vielfach auf Bedenken gestoßen, weil der Täter nur bei Vorsatz, nicht aber bei Fahrlässigkeit zielbewusst handele (dh mit Wissen und Billigung des Erfolges). Die finale Handlungslehre hat sich deshalb nicht durchgesetzt. Ihre erhebliche Wirkung auf das heutige deutsche Strafrecht liegt jedoch in einer durch sie bewirkten Verschiebung zwischen den Wertungsebenen von Tatbestand, Rechtswidrigkeit und Schuld: Diese Lehre erkannte die Relevanz des Vorsatzes und der Fahrlässigkeit für die Frage der Erfüllung des Tatbestands, während man früher hierin lediglich Erscheinungsformen der Schuld sah. Auf der finalen Handlungslehre beruht daher das heute ganz herrschende Verständnis des Tatbestands als einer Verbindung objektiver und subjektiver Tatbestandsmerkmale.

Finaler Rettungsschuss
→ Waffengebrauch (1b).

Finanzagentur
Die Bundesrepublik Deutschland – Finanzagentur GmbH wurde 2000 gegründet, hat ihren Sitz in Frankfurt und untersteht der Aufsicht des BMF. Sie steht im Alleineigentum des Bundes und erfüllt als Nachfolgerin der Bundeswertpapierverwaltung die im Bundesschuldenwesengesetz (BSchuWG) v. 12.7.2006 (BGBl. 2006 I 1466) genannten Aufgaben. Insbesondere nimmt sie im Namen des Bundes und seiner → Sondervermögen Kredite auf, verwaltet die Schulden und führt das → Bundesschuldbuch. Sie ist gewissermaßen der „Schuldenmanager" des Bundes und unterliegt deshalb nicht den üblichen bank- und kapitalmarktrechtlichen Vorschriften. Seit Anfang 2018 ist sie auch beliehene Trägerin der → Bundesanstalt für Finanzmarktstabilisierung und führt damit viele ihrer Aufgaben fort, insbesondere die Verwaltung des Finanzmarktstabilisierungsfonds und seiner Beteiligungen (§ 3a StFG). Sie verwaltet auch den in der Corona-Krise geschaffenen → Wirtschaftsstabilisierungsfonds.

Finanzamt
Finanzamt (FA) ist die örtliche Behörde der Landesfinanzverwaltung (§ 6 II Nr. 5 AO, § 2 FVG → FinanzverwaltungsG). Die AO unterscheidet folgende örtliche Zuständigkeiten:

1. Lage-FA, in dessen Bezirk ein land-/forstwirtschaftlicher Betrieb, ein Grundstück oder Betriebsgrundstück liegt (§ 18 I Nr. 1 AO). Erstreckt sich der Gegenstand auf Bezirke mehrerer Finanzämter, so ist Lage-FA das Finanzamt, in dessen Bezirk der wertvollste Teil liegt. Es ist zuständig für Feststellungen der → Einheitswerte (mit Ausnahme des → Betriebsvermögens), der gesonderten Feststellungen der Einkünfte aus Land- und Forstwirtschaft sowie der Festsetzung und Zerlegung von Grundsteuer-Messbeträgen.

2. Betriebs-FA, in dessen Bezirk sich die Geschäftsleitung eines inländischen Gewerbebetriebs – bei ausländischen Unternehmen die wirtschaftlich bedeutendste inländische Betriebsstätte – befindet (§ 18 I Nr. 2 AO). Es ist ua zuständig für Gewerbesteuer-Messbescheide, einheitliche Gewinnfeststellungsbescheide, Umsatz- und Lohnsteuer.

3. Tätigkeits-FA., von dessen Bezirk aus die freiberufliche Tätigkeit vorwiegend ausgeübt wird (§ 18 I Nr. 3 AO). Es ist insbes. zuständig für die Feststellung der Einkünfte aus der freiberuflichen Tätigkeit.

4. Verwaltungs-FA, von dessen Bezirk die Verwaltung von Einkünften aus gemeinsamen Vermögen erfolgt (§ 18 I Nr. 4 AO). Diese Regelung ist subsidiär zu § 18 I Nr. 1–3 AO.

5. Wohnsitz-FA, in dessen Bezirk die (natürliche) Person ihren Wohnsitz hat (§ 19 AO); es ist zuständig für die → Einkommensteuer.

6. Geschäftsleitungs-FA, entspricht begrifflich dem Betriebs-FA. Abzustellen ist auf den Bezirk, in dem sich die → Geschäftsleitung befindet. Es ist zuständig für die Besteuerung nach dem Einkommen bei Körperschaften, Personenvereinigungen und Vermögensmassen (§ 20 AO), → Körperschaftsteuer.

In Fällen mehrfacher örtlicher Zuständigkeit entscheidet grundsätzlich das FA der ersten Befassung (§ 25 AO). Ein Verstoß gegen die örtliche Zuständigkeit ist unbeachtlich, wenn keine andere Entscheidung in der Sache hätte getroffen werden können (§ 127 AO).

Finanzanlagenvermittler
Wer gewerbsmäßig (→ Gewerbe) Geschäfte über die Anschaffung und die Veräußerung von Anteilen oder Aktien an → Investmentvermögen nach dem → Kapitalanlagegesetzbuch und → Vermögensanlagen vermitteln

oder dazu → Anlageberatung erbringen will, bedarf der → Gewerbezulassung (§ 34 f. GewO; früher Anlageberater und -vermittler nach § 34c GewO aF). Die → Erlaubnis ist zu versagen bei Unzuverlässigkeit (→ Zuverlässigkeit), ungeordneten Vermögensverhältnissen, fehlender Berufshaftpflichtversicherung und mangelnder Sachkunde. Einzelheiten enthält die VO über die Finanzanlagenvermittlung (FinVermV) v. 2.5.2012 (BGBl. 2012 I 1006) mÄnd, so über die Sachkundeprüfung, Interessenskonflikte, Anlegerinformationen und die Erklärung des Finanzanlagenvermittlers, dass die Anlage für den Anlager geeignet ist. Für → Kreditinstitute und Finanzdienstleistungsunternehmen, die einer Erlaubnis nach KWG bedürfen, gilt § 34 f GewO nicht. Finanzanlagenvermittler müssen sich in das → Vermittlerregister eintragen lassen.

Finanzaufsicht
→ Bundesbank, → Bundesanstalt für Finanzdienstleistungsaufsicht, → Finanzkonglomerat, → Finanzstabilität.

Finanzausgleich
1. Bund-Länder: Als Finanzausgleich ieS werden der Finanzkraftausgleich nach § 4 des G über den Finanzausgleich zwischen Bund und Ländern (FAG) v. 20.12.2001 (BGBl. 2001 I 3955 mÄnd) und die Bundesergänzungszuweisungen nach § 11 FAG bezeichnet. Insoweit geht es letztlich nur um die Verteilung eines Teils des Umsatzsteueraufkommens. Zusätzlich findet ein Finanzausgleich zu Gunsten finanzschwächerer Länder faktisch bereits dadurch statt, dass das Umsatzsteueraufkommen unter den Ländern nach Einwohnerzahl und nicht nach Aufkommen je Land verteilt wird (Finanzausgleich iwS). S. → Verteilung des Steueraufkommens.

2. Ein Finanzausgleich findet auch zwischen Land, Gemeinden und Gemeindeverbänden statt (Kommunaler Finanzausgleich – KFA). Der KFA beruht auf Landesgesetzen, zB für Bayern auf dem FinanzausgleichsG v. 16.4.2013 (GVBl. 2013, 210 mÄnd) oder für Baden-Württemberg auf dem FinanzausgleichG v. 1.1.2000 (GBl. 2000, 113, 115). Ziel ist, den Gemeinden und Gemeindeverbänden die finanziellen Grundlagen für ihre Selbstverwaltung zu übertragen. Seine Ausgestaltung ist in den Bundesländern unterschiedlich. Grundsätzlich besteht er aus mehreren Ebenen:

- Gesamtsumme der für den KFA bereitgestellten Mittel (setzt sich zusammen aus prozentualen Anteilen der Länder an den Gemeinschaftssteuern, Einnahmen aus Landessteuern und am Länderfinanzausgleich)
- Feststellung der Steuerkraftsumme der Kommune (Steuereinnahmen pro Kopf)
- Finanzbedarf pro Kopf
- Differenz zw. Finanzbedarf und Steuerkraftsumme ist Grundlage für die Berechnung des Ausgleichs, der jedoch nicht in voller Höhe der Differenz erfolgt.
- Die so errechneten Beträge werden den Kommunen als sog. Schlüsselüberweisungen überlassen. Daneben treten noch Zweckâüberweisungen, zB für Investitionen und ggf. Bedarfszuweisungen, zB Fehlbetragszuweisungen.

3. In der sozialen → Krankenversicherung kann ein Finanzausgleich innerhalb einer Kassenart durchgeführt werden, wenn bei einer Krankenkasse besonders aufwändige Fälle auftreten oder sich ein überdurchschnittlicher Finanzbedarf oder eine besondere finanzielle Notlage ergibt. §§ 265–273 SGB V. Innerhalb der → Arbeiterrentenversicherung findet zwischen deren Trägern ebenfalls ein Finanzausgleich statt, ferner zwischen der Arbeiterrentenversicherung und der → Angestelltenversicherung. §§ 218, 219 SGB VI.

Finanzdienstleistungen
1. Finanzdienstleistungen sind nach § 1 Ia KWG die Vermittlung von Geschäften über die Anschaffung und Veräußerung von → Finanzinstrumente (Anlagevermittlung), die Anlageberatung, der Betrieb eines → multilateralen Handelssystems, die Plazierung von Finanzinstrumenten ohne feste Übernahmeverpflichtung (Platzierungsgeschäft), der Betrieb eines organisierten Handelssystems, die Anschaffung und Veräußerung von Finanzinstrumenten im fremden Namen für fremde Rechnung (Abschlussvermittlung), die Finanzportefolioverwaltung, die Anschaffung und Veräußerung von Finanzinstrumenten für eigene Rechnung (Eigenhandel), die Drittstaateneinlagenvermittlung, die Verwahrung und Verwaltung von kryptografischen Instrumenten (qualifiziertes Kryptoverwahrgeschäft: → Kryptowerte), der Handel mit Sorten (Sortengeschäft: → Devisen), die Kryptowertpapierregisterführung (→ Wertpapier), das Factoring (→ Factoringvertrag), das Finanzierungsleasing (→ Leasing), die Anlageverwaltung und das eingeschränkte Verwahrgeschäft. Der Begriff der Finanzdienstleistung wurde im Vollzug europarechtlicher Vorgaben in das deutsche Recht übernommen.

2. Die gewerbsmäßige Erbringung von Finanzdienstleistungen (→ Finanzdienstleistungsinstitute) bedarf der Erlaubnis und unterliegt der Aufsicht durch die → Bundesanstalt für Finanzdienstleistungsaufsicht. Finanzdienstleistungen umfassen auch → Wertpapierdienstleistungen (vgl. die ähnlichen Definitionen in § 2 II WpIG und § 2 VIII WpHG); Unternehmen, die ausschließlich Wertpapierdienstleistungen erbringen, gelten als → Wertpapierinstitute.

Finanzdienstleistungsaufsicht
→ Bundesanstalt für Finanzdienstleistungsaufsicht.

Finanzdienstleistungsinstitute
Finanzdienstleistungsinstitute sind nach § 1 Ia KWG Unternehmen, die → Finanzdienstleistungen gewerbsmäßig oder in einem Umfang

erbringen, der einen kaufmännisch eingerichteten Geschäftsbetrieb (→ Handelsgewerbe) erfordert, und die keine → Kreditinstitute sind. Wenn Finanzdienstleistungsinstitute auch → Bankgeschäfte betreiben, gelten sie als Kreditinstitute. Wie Kreditinstitute bedürfen Finanzdienstleistungsinstitute der Erlaubnis nach § 32 KWG und unterliegen der Aufsicht durch die → Bundesanstalt für Finanzdienstleistungsaufsicht sowie den Vorschriften zur Bekämpfung von → Geldwäsche und → Terrorismusfinanzierung. Viele ehemalige Finanzdienstleistungsinstitute gelten seit dem Inkrafttreten des Wertpapierinstitutsgesetzes im Jahre 2021 als → Wertpapierinstitute und fallen seitdem nicht mehr in den Anwendungsbereich des Kreditwesengesetzes (§ 32 KWG).

Finanzgerichtsbarkeit
Die Finanzgerichtsbarkeit ist besondere → Verwaltungsgerichtsbarkeit. Das Verfahren der Finanzgerichtsbarkeit ist in der → Finanzgerichtsordnung (FGO) geregelt. Die Finanzgerichtsbarkeit wird in den Ländern durch die Finanzgerichte (FG) als obere Landesgerichte, im Bund durch den → Bundesfinanzhof (BFH) ausgeübt (§ 2 FGO). Die FG sind insbesondere zuständig für Klagen gegen Finanzbehörden in öffentlich-rechtlichen Streitigkeiten über Abgabenangelegenheiten und für berufsrechtliche Streitigkeiten (§ 33 FGO). Örtlich zuständig ist das FG, in dessen Bezirk die Behörde, gegen welche die Klage gerichtet ist, ihren Sitz hat. Wie bei den → Verwaltungsgerichten (→ Verwaltungsstreitverfahren) können Anfechtungs-, Verpflichtungs-, allgemeine Leistungs- und → Feststellungsklagen erhoben werden (§§ 40, 41 FGO). Regelmäßig muss ein Einspruchsverfahren (§§ 347 ff. AO) der Klage vorhergehen (§ 44 FGO, → außergerichtliches Rechtsbehelfsverfahren). Eine Ausnahme besteht bei der → Sprungklage. Das FG entscheidet idR nach mündlicher Verhandlung durch Urteil, kann aber auch ohne mündliche Verhandlung einen Gerichtsbescheid erlassen. Verzichten die → Beteiligten übereinstimmend auf mündliche Verhandlung, dann kann das Urteil im schriftlichen Verfahren ergehen. Die Senate der FG sind mit drei Berufs- und zwei ehrenamtlichen Richtern besetzt. Der Senat des FG kann den Rechtsstreit einem seiner Mitglieder als Einzelrichter zur Entscheidung übertragen (§ 6 FGO). Die Revision gegen Urteile der FG an den BFH ist idR nur möglich, wenn sie vom FG zugelassen wird. Zulassungsgründe sind grundsätzliche Bedeutung der Sache oder Erfordernis einer Entscheidung des BFH wegen Fortbildung des Rechts, Sicherung einer einheitlichen Rechtsprechung oder Verfahrensmangel (§ 115 FGO). Wird die Revision nicht zugelassen, so kann Nichtzulassungsbeschwerde beim BFH eingelegt werden. Ist diese erfolgreich, so lässt der BFH die Revision zu. Die Streitwertrevision wurde 1985 abgeschafft. Der BFH entscheidet über die Revision durch Senate in der Besetzung mit fünf Berufsrichtern, über Beschwerden gegen Beschlüsse der FG in der Besetzung mit drei Berufsrichtern. Vor dem BFH besteht Vertretungszwang, nicht dagegen vor dem FG. Vertretungsbefugt sind Rechtsanwälte, Steuerberater und Wirtschaftsprüfer. Vgl. → Postulationsfähigkeit.

Finanzgerichtsordnung
Die Finanzgerichtsordnung regelt bundeseinheitlich das Verfahren vor den Finanzgerichten, → Finanzgerichtsbarkeit. Sie ist in vier Hauptteile gegliedert: 1. personelle und organisatorische Grundlagen der Finanzgerichtsbarkeit; 2. Klagearten und ihre Voraussetzungen sowie Verfahrensfragen; 3. Vorschriften über die Kosten und die Vollstreckung; 4. Übergangs- und Schlussbestimmungen.

Finanzhilfen
Nach Art. 104b GG kann der Bund den Ländern Finanzhilfen für besonders bedeutsame Investitionen der Länder und Gemeinden gewähren, die zur Abwehr einer Störung des gesamtwirtschaftlichen Gleichgewichts, zum Ausgleich unterschiedlicher Wirtschaftskraft oder zur Förderung des wirtschaftlichen Wachstums erforderlich sind. Näheres wird durch Bundesgesetz oder auf Grund des Bundeshaushaltsgesetzes durch → Verwaltungsvereinbarung geregelt. → Dotationsauflagen; → Finanzwesen; → Subventionen.

Finanzhoheit
→ Finanzwesen.

Finanzierungsgeschäft, finanzierter Kauf
→ Verbraucherdarlehensvertrag (3, 8), → Teilzahlungsgeschäft, → Teilzahlungskredit, → Verbrauchervertrag.

Finanzierungshilfe
→ Verbraucherdarlehensvertrag.

Finanzierungs-Leasing
→ Leasingvertrag, → Verbraucherdarlehensvertrag.

Finanzierungswechsel
Der Finanzierungswechsel (Finanzwechsel, Kreditwechsel) ist ein → Wechsel, der ausschließlich der Geldbeschaffung dient. Insofern steht der Finanzierungswechsel im Gegensatz zum → Warenwechsel. Finanzierungswechsel kommen in folgenden Formen vor: → Gefälligkeitsakzept, → Debitorenziehung, Reitwechsel (→ Wechselreiterei), → Kellerwechsel. Finanzierungswechsel dürfen von den Landeszentralbanken nicht diskontiert werden.

Finanzinstrumente
Finanzinstrumente sind nach § 1 XI KWG und ebenso § 2 V WpIG → Wertpapiere, → Vermögensanlagen, Geldmarktinstrumente, → Devisen oder Rechnungseinheiten, → Derivate, Emissionszertifikate (→ Emissionshandel, Treibhausgase) und Instrumente der → Schwarmfinanzierung. Es handelt sich um den umfassendsten Begriff für diejenigen In-

strumente, die Gegenstand von → Bankgeschäften und Bankenaufsicht (→ Kreditinstitute, Aufsicht) bzw. → Wertpapierdienstleistungen und Wertpapierinstitutsaufsicht (→ Wertpapierinstitut) sind. Eine ähnliche, jedoch engere, Definition enthält § 2 IV WpHG für den Geltungsbereich des → Wertpapierhandelsgesetzes.

Finanzkommissionsgeschäft
ist die Anschaffung und die Veräußerung von → Finanzinstrumenten im eigenen Namen für fremde Rechnung (§ 1 I S. 2 Nr. 4 KWG, → mittelbare Stellvertretung). Das F. ist ein → Bankgeschäft und basiert idR auf §§ 383 ff. HGB (→ Kommission). Früher sprach man von der Effektenkommission. Eine identische Definition enthält § 2 VIII Nr. 1 → Wertpapierhandelsgesetz und macht damit klar, dass Finanzkommissionsgeschäfte als → Wertpapierdienstleistungen dem WpHG unterliegen.

Finanzkonglomerat
Finanzkonglomerat ist eine Gruppe, deren Unternehmen sowohl in der Versicherungsbranche als auch in der Banken- oder Wertpapierdienstleistungsbranche tätig sind, und deren wirtschaftliche Bedeutung erheblich ist (§ 1 Finanzkonglomerate-Aufsichtsgesetz (FKAG) v. 27.6.2013, BGBl. 2013 I 1862 mÄnd). Ein Finanzkonglomerat birgt spezielle branchenübergreifende Risiken, etwa die Ansteckungsgefahr. Neben der separaten Aufsicht (→ Kreditinstitute, Aufsicht, → Versicherungsaufsicht) der einzelnen Unternehmen als → Kreditinstitute, → Wertpapierinstitute, → Finanzdienstleistungsinstitute und → Versicherungsunternehmen unterliegt das Finanzkonglomerat daher als Ganzes einer zusätzlichen Aufsicht durch die → Bundesanstalt für Finanzdienstleistungsaufsicht. Insbesondere muss ein Finanzkonglomerat angemessene Eigenmittel haben (§ 17 FKAG). Das FKAG dient der Umsetzung verschiedener EU-Richtlinien.

Finanzkrise
→ EU-Finanzkrise, → Euro-Rettungsschirm, → Europäischer Finanzstabilisierungsmechanismus, → Finanzmarktstabilisierungsgesetze.

Finanzmarktstabilisierungsfonds
1. Gründung: Der Finanzmarktstabilisierungsfonds (auch Sonderfonds für Finanzmarktstabilisierung genannt, abgekürzt SoFFin oder FMS) wurde durch das Finanzmarktstabilisierungsfondsgesetz (FMStFG) v. 17.10.2008 (BGBl. 2008 I 1982 mÄnd, → Finanzmarktstabilisierungsgesetze) errichtet. Das Gesetz wurde mit Schaffung des → Wirtschaftsstabilisierungsfonds 2020 in „Stabilisierungsfondsgesetz" (StFG) umbenannt. Der Gesetzgeber griff in der Corona-Krise gewissermaßen auf die in der Finanzkrise geschaffenen gesetzlichen Strukturen zurück. Der Finanzmarktstabilisierungsfonds ist ein nicht rechtsfähiges Sondervermögen nach Art. 110 GG, für dessen Verbindlichkeiten der Bund unmittelbar haftet (§ 5 StFG).

2. Zweck: Der Finanzmarktstabilisierungsfonds sollte durch besondere Maßnahmen (unten 4) zur Stabilisierung des Finanzmarktes nach der Finanzkrise von 2008 beitragen. Vor allem sollte er helfen, Liquiditätsengpässe von Unternehmen des Finanzsektors zu überwinden und deren Eigenkapitalbasis zu stärken (§ 2 StFG). Zu den begünstigten Unternehmen gehörten vor allem → Kreditinstitute und Wertpapierfirmen, wenn sie ihren Sitz im Inland hatten. Der Finanzmarktstabilisierungsfonds hatte ein Volumen von 480 Mrd. EUR, davon entfielen 400 Mrd. auf Garantien (§ 6 StFG) und 80 Mrd. auf Rekapitalisierungsmaßnahmen (§ 7 StFG). Die Aktivitäten des Finanzmarktstabilisierungsfonds waren bis zum 31.12.2015 befristet, seitdem sind Stabilisierungsmaßnahmen nicht mehr möglich. Der Finanzmarktstabilisierungsfonds wird jetzt abgewickelt und aufgelöst (§ 13 StFG). Dies wird wegen der Laufzeiten der übernommenen Verbindlichkeiten dauern. Die Kosten des Fonds tragen der Bund zu 65 vH, die Länder zu 35 vH, allerdings beschränkt auf maximal 7,7 Mrd. EUR (§ 13 II StFG). Ende 2018 umfasste der Finanzmarktstabilisierungsfonds nur noch die Beteiligungen des Bundes an der Commerzbank AG, der HRE und der Portigon AG.

3. Verwaltung: Der Finanzmarktstabilisierungsfonds wurde bis zum 31.12.2017 durch die → Bundesanstalt für Finanzmarktstabilisierung (FMSA) verwaltet, seitdem durch die Bundesrepublik Deutschland – → Finanzagentur GmbH (§ 3a StFG, § 1 Finanzmarktstabilisierungsfonds-Verordnung (FMStFV) v. 20.10.2008, eBAnz. AT123 2008 V1 mÄnd). Über Stabilisierungsmaßnahmen entschied entweder das BMF, ein interministerieller Lenkungsausschuss oder die Bundesanstalt selbst (§ 4 StFG). Ein vom Deutschen Bundestag gewähltes Gremium überwacht die Aktivitäten des Finanzmarktstabilisierungsfonds (§ 10a StFG).

4. Stabilisierungsmaßnahmen:

a) Nach § 6 StFG konnte der Finanzmarktstabilisierungsfonds Garantien bis zur Höhe von 400 Mrd. EUR für neu eingegangene Verbindlichkeiten von Unternehmen des Finanzsektors übernehmen. Durch das hohe Rating des Bundes erleichterte und verbilligte die Garantie die Kreditaufnahme der Institute und half dadurch, Liquiditätsengpässe zu überwinden. Zahlreiche Unternehmen des Finanzsektors, zB verschiedene Landesbanken, haben diese Garantien in Anspruch genommen.

b) Nach § 7 StFG konnte sich der Finanzmarktstabilisierungsfonds an der Rekapitalisierung von Unternehmen des Finanzsektors beteiligen, indem er zB gegen Leistung einer Einlage Gesellschafter wurde oder eine stille Beteiligung (→ stille Gesellschaft) erwarb. Dadurch floss dem Unternehmen neues Eigenkapital zu. So hatte der Finanzmarktstabilisierungsfonds die Commmerzbank AG mit zwei stillen Beteiligung unterstützt und zusätzlich im Rahmen einer Barkapitalerhöhung 25 vH und 1 Aktie erworben. Die gesellschaftsrechtlichen Voraussetzungen einer solchen Stabilisierungsmaßnahme regelte das Finanzmarktstabilisierungsbeschleunigungsgesetz (BGBl. 2008 I 1986 mÄnd).

c) Im Sommer 2009 wurde das StFG durch das Gesetz zur Fortentwicklung der Finanzmarktstabilisierung, das sog. Bad-Bank-Gesetz, um eine weitere Stabilisierungsmaßnahme ergänzt. Nach § 6a StFG konnte der Finanzmarktstabilisierungsfonds Garantien für Schuldtitel von Zweckgesellschaften übernehmen, die als Gegenleistung für die Hereinnahme strukturierter Wertpapiere ausgegeben wurden. Unternehmen des Finanzsektors konnten somit ihre toxischen Wertpapiere in eine Bad Bank auslagern und erhielten im Gegenzug von ihr werthaltige, weil staatlich garantierte Schuldtitel. Dies führte zu einer Bilanzentlastung. Das die toxischen Wertpapiere auf die Zweckgesellschaft übertragende Unternehmen muss bis zu 20 Jahre lang Ausgleichszahlungen an die Zweckgesellschaft leisten und haftet möglicherweise darüber hinaus (§§ 6b f. StFG, Nachhaftung). Hiervon haben ua die WestLB und die HRE Gebrauch gemacht. Ferner konnten betroffene Unternehmen des Finanzsektors auf bundes- oder landesrechtliche Abwicklungsanstalten Risikopositionen sowie nichtstrategienotwendige Geschäftsbereiche zur Abwicklung übertragen. Auch dies führte zur Bilanzentlastung und Umstrukturierung.

d) Alle Stabilisierungsmaßnahmen waren freiwillig und erfolgten, anders als Maßnahmen nach dem SAG (→ Kreditinstitute, Sanierung und Abwicklung), nur auf Antrag. Für Stabilisierungsmaßnahmen haben die begünstigten Unternehmen ein Entgelt zu leisten, vgl. §§ 6 I S. 3, 6a V Nr. 2 StFG. Die Haftung der ursprünglichen Eigentümer bleibt grundsätzl. bestehen. Die Vergütung von Organmitgliedern und Angestellten von Unternehmen, die Stabilisierungsmaßnahmen in Anspruch nehmen, darf unter bestimmten Voraussetzungen 500 000 EUR im Jahr inklusive → Bonus nicht übersteigen (§ 10 IIa StFG). Börsennotierte Unternehmen, die Stabilisierungsmaßnahmen in Anspruch nahmen, hatten die Zusage bekannt zu machen (→ Ad-hoc-Publizität).

Finanzmarktstabilisierungsgesetze

1. Zur Stabilisierung der Finanzmärkte wurde am 17.10.2008 in einem Eilverfahren das Finanzmarktstabilisierungsgesetz (BGBl. 2008 I 1982) verabschiedet und ausgefertigt. Art. 1 enthielt das Gesetz zur Errichtung eines → Finanzmarktstabilisierungsfonds (FMStFG), durch den Liquiditätsengpässe von Unternehmen des Finanzsektors überwunden und ihre Eigenkapitalbasis verstärkt werden sollte. Art. 2 enthielt das Finanzmarktstabilisierungsbeschleunigungsgesetz (FMStBG), das die gesellschaftsrechtlichen Voraussetzungen für bestimmte Maßnahmen des Fonds schuf, etwa für Kapitalerhöhungen durch Ausgabe neuer Aktien gegen Einlagen an den Fonds.

2. Das Gesetz zur weiteren Stabilisierung des Finanzmarktes v. 7.4.2009 (BGBl. 2009 I 725) enthielt neben Änderungen von FMStFG und FMStBG vor allem das → Rettungsübernahmegesetz, nach dem zur Sicherung der Finanzmarktstabilität Enteignungen möglich waren. Durch das Gesetz zur Fortentwicklung der Finanzmarktstabilisierung v. 17.7.2009 (BGBl. 2009 I 1980) wurde das FMStFG so geändert, dass Unternehmen des Finanzsektors zur Bilanzentlastung toxische Wertpapiere an Zweckgesellschaften oder Abwicklungsanstalten, sog. Bad Banks, auslagern konnten. Durch das 2. FinanzmarktstabilisierungsG v. 24.2.2012 (BGBl. 2012 I 206) wurde die Befristung vieler Maßnahmen bis Ende 2012, durch das 3. FinanzmarktstabilisierungsG v. 20.12.2012 (BGBl. 2012 I 2777) bis Ende 2014 verlängert. Zu weiteren Maßnahmen zur Überwindung der Finanz- und Wirtschaftskrise von 2008 s. → Umweltprämie, → Konjunkturpaket.

3. Das Artikelgesetz zur Neuordnung der Aufgaben der → Bundesanstalt für Finanzmarktstabilisierung (FMSANeuOG) v. 23.12.2016 (BGBl. 2016 I 3171) hat die Aufgaben der Bundesanstalt neu verteilt, weil eine Weiterführung der Stabilisierungsmaßnahmen nicht länger notwendig erschien.

4. Durch das Wirtschaftsstabilisierungsfondsgesetz v. 27.3.2020 (BGBl. 2020 I 543) wurden das FMStFG in „Stabilisierungsfondsgesetz" (StFG) und das FMStBG in „Wirtschaftsstabilisierungsbeschleunigungsgesetz" (WStBG) umbenannt. In der Corona-Krise 2020 griff der Gesetzgeber gewissermaßen auf die bewährten Gesetze zurück, um zum Schutz der Unternehmen der Realwirtschaft vor den Folgen der Pandemie den → Wirtschaftsstabilisierungsfonds zu errichten.

Finanzmonopole

waren ausschließliche Berechtigungen des Staates, aus dem Verkauf bestimmter Waren oder aus bestimmten Dienstleistungen Einkünfte zu erzielen. Gesetzgebungs- und Ertragshoheit lagen beim Bund (Art. 105 I GG, Art. 106 I GG). Letztes Finanzmonopol ist das Branntweinmonopol gewesen. Es umfasste das Übernahme-, Herstellungs-, Einfuhr-, Reinigungs- und Handelsmonopol im → Inland (ehemaliges Branntweinmonopolgesetz in der im BGBl. III Gliederungsnummer 612–7 veröffentlichten Fassung mÄnd). Verwaltet wurde das Finanzmonopol durch die Bundesmonopolverwaltung für Branntwein, eine Bundesoberbehörde im Geschäftsbereich des Bundesministers der Finanzen. Der von der Bundesmonopolverwaltung verwertete Branntwein unterlag einer Branntweinsteuer. Zum 31.12.2017 endete das Branntweinmonopol. An die Stelle des Branntweinmonopolgesetz trat das Alkoholsteuergesetz (AlkStG) v. 21.6.2013, BGBl. 2013 I 1650 mÄnd. Die Bundesmonopolverwaltung wird mit Ablauf des Jahres 2018 aufgelöst (Art. 1 des Branntweinmonopolverwaltung-Auflösungsgesetz (BfBAG) v. 10.3.2017, BGBl. 2017 I 420).

Finanzreform
→ Gemeinschaftsaufgaben, → Finanzwesen, → Gemeindefinanzen.

Finanzstabilität
Zur Wahrung der Stabilität des Finanzsystems (Finanzstabilität) analysiert die Deutsche → Bundesbank maßgebliche Sachverhalte, identifiziert Gefahren, berichtet hierüber jährlich und berät den Ausschuss für Finanzstabilität (§ 1 Gesetz zur Überwachung der Finanzstabilität v. 28.11.2012, BGBl. 2012 I 2369). Dieser beim BMF angesiedelte Ausschuss besteht aus Mitgliedern des Ministeriums, der Deutschen Bundesbank und der → Bundesanstalt für Finanzdienstleistungsaufsicht. Er koordiniert im Krisenfall die Zusammenarbeit dieser Institutionen und kann Warnungen und Empfehlungen abgeben (§ 3 G zur Überwachung der Finanzstabilität). Der Ausschuss soll eng mit dem → Europäischen Ausschuss für Systemrisiken zusammen arbeiten (§ 4 G zur Überwachung der Finanzstabilität).

Finanztermingeschäft
1. Als Finanztermingeschäft bezeichnet § 99 WpHG (→ Wertpapierhandelsgesetz) Anschaffungsgeschäfte über derivative Geschäfte (→ Derivate) und → Optionsscheine. Finanztermingeschäft ist an die Stelle des Begriffs des Börsentermingeschäfts getreten. Finanztermingeschäfte sind dadurch gekennzeichnet, dass
- beim Vertragsabschluss ein späterer Zeitpunkt als Erfüllungstermin festgelegt,
- der Preis aber sofort vereinbart wird und abhängig ist vom Börsen- oder Marktpreis des zugrunde liegenden Basiswerts,
- mit verhältnismäßig geringem Kapitaleinsatz überproportional an Preisveränderungen partizipiert werden kann (Hebelwirkung),
- das Risiko des Totalverlustes besteht und
- eine Nachschusspflicht entstehen kann.

2. Für Finanztermingeschäfte war früher Börsentermingeschäftsfähigkeit erforderlich, später galten besondere Informationspflichten. Seit Umsetzung der RL → MiFID I unterliegen Finanztermingeschäft den allgemeinen Anlegerschutzvorschriften der §§ 63 ff. WpHG. Ferner ist der Spiel- und Wetteinwand des § 762 BGB bei F. ausgeschlossen (§ 99 WpHG).

3. Sa → Differenzgeschäft, → Kassageschäft, → Wette.

Finanzunternehmen
Finanzunternehmen sind gemäß § 1 III KWG Unternehmen, die nicht → Kreditinstitute, → Finanzdienstleistungsinstitute, → Kapitalverwaltungsgesellschaften, → Investmentaktiengesellschaften oder → Investmentkommanditgesellschaften sind und deren Haupttätigkeit darin liegt, Beteiligungen und Geldforderungen zu erwerben, Leasing-Objektgesellschaft zu sein, mit Finanzinstrumenten auf eigene Rechnung zu handeln, Anlage- und M & A-Beratung zu betreiben und Darlehen zwischen Kreditinstituten zu vermitteln (Geldmaklergeschäfte). Weitere Unternehmen können durch VO als Finanzunternehmen bezeichnet werden. Das KWG bezeichnet als Finanzunternehmen Unternehmen, die weder für den Betrieb eine Erlaubnis benötigen noch der Solvenzaufsicht unterliegen, da sie weder → Bankgeschäfte tätigen noch → Finanzdienstleistungen erbringen. Ihre Tätigkeit wird zwar grundsätzl. von der → Bundesanstalt für Finanzdienstleistungsaufsicht überwacht, allerdings in viel geringerem Umfang als bei der Bankenaufsicht (→ Kreditinstitute, Aufsicht). Finanzunternehmen sind auch keine → Wertpapierinstitute.

Finanzverfassung
→ Finanzwesen.

Finanzvermögen
→ öffentliche Sachen.

Finanzverwaltung(sgesetz FVG)
Das FVG regelt den Aufbau der Finanzverwaltung des Bundes und der Länder. Demnach sind Bundesfinanzbehörden das Bundesministerium der Finanzen (BMF) als oberste Behörde die Bundesmonopolverwaltung für Branntwein, das Bundesausgleichsamt, das Bundeszentralamt für Steuern und das Bundesamt für zentrale Dienste und offene Vermögensfragen als Oberbehörden die Bundesfinanzdirektionen und das Zollkriminalamt als Mittelbehörden und Hauptzollämter und Zollfahndungsämter als örtliche Behörden (§ 1 FVG). Landesfinanzbehörden sind das Landesfinanzministerium als oberste Behörde, die Oberfinanzdirektionen als Mittelbehörden und Finanzämter als örtliche Behörden (§ 2 FVG).

Finanzwesen
1. Die Grundlagen der Finanzverfassung von Bund und Ländern, insbes. die Finanzhoheit, sind in Art. 104a ff. GG geregelt. Art. 104a GG bestimmt, dass Bund und Länder grundsätzlich die Ausgaben tragen, die sich aus der Wahrnehmung ihrer Aufgaben ergeben (Kostenlast folgt der Abgabenlast). Handeln die Länder im Auftrag des Bundes (→ Verwaltungskompetenz), so trägt der Bund die sich daraus ergebenden Ausgaben. Bundesgesetze, die Geldleistungen gewähren und von den Ländern ausgeführt werden, können bestimmen, dass die Geldleistungen ganz oder zum Teil vom Bund getragen werden.

2. Ferner kann der Bund Finanzhilfen für besonders bedeutsame Investitionen der Länder und Gemeinden gewähren, um das gesamtwirtschaftliche Gleichgewicht zu erhalten, die unterschiedliche regionale Wirtschaftskraft auszugleichen oder das wirtschaftliche Wachstum zu fördern (Art. 104b GG). S. a. → Verteilung des Steueraufkommens.

3. Über die Finanzgesetzgebung ist bestimmt, dass der Bund die → ausschließliche Gesetzgebung über → Zölle und → Finanzmonopole hat. Die → konkurrierende Gesetzgebung besitzt er für die übrigen Steuern, deren Aufkommen ihm ganz oder teilweise zusteht (→ Verteilung des Steueraufkommens; → Maßstäbegesetz), oder wenn nach Art. 72 II GG das Bedürfnis bundesgesetzlicher Regelung besteht (→ Konkurrierende Gesetzgebung). Die Länder haben grundsätzlich die Befugnis zur Gesetzgebung über die örtlichen → Verbrauch- und Aufwandsteuern.

4. Die Finanzverwaltung ist zwischen Bund und Ländern aufgeteilt (Art. 108 GG), aber nicht in vollem Umfang parallel zur Gesetzgebungskompetenz. Der Bund verwaltet die Zölle, Finanzmonopole, bundesrechtlichen Verbrauchsteuern und Abgaben im Rahmen der → Europäischen Union. Die übrigen Steuern werden durch Landesfinanzbehörden verwaltet. Der Aufbau dieser Behörden und die einheitliche Ausbildung der Beamten können bundesrechtlich geregelt werden. Die Leiter der Mittelbehörden (Oberfinanzpräsidien), die zT Bundes-, zT Landesbehörden sind, werden von den Ländern im Einvernehmen mit der BReg. bestellt. Zur Verwaltungsvereinfachung kann ein Zusammenwirken von Bundes- und Landesbehörden oder die Verwaltung der Bundessteuern durch Landesbehörden oder umgekehrt gesetzlich bestimmt werden. Der Behördenaufbau und das Verfahren sind durch das → Finanzverwaltungsgesetz geregelt.

5. Durch die → Föderalismusreform II wurden umfangreiche Vorschriften zum Abbau der Staatsverschuldung in das GG eingefügt. Bei länderübergreifenden Finanzkorrekturen der → EU haften Bund und Länder im Verhältnis 15 : 85; von dem Anteil von 85 vH tragen alle 16 Länder 35 vH nach einem allgemeinen Schlüssel, 50 vH tragen die für die Lasten verantwortlichen Länder zusätzlich alleine (Art. 104a VI GG). Sanktionsmaßnahmen der EU wegen Verstoßes gegen den → Stabilitätspakt tragen Bund und Länder im Verhältnis 65 : 35. Die Ländergesamtheit trägt 35 vH der auf die Länder entfallenden Kosten entsprechend ihrer Einwohnerzahl; 65% der auf die Länder entfallenden Kosten tragen die Länder entsprechend ihrem Verursachungsbeitrag (Art. 109 V GG).

Finanzzölle
sind Zölle, die aus rein fiskalischen Gründen erhoben werden, nicht – wie → Prohibitivzölle – zum Schutz inländischer Hersteller. Vgl. → Zoll.

Findelkind
→ Vormundschaft, → Geburtenregister, → Babyklappe.

Finder, Finderlohn
→ Fund.

Fingerabdruck
→ Daktyloskopie.

Fingierte Erklärung
→ Fiktion.

Fiqh
ist die Bezeichnung für die islamische Rechtswissenschaft oder für die islamischen Rechtsschulen, die aus der Interpretation des Koran und der in Hadithen tradierten islamischen Überlieferung (Sunna) die Regeln des islamischen Rechts (auch als → Scharia bezeichnet) gewinnen.

Firma
1. Firma ist im → Handelsrecht der Name, unter dem ein → Kaufmann (auch → Handelsgesellschaft) seine Geschäfte betreibt und die Unterschrift abgibt (§ 17 I HGB). Die Firma bezeichnet den Kaufmann als Inhaber des Handelsgeschäfts, ist aber lediglich sein Name. Daraus folgt, dass der Kaufmann zwar zB unter seiner Firma klagen und verklagt werden kann (§ 17 II HGB), Träger aller Rechte und Pflichten (insbes. Vertragspartner und Prozesspartei) aber der Kaufmann, nicht etwa die Firma ist. Der Kaufmann kann auch unter seinem bürgerlichen Namen Handelsgeschäfte abschließen, andererseits im privaten Rechtsverkehr seine Firma verwenden. Einzelfirma ist die Firma eines Einzelkaufmanns, Gesellschaftsfirma die Firma einer → Handelsgesellschaft. Personenfirma oder Personalfirma ist eine Firma, die den Namen des Inhabers oder eines der (auch früheren) Inhaber enthält; Sachfirma eine Firma, die sich auf den Gegenstand des Unternehmens bezieht (zB Bremer HolzhandelsAG). Die Firma setzt die Kaufmannseigenschaft voraus. Sie erlischt deshalb, wenn das Unternehmen endgültig eingestellt oder ein → Handelsgewerbe nicht mehr betrieben (und die Firma deshalb im → Handelsregister wieder gelöscht) wird. Die Firma kann auf eine andere Person übertragen werden, aber nur zusammen mit dem Handelsgeschäft, für das sie geführt wird (§ 23 HGB). Von dem Rechtsbegriff Firma zu unterscheiden ist ein Markenname (→ Marken), die gebräuchliche Bezeichnung des Unternehmens (zB X-Werk) und die geschäftliche Bezeichnung nichtkaufmännischer Kleinbetriebe (sog. Etablissementsbezeichnungen, zB Malermeister Klecksl). Das – früher wesentlich strengere – Firmenrecht ist durch das HandelsrechtsreformG vom 22.6.1998 (BGBl. 1998 I 1474) seit 1.7.1998 grundlegend liberalisiert worden.

2. Zur gegenwärtigen Rechtslage ist im Wesentlichen Folgendes auszuführen:

a) Jedem Kaufmann steht es grdsätzl. frei, bei der Bildung seiner Firma eine Personalfirma, eine Sachfirma oder auch eine reine Fantasiefirma (zB Sieben Zwerge GmbH) zu wählen. Dies gilt sowohl für Einzelkaufleute als auch für Gesellschaften. Die Firma muss lediglich zur Kennzeichnung des Kaufmanns geeignet sein und hinreichende Unterscheidungskraft besitzen (§ 18 I HGB). Eine derartige Unterscheidungskraft muss daher auch einer Fantasiefirma zukommen, kann hier aber andererseits durchaus eher gegeben sein als bei einer reinen Sachfirma von Wettbewerbern im selben Geschäftszweig. Die Firma darf keine irreführenden Angaben enthalten (§ 18 II HGB, Firmenwahrheit). Im Interesse der Transparenz und der Information muss zur Offenlegung der Haftungsverhältnisse die Firma aller handelsrechtlichen Unternehmensformen die Bezeichnung ihrer (aktuellen) Rechtsform als Zusatz enthalten, wobei eine allgemeinverständliche Abkürzung genügt (zB Aktiengesellschaft, KG, GmbH, eingetragene Genossenschaft oder eG). Einzelkaufleute haben (zur Unterscheidung von den o. g. Etablissementsbezeichnungen) in ihrer Firma die Bezeichnung „eingetragener Kaufmann (Kauffrau)" oder eine entsprechende Abkürzung (insbes. e. Kfm., e. Kfr.) zu verwenden (§ 19 I HGB).

b) Um einem Unternehmen den erworbenen Ruf und seine Geschäftsbeziehungen unbeeinträchtigt zu erhalten, darf die Firma zwar auch fortgeführt werden, wenn sie den veränderten Verhältnissen nicht mehr entspricht (sog. Firmenbeständigkeit). Dies gilt insbes., wenn sich der in der Firma enthaltene Name des Inhabers oder eines Gesellschafters ändert (§ 21 HGB), ein bestehendes Handelsgeschäft unter Lebenden oder von Todes wegen mit Einwilligung des bisherigen Inhabers (oder der Erben) in die Fortführung der Firma (auch mit dem Namen des bisherigen Inhabers) erworben wird (§ 22 HGB) oder bei Änderung im Gesellschafterbestand (§ 24 HGB). In allen diesen Fällen muss aber die Firma einen Zusatz erhalten, die durch Hinweis auf die nunmehrige Rechtsform die aktuellen Haftungsverhältnisse offenlegt (§ 19 I HGB, §§ 4, 279 I AktG, § 4 GmbHG, § 3 I GenG). Wenn in einer → offenen Handelsgesellschaft, einer → Kommanditgesellschaft oder einer → Kommanditgesellschaft auf Aktien keine natürliche Person persönlich haftet (→ GmbH & Co), muss zum Schutz des Geschäftsverkehrs die Firma auch eine Bezeichnung enthalten, die diese Haftungsbeschränkung kennzeichnet (§ 19 II HGB, § 279 II AktG, zB GmbH & Co. KG aA). Soweit in Sondervorschriften strengere Anforderungen gestellt werden (zB Aufnahme der Bezeichnung „Bank" nach § 39 KWG oder „Steuerberatungsgesellschaft" nach § 53 StBerG), bleiben diese unberührt.

c) Darüber hinaus darf die Firma keine Angaben enthalten, die geeignet sind, über für die angesprochenen Geschäftskreise wesentliche geschäftliche Verhältnisse irrezuführen (§ 18 II 1 HGB; Firmenklarheit). Dies betrifft nicht nur täuschende oder irreführende Zusätze zum sog. Firmenkern, dh dem Mindestinhalt einer Firma; vielmehr werden sämtliche Bestandteile der Firma sowie die Firma insgesamt hiervon erfasst. Andererseits scheiden Angaben aus, die in ihrer wettbewerblichen Relevanz für die Beteiligten von nebensächlicher Bedeutung sind (zB ggf. eine ungenaue Ortsangabe). Bei der Eintragung der Firma in das Handelsregister wird die Eignung zur Irreführung nur berücksichtigt, wenn sie „ersichtlich" (§ 18 II 2 HGB), dh ohne eingehende Prüfung im Einzelfall zu bejahen ist. Sonstige Verstöße werden nur auf Unterlassungsklage eines Wettbewerbers oder eines klagebefugten Verbandes nach § 8 UWG iVm dem UnterlassungsklagenG (→ unlauterer Wettbewerb, → unerlaubte Werbung) berücksichtigt (→ Firmenschutz).

3. Die Firma muss zum → Handelsregister angemeldet, eingetragen und bekanntgemacht werden, desgleichen Änderungen oder ihr Erlöschen (§§ 29, 31 HGB). Bei Ladengeschäften und Gastwirtschaften ist die Firma an der Außenseite oder am Eingang anzubringen (§ 15a GewO). Für jedes Unternehmen darf nur eine einzige Firma geführt werden (Firmeneinheit). Nur wenn ein Kaufmann mehrere Unternehmen betreibt, kann er für jedes eine andere Firma benutzen, für eine → Zweigniederlassung die Firma des Unternehmens mit einem entsprechenden Zusatz. Jede neue Firma muss sich von allen an demselben Ort (Gemeinde) bereits bestehenden Firma deutlich unterscheiden, damit sie nicht verwechselt werden können (Firmenausschließlichkeit, § 30 HGB); ggf. muss einer erst später einzutragenden Firma ein unterscheidender Zusatz beigefügt werden. Über unzulässige Führung einer Firma s. → Firmenschutz.

Firmenbeständigkeit
→ Firma (2b).

Firmenbestattung
Der Begriff der Firmenbestattung meint zunächst ganz allgemein Maßnahmen, um die Liquidation eines Unternehmens (in der Regel Kapitalgesellschaft) herbeizuführen. Dabei werden die Geschäftsanteile für einen symbolischen Preis an einen „Bestatter" veräußert, der meist weiter entfernt ansässig ist und dann zum Geschäftsführungsorgan bestellt wird; uU wird auch der Sitz des Gesellschaft dorthin mit verlegt. Auf diese Weise vermeiden es die urspünglichen Firmeninhaber, mit dem Liquidationsfall sichtbar in Verbindung gebracht zu werden, was einen geschäftlichen „Neustart" erleichtern kann. Illegal ist eine solche Firmenbestattung jedoch, wenn der Bestatter nicht zu einer ordnungsgemäßen Abwicklung in der Lage ist (→ Strohmann) und die Maßnahme lediglich dazu dient, den Zugriff der Gläubiger auf das verbliebene Gesellschaftsvermögen zu verhindern, z. B. durch Verlegung in schlecht erreichbares Ausland. Wenn insgesamt der Vorwurf der Sittenwidrigkeit gerechtfertigt ist, kann es zu einer → Durchgriffshaftung auch auf die bisherigen Geschäftsinhaber kommen.

Firmeneintragung, -löschung
→ Handelsregister; → Firma.

Firmenerbe
Zur Erhaltung von Unternehmen und Arbeitsplätzen können Firmenerben von der Erbschaftsteuer befreit werden bzw. erhalten steuerliche Begünstigungen bei Fortführung des Unternehmens. Nachdem das geltende Erbschaftsteuergesetz wegen der umfangreichen Verschonung unternehmerischen Vermögens vom BVerfG für unvereinbar mit dem Gleichheitssatz des GG erklärt wurde (BVerfG v. 17.12.2014, 1 BvL 21/12), ist 2016 eine Änderung der Erbschaftsteuer erfolgt (BGBl. 2016 I 2464), → Erbschaft- und Schenkungsteuer (8).

Firmenfortführung
→ Firma (2b), → Übernahme eines Handelsgeschäfts, → Unternehmen.

Firmenschutz
Das Recht an der → Firma ist ein absolutes Recht und wirkt daher gegen jedermann; es ist dem → Namensrecht verwandt und wird auf folgende Weise geschützt: Öffentlichrechtlich durch § 37 I HGB, indem das Registergericht (→ Handelsregister) gegen denjenigen einschreitet, der eine ihm nicht zustehende Firma gebraucht, wobei insbes. Ordnungsmittel angedroht und verhängt werden können; das Verfahren ist in den §§ 378 ff. FamFG geregelt (zur Amtslöschung der Firma s. §§ 393 ff. FamFG). Privatrechtlich kann derjenige, der durch den unbefugten Gebrauch einer Firma in seinen Rechten verletzt wird (also insbes. der Inhaber einer Firma), → Unterlassungsklage erheben (§ 37 II HGB), unter den Voraussetzungen einer → unerlaubten Handlung auch Schadensersatz verlangen.

Firmentarif(vertrag)
→ Tariffähigkeit, → Tarifvertrag (2).

Firmenunterscheidbarkeit
→ Firma (2a).

Firmenwagenbesteuerung
1. Die private Nutzung von Firmenwagen wurde bislang einkommensteuerlich über die sog. 1%-Regelung erfasst. Demnach war die private Nutzung eines zum Betriebsvermögen gehörenden Pkw durch den Unternehmer mit 1 vH des inländischen Listenpreises anzusetzen. Ab 1.1.2006 besteht diese Möglichkeit nur noch für Pkw, die zu mehr als 50 vH betrieblich genutzt werden und damit zum notwendigen → Betriebsvermögen gehören. Bei einem Pkw, der zum gewillkürten Betriebsvermögen gehört, wird die Privatnutzung unter Ansatz der auf die geschätzte private Nutzung entfallenden Kosten ermittelt. Hierzu ist zwar nicht gesetzlich vorgesehen, dass ein → Fahrtenbuch geführt wird. Die betrieblichen Fahrten müssen jedoch dem Finanzamt gemessen an der Gesamtfahrleistung dargelegt und glaubhaft gemacht werden. Insofern bietet sich für den Nachweis ein Fahrtenbuch über einen repräsentativen Zeitraum von drei Monaten an, das als Grundlage für die jährliche Gesamtberechnung herangezogen werden kann.

2. Die Frage, ob die private Nutzung mit 1 vH des inländischen Listenpreises oder mit den anteiligen Kosten anzusetzen ist, muss bei einer betrieblichen Nutzung des Fahrzeugs um die 50 vH jedes Jahr neu geprüft werden. Es reicht nicht aus, dass im Erstjahr die betriebliche Nutzung mehr als 50 vH betrug, um die Einstufung über die Folgejahre beizubehalten. Von der Neuregelung sind nur Einzelunternehmer, Freiberufler und Gesellschafter einer Personengesellschaft, nicht Arbeitnehmer betroffen. Überlässt der Arbeitgeber seinem Arbeitnehmer einen Pkw auch für Privatfahrten, rechnet der Pkw stets zum notwendigen Betriebsvermögen des Arbeitgebers. → Private Pkw-Nutzung.

3. Steuervorteile werden für Elektro-Dienstwagen oder Plug-in-Hybridfahrzeuge gewährt. Hier sind als geldwerter Vorteil grundsätzlich nur 0,5 vH des inländischen Listenpreises anzusetzen. Für reine Elektro- oder Brennstoffzellenfahrzeuge wird unter der Vioraussetzung, dass der Bruttolistenpreis nicht mehr als 70.000 EUR (bis 31.12.2023: 60.000 EUR) beträgt, sogar nur 0,25 vH des inländischen Listenpreises als geldwerter Vorteil zu versteuern.

Firmenwahrheit
→ Firma (2a, b).

Firmenwert
→ Geschäftswert (handelsrechtlich).

Fischerei
1. Im Rahmen der → Gemeinsamen Fischereipolitik (GFP) definiert das EU-Recht Fischereitätigkeit als das Aufspüren von Fisch, das Ausbringen, Aufstellen, Schleppen und Einholen von Fanggerät, das Anbordnehmen und -behalten von Fängen, das Umladen, das Verarbeiten an Bord, den Transfer, das Umsetzen in Käfige, das Mästen sowie Anlanden von Fisch bzw. -erzeugnissen (Art. 4 VO (EU) 1380/2013 v. 11.12.2013, ABl. EU 2013 L 354, 22). Zur Fischerei gehören neben der Binnen-Fischerei die Küsten- und → Seefischerei, letztere sind gem. Art. 74 I Nr. 17 GG Gegenstand der konkurrierenden Gesetzgebung.

2. Die Binnen-Fischerei wird noch ganz überwiegend durch Landesrecht geregelt, s. → Fischereirecht (2). In → Küstengewässern ist sie zT frei. Der Fischerei-Schein (Nachweis der Fachkenntnisse) allein berechtigt in Binnengewässern idR nicht zur Fischerei; hierzu kann zusätzlich die gewässerbezogene Erlaubnis des Fischerei-Berechtigten erforderlich sein. Den Fischerei-Schein muss man auf Verlangen bestimmten zur Fischerei-Aufsicht Berechtigten vorzeigen – zB der → Polizei. Für Fangmethoden mit besonderer lokaler Tradition können Sonderregelungen bestehen (zB Stockangeln in Bremen, das seit 2015 ordnungsrechtlich geregelt ist).

3. Fischereibeschränkungen im Hinblick auf Art, Zeit (Schonzeiten) und Fangmethoden ergeben sich im Bereich der Seefischerei aus internationalen Vereinbarungen (zB für den Walfang) und der GFP, im Bereich der Binnenfischerei aus Landesrecht.

Fischereirecht
1. Fischereirecht ist iwS die Bezeichnung des mit der → Fischerei insgesamt verbundenen Rechts.

2. Unter Fischereirecht ieS versteht man die Befugnis, in einem Küsten- oder Binnengewässer (See, Teich, Fluss, Bach) Fische, Krebse und zum Teil auch Muscheln zu fangen, sich anzueignen und zu hegen, zB Fischereigesetz SH v. 10.2.1996 (GVBl. 1996, 211 mÄnd). Die → Hege (2) ist grundsätzl. Pflicht; sa → Aquakultur; → Artenschutz; → Meeresnaturschutz. Das Fischereirecht ist ein privates → absolutes Recht. Es steht grundsätzl. dem Eigentümer des betreffenden Gewässers zu, kann aber selbständig begründet und auf andere Personen ohne das Eigentum übertragen oder verpachtet werden. Umfang und Ausübung des Fischereirechts sind landesrechtlich geregelt. Für bestimmte Fischarten bestehen Schonzeiten und Mindestmaße (Schon- oder Brittelmaße). Eine widerrechtliche Verletzung des Fischereirechts ist eine → unerlaubte Handlung und strafbar (sog. Fischwilderei; → Wilderei).

Fischereischein
→ Fischerei.

Fischhygiene
Als Fischhygiene bezeichnet man die hygienischen Anforderungen beim Verkehr mit Fisch. Sie unterliegen, da Fisch ein Lebensmittel ist, den Vorschriften der → Lebensmittel- und Futtermittelhygiene (1). Sa → Aquakultur, → Tierseuchen (4).

Fischwilderei
→ Wilderei.

Fiskalpakt
1. Die Mitgliedstaaten der EU haben am 2.3.2012 – am EU-Recht vorbei – den völkerrechtlichen Vertrag über Stabilität, Koordinierung und Steuerung in der → Wirtschafts- und Währungsunion geschlossen (BGBl. 2012 II 1006). Er wird als Fiskalpakt bezeichnet und ist Anfang 2013 in Kraft getreten. Sein Ziel ist es, die Haushaltsdisziplin zu fördern, die Koordinierung der Wirtschaftspolitiken zu verstärken und die Steuerung des Euro-Währungsgebiets zu verbessern (Art. 1 SKS-Vertrag), um den → Euro zu stabilisieren und eine neuerliche Euro-Krise zu verhindern. Der Fiskalpakt gilt nicht für Belgien und galt nie für das Vereinigte Königreich.

2. Wichtigste Vorschrift des Vertrags ist das Gebot ausgeglichener Staatshaushalte (Art. 3 SKS-Vertrag). Diese → Schuldenbremse muss in einzelstaatliches Recht umgesetzt werden. Bei Verstößen drohen automatische Sanktionen sowie haushaltspolitische Überwachungsmaßnahmen. Damit geht der Fiskalpakt über die Regelungen des → Stabilitätspakts hinaus. Stabilitätshilfen durch den → Europäischen Stabilitätsmechanismus setzen eine Beteiligung am Fiskalpakt voraus.

Fiskalvertreter
→ Binnenmarkt, Umsatzsteuer (2i).

Fiskus
Fiskus ist die Bezeichnung des Staates, soweit er nicht hoheitlich, dh im Über/Unterordnungsverhältnis, tätig wird, sondern als → juristische Person am Privatrechtsverkehr teilnimmt. Von fiskalischem Handeln spricht man bei privatrechtl. Beschaffungstätigkeiten der öffentlichen Verwaltung (zB Bau von Amtsgebäuden) und bei erwerbswirtschaftl. Betätigung (zB staatliches Weingut, Holzverkauf), nicht aber, wenn die öffentliche Verwaltung sich zur Erfüllung öffentlicher Aufgaben privater Rechtsformen bedient (→ Verwaltungsprivatrecht). Der Fiskus untersteht als solcher grundsätzlich den Regeln des Zivilrechts, kann (und muss) zB vor den Zivilgerichten klagen und verklagt werden, kann dabei aber doch gewissen Beschränkungen, insbes. dem Willkürverbot (Art. 3 GG), unterliegen, zB bei der Auswahl von Vertragspartnern (s. dazu auch → Drittwirkung der Grundrechte). Über die zivilrechtliche Haftung → Verein (1), → Juristische Person (2b); über den Fiskus als Erbe → Erbfolge.

FIS-Regeln
sind die von der Federation International de Ski 1967 aufgestellten Verhaltensregeln für den alpinen Skilauf. Trotz ihres privaten Charakters werden sie teilweise schon als → Gewohnheitsrecht (also über den Verband hinaus als allgemeinverbindlich) angesehen. Die Regeln spielen in der gerichtlichen Praxis für die Haftung bei Skiunfällen eine wichtige Rolle. Sa → Wintersport.

Die rechtliche Qualifizierung eines → Vertrages über die Nutzung eines Fitnessstudios hängt von den konkreten Umständen und vereinbarten Nutzungsbedingungen ab. Ist der Kunde nach dem Vertragsinhalt lediglich zur Nutzung der Geräte und der Räumlichkeiten des Betreibers des Fitnessstudions berechtigt, ist der Vertrag als Gebrauchsüberlassungsvertrag, auf den Mietrecht (→ Mietvertrag) anzuwenden ist, zu qualifizieren. Die Einordnung als → typengemischter Vertrag (s. dazu → Vertrag, 2) kommt in Betracht, wenn der Betreiber auch zur Erbringung weiterer Leistungen verpflichtet ist, etwa die Einweisung, Beratung und Beaufsichtigung des Kunden, da in diesem Fall der Vertrag neben mietvertraglichen Elementen auch dienstvertragliche Elemente (→ Dienstvertrag) enthält. Grds. wird ein → Dauerschuldverhältnis vorliegen. Sa → Corona-Krise und Vertragsrecht, (1), (4).

Fixerstube
bezeichnet synonym → Drogenkonsumraum.

Fixgeschäft
Ein Fixgeschäft liegt vor, wenn wesentlicher Inhalt des Rechtsgeschäfts gerade die Erfüllung zu einem bestimmten Termin oder innerhalb einer bestimmten Frist ist, so dass also mit der Einhaltung der Leistungszeit das Geschäft stehen oder fallen soll (zB entsprechende Klauseln: „genau, fix, präzise", aber auch stillschweigend, zB Bestellung eines Taxis zu einem bestimmten Zug, Lieferung von Weihnachtsartikeln usw.; dagegen noch nicht allein wegen Vereinbarung einer bestimmten → Leistungszeit). Ist in einem → gegenseitigen Vertrag ein echtes Fixgeschäft zu sehen, so ist der andere Teil zum → Rücktritt vom Vertrag berechtigt, wenn die Leistung nicht fristgerecht erbracht wird (vgl. § 323 II Nr. 2 BGB, → gegenseitiger Vertrag, 2a). Sa → Schadensersatz. Bei einem → Handelskauf ist der Erfüllungsanspruch nach Fristablauf grds. ausgeschlossen, wenn der Gläubiger nicht sofort danach darauf besteht; dem Gläubiger bleibt hier das Recht zum Rücktritt oder Schadensersatz, wenn der Schuldner in → Schuldnerverzug ist (§ 376 HGB; eine Mahnung ist hierzu nicht erforderlich, da die Leistungszeit in einem Fixgeschäft stets kalendermäßig bestimmt ist).

Fixhandelskauf
→ Fixgeschäft.

Fixkostenspedition
→ Speditionsvertrag.

Fixum
→ Handelsvertreter (3).

Flächennutzungsplan
→ Bauleitpläne.

Flagge
→ Bundesflagge; → Seeschifffahrt.

Flaggenprinzip
→ Geltungsbereich des Strafrechts (2).

Flaggenrecht
→ Seeschifffahrt.

Flaschen
→ Eichwesen; → Abfälle.

Flaschenpfand
→ Kauf (2), → Abfälle, → Getränkeverpackungen, → Verpackungen.

flash mob
Ein flash mob ist eine neue Form des Protests, bei der sich – einander oft nicht bekannte – Personen über Internet und andere neue Kommunikationsmittel zu einer Aktion, zB massenhaftem Einkauf von Billigartikeln, verabreden, die eine Belästigung des Gegners darstellen soll. Zum Einsatz im Arbeitsrecht → Streik (1) und BAG 22.9.2009 – 1 AZR 972/08, NJW 2010, 631.

Flatrate Party
Bei einer Flatrate Party können Teilnehmer gegen Bezahlung eines Eintritts oder Pauschalpreises soviel Alkohol trinken wie sie wollen. Solche Veranstaltungen werden auch als Komasaufen bezeichnet. Sie sind in Deutschland unzulässig, da sie auf den Alkoholausschank an Betrunkene abzielen, Suchtverhalten fördern und eine konkrete Gesundheitsgefährdung darstellen. Bereits die Werbung für sie kann von den → Ordnungsbehörden untersagt werden. Bei Verstößen kann die Gaststättenerlaubnis widerrufen werden, §§ 4, 15 GastG, sa → Gaststätte. Der Alkoholausschank an Jugendliche ist bereits nach § 9 JuSchG verboten (→ Jugendschutz).

Fleisch
1. Das Fleischgesetz (FlG) v. 9.4.2008 (BGBl. 2008 I 714, 1025) mÄnd regelt die Klassifizierung von geschlachteten Rinder-, Schweine- und Schafskörpern gem. Handelsklassenrecht (→ Handelsklassen) sowie die Zulassung und Überwachung der damit befassten Personen und Unternehmen. Einzelheiten enthalten zwei Fleischgesetz-Durchführungsverordnungen. → Ekelfleisch, → Fleischhygiene, → Hackfleisch, → Schlachten, → Schlachthöfe.

2. Grundsätzlich gelten für die Kennzeichnung von Fleisch die Vorschriften der → Kennzeichnung von Lebensmitteln. So ist die Angabe der Herkunft für verpacktes und unverpacktes Fleisch von Rindern, Schweinen, Schafen, Ziegen und Geflügel Pflicht. Darüber hinaus müssen inländische Lebensmittel tierischen Ursprungs die Haltungsform der Tiere, aus denen das Lebensmittel gewonnen wurde, angeben: → Tierhaltungskennzeichnung.

3. Die VO (EG) 206/2009 v. 5.3.2009 (ABl. EG 2009 L 77, 1) mÄnd enthält Vorschriften für die Einfuhr von → Lebensmitteln tierischen Ursprungs (Fleisch, Fleisch-Erzeugnisse, Milch und Milcherzeugnisse) durch Reisende in die → Europäische Union zum persönlichen Verbrauch. Alle Erzeugnisse im Reisegepäck (→ Gepäck), die der VO nicht entsprechen, werden beschlagnahmt und vernichtet. Internationale Unternehmen der → Personenbeförderung weisen ihre in die EU beförderten Passagiere auf die Vorschriften hin (Art. 4).

Fleischhygiene
Unter Fleischhygiene versteht man die hygienischen Anforderungen beim Verkehr mit → Fleisch. Sie unterliegen, da Fleisch ein Lebensmittel ist, den Vorschriften der → Lebensmittel- und Futtermittelhygiene (1). Die Untersuchung obliegt dem amtlichen → Tierarzt.

Fleischkontrolleur
→ amtlicher Fachassistent.

Flexibilisierung der Arbeitszeit
Arbeitsvertraglich (oder durch → Tarifvertrag) ist meist eine feste Arbeitszeit pro Woche oder pro Monat festgesetzt, gesetzliche Grenzen ergeben sich aus dem Arbeitsschutzrecht (→ Arbeitszeit). Innerhalb dieser Grenzen kann der Arbeitgeber durch sein → Direktionsrecht die

Verteilung der Arbeitszeit vornehmen, dabei aber nicht über oder unter die vertragliche Arbeitszeit gehen. Dennoch besteht oft ein Bedürfnis zur Flexibilisierung: Der Arbeitnehmer möchte vorarbeiten, um später Freizeit erhalten zu können, der Arbeitgeber will Mehrbedarf decken oder schwankenden Bedarf (zB saisonal) auffangen. Hierzu kann zB ein → Arbeitszeitkonto vereinbart werden, es kann → Überarbeit angeordnet werden oder Arbeitgeber und Arbeitnehmer können → Arbeit auf Abruf vereinbaren. Daneben gibt es Sonderfälle wie → Altersteilzeit oder das eher die Erledigung vereinbarter Aufgaben als die Präsenz des Arbeitnehmerim Blick habende, flexible Arbeitszeitmodell der Vertrauensarbeitszeit, bei der der Arbeitgeber auf die Festlegung von Beginn und Ende der täglichen Arbeitszeit verzichtet und darauf vertraut, der betreffende Arbeitnehmer werde seine Arbeitsverpflichtung in zeitlicher Hinsicht auch ohne Kontrolle erfüllen. Vertrauensarbeitszeit wird eher bei höherqualifizierten Mitarbeitern oder Führungskräften bzw. in bestimmten Bereichen (Projektarbeit, IT-Sektor) vereinbart, sie entbindet den Arbeitgeber nicht von seinen öffentlich-rechtlichen Pflichten zur Arbeitszeiterfassung (→ Arbeitszeit, 5.).

Wegen des Mitbestimmungsrechts über die Lage der Arbeitszeit und seiner Überwachungsrechte ist der → Betriebsrat vielfach zu beteiligen. Tarifverträge sehen häufig Regelungen vor. Zu beachten sind auch Vorgaben etwa im → Mindestlohngesetz dazu, wann aufgesparte Arbeitszeit auszuzahlen ist. Dies hat ua die Funktion, eine gewisse Insolvenzsicherung für die Ansprüche des Arbeitnehmers zu gewährleisten. Anders als bei auf langfristige Freistellung von der Arbeit zB vor Renteneintritt gerichteten → Wertguthaben gem. §§ 7b ff. SGB IV ist eine Insolvenzsicherung und Übertragbarkeit auf einen anderen Arbeitgeber ansonsten aber nicht gesetzlich vorgesehen.

Flexible Altersgrenze
wird in der gesetzlichen → Rentenversicherung die Vorverlegung des Rentenbeginns genannt. Die flexible Altersgrenze führt zu einer Verringerung des → Zugangsfaktors der → Altersrente. Dadurch verringert sich der Zahlbetrag der Rente. Der Rentenbeginn kann auch über das 67. Lebensjahr hinausgeschoben werden, wodurch sich der Zugangsfaktor für die Rente erhöht (§ 77 SGB VI). Die Veränderung des Zugangsfaktors wird bei Folgerenten, zB bei → Hinterbliebenenrenten beibehalten.

Flexi-Rente
Nach dem im Jahr 2016 geltenden Recht konnte nur dann eine ungekürzte → Altersrente bezogen werden, wenn die → Hinzuverdienstgrenzen eingehalten werden. Andernfalls wurden diese Altersrenten als → Teilrenten geleistet. Durch den zwischen der CDU, der CSU und der SPD im Rahmen der Verhandlungen zur Bildung einer Regierungskoalition für den 18. Bundestag ausgehandelten Koalitionsvertrag wurde entschieden, eine Flexi-Rente einzuführen. Dieses Vorhaben wurde durch das Gesetz über Leistungsverbesserungen in der gesetzlichen Rentenversicherung (RVLVG) v. 23.6.2014 (BGBl. 2014 I 787) zum 1.7.2014 umgesetzt. Es sollte erreicht werden, dass der Übergang zwischen der aktiven Phase und dem Ruhestand flexibler gestaltet werden kann. Zeitgleich mit der Einführung dieser weiteren vorzeitigen Altersrente wurden auch die Hinzuverdienstgrenze hinsichtlich ihrer Berechnung völlig neu gestaltet (→ Hinzuverdienst, → Hinzuverdienstgrenze, → Hinzuverdienstdeckel). Bei der Altersrente wurde durch das 8. Gesetz zur Änderung des SGB IV und anderer Gesetze v. 20.12.2022 (BGBl. I, 2759) die Hinzuverdienstgrenze bei vorgezogenen Altersrenten zum 1.1.2023 aufgehoben, so dass diese Rente keine große Rolle mehr spielt.

Flora-Fauna-Habitat-Richtlinie
Als Flora-Fauna-Habitat- oder FFH-Richtlinie bezeichnet man die Richtlinie 92/43/EWG v. 21.5.1992 zur Erhaltung der natürlichen Lebensräume sowie der wildlebenden Tiere und Pflanzen (ABl. EG 1992 L 206, 7). Sie enthält die europarechtlichen Anforderungen an den → Naturschutz und erfüllt damit auch völkerrechtliche Verpflichtungen, etwa solche des Berner Übereinkommen v. 19.9.1979 über die Erhaltung der europäischen wildlebenden Pflanzen und Tiere und ihrer natürlichen Lebensräume (BGBl. 1985 II 581).

Auf der Grundlage der FFH-Richtlinie ist ein europäisches Netz von Schutzgebieten entstanden. Die Einzelheiten zu den geschützten Lebensräumen, Tieren (→ Wolf) und Pflanzen enthalten die Anhänge der Richtlinie, die insbesondere durch das BNatSchG in deutsches Recht umgesetzt wurde.

Fluchtgefahr
→ Haftbefehl (1).

Fluchtlinie
Der in früheren Gesetzen (zB preuß. FluchtlinienG vom 2.7.1875/28.3.1918) verwendete Begriff Fluchtlinie ist im geltenden Bundesrecht ersetzt durch → Baulinie. Er findet sich vereinzelt noch im Landesrecht für die Abgrenzung von Straßen- und Anliegergrundstücken.

Flüchtlinge
1. Nach dem Genfer Abkommen über die Rechtsstellung der Flüchtlinge v. 28.7.1951 (BGBl. 1953 II 559) iVm dem Protokoll über die Rechtsstellung der Flüchtlinge v. 31.1.1967 (BGBl. 1969 II 1293) sind Flüchtlinge Personen, die sich aus der begründeten Furcht vor Verfolgung wegen ihrer Rasse, Religion, Nationalität, Zugehörigkeit zu einer bestimmten sozialen Gruppe oder wegen ihrer politischen Überzeugung außerhalb des Landes befinden, dessen Staatsangehörigkeit sie

besitzen. Flüchtlinge dürfen nur aus Gründen der öffentlichen Sicherheit und Ordnung ausgewiesen werden. Kein Flüchtling darf in ein Land ausgewiesen werden, in dem sein Leben oder seine Freiheit wegen seiner Rasse, Religion, Nationalität, Zugehörigkeit zu einer bestimmten sozialen Gruppe oder wegen seiner politischen Überzeugung bedroht sein würde. Dem Abkommen oder dem Protokoll sind 149 Staaten beigetreten (Stand 2025), so ua alle Mitgliedstaaten der → Europäischen Union und Russland; die Vereinigten Staaten sind nur dem Protokoll von 1967 beigetreten. Das Genfer Abkommen gewährt Flüchtlingen im Schutzland Schutzrechte im Hinblick auf den Erwerb von Eigentum, den Zugang zu den Gerichten des Schutzlandes, das Recht zur Aufnahme von selbständiger oder nichtselbständiger Arbeit wie andere Ausländer, soziale Schutzrechte, Versorgung mit Wohnraum und Lebensmitteln sowie Zugang zu den Schulen. Nach Art. 78 AEUV (→ AEUV) sind die Organe der → EU zur Beachtung des Genfer Abkommens verpflichtet.

2. Durch die RL 2011/95/EU v. 13.12.2011 über Normen für die Anerkennung von Drittstaatsangehörigen oder Staatenlosen als Personen mit Anspruch auf internationalen Schutz, für einen einheitlichen Status für Flüchtlinge oder für Personen mit Anrecht auf subsidiären Schutz und für den Inhalt des zu gewährenden Schutzes (sog. → Qualifikationsrichtlinie) regelt die EU für ihre Mitgliedsstaaten verbindlich die Auslegung des Genfer Abkommen über die Rechtsstellung der Flüchtlinge und des dazugehörigen Protokolls (s. o. Nr. 1). Dort ist ua geregelt, was als Verfolgungshandlung anzusehen ist, was unter Rasse, Religion, Nationalität, sozialer Gruppe oder politischer Überzeugung zu verstehen ist und wann die Eigenschaft als F. iSd von Abkommen und Protokoll endet. Die Qualifikationsrichtlinie wurde in Deutschland durch Gesetz v. 28.8.2013 (BGBl. 2013 I 3474) durch Änderung des damaligen Asylverfahrensgesetzes (jetzt Asylgesetz, dort insbes. §§ 3a–3e AsylG; → Asylgesetz, 1) in nationales Recht umgesetzt.

3. Nach der VO (EU) Nr. 604/2013 v. 26.6.2013 zur Festlegung der Kriterien und Verfahren zur Bestimmung des Mitgliedstaats, der für die Prüfung eines von einem Drittstaatsangehörigen oder Staatenlosen in einem Mitgliedstaat gestellten Antrags auf internationalen Schutz zuständig ist (sog. → Dublin-III-VO), muss der Mitgliedstaat der EU das Verfahren zur Anerkennung als Flüchtling durchführen, in den der Flüchtling zuerst eingereist ist. Durch diese Regelung werden seit 2014 die Länder an der Süd- und Ostgrenze der EU überproportional belastet. 2015 kamen über 1 Mio Flüchtlingee Deutschland, ohne dass in den Ländern der ersten Einreise ein Verfahren stattgefunden hat. Nach Art. 17 VO (EU) Nr. 604/2013 kann jeder Mitgliedstaat beschließen, einen bei ihm gestellten Antrag selbst zu prüfen, auch wenn er nach den allgemeinen Regeln (erste Einreise) nicht zuständig wäre. Eine Neuordnung des europäischen Flüchtlingsrechts wird angestrebt. Das Genfer Abkommen und das hierzu gehörende Protokoll (s. o. Nr. 1) werden hierdurch nicht berührt.

4. Neben dem Genfer Abkommen und dem Protokoll hierzu werden Flüchtlinge auch durch das Grundrecht auf Asyl gem. Art. 16a GG geschützt (iE → Asylrecht). Die auf politische Verfolgung beschränkten Schutzvoraussetzungen durch 16a GG sind wesentlich enger als der Schutz nach Genfer Abkommen und hierzu gehörigem Protokoll (s. o. Nr. 1). In der Mehrzahl der Fälle sind die Voraussetzungen für den Schutz nach beiden Regelungen gegeben. Eine der Drittstaatenregelung des deutschen Asylrechts entsprechende Regelung ist explizit im Genfer Abkommen und dem hierzu gehörigen Protokoll nicht enthalten, so dass ggf. Schutz nach dem Genfer Abkommen und dem hierzu gehörigen Protokoll trotz Einreise aus einem sicheren Drittland iSd → Asylrechts (→ Asylrecht, 2) gegeben sein kann. Ein Flüchtling nach dem Genfer Abkommen und dem Zusatzprotokoll hierzu kann es sich grundsätzlich aussuchen, in welchem Land er Schutz sucht. Im Einzelnen ist in Bezug auf die Drittstaatenfrage die Divergenz zwischen den Bestimmungen des Genfer Abkommens und der Regelung des Asylrechts nach dem GG nicht abschließend geklärt. Im Hinblick auf die genannte Rechtslage hat aber bereits jetzt in der Rechtspraxis die Anerkennung als Flüchtling größere tatsächliche Bedeutung als die Anerkennung als Asylbewerber nach Art. 16a GG.

5. Das Verfahren zur Anerkennung als Flüchtling sowohl für Flüchtlinge iSd Genfer Abkommens und des Protokolls hierzu (s. o. Nr. 1) als auch für Asylbewerber nach Art. 16a GG (s. o. Nr. 4 sowie → Asylrecht) ist im → Asylgesetz geregelt. Finanzielle Unterstützung vor Anerkennung erfolgt nach dem → Asylbewerberleistungsgesetz. Anerkannten Flüchtlingen ist eine Aufenthaltserlaubnis (Aufenthaltserlaubnis, 2c) zu erteilen. → Ausländer.

6. Von der Anerkennung als Flüchtling oder Asylbewerber zu unterscheiden ist die Aufenthaltserlaubnis aus anderen völkerrechtlichen, humanitären oder politischen Gründen nach §§ 22 ff. AufenthG. Besondere Regeln gelten für die Gewährung → subsidiären Schutzes insbesondere für → Kriegsflüchtlinge und Bürgerkriegsflüchtlinge.

7. Die Rechte der Flüchtlinge, die als deutsche Volks- oder Staatsangehörige nach Deutschland gekommen sind, sind im → Bundesvertriebenengesetz geregelt.

Flüssigerdgas

Flüssigerdgas oder LNG (liquefied natural gas) ist Erdgas, das auf etwa −162° gekühlt und damit verflüssigt wird. Dadurch reduziert sich sein Volumen um den Faktor 600. Deshalb kann Flüssigerdgas in Schiffen und LKW, und damit unabhängig von Pipelines, transportiert werden. → Energiewirtschaft.

1. a) Nach dem russischen Angriff auf die Ukraine 2022 (→ Ukrainekrieg) und der sich anschließenden → Energiekrise begann Deutschland, eine bis dahin fehlende LNG-Infrastruktur aufzubauen, um das bisher durch Leitungen aus Russland bezogene Erdgas zu ersetzen (→ Gasversorgung). Hierzu wurde das LNG-Beschleunigungsgesetz (LNGG) v. 24.5.2022 (BGBl. 2022 I 802) mÄnd erlassen, nach dem LNG-Anlagen beschleunigt genehmigt und gebaut werden können. Weil das LNGG zahlreiche Beteiligungsrechte und Genehmigungsvoraussetzungen, etwa die → Umweltverträglichkeitsprüfung, sowie das Vergaberecht einschränkt, ist es bis 2025 befristet.

b) LNG-Anlagen sind nach § 2 LNGG schwimmende oder landgebundene Anlagen zur Einfuhr, Entladung, Lagerung und Wiederverdampfung (Regasifizierung) von Flüssigerdgas. Man spricht auch von LNG-Terminals. Im Sommer 2023 gab es drei schwimmende LNG-Anlagen in Wilhelmshaven, Lubmin und Brunsbüttel; weitere, auch landgebundene, sind geplant (vgl. Anlage zu § 2 LNGG). Sie verdampfen das von Schiffen gebrachte Flüssigerdgas und speisen es in das Fernleitungsnetz ein. LNG-Anlagen müssen später in der Lage sein, grünen Wasserstoff (auch in Form von Ammoniak) umzuschlagen. Der Anschluss von LNG-Anlagen obliegt den Fernleitungsnetzbetreibern, §§ 39a ff. Gasnetzzugangsverordnung (GasNZV) v. 3.9.2010 (BGBl. 2010 I 1261) mÄnd. 90% der damit verbundenen Kosten trägt der Fernleitungsnetzbetreiber, der sie als Investitionsmaßnahme nach § 23 Anreizregulierungsverordnung (ARegV) v. 29.10.2007 (BGBl. 2007 I 2529) mÄnd. geltend machen kann. Die LNG-Verordnung (LNGV) v. 16.11.2022 (BAnzAT 1.11.2022V1) regelt die Nutzung der LNG-Anlagen sowie Entgelte und Dokumentationspflichten ihrer Betreiber.

2. Mit Flüssigerdgas werden auch manche Fahrzeuge, vor allem LKW, betrieben. Die erforderlichen LNG-Tankstellen bedürfen grundsätzlich einer Genehmigung nach § 4 BImSchG iVm der 4. BImSchV. Bei einem Fassungsvermögen von unter 30t ist das vereinfachte Verfahren einschlägig, in dem auch eine Umweltverträglichkeitsprüfung statt findet.

Fluggastrechte

1. Mit der VO 261/2004 v. 11.2.2004 über Ausgleichs- und Unterstützungsleistungen für Fluggäste im Fall der Nichtbeförderung und bei Annullierung oder großer Verspätung von Flügen (ABl. EG 2004 L 46, 1) hat die → Europäische Union die Fluggastrechte harmonisiert. Die VO hat in allen Mitgliedstaaten unmittelbare Wirkung (→ Verordnungen der Europäischen Union), stärkt die → Verbraucherschutzrechte und war Vorbild für ähnliche Regelungen der → Fahrgastrechte im Eisenbahnverkehr, der → Fahrgastrechte im See- und Binnenschiffsverkehr und der → Fahrgastrechte im Kraftomnibusverkehr.

2. Art. 1 VO (EG) 261/2004 gilt für Fluggäste aller Flüge, die auf einem in der EU gelegenen Flughafen angetreten werden. Sie gilt ferner für alle Flüge von Drittstaaten in die EU, sofern sie von einem → Luftfahrtunternehmen der Union ausgeführt werden. Voraussetzung ist weiter, dass die Fluggäste eine bestätigte Buchung haben und sich rechtzeitig zur Abfertigung einfinden.

3. Im Falle der Nichtbeförderung, deren häufigster Fall die Überbuchung ist, haben Fluggäste Anspruch auf Ausgleichszahlung, Erstattung der Flugscheinkosten oder anderweitige Beförderung und Betreuungsleistungen (Art. 4 VO (EG) 261/2004). Der Ausgleichsanspruch gewährt nach Art. 7 den betroffenen Fluggästen eine nach Entfernungen gestaffelte Zahlung, die als pauschalierter → Schadensersatz qualifiziert werden kann. Bei einer Entfernung von 1500 km beträgt die Ausgleichszahlung 250 EUR, zwischen 1500 und 3500 km 400 EUR und bei längeren Flügen 600 EUR. Zusätzlich hat der Fluggast Anspruch auf entweder Erstattung der Flugscheinkosten und Rückflug zum Ausgangsflughafen oder eine anderweitige Beförderung zum Endziel unter vergleichbaren Bedingungen (Art. 8 VO (EG) 261/2004). Die ebenfalls anzubietenden Betreuungsleistungen (Art. 9 VO (EG) 261/2004) umfassen Mahlzeiten, Hotelunterbringung, Transporte, Telefongespräche usw.

4. Im Falle der Annullierung eines Fluges (Art. 5 VO (EG) 261/2004) haben die betroffenen Fluggäste ebenfalls Anspruch auf Ausgleichszahlung, Erstattung der Flugscheinkosten oder anderweitige Beförderung und Betreuungsleistungen. Eine Verpflichtung zur Zahlung von Ausgleichsleistungen besteht allerdings nicht, wenn die Annullierung auf unvermeidbare außergewöhnliche Umstände zurückzuführen ist (Art. 5 III VO (EG) 261/2004). Das ist zB der Fall, wenn Vulkanasche den Flugbetrieb lahm legt, nicht aber bei technischen Problemen der → Luftfahrzeuge oder Erkrankungen einzelner Besatzungsmitglieder. Zu den Rechtsfolgen der Corona-Krise → Corona-Krise und Reiserecht. Die EU hatte auch „Auslegungsrichtlinien zu den EU-Richtlinien über Passagierrechte vor der sich entwickelnden Situation im Zusammenhang mit COVID-19“ bekannt gemacht (ABl. 2020 C 89 I, 1).

5. Im Falle einer Verspätung von 2 Stunden bei Flügen bis 1500 km, von 3 Stunden bei Flügen zwischen 1500 und 3500 km und von 4 Stunden bei längeren Flügen haben Fluggäste nach Art. 6 Anspruch auf Betreuungsleistungen nach Art. 9 VO (EG) 261/2004. Beträgt die Verspätung 5 Stunden, können sie Erstattung der Flugscheinkosten und Rückflug zum Ausgangsflughafen verlangen. Während

die VO bei großen Verspätungen keine Ausgleichszahlung vorsieht, hat der EuGH bei Verspätungen von über 3 Stunden ein solches Recht analog Art. 7 VO (EG) 261/2004 bejaht (Urt. v. 19.11.2009, C-402/07 u. C-432/07).

6. Weiter gehende Schadensersatzansprüche, etwa nach dem → Warschauer Abkommen oder nationaler → Luftverkehrshaftung, bleiben durch die VO unberührt. Luftfahrtunternehmen müssen ihre Fluggäste über diese Rechte informieren (Art. 14 VO (EG) 261/2004). Offizielle Beschwerde- und Durchsetzungsstelle für Fluggastrechte ist in Deutschland das → Luftfahrt-Bundesamt, das jedoch zivilrechtliche Ansprüche nicht schlichten kann. Zur Beilegung von Streitigkeiten können Fluggäste private Verbraucherschlichtungsstellen zur Schlichtung nach dem VSBG, etwa die „söp_Schlichtungsstelle für den öffentlichen Personenverkehr e. V.", anrufen. Forderungen gegen Luftfahrtunternehmen, die sich an ihr nicht beteiligen, können der „Schlichtungsstelle Luftverkehr beim → Bundesamt für Justiz" unterbreitet werden (§§ 57 ff. LuftVG). Sa → Luftfahrtrecht, → Reisegepäck, Haftung für.

Flughafenkoordinierung

1. Flughafenkoordinierung (im EU-Recht auch Flugplankoordinierung genannt) ist die öffentlich-rechtliche Verwaltung von Start- und Landezeiten auf den größten Zivilflughäfen Deutschlands. Sie wird nach Maßgabe des Rechts der → Europäischen Union vorgenommen (§ 27a, 27b LuftVG). Einschlägig ist insbes. die VO (EWG) 95/93 v. 18.1.1993 (ABl. EG 1993 L 14, 1) mÄnd über gemeinsame Regeln für die Zuweisung von Zeitnischen (Slots) auf Flughäfen in der Union. Mit der Flughafenkoordinierung in Deutschland ist gemäß VO v. 4.1.2018 (BGBl. 2018 I 122) die Fluko Flughafenkoordination Deutschland GmbH in Frankfurt am Main als → beliehener Unternehmer betraut. Einzelheiten der Flughafenkoordinierung regelt die DVO vom 13.6.1994 (BGBl. 1994 I 1262) mÄnd.

2. Nach VO (EU) 95/93 verlieren Luftfahrtunternehmen die ihnen zugewiesenen Slots, wenn sie diese nicht ausreichend nutzen. Während der Corona-Krise hatte die Europäische Kommission, nachdem der Luftverkehr zum Erliegen gekommen war, von dieser Nutzungspflicht vorübergehend befreit (VO (EU) 2020/459 v. 30.3.2020, ABl. EU 2020 L 99, 1).

Fluglärm

Der Schutz vor Fluglärm ist vor Genehmigung eines Flugplatzes besonders zu prüfen (§ 6 LuftVG). Das → Immissionsschutzrecht verlangt Lärmschutzbereiche für bestimmte Flughäfen (Fluglärm-SchutzG idF v. 31.10.2007, BGBl. 2007 I 2550). Die 1. Fluglärmschutz-VO v. 27.12.2008 (BGBl. 2008 I 2980) regelt die Datenerfassung und das Berechnungsverfahren zur Festsetzung des Lärmschutzbereiches. Auf und in der Umgebung von Verkehrs-Flughäfen mit Linienverkehr müssen der Fluglärm ständig gemessen und die Ergebnisse veröffentlicht werden (§ 19a LuftVG; → Monitoring). Die Landeplatz-Lärmschutz-VO v. 5.1.1999 (BGBl. 1999 I 35), mÄnd, verfolgt die Reduzierung der Fluglärm-Beeinträchtigung an stark frequentierten Landeplätzen (→ Flugplätze). § 29b LuftVG regelt aktiven, die Schallschutz-VO v. 5.4.1974 (BGBl. 1974 I 903) passiven Lärmschutz. Die §§ 48a–48 f LuftVZO bestimmen das Verfahren, nach dem auf den großen zivilen Flughäfen der Betrieb bestimmter Flugzeuge lärmbedingt eingeschränkt werden kann. Die VO (EU) 598/2014 v. 16.4.2014 über Regeln und Verfahren f. lärmbedingte Betriebsbeschränkungen (ABl. EU 2014 L 173, 65) legt Regeln fest, nach denen diese Beschränkungen auf Großflughäfen nach einem EU-weit einheitlichen Verfahren erfolgen sollen. Die 3. FluglärmschutzVO v. 20.8.2013 (BGBl. 2013 I 3292) bestimmt die Entschädigung für fluglärmbedingte Beeinträchtigungen des sog. Außenwohnbereichs. Hierzu gehören zB Balkone und Dachgärten, die mit der baulichen Anlage verbunden und für den regelmäßigen Aufenthalt geeignet sind (§ 3). Sa → Bauschutzbereich, → Lärmbekämpfung.

Fluglinienverkehr

→ Luftfahrtunternehmen.

Fluglizenz

Die Voraussetzungen für den Erwerb einer Fluglizenz (Pilotenschein) regeln die VO (EU) 1178/2011 v. 3.11.2011 (ABl. EU 2011 L 311, 1), die VO (EU) 2018/1139 v. 4.7.2018 (ABl. EU 2018 L 212, 1) und die → Luftfahrtpersonalverordnung. Das Mindestalter für den Erhalt einer Fluglizenz liegt zwischen 16 und 21 Jahren. → Luftfahrtrecht.

Fluglotsen

Fluglotsen führen die Flugverkehrskontrolle aus. Überwacht wird ua der Verkehr im unmittelbaren Flugplatzbereich. Anweisungen der Fluglotsen, zB an Piloten, sind → Verwaltungsakte. Ausbildung, Prüfung und Berufszulassung von Fluglotsen regeln die VO (EU) 2015/340 der Kommission v. 20.2.2015 zur Festlegung technischer Vorschriften und von Verwaltungsverfahren für Fluglotsen-Lizenzen und Bescheinigungen (ABl. EU 2015 L 63, 1), die VO (EU) 2018/1139 und die VO v. 10.10.2008 (BGBl. 2008 I 1931) mÄnd; → Luftfahrtrecht, → Flugsicherung, → Eurocontrol.

Flugmodelle

Flugmodelle sind nach § 1 LuftVZO Luftfahrzeuge, die in Sichtweite des Steuers ausschließlich zum Zweck des Sports oder der Freizeitbeschäftigung betrieben werden und bei einem Fluggewicht von über 25 kg der Musterzulassungspflicht unterliegen. Grundsätzlich sind sie → unbemannte Luftfahrzeuge und unterstehen den für sie geltenden Vorschriften. Den Betrieb von Flugmodellen durch Mitglieder von Verbänden und Vereinen regelt § 21 f LuftVO.

Flugplätze
1. Flugplätze im Sinne von VO (EU) 139/2014 der Kommission v. 12.2.2014 zur Festlegung von Anforderungen und Verwaltungsverfahren in Bezug auf F. (ABl. EU 2014 L 44, 1) sind definierte Flächen auf Land, Wasser oder einer schwimmenden Struktur zum Rollen bzw. An- und Abflug von → Luftfahrzeugen (Art. 2 VO (EU) 139/2014). Man unterscheidet im deutschen Recht Flughäfen (= Flugplätze, die nach Art und Umfang des vorgesehenen Flugbetriebs einer Sicherung durch einen → Bauschutzbereich bedürfen, § 38 LuftVZO), → Landeplätze (§ 49 LuftVZO) und Segelfluggelände (§ 54 LuftVZO); Verkehrsflughäfen und -landeplätze stehen dem allgemeinen Verkehr offen, sonstige Flughäfen und Landeplätze nicht.

2. Flugplätze dürfen nach § 6 LuftVG nur mit Genehmigung der Luftfahrtbehörden (§ 31 LuftVG) angelegt oder betrieben werden und müssen den Anforderungen der Art. 33 ff der VO (EU) 2018/1139 genügen, → Luftfahrtrecht (1a); Anh. II VO (EU) 139/2014 enthält dazu Anforderungen an diese Behörden. Bei der Genehmigung müssen die Erfordernisse der → Raumordnung, der → Landesplanung, des → Naturschutzes und des Städtebaues angemessen berücksichtigt werden. Die Genehmigung für einen Flughafen, der dem allgemeinen Verkehr dient, ist außerdem zu versagen, wenn durch die Anlegung und den Betrieb die öffentlichen Interessen in unangemessener Weise beeinträchtigt werden. Für Flughäfen und Landeplätze mit beschränktem Bauschutzbereich ist zuerst der Plan festzustellen (§§ 8 ff. LuftVG, §§ 38 ff. LuftVZO). Vorzeitige → Besitzeinweisung und → Enteignung sind möglich (§§ 27g, 28 LuftVG). Flugplatz-Unternehmer haben neben der generellen → Verkehrssicherungspflicht (sa Anh. III VO 139/2014) auch Pflichten gegenüber der → Flugsicherung (§ 27d LuftVG) sowie auf Grund des → Luftsicherheitsgesetz. Sa → Flugunfalluntersuchung(1), → Fluglärm, → Landestellen.

3. Auf Flugplätze dürfen Motoren von Luftfahrzeugen nur in Betrieb gesetzt werden, wenn ua Personen nicht gefährdet werden können; aus eigener Kraft rollende Luftfahrzeuge sind gegenüber anderen Fahrzeugen und Fußgängern bevorrechtigt. (§ 23 LuftVO).

Flugplankoordinierung
→ Flughafenkoordinierung.

Flugregeln
regeln den Verkehr im → Luftraum. Sie sind vor allem in der für den allgemeinem Luftverkehr in der EU verbindlichen DVO (EU) 923/2012 enthalten (s. → Luftfahrtrecht, 1.) sowie subsidiär dazu in der LuftVO v. 29.10.2015 (BGBl. 2015 I 1894), die nunmehr im Wesentlichen den Vollzug festlegt. Sie gehen ganz wesentlich auf international vereinbarte Regeln zurück. Danach dürfen Luftfahrzeuge nicht in fahrlässiger oder vorsätzlich riskanter Weise so betrieben werden, dass Menschenleben oder Sachen Dritter gefährdet werden (SERA.3101, Anh. DVO). Zu den wichtigsten Vorschriften gehören die Mindesthöhe (SERA.3105), die Vermeidung von Zusammenstößen (SERA.3201 ff., m. Ausweichregeln u. Mindestabstand, ergänzend § 12 LuftVO) und die Sicht- und Instrumentenflugregeln (SERA.5001 ff., §§ 34–42). SERA bedeutet Standardized European Rules of the Air.

Flugsicherheit
→ Luftsicherheitsgesetz.

Flugsicherheitsbegleiter
Flugsicherheitsbegleiter, auch Sky Marshal oder Air Marshal, ist ein speziell ausgebildeter Vollzugsbeamter der → Bundespolizei, der zur Aufrechterhaltung oder Wiederherstellung der Sicherheit und Ordnung an Bord deutscher Luftfahrzeuge eingesetzt wird (§ 4a BPolG). Nur er darf an Bord von der Schusswaffe Gebrauch machen (§ 12 III → Luftsicherheitsgesetz).

Flugsicherung
1. Die Flugsicherung dient gemäß § 27c LuftVG (→ Luftfahrtrecht) der sicheren, geordneten und flüssigen Abwicklung des Luftverkehrs (→ Luftaufsicht). Sie umfasst vor allem die Flugverkehrsdienste (etwa An- und Abflugkontrolle), aber auch Kommunikationsdienste, Navigationsdienste, Verkehrsflussregelung und die Steuerung der Luftraumnutzung. Die Flugsicherung in Deutschland wird, bis auf kleinere Flugplätze, von der im Alleinbesitz des Bundes stehenden „DFS Deutsche Flugsicherung GmbH“ als → beliehener Unternehmer (VO v. 11.11.1992, BGBl. 1992 I 1928 mÄnd) betrieben. Nationale Aufsichtsbehörde ist das Bundesaufsichtsamt für Flugsicherung in Langen/Hessen (Gesetz über die Errichtung des Bundesaufsichtsamtes für Flugsicherung (BAFG) v. 29.7.2009, BGBl. 2009 I 2424 mÄnd). Die Kosten für die Inanspruchnahme der Flugsicherung richten sich nach der Flugsicherungs-An- und Abflug-Kostenverordnung (FSAAKV) v. 28.9.1989 (BGBl. 1989 I 1809) mÄnd. Die Ausbildung der Fluglotsen und des sonstigen Personals regelt die auf europarechtlichen Vorgaben basierende Flugsicherungsausbildungspersonalverordnung (FSPersAV) v. 10.10.2008 (BGBl. 2008 I 1931 mÄnd). Während außergewöhnlicher Notfälle mit bundesweiten Auswirkungen wie der → Corona-Krise können befristete Berechtigungen ausnahmsweise verlängert werden (§ 43 FSPersAV).

2. Gem. Art. 87d I GG wird die Flugsicherung in Bundesverwaltung geführt. Aufgaben können auch durch ausländische Flugsicherungsorganisationen wahrgenommen werden, die nach Recht der EU zugelassen sind. Die

im Jahre 2006 geplante Privatisierung der Flugsicherung war nach hM verfassungswidrig; das entsprechende Gesetz wurde vom Bundespräsidenten zu Recht nicht ausgefertigt. → Eurocontrol, → Fluglotsen, → Luftsicherheitsgesetz, → Luftverkehrsordnung.

Flugunfalluntersuchung
1. Gem. VO (EU) 996/2010 ü. die Untersuchung und Verhütung von Unfällen und Störungen in der Zivilluftfahrt v. 20.10.2010 (ABl. EU 2010 L 295, 35) muss ein Unfall bzw. eine schwere Störung untersucht werden. Ein Unfall liegt vor, wenn:
- mindestens 1 Person schwer verletzt oder getötet wurde,
- das Flugzeug einen Schaden oder ein Strukturversagen erlitt,
- es vermisst wird oder
- völlig unzugänglich ist.

Beispiele für schwere Störungen enthält der Anhang der VO, etwa einen Fastzusammenstoß oder ein Ereignis, das zur Benutzung von Sauerstoff zwang. Mit der VO sollen die Flugsicherheit, aber auch die Unterstützung von Unfallopfern und ihren Angehörigen verbessert werden. Art. 21 VO (EU) 996/2010 schreibt vor, dass Mitgliedstaaten einen Notfallplan für Unfälle zu erstellen haben, der insbes. auch größere Unfälle bewältigen kann. → Luftfahrtunternehmen müssen über einen Plan für die Unterstützung und psychologische Betreuung von Opfern und Angehörigen verfügen. Gem. Art. 4 VO (EU) 376/2014 ü. die Meldung, Analyse und Weiterverfolgung von Ereignissen in der Zivilluftfahrt v. 3.4.2014 (ABl. EU 2014 L 122, 18) sind bestimmte natürliche Personen (zB technisches Personal des Luftfahrzeugherstellers, auf → Flugplätzen oder der → Luftfahrzeugführer) verpflichtet, Ereignisse, die ein erhebliches Risiko für die Flugsicherheit darstellen können, zu melden; ihr straf-, disziplinar- und verwaltungsrechtlicher Schutz bestimmt sich nach Art. 16 VO (EU) 376/2014 (→ Luftaufsicht). Zum Inkrafttreten der VO s. Art. 24 VO (EU) 376/2014. Ähnliche Pflichten enthält die LuftVO (§§ 7–10, → Luftfahrtrecht).

2. Zuständig für die Flugunfalluntersuchung ist nach dem Gesetz zur Untersuchung von Unfällen und Störungen beim Betrieb ziviler Luftfahrzeuge v. 26.8.1998 (BGBl. 1998 I 2470) mÄnd idR die Bundesstelle für Flugunfalluntersuchung in Braunschweig. Ein Ziel der Flugunfalluntersuchung ist es, durch Aufklärung der Unfallursachen zukünftige Unfälle zu verhindern (§ 3 Gesetz zur Untersuchung von Unfällen und Störungen beim Betrieb ziviler Luftfahrzeuge). → Seeunfalluntersuchung.

Flugzeug
ist eine Art von → Luftfahrzeug.

Flugzeugentführung
(§ 316c StGB) → Luft- und Seepiraterie.

Flugzeugpfandbriefe
Flugzeugpfandbriefe sind gedeckte → Schuldverschreibungen, die von einer → Pfandbriefbank ausgestellt und durch Registerpfandrechte nach § 1 Gesetz über Rechte an → Luftfahrzeugen oder ausländische Flugzeughypotheken gedeckt sind (§ 1 I 2 Nr. 4 PfandBG). Die Ermittlung des Beteiligungswertes erfolgt nach den Vorgaben der Flugzeugbeleihungswertermittlungsverordnung (FlugBelwertV) v. 20.4.2009 (BGBl. 2009 I 1036 mÄnd). → Pfandbriefe.

Flurbereinigung
1. Definition und Zuständigkeiten: Flurbereinigung ist nach § 1 FlurbG idF v. 16.3.1976 (BGBl. 1976 I 546) mÄnd, die Neuordnung ländlichen Grundbesitzes zur Verbesserung der Produktions- und Arbeitsbedingungen in der Land- und Forstwirtschaft sowie zur Förderung der allgemeinen Landeskultur und der Landesentwicklung. Bis zur → Föderalismusreform I war die Flurbereinigung Gegenstand der → konkurrierenden Gesetzgebung des Bundes; seit dem 1.9.2006 sind die Länder zuständig (Art. 74 I Nr. 17 GG). Die bundesrechtlichen Vorschriften (dazu 2.) gelten solange fort, bis die Länder eigene Gesetze erlassen haben (Art. 125a I GG), was noch nicht der Fall ist.

2. Bundesrecht: a) Flurbereinigung wird in einem behördlich geleiteten Verfahren von den Flurbereinigungsbehörden innerhalb eines Flurbereinigungsgebiets unter Mitwirkung der Gesamtheit der beteiligten Grundeigentümer und der Träger öffentlicher Belange – Berufsvertretung, Landwirtschaftskammern – durchgeführt (§ 2 FlurbG). Dabei soll das Flurbereinigungsgebiet unter Beachtung der jeweiligen Landschaftsstruktur zum Wohle der Beteiligten und der Allgemeinheit neu gestaltet werden; bestimmten ökologischen und ökonomischen Erfordernissen ist Rechnung zu tragen (§ 37 FlurbG). Die beteiligten Grundstückseigentümer bilden die → Teilnehmergemeinschaft (§§ 16–26 FlurbG). Sie haben die für gemeinschaftliche und öffentliche Anlagen (Wege- und Gewässernetz) erforderlichen Flächen grundsätzlich nach dem Wertverhältnis ihrer in das Verfahren einbezogenen Grundstücke aufzubringen (§ 47 FlurbG). Im pÜbrigen sind sie für ihre alten Grundstücke grundsätzlich mit Land von gleichem Wert abzufinden (§ 44 FlurbG). Für aufgehobene Grundstücksrechte erhält der Berechtigte nach §§ 49 ff. FlurbG grundsätzlich Abfindungen in Land, durch gleichartige Rechte oder in Geld, sofern diese Rechte nicht durch die Flurbereinigung entbehrlich werden. Die sich aus der Flurbereinigung ergebenden Beschränkungen des Eigentums sind Sozialbindung und keine → Enteignung.

b) Das Verfahren wird von Amts wegen (§ 4 FlurbG) oder auf Antrag (§ 86 FlurbG) durchgeführt. Es wird eingeleitet durch den Flurbereinigungsbeschluss, der das Flurbereinigungsgebiet sowie Name und Sitz der → Teilnehmergemeinschaft festsetzt (§§ 4, 6 FlurbG). Das Flurbereinigungsverfahren endet mit der Ausführungsanordnung zum Flurbereinigungsplan nach dessen Unanfechtbarkeit (§§ 61, 62 FlurbG). Nach § 65 FlurbG können die Beteiligten vorläufig in den Besitz der neuen Grundstücke eingewiesen werden. Die öffentlichen Bücher – Grundbuch usw. – werden auf Anregung der Flurbereinigungsbehörden berichtigt (§ 79 FlurbG). Ein vereinfachtes Flurbereinigungsverfahren findet statt für die Beseitigung landeskultureller Nachteile beim Bau von Eisen- und Straßenbahnen, Straßen, Wasserläufen etc. (§ 86 FlurbG). Auf Antrag wird ferner eine Flurbereinigung durchgeführt, wenn aus besonderem Anlass in größerem Umfange Land in Anspruch genommen wird (ggf. Enteignung), um den Landverlust auf eine größere Zahl von Grundstückseigentümern zu verteilen (§§ 87–90 FlurbG). Ein beschleunigtes Zusammenlegungsverfahren zur Abkürzung der meist langwierigen Flurbereinigung ist nach §§ 91–103 FlurbG möglich, wenn die Anlage eines neuen Wegenetzes und größere wasserwirtschaftliche Maßnahmen zunächst nicht erforderlich sind. Als Rechtsmittel gegen Verwaltungsakte der Teilnehmergemeinschaften und -verbände sowie der Flurbereinigungsbehörden sind Widerspruch und ggf. Klage zulässig, über die der Flurbereinigungssenat beim Oberverwaltungsgericht im Verfahren nach der VwGO entscheidet.

Flurschutz
→ Feld- u. Forstschutzrecht.

Flurstück
ist jeder abgegrenzte Teil der Erdoberfläche, der im Liegenschaftskataster (→ Kataster) unter einer besonderen Nummer, der Flurstücksnummer, aufgeführt ist. Sa → Grundstück.

Flutopfersolidaritätsgesetz
Das Flutopfersolidaritätsgesetz diente der Errichtung eines nationalen Solidarfonds „Aufbauhilfe“, der finanzielle Hilfeleistungen für die von den Hochwasserschäden der sog. Jahrhundertflut im August 2002 betroffenen Regionen sicherstellen sollte. Zur Finanzierung der Beseitigung der Hochwasserschäden wurde die für 2003 in den Steuerreformgesetzen (Steuersenkungsgesetz, Steuersenkungsergänzungsgesetz und Zweites Gesetz zur Familienförderung) geregelte 2. Stufe der Steuerreform auf 2004 verschoben, → Jahressteuergesetz. Zudem wurde der Steuersatz der Körperschaftsteuer befristet für den Veranlagungszeitraum 2003 von 25 vH auf 26,5 vH angehoben. Zusätzlich hat die Finanzverwaltung einen Maßnahmenkatalog zur Hilfe der Flutopfer erlassen, die durch entsprechende Billigkeitserlasse der Länder unterstützt wurden (vgl. BMF-Schreiben v. 1.10.2002, BStBl. I 960). Soweit nichts anderes ausdrücklich bestimmt ist, galten diese Maßnahmen in der Zeit vom 1.8.2002 bis 31.12.2002.

FMSA
→ Bundesanstalt für Finanzmarktstabilisierung.

fob
fob ist eine beim → Handelskauf häufige Klausel, wonach der Verkäufer die Ware auf seine Kosten an Bord des vom Käufer benannten Schiffs („free on board“) zu liefern hat, also bis dahin die Kosten der Versendung und Verladung sowie regelmäßig auch die → Gefahr zu tragen hat (→ Versendungskauf). Ab dem Zeitpunkt der Lieferung an Bord trägt der Käufer alle Kosten. Der → Leistungsort wird durch diese Klausel allein idR nicht geändert. → „cif“.

Föderalismus
(von lat. foedus = Bündnis) nennt man im → Bundesstaat die Tendenz, die Gliedstaaten durch Zuweisung von Kompetenzen (in Gesetzgebung, Verwaltung und Rechtsprechung) möglichst zu stärken. Auch in einem Staatenverbund (sa → Staatenverbindung) wie der → Europäischen Gemeinschaft (→ Europäische Union) kann man von einem mehr oder weniger ausgeprägten Föderalismus sprechen. Sa → Subsidiarität. Gegensatz zu Föderalismus: → Zentralismus, → Unitarismus. Übersteigerte Formen: Partikularismus und – mit dem Ziel der Lösung vom Gesamtstaat – Separatismus.

Föderalismusreform
Föderalismusreform nennt man die in den Jahren 2006 bis 2017 erfolgte Neuordnung der Beziehungen zwischen → Bund und → Ländern durch Änderungen des → Grundgesetzes und Begleitgesetze. Dabei unterscheidet man die → Föderalismusreform I im Jahre 2006, die im Wesentlichen die Reform der Gesetzgebungszuständigkeiten zum Gegenstand hatte, und die → Föderalismusreform II im Jahre 2009, die die Finanzverfassung neu ordnete. Eine Nachjustierung der Vorschriften zur Finanzverfassung erfolgte im Jahre 2017 durch die → Föderalismusreform III. Eine weitere Modifizierung der Finanzverfassung bringt der → Digitalpakt, den man als → Föderalismusreform IV bezeichnen könnte.

Föderalismusreform I
1. Ziel der Föderalismusreform I war die Entflechtung der Zuständigkeiten zwischen → Bund und → Ländern und damit zwischen Bundestag und Bundesrat. Eine klare Kompetenzabgrenzung und die deutliche Reduktion zustimmungspflichtiger Gesetze sollte politische Pattsituationen zwischen → Bundestag und → Bundesrat vermeiden (sa → Vermittlungsausschuss). Kernpunkte der Reformbestrebungen waren daher die Neuordnung der → Gesetzgebungszuständigkeit und die Reduzierung der Zustimmungsbedürftigkeit von Bundesgesetzen (→ Zustimmungsgesetz, → Gesetzgebungsverfahren). Die Reformbemühungen der im Oktober 2003 eingesetzten „Kommission zur Modernisierung der bundesstaatlichen Ordnung“ (sog. – erste – Föderalismuskommision) sind zunächst am

17.12.2004 gescheitert. Nach den Neuwahlen zum Bundestag 2005 wurden die Arbeiten wieder aufgenommen. Mit dem Gesetz zu Änderung des → Grundgesetzes v. 28.8.2006 (BGBl. 2006 I 2034, sog. Föderalismusreform I) wurden die betreffenden Vorschriften des GG in weiten Teilen neu gefasst.

2. Kernpunkt der Föderalismusreform I war die Neuordnung der Verteilung der → Gesetzgebungszuständigkeit (zur jetzt geltenden Zuständigkeitsverteilung iE s. dort) zwischen Bund und Ländern. Die Grundkonzeption (Zuständigkeitsvermutung für die Länder) blieb dabei unberührt.

a) Die → ausschließliche Gesetzgebung wurde um 6 Bereiche erweitert; 3 Bereiche wurden aus der konkurrierenden Gesetzgebung in die ausschließliche Gesetzgebung überführt (Waffen- und Sprengstoffrecht gem. Art. 74 I Nr. 4a alt GG, jetzt Art. 73 I Nr. 12 GG; Versorgung von Kriegsbeschädigten gem. Art. 74 I Nr. 10 alt GG, jetzt Art. 73 I Nr. 13 GG; Erzeugung und Nutzung von Kernenergieanlagen gem. Art. 74 I Nr. 11a alt GG, jetzt Art. 73 I Nr. 14 GG); 2 Bereiche wurden aus der früheren → Rahmengesetzgebung in die ausschließliche Gesetzgebung überführt (Melde- und Ausweiswesen gem. Art. 75 I Nr. 5 alt GG, jetzt Art. 73 I Nr. 3 GG; Schutz deutschen Kulturgutes gegen Abwanderung ins Ausland gem. Art. 75 I Nr. 6 alt GG, jetzt Art. 73 I 5a GG); eine Zuständigkeit wurde völlig neu geschaffen (Abwehr von Gefahren des internationalen Terrorismus durch das Bundeskriminalpolizeiamt gem. Art. 73 I Nr. 9a GG).

b) Die Gesetzgebungszuständigkeit im Bereich der → konkurrierenden Gesetzgebung wurde modifiziert. Der Bund erhielt die konkurrierende Gesetzgebungszuständigkeit für die Statusrechte und -pflichten aller Beamten, die die Landes- und Kommunalbeamten betreffenden Laufbahn-, Besoldungs- und Versorgungsvorschriften wurden jedoch in die Zuständigkeit der Länder übergeleitet. Aus dem Recht der Wirtschaft wurden Ladenschlussrecht, Gaststättenrecht, das Recht der Schaustellung von Personen, das Recht der Messen, Ausstellungen und Märkte in die Zuständigkeit der Länder überführt. Ferner können die Länder den Steuersatz der Grunderwerbsteuer bestimmen (s. Art. 105 II a 2 GG). Das Erfordernis der Erforderlichkeit einer bundesgesetzlichen Regelung wurde gelockert und auf nur einen Teil der der konkurrierenden Gesetzgebung unterfallenden Gesetzgebungsmaterien beschränkt. Neu eingeführt wurde in Art. 72 III neu GG die Möglichkeit der Länder, im Bereich des Jagdwesens, des Naturschutzes und der Landschaftspflege, der Bodenverteilung, der Raumordnung, des Wasserhaushaltes sowie der Hochschulzulassung und der Hochschulabschlüsse vom Bundesrecht abweichende Regelungen zu treffen.

c) Die → Rahmengesetzgebung wurde ganz abgeschafft. Ein Teil der Zuständigkeiten findet sich allein bei den Ländern wieder, einige wurden in die ausschließliche Gesetzgebung des Bundes überführt (s. o. a)), eine ganze Reihe gehört zu den Gesetzgebungsmaterien, bei denen die Länder vom Bundesrecht abweichende Regelungen treffen können (s. o. b) a. E.).

d) Nach den Übergangsregeln (Art. 125a und 125b GG) gilt Bundesrecht, welches heute nicht mehr vom Bund erlassen werden könnte, fort, bis es von Landesrecht ersetzt wird. Sofern eine Bundeskompetenz allein wegen fehlender Erforderlichkeit fehlt, ist eine Ersetzung durch Landesrecht grundsätzlich nur dann möglich, wenn der Bund dies durch Bundesgesetz bestimmt; die Länder können das Bundesverfassungsgericht anrufen, um die fehlende Erforderlichkeit feststellen zu lassen. Früheres Landesrecht, das jetzt vom Bund erlassen werden müsste, gilt fort, bis der Bund es durch eigene Regelungen ersetzt.

3. Das → Gesetzgebungsverfahren wurde geändert. Das frühere Erfordernis der Zustimmung des → Bundesrates (→ Zustimmungsgesetz) in den Fällen, in denen durch eine Vorschrift eines Gesetzes das Verwaltungsverfahren für den Vollzug dieses Gesetzes durch die Länder geregelt wurde (§ 84 I alt GG), wurde beseitigt. Nach dieser durch die Föderalismusreform I aufgehobenen Bestimmung des GG war die Mehrzahl der Bundesgesetze zustimmungspflichtig. Jetzt kann der Bund nach Art. 84 I GG das Verwaltungsverfahren der Länder ohne Zustimmung des Bundesrates regeln, die Länder können jedoch die Bundesregelung durch eigene Vorschriften ersetzen. Nur wenn der Bund diese Ersetzungsbefugnis ausschließen will, bedarf dies der Zustimmung des Bundesrates. Gemäß dem neu eingeführten Art. 104a IV GG besteht eine Zustimmungspflicht auch dann, wenn die Bundesgesetze als eigene Angelegenheit oder im Auftrag des Bundes durchgeführt werden und diese Bundesgesetze Pflichten der Länder zur Erbringung von Geldleistungen oder geldwerten Sachleistungen gegenüber Dritten begründen und diese Ausgaben von den Ländern zu tragen sind.

4. Weitere Änderungen der Föderalismusreform I betrafen die Entflechtung von Mischfinanzierungen. Ferner wurde durch Art. 22 I 2 neu GG festgelegt, dass die Repräsentation des Gesamtstaates in der Hauptstadt Berlin (→ Bundeshauptstadt) Aufgabe des Bundes ist; das Nähere ist durch ein künftiges Bundesgesetz zu regeln.

Föderalismusreform II

1. Am 15.12.2005 setzten BT und BR eine – zweite – Föderalismuskommission ein, die sich nach der Änderung der Gesetzgebungszuständigkeiten mit den Finanzbeziehungen zwischen Bund und Ländern befassen sollte. Ergebnis ist das Gesetz zur Änderung des Grundgesetzes v. 29.7.2009 (BGBl. 2009 I 2248)

sowie das BegleitG zur zweiten Föderalismusreform v. 10.8.2009 (BGBl. 2009 I 2702).

2. Kernpunkt der Föderalismusreform II ist die Neuordnung der Finanzverfassung.

a) In Art. 109 II und V GG wurden neu gefasst. → Bund und → Länder tragen gemeinsam die Verpflichtungen Deutschlands aus Rechtsakten der → Europäischen Gemeinschaft (jetzt EU) gem. Art. 104 des Vertrags zur Gründung der Europäischen Gemeinschaft (jetzt Art. 126 AEUV; sa → Stabilitätspakt) zur Einhaltung der Haushaltsdisziplin und erfüllen in diesem Rahmen den Erfordernissen des gesamtwirtschaftlichen Gleichgewichts. Sanktionsmaßnahmen der EU tragen Bund und Länder im Verhältnis 65 : 35. Die Ländergesamtheit trägt 35 vH der auf die Länder entfallenden Lasten entsprechend ihrer Einwohnerzahl; 65 vH der auf die Länder entfallenden Lasten tragen die Länder entsprechend ihrem Verursachungbeitrag (Art. 109 V 2 GG).

b) Nach Art. 109 III GG sind die Haushalte von Bund und Ländern grundsätzlich ohne Kredite auszugleichen (sa → Schuldenbremse). Konjunkturelle Schwankungen dürfen ausgeglichen werden. Eine Ausnahmeregelung besteht für Naturkatastrophen und andere außergewöhnliche Notsituationen. Das Schuldenverbot gilt im Bund als eingehalten, wenn die Kredite 0,35% des Bruttoinlandsproduktes nicht überschreiten. Dem entsprechende Regelungen zur Kreditbeschaffung enthält Art. 115 GG, der durch das G zur Ausführung von Artikel 115 des Grundgesetzes (Artikel 115-Gesetz – G 115) v. 10.8.2009 (BGBl. 2009 I 2704) konkretisiert wird. Den Ländern ist die Kreditaufnahme grundsätzlich untersagt. (Art. 109 III letzter Satz); die meisten Länder haben entsprechende Bestimmungen in ihre Landesverfassungen aufgenommen so zB Baden-Württemberg in Art. 84, Bayern in Art. 82 und Sachsen in Art. 95 der jeweiligen Landesverfassung. Nach dem G zur Gewährung von Konsolidierungshilfen (Konsolidierungshilfengesetz – KonsHilfG) v. 10.8.2009 (BGBl. 2009 I 2705) können → Berlin 80 Mio. EUR, → Bremen 300 Mio. EUR, → Saarland 260 Mio. EUR, → Sachsen-Anhalt 80 Mio. EUR und → Schleswig-Holstein 80 Mio. EUR (insges. also 800 Mio. EUR) 2011 bis 2019 jährlich aus dem Bundeshaushalt erhalten, um die Anforderungen des Art. 109 III GG zu erfüllen; diese Länder sind bis 2020 zu einem vollständigen Abbau ihres strukturellen Finanzierungsdefizits verpflichtet. Im Gegenzug verzichten Bund und Länder jeweils auf 400 Mio. EUR (insges. also 800 Mio. EUR) aus den Umsatzsteuereinnahmen. Die Umsetzung der Konsolidierung wird vom Stabilitätsrat (s. Buchst. c) überwacht. Zur Haushaltwirtschaft sa → Haushaltsrecht. Zahlreiche Durchbrechungen der strengen Regeln des Art. 109 III bestehen durch die → Sondervermögen.

c) Zur Vermeidung von Haushaltsnotlagen regelt ein Bundesgesetz die fortlaufende Überwachung der Haushaltswirtschaft von Bund und Ländern (Art. 109a GG). Dieser Verfassungsauftrag wurde durch das G zur Errichtung eines Stabilitätstrates und zur Vermeidung von Haushaltsnotlagen v. 10.8.2009 (BGBl. 2009 I 2702) umgesetzt.

d) Art. 143d GG sieht eine gestufte Umsetzung der in a) bis c) genannten Vorgaben vor. Der Bund soll das bestehende Defizit ab 2011 abbauen und ist ab 2016 zur Umsetzung des Schuldenverbots verpflichtet, die Länder dürfen ab 2020 keine neuen Kredite aufnehmen (s. Buchst. b). Bis dahin darf von den strengen Kriterien noch abgewichen werden.

e) Im Rahmen der → COVID-19-Pandemie haben die Länder in großem Umfang wieder Kredite aufgenommen. Die Verfassungsmäßigkeit dieser Kreditaufnahme ist nicht unbestritten, dürfte jedoch zu bejahen sein, da es sich um eine außergewöhnliche Notsituation handelt, die sich im Sinne des Art. 109 III GG der Kontrolle des Staates entzieht und die staatliche Finanzlage erheblich beeinträchtigt. Eine weitere Umgehung der → Schuldenbremse bringt die Schaffung des → Sondervermögen Bundeswehr gemäß 87a Ia GG.

Föderalismusreform III
Die Föderalismusreform III änderte nochmals die Finanzverfassung des → Grundgesetzes (Gesetz zur Änderung des GG v. 13.7.2017, BGBl. 2017 I 2347). U. a. wurde die Verwaltung der → Bundesautobahnen in die Verwaltungszuständigkeit des → Bundes überführt (Art. 90 GG); bei Finanzhilfen des → Bundes an die → Länder werden dem Bund besondere Aufsichtsrechte eingeräumt (Art. 104b GG); im Bereich der Finanzverwaltung wird die Möglichkeit geschaffen, einheitliche Regelungen für den Steuervollzug zu schaffen und das Zusammenwirken der Landesfinanzbehörden zu regeln (Art. 108 IV und IVa GG); ab Juli 2020 erhält der → Stabilitätsrat die Befugnis, die Einhaltung der Stabilitätskriterien zu überwachen (Art. 109a II GG); untere bestimmten Voraussetzungen kann nun der Bundesrechnungshof (→ Rechnungshöfe) auch die Haushaltsführung der Länder überwachen (Art. 114 II GG). Insgesamt schwächt die Föderalismusreform III die Finanzhoheit der Länder zu Gunsten des Bundes.

Föderalismusreform IV
Als 4. Stufe der → Föderalismusreform könnte man den → Digitalpakt bezeichnen, durch den sich die Gewichte in der Finanzverfassung noch weiter als in der → Föderalismusreform III zu Gunsten des → Bundes verschieben.

Föderatives Gesetz
wird gelegentlich ein Gesetz genannt, das der Zustimmung des → Bundesrats bedarf; s. → Gesetzgebungsverfahren.

Fördergebietsgesetz
→ Sonderabschreibungen.

Förderung der beruflichen Weiterbildung durch Vertretung
Die Förderung der beruflichen Weiterbildung durch Vertretung war eine Leistung der → Arbeitsförderung nach dem SGB III. Die Förderung der beruflichen Weiterbildung durch Vertretung ist zum 31.12.2008 entfallen, da sie nicht ausreichend in Anspruch genommen wurde.

Förderung der Prostitution
Die Förderung der Prostitution ist nicht mehr strafbar, nur noch die → Ausbeutung von Prostituierten (vgl. Gesetz zur Regelung der Rechtsverhältnisse der Prostituierten – Prostitutionsgesetz – v. 20.12.2001, BGBl. 2001 I 3983); sa → Prostitution.

Förderung sexueller Handlungen Minderjähriger
ist eine der noch strafbaren Formen der → Kuppelei. Die ungestörte geschlechtliche Entwicklung der Minderjährigen soll dadurch gewährleistet werden, dass § 180 StGB unter Strafe stellt: 1. das Vorschubleisten → sexueller Handlungen mit einer Person unter 16 Jahren durch a) Vermittlung oder b) Gewähren oder Verschaffen der Gelegenheit (zB durch Überlassen von Räumlichkeiten); Inhaber der Personensorge sind im Falle b) straflos, außer wenn sie durch das Vorschubleisten ihre Erziehungspflicht gröblich verletzen (so bei Duldung häufigen Partnerwechsels; anders, wenn ein Eingreifen den Umständen nach nicht zumutbar ist); 2. das Bestimmen einer noch nicht 18-jährigen Person zu sexuellen Handlungen mit Dritten gegen Entgelt oder die Vermittlung; 3. den Missbrauch eines Unterordnungs- oder Abhängigkeitsverhältnisses der in § 180 III StGB bezeichneten Art, um eine noch nicht 18-jährige Person zu sexuellen Handlungen mit Dritten zu bestimmen. Die Strafe ist Freiheitsstrafe bis zu 3 (im Fall 1) bzw. 5 Jahren oder Geldstrafe. Der Versuch ist in den Fällen 2 und 3 strafbar.

Folgebescheid
→ Besteuerungsverfahren.

Folgelasten
(Nachfolgelasten) nennt man die aus einem Bauvorhaben für die Gemeinde entstehenden Aufwendungen für öffentliche Einrichtungen (Kindergärten, Schulen ua Maßnahmen der Infrastruktur). Verträge über Abwälzung von Folgelasten, meist zwischen Gemeinden und Bauträgern bei größeren Bauvorhaben, sind öffentlich-rechtlicher Natur; aus ihnen können sich Pflichten der Gemeinde ergeben, deren Verletzung zur Haftung nach den Grundsätzen des → Verschuldens beim Vertragsschluss (culpa in contrahendo) führen kann.

Folgenahrung
→ Säuglingsnahrung.

Folgenbeseitigungsanspruch
→ Verwaltungsstreitverfahren (5).

Folgeprämie
→ Versicherungsvertrag (3).

Folgerecht
wird das Recht des bildenden Künstlers und dasjenige des Urhebers eines Lichtbildwerkes genannt, vom Erlös aus der Weiterveräußerung des Originalwerkes, wenn hieran ein Kunsthändler oder Versteigerer beteiligt ist und der Erlös mind. 400 EUR beträgt, je nach der Höhe des Veräußerungserlöses einen prozentualen Anteil , maximal 12 500 EUR, zu verlangen (§ 26 UrhG). Das Folgerecht gehört zu den „sonstigen Rechten“ des Urhebers, das neben dem Urheberpersönlichkeits- und dem Verwertungsrecht besteht (→ Urheberrecht).

Folgesachen
(Ehescheidung) → Ehesachen.

Folgeschäden
→ Schadensersatz (1).

Folter
Die Anwendung von Folter als (vermeintlich taugliches) Instrument zur Erzwingung wahrheitsgemäßer Aussagen unterliegt im deutschen Recht einem absoluten Verbot. Sie ist zudem in mehrfacher Hinsicht strafbar.

1. Historische Entwicklung: In früheren Jahrhunderten war die Folter im Strafverfahren zur Erzwingung eines Geständnisses zugelassen. Sie durfte nach → römischem Recht ursprünglich nur gegen Sklaven, später auch gegen Freie angewendet werden. Im frühen deutschen Mittelalter war sie in Verfahrensordnungen unter Einschränkungen vorgesehen (→ Constitutio Criminalis Carolina). Unter dem Einfluss des → Naturrechts wurde sie im 18. Jh. abgeschafft (in Preußen 1740 durch Friedrich den Großen).

2. Absolutes Verbot von Folter im Strafprozessrecht: Die Anwendung der Folter ist in Deutschland heute ausnahmslos untersagt, zB durch Art. 1 GG (Menschenwürde), Art. 2 II GG (körperliche Unversehrtheit), Art. 104 I 2 GG (keine seelische oder körperliche Misshandlung bei Freiheitsentziehung), Art. 3 der Europäischen → Konvention zum Schutze der Menschenrechte, Art. 7 des Internationalen Pakts vom 19.12.1966 über bürgerliche und politische Rechte (BGBl. 1973 II 1533) sowie im deutschen Strafprozess nach § 136a StPO iVm § 69 III StPO, § 163a III–V StPO für Vernehmungen. Sa UN-Übereinkommen vom 10.12.1984 gegen Folter ua (BGBl. 1990 II 246) und Europäisches Übereinkommen vom 26.11.1987 zur Verhütung von Folter ua (BGBl. 1989 II 946).

3. Strafbarkeit von Folter: Die Anwendung von Folter ist regelmäßig strafbar insbes. als → Körperverletzung (§§ 223 ff. StGB) und → Nötigung (§ 240 StGB). Zudem enthält das → Völkerstrafgesetzbuch zwei einschlägige Tatbestände: So begeht ein Verbrechen gegen die Menschlichkeit (→ Menschlichkeitsverbrechen) nach § 7 I Nr. 5 VStGB, wer im Rahmen eines ausgedehnten oder sys-

tematischen Angriffs gegen eine Zivilbevölkerung einen Menschen, der sich in seinem Gewahrsam oder in sonstiger Weise unter seiner Kontrolle befindet, foltert, indem er ihm erhebliche körperliche oder seelische Schäden oder Leiden zufügt, die nicht lediglich Folge völkerrechtlich zulässiger Sanktionen sind. Zudem erfasst der Tatbestand des Kriegsverbrechens gegen Personen nach § 8 I Nr. 3 VStGB denjenigen, der im Zusammenhang mit einem internationalen oder nichtinternationalen bewaffneten Konflikt eine nach dem humanitären Völkerrecht zu schützende Person grausam oder unmenschlich behandelt, indem er ihr erhebliche körperliche oder seelische Schäden oder Leiden zufügt, insbesondere sie foltert oder verstümmelt. Beide Tatbestände beruhen auf Art. 7 I f, Art. 8 II a Nr. ii, b Nr. x, c Nr. i, e Nr. xi des Römischen Statuts des → Internationalen Strafgerichtshofs (IStGHSt; vgl. BT-Drucks. 14/8524 S. 12 f.). Näher zu diesen Tatbeständen siehe BGH, Urteil vom 28.1.2021, Az. 3 StR 564/19, NJW 2021, 1326.

4. Zur Strafbarkeit eines Polizeibeamten, der durch Androhung von Folter einen mutmaßlichen Kindesentführer dazu zwingen will, den Ort preiszugeben, an dem das in Lebensgefahr befindliche Kind festgehalten wird („Fall Daschner") siehe LG Frankfurt a. M., Urteil vom 20.12.2004, Az. 5/27 KLs 7570 Js 203814/03 (4/04), NJW 2005, 692.

Fonds
Fonds ist eine aus dem angelsächsischen juristischen Sprachgebrauch übernommene Bezeichnung für ein → Sondervermögen. Das Wort und die Sache werden im öffentlichen Haushaltsrecht vor allem für Finanzierungsvermögen außerhalb des regulären Haushalts („Schattenhaushalt") verwendet, etwa für das Sondervermögen „Digitale Infrastruktur". Im Privatrecht/Steuerrecht bezeichnet Fonds insbes. die → Investmentvermögen und → Immobilienfonds, also Sondervermögen in zB Wertpapieren und Grundbesitz. Das → Kapitalanlagegesetzbuch benutzt für alle Fonds die Bezeichnung „Investmentvermögen" als Oberbegriff. Aus dem Europarecht stammt der ähnliche Begriff „Organismus".

Fonds „Deutsche Einheit"
Bis 31.12.1994 waren die → neuen Länder noch nicht am System des bundesstaatlichen Finanzausgleiches beteiligt (→ Verteilung des Steueraufkommens). Diese Aufgabe erfüllte für die neuen Länder zunächst der im Zusammenhang mit der → Währungs-, Wirtschafts- und Sozialunion geschaffene Fonds „Deutsche Einheit" zur Finanzierung der Kosten der → Wiedervereinigung (Gesetz v. 25.6.1990, BGBl. 1990 II 518, 533, mÄnd). Nach dem → Einigungsvertrag wurden 85 vH der jährlichen Leistungen des Fonds „Deutsche Einheit" zur Deckung des allgemeinen Finanzbedarfs der → neuen Länder und Berlins und 15 vH zur Erfüllung zentraler Aufgaben im → Beitrittsgebiet verwendet. 40 vH der an die Länder fließenden Leistungen waren an die Gemeinden weiterzugeben. Ab 1.1.1995 wurden die Finanzbeziehungen zwischen Bund und Ländern neu geregelt. Der Fonds „Deutsche Einheit" trat ab diesem Zeitpunkt in eine reine Abwicklungs- und Tilgungsphase, die 2019 abgeschlossen sein soll. Der Fonds erhielt bis 31.12.2004 Zuschüsse aus dem Bundeshaushalt zur Abdeckung seiner Schuldendienstverpflichtungen. Der Bund übernahm ab 1.1.2005 als Mitschuldner die Verbindlichkeiten des Fonds, die seither in die Bundesschuld des Bundeshaushalts integriert sind. Im Innenverhältnis zum Fonds ist der Bund alleiniger Schuldner. Damit die der Fonds „Deutsche Einheit" im Grunde abgewickelt.

Foralrecht
In einzelnen Teilen Spaniens, so im Baskenland, auf den Balearen und in Katalonien, haben sich lokale Rechtsordnungen, „Fueros", erhalten, die insbesondere im → Familienrecht bei der Wahl des → Güterstandes und im → Erbrecht im → internationalen Privatrecht zu abweichenden Ergebnissen führen können.

Force-Majeure-Klausel
(franz. für → Höhere Gewalt, s. hierzu → Verschulden, 4) ist eine Vertragsklausel, in der Regelungen für den Fall von unvorhersehbaren, unvermeidbaren oder außergewöhnlichen Umständen oder Ereignissen getroffen sind. Häufig werden in einer solchen Klausel auch Regelbeispiele (wie Krieg, Naturkatastrophen, Pandemien) genannt. Welche Rechtsfolgen eine entsprechende Klausel entfaltet, hängt von der jeweiligen Ausgestaltung im Einzelnen ab. Jede Partei hat die wirtschaftlichen Nachteile zu tragen, die ihr durch die Klausel vertraglich zugewiesen werden.

Forderung
→ Schuldverhältnis, → Anspruch, → Abtretung, → Pfandrecht. Sa → geringfügige Forderungen.

Forderungsabtretung
→ Abtretung (1), → Factoringvertrag, → Forfaitierung.

Forderungseinzug
Inkasso → Abtretung (2).

Forderungskauf
→ Factoringvertrag, → Abtretung (1).

Forderungspfändung
→ Pfändung, → Lohnpfändung, → Pfändung von Sozialleistungsansprüchen.

Forderungsübergang
→ Abtretung.

Forderungsverletzung
→ positive Vertragsverletzung.

Forderungsvermächtnis
→ Vermächtnis.

Forfaitierung
Hierunter versteht man den Ankauf von ganz konkreten Forderungen (Spezieskauf) und deren → Abtretung (zB zur Refinanzierung des Leasinggebers) unter Verzicht auf eine Rückgriffsmöglichkeit gegen den bisherigen Forderungsinhaber. Zum Schutz des neuen Gläubigers gegenüber nachträglichen Vereinbarungen mit dem Schuldner vgl. BGHZ 111, 84. Sa → Factoringvertrag.

Form(erfordernisse, -vorschriften)
1. Eine → Willenserklärung kann grundsätzlich in jeder beliebigen Form, die geeignet ist, den Empfänger zu erreichen, abgegeben werden; ein → Rechtsgeschäft bedarf an sich gleichfalls zur Herbeiführung des rechtlichen Erfolgs keiner bestimmten Form (Grundsatz der Formfreiheit). In zahlreichen Fällen bestehen aber Formvorschriften, die bezwecken, entweder den Zeitpunkt des Abschlusses eines Rechtsgeschäfts und dessen Inhalt genau festzulegen (Abgrenzung gegenüber bloßen Vorverhandlungen), einen hinreichenden Beweis hierfür zu sichern oder die Beteiligten vor übereiltem Vertragsabschluss zu warnen; schließlich dient das Formerfordernis in verschiedenen Fällen auch zur Kontrolle für bestimmte Behörden. Die Form ist dabei regelmäßig gesetzlich vorgeschrieben; doch können die Parteien auch eine bestimmte Form vereinbaren (gewillkürte Form, zB Abrede in einem schriftlichen Vertrag, dass mündliche Nebenabreden ungültig sein sollen, s. u.). Das Gesetz unterscheidet folgende Formen:

a) Schriftform (Sf.), elektronische Form, Textform: Die Sf. ist die einfachste Form. Sie verlangt, wenn nichts anderes ausdrücklich vorgeschrieben ist (wie zB bei einem privatschriftlichen Testament; → Testament, 2a) nicht, dass die gesamte Erklärung von dem Erklärenden selbst verfasst oder niedergeschrieben wird, sondern nur, dass die → Urkunde von dem Aussteller eigenhändig durch Namensunterschrift oder mittels eines beglaubigten Handzeichens unterzeichnet ist (§ 126 I BGB). Die Unterschrift ist grundsätzlich mit dem Familiennamen zu leisten (Abkürzung wie Paraphe genügt nicht; Vorname, Pseudonym o. ä. reicht nur ausnahmsweise aus, zB bei genügender Bestimmtheit in einem Testament). Sie muss individuelle Züge tragen, nicht aber unbedingt lesbar sein. Sie muss ferner eigenhändig vollzogen werden; mechanische Vervielfältigung (Faksimilestempel), Übermittlung durch Telegramm, Telex oder Telefax genügt daher nicht, sofern nicht das Gesetz eine Ausnahme zulässt (zB bei der Ausgabe von → Inhaberschuldverschreibungen oder Banknoten; sa → telefonische/telegrafische Einlegung von Rechtsmitteln).

Die Unterschrift muss – ihrem Wortlaut gemäß – regelmäßig unter das Schriftstück gesetzt werden, dh dessen Inhalt decken, sofern der Rechtsverkehr keine andere Übung entwickelt hat (zB bedeutet die Unterschrift auf der linken Seite eines → Wechsels dessen Akzeptierung). Eine „Oberschrift" (zB auf einem Bank-Überweisungsformular) genügt regelmäßig nicht (BGH NJW 1991, 487). Hierdurch wird eine Blankounterschrift (Unterzeichnung vor – vollständiger – Ausfüllung der Urkunde) nicht ausgeschlossen; sobald der Text darüber gesetzt wird, ist dem Formerfordernis genügt (abredewidrige Ausfüllung des Blanketts berechtigt zur → Anfechtung der Willenserklärung); dies gilt nur dann nicht, wenn – wie zB bei der → Bürgschaft oder beim → Verbraucherdarlehensvertrag – der Schuldnerschutz eine echte Unterschrift gebietet (BGHZ 132, 114). Die Schriftform ist auch bei Unterzeichnung durch einen Vertreter gewahrt; „eigenhändige" Unterzeichnung liegt daher auch vor, wenn der Vertreter mit seinem Namen unter Angabe des Vertretungsverhältnisses oder – was als zulässig angesehen wird – ohne weiteren Hinweis mit dem Namen des Vertretenen unterschreibt (Ausnahme auch hier beim privatschriftlichen Testament). Bei einem Vertrag müssen die Parteien auf derselben Urkunde unterzeichnen; bei mehreren gleichlautenden Urkunden über denselben Vertrag genügt es jedoch, wenn jede Partei die für die andere bestimmte Urkunde unterzeichnet (§ 126 II BGB). Hauptfälle: Wohnraummietvertrag, Bürgschaftserklärung, Schuldversprechen, Schuldanerkenntnis, Testament, Beendigung eines Arbeitsverhältnisses durch Kündigung, Auflösungsvertrag oder dessen Befristung.

Die Schriftform kann durch die elektronische Form ersetzt werden, wenn dies nicht gesetzlich ausgeschlossen ist (wie zB für die Kündigung eines Arbeitsverhältnisses, für ein arbeitsrechtliches Zeugnis oder für eine Bürgschaft), § 126 III BGB. Das elektronische Dokument (zB → E-Mail) muss den Namen des Ausstellers erkennen lassen und eine → qualifizierte elektronische Signatur aufweisen (§ 126a BGB). Im → elektronischen Rechtsverkehr (§ 130a ZPO, § 130b ZPO, §§ 46c–46e ArbGG, § 55a VwGO, § 55b VwGO, § 65a SGG, § 65b SGG, § 14 FamFG, § 41a StPO, §§ 110 ff. OWiG) ist eine qualifizierte Signatur bei der Nutzung eines sicheren Übermittlungsweges nicht erforderlich, so dass der elektronische Rechtsverkehr die elektronische Form nicht zwingend wahrt.

Ist im Gesetz Textform vorgesehen (zB → Verbrauchervertrag oder im Gesellschaftsrecht), so muss eine lesbare Erklärung, in der die Person des Erklärenden genannt ist, auf einem dauerhaften Datenträger abgegeben werden. Ein dauerhafter Datenträger ist jedes Medium, das geeignet ist, die Erklärung unverändert wiederzugeben und dem Empfänger eine Speicherung oder Aufbewahrung ermöglicht. Die eigenhändige Unterschrift des Erklärenden ist also nicht erforderlich (§ 126b BGB). Durch das vierte Bürokratieentlastungsgesetz (G. v. 23.10.2024, BGBl. 2024 I Nr. 323) wurden ab 1.1.2025 zahlreiche

Schriftformvorgaben in Textform abgemildert. Das betrifft im BGB etwa das Umlaufverfahren der Mitgliederversammlung des → Vereins, den Widerspruch des Mieters im Rahmen der sog. Sozialklausel (→ Wohnraummietvertrag 5.) und Bedingungen des → Pachtvertrags.

Die genannten Vorschriften gelten im Zweifel auch dann, wenn die Form nicht gesetzlich vorgeschrieben, sondern nur von den Parteien vereinbart worden ist (Schriftformklausel; bei der sog. qualifizierten oder doppelten Schriftformklausel gilt das Erfordernis der Sf. auch für deren Aufhebung; s. aber → Allgemeine Geschäftsbedingungen, 2); es gelten hier aber zT erleichterte Voraussetzungen (zB mangels abweichender Vereinbarung auch telekommunikative Übermittlung, bei einem Vertrag Briefwechsel, elektronische Form ohne qualifizierte elektronische Signatur usw., § 127 BGB). Alle diese F. werden durch die stärkere F. der notariellen Beurkundung (unten c) ersetzt (§ 126 IV BGB).

b) Öffentliche Beglaubigung (ö. B.): Ist durch Gesetz für eine Erklärung ö. B. vorgesehen, so muss die Erklärung schriftlich abgefasst (s. o. a) und die Unterschrift des Erklärenden von einem → Notar beglaubigt werden (§ 129 I BGB). Die Urkunde bleibt hier also Privaturkunde; es wird lediglich öffentlich bestätigt, dass die Unterschrift des Betreffenden tatsächlich von diesem herrührt (Identitätsnachweis). Die Beglaubigung geschieht durch einen entsprechenden Vermerk nach Ableistung der Unterschrift in Gegenwart des Notars oder einer landesrechtlich für zuständig erklärten anderen Stelle (§§ 40 ff., 63 des Beurkundungsgesetzes). Nicht ausreichend ist die amtliche Beglaubigung, zB durch eine Gemeindebehörde, Polizei usw., deren Beweiskraft auf Verwaltungszwecke beschränkt ist und die durch das Beurkundungsgesetz nicht berührt wird (§ 65 BeurkG); anders auch die Beglaubigung zuzustellender Schriftstücke durch einen → Rechtsanwalt (beglaubigte Abschrift). Auch die ö. B. wird durch die stärkere Form der notariellen Beurkundung (s. u. c) ersetzt (§ 129 II BGB). Hauptfälle: Anmeldung zum Handels-, Vereins-, Güterrechtsregister und zum Grundbuchamt sowie Abgabe gegenüber Behörden (s. u. e). Aufgrund des Gesetzes zur Umsetzung der Digitalisierungsrichtlinie vom 10.6.2021 (BGBl. I S. 3338) kann ab 1.8.2022 die Beglaubigung einer qualifizierten elektronischen Signatur zur Handelsregisteranmeldung neben der Beglaubigung in Präsenz auch online mittels → Videokommunikation durchgeführt werden.

c) Beurkundung: Anders als bei der bloßen öffentlichen Beglaubigung wird bei der Beurkundung die Urkunde als solche, dh ihr gesamter Inhalt, von der Urkundsperson errichtet und ist damit → öffentliche Urkunde, die deshalb vollen Beweis des beurkundeten Vorgangs erbringt (§ 415 ZPO). Es wird zB bezeugt, dass die Beteiligten an einem bestimmten Tag vor dem Notar erschienen sind, die in der Urkunde niedergelegten Erklärungen abgegeben haben, ferner dass der Inhalt ihnen vorgelesen wurde und sie ihn durch ihre Unterschrift genehmigt haben. Für die Errichtung dieser notariellen Urkunden enthält das Beurkundungsgesetz ins einzelne gehende Vorschriften über den Ausschluss des Notars als Urkundsperson, zB bei eigener Beteiligung, und insbes. über die Form der Verhandlung (zB Verlesung von Anlagen wie Baubeschreibung o. ä.) sowie den Inhalt der Urkunde und des über die Verhandlung aufzunehmenden Protokolls. Ein Verstoß gegen zwingende Formvorschriften (zB fehlende Unterschrift oder Genehmigung) bewirkt die Ungültigkeit (→ Nichtigkeit von Rechtsgeschäften) der Beurkundung. Strengere Beurkundungsvorschriften für → Grundstückskaufverträge führen aber grundsätzlich nicht zur rückwirkenden Nichtigkeit einer früheren Beurkundung.

Zuständig zur Beurkundung ist der → Notar (notarielle Beurkundung, § 1 BeurkG). Die Beurkundung erfolgt grundsätzlich in Präsenz der Beteiligten im Amt des Notars. Aufgrund des Gesetzes zur Umsetzung der Digitalisierungsrichtlinie vom 10.6.2021 (BGBl. 2021 I 3338) kann ab 1.8.2022 eine Beurkundung der Gründung einer → Gesellschaft mit beschränkter Haftung (GmbH) online erfolgen (s. → Videokommunikation). Die früher vorgesehene Möglichkeit der gerichtlichen Beurkundung ist grundsätzlich weggefallen; das Amtsgericht ist jetzt nur noch in bestimmten Einzelfällen zuständig, zB zur Beurkundung der Anerkennung der Vaterschaft (→ Abstammung, 2b; § 62 BeurkG). Die notarielle Beurkundung ersetzt jede andere Form; dem Formerfordernis wird allerdings auch durch Abschluss eines → Prozessvergleichs genügt (§ 127a BGB). Ist durch Gesetz die notarielle Beurkundung eines Vertrags vorgesehen, so genügt getrennte Beurkundung des Antrags und später der Annahme (§ 128 BGB). Hauptfälle: Schenkungsversprechen, Grundstückskaufvertrag, Erbschaftskauf, Verfügung über einen Erbteil, Nachweis von dinglichen Rechtsgeschäften gegenüber dem Grundbuchamt, Gründung einer AG oder GmbH usw.

d) „Zur Niederschrift eines Notars“: Hiermit ist die notarielle Beurkundung (s. o. c) gemeint.

e) Abgabe einer Erklärung gegenüber einer Behörde: Hier ist an sich nur erforderlich, dass die Erklärung der Behörde zugeht. Regelmäßig verlangt das Gesetz jedoch hier zum Nachweis der Identität des Erklärenden öffentliche Beglaubigung (s. o. b; zB bei der → Ausschlagung einer Erbschaft).

f) Abschluss vor einer Behörde: Hier wird die Anwesenheit der Beteiligten – oftmals persönlich (zB bei der → Eheschließung) – vor der zuständigen Behörde verlangt. Vielfach sieht das Gesetz das Erfordernis der gleichzeitigen Anwesenheit und Abgabe der Erklärungen vor (zB bei der → Auflassung eines Grundstücks).

g) Sonstige Formen sind in Einzelbestimmungen vorgesehen, zB für die Errichtung eines Testaments, für die Eheschließung, für den Abschluss eines → Tarifvertrags usw.

2. Ein Rechtsgeschäft, das der gesetzlich vorgeschriebenen Form ermangelt, ist grundsätzlich nichtig (→ Nichtigkeit von Rechtsgeschäften; § 125 S. 1 BGB), sofern nicht ausnahmsweise nur eine Sollvorschrift verletzt wurde oder das Gesetz etwas Anderes vorsieht (zB formloser Mietvertrag über Wohnraum gilt als auf unbestimmte Zeit geschlossen, § 550 BGB). Dasselbe gilt im Zweifel auch bei Verletzung der gewillkürten Form (§ 125 S. 2 BGB); doch ist hier zu beachten, dass die Parteien die vereinbarte Form – auch stillschweigend – wieder aufheben können oder dass die Vereinbarung der Form sich abredegemäß nur auf bestimmte Teile des Rechtsgeschäfts beziehen kann. Die gesetzlichen Formvorschriften umfassen dagegen auch sämtliche Nebenabreden (die Urkunde hat die → Vermutung der Vollständigkeit und Richtigkeit für sich), so dass zB die Nichtbeurkundung einer Nebenabrede in einem Grundstückskaufvertrag im Zweifel zur Nichtigkeit des ganzen Vertrags wegen Formmangels führt (→ Teilnichtigkeit). In verschiedenen Fällen sieht das Gesetz allerdings trotz Nichtigkeit des Rechtsgeschäfts eine Heilung des Formmangels bei ordnungsgemäßer Erbringung der formwidrig versprochenen Leistung vor, insbes. bei Erfüllung eines Schenkungsversprechens und einer formwidrigen → Bürgschaft sowie bei Auflassung und Eintragung trotz formungültigen Grundstückskaufvertrags. Auf die Nichtigkeit wegen Formmangels kann sich nicht berufen, wer diesen arglistig herbeigeführt (zB durch die Versicherung, eine Form brauche nicht eingehalten zu werden) oder wer die Formnichtigkeit zwar ohne böse Absicht bewirkt, aber aus dem Rechtsgeschäft bereits Vorteile gezogen hat, ferner wenn es sonst aus besonderen Gründen gegen → Treu und Glauben verstößt (Einrede der Arglist), den Formmangel geltend zu machen (zB wenn sich der Verkäufer gegenüber einer von seinem Vertreter mündlich abgegebenen und als ausreichend bezeichneten Zusicherung auf die in den → Allgemeinen Geschäftsbedingungen vermerkte Ungültigkeit mündlicher Nebenabreden beruft).

Formalbeleidigung
Der Begriff der Formalbeleidigung besitzt zwei sich nur zT überschneidende Bedeutungen im Zusammenhang mit den Beleidigungsdelikten (§ 185 ff. StGB). Zum einen wird er für die Fälle des § 192 StGB verwendet. Nach dieser Vorschrift kann auch in der – grds. stets zulässigen – Äußerung einer wahren Tatsache dann ausnahmsweise eine strafbare Beleidigung liegen, wenn die Form oder die Umstände der Äußerung gleichwohl eine bewusste Ehrenkränkung erkennen lassen. Das kann etwa der Fall sein bei Verwendung von Schimpfworten, aber auch bei einem gesucht öffentlichen, anprangernden Vorgehen (→ Beleidigung 3a). Zum anderen wird mit dem Begriff eine Gruppe innerhalb der Konstellationen bezeichnet, in denen eine Äußerung die unantastbare Menschenwürde des Betroffenen verletzt und daher eine Strafbarkeit nicht von einer Abwägung mit den Grundrechten des Äußernden aus Art. 5 GG abhängt (→ Beleidigung 3b): Außer bei einer → Schmähkritik ist das der Fall bei einer Formalbeleidigung im verfassungsrechtlichen Sinn, nämlich beim Einsatz kontextunabhängig gesellschaftlich absolut missbilligter und tabuisierter Begrifflichkeiten, also va bei mit Vorbedacht verwendeten, besonders krassen, aus sich heraus herabwürdigenden Schimpfwörtern insbes. der Fäkalsprache (BVerfG NJW 2020, 2622, 2624).

Formbedürftigkeit
→ Form (1).

Formelle Beschwer
→ Beschwer.

Formelle Rechtskraft
→ Rechtskraft.

Formelles Gesetz
→ Gesetz.

Formelles Konsensprinzip
→ Grundbuch.

Formelles Recht
→ Recht (3), → Strafrecht (1a).

Formfreiheit
→ Form (1).

Formkaufmann
Formkaufmann ist die abgekürzte Bezeichnung für den → Kaufmann kraft Rechtsform.

Formmangel, -nichtigkeit
→ Form (2).

Formnichtigkeit
→ Form (2).

Formularvertrag
→ Vertrag (2), → Allgemeine Geschäftsbedingungen.

Formwechsel
→ Umwandlung (1a).

Forschung, wissenschaftliche
→ Wissenschaft (Freiheit der –), → Bildungsplanung.

Forschungs- und Entwicklungs-GVO
Die Forschungs- und Entwicklungs-GVO (VO (EU) 1217/2010; ABl. EU 2010 L 335, 36) stellte bestimmte Vereinbarungen von Unternehmen über die gemeinsame Forschung und Entwicklung von Produkten oder Verfahren oder die Verwertung der Ergebnisse daraus im Wege der → Gruppenfreistellungsverordnung vom Verbot wettbewerbsbeschränkender Vereinbarungen im → Kartellrecht frei. Gem.

deren Art. 9 Abs. 2 endete ihre Geltungsdauer am 30.6.2023.

Forst
→ Wald, → Forstrecht, → Forstvermehrungsgutgesetz.

Forstrecht
1. Das Forstrecht regelt alle wald- und forstwirtschaftlichen Fragen und besteht überwiegend aus dem Gesetz zur Erhaltung des Waldes und zur Förderung der Forstwirtschaft (Bundeswaldgesetz (BWaldG)) und den Waldgesetzen der Länder (zB das WaldG des Landes Brandenburg v. 20.4.2004, GVBl. 2004, 137, mÄnd). Andere Vorschriften, etwa der → Landesplanung, → Raumordnung und des → Naturschutzes, sind ebenfalls wichtig. Das BWaldG v. 2.5.1975 (BGBl. 1975 I 1037) mÄnd wurde als Rahmengesetz nach Art. 75 GG aF erlassen. Seit der → Föderalismusreform I 2006 steht dem Bund hierfür die Befugnis zur → konkurrierenden Gesetzgebung zu (Art. 74 I Nr. 17 u. 19 GG). Welche Teile des Forstrechts abweichungsfest sind und welche nicht (Art. 72 II Nr. 2 GG), ist noch nicht geklärt.

2. § 2 BWaldG definiert → Wald als mit Forstpflanzen bestockte Grundfläche einschließlich der Lichtungen, Waldwiesen usw. und regelt abschließend, was kein Wald ist. Zweck des Gesetzes ist es, die verschiedenen Funktionen des Waldes aufeinander abzustimmen. Zu unterscheiden sind die Nutzfunktion des Waldes als Ertragsobjekt, die Schutzfunktion für → Umweltschutz und → Naturschutz (→ Schutzwald), schließlich die Erholungsfunktion (→ Erholungswald) für die Bevölkerung. Der Förderung der Forstwirtschaft dienen die unmittelbar geltenden Vorschriften über forstwirtschaftliche Zusammenschlüsse in privatrechtlicher Form (Forstbetriebsgemeinschaften von Grundstückseigentümern) oder in öffentlich-rechtlicher Form (Forstbetriebsverbände, → Körperschaften des öffentl. Rechts mit Zwangsmitgliedschaft), schließlich forstwirtschaftliche Vereinigungen (privatrechtliche Dachverbände der beiden vorgenannten Vereinigungsformen) zur Information der Mitglieder, zur Absatzförderung und zur gemeinsamen Maschinenhaltung (s. → Agrarorganisationen und Lieferketten).

3. Sa → Feld- und Forstschutzrecht, → Forstvermehrungsgutgesetz, → Holz, → Jagdrecht, → Naturschutz u. im Folg.

Forstrügesachen
Für Zuwiderhandlungen gegen Forstschutzbestimmungen war früher in manchen Landesrechten vorgesehen, dass an Stelle der Staatsanwaltschaft das Forstamt die Strafverfolgung übernimmt. Nach § 3 III EGStPO kann durch Landesgesetz angeordnet werden, dass Feld- und Forstrügesachen in einem besonderen Verfahren und vor dem Amtsrichter als Einzelrichter verhandelt und entschieden werden. Das Forstrügeverfahren ist beseitigt. Dafür bestehen meist ergänzende Verfahrensvorschriften (zB Art. 45 Waldgesetz für Bayern idF v. 22.7.2005, GVBl. 2005, 313). S. → Feld- und Forstschutzrecht.

Forstschaden
→ Wildschaden, → Waldschutz.

Forstschutz
→ Waldschutz.

Forststrafrecht
→ Feld- und Forstschutzrecht (1).

Forstvermehrungsgutgesetz
Das Forstvermehrungsgutgesetz v. 22.5.2002 (BGBl. 2002 I 1658) mÄnd regelt den Umgang mit → Saatgut, Pflanzenteilen und Pflanzgut von Waldpflanzen. Ziel des Gesetzes ist die Erhaltung der genetischen Vielfalt des Waldes und die Verbesserung der Leistungsfähigkeit der Forstwirtschaft. Sa → biologische Vielfalt, → Gentechnik, → Inverkehrbringen eines GVO enthaltenden Produktes.

Forstwiderstand
→ Widerstand gegen die Staatsgewalt.

Forstwirtschaft
→ Forstrecht.

Fortbildung(sverhältnis)
→ Berufsbildungsgesetz, → Werbungskosten.

Fortbildungskosten im Arbeitsrecht
Häufig beteiligen sich Arbeitgeber an Fortbildungskosten ihrer Arbeitnehmer (Schulungskosten und Entgeltfortzahlung), wenn diese für das Unternehmen nützlich sind (dann steuerfrei, vgl. R 19.7 Lohnsteuerrichtlinien) und weil sie eine längere Beschäftigung des Arbeitnehmers erhoffen. Es ist grds. zulässig, wenn der Arbeitgeber die Rückzahlung dieser Fortbildungskosten bei vorzeitiger Beendigung des Arbeitsverhältnisses verlangt. Entsprechende Regelungen müssen aber viele Voraussetzungen erfüllen, so dass praktisch die meisten Rückzahlungsklauseln unwirksam sind, weil sie als unangemessen iSv § 307 BGB angesehen werden (zB wenn auch eine vom Arbeitgeber mitveranlasste Beendigung des Arbeitsverhältnisses die Rückzahlungspflicht auslösen kann). Erfasst sind alle Gestaltungen, also auch etwa Darlehen, bei denen der Arbeitgeber nach einer gewissen Dauer des Arbeitsverhältnisses auf die Rückzahlung verzichtet. Wirksam sind Rückzahlungsklauseln nur, wenn die Fortbildung auch für den Arbeitnehmer (bei anderen Arbeitgebern) verwertbare Kenntnisse vermittelt, die Kosten vorab konkret ausgewiesen wurden, die Rückzahlungspflicht nur bei vom Arbeitnehmer veranlasster Beendigung des Arbeitsverhältnisses (also zB nicht bei betriebsbedingter Kündigung, vom Arbeitgeber provozierten Eigenkündigung des Arbeitnehmers) eintritt und keine übermäßige zeitliche Bindung an das Arbeitsverhältnis vorliegt. Wenn ein Punkt nicht erfüllt ist, bleibt es – wegen der Prüfung anhand des AGB-Rechts – bei der Kostentragung durch den Arbeitgeber,

eine geltungserhaltende Reduktion scheidet weitgehend aus.

Unter bestimmten Voraussetzungen kann va eine Weiterbildung auch durch die Bundesagentur für Arbeit durch Übernahme von Lehrgangskosten und Kosten der Entgeltfortzahlung gefördert werden (§§ 81, 82 SGB III).

Einen Anspruch auf Übernahme von Fortbildungskosten haben Betriebsratsmitglieder uä Funktionsträger für den Erwerb der erforderlichen Kenntnisse; → Betriebsrat. Seit dem 1.8.2022 ist in § 111 GewO die Kostentragung durch den Arbeitgeber und die Behandlung als Arbeitszeit für alle für die Erbringung der Arbeit erforderlichen Fortbildungen festgehalten, die der Arbeitgeber dem Arbeitnehmer aufgrund G, TV oder Dienst-/Betriebsvereinbarung anzubieten hat.

Fortfall der Bereicherung
→ Ungerechtfertigte Bereicherung (3).

Fortführung einer Firma
→ Firma (2b), → Übernahme eines Handelsgeschäfts, → Unternehmen.

Fortführungsmitteilung
→ Veränderungsnachweis.

Fortgesetzte Begehung
Werden bestimmte Straftaten, zB Diebstahl (→ Bandendiebstahl), Hehlerei (→ Bandenhehlerei) von Mitgliedern einer → Bande verübt, die sich zur fortgesetzten Begehung verbunden hat, so erhöht sich die Strafdrohung (§ 244 I Nr. 2 StGB, § 244a I StGB, § 260 I Nr. 2 StGB). Fortgesetzte Begehung ist nicht eine → fortgesetzte Handlung, sondern Begehung mehrerer selbständiger, im Einzelnen noch ungewissen Taten.

Fortgesetzte Gütergemeinschaft
1. Während die → Gütergemeinschaft nach Auflösung der Ehe durch den Tod eines Ehegatten früher grds. zwischen dem anderen Ehegatten und den gemeinschaftlichen Abkömmlingen fortgesetzt wurde, geht das BGB seit dem → Gleichberechtigungsgesetz davon aus, dass der Anteil des verstorbenen Ehegatten am Gesamtgut grds. zu seinem → Nachlass gehört und der verstorbene Ehegatte nach den allgemeinen erbrechtlichen Vorschriften beerbt wird (§ 1482 BGB). Die Ehegatten können allerdings eine Fortsetzung der Gütergemeinschaft zwischen dem überlebenden Ehegatten und gemeinschaftlichen Abkömmlingen vereinbaren, soweit diese bei gesetzlicher → Erbfolge als Erben berufen wären und nicht vom Erbrecht zB infolge → Erbunwürdigkeit usw ausgeschlossen sind (§ 1483 BGB). Die fortgesetzte Gütergemeinschaft erstreckt sich nur auf das → Gesamtgut, das in diesem Fall nicht zum Nachlass des verstorbenen Ehegatten gehört; dessen → Testierfreiheit beschränkt sich daher zwingend (§ 1518 BGB) auf das Vorbehalts- und Sondergut, sofern nicht durch → Ehevertrag, → Erbvertrag, → gemeinschaftliches Testament oder ausnahmsweise durch einseitige → letztwillige Verfügung zulässigerweise etwas anderes bestimmt ist (§§ 1509 f. BGB, dies inbes. bei Möglichkeit der Klage auf Aufhebung der Gütergemeinschaft oder auf Ehescheidung; Ausschluss eines Abkömmlings jederzeit möglich). Der überlebende Ehegatte kann nach den Vorschriften über die → Ausschlagung einer Erbschaft die Fortsetzung der fortgesetzte Gütergemeinschaft ablehnen (§ 1484 BGB).

2. Für die fortgesetzte Gütergemeinschaft gelten weitgehend die Vorschriften über die → Gütergemeinschaft entsprechend, zB hinsichtlich der verschiedenen Vermögensmassen, der Schuldenhaftung usw. Der überlebende Ehegatte hat die rechtliche Stellung und die entsprechende persönliche Haftung des das Gesamtgut allein verwaltenden Ehegatten (§§ 1487, 1489 BGB). Die fortgesetzte Gütergemeinschaft endet mit dem Tode oder der Wiederverheiratung des überlebenden Ehegatten (§§ 1493, 1494 BGB, nicht dagegen mit dem Tod eines Abkömmlings; hier treten dessen Abkömmlinge an seine Stelle; sind keine vorhanden, tritt → Anwachsung ein, § 1490 BGB), durch notariell beurkundeten Aufhebungsvertrag seitens aller Beteiligten oder durch einseitige öffentlich beglaubigte Erklärung des überlebenden Ehegatten gegenüber dem Nachlassgericht (§ 1492 BGB) sowie durch → Gestaltungsurteil nach Aufhebungsklage eines Abkömmlings (§ 1495 BGB; Voraussetzungen wie bei der Gütergemeinschaft). Nach der Beendigung der fortgesetzten Gütergemeinschaft müssen sich der überlebende Ehegatte und die Abkömmlinge hinsichtlich des Gesamtguts nach den der Gütergemeinschaft entsprechenden Vorschriften auseinandersetzen (§§ 1497 ff. BGB). Für das → Insolvenzverfahren über das Gesamtgut einer fortgesetzten Gütergemeinschaft gelten die Vorschriften über das → Nachlassinsolvenzverfahren entsprechend (§ 332 InsO).

3. Steuerlich: Bei der Erbschaftsteuer wird der Anteil am Gesamtgut des verstorbenen Ehegatten so behandelt, als wäre er ausschließlich den anteilsberechtigten Abkömmlingen angefallen (§ 4 ErbStG).

Fortgesetzte Handlung
Die im StGB nicht vorgesehene Rechtsfigur der fortgesetzten Handlung, die von der → fortgesetzten Begehung zu unterscheiden ist, wurde von der Rspr. als eine Form der rechtlichen Handlungseinheit entwickelt, bei der mehrere Handlungen, die jeweils selbständig den Straftatbestand erfüllen, zu einer einzigen Handlung im Rechtssinn zusammengefasst werden. Die Rspr. hat früher in der Praxis zur Verfahrenserleichterung häufig fortgesetzte Handlung angenommen, was nach Ansicht des BGH (NJW 1994, 1663) zu Unzuträglichkeiten geführt hat. Er lässt deshalb eine fortgesetzte Handlung nur noch zu, wenn dies – was am Straftatbestand zu messen ist – zur sachgerechten Erfassung des verwirklichten Unrechts und

der Schuld unumgänglich ist (s. zB BGH NStZ 1997, 280). Andernfalls stellen die einzelnen Handlungen sog. Serienstraftaten dar, für die eine Gesamtstrafe verhängt wird (Tatmehrheit, → Konkurrenz von Straftaten).

Voraussetzung einer fortgesetzten Handlung ist, dass der Täter denselben Grundtatbestand durch Verletzung gleichartiger Rechtsgüter in gleichartiger Begehungsform auf Grund eines Gesamtvorsatzes mehrfach verwirklicht. Sie kommt aber nicht in Betracht, wenn es sich um höchstpersönliche Rechtsgüter wie Ehre, Leben, Freiheit, sexuelle Selbstbestimmung usw. von verschiedenen Personen handelt. Gesamtvorsatz liegt nur vor, wenn der Täter die Teilakte wenigstens in den Grundzügen nach Ausführungsart, -ort und -zeit plant; er fehlt nach der insbes. von der Rspr. vertretenen Auffassung, wenn der Täter vor Begehung weiterer Taten erst einen neuen Entschluss fassen muss. Im Schrifttum wird dagegen häufig ein Fortsetzungsvorsatz für ausreichend gehalten, so dass der spätere Entschluss die innere Fortsetzung des vorausgegangenen umfassenden Entschlusses ist. Die Annahme einer fortgesetzten Handlung bedeutet: Es ist keine Gesamtstrafe zu bilden, sondern nur wegen einer einzigen Tat zu verurteilen (→ Konkurrenz von Straftaten); die → Rechtskraft des Urteils umfasst auch alle dem Tatrichter bis zur Aburteilung unbekannten Einzelakte; die → Strafverfolgungsverjährung beginnt mit dem letzten Teilakt; eine → Amnestie greift nur ein, wenn der letzte Teilakt nicht nach dem Stichtag liegt.

Fortpflanzung, künstliche
→ künstliche Fortpflanzung.

Fortpflanzungsfähigkeit, Verlust der –
→ Körperverletzung (4), → Sterilisation, → Kastration.

Fortschreibung
→ Hauptfeststellung.

Fortsetzungsfeststellungsklage
→ Verwaltungsstreitverfahren (5), → Feststellungsklage.

Fortsetzungsklausel
→ Gesellschaft des bürgerlichen Rechts (GbR) (5).

Fortsetzungszusammenhang
→ fortgesetzte Handlung.

Fortwälzung
→ Steuerüberwälzung.

forum
Forum ist der gemeinrechtliche Begriff für → Gerichtsstand; zB forum rei sitae: Gerichtsstand der belegenen Sache; forum delicti commissi: Gerichtsstand des Tatorts.

Forum Shopping
→ Internationales Privatrecht (1c).

Fotografie
→ Lichtbild.

Fracht
Fracht – auch Frachtgeld oder Frachtlohn genannt – ist das Entgelt, das der → Frachtführer erhält; dagegen werden die vom Frachtführer beförderten beweglichen Sachen als Frachtgut bezeichnet (vgl. § 407 I HGB, § 420 I HGB, § 421 I HGB, § 441 I HGB).

Frachtbrief
Frachtbrief ist eine Urkunde über den Abschluss und den Inhalt eines → Frachtvertrags zwischen Absender und → Frachtführer. Ein Frachtbriefzwang besteht nicht; der Frachtführer kann aber die Ausstellung eines Frachtbriefs durch den Absender (mit dessen Unterschrift) verlangen. Wesentlicher Inhalt des Frachtbriefs sind Ort und Tag seiner Ausstellung, Name und Anschrift des Absenders, des Frachtführers und des Empfängers, Ort und Tag der Übernahme des Gutes und ggfs. von dessen Ablieferung (Lieferfrist), die Bezeichnung des Gutes nach Art, Zahl, Gewicht, Verpackung usw., die vereinbarte → Fracht, eine bei der Ablieferung des Gutes einzuziehende Nachnahme, Weisungen des Absenders für die Durchführung des Transports usw. (§ 408 HGB). Der Frachtbrief ist mittlerweile auch als elektronisches Dokument zulässig. Es gibt mittlerweile auch Bestrebungen auf europäischer Ebene, einen digitalen Frachtbrief zu schaffen.

Der Frachtbrief ist kein → Wertpapier und vom → Ladeschein zu unterscheiden. Ist er jedoch von beiden Parteien unterzeichnet (der Absender kann dies verlangen), so dient er bis zum Beweis des Gegenteils als Beweisurkunde für Abschluss und Inhalt des Frachtvertrags sowie für die Übernahme des Gutes durch den Frachtführer (§ 409 I HGB). Der von beiden unterzeichnete Frachtbrief begründet ferner die → Vermutung, dass das Gut und seine Verpackung bei der Übernahme durch den Frachtführer in äußerlich gutem Zustand waren und dass Zahl, Bezeichnung und überprüftes Gewicht der Frachtstücke mit den Angaben im Frachtbrief übereinstimmen, sofern der Frachtführer nicht einen begründeten Vorbehalt (zB weil eine zumutbare Überprüfungsmöglichkeit fehlte) eingetragen hat (§ 409 II, III HGB).

frachtfrei
„Frachtfrei" (franko) ist eine insbes. beim → Handelskauf übliche Klausel, wonach der Verkäufer die Kosten der Versendung zu übernehmen hat (→ Versendungskauf). Der → Leistungsort wird durch diese Klausel allein regelmäßig aber nicht geändert.

Frachtführer
Frachtführer ist, wer es unternimmt, gegen Entgelt Frachtgut (→ Fracht) zu Land (Straße, Schiene), auf Binnengewässern oder mit Luftfahrzeugen zu befördern und an den Empfänger abzuliefern (Frachtgeschäft, § 407 HGB). Einzelheiten, insbes. über Rechte und Pflichten des Frachtführers → Frachtvertrag. Viel-

fach gehört die Beförderung zum Betrieb des gewerblichen Unternehmens des Frachtführers (Transport- und Speditionsbetrieb, Eisenbahn, Möbeltransportgeschäft, Binnenschifffahrtsbetrieb), der dann → Kaufmann ist; von den Vorschriften über das Frachtgeschäft werden aber auch solche Transporte erfasst, die jemand nur gelegentlich ausführt (sog. Gelegenheitsfrachtführer). Der Frachtführer ist an sich Alleinfrachtführer, dh er übernimmt die gesamte Beförderung (bei wechselnden Transportmitteln → multimodaler Verkehr). Dies schließt aber nicht aus (und ist in der Praxis häufig), dass sich der als Hauptfrachtführer bestellte Frachtführer (ganz oder über einzelne Teilstrecken) zur Ausführung des Auftrags eines Unterfrachtführers als → Erfüllungsgehilfen bedient; in diesem Fall haften Frachtführer und ausführender Frachtführer dem Absender gegenüber in gleicher Weise als Gesamtschuldner (→ Gesamtschuld) für Schäden durch Verlust oder Beschädigung des Gutes oder durch Überschreitung der Lieferfrist (§ 437 III HGB). Teilfrachtführer ist, wer selbständig gegenüber dem Absender die Beförderung nur über eine Teilstrecke übernimmt; der sog. nachfolgende Frachtführer hat dann auch die Rechte der vorhergehenden Frachtführer (zB das → Pfandrecht am Frachtgut) auszuüben (§§ 441 f. HGB). Ein Subunternehmer des Teilfrachtführers wird auch Zwischenfrachtführer genannt. Es können aber auch von vorneherein mehrere als Gesamtschuldner (sog. Samtfrachtführer) die Beförderung des Gutes übernehmen (und nur intern unter sich aufteilen).

Frachtgeld
→ Fracht.

Frachtgeschäft
→ Frachtvertrag, → Frachtführer.

Frachtgut
→ Fracht.

Frachtlohn
→ Fracht.

Frachtvertrag
1. Der Frachtvertrag ist der auf die entgeltliche Beförderung von Gütern gerichtete → Werkvertrag zwischen Absender und → Frachtführer (Frachtgeschäft). Durch den Frachtvertrag wird der Frachtführer verpflichtet, das Gut zum Bestimmungsort zu befördern und dort an den Empfänger abzuliefern (Transportvertrag); der Absender hat die vereinbarte → Fracht zu zahlen (§ 407 HGB). Da der Empfänger des Frachtgutes daraus unmittelbar Rechte erwirbt (insbes. auf Ablieferung des Gutes, § 421 HGB), ist der Frachtvertrag idR ein → Vertrag zu Gunsten eines Dritten (§ 328 BGB). Die §§ 407 ff. HGB gelten im Grundsatz gleichermaßen für die Beförderung auf der Straße, auf der Schiene (→ Eisenbahnfrachtgeschäft), auf Binnengewässern (→ Binnenschifffahrt) und mit Luftfahrzeugen (→ Luftverkehrshaftung). Sondervorschriften gelten insbes. für die Beförderung von Möbeln und sonstigem Umzugsgut (→ Umzugsvertrag), für die Beförderung mit verschiedenartigen Transportmitteln auf verschiedenen Teilstrecken der Gesamtbeförderung (→ multimodaler Verkehr) sowie für den grenzüberschreitenden (Transport-)Verkehr mit Kraftfahrzeugen zwischen den Vertragsstaaten (die meisten Staaten Europas und vielfach darüber hinaus) in den zwingenden Bestimmungen des CMR-Übereinkommens vom 19.5.1956 (BGBl. 1961 II 1119 mÄnd). Zur internationalen Güterbeförderung in der Binnenschifffahrt s. G zum Budapester Abkommen vom 17.3.2007 (BGBl. 2007 II 298). Für den Transport gefährlicher Güter s. § 410 HGB (besondere Hinweispflichten des Absenders, sonst Befreiung des Frachtführers) sowie die (öfftl. rechtl.) Sondervorschriften über die → Beförderung gefährlicher Güter auf Straße, Schiene usw. Der Frachtvertrag ist vom → Speditionsvertrag zu unterscheiden. Zur Ausstellung eines → Frachtbriefs s. dort.

2. Das Gesetz enthält zunächst Vorschriften über die Pflicht des Absenders zur ordnungsgemäßen Verpackung, Kennzeichnung und Verladung des Gutes (insbes. Ladezeit) sowie über die Beigabe (zB für die Zollabfertigung) erforderlicher Begleitpapiere; ihre Verletzung führt zu einer grds verschuldensunabhängigen (Ausnahme bei einem Verbraucher; s. u.) Haftung des Absenders auf → Schadensersatz und Ersatz der dem Frachtführer erwachsenen Aufwendungen (§§ 411–414 HGB). Der Absender kann den Frachtvertrag jederzeit, der Frachtführer zB bei Nichteinhaltung der Ladezeit kündigen; der Frachtführer kann dann die vereinbarte Fracht (inkl. einem vereinbarten oder durch die Verzögerung veranlassten Standgeld, § 412 III HGB) abzüglich durch die Aufhebung des Frachtvertrags ersparter Aufwendungen, mindestens aber ein Drittel der vereinbarten Fracht (sog. Fautfracht) verlangen (§§ 415, 417 II HGB). Der Absender bleibt bis zur Ablieferung über das Gut verfügungsbefugt (ab dann der Empfänger); er kann dem Frachtführer Weisungen erteilen, die dieser bei Beförderungs- und Ablieferungshindernissen von sich aus einzuholen hat (§§ 418, 419 HGB). Die Fracht ist bei Ablieferung des Gutes zu zahlen (§ 420 HGB; wenn der Empfänger dessen Ablieferung verlangt, auch von ihm, § 421 HGB); eine vereinbarte Nachnahme ist vom Frachtführer (mangels anderweitiger Abrede in bar) einzuziehen (sonst Haftung des Frachtführers, § 422 HGB).

3. Der Frachtführer ist verpflichtet, das Gut innerhalb der vereinbarten, sonst der nach den Umständen vernünftigerweise zuzubilligenden Lieferfrist abzuliefern (§ 423 HGB). Für Schäden, die durch Verlust oder Beschädigung des Gutes in der Zeit von der Übernahme zur Beförderung bis zur Ablieferung oder durch Überschreitung der Lieferfrist entstehen, haftet

der Frachtführer auch ohne Verschulden (→ Gefährdungshaftung), es sei denn, dies konnte auch bei größter Sorgfalt nicht vermieden werden (unabwendbares Ereignis, → Verschulden 4; § 425 I HGB, § 426 HGB). Der Frachtführer, der ein geeignetes (zB für einen Kühltransport) und betriebssicheres Fahrzeug zur Verfügung zu stellen hat, ist in bestimmten Fällen (zB bei Schäden infolge ungenügender Verpackung, Be- oder Entladung) von seiner Haftung befreit; im Übrigen kann bei Ursächlichkeit mehrerer Umstände für den Schaden eine Schadensteilung nach den Grundsätzen des → Mitverschuldens in Betracht kommen (§ 425 II HGB, § 427 HGB). Die verschuldensunabhängige Haftung des Frachtführers auf Wertersatz ist begrenzt (§§ 429, 431 HGB); dies betrifft auch außervertragliche Ansprüche (zB den → Eigentumsherausgabeanspruch, § 434 HGB). Bei sonstigen Vermögensschäden auf Grund einer Vertragsverletzung des Frachtführers ist dessen Haftung auf das Dreifache des Betrages begrenzt, der bei Verlust des Gutes zu zahlen wäre (§ 433 HGB). Höhere Schäden können nur durch eine entsprechende → Transportversicherung abgedeckt werden. Die Haftungsbefreiungen und Haftungsbegrenzungen gelten allerdings nicht, wenn der Schaden auf eine Handlung oder Unterlassung zurückzuführen ist, die der Frachtführer (oder einer seiner Leute in Ausübung ihrer Verrichtungen, § 428 HGB) vorsätzlich oder leichtfertig (→ Verschulden 2) begangen hat (§ 435 HGB). Der Schaden muss innerhalb bestimmter kurzer Fristen (zB bei nicht sofort erkennbaren Schäden spätestens innerhalb von 7 Tagen ab Ablieferung) angezeigt werden (sonst → Vermutung der Ablieferung in vertragsgemäßem Zustand, § 438 HGB). Ansprüche aus dem Frachtvertrag verjähren in einem Jahr ab Ablieferung (oder wann das zB verlorengegangene Gut hätte abgeliefert werden müssen); bei Vorsatz oder Leichtfertigkeit beträgt die → Verjährung 3 Jahre (§ 439 I HGB).

4. Ist der Absender ein → Verbraucher, so haftet er nur bei → Verschulden (§ 414 III HGB). Abweichende Vereinbarungen sind im Übrigen grds nur zulässig, wenn sie ausgehandelt, also nicht nur einseitig vom Frachtführer vorformuliert sind; durch → Allgemeine Geschäftsbedingungen können allerdings die genannten Haftungshöchstgrenzen in bestimmtem Rahmen auch anderweitig festgelegt werden (§ 449 I, II HGB). Unterliegt der Frachtvertrag ausländischem Recht (insbes. bei Beförderung im Inland durch ausländische Frachtführer, sog. freie Kabotage, so gilt dies gleichermaßen, wenn Übernahme- und Ablieferungsort im Inland liegen (§ 449 IV HGB). Dem Frachtführer steht wegen des Frachtgeldes und seiner anderen Ansprüche auf Ersatz seiner Aufwendungen und Auslagen am Frachtgut, solange er es im → Besitz hat, ein gesetzliches → Pfandrecht zu (§ 440 HGB). Über die Verpflichtung zur Auslieferung des Frachtgutes kann der Frachtführer einen → Ladeschein ausstellen (§ 444 HGB).

Fracking
bezeichnet das Aufbrechen von Gestein im tiefen Untergrund durch Verpressen von Gemischen aus Wasser und anderen Stoffen. Dieser technische Begriff der Erdöl- und Erdgasförderung kürzt den englischen Fachbegriff hydraulic fracturing (hydraulisches Aufbrechen) ab. Zweck ist es, die Förderung von Gasen und Flüssigkeiten aus tiefem Gestein zu erleichtern. Fracking unterliegt → Bergrecht. Seit Mitte 2017 gilt Fracking aber auch als Gewässerbenutzung (§ 9 II Nr. 3 WHG, → Gewässer (2a)), die den Bedingungen des § 13a WHG unterliegt, so gelten etwa nach wasserschutzrechtlichem Einsatzgebiet abgestufte Anforderungen an die eingesetzten Gemische.

Fragerecht
→ Parteiöffentlichkeit.

Fragestunde
→ Anfragen (des Parlaments).

Fraktion
1. Fraktion ist der Zusammenschluss von Mitgliedern eines → Parlaments, die idR, aber nicht notwendig derselben → Partei angehören. Die für die moderne Parlamentsarbeit unerlässliche Fraktionsbildung und ihre Rechtsstellung sind zT gesetzlich geregelt (vgl. §§ 45 ff. AbgeordnetenG – AbgG – idF v. 21.2.1996, BGBl. 1996 I 326, mÄnd). Ergänzende Bestimmungen enthalten die Geschäftsordnungen der Parlamente (vgl. §§ 10 ff. GO BT). Nach § 45 AbgG können sich Mitglieder des Bundestags zu Fraktionen zusammenschließen (Mindestzahl grundsätzl. 5 vH der Mitgliederzahl des Bundestags, § 10 GO BT). Gehören die Mitglieder einer Fraktion verschiedenen Parteien an, ist die Anerkennung als Fraktion durch den Bundestag erforderlich (§ 10 GO BT). Nach § 46 AbgG sind die Fraktionen rechtsfähige Vereinigungen, die klagen und verklagt werden können. §§ 47–54 AbgG regeln Aufgaben, Organisation, Anspruch auf Geld- und Sachleistungen aus dem Bundeshaushalt, Haushalts- und Wirtschaftsführung, Rechnungslegung, Rechnungsprüfung, Liquidation. Erreicht ein Zusammenschluss nicht Fraktionsstärke, so kann er als Gruppe anerkannt werden. Gruppen haben weniger weitgehende Rechte und weniger Finanzmittel als Fraktionen; im 13. BT 1994–1998 gab es eine Gruppe von 7 Abgeordneten der PDS. Den Fraktionen – nicht den Gruppen – stehen besondere Rechte (insbes. bestimmte Antragsrechte) zu. Sa → Arbeitskreise; → Fraktionsausschluss.

2. Fraktionen auf kommunaler Ebene in → Gemeindevertretung und → Kreistag kam ursprünglich kein eigener Rechtsstatus zu. Inzwischen gewährt die → Gemeindeverfassung einer Reihe von Ländern den Fraktionen eigene Vorschlags- und Antragsrechte.

Fraktionsausschluss
Der Ausschluss aus einer → Fraktion wird grundsätzlich als möglich angesehen. Der Fraktionsausschluss führt nicht zum Verlust der Kernbefugnisse des → Abgeordneten (Teilnahme an Plenarsitzungen, Wortmeldungen, Stimmabgabe).

Fraktionswechsel
→ Mandat des Abgeordneten.

Fraktionszwang
bedeutet die Verpflichtung eines → Abgeordneten zur Abstimmung iS eines vorher von der → Fraktion festgelegten Ergebnisses. Der Fraktionszwang entspricht zwar nicht der Stellung des Abgeordneten, der Vertreter des ganzen Volkes, an Weisungen und Aufträge nicht gebunden und nur seinem Gewissen unterworfen ist (vgl. Art. 38 I GG); er wird aber gleichwohl nicht als unzulässig angesehen. Ein Verstoß gegen den Fraktionszwang darf allenfalls mit dem Ausschluss des Abgeordneten aus Partei und Fraktion (→ Fraktionsausschluss) geahndet werden; die Niederlegung des → Mandats darf nicht erzwungen werden.

Franchiseklausel
In einem → Versicherungsvertrag kann vereinbart werden, dass bestimmte (meist geringfügige) Schäden überhaupt nicht, andere dagegen voll (oder mit einem bestimmten Abzugsbetrag) entschädigt werden (Selbstbeteiligung).

Franchisevertrag
Ein Franchisevertrag (Franchising) ist ein gemischter verkehrstypischer Vertrag (→ Vertrag, 2) mit wesentlichen Elementen der → Pacht. Dem Franchisenehmer, der – wie der → Vertragshändler – im eigenen Namen und für eigene Rechnung tätig wird, wird über einen bloßen → Lizenzvertrag hinaus im Rahmen eines → Dauerschuldverhältnisses gegen entsprechendes Entgelt vom Franchisegeber gestattet, dessen Namen, Marken, Schutzrechte, technische Ausstattung, Vorteile beim Großeinkauf, einheitliche Außendarstellung usw beim Vertrieb von Waren und Dienstleistungen gewerblich zu nutzen. Der Franchisegeber hat ferner regelmäßig seine Erfahrungen zur Verfügung zu stellen (know-how-Vereinbarung) und das Franchisesystem zeitgerecht fortzuentwickeln; andererseits hat er mehr oder weniger weitgehende Kontrollrechte über den Betrieb des in der Ausstattung usw zT weisungsgebundenen Einzelhändlers. Das Verbot der → Preisbindung, also dass der Franchisegeber dem Franchisenehmer Preise vorschreibt, gilt jedenfalls dann, wenn der Franchisenehmer – wie häufig – das wirtschaftliche Risiko seines Unternehmens selbst trägt.

FRAND
Durch ein → Patent geschützte technische Lösungen können, etwa aus Gründen der Vereinheitlichung oder der Interoperabilität, zur Grundlage einer Normierung oder eines Standards gemacht werden (sog. standardessentielles Patent, SEP). Der Inhaber eines SEP erlangt eine marktbeherrschende Stellung (→ Marktbeherrschung) gegenüber denjenigen, die auf dem entsprechenden Markt auftreten wollen, weil sie das ohne seine Zustimmung zur Patentnutzung nicht können. Nimmt er an dem Normierungs- oder Standardisierungsverfahren teil, verschweigt aber sein Patent, um anschließend überhöhte Lizenzgebühren zu verlangen, so spricht man von einem Patenthinterhalt. Das → Kartellrecht verbietet dem Inhaber eines SEP, seine marktbeherrschende Stellung zu missbrauchen, insbes. Unternehmen gegenüber gleichartigen Unternehmen ohne sachlich gerechtfertigten Grund unterschiedlich zu behandeln (→ Diskriminierungsverbot im Wettbewerbsrecht), so dass er mit einer Unterlassungsklage aus dem Patent nicht erfolgreich sein kann, wenn er nicht bereit ist, dem lizenzwilligen beklagten Unternehmen den Abschluss eines → Lizenzvertrages zu angemessenen Bedingungen zu ermöglichen. Die Angemessenheit der Bedingungen wird mit der Abkürzung FRAND für „fair, reasonable and non-discriminatory“ (= fair, vernünftig und diskriminierungsfrei) umschrieben. Deshalb bezeichnet man den Einwand des Beklagten gegen den Unterlassungskläger, dass letzterer sich zu Unrecht weigere, dem Beklagten einen entsprechend angemessenen Lizenzvertrag anzubieten, als FRAND-Einwand.

Wie ein solcher Einwand des Beklagten im Prozess konkret zu behandeln ist, hängt einerseits von den jeweiligen Umständen des konkreten Einzelfalls ab und ist zum anderen Gegenstand von EuGH- und BGH-Entscheidungen (vgl. insbes. EuGH 16.7.2015 – C-170/13, GRUR 2015, 764 – Huawei Technologies/ZTE; BGH 5.5.2020 – KZR 36/17, GRUR 2020, 961 – FRAND-Einwand; BGH 24.11.2020 – KZR 35/17, GRUR 2021, 585 – FRAND-Einwand II), wobei in der Fachwelt diskutiert wird, ob diese Entscheidungen miteinander im Einklang stehen und wie diese im jeweiligen Einzelfall umzusetzen sind.

Bemerkenswert ist, dass bis Anfang 2025 ein Gesetzgebungsverfahren auf europäischer Ebene (2023/0133/COD) über einen Vorschlag der Europäischen Kommission (COM (2023) 232 für eine Verordnung über standardessenzielle Patente lief, wonach für die Beurteilung, ob eine Lizenzgebühr als FRAND anzusehen ist, ein Schlichtungsverfahren vorgesehen sein sollte. Dieses Verfahren wurde jedoch zwischenzeitlich beendet, weil die EU-Kommission im Februar 2025 ihren Vorschlag überraschend zurückgezogen hat. Als Grund hierfür wurde angegeben, dass eine Einigung über diesen Vorschlag nicht absehbar sei. Die Kommission werde prüfen, ob ein neuer Anlauf in dieser oder anderer Form genommen werden soll. Angesichts dessen bleibt es vorerst dabei, dass die nationale und die europäische Rechtsprechung (einschließlich diejenige des → EPG) maßgeblich für die Behandlung des FRAND-Einwands ist.

franko
→ frachtfrei.

Frauenarbeitsschutz
→ Arbeitsschutz, → Arbeitszeit, → Mutterschutz.

Frauenbeauftragte
→ Gleichstellungsbeauftragte.

Frauenhandel
Als Frauenhandel (auch: „Mädchenhandel") bezeichnet wird nach dem internat. Abkommen vom 4.5.1910 (RGBl. 1913, 31) das Anwerben, Verschleppen oder Entführen von minderjährigen Frauen oder Mädchen – selbst mit deren Einwilligung –, um der Unzucht anderer Vorschub zu leisten (→ Prostitution), sowie von volljährigen Frauen oder Mädchen zu dem gleichen Zweck mittels Täuschung, Gewalt, Drohung, Missbrauch des Ansehens oder anderer Zwangsmittel. Auf der Grundlage dieses Abkommens und des ergänzenden Abkommens vom 30.9.1921 (RGBl. 1924 II 180) sowie weiterer UN-Übereinkommen sind diese Handlungen in allen Kulturstaaten unter Strafe gestellt, in Deutschland durch §§ 232–233a StGB (→ Menschenhandel). Nach dem Weltrechtsprinzip ist auch die von einem Ausländer im Ausland begangene Tat strafbar (§ 6 Nr. 4 StGB; s. → Auslandsdelikte).

Frauenquote
→ Quotenregelung.

Freefloat
→ Streubesitz.

„Frei Haus"
Beim → Kauf gebräuchliche → Klausel, wonach der Verkäufer die Kosten der Versendung bis zu den Geschäfts- oder Wohnräumen des Käufers übernimmt. Je nach → Auslegung auch Vereinbarung einer → Bringschuld.

Freibetrag
Bis zur Höhe des jeweiligen Freibetrags ist eine Einnahme steuerfrei. Nur der über den Freibetrag hinausgehende Betrag ist steuerpflichtig, zB Übungsleiterfreibetrag (§ 3 Nr. 26 EStG), Freibetrag für nebenberufliche Tätigkeit für Vereine (§ 3 Nr. 26a EStG: 840 EUR), → Veräußerungsgewinne (§ 16 IV EStG). Dagegen ist bei der Freigrenze die Einnahme nur steuerfrei, wenn der Gesamtbetrag den Betrag der Freigrenze nicht erreicht, zB → Spekulationsgewinne unter 600 EUR (§ 23 III 5 EStG). Übersteigt die Einnahme die Freigrenze, ist der gesamte Betrag steuerpflichtig. Höchstbeträge sind steuerliche Abzugsbeträge, die der Höhe nach begrenzt sind, zB Vorsorgeaufwendungen (§ 10 II EStG; → Sonderausgaben, 2). Aufwendungen unterhalb der Höchstbeträge bleiben in tatsächlicher Höhe abziehbar. Pauschbeträge sind steuerliche Abzugsbeträge, die in der gesetzlich vorgesehenen Höhe zum Abzug kommen, unabhängig davon, ob tatsächliche Aufwendungen entstanden sind, zB → Arbeitnehmer-Pauschbetrag in Höhe von 1000 EUR (§ 9a EStG). Überschreiten die tatsächlichen Aufwendungen den Pauschbetrag, kommen die tatsächlichen Aufwendungen zum Abzug (→ Werbungskosten). → Freigrenze

Freibeweis
Im Verfahrensrecht wird zwischen Strengbeweis und Freibeweis unterschieden, je nachdem, ob das Gericht an bestimmte gesetzliche Formen der Aufnahme von → Beweisen gebunden ist oder diese frei gestalten kann. Handelt es sich um die Feststellung der Beweistatsachen als Grundlage der Urteilsentscheidung, so gelten die Beweiserhebungsvorschriften (insbes. §§ 355–455 ZPO, §§ 244–256 StPO); anders, wenn Feststellungen außerhalb der gerichtlichen Verhandlung getroffen oder in der Verhandlung prozesserhebliche Tatsachen geklärt werden sollen, insbes. ob eine → Prozessvoraussetzung oder ein Prozesshindernis gegeben oder ein Rechtsmittel rechtzeitig eingelegt worden ist uÄ. Insoweit können Feststellungen im Wege des Freibeweises getroffen werden, dh mit den vom Gericht für sachdienlich gehaltenen Mitteln, etwa durch Einholen schriftlicher Auskünfte von Behörden oder Zeugen u. dgl.

Freibleibend
(Klausel) → Vertrag (1).

Freie Arbeitnehmer
→ freie Mitarbeiter.

Freie Benutzung
Die freie Benutzung eines durch das → Urheberrecht geschützten Werks ist (ohne Zustimmung des Urhebers) zulässig, um ein neues selbständiges – seinerseits geschützes – Werk hervorzubringen, das der Benutzer sodann veröffentlichen und verwerten darf (§ 23 Abs. 1 S. 2 UrhG). Diese Regelung dient der Fortentwicklung von Kunst und Wissenschaft. Die Leistung des Benutzenden muss aber selbst alle Voraussetzungen eines geistigen Werkes (§ 2 UrhG) aufweisen und einen hinreichenden Abstand zum benutzten Werk wahren (z. B. kann eine freie Benutzung vorliegen, wenn ein Werk der Dichtung, Musik oder bildenden Kunst in eine andere dieser Kunstformen übertragen wird). Dagegen verletzt eine unfreie Benutzung das Urheberrecht; in diesem Fall liegt oft ein → Plagiat vor. S.a. → gemeinfreie Werke.

Freie Berufe
1. Die Unterscheidung zwischen → Gewerbe und freien Berufen stammt aus der Zeit des frühen → Liberalismus. Die freien Berufe sind nach § 1 II 1 PartGG dadurch gekennzeichnet, dass auf der Grundlage besonderer beruflicher Qualifikation oder schöpferischer Begabung persönliche, eigenverantwortliche und fachlich unabhängige Dienstleistungen höherer Art im

Interesse der Auftraggeber und der Allgemeinheit erbracht werden. Der Begriff könnte vom „Freien Bürger" stammen, dem im alten Rom bestimmte Tätigkeiten vorbehalten waren.

2. Zu den freien Berufen zählen einmal diejenigen, die im Gesetz selbst als solche bezeichnet werden, etwa → Ärzte (§ 1 BÄO), → Notare (§ 2 BNotO), → Rechtsanwälte (§ 2 BRAO), Seelotsen (§ 21 SeeLG), Steuerberater (§ 32 StBerG), → Tierärzte (§ 1 BTÄO), → Wirtschaftsprüfer (§ 1 WiPrO), → Zahnärzte (§ 1 ZahnheilkundeG). Im Übrigen kommt es darauf an, ob nach der Verkehrsanschauung der Beruf nicht gewerblich ausgeübt wird. Dazu sind Kreativität und höchstpersönliche Leistungserbringung erforderlich. Zu den freien Berufen zählen daher ferner → Architekten, Ingenieure und andere wissenschaftliche, künstlerische und sportliche Berufe. Es gibt ca. 1,45 Mio. freiberuflich Tätige in Deutschland (Stand 2020).

3. Freie Berufe sind vom Anwendungsbereich der GewO (§ 6 GewO) und des Handelsrechts ausgeschlossen, da sie kein → Handelsgewerbe iSv §§ 1 ff. HGB betreiben. Sie sind in der Regel zum Zwecke der beruflichen Selbstverwaltung in → Kammern, oft mit eigenem Versorgungswerk, zusammen gefasst. Das PartGG stellt den freien Berufen für die Berufsausübung die → Partnerschaftsgesellschaft zur Verfügung, da ihnen die → Handelsgesellschaften mangels Kaufmannseigenschaft verschlossen sind. Die meisten anderen Mitgliedstaaten der EU kennen die Unterscheidung zwischen Gewerbe und freiem Beruf, die auch in Deutschland zT kritisiert wird, nicht. Sa → Standesrecht, → Berufsgerichte.

4. Steuerlich erzielen Angehörige der freien Berufe Einkünfte aus selbständiger Arbeit (§ 18 EStG). Sie sind nicht gewerbesteuerpflichtig, auch nicht als Mitunternehmer, → Mitunternehmerschaften. Die Abgrenzung zwischen Gewerbetreibenden und Angehörigen freier Berufe bereitet insbesondere im Hinblick auf neue Berufsfelder (Wirtschaftsberater, Unternehmensberater, EDV-Berufe) zunehmend Schwierigkeiten, die die Unterscheidung zwischen Angehörigen freier Berufe und Gewerbetreibenden fraglich erscheinen lassen (vgl. BFH BStBl. II 1994, 362, 650); sa die Abgrenzung zu → Arbeitnehmer; → wirtschaftliche Betrachtungsweise.

Freie Beweiswürdigung
→ Beweis (5), → Freibeweis.

Freie Erfindung
→ Arbeitnehmererfindung.

Freie Kabotage
→ Frachtvertrag (4).

Freie Körperschaftsbildung
→ juristische Person (1b).

Freie Meinungsäußerung
→ Meinungsfreiheit.

Freie Mitarbeiter
Freie Mitarbeiter sind Personen, die, ohne (abhängige) → Arbeitnehmer zu sein, vereinbarungsgemäß Arbeitsleistungen erbringen (→ Dienstvertrag; zB bei Presse, Rundfunk, Fernsehen und Musikschulen). Sie sind vielfach → arbeitnehmerähnliche Personen und genießen dann teilweise ähnliche Rechte wie Arbeitnehmer in einem → Arbeitsverhältnis, nicht aber → Kündigungsschutz nach dem KSchG. Es ist bei entsprechender Vertragsgestaltung und tatsächlicher Handhabung auch möglich, ein Arbeitsverhältnis und eine Stellung als freier Mitarbeiter nebeneinander bestehen zu lassen.

Freie Rechtsfindung
→ Rechtsanwendung, → Rechtsfortbildung, → Begriffsjurisprudenz.

Freie Wohlfahrtspflege
Aufgabe der neben den Trägern der → Sozialhilfe selbständig tätigen freien Wohlfahrtspflege, die durch private Träger wahrgenommen wird, ist die Sorge für notleidende oder gefährdete Mitmenschen. Die Träger der Sozialhilfe sind verpflichtet, bei Durchführung ihrer Aufgaben mit den Verbänden der freien Wohlfahrtspflege zur gegenseitigen Ergänzung der Hilfsmaßnahmen zusammenzuarbeiten und diese Verbände angemessen zu unterstützen (§ 5 II SGB XII). Diese Zusammenarbeit obliegt auch den übrigen im → Sozialgesetzbuch genannten Sozialleistungsträgern (§ 17 I SGB I).

Die Spitzenverbände der freien Wohlfahrtspflege sind: Arbeiter-Samariter-Bund, Arbeiterwohlfahrt, Deutscher Caritasverband, Diakonisches Werk (Innere Mission und Hilfswerk) der Evg. Kirchen in Deutschland, Deutscher Paritätischer Wohlfahrtsverband, Deutsches Rotes Kreuz und Zentralwohlfahrtsstelle der Juden in Deutschland, Deutscher Blindenverband, Bund der Kriegsblinden, Verband Deutscher Wohltätigkeitsstiftungen, Bundesarbeitsgemeinschaft „Hilfe für Behinderte" und Verband der Kriegs- und Wehrdienstopfer, Behinderten und Sozialrentner Deutschlands (§ 23 UStDV). Diese Verbände sind in der Bundesarbeitsgemeinschaft der freien Wohlfahrtspflege zusammengeschlossen. Der Bundesverband erhält einen Teil der Erträge aus der Lotterie „Glücksspirale".

Freier Warenverkehr
1. Die Idee, dass alle Waren innerhalb der Union ungehindert zirkulieren können, stand am Anfang des europäischen Einigungsprozesses. Der freie Warenverkehr stellt eine der sog. vier Grundfreiheiten dar und ist damit ein wichtiges Instrument zur Verwirklichung des Binnenmarktes. Nach Art. 26 ff. AEUV (→ AEUV) gehört zum freien Warenverkehr

- die → Zollunion mit dem Verbot von Ein- und Ausfuhrzöllen und Abgaben gleicher Wirkung (Art. 30 AEUV), der Aufstellung des Gemeinsamen Zolltarifs (Art. 31 AEUV, → Zolltarif), die Vereinheitlichung des nicht-tarifären Zollrechts (→ Zollko-

dex), und der Zusammenarbeit im Zollwesen (Art. 33 AEUV), sowie
– das Verbot mengenmäßiger Ein- und Ausfuhrbeschränkungen sowie Maßnahmen gleicher Wirkung (Art. 34 ff. AEUV).

2. Exportbeschränkungen und Kontingentierungen sind im Binnenmarkt selten. In der juristischen Praxis steht daher die Frage im Vordergrund, wann die in der EU weiterhin existierenden nicht-tarifären Handelshemmnisse (→ NTB) Maßnahmen gleicher Wirkung wie Einfuhrbeschränkungen darstellen und ob sie ggf. gerechtfertigt sind. Hierzu gibt es eine überbordende Rspr. des EuGH.

a) Nach der → Dassonville-Formel ist jede Regelung der Mitgliedstaaten, die geeignet ist, den innergemeinschaftlichen Handel unmittelbar oder mittelbar, tatsächlich oder potenziell zu behindern, eine Maßnahme gleicher Wirkung. Dies erfasst nicht nur offene, sondern auch versteckte Diskriminierungen, denn grundsätzlich dürfen alle Waren, die in einem Mitgliedstaat legal hergestellt werden, so auch in allen anderen Mitgliedstaaten vertrieben werden (→ Cassis-Formel). Auch das deutsche → Reinheitsgebot für Bier wurde vom EuGH aus diesen Gründen als unzulässige Einfuhrbeschränkung verworfen (Urt. v. 12.3.1987, 178/84). Unzulässig sind allerdings nur produktbezogene Maßnahmen der Mitgliedstaaten. Rein vertriebsbezogene Beschränkungen, so der EuGH in → Keck & Mithouard, verstoßen nicht gegen Art. 34 AEUV, außer sie bewirken den völligen Ausschluss vom Marktzugang. Die VO (EU) 2019/515 v. 19.3.2019 über die gegenseitige Anerkennung von Waren, die in einem anderen Mitgliedstaat rechtmäßig in Verkehr gebracht worden sind (ABl. EU 2019 L 91, 1) regelt ein Verfahren zur Klärung des Marktzugangs von Waren und zur Lösung von Konflikten.

b) Beschränkungen des freien Warenverkehrs können nach Art. 36 AEUV ausnahmsweise gerechtfertigt sein aus Gründen der öffentlichen Sittlichkeit, Ordnung und Sicherheit, zum Schutze der Gesundheit und des Lebens von Menschen, Tieren oder Pflanzen, des nationalen Kulturguts oder des gewerblichen und kommerziellen Eigentums. Die vorübergehenden Beschränkungen des freien Warenverkehrs während der Corona-Krise wurden hierauf gestützt. Weitere Rechtfertigungsgründe, sog. zwingende Erfordernisse, ergeben sich aus der Cassis-Entscheidung, etwa steuerliche Kontrollmöglichkeiten, Lauterkeit des Handelsverkehrs, Verbraucherschutz, Medienvielfalt etc. Danach gerechtfertigte Beschränkungen des freien Warenverkehrs müssen aber immer dem unionsrechtlichen → Verhältnismäßigkeitsgrundsatz (Art. 5 Abs. 4 EUV) genügen und dürfen nicht diskriminierend sein.

Freierstrafbarkeit
Schlagwortartig als „Freierstrafbarkeit" bezeichnet wird der Straftatbestand des § 232a VI StGB, der als Tatvariante der Zwangsprostitution (→ Menschenhandel 2) im Jahr 2016 durch das Gesetz zur Verbesserung der Bekämpfung des Menschenhandels vom 11.10.2016 (BGBl. 2016 I 2226) geschaffen wurde. Er stellt erstmals im deutschen Strafrecht „Kunden" („Freier") von Zwangsprostituierten unter Strafe. Erfasst wird, wer an einer Person, die Opfer von Menschenhandel oder Zwangsprostitution geworden ist und der Prostitution nachgeht, gegen Entgelt → sexuelle Handlungen vornimmt oder von ihr an sich vornehmen lässt und dabei deren persönliche oder wirtschaftliche Zwangslage oder deren Hilflosigkeit, die mit dem Aufenthalt in einem fremden Land verbunden ist, ausnutzt. Als Vorsatzdelikt (→ Vorsatz) setzt der Tatbestand insbes. voraus, dass der Täter um die besondere Situation des Opfers weiß. Durch das ÄndG v. 10.8.2021 (BGBl. 2021 I 3513) wurde in § 232a VI 2 StGB zudem ein Fahrlässigkeitstatbestand ergänzt. Ihn erfüllt bereits, wer bei der sexuellen Handlung die Situation des Opfers, seine Zwangslage oder seine Hilflosigkeit zumindest leichtfertig (→ Fahrlässigkeit) verkennt. Der Strafrahmen umfasst Freiheitsstrafe von drei Monaten bis zu fünf Jahren, beim Fahrlässigkeitstatbestand des § 232a VI 2 StGB Geldstrafe oder Freiheitsstrafe bis zu drei Jahren.

Freies Geleit
(sicheres Geleit, § 295 StPO) → Abwesenheitsverfahren.

Freies Mandat
→ Mandat der Abgeordneten.

Freiexemplare
→ Verlagsvertrag.

Freiflächenanlagen
Freiflächenanlagen sind → Solaranlagen, die nicht auf, an oder in Gebäuden oder baulichen Anlagen angebracht sind (§ 3 Nr. 22 EEG 2023).

Freigabeanspruch
→ Abtretung (1).

Freigabeverfahren
→ Hauptversammlungsbeschluss.

Freigrenze
Bei einer Freigrenze ist eine Einnahme nur steuerfrei, wenn der Gesamtbetrag den Betrag der Freigrenze nicht erreicht, zB → Spekulationsgewinne unter 600 EUR (§ 23 III 5 EStG). Übersteigt die Einnahme die Freigrenze, ist der gesamte Betrag steuerpflichtig. → Freibetrag.

Freihändige Vergabe
Die freihändige Vergabe (auch Verhandlungsverfahren genannt) stellt eine Form der Vergabe → Öffentlicher Aufträge im Wege eines → Vergabeverfahrens dar. Dabei wendet sich der Auftraggeber mit oder ohne Teilnahmewettbewerb an ausgewählte Unternehmen, um mit einem oder mehreren dieser Unternehmen über die Angebote zu verhandeln

(§ 119 Abs. 5 GWB, § 17 VgV). Zu den Einzelheiten und weiteren Verfahrensarten s. → Vergabeverfahren.

Freihändiger Verkauf
Bei der Pfandverwertung ist anstatt öffentlicher → Versteigerung auch der freihändige Verkauf der gepfändeten Sache durch den Gerichtsvollzieher möglich, wenn das Vollstreckungsgericht es anordnet (§ 825 ZPO). Dasselbe gilt für die Verwertung von Sachen, die einen Börsen- oder Marktpreis haben, auf Grund eines → Pfandrechts oder beim Selbsthilfeverkauf infolge → Gläubigerverzugs (§§ 1221, 385 BGB, § 373 HGB).

Freihafen
→ Zollgebiet.

Freihandelszone
→ EFTA, → Zollunion.

Freiheit des Meeres
Unter Freiheit des Meeres versteht man die Geltung der sogenannten Meeresfreiheiten auf → Hoher See. Die Hohe See ist frei von der Ausübung jeglicher staatlichen Hoheitsgewalt. Der Grundsatz der Freiheit des Meeres erstreckt sich jedoch nicht auf die → inneren Gewässer, das → Küstenmeer, die → Anschlusszone, die → ausschließliche Wirtschaftszone, den → Festlandsockel und den → Tiefseebergbau.

Freiheit, persönliche
1. Unter dem als → Grundrecht ausgestalteten allgemeinen Recht der Freiheit der Person garantiert Art. 2 GG jedermann das Recht auf freie Entfaltung seiner Persönlichkeit, soweit er nicht die Rechte anderer verletzt und nicht gegen die verfassungsmäßige Ordnung oder das Sittengesetz verstößt (Abs. 1), ferner das Recht auf Leben und körperliche Unversehrtheit sowie die körperliche Freiheit der Person, in die nur auf Grund eines Gesetzes eingegriffen werden darf (Abs. 2).

2. Mit dem Recht auf freie Entfaltung der Persönlichkeit hat das GG die menschliche Handlungsfreiheit (besser: Verhaltensfreiheit) in einem umfassenden Sinn garantiert, nicht nur einen Kernbereich. Entfaltung ist innerlich wie äußerlich gemeint, umfasst den persönlichen wie den sozialen Bereich, Kultur- und Wirtschaftsleben, aktives Tun und Unterlassen, das Sich-dem-Gemeinschaftsleben-Öffnen wie auch das Sich-Zurückziehen. Dementsprechend weit ist der Anwendungsbereich der Vorschrift: er reicht vom Schutz der Intimsphäre, des familiären Bereiches, des allgemeinen → Persönlichkeitsrechts bis zur wirtschaftlichen Betätigungsfreiheit, zur Freiheit der Vertragsgestaltung und zur Freiheit der Ausreise aus dem Bundesgebiet. Schranken der Entfaltungsfreiheit sind die Rechte anderer, das Sittengesetz und die verfassungsmäßige Ordnung (gelegentlich „Schrankentrias" genannt). Rechte anderer sind private u. subj.-öff. Rechte dritter Personen (gleiche Freiheitsräume für alle). Sittengesetz ist die Summe der von der Rechtsgemeinschaft anerkannten sittlichen Gemeinsamkeiten. Umstr. ist der Begriff „verfassungsmäßige Ordnung". Nach der Rechtsprechung des BVerfG (BVerfGE 6, 37 f.) sind darunter alle Rechtsnormen zu verstehen, die formell und materiell mit der Verfassung übereinstimmen. Haupteinwand gegen diese Auslegung ist, dass damit das Grundrecht unter einen allgemeinen Gesetzesvorbehalt gerate und gewissermaßen leerlaufe. Dem aber ist entgegenzuhalten, dass Gesetze nur dann verfassungsmäßig sind, wenn sie auch materiell mit den Grundwerten der freiheitlich-demokratischen Grundordnung als der verfassungsrechtlichen Wertordnung in Einklang stehen. Eine diesen Grundsätzen entsprechende Norm ist Bestandteil der verfassungsmäßigen Ordnung und verletzt die allgemeine Handlungsfreiheit nicht (BVerfGE 24, 235). Im sozial- und gesellschaftspolitischen Raum hat der Gesetzgeber einen weiten Raum zur freien Gestaltung. Wenn sich dort eine Zielsetzung nur unter Eingriff in die allgemeine Handlungsfreiheit erreichen lässt, so hat der Gesetzgeber das Spannungsverhältnis zwischen dem Schutz der Freiheit des Einzelnen und den Anforderungen einer sozial-staatlichen Ordnung zu lösen (BVerfGE 29, 235). Der Einzelne muss sich diejenigen Schranken seiner Handlungsfreiheit gefallen lassen, die der Gesetzgeber zur Pflege des sozialen Zusammenlebens in den Grenzen des allgemein Zumutbaren zieht, sofern dabei die Eigenständigkeit der Person gewahrt bleibt (BVerfGE 19, 96).

3. Das Recht auf Leben und körperliche Unversehrheit entzieht dem Staat grundsätzlich die Verfügung über Leben und Körper des Menschen. Außer dem Eingriffsverbot (negatives Recht) verpflichtet es den Staat positiv zu einem Tun (zB zu Schutzmaßnahmen gegen ansteckende Krankheiten), wenn sonst das Leben vernichtet oder gefährdet würde. Die Grenze liegt im Selbstbestimmungsrecht des Menschen (zB keine lebenverlängernden Operationen gegen den Willen des Patienten). Andererseits lässt der → Gesetzesvorbehalt zB Impfzwang, Zwangsbehandlung von Geschlechtskrankheiten, zwangsweise Blutgruppenuntersuchung, Pflichtröntgenreihenuntersuchungen usw zu. Auch die gesetzlich begründete Verpflichtung, Gesundheit und Leben im Interesse der Allgemeinheit zu opfern (Soldat, Polizeibeamter), schränkt das Grundrecht in zulässiger Weise ein.

4. Unter dem Recht auf (körperliche) Freiheit der Person ist die Freiheit vor Verhaftungen, Festnahmen u. ä. zu verstehen, nicht jedoch die Freiheit von jeglichem staatlichem Zwang. Der Gesetzesvorbehalt gestattet → Freiheitsentziehungen unter den gesetzlich festgelegten Voraussetzungen.

Freiheitliche demokratische Grundordnung
Freiheitliche demokratische Grundordnung ist ein in der Gesetzessprache (zB in Art. 18 GG,

§ 7 I BeamtStG, § 86 II StGB, § 93 II StGB) gebrauchter zusammenfassender Begriff für die dem Staatswesen der BRep. Deutschland zugrundeliegenden Ordnungs- und Wertvorstellungen. Man versteht darunter eine Ordnung, die unter Ausschluss jeglicher Willkürherrschaft (wie im → totalen Staat) eine rechtsstaatliche Herrschaftsordnung auf der Grundlage der Selbstbestimmung des Volkes nach dem Willen der jeweiligen Mehrheit und den Grundsätzen der Freiheit und Gleichheit darstellt. Zu den Prinzipien der Grundordnung gehören neben der Volkssouveränität vor allem die Achtung vor den → Menschenrechten, die → Gewaltentrennung, die Verantwortlichkeit der Regierung gegenüber dem → Parlament, die → Gesetzmäßigkeit der Verwaltung, die → Unabhängigkeit der Richter, das Mehrparteiensystem, die Chancengleichheit für alle politischen Parteien (→ Parteien, politische) und das Recht auf Bildung und Ausübung einer → Opposition (sa § 4 II BVerfSchG; → Verfassungsschutz). Dem Schutz der Grundordnung gegen Angriffe von innen dienen die im Zuge der → Notstandsverfassung eingefügten Vorschriften der Art. 87a IV GG, Art. 91 GG (vgl. → Notstand, innerer). Die freiheitliche demokratische Grundordnung ist der wesentliche Inhalt der → verfassungsmäßigen Ordnung; sa → Verfassungsgrundsätze. In das Richter- oder Beamtenverhältnis kann nur berufen werden, wer die Gewähr dafür bietet, dass er jederzeit für die freiheitlich demokratische Grundordnung eintritt (→ Radikale im öffentlichen Dienst).

Freiheitsberaubung
Straftatbestand nach § 239 StGB. Sie begeht, wer einen Menschen durch Einsperren oder auf andere Art – wenn auch vorübergehend – vorsätzlich und widerrechtlich daran hindert, seinen Aufenthaltsort nach eigenem Willen zu verlassen. Einsperren ist das Betätigen äußerer Verschlussvorrichtungen. Auf andere Art kann die Freiheitsberaubung zB durch List, Drohung, Gewalt oder Betäubung begangen werden (Verhaftenlassen durch Täuschung eines Polizisten, Verhindern des Aussteigens durch schnelles Fahren, Wegnahme der Kleider eines Badenden). Bei § 239 StGB handelt es sich um ein → Dauerdelikt: Die → Vollendung tritt bereits mit der Aufhebung der Fortbewegungsfreiheit ein, die → Beendigung dagegen erst dann, wenn das Opfer seine Freiheit wiedererlangt. Die Freiheitsberaubung ist → Unterlassungsdelikt, wenn der Täter sie gar nicht oder ohne → Vorsatz bewirkt hat und erst später bemerkt, nun aber das Opfer nicht befreit, obwohl er hierzu aufgrund einer → Garantenstellung verpflichtet ist (zB nach einem versehentlichen Einschließen durch den Täter). Die Rechtswidrigkeit fehlt bei → Einwilligung des Verletzten, kraft Gesetzes zB auf Grund des Erziehungsrechts, bei erlaubter → Festnahme wegen einer Straftat oder zur → Selbsthilfe. Sa → Gewaltschutz. Ein → Irrtum des Täters über Tatsachen, die eine Freiheitsberaubung rechtfertigen, lässt nach § 16 StGB den Vorsatz entfallen (ein Polizeibeamter nimmt bei Verfolgung eines Flüchtigen den Falschen fest); Irrtum über die Berechtigung zum Freiheitsentzug ist → Verbotsirrtum. Fahrlässige Freiheitsberaubung ist straflos, kann aber Schadensersatzansprüche begründen (§§ 823, 253 BGB). Die Freiheitsberaubung ist idR mit Freiheitsstrafe bis zu 5 Jahren oder Geldstrafe zu ahnden, in erschwerten Fällen (Dauer der Freiheitsberaubung über eine Woche, Gesundheitsschädigung oder Tod des Opfers) mit höheren Freiheitsstrafen. Über weitere qualifizierte Fälle von Freiheitsberaubung → Menschenraub (§ 239a StGB, dort auch über Geiselnahme, § 239b StGB).

Freiheitsentziehung
1. Freiheitsentziehung ist die Unterbringung einer Person gegen ihren Willen oder im Zustand der Willenlosigkeit in einem Haftraum oder einer abgeschlossenen Verwahr-, Fürsorge- oder Krankenanstalt. Nach Art. 104 GG kann die → Freiheit der Person nur auf Grund eines förmlichen → Gesetzes und nur unter Beachtung der darin vorgeschriebenen Formen beschränkt werden. Über die Zulässigkeit und Fortdauer einer F. hat nur der → Richter zu entscheiden. Daher ist bei jeder nicht auf richterlicher Anordnung beruhenden Freiheitsentziehung unverzüglich eine richterliche Entscheidung herbeizuführen. Die Polizei darf aus eigener Machtvollkommenheit niemanden länger als bis zum Ende des Tages nach dem Ergreifen in Gewahrsam halten.

2. Jeder wegen des Verdachtes einer Straftat vorläufig Festgenommene ist spätestens am Tage nach der Festnahme dem Richter vorzuführen, der ihm die Gründe der Festnahme mitzuteilen, ihn zu vernehmen und ihm Gelegenheit zu Einwendungen zu geben hat. Der Richter hat unverzüglich entweder einen mit Gründen vorgesehenen schriftlichen → Haftbefehl (oder → Unterbringungsbefehl) zu erlassen oder die Freilassung anzuordnen. Von jeder richterlichen Entscheidung über die Anordnung oder Fortdauer der Freiheitsentziehung ist unverzüglich ein Angehöriger des Festgehaltenen oder eine Person seines Vertrauens zu benachrichtigen. Diesen Grundsätzen entspricht das → Strafprozessrecht mit seinen Vorschriften über die vorläufige → Festnahme, die Verhaftung (→ Untersuchungshaft) und die → einstweilige Unterbringung.

3. Wird eine Freiheitsentziehung außerhalb des Strafrechts auf Grund Bundesrechts (zB des → Infektionsschutzgesetzes) angeordnet, so regeln die §§ 415 ff. FamFG v. 17.12.2008 (BGBl. 2008 I 2587) mÄnd das Verfahren. Verfügt werden kann die Freiheitsentziehung nur vom Amtsgericht auf Antrag der zuständigen Verwaltungsbehörde. Das Gericht hat den Betroffenen grundsätzlich mündlich zu hören; erscheint er auf Vorladung nicht, so kann Vor-

führung angeordnet werden. Die Unterbringung in einer abgeschlossenen Krankenanstalt oder -abteilung darf nur nach Anhörung eines ärztlichen Sachverständigen angeordnet werden. Das Gericht entscheidet über die Freiheitsentziehung durch Beschluss, der mit Beschwerde (§§ 58 ff. FamFG) angefochten werden kann. Die eine Freiheitsentziehung anordnende Entscheidung wird erst mit der → Rechtskraft wirksam; das Gericht kann jedoch sofortige Wirksamkeit anordnen. Die Fortdauer der Freiheitsentziehung ist vom Gericht von Amts wegen binnen bestimmter Frist (höchstens 1 Jahr) zu überprüfen. Die Freiheitsentziehung ist von Amts wegen aufzuheben, wenn der Grund für sie weggefallen ist. Das Gericht kann eine einstweilige Freiheitsentziehung anordnen, wenn ein Antrag auf Freiheitsentziehung gestellt ist und dringende Gründe für die Annahme vorhanden sind, dass die Voraussetzungen für die Unterbringung vorliegen, und wenn über die endgültige Unterbringung nicht rechtzeitig entschieden werden kann.

4. Für Freiheitsentziehungen nach Landesrecht (→ Anstaltsunterbringung, 4) bestehen ebenfalls Verfahrensvorschriften, die sich an das Bundesrecht anlehnen oder hierauf verweisen. Unter besonderen Voraussetzungen kann die – richterlich angeordnete – Freiheitsentziehung auch zum Zweck der Verhinderung von Straftaten erfolgen (→ Unterbindungsgewahrsam).

5. Ein Rechtsmittel gegen eine richterliche Anordnung der Freiheitsentziehung wird nach Beendigung der Freiheitsentziehung, durch die sich die Maßnahme erledigt hat, grundsätzlich nicht wegen prozessualer Erledigung unzulässig (BVerfG NJW 1997, 2163).

Freiheitsstrafe
ist seit dem 1. StrRG 1969 nach dem StGB die einzige Strafe an der Freiheit; in ihr sind die früheren Strafarten Zuchthaus, Gefängnis, Einschließung, Haft vereinigt. Als weitere Freiheitsstrafe kennt das JGG die Jugendstrafe (hingegen ist der Jugendarrest keine Strafe, sondern Zuchtmittel, → Jugendstrafrecht), das WStG den Strafarrest. Im Einzelnen → Strafen (1).

Freikirchen
Der Begriff wird nicht einheitlich verwendet. Freikirchen werden zT die → Religionsgesellschaften genannt, die neben den mit dem Recht einer → Körperschaft öffentlichen Rechts ausgestatteten Kirchen bestehen. Auch den Freikirchen gewähren Art. 4 und 140 GG, Art. 137 WV das Recht freier Vereinigung und Religionsausübung sowie der Regelung ihrer eigenen Angelegenheiten. Sie erwerben Rechtsfähigkeit idR nach den Vorschriften des BGB (→ Verein). Sa → Sekten. Teilweise werden die nicht der EKD angehörenden evangelischen Kirchen (→ evangelische Kirche) als Freikirchen bezeichnet, auch wenn sie zT Körperschaftsstatus haben.

Freilager
→ Zollgebiet.

Freiliste
→ Konterbande.

Freirechtslehre
→ Begriffsjurisprudenz.

Freischärler
Freischärler wird der Angehörige einer Freischar genannt, dh einer sich im Kriege ohne Ermächtigung durch die kriegführenden Staaten durch freiwilligen Zulauf bildenden militärischen Formation. Nach Art. 1 → Haager Landkriegsordnung ist der Freischärler den Angehörigen des Heeres gleichgestellt, wenn die Freischar einen verantwortlichen Führer hat, ein bestimmtes aus der Ferne erkennbares Abzeichen verwendet, die Waffen offen führt und die Gesetze und Gebräuche des Krieges beachtet. Hiervon geht auch Art. 4 Genfer Abkommen über die Behandlung der Kriegsgefangenen vom 12.8.1949 (→ Genfer Konventionen) aus. Die Regelung der Haager Landkriegsordnung ist durch das 1. Zusatzprotokoll von 1949 überholt. Im Wesentlichen verlangt das Völkerrecht nur noch das offene Tragen der Waffen als Voraussetzung für den Kombattantenstatus, der zur Gleichstellung mit den Angehörigen des Heeres führt. Sa → Kriegsrecht (2), → Kombattant.

Freischuss
(Freiversuch) nennt man die erstmals 1990 in Bayern für die damalige Erste Juristische Staatsprüfung (→ Befähigung zum Richteramt) zum Zwecke der Studienzeitverkürzung eingeführte Möglichkeit, die Prüfung frühzeitig (spätestens nach dem 8. Fachsemester) mit der Folge abzulegen, dass sie bei einem Misserfolg als nicht abgelegt gilt, dem Teilnehmer also die regulären Versuche bleiben. Nunmehr bundesweit für die staatliche Pflichtfachprüfung geregelt in § 5d V 2 DRiG (s. → Befähigung zum Richteramt). Den Freischuss gibt es inzwischen auch in anderen Studiengängen.

Freisetzung
1. Im → Gentechnikrecht versteht man unter Freisetzung nach § 3 Nr. 5 GenTG das gezielte Ausbringen von → gentechnisch veränderten Organismen in die Umwelt. Die Freisetzung von gentechnisch veränderten Organismen wird durch das → Bundesamt für Verbraucherschutz und Lebensmittelsicherheit (BVL) genehmigt (§§ 14 ff. GenTG). Bei der Freisetzung entscheiden mehrere Behörden gemeinsam, zT nach einem Anhörungsverfahren (§ 18 II GenTG, VO idF v. 4.11.1996, BGBl. 1996 I 1649 mÄnd). Werden die Genehmigungsvoraussetzungen erfüllt, besteht Rechtsanspruch auf die Genehmigung. Zum Zweck der Überwachung etwaiger Auswirkungen freigesetzter GVO und zur Öffentlichkeitsinformation werden alle Freisetzungen in einem allgemein zugänglichen Standortregister erfasst, das vom BVL geführt wird

(§§ 16a, 31 GenTG). Ausgenommen hiervon ist → Saatgut gem. § 16e GenTG. Sa → Inverkehrbringen eines GVO enthaltenden Produktes.

2. Sa → Sprengstoff- u. Strahlungsverbrechen, → Immissionen, → Atomgesetz.

Freisprechung
Als Freisprechung (oder auch Lossprechung) bezeichnet man den feierlichen Abschluss der Ausbildungszeit eines → Auszubildenden in einem Handwerksberuf. Den Auszubildenden werden dabei, meist im Rahmen einer Feier, nach erfolgreicher Prüfung die Gesellenbriefe übergeben. Die Freisprechung beruht auf der Lossprechung der Lehrlinge aus dem Familienverband des Meisters (→ Handwerksmeister) in den handwerkerlichen Zünften im ausgehenden Spätmittelalter.

Freispruch im Strafverfahren
→ Hauptverhandlung, → Kostenpflicht, → Strafverfolgung (ungerechtfertigte).

Freistaat
ist andere Bezeichnung für → Republik. Freistaat ist nach seiner Verfassung von 1946 → Bayern, seit 1990 auf Grund Landtagsbeschlusses und seit 1992 nach Art. 1 Verfassung des Freistaates Sachsen → Sachsen, seit 1994 auch → Thüringen.

Freistellung
Der Arbeitgeber kann auch im Zusammenhang mit der → Kündigung eines → Arbeitsverhältnisses den Arbeitnehmer bis zur Auflösung des Arbeitsverhältnisses grds. (dh va ohne entsprechende Kollektiv- oder Individualvereinbarung bzw. ohne wichtigen Grund) nicht einseitig von der Arbeit freistellen (→ Beschäftigungspflicht; zur Vergütungspflicht → Gläubigerverzug, 3), praktisch geschieht dies häufig jedoch unwidersprochen. Möglich ist aber die Gewährung von → Urlaub (wenn die Freistellung unwiderruflich erfolgt auch Freistellung unter Anrechnung von Urlaub) oder Freizeitausgleich aus einem → Arbeitszeitkonto. Sa → Betriebsrat zur Freistellung von Betriebsratsmitgliedern während ihrer Amtszeit. Möglich ist zudem eine einvernehmliche Freistellungsvereinbarung; anderweitiger Erwerb kann dann nur bei zB ausdrücklicher oder konkludenter Vereinbarung angerechnet werden (BAG 23.2.2021 – 5 AZR 314/20, NZA 2021, 778). Während der Freistellung bezahlter Lohn ist, auch als Einmalbetrag bezahlt, steuerlich keine → Abfindung (BFH 27.4.1994 – XI R 41/93, BStBl. II 1994, 653). Sozialversicherungsrechtlich bleibt das Versichertenverhältnis auch während einer unwiderruflichen Freistellung bestehen (BSG 24.9.2008 – B 12 KR 22/07 R, NJW 2009, 1775).

Freistellung im Kartellrecht
Wettbewerbsbeschränkende Vereinbarungen, sind im → Kartellrecht grds. verboten, jedoch vom Verbot freigestellt, wenn sie die Voraussetzungen des Art. 101 Abs. 3 AEUV oder des § 2 GWB erfüllen und deshalb ihre Vorteile die Wettbewerbsnachteile überwiegen. Danach müssen die Vereinbarungen (1) zur Verbesserung der Warenerzeugung oder -verteilung oder Förderung des technischen oder wirtschaftlichen Fortschritts beitragen (z. B. Herstellung neuer Produkte, Sicherstellung der Versorgung mit Rohstoffen, Erschließung neuer Märkte, Senkung von Vertriebskosten), (2) die Verbraucher an dem entstehenden Gewinn angemessen beteiligen (z. B. müssen sich die gesenkten Vertriebskosten auch in geringeren Abnehmerpreisen niederschlagen), (3) nur unerlässliche Wettbewerbsbeschränkungen enthalten (es dürfen nur solche Beschränkungen vereinbart werden, die zur Erzielung der Fortschritts erforderlich sind) und schließlich (4) nicht zu einer Ausschaltung des Wettbewerbs für einen wesentlichen Teil der betreffenden Waren führen (so darf der Marktmechanismus nicht außer Kraft gesetzt werden). Vereinbarungen, die diese Voraussetzungen erfüllen, sind gemäß § 1 Abs. 2 → Kartellverfahrensverordnung und § 2 Abs. 1 GWB vom Verbot ausgenommen (Legalausnahme). Für bestimmte Gruppen von Vereinbarungen werden diese Voraussetzungen durch → Gruppenfreistellungsverordnungen konkretisiert. Daneben hat die → Europäische Kommission zur Auslegung des Art. 101 Abs. 3 AEUV (früher Art. 81 III EG) Leitlinien mitgeteilt (ABl. EG 2004 C 101, 97).

Freistellungsanspruch
→ Befreiung des Schuldners.

Freistellungsauftrag
→ Kapitalertragsteuer (Zinsabschlagsteuer).

Freistellungsbescheid
ist ein dem → Steuerbescheid gleichgestellter Bescheid, der einen Sachverhalt von der Steuer ganz oder teilweise freistellt (§ 155 I 3 AO; zB Steuerfreistellung eines gemeinnützigen Vereins). Die Ablehnung eines Freistellungsbescheides durch das Finanzamt ist kein vollziehbarer Verwaltungsakt (→ Vollziehung, sofortige, 2).

Freistellungstatbestände
→ Freistellung im Kartellrecht.

Freistellungsverordnungen der EU
→ Gruppenfreistellungsverordnungen und → Freistellung im Kartellrecht.

Freistuhl
→ Feme.

Freiverband
→ Zweckverband.

Freiverkehr
oder Open Market wird der börsliche Handel mit → Wertpapieren genannt, die an der → Börse weder zum Handel im → regulierten Markt zugelassen noch einbezogen sind (§ 48 BörsG).

1. Eine Börse kann einen Freiverkehr zulassen, wenn durch eine Handelsordnung und

Geschäftsbedingungen eine ordnungsgemäße Durchführung des Handels und der Geschäftsabwicklung gewährleistet ist. Die Handelsordnung regelt den Ablauf des Handels, die Geschäftsbedingungen die Teilnahme am Handel und die Zulassung von Wertpapieren. Der Betrieb des Freiverkehrs bedarf der Erlaubnis und ist privatrechtlich organisiert, unterliegt allerdings teilweise der öffentlich-rechtlichen Aufsicht durch → Börsenorgane und → Börsenaufsicht. Die meisten Vorschriften des BörsG sind anwendbar (§ 48 III).

2. Zulassungsvoraussetzungen und Berichtspflichten sind, anders als im regulierten Markt, gering. Einzelheiten regeln die Börsenordnungen und die privatrechtlichen Geschäftsbedingungen der Börsen. Im Frankfurter Freiverkehr sind überwiegend ausländische Aktien und Optionsscheine auf ausländische Aktien zugelassen.

3. Der Freiverkehr gilt nicht als organisierter Markt iSv § 2 XI WpHG, sondern als → multilaterales Handelssystem. Seine → Emittenten unterliegen gleichwohl den Anlegerschutzvorschriften der MAR, etwa der → Ad-hoc-Publizität; das WpÜG findet dagegen keine Anwendung. Eine Prospektpflicht besteht grundsätzlich, da die Wertpapiere im Freiverkehr öffentlich angeboten werden (§ 3 WpPG, → Wertpapierprospektgesetz).

4. Der Freiverkehr an der Frankfurter Wertpapierbörse ist unterteilt in die Bereiche Scale, Basic Board und Quotation Board. Als Telefonverkehr oder ungeregelten Freiverkehr bezeichnet man den außerhalb der Börse von Bank zu Bank stattfindenden Handel in Wertpapieren und Devisen.

Freiversuch
→ Freischuss.

Freiwillige
Traditionell wurden als Freiwillige diejenigen Soldaten bezeichnet, die ohne rechtliche Verpflichtung (→ Wehrpflicht) Dienst bei den Streitkräften tun. Nach der Aussetzung der Wehrpflicht gibt es in Deutschland außerhalb des Spannungs- oder Verteidigungsfalles nur noch Freiwillige. Der freiwillige Wehrdienst ist in §§ 54 ff. WPflG geregelt (→ Wehrdienst, 7). Als Freiwillige können auch die Mitarbeiter im → Bundesfreiwilligendienst und in den → Jugendfreiwilligendiensten sowie insbes. auch im → Zivilschutz und → Katastrophenschutz bezeichnet werden.

Freiwillige Gerichtsbarkeit
1. Die freiwillige Gerichtsbarkeit ist ein Teil der → ordentlichen Gerichtsbarkeit; sie steht im Gegensatz zur streitigen Gerichtsbarkeit. Sie ist ein staatlich geregeltes, gerichtliches Verfahren für bestimmte (meist privatrechtliche) Angelegenheiten, das teils von Amts wegen, teils auf Antrag eingeleitet wird. Die freiwillige Gerichtsbarkeit umfasst → Rechtsprechung (zB Entscheidungen des Nachlassgerichts über den Antrag auf Erteilung eines Erbscheins; Besonderheiten in → Familien- und → Ehesachen) und sonstige → Rechtspflege. Das grundlegende Verfahrensgesetz ist das G über das Verfahren in Familiensachen und in Angelegenheiten der freiwilligen Gerichtsbarkeit (FamFG) v. 17.12.2008 (BGBl. 2008 I 2586) mÄnd (davor: FGG = Gesetz über die Angelegenheiten der freiwilligen Gerichtsbarkeit). In der freiwilligen Gerichtsbarkeit herrscht weitgehend → Amtsbetrieb; es gilt der → Untersuchungsgrundsatz (§ 26 FamFG). Entscheidungen ergehen nicht durch → Urteil, sondern nur durch → Beschluss (§ 38 FamFG) oder → Verfügung. Es gibt keine → Parteien, sondern → Beteiligte. Die Verhandlung ist nicht öffentlich. Eine mündliche Verhandlung findet nur auf Anordnung des Gerichts statt (§ 32 FamFG); anders ist es zB in → Ehesachen und Familienstreitsachen (→ Familiensachen). Gegen die Beschlüsse und Verfügungen im ersten Rechtszug findet die → Beschwerde statt (§ 58 FamFG); sie ist, soweit nichts Anderes vorgesehen ist, binnen einer Frist von 1 Monat, bei → einstweiliger Anordnung 2 Wochen ab Bekanntgabe einzulegen (§ 63 FamFG). Gegen die Beschwerdeentscheidung ist als weitere Beschwerde die → Rechtsbeschwerde gegeben, wenn sie das Beschwerdegericht wegen grundsätzlicher Bedeutung oder zur Sicherung einer einheitlichen Rechtsprechung zugelassen hat, in einzelnen Fällen (zB Freiheitsentziehung, Unterbringung) auch ohne Zulassung (§ 70 FamFG).

2. In erster Instanz ist das → Amtsgericht zuständig (§ 23a GVG). Beschwerdegericht ist grundsätzl. das → Landgericht). Besonderheiten gelten für → Familiensachen, insbes. für → Ehesachen (siehe dort sowie → Familiengericht). Beschwerdegericht ist hier das Oberlandesgericht, über die Rechtsbeschwerde entscheidet der Bundesgerichtshof (§§ 119, 133 GVG).

3. Zur freiwilligen Gerichtsbarkeit gehören insbes.: die Tätigkeit der Amtsgerichte als → Nachlass-, → Familien-, → Betreuungs-, → Registergericht (Handels-, Vereins-, Genossenschafts-, Güterrechts-, Schiffs- und Musterregister), → Grundbuchamt, die Beurkundungen (→ Form, 1c), → Landwirtschaftssachen, → Freiheitsentziehung.

Freiwillige Selbstkontrolle
→ Selbstkontrolle.

Freiwillige Versicherung
Eine freiwillige Versicherung in der → Sozialversicherung ist möglich in der → Krankenversicherung, der → Unfallversicherung, der → Rentenversicherung und der → Pflegeversicherung. Das aktuelle Recht der → Arbeitsförderung nach dem SGB III sieht dagegen die Möglichkeit einer freiwilligen Versicherung nicht vor, sondern hat die frühere freiwillige Weiterversicherung nunmehr als Pflichtversicherung auf Antrag ausgestaltet; allerdings ist im Regelfall eine bereits vorher bestehende

Pflichtversicherung Voraussetzung der Antragspflichtversicherung.

1. In der Krankenversicherung besteht die Möglichkeit einer freiwilligen Versicherung für Personen, die aus der Versicherungspflicht ausgeschieden sind und in den letzten 5 Jahren zuvor mindestens 24 Monate oder unmittelbar vorher ununterbrochen 12 Monate versichert waren (§ 9 SGB V); für Familienversicherte nach Erlöschen der → Familienversicherung; für Kinder, die wegen zu hohen Einkommens des Vaters oder der Mutter nicht familienversichert sind; für Personen nach erstmaliger Aufnahme einer Beschäftigung, die wegen Überschreitung der → Jahresarbeitsentgeltgrenze versicherungsfrei sind; für schwerbehinderte Menschen, wenn der Vater oder die Mutter oder der Ehegatte oder sie selbst in den letzten 5 Jahren vor dem Beitritt mindestens 3 Jahre versichert waren (auch ohne diese Voraussetzung, wenn ihnen deren Erfüllung wegen ihrer Behinderung nicht möglich war); für Arbeitnehmer, deren Mitgliedschaft wegen Aufnahme einer Arbeit im Ausland endete, wenn sie innerhalb von zwei Monaten nach der Rückkehr wieder eine Beschäftigung aufnehmen; § 9 SGB V, § 6 KVLG 1989. Freiwillige Mitglieder in der gesetzlichen Krankenversicherung sind versicherungspflichtig (→ Versicherungspflicht) in der sozialen → Pflegeversicherung (§ 20 Abs. 2 SGB XI).

Erlischt die Mitgliedschaft von Versicherungspflichtigen, weil das Entgelt die → Jahresarbeitsentgeltgrenze übersteigt (§ 6 Abs. 2 SGB V), muss die Krankenkasse die Versicherten darauf hinweisen, dass sie aus der Versicherung austreten können; sie haben dann 14 Tage Zeit sich zu entscheiden. Lassen die die Frist verstreichen, setzt sich die Mitgliedschaft als freiwillige fort (§ 188 SGB V).

2. In der → Unfallversicherung ist eine freiwillige Versicherung möglich für Unternehmer (nicht Haushaltsvorstände) und ihre im Unternehmen tätigen Ehegatten sowie für Personen, die in Kapital- oder Personenhandelsgesellschaften regelmäßig wie ein Unternehmer selbständig tätig sind und für zahlreiche ehrenamtlich Tätige (§ 6 SGB VII).

3. In der → Rentenversicherung ist eine freiwillige Versicherung möglich für nicht versicherungspflichtige Personen vom 16. Lebensjahr an; bei gewöhnlichem Auslandsaufenthalt nur für Deutsche. Beamte und andere versicherungsfreie oder von der Versicherung befreite Personen können sich idR nur dann freiwillig versichern, wenn sie die allgemeine → Wartezeit erfüllt haben (§ 7 SGB VI). Die einschränkenden Möglichkeiten für den vorgenannten Personenkreis sind zum 10.8.2010 entfallen (SGB IV ÄndG BGBl. 2010 I 1127). Wurde eine → Altersrente bindend festgestellt, ist eine freiwillige Versicherung für Zeiten vor dem Rentenbeginn nicht möglich. Gerade in Zeiten mit geringen am Kapitalmarkt erzielbaren Renditen, kann die freiwillige Rentenversicherung eine interessante Option darstellen.

4. In der sozialen → Pflegeversicherung besteht die Möglichkeit einer freiwilligen Weiterversicherung für Personen, die in den letzten fünf Jahren vor ihrem Ausscheiden aus der → Versicherungspflicht mindestens 24 Monate oder unmittelbar vor dem Ausscheiden mindestens 12 Monate versichert waren. Gleiches gilt für Personen, deren → Familienversicherung erlischt; der Antrag ist in diesem Fall innerhalb von drei Monaten nach Beendigung der Mitgliedschaft zu stellen. Personen, die wegen der Verlegung ihres Wohnsitzes oder gewöhnlichen Aufenthalts ins Ausland aus der Versicherungspflicht ausscheiden, können sich auf Antrag ebenfalls weiterversichern; der Antrag ist bis spätestens einen Monat nach Ausscheiden aus der Versicherungspflicht bei der → Pflegekasse zu stellen, bei der die Versicherungspflicht zuletzt bestanden hat (§ 26 SGB XI).

Freiwilliger Wehrdienst
Soldatengesetz (4) → Wehrdienst (8).

Freizeichnungsklausel
→ Verschulden (2), → Allgemeine Geschäftsbedingungen, → Vertrag (1), → Selbstbelieferungsvorbehalt.

Freizeitarrest
ist eine der drei Formen des → Jugendarrestes, der nach §§ 13, 16 JGG als → Zuchtmittel verhängt werden kann. → Jugendstrafrecht.

Freizone
→ Zollgebiet.

Freizügigkeit
1. Nach Art. 11 GG genießen alle Deutschen Freizügigkeit im ganzen → Bundesgebiet. Es ist ihnen damit als → Grundrecht garantiert, dass sie ohne Behinderung durch die Staatsgewalt an jedem Ort innerhalb des Bundesgebietes Aufenthalt und Wohnsitz nehmen können. Art. 11 GG garantiert zugleich allen Deutschen das Recht, in das Bundesgebiet einzureisen und einzuwandern. Allerdings kann das Grundrecht der Freizügigkeit durch Gesetz für die Fälle eingeschränkt werden, in denen eine ausreichende Lebensgrundlage nicht vorhanden ist, so dass der Allgemeinheit besondere Lasten entstehen würden, ferner wenn die Einschränkung zum Schutze der Jugend vor Verwahrlosung, zur Seuchenbekämpfung oder zur Verhinderung strafbarer Handlungen erforderlich ist; ferner zur Abwehr drohender Gefahren für die freiheitliche demokratische Grundordnung oder zur Bekämpfung von Naturkatastrophen u. dgl. Demnach sind zB die Vorschriften des Familienrechts über die Bestimmung des Aufenthalts der Minderjährigen, des Jugendschutzgesetzes, des Infektionsschutzgesetzes sowie des Polizei- und Sicherheitsrechtes verfassungsgemäß, auch wenn sie die Freizügigkeit beschränken. Das Grundrecht der Freizügigkeit innerhalb des

Bundesgebietes garantiert nicht das Recht auf → Ausreise; letzteres lässt sich nur aus der allgemeinen persönlichen → Freiheit (Art. 2 I GG) ableiten. Die Freizügigkeit gilt nicht für Ausländer. Ihre Einreise und ihr Aufenthalt kann gesetzlich beschränkt werden (→ Ausländerrecht); doch ist gem. Art. 39 EGV die Freizügigkeit der Arbeitnehmer innerhalb der EG herzustellen (→ Aufenthaltserlaubnis). Nach Art. 12 I Internationaler Pakt über bürgerliche und politische Rechte vom 19.12.1966 (BGBl. 1973 II 1434) hat jedermann, der sich rechtmäßig im Hoheitsgebiet eines Staates aufhält, das Recht, sich dort frei zu bewegen und seinen Wohnsitz frei zu wählen. Nach Art. 12 II Internationaler Pakt über bürgerliche und politische Rechte steht es jedermann frei, jedes Land einschließlich seines eigenen zu verlassen (Einschränkungsmöglichkeiten nach Art. 12 III Internationaler Pakt über bürgerliche und politische Rechte zB zum Schutze der nationalen Sicherheit oder der öffentlichen Ordnung).

2. Freizügigkeit im europäischen Gemeinschaftsrecht → Arbeitnehmerfreizügigkeit, → Niederlassungsfreiheit, → Dienstleistungsverkehr, → Ausländerrecht (1 und 4).

Freizügigkeit der Arbeitnehmer (Wanderversicherung)
Die Freizügigkeit der Arbeitnehmer (Wanderversicherung) regelt das Recht der Anwendung des → gesetzlichen Sozialversicherungsrechts für die Personen, die ua als → Grenzgänger bei Wanderversicherung zu beurteilen sind. Maßgebendes Recht ist das Recht der EU. Danach hat jedes Land der EU in seinem nationalen Recht dafür Sorge zu tragen, dass Arbeitnehmer, die in einem Staat der EU wohnen und in einem anderen Staat der EU arbeiten, nicht ihren sozialrechtlichen Status verlieren oder in beiden Staaten (Wohnsitzstaat und Arbeitsstaat) Sozialabgaben leisten müssen. Die Arbeitnehmerfreizügigkeit ist in Art. 45 AEUV geregelt und stellt ein wesentliches Recht dar. Rechtsgrundlage für die Freizügigkeit der Arbeitnehmer sind ua die Freizügigkeits-VO VO (EU) 492/2011 hinsichtlich der Freizügigkeit, hinsichtlich der Angleichung der Sozialversicherungssysteme die VO (EG) 883/2004 und die Durchführungsverordnung VO (EG) 987/2009. Die Freizügigkeit der Arbeitnehmer darf nicht verwechselt werden mit der → Einstrahlung bzw. → Ausstrahlung;.

Freizügigkeitsgesetz
1. Das Gesetz über die allgemeine Freizügigkeit von Unionsbürgern (Freizügigkeitsgesetz – FreizügG/EU) v. 30.7.2004 (BGBl. 1950 I 1986) regelt Einreise und Aufenthalt von Bürgern der → Europäischen Union (EU), des → Europäischen Wirtschaftsraums (EWR) und untere bestimmten Voraussetzungen auch von Bürgern des Vereinigten Königreichs und Nordirlands sowie deren Angehörigen (§ 1 FreizügG/EU). Von der Freizügigkeit können Unionsbürger zur Aufnahme von Arbeit oder einer Berufsausbildung, für sechs Monate zur Arbeitssuche oder zur Aufnahme einer selbständigen Tätigkeit Gebrauch machen (§ 2 I und II FreizügG/EU). Familienangehörige und nahestehende Personen genießen ebenfalls Freizügigkeit (§ 3 FreizügG/EU), Ehegatten unter bestimmten Voraussetzungen auch nach Auflösung der Ehe oder nach dem Tod des Ehegatten. Unionsbürger, die sich seit fünf Jahren (in bestimmten Fällen zB bei älteren Arbeitnehmern nach drei Jahren) rechtmäßig in Deutschland aufhalten, haben das Recht zum Daueraufenthalt (→ Daueraufenthaltsrecht), auch wenn die ursprünglichen Voraussetzungen zur Freizügigkeit nicht mehr vorliegen (§ 4a FreizügG/EU).

2. Unionsbürger bedürfen für die Einreise keines → Visums und für den Aufenthalt keines → Aufenthaltstitels (§ 2a FreizügG/EU). Für einen Aufenthalt von bis zu drei Monaten ist der Besitz eines Reisepasses oder eines Personalausweises ausreichend. Nach drei Monaten kann die zuständige Meldebehörde verlangen, dass die Voraussetzungen der Einreise glaubhaft gemacht werden; bei besonderem Anlass kann der Fortbestand der Voraussetzungen für die Freizügigkeit überprüft werden (§ 5 II u. III FreizügG/EU). Freizügigkeitsberechtigten Familienangehörigen wird eine Aufenthaltskarte ausgestellt (§ 5 I FreizügG/EU).

3. Der Verlust des Rechts auf Freizügigkeit kann nur aus Gründen der öffentlichen Ordnung, Sicherheit oder Gesundheit festgestellt werden; strafrechtliche Verfolgung reicht nur dann aus, wenn eine hinreichend schwere Gefährdung vorliegt, die die Grundinteressen der Gesellschaft berührt (§ 6 I und II FreizügG/EU).

Fremdbesitz
→ Besitz.

Fremdbesitzerexzess
→ Eigentumsherausgabeanspruch.

Fremdenrecht
ist der inzwischen überholte Begriff für diejenigen Rechtsvorschriften, die sich mit der Rechtsstellung der → Ausländer befassen.

Fremdenverkehr
Für das Recht des Fremdenverkehrs sind privatrechtlich vor allem das → Reisevertragsrecht, die → Gastwirtshaftung und die Bedingungen des Beherbergungsvertrages von Bedeutung. Öffentlich-rechtlich sind die Fremdenverkehrsabgaben (→ Kurtaxe, → Gemeindeabgaben), das Recht der → Gaststätten (mit Erleichterungen für kleine Privatvermieter), die besonderen Bedingungen für → Ferienwohnungen, -appartements sowie das Recht der → Personenbeförderung zu beachten. Sa → Alpenkonvention, → Reisebüro.

Fremdfinanzierung
ist die Deckung eines Kapitalbedarfs durch Fremdkapital. Anders → Eigenfinanzierung.

Fremdgefährdung, einverständliche
Mit dem Terminus der einverständlichen Fremdgefährdung werden idR Fälle der → Einwilligung des Verletzten (nicht: des → Einverständnisses; zum Hintergrund der Terminologie s. u.) in ein fahrlässiges oder jedenfalls risikobehaftetes Verhalten eines Dritten bezeichnet, welches den Tatbestand eines → Erfolgsdelikts erfüllt. Eine solche Einwilligung ist nach hM möglich. Sie bezieht sich anders als bei einer gezielten Tat nicht auf den Eintritt eines Schadens bzw. eines Erfolgs, sondern auf die (fahrlässige) Handlung und die mit ihr verbundene Gefährdung eines Rechtsguts. Einer Fremdgefährdung setzt sich zB aus, wer sich im Auto eines alkoholisierten Fahrers nach Hause fahren oder als Sportler ein riskantes Dopingmittel verabreichen lässt. Strafrechtliche Relevanz erlangen die Fälle idR erst dann, wenn sich die Gefahr verwirklicht und eine Schädigung zur Folge hat. Unter Anwendung der Regeln der Einwilligung kann dann auch in diesen Fällen der Täter gerechtfertigt sein.

Inwieweit auf die Einwilligung in eine Gefährdung die Verfügungsbeschränkungen Anwendung finden, die für die Einwilligung in eine Verletzung gelten (→ Einwilligung des Verletzten 1a), ist umstritten. Die Rechtsprechung wendet jedenfalls § 228 StGB an mit der Konsequenz, dass die Einwilligung in die Schaffung einer konkreten Gefahr der → Tötung oder schweren → Körperverletzung unwirksam ist (zB BGHSt 53, 55). Die Inkaufnahme einer bloß abstrakten Lebensgefahr (etwa im Beispielsfall der Heimfahrt im Auto eines alkoholisierten Fahrers) muss dagegen nicht zwingend mit § 216 StGB kollidieren.

Die Fremdgefährdung ist abzugrenzen von der Beteiligung an einer → Selbstgefährdung oder -schädigung des Betroffenen, die regelmäßig zum Ausschluss der → objektiven Zurechnung führt und straflos ist. Die Unterscheidung richtet sich danach, wer → Tatherrschaft über den letzten, zum Erfolg führenden Handlungsakt innehat (näher → Selbstgefährdung oder -schädigung 2, 3).

Die dogmatischen Einordnung der Fremdgefährdung als Form der rechtfertigenden Einwilligung ist umstritten. Hierauf deutet schon die etablierte Bezeichnung der Fallgruppe als „einverständliche" Fremdgefährdung hin. Sie dürfte auf Vertreter des strafrechtlichen Schrifttums zurückgehen, die der Einwilligung generell und nicht nur bei bestimmten Delikten tatbestandsausschließende Wirkung zumessen und sie daher, anders als die hM, nicht vom → Einverständnis unterscheiden. In der Konsequenz einer solchen Verortung der Problematik als Frage des objektiven Tatbestands liegt es, die Möglichkeit einer Einwilligung allein in eine gefährliche Handlung abzulehnen, da zum Tatbestand eines Erfolgsdelikts stets auch der Erfolgseintritt gehört. Entsprechend wird der Gedanke einer rechtfertigenden Einwilligung in ein bloßes Risiko abgelehnt. Die Vertreter dieser Auffassung wenden stattdessen auch hier die Regeln der Selbstgefährdung und damit der → objektiven Zurechnung an, wenn ein Tatbestand seinem Schutzzweck nach die einverständliche Fremdgefährdung nicht erfasst, nämlich wenn die Fremdgefährdung einer Selbstgefährdung unter allen wesentlichen Aspekten gleichsteht. Das soll der Fall sein, wenn der eingetretene Schaden Folge des eingegangenen Risikos ist und der Betroffene zurechnungsfähig war und das Risiko genauso überblicken konnte wie der Gefährdende (grundlegend Roxin, Strafrecht Allg. Teil I, § 11 Rn. 123 ff.).

Fremdgeschäftsführung
→ Geschäftsführung ohne Auftrag.

Fremdorganschaft
→ Drittorganschaft.

Fremdrenten
sind Renten der gesetzlichen → Rentenversicherung, die auf Grund des Fremdrentengesetzes vom 25.2.1960 (BGB. 1960 I 93) mspätÄnd an Vertriebene, heimatlose Ausländer und sonstige im § 1 FRG genannte Personen gewährt werden. Hierbei werden bestimmte bei einem Versicherungsträger außerhalb der Bundesrepublik zurückgelegte Versicherungszeiten sowie bestimmte Beschäftigungszeiten angerechnet. In den neuen Bundesländern gilt das FRG nicht (Kap. VIII Sachg. H Abschn. I Nr. 17 EinigV). Soweit → Beitragszeiten in der ehem. DDR zurückgelegt wurden, werden, wenn die Zeiten lediglich glaubhaft gemacht wurden, für die → Rentenberechnung → Entgeltpunkte unter Anwendung von § 256b I 9 SGB VI iVm den Anlagen 1–16 zum FRG errechnet.

Fremdvergleich
Bei Rechtsverhältnissen, die nicht von gegensätzlichen wirtschaftlichen Interessen geprägt sind (wie im Geschäftsverkehr üblich), sondern bei denen nicht auszuschließen ist, dass sie wegen gleichliegender wirtschaftlicher Interessen aus anderen als Geschäftsgründen abgeschlossen worden sind, ist zwecks steuerlicher Anerkennung ein Fremdvergleich erforderlich. Bei diesem wird geprüft, ob die vertraglichen Beziehungen so abgeschlossen und durchgeführt wurden, wie das Rechtsverhältnis unter fremden Dritten abgeschlossen und durchgeführt worden wäre. Betroffen hiervon sind insbesondere die Rechtsverhältnisse zwischen Kapitalgesellschaft und (beherrschendem) Gesellschafter (§ 8 III KStG; → Verdeckte Gewinnausschüttung), die Rechtsbeziehungen zwischen verbundenen Unternehmen, insbes. auf internationaler Ebene (Art. 9 OECD-Musterabkommen; § 1 Außensteuergesetz; BMF BStBl. I 1995 SonderNr. 1; BMF BStBl. I 1983, 218; → Außen-

steuergesetz; → Arm's length-Klausel; → Verrechnungspreise) sowie die Rechtsverhältnisse unter Familienangehörigen (→ Mitarbeit des Ehegatten; → wirtschaftliche Betrachtungsweise).

Fremdversicherung (Versicherung für fremde Rechnung)
→ Versicherungsvertrag (2d), → Schadensversicherung, → Lebensversicherung.

Fremdverwaltung (mittelbare Staatsverwaltung)
→ Ausführung von Gesetzen.

Fremdwährungsschuld
→ Geldschuld.

Frequenzordnung
1. Die Wahrung einer effizienten und störungsfreien Nutzung von Frequenzen auch unter Berücksichtigung der Belange des → Rundfunks gehört gemäß § 2 II Nr. 5 TKG zu den Zielen des → Telekommunikationsgesetzes. Die Einzelheiten zur Frequenzordnung regeln §§ 87–107 TKG.

2. Demgemäß erlässt die BReg. durch VO nach den Vorgaben der ITU (→ Fernmelde-Union) die Frequenzverordnung, § 53 TKG 2004, jetzt § 89 TKG (VO v. 27.8.2013, BGBl. 2013 I 3326 mÄnd). Darin werden den Funkdiensten Frequenzbereiche allgemein zugewiesen, zB dem Rundfunk, Mobilfunk, See- und Flugfunkdienst oder → Amateurfunk. Auf dieser Grundlage erstellt die → Bundesnetzagentur den Frequenzplan. Er enthält die weitere Aufteilung der Frequenzbereiche auf bestimmte Frequenznutzungen, § 90 TKG.

3. Jede Frequenznutzung bedarf der Erlaubnis. Sie wird von der Bundesnetzagentur durch → Verwaltungsakt als Einräumung eines Frequenznutzungsrechts erteilt (Frequenzzuteilung, § 91 TKG). Die Zuteilung knapper Frequenzen erfolgt idR durch Vergabeverfahren, dh → Versteigerung oder → Ausschreibung, § 100 TKG; die Aufsichtsbehörde kann Frequenzbereiche auch zum Handel freigeben, § 101 TKG. Für die Frequenznutzung, die der Überwachung unterliegt (§ 103 TKG), wird ein Beitrag (→ Beiträge, öffentliche) nach der Frequenzschutzbeitragsverordnung v. 13.5.2004 (BGBl. 2004 I 958, mÄnd) erhoben, § 224 TKG. → Telekommunikationsrecht.

Friede
Die Sicherung des Friedens zwischen den Völkern ist heute die zentrale Aufgabe des → Völkerrechts. Diesem Ziel dient insbesondere das völkerrechtliche → Gewaltverbot. Die frühere Unterteilung des Völkerrechts in → Friedensrecht und → Kriegsrecht muss daher insoweit als überholt angesehen werden, als sich das Völkerrecht heute in erster Linie als Friedensordnung versteht. → Krieg ist als Mittel der Politik verboten und nur zum Zweck der Selbstverteidigung oder im Rahmen eines Mandats der Vereinten Nationen erlaubt.

Friedenspflicht
Die Parteien eines → Tarifvertrags sind verpflichtet, während der Vertragsdauer alle Maßnahmen eines → Arbeitskampfes hinsichtlich der Regelungsgegenstände des Tarifvertrages (relative Friedenspflicht) gegeneinander zu unterlassen sowie vor Ausbruch eines Arbeitskampfes miteinander zu verhandeln und über die Vermeidung des Arbeitskampfes zu beraten. Ferner haben sie auf ihre Mitglieder, welche die Friedenspflicht nicht unmittelbar trifft, einzuwirken, alle Arbeitskampfmaßnahmen zu unterlassen. Durch ausdrückliche Vereinbarung kann die Friedenspflicht auf die Zeit nach Ablauf des Tarifvertrags (sog. erweiterte Friedenspflicht) oder auf sämtliche Regelungsgegenstände (absolute Friedenspflicht) ausgedehnt werden. Die Friedenspflicht gehört zum schuldrechtlichen Teil des Tarifvertrags, dessen notwendiger Bestandteil sie ist. Bei schuldhafter Verletzung Schadensersatzpflicht (→ Streik, BAG 26.7.2016 – 1 AZR 160/14, NZA 2016, 1543). Sa → Betriebsrat (§ 74 II BetrVG).

Friedensrecht
nannte man üblicherweise den Teil des → Völkerrechts, der nicht Kriegs-Völkerrecht ist, zB das Recht der → diplomatischen Beziehungen. Das → Kriegsrecht ist der Teil des Völkerrechts, der sich auf bewaffnete internationale Konflikte bezieht, zB → Genfer Konventionen, → Haager Landkriegsordnung. Diese Untergliederung kann heute als überholt angesehen werden (s. → Friede).

Friedensrichter
Nach dem Sächsischen Schieds- und Gütestellengesetz v. 27.5.1999 (GVBl. 1999, 247) mÄnd ist Friedensrichter die gesetzliche Bezeichnung der → Schiedsperson (→ Schiedsstelle); die Bezeichnung entspringt in Sachsen einer Rechtstradition aus dem 19. Jh. Im angelsächsischen Rechtskreis sind Friedensrichter Richter ohne vorgeschriebene juristische Ausbildung, denen die Ausübung der Gerichtsbarkeit in Zivil- und Strafsachen geringerer Bedeutung obliegt. Zum Teil ist der Begriff aber auch negativ behaftet, wenn er selbsternannte Konfliktlösungsmechanismen in Subkulturen oder Milieus bezeichnet, die sich damit bewusst vom Rechtsstaat und dem Gewaltmonopol entfernen.

Friedensstörung
(Störung des öffentlichen Friedens) ist Tatbestandsmerkmal einzelner Straftaten, zB → Androhung von Straftaten (§ 126 StGB), → Volksverhetzung (§ 130 StGB); sa → Religionsvergehen.

Friedenstruppen
→ Vereinte Nationen, → Blauhelmeinsätze.

Friedensverrat
Die Straftaten des Friedensverrats (§ 80 aF StGB, § 80a StGB) stehen in Umsetzung des Verfassungsauftrags aus Art. 26 I 2 GG an der Spitze des Straftatenkatalogs des Strafgesetzbuchs (1. Titel des 1. Abschnitts des Besonderen Teils des StGB). Der Tatbestand der Vorbereitung eines Angriffskriegs (§ 80 StGB aF) wurde allerdings zum 1.1.2017 (BGBl. 2016 I 3150) in das Völkerstrafgesetzbuch verlagert (§ 13 VStGB: Verbrechen der Aggression; dort erfasst § 13 I VStGB ua das Führen eines Angriffskriegs, § 13 II VStGB diverse Vorbereitungshandlungen hierzu). Das Aufstacheln zum Verbrechen der Aggression als noch weitergehender Vorfeldtatbestand ist in § 80a StGB unter Strafe gestellt.

Friedensvertrag
ist ein → völkerrechtlicher Vertrag, durch den der Kriegszustand zwischen zwei oder mehreren Staaten beendet wird. Im Gegensatz dazu beendet der dem Friedensvertrag meist vorausgehende Waffenstillstand nur die Kampfhandlungen. Sa → Versailler Vertrag, → Präliminarfriede. Der 2. Weltkrieg wurde zunächst nicht durch einen Friedensvertrag beendet. An seine Stelle trat letztlich der → Zwei-plus-Vier-Vertrag.

Friedhöfe
→ Leichen- und Bestattungswesen.

Friedlosigkeit
→ Acht.

Frischzellen
Frischzellen sind tierische Zellen oder Gemische von tierischen Zellen oder Zellenstücken in bearbeitetem oder unbearbeitetem Zustand. Es ist verboten, bei der Herstellung von → Arzneimitteln, die zur Injektion oder Infusion bestimmt sind, Frischzellen zu verwenden. Straf- und Bußgeldvorschriften bei Zuwiderhandlung sind in § 2 der FrischZV iVm dem AMG enthalten. Die Einzelheiten regelt die FrischzellenVO v. 4.3.1997 (BGBl. 1997 I 432). Das Paul-Ehrlich-Institut stuft in einem Gutachten vom 14.9.2015 die Anwendung von Frischzellen als bedenklich iSd § 5 AMG ein.

Frist
1. Rechtswirkungen hängen oftmals von einer Zeitbestimmung ab, wobei diese auf Gesetz, richterlicher Anordnung oder Parteivereinbarung beruhen kann. Man unterscheidet Fristen und Termine. Frist ist ein abgegrenzter bestimmter oder bestimmbarer (nicht notwendig zusammenhängender) Zeitraum (zB Kündigungsfrist 1 Monat); Termin ist ein bestimmter Zeitpunkt (zB Fälligkeit der Leistung am 1. März). Die Fristen gliedern sich wieder in Verjährungs- und Ausschlussfristen. Während bei der Verjährungsfrist dem Schuldner nach Fristablauf eine von ihm zu beweisende → Einrede (Leistungsverweigerungsrecht) zusteht (→ Verjährung), verlangt die Ausschlussfrist (Verfallfrist), dass ein → subjektives Recht, insbes. ein Gestaltungsrecht (zB → Anfechtung von Willenserklärungen, → Ausschlagung der Erbschaft, Vorbringen von Tatsachen im Besteuerungsverfahren, § 364b AO, § 79b FGO), oder ein Anspruch zur Vermeidung des Ausschlusses (Präklusion) innerhalb dieser Frist geltend gemacht wird; das rechtzeitige Handeln ist bei der Ausschlussfrist vom Anspruchsberechtigten zu beweisen. Eine Verjährungsfrist liegt nur vor, wo das Gesetz dies ausdrücklich sagt; sonst ist, insbes. bei den prozessualen Fristen, eine Ausschlussfrist anzunehmen. Im Interesse der Rechtseinheit gelten die Vorschriften des BGB über Fristbestimmung und Fristberechnung auch für alle sonstigen Gebiete des Privatrechts (insbes. für das Handels- und Wechselrecht) sowie für das öffentliche Recht, insbes. für das Prozessrecht (§ 222 ZPO, § 16 II FamFG), wobei gesetzliche und richterliche Fristen gleich behandelt werden; sa → Notfrist.

2. Für die Berechnung der Frist sind in §§ 187 ff. BGB Regeln aufgestellt, die zT → Fiktionen enthalten (sog. Zivilkomputation im Gegensatz zur Naturalkomputation, bei der die genaue Zeitrechnung maßgebend ist, zB bei einer nach Stunden berechneten Frist). Danach gilt Folgendes: Das Gesetz geht, soweit nicht eine Frist von nur wenigen Stunden in Frage steht, von der Berechnung nach vollen Tagen aus. Für den Beginn wird grds. der Tag, an dem das maßgebende Ereignis eintritt (Zustellung, Kündigung usw) nicht mitgerechnet, ausgenommen, wenn der Beginn eines Tages ausdrücklich maßgebend sein soll bzw. bei Berechnung des Lebensalters (am 18. Geburtstag ist man bereits volljährig, § 187 BGB). Eine nach Tagen bestimmte Frist endet mit Ablauf des letzten Tages der Frist (24 Uhr). Eine nach Wochen, Monaten oder Jahren bestimmte Frist endet idR mit Ablauf des Tages, der durch seine Bezeichnung oder Zahl dem Tage entspricht, an dem das auslösende Ereignis eingetreten ist, bei den og Ausnahmen für den Fristbeginn jedoch einen Tag früher (§ 188 BGB, Beispiele: Zustellung eines Strafbefehls am Mittwoch, 13.1., Zustellungstag wird nicht mitgerechnet, Einspruchsfrist 2 Wochen, Fristablauf Mittwoch 27.1., 24 Uhr. Miete eines Zimmers ab 1.7.: 1.7. wird bereits mitgerechnet, Fristablauf bei Kündigung: Monatsende. Fristbeginn 31.1., Frist 1 Monat, Fristablauf 28.2. – im Schaltjahr 29.2. – 24 Uhr). Weitere Auslegungsregeln enthalten §§ 189 ff. BGB (Halbes Jahr = 6 Monate, ¼ Jahr = 3 Monate, ½ Monat = 15 Tage, Mitte des Monats = der 15. usw). Bei einem → Handelsgeschäft sind darüber hinaus unter einer Frist von 8 Tagen regelmäßig volle 8 Tage zu verstehen (§ 359 HGB); die Bezeichnungen „Frühjahr, Sommer" usw sind nach den ortsüblichen Anschauungen zu entscheiden. Fällt der letzte Tag der Frist auf einen Samstag (Sonnabend), Sonntag oder gesetzlichen Feiertag, so läuft die Frist für die Abgabe der → Willenserklärung,

der → Prozesshandlung usw erst am nächstfolgenden Werktag ab (§ 193 BGB). Dies gilt nach der Rspr. aber nur für den Ablauf einer Frist, nicht für die Berechnung von Kündigungsfristen zB in einem Arbeits- oder Mietvertrag. Zur Fristwahrung bei erst nachfolgender Zustellung → Verjährung (6a).

3. Fristen zur Einreichung von Steuererklärungen und behördlich gesetzte Fristen können verlängert werden. Die Verlängerung kann von einer Sicherheitsleistung abhängig gemacht werden (§ 109 AO). Gesetzliche Fristen, wie zB die Rechtsbehelfsfrist (§ 355 AO), die Wiedereinsetzungsfrist (§ 110 Abs. 2 AO, § 56 FGO) können nicht verlängert werden. → Bekanntgabe von Verwaltungsakten, 2.

4. Zur Fristversäumung vgl. → Wiedereinsetzung in den vorigen Stand.

Fristberechnung
→ Frist (2).

Fristlose Kündigung
→ Kündigung, → Kündigungsschutz für Arbeitnehmer, → Kündigungsschutz für Miet (Wohn)räume.

Fristsetzung
→ gegenseitiger Vertrag (2a).

Fristversäumung
→ Wiedereinsetzung in den vorigen Stand, → Versäumnisurteil.

Fruchterwerb
→ Früchte einer Sache und sonstige wesentliche → Bestandteile stehen bis zur Trennung im → Eigentum des Eigentümers der Sache. Auch nach der Trennung, zB bei der Aberntung, gehören sie grds. diesem (§ 953 BGB; Ausnahme: → Überfall), sofern nicht ein Eigentumserwerb durch andere Berechtigte eintritt. So erwirbt der Inhaber eines dinglichen Fruchtziehungsrechts (→ Nießbrauch, → Pfandrecht) sowie der gutgläubige → Eigenbesitzer das Eigentum an den Früchten und sonstigen Bestandteilen einer Sache mit der Trennung (§ 954 BGB, § 955 BGB). Ihnen gehen die Personen vor, denen die Aneignung vom Eigentümer oder dem dinglich Berechtigten schuldrechtlich gestattet ist (zB Verpachtung, Überlassen eines Hauses zum Abbruch). Ist einem hiernach persönlich Aneignungsberechtigten der Besitz an der fruchttragenden Sache bereits überlassen (zB Pächter), so erwirbt dieser das Eigentum an den Früchten mit deren Trennung von der Sache, sonst – zB bei Gestattung des Abholzens – erst mit der Ergreifung des → Besitzes an ihnen (§ 956 BGB). Das Gleiche gilt, wenn der die Aneignung Gestattende zwar hierzu nicht berechtigt, aber im Besitz der Sache und der Erwerber gutgläubig ist (§ 957 BGB).

Fruchtsäfte
Die Fruchtsaft- und Erfrischungsgetränkeverordnung (FrSaftErfrischGetrV) v. 24.5.2004 (BGBl. 2004 I 1016) mÄnd regelt die Voraussetzungen, unter denen Fruchtgetränke unter der Bezeichnung Fruchtsaft, Fruchtsaft aus Fruchtsaftkonzentrat und Fruchtnektar vertrieben werden dürfen. Während Fruchtsäfte im Wesentlichen naturrein sein müssen und nur begrenzt gezuckert werden dürfen (besondere Regelung für Konzentrate), ist bei Fruchtnektar ein höherer Zucker- und Wasserzusatz zulässig. → Lebensmittel.

Früchte
einer → Sache sind die Erzeugnisse der Sache (Milch, Wolle, Kalb, Obst) und die sonstige bestimmungsgemäße Ausbeute (Sand, Steine aus Steinbruch usw), sog. Sachfrüchte (§ 99 I BGB). Eine Frucht liegt auch bei übermäßiger Ausnutzung (Raubbau, zB Kahlschlag) vor, nicht dagegen bei Verwertung der Muttersache selbst (Schlachten der Kuh). Mittelbare Sachfrüchte sind die Erträge, welche die Sache infolge eines Rechtsverhältnisses gewährt (zB die Einnahmen aus einer Vermietung der Sache, Miete). Außer den Sachfrüchten fallen unter den Fruchtbegriff auch die sog. Rechtsfrüchte, dh die Erträge, die ein Recht seiner Bestimmung gemäß (unmittelbare Rechtsfrüchte) oder infolge eines weiteren Rechtsverhältnisses (mittelbare Rechtsfrüchte) gewährt. Ersteres ist zB der Fall bei den vom Pächter auf Grund seines Pachtrechts gezogenen, letzteres bei den bei Unterverpachtung anfallenden Erträgen (§ 99 II BGB). Nutzungen sind alle (Sach- und Rechts-)Früchte sowie darüber hinaus alle Vorteile, die der Gebrauch der Sache oder des Rechts gewährt (Gebrauchsvorteile, § 100 BGB). Nutzungen sind zB auch das Bewohnen eines Hauses, das Fahren eines Kraftfahrzeugs, das Stimmrecht als Mitglied eines Vereins usw.

Der Begriff der Früchte und der Nutzungen ist für das gesamte bürgerliche Recht von Bedeutung, insbes. bei Gebrauchsüberlassungsverträgen (→ Pachtvertrag, → Nießbrauch, → Rücktritt vom Vertrag). Über ihre Herausgabe bzw. die Ersatzpflicht vgl. zB → Eigentumsherausgabeanspruch und (im Erbrecht) → Erbschaftsanspruch; über den Eigentumserwerb an natürlichen (Sach-)Früchten → Fruchterwerb. Bei Rechtsfrüchten richtet sich die Zuordnung nach der jeweiligen Rechtsstellung (Fruchtziehungsberechtigung). Scharf zu unterscheiden ist hiervon die weitere Frage, ob der Erwerber die Früchte usw behalten darf oder an einen anderen herausgeben muss. Hier entscheidet zunächst die Bestimmung der Beteiligten; hilfsweise stellt § 101 BGB für die Frage, wem die Früchte endgültig gebühren, bei unmittelbaren Sachfrüchten auf die Berechtigung im Augenblick der Trennung von der Hauptsache, bei anderen Früchten (zB Zinsen) auf die jeweilige Fälligkeit während der Dauer der Berechtigung ab (bei wiederkehrenden Erträgen entsprechende Aufteilung). Wer danach zur Herausgabe von Früchten verpflichtet ist, kann Ersatz der bei ordnungsgemäßer Wirtschaft entstandenen Fruchtgewinnungskosten verlangen (§ 102

BGB). Wer verpflichtet ist, die Lasten einer Sache oder eines Rechts (auch → öffentliche Lasten) zu tragen, hat – soweit nichts anderes vereinbart oder gesetzlich bestimmt ist – entsprechend der Regelung bei der Fruchtziehung nur die Lasten zu tragen, die während der Dauer seiner Verpflichtung zu entrichten sind (bei wiederkehrenden Lasten entspr. Aufteilung; zB Grundsteuer nur für die Zeit des Eigentums am Grundstück, § 103 BGB).

Früher erster Termin
→ mündliche Verhandlung.

Früherkennung von Krankheiten
Die Früherkennung von Krankheiten erfolgt über → Vorsorgeuntersuchungen. Rechtsgrundlage für solche Maßnahmen sind z. B. in der → Unfallversicherung § 15 SGB VII (Unfallverhütung), im Rahmen von Mutterschutz und Schwangerschaft die Mutterschafts-Richtlinien (MuRL).

Frühkindliche Bildung
ist Bildung, Erziehung und Betreuung von Kindern bis zum Schuleintritt. Dem Zusammenwirken von → Kindertagesstätte (sa → Kindergarten) und → Grundschule kommt dabei besondere Bedeutung zu. Auf der Grundlage des „Gemeinsamen Rahmens der Länder für die frühe Bildung in Kindertageseinrichtungen" von 2004 haben alle Länder Bildungspläne bzw. -vereinbarungen erstellt, insbesondere zu dem Erwerb grundlegender Kompetenzen, der Entwicklung und Stärkung persönlicher Ressourcen und der sprachlichen Bildung.

Frühstückskartell
→ Abgestimmte Verhaltensweisen.

Frustrierte Aufwendungen
→ Schadensersatz (4).

Führen eines nicht zugelassenen Kraftfahrzeugs
→ Zulassung von Kraftfahrzeugen.

Führerschein
→ Fahrerlaubnis.

Führungsaufsicht
→ Maßregeln der Besserung und Sicherung (5).

Führungslosigkeit
→ Gesellschaft mit beschränkter Haftung (3a, 4), → Insolvenzverfahren (1).

Führungszeugnis
Nach §§ 30 ff. BZRG ist das Führungszeugnis eine Form der Auskunftserteilung aus dem → Strafregister. Es kann vom Betroffenen (ab 14. Lebensjahr) oder seinem gesetzlichen Vertreter bei der polizeilichen Meldebehörde beantragt werden und ergibt, ob und ggf. welche Strafvermerke im Bundeszentralregister eingetragen sind. Das Führungszeugnis ist schon wegen seiner inhaltlichen Beschränkung kein Leumundszeugnis. Es enthält aber auch nicht alle im Strafregister vermerkten Verurteilungen. Nicht aufgenommen werden insbes. Freiheitsstrafen bis zu 3 Mon. und Geldstrafen bis zu 90 Tagessätzen – idR nur, wenn keine weitere Verurteilung vermerkt ist –, Jugendstrafen bis 2 Jahre bei Strafaussetzung, Maßregeln der Besserung und Sicherung ohne Strafausspruch usw; anders ist es, wenn die Sanktionen wegen bestimmter → Sexualstraftaten verhängt werden. Stets aufzunehmen sind lebenslange Freiheitsstrafen, in Führungszeugnissen für Behörden auch isoliert angeordnete freiheitsentziehende Maßregeln. Dagegen erscheinen die Strafen schon nach Ablauf kürzerer Fristen, als für die → Straftilgung vorgesehen, nicht mehr im Führungszeugnis, um die Resozialisierung des Verurteilten zu erleichtern (nach 3 bzw. 5 Jahren), bei Verurteilungen zu Freiheitsstrafe oder Jugendstrafe von mehr als 1 Jahr wegen bestimmter → Sexualstraftaten aber erst nach 10 Jahren. Auch vorher schon kann das → Bundesamt für Justiz auf Antrag oder von Amts wegen die Nichtaufnahme von Vermerken anordnen; Rechtsbehelfe bei Ablehnung wie bei der Straftilgung. Auch für das Führungszeugnis gilt die Regel der Unteilbarkeit wie bei der → Straftilgung: solange eine Verurteilung noch aufzunehmen ist, gilt das für alle Vermerke. Ist eine Verurteilung in das Führungszeugnis nicht aufzunehmen, so kann sich der Verurteilte als unbestraft bezeichnen und braucht den Tatsachverhalt nicht zu offenbaren.

Ein erweitertes Führungszeugnis ist gem. § 30a BZRG zum Schutz von Kindern und Jugendlichen erforderlich für Personen, die beruflich, zB im Bereich der öffentlichen Jugendhilfe gem. § 72a SGB VIII, oder ehrenamtlich kinder- oder jugendnah tätig sind oder werden sollen. In dieses Zeugnis werden auch alle Verurteilungen wegen Straftaten nach §§ 171, 174–180a, 181a, 182–184g, 184i, 184j, 201a III StGB, §§ 225, 232–233a, 234, 235 oder 236 StGB aufgenommen. Die Frist, nach der eine Verurteilung wegen einer dieser Straftaten zu Freiheits- oder Jugendstrafe von mehr als 1 Jahr nicht mehr in das erweiterte Führungszeugnis aufgenommen wird, beträgt 10 Jahre.

Fünf-Prozent-Klausel
(Sperrklausel). So wird die Bestimmung der Wahlgesetze genannt, nach der bei der Zuteilung von Sitzen im → Parlament nur Parteien berücksichtigt werden, die mindestens 5% der im Wahlgebiet abgegebenen gültigen Zweitstimmen erhalten haben (vgl. zB § 6 Bundeswahlgesetz für die Wahl zum → Bundestag, 2). Die Klausel soll die bei dem System der → Verhältniswahl mögliche Gefahr der Parlamentszersplitterung bannen, indem sie Parteien mit geringerem Stimmenanteil von der Berücksichtigung der Zweitstimmen ausschließt. Die Festlegung der 5%-Grenze ist auch für die Landesparlamente die Regel. Verfassungsrechtliche Bedenken gegen die Klausel bestehen jedenfalls hinsichtlich der Wahlen zum

Bundestag und zu den Landtagen nicht. Für die Vertreter nationaler Minderheiten können die Wahlgesetze Ausnahmen von der Fünf-Prozent-Klausel vorsehen (zB für die dänische Minderheit in Schleswig-Holstein), ohne dass hierin ein Verstoß gegen den Gleichheitsgrundsatz (Art. 3 GG) liegt.

2. Im kommunalen Bereich ist die Fünf-Prozent-Klausel nicht üblich. Der Verfassungsgerichtshof Nordrhein-Westfalen erklärte sie für den kommunalen Bereich am 6.7.1999 für verfassungswidrig.

3. Nach dem Bundeswahlgesetz kommt es auf die Fünf-Prozent-Klausel nicht an, wenn die betreffende Partei in mindestens drei Wahlkreisen einen Sitz für einen Direktkandidaten errungen hat (→ Grundmandatsklausel). Diese Regelung sollte zwar durch die Wahlrechtsreform vom 17.3.2024 abgeschafft werden, das BVerfG hob jedoch die Änderung des Bundeswahlgesetzes hinsichtlich der Grundmandatsklausel auf und beließ es bei der bisherigen Rechtslage (→ Bundestag (2). Die Wahl von keiner Partei angehörenden Direktkandidaten mit der Mehrheit der Erststimmen in einem Wahlkreis wird weder durch die Fünf-Prozent-Klausel noch durch die Grundmandatsklausel berührt (§ 6 II iVm § 20 III Bundeswahlgesetz). So kann auch ein keiner Partei angehörender Kandidat als Direktkandidat in den BT gewählt werden.

4. Für die Wahl der deutschen Abgeordneten zum → Europäischen Parlament wurde die Fünf-Prozent-Klausel im Jahre 2013 zunächst durch eine → Drei-Prozent-Klauseler-setzt, die ihrerseits für verfassungswidrig erklärt wurde, so dass derzeit bei der Wahl zum Europäischen Parlament keine Sperrklausel gilt (→ Europäisches Parlament, 5).

Fürsorge, öffentliche

Als öffentliche Fürsorge werden die Leistungen der → Sozialhilfe, der → Grundsicherung für Arbeitssuchende (nach dem SGB II), der → Grundsicherung im Alter (nach dem SGB XII) sowie die → Kriegsopferfürsorge (nach dem BVG, SGB XIV) bezeichnet.

Fürsorgeerziehung

Fürsorgeerziehung war eine Maßnahme nach dem früheren JugendwohlfahrtG, das am 1.1.1991 durch die → Kinder- und Jugendhilfe nach dem SGB VIII abgelöst worden ist. Fürsorgeerziehung ist jetzt → Erziehungsmaßregeln, → Erziehungsförderung, → Erziehungshilfe, → Heimerziehung, → sozialpädagogische Einzelbetreuung. Die einzelnen Aufgaben ergeben sich aus § 2 SGB VIII (Aufgaben der Jugendhilfe).

Fürsorgepflicht

1. Fürsorgepflicht ist iRd privatrechtlichen → Arbeitsvertrags eine im Grundsatz auf § 242 BGB beruhende Pflicht des → Arbeitgebers; sie entspricht der → Treuepflicht des Arbeitnehmers. Sie wirkt auf den Inhalt aller Pflichten des Arbeitgebers und begründet eine Reihe von Einzelpflichten, insbes. die zT gesetzlich normierte Fürsorgepflicht für Leben und Gesundheit des Arbeitnehmers (§§ 617, 618 BGB, § 62 HGB); für – soweit zumutbar – geschützte Aufbewahrung von Eigentum des Arbeitnehmers, das er in den Betrieb mitbringt (Kleidung, Fahrzeuge usw); zur Erfüllung öffentlich-rechtlicher Vorschriften des → Arbeitsschutzes. Auf der Fürsorgepflicht beruht auch der Grundsatz der arbeitsrechtlichen → Gleichbehandlung. Die Fürsorgepflicht gibt dem Arbeitnehmer Ansprüche auf Erfüllung, auf Schadensersatz aber nur bei schuldhafter Verletzung (§§ 276, 278 BGB); über die Haftungsbeschränkung bei Betriebsunfällen s. aber §§ 104 ff. SGB VII.

2. IRd Beamtenverhältnisses hat der → Dienstherr für das Wohl des Beamten und seiner Familie zu sorgen (§ 45 BeamtStG, § 78 BBG und Beamtengesetze der Länder; → Beamtenrecht). Daraus erwächst ein Rechtsanspruch auf wohlwollende und gerechte Behandlung sowie auf angemessene Gewährung von Rechtsschutz und Schutz gegen Gefahren und Angriffe, ferner ein Rechtsanspruch auf Beihilfe in Krankheits-, Geburts- und Todesfällen (→ Beihilfen für Beamte). Daneben kann den Beamten ausnahmsweise eine idR einmalige Unterstützung gewährt werden. Aus der Fürsorgepflicht ergibt sich jedoch nur in Ausnahmefällen Anspruch auf Beförderung (→ Beförderung von Beamten). S. ferner SoldatenG, SoldatenversorgungsG usw.

3. Zur Fürsorgepflicht für Hilfsbedürftige → Sozialhilfe.

Fürsorgepflichtverletzung

→ Obhutspflicht, → Vernachlässigen von Schutzbefohlenen.

Fuhrwerke

Für die Führer der von Tieren gezogenen Fahrzeuge gelten im Straßenverkehrsrecht die allgemeinen Vorschriften der StVO für → Verkehrsteilnehmer sowie für Fahrzeuge. Ferner sind nach § 63 StVZO die für Kraftfahrzeuge geltenden Vorschriften über → Belastung, → Bereifung, zulässige Höhe und Breite anzuwenden; über Bespannung vgl. § 64 II StVZO. Für bespannte Schlitten ist eine Glocke vorgeschrieben (§ 64a StVZO). Auf Gespannfahrzeugen (außer Kutschen, Personenschlitten und land- oder forstwirtschaftlichen Arbeitsgeräten) müssen links Vor- und Zuname und Wohnort des Besitzers deutlich angegeben sein (§ 64b StVZO). Sa → Bremsen, → Verlassen des Fz, → Beleuchtung (1b); über Ahndung von Zuwiderhandlungen § 24 StVG, § 49 StVO, § 69a StVZO.

Fund

Finder ist, wer eine verlorene dh besitzlose (nicht → herrenlose Sache) entdeckt und an sich nimmt (§ 965 BGB); das bloße Auffinden genügt also nicht. Der Fund ist ein → Realakt, der Finder bedarf daher keiner Geschäftsfähigkeit; der → Besitzdiener (zB ein Angestellter) findet idR für den Besitzer. Der Finder hat dem Eigentümer oder einem ihm bekannten Empfangsberechtigten, sonst der zuständigen Behörde (ausgenommen bei einem Kleinfund bis zu 10 EUR Wert) unverzüglich Anzeige zu erstatten; sonst macht er sich der → Unterschlagung schuldig. Der Finder ist zur → Verwahrung der Sache (bei Verderb zur öffentlichen Versteigerung, auch im Internet) und auf Verlangen der zuständigen Behörde zur Ablieferung an sie verpflichtet (§§ 966 f. BGB). Der ehrliche Finder, der nur für Vorsatz und grobe Fahrlässigkeit (→ Verschulden) haftet (§ 968 BGB), hat Anspruch auf Ersatz seiner Aufwendungen und auf einen Finderlohn (5 vH bis zu 500 EUR Wert der Sache, darüber hinaus 3 vH, bei Tieren nur 3 vH). Mit dem Ablauf von 6 Monaten seit der Anzeige des Fundes bei der zuständigen Behörde erwirbt der Finder das Eigentum an der Sache (bzw. am Erlös), sofern sich vorher kein Empfangsberechtigter gemeldet hat; die sonstigen Rechte an der Sache erlöschen (§ 973 BGB). Der Finder haftet aber noch 3 Jahre nach dem Eigentumsübergang aus → ungerechtfertigter Bereicherung (§ 977 BGB). Besonderheiten gelten für den Fund in den Geschäftsräumen oder den Beförderungsmitteln einer öffentlichen Behörde oder einer dem öffentlichen Verkehr dienenden Anstalt (zB Bahnhof). Hier hat der Finder die Pflicht zur unverzüglichen Ablieferung der Sache; ein Recht auf Eigentumserwerb steht ihm nicht zu; der Finderlohn ist begrenzt auf die Hälfte der oben genannten Beträge und auf Gegenstände ab 50 EUR Wert (§§ 978 ff. BGB). Eine Sonderregelung enthält § 984 BGB für den Fund eines → Schatzes.

Fundstellennachweis
→ Bundesgesetzblatt.

Funkanlagen
Funkanlagen sind nach § 3 I Nr. 1 Funkanlagengesetz (FuAG) v. 27.6.2017 (BGBl. 2017 I 1947) elektrische oder elektronische Erzeugnisse, die Funkwellen zum Zweck der Funkkommunikation oder Funkortung austrahlen und empfangen sowie Zubehör wie etwa Antennen. Das Gesetz regelt Bereitstellung, Inbetriebnahme und Nutzung von Funkanlagen sowie die Pflichten von Herstellern, Importeuren und Händlern. Dadurch soll der freie Warenverkehr mit T. im europäischen Binnenmarkt ermöglicht werden. So müssen Funkanlagen mit einer Typen-, Chargen oder Seriennummer versehen sein, den Konformitätserfordernissen des § 4 I FuAG entsprechen und das → Konformitätszeichen CE tragen. Zuständige Behörde ist die → Bundesnetzagentur, zu deren Aufgaben insbesondere die → Marktüberwachung gehört, → Telekommunikationsrecht.

Funktionelle Zuständigkeit
→ gerichtliche Zuständigkeit (3).

Funktionalität
Zur Freiheit von Sachmängeln gehört die Funktionalität, der Begriff ist ab 1.1.22 definiert in § 327 II BGB nF, → Gewährleistung, 1, → Verbraucherverträge über digitale Produkte.

Funktionsnachfolge
Der Grundsatz der Funktionsnachfolge wurde von Wissenschaft und Rechtsprechung entwickelt, um eine Haftung des Bundes oder der Länder für Schadensersatz- und Enteignungsentschädigungsschulden des → Deutschen Reiches zu begründen. Das GG hat eine Regelung der Schulden des Reiches nicht vorgenommen; nach Art. 134 ist nur das (Aktiv-) Vermögen des Reiches Bundesvermögen geworden. Für Verbindlichkeiten aus einer normalen rechtsstaatlichen Funktion des Reiches (zB Schadensersatzansprüche wegen Amtspflichtverletzung; Entschädigung wegen Enteignung) haften aus dem Gesichtspunkt der Funktionsnachfolge der Bund oder die Länder, soweit sie die Funktionen des Reiches übernommen haben und tatsächlich ausüben, weil mit dem Übergang der Funktionen auch ein Übergang der ihnen innewohnenden Verbindlichkeiten verknüpft ist. Die Haftung aus Funktionsnachfolge wurde allerdings durch das Allgemeine Kriegsfolgengesetz vom 5.11.1957 (BGBl. 1957 I 1747) m. spät. Änd. erheblich eingeschränkt. Die Verbindlichkeiten der ehem. → Deutschen Demokratischen Republik hat im Wesentlichen der Bund übernommen (→ Erblastentilgungsfonds). Die → neuen Länder begannen am 3.10.1990 (→ Wiedervereinigung) ohne eigene Schulden. S. dazu auch → Altschulden.

Funktionstheorie
→ Doppelfunktion von Verwaltungsbehörden.

Funktionsvorbehalt
→ Beamtenvorbehalt.

Funkzellenabfrage
→ Telekommunikationsüberwachung 2c.

fur semper in mora
(„der Dieb ist immer in Verzug") → Schuldnerverzug.

furtum usus
→ Gebrauchsanmaßung.

Fusion
Fusion bedeutet ganz allgemein das Zusammengehen mehrerer Unternehmen auf verschiedenen rechtlichen Wegen, im engeren Sinne in Gestalt einer Verschmelzung (→ Umwandlung 1b).

Fusionskontrolle
1. Die Fusionskontrolle dient im → Kartellrecht der präventiven Kontrolle von → Unternehmenszusammenschlüssen durch → Kartellbehörden mit dem Ziel, dauerhafte Verschlechterungen der Marktstruktur durch → Marktbeherrschungen zu verhindern. Die Anwendung der Regeln der Fusionskontrolle

setzt das Überschreiten bestimmter → Umsatzschwellen der beteiligten Unternehmen voraus, wobei für die europäische Fusionskontrolle durch die → Europäische Kommission andere Schwellenwerte gelten als für deutsche Fusionskontrolle durch das → Bundeskartellamt. Erfüllt ein Vorhaben einen → Zusammenschlusstatbestand, so ist es vor seinem Vollzug bei der zuständigen Behörde anzumelden. Während des Kontrollverfahrens darf der Zusammenschluss grundsätzlich nicht vollzogen werden; geschieht das gleichwohl, wird von „Gun Jumping" gesprochen.

2. Unterliegt das Vorhaben der Fusionskontrolle durch die → Europäische Kommission, so ist es als mit dem Gemeinsamen Markt unvereinbar zu erklären, wenn dadurch wirksamer Wettbewerb im Gemeinsamen Markt oder in einem wesentlichen Teil desselben erheblich behindert würde, insbes. durch Begründung oder Verstärkung einer marktbeherrschenden Stellung (Art. 2 III FKVO → Fusionskontrollverordnung).

3. Unterliegt das Vorhaben der Fusionskontrolle durch das → Bundeskartellamt, so kann es untersagt werden, wenn zu erwarten ist, dass es eine marktbeherrschende Stellung begründet oder verstärkt. Eine Ausnahme gilt insbes., wenn die beteiligten Unternehmen nachweisen, dass durch den Zusammenschluss auch Verbesserungen der Wettbewerbsbedingungen eintreten und dass diese Verbesserungen die Nachteile der Marktbeherrschung überwiegen (§ 36 Abs. 1 Nr. 1 GWB).

4. Zusammenschlüsse, die erfolgen, obwohl sie nach Unionsrecht mit dem Gemeinsamen Markt unvereinbar sind bzw. nach deutschem Recht zu untersagen sind, unterliegen der → Entflechtung.

Fusionskontrollverordnung
Die Fusionskontrollverordnung (VO (EG) 139/2004, ABl. EG 2004 L 24, 1) ist eine → Verordnung der → Europäischen Union. Sie regelt Zuständigkeit, Befugnisse und Verfahren der → Europäischen Kommission bei der europäischen → Fusionskontrolle. Die Zuständigkeit der Europäischen Kommission ist gegeben, wenn die beteiligten Unternehmen bestimmte → Umsatzschwellen erreichen. Ansonsten sind die nationalen → Kartellbehörden zuständig.

Fußfessel
→ Elektronische Aufenthaltsüberwachung.

Fußgänger
Fußgänger haben als → Verkehrsteilnehmer im Straßenverkehr die Pflicht zur Rücksichtnahme auf andere. Sie sind andererseits durch § 1 StVO gegen Gefährdung, Schädigung oder Belästigung insbes. durch Fz. geschützt. Die → Gehwege sind ihnen vorbehalten; sie müssen bezeichnete Gehwege benutzen, auch wenn diese in der Gehrichtung links liegen (§ 25 I StvO). Beim Überqueren der Fahrbahn hat der Fußgänger zügig den kürzesten Weg quer zur Fahrtrichtung zu nehmen, und zwar, wenn es die Verkehrslage erfordert, zB bei starkem Fahrzeugverkehr, nur an Kreuzungen oder Einmündungen sowie vor allem an Verkehrsampeln und Fußgängerüberwegen (§ 25 III StVO). An den durch Zebrastreifen, einem → Verkehrszeichen, gekennzeichneten Fußgängerüberwegen hat der Fußgänger Vorrechte. Gibt er dort deutlich die Absicht zu erkennen, die Straße zu überschreiten, müssen ihm alle Fz. (außer Schienenfz.) das Überqueren ermöglichen, dürfen nur mit mäßiger Geschwindigkeit heranfahren und haben nötigenfalls zu halten. Überdies dürfen sie an den Überwegen nicht überholen (§ 26 StVO). Vorrang hat der Fußgänger auch in → verkehrsberuhigten Bereichen. Soweit Vorrechte bestehen, gilt zwar der → Vertrauensgrundsatz; gleichwohl muss der Fußgänger auf den Fahrverkehr achten und stets eine gewisse Vorsicht walten lassen. Mitwirkendes Verschulden des Fußgängers kann bei Unfällen die Haftpflicht des Kraftfahrers und Fz.-halters ausschließen (§ 9 StVG, § 254 BGB). Beim Einbiegen von Fz. sowie an → Haltestellen ist auf Fußgänger besondere Rücksicht zu nehmen (→ Fahrgeschwindigkeit). Sa Verhalten bei → Dunkelheit und → Verbände (geschlossene). Fußgänger dürfen am Straßenverkehr nicht oder nicht ohne entsprechende Vorsorge teilnehmen, wenn sie sich infolge geistiger oder körperlicher Mängel nicht sicher im Verkehr bewegen können (§ 2 I FeV). Sa → Fahrbahn, → Bankett.

Fußgängerbereich
Durch Zusatzzeichen zugelassene Fz. müssen die Geschwindigkeit an den Fußgängerverkehr anpassen und dürfen die Fußgänger weder gefährden noch behindern. → Fahrgeschwindigkeit.

Fußweg
→ Gehweg.

Futtermittel
1. Futtermittel sind Stoffe oder Erzeugnisse, die zur oralen Tierernährung bestimmt sind, einschließlich der Zusatzstoffe, so Art. 3 Nr. 4 VO (EG) 178/2002, → Lebensmittel- und Futtermittelrecht. Das LFGB regelt den Verkehr (Erzeugung, Verfütterung und Vertrieb) von Futtermitteln. Inhaltlich unterscheiden sich die Regelungen wenig von denen für → Lebensmittel; → Lebensmittel- und Futtermittelsicherheit, → Lebensmittel- und Futtermittelüberwachung.

2. §§ 17 ff. LFGB (Verkehr mit Futtermitteln) enthalten Herstellungs- und Verfütterungsverbote zum Schutz der menschlichen Gesundheit, soweit die Ernährung von Tieren betroffen ist, aus denen Lebensmittel hergestellt werden sollen. Weitere Vorschriften dienen dem Schutz der Tiergesundheit. § 20 verbietet Werbeaussagen beim Verkehr mit Futtermitteln, die sich auf die Beseitigung oder Linderung von Krankheiten beziehen. Der

Verkäufer eines Futtermittels übernimmt gem. § 24 LFGB die Gewähr dafür, dass es die Anforderungen der VO (EG) 767/2009 v. 13.7.2009 (ABl. EG 2009 L 229, 1) über das Inverkehrbringen und die Verwendung von Futtermitteln erfüllt, zB, dass es iS der Futtermittelsicherheit sicher ist.

3. Herstellen, Verfüttern, und Inverkehrbringen von Futtermitteln können per VO von einer Zulassung abhängig gemacht werden. Wegen Einzelheiten sa Futtermittelverordnung (FuttMV 1981) idF v. 29.8.2016 (BGBl. 2016 I 2004) mÄnd und → Lebensmittel- und Futtermittelhygiene. Der Import von Futtermitteln, die außerhalb der EU hergestellt oder behandelt wurden, kann verboten sein (vgl. §§ 31 ff. FuttMV 1981). Verstöße gegen Qualitätsvorschriften sind strafbar; sonstige Verstöße sind durchweg als → Ordnungswidrigkeiten zu ahnden (§§ 58 ff. LFGB). Wegen der → Marktordnung für Futtermittel → Marktorganisation, Gemeinsame (GMO); sa → Arzneimittel, → BSE, → ökologischer Landbau, → tierische Nebenprodukte, → Tierseuchen. Zu gentechnisch veränderten Futtermitteln → Genlebensmittel und -futtermittel.

2G
→ 3G.

3G
Die Bezeichnungen 3G, 2G oder 2G plus bezeichneten während der → COVID-19-Pandemie (→ Infektionsschutzgesetz; → Pandemie) verschiedene Stufen des → Immunitätsnachweises (→ Impfpass; Genesenen- oder Testnachweis), der Voraussetzung für die Erlaubnis zum Betreten bestimmter Einrichtungen (zB Betriebe, Freizeitveranstaltungen, Kulturveranstaltungen, Sportveranstaltungen, Hotels und Gaststätten) war.

3G bedeutete geimpft, genesen oder getestet.

2G bedeutete geimpft oder genesen; nur getestete Personen hatten bei 2G keinen Zutritt. 2G plus bedeutete geimpft oder genesen und getestet; dh auch geimpfte oder genesene Personen brauchten dort zusätzlich einen Test. Sa → Impfung (5), → Impfzwang (3).

GAAP
→ US-GAAP.

Gästehäuser
→ Betriebsausgaben.

Gaffer
→ Schaulustige.

Gammelfleisch
→ Ekelfleisch.

GAP
→ Gemeinsame Agrarpolitik.

Garagen, Stellplätze
1. Die Verpflichtung zur Errichtung von Garagen oder Stellplätzen ergibt sich aus dem → Bauordnungsrecht (→ Baurecht) der Länder (vgl. zB Art. 47 BayBO idF v. 14.8.2007, GVBl. 2007, 588, mÄnd). Vorschriften über die Zulässigkeit von Garagen in den verschiedenen Baugebieten enthält § 12 BauNVO (→ BaunutzungsVO idF v. 21.11.2017 (BGBl. 2017 I 3786). Die landesrechtlichen Regelungen gehen idR von folgenden Grundsätzen aus: Werden bauliche oder sonstige Anlagen errichtet, bei denen ein Zu- und Abfahrtsverkehr zu erwarten ist, so sind Stellplätze oder Garagen in einer für den zu erwartenden Benutzungsumfang ausreichenden Zahl und Größe und in geeigneter Beschaffenheit herzustellen, und zwar grundsätzlich auf dem Grundstück selbst, mit besonderer Gestattung und idR dinglicher Absicherung auch auf einem in der Nähe des Baugrundstücks gelegenen geeigneten Grundstück. Bestehen beide Möglichkeiten nicht, so kann der Bauherr seine Verpflichtung dadurch erfüllen, dass er sich der Gemeinde gegenüber verpflichtet, die Kosten für die Herstellung der vorgeschriebenen Stellplätze und Garagen in angemessener Höhe zu tragen, wenn die Gemeinde die Errichtung, zB durch Bau eines Parkhauses, übernimmt (Ablöse- oder Ausgleichsbetrag). Andererseits ermächtigen einzelne Länder die Gemeinden, zur Verkehrsvermeidung die Herstellung von Garagen u. Stellplätzen in bestimmten Gebieten zu untersagen. Über die Verpflichtung zur Herstellung von Garagen oder Stellplätzen entscheiden die Baubehörden im Verfahren über die → Baugenehmigung.

2. Im Zuge der Deregulierung des Baurechts bedarf nach einigen Bauordnungen die Errichtung kleinerer Garagen und Stellplätze keiner Baugenehmigung mehr (vgl. zB $30m^2$ gemäß § 62 I BauO NW idF v. 21.7.2018, GV NRW 2018, 421 mÄnd u. $50\ m^2$ gemäß Art. 57 I Nr. 1b BayBO v. 14.8.2007 (GVBl. 2007, 588 mÄnd). Garagen und Stellplätze dürfen unter bestimmten Voraussetzungen auch unmittelbar an der Grundstücksgrenze errichtet werden (→ Abstandsflächen im Baurecht).

Garantenstellung
Im Strafrecht ist die Garantenstellung bei den sog. unechten Unterlassungsdelikten von Bedeutung. Besteht nach Gesetz, Vertrag oder aus einem anderen Grund eine Rechtspflicht zum Handeln (zB zur Rettung aus Gefahr), unterlässt der Verpflichtete dies aber gleichwohl und schädigt er dadurch einen anderen, so kann sich aus der Garantenstellung eine strafrechtliche Verantwortlichkeit ergeben (vgl. § 13 StGB). Im Einzelnen → Unterlassungsdelikt.

Garantie
Der Begriff der Garantie wird in unterschiedlichem Zusammenhang und mit unterschiedlicher Bedeutungen verwendet. Im → Zivilrecht führt eine Garantie meist zu einer verschuldensunabhängigen Haftung, der → Schuldner hat für den Eintritt des Leistungserfolgs einzustehen. Eine gesetzlich angeordnete Garantiehaftung gibt es zB beim → Schuldnerverzug und bei der → Geschäftsführung ohne Auftrag. Eine rechtsgeschäftliche Garantiehaftung gem. § 276 I 1 BGB setzt die vertragliche Übernahme einer Garantie voraus (→ Garantievertrag). Inhalt und Umfang der Haftung aus der G. richten sich nach dem Inhalt der Verpflichtung, zur → Auslegung sind nicht nur eine Garantieurkunde, sofern vorhanden, sondern auch sonstige Umstände und Erklärungen, ggf. auch der Werbung, heranzuziehen. Im Kaufrecht regelt § 443 BGB eine Erweiterung der Gewährleistungsrechte durch Garantie: Wenn Verkäufer, Hersteller oder sonstige Dritte als Garantiegeber ausdrücklich oder stillschweigend dem Käufer zusätzlich zur Mängelhaftung bestimmte Rechte einräumen, kann der Käufer

neben den Gewährleistungsrechten aus der Garantie vorgehen, § 443 I BGB (s. iE → Gewährleistung, 4). Besonderheiten gelten nach § 479 BGB für den → Verbrauchsgüterkauf. Sa → Werkvertrag (3).

Das GG kennt den Begriff der → institutionelle Garantie.

Garantiefrist
→ Gewährleistung (4), → Garantie.

Garantiefunktion
Garantiefunktion wird die Wirkung eines → Indossaments genannt, die in der Haftung des Indossanten für Annahme und Zahlung besteht (Art. 15 WG, Art. 18 ScheckG).

Garantiegeschäft
ist ein → Bankgeschäft (§ 1 I 2 Nr. 8 KWG), nämlich die Übernahme von → Bürgschaften (Avalkredit), Garantien (→ Garantievertrag) und sonstigen Gewährleistungen (zB wechsel- und scheckrechtliche Indossamentsverpflichtung, → Schuldmitübernahme, Akkreditiveröffnung und -bestätigung, → Akkreditiv) durch ein → Kreditinstitut für andere. Für die Übernahme erhält das Kreditinstitut eine Avalprovision.

Garantiemarke
andere Bezeichnung für die → Gewährleistungsmarke.

Garantiert traditionelle Spezialität
→ traditionelle Lebensmittel.

Garantievertrag
Ein Garantievertrag (Gewährvertrag) ist ein → Vertrag, in dem jemand die Haftung für einen bestimmten Erfolg, eine → Gefahr oder einen Schaden übernimmt. Der Schuldner verpflichtet sich vertraglich bindend, für alle Folgen einer Nicht- oder Schlechterfüllung auch dann einzustehen, wenn ihn kein Verschulden trifft (→ Garantie). Der Garantievertrag sichert also ein künftiges Risiko ab. Von besonderer Bedeutung ist die Übernahme einer Garantie beim Kauf (s. iE → Gewährleistung, 4, → Garantie). Der Garantievertrag unterscheidet sich von der → Bürgschaft dadurch, dass durch ihn eine selbständige neue Verbindlichkeit begründet wird. Gegenüber der → Schuldmitübernahme liegt der Unterschied darin, dass die Schuld des Gewährleistenden in ihrem Inhalt und in ihren Voraussetzungen von der Hauptschuld verschieden ist; die Garantieverpflichtung muss regelmäßig über die Haftung für die bloße Vertragsmäßigkeit der Leistung hinausgehen (Anspruch auf Schadloshaltung). Sa → Delkredere.

Garderobenmarke
→ Legitimationszeichen.

Gasbevorratung
→ Gasspeicher, → Gasversorgung.

Gasgeräte
Als Gasgeräte bezeichnet Art. 2 Nr. 1 VO (EU) 2016/426 über Geräte zur Verbrennung gasförmiger Brennstoffe v. 9.3.2016 (ABl. EU 2016 L 81, 99) Geräte, die zum Kochen, zur Kühlung, zur Klimatisierung, zur Raumheizung, zur Warmwasserbereitung, zur Beleuchtung oder zum Waschen gasförmige Brennstoffe verbrennen. Hierzu gehören etwa mit Gas betriebene Warmwassererhitzer, Grills oder Heizpilze. Die unmittelbar anwendbare Verordnung enthält in Anhang I die wesentlichen Anforderungen, denen Gasgeräte im Binnenmarkt genügen müssen. Ohne CE-Kennzeichnung (→ Konformitätszeichen) dürfen Gasgeräte nicht auf den Markt gebracht werden. Die VO (EU) 2016/426 tritt an die Stelle der deshalb aufgehobenen Gasverbrauchseinrichtungsverordnung (ehemals 7. ProdSV) v. 26.1.1993 (BGBl. 1993 I 133) und wird ergänzt durch das Gasgerätedurchführungsgesetz (GasgeräteDG) v. 18.4.2019 (BGBl. 2019 I 473). → Geräte- und Produktsicherheitsrecht.

GASP
(Gemeinsame Außen- und Sicherheitspolitik). Nach Art. 2 IV → AEUV ist die → Europäische Union (EU) dafür zuständig, eine gemeinsame Außen- und Sicherheitspolitik einschließlich der schrittweisen Festlegung einer gemeinsamen Sicherheits- und Verteidigungspolitik (→ GSVP) zu erarbeiten und zu verwirklichen. Nach Art. 23 ff. EUV (→ EU-Vertrag) gelten für die GASP besondere Bestimmungen. Die GASP lässt die Kompetenz der Mitgliedstaaten auf dem Feld der Außen- und Sicherheitspolitik unberührt und tritt lediglich daneben. Geleitet wird die GASP von einem „Hohen Vertreter der Union für Außen- und Sicherheitspolitik".

Gaspreis
1. Gaspreise werden in Deutschland zwischen den Parteien eines Gaslieferungsvertrags grundsätzlich frei vereinbart und nicht staatlich festgesetzt. Dementsprechend können Preiserhöhungen, solange die Verträge dies zulassen, vom → Energieversorgungsunternehmen an die Endverbraucher weitergegeben werden. Durch die gestiegenen Gaspreise sind im Sommer 2022 viele Gasimporteure und Energieversorgungsunternehmen (etwa Stadtwerke) in Schieflage geraten, weil sie ihre drastisch gestiegenen Einstandspreise wegen langfristig vereinbarter Festpreise nicht weitergeben konnten. Nach dem neu eigefügten § 24 EnSiG können Energieversorgungsunternehmen deshalb entlang der Lieferkette trotz entgegenstehender vertraglicher Vereinbarungen ihre Gaspreise einseitig angemessen erhöhen, falls die → Bundesnetzagentur eine erhebliche Reduzierung der Gesamtgasimportmengen festgestellt hat, was bis Januar 2023 nicht geschehen war.

2. Ebenfalls neu eingefügt worden ist § 26 EnSiG, der die Weitergabe von Preiserhöhungen im Wege einer Umlage ermöglicht. Hierauf sollte die letztendlich nicht verwirklichte → Gasumlage gestützt werden. Statt dessen er-

folgt eine Reduzierung der Gaspreise durch die sogenannte → Gaspreisbremse, deren Ausgestaltung auf Vorschläge der im September 2022 eingesetzten ExpertInnenkommission Gas und Wärme zurückgreift

3. Zur finanziellen Entlastung der Gaskunden wurde der Mehrwertsteuersatz auf Gas und Fernwärme vom 1.10.2022 bis 31.3.2024 von 19% auf 7% reduziert (Gesetz v. 19.10.2022, BGBl. 2022 I 1743). Ferner gibt es Heizkostenzuschüsse für bestimmte Personengruppen: → Entlastungspaket. Für gasintensive Unternehmen des produzierenden Gewerbes wurde der Spitzenausgleich für 2023 verlängert. Danach konnten sie sich → Energie- und → Stromsteuer zum Teil erstatten lassen (§ 10 aF StromStG, § 55 EnergieStG).

→ Energiesicherung, → Energiepreispauschale, → Gasversorgung.

Gaspreisbremse
Zur finanziellen Entlastung der Letzverbraucher von den durch die → Energiekrise 2022 stark gestiegenen → Gaspreisen sollte ursprünglich eine → Gasumlage eingeführt werden, die jedoch in letzter Minute zurückgezogen wurde. Stattdessen wurde nach den Empfehlungen der im September 2022 eingesetzten ExpertInnenkommission Gas und Wärme eine zweistufige Gas- und Wärmepreisbremse installiert:

1. Mit dem Erdgas-Wärme-Soforthilfegesetz (EWSG) v. 15.11.2022 (BGBl. 2022 I 2035, 2051) erhielten alle Haushalte sowie kleine und mittlere Unternehmen, die leitungsgebundes Gas oder Wärme bezogen, im Dezember 2022 einen einmaligen Entlastungsbetrag (Dezember-Soforthilfe, Dezember-Abschlag). Bezieher von Erdgas erhielten eine Gutschrift ihres Gasversorgungsunternehmens in Höhe von $^{1}/12$ des Jahresverbrauchs. Bezieher von Wärme bekamen von ihrem Wärmeversorgungsunternehmen eine entsprechende finanzielle Kompensation. De facto entfielen damit im Dezember 2022 die Gas- oder Wärmevorauszahlungen. Vermieter hatten diese Gutschrift an ihre Mieter iRd Heizkostenabrechnung weiterzugeben, bei Wohnungseigentümergemeinschaften erfolgte die Entlastung ebenfalls über die Jahresabrechnung (§ 5 EWSG). Finanziert wurde die grundsätzlich einkommensteuerpflichtige (§ 123 EStG) Dezember-Soforthilfe iRd → Entlastungspakete vom Bund, gegen den die zur Entlastung verpflichteten Energieversorgungsunternehmen einen Anspruch auf Vorauszahlung oder Erstattung hatten (§ 6 EWSG). Zweck der Soforthilfe war es, die finanziellen Folgen der gestiegenen Energiepreise abzufedern und in einer ersten Stufe den Zeitraum bis zum Inkrafttreten der zweiten Stufe der Gas- und Wärmepreisbremse im März 2023 zu überbrücken.

2. a) Diese eigentliche Gas- und Wärmepreisbremse basierte auf dem Erdgas-Wärme-Preisbremsegesetz (EWPBG) v. 20.12.2022 (BGBl. 2022 I 2560). Danach erhielten Letztverbraucher mit einem jährlichen Gasverbrauch von bis zu 1,5 Mio. kWh (Verbraucher und Kleingewerbetreibende) 80% ihres Jahresverbrauchs (Entlastungskontingent) zu einem Referenzpreis von 12 Cent pro kWh brutto, dh Netzentgelte, Messstellenentgelte (→ Messstelle) und Umsatzsteuer waren darin enthalten. Letztverbraucher, die mehr als 1,5 Mio. kWh Gas verbrauchten (mittlere und große Unterehmen) erhielten 70% ihres Jahresverbrauchs zu einem Referenzpreis von 7 Cent pro kWh netto, dh Entgelte und Steuern kamen noch hinzu. Letztverbraucher wurden dadurch um den Betrag entlastet, um den ihr vertraglich vereinbarter Arbeitspreis ihren Referenzpreis überstieg (Differenzbetrag nach § 9 EWPBG, der durch die Differenzbetragsanpassungsverordnung (DBAV) v. 17.3.2023 (BGBl. 2023 I Nr. 81) gedeckelt wurde). Ähnlich war die Regelung für die Entlastung der Kunden der Wärmeversorgungsunternehmen. Letztverbraucher, die jährlich nicht mehr als 1,5 Mio. kWh bezogen, erhielten 80% ihres Bedarfs zu einem Referenzpeis von 9,5 Cent brutto, Bezieher von mehr Wärme erhielten 70% ihres Jahresedarfs für 7,5 Cent netto.

b) Die Gas- und Wärmepreisbremse galt für die gesamte 2023 verbrauchte Energie, allerdings erfolgte die Entlastung für Januar und Februar mit Rücksicht auf die Versorgungsunternehmen erst im März 2023 (§§ 5, 13 EWPBG). Eine Verlängerung erfolgte nicht. Vermieter hatten die Entlastung an ihre Mieter und Wohnungseigentümergemeinschaften an die Eigentümer weiterzugeben (§ 26 EWPBG). Für Unternehmen, die besonders hohe Entlastungsbeträge erhielten, bestand eine Arbeitsplatzerhaltungspflicht (§ 29 EWPBG) sowie ein Boni- und Dividendenverbot (§ 29a EWPBG).

c) Die Gas- und Wärmepreisbremse war keine echte Preisbremse, da sie den Marktpreis nicht beeinflusste. Sie war eine Subvention der Letztverbraucher und wurde als europarechtliche Beihilfe (→ Beihilferecht) genehmigt (vgl. BGBl. 2022 I 2894). Die Einhaltung aller Vorschriften wurde von einer Prüfbehörde (PricewaterhouseCoopers GmbH Wirtschaftsprüfungsgesellschaft und atene KOM (jetzt aconium) GmbH, BAnz AT 2.11.2023 B1) überwacht (§ 46 StromPBG), die auch in die Rückforderung zuviel gezahlter Entlastungen eingebunden ist. Einzelheiten der Rückforderung enthält die Preisbremsen-Entlastungsrückforderungsverordnung (PBRüV) v. 25.3.2024 (BGBl. 2024 I Nr. 111).

d) Finanziert wurde die Gas- und Wärmepreisbremse vom Bund, gegen den die Ernergielieferanten, die ihren Kunden die Entlastung gewähren müssten, einen Vorauszahlungs- bzw. Erstattungsanspruch hatten (§§ 31 ff. EWPBG).

→ Strompreisbremse.

Gasspeicher
Eine gesetzliche Pflicht, Gasvorräte anzulegen, gab es im Gegensatz zur → Erdölbevorratung lange nicht. Eine solche Pflicht zur Gasbevorratung wurde in Deutschland erst durch das sogenannte Gasspeichergesetz v. 26.4.2022 (BGBl. 2022 I 674) geschaffen und findet sich in den §§ 35a ff. EnWG. Danach müssen die Betreiber der in Deutschland belegenen Gasspeicher die Nutzer der Gasspeicher vertraglich verpflichten, bestimmte Füllstände (1. Oktober: 80%, 1. November: 90%, 1. Februar: 30%) zu gewährleisten. Diese Füllstände wurden durch die bis 31.3.2025 befristete Gasspeicherfüllstandsverordnung (GasSpFüllstV) v. 27.7.2022 (BAnz AT 28.7.2022 V1) teilweise erhöht und betragen aktuell am 1. Oktober 85% und am 1. November 95%. Auch die EU hat 2022 mit einer Änderung der VO (EU) 2017/1938 v. 25.10.2017 über Maßnahmen zur Gewährleistung der sicheren Gasversorgung (ABl. EU 2017 L 280, 1) eine Pflicht zur Gasspeicherung eingeführt, die jedoch geringere Füllstände vorsieht. → Gasversorgung.

Kommen die Nutzer des Gasspeichers ihrer Verpflichtung zur Befüllung nicht nach und droht die Gefahr des Verfehlens der Füllstandsvorgaben, können ihnen die Speicherkapazitäten entzogen werden. Sie sollen dann durch andere Marktteilnehmer und gegebenenfalls nach Ausschreibung befüllt werden, dazu Gasspeicherbefüllungsverordnung (GasSpBefüllV) v. 1.6.2022 (BAnz AT 1.6.2022 V1).

Zur Sicherstellung anderer Leistungen und Güter → Sicherstellungsgesetze.

Gastarbeitnehmer
→ ausländische Arbeitnehmer.

Gaststätte
1. Seit der → Föderalismusreform I ist das Gaststättenrecht nicht mehr Bestandteil der → konkurrierenden Gesetzgebung (Art. 74 I Nr. 11 GG), sondern gehört in die alleinige Zuständigkeit der → Länder. Nach Art. 125a I GG gilt das GaststättenG des Bundes (GastG) idF v. 20.11.1998 (BGBl. 1998 I 3418) mÄnd solange fort, bis die Länder es durch Landesrecht ersetzt haben, dazu unter 3.; ebenso ist es beim → Ladenschluss.

2. Bundesrecht. a) Nach §§ 1, 2 GastG des Bundes bedarf der Betrieb einer Gaststätte als stehendes → Gewerbe in → Schankwirtschaften und → Speisewirtschaften, ebenso im → Reisegewerbe mit ortsfester Einrichtung (Bierzelt o. ä.) anlässlich vorübergehender Veranstaltungen, der Erlaubnis; diese kann auch juristischen Personen oder nichtrechtsfähigen Vereinen erteilt werden. Die Erlaubnis ist nicht übertragbar; daher bedarf auch der Erlaubnis, wer eine Gaststätte als Stellvertreter betreiben will (§ 9 GastG). Die Erlaubnis wird für eine bestimmte Person, für eine bestimmte Betriebsart und für bestimmte Räume (§ 3 I GastG) erteilt. Deshalb sind erlaubnisbedürftig auch die Verlegung des Betriebes, wesentliche Veränderungen in den Betriebsräumen oder die Veränderung des Betriebszuschnitts. Stets ist → Zuverlässigkeit des Antragstellers erforderlich. Außerdem muss er durch eine Bescheinigung der → Industrie- und Handelskammer nachweisen, dass er im erforderlichen Umfang über lebensmittelrechtliche Vorschriften unterrichtet worden ist. Hingegen ist eine Berufsausbildung in einem der Berufe des Gastgewerbes (vgl. hierzu VOen vom 13.2.1998, BGBl. 1998 I 351 – Gaststättengewerbe allgemein –, BGBl. 1998 I 364 – Koch/Köchin) nicht erforderlich. Die Betriebs- und Personalräume müssen den gewerbeaufsichtlichen und -polizeilichen Anforderungen an Hygiene, Ordnung, Sicherheit und Sittlichkeit genügen und müssen von behinderten Menschen barrierefrei genutzt werden können. Ferner dürfen öffentliche Interessen nicht entgegenstehen, insbes. erhebliche Nachteile, Gefahren oder Belästigungen für die Allgemeinheit nicht zu befürchten sein. Zur Gewährleistung dieser gesetzlichen Anforderungen dürfen Auflagen zum Schutz der Gäste, des Personals, der Nachbarschaft und der Allgemeinheit gemacht werden, insbes. über Belüftung sowie gegen unangemessene Lärm- oder Geruchsbelästigung (§ 5 GastG).

b) Die Betriebserlaubnis erlischt, wenn der Inhaber von ihr binnen eines Jahres keinen Gebrauch macht (§ 8 GastG). Sie kann zurückgenommen werden, wenn nachträglich bekannt wird, dass bei ihrer Erteilung die → Zuverlässigkeit des Inhabers nicht gegeben war. Widerruf ist zulässig, wenn nachträglich Versagungsgründe eintreten, bei unbefugter Veränderung der Betriebsart, Nichterfüllung von Auflagen usw. (§ 15 II, III GastG).

c) Das GastG verbietet Feilhalten von Branntwein und überwiegend branntweinhaltigen Lebensmitteln in Automaten, die Abgabe alkoholischer Getränke an erkennbar Betrunkene im Rahmen eines Gewerbes (→ Flatrate Party); das Verabreichen von Speisen darf nicht von der Bestellung von Getränken abhängig gemacht, bei Nichtbestellung von Getränken dürfen die Speisenpreise nicht erhöht werden (§ 20 GastG); außerdem muss mindestens ein alkoholfreies Getränk nach Preis und Menge günstiger sein als das billigste alkoholische Getränk (§ 6 GastG). Der Wirt darf außerhalb der Sperrzeiten, auch wenn für andere Geschäfte Ladenschluss ist, Getränke, zubereitete Speisen, Tabak- und Süßwaren zum alsbaldigen Verzehr an jedermann verkaufen (§ 7 GastG). Das GastG ist die Grundlage für die Festsetzung von Sperrzeiten (sog. Polizeistunde) durch RechtsVOen der Länder (§ 18 GastG). Verstöße gegen das GastG sind durchwegs als → Ordnungswidrigkeiten mit Bußgeld bedroht. S. im Übrigen → Arbeitszeit, → Sonntagsgewerbe, → Gastwirtshaftung, → Preisangaben.

d) Das GastG gilt nicht für Personenwagen der Deutschen Bahn und nur beschränkt für → Nebenbetriebe der Bundesautobahnen.

Ausnahmen von der Erlaubnispflicht gelten ua für Milch und Milcherzeugnisse aus Automaten usw.

3. Landesrecht: Eigene Gaststättengesetze haben die Länder Brandenburg, Bremen, Hessen, Niedersachen, Sachsen, Sachsen-Anhalt und Thüringen erlassen. Das Gaststättengesetz des Landes Baden-Württemberg verweist lediglich auf das Gaststättengesetz des Bundes. Es gilt daher weiterhin dort und in den übrigen Bundesländern (s. o. 1.). Einzelheiten regeln die Länder häufig in GaststättenVO. Die überall geltenden → Rauchverbote basieren ebenfalls auf landesrechtlichen Vorschriften. Während der Corona-Krise hatten alle Bundesländer Gaststätten geschlossen und später, zu unterschiedlichen Zeitpunkten und unter unterschiedlichen Auflagen (→ Mund- und Nasenschutz, → Abstandsgebot), wieder öffnen lassen. Diese Anordnungen fußten idR nicht auf den Gaststättengesetzen, sondern auf dem → Infektionsschutzgesetz des Bundes, vgl. etwa die 4. Bay. Infektionsschutzmaßnahmenverordnung v. 5.5.2020 (BayMBl. 2020 Nr. 240). Von Oktober 2021 bis März 2022 war der Besuch in Gaststätten nur bei Vorlage von sog. 2G/2G+/3G-Nachweisen (geimpft, genesen, getestet) möglich, dies ergab sich ebenfalls aus den jeweiligen Landesverordnungen auf Grundlage des Infektionsschutzgesetzes.

Gastwirtshaftung
→ Gastwirtsvertrag.

Gastwirtsvertrag
Der Gastwirtsvertrag ist ein im Gesetz nicht geregelter → gemischter Vertrag, der, sofern er mit Beherbergung verbunden ist (Beherbergungsvertrag), neben Elementen des → Kauf- und → Werklieferungsvertrags (Verköstigung) sich vornehmlich aus → Mietvertrag und → Dienstvertrag zusammensetzt; wegen der wesentlichen Pflicht eines Hotelbetreibers zur Überlassung von Wohnraum findet beim Beherbungsvertrag nach der Rspr. grds. Mietvertragsrechts Anwendung. Bei (schuldhafter) Vertragsverletzung steht dem Gast ein (unbeschränkter) Anspruch auf → Schadensersatz zu. Unabhängig von dem Abschluss und der Gültigkeit eines derartigen Beherbergungsvertrags haftet ein Gastwirt, der gewerbsmäßig Fremde zur Beherbergung aufnimmt, auch ohne eigenes Verschulden oder Verschulden seiner → Erfüllungsgehilfen für den Schaden, der durch den Verlust oder die Beschädigung von Sachen (nicht Personenschäden) entsteht, die ein im Betrieb des Gastwirts aufgenommener Gast eingebracht hat (Erfolgshaftung aufgrund eines gesetzlichen Schuldverhältnisses nach § 701 BGB). Diese Haftung greift jedoch nicht, wenn keine Beherbergung (Hotel, Pension) stattfindet, sie gilt also nicht beim reinen Bewirtungsvertrag (Besuch Gaststätte, Restaurant, Bar). Ob Verpflegung gewährt wird, ist nicht entscheidend für die Haftung nach §§ 701 ff. BGB (keine Geltung aber bei bloßer Zimmervermietung; auch nicht für Krankenhäuser). Eingebracht sind die Sachen, die vom Gastwirt oder seinen Leuten (auch zB bei Abholung am Bahnhof) in ihre Obhut genommen wurden oder die der Gast auf Anweisung des Gastwirts an einen bestimmten Ort verbracht hat; die Ersatzpflicht erstreckt sich nicht auf Fahrzeuge, in einem solchen belassene Sachen und lebende Tiere, soweit nicht eine weitergehende Haftung (bei Verschulden) aus Vertrag gegeben ist. Die gesetzliche Haftung ist ausgeschlossen, wenn der Schaden durch den Gast oder dessen Begleiter allein verursacht worden ist (bei → Mitverschulden gilt § 254 BGB) oder durch → höhere Gewalt entstanden ist. Die Haftung des Gastwirts kann einseitig (zB durch Hinweistafel) nicht ausgeschlossen werden; vertraglich ist der Erlass nur möglich durch ausdrückliche schriftliche Vereinbarung (nicht zB auf dem Anmeldeformular) und nur, soweit es sich um die Höchstgrenzen der Haftung handelt, § 702a BGB. Der Umfang der gesetzlichen Haftung ist begrenzt: Der Gastwirt haftet nur bis zu dem Betrag, der dem Hundertfachen des Beherbergungspreises (mindestens 600 EUR, höchstens 3500 EUR) entspricht; bei Geld, Wertpapieren und Kostbarkeiten ist die Höchstgrenze der Haftung 800 EUR (hier Möglichkeit der Verwahrung beim Gastwirt). Die Höchstgrenzen gelten nicht, wenn der Schaden vom Gastwirt oder seinen Leuten verschuldet worden ist. Zum Erlöschen des Ersatzanspruchs wegen fehlender Anzeige s. § 703 BGB. Der Gastwirt hat für seine Forderungen aus dem Beherbergungsvertrag ein gesetzliches → Pfandrecht an den eingebrachten Sachen des Gastes; auf das Pfandrecht finden die Vorschriften über das Vermieterpfandrecht (→ Wohnraummietvertrag, 3) entsprechende Anwendung (§ 704 BGB).

zu Problemen im Zusammenhang mit der → COVID-19-Pandemie s. die Ausführungen bei → Corona-Krise und Reiserecht.

Gasumlage
Mit der Gasumlage (auch Gasbeschaffungsumlage oder saldierte Preisanpassung genannt) sollten 2022 und 2023 die hohen Kosten der Gasimporteure für die Beschaffung von Ersatzgas auf dem Weltmarkt auf alle Gasverbraucher umgelegt werden. Nachdem Russland seine Gasexporte nach Deutschland gedrosselt und dann eingestellt hatte, waren die Importeure russischen Erdgases, allen voran Uniper, in eine Schieflage geraten. Die Gasumlage wurde durch die Gaspreisanpassungsverordnung (GasPrAnpV) v. 8.8.2022 (BAnz AT 8.8.2022 V1 mÄnd) eingeführt und sollte vom 1.10.2022 bis 1.4.2024 gelten. Sie sollte anfänglich für jeden Endverbraucher 2,4 Cent pro Kilowattstunde betragen und alle drei Monate angepasst werden. Noch vor ihrer ersten Erhebung wurde sie durch Verordnung v. 3.10.2022 (BAnz AT 3.10.2022 V1) wieder abgeschafft. Statt dessen sind die Gasimporteu-

re durch Stabilisierungsmaßnahmen (→ Energiesicherung) und die Letztverbraucher durch eine → Gaspreisbremse unterstützt worden.

Gasversorgung
1. Zur Gasversorgung im Allgemeinen → Energiewirtschaft.

2. a) Die Sicherstellung der Versorgung mit Gas in der Europäischen Union ist Gegenstand der VO (EU) 2017/1938 v. 25.10.2017 über Maßnahmen zur Gewährleistung der sicheren Gasversorgung (ABl. EU 2017 L 280, 1). Nach Art. 8 VO (EU) 2017/1938 haben die Mitgliedstaaten einen Notfallplan zu erstellen, der die Maßnahmen enthält, mit denen eine Störung der Gasversorgung beseitigt werden soll. Dabei unterscheidet Art. 11 VO (EU) 2017/1938 drei Krisenstufen, nämlich Frühwarn-, Alarm- und Notfallstufe. Die Verordnung enthält darüber hinaus Befüllungsziele für die Gasspeicher der Mitgliedstaaten und verpflichtet diese zu Solidaritätsmaßnahmen, wenn ein Mitgliedstaat seine Gasversorgung nicht mehr gewährleisten kann. Die deutschen Ausführungsvorschriften enthalten das Energiesicherungsgesetz (EnSiG) v. 20.12.1974 (BGBl. 1974 I 3681) (→ Energiesicherung) und die Gassicherungsverordnung (GasSV) v. 26.4.1983 (BGBl. 1982 I 517). Mit der VO (EU) 2022/1369 v. 5.8.2022 über koordinierte Maßnahmen zur Senkung der Gasnachfrage (ABl. EU 2022 L 206, 1) werden die Mitgliedstaaten ferner aufgefordert, ihren Gasverbrauch um 15% zu senken.

b) Nach dem Angriff Russlands auf die Ukraine 2022 (→ Ukrainekrieg) hat das BMWK am 30.3.2022 gemäß des Notfallplans Gas für die Bundesrepublik Deutschland von 2019 die Frühwarnstufe und am 23.6.2022 die Alarmstufe ausgerufen, weil Russland seine Erdgasexporte nach Deutschland erst verringert und dann eingestellt hat. Würde die Bundesregierung auch die Notfallstufe ausrufen, was bis Sommer 2023 nicht geschehen ist, könnte mit hoheitlichen Maßnahmen der Bundesnetzagentur die Verteilung des dann nicht für alle Kunden ausreichenden Gases organisiert werden. Dabei würden Priorität die sogenannten geschützen Kunden (private Haushalte und soziale Dienste, nicht Industrie) genießen.

c) Eine gesetzliche Pflicht, Gasvorräte anzulegen, gab es im Gegensatz zur → Erdölbevorratung lange nicht. Eine solche Pflicht zur Gasbevorratung wurde erst durch das sogenannte Gasspeichergesetz v. 26.4.2022 (BGBl. 2022 I 674) geschaffen und findet sich in den §§ 35a ff. EnWG. Zu Einzelheiten: → Gasspeicher.

d) Die §§ 31a ff. BImSchG enthalten für genehmigungsbedürftige Anlagen vorübergehend materielle und formelle Erleichterungen bei einer Gasmangellage: → Immissionswerte, → Immissionsschutzrecht.

Gaswerk
(Betriebshaftung) → Eisenbahnbetriebshaftung.

GATS
(engl.: General Agreement on Trade in Services; Allgemeines Übereinkommen über den Handel mit Dienstleistungen). Im Rahmen der Übereinkommen zur Errichtung der Welthandelsorganisation → WTO vom 15.4.1994 wurde auch das GATS vereinbart. Darin verpflichten sich die Mitgliedsstaaten hinsichtlich aller Maßnahmen, den Dienstleistungen und Dienstleistungserbringern eines anderen Mitgliedsstaates sofort und bedingungslos eine Behandlung, die nicht weniger günstig ist als diejenige zu gewähren, die sie den gleichen Dienstleistungen oder Dienstleistungserbringern eines anderen Landes gewähren. Unter bestimmten Voraussetzungen gewährt überdies jeder Mitgliedsstaat den Dienstleistungen und den Dienstleistungserbringern eines anderen Mitgliedsstaates eine Behandlung, die nicht weniger günstig ist als die, die er seinen eigenen inländischen Dienstleistungen und Dienstleistungserbringern gewährt. Ziel des GATS ist eine Liberalisierung des weltweiten Austausches der Dienstleistungen. Das GATS trat für Deutschland am 1.1.1995 in Kraft.

GATT
(engl.: General Agreement on Tariffs and Trade; Allgemeines Zoll- und Handelsabkommen) ist eine auf Art. 1 der UN-Charta beruhende → internationale Wirtschaftsorganisation (Vertrag v. 30.10.1947). Das GATT hat Voll- und assoziierte Mitglieder; die BRep. ist Vollmitglied (Gesetz v. 10.8.1951, BGBl. 1951 II 173). Organe sind die Versammlung, ein Intersessionsausschuss, Arbeitsausschüsse und das Sekretariat. Ziel des GATT ist es insbes., die handelspolitische Zusammenarbeit der Mitglieder auf der Grundlage der → Meistbegünstigung zu koordinieren, die mengenmäßigen Beschränkungen im Außenhandel (Kontingente) zu beseitigen, Diskriminierungen zu bekämpfen und die Zölle schrittweise herabzusetzen. Sa → nichttarifäre Beschränkungen (NTB). Das GATT ist nunmehr einbezogen in das umfassende Vertragswerk der Welthandelsorganisation → WTO. Das Protokoll von Marrakesch vom 15.4.1994 enthält weitere Zugeständnisse und Handelserleichterungen. Es ist für Deutschland am 1.1.1995 in Kraft getreten.

Gattung
→ Gattungsschuld.

Gattungs(handlungs)vollmacht
→ Vollmacht, → Handlungsvollmacht.

Gattungskauf
ist der → Kauf einer nur der Gattung nach bestimmten Sache (→ Gattungsschuld; anders → Spezieskauf).

Gattungssache
→ Gattungsschuld, → Sache.

Gattungsschuld
Ist in einem → Schuldverhältnis die Leistung nicht konkret bestimmt (zB Kauf eines bestimmten Bildes, sog. Stückschuld, Stückkauf oder Speziesschuld), sondern nur der Gattung nach (dh nur nach Menge und bestimmten Sachmerkmalen, zB Lieferung von 100 kg Jonathanäpfeln), so liegt eine Gattungsschuld vor. Bei der Gattungsschuld handelt es sich regelmäßig um → vertretbare Sachen; den Umfang der Gattung bestimmt jedoch allein der Wille der Beteiligten. Ist nur aus einem begrenzten Posten zu liefern (zB 3 Fass Wein aus einer genau bezeichneten Lage), so liegt eine sog. beschränkte Gattungsschuld (Vorratsschuld) vor, bei der sich die Gattung auf den Vorrat beschränkt. Auch die → Geldschuld ist idR eine Gattungsschuld. Wer eine nur der Gattung nach bestimmte Sache schuldet, hat eine Sache von mittlerer Art und Güte zu leisten, § 243 I BGB, § 360 HGB. Zur → Unmöglichkeit der Leistung bei einer Gattungsschuld s. dort.

Hat der Schuldner das zur Leistung einer Gattungsschuld seinerseits Erforderliche getan, so beschränkt sich das Schuldverhältnis auf diese Sache; aus der Gattungsschuld wird also durch die Konkretisierung (Individualisierung, Konzentration) eine Stückschuld, § 243 II BGB. Was der Schuldner hierzu unternehmen muss, hängt von der Art seiner vertraglichen Verpflichtung ab (zu Schickschuld, Bringschuld, Holschuld s. → Leistungsort); beim → Versendungskauf zB genügt zur Konkretisierung die Übergabe der ausgesuchten Ware an die Transportperson (Absendung), wodurch die → Gefahr des zufälligen Untergangs auf den Käufer übergeht, § 447 BGB. Dasselbe gilt regelmäßig, wenn der Schuldner den Gläubiger in → Gläubigerverzug gebracht hat (vgl. § 300 II BGB). Sa → Wahlschuld.

Gattungsvermächtnis
Der → Erblasser kann den Gegenstand des → Vermächtnisses nur der Gattung nach bestimmen, § 2155 BGB (→ Gattungsschuld, zB eine Warenmenge). Anders als beim → Stückvermächtnis ist dieses Vermächtnis grds. auch wirksam, wenn sich keine Sachen dieser Gattung im → Nachlass befinden; der Erblasser kann die Gattungsschuld aber auf vorhandene Sachen beschränken (beschränktes Gattungsvermächtnis). Bei Rechts- und Sachmängeln gelten für die Haftung des Beschwerten beim Gattungsvermächtnis die Vorschriften über die → Gewährleistung im Kaufrecht entsprechend (§ 2182 BGB, § 2183 BGB).

GbR
= → Gesellschaft des bürgerlichen Rechts.

GbR-Register
→ Gesellschaft des bürgerlichen Rechts (GbR).

GEAS
GEAS steht für → Gemeinsames Europäisches Asylsystem; sa → Asylrecht (5).

Gebäude
→ Bestandteil, → Erbbaurecht, → Bauträgervertrag, → Verbraucherbauvertrag.

Gebäudeeigentum
Allgemein → Bestandteil, → Erbbaurecht. Im Gebiet der ehem. DDR entstand ein – vom Grundstück gesondertes – Gebäudeeigentum, wenn ein Gebäude auf Grund eines dinglichen Nutzungsrechts (→ Nutzungsberechtigungen) errichtet wurde oder als Volkseigentum nach § 459 ZGB (von staatlichen Organen oder volkseigenen Betrieben auf fremdem Grund errichtet). Dieses – dem → Erbbaurecht ähnliche – Gebäudeeigentum besteht fort (Art. 233 §§ 2b, 3, 4, 8 EGBGB; zur Bereinigung → Nutzungsberechtigungen). Das Gebäudeeigentum war in ein besonderes Gebäudegrundbuch einzutragen, das heute nach den Vorschriften der Grundbuchordnung (→ Grundbuchamt) weitergeführt wird. Besondere Vorschriften gelten für das Eigentum von Anpflanzungen landwirtschaftlicher Produktionsgenossenschaften und von sog. Meliorationsanlagen (zB Entwässerungsbauten); Art. 3, 4 SchuldRÄndG v. 21.9.1994 (BGBl. 1994 I 2538).

Gebäudeenergie
1. Maßnahmen zur Einsparung von Energie und zur Nutzung → erneuerbarer Energien zur Wärme- und Kälteerzeugung in Gebäuden enthält das Gebäudeenergiegesetz (GEG) v. 8.8.2020 (BGBl. 2020 I 1728 mÄnd). Es basiert zT auf der Richtlinie 2010/31/EU v. 19.5.2010 (ABl. EU 2010 L 153, 13) über die Gesamtenergieeffizienz von Gebäuden und ersetzt das Energieeinsparungsgesetz, die Energieeinsparungsverordnung und das Erneuerbare-Energien-Wärmegesetz. Besonders umstritten war die am 1.1.2024 in Kraft getretene Novelle des GEG (BGBl. 2023 I Nr. 280), die oft als „Heizungsgesetz" bezeichnet wurde. Mit ihr wurden insbesondere die energetischen Anforderungen an Heizungsanlagen verschärft.

2. Das GEG soll die Wärmewende einleiten und den Gebäudebetrieb im Bundesgebiet langfristig treibhausgasneutral machen. Der öffentlichen Hand kommt dabei Vorbildfunktion zu (§ 4 GEG). Das GEG regelt die energetischen Anforderungen an zu errichtende und bestehende Gebäude (§§ 10–51 GEG) sowie an Anlagen der Heizungs-, Kühl- und Raumlufttechnik sowie der Warmwasserversorgung (§§ 57–78 GEG). Es enthält ferner die grundlegenden Vorschriften zum → Energieausweis (§§ 79–88 GEG) sowie zur finanziellen Förderung der Wärmewende durch den Bund (§§ 89–91 GEG). Die Vorschriften sollen dem Prinzip der Wirtschaftlichkeit genügen (§ 5 GEG) und technologieoffen sein. Verantwort-

lich für ihre Einhaltung sind der Bauherr oder Eigentümer (§ 8 GEG).

3. Um Energie in Gebäuden möglichst sparsam einzusetzen und die Nutzung erneuerbarer Energien zu steigern, müssen neue Gebäude als → Niedrigstenergiegebäude errichtet werden (§ 10 GEG). Neue Heizungsanlagen sollen in Zukunft grundsätzlich 65% der Wärme mit erneuerbaren Energien erzeugen (§ 71 GEG), zu Einzelheiten: → Heizung, → Einzelraumfeuerungsanlage. § 47 GEG regelt eine Pflicht zur Nachrüstung bestehender Gebäude nach einem Mindeststandard (Isolierung der obersten Geschoßdecke); bei Ein- und Zweifamilienhäusern gilt dies nur im Falle eines Eigentumswechsels (durch Kauf oder Erbfall).

4. Die genannte Richtlinie 2010/31/EU, deren Umsetzung das GEG dient, wurde grundlegend reformiert und tritt am 30.5.2026 außer Kraft. An ihre Stelle tritt die Richtlinie (EU) 2024/1275 v. 24.4.2024 über die Gesamtenergieeffizienz von Gebäuden (ABl. EU 2024 L v. 8.5.2024), deren Umsetzung bis zum 29.5.2026 zu erfolgen hat und zu Änderungen des GEG führen wird. Zur Ladeinfrastruktur in Gebäuden: → Ladepunkte, zur Verteilung der auf dem Emissionshandel basierenden Kohlendioxidkosten zwischen Vermieter und Mieter: → Kohlendioxidkostenaufteilung.

Gebäudefeuerversicherung
Die Gebäudefeuerversicherung ist eine Art der → Schadensversicherung, bei der der Versicherer für den durch Brand, Explosion oder Blitzschlag entstehenden oder hiermit unmittelbar zusammenhängenden Schaden haftet (zB auch für Wasserschäden durch Löscharbeiten, Diebstahl von versicherten Sachen während des Brandes). Ausgeschlossen ist die Haftung für Schäden im Kriegsfall, durch Erdbeben, auch für bloße Glimmschäden. Über die allg. Bestimmungen hinaus (→ Schadensversicherung, → Versicherungsvertrag, → Versicherungsbedingungen) gelten nach §§ 142 ff. VVG Sondervorschriften für die Gebäudefeuerversicherung, auch deshalb, weil sich ein Grundpfandrecht (Hypothek, Grundschuld) auch auf die Versicherungsforderungen erstreckt (besondere Anzeigepflichten und Kündigungsvorschriften; der Versicherer haftet gegenüber dem Hypothekengläubiger auch, wenn er gegenüber dem Versicherten von seiner Leistungspflicht befreit ist). Ein Versicherungsmonopol öffentlich-rechtlicher Anstalten für die Gebäudefeuerversicherung besteht nicht mehr.

Steuerlich fällt die Gebäudefeuerversicherung nicht unter Vorsorgeaufwendungen und ist daher keine → Sonderausgabe. Die Steuer beträgt ab 1.1.2007 14 vH des Versicherungsentgelts. Bei Vermietung kann die Gebäudefeuerversicherung als → Werbungskosten abgezogen werden.

Gebäudehaftung
→ unerlaubte Handlung (4b).

Gebäudestromnutzungsvertrag
→ Gemeinschaftliche Gebäudeversorgung.

Gebäudeversicherung
Gebäudeversicherung ist eine Art der → Schadensversicherung, mit der fest mit dem Erdboden verbundene Gebäude oder Gebäudeteile gegen verschiedene Risiken (insbes. Brand, s. insoweit → Gebäudefeuerversicherung, Leitungswasser, Sturm, Hagel und weitere Elementarschäden) alleine oder in Kombination versichert werden können. Für die Gebäudeversicherung gelten insbes. die §§ 88 ff. VVG sowie die entsprechenden → Versicherungsbedingungen.

Gebietshoheit
ist die Befugnis zur Entfaltung staatlicher Macht (→ Staatsgewalt) in einem bestimmten Raum (→ Staatsgebiet). Sie steht dem Staat, sachlich beschränkt auch den sonstigen öffentlich-rechtlichen → Gebietskörperschaften zu. Sie erstreckt sich grundsätzlich auf alle in dem Gebiet befindlichen Personen (ohne Rücksicht auf ihre → Staatsangehörigkeit) und Gegenstände. Andererseits kann sich die Staatsgewalt grundsätzlich nur innerhalb des Staatsgebiets entfalten und nur ausnahmsweise auf Grund völkerrechtlichen Vertrags oder ungeschriebener völkerrechtlicher Grundsätze darüber hinauswirken. Im → Bundesstaat bestehen die Gebietshoheit des Bundes und die der → Länder unter bestimmten gegenseitigen Beschränkungen nebeneinander. Sa → Lufthoheit, → Freiheit des Meeres, → Seerecht.

Gebietskörperschaften
sind → Körperschaften des öffentlichen Rechts, deren Hoheitsbereich durch einen räumlich abgegrenzten Teil des Staatsgebietes bestimmt wird (im Gegensatz zu den durch Mitgliedschaft gebildeten Körperschaften, zB Universitäten). Mitglieder der Gebietskörperschaften sind die Bewohner dieses Gebietes. Die wichtigsten Gebietskörperschaften sind die → Gemeinden und die → Kommunalverbände (→ Kreis, → Bezirk, 3, → Landschaftsverband). In einem weiteren Sinne zählen auch die Staaten zu den Gebietskörperschaften; sa → Kommunen. → Bund und → Länder selbst sind keine Gebietskörperschaften, sondern → Staaten iSd → Staatsrechts.

Gebietsreform
bezeichnet die umfassende territoriale Neugliederung des Gebietes von → Gemeinden (Gemeindegebietsreform) oder → Kreisen (Kreisgebietsreform). Die Gebietsreform in der BRep. erfolgte 1960 bis 1980; in den → neuen Ländern wurde 1992/1993 eine Kreisgebietsreform vorgenommen, die Gemeindegebietsreform erfolgte überwiegend in der Mitte und am Ende der 90er Jahre. Nach neuerem Rechtsverständnis darf eine Gebietsreform gegen den Willen der betroffenen Gebietskörperschaften nur durch Gesetz vorgenommen werden. Der Gesetzgeber hat dabei einen weiten Gestaltungsspielraum.

Gebietsschutz
→ Vertragshändler.

Geborenes Orderpapier
→ Orderpapier.

Gebot, geringstes
→ geringstes Gebot.

Gebrauchsanmaßung
(furtum usus), dh vorübergehende Benutzung einer fremden Sache zum eigenen Gebrauch, ist grundsätzlich nicht strafbar, ausgenommen der → unbefugte Gebrauch von Fahrzeugen (§ 248b StGB) und die unbefugte Ingebrauchnahme von Pfandstücken durch öffentliche Pfandleiher (§ 290 StGB). Eignet sich der Täter aber durch die Gebrauchsanmaßung den wirtschaftlichen Wert der Sache zu, so liegt bei vorsätzlichem Handeln → Diebstahl vor, selbst wenn der benutzte Gegenstand später zurückgegeben wird (zB der abgenutzte Autoreifen, die entleerte Batterie), ebenso wenn ein benutztes Kraftfahrzeug an einem dem Berechtigten unbekannten Ort abgestellt wird, wo es dem Zugriff Dritter zugänglich ist.

Gebrauchsmuster
Das Gebrauchsmuster (geregelt im GebrauchsmusterG - GebrMG v. 28.8.1986, BGBl. 1986 I 1455 mÄnd) ist wie das → Patent die einem Erfinder oder dessen Rechtsnachfolger vom Staat erteilte ausschließliche, aber zeitlich begrenzte Befugnis, eine → Erfindung zu benutzen. Zum Patent bestehen inbes. folgende Unterschiede: Verfahren können nicht durch Gebrauchsmuster geschützt werden (§ 2 Nr. 3 GebrMG); ein Gebrauchsmuster entsteht ohne amtliche Prüfung des Vorliegens der sachlichen Voraussetzungen durch Eintragung durch das → Deutsche Patent- und Markenamt (DPMA); es hat eine Schutzdauer von nur zehn Jahren (§ 23 GebrMG).

Durch ein Gebrauchsmuster schützbar ist eine → Erfindung, die neu ist, d. h. nicht zu dem (für das Gebrauchsmusterrecht restriktiver als für das Patentrecht definierten) Stand der Technik gehört (§ 3 Abs. 1 GebrMG), auf einem erfinderischen Schritt beruht und gewerblich anwendbar ist (§ 1 Abs. 1 GebrMG); das frühere Erfordernis der Raumform besteht nicht mehr. Das Gebrauchsmuster schützt eine technische Erfindung, während das eingetragene → Design (früher: Geschmacksmuster) eine ästhetisch wirkende Gestaltung schützt.

Die Anmeldung eines Gebrauchsmuster erfolgt beim DPMA (§ 4 GebrMG; Einzelheiten: GebrMV v. 11.5.2004, BGBl. 2004 I 890 mÄnd). Entspricht sie den formellen Voraussetzungen, so wird das Gebrauchsmuster in das Gebrauchsregister eingetragen und im Patentblatt bekanntgemacht (§ 8 GebrMG). Die Löschung des Gebrauchsmusters durch das DPMA kann von jedermann verlangt werden, wenn die Gebrauchsmusterfähigkeit fehlt oder der Gegenstand des Gebrauchsmusters bereits auf Grund einer früheren Patent- oder Gebrauchsmusteranmeldung geschützt worden ist, bei widerrechtlicher Entnahme (vgl. § 13 Abs. 2 GebrMG) nur vom Verletzten (§ 15 GebrMG). Das Gebrauchsmuster wird ferner gelöscht nach Ablauf der Schutzfrist oder Verzicht des Inhabers gegenüber dem DPMA. Gegen alle Beschlüsse in Anmeldungs- und Löschungsverfahren findet die Beschwerde zum → Bundespatentgericht statt (§ 18 GebrMG). International registrierte Muster nach dem → Haager Abkommen über die internationale Hinterlegung gewerblicher Muster oder Modelle sind im Inland zu beachten, wenn deren Schutz darauf erstreckt worden ist.

Mit der Eintragung des Gebrauchsmusters entsteht Schutz wie beim Patent mit der Wirkung, dass allein dem Inhaber das Recht zusteht, das Gebrauchsmuster gewerbsmäßig – also nicht privat (vgl. § 12 GebrMG) - zu nutzen; jedem Dritten ist es verboten, ohne Zustimmung des Inhabers den Gegenstand des Gebrauchsmusters unmittelbar oder auch nur mittelbar herzustellen, anzubieten, in Verkehr zu bringen oder zu gebrauchen (§ 11 GebrMG). Der Gebrauchsmusterschutz wirkt auch gegenüber einem später angemeldeten Patent (§ 14 GebrMG). Das Gebrauchsmuster ist vererblich und übertragbar und kann durch → Lizenzvertrag verwertet werden.

Die Verletzung des Gebrauchsmuster begründet unabhängig vom → Verschulden Ansprüche auf Vernichtung der rechtsverletzenden Gegenstände (§ 24a GebrMG) und (bei Erstbegehungs- oder Wiederholungsgefahr) Unterlassung (§ 24 Abs. 1 GebrMG, → Unterlassungsanspruch). Außerdem bestehen Ansprüche auf Herausgabe des Werts des Erlangten (→ ungerechtfertigte Bereicherung; entspricht der marktüblichen → Lizenzgebühr) und Auskunft über die Herkunft und den Vertriebsweg der widerrechtlich gekennzeichneten Produkte (§ 24b GebrMG), bei → Verschulden auch auf → Schadensersatz (§ 24 Abs. 2 GebrMG). → Verjährung tritt grds. binnen 3 Jahren ab Kenntnis ein (§ 24 f GebrMG i. V. m. § 195 BGB).

Vor der Einleitung eines gerichtlichen Verfahrens ist es nicht unüblich (und zur Vermeidung eines sofortigen Anerkenntnisses im Prozess unter Umständen auch geboten), dass der Gebrauchsmusterinhaber den Verletzer durch eine Schutzrechtsverwarnung → abmahnt und ihm so Gelegenheit gibt, den Streit durch Abgabe einer mit einer angemessenen → Vertragsstrafe bewehrten Unterlassungsverpflichtung (strafbewehrte Unterlassungserklärung) beizulegen. Die Ansprüche können in → Gebrauchsmusterstreitsachen durchgesetzt werden. Vorsätzliche Gebrauchsmusterverletzungen sind strafbar, wobei die Gewerbsmäßigkeit den Strafrahmen erhöht (§ 25 GebrMG); vgl. auch → Produktpiraterie.

Gebrauchsmusterberühmung
entspricht für das → Gebrauchsmuster der → Patentberühmung mit den gleichen Rechtsfolgen, § 30 GebrMG.

Gebrauchsmusterstreitsachen
entsprechen für den → Gebrauchsmusterschutz den → Patentstreitsachen und sind nach der Legaldefinition in § 27 Abs. 1 GebrMG Zivilprozesse, in denen ein Anspruch aus einem der im Gebrauchsmustergesetz geregelten Rechtsverhältnisse geltend gemacht wird. Ohne Rücksicht auf den → Streitwert sind für Gebrauchsmusterstreitsachen erstinstanzlich die Zivilkammern der → Landgerichte ausschließlich zuständig (§ 27 GebrMG; Zuständigkeitskonzentration durch RechtsVO der Landesregierung möglich).

Gebrauchsvorteile
→ Früchte.

Gebrauchtwagenkauf
→ Gewährleistung (1c), → gutgläubiger Erwerb, → Tausch.

Gebrauchtwarenhandel
ist ein zwar nicht erlaubnispflichtiges, aber → überwachungsbedürftiges Gewerbe im Sinne von § 38 GewO. Zum Gebrauchtwarenhandel in diesem Sinne gehören ua der Handel mit hochwertigen Konsumgütern (nicht Antiquitäten und Kunstgegenstände), Kraftfahrzeugen und Fahrrädern, Edelmetallen, Edelsteinen, Perlen und Schmuck sowie Altmetallen durch auf den Handel mit Gebrauchtwaren spezialisierte Betriebe. Sa → Gewerbe.

Gebrechlichkeitspflegschaft
→ Betreuung (1).

Gebühr
1. Gebühren sind gesetzlich geregelte Entgelte für die besondere Inanspruchnahme von Justiz und Verwaltung. Traditionell werden auch die Vergütungen der Rechtsanwälte und Steuerberater als Gebühren bezeichnet, obwohl diese privatrechtlicher Natur sind. Die Gebühr ist eine Abgabe (→ Abgaben, öffentliche).

2. Zu den einzelnen Arten der Gebühren → Verwaltungsgebühr, → Gerichtskosten, → Kostenberechnung, → Rechtsanwaltsgebühr, → Steuerberatergebührenverordnung.

3. Sa → Preisrecht.

Gebührenpflichtige Verwarnung
→ Verwarnung bei Ordnungswidrigkeiten.

Gebührenstreitwert
→ Streitwert.

Gebührenüberhebung
Nach § 352 StGB strafbar macht sich ein für seine Tätigkeit Gebühren erhaltender → Amtsträger (Notar, Gerichtsvollzieher, beamteter Arzt usw.), sowie ein Anwalt, auch ein europ. Rechtsanwalt, oder sonstiger Rechtsbeistand (iwS), wenn er Gebühren o. a. Vergütungen erhebt, obwohl er weiß, dass sie nicht oder nicht in der verlangten Höhe geschuldet werden. Nach § 353 StGB wird die Abgabenüberhebung eines Amtsträgers bestraft, der für eine öffentliche Kasse rechtswidrig Gebühren, Steuern usw. vereinnahmt und den erhobenen Betrag nicht abführt; ebenso wenn ein Amtsträger bei Auszahlungen ungerechtfertigte Abzüge macht, aber die volle Ausgabensumme in Rechnung stellt.

Gebundene Erfindung
→ Diensterfindung; → Arbeitnehmererfindung.

Geburt
→ Rechtsfähigkeit, → Erbe, → Leibesfrucht; → vertrauliche Geburt; über Anzeigepflicht → Geburtenregister.

Geburtenregister
Das Geburtenregister ist eines der → Personenstandsregister; es dient zur Beurkundung der Geburten (auch → Totgeburt). In das Geburtenregister werden die persönlichen Verhältnisse der Eltern, Ort und Zeit der Geburt des Kindes, dessen Geschlecht (zu den Eintragungsmöglichkeiten → Diverse) und Namen eingetragen (§ 21 PStG). Wird die Vaterschaft erst nach der Beurkundung der Geburt des Kindes anerkannt oder gerichtlich festgestellt (→ Abstammung, 2b, c), so ist dies beim Geburtseintrag zu vermerken (§ 27 PStG). Sa → Transsexualität, → Intersexualität. Die Geburt eines Kindes muss dem → Standesbeamten, in dessen Zuständigkeitsbereich es geboren ist, binnen einer Woche angezeigt werden. Anzeigepflichtig (mündlich) ist jeder Elternteil, soweit er (Mit-)Inhaber der → elterlichen Sorge ist, sonst jede andere Person, die bei der Geburt anwesend oder von der Geburt aus eigenen Wissen unterrichtet ist (zB Hebamme, Arzt), bei Geburten in Krankenhäusern und dgl. (schriftlich) der Träger der Einrichtung (§§ 18 ff. PStG). Die → Vornamen des Kindes müssen spätestens binnen eines Monats angezeigt werden (§ 22 PStG). Besonderheiten gelten für Findelkinder (§ 24 PStG) sowie bei Geburten im Ausland (§ 36 PStG). Die Verletzung der Anzeigepflicht ist eine → Ordnungswidrigkeit (§ 70 PStG).

Geburtsanzeige
Pflicht zur –, → Geburtenregister.

Geburtsname
→ Name der Familie, → Name des Kindes.

Geburtsort
Der Ort der Geburt wird in das → Geburtenregister eingetragen. Ist der Ort nicht genau zu bestimmen, weil das Kind in einem Flugzeug, Schiff oder Fahrzeug geboren wird, ist der Geburtsort der Ort, an dem die Mutter aus dem Fahrzeug oder Flugzeug aussteigt, oder ein Schiff anlegt oder vor Anker geht (§ 32 PStV). S. a. → Passwesen, → Wehrersatzwesen.

Geburtsurkunde
→ Personenstandsurkunden.

Gedenktage
Zu nationalen Gedenktagen erklärt sind zum Gedenken an die Opfer des Nationalsozialismus der 27.1, an die Opfer von Flucht und Vertreibung der 20.6., an den Widerstand gegen die nationalsozialistische Gewaltherrschaft der 20.7., an die → Wiedervereinigung der

3.10. als Tag der deutschen Einheit, der auch ein Feiertag ist, und an die Kriegstoten und zur Mahnung zu Versöhnung, Verständigung und Frieden der 2. Sonntag vor dem 1. Advent als Volkstrauertag.

Geduldete Überziehung
ist eine Vereinbarung zwischen einem → Unternehmer (Kreditinstitut, Bank) und einem → Verbraucher als Kunden bei bestehendem laufenden Konto ohne ausdrückliche Überziehungsmöglichkeit dahingehend, dass eine Überziehung des Kontos gegen Entgelt gleichwohl geduldet wird, vgl. § 505 I BGB. Rechtlich liegt ein → Verbraucherdarlehensvertrag vor (s. iE dort; die Vorschriften der §§ 491a ff. BGB gelten aber nur sehr eingeschränkt, § 505 IV BGB: Insbes. besteht keine Widerrufsrecht und die Vereinbarung ist bei Pflichtverstößen auch nicht nichtig.) vor. Der Vertrag muss die Angaben des Art. 247 § 17 EGBGB enthalten, diese sind dem Kunden auf einem dauerhaften Datenträger (§ 126b BGB) mitzuteilen. Solche Angaben sind insbes. der maßgebliche Sollzinssatz und die geforderten Kosten. Die Bank muss den Kunden darauf hinweisen, wenn es zu einer erheblichen Überziehung von über einem Monat kommt, § 505 II BGB. Verstößt der Unternehmer gegen diese zwingende Pflichten (§ 512 BGB), darf er außer der Darlehensrückzahlung keine Zinsen und Kosten verlangen, § 505 III BGB.

Gefährdendes Verbreiten personenbezogener Daten
Der Straftatbestand nach § 126a StGB schützt als abstraktes → Gefährdungsdelikt den öffentlichen Frieden und stellt insbes. das Verbreiten sog. „Feindeslisten“ als eine Erscheinungsform sog. → Hasskriminalität unter Strafe. Damit gemeint sind Sammlungen von Daten zu Adresse und persönlichen Umständen sowie Fotos von Personen, die insbes. über das Internet verbreitet und dabei typischerweise mit ausdrücklichen oder subtilen Drohungen verbunden werden etwa dergestalt, dass gegen die gelisteten Personen „etwas unternommen“ werden müsse. Der Tatbestand wurde durch das StRÄndG – Verbesserung des strafrechtlichen Schutzes gegen sogenannte Feindeslisten etc. vom 14.9.2021 (BGBl. 2021 I 4250) neu geschaffen. Er soll insofern Strafbarkeitslücken schließen, als mit solchen Listen regelmäßig noch keine konkrete Straftat in Aussicht gestellt oder gebilligt wird, so dass eine Strafbarkeit wegen → Androhung von Straftaten (§ 126 StGB), wegen → Belohnung und Billigung von Straftaten (§ 140 StGB) oder wegen → Bedrohung (§ 241 StGB) nicht in Betracht kommt (vgl. BT-Drs. 19/28678, 8). Erfasst wird, wer öffentlich, in einer Versammlung oder durch Verbreiten eines → Inhalts (§ 11 III StGB) personenbezogene Daten einer anderen Person in einer Art und Weise verbreitet, die geeignet und nach den Umständen bestimmt ist, diese Person oder eine ihr nahestehende Person der Gefahr eines gegen sie gerichteten → Verbrechens oder einer gegen sie gerichteten sonstigen rechtswidrigen Tat gegen die sexuelle Selbstbestimmung, die körperliche Unversehrtheit, die persönliche Freiheit oder gegen eine Sache von bedeutendem Wert auszusetzen. Der → Versuch steht nicht unter Strafe. Der Strafrahmen reicht von Geldstrafe bis zu Freiheitsstrafe von zwei Jahren, im Fall einer Verbreitung nicht allgemein zugänglicher Daten bis zu Freiheitsstrafe von drei Jahren.

Gefährdung des demokratischen Rechtsstaates
→ Rechtsstaatsgefährdung.

Gefährdung des Straßen-, Bahn-, Luft-, Schiffsverkehrs
→ Straßenverkehrsgefährdung, → Transportgefährdung.

Gefährdungsbeurteilung
Die Gefährdungsbeurteilung ist eine Maßnahme des → Arbeitsschutzes gem. § 5 ArbSchG bzw. § 3 ArbStättV, bei der arbeitsplatzbezogen Gefährdungen ermittelt werden, die etwa zu bestimmten Unterweisungen der Arbeitnehmer Anlass geben. Grds. besteht ein Mitbestimmungsrecht des → Betriebsrates gem. § 87 I Nr. 7 BetrVG (BAG 8.6.2004 – 1 ABR 13/03, BAGE 111, 36).

Gefährdungsdelikt
Nach der Wirkung einer Straftat ist zwischen Verletzungs- und Gefährdungsdelikt zu unterscheiden. Beim Verletzungsdelikt setzt die Vollendung der Tat voraus, dass das jeweils geschützte Rechtsgut geschädigt worden ist; so bei Körperverletzung, Sachbeschädigung. Das Gefährdungsdelikt ist dagegen schon mit dem Eintritt der Gefährdung des geschützten Rechtsgutes vollendet. Hierbei wird wieder zwischen dem konkreten und dem abstrakten Gefährdungsdelikt unterschieden. Beim konkreten Gefährdungsdelikt muss der Eintritt einer Gefährdung im Einzelfall aus der Ex-post-Perspektive festgestellt, so bei Straßenverkehrsgefährdung infolge Trunkenheit usw (§ 315c StGB; → Alkoholdelikte). Eine konkrete Gefahr wird dabei dann bejaht, wenn der Eintritt einer Schädigung des Rechtsguts nur noch vom Zufall abhing. Beim abstrakten Gefährdungsdelikt genügt die aus Ex-ante-Sicht für ein entsprechendes Handeln gegebene bloße Möglichkeit des Eintritts einer Schädigung, so bei schwerer → Brandstiftung, bei der das bloße Inbrandsetzen wegen der damit verbundenen Gefahr die Strafbarkeit begründet (§ 306a I StGB), oder bei → Trunkenheit im Verkehr (§ 316 StGB). Konkrete Gefährdungsdelikte sind zugleich → Erfolgsdelikte, abstrakte Gefährdungsdelikte bloße Tätigkeitsdelikte. Eine Untergruppe des abstrakten Gefährdungsdelikts ist das abstrakt-konkrete oder potenzielle Gefährdungsdelikt (auch Eignungsdelikt genannt), bei dem eine konkrete Eignung zur Gefährdung vorausgesetzt wird, so zB bei § 130 I, III StGB (→ Volksverhetzung).

Gefährdungshaftung

1. Eine Pflicht zum → Schadensersatz wegen Verletzung eines → Vertrags oder aus → unerlaubter Handlung sieht das Gesetz idR nur bei einem → Verschulden des Schädigers vor. In einer Reihe von Fällen knüpft das Gesetz jedoch an die von der bloßen Inbetriebnahme einer Einrichtung oder Vornahme einer potentiell gefährlichen Handlung ausgehenden typischen Gefahren (Betriebsgefahr) eine Haftung des Halters der Einrichtung (oder des Tieres) bzw. des Handelnden auch ohne dessen Verschulden, wenn durch die Einrichtung bzw. Handlung Dritte zu Schaden kommen (→ Schadensersatz, 1). Das Gesetz geht davon aus, dass es hier dem Geschädigten nicht zumutbar sei, im Einzelfall ein Verschulden des Halters nachzuweisen; der Haftungsgrund liegt bereits in der Inbetriebnahme einer Einrichtung oder der Vornahme der Handlung, zB das Inverkehrbringen sicherheitsgefährdender Produkte, die geeignet sind, anderen Schaden zuzufügen. Die wichtigsten Fälle sind die Haftung für Schäden mit Schienen- und Schwebebahnen (zB Eisenbahn, Straßenbahn, → Eisenbahnbetriebshaftung), die Haftung des Halters und uU des Fahrers eines Kfz (→ Straßenverkehrshaftung), die → Produkthaftung, die → Umwelthaftung, die Haftung des Halters eines → Luftfahrzeuges, die Atomhaftung (→ Atomgesetz, 4; sa Gesetz v. 25.8.2008, BGBl. 2008 I 902), die Haftung für → Wild- und → Jagdschäden sowie für Bergschäden (→ Bergwerkseigentum), im BGB die → Tierhalterhaftung und die Haftung für → Immissionen usw. Verschiedentlich, zB für den Halter eines Kfz, verlangt das Gesetz für die möglicherweise eintretende Gefährdungshaftung den Abschluss einer → Haftpflichtversicherung. Da die fortschreitende technische Entwicklung immer neue Gefahrenpunkte schafft, ist die Gefährdungshaftung ständig im Vordringen begriffen.

2. Die Gefährdungshaftung ist in den einzelnen Gesetzen verschieden ausgestaltet; da sie kein Verschulden voraussetzt, ist sie, um den Schädiger nicht unverhältnismäßig zu belasten, unter anderen Gesichtspunkten wieder eingeschränkt, insbes. meist ausgeschlossen, wenn der Schaden auf höhere Gewalt (→ Verschulden, 4) zurückzuführen ist, sowie im Umfang der Ersatzpflicht. Dagegen hat die Rspr. eine sog. öffentlich-rechtliche Gefährdungshaftung, dh eine allg. Haftung der öffentlichen Hand für von ihrem Bereich ausgehende schädigende Ereignisse, stets verneint und Schadensersatz nur bei Vorliegen der Voraussetzungen eines → enteignungsgleichen Eingriffs oder eines → Aufopferungsanspruchs zugesprochen; s. ferner → Staatshaftung.

Gefährliche Stoffe

→ Gefahrstoffe.

Gefährlicher Hund

→ Kampfhund.

Gefälligkeitsakzept, -wechsel

Bei einem Gefälligkeitsakzept nimmt jemand einen → Wechsel lediglich zu dem Zweck an, ihn kreditfähig zu machen, etwa weil diese annehmende Person mit dem Wechselaussteller befreundet ist und diesem einen Gefallen tun möchte. Gefälligkeitswechsel sind idR → Finanzierungswechsel, als solche gültig und begründen die Haftung aus dem Wechsel gegenüber gutgläubigen Wechselinhabern.

Gefälligkeitsfahrt

Unter einer Gefälligkeitsfahrt versteht man idR eine unentgeltliche (aufgrund von Freundschaft oder gesellschaftlicher Konvention erfolgende) Beförderung von Personen mit einem Kfz. Kommt bei einem Verkehrsunfall der mitfahrende Insasse zu Schaden, so stehen ihm meist keine vertraglichen Ansprüche zu, da idR ein rechtsgeschäftlicher Verpflichtungswille des Fahrers fehlt (sa → Gefälligkeitsverhältnis, Gefälligkeitsvertrag; → Schuldverhältnis; Zahlung eines Entgelts, Kostenbeitrags oder eine ausdrückliche Zusage der Mitnahme können aber für eine vertragliche Abrede sprechen, ebenso ein eigenes Interesse des Fahrers oder Halters, zB Mitnehmen eines Kaufinteressenten). Es bestehen aber jedenfalls Schadensersatzansprüche nach § 7 StVG aus → Gefährdungshaftung (dh ohne Nachweis eines Verschuldens) gegen den Halter des Kfz sowie Ansprüche gegen den Fahrer aus → unerlaubter Handlung und nach § 18 StVG, wenn diesen einen Verschulden trifft. Der Fahrer haftet dabei auch bei einfacher Fahrlässigkeit. Ein genereller Haftungsverzicht bei einer Gefälligkeitsfahrt ist nicht anzunehmen; aus den Umständen kann sich aber ein stillschweigender Haftungsausschluss ergeben, zB wenn dem Mitfahrenden Mängel am Kfz oder in der Person des Fahrers (Trunkenheit, Übermüdung) bekannt sind; musste er hiernach mit erheblichen Unfallfolgen rechnen, kann sogar stillschweigender Haftungsverzicht für grobe Fahrlässigkeit (→ Verschulden) angenommen werden (zB bei Fehlern an Beleuchtung oder Bremsen oder starker Trunkenheit des Fahrers); ein Haftungsausschluss für vorsätzliches Handeln (→ Verschulden) ist nach § 276 III BGB aber unwirksam. Minderjährige bedürfen zu einem rechtswirksamen Haftungsverzicht der Einwilligung des gesetzlichen Vertreters; doch kann ein Inkaufnehmen möglicher Gefährdung, wenn eine dem Alter entsprechende Einsichtsfähigkeit vorliegt, als Handeln auf eigene Gefahr zum Haftungsausschluss führen (→ Mitverschulden). Ein ausdrücklicher, ohne Widerspruch entgegengenommener Hinweis, der Insasse fahre „auf eigene Gefahr" mit, schließt idR nur die Haftung für leichte Fahrlässigkeit (→ Verschulden) aus. Bei nahen Angehörigen kann ein stillschweigender Haftungsausschluss nicht ohne weiteres angenommen werden, allenfalls für leichte Fahrlässigkeit. Hat der Mitfahrende zwar den Mangel nicht erkannt, hätte er ihn aber erkennen müssen, kann die Haftung wegen → Mitverschuldens (§ 254 BGB) ausgeschlossen oder beschränkt sein.

Strafrechtlich wirkt sich der Haftungsverzicht als → Einwilligung des Verletzten aus, die sich bei der Gefälligkeitsfahrt aber immer nur auf leichte Körperverletzungen und idR nur auf leichte Fahrlässigkeit erstrecken wird; sie schließt insoweit die → Rechtswidrigkeit aus.

Gefälligkeitsverhältnis, Gefälligkeitsvertrag

Ein → Schuldverhältnis setzt den Willen voraus, eine Rechtbindung zu begründen. Ein solcher Bindungswille fehlt meist bei Abreden, die auf ein unentgeltliches und fremdnütziges Verhalten gerichtet sind und im Hinblick auf außerrechtliche Beziehungen, insbes. soziale Kontakte (zB Freundschaft, Nachbarschaft, Kollegialität), erfolgen (Gefälligkeitsverhältnis). Solche Abreden begründen nach hM (aA zT die Lit.) kein Schuldverhältnis mit Leistungs- und Schutzpflichten, sie schaffen nur einen Rechtsgrund zum Behaltendürfen der Leistung, der Gefällige haftet nur aus → unerlaubter Handlung, nach hM ohne Haftungsbeschränkung auf Vorsatz und grobe Fahrlässigkeit (sa → Gefälligkeitsfahrt). Durch Auslegung unter Würdigung aller Umstände (Art, Grund, Zweck der Leistung, Wert, Entgeltlichkeit, Interessenlage, Vertrauen auf besondere Expertise) ist aber im Einzelfall zu ermitteln, ob nicht doch eine vertragliche Bindung und damit ein Schuldverhältnis mit entsprechenden Pflichten (Gefälligkeitsvertrag) gewollt ist, maßgeblich ist, wie sich das Verhalten aus Sicht eines objektiven Betrachters beurteilt (zB wenn der Begünstigte sich erkennbar auf ein Zusage verlässt und wirtschaftliche Werte auf dem Spiel stehen). Im BGB sind verschiedene typische Gefälligkeitsverträge geregelt (→ Auftrag, → Schenkung, → Leihe, → Verwahrung).

Gefängnis

(von 1 Tag bis zu 5 Jahren) war eine der Strafarten, die durch das 1. StrRG 1969 mit anderen zur einheitlichen → Freiheitsstrafe zusammengefasst worden sind.

Der Ort der Strafverbüßung wird ebenfalls nicht mehr als Gefängnis, sondern als Justizvollzugsanstalt (JVA) bezeichnet; → Strafvollzug.

Gefahr

→ Gefahrenabwehr, → Polizei, → Ordnungsbehörden.

Gefahrenabwehr

Abwehr von Gefahren und Beseitigung von Störungen für die öffentliche → Sicherheit und Ordnung sind im → Polizeirecht und → Ordnungsrecht geregelte Aufgaben der → Polizei und der → Ordnungsbehörden. Dazu gehört auch die Verhütung von Straftaten und Ordnungswidrigkeiten. Eine Gefahr liegt vor, wenn eine Beeinträchtigung der öffentlichen Sicherheit und Ordnung noch nicht eingetreten, aber zu befürchten, dh mit Wahrscheinlichkeit zu erwarten ist. Man unterscheidet die konkrete und die abstrakte Gefahr. Eine konkrete Gefahr muss an Ort und Stelle drohen und nach allgemeiner Lebenserfahrung erwarten lassen, dass sie sich zu einer Beeinträchtigung der öffentlichen Sicherheit und Ordnung verdichten wird. Voraussetzung für → polizeiliche Maßnahmen und → ordnungsbehördliche Maßnahmen ist das Vorliegen einer konkreten Gefahr. Rechtsverordnungen können auch auf Grund einer abstrakten Gefahr erlassen werden.

Gefahrenabwehrbehörden

→ Polizei (1), → Ordnungsbehörden.

Gefahrenrückversicherung

→ Rückversicherung.

Gefahrerhöhung

Anzeigepflicht usw bei Gefahrerhöhung → Versicherungsvertrag (4).

Gefahrgeneigte Arbeit

(schadensgeneigte Arbeit) → innerbetrieblicher Schadensausgleich.

Gefahrgut

Gefahrengut ist ein Stoff oder Gegenstand, von dem auf Grund seiner Eigenschaften oder seines Zustandes im Zusammenhang mit der Beförderung Gefahren für die → öffentliche Sicherheit und Ordnung, insbesondere für Leben und Gesundheit von Menschen sowie für Tiere und Sachen, ausgehen können (§ 2 Gefahrgutbeförderungsgesetz, GGBefG). Die Beförderung von Gefahrengut ist besonders geregelt: → Beförderung gefährlicher Güter.

Gefahrguttransport

→ Beförderung gefährlicher Güter.

Gefahrstoffe (gefährliche Stoffe)

1. Für das → Gefahrstoffrecht definieren §§ 3a, 19 II ChemG (→ Chemikaliengesetz) Gefahrstoffe. Zu ihnen gehören zB explosionsgefährliche, giftige, gesundheitsschädliche oder umweltgefährliche Stoffe und Gemische. Einzelheiten enthält die GefahrstoffVO idF v. 26.11.2010 (BGBl. 2010 I 1643) mÄnd. Herstellung und Vertrieb von Gefahrstoffen können eingeschränkt und verboten werden, Beschäftigte sind vor Gefahrstoffen besonders zu schützen, Unfälle mit Gefahrstoffen sind sofort zu melden (§ 19 GefStoffV). Werbung für Gefahrstoffe ohne Gefahrenhinweise ist verboten (§ 15a ChemG). Ausgangsstoffe für Explosivstoffe unterliegen besonderen Restriktionen nach der VO (EU) 2019/1148 v. 20.6.2019 (ABl. EU 2019 L 186, 1) sowie dem Ausgangsstoffgesetz (AusgStG) v. 3.12.2020 (BGBl. 2020 I 2678). → Schadstoffe, persistente organische.

2. Für das → Wasserrecht definiert § 62 III WHG → wassergefährdende Stoffe. Hierzu gehören zB Rohöle und → Gifte; sa → Wasserhaushalt, → Gewässer.

3. Als Gefahrstoffe im Bereich des → Immissionsschutzrechts bezeichnet man Stoffe gem. § 2 Störfall-Verordnung (→ Störfälle). Qualitativ sind dies Stoffe wie diejenigen unter Ziff. 1 und 2. Relevante Gefahrstoffe sind Stoffe, die in einer → Anlage (1a–1c) in erheblichem Umfang erzeugt, verwendet oder freigesetzt werden und eine Verschmutzung des Bodens oder Grundwassers verursachen können (§ 3 X BImSchG).

4. Sa → Gefahrgut, → Elektro- und Elektronikgeräte.

Gefahrstoffrecht
Mit Gefahrstoffrecht bezeichnet man alle Vorschriften, die sich mit → Gefahrstoffen befassen. Es wird dem → Umweltrecht zugerechnet und umfasst selbst nur relativ wenige Rechtsvorschriften, deren wichtigste sich in der VO 1907/2006 (→ REACH), im → Chemikaliengesetz sowie in den Regelungen des → Pflanzenschutzes und für → Düngemittel befinden. Da die präventive Produktkontrolle zentrale Aufgabe des Gefahrstoffrechts ist, hat es erhebliche Bedeutung für andere Rechtsgebiete, vor allem das → Verbraucherschutzrecht (→ Verbraucherprodukte), aber auch für → Anlagensicherheit (→ Störfälle) und die → Beförderung gefährlicher Güter. Landesrecht beschränkt sich auf die Regelung der Zuständigkeiten.

Gefahrtarif
In der gesetzlichen → Unfallversicherung werden die Beiträge nach dem Grade der Unfallgefahr abgestuft. Dies geschieht in einem Gefahrtarif, den die Vertreterversammlung des Trägers der Unfallversicherung mit Genehmigung der Aufsichtsbehörde aufstellt (vgl. §§ 157 ff. SGB VII). Bei der Ausgestaltung des Gefahrtarifs haben die → Berufsgenossenschaften eine Gestaltungsspielraum. Ob dieser Gestaltungsspielraum wirtschaftlich oder sinnvoll genutzt wird, ist nicht der Prüfung durch die Gerichte zugänglich. Der jeweilige Gefahrtarif hat eine Gültigkeit von längstens 6 Kalenderjahren.

Gefahrtragung
Die Gefahrtragung meint im Schuldrecht das Schicksal von Leistung und Gegenleistung, wenn die Leistung ganz oder teilweise aufgrund eines von keiner Partei zu vertretenden Umstands unmöglich wird. Die Leistungsgefahr (Sachgefahr) betrifft die Frage, ob der Schuldner der → Leistung in diesem Fall von seiner Leistungspflicht frei wird. Die Gegenleistungsgefahr (Vergütungsgefahr, Preisgefahr) betrifft im → gegenseitiger Vertrag die Frage, ob der andere Teil die Gegenleistung zu erbirngen hat, wenn sich die Leistungsgefahr verwirklicht und die Leistung damit nicht erbracht wird. Regelungen über die Gefahrtragung und den Gefahrübergang finden sich insbes. in den Bestimmungen über die → Unmöglichkeit der Leistung, den → Schuldnerverzug, den → Gläubigerverzug. Leistungs- und Gegenleistungsgefahr sind strikt auseinanderzuhalten. Der Zeitpunkt des Gefahrübergangs, dh des Augenblicks, in dem das Risiko des Untergangs oder der Verschlechterung einer Leistung auf den anderen Teil übergeht, ist jedoch abweichend von den allg. Vorschriften über gegenseitige Verträge bei bestimmten Vertragstypen besonders geregelt (→ Versendungskauf). Der Übergang der Gefahr ist darüber hinaus für verschiedene Rechte der Beteiligten, insbes. für → Gewährleistungsansprüche bei der Sachmängelhaftung, von entscheidender Bedeutung. Besonderheiten gelten für den → Verbrauchsgüterkauf, den → Handelskauf und den internationalen Kauf (→ CISG). Sa → Gefährdungshaftung.

Gefahrübergang
→ Gefahrtragung.

Gefahrverschollenheit
→ Todeserklärung.

Gefangene
sind Personen, denen auf Grund hoheitlicher Gewalt, insbes. richterlicher Anordnung die Freiheit entzogen ist und die sich in amtlichem Gewahrsam befinden (→ Untersuchungshaft, → Strafvollzug). Davon zu unterscheiden sind auf Grund hoheitlicher Anordnung in einer Anstalt verwahrte oder sonst untergebrachte Personen. Sa → Verkehr mit Gefangenen.

Gefangenenbefreiung
Straftatbestand nach § 120 StGB: Wer einen Gefangenen (auch behördlich Anstaltsverwahrten) aus der Anstalt oder sonstigem amtlichen Gewahrsam oder aus der Bewachung gegen den Willen der zuständigen Stelle befreit oder ihn zum Entweichen verleitet oder dabei fördert, wird danach mit Freiheitsstrafe bis zu 3 Jahren oder Geldstrafe bestraft. Höhere Strafdrohungen gelten gegen → Amtsträger oder sonstige besonders Verpflichtete, die gehalten sind, das Entweichen zu verhindern (zB Aufsichtsbeamte, Unternehmer). Versuch ist strafbar. Die Selbstbefreiung ist nicht strafbar, daher nach hM auch nicht Anstiftung oder Beihilfe zur Gefangenenbefreiung durch den Gefangenen, wohl aber die Zusammenrottung mehrerer Gefangener zu einem gewaltsamen → Ausbruch aus der Gefangenenanstalt (→ Meuterei).

Gefangenenmeuterei
→ Meuterei.

Geflügelhaltung
Wer Geflügel halten möchte, hat der zuständigen Behörde mitzuteilen, ob er das Geflügel im Stall oder im Freien halten will (§ 2 Geflügelpest-VO, s. → Vogelgrippe).

Geflügelpest
→ Vogelgrippe, → Tierseuchen, → Lebensmittel- und Futtermittelsicherheit.

Gegenbescheinigung
Gegenbescheinigung ist bei einer → Zustellung von Anwalt zu Anwalt im → Zivilprozess

die schriftliche Erklärung des zustellenden → Rechtsanwalts, der die Vornahme der Zustellung bestätigt. Die Gegenbescheinigung ist auf Verlangen des Rechtsanwalts auszustellen, dem zugestellt wurde (§ 195 II 2 ZPO; → Empfangsbekenntnis).

Gegenbeweis
→ Beweislast.

Gegendarstellung
Der verantwortliche Redakteur (nach einigen Landesrechten daneben der Verleger) einer periodischen Druckschrift ist nach den Pressegesetzen der Länder verpflichtet, zu Tatsachen, die in der Druckschrift veröffentlicht werden, auf Verlangen einer unmittelbar betroffenen Person oder Behörde deren Gegendarstellung (Berichtigung) abzudrucken. Die Gegendarstellung muss die beanstandeten Stellen bezeichnen, sich auf tatsächliche Angaben beschränken und vom Einsender unterzeichnet sein. Sie ist unverzüglich und in demselben Teil des Druckwerkes sowie in derselben Schrift wie der Abdruck des beanstandeten Teils ohne Einschaltungen und Weglassungen abzudrucken. Die Aufnahme ist kostenfrei, soweit nicht die Entgegnung den Raum der zu berichtigenden Mitteilung überschreitet. Der Abdruck darf nur verweigert werden, wenn die Gegendarstellung einen strafbaren Inhalt hat. Die Berichtigungspflicht setzt nicht voraus, dass die Pressedarstellung falsch war, sondern besteht bei jeder Pressemitteilung zugunsten des Betroffenen. Die Gegendarstellung ist auch dann aufzunehmen, wenn sie den Tatsachen nicht entspricht. Ob die Verpflichtung zur Gegendarstellung öffentlich-rechtlichen oder privatrechtlichen Charakter hat, ist str. Der Anspruch auf Gegendarstellung kann vor den Zivilgerichten durchgesetzt werden, da die Bestimmungen über die Gegendarstellung als Schutzgesetz iS des § 823 II BGB (→ unerlaubte Handlung, 2b) anzusehen sind. Sa → Ehre, → Presserecht.

„Gegeneinander aufheben"
(Kosten) → Kostenaufhebung, → Kostenpflicht.

Gegenforderung
→ Aufrechnung.

Gegengeschäft
→ Kompensationsgeschäft.

Gegenleistung
→ Gegenseitiger Vertrag (1).

Gegenleistungsgefahr
→ Gefahrtragung, → gegenseitiger Vertrag (2b).

Gegenschluss
(argumentum e contrario) → Auslegung (1c).

Gegenseitiger Vertrag
1. Gegenseitigkeitsverhältnis, Leistungsverweigerungrecht: Ein gegenseitiger Vertrag (synallagmatischer Vertrag) ist ein → Vertrag, bei dem beiderseitige Verpflichtungen (anders zB → Schenkung, nur einseitig verpflichtend) existieren, die in einem gegenseitigen Abhängigkeitsverhältnis (Synallagma) stehen; jeder Vertragspartner verspricht seine Leistung um der Gegenleistung willen (Austauschvertrag; do ut des). Die wichtigsten Vertragstypen des BGB sind gegenseitige Verträge, zB Kauf, Tausch, entgeltliches Darlehen, Mietvertrag, Pachtvertrag, Dienst- und Werkvertrag (s. dort). Das Gesetz enthält im Hinblick auf den engen Zusammenhang beider Leistungen Sondervorschriften, insbes. über das Schicksal der Gegenleistung bei → Leistungsstörungen (→ Pflichtverletzung, §§ 320 ff. BGB, mit Abwandlungen bei den einzelnen Vertragstypen). Sa → Gefahrtragung. Wer aus einem gegenseitigen Vertrag verpflichtet ist, kann die ihm obliegende Leistung, sofern er nicht vorleistungspflichtig ist, bis zur Bewirkung der Gegenleistung verweigern (§ 320 BGB; Ausschluss in → Allgemeinen Geschäftsbedingungen unzulässig, § 309 Nr. 2a BGB). Diese Einrede des nicht erfüllten Vertrags ist eine Unterart des allg. → Zurückbehaltungsrechts; sie gilt kraft Verweisung ebenfalls beim → Rücktritt (§ 348 BGB). Die Einrede steht nur demjenigen zu, der selbst vertragstreu, also zB leistungsbereit ist; sie führt bei einer Klage des einen Teils, falls sie geltend gemacht wird (echte → Einrede), nur zu einer Verurteilung Zug um Zug (dh Vollstreckung nur bei vorheriger Erbringung der eigenen Leistung, § 322 BGB). Bereits das Bestehen der Einrede des nichterfüllten Vertrags hindert jedoch das Eintreten des → Schuldnerverzugs. Eine gesetzlich oder vertraglich vereinbarte Vorleistungspflicht entfällt auf Einrede bei Gefährdung des Anspruchs auf die Gegenleistung infolge mangelnder Leistungsfähigkeit des anderen Teils, bis die Gegenleistung bewirkt oder → Sicherheitsleistung für sie erbracht wird; bei erfolgloser Fristsetzung hierzu Möglichkeit des → Rücktritts (Sonderfall des Wegfalls der → Geschäftsgrundlage, § 321 BGB).

2. Leistungsstörungen:

a) Erbringt bei einem gegenseitigen Vertrag der Schuldner eine fällige Leistung nicht oder nicht vertragsgemäß (→ Schuldnerverzug, → positive Vertragsverletzung; zur mangelhaften Leistung beim Kauf- und Werkvertrag s. insbes. die Sondervorschriften über → Gewährleistung, → Werkvertrag, 3), so kann der Gläubiger, wenn er dem Schuldner erfolglos eine angemessene Frist zur (noch nachholbaren) Leistung oder Nacherfüllung bestimmt hat, vom Vertrag zurücktreten (§ 323 I BGB, → Rücktritt vom Vertrag; kein Ausschluss dieses Rechts durch → Allgemeine Geschäftsbedingungen, § 309 Nr. 8a BGB); er kann aber auch weiterhin auf Erfüllung bestehen. Erforderlich ist also jetzt nur noch das erfolglose Verstreichen einer (ausdrücklich bestimmten) angemessenen Nachfrist, die mit der den Verzug begründenden Mahnung verbunden werden kann; ein → Verschulden des Schuldners muss ebenso wenig vorliegen wie eine Erklärung des Gläubigers, dass er die Annahme der Leistung nach dem Ablauf der Frist ablehne (sog. Ablehnungsandrohung). Auch die Fristsetzung ist entbehrlich, wenn der Schuldner die Leistung ernsthaft und endgültig verweigert (dann Rücktrittsmöglichkeit auch bereits vor Eintritt der Fälligkeit), ferner wenn ein → Fixgeschäft oder sonst besondere Umstände vorliegen, die unter Abwägung der beiderseitigen Interessen den sofortigen Rücktritt rechtfertigen (§ 323 II, IV BGB, aber keine Freistellung von Fristsetzung durch Allgemeine Geschäftsbedingungen, § 309 Nr. 4 BGB). Kommt nach der Art der Pflichtverletzung eine (Nach-)Fristsetzung nicht in Betracht (zB bei Leistungsstörungen aus der Person des Schuldners), so tritt an deren Stelle eine Abmahnung (§ 323 III BGB).

Hat der Schuldner nur einen Teil der Leistung erbracht, so kann der Gläubiger vom ganzen Vertrag nur zurücktreten, wenn er an der Teilleistung (→ Leistung) kein Interesse hat. Bei einer nicht vertragsgemäßen Leistung kann der Gläubiger vom Vertrag nicht zurücktreten, wenn die Pflichtverletzung nur unerheblich ist, zB bei der Verletzung geringfügiger Nebenpflichten (§ 323 V BGB). Der Rücktritt ist ferner ausgeschlossen, wenn der Gläubiger für den Umstand, der ihn zum Rücktritt berechtigen würde (zB die Verzögerung der Leistung) allein oder weit überwiegend verantwortlich ist (zB wenn er erforderliche Angaben oder Unterlagen nicht erbracht hat) oder wenn sich bei einem vom Schuldner nicht verschuldeten Umstand der Gläubiger in → Gläubigerverzug befindet (§ 323 VI BGB). Das Rücktrittsrecht ist nicht auf die Verletzung einer Haupt(leistungs-)pflicht (Lieferung der Ware, Bezahlung usw.) beschränkt; es kommt vielmehr auch bei Verletzung einer sonstigen (Neben-)Leistungspflicht nach § 241 II BGB (→ positive Vertragsverletzung) in Betracht (zB eine nötige Bedienungsanleitung fehlt und wird auch nicht nachgeliefert), wenn dem Gläubiger deshalb ein Festhalten am Vertrag nicht mehr zuzumuten ist (§ 324 BGB).

Das Recht, in allen diesen Fällen → Schadensersatz zu verlangen (s. dort), wird durch den Rücktritt vom gegenseitigen Vertrag nicht ausgeschlossen (§ 325 BGB).

b) Braucht der Schuldner infolge → Unmöglichkeit der Leistung (§ 275 I–III BGB) nicht zu erfüllen, entfällt grds. auch der Anspruch auf die Gegenleistung, also idR die Bezahlung (§ 326 I BGB; bei Teilunmöglichkeit entsprechende Herabsetzung wie bei der Minderung, → Gewährleistung, 2a). Der Gläubiger kann hier aber auch vom gegenseitigen Vertrag zurücktreten; dann gilt § 323 BGB (oben a) mit der Maßgabe, dass eine Nachfristsetzung entbehrlich ist (§ 326 V BGB). Ist der Gläubiger für die Unmöglichkeit der Leistung allein oder weit überwiegend verantwortlich oder befindet er sich bei vom Schuldner nicht zu vertretender Unmöglichkeit in → Gläubigerverzug, so behält der Schuldner den Anspruch auf die Gegenleistung, muss sich jedoch (mögliche) Ersparnisse infolge der Befreiung von seiner Leistung anrechnen lassen (§ 326 II BGB). Bei von beiden Seiten (gleichermaßen) zu vertretender Unmöglichkeit gelten die Grundsätze des → Mitverschuldens entsprechend. Verlangt der Gläubiger statt der unmöglichen Leistung Herausgabe des für den geschuldeten Gegenstand erlangten Ersatzes oder Abtretung des Ersatzanspruchs (Surrogat, zB eine Versicherungsleistung, sog. stellvertretendes commodum, § 285 BGB), so bleibt er zur Gegenleistung verpflichtet (allerdings Minderung, wenn nur Teilersatz, § 326 III BGB). Eine demnach nicht geschuldete, aber schon bewirkte Gegenleistung kann nach den Vorschriften über den → Rücktritt vom Vertrag zurückgefordert werden (§ 326 IV BGB). Über den Zeitpunkt des Gefahrübergangs (→ Gefahrtragung), dh den Zeitpunkt, in dem die Preisgefahr auf den Käufer übergeht, so dass er den Kaufpreis trotz Untergangs der Sache bezahlen muss, enthält das Kaufrecht Sonderbestimmungen (§§ 446, 447 BGB, → Versendungskauf).

Gegenseitiges Testament
→ Gemeinschaftliches Testament.

Gegenstand
Unter Gegenstand ist das der Rechtsmacht eines → Rechtssubjekts unterworfene Rechtsobjekt zu verstehen. Der Begriff des Gegegnstands umfasst (körperliche) → Sachen und andere unkörperliche Gegenstände, wie insbes. Rechte, Forderungen und sonstige objektive Werte, zB Geschäftswert einer Firma, Energieleistungen ua, die aber – soweit fassbar – oftmals wie eine Sache behandelt werden (Kauf von elektrischem Strom, Wärme usw).

Gegenstandswert
Gegenstandswert ist der für die → Rechtsanwaltsgebühr maßgebende, in Geld bemessene Wert des Gegenstandes, den die anwaltliche Tätigkeit betrifft (§ 2 I RVG). Aus diesem Wert berechnen sich also die Anwaltsgebühren. Der Gegenstandswert richtet sich regelmäßig nach dem → Streitwert oder → Geschäftswert (§§ 23, 32 RVG). Soweit nicht das Gericht auf Antrag den G. durch beschwerdefähigen Beschluss festsetzt (§ 33 RVG), berechnet ihn der RA selbständig (§ 10 RVG).

Gegenüberstellung
→ Vernehmungen im Strafverfahren.

Gegenverkehr
→ Ausweichen, → Abbiegen, → Überholen.

Gegenvormund
Noch ist es möglich, einen Gegenvormund zu bestellen, wenn die → Vormundschaft eine erhebliche Vermögensverwaltung umfasst, ein Mitvormund nicht bestellt ist und auch keine → befreite Vormundschaft vorliegt (§ 1792 BGB). Mit der → Reform des Vormundschaftsrechts entfällt die Möglichkeit, einen

Gegenvormund zu bestellen, zum 1.1.2023 ersatzlos (Art. 229 § 54 Abs. 2 EGBGB). Dem Jugendamt (→ Amtsvormundschaft) kann kein Gegenvormund bestellt werden; doch kann das Jugendamt seinerseits Gegenvormund sein. Für die Auswahl, Bestellung und Haftung des Gegenvormunds gelten die Vorschriften über die Vormundschaft entsprechend. Der Gegenvormund hat als Kontrollorgan im Interesse des → Mündels die ordnungsgemäße Geschäftsführung des Vormunds zu überwachen, dessen Rechnungslegung zu überprüfen und Pflichtwidrigkeiten des Vormunds dem Vormundsgericht anzuzeigen (§ 1799 BGB, § 1842 BGB). Zu einer Reihe von Rechtsgeschäften bedarf der Vormund der Genehmigung des Gegenvormunds (§ 1809 BGB, § 1812 BGB, § 1813 BGB, → Mündelgeld), auf deren Erteilung die Vorschriften über die familiengerichtliche Genehmigung (→ Vormund) entsprechende Anwendung finden (§ 1832 BGB). Die Genehmigung durch das → Familiengericht ersetzt die Genehmigung des Gegenvormunds.

Gegenvorstellungen
Neben den förmlichen, in den Verfahrensgesetzen geregelten → Rechtsmitteln und → Rechtsbehelfen gibt es sog. formlose Rechtsbehelfe, die im Allgemeinen gesetzlich nicht geregelt sind. Zu ihnen gehört die Gegenvorstellung (Remonstration). Sie wendet sich an die Behörde, die den beanstandeten Akt erlassen hat, mit dem Ziel, ihn nochmals auf seine Rechtmäßigkeit und Zweckmäßigkeit zu überprüfen. Die Gegenvorstellung ist an keine Frist oder Form gebunden und äußert keine Rechtswirkungen (kein → Suspensiv- und Devolutionseffekt; kein Rechtsanspruch auf sachliche Verbescheidung). Eine Gegenvorstellung kann grundsätzlich gegen jedes Tun oder Unterlassen einer Behörde (ohne Beschränkung auf → Verwaltungsakte) erhoben werden, auch neben einem förmlichen Rechtsbehelf. Gegen gerichtliche Entscheidungen kommt eine Gegenvorstellung nur in Betracht, wenn das Gericht nach der Verfahrensordnung zu einer Änderung seiner Entscheidung befugt ist. Wendet sich die Gegenvorstellung an die übergeordnete Behörde, so spricht man von Aufsichtsbeschwerde (→ Dienstaufsichtsbeschwerde).

Gegenwerttheorie
(Steuerrecht) → Belastungen, außergewöhnliche (1).

Gegenzeichnung
→ Ausfertigung von Gesetzen.

Geh- und Fahrtrecht
→ Grunddienstbarkeit.

Geh- und Stehbehinderungen
→ Belastungen, außergewöhnliche (2e).

Gehaltsanspruch
Der Gehaltsanspruch des → Angestellten unterliegt den gleichen Rechtsgrundsätzen wie der → Arbeitslohn. Anders als manchmal Lohn wird Gehalt üblicherweise immer monatlich ausgezahlt. Über den Gehaltsanspruch des Beamten → Dienstbezüge.

Gehaltsfortzahlung
→ Entgeltfortzahlung im Krankheitsfall, → Feiertagsvergütung.

Gehaltsklausel
→ Geldschuld (2).

Gehaltspfändung
→ Lohnpfändung.

Geheimbereich
Der Schutz des Geheimbereichs (der Intimsphäre) ist verfassungsrechtlich durch die Bestimmungen über die → Menschenwürde und das → Persönlichkeitsrecht gewährleistet (s. dort auch über materielle und immaterielle Schadensersatzansprüche wegen Rechtsverletzung), strafrechtlich durch die §§ 201 ff. StGB; diese stellen insbes. die Verletzung der Vertraulichkeit des Wortes durch unzulässige → Tonaufnahmen oder → Bildaufnahmen oder deren Weitergabe sowie die unbefugte Verletzung des → Briefgeheimnisses und von → Berufsgeheimnissen unter Strafe. Sa → Datenschutz, → Sende- und Telekommunikationsanlagenmissbrauch, → Tagebuchaufzeichnungen.

Geheimbündelei
ist Teilnahme an einer Verbindung, deren Dasein, Verfassung oder Zweck vor der Regierung geheimgehalten werden soll. Geheimbündelei war nach § 128 StGB aF bis zum 31.7.1968 allgemein strafbar. Jetzt stellt nur noch § 95 I Nr. 8 AufenthaltsG die Teilnahme an einer überwiegend aus Ausländern bestehenden inländischen Verbindung unter Strafe, deren Bestehen, Zielsetzung oder Tätigkeit vor den Behörden geheimgehalten werden soll, um ihr Verbot abzuwenden. Sa → Kriminelle Vereinigungen, → Terroristische Vereinigungen.

Geheimdienst
ist keine Bezeichnung des Gesetzes. Umgangssprachlich werden darunter die mit → nachrichtendienstlichen Mitteln arbeitenden Behörden verstanden, in der Deutschland der → Bundesnachrichtendienst, die Verfassungsschutzbehörden (→ Verfassungsschutz) des → Bundes und der → Länder sowie der → Militärische Abschirmdienst.

Geheimdienstliche Tätigkeit
→ Agententätigkeit.

Geheimer Vorbehalt
→ Willenserklärung (1b bb).

Geheimhaltungsbedürfnis
bezüglich Akten → Aktenvorlage.

Geheimhaltungspflicht
→ Berufsgeheimnis, → Dienstgeheimnis, → Geheimnisverrat; sa → Aktenvorlage.

Geheimnisverrat
Wegen des Verrats von Staats- oder Berufsgeheimnissen s. → Landesverrat, → Berufsgeheimnis, → Dienstgeheimnis; s. ferner → Briefgeheimnis. Gegen Verrat geschützt ist auch das → Geschäfts- oder Betriebsgeheimnis durch das GeschGehG, das seit dem 26.4.2019 gilt (BGBl. 2019 I 466), der Umsetzung der Richtlinie (EU) 2016/943 dient und ua strafbewehrte Verbotsnormen zum Umgang mit Geschäftsgeheimnissen enthält: Nach § 23 GeschGehG macht sich insb. strafbar, wer zur Förderung des eigenen oder fremden Wettbewerbs, aus Eigennutz, zugunsten eines Dritten oder in der Absicht, dem Inhaber eines Unternehmens Schaden zuzufügen, ein Geschäftsgeheimnis erlangt, nutzt oder offenlegt und dabei gegen einzelne der in § 4 GeschGehG enthaltenen Verbote verstößt. So ist die Erlangung eines Geschäftsgeheimnisses insbes. strafbewehrt, wenn sie durch unbefugten Zugang zu, unbefugte Aneignung oder unbefugtes Kopieren von Dokumenten etc. geschieht, welche der rechtmäßigen Kontrolle des Inhabers des Geschäftsgeheimnisses unterliegen und die das Geschäftsgeheimnis enthalten oder aus denen es sich ableiten lässt (§ 4 I Nr. 1 GeschGehG). Als Geschäftsgeheimnis ist dabei gem. § 2 GeschGehG eine Information anzusehen, die in den relevanten Kreisen nicht allgemein bekannt oder zugänglich und deshalb von wirtschaftlichem Wert ist, vom Inhaber in angemessenem Umfang geschützt wird und für deren Geheimhaltung ein berechtigtes Interesse besteht. Von den Verboten und damit der Strafbarkeit ausgenommen sind durch § 5 GeschGehG bestimmte Handlungen, die zum Schutz eines berechtigten Interesses (Ausübung der Meinungsfreiheit, der Pressefreiheit, Aufdeckung rechtswidriger Handlungen im öffentlichen Interesse durch → Whistleblower) erfolgen. Sa → Wirtschaftsspionage.

Geheimpatent
Von einem Geheimpatent spricht man, wenn ein → Patent für eine Erfindung begehrt bzw. – wie es in § 50 Abs. 1 PatG heißt – nachgesucht wird, die ein → Staatsgeheimnis iSv § 93 Abs. 1 StGB ist. In einem solchen Fall ordnet die zuständige Prüfstelle an, dass jede Veröffentlichung (wie sie ansonsten für → Patentanmeldungen üblich ist) unterbleibt.

Geheimsphäre
→ Geheimbereich.

Gehilfe
→ Beihilfe, → Erfüllungsgehilfe, → Verrichtungsgehilfe, → Handlungsgehilfe, → Hausgehilfen, → Streitgehilfe.

Gehör, rechtliches
→ rechtliches Gehör.

Gehörsrüge
→ rechtliches Gehör.

Gehorsamspflicht
1. Durch Verpflichtungsgeschäft (→ Rechtsgeschäft, 2g) kann für den einen Teil gegenüber dem anderen eine Gehorsamspflicht begründet werden (privatrechtliche Gehorsamspflicht), so für den Arbeitnehmer innerhalb eines → Arbeitsverhältnisses (→ Direktionsrecht).

2. Eine wesentlich strengere öffentlich-rechtliche Gehorsamspflicht besteht für Beamte und Soldaten. Beide haben ihren Vorgesetzten zu gehorchen. Der Beamte hat dienstliche Anweisungen des Vorgesetzten und allgemeine Richtlinien zu befolgen, sofern er nicht nach besonderen gesetzlichen Vorschriften an Weisungen nicht gebunden und nur dem Gesetz unterworfen ist (zB Mitglieder des Rechnungshofes, des Personalausschusses); der Soldat hat Befehle nach besten Kräften vollständig, gewissenhaft und unverzüglich auszuführen (§ 35 BeamtStG, § 62 BBG und Beamtengesetze der Länder; § 11 SoldatenG).

3. Die Gehorsamspflicht setzt die Verbindlichkeit des Befehls voraus. Bedenken gegen die Rechtmäßigkeit dienstlicher Anordnungen hat der Beamte unverzüglich bei seinem unmittelbaren Vorgesetzten und erforderlichenfalls dem nächsthöheren Vorgesetzten vorzutragen. Bestätigt dieser die Anordnung, so muss der Beamte sie ausführen und ist von eigener Verantwortung befreit, es sei denn, sie verletzt die Würde des Menschen oder ist erkennbar auf ein strafbares oder ordnungswidriges Verhalten gerichtet (§ 36 II BeamtStG, § 63 BBG und Beamtengesetze der Länder). Ebenso darf nach § 11 II SoldatenG ein Befehl nicht befolgt werden, wenn dadurch eine Straftat begangen würde (anders bei → Ordnungswidrigkeit).

4. Unter Strafe gestellt ist der militär. Ungehorsam (und das – wenn auch nur versuchte – Verleiten dazu), dh das Nichtbefolgen eines (verbindlichen) Befehls durch einen militär. Untergebenen, wenn es vorsätzlich oder leichtfertig (grob fahrlässig) geschieht und eine Gefahr für die Sicherheit der BRep., die Schlagkraft der Truppe, Leib oder Leben eines Menschen oder fremde Sachen von bedeutendem Wert herbeiführt; ferner auch ohne diese Folgen die Gehorsamsverweigerung, wenn sich der Täter mit Wort oder Tat gegen einen Befehl auflehnt oder ihn trotz Wiederholung nicht ausführt (§§ 19–21 WStG). Nimmt der Untergebene irrig an, der Befehl sei auf eine Straftat gerichtet, so wird er, wenn er den Irrtum nicht vermeiden konnte, nicht wegen Ungehorsams bestraft (uU aber zB wegen eines anderen → Unterlassungsdelikts). Dasselbe gilt, wenn er den Befehl aus anderen Gründen für unverbindlich hält, etwa weil er den dienstlichen Zweck verkennt, und wenn er den Irrtum nicht vermeiden konnte, ihm auch die Inanspruchnahme von → Rechtsbehelfen nicht zuzumuten war; war ihm dies zuzumuten, kann von Strafe abgesehen werden (§ 22 WStG). Befolgt der Untergebene den auf eine

Straftat abzielenden Befehl trotz dessen Unverbindlichkeit, so ist er strafrechtlich verantwortlich, wenn er das Unrecht erkennt oder wenn es offensichtlich ist; doch kann das Gericht bei geringer Schuld die Strafe mildern, bei Vergehen auch von ihr absehen (§ 5 WStG). Die Verantwortlichkeit des Vorgesetzten wegen → Anstiftung bleibt unberührt.

5. Der Missbrauch der Befehlsbefugnis zu unzulässigen Zwecken wird an dem militär. Vorgesetzten mit Freiheitsstrafe bis zu 2 Jahren bestraft (§ 32 WStG). Hat der Vorgesetzte den Untergebenen zu einer rechtswidrigen, strafbedrohten Tat veranlasst oder zu veranlassen versucht, besteht eine höhere Strafbarkeit als beim Anstifter nach §§ 26, 30 StGB: Begeht der Untergebene die Tat, kann die Strafe des Vorgesetzten bis auf das Doppelte der vorgesehenen Höchststrafe, aber nicht über das allgemeine gesetzliche Höchstmaß der betreffenden Strafart (Freiheitsstrafe usw), erhöht werden; die misslungene Verleitung ist auch bei Vergehen strafbar (§§ 33, 34 WStG).

Gehweg
(Fußweg). Ein Gehweg kann durch → Verkehrszeichen den Fußgängern vorbehalten sein. Die Eigenschaft als Gehweg kann sich auch durch Abgrenzung von der Fahrbahn (Bordstein u. dgl.) ergeben. Fahrzeuge dürfen dann nur die Fahrbahn benutzen (§ 2 I StVO); durch → Verkehrszeichen kann Mitbenutzung des Gehweges zum → Parken gestattet sein. Fußgänger müssen den neben einer Fahrbahn befindlichen Gehweg benutzen, außer wenn sie Gegenstände mitführen, die andere Fußgänger behindern, zB Fahrräder (§ 25 I 1, II 1 StVO).

Geiselnahme
in besetzten Gebieten wurde teilweise völkerrechtlich teilweise für zulässig gehalten, wenn sie die Einhaltung des Kriegsrechts durch die Bevölkerung erzwingen sollte. Oft werden mit ihr aber auch andere Zwecke verfolgt. In der → Genfer Konvention zum Schutz der Zivilbevölkerung ist sie verboten. Über die entsprechend dem Internat. Übereinkommen vom 18.12.1979 (BGBl. 1980 II 1362) nach § 239b StGB strafbare Geiselnahme → Menschenraub (dort 3).

Geisterfahrer
ist die gängige Bezeichnung für einen sich grob verkehrswidrig und rücksichtslos verhaltenden Kraftfahrer, der auf Autobahnen oder Kraftfahrstraßen entgegen der Fahrtrichtung fährt. Werden dadurch Leib oder Leben eines anderen oder fremde Sachen von bedeutendem Wert gefährdet, wird die Tat bei → Vorsatz mit bis zu fünf Jahren, bei → Fahrlässigkeit mit bis zu zwei Jahren Freiheitsstrafe, oder mit Geldstrafe bestraft (§ 315c I Nr. 2 lit. f StGB).

Geisteskranke, Geistesschwache (Unterbringung)
→ Anstaltsunterbringung.

Geisteskrankheit
→ Betreuung (2), → Schuldunfähigkeit.

Geistesschwäche
→ Betreuung (2).

Geistiges Eigentum
Die Theorie vom geistigen Eigentum bildet die wichtigste Grundlage des → Urheberrechts und des Schutzes der → Erfindung. Sie wurde im Zuge der → Naturrechtslehre begründet, erstmals in England 1709 gesetzlich anerkannt, in Deutschland erst seit dem 19. Jh. Im → Patentrecht und auch im → Urheberrechtsgesetz von 1965 ist die Theorie vom geistigen Eigentum wegen der zeitlich begrenzten Schutzfrist vom Gesetzgeber nicht voll verwirklicht worden. Sa → Produktpiraterie, → gewerblicher Rechtsschutz, → TRIPS. Der Begriff (im Englischen Intellectual Property oder kurz IP) erscheint ondes wenig klar umrissen; gemeinhin ordnet man dem geistigen Eigentum dasjenige zu, was auf einer geistigen Leistung beruht, immateriell ist und – ähnlich wie das Eigentum an einer Sache – den geistigen Eigentümer berechtigt, andere an diesem Eigentum teilhaben zu lassen oder diese auszuschließen, um es selbst und ausschließlich zu nutzen und zu verwerten.

Geistliche
1. Geistliche genießen im Hinblick auf ihre Berufspflichten, namentlich das Beichtgeheimnis, besonderen rechtlichen Schutz. Die sonst in § 138 StGB begründete → Anzeigepflicht bei Kenntnis vom Vorhaben bestimmter schwerer Straftaten entfällt, wenn dem Geistlichen der Sachverhalt bei Ausübung der Seelsorge anvertraut worden ist (§ 139 II StGB). Insoweit sind Geistliche der staatlich anerkannten öffentlich-rechtlichen → Religionsgemeinschaften (→ Religionsgesellschaften) berechtigt, als Zeuge im gerichtlichen Verfahren die Aussage zu verweigern, im Strafprozess auch über das ihnen bei der Seelsorge bekannt Gewordene. Im Zivilprozess besteht das Verweigerungsrecht nicht, wenn der Geistliche von der Schweigepflicht entbunden worden ist; im Strafprozess bleibt es trotzdem bestehen (§ 383 I Nr. 4 ZPO, § 385 II ZPO, § 53 I Nr. 1, II StPO). Das Verweigerungsrecht gilt aber nicht, wenn es sich um Vorgänge handelt, die der Geistliche nicht in seiner seelsorgerischen Funktion erfahren hat, sondern anlässlich einer karitativen, verwaltenden, erzieherischen oder sonstigen beruflichen Tätigkeit. Unbefugtes Führen der Amtsbezeichnung oder Tragen der Amtskleidung eines Geistlichen ist strafbar (§ 132a StGB). Geistliche können ferner die Berufung zum → Schöffen ablehnen (§ 34 GVG), die zum Betreuer (→ Betreuung) oder → Vormund, falls die etwa erforderliche Genehmigung der kirchlichen Behörde nicht erteilt wird (§§ 1784, 1888, 1908i BGB). Im Besteuerungsverfahren Dritter steht den Geistli-

chen ein → Auskunftsverweigerungsrecht zu (§ 102 I Nr. 1 AO).

2. Geistliche unterliegen der Disziplinargewalt der Religionsgemeinschaft (s. → Kirchenbeamte); den Rechtsweg zur → Verwaltungsgerichtsbarkeit gegen innerkirchliche Maßnahmen, wegen ihrer Gehaltsansprüche usw können sie nur beschreiten, soweit das in entsprechenden innerkirchlichen Vorschriften zugelassen ist (BVerfGE 25, 226; BGHZ 46, 96). Sa → kirchliche Gerichtsbarkeit (3); → Klerus.

Gekorenes Orderpapier
→ Orderpapier.

Gekreuzter Scheck
Ein gekreuzter Scheck ist ein → Scheck, der vom → Bezogenen nur an eine andere Bank (vgl. Art. 54 ScheckG) oder an einen Kunden des Bezogenen bezahlt werden darf. Um zu verhindern, dass der Scheck an andere Personen bezahlt wird, wird er durch zwei gleichlaufende Striche auf der Vorderseite gekreuzt. Der gekreuzte Scheck dient denselben Zwecken wie ein → Verrechnungsscheck; daher wird er auch wie ein solcher behandelt.

Gelbfieber
→ Infektionsschutzgesetz.

Geld
1. Geld ist das vom Staat (→ gesetzliches Zahlungsmittel) oder vom Verkehr allgemein anerkannte Tauschmittel. Eine Legaldefinition gibt es nicht, eine allgemeine Definition ist schwierig, denn „Money is what money does". Neben Tauschmittel ist Geld Wertaufbewahrungsmittel und abstrakte Rechnungseinheit. Man unterscheidet heute Bargeld (Sachgeld), Buchgeld (Giralgeld) und → E-Geld. → Bitcoins sind kein Geld, str. Der Wert des Geldes beruht nach der Theorie vom Nominalismus (→ Nominalitätsgrundsatz) auf der staatlichen Anerkennung; nach der Quantitätstheorie hängt er vom Verhältnis der umlaufenden Geldmenge und ihrer Umlaufgeschwindigkeit zum freien Güterangebot (Handelsvolumen) ab.

2. Vom Warengeld (zB Vieh, Stoffe als Tauschmittel) entwickelte Geld sich zum Metallgeld mit Fixierung des Wertes durch Prägung (→ Münzwesen). Dabei verlieh der Stoffwert den Münzen Geldfunktion. Auch die als Münzersatz verwendeten → Banknoten waren zunächst in Gold einlösbar. Erst im 1. Weltkrieg übernahm das Papiergeld immer mehr die volle Geldfunktion ohne Einlösbarkeit und vielfach ohne Golddeckung. Als Buchgeld werden die im bargeldlosen Zahlungsverkehr entstehenden Guthaben genannt. Während Banknoten und Münzen rechtlich als bewegliche → Sachen behandelt werden, stellen Buch- und E-Geld schuldrechtliche Forderungen (→ Schuldverhältnis) dar. Zur Ausgabe von Banknoten und Münzen → Euro.

Geldbuße
Die Androhung einer Geldbuße kennzeichnet eine → Ordnungswidrigkeit zum Unterschied von der Straftat, die unter Strafdrohung steht; bei sog. Mischtatbeständen kann dieselbe Zuwiderhandlung je nach ihrer Schwere Straftat oder Ordnungswidrigkeit sein (vgl. zB §§ 1, 2 WiStG 1954). Die Geldbuße beträgt 5 EUR bis 1000 EUR, soweit das Gesetz nichts anderes bestimmt; sie soll den Gewinn, den der Täter aus der Ordnungswidrigkeit gezogen hat, übersteigen und kann deshalb auch die gesetzliche Höchstgrenze überschreiten (§ 17 OWiG). Über das Verfahren zur Verhängung einer Geldbuße (Bußgeldbescheid) → Bußgeldverfahren. Über die Auferlegung einer Geldzahlung aus anderen gesetzlichen Gründen → Buße. Geldbußen können ebenso wie Geldstrafen nicht steuermindernd berücksichtigt werden (§ 4 V 2 Nr. 8 EStG, § 9 V EStG; § 12 Nr. 4 EStG; § 10 Nr. 3 KStG). → Ausgaben, → Betriebsausgaben.

Geldeinlage
→ Einlage.

Geldentwertung
Zur Wertsicherung bei Geldentwertung → Geldschuld (2).

Geldersatz
→ Schadensersatz (3).

Geldmarkt
ist der Markt des kurzfristigen Geldkapitals, das die Funktion von → Zahlungsmitteln ausübt. Er wird unterschieden vom → Kapitalmarkt als Markt für lang- und mittelfristige Kapitalanlagen und Unternehmensbeteiligungen. Am Geldmarkt, der ein Markt der → Kreditinstitute, der → Bundesbank, der → Europäischen Zentralbank und einiger wenigen Unternehmen ist, werden sog. Geldmarktinstrumente (§ 2 Abs. 2 WpHG, kurzfristige Werttitel wie unverzinsliche Schatzanweisungen oder Schatzwechsel des Bundes und der Länder) und Zentralbankguthaben als Tagesgeld, Ultimogeld, Monatsgeld, Dreimonatsgeld gehandelt. Die Regulierung des Geldmarktes obliegt der Bundesbank und der Europäischen Zentralbank, die im Rahmen der → Offenmarktpolitik bestimmte Papiere zu Marktsätzen kaufen und verkaufen. → Statistik (2).

Geldmarktfonds
Geldmarktfonds sind OGAW oder AIF (→ Investmentvermögen), die in Geldmarktinstrumente investieren, also in eher kurzfristige Vermögenswerte. Sie unterliegen primär den Anforderungen der VO (EU) 2017/1131 v. 14.7.2017 über Geldmarktsfonds (ABl. 2017 L 169, 8) und subsidiär dem deutschen Recht nach § 338b KAGB. → Geldmarkt.

Geldschuld
1. Die Geldschuld ist regelmäßig eine → Gattungsschuld auf Leistung von → Geld in Höhe des Nennbetrags (sog. Geldsummenschuld);

eine Stückschuld ist nur bei Verpflichtung zur Leistung ganz bestimmter Münzen gegeben (zB zu Sammlerzwecken). Die Geldschuld kann in Euro oder anderer Währung vereinbart sein. Der → Euro ist eine Zwangswährung, so dass grds. jeder → Gläubiger zur Annahme verpflichtet ist. Ist eine in anderer Währung als Euro ausgedrückte Geldschuld (Valutaschuld) im Inland zu bezahlen, so kann in Euro gezahlt werden (Umrechnung nach Kurswert), sofern nicht Zahlung in der anderen Währung ausdrücklich vereinbart ist (dann sog. echte Valutaschuld, § 244 BGB). Ist eine Geldschuld in einer besonderen Münzsorte zu zahlen (Geldsortenschuld), so ist die Vereinbarung trotz dieser sog. Effektivklausel hinfällig, wenn die Münzsorte zZt der Zahlung nicht mehr im Umlauf ist; dann ist entsprechend dem Wert der Schuld in üblichem Geld zu zahlen (§ 245 BGB). Über die Effektivklausel auf einem Wechsel oder Scheck vgl. Art. 41 WG, Art. 36 ScheckG.

2. Die Geldentwertung ist für die Geldschuld grds. ohne Bedeutung (→ Nominalitätsgrundsatz), das Risiko einer → Inflation trägt regelmäßig der Gläubiger (sa → Geschäftsgrundlage); allerdings ist ggf., zB beim → Zugewinnausgleich, auf die jeweils maßgeblichen Wertverhältnisse abzustellen, BGHZ 61, 385). Wertsicherungsklauseln können aber vertraglich vereinbart werden, zB wenn sich die Höhe der Forderung automatisch nach dem jeweiligen Preis des Goldes (sog. Goldwertklausel), anderer Güter oder Leistungen, zB Entwicklung der Beamtengehälter (Gehaltsklausel), des Lebenshaltungskostenindexes (Indexklausel), der Entwicklung des Kapitalmarkts (→ Zinsgleitklausel) oder dem Wert einer ausländischen Währung (Währungsklausel, Valutaklausel) richten soll. Solche Gleitklauseln waren früher grds. der Genehmigung durch die zuständige Landeszentralbank unterworfen. Nach dem inzwischen geltenden PreisklauselG v. 7.9.2007 (BGBl. 2007 I 2248) darf zwar der Betrag von Geldschulden nicht unmittelbar und selbsttätig durch den Preis oder Wert von anderen Gütern oder Leistungen bestimmt werden, die mit den vereinbarten Gütern oder Leistungen nicht vergleichbar sind, § 1 I PreisklauselG. Es gelten aber zahlreiche Ausnahmen, zB für Altersversorgung, Erbauseinandersetzung, Verträge auf Lebenszeit und befristete Verträge auf wiederkehrende Leistungen, Erbbaurechtsverträge und ähnliche Vereinbarungen. Ein Genehmigungsvorbehalt besteht nicht mehr. Sa → Spannungsklausel.

Geldsortenschuld
→ Geldschuld (1).

Geldstrafe
→ Strafen (1); sa → Geldbuße, → Ordnungsmittel, → Zwangsmittel.

Geldsummenschuld
→ Geldschuld (1).

Geldwäsche
Straftatbestand nach § 261 StGB, der insbes. das Einschleusen von Vermögensgegenständen aus → Organisierter Kriminalität in den legalen Finanz- und Wirtschaftskreislauf erfassen soll. Als Geldwäsche strafbar sind verschiedene Umgangsweisen mit Gegenständen, dh vermögenswerten Sachen und Rechten, die aus rechtswidrigen Vortaten stammen.

1. Entwicklung: Der Tatbestand wurde 1992 durch das OrgKG (BGBl. 1992 I 1302) in Umsetzung international erarbeiteter Empfehlungen in das deutsche Recht eingefügt. Die Tauglichkeit des dahinter stehenden kriminalistischen Konzepts sowie die Praktikabilität des Tatbestands sind umstritten. Wesentlich umgestaltet und erweitert wurde die Strafnorm mit Wirkung zum 18.3.2021 durch das Gesetz zur Verbesserung der strafrechtlichen Bekämpfung der Geldwäsche vom 9.3.2021 (BGBl. 2021 I 327), mit dem Vorgaben der Richtlinie (EU) 2018/1673 vom 2018 über die strafrechtliche Bekämpfung der Geldwäsche im deutschen Recht umgesetzt wurden. Aufgegeben wurde dabei insbes. das frühere Konzept einer enumerativen Aufzählung aller tauglichen Vortaten der Geldwäsche (§ 261 I 2 StGB aF), die zur Erfüllung der europarechtlichen Vorgaben einer erheblichen Ausdehnung bedurft hätte, zugunsten eines „all crimes"-Ansatzes: Taugliche Vortat des § 261 StGB ist jetzt jede rechtswidrige Straftat.

2. Tatbestand: Dieser ist durch eine ungewöhnliche Vielgestalt an potentiellen Tatobjekten und hierauf bezogenen tauglichen Tathandlungen geprägt, die weitgehend nur normativ umschrieben sind und bei der praktischen Anwendung daher vielfach Fragen aufwerfen. Der → Versuch ist für alle Varianten unter Strafe gestellt (§ 261 III StGB).

a) Tatobjekt der Geldwäsche ist grds. jeder Gegenstand, der aus einer rechtswidrigen Tat herrührt, dh einer Straftat (§ 11 I Nr. 5 StGB). Ein Herrühren setzt dabei zumindest eine Kausalbeziehung zwischen Vortat und Erlangung des Gegenstands voraus. Ein unmittelbarer Bezug, wie er bei den klassischen Anschlussdelikten, va der → Hehlerei (§ 259 StGB), erforderlich ist, muss jedoch nicht bestehen. Es sollen vielmehr gerade auch ganze Ketten von Verwertungshandlungen erfasst werden, bei denen jeweils ein Austausch des Gegenstands erfolgt ist. Eine Beschränkung auf bestimmte Vortaten enthält der Tatbestand seit 2021 nicht mehr. Typische Vortaten sind Vermögensdelikte wie → Diebstahl, → Unterschlagung, → Erpressung, → Betrug, → Untreue, aber auch alle anderen Straftaten, die Gewinne abwerfen, etwa → Bestechung, → Betäubungsmitteldelikte, → Steuerstraftaten, → Zuhälterei, → Menschenhandel, → Urkundenfälschung, → Glücksspiel, → Produktpiraterie. Durch § 261 IX StGB werden zudem Gegenstände einbezogen, die aus bestimmten im Ausland begangenen Straftaten stammen, für die deutsches Strafrecht nicht anwendbar ist (→ Geltungsbereich des Strafrechts).

b) Tathandlungen: Der Tatbestand unterscheidet zwischen „objektbezogenen" Tathandlungen in § 261 I StGB, die diverse Arten der Erlangung oder Verwertung eines Gegenstands erfassen, und „informationsbezogenen" Tathandlungen in § 261 II StGB, die auf verschiedene Formen der Herkunftsverschleierung abzielen. Zu ersteren gehört zunächst das Verbergen des Gegenstands sowie das Umtauschen, Übertragen oder Verbringen des Gegenstands in der Absicht, dessen Auffinden, dessen Einziehung oder die Ermittlung von dessen Herkunft zu vereiteln. Strafbar sind zudem das sich oder einem Dritten Verschaffen des Gegenstands, das Verwahren und das Verwenden. Von den letzteren Alternativen ausgenommen sind Handlungen bzgl. solcher Gegenstände, den ein Dritter zuvor erlangt hat, ohne hierdurch eine rechtswidrige Tat zu begehen (§ 261 I 2 StGB). Dies betrifft insbes. Fälle einer Erlangung in Unkenntnis der Herkunft des Gegenstands. § 261 II StGB stellt denjenigen unter Strafe, der Tatsachen, die für das Auffinden, die Einziehung oder die Ermittlung der Herkunft des Gegenstands von Bedeutung sein können, verheimlicht oder verschleiert. Wer wegen Beteiligung an der Vortat strafbar ist, wird nur dann nach § 261 StGB bestraft, wenn er den Gegenstand in den Verkehr bringt und dabei dessen rechtswidrige Herkunft verschleiert (§ 261 VII StGB, sog. Selbstgeldwäsche).

c) In subjektiver Hinsicht ist grds. → Vorsatz erforderlich, der sich insbes. auch auf die Herkunft des betreffenden Gegenstands beziehen muss. § 261 VI StGB enthält zudem einen Fahrlässigkeitstatbestand, der denjenigen erfasst, der leichtfertig verkennt, dass ein Gegenstand aus einer rechtswidrigen Tat stammt. Zugunsten von Strafverteidigern wurden 2021 in Umsetzung von Vorgaben des BVerfG (Urteil vom 30.3.2004, Az. 2 BvR 1520/01, BVerfGE 110, 226) Einschränkungen im subjektiven Tatbestand normiert: Wer als Strafverteidiger ein Honorar für seine Tätigkeit annimmt, erfüllt die Tathandlungen des Sichverschaffens, Verwahrens und Verwendens nur dann vorsätzlich, wenn er zu dem Zeitpunkt der Annahme des Honorars sichere Kenntnis von dessen Herkunft hatte (§ 261 I 3 StGB). Bei diesen Handlungen gilt auch der Fahrlässigkeitstatbestand des § 261 VI StGB nicht für Strafverteidiger (§ 261 VI 2 StGB).

3. Strafrahmen: Dieser umfasst Geldstrafe und Freiheitsstrafe bis zu fünf Jahren, bei Taten eines Verpflichteten nach § 2 GwG (ggf. als dessen Organ oder Beauftragter, vgl. § 14 StGB) mit Mindestfreiheitsstrafe von drei Monaten (§ 261 IV StGB), in besonders schweren Fällen (§ 261 V StGB, → Regelbeispiele sind die gewerbs- oder bandenmäßige Begehung) Freiheitsstrafe von sechs Monaten bis zu zehn Jahren, bei leichtfertigem Nichterkennen der strafbaren Herkunft des Gegenstandes (§ 261 VI StGB) Geldstrafe oder Freiheitsstrafe bis zu 2 Jahren. Fälle der → tätigen Reue (Strafausschließungsgrund) etwa bei Aufdeckung der Tat vor Entdeckung oder bei Ermöglichung rechtzeitiger Sicherstellung sind in § 261 VIII StGB normiert. § 261 X StGB eröffnet die Einziehung von Beziehungsgegenständen und die Drittteinziehung nach § 74a StGB (→ Einziehung im Strafverfahren).

4. Für eine wirksame Verfolgung der Geldwäsche wurde das Geldwäschegesetz (GwG) v. 13.8.2008 (BGBl. 2008 I 1690; Neubekanntmachung v. 23.6.2017, BGBl. 2017 I 1822) zur → Gewinnaufspürung erlassen. Nach § 31b AO haben die Finanzbehörden den Verdacht von Geldwäsche der StA mitzuteilen. Außerdem kann der → Bargeldverkehr kontrolliert werden. Sa die in §§ 257–260a StGB geregelten Anschlussdelikte (→ Begünstigung, → Hehlerei, → Strafvereitelung), ferner → Terrorismusfinanzierung (§ 89c StGB).

Geldwerter Vorteil
(Steuerrecht) → Einnahmen.

Geldwertschuld
→ Geldschuld (2).

Geld- und Wertzeichenfälschung
Diese ist in §§ 146 ff. StGB unter Strafe gestellt. Der Strafschutz erfasst Geld, dh die staatlich genehmigten – auch ausländischen – Zahlungsmittel, sowie die gleichgestellten geldwerten Papiere. Außer Metall- und Papiergeld sind geschützt: Inhaber- und Orderschuldverschreibungen, Aktien und Investmentzertifikate (§ 151 StGB). Bestraft wird das Nachmachen in der Absicht, das Geld (Wertpapier) als echtes in Verkehr zu bringen; die Veränderung echten oder nicht mehr gültigen (verrufenen) Geldes, dem der Anschein eines höheren Geldwertes oder der Gültigkeit gegeben werden soll; das Sichverschaffen oder Feilhalten der Falschstücke in der Absicht, sie als echt in Verkehr zu bringen; schließlich das Inverkehrbringen selbst. Die Strafe ist Freiheitsstrafe nicht unter 1 Jahr, bei gewerbs- oder bandenmäßiger Begehung nicht unter 2 Jahren, in minder schweren Fällen Freiheitsstrafe von 3 Monaten bis zu 5 Jahren bzw. von 1 Jahr bis zu 10 Jahren (§ 146 StGB). Eine noch mildere Strafdrohung gilt über § 147 StGB, wenn der Täter das zunächst ohne Verbreitungsabsicht hergestellte oder als echt empfangene Geld nach Erkennen der Fälschung als echtes in Verkehr bringt; der Versuch ist strafbar. Vorbereitungshandlungen sind in § 149 StGB unter Strafe gestellt, und zwar das Beschaffen oder Anfertigen von Platten u. dgl. zum Zwecke der Geldfälschung. Wer solche Gegenstände zwar ohne diese Zweckbestimmung, aber ohne schriftlichen behördlichen Auftrag anfertigt oder anderen verabfolgt, begeht eine → Ordnungswidrigkeit; das gilt ebenso für das Herstellen oder Vertreiben von papiergeldähnlichen Drucksachen u. dgl. (§§ 127, 128 OWiG). Über Einziehung von Falschgeld

(→ Einziehung im Strafverfahren) s. § 150 StGB. Die Fälschung oder Verwendung gefälschter oder schon benutzter Post- oder sonstiger amtlicher Wertzeichen (auch Versuch) ist nach § 148 StGB strafbar. Ebenfalls strafbar ist die → Fälschung von Zahlungskarten sowie von Schecks und Wechseln (§§ 152a, 152b StGB). Sa → Euro, → Medaillen, → Münzgesetz.

Gelegenheitsarbeiter
→ Arbeitsverhältnis.

Gelegenheitsgesellschaft
Eine Gelegenheitsgesellschaft (Konsortium) ist eine → Gesellschaft des bürgerlichen Rechts (1), die nur vorübergehend zur Vornahme einzelner Rechtsgeschäfte, Arbeiten oder unternehmerischer Projekte eingegangen wird; zB Zusammenarbeit von Banken zur Ausgabe von → Wertpapieren; sog. Arbeitsgemeinschaften von mehreren Bauunternehmen, die an einer Baustelle zusammenarbeiten (→ ARGE) sowie das sog. (A-)Meta-Geschäft (Vereinbarung der Gewinnteilung bei Geschäften, die nach außen von jedem selbständig geschlossen werden).

Gelegenheitstäter
ist der Gegensatz zum → Hangtäter.

Gelegenheitsverkehr
Gelegenheitsverkehr ist grundsätzlich alles, was nicht → Linienverkehr ist. Auf der Straße findet Gelegenheitsverkehr nur mit Kraftfahrzeugen statt und idR bestimmt der Fahrgast, wohin es geht. § 46 PBefG nennt als zulässige Formen den Verkehr mit → Taxen, Ausflugsfahrten, Fernziel-Reisen, den Verkehr mit Mietomnibussen und → Mietwagen und den gebündelten Bedarfsverkehr. Diese 2021 eingeführte Form des Gelegenheitsverkehrs bezeichnet die Beförderung von Personen mit Kraftfahrzeugen, bei der mehrere Beförderungsaufträge entlang ähnlicher Wegstrecken gebündelt ausgeführt werden. Dies soll zur Flexibilisierung des Personennahverkehrs beitragen (§ 50 PBefG). Gelegenheitsverkehr bedarf immer der Genehmigung. → Personenbeförderung.

Geleit, sicheres
→ Abwesenheitsverfahren.

Geliebten-Testament
→ Sittenwidrigkeit.

Gelöbnis
→ Diensteid.

Geltungsbereich des Rechts
Über den räumlichen Geltungsbereich der Rechtsnormen im Allgemeinen → gemeines Recht, über den des Strafrechts → Geltungsbereich des Strafrechts. Beim sachlichen Geltungsbereich des Rechts unterscheidet man generelles (für jedermann geltendes) und spezielles (für bestimmte Rechtskreise oder Einzelfälle erlassenes) Recht. Die zeitliche Geltung einer Norm wird üblicherweise festgelegt durch Vorschriften zum In- und ggf. auch Außerkrafttreten sowie ggf. durch Übergangsregelungen. Allgemein geht eine zeitlich später in Kraft getretene Norm einer früheren Norm gleichen Rangs mit gleichem Regelungsgehalt in der Anwendung vor (lex posterior derogat legi priori). Über die Rechtsanwendung bei Kollision von Normen s. → internationales, → interlokales Recht.

Geltungsbereich des Strafrechts
Das deutsche Strafrecht gilt

1. nach dem Territorialprinzip, das durch das 2. StrRG 1975 anstelle des früheren (auf die Staatsangehörigkeit des Täters abstellenden) Personalitätsprinzips wieder eingeführt worden ist, für alle Taten, die im Inland begangen wurden, zu dem auch das Küstengewässer und das Küstenmeer gehören (§ 3 StGB), vgl. zur verbleibenden Bedeutung des Personalitätsprinzips aber unten Ziff. 5;

2. für Auslandstaten auf deutschen Schiffen (sa → Umweltkriminalität) oder in deutschen Luftfahrzeugen (Flaggenprinzip, § 4 StGB);

3. ohne Rücksicht auf den Tatort, wenn die Tat wichtige deutsche Interessen verletzt, insbes. gegen → Amtsträger gerichtet ist, sowie bei Friedens-, Hoch- oder Landesverrat gegen die BRep., Verschleppung sowie bestimmten anderen Straftaten gegen Deutsche, aber auch Ausländer (Schutzprinzip, vgl. den Straftatenkatalog in § 5 StGB);

4. ebenso, wenn es sich um ein international verfolgbares Verbrechen handelt (Völkermord, Menschlichkeitsverbrechen und Kriegsverbrechen nach dem VStGB, Sprengstoff- u. Strahlungsdelikte, Geld- od. Wertpapierfälschung, Luft- und Seepiraterie, Vertrieb von Betäubungsmitteln, Menschenhandel, Verbreitung pornographischer Schriften; ferner bei Verfolgung auf Grund internat. Abkommen – Weltrechtsprinzip, vgl. den Straftatenkatalog in § 6 StGB);

5. bei Auslandstaten gegen einen Deutschen, wenn die Tat auch am Tatort strafbar ist (sog. passives Personalitätsprinzip, § 7 I StGB); ebenso für andere im Ausland strafbare Auslandstaten, wenn der Täter Deutscher war oder inzwischen geworden ist (sog. aktives Personalitätsprinzip, § 7 II Nr. 1 StGB), oder wenn der Täter in Deutschland betroffen und nicht an das Land des Tatorts ausgeliefert wird (Fall stellvertretender Strafrechtspflege, § 7 II Nr. 2 StGB).

Nach § 1a WStG gilt das deutsche Strafrecht für Soldaten während dienstlichen Aufenthalts im Ausland sowie für Auslandstaten, die unter das WStG fallen (insoweit auch für militärische Vorgesetzte, die nicht Soldaten sind).

Geltungserhaltende Reduktion
→ Allgemeine Geschäftsbedingungen (3).

GEMA
Die GEMA (Gesellschaft für musikalische Aufführungs- und mechanische Vervielfälti-

gungsrechte) ist eine → Verwertungsgesellschaft für die durch → Urheberrecht geschützten Musikwerke. Sie nimmt die Rechte der Komponisten, Textdichter und Musikverleger auf Grund eines sog. Berechtigungsvertrags wahr und verteilt die Tantiemen, die sie von den Werknutzern eingenommen hat, nach einem bestimmten Schlüssel.

Gemeinbedarf
nennt man die bei der Aufstellung von → Bauleitplänen zu berücksichtigende Ausstattung des Gemeindegebiets mit den der Allgemeinheit dienenden baulichen Anlagen und Einrichtungen (Schulen, Kirchen, Krankenhäuser ua öffentl. Gebäude; vgl. § 9 I Nr. 5 BauGB).

Gemeinde
1. Die Gemeinde ist die kleinste Gebietskörperschaft. Die → Gemeindeverfassung und die Rechte und Pflichten der Gemeinde sind im → Gemeinderecht der Länder (→ Gemeindeordnung) geregelt. Die Rechtsstellung der Gemeinde, nicht aber deren Bestand im Einzelnen, ist verfassungsrechtlich gewährleistet (→ kommunale Selbstverwaltung). Die Gemeinde ist entweder kreisangehörig oder kreisfrei (→ kreisfreie Städte). In einigen Ländern bestehen Zwischenformen wie zB die „große kreisangehörige Stadt" (→ Stadt). Dabei handelt es sich um kreisangehörige G.en, die einen Teil der Aufgaben der Kreisverwaltungsbehörde (→ Kreisverwaltung) oder des → Kreises wahrnehmen.

2. Die Rechtsstellung der Organe der Gemeinde und die politische Willensbildung in der Gemeinde regelt die → Gemeindeverfassung.

3. Der Aufgabenbereich der Gemeinde ist in den Ländern unterschiedlich geregelt. Man unterscheidet den dualistischen und den monistischen Aufgabenbegriff. Die Unterschiede in der Praxis der Gemeindeverwaltung sind dabei trotz der divergierenden rechtlichen Bestimmungen idR gering.

a) Nach dem überkommenen dualistischen Modell unterscheidet man Selbstverwaltungsangelegenheiten und Auftragsangelegenheiten. Selbstverwaltungsangelegenheiten gliedern sich in freiwillige und pflichtige Selbstverwaltungsangelegenheiten, die zusammen den eigenen Wirkungskreis der Gemeinde bilden. Auftragsangelegenheiten sind staatliche Aufgaben, die als übertragener Wirkungskreis den Gemeinden vom Staat zur Ausführung übertragen sind. Das Gemeinderecht in Bayern, Niedersachsen, Rheinland-Pfalz und dem Saarland folgt dem dualistischen Modell.

b) Das monistische Modell geht von einem einheitlichen Begriff der öffentlichen Aufgabe aus. Danach sind die Gemeinden als ausschließliche Träger der öffentlichen Gewalt auf ihrem Gebiet berechtigt und verpflichtet, dort alle öffentlichen Aufgaben allein und in eigener Verantwortung zu erfüllen. Die Auftragsangelegenheiten nach dem dualistischen Modell werden im monistischen Modell als Pflichtaufgaben zur Erfüllung nach Weisung erledigt. Hinsichtlich der Selbstverwaltungsaufgaben unterscheidet sich das monistische Modell nicht vom dualistischen Modell. Das Gemeinderecht in Baden-Württemberg, Brandenburg, Hessen, Mecklenburg-Vorpommern, Nordrhein-Westfalen, Sachsen, Sachsen-Anhalt und Schleswig-Holstein folgt dem monistischen Modell.

c) Auftragsangelegenheiten (nach dem dualistischen Modell) bzw. Pflichtaufgaben zur Erfüllung nach Weisung (nach dem monistischen Modell) sind ua Melde-, Pass-, Staatsangehörigkeits- und Personenstandsangelegenheiten, Wehrerfassung, ziviler Bevölkerungsschutz sowie die Mitwirkung der Gemeinden bei Bundes- und Landtagswahlen. Pflichtige Selbstverwaltungsangelegenheiten (nach dem dualistischen Modell) bzw. sonstige Pflichtaufgaben (nach dem monistischen Modell) sind die Aufrechterhaltung der öffentlichen → Sicherheit und Ordnung (→ Ordnungsbehörden), Bau der Ortsstraßen und Wohnungsfürsorge. Freiwillige Aufgaben sind zB kommunale Wirtschaftsförderung, Sportförderung und gemeindliche Kulturarbeit. Bei der Wahrnehmung der freiwilligen Aufgaben sind die Gemeinden frei. Allerdings dürfen sie sich auch insoweit nicht in die Zuständigkeit anderer Hoheitsträger einmischen. So müssen sich die Gemeinden zB bei außen- und verteidigungspolitischen Fragen Zurückhaltung auferlegen.

d) Kreisfreie Städte nehmen als Selbstverwaltungsaufgaben auch die Selbstverwaltungsaufgaben des → Kreises und als Auftragsangelegenheiten (nach dem dualistischen Modell) bzw. als Pflichtaufgaben zur Erfüllung nach Weisung (nach dem monistischen Modell) die Auftragsangelegenheiten bzw. Pflichtaufgaben zur Erfüllung nach Weisung des Kreises und die Aufgaben der staatlichen → Kreisverwaltung wahr.

e) Als Ausfluss des Selbstverwaltungsrechts stehen der Gemeinde die Planungshoheit, die Personalhoheit, die Satzungsautonomie und die Finanzhoheit verbunden mit der Abgabenhoheit (→ Gemeindeabgaben) zu. Die Satzungsautonomie gibt der Gemeinde das Recht, → Satzungen mit bindender Wirkung zu erlassen, zB einen Anschluss und Benutzungszwang für gemeindliche Einrichtungen anzuordnen. Als Satzung ergeht auch der Bebauungsplan (→ Bauleitpläne). Die Gemeindeabgaben reichen idR nicht zur Deckung des gemeindlichen Finanzbedarfs aus; neben Anteilen an verschiedenen staatlichen Steuern erhalten die Gemeinden daher auch noch Zuweisungen aus dem → Finanzausgleich (sa → Gemeindefinanzen, → Verteilung des Steueraufkommens). Die Verfassungen der Länder enthalten unterschiedliche Vorschriften dazu, inwieweit der Staat für Aufgaben der Auftragsverwaltung bzw. für nach Weisung wahrzunehmende Aufgaben der Gemeinden finanziellen Ausgleich gewähren muss (zB Art. 83

II Bayer. Verfassung, Art. 85 II Sächs. Verfassung); hinsichtlich der Ausgestaltung dieses Ausgleiches kommt den Landesgesetzgebern ein weiter Spielraum zu. Ferner ist zum Ausgleich des gemeindlichen Haushaltes die Aufnahme von Krediten möglich; die Aufnahme von Krediten zu konsumtiven Zwecken ist idR unzulässig (→ Haushaltsrecht, 9).

4. Das → Gemeinderecht regelt auch die Frage der Aufsicht über die Gemeinden. Aufsichtsbehörde für kreisangehörige Gemeinden sind Kreisverwaltungsbehörde (→ Kreisverwaltung) bzw. → Kreis, soweit keine staatliche Kreisverwaltungsbehörde besteht. → Kreisfreie Städte unterstehen idR der Aufsicht der staatlichen Mittelbehörde (→ Regierungspräsident, → Regierungspräsidium, → Bezirksregierung; → Regierung, 3); in Ländern ohne staatliche Mittelbehörden (zB Schleswig-Holstein, Saarland, Mecklenburg-Vorpommern, Brandenburg) liegt die Aufsicht über die kreisfreien Städte beim Innenminister. Die Aufsicht bezüglich der Selbstverwaltungsaufgaben (nach dem dualistischen Modell) bzw. bezüglich der nicht nach Weisung wahrzunehmenden Aufgaben (nach dem monistischen Modell) beschränkt sich auf eine bloße Rechtmäßigkeitskontrolle. Instrumentarien sind Beratung, Unterrichtung, Anzeige-, Vorlage- und Genehmigungspflichten, Beanstandung, Aufhebung, Anordnung und Ersatzvornahme, im Extremfall Bestellung eines Beauftragten und Auflösung der → Gemeindevertretung. Bei allen Aufsichtsmaßnahmen ist in besonderer Weise der → Verhältnismäßigkeitsgrundsatz zu beachten. Bei Auftragsangelegenheiten (nach dem dualistischen Modell) bzw. bei Pflichtaufgaben zur Erfüllung nach Weisung (nach dem monistischen Modell) ist die Aufsicht grundsätzlich nicht auf die Rechtsaufsicht beschränkt. Weisungen an die Gemeinden können auch auf Grund von Zweckmäßigkeitserwägungen erteilt werden. die Ausgestaltung im → Gemeinderecht der Länder ist sehr unterschiedlich. Die über die Rechtmäßigkeitskontrolle hinausgehenden Aufsichtsrechte im Ermessensbereich sind häufig auf besondere Fälle beschränkt (so nach Art. 109 II der bayer. Gemeindeordnung).

5. Grundsätzlich gehört jeder Teil des Staatsgebietes zu einer Gemeinde → Gemeindefreie Gebiete sind nach dem → Gemeinderecht einiger Länder in Ausnahmefällen zulässig. Ein bestimmtes Territorium kann nie zu zwei Gemeinden gleichzeitig gehören. Gebietsänderungen gegen den Willen einer Gemeinde sind nur durch Gesetz zulässig → Gebietsreform). Nach dem Gemeinderecht einiger Länder kann oder muss das Gemeindegebiet ab einer bestimmten Größe in → Gemeindebezirke aufgegliedert werden.

6. Gemeindeangehörige (Gemeindebürger) sind die Gemeindeeinwohner, dh alle in der Gemeinde wohnhaften Personen – sie dürfen die öffentlichen Einrichtungen der Gemeinde benutzen, müssen aber die Gemeindelasten tragen – und die Gemeindebürger, die das Recht haben, an den Gemeindewahlen teilzunehmen und im Rahmen der → Bürgerbeteiligung (→ Bürgerentscheid) an gemeindlichen Entscheidungen mitzuwirken. Voraussetzung hierfür ist Besitz der deutschen Staatsangehörigkeit sowie eine bestimmte Wohndauer in der Gemeinde. Nach BVerfG v. 31.10.1990 (BVerfGE 83, 37/59) sind grundsätzl. nur Deutsche wahlberechtigt; Art. 28 I 3 GG (eingefügt 1994) eröffnet auch EG-Angehörigen nach Maßgabe des Gemeinschaftsrechts (dazu EG-Richtlinie 94/80 v. 19.12.1994) auf kommunaler Ebene das Wahlrecht (→ Kommunalwahlrecht). Das Bürgerrecht begründet auch öffentlich-rechtliche Pflichten (insbes. zur Übernahme gemeindlicher Ehrenämter). Außer bei den politischen Mitwirkungsrechten besteht in der Rechtsstellung kein Unterschied zwischen Gemeindeeinwohnern und Gemeindebürgern.

7. Zur besseren Erfüllung ihrer Aufgaben können sich Gemeinden zu einer eigenen juristischen Person des öffentlichen Rechts zusammenschließen; s. insbes → Verwaltungsgemeinschaft (1 u. 2); sa: → Amt (2), → Gemeindeverwaltungsverband, → Kommunalverband, → Samtgemeinde, → Verbandsgemeinde, → Verwaltungsverband.

Gemeindeabgaben

Gemeindeabgaben sind Gemeindesteuern, → Beiträge und → Gebühren. Gemeindesteuern (Art. 106 VI GG) sind die Realsteuern (→ Grund- und → Gewerbesteuer) und die örtlichen Verbrauch- und Aufwandsteuern, die bundesgesetzlich geregelten Steuern nicht gleichartig sein dürfen (Art. 105 II a GG). Die örtlichen Verbrauchs- und Aufwandsteuern bedürfen landesgesetzlicher Ermächtigung; vgl. zB Bay. KommunalabgabenG v. 4.4.1993 (GVBl. 1993, 264) mÄnd oder KommunalabgabenG NRW v. 21.10.1969 (GV. NRW 1969, 712) mÄnd; → Satzung; → Satzungsgewalt (→ Getränke-, → Schankerlaubnis-, → Hunde-, Fischerei-, → Spielgeräte- und → Zweitwohnungssteuer). In einigen Ländern dürfen verschiedene örtliche Verbrauchs- und Aufwandsteuern kraft Landesrechts nicht erhoben werden, so zB in Bayern → Getränkesteuer, → Jagdsteuer, Speiseeissteuer und → Vergnügungssteuer. Eine Steuer auf das Innehaben einer Wohnung (→ Zweitwohnungsteuer) darf in Bayern erst ab einer bestimmten Einkommenshöhe (29000 EUR für Ledige und 37000 EUR für Verheiratete erhoben werden (Art. 3 III BayKAG). Gemeindebeiträge sind zB Feuerschutzabgabe, Kurtaxen, Kurförderungsabgaben, Erschließungsbeiträge. Gemeindegebühren sind die Verwaltungsgebühren zB für Lagepläne, Benutzungsgebühren wie zB Müllabfuhr, Gas, Wasser, Strom und Verleihungsgebühren (Konzessionsabgaben).

Gemeindebezirk
Das → Gemeinderecht sieht teilweise vor, dass das Gemeindegebiet (→ Gemeinde, 5) abhängig von der Gemeindegröße oder der geographischen Situation in Gemeindebezirke aufzuteilen ist oder aufgeteilt werden kann, die über eigene Organe, Aufgaben und Befugnisse verfügen. Die Bezeichnung der Gemeindebezirke ist je nach Land und Gemeindegröße höchst unterschiedlich, zB Gemeindeteile (Bayern), Ortsteile (Brandenburg, Mecklenburg-Vorpommern, Schleswig-Holstein), Ortsbezirke (Hessen, Rheinland-Pfalz) oder Ortschaften (Baden-Württemberg, Niedersachsen, Sachsen, Sachsen-Anhalt), in Städten auch Stadtbezirke (zB in Bayern, Niedersachsen, Nordrhein-Westfalen oder Sachsen). In der Regel bestehen in einem Gemeindebezirk ein Kollegialorgan (Bezirksausschuss, Bezirksbeirat, Bezirksrat, Bezirksvertretung, Ortsbeirat, Ortsteilvertretung, Ortsrat, Ortschaftsbeirat, Ortschaftsrat, Stadtbezirksbeirat oder Stadtbezirksrat) und ein Vorsitzender (Bezirksbürgermeister, Ortsbürgermeister, Ortsvorsteher oder Ortssprecher). Aufgaben und Befugnisse dieser Organe reichen abhängig vom jeweiligen Gemeinderecht von Anhörungs-, Vorschlags- und Mitwirkungsrechten bis hin zur Entscheidung von den Gemeindebezirk betreffenden Angelegenheiten kraft Übertragung durch die → Gemeindevertretung. Der Gemeindebezirk ist unselbständiger Teil der jeweiligen Gemeinde und hat keine eigene Rechtspersönlichkeit. Besondere Vorschriften gelten für die → Bezirke in → Berlin und → Hamburg, für die eigene Bezirksämter gebildet sind, sowie für die Ortsämter in → Bremen.

Gemeindebürger
→ Gemeinde (6).

Gemeindedirektor
Gemeindedirektor war früher in Niedersachsen und Nordrhein-Westfalen der Leiter der Gemeindeverwaltung; der Bürgermeister führte dort nur den Vorsitz im Rat. In Städten (→ Stadt) führte der Gemeindedirektor die Bezeichnung Stadtdirektor. Nach Ablauf einer Übergangsfrist wurde der Gemeindedirektor als Organ der Gemeinde abgeschafft. Niedersachsen und Nordrhein-Westfalen führten dann eine → Gemeindeverfassung nach dem Muster der süddeutschen Ratsverfassung ein.

Gemeindeeinwohner
→ Gemeinde (6).

Gemeindefinanzen
Nach dem GemeindefinanzreformG idF v. 10.3.2009 (BGBl. 2009 I 502) mÄnd erhalten die Gemeinden 15 vH des örtlichen Aufkommens an Lohn- und Einkommensteuer und 12 vH aus dem Zinsabschlag (bemessen nach dem Steueraufkommen im Landesgebiet unter Berücksichtigung der Zerlegung nach Art. 107 I GG; § 1 GemeindefinanzreformG). Der Gemeindeanteil an der Einkommensteuer wird nach einem bestimmten Schlüssel (§ 3 GemeindefinanzreformG) auf die Gemeinden aufgeteilt. Diese haben eine Umlage aus ihrem Gewerbesteueraufkommen an das Finanzamt zur Verteilung auf Bund und Länder abzuführen (§ 6 GemeindefinanzreformG). In ähnlicher Weise wird auch das nach § 1 FinanzausgleichsG den Gemeinden zustehende Umsatzsteueraufkommen auf die Gemeinden verteilt (§ 5a GemeindefinanzreformG). Die Anteile werden nach Schlüsseln verteilt, die vom BMF durch Rechtsverordnung mit Zustimmung des BR festgesetzt werden. Die landesinterne Verteilung erfolgt durch Rechtsverordnung der jeweiligen Landesregierung (§ 5f GemeindefinanzreformG). Sa → Verteilung des Steueraufkommens, → Finanzausgleich (2, 3). Zur Finanz- und Abgabenhoheit der Gemeinden s. → Gemeinde (3e).

Gemeindefreie Gebiete
Grundsätzlich ist jeder Teil des Staatsgebiets einer → Gemeinde zugewiesen. Die keiner Gemeinde zugewiesenen – meist unbewohnten – Flächen sind gemeindefreie Gebiete (auch „ausmärkische Gebiete" genannt; sa → Gutsbezirk). Die Eigentümer der gemeindefreien Grundstücke erfüllen die Aufgaben des eigenen Wirkungskreises, die im Gemeindegebiet der Gemeinde obliegen; hoheitliche Befugnisse stehen ihnen nicht zu. Sie tragen die entstehenden Kosten, sind aber anderseits von gemeindlichen Abgaben grundsätzlich befreit. Umlagen an den → Kreis (Landkreis) müssen sie entrichten. Hoheitliche Befugnisse und die Aufgaben des übertragenen Wirkungskreises in gemeindefreien Gebieten fallen dem Kreis (Landkreis) zu (vgl. zB Art. 10a BayGO).

Gemeindegebietsreform
→ Gebietsreform.

Gemeindegerichte
Eigene Gemeindegerichte bestehen in Deutschland nicht mehr. Teilweise justizielle Aufgaben nehmen aber die gemeindlichen → Ortsgerichte in Hessen wahr. Streitschlichtend sind ferner auf Gemeindeebene die → Schiedsämter oder → Schiedsstellen tätig.

Gemeindekirchenrat
Der Gemeindekirchenrat (Kirchenvorstand, Presbyterium) ist ein Organ der evang. Kirchengemeinde. Er setzt sich zusammen aus dem Pfarrer und den von den Gemeindemitgliedern gewählten Kirchenvorstehern (Gemeindevertretern, Kirchenältesten). Er vertritt die Kirchengemeinde, verwaltet deren Vermögen und wacht über die Seelsorge in der Gemeinde; → Evangelische Kirche (5).

Gemeindeordnung
In der Regel Bezeichnung für das das → Gemeinderecht regelnde Gesetz eines Landes (so zB in Baden-Württemberg, Bayern, Hessen, Niedersachsen, Nordrhein-Westfalen, Rheinland-Pfalz, Sachsen, Sachsen-Anhalt und

Schleswig-Holstein; sa → Gemeindeverfassung).

Gemeindepolizei
→ Polizei (3).

Gemeinderat
Gemeinderat ist nach der → Gemeindeverfassung einer Reihe von Ländern – mit Ausnahme der → Stadtstaaten – die Bezeichnung für die → Gemeindevertretung. Der Gemeinderat ist das Hauptorgan der Gemeinde und stets zuständig, soweit nicht andere Organe zuständig sind. Hauptaufgaben sind die Aufstellung des gemeindlichen Haushalts, der Erlass von Satzungen und Verordnungen sowie Einzelfallentscheidungen, die keine Angelegenheit der laufenden Verwaltung sind. In Städten wird der Gemeinderat idR → Stadtrat bezeichnet.

Gemeinderecht
1. Das Gemeinderecht enthält Regelungen über die → Gemeindeverfassung und die sonstigen Rechtsverhältnisse der → Gemeinden. Das Gemeinderecht in diesem Sinne ist als Teil des → Kommunalrechts Landesrecht. Vgl. für Baden-Württemberg Gemeindeordnung v. 24.7.2000 (GBl. 2000, 582, ber. 698) mÄnd, für Bayern Gemeindeordnung idF v. 22.8.1998 (GVBl. 1998, 796) mÄnd, für Brandenburg Kommunalverfassung v. 18.12.2007 (GVBl. 2007 I 286) mÄnd, für Hessen Gemeindeordnung idF v. 7.3.2005 (GVBl. 2005 I 142) mÄnd, für Mecklenburg-Vorpommern Kommunalverfassung v. 23.7.2011 (GVOBl. 2011, 777) mÄnd, für Nordrhein-Westfalen Gemeindeordnung idF v. 14.7.1994 (GV NW 1994, 666) mÄnd, für Niedersachsen Kommunalverfassungsgesetz v. 17.12.2010 (GVBl. 2010, 576) mÄnd, für Rheinland-Pfalz Gemeindeordnung v. 31.1.1994 (GVBl. 1994, 153) mÄnd, für das Saarland Kommunalselbstverwaltungsgesetz v. 27.6.1997 (AmtsBl. 1997, 682) mÄnd, für Sachsen Gemeindeordnung v. 9.3.2018 (SächsGVBl. 2018, 62) mÄnd, für Sachsen-Anhalt Kommunalverfassungsgesetz v. 17.6.2014 (GVBl. 2014, 288) mÄnd, für Schleswig Holstein Gemeindeordnung vom 28.2.2003 (GVOBl. 2003, 57) mÄnd und für Thüringen Kommunalordnung v. 28.1.2003 (GVBl. 2003,41) mÄnd. Teilweise ist das Gemeinderecht als Teil einer einheitlichen → Kommunalverfassung (→ Kommunalrecht) zusammen mit dem Recht der anderen → Gebietskörperschaften geregelt (zB Niedersächsisches Kommunalverfassungsgesetz v. 17.12.2010 (GVBl. 2010, 576) mÄnd; Kommunalverfassungsgesetz des Landes Sachsen-Anhalt v. 17.6.2014 (GVBl. 2014, 288) mÄnd).

2. Bezeichnung für das von den Gemeinden nach dem Gemeinderecht im Sinne von Ziffer 1 gesetzte lokale Recht (→ Gemeinde, 3e; → Satzung).

Gemeindesatzung
→ Gemeinde (3e), → Satzung.

Gemeindesteuern
→ Gemeindeabgaben.

Gemeindestraßen
→ Gemeindewege.

Gemeindeteil
→ Gemeindebezirk.

Gemeindeunfallversicherungsverband
Beim Gemeindeunfallversicherungsverband (GUV) handelt es sich um einen Unfallversicherungsträger der öffentlichen Hand → Ausführungsbehörden für Unfallversicherung; → Unfallversicherungsträger. Der Gemeindeunfallversicherungsverband ist keine Berufsgenossenschaft. Rechtsgrundlage für den Gemeindeunfallversicherungsverband ist § 185 SGB VII.

Gemeindeverband
→ Kommunalverband.

Gemeindeverfassung
1. Die Gemeindeverfassung regelt, welche Organe es in einer Gemeinde gibt, wie diese gewählt oder bestellt werden, welche Entscheidungsbefugnisse sie haben und wer die Gemeinde nach außen vertritt. Die Gemeindeverfassung wird durch die → Gemeindeordnungen geregelt. Jede Gemeinde muss gemäß Art. 28 I 2 GG (→ Kommunale Selbstverwaltung) ein aus allgemeinen, unmittelbaren, freien, gleichen und geheimen Wahlen hervorgegangenes Kollegialorgan (Gemeinderat, → Gemeindevertretung) haben (→ Kommunalwahlen).

2. Da das → Gemeinderecht als Teil des → Kommunalrechts in die Gesetzgebungszuständigkeit der Länder fällt, wies die Gemeindeverfassung in Deutschland früher erhebliche Unterschiede auf. Seit der Wiedervereinigung besteht die Tendenz zur Vereinheitlichung der Gemeindeverfassungen; inzwischen bestehen mit Ausnahme der → Stadtstaaten (→ Berlin, → Bremen, → Hamburg) und Hessens kaum noch Unterschiede.

a) Vorherrschend ist die aus der süddeutschen Ratsverfassung hervorgegangene Gemeindeverfassung. Nach dieser Gemeindeverfassung sind die beiden Hauptorgane der Gemeinde die von den Gemeindebürgern direkt gewählte Gemeindevertretung (zT auch → Gemeinderat oder Rat) und der ebenfalls direkt von den Bürgern gewählte → Bürgermeister (zT auch Erster Bürgermeister, in Städten Oberbürgermeister genannt). Die Gemeindevertretung ist zuständig für grundsätzliche Beschlüsse und Entscheidungen. Der in aller Regel hauptamtliche Bürgermeister vertritt die Gemeinde nach außen, vollzieht die Beschlüsse der Gemeindevertretung, entscheidet in den Geschäften der laufenden Verwaltung und leitet die gemeindlichen Verwaltungsbehörden.

b) Die Gemeindeverfassung nach dem Muster der süddeutschen Ratsverfassung gilt inzwischen außer in Bayern und Baden-Württemberg in allen Flächenländern mit Ausnahme Hessens. In Baden-Württemberg, Bayern, Brandenburg, Nordrhein-Westfalen, Sachsen und Thüringen ist der Bürgermeister zugleich Mitglied der Gemeindevertretung und deren Vorsitzender. In Mecklenburg-Vorpommern, Sachsen-Anhalt und Schleswig-Holstein wählt die Gemeindevertretung aus ihrer Mitte einen eigenen Vorsitzenden, soweit nicht in kleinen Gemeinden mit ehrenamtlichen Bürgermeistern dieser den Vorsitz führt.In Niedersachsen ist Vorsitzender ein aus der Mitte der Gemeindevertretung gewähltes Ratsmitglied. In Rheinland-Pfalz ist Vorsitzender der Bürgermeister; er ist nicht Mitglied des Rats, hat aber dort Stimmrecht. Im Saarland hat der Bürgermeister kein Stimmrecht im Gemeinderat, führt aber dort den Vorsitz.

c) In Hessen gilt noch die sogenannte unechte Magistratsverfassung. Neben der Gemeindevertretung mit ähnlichen Kompetenzen wie nach dem Muster der süddeutschen Ratsverfassung besteht dort der Magistrat (Gemeindevorstand) mit dem vom Volk gewählten Bürgermeister als Vorsitzenden und den von der Gemeindevertretung gewählten Beigeordneten. Anders als bei der früheren echten Magistratsverfassung bedürfen die Beschlüsse der Gemeindevertretung aber nicht der Zustimmung des Magistrats. Ein Magistrat besteht auch noch in dem zu Bremen gehörenden Bremerhaven.

d) Besonderheiten gelten in den → Stadtstaaten → Berlin, → Bremen (zu Bremerhaven s. c)) und → Hamburg.

3. Die Gemeindeverfassung der Städte (→ Stadt) entspricht grundsätzlich der Gemeindeverfassung der übrigen Gemeinden. Unterschiede gibt es insbesondere hinsichtlich der Bezeichnung der Gemeindeorgane. Die Gemeindevertretung in den Städten heißt ua Stadtrat, Stadtverordnetenversammlung oder Stadtvertretung. Der Bürgermeister führt in → Kreisfreien Städten sowie in bestimmten kreisangehörigen Städten die Bezeichnung → Oberbürgermeister.

4. An der Spitze der Gemeindeverwaltung steht der Bürgermeister (Erste Bürgermeister; Oberbürgermeister). In kleinen Gemeinden ist der Bürgermeister teilweise noch ehrenamtlich tätig, sonst – als → kommunaler Wahlbeamter – hauptamtlich. ZB könnte in Bayern je nach Entscheidung des Gemeinderates gem. Art. 34 Gemeindeordnung in Gemeinden unter 5000 Einwohnern, in Ausnahmefällen sogar bis unter 10000 Einwohnern der Erste Bürgermeister ehrenamtlich tätig sein, in der Praxis besteht jedoch auch bei diesen Gemeindegrößen eine klare Tendenz zur Hauptamtlichkeit. Auf der zweiten Ebene unterhalb der Spitze der Gemeindeverwaltung finden sich Dezernate (auch Referate) unter der Leitung entweder des Bürgermeisters (Oberbürgermeisters) selbst oder eines kommunalen → Wahlbeamten (Beigeordete, Berufsmäßige Stadträte); vereinzelt stehen an der Spitze dieser Organisationseinheiten auch (Berufs-)Beamte oder Verwaltungsangestellte. Auf der dritten Ebene der Gemeindeverwaltung finden sich in der Regel sog. Ämter, die von (Berufs-)Beamten oder Verwaltungsangestellten geleitet werden.

5. Zur unmittelbaren Beteiligung der Gemeindebürger an der Gemeindeverwaltung sa → Bürgerbeteiligung.

6. Zur besseren Erfüllung ihrer Aufgaben können sich Gemeinden zu einer eigenen juristischen Person des öffentlichen Rechts zusammenschließen; s. insbes → Verwaltungsgemeinschaft (1 u. 2); sa: → Amt (2), → Gemeindeverwaltungsverband, → Kommunalverband, → Samtgemeinde, → Verbandsgemeinde, → Verwaltungsverband.

Gemeindeverkehrsfinanzierungsgesetz
Nach dem Gemeindeverkehrsfinanzierungsgesetz idF v. 28.1.1988 (BGBl. 1988 I 100) mÄnd gewährt der Bund den Ländern Finanzhilfen für Investitionen zur Verbesserung der Verkehrsverhältnisse der Gemeinden. Die Länder können damit zahlreiche Vorhaben im gemeindlichen Bereich fördern, zB örtlichen Straßenbau und -ausbau, Verkehrswege von Straßen-, Hoch- und Untergrundbahnen (auch Bahnen besonderer Bauart) sowie sonstige Maßnahmen zur Förderung des öffentlichen Nahverkehrs (etwa Park + Ride-Plätze; Beschaffung von Omnibussen). Die Förderung beträgt grundsätzlich bis zu 75%, teilweise bis zu 90% der Kosten. Das Gesetz regelt ferner die Aufstellung von Programmen sowie Zweckbindung und Verteilung der Mittel. Die Gegenfinanzierung erfolgt teilweise aus der → Mineralölsteuer.

Gemeindevermögen
In den Gemeindeordnungen der Länder finden sich ua Vorschriften über das Gemeindevermögen, das in der Gesamtheit der einer Gemeinde gehörenden Sachen und Rechte besteht. Es kann Verwaltungs-, Finanz- und Sondervermögen sein. Das Verwaltungsvermögen ist das der Gemeindeverwaltung unmittelbar dienende Gemeindevermögen einschl. der gemeindlichen öffentlichen Sachen und Einrichtungen. Finanzvermögen ist das Gemeindevermögen, das der Erzielung von Erträgen dient einschl. des Betriebsvermögens (Vermögen der Versorgungsbetriebe, Beteiligungen an Unternehmen). Zum Sondervermögen gehören insbes. das Stiftungsvermögen und die Eigenbetriebe. Das Gemeindevermögen muss in seinem Grundstock erhalten bleiben. Während der Erwerb von Vermögen – im Rahmen der öffentlichen Aufgabenstellung – uneingeschränkt zulässig ist, ist die Veräußerung nur unter bestimmten Voraussetzungen und in vielen Fällen nur mit der Genehmigung der Aufsichtsbehörden zulässig. Grundsätzlich ist nur eine Veräußerung zum vollen Wert und soweit die öffentlichen Aufgaben nicht beeinträchtigt werden zulässig. Verschenken ist daher unzulässig. Zwangsvollstreckung in das Verwaltungsvermögen ist aus-

geschlossen, in Finanz- und Sondervermögen nur unter besonderen Voraussetzungen zulässig; Konkurs ist nicht möglich. Im Übrigen ist das Gemeindevermögen pfleglich und nach den Grundsätzen einer gesunden Wirtschaft zu verwalten. Es ist aus Haushaltsmitteln zu unterhalten, sein Erlös dem Haushalt zuzuführen.

Gemeindeverordnung
→ Landesverordnung.

Gemeindevertretung
Gemeindevertretung ist das vom Volk direkt gewählte Hauptorgan der → Gemeinde (→ Gemeindeverfassung, 2a). Sie ist für alle Angelegenheiten grundsätzlicher Bedeutung, den Gemeindehaushalt, den Erlass von Ortsrecht und die Errichtung öffentlicher Einrichtungen und wirtschaftlicher Unternehmen zuständig. Je nach Gemeindegröße und Gemeindeverfassung wird die Gemeindevertretung auch Rat, → Gemeinderat, Stadtrat, Stadtvertretung oder Stadtverordnetenversammlung genannt. Vorsitzender der Gemeindevertretung ist je nach Gemeindeverfassung der → Bürgermeister oder ein aus deren Mitte gewählter Vorsitzender. Die Gemeindevertretung kann beratende oder beschließende → Ausschüsse bilden; die Stärke der → Fraktionen ist bei der Besetzung der Ausschüsse zu berücksichtigen. Die Gemeindevertretung ist kein Parlament; die Mitglieder genießen daher weder → Immunität noch → Indemnität.

Gemeindeverwaltung
Gemeindeverwaltung iwS ist die Verwaltung der → Gemeinde durch ihre Organe (Bürgermeister; Gemeindevertretung; → Gemeindeverfassung). IeS sind darunter die dem Bürgermeister unterstehenden, hierarchisch aufgebauten Behörden der Gemeinde zu verstehen (→ Gemeindeverfassung, 4).

Gemeindeverwaltungsverband
bezeichnet in einigen Ländern den Zusammenschluss mehrerer selbständig bleibender Gemeinden zu einer eigenen juristischen Person des öffentlichen Rechts; sa → Kommunalverband (2), → Verwaltungsgemeinschaft (1 u. 2).

Gemeindevorstand
Gemeindevorstand ist in manchen Gemeindeordnungen (zB Hessen) die Bezeichnung für ein kollegiales Führungsorgan der → Gemeinde mit unterschiedlichen Funktionen (sa → Gemeindeverfassung, 2b); vergleichbar ist in Nordrhein-Westfalen der Verwaltungsvorstand.

Gemeindewahlen
→ Kommunalwahlen.

Gemeindewege (-straßen)
Gemeindewege (-straßen) sind eine im → Straßen- und Wegerecht der Länder vorgesehene Straßenklasse. Als Gemeindeverbindungsstraßen vermitteln sie den Verkehr der Gemeinden untereinander oder mit anderen Verkehrswegen (Gemeindeanschlussstraßen), als Ortsstraßen den Verkehr innerhalb der geschlossenen Ortslage. Auf Grund einer → Widmung haben sie den Charakter öffentlicher Straßen, stehen damit jedermann im Rahmen des → Gemeingebrauchs zur Benutzung zur Verfügung. → Sondernutzungen können durch Gemeindesatzung geregelt werden. Die Gemeinden sind Träger der → Straßenbaulast; die Kosten der erstmaligen Herstellung, teilweise auch der Verbesserung, können sie als Erschließungsbeitrag auf die Eigentümer der anliegenden Grundstücke umlegen (vgl. im Einzelnen → Erschließung, Beiträge). Nach besonderer landesgesetzlicher Bestimmung trifft die Gemeinde an den innerhalb der geschlossenen Ortslage gelegenen Straßen eine Streu-, Reinigungs- und Schneeräumpflicht.

Gemeindewirtschaftssteuer
→ Gewerbesteuer (7).

Gemeine Gefahr
Der Begriff ist noch Tatbestandsmerkmal zB der unterlassenen → Hilfeleistung (§ 323c StGB). Ansonsten ist er im StGB durch die Formel Gefahr für Leib oder Leben eines anderen oder fremde Sachen von bedeutendem Wert ersetzt. Er setzt voraus, dass bestimmte (bedeutende) Rechtsgüter einer unbestimmten Vielzahl von Menschen, insbes. Leben oder Eigentum, konkret gefährdet sind. Zu den → gemeingefährlichen Straftaten dagegen gehören sowohl Tatbestände, die eine konkrete, als auch solche, die nur eine abstrakte Gefährdung voraussetzen (→ Gefährdungsdelikte).

Gemeineigentum
→ Vergesellschaftung.

Gemeiner Wert
Der gemeine Wert wird durch den Preis bestimmt, der im gewöhnlichen Geschäftsverkehr nach der Beschaffenheit des Wirtschaftsgutes bei einer Veräußerung zu erzielen wäre. Dabei sind alle Umstände, die den Preis beeinflussen, zu berücksichtigen. Ungewöhnliche oder persönliche Verhältnisse sind nicht zu berücksichtigen (§ 9 II BewG). → Teilwert.

Gemeines Recht
wird das Recht genannt, das für ein Gebiet als Ganzes gilt. Im Gegensatz dazu gilt das partikulare Recht nur für einen Gebietsteil. Haben Rechtsnormen für alle Teile eines Rechtsgebiets Geltung, beruhen sie aber auf verschiedenen Rechtsquellen, so werden sie als gemeinsames oder allgemeines Recht bezeichnet; so wenn inhaltsgleiche Gesetze in verschiedenen Gebieten im Wege der Parallelgesetzgebung erlassen werden.

Gemeinfreie Werke
sind solche, bei denen das → Urheberrecht durch Zeitablauf erloschen ist oder niemals bestanden hat (zB gem. § 5 UrhG Gesetzestexte oder gerichtliche Entscheidungen).

Gemeingebrauch
1. Gemeingebrauch oder Allgemeingebrauch besteht an bestimmten öffentlichen, dh dem Staat oder sonstigen Verwaltungsträgern zustehenden Sachen, insbes. an öffentlichen Straßen, Wegen und Plätzen sowie an oberirdischen Gewässern (→ öffentliche Sachen im Gemeingebrauch). Gemeingebrauch bedeutet, dass der Gebrauch dieser Sachen jedermann im Rahmen der → Widmung und der die Benutzung regelnden gesetzlichen Vorschriften gestattet ist, so bei öff. Straßen und Wegen zu Verkehrszwecken im Rahmen der jeweiligen Widmung und der verkehrsrechtlichen Vorschriften, nicht zu gewerblichen Zwecken (zB Aufstellung von Verkaufswagen oder von Tischen und Stühlen auf dem Gehsteig vor einem Café). Über den Gemeingebrauch an oberirdischen Gewässern s. Gewässer (2). Die neueren Gesetze enthalten häufig besondere Vorschriften über den Gemeingebrauch (zB § 7 FStrG – → BundesfernstraßenG). Der Gemeingebrauch ist von einer besonderen Zulassung nicht abhängig; für ihn ist idR die Erhebung einer Gebühr nicht vorgesehen (vgl. § 7 I 4 FStrG). Der Gemeingebrauch muss gemeinverträglich ausgeübt werden, darf also den Widmungszweck und die Interessen der übrigen Berechtigten nicht mehr als unvermeidbar beeinträchtigen. Übersteigt die Benutzung einer öff. Sache diese Grenzen, so bedarf sie als → Sondernutzung der behördlichen Erlaubnis.

2. Gesteigerter Gemeingebrauch ist die erhöhte Benutzungsmöglichkeit der Anlieger (uU auch der Hinterlieger) an den öffentlichen Straßen und den oberirdischen Gewässern (Anliegernutzung, Anliegergebrauch). Die Anlieger (das sind die Eigentümer der an die öffentliche Straße oder das oberirdische Gewässer angrenzenden Grundstücke und die zur Nutzung dieser Grundstücke Berechtigten) sowie uU auch die Hinterlieger (Eigentümer usw. der dahinterliegenden Grundstücke) sind darauf angewiesen, die Straße oder das Gewässer in einer über den gewöhnlichen Gemeingebrauch hinausgehenden Weise zu nutzen, so zB bei vorübergehender Inanspruchnahme des Gehsteiges für die Errichtung eines Bauzaunes. Nach § 26 II WHG können die Länder für die Anlieger (Hinterlieger) die Benutzung eines oberirdischen Gewässers für den eigenen Bedarf ohne besondere Erlaubnis vorsehen, wenn keine nachteilige Beeinträchtigung des Wassers, der Wasserführung und des Wasserhaushalts zu erwarten ist. Der Gemeingebrauch anderer darf jedoch nicht erheblich beeinträchtigt werden; sonst liegt eine Sondernutzung vor.

Gemeingefährliche Straftaten
ist die Sammelbezeichnung für die in §§ 306–323c StGB (28. Abschnitt des Besonderen Teils des StGB) unter Strafe gestellten Handlungen, die allerdings nicht sämtlich eine echte Gemeingefahr begründen (so zB nicht → Vollrausch, § 323a StGB). Die gemeingefährlichen Straftaten sind teils abstrakte, teils konkrete → Gefährdungsdelikte, je nachdem ob schon die Möglichkeit eines Schadens zur Vollendung der Straftat genügt oder ob die Gefahr im Einzelfall eingetreten sein muss. Die abstrakte Gefährdung reicht aus zB bei schwerer Brandstiftung nach § 306a I StGB oder bei gemeingefährlicher Vergiftung (§ 314 StGB). Anders bei Gefährdung des Eisenbahn-, Luft- oder Straßenverkehrs (§§ 315–315c StGB) oder beim Herbeiführen einer Explosion (§§ 307 ff. StGB); in diesen Fällen wird eine konkrete Gefährdung von Leib oder Leben eines anderen oder fremder Sachen von bedeutendem Wert vorausgesetzt. Ähnlich bei Baugefährdung durch Verletzung anerkannter Regeln der Technik bei Bauplanung, -leitung oder -ausführung (§ 319 StGB).

Gemeingefährlichkeit
→ Anstaltsunterbringung (1, 4).

Gemeinnützige Arbeit
ist im → Strafrecht der BRep. vorgesehen als Auflage bei der → Strafaussetzung zur Bewährung (§ 56b II 1 Nr. 3 StGB), bei der → Verwarnung mit Strafvorbehalt (§ 59a II StGB) und bei der Einstellung von Verfahren nach § 153a I 2 Nr. 3 StPO (→ Bagatellstrafsachen), ferner an Stelle einer → Ersatzfreiheitsstrafe, sowie im → Jugendstrafrecht (§ 10 I 3 Nr. 4 JGG, § 15 I 1 Nr. 3 JGG).

Gemeinnützige Sammlung von Abfällen
Die gemeinnützige Sammlung von → Abfällen (etwa Papier oder Textilien) wird von gemeinnützigen Körperschaften, Personenvereinigungen oder Vermögensmassen durchgeführt und dient der Beschaffung von Mitteln zur Erfüllung gemeinnütziger Zwecke. Sie ist anzeigepflichtig (§ 18 KrWG). Damit darf auch ein gewerblicher Sammler beauftragt werden (§ 3 XVII KrWG).

Gemeinnütziger Wohnungsbau
Erwerbs- und Wirtschaftsgenossenschaften sowie Vereine, die Wohnungen herstellen oder erwerben und diese auf Grund eines Mietvertrags oder genossenschaftlichen Nutzungsvertrags den Mitgliedern überlassen, sind von der Körperschaft- und Gewerbesteuer befreit (§ 5 Nr. 10 KStG, § 3 Nr. 15 GewStG). Dies gilt auch für die Herstellung oder den Erwerb von Gemeinschaftsanlagen oder Folgeeinrichtungen, die von der Genossenschaft bzw. vom Verein betrieben werden und für deren Mitglieder bestimmt sind. Voraussetzung ist stets, dass die sonstigen Einnahmen des gesamten Unternehmens 10 vH der gesamten Einnahmen nicht übersteigen.

Gemeinnützigkeit
bezeichnet private Aktivitäten zur selbstlosen Förderung der Allgemeinheit, die steuerlich begünstigt werden. Dazu gehören nur natürliche Personen, die ihren Wohnsitz oder gewöhnlichen Aufenthalt in Deutschland haben.

Als weiterer gemeinnütziger Zweck gilt die Förderung des Ansehens der BRep. Deutschland im Ausland. Damit werden insbes. die Entwicklungs- und Katastrophenhilfe gemeinnützig, auch wenn sie Personen im Ausland zugutekommt. Körperschaften, die mittelbar oder unmittelbar extremistische Zielsetzungen fördern, sind ausgeschlossen (§ 51 III AO). Maßgeblich dafür, ob eine solche vorliegt, ist nicht nur die Satzung, sondern auch das tatsächliche Verhalten der Vereinsmitglieder. → Steuerbegünstigte Zwecke.

Gemeinsame Agrarpolitik

1. Die Gemeinsame Agrarpolitik (GAP) betrifft die gesamte einzelstaatliche Agrarproduktion der Europäischen Union. Sie regelt die Landwirtschaft umfassend und wird von Kritikern gerne als → Planwirtschaft bezeichnet. Sie ist in den Grundprinzipien in Art. 38–44 AEUV (→ AEUV) verankert und hat vor allem das Ziel, die Produktivität der Landwirtschaft zu steigern, Landwirten ein angemessenes Einkommen zu sichern und die Versorgung mit gesunden und erschwinglichen Lebensmitteln zu gewährleisten. Während die Versorgungssicherheit lange Zeit nur ein nachrangiges Ziel war, wird sie nach dem Angriff Russlands auf die Ukraine neue Bedeutung gewinnen. Auch der Umweltschutz stellt mittlerweile ein wichtiges Ziel der GAP dar. Ihre Hauptinstrumente sind die Einkommensunterstützung durch → Direktzahlungen an landwirtschaftliche Betriebe sowie die → Gemeinsame Marktorganisation. Finanziert wird die GAP vom → Europäischen Garantiefonds für die Landwirtschaft (sogenannte 1. Säule der GAP) und vom → Europäischen Landwirtschaftsfonds für die Entwicklung des ländlichen Raums (sogenannte 2. Säule). Die Bedeutung der GAP zeigt sich auch daran, dass sie über 30% des EU-Haushalts ausmacht. Innerhalb der Kommission ist zuständig die Generaldirektion Landwirtschaft und ländliche Entwicklung. Der Vollzug der GAP obliegt nationalem Recht, zuständig ist idR die → Bundesanstalt für Landwirtschaft und Ernährung.

2. Die GAP ist seit ihren Anfängen 1962 mehrfach reformiert worden. Während früher Direktzahlungen an die Produktion geknüpft waren und zu den berüchtigten Butterbergen und Milchseen geführt haben, sind sie heute an Betriebsflächen und -führung gekoppelt (→ Konditionalität). Die wichtigsten Vorschriften der GAP waren bis Ende 2022 die Verordnungen (EU) 1305 – 1310/2013, jeweils v. 17.12.2013, ABl. EU 2013 L 347, 487 ff.

3. Eine weitere Reform der GAP ist am 1.1.2023 in Kraft getreten und soll bis 2027 gelten. Diese Reform soll die GAP grüner, leistungsorientierter und gerechter machen und knüpft Direktzahlungen zur Erreichung des → European Green Deal noch stärker an die Einhaltung von umweltschützenden Maßnahmen als bisher (→ Konditionalität). Die Mitgliedstaaten erstellen dazu nationale → Strategiepläne, die zwar von der Kommission genehmigt werden müssen, den Mitgliedstaaten aber deutlich größere Gestaltungsspielräume eröffnen als früher. So können sie regionale Besonderheiten (zB Landflucht und demografischer Wandel in der Landwirtschaftsbevölkerung) besser berücksichtigen. Des weiteren sind Leistungs- und Ergebniskontrollen vorgesehen. Die wichtigsten der seit dem 1.1.2023 geltenden EU-Vorschriften sind:

- VO (EU) 2021/2115 v. 2.12.2021 mit Vorschriften für die Unterstützung der von den Mitgliedstaaten im Rahmen der Gemeinsamen Agrarpolitik zu erstellenden ... Strategiepläne (GAP-Strategiepläne), ABl. EU 2021 L 435, 1,
- VO (EU) 2021/2116 v. 2.12.2021 über die Finanzierung, Verwaltung und Überwachung der Gemeinsamen Agrarpolitik, ABl. EU 2021 L 435, 187 und
- die geänderte VO (EU) Nr. 1308/2013 v. 17.12.2013 über eine gemeinsame Marktorganisation für landwirtschaftliche Erzeugnisse.

Die VO (EU) 1305–1307 wurden zum 1.1.2023 aufgehoben.

Gemeinsame Außen- und Sicherheitspolitik

→ GASP.

Gemeinsame Einrichtung für Hochschulzulassung

Die Gemeinsame Einrichtung für Hochschulzulassung organisiert für bestimmte Studiengänge die zentrale Vergabe der Studienplätze und unterstützt im Übrigen die → Hochschulen der Länder bei den örtlichen Zulassungsverfahren (→ Hochschulzulassungsrecht, 3 ff.). Die Gemeinsame Einrichtung für Hochschulzulassung löste die frühere → Zentralstelle für die Vergabe von Studienplätzen (ZVS) ab. Sie ist als → Stiftung des öffentlichen rechts organisiert und führt den Namen → Stiftung für Hochschulzulassung.

Gemeinsame Fischereipolitik

1. Die gemeinsame Fischereipolitik (GFP) der → Europäischen Union oder Blaues Europa wird im → AEUV in den Art. 38–44 AEUV zusammen mit der → Gemeinsamen Agrarpolitik (GAP) behandelt und gilt im Wesentlichen für die → Seefischerei und → Aquakultur (Art. 1 VO (EU) 1380/2013 über die Gemeinsame Fischereipolitik v. 11.12.2013 (ABl. EU 2013 L 354, 22)). Wesentliche Ziele der GFP sind, dass die Tätigkeiten langfristig umweltverträglich sowie wirtschaftlich, sozial, beschäftigungs- und ernährungspolitisch nutzbringend sind. Ua soll die Population jeder genutzten Art einen bestimmten Mindestbestand aufweisen; bis 2020 soll ein Grad an Befischung erreicht werden, der dies ermöglicht. Auch soll der sog. Rückwurf schrittweise eingestellt und durch andere Maßnahmen ersetzt

werden (Art. 2 VO (EU) 1380/2013). Die GFP findet Anwendung auf sämtliche Fischereifahrzeuge in Unionsgewässern sowie alle EU-Fischereifahrzeuge weltweit. Finanziert wird sie durch den → Europäischer Meeres-, Fischerei- und Aquakulturfonds. Die VO (EU) 1379/2013 v. 11.12.2013 (ABl. EU 2013 L 354, 1) regelt die Gemeinsame → Marktorganisation für Erzeugnisse der → Fischerei und Aquakultur. Der Durchführung der gemeinsamen Fischereipolitik dient auch die 2005 gegründete Europäische Fischereiaufsichtsagentur (EFCA) mit Sitz in Vigo/ Spanien, VO (EU) 2019/473 v. 19.3.2019 (ABl. EU 2019 L 83, 18).

2. Das materielle Fischereirecht enthalten ua die VOen der EU, die für bestimmte Jahre die Fangmöglichkeiten festsetzen, etwa für 2019 die VO (EU) 2019/124 v. 30.1.2019 (ABl. EU 2019 L 29, 1). Die VO (EU) 2019/1241 v. 20.6.2019 mit technischen Maßnahmen für die Erhaltung der Fischereiressourcen und den Schutz von Meeresökosystemen (ABl. 198/105) regelt die technischen Aspekte von Fang und Fanggeräten. Sie bestimmt zB Fischereizonen und Sperrgebieten, verbietet bestimmte Fanggeräte und -methoden, legt die Größe von Maschenöffnungen fest und untersagt den Fang bestimmter Fisch- und Schalentierarten. Die VO enthält ferner die Mindestreferenzgrößen für die Bestandserhaltung, dh die Größe, bis zu der ein Fang wieder zurückgeworfen werden muss, etwa für Kabeljau 35 cm in der Nordsee. Zum materiellen Fischereirecht gehört ferner die VO (EG) 1005/2008 v. 29.9.2008 zur Verhinderung, Bekämpfung und Unterbindung der illegalen, nicht gemeldeten und unregulierten Fischerei (ABl. EG 2008 L 286, 1, 2011 L 22, 8).

Gemeinsame Marktorganisation
→ Marktorganisation, gemeinsame.

Gemeinsame Sicherheits- und Verteidigungspolitik
→ GSVP.

Gemeinsamer Ausschuss
(auch Notparlament Art. 53a GG) ist ein aus 32 Mitgliedern des → Bundestages und 16 Mitgliedern des → Bundesrates bestehendes Verfassungsorgan, das im → Verteidigungsfalle die Befugnisse dieser Organe übernimmt, soweit sie dazu nicht selbst in der Lage sind. Der BT bestimmt die Mitglieder des Gemeinsamen Auschusses nach dem Stärkeverhältnis der Fraktionen; sie dürfen nicht der BReg. angehören. Jedes → Land entsendet ein Mitglied des BR; diese Mitglieder sind (anders als sonst die Mitglieder des BR) nicht an Weisungen gebunden. Der Gemeinsame Ausschuss entscheidet mit $^2/_3$ der abgegebenen Stimmen, mindestens mit der Mehrheit seiner Mitglieder. Einzelheiten vgl. Geschäftsordnung v. 23.7.1969 (BGBl. 1969 I 1102), zul. geänd. am 20.7.1993 (BGBl. 1993 I 1500).

Gemeinsamer Bundesausschuss
Der gemeinsame Bundesausschuss ist ein durch das Gesetz zur Modernisierung der gesetzlichen → Krankenversicherung (GMG) v. 14.11.2003 (BGBl. 2003 I 2190) geschaffenes neues Gremium der Selbstverwaltung, dass mit Wirkung v. 1.1.2004 an die Stelle des Bundesausschusses Ärzte und Krankenkassen, des Ausschusses Krankenhaus und des Bundesausschusses Zahnärzte und Krankenkassen getreten ist. Der rechtsfähige Gemeinsame Bundesausschuss besteht aus einem unparteiischen Vorsitzenden, zwei weiteren unparteiischen Mitgliedern und Vertretern der Kassenärztlichen Bundesvereinigung, der Zahnkassenärztlichen Bundesvereinigung, der Deutschen Krankenhausgesellschaft und vom Spitzenverband Bund der Krankenkassen benannten Vertretern der → Ortskrankenkassen, der → Ersatzkassen, der → Betriebskrankenkassen, der → Innungskrankenkassen, der landwirtschaftlichen Krankenkassen (→ landwirtschaftliche Krankenversicherung) und der Knappschaftlichen Krankenversicherung (→ Knappschaftsversicherung; vgl. § 91 SGB V). Der GBA musste sich eine Geschäftsordnung sowie eine Verfahrensordnung geben. Das sektorenübergreifende Gremium soll Entscheidungsabläufe im Gesundheitswesen vereinfachen; zu denken ist insoweit zB an eine einheitliche Definition, wer als chronisch krank und deshalb von verschiedenen Zuzahlungsregelungen ausgenommen (→ Kostenbeteiligung der Versicherten) anzusehen ist. Bekannt ist der GBA vor allem durch die von ihm bearbeiteten Richtlinien (zB Heilmittel-, Hilfsmittel-, Arzneimittelrichtlinie, abrufbar auf https://www.g-ba.de/richtlinien/). Die Finanzierung des GBA richtet sich nach § 139c SGB V. Als juristische eigenständig untersteht er dem Bundesministerium für Gesundheit.

Gemeinsamer Markt
→ Europäische Gemeinschaft, → Europ. Atomgemeinschaft, → Europ. Gemeinschaft für Kohle und Stahl; sa → Europäische Integration.

Gemeinsamer Senat
Gemeinsamer Senat der → obersten Gerichtshöfe des Bundes ist ein auf Grund des Art. 95 III GG mit Sitz in Karlsruhe gebildeter Spruchkörper, der die Einheitlichkeit der Rechtsprechung dieser Gerichtshöfe zu wahren hat. Er besteht aus den Präsidenten aller obersten Gerichtshöfe sowie den Vorsitzenden Richtern und je einem weiteren Richter der an der einzelnen Sache beteiligten Senate. Näheres, insbes. das Verfahren, regelt das Gesetz zur Wahrung der Einheitlichkeit der Rechtsprechung der obersten Gerichtshöfe des Bundes (RsprEinhG) v. 19.6.1968 (BGBl. 1968 I 661), mÄnd. Der Gemeinsame Senat entscheidet bindend über die Rechtsfrage, die von einem der obersten Gerichtshöfe durch Beschluss vorgelegt wird, wenn er von der Entscheidung eines anderen obersten Gerichtshofs

oder des Gemeinsamen Rates abweichen will. Die Entscheidung ist für das Gericht bindend. Der Gemeinsame Rat ersetzt das → Oberste Bundesgericht.

Gemeinsames Europäisches Asylsystem (GEAS) → Asylrecht (5).

Gemeinsames Recht
→ gemeines Recht.

Gemeinsam Verantwortliche
1. Legen zwei oder mehrere Stellen gemeinsam die Zwecke und Mittel einer → Datenverarbeitung fest, sind sie gemeinsam verantwortlich für die Datenverarbeitung, Art. 26 DS-GVO, Art. 4 Nr. 7 DS-GVO (→ Datenschutz-Grundverordnung, → Datenschutz).

2. Die gemeinsame Verantwortung kommt zur Anwendung, wenn zwei Stellen (Unternehmen oder Behörden) gemeinsam oder arbeitsteilig und ohne Weisungsverhältnis („auf Augenhöhe") → personenbezogene Daten verarbeiten. Anwendungsfälle sind zB gemeinsame Stammdatenverwaltung im Konzern, Betreiben einer Unternehmens-, Behördenpräsenz in sozialen Medien, kooperative Forschungsprojekte oder wissenschaftliche Studien.

3. Alle an der → Datenverarbeitung beteiligten Stellen müssen sich für ihren Anteil an Verarbeitung auf eine eigene, idR gleichartige Rechtsgrundlage nach Art. 6 I DS-GVO berufen können. Art. 26 DS-GVO stellt keine Rechtsgrundlage zur Datenverarbeitung dar, sondern regelt die datenschutzrechtlichen Anforderungen der gemeinsamen Verantwortung. Alle beteiligten Stellen sind Verantwortliche (Art. 4 Nr. 7 DS-GVO) und damit Normadressaten der Datenschutz-Grundverordnung, deren Anforderungen durch sie zu erfüllen sind.

4. Die gemeinsame Verantwortung ist abzugrenzen von der → Auftragsverarbeitung, bei der im Unterschied zur gemeinsamen Verantwortung ein Weisungsverhältnis zwischen Auftraggeber und Auftragsverarbeiter besteht, nur der Auftraggeber Verantwortlicher ist und nur dieser über Zwecke und Mittel der Verarbeitung entscheidet. In der Anwendungspraxis gewinnt das Konzept der Gemeinsamen Verantwortung neben der Auftragsverarbeitung zunehmend an Bedeutung (vgl. Rspr. des EuGH 5.6.2018 – C-210/16 (Facebook Fanpage), 10.7.2018 – C-25/17 (Zeugen Jehovas), 29.7.2019 C-40/17 (Fashion-ID)).

5. Die Verteilung der Verantwortung, die Wahrung der Betroffenenrechte allgemein und insbesondere die Sicherstellung der → Informationspflichten gegenüber den von der Verarbeitung → betroffenen Personen sind vertraglich zu regeln (Art. 26 I 2 DS-GVO; keine Formvorgabe, jedoch schriftliche oder elektronische Form auch aus Gründen der Dokumentationspflicht, Art. 5 II DS-GVO ratsam).

6. Die → betroffenen Personen können ihre → Betroffenenrechte im Datenschutz gegenüber jeder beteiligten Stelle geltend machen. Die Stellen müssen den betroffenen Personen auch eine nachvollziehbare Beschreibung der kooperativen Vereinbarung offenlegen (Art. 26 III DS-GVO). Im Unterschied dazu ist die Offenlegung der → Auftragsverarbeitung ggü. den betroffenen Personen nicht zwingend.

7. Verstöße gegen Art. 28 DS-GVO können neben Maßnahmen der Datenschutzaufsichtsbehörden (Art. 58 II 2 lit. d, f DS-GVO) einen Schadensersatzanspruch nach den Grundsätzen der gesamtschuldnerischen Haftung (Art. 82 II 1, IV DS-GVO, → Gesamtschuld) und ein Bußgeld (Art. 83 IV lit. a DS-GVO) von bis zu 10 Mio. Euro oder 2% des weltweiten Jahresumsatzes auslösen.

8. Art. 21 RL (EU) 2016/680 vom 27.4.2016 zum Schutz personenbezogener Daten im Bereich der Verhütung, Ermittlung, Aufdeckung und Verfolgung von Straftaten und Ordnungswidrigkeiten sieht eine vergleichbare Regelung vor, die zB in § 63 BDSG (→ Bundesdatenschutzgesetz) und in den → Landesdatenschutzgesetzen umgesetzt wurde.

Gemeinschaft
nach Bruchteilen: Steht ein Recht (zB Eigentum, aber auch Pfandrecht usw) mehreren gemeinschaftlich zu, so ist idR eine Gemeinschaft nach Bruchteilen gegeben. Hierfür gelten §§ 741 ff. BGB, sofern das Gesetz keine Sonderregelung enthält (zB für das → Miteigentum; sa → Mitbesitz, → Nachbarrecht, → Wohnungseigentum) oder eine andere (engere) Form der Beteiligung vorsieht (s. insbes. → Gesamthandsgemeinschaft, → Gesellschaft des bürgerlichen Rechts, → Gesamtgläubigerschaft, → Gesamtschuld; die Regeln über die Gemeinschaft gelten jedoch auch für diese Rechtsformen weitgehend ergänzend).

Die Gemeinschaft kann durch Rechtsgeschäft, gesetzliche Regelung (zB → Verbindung), auch durch → letztwillige Verfügung entstehen. Jedem Teilhaber steht ein fest bestimmter, im Zweifel gleich großer ideeller Anteil (Bruchteil) an Hauptsache und Früchten sowie an den Lasten zu, §§ 742 f., 748 BGB (Bruchteilsgemeinschaft, anders bei der → Gesamthandsgemeinschaft). Die Verwaltung des gemeinschaftlichen Gegenstandes steht den Teilhabern in ihrer Gesamtheit zu; jeder ist jedoch berechtigt, die zur Erhaltung notwendigen Maßnahmen ohne Zustimmung der übrigen Beteiligten zu treffen, auch kann durch Abrede Stimmenmehrheit oÄ vereinbart werden, §§ 744 f. BGB. Eine entsprechende Vereinbarung, auch über die Aufhebung der Gemeinschaft, wirkt gegen einen Sonderrechtsnachfolger und einen Erben, §§ 746, 751 BGB, nicht aber gegenüber einem Pfändungsgläubiger. Jeder Teilhaber kann über seinen Anteil frei verfügen (Übertragung, Verpfändung; auch Pfändung möglich). Über den gemeinschaftlichen Gegenstand insgesamt können aber die Teilhaber nur gemeinschaftlich verfügen, § 747 BGB. Jeder Teilhaber kann jederzeit, bei abweichender Vereinbarung jedenfalls bei Vorliegen eines wichtigen Grundes, die Aufhebung der Gemeinschaft verlangen, § 749 BGB. Sie wird, soweit möglich, durch Teilung in Natur, sonst durch Verkauf des gemeinschaftlichen Gegenstands nach den Vorschriften über den Pfandverkauf (→ Pfandrecht), bei Grundstücken durch → Teilungsversteigerung, und durch anschließende Teilung des Erlöses durchgeführt, § 753 BGB.

Gemeinschaft zur gesamten Hand
→ Gesamthandsgemeinschaft.

Gemeinschaftliche Gebäudeversorgung
Als gemeinschaftliche Gebäudeversorgung bezeichnet § 42b EnWG (→ Energiewirtschaft) die Versorgung von Eigentümern und Mietern eines Gebäudes mit von einer Gebäudestromanlage (definiert in § 3 Nr. 20b EnWG) erzeugtem Solarstrom. Voraussetzung ist neben einem Gebäudestromnutzungsvertrag, dass der erzeugte Strom direkt an die Letztverbraucher geliefert und nicht zuerst in das Netz eines Energieversorgungsunternehmens eingespeist wird. Ferner muss der Strom gebäudenah verbraucht und der Verbrauch viertelstündlich gemessen werden.

Die gemeinschaftliche Gebäudeversorgung soll den Einsatz von → Solaranlagen für Eigentümer und Vermieter attraktiver machen und ähnelt dem → Mieterstrom. Allerdings muss beim Mieterstrom der gesamte Stromverbrauch des Verbrauchers abgedeckt werden, weshalb Mieterstromanlagen in der Regel von Dritten betrieben werden. Diese umfassende Lieferpflicht gibt es bei der gemeinschaftlichen Gebäudeversorgung nicht, sie wird deshalb eher durch Eigentümer und Vermieter selbst erfolgen. Reicht der Strom der Anlage nicht für alle, müssen die Verbraucher den fehlenden Strom von einem → Energieversorgungsunternehmen beziehen.

Gemeinschaftliches Testament
ist die gleichzeitige gemeinschaftliche → letztwillige Verfügung mehrerer → Erblasser in der Form, dass jeder von ihnen einseitig (anders → Erbvertrag) für den Fall seines Todes Anordnungen trifft. Ein gemeinschaftliches Testament kann nur von Ehegatten errichtet werden, § 2265 BGB (nicht von Verlobten oder Verwandten; in diesem Fall nur Umdeutung in eigenhändige Einzeltestamente, soweit deren Form gewahrt ist); seine Wirksamkeit ist, sofern nichts anderes anzunehmen ist, vom Fortbestand der Ehe abhängig (§ 2268 BGB). Das gemeinschaftliche Testament kann völlig selbständige Verfügungen der Ehegatten enthalten (ledig gleichzeitige, äußerliche Testiergemeinschaft), eine gegenseitige Bedenkung der Ehegatten (sog. reziproke Verfügungen) oder darüber hinaus wechselbezügliche (korrespektive) Verfügungen, deren Wirksamkeit von dem Fortbestand der Verfügungen des anderen Ehegatten untrennbar abhängig sein soll; der Unterschied ist für den → Widerruf eines gemeinschaftlichen Testaments von Bedeutung.

Für das gemeinschaftliche Testament gelten die allgemeinen Vorschriften über das → Testament mit folgenden Besonderheiten: Das gemeinschaftliche Testament kann als → außerordentliches Testament bereits dann errichtet werden, wenn die Hinderungsgründe für die Errichtung eines ordentlichen Testaments nur bei einem der Ehegatten vorliegen (§ 2266 BGB). Zur Errichtung eines gemeinschaftlichen → eigenhändigen Testaments genügt es, wenn einer der Ehegatten das Testament in der für ein eigenhändiges vorgeschriebenen Form (§ 2247 BGB) errichtet und der andere die gemeinschaftliche Erklärung eigenhändig mitunterzeichnet, wobei er Zeit und Ort der Mitunterzeichnung angeben soll (§ 2267 BGB); eine ausdrückliche Beitrittserklärung ist nicht erforderlich. Testieren die Ehegatten nicht auf dem gleichen Papier, so liegt ein gegenseitiges Testament nur vor, wenn der Wille, gemeinschaftlich zu verfügen, aus den Einzelverfügungen klar hervorgeht und diese in einem räumlichen Verhältnis zueinander stehen. Eine besonders häufige Form des gemeinschaftlichen Testaments ist das sog. → Berliner Testament. S. ferner → Wiederverheiratungsklausel, → Widerruf eines gemeinschaftlichen Testaments.

Gemeinschaftsantenne
→ Antenne.

Gemeinschaftsaufgaben
Gemeinschaftsaufgaben nach Art. 91a GG, bei denen der Bund wegen ihrer überragenden Bedeutung zur Erfüllung von Aufgaben der Länder der BRep. mitwirken kann, wenn dies zur Verbesserung der Lebensverhältnisse erforderlich ist, sind: Verbesserung der regionalen Wirtschaftsstruktur sowie Verbesserung der Agrarstruktur und des Küstenschutzes. Die entsprechenden Bundesgesetze enthalten ua allgemeine Grundsätze sowie Bestimmungen über das Verfahren und (mit Zustimmung des betr. Landes) eine gemeinsame Rahmenplanung. Der Bund trägt grundsätzlich die Hälfte der Ausgaben in jedem Land. Aufgrund des Art. 91a GG sind inzwischen das Gesetz über die Gemeinschaftsaufgaben „Verbesserung der regionalen Wirtschaftsstruktur" vom 6.10.1969 (BGBl. 1969 I 1861) und das Gesetz über die Gemeinschaftsaufgaben „Verbesserung der Agrarstruktur und des Küstenschutzes" idF vom 21.7.1988 (BGBl. 1988 I 1055), jeweils mÄnd ergangen. Bis zur → Föderalismusreform I waren auch der Aus- und Neubau von Hochschulen Gemeinschaftsaufgaben.

Gemeinschaftsgebiet
→ Drittlandsgebiet.

Gemeinschaftsgeschmacksmuster
Bezeichnung für ein unionsweit geschütztes → Design auf der Grundlage der Gemeinschaftsgeschmacksmusterverordnung (GGV). Mit Wikrung vom 1.5.2025 wird dieses in Unionsgeschmacksmuster umbenannt.

Gemeinschaftsgeschmacksmustersache
Als Gemeinschaftsgeschmacksmustersache bezeichnet man eine Klage, für die eine gerichtliche Zuständigkeit nach Art. 80 Abs. 1 GGV besteht (§ 63 DesignG). s. auch → Designstreitsachen.

Gemeinschaftsmarke
Frühere Bezeichnung für die → Unionsmarke.

Gemeinschaftsmauer
→ Grenzregelung bei Grundstücken.

Gemeinschaftspatent
→ Einheitspatent (Europäisches Patent mit einheitlicher Wirkung).

Gemeinschaftspräferenz
ist der Vorrang EU-eigener Produkte vor Importen aus Drittstaaten; → Gemeinsame Agrarpolitik.

Gemeinschaftspraxis
→ Sozietät, → Bürogemeinschaft.

Gemeinschaftsrecht, Europäisches
war die frühere Bezeichnung der die → Europäische Gemeinschaft (EG) begründenden Verträge (Primärrecht) sowie des auf Grund dieser Verträge gesetzten Recht (Sekundärrecht). Bereits das Europäische Gemeinschaftsrecht unterschied Richtlinien (heute → Richtlinien der Europäischen Union) und Verordnungen (→ Verordnungen der Europäischen Union). Seit dem Aufgehen der (EG) in der → Europäischen Union (EU; sa → Europäische Integration, 3g) gibt es kein eigenes Europäisches Gemeinschaftsrecht mehr, sondern nur ein einheitliches → EU-Recht.

Gemeinschaftssteuern
→ Verteilung des Steueraufkommens.

Gemeinschaftsunternehmen
sind im → Kartellrecht Unternehmen, an denen mehrere andere Unternehmen zur Verfolgung eines gemeinsamen Zwecks beteiligt sind. Ein derartiger Zusammenschluss kann den Wettbewerb auf vielfache Weise beeinträchtigen.

Im deutschen Kartellrecht unterfallen Gemeinschaftsunternehmen sowohl der → Fusionskontrolle als auch – unter dem Gesichtspunkt der verbotenen → Horizontalvereinbarungen der kontrollierenden Unternehmen – dem Kartellverbot („Zweischrankenprinzip"). Dagegen werden im europäischen Kartellrecht konzentrative Gemeinschaftsunternehmen der Fusionskontrolle und kooperative Gemeinschaftsunternehmen dem Kartellverbot unterworfen („Trennungsprinzip").

Gemeinschaftswaren
sind Waren, die im → Zollgebiet der EU gewonnen oder hergestellt oder zum freien Verkehr in das Zollgebiet eingeführt werden, Art. 5 Nr. 23 UZK. Nichtgemeinschaftswaren sind unverzollte Drittlandswaren, die bei der Einfuhr in das Zollgebiet der EU einem Zollverfahren zugeführt werden müssen.

Gemeinschuldner
Gemeinschuldner war die frühere Bezeichnung des Schuldners, über dessen Vermögen das Konkursverfahren eröffnet worden war. S. heute → Insolvenzrecht, → Insolvenzverfahren.

Gemeinwohl
→ Wohl der Allgemeinheit.

Gemischte Bedingung
→ Bedingung.

Gemischte Schenkung
→ Schenkung.

Gemischter Vertrag
→ Vertrag (2).

Gemissbilligte Klausel
→ Rechtsmissbrauch, → Treu und Glauben, → Nichtigkeit von Rechtsgeschäften (2), → Allgemeine Geschäftsbedingungen (3).

Gemüse
→ Gemeinsame Agrarpolitik, → Lebensmittel, → Vermarktungsnormen. Zur Abgabe an den Verbraucher in Kleinmengen → Lebensmittel- und Futtermittelhygiene (1), → Schulobst.

Genarzneimittel
Genarzneimittel bezeichnet ein nach nach gentechnologischen Methoden hergestelletes Heilmittel → Genlebens- und Futtermittel. Ziel dieser Arzneimittel ist es durch einen passgenauen Zuschnitt auf den Anwender einen größeren Behandlungserfolg zu erreichen und uU durch effektive Behandlung sogar Kosten zu sparen.

Gen-Datei
→ molekulargenetische Untersuchung.

Gendergerechte Gesetzessprache
→ Geschlechtsneutrale Gesetzessprache; → Gendern.

Gendergerechte Sprache
→ Geschlechtsneutrale Gesetzessprache; → Gendern.

Gendern
Der aus dem angelsächsischen Sprachraum („Gendering") eingedeutschte Begriff bezeichnet das Bestreben, die Gleichstellung aller Geschlechter ua auch in der Sprache zu etablieren. Auch Rechtstexte sollen möglichst in geschlechtsneutraler Form verfasst werden. Dabei können geschlechtsneutrale Begriffe („Mitarbeitende" statt „Mitarbeiter", „Studierende" statt „Studenten" oder „Anwaltschaft" statt „Anwälte") oder Doppelungen („Notarinnen und Notare") verwendet werden, wo-

bei Sonderzeichen (zB „*", „_", „:" oder „/") nicht verwendet werden. Die gesellschaftliche Diskussion entzündete sich vor allem an der Verwendung der Sonderzeichen. Strittig ist, inwieweit Bildungseinrichtungen (Schulen, Hochschulen) oder Arbeitgeber zum Gendern – ggf. sogar unter Einschluss der Verwendung von Sonderzeichen – verpflichten dürfen. Solange auch in der Gesetzessprache (→ Geschlechtsneutrale Gesetzessprache) keine Sonderzeichen verwendet werden, ist jedenfalls eine Pflicht zur Verwendung von Sonderzeichen abzulehnen. In einigen → Ländern (Sachsen und Schleswig-Holstein seit 2021, in Sachsen-Anhalt seit 2023) ist jedenfalls an Schulen der Gebrauch von Sonderzeichen verboten. In Bayern ist seit 1.4.2024 nach der Allgemeinen Geschäftsordnung für die Behörden des Freistaates Bayern der Gebrauch von Sonderzeichen im dienstlichen Schriftverkehr ausdrücklich untersagt. Kurz darauf trat 2024 ein ähnliches Verbot in Hessen in Kraft.

Gendersternchen
→ Gendern; → Geschlechtsneutrale Gesetzessprache.

Gendiagnostik
ist die genetische Untersuchung und Analyse bei Menschen (→ Genomanalyse). Auf Grund ihrer Entwicklung und der damit verbundenen Risiken regelt das GendiagnostikG (GenDG) v. 31.7.2009 (BGBl. 2009 I 2529) zum Schutz des Rechts auf → informationelle Selbstbestimmung und vor der Gefahr genetischer Diskriminierung die Zulässigkeit der Gendiagnostik bei geborenen Menschen sowie bei Embryonen und Föten während der Schwangerschaft zu medizinischen Zwecken, zur Klärung der → Abstammung, im Versicherungsbereich und im Arbeitsleben. Nicht erfasst ist die Gendiagnostik zu Forschungszwecken sowie nach den Vorschriften für das Strafverfahren (→ molekulargenetische Untersuchung), den Polizeigesetzen (→ Polizeirecht) und dem → Infektionsschutzgesetz. Allgemeine Voraussetzungen sind Arztvorbehalt, vor der Gendiagnostik Einwilligung und Aufklärung sowie nach der Gendiagnostik Beratung und Mitteilung des Ergebnisses und Verwendung der genetischen Probe grundsätzlich nur zum vorgesehenen Zweck (§§ 7–13, 17 I, V, VI GenDG, § 20 IV GenDG). Einschränkungen gelten für die vorgeburtliche G. (§ 15 GenDG). Im Versicherungsbereich darf eine Gendiagnostik oder die Mitteilung einer früheren Gendiagnostik nicht verlangt und deren Ergebnis nicht entgegengenommen oder verwendet werden (§ 18 GenDG). Gleiches gilt grundsätzlich auch im Arbeitsleben (§ 19 GenDG); eine Ausnahme besteht im Hinblick auf den persönlichen Gesundheitsschutz der Beschäftigten (§ 20 II GenDG). Wegen genetischer Eigenschaften und der Vornahme oder Nichtvornahme einer Gendiagnostik darf niemand benachteiligt werden (§§ 4, 21 GenDG). Ein Verstoß dagegen kann zu Schadensersatz und Entschädigung verpflichten. Im Übrigen sind Verstöße gegen Vorschriften des GenDG mit Strafe oder Bußgeld bedroht (§§ 25, 26 GenDG).

Genehmigtes Kapital
Genehmigtes Kapital ist nach § 202 AktG der Nennbetrag, um den der Vorstand einer → Aktiengesellschaft oder → Kommanditgesellschaft auf Aktien kraft besonderer Ermächtigung das → Grundkapital durch Ausgabe neuer → Aktien gegen entsprechende Einlagen erhöhen darf. Die Ermächtigung kann nur durch die Satzung oder Satzungsänderung auf die Dauer von 5 Jahren erteilt werden. Der Nennbetrag des genehmigten Kapitals darf die Hälfte des Grundkapitals nicht übersteigen (§ 202 III AktG). Die Ausgabe der neuen Aktien geschieht grundsätzlich so wie bei der normalen → Kapitalerhöhung (§ 203 AktG). Dasselbe gilt für den Geschäftsführer einer → Gesellschaft mit beschränkter Haftung (§ 55a GmbHG).

Genehmigung
(im Verwaltungsrecht) → Erlaubnis; (eines Rechtsgeschäfts) → Zustimmung; sa → Vormund.

Genehmigungsbedürftige Anlage
→ Anlage (1); → Immissionsschutzrecht.

Genehmigungsfiktion
Eine Beantragte Genehmigung gilt nach Ablauf einer für die Entscheidung festgelegten Frist als erteilt (Genehmigungsfiktion), wenn dies durch Rechtsvorschrift angeordnet und der Antrag hinreichend bestimmt ist. Soweit durch Rechtsvorschrift nichts anderes bestimmt ist beträgt die Frist drei Monate. Die Regelung will die Verwaltungsabläufe beschleunigen.

General Agreement on Tariffs and Trade
→ GATT.

General Standard
(Börsenrecht) → Prime Standard.

Generalanwalt
Generalanwälte bereiten durch Gutachten die Entscheidungen des Gerichtshofs und des Gerichts der EU vor. IE s. → Europäischer Gerichtshof (2, 3).

Generalbefugnis
→ polizeiliche Generalklausel, → polizeiliche Maßnahmen.

Generalbundesanwalt
→ Staatsanwaltschaft.

Generaldirektion
→ Kommission (3).

General(handlungs)vollmacht
→ Vollmacht, → Handlungsvollmacht.

Generalklausel
Zu den normativen (wertausfüllungsbedürftigen) Rechtsbegriffen gehört die Generalklausel. Sie wird vom Gesetzgeber häufig verwen-

det, um durch allgemein gehaltene Formulierung möglichst viele Tatbestände zu erfassen. Dadurch soll der Gesetzeswortlaut von der Belastung mit detaillierten Merkmalen freigehalten, zugleich aber die Gefahr ungewollter Einengung des Anwendungsbereichs vermieden werden. In allen Rechtsgebieten finden sich zahlreiche Generalklauseln, so zB im bürgerlichen, Straf- und Nebenstrafrecht die Begriffe „Verstoß gegen die guten Sitten", „allgemeine Verkehrsauffassung", „unangemessene Benachteiligung" (→ Allgemeine Geschäftsbedingungen), im Verwaltungsrecht als Generalklausel die Befugnis der Polizei zur „Abwendung aller der Allgemeinheit drohenden Gefahren" (→ polizeiliche Generalklausel, → polizeiliche Maßnahmen, 3) oder die Zuständigkeit der allgemeinen Verwaltungsgerichte für alle öffentlich-rechtlichen Streitigkeiten, die nicht einem anderen Gericht zugewiesen sind (im Gegensatz zum → Enumerationsprinzip; s. → Verwaltungsgerichtsbarkeit, 3).

Generalkonsul
→ Konsul.

Generalprävention
ist einer der im Strafrecht anerkannten → Strafzwecke, nämlich die Bekräftigung der Normgeltung gegenüber der Allgemeinheit (positive Generalprävention) sowie die Abschreckung anderer von der Begehung gleichartiger Straftaten (negative Generalprävention).

Generalrückversicherungsvertrag
→ Rückversicherung.

Generalsekretär der Vereinten Nationen
Der Generalsekretär der Vereinten Nationen ist der Leiter des Sekretariats der → Vereinten Nationen und damit deren höchstes Exekutivorgan. Er nimmt an den Sitzungen des → Sicherheitsrats und der → Vollversammlung teil und nimmt die ihm von diesen Organen zugewiesenen Aufgaben wahr. Generalsekretär der Vereinten Nationen waren bisher der Norweger Trygve Lie, der Schwede Dag Hammerskjöld, der Burmese U Thant, der Österreicher Kurt Waldheim, der Peruaner Javier Perez de Cuellar, der Ägypter Butros Ghali, der Ghanaer Kofi Annan und der Koreaner Ban Kimoon. Seit 1.1.2017 ist Generalsekretär der Portugiese António Guterres. Der Generalsekretär wird auf Vorschlag des Sicherheitsrats von der Vollversammlung gewählt. Seit 1998 wird für den Generalsekretär auch ein Stellvertreter bestellt, erstmals die Kanadierin Louise Fréchette, gefolgt von dem Briten Mark Malloch Brown, Asha-Rose Migiro aus Tansania, dem Schweden Jan Eliasson und seit dem 1.7.2018 der Nigerianerin Amina J. Mohammed.

Generalstaatsanwalt
→ Staatsanwaltschaft.

Generalstreik
→ Streik.

Generalsuperintendent
In der → evang. Kirche sind neben der Zusammenfassung der Kirchengemeinden zu Kirchenkreisen, die der Wahrnehmung überörtlicher kirchlicher Aufgaben durch die Organe des Kirchenkreises (Kreissynode, Dekan, bzw. Superintendent, Kreiskirchenvorstand) dient, die Gemeinden zT zum Zwecke der geistlichen Aufsicht in größeren Bezirken zusammengefasst, in denen diese Aufsicht einem Generalsuperintendenten obliegt.

Generalübernehmervertrag
→ Baubetreuungsvertrag.

Generalunternehmervertrag
→ Baubetreuungsvertrag.

Generalversammlung
1. Die Generalversammlung einer → Genossenschaft ist das Organ, durch das deren Mitglieder ihre Mitgliedschaftsrechte in Bezug auf die Geschäftsführung, Bilanzprüfung sowie Gewinn- und Verlustbeteiligung ausüben (§ 43 GenG). Die Generalversammlung entspricht der Mitgliederversammlung eines → Vereins und der → Hauptversammlung einer AG. Bei Genossenschaften mit mehr als 1500 Mitgliedern kann die Generalversammlung aus gewählten Vertretern der Mitglieder bestehen; sog. Vertreterversammlung (§ 43a GenG). In der Generalversammlung hat jedes Mitglied eine Stimme; die Satzung kann aber Mehrstimmrechte vorsehen, auch ist Stimmvollmacht unter bestimmten Voraussetzungen möglich (§ 43 III–VI GenG). Die Generalversammlung wird idR durch den Vorstand einberufen; eine im Statut festgelegte Minderheit der Mitglieder – sonst ein Zehntel – kann die Einberufung verlangen (§§ 44, 45 GenG). Die Generalversammlung beschließt insbes. über den → Jahresabschluss, die Gewinn- und Verlustverteilung sowie die Entlastung von Vorstand und → Aufsichtsrat (§§ 48–50 GenG). Über Beschlüsse der Generalversammlung ist eine Niederschrift anzufertigen, in die jedes Mitglied und der → Prüfungsverband jederzeit Einsicht haben (§§ 47, 57 GenG). Sie können nach ähnlichen Grundsätzen wie ein → Hauptversammlungsbeschluss der AG nichtig sein, bei Verletzung des Gesetzes oder der Satzung auch im Wege der Klage angefochten werden (§ 51 GenG).

2. Über die Generalversammlung der UNO s. → Vereinte Nationen.

Generalvertrag
→ Deutschlandvertrag.

Generalvikar
Der Generalvikar steht dem → Bischof bei der Verwaltung seiner → Diözese zur Seite. Der Bischof ist zur Bestellung eines Generalvikar grundsätzlich verpflichtet; er kann diesen frei ernennen und auch frei absetzen. Der Generalvikar hat, soweit nicht dem Bischof vorbehalten, die Befugnisse die dem Bischof zukommen, darf aber nicht gegen dessen Willen han-

deln. Sein Amt erlischt durch Zeitablauf, Verzicht, durch Widerruf seitens des Bischofs und durch Sedisvakanz des bischöflichen Stuhles. Sa → Vikar.

Generalvollmacht
→ Vollmacht.

Generationenvertrag
Die Finanzierung der → allgemeinen Rentenversicherung erfolgt im Umlageverfahren, dh, es ist keine Kapitalansammlung erfolgt, sondern die Ausgaben eines Kalenderjahres werden grundsätzlich durch die Einnahmen des gleichen Kalenderjahres gedeckt (§ 153 Abs. 1 SGB VI), so dass die gegenwärtig in einem Beschäftigungsverhältnis stehende Generation die Renten der vorangegangenen Generation bezahlt im Vertrauen darauf, dass die nachfolgende Generation ihre Renten in gleicher Weise finanzieren wird.

Soweit die Einnahmen, dh in der → allgemeinen Rentenversicherung insbesondere die Beiträge und die Zuschüsse des Bundes bzw. in der knappschaftlichen Rentenversicherung die Beiträge und die Mittel des Bundes zum Ausgleich von Einnahmen und Ausgaben (§ 153 Abs. 2 SGB VI) nicht ausreichen, um die Ausgaben des laufenden Kalenderjahres zu decken, erfolgt ein Ausgleich durch Entnahmen aus der sog. → Nachhaltigkeitsrücklage (§ 216 SGB VI).

Problematisch wird der Generationenvertrag insoweit, als das bei steigender Zahl der rentenberechtigten Menschen die Höhe der Beiträge ebenfalls steigen muss. Hierbei ist das Verhältnis von Rentenempfängern zu Beitragszahlern zu berücksichtigen. Die deutsche Gesamtbevölkerung wird tendenziell – von Jahren mit ausgesprochen starker Zuwanderung abgesehen – eher abnehmen, so dass es entscheidend darauf ankommen wird, die Zahl der Beitragszahler, dh Personen, die sich in einem beitragspflichtigen Beschäftigungsverhältnis befinden, zu erhöhen, bzw. die Produktivität der Wirtschaft zu erhöhen. Über eine andere Finanzierung, ggf. eine Änderung des Generationenvertrages, wird in der Politik bereits länger nachgedacht. Größere Änderungen am deutschen Rentenversicherungssystem sind aber unter den gegebenen politischen Bedingungen und der Größe des deutschen Rentensystems (allein die Beitragseinnahmen betrugen im Jahr 2022 ca. 275 Mrd. Euro) kaum vorstellbar.

Genetische Ressourcen
1. Genetische Ressourcen sind sämtliche Materialien, die funktionale Erbeinheiten enthalten und denen ein Wert zugemessen wird (Art. 2 Übereinkommen über die → biologische Vielfalt), zB Ginseng. Das Übereinkommen wird ergänzt durch das Nagoya-Protokoll v. 29.10.2010 über den Zugang zu genetischen Ressourcen und die ausgewogene und gerechte Aufteilung der sich aus ihrer Nutzung ergebenden Vorteile (BGBl. 2015 II 1481, ABl. EU 2014 L 150, 234). Die Umsetzung des Protokolls erfolgt durch die VO (EU) 511/2014 über Maßnahmen für die Nutzer zur Einhaltung der Vorschriften des Protokolls von Nagoya v. 16.4.2014 (ABl. EU 2014 L 150, 59) und das Gesetz v. 25.11.2015 (BGBl. 2015 I 2092).

2. Um die biologische Vielfalt zu erhalten und um zu ihrer nachhaltigen Nutzung beizutragen zielt das Protokoll darauf ab, die Vorteile aus der Nutzung ausgewogen und gerecht zu verteilen. Es ergänzt die Bestimmungen des Art. 15 des Übereinkommens, in dem der Zugang zu genetischen Ressourcen festgelegt ist. Die Nutzung umfasst beispielsweise die Forschung an der genetischen Zusammensetzung der Ressourcen und die Herstellung von Erzeugnissen, etwa Medikamenten, durch Nutzung der Ressourcen (Art. 2 Nagoya-Protokoll). Das Protokoll findet auch Anwendung auf traditionelles Wissen mit Bezug auf genetische Ressourcen (Art. 3 u. 12 Nagoya-Protokoll). Der Zugang zu genetischen Ressourcen bedarf der Zustimmung der Vertragspartei (Art. 6 Nagoya-Protokoll). Die Vorteile, die sich aus der Nutzung, späteren Verwendung und Vermarktung ergeben, sollen mit der Vertragspartei zu einvernehmlich festgelegten Bedingungen ausgewogen und gerecht geteilt werden (Art. 5 Nagoya-Protokoll). Hierzu verlangt das Protokoll umfangreiche legislative und exekutive Maßnahmen von jeder Vertragspartei, einschließlich der Überwachung der Nutzung.

3. Zuständige Anlaufstelle für den Zugang zu den Ressourcen und die Aufteilung der Vorteile ist das für Naturschutz zuständige Bundesministerium. Für den Vollzug zuständig ist das Bundesamt für Naturschutz in Bonn.

Genetischer Fingerabdruck
→ Genomanalyse, → molekulargenetische Untersuchung, → Gendiagnostik.

Genfer Abkommen
über die Rechtsstellung der Flüchtlinge → Flüchtlinge, → Asylrecht, → Ausländer.

Genfer Konventionen
Genfer Konventionen ist der Sammelbegriff für eine Reihe von → völkerrechtlichen Verträgen, die insgesamt von der Tendenz getragen sind, den zunächst von dem Schweizer Arzt Henri Dunant vertretenen humanitären Forderungen im → Kriegsrecht Geltung zu verschaffen. Die erste Genfer Konvention vom 22.8.1864 regelte die Behandlung der Verwundeten im Kriege. Sie wurde abgelöst durch die zweite Genfer Konvention „Zur Verbesserung des Loses der Verwundeten und Kranken bei den im Felde stehenden Heeren" vom 6.7.1906. Am 27.7.1929 kam ein neues Genfer Abkommen „zur Verbesserung des Loses der Verwundeten und Kranken im Feld" und ebenfalls am 27.7.1929 ein Genfer Abkommen über die Behandlung der Kriegsge-

fangenen zustande. Am 12.8.1949 wurden vier neue Genfer Abkommen vereinbart: Abk. „Zur Verbesserung des Loses der Verwundeten und Kranken der Streitkräfte im Felde", Abk. „Zur Verbesserung des Loses der Verwundeten, Kranken und Schiffbrüchigen der Streitkräfte zur See", Abk. „über die Behandlung der Kriegsgefangenen" und Abk. „zum Schutze von Zivilpersonen in Kriegszeiten" (vgl. BGBl. 1954 II 783 ff.). Im Juni 1977 verabschiedete eine Konferenz (noch ratifizierungsbedürftige) Zusatzprotokolle vom 12.12.1977 zu den Konventionen von 1949. Das 1. Zusatzprotokoll enthält Vereinbarungen über den erweiterten Schutz der Zivilbevölkerung (Verbot des Flächenbombardements, der Aushungerung, der Zerstörung von Lebensmittellagern und Wasserreserven sowie von Angriffen auf Staudämme, Atomkraftwerke u. dgl.; Verbot von Misshandlungen, Geiselnahmen und Kollektivstrafen). Anderseits wurde der Begriff des „internationalen Krieges" ausgedehnt auf Kämpfe gegen Kolonialherrschaft sowie gegen Besetzung und rassistische Regimes. Die Erweiterung soll den sog. Freiheitskämpfern, falls sie ihre Waffen offen tragen, einen gewissen Schutz als → Kombattanten und als Kriegsgefangene verschaffen. Das 2. Zusatzprotokoll nähert das Bürgerkriegsrecht dem Kriegsrecht an. Teilweise wird auch das Genfer Abkommen über die Rechtsstellung der → Flüchtlinge als „Genfer Konvention" oder „Genfer Flüchtlingskonvention" bezeichnet (→ Asylrecht, → Ausländer).

GenG
Abkürzung für Genossenschaftsgesetz, → Genossenschaft.

Genitalverstümmelung
→ Beschneidung, → Körperverletzung (5).

Genlebensmittel und -futtermittel
1. Zu unterscheiden ist die Produktion von Substanzen (zB Insulin, Vitamine) durch gentechnisch veränderte Organismen (GVO, meist Bakterien) von der gentechnischen Veränderung tierischer oder pflanzlicher Nahrungsmittel. Nur das letztere wird im Allgemeinen als Genfood oder Genlebensmittel bezeichnet. Hierbei werden Erbeigenschaften, etwa Schädlingsresistenz, Fäulnisneigung, mit Mitteln der → Gentechnik verändert.

2. Lebensmittel oder Futtermittel, die aus GVO hergestellt wurden, bedürfen der Zulassung, Überwachung und Kennzeichnung (VO (EG) 1829/2003 v. 22.9.2003 (ABl. EG 2003 L 268,1)). Hergestellt aus bedeutet auch, teilweise aus GVO abgeleitet zu sein, ohne sie tatsächlich zu enthalten. Die Zulassungsverfahren werden auf EU-Ebene durchgeführt. GVO und aus ihnen hergestellte → Lebensmittel und → Futtermittel müssen rückverfolgt werden können (VO (EG) 1830/2003 v. 22.9.2003 (ABl. EG 2003 L 268, 24)). Sa → Inverkehrbringen eines GVO enthaltenden Produktes, → Kennzeichnung von Lebensmitteln, → neuartige Lebensmittel.

Genocid
(genocidium) → Völkermord.

Genomanalyse
ist eine Untersuchung menschlicher Zellen (zB im Blut, Haar oder Speichel), die einen Rückschluss auf die Erbanlagen des Menschen zulässt. Die Zulässigkeit regelt das Gendiagnostikgesetz (GenDG). Zur genetischen Beratung (zB vor einer Zeugung, § 10 GenDG) und pränatalen Diagnostik (§ 15 GenDG) ist sie unter Bedingungen zulässig. Dagegen ist ihr Einsatz zur Untersuchung von Arbeit- (§§ 19 ff. GenDG) und Versicherungsnehmern (§ 18 GenDG) gesetzlich stark eingeschränkt oder verboten.

Ausdrücklich zugelassen ist sie als offene DNA-Analyse (genetischer Fingerabdruck) zur Vaterschaftsfeststellung (§ 17 GenDG), auch in einem gerichtlichen Verfahren (§ 1598a BGB, → Abstammung) und im Stafverfahren zur Aufklärung bestimmter Sachverhalte (→ molekulargenetische Untersuchung). Der heimliche Vaterschaftstest stellt eine → Ordnungswidrigkeit dar (§ 26 Abs. 1 Nr. 7 GenDG).

Genossenschaft
1. Das Recht der Genossenschaft ist anlässlich der Einführung der Europäischen Genossenschaft (s. u. 8) erheblich geändert worden (Genossenschaftsgesetz – GenG – idF d. Bek. v. 16.10.2006, BGBl. 2006 I 2230, mÄnd). Danach ist die Genossenschaft eine Gesellschaft mit nicht geschlossener (dh freier und wechselnder) Mitgliederzahl, deren Zweck darauf gerichtet ist, den Erwerb oder die Wirtschaft ihrer Mitglieder oder deren soziale oder kulturelle Belange durch einen gemeinschaftlichen Geschäftsbetrieb zu fördern (§ 1 I GenG). Die Genossenschaft ist damit nicht mehr nur auf wirtschaftliche Aktivitäten beschränkt wie zB → Absatz- und → ProduktionsG., Verbrauchergenossenschaft (zB Konsumverein), → Kredit- und → Vorschussverein (ua Genossenschaftsbank) oder Baugenossenschaft (Erstellung von Wohnungen). Zweck der Genossenschaft kann vielmehr zB auch die Unterstützung notleidender Mitglieder oder die Erhaltung eines Denkmals sein. Die Genossenschaft ist → juristische Person und als → Kaufmann einer → Handelsgesellschaft gleichgestellt (§ 17 GenG). Für die Verbindlichkeiten der Genossenschaft haftet den Gläubigern nur das Vermögen der Genossenschaft (§ 2 GenG); die Satzung der Genossenschaft muss jedoch ua eine Bestimmung darüber enthalten, ob die Mitglieder für den Fall, dass die Gläubiger im → Insolvenzverfahren der Genossenschaft nicht befriedigt werden, unbeschränkt, beschränkt auf eine bestimmte Haftsumme oder überhaupt nicht Nachschüsse zu leisten haben (§ 6 Nr. 3 GenG, → Nachschuss-

pflicht). Zur → Firma der Genossenschaft s. dort 2b.

2. Gründung: Die Genossenschaft erlangt → Rechtsfähigkeit erst mit der Eintragung im → G.register (§ 13 GenG). Die Zahl der Mitglieder muss mindestens 3 betragen (§ 4 GenG). Die Satzung der Genossenschaft muss schriftlich aufgestellt werden (§ 5 GenG), den in §§ 6–8 GenG vorgeschriebenen Inhalt aufweisen (zB auch die Festlegung eines Mindestkapitals, das durch Auszahlungen usw nicht unterschritten werden darf, § 8a GenG) und in das Genossenschaftsregister eingetragen werden (§ 10 GenG). Die Satzung kann nur durch Beschluss der → Generalversammlung abgeändert werden. Für die wichtigsten Bereiche ist hierfür eine Mehrheit von mindestens $^3/_4$ der abgegebenen Stimmen erforderlich; die Satzung kann eine noch größere Mehrheit und weitere Erfordernisse bestimmen (§ 16 GenG).

3. Jede Genossenschaft hat 3 notwendige Organe: die → Generalversammlung, den → Aufsichtsrat und den Vorstand. Dem Vorstand stehen Geschäftsführung und Vertretung der Genossenschaft grundsätzlich gemeinsam zu (§ 24 I GenG, § 25 I GenG). Er besteht aus 2 von der Generalversammlung gewählten Mitgliedern; die Satzung kann auch eine höhere Zahl, eine andere Art der Bestellung und Abberufung sowie der Vertretung (zB Einzelvertretung) bestimmen. Bei Genossenschaften mit nicht mehr als 20 Mitgliedern kann der Vorstand satzungsgemäß auch nur aus einer Person bestehen (§ 24 II GenG, § 25 GenG). Die Vertretungsmacht ist nach außen hin unbeschränkbar (§ 27 II GenG). Daneben können noch Personen als Vertreter mit beschränkter Vertretungsmacht bestellt werden, auch Prokuristen (→ Prokura) und Handlungsbevollmächtigte (→ Handlungsvollmacht), § 42 GenG. Die Bestellung des Vorstands kann jederzeit auch ohne wichtigen Grund widerrufen werden (§ 24 III 2 GenG). Die Vorstandsmitglieder können besoldet oder unbesoldet (ehrenamtlich) tätig sein (§ 24 III 1 GenG). Im Rahmen der Geschäftsführung hat der Vorstand insbes. folgende Aufgaben: ein Verzeichnis der Mitglieder zu führen (§ 30 GenG), die → Buchführung, den → Jahresabschluss und den → Lagebericht zu erstellen und der Generalversammlung vorzulegen (§ 33 I GenG). Die Mitglieder des Vorstands haben bei der Geschäftsführung die Sorgfalt eines ordentlichen Geschäftsmannes anzuwenden; sie sind hierfür der Genossenschaft verantwortlich und bei Verstößen schadensersatzpflichtig (§ 34 GenG). Mindestens in jedem 2. Jahr muss die Geschäftsführung eingehend geprüft werden (§ 53 I GenG), und zwar durch einen → Prüfungsverband, dem die Genossenschaft angehören muss (§§ 54, 55 GenG); den Prüfern hat der Vorstand alle Bücher und Schriftstücke der Genossenschaft offenzulegen (§ 57 GenG; über Prüfungsverfahren und Organisation der Prüfungsverbände vgl. §§ 53–64c GenG).

4. Die Mitgliedschaft einer Genossenschaft setzt Teilnahme an der Gründung (durch Unterzeichnung der Satzung) oder eine unbedingte schriftliche Beitrittserklärung voraus (§ 15 GenG), wird aber erst durch die Eintragung in die vom Registergericht geführte Mitgliederliste erworben. Die Mitgliedschaft ist vererblich (§ 77 GenG); auch kann ein Mitglied, sofern die Satzung nichts anderes vorsieht, sein → Geschäftsguthaben schriftlich einem anderen, der bereits Mitglied ist oder hierdurch wird, übertragen und hierdurch seine Mitgliedschaft ohne Auseinandersetzung beenden (§ 76 GenG). Grundsätzlich kann einem Mitglied nur eine Mitgliedschaft zustehen; jedoch kann die Satzung den Erwerb mehrerer → Geschäftsanteile zulassen oder bestimmen (Pflichtbeteiligung, § 7a GenG). Die Mitgliedschaftsrechte umfassen diesen Geschäftsanteil, das Geschäftsguthaben (dh der Betrag, mit dem das Mitglied an der Genossenschaft tatsächlich beteiligt ist, nämlich die Summe der geleisteten Einlagen und der nicht abgehobenen Gewinne unter Abzug des Verlusts), das Recht auf Mitverwaltung, das im Allgemeinen in der → Generalversammlung ausgeübt wird, den Anspruch auf einen Anteil am Reingewinn (§§ 19, 20 GenG) und das Recht zur Benutzung von genossenschaftlichen Einrichtungen (zB Verwendung von Maschinen, Bezug von Waren). Daneben treffen die Mitglieder im Rahmen der Mitgliedschaft auch Pflichten, die vielfach in der Satzung begründet werden, insbes. die Leistung der Einlagen, die → Nachschusspflicht, ferner Lieferungs- und Abnahmepflichten.

5. Der Verlust der Mitgliedschaft tritt ein durch Tod (§ 77 GenG, aber Vererbung – s. o. 4), Austritt (Kündigung durch das Mitglied oder einen Gläubiger gemäß §§ 65, 66 GenG oder Abtretung des Geschäftsguthabens, § 76 GenG) und durch Ausschluss aus wichtigem – in der Satzung bestimmten – Grund (zB Mitgliedschaft in einem Konkurrenzunternehmen; § 68 GenG). Nach Ausscheiden des Mitglieds findet die Auseinandersetzung mit der Genossenschaft in der Weise statt, dass das Geschäftsguthaben des Mitglieds auf Grund der Bilanz zu errechnen und auszuzahlen ist (§ 73 GenG).

6. Auflösung der Genossenschaft ist vorgesehen insbes. durch Beschluss der Generalversammlung mit mindestens ¾ Mehrheit (§ 78 GenG), Beschluss des Registergerichts (unter den Voraussetzungen der §§ 54a, 80 GenG, zB Absinken der Mitglieder unter 3), Eröffnung des → Insolvenzverfahrens (Einzelheiten §§ 98 ff. GenG) oder dessen (rechtskräftige) Ablehnung mangels Masse, durch Löschung der Genossenschaft wegen Vermögenslosigkeit (§§ 81a, 101 GenG) sowie → Umwandlung. Nach der Auflösung findet eine → Liquidation statt, sofern nicht ein Insolvenzverfahren stattfindet oder die Genossenschaft wegen Vermögenslosigkeit gelöscht oder verschmolzen ist. Bis zur Beendigung der Liquidation besteht

die Genossenschaft noch fort. Im Insolvenzverfahren wird ggf. die → Nachschusspflicht der Genossen bedeutsam. Besonderheiten gelten für den → Insolvenzplan (§ 116 GenG) sowie für die Fortsetzung der Genossenschaft nach Beendigung der Insolvenz und das Kündigungsrecht der Mitglieder in diesem Fall (§§ 117 f. GenG).

7. Genossenschaften sind als Erwerbs- und Wirtschaftsgenossenschaften körperschaftsteuerpflichtig (§ 1 I Nr. 2 KStG) und gewerbesteuerpflichtig (§ 2 II S. 1 GewStG). Steuerbefreit sind gemeinnützige Wohnungsbaugenossenschaften (§ 5 Nr. 10 KStG; § 3 Nr. 15 GewStG) und land- und forstwirtschaftliche Genossenschaften (§ 5 I Nr. 14 KStG, § 3 Nr. 8, 14 GewStG). Gewinnanteile und sonstige Bezüge sind als Einkünfte aus Kapitalvermögen einkommensteuerpflichtig (§ 20 I Nr. 1 EStG).

8. Durch Art. 1 des G. v. 14.8.2006 (BGBl. 2006 I 1911) ist – in Umsetzung europarechtlicher Vorgaben – die Europäische Genossenschaft (SCE) mit Sitz im Inland eingeführt worden. Gründung, Aufbau der Organe (dualistisches System mit Generalversammlung und Leitungsorgan oder monistisches System mit Verwaltungsrat), Vertretung und Kontrolle sind dort in Anlehnung an das Recht der Europäischen Aktiengesellschaft (→ Aktiengesellschaft, 1b) geregelt. Dementsprechend sind auch Vorschriften über die Beteiligung der Arbeitnehmer einer Europäischen Genossenschaft und deren Rechte vorhanden (SCE-Betriebsrat und Mitbestimmung).

Genossenschaftsregister
Das Genossenschaftsregister ist das vom Amtsgericht als Registergericht geführte Register, das der Eintragung der → Genossenschaften und ihrer Rechtsverhältnisse dient. Es wird nach ähnlichen Grundsätzen geführt wie das → Handelsregister (s. dort Ziff. 1 über elektronischen Betrieb). Das Verfahren in Genossenschaftssachen ist in §§ 374 ff. FamFG und in der VO über das G. (GenRegV) v. 16.10.2006 (BGBl. 2006 I 2268) mÄnd geregelt.

Genprodukthaftung
→ Gentechnikrecht.

Gen-Recht
ist in einer unspezifischen Verwendung ein Sammelbegriff für Rechtsnormen, die sich mit der künstlichen Veränderung oder Beeinflussung von Vererbungsvorgängen bei Menschen, Tieren und Pflanzen befassen. Bei einer wissenschaftlich-spezifischen Verwendung des Begriffs ist zwischen dem Recht der → Gentechnik ieS, dh der Einflussnahme auf Gene im biologischen Sinne einerseits, und der → Reproduktionstechnik (Reproduktionsmedizin) andererseits zu unterscheiden. Ferner sind Verfahren der Züchtung hier nicht eigentlich einschlägig. Während das → Gentechnikrecht überwiegend Probleme aus dem Bereich der Anlagensicherheit (→ Anlage, 2), des Lebensmittelrechts (→ Genlebensmittel und -futtermittel) und des → Umweltschutzes aufwirft, stellen sich bei den Reproduktionstechniken, soweit sie auf den Menschen angewandt werden, ethische und verfassungsrechtliche Probleme aus dem Bereich der → Menschenwürde (sa → Bioethik-Konvention, → Nationaler Ethikrat, → Gendiagnostik) sowie eine Fülle von familien- und erbrechtlichen Fragen, die inzwischen zT positivrechtlich geregelt sind: → Abstammung, → Adoptionsvermittlung, → künstliche Fortpflanzung. Randprobleme betreffen zB die Rechtsfragen der → Genomanalyse.

Gentechnik
Gentechnik ist der Zweig der Biotechnik (Biotechnologie), der sich mit der Charakterisierung und Isolierung von genetischem Material mit dem Ziel befasst, neue Kombinationen genetischen Materials zu bilden, sowie neu kombiniertes Erbmaterial in andere biologische Umgebung einzuführen und zu vermehren (→ gentechnisch veränderte Organismen, GVO). Anwendungsgebiete sind Medizin (rote Gentechnik), Forst- und Landwirtschaft (grüne Gentechnik), Ernährungswirtschaft, Energieerzeugung (→ Energiepflanzen) sowie der → Umweltschutz (graue oder weiße Gentechnik; → Bodenschutz). Sa → Gentechnikrecht und → transgene Pflanzen und Tiere.

Gentechnikkommission
→ Zentrale Kommission für die biologische Sicherheit.

Gentechnikrecht
1. Das GentechnikG (GenTG) idF v. 16.12.1993 (BGBl. 1993 I 2066) mÄnd bildet die Basis des deutschen Gentechnikrechts. Es beruht zu großen Teilen auf der Umsetzung von EU-Recht und bezweckt insbes. den vorbeugenden Schutz des Menschen und der Umwelt vor schädlichen Auswirkungen durch → gentechnisch veränderte Organismen. Gleichzeitig will es die Erzeugung von Produkten unter Einsatz von GVO sowie deren Inverkehrbringen ermöglichen (§ 1 GenTG) und den Rahmen bestimmen, in dem die → Gentechnik wissenschaftlich, technisch und wirtschaftlich erforscht und genutzt werden kann. Das GenTG gilt für gentechnische Anlagen, Arbeiten, Freisetzungen von GVO und das Inverkehrbringen entsprechender Produkte, nicht jedoch für die Anwendung am Menschen (sa → Gen-Recht). Tiere mit GVO gelten als Produkte iSd GenTG (§ 2 I Nr. 4 GenTG, sa → transgene Pflanzen und Tiere).

2. → Gentechnische Arbeiten außerhalb von zugelassenen gentechnischen Anlagen sind verboten (§ 8 GenTG, → Anlage, 2.). → Freisetzung und → Inverkehrbringen eines GVO enthaltenden Produktes sind nach näherer Bestimmung der §§ 14–16e GenTG genehmigungsbedürftig. Sa → Lebensmittel, → Gute fachliche Praxis. Die ständige behördliche Überwachung (§ 25 GenTG) wird durch ei-

nen umfangreichen Katalog an Mitteilungspflichten ergänzt. Die Behörden sind ihrerseits verpflichtet, das → Bundesamt für Verbraucherschutz und Lebensmittelsicherheit über alle relevanten Vorkommnisse und Entscheidungen zu unterrichten (§ 28 GenTG). Bei Gefahr ist auch die Öffentlichkeit in Kenntnis zu setzen (§ 28a GenTG) – einschließlich eventueller Richtigstellungen. Straftaten sind mit Freiheitsstrafe bis zu 5 Jahren sowie mit Geldstrafe bewehrt; Bußgelder können 50 000 EUR erreichen.

3. Haftung: Für Schäden an Leib, Leben und Eigentum, die aus Anlagen und Maßnahmen entstehen, besteht eine → Gefährdungshaftung mit einem Haftungshöchstbetrag von 85 Mio. EUR (§§ 32 ff. GenTG), auch → Schmerzensgeld ist vorgesehen. Die Haftung für Produkte, die GVO enthalten und produktbezogen zugelassen oder genehmigt und in Verkehr gebracht sind (Genprodukthaftung), richtet sich nach der jeweiligen → Produkthaftung, die Haftung für → Arzneimittel mit GVO nach Arzneimittelrecht. Davon ausgenommen sind insbes. Agrarprodukte (§ 37 GenTG). Sa → neuartige Lebensmittel. Ansprüche bei Nutzungsbeeinträchtigungen Dritter regelt § 36a GenTG; dazu gehören Landwirte, deren konventionell angebaute Produkte durch GVO-Eintrag von fremden Feldern nicht mehr verkauft werden können.

4. Sa → Bioethik-Konvention, → Biostoffe, → Nationaler Ethikrat, → Zentrale Kommission für die Biologische Sicherheit.

Gentechniksicherheit
Die Sicherheitsanforderungen an → gentechnische Arbeiten bestimmt die Gentechnik-Sicherheitsverordnung (GenTSV) v. 12.8.2019 (BGBl. 2019 I 1235); die Vorschriften für Projektleiter (§§ 27, 28 GenTSV) und den → Beauftragten für die biologische Sicherheit (§§ 29–32 GenTSV) gelten auch für die → Freisetzung. Die biologischen, chemischen und physikalischen Sicherheitserfordernisse werden durch die Sicherheitseinstufung und technische Sicherheitsmaßnahmen definiert – ua im Arbeitsschutz-, Labor- und Entsorgungsbereich. Zu den personellen Sicherheitsvorkehrungen gehören organisatorische Maßnahmen in der Produktion und insbes. die abschließenden Aufzählungen der Projektleiter-Verantwortlichkeiten und der Aufgaben der Beauftragten. → Gentechnik.

Gentechnisch veränderte Organismen
(GVO) sind insbes. Organismen, mit Ausnahme des Menschen, deren genetisches Material in einer Weise verändert worden ist, die unter natürlichen Bedingungen durch Kreuzen oder natürliche Rekombination nicht vorkommt (§ 3 Nr. 3 GenTG). Sie werden teilweise auch genetisch veränderte Organismen genannt. Produkte mit GVO müssen mit dem Zusatz gekennzeichnet sein „Dieses Produkt enthält genetisch veränderte Organismen" (§ 17b GenTG). GVO unterliegen auch dem Geltungsbereich des Gesetzes über → Umweltinformationen. Sa → Biostoffe, → Gentechnik, → invasive gebietsfremde Arten, → Inverkehrbringen eines GVO enthaltenden Produktes, → Kennzeichnung von Lebensmitteln, → Pflanzengesundheitsinspektor.

Gentechnische Anlagen
→ Gentechnikrecht (2), → Anlage (2).

Gentechnische Arbeiten
dürfen nur in einer gentechnischen → Anlage (dort 2.) durchgeführt werden (§ 8 GenTG). Errichtung und Betrieb solcher Anlagen bedürfen der Anzeige, Anmeldung o. Genehmigung. Das Verfahren ist von der zunächst für die genehmigungspflichtige Anlage durchzuführenden Sicherheitseinstufung abhängig (§§ 7–12 GenTG, → Gentechniksicherheit). Genehmigungsvoraussetzungen sind neben Zuverlässigkeit und Sachkunde des verantwortlichen Personals die Sicherheit der Anlagen sowie die Einhaltung der Vorschriften des → Arbeitsschutzes (§ 11 GenTG). Zur Vermeidung von → Tierversuchen sieht § 17 vor, dass auf genehmigungsrelevante Untersuchungen verzichtet werden kann, wenn sie schon einmal durchgeführt wurden. Sind die Voraussetzungen erfüllt, besteht ein Rechtsanspruch auf Genehmigung. Die Tatbestände räumen den Behörden erhebliche Einschätzungs- und Prognosefreiheiten ein. Siehe auch Gentechnik-VerfahrensVO idF v. 4.11.1996 (BGBl. 1996 I 1657) mÄnd. Auch das Zulassungsverfahren weiterer gentechnischer Arbeiten (§ 9 GenTG) ist von der Sicherheitseinstufung abhängig.

Gentherapie
ist ein gentechnischer Eingriff in das Erbgut zur Heilung eines Erbleidens. Der Eingriff in Körperzellen wirkt nur auf den behandelten Menschen und ist zulässig. Dagegen überträgt ein Eingriff in das Erbgut der Keimbahnzellen, dh der Zellen, die in eine Zell-Linie von der befruchteten Eizelle (Zygote) bis zu den Ei- oder Samenzellen des aus ihr hervorgegangenen Menschen führen, die dadurch geschaffene Erbinformation auf das Erbgut künftiger Nachkommen (Gentransfer). Diese künstliche Veränderung menschlicher Keimbahnzellen ist verboten und wird durch § 5 EmbryonenschutzG mit Strafe bedroht (→ künstliche Fortpflanzung).

Gentlemen's agreement
Das „gentlemen's agreement" ist kein → Vertrag im Rechtssinne, da die mit diesem zwischen den Parteien getroffenen Absprachen nicht einklagbar sind. Den Parteien eines solchen „Agreement" ist vielmehr bewusst, dass sie sich auf das Wort des Partners und dessen Anstand und seine moralische Verpflichtung, dieses zu halten, verlassen müssen. Im → Kartellrecht kann ein gentlemen's agreement zwischen Unternehmen als → Horizontalvereinbarung oder → abgestimmte Verhaltenswei-

se zu bewerten und gegebenenfalls verboten sein.

Gentransfer
→ Gentherapie, → Gentechnik, → Künstliche Fortpflanzung.

Genussrecht
→ Genussschein.

Genussschein
Ein Genussschein ist ein → Wertpapier – idR eine → Inhaberschuldverschreibung –, in dem ein Genussrecht verbrieft wird, dh ein Recht, das eine → Aktiengesellschaft einer Person einräumt und das sich in einem geldwerten Anspruch erschöpft, während Mitgliedschaftsrechte (zB Stimmrecht) nur durch → Aktien eingeräumt werden können. Meistens besteht es in einem Anteil am Reingewinn. Genussscheine werden zu verschiedenen Zwecken ausgegeben (zB als Belohnung für Angestellte und Vorstandsmitglieder, als Vergütung für Patent- oder Lizenzbenutzung). Voraussetzung ist ein Beschluss der → Hauptversammlung mit qualifizierter Mehrheit (§ 221 AktG).

Genveränderte Lebensmittel
→ Genlebensmittel und -futtermittel.

Geoblocking
1. Unter Geoblocking versteht man Geschäftspraktiken, mit denen ein Unternehmer, der seine Leistung in verschiedenen Staaten anbietet, potentielle Kunden auf Angebote in ihrem Wohnsitzstaat verweist oder verweisen lässt. Kunden werden durch diese Marktabschottung gezwungen, in ihrem Wohnsitzstaat zu bestellen, und somit von günstigeren Angeboten in anderen Staaten ausgeschlossen. Dies geschieht besonders häufig im → elektronischen Geschäftsverkehr, zB bei Hotelangeboten im Internet.

2. Das Europarecht qualifiziert diese Praktiken als privat errichtete Hindernisse für den → Binnenmarkt und bekämpft sie seit 2018 mit der Verordnung (EU) 2018/302 v. 28.2.2018 über Maßnahmen gegen ungerechtfertigtes Geoblocking und andere Formen der Diskriminierung aufgrund der Staatsangehörigkeit, des Wohnsitzes oder des Ortes der Niederlassung des Kunden innerhalb des Binnenmarkts (ABl. EU 2018 L 601, 1). Danach ist es untersagt, Nutzerseiten so zu manipulieren, dass diese gesperrt oder beschränkt werden oder eine automatische Umleitung auf die Seite des Wohnsitzstaats erfolgt, oder einen Vertragsabschluss mit günstigeren AGB oder Zahlungskonditionen eines anderen Landes zu verweigern (Prinzip „shop like a local"). Ausnahmen davon gibt es für territorial begrenzten Urheberrechtschutz, zB bei Fernsehübertragungen.

3. Die Durchsetzung der Geoblocking-Verordnung erfolgt durch nationales Recht, etwa den Ordnungswidrigkeitentatbestand des § 228 VI TKG, mit der → Bundesnetzagentur als Vollzugsbehörde, § 191 TKG. Im Zivilrecht gelten die allgemeinen Regeln zu Verstößen gegen Schutzgesetze (→ unerlaubte Handlung, 2d). Die Geoblocking-Verordnung ist darüber hinaus eine Marktverhaltensregelung nach § 3a UWG (→ unlauterer Wettbewerb 2. b); auch eine analoge Anwendung von § 21 AGG (→ Gleichbehandlung) ist denkbar.

Geodaten
1. Geodaten sind alle Daten mit direktem oder indirektem Bezug zu einem bestimmten Standpunkt oder geografischen Gebiet (§ 3 I G über den Zugang zu digitalen Geodaten (Geodatenzugangsgesetz, GeoZG) v. 10.2.2009 (BGBl. 2009 I 278) mÄnd). Hierzu gehören Koordinaten, Adressen, Landkarten, Stadtpläne, Luftbilder usw. Geodaten sind wirtschaftlich wertvoll und können zB für Navigationssysteme, Wetterbeobachtung und Umweltschutz kommerziell genutzt werden. Einzelheiten enthält das Bundesgeoreferenzdatengesetz (BGeoRG) v. 10.5.2012 (BGBl. 2012 I 1081) mÄnd. Sa → Geologiedaten.

2. Das GeodZG bildet den rechtlichen Rahmen für Zugang und Nutzung von elektronischen Geodaten auf Bundesebene und dient dem Aufbau einer deutschen Geodateninfrastruktur. Mit ihrer Hilfe sollen Geodaten durch Geodatendienste im Internet gesucht und herunter geladen werden können. Grundsätzl. sind Geodaten öffentlich verfügbar (§ 11 GeoZG). Einzelheiten regelt die GeoNutzV v. 19.3.2013 (BGBl. 2013 I 547).

3. Das GeoZG dient der Umsetzung auf Bundesebene der EG-Richtline 2007/2 v. 14.3.2007 (INSPIRE, ABl. EG 2007 L 108, 1), deren Ziel der Aufbau einer europäischen Geodateninfrastruktur ist. Die Umsetzung auf Länderebene erfolgt separat. Viele Länder (zB Bayern, Baden-Württemberg, Nordrhein-Westfalen, Sachsen-Anhalt) haben entsprechende Vorschriften, die idR Geodateninfrastrukturgesetze heißen. Auf dieser Grundlage existieren in den Ländern Geodatenportale.

Geo-Engineering
Geo-Engineering oder „climate engineering" nennt man Versuche, mit technischen Eingriffen in die Umwelt das Klima zu beeinflussen. § 3 V HoheSeeEinbrG (→ Meeresverschmutzung) definiert marines Geo-Engineering als das gezielte Eingreifen in die Meeresumwelt zur Beeinflussung natürlicher Prozesse, das nachteilige Auswirkungen auf die Umwelt oder auf die Gesundheit von Menschen haben kann. Damit ist vor allem die Meeresdüngung gemeint, die angeblich über höhere Algenproduktion zu mehr CO2-Bindung führen soll. Maßnahmen des marinen Geo-Engineering bedürfen nach § 4 HoheSeeEinbrG einer Erlaubnis. Das Erteilungsverfahren und die Öffentlichkeitsbeteiligung regelt die Verordnung zur Beschränkung des marinen Geo-Engineerings (GeoEnBeschrV) v. 15.10.2019 (BGBl. 2019 I 1467), mit der das marine Geo-Engineering eingeschränkt wird.

Geographische Herkunftsangabe
→ geschützte geografische Angabe.

Geologiedaten
Nach der Definition des Geologiedatengesetzes (GeolDG) v. 19.6.2020 (BGBl. 2020 I 1387) handelt es sich hierbei um Daten, die den Zustand der Erdoberfläche, des Erduntergrundes sowie des Grundwassers betreffen. Das GeolDG löst das Lagerstättengesetz ab und gehört zum → Bergrecht iwS. Es regelt die Sammlung von Geologiedaten sowie ihre Sicherung, öffentliche Bereitstellung und Zurverfügungstellung. So müssen geologische Untersuchungen der nach Landesrecht zuständigen Behörde mitgeteilt und ihr danach bestimmte Daten übermittelt werden. Geologiedaten werden insbes. für die Gewinnung von Bodenschätzen, die Bewertung geologischer Risiken, in der Wasserwirtschaft und auch bei der Suche nach einem atomaren → Endlager benötigt. Sie ähneln bzw. ergänzen → Geodaten.

Gepäck
1. Gepäck, das für die gesamte Beförderung in die Obhut des Beförderers übergeben wird und auf das der Reisende dann keinen Zugriff hat, wird Reisegepäck genannt. Handgepäck verbleibt dagegen während der Reise beim Reisenden. Je nach Beförderungsart variieren die Bestimmungen.

2. Zum Transport des Gepäcks per Schiene s. → Reisegepäck, Haftung für und → CIV. Beim Transport auf See ist Gepäck jeder Gegenstand (inklusive Fahrzeug), der aufgrund des → Beförderungsvertrages mit dem Reisenden transportiert wird – ausgenommen lebende Tiere (§ 537 HGB). Für Schäden durch Verlust oder Beschädigung des Gepäcks haftet der Beförderer nach §§ 539, 542 ff. HGB. Sa → Überfahrtsvertrag. Dies gilt entsprechend für die → Binnenschifffahrt nach § 77 BinSchG. Im → Luftfahrtrecht regeln die §§ 44 ff. LuftVG Haftungsfragen zu Reise- und Handgepäck. Sa → Personenbeförderung, → Reisevertrag.

Gepäckschein
→ Legitimationszeichen, Reisegepäck.

Geräte- und Produktsicherheitsrecht
1. a) Durch das Gesetz zur Neuordnung des Geräte- und Produktsicherheitsrechts v. 8.11.2011 (BGBl. 2011 I 2178, ber. BGBl. 2012 I 131), mÄnd, wurde der Umfang dieses Rechtsgebietes erstmals durch den Gesetzgeber umschrieben. Es wurde durch das Produktsicherheitsgesetz v. 27.7.2021 (BGBl. 2021, I 3146) grundlegend geändert. Das ProduktsicherheitsG (ProdSG = Art. 1 des Neuordnungsgesetzes) bildet mit zahlreichen VOen (s. unten 2.) den Kern des Geräte- und Produktsicherheitsrechts. Es gilt subsidiär zu Spezialrecht (§ 1 II, III ProdSG). Das Geräte- und Produktsicherheitsrecht umfasst neben den o. g. Rechtsnormen eine Vielzahl Vorschriften aus anderen Bereichen wie → Baurecht, → Umweltschutz und → Verbraucherschutzrecht.

Durch das Inkrafttreten der EU-Marktüberwachungsverordnung am 16.7.2021 (EU/2019/1020, ABl. EU 2019 L 169, 1) wurden die Bereiche der → Marktüberwachung und der → Anlagensicherheit aus dem ProdSG ausgegliedert und in eigene Gesetze überführt. Das ProdSG ist seitdem auf Regelungen zur Bereitstellung, Ausstellung oder erstmaligen Bereitsstellung von Produkten auf dem Markt beschränkt (§ 1 I ProdSG). Abschnitt 7 (§§ 29–31 ProdSG) zu Informations- und Meldepflichten wurde aufgehoben.

b) Das ProdSG dient weiterhin der Umsetzung zahlreicher EU-Richtlinien (s. Fußnote im Gesetz). Außerdem regelt die VO (EU) 2023/988 v. 10.5.2023 über die allgemeine Produktsicherheit (ABl. EU 2023 L 135, 1) die Sicherheit von Verbraucherprodukten, die in Verkehr gebracht oder auf dem Markt bereitgestellt werden, und ersetzt damit die Richtlinie 2001/95/EG. Hierdurch wird eine erhöhte Harmonisierung des Produktsicherheitsrechts in der EU erreicht.

c) Produkte sind Waren, Stoffe oder Gemische, die durch einen Fertigungsprozess hergestellt wurden (§ 2 Nr. 21 ProdSG). → Verbraucherprodukte sind Produkte, die für Verbraucher bestimmt sind oder vorhersehbar von solchen verwendet werden kann oder ihnen im Rahmen einer Dienstleistung zur Verfügung gestellt werden kann (§ 2 Nr. 25 ProdSG). Im Geltungsbereich des außer Kraft getretenen Geräte- und ProduktsicherheitsG (GPSG) v. 6.1.2004 (BGBl. 2004 I 2) mÄnd waren Produkte entweder → technische Arbeitsmittel o. Verbraucherprodukte. Die Begriffe Gerät oder technisches Arbeitsmittel werden im ProdSG nicht mehr verwendet. Das GPSG hat weiterhin Einfluss, zB durch die VO über → Betriebssicherheit, die noch den Begriff des Arbeitsmittels kennt und diese als Werkzeuge, Maschinen oder Anlagen, die für die Arbeit verwendet werden, sowie überwachungsbedürftige Anlagen definiert (§ 2 I BetrSichV).

2. Ein Produkt darf nur auf dem Markt bereitgestellt o. ausgestellt werden, wenn es die Anforderungen des § 3 ProdSG erfüllt, im Mittelpunkt steht dabei die Konformität mit in Rechtsverordnungen festgelegten technischen Anforderungen sowie die Vermeidung von verwendungsbedingten Risiken und Gefahren. Zur Zeit gibt es 10 VOen zum ProdSG (= ProdSV), die für bestimmte Produkte Sicherheitsanforderungen festlegen, so für → Spielzeug, → Druckgeräte, → Maschinen, → Sportboote ua mehr. Während der Gesetzgeber früher solche Verordnungen mit technischen Anforderungen an Produkte als 1., 2. oder 3. ProdSV durchnummerierte, unterbleibt dies heute. Diese Verordnungen tragen nunmehr eigene Namen, vgl. etwa → Wasserstofftankstelle.

Das ProdSG gilt gem. § 1 II nicht für zB Antiquitäten, bestimmte → Medizinprodukte,

→ Lebensmittel o. → Futtermittel. Wissen Hersteller oder Einführer oder müssten sie wissen, dass ein von ihnen in Verkehr gebrachtes Verbraucherprodukt ein Risiko für die Sicherheit o. Gesundheit darstellt, so haben sie unverzüglich die zuständige Behörde zu informieren (§ 6 IV ProdSG).

3. Das ProdSG schützt ferner die Verwendung der → CE-Kennzeichnung, die sichtbar, lesbar und dauerhaft angebracht sein muss. Nach § 7 II ist es verboten, ein unzulässigerweise mit der CE-Kennzeichnung versehenes Produkt in den Verkehr zu bringen. Verstöße gegen das ProdSG können gem. §§ 39, 40 ProdSG mit Bußgeldern von bis zu 100 000 EUR, Straftaten mit Gefängnis bis zu 1 Jahr oder Geldstrafe geahndet werden.

4. Marktüberwachung: 2021 wurde die → Marktüberwachung EU-weit harmonisiert, ergänzende Regeln finden sich im Gesetz zur Marktüberwachung und zur Sicherstellung der Konformität von Produkten (MüG v. 9.6.2021, BGBl. 2021 I 1723). Die nach Landesrecht zuständigen Behörden (§ 25 I ProdSG) haben das Inverkehrbringen von Produkten usw. zu überwachen und hierfür Marktüberwachungsstrategien zu entwickeln (§ 6 MüG). Sie können bei Gefahr das Inverkehrbringen eines Produktes verbieten, seinen Rückruf anordnen oder andere geeignete Maßnahmen treffen (Art. 14 ff. EU-MarktÜVO; § 7 MÜG). Bei ausländischen Produkten haben sie hierbei die Bestimmungen der VO (EU) 2019/515 v. 19.3.2019 über die gegenseitige Anerkennung von Waren, die in einem anderen Mitgliedstaat rechtmäßig in Verkehr gebracht worden sind (ABl. EU 2019 L 91, 1), zu berücksichtigen.

5. Zivilrechtlich folgen aus einem Verstoß gegen das ProdSG Unterlassungs- und Schadensersatzansprüche eines Wettbewerbers (→ unlauterer Wettbewerb), im Rahmen einer vertraglichen Beziehung Ansprüche aus → Gewährleistung sowie Ansprüche aus → Produkthaftung. Sa → Verbraucherschutzrecht, → Stiftung Warentest.

Gerätesicherheit
→ Geräte- und Produktsicherheitsrecht.

Gerechtigkeit
ist objektiv als Ideal die vollkommene Ordnung im Rahmen des → Rechts. Man unterscheidet schon seit Aristoteles die ausgleichende (kommutative = austauschende) Gerechtigkeit als Prinzip gerechter Regelung der Verhältnisse der Einzelnen untereinander und die austeilende (distributive) Gerechtigkeit als Grundlage der Regelung von Rechten und Pflichten des einzelnen gegenüber der Gemeinschaft (suum cuique distribuere = jedem das Seine zuteilen). Sie ist Richtschnur für jedes staatliche Handeln in Gesetzgebung und Verwaltung; aus ihr resultiert insbes. der Grundsatz der → Gleichheit vor dem Gesetz. Die subjektive Gerechtigkeit ist das dem einzelnen zuteil werdende Recht, also die Verwirklichung der objektiven Gerechtigkeit.

Geregelter Markt
Als geregelten Markt bezeichnete man bis zur Umsetzung der RL → MiFID ein Börsensegment, das weniger strenge Anforderungen als der → amtliche Markt stellte. Beide Börsensegmente gibt es nicht mehr, sie sind im jetzigen → regulierten Markt des BörsG aufgegangen, der im EU-Recht als organisierter Markt bezeichnet wird. Mittlerweile verwendet das EU-Recht für diesen organisierten Markt allerdings auch wieder den Begriff des geregelten Marktes, etwa in der VO (EU) 2017/1129 (→ Prospektpflicht).

Gericht
Gericht ist ein Organ, dem Rechtsprechung obliegt, dh das die Entscheidung darüber trifft, was bei bestimmten konkreten Sachverhalten rechtens ist. Die Gerichte sind idR staatlich; daneben gibt es private Gerichte (→ Schiedsgericht). Die staatlichen Gerichte sind nach den → Gerichtsbarkeiten aufgeteilt (→ Verfassungsgerichtsbarkeit, → ordentliche Gerichtsbarkeit, → Arbeitsgerichtsbarkeit, → Verwaltungsgerichtsbarkeit, → Finanzgerichtsbarkeit, → Sozialgerichtsbarkeit, → Disziplinargerichtsbarkeit, → Ehrengerichtsbarkeit). Bei dem Begriff Gericht unterscheidet man das Gericht als organisierte Behörde (zB → Landgericht, → Amtsgericht, → Verwaltungsgericht) und das Gericht als Spruchkörper (zB → Schwurgericht, → Zivilkammer, → Einzelrichter). Notwendig ist jedes Gericht mit mindestens einem → Richter besetzt; neben → Berufsrichtern werden häufig auch → ehrenamtliche Richter tätig. Zum Aufgabenbereich und zur Organisation der Gerichte s. im folg., insbes. → Gerichtsbarkeit, → Gerichtsverfassung, → gerichtliche Zuständigkeit, → Gerichtsverwaltung sowie den „Überblick über das gesamte Gerichtswesen“ im Anhang.

Gericht der Hauptsache
→ Arrest, → einstweilige Verfügung.

Gericht erster Instanz
war die frühere Bezeichnung des Gerichts des → Europäischen Gerichtshofs (3).

Gerichtliche Beurkundung
→ Form (1c).

Gerichtliche Zuständigkeit
Welches → Gericht im Einzelfall (insbes. in einem Rechtsstreit) die → Gerichtsbarkeit auszuüben hat, bestimmt sich nach folgenden Gesichtspunkten:

1. Sachliche Zuständigkeit. Sie ist → Prozessvoraussetzung; nach ihr bestimmt sich, welches Gericht in erster Instanz den Rechtsstreit seiner Art nach zu erledigen hat. Das ist idR das Amts-, Land-, Arbeits-, Verwaltungs-, Finanz- oder Sozialgericht, nur ausnahmsweise ein höheres Gericht. Die sachliche Zuständigkeit ist in zahlreichen Gesetzen geregelt, vor allem im GVG (§§ 23 ff., 71 GVG), im

ArbGG (§§ 2 ff. ArbGG), in der VwGO (§§ 45, 48, 51, 83 VwGO), in § 35 FGO, § 8 SGG sowie für die Zuständigkeit innerhalb der einzelnen → Rechtswege (→ Verweisung) in §§ 17 ff. GVG.

2. Die → örtliche Zuständigkeit des Gerichts (Gerichtsstand) ist ebenfalls Prozessvoraussetzung. Nach ihr regelt sich, welches sachlich zuständige Gericht wegen seines Sitzes den Rechtsstreit zu erledigen hat. Die örtliche Zuständigkeit wird in erster Linie bestimmt durch die §§ 12 ff. ZPO, §§ 7 ff. StPO, § 52 VwGO, § 38 FGO, § 57 SGG; §§ 2, 122, 376 f. FamFG.

3. Die funktionelle Zuständigkeit bezieht sich darauf, welches Rechtspflegeorgan in ein und demselben Rechtsstreit tätig zu werden hat. Darunter fällt die Zuständigkeit als Rechtsmittelgericht, die sich aus der Überordnung der Gerichte ergibt, auch zB die Zuständigkeit des Prozess-, Insolvenz- oder Vollstreckungsgerichts, die des Richters, Rechtspflegers oder Urkundsbeamten.

4. Die ausschließliche Zuständigkeit bedeutet, dass die Zuständigkeit der Parteivereinbarung entzogen ist (→ Zuständigkeitsvereinbarung). Die funktionelle Zuständigkeit ist immer ausschließlich, die sachliche und örtliche Zuständigkeit nur in nichtvermögensrechtlichen Streitigkeiten (zB → Familiengericht) oder wenn es im Gesetz ausdrücklich bestimmt ist. Beispielsweise ist für Streitigkeiten über Ansprüche aus Miet- oder Pachtverhältnissen über Räume oder über das Bestehen solcher Verhältnisse das Gericht ausschließlich zuständig, in dessen Bezirk sich die Räume befinden (§ 29a I ZPO).

5. Die internationale Zuständigkeit besagt, inwieweit die Gerichte eines Staates dessen Gerichtsbarkeit ausüben und wie diese im Verhältnis zu den Gerichten anderer Staaten begrenzt wird. Sie wird in erster Linie durch Vereinbarung der Parteien, Rechtsakte der EU und internationale Übereinkommen bestimmt; vgl. insbes. im Rahmen der EU die → Brüssel Ia-Verordnung v. 12.12.2012, die → Brüssel IIa/IIb-Verordnung sowie – über den Bereich der EU hinaus – das Übereinkommen vom 30.10.2007 über die gerichtliche Zuständigkeit und Vollstreckung gerichtlicher Entscheidungen in Zivil- und Handelssachen, sog. → Lugano-Übereinkommen. Ansonsten greifen die Regelungen von §§ 12 ff. ZPO in entsprechender Anwendung. Sa → Internationales Zivilverfahrensrecht.

Gerichtsarzt

Für gerichtsmedizinische Untersuchungen, insbes. im → Strafprozess, kann das Gericht oder die Staatsanwaltschaft einen Gerichtsarzt als Sachverständigen heranziehen. Bei der → Leichenöffnung muss nach § 87 StPO einer der beiden Obduzenten ein Gerichtsarzt (oder Angehöriger eines gerichtsmedizinischen/pathologischen Instituts) sein. In Bayern besteht an jedem Oberlandesgericht eine gerichtsärztliche Dienststelle (Art. 5b I Gesundheitsdienst- und Verbraucherschutzgesetz (GDVG) v. 24.7.2003, GVBl. 452, ber. 752, mÄnd).

Gerichtsbarkeit

Gerichtsbarkeit ist die Ausübung der → Rechtspflege, insbes. der → Rechtsprechung. Vielfach wird Gerichtsbarkeit auch iSv → Gerichtshoheit verstanden. Die Gerichtsbarkeit gliedert sich iRd deutschen → Gerichtsverfassung dem Wesen nach in die Verfassungs-, Zivil-, Straf- und Verwaltungsgerichtsbarkeit, nach Gerichtszweigen in die → ordentliche (Justiz-) Gerichtsbarkeit, die → Arbeitsgerichtsbarkeit, die allgemeine → Verwaltungsgerichtsbarkeit, in die → Sozial-, → Finanz-, → Patent-, → Disziplinar-, → Ehren- und → Wehrdienstgerichtsbarkeit. Eine Sonderstellung nimmt die → Verfassungsgerichtsbarkeit ein. Träger der Gerichtsbarkeit ist der Staat; nämlich der Bund für die → Bundesgerichte, die Länder für die übrigen Gerichte. Ausgeübt wird die Gerichtsbarkeit durch die Einzelnen → Gerichte. Der Umfang der Gerichtsbarkeit ist räumlich auf das Staatsgebiet beschränkt. Der Gerichtsbarkeit unterliegt jede Person, die auch der deutschen Staatsgewalt unterworfen ist; also auch alle Ausländer, die sich im deutschen Staatsgebiet aufhalten, soweit sie nicht → exterritorial sind (sa → gerichtliche Zuständigkeit, 5). Zur Gerichtsbarkeit über ausländische Staaten sa → Staatenimmunität; vgl. auch Europ. Übereinkommen vom 16.5.1972 (BGBl. 1990 II 34). Sachlich ist die Gerichtsbarkeit dadurch begrenzt, dass nur diejenigen Angelegenheiten in ihren Aufgabenbereich fallen, für die ein → Rechtsweg offensteht; alle anderen staatlichen Aufgaben sind solche der → Gesetzgebung, der Verwaltung (→ Verwaltung, öffentliche) oder der → Regierung. Auch die → Gerichtsverwaltung gehört nicht zur eigentlichen Gerichtsbarkeit. Sa → Streitige Gerichtsbarkeit, → Freiwillige Gerichtsbarkeit, → Konsulargerichtsbarkeit.

Gerichtsbescheid

→ Verwaltungsstreitverfahren (5), → Finanzgerichtsbarkeit.

Gerichtsdolmetscher

Nach dem am 1.1.2023 in Kraft getretenen Gerichtsdolmetschergesetz v. 10.12.2019 (BGBl. 2019 I 2121 idF des G v. 7.11.2022, BGBl. 2022 I 1982) werden → Dolmetscher, die zur Sprachenübertragung in Gerichtsverhandlungen zuzuziehen sind (zB §§ 185 ff. GVG), nach den Vorschriften des Gerichtsdolmetschergesetzes allgemein beeidigt. Der Gerichtsdolmetscher kann sich in allen Verfahren auf diesen Eid berufen (§ 189 II GVG). Die Möglichkeit der Vereidigung im Einzelfall bleibt daneben bestehen (§ 189 I GVG). Zuständig für die Beeidigung sind die → Oberlandesgerichte (in Berlin das → Kammergericht).

Gerichtsferien

Gerichtsferien in dem Sinne, dass in einer bestimmten Jahreszeit außer in sog. Feriensachen keine Gerichtstermine abgehalten und keine gerichtlichen Entscheidungen erlassen werden sowie prozessuale → Fristen nicht laufen, gibt es nicht mehr. Für die Zeit vom 1. 7.–31. 8. eines Jahres sind jedoch im → Zivilprozess (nicht aber in den anderen Verfahrensarten, § 102 IV VwGO, § 91 IV FGO) auf Antrag Gerichtstermine zu verlegen, sofern das Verfahren nicht besonderer Beschleunigung bedarf (dies zB bei → einstweiliger Verfügung, → Wechselprozess, → Zwangsvollstreckung, § 227 III ZPO).

Gerichtsgewährungsanspruch
→ Justizgewährungsanspruch.

Gerichtsgewalt
ist die → Gerichtshoheit.

Gerichtsherr
ist eine im früheren deutschen Militärstrafrecht zur Zeit des Nationalsozialismus (vgl. MilitärstrafgerichtsO idF vom 29.9.1936, RGBl. 1936 I 751 und KriegsstrafverfahrensO vom 17.8.1938, RGBl. 1939 I 1457) verwendete Bezeichnung, die für das heutige Recht in Deutschland keine Bedeutung hat. Der Gerichtsherr nahm weitgehend die Stellung der Staatsanwaltschaft ein.

Gerichtshilfe
Für ihre Ermittlungen über Umstände, die bei der strafgerichtlichen Entscheidung über die Rechtsfolgen der Tat (→ Strafzumessung, → Strafaussetzung zur Bewährung, ggf. → Maßregeln der Besserung und Sicherung) von Bedeutung sind, kann sich die StA der Gerichtshilfe bedienen (§ 160 III StPO). Gericht und Vollstreckungsbehörde können die Gerichtshilfe bei nachträglichen Entscheidungen über Strafaussetzung, → Verwarnung mit Strafvorbehalt, → Strafaufschub in Anspruch nehmen oder auch um die Anordnung oder Vollstreckung einer → Ersatzfreiheitsstrafe durch Zahlungserleichterungen oder durch freie Arbeit zu fördern (§ 463d StPO). Die Gerichtshilfe ist idR im Geschäftsbereich der → Landesjustizverwaltung eingerichtet, kann aber durch RechtsVO einer Sozialbehörde übertragen werden (Art. 294 EGStGB). Sa → Jugendgerichtshilfe. Die Berichte der Gerichtshilfe dürfen im Hinblick auf den → Unmittelbarkeitsgrundsatz in der → Hauptverhandlung nicht verlesen werden (§ 256 StPO ist nicht anwendbar); ihr Inhalt kann aber mit dem Angeklagten erörtert und ggf. zum Gegenstand einer Beweiserhebung durch Vernehmung von Zeugen usw gemacht werden.

Gerichtshof
ist eine früher allgemein für ein Kollegialgericht übliche Bezeichnung; sie wird heute zB in Deutschland noch verwendet für → oberste Gerichtshöfe (Art. 95 GG; BGH, BFH) und die Verfassungs- und Verwaltungsgerichtshöfe der Länder, ferner für die supranationalen Gerichtshöfe der Europäischen Gemeinschaften und des Europarats sowie den → Internationalen Gerichtshof.

Gerichtshoheit
(Justizhoheit) ist das auf staatlicher Machtbefugnis beruhende Recht, die → Gerichtsbarkeit auszuüben.

Gerichtskosten
1. Gerichtskosten sind die Gerichtsgebühren und Auslagen, die in einem gerichtlichen Verfahren anfallen. Sie werden auf Grund eingehender gesetzlicher Vorschriften erhoben, und zwar insbes. für den → Zivilprozess nach dem Gerichtskostengesetz (GKG) idF v. 5.5.2004 (BGBl. 2004 I 718, mÄnd) mit Anlage 1 hierzu (Kostenverzeichnis), für das Verfahren der allgemeinen → freiwilligen Gerichtsbarkeit nach dem Gesetz über Kosten der freiwilligen Gerichtsbarkeit für Gerichte und Notare (Gerichts- und Notarkostengesetz – GNotKG) vom 23.7.2013 (BGBl. 2013 I 2586, mÄnd) sowie für → Familiensachen nach dem Gesetz über Gerichtskosten in Familiensachen (FamGKG) v. 17.12.2008 (BGBl. 2008 I 2586, 2666, mÄnd). Diese Kosten sind im Gegensatz zu den außergerichtlichen Kosten (insbes. den Gebühren der → Rechtsanwälte) an den Staat zu entrichten. In bürgerlichen Rechtsstreitigkeiten ist im Regelfall bei Einreichung der Klage (Vorschusspflicht, → Gerichtskostenvorschuss) oder eines Rechtsmittels eine pauschale Verfahrensgebühr zu entrichten (die sich zB bei späterer → Klagerücknahme oder → Prozessvergleich nachträglich ermäßigt). Eine Vorschusspflicht besteht auch in verschiedenen anderen Verfahren, zB in → Ehesachen oder sog. Familienstreitsachen (→ Familiensachen). Die Gebühr bestimmt sich grds. nach dem Wert des → Streitgegenstandes bzw. nach dem → Geschäftswert (Wertgebühr; § 34 GKG und Anlage 2 hierzu); in bestimmten Fällen (zB in → Kindschaftssachen) sind aber auch Festgebühren vorgesehen. Gerichtskosten sind auch die Kosten der → Zwangsvollstreckung (§ 788 ZPO). Zu den gerichtlichen Auslagen gehören zB Schreib-, Post- und Telekommunikationsentgelt und Beträge, die an Zeugen und Sachverständige bezahlt werden. Beispiele über Prozesskosten s. Anhang L; zum Ansatz der Gerichtskosten → Kostenschuld. Unter Umständen kann → Prozesskostenhilfe gewährt werden. Staatliche Parteien sind von der Kostenpflicht befreit.

2. In Strafsachen ist nur eine Gebühr vorgesehen, die sich nach der Höhe der erkannten Strafe richtet (§ 3 II GKG iVm Kostenverzeichnis Teil 3 Vorbemerkung 3.1). Zu den Kosten des Strafverfahrens zählen auch die im → Ermittlungsverfahren der StA entstandenen einschl. der Auslagen der Polizei bei Ausführung von Ersuchen der StA und bei ihrer Tätigkeit als deren Ermittlungspersonen sowie bei eigenen Ermittlungen nach § 163 StPO. Auch die Kosten der Vollstreckung des Strafurteils gehören zu den Gerichtskosten (§ 464a I StPO); jedoch werden Haftkosten nicht erhoben, wenn der Gefangene die ihm zugewiesene Arbeit verrichtet oder wenn er ohne sein

Verschulden nicht arbeiten kann (Arbeitsmangel, Krankheit). Sa → Kostenpflicht und Anhang XIV. S. ferner → Niederschlagung von Gerichtskosten.

3. Für den Bereich der → Arbeitsgerichtsbarkeit, der → Verwaltungsgerichtsbarkeit und der → Finanzgerichtsbarkeit gilt gleichfalls das GKG. In der → Sozialgerichtsbarkeit haben idR nur die beteiligten Körperschaften und Anstalten des öffentlichen Rechts zu den Gerichtskosten durch Pauschgebühren beizutragen. Die Höhe der Pauschgebühren richtet sich nicht nach § 184 SGG und ist immer fällig, sobald die Streitsache rechtshängig geworden ist. Auf den Ausgang des Rechtsstreits kommt es hierbei nicht an. Für natürliche Personen besteht vor den Gerichten der Sozialgerichtsbarkeit Kostenfreiheit (§ 184 Abs. 3 SGG iVm § 2 GKG). Natürliche Personen können nur zur Kostentragung herangezogen werden, wenn sie als → Beteiligte Kosten durch Mutwillen, Verschleppung oder Irreführung verursacht haben (§§ 183, 184, 192 SGG). Über eine Änderung der Kostenfreiheit für sog. „Vielkläger", dh Personen, die eine Vielzahl von – im Regelfall aussichtslosen – Prozessen führen und dadurch übermäßig die Sozialgerichtsbarkeit belasten, wird seit Längerem diskutiert. Die Entscheidung über Kosten nach § 192 SGG wird durch eine Rücknahme der Klage nicht aufgehoben. Hat die beklagte Behörde im Verwaltungsverfahren erkennbare und notwendige Ermittlungen nicht durchgeführt, können ihr die Kosten auferlegt werden, die durch die so erforderlichen gerichtlichen Ermittlungen entstanden sind.

Gerichtskostenvorschuss
In verschiedenen gerichtlichen Verfahren wird die Tätigkeit des Gerichts von einem Gerichtskostenvorschuss abhängig gemacht, insbes. in → bürgerlichen Rechtsstreitigkeiten, in Strafsachen bei → Privatklage, in der → freiwilligen Gerichtsbarkeit in Antragssachen, zB Grundbuchsachen (§§ 10 ff. GKG, § 13 GNotKG). Bei Erhebung einer Klage soll vor Einzahlung der Verfahrensgebühr (→ Gerichtskosten) und der Auslagen die Klage nicht zugestellt werden (§ 12 GKG).

Gerichtsnotorische (gerichtskundige) Tatsache
→ notorische Tatsache.

Gerichtsorganisation
→ Gerichtsverfassung.

Gerichtsreferendar
→ Referendar.

Gerichtssprache
Gerichtssprache ist vor deutschen Gerichten ausschließlich deutsch (§ 184 GVG). In Ausnahme hierzu können die → Sorben in ihren Heimatkreisen vor Gericht sorbisch sprechen. Bei hör- und sprachbehinderten Personen sowie bei solchen, die der deutschen Sprache nicht mächtig sind, ist regelmäßig ein → Dolmetscher zuzuziehen (§§ 185–191 GVG). Im Rahmen von Modernisierungsbemühungen und um international attraktiv zu werden, ist, sofern die Parteien zustimmen, ein Verhandeln in englischer Sprache zulässig (→ Commercial Court).

Gerichtsstand
Darunter wird in der Regel die → örtliche Zuständigkeit der Gerichte verstanden; gelegentlich ist aber auch die sachliche Zuständigkeit eingeschlossen (→ gerichtliche Zuständigkeit).

Gerichtsstandsklausel
→ Allgemeine Geschäftsbedingungen, → Zuständigkeitsvereinbarung.

Gerichtsstandsvereinbarung
→ Zuständigkeitsvereinbarung; s. a. → Leistungsort.

Gerichtstag
Gerichtstag ist der bei einem Gericht als Terminstag für die Verhandlung bestimmter Rechtsstreitigkeiten jeweils festgesetzte Tag. Die Abhaltung auswärtiger Gerichtstage außerhalb des Sitzes des Gerichts regelt die → Gerichtsverwaltung.

Gerichtsverfassung
Unter diesem Begriff versteht man den Aufbau, die Funktion, die inneren Strukturen und die Zuständigkeit der → Gerichte und sonstigen Behörden aller → Gerichtsbarkeiten (also die Verfassungs-, Zivil-, Straf- und Verwaltungsgerichtsbarkeit) einschl. der in ihrem Rahmen tätig werdenden Rechtspflegeorgane (zB Richter, Staatsanwälte, Rechtsanwälte, Rechtspfleger). Das Gerichtsverfassungsrecht gehört teilweise zum allgemeinen Verfassungsrecht (→ Verfassung); zugleich bildet es die Grundlage des Prozessrechts. Es ist im Wesentlichen durch Bundesgesetze geregelt, in untergeordnetem Maße auch durch Landesrecht. In erster Linie gilt das GG (insbes. Art. 92–104 GG), in seinem ganzen Inhalt das Gerichtsverfassungsgesetz (GVG) idF v. 9.5.1975 (BGBl. 1975 I 1077) mÄnd, das DRiG, das RPflG, weiter Teile der Verfahrensordnungen ZPO, StPO, BVerfGG, FamFG, VwGO, ArbGG, FGO und SGG, ferner die BRAO. In zahlreichen anderen Gesetzen finden sich Einzelvorschriften über die Gerichtsverfassung, beispielsweise in den Ausführungsgesetzen der Länder zum GVG.

Gerichtsverwaltung
ist die behördliche Tätigkeit, die als Teil der allgemeinen Verwaltung (→ Verwaltung, öffentliche) folgende Aufgaben umfasst: Gerichte einzurichten, mit dem erforderlichen Personal zu besetzen und den Sachbedarf (zB Gebäude, Bibliotheken) zu beschaffen; die → Dienstaufsicht über die Rechtspflegeorgane auszuüben; bestimmte nichtrichterliche Entscheidungen zu treffen (zB → Justizverwaltungsakte). Für den Bereich der → ordentli-

chen Gerichtsbarkeit wird die Gerichtsverwaltung → Justizverwaltung genannt. Für die → Arbeits-, → Verwaltungs-, → Finanz-, → Sozial- und → Wehrdienstgerichtsbarkeit obliegt die Gerichtsverwaltung dem zuständ. Ressortminister (vgl. §§ 15, 34 ArbGG) oder dem Justizminister (→ Rechtspflegeministerium).

Gerichtsvollzieher
Der Gerichtsvollzieher ist ein → Beamter (des mittleren Dienstes), der mit den Zustellungen, Ladungen und Vollstreckungen betraut wird (§ 154 GVG). Die wichtigste Aufgabe des Gerichtsvollziehers ist die → Zwangsvollstreckung, soweit dafür nicht das → Vollstreckungsgericht zuständig ist (§ 753 ZPO). Der Gerichtsvollzieher soll in jeder Lage des Zwangsvollstreckungsverfahrens auf eine gütliche und zügige Erledigung hinwirken und kann zB im Einverständnis des Gläubigers mit dem Schuldner Teilzahlungen (Raten) oder einen Vollstreckungsaufschub vereinbaren (§ 802b ZPO). Der Gerichtsvollzieher darf auf der Grundlage eines → Vollstreckungsauftrags den Wohnsitz des Schuldners bei den Meldeämtern ermitteln und bei Dritten, wie den Trägern der → gesetzlichen Rentenversicherung, dem Bundeszentralamt für Steuern und dem → Kraftfahrt-Bundesamt, Auskünfte über das Vermögen des Schuldners einholen (§ 802a II Nr. 3 ZPO, § 802l ZPO). Zu seinen Aufgaben gehört ferner die Aufforderung an den Schuldner, eine → Vermögensauskunft (§ 802c ZPO) abzugeben und die Erstellung des → Vermögensverzeichnisses (§ 802 f ZPO) Des Weiteren obliegt ihm in Mietstreitigkeiten die Durchführung der Zwangsräumung (§ 885 ZPO). Daneben führt der Gerichtsvollzieher → Zustellungen im Parteibetrieb durch (§ 192 ZPO), bedient sich aber hierbei meistens der Post (§ 194 ZPO). Vom übrigen Aufgabenbereich ist die Aufnahme von → Scheck- und → Wechselprotesten zu nennen (Art. 79 I WechselG, Art. 55 III ScheckG). Der Gerichtsvollzieher kann wie ein Richter von der Ausübung seines Amtes ausgeschlossen sein (→ Ausschließung, § 155 GVG). Bei der Durchführung seiner Dienstgeschäfte ist der Gerichtsvollzieher an die bundeseinheitliche Geschäftsanweisung für Gerichtsvollzieher (GVGA) gebunden; bei schuldhaftem Verstoß liegt eine Amtspflichtverletzung vor (→ Staatshaftung). Die Dienst- und Geschäftsverhältnisse des Gerichtsvollziehers sind durch die landesrechtlichen Gerichtsvollzieherordnungen (GVO) geregelt. Er ist idR selbständiger Beamter mit eigenem Bezirk, erhält neben festen Bezügen eine Vergütung und untersteht der Dienstaufsicht des Gerichts. Die für seine Tätigkeit anfallenden Gerichtsvollzieherkosten richten sich nach dem Gerichtsvollzieherkostengesetz – GVKostG (G. v. 19.4.2001, BGBl. 2001 I 623) mÄnd.

Geringfügige Beschäftigung
liegt vor, wenn das → Arbeitsentgelt regelmäßig im Monat 450 EUR nicht übersteigt. Eine Erhöhung auf 520 EUR ist für den 1.10.2022 bekannt gemacht. Ab diesem Zeitpunkt liegt Geringfügigkeit dann vor, wenn das Arbeitsentgelt aus der Beschäftigung die Geringfügigkeitsgrenze nicht übersteigt. Nach dem ab 1.10.2022 gültigen Wortlaut des § 8 Ia SGB IV wird die Geringfügigkeit nicht mehr starr definiert, sondern an den Mindestlohn gekoppelt (Gesetz zur Erhöhung des Schutzes durch den gesetzlichen Mindestlohn und zu Änderungen im Bereich der geringfügigen Beschäftigung vom 28.6.2022; BGBl. I S. 969). Die Geringfügigkeitsgrenze bezeichnet dann das monatliche Arbeitsentgelt, das bei einer Arbeitszeit von zehn Wochenstunden zum Mindestlohn nach § 1 II 1 MiLOG in Verbindung mit der auf der Grundlage des § 11 I 1 MiLOG jeweils erlassenen Verordnung erzielt wird. Sie wird berechnet, indem der Mindestlohn mit 130 vervielfacht, durch drei geteilt und auf volle Euro aufgerundet wird, so dass sich ab dem 1.1.2024 eine Geringsfügigkeitsgrenze von 538 EUR ergibt. Die Erhöhung des Mindestlohns zum 1.1.2025 (12,82 EUR) bewirkt eine Erhöhung der Geringfügigkeitsgrenze auf 556 EUR. Die Geringfügigkeitsgrenze wird jährlich vom BMAS bekannt gegeben.

1. Wer als Arbeitnehmer nur eine geringfügige Beschäftigung ausübt,

a) ist in der gesetzlichen → Krankenversicherung versicherungsfrei (→ Versicherungsfreiheit), wenn das → Arbeitsentgelt regelmäßig im Monat 538 EUR (556 EUR im Jahr 2025) nicht übersteigt (Übergangsregelungen vorhanden); ferner wenn die Beschäftigung innerhalb eines Jahres auf längstens 3 Monate oder 70 Arbeitstage nach ihrer Eigenart begrenzt zu sein pflegt oder im Voraus begrenzt ist, es sei denn, dass die Beschäftigung berufsmäßig ausgeübt wird und ihr Entgelt 556 EUR im Monat übersteigt. Gleiches gilt für geringfügige selbstständige Tätigkeiten. Mehrere geringfügige Beschäftigungen oder Tätigkeiten sind zusammenzurechnen (§ 8 II SGB IV, § 7 SGB V). Wird dabei die 556-Euro-Grenze überschritten, so liegt insgesamt keine geringfügige Beschäftigung vor. Grds. sind auch nicht geringfügige Hauptbeschäftigungen zu berücksichtigen. Allerdings kann eine geringfügige Beschäftigung – mit pauschalen Arbeitgeberbeiträgen zur Renten- und ggf. Krankenversicherung – versicherungsfrei neben einer versicherungspflichtigen Hauptbeschäftigung ausgeübt werden, wenn die geringfügige Nebenbeschäftigung für sich genommen die 556 EUR Entgeltsgrenze pro Monat nicht überschreitet.

b) In der → Arbeitslosenversicherung (→ Arbeitsförderung) besteht bis zu den genannten Grenzen ebenfalls Versicherungsfreiheit, wobei jedoch zu beachten ist, dass mehrere geringfügige Beschäftigungen nicht zusammengerechnet werden (§ 27 SGB III).

c) In der gesetzlichen → Rentenversicherung besteht für Personen, die nur eine geringfügige Beschäftigung ausüben, grds. ebenfalls Versicherungspflicht. Der Arbeitgeber ist dennoch verpflichtet, auch für jene Beschäftigten, deren monatliches Entgelt 538 EUR nicht übersteigt, Rentenversicherungsbeiträge zu entrichten. Es besteht die Möglichkeit der Versicherungsbefreiung auf Antrag nach § 6 Ib SGB VI.

2. Der Arbeitgeber geringfügig Beschäftigter muss pauschal Sozialversicherungsabgaben und eine geringe Steuer entrichten. Der Arbeitgeber für geringfügig Beschäftigte hat Pauschalabgaben iHv 30 vH des Arbeitsentgelts zu entrichten, und zwar 15 vH zur Rentenversicherung (§ 168 I Nr. 1b SGB VI, den Rest zum vollen Rentenversicherungsbeiträg trägt der Beschäftigte, soweit er nicht Rentenversicherungsfreihiet beantragt hat), 13 vH zur Krankenversicherung (§ 249b S. 1 SGB V) und 2 vH als einheitliche Pauschsteuer einschl. Kirchensteuer und Solidaritätszuschlag (§ 40a II EStG).

3. In der sog. Gleitzone (Arbeitsentgelt von regelmäßig mehr als 556 EUR und höchstens 2000 EUR unterliegt die Beschäftigung der Sozialversicherungspflicht. Eine Pauschbesteuerung mit 2 vH ist nicht zulässig.

4. Daneben besteht die Möglichkeit des Arbeitgebers, bei kurzfristig beschäftigten Aushilfskräften (§ 40a I EStG) und bei Aushilfskräften in der Land- und Forstwirtschaft (§ 40a III EStG) unter Verzicht auf die Vorlage einer Lohnsteuerkarte die Lohnsteuer mit einem Pauschsteuersatz von 25 vH (zzgl. Solidaritätszuschlag und pauschale Kirchensteuer) zu erheben. Sofern der Arbeitgeber keine pauschalen Sozialversicherungsbeiträge, sondern den Regelbeitrag für den geringfügig Beschäftigten zu entrichten hat, kann er den Arbeitslohn mit 20 vH Lohnsteuer (zzgl. Solidaritätszuschlag und pauschale Kirchensteuer) pauschalieren. Ansonsten muss das Arbeitsentgelt individuell mit Lohnsteuerkarte besteuert werden.

5. Bei einer geringfügigen Beschäftigung in Privathaushalten, dh die Beschäftigung ist durch einen privaten Haushalt begründet und die Tätigkeit wird sonst gewöhnlich durch Mitglieder des privaten Haushalts erledigt, betragen die Pauschalabgaben 13,3 vH des Arbeitsentgelts (je 5 vH für Renten- und Krankenversicherung, den Rest zum vollen Rentenversicherungsbeiträg trägt der Beschäftigte, soweit er nicht Rentenversicherungsfreihiet beantragt hat, 2 vH für Steuern und 1,3 vH für Lohnfortzahlungsversicherung) → hauswirtschaftliche Beschäftigungsverhältnisse.

6. Verfahren: Die Sozialversicherungsbeiträge und die einheitliche Pauschsteuer sind an die Minijob-Zentrale bei der → Deutschen Rentenversicherung Knappschaft-Bahn-See abzuführen (§ 28i S. 5 SGB IV, § 40a VI EStG). Die Bestimmungen über die Lohnsteuerpflicht und die Pauschalsteuer sind erstmals anzuwenden auf Arbeitsentgelt, das für einen nach dem 31.3.2003 endenden Lohnzahlungszeitraum gezahlt wird (§ 52b EStG). Für geringfügige Beschäftigung in Privathaushalten gilt bei der Anmeldung ein vereinfachtes Haushaltsscheckverfahren.

7. Eine zeitgeringfügige Beschäftigung liegt vor, wenn die Beschäftigung innerhalb eines Kalenderjahres im Voraus auf 3 Monate oder 70 Arbeitstage oder auf Grund ihrer Eigenart beschränkt ist (Definiton iSv § 8 SGB IV). Üblicherweise handelt es sich bei diesem Personenkreis um Saisonarbeitskräfte in der Landwirtschaft.

Geringfügige Forderungen
ist strafrechtlich ein zunächst vorwiegend im Verfahrensrecht verwendeter Begriff. So ist zB die Einstellung des Strafverfahrens wegen G. für das allgemeine Strafverfahren in §§ 153, 153a StPO, für das Jugendstrafverfahren in §§ 45, 47 JGG, für das Privatklageverfahren in § 383 II StPO geregelt; für das Bußgeldverfahren vgl. §§ 47, 56 OWiG (im Einzelnen → Bagatellstrafsachen, → Opportunitätsprinzip).

Im materiellen Recht findet sich der Begriff im Bereich des Privatrechts nur vereinzelt; häufiger wird er im Strafrecht verwendet, so in §§ 248a, 257 IV 2 StGB, § 259 II StGB, § 265a III StGB, § 266 III StGB zur Einschränkung der Verfolgung geringfügiger Rechtsverletzungen, in § 326 VI StGB zum Ausschluss der Strafbarkeit (s. a. § 184h Nr. 1 StGB), zum Ausschluss von Straferhöhungsgründen in § 243 II StGB, zur Strafmilderung in § 174 V StGB.

Bei dem europäischen Verfahren für geringfügige Forderungen (VO (EG) Nr. 861/2007 vom 11.7.2007, mÄnd) handelt es sich um ein vereinfachtes Verfahren zur Geltendmachung von Ansprüchen in Zivil- und Handelssachen innerhalb der EU. Mindestens eine der Parteien muss dafür ihren Wohnsitz oder gewöhnlichen Aufenthalt in einem anderen Mitgliedstaat als dem des angerufenen Gerichts haben. Zudem darf der Streitwert 2.000 Euro nicht überschreiten. S. a. → internationales Prozessrecht.

Geringfügigkeit
ist strafrechtlich ein zunächst vorwiegend im Verfahrensrecht verwendeter Begriff. So ist zB die Einstellung des Strafverfahrens wegen Geringfügigkeit für das allgemeine Strafverfahren in §§ 153, 153a StPO, für das Jugendstrafverfahren in §§ 45, 47 JGG, für das Privatklageverfahren in § 383 II StPO geregelt; für das Bußgeldverfahren vgl. §§ 47, 56 OWiG (im Einzelnen → Bagatellstrafsachen, → Opportunitätsprinzip).

Im materiellen Recht findet sich der Begriff im Bereich des Privatrechts nur vereinzelt; häufiger wird er bzw. der Begriff „gering" im Strafrecht verwendet, so in § 248a StGB, auf den die § 257 IV 2 StGB, § 259 II StGB, § 265a III StGB, § 266 III StGB verweisen, zur Einschränkung der Verfolgung geringfügiger Rechtsverletzungen, in § 326 VI StGB zum Ausschluss der Strafbarkeit (sa § 184h Nr. 1 StGB: „erheblich“), zum Ausschluss von Straferhöhungsgründen in § 243 II StGB, zur Strafmilderung in § 174 V StGB.

Geringstes Gebot
Das geringste Gebot ist in der → Zwangsversteigerung ein Gebot, das mindestens die Kosten der Zwangsversteigerung und die dem betreibenden Gläubiger im Rang vorgehenden Rechte deckt. Nur solche Gebote, die diesen Betrag decken, werden in der Versteigerung zugelassen (§ 44 ZVG). Dadurch wird verhindert, dass solche Berechtigte, die einen besseren Rang einnehmen als der betreibende Gläubiger, ihr Recht am Grundstück verlieren, da die nicht ins geringste Gebot fallenden Rechte mit dem Zuschlag grundsätzlich erlöschen (§ 91 ZVG). Das geringste Gebot wird mit den Versteigerungsbedingungen im Versteigerungstermin festgestellt.

Geringwertige Wirtschaftsgüter (GWG)
1. sind abnutzbare bewegliche → Wirtschaftsgüter des → Anlagevermögens, die einer selbständigen Nutzung fähig sind und deren → Anschaffungs- oder Herstellungskosten netto, dh vermindert um einen darin enthaltenen Vorsteuerbetrag, 800 EUR (für nach dem 31.12.2017 beschaffte Wirtschaftsgüter; davor: 410 EUR) nicht übersteigen. Es bestehen zwei unterschiedliche Verfahren der Abschreibung:
- Wirtschaftsgüter mit einem Wert bis 250 EUR (bei bis zum 31.12.2017 angeschafften Wirtschaftsgütern: bis 150 EUR): Anschaffungs-/Herstellungskosten sind im Jahr der Anschaffung/Herstellung in voller Höhe als Betriebsausgabe anzusetzen oder über die betriebsgewöhnliche Nutzungsdauer abzuschreiben. Für die Jahre 2008 und 2009 galt die Pflicht zur Sofortabschreibung.
- Wirtschaftsgüter mit einem Wert von mehr als 250 EUR bis 800 EUR (bei bis zum 31.12.2017 angeschafften Wirtschaftsgütern: von mehr als 150 EUR bis 410 EUR): Wahlrecht des Unternehmers. Sofortabschreibung im Jahr der Anschaffung/Herstellung oder Aufnahme in einen → Sammelposten.
- Wirtschaftsgüter mit einem Wert von mehr als 250 bis 1.000 EUR: optionale Bildung eines → Sammelpostens und Verteilung über fünf Jahre.

Wird das Wahlrecht zum Sofortabzug geltend gemacht, so muss dies im Jahr der Anschaffung/Herstellung erfolgen. Eine Nachholung in späteren Veranlagungszeiträumen ist unzulässig. Weiter sind besondere Aufzeichnungspflichten zu beachten (§ 6 II 4 EStG). Für den Zeitraum ab 1.1.2010 ist bei Wirtschaftsgütern, deren Anschaffungs- oder Herstellungskosten mehr als 250 EUR (bis VZ 2017: 150 EUR) betragen, ein besonderes laufend zu führendes Verzeichnis (Tag der Anschaffung/Herstellung/Einlage, Angabe der Kosten bzw. des Einlagewertes) anzulegen, es sei denn die Angaben ergeben sich bereits aus der Buchführung.

2. Anschaffungskosten für Arbeitsmittel können bis 800 EUR (bis VZ 2017: 410 EUR) (Nettowert) im Jahr der Anschaffung in voller Höhe als → Werbungskosten geltend gemacht werden.

Gerontokratie
Gerontokratie (griech.), Herrschaft der Alten, wird eine Staatsform genannt, in der die Regierungsgewalt in den Händen eines Rates der Ältesten oder eines ähnlichen Gremiums liegt. Eine Gernotokratie bestand im Altertum zB in Sparta. In abgewandelter Form findet sie sich noch im Bereich religiöser Gemeinschaften (→ Presbyterium). Im Gegensatz zu dem auf eine staatliche Ordnung bezogenen Begriff der Gerontokratie wird als Patriarchat ein im Verband der Sippe oder des Stammes geltendes Herrschaftsrecht des Vaters bezeichnet, der innerhalb des Verbandes einzelne sonst der Obrigkeit zukommende Funktionen wahrnimmt; im germanischen Recht bestand das Patriarchat in Form der → Munt. Das Gegenstück ist das Matriarchat, in dem die Herrschaft der Mutter zusteht; es ist im germanischen Recht nicht nachweisbar, hat aber möglicherweise in der vorindogermanischen Zeit bestanden und soll sich noch bei einzelnen Naturvölkern erhalten haben. Beim Patriarchat und Matriarchat handelt es sich um lokale Formen oder Vorstufen einer echten staatlichen Ordnung. Beim Patriarchat besteht Vaterrecht, beim Matriarchat Mutterrecht, nach dem sich Name, Erbrecht usw bestimmen.

Gesamtakt
→ Rechtsgeschäft (2a), → Verein (1).

Gesamtausgabe
Hat der Verfasser eines Werks der Literatur oder Tonkunst einem Verleger das → Verlagsrecht übertragen, so kann er gleichwohl das Werk 20 Jahre nach dessen Erscheinen für eine Gesamtausgabe (§ 2 Abs. 3 VerlG) vervielfältigen und verbreiten lassen, die nur seine Werke enthält und ein abgerundetes Bild seines Schaffens vermitteln soll.

Gesamtausgebot
→ Ausgebot.

Gesamtbetrag der Einkünfte
→ Einkommensteuer (4).

Gesamtbetriebsrat
→ Betriebsrat.

Gesamterbfolge
→ Sondererbfolge.

Gesamtgläubigerschaft
Das BGB kennt verschiedene Formen der Mehrheit von → Gläubigern. Bei der Gesamtgläubigerschaft kann jeder Gläubiger die gesamte Leistung fordern, § 428 S. 1 BGB; der → Schuldner kann aber nach seinem Belieben an jeden Gläubiger leisten, auch an einen an-

deren als den, der die Leistung (klageweise) verlangt, § 428 S. 2 BGB. Der Ausgleich zwischen den Gläubigern erfolgt im Innenverhältnis, im Zweifel erhalten sie gleiche Anteile, § 430 BGB. Die Gesamtgäubigerschaft hat keine große praktische Bedeutung (zB aber → Oderkonto von Ehegatten). Ihr Gegenstück ist die → Gesamtschuld. Eine Teilgläubigerschaft besteht gem. § 420 BGB im Zweifel, wenn mehrere eine teilbare Leistung zu fordern haben; jeder Gläubiger ist dann nur zu einem entsprechenden Anteil berechtigt. Die Forderung jedes Gläubigers ist rechtlich selbständig. Teilbar sind idR nur Leistungen von Geld und anderen vertretbaren Sachen, da vielfach wegen des Rechtsverhältnisses zwischen den Gläubigern oft eine gemeinsame Empfangszuständigkeit besteht und damit von Unteilbarkeit auszugehen ist (dann Mitgläubigerschaft). Auch die Teilgläubigerschaft ist selten. Das Gegenstück ist die Teilschuld. Im Gesetz nicht ausdrücklich so benannt ist die Mitgläubigerschaft: Sie ist anzunehmen, wenn eine (unteilbare) Forderung mehreren Gläubigern in der Weise zusteht, dass Leistung nur an alle verlangt werden und der Schuldner nur an alle leisten kann, § 432 BGB. Jeder einzelne Gläubiger kann die Erbringung der Leistung verlangen (aber nur an alle gemeinsam bzw. Hinterlegung oder Verwahrung); ein wichtiger Anwendungsfall ist die Bruchteilsgemeinschaft nach §§ 741 ff. BGB, soweit die Einziehung von Forderungen zur gemeinschaftlichen Verwaltung gehört. Die Mitgläubigerschaft ist der wichtigste Fall der Mehrheit von Gläubigern. Besonderheiten gelten für die Forderung einer → Gesamthandsgemeinschaft (Gesamthandsforderung: Leistung nur an die Gemeinschaft), sie ist eine Gläubigermehrheit eigener Art. Entsprechendes gilt für die → Erbengemeinschaft (§ 2039).

Gesamtgrundschuld
→ Gesamthypothek.

Gesamtgut
→ Gütergemeinschaft.

Gesamtgutsverbindlichkeiten
→ Gütergemeinschaft.

Gesamthafenbetrieb
Durch Tarifvertrag und Entscheidung der Behörde kann gem. dem Gesetz über die Schaffung eines besonderen Arbeitgebers für Hafenarbeiter v. 3.8.1950 (BGBl. 1950 I 352 (HafenAGG), mÄnd) ein Gesamthafenbetrieb geschaffen werden, dem alle im Hafen beschäftigten Hafenarbeiter angehören. Es handelt sich um eine steuerrechtlich privilegierte (zB § 5 I KStG (VZ 2015)) gemeinsame Einrichtung der Tarifvertragsparteien (ua § 4 II TVG), die zu ihrer rechtlichen Handlungsfähigkeit meist ein als GmbH oder Verein ausgestaltetes Organ hat. Der Gesamthafenbetrieb wird nicht erwerbswirtschaftlich tätig. Mit dem Gesamthafenbetrieb wird bezweckt, für nur kurzfristig beschäftigte Arbeitnehmer (Tagelöhner) ein verstetigtes Arbeitsverhältnis zu schaffen, weshalb in gewissem Maße ein Zwang zur Beschäftigung der Arbeitnehmer des Gesamthafenbetriebs für die Hafenbetriebe bestehen kann (§ 1 II HafenAGG). Der Gesamthafenbetrieb ist der einzige gesetzlich geregelte Fall des unternehmensübergreifenden Kündigungsschutzes und ein spezieller Fall des → Leiharbeitsverhältnisses. In einigen norddeutschen Hafenstädten (zB Bremen und Hamburg) bestehen noch Gesamthafenbetriebe.

Gesamthandsberechtigung
→ Gesamthandsgemeinschaft.

Gesamthandseigentum
→ Gesamthandsgemeinschaft.

Gesamthandsforderung
→ Gesamthandsgemeinschaft.

Gesamthandsgemeinschaft
Das BGB kennt als Vermögensgemeinschaften außer der → juristischen Person (mit eigener Rechtspersönlichkeit) noch die → Gemeinschaft nach Bruchteilen und die Gemeinschaft zur gesamten Hand. Eine Gesamthandsgemeinschaft lag nach der Konzeption des BGB bei der → Gesellschaft des bürgerlichen Rechts (§ 705 BGB, deshalb kraft Verweisung auch bei der → offenen Handelsgesellschaft und bei der → Kommanditgesellschaft, § 105 III HGB, § 161 II HGB) vor. Mit dem Gesetz zur Modernisierung des Personengesellschaftsrechts wurde der Charakter der Gesellschaft bürgerlichen Rechts als selbstständige Trägerin von Rechten und Pflichten weiter gestärkt, so dass sie nicht mehr als Gesamthandsgemeinschaft angesehen werden kann (str., siehe → Gesellschaft des bürgerlichen Rechts).

Eine Gesamthandsgemeinschaft besteht beim ehelichen Güterstand der → Gütergemeinschaft und der → fortgesetzten Gütergemeinschaft (§§ 1416 ff. BGB, §§ 1485 ff. BGB) sowie bei der ungeteilten → Erbengemeinschaft (§§ 2033 f. BGB).

Das Wesen der Gesamthandsgemeinschaft besteht darin, dass Rechte und Verbindlichkeiten den Gesamthändern in dieser Eigenschaft jeweils in vollem Umfang zustehen; eine eigene → Rechtsfähigkeit hat die Gesamthandsgemeinschaft (zB die Erbengemeinschaft) dagegen als solche nicht. So ist zB jeder Gesellschafter – zusammen mit den übrigen – Eigentümer des gesamten der Gesellschaft gehörenden Grundstücks, nicht nur eines Bruchteils; jeder Gesamthänder schuldet aus dem Gesamthandsvermögen als einer Art Sondervermögen die gesamte Schuld, haftet daneben aber auch oft persönlich mit seinem eigenen Vermögen, meist als Gesamtschuldner (→ Gesamtschuld). Zur Gesamthandsgemeinschaft gehört ferner, dass der einzelne Gesamthänder niemals über seinen „Anteil" an dem einzelnen zum Gesamthandsvermögen gehörenden Gegenständen verfügen kann; dagegen widerspricht die Verfügung über den ganzen Gesamthandsanteil selbst nicht dem Wesen der Gesamthandsgemeinschaft (bei der Erbengemeinschaft § 2033 BGB). Obwohl als Folge der gesamthänderischen Verbindung grds. nur alle Gesamthänder forderungsberechtigt und verpflichtet sind und daher die Zwangsvollstreckung ein Urteil gegen alle voraussetzt (für die Gütergemeinschaft § 743 ZPO), lässt das Gesetz in Ausnahmefällen auch das Handeln eines einzelnen für und gegen das Gesamthandsvermögen zu (zB § 2039 BGB: Klagerecht eines Miterben; § 740 ZPO: Titel nur gegen den das Gesamtgut verwaltenden Ehegatten erforderlich).

S. iE bei den genannten Stichworten, ferner → Gesamtgläubigerschaft, → Gesamtschuld.

Gesamthandsschuld
→ Gesamthandsgemeinschaft; sa → Gesamtschuld.

Gesamthandsvermögen
→ Gesamthandsgemeinschaft.

Gesamthochschule
Nach dem inzwischen aufgehobenen § 5 HRG (→ Hochschulrahmengesetz (HRG)) waren → Hochschulen grundsätzlich als Gesamthochschulen auszubauen oder zusammenzuschließen (integrierte Gesamthochschule) oder unter Aufrechterhaltung ihrer rechtlichen Selbständigkeit durch gemeinsame Gremien zu Gesamthochschulen zu verbinden (kooperative Gesamthochschule). Die Gesamthochschulen sollten die Aufgaben der wissenschaftlichen Hochschulen (Universitäten) und der → Fachhochschulen vereinigen. Gesamthochschulen entstanden nur in Hessen und Nordrhein-Westfalen. Errichtete Gesamthochschulen blieben nach Aufhebung des § 5 HRG zwar zunächst bestehen, wurden inzwischen aber in Universitäten umgewandelt.

Gesamthypothek
Eine Gesamthypothek ist eine einheitliche → Hypothek für eine Forderung an mehreren → Grundstücken (§ 1132 BGB). Entsprechend der → Gesamtschuld haftet jedes der belasteten Grundstücke für die gesamte Forderung; der Gläubiger ist aber berechtigt, den Betrag der Forderung auf die einzelnen Grundstücke in der Weise zu verteilen, dass jedes Grundstück nur für den zugeteilten Betrag haftet. Wird der Gläubiger aus einem der Grundstücke befriedigt, so werden auch die übrigen Grundstücke frei (§ 1181 II BGB). Wird die gesicherte Forderung bezahlt, so entsteht eine → Eigentümerhypothek, die den Eigentümern der belasteten Grundstücke in → Gemeinschaft zusteht (§ 1172 BGB, § 1163 BGB, §§ 741 ff. BGB). Befriedigt nur einer der Eigentümer den Gläubiger der Gesamthypothek, so erwirbt nur er die Hypothek, und zwar an seinem Grundstück; die Hypothek an den übrigen Grundstücken erlischt, sofern er nicht von den anderen Grundstückseigentümern Ersatz verlangen kann (dann sichert die Hypothek diese Ersatzforderung, § 1173 BGB). Entsprechendes gilt bei der Befriedigung des Gläubigers durch den ersatzberechtigten persönlichen Schuldner (§ 1174 BGB). Die obigen Ausführungen gelten sinngemäß für eine einheitliche → Grundschuld an mehreren Grundstücken (Gesamtgrundschuld).

Gesamtjugendvertretung
→ Betriebsrat, → Jugend- und Auszubildendenvertretung, § 72 BetrVG.

Gesamtpreis
(früher Endpreis) ist der Preis, der einschließlich der → Umsatzsteuer und sonstiger Preisbestandteile unabhängig von einer Rabattgewährung für Waren und Leistungen zu zahlen ist, § 2 Nr. 3 PAngV (→ Preisangaben, → Preisrecht). Der Gesamtpreis ist gegenüber Verbrauchern regelmäßig anzugeben; → Grundpreis.

Gesamtprokura
→ Prokura.

Gesamtrechtsnachfolge
(Universalsukzession) ist der unmittelbare Übergang eines → Vermögens mit allen Rechten und Verpflichtungen auf den Gesamtnachfolger, der damit völlig (anders Einzelrechtsnachfolge) in die Stellung seines Rechtsvorgängers eintritt (→ Rechtserwerb). Es bedarf keines besonderen Eigentumsübertragungsaktes, bei Grundstücken nur einer → Berichtigung im Grundbuch. Wichtigste Fälle einer Gesamtrechtsnachfolge sind der Erbfall (→ Erbe, → Erbfolge) und die → Umwandlung von Kapitalgesellschaften. S. aber → Sondererbfolge. Keine Gesamtrechtsnachfolge besteht seitens der Bundesrepublik Deutschland für Verbindlichkeiten der ehemaligen → DDR. Die Bundesrepublik Deutschland haftet für diese Verbindlichkeiten nur, soweit dies im Einigungsvertrag geregelt ist oder soweit die Verbindlichkeiten im Zusammenhang mit übernommenem Aktivvermögen stehen. Steuerlich vgl. § 45 AO.

Gesamtschuld
Das BGB kennt neben der Mehrheit von → Gläubigern (s. hierzu → Gesamtgläubigerschaft) auch die Mehrheit von → Schuldnern. Schulden mehrere eine teilbare Leistung, dh eine solche, die in mehrere gleichartige Teile (Quoten) zerlegt werden kann (insbes. → Geldschuld), so ist iZw jeder Schuldner nur zu einem gleichen Anteil verpflichtet (Teilschuld, § 420 BGB). Die Teilschuld ist selten, ein wichtiger Anwendungsfall sind Unterhaltsschulden. Ist eine → Gesamthandsgemeinschaft zur Leistung verpflichtet (Gesamthandsschuld), so gelten weitgehend Sonderregeln (s. dort). Zwischen Teilschuld und Gesamthandsschuld steht die Gesamtschuld. Hier ist zwar jeder der verschiedenen Schuldner verpflichtet, die gesamte Leistung zu bewirken, der Gläubiger kann sie jedoch nur einmal, nach seinem Belieben, von einem der Schuldner fordern,

§ 421 BGB. Eine Gesamtschuld kann durch → Vertrag oder kraft Gesetzes entstehen, zB Haftung der Miterben (→ Nachlassverbindlichkeiten, § 2058 BGB), Ersatzpflicht mehrerer aus einer → unerlaubten Handlung (§ 840 BGB), → Schuldmitübernahme kraft Gesetzes (zB → Vermögensübernahme), Haftung der Gesellschafter in einer → offenen Handelsgesellschaft usw. Verpflichten sich mehrere durch Vertrag gemeinschaftlich zu einer teilbaren Leistung, so haften sie iZw (§ 427 BGB), bei einer unteilbaren Leistung stets (§ 431 BGB), als Gesamtschuldner. Die Gesamtschuld setzte nach bisher hM zwar keinen einheitlichen Rechtsgrund, aber stets eine innerliche Verbindung der mehreren Schulden (objektive Zweckgemeinschaft) voraus; fehlt diese, schulden also mehrere Personen zwar anlässlich des gleichen Ereignisses, aber ohne unmittelbare Beziehung zueinander (zB der Dieb und der Verwahrer, der seine Aufbewahrungspflicht verletzt), so liegt nur eine sog. unechte Gesamtschuld vor. Auf diese finden die Vorschriften über die Gesamtschuld, insbes. über die Ausgleichungspflicht (s. u.), idR keine Anwendung; oftmals gelten hierfür Sondervorschriften (zB im Versicherungsrecht; sa → Drittschadensliquidation).

Grds. stehen die verschiedenen Verpflichtungen in einer Gesamtschuld selbständig nebeneinander. Tatsachen, die nur in der Person eines Schuldners eintreten (zB → Unmöglichkeit der Leistung, Schuldnerverzug, Verschulden, Kündigung, Verjährung, Konfusion, rechtskräftiges Urteil gegen einen Schuldner usw), wirken idR, soweit sich aus dem Schuldverhältnis nichts Gegenteiliges ergibt (zB bei gemeinschaftlicher Werkherstellung), nur für und gegen den betreffenden Gesamtschuldner (§ 425 BGB). Bis zur Bewirkung der gesamten Leistung bleiben sämtliche Schuldner verpflichtet. Die → Erfüllung durch einen Gesamtschuldner wirkt jedoch (ebenso wie die Leistung an → Erfüllungs Statt, die → Hinterlegung und die → Aufrechnung) auch für die übrigen Schuldner (§ 422 BGB); jeder Gesamtschuldner kann allerdings nur mit einer eigenen Forderung aufrechnen. Auch ein → Erlassvertrag (falls das gesamte Schuldverhältnis aufgehoben werden soll) und der → Gläubigerverzug erstrecken sich auf sämtliche Schuldner (§§ 423, 424 BGB). Die Gesamtschuldner sind im Verhältnis zueinander (Innenverhältnis) grds. zu gleichen Teilen verpflichtet, sofern nicht durch Vertrag oder Gesetz etwas anderes bestimmt ist (zB Haftung mehrerer Gesellschafter regelmäßig nach deren Beteiligung; bei einer unerlaubten Handlung allein der eigentliche Täter usw). Daraus folgt, dass der freiwillig oder zwangsweise die gesamte Leistung an den Gläubiger erbringende Gesamtschuldner einen entsprechenden Ausgleichsanspruch gegen die anderen Gesamtschuldner hat (§ 426 I BGB); zuvor besteht bereits ein Anspruch auf → Befreiung. Die Ausgleichungspflicht kann sich ferner aus dem zwischen den Gesamtschuldnern bestehenden Rechtsverhältnis ergeben (zB → Gesellschaft des bürgerlichen Rechts, → Geschäftsführung ohne Auftrag). Schließlich geht neben diesen beiden Ansprüchen aus eigenem Recht die Forderung des Gläubigers auf den leistenden Gesamtschuldner insoweit über, als dieser von den anderen Ausgleichung verlangen kann (§ 426 II BGB; → Abtretung, 5). Sa → Gesamtgläubigerschaft.

Steuerlich sind Gesamtschuldner Personen, die nebeneinander dieselbe Leistung aus dem → Steuerschuldverhältnis schulden oder für sie haften (→ Haftung im Steuerrecht) oder die zusammen zu einer Steuer zu veranlagen sind (→ Veranlagungsarten). Jeder Gesamtschuldner schuldet die gesamte Leistung. Gegen Gesamtschuldner kann ein zusammengefasster Bescheid ergehen. Die Zahlung durch einen Gesamtschuldner wirkt schuldbefreiend für die anderen Gesamtschuldner (§§ 44, 155 II AO). Auf Antrag eines Gesamtschuldners kann die Vollstreckung gegen ihn beschränkt werden (§§ 268 ff. AO).

Gesamtschule
ist nur noch in einigen Ländern eine weiterführende Schule (je nach Landesrecht als Regelschule, schulisches Angebot oder Versuchsschule). Sie beginnt mit der Jahrgangsstufe 5 oder 7 und fasst die verschiedenen Schularten des herkömmlichen dreigliedrigen Schulsystems zusammen. Der Abschluss der Gesamtschule führt in dem jeweiligen Schulzweig zu den gleichen Abschlüssen wie die entsprechenden weiterführenden Schulformen.

Gesamtsozialversicherungsbeitrag
Der Gesamtsozialversicherungsbeitrag ist die Summe der Pflichtbeiträge zur → Krankenversicherung, → Rentenversicherung, → Pflegeversicherung und → Arbeitslosenversicherung, die vom Arbeitgeber jeweils zusammengefasst an die Einzugsstelle abzuführen sind (§ 348 SGB III; §§ 28d–28n, 28r SGB IV; § 253 SGB V; § 174 SGB VI; § 60 SGB XI). Die Regelungen gelten auch für die bei der → landwirtschaftlichen Alterskasse (§ 70 ALG) Versicherten. Der Gesamtsozialversicherungsbeitrag beläuft sich auf ca. 40% des Bruttogehaltes und die Politik ist grundsätzlich bestrebt, dass diese Marke nicht überschritten wird. Aufgrund steigener Zusatzbeiträge in der Krankenversicherung wird diese Grenze aber derzeit überschritten. Ca. die Hälfte des Gesamtsozialversicherungsbeitrags trägt der Arbeitnehmer (paritätische Beitragszahlung), wobei zu beachten ist, dass die Beiträger zur → Unfallversicherung durch den Arbeitgeber alleine getragen werden.

Gesamtstaat
→ Bundesstaat.

Gesamtstrafe
→ Konkurrenz von Straftaten.

Gesamtumsatz
→ Umsatzsteuer (3).

Gesamtvereinbarung
(Kollektivvereinbarung) → Arbeitsrecht, → Tarifvertrag.

Gesamtvermögen
→ Vermögen.

Gesamtvertretung
→ Stellvertretung.

Gesamtvollmacht
→ Vollmacht.

Gesamtvollstreckungsordnung
Die Gesamtvollstreckungsordnung idF vom 23.5.1991 (BGBl. 1991 I 1185) war im Gebiet der ehem. DDR bis zum Inkrafttreten der Insolvenzordnung (→ Insolvenzrecht) die Rechtsgrundlage für die Durchführung eines → Insolvenzverfahrens.

Gesamtvorsatz
→ fortgesetzte Handlung.

Gesamtwirtschaftliche Vorausschätzung
Nach dem Gesetz zur Erstellung gesamtwirtschaftlicher Vorausschätzungen (EgVG) v. 27.6.2017 (BGBl. 2017 I 2080) erstellt das Bundesministerium für Wirtschaft und Energie für die Bundesregierung jährlich in der Regel drei gesamtwirtschaftliche Vorausschätzungen. Dies sind die Jahresprojektion, die Teil des Jahreswirtschaftsberichts nach § 2 → Stabilitätsgesetz ist, sowie die Frühjahrs und Herbstprojektion. Sie sollen der Haushalts- und Finanzplanung zugrunde gelegt und von einer unabhängigen Einrichtung überprüfen werden. Dies ist die Projektgruppe Gemeinschaftsdiagnose (§ 1 Vorausschätzungsverordnung (EgVV) v. 4.9.2017, BGBl. 2017 I 3378).

Gesamtzusage
Eine Gesamtzusage ist die in allgemeiner Form erfolgte Erklärung bzw. das Angebot eines → Arbeitgebers ggü. den Arbeitnehmern oder einer nach abstrakten Merkmalen bestimmten Gruppe, bestimmte Leistungen (zB Ruhegehalt) erbringen zu wollen. Die Arbeitnehmer müssen zumindest in der Lage sein, die Erklärung zur Kenntnis zu nehmen, eine konkrete Kenntnis des einzelnen Arbeitnehmers ist nicht erforderlich. Denn auch ohne ausdrückliche Zustimmungserklärung der Arbeitnehmer (deshalb nur zu deren Gunsten möglich, vgl. § 151 BGB) entsteht eine Summe von einzelvertraglichen Regelungen, für deren Inhalt der objektive Erklärungsinhalt aus Sicht des Empfängers maßgeblich ist. Die Rechtsprechung sieht einerseits das Angebot auch ggü. neu eingetretenen Arbeitnehmern als abgegeben an, nimmt andererseits im Wege der Auslegung aber auch erhebliche (Änderungs-) Vorbehalte (insbes. die Möglichkeit der Ablösung durch eine spätere Betriebsvereinbarung) in die Angebote auf. In der Praxis ist die Gesamtzusage durch die → Betriebsvereinbarung verdrängt worden. Eine unwirksame Betriebsvereinbarung kann jedoch bei Vorliegen besonderer Umstände außerhalb der Betriebsvereinbarung in eine Gesamtzusage umgedeutet werden.

Gesandter
→ Diplomat.

Gesandtschaftsrecht
wird traditionell das Recht genannt, → Diplomaten zur Aufnahme → diplomatischer Beziehungen ins Ausland zu entsenden und selbst ausländische Diplomaten zu empfangen. Das Gesandtschaftsrecht steht allen als → Völkerrechtssubjekten anerkannten Staaten sowie dem → Heiligen Stuhl und zT dem souveränen Malteser Ritterorden zu. Bei Bundesstaaten kann nach Maßgabe der Bundesverfassung das Gesandtschaftsrecht sowohl dem Gesamtstaat als auch den Gliedstaaten zustehen. So ließ die Reichsverfassung von 1871 ein Gesandtschaftsrecht der Einzelstaaten und des Reiches zu. Nach dem GG liegt das Gesandtschaftsrecht beim Bund.

Geschädigter
→ Schadensersatz.

Geschäft für den, den es angeht
→ Eigentumsübertragung (von beweglichen Sachen, 2g) → Stellvertretung.

Geschäfte zur Deckung des Lebensbedarfs
Die → eheliche Lebensgemeinschaft berechtigt auch heute die Ehegatten grds. nicht ohne besondere → Vollmacht zur gegenseitigen Vertretung bei Rechtshandlungen. Unabhängig vom Güterstand ist jedoch jeder Ehegatte im Rahmen einer gemeinsamen Haushaltsführung (also nicht bei nicht nur vorübergehendem → Getrenntleben der Ehegatten) berechtigt, → Rechtsgeschäfte zur angemessenen Deckung des Lebensbedarfs der Familie mit Wirkung auch für den anderen Ehegatten zu besorgen (§ 1357 I 1, III BGB); diese Regelung ist verfassungsgemäß. Durch solche Geschäfte werden mithin beide Ehegatten (also auch der Handelnde selbst) berechtigt und verpflichtet, soweit sich aus den Umständen nicht etwas Anderes ergibt, zB das Geschäft ersichtlich nur für den einen Ehegatten abgeschlossen worden ist (§ 1357 I 2 BGB). Was „angemessene Deckung des Lebensbedarfs" ist, ist nach den Lebensverhältnissen der Ehegatten naturgemäß verschieden; hierzu zählen zB die Beschaffung von Lebensmitteln, angemessener Kleidung, Hausrat und einzelnen Einrichtungsgegenständen, aber auch die laufenden Ausgaben für die Kindererziehung, ggf. die Einstellung und Entlassung einer Hausangestellten, das Vermieten eines Zimmers sowie die Zuziehung eines Arztes für die Familienangehörigen; nicht dagegen der Kauf oder das Mieten der Familienwohnung, deren vollständige Einrichtung, die Unterzeichnung von Wechseln und sonstigen Schuldurkunden,

wie überhaupt nicht solche Geschäfte, die über den Familienbedarf hinausgehen („angemessen") oder einer gemeinsamen Besprechung der Ehegatten bedürfen (zB umfangreiche Ratenzahlungsverpflichtungen aus einem → Verbraucherdarlehensvertrag). Zur Frage der Finanzierung (Wirtschaftsgeld) → Unterhaltspflicht der Ehegatten. Ein Ehegatte kann die S. des anderen beschränken oder ausschließen; besteht hierfür jedoch kein ausreichender Grund, so hat das → Familiengericht auf Antrag die Beschränkung oder Ausschließung aufzuheben. Dritten gegenüber wirkt die Beschränkung oder Ausschließung ohnedies nur, wenn sie dem Dritten – zB durch Zeitungsinserat – bekannt oder im → Güterrechtsregister eingetragen ist (§ 1357 II BGB, § 1412 BGB).

Geschäftliche Bezeichnung

Die Geschäftliche Bezeichnung ist im → Kennzeichenrecht der Oberbegriff für → Unternehmenskennzeichen, → Geschäftsabzeichen und → Werktitel (§ 5 MarkenG).

Eine geschäftliche Bezeichnung gewährt ihrem Inhaber ein ausschließliches, der → Eigentumsgarantie unterliegendes Recht. Dritten, die sich nicht auf prioritätsältere Kennzeichen (→ Prioritätsprinzip im Kennzeichenrecht) berufen können, ist es untersagt, ohne Zustimmung des Inhabers im geschäftlichen Verkehr identische oder ähnliche Zeichen zu benutzen, wenn dadurch → Verwechslungsgefahr begründet wird (§ 15 Abs. 2 MarkenG) oder wenn die geschäftliche Bezeichnung bekannt ist und die Verwendung ihren guten Ruf oder ihre Unterscheidungskraft in unlauterer Weise ausnutzt oder beeinträchtigt (§ 15 Abs. 3 MarkenG). Der Inhaber kann allerdings nicht die Benutzung der geschäftlichen Bezeichnung für Waren untersagen, die von ihm oder mit seiner Zustimmung unter der geschäftlichen Bezeichnung in der EU oder im EWR in den Verkehr gebracht worden sind (§ 24 MarkenG); insoweit ist eine → Erschöpfung seiner Rechte eingetreten. Ebenfalls nicht untersagt werden können Benutzungen, die in lauterer Weise ein Produkt bezeichnen oder beschreiben oder auf dessen Bestimmung hinweisen (§ 23 MarkenG).

Die Verletzung einer geschäftlichen Bezeichnung begründet unabhängig vom → Verschulden Ansprüche auf Beseitigung und (bei Erstbegehungs- oder Wiederholungsgefahr) Unterlassung (§ 15 Abs. 4 MarkenG, → Unterlassungsanspruch), Vernichtung der widerrechtlich gekennzeichneten Waren (§ 18 MarkenG), Herausgabe des Werts des Erlangten (→ ungerechtfertigte Bereicherung; entspricht der üblichen → Lizenzgebühr) und Auskunft über die Herkunft und den Vertriebsweg der widerrechtlich gekennzeichneten Produkte (§ 19 MarkenG), bei → Verschulden auch auf → Schadensersatz (§ 15 Abs. 5 MarkenG). → Verjährung tritt grds. binnen 3 Jahren ab Kenntnis ein (§ 20 MarkenG iVm § 195 BGB). Vor der Einleitung eines gerichtlichen Verfahrens kann der Berechtigte den Verletzer durch eine Schutzrechtsverwarnung → abmahnen und ihm Gelegenheit geben, den Streit durch Abgabe einer mit einer angemessenen → Vertragsstrafe bewehrten Unterlassungsverpflichtung (strafbewehrte Unterwerfungserklärung) beizulegen. Die Ansprüche können in → Kennzeichenstreitsachen durchgesetzt werden. Vorsätzliche Verletzungen einer geschäftlichen Bezeichnung sind strafbar, wobei die Gewerbsmäßigkeit den Strafrahmen erhöht (§ 143 MarkenG).

Daneben können dem Inhaber einer geschäftlichen Bezeichnung auch lauterkeitsrechtliche Verbietungsrechte zustehen, wenn die Voraussetzungen von § 8 UWG, § 5 Abs. 3 Nr. 1 UWG vorliegen.

Geschäftsabzeichen

Geschäftsabzeichen sind im → Kennzeichenrecht alle zur Unterscheidung eines Geschäftsbetriebs von anderen Geschäftsbetrieben bestimmte Zeichen, die anders als → Unternehmenskennzeichen im engeren Sinne keinen Namenscharakter haben und daher nicht schon durch die Gebrauchsaufnahme Schutz erlangen, sondern dadurch, dass sie innerhalb der beteiligten Verkehrskreise Verkehrsgeltung gewonnen haben (§ 5 Abs. 2 S. 2 MarkenG); das setzt voraus, dass ein jedenfalls nicht unerheblicher Teil der angesprochenen Verkehrskreise in dem fraglichen Zeichen einen Hinweis auf einen bestimmten Geschäftsbetrieb sieht. In Frage kommen etwa Telefonnummern, Klangfolgen, Mitarbeiteruniformen oder eine besondere architektonische Gestaltung von Geschäftslokalen. Der Schutz eines Geschäftsabzeichens erlischt, wenn die den Schutz begründende Verkehrsgeltung – etwa durch nachlassende Benutzung – wegfällt. Zum Schutzumfang → geschäftliche Bezeichnung.

Geschäftsähnliche Handlung

→ Rechtshandlung.

Geschäftsanteil

Der Geschäftsanteil ist der Anteil des Gesellschafters am → Gesellschaftsvermögen. Er stellt den Anteil an einer → Gesamthandsgemeinschaft dar, ist vom → Kapitalanteil zu unterscheiden und wird nicht in einer Geldsumme, sondern durch einen bestimmten Bruchteil ausgedrückt. Der Geschäftsanteil kann beim Ausscheiden eines Gesellschafters auf die anderen Gesellschafter durch → Anwachsung übergehen; an seine Stelle tritt dann das → Abfindungsguthaben. Der Geschäftsanteil kann nur dann übertragen werden (vgl. § 719 BGB), wenn alle Gesellschafter zustimmen oder die Übertragung im Gesellschaftsvertrag zugelassen ist. Der Geschäftsanteil kann gepfändet werden (→ Pfändung, § 859 I ZPO); der Pfändungsgläubiger ist dann berechtigt, die Gesellschaft zu kündigen.

Bei einer → Gesellschaft mit beschränkter Haftung bestimmt sich der Geschäftsanteil nach dem (Nenn-)Betrag, den der Gesellschafter auf das → Stammkapital übernommen hat. Auf jeden Geschäftsanteil ist eine entsprechende Einlage zu leisten (§ 14 GmbHG). Ein Gesellschafter kann auch mehrere (oder alle) Geschäftsanteile übernehmen; diese können verschieden hoch sein (§ 5 II, III GmbHG; s. i. e. → Gesellschaft mit beschränkter Haftung, 2b). Der Geschäftsanteil ist veräußerlich und vererblich (§ 15 I GmbHG). In der Satzung kann bestimmt sein, dass die Veräußerung des Geschäftsanteils der Zustimmung der GmbH bedarf (sog. vinkulierter Geschäftsanteil). Die Abtretung des Geschäftsanteils und die Verpflichtung hierzu sind nur wirksam, wenn sie notariell beurkundet werden (§ 15 III, IV GmbHG). Jeder Gesellschafter kann weitere Geschäftsanteile hinzuerwerben; doch behalten diese ihre Selbständigkeit (§ 15 II GmbHG). Wenn die Stammeinlage verzögert eingezahlt wird, kann der Geschäftsanteil unter den Voraussetzungen des § 21 GmbHG zugunsten der Gesellschaft kaduziert (→ Kaduzierung) werden. Durch → Amortisation (Einziehung) kann ein Geschäftsanteil erlöschen. Der Geschäftsanteil entspricht der → Aktie in Bezug auf das → Grundkapital einer → Aktiengesellschaft.

Bei einer → Genossenschaft bedeutet Geschäftsanteil den Höchstbetrag, bis zu dem sich das einzelne Mitglied mit Einlagen beteiligen kann (§ 7 Nr. 1 GenG). Die Pflicht-(Mindest) einlage richtet sich nach der Satzung der Genossenschaft oder dem Beschluss der → Generalversammlung (§ 50 GenG). Der Mindestbetrag der Pflichteinlage ist 10% des Geschäftsanteils (§ 7 Nr. 1 GenG). Die Satzung kann auch vorsehen, dass sich die Mitglieder mit mehreren Geschäftsanteilen beteiligen können oder müssen (Pflichtbeteiligung, § 7a GenG). Der Geschäftsanteil ist vom → Geschäftsguthaben zu unterscheiden.

Geschäftsauslagen
→ Schaufensterauslagen.

Geschäftsbedingungen
→ Allgemeine Geschäftsbedingungen.

Geschäftsbericht
→ Lagebericht.

Geschäftsbesorgungsvertrag
1. Der Geschäftsbesorgungsvertrag ist ein → Dienstvertrag oder → Werkvertrag, der eine vermögensbezogene Geschäftsbesorgung zum Inhalt hat; er ist ein entgeltlicher → gegenseitiger Vertrag. Auf ihn finden weitgehend Vorschriften über den → Auftrag (Abgrenzung hierzu: Entgeltlichkeit) entsprechende Anwendung mit Ausnahme der jederzeitigen Kündigungsmöglichkeit, § 675 I BGB. Insbes. sind daher, soweit nicht Sondervorschriften bestehen (s. u. 2), anwendbar die Bestimmungen über die Anzeigepflicht bei Ablehnung des Auftrags, die Auskunft- und Rechenschaftspflicht, die Pflicht zur Herausgabe des aus der Geschäftsbesorgung Erlangten sowie umgekehrt ein Anspruch auf Ersatz für entstandene Aufwendungen. Der Begriff der Geschäftsbesorgung umfasst hier (enger als beim Auftrag) nur selbständige Tätigkeiten auf rechtlichem oder wirtschaftlichem Gebiet, für die der Geschäftsherr eigentlich selbst zu sorgen hätte, die ihm aber durch den Geschäftsführer abgenommen werden (zB Vermögensverwaltung, Rechtsanwaltsvertrag, Steuerberatervertrag, Baubetreuungsvertrag, Kontokorrentvereinbarung; nicht zB Vertrag mit Arzt, Hausangestellten usw). Wer zur Besorgung von Geschäften öffentlich bestellt ist oder sich dazu öffentlich erboten hat (insbes. Kreditinstitute), hat für regelmäßig anfallende Geschäftsvorgänge (Standardgeschäfte) umfassende Informationen über Entgelte, Auslagenersatz, Ausführungsfristen, Wertstellungszeitpunkte usw. unentgeltlich zu erteilen, § 675a BGB. Sa → Geschäftsführung ohne Auftrag.

2. Bestimmte Sondervorschriften gelten für einen Geschäftsbesorgungsvertrag, der die Erbringung von Zahlungsdiensten zum Gegenstand hat. S. hierzu iE → Zahlungsdienstevertrag; sa → Girovertrag, → Überweisungsvertrag.

Geschäftsbetrieb
Geschäftsbetrieb ist eine selbständig ausgeübte, auf Gewinn gerichtete und für die Dauer bestimmte Tätigkeit. Unter einem kaufmännischen Geschäftsbetrieb versteht das HGB einen in kfm. Weise eingerichteten Gewerbebetrieb (→ Handelsgewerbe). Er wird unter einer → Firma betrieben und erfordert eine kfm. → Buchführung. Vgl. für das Steuerrecht → Wirtschaftlicher Geschäftsbetrieb.

Geschäftsbriefe
Geschäftsbriefe (→ Handelsbriefe) einer → Aktiengesellschaft, einer → Kommanditgesellschaft auf Aktien oder einer → Gesellschaft mit beschränkter Haftung müssen, wenn sie an einen bestimmten Empfänger gerichtet werden, Angaben enthalten über Rechtsform und Sitz der Gesellschaft, das Registergericht und die Nummer der Eintragung im → Handelsregister, alle Vorstandsmitglieder (bzw. Geschäftsführer oder Komplementäre) unter Bezeichnung des Vorsitzenden sowie den Vorsitzenden des → Aufsichtsrats (§ 80 AktG, § 35a GmbHG). Bei → Liquidation ist zusätzlich diese Tatsache anzugeben, auch wer die Abwickler (Liquidatoren) sind (§ 268 IV AktG, § 71 V GmbHG). Werden Angaben über das Kapital der Gesellschaft gemacht, sind die in den genannten Vorschriften enthaltenen Gebote zu beachten. Ähnliches gilt auch für die Geschäftsbriefe eines Einzelkaufmanns, einer → offenen Handelsgesellschaft und einer → Kommanditgesellschaft, §§ 37a, 125a, 161 II HGB). Als Geschäftbrief in diesem Sinne gelten zB auch Bestellscheine.

Geschäftsbücher
→ Buchführung.

Geschäftsfähigkeit
ist – als Unterart der allgemeinen → Handlungsfähigkeit – die Fähigkeit, durch eigenes Handeln wirksam → Rechtsgeschäfte abzuschließen. Das Gesetz geht davon aus, dass volle Geschäftsfähigkeit ab Eintritt der → Volljährigkeit beginnt. Da die Geschäftsfähigkeit als Regelfall angenommen wird, trifft denjenigen die → Beweislast, der ihr Fehlen behauptet. Die Vorschriften über die Geschäftsfähigkeit sind zwingend; es besteht kein Gutglaubensschutz (→ gutgläubiger Erwerb; jemand glaubt, sein Geschäftspartner sei bereits volljährig). Für einen nicht voll Geschäftsfähigen muss regelmäßig dessen → gesetzlicher Vertreter (→ elterliche Sorge, → Vormund) handeln. Zum Schutz von nicht voll Geschäftsfähigen, die ohne gesetzlichen Vertreter sind, → Verjährung (6b: Ablaufhemmung). Von der Geschäftsfähigkeit ist ferner die → Verfügungsbefugnis zu unterscheiden. Der Geschäftsfähigkeit entspricht die → Prozessfähigkeit.

Geschäftsunfähig ist, wer das 7. Lebensjahr nicht vollendet hat und wer sich nicht nur vorübergehend in einem die freie Willensbestimmung ausschließenden Zustand krankhafter Störung der Geistestätigkeit befindet (§ 104 BGB). Hat der Geisteskranke einen lichten Augenblick (lucidum intervallum), so ist er in dieser Zeit geschäftsfähig. Die Geschäftsfähigkeit kann auch nur auf einem bestimmten Gebiet ausgeschlossen sein (partielle Geschäftsunfähigkeit, zB bei einem Querulantenwahn, der nur einen bestimmten Komplex umfasst; nicht aber generell, zB für besonders schwierige Rechtsgeschäfte). Die → Willenserklärung eines Geschäftsunfähigen ist absolut nichtig (§ 105 I BGB). Nichtig ist auch eine Willenserklärung, die im Zustand der Bewußtlosigkeit oder vorübergehender Störung der Geistestätigkeit abgegeben wird, obwohl hierdurch die Geschäftsfähigkeit als solche nicht berührt wird (§ 105 II BGB; zB Abschluss eines Rechtsgeschäfts im Vollrausch). Wirksam ist ein geringwertiges beiderseits erfülltes Geschäft des täglichen Lebens (§ 105a BGB).

Beschränkt geschäftsfähig sind Minderjährige ab vollendetem 7. Lebensjahr bis zur Volljährigkeit (Vollendung des 18. Lebensjahrs). Der beschränkt Geschäftsfähige kann Rechtsgeschäfte vornehmen, die ihm lediglich einen rechtlichen Vorteil bringen (§ 107 BGB, zB Annahme einer Schenkung oder Erwerb eines Grundstücks, wenn auch mit Grundschuld oder öffentlichen Lasten; auf einen wirtschaftlichen Vorteil – zB besonders günstiger Kauf – kommt es nicht an). Ist das Rechtsgeschäft – wie meist – nicht nur rechtlich vorteilhaft (zB Abschluss eines → gegenseitigen Vertrags, der zur Erbringung der Gegenleistung verpflichtet usw), so ist ein einseitiges Rechtsgeschäft (zB Eigentumsaufgabe, Kündigung) ohne Einwilligung des gesetzlichen Vertreters – bei Minderjährigen regelmäßig beide Eltern, → elterliche Sorge, → Vormund – unwirksam (§ 111 BGB), ein Vertrag dagegen nur „schwebend unwirksam" (§§ 108 f. BGB; zB → Autovermietung an Minderjährige). Schwebende Unwirksamkeit bedeutet, dass die Wirksamkeit des Vertrags von der nachträglichen Genehmigung des gesetzlichen Vertreters abhängig ist. Bis zur Genehmigung kann der andere Teil den Vertrag widerrufen, sofern er nicht die Minderjährigkeit usw gekannt hat, es sei denn, der Minderjährige hat die nicht vorliegende Einwilligung des gesetzlichen Vertreters wahrheitswidrig behauptet. Der Vertragspartner kann den Vertreter zur Erklärung über die Genehmigung auffordern. Die Genehmigung kann dann nur innerhalb von 2 Wochen seit Empfang der Aufforderung erklärt werden; geschieht das nicht, so gilt sie als verweigert, so dass der Vertrag endgültig unwirksam wird. Ist der Minderjährige inzwischen volljährig geworden, so tritt seine Genehmigung an die Stelle der Erklärung des Vertreters (auch stillschweigend, zB durch Vertragserfüllung).

Ein von einem beschränkt Geschäftsfähigen ohne Zustimmung des gesetzlichen Vertreters abgeschlossener Vertrag gilt jedoch von Anfang an als wirksam, wenn der Minderjährige die vertragsmäßige Leistung mit Mitteln bewirkt, die ihm zu diesem Zwecke oder zur freien Verfügung von dem Vertreter oder mit dessen Zustimmung von einem Dritten überlassen worden sind (§ 110 BGB; sog. Taschengeldparagraph). Wird also in diesem Sinne Geld einem Schüler überlassen, so ist zB bei einem Kauf nicht nur das Verpflichtungs-, sondern auch das Erfüllungsgeschäft voll wirksam, wenn sich das Rechtsgeschäft im üblichen Rahmen hält (dh der Vertreter bei Hingabe des Taschengeldes solche Geschäfte erwarten und damit stillschweigend genehmigen konnte); da die Leistung tatsächlich bewirkt werden muss, wird eine Kreditgewährung an beschränkt Geschäftsfähige hierdurch nicht gedeckt. – Auf bestimmten Gebieten kann auch eine partielle Geschäftsfähigkeit des Minderjährigen usw begründet werden: Ermächtigt der gesetzliche Vertreter mit Genehmigung des → Familiengerichts den Minderjährigen zum selbständigen Betrieb eines Erwerbsgeschäfts, so ist dieser für solche Rechtsgeschäfte unbeschränkt geschäftsfähig, die der Geschäftsbetrieb mit sich bringt (sog. Handelsmündigkeit); ausgenommen sind solche Geschäfte, zu denen auch der gesetzliche Vertreter der Genehmigung des Familiengerichts bedarf (→ elterliche Sorge, → Vormundschaft, § 112 BGB). Ermächtigt der gesetzliche Vertreter den Minderjährigen, ein Dienst- oder Arbeitsverhältnis (nicht → Berufsausbildungsverhältnis, hM) einzugehen, so ist der Minderjährige für solche Rechtsgeschäfte unbeschränkt geschäftsfähig, welche die Begründung oder Aufhebung eines Dienst- oder Arbeitsverhältnisses der gestatteten Art (nicht also eine völlig andere Beschäftigung) oder die Erfüllung der sich aus einem solchen Vertrag ergebenden Verpflichtungen betreffen (§ 113 BGB; früher Arbeitsmündigkeit genannt). Ausgenommen sind auch hier Rechtsgeschäfte, zu denen der gesetzliche Vertreter der Genehmigung des Familiengerichts bedarf.

Geschäftsführer
Geschäftsführer ist der gesetzliche → Vertreter einer → Gesellschaft mit beschränkter Haftung (§ 35 I GmbHG). Im allgemeinen Sprachgebrauch wird unter Geschäftsführer auch der tatsächliche Leiter eines → Unternehmens, → Vereins oder → Verbandes verstanden. Zur Haftung des Geschäftsführers → Gesellschaft mit beschränkter Haftung (3).

Geschäftsführung ohne Auftrag
Geschäftsfühung ohne Auftrag (GoA) liegt vor, wenn jemand (Geschäftsführer) ein Geschäft für einen anderen (Geschäftsherr) besorgt, ohne dass er hierzu einen Auftrag hat oder sonst dazu (zB aus Vertrag, Einwilligung, Amtsstellung) berechtigt ist, § 677 BGB. Geschäftsbesorgung ist weit zu verstehen, es kann jede tatsächliche oder rechtsgeschäftliche Tätigkeit sein (zB der herbeigerufene Arzt behandelt einen Bewusstlosen; der Kraftfahrer fährt an einen Baum, um unvorsichtige Kinder nicht zu gefährden usw). Für einen anderen wird tätig, wer das Geschäft nicht nur als eigenes tätigt, sondern zumindest auch als fremdes, also mit Bewusstsein und Willen, es (zumindest neben seinem eigenen Interesse) auch im Interesse des Geschäftsherrn zu führen (Fremdgeschäftsführungswille). Für diesen Willen spricht bei Vornahme objektiv fremder Geschäfte (Geschäfte, die die Rechtsordnung einem anderen zuordnet; zB Bezahlung der Rechnung eines Dritten) eine Vermutung, der Wille muss nicht nach außen hervortreten; bei objektiv eigenen Geschäften und bei objektiv neutralen Geschäften (Geschäfte, die die Rechtsordnung nicht zuordnet, die also jeder tätigen kann; zB Abschluss eines Vertrags) muss der Fremdgeschäftsführungswille tatsächlich vorhanden und nach außen erkennbar sein. Bewusstsein und Wille, für einen anderen tätig zu sein, müssen sich nicht auf eine bestimmte Person beziehen, Personenverwechslung und ähnliche Irrtümer sind unerheblich, § 686 BGB.

Besorgt jemand ein fremdes Geschäft in der irrigen Meinung, es sei sein eigenes, so fehlt das Bewusstsein, im Interesse eines anderen zu handeln; die Regeln über die GoA gelten dann nicht, § 687 I BGB (unechte GoA in Form der irrtümlichen Eigengeschäftsführung). Das Gleiche gilt grds., wenn jemand ein fremdes Geschäft als sein eigenes behandelt, obwohl er weiß, dass er hierzu nicht berechtigt ist (unechte GoA in Form der angemaßten Eigengeschäftsführung). Um jedoch dem von einer derartigen unerlaubten Eigengeschäftsführung Betroffenen die Vorteile des unberechtigt abgeschlossenen Geschäfts zukommen zu lassen, erklärt § 687 II BGB die Vorschriften über die GoA in diesem Fall für entsprechend anwendbar. Der Betroffene kann also zB Herausgabe des durch die unerlaubte Eigengeschäftsführung Erlangten (§§ 681 S. 2, 667 BGB), insbes. eines erzielten Gewinns, verlangen, zB bei bewusster Verletzung fremder Patent- und Urheberrechte.

Liegt eine echte GoA vor, so hat der Geschäftsführer das Geschäft so zu führen, wie es das Interesse des Geschäftsherrn mit Rücksicht auf dessen wirklichen oder mutmaßlichen Willen verlangt, § 677 BGB (berechtigte GoA). Unberechtigt ist die GoA, wenn die Geschäftsbesorgung nicht dem Interesse und Willen des Geschäftsherrn entspricht (vgl. § 684 S. 1 BGB). Der Geschäftsherr kann die Geschäftsführung aber durch Genehmigung zu einer berechtigten machen, § 684 S. 2 BGB. Ist die GoA unberechtigt und musste der Geschäftsführer dies erkennen, so ist er zum Schadensersatz verpflichtet, auch wenn ihm ein sonstiges Verschulden nicht zur Last fällt, § 678 BGB. Ein entgegenstehender Wille des Geschäftsherrn ist allerdings unbeachtlich, wenn die Geschäftsführung im öffentlichen Interesse liegt oder zur Erfüllung einer gesetzlichen Unterhaltspflicht dient, § 679 BGB, die GoA ist dann also berechtigt. Bei dringender Gefahr hat der Geschäftsführer nur Vorsatz und grobe Fahrlässigkeit zu vertreten, § 680 BGB. IÜ gelten für den Geschäftsführer, sofern er geschäftsfähig ist (sonst nur Haftung aus → unerlaubter Handlung bzw. → ungerechtfertigter Bereicherung), die Vorschriften über die Pflichten des Beauftragten beim Auftrag über Rechenschaftslegung und Herausgabe des Erlangten entsprechend, § 681 S. 2 BGB. Umgekehrt kann der berechtigte Geschäftsführer Aufwendungsersatz wie beim Auftrag verlangen, § 683 BGB. Ist die GoA unberechtigt, so besteht für den Geschäftsführer nur ein Anspruch aus ungerechtfertigter Bereicherung, § 684 BGB. Dem (berechtigten oder unberechtigten) Geschäftsführer steht ein Anspruch auch nicht zu, wenn er nicht die Absicht hatte, von dem Geschäftsherrn Ersatz zu verlangen (zB bei Unterhaltsleistung von Eltern an Abkömmlinge), § 685 BGB.

Geschäftsführung ohne Auftrag, öffentlich-rechtliche
Die Anwendung der BGB-Vorschriften über die → Geschäftsführung ohne Auftrag im öffentlichen Recht wird von der Rechtsprechung grundsätzlich anerkannt (vgl. BVerwGE 80, 170, 173). Ansprüche aus öffentlich-rechtlicher Geschäftsführung ohne Auftrag sind sowohl zwischen Bürger und Verwaltung (in beiden Richtungen) wie auch zwischen öffentl. Rechtsträgern denkbar. Die Pflicht des Bürgers zum Ersatz von Aufwendungen der öff. Hand bei einer gegen seinen Willen vorgenommenen Geschäftsführung ohne Auftrag entfällt nicht, wenn er zur Vornahme verpflichtet war (§ 679 BGB) und die Erfüllung durch eine andere als die nach der

öffentlich-rechtlichen Regelung bestimmte Person in der gegebenen Situation im öffentl. Interesse liegt. Das ist unter Würdigung aller Umstände des Einzelfalles zu ermitteln. Bedenken gegen die öffentl.-rechtl. Geschäftsführung ohne Auftrag werden mit dem Hinweis erhoben, dass sie eine Umgehung des Gesetzesvorbehalts für Eingriffsregelungen ermögliche.

Geschäftsführungsbefugnis
→ Stellvertretung, → Geschäftsbesorgungsvertrag, → Geschäftsführung ohne Auftrag, → Auftrag, → Gesellschaft des bürgerlichen Rechts (3), → Gesellschaft mit beschränkter Haftung (3), → Aktiengesellschaft (3), → Offene Handelsgesellschaft (4), → Kommanditgesellschaft.

Geschäftsgeheimnis
Ein Geschäftsgeheimnis (bisher oft auch Betriebsgeheimnis) ist gem. § 2 GeschGehG eine Information, die in den relevanten Kreisen nicht allgemein bekannt oder zugänglich und deshalb von wirtschaftlichem Wert ist, vom Inhaber in angemessenem Umfang geschützt wird (dies war im früheren Recht gem. UWG nicht erforderlich, erforderlich sind zB Abschluss von Geheimhaltungsvereinbarungen oder technische Schutzvorkehrungen, jedenfalls aber kein „bestmöglicher" Schutz) und für deren Geheimhaltung ein berechtigtes Interesse besteht (zB Kundenlisten, Herstellungsverfahren).

Zur Umsetzung der Richtlinie (EU) 2016/943 wurden die Bestimmungen zum Schutz von Geschäftsgeheimnissen aus dem UWG in das neue G zum Schutz von Geschäftsgeheimnissen (GeschGehG) verlagert, das seit dem 26.4.2019 gilt (BGBl. 2019 I 466). § 5 GeschGehG nimmt von den Geschäftsgeheimnissen betreffenden Verboten Handlungen aus, die zum Schutz eines berechtigten Interesses erfolgen. Dies kann insbes. in der Ausübung der Meinungsfreiheit, der Pressefreiheit, der Aufdeckung rechtswidriger Handlungen bzw. beruflichen oder sonstigen Fehlverhaltens im öffentlichen Interesse durch sog. → Whistleblower (wobei die zu deren Schutz ergangene EU-Richtlinie 2019/1937 nunmehr mit dem Hinweisgeberschutzgesetz (HinSchG) v. 31.5.2023 (BGBl. 2023 I Nr. 140) in nationales Recht umgesetzt wurde) oder der Information einer Arbeitnehmervertretung liegen.

§ 4 GeschGehG untersagt, auf bestimmte Weise (etwa unbefugtes Kopieren) ein Geschäftsgeheimnis zu erlangen, zu nutzen oder offenzulegen. Verstöße lösen Ansprüche auf Beseitigung (auch zB einen Rückruf vom Markt), Unterlassung, Auskunft und → Schadensersatz aus. Der Verrat eines Geschäftsgeheimnis durch Arbeitnehmer während des Arbeitsverhältnisses sowie verschiedene weitere Handlungen anderer Personen sind strafbar (§ 23 GeschGehG, → Geheimnisverrat).

Das Geschäftsgeheimnisgesetz sieht für Entscheidungen der ordentlichen Gerichtsbarkeit eine ausschließliche Zuständigkeit der Landgerichte vor; vor allen Gerichten sind besondere Regelungen zur Sicherung des Geschäftsgeheimnisses anwendbar, die besondere Geheimhaltungspflichten (§ 16 GeschGehG) der Beteiligten sichern sollen.

Der Verrat eines Geschäftsgeheimnisses durch Angehörige bestimmter Berufe oder Unternehmen ist in §§ 203 ff. StGB unter Strafe gestellt (→ Berufsgeheimnis). Über die Schweigepflicht der Mitglieder des Betriebsrats vgl. §§ 79, 120 BetrVG, über strafbare unbefugte Offenbarung von Geschäftsgeheimnissen durch Leitungsorgane oder Prüfer von Gesellschaften oder Genossenschaften vgl. § 404 AktG, § 85 GmbHG, § 151 GenG, § 333 HGB, § 19 PublG, § 315 UmwG, § 203 StGB, § 38 WpHG. → Insidergeschäft.

Geschäftsgrundlage
Grds. müssen abgeschlossene Verträge erfüllt werden, auch wenn sie inhaltlich ungünstig sind; jede Partei trägt das Vertragsrisiko (→ pacta sunt servanda). Störungen des Vertrags sind grds. über die Regeln des → Allgemeinen Leistungsstörungsrechts bzw. der besonderen Vorschriften der einzelnen Schuldverhältnisse zu lösen. Nur unter bestimmten Voraussetzungen ist nach § 313 BGB bei Störungen der Geschäftsgrundlage eine Anpassung des Vertragsinhalts an veränderte Verhältnisse, ggf. auch eine Beendigung des Vertrags, möglich (sa → clausula rebus sic stantibus). Zur Geschäftsgrundlage zählen alle wesentlichen Umstände (in Vergangenheit und Zukunft), die zwar nicht Vertragsinhalt geworden (zB in Form einer → Bedingung), aber Grundlage des Vertrages sind; § 313 BGB erfasst Umstände der subjektiven wie objektiven Geschäftsgrundlage. Objektive Geschäftsgrundlagen sind die Umstände, deren Vorhandensein und Fortdauer erforderlich sind, damit der Vertrag im Sinne der Intentionen der Vertragsparteien als eine sinnvolle Regelung (fort) bestehen kann (insbes. schwerwiegende Veränderung der Gleichwertigkeit von Leistung und Gegenleistung, die das übernommene Vertragsrisiko übersteigt, zB bei nicht vorhersehbarem und übermäßigem Anstieg von Herstellungskosten; sinkende Kaufkraft des Geldes (→ Kaufkraftschwund) begründet grds. keine Rechte aufgrund des Wegfalls der Geschäftsgrundlage, das Risiko einer normalen → Inflation trifft den Gläubiger (zu Wertsicherungsmöglichkeiten → Geldschuld); Störung des Verwendungszwecks, wenn das normale Vertragsrisiko überschritten ist, zB Versagung einer Baugenehmigung beim Kaufs eines Fertighauses). Subjektive Geschäftsgrundlage sind die gemeinsamen Vorstellungen der Vertragsparteien oder erkennbare und unwidersprochene Erwartungen einer Partei, die für den Vertragsschluss so maßgeblich waren, dass bei Kenntnis der Unrichtigkeit der Vertrag so nicht geschlossen worden wäre; einseitige Erwartungen einer Partei, insbes. Motive, die

nicht in die gemeinsame Willensbildung aufgenommen worden sind, gehören nicht zur Geschäftsgrundlage. Besondere Bedeutung hat die Geschäftsgrundlage bei → Dauerschuldverhältnissen.

Haben sich Umstände, die zur Geschäftsgrundlage des Vertrags geworden sind, nach Vertragsschluss schwerwiegend verändert und hätten die Parteien den Vertrag deshalb nicht oder mit anderem Inhalt geschlossen, wenn sie diese Veränderung vorausgesehen hätten, so kann Anpassung des Vertrags verlangt werden, soweit einem Teil unter Berücksichtigung aller Umstände des Einzelfalls, insbes. der vertraglichen und gesetzlichen Risikoverteilung (→ Pflichtverletzung, s. dort), sowie des Grundsatzes von → Treu und Glauben das Festhalten am unveränderten Vertrag nicht zugemutet werden kann, § 313 I BGB. Einer derartigen Änderung oder dem Wegfall der Geschäftsgrundlage steht es gleich, wenn wesentliche Vorstellungen, die zur Grundlage des Vertrags geworden sind, sich nachträglich als falsch herausstellen (zB beiderseitiger Irrum über den Wert eines Gegenstands), § 313 II BGB. Die Anpassung soll zur Beseitigung der Leistungsstörung und zu einem interessengerechten Verhältnis zwischen Leistung und Gegenleistung (zB durch Erhöhung des Kaufpreises) führen. Ist eine Anpassung des Vertrags nicht möglich oder einem Teil nicht zumutbar, so kann der benachteiligte Teil vom Vertrag zurücktreten (→ Rücktritt vom Vertrag). An die Stelle des Rücktrittsrechts tritt für → Dauerschuldverhältnisse das Recht zur → Kündigung, § 313 III BGB. Im Geltungsbereich der Mängelhaftung (s. zB → Gewährleistung beim Kauf) ist § 313 BGB grds. nicht anwendbar.

Zu Sonderregelungen sowie der Anwendung von § 313 BGB in der → COVID-19-Pandemie s. insbes. → Corona-Krise und Mietrecht, → Corona-Krise und Darlehensrecht, → Corona-Krise und Vertragsrecht, → Corona-Krise und Reiserecht.

Geschäftsguthaben
Geschäftsguthaben ist der Geldbetrag, mit dem das Mitglied einer → Genossenschaft tatsächlich an der Genossenschaft beteiligt ist. Das Geschäftsguthaben ist nie höher als der → Geschäftsanteil des Mitglieds; es besteht aus der geleisteten Einlage und dem nicht abgehobenen Gewinn unter Abzug des Verlustes. Das Geschäftsguthaben entspricht in etwa dem → Kapitalanteil. Das Geschäftsguthaben bestimmt den Abfindungsanspruch des Mitglieds, wenn er aus der Genossenschaft ausscheidet oder wenn diese aufgelöst wird.

Geschäftsirrtum
→ Anfechtung von Willenserklärungen (1).

Geschäftsjahr
Das Geschäftsjahr ist der Zeitraum, den ein → Kaufmann von einem → Jahresabschluss zum anderen festlegt. Das Geschäftsjahr darf 12 Monate nicht überschreiten (§§ 240, 242 HGB), ist vom Kalenderjahr unabhängig und wird, wenn kürzer als 12 Mon., Rumpfgeschäftsjahr genannt. S. a. → Wirtschaftsjahr.

Geschäftsleitung
ist nach § 10 AO der Mittelpunkt der geschäftlichen Oberleitung. Dieser befindet sich dort, wo regelmäßig der für die Geschäftsführung maßgebende Wille gebildet wird. Der maßgebende Wille wird an dem Ort gebildet, an dem die im gewöhnlichen Geschäftsverkehr erforderlichen Entscheidungen von einigem Gewicht getroffen werden. → Finanzamt (6); → Körperschaftsteuer (2).

Geschäftsmäßiges Handeln
ist Tatbestandsmerkmal einzelner Straftatbestände, zB bei geschäftsmäßiger Förderung der Selbsttötung (§ 217 StGB), oder Ordnungswidrigkeiten. Es liegt vor, wenn der Täter – wenn auch nur bei einer einzelnen Tat – beabsichtigt, die Wiederholung gleichartiger Taten zum Gegenstand seiner wirtschaftlichen oder beruflichen Betätigung zu machen, auch wenn er damit keine Erwerbsabsicht verbindet. Wegen der Bewertung des geschäftsmäßigen Handelns als Tat → Sammelstraftat. Das geschäftsmäßige Handeln ist bei einer beruflichen oder gewerblichen Tätigkeit uU Voraussetzung und Anknüpfungspunkt für die Genehmigungsbedürftigkeit (vgl. → Rechtsberatung, → Fahrlehrer).

Geschäftsordnung
Die Geschäftsordnung eines → Parlaments, einer kommunalen Vertretung, einer Regierung, einer Behörde, eines Gerichts oder eines sonstigen Gremiums bestimmt das Verfahren, nach dem die zugewiesenen Aufgaben zu erledigen sind, dh den förmlichen Geschäftsgang. So regelt die Geschäftsordnung des → Bundestages idF der Bek. v. 2.7.1980 (BGBl. 1980 I 1237) mÄnd das Verfahren bei der Wahl des Präsidenten, der Stellvertreter und Schriftführer sowie deren Aufgaben, die Pflichten und Rechte der Abgeordneten, die Stellung der Fraktionen, Ansetzen und Durchführen der Sitzungen, Aufgaben und Bildung der Ausschüsse und des Ältestenrates, Behandlung der Vorlagen, Anträge, Anfragen und Petitionen. Weiter besteht eine Geschäftsordnung für den → Bundesrat v. 26.11.1993 (BGBl. 1993 I 2007) mÄnd und eine Gemeinsame Geschäftsordnung des Bundestages und des Bundesrates für den Ausschuss nach Art. 77 GG (Vermittlungsausschuss) v. 19.4.1951 (BGBl. 1951 II 103) mÄnd, ferner eine Geschäftsordnung für den → Gemeinsamen Ausschuss im Bundestag und Bundesrat v. 23.7.1969 (BGBl. 1969 I 1102) mÄnd und eine Geschäftsordnung des → Bundesverfassungsgerichts. Die Geschäftsordnung der Bundesregierung v. 11.5.1951 (GMBl. 1951, 137) mÄnd regelt die Verteilung (und förmliche Behandlung) der Aufgaben unter Bundeskanzler, Bundesminister und Bundesregierung, insbes. die Beratung und

Beschlussfassung des Kabinetts. Die Grundsätze des Geschäftsganges der Bundesministerien sind in einer Gemeinsamen Geschäftsordnung der Bundesministerien festgelegt. Die entsprechenden Organe der Länder der BRep. haben sich ebenfalls Geschäftsordnungen gegeben. Auch die kommunalen Vertretungen (→ Gemeinderat, → Stadtrat, → Kreistag ua) haben idR eine Geschäftsordnung, die insbes. die Ladung zu den Sitzungen sowie den Geschäftsgang des Parlaments und seiner Ausschüsse sowie die Verteilung der Geschäfte innerhalb der Kommunen näher regelt. Die Geschäftsordnung kann bei Staatsbehörden durch die übergeordnete Behörde als → Verwaltungsvorschrift erlassen werden; in den übrigen Fällen ergeht sie meist als autonome Regelung (→ Satzung) durch Beschluss des Parlaments, der Regierung oder der kommunalen Volksvertretung. Für Gerichte sa → Geschäftsverteilung.

Geschäftsräume
1. Für → außerhalb von Geschäftsräumen geschlossene Verträge definiert § 312b II BGB Geschäftsräume als unbewegliche Gewerberäume, in denen der Unternehmer seine Tätigkeit dauerhaft ausübt. Bewegliche Geschäftsräume können auch dazu gehören.

2. Geschäftsräume stehen in Deutschland auch gegenüber den im Wirtschaftsverwaltungsrecht häufigen Betretungsrechten (vgl. zB § 42 II LFGB) unter dem Grundrechtsschutz für die → Wohnung (vgl. § 287 AO). Das gilt nach der umstrittenen Rechtsprechung des EuGH (Hoechst, NJW 1989, 3080) allerdings nicht für die Ausübung von Amtsgewalt der EU-Organe. Der EuGH prüft insoweit aber die → Verhältnismäßigkeit.

Geschäftsraummakler
Geschäftraummakler unterliegen den gleichen Beschränkungen wie Wohnungsmakler: → Wohnungsvermittlung, → Grundstücksmakler, → Makler.

Geschäftsraummietvertrag
Zur Systematik des Mietrechts s. zunächst → Mietvertrag (1). Für die Miete von Geschäftsräumen gelten grds. die allg. Vorschriften über den → Mietvertrag (§§ 535–548 BGB). Weiterhin gelten die in §§ 578–580a BGB enthaltenen Sondervorschriften für Mietverträge über andere Sachen, also insbes. Grundstücke und Räume, die keine Wohnräume sind (Fälligkeit der Miete zu Beginn, § 578 II BGB, § 556b BGB; bei Tod des Mieters außerordentliches Kündigungsrecht des Vermieters und des Erben des Mieters nach § 580 BGB, s. → Mietvertrag, 3; besondere Kündigungsfristen nach § 580a BGB, s. → Mietvertrag, 3). § 578 BGB verweist schließlich auf einen Teil der Vorschriften über die Wohnraummiete, die auch für Geschäftsräume gelten (s. hierzu iE → Wohnraummietvertrag).

Geschäftsreise
→ Reisekosten (3).

Geschäftsschädigung
→ Anschwärzung, → unlauterer Wettbewerb, → unerlaubte Handlung (2a, c, e).

Geschäftsstelle
Bei jedem Gericht ist mindestens eine Geschäftsstelle eingerichtet, die mit mindestens einem → Urkundsbeamten besetzt ist (§ 153 GVG). Der Geschäftsstelle obliegen grundsätzlich alle nichtrichterlichen Geschäfte eines Gerichts, soweit sie nicht durch den → Rechtspfleger wahrgenommen werden, insbes. die Verwaltung des Schriftgutes und die Erteilung von Ausfertigungen.

Geschäftsträger
→ Diplomat.

Geschäftsunfähigkeit
→ Geschäftsfähigkeit.

Geschäftsverteilung
Die Geschäftsverteilung bei den Gerichten ist eine Tätigkeit der gerichtlichen Selbstverwaltung, die das → Präsidium ausübt. Im Geschäftsverteilungsplan verteilt es vor Beginn des Geschäftsjahres für dessen Dauer die richterlichen Geschäfte auf die einzelnen Senate, Kammern oder Abteilungen des Gerichts und bestimmt die Mitglieder der einzelnen Spruchkörper. Für den Fall der Verhinderung eines Richters werden außerdem die Vertreter bestellt. Die Geschäftsverteilung wird bei allen Gerichten nach ähnlichen Grundsätzen vorgenommen (§ 21e GVG sowie Verweisungen und zT Sonderregelungen in § 4 VwGO, § 4 FGO, §§ 6a, 30, 39 ArbGG, § 6 SGG). Um den → gesetzlichen Richter zu gewährleisten, ist ihre Änderung während des Geschäftsjahres nur wegen Überlastung, Wechsels oder dauernder Verhinderung eines Richters zulässig. Innerhalb eines mit mehreren Richtern besetzten Spruchkörpers werden die Geschäfte durch Beschluss aller ihm angehörenden Berufsrichter vor Beginn eines Geschäftsjahres für dessen Dauer auf die Mitglieder verteilt.

Geschäftsverteilungsplan
→ Geschäftsverteilung.

Geschäftswert
Der Geschäftswert ist der für die Gebühren in Angelegenheiten der → freiwilligen Gerichtsbarkeit (im Zivilprozess → Streitwert) maßgebende, in Geld bemessene Wert des vom Gericht oder Notar behandelten Geschäfts (§§ 35, 36 GNotKG). Für die Berechnung enthält das GNotKG zahlreiche Vorschriften. Der Geschäftswert wird durch das Gericht beim Kostenansatz (§ 18 GNotKG) oder durch den Notar bei der Kostenberechnung (§ 19 GNotKG) festgesetzt; dies unterliegt Erinnerungen, Einwendungen und der Beschwerde (§§ 81, 127 GNotKG).

Handels- und steuerrechtlich ist der Geschäftswert der Inbegriff von Gewinnchancen, die in dem Unternehmen über die Teilwerte der Wirtschaftsgüter hinaus verkörpert werden, also der Mehrbetrag des Ertragswerts über den Substanzwert. Der entgeltlich erworbene Praxiswert des Freiberuflers unterliegt der linearen → Absetzung für Abnutzung in 2–3 Jahren, der gewerbliche Geschäftswert (Firmenwert – goodwill) steuerlich in 15 Jahren (§ 7 I 3 EStG).

Geschäftswille
→ Willenserklärung (1a cc).

Geschenke
→ Schenkung, → Verlöbnis. Steuerlich können Geschenke → Betriebsausgaben sein, wenn der Wert pro Empfänger im Jahr 50 EUR (bis zum VAZ 2023: 35 EUR) nicht übersteigt (§ 4 V S. 1 Nr. 1 EStG). Übliche Gelegenheitsgeschenke sind von der Erbschaftsteuer befreit (§ 13 I Nr. 14 ErbStG).

Geschenke, Annahme durch Beamte
Der Beamte darf – auch nach Beendigung des Beamtenverhältnisses – Belohnungen oder Geschenke in Bezug auf sein Amt nicht annehmen; Ausnahmen bedürfen der Zustimmung seines gegenwärtigen oder letzten Dienstherrn annehmen. Soweit Zuwendungen für die Dienstausübung oder eine Diensthandlung gewährt werden, ist der Beamte bei Annahme grundsätzlich wegen Vorteilsannahme oder der Bestechlichkeit strafbar (→ Bestechung).

Geschlechterquote
Eine Geschechterquote in Aufsichtsräten wurde 2016 durch das Gesetz für die gleichberechtigte Teilhabe von Frauen und Männern an Führungspositionen in der Privatwirtschaft und im öffentlichen Dienst v. 24.4.2015, BGBl. 2015 I 642 eingeführt. Sie besagt, dass in mitbestimmten börsennotierten Aktiengesellschaften sich der → Aufsichtsrat mindestens zu 30% aus Frauen und aus Männern zusammensetzen muss (§ 96 II AktG). Der Mindestanteil ist vom Aufsichtsrat insgesamt zu erfüllen, also von den Mitgliedern der Anteilseigner und der Arbeitnehmer in ihrer Gesamtheit. Die Quote soll dadurch erreicht werden, dass eine Wahl oder Entsendung von Aufsichtsratsmitgliedern unter Verstoß gegen die Mindestquote nichtig ist (§ 96 II 6 AktG). Das bedeutet, dass der für das unterrepräsentierte Geschlecht vorgesehene Platz unbesetzt bleibt. Der Vorstand von börsennotierten oder mitbestimmten Aktiengesellschaften muss ferner Zielgrößen für den Frauenanteil in den beiden Führungsebenen unterhalb des Vorstand festlegen (§ 76 IV AktG). Auch in Vorständen selbst gibt es eine Geschlechterquote. Besteht ein Vorstand aus mehr als drei Mitgliedern, muss hierunter mindestens ein Mann und eine Frau sein (§ 76 IIIa AktG).

Geschlechtsehre, Verletzung der –
→ unerlaubte Handlung (2d), → Sexualstraftaten.

Geschlechtsgemeinschaft
→ eheliche Lebensgemeinschaft.

Geschlechtskrankheiten
Das Gesetz zur Bekämpfung der Geschlechtskrankheiten wurde durch das → Infektionsschutzgesetz v. 20.7.2000 (BGBl. 2000 I 1045) aufgehoben. Die Bekämpfung der Geschlechtskrankheiten richtet sich nunmehr nach den allgemeinen Vorschriften des Infektionsschutzgesetzes.

Geschlechtsneutrale Gesetzessprache
1. Traditionell bezeichnet in der → Gesetzessprache im deutschen Recht die männliche Form nicht nur männliche Personen, sondern alle Personen, deren Geschlecht nicht bekannt oder für den jeweiligen Zusammenhan unwichtig ist. Dies galt bislang für alle Gesetze und Rechtsverordnungen des Bundes und früher auch für alls Rechtsvorschriften der Länder.

2. Im Interesse der → Gleichberechtigung wird angestrebt, Personen im Text von Rechtsvorschriften nicht nur mit ihrer männlichen Form, sondern auch in ihrer weiblichen Form oder geschlechtsneutral zu bezeichnen (→ Gendern); vgl. zB § 4 III des Bundesgleichstellungsgesetzes (→ Gleichberechtigung aE) v. 24.4.2015 (BGBl. I 642,643) m.Änd. Die Verwendung geschlechtsneutraler Formen („Vertrauensperson“ statt „Vertrauensmann“) ist idR ohne Beeinträchtigung der Lesbarkeit und Verständlichkeit einer Rechtsvorschrift möglich, scheitert aber bisweilen am Fehlen geeigneter Begriffe. Durch die parallele Verwendung der durch das Wort „oder“ oder durch einen Schrägstrich („Schrägstrichgesetze“) verbundenen männlichen und weiblichen Form wird zwar dem Gedanken der Gleichberechtigung in optimaler Weise Rechnung getragen, doch leiden dann Klarheit und Prägnanz (vgl. zB § 50 IV 1 Gemeindeordnung für Schleswig-Holstein v. 28.2.2003, GVOBl. 2003, 57, mÄnd: „Sofern die Gemeinde Beschäftigte hat, ist die Bürgermeisterin oder der Bürgermeister deren Dienstvorgesetzte oder Dienstvorgesetzter.“).

3. Die Verwendung der Nachsilbe „Innen“ mit im Wortinneren großgeschriebenem „I“ („ArbeiterInnen“) hat in die Gesetzessprache noch keinen Eingang gefunden; dies gilt auch für andere Lösungen mit Sonderzeichen (zB Mitarbeiter*innen, Mitarbeiter/innen, Mitarbeiter:innen oder Mitarbeiter_innen). Diese Formen haben sich bislang nicht durchgesetzt, zumal diese Lösungen alle versagen, wenn der erste Wortteil entweder so nicht existiert („Beamt*in“; es gibt keinen „Beamt“, sondern nur einen „Beamten“) oder der erste Wortteil flektiert wird („Ärzt*in“; es gibt keinen „Ärzt“, sondern nur einen „Arzt“). Diese Neuschöpfungen berücksichtigen auch nicht die Gruppe der → Diversen, obwohl dies von ihren Befürwortern behauptet wird. Um auch den Personenkreis der Diversen zu berücksichtigen, wird vereinzelt auch die bisher übliche Geset-

zessprache mit der männlichen Form verwendet und hinter jedem eine Person bezeichnenden männlichen Begriff vermerkt „(m/w/d)" (zB „Beamter (m/w/d)"). Letztere Lösung berücksichtigt alle Geschlechtergruppen und vermeidet bisher in der deutschen Sprache unübliche Sonderzeichen (wie zB das sog. „Gendersternchen" in „Ärzt*innen"). Sämtliche dieser Lösungen haben aber den Nachteil, dass sich die in der deutschen Sprache bisher unüblichen Sonderzeichen und auch der Zusatz „m/w/d" in der gesprochenen Sprache kaum verständlich nachvollziehen lassen.

4. Eine radikale Lösung strebte in jüngerer Vergangenheit bisher einmalig 2020 das Bundesjustizministerium an. In dem im Entwurf eines G zur Fortentwicklung des Sanierungs- und Insolvenzrechts (SanInsFoG) enthaltenen Entwurf eines Unternehmensstabilisierungs- und -restrukturierungsgesetzes (StaRUG) wurde ausschließlich die weibliche Form verwendet. Dadurch wird aber weder die Benachteiligung eines Geschlechtes vermieden noch den Belangen der Gruppe der → Diversen Rechnung getragen. Aufgrund verschiedenster Widerstände gab das Bundesjustizministrium seinen Vorstoß auf; bereits im Regierungsentwurf und dann im späteren Gesetz fand sich wieder ausschließlich die bisher übliche Gesetzessprache mit den männlichen Formen des generischen Maskulinum. 2023 verlautbarte das Bundesjustizministerium wiederum, dass es weiterhin in der Gesetzessprache beim generischen Maskulinum bleibe und Sonderzeichen in der Gesetzessprache nicht verwendet werden.

5. Im juristischen Sprachgebrauch empfiehlt sich zur Vermeidung von Missverständnissen immer die strikte Orientierung am Sprachgebrauch des Gesetzgebers. Dies bedeutet die Verwendung der männlichen Form wie oben dargelegt sowie entsprechend § 4 III Bundesgleichstellungsgesetz überall, wo es sprachlich möglich ist, die Ersetzung der männlichen Form durch geschlechtsneutrale Begriffe („Vertrauensperson" oder „Studierende") oder durch beide Formen („Ärztinnen und Ärzte"). Großgeschriebenes Binnen-I, Gendersternchen, Binnenschrägstrich, Binnen-Doppelpunkt und Binnen-Unterstrich sind kein Teil der Gesetzessprache und sollten daher in juristischen Texten nicht verwendet werden. Die Kultusministerien den Länder Sachsen, Sachsen-Anhalt und Schleswig-Holstein haben die Verwendung des großgeschriebenen „I" im Wortinnern sowie andere der Sprache fremde Sonderzeichen wie zB das Gendersternchen für den Schulgebrauch verboten, in Bayern und Hessen gilt ein Verbot von Sonderzeichen in der öffentlichen Verwaltung; sa → Gendern.

6. Der Rat für deutsche Rechtschreibung hat am 26.3.2021 über die Frage beraten und keine Empfehlung für die Verwendung von Sonderzeichen ausgesprochen. Am 14.7.2023 sprach er auch keine Empfehlung für Sonderzeichen aus und verlautbarte lediglich unter Hinweis auf grammatikalische Folgeprobleme, die Entwicklung abwarten zu wollen. 2023 verlautbarte das Bundesjustizministerium, dass es in der Gesetzessprache weiterhin beim generischen Maskulinum bleibe und Sonderzeichen in der Gesetzessprache nicht verwendet werden.

Geschlechtsangleichung, -umwandlung
Unter Geschlechtsangleichung oder Geschlechtsumwandlung wird ein operativer Eingriff verstanden, bei dem geschlechtsangleichende Maßnahmen durchgeführt werden, die dem Empfinden der Person entsprechen → Transsexualität. Da die Eingriffe irreversibel sein können, ist eine Operation nur mit dem Ziel, das äußere Erscheinungsbild eines Kindes an ein Geschlecht anzupassen, durch das Gesetz zum Schutz von Kindern mit Varianten der Geschlechtsentwicklung vom 12.5.2021 (BGBl. 2021 I 1082) verboten (§ 1631e BGB). Nur falls der Eingriff nicht bis zu einer selbstbestimmten Entscheidung des Kindes aufgeschoben werden kann, ist im Rahmen der → Personensorge eine Genehmigung des Eingriffs durch das → Familiengericht möglich, das sich auf die Einschätzung einer für den Fall zu bildenden interdisziplinären Kommission stützt (§ 1631e III BGB).

Geschlechtsverkehr
→ Beischlaf, → Beiwohnung.

Geschlossener Immobilienfonds
→ Immobilienfonds.

Geschmacksmuster
→ Design.

Geschmacksmusterberühmung
nunmehr: → Designberühmung.

Geschmacksmusterstreitsachen
nunmehr: → Designstreitsachen.

Geschossfläche(nzahl)
→ Baunutzungsverordnung.

Geschützte geographische Angabe
Das Europarecht kennt zwei geographische Angeben, die → geschützte Ursprungsbezeichnung und die geschützte geographische Angabe. In beiden Fällen handelt es sich um landwirtschaftliche Erzeugnisse mit einer besonderen Verbindung zu einem geographischen Gebiet. Die Bezugnahme darauf soll die Verbundenheit des Erzeugnisses mit dem angegebenen Gebiet betonen und seine Vermarktungschancen damit erhöhen. Die beiden Herkunftsangaben unterscheiden sich hauptsächlich in der Stärke ihrer Beziehung zu dem angegebenen Gebiet. Zusätzlich gibt es davon zu unterscheidende geographische Herkunftsangaben nach deutschem Recht (unten 2). Einen ähnlichen Schutz gibt es für → traditionelle Lebensmittel als „garantiert traditionelle Spezialität". Einschlägig ist die Verordnung (EU) 2024/1143 v. 11.4.2024 über geographische Angaben für Wein, Spirituosen und land-

wirtsschaftliche Erzeugnisse (ABl. EU 2024 L v. 23.4.2024).

1. a) Geographische Angabe nach Art. 46 VO (EU) 2024/1143 ist der Name eines landwirtschaftlichen Erzeugnisses, das aus einem bestimmten Gebiet stammt, bei dem die Qualität oder das Ansehen wesentlich auf den geographischen Ursprung zurückzuführen ist und bei dem wenigstens ein Produktionsschritt (Erzeugung, Verarbeitung oder Zubereitung) in diesem Gebiet erfolgt. Solche Namen können als geographische Angaben auf Antrag geschützt werden, wie etwa „Abensberger Spargel", „Rheinisches Apfelkraut" und „Westfälicher Knochenschinken". Anträge werden mit der zwingend erforderlichen Produktspezifikation in Deutschland beim → Deutschen Patent- und Markenamt gestellt (§ 130 MarkenG), das sie vorprüft. Die endgültige Entscheidung trifft die Kommission, die den Namen dann in ein von ihr geführtes Unionsregister einträgt (Art. 22 VO (EU) 2024/1143). Die geschützte geographische Angabe darf von jedem Markteilnehmer verwendet werden, der ein Erzeugnis vermarktet, das der betreffenden Produktspezifikation entspricht. Die Vermarktung muss unter Verwendung des einschlägigen Unionszeichens (Delegierte VO (EU) 664/2014 v. 18.12.2013, ABl. EU 2014 L 179, 17) und kann mit dem Zusatz „geschützte geographische Angabe" oder „g.g.A." erfolgen. Die Regeln der VO (EU) 2024/1143 gelten auch für → Wein und → Spirituosen.

b) Die geschützten geographischen Angaben sind → Immaterialgüterrechte, aber keine → Marken. Sie sind gem. Art. 26 VO (EU) 2024/1143 gegen kommerzielle Verwendung, widerrechtliche Nachahmung und gegen alle Praktiken geschützt, die geeignet sind, den Verbraucher in Bezug auf den tatsächlichen Ursprung des Erzeugnisses irrezuführen. Die Einzelheiten des Schutzes überlässt das Europarecht den Mitgliedstaaten. In Deutschland ist der Schutz in den §§ 130–136 MarkenG geregelt und wettbewerbsrechtlich ausgestaltet. So können nach § 135 MarkenG Zuwiderhandelnde von den in § 8 III UWG genannten Marktteilnehmern auf Unterlassung in Anspruch genommen werden und in Verbindung mit § 128 MarkenG zum Schadensersatz verpflichtet sein.

2. Geographische Herkunftsangaben sind auch nach § 1 Nr. 3 MarkenG sowie den §§ 126–129 MarkenG geschützt (→ Marken, 4. aE). Dieser Schutz erfasst nicht nur Agrarerzeugnisse und Lebensmittel, sondern die geographischen Herkunftsangaben aller Waren und Dienstleistungen. Hierzu gehört etwa die Bezeichnung „Made in Germany", die jedoch voraussetzt, dass alle wesentlichen Bestandteile deutschen Ursprungs sind. Eine Anmeldung oder Registrierung gibt es nicht, allerdings können durch Rechtsverordnung nach § 137 MarkenG für bestimmte Herkunftsangaben die Voraussetzungen festgelegt werden. Dies ist zB geschehen für Schneidwaren aus „Solingen" (SolingenV v. 16.12.1994, BGBl. 1994 I 3833) und Uhren aus „Glashütte" (GlashütteV v. 22.2.2022, BGBl. 2022 I 218). Da das Unionsrecht Vorrang hat und eine abschließende Regelung darstellt, können nur solche geographischen Herkunftsangaben unter den Schutz der §§ 126 ff. MarkenG fallen, die nach Unionsrecht nicht geschützt werden können.

Geschützte Landschaftsbestandteile
sind Instrumente des naturschutzrechtlichen Objektschutzes. § 29 BNatSchG definiert geschützte Landschaftsbestandteile als rechtsverbindlich festgesetzte Teile von Natur und Landschaft, deren besonderer Schutz insbes. zur Erhaltung, Entwicklung oder Wiederherstellung der Leistungs- und Funktionsfähigkeit des → Naturhaushalts oder zur Belebung, Gliederung oder Pflege des Orts- oder Landschaftsbildes erforderlich ist (Schutz des kultivierten Naturobjektes, s. → Naturdenkmal und → Landschaftsschutzgebiete). Der Schutz kann sich in bestimmten Gebieten ua auf den gesamten Bestand an Alleen, einseitigen Baumreihen ua m. erstrecken. Ihre Beseitigung sowie alle Handlungen, die zu einer Zerstörung, Beschädigung o. Veränderung eines geschützten Landschaftsbestandteils führen können, sind nach Maßgabe näherer Bestimmungen grundsätzlich verboten. Sa → Naturschutz, → Schutzgebiete.

Geschützte Ursprungsbezeichnung
Die Ursprungsbezeichnung ist eine geographische Angabe. Nach Art. 46 der Verordnung (EU) 2024/1143 v. 11.4.2024 über geographische Angaben für Wein, Spirituosen und landwirtsschaftliche Erzeugnisse (ABl. EU 2024 L v. 23.4.2024) ist sie der Name eines landwirtschaftlichen Produktes, das aus einem bestimmten Gebiet stammt, dessen Güte oder Eigenschaften zumindest überwiegend diesen geographischen Verhältnissen zu verdanken sind und bei dem grundsätzlich sämtliche Produktionsschritte (Erzeugung, Verarbeitung und Zubereitung) in diesem Gebiet erfolgen. Deutsche Beispiele sind „Lüneburger Heidschnucke", „Odenwälder Frühstückskäse" und „Stromberger Pflaume". Die Ursprungsbezeichnung ist geschützt, wenn sie das Verfahren der VO (EU) 2024/1143 durchlaufen hat. Das landwirtschaftliche Erzeugnis kann dann mit der Bezeichnung „geschützte Ursprungsbezeichnung" oder der Abkürzung „g. U." vermarktet werden und ist in ein Unionsregister eingetragen. Eine ähnliche, aber andere geographische Angabe ist die → geschützte geographische Angabe.

Geschwindigkeitsbegrenzer
sind vorgeschrieben zur Beschränkung der → Fahrgeschwindigkeit von → Omnibussen über 3,5 t auf 100 km/h und von → Lastkraftwagen über 3,5 t auf 90 km/h durch Steuerung der Kraftstoffzufuhr (§ 57c StVZO).

Geschwindigkeitsbegrenzungen
→ Fahrgeschwindigkeit.

Geschwindigkeitsbeschränkte Zone
→ Fahrgeschwindigkeit.

Geschwister
→ Verwandtschaft.

Geschworene
hießen früher die → ehrenamtlichen Richter beim → Schwurgericht. Sie tragen jetzt wie die übrigen ehrenamtlichen Beisitzer bei den Strafgerichten die Bezeichnung → Schöffe.

Geselle
→ Handwerksgeselle.

Gesellschaft, ausländische
Eine ausländische Gesellschaft ist eine Gesellschaft, die zumindest ihren satzungsmäßigen Sitz bzw. ihre Registrierung im Ausland hat. Die international-privatrechtliche Behandlung, also die Frage, nach welchem Recht die Strukturen und die Verfassung der Gesellschaft zu beurteilen ist, kann nicht pauschal erfolgen. Nach der Rspr. des → Europäischen Gerichtshofs (EuGH) gilt zumindest für eine Gesellschaft, die in einem Mitgliedsstaat der EU gegründet wurde (zB niederländische N. V.), auch dann das Recht des Gründungsstaates, wenn diese Gesellschaft ihren Sitz bzw. ihre geschäftliche Aktivität in einem anderen Mitgliedsstaat der EU verlegt. Diese (Kapital)Gesellschaft behält ihre Rechtsfähigkeit, weshalb die Gesellschafter das Privileg der beschränkten Haftung nicht verlieren.

Gesellschaft des bürgerlichen Rechts (GbR)
Mit dem Gesetz zur Modernisierung des Peronengesellschaftsrechts (MoPeG von 17.8.2021, BGBl. 2021 I 3436) fand eine wichtige Fortentwicklung des Rechts der GbR statt. Die vom BGH schon seit geraumer Zeit anerkannte Rechts- und Grundbuchfähigkeit der GbR wurde gesetzlich kodifiziert, weshalb insoweit der Charakter als Gesamthandsgemeinschaft definitiv hinfällig wird. Die GbR ist nun konsequent als Grundform aller rechtsfähigen Personengesellschaften ausgestaltet (zB Gewinn- und Verlustbeteiligung nach Beteiligungsquote anstatt nach Köpfen). Außerdem wurde ein GbR-Register mit Publizitätswirkung eingeführt, dessen Einzelheiten der Bundesgesetzgeber im Verordnungsweg regelt („eingetragene GbR" oder eGbR). Außerdem gibt es nun die Möglichkeit, gesellschaftsvertraglich das (neue) Beschlussmängelrecht der Personenhandelsgesellschaften für anwendbar zu erklären. Das MoPeG ist am 1.1.2024 in Kraft getreten. Im Einzelnen:

1. Die Gesellschaft des bürgerlichen Rechts ist eine auf Vertrag (Gesellschaftsvertrag) beruhende Vereinigung von mindestens zwei Personen (Gesellschaftern) zur Förderung eines von ihnen gemeinsam verfolgten Zwecks (§ 705 I BGB). Grundtyp ist die rechtsfähige Gesellschaft des bürgerlichen Rechts (also nicht bloße → Innengesellschaft), §§ 705 II, 706 ff. BGB. Die Gesellschaft des bürgerlichen Rechts kann sich also als solche (zB durch Kaufvertrag) zur Zahlung verpflichten, selbst Gesellschafterin einer → offenen Handelsgesellschaft oder einer → Kommanditgesellschaft sein (vgl. § 162 I 2 HGB) sowie unter ihrem Namen klagen oder verklagt werden. Auch kann die Gesellschaft des bürgerlichen Rechts Gegenstand einer → Umwandlung sein. Die rechtsfähige Gesellschaft des bürgerlichen Rechts kann auch als Rechtsinhaberin im → Grundbuch eingetragen werden, § 47 II GBO. Gesetzlicher Anknüpfungspunkte für die Rechtsfähigkeit ist, ob die Gesellschaft nach dem Willen der Gesellschafter am Rechtsverkehr teilnehmen soll (§ 705 II BGB). Dazu sind Rückschlüsse aus dem Gesellschaftszweck möglich. Weil das von den Gesellschaftern Gewollte aber nicht immer nach außen erkennbar ist, unterstützt das Gesetz mit einer Vermutung: Wenn die Gesellschaft ein Unternehmen unter gemeinschaftlichem Namen betreibt, dann wird der Wille zur Teilnahme am Rechtsverkehr vermutet (§ 705 III BGB). Im Verhältnis zu Dritten entsteht die rechtsfähige Gesellschaft erst, wenn sie mit Zustimmung sämtlicher Gesellschafter am Rechtsverkehr teilnimmt, spätestens aber mit der Eintragung in das Gesellschaftsregister (§ 719 I). Eine in das Gesellschaftsregister eingetragene Gesellschaft ist also stets rechtsfähig.

Die Gesellschaft des bürgerlichen Rechts ist die Grundform der → Personengesellschaft. Gesellschaften kommen sehr häufig und in mannigfaltigen Formen vor, weshalb die Abgrenzung zu anderen Vertragstypen nicht immer einfach ist. Vielfach erfolgt die Gründung allein durch schlüssiges Handeln (zB Mieten eines Omnibusses für Ausflugsfahrt). Praktisch wichtige Formen von Gesellschaften sind: Zusammenschlüsse von Gewerbetreibenden, die keine Kaufleute sind (→ Kaufmann), die → Sozietät von → Rechtsanwälten (weitergehend aber → Partnerschaftsgesellschaft), die → Gelegenheitsgesellschaften, → ARGE; sa → Kartell. Nicht zu den Gesellschaften gehört der → partiarische Vertrag.

2. Der Gesellschaftsvertrag ist ein personenrechtlicher gemeinschaftsbegründender Vertrag, der grundsätzlich dem → Schuldrecht unterliegt. Er ist nur in einzelnen Bestimmungen ein → gegenseitiger Vertrag dh die §§ 320 ff. BGB passen nur vereinzelt für einen Gesellschaftsvertrag. Er ist formfrei, kann daher mündlich, auch durch schlüssiges Verhalten zustandekommen. Nur wenn er formbedürftige Leistungsversprechen enthält (zB Grundstücksübereignung, § 311b BGB), muss er in der hierfür erforderlichen Form abgeschlossen werden. Ebenso können auch nachträglich neue Gesellschafter aufgenommen werden.

Die Gesellschafter haben folgende Pflichten: Sie müssen die vereinbarten Beiträge leisten, zB Geld oder Übereignung von Sachen, sind aber nicht verpflichtet, sie nachträglich zu erhöhen oder bei Verlust zu ersetzen (§ 710 BGB). Die Treuepflicht der Gesellschafter bedeutet, dass sie die Interessen der Gesellschaft wahrzunehmen, insbes. auch alles zu unterlassen haben, was diese Interessen beeinträchtigt. Die wichtigsten Rechte der Gesellschafter sind die Ansprüche auf den Gewinn (§§ 709 III BGB) und auf das Auseinandersetzungsguthaben (§ 728 BGB). Jeder Gesellschafter hat das Informationsrecht des § 717 BGB.

3. Zur Geschäftsführung sind die Gesellschafter berechtigt und verpflichtet; sie steht ihnen grundsätzlich gemeinschaftlich zu, wobei für jedes Geschäft die Zustimmung aller Gesellschafter erforderlich ist (§ 715 BGB). Im Gesellschaftsvertrag kann vorgesehen werden, dass bei der Geschäftsführung die Mehrheit der Stimmen entscheidet (§ 715 III, IV BGB), die Geschäftsführung einem oder mehreren Gesellschaftern übertragen wird und die anderen Gesellschafter davon ausgeschlossen werden (§ 715 IV, V BGB). Die Möglichkeit eines derartigen Mehrheitsbeschlusses muss aber im Gesellschaftsvertrag hinreichend bestimmt geregelt sein, zB die Feststellung des Jahresabschlusses als Angelegenheit der laufenden Verwaltung (s. → Minderheitsrechte). Ungeregelt sind (weiterhin) die Beschlussfassung und die Beschlussanfechtung; eine Analogie zum Beschlussmängelrecht der OHG hat der Gesetzgeber bewusst nicht gewollt. Eine Entziehung und Kündigung der Geschäftsführung (§ 715 V BGB) sind zulässig. Die Vertretungsmacht nach außen ist allumfassend, dh Beschränkungen aus dem Innenverhältnis sind gegenüber Dritten unwirksam (§ 720 III BGB). Die Vertretungsmacht kann nur mit der Geschäftsführung zusammen entzogen werden (§ 720 IV BGB).

4. Das Gesellschaftsvermögen steht aufgrund ihrer Rechtsfähigkeit der Gesellschaft selbst zu (§ 713 BGB). Es umfasst die Beiträge der Gesellschafter und die erworbenen Gegenstände (→ Sachen und → Rechte). Gesellschaftsschulden sind alle Verbindlichkeiten, die die Gesellschaft zu erfüllen hat. Für Verbindlichkeiten der Gesellschaft des bürgerlichen Rechts aus Rechtsgeschäften oder Gesetz haften die Gesellschafter als Gesamtschuldner (§ 721 BGB) mit ihrem gesamten privaten Vermögen (→ Gesamtschuld). Es kann jedoch mit den Gläubigern vereinbart werden, dass die Haftung auf das Gesellschaftsvermögen beschränkt ist; bloße firmenähnliche Zusätze – zB „GbR-mbH" – auf Briefbögen oder Rechnungen genügen dafür aber nicht. Die → Zwangsvollstreckung in das Gesellschaftsvermögen setzt einen → Vollstreckungstitel gegen die Gesellschaft (§ 722 I BGB) voraus. Ein Urteil gegen die Gesellschafter persönlich ist erforderlich, wenn (auch) in deren Privatvermögen vollstreckt werden soll (§ 722 II BGB). Weitere Gesellschafter können durch Vertrag mit allen bisherigen Gesellschaftern in die Gesellschaft eintreten; es besteht dann die alte Gesellschaft unter Einschluss des neuen Gesellschafters fort, der grundsätzlich auch für bereits bestehende Verbindlichkeiten der Gesellschaft des bürgerlichen Rechts haftet (§ 721a BGB).

5. Ein Gesellschafter kann unter Fortbestand der Gesellschaft aus ihr nur dann freiwillig ausscheiden, wenn der Gesellschaftsvertrag dies vorsieht oder alle übrigen Gesellschafter mit dem Austritt einverstanden sind (vgl. § 711 BGB). Ein Gesellschafter kann ohne oder gegen seinen Willen durch Beschluss der übrigen Gesellschafter unter den Voraussetzungen des § 727 BGB aus wichtigem Grund aus der Gesellschaft ausgeschlossen werden. Wenn bei → Kündigung, Tod oder → Insolvenzverfahren über das Vermögen eines Gesellschafters der Gesellschaftsvertrag vorsieht, dass die Gesellschaft unter den übrigen Gesellschaftern fortbestehen soll (Fortsetzungsklausel), scheidet der Gesellschafter mit Eintritt dieses Ereignisses aus der Gesellschaft aus (§ 723 BGB). Bei einer Nachfolgeklausel tritt ein neuer Gesellschafter an seine Stelle. Alle ausscheidenden Gesellschafter können → Abfindung (im Falle des Todes die Erben) von den übrigen Gesellschaftern in Höhe des Betrages beanspruchen, den er im Falle der Auseinandersetzung erhalten würde; dafür wächst den anderen Gesellschaftern der Anteil des ausscheidenden Gesellschafters an (→ Anwachsung, §§ 712, 728 BGB). Zu diesem Zweck ist zugunsten des ausscheidenden Gesellschafters eine Abschichtungs-(Auseinandersetzungs-) Bilanz zu erstellen, die den wahren Wert seiner Beteiligung (zB auch die stillen Reserven, → goodwill) ausweisen muss (s. aber → Buchwertklausel). Konstruktiv möglich ist auch eine → Eintrittsklausel. Vom Ganzen zu unterscheiden ist der Fall, dass ein Gesellschafter seinen Gesellschaftsanteil auf eine andere Person überträgt (§§ 413, 398, 711 I BGB); dazu ist grundsätzlich immer die → Zustimmung aller übrigen Gesellschafter erforderlich. Die Nachhaftung des Ausscheidenden ist wie bei der → Offenen Handelsgesellschaft (dort 5) begrenzt (§ 728b BGB).

6. Die Gesellschaft kann aus verschiedenen Gründen aufgelöst werden, insbes. durch Kündigung eines Gesellschafters (bei unbefristeter Gesellschaft jederzeit, sonst aus wichtigem Grund, insbes. bei schweren Pflichtverletzungen eines anderen Gesellschafters § 731 I BGB), Zeitablauf (§ 729 Nr. 1 BGB), Erreichen oder Unmöglichwerden des vereinbarten Zwecks (§ 729 II BGB), Tod eines Gesellschafters oder Eröffnung des → Insolvenzverfahrens über das Vermögen der Gesellschaft oder eines Gesellschafters (§ 730 BGB). Mit der Auflösung tritt die Gesellschaft in das Stadium der → Liquidation (sofern nicht ein Insolvenzverfahren stattfindet). Sie besteht als Liquidationsabwicklungsgesellschaft fort (§ 735 BGB) und erlischt erst, wenn die → Auseinandersetzung voll durchgeführt ist. Die Liquidatoren müssen die Gesellschaftsschulden beglichen und die Einlagen der Gesellschafter zu-

rückerstatten (§ 736d BGB). Reicht das Gesellschaftsvermögen nicht aus, um die Gesellschaftsschulden zu begleichen und die Einlagen zurückzuerstatten, so haben die Gesellschafter den fehlenden Betrag im Verhältnis ihrer Verlustanteile aufzubringen (§ 737 BGB).

7. Steuerrecht: Ertragsteuerlich ist die Gesellschaft kein Steuersubjekt. Die von ihr erzielten Einkünfte sind den Gesellschaftern als Mitunternehmer zuzurechnen (→ Mitunternehmerschaften, → Ertragssteuer). Dagegen ist die Gesellschaft bei der → Grunderwerbsteuer und bei der → Umsatzsteuer als Rechtsträger anerkannt. Grunderwerbsteuer- und Umsatzsteuerbescheide sind daher an die Gesellschaft selbst zu richten (Inhaltsadressat, → Adressat). Die Gesellschaft kann im eigenen Namen gegen diese Bescheide vorgehen.

Gesellschaft mit beschränkter Haftung (GmbH)

1. Die GmbH ist eine → Kapitalgesellschaft, in mancher Beziehung aber ähnlich wie eine → Personengesellschaft ausgestaltet. Die Gesellschafter haften für die Verbindlichkeiten der GmbH nicht persönlich, sondern es haftet die GmbH als → juristische Person allein (§ 13 II GmbHG; aber → Durchgriffshaftung, wenn der GmbH in existenzvernichtender Weise ohne Liquidation Vermögen entzogen wird, zur Haftung im Konzern → Konzernrecht). Die GmbH ist stets → Handelsgesellschaft und damit → Kaufmann (§ 13 III GmbHG, § 6 HGB), wobei es gleichgültig ist, welchen Zweck der Betrieb verfolgt. Die GmbH wurde als Rechtsform ohne historisches Vorbild durch das GmbHG von 1892 geschaffen. Sie hat seitdem sehr große praktische Bedeutung erlangt. Das Recht der GmbH ist durch G v. 23.10.2008 (Gesetz zur Modernisierung des GmbH-Rechts und zur Bekämpfung von Missbräuchen, MoMiG) grundlegend reformiert worden, um die Rechtsform im internationalen Vergleich attraktiver zu machen und ein Ausweichen auf ausländische Rechtsformen (damals v. a. britische Limited) zu verhindern.

2. Gründung. a) Eine GmbH kann zu jedem gesetzlich zulässigen Zweck (auch für Angehörige freier Berufe, zB Anwalts-GmbH, s. → Partnerschaftsgesellschaft) durch eine (sog. → Einmanngesellschaft) oder mehrere Personen errichtet werden (§ 1 GmbHG). Der Gesellschaftsvertrag (Satzung) bedarf an sich der notariellen → Form (§ 2 I GmbHG). Hat die Gesellschaft höchstens 3 Gesellschafter und nur einen Geschäftsführer, so kann sie auch soweit keine vom Gesetz abweichenden Bestimmungen getroffen werden, vereinfacht (ohne Notar) durch Verwendung des dem G v. 23.10.2008 als Anlage 1 beigefügten Musterprotokolls gegründet werden. Der Mindestinhalt eines Gesellschaftsvertrages ist in § 3 GmbHG vorgeschrieben. Seit August 2022 ist auch eine Online-Gründung möglich, d. h. ohne physische Anwesenheit der Gründer bei einem Notar, sondern unter dessen Hinzuziehung mittels eines Videokommunikationssystems (§ 16a BeurkG nF, § 2 III GmbHG nF, sa → Videokommunikation).

b) Die GmbH hat an sich ein → Stammkapital von mindestens 25 000 EUR (§ 5 I GmbHG). Ein Gesellschafter kann bei der Gründung mehrere (oder auch alle) → Geschäftsanteile übernehmen; diese können verschieden hoch sein, müssen aber insgesamt dem Stammkapital entsprechen (§ 5 II, III GmbHG, sa → Stammeinlage). Zur Erhöhung des Stammkapitals s. §§ 55 ff. GmbHG, zur Erhöhung aus Gesellschaftsmitteln (Rücklagen) §§ 57c ff. GmbHG, zur Möglichkeit einer vereinfachten Kapitalherabsetzung zwecks Erleichterung der Umstrukturierung und Sanierung vor allem im Rahmen eines → Insolvenzverfahrens, §§ 58 ff. GmbHG. Zur → Firma der GmbH s. dort.

Eine Gesellschaft kann aber auch mit einem geringeren Stammkapital (mindestens 1 EUR) gegründet werden. Sie muss dann als „Unternehmergesellschaft (haftungsbeschränkt)" bezeichnet werden. Aus Gläubigerschutzgründen muss bei dieser in der jeweiligen Jahresbilanz eine gesetzliche Rücklage in Höhe eines Viertels des Jahresabschlusses gebildet werden (§ 5a GmbHG).

c) Die Entstehung der GmbH setzt → Einlagen in Höhe von mindestens einem Viertel des Nennbetrags eines jeden Geschäftsanteils, insgesamt aber der Hälfte des gesamten Stammkapitals voraus. Dabei erfolgt eine verschärfte Überprüfung von Sacheinlagen, §§ 9, 19 IV GmbHG. UU haftet der jeweilige Gesellschafter für die Differenz zwischen dem tatsächlichen Wert der Sacheinlage und dem in der Satzung dafür veranschlagten Betrag (Differenzhaftung). Im Anschluss an die Aufbringung der Einlagen kann die Anmeldung (§§ 7, 8 GmbHG) und Eintragung in das Handelsregister (§ 10 GmbHG) erfolgen (zum Umfang der registergerichtlichen Satzungskontrolle s. § 9c GmbHG). Zur Haftung insoweit sa → Gründungsgesellschaft, → Durchgriffshaftung. Die Gründungsvorschriften sind nach der Rspr. auch bei Aktivierung einer bereits früher gegründeten Vorratsgesellschaft oder bei Verwendung eines alten GmbH-Mantels (Mantelgründung) anwendbar. Das zur Erhaltung des Stammkapitals erforderliche Gesellschaftsvermögen darf grds. nicht an die Gesellschafter ausgezahlt werden (§ 30 I GmbHG, § 31 GmbHG; s. aber → Cash-Pooling).

3. a) Die GmbH hat als Organ notwendig mindestens einen Geschäftsführer und die → Gesellschafterversammlung (Gesamtheit der Gesellschafter); sie entsprechen dem Vorstand und der → Hauptversammlung einer AG. Wer nicht Geschäftsführer werden kann, ist in § 6 GmbHG geregelt. Ferner kann die GmbH einen → Aufsichtsrat haben (§ 52 GmbHG); sie muss einen solchen haben, wenn sie mehr als

500 Arbeitnehmer beschäftigt (→ Drittelbeteiligungsgesetz, → Mitbestimmung, 2). Daneben sind auch fakultative Organe wie zB ein Beirat möglich. Der oder die Geschäftsführer sind die gesetzlichen Vertreter der GmbH (§ 35 GmbHG). Ihre Vertretungsmacht kann nach außen hin nicht beschränkt werden (§ 37 II GmbHG). Die Geschäftsführer, ggf. auch ihre Stellvertreter (§ 44 GmbHG), werden im Gesellschaftsvertrag oder durch → Gesellschafterbeschluss bestellt. Die Bestellung kann jederzeit widerrufen werden (Abberufung); jedoch kann der Gesellschaftsvertrag bestimmen, dass der Widerruf nur aus wichtigem Grund zulässig ist (§ 38 GmbHG). Hiervon zu unterscheiden ist die → Kündigung des der Geschäftsführerbestellung zugrunde liegenden → Dienstvertrages, die sich nach § 622 I BGB richtet. Die Geschäftsführer haben bei einer Gesellschafterveränderung eine aktuelle Gesellschafterliste zum Handelsregister einzureichen (§ 40 I GmbHG). Sie haften der GmbH gegenüber dafür, dass sie bei der Geschäftsführung die Sorgfalt eines ordentlichen Geschäftsmannes anwenden (§ 43 I GmbHG). Bei Verletzung dieser Pflichten haften sie auf → Schadensersatz (§ 40 III GmbHG, § 43 II GmbHG; s. ferner → Jahresabschluss, → Abschlussprüfer). Hat eine GmbH keinen Geschäftsführer (sog. Führungslosigkeit), wird sie von den Gesellschaftern vertreten (§ 35 I 2 GmbH).

b) Die Gesellschafter sind in einer Gesellschafterliste zu führen (§ 40 GmbHG). Die Liste und jede Veränderung sind zum Handelsregister einzureichen. Im Verhältnis zur Gesellschaft gilt als Inhaber des Geschäftsanteils nur, wer in der Gesellschafterliste eingetragen ist (§ 16 I 1 GmbHG). Seit Inkrafttreten des MoMiG vom 23.10.2008 BGBl. 2008 I S. 2026 ist daher auch der gutgläubige Erwerb von Gesellschaftsanteilen möglich. Die Gesellschafterliste ist insoweit Rechtsscheinsträger. Die Gesamtheit der Gesellschafter fasst die Gesellschafterbeschlüsse regelmäßig in der Gesellschafterversammlung, bei Einverständnis aller Gesellschafter auch in anderer Form (zB schriftlich, § 48 GmbHG). Die umfassende Zuständigkeit der Gesellschafterversammlung ergibt sich aus § 46 GmbHG; sie erstreckt sich insbes. auf die Prüfung und Überwachung der Geschäftsführung. Die Gesellschafter, die ihre aus dem Geschäftsanteil sich ergebenden Rechte in den Gesellschaftsbeschlüssen ausüben, trifft auch eine Deckungspflicht, wenn die übrigen Gesellschafter ihren Geschäftsanteil nicht leisten (§ 24 GmbHG; Ausfallhaftung); außerdem kann eine → Nachschusspflicht bestehen. Durch den Gesellschaftsvertrag können auch Nebenleistungsverpflichtungen begründet werden. Eine Einlagenrückgewähr ist zum Zweck der Kapitalerhaltung nicht möglich (§§ 30, 31 GmbHG). Schließlich trifft die Gesellschafter auch eine Treuepflicht zur angemessenen Rücksichtnahme auf die Belange der Gesellschaft. Zur Haftung bei existenzvernichtenden Eingriffen in die GmbH durch eine im Konzern führende Gesellschaft oder durch einen (Allein-)Gesellschafter s. → Konzernrecht (2). Änderungen des Gesellschaftsvertrages (Satzung) setzen einen Gesellschafterbeschluss mit ¾-Mehrheit voraus, der notariell beurkundet werden muss (§ 53 GmbHG).

c) Ein Gesellschafter kann aus der GmbH durch Übertragung seines → Geschäftsanteils (in notarieller Form, § 15 GmbHG) ausscheiden. Ferner kann ein Gesellschafter durch → Amortisation (Einziehung seines Geschäftsanteils durch Gesellschafterbeschluss) und bei Vorliegen eines wichtigen Grundes auch durch Austritt oder (mit ¾-Mehrheit) durch Ausschluss aus der GmbH ausscheiden. Der (gewohnheitsrechtlich anerkannte) Ausschluss (oder Austritt) führt nicht zwingend zum Untergang des Geschäftsanteils; er kann vielmehr auch in der Weise durchgeführt werden, dass der Ausscheidende seinen Geschäftsanteil an die GmbH oder an einen Dritten abtritt. Für den Ausschluss ist ein Gesellschafterbeschluss nicht ausreichend; vielmehr muss die GmbH Ausschließungsklage erheben. Bei allen diesen Maßnahmen ist zu beachten, dass die Summe der Nennbeträge aller Geschäftsanteile mit dem Stammkapital übereinstimmen muss (§ 5 III 2 GmbHG).

4. Die Auflösung der GmbH ist aus mehreren gesetzlichen und den im Gesellschaftsvertrag bestimmten Gründen vorgesehen (§ 60 GmbHG), insbes. durch gerichtliches Urteil auf Grund einer Auflösungsklage wegen eines wichtigen Grundes, namentlich Unmöglichkeit, den Gesellschaftszweck zu erreichen (§ 61 GmbHG), durch die Verwaltungsbehörde wegen gesetzwidriger Beschlüsse oder Handlungen (§ 62 GmbHG) und durch Eröffnung des → Insolvenzverfahrens, deren (rechtskräftige) Ablehnung mangels Masse oder durch die Löschung der Gesellschaft wegen Vermögenslosigkeit (auf Antrag des Finanzamts oder von Amts wegen, wenn das Insolvenzverfahren durchgeführt wurde und keine Anhaltspunkte für weiteres Vermögen vorhanden sind, § 60 GmbHG). Die Geschäftsführer (bei Führungslosigkeit auch jeder Gesellschafter) haben die Pflicht, bei Eintritt der → Zahlungsunfähigkeit oder der → Überschuldung unverzüglich, spätestens aber innerhalb von drei Wochen, die Eröffnung des Insolvenzverfahrens zu beantragen (§ 15a InsO), sonst tritt die persönliche Schadensersatzpflicht wegen der durch die verspätete Antragstellung reduzierten Befriedigung (sog. Quotenschaden) ein. Die Auflösung ist zum Handelsregister anzumelden (§ 65 GmbHG) und führt zur → Liquidation (sofern kein Insolvenzverfahren stattfindet), bis zu deren Beendigung die GmbH als Liquidationsgesellschaft fortbesteht. Die GmbH kann ferner in eine andere Kapitalgesellschaft umgewandelt werden (→ Umwandlung). Als Körperschaft unterliegt die GmbH der → Körperschaftsteuer. Vgl. → GmbH & Co. KG, → GmbH & Stille, → Mantelkauf, → Partnerschaftsgesellschaft. → Verantwortungseigentum.

Gesellschafter
→ Gesellschaft des bürgerlichen Rechts (1), → Gesellschaft mit beschränkter Haftung (1), → Offene Handelsgesellschaft (1), → Kommanditgesellschaft (1).

Gesellschafterbeschluss
Ein Gesellschafterbeschluss ist eine Entscheidung der Gesamtheit der Gesellschafter einer → Gesellschaft des bürgerlichen Rechts, einer → offenen Handelsgesellschaft, einer → Kommanditgesellschaft oder einer → Gesellschaft mit beschränkter Haftung (→ Gesellschafterversammlung). Über die Zulässigkeit von Mehrheitsbeschlüssen bei der Personengesellschaft → Minderheitsrechte. Dem Gesellschafterbeschluss entspricht der → Hauptversammlungsbeschluss bei der AG. Bei den → Personengesellschaften ist für den Gesellschafterbeschluss Einstimmigkeit notwendig, wenn der Gesellschaftsvertrag nicht eine Mehrheitsentscheidung vorsieht (§ 714 BGB, §§ 119, 161 II HGB). Bei der GmbH genügt stets die Mehrheit der abgegebenen Stimmen (§ 47 I GmbHG). Jeder Gesellschafter hat das Stimmrecht; aus verschiedenen Gründen (insbes. bei Interessenkollision in Angelegenheiten, die den betreffenden Gesellschafter selbst berühren, zB Entzug der Vertretungsmacht) darf im Einzelfall der Gesellschafter nicht mitstimmen (vgl. § 47 IV GmbHG). Ein Gesellschafterbeschluss kann nichtig sein (zB nach §§ 134, 138 BGB wegen Gesetzes- oder Sittenverstoßes) oder wegen Anfechtung der Stimmabgabe (§§ 119, 123 BGB) unwirksam werden. Ein Gesellschafterbeschluss einer GmbH kann ferner wie ein → Hauptversammlungsbeschluss angefochten werden, ebenso ein Beschluss bei einer → Offenen Handelsgesellschaft.

Gesellschafterdarlehen
Auch ein Gesellschafter kann seiner Gesellschaft ein Darlehen gewähren und muss ihr nicht Eigenkapital (→ Einlage) zuführen; hierfür gelten an sich keine Sondervorschriften (→ Darlehensvertrag). Gerät die Gesellschaft jedoch in die Insolvenz, so kann der Gesellschafter den Rückgewähranspruch im → Insolvenzverfahren über das Vermögen einer GmbH nur als nachrangiger Insolvenzgläubiger geltend machen; im letzten Jahr vor dem Antrag auf Eröffnung des Insolvenzverfahrens zurückbezahlte Darlehen sind der Gesellschaft zu erstatten. Diese Regeln gelten nicht für einen nicht geschäftsführenden Gesellschafter, der mit höchstens 10% am Stammkapital beteiligt ist, oder für einen Darlehensgeber, der zum Zweck der Überwindung der Krise Geschäftsanteile übernommen hat (sog. Sanierungsprivileg; Einzelheiten § 39 I Nr. 5, IV InsO, § 44a InsO). Sa → Insolvenzanfechtung, → Gläubigeranfechtung. Eine nach dem früheren Recht (§§ 32a, 32b GmbHG aF, sog. Eigenkapitalersatzrecht, kapitalersetzende Darlehen) als weiteres Tatbestandsmerkmal geforderte Krise der Gesellschaft bei Darlehensausreichung wird vom Gesetz nicht mehr verlangt.

Gesellschaftereinlage
→ Einlage.

Gesellschafterfremdfinanzierung
ist ein Begriff aus der → Körperschaftsteuer und findet seine gesetzliche Regelung in § 8a KStG. Die finanzielle Ausstattung einer Kapitalgesellschaft durch Fremdkapital, insbes. durch Darlehen der Anteilseigner, kann steuerlich günstiger als die Zuführung von Eigenkapital sein, da auf Ebene der Kapitalgesellschaft Betriebsausgaben (Zinsaufwand) geschaffen werden. Im Gegenzug erzielt der Darlehensgeber Einnahmen aus Kapitalvermögen. Auf diese Weise kann es zu einer Verlagerung der Besteuerung kommen. Die Abzugsfähigkeit des Zinsaufwandes wird durch die Zinsschranke (§ 4h EStG), die für Körperschaften durch § 8a KStG modifiziert wird, eingeschränkt.

Voraussetzung ist, dass das Kapital von einem Gesellschafter, der zu mehr als 25 vH unmittelbar oder mittelbar am Nennkapital der Gesellschaft beteiligt ist, oder einer diesem nahe stehenden Person zur Verfügung gestellt wird. Für die Berechnung der Zinsschranke tritt dann an die Stelle des maßgeblichen Gewinns das maßgebliche Einkommen, weshalb ua verdeckte Gewinnausschüttungen und Spenden einzubeziehen sind und das Abzugsvolumen erhöhen (§ 8a I KStG). Gehört die Körperschaft keinem Konzern an, ist die Zinsschranke nur anzuwenden, wenn die Zinsaufwendungen im Rahmen der Gesellschafterfremdfinanzierung nicht mehr als 10 vH der die Zinserträge übersteigenden Zinsaufwendungen eines Wirtschaftsjahres ausmachen (§ 8a II KStG). Den Nachweis hat die Körperschaft zu erbringen.

Ab 1.1.2008 ist bei der Gewährung von Darlehen an die Gesellschaft durch einen Gesellschafter, der zu mehr als 25 vH der Anteile beteiligt ist, § 8b III KStG zu beachten. Demnach wird davon ausgegangen, dass die Ursache für die Darlehensvergabe im Gesellschaftsverhältnis liegt. Folge ist, dass für alle mit dem Darlehen in Verbindung stehenden Gewinnminderungen ein steuerliches Abzugsverbot eingreift. Der Darlehensgeber hat die Möglichkeit, nachzuweisen, dass unter den gleichen Umständen und zu den gleichen Konditionen auch ein fremder Dritter das Darlehen gegeben oder in der Krise stehen gelassen hätte. Diese Regelung gilt auch für die Darlehensgewährung durch Personen, die dem zu mehr als 25 vH beteiligten Gesellschafter nahe stehen oder rückgriffsberechtigt sind.

Gesellschafterliste
→ Gesellschaft mit beschränkter Haftung (3b).

Gesellschafterverbrauch
→ Eigenverbrauch, → Umsatzsteuer (3).

Gesellschafterversammlung
Bei einer → Gesellschaft mit beschränkter Haftung ist die Gesellschafterversammlung das Organ, durch das die Gesamtheit der Gesellschafter handelt. In der Gesellschafterversammlung fassen die Gesellschafter ihre Beschlüsse (→ Gesellschafterbeschluss, § 48 I GmbHG). Eine Gesellschafterversammlung kann unterbleiben, wenn sämtliche Gesellschafter schriftlich sich mit dem vorgeschlagenen Beschluss oder damit einverstanden erklären, dass schriftlich abgestimmt wird (§ 48 II GmbHG), oder wenn die Satzung es vorsieht. Die Gesellschafterversammlung wird von den Geschäftsführern mit Wochenfrist durch eingeschriebenen Brief einberufen (§§ 49, 51 GmbHG). In die Zuständigkeit der Gesellschafterversammlung gehören grundsätzlich alle Angelegenheiten der GmbH, soweit die Satzung nichts anderes bestimmt (§ 45 GmbHG), insbes. Feststellung der Jahresbilanz (→ Jahresabschluss) und Verteilung des Reingewinns, Bestellung und Abberufung der Geschäftsführer, Prüfung und Überwachung der Geschäftsführung (§ 46 GmbHG).

Gesellschafterwechsel
→ Gesellschaft des bürgerlichen Rechts (2, 5), → Offene Handelsgesellschaft (6), → Gesellschaft mit beschränkter Haftung (3).

Gesellschaftsanteil
allgemein → Geschäftsanteil, s. a. → Offene Handelsgesellschaft (5).

Gesellschaftsblätter
Gesellschaftsblätter sind die Publikationsorgane, in welchen nach Gesetz und/oder Satzung Gesellschaften ihre Bekanntmachungen zu verkünden haben. Inzwischen ist das regelmäßig nur mehr der → Bundesanzeiger (vgl. § 25 AktG).

Gesellschaftsfirma
→ Firma (1, 2a).

Gesellschaftsrecht
Gesellschaftsrecht ist das Recht von Personenvereinigungen des → Privatrechts, die durch → Rechtsgeschäft gegründet werden, um einen bestimmten gemeinsamen Zweck zu erreichen. Das Gesellschaftsrecht umfasst daher insbes. alle Rechtsnormen mit Bezug auf die → Gesellschaft des bürgerlichen Rechts, die → offene Handelsgesellschaft, die → Kommanditgesellschaft, die → stille Gesellschaft, die → Aktiengesellschaft, die → Kommanditgesellschaft auf Aktien, die → Gesellschaft mit beschränkter Haftung, die eingetragene → Genossenschaft, die → Reederei, den → Versicherungsverein auf Gegenseitigkeit. In begrenztem Umfang gehört zum Gesellschaftsrecht auch das Recht des → Vereins.

Gesellschaftsregister
In das Gesellschaftsregister kann sich eine rechtsfähige GbR (→ Gesellschaft des bürgerlichen Rechts (GbR)) eintragen lassen (§ 707 BGB). Zwingend erforderlich ist die Eintragung aber nur, wenn sich die GbR ihrerseits in ein (anderes) öffentliches Register eintragen lassen will, z. B. in das Grundbuch oder in die GmbH-Gesellschafterliste. Ist eine GbR im Gesellschaftsregister eingetragen, muss sie einen entsprechenden Namenszusatz führen (§ 707a II BGB). Das Gesellschaftsregister vermittelt wie das → Handelsregister einen Gutglaubensschutz (§ 707a III BGB).

Gesellschaftsschuld
Eine Gesellschaftsschuld ist die Verbindlichkeit einer → Gesellschaft des bürgerlichen Rechts, einer → offenen Handelsgesellschaft oder einer → Kommanditgesellschaft. Für eine Gesellschaftsschuld haftet das → Gesellschaftsvermögen. Für die Gesellschaftsschulden haften aber auch die Gesellschafter als Gesamtschuldner (→ Gesamtschuld), und zwar grundsätzlich mit ihrem Privatvermögen (§§ 427, 431 BGB, §§ 128, 161 II HGB). Bei den Kapitalgesellschaften dagegen haftet grundsätzlich allein das Gesellschaftsvermögen; vgl. § 1 I 2 AktG, § 13 II GmbHG. Nur in sehr begrenzten Ausnahmefällen kommt es auch zu einer Haftung ihrer Gesellschafter (→ Durchgriffshaftung).

Gesellschaftsvermögen
Das Gesellschaftsvermögen einer → Gesellschaft des bürgerlichen Rechts (4), einer → offenen Handelsgesellschaft oder einer → Kommanditgesellschaft ist das Vermögen der Gesellschaft selbst. Das Gesellschaftsvermögen ist vom Privatvermögen der Gesellschafter zu unterscheiden und getrennt zu halten. Es besteht aus den Beiträgen der Gesellschafter und den durch Geschäftsführung für die Gesellschaft erworbenen geldwerten Sachen und Rechten. Das Gesellschaftsvermögen ist bei Auflösung, Ausscheiden eines Gesellschafters usw. Gegenstand der → Auseinandersetzung. Zur → Zwangsvollstreckung in das Gesellschaftsvermögen ist bei einer Gesellschaft des bürgerlichen Rechts ein → Vollstreckungstitel gegen die Gesellschaft selbst erforderlich (§ 722 I BGB).

Gesellschaftsvertrag
Die vertragliche Grundlage einer Gesellschaft bildet der Gesellschaftsvertrag Er ist → Rechtsgeschäft; durch ihn verpflichten sich die Gesellschafter untereinander, die Erreichung eines gemeinsamen Zweckes in der durch den G. bestimmten Weise zu fördern (§ 705 BGB; → Gesellschaft des bürgerlichen Rechts, 2). Bei einer GmbH bzw. AG wird der Gesellschaftsvertrag auch Satzung genannt; meistens geht ein Vorgründungsvertrag voraus. Der Gesellschaftsvertrag ist bei den → Personengesellschaften grundsätzlich formfrei, dem Wesen nach ein schuldrechtlicher Vertrag; zweifelhaft ist, inwieweit er auch als → gegenseitiger Vertrag anzusehen ist. Fehlen oder Nichtigkeit des Gesellschaftsvertrags kann zur → faktischen Gesellschaft oder → Scheingesellschaft führen. S. a. → Gesellschaft mit be-

schränkter Haftung (GmbH) (2), → Aktiengesellschaft (AG) (2).

Gesellschaftsvertrag unter Ehegatten
→ Mitarbeit der Ehegatten.

Gesetz
1. Der Begriff Gesetz wird in doppeltem Sinne verwendet. Gesetz im materiellen Sinne ist jede Rechtsnorm, dh jede hoheitliche Anordnung, die für eine unbestimmte Vielzahl von Personen allgemein verbindliche Regelungen enthält. Gesetz im formellen Sinne ist jeder Beschluss der zur Gesetzgebung zuständigen Organe, der im verfassungsmäßig vorgesehenen förmlichen → Gesetzgebungsverfahren ergeht, ordnungsgemäß ausgefertigt und verkündet ist (→ Ausfertigung von Gesetzen, → Verkündung von Rechtsvorschriften).

2. Die meisten formellen Gesetze sind zugleich materielle Gesetze. Vereinzelt gibt es aber auch nur formelle Gesetze, die ihrem materiellen Inhalt nach nicht Gesetz sind, weil sie keine allgemein verbindlichen Anordnungen enthalten, mithin nicht die Eigenschaft eines Rechtssatzes haben; hierzu wird herkömmlicherweise der → Haushaltsplan gerechnet, weil er keine unmittelbaren Rechte und Pflichten für die Staatsbürger erzeugt, sondern nur für die Staatsorgane verbindlich ist.

3. Zu den Gesetzen im materiellen Sinne zählen neben den formellen Gesetzen mit Rechtssatzqualität alle anderen Rechtsnormen, also außer der → Verfassung die → Rechtsverordnungen und die → Satzungen; beide enthalten allgemeinverbindliche Regelungen, sind aber nicht im verfassungsmäßig vorgesehenen förmlichen Gesetzgebungsverfahren ergangen. Gesetz im materiellen Sinne ist auch das → Gewohnheitsrecht. Als Gesetz im materiellen Sinn sind auch die von Organen der → Europäischen Gemeinschaften erlassenen unmittelbar für den Bürger geltenden Rechtssätze anzusehen. Sa → kirchliche Gesetze. Ein Gesetz, das seinem Inhalt nach nicht allgemeine Wirkung entfaltet, sondern nur einen oder mehrere Einzelfälle regelt, nennt man „Einzelfallgesetz“ oder → Maßnahmegesetz (→ Ausnahmegesetz). Kein Gesetz im materiellen Sinne sind die Verwaltungsvorschriften (Verwaltungsverordnungen); sie enthalten keine allgemein verbindlichen Anordnungen, sondern nur Anweisungen an die nachgeordneten Verwaltungsbehörden.

4. Eingriffe in die Rechtssphäre des Bürgers („Freiheit und Eigentum“ im umfassenden Sinne) dürfen nach dem Grundsatz der → Gesetzmäßigkeit der Verwaltung nur auf Grund Ermächtigung durch ein förmliches Gesetz, eine durch ein förmliches Gesetz gedeckte RechtsVO oder Satzung erfolgen. Alle wesentlichen Entscheidungen muss der Gesetzgeber selbst treffen (→ Wesentlichkeitsprinzip).

5. Abzugrenzen von den Gesetzen sind die → Verwaltungsakte, weil sie nicht eine unbestimmte Vielzahl von Fällen (abstrakt) regeln, sondern nur einen oder mehrere konkrete Einzelfälle.

6. Innerhalb der formellen Gesetze ist der Rangordnung nach zwischen einfachen Gesetz und Verfassungsgesetzen zu unterscheiden.

a) Die → Verfassung ist Gesetz mit der Besonderheit, dass die Möglichkeit der Abänderung erschwert und zT sogar ausgeschlossen ist; zumeist bedarf die → Verfassungsänderung einer qualifizierten Mehrheit im Parlament (vgl. zB Art. 79 GG). Die Verfassung hat Vorrang vor einfachen Gesetz desselben Gesetzgebers.

b) Einfache Gesetze werden auf den verschiedenen staatlichen Ebenen erlassen. Die → Europäische Union erlässt → Verordnungen der Europäischen Union und → Richtlinien der Europäischen Union; der in dem Entwurf der → Europäischen Verfassung vorgesehene Begriff der → Europäischen Gesetze wurde nicht in den → EU-Vertrag und den → AEUV übernommen (sa → EU-Recht). EU-Recht hat gleichwohl Vorrang vor nationalen Gesetzen. In Deutschland als Bundesstaat ist ferner zwischen Bundes- und Landesgesetzen zu unterscheiden (s. a. → Gesetzgebungszuständigkeit). Bundesgesetze haben Vorrang vor Landesgesetzen. Formelles Bundes- bzw. Landesgesetz ist das von den Gesetzgebungsorganen des Bundes bzw. eines Landes erlassene formelle Gesetz. Materielles Bundesgesetz (gebräuchlicher Ausdruck: Bundesrecht) ist jede von Rechtsetzungsorganen des Bundes erlassene Rechtsnorm und das als Bundesrecht fortgeltende ehemalige → Reichsrecht und Recht der früheren DDR, materielles Landesgesetz (gebräuchlicher Ausdruck: Landesrecht) jede von Rechtsetzungsorganen eines Landes erlassene Rechtsnorm und das als Landesrecht fortgeltende ehemalige Reichsrecht und Recht der früheren DDR. → Gebietskörperschaften können keine formellen Gesetze erlassen.

c) Einfache Gesetze einer höheren Ebene stehen über Verfassungsgesetzen der niedrigeren Ebene. So haben zB einfache Bundesgesetze Vorrang vor den Landesverfassungen.

Gesetz für faire Verbraucherverträge
Am 25.6.2021 hat der Bundestag das gestaffelt (zum 1.10.2021, 1.3.2022 und 1.7.2022) in Kraft getretende Gesetz für faire Verbraucherverträge (BGBl. 2021 I 3433) beschlossen, mit dem die Position der → Verbraucher gegenüber den → Unternehmern weiter verbessert werden soll. Die Regeln sollen erreichen, dass nicht nur der Vertragsschluss unter faireren Bedingungen erfolgt, sondern auch die Vertragsinhalte faireren Regelungen unterliegen. Geschaffen wurden insbes. Änderungen im Recht der → Allgemeinen Geschäftsbedingungen (§§ 308, 309 BGB betreffend die Laufzeit bei bestimmten Dauerschuldverhältnissen und einen Abtretungsausschluss für auf Geld gerichtete Ansprüche), das Erfordernis einer → Textform für Energielieferverträge mit Haushaltskunden durch Änderung des Energiewirtschaftsgesetzes

(→ Energiewirtschaft), umfassende Dokumentationspflichten für die Einwilligung in Telefonwerbung (→ Unlauterer Wettbewerb) und eine § 476 BGB ergänzende und klarstellende Regelung zur → Gewährleistung beim → Verbrauchsgüterkauf, um Rechtssicherheit beim → Kauf gebrauchter Sachen zu schaffen. Außerdem wurde durch den neuen § 312k BGB mit dem Titel „Kündigung von Verbraucherverträgen im elektronischen Geschäftsverkehr" die Kündigung von → Verbraucherverträgen im → Elektronischen Geschäftsverkehr, die auf die Begründung eines → Dauerschuldverhältnisses (ausgenommen sind Verträge über Finanzdienstleistungen) gerichtet sind, durch eine auf der Webseite bereit zu haltende, gut lesbare und eindeutig beschriftete Kündigungsschaltfläche (Kündigungsbutton) erleichtert. Die Verpflichtung zur Bereithaltung eines Kündigungsbuttons für ordentliche und außerordentliche Kündigungen schafft aber kein neues Kündigungsrecht, sondern regelt nur die Modalitäten der Ausübung eines Kündigungsrechts, geschaffen wird eine weitere Möglichkeit zur Ausübung der Kündigung. Fehlt der Kündigungsbutton, so führt dies jedoch zu einem außerordentlichen Kündigungsrecht. Sa → Online-Marktplatz, → Verbrauchervertrag, → Verbrauchsgüterkauf, → Fernabsatzvertrag, → Außerhalb von Geschäftsräumen geschlossene Verträge (AGV), → Verbraucherverträge über digitale Produkte.

Gesetzblatt
→ Bundesgesetzblatt; → Verkündung von Rechtsvorschriften.

Gesetz- und Verordnungsblatt
→ Verkündung von Rechtsvorschriften.

Gesetzesanalogie
→ Analogie.

Gesetzesbeschluss
→ Gesetzgebungsverfahren.

Gesetzesinitiative
→ Initiativrecht; → Gesetzgebungsverfahren (3).

Gesetzeskonkurrenz
→ Konkurrenz von Straftaten.

Gesetzespositivismus
Gesetzespositivismus, dh Rechtsanwendung ausschließlich nach Wortlaut und Inhalt des Gesetzes, ist eine Form des → Rechtspositivismus.

Gesetzesrecht
→ Fallrecht.

Gesetzessprache
Die Sprache von Rechtsvorschriften ist Teil der juristischen Fachsprache. Allgemeine Merkmale jeder Fachsprache sind Klarheit und Eindeutigkeit sowie Formalisierung und Normierung des Ausdrucks. Eine Besonderheit der juristischen Fachsprache liegt in der Verwendung von Ausdrücken, deren Bedeutung von der in der Alltagssprache abweicht (zB → Eigentum, → Besitz). Allgemeinverständlichkeit darf dabei nicht auf Kosten der Präzision gehen. Fachausdrücke und Begriffe, die in der Gesetzessprache in einer von der Alltagssprache abweichenden Bedeutung verwendet werden, sollten im Text der Rechtsvorschrift durch Begriffsbestimmungen verdeutlicht werden. Die Verwendung einer spezifischen Gesetzessprache steht nicht zwingend im Gegensatz zu den Bestrebungen nach → Rechtsvereinfachung. Kurze, knappe und übersichtliche Regelungen lassen sich häufig nur durch einen stark formalisierten Sprachgebrauch erreichen. Sa → geschlechtsneutrale Gesetzessprache, → Weibliche Gesetzessprache, → Rechtsetzung.

Gesetzesvorbehalt
iS von „Vorbehalt des Gesetzes" → Gesetzmäßigkeit der Verwaltung. Im eigentlichen Sinne ist Gesetzesvorbehalt die von der Verfassung vorgesehene Möglichkeit, Grundrechte durch Gesetz oder auf Grund eines Gesetzes einzuschränken. Diese Möglichkeit besteht bei zahlreichen Grundrechten des GG und der Landesverfassungen. Das grundrechtsbeschränkende Gesetz muss allgemein und nicht nur für den Einzelfall gelten. Es muss das eingeschränkte Grundrecht nennen und darf es nicht in seinem Wesensgehalt antasten (Art. 19 I, II GG). Auch ohne ausdrücklichen Gesetzesvorbehalt im GG können Grundrechte durch Gesetz „beschränkt" werden, aber nur im Rahmen der dem einzelnen Grundrecht von Natur aus → immanenten Schranken; ein solches Gesetz schränkt das Grundrecht nicht konstitutiv ein, sondern interpretiert gewissermaßen nur seinen Inhalt.

Gesetzgebende Gewalt
Die gesetzgebende Gewalt (Legislative) ist neben → vollziehender Gewalt und → Rechtsprechung ein Teil der → Staatsgewalt (→ Gewaltentrennung). Ihr Träger ist nach der Staatsform verschieden. In der → Demokratie liegt die gesetzgebende Gewalt entweder beim Volk selbst (so zT in der Schweiz; sa → Volksabstimmung) oder – so die Regel – daneben oder ausschließlich bei der vom Volk gewählten Vertretung, dem → Parlament. Hauptaufgabe der gesetzgebenden Gewalt ist der Erlass von → Gesetzen im formellen Sinn. Sie ist aber nicht hierauf beschränkt. Schon nach der Lehre → Montesquieus sollte sie auch die Ausführung der Gesetze überwachen. In der parlamentarischen Demokratie (anders in der → Präsidialdemokratie) ist es darüber hinaus Aufgabe der gesetzgebenden Gewalt, den Träger der vollziehenden Gewalt, also die Regierung, zu bestellen; ihr Fortbestand ist vom Vertrauen des Parlaments abhängig (vgl. Misstrauensvotum). Auch sonst stehen dem Parlament vielfach exekutive Befugnisse zu (zB im Haushalts- und Finanzwesen, bei der Behandlung von Petitionen (→ Beschwerde- und Petitionsrecht), in der → Wahlprüfung). Umge-

kehrt kann auch die vollziehende Gewalt (insbes. beim Erlass von → Rechtsverordnungen) gesetzgeberisch tätig werden. Solange die Aufteilung der Staatsgewalt im Prinzip gewahrt bleibt, wird der Grundsatz der Gewaltentrennung durch solche Überschneidungen nicht verletzt. Jedoch gebietet die primäre Zuständigkeit der vom Volk unmittelbar legitimierten gesetzgebenden Gewalt verfassungsrechtlich, dass der Gesetzgeber selbst die wesentlichen Entscheidungen zur Regelung der Lebensverhältnisse trifft und diese nicht der vollziehenden Gewalt überlässt (sa → Wesentlichkeitsprinzip). Ermächtigungen zum Erlass von RechtsVOen müssen also grundlegende Wertentscheidungen bereits enthalten (BVerfGE 33, 303); → Verwaltungsvorschriften, zB schulische Richtlinien, können daher nicht von sich aus grundlegende Bildungs- und Erziehungsentscheidungen treffen (BVerwG DVBl. 1975, 421; Bayer. VerfGH DVBl. 1975, 425).

Gesetzgebung
1. Entsprechend der Unterscheidung beim → Gesetz ist zwischen der Gesetzgebung im materiellen und im formellen Sinne zu unterscheiden; erstere umfasst jeden Erlass von Rechtssätzen (einschl. → Rechtsverordnungen und → Satzungen), letztere die Hoheitsakte der zur Gesetzgebung berufenen Organe, die im vorgeschriebenen förmlichen → Gesetzgebungsverfahren erlassen werden. Gesetze im formellen Sinn sind auch die von der → Europäischen Union erlassenen unmittelbar geltenden Rechtssätze (→ Verordnungen der Europäischen Gemeinschaft). Die → Richtlinien der Europäischen Gemeinschaft wirken wie die früheren Rahmengesetze (→ Rahmengesetzgebung).

2. Im funktionellen Sinne ist Gesetzgebung der Aufgabenbereich, welcher der gesetzgebenden Gewalt (Legislative) im Rahmen der → Gewaltentrennung zugewiesen ist (zur Überschneidung der Zuständigkeiten sa → gesetzgebende Gewalt).

a) Im → Bundesstaat ist die Zuständigkeit zur Gesetzgebung zwischen Bund und Ländern aufgeteilt. In Deutschland (Art. 70 GG) ist die Gesetzgebung den Ländern zugewiesen, soweit das GG selbst sie nicht dem Bund verleiht. Obwohl sonach die Vermutung für die Zuständigkeit der Länder spricht, liegt doch das Schwergewicht der Gesetzgebung beim Bund, da ihm die meisten und bedeutsamsten Sachgebiete teils als → ausschließliche, teils als → konkurrierende Gesetzgebung zugewiesen sind (Art. 71 ff. GG; sa → Gesetzgebungszuständigkeit, → Gesetzgebungsverfahren). Darüber hinaus kann der Bund nicht gesetzgeberisch tätig werden; eine ungeschriebene Zuständigkeit des Bundes kraft „Sachzusammenhangs" oder aus der „Natur der Sache" ist nur sehr beschränkt anzuerkennen.

b) Für den Erlass von → Richtlinien der Europäischen Union und → Verordnungen der Europäischen Union sind die Organe der → Europäischen Union zuständig (sa → Europäische Gesetzgebung, → EU-Recht, → Rechtsetzung, 4).

3. Sa → Gesetzessprache, → Gesetzesvorbehalt, → gesetzgebende Gewalt, → Gesetzgebungsnotstand.

Gesetzgebungskompetenz
→ Gesetzgebungszuständigkeit.

Gesetzgebungsnotstand
Nach Art. 81 GG kann der Gesetzgebungsnotstand vom → Bundespräsidenten auf Antrag der Bundesregierung mit Zustimmung des → Bundesrates für eine Gesetzesvorlage erklärt werden, wenn der → Bundestag sie ablehnt, obwohl die BReg. sie als vordringlich bezeichnet hatte. Voraussetzung ist, dass der Bundestag einen Antrag des → Bundeskanzlers, ihm das Vertrauen auszusprechen, vorher abgelehnt hatte oder gleichzeitig ablehnt. Lehnt der Bundestag nach Erklärung des Gesetzgebungsnotstands die Vorlage erneut ab oder verabschiedet er sie nicht innerhalb von 4 Wochen nach erneuter Einbringung, so genügt zum Zustandekommen des Gesetzes die Zustimmung des Bundesrates. Innerhalb einer Frist von 6 Monaten nach Erklärung des Gesetzgebungsnotstands kann während der Amtszeit desselben Bundeskanzlers auch jede andere Gesetzesvorlage, nachdem sie vom Bundestag abgelehnt worden ist, nach erneuter Einbringung in den Bundestag und erneuter Ablehnung mit Zustimmung des Bundesrats Gesetzeskraft erlangen. Eine weitere Erklärung des Gesetzgebungsnotstands während der Amtszeit desselben Bundeskanzlers ist nach Ablauf der Frist nicht mehr zulässig. Eine inhaltliche Schranke für die Gesetzgebung während des Gesetzgebungsnotstands liegt darin, dass ein auf diesem Wege zustandegekommenes Gesetz das Grundgesetz weder ändern noch ganz oder teilweise außer Kraft oder außer Anwendung setzen darf. Die Vorschrift hat keine praktische Bedeutung. Vom Gesetzgebungsnotstand zu unterscheiden ist die Gesetzgebung in Notstandsfällen (vgl. Notstandsverfassung, Verteidigungsfall).

Gesetzgebungsverfahren
1. Gesetzgebungsverfahren ist das Verfahren, in dem → Gesetze im formellen Sinn erlassen werden. Im demokratischen Rechtsstaat, der auf dem Grundsatz der → Gewaltentrennung beruht, ist es dadurch gekennzeichnet, dass die Gesetzgebung ausschließlich dem → Parlament (der Volksvertretung) zusteht. Das Gesetzgebungsverfahren ist verfassungsrechtlich festgelegt. Gesetze können nur im Rahmen der → Gesetzgebungszuständigkeit erlassen werden.

2. Das GG unterscheidet im Gesetzgebungsverfahren 5 Schritte: Gesetzesinitiative (Art. 76 GG), Gesetzesbeschluss (Art. 77 GG), Zustandekommen (Art. 78 GG), Wirksamwerden

(Art. 82 I GG) und In-Kraft-Treten (Art. 82 II GG). Sa Anhang V.

3. Gesetzesinitiative. Nach Art. 76 GG können Gesetzesvorlagen (Gesetzesentwürfe) durch die → Bundesregierung (s. → Kabinettsvorlagen), aus der Mitte des → Bundestages und durch den → Bundesrat eingebracht werden. Vor dem Gesetzesbeschluss der BReg. überprüft der Nationale Normenkontrollrat (→ Normenkontrolle, 4) die Gesetzesentwürfe der Bundesministerien. Der weitere Gang des Gesetzgebungsverfahrens nach Einbringung der Gesetzesvorlage hängt zunächst davon ab, von wem diese in den BT eingebracht wird.

a) Vorlagen der BReg. sind zunächst dem BR zuzuleiten. Dieser ist berechtigt, binnen 6 Wochen Stellung zu nehmen (sog. „1. Durchgang" beim BR). Der Gesetzesentwurf der BReg. ist dann mit der Stellungnahme des BR dem BT zuzuleiten. Aus wichtigem Grund (zB Umfang der Vorlage) kann der Bundesrat Verlängerung auf 9 Wochen verlangen. Vorlagen, welche die BReg. bei der Zuleitung an den BR ausnahmsweise als besonders eilbedürftig bezeichnet hat, kann sie bereits nach 3 Wochen (bei Verlängerungsverlangen des BR nach 6 Wochen) dem BT zuleiten, auch wenn die Stellungnahme des BR noch nicht bei ihr eingegangen ist; in diesen Fällen hat sie die Stellungnahme des BR unverzüglich nach Eingang dem BT nachzureichen (Art. 76 II 4 GG).

b) Vom BR auf Grund seines Initiativrechts beschlossene Gesetzesvorlagen sind durch die BReg. innerhalb von 6 Wochen (Art. 76 III 1 GG) dem BT zuzuleiten; sie hat hierbei ihre Auffassung darzulegen. Aus wichtigem Grund kann Verlängerung auf 9 Wochen verlangt werden.

c) Bei Gesetzesinitiativen des BT findet kein „1. Durchgang" im BR statt. Die Gesetzesvorlage wird sogleich im BT behandelt.

4. Gesetzesbeschluss. Im BT werden die Gesetzesvorlagen in 3 „Lesungen" beraten (grundsätzliche Aussprache, Einzelberatung, Schlussabstimmung); zwischen der 1. und der 2. Lesung liegen zumeist die Beratungen in den → Ausschüssen. Die 2. Lesung im BT erfolgt idR auf der Grundlage der Beschlussempfehlung des federführenden Ausschusses. Gesetze werden vom BT im Allgemeinen mit einfacher Mehrheit beschlossen; bei → Verfassungsänderungen ist die Zustimmung von $^2/_3$ der gesetzlichen Mitgliederzahl des BT notwendig. Ist ein Gesetz vom BT beschlossen, so ist es nach seiner Annahme durch den Präsidenten des BT unverzüglich dem BR zuzuleiten, der sich im sog. „2. Durchgang" damit befasst. Er kann binnen 3 Wochen nach Eingang des Gesetzesbeschlusses verlangen, dass ein aus Mitgliedern des BT und des BR gebildeter Ausschuss (→ Vermittlungsausschuss; Art. 77 II GG) einberufen wird. Ist zu einem Gesetz die Zustimmung des BR erforderlich, so können auch BT und BReg. die Einberufung des Ausschusses verlangen. Über etwaige Änderungsvorschläge hat der BT erneut Beschluss zu fassen. Das Verfahren richtet sich im Übrigen danach, ob zu einem Gesetz die Zustimmung des BT erforderlich ist (→ Zustimmungsgesetze) oder nicht (→ Einspruchsgesetze).

a) Bei → Zustimmungsgesetzen hat der BR in angemessener Frist über die Zustimmung zu entscheiden, wenn entweder keine Anrufung des Vermittlungsausschusses erfolgt ist oder das Vermittlungsverfahren ohne Ergebnis endet (Art. 77 IIa GG). Der BR kann die Zustimmung also schon verweigern, bevor der Vermittlungsausschuss angerufen wird.

b) Bei → Einspruchsgesetzen kann der BR, wenn die Anrufung des Vermittlungsausschusses erfolglos geblieben ist oder wenn der BT auf einen Änderungsvorschlag des Ausschusses erneut Beschluss gefasst hat, gegen das Gesetz binnen 2 Wochen Einspruch einlegen. Die Einspruchsfrist beginnt mit dem Eingang des vom BT erneut gefassten Beschlusses oder mit dem Eingang der Mitteilung des Vorsitzenden des Vermittlungsausschusses, dass das Verfahren vor diesem Ausschuss abgeschlossen ist (Art. 77 III 2 GG). Wird der Einspruch mit der Mehrheit der Stimmen des BR beschlossen, so kann er nur durch Beschluss der Mehrheit der Mitglieder des BT (Art. 121 GG) zurückgewiesen werden, bei $^2/_3$-Mehrheit des BR nur mit $^2/_3$-Mehrheit des BT, mindestens der Mehrheit der BT-Mitglieder.

5. Zustandekommen. Wird bei Einspruchsgesetzen der Vermittlungsausschuss nicht angerufen oder vom BR kein Einspruch eingelegt oder ein Einspruch erfolgreich zurückgewiesen oder stimmt der BR bei Zustimmungsgesetzen zu, dann ist das Gesetz zustande gekommen (Art. 78 GG). Zur Abstimmung → Bundesrat (2).

6. Ist das Gesetz hiernach zustande gekommen, so folgen Ausfertigung (→ Ausfertigung von Gesetzen) und Verkündung (→ Verkündung von Rechtsvorschriften). Erst mit der Verkündung ist das G. abgeschlossen.

7. Jedes Gesetz soll den Tag des In-Kraft-Tretens bestimmen. Fehlt eine solche Bestimmung, so treten Gesetze mit dem vierzehnten Tage nach Ablauf des Tages in Kraft, an dem es verkündet worden ist.

8. Über das Gesetzgebungsverfahren im Notstandsfall s. → Verteidigungsfall, → Notstandsverfassung, zur Verkündung in Außnahmesituationen sa → Verkündung von Rechtsvorschriften.

9. Das Gesetzgebungsverfahren in den Ländern ist in den Landesverfassungen geregelt. Sa → Volksabstimmung.

10. Zur Gesetzgebung in der → Europäischen Union s. → Europäische Gesetzgebung.

Gesetzgebungszuständigkeit

1. Durch die Gesetzgebungszuständigkeit wird geregelt, wer in einem → Staat, insbes. einem → Bundesstaat, einem → Staatenbund oder ei-

ner sonstigen → Staatenverbindung (Staatenverbund) für die → Gesetzgebung zuständig ist. Im engeren Sinne betrifft die Gesetzgebungszuständigkeit die Frage, ob in einem Bundesstaat, einem Staatenbund sowie in einem Staatenverbund oder einer sonstigen Staatenverbindung diese erstgenannten oder die einzelnen Gliedstaaten für die Gesetzgebung zuständig sind; die Gesetzgebungszuständigkeit kann dabei entweder insgesamt bei der übergreifenden staatlichen Einheit oder den Gliedstaaten liegen oder je nach Gesetzgebungsmaterie auf die übergreifende Einheit und die Gliedstaaten aufgeteilt sein. Im weiteren Sinne kann unter Gesetzgebungszuständigkeit auch die Frage verstanden werden, bei welchem oder welchen Organen eines (Glied-)Staates oder einer staatlichen Einheit die → gesetzgebende Gewalt liegt (sa → Gesetzgebungsverfahren).

2. In der → Bundesrepublik Deutschland ist die Gesetzgebungszuständigkeit zwischen dem → Bund als Zentralstaat und übergreifender staatlicher Einheit sowie den → Ländern aufgeteilt (zu den Besonderheiten, die sich aus der Zugehörigkeit Deutschlands zur EU ergeben, s. unten Nr. 4). Die Gesetzgebungszuständigkeit wurde durch die → Föderalismusreform I (Gesetz v. 28.8.2006, BGBl. 2006 I 2034) neu geordnet. Je nach Gesetzgebungsmaterie gibt es die → ausschließliche Gesetzgebung des Bundes, die → konkurrierende Gesetzgebung des Bundes und die Gesetzgebungszuständigkeit der Länder. Nach Art. 70 GG liegt die Gesetzgebungszuständigkeit stets bei den Ländern, soweit das GG nicht im Bereich der ausschließlichen Gesetzgebung oder der konkurrierenden Gesetzgebung die G. dem Bund zuweist. Trotz des Regel-Ausnahme-Verhältnisses im Verfassungsrecht zu Gunsten der Länder liegt aufgrund der Kataloge des Art. 73 GG für die ausschließliche Gesetzgebung und des Art. 74 GG für die konkurrierende Gesetzgebung in der Verfassungspraxis das Übergewicht der Gesetzgebungszuständigkeit beim Bund. Für die Länder verbleiben im wesentlichen das → Polizeirecht, das Untersuchungshaftvollzugs- und Strafvollzugsrecht (s. → Untersuchungshaft, → Strafvollzug), das → Ordnungsrecht, das Versammlungsrecht (s. auch → Versammlungsgesetz), das Recht des Schutzes vor verhaltensbezogenem Lärm (→ Lärmbekämpfung), Teile des Gewerberechts wie zB das Spielhallenrecht, das Recht der Messen, Ausstellungen und Märkte, das Ladenschlussrecht (s. → Ladenschluss), das Gaststättenrecht (s. → Gaststätte), das öffentlichrechtliche Heimrecht (→ Heim), das allgemeine → Presserecht, das → Kommunalrecht, das Bauordnungsrecht (s. → Baurecht), das Erschließungsbeitragsrecht (→ Erschließung), das → Schulrecht, wesentliche Teile des → Hochschulrechts, das Laufbahn-, Besoldungs- und Versorgungsrecht der Beamten der Länder und → Kommunen (→ Beamtenrecht) und das Recht der → Flurbereinigung.

3. Im Bereich des → Jagdrechts, des → Naturschutzes und der Landschaftspflege, der Bodenverteilung, der → Raumordnung, des → Wasserhaushaltes, der Hochschulzulassung und der Hochschulabschlüsse (→ Hochschulrecht) sowie der → Grundsteuer (GrSt) liegt die Gesetzgebungszuständigkeit zwar grundsätzlich beim Bund, die Länder können aber nach Art. 72 III GG vom Bundesrecht abweichende Regelungen treffen.

4. Im Verhältnis zwischen der Bundesrepublik Deutschland und der → Europäischen Union beansprucht die EU Teilbereiche der Gesetzgebungszuständigkeit für sich (→ EU-Recht, → Europäische Gesetzgebung, → Europäische Gesetze), was auch Auswirkungen auf die Verteilung der Gesetzgebungszuständigkeit zwischen Bund und Ländern hat (s. oben Nr. 2 und Nr. 3). Soweit die zuständigen Organe der EU → Richlinien der Europäischen Union erlassen, wird die Gesetzgebungszuständigkeit innerhalb der Bundesrepublik Deutschland nicht berührt. Zum Erlass eines richtlinienkonformen Gesetzes sind vielmehr entsprechend der unter Nr. 2 und Nr. 3 dargestellten Gesetzgebungszuständigkeit entweder der Bund oder die Länder verpflichtet. Ist aber die EU zum Erlass unmittelbar für die Bürger → geltender Verordnungen der Europäischen Union berechtigt, verdrängen diese die Gesetzgebungszuständigkeit nach Nr. 2 und Nr. 3, gleich ob diese beim Bund oder bei den Ländern liegt. Die Länder können sich gegenüber der Zuständigkeitsregelung des Gemeinschaftsrechts nicht auf die innerstaatlichen Kompetenzverteilungsvorschriften der Art. 70, 72, 73 und 74 GG berufen.

Gesetzlich geschützte Biotope
→ Biotope.

Gesetzliche Beweisregeln
→ Beweis (6).

Gesetzliche Erbfolge
→ Erbfolge.

Gesetzliche Frist
→ Frist (1), → Notfrist.

Gesetzliche Krankenversicherung
→ Krankenversicherung.

Gesetzliche Rentenversicherung
1. Gesetzliche Rentenversicherung ist nach den Vorgaben des Gesetzes zur Organisationsreform der gesetzlichen Rentenversicherung (RVOrgG v. 14.12.2004, BGBl. 2004 I 3242; → Rentenversicherung) seit dem 1.10.2005 der Oberbegriff für die → allgemeine Rentenversicherung und die → knappschaftliche Rentenversicherung. Die gesetzliche Rentenversicherung wird durchgeführt von den → Bundesträgern und den → Regionalträgern (§ 125 I SGB VI).

2. In der gesetzliche Rentenversicherung sind ua alle Beschäftigten (§ 1 S. 1 Nr. 1 SGB VI) ohne Unterscheidung zwischen Arbeitern und Angestellten und bestimmte

Gruppen selbstständig Tätiger versichert (§ 2 SGB VI). Zu den Versicherten gehören auch die Personen, denen Kindererziehungszeiten anzurechnen sind, die einen → Pflegebedürftigen nicht erwerbsmäßig pflegen, → Wehr- oder → Zivildienst leisten, → Krankengeld, → Verletztengeld, Versorgungskrankengeld, → Übergangsgeld oder → Arbeitslosengeld (bis zum 31.12.2011 auch → Arbeitslosengeld II) beziehen (§ 3 SGB VI). Selbstständige anderer Art können eine freiwillige Pflichtversicherung beantragen (§ 4 SGB VI). → Beamte sind im Hinblick auf ihre anderweitige Absicherung versicherungsfrei (§ 5 SGB VI). Bestimmte Berufsgruppen können sich von der Versicherungspflicht befreien lassen, soweit sie Mitglieder eines → berufsständischen Versorgungswerkes sind (§ 6 SGB VI; sa → Rentenversicherungspflicht für Selbständige). Wer nicht versicherungspflichtig oder versicherungsfrei ist oder von der Rentenversicherungspflicht befreit wurde, kann sich freiwillig versichern (§ 7 SGB VI). Beamte und weitere versicherungsfreie Personen werden, wenn sie aus dem Dienstverhältnis ohne Anspruch auf Versorgung ausscheiden, nachversichert (§ 8 SGB VI). Der Beitragssatz in der gesetzlichen Rentenversicherung beträgt seit dem Jahr 2023 18,6%. Mit einem starken Ansteigen des Beitrages in den kommenden Jahren ist zu rechnen.

3. Die gesetzliche Rentenversicherung ist auch für die Durchführung des → Versorgungsausgleichs zuständig, wenn Anrechte auszugleichen sind. Bei einer → internen Teilung ist die gesetzliche Rentenversicherung zuständig, weil beide Ehegatten Anrechte in der gesetzlichen Rentenversicherung erworben haben. Bei einer → externen Teilung kann die gesetzliche Rentenversicherung als Zielversorgung gewählt werden. Wird bei der externen Teilung das Wahlrecht nicht ausgeübt, hat die Begründung des Anrechts in der gesetzliche Rentenversicherung zu erfolgen (§ 15 V VersAusglG).

4. Wird die Voraussetzungen für die Gewährung einer Rente nicht erfüllt, können die entrichteten Beiträge erstattet werden → Beitragserstattung.

Gesetzliche Vermutung
→ Vermutung.

Gesetzlicher Forderungsübergang
→ Abtretung (5), → Überleitungsanzeige.

Gesetzlicher Güterstand
→ Güterstände.

Gesetzlicher Richter
Nach Art. 101 I GG (und den entsprechenden Bestimmungen der Landesverfassungen) darf niemand seinem Gesetzlichen Richter entzogen werden; → Ausnahmegerichte sind unzulässig. Der Gesetzliche Richter ist damit als (justizielles) → Grundrecht garantiert. Dieses Grundrecht schützt vor unbefugten Eingriffen in die Rechtspflege, insbes. vor willkürlichen Verschiebungen durch Richteraustausch. Gesetzlicher Richter ist sowohl das Gericht (zB Landgericht) als organisatorische Einheit, das erkennende Gericht (zB Zivilkammer) als Spruchkörper wie der zur Entscheidung im Einzelfall berufene Richter. Es muss von vornherein generell feststehen, welcher Richter zur Behandlung bestimmter Arten von Sachverhalten zuständig ist. Die Zuständigkeit ergibt sich aus den Prozessordnungen, dem Gerichtsverfassungsrecht sowie der → Geschäftsverteilung durch die Präsidien der Gerichte. Die Geschäftsverteilungspläne werden von den Präsidien in richterlicher Unabhängigkeit beschlossen. Die personelle Besetzung und die Zuständigkeit müssen im Hinblick auf das Grundrecht des gesetzlichen Richters so geregelt sein, dass niemand durch Maßnahmen der → Justizverwaltung dem in seiner Sache berufenen Richter entzogen werden kann; dieser muss von vornherein so eindeutig wie möglich bestimmt sein. Dem widerspricht nicht eine Überbesetzung von Spruchkörpern (mit mehr als der gesetzlichen Mindestzahl), aber nur, soweit dies zur Gewährleistung einer geordneten Rechtspflege unvermeidbar und der Vorsitzende zur sachgemäßen Leitung des Kollegiums noch in der Lage ist (vgl. Geschäftsverteilung). Die Verletzung des Grundrechts des Gesetzlichen Richters kann (außer mit den durch die Prozessgesetze vorgesehenen Rechtsmitteln) nach Erschöpfung des Rechtsweges mit der → Verfassungsbeschwerde gerügt werden.

Gesetzlicher Vertreter
→ Stellvertretung, → elterliche Sorge.

Gesetzliches Erbrecht
→ Erbfolge.

Gesetzliches Güterrecht
→ Güterrecht, eheliches; → Güterstände.

Gesetzliches Pfandrecht
→ Pfandrecht (1).

Gesetzliches Schuldverhältnis
→ Schuldverhältnis.

Gesetzliches Verbot
→ Gesetzwidrigkeit von Rechtsgeschäften.

Gesetzliches Vermächtnis
ist ein auf gesetzlicher Vorschrift beruhendes → Vermächtnis, zB → Dreißigster; zur Zuwendung an einen (Mit-)Erben über seinen Erbteil hinaus → Vorausvermächtnis.

Gesetzliches Zahlungsmittel
So bezeichnet man das Zahlungsmittel, mit dem ein Zahlungsverpflichteter gegenüber dem Berechtigten eine → Geldschuld rechtswirksam tilgen kann. Gesetzliche Zahlungsmittel in der → Wirtschafts- und Währungsunion und damit in Deutschland sind auf Euro lautende → Banknoten und Münzen (Art. 10 f. VO (EG) 974/98 v. 3.5.1998, ABl. EG 1998 L 139, 1, § 14 BBankG) sowie deutsche Euro-Gedenkmünzen (§ 2 MünzG,

→ Münzgesetz), → Bitcoins sind es nicht. Zur Beendigung der Zahlungsmitteleigenschaft der DM → Euro. Der sich hieraus ergebende → Annahmezwang kann beschränkt (so bei den Euro-Münzen, → Scheidemünzen) oder unbeschränkt sein (so bei den Euro-Banknoten). Auf Euro lautende Banknoten sind damit in Deutschland das einzige unbeschränkte gesetzliche Zahlungsmittel. → Währung.

Gesetzmäßigkeit der Verwaltung
1. Der Grundsatz der Gesetzmäßigkeit der Verwaltung besagt, dass in die Rechtssphäre des Bürgers nur auf Grund eines formellen → Gesetzes oder einer hierauf beruhenden sonstigen → Rechtsnorm (→ Rechtsverordnung; → Satzung) eingegriffen werden darf (Vorbehalt des Gesetzes). Ferner müssen wesentliche Entscheidungen zur Regelung der Lebensverhältnisse vom Gesetzgeber getroffen werden (→ Wesentlichkeitsprinzip). Die Gesetzmäßigkeit der Verwaltung ist ein tragender Grundsatz des → Rechtsstaates mit Verfassungsrang; nach Art. 20 III GG sind die vollziehende Gewalt und die Rechtsprechung an Gesetz und Recht gebunden. Seine historische Wurzel hat der Grundsatz in der Formel, dass Eingriffe in „Freiheit und Eigentum" dem Vorbehalt gesetzlicher Ermächtigung unterliegen. Eingriffe in verfassungsmäßige → Grundrechte kann das Gesetz nur vorsehen, soweit die Verfassung das zulässt (→ Gesetzesvorbehalt). Für nur begünstigende Verwaltungsmaßnahmen (zB Gewährung einer → Subvention) gilt der Grundsatz der Gesetzmäßigkeit der Verwaltung nur eingeschränkt: Hier genügt die Bereitstellung entsprechender Mittel im → Haushaltsplan; die Zuwendung selbst ist häufig nur durch → Verwaltungsvorschriften geregelt, wobei die Verwaltung aber an allgem. Rechtsgrundsätze, insbes. den Gleichheitsgrundsatz (→ Gleichheit vor dem Gesetz), sowie ggf. bestehende gesetzliche Regelungen (Vorrang des Gesetzes) gebunden ist.

2. Die Einhaltung des Grundsatzes der Gesetzmäßigkeit der Verwaltung unterliegt gerichtlicher Kontrolle. Nach Art. 19 IV GG steht der Rechtsweg offen, wenn jemand durch die öffentliche Gewalt in seinen Rechten verletzt wird; hierfür ist, soweit eine andere Zuständigkeit nicht begründet ist, der ordentliche Rechtsweg gegeben. Gegenüber → Verwaltungsakten kann auf Grund der verwaltungsgerichtlichen → Generalklausel der Rechtsweg zu den → Verwaltungsgerichten beschritten werden.

3. Im Steuerrecht gilt entsprechendes gem. § 85 AO. Sa → Besteuerungsverfahren, → Gleichmäßigkeit der Besteuerung.

Gesetzwidrigkeit von Rechtsgeschäften
1. Ein → Rechtsgeschäft, das gegen ein gesetzliches Verbot verstößt, ist nichtig (→ Nichtigkeit), wenn sich aus dem Gesetz nichts anderes ergibt (§ 134 BGB). Verbotsgesetz idS ist jede Rechtsnorm (also auch zB eine Verordnung), gleichgültig ob sie dem öffentlichen oder dem Privatrecht angehört. Entscheidend für die Frage, ob eine Gesetzeswidrigkeit von Rechtsgeschäften zur Nichtigkeit des Rechtsgeschäfts führt, sind Inhalt und Zweck des Verbotsgesetzes. Oftmals gibt das Gesetz durch seinen Wortlaut selbst die Rechtsfolge zu erkennen (zB Nichtigkeit bei „kann nicht", „ist unzulässig"; anders bei bloßem „soll nicht"); sonst entscheiden die Umstände. So will zB das Ladenschlussgesetz nur aus öffentlichen Gründen den Verkauf auf bestimmte Stunden beschränken; ein außerhalb der Ladenzeit getätigter Kauf ist daher nicht zivilrechtlich nichtig.

2. Dagegen sind zB nichtig Rechtsgeschäfte, die gegen Bewirtschaftungsvorschriften, gegen die zwingenden Bestimmungen über die Gründung einer Aktiengesellschaft oder gegen Strafgesetze verstoßen, die sich gegen den Inhalt des Geschäfts richten (zB Verbot der Bestechung, → Schwarzarbeit, nicht bei Übertretung der Sperrstunde). Bedarf ein Rechtsgeschäft der behördlichen Genehmigung, so tritt bis zu ihrer Erteilung → schwebende Unwirksamkeit ein; s. ferner → Veräußerungsverbot, → Sittenwidrigkeit.

3. Wird das Verbotsgesetz durch ein Rechtsgeschäft umgangen, das den gleichen Erfolg auf andere Weise zu erreichen versucht (Umgehungsgeschäft), so ist dieses gültig, wenn das Verbotsgesetz nur eine bestimmte Form des Rechtsgeschäfts missbilligt (zB Ersetzung des → Pfandrechts durch die besitzlose → Sicherungsübereignung). Das Umgehungsgeschäft ist dagegen gleichfalls nichtig, wenn der Erfolg als solcher nicht eintreten soll (→ Verbraucherdarlehensvertrag, 2); auch kann durch eine solche Umgehung nicht die Steuerpflicht gemildert oder beseitigt werden (§ 42 AO). Zur Schadenersatzpflicht dessen, der die Gesetzwidrigkeit von Rechtsgeschäften bei Abschluss des Rechtsgeschäfts kannte, → Verschulden beim Vertragsschluss.

Gespaltene Mutterschaft
→ Künstliche Fortpflanzung (1), → Adoptionsvermittlung.

Geständnis
bedeutet, dass von einer Partei, einem Beteiligten oder Beschuldigten eine von anderer Seite behauptete Tatsache als wahr bezeichnet wird.

1. Im Zivilprozess werden an ein Geständnis bestimmte Wirkungen geknüpft, zT im Gesetz ausdrücklich geregelt (§§ 288–290 ZPO); vor allem bedarf die zugestandene Tatsache, soweit sie im Bereich der Verfügungsbefugnis der Parteien liegt, keines Beweises. Bei einem qualifizierten Geständnis, d. h. ein mit Einschränkungen oder Zusätzen versehenes Geständnis, entscheidet sich dies nach der Lage des Falles (§ 289 II ZPO).

2. Im Strafprozess unterliegt das Geständnis der freien Beweiswürdigung (§ 261 StPO), aber mit gesetzlichen Begrenzungen: Ein Verwertungsverbot besteht – selbst wenn der Beschuldigte der Verwertung zustimmt – nach

§ 136a III 2 StPO für ein Geständnis, das durch Täuschung, Drohung, Zwang, Quälerei, Misshandlung oder sonstige körperliche Eingriffe, durch Ausnützen einer Ermüdung, durch → Hypnose oder durch Verabreichen von Mitteln zustande gekommen ist, mit denen die freie Willensbildung beeinflusst wird (Narkotika, Pervitin, Evipan u. dgl.; anders bei bloßen Stärkungsmitteln). Das Gleiche gilt für das Versprechen von Vorteilen, die das Gesetz nicht vorsieht (zB Haftentlassung). Auch die Unterlassung der gesetzlich vorgeschriebenen Belehrung des Beschuldigten über sein Recht, nicht zur Sache auszusagen (§ 136 I StPO), kann zur Unverwertbarkeit eines Geständnisses führen (BGH NJW 1992, 1463). Eingeschränkt ist in der Hauptverhandlung der Urkundenbeweis durch Verlesen von Protokollen über ein Geständnis des Beschuldigten; er ist nur bei richterlichen Protokollen zugelassen, während andere nur zum Vorhalt bei Widersprüchen dienen können (§ 254 StPO). Durch einen Widerruf wird das Geständnis im Strafverfahren nicht unverwertbar; es unterliegt weiterhin der freien Beweiswürdigung durch das Gericht. Sa → Beweisverbote, → Vernehmungen im Strafverfahren.

Gestaltungsklage
Eine Gestaltungsklage ist eine → Klage, mit der der Kläger erstrebt, dass die bestehende Rechtslage umgestaltet wird. Gestaltungsklagen sind nur zulässig, wenn sie gesetzlich vorgesehen sind. Sie haben meist zum Ziel, dass ein Rechtsverhältnis gelöst oder vernichtet wird (zB Eheaufhebung, Auflösung einer OHG). Diese Wirkung tritt mit der → Rechtskraft des Gestaltungsurteils ein. Dieses ist seinem Wesen nach nicht vollstreckungsfähig.

Gestaltungsmissbrauch
→ Missbrauch von Gestaltungsmöglichkeiten.

Gestaltungsrecht
ist ein → subjektives Recht, dessen Ausübung einseitig und unmittelbar auf ein bestehendes Rechtsverhältnis einwirkt und dieses verändert (Konstitutivwirkung). Anders als beim Herrschaftsrecht (Eigentum ua) entfließen dem Gestaltungsrecht keine → Ansprüche. Man unterscheidet selbständige (zB → Aneignung, → Wiederkauf) und unselbständige Gestaltungsrechte, die sich aus einem bereits bestehenden Rechtsverhältnis ergeben (zB → Kündigung, → Anfechtung, → Rücktritt). Während die selbständigen Gestaltungsrechte grds. frei abtretbar sind (§ 413 BGB, → Abtretung), ist das unselbständige Gestaltungsrecht mit dem Schicksal des Hauptanspruchs verbunden (so kann zB das Kündigungsrecht aus einem Mietvertrag nicht allein übertragen werden). Das Gestaltungsrecht wird grds. durch formlose → Willenserklärung geltend gemacht; in verschiedenen besonders wichtigen Fällen sieht das Gesetz jedoch das Erfordernis einer gerichtlichen Entscheidung (Gestaltungsurteil), dh die Erhebung einer → Gestaltungsklage oder eines entsprechenden Antrags vor (→ Ehesachen, → Eheaufhebung, → Offene Handelsgesellschaft, 6). Die Ausübung eines Gestaltungsrechts ist regelmäßig unwiderruflich, so zB die Kündigung eines Arbeitsverhältnisses (die Rechtsfolgen können allerdings einverständlich wieder beseitigt werden). → Einrede.

Gestaltungsurteil
→ Gestaltungsklage.

Gestaltungswirkung
→ Gestaltungsklage.

Gestattung
→ Erlaubnis (behördliche).

Gesteigerter Gemeingebrauch
→ Gemeingebrauch.

Gestellung eines Kfz
→ private Pkw-Nutzung.

Gestellung eingeführter Waren
→ Zollverfahren.

Gesundheitsamt
Das Gesundheitsamt ist eine (meist staatliche) → Gesundheitsbehörde, die idR bei einer unteren Verwaltungsbehörde eingerichtet ist. In Bayern ist das → Gesundheitswesen und damit auch die Zuständigkeit der Gesundheitsämter im Bayer. Gesundheitsdienst- und Verbraucherschutzgesetz (GDVG) v. 24.7.2003, GVBl. 2003, 452, ber. 752, mÄnd iVm der VO über die staatliche Gesundheitsverwaltung (GesV) v. 14.11.2016, GVBl. 326 geregelt; Gesundheitsämter bestehen idR für jeden staatlichen Landkreis, wobei ihre Zuständigkeit häufig auch die von dem Landkreis umgebenen kreisfreien Gemeinden sowie teilweise benachbarte Gemeinden umfasst; große kreisfreie Gemeinden nehmen die Zuständigkeit des Gesundheitsamtes in eigener Zuständigkeit wahr. Für Baden-Württemberg findet sich die entsprechende Regelung im Gesetz über den öffentlichen Gesundheitsdienst v. 17.12.2015 (GBl. 2015, 1210). Teilweise sind andere Bezeichnungen üblich, zB untere Gesundheitsbehörde in NRW (Gesetz über den öffentlichen Gesundheitsdienst des Landes NRW v. 25.11.1997, GV NW 1997, 430) mÄnd Das Gesetz über den öffentlichen Gesundheitsdienst Schleswig Holstein v. 14.12.2001 (GVOBl. 2001, 398) spricht nur vom Gesundheitsdienst. Das Gesundheitsamt wird von einem staatlichen Amtsarzt geleitet und mit der erforderlichen Zahl von Ärzten und Hilfskräften besetzt. Ihm obliegen – mit länderspezifischen Unterschieden – Gesundheitsförderung und Prävention, die Erstellung von Gutachten, Zeugnissen und Bescheinigungen, Aufsicht über die Gesundheitsberufe, Pflege der Schulgesundheit, Aufgaben nach dem → Infektionsschutzgesetz ua.

Gesundheitsbehörden
Die Gesundheitsbehörden sind grundsätzlich Länderbehörden (sa → Gesundheitswesen), wobei insbesondere seit der Änderung des → Infektionsschutzgesetzes während der → COVID-19-Pandemie auch der Bund umfangreiche Befugnisse erhalten hat. Auf der Unterstufe der Verwaltung sind idR die → Gesundheitsämter zuständig. Die Gesetzgebungszuständigkeit liegt faktisch überwiegend beim Bund.

Gesundheitsbewusstes Verhalten
→ Krankenkassen als Träger der gesetzlichen → Krankenversicherung können in ihrer Satzung bestimmen, unter welchen Voraussetzungen Versicherte, die regelmäßig Leistungen zur Früherkennung von Krankheiten oder zur Prävention in Anspruch nehmen, Anspruch auf einen Bonus haben. Es handelt sich bei einer satzungsgemäßgen Regelung um eine freiwillige Maßnahme der Krankenkassen. Bei Maßnahmen der betrieblichen Gesundheitsförderung durch Arbeitgeber können sowohl der Arbeitgeber als auch die teilnehmenden Versicherten einen Bonus erhalten (§ 65a SGB V idF d. GKV-Modernisierungsgesetz v. 14.11.2003, BGBl. 2003 I 2190) mÄnd. Die gesetzlichen Krankenkassen weisen auf ihre Bonusleistungen im Regelfall auf ihren Internetseiten hin, da sie über diese Leistungen Wettbewerbsvorteile gegenüber den konkurrierenden Krankenkassen generieren können und erklären genau die Voraussetzungen für die Inanspruchnahme einer Bonusleistung. Soweit Krankenkassen mit der Gewährung eines Bonus für gesundheitsbewusstes Verhalten werben, sind die Regelungen über den unlauteren Wettbewerb zu beachten.

Gesundheitsbezogene Angaben in Lebensmitteln
→ Täuschung im Lebensmittelhandel (2), → Kennzeichnung von Lebensmitteln.

Gesundheitsförderung
Als Gesundheitsförderung wird die Leistung nach § 20a SGB V bezeichnet (Leistungen zur Gesungsheitsförderung und Prävention in Lebenswelten) → Krankenversicherung. Es handelt sich nicht nur um Gesundheitsförderung sondern auch um Prävention. Solche Lebenswelten sind für die Gesundheit bedeutsame, abgrenzbare soziale Systeme insbesondere des Wohnens, des Lernens, des Studierens, der medizinischen und pflegerischen Versorgung sowie der Freizeitgestaltung einschließlich des Sports. Organisatorisch ist zuerst die Bundeszentrale für gesundheitliche Aufklärung federführend tätig.

Gesundheitsfonds
Die Finanzierung der gesetzlichen → Krankenversicherung erfolgt seit 2009 durch einen einheitlichen Gesundheitsfonds, der durch das → Bundesamt für Soziale Sicherung verwaltet wird. In den Gesundheitsfonds fließen im wesentlichen die zur Krankenversicherung entrichteten Beiträge sowie Bundesmittel (§ 271 SGB V). Die Krankenkassen erhalten Zuwendungen aus dem Gesundheitsfonds zur Deckung ihrer Ausgaben eine Grundpauschale sowie alters-, geschlechts- und risikobezogene Zu- und Abschläge; hinzu kommen Zuweisungen für sonstige Ausgaben. Mit den alters-, geschlechts- und risikobezogene Zu- und Abschlägen wird jährlich ein → Risikostrukturausgleich durchgeführt. Die Grundpauschale und die Zu- und Abschläge dienen zur Deckung der standardisierten Leistungen (§§ 266, 270 SGB V). Zur Deckung der Liquiditätshilfe kann ab dem 1.1.2015 ein Betrag in Höhe von 2 Mrd. Euro geleistet werden (§ 12 HaushaltsbegleitG 2015 BGBl. 2015 I 2442). Durch das Pflegepersonal-Stärkungsgesetz (PpSG) wurden zusätzliche Finanzmittel zur Finanzierung des Krankenhausfinanzierungsgesetzes vorgesehen. Seitdem ist der Gesundheitsfonds ständig mit Sonderegeldungen zur Sicherung der Liquidität belastet (vgl. §§ 272a, 272b SGB V für die Jahre 2022 und 2023).

Gesundheitsschädigung
→ Körperverletzung, → unerlaubte Handlung (2a), → Gewaltschutz. Bei bestimmten Straftaten gelten verschärfte Strafrahmen, wenn für das Opfer eine schwere Gesundheitsschädigung droht oder verursacht wird. Der Begriff reicht weiter als der Tatbestand der schweren Körperverletzung (§ 226 StGB). Es reicht für eine schwere Gesundheitsschädigung aus, dass das Opfer in eine ernste, langwierige Krankheit verfällt oder seine Arbeitskraft erheblich beeinträchtigt wird.

Gesundheitsschutz in Betrieben
Der Gesundheitsschutz in Betrieben ist Gegenstand des → Arbeitsschutzes, des → Betriebsschutzes, des → Unfallschutzes sowie der betriebsärztlichen Betreuung der Arbeitnehmer am Arbeitsplatz durch Einrichtung eines betriebsärztlichen Dienstes. S. hierzu → Arbeitssicherheit, Fachkräfte für.

Gesundheitsuntersuchungen
Gesundheitsuntersuchungen sind Leistungen der gesetzlichen Krankenversicherung, die sie im Rahmen von → Vorsorgeuntersuchungen (§§ 25 ff. SGB V) erbringen. Kostenträger für Gesundheitsuntersuchungen sind die Krankenversicherungen bzw. die Träger der → Sozialhilfe.

Gesundheitswesen
Auf dem Gebiet des Gesundheitswesens hat der Bund zwar keine umfassende Gesetzgebungszuständigkeit, im praktischen Ergebnis erfassen aber die von ihm erlassenen Regelungen für die ihm im GG zugewiesenen Einzelbereiche fast das gesamte materielle Recht des Gesundheitswesens und wesentliche Teile des Verwaltungsverfahrens (Art. 19, 19a, 20 GG; s. im Einzelnen etwa → Heilkunde, → Arzt, → Tierarzt, → Zahnarzt, → Apothekenwesen, → Arzneimittel, → Betäubungsmittel, → Lebensmittel- und Futtermittelrecht,

→ übertragbare Krankheiten, → Infektionsschutzgesetz, → Tierseuchen, → Strahlenschutz). Für das Verwaltungsverfahren (→ Gesundheitsamt) und für den Gesetzesvollzug besteht allerdings noch eine gewisse Handlungs- und Gestaltungsfreiheit der Länder, die jedoch durch die Änderungen des → Infektionsschutzgesetzes während des → COVID-19-Pandemie weiter eingeschränkt wurde.

Gesundheitszeugnis
Das strafrechtliche Schutz von Gesundheitszeugnissen und Impfausweisen (→ Impfpass) erfolgt über die Straftatbestände der §§ 275 I a, 277 bis 279 sowie 281 II StGB. Die Vorschriften wurden im Jahr 2021 vor dem Hintergrund der Corona-Pandemie reformiert und erweitert (Gesetz vom 22.11.2021, BGBl. I S. 4906). Sie erfassen ua die unbefugte Ausstellung von Gesundheitszeugnissen sowie die Ausstellung unrichtiger Gesundheitszeugnisse und damit Fälle, die durch den Tatbestand der → Urkundenfälschung (§ 267 StGB) nicht pönalisiert werden. Letzterer ist jedoch auch auf Gesundheitszeugnisse anwendbar, wenn es sich um unechte oder verfälschte Urkunden handelt.

1. Dabei erfasst § 277 StGB (Unbefugtes Austellen von Gesundheitszeugnissen) den Fall, in dem ein Gesundheitszeugnis nicht von einer zur Ausstellung berufenen Person stammt: Strafbar macht sich, wer zur Täuschung im Rechtsverkehr unter der ihm nicht zustehenden Bezeichnung als Arzt oder als eine andere approbierte Medizinalperson ein Gesundheitszeugnis ausstellt. Im Unterschied zum Tatbestand der Urkundenfälschung täuscht der Täter damit nicht über seine Identität, sondern über seine Qualifikation. Auf die inhaltliche Richtigkeit des Gesundheitszeugnisses kommt es im Gegensatz zum Tatbestand des § 278 StGB nicht an. Der Begriff des Gesundheitszeugnisses schließt Impfausweise ein. Der Strafrahmen umfasst Geldstrafe und Freiheitsstrafe bis zu 1 Jahr, in besonders schweren Fällen Freiheitsstrafe von drei Monaten bis zu fünf Jahren (§ 277 II StGB). Für letztere benennt das Gesetz als Regelbeispiele die Situationen, dass der Täter gewerbsmäßig oder als Mitglied einer Bande, die sich zur fortgesetzten Begehung solcher Taten verbunden hat, Impfnachweise oder Testzertifikate betreffend übertragbare Krankheiten unbefugt ausstellt. Der Tatbestand greift nur subsidiär ein, wenn die Tat nicht über andere Urkundsdelike mit schwererer Strafe bedroht ist.

2. § 278 StGB (Ausstellen unrichtiger Gesundheitszeugnisse) betrifft als → Sonderdelikt den Fall eines zwar von einem Arzt oder einer sonstigen approbierten Medizinalperson (zB Hebamme) stammenden, jedoch inhaltlich unrichtigen Gesundheitszeugnisses. Der Tatbestand stellt damit Fälle einer sog. schriftlichen Lüge (→ Urkundenfälschung) unter Strafe und erfasst auch sog. „Gefälligkeitsatteste". Der Strafrahmen beträgt Freiheitsstrafe bis zu 2 Jahren oder Geldstrafe; in § 278 II StGB ist zudem in Parallele zu § 277 II StGB eine Strafdrohung für besonders schwere Fälle normiert. Handelt der Betreffende als beamtete Medizinalperson, kann statt § 278 StGB Falschbeurkundung im Amt vorliegen (§ 348 StGB). Inhaltlich unrichtige Todesbescheinigungen fallen nicht unter § 278 StGB.

3. Strafbar macht sich ferner, wer – zB als Patient – von einem iS der §§ 277, 278 StGB unbefugt ausgestellten bzw. unrichtigen Zeugnis im Rechtsverkehr Gebrauch macht (§ 279 StGB; ggf. Tateinheit mit → Betrug). Der Strafrahmen beträgt Freiheitsstrafe bis zu 1 Jahr oder Geldstrafe. Wie § 277 StGB ist die Norm subsidiär gegenüber anderen eingreifenden Urkundsdelikten, die eine schwerere Strafe androhen.

4. Über § 281 II StGB wird derjenige unter Strafe gestellt, der zur Täuschung im Rechtsverkehr ein Gesundheitszeugnis gebraucht, das für einen anderen ausgestellt ist. Gleiches gilt für denjenigen, der ein Gesundheitszeugnis zu diesem Zweck einem anderen überlässt, für den es nicht ausgestellt ist. Der Strafrahmen beträgt Freiheitsstrafe bis zu 1 Jahr oder Geldstrafe.

5. Unechte oder verfälschte Gesundheitszeugnisse, bei denen also eine Täuschung über die Identität des Ausstellers vorliegt, unterfallen § 267 StGB (Urkundenfälschung) mit den dortigen Tatvarianten. Das gilt nach Entscheidung des BGH (NJW 2023, 1973) auch für Altfälle aus der Zeit vor der 2021 vorgenommenen Reform des § 277 StGB; dieser beinhaltete keinen die Anwendung des § 267 StGB sperrenden → Privilegierungstatbestand.

6. Wer die Herstellung eines unrichtigen Impfausweises vorbereitet, indem er in einem Blankett-Impfausweis eine nicht durchgeführte Schutzimpfung dokumentiert oder einen auf derartige Weise ergänzten Blankett-Impfausweis sich oder einem anderen verschafft, feilhält, verwahrt, einem anderen überlässt oder einzuführen oder auszuführen unternimmt, wird mit Freiheitsstrafe bis zu zwei Jahren oder mit Geldstrafe bestraft (§ 275 Ia StGB).

7. Spezielle Strafdrohungen zum Schutz von Impf-, Genesenen und Testnachweisen sowie von Gesundheitszeugnissen, die sich auf das Coronavirus SARS-CoV-2 beziehen, enthalten § 74 II und § 75a IfSG.

Getränke
Zu Verabreichen von Getränken und Bestellzwangverbot s. → Gaststätte. Sa → alkoholhaltige Getränke; → Bier; → Fruchtsäfte, → Getränkeverpackungen, → Kaffee, → Kakao, → Milch, → Mineral- und Tafelwasser, → Wein.

Getränkebezugsverpflichtung
→ Bierlieferungsvertrag, → Ausschließlichkeitsverträge.

Getränkeschankanlagen
sind → überwachungsbedürftige Anlagen (→ Betriebssicherheit).

Getränkesteuer
kann von den Gemeinden nach Maßgabe der NotVO v. 26.7.1930 oder auf Grund landesgesetzlicher Ermächtigung erhoben werden. Steuerschuldner ist derjenige, der die Getränke abgibt. Sie wird auf den Ausschank von alkoholischen und nichtalkoholischen Getränken zum Verzehr an Ort und Stelle erhoben. Damit soll die Steuerkraft abgeschöpft werden, die der Schankbetrieb durch den Getränkeumsatz erzielt. Im Januar 2010 schaffte Offenbach am Main als letzte Stadt in Deutschland die Getränkesteuer ab.

Getränkeverpackungen
Getränkeverpackungen sind geschlossene oder überwiegend geschlossene → Verpackungen für flüssige → Lebensmittel, die zum Verzehr als Getränke bestimmt sind (§ 3 II VerpackG), wie etwa Glas- oder Plastikflaschen, Dosen oder Tetra Pak-Kartons. → Einwegverpackungen, → Mehrwegverpackungen.

Getrennte Veranlagung
→ Veranlagungsarten.

Getrenntleben der Ehegatten
Die Ehegatten sind einander grds. zur → ehelichen Lebensgemeinschaft und damit auch zur häuslichen Gemeinschaft verpflichtet. Ist diese – auch innerhalb der ehelichen Wohnung (sog. „Trennung von Tisch und Bett") – aufgehoben und will sie zumindest ein Ehegatte nicht mehr herstellen, so leben die Ehegatten im Rechtssinne getrennt (§ 1567 I BGB), nicht aber, wenn sie nur aus äußerl. Gründen in verschiedenen Wohnungen wohnen. Ein Recht zum Getrenntleben besteht nur, wenn das Verlangen des anderen Ehegatten auf Herstellung der häuslichen Gemeinschaft missbräuchlich ist oder wenn die Ehe gescheitert ist (§ 1353 II BGB). Das Getrenntleben der Ehegatten – ob berechtigt oder nicht – begründet innerhalb gewisser Fristen die unwiderlegbare Vermutung des Scheiterns der Ehe (→ Ehescheidung, 2); außerdem führt es zu einer Änderung der → Unterhaltspflicht der Ehegatten (§ 1361 BGB) und der → Eigentumsvermutungen (§ 1362 BGB). Über die → elterliche Sorge bei Getrenntleben der Ehegatten → Ehescheidung (3); zum Getrenntleben in einer → Lebenspartnerschaft s. dort.

Ferner sind Haushaltsgegenstände bis zur Wiederbegründung der ehelichen Lebensgemeinschaft oder bis zur Ehescheidung auf der Grundlage des jeweiligen Eigentums an ihnen, gemeinsame Gegenstände nach Billigkeitsgrundsätzen einstweilen zu verteilen, wobei zu berücksichtigen ist, dass ein Ehegatte möglicherweise Gegenstände des anderen Ehegatten zur Führung eines gesonderten Haushalts benötigt (§ 1361a BGB). Kommt eine Einigung der Ehegatten nicht zustande, so entscheidet das → Familiengericht (§§ 200 f. FamFG). Bei Getrenntleben kann ein Ehegatte unter bestimmten Voraussetzungen auch verlangen, dass ihm die Ehewohnung zur alleinigen Benutzung (uU gegen entsprechende Vergütung) überlassen wird, insbes. bei Verstoß gegen den → Gewaltschutz. Ist ein Ehegatte ausgezogen, so ist nach 6 Monaten anzunehmen, dass er dem in der Ehewohnung verbliebenen Ehegatten das alleinige Nutzungsrecht überlassen hat (Einzelheiten § 1361b BGB). Steuerrechtlich führt dauerndes Getrenntleben der Ehegatten dazu, dass eine Zusammenveranlagung ausscheidet und somit der Splittingtarif keine Anwendung findet → Veranlagungsarten, → Einkommensteuer.

Gewährleistung
Das Gewährleistungsrecht beim Kaufvertrag (→ Kauf; Gewährleistung bei sonstigen Verträgen s. die jeweiligen Stichworte, zB → Werkvertrag (3), → Bauvertrag, → Verbraucherbauvertrag) regelt (als besonderes Leistungsstörungsrecht) die Rechte des Käufers im Fall der Lieferung einer mangelhaften Sache (zur Systematik der Leistungsstörungen → Allgemeines Leistungsstörungsrecht). Sa → Verbrauchsgüterkauf, → Verbrauchsgüterkauf über digitale Produkte, → Verträge über digitale Produkte zwischen Unternehmern mit zahlreichen Sondervorschriften, die grds. vorgehen.

1. Rechts- und Sachmängel: Nach § 433 I 2 BGB, § 453 BGB hat der Verkäufer die verkaufte Sache frei von Sach- und Rechtsmängeln zu verschaffen. Die Mangelfreiheit ist also Inhalt der Leistungs-(Erfüllungs-)pflicht des Verkäufers.

a) Rechtsmangel: Die Sache ist nur dann frei von Rechtsmängeln, wenn Dritte in Bezug auf die Sache keine oder nur die im Kaufvertrag übernommenen Rechte gegen den Käufer geltend machen können (§ 435 S. 1 BGB). Der Verkäufer hat also regelmäßig auf der Sache lastende dingliche Rechte (zB → Hypotheken, → Grundschulden, → Dienstbarkeiten) oder persönliche Ansprüche Dritter vorher zu beseitigen bzw. abzulösen, im → Grundbuch eingetragene, aber nicht (mehr) bestehende Rechte löschen zu lassen (§ 435 S. 2 BGB) usw. Entscheidend ist der tatsächliche Bestand des Rechts eines Dritten, nicht dessen bloße Berühmung. Auch öffentlichrechtliche Beschränkungen (zB Bauvorschriften) können einen Rechtsmangel darstellen. Der Verkäufer haftet aber nicht für die Freiheit von öffentlichen Abgaben und anderen (im Grundbuch nicht eintragungsfähigen) öffentlichen Lasten (§ 436 II BGB; zur Haftung für Anlieger- und Erschließungsbeiträge → Kauf, 1). Beim Verkauf einer → Forderung oder eines sonstigen Rechts haftet der Verkäufer für deren rechtlichen Bestand (sog. Verität der Forderung), mangels besonderer Abrede aber nicht für deren Durchsetzbarkeit, insbes. also nicht für die Zahlungsfähigkeit des Schuldners (sog. Bonität der Forderung). Zum Ausschluss der Haftung für Rechtsmängel s. u.

1c, zu den Rechtsfolgen eines Rechtsmangels s. u. 2.

b) Sachmangel: Ein Sachmangel liegt bei bis zum 1.1.2022 abgeschlossenen Verträgen (zur Rechtslage ab 1.1.2022 s. u.) vor, wenn die verkaufte Sache im Zeitpunkt des Gefahrübergangs (→ Kauf, 3) nicht die vereinbarte (also unabhängig vom allg. Qualitätsstandard) Beschaffenheit hat (§ 434 I 1 BGB; sog. subjektiver Fehlerbegriff). Entscheidend ist also, ob die Sache mit einem Fehler behaftet ist, der den Wert oder die Tauglichkeit nach dem im Vertrag vereinbarten oder sogar zugesicherten Gebrauch aufhebt oder nicht nur unerheblich herabsetzt. Eine solche Vereinbarung einer Beschaffenheit ist nach der Rspr. nur in eindeutigen Fällen anzunehmen (sa u. 4). Ist eine bestimmte Beschaffenheit nicht vereinbart, kommt es darauf an, ob sich die Kaufsache für die nach dem Vertrag vorausgesetzte Verwendung tatsächlich eignet. Ist eine solche Vereinbarung nicht vorhanden, so ist die Kaufsache frei von Sachmängeln, wenn sie sich für die gewöhnliche Verwendung eignet und eine Beschaffenheit aufweist, die bei Sachen der gleichen Art üblich ist und die der Käufer nach der Art der Sache erwarten kann (§ 434 I 2 BGB; sog. objektiver Fehlerbegriff, → Geräte- und Produktsicherheitsrecht, 4). Im sog. → Dieselskandal ist von einem Sachmangel eines Kfz auszugehen, wenn eine den Stickstoffausstoß auf dem Prüfstand gegenüber dem normalen Fahrbetrieb reduzierende Abschalteinrichtung installiert ist (sehr umstritten aber sind die daran zu knüpfenden Rechtsfolgen). Zur Beschaffenheit gehören auch Eigenschaften und Umstände, die der Käufer nach öffentlichen Äußerungen des Verkäufers oder des Herstellers (→ Produkthaftung über die unmittelbare Haftung des Produzenten gegenüber dem Endabnehmer), insbes. in der Werbung oder bei der Kennzeichnung über bestimmte Eigenschaften der Sache erwarten kann, sofern diese nicht ausnahmsweise die Kaufentscheidung nicht beeinflussen konnten oder der Verkäufer hiervon nichts wusste (§ 434 I 3 BGB). Ein Sachmangel kann sowohl in der tatsächlichen Beschaffenheit der verkauften Sache (zB Schwamm im Haus, Verderb, unbrauchbare → Software, fehlende → Produktsicherheit) als auch in rechtlichen Verhältnissen (zB fehlende Baugenehmigung) liegen. Ein Sachmangel liegt auch dann vor, wenn die gekaufte Sache zur Zeit des Gefahrübergangs nicht die vereinbarten Eigenschaften aufweist, auch wenn objektiv kein Fehler vorhanden sein mag. Erforderlich hierfür ist aber eine vertragsmäßig bindende diesbezügliche Erklärung des Verkäufers, nicht bloß einseitig allgemeine, ersichtlich übertriebene Anpreisungen oder Verstoß gegen technische Vorschriften (DIN-Normen, CE-Kennzeichnung, → Produktsicherheit); hier kommt nur ein objektiver Fehler (Qualitätsmangel, s. o.) in Betracht. Ein Sachmangel ist auch dann gegeben, wenn die Kaufsache als solche zwar fehlerfrei ist, die vereinbarte Montage durch den Verkäufer (oder dessen → Erfüllungsgehilfen hierfür) aber unsachgemäß durchgeführt worden ist (§ 434 II 1 BGB). Entsprechendes gilt, wenn bei einer verkauften Sache (zB Möbelteile) die Montageanleitung mangelhaft ist, sofern nicht der Käufer die Sache trotzdem fehlerfrei montieren konnte (sog. IKEA-Klausel, § 434 II 2 BGB). Einem Sachmangel steht es gleich, wenn der Verkäufer eine andere Sache als vertraglich vereinbart (sog. aliud oder eine zu geringe Menge (Minderlieferung, Quantitätsmangel) liefert (§ 434 III BGB).

Für die nach dem 1.1.2022 geschlossenen Verträge gilt (in Umsetzung der → Warenkaufrichtlinie) aufgrund von § 434 I BGB nF ein erweiterter und präzisierter Sachmangelbegriff: Danach ist eine Sache frei von Sachmängeln, wenn sie bei Gefahrübergang den subjektiven Anforderungen, den objektiven Anforderungen und den Montageanforderungen dieser Vorschrift entspricht. Damit wird ein grds. Gleichrang des subjektiven und objektiven Fehlerbegriffs geschaffen, während bislang der Vorrang der vereinbarten Beschaffenheit statuiert ist; im allg. Kaufrecht steht es den Vertragsparteien aber weiterhin frei, abweichende Vereinbarungen hinsichtlich der objektiven Anforderungen zu treffen (negative Beschaffentheitsvereinbarung); anders aber nun beim → Verbrauchsgüterkauf, § 476 I BGB. Den subjektiven Fehlerbegriff definiert und präzisiert § 434 II BGB nF, insoweit ergeben sich im Ergebnis wohl keine Änderungen zur bisherigen Rechtslage: Eine Sache entspricht den subjektiven Anforderungen, wenn sie die vereinbarte Beschaffenheit hat, sich für die vertragsgemäß vorausgesetzte Verwendung eignet und mit dem vereinbarten Zubehör und den vereinbarten Anleitungen (auch zur Montage und Installation) übergeben wird; zur Beschaffenheit gehören nach der nicht abschließenden Aufzählung Art, Menge, Qualität, Funktionalität, Kompatibilität, Interoperabilität (definiert § 327 II BGB nF entsprechend Art. 2 Nr. 8, 10 der → Warenkaufrichtlinie) und sonstige Merkmale, für die die Parteien Anforderungen (ggf. auch konkludent) vereinbart haben. Den objektiven Fehlerbegriff regelt § 434 III BGB nF: Die Sache muss sich für die gewöhnliche Verwendung eignen und die übliche und erwartbare Beschaffenheit aufweisen, welche sich nach der Art und den in der Werbung oder dem Etikett abgegebenen öffentlichen Äußerungen bestimmt; die Sache muss auch der Beschaffenheit einer Probe oder eines Musters entsprechen und mit dem erwartbaren Zubehör (inklusive Anleitungen) übergeben werden. Zur üblichen Beschaffenheit gehören Menge, Qualität und sonstige Merkmale, einschließlich Haltbarkeit (maßgeblich ist die legitime Erwartung insoweit), Funktionalität, Kompatibilität und Sicherheit. Die Mangelhaftigkeit einer vereinbarten Montage ist nunmehr in § 434 IV BGB nF, die Gleichstellung der aliud-Lieferung ist in § 434

V BGB nF geregelt. Zu den Änderungen im → Verbrauchsgüterkauf s. dort.

c) Beweislast: Für das Vorliegen eines Rechts- oder eines Sachmangels trägt der Käufer die → Beweislast (anders zT beim → Verbrauchsgüterkauf).

2. Rechtsbehelfe: Ist die Kaufsache mangelhaft (ein → Verschulden des Verkäufers hierfür ist nicht erforderlich), so hat der Käufer verschiedene Rechtsbehelfe, die weitgehend auf dem → allgemeinen Leistungsstörungsrecht beruhen, aber modifiziert und ergänzt werden (diese Rechtsbehelfe sind dann Sondervorschriften, s. u. 6). § 437 BGB zählt die in Betracht kommenen Rechtsbehelfe auf und verweist auf die maßgeblichen Normen des allg. Leistungsstörungsrechts (Rechtsgrundverweisung).

a) Nacherfüllung: Zunächst hat der Käufer (nur) einen Anspruch auf Nacherfüllung, § 437 Nr. 1 BGB, § 439 BGB. Hierbei handelt es sich um die Fortsetzung des ursprünglichen Erfüllungsanspruchs, der ja (s. o. 1) auf Lieferung einer mangelfreien Sache geht. Der Käufer kann als Nacherfüllung grds. nach seiner Wahl entweder die Beseitigung des Mangels (Nachbesserung) oder die Lieferung einer (anderen) mangelfreien Sache (Nachlieferung, Ersatzlieferung) verlangen (§ 439 I BGB), ggfs. zB auch die Lieferung eines Nachfolgemodells beim Kauf eines Kfz-Neuwagen (was aber innerhalb von 2 Jahren ab Vertragsschluss geltend zu machen ist). Die Sache ist zum Zweck der Nacherfüllung zur Verfügung zu stellen (§ 439 V BGB nF; str. ob bloße Obliegenheit oder echte Rechtspflicht). Die gesamten Kosten insoweit hat der Verkäufer zu tragen, § 439 II BGB. Im Einzelfall kann die Nachbesserung aus technischen Gründen ausscheiden (zB wenn der Mangel nicht zu beseitigen ist) oder eine Ersatzlieferung entfallen (zB bei Lieferung eines absoluten Einzelstücks wie eines besonders ausgewählten Gebrauchtwagens). Der Anspruch auf G. beschränkt sich in diesem Fall auf die andere Art der Nacherfüllung. Der Anspruch auf Nacherfüllung kann nach § 275 I BGB auch ganz ausgeschlossen sein, wenn beide Arten der Nacherfüllung unmöglich sind (zB bei unbehebbarem Mangel). Nach § 439 III BGB ist der Verkäufer verpflichtet, einem Käufer, der eine mangelhafte Sache gutgläubig (hinsichtlich der Mangelfreiheit) und gemäß ihrer Art oder ihrem Verwendungszweck eingebaut (zB Fliesen, Parkett) oder an einer andere Sache angebracht (zB Dachrinne, Farbe, Lack) hat, die für das Entfernen der mangelhaften Sache und den Einbau der mangelfreien Sache erforderlichen Aufwendungen zu ersetzen; der Käufer kann nicht Aus- und Einbau als Teil der Nacherfüllung nach § 439 I BGB verlangen, der Verkäufer hat nicht mehr die Möglichkeit, Aus- und Einbau selbst (kostengünstiger) vorzunehmen, da § 439 III BGB lex spezialis zu § 439 I BGB ist. § 439 III BGB kann aber vertraglich abbedungen werden. Zum Anspruch auf Vorschuss für die Kosten des Ein- und Ausbaus und zur Abbedingung im → Verbrauchsgüterkauf s. dort. Der Verkäufer kann, wie bei der → Unmöglichkeit der Leistung, die vom Käufer gewählte Art der Nacherfüllung auch verweigern, wenn sie nur mit unverhältnismäßigen Kosten oder unter unzumutbaren Aufwand oder Anstrengungen möglich wäre, § 439 IV BGB; erforderlich ist insoweit eine Abwägung der Umstände (hierbei kommt es insbes. auch auf den Wert der mangelfreien Sache, die Bedeutung des Mangels und darauf an, ob auf die andere Art der Nacherfüllung ohne erhebliche Nachteile für den Käufer zurückgegriffen werden kann); ggf. können auch beide Arten der Nacherfüllung verweigert werden (Beispiele: Verkäufer als Händler ohne Reparaturwerkstätte einerseits, Ausschluss lang dauernder Reparaturarbeiten in den Räumen des Käufers andererseits). Diese Verweigerungsmöglichkeit bei Unverhältnismäßigkeit gilt nicht beim → Verbrauchsgüterkauf, § 475 IV 1 BGB, s. dort, auch zur Beschränkung des Aufwendungsersatzes. Bei der Ersatzlieferung kann der Verkäufer Rückgewähr der zunächst gelieferten mangelhaften Sache nach den Vorschriften über den → Rücktritt vom Vertrag einschließlich der gezogenen Nutzungen der mangelhaften Sache verlangen, § 439 V (VI) BGB (nF); anders beim → Verbrauchsgüterkauf.

b) Rücktritt: Ist die Nacherfüllung insgesamt unmöglich, unzumutbar (dies idR auch bei arglistigem Verschweigen eines dem Verkäufer bekannten Mangels), wird sie verweigert oder misslingt sie, so kann der Käufer vom Vertrag zurücktreten, § 437 Nr. 2 BGB, § 440 BGB; dies kann durch → Allgemeine Geschäftsbedingungen für neu hergestellte Sachen nicht ausgeschlossen werden, § 309 Nr. 8b BGB. Der Rücktritt folgt hinsichtlich Voraussetzungen und Rechtsfolgen im Wesentlichen den allg. Vorschriften (s. iE → gegenseitiger Vertrag, 2). Einer an sich erforderlichen (Nach-)Fristsetzung vor Erklärung des Rücktritts bedarf es allerdings nicht, wenn der Verkäufer beide Arten der Nacherfüllung verweigert hat, wenn die dem Käufer an sich zustehende Nacherfüllung fehlgeschlagen ist (dies ist bei der Nachbesserung idR nach einem zweiten erfolglosen Versuch anzunehmen, § 440 BGB) oder idR auch bei arglistigem Verschweigen des Mangels durch den Verkäufer (→ Anfechtung von Willenserklärungen, 2). Wegen nur geringfügiger Mängel kann allerdings nicht zurückgetreten werden, § 437 Nr. 2 BGB, § 323 V 2 BGB, es sei denn, der Verkäufer hat über deren Vorhandensein arglistig getäuscht. Durch den Rücktritt wird ein Anspruch des Käufers auf Ersatz des (infolge des Mangels entstandenen) Nutzungsausfallschadens nicht berührt.

c) Minderung: Statt zurückzutreten, kann der Käufer den Kaufpreis durch Erklärung gegenüber dem Verkäufer mindern, § 437 Nr. 2 BGB, § 441 BGB (auch bei nicht erheblichen

Mängeln). Macht der Käufer die Minderung geltend (ein → Gestaltungsrecht wie der Rücktritt), so erlischt sein Wahlrecht zwischen Rücktritt und Minderung. Zur vorherigen Nachfristsetzung → gegenseitiger Vertrag (2). Die Minderung besteht in einer verhältnismäßigen Herabsetzung des vereinbarten Kaufpreises, wobei der Wert der Sache in mangelfreiem Zustand mit dem wirklichen Wert (im Zeitpunkt des Vertragsabschlusses) verglichen wird; dies ist erforderlichenfalls durch Schätzung zu ermitteln, § 441 III BGB. Ein danach bereits überzahlter Kaufpreis(teil) ist vom Verkäufer zu erstatten, § 441 IV BGB.

d) Schadensersatz: Schließlich kann der Käufer unter den allg. Voraussetzungen der §§ 280 ff. BGB auch Schadensersatz (zB für den Nutzungsausfallschaden) verlangen, § 437 Nr. 3 BGB; Einzelheiten hierzu → Schadensersatz (trotz der geänderten Rspr. des VII. Senats des BGH im Werkvertragsrecht kann im Kaufrecht weiterhin der kleine Schadensersatz statt der Leistung anhand fiktiver Mängelbeseitigungkosten ohne tatsächliche Beseitigung der Mängel verlangt werden, s. hierzu → Werkvertrag, 3, auf eine Anrufung des Großen Senats wurde verzichtet; nur der mangelbedingte Minderwert wird ersetzt, wenn die Nacherfüllung nach § 439 IV 2 BGB unverhältnismäßig wäre). Voraussetzung für den Schadensersatz ist zunächst, neben dem Vorliegen eines Mangels, ein → Verschulden des Verkäufers, das allerdings vermutet wird, § 280 I 2 BGB; der Verkäufer muss sich also entlasten. Zur Nachfristsetzung gelten die obigen Ausführungen über den Rücktritt entsprechend, § 440 BGB. Dies bedeutet, dass der Verkäufer auch bei bloßer Fahrlässigkeit unter den Voraussetzungen des § 281 BGB auf Ersatz des Mangel(folge)schadens haftet (zB für Produktions- und Nutzungsausfall infolge der mangelhaften Lieferung). Allerdings setzt Fahrlässigkeit die Verletzung einer Sorgfaltspflicht voraus. So hat ein (Zwischen-)Händler vielfach keine Pflicht zur Untersuchung industriell hergestellter Massenartikel auf Konstruktions- und Fertigungsmängel; der Hersteller ist auch nicht sein → Erfüllungsgehilfe (zur unmittelbaren Haftung des Produzenten → Produkthaftung). Andererseits haftet der Verkäufer, der eine Beschaffenheits- oder Haltbarkeitsgarantie (→ Garantie, sa u. 4), wenn vielleicht auch nur stillschweigend, übernommen hat, nach § 276 I BGB auch ohne Verschulden, zB für das Vorhandensein zugesicherter Eigenschaften oder das Fehlen bestimmter Folgen oder Rechte Dritter. Anstelle von Schadensersatz kann der Käufer auch Ersatz seiner (nunmehr nutzlosen) Aufwendungen verlangen (§ 284 BGB). Verzug des Verkäufers (→ Schuldnerverzug) ist nicht erforderlich.

e) Lieferkette: Für den Fall einer Lieferkette mit mehreren Verkäufen enthalten §§ 445a, 445b BGB Regelungen über den Rückgriff (→ Regress) des Verkäufers bei seinem Lieferanten, um die durch einen Mangel verursachten Kosten möglichst bis zu demjenigen durchzureichen, in dessen Bereich der Mangel verursacht worden ist. Jeder Verkäufer einer neu hergestellten Sache, der seinem Käufer Nacherfüllungsaufwendungen nach § 439 II, III BGB zu ersetzen hat (s. o.), kann (als Käufer) von seinem Verkäufer (Lieferanten), auch wenn dieser nicht Unternehmer ist, Ersatz dieser Aufwendungen verlangen (ein weiterer Rückgriff in der Lieferkette, zB Lieferant gegen Vorlieferant, erfordert jedoch, dass die Beteiligten Unternehmer sind, § 445a III BGB); zur Erweiterung bei Verletzung einer Aktualisierungspflicht nach § 475b IV BGB s. § 445a I BGB nF. Bei Rücktritt oder Minderung des Käufers entfällt für den Verkäufer gegenüber dem Lieferanten das Fristsetzungserfordernis, § 445a II BGB. Zur Verjährung § 445b I BGB; zur (Abschaffung der) Höchstgrenze der Ablaufhemmung § 445b II BGB (nF). Ergänzende Regelungen für den Regress gelten beim → Verbrauchsgüterkauf. Abweichende Vereinbarungen sind nach § 478 II BGB eingeschränkt. Zum Rückgriff bei Verträgen über digitale Produkte s. § 445c BGB.

3. Ausschluss der Gewährleistung: Kraft Gesetzes ausgeschlossen sind die unter 2. dargestellten Rechte auf G. bei positiver Kenntnis des Käufers vom Mangel, bei grob fahrlässiger Unkenntnis (→ Verschulden, 2) dann, wenn der Käufer nachweist, dass der Verkäufer den Mangel arglistig verschwiegen (bzw. seine Abwesenheit arglistig zugesichert) oder eine Beschaffenheitsgarantie übernommen hat, § 442 BGB. Durch Vereinbarung können die Rechte auf Gewährleistung grds. begrenzt oder ausgeschlossen werden, sie unterliegen der Dispositionsfreiheit der Parteien; auf eine solche Vereinbartung kann sich der Verkäufer aber nicht berufen, wenn er den Mangel arglistig verschwiegen oder eine Beschaffenheitsgarantie (s. u. 4) übernommen hat, § 444 BGB. Ein derartiger Haftungsauschluss ist insbes. beim Kauf gebrauchter Gegenstände (zB Kraftfahrzeug) üblich; hierzu dienen Klauseln „wie besehen" (dh keine Haftung für bei einer Untersuchung sichtbare Mängel), „wie die Sache steht und liegt" = „tel-quel" (dh auch für verborgene Mängel wird nicht gehaftet) usw; s. ferner → Arbitrage. Einer Haftungsbegrenzung durch → Allgemeine Geschäftsbedingungen setzt das Gesetz in §§ 307 ff. BGB Grenzen; von Bedeutung ist insbes. § 309 Nr. 8b BGB, wenn Vertragsgegenstand eine neu hergestellte Sache ist. Zwingendes Recht gilt aber weitgehend im → Verbrauchsgüterkauf. Beim → Handelskauf (s. iE dort) gilt die Pflicht zur unverzüglichen Untersuchung der gelieferten Ware und Rüge von Mängeln, ansonsten gehen die Gewährleistungsrechte ggf. verloren, § 377 HGB (→ Mängelrüge).

4. Erweiterung der Gewährleistung: Die gesetzlichen Rechte auf Gewährleistung können zugunsten des Käufers auch durch → Garantien erweitert werden, § 443 BGB, zB

durch Modifikation einzelner Tatbestandvoraussetzungen (unselbständige Garantie) oder insbes. durch vertragliche Übernahme weiterer Ansprüche neben den gesetzlichen Gewährleistungsrechten (selbständige Garantie). Garantien können für alle denkbaren Umstände übernommen werden. Besonders wichtig ist die Beschaffenheitsgarantie, bei der der Verkäufer vertraglich die Gewähr für das Vorhandensein bestimmter Eigenschaften übernimmt und bei Fehlen verschuldensunabhängig haftet, insbes. auf → Schadensersatz. Vorliegen und Umfang einer solchen Garantie sind durch Auslegung zu ermitteln. Bei einer Beschaffenheitsvereinbarung (s. o. 1b) liegt nicht unbedingt eine Garantie vor (Angabe eines Kilometerstands beim Gebrauchtwagenverkauf ist idR nur Beschaffenheitsvereinbarung, nicht aber Garantie). Bei einer in § 443 II BGB definierten Haltbarkeitsgarantie haftet der Verkäufer nicht nur für einen bei Gefahrübergang (s. o. 1b) vorliegenden Mangel, sondern für alle innerhalb der vereinbarten Garantiefrist auftretenden Mängel; tritt der Mangel innerhalb der Garantiefrist auf, wird der Garantiefall vermutet. Für die Garantie eines mit dem Verkäufer nicht identischen Herstellers (Herstellergarantie) ist der Abschluss eines selbständigen Garantievertrags nötig, der oft durch Beilegung einer Garantiekarte angeboten wird. Auch ein sonstiger Dritter (zB Großhändler oder Tochtergesellschaft des Herstellers) kann Garantiegeber sein. Zum Haftungsausschluss bei Übernahme einer Garantie s. o. 3. § 479 BGB trifft ergänzende Regelungen für die Garantie gegenüber einem Verbraucher (→ Verbrauchsgüterkauf).

5. Verjährung: Die unter 2. dargestellten Gewährleistungsansprüche verjähren grds. in 2 Jahren ab Ablieferung der Sache bzw. Übergabe des verkauften Grundstücks, § 438 I Nr. 3, II BGB. In einigen Fällen gilt eine längere Verjährungsfrist: 5 Jahre bei einem Bauwerk oder verkauftem Baumaterial, durch dessen Einbau die Mangelhaftigkeit verursacht wurde, § 438 I Nr. 2 BGB; 30 Jahre, wenn der Mangel in einem dinglichen Recht eines Dritten besteht (zB der Käufer muss die gestohlene Sache an den wahren Eigentümer zurückgeben), § 438 I Nr. 1 BGB. Hat der Verkäufer den Mangel arglistig verschwiegen, so tritt an die Stelle der zweijährigen Verjährungsfrist die regelmäßige Verjährungsfrist (3 Jahre zum Jahresende, → Verjährung, 4), § 438 III BGB. Auch sonst gelten die allg. Vorschriften über die Verjährung, insbes. über deren Hemmung (zB durch Verhandlungen über die G. oder bei Antrag auf → Beweissicherung) oder Neubeginn. Ist der Nacherfüllungsanspruch des Käufers verjährt, so sind zwar auch Rücktritt oder Minderung ausgeschlossen; der Käufer kann aber die Zahlung des noch nicht erbrachten Kaufpreises insoweit verweigern, als er auf Grund der Gewährleistungsansprüche hierzu berechtigt wäre, § 438 IV, V BGB, § 218 BGB. Die 2-jährige Verjährungsfrist erfasst alle Ansprüche, die auf dem Mangel beruhen, auch verschuldensabhängige Schadensersatzansprüche und hier insbes. auch einen unmittelbar damit zusammenhängenden Mangelfolgeschaden (zB ein geliefertes krankes Tier steckt andere Tiere des Käufers an). Für die Verjährung von Rückgriffsansprüchen (s. o. 2e) gilt § 445b BGB. Ansprüche aus → unerlaubter Handlung oder aus → Gefährdungshaftung, die mit den Gewährleistungsrechten konkurrieren, werden aber von der Verjährungsfrist des Kaufsrechts nicht berührt (→ Anspruchskonkurrenz).

6. Verhältnis zu anderen Vorschriften: Die unter 2. dargestellten Rechtsbehelfe sind grds. Sondervorschriften, die ggf. andere Vorschriften ausschließen. Dies gilt auch für die Haftung wegen → Verschulden beim Vertragsschluss und Änderung der → Geschäftsgrundlage, soweit sie sich auf Mängel beziehen. Ausgeschlossen ist auch eine → Anfechtung von Willenserklärungen wegen Irrtums über wesentliche Eigenschaften der Kaufsache; eine Anfechtung wegen arglistiger Täuschung des Käufers bleibt jedoch unberührt. Ansprüche auf Schadensersatz wegen Verzögerung der Leistung (→ Schuldnerverzug) oder wegen einer → positiven Vertragsverletzung, die sich nicht auf (Sach-)Mängel bezieht (zB Verletzung von Informations- oder Beratungspflichten), werden gleichfalls nicht ausgeschlossen, sondern richten sich nach den allg. Vorschriften. Andererseits stellt ein ersichtlich unberechtigtes Mängelbeseitigungsverlangen eine zum → Schadensersatz verpflichtende schuldhafte Vertragsverletzung dar. Zur Gewährleistung beim internationalen Warenkauf → CISG.

Gewährleistungsausschluss
Zum Gewährleistungsausschluss beim Kauf s. → Gewährleistung (3), iÜ bei den jeweiligen Verträgen.

Gewährleistungsmarke
Eine Gewährleistungsmarke weist – anders als herkömmliche Marken – nicht auf die Herkunft der damit gekennzeichneten Waren hin, sondern auf deren Qualität, Genauigkeit oder andere Eigenschaften mit Ausnahme der geographischen Herkunft. Man unterscheidet – je nach Schutzumfang – nationale Gewährleistungsmarken und Unionsgewährleistungsmarken (§ 106a MarkenG bzw. Art. 83 UMV s. ferner unter → Marken). Bereits bei der Anmeldung muss die Gewährleistungsmarke als solche bezeichnet werden.

Gewährsperson
→ verdeckte Ermittlungen, → Zeugnisverweigerungsrecht, → nachrichtendienstliche Mittel.

Gewährträgerhaftung
Gewährträgerhaftung, zT auch Anstaltslast genannt, bezeichnete die Haftung öffentlicher Träger (zB der → Kommunen) für die von ihnen gehaltenen → Sparkassen und Landes-

banken. Die Gewährträgerhaftung mit ihrer Staatsgarantie galt gegenüber den privaten → Kreditinstituten als Wettbewerbsvorteil und daher als Verstoß gegen das EU-Wettbewerbsrecht. Eine Einigung zwischen der Bundesregierung und der EU-Kommission aus dem Jahre 2001 sah daher vor, die Gewährträgerhaftung nach einer Übergangsfrist von 4 Jahren abzuschaffen. Seit Mitte 2005 haften öffentlich-rechtliche Kreditinstitute daher nur noch mit ihrem eigenen Vermögen.

Gewährvertrag
→ Garantievertrag.

Gewässer
1. Nach § 2 Wasserhaushaltsgesetz (WHG, → Wasserhaushalt) sind Gewässer oberirdische (Binnen-)Gewässer, → Küstengewässer und das → Grundwasser. Für → Meeresgewässer gelten einige Vorschriften gem. § 2 Ia WHG. Hinsichtlich der → Hohen See jenseits der Küstengewässer s. → Freiheit des Meeres. Oberirdische Gewässer sind ständig oder zeitweilig in Betten fließende oder stehende oder aus Quellen wild abfließende Wasser; künstliche Gewässer oder erheblich veränderte oberirdische Gewässer sind von Menschen geschaffene oder in ihrem Wesen physikalisch erheblich veränderte oberirdische Gewässer oder Küstengewässer (§ 3 WHG). Die oberirdischen Gewässer werden je nach Landesrecht und wasserwirtschaftlicher Bedeutung in Gewässer verschiedener Ordnung eingeteilt, wobei die → Bundeswasserstraßen idR zu den Gewässern 1. Ordnung gehören. Das Eigentum an den Bundeswasserstraßen steht dem Bund zu (§ 4 WHG). Grundwasser und das Wasser eines fließenden oberirdischen Gewässer sind nicht eigentumsfähig. Im Übrigen ist das Gewässer-Eigentum landesspezifisch geregelt. Grundeigentum berechtigt idR nicht zu einer Gewässer-Benutzung, die eine Zulassung erfordert.

2. a) Die Benutzung eines Gewässers bedarf nach §§ 8 ff. WHG der Zulassung durch Erlaubnis oder Bewilligung, soweit sich nicht aus dem WHG selbst oder den Wassergesetzen der Länder etwas anderes ergibt. Die Benutzung der oberirdischen Gewässer zum → Gemeingebrauch ist gem. § 25 WHG jedermann nach Landesrecht gestattet, ua zum → Baden, Waschen, Schöpfen mit Handgefäßen, Viehtränken, → Wassersport und Eislaufen, soweit andere Rechte nicht beeinträchtigt werden oder entgegenstehen. Zulassungspflichtige Benutzungen sind nach §§ 9 ff. WHG etwa das Entnehmen und Ableiten von Wasser (eine Form der Wassernutzung gem. § 6a WHG) sowie fester Stoffe aus oberirdischen Gewässer, das Aufstauen und Absenken von oberirdischen Gewässern, das Einleiten von Stoffen in Gewässer, das Entnehmen und Ableiten von Grundwasser sowie sonstige Maßnahmen, die geeignet sind, nachteilige Veränderungen der Beschaffenheit des Wassers herbeizuführen. Es gilt die allgemeine Sorgfaltspflicht des § 5 WHG.

b) Die Erlaubnis gewährt die widerrufliche Befugnis (§ 18 WHG), die Bewilligung das Recht, ein Gewässer zu einem bestimmten Zweck und in einer bestimmten Weise zu benutzen (§ 10 WHG). Die Bewilligung ist stärker, kann idR nur gegen Entschädigung beschränkt oder zurückgenommen werden (vgl. § 18 II WHG) und wird für eine bestimmte Frist erteilt (§ 14 II WHG, ggf. über 30 Jahre). Sie soll nur in bestimmten Fällen und nach einem besonderen Bewilligungsverfahren erteilt werden. Für das Einbringen oder Einleiten von Stoffen in Gewässer werden nur Erlaubnisse erteilt. Auf Erlaubnisse und Bewilligungen kann über § 11 das → Umwelt-Rechtsbehelfsgesetz Anwendung finden; beide können mit Inhalts- und Nebenbestimmungen versehen werden (§ 13 WHG). Besteht ein öffentliches Interesse oder ein berechtigtes Interesse des Gewässer-Benutzers, so kann die Erlaubnis als gehobene Erlaubnis erteilt werden (§ 15 WHG). Die Zulassung kann mit Einschränkungen versehen werden. Sie ist regelmäßig sowie aus besonderem Anlass zu überprüfen und gegebenenfalls anzupassen (§ 100 WHG). Die Zulassung ist zu versagen, wenn nicht ausgleichbare Gewässerveränderungen zu erwarten sind oder andere öffentl.-rechtliche Anforderungen nicht erfüllt werden (§ 12 WHG). Befreiungsvoraussetzungen und erlaubnisfreie Benutzungen regeln Landesrecht und WHG (ua §§ 20 ff. WHG für alte Rechte und Befugnisse). Auditierte Betriebsstandorte können Erleichterungen bei Genehmigungsverfahren und Überwachung erhalten (§ 24 WHG, → Umweltmanagement).

3. Der Ausbau eines Gewässers umfasst Herstellung, Beseitigung oder wesentliche Umgestaltung eines Gewässers und seiner Ufer-, Deich- und Dammbauten (→ Deich) sowie Bauten des Küstenschutzes. Maßnahmen des Gewässerausbaus sind keine Gewässerbenutzungen (§ 9 III WHG) und bedürfen idR der → Planfeststellung (§§ 67 ff. WHG). Der Plan darf nur festgestellt werden, wenn eine Beeinträchtigung des Wohls der Allgemeinheit, insbes. eine erhebliche und dauerhafte Erhöhung der Hochwasserrisiken (→ Wassergefahr) oder eine Zerstörung natürlicher Rückhalteflächen nicht zu erwarten ist.

4. Die Länder können kleine Gewässer von wasserwirtschaftlich untergeordneter Bedeutung (zB Straßengräben und → Heilquellen) – mit Ausnahme der Haftungsregelungen für Gewässerveränderungen (§§ 89, 90 WHG) – von den Bestimmungen des WHG ausnehmen (§ 2 WHG).

5. Sa → Abwasser, → Abwasserabgabe, → Bodenschutz, → Fracking, → internationale Wasserläufe, → Reinhaltung der Gewässer, → Unterhaltung der Gewässer, → Wasserversorgung, → Wasserstraßen- und Schifffahrtsverwaltung.

Gewässeraufsicht
Aufgabe der Gewässeraufsicht ist es, die Ausführung der nach dem WasserhaushaltsG des Bundes (WHG, → Wasserhaushalt) und den Wassergesetzen der Länder bestehenden oder auf Grund dieser Gesetze begründeten öffentlich-rechtlichen Verpflichtungen zu überwachen (§§ 100 ff. WHG). Sie obliegt grundsätzlich den unteren Verwaltungsbehörden, in Bergbaubetrieben den → Bergbehörden. S. ferner → Wasserstraßen- und Schifffahrtsverwaltung.

Gewässerschutz
→ Reinhaltung der Gewässer, → Unterhaltung der Gewässer.

Gewässerschutzbeauftragter
→ Betriebsbeauftragte für Gewässerschutz sind nach §§ 64–66 WHG (→ Wasserhaushalt) von Betrieben zu bestellen, die in größerem Umfang Abwässer in Gewässer einleiten. Aufgaben und Stellung entsprechen denen des → Immissionsschutzbeauftragten.

Gewahrsam
1. Polizeirecht: Die → Polizei kann bei Vorliegen der im → Polizeirecht geregelten gesetzlichen Voraussetzungen eine Person in Gewahrsam nehmen. Eine besondere Form des Gewahrsams ist der sog. → Unterbindungsgewahrsam. Die Polizei hat unverzüglich eine richterliche Entscheidung über Zulässigkeit und Fortdauer des Gewahrsams herbeizuführen. Spätestens nach Ablauf des auf die Ingewahrsamnahme folgenden Tages ist der Betroffene freizulassen, wenn nicht vorher eine richterliche Entscheidung über die Fortdauer des Gewahrsams ergeht.

2. Zivilrecht: Zum Begriff des Gewahrsams an Sachen im Recht der Zwangsvollstreckung → Besitz (a. E.).

3. Strafrecht: Im materiellen Strafrecht besitzt der Begriff des Gewahrsams wesentliche praktische Bedeutung für den Tatbestand des § 242 StGB (→ Diebstahl, s. dort 1a). Er wird dort im Gesetzeswortlaut zwar nicht verwendet, fungiert jedoch als Bezugspunkt bei der Subsumtion unter den Begriff der Wegnahme. Gewahrsam wir dabei im Unterschied zum zivilrechtlichen → Besitz als tatsächliches Herrschaftsverhältnis verstanden, das von einem natürlichen Herrschaftswillen getragen wird, wobei sich die Beurteilung wesentlich an der sozialen Zuordnung bzw. Verkehrsanschauung orientiert. Ebenfalls unausgesprochener Bezugspunkt ist der Gewahrsam in den Tatbeständen des § 184 I Nr. 6 StGB (→ Pornographische Inhalte) und des § 192a StGB (→ Verhetzende Beleidigung) für die dort enthaltene Tathandlung des Gelangenlassens: Der Täter muss hier jeweils einen inkriminierten Gegenstand in den Gewahrsam, dh den Verfügungsbereich, des Opfers gelangen lassen. Ähnliche Bedeutung besitzt der Gewahrsamsbegriff für den Tatbestand der Störung der Totenruhe (§ 168 I StGB, → Religionsvergehen 3): Auch hier erfordert er ein tatsächliches Obhutsverhältnis mit der faktisch bestehenden Möglichkeit, über den Leichnam zu disponieren. Deutlich enger ist dagegen der Begriff der dienstlichen „Verwahrung" im Tatbestand des → Verwahrungsbruchs (§ 133 I StGB): Er ist nur erfüllt für Sachen, die sich kraft staatlichen Hoheitsrechts im Besitz des Staates befinden und denen der Staat seine Fürsorge, wenn auch nur vorübergehend, in erkennbarer Weise zugewandt hat. Auf Gegenstände des allgemeinen Amtsbesitzes wie Verbrauchs- oder Gebrauchsgegenstände trifft dies nicht zu (BGH NJW 1993, 605).

Im Strafprozessrecht besitzt der Gewahrsamsbegriff va Bedeutung bei den Vorschriften zur → Beschlagnahme (§§ 94 ff. StPO); er wird dort üblicherweise ebenso definiert wie im Recht des Diebstahls.

Gewahrsamsbruch
→ Diebstahl (1), → Verwahrungsbruch.

Gewalt (Strafrecht)
Im Strafrecht ist Gewalt als Tathandlung vielfach Tatbestandsmerkmal einer Straftat (→ Gewaltdelikte); meist steht es dabei in Alternative zur Tathandlung der → Drohung.

1. Definition: Die Definition des Gewaltbegriffs weicht zwischen den verschiedenen Tatbeständen in Nuancen ab. Regelmäßig wird unter Gewalt die Ausübung körperlicher Kraft vestanden, die beim Opfer physischen Zwang bewirkt und die subjektiv der Überwindung eines tatsächlichen oder erwarteten Widerstands dient. Mit Letzterem wird ein subjektives finales Element des Gewaltbegriffs beschrieben.

2. Formen: Bei der Gewaltanwendung sind zwei Formen zu unterscheiden: Sie kann derart sein, dass sie den Willen des Gezwungenen völlig ausschaltet (vis absoluta), so wenn das Opfer bewusstlos geschlagen wird oder narkotische Mittel ohne Wissen und Wollen des Betroffenen angewandt werden. Gewalt kann aber auch lediglich dazu dienen, den Willen des Betroffenen zu beugen (vis compulsiva), etwa wenn er durch Schmerz bereitende Schläge oder durch Einsperren gefügig gemacht werden soll. Diese Unterscheidung besitzt Relevanz für den Tatbestand der → Erpressung, wenn man wie in Teilen des strafrechtlichen Schrifttums gefordert für diesen eine Vermögensverfügung und damit ein willensgesteuertes Handeln des Opfers voraussetzt.

3. Entwicklung: Der Gewaltbegriff war mehrfach Wandlungen unterworfen. Betroffen hiervon war etwa die Frage der Einbeziehung lediglich psychischer Zwangswirkungen, vgl. hierzu zuletzt BVerfGE 92, 1; zum seinerzeit auslösenden Problem der Gewalt bei Sitzblockaden → Nötigung. Mit der Reform der Sexualdelikte durch das 50. StrÄndG v. 4.11.2016 (BGBl. 2016 I 2460) hat der Gesetzgeber im Tatbestand des → Sexuellen Übergriffs in § 177 V Nr. 1 StGB zudem

einen Fall der Anwendung von „Gewalt“ normiert, bei dem das subjektive finale Element des Gewaltbegriffs ausgeblendet wird: Dort soll ausreichen, dass physische Kraft eingesetzt wird. Ob diese dazu dient, den sexuellen Übergriff zu ermöglichen, ist ohne Belang (s. dazu BGH, Beschluss v. 10.10.2018, Az. 4 StR 311/18, BGHSt 63, 220). Nicht durchgesetzt haben sich Pläne, bei der Reform der Tatbestände des → Sexuellen Missbrauchs von Kindern (§§ 176 ff. StGB) durch das Gesetz zur Bekämpfung sexualisierter Gewalt gegen Kinder vom 16.6.2021 (BGBl. 2016 I 1810) den Begriff des „sexuellen Missbrauchs“ durch denjenigen der „sexualisierten Gewalt“ zu ersetzen (so noch der Gesetzentwurf der Regierungsfraktionen, BT-Drs. 19/23707). Damit hätte ein Gewaltbegriff in das StGB Einzug gehalten, der ausgerechnet im besonders wortgebundenen (s. Art. 103 II GG, → nullum crimen sine lege) Strafrecht vollständig vom dort etablierten differenzierten Sprachgebrauch abweicht.

Gewaltdarstellung
Straftatbestand nach § 131 StGB. Dieser erfasst → Inhalte (ua auch Ton- und Bildträger, s. § 11 III StGB), die grausame oder sonst unmenschliche Gewalttätigkeiten gegen Menschen oder menschenähnliche Wesen in verherrlichender, verharmlosender oder die Menschenwürde verletzender Weise darstellen. Strafbar macht sich, wer sie verbreitet, zugänglich macht, herstellt, anbietet, ein- oder ausführt usw. oder den Inhalt mittels Rundfunk oder Telemedien zugänglich macht. Dies gilt aber nicht, wenn die Gewaltdarstellung der Berichterstattung über Vorgänge des Zeitgeschehens oder der Geschichte dient. Der Strafrahmen umfasst Freiheitsstrafe bis zu einem Jahr sowie Geldstrafe.

Stellt der Täter Bildaufnahmen her, welche die (ggf. auch auf einer Gewalttat beruhende) Hilflosigkeit einer anderen Person zur Schau stellen, so kommt zudem eine Strafbarkeit nach § 201a I Nr. 2 StGB in Betracht. Gleiches gilt, wenn er solche Bildaufnahmen überträgt, gebraucht oder einer dritten Person zugänglich macht (näher → Bildaufnahme, unzulässige).

Gewaltdelikte
Das Strafrecht kennt zahlreiche Tatbestände, bei denen als Tathandlung die Anwendung von → Gewalt pönalisiert wird, zB → Widerstand gegen die Staatsgewalt (§§ 113 ff. StGB), → Menschenraub (§ 234 StGB), → Verschleppung (§ 234a StGB), → Nötigung (§ 240 StGB), → Raub (§ 249 StGB), → Erpressung (§§ 253, 255 StGB); meist steht Gewalt dabei in Alternative zur Tathandlung der → Drohung. Dem Tatbestand des → Sexuellen Übergriffs in § 177 V Nr. 1 StGB liegt ein abweichender Gewaltbegriff zugrunde (→ Gewalt 3).

Gewalt, höhere
→ Verschulden (4).

Gewaltentrennung
Gewaltentrennung ist ein auf die Lehre von → Montesquieu zurückgehendes tragendes Organisationsprinzip der meisten modernen demokratischen Verfassungen und konstitutives Merkmal eines → Rechtsstaates. Die politische Macht im Staate wird durch die Gewaltentrennung in Funktionsbereiche aufgeteilt; durch die gegenseitige Kontrolle der Gewalten soll eine Mäßigung der Staatsgewalt erreicht werden. Herkömmlicherweise sind dies die → gesetzgebende (Legislative), die → vollziehende (Exekutive) und die → rechtsprechende Gewalt (→ Rechtsprechung; veraltet: Judikative). Der Grundsatz, dass die Staatsgewalt „durch besondere Organe der Gesetzgebung, der vollziehenden Gewalt und der Rechtsprechung“ ausgeübt wird (Art. 20 II 2 GG), kann auch im Wege der Verfassungsänderung nicht beseitigt werden (Art. 79 III GG). Zu der funktionellen Gewaltentrennung sollte in gewissem Umfang eine personelle Gewaltentrennung treten in dem Sinne, dass die verschiedenen Funktionsbereiche auch durch verschiedene Personen wahrgenommen werden; das ist nur in gewissem Umfang verwirklicht (→ Inkompatibilität). Die Gewaltentrennung kann allerdings nicht streng durchgeführt werden; Überschneidungen (→ gesetzgebende Gewalt) verstoßen nicht gegen das Rechtsstaatsprinzip, solange die Gewaltentrennung dem Grundsatz nach eingehalten ist.

Gewaltmonopol des Staates
bedeutet, dass der Einzelne oder auch Gruppen Rechtsansprüche oder politische Zielsetzungen nicht eigenmächtig mit Gewalt durchsetzen dürfen, sondern nur in den gesetzlich vorgesehenen Verfahren durch staatliche Organe, insbesondere durch die Gerichte und deren Vollstreckungsorgane; politische Forderungen müssen im Wege der → Gesetzgebung durchgesetzt werden. Das Gewaltmonopol des Staates ist ein grundlegendes Element des → Rechtsstaats. Sa → Gewaltverbot (2), → polizeiliche Zwangsmittel, → Verwaltungszwang, → Waffengebrauch. Ausnahmen sieht das Gesetz nur in engen Grenzen vor, zB bei → Notwehr oder im Falle der → Selbsthilfe. Sa → Widerstandsrecht.

Gewaltschutz
Auf Grund des GewSchG vom 11.12.2001 (BGBl. 2001 I 3513) hat das → Familiengericht nach vorsätzlicher rechtswidriger Körper-, Gesundheits- oder Freiheitsverletzung zum Schutz vor Gewalttaten und Nachstellungen die zur Abwendung weiterer Verletzungen erforderlichen Maßnahmen zu ergreifen. Hier kommen insbes. das Verbot, mit der verletzten Person Kontakt aufzunehmen, sich ihr zu nähern, die Wohnung der verletzten Person zu betreten oder bestimmte andere Orte aufzusuchen, an denen sich die verletzte Person

regelmäßig aufhält, ferner sonstige Nachstellungsverbote in Betracht. Unter besonderen Voraussetzungen kann darüber hinaus angeordnet werden, dass eine bisher gemeinsam genutzte Wohnung der verletzten Person zur alleinigen Benutzung überlassen wird. Entsprechendes gilt bei → Getrenntleben der Ehegatten (§ 1361b BGB) und in der → Lebenspartnerschaft (§ 14 LPartG). Die Verletzung einer derartigen gerichtlichen Anordnung ist strafbar. Zum Verfahren s. §§ 210 ff. FamFG. Sa → Belästigung durch Nachstellen, → Nachstellung, → Bedrohung, → Hausfriedensbruch, → Körperverletzung jeweils aE.

Gewalttaten, Entschädigung für Opfer von –
Wer durch einen vorsätzlichen, rechtswidrigen tätlichen Angriff auf sich oder einen Dritten oder durch dessen rechtmäßige Abwehr einen Gesundheitsschaden erleidet, erhält nach dem OpferentschädigungsG (OEG) idF vom 7.1.1985 (BGBl. 1985 I 1) mÄnd auf Antrag Versorgung nach dem → Bundesversorgungsgesetz (ggf. seine Hinterbliebenen). Anspruchsberechtigt sind unter bestimmten Voraussetzungen auch Ausländer. Seit dem Inkrafttreten des 3. Gesetzes zur Änderung des Opferentschädigungsgesetzes v. 25.6.2009 (BGBl. 2009 I 1580) werden unter Umständen auch bei Gewalttaten, die im Ausland verübt werden, Leistungen erbracht. Dabei muss der gewöhnliche und rechtmäßige Aufenthalt im Geltungsbereich des OEG liegen und nur ein vorübergehender, maximal sechs Monate andauernder Aufenthalt außerhalb des Geltungsbereichs des OEG bestanden haben (§ 3a OEG). Der Anspruch auf Entschädigung nach dem OEG ist durch das SGB XIV für Ausländer eingeschränkt worden. Danach müssen sich Ausländer rechtmäßig im Bundesgebiet aufhalten. Als rechtmäßiger Aufenthalt gilt auch die ausgesetzte Abschiebung. Die Entschädigung nach § 1 V 5 bis VII OEG ist durch das SGB XIV aufgehoben worden, das im Übrigen zum 1.1.2024 in Kraft trat.

Als tätlicher Angriff gelten auch Giftbeibringung und mindestens fahrlässige Herbeiführung einer Gefahr für Leib oder Leben anderer durch ein mit gemeingefährlichen Mitteln begangenes → Verbrechen (zB → Sprengstoff- oder Strahlungsverbrechen). Ausgeschlossen sind Angriffe mittels Kraftfahrzeugs.

Gründe, die Entschädigung zu versagen, sind ua, dass der Geschädigte die Schädigung verursacht hat oder dass die Entschädigung nach seinem eigenen Verhalten unbillig wäre (zB weil er bei Begehung einer Straftat geschädigt worden ist) oder dass er die möglichen Maßnahmen zur Aufklärung (insbes. unverzügliche Strafanzeige) unterlassen hat. Zu versagen sind die Leistungen auch dann, wenn der Geschädigte in seinem Heimatland aktiv an politischen Auseinandersetzungen, kriegerischen Auseinandersetzungen beteiligt war oder in organisierte Kriminalität verwickelt ist, es sei denn, er kann seine Unschuld nachweisen.

Die Kosten trägt das Land, in dem die Schädigung eingetreten ist; Schadensersatzansprüche des Geschädigten gegen Dritte gehen auf das Land über. Ist eine entsprechende Zuordnung nicht möglich, werden die Kosten vom Bund getragen. Für Ansprüche ist grundsätzl. die → Sozialgerichtsbarkeit zuständig. § 116 SGB X ist entsprechend anwendbar.

An einer Forderung, die ein Täter oder Teilnehmer im Hinblick auf eine öffentliche Darstellung der Tat (zB gegen ein Presseunternehmen) erwirbt, hat der Verletzte ein gesetzliches → Pfandrecht (OpferanspruchssicherungsG vom 8.5.1998, BGBl. 1998 I 905). Zur (zivilrechtlichen) Haftung für Gewalttaten → unerlaubte Handlung (insbes. 5b), → Tumultschäden; zur Verhinderung weiterer Gewalttaten → Gewaltschutz.

Gewaltverbot
1. Nach dem → Völkerrecht ist die Anwendung militärischer Gewalt grundsätzlich verboten. → Krieg ist kein völkerrechtlich erlaubtes Mittel zur Durchsetzung politischer Interessen.

a) Art. 2 Nr. 4 der Satzung der → Vereinten Nationen enthält ein grundsätzliches Gewaltverbot; dieses kennt zwei Ausnahmen: Die Anwendung militärischer Gewalt ist zum einen zulässig zur Abwehr eines bewaffneten Angriffs, der seinerseits gegen das Gewaltverbot verstößt; dieses Recht der Selbstverteidigung nach Art. 51 der Satzung der Vereinten Nationen erlaubt die → militärische Verteidigung (→ Angriffskrieg). Erlaubt sind zum anderen militärische Zwangsmaßnahmen des Sicherheitsrates nach Art. 42 der Satzung der Vereinten Nationen (→ Vereinte Nationen, 2b). Art. 42 ermächtigt den Sicherheitsrat, mit Streitkräften die zur Wahrung oder Wiederherstellung des Weltfriedens und der internationalen Sicherheit erforderlichen Maßnahmen durchzuführen, wenn er eine Bedrohung oder einen Bruch des Friedens festgestellt hat. Nach der Praxis der Vereinten Nationen ist der Sicherheitsrat befugt, die Durchführung dieser militärischen Maßnahmen auf Mitgliedsstaaten zu delegieren (Art. 48, Art. 53). Nicht unter Art. 42 fallen die sogenannten → Blauhelmeinsätze. Die Zulässigkeit der Gewaltausübung auf Grund von Sonderrechten gebenüber ehemaligen Feindstaaten wird inzwischen als überholt angesehen. Sa → Kelloggpakt.

b) Ein bewaffneter Angriff iSd Gewaltverbots ist jede Art von Waffengewalt durch einen Staat gegen das Hoheitsgebiet oder die Streitkräfte eines anderen Staates. Der Gewalt steht die Androhung eines unmittelbar bevorstehenden bewaffneten Angriffs gleich. Unter den Gewaltbegriff fallen auch die mit Waffengewalt durchgeführten Handlungen von bewaffneten Banden, → Freischärlern, Söldnern und Terroristen (→ Terrorismus), die ein Staat in einen anderen Staat entsendet. Inzwischen werden auch Schutz und Duldung terroristischer Handlungen durch einen Staat als Gewalt durch diesen Staat angesehen, die ein militärisches Vorgehen gegen diesen Staat ermöglichen (so geschehen 2001/2002 gegen Afghanistan). Streitig ist, inwieweit ein Staat, der einen anderen Staat, der sich in einer kriegerischen Auseinandersetzung mit einem dritten Staat befindet, durch Waffenlieferungen unterstützt, im Verhältnis zu dem dritten Staat gegen das völkerrechtliche Gewaltverbot verstößt. Die Grenze zu kriegerischer Gewalt ist dann überschritten, wenn zu den reinen Waffenlieferungen oder (zusätzlicher) finanzieller Unterstützung noch weitere Unterstützungsmaßnahmen hinzutreten, zB die Ausbildung von Streitkräften des kriegführenden Staates oder der Transport der Waffen innerhalb dessen Territoriums. Solche Maßnahmen könnten aber gerechtfertigt sein, um einen unter Verstoß gegen das völkerrechtliche Gewaltverbot angegriffenen Staats zu unterstützen (s. unten c); ferner sa → Neutralität; → Non-belligerency).

c) Insbesondere im Rahmen eines Verteidigungsbündnisses darf ein anderer Staat zu Gunsten eines angegriffenen Staates militärische Gewalt gegen den unter Verstoß gegen das völkerrechtliche Gewaltverbot angreifenden Staat anwenden, auch wenn sein eigenes Staatsgebiet nicht angegriffen ist (sa → Nordatlantikvertrag).

d) Streitig ist, inwieweit das Gewaltverbot auch militärische Gewalt gegen Aufständische im eigenen Staatsgebiet verbietet, die sich auf das Selbstbestimmungsrecht der Völker berufen. Trotz der schwierigen Abgrenzungsprobleme ist hier die Auffassung im Vordringen, das Gewaltverbot gelte auch für Maßnahmen gegenüber solchen Aufständischen.

e) Umgekehrt wird jetzt zunehmend die Meinung vertreten, das Gewaltverbot gelte nicht für militärische Interventionen von Drittstaaten aus humanitären Gründen bei schweren Menschenrechtsverletzungen im angegriffenen Staat. Nach dieser Meinung wären die militärischen Interventionen in Ruanda (1994) und im Kosovo (1999) völkerrechtlich zulässig gewesen (→ Auslandseinsätze der Bundeswehr; sa → innere Angelegenheiten). Der → Internationale Gerichtshof lehnte am 2.6.1999 einen Antrag Jugoslawiens gegen die Intervention im Eilverfahren ab. Eine Aussage über die Rechtmäßigkeit des Einsatzes wurde damit nicht getroffen.

f) Die Anwendung militärischer Gewalt zur Rettung eigener Staatsangehöriger stellt keinen Verstoß gegen das Gewaltverbot dar, wenn diese eigenen Staatsangehörigen in dem Staat und von dem Staat bedroht werden, gegen den die militärische Gewalt angewandt wird. In anderen Fällen – zB bei der Bedrohung der eigenen Staatsangehörigen in einem dritten Staat – ist die Anwendung militärischer Gewalt völkerrechtswidrig.

g) Militärische Gewalt auf Grund des Rechts zur Selbstverteidigung darf nicht für Bestrafungsaktionen oder Vergeltungsschläge verwendet werden; diese unterfallen dem G. und sind völkerrechtswidrig, wenn sie nicht der Abwehr eines (weiteren) bewaffneten Angriffs dienen. Auch Präventivschläge unterfallen dem Gewaltverbot, es sei denn, sie würden im Einzelfall der Abwehr eines unmittelbar bevorstehenden bewaffneten Angriffs dienen oder sie wären ausnahmsweise durch einen Beschluss nach Art. 42 (s. o. a)) gedeckt. Der Staat, der sich von einem bevorstehenden Angriff bedroht fühlt, darf Selbstverteidigungsmaßnahmen nur dann treffen, wenn ihm keine Zeit mehr bleibt, Maßnahmen des Sicherheitsrates abzuwarten. Im Übrigen ist er beweispflichtig für die Angriffssituation. Er muss überzeugende Beweise darfür vorlegen, dass der feindliche Staat im Begriff ist, einen Angriff zu führen. Der Präventivschlag der USA und des Vereinigten Königreichs gegen den Irak im Jahre 2003 wäre nur dann völkerrechtskonform gewesen, wenn man die Beweise der USA für einen bevorstehenden Angriff als ausreichend ansehen wollte; an der Rechtmäßigkeit dieses Präventivschlages bestehen indes erhebliche Zweifel (so auch BVerwG Urt. v. 21.6.2005, NJW 2006, 77). Der Einmarsch russischer Truppen in die Ukraine am 24.2.2022 ist als Angriff anzusehen, da es derzeit keine Belege dafür gibt, dass Anfang 2022 ein Angriff der Ukraine auf Russland bevorgestanden hätte; die Verteidigung der Ukraine gegen diesen Angriff verstößt demgemäß nicht gegen das Gewaltverbot.

h) Sa → Kriegsrecht, → Terrorismus.

2. Innerstaatlich gilt das Gewaltverbot nur für Private. Es gibt ein → Gewaltmonopol des Staates, das im → Rechtsstaat Recht und Gesetz unterworfen ist.

Gewaltverhältnis, öffentlich-rechtliches
Die Begriffe „öffentlich-rechtliches Gewaltverhältnis" oder „besonderes Gewaltverhältnis" sind überholt. Ursprünglich wurden damit öffentlich-rechtliche Sonderverhältnisse bezeichnet (Dienstherr gegenüber Beamten, militärische Vorgesetzte gegenüber Soldaten, Schulleitung gegenüber Schülern, Leitung der Strafvollzugsanstalt gegen Gefangene), in denen Eingriffe in die Rechte, insbes. auch Grundrechte, der Gewaltunterworfenen (Beamten, Soldaten usw.) ohne gesetzliche Grundlage als zulässig angesehen wurden. Nach modernem Verfassungsverständnis erfordern Eingriffe in die Rechte der Betroffenen auch in diesen Fällen einer geeigneten Grundlage (→ Gesetzmäßigkeit der Verwaltung). Davon unabhängig ist die Frage zu beurteilen, ob zB eine Anweisung im Rahmen des Beamtenverhältnisses überhaupt einen Eingriff in die Rechte des Beamten darstellt; bei einer Weisung, in einer Angelegenheit in einer bestimm-

ten Weise zu entscheiden, ist dies idR nicht der Fall.

Gewaltverzicht
→ Ostverträge, → Grundvertrag.

Gewerbe
1. Gewerbe ist jede erlaubte, auf Gewinn gerichtete, auf gewisse Dauer angelegte und selbständige Tätigkeit, ausgenommen die → Urproduktion, die → freien Berufe und die Verwaltung eigenen Vermögens. Gewerbebetriebe sind alle Unternehmen des Handels (→ Handelsgewerbe), des → Handwerks, der → Industrie und des Verkehrs. Der Begriff des Gewerbes ist Anknüpfungspunkt für zahlreiche Vorschriften des → Privatrechts (insbes. → Handelsrecht) und des → öffentlichen Rechts (insbes. Steuerrecht, Gewerberecht).

2. Die Vorschriften über den Betrieb eines Gewerbes enthält die Gewerbeordnung, ergänzt und zT verdrängt durch Nebengesetze, die für bestimmte Gewerbezweige Sonderregelungen geschaffen haben. Hierher gehören zB → HandwerksO, GaststättenG (→ Gaststätte) und SpieleVO (→ Spiele), ferner → Arzneimittel, → Medizinprodukte, → Lebensmittel- und Futtermittelrecht, → Personenbeförderung, → Güterkraftverkehr sowie die gesetzlichen Regelungen für → Kreditinstitute, → Finanzdienstleistungsinstitute, → Versicherungsunternehmen ua.

3. Jedes von einer inländischen natürlichen oder juristischen Person ausgeübte Gewerbe ist ein → Beruf iS des Art. 12 I GG. Die → Gewerbefreiheit ist somit Teil der als → Grundrecht geschützten Berufsfreiheit. Ein Gewerbe kann als → stehendes Gewerbe, als Reisegewerbe oder im → Marktverkehr ausgeübt werden. Im europäischen Recht wird der Begriff für kommerzielle Betätigungen jeder Art verwendet, also zB auch für Urproduktion, freie Berufe, Profisport und Medienwirtschaft.

4. Dienstleistungserbringer haben dem Dienstleistungsempfänger (→ Dienstvertrag) vor Vertragsschluss bestimmte Informationen (zB Anschrift, AGB, Preisangaben) zur Verfügung zu stellen (→ Dienstleistungs-Informationspflichten-VO v. 12.3.2010, BGBl. 2010 I 267).

Gewerbeabfälle
sind ua → Siedlungsabfälle aus dem nicht-privaten Bereich.

Gewerbeanmeldung
→ Anzeigepflicht (Gewerberecht).

Gewerbeaufsicht
Alle Gewerbebetriebe (→ Gewerbe) unterliegen einer staatlichen Aufsicht, die von den idR bei den → Regierungspräsidien oder in → kreisfreien Städten eingerichteten Gewerbeaufsichtsämtern ausgeübt wird. Die GewO (§ 139b GewO) schreibt den Gewerbeaufsichtsbeamten lediglich die Überwachung der Bestimmungen des → Arbeitsschutzes vor; weitere Überwachungsaufgaben sind ihnen durch Landesrecht übertragen. Dabei haben sie → polizeiliche Befugnisse. IwS versteht man unter Gewerbeaufsicht das gesamte Recht der → Gewerbezulassung und der → Gewerbeuntersagung.

Gewerbebetrieb
Steuerlich ist Gewerbebetrieb eine selbständige, nachhaltige Betätigung, die mit der Absicht, Gewinn zu erzielen, unternommen wird und sich als Beteiligung am allgemeinen wirtschaftlichen Verkehr darstellt. Diese Betätigung darf weder als Ausübung von Land- und Forstwirtschaft noch als Ausübung eines freien Berufs, einer Vermögensverwaltung oder als eine andere selbständige Arbeit anzusehen sein (§ 15 II EStG, sog. Gewerbebetrieb kraft gewerblicher Betätigung). Ein Gewerbebetrieb kann darüber hinaus auf Grund der gewählten Rechtsform vorliegen. § 2 II, III GewStG listet diese Rechtsformen auf. Zu ihnen gehören insbes. die Kapitalgesellschaften. Der Begriff des Gewerbebetriebs ist bedeutsam für die → Einkommen-, die → Körperschaft- und die → Gewerbesteuer. Vgl. → Wirtschaftlicher Geschäftsbetrieb, → Unternehmer (USt), → Freie Berufe.

Gewerbebetrieb, eingerichteter und ausgeübter
→ unerlaubte Handlung (2a).

Gewerbeerlaubnis
→ Gewerbezulassung.

Gewerbeertrag
(Besteuerung) → Gewerbesteuer (2).

Gewerbefreiheit
Die Gewerbefreiheit als Rechtsbegriff ist in § 1 GewO normiert; danach ist der Betrieb eines → Gewerbes jedermann gestattet. Die Gewerbefreiheit wird allerdings durch den Vorbehalt, dass die GewO selbst Abweichendes bestimmen kann, weitgehend relativiert. Tatsächlich sind die meisten Gewerbe erlaubnispflichtig (→ Gewerbezulassung). Ferner ist jedes Gewerbe anzuzeigen, § 14 GewO. Die Grenzen für die Freiheit der gewerblichen Tätigkeit werden damit letztlich durch Art. 12 GG gezogen; s. → Beruf (freie Wahl und Ausübung). Der Begriff Gewerbefreiheit ist darüber hinaus seit Abschaffung der → Zünfte Ausdruck eines wirtschaftspolitischen Postulats.

Gewerbegebiet
Gebiet nach der → Baunutzungsverordnung, in dem vor allem nicht erheblich belästigende Gewerbebetriebe zulässig sind.

Gewerbeordnung
Die GewO idF v. 22.2.1999 (BGBl. 1999 I 202) mÄnd geht nach Regelungskonzept und Grundbestand an Vorschriften auf die Gewerbeordnung von 1869 zurück. Sie bildet immer noch eine wichtige Grundlage der öffentlich-rechtlichen Gewerbeüberwachung, hat aber ihren ursprünglichen Charakter als → Kodifi-

kation längst verloren (→ Gewerbe). Die GewO unterscheidet in Tit. II–IV → stehendes Gewerbe, → Reisegewerbe, → Marktverkehr. Die zulässigen Maßnahmen der Gewerbeüberwachung, insbes. die Voraussetzungen der → Gewerbezulassung, sind bei diesen Gewerbearten verschieden. Tit. VII (§§ 105 ff. GewO) ordnet allgemein die innerbetrieblichen Beziehungen zwischen Arbeitgebern und Arbeitnehmern; er enthält einen Teil nach wie vor gültiger arbeitsrechtlicher Vorschriften. Das Gewerberecht gehört zur → konkurrierenden Gesetzgebung des Bundes (Art. 74 I Nr. 11 GG); allerdings wurden einzelne Gebiete aus der GewO durch die → Föderalismusreform I in die Zuständigkeit der → Länder überführt.

Gewerberaummiete
Abgrenzung zur Wohnraummiete: → Mietvertrag, 2; sa → Wohnraummietvertrag.

Gewerbesteuer (GewSt)
1. Rechtsgrundlagen sind das GewStG idF v. 15.10.2002 (BGBl. 2002 I 4167), und die GewSt-Durchführungsverordnung v. 15.10.2002 (BGBl. 2002 I 4180). Verwaltungsvorschriften sind die GewSt-Richtlinien 2009 v. 28.11.2010 (BStBl. 2010 I SonderNr. 1/2010). Die Gewerbesteuer (GewSt) ist eine bundeseinheitlich geregelte → Real-, → Objekt- oder Sachsteuer. Sie ist die wichtigste Steuerquelle der Gemeinden (→ Verteilung des Steueraufkommens).

2. Der GewSt unterliegen stehende → Gewerbebetriebe und → Reisegewerbebetriebe, soweit sie im Inland betrieben werden (§§ 1, 2, 35a GewStG). Gegenstand der Besteuerung ist seit 1998 allein der Gewerbeertrag. Steuerschuldner ist der Unternehmer, dh derjenige, für dessen Rechnung das Gewerbe betrieben wird. Dieser hat eine Erklärung zur Festsetzung des einheitlichen Steuermessbetrages und ggf. eine Zerlegungserklärung beim Finanzamt einzureichen (§ 14a GewStG).

3. Die Ermittlung und Festsetzung der GewSt erfolgt auf zwei Stufen. Ausgangspunkt ist der nach den Einkommen- oder Körperschaftsteuervorschriften ermittelte Gewinn aus Gewerbebetrieb nach § 15 EStG (§ 7 GewStG), der um die Hinzurechnungen des § 8 GewStG erhöht und um die Kürzungen des § 9 GewStG (zB 1,2 vH des → Einheitswerts der → Betriebsgrundstücke) gemindert wird. So werden 25 vH aller Zinsen hinzugerechnet. Bei Mieten, Pachten, Leasingraten und Lizenzgebühren wird nur der sog. Finanzierungsanteil hinzugerechnet. Dieser wird pauschal ermittelt und beträgt 20 vH der Mieten, Pachten und Leasingraten für bewegliche Anlagegüter und ab 2010 50 vH (zuvor 65 vH) der Mieten, Pachten und Leasingraten für unbewegliche Wirtschaftsgüter. Für Rechteüberlassungen (Konzessionen und Lizenzen) werden 25 vH berücksichtigt. Weitere Hinzurechnungen ergeben sich für Zinsen und andere Entgelte für Schulden, Rentenzahlungen und dauernde Lasten sowie Gewinnanteile stiller Gesellschafter (§ 8 Nr. 1a–c GewStG). Von diesem Gesamtbetrag der Finanzierungsentgelte wird ein Freibetrag von 100 000 EUR (ab VAZ 2020 von 200 000 EUR) gewährt. Der Freibetrag soll für kleine und mittlere Unternehmen die Folgen der ausgeweiteten Hinzurechnung mindern. Weitere Hinzurechnungen ergeben sich aus § 8 Nr. 4–10 GewStG). Der so ermittelte Betrag ist der Gewerbeertrag vor Verlustabzug. Anschließend ist der bislang nicht berücksichtigte Verlust aus vorangegangenen Erhebungszeiträumen bis zu einem Betrag in Höhe von 1 Mio. EUR zu berücksichtigen. Darüber hinaus gehende Verluste sind nur zu 60 vH zu beachten. Bei einer → Organschaft sind Fehlbeträge, die sich vor dem rechtswirksamen Abschluss des Gewinnabführungsvertrages ergeben haben, nicht zu berücksichtigen (vgl. § 10a GewStG). Dies ergibt den Gewerbeertrag, der auf volle 100 EUR abzurunden ist. Bei Einzelgewerbetreibenden und → Mitunternehmerschaften (Personengesellschaften) wird ein Freibetrag von 24 500 EUR berücksichtigt. Für Vereine und juristische Personen des öffentlichen Rechts beträgt der Freibetrag 5000 EUR. Kapitalgesellschaften erhalten keinen Freibetrag. Durch Anwendung der Steuermesszahl (einheitlich 3,5 vH, ohne Staffelung ab 2008) ergibt sich der Messbetrag nach dem Gewerbeertrag (§ 11 GewStG). Das Finanzamt setzt den Messbetrag durch Gewerbesteuermessbescheid fest (§ 184 AO) und teilt diesen der hebeberechtigten Gemeinde mit. Unterhält ein Gewerbebetrieb → Betriebsstätten in mehreren Gemeinden, wird der Steuermessbetrag durch Zerlegungsbescheid (§§ 28–34 GewStG) regelmäßig nach den gezahlten Löhnen aufgeteilt. Auf der zweiten Stufe setzt die hebeberechtigte Gemeinde die GewSt nach ihrem Hebesatz (zB 400 vH) durch Gewerbesteuerbescheid fest (§ 16 GewStG). Seit 1.1.2004 beträgt der Hebesatz 200 vH, wenn die Gemeinde keinen höheren Hebesatz bestimmt hat.

4. Der Einheitswertbescheid für ein Betriebsgrundstück sowie der GewSt-Messbescheid sind gegenüber dem GewSt-Bescheid Grundlagenbescheide (→ Besteuerungsgrundlagen), deren Änderungen zu einer Änderung des GewSt-Bescheids berechtigen (§ 175 I 1 Nr. 1 AO).

5. Vorauszahlungen auf die GewSt sind jeweils am 15.2., 15.5., 15.8. und 15.11. zu leisten (§ 19 GewStG).

6. Das Gewerbekapital ist seit 1998 nicht mehr Steuergegenstand (BGBl. 1997 I 2590).

7. Die geplante gesetzliche Ausdehnung der Gewerbesteuer auf die → freien Berufe im Rahmen einer Gemeindewirtschaftsteuer konnte sich nicht durchsetzen. Somit bleiben diese weiter von der Gewerbesteuer befreit, sa → Mitunternehmerschaften.

8. Seit 1.1.2008 ist die Gewerbesteuer nicht mehr als Betriebsausgabe abzugsfähig (§ 4 V b EStG). Für gewerbliche Einkünfte erfolgt eine

Steuerermäßigung durch Anrechnung der Gewerbesteuer mit dem Faktor 3,8 (ab VAZ 2020 mit dem Faktor 4,0) auf die tarifliche Einkommensteuer, die auf Einkünfte aus Gewerbebetrieb entfällt (vgl. § 35 EStG).

Gewerbeuntersagung
1. Die Ausübung jedes erlaubnisfreien, lediglich anzeigepflichtigen → stehenden Gewerbes kann entschädigungslos untersagt werden, wenn wegen fehlender Zuverlässigkeit des Gewerbetreibenden oder einer mit der Leitung des Betriebs beauftragten Person die Untersagung zum Schutze der Allgemeinheit oder der Beschäftigten des Betriebs erforderlich ist (§ 35 I GewO; → Gewerbeordnung). Die Gewerbeuntersagung kann auf andere → Gewerbe ausgedehnt und selbst für jede gewerbliche Betätigung ausgesprochen werden, wenn auch insoweit Unzuverlässigkeit des Gewerbetreibenden anzunehmen ist. Häufige Indizien für Unzuverlässigkeit sind Steuerschulden, offene → Sozialversicherungsbeiträge und Straftaten des Gewerbetreibenden. Die Gewerbeuntersagung muss verhältnismäßig sein (→ Verhältnismäßigkeitsgrundsatz) und ist nicht drittschützend, dh. Dritte können die Gewerbeuntersagung weder erzwingen noch anfechten. Sa → Anzeigepflicht (Gewerberecht), → Zuverlässigkeit.

2. Die zuständigen Behörden (zB Bayern: → Kreisverwaltung, Hessen: → Regierungspräsidium) bestimmen die Länder (§ 155 II GewO). Bei Untersagung auf Grund eines Sachverhalts, der bereits Gegenstand eines Strafverfahrens war, darf die Behörde von den Feststellungen des Strafrichters zum Sachverhalt, zur Schuldfrage und zur Frage, ob erhebliche rechtswidrige Handlungen zu erwarten sind (→ Berufsverbot), nicht zum Nachteil des Gewerbetreibenden abweichen (§ 35 III GewO). Zu Einzelheiten des Untersagungsverfahrens s. § 35 IV–VII GewO (Anhörung der → Industrie- und Handels- oder → Handwerkskammer).

3. Die Gewerbeuntersagung ist ein anfechtbarer → Verwaltungsakt. Sie ist von der Rücknahme und vom Widerruf einer → Gewerbezulassung zu unterscheiden, denn § 35 GewO findet keine Anwendung, wenn besondere Untersagungs- oder Betriebsschließungsvorschriften bestehen, die ebenfalls auf die Unzuverlässigkeit abstellen. Ähnliche Wirkung wie eine Gewerbeuntersagung hat ein Berufsverbot. Der wirksamen Durchsetzung der Gewerbeuntersagung dient ua das → Gewerbezentralregister.

4. Nach § 51 GewO kann gegen Ersatz des erweislichen Schadens die Benutzung jeder gewerblichen → Anlage – gleichgültig, ob genehmigungspflichtig oder nicht – zu jeder Zeit „wegen überwiegender Nachteile und Gefahren für das Gemeinwohl" untersagt werden. Die Vorschrift gilt nicht für Anlagen, die dem BImSchG unterliegen (→ Immissionsschutzrecht) und hat daher nur geringe praktische Bedeutung.

Gewerbezentralregister
Das Gewerbezentralregister gemäß § 149 GewO, das vom → Bundesamt für Justiz geführt wird, soll gegenüber ungeeigneten oder unzuverlässigen Personen eine einheitliche Untersagungs- und Genehmigungspraxis bei gewerberechtlichen Entscheidungen gewährleisten, insbesondere die missbräuchliche Umgehung der → Gewerbeuntersagung verhindern. Einzutragen sind ua Versagung, Entzug und ähnliche Entscheidungen hinsichtlich Erlaubnissen (→ Gewerbezulassung) mangels → Zuverlässigkeit oder Eignung, die Gewerbeuntersagung, ferner Bußgeldentscheidungen über mehr als 200 EUR wegen Ordnungswidrigkeiten im Zusammenhang mit der Ausübung des Gewerbes. Auskunft über die Eintragungen erhalten die in § 150a GewO aufgeführten Behörden und der Betroffene. Wegen Entfernung und Tilgung (Geldbußen bis 300 EUR nach 3, sonst nach 5 Jahren) vgl. §§ 152, 153 GewO.

Gewerbezulassung
Von → Gewerbefreiheit als gesetzlichem Regelungsprinzip kann für Deutschland nicht gesprochen werden. Die Regel ist vielmehr auch für das → stehende Gewerbe die Gewerbezulassung in Form einer Genehmigung (Gewerbeerlaubnis, Bewilligung, → Konzession) durch die Verwaltungsbehörde. Ohne Erlaubnis ist praktisch nur noch der → Handel zugänglich, und auch dieser nur, soweit er nicht in Verbindung mit einem → Handwerk betrieben wird. Die Voraussetzungen für die Erteilung der Genehmigung können die persönlichen Verhältnisse des Gewerbetreibenden, die sachlichen Grundlagen des Betriebes oder beides betreffen. Dagegen ist es idR verfassungswidrig, die Gewerbezulassung von einem Bedürfnis abhängig zu machen (s. → Bedürfnisprüfung).

1. Die Erteilung der persönlichen Erlaubnis kann den Nachweis bestimmter Kenntnisse und Fähigkeiten voraussetzen (s. → Befähigungsnachweis) und/oder von der charakterlichen → Zuverlässigkeit des Gewerbetreibenden abhängig sein (zB → Bewachungsgewerbe, → Grundstücksmakler, → Wohnungsvermittlung, → Finanzanlagenvermittler, → Pfandleiher, → Versteigerungsgewerbe, → Reisegewerbe, → Schaustellungen von Personen). Gleiches gilt grundsätzlich für → Handwerk, → Gaststätten, → Kreditinstitute, → Finanzdienstleistungsinstitute, → Versicherungsunternehmen, → Personenbeförderung, → Güterkraftverkehr ua. Die Ausübung eines nichtgenehmigten Gewerbes, und zwar sowohl die Aufnahme ohne die erforderliche Genehmigung als auch die Fortsetzung nach Entzug der Genehmigung, kann entschädigungslos verhindert werden (§ 15 II GewO).

2. Die früher hauptsächlich gewerbliche Anlagen betreffende sachbezogene Genehmi-

gung nach §§ 16 ff. aF GewO ist nunmehr in den öffentlich-rechtlichen Immissionsschutz (→ Immissionsschutzrecht, → Anlage) eingezogen worden. Anzeige-, Erlaubnis- und Überwachungspflichten → überwachungsbedürftiger Anlagen sind heute im Produktsicherheitsgesetz (→ Geräte- und Produktsicherheitsrecht) und dem Gesetz über überwachungsbedürftige Anlagen (ÜAnG) erfasst.

Gewerblich geprägte Personengesellschaft
→ Personengesellschaft.

Gewerbliche Arbeitnehmer
→ Arbeiter, → Angestellte.

Gewerbliche Berufsgenossenschaften
Die nach Gewerbezweigen gegliederten gewerblichen Berufsgenossenschaften gehören zu den Trägern der gesetzlichen → Unfallversicherung. Sie sind zuständig, sofern keine spezielle Zuständigkeit der → landwirtschaftlichen Berufsgenossenschaften oder der Unfallversicherungsträger der öffentlichen Hand besteht (§ 121 SGB VII; → Unfallversicherungsträger). Die Auflistung der gewerblichen Berufsgenossenschaften ergibt sich aus der Anlage 1 zu § 114 SGB VII. Soweit Tätigkeiten auf Seeschiffen betroffen sind, ist die Berufsgenossenschaft Verkehrswirtschaft Post-Logistik Telekommunikation zuständig. Voraussetzung ist, dass es sich um Seeschiffe handelt, die unter Deutscher Flagge fahren → Seeschifffahrt.

Gewerbliche Schutzrechte
→ Immaterialgüterrechte.

Gewerblicher Grundstückshandel
Der Verkauf von Grundstücken des Privatvermögens außerhalb der Spekulationsfrist (→ Spekulationsgewinn) ist nicht steuerpflichtig. Die Verkaufstätigkeiten können aber einen Umfang und eine Intensität annehmen, dass sie in die Gewerblichkeit hineinwachsen (→ Gewerbebetrieb), mit der Folge, dass die Veräußerungsgewinne der → Einkommensteuer und der → Gewerbesteuer unterliegen. Nach der Rechtsprechung kann gewerblicher Grundstückshandel vorliegen, wenn ein Stpfl. mehr als drei Objekte (zB Einfamilienhaus, Grundstücksparzelle, aber auch Miteigentumsanteil) innerhalb von fünf Jahren nach der Anschaffung oder Herstellung verkauft. Ein gewerblicher Grundstückshandel kann auch gegeben sein, wenn ein Objekt gekauft, aufgeteilt und davon mindestens drei Teilobjekte innerhalb von fünf Jahren nach der Anschaffung wieder verkauft werden. Aber auch bei weniger als drei Objekten kann auf eine gewerbliche Tätigkeit geschlossen werden. Dies gilt insbes., wenn ein im zeitlichen Zusammenhang mit der Bebauung und Veräußerung erworbenes Grundstück schon vor der Bebauung verkauft worden ist oder wenn ein solches Grundstück von vornherein auf Rechnung oder nach Wünschen des Erwerbers bebaut wird (BFH-Beschluss v. 10.12.2001 GrS 1/98, BFHE 197, 240, BStBl. II 2002, 291).

Gewerblicher Rechtsschutz
bezeichnet das Rechtsgebiet, das sich mit dem Schutz gewerblich-geistiger Leistungen und der damit zusammenhängenden Interessen befasst. Dazu gehören das → Patent-, → Gebrauchsmuster-, → Design-, → Wettbewerbs- und Markenrecht (→ Marken), während das → Urheberrecht Werke der Literatur, Wissenschaft und Kunst, aber auch Computerprogramme schützt.

Gewerbsmäßiges Handeln
ist bei manchen Straftatbeständen ein strafbegründendes, bei anderen ein strafschärfendes Merkmal. Im ersten Fall hängt die Strafbarkeit davon ab, dass der Täter gewerbsmäßig handelt, so beim Betreiben eines → Bordells (§ 180a I StGB). Dagegen wirkt es straferhöhend zB bei Diebstahl (§ 243 I 2 Nr. 3 StGB), Hehlerei (§§ 260, 260a StGB) und Wilderei (§ 292 II StGB). Gewerbsmäßig handelt, wer die Absicht (den auf den Erfolg gerichteten Willen) hat, sich durch wiederholtes Begehen der Tat eine nicht nur vorübergehende Einnahmequelle zu verschaffen. Wegen der Bewertung des gewerbsmäßigen Handelns als Tat → Sammelstraftat.

Gewere
Gewere ist der altdeutsche Rechtsbegriff für ein Herrschaftsrecht mit personellem oder sächlichem Inhalt. Die Gewere stand dem Hausherrn über das unfreie Gesinde zu (im Gegensatz zur → Munt über die freien Hausangehörigen). Als Form des Verfügungsrechts über Sachgüter erscheint der Begriff zB für die treuhänderische Gewere des Königs am Reichsgut, im Lehensrecht als Verfügungsbefugnis des Vasallen (Lehensgewere). Die Gewere war nicht nur an Sachen (Land usw) möglich, sondern auch an Ämtern, Rechten und Forderungen (zB Renten) u. dgl.

Gewerkschaft, arbeitsrechtliche
Die (arbeitsrechtliche) Gewerkschaft ist ein freiwilliger Zusammenschluss von → Arbeitnehmern (idR nichtrechtsfähiger → Verein), dessen Zweck die Wahrung und Förderung der Arbeitsbedingungen seiner Mitglieder ist; die Gewerkschaft muss (um alle Vorzüge dieses Status zu genießen) frei gebildet, iW nach Finanzierung und Mitgliederbestand gegnerfrei und ausreichend sozial mächtig sein. Die im → Deutschen Gewerkschaftsbund und im → Christlichen Gewerkschaftsbund zusammengeschlossenen Gewerkschaften sind nach dem → Industrieverbandsprinzip (zB Metall, Chemie), darüber hinaus regional (Landesbezirke, Kreis- und Ortsverwaltungen) gegliedert. Organe sind idR Hauptversammlung und Vorstand. Gewerkschaften genießen für ihren Bestand und ihre Betätigungsfreiheit den Schutz des Art. 9 III GG (sog. → Koalitionsfreiheit). Sie besitzen prozessuale → Parteifähigkeit und grundsätzlich → Tariffähigkeit. Ihre Vertreter

sind vor den Arbeits-, Finanz- und Sozialgerichten als Prozessbevollmächtigte der Mitglieder → postulationsfähig (§ 11 ArbGG, § 62 FGO, § 73 SGG). Die Gewerkschaften sind bei Verwaltungsmaßnahmen und der Ernennung der haupt- und ehrenamtlichen Richter in der Arbeitsgerichtsbarkeit beteiligt (§§ 14, 18, 20 ArbGG), ähnlich in der Sozialgerichtsbarkeit. Die Gewerkschaften sind an der staatlichen Rechtssetzung nur bei der Entscheidung über verschiedene Formen der Allgemeinverbindlicherklärung von Tarifverträgen beteiligt (→ Tarifausschuss), gegen staatlich organisierte Konkurrenz aber durch Begrenzung der Kompetenzen der → Betriebsräte (zB § 77 III BetrVG) geschützt; sa → Arbeitskammern. Das öffentlich-rechtliche Vereinsgesetz schützt Gewerkschaften besonders vor einer Auflösung durch Behörden (§ 16 VereinsG).

Gewerkschaft, bergrechtliche
war eine Personenvereinigung (vielfach → juristische Person) zur gemeinschaftlichen Nutzung des → Bergwerkseigentums. Die Mitgliedschaftsrechte (Anteile) hieran wurden Kuxe genannt. Seit dem 1.1.1986 bestehen keine bergrechtlichen Gewerkschaften mehr. Aus ihnen hervorgegangene → Kapitalgesellschaften durften die Bezeichnung weiterführen (§ 163 BBergG). Die wenigen, nach Einführung des BBergG noch verbliebenen Landesberggesetze enthalten in ihren noch geltenden Teilen Vorschriften zu den Gewerkschaften, so das am 31.12.2018 außer Kraft tretende hessische Allgemeine Berggesetz idF v. 10.11.1969, GVBl. 1969, 223 mÄnd.

Gewicht von Kraftfahrzeugen, zulässiges
→ Belastung v. Kfz.

Gewillkürte Erbfolge
→ Erbfolge.

Gewillkürte Form
→ Form (1).

Gewillkürtes Betriebsvermögen
→ Betriebsvermögen.

Gewinn
bzw. Verlust ist ertragsteuerlich beim → Betriebsvermögensvergleich (Bestandsvergleich) der Unterschiedsbetrag zwischen dem → Betriebsvermögen am Schluss des → Wirtschaftsjahrs und dem Betriebsvermögen am Schluss des vorangegangenen Wirtschaftsjahrs, vermehrt um den Wert der → Entnahmen und der nichtabzugsfähigen Betriebsausgaben und vermindert um den Wert der → Einlagen (§ 4 I EStG). Bei der Einnahmen-Überschussrechnung ist Gewinn der Überschuss der → Betriebseinnahmen über die → Betriebsausgaben und Verlust der Überschuss der Betriebsausgaben über die Betriebseinnahmen (§ 4 III EStG). Sa → Gewinnermittlungsarten.

Gewinn, entgangener
→ Schadensersatz.

Gewinn- und Verlustrechnung
→ Jahresabschluss.

Gewinnabführungsvertrag (Ergebnisabführungsvertrag)
Ein Gewinnabführungsvertrag ist ein → Unternehmensvertrag, durch den sich eine → Aktiengesellschaft, → Kommanditgesellschaft auf Aktien oder → GmbH (Organgesellschaft) verpflichtet, ihren gesamten Gewinn an ein anderes → Unternehmen (Organträger) abzuführen (§ 291 I AktG). Darunter fällt auch ein Vertrag, durch den es eine AG usw. übernimmt, ihr Unternehmen für Rechnung eines anderen Unternehmens zu führen. Der Abschluss eines Gewinnabführungsvertrags bedarf der Zustimmung der → Hauptversammlung, § 293 I AktG. Der Teilgewinnabführungsvertrag beschränkt sich auf einen Teil des Gewinns oder den Gewinn einzelner Betriebe des Unternehmens (§ 292 I Nr. 2 AktG). Zur Sicherung der außenstehenden Aktionäre (Ausgleich, Abfindung) s. §§ 304 ff. AktG sowie SpruchverfahrensG.

Bei der körperschaftsteuerlichen → Organschaft wird ein Gewinnabführungsvertrag nur anerkannt, wenn er schriftlich auf mindestens 5 Jahre abgeschlossen und im Handelsregister eingetragen ist, sich auf das gesamte Ergebnis des Organs (Organgesellschaft) bezieht, eine Verlustübernahme vereinbart und die Abführung von Erträgen aus der Auflösung von freien vorvertraglichen Rücklagen ausgeschlossen wird (§§ 14–19 KStG) mit dem Ziel eines umfassenden Gewinn- und Verlustausgleichs zwischen den beteiligten Unternehmen.

Gewinnabschöpfung
→ unlauterer Wettbewerb (3); zur Einziehung im Strafrecht s. → Einziehung im Strafverfahren sowie → Maßregeln der Besserung und Sicherung (11).

Gewinnanteil
Der Gewinnanteil ist bei einer → Handelsgesellschaft oder einem → Verein (iwS), insbes. einer → Genossenschaft, der Anteil am Jahresgewinn, der unter die Mitglieder der betr. Personenvereinigung verteilt wird. S. a. → Dividende.

Gewinnanteilschein
→ Kupon.

Gewinnaufspürung
Maßnahmen der Gewinnaufspürung sollen der Bekämpfung der → Organisierten Kriminalität durch Maßnahmen zur Verhinderung oder Aufklärung von → Geldwäsche und → Terrorismusfinanzierung dienen. Das GeldwäscheG v. 23.6.2017 (BGBl. 2017 I 1822) und §§ 24c ff. KWG enthalten dazu zahlreiche Pflichten von am Zahlungsverkehr und an bestimmten Geschäften beteiligten Instituten, Unternehmen und Personen. So sind ua → Kreditinstitute (s. auch dort 3a) verpflichtet, bestimmten Sorgfaltspflichten ua zur Identifizierung ihrer Kunden zu genügen, zB bei Begründung einer Ge-

schäftsbeziehung und bei Transaktionen ab 15 000 EUR. Zu den Sorgfaltspflichten gehören die Ermittlung der wirtschaftlich Berechtigten, Aufzeichnung und Aufbewahrung der Feststellungen, Anzeige des Verdachts von Geldwäsche, Aufzeichnung der Auftraggeberdaten bei Überweisungen in einen oder aus einem Staat außerhalb der EU, Zulassung des automatisierten Abrufs von Kontoinformationen durch die → Bundesanstalt für Finanzdienstleistungsaufsicht (s. a. → Bankgeheimnis, 3) sowie interne Sicherungsmaßnahmen und geschäfts- und kundenbezogenen Sicherungssysteme gegen Geldwäsche. Die Verpflichtung zur Identifizierung trifft auch Rechtsanwälte, Notare, Steuerberater und Wirtschaftsprüfer bei Mitwirkung an bestimmten Geschäften für den Mandanten, zB bei Verwaltung von Vermögenswerten. Verstöße gegen diese Pflichten sind zumeist als → Ordnungswidrigkeiten mit → Bußgeld bedroht. Zur Erfassung und Zugänglichmachung von Angaben über den wirtschaftlich Berechtigten von Transaktionen besteht das → Transparenzregister (§ 18 GwG). Sa → Bargeldverkehr.

Gewinnausschüttungen, verdeckte
→ Körperschaftsteuer (7).

Gewinnbeteiligung
→ Tantieme, → Gewinnanteil; sa → Vermögensbildung der Arbeitnehmer.

Gewinneinkünfte
→ Einkunftsarten (1).

Gewinnermittlungsarten
Das EStG sieht für Gewinneinkünfte (→ Einkunftsarten) folgende Arten der Gewinnermittlung vor:

1. Betriebsvermögensvergleich nach § 4 I EStG für Land- und Forstwirte und selbständig Tätige oder Betriebsvermögensvergleich nach § 5 EStG für Gewerbetreibende (Bilanzierung).

Beide Arten des Betriebsvermögensvergleichs knüpfen als Grundlage an den Gewinnbegriff des § 4 I EStG an. Anders als beim „reinen" Betriebsvermögensvergleich nach § 4 I EStG, bei dem die handelsrechtlichen Bilanzierungsvorschriften nur sinngemäß zu beachten sind (§ 141 I 2 AO), müssen bei der Gewinnermittlung nach § 5 EStG die Bewertungsvorschriften des Handelsrechts beachtet werden, soweit das Steuerrecht keine andere Bewertung vorsieht.

Beim Betriebsvermögensvergleich wird der Gewinn durch Bestandsvergleich wie folgt ermittelt:

Betriebsvermögen am Ende des Wirtschaftsjahres

./. Betriebsvermögen am Schluss des vorangegangenen Wirtschaftsjahres

\+ Entnahmen

./. Einlagen

Gewinn/Verlust

2. Überschussrechnung nach § 4 III EStG, die grundsätzlich bei allen Gewinneinkünften möglich ist. Dabei werden die Betriebseinnahmen den Betriebsausgaben gegenübergestellt. Aufgrund der gesetzlichen Grundlage wird diese Art der Gewinnermittlung auch vier/drei Rechnung genannt. Zweck dieser Vorschrift ist, die Gewinnermittlung gegenüber der Bilanzierung zu vereinfachen. Es handelt sich im Grundsatz um eine Geldverkehrsrechnung, für die der Zu- und Abfluss (→ Zuflussprinzip) von Zahlungen maßgeblich ist. Das Entstehen einer Zahlungsverpflichtung ist regelmäßig ohne Bedeutung. → Durchlaufende Posten scheiden als Einnahmen aus.

Seit 5.5.2006 darf der Betriebsausgabenabzug bei Anschaffung, Herstellung und Einlage in das Betriebsvermögen erst bei der Veräußerung erfolgen. Hintergrund der Regelung ist, dass es vorher möglich war, zB Wertpapiere zu erwerben und diese Kosten sofort als Betriebsausgabe abzuziehen. Kommt es später zur Veräußerung, so tritt die Besteuerung in einem späteren Veranlagungszeitraum ein, in dem ggf. die Steuerprogression für den Betroffenen günstig ist. Dieser Steuerstundungseffekt bzw. Steuerumgehung sollte mit der Neuregelung beseitigt sein. Betroffen sind ua neben der Anschaffung von Wertpapieren und vergleichbaren nicht verbrieften Forderungen und Rechte, Grund und Boden sowie Gebäude, die sich im Umlaufvermögen befinden (vgl. § 4 III 4 EStG).

Bei der Betriebsaufgabe oder → Betriebsveräußerung ist zur Feststellung des steuerbegünstigten → Veräußerungsgewinns (§§ 14, 14a, 16, 18 EStG) stets ein Betriebsvermögensvergleich durchzuführen.

Für Wirtschaftsjahre, die nach dem 31.12.2004 enden, muss zur Ermittlung der Einkünfte bei der vier/drei Rechnung ein amtlicher Vordruck (§ 60 IV EStDV iVm § 84 IIIc EStDV) verwendet werden (Anlage EÜR).

3. Gewinnermittlung nach Durchschnittssätzen für Land- und Forstwirte, sofern diese nicht zur Buchführung oder zur Gewinnermittlung nach § 4 III EStG verpflichtet sind und die Voraussetzungen des § 13a EStG erfüllen. Der Gewinn aus dem Betrieb von Handelsschiffen kann seit 1999 wahlweise als ertragsabhängige Tonnagebesteuerung ermittelt werden (§ 5a EStG).

4. Auf welche Weise der Gewinn zu ermitteln ist, hängt neben der jeweilig vorliegenden Einkunftsart (Spezialregelung für Land- und Forstwirtschaft, Handelsschiffe) davon ab, ob aufgrund gesetzlicher Vorschriften für den Gewerbetreibenden eine Buchführungspflicht und die Pflicht zu regelmäßigen Abschlüssen besteht oder diese Pflichten von ihm freiwillig erfüllt werden. → Aufzeichnungspflichten, steuerliche.

Gewinnerzielungsabsicht
ist die Absicht des Stpfl., aus seiner Tätigkeit Gewinne zu erzielen (§ 15 II 1 EStG). Die

Gewinnerzielungsabsicht ist eine innere Tatsache, die lediglich anhand von Indizien festgestellt werden kann. Es ist darauf abzustellen, ob während der Gesamtzeit der Betätigung (Totalperiode) ein → Gewinn erwirtschaftet werden soll. Allein die Tatsache, dass über einen längeren Zeitraum Verluste erzielt werden, genügt nicht, um die Gewinnerzielungsabsicht zu versagen. Vielmehr muss aus weiteren Beweisanzeichen festgestellt werden können, dass der Stpfl. die Tätigkeit nur aus den im Bereich seiner Lebensführung liegenden persönlichen Gründen und Neigungen ausübt. Darunter fallen alle einkommensteuerlich unbeachtlichen Motive. Das Streben nach Steuerersparnis begründet keine Gewinn- oder Einnahmenerzielungsabsicht (§ 15 II 2 EStG). Das Tatbestandsmerkmal der Gewinnerzielungsabsicht dient zur Abgrenzung steuerlich relevanter Tätigkeiten zur steuerlich nicht relevanten → Liebhaberei.

Gewinnfeststellung
→ Besteuerungsverfahren.

Gewinngemeinschaftsvertrag
Ein Gewinngemeinschaftsvertrag ist ein → Unternehmensvertrag, durch den sich eine → Aktiengesellschaft oder → Kommanditgesellschaft auf Aktien verpflichtet, ihren Gewinn ganz oder teilweise mit dem Gewinn anderer Unternehmen zusammenzulegen, um dann den gemeinschaftlichen Gewinn aufzuteilen (§ 292 Nr. 1 AktG).

Gewinnschuldverschreibung
Eine Gewinnschuldverschreibung ist ein → Wertpapier – idR → Inhaberschuldverschreibung –, in dem eine → Aktiengesellschaft dem Inhaber (Gläubiger) keine oder keine festen Zinsen, sondern eine Gewinnbeteiligung in der Weise verspricht, dass die Zinsen oder die jährlich zu zahlenden Beträge mit der → Dividende in Verbindung stehen, § 221 I AktG. ZB die Gewinnschuldverschreibung hat einen Zinssatz von 5%; er erhöht sich auf 7%, wenn die Dividende eine bestimmte Höhe erreicht). Die Ausgabe von Gewinnschuldverschreibungen setzt einen Beschluss der Hauptversammlung mit qualifizierter Mehrheit voraus. Sie begründet für die Aktionäre ein → Bezugsrecht (§ 221 IV AktG).

Gewinnungsabfälle
sind → Abfälle aus Betrieben zur Gewinnung von → Bodenschätzen, die nicht der Bergaufsicht (→ Bergbehörden) unterliegen. Die Gewinnungsabfall-VO v. 27.4.2009 (BGBl. 2009 I 947, Umsetzung der RL 2006/21 v. 15.5.2006) regelt Errichtung, Betrieb, Stilllegung und Nachsorge einer Beseitigungsanlage für Gewinnungsabfälle, die Beseitigung duch Lagerung oder Ablagerung sowie die Verwertung zu Bau- und Sanierungszwecken im Abbaubetrieb. Sa → Versatz.

Gewinnverwendungsbeschluss
Der Gewinnverwendungsbeschluss ist der → Hauptversammlungsbeschluss, durch den die Verwendung des durch die → Bilanz ausgewiesenen Gewinns der Aktiengesellschaft festgelegt wird. Der Gewinnverwendungsbeschluss muss insbes. enthalten: Gewinn, Ausschüttungsbetrag, Rücklagen, Gewinnvortrag, zusätzl. Aufwand (§ 174 AktG).

Gewinnzusage
Ein → Unternehmer, der eine Gewinnzusage, also die Ankündigung der unentgeltlichen Leistung eines Preises (Gewinn), oder eine vergleichbare Mitteilung an einen → Verbraucher sendet (Brief, Fax, E-Mail, nicht Telefonanruf) und dabei den Eindruck erweckt, dieser habe einen Preis gewonnen, hat dem Verbraucher den Preis zu leisten, § 661a BGB; es entsteht ein gesetzliches Schuldverhältnis (→ Schuldverhältnis) mit einer einklagbaren Verpflichtung. Verpflichtet ist derjenige Unternehmer, den ein durchschnittlicher Verbraucher als Empfänger einer Gewinnzusage als Versprechenden ansieht.

Gewissensfreiheit
→ Glaubens- und Gewissensfreiheit.

Gewöhnlicher Aufenthalt(sort)
→ Aufenthalt, gewöhnlicher, → Wohnsitz.

Gewohnheitsmäßiges Handeln
kann ein strafbegründendes oder straferhöhendes Merkmal einer Straftat sein. Im ersten Fall hängt die Strafbarkeit davon ab, dass der Täter gewohnheitsmäßig handelt, dh auf Grund eines durch wiederholte Begehung hervorgerufenen Hangs zu dem betreffenden Delikt, so zB beim Glücksspiel in begrenzten Gruppen (§ 284 II StGB). G. H. wirkt straferhöhend zB bei Wilderei (§ 292 II StGB). Gewohnheitsmäßigkeit setzt voraus, dass der Täter mindestens zwei gleichartige Delikte begangen hat, wobei auch bereits abgeurteilte Straftaten berücksichtigt werden können. Wegen der Bewertung des gewohnheitsmäßigen Handelns als Tat → Sammelstraftat.

Gewohnheitsrecht
→ Recht (1a).

Gewohnheitsverbrecher
Den durch Gesetz v. 24.11.1933 (RGBl. 1933 I 995) eingeführten Begriff des gefährlichen Gewohnheitsverbrechers kennt das Gesetz als Grundlage einer erhöhten Strafbarkeit und der Sicherungsverwahrung seit dem 1. StrRG 1969 nicht mehr. Die mit diesem Gesetz erstmals eingeführten → Maßregeln der Besserung und Sicherung haben dagegen bis heute Bestand und ergänzen die dem Schuldausgleich dienen Strafen im deutschen Strafrecht um eine der Spezialprävention dienende zweite Sanktionsform (→ Zweispurigkeit im Strafrecht).

Gezielter Todesschuss
→ Waffengebrauch (1b).

Giebelmauer
→ Grenzregelung bei Grundstücken.

Gierke, Otto von –
Otto von Gierke (1841–1921), deutscher Rechtslehrer, Verfasser zahlreicher Werke auf dem Gebiet des Staats- und Privatrechts, Rechtshistoriker; Gegner des → Rechtspositivismus und der → Begriffsjurisprudenz. Gierke trat für die Berücksichtigung der historischen Entwicklungen in der Rechtswissenschaft und den Vorrang der ethischen Grundlagen bei der Anwendung der Rechtsnormen ein; den Maßstab der Gerechtigkeit sah er in der Rechtsüberzeugung der Gemeinschaft. Unter dem Gesichtspunkt der Abhängigkeit des positiven Rechts von den Erscheinungsformen der jeweiligen Sozialordnung wandte sich Gierke gegen die Allgemeingültigkeit der Grundsätze des → Naturrechts.

Giftbeibringung
→ Vergiftung.

Gifte
Das Inverkehrbringen von und den Umgang mit Giften regeln vor allem die VO über Gefahrstoffe und die GiftinformationsVO v. 31.7.1996 (BGBl. 1996 I 1198) mÄnd. Sa → Chemikaliengesetz, → Pflanzenschutz, → Höchstmengen, → Arzneimittel. Zum Verbot des Vertriebs von Giften im → Reisegewerbe s. § 56 I Nr. 1b GewO.

Giftige Pflanzen und Tiere
Nach § 18 ChemG kann die BReg. durch VO zB das Einführen oder Halten giftiger Tiere bzw. das Anbieten oder Anpflanzen giftiger Pflanzen an Bedingungen knüpfen oder ganz verbieten. Sa → Tierhaltung.

Giro
Giro (ital.) wird vielfach das → Indossament bei Orderpapieren genannt.

Girogeschäft
nannte man die Durchführung des bargeldlosen Zahlungs- und Abrechnungsverkehrs durch → Kreditinstitute (§ 1 I S. 2 Nr. 9 KWG aF). Es war ein → Bankgeschäft und umfasste den Überweisungsverkehr, den Lastschriftverkehr sowie weitere Formen des bargeldlosen Zahlungsverkehrs und Inkassogeschäfts. Das Girogeschäft wurde durch das ZAG neu geregelt, s. dazu → Zahlungsinstitute (sa → Girovertrag, → Überweisungsvertrag). Der Giroverkehr mit Wertpapieren gehört zum → Finanzkommissions- und → Depotgeschäft.

Girokarte
Name und Logo dieser → Zahlungskarte der Deutschen Kreditwirtschaft wurden bereits im Jahr 2007 durch Umbenennung der ehemaligen EC-Karte eingeführt; im allg. Sprachgebrauch hat sich die Bezeichnung Girokarte bislang nicht durchgesetzt. Die Karte wird nur von Kreditinstituten und grds. iVm einem → Girovertrag aufgrund einer zusätzlichen Bankkartenvereinbarung ausgegeben. Sa → Debitkarte.

Girokonto
→ Girovertrag, sa → Negativzins.

Girosammelverwahrung
→ Depotgeschäft.

Giroverband, Girozentrale
→ Sparkassen.

Girovertrag
Der Girovertrag ist ein → Geschäftsbesorgungsvertrag mit Dienstvertragscharakter, der der Abwicklung des bargeldlosen Zahlungsverkehrs des Kunden dient, insbes. der Abwicklung der Geldgeschäfte des Alltags. Er ist ein Rahmenvertrag und eine Form des Zahlungsdiensterahmenvertrags iSv § 675f II BGB (→ Zahlungsdienstevertrag, → Geschäftsbesorgungsvertrag, 2). Durch den G. wird ein Kreditinstitut verpflichtet, ein Konto einzurichten, eingehende Zahlungen auf dem Konto gutzuschreiben und abgeschlossene → Überweisungsverträge zu Lasten dieses Kontos abzuwickeln. Einzelheiten des Zahlungsverkehrs (zB Ausgabe von Schecks oder Kreditkarten) müssen mit dem Kunden besonders vereinbart werden. Eingegangene Überweisungsbeträge hat das Kreditinstitut dem Kunden innerhalb von höchstens 3 Bankgeschäftstagen, seit 1.1.2012 bei Überweisungen in Euro innerhalb eines Geschäftstages gutzuschreiben. Bei (auch unverschuldeter) Überziehung dieser Frist (Verspätung) hat das Kreditinstitut den Geldbetrag zu verzinsen; ungerechtfertigt gekürzte Beträge sind dem Begünstigten frei von Entgelten und Auflagen gutzuschreiben. Mit der Gutschrift erwirbt der Kunde einen Anspruch auf Zahlung gegen die Bank. Die Bank kann bei missbräuchlicher Kartenverwendung durch einen Dritten Ersatzansprüche nur bei eigener Sorgfaltsverletzung des Kunden geltend machen. → Pfändung des jeweiligen Tagesguthabens ist zulässig (anders beim → Kontokorrent). Die Vereinbarung von → Negativzinsen (s. dort) bei einem Girokonto ist grds. zulässig. Sa → Lastschriftverfahren, → Überziehungskredit, → geduldete Überziehung, → Gütestellen.

GKG
Abkürzung für Gerichtskostengesetz, → Gerichtskosten.

Gläubiger
Gläubiger ist im materiellen Recht derjenige, dem ein → Anspruch gegen einen anderen (→ Schuldner) zusteht (→ Schuldverhältnis). Außerdem wird Gläubiger als Parteibezeichnung in der → Zwangsvollstreckung für denjenigen verwendet, der einen vollstreckbaren Anspruch geltend macht.

Gläubigeranfechtung
Rechtshandlungen (Unterlassungen) eines Schuldners, die seine Gläubiger benachteiligen, können auch außerhalb eines → Insol-

venzverfahrens nach Maßgabe des Anfechtungsgesetzes (Art. 1 des EinführungsGes. zur Insolvenzordnung vom 5.10.1994, BGBl. 1994 I 2911) angefochten werden (§ 1 AnfG). Die Gläubigeranfechtung dient dazu, dem Gläubiger einer Geldforderung auch dann die → Zwangsvollstreckung gegen den Schuldner zu ermöglichen, wenn dieser Vermögensgegenstände unter anfechtbaren Voraussetzungen veräußert oder beiseite geschafft hat. Die Glöubigeranfechtung ist der → Insolvenzanfechtung nachgebildet, aber unabhängig von der Eröffnung eines Insolvenzverfahrens (kommt es hierzu, so tritt der Insolvenzverwalter an die Stelle der Gläubiger, §§ 16 ff. AnfG).

Zur Gläubigeranfechtung ist jeder Gläubiger einer fälligen Forderung berechtigt, der einen vollstreckbaren Schuldtitel erlangt hat, wenn die → Zwangsvollstreckung in das Vermögen des Schuldners nicht zu einer vollständigen Befriedigung des Gläubigers geführt hat oder wenn anzunehmen ist, dass sie nicht dazu führen würde (§ 2 AnfG). Besteht noch kein solcher Titel, so kann die Glöubigeranfechtung bereits durch → Einrede geltend gemacht werden (§ 9 AnfG). Anfechtungsgründe sind die Vorsatz- und die Schenkungsanfechtung (→ Insolvenzanfechtung) sowie die Sicherung oder Befriedigung für die Forderung eines Gesellschafters auf Rückgewähr eines → Gesellschafterdarlehens (§§ 4–6a InsO). Rechtsfolge der begründeten Gläubigeranfechtung ist, dass der Gegenstand (oder sein Wert), der durch die anfechtbare Handlung dem Vermögen des Schuldners entzogen wurde, dem Gläubiger zur Verfügung gestellt werden muss, soweit er zu dessen Befriedigung erforderlich ist. Dies hat der Gläubiger mit einem bestimmten Klageantrag gegen den Empfänger gerichtlich geltend zu machen (§§ 11, 13 AnfG). Der Gläubiger kann dann in den Gegenstand die Zwangsvollstreckung so betreiben, als ob dieser noch zum Vermögen des Schuldners gehören würde.

Gläubigeraufgebot
→ Aufgebot der Nachlassgläubiger.

Gläubigerausschuss
Der Gläubigerausschuss ist wie die → Gläubigerversammlung ein Organ der Insolvenzgläubiger. Der Gläubigerausschuss kann in einem → Insolvenzverfahren vor der ersten Gläubigerversammlung vom Insolvenzgericht eingesetzt werden. In ihm sollen alle Gläubigergruppen vertreten sein; es können aber auch Personen zu Mitgliedern bestellt werden, die keine Gläubiger sind (§§ 67 ff. InsO). Seine Aufgabe ist vor allem, den → Insolvenzverwalter bei seiner Tätigkeit zu unterstützen und zu überwachen (§ 69 InsO). Die Mitglieder des Gläubigerausschusses sind den absonderungsberechtigten Gläubigern und den Insolvenzgläubigern zum Schadenersatz verpflichtet, wenn sie ihre Pflichten verletzen, § 71 InsO.

Das Insolvenzgericht hat einen vorläufigen Gläubigerausschuss einzusetzen, wenn der Schuldner im vorangegangenen Geschäftsjahr zwei von drei nachstehenden Merkmalen erfüllt: Bilanzsumme mindestens 6 000 000 EUR, mindestens 12 000 000 EUR Umsatzerlöse, im Jahresdurchschnitt mindestens 50 Arbeitnehmer (§ 22a InsO). Der vorläufige Gläubigerausschuss hat einen verstärkten Einfluss bei der Bestellung eines Insolvenzverwalters (§ 56a InsO).

Gläubigerbegünstigung
→ Insolvenzstraftaten.

Gläubigergefährdung
→ unerlaubte Handlung (2e), → Sittenwidrigkeit (1).

Gläubigermehrheit
→ Gesamtgläubigerschaft, → Gesamthandsgemeinschaft.

Gläubigernähe
→ Vertrag zugunsten Dritter.

Gläubigerstreit
→ Prätendentenstreit.

Gläubigerversammlung
Die Gläubigerversammlung ist ein Organ der → Insolvenzgläubiger, durch das sie in einem → Insolvenzverfahren ihre gemeinschaftlichen Interessen vertreten. Ein Stimmrecht in der Gläubigerversammlung gewähren die Forderungen, die angemeldet und nicht bestritten worden sind (§ 77 InsO). Der Umfang der Befugnisse der Gläubigerversammlung ist erheblich. Hierzu gehört insbes. die Wahl eines anderen → Insolvenzverwalters (§ 57 InsO), dessen Überwachung (soweit kein → Gläubigerausschuss besteht, §§ 66, 69 InsO), die Zustimmung zu wichtigen Verwaltungshandlungen und insbes. die Entscheidung darüber, ob das Unternehmen des Schuldners stillgelegt (liquidiert) oder (vorläufig) fortgeführt werden soll (zB Betriebsänderung zur Sanierung, Übertragung des Unternehmens oder anderweitige Befriedigung im Rahmen eines → Insolvenzplans usw, § 157 InsO). Ein Beschluss der Gläubigerversammlung kommt zustande, wenn die Summe der Forderungsbeträge der zustimmenden Gläubiger mehr als die Hälfte der Summe der Forderungsbeträge der abstimmenden Gläubiger beträgt (§ 76 II InsO). Widerspricht ein Beschluss der Gläubigerversammlung dem gemeinsamen Interesse der Insolvenzgläubiger, so hat das Insolvenzgericht auf Antrag den Beschluss aufzuheben, § 78 II InsO.

Gläubigerverzeichnis
→ Insolvenzverfahren (3a), → Abschlagsverteilung.

Gläubigerverzug, Annahmeverzug
Auch der → Gläubiger eines → Schuldverhältnisses kann, wie der Schuldner (→ Schuldnerverzug), in Verzug geraten, wenn er die ihm ordnungsgemäß angebotene → Leistung nicht

annimmt, §§ 293 ff. BGB. Voraussetzung ist, dass die Leistung dem Schuldner nicht unmöglich ist (→ Unmöglichkeit der Leistung) und dem Gläubiger so angeboten wird, wie sie tatsächlich zu bewirken ist (§ 294 BGB, → Leistungsort; sog. Realangebot). Ein wörtliches Angebot (Verbalangebot) genügt nur, wenn der Gläubiger bereits erklärt hat, er werde die Leistung nicht annehmen (zB → Freistellung nach der Kündigung eines Arbeitsverhältnisses) oder wenn die Mitwirkung des Gläubigers erforderlich ist, zB der Gläubiger die Sachen abzuholen hat (Holschuld), § 295 BGB. Ist hierfür eine Zeit nach dem Kalender bestimmt, so bedarf es auch des wörtlichen Angebots nur, wenn der Gläubiger die Handlung rechtzeitig vornimmt, § 296 BGB.

Der Gläubigerverzug setzt, anders als der Schuldnerverzug, ein → Verschulden des Gläubigers nicht voraus. Bei einer nur vorübergehenden Behinderung tritt Gläubigerverzug nur dann ein, wenn der Schuldner die Leistung rechtzeitig vorher angekündigt hat. Trotz Annahmebereitschaft tritt Gläubigerverzug ein, wenn der Gläubiger eine fällige Gegenleistung (→ Zug um Zug) nicht zu entrichten bereit ist. Die Annahme ist an sich keine „Pflicht" (→ Obliegenheit); wird im Einzelfall jedoch mehr verlangt (zB die Abnahme bei Kauf- und Werkvertrag), so gelangt der Käufer bei Nichtabnahme der Kaufsache sowohl in Gläubigerverzug wie in Schuldnerverzug; die Voraussetzungen sind streng zu unterscheiden.

Der Schuldner hat während des Gläubigerverzugs hinsichtlich des Leistungsgegenstandes nur Vorsatz und grobe Fahrlässigkeit (→ Verschulden, 2) zu vertreten, § 300 I BGB; eine Zinspflicht bei einer → Geldschuld erlischt, § 301 BGB. Die Verpflichtung zur Herausgabe etwaiger → Nutzungen beschränkt sich während des Gläubigerverzugs auf die tatsächlich gezogenen Nutzungen, § 302 BGB. Hat der Schuldner bewegliche Sachen zu leisten, so kann er sich durch → Hinterlegung von seiner Schuld befreien, §§ 372 ff. BGB; bei einem → Grundstück kann er nach Androhung den → Besitz aufgeben, § 303 BGB. Der Schuldner kann ggf. Ersatz von Mehraufwendungen verlangen, § 304 BGB. Bei einem → Dienst- oder → Arbeitsvertrag besteht die Vergütungspflicht des Dienstherrn (Arbeitgebers) bei Anrechnung anderweitigen Erwerbs oder ersparter Aufwendungen fort, § 615 BGB; anderes gilt idR im Falle der → Freistellung. Schließlich geht bei einer → Gattungsschuld die Gefahr (→ Gefahrtragung) des zufälligen Untergangs, sofern nicht bereits vorher eine Konkretisierung durch Auswahl eingetreten ist, auf den Gläubiger über, § 300 II BGB. Über die Folge des Gläubigerverzugs beim → gegenseitigen Vertrag s. dort.

Glasversicherung
→ Schadensversicherung.

Glatteis
→ Streupflicht, → Bereifung, → Bremsen der Fahrzeuge (3).

Glaube, guter/böser
→ böser Glaube, → gutgläubiger Erwerb.

Glaube, öffentlicher
→ öffentlicher Glaube, → gutgläubiger Erwerb.

Glaubens- und Gewissensfreiheit
1. Nach Art. 4 GG ist die Freiheit des Glaubens und des Gewissens unverletzlich; ferner gewährleistet die Vorschrift die Freiheit des religiösen und weltanschaulichen Bekenntnisses (→ Bekenntnisfreiheit) und die ungestörte Religionsausübung. Insgesamt kann man diese zusammengehörigen → Grundrechte als Religionsfreiheit (Weltanschauungsfreiheit) bezeichnen. Während die Bekenntnisfreiheit die freie Kundgabe der Glaubens- und Gewissensentscheidungen sichert und das Recht der freien Religionsausübung die Kultushandlungen im privaten und öffentlichen Bereich (auch in Gemeinschaften) schützt, garantiert die Glaubens- und Gewissensfreiheit als vorstaatliches und überpositives Menschen- und Grundrecht, dass jedermann frei von staatlichem oder gesellschaftlichem Zwang seine Überzeugung von Gott und seine sittlichen Wertvorstellungen bilden und ihnen anhängen darf. Ohne Bedeutung ist die zahlenmäßige Stärke oder gesellschaftliche Relevanz eines bestimmten Glaubens oder einer Weltanschauung. Geschützt sind auch vereinzelt auftretende Überzeugungen und Abweichungen von den Lehren bestehender → Religionsgesellschaften (→ Religionsausübung, freie).

2. Der Staat ist nach dem GG zu religiösweltanschaulicher Neutralität verpflichtet (BVerfGE 18, 386; 33, 28; vgl. auch → Kruzifix in Schulen, → Schulgebet). Das Grundrecht ist durch Gesetze weder eingeschränkt noch einschränkbar. Es sichert das Recht, auszusprechen und zu verschweigen, dass und was man glaubt oder nicht glaubt und umfasst das Recht, nicht zur Teilnahme an einer religiösen Übung gezwungen zu werden. Es schützt die Werbung für eine Glaubensrichtung, gestattet aber auch die Abwerbung von fremdem Glauben, solange nicht – unter Missbrauch des Grundrechts – mit Hilfe unerlaubter Methoden andere ihrem Glauben abspenstig gemacht werden. → Immanente Schranken der Glaubens- und Gewissensfreiheit sind Leben, Gesundheit, Glaubens-, Gewissens- und Meinungsfreiheit anderer Menschen.

3. Schwierige Fragen entstehen bei der Verwirklichung von Glaubens- und Gewissensentscheidungen, soweit sie in Widerstreit zu anderen (insbes. staatsbürgerlichen) Pflichten treten.

a) Gesetzliche Regelungen bestehen zB für → Kriegsdienstverweigerer (Art. 4 III GG) und → Eidesverweigerung.

b) Das tierschutzrechtliche Verbot der → Schächtung sah das BVerfG mit Urt. v. 15.1.2002 (NJW 2002, 663) als verfassungswidrig an; wenn die Glaubensüberzeugung zwingend eine Schlachtung ohne Betäubung vorsehe, sei ein dagegen gerichtetes Verbot unverhältnismäßig.

c) Bei Übernahme eines besonderen Pflichtenkreises müssen uU individuelle Gewissensentscheidungen zurücktreten. So muss der Richter entsprechend dem Gesetz Ehen scheiden, auch wenn die Scheidung seinem persönlichen Glauben oder Gewissen widerspricht. Im Beamtenverhältnis ist es zulässig, den aus Gewissensgründen verweigerten → Diensteid durch ein feierliches Gelöbnis zu ersetzen.

d) Nach Auffassung des BayVGH (Urt. v. 21.12.2001, NVwZ 2002, 1000) kann in besonders gelagerten Einzelfällen ein Lehrer verlangen, dass ein im Klassenzimmer aufgehängtes Kruzifix abgehängt wird (→ Kruzifix in Schulen).

e) Sehr komplex sind gesetzliche Regelungen und Rechtsprechung zum Tragen eines → Kopftuches (sa → Islam).

f) Die → Beschneidung jüdischer und muslimischer Knaben ist nach dem neuen § 1631d BGB mit Einwilligung der Eltern erlaubt.

Glaubhaftigkeit
→ Glaubwürdigkeit von Zeugen(Kinder)aussagen.

Glaubhaftmachung
Die Glaubhaftmachung ist eine Beweisführung, die dem Gericht oder einer Behörde einen geringeren Grad von Wahrscheinlichkeit vermitteln soll als den vollen → Beweis. Dafür reicht die überwiegende Wahrscheinlichkeit aus. Glaubhaftmachung genügt nur da, wo das Gesetz sie ausdrücklich zulässt; das ist häufig zur Bekräftigung verfahrensrechtlich bedeutsamer Behauptungen der Fall. Sie kann durch jedes → Beweismittel, auch durch → eidesstattliche Versicherung oder anwaltliche Versicherung erfolgen; jedoch müssen die Beweise sofort erhoben werden können (→ präsente Beweismittel, § 294 ZPO; § 31 II FamFG). Bedeutung hat die Glaubhaftmachung vor allem bei dem Antrag auf Erlass einer → einstweiligen Verfügung).

Glaubwürdigkeit von Zeugen(Kinder) aussagen
Die Beurteilung der Glaubwürdigkeit von Zeugen unterliegt im Zivil- wie im Strafprozess der freien Beweiswürdigung durch das Gericht (§ 286 ZPO, § 261 StPO; entsprechendes gilt für andere Verfahrensordnungen). Sie ist von der Eidesleistung eines Zeugen unabhängig: eine beeidete Aussage braucht nicht für wahr bzw. besonders beweiskräftig, eine unbeeidete nicht für wenig beweiskräftig gehalten zu werden. Vielmehr hat das Gericht im Einzelfall die Glaubwürdigkeit des Vernommenen zu prüfen. Erforderlichenfalls ist er über Umstände zu befragen, die seine Glaubwürdigkeit in der Sache beeinflussen können, im Zivilprozess zB über seine Beziehungen zu den Parteien (§ 395 II 2 ZPO), im Strafprozess, wenn sich Anhaltspunkte für begründete Zweifel an seiner Glaubwürdigkeit ergeben, wobei auch Fragen nach Vorstrafen, etwa wegen wissentlich falscher Verdächtigung, gerechtfertigt sind (§ 68 IV StPO, § 68a II StPO). Die Glaubwürdigkeit von Kinderaussagen ist oft bei → Sexualstraftaten an Kindern von entscheidender Bedeutung; sie ist u. U. durch Gutachten eines Jugendpsychologen zu klären. Mit der Glaubwürdigkeit nicht zu verwechseln ist die Glaubhaftigkeit, also die inhaltliche Stimmigkeit und Überzeugungskraft einer Aussage.

Gleichbehandlung
1. Im Arbeitsrecht gilt schon lange in verschiedener Hinsicht der Grundsatz der Gleichbehandlung. So durfte der Arbeitgeber auch schon Einführung des AGG bei der Begründung, Ausgestaltung oder Kündigung eines → Arbeitsverhältnisses Arbeitnehmer/innen nicht wegen ihres Geschlechts benachteiligen (Diskriminierungsverbot; iE → Gleichberechtigung). Arbeitgeber und → Betriebsrat sind zur gleichmäßigen Behandlung aller im Betrieb Tätigen verpflichtet (§ 75 I BetrVG). Darüber hinaus gebietet die → Fürsorgepflicht des Arbeitgebers (abgeleitet aus § 242 BGB) diesem die Gleichbehandlung auf verschiedenen Gebieten, insbes. bei freiwilligen Sonderleistungen (→ Gratifikation) und bei der Ausübung des → Direktionsrechts. Danach dürfen einzelne Arbeitnehmer nicht willkürlich schlechter gestellt, wohl aber einzelne Gruppen mit gleichen Merkmalen (zB Familienstand, Dauer der Betriebszugehörigkeit) ggü. anderen Gruppen unterschiedlich behandelt werden (zB Staffelung der Gratifikation). Der Gleichbehandlungsgrundsatz gilt nicht, wenn der Arbeitgeber nicht frei handelt, also zB bei Erfüllung einer (auch nur vermeintlichen) vertraglichen Pflicht. Das AÜG (→ Leiharbeitsverhältnis) enthält eine besondere Pflicht zur Gleichbehandlung von Stamm- und Leiharbeitnehmern, wenn nicht für die Leiharbeitnehmer ein abweichender Tarifvertrag besteht. Zur Beachtung der Gleichbehandlung in internationalen Lieferketten → Lieferkettensorgfaltspflichtengesetz.

Im Gesellschaftsrecht bedeutet der Grundsatz der Gleichbehandlung, dass kein Gesellschafter (Aktionär) durch die Gesellschaft ohne seine Zustimmung schlechter gestellt werden darf als die anderen Gesellschafter, soweit nicht durch den Gesellschaftsvertrag oder die Satzung wirksam und zulässig Sonderrechte begründet sind. Dies gilt insbes. für Stimmrecht, Gewinnverteilung, Nachschusspflicht und Erwerb von Vorrechten. Im Steuerrecht → Gleichmäßigkeit der Besteuerung.

2. Das – der Umsetzung verschiedener EU-Richtlinien dienende – Allgemeine GleichbehandlungsG (AGG) v. 14.8.2006 (BGBl. 2006

I 1897) mÄnd verbietet generell (zwingend, § 31 AGG) Benachteiligungen aus Gründen der Rasse, des Geschlechts, der Religion oder Weltanschauung, des Alters usw (§ 1 AGG) im Beamtenrecht, Arbeits- und Teilen des sonstigen Zivilrechts.

a) Das Benachteiligungsverbot gilt in erster Linie zugunsten von „Beschäftigten" (§ 7 AGG), dh im Arbeitsrecht für Arbeitnehmer, Auszubildende und arbeitnehmerähnliche Personen sowie Bewerber (§ 6 AGG). Wegen besonderer Anforderungen in der Berufsausübung, der Religion (Beschäftigung bei einer Religionsgemeinschaft) oder des Alters (zB Altersgrenzen) kann im Einzelfall eine unterschiedliche Behandlung ausnahmsweise zulässig sein (iE §§ 8–10 AGG). Für Kündigungen gelten zwar ausschließlich die Bestimmungen über den → Kündigungsschutz für Arbeitnehmer (§ 2 IV AGG), die aber europarechtskonform nach den Wertungen des AGG auszulegen sind. Die Beschäftigten haben zur Durchsetzung der Gleichbehandlung zunächst ein Beschwerderecht bei den zuständigen Stellen des Betriebs, des Unternehmens oder der Dienststelle (§ 13 AGG) sowie ggf. ein Leistungsverweigerungsrecht hinsichtlich ihrer Arbeitskraft (§ 14 AGG); auch wird beim Bund eine Antidiskriminierungsstelle geschaffen, die die Durchsetzung der Gleichbehandlung zur Aufgabe hat und an die sich die Betroffenen wenden können (§§ 25 ff. AGG). Ein Verstoß des Arbeitgebers gegen das Benachteiligungsverbot begründet zwar keinen Anspruch auf Begründung eines Arbeitsverhältnisses (§ 15 VI AGG), wohl aber einen Anspruch auf → Schadensersatz (§ 15 I AGG) sowie wegen eines Nichtvermögensschadens auf Entschädigung in Geld iHv höchstens 3 Monatsgehältern (§ 15 II AGG); s. aber → AGG-Hopper. Diese Ansprüche müssen, soweit in einem → Tarifvertrag nichts anderes vereinbart ist, binnen 2 Monaten schriftlich geltend gemacht (§ 15 IV AGG) und binnen 3 Monaten nach dieser Geltendmachung beim Arbeitsgericht eingeklagt werden (§ 61b I ArbGG). Zur → Beweislast s. unten c). Entsprechendes gilt für die Gleichbehandlung der Soldatinnen und Soldaten (Art. 2 G v. 14.8.2006, BGBl. 2006 I 1897, 1904).

b) Das AGG verbietet darüber hinaus eine Benachteiligung aus den genannten Gründen bei der Begründung, Durchführung und Beendigung anderer zivilrechtlicher Schuldverhältnisse (zB Kauf- oder Mietvertrag, privatrechtliche Versicherung, nicht aber familien- oder erbrechtliche Schuldverhältnisse), die typischerweise zu vergleichbaren Bedingungen in einer Vielzahl von Fällen zustandekommen (Massengeschäfte, § 19 AGG). Eine Ausnahme hiervon gilt, wenn für die Verletzung der Gleichbehandlung ein sachlicher Grund (zB ausgewogene Siedlungsstrukturen bei der Wohnraumvermietung, § 19 III AGG, oder Gefahren- und Schadensverhütung, iE § 20 AGG) gegeben ist. Für Einzelgeschäfte gilt das AGG idR nicht, bei Vermietung von Wohnraum nicht bei Vermietung unter 50 Wohnungen (§ 19 V AGG). Bei einem Verstoß kann Beseitigung der Beeinträchtigung, ggf. Unterlassung, sowie Schadensersatz (für einen Nichtvermögensschaden angemessene Entschädigung in Geld) verlangt werden (§ 21 I, II AGG). Dieser Anspruch muss innerhalb von 2 Monaten geltend gemacht werden (§ 21 V AGG).

c) Generell ist die → Beweislast (teilweise) umgekehrt: Wenn Indizien vorgetragen und bewiesen sind, die eine Verletzung des AGG vermuten lassen, trägt die andere Partei die Beweislast dafür, dass kein Verstoß gegen die Bestimmungen zum Schutz vor Benachteiligung vorgelegen hat (§ 22 AGG). Erfasst ist nicht nur die unmittelbare, sondern auch die mittelbare Diskriminierung, also die Benachteiligung aufgrund eines an sich nicht geschützten Merkmals, das aber in einer geschützten Personengruppe häufiger als sonst auftritt (zB Teilzeitarbeit, die häufiger von Frauen geleistet wird). Bei der mittelbaren Diskriminierung ist aber die Rechtfertigung erleichtert.

Gleichberechtigung

1. Als Unterfall des allgemeinen Grundsatzes der → Gleichheit vor dem Gesetz garantiert Art. 3 II 1 GG die Gleichberechtigung von Mann und Frau. Diese Bestimmung machte nach Inkrafttrete des Grundgesetzes eine Anpassung zahlreicher gesetzlicher Vorschriften, insbes. auf dem Gebiet des Familienrechts, erforderlich (→ Gleichberechtigungsgesetz). Der Grundsatz der Gleichberechtigung steht einer rechtlichen Regelung, welche die objektiven biologischen und funktionalen Unterschiede von Mann und Frau entsprechend der Natur des jeweiligen Lebensverhältnisses berücksichtigt und dementsprechend differenziert, nicht entgegen. So sind Regelungen, die den biologischen Besonderheiten der Frau im Rahmen ihres Arbeitsverhältnisses schützend Rechnung tragen, unbedenklich (BVerfGE 5, 12). Aus diesen Gründen ist es auch unbedenklich, wenn Art. 12a I GG eine Wehrpflicht für Männer vorsieht und Art. 12a V GG den zwangsweisen Waffendienst von Frauen ausdrücklich verbietet. Mehr formale Vorschriften beeinträchtigen die Gleichberechtigung nicht, so über den einheitlichen Familiennamen (BVerfGE 17, 168). Außer im familien- und erbrechtlichen Bereich (Vorrang des männl. Geschlechts bei der Hoferbfolge verfassungswidrig, BVerfGE 15, 337) ist Art. 3 II GG von besonderer Bedeutung für Berufsausbildung und -ausübung. In diesem Bereich ist die Regelung des GG durch EU-rechtliche Vorgaben überlagert. S. iE → Gleichbehandlung.

2. Durch das Gesetz v. 27.10.1994 (BGBl. 1994 I 3146) wurde Art. 3 II 2 GG angefügt, wonach der Staat die tatsächliche Durchsetzung der Gleichberechtigung von

Frauen und Männern zu fördern und auf die Beseitigung bestehender Nachteile hinzuwirken hat. Inzwischen wird statt des Begriffes der Gleichberechtigung verstärkt der Begriff der Gleichstellung gebraucht. Durch das BundesgleichstellungsG v. 24.4.2015 (BGBl. 2015 I 642,643) mÄnd (→ Gleichbehandlung, 2) wird für die Bundesverwaltung vorgeschrieben, dass Frauen bei Vorliegen von gleicher Eignung, Befähigung und Leistung Frauen bevorzugt einzustellen und zu befördern sind, wenn sie in einzelnen Bereichen noch unterrepräsentiert sein sollten. Die Dienststellen haben Arbeitszeiten und sonstige Rahmenbedingungen anzubieten, die Frauen und Männer die Vereinbarkeit von Beruf und Erwerbsleben erleichtert; sa → Gleichstellungsbeauftragte. Nach § 4 III BundesgleichstellungsG soll die Gleichstellung von Männern und Frauen auch in Rechts- und Verwaltungsvorschriften sowie im dienstlichen Schriftverkehr zum Ausdruck kommen (→ Geschlechtsneutrale Gesetzessprache) Die Länder haben ähnliche Gesetze erlassen (zB Bayer. GleichstellungsG v. 24.5.1996, GVBl. 1996, 186, mÄnd).

3. Zur Gleichberechtigung oder Gleichstellung in der Privatwirtschaft sa → Geschlechterquote.

4. Verfassungsrechtlich umstritten ist, ob die Festlegung einer Geschlechterquote für die Parlamente mit den übrigen Verfassungsprinzipien wie insbesondere dem Demokratieprinzip vereinbar ist. Einigkeit besteht, dass hierfür jedenfalls eine Regelung in der Verfassung selbst erforderlich wäre. Das Brandenburgische Verfassungsgericht hob mit Urt. v. 23.10.2020 – VfGBbg 9/19 – das Brandenburgische Parité-Gesetz v. 31.1.2019 (BbgGVBl. 2019,1), das für die Wahlen zum Landtag eine paritätische Besetzung der Landeslisten vorsah, mit der Begründung auf, diese Entscheidung sei dem einfachen Gesetzgeber entzogen. Der Thüringer Verfassungsgerichtshof hob mit Urteil vom 13.5.2020 – VerfGH 2/20 – das Thüringer Gesetz zur Einführung der paritätischen Quotierung vom 30.7.2019 (GVBl. 2019, 322) auf, wonach die Landeslisten für die Wahl zum Landtag abwechselnd mit Frauen und Männern zu besetzen sind, wobei sich das Gericht im Wesentlichen auf materiell-verfassungsrechtliche Gründe stützt.

Gleichberechtigungsgesetz
Das Gleichberechtigungsgesetz v. 18.6.1957 (BGBl. 1957 I 609) hat mWv 1.7.1958 die dem Grundsatz der → Gleichberechtigung (Art. 3 II GG) widersprechenden Bestimmungen des Zivilrechts, insbes. des BGB, grds. auf einen diesem Verfassungsgrundsatz entsprechenden Stand gebracht. S. iE → eheliche Lebensgemeinschaft, → Schlüsselgewalt, → Mitarbeit der Ehegatten, → elterliche Sorge, → Güterstände ua.

Gleichförmige Eingaben
→ Massenverfahren.

Gleichgeschlechtliche Beziehungen
→ Homosexuelle Handlungen.

Gleichgeschlechtliche Lebensgemeinschaften
Gleichgeschlechtliche Lebensgemeinschaften sind entweder nichteheliche Lebensgemeinschaften (→ eheähnliche Gemeinschaften) oder eine vor dem Standesbeamten geschlossene → Ehe nach bürgerlichem Recht (§ 1353 I BGB). Die frühere Unterscheidung zwischen → Lebenspartnerschaften und Ehe ist in Deutschland seit der Zulassung der gleichgeschlechtlichen Ehe durch Gesetz v. 20.7.2017 (BGBl. I 2787) mit Wirkung vom 1.10.2017 (sa → Ehe für Alle) gegenstandslos. Ebenso ist die Rechtslage in den meisten westeuropäischen und amerikanischen Staaten. Andererseits kann in keinem Staat Asiens und Afrikas (mit Ausnahme der Republik Südafrika) zwischen Personen gleichen Geschlechts eine Ehe geschlossen werden. Auch nach katholischem → Kirchenrecht kann zwischen Personen gleichen Geschlechts keine Ehe begründet werden (→ Kirchliche Trauung). Der → Islam sieht die Ehe zwischen Personen gleichen Geschlechts ebenso wie gleichgeschlechtliche Lebensgemeinschaft außerhalb der Ehe als unzulässig an.

Gleichheit vor dem Gesetz (Gleichheitssatz)
Nach Art. 3 GG sind alle Menschen „vor dem Gesetz gleich". Niemand darf wegen seines Geschlechts, seiner Abstammung, seiner Rasse, seiner Sprache, seiner Heimat und Herkunft, seines Glaubens, seiner religiösen oder politischen Anschauungen benachteiligt oder bevorzugt werden. Männer und Frauen sind gleichberechtigt (→ Gleichberechtigung); (sa → Gleichbehandlung). Dieses → Grundrecht, das den Charakter eines vorstaatlichen Menschenrechtes hat, bindet Gesetzgebung, vollziehende Gewalt und Rechtsprechung (Art. 1 III GG). Der Gleichheitssatz gebietet, tatbestandlich Gleiches rechtlich gleich zu behandeln. Ungleiches dagegen kann je nach seinen eigengearteten Tatbeständen unterschiedlich behandelt werden; nur eine willkürliche, dh sachfremde Differenzierung ist verboten. Der Gesetzgeber ist gehalten, tatsächliche relevante Gleichheiten oder Ungleichheiten der zu ordnenden Lebensverhältnisse zu berücksichtigen; innerhalb dieser Grenze hat er eine weitgehende Gestaltungsfreiheit. Art. 3 ist nur verletzt, wenn der Gesetzgeber Fälle gleich behandelt, zwischen denen offensichtlich so gewichtige Unterschiede bestehen, dass sie gerechterweise unterschiedlich behandelt werden müssen, oder wenn er Fälle ungleich behandelt, zwischen denen keine Unterschiede erkennbar sind, die gewichtig genug wären, die unterschiedliche Behandlung zu rechtfertigen (BVerfGE 65, 354; 71, 58). Der Gleichheitssatz verlangt daher zB vom Landesgesetzgeber nicht, sich anderen Gesetzgebern gleicher Stufe anzupassen oder die seiner

Rechtssetzungsgewalt Unterstehenden ebenso zu stellen wie die Angehörigen anderer Länder. Zur Bindung der Tarifpartner vgl. → Lohngleichheit. Für die Verwaltung ist der Gleichheitssatz vor allem im Bereich des → Ermessens bedeutsam. Er bindet die Verwaltungsbehörden dahin, dass sie ihren Entscheidungen keine sachfremden oder willkürlichen Erwägungen zugrunde legen, zB nicht ohne sachlichen Grund von ihrer bisherigen Praxis abweichen. Langjährige Verwaltungsübung kann einen Rechtsanspruch auf unveränderte Fortführung oder Anwendung einer Verwaltungsvorschrift begründen, sofern nicht sachliche Gründe eine Abweichung rechtfertigen (Selbstbindung). Dagegen ist unterschiedliche Auslegung eines Gesetzes durch verschiedene Behörden noch keine Verletzung des Gleichheitssatzes. Ebensowenig verletzt eine Gerichtsentscheidung den Gleichheitssatz allein schon durch fehlerhafte Rechtsanwendung oder Verfahrensweise, sondern erst dann, wenn sie unter Berücksichtigung der Verfassungsgrundsätze unvertretbar erscheint und sich deshalb der Schluss aufdrängt, dass sie auf sachfremden Erwägungen beruht, also objektiv willkürlich ist.

Gleichmäßigkeit der Besteuerung

Der Grundsatz der Gleichmäßigkeit der Besteuerung (§ 85 S. 1 AO) ist Ausfluss des Gleichheitssatzes des Art. 3 I GG. Er bedeutet, dass die Steuergesetze auf alle Stpfl. gleichmäßig anzuwenden sind, bei denen der Tatbestand zutrifft, an den das Gesetz die Leistungspflicht knüpft (§ 3 I AO). Die horizontale Steuergleichheit gebietet, Stpfl. bei gleicher Leistungsfähigkeit gleich hoch zu besteuern. Die unterschiedliche Höhe der steuerlichen Belastung auf Grund der Steuerprogression (→ Progression, → Einkommensteuer, 5, → Erbschaftsteuer) entspricht unter dem Gesichtspunkt der Umverteilung dem Sozialstaatsprinzip (→ Sozialstaat). Der Grundsatz der Gleichmäßigkeit wird faktisch durch den von der Verwaltung in Teilbereichen praktizierten „maßvollen Gesetzesvollzug" (→ Besteuerungsverfahren) eingeschränkt. Die Finanzverwaltung versucht, durch den maßvollen Gesetzesvollzug wegen fehlender Personalressourcen die anfallende Massenarbeit zu bewältigen. Grundsätzlich gilt, dass eine „Gleichbehandlung im Unrecht" ausscheidet. Erhält ein Stpfl. zu Unrecht eine steuerliche Vergünstigung, so kann sich ein anderer Stpfl. nicht darauf berufen. Allerdings werden Stimmen laut, dass der Grundsatz „keine Gleichheit im Unrecht" dann nicht mehr anzuwenden sei, wenn der Besteuerungsvorgang der Einzelfall und der mangelnde Gesetzesvollzug in vergleichbaren anderen Fällen der überwiegende Normalfall sei. In diesen Fällen solle die Besteuerung unterbleiben. In der Rspr. hat sich dieser Ansatz bislang nicht durchsetzen können. Die Finanzgerichtsbarkeit wird sich in nächster Zeit auf Grund der tatsächlich praktizierten unterschiedlichen Intensität der Besteuerung mit diesem Problem verstärkt befassen müssen (vgl. BVerfG BStBl. II 1991, 654 zur Verfassungswidrigkeit der Besteuerung der Einkünfte aus Kapitalvermögen wegen weitgehenden Nichtvollzugs des Gesetzes, was zur Einführung der → Zinsabschlagsteuer geführt hat).

Gleichnamige

Treten natürliche Personen unter ihrem Namen im geschäftlichen Verkehr auf, so erwerben sie dadurch ein entsprechendes → Unternehmenskennzeichen. Bei Gleichnamigen kann das im Falle der Branchenidentität oder -ähnlichkeit zu Kollisionen führen, die nicht zu Gunsten des Prioritätsälteren (→ Prioritätsprinzip im Kennzeichenrecht) gelöst werden können, weil auf der Grundlage des allg. → Persönlichkeitsrechts auch der Prioritätsjüngere nicht daran gehindert werden darf, sich unter seinem Familiennamen im geschäftlichen Verkehr zu betätigen. Der Inhaber des prioritätsälteren Kennzeichenrechts muss die Verwechslungsgefahr hinnehmen, die der Träger des prioritätsjüngeren Namensrechts dadurch hervorruft, dass er seinen Namen im Geschäftsverkehr führt, wenn dieser ein schutzwürdiges Interesse an der Benutzung hat, redlich handelt und alles Erforderliche und Zumutbare tut, um eine Verwechslungsgefahr auszuschließen oder auf ein hinnehmbares Maß zu vermindern. Keiner der Beteiligten darf eine so erreichte Gleichgewichtslage durch einseitige Maßnahmen (etwa wesentliche Ausweitung des Geschäftsbetriebs oder Anmeldung von Marken, die den Namen enthalten) stören. Diese Grundsätze gelten auch zu Gunsten einer juristischen Person, die den Namen eines ihrer Gesellschafter in ihre Firma aufnimmt.

Sie finden jedoch grds. keine Anwendung, wenn zwei Gleichnamige um einen auf der Grundlage ihres Namens gebildeten → Domain-Namen streiten; hier gilt regelmäßig das Gerechtigkeitsprinzip der Priorität der Registrierung. Ausnahmen von diesem Grundsatz sind nur unter engen Voraussetzungen gerechtfertigt, die eine umfassende Abwägung der beiderseitigen Interessen erfordert. Eine der bekanntesten Entscheidungen in diesem Zusammenhang dürfte diejenige um den Streit der Domain „shell.de" sein (BGH 22.11.2001 – I ZR 138/99, GRUR 2002, 622 – shell.de).

Gleichstellung

→ Gleichberechtigung, 2; → Gleichbehandlung; → Gleichstellungsbeauftragte; Gleichstellung mit → Schwerbehinderten Menschen.

Gleichstellungsabrede

→ Bezugnahmeklausel.

Gleichstellungsbeauftragte

Gleichstellungsbeauftragte oder Frauenbeauftragte haben die Aufgabe, den Vollzug der Gleichstellungsgesetze des Bundes und der Länder in öffentlichen Stellen zu überwachen, insbes. bei der Gleichstellung von Frauen und Männern, der Vereinbarkeit von Familie und Beruf sowie der Verbesserung der beruflichen Situation der beschäftigten Frauen (→ Gleichberechtigung aE). Nach § 33 Bundesgleichstellungsgesetz haben die Gleichstellungsbeauftragten gegenüber der Dienststellenleitung ein Einspruchsrecht. Der Einspruch hat aufschiebende Wirkung. Bleibt der Einspruch erfolglos, kann das Verwaltungsgericht angerufen werden.

Gleitende Arbeitszeit
→ Arbeitszeit.

Gleitklausel
→ Geldschuld, → Währungsklausel.

Gleitzone
Der Begriff der Gleitzone (auch Midi-Job genannt) betrifft die Zahlung von Sozialversicherungsbeiträgen. Die Gleitzone wird in § 20 II SGB IV als Übergangsbereich definiert. Während einerseits in der → geringfügigen Beschäftigung die Sozialversicherungsbeiträge voll vom Arbeitgeber zu tragen sind (Ausnahme Rentenversicherungsbeiträge) und andererseits bei „normalen" Beschäftigen die Beiträge je zur Hälfte vom Arbeitgeber und vom Arbeitnehmer zu tragen sind, gelten für Einkommen zwischen 450,01 und 850,00 EUR im Monat Sonderregelungen (vgl. § 20 III SGB IV). Seit 1.7.2019 beträgt der obere Grenzbetrag 1.300 EUR. Ab 1.10.2022 finden die Gleitzonenregelungen Anwendung von Einkommen über 520 EUR bis 1600 EUR. Zum 1.1.2023 erfolgt eine Erhöhung der Grenze auf 2000 EUR. Zur Anwendung kommt die Regelung ab 1.1.2024 bei einem Arbeitsentgelt ab 538,01 EUR und ab 1.1.2025 ab 556,01 EUR (Überschreiten der jeweiligen jährlichen Minijob-Grenze). Wird eine Berufsausbildung absolviert, findet die Gleitzonenregelung keine Anwendung. Der Begriff der G. wurde im Rahmen der Anhebung des Grenzbetrages auf Übergangsbereich geändert.

Gliedstaat
→ Bundesstaat.

Globalsicherung, Globalzession
→ Abtretung (1), → Eigentumsvorbehalt.

Globalurkunde
→ Sammelurkunde.

Glockengeläute
Das BVerw (Beschl. v. 19.2.2013 – 7 B 38.12) hat festgestellt, dass Glockengeläut regelmäßig keine erhebliche Belästigung, sondern auch in einer säkularisierten Gesellschaft eine zumutbare sozialadäquate Einrichtung darstellt, soweit es sich nach Zeit, Dauer und Intensität im Rahmen des Herkommens hält. Es ist insoweit von der Religionsfreiheit gedeckt (→ Religionsausübung, freie).

Glossatoren
→ römisches Recht.

GLP
→ Grundsätze der guten Laborpraxis.

Glücksspiel
1. Definition: Nach § 3 des Glücksspielstaatsvertrags der Länder (GlüStV) liegt ein Glücksspiel vor, wenn für den Erwerb einer Gewinnchance ein Entgelt verlangt wird und die Entscheidung über den Gewinn ganz oder überwiegend vom Zufall abhängt. Hierzu gehören Roulette, Black Jack und Baccara (→ Spielbanken), aber auch → Wetten auf den Eintritt oder Ausgang eines zukünftigen Ereignisses (zB Toto, → Sportwetten) sowie → Lotterien und Ausspielungen.

2. Glücksspielstaatsvertrag: a) Die Regelung öffentlicher Glücksspiele ist Ländersache und unterliegt dem eingeschränkten Glücksspielmonopol der Länder. Den allg. Rechtsrahmen legt nun der am 1.7.2021 in Kraft getretene GlüStV 2021 (zB BayGVBl. 2021, 97) fest, der insbesondere neue Schutzmechanismen für Glücksspiele im Internet (§§ 4a ff., 6a ff.) enthält. Nach der Entscheidung des BVerfG zum staatlichen Sportwettenmonopol (1 BvR 1054/01, NJW 2006, 1261) ist das Glücksspielmonopol mit dem Recht der Berufsfreiheit privater Anbieter (Art. 12 I GG) nur vereinbar, wenn es konsequent am Ziel der Bekämpfung der → Spielsucht ausgerichtet ist. Die Länder haben versucht, diese Vorgaben mit dem GlüStV von 2012, der bis Mitte 2021 befristet war und zum 1.7.2021 durch den GlüStV 2021 abgelöst wurde, sowie durch ergänzende GlücksspielG der Länder, umzusetzen. Sie haben zusätzlich ihr Monopol etwas gelockert. Seit 2021 erhält der GlüStV daher in § 6 (Sozialkonzept) die zuvor in Anhang 1 aufgezählten und erweiterten Richtlinien zur Bekämpfung der → Spielsucht und ein erweitertes System der Spielersperre (§§ 8 ff. GlüStV 2021). Zum Schutz von Spielern und zur Bekämpfung der Spielsucht können Personen außerdem gesperrt werden (§ 8 GlüStV), deren Daten in einer zentralen bundesweiten Sperrdatei erfasst werden (§ 23, § 8d GlüStV). Für Pferderennen gilt außerdem das Rennwett- und Lotteriegesetz (→ Rennwett- und Lotteriesteuer); die Gemeinsame Klassenlotterie der Länder basiert auf einem eigenen Staatsvertrag.

b) Ziel des Staatsvertrags ist es ua, die Entstehung von Spiel- und Wettsucht zu verhindern und den → Jugend- und Spielerschutz zu gewährleisten (§ 1 GlüStV). Deshalb bedürfen Veranstaltungen oder Vermittlung öffentlicher Glücksspiele der → Erlaubnis (§ 4 GlüStV). → Sportwetten im Internet, Online-Poker und virtuelle Automatenspiele sind nicht mehr untersagt, es gelten jedoch erhöhte Anforderungen an Erlaubnis (§§ 4a ff., 22a ff. GlüStV), Sozialkonzept und Spielkonto (§§ 6a ff. GlüStV). Online-Casinospiele (§ 3 Ia GlüStV) unterliegen weiterhin den unterschiedlichen Regelungen der Länder (§ 22c GlüStV), sind aber ebenfalls grundsätzlich zulässig. Die Werbung für öffentliche Glücksspiele ist nur in engen Grenzen zulässig, die Ausgestaltung insbesondere für Fernseh- und Internetwerbung ist als → Nebenbestimmung Teil der Erlaubnis (§ 5 GlüStV). Öffentliche Glücksspiele werden grds. nur durch die Länder, juristische Personen des öffentlichen Rechts oder privatrechtliche Gesellschaften, an denen die Länder maßgeblich beteiligt sind, veranstaltet (§ 10 II GlüStV) und unterliegen der staatlichen Glücksspielaufsicht (§ 9 GlüStV). Zum 1.7.2021 wird zu diesem Zweck eine Gemeinsame Glücksspielbehörde der Länder mit Sitz in Sachsen-Anhalt errichtet (§ 27a GlüStV), die ua für die ländereinheitlichen Verfahren nach § 9a zuständig ist.

c) Schleswig-Holstein hatte am 20.10.2011 ein liberales GlücksspielG (GVBl. 2011, 280) erlassen, das am 1.1.2012 in Kraft trat, und den GlüStV nicht unterzeichnet. Die Anzahl der Konzessionen privater Sportwetten war nicht beschränkt, Online-Casinospiele waren möglich. Nach dem Regierungswechsel 2012 wurde dieser Alleingang wieder beendet; das Land trat im Januar 2013 dem Glücksspielstaatsvertrag bei. Der EuGH billigte den Sonderweg im Nachhinein mit einer Entscheidung vom 12.6.2014 (Rs. C-156/13).

d) Reform des GlüStV 2021: Die Änderungen des bisherigen GlüStV reagieren sowohl auf mehrere Gerichtsentscheidungen (EuGH v. 4.2.2016 (Rs. C-336/14), VG Wiesbaden vom 31.10.2016 (zB Rs. 5 K 1467/14.WI), zur Unionsrechtswidrigkeit des § 10a III GlüStV) wie auch darauf, dass sich das Verbot von Internet-Glückspiel nicht durchsetzen ließ.

3. Strafrecht: Wer ohne behördliche Erlaubnis öffentlich ein Glücksspiel veranstaltet oder hält oder die Einrichtungen hierzu bereitstellt, wird nach § 284 StGB mit Freiheitsstrafe bis zu 2 Jahren oder Geldstrafe bestraft. Gewerbsmäßige oder bandenmäßige Begehung von Glücksspiel wird mit Freiheitsstrafe von 3 Monaten bis zu 5 Jahren bestraft. Als öffentlich veranstaltet gilt auch das in Vereinen oder geschlossenen Gesellschaften gewohnheitsmäßig betriebene Glücksspiel; Werben für ein Glücksspiel ist ebenfalls strafbar. Wer sich an einem öffentlichen Glücksspiel beteiligt, wird mit Freiheitsstrafe bis zu 6 Monaten oder Geldstrafe bis zu 180 Tagessätzen bestraft (§ 285 StGB). Die Spieleinrichtungen und das vorgefundene Geld unterliegen der → Einziehung (§ 286 StGB). Kindern und Jugendlichen (unter 18 Jahren) darf die Anwesenheit in Spielhallen und die Teilnahme am öffentlich veranstalteten Glücksspielen nicht gestattet werden, abgesehen von Volksbelustigungen (§ 6 JuSchG, → Jugendschutz). Besondere Vorschriften zur Vermeidung der → Geldwäsche durch Glücksspiel im Internet enthält das GeldwäscheG v. 13.8.2008 (BGBl. 2008 I 1690) mÄnd.

Glücksspielstaatsvertrag
→ Glücksspiel.

Glühbirnen
sind nach der DVO (EG) 244/2009 v. 18.3.2009 (ABl. EG 2009 L 76, 3) zu Anforderungen an die umweltgerechte Gestaltung von Haushaltslampen mit ungebündeltem Licht → energieverbrauchsrelevante Produkte, die Licht erzeugen, indem ein Draht durch Strom zum Glühen gebracht wird. Glühbirnen, die nicht die in der VO festgelegten Anforderungen des → Ökodesigns erfüllen, sind vom EU-Markt ausgeschlossen. Die früher üblichen Glühbirnen wurden durch sog. Sparlampen ersetzt.

Glutenunverträglichkeit
→ Lebensmittel, die für Menschen mit Glutenunverträglichkeit (Zöliakie) geeignet sind, gehören zu den → Lebensmitteln für bestimmte Verbrauchergruppen. Die Durchführungsverordnung (EU) 828/2014 v. 30.7.2014 über die Anforderungen an die Bereitstellung von Informationen für Verbraucher über das Nichtvorhandensein oder das reduzierte Vorhandensein von Gluten in Lebensmitteln legt fest, dass der Hinweis „glutenfrei" nur verwendet werden darf, wenn ein Lebensmittel beim Verkauf an den Endverbraucher einen Glutengehalt von höchstens 20 mg/kg aufweist. Der Hinweis „sehr geringer Glutengehalt" darf nur bei einem Glutengehalt von höchstens 100 mg/kg verwendet werden. → Kennzeichnung von Lebensmitteln.

GmbH & Co
Eine GmbH & Co (allgemeiner: Kapitalgesellschaft & Co. KG) ist idR eine → Kommanditgesellschaft, bei der eine → GmbH persönlich haftender Gesellschafter ist und andere Rechtspersonen – meist die Gesellschafter der GmbH – Kommanditisten sind. Dadurch wird – obwohl → Personengesellschaft – praktisch eine Beschränkung der Haftung auf das Kapital der GmbH erreicht. Für Gesellschafterdarlehen gelten in der Insolvenzsituation die gleichen Regeln wie bei der GmbH (s. → Gesellschafterdarlehen). Auch in anderen Fällen behandelt das Gesetz eine GmbH & Co. wie eine → Kapitalgesellschaft, zB hinsichtlich der Pflicht, bei → Zahlungsunfähigkeit oder → Überschuldung die Eröffnung eines → Insolvenzverfahrens zu beantragen (§ 15a II InsO, § 130a HGB), bei der Amtslöschung nach Insolvenz (§ 394 IV FamFG) sowie hinsichtlich → Jahresabschluss (§§ 264a ff. HGB), → Bilanz (1), → Konzernbilanz und → Rechnungslegung, wenn nicht wenigstens ein persönlich haftender Gesellschafter eine natürliche Person ist. Sa → Firma.

Steuerlich wird die GmbH & Co. KG als → Personengesellschaft behandelt. Sie ist selbst ertragsteuerlich kein Steuersubjekt. Ihr Gewinn wird einheitlich auf der Ebene der Gesellschaft ermittelt und anschließend auf die Gesellschafter verteilt. Dies hat zur Folge, dass die den Kommanditisten zugerechneten Gewinne nur der Einkommen- und nicht der Körperschaftsteuer unterliegen. Die Verluste können von den Kommanditisten steuerlich geltend gemacht werden. Dabei sind die Besonderheiten des → negativen Kapitalkontos zu beachten. Eine Saldierung mit anderen Einkünften ist grundsätzlich möglich, → Verlustausgleich. Die GmbH & Co. ist bei stark schwankenden Ergebnissen der → Betriebsaufspaltung zu überlegen. Die Gesellschafter einer GmbH & Co. können aus der GmbH & Co. nur gewerbliche Einkünfte haben (§ 15 III EStG, → gewerblich geprägte Personengesellschaft). Vgl. → Mitunternehmerschaften.

GmbH & Stille
Eine GmbH & Stille ist eine typische oder atypische → stille Gesellschaft von GmbH-Gesellschaftern, die an der GmbH mit einer weiteren Einlage beteiligt sind. Steuerlich: Wird die typisch stille Beteiligung im Privatvermögen gehalten, so erzielt der Gesellschafter Einkünfte aus Kapitalvermögen. Gehört die Beteiligung zum → Betriebsvermögen, so bezieht der Gesellschafter gewerbliche Einkünfte. Die von der GmbH einbehaltene → Kapitalertragsteuer wird auf die Einkommensteuerschuld des Stillen angerechnet (§ 36 II Nr. 2 EStG). Nimmt der typisch stille Gesellschafter nach gesellschaftsvertraglichen Abmachungen am Verlust teil, so mindern die auf ihn entfallenden Verlustanteile seine Einlage. Der Verlustanteil des stillen Gesellschafters ist bis zur Höhe der Einlage als Werbungskosten bei den Einkünften aus Kapitalvermögen abzugsfähig. Bei negativen Einkünften kann ein → Verlustausgleich möglich sein. Der atypisch stille Gesellschafter wird steuerrechtlich als Mitunternehmer angesehen, der Einkünfte aus Gewerbebetrieb bezieht.

GmbH
→ Gesellschaft mit beschränkter Haftung.

GmbHG
→ Gesellschaft mit beschränkter Haftung.

GmbH-Konzern
→ Konzernrecht.

Gnadenrecht
1. Das Recht zu Gnadenerweisen umfasst die Befugnis, rechtskräftig verhängte Strafen (in Ausnahmefällen auch Maßregeln der Besserung und Sicherung, § 61 StGB) zu erlassen, umzuwandeln, zu ermäßigen oder auszusetzen (Begnadigung) und anhängige Strafverfahren niederzuschlagen (→ Abolition). Gnadenerweise können durch Begnadigung im Einzelfall oder als generelle Maßnahme durch Amnestie ergehen. Diese bedarf eines Gesetzes (→ Straffreiheit), ebenso die → Abolition.

2. Das Begnadigungsrecht im Einzelfall wird, soweit es nicht auf nachgeordnete Stellen delegiert ist, nach Art. 60 GG, § 452 StPO im Bund vom BPräs. (Anordn. vom 5.10.1965, BGBl. 1965 I 1573), in den Ländern von den durch die Verfassung oder anderweitig bestimmten Organen ausgeübt; d. i. im Saarland die LdReg., sonst der MinPräs., in Berlin, Bremen und Hamburg der Senat; von der verfassungsmäßigen Delegationsbefugnis ist in allen Ländern durch Übertragung auf den für das erkennende Gericht zuständigen Minister Gebrauch gemacht worden, insbes. für Strafsachen auf den Justizminister, Dienststrafsachen auf den Innenminister usw. Die Justizminister (JSen.) haben in dem durch die Gnadenordnungen bestimmten Umfang die Ausübung des Gnadenrechts auf die Generalstaatsanwälte und Vollstreckungsbehörden weiterübertragen (in NRW außerdem auf Gnadenstellen bei den Landgerichten). Die örtliche Zuständigkeit bestimmt sich nach dem Gericht des ersten Rechtszuges, das Verfahren nach den in den Ländern geltenden Gnadenordnungen (zB GnO NW v. 26.11.1975, GV NRW 1976, 16; BayGnO v. 29.5.2006, GVBl 2006, 321).

3. Ob die Ausübung des Gnadenrechts sich als → Verwaltungsakt darstellt und die Ablehnung eines Gnadenerweises der gerichtlichen Nachprüfung nach §§ 23 ff. EGGVG oder im Verwaltungsstreitverfahren unterliegt, ist str., wird aber von der hM verneint, weil ein Gnadenerweis nicht Rechtsanwendung, sondern ein Akt des Wohlwollens und des nicht nachprüfbaren Ermessens ist (BVerfGE 25, 352); doch ist der Widerruf des Gnadenerweises gerichtlich nachprüfbar (BVerfGE 30, 108) nach § 23 I EGGVG. S. ferner → Strafaufschub, → Strafaussetzung, → Strafausstand, → Straferlass.

Gnadensplitting
Verwitwete Arbeitnehmer erfüllen im Jahr des Todes ihres nicht dauernd getrennt lebenden Ehegatten für die Einkommensteuer die Voraussetzungen des Splittingtarifs und erhalten im Folgejahr das sog. Gnadensplitting (§ 32a VI Nr. 1 EStG). Das bedeutet, dass im Folgejahr, in dem der Ehegatte bereits verstorben ist, trotzdem der Steuertarif der Zusammenveranlagung zur Anwendung kommt. Dieser ist für den überlebenden Stpfl. günstiger (s. → Splittingverfahren, → Veranlagungsarten).

Gneist, Rudolf von –
Rudolf von Gneist (1816–1895), deutscher Rechtslehrer, Verfasser einer sozialen Staatslehre, deren Eckpfeiler nach dem Vorbild der engl. Demokratie die Trennung der Staatsgewalten, die Unabhängigkeit der Justiz und die Sicherung gegen Missbrauch der Staatsmacht durch Herrscherwillkür sind.

GNotKG
→ Notar.

GoA
Abkürzung für → Geschäftsführung ohne Auftrag.

Gold
gehört zu den sog. → Edelmetallen. Der Verkehr mit Gold ist grundsätzlich frei (§ 1 I AWG). Dies entspricht dem freien → Warenverkehr in der → Europäischen Union

(Art. 28 ff. AEUV → AEUV). Wegen seines besonderen Wertes im internationalen Wirtschaftsverkehr unterliegt Gold den Regelungen des → Außenwirtschaftsrechts, dort auch zur Kontrolle der internationalen Lieferketten. Sa → Feingehalt.

Gold(wert)klausel
→ Geldschuld (2).

golden shares
→ Mehrstimmrechtsaktie.

Goldene Aktie
→ Mehrstimmrechtsaktie.

Goldene Bulle
Gesetzgebungswerk Kaiser Karls IV. (1356), grundlegendes Verfassungswerk, das aus einer Reihe von Einzelgesetzen bestand. Die Goldene Bulle regelte insbes. die Rechtsstellung der 7 Kurfürsten (Recht der Königswahl, Versammlungsrecht, Majestätsrechte, Unteilbarkeit der Kurländer) sowie das Recht der Reichsfürsten, reichsunmittelbaren Grafen und freien Herren, über bestimmte Rechtsangelegenheiten im Reichstag zu beschließen. Weitere Bestimmungen der Goldenen Bulle staats- und strafrechtlichen Inhalts betrafen den → Landfrieden, die Einschränkung des → Faustrechts ua m.

goodwill
Goodwill ist bei einem kaufmännischen Unternehmen (→ Kaufmann) die Gesamtheit aller tatsächlichen und rechtlichen Verhältnisse und Beziehungen, insbes. zu anderen Kaufleuten und zu Kunden, die den Wert des Betriebs über den Substanzwert hinaus beeinflussen. Der Goodwill gehört zum inneren → Geschäftswert. Er ist bei einer Abschichtungsbilanz zu berücksichtigen (→ Gesellschaft des bürgerlichen Rechts, 5).

Google Streetview
→ Datenschutz (7).

Gorleben
Gorleben ist eine Gemeinde in Niedersachsen, auf deren Gebiet sich ein Zwischenlager für radioaktiven → Atommüll befindet. Der in der Nähe gelegene sogenannte Salzstock Gorleben wird seit dem Ende der 1970er Jahre auf seine Eignung als → Endlager für diese Abfälle untersucht. In den 1980er Jahren wurde hierzu ein Erkundungsbergwerk errichtet. Die Suche nach einem Endlager wurde später auf das gesamte Bundesgebiet ausgedehnt und ist im Standortauswahlgesetz geregelt. Die zuständige Bundesgesellschaft für Endlagerung hat den Salzstock Gorleben mittlerweile als für ein Endlager ungeeignet eingestuft.

Gottesfriede
Gottesfriede war im Mittelalter ein auf kirchlichen Vorschriften beruhendes allgemeines Friedensgebot, durch das Fehden und andere Feindseligkeiten unterbunden werden sollten. Der Gottesfriede wurde entweder als pax zum Schutz bestimmter Personengruppen oder bestimmter Orte, insbes. des unbewaffneten Teiles des Volkes (Klerus, Alte, Frauen und Kinder) oder kirchlicher Bereiche (Gotteshäuser, Klöster, Friedhöfe), oder als treuga (dei) für bestimmte Tage (hohe Festtage, Sonntage und die drei letzten Wochentage) verkündet. Der Gottesfriede wurde von der Kirche veranlasst und von den → Ständen beschworen, so zB 1082 in Lüttich, 1085 in Mainz. Die Einhaltung des Gottesfrieden wurde durch kirchliche Sanktionen, später zugleich durch weltliche Strafen gesichert; hieraus entwickelte sich der → Landfriede.

Gotteslästerung
→ Religionsvergehen.

Gottesstaat
Gottesstaat ist im westlichen Kulturkreis Idealbild einer von Augustinus in seinem Werk De Civitate Dei (413–426) verfochtenen Staatsauffassung, nach der der Zweck des Staates die Errichtung der Herrschaft Gottes auf Erden ist. Von dieser Auffassung leitete die Kirche im Mittelalter einen Unterordnungsanspruch gegenüber dem weltlichen Staat (civitas terrena) und ihre Forderung auf unmittelbare Einflussnahme auf das weltliche Regiment ab. Insbes. beanspruchte der Papst das Recht, die Wahl des Kaisers zu prüfen und zu bestätigen. Folgen der Auflehnung der weltlichen Gewalt gegen diese Staatsauffassung waren ua der → Investiturstreit und die Auseinandersetzungen um die → Zweischwerterlehre. Sa → Theokratie. Auch in anderen Kulturkreisen gibt es Bestrebungen zur Errichtung eines Gottesstaates, so die Versuche zur Errichtung des Islamischen Staates (IS) im Vorderen Orient. Ein Gottesstaat ist mit den Prinzipien von → Demokratie, → Rechtsstaat und → Menschenwürde nicht vereinbar.

Gottesurteil
Gottesurteil (Ordal), im Bereich früherer Kulturkreise Entscheidung über Schuld oder Unschuld durch Eingreifen der Elemente (Elementordal) oder angebliche Zeichen Gottes. Das Ordal wurde (und wird bis in die heutige Zeit bei einzelnen Naturvölkern) im Prozess als Beweismittel benutzt, wenn andere Beweise nicht zur Verfügung standen. Im deutschen Mittelalter war das Gottesurteil neben dem Reinigungseid des Beschuldigten subsidiär für Eidesunfähige (Frauen, Unfreie) zugelassen. Üblich waren insbes. Feuer-, Wasser-, Bahrprobe ua m., später als weitere Form des Gottesurteils auch der Zweikampf, bei dem sich die Parteien durch berufsmäßige Kämpen vertreten lassen durften. Das lateranische Konzil 1215 verbot das Gottesurteil, das sich aber gleichwohl noch erhielt, insbes. in Hexenprozessen die Feuer- und Wasserprobe.

Grabpflege
Die Kosten der Grabpflege entspringen allenfalls einer sittlichen, nicht jedoch einer rechtlichen Pflicht und fallen nicht mehr unter die

→ Beerdigungskosten. Die Kosten der Grabpflege mindern daher auch nicht den → Pflichtteilsanspruch. Will der → Erblasser bereits zu Lebzeiten die Grabpflege regeln, kann er einen Dauergrabpflegevertrag als → Werkvertrag schliessen, der die Erben im Wege der → Gesamtrechtsnachfolge bindet, oder eine → Auflage oder ein → Vermächtnis zur Grabpflege von Todes wegen verfügen.

Grabschändung
Grabschändung, dh Zerstörung oder Beschädigung einer Aufbahrungs-, Beisetzungs- oder öffentliche Totengedenkstätte oder beschimpfender Unfug an ihr, wird als Religionsvergehen nach § 168 II StGB (Störung der Totenruhe) bestraft. Die Beschädigung oder Zerstörung eines Grabdenkmals ist nach § 304 StGB als → Sachbeschädigung (auch ohne den sonst erforderlichen → Strafantrag) strafbar.

Grad der Behinderung
(GdB) → Behinderte Menschen erhalten idR einen Ausweis, mit welchem sie Vergünstigungen im alltäglichen Leben in Anspruch nehmen können (§ 152 SGB IX). Der GdB wird in Prozentsätzen ausgedrückt. Eine Behinderung liegt vor, wenn ein GdB von 50% erreicht wird (§ 2 II SGB IX). Liegt der GdB unter 50% aber mindestens bei 30%, kann eine Gleichstellung (§ 2 III SGB IX) möglich sein. Diese Gleichstellung hat ua arbeitsrechtliche Konsequenzen. Wichtig ist der GdB auch bei der Berechnung der Einkommensteuer.

Gradualsystem
→ Erbfolge.

Grafitti
→ Sachbeschädigung (1).

Grammatikalische Interpretation
→ Auslegung (1a).

Gratifikation
Gratifikation ist ein Teil des → Arbeitslohns, der aus besonderen Anlässen (zB Weihnachten, Dienstjubiläum) neben dem laufenden Gehalt (Lohn) gezahlt wird. Die Gratifikation kann freiwillig geleistet werden (dann ist zur Vermeidung eines Rechtsanspruchs auf zukünftige Zahlung entsprechender Vorbehalt bei jeder Zahlung erforderlich, allgemeine Freiwilligkeitsvorbehalte im Arbeitsvertrag genügen meist nicht) oder auf einer Rechtspflicht (Arbeits- oder Tarifvertrag, Betriebsvereinbarung, → betriebliche Übung) beruhen. Die Gratifikation unterliegt der → Gleichbehandlung. Anspruch nur, wenn das Arbeitsverhältnis im maßgeblichen Zeitpunkt noch besteht. Möglich ist es, die Zahlung der Gratifikation und deren Höhe in das billige Ermessen des Arbeitgebers zu stellen (§ 315 BGB). Nach der Rspr. ist die einzelvertragliche Vereinbarung einer → Rückzahlungsklausel für den Fall der Kündigung des Arbeitsverhältnisses beschränkt zulässig, wenn die Gratifikation ausschließlich die Betriebstreue prämiert (also nicht arbeitsleistungsbezogen ist) und die Bindungsdauer in angemessenem Verhältnis zur Höhe der Gratifikation steht (etwa BAG 28.4.2004 – 10 AZR 356/03, BAGE 110, 244: bei einer Weihnachtsgratifikation bis zur Höhe eines Monatsgehalts nur Bindung bis zum 31.3. des Folgejahres). Weihnachtsgratifikationen sind bis zur Hälfte des auf den nächsten vollen 10-EUR-Betrag aufgerundeten monatlichen Pfändungsfreibetrages unpfändbar (§ 850a Nr. 4 ZPO). Steuerlich sind Gratifikationen steuerpflichtiger Arbeitslohn. Die Steuerbefreiung für Jubiläumszuwendungen ist mWv 1.1.1999 aufgehoben worden. → Einnahmen, → Lohnsteuer.

Gratisaktie
→ Kapitalerhöhung.

Graue Klauseln
→ Schwarze Klauseln.

gravamen
(lat.) → Beschwer.

Green Card
1. Green Card ist kein Rechtsbegriff, sondern die gängige Bezeichnung des Dauervisums der USA, das eine unbefristete Arbeits- und Aufenthaltsberechtigung gewährt; Inhaber der Green Card kommen auch in den Genuss staatlicher Sozialleistungen. Die Green Card eröffnet ferner die Möglichkeit einer späteren Einbürgerung in die USA.

2. Außerhalb der Gesetzessprache wurde der Begriff auch in Deutschland vereinzelt für die Aufenthalts- und Niederlassungserlaubnis (→ Aufenthaltserlaubnis, 2b; → Niederlassungserlaubnis, 2 aE) für Hochqualifizierte verwendet. Für diesen Personenkreis gibt es inzwischen ein komplexes Regelwerk für eine erleichterte Arbeitsaufnahme in Deutschland (vgl. insbes. → Aufenthaltserlaubnis, 2b, und → Blaue Karte EU).

Grenzbaum, Grenzeinrichtungen
→ Grenzregelung bei Grundstücken; → Grenze.

Grenze
1. Grenze bezeichnet konkret idR den Rand eines Raumes und damit eine Trennlinie.

2. Zivilrechtlich ist der Begriff vor allem im Bereich des Immobiliarsachenrechtes hinsichtlich der Grenze zwischen zwei → Grundstücken relevant; → Grenzregelung bei Grundstücken, → Nachbarrecht.

3. Im öffentlichen Recht, insbes. im Staatsrecht und im Völkerrecht bezeichnet Grenze die Linie, die die Territorien zweier Hoheitsträger als ideelle Linie trennt. Im Staatsrecht definiert die Grenze den Umfang des → Staatsgebietes als eine der drei elementaren Voraussetzungen des → Staates. In der Praxis kann diese Grenze durch Grenzzeichen (Grenzsteine, Grenzpfähle) gekennzeichnet oder in besonderer Weise gesichert sein. → Grenzkontrollen, → Grenzschutz.

Grenzgänger
Grenzgänger, auch Grenzpendler genannt, sind Personen, die in einem Staat ansässig sind, dh dort ihren privaten Lebensmittelpunkt (→ Wohnsitz oder gewöhnlichen Aufenthalt) haben, und die ihre Berufstätigkeit im Nachbarstaat ausüben, um nach Arbeitsende über die Grenze an ihren privaten Lebensmittelpunkt zurückzukehren. Nach den Grundprinzipien des jeweiligen nationalen Steuerrechts könnten die Lohneinkünfte sowohl vom Wohnsitzstaat als auch vom Tätigkeitsstaat der Besteuerung unterworfen werden. Diese Mehrfachbesteuerung wird durch → Doppelbesteuerungsabkommen (DBA) zwischen den jeweiligen Staaten vermieden. Da Grenzgänger bis 1995 trotz Grenzpendlergesetz nicht wie unbeschränkt Stpfl. (→ Steuerpflicht) behandelt wurden, ist die Verfassungsmäßigkeit der damals einschlägigen Regelung (§ 50 III EStG) fraglich (FG Köln EFG 1995, 273: → Normenkontrolle). Eine Berücksichtigung der persönlichen Verhältnisse, zB durch Splittingtarif oder Kinderfreibeträge, war nicht möglich. Wegen der mangelnden Gleichstellung der Grenzgänger mit unbeschränkt Stpfl. wurde gegen die BRep. ein Vertragsverletzungsverfahren durch die EU-Kommission eingeleitet (BB 1994, 1331, 1404; → Arbeitnehmerfreizügigkeit). Der EuGH (DStR 1995, 326, Fall Schumaker) hat auf Grund von Art. 48, 52 EG-Vertrag dem Gesetzgeber Vorgaben gesetzt.

Um in der Corona-Krise einen unerwünschten Wechsel des Besteuerungsrechts aufgrund der zum Teil notwendigen Tätigkeit im Homeoffice zu vermeidenn, hat das BMF mit einer Reihe von europäischen Staaten sog. befristete Verständigungsvereinbarungen geschlossen. Das Ziel dieser Vereinbarungen besteht darin, dass die betroffenen Arbeitnehmer fiktiv so behandelt werden, als hätten sie ihre Tätigkeit am originären Tätigkeitsort des Arbeitgebers ausgeübt.

Seit 1996 werden Grenzgänger auf Antrag wie unbeschränkt einkommensteuerpflichtige Inländer behandelt. Voraussetzung ist, dass mindestens 90 vH der Summe der Einkünfte im Kalenderjahr der deutschen → Einkommensteuer unterliegen oder die nicht der deutschen Einkommensteuer unterliegenden Einkünfte den → Grundfreibetrag nicht übersteigen (§ 1 III EStG, sog. erweiterte unbeschränkte Steuerpflicht). Der Nachweis der Einkommensverhältnisse ist durch eine Bescheinigung der ausländischen Steuerbehörde zu erbringen. Darüber hinaus werden EU-Angehörige (→ Europäische Union und Personen aus dem → Europäischen Wirtschaftsraum) den unbeschränkt Stpfl. weitgehend gleichgestellt (§ 1a EStG). Hiermit wird dem → Diskriminierungsverbot im europäischen Gemeinschaftsrecht entsprochen. Für beschränkt Stpfl., die dem 25-vH-Abzug unterliegen (§ 50a EStG), ist rückwirkend ab 1996 ein Veranlagungswahlrecht eingeführt worden, um Überbesteuerungen im Einzelfall zu vermeiden (§ 50 I 4 EStG idF JStG 1997). Mit der Grenzgängerbesteuerung sind die Härten der beschränkten Steuerpflicht, die persönliche Umstände außer Acht lässt, weitgehend beseitigt, so dass Fragen der Verfassungsmäßigkeit und Europarechts-Übereinstimmung nunmehr in den Hintergrund treten dürften. Fraglich bleibt die Nichtprivilegierung der Grenzgänger, die nicht EU-/EWR-Angehörige sind. → Arbeitnehmerfreizügigkeit.

Grenzgänger bei Wanderversicherung
Grenzgänger bei Wanderversicherung sind Personen, die in einem Staat der Europäischen Union ihren Wohnsitz haben, ihre Beschäftigung aber in einem anderen Staat der Europäischen Union. Das EU-Recht untscheidet zwischen echten (kehren im Regelfall täglich in ihren Wohnsitzstaat zurück) und unechten Grenzgängern (kehren regelmäßig in ihren Wohnsitzstaat zurück und haben zu diesem einen Lebensmittelpunkt). Diese Unterscheidung ist wichtig, da je nachdem das Recht des Beschäftigungsstaates oder des Wohnsitzstaates zur Anwendung kommt. Es gilt die VO (EG) Nr. 883/2004 → Freizügigkeit der Arbeitnehmer (Wanderversicherung) sowie die Soziale-Sicherheit-Koordinierungs-VO (EG) 987/2009.

Grenzkontrollen
1. Die Grenzkontrollen sind im Rahmen des → Grenzschutzes ebenso wie die polizeiliche Überwachung der Grenze und die Beseitigung von Störungen für die Grenzsicherheit Aufgabe der → Bundespolizei gem. § 2 BPolG (→ Identitätsfeststellung, → Passwesen, → Personalausweise, → Sichtvermerk). Unbeschadet der originären Zuständigkeit der Bundespolizei ist diese Aufgabe der Zollverwaltung übertragen worden (Verordnung über die Übertragung von Bundespolizeiaufgaben auf die Zollverwaltung – BPolZollV – v. 24.6.2005, BGBl. 2005 I 1867 mÄnd; → Zollbehörden). Eine Landeszuständigkeit besteht hierfür – ebenfalls unbeschadet der originären Zuständigkeit der Bundespolizei – derzeit nur im Bereich der Grenzen Bayerns zu Tschechien und Österreich und dort nur in eingeschränktem Maße (→ Grenzpolizei).

2. Die Vertragsstaaten des Durchführungsübereinkommens zum → Schengener Übereinkommen (SDÜ) haben vereinbart, an ihren gemeinsamen Landesgrenzen (Binnengrenze) die Grenzkontrollen von Personen aufzuheben. Einbezogen sind auch Flughäfen für Flüge (Binnenflüge) und Seehäfen für Fährverbindungen jeweils zwischen Gebieten der Vertragsstaaten. Die Binnengrenzen dürfen an jeder Stelle ohne Grenzkontrollen überschritten werden. Als Ausgleich wurden ua einheitliche, verstärkte Grenzkontrollen von Personen an den Außengrenzen zu Staaten, die nicht Vertragspartei sind (Drittstaaten), vereinbart. Die Außengrenzen dürfen nur an den Grenzübergangsstellen und während der fest-

gesetzten Verkehrsstunden überschritten werden. Dort werden durch die Grenzkontrollen Personen, deren Fahrzeuge und mitgeführte Sachen erfasst. Alle Personen sind zumindest auf ihre Identität anhand der Reisepapiere zu überprüfen. Personen, die nicht EG-Mitgliedstaatsangehörige sind (Drittausländer), werden eingehend kontrolliert. Bei Umsteigen von einem Binnenflug in einen Drittstaatsflug und umgekehrt finden die Grenzkontrollen im letzten bzw. ersten Binnenflughafen statt. Das SDÜ wird angewendet, seit es in Kraft gesetzt worden ist. Dies ist für den EU-Raum mit Ausnahme von Großbritannien und Irland und für die Assoziierungspartner Norwegen, Island und Schweiz seit 27.5.2005 der Fall. An ihren Binnengrenzen finden keine Grenzkontrollen von Personen mehr statt.

3. In Deutschland wird das SDÜ durch die verdachtsunabhängige Kontrollbefugnis der Bundespolizei im Grenzgebiet bis zu einer Tiefe von 30 km sowie auf Bahnhöfen, Flughäfen und in Zügen (s. § 2 II 1 Nr. 3 BPolG, § 23 I Nr. 3 BPolG, § 22 I a BPolG) und teilweise, wie in Bayern gemäß Art. 13 I Nr. 5 PAG idF vom 14.9.1990 (GVBl. 1990, 397) mÄnd, durch die Befugnis der Polizei zur → Identitätsfeststellung in diesem 30-km-Streifen sowie auf Durchgangsstraßen und in öffentlichen Einrichtungen des internationalen Verkehrs ergänzt (sog. Schleierfahndung).

4. Wenn die öffentliche Sicherheit oder die nationale Sicherheit es erfordern, kann ein Vertragsstaat des SDÜ nach Konsultation der anderen Vertragsstaaten beschließen, dass für einen begrenzten Zeitraum an den Binnengrenzen (wieder) den Umständen entsprechende Kontrollen durchgeführt werden; verlangen die öffentliche Ordnung oder die nationale Sicherheit ein sofortiges Handeln, so können die Maßnahme sofort ergriffen und die anderen Vertragsstaaten nachträglich unterrichtet werden (Art. 2 II SDÜ). Hiervon wurde während der 2015 beginnenden Flüchtlingskrise und vor dem Hintergrund von Terroranschlägen in Paris 2015 und Brüssel 2016 Gebrauch gemacht.

Grenzmauern
→ Grenzregelung bei Grundstücken, → Nachbarrecht. Sa → Grenze.

Grenznorm
→ Internationales Privatrecht (1).

Grenzpolizei
Nach § 2 I und III BPolG (→ Bundespolizei) kann ein → Land im Einvernehmen mit dem → Bund die Aufgaben des → Grenzschutzes mit eigenen Polizeikräften (→ Polizei) wahrnehmen. → Bayern hatte von dieser Möglichkeit bis 1.4.1998 Gebrauch gemacht und eine eigene Grenzpolizei unterhalten (Art. 5 PolizeiorganisationsG v. 10.8.1976, GVBl. 1976, 303). Die Zuständigkeit des früheren → Bundesgrenzschutzes (jetzt Bundespolizei) trat im Rahmen der Zuständigkeit der früheren Grenzpolizei zurück. Seit 1.4.1998 hatte die Polizei des Freistaates Bayern keine Befugnis mehr, Aufgaben des Grenzschutzes wahrzunehmen. Die mWv 1.8.2018 widererrichtete bayer. Grenzpolizei unterstützt zwar den Bundesgrenzschutz mit dessen Einvernehmen bei der Sicherung der Grenzen Bayerns nach Tschechien und Österreich, lässt aber anders als die bis 1998 existierende Grenzpolizei die originäre Zuständigkeit des Bundesgrenzschutzes unberührt.

Grenzregelung bei Grundstücken
1. Der Eigentümer eines Grundstücks kann von seinem Nachbarn verlangen, dass dieser bei der Abmarkung (Errichtung oder Wiederherstellung von Grenzzeichen) mitwirkt, wenn der Grenzverlauf unstreitig, aber ein Grenzzeichen unkenntlich geworden ist o. dgl. (§ 919 BGB). Die Art der Abmarkung und das Verfahren bestimmen sich nach den Landesgesetzen (zuständig idR Vermessungs- oder Katasterbehörden; in einigen Ländern, zB Bayern, sind hierfür – sowie für die Überwachung der Grenzzeichen – besonders gewählte sog. Feldgeschworene bestellt; s. iÜ auch → Vermessungswesen). Die Grundeigentümer sind öffentlich-rechtlich verpflichtet, Vermessungs- und Abmarkungsarbeiten zu dulden. Enthalten die Landesgesetze keine Vorschriften, so entscheidet die Ortsüblichkeit über die Art der Abmarkung und das Verfahren (§ 919 II BGB). Soweit nach Landesrecht Kosten für die Abmarkung erhoben werden, sind diese von den Beteiligten zu gleichen Teilen zu tragen, wenn sich nicht aus einem zwischen diesen bestehenden Rechtsverhältnis etwas anderes ergibt (§ 919 III BGB).

2. Ist die Grenze selbst streitig (Grenzverwirrung), so ist sie durch Urteil (auf Grenzscheidungsklage) nach dem jeweiligen Besitzstand, hilfsweise unter Teilung des streitigen Stücks, festzusetzen (§ 920 BGB). Bei Grenzeinrichtungen, zB Graben, Mauer, Hecke, Zaun usw, wird, sofern nicht äußere Merkmale darauf hinweisen, dass sie einem der Nachbarn allein gehören, vermutet, dass beide Nachbarn zur gemeinschaftlichen Benutzung berechtigt sind; die Unterhalts- (nicht die Errichtungs-)kosten sind von beiden gemeinsam und verhältnismäßig nach den Regeln der → Gemeinschaft zu tragen (§§ 921 f. BGB). Dasselbe gilt regelmäßig von der zwischen zwei aneinander gebauten Häusern befindlichen gemeinsamen halbscheidigen Giebel-, Grenz- oder Kommunmauer, die grds. im → Miteigentum beider Grundstücksnachbarn steht (BGH, hM). Vor dem Anbau des zweiten Hauses entscheiden die Grundsätze des → Überbaus; beim Anbau entsteht ein entsprechender anteiliger Ablösungs(Ausgleichs)anspruch. Von dem auf der Grenze stehenden Baum oder Strauch (Grenzbaum) gebühren die Früchte (und das Holz) jedem der Nachbarn zur Hälfte; jeder kann Beseitigung des

Baumes verlangen (§ 923 BGB, → Nachbarrecht).

Grenzscheidung
→ Grenzregelung bei Grundstücken.

Grenzschutz
Nach § 2 BPolG umfasst der Grenzschutz die polizeiliche Überwachung der → Grenzen, die polizeiliche Kontrolle des grenzüberschreitenden Verkehrs einschließlich der Abwehr von Gefahren und im Grenzgebiet bis zu einer Tiefe von 30 km und von der seewärtigen Begrenzung an bis zu einer Tiefe von 50 km die Abwehr von Gefahren, die die Sicherheit der Grenze beeinträchtigen (→ Bundesgrenzschutz, → Bundespolizei → Grenzpolizei; → Grenzkontrollen). Die Aufgaben des Grenzschutzes sind unbeschadet der Zuständigkeit der Bundespolizei der Zollverwaltung übertragen worden (→ Grenzkontrollen, 1). Im Hinblick auf die besondere Bedeutung des Grenzschutzes und die Besonderheiten des Grenzdienstes ist im Grenzdienst der Schusswaffengebrauch (→ Waffengebrauch) erleichtert. Nach § 11 Gesetz über den unmittelbaren Zwang bei Ausübung der öffentlichen Gewalt durch Vollzugsbeamte des Bundes (UZwG) v. 10.3.1961 (BGBl. 1961 I 165) mÄnd können über die allgemeine Befugnis zum Schusswaffengebrauch hinaus im Grenzdienst Schusswaffen auch gegen Personen gebraucht werden, die sich der wiederholten Weisung, zu halten oder die Überprüfung ihrer Person oder der etwa mitgeführten Beförderungsmittel und Gegenstände zu dulden, durch Flucht zu entziehen versuchen; ist anzunehmen, dass die mündliche Weisung nicht verstanden wird, so kann sie durch einen Warnschuss ersetzt werden.

Grenzüberschreitende Beförderung (Umsatzsteuer)
Die grenzüberschreitende Beförderung von Gegenständen in Drittländer (→ Drittlandsgebiet) ist umsatzsteuerfrei (§ 4 Nr. 3a UStG), die grenzüberschreitende Beförderung in das Gemeinschaftsgebiet ist steuerpflichtig entweder im EU-Mitgliedstaat, in dem die grenzüberschreitende Beförderung beginnt (= Startort) oder im EU-Mitgliedstaat, dessen → Umsatzsteuer-Identifikationsnummer der Auftraggeber verwendet (§ 3b III UStG). Die grenzüberschreitende Beförderung von Personen ist umsatzsteuerpflichtig hinsichtlich des im → Inland ausgeführten Teils, jedoch nicht steuerbar hinsichtlich des im → Ausland ausgeführten Teils, unabhängig davon, ob dieses Drittland oder EU-Mitgliedstaat ist (§ 3b I UStG).

Grenzüberschreitender Warenverkehr
→ Zollverfahren.

Grenzverkehr (Kleiner)
→ Kleiner Grenzverkehr.

Grenzverletzung
→ Nachbarrecht, → Überbau, → Eigentumsstörungen.

Grenzverwirrung
→ Grenzregelung bei Grundstücken.

Grenzzeichen
→ Grenzregelung bei Grundstücken.

Grobe Fahrlässigkeit
→ Verschulden (2), → Schuld.

Grober Undank
→ Schenkung.

Grober Unfug
ist in der durch § 118 OWiG als → Belästigung der Allgemeinheit erfassten Ordnungswidrigkeit enthalten.

Große Anfragen
→ Anfrage, parlamentarische.

Große Haverei
→ Haverei.

Große Kreisstadt
→ Kreisstadt; → Gemeinde (1, 3).

Große Senate
Große Senate bestehen bei den → Obersten Gerichtshöfen des Bundes, um innerhalb des Gerichts unterschiedliche Entscheidungen der Senate zu vermeiden und dadurch sowie in Grundsatzfragen die Einheitlichkeit der Rechtsprechung zu wahren (§ 132 GVG). Der zur Entscheidung berufene (erkennende) Senat muss den Großen Senat anrufen, wenn er von der Entscheidung eines anderen Senats oder des Großen Senats abweichen will und dieser an seiner Entscheidung festhält. In grundsätzlichen Rechtsfragen kann der erkennende Senat die Entscheidung des Großen Senats herbeiführen (§ 11 VwGO, § 11 FGO, § 45 ArbGG, § 41 SGG). Beim Bundesgerichtshof besteht je ein Großer Senat für Zivil- und Strafsachen; bei beabsichtigter Abweichung von Zivil- und Strafsenaten untereinander entscheiden die Vereinigten Großen Senate (§ 132 GVG).

Großer Schadensersatz
→ Schadensersatz (4).

Großhandel
Im funktionalen Sinne bezeichnet der Begriff Großhandel im Gegensatz zum → Einzelhandel die Veräußerung von Gütern an Wiederverkäufer, Weiterverarbeiter und gewerbliche Unternehmen, nicht aber an → Verbraucher. Das außer Kraft getretene Handelsstatistikgesetz v. 10.12.2001 (BGBl. 2001 I 3438) definierte in § 5 den Großhandel als ein Unternehmen mit einem Jahresumsatz von mindestens 1 Mio. EUR. Der Begriff wird in verschiedenen Vorschriften verwendet, ohne dass es noch eine Legaldefinition gibt. So erfasst die → Preisstatistik auch Großhandelspreise. Es gibt ferner den Ausbildungsberuf (→ Berufsbildung) der Kaufleute für Groß- und Außenhandelsmanagement (GuAMKflAusbV v. 19.3.2020, BGBl. 2020 I 715).

Großpflegestelle
Großpflegestelle ist die Kurzform des Begriffs Großtagespflegeeinrichtung → Tagespflegepersonen. Werden in der Großtagespflegestelle mehr als neun Kinder betreut werden, muss mindestens eine Tagesmutter oder ein Tagesvater eine pädagogische Fachkraft sein. Da eine Tagespflegeperson höchstens fünf Kinder unter drei Jahren betreuen darf, sind in Abhängigkeit von der Anzahl der pädagogischen Fachkräfte eine größe Anzahl zu betreuender Kinder zulässig. Sie lediglich zwei Tagespflegepersonen tätig, darf die Anzahl der Kinder die Zahl neun nicht überschreiten. Großpflegestellen sind keine Einrichtungen iSv § 44 SGB VIII (Erlaubnis zur Vollzeitpflege). Die Tagespflegepersonen sind bei der Großpflegestelle selbständig tätig. Eine Anstellung von Tagesmüttern ist nicht zulässig, da die einzelnen Kinder der Tagespflegeperson persönlich zugeordnet sind.

Großrisiko
→ Versicherungsvertrag (2a).

Großvorhaben
→ Oberverwaltungsgericht.

Grotius, Hugo
Hugo Grotius (Hugo de Groot, 1583–1645), niederländ. Historiker, Rechtswissenschaftler und Theologe; verfasste außer geschichtlichen Schriften eine Reihe grundlegender völker- und staatsrechtlicher Werke, insbes. über das Recht des Krieges und des Friedens, die Freiheit des Meeres, das → Prisenrecht, aber auch kirchenrechtliche Abhandlungen, in denen er ua das Verhältnis von Staat und Kirche behandelte. Seine Grundauffassungen sind wesentlich von Gedanken des → Naturrechts beeinflusst und Ausdruck christlich-humanistischer Ethik. Seiner Staatsauffassung liegt eine Vertragstheorie zugrunde, ähnlich der → Rousseaus im „contrat social“. Sie wird – im Hinblick auf die damaligen staatsrechtlichen Verhältnisse in den Niederlanden – von föderalistischen Tendenzen getragen. Von nachhaltigem Einfluss ist sein Eintreten für eine humanitäre Kriegführung, insbes. den Schutz der Kriegsgefangenen und Geiseln, Frauen und Kinder. Auch finden sich bereits Gedanken über einen Völkerbund; die Rechtfertigung des Krieges wird von G. auf den Fall der Verteidigung gegen Völkerrechtsbruch beschränkt.

Gründerhaftung
Die bei der Gründung einer → Aktiengesellschaft oder → Kommanditgesellschaft auf Aktien Beteiligten haften der AG oder KGaA für bestimmte Pflichtverletzungen bei der Gründung auf Schadensersatz (§§ 46–51 AktG), und zwar für unwahre oder unvollständige Angaben, für eine Schädigung der Gesellschaft bei Sacheinlagen, Sachübernahmen oder Gründungsaufwand sowie für den Ausfall infolge Zahlungs- oder Leistungsunfähigkeit eines Aktionärs. Außer den Gründern selbst haften ihre Hintermänner, die sog. Gründergenossen und Emittenten (vgl. § 47 AktG), die Mitglieder des Vorstandes und → Aufsichtsrats, ferner die Gründungsprüfer. Zur Gründerhaftung bei der GmbH → Gründungsgesellschaft.

Gründungsbericht
Bei der Gründung einer → Aktiengesellschaft haben die Gründer schriftlich über den Hergang der Gründung zu berichten und dabei insbes. die wesentlichen Umstände darzulegen, von denen die Angemessenheit der Leistungen für Sacheinlagen oder Sachübernahmen abhängt (§ 32 AktG). Der Gründungsbericht bildet die Grundlage für die → Gründungsprüfung.

Gründungsbilanz
→ Bilanz.

Gründungsgesellschaft
Die → Rechtsfähigkeit einer → juristischen Person des Privatrechts beginnt erst mit der Erfüllung gewisser gesetzlicher Voraussetzungen, regelmäßig mit der Eintragung in das Handels- oder Vereinsregister (→ Aktiengesellschaft, → Gesellschaft mit beschränkter Haftung, → Verein, 1a). Schon vorher – insbes. nach Abschluss eines Gesellschaftsvertrags – besteht jedoch unter den Beteiligten eine Gründungsgesellschaft (Vorgesellschaft). Diese wurde früher – mangels Rechtsfähigkeit – vielfach als → Gesellschaft des bürgerlichen Rechts angesehen. Die neuere Rspr. sieht in der Gründungsgesellschaft eine Vorform der aus ihr erwachsenden juristischen Person und überträgt deren Rechtssätze, soweit sie nicht ausdrücklich von der Rechtsfähigkeit ausgehen, auf die Gründungsgesellschaft. Nach dieser hM sind, sofern in der Zwischenzeit kein wesentlicher Wechsel eintritt, die Gründungsgesellschaft und die später entstehende juristische Person identisch, so dass zB nur eine → Berichtigung des Grundbuchs (keine Umschreibung) erforderlich ist. Die Gründungsgesellschaft wird durch Rechtsgeschäfte, die der für sie rechtmäßig Handelnde (Geschäftsführer o. ä.) vornimmt, verpflichtet; daneben haftet der Handelnde persönlich (mehrere als Gesamtschuldner, § 11 II GmbHG; s. → Gesamtschuld). Die Rechte und Pflichten aus solchen Geschäften gehen mit der Eintragung der Gesellschaft auf diese über. Im gleichen Zeitpunkt erlischt an sich die Haftung des Handelnden und der Gründer. Ist aber infolge solcher Vorbelastungen das Stammkapital wertmäßig nicht mehr gedeckt, so haften die Gesellschafter insoweit anteilig für den Fehlbetrag. Diese einheitliche Gründerhaftung (bis zur Eintragung der Gesellschaft bzw. auch, wenn diese endgültig scheitert: sog. Verlustdeckungshaftung; nach Eintragung: sog. Vorbelastungs- oder Unterbilanzhaftung) ist eine reine Innenhaftung gegenüber der GmbH. Der Anspruch der GmbH gegen ihre Gesellschafter kann aber von Gesellschaftsgläubigern gepfändet werden. Für ein Handeln vor Gründung der Gesellschaft (Vorgründungsgesellschaft)

gilt § 11 II GmbHG dagegen nicht (hier ggf. → Vertretung ohne Vertretungsmacht). S. a. → Gründerhaftung. Wird die Eintragung in das Register nicht weiterverfolgt, dennoch aber das Geschäft nicht sofort abgewickelt (sondern weiterbetrieben), kann man von einer „unechten Vorgesellschaft" sprechen. Hier haften die Gründer persönlich und gesamtschuldnerisch (§ 128 HGB).

Gründungsprüfung
Nach Gründung einer → Aktiengesellschaft wird der Hergang der Gründung durch die Vorstands- und Aufsichtsratsmitglieder geprüft (§ 33 I AktG). Außerdem wird eine Gründungsprüfung in bestimmten Fällen durch besondere vom Gericht bestellte Gründungsprüfer durchgeführt, zB wenn ein Vorstands- oder Aufsichtsratsmitglied zu den Gründern gehört (§ 33 II AktG). Umfang und Verfahren der Gründungsprüfung ergeben sich aus den §§ 34, 35 AktG.

Gründungszuschuss
1. Leistung der → Arbeitsförderung nach dem SGB III, die durch das Gesetz zur Fortentwicklung der Grundsicherung für Arbeitsuchende v. 20.7.2006 (BGBl. 2006 I 1706) eingeführt worden ist. Die Leistung ist seit dem 1.8.2006 an die Stelle des → Existenzgründungszuschusses (Ich-AG) und des Überbrückungsgeldes getreten. Der Gründungszuschuss soll Arbeitslosen, die durch die Aufnahme einer selbstständigen, hauptberuflichen Tätigkeit die Arbeitslosigkeit beendet haben, zur Sicherung des Lebensunterhalts und zur sozialen Sicherung in der Zeit nach der Existenzgründung dienen (§ 93 I SGB III). Der Gründungszuschuss ist eine Ermessensleistung.

2. Ein Gründungszuschuss kann geleistet werden, wenn der Arbeitnehmer
– bis zur Aufnahme der selbständigen Tätigkeit einen Anspruch auf → Arbeitslosengeld hat, dessen Dauer bei Aufnahme der selbstständigen Tätigkeit noch mindestens 150 Tagen beträgt und diese Anspruchsdauer nicht allein auf § 147 III SGB III beruht,
– der → Agentur für Arbeit die Tragfähigkeit der Existenzgründung nachweist und
– seine Kenntnisse und Fähigkeiten zur Ausübung der selbstständigen Tätigkeit darlegt.

Zum Nachweis der Tragfähigkeit der Existenzgründung ist die Stellungnahme einer fachkundigen Stelle vorzulegen, wobei als fachkundige Stellen insbesondere → Industrie- und Handelskammern, → Handwerkskammern, Fachverbände und Kreditinstitute in Betracht kommen (§ 93 II SGB III).

3. Der Gründungszuschuss wird für maximal 15 Monate gewährt. Er wird zunächst für die Dauer von sechs Monaten in Höhe des Betrages, den der Arbeitnehmer zuletzt als Arbeitslosengeld bezogen hat, zuzüglich monatlich 300 EUR geleistet; er kann für weitere neun Monate in Höhe von 300 EUR geleistet werden, wenn die geförderte Person ihre Geschäftstätigkeit anhand geeigneter Unterlagen darlegt (§ 94 SGB III). Der Gründungszuschuss wird vom Beginn des Folgemonats nicht mehr geleistet, wenn ein Anspruch auf eine Regelaltersrente besteht (§ 93 V SGB III).

Grüner Punkt
→ Duales System.

Grünpfeil
→ Verkehrsampeln.

Grundbesitz
ist steuerlich der Oberbegriff für alle Steuergegenstände, die der → Grundsteuer unterliegen. Zum Grundbesitz gehören nach § 19 I BewG die wirtschaftlichen Einheiten des land- und forstwirtschaftlichen Vermögens (§§ 33, 48a, 51a BewG), Grundstücke (§ 68 BewG) und → Betriebsgrundstücke (§ 99 BewG). Für diese werden für Zwecke der Grundsteuer und der → Gewerbesteuer die → Einheitswerte nach → Bewertungsgesetz festgesetzt.

Grundbuch
1. Das Grundbuch dient im Interesse des Rechtsverkehrs der Offenlegung der Rechtsverhältnisse an einem → Grundstück. Wer ein berechtigtes Interesse darlegt, hat ein Recht auf Einsicht in das vom Grundbuchamt geführte Grundbuch (§ 12 GBO). Jedes Grundstück erhält in dem nach räumlichen Bezirken angelegten Grundbuch eine besondere Stelle im Grundbuchblatt, das als das Grundbuch für das betreffende Grundstück gilt (§ 3 GBO); über Führung des Grundbuchs in maschineller Form als automatisierte Datei §§ 126 ff. GBO, §§ 61 ff. GBV; zum elektronischen Rechtsverkehr s. → Grundbuchamt. Mit wenigen Ausnahmen besteht Buchungszwang; buchungsfrei sind zB Grundstücke des Bundes, der Länder und der Gemeinden, öffentliche Wege, Wasserläufe, Eisenbahnen (sie erhalten ein Grundbuchblatt nur auf Antrag). Neben diesem sog. Realfolium (für jedes rechtlich selbständige Grundstück ein besonderes Grundbuchblatt) kann das Grundbuch auch, solange die Übersichtlichkeit nicht leidet, als sog. Personalfolium (mehrere Grundstücke eines Eigentümers erhalten ein gemeinschaftliches Grundbuchblatt) geführt werden. Das Grundbuchblatt besteht neben der Aufschrift aus dem Bestandsverzeichnis (Bezeichnung des Grundstücks nach dem → Kataster) sowie aus 3 Abteilungen. In Abt. 1 werden der jeweilige Eigentümer des Grundstücks sowie die dinglichen Erwerbsgründe (→ Eigentumserwerb, → Erbfolge, nicht aber der schuldrechtliche → Grundstückskauf) vermerkt. Abt. 3 enthält die → Hypotheken, Grund- und Rentenschulden, die auf dem Grundstück lasten, Abt. 2 sämtliche übrigen Belastungen mit Ausnahme der → Grundpfandrechte (zB → Dienstbarkeit, Reallast) sowie Verfügungsbeschränkungen (→ Konkurs, Nacherbschaft) und einstweilige Sicherungen (→ Vormerkung, Widerspruch). – Mehrere Grundstücke können durch Vereinigung zu einem Grundstück

(hier bleiben Belastungen auf den jeweiligen Teilen bestehen) oder durch Zuschreibung eines Grundstücks zu einem anderen (hier erstrecken sich die Belastungen des Hauptgrundstücks auch auf den zugeschriebenen Teil, nicht umgekehrt) zu einem neuen Grundstück verbunden werden (§ 890 BGB, §§ 5 f. GBO). Ein Grundstücksteil kann grds. nicht selbständig belastet werden (Ausnahme: Dienstbarkeit, Reallast); er ist vorher von dem Grundstück abzuschreiben und als neues selbständiges Grundstück einzutragen (§ 7 GBO). Für ein → Erbbaurecht, das als → grundstücksgleiches Recht gilt, wird ein eigenes Erbbaugrundbuch angelegt (§§ 14 ff. ErbbauRG). Zum Wohnungsgrundbuch → Wohnungseigentum.

2. Voraussetzung einer Eintragung im Grundbuch (dh jedes Vermerks, auch Löschung) ist neben der Eintragungsfähigkeit grds. ein Eintragungsantrag; Eintragungen werden von Amts wegen nur in Ausnahmefällen vorgenommen, zB Amtslöschung bei Eintragung unzulässiger, zB nicht eintragungsfähiger Tatsachen; zum Amtswiderspruch → Widerspruch. Der Eintragungsantrag ist, sofern in ihm nicht ein weiteres Erfordernis, zB die Eintragungsbewilligung enthalten ist, formlos (§ 30 GBO); er kann sowohl von dem Betroffenen wie von dem Begünstigten sowie bei notarieller Beurkundung oder Beglaubigung auch von dem Notar gestellt werden § 13 GBO, § 15 GBO). Das Grundbuchamt hat bei Vorliegen mehrerer Eintragungsanträge, die das gleiche Recht betreffen (zB mehrere Hypotheken auf einem Grundstück), diese nach der Reihenfolge ihres Eingangs zu erledigen (§ 17 GBO, § 45 GBO → Rang); zur Rangwahrung dient bei behebbaren Mängeln die → Zwischenverfügung sowie eine von Amts wegen einzutragende → Vormerkung (§ 18 GBO). Ferner ist zur Eintragung, sofern sie nicht von Amts wegen, im Wege der → Zwangsvollstreckung oder auf Grund → einstweiliger Verfügung vorgenommen wird, die Bewilligung desjenigen erforderlich, dessen Recht von ihr betroffen wird (§ 19 GBO; je nach Art der Eintragung: Eintragungsbewilligung, Löschungsbewilligung, Berichtigungsbewilligung). Während für die Entstehung von → Grundstücksrechten neben der Eintragung eine materiell-rechtliche → Einigung Voraussetzung ist (sog. materielles Konsensprinzip), genügt für den Nachweis dem Grundbuchamt gegenüber grds. die einseitige Bewilligung des Betroffenen (formelles Konsensprinzip); lediglich im Fall der → Auflassung eines Grundstücks oder bei Bestellung eines → Erbbaurechts ist die materiell-rechtliche Einigung nachzuweisen (§ 20 GBO). Der durch die Eintragung Betroffene, dessen Bewilligung Eintragungsvoraussetzung ist, muss grds. als Berechtigter voreingetragen sein (§ 39 GBO; Ausnahme: der Erbe des Eingetragenen überträgt das Grundstück oder ein hieran bestelltes Recht oder hebt es auf, § 40 GBO). Alle Eintragungsvoraussetzungen müssen dem Grundbuchamt durch öffentliche (insbes. notarielle) oder öffentlich beglaubigte Urkunden nachgewiesen werden (§ 29 GBO; → Formerfordernisse), während die → Einigung an sich grds. formfrei ist. Gegen die Entscheidungen des Grundbuchamts (zB Ablehnung des Eintragungsantrags, Zwischenverfügung) ist → Beschwerde zulässig (Grundbuchbeschwerde, § 11 I RPflG, §§ 71 ff. GBO; → Rechtspfleger), gegen die Beschwerdeentscheidung nach Zulassung auch die → Rechtsbeschwerde (§ 78 GBO). Das Verfahren richtet sich iE nach dem FamFG (→ freiwillige Gerichtsbarkeit). Die Kosten der Grundbucheintragung regeln §§ 69 ff. GNotKG.

3. Das Grundbuch genießt → öffentlichen Glauben. Im Hinblick darauf ist die Beschwerde gegen eine Eintragung, an die sich ein → gutgläubiger Erwerb anschließen kann, unzulässig, sofern nicht mit der Beschwerde die Eintragung eines Amtswiderspruchs oder die Vornahme einer Amtslöschung (s. o.) erreicht werden soll (§ 71 II GBO). Zur Fortführung des Grundbuchs im Gebiet der ehem. DDR, das dort nur eine dem → Kataster ähnliche staatl. Grundstücksdokumentation war, → Grundbuchamt, → Grundbuchbereinigung.

Grundbuchamt
Das Grundbuchamt ist eine Abteilung des → Amtsgerichts, dem die Führung des → Grundbuchs obliegt (nur in Baden-Württemberg zT durch → Bezirksnotare). Die Aufgaben des Grundbuchbeamten (zur Haftung → Staatshaftung) sind heute weitgehend dem → Rechtspfleger übertragen (§ 3 Nr. 1 lit. h RPflG). Das Grundbuchamt entscheidet nach dem FamFG im Verfahren der → freiwilligen Gerichtsbarkeit; Grundlage ist die Grundbuchordnung idF v. 26.5.1994 (BGBl. 1994 I 1114) mÄnd. Einzelheiten: Grundbuchverfügung idF v. 24.1.1995 (BGBl. 1995 I 114), zul. geänd. d. Art. 4d. G v. 3.12.2015 (BGBl. 2015 I 2161). Zum elektronischen Rechtsverkehr mit dem Grundbuchamt s. §§ 135 f. GBO. Sa → Grundbuchbereinigung.

Grundbuchbereinigung
(in den → neuen Ländern). Nach der Wiedervereinigung bestand ein erhebliches Bedürfnis für eine Grundbuchbereinigung. Die wesentlichen Maßnahmen waren: Durch Art. 231 § 5 III, IV EGBGB, Art. 233 § 4 II, § 5 II EGBGB wurde der öffentliche Glaube des Grundbuchs ab 1.1.2001 in vollem Umfang wiederhergestellt. Das BodensonderungsG v. 20.12.1993 (BGBl. 1993 I 2182, 2215) ermöglichte die grundbuchtaugliche Bestimmung unvermessener Grundstücke nach einer Karte. Das GrundbuchbereinigungsG v. 20.12.1993 (BGBl. 1993 I 2182, 2192) mÄnd erleichterte die Löschung gegenstandsloser Rechte im Grundbuch und begründet beschränkte persönliche Dienstbarkeiten für die

Leitungsrechte von Energieversorgungsunternehmen ua.

Grundbuchberichtigung
→ Berichtigung des Grundbuchs.

Grundbuchbeschwerde
→ Grundbuch (3).

Grundbuchblatt
→ Grundbuch (1).

Grundbucheintragung
→ Grundbuch (2).

Grundbuchsperre
→ Vormerkung (1).

Grunddienstbarkeit
ist die Belastung eines → Grundstücks (sog. dienendes Grundstück) gegenüber dem jeweiligen Eigentümer eines anderen Grundstücks (sog. herrschendes Grundstück; anders → beschränkte persönliche Dienstbarkeit). Die Grunddienstbarkeit kann einen dreifachen Inhalt haben (§ 1018 BGB):

1. Der Berechtigte darf das fremde Grundstück in bestimmten einzelnen Beziehungen benutzen, zB Geh- und (Durch-)Fahrtrecht, Verlegen von Leitungen ua.

2. Auf dem dienenden Grundstück dürfen zugunsten des herrschenden Grundstücks bestimmte Handlungen nicht vorgenommen werden (Verbot einer bestimmten Bebauung, sog. Aussichtsgerechtigkeit; auch aus Wettbewerbsgründen, zB Verbot der Errichtung einer Tankstelle oder der Ausübung eines bestimmten Gewerbes auf dem dienenden Grundstück ua).

3. Die Ausübung eines Rechts, das sich aus dem Eigentum des belasteten Grundstücks ergäbe, wird ausgeschlossen (zB die Regelung von → Immissionen, → Eigentumsstörungen).

Die Grunddienstbarkeit muss jeweils für das herrschende Grundstück – nicht nur für dessen Eigentümer persönlich – einen Vorteil bringen (§ 1019 BGB); einen anderen Inhalt, als in § 1018 BGB vorgesehen, kann sie nicht haben. Die Grunddienstbarkeit kann insbes. nicht auf ein positives Tun des Eigentümers des dienenden Grundstücks gerichtet sein (anders → Reallast); auch kann ein Wettbewerbsverbot, das nur die rechtliche Verfügungsfreiheit, nicht aber das Eigentum am Grundstück berührt (zB Verbot des Vertriebs von Waren aus einem Konkurrenzunternehmen), nicht Inhalt einer Grunddienstbarkeit sein (zulässig aber generelles Verbot mit schuldrechtlicher Einzelgestattung).

Für die Bestellung, Übertragung und Aufhebung einer Grunddienstbarkeit gelten die allg. Vorschriften über → Grundstücksrechte (§§ 873 ff. BGB); eine Eigentümergrunddienstbarkeit (das Eigentum an beiden Grundstücken steht bei der Bestellung derselben Person zu) ist nach hM zulässig. Der Inhaber einer Grunddienstbarkeit hat gegen deren Beeinträchtigung einen dem Eigentumsabwehranspruch (→ Eigentumsstörungen) entsprechenden Beseitigungs- und Unterlassungsanspruch (§ 1027 BGB, § 1004 BGB); er genießt auch → Besitzschutz (zB ein Selbsthilferecht), wenn die Grunddienstbarkeit im → Grundbuch eingetragen und innerhalb eines Jahres vor der Störung mindestens einmal ausgeübt worden ist (§ 1029 BGB). S. auch → Nießbrauch. Gebiet ehem. DDR → Mitbenutzungsrechte.

Grunderwerbsteuer (GrESt)
1. Die Grunderwerbsteuer (GrESt) wird auf Grundlage des Grunderwerbsteuergesetzes idF v. 26. Februar 1997 (BGBl. 1997 I 418) erhoben.

2. Der GrESt unterliegt der Erwerb inländischer Grundstücke. Nach der Absicht der GrESt soll von ihr jeder Rechtsträgerwechsel erfasst werden (Verkehrsteuer). Daher ist nicht nur die Veräußerung eines Grundstücks steuerpflichtig, sondern auch die Vereinigung sämtlicher Anteile an grundstückbesitzenden → Kapitalgesellschaften in einer Hand. Ab 1.7.2021 genügt es, wenn unmittelbar oder mittelbar mindestens 90 vH (früher 95 vH) der Anteile der Gesellschaft durch Übertragung vereinigt werden (§ 1 III Nr. 1 GrEStG). Des Weiteren ist die vollständige oder wesentliche Änderung des unmittelbaren oder mittelbaren Gesellschafterverbandes einer Personengesellschaft steuerpflichtig. Auch hier genügt ab 1.7.2021 ein Wechsel von 90 vH (früher 95 vH) der Gesellschaftsanteile auf neue Gesellschafter (§ 1 IIa GrEStG). Seit 1.7.2021 gilt dies auch, wenn sich bei einer Kapitalgesellschaft die unmittelbaren oder mittelbaren Gesellschafter vollständig oder wesentliche ändern (§ 1 IIb GrEStG. Wechselt eine grundstückbesitzende Gesellschaft ihre Rechtsform, so kann durch die → Umwandlung GrESt anfallen. Eine langfristige Verpachtung unter Einräumung des Rechts, das Grundstück zu bebauen, kann grunderwerbsteuerpflichtig sein, wenn der Pächter die wirtschaftliche Verwertungsmacht erlangt (§ 1 II GrEStG).

3. Die GrESt entsteht grundsätzlich nicht erst mit der Eigentumsverschaffung, sondern bereits mit Abschluss des schuldrechtlichen Vertrags, zB des Kaufvertrags. Schuldner der GrESt sind Veräußerer und Erwerber als Gesamtschuldner (→ Gesamtschuld).

4. Besteuerungsmaßstab ist die Gegenleistung (§ 8 GrEStG). Ist eine solche nicht vorhanden oder nicht zu ermitteln, so wurde die Gegenleistung nach den Einheitswerten (§§ 138 ff. BewG) festgelegt. Diese Ersatzbemessungsgrundlage (§ 8 II GrEStG) hat das BVerfG für verfassungswidrig erklärt und den Gesetzgeber zur Neuregelung mit Rückwirkung zum 1.1.2009 aufgefordert (1 BvL 13/11, 1 BvL 14/11). Grund hierfür war im Wesentlichen, dass die bisherigen Werte nach der Ersatzbemessungsgrundlage erheblich unter dem gemeinen Wert des Grundstücks geblieben waren. Diese Umsetzung ist inzwischen erfolgt, indem die Werte an den gemeinen Wert und damit an die Regelbemessungs-

grundlage angenähert wurden. Dies geschieht, indem § 8 II GrEStG auf das Grundbesitzbewertungssystem nach §§ 151, 157 ff. BewG verweist.

Für Erwerbsvorgänge, die nach dem 31. Dezember 1996 verwirklicht werden, betrug die GrESt bundeseinheitlich 3,5 vH. Durch die → Förderalismusreform I wurde die G. den Ländern zugeordnet (vgl. Art. 105 IIa Nr. 2 GG). Dabei gelten die bisherigen Regelungen fort. Nahezu alle Bundesländer (ausgen. Sachsen und Bayern) haben den Steuersatz inzwischen erhöht: Berlin: 6%, Hamburg: 4,5% (ab 2023: 5,5%), Sachsen-Anhalt: 5%, Brandenburg: 6,5%, Bremen: 5%, Niedersachsen: 5%, Saarland: 6,5%, Thüringen: 6,5%, Schleswig-Holstein: 6,5%, Mecklenburg-Vorpommern: 6%, Baden-Württemberg: 5%, Rheinland-Pfalz: 5%, Hessen: 6%, Nordrhein-Westfalen: 6,5%.

5. Steuerbefreit (§ 3 GrEStG) ist ua Erwerb bis 2500 EUR, Erwerb von Todes wegen und Grundstücksschenkungen (vgl. → Erbschaft- und Schenkungsteuer), Erwerb von Miterben zur Teilung des Nachlasses, Erwerb durch Personen, die in gerader Linie verwandt sind, Erwerb durch Ehegatten oder geschiedenen Ehegatten.

Grundfreibetrag

ist der Teil des steuerpflichtigen Einkommens, der grundsätzlich von der → Einkommensteuer frei bleibt, sog. steuerfreies → Existenzminimum. Erst auf das Einkommen, das über dem Grundfreibetrag liegt, wird Einkommensteuer erhoben. Für den → Veranlagungszeitraum 2024 lag er bei 11.604 EUR. Für die Jahre 2025 und ab 2026 soll der Grundfreibetrag um 300 Euro auf 12.084 Euro bzw. um 252 Euro auf 12.336 Euro angehoben werden → Einkommensteuer. (5).

Grundgehalt

des Beamten → Dienstbezüge.

Grundgesetz (GG)

1. Das „Grundgesetz für die Bundesrepublik Deutschland" vom 23.5.1949 (BGBl. 1949 S. 1) ist die → Verfassung der → Bundesrepublik Deutschland. Es wurde auf Grund von Vorarbeiten eines von der Konferenz der Ministerpräsidenten der Länder bestellten Sachverständigenausschusses (Herrenchiemseer Verfassungskonvent) vom → Parlamentarischen Rat ausgearbeitet und am 8.5.1949 beschlossen. Die Besatzungsmächte (→ Besatzungsbehörden) genehmigten es unter gewissen Vorbehalten (→ Vorbehalte der Alliierten) am 12.5.1949; in der Folgezeit wurde es in den Landesparlamenten (außer Bayern) angenommen. Das GG wurde am 23.5.1949 verkündet (BGBl. 1949 1) und trat am 23.5.1949, 24.00 Uhr, in Kraft. Der Begriff „Grundgesetz" will nichts anderes besagen als Verfassung; er wurde seinerzeit gewählt, um den provisorischen Charakter der damaligen BRep. zu dokumentieren.

2. Das GG regelt die rechtliche und politische Grundordnung der → Bundesrepublik Deutschland. Es enthält eine → Präambel (die früher das → Wiedervereinigungsgebot enthielt und auf Grund des Einigungsvertrags neu gefasst wurde) und ist in 13 Abschnitte gegliedert. Abschn. I (Art. 1–19 GG) enthält die → Grundrechte, Abschn. II (Art. 20–37 GG) allgemeine Grundsätze über Staatsform und Funktionen von Bund und Ländern; die Abschn. III bis VI (Art. 38–69 GG) behandeln → Bundestag, → Bundesrat, → Gemeinsamen Ausschuss, → Bundespräsident und → Bundesregierung, Abschn. VII (Art. 70–82 GG) Zuständigkeit zur → Gesetzgebung und → Gesetzgebungsverfahren, Abschn. VIII, VIIIa (Art. 83–91b GG) die → Ausführung der Bundesgesetze, die Bundesverwaltung und die → Gemeinschaftsaufgaben, Abschn. IX (Art. 92–104 GG) die → Rechtsprechung, Abschn. X (Art. 105–115 GG) das → Finanzwesen; Abschn. Xa (Art. 115a–115l GG) regelt den → Verteidigungsfall; Abschn. XI (Art. 116–146 GG) schließlich enthält Übergangs- und Schlussbestimmungen, darunter den 1990 eingefügten Art. 143 GG, der im Zusammenhang mit der → Wiedervereinigung Abweichungen von den Bestimmungen des GG Übergangsweise zulässt.

Zum Inhalt des GG im Einzelnen vgl. die Übersicht im Anhang.

3. Das GG kann gemäß Art. 79 GG durch Gesetz, das der Zustimmung von $^{2}/_{3}$ der Mitglieder des Bundestages und $^{2}/_{3}$ der Stimmen des Bundesrates bedarf, geändert werden (→ Verfassungsänderung). Bestimmte Verfassungsgrundsätze dürfen auch im Wege der Verfassungsänderung nicht berührt werden (Art. 79 III GG, gelegentlich als „Ewigkeitsklausel" bezeichnet).

4. Durch Art. 5 EinigV wurde den gesetzgebenden Körperschaften empfohlen, sich innerhalb von zwei Jahren mit den im Zusammenhang mit der deutschen Einigung (→ Wiedervereinigung) aufgeworfenen Fragen zur Änderung des Grundgesetzes zu befassen, insbesondere in Bezug auf das Verhältnis zwischen Bund und Ländern, in Bezug auf die Möglichkeit einer Neugliederung für den Raum Berlin/Brandenburg, mit den Überlegungen zur Aufnahme von Staatszielbestimmungen in das Grundgesetz und mit der Frage einer Volksabstimmung über das Grundgesetz. Die daraufhin eingesetzte Gemeinsame Verfassungskommission von Bundestag und Bundesrat hat im Oktober 1993 ihren Abschlussbericht vorgelegt. Die Arbeit der Gemeinsamen Verfassungskommission beeinflusste wesentlich das 42. Gesetz zur Änderung des GG vom 27.10.1994 (BGBl. 1994 I 3146). Neben verschiedenen Einzeländerungen hatte das Gesetz ua folgende Schwerpunkte: Art. 3 GG: Der Staat fördert die tatsächliche Durchsetzung der Gleichberechtigung von Frauen und Männern und wirkt auf die Beseitigung bestehender Nachteile hin. Art. 20a GG (neu): Der Staat

schätzt auch in Verantwortung für die künftigen Generationen die natürlichen Lebensgrundlagen im Rahmen der verfassungsmäßigen Ordnung durch die Gesetzgebung und nach Maßgabe von Gesetz und Recht durch die vollziehende Gewalt und die Rechtsprechung. Art. 28 GG: Die Gewährleistung der Selbstverwaltung für Gemeinden und Gemeindeverbände umfasst auch die Grundlagen der finanziellen Eigenverantwortung. Art. 29 GG: Die → Neugliederung wird durch eine „Staatsvertragsoption" erleichtert. Art. 74 GG: Erstreckung der konkurrierenden Gesetzgebung auf die → Staatshaftung und die künstliche Befruchtung beim Menschen, die Untersuchung und die künstliche Veränderung von Erbinformationen sowie Regelungen zur Transplantation von Organen und Geweben. Art. 118a GG: Erleichterung für die Neugliederung Berlins und Brandenburgs (→ Berlin, 6.).

5. Das GG ist bis einschließlich 2024 durch 68 Gesetze geändert worden (Übersicht bei Sartorius: Verfassungs- und Verwaltungsgesetze der Bundesrepublik Deutschland, vor Nr. 1). Die wichtigsten Änderungen der letzten Jahre waren: 1990 durch den → Einigungsvertrag, 1992 zur Entwicklung der → Europäischen Union (insbes. Art. 23 GG), 1993 Neuregelung des → Asylrechts (Art. 16a GG) und der Rechtsverhältnisse der → Eisenbahnen. Das 41. Gesetz zur Änderung des GG vom 30.8.1994 (BGBl. 1994 I 2245) brachte die verfassungsrechtliche Neuordnung des Postwesens. Zur 42. Änderung des GG im Jahre 1994 s. oben unter 4. Zuletzt erfolgten grundlegende Änderungen, insbesondere der → Gesetzgebungszuständigkeit durch die → Föderalismusreform I im Jahre 2006, der Finanzverfassung durch die → Föderalismusreform II im Jahre 2009 und der nochmaligen Änderung durch die → Föderalismusreform III im Jahre 2017. 2024 wurde sie Stellung des → Bundesverfassungsgerichts durch Bestimmungen im Grundgesetz besonders abgesichert.

Grundkapital

Grundkapital ist der bei der Gründung einer → Aktiengesellschaft oder → Kommanditgesellschaft auf Aktien von den Aktionären mindestens aufzubringende Kapitalbetrag. Das Grundkapital ist in → Aktien zerlegt (§ 1 II AktG), ziffernmäßig in der Satzung anzugeben (§ 23 III Nr. 3 AktG) und muss auf einen Nennbetrag in EUR lauten (§ 6 AktG). Mindestnennbetrag ist 50 000 EUR (§ 7 AktG). Umstellung des Grundkapitals und der Aktiennennbeträge für vor dem 1.1.1999 eingetragene AG erfolgt entsprechend dem festgelegten Umrechnungskurs durch Beschluss der Gesellschafter mit einfacher Stimmenmehrheit (§ 4 EGAktG). Das Grundkapital kann, abgesehen vom Fall des → genehmigten Kapitals, nicht ohne Änderung der Satzung verändert werden (→ Kapitalerhöhung, Kapitalherabsetzung). Das Grundkapital ist vom → Gesellschaftsvermögen zu unterscheiden. Um das Grundkapital der AG zu sichern und zu erhalten, ist eine → Unterpariemission verboten (§ 9 I AktG). Die Einlagen der Aktionäre (nämlich die Einzahlung für den Erwerb der Aktien) müssen voll eingezahlt und dürfen nicht zurückgewährt oder erlassen werden (§§ 57, 66 AktG). Damit kein Gewinn verteilt wird, solange das Gesellschaftsvermögen das Grundkapital nicht übersteigt, ist das Grundkapital in der → Bilanz stets unter die Passiva aufzunehmen (§§ 266, 272 HGB). Sa → Eigenkapital.

Grundkreditverbände

→ Stadtschaften, → Landschaften.

Grundlagenbescheid

→ Besteuerungsverfahren, → Besteuerungsgrundlagen.

Grundmandatsklausel

1. Grundmandatsklausel nennt man die Regelung im früheren § 6 VI 1 Bundeswahlgesetz (→ Bundestag, 2b und 2d), wonach eine Partei, obwohl sie nicht mindestens 5% der im Wahlgebiet abgegebenen Zweitstimmen erhalten hat, bei der Verteilung der Sitze auf die Landeslisten berücksichtigt wird, wenn sie in mindestens drei Wahlkreisen einen Sitz errungen hat. Die Grundmandatsklausel wurde vom BVerfG mit Beschluss vom 10.4.1997 (NJW 1997, 1568) als verfassungsgemäß bestätigt. Mit der am 17.3.2023 beschlossenen Wahlrechtsreform wurde die Grundmandatsklausel ersatzlos abgeschafft. Durch Urteil des BVerG v. 30.7.2024 (2 BvF 1/23) wurde die Wahlrechtsreform hinsichtlich der Abschaffung der Grundmandatsklausel für verfassungswidrig erklärt und die Grundmandantsklausel wiederin Kraft gesetzt. Auch bei der Bundestagswahl 2025 wird es daher möglich sein, dass eine Partei mit mindestens drei Direktmandaten im Bundestag vertreten ist, obwohl diese im Bundesgebiet insgesamt die Grenze von 5% der Zweitstimmen nicht erreicht hat.

2. Die Wahl von Direktkandidaten mit der Mehrheit der Erststimmen in einem Wahlkreis ist unabhängig von der Grundmandatsklausel auch dann möglich, wenn dessen Partei weder 5% der im Wahlgebiet abgegebenen Zweitstimmen erhalten hat noch in mindestens drei Wahlkreisen einen Sitz errungen hat. Auch ein keiner Partei angehörender Kandidat kann so als Direktkandidat in den BT gewählt werden (→ Bundestag, 2a; § 6 II iVm § 20 III Bundeswahlgesetz).

Grundordnung

Der Begriff wird in der katholischen Kirche für die von den Bischöfen als Kirchengesetz erlassene „Grundordnung des kirchlichen Dienstes im Rahmen kirchlicher Arbeitsverhältnisse" verwand. In ihr sind Grundsatzregelungen für Arbeitsverhältnisse getroffen, die mit einem der katholischen Kirche zugeordneten Rechtsträger eingegangen sind. Insbesondere sind in ihr die kirchenspezifischen

Loyalitätsobliegenheiten eines Arbeitnehmers festgelegt, die nach der Verfassungsgarantie des kirchlichen Selbstbestimmungsrechts von der Kirche festgelegt werden können. Eine entsprechende Regelung enthält, wenn auch nicht als Kirchengesetz festgelegt, für den evangelischen Bereich die EKD-Loyalitätsrichtlinie, die der Rat der Evangelischen Kirche in Deutschland (EKD) am 1.7.2005 erließ. Da die Grundordnung für die katholische Kirche kirchengesetzlich festgelegt ist, sind bei einem Rechtsstreit aus dem Arbeitsverhältnis die staatlichen Arbeitsgerichte an sie gebunden. Das gilt insbesondere für Streitigkeiten über die Rechtswirksamkeit einer Kündigung (Art. 5 Grundordnung). Sa → kirchliche Gerichtsbarkeit (1 f u. 3).

Grundordnung, freiheitliche demokratische –
→ Freiheitliche demokratische Grundordnung.

Grundpfandrechte
sind dingliche Rechte (→ Sachenrecht), die zur Sicherung einer Forderung auf einem → Grundstück ruhen; durch sie kann das Grundvermögen zu Kreditzwecken belastet werden (→ Realkredit). Als Grundpfandrechte kennt das BGB die → Hypothek, → Grundschuld und → Rentenschuld.

Grundpflichten
Das → Grundgesetz enthält im Gegensatz zur Weimarer → Reichsverfassung (Zweiter Hauptteil: Von den Grundrechten und Grundpflichten der Deutschen) keine geschlossene Festlegung von Grundpflichten, sondern nur punktuelle Regelungen (zB die Pflicht zum Wehrdienst, Pflicht der Eltern zur Kindererziehung), die aber als Ausfluss eines allg. Grundsatzes angesehen werden können. Die Landesverfassungen sind unterschiedlich (allgem. Grundpflicht in Art. 117 Bayer. Verfassung).

Grundpreis
ist nach § 2 Nr. 4 PAngV (→ Preisangaben, → Preisrecht) der Preis je Mengeneinheit einschließlich der → Umsatzsteuer und sonstiger Preisbestandteile. Die Mengeneinheit für den Grundpreis ist 1 kg, 1 Liter, 1 m^3, 1 m oder 1 m^2 (§ 5 PAngV). Zur Angabe des Grundpreis neben dem → Gesamtpreis ist verpflichtet, wer regelmäßig Verbrauchern Waren in Fertigpackungen, offenen Packungen oder lose anbietet.

Grundrechte
1. Grundrechte sind die der Einzelperson zustehenden Rechte, die für sie meist durch die → Verfassung als Elementarrechte verbürgt sind. Gewisse Grundrechte wie zB die → Menschenwürde oder der → Gleichheitssatz werden insbes. von naturrechtlichen Standpunkten aus als überstaatlich (vorstaatlich) angesehen und bestehen hiernach unabhängig von staatlicher Anerkennung in Verfassung oder Gesetz. Andere Grundrechte werden erst von der Verfassung konstituiert und inhaltlich bestimmt. Die Grundrechte sind weitgehend identisch mit den Menschenrechten, die Art. 1 II GG unverletzlich und unveräußerlich nennt und als Grundlage jeder menschlichen Gemeinschaft, des Friedens und der Gerechtigkeit in der Welt bezeichnet (→ Konvention zum Schutze der Menschenrechte). Die meisten Grundrechte des GG stehen jedem Menschen zu (also auch Ausländern und Staatenlosen), einige (zB Versammlungsfreiheit, Vereinigungsfreiheit, Freizügigkeit, Berufsfreiheit) werden nur deutschen Staatsangehörigen (→ Staatsangehörigkeit) gewährt.

2. Das GG hat die Grundrechte bewusst an den Anfang gestellt (Art. 1–18 GG), um ihre überragende Bedeutung für das staatliche Leben zu betonen. Die hier niedergelegten Grundrechte sind keine bloßen → Programmsätze, sondern binden nach Art. 1 III GG Gesetzgebung, vollziehende Gewalt und Rechtsprechung als unmittelbar geltendes Recht. In der bundesstaatlichen Ordnung Deutschlands bestehen neben den durch das GG verbürgten Grundrechte auch die Grundrechte der Landesverfassungen. Letztere bleiben insoweit in Kraft, als sie Grundrechte in Übereinstimmung mit dem GG gewährleisten (Art. 142 GG); jedoch stehen sie nach dem Grundsatz „Bundesrecht bricht Landesrecht" im Range dem einfachen Bundesrecht nach. Von den Grundrechten werden die → institutionellen Garantien unterschieden, die nicht individuelle Rechte, sondern nur eine Einrichtung als solche garantieren.

3. Str. ist, ob die Grundrechte nur gegenüber der öffentlichen Gewalt oder ob sie als umfassende Wertordnung auch im Bereich des privaten Rechts gelten (→ Drittwirkung der Grundrechte). Im Allgemeinen wird eine solche Drittwirkung abgelehnt; doch beeinflussen die in den Grundrechten zum Ausdruck kommenden Wertvorstellungen die Auslegung von Generalklauseln (zB „gute Sitten").

4. Einschränkungen der Grundrechte sind möglich, wenn ihnen ein → Gesetzesvorbehalt (spezieller Verfassungsvorbehalt) beigefügt ist, sie also schon nach ihrem Wortlaut durch Gesetz oder auf Grund eines Gesetzes beschränkt werden können; eine Einschränkung des Freiheitsbereichs ist dann durch einfaches Gesetz möglich, solange das Grundrecht nicht in seinem Wesensgehalt angetastet wird (vgl. Art. 19 II GG). Aber auch die Grundrechte ohne Gesetzesvorbehalt sind nicht schlechthin jeder Beschränkung entzogen. Allerdings können insoweit nur die dem einzelnen Grundrecht bereits innewohnenden → immanenten Schranken, die sich aus der Konkurrenz verschiedener Freiheitsrechte ergeben, durch Gesetz festgelegt (oder genauer: interpretiert) werden. Darüber hinaus wäre durch → Verfassungsänderung eine Abänderung der Grundrechte nicht schlechthin ausgeschlossen. Unantastbar auch für Verfassungsänderungen ist

nach Art. 79 III GG nur die in Art. 1 GG garantierte Würde des Menschen; aber auch sonst ergeben sich Schranken bei überstaatlichem Charakter der Grundrechte Der Missbrauch von Grundrechten kann ihre → Verwirkung zur Folge haben (Art. 18).

5. Als einzelne Grundrechte nennt das GG insbes. die → Menschenwürde, die persönliche → Freiheit (auch Handlungsfreiheit), die → Gleichheit, die → Glaubens- und Gewissensfreiheit, die → Meinungsfreiheit, der Schutz von Ehe und Familie, die → Versammlungsfreiheit, die → Vereins- und → Koalitionsfreiheit, die → Freizügigkeit, die freie Wahl der Ausbildung und des → Berufs, die Unverletzlichkeit der → Wohnung, das → Briefgeheimnis, das Eigentum (→ Eigentumsgarantie) und das Erbrecht, den Schutz vor Ausbürgerung und Auslieferung, das Asylrecht und das → Beschwerde- und Petitionsrecht. Als „formelles Hauptgrundrecht" bezeichnet man Art. 19 IV, wonach jemand, der durch die öff. Gewalt in seinen Rechten verletzt wird, der Rechtsweg (dh der Weg zu den unabhängigen Gerichten) offensteht. Auch außerhalb des „Grundrechtskatalogs" finden sich noch einzelne Grundrechte im GG, so das → Widerstandsrecht gegen Unternehmen zur Beseitigung der verfassungsmäßigen Ordnung (Art. 20 IV GG), Zugang zu öffentlichen Ämtern (Art. 33 II GG) sowie die „justiziellen Grundrechte", nämlich das → rechtliche Gehör (Art. 103 I), der Anspruch auf den → gesetzlichen Richter (Art. 103), das Verbot, jemand wegen derselben Tat mehrmals zu bestrafen („ne bis in idem", → Strafklageverbrauch), und das Verbot der → Rückwirkung von Strafgesetzen von Strafgesetzen (Art. 103 II, III GG). Grundsätzlich gehen die speziellen Grundrechte dem allgemeinen Grundrechte auf freie Entfaltung der Persönlichkeit („allgemeines Persönlichkeitsrecht"; Art. 2 I GG) vor.

6. Insgesamt werden die Grundrechte heute nicht nur als „Abwehrrechte" des Einzelnen gegenüber dem Staat, sondern auch als Rechte auf „Teilhabe" an staatlichen Leistungen verstanden (vgl. insbes. das „numerus-clausus-Urteil", BVerfGE 33, 303).

7. Die Grundrechte gelten auch für inländische juristische Personen, soweit sie ihrem Wesen nach hierauf anwendbar sind (Art. 19 III GG), so zB die → Gleichheit und die → Eigentumsgarantie. Juristische Personen des öffentlichen Rechts können sich in der Regel nicht auf die Grundrechte berufen. Etwas anderes gilt nur für die Verfahrensgrundrechte des rechtlichen Gehörs und des gesetzlichen Richters sowie für diejenigen juristischen Personen des öffentlichen Rechts, die unmittelbar einem durch ein Grundrecht geschützten Lebensbereich zugeordnet sind, hinsichtlich dieses Grundrechts. So werden zB die öffentlich-rechtlichen → Rundfunkanstalten durch die → Rundfunkfreiheit geschätzt (Art. 5 I 2 GG). Die betreffenden juristischen Personen des öffentlichen Rechts sind aber auf die Geltendmachung dieses sie betreffenden Grundrechts beschränkt. So können sich die → Gemeinden nach strittiger, aber herrschender Meinung nur auf Art. 28 II GG, nicht aber auf die Eigentumsgarantie (Art. 14 GG) berufen.

8. Die Verletzung von Grundrechten durch die öffentliche Gewalt kann vor dem → Bundesverfassungsgericht und den Verfassungsgerichten der Länder gerügt werden (→ Verfassungsstreitigkeiten). Insbes. kann nach Art. 93 I Nr. 4a GG jedermann mit der Behauptung, durch die öffentliche Gewalt in seinen Grundrechten verletzt zu sein, → Verfassungsbeschwerde erheben, grundsätzlich aber erst nach Ausschöpfung des → Rechtsweges. Die Verletzung kann in Maßnahmen der vollziehenden Gewalt (→ Verwaltungsakten), in gerichtlichen Entscheidungen oder in Akten der → Gesetzgebung liegen. Das Grundrecht muss durch den Hoheitsakt unmittelbar und gegenwärtig verletzt sein. Ein Gesetz oder eine sonstige Rechtsvorschrift kann nur dann mit der Verfassungsbeschwerde angegriffen werden, wenn es unmittelbar und nicht erst mittels eines behördlichen Vollzugsaktes in ein Grundrecht eingreift. Im Einzelnen streitig ist, inwieweit auch Rechtsakte der → Europäischen Union (EU) am Maßstab der Grundrechte des GG gemessen werden können. In der „Maastricht-Entscheidung" v. 12.10.1993 (zum Vertrag von Maastricht s. → Europäische Integration, 3b) hat das BVerfG (NJW 1993, 3047) seine Rspr. dahingehend präzisiert, dass es seine Gerichtsbarkeit über abgeleitetes Gemeinschaftsrecht in einem Kooperationsverhältnis mit dem → Europäischen Gerichtshof ausübt, in dem letzterer im Einzelfall den Grundrechtsschutz garantiert, während das BVerfG sich gemäß dem auf die generelle Gewährleistung der unabdingbaren Grundrechtsstandards beschränkt. In seinem Urteil zum Vertrag von Lissabon (→ Europäische Integration, 3g) v. 30.6.2009 (NJW 2009, 2267) präzisiert das BVerfG seine Rechtsprechung dahingehend, dass auch unter Geltung des Vertrages von Lissabon die EU nur abgeleitetes Recht setze, dass letztlich nur durch das nationale Zustimmungsgesetz seine Rechtswirksamkeit entfalte. Als Konsequenz der fortbestehenden Souveränität der Mitgliedstaaten kann jedenfalls dann die Unanwendbarkeit eines Rechtsaktes der EU für Deutschland durch das BVerfG festgestellt werden, wenn es für diesen an einem Rechtsanwendungsbefehl mangelt oder wenn innerhalb oder außerhalb der übertragenen Hoheitsrechte diese mit Wirkung für Deutschland von der EU so ausgeübt werden, dass eine Verletzung der durch Art. 79 III GG unverfügbaren und auch durch europäisches Vertragsrecht geachteten Verfassungsidentität die Folge ist.

9. EU-Recht. Materiell besteht auf Ebene der EU dreifacher Grundrechtsschutz durch die → Charta der Grundrechte der → Europäischen Union, die in der → Konvention zum Schutze der Menschenrechte und Grundfreiheiten garantierten Rechte sowie durch die

Grundrechte gemäß der gemeinsamen Verfassungsüberlieferung der Mitgliedstaaten (Art. 6 III EUV; vgl. insbes. → Charta der Grundrechte der Europäischen Union, 4). S. a. → Europäisches Recht. Zur Überprüfung des EU-Rechts am Maßstab der deutschen Grundrechte s. o. 8.

Grundrente
Bei der neu eingeführten Grundrente in der gesetzlichen → Rentenversicherung handelt es sich um keine neue Rentenart, sondern um eine neue Art der Rentenberechnung zur Sicherstellung einer angemessenen Rentenhöhe für langjährig Versicherte mit mindestens 33 Jahren an Grundrentenzeiten (§ 76g SGB VI eingef. mWv 1.1.2021 durch G v. 12.8.2020 (BGBl. I 1879)). In diesen Fällen erfolgt ein Zuschlag an Entgeltpunkten, sofern nicht neben der Rente ein zu hohes anrechenbares Einkommen erzielt wird. Die Berechnung eines eventuellen Grundrentenanspruchs erfolgt automatisch durch den Rentenversicherungsträger und muss auch bei bereits laufenden Renten nicht extra beantragt werden. Grundrentenzeiten sind ua Beschäftigungszeiten, Kindererziehungszeiten, Zeiten mit Krankengeld- oder Übergangsgeldbezug; nicht aber Zeiten des Bezugs von Arbeitslosengeld oder Arbeitslosengeld 2. Um berücksichtigungsfähig zu sein müssen in den Beschäftigungszeiten mindestens 30% des Durchschnittsverdienstes erzielt worden sein. Maximal ist eine Rentenerhöhung möglich auf ein Niveau, das 80% des Durchschnittsverdienstes entspricht. Die genaue Berechnung gestaltete sich kompliziert, so dass die Träger der Rentenversicherung erst ab Juli 2021 mit der Auszahlung beginnen konnten. Die Einkommensanrechnung ist im Einzelnen in § 97a SGB VI geregelt. Auf die Grundrente sind Beiträge zur Kranken- und Pflegeversicherung sowie Steuern abzuführen. Auch neben der Grundrente kann ein weiterer Anspruch auf → Grundsicherung im Alter bestehen.

Die Grundrente iSd Rechts der sozialen Entschädigung ist eine Leistung nach § 31 BVG, § 144 SGB XIV; sa → Beschädigtenrente. Die Grundrente an Beschädigte richtet sich nach § 31 BVG. Für hinterbliebene eines Beschädigten sind §§ 40 und 46 BVG einschlägig.

Grundsätze der guten Laborpraxis
oder GLP finden auf die nicht-klinischen gesundheits- und umweltrelevanten Sicherheitsüberprüfungen von zB Chemikalien in Labor, Gewächshaus oder Freiland Anwendung. Die als Anhang 1 zum → Chemikaliengesetz erlassenen Grundsätze der guten Laborpraxis enthalten Qualitäts-, Sicherheits-, Dokumentations- und Kontrollstandards. Ihre Einhaltung ist Voraussetzung für die Verwertung von Prüfergebnissen in Zulassungs-, Erlaubnis-, Registrierungs-, Anmelde- und Mitteilungsverfahren für chemische Stoffe. Zu Einzelheiten vgl. §§ 19a–19d ChemG. Die GLP sind ein Qualitätssicherungssystem für diejenigen, die selbst Überprüfungen durchführen. Die → Zertifizierung erfolgt durch die zuständigen Landesbehörden. Unwahre Erklärungen über GLP sowie das Erschleichen von GLP-Bescheinigungen sind strafbar (§ 27a ChemG). Sa → Gute Praxis und → Gute fachliche Praxis.

Grundsatz des Förderns/Forderns
Die Begriffe „Grundsatz des Förderns" und „Grundsatz des Forderns" entstammen dem seit dem 1.1.2005 geltenden 1. Kapitel des SGB II (→ Bürgergeld, → Arbeitslosengeld II, → Grundsicherung für Arbeitsuchende, → Hartz-Gesetze).

Grundsatz des Forderns bedeutet dabei, dass → erwerbsfähige Hilfebedürftige und die mit ihnen in einer → Bedarfsgemeinschaft lebenden Personen alle Möglichkeiten zur Beendigung oder Verringerung ihrer Hilfebedürftigkeit ausschöpfen müssen. Die erwerbsfähigen Hilfebedürftige müssen aktiv an allen Maßnahmen zur Eingliederung in Arbeit mitwirken, insbesondere eine → Eingliederungsvereinbarung (Kooperationsplan) abschließen. Wenn eine Erwerbstätigkeit auf dem allgemeinen Arbeitsmarkt nicht möglich ist, haben die erwerbsfähigen Arbeitsuchenden zumutbare Arbeitsgelegenheiten zu übernehmen (zur Zumutbarkeit → Grundsicherung für Arbeitsuchende). Erwerbsfähige Hilfebedürftige und die mit ihnen in einer Bedarfsgemeinschaft lebenden Personen haben in eigener Verantwortung alle Möglichkeiten zu nutzen, ihren Lebensunterhalt aus eigenen Mitteln und Kräften zu bestreiten (§ 2 II SGB II). Der Grundsatz des Forderns verpflichtet die Hilfebedürftigen zur Mitarbeit. Als Konsequenz daraus ist die Sanktionierung in Einzelfällen möglich.

Grundsatz des Förderns besagt, dass die Träger der Leistungen nach dem SGB II (insbes. die → Bundesagentur für Arbeit) erwerbsfähige Hilfebedürftige umfassend unterstützen mit dem Ziel der Eingliederung in Arbeit. Die zuständige → Agentur für Arbeit soll einen persönlichen Ansprechpartner für jeden erwerbsfähigen Hilfebedürftigen benennen (§ 14 SGB II). Bei der Leistungserbringung sind die Grundsätze von Wirtschaftlichkeit und Sparsamkeit zu beachten.

Im übertragenen Sinne gilt der Grundsatz des Förderns und Forderns auch für Leistungen nach dem SGB XII. § 1 SGB XII geht aber nicht soweit, den Hilfeempfänger zum konkreten Fördern aufzufordern. Es wird lediglich erwartet, dass ein „Hinarbeiten" auf ein Leben ohne Unterstützung seitens des SGB XII-Trägers notwendig ist.

Grundschuld
Die Grundschuld belastet ein Grundstück in der Weise, dass dieses für die Zahlung einer bestimmten Geldsumme haftet (§§ 1191 ff. BGB). Anders als die → Hypothek ist die Grundschuld rechtlich nicht zur Sicherung einer Forderung bestellt, ist also nicht → akzes-

sorisch. In der Praxis wird die Grundschuld allerdings fast nur – wie die Hypothek – zur Sicherung einer Forderung bewilligt (sog. Sicherungsgrundschuld, die aber gleichfalls nicht vom Bestand der Forderung abhängig ist). Auf die Grundschuld, insbes. ihre Begründung, Übertragung usw, finden die Vorschriften über die → Hypothek entsprechende Anwendung mit Ausnahme solcher, denen die Abhängigkeit der Hypothek von einer Forderung zugrunde liegt. Es gilt daher zB § 1163 BGB nicht, wonach bei Nichtentstehung oder Tilgung der gesicherten Forderung die Hypothek dem Eigentümer als → Eigentümerhypothek zusteht. Auch sonstige Einwendungen aus dem Grundgeschäft können nicht erhoben werden; es entsteht nur ein persönlicher, durch → Vormerkung sicherbarer Anspruch auf Übertragung oder Löschung der Grundschuld. Tilgt dagegen der Schuldner nicht die gesicherte Forderung, sondern die – abstrakte – Grundschuld selbst (dies ist oftmals nach den Geschäftsbedingungen ausgeschlossen), so geht die Grundschuld auf den Grundstückseigentümer als → Eigentümergrundschuld über (nach hM gem. § 1142 BGB, § 1143 BGB, nach aA gem. § 1168 BGB, § 1170 BGB). Die Grundschuld kann ferner – anders als die Hypothek – von vornherein für den Eigentümer bestellt werden (§ 1196 BGB, → Eigentümergrundschuld). Der Grundschuldbrief als → Rektapapier kann auch auf den jeweiligen Inhaber ausgestellt werden (sog. Inhabergrundschuld); auf einen solchen Brief sind die Vorschriften über → Inhaberschuldverschreibungen entsprechend anzuwenden (§ 1195 BGB). Auf die Erteilung des Briefs kann verzichtet werden (Buchgrundschuld, § 1116 II BGB). Der praktisch häufigste Anwendungsfall der Sicherungsgrundschuld (§ 1192 Ia BGB) ist zunächst ihrem Wesen nach eine Grundschuld mit ihren beschriebenen Wirkungen, weist allerdings die wesentliche Besonderheit auf, dass → Einreden, die dem Eigentümer des Grundstücks auf Grund des → Sicherungsvertrags mit dem bisherigen Gläubiger (Sicherungsnehmer) zustehen, jedem weiteren Erwerber der Grundschuld entgegen gesetzt werden können. Es gibt zum Schutz des vertragstreuen Eigentümers auch keinen gutgläubigen einredefreien Erwerb.

Grundschuldbrief
→ Grundschuld.

Grundschule
Die Grundschule umfasst als erste Pflichtschule die Jahrgangsstufen 1 bis 4 (idR Altersgruppe 6 bis 10 Jahre), in Berlin und Brandenburg die Jahrgangsstufen 1 bis 6 (idR Altersgruppe 6 bis 12 Jahre). In Hamburg scheiterte die Einführung einer sechsjährigen Primärschule an der Stelle der Grundschule an dem → Volksentscheid vom 18.6.2010. Im Saarland sind Überlegungen für eine fünfjährige Grundschulzeit gescheitert. Die Grundschule wird von allen Kindern im Rahmen der allgemeinen → Schulpflicht gemeinsam besucht, sofern sie am Unterricht mit Erfolg teilnehmen können. Aufgabe der Grundschule ist es, sichere Grundlagen für selbständiges Denken, Lernen und Arbeiten, die Beherrschung des Lesens, Schreibens und Rechnens (Kulturtechniken; vgl. zB § 5 Sächs. SchulG v. 27.9.2018, GVBl. 648 mÄnd), und ferner die Grundlage für eine weiterführende Bildung (insbesondere in den Fächern Deutsch, Mathematik, Sachunterricht, Kunst, Musik, Sport und – in den meisten Ländern – Religion; sa → Religionsunterricht) zu vermitteln (vgl. auch. Art. 7 Bayer. Gesetz über das Erziehungs- und Unterrichtswesen idF v. 31.5.2000, GVBl. 2000, 414, ber. 632, mÄnd). Die Grundschule ist überwiegend eine Schule in öffentlich-rechtlicher Trägerschaft (→ öffentliche Schule; → Privatschulen).

Grundsicherung für Arbeitsuchende
1. Die Vorschriften über die Grundsicherung für Arbeitsuchende (SGB II) gehen zurück auf das Vierte Gesetz für moderne Dienstleistungen am Arbeitsmarkt (→ Hartz-Gesetze) v. 23.12.2003 (BGBl. 2004 I 2954), das am 1.1.2005 in Kraft getreten ist. Die Grundsicherung für Arbeitsuchende steht zwischen den Leistungen der → Arbeitsförderung nach dem SGB III und der → Sozialhilfe nach dem SGB XII.

2. Die Grundsicherung für Arbeitsuchende soll die Eigenverantwortung von → erwerbsfähigen Hilfebedürftigen und Personen, die mit ihnen in einer → Bedarfsgemeinschaft leben, stärken und dazu beitragen, dass sie ihren Lebensunterhalt unabhängig von der Grundsicherung aus eigenen Mitteln und Kräften bestreiten können. Sie soll → erwerbsfähige Hilfebedürftige bei der Aufnahme oder Beibehaltung einer Erwerbstätigkeit unterstützen und den Lebensunterhalt sichern, soweit sie ihn nicht auf andere Weise sicherstellen können (§ 1 SGB II). Wird die Altersgrenze für den Bezug einer Regelaltersrente erreicht, erlischt der Anspruch auf Leistungen nach dem SGB II. Der Leistungsbezug endet ebenfalls, wenn Erwerbsfähigkeit nicht mehr gegeben ist. In den beiden vorgenannten Fällen kommt dann eine Leistung nach dem SGB XII in Betracht, wenn sonstige Sozialleistungen für den Lebensunterhalt nicht ausreichen.

3. Erwerbsfähige Hilfebedürftige und die mit ihnen in einer Bedarfsgemeinschaft lebenden Personen müssen grundsätzlich alle Möglichkeiten zur Beendigung oder Verringerung der Hilfebedürftigkeit ausschöpfen. Wenn eine Erwerbstätigkeit auf dem allgemeinen Arbeitsmarkt nicht möglich ist, hat der erwerbsfähige Hilfebedürftige eine ihm angebotene zumutbare Arbeitsgelegenheit zu übernehmen (Grundsatz des Forderns, § 2 SGB II). Alternativ ist auch eine Berufsausbildung oder Weiterbildung möglich.

4. Dem erwerbsfähigen Hilfebedürftigen ist jede Arbeit zumutbar, es sei denn, dass er zu

der bestimmten Arbeit körperlich, geistig oder seelisch nicht in der Lage ist, die Ausübung der Arbeit ihm die künftige Ausübung seiner bisherigen überwiegenden Tätigkeit wesentlich erschweren würde, weil die bisherige Tätigkeit besondere körperliche Anforderungen stellt, die Ausübung der Tätigkeit die Erziehung seines Kindes oder des Kindes seines Partners gefährden würde, die Ausübung der Arbeit mit der Pflege eines Angehörigen nicht vereinbar wäre und die Pflege nicht auf andere Weise sichergestellt werden kann oder der Ausübung der Arbeit ein anderer wichtiger Grund entgegensteht. Eine Arbeit ist nicht allein deshalb unzumutbar, weil sie nicht einer früheren beruflichen Tätigkeit des erwerbsfähigen Hilfebedürftigen entspricht, für die er ausgebildet ist oder die er ausgeübt hat, sie im Hinblick auf die Ausbildung des erwerbsfähigen Hilfebedürftigen als geringerwertig anzusehen ist, der Beschäftigungsort vom Wohnort des erwerbsfähigen Hilfebedürftigen weiter entfernt ist als ein früherer Beschäftigungs- oder Ausbildungsort oder die Arbeitsbedingungen ungünstiger sind als bei den bisherigen Beschäftigungen des erwerbsfähigen Hilfebedürftigen (§ 10 SGB II).

5. Als Leistungen werden nach dem SGB II gewährt: → Leistungen zur Eingliederung in Arbeit (→ Eingliederungsvereinbarung, → Leistungen zur Eingliederung) sowie Leistungen zur Sicherung des Lebensunterhalts, zu denen insbesondere das → Bürgergeld, → Arbeitslosengeld II, daneben aber auch das → Sozialgeld und das → Einstiegsgeld gehören (§§ 14 ff. SGB II). Die Höhe der Leistungen ergibt sich aus §§ 20 ff. SGB II.

6. Träger der Grundsicherung für Arbeitsuchende sind die → Bundesagentur für Arbeit sowie für Leistungen zur Eingliederung, die über die Leistungen der → Arbeitsförderung nach dem SGB III hinausgehen, die Kreise und kreisfreien Städte (kommunale Träger; vgl. § 6 SGB II). Mit Art. 91e GG (eingefügt durch G v. 21.7.2010, BGBl. 2010 I 944) wurde die verfassungsrechtliche Basis für die Zusammenarbeit des Bundes und der Länder oder der nach Landesrecht zuständigen → Gemeinden oder → Gemeindeverbände geschaffen. Nach Art. 91e II GG kann der Bund zulassen, dass eine begrenzte Anzahl von Gemeinden oder Gemeindeverbänden auf ihren Antrag und mit Zustimmung der obersten Landesbehörde die Aufgaben der Grundsicherung allein wahrnimmt. Die Kosten hinsichtlich der sonst vom Bund wahrzunehmenden Aufgaben trägt der Bund.

7. Die Zahlung der Grundsicherung für Arbeitsuchende ist an Verpflichtungen geknüpft, die der Hilfebdürftige oder die mit ihm in einer Bedarfsgemeinschaft lebenden Personen erfüllen müssen (Eingliederugsvereinbarung). Wird der Verpflichtung ohne wichtigen Grund nicht nachgekommen, sind Sanktionierungsmaßnahmen möglich. Die Entscheidung über die Art und den Umfang dieser Sanktionierungsmaßnahmen trifft der Leistungsträger. Eine Überpüfung hat vor dem → Sozialgericht zu erfolgen.

Grundsicherung im Alter

Die Grundsicherung im Alter und bei Erwerbsminderung regelt sich seit 1.1.2005 nach den §§ 41 ff. SGB XII (→ Sozialhilfe). Danach können Personen, die gewöhnlich im Inland leben und das 65. Lebensjahr vollendet haben und die vor dem 1.1.1947 geboren sind oder die das 18. Lebensjahr vollendet haben und unabhängig von der jeweiligen Arbeitsmarktlage voll erwerbsgemindert sind und bei denen es unwahrscheinlich ist, dass die volle Erwerbsminderung behoben werden kann, auf Antrag die Leistungen der Grundsicherung im Alter erhalten; für Personen, die nach dem 31.12.1946 geboren sind, erhöht sich die Altersgrenze schrittweise auf 67 Jahre. Die Leistungen umfassen insbes. den für den Antragsberechtigten maßgebenden → Regelsatz zzgl. der angemessenen Kosten für Unterkunft und Heizung, eventuelle Mehrbedarfe beim Vorliegen einer Behinderung etc und die Übernahme von Kranken- und Pflegeversicherungsbeiträgen (§§ 41 ff. SGB XII). Ob volle Erwerbsminderung besteht, ist nach § 43 SGB VI zu prüfen. Die Entscheidung des Rentenversicherungsträgers ist bindend.

Leistungen der Grundsicherung im Alter waren bis zum In-Kraft-Treten des Angehörigen-Entlastungsgesetzes (BGBl. 2019, I 2135) immer zu beantragen, wenn ein Elternteil die Kosten eines Aufenthaltes in einem → Heim nicht allein tragen konnte. Durch die Änderung von § 94 SGB XII ist die Verpflichtung zur Beantragung dieses Leistung zwar nicht entfallen; die Kostenbeteiligung für Kinder wurde aber drastisch verringert (Jahreseinkommen brutto über 100.000 EUR).

Das frühere Gesetz über die bedarfsorientierte Grundsicherung im Alter und bei Erwerbsminderung ist mit Ablauf des 31.12.2004 außer Kraft getreten.

Grundsteuer (GrSt)

1. Die Grundsteuer (GrSt) wird auf Grundlage des Grundsteuergesetzes v. 7.8.1973 (BGBl. 1973 I 965) erhoben. Anweisungen an die Verwaltung sind in den Grundsteuer-Richtlinien 1978 v. 9.12.1978 (BStBl. 1978 I 553) festgelegt. Die GrSt ist eine bundesrechtlich geregelte → Gemeindesteuer. Sie ist eine → Real-, → Objekt- oder Sachsteuer (§ 3 II AO). Die GrSt ist von den Neuregelungen der Bewertung des → Grundbesitzes ab 1996 (→ Erbschaftsteuer) nicht betroffen; dh die → Einheitswerte gelten insofern weiter.

2. Steuerpflichtig sind inländische Grundstücke. Der GrSt A unterliegt das land- und forstwirtschaftliche Vermögen, die GrSt B erfasst das sonstige → Grundvermögen. Befreit sind ua gemeinnützigen, mildtätigen, religiösen oder wissenschaftlichen Zwecken dienende Grundstücke, Krankenhäuser usw. (§§ 3, 4 GrStG). Steuerschuldner ist derjenige, dem das

Grundstück zugerechnet wird. Dies ist regelmäßig der Eigentümer.

3. Das Verfahren ist zweistufig. Zunächst setzt das Finanzamt durch Anwendung der Steuermesszahl (je nach Objekt 2,6–6,0 vT) auf den → Einheitswert den Steuermessbetrag fest (Grundsteuermessbescheid, §§ 13–15 GrStG). Anschließend wendet die Gemeinde den von ihr bestimmten Hebesatz an und setzt die GrSt durch Grundsteuerbescheid fest (§ 25 GrStG). Die GrSt. ist regelmäßig vierteljährlich am 15.2., 15.5., 15.8. und 15.11. fällig (§ 28 GrStG).

4. Rechtsbehelf gegen den Grundsteuermessbescheid des FA ist der Einspruch (§§ 347, 367 AO) und die Anfechtungsklage zum FG (§ 40 FGO); gegen den Grundsteuerbescheid der Gemeinde der Widerspruch (§ 69 VwGO) und die Anfechtungsklage zum Verwaltungsgericht (§ 45 VwGO).

5. Erlassgründe, zB für Kulturgüter und Grünanlagen, sind in §§ 32, 33 GrStG geregelt. Sie werden auf Antrag gewährt (§ 34 GrStG).

6. Die Verfassungsbeschwerde zur Verfassungsmäßigkeit der GrSt (1 BvR 1644/05) wurde nicht zur Entscheidung angenommen. Die Beschwerdeführer wandten sich gegen die GrSt-Festsetzung für von ihnen selbst genutztes Wohneigentum. Sie vertraten die Auffassung, dass die Eigentumsgarantie des Art. 14 GG dem Gesetzgeber verbiete, auf Wirtschaftsgüter des persönlichen Gebrauchsvermögens zuzugreifen und beziehen sich auf den Beschluss des BVerfG zur Vermögensteuer v. 22.6.1995.

7. Der BFH hält die Vorschriften über die Einheitsbewertung des Grundvermögens ab dem Stichtag 1.1.2009 für verfassungswidrig und hat deshalb das BVerfG angerufen. Das BVerfG hat mit Urteil vom 10.4.2018 (1 BvL 11/14) entschieden, dass die Regelungen zur Einheitsbewertung von Grundvermögen in den alten Bundesländern jedenfalls seit 1.1.2002 verfassungswidrig und bis zum 31.12.2019 durch eine Neuregelung zu ersetzen sind. Nach der gesetzlichen Neuregelung werden die Grundstücke nach einem wertabhängigen Modell bewertet, in das Bodenrichtwert, Nettokaltmiete, Grundstücksfläche, Immobilienart und Alter des Gebäudes einfließen. Die alten Regelungen zur Einheitsbewertung dürfen aber noch bis fünf Jahre nach Verkündung einer Neureglung, längstens bis 31.12.2024 angewandt werden. Grund für die lange Übergangsregelung ist der enorme administrative Aufwand (es müssen bundesweit mehr als 35 Millionen Grundstücke neu bewertet werden).

8. Die erste Hauptfeststellung wird auf den 1. Januar 2022 durchgeführt. Dafür müssen Grundstückseigentümer digitale Erklärungen zur Feststellung der Grundsteuerwerte abgeben. Die Abgabe dieser Erklärungen ist nun im Zeitraum 1.7.-31.1.2023 möglich (die ursprünglich bis 31.10.2022 laufende Frist wurde bundesweit verlängert; in Bayern ist eine Abgabe sogar bis 30.4.2023 möglich)). Mehrere Länder haben bereits von der gesetzlichen Öffnungsklausel Gebrauch gemacht, so dass keine bundeseinheitlichen Bewertungsregeln existieren.

Grundstoffüberwachungsgesetz

Das Grundstoffüberwachungsgesetz v. 7.10.1994 (BGBl. 1994 I 2835) verfolgt den Zweck, die Abzweigung von Grundstoffen für die unerlaubte Herstellung von Betäubungsmitteln zu verhindern. Zu diesem Zweck regelt das Grundstoffüberwachungsgesetz umfangreiche Erlaubnis-, Melde- und Überwachungspflichten. Den Verkehr mit Betäubungsmitteln selbst regelt das → Betäubungsmittelgesetz.

Grundstück

iSd → Sachenrechts des BGB (und der Grundbuchordnung) ist jeder abgegrenzte Teil der Erdoberfläche, der im Bestandsverzeichnis des betreffenden Grundbuchblatts gesondert aufgeführt ist. Nicht Grundstück im Rechtssinne ist das Flurstück (Katasterparzelle), das lediglich eine vermessungstechnische Einheit darstellt. Das Grundstück kann aus mehreren Flurstück-(Plan-)nummern bestehen; soll über eine von ihnen verfügt werden, so ist die vorherige Abschreibung (Bildung eines neuen Grundstück) erforderlich. In den Bau- und Bodengesetzen (→ Grundstücksverkehr, landwirtschaftlicher) wird der Begriff Grundstück wirtschaftlich als Nutzungseinheit verstanden; ein Grundstück idS kann mehrere Grundstücke im Rechtssinne umfassen. Sa → Betriebsgrundstücke, → Einheitswerte, → Gewerblicher Grundstückshandel.

Grundstücksaus(ein)fahrten

→ Einfahren aus Grundstück, → Parken.

Grundstücksgleiches Recht

ist ein dingliches Recht (→ Sachenrecht), das rechtlich wie ein → Grundstück behandelt wird (zB → Erbbaurecht).

Grundstückskaufvertrag

Grds. kann ein → Vertrag ohne besondere Form geschlossen werden. Ein Vertrag, durch den sich jemand verpflichtet, das Eigentum an einem → Grundstück zu übertragen bzw. zu erwerben, ein → Erbbaurecht hieran zu bestellen oder → Wohnungseigentum einzuräumen, bedarf jedoch wegen seiner besonderen Bedeutung der notariellen Beurkundung (§ 311b I 1 BGB; → Form, 1c). Das Gleiche gilt auch für eine bloße Erwerbsverpflichtung des Käufers. Formbedürftig ist jeder Vertrag, der irgendwie die Verpflichtung enthält, Grundstückseigentum zu übertragen oder zu erwerben, so zB die Einbringung in eine → Gesellschaft des bürgerlichen Rechts, ein bindendes → Vertragsangebot, die Begründung eines → Ankaufs- oder → Optionsrechts, auch eine unwiderruflich erteilte → Vollmacht, weil bereits hierdurch eine Bindung des Verkäufers eintritt; sa → Bauvertrag, → Bauträgervertrag, → Baubetreuungsvertrag, → Fertighausvertrag, → Parzellierung. Auch der bloße Vorvertrag (→ Vertrag, 3) bedarf der Form des § 311b I 1 BGB. Die Verpflichtung umfasst iZw auch das → Zubehör (§ 311c BGB). Eine nachträgliche Abänderung bedarf der Beurkundung nur insoweit, als die Pflichten eines Vertragsteils hierdurch vergrößert werden (zB veränderter Kaufpreis), daher zB nicht die Aufhebung eines wirksam geschlossenen Grundstückskaufvertrag vor dessen Vollzug (anders, wenn bereits eine → Auflassungsvormerkung eingetragen wurde). Formbedürftig ist der gesamte Vertrag mit allen Nebenabreden; ein Verstoß hiergegen (zB bei bewusst zu niedrig angegebenem Kaufpreis, sog. Schwarzkauf) führt zur Nichtigkeit des Vertrags.

Ein ohne Beachtung der erforderlichen Form geschlossener Grundstückskaufvertrag wird jedoch durch Heilung des Mangels (→ ex nunc) wirksam, wenn er erfüllt wird, dh die Auflassung ordnungsgemäß erklärt und der Rechtsübergang im → Grundbuch eingetragen wird (§ 311b I 2 BGB; → Grundstücksrechte; → Eigentumsübertragung, 1). Der Rechtserwerb des Käufers im Wege der Heilung kann nach Erklärung der Auflassung nur durch eine → einstweilige Verfügung verhindert werden (Erwerbsverbot; → Verfügungsbeschränkungen). Zum Grundstücksverkehr im Beitrittsgebiet (Genehmigungspflicht ua) s. GrundstücksverkehrsVO idF v. 20.12.1993 (BGBl. 1993 I 2221) mÄnd.

Grundstücksmakler
Wer sich gewerbsmäßig (→ Gewerbe) als Grundstücksmakler (→ Maklervertrag) – auch für → grundstücksgleiche Rechte – betätigen will, bedarf der → Gewerbezulassung (§ 34c GewO). Sa → Wohnungsvermittlung. Zu den Zulassungsvoraussetzungen → Makler.

Grundstücksmietvertrag
→ Mietvertrag, → Wohnraummietvertrag.

Grundstücksnießbrauch
→ Nießbrauch.

Grundstücksrechte
Als Recht an einem → Grundstück (→ Sachenrecht) kommen neben dem → Eigentum als Vollrecht und dem → Erbbaurecht als → grundstücksgleichem Recht die beschränkten dinglichen Rechte in Betracht: die → Grunddienstbarkeit, die → beschränkte persönliche Dienstbarkeit, der → Nießbrauch, die → Reallast, das dingliche → Vorkaufsrecht und insbes. die Grundpfandrechte (→ Hypothek, → Grundschuld, → Rentenschuld). Man unterscheidet Rechte, die einer bestimmten Person zustehen (sog. Personalrechte, zB das Eigentum oder die Hypothek), und Rechte, die mit einem Grundstück verbunden sind (sog. Realrechte, zB die Grunddienstbarkeit).

Soweit bei den einzelnen Rechten nichts Abweichendes vorgesehen ist (→ Eigentumsübertragung von Grundstücken, → Grundbuch), bedarf die Übertragung eines Grundstücksrechts sowie dessen Neubestellung, Belastung oder inhaltliche Änderung der → Einigung des Berechtigten und des anderen Teils sowie der Eintragung der Rechtsänderung im Grundbuch (§ 873 BGB, § 877 BGB). Erforderlich zur rechtsgeschäftlichen Eigentumsübertragung, Hypothekenbestellung usw (anders bei Erwerb durch Staatsakt, zB in der → Zwangsversteigerung, oder durch → Enteignung sowie kraft Gesetzes, zB als → Erbe) ist daher neben dem entsprechenden Vermerk im Grundbuch eine wirksame dingliche Einigung (sog. materielles Konsensprinzip; anders für den Nachweis zur Eintragung im → Grundbuch). Die Einigung als das dingliche Erfüllungsgeschäft darf nicht mit dem zugrundeliegenden schuldrechtlichen Verpflichtungsvertrag, zB dem → Grundstückskaufvertrag, verwechselt werden (→ Sachenrecht). Nur die dingliche Rechtsänderung, nicht der Kauf, ist eintragungsfähig; zur näheren Bezeichnung des Rechts kann auf die Eintragungsbewilligung Bezug genommen werden (§ 874 BGB; → Grundbuch). Die Eintragung ist zwar wesentliches Erfordernis der Rechtsänderung und ist auch für den → Rang des Grundstücksrechts sowie für den → öffentlichen Glauben des Grundbuchs und einen → gutgläubigen Erwerb von Bedeutung, bewirkt aber allein keine Änderung der Rechtslage; fehlt es an einer wirksamen Einigung (zB wegen mangelnder → Geschäftsfähigkeit eines Teils oder Bestehens von → Verfügungsbeschränkungen), so führt die Eintragung zur Unrichtigkeit des Grundbuchs (→ Berichtigung des Grundbuchs). Verfügungsbeschränkungen, die erst nach der Einigung, aber vor der Eintragung im Grundbuch eintreten (zB Veräußerungsverbot durch → einstweilige Verfügung, Eröffnung des → Insolvenzverfahrens, → Testamentsvollstrecker), sind ohne Einfluss auf die Einigung, wenn diese bereits bindend geworden ist (→ Einigung) und der Eintragungsantrag beim Grundbuch gestellt war (§ 878 BGB, § 91 II InsO). Die Übertragung und Belastung von Grundstücksrechten bedarf ferner in verschiedenen Fällen wie bei Grundstücken der behördlichen Genehmigung, zB bei landwirtschaftlichen Grundstücken (→ Grundstücksverkehr, landwirtschaftlicher). Zur Aufhebung eines Grundstücksrechts ist dagegen nur die einseitige (anders beim schuldrechtlichen → Erlass einer Forderung) Aufgabeerklärung, die ggf. der Zustimmung eines Berechtigten an diesem Recht bedarf, sowie die → Löschung des Rechts im Grundbuch erforderlich (§§ 875 f. BGB). S. ferner → Vormerkung, → Widerspruch, → Konsolidation.

Grundstücksteilung, -vereinigung
→ Grundbuch, → Wohnungseigentum. Sa → Parzellierung.

Grundstücksveräußerung
→ Grundstückskaufvertrag.

Grundstücksverbindung
→ Verbindung von Sachen, → Grundbuch.

Grundstücksverkehr, landwirtschaftlicher
Nach dem GrundstücksverkehrsG v. 28.7.1961 (BGBl. 1961 I 1091) mÄnd bedarf zum Schutz der Landwirtschaft vor Ausverkauf ihres Bodens und zur Erhaltung und Verbesserung der Agrarstruktur die rechtsgeschäftliche Veräußerung eines land- oder forstwirtschaftlich genutzten → Grundstücks sowie der entsprechende Verpflichtungsvertrag grds. der Genehmigung der nach Landesrecht zuständigen Landwirtschaftsbehörde. Dasselbe gilt für die Veräußerung eines → Miteigentumsanteils, eines → Erbteils oder die Bestellung eines → Nießbrauchs. In bestimmten Fällen (zB Veräußerung an den Bund oder ein Land, nach Landesrecht auch gewisse Rechtsgeschäfte kleineren Umfangs, idR bis zu 1 ha) ist eine Genehmigung nicht erforderlich; in anderen Fällen, zB bei Erwerb durch eine Gemeinde, Veräußerung eines land- oder forstwirtschaftlichen Betriebs im ganzen an nahe Verwandte, muss sie erteilt werden. Im Übrigen darf sie nur versagt oder durch Auflagen oder Bedingungen (zB Verpachtung an einen Landwirt) eingeschränkt werden, wenn die Veräußerung eine ungesunde Verteilung des Grund und Bodens bedeuten oder durch sie eine unwirtschaftliche Verkleinerung oder Aufteilung eintreten würde, ferner wenn der Gegenwert in einem groben Missverhältnis zum Wert des Grundstücks steht. Im → Grundbuch darf die Rechtsänderung erst eingetragen werden, wenn der Genehmigungsbescheid rechtskräftig geworden ist. Gegen die Ablehnung der Genehmigung (oder ihre Erteilung unter Bedingungen oder Auflagen) können die Beteiligten binnen 2 Wochen Antrag auf gerichtliche Entscheidung stellen. Zuständig ist nach dem Gesetz über das gerichtliche Verfahren in Landwirtschaftssachen vom 21.7.1953 (BGBl. 1953 I 667) mÄnd das Amtsgericht (Besetzung: 1 Richter am AG, 2 landwirtschaftliche Beisitzer; früher „Bauerngericht" genannt). Für das Verfahren nach dem LwVG gelten im Wesentlichen ergänzend die Vorschriften des FamFG (§ 9 LwVG). Gegen die Entscheidung des Amtsgerichts ist die → Beschwerde zum Oberlandesgericht zulässig, das gleichfalls mit 2 landwirtschaftlichen Beisitzern entscheidet. Gegen die Entscheidung des OLG findet in bestimmten Fällen die → Rechtsbeschwerde zum Bundesgerichtshof statt. Schließlich besteht nach §§ 13 ff. GrundstücksverkehrsG für das Gericht die Möglichkeit, auf Antrag eines → Miterben einen landwirtschaftlichen Betrieb, der einer durch → gesetzliche Erbfolge entstandenen Erbengemeinschaft gehört, ungeteilt einem Miterben zuzuweisen, um den Hof in seiner Gesamtheit zu erhalten (Zuweisungsverfahren); den übrigen Miterben steht dann an Stelle ihres Erbanteils nur ein Anspruch auf Zahlung einer entsprechenden Abfindung in Geld zu. Sa → Höfeordnung.

Grundstücksvertiefung
→ Immissionen.

Grundstückswerte (Ermittlung)
Nach §§ 192 ff. BauGB → Baugesetzbuch (BauGB) ist über den Verkehrswert bebauter und unbebauter Grundstücke (ohne land- und forstwirtschaftlich genutzte) auf Antrag des Eigentümers, sonstiger Berechtigtersowie von Behörden und Gerichten durch einen selbständigen Gutachterausschuss ein Gutachten zu erstellen. Dieses hat mangels anderer Vereinbarung keine bindende Wirkung. Ferner ist jeder Vertrag, durch den sich jemand verpflichtet, Eigentum an einem Grundstück gegen Entgelt zu übertragen, von der beurkundenden Stelle (idR Notar) dem Gutachterausschuss zu übersenden. Die so gewonnenen Erkenntnisse dienen der Einrichtung von Kaufpreissammlungen, auf Grund deren für die einzelnen Gemeindeteile oder das gesamte Gemeindegebiet durchschnittliche Lagewerte (Richtwerte) ermittelt werden. Diese sind in regelmäßigen Abständen ortsüblich bekanntzumachen. Jedermann kann vom Gutachterausschuss Auskunft über die Richtwerte verlangen. Der vom Gutachterausschuss zu ermittelnde Verkehrswert (gemeiner Wert) wird durch den Preis bestimmt, der im Ermittlungszeitpunkt im gewöhnlichen Geschäftsverkehr nach den rechtlichen Gegebenheiten und tatsächlichen Eigenschaften, der sonstigen Beschaffenheit und der Lage des Grundstücks ohne Rücksicht auf ungewöhnliche oder persönliche Verhältnisse zu erzielen wäre (vgl. § 194 BauGB). S. a. Verordnung über die Grundsätze für die Ermittlung der Verkehrswerte von Grundstücken (Immobilienwertermittlungsverordnung – ImmoWertV – v. 19.5.2010 (BGBl. 2010 I 639).

Grundtabelle
→ Einkommensteuer (4).

Grundurteil
Ein Grundurteil ist ein → Zwischenurteil, in dem über den Grund des prozessualen Anspruchs (→ Streitgegenstand) vorab entschieden wird, zB im Rahmen eines Schadensersatzprozesses (§ 304 ZPO: „Zwischenurteil über den Grund", § 61 III ArbGG, § 111 VwGO, § 99 FGO, § 130 SGG; § 406 I 2 StPO). Es setzt voraus, dass Grund und Betrag des Anspruchs streitig sind und das Gericht den Anspruch dem Grunde nach bejaht. Der Erlass des Grundurteils steht im Ermessen des Gerichts. Das Grundurteils wird grundsätzlich wie ein Endurteil angefochten (Ausnahme: § 61 III ArbGG).

Grundverhältnis
→ Gewaltverhältnis (öff.-rechtliches).

Grundvermögen
wird in § 68 Bewertungsgesetz (BewG) definiert. Es umfasst den Grund und Boden, die

Gebäude, die sonstigen Bestandteile und das Zubehör, das Erbbaurecht, das Wohnungseigentum, Teileigentum, Wohnungserbbaurecht und Teilerbbaurecht nach dem Wohnungseigentumsgesetz, soweit es sich nicht um land- und forstwirtschaftliches Vermögen (§ 33 BewG) oder um Betriebsgrundstücke (§ 99 BewG) handelt, → Grundbesitz. Bodenschätze und → Betriebsvorrichtungen gehören nicht dazu.

Grundversorgung
1. Grundversorgung bedeutet im → Rundfunkrecht nach dem 4. und 5. → Rundfunkurteil des Bundesverfassungsgerichts die Versorgung der Bevölkerung mit einem umfassenden Programmangebot. Grundversorgung folgt aus der dienenden Funktion der → Rundfunkfreiheit und beinhaltet, dass der Bevölkerung Programme angeboten werden, die umfassend und in der vollen Breite des klassischen Rundfunkauftrags informieren. Dabei muss die Meinungsvielfalt in verfassungsrichtlich gebotener Weise gesichert sein. Die Grundversorgung obliegt den öffentlich-rechtlichen → Rundfunkanstalten, die hierfür in ihrem Bestand gesichert werden und über ausreichende finanzielle Mittel verfügen müssen.

2. Zur Grundversorgung im Postwesen und in der Telekommunikation s. → Universaldienstleistungen.

Grundvertrag (Grundlagenvertrag)
Grundvertrag (Grundlagenvertrag) ist die (nichtamtl.) Bezeichnung des am 21.12.1972 unterzeichneten, am 21.6.1973 in Kraft getretenen Vertrages über die Grundlagen der Beziehungen zwischen der → Bundesrepublik Deutschland und der ehem. → Deutschen Demokratischen Republik (Gesetz v. 6.6.1973, BGBl. 1973 II 421). Der Grundvertrag sah vor, dass BRep. und DDR normale gutnachbarliche Beziehungen auf der Grundlage der Gleichberechtigung entwickeln, dass sie sich von den in der UN-Charta niedergelegten Zielen und Prinzipien leiten lassen, ihre Streitfragen ausschließlich mit friedlichen Mitteln lösen und sich der Drohung mit Gewalt oder der Anwendung von Gewalt enthalten. Die Vertragspartner bekräftigten die Unverletzlichkeit der zwischen ihnen bestehenden Grenze auch für die Zukunft und verpflichteten sich zur Achtung ihrer territorialen Integrität. Keiner der beiden Staaten konnte den anderen international vertreten. Die Hoheitsgewalt beschränkte sich auf das eigene Staatsgebiet. Die Unabhängigkeit und Selbständigkeit der beiden Staaten in ihren inneren und äußeren Angelegenheiten wurden respektiert. Ferner erklärten die Vertragsparteien ihre Bereitschaft zur Regelung praktischer und humanitärer Fragen. Der Grundvertrag war die Rechtsgrundlage für die Errichtung „Ständiger Vertretungen" am Sitz der jeweiligen Regierung. Früher von den Vertragsparteien abgeschlossene oder sie betreffende zweiseitige und mehrseitige internationale Verträge und Abkommen blieben unberührt. Das BVerfG (NJW 1973, 1539) hat die Verfassungsmäßigkeit des Grundvertrag in der sich aus den Urteilsgründen ergebenden Auslegung bejaht; die Gründe betonten insbes. das → Wiedervereinigungsgebot. Der Grundvertrag ist durch → Wiedervereinigung und → Einigungsvertrag gegenstandslos.

Grundwasser
Grundwasser ist ein → Gewässer. Es bezeichnet unterirdisches Wasser in der Sättigungszone, das in unmittelbarer Berührung mit dem Boden oder dem Untergrund steht (§ 3 Nr. 3 WHG). Die Abwasserverordnung (AbwV) idF v. 17.6.2004 (BGBl. 2004 I 1108) mÄnd regelt ua zum Schutze des Grundwassers für → wassergefährdende Stoffe die Voraussetzungen für die Einleitung und Beseitigung. Das Grundwasser wird regelmäßig bestimmt, beschrieben und insbes. hinsichtlich seiner Gefährdung durch Schadstoffbelastungen eingestuft (Grundwasserverordnung (GrwV) v. 9.11.2010, BGBl. 2010 I 1513 mÄnd) und ggf. überwacht, um die Bewirtschaftungsziele des § 47 WHG zu erreichen. Der Nitratgehalt (NO3) des Grundwassers darf 50 mg/l nicht übersteigen. Sa → Düngemittel, → Reinhaltung der Gewässer, → Wasserpfennig, → Wasserhaushalt, → Erdaufschlüsse.

Grundwasserabgabe
→ Wasserpfennig.

Grundwehrdienst
Die Vorschriften über den Grundwehrdienst haben nach → Aussetzung der Wehrpflicht nur noch im → Spannungsfall oder im → Verteidigungsfall Bedeutung. Der Grundwehrdienst (sa → Wehrdienst) dient der grundlegenden militärischen Ausbildung des Wehrpflichtigen. Er dauert 6 Monate (§ 5 II WPflG). Zum Grundwehrdienst herangezogen werden Wehrpflichtige bis zur Vollendung des 23. Lebensjahres. In Fällen der Zurückstellung werden Wehrpflichtige bis zur Vollendung des 25. Lebensjahres herangezogen. Wehrpflichtige, die wegen ihrer beruflichen Ausbildung vorwiegend militärfachlich verwendet werden, zB Ärzte, Apotheker im Sanitätsdienst, werden bis zur Vollendung des 32. Lebensjahres zurückgestellt (§ 5 I WPflG) und leisten dann Grundwehrdienst. Die militärische Ausbildung der → freiwilligen Wehrdienst Leistenden wird vom Gesetz nicht mehr als Grundwehrdienst bezeichnet.

Gruppenakkord
→ Gruppenarbeitsverhältnis, → Akkordarbeit.

Gruppenarbeitsverhältnis
Ein Gruppenarbeitsverhältnis liegt vor, wenn mehrere Arbeitnehmer zum Zweck gemeinsamer Arbeitsausführung und bei gesonderter Entlohnung bei demselben Arbeitgeber im selben Zeitraum in einem → Arbeitsverhältnis

stehen (zB Akkordkolonne). Man unterscheidet die selbständige Eigengruppe und die vom Arbeitgeber zusammengefasste Betriebsgruppe. Bei einer Eigengruppe kann das Rechtsverhältnis zum Unternehmer so ausgestaltet sein, dass die Gruppe an sich als → Gesellschaft des bürgerlichen Rechts Partner eines → Dienst- oder → Werkvertrages ist (keine arbeitsvertragliche Verbindung); alternativ ist der Abschluss von Arbeitsverträgen der einzelnen Gruppenmitglieder mit dem Arbeitgeber denkbar. Sa → Arbeitsplatzteilung und im Betriebsverfassungsrecht § 28a BetrVG.

Gruppenfreistellungsverordnungen
1. Wettbewerbsbeschränkende Vereinbarungen sind im → Kartellrecht grds. verboten, jedoch vom Verbot freigestellt, wenn sie die Voraussetzungen des § 2 GWB oder des Art. 101 Abs. 3 AEUV erfüllen (→ Freistellung im Kartellrecht). Diese Voraussetzungen werden durch Gruppenfreistellungsverordnungen konkretisiert, die → Verordnungen der Europäischen Union sind. Der → Rat der EU hat seine Zuständigkeit für deren Erlass (vgl. Art. 103 Abs. 2 lit. b AEUV) in verschiedenen Verordnungen an die → Europäische Kommission weitergegeben, die zu einzelnen Gruppen von Vereinbarungen Gruppenfreistellungsverordnungen (GVOen) erlassen hat (etwa → Vertikal-GVO, → Spezialisierungs-GVO, → Forschungs- und Entwicklungs-GVO, → Technologietransfer-GVO, → Kfz-GVO). Soweit Vereinbarungen keine freistellungsunfähigen und zur Gesamtnichtigkeit der Vereinbarung führenden → Schwarzen Klauseln enthalten, werden sie bis zu einer jeweils festgelegten Marktanteilsschwelle freigestellt. Zudem werden in den Gruppenfreistellungsverordnungen oft weitere vertragliche Klauseln genannt, die nicht freigestellt sind, aber die Freistellung der Vereinbarung im Übrigen nicht berühren („graue" oder „rote" Klauseln). Die → Kartellbehörden können den Vorteil einer Gruppenfreistellungsverordnung entziehen, wenn im Einzelfall die → Freistellungstatbestände des § 2 GWB oder des Art. 101 Abs. 3 AEUV nicht erfüllt sind (§ 29 → Kartellverfahrensverordnung).

2. Im europäischen → Beihilferecht sind staatliche Subventionen (und vergleichbare Maßnahmen) gem. Art. 107 Abs. 1 AEUV grds. mit dem Binnenmarkt unvereinbar; Ausnahmen sind in Art. 107 Abs. 2, 3 AEUV geregelt. Zur Überwachung ist die → Europäische Kommission gem. Art. 108 Abs. 3 AEUV von jeder beabsichtigten Einführung oder Umgestaltung von Beihilfen zu unterrichten. Wie im Kartellrecht hat die Kommission in Gruppenfreistellungsverordnungen bestimmte Gruppen von Beihilfen sowohl von der Anmeldepflicht befreit als auch für mit dem Binnenmarkt vereinbar erklärt, insbes. in der VO (EU) 651/2014 (ABl. EU 2014 L 187, 1 mÄnd).

Gruppenversicherung
→ Versicherungsvertrag (1).

GSVP
GSVP bezeichnet die Gemeinsame Sicherheits- und Verteidigungspolitik der → Europäischen Union. Die GSVP ist nach Art. 2 IV AEUV (→ AEUV) Teil der gemeinsamen Außen- und Sicherheitspolitik (→ GASP) der EU. Nach Art. 42 EUV sind die Mitgliedstaaten verpflichtet, der EU die für die Umsetzung der GSVP erforderlichen Fähigkeiten zur Verfügung zu stellen. Die EU kann jedoch auf die Streitkräfte der Mitgliedstaaten nur mit deren Zustimmung zugreifen, so dass die für → Auslandseinsätze der Bundeswehr geltenden Grundsätze nicht berührt werden. Die Mitgliedstaaten haben sich durch Art. 42 III EUV verpflichtet, ihre militärischen Fähigkeiten schrittweise zu verbessern. Mitgliedstaaten, die zusammen multinationale Streitkräfte aufgestellt haben, können diese der GSVP zur Verfügung stellen. Missionen der EU im Rahmen der GSVP werden vom → Rat der EU einstimmig auf Vorschlag des Hohen Vertreter der Union für Außen- und Sicherheitspolitik oder auf Vorschlag eines Mitgliedstaates beschlossen. Eigene militärische oder polizeiliche Verbände der EU sind nicht vorgesehen. Die → EDA koordiniert insbesondere das Beschaffungswesen. Sämtliche Missionen stehen unter dem Vorbehalt des völkerrechtlichen → Gewaltverbots. Die GSVP integriert die bisherigen Aufgaben der WEU nach dem → Brüsseler Vertrag.

Günstigkeitsprinzip
→ Tarifvertrag, → Betriebsvereinbarung.

Guerillakämpfer
ist eine andere Bezeichnung für → Freischärler oder Partisanen. Sa → Genfer Konventionen, → Kombattant, → Kriegsrecht.

Güterabwägungsprinzip
→ Abwägungsgebot.

Gütergemeinschaft
1. Die Gütergemeinschaft ist einer der → Güterstände des BGB; sie entsteht nur durch → Ehevertrag (§ 1415 BGB). Entscheidendes Merkmal der G. ist, dass – entgegen dem gesetzlichen Güterstand der → Zugewinngemeinschaft – mit Abschluss des Ehevertrags kraft Gesetzes, also ohne dass es jeweils einer Übertragung durch → Rechtsgeschäfte bedarf, grds. das gesamte vorhandene Vermögen des Mannes und der Frau gemeinschaftliches Vermögen beider Ehegatten (Gesamtgut) wird. Zu dem Gesamtgut gehört auch das Vermögen, das der Mann oder die Frau während der Gütergemeinschaft erwirbt (§ 1416 BGB). Zwischen den Ehegatten entsteht hinsichtlich des Gesamtguts eine → Gesamthandsgemeinschaft, vor Beendigung der Gütergemeinschaft (s. u.) kann weder Teilung begehrt oder über den Anteil am Gesamtgut oder an den einzelnen Gegenständen durch Rechtsgeschäft ver-

fügt werden (§ 1419 BGB), noch unterliegen diese Anteile der Pfändung (§ 860 ZPO). Vom Gesamtgut ausgenommen (dh im Eigentum des jeweiligen Ehegatten verbleibend) ist das Sondergut und das Vorbehaltsgut jedes Ehegatten. Sondergut sind die Gegenstände, die durch Rechtsgeschäft nicht übertragen werden können (§ 1417 BGB, zB ein → Nießbrauch, unpfändbare Unterhaltsansprüche ua). Das Sondergut wird von dem Ehegatten selbst verwaltet, aber – anders als das Vorbehaltsgut – für Rechnung des Gesamtguts; → Nutzungen fallen daher ins Gesamtgut, das auch die Lasten des Sonderguts zu tragen hat. Vorbehaltsgut sind die Gegenstände, die im Ehevertrag oder bei einer – zB letztwilligen – Zuwendung ausdrücklich vom Gesamtgut ausgenommen wurden sowie deren → Surrogate (§ 1418 BGB). Das Vorbehaltsgut wird von jedem Ehegatten in eigener Rechnung verwaltet.

2. Während Sondergut und Vorbehaltsgut von jedem Ehegatten selbständig verwaltet werden, können die Ehegatten im Ehevertrag bestimmen, wem von ihnen die Verwaltung des Gesamtguts obliegen soll; mangels einer Bestimmung verwalten die Ehegatten das Gesamtgut gemeinschaftlich (§ 1421 BGB). In diesem Fall sind sie grds. nur gemeinschaftlich zu Rechtsgeschäften, insbes. → Verfügung über das Gesamtgut, berechtigt; auch steht ihnen der → Besitz an den zum Gesamtgut gehörenden Sachen und die → Prozessführungsbefugnis in Rechtsstreitigkeiten, die sich auf das Gesamtgut beziehen, nur gemeinschaftlich zu (§ 1450 BGB; Ausnahmen § 1455 BGB, zB für Rechtsgeschäfte und Prozesse gegenüber dem anderen Ehegatten sowie dringende Maßnahmen). Das → Familiengericht kann die Zustimmung des anderen Ehegatten ersetzen, wenn sie ohne ausreichenden Grund verweigert wird (§ 1452 BGB). Haben dagegen die Ehegatten die Verwaltung des Gesamtguts durch einen von ihnen vereinbart, so ist dieser berechtigt, die zum Gesamtgut gehörenden Sachen in Besitz zu nehmen, sich grds. frei rechtsgeschäftlich für das Gesamtgut zu verpflichten und hierüber zu verfügen sowie Rechtsstreitigkeiten in eigenem Namen für das Gesamtgut zu führen (§ 1422 BGB). Zur Zwangsvollstreckung ist hier – anders als bei der gemeinschaftlichen Verwaltung – ein Urteil gegen den allein verwaltenden Ehegatten erforderlich und ausreichend (§ 740 ZPO), sofern nicht der nichtverwaltende Ehegatte ein selbständiges Erwerbsgeschäft betreibt (hier Titel gegen diesen Ehegatten erforderlich, § 1431 BGB, § 741 ZPO). Da jedoch der handelnde Ehegatte nicht Vertreter (→ Stellvertretung) des anderen ist, wird dieser durch die Verwaltungshandlungen nicht persönlich verpflichtet. Auch bedarf der verwaltende Ehegatte zu einer Reihe von Rechtsgeschäften, zB zur Verfügung über ein zum Gesamtgut gehörendes Grundstück oder zu einer → Schenkung, der Zustimmung des anderen Ehegatten, die ebenfalls durch das Familiengericht ersetzt werden kann (§§ 1423 ff. BGB). Persönliche Rechtsgeschäfte, zB die Annahme einer Erbschaft, sind auch dem nichtverwaltenden Ehegatten nicht verwehrt (§ 1432 BGB). Der verwaltende Ehegatte hat das Gesamtgut ordnungsgemäß zu verwalten und auf Verlangen dem anderen Auskunft zu erteilen (§ 1435 BGB); er haftet allerdings auch hier nur für die → Sorgfalt, die er in eigenen Angelegenheiten anzuwenden pflegt (§ 1359 BGB). Das Gesamtgut und seine Erträgnisse sind primär zur Bestreitung des Familienunterhalts heranzuziehen.

3. Die Schuldenhaftung richtet sich gleichfalls nach der Regelung des Verwaltungsrechts. Für die persönlichen Schulden jedes Ehegatten gegenüber Dritten haften zunächst Vorbehalts- und Sondergut. Die Gläubiger der Ehegatten können außerdem grds. aus dem Gesamtgut Befriedigung verlangen (§ 1437 BGB, § 1459 BGB); die persönlichen Schulden eines Ehegatten sind sog. Gesamtgutsverbindlichkeiten, sofern die ihnen zugrunde liegenden Rechtsvorgänge sich nicht ausschließlich auf das Vorbehalts- oder Sondergut beziehen (§§ 1439 ff. BGB, §§ 1461 ff. BGB; hier allerdings auch dann Haftung des Gesamtguts, wenn die Schulden aus einem selbständig geführten Erwerbsgeschäft eines der Ehegatten herrühren). Bei gemeinschaftlicher Verwaltung haften für diese Gesamtgutsverbindlichkeiten darüber hinaus beide Ehegatten auch persönlich als Gesamtschuldner (→ Gesamtschuld); bei Alleinverwaltung haftet nur der verwaltende Ehegatte für die Gesamtgutsverbindlichkeiten des nichtverwaltenden Ehegatten, nicht umgekehrt (§ 1422 S. 2 BGB, § 1437 II BGB, § 1459 II BGB). Auch im Innenverhältnis der Ehegatten fallen Gesamtgutsverbindlichkeiten grds. dem Gesamtgut zur Last; gewisse Schulden, zB aus unerlaubten Handlungen und aus Geschäften, die sich auf das Vorbehalts- oder Sondergut beziehen, treffen aber den Ehegatten, in dessen Person sie entstehen (§§ 1441 ff. BGB, §§ 1463 ff. BGB; hier bestehen unter den Ehegatten dann auch entsprechende Ausgleichspflichten).

4. Die Gütergemeinschaft endet durch Auflösung der Ehe (bei Tod eines Ehegatten s. aber → fortgesetzte Gütergemeinschaft), durch Aufhebung in einem → Ehevertrag oder durch rechtskräftiges → Gestaltungsurteil. An Stelle einer formlosen → Kündigung tritt nach §§ 1447 ff. BGB, §§ 1479 f. BGB die Möglichkeit einer Aufhebungsklage eines Ehegatten gegen den anderen, insbes. bei nicht ordnungsgemäßer Verwaltung des Gesamtguts sowie bei Verursachung übermäßig hoher Gesamtgutsverbindlichkeiten; in diesem Falle gilt ab Rechtskraft des Aufhebungsurteils → Gütertrennung. Nach Beendigung der Gütergemeinschaft müssen sich die Ehegatten über das Gesamtgut auseinandersetzen (§§ 1471 ff. BGB). Das Gesamtgut, das jetzt von beiden Ehegatten gemeinschaftlich ver-

waltet wird, bleibt zunächst als Gesamthandsgemeinschaft erhalten; nach Berichtigung der Gesamtgutsverbindlichkeiten ist der Überschuss zu teilen. Sofern beim Tod eines Ehegatten nicht → fortgesetzte Gütergemeinschaft eintritt, gelten die allgemeinen erbrechtlichen Vorschriften; der Anteil des verstorbenen Ehegatten am Gesamtgut gehört zu seinem Nachlass (§ 1482 BGB). Wird der überlebende Ehegatte nicht (Mit-)Erbe des verstorbenen Ehegatten, so stehen ihm keine besonderen Rechte auf das Gesamtgut zu. Sondervorschriften gelten für die Auseinandersetzung der Gütergemeinschaft nach → Ehescheidung (§ 1478 BGB). Zum → Insolvenzverfahren über das gemeinschaftlich verwaltete Gesamtgut einer Gütergemeinschaft s. §§ 333 ff. InsO.

Gütergemeinschaft, fortgesetzte
→ fortgesetzte Gütergemeinschaft.

Güterichter
Ähnlich einer → Mediation besteht in anhängigen Gerichtsverfahren die Möglichkeit, außerhalb der jeweils geltenden Verfahrensordnung zu einer gütlichen Einigung zu gelangen. So kann das Gericht die Parteien für Güteversuche an einen hierfür bestimmten und nicht entscheidungsbefugten Richter, den sogenannten Güterichter, verweisen (§ 278 V ZPO). Dieser kann alle Methoden der Konfliktbeilegung einschließlich der → Mediation anwenden. Für familiengerichtliche Verfahren gilt dies über § 36 V FamFG in gleicher Weise. Den Güterichter gibt es jetzt auch in allen weiteren Verfahrensordnungen.

Güterkraftverkehr
1. Das GüKG v. 22.6.1998 (BGBl. 1998 I 1485) mÄnd definiert als Güterkraftverkehr die geschäftsmäßige Beförderung von Gütern mit Kraftfahrzeugen ab zulässigem Gesamtgewicht v. 3,5 Tonnen; → Werkverkehr gilt nicht als gewerblicher Güterkraftverkehr (§ 1 GüKG). Das GüKG regelt neben Begriffsbestimmungen (§ 1 GüKG) und Ausnahmen (§ 2 GüKG) eine allgemeine Erlaubnispflicht für den gewerblichen Güterkraftverkehr; die zuständige Behörde wird durch Landesrecht bestimmt. Die widerrufliche → Erlaubnis setzt finanzielle Leistungsfähigkeit des Unternehmers (mit tatsächlicher und dauerhafter Niederlassung in der EU) sowie Zuverlässigkeit und fachliche Eignung voraus (§ 3 II GüKG sowie BerufszugangsVO v. 21.12.2011, BGBl. 2011 I 3120; sa → Kraftverkehrsunternehmer). Sie ist auf zunächst 10 Jahre befristet, kann aber gem. § 3 II GüKG unbefristet weiter gelten. Vor Erteilung oder Widerruf haben beteiligte Wirtschaftsverbände und Gewerkschaften das Recht zur Stellungnahme. Die vorläufige Weiterführung des Geschäfts zB im Todesfall des Unternehmers regelt § 8 GüKG.

2. Die Gemeinschaftslizenz für Beförderungen in, durch oder aus der EU wird gem. VO über den grenzüberschreitenden Güterkraftverkehr und den Kabotageverkehr v. 28.12.2011 (BGBl. 2012 I 42 mÄnd) erteilt und ist der Erlaubnis nach § 3 GüKG gleichgestellt. Den grenzüberschreitenden Güterkraftverkehr regelt die VO (EG) 1072/2009 (ABl. EG 2009 L 300,72). Das GüKG regelt weiter die Voraussetzungen der Befreiung von der Erlaubnispflicht für Gebietsfremde (§ 6 GüKG), die Versicherungspflicht (§ 7a GüKG, s. → Frachtvertrag), Maßnahmen gegen illegale Beschäftigung (§§ 7, 7b und 7c GüKG) und die Aufsicht durch das → Bundesamt für Logistik und Mobilität. Zu Lenk- und Ruhezeiten → Kraftfahrer. Sa → Umzugsvertrag.

Güterrecht, eheliches
Das eheliche Güterrecht regelt die vermögensrechtlichen Beziehungen der Ehegatten untereinander und gegenüber Dritten (§§ 1363 ff. BGB). Während die aus der → ehelichen Lebensgemeinschaft resultierenden Rechte und Pflichten (insbes. → Unterhaltspflicht der Ehegatten, → Eigentumsvermutungen, → Mitarbeit der Ehegatten) bei jedem Güterstand gegeben sind, bestimmen sich die Eigentums- und Vertretungsverhältnisse der Ehegatten sowie deren Folgen unterschiedlich nach dem jeweiligen Güterstand. Das Gesetz normiert seit dem → GleichberechtigungsG als gesetzlichen Güterstand grds. die → Zugewinngemeinschaft; es lässt jedoch zu, durch → Ehevertrag weitere Formen der Vermögenszuordnung und -verwaltung zu schaffen (→ Güterstände, 2). Zur Verlautbarung etwaiger Änderungen des gesetzlichen Güterrechts und zur Wirkung gegenüber Dritten diente bis zu seiner Abschaffung mit Wirkung zum 1.1.2023 das → Güterrechtsregister. Zum Verfahren in Güterrechtssachen s. §§ 261 ff. FamFG. Zum Gebiet ehem. DDR → Güterstände.

Güterrechtsregister
Das Güterrechtsregister diente dazu, die güterrechtlich bedeutsamen Abweichungen vom gesetzlichen Güterstand Dritten, die hiervon betroffen werden, zu offenbaren. Eintragungen wurden nur auf Antrag der Ehegatten vorgenommen; die Einsicht war jedermann gestattet (§§ 1558 ff. BGB). Eintragungsfähig waren → Eheverträge sowie jede Änderung und Ausschließung des → gesetzlichen Güterstandes kraft Vertrags, Gesetzes oder Urteils (zB bei vorzeitigem → Zugewinnausgleich, § 1388 BGB), aber auch einseitige Maßnahmen, zB die Einschränkung der Geschäfte zur Deckung des Lebensbedarfs (§ 1357 II BGB). Die Eintragung im Güterrechtsregister hatte zwar – anders als zB beim → Grundbuch – keinen → Gutglaubensschutz für Dritte zur Folge; die Ehegatten konnten jedoch Veränderungen der kraft Gesetzes bestehenden güterrechtlichen Verhältnisse oder Veränderungen der eingetragenen Umstände (zB Wiederaufhebung eines vertraglichen Güterstandes) einem Dritten bei einem Erwerb durch → Rechtsgeschäft oder kraft Urteils (nicht bei Rechtserwerb kraft Gesetzes, zB im Erbrecht)

nur dann entgegenhalten, wenn diese Tatsache dem Dritten bekannt oder in das Güterrechtsregister eingetragen war. Jeder Dritte konnte daher zwar nicht auf die Richtigkeit einer eingetragenen Tatsache, wohl aber auf das Schweigen des Güterrechtsregisters oder auf den Fortbestand der eingetragenen Rechtslage vertrauen (§ 1412 BGB aF, sog. negative Publizität).

Im Zuge der Digitalisierung der → Register wurde das papiergebunden geführte Güterrechtsregister mit Wirkung zum 1.1.2023 (G. v. 31.10.2022 BGBl. 2022 I S. 1966) ganz abgeschafft. § 1412 BGB wurde umgestaltet: Ist einem Dritten das Vorhandensein eines Ehevertrags bekannt oder infolge → grober Fahrlässigkeit unbekannt geblieben – zum Beispiel weil er Anhaltspunkte für das Vorhandensein eines abweichenden Güterstandes hatte, aber nicht nachgefragt hat –, können ihm die Einwendungen, die sich aus dem geänderten Güterstand ergeben, entgegengehalten werden. Hat zum Beispiel ein Ehegatte einen Vertrag hisichtlich des Gesamtgutes der vereinbarten → Gütergemeinschaft alleine abgeschlossen, haftet an sich nach § 1460 BGB das Gesamtgut nicht. Der Vertragspartner kann sich aber auf die Wirksamkeit des Vertrages berufen, wenn er nichts von der Gütergemeinschaft wusste. Die Norm des § 1412 BGB wurde Art. 28 der Europäischen Güterrechtsverordnung (→ Internationales Privatrecht, 2.b) angepasst, die für grenzüberschreitende Sachverhalte ähnlich wie die → Rom III-VO gilt.

Güterrechtssachen
→ Güterrechtsregister, → Güterrecht, eheliches.

Güterschaukel
Den im gesetzlichen → Güterstand der → Zugewinngemeinschaft lebenden → Ehegatten steht es frei, durch → Ehevertrag jederzeit während der Ehe → Gütertrennung zu vereinbaren (§ 1414 BGB), wodurch ein → Zugewinnausgleichsanspruch zu diesem Zeitpunkt entsteht. Danach kann – einer Schaukelbewegung gleich – erneut der gesetzliche Güterstand vereinbart werden. Weil der erfüllte Zugewinnausgleich nicht als Schenkung oder Zuwendung zwischen den Ehegatten bewertet wird, können mit dieser Rechtsgestaltung Steuern oder ein → Pflichtteilsergänzungsanspruch vermieden werden.

Güterstände
1. Das eheliche → Güterrecht kennt zur Regelung der vermögensrechtlichen Beziehungen der Ehegatten gesetzliche und vertragliche Güterstände. Gesetzlicher Güterstand ist für den Regelfall die → Zugewinngemeinschaft; dies gilt grds. auch für vor dem 1.7.1958 abgeschlossene Ehen (zur Übergangsregelung vgl. iE Art. 8 I → Gleichberechtigungsgesetz). Auch für → Vertriebene und → Flüchtlinge, die als Ehegatten in der Bundesrepublik leben, gilt seit 1.10.1969 der gesetzliche Güterstand der Zugewinngemeinschaft, sofern sie nicht – abgesehen von der Möglichkeit eines Ehevertrages – bis zum 31.12.1970, seither innerhalb von 15 Monaten nach Übersiedlung in die Bundesrepublik) durch notariell beurkundete Erklärung gegenüber dem Amtsgericht zum Ausdruck bringen, dass für die Ehe der bisherige gesetzliche Güterstand eines außerhalb der Bundesrepublik maßgebenden Rechts fortgelten solle (G v. 4.8.1969, BGBl. 1969 I 1067).

Gebiet ehem. DDR: Haben die Ehegatten am 3.10.1990 im gesetzl. Güterstand der Eigentums- und Vermögensgemeinschaft (ähnlich der früheren Errungenschaftsgemeinschaft) gelebt, so gelten mangels abweichender Vereinbarung oder Erklärung ab diesem Zeitpunkt die Vorschriften über den gesetzl. Güterstand der → Zugewinngemeinschaft (Art. 234 § 4 EGBGB). Für Ehegatten, die vor dem Beitritt der DDR geschieden worden sind, bleibt hinsichtl. der Auseinandersetzung des gemeinschaftl. Eigentums und Vermögens das bisherige Recht maßgebend.

2. Das BGB geht vom Grundsatz der güterrechtlichen Vertragsfreiheit aus. Der gesetzliche Güterstand der Zugewinngemeinschaft gilt daher nur, wenn die Ehegatten durch Ehevertrag nichts anderes vereinbart haben. Allerdings sind die Partner an die vom BGB aufgezählten Güterstände gebunden. Der Güterstand kann daher nicht durch Verweisung auf ein nicht mehr geltendes Gesetz (zB Güterstand der Verwaltung und Nutznießung des Ehemannes) oder auf ausländisches Recht (s. aber Internationales Privatrecht, 2) bestimmt werden (§ 1409 BGB). Als vertragsmäßige Güterstände kommen demnach nur noch die → Gütergemeinschaft (§§ 1415 ff. BGB), die → Gütertrennung (§ 1414 BGB) und der deutsch-französische Wahlgüterstand (§ 1519 BGB) in Betracht. Der deutsch-französische Wahlgüterstand, der dem gesetzlichen Güterstand der Zugewinngemeinschaft ähnelt, wurde mWv 1.5.2013 durch ein bilaterales Abkommen zwischen der Bundesrepublik Deutschland und der Französischen Republik v. 4.2.2010 über den Güterstand der Wahl-Zugewinngemeinschaft geschaffen. Die früheren vertraglichen Güterstände der Errungenschaftsgemeinschaft (was der Mann oder die Frau während der Errungenschaftsgemeinschaft erwirbt, wird gemeinschaftliches Vermögen beider Ehegatten, §§ 1519 ff. BGB aF) und der Fahrnisgemeinschaft (Gemeinschaft des beweglichen Vermögens und der Errungenschaft, §§ 1549 ff. BGB aF) gelten nur noch für die vor dem 1.7.1958 geschlossenen Eheverträge fort. Schließen die Ehegatten in dem Ehevertrag lediglich den gesetzlichen Güterstand der Zugewinngemeinschaft oder den Ausgleich des Zugewinns als deren wesentlichen Bestandteil aus oder heben sie die Gütergemeinschaft auf, ohne einen neuen Güterstand zu bestimmen, so tritt als hilfsweiser Güterstand kraft gesetzlicher Auslegung des

mutmaßlichen Willens der Ehegatten → Gütertrennung ein (§ 1414 BGB).

Zur steuerlichen Behandlung → Veranlagungsarten.

Gütertransport

1. Die Regelungen des Gütertransports, auch Güterverkehr genannt, hängen vom Transportmittel ab. S. dazu allgemein → Frachtvertrag und zusätzlich zum Gütertransport auf der Straße → Güterkraftverkehr, zum Gütertransport auf der Schiene → CIM und zum Gütertransport in der Luft → Warschauer Abkommen. Sa → Multimodaler Verkehr und → Beförderung gefährlicher Güter.

2. Gütertransport mit Binnenschiffen (→ Binnenschifffahrt) ab einer bestimmten Ladefähigkeit ist idR erlaubnispflichtig (§ 2 VO v. 30.9.1992, BGBl. 1992 I 1760 mÄnd), auch wenn er nur gelegentlich stattfindet. Die → Erlaubnis ist zu erteilen, wenn zB der Unternehmer fachlich geeignet ist (§§ 4–7); entsprechende Bescheinigungen, ua der Schweiz, werden idR anerkannt. Die Erlaubnis gilt unbefristet, ist aber nicht übertragbar. Der Frachtvertrag beim internationalen Gütertransport unterliegt für die Mitgliedstaaten (ua Deutschland) des Übereinkommens v. 22.6.2001 über Güterbeförderung in der Binnenschifffahrt (sog. Budapester o. CMNI-Übereinkommen) diesem Vertrag (G v. 17.3.2007, BGBl. 2007 II 298, 1390 mÄnd). Sa → Schifffahrtsverbände. Zum Gütertransport in der → Seeschifffahrt s. → Seefrachtvertrag.

Gütertrennung

Die Gütertrennung war nach Wegfall des Güterstands der → Vermögensverwaltung und Nutznießung durch den Ehemann auf Grund des Grundsatzes der → Gleichberechtigung v. 1.4.1953 bis 30.6.1958 gesetzlicher Güterstand. Heute kann Gütertrennung durch → Ehevertrag vereinbart werden. Schließen die Ehegatten den gesetzlichen Güterstand der → Zugewinngemeinschaft oder den → Zugewinnausgleich als deren wesentliches Merkmal aus oder heben sie eine vereinbarte → Gütergemeinschaft auf, ohne einen neuen Güterstand zu bestimmen, so tritt Gütertrennung kraft Gesetzes ein (§ 1414 BGB). Das Gleiche gilt bei einem rechtskräftigen Urteil auf Aufhebung der Gütergemeinschaft (§ 1449 BGB, § 1470 BGB) oder auf vorzeitigen Zugewinnausgleich (§ 1388 BGB). Die Vereinbarung eines → Ausschluss des Versorgungsausgleichs zieht hingegen die Gütertrennung nicht mehr nach sich.

Die Gütertrennung ist dadurch gekennzeichnet – das BGB enthält keine nähere Regelung –, dass die beiden Vermögensmassen der Ehegatten in güterrechtlicher Hinsicht (zB Eigentum, Schuldenhaftung) völlig getrennt sind; jeder Ehegatte verwaltet – abgesehen von den sich aus der → ehelichen Lebensgemeinschaft ergebenden Verpflichtungen – sein Vermögen selbst (s. aber → Vermögensverwaltung unter Ehegatten). Da die Gütertrennung den nicht verdienenden Ehegatten idR benachteiligt, weil er nicht am Vermögenserwerb in der Ehe teilhat und auf eine vertragliche Sicherung oder → Unterhaltsansprüche angewiesen ist, hat sie das GleichberechtigungsG nicht zum neuen gesetzlichen Güterstand des BGB (→ Zugewinngemeinschaft) gemacht. Der überlebende Ehegatte ist jedoch erbrechtlich in gewisser Hinsicht besser gestellt (§ 1931 IV BGB; → Erbfolge).

Güterverkehr

→ Gütertransport.

Gütestellen

Gütestellen sind Einrichtungen, um Streitigkeiten außergerichtlich zu erledigen. Ihre Inanspruchnahme ist in wenigen Fällen sogar verpflichtend, bevor gerichtliche Hilfe begehrt werden kann (§ 15a EGZPO). Es gibt von der → Landesjustizverwaltung oder den → Industrie- und Handelskammern eingerichtete bzw. anerkannte Einigungsstellen (zB → unlauterer Wettbewerb, 3). Ein vor der Gütestelle abgeschlossener → Vergleich ist – wie der → Prozessvergleich – → Vollstreckungstitel (§ 794 I 1 ZPO, § 797a ZPO). Bei Streitigkeiten auf einer Vielzahl von Rechtsgebieten können sich die Beteiligten – unbeschadet ihres Rechts die ordentlichen Gerichte anzurufen – an eine Schlichtungsstelle wenden. Zu nennen sind hier beispielhaft die streitschlichtenden Einrichtungen der Banken und anderen Kreditinstitute, der Versicherungen, der Rechtsanwälte und in der Personenbeförderung.

Güteverfahren

Das Güteverfahren ist der besonders ausgestaltete → Sühneversuch (→ Güteverhandlung) vor dem Arbeitsgericht (§§ 54, 61a, 80 ArbGG). Das Güteverfahren findet vor dem Vorsitzenden statt, stellt den Beginn der → mündlichen Verhandlung dar und endet, ggf. in einem weiteren Termin, soweit möglich mit dem Abschluss eines → Prozessvergleichs. Andernfalls schließt sich – unmittelbar oder später – die streitige mündliche Verhandlung an (§ 54 IV ArbGG). Außer im → Beschlussverfahren ist die Durchführung des Güteverfahrens zwingend. Eine Vorbereitung durch Schriftsätze der beklagte Partei ist nicht zwingend und überwiegend auch nicht üblich. In der Güteverhandlung kann der Fall vom Vorsitzenden unter freier Würdigung aller Umstände erörtert werden (§ 54 I ArbGG). Versäumnis-, Verzichts- oder Anerkenntnisurteile können auch durch den Vorsitzenden allein ergehen, eine streitige Entscheidung durch den Vorsitzenden allein jedoch nur auf Antrag der Parteien im direkten im Anschluss an die Güteverhandlung (§ 55 III ArbGG). Eine zweite Güteverhandlung ist nur mit Zustimmung beider Parteien möglich (§ 54 I 5 ArbGG). Sa § 278 ZPO vor den ordentlichen Gerichten.

Güteverhandlung
Die Güteverhandlung ist der Teil einer → mündlichen Verhandlung, in dem versucht wird, den Rechtsstreit gütlich beizulegen (→ Sühneversuch, → Güteverfahren, → Prozessvergleich). Das Gericht kann die Parteien für die Güteverhandlung sowie für weitere Güteversuche vor einen hierfür bestimmten und nicht entscheidungsbefugten Richter (→ Güterichter) verweisen.

Gütezeichen
ist ein Wort- und/oder Bildzeichen oÄ, das nach Überprüfung der Qualifikationsmerkmale der Ware und/oder ihrer Herstellungsart in einem besonderen Verfahren anerkannt worden ist (zB „Wollsiegel"). Die Bezugnahme auf ein Gütezeichen in einem Kaufvertrag bedeutet regelmäßig eine entsprechende Eigenschaftszusicherung durch den Verkäufer (→ Gewährleistung, 2). Sa → Marken (2), → geschützte Ursprungsbezeichnung.

Gütliche Verhandlung in Staatenstreitigkeiten
Ein Großteil von Staatenstreitigkeiten wird im Wege diplomatischer Verhandlungen geklärt. → Völkerrechtliche Verträge sehen nicht selten als Rechtspflicht der Vertragspartner den Versuch vor, Meinungsverschiedenheiten im Wege der gütlichen Verhandlung zu klären. Art. 33 der Satzung der Vereinten Nationen verpflichtet die Mitgliedstaaten, Streitigkeiten, die den internationalen Frieden oder die internationale Sicherheit gefährden, in erster Linie durch „Verhandlung, Untersuchung, Vermittlung, Vergleich, Schiedsspruch oder gerichtliche Erledigung" zu beseitigen. Die Ersten vier Möglichkeiten fallen in den Bereich der gütlichen Verhandlung.

Gun Jumping
Von „Gun Jumping" spricht man, wenn ein an sich zulassungspflichtiger → Unternehmenszusammenschluss bereits vor dem Abschluss des Fusionskontrollverfahrens vollzogen wird (s. auch → Fusionskontrolle).

Gutachten
Gutachten der in gerichtlichen Verfahren auftretenden → Sachverständigen sind Hilfsmittel für das Gericht zur Beurteilung von Tatsachen oder Tatsachenkomplexen, insbes. auf Grund von Erfahrungssätzen; sie vermitteln dem Richter die ihm fehlende Sachkunde. Ein Gutachten basiert auf einem bereits festgestellten oder unstreitigen Sachverhalt oder auf einer oder mehreren als möglich unterstellten Tatsachengrundlagen; im Sachbericht kann es „Befundtatsachen" verwerten. Die Würdigung des Gutachtens und die aus ihm für die Sachentscheidung zu ziehenden Schlussfolgerungen bleiben dagegen dem Gericht vorbehalten (§ 286 ZPO, § 261 StPO). – Der Begriff Gutachten (auch: Rechtsgutachten) wird auch für Ausarbeitungen verwendet, die gerichtliche Entscheidungen vorbereiten; solche Gutachten enthalten einen Sachbericht (Tatsachendarstellung), die rechtliche Würdigung und einen Entscheidungsvorschlag.

Gutachtenstil
Gutachtenstil bezeichnet die methodische und stilistische Art der Untersuchung eines Rechtsproblems, wonach zunächst im Wege eines Obersatzes eine Hypothese aufgestellt wird, die dann im Wege einer → Subsumtion erhärtet oder widerlegt wird (Gegensatz → Urteilsstil).

Gutachterausschuss
→ Grundstückswerte.

Gute Dienste in Staatenstreitigkeiten
Versucht ein an einer → völkerrechtlichen Streitigkeit unbeteiligter Staat, die Streitteile zur Aufnahme direkter Verhandlungen zu bewegen, so nennt man das die Leistung „guter Dienste" (bons offices). Von der Vermittlung unterscheiden sich die guten Dienste dadurch, dass bei jener konkrete Vorschläge für die Beilegung des Streits gemacht werden.

Gute fachliche Praxis
Dieser Rechtsbegriff hat Eingang in eine Reihe von Rechtsgebieten gefunden. Die Grundsätze der guten fachlichen Praxis der landwirtschaftlichen Bodennutzung dienen – zB gem. Gesetz über den → Bodenschutz – der nachhaltigen Sicherung der Fruchtbarkeit und Leistungsfähigkeit des Bodens. Beim Anbau von Pflanzen und Halten von Tieren wird die Vorsorgepflicht nach dem GenTG durch die Einhaltung der guten fachlichen Praxis erfüllt (§ 16b GenTG). Sa → Gute Praxis.

Gute Praxis
Unter guter Praxis sind freiwillig von den betroffenen Kreisen (zB Wirtschaft, Wissenschaft und Forschung) oder durch Rechtsvorschriften festgelegte Qualitätsstandards zu verstehen, deren Einhaltung durch Prüfstellen bescheinigt werden kann oder Voraussetzung für bestimmte Tätigkeiten ist, wie etwa die als Prüfstelle selbst. Es gibt eine wachsende Anzahl dieser Regeln, etwa → gute fachliche Praxis, gute Hygiene-, klinische oder Herstellungspraxis; sa → Grundsätze der guten Laborpraxis. Ihre Anwendung kann der gerichtlichen Überprüfung unterliegen, etwa wenn der Maßstab einer guter Praxis den allgemeinen Maßstab des billigen Ermessens konkretisiert (BGH NJW 2006, 684).

Gute Sitten
→ Sittenwidrigkeit, → Verkehrssitte, → Treu und Glauben.

Guter Glaube
→ gutgläubiger Erwerb, → böser Glaube, → Gutglaubensschutz.

Gutgläubig lastenfreier Erwerb
→ gutgläubiger Erwerb (2 aE).

Gutgläubiger Erwerb
1. Bei → Grundstücksrechten: Zugunsten desjenigen, der ein Recht an einem → Grund-

stück oder ein Recht an einem solchen Recht durch → Rechtsgeschäft erwirbt, führt der öffentliche Glaube des → Grundbuchs dahin, dass dessen Inhalt als richtig gilt, es sei denn, dass ein → Widerspruch gegen die Richtigkeit eingetragen oder die Unrichtigkeit dem Erwerber positiv bekannt ist (§ 892 I BGB). Anders als beim gutgläubigen Erwerb beweglicher Sachen (s. u. 2) schadet hier grob fahrlässige Unkenntnis (→ böser Glaube) nicht. Der für die Kenntnis entscheidende Zeitpunkt ist regelmäßig die Zeit der Stellung des Eintragungsantrags (§ 892 II BGB). Gleichgültig ist, ob der Erwerber tatsächlich in das Grundbuch Einsicht genommen und hierauf vertraut hat. Voraussetzung ist der Erwerb eines eintragungsfähigen Rechts durch rechtsgeschäftliches Verkehrsgeschäft; Erwerber und Verfügender müssen also zwei verschiedene Personen sein (zB nicht bei Bestellung einer → Eigentümergrundschuld durch den Grundstückseigentümer). Kein rechtsgeschäftlicher Erwerb und damit kein gutgläubiger Erwerb greift ein bei Erwerb kraft Gesetzes (zB → Erbfolge), durch Staatsakt (→ Enteignung, → Zuschlag in der Zwangsversteigerung) oder auf Grund einer Zwangsvollstreckungsmaßnahme (zB Eintragung einer → Zwangshypothek). „Inhalt des Grundbuchs" idS sind alle eintragungsfähigen Umstände, auch zB die Katasterbezeichnung zur genauen Bestimmung des Grundstücks; rein tatsächliche Angaben (zB über Größe, Bebauung) haben dagegen nicht am öffentlichen Glauben des Grundbuchs teil.

Die Vorschriften über den gutgläubigen Erwerb vom Nichtberechtigten (zB der eingetragene Nichteigentümer übereignet oder belastet das Grundstück) gelten entsprechend für die gutgläubige Leistung an einen Nichtberechtigten (zB Tilgung einer → Hypothek) sowie für sonstige Rechtsgeschäfte, die eine → Verfügung über das Grundstücksrecht enthalten (zB → Kündigung der Hypothek, Bestellung einer → Vormerkung durch den eingetragenen Nichtberechtigten, § 893 BGB). Schließlich erstreckt sich der öffentliche Glaube des Grundbuchs bei einem Grundstücksrecht auch darauf, dass mangels Eintragung (neben der Freiheit von eintragungsfähigen Belastungen) auch keine relativen, dh nur zugunsten einer bestimmten Person wirkenden → Verfügungsbeschränkungen – zB Eröffnung des → Insolvenzverfahrens, Beschränkung durch einen → Nacherben, → Veräußerungsverbote, → Beschlagnahme in der Zwangsvollstreckung – vorhanden sind (§ 892 I 2 BGB); nicht geschützt wird dagegen der gute Glaube an das Fehlen absoluter Verfügungsbeschränkungen (zB nach Baurecht oder unter Ehegatten, → Zugewinngemeinschaft, Güterrechtsregister), an die → Geschäftsfähigkeit, Vertretungsmacht uä.

2. Gutgläubiger Erwerb von beweglichen Sachen: Durch eine → Eigentumsübertragung mittels Einigung und Übergabe (§ 929 BGB) wird der Erwerber auch dann Eigentümer, wenn die Sache nicht dem Veräußerer gehört, sofern er nicht im Zeitpunkt der Übergabe im → bösen Glauben ist (§ 932 BGB). Der gute Glaube muss sich auf das → Eigentum des Veräußernden beziehen; der gute Glaube an die → Geschäftsfähigkeit, Verfügungsbefugnis usw wird nach diesen Vorschriften nicht geschützt (s. aber Verfügungsbeschränkung). Auch bei den anderen Arten der Eigentumsübertragung (→ Besitzkonstitut, Abtretung des Herausgabeanspruchs) ist ein gutgläubiger Erwerb möglich, allerdings erst, wenn der Erwerber den unmittelbaren Besitz erlangt, der wegen seiner → Eigentumsvermutung den gutgläubiger Erwerb einer Sache rechtfertigt (§§ 933 f. BGB; → Sicherungsübereignung). Trotz guten Glaubens tritt ein Eigentumserwerb nicht ein, wenn dem Eigentümer die Sache gestohlen worden (→ Diebstahl), verloren gegangen oder sonst abhanden gekommen ist, sofern es sich nicht um Geld oder → Inhaberpapiere handelt (§ 935 BGB). Unter Abhandenkommen ist der unfreiwillige Besitzverlust durch den unmittelbaren → Besitzer zu verstehen, dh auch bei Weggabe durch den → Besitzdiener, nicht aber bei Weggabe der Sache gegen den Willen des → mittelbaren Besitzers, da dieser dem unmittelbaren Besitzer den Besitz freiwillig eingeräumt hat. Der gutgläubige Erwerb steht der normalen Eigentumsübertragung gleich und gewährt dem Erwerber vollwertiges Eigentum. Guter Glaube ist auch hier (s. o. 1) nur bei Erwerb durch → Rechtsgeschäft erforderlich (also nicht zB in der Zwangsvollstreckung). Mit dem gutgläubigen Erwerb des Eigentums erlöschen regelmäßig, dh bei gutem Glauben auch an die Belastungsfreiheit, etwaige Belastungen der Sache (zB → Pfandrecht, § 936 BGB, sog. gutgläubig-lastenfreier Erwerb).

3. Über den gutgläubigen Erwerb eines → Pfandrechts, einer → Hypothek ua s. dort. S. allg.: → Gutglaubensschutz.

Gutglaubensschutz
Der Schutz des redlichen rechtsgeschäftlichen Verkehrs gebietet es, nicht stets auf die wirkliche Rechtslage abzustellen, sondern den redlichen Erwerber, Geschäftspartner usw, der zulässigerweise auf einen äußeren Rechtsschein vertraut, in seinem Vertrauen zu schützen, soweit nicht übergeordnete Gesichtspunkte dem entgegenstehen. Der Gutglaubensschutz ist jedoch im Gesetz nicht einheitlich durchgeführt: So findet zB im ehelichen → Güterrecht und beim Erwerb einer Forderung (hinsichtl. Inhaberschaft und Bestand, § 404 BGB, § 435 BGB; → Abtretung, → Kauf) ein Gutglaubensschutz überhaupt nicht statt. In anderen Fällen, insbes. bei der → Anfechtung von Willenserklärungen, bei der → Stellvertretung ua, verhindert neben positiver Kenntnis bereits jede Fahrlässigkeit den Gutglaubensschutz; das Gesetz schließt hier den Gutglaubensschutz aus, wenn der Betreffende den maßgeblichen

Umstand „kannte oder kennen musste“ (= jede Fahrlässigkeit, vgl. § 122 II BGB). Der eigentliche Gutglaubensschutz findet statt bei Erwerb des Eigentums und anderer dinglicher Rechte an Grundstücken oder beweglichen Sachen; hier wird der „gute Glaube“ des Erwerbers vermutet und nur bei Kenntnis oder grober Fahrlässigkeit (bei beweglichen Sachen vgl. § 932 II BGB) bzw. bei Kenntnis oder Eintragung eines Widerspruchs im → Grundbuch (bei Grundstücken vgl. § 892 BGB) beseitigt; s. iE → gutgläubiger Erwerb. Damit hängen zusammen der → öffentliche Glaube des Grundbuchs und des → Erbscheins, während Handels-, Vereins- und Güterrechtsregister nur (Ausnahme § 15 III HGB) negative Publizität kennen (s. iE dort). Ebenso wie hinsichtlich der Rechtsstellung (Rechtsinhaberschaft) findet verschiedentlich ein Gutglaubensschutz hinsichtlich der → Verfügungsbefugnis über einzelne Gegenstände (so im Handelsrecht nach § 366 HGB; zu § 135 II BGB → Verfügung eines Nichtberechtigten, relative → Unwirksamkeit) sowie gegenüber dem Inhaber einer Vollmacht statt (§§ 171 f. BGB; → Stellvertretung, → Vollmacht, Duldungs-, Anscheins-Vollmacht). Im rechtsgeschäftlichen Verkehr wird dagegen nicht der gute Glaube an die → Geschäftsfähigkeit und grds. auch nicht an die Vertretungsmacht des Geschäftspartners geschützt. Ein besonders weitgehender Gutglaubensschutz findet statt beim Erwerb eines → Wechsels (Art. 16 f. WG) oder eines sonstigen → Orderpapiers (§ 363 HGB) sowie bei der Leistung auf ein → Inhaberpapier (§ 793 BGB).

Gutsbezirk
war nach der VO über gemeindefreie Grundstücke und Gutsbezirke vom 15.11.1938 (RGBl. 1938 I 1631) ein → gemeindefreies Gebiet, in dem der Gutsbesitzer die öffentlichen Aufgaben erfüllte, die im Gemeindegebiet der → Gemeinde obliegen (§§ 3–5 der VO). Die Vorschriften sind überholt.

Gutschein
ist eine → Urkunde, die je nach den Umständen ein → Inhaberzeichen oder ein → Schuldschein sein kann. Zu Gutscheinen in der → COVID-19-Pandemie wegen der Absage von Veranstaltungen und der Schließung von Freizeiteinrichtungen s. → Corona-Krise und Vertragsrecht.

Gutscheinlösung
→ Corona-Krise und Vertragsrecht.

Gutschrift
→ Rechnung, Übersendung der.

GVA
Geschäftsanweisung für Gerichtsvollzieher (→ Gerichtsvollzieher).

GVKostG
→ Gerichtsvollzieher.

GVO
1. Gebräuchliche Abkürzung für europarechtliche → Gruppenfreistellungsverordnungen.

2. Als GVO werden auch → gentechnisch veränderte Organismen bezeichnet.

Sa → Gerichtsvollzieher.

Gymnasium
1. Das Gymnasium ist eine weiterführende Schule mit unterschiedlicher Ausgestaltung nach dem → Schulrecht der → Länder. Abschluss ist die allgemeine Hochschulreife, auch Abitur genannt (→ Hochschulreife, allgemeine).

2. Traditionell dauerte in Deutschland die Ausbildung bis zum Abitur 13 Jahre. In der Zeit des Nationalsozialismus wurde 1936 die Abiturprüfung in der 12. Jahrgangsstufe eingeführt. 1949 kehrte die Bundesrepublik Deutschland zur Ausbildung bis zur 13. Jahrgangsstufe zurück, während die frühere → Deutsche Demokratische Republik am Abitur nach der 12. Jahrgangsstufe festhielt. Die Ausbildungszeit am Gymnasium ist jetzt landesrechtlich unterschiedlich geregelt. In den Ländern der Bundesrepublik Deutschland vor der → Wiedervereinigung dauerte sie bis zur 13. Jahrgangsstufe (also bei Beginn in der 5. Jahrgangsstufe 9 Jahre), in den → neuen Ländern (sa → Beitrittsgebiet) bis zur 12. Jahrgangsstufe (also bei Beginn in der 5. Jahrgangsstufe 8 Jahre). Drei neue Länder (Brandenburg, Mecklenburg-Vorpommern und Sachsen-Anhalt) erhöhten nach der Wiedervereinigung die Gymnasialzeit bis zur 13. Jahrgangsstufe, Sachsen und Thüringen beließen es bei der Gymnasialzeit bis zur 12. Jahrgangsstufe. Nach 2000 führten die Länder sukzessive das Gymnasium bis zur 12. Jahrgangsstufe ein; lediglich Rheinland-Pfalz sah von einer flächendeckenden Einführung ab und beschränkte sich auf einen Modellversuch zur Verkürzung der Gymnasialzeit an 19 Gesamtschulen mit Ganztagsschulbetrieb.

3. Noch vor der flächendeckenden Einführung der in der 12. Jahrgangsstufe endenden Gymnasialzeit begann 2013 die Gegenbewegung. In vielen unterschiedlichen Regelungen nach Maßgabe des Landesrechts, teilweise im Rahmen von Schulversuchen und an einzelnen Schulen, wurde die Gymnasialzeit wieder bis zur 13. Jahrgangsstufe erhöht. In Hessen gibt es seit 2013 Wahlfreiheit zwischen 8- und 9-jähriger Gymnasialzeit. In Bayern wurde zunächst fakultativ ab 2015 im Rahmen eines Schulversuches eine sog. Mittelstufe plus mit einer vierjährigen Mittelstufe angeboten, was wiederum optional zu einer Gymnasialzeit bis zur 13. Jahrgangsstufe führt; ab dem Schuljahr 2018/2019 kehrt Bayern grundsätzlich zum 9jährigen Gymnasium zurück, das letzte Abitur nach 8 Jahren soll 2024 abgelegt werden; für besonders begabte Schüler soll das Abitur nach 8 Jahren möglich bleiben. Niedersachsen führte ab 2015 das 9jährige Gymnasium wieder als Regelfall ein; der letzte 8jährige Jahr-

gang wird 2019 Abitur machen. Optionale 9jährige Züge gibt es in unterschiedlicher Ausgestaltung in Baden-Württemberg (seit 2012), Nordrhein-Westfalen (einmalig 2011) und Schleswig-Holstein (seit 2011). Ab dem Schuljahr 2019/2020 wird in Nordrhein-Westfalen das 9jährige Gymnasium wieder als Regelfall eingeführt. Auch Schleswig-Holstein will wieder zum 9jährigen Gymnasium als Regelfall zurückkehren. Rheinland-Pfalz blieb grundsätzlich ohnehin beim Abitur in der 13. Jahrgangsstufe. Bremen, Hamburg und das Saarland halten derzeit an der 12jährigen Schulzeit oder der 8jährigen Gymnasialzeit fest, ebenso Berlin und alle Länder im → Beitrittsgebiet (Brandenburg, Mecklenburg-Vorpommern, Sachsen, Sachsen-Anhalt und Thüringen).

4. Unterschiedlich ist auch der Zeitpunkt der Aufnahme in das Gymnasium geregelt. In der Regel Beginnt die gymnasiale Schulzeit in der 5. Jahrgangsstufe; in Berlin und Brandenburg dauert die Grundschulzeit 6 Jahre, so dass die Gymnasialzeit in der 7. Jahrgangsstufe beginnt. Über die Aufnahme in das Gymnasium entscheiden nach Maßgabe des Landesrechts teils der Elternwille, teils die Noten in der → Grundschule, teils (insbes. bei schlechteren Noten) eine zusätzliche Aufnahmeprüfung.

5. Die gymnasiale Oberstufe umfasst die Jahrgangsstufen 11 bis 12 (bei 9-jähriger Gymnasialzeit 13). An die Stelle des Klassenverbandes bestanden in der gymnasialen Oberstufe halbjährige Kurse, die eine Schwerpunktsetzung durch Pflicht-, Wahl- und Wahlpflichtfächer in Grund- und Leistungskursen ermöglichten (sog. Kollegstufe). Einige Länder haben das System der Grund- und Leistungskurse durch ein System von drei bis sechs vierstündigen Fächern auf erhöhtem und weiteren Fächern auf grundlegendem Anforderungsniveau ersetzt; dabei wurden Deutsch, Mathematik und eine Fremdsprache idR nur auf erhöhtem Anforderungsniveau unterrichtet; diese Fächer waren als Kernfächer verpflichtend. Mit dem Übergang auf das achtjährige Gymnasium wurde die Oberstufe in den meisten Ländern wieder neu gestaltet, idR mit stärkerer Konzentration auf die Kernfächer. Die erfolgreiche Abschlussprüfung des Gymnasiums (Abitur; → Hochschulreife, allgemeine) berechtigt zum Besuch aller Hochschulen, insbesondere der Universitäten (wissenschaftliche → Hochschulen). Mit Ausnahme von Rheinland-Pfalz wird das Abitur in allen Ländern – wenn auch in unterschiedlicher Ausgestaltung – als Zentralabitur mit einheitlicher Aufgabenstellung innerhalb des jeweiligen Landes durchgeführt.

6. Konkurrierend zum Gymnasium kann das Abitur nach Maßgabe des Landesrechts inzwischen auch an → Gesamtschulen, → Oberschulen und → Sekundarschulen erworben werden.

Haager Abkommen über die internationale Hinterlegung gewerblicher Muster oder Modelle
v. 6.11.1925 ist ein internationales Abkommen auf dem Gebiet des Designrechts. Es ist ein Nebenabkommen zur → Pariser Verbandsübereinkunft. Vgl. BGBl. 2009 II 837.

Haager Adoptionsübereinkommen
→ Adoption (2).

Haager Friedenskonferenzen
Die Beschlüsse der Haager Friedenskonferenzen von 1899 und 1907 haben ihren Niederschlag in den sog. Haager Konventionen gefunden, die der Schlichtung internationaler Streitigkeiten, einer den Geboten der Menschlichkeit entsprechenden Kriegführung und der Regelung privatrechtlicher Fragen dienen. S. insbes. → Haager Landkriegsordnung.

Haager Internationaler Gerichtshof
→ Internationaler Gerichtshof.

Haager Kinderschutzübereinkommen (KSÜ)
v. 19.10.2006 (BGBl. 2006 II 602, 603) ist für Deutschland seit 1.1.2011 in Kraft und ersetzt das Haager Minderjährigenschutzabkommen. Es lautet in vollem Wortlaut „Übereinkommen über die Zuständigkeit, das anzuwendende Recht, die Anerkennung, Vollstreckung und Zusammenarbeit auf dem Gebiet der elterlichen Verantwortung und der Maßnahmen zum Schutz der Kinder" und sieht für alle Personen unter 18 Jahren ohne Rücksicht auf deren Staatsangehörigkeit die Möglichkeit vielfältiger Schutzmaßnahmen für Person und Vermögen vor, zB die Bestellung eines → Vormunds, Anordnung der → Fürsorgeerziehung, Regelung der → elterlichen Sorge usw, und regelt hierfür auch die Fragen der internationalen Zuständigkeit.

Für die Vertragsstaaten der EU hat die → Brüssel IIb-Verordnung im Hinblick auf verfahrensrechtliche Fragen inhaltlichen Vorrang.

Haager Landkriegsordnung (HLKO)
Auf der zweiten Haager Friedenskonferenz von 1907 einigten sich die Mächte ua auf das Abkommen über die Gesetze und Gebräuche des Landkriegs, nachdem schon auf der ersten Haager Friedenskonferenz von 1899 ein ähnlicher Entwurf angenommen worden war. Dieses Abkommen (RGBl. 1910, 107 ff.) gilt noch heute; es regelt eine große Zahl von Fragen des → Kriegsrechts. Im ersten Abschnitt wird zunächst der Begriff des „Heeres" und der „kämpfenden Bevölkerung" bestimmt; bei der bewaffneten Macht wird zwischen → Kombattanten und Nichtkombattanten unterschieden. Es folgen Bestimmungen über die rechtliche Stellung und Behandlung von → Kriegsgefangenen, insbes. über Unterbringung und gesundheitliche Versorgung, Garantie persönlichen Eigentums, Begrenzung des Arbeitszwangs, Einrichtung von Auskunftsstellen, Betreuung durch Hilfsgesellschaften, Entlassung nach Friedensschluss. Im zweiten Abschnitt versucht das Abkommen, die zulässigen Mittel zur „Schädigung des Feindes" zu bestimmen (Verbot der Verwendung von Giftgas usw.) und regelt die Behandlung von Spionen und Parlamentären sowie Fragen aus dem Waffenstillstandsrecht (Pflichten der Kriegsparteien; Voraussetzungen für die Wiederaufnahme der Feindseligkeiten usw.). Der dritte Abschnitt enthält Regeln für die militärische Besetzung von Feindgebiet (Rechte und Pflichten der Besatzungsmacht, Schonung der Bevölkerung und ihres Eigentums ua m.). Art. 2 des Abkommens bestimmt, dass seine Regeln nur unter den Vertragsparteien Anwendung finden. Es wird aber weitgehend angenommen, dass sie → Völkergewohnheitsrecht geworden sind.

Haager Übereinkommen in Zivil- und Handelssachen
Eine Reihe zwischenstaatlicher Kollektivverträge regelt für die ihnen beigetretenen Staaten verfahrensrechtliche Fragen im Verkehr mit dem Ausland, soweit nicht Einzelverträge oder speziellere internationale Regelungen vorgehen (zB im Rahmen der → Europäischen Union; s. hierzu → gerichtliche Zuständigkeit, 5; → Vollstreckungsurteil; → Zustellung; → Beweis, 3). Zu erwähnen sind insbes. das Haager Zustellungsübereinkommen (HZÜ, BGBl. 1977 II 1453), das Haager Übereinkommen über die Beweisaufnahme im Ausland (HBÜ, BGBl. 1977 II 1472) sowie allgemein das Haager Übereinkommen über den Zivilprozess (HZPÜ, BGBl. 1958 II 576). Die Zustellung in Staaten der EU regeln hingegen die VO (EG) 1393/2007 (Zustellungs-VO) v. 13.11.2007 (ABl. EG 2007 L 324, 79) und die §§ 1067 ff. ZPO, die Beweisaufnahme in Staaten der EU regeln die VO (EG) 1206/2001 (Beweisaufnahme-VO) v. 28.5.2001 (ABl. EG 2001 L 174, 1) und die §§ 1072 ff. ZPO.

Haager Übereinkommen über Adoption
→ Adoption (2).

Haager Übereinkommen über internationale Kindesentführung
→ Personensorge (3).

Haager Übereinkommen über Maßnahmen auf dem Gebiet der elterlichen Verantwortung und zum Schutz von Kindern
(kurz: Haager Kinderschutzübereinkommen, KSÜ) v. 19.10.1996 ist ein internationales Ab-

kommen zu grenzüberschreitenden Sachverhalten die elterliche Verantwortung (im Wesentlichen die → elterliche Sorge und der → Umgang) und den Schutz von Kindern betreffend. Das Haager Kinderschutzübereinkommen enhält in der Nachfolge des Haager Minderjährigenschutzabkommen (MSA) v. 5.10.1961 Bestimmungen zum → Kollisionsrecht, der Vollstreckung und Anerkennung ausländischer Entscheidungen und der Schaffung zentraler Behörden für Ersuchen (in Deutschland: → Bundesamt für Justiz). Für den Fall der Entziehung eines Kindes greift das Haager Übereinkommen über die zivilrechtlichen Aspekte internationaler Kindesentführung (kurz Haager Kindesentführungsübereinkommen, HKÜ) v. 25.10.1980. In der Europäischen Union (mit Ausnahme von Dänemark) gilt für alle diese Aspekte auch die VO (EG) Nr. 2201/2003 v. 27.11.2003 (sog. Brüssel IIa-Verordnung). Zur Umsetzung in der Bundesrepublik greift das Internationale FamilienrechtsverfahrensG.

Haager Unterhaltsvollstreckungsübereinkommen
vom 2.10.1973 (BGBl. 1986 II 825) mit AusfG vom 25.7.1986 (BGBl. 1986 I 1156) ist ein zwischenstaatlicher Kollektivvertrag, der die Anerkennung und Vollstreckung von gerichtlichen Entscheidungen oder Vergleichen eines Vertragsstaats über Unterhaltspflichten aus Familie und Ehe sowie gegenüber einem nichtehelichen Kind betrifft (HUVÜ 1973). S. allgemeiner → Unterhaltsanspruch. Für grenzüberschreitende Unterhaltsfälle in der Europäischen Union gilt die EuUnthVO (VO (EG) 4/2009 v. 18.12.2008, über die Zuständigkeit, das anwendbare Recht, die Anerkennung und Vollstreckung von Entscheidungen und die Zusammenarbeit in Unterhaltssachen, ABl. EG 2008 L 7, 1; s. a. → Internationales Privatrecht.

Haager Zivilprozessübereinkommen
→ Haager Übereinkommen in Zivil- und Handelssachen.

Habeas-Corpus-Akte
Sie ist ein englisches Gesetz aus dem Jahre 1679, das den Bürgern Schutz vor willkürlicher Verhaftung gewährleistete; sie bestimmte, dass kein Untertan Englands ohne gerichtliche Untersuchung in Haft gehalten werden durfte. Sie bildete seither ein grundlegendes Freiheitsrecht des englischen und amerikanischen Verfassungslebens. Ihr Grundinhalt hat auch in allen modernen demokratischen Verfassungen Eingang gefunden (vgl. Art. 104 GG; → Freiheitsentziehung).

Habilitation
ist der höchste der → akademischen Grade. Durch die Habilitation wird der Nachweis der besonderen Befähigung zu selbständiger wissenschaftlicher Forschung und Lehre erbracht. Zur Habilitationsleistung gehören idR eine wissenschaftliche Arbeit (Habilitationsschrift), ein Probevortrag und ein Kolloquium. Die Einzelheiten regeln das Landesrecht und die Habilitationsordnungen der → Hochschulen. Die Habilitation ist nicht mehr zwingende Voraussetzung für die Ernennung zum Hochschullehrer. Sa → Juniorprofessor, → Hochschullehrer.

HABM
→ europäische zentrale Fachbehörden.

Hackfleisch
Hackfleisch ist nach der Definition in Anhang I der VO (EU) 853/2004 v. 29.4.2004 mit speziellen Hygienevorschriften für Lebensmittel tierischen Ursprungs (ABl. EU 2004 L 226, 22) entbeintes → Fleisch, das durch Hacken oder Faschieren zerkleinert wurde und weniger als 1% Salz enthält. Es unterliegt den lebensmittelrechtlichen Bestimmungen dieser Verordnung, s. → Lebensmittel- und Futtermittelhygiene (1). Hackfleisch muss immer frisch verkauft werden; abweichend davon darf Hackfleisch lediglich innerhalb von sechs Landkreisen in Niedersachsen, Sachsen-Anhalt und Thüringen aus nicht gekühltem Fleisch hergestellt und in Verkehr gebracht werden (§ 13a Tierische Lebensmittel-HygieneVO).

Hacking
→ Ausspähen von Daten.

Häftlingshilfe
1. Das Gesetz über Hilfsmaßnahmen für Personen, die aus politischen Gründen in Gebieten außerhalb der Bundesrepublik in Gewahrsam genommen wurden (Häftlingshilfegesetz – HHG – idF vom 2.6.1993, BGBl. 1993 I 838 mÄnd), regelt Leistungen an Personen, die nach dem 8.5.1945 in den Vertreibungsgebieten aus politischen und nach freiheitlich-demokratischer Auffassung von ihnen nicht zu vertretenden Gründen in Gewahrsam genommen wurden, sowie an ihre Angehörigen und Hinterbliebenen; über gleichgestellte Gruppen vgl. VO vom 1.8.1962 (BGBl. 1962 I 545) mÄnd. Für Gesundheitsschäden wird eine Versorgung nach den Vorschriften der → Kriegsopferversorgung gewährt. Ist der Häftling in der Haft oder an der Haftschädigung verstorben, so erhalten die Hinterbliebenen Versorgung nach den gleichen Vorschriften. Weitere Leistungen sind Eingliederungshilfe, Existenzaufbaudarlehen und die Hilfe zur Wohnraumbeschaffung. Die Zeit der Haft und einer anschließenden Krankheit oder unverschuldeten Arbeitslosigkeit wird in der → Rentenversicherung als → Ersatzzeit angerechnet. Bei besonderer wirtschaftlicher Beeinträchtigung gewährt die öffentl.-rechtl. „Stiftung für ehemalige politische Häftlinge" Hilfe.

Die Leistungen nach dem HHG sind steuerfrei (§ 3 Nr. 23 EStG, § 13 I Nr. 7e ErbStG).

2. Personen, die im Beitrittsgebiet in der Zeit zwischen dem 8.5.1945 und dem 2.10.1990 zu Unrecht eine Freiheitsentzie-

hung erlitten haben, fallen nicht unter das HHG. Für diesen Personenkreis ergeben sich die eventuell vorhandenen Ansprüche aus dem Gesetz über den Ausgleich beruflicher Benachteiligungen für Opfer politischer Verfolgung im Beitrittsgebiet (BerRehaG) v. 23.6.1994 (BGBl 1994 I 1311) mÄnd. → Rehabilitierungsgesetze.

3. Die Änderungen des HHG in Folge der Einführung des SGB XIV (Soziales Entschädigungsrecht) beziehen sich in erster Linie auf organisatorische Fragen zB hinsichtlich der Zuständigkeiten und Zahlungsstellen.

Häftlingshilfegesetz
→ Häftlingshilfe.

Härteausgleich
Ergeben sich in der → Kriegsopferversorgung oder → Kriegsopferfürsorge im Einzelfall bei Anwendung des BVG besondere Härten, so kann mit Zustimmung des BMAS ein Ausgleich gewährt werden (§ 89 BVG). Dabei ist es unerheblich, ob sich der Härtefall ggf. auch auf Grund eines Ereignisses als Angehöriger der NVA ergeben hat (BSG v. 16.4.2002 – B 9 V 7/01 R, VIZ 2002, 706). Die Bestandskraft eines entsprechendes Bescheids der ehemaligen DDR ist dabei nicht zu berücksichtigen. Die Regelung dazu findet sich ab 1.1.2024 in § 100 SGB XIV.

Härteklausel
→ Ehescheidung (2).

Häufeln
(bei → Kommunalwahlen) → Kumulieren.

Häusliche Gemeinschaft
→ eheliche Lebensgemeinschaft, → Ehescheidung (2).

Häusliche Krankenpflege
Neben der ärztlichen Behandlung erhalten Versicherte der → Krankenversicherung, wenn → Krankenhausbehandlung geboten, aber nicht ausführbar ist oder dadurch nicht erforderlich wird, soweit eine im Haushalt lebende Person sie nicht durchführen kann, Leistungen der häuslichen Krankenpflege. An den entstehenden Kosten haben sich die Versicherten mit einem Betrag von 10 EUR/Tag für längstens 28 Tage je Kalenderjahr zu beteiligen (→ Kostenbeteiligung der Versicherten). Bei Selbstbeschaffung besteht ein Anspruch auf angemessene Kostenerstattung (§ 37 SGB V; § 8 KVLG 1989). Die häusliche Krankenpflege kann auch in Einrichtungen der Eingliederungshilfe erbracht werden, wenn die Einrichtung die Erbringung der Leistung nicht im Rahmen des Vertrages selber schuldet. Die häusliche Krankenpflege umfasst auch die ambulante Palliativversorgung.

Steuerlich → Pflege-Pauschbetrag.

Häusliche Pflege
ist eine Leistung der → Pflegeversicherung nach dem SGB XI. Die häusliche Pflege umfasst die Grundpflege und die hauswirtschaftliche Versorgung. Anspruchsberechtigt sind → Pflegebedürftige, die in ihrem Haushalt oder in einem anderen Haushalt, in den sie aufgenommen worden sind, gepflegt werden. Häusliche Pflege wird durch geeignete Pflegekräfte erbracht, die entweder von der → Pflegekasse oder bei einer ambulanten Pflegeeinrichtung, mit der die Pflegekasse einen Versorgungsvertrag abgeschlossen hat, angestellt sind. Der Anspruch auf häusliche Pflege umfasst je Kalendermonat für Pflegebedürftige des Pflegegrades 2 Pflegeeinsätze bis zu einem Gesamtwert von 724 EUR, für Pflegebedürftige des Pflegegrades 3 Pflegeeinsätze bis zu einem Gesamtwert bis zu 1363 EUR, für Pflegebedürftige des Pflegegrades 4 Pflegeeinsätze bis zu einem Gesamtwert bis zu 1693 EUR und für Pflegebedürftige des Pflegegrades 5 Pflegesätze bis zu einem Gesamtwert von 2095 EUR (§ 36 SGB XI; Stand 1.12.2023). Ist eine Pflegeperson wegen Erholungsurlaubs, Krankheit oder aus anderen Gründen an der Pflege gehindert, übernimmt die Pflegekasse die Kosten für eine Ersatzkraft für längstens sechs Wochen im Kalenderjahr, sofern die Pflegeperson den Pflegebedürftigen vor der erstmaligen Verhinderung mindestens zwölf Monate in seiner häuslichen Umgebung gepflegt hat (§ 39 SGB XI; → Kurzzeitpflege). Die Erstattungsbeträge sind dabei durch die Werte der Pflegesachleistung begrenzt. Sie sind in der Höhe nur erstattungsfähig, wenn die Ersatzpflegeperson mit der zu pflegenden Person nicht bis zum zweiten Grade verwandt oder verschwägert ist und nicht mit ihr in einem Haushalt wohnt. Lebt die Ersatzpflegeperson mit der zu pflegenden Person in einem Haushalt oder ist sie mit ihr bis zum zweiten Grade verwandt oder verschwägert, wird max. das Pflegegeld in Abhängigkeit des Pflegegrades erstattet.

Durch das Pflegestärkungsgesetz II wurde zum 1.1.2016 die Einführung eines → Pflegestützpunktes (§ 7c SGB XI) vorgesehen. Durch diesen Stützpunkt soll die Betreuung im Rahmen der häusliche Pflege verbessert werden. Die Umsetzung verläuft schleppend, deswegen besteht ein Initiativrecht der zuständigen Träger auf Abschluss einer Vereinbarung zur Errichtung eines Pflegestützupunktes.

Zur Hauspflege als Leistung der → Unfallversicherung vgl. § 44 SGB VII.

Hafen
1. Hafen ist ein geschützter Liegeplatz, der Ent- und Beladung sowie Schutz der Schiffe vor widrigen Verhältnissen ermöglicht. Gem. Art. 30 GG liegt die Zuständigkeit für Verkehrs- und Umschlag-Hafen bei den Ländern. Der Bund betreibt ua Schutz-Hafen, um Wasserfahrzeugen bei widrigen Verhältnissen wie Sturm vorübergehend Schutz zu bieten. Bau und Ausbau eines Hafens (§ 12 WaStrG, → Wasserstraßen- und Schifffahrtsverwaltung) sind genehmigungspflichtig und unterliegen

häufig einer → Umweltverträglichkeitsprüfung. Die Hafen-Aufsicht (Hafen-Polizei) regelt § 24 WaStrG. Es gilt idR das Recht d. → Binnenschifffahrt. Meist ist der Hafen-Betreiber für die Verkehrssicherheit verantwortlich. Ein → Schiff kann nur beschlagnahmt werden, wenn es im Hafen liegt (§ 870a ZPO). Zu Maßnahmen zum Schutz vor bestimmten Krankheiten s. → Wasserstraßen- und Schifffahrtsverwaltung. Freihäfen sind Freizonen (→ Zollgebiet). Sa → Seeschifffahrt, → Hafenstaatkontrolle, → Schifffahrtsverkehrsregeln.

2. See-Hafen sind Teil der → inneren Gewässer. Allgemeinem Völkerrecht gem. sind sie lediglich verpflichtet, ein in Seenot geratenes Schiff aufzunehmen. Für den Hamburger Hafen regelt insbes. das Hamburgische Hafenverkehrs- und SchifffahrtsG v. 3.7.1979 (GVBl. 1979, 177) mÄnd iVm dem Hamburgischen HafensicherheitsG v. 6.10.2005 (GVBl. 2005, 424) mÄnd seine Benutzung durch die private und gewerbliche Schifffahrt. Die Annahme eines Hafen-Lotsen kann vorgeschrieben werden. Durch das Hamburg Port Authority Errichtungsgesetz v. 29.6.2005 (GVBl. 2005, 256) mÄnd werden dieser Anstalt des öffentlichen Rechts alle wesentlichen Aufgaben im Zusammenhang mit dem Betrieb des Hafens, des → Wasserrechts und des ehemaligen → Seemannsamtes übertragen (§ 3 Hamburg Port Authority Errichtungsgesetz).

3. Verhalten und Verkehr im größten Binnenhafen Europas, dem Duisburger Hafen, regelt die Allgemeine Hafen-VO v. 8.1.2000 (NW GVBl. 2000, 34) mÄnd. → Wassersport im Hafen ist verboten. In Schleswig-Holstein regelt eine gesonderte Verordnung Errichtung, Betrieb und Ordnung von Sportboothäfen (V v. 21.4.2010, GVBl. 2010, 442).

Hafengebühren

Hafengebühren sind die Gebühren und Auslagen, die für die Benutzung eines Hafens durch ein Schiff zu zahlen sind. Beim → Seefrachtvertrag gehören die Hafengebühren zu den variablen Kosten des Schiffbetriebs, die den Zeitcharterer treffen (§ 564 II HGB).

Hafenstaatkontrolle

stellt ein System dar, mit dem ein Staat auf der Grundlage einheitlicher internationaler Normen die diskriminierungsfreie Überprüfung ausländischer Handelsschiffe sicherstellt, die seine → Häfen anlaufen. Die Schwerpunkte liegen auf Verkehrs- und Betriebssicherheit sowie Verhütung von → Meeresverschmutzung. Zuständig ist die Berufsgenossenschaft Verkehr, Hamburg, als Nachfolgerin der See-Berufsgenossenschaft. Schiffe, deren Gesamtzustand unternormig ist, können festgehalten werden (Pariser Vereinbarung idF v. 6.2.2013, BGBl. 2013 II 187) oder ihnen kann das Einlaufen in den Hafen verweigert werden (§ 12 SchiffssicherheitsVO, → Seeschifffahrt). Sa → Lotsen, → Wasserstraßen- und Schifffahrtsverwaltung.

Haft

→ Untersuchungshaft, → Haftbefehl, → Haftprüfungsverfahren, → Haftunfähigkeit, → Erzwingungshaft, → Ordnungsmittel, → eidesstattliche Versicherung. Der Begriff Haft wird in der Umgangssprache fälschlicherweise häufig synonym für → Freiheitsstrafe gebraucht.

Haftbefehl

Ein Haftbefehl ist die – in aller Regel richterliche (Ausnahme u. 4) – Anordnung zur Inhaftnahme einer Person. Praktische Bedeutung besitzt er insbes. im Strafverfahren, dazu nachfolgend 1–5. Zur Abschiebehaft und zum Haftbefehl in der zivilprozessualen Zwangsvollstreckung unten 6, 7.

1. Im Strafprozess kann gegen den Beschuldigten ein Haftbefehl erlassen werden, um die Durchführung des Verfahrens zu sichern. Mit ihm wird gegen den Beschuldigten → Untersuchungshaft verhängt. Voraussetzungen sind ein dringender Tatverdacht, ein Haftgrund (§§ 112, 127b II StPO) sowie die Verhältnismäßigkeit des Eingriffs in Relation zum Gewicht des Tatvorwurfs. Die Untersuchungshaft dient, was in der öffentlichen Diskussion und der Medienberichterstattung oft verkannt wird, nicht der Vorwegnahme der Bestrafung.

a) Dringender Tatverdacht: Ein solcher ist bei einem Beschuldigten gegeben bei großer Wahrscheinlichkeit, dass er Täter oder Teilnehmer einer verfolgbaren Straftat ist (→ Tatverdacht 3).

b) Haftgründe sind: Nach § 112 II StPO Flucht des Beschuldigten, Fluchtgefahr, Verdunkelungsgefahr, nach § 112a StPO bei bestimmten schwerwiegenden Delikten Wiederholungsgefahr, sowie nach § 127b II StPO die Befürchtung des Fernbleibens von der Hauptverhandlung. Bei Mord, Totschlag, → Völkermord nach § 6 I Nr. 1 VStGB, schwerer → Körperverletzung, besonders schwerer → Brandstiftung, Brandstiftung mit Todesfolge und personengefährdendem Sprengstoffverbrechen nach § 308 StGB sowie Gründung von oder Beteiligung an → terroristischen Vereinigungen ist Schwerkriminalität gesetzlicher Haftgrund (§ 112 III StPO, wobei kraft verfassungskonformer Auslegung auch in diesen Fällen die Gefahr bestehen muss, dass ohne Festnahme die alsbaldige Aufklärung und Ahndung der Tat gefährdet sind, BVerfGE 19, 342). Bis auf den letztgenannten muss sich der Haftgrund aus bestimmten, im Haftbefehl anzuführenden Tatsachen ergeben; unbestimmter Verdacht oder Vermutungen reichen nicht aus.

Fluchtgefahr muss unter Würdigung aller Umstände gerechtfertigt sein, die im Einzelfall abzuwägen sind (Bindung an Arbeitsplatz und Familie; anderseits Fluchtvorbereitungen).

Verdunkelungsgefahr ist nur begründet, wenn bestimmte Tatsachen die Absicht des Beschuldigten erkennen lassen, Beweismittel zu beseitigen oder zu fälschen (Tatspuren, belastende Schriftstücke) oder in unlauterer Weise auf Mitbeschuldigte, Zeugen oder Sachverständige, wenn auch mittelbar, einzuwirken (Versuch, Belastungszeugen zu anderen Aussagen – nicht nur zur → Zeugnisverweigerung – zu bewegen), und wenn dadurch die Wahrheitsermittlung erschwert wird.

Wiederholungsgefahr ist Haftgrund nur bei bestimmten Sexualstraftaten (§§ 174, 174a, 176–178 StGB) und Nachstellung gem. § 238 II, III StGB; ferner in schweren Fällen bestimmter, wiederholt oder fortgesetzt begangener Delikte, wenn mehr als 1 Jahr Freiheitsstrafe zu erwarten ist: Vorbereitung einer schweren staatsgefährdenden Gewalttat (§ 89a StGB, → Rechtsstaatsgefährdung), → Terrorismusfinanzierung, besonders schwerer Fall des Landfriedensbruchs, Körperverletzung, Diebstahl, Raub, Erpressung, Hehlerei, Betrug, Brandstiftung, Autostraßenraub, Betäubungsmittelstraftaten (§ 112a StPO). Mit seiner der Gefahrenabwehr dienenden Zielsetzung bildet dieser Haftgrund einen Fremdkörper im Strafverfahren.

Bei Vergehen, die mit höchstens 6 Mon. Freiheitsstrafe oder Geldstrafe bis zu 180 Tagessätzen bedroht sind, ist als Haftgrund nur Fluchtgefahr zugelassen und nur bei Beschuldigten, die keinen inländischen Wohnsitz haben oder sich nicht ausweisen können oder sich dem Verfahren bereits einmal durch Flucht entzogen oder zu entziehen versucht haben (§ 113 StPO).

Generell darf die Untersuchungshaft nach dem → Verhältnismäßigkeitsgrundsatz nicht verhängt werden, wenn sie zur Bedeutung der Sache und der zu erwartenden Strafe (Maßregel der Besserung und Sicherung) außer Verhältnis steht (§ 112 I 2 StPO).

c) Der schriftliche Haftbefehl muss die Personalien des Beschuldigten, die ihm zur Last gelegte Straftat, den Haftgrund, das anzuwendende Strafgesetz und die für Tatverdacht und Haftgrund sprechenden Tatsachen anführen (§ 114 StPO). Der Beschuldigte muss bei der Verhaftung eine Abschrift und, wenn er die deutsche Sprache nicht beherrscht, eine Übersetzung erhalten; ist dies nicht möglich, muss unverzüglich eine mündliche Unterrichtung stattfinden und die Aushändigung nachgeholt werden (§ 114a StPO). Ferner ist der verhaftete Beschuldigte unverzüglich schriftlich und, wenn dies nicht ausreicht, auch mündlich über seine Rechte (Vorführung vor das Gericht, Äußerungsfreiheit, Beweiserhebung, Bestellung eines Pflichtverteidigers, Verteidigerbefragung, Untersuchung durch einen Arzt, Auskünfte und Abschriften aus den Akten, Überprüfung des Haftbefehls und der Entscheidungen und Maßnahmen im Vollzug der Haft, Zuziehung eines Dolmetschers oder Übersetzers, Unterrichtung der konsularischen Vertretung seines Heimatstaates) zu belehren (§ 114b StPO). Er kann einen Angehörigen oder eine Person seines Vertrauens benachrichtigen, wenn dies den Untersuchungszweck nicht gefährdet; wird nach der Vorführung die Haft vollzogen, hat das Gericht diese Personen zu benachrichtigen (§ 114c StPO).

d) Der Vollzug des Haftbefehls kann (bei Fluchtgefahr: muss) ausgesetzt werden, wenn weniger einschneidende Maßnahmen zur Sicherung des Haftzwecks genügen; so bei Fluchtgefahr Abgabe des Passes, regelmäßige Meldung bei der Polizei, Sicherheitsleistung (die Sicherheit verfällt, wenn der Beschuldigte sich der Untersuchung oder einer Freiheitsstrafe entzieht; §§ 116, 124 StPO), bei Verdunkelungs- oder Wiederholungsgefahr das Verbot der Kontaktaufnahme mit Zeugen oder dem Tatopfer; selbst bei Mord, Totschlag oder Völkermord kann sich Aussetzung des Vollzugs im Hinblick auf den Verhältnismäßigkeitsgrundsatz rechtfertigen (BVerfG NJW 1966, 243).

e) Ein Haftbefehl kann auch gegen einen Jugendlichen ergehen (§ 72 JGG); es bestehen aber zusätzliche einschränkende Voraussetzungen. S. ferner (vorläufige) → Festnahme, → Haftprüfungsverfahren (auch über Haftbeschwerde), → Haftunfähigkeit; wegen Inhaftnahme zur Durchführung des → Sicherungsverfahrens → Unterbringungsbefehl.

2. Im → Privatklageverfahren und im → Bußgeldverfahren ist ein Haftbefehl unzulässig.

3. Ein Haftbefehl kann ohne die besonderen Voraussetzungen des § 112 StPO gegen den trotz ordnungsmäßiger Ladung in der Hauptverhandlung unentschuldigt ausgebliebenen Angeklagten ergehen, um sein Erscheinen zu erzwingen (§ 230 StPO). Ebenso kann bei Befürchtung des Fernbleibens von einer Hauptverhandlung im → beschleunigten Verfahren, die binnen 1 Woche nach Festnahme zu erwarten ist, Haft für 1 Woche angeordnet werden (§ 127b StPO, sog. Hauptverhandlungshaft); damit sollen insbes. reisende Straftäter und gewalttätige Demonstranten erfasst werden.

4. Vollstreckungshaftbefehl: Ein Haftbefehl kann von der Vollstreckungsbehörde gegen den rechtskräftig Verurteilten erlassen werden, der sich auf Ladung nicht zur Vollstreckung einer Freiheitsstrafe oder freiheitsentziehenden Maßregel stellt oder fluchtverdächtig ist, ebenso gegen den vollzugsflüchtigen Strafgefangenen (§ 457 II StPO, § 33 StVollstrO; → Strafvollstreckung). Statt des Haftbefehls kann Vorführungsbefehl ergehen. Einer gesonderten richterlichen Anordnung bedarf es hier nicht, da das zugrunde liegende Urteil ja bereits durch ein Gericht erging und nun lediglich vollstreckt werden soll.

5. „Haftbefehl“ gegenüber Beschuldigten im Ausland: Gegen einen sich im Ausland aufhaltenden Beschuldigten kann durch den Verfolgungsstaat ein Internationaler Haftbefehl, der vom Aufenthaltsstaat nur noch vollzogen werden müsste, nicht erlassen werden. Es handelt sich in diesen Fällen nur um ein Ersuchen um (vorläufige) Festnahme zum Zwecke der Auslieferung, zB durch → Ausschreibung (im

Strafprozess) zur internationalen Fahndung, oder um Auslieferung. Ob der Aufenthaltsstaat dem Ersuchen nachkommt und den Beschuldigten inhaftiert, richtet sich nach seinem Recht und etwaigen zwischenstaatlichen Verträgen.

Auch der → Europäische Haftbefehl nach dem Rahmenbeschluss 2002/584/JI (Euro-Haftbefehl-Beschluss) vom 13.6.2002 über den Europäischen Haftbefehl und das Übergabeverfahren (ABl. EG 2002 L 190, 1) ist kein Haftbefehl im obigen Sinn, sondern ein Fahndungsmittel, das im Verhältnis der EU-Mitgliedstaaten zueinander ein Auslieferungsersuchen zur Strafverfolgung (→ Auslieferung) oder zur Strafvollstreckung (→ Vollstreckungshilfe) ersetzt und ggf. zur Auslieferungshaft führt.

6. Abschiebehaft → Ausländer.

7. Zivilrecht: Hat ein Schuldner eine Vermögensauskunft abzugeben, kann das Gericht zu deren Erzwingung einen Haftbefehl erlassen (§ 802g ZPO), ebenso zur Vollstreckung des persönlichen → Arrests (§ 933 ZPO).

Haftbeschwerde
→ Haftprüfungsverfahren.

Haftentschädigung
→ Strafverfolgung, ungerechtfertigte.

Haftgründe
→ Haftbefehl (1).

Haftpflicht
für Eisenbahn, Straßenbahn usw. → Eisenbahnbetriebshaftung; für Luftfahrzeuge → Luftverkehrshaftung; für Betriebe → Gefährdungshaftung; für Kraftfahrzeuge → Straßenverkehrshaftung; für Baustellen usw → Verkehrssicherungspflicht, → Baustellen; für Kinder und Tiere → unerlaubte Handlung (3, 4a).

Haftpflichtversicherung
Die Haftpflichtversicherung ist eine Art der → Schadensversicherung. Der Versicherer ist hier verpflichtet, dem Versicherungsnehmer den Schaden zu ersetzen, den dieser durch eine Leistung auf Grund seiner Verantwortlichkeit für einen während der Versicherungszeit eintretenden Umstand erleidet (Haftungsfall; zB vom Dach des Hauses des Versicherungsnehmers löst sich ein Teil und trifft einen Passanten); er ist ferner verpflichtet, ihn von etwaigen Ansprüchen Dritter freizustellen und unbegründete Ansprüche abzuwehren, § 100 VVG. Bei der Betriebshaftpflichtversicherung umfasst die Versicherung auch die Folgen des Handelns von Organen und Arbeitnehmern, § 102 VVG. Neben diesen Ersatz- und Befreiungsanspruch tritt ein Anspruch auf → Rechtsschutz. Die Haftpflichtversicherung umfasst danach die gerichtlichen und außergerichtlichen Kosten, die durch die Verteidigung gegen den von einem Dritten geltendgemachten Anspruch entstehen, auch wenn dieser sich als unbegründet erweist, die Kosten einer Strafverteidigung im Zusammenhang mit dem Versicherungsfall usw, dies auch über die → Versicherungssumme hinaus, wenn der Rechtsstreit auf Veranlassung des Versicherers geführt wird, § 101 VVG. Bei der Haftpflichtversicherung sind daher das Haftpflichtverhältnis zwischen Versichertem und Dritten und das Versicherungsverhältnis zwischen Versichertem und Versicherer zu unterscheiden. Wenn auch der Versicherer meist (Ausnahme → Kraftfahrzeug-Haftpflichtversicherung) keine unmittelbaren Rechtsbeziehungen zu dem Dritten hat, so wird doch idR der Versicherer die Abwicklung für den Versicherungsnehmer vornehmen, da eine rechtskräftige Entscheidung im Haftpflichtprozess mit dem Dritten für die Entschädigungspflicht des Versicherers (Versicherungsfall) vorgreiflich und weitgehend bindend ist.

Für die Haftpflichtversicherung gelten über die allg. Bestimmungen der Schadensversicherung (→ Versicherungsvertrag) hinaus Sonderbestimmungen in §§ 100 ff. VVG, ergänzt durch die AHB (→ Versicherungsbedingungen). Danach haftet der Versicherer nicht, wenn der Versicherte den Versicherungsfall vorsätzlich herbeigeführt hat, § 103 VVG. Der Versicherungsnehmer hat innerhalb 1 Woche den Anspruch eines Dritten oder Tatsachen, die einen solchen Anspruch als möglich erscheinen lassen, dem Versicherer anzuzeigen, § 104 VVG. → Verfügungen des Versicherungsnehmers über seine Entschädigungsforderung gegen den Versicherer sind dem Dritten (Geschädigten) gegenüber unwirksam; einer Verfügung steht eine Pfändung usw dieser Forderung gleich, die Abtretung des Freistellungsanspruchs an den Dritten kann aber nicht ausgeschlossen werden, § 108 VVG. Ist über das Vermögen des Versicherungsnehmers das → Insolvenzverfahren eröffnet, so hat der geschädigte Dritte wegen seiner Ersatzforderung einen Anspruch auf → Absonderung an der Entschädigungsforderung des Versicherungsnehmers, § 110 VVG. Nach Eintritt eines Versicherungsfalls haben beide Teile ein Kündigungsrecht, wenn der Versicherer auf Aufforderung die Leistungspflicht anerkannt oder verweigert hat (Frist 1 Monat, § 111 VVG). Ein → Anerkenntnis des Versicherungsnehmers bindet zwar den Versicherer grds. nicht; doch kann nicht vereinbart werden, dass der Versicherer von seiner Leistung frei wird, wenn der Versicherungsnehmer ohne dessen Einwilligung den Dritten befriedigt oder seinen Anspruch anerkennt, § 105 VVG. Weitere Einzelheiten sind in den Allgemeinen → Versicherungsbedingungen geregelt. Besondere Vorschriften gelten darüber hinaus für eine Haftpflichtversicherung, für deren Abschluss eine gesetzliche Pflicht besteht (zB für den Halter eines Kraftfahrzeugs, → Pflichtversicherung, → Kraftfahrzeug-Haftpflichtversicherung).

Haftprüfungsverfahren
Im Strafverfahren steht dem in Untersuchungshaft genommenen Beschuldigten, sei-

nem Verteidiger und ggf. seinem gesetzlichen Vertreter das Recht der Beschwerde und, wenn diese beim Beschwerdegericht erfolglos bleibt, der weiteren Beschwerde gegen den → Haftbefehl zu (§§ 304, 310 I StPO). Statt der Beschwerde kann während der Dauer der Untersuchungshaft jederzeit Antrag auf Haftprüfung gestellt werden mit dem Ziel, den Haftbefehl aufzuheben oder seinen Vollzug durch mildere Maßnahmen zu ersetzen; neben diesem Antrag ist die Beschwerde unzulässig. Die Haftprüfung findet auch ohne Antrag statt, wenn die Untersuchungshaft 3 Mon. andauert, der Beschuldigte ohne Verteidiger ist und weder Haftprüfung beantragt noch Haftbeschwerde eingelegt hat (§ 117 StPO). Zur Haftprüfung kann eine mündliche Verhandlung in Anwesenheit des Beschuldigten (§ 118a StPO) auf dessen Antrag oder von Amts wegen durchgeführt werden. Ihre Wiederholung kann nicht unbegrenzt beantragt werden, sondern nur, wenn die voraufgegangene Verhandlung mindestens 2 Mon. zurückliegt und die Untersuchungshaft mindestens 3 Mon. andauert.

Solange kein Urteil ergangen ist, das auf Freiheitsstrafe oder eine freiheitsentziehende Maßregel der Besserung und Sicherung erkennt, darf der Vollzug der Untersuchungshaft wegen derselben Tat über sechs Monate hinaus nur aufrechterhalten werden, wenn die besondere Schwierigkeit oder der besondere Umfang der Ermittlungen oder ein anderer wichtiger Grund das Urteil noch nicht zulassen und die Fortdauer der Haft rechtfertigen (§ 120 I StPO). Die insoweit erforderliche Prüfung erfolgt durch das Oberlandesgericht, bei erstinstanzlicher Zuständigkeit des Oberlandesgerichts durch den Bundesgerichtshof (§ 121 II, IV StPO). Sie ist durch das Oberlandesgericht bei Anordnung der Fortdauer der Untersuchungshaft jeweils nach drei Monaten zu wiederholen (§ 121 IV StPO).

Die Haftprüfung wie auch die besondere Prüfung nach § 121 StPO entfallen während der Hauptverhandlung und nach Erlass eines auf Freiheitsstrafe lautenden Urteils (§ 118 StPO). Ein Rechtsbehelf gegen den Haftbefehl wird nach Beendigung der Haft grundsätzlich nicht wegen prozessualer Überholung unzulässig (BVerfG NJW 1997, 2163).

Haftstrafe
→ Freiheitsstrafe.

Haftsumme
Haftsumme ist bei einer Genossenschaft der Betrag, auf den die → Nachschusspflicht des Mitglieds beschränkt werden kann. Die Haftsumme darf nicht niedriger sein als der → Geschäftsanteil des Mitglieds; sie wird bei Errichtung der Genossenschaft durch die Satzung bestimmt (§ 119 GenG). Bei einer → Kommanditgesellschaft ist die Haftsumme der Betrag, in dessen Höhe der Kommanditist seine → Einlage zu leisten hat und mit dem er den Gläubigern der KG persönlich und unmittelbar haftet (§ 171 I HGB). Diese Haftung ist ausgeschlossen, soweit der Kommanditist seine Einlage geleistet hat.

Haftunfähigkeit
besteht, wenn die Untersuchungs- oder Strafhaft an einem Gefangenen wegen seines Gesundheitszustandes nicht in der Haftanstalt vollzogen werden kann.

Voraussichtliche Dauer und Schwere der Krankheit können bei der Untersuchungshaft zur Aufhebung des → Haftbefehls durch den Richter führen; erfordert der Haftgrund gleichwohl den weiteren Vollzug, wird der Häftling in eine Krankenanstalt überführt und dort bewacht (Nr. 58 RiStBV).

Über die Unterbrechung einer Freiheitsstrafe wegen Haftunfähigkeit entscheidet die Strafvollstreckungsbehörde (idR die StA). Die Unterbrechung setzt voraus, dass keine überwiegenden Gründe, insbes. solche der öffentlichen Sicherheit, entgegenstehen. Unterbrechungsgründe sind Geisteskrankheit, nahe Lebensgefahr bei weiterem Vollzug und sonstige schwere Erkrankungen, die in Vollzugseinrichtungen nicht behandelt werden können (§ 455 IV StPO). Der Gefangene ist dann ggf. in eine geeignete öffentliche Anstalt zu überführen, zB bei geistiger Erkrankung in ein psychiatrisches Krankenhaus. Ist dagegen mit seiner Wiederherstellung zu rechnen, kann die Strafvollstreckung in einem Krankenhaus des Justizvollzugs fortgesetzt werden.

Sa Art. 6 EGWStG (für den Vollzug durch Bundeswehrbehörden) sowie → Zwangsbehandlung.

Haftung
1. Der Begriff Haftung wird im Gesetz nicht einheitlich gebraucht: vielfach nur als Einstehenmüssen für eine aus einem → Schuldverhältnis herrührende Schuld (zB auf → Schadensersatz), ieS als Haftung des Vermögens des Schuldners gegenüber dem Zugriff des Gläubigers. Jeder → Anspruch ist grundsätzlich gerichtlich durchsetzbar (→ Klage); für seine Erfüllung haftet das Vermögen. Ausnahmen gelten zB für die nicht einklagbare → unvollkommene Verbindlichkeit (Naturalobligation, insbes. aus Spiel oder Wette, Ehemäklerlohn; sa → eheliche Lebensgemeinschaft). Eine verjährte Forderung ist zwar einklagbar; doch steht ihr die → Einrede der → Verjährung entgegen.

Von einer beschränkten Haftung spricht man, wenn der Schuldner nur mit Teilen seines Vermögens (Sondervermögen) für die Schuld einzustehen hat, s. zB → Beschränkung der Erbenhaftung, für Minderjährige → elterliche Sorge (1), Haftung der Mitglieder beim nichtrechtsfähigen Verein (→ Verein, 2a) ua; sa → Gesellschaft mit beschränkter Haftung. Höchstgrenzen, zB für die Haftung des → Gastwirts oder des → Kraftfahrzeughalters, befreien nicht von der Haftung, beschränken aber die Höhe der Schuldverpflichtung. Ein anderer Fall von Haftung ist schließlich die

Verpflichtung des Eigentümers, die Verwertung seiner auf Grund eines → Pfandrechts, einer → Hypothek oder → Grundschuld haftenden Sache durch den Gläubiger zu dulden (der Schuldner schuldet die Erfüllung der Forderung, der Eigentümer haftet hierfür, ohne als solcher selbst zu schulden, mit seiner Sache, sog. dingliche Haftung).

2. Grds. ist die Haftung vom Verschulden abhängig (sa → Schadensersatz); s. hierzu aber → Sorgfalt in eigenen Angelegenheiten und über wichtige Ausnahmefälle: → Gefährdungshaftung, → Billigkeitshaftung, → Gewährleistung; s. ferner → Staatshaftung. Über Haftung für Verkehrsunfälle (Halter, Fahrer von Fahrzeugen) → Straßenverkehrshaftung, → unerlaubte Handlung, → Gefälligkeitsfahrt. Sa → Produkthaftung.

Haftung des Arbeitgebers
→ Fürsorgepflicht, → Dienstvertrag, → Verwahrung, → Zeugnis, → Arbeitsschutz.

Haftung des Arbeitnehmers
→ innerbetrieblicher Schadensausgleich, → Arbeitsverweigerung, → Mankohaftung.

Haftung des Beamten
Seinem → Dienstherrn hat der → Beamte den aus einer vorsätzlichen oder grob fahrlässigen Pflichtverletzung entstehenden Schaden zu ersetzen (§ 48 BeamtStG, § 75 I BBG; sa → Beamtenrecht). Dies gilt in gleicher Weise für unmittelbare Schäden des Dienstherrn wie für die Schäden Dritter, für die der Dienstherr im Rahmen der → Staatshaftung aufgekommen ist (sog. Regress). Da die Regelung jetzt allgemein und nicht bloß für den öffentlichrechtlichen Bereich gilt, ist die Streitfrage über das Haftungsmaß bei → gefahrgeneigter Arbeit überholt. Die Haftung der Angestellten des öffentlichen Dienstes ist an die der Beamten angeglichen. Für Schadensersatzleistungen wegen schuldhaft verursachter Fehlbestände in Kassen, Lagern usw. gilt in einigen Ländern noch das Erstattungsgesetz v. 18.4.1937 (RGBl. I 461) als Landesgesetz fort (vgl. zB Hessen GVBl. 1972, 349 und GVBl. 1974, 361, oder Bremen GBl. 2005, 91 und GBl. 2009, 517; in Bremen trat das Gesetz am 31.12.2014 außer Kraft).

Haftung des Tierhalters
→ Tierhalter, → Unerlaubte Handlung (Delikt), 4.

Haftung für fehlerhafte Produkte
→ Gewährleistung, → Produkthaftung.

Haftung für Kinder
→ *unerlaubte* Handlung (3). Hinsichtlich der Haftung von Kindern s. → Deliktsfähigkeit.

Haftung für Kraftfahrzeugunfälle
→ Straßenverkehrshaftung; sa → Gefälligkeitsfahrt.

Haftung im Steuerrecht
bedeutet das Einstehen für eine fremde Steuerschuld. Während das Finanzamt gegenüber dem Steuerschuldner zur Inanspruchnahme verpflichtet ist, steht die Inanspruchnahme eines Haftungsschuldners in seinem pflichtgemäßen → Ermessen (§§ 191, 219 AO). Das Ermessen erstreckt sich darauf, ob ein Haftungstatbestand gegeben ist (Entschließungsermessen) und wer/wie als Haftungsschuldner in Anspruch genommen werden soll (Auswahlermessen). Haftungstatbestände können sich aus der → Abgabenordnung ergeben.

So haften gesetzliche Vertreter, Vermögensverwalter und Verfügungsberechtigte (§§ 34, 35 AO), soweit Ansprüche aus dem Steuerschuldverhältnis infolge vorsätzlicher oder grob fahrlässiger Verletzung der ihnen auferlegten Pflichten nicht oder nicht rechtzeitig festgesetzt oder erfüllt werden (§ 69 AO). Hierzu gehört die Haftung des Geschäftsführers für Steuerschulden der Gesellschaft. Organgesellschaften (Organe) haften für solche Steuern des Organträgers, für die die → Organschaft steuerlich von Bedeutung ist (§ 73 AO). Wesentlich Beteiligte haften mit zum Gebrauch überlassenen Gegenständen für diejenigen Steuern des Unternehmens, bei denen sich die Steuerpflicht auf den Betrieb des Unternehmens gründet (zB USt, GewSt, → Versicherungsteuer bei Versicherungsunternehmen, → Verbrauchsteuer bei Erzeugerbetrieben). Wesentlich ist beteiligt, wer mit mehr als einem Viertel am Nennkapital oder am Vermögen des Unternehmens mittelbar oder unmittelbar beteiligt ist. Als wesentlich beteiligt gilt auch, wer einen beherrschenden Einfluss ausübt und durch sein Verhalten dazu beiträgt, dass fällige Steuern nicht entrichtet werden (§ 74 AO). Der Betriebsübernehmer haftet mit dem übernommenen Vermögen ebenfalls für Steuern, bei denen sich die Steuerpflicht auf den Betrieb des Unternehmens gründet, und für Steuerabzugsbeträge, sofern diese seit Beginn des letzten vor der Übereignung liegenden Kalenderjahrs entstanden sind (§ 75 AO). Eine weitergehende Haftung gegenüber dem Finanzamt kann sich aus der Fortführung der Firma (§ 25 HGB) oder Vermögensübernahme (§ 419 BGB) oder Erbschaftskauf (§ 2382 BGB) ergeben. Weitere Haftungstatbestände können sich aus den einzelnen Steuergesetzen ergeben, zB Arbeitgeberhaftung für Lohnsteuer (§ 42d EStG), → Kapitalertragsteuer (§ 44 V EStG), → Erbschaftsteuer (§ 20 Abs. 3 ErbStG), für → Grundsteuer (§ 10 GrStG), für → Umsatzsteuer (§ 25d UStG).

Die Inanspruchnahme erfolgt durch schriftlichen Haftungsbescheid (§ 191 AO), der die Haftung feststellt, und die Zahlungsaufforderung (§ 219 AO). Wer verpflichtet ist, die Vollstreckung zu dulden, kann durch Duldungsbescheid in Anspruch genommen werden. Beruht die Haftung auf einem Vertrag, so muss das FA vor dem ordentlichen Gericht klagen (§ 192 AO). Der Haftungsbescheid ist ein → Verwaltungsakt. Rechtsbehelf gegen den Haftungsbescheid ist der Einspruch und ggf. die Anfechtungsklage. Die Änderung des Haftungsbescheides richtet sich nach den §§ 130ff. AO. Zur Verjährung der Haftung vgl. § 191 V AO, § 229 II AO. Steuerschuldner und Haftungsschuldner sind Gesamtschuldner (§ 44 I AO; → Gesamtschuld).

Haftung von Kindern
→ Deliktsfähigkeit. Zur Haftung für Kinder s. → unerlaubte Handlung (3).

Haftungsausschluss
→ Gewährleistung (3), → Werkvertrag (3), → Freizeichnungsklausel.

Haftungsbescheid
→ Haftung im Steuerrecht.

Haftungsbeschränkung
→ Beschränkung der Erbenhaftung, → elterliche Sorge, 1 (für Minderjährige).

Haftungsübernahme
→ Garantievertrag, → Delkredere.

Haftuntauglichkeit
→ Haftunfähigkeit.

Hagelversicherung
Eine Hagelversicherung ist eine Art der → Schadensversicherung, bei der landwirtschaftliche Bodenerzeugnisse gegen Schäden, die durch Hagelschlag entstehen, versichert sind. Für die Hagelversicherung gelten die allg. Vorschriften über den → Versicherungsvertrag sowie entsprechende → Versicherungsbedingungen. Schäden an Kfz deckt ggf. die → Kaskoversicherung, Schäden an Gebäuden ggf. eine → Gebäudeversicherung.

Haifischzähne
Als Haifischzähne wird eine Fahrbahnmarkierung entsprechend Zeichen 342 aus Anlage 3 (zu § 42 Absatz 2) StVO bezeichnet. Sie hebt eine Wartepflicht infolge einer bestehenden Rechts-vor-links-Regelung abseits der Bundes-, Landes- und Kreisstraßen sowie weiterer Hauptverkehrsstraßen und eine durch Zeichen 205 oder 206 angeordnete Vorfahrtberechtigung (→ Vorfahrt) des Radverkehrs im Zuge von → Kreuzungen oder Einmündungen von Radschnellwegen (→ Radwege) hervor.

Halbeinkünfteverfahren
Zum 1.1.2009 wurde das Halbeinkünfteverfahren von der → Abgeltungssteuer und dem → Teileinkünfteverfahren abgelöst. Das Halbeinkünfteverfahren löste seinerzeit das körperschaftsteuerliche Anrechnungsverfahren ab (→ Körperschaftsteuer, 5). Nach dem Halbeinkünfteverfahren unterlagen die Gewinne einer Kapitalgesellschaft einer Körperschaftsteuer von 25 vH. Dabei war unbeachtlich, ob die Gewinne ausgeschüttet oder thesauriert wurden. Beim Anteilseigner waren die ausgeschütteten Gewinne einkommensteuerlich als Einnahmen aus Kapitalvermögen zu berücksichtigen und nur zur Hälfte steuerpflichtig. Dementsprechend waren → Werbungskosten, die im wirtschaftlichen Zusammenhang mit den Gewinnausschüttungen standen, auch nur zur Hälfte abzugsfähig.

Halbfamilie, steuerlich
Verwitwete, geschiedene, dauernd getrenntlebende oder unverheiratete Väter oder Mütter (→ Alleinerziehende) versteuern ihr → Einkommen nach der Grundtabelle (→ Veranlagungsarten). Sie erhalten für ihre Kinder bestimmte steuerliche Vergünstigungen (→ Entlastungsbetrag; → Kinder, steuerliche Berücksichtigung). Mit Entscheidung v. 10.11.1998 (2 BvR 1057/91, 2 BvR 1226/91, 2 BvR 980/91) hat das BVerfG die Regelung über den Haushaltsfreibetrag und die Kinderbetreuungskosten für verfassungswidrig erklärt, soweit in ehelicher Gemeinschaft lebende, unbeschränkt steuerpflichtige Eltern von der Gewährung ausgeschlossen werden. Der Gesetzgeber hat mit dem Gesetz zur Familienförderung v. 22.12.1999 (BGBl. 1999 I 2552), das durch das zweite Gesetz zur Familienförderung v. 16.8.2001 (BGBl. 2001 I 2074) ergänzt wurde, darauf reagiert. (→ Kinderbetreuungskosten; → Familienleistungsausgleich).

Halbleiterschutz
Dreidimensionale Strukturen von mikroelektronischen Halbleitererzeugnissen (Topografien) sind (ähnlich wie → Erfindungen bei einem → Gebrauchsmuster) schutzfähig, soweit sie Eigenart aufweisen (HalbleiterschutzG v. 22.10.1987, BGBl. 1987 I 2294 mÄnd; Halbleiterschutzverordnung v. 11.5.2004, BGBl. 2004 I 894 mÄnd).

Halbscheidige Giebel- (Kommun)mauer
→ Grenzregelung bei Grundstücken.

Halbteilung
→ Kirchensteuer.

Halbteilungsgrundsatz
1. Familienrecht. Der Grundsatz der Halbteilung oder Halbteilungsgrundsatz verwirklicht als Postulat der → Gerechtigkeit die hälftige Teilhabe der getrennten (→ Unterhaltspflicht der Ehegatten) oder geschiedenen (→ Scheidungsunterhalt) Ehegatten an den ehelichen Lebensverhältnissen durch entsprechende Bemessung des Unterhaltsbedarfs. Im → Versorgungsausgleich partizipieren die geschiedenen Ehegatten hälftig an der ehezeitlichen Altersversorgung des anderen Ehegatten (§ 1 VersAusglG). Bei Beendigung des gesetzlichen Güterstands der → Zugewinngemeinschaft erhält ein Ehegatte vom anderen Ehegatten die Hälfte der Differenz des jeweiligen → Zugewinns (§ 1378 I BGB).

2. Steuerrecht. S. → Vermögensteuer, → Kirchensteuer.

Halbwaisen
sind Kinder, deren Vater oder Mutter verstorben ist. Die in der → Rentenversicherung, → Alterssicherung der Landwirte, → Unfallversicherung und → Kriegsopferversorgung vorgesehenen Rentenleistungen sind für Halb-

waisen niedriger als für Vollwaisen (§§ 48, 82 SGB VI; §§ 67 f. SGB VII; § 15 ALG; §§ 46, 47 BVG). In der → Versorgung der Beamten wird in diesen Fällen → Waisengeld geleistet. Nach Vollendung des 18. Lebensjahres besteht dann weiterhin ein Anspruch auf Waisenrente, wenn die Waise sich in Schul- oder Berufsausbildung befindet oder ein freiwilliges soziales oder ökologisches Jahr ableistet. Der Anspruch besteht längstens bis zur Vollendung des 27. Lebensjahres. Wird die Ausbildung durch die Ableistung des gesetzlichen Wehr- oder Zivildienstes unterbrochen, verlängert sich der Anspruch für diesen Zeitraum. Seit dem 1.7.2015 entfällt bei über 18. Jahre alten Halbwaisen die Anrechnung von zeitgleich erzieltem Einkommen, wenn sie sich in Ausbildung befinden. Ein Anspruch auf Kindergeld wird von der Zahlung der Waisenrente nicht tangiert. Hinsichtlich der Schulausbildung bzw. eines Studiums ist zu beachten, dass bei gleichzeitiger Ausübung einer beruflichen Tätigkeit die Ausbildung im Vordergrund stehen muss. Sie steht im Vordergrund, wenn der wöchentliche Aufwand für die Ausbildung mindestens 20 Zeitstunden beträgt. Schulwege sowie heimische Vor- und Nachbearbeitung des Unterrichtsstoffes sind angemessen zu berücksichtigen.

Halsgerichtsordnung, Bambergische
→ Constitutio Criminalis Carolina.

Haltbarkeitsgarantie
→ Gewährleistung (4), → Garantie.

Halten im Straßenverkehr
ist die gewollte, nicht durch die Verkehrslage oder eine Anordnung gebotene Fahrtunterbrechung. Dazu gehört als Sonderfall des Haltens das → Parken. Das Halten im Straßenverkehr und damit auch das Parken sind unzulässig an engen und unübersichtlichen Straßenstellen, scharfen Kurven, auf Ein- und Ausfädelungsstreifen und → Bahnübergängen, ferner im Bereich bestimmter Verkehrszeichen, so zB des absoluten Haltverbots, des eingeschränkten Haltverbots, wenn länger als 3 Min. gehalten wird mit Ausnahme von Ein- und Aussteigen oder Be- und Entladen (→ Ladegeschäft), bis 10 m vor Lichtzeichen (§ 37 I 2 StVO) und Vorfahrtzeichen, wenn sie dadurch verdeckt werden, bis 5 m vor und auf Fußgängerüberwegen. Im Bereich eines eingeschränkten Haltverbots für eine Zone oder einer Parkraumbewirtschaftungszone (→ Bewohner-Parkzonen) ist das Halten nur erlaubt für die Zeit, die auf dem Zusatzzeichen angegeben ist. Soweit nicht durch Verkehrszeichen untersagt, ist auf dem rechten Seitenstreifen der Fahrbahn zu halten, also nicht auf Gehwegen, es sei denn, dass dies erlaubt ist, oder Radwegen; befinden sich auf der rechten Seite Schienengleise, darf links, in → Einbahnstraßen rechts und links gehalten werden (§ 12 StVO). Sa → Verlassen eines Fz., → Beleuchtung (2), → Haltestellen, → Halterhaftung.

Halter eines Kraftfahrzeugs
Halter ist, wer das Kfz für eigene Rechnung in Gebrauch hat und die Verfügungsgewalt darüber besitzt, die ein solcher Gebrauch voraussetzt. Die Feststellung des Halters ist wichtig insbes. für die Pflicht zum Abschluss einer → Kraftfahrzeug-Haftpflichtversicherung, die → Straßenverkehrshaftung (2), die Pflicht zur periodischen technischen Überprüfung (§ 29 StVZO, → Überwachung von Kraftfahrzeugen), die Verantwortung für den vorschriftsgemäßen Zustand des Fahrzeugs (§ 31 StVZO) usw. Zu den Pflichten des Halters eines Fahrzeugs mit autonomer Fahrfunktion → Autonomes Fahren.

Wer Halter eines Kfz ist, bestimmt sich nach tatsächlichen und wirtschaftlichen Gesichtspunkten; die Eigentumsverhältnisse bieten Anhaltspunkte, sind aber nicht entscheidend. Bei → Sicherungsübereignung ohne Besitzübertragung wird der Erwerber idR nicht Halter. Andererseits kann die Verfügungsgewalt des Halters fortbestehen, der das Kfz einem anderen zum Gebrauch überlässt (zB die Firma einem Handelsvertreter). Der Mieter des Kfz ist Halter, wenn er es für eigene Rechnung in Gebrauch nimmt, insbes. die Betriebskosten trägt, über seine Verwendung bestimmt und die Führung selbst übernimmt oder einem Angestellten überträgt (zB auch der Leasingnehmer); nicht bei Anmietung für eine einzelne Fahrt. Wer ein Kfz zwecks längerer Benutzung stiehlt oder unterschlägt, ist Halter, nicht dagegen bei vorübergehender Gebrauchsanmaßung. Bei gemeinsamer Verwendung können mehrere nebeneinander als Halter verantwortlich sein.

Halter von Tieren
→ Tierhalter, → unerlaubte Handlung (4a).

Halterhaftung
1. Als Halterhaftung wird die zivilrechtliche Haftung des → Halters eines Kraftfahrzeugs für die Folgen eines Unfalls bezeichnet, insbes. die verschuldensunabhängige → Gefährdungshaftung nach § 7 StVG; s. hierzu iE → Straßenverkehrshaftung 2.

2. Der Begriff bezeichnet zudem eine spezielle Kostenregelung des Ordnungswidrigkeitenrechts (→ Ordnungswidrigkeiten, → Bußgeldverfahren) zulasten des Halters eines Kfz, die wegen des Sachzusammenhangs ihren Platz im StVG statt im OWiG gefunden hat: Kann der Führer eines Kfz, der gegen die Vorschriften über das → Halten im Straßenverkehr oder das → Parken verstoßen hat, vor Eintritt der → Verfolgungsverjährung nicht oder nur mit unangemessenem Aufwand ermittelt werden, können dem Halter des Kfz die Kosten des Bußgeldverfahrens auferlegt werden (§ 25a I StVG). Dies ist angemessen, da zum einen die Begehung der Ordnungswidrigkeit durch das Halten des Kfz erst möglich wurde und der Halter zum anderen regelmäßig in der Lage ist, die Feststellung der Person des Führers zu ermöglichen. Nach § 25a I 2 StVG kann von

der Auferlegung abgesehen werden, wenn es unbillig wäre, den Halter des Kraftfahrzeugs oder seinen Beauftragten mit den Kosten zu belasten. Das wird etwa bei einem → Diebstahl (§ 242 StGB) oder einem → unbefugten Gebrauch (§ 248a StGB) des Kfz der Fall sein.

Haltestellen
An Straßenbahnen, Linienbussen und Schulbussen, die an Haltestellen halten, darf grundsätzlich nur vorsichtig, und wenn ein Fahrgast ein- oder aussteigt, in Schrittgeschwindigkeit vorbeigefahren werden. Linien- und Schulbusse, die das Warnblinklicht eingeschaltet haben, dürfen vor Haltestellen nicht überholt und an Haltestellen, auch vom Gegenverkehr, nur mit Schrittgeschwindigkeit passiert werden. Die Fahrgäste dürfen stets nicht gefährdet oder behindert werden; nötigenfalls ist anzuhalten. Besondere Vorsicht ist bei haltenden Schulbussen geboten. Diese haben – ebenso wie Linienbusse – beim Abfahren von Haltestellen Vorrang (§ 20 StVO). Fahrgäste müssen auf Haltestelleninseln bzw. auf dem Gehweg oder Seitenstreifen oder am Fahrbahnrand warten (§ 20 StVO), → Parken ist in 15 m Entfernung vor und hinter Haltestellenschildern verboten. Fahrgäste dürfen öffentl. Verkehrsmittel nur an Haltestellen betreten oder verlassen (§ 14 BOKraft, § 54 BOStrab; → Personenbeförderung).

Haltverbot
→ Halten im Straßenverkehr, → Ladegeschäft.

Hamburg
1. Die Freie und Hansestadt Hamburg ist Land der → Bundesrepublik Deutschland.

2. Nach der Verfassung vom 6.6.1952 (GVBl. 1952, 117) mÄnd steht die Gesetzgebung entweder dem Volk unmittelbar durch Volksbegehren und Volksentscheid (→ Volksabstimmung) oder der Bürgerschaft zu. Diese besteht aus mindestens 120 Abgeordneten, die in allgemeiner, gleicher, unmittelbarer und geheimer Wahl für 4 Jahre gewählt werden. Die Landesregierung führt die Bezeichnung Senat. Die Bürgerschaft wählt den Ersten Bürgermeister als Präsidenten des Senats mit der Mehrheit ihrer gesetzlichen Mitgliederzahl. Der Erste Bürgermeister bestellt und entlässt seinen Stellvertreter (Zweiter Bürgermeister) und die übrigen Senatoren. Die Bürgerschaft bestätigt den gesamten Senat; bei späteren Berufungen kann auch eine Einzelbestätigung erfolgen. Die Stellung des Ersten Bürgermeisters entspricht der eines Ministerpräsidenten. Er bestimmt die Richtlinien der Politik. Die Senatoren tragen nach der vom Senat zu beschließenden Geschäftsverteilung die Verantwortung für die einzelnen Verwaltungsbehörden und Senatsämter. Wichtige Angelegenheiten sind vom Senat insgesamt zu beschließen. Bei den Fachbehörden werden Deputationen aus den vom Senat in die Behörden entsandten Senatoren (Präses und Stellvertreter) und den 15 von der Bürgerschaft gewählten bürgerlichen Mitgliedern gebildet. Diese Deputierten nehmen insbesondere an Entscheidungen über Angelegenheiten von grundsätzlicher Bedeutung, über die Haushaltsaufstellung und über die Organisation teil. Zur Entscheidung verfassungsrechtlicher Streitigkeiten – insbes. Organstreitigkeiten – ist das Hamburgische Verfassungsgericht gebildet (Gesetz v. 23.3.1982, GVBl. 1982, 59, mÄnd); Verfassungsbeschwerden von Bürgern zu diesem Gericht sind nicht möglich.

3. Die örtliche Verwaltung wird in den 7 Bezirken von Bezirksämtern wahrgenommen, die früher zusätzlich eigene Ortsämter einrichten konnten. Die Ortsämter sind inzwischen 2008 abgeschafft. Die Bezirke haben eigene Organe (Bezirksamtsleiter, Bezirksversammlung mit Ausschüssen), sind aber keine eigenen Gebietskörperschaften. Soweit ein Bezirk zuständig ist, kann der Senat Weisungen erteilen.

Hamburger Arbitrage
Hamburger Arbitrage ist die Vereinbarung eines → schiedsrichterlichen Verfahrens zur Überprüfung behaupteter Sachmängel beim Kauf (→ Gewährleistung). S. a. → Arbitrage.

Hammelsprung
wird ein besonderes Verfahren bei der → Abstimmung in einem → Parlament genannt. Ist der Sitzungsvorstand bei Abstimmung durch Handzeichen oder Aufstehen über das Ergebnis im Zweifel, so wird in der Weise erneut abgestimmt, dass alle Abgeordneten den Sitzungssaal verlassen und ihn durch drei verschiedene Türen wieder betreten, je nachdem, ob sie mit „Ja" oder „Nein" stimmen oder sich der Stimme enthalten. Der Name Hammelsprung geht auf ein Bild über einer Abstimmungstür im Berliner Reichstagsgebäude zurück, das Polyphem beim Zählen seiner Hammel darstellt, an deren Bäuche geklammert Odysseus und seine Gefährten entkommen.

Hammurabi
→ Codex Hammurabi.

Hand wahre Hand
Hand wahre Hand war ein Grundsatz des altdeutschen Rechts, nach dem der Eigentümer einer Sache, die er einem anderen überlassen hatte, sich wegen Rückgabe oder Schadensersatz nur an diesen und nicht an einen Dritten halten konnte, an den der Empfänger sie weitergegeben hatte. Im BGB wirkt sich der Satz noch heute beim → gutgläubigen Erwerb durch den Dritten aus.

Handel
Der → Groß- und → Einzelhandel unterliegt als → Gewerbe den Vorschriften der GewO (insbes. Anzeigepflicht nach § 14 GewO, Untersagungsmöglichkeit nach § 35 GewO). Für viele Branchen ist die Ausübung des Groß- und Einzelhandels durch Spezialgesetze geregelt, zB im → Lebensmittel- und Futtermittel-

recht, für → Arzneimittel, für → Waffen. Handelsunternehmen gehören kraft Gesetzes einer → Industrie- und Handelskammer an.

Handeln auf Befehl
→ Gehorsamspflicht.

Handeln auf eigene Gefahr
→ Mitverschulden, → Gefälligkeitsfahrt.

Handeln für einen anderen
kann unter den Voraussetzungen der § 14 StGB, § 9 OWiG die strafrechtl. Verantwortlichkeit bei einem → Sonderdelikt begründen.

Handeln in (unter) fremdem Namen
→ Stellvertretung.

Handelsbilanz
→ Bilanz (1).

Handelsbrauch
Im Handelsverkehr haben sich unter Kaufleuten zahlreiche Gewohnheiten und Gebräuche entwickelt. Diese sog. Handelsbräuche stellen keine Rechtsnormen, insbes. kein Gewohnheitsrecht dar, bilden aber Regeln und Wertungen, die in der kaufmännischen Praxis befolgt werden und auf die in der Rechtsprechung Rücksicht zu nehmen ist (§ 346 HGB). Ein Handelsbrauch entsteht dadurch, dass er unter Zustimmung der beteiligten Handelskreise über einen gewissen Zeitraum tatsächlich geübt wird. Meistens entstehen Handelsbräuche nur in bestimmten Geschäftszweigen (Branchen). Sie wandeln unter Kaufleuten – nur ausnahmsweise auch gegenüber einem Nichtkaufmann – die allgemeine Verkehrssitte, die nach den §§ 133, 157 BGB zu berücksichtigen ist, für den Handelsverkehr vielfach ab. Die ausdrücklichen oder stillschweigenden Vereinbarungen der Geschäfts- und Vertragspartner gehen den Handelsbräuchen jedoch vor. Soweit aber nichts anderes vereinbart ist, gelten die Handelsbräuche auch dann, wenn die Beteiligten sie nicht gekannt haben. Soweit ein Handelsbrauch zwingendem Gesetzesrecht widerspricht, gilt er nicht; dem dispositiven (nachgiebigen) Gesetzesrecht geht er jedoch idR vor. Im Rechtsstreit muss das Bestehen eines Handelsbrauchs derjenige behaupten und beweisen, der sich auf ihn beruft. Zu den praktisch wichtigsten Handelsbräuchen gehören die → Handelsklauseln und die Bedeutung eines kaufmännischen → Bestätigungsschreibens.

Handelsbriefe
Handelsbriefe sind Schriftstücke, die ein → Handelsgeschäft betreffen (§ 257 I HGB). Jeder → Kaufmann hat im Rahmen seiner → Buchführung die empfangenen Handelsbriefe und eine Wiedergabe der abgesandten Handelsbriefe. 6 Jahre lang – gerechnet vom Schluss des Kalenderjahres ab – aufzubewahren (auch auf Datenträgern zulässig, § 257 III, IV HGB). → Geschäftsbriefe.

Handelsbuch
Nach Art. 4 I Nr. 86 VO (EU) 575/2013 (CRR, → Bankenunion) enthält das Handelsbuch (trading book) alle Positionen in → Finanzinstrumenten und Waren, die ein Institut mit Handelsabsicht hält. Das Handelsbuch als Gegenstand der Bankenaufsicht (→ Kreditinstitute, Aufsicht) darf nicht mit den Büchern verwechselt werden, zu deren Führung jeder Kaufmann verpflichtet ist (→ Handelsbücher). → Kredit- und → Finanzdienstleistungsinstitute sind verpflichtet, neben dem Anlagebuch ein Handelsbuch zu führen (Art. 102 VO (EU) 575/2013). Ihm sind vor allem solche Positionen zuzurechnen, die das Institut mit Handelsabsicht oder zur Absicherung von Marktrisiken hält. Die Handelsbuchpositionen sind täglich zu Marktpreisen zu bewerten und unterliegen umfangreichen Kontrollen. Damit soll das Risikomanagement der Institute verbessert werden. Geschäfte, die nicht dem Handelsbuch zuzurechnen sind, bilden das Anlagebuch. Auch → Wertpapierinstitute führen ein Handelsbuch.

Handelsbücher
Jeder → Kaufmann ist verpflichtet, nach den Grundsätzen ordnungsmäßiger → Buchführung Handelsbücher zu führen, aus denen sich die Geschäftsvorfälle lückenlos ergeben. Das bedeutet, dass alle Zu- und Abgänge an Geld, Waren und sonstigen Vermögensgegenständen (zB Wertpapiere, Grundstücke) in einer bestimmten planmäßigen Ordnung aufgezeichnet werden müssen. Die Handelsbücher werden idR in der einfachen oder der doppelten Buchführung mit Konten für Personen und Sachen angelegt; die doppelte Buchführung erfordert für jeden Geschäftsvorfall Buchung und Gegenbuchung. Der Kaufmann hat sich dabei einer lebenden Sprache und ihrer Schriftzeichen zu bedienen; die Bedeutung von Abkürzungen, Symbolen usw. muss eindeutig festliegen. Eintragungen in Büchern müssen vollständig, richtig, zeitgerecht und geordnet sein; eine nachträgliche Veränderung mit der Folge, dass der ursprüngliche Inhalt nach Art und Zeit seiner Eintragung nicht mehr feststellbar ist, ist unzulässig (§ 239 I-III HGB). Handelsbücher und die sonst erforderlichen Aufzeichnungen können im Rahmen einer ordnungsgemäßen Buchführung auch auf Datenträgern geführt werden (§ 239 IV HGB). Die Handelsbücher sind 10 Jahre lang aufzubewahren (§ 257 I, IV HGB).

Handelsbürgschaft
→ Bürgschaft (2).

Handelsfirma
→ Firma.

Handelsgehilfe
→ Handlungsgehilfe.

Handelsgericht
→ Kammer für Handelssachen.

Handelsgeschäft
Das Handelsgeschäft ist das kaufmännische → Unternehmen, für das eine → Firma geführt wird. Das Handelsgeschäft ist vom → Handelsgewerbe zu unterscheiden.

Handelsgeschäft ist ferner ein → Rechtsgeschäft oder eine → Rechtshandlung eines → Kaufmanns, die zum Betrieb seines → Handelsgewerbes gehört (§ 343 HGB). Die Handelsgeschäft werden unterteilt in Grundhandelsgeschäfte, das sind die unmittelbar dem betriebenen Handelsgewerbe dienenden (zB Anschaffung von Waren, die zum Weiterverkauf in einem Einzelhandelsgeschäft bestimmt sind); Hilfshandelsgeschäfte, das sind diejenigen Handelsgeschäfte, die den Geschäftsbetrieb ermöglichen oder fördern sollen (Kauf von Einrichtungsgegenständen für den Laden, Abschluss von Arbeitsverträgen); Nebenhandelsgeschäfte, die der Kaufmann zwar im Rahmen seines Handelsgewerbes abschließt, die aber nicht zum gewöhnlichen Betrieb seines Handelsgewerbes zählen (zB kommissionsweiser Verkauf eines Autos durch einen Einzelhändler einer anderen Branche). Es besteht eine widerlegbare gesetzliche Vermutung dafür, dass die von einem Kaufmann vorgenommenen Rechtsgeschäfte Handelsgeschäfte sind (§ 344 I HGB). Ferner besteht eine unwiderlegbare Vermutung für das Vorliegen eines Handelsgeschäfts, wenn ein Kaufmann einen → Schuldschein zeichnet (§ 344 II HGB); darunter sind grundsätzlich alle → Wertpapiere (insbes. → Wechsel, → Scheck) zu verstehen. Bei Handelsgeschäften tritt an Stelle der im Verkehr erforderlichen Sorgfalt (→ Fahrlässigkeit) die Sorgfalt eines ordentlichen Kaufmanns (§ 347 HGB). Unter bestimmten Voraussetzungen kommen Handelsgeschäfte anstatt einer ausdrücklichen Erklärung durch Stillschweigen zustande (§ 362 HGB). Einseitige Handelsgeschäfte sind solche Rechtsgeschäfte, die nur für einen von beiden Vertragspartnern ein Handelsgeschäft darstellen; für sie gelten aber grundsätzlich alle Vorschriften über Handelsgeschäfte auch für den nichtkaufmännischen Vertragspartner (§ 345 HGB). Für beiderseitige Handelsgeschäfte gelten verschiedene Sonderregeln (zB Zinsen ab Fälligkeit in Höhe von 5%, §§ 352, 353 HGB; Abtretungsverbote (→ Abtretung, 3) sind unwirksam, § 354a HGB); insbes. ist hierbei auf → Handelsbräuche Rücksicht zu nehmen (§ 346 HGB). Das praktisch wichtigste Handelsgeschäft ist der → Handelskauf.

Handelsgesellschaft
Eine Handelsgesellschaft ist eine → Gesellschaft, die ein → Handelsgewerbe betreibt (oder dem gleichsteht) und infolgedessen → Kaufmann ist. Handelsgesellschaften sind die → offene Handelsgesellschaft, die → Kommanditgesellschaft, die → Reederei, die → Aktiengesellschaft, die → Kommanditgesellschaft auf Aktien und die → Gesellschaft mit beschränkter Haftung. Den Handelsgesellschaften weitgehend gleichgestellt sind → Genossenschaften und → Versicherungsvereine auf Gegenseitigkeit, die als sog. Formkaufmann dem → Handelsrecht unterliegen.

Handelsgesetzbuch
(HGB) → Handelsrecht.

Handelsgewerbe
Handelsgewerbe ist jeder Gewerbebetrieb (→ Gewerbe; also nicht sog. → freie Berufe, hierzu → Partnerschaftsgesellschaft), es sei denn, dass das → Unternehmen (ausnahmsweise; Beweislast hat hierfür im Einzelfall der Unternehmer) nach Art oder Umfang einen in kaufmännischer Weise eingerichteten → Geschäftsbetrieb nicht erfordert (§ 1 II HGB). Bestimmte „Grund-Handelsgewerbe“, die nach der Art der vorgenommenen Geschäfte stets Handelsgewerbe sind, kennt das HGB nicht mehr. Umgekehrt sind auch nicht bestimmte Gruppen, zB Lohnhandwerker, Dienstleistungsgewerbe, → Urproduktion, von vorneherein ausgeschlossen. Entscheidend ist das Gesamtbild des Betriebs nach Art und Umfang der Geschäftstätigkeit, ob also nach den gesamten Umständen ein kaufmännisch eingerichteter Geschäftsbetrieb erforderlich (nicht: tatsächlich vorhanden) ist. Bestimmte Mindestanforderungen, zB hinsichtlich der Höhe von Umsatz und/oder Gewinn, der Zahl der Arbeitnehmer usw., sieht das Gesetz nicht vor. Wer ein derartiges Handelsgewerbe betreibt, ist kraft Gesetzes (auch ohne Eintragung im → Handelsregister, die hier nur deklaratorisch wirkt) → Kaufmann im Sinne des Handelsgesetzbuchs (§ 1 I HGB).

Ein gewerbliches Unternehmen, dessen Gewerbebetrieb nicht schon nach § 1 II HGB Handelsgewerbe ist, gilt darüber hinaus kraft gesetzlicher → Fiktion als Handelsgewerbe im Sinne des HGB, wenn die → Firma des Unternehmens in das → Handelsregister eingetragen ist (§ 2 S. 1 HGB). Der Unternehmer ist hier berechtigt, aber nicht verpflichtet, den Eintragungsantrag zu stellen und eine eingetragene Firma wieder löschen zu lassen, solange die Voraussetzungen des § 1 II HGB nicht gegeben sind (§ 2 S. 2 und 3 HGB). Hierdurch wird insbes. Kleingewerbetreibenden (zB Straßenhändler, Inhaber kleiner Ladengeschäfte oder Gaststätten) die Möglichkeit eingeräumt, die (volle) Kaufmannseigenschaft durch freiwillige Eintragung im Handelsregister (die dann konstitutiv wirkt) herbeizuführen. Eine Unterscheidung zwischen Voll- und Minderkaufmann sieht das Gesetz nicht mehr vor (iE → Kaufmann). Ein land- und forstwirtschaftliches Unternehmen ist an sich kein Handelsgewerbe; sofern es aber nach Art und Umfang einen in kaufmännischer Weise eingerichteten Geschäftsbetrieb erfordert, gilt § 2 HGB (also freiwillige Eintragungsmöglichkeit) entsprechend (§ 3 HGB).

Handelskammer
→ Industrie- und Handelskammer. Anders → Kammer für Handelssachen.

Handelskauf
Ein Handelskauf ist ein → Kauf(vertrag), der zugleich ein → Handelsgeschäft darstellt. Für den Handelskauf trifft das HGB in den §§ 373–381 HGB zu den allgemeinen Vorschriften des BGB eine Sonderregelung, die im Interesse des Handelsverkehrs darauf abzielt, die Rechtsbeziehungen zwischen den Vertragspartnern rasch zu klären und abzuwickeln. Die Vereinbarungen der Parteien, heute weitgehend durch → Allgemeine Geschäftsbedingungen gestaltet, gehen der gesetzlichen Regelung im Allgemeinen vor. Das Gesetz ändert das allgemeine Kaufrecht für den Handelskauf insbes. in folgenden Punkten ab: Bei einem → Fixgeschäft kann der Gläubiger bei Verzug auch ohne Nachfrist Schadensersatz verlangen; jedoch ist der Erfüllungsanspruch ausgeschlossen, wenn der Gläubiger nicht rechtzeitig anzeigt, dass er auf Erfüllung besteht (§ 376 HGB). Im Fall eines → Annahmeverzugs kann der Verkäufer jede Ware hinterlegen; außerdem ist der → Selbsthilfeverkauf erleichtert (§ 373 HGB). Für die → Mängelrüge unterliegt der Käufer verschärften Vorschriften (s. iE dort; ferner → Untersuchungspflicht). Die Vorschriften über den Handelskauf gelten auch für den → Werklieferungsvertrag (§ 381 II HGB).

Handelsklassen
1. Im EU-Recht bezeichnet Handelsklassen (Qualitäts-)Normen gem. Art. 10 und Anh. IV VO (EU) 1308/2013 (s. gemeinsame → Marktorganisation) zur Klassifizierung, Kennzeichnung und Aufmachung von Schlachtkörpern von Rind, Schwein, Schaf und Ziege für die der Schlachtung nachgeordneten Handelsebene. Im Gegensatz zu → Qualitätsnormen im engeren Sinn und → Vermarktungsnormen haben sie damit für den Endverbraucher keine Bedeutung.

2. Im deutschen Recht ist das Handelsklassengesetz idF v. 23.11.1972 (BGBl. 1972 I 2201) mÄnd. Ermächtigungsgrundlage für RechtsVO, die jedoch mit dem EU-Recht übereinstimmen müssen. Beispiele sind die VO über gesetzliche Handelsklassen für Schweineschlachtkörper idF v. 16.8.1990 (BGBl. 1990 I 1809), VO über Qualitätsnormen für Bananen v. 17.6.1996 (BGBl. 1996 I 857) sowie VO über Vermarktungsnormen für Geflügelfleisch v. 22.3.2013 (BGBl. 2013 I 624, sa → Aufstallungspflicht), jeweils mÄnd.

3. Mit der Angabe der Handelsklassen im Geschäftsverkehr sind deren festgelegte Qualitätsmerkmale vereinbarte Beschaffenheit iSd § 434 BGB.

Handelsklauseln
Handelsklauseln sind Abkürzungen, die im Handelsverkehr für bestimmte Vereinbarungen verwendet werden. Sie wirken nur auf Grund eines bestehenden → Handelsbrauchs oder wenn die Vertragspartner im Vertrag darauf Bezug nehmen, insbes. in → Allgemeinen Geschäftsbedingungen oder durch die Verweisung auf → Incoterms. Handelsklauseln und ihre Bedeutung sind aufgezeichnet in den → Trade Terms. Wichtige Handelsklauseln sind zB: „Ab Werk (Fabrik usw)“: Kosten und Gefahrübergang auf den Käufer ab Übergabe im Werk des Verkäufers usw; → „Hamburger Arbitrage“: ua → Schiedsklausel für alle Streitigkeiten aus dem Vertrag; „Cif … (Bestimmungshafen)“: der Verkäufer trägt Kosten für Fracht, Versicherung bis zum Bestimmungshafen; „Fob … (Verschiffungshafen)“: frei an Bord, der Verkäufer muss auf seine Kosten die Ware an Bord des Schiffes im Verschiffungshafen verbringen; „Frachtfrei … (Ort)“: Verkäufer trägt die Frachtkosten bis zum Bahnhof, nicht die Ablade- und Abfuhrkosten; „Netto Kasse“: Skonto auch bei sofortiger Zahlung ausgeschlossen; „Wie besichtigt“: Ausschluss von → Gewährleistung für Mängel, die bei Besichtigung erkannt wurden oder zumindest erkennbar waren.

Handelsmakler
Ein Handelsmakler (-mäkler) ist ein Makler (→ Mäklervertrag), der gewerbsmäßig Geschäfte vermittelt, die Gegenstand des Handelsverkehrs sind, insbes. Waren, Wertpapiere, Versicherungen (§ 93 HGB). Zur Eigenschaft als → Kaufmann s. dort. Besondere Arten des Handelsmaklers sind der → Börsenmakler, der → Schiffsmakler und der → Versicherungsmakler. Nicht Handelsmakler ist der → Grundstücksmakler, der aber vielfach → Vollkaufmann auf Grund seiner Eintragung im → Handelsregister ist. Im Gegensatz zum allgemeinen sog. Zivilmakler ist die Tätigkeit des Handeklsmaklers allein auf die Vermittlung von Geschäften ausgerichtet. Der Handelsmakler vertritt idR nicht einseitig eine Partei, sondern beide Vertragsparteien. Er ist insoweit zur Neutralität verpflichtet. Dient der Handelsmakler nur einer Partei, so hat er das der anderen gegenüber kenntlich zu machen. Nach dem Abschluss des Geschäfts hat der Handelsmakler eine → Schlussnote zu erstellen (§ 94 HGB). Der Handelsmakler ist ferner verpflichtet, ein Tagebuch zu führen, in das er alle abgeschlossenen Geschäfte einträgt (§§ 100–103 HGB). Für die Vermittlung erhält er auch ohne besondere Vereinbarung Provision (§ 354 HGB), und zwar mangels besonderer Vereinbarung oder abweichenden Ortsgebrauchs von jeder Vertragspartei zur Hälfte (§ 99 HGB). Die Provision wird vielfach auch Courtage oder Maklergebühr genannt.

Handelsmarken
→ Marken (2).

Handelsmündigkeit
→ Geschäftsfähigkeit.

Handelsname
→ Firma.

Handelsniederlassung
→ Niederlassung.

Handelsplattformen, kriminelle
→ Kriminelle Handelsplattformen.

Handelspolitik
1. a) Handelspolitik (Commercial Policy) ist nach der Terminologie der Art. 206, 207 AEUV und des Sekundärrechts das materielle → Außenwirtschaftsrecht der → Europäischen Union. Handelspolitik ist somit der Verkehr (Einfuhr, Ausfuhr) von Gütern und Dienstleistungen mit Drittländern. Die Handelspolitik ist, bis auf gewisse Restbestände (zB für → Kriegswaffen, nicht aber → Dual-Use-Güter), ausschließliche Zuständigkeit der Union.

b) Die Handelspolitik umfasst im Einzelnen die Regelung des gemeinsamen Außenzolls, den Abschluss von Handelsabkommen sowie die Ein- und Ausfuhrpolitik einschließlich von Regelungen und Beschränkungen aus außen- oder handelspolitischen Gründen. Maßnahmen, mit denen der Rahmen für die Handelspolitik bestimmt wird, erlassen der → Rat und das → Parlament durch Verordnungen (Art. 207 II AEUV). Die wichtigsten Regelungen des Sekundärrechts sind die VO (EWG) v. 20.12.1969 (ABl. EG 1969 L 324, 25) zur Festlegung einer gemeinsamen Ausfuhrregelung, die VO (EG) v. 22.12.1994 (ABl. EG 1994 L 349, 53) über die gemeinsame Einfuhrregelung, die Trade Barriers Regulation genannte VO (EG) 3286/94 v. 22.12.1994 (ABl. EG 1994 L 349, 71), die VO (EG) 2026/97 v. 6.10.1997 (ABl. EG 1997 L 288, 1) über den Schutz gegen subventionierte Einfuhren und die VO (EU) 2019/452 zur Schaffung eines Rahmens zur Überprüfung ausländischer Direktinvestitionen in der Union v. 19.3.2019 (ABl. 2019 L 79 I, 1). Um die Finanzierung militärischer Konflikte zu unterbinden enthält die VO (EU) 2017/821 v. 17.5.2017 (ABl. EU 2017 L 130, 1) besondere Pflichten für die Importeure von Zinn, Tantal, Wolfram und Gold, → Außenwirtschaftsrecht, 3. Ähnliche Vorschriften gibt es für die Ein- und Ausfuhr von Rohdiamanten nach dem → Kimberley-Prozess.

c) Die EU, nicht die Mitgliedstaaten, ist ausschließlich zuständig für den Abschluss von Freihandelsabkommen, wie etwa das mit Japan (JEFTA) oder das mit Kanada (CETA). Die Wirtschaftsbeziehungen mit Großbritannien seit dem → Brexit werden durch ein Partnerschaftsabkommen geregelt, das mehr ist als ein übliches Freihandelsabkommen. Die EU ist neben den Mitgliedstaaten als eigenes Völkerrechtssubjekt Vertragspartei der → WTO. Dies führt dazu, dass die Handelspolitik und die in ihrer Ausführung ergangenen Rechtsakte WTO-konform zu sein haben.

2. a) Mit der Handelspolitik eng verbunden sind Wirtschafts- und Finanzsanktionen, wie sie etwa die Europäische Union gegen Russland nach der Annektierung der Krim 2014 und verstärkt nach dem russischen Angriff auf die Ukraine 2022 (→ Ukrainekrieg) erlassen hat. Sie fußen auf Art. 215 AEUV (Restriktive Maßnahmen), setzen einen einstimmigen Ratsbeschluss nach Art. 29 EUV voraus, weil sie die → GASP betreffen, und ergehen als Verordnung. Vgl. die mit jedem neuen Sanktionspaket geänderten Verordnungen (EU) 269/2014 v. 17.3.2014 über restriktive Maßnahmen angesichts von Handlungen, die die territoriale Unversehrtheit, Souveränität und Unabhängigkeit der Ukraine untergraben oder bedrohen (ABl. EU 2013 L 78, 6) und (EU) 833/2014 v. 31.7.2014 über restriktive Maßnahmen angesichts der Handlungen Russlands, die die Lage in der Ukraine destabilisieren (ABl. EU 2014 L 229, 1).

b) Zu diesen → Sanktionen gehören Maßnahmen gegen einzelne Personen oder Institutionen (Einreiseverbote, Einfrieren von Vermögenswerten) sowie Ein- und Ausführverbote bestimmter Waren (Kohle, Erdöl) und Dienstleistungen (Ausschluss russischer Banken vom SWIFT-System). Ähnliche Sanktionen wurden gegen die Republik Belarus erlassen. Sanktionen gegen den Irak, Iran oder Nordkorea basierten auf Umsetzungen von Resolutionen des UN-Sicherheitsrates. → Embargo.

c) Die Durchsetzung solcher Sanktionen erfolgt durch die Mitgliedstaaten, in Deutschland nach den Vorschriften des deutschen → Außenwirtschaftsrechts. Zur Koordinierung der an der Sanktionsdurchsetzung beteiligten Behörden sowie zur besseren Ermittlung und Sicherstellung von in Deutschland belegenen eingefrorenen Vermögenswerten wurde mit dem Sanktionsdurchsetzungsgesetz (SanktDG) v. 19.12.2022 (BGBl. 2022 I 2606) eine neue Behörde, die Zentralstelle für Sanktionsdurchsetzung, geschaffen.

Handelsrecht
Handelsrecht ist das Sonderrecht des → Kaufmanns. Es ist im Wesentlichen → Privatrecht. Subsidiär gilt das bürgerliche Recht (→ Bürgerliches Gesetzbuch), dem die Rechtsnormen des → Handelsgesetzbuchs (HGB) als spezielle Regelung vorgehen (Art. 2 EGHGB). Das deutsche Handelsrecht ist aus deutschen → Stadtrechten hervorgegangen und stark beeinflusst vom italienischen und französischen Handeslrecht (code de commerce). Unter Handelsrecht ieS versteht man das im HGB, in seinen Nebengesetzen und in verschiedenen, auf dem HGB beruhenden Verordnungen geregelte Recht. Eine Sonderstellung nimmt hierbei das → Seehandels- und → Binnenschifffahrtsrecht ein. Zum Handelsrecht iwS gehören das → Gesellschaftsrecht, das Recht des → gewerblichen Rechtsschutzes, das → Wertpapierrecht und das Bank- und Börsenrecht. Quelle des Handelsrechts ist vor allem das HGB vom 10.5.1897 (RGBl. 1897,

219 mÄnd, insbes. umfassend durch das HandelsrechtsreformG vom 22.6.1998, BGBl. 1998 I 1474), das zusammen mit dem BGB am 1.1.1900 in Kraft getreten ist. Es geht auf das Allgemeine Deutsche Handelsgesetzbuch von 1861 zurück, das die erste Kodifikation des deutschen Handelsrechts darstellt. Weitere Quellen sind zahlreiche das HGB ergänzende Nebengesetze und Verordnungen. Daneben gelten in gewissem Umfang Handelsgewohnheitsrecht (→ Gewohnheitsrecht) und → Handelsbräuche (§ 346 HGB); ferner spielen im Handelsrecht → Allgemeine Geschäftsbedingungen eine große Rolle. Zusätzlich gelten im Handelsrecht viele internationale Vereinbarungen. Das Wesen des Handelsrechts wird durch folgende Grundgedanken bestimmt: Das Vertrauen in den → Rechtsschein wird besonders geschützt. Es wird berücksichtigt, dass nur gegen Entgelt gehandelt wird und die Geschäfte des Handelsverkehrs rasch abgewickelt werden. Um den Handelsverkehr beweglich zu gestalten, sind Formvorschriften aufgehoben oder aufgelockert. Die Gerichtsbarkeit ist verteilt auf die streitige Gerichtsbarkeit im → Zivilprozess (→ Kammer für Handelssachen), auf die → freiwillige Gerichtsbarkeit (insbes. Handelsregister) und weitgehend auf → Schiedsgerichte.

Handelsregister

1. Das Handelsregister ist ein öffentliches Register (Verzeichnis), in dem die Kaufleute und bestimmte, auf sie bezogene Tatsachen und Rechtsverhältnisse eingetragen werden. Zweck des Handelsregisters ist es, jedermann (vgl. § 9 I HGB) darüber Auskunft zu geben, wer → Kaufmann ist und wie die wichtigsten Rechtsverhältnisse dieser Kaufleute sowie sonstige entscheidende Umstände (zB Geburtsdatum, Geschäftsadresse) gestaltet sind. Das Handelsregister wird von den Gerichten → Amtsgericht – Registergericht – (§ 8 HGB) als Organ der → freiwilligen Gerichtsbarkeit geführt. Das Handels-, Genossenschafts- und Partnerschaftsregister wird inzwischen ausschließlich elektronisch geführt; auch werden die Eintragungen elektronisch bekannt gemacht (elektronischer Bundesanzeiger). Sa → Unternehmensregister. Dem Registergericht müssen alle Gerichte, Staatsanwaltschaften, Notare, Polizei- und Gemeindebehörden mitteilen, wenn sie von einer falschen, unvollständigen oder unterlassenen Anmeldung zum Handeslregister erfahren (§ 379 FamFG). Die Industrie- und Handelskammern sowie die Handwerkskammern haben im Zweifel daran mitzuwirken, unrichtige Eintragungen zu verhüten oder zu berichtigen, unvollständige zu ergänzen, auch auf unzulässigen Gebrauch einer → Firma (2c, 3) hinzuweisen; zu diesem Zweck sind sie antrags- und beschwerdeberechtigt (§ 380 FamFG). Handelsregistersachen sind eine Angelegenheit der → freiwilligen Gerichtsbarkeit; das Verfahren in Handelsregistersachen ist in §§ 374 ff. FamFG geregelt. In Abteilung A werden Einzelkaufleute und → Personengesellschaften, in Abteilung B → Kapitalgesellschaften eingetragen. Die Eintragung (ihr gleichgestellt die Löschung) im Handelsregister wird idR auf Anmeldung (diese entspricht einem Eintragungsantrag), in bestimmten Fällen auch von Amts wegen vorgenommen.

2. Die Anmeldung muss elektronisch in öffentlich beglaubigter → Form abgegeben werden (§ 12 HGB). Eingetragen wird auf Grund einer gerichtlichen Verfügung und nur, wenn die gemeldete Tatsache eintragungsfähig ist (dh eine gesetzlich vorgeschriebene oder zugelassene Eintragung darstellt), eine wirksame Anmeldung vorliegt und das Registergericht gegen die Richtigkeit der angemeldeten Tatsache keine durchgreifenden Bedenken hegt. Jede Eintragung wird in dem von den einzelnen Ländern bestimmten elektronischen Informations- und Kommunikationssystem bekannt gemacht (§§ 10, 11 HGB). Die Länder bieten unter der Adresse https://www.handelsregister.de ein gemeinsames Registerportal zur Online-Registereinsicht an. Von jeder Eintragung wird der Anmelder benachrichtigt (§ 383 FamFG); jeder kann nach § 9 HGB beglaubigte Abschriften oder Ausdrucke verlangen, auch Bescheinigungen, dass bestimmte Eintragungen nicht geschehen sind. Vielfach besteht eine Pflicht, bestimmte Anmeldungen vorzunehmen. Das Registergericht hat solche Anmeldungen durch → Ordnungsmittel zu erzwingen (§ 14 HGB, sog. Registerzwang; Verfahren: §§ 388 ff. FamFG). Eintragungen erloschener Firmen und unzulässige Eintragungen hat das Registergericht von Amts wegen zu löschen (§ 31 II HGB, §§ 393 ff. FamFG), die Eröffnung und Beendigung eines → Insolvenzverfahrens über das Vermögen eines Kaufmanns ist von Amts wegen einzutragen (§ 32 HGB). Eintragungen in das Handelsregister verursachen Kosten.

3. Die Eintragungen (und Löschungen) haben eine unterschiedliche Wirkung: Sie können rechtsbegründend (konstitutiv) sein, zB Erwerb der Kaufmanneigenschaft nach § 2 HGB; rechtsbekundend (deklaratorisch), zB die Eintragung eines Kaufmanns, der ein Handelsgewerbe nach § 1 II HGB betreibt; rechtsbestärkend (konfirmatorisch), in den Fällen, in denen eine einzutragende Tatsache im Rechtsverkehr infolge der positiven und negativen Publizität des Handelsregisters (§ 15 HGB) durch die Eintragung dritten Personen gegenüber unter bestimmten Voraussetzungen wirkt. Negative Publizität (§ 15 I HGB) des Handelsregisters bedeutet, dass der Kaufmann, in dessen Angelegenheiten eine Tatsache (zB Erlöschen einer → Prokura) im Handelsregister einzutragen war, aber nicht eingetragen wurde, diese Tatsache nur dann einem Dritten entgegenhalten kann, wenn er beweist, dass der Dritte die einzutragende Tatsache kannte. Positive Publizität (§ 15 II HGB) bedeutet, dass eine eingetragene und bekanntgemachte

Tatsache jedem Dritten entgegengehalten werden kann, außer bei Rechtshandlungen, die innerhalb von 15 Tagen nach der Bekanntmachung vorgenommen werden, oder wenn der Dritte beweist, dass er die Tatsache nicht gekannt hat und diese Unkenntnis nicht auf Fahrlässigkeit beruht. Dieser Beweis kann idR nicht geführt werden, weil die Rechtsprechung strenge Anforderungen stellt und erwartet, dass jeder, der am Handelsverkehr teilnimmt, die Bekanntmachungen aus dem Handelsregister verfolgt. Nach § 15 III HGB kann sich bei unrichtiger Bekanntmachung einer einzutragenden Tatsache ein Dritter auf die bekanntgemachte Tatsache berufen, wenn er ihre Unrichtigkeit nicht kannte. Ganz allgemein gilt kraft Gewohnheitsrechts, dass derjenige, der unrichtige Anmeldungen zum Handelsregister vornimmt oder es schuldhaft unterlässt, unrichtige Eintragungen im Handelslregister zu beseitigen, an die (unrichtig) eingetragenen Tatsachen gutgläubigen Dritten gegenüber gebunden ist. Es ist zulässig, dass sich gutgläubige Dritte im Hinblick auf den selben Sachverhalt – bei unterschiedlichen Tatbestandsmerkmalen – teilweise auf die Rechtslage berufen, wie sie sich aus dem Register ergibt, teilweise auch auf die eigentlichen (Rechts-)Verhältnisse (sog. Rosinentheorie, str.).

4. Andere Zwecke verfolgt das neue → Unternehmensbasisdatenregister, bei dem es vorrangig darum geht, durch einheitliche Parameter die behördlichen Belange von Unternehmen einfacher abzuwickeln.

Handelsreisender
→ Handlungsreisender.

Handelsrichter
Ein Handelsrichter ist ein → ehrenamtlicher Richter (§ 45a DRiG), der in einer → Kammer für Handelssachen als Beisitzer tätig wird. Handelsrichter werden von der Justizverwaltung auf Vorschlag der Industrie- und Handelskammer ernannt; sie müssen das 30. Lebensjahr vollendet haben und als → Kaufmann, als Vorstand einer AG, Geschäftsführer einer GmbH oder Prokurist sowie Vorstand einer anderen juristischen Person im Handelsregister eingetragen sein oder gewesen sein (§ 109 I GVG).

Handelssache
Eine Handelssache ist ein → Rechtsstreit, in dem einer der in § 95 GVG aufgeführten Ansprüche geltend gemacht wird, insbes. aus beiderseitigen → Handelsgeschäften, aus → Handelsgesellschaften, aus → Wechseln oder → Schecks sowie aus → unlauterem Wettbewerb. Eine Handelssache wird auf Antrag vor der → Kammer für Handelssachen verhandelt.

Handelsunternehmen
→ Unternehmen.

Handelsvertreter
Handelsvertreter ist, wer als selbständiger Gewerbetreibender ständig damit betraut ist, für einen anderen Unternehmer – nicht notwendig einen → Kaufmann – Geschäfte zu vermitteln (sog. Vermittlungsvertreter) oder in dessen Namen abzuschließen (sog. Abschlussvertreter). Zur Eigenschaft des Handelsvertreter als → Kaufmann s. dort. Handelsvertreter kann auch eine → juristische Person, insbes. eine → Handelsgesellschaft sein.

1. Handelsvertreter ist nur, wer selbständig ist, dh im Wesentlichen frei seine Tätigkeit gestalten und seine Arbeitszeit bestimmen kann (§ 84 I 2 HGB). Fehlt dieses Merkmal, so ist derjenige, der für einen Unternehmer Geschäfte abschließt und vermittelt, als kaufmännischer Angestellter (→ Handlungsgehilfe) und damit als → Arbeitnehmer anzusehen (§ 84 II HGB). Hingegen ist der sog. Untervertreter, der für einen Handelsvertreter selbständig Geschäfte abschließt und vermittelt, echter Handelsvertreter (§ 84 III HGB). Ein Handelsvertreter kann zugleich für mehrere Unternehmen tätig sein. Ist er jedoch nur für einen Unternehmer tätig (sog. Ein-Firmenvertreter, vgl. § 92a I HGB), so wird er als → arbeitnehmerähnliche Person teilweise wie ein Arbeitnehmer behandelt, auch wenn er selbständig tätig ist, sofern seine Monatsbezüge 1.000 EUR nicht überschreiten (§ 5 III ArbGG). Der Handelsvertreter ist vom → Kommissionär und vom → Handelsmakler zu unterscheiden. Sein Vertrag mit dem Unternehmer ist ein → Dienstvertrag, der eine Geschäftsbesorgung (→ Geschäftsbesorgungsvertrag) zum Gegenstand hat. Er ist formlos wirksam; jedoch kann jeder Teil verlangen, dass der Vertragsinhalt und spätere Vereinbarungen schriftlich abgefasst und unterzeichnet werden (§ 85 HGB).

Im Regelfall ist der Handelsvertreter lediglich mit der Vermittlung von Geschäften betraut, so dass die vermittelten Geschäfte (meist Kauf- oder Werkverträge) erst vom Unternehmer mit dem Dritten (Kunden) abgeschlossen werden. Ist der Handelsvertreter jedoch zum Abschluss der Geschäfte ermächtigt, so ist hierfür die → Vollmacht des Unternehmers notwendig. Diese gehört ihrem Wesen nach zur → Handlungsvollmacht. Auch der Vermittlungsvertreter gilt jedoch für die Entgegennahme von gewissen Erklärungen, insbes. → Mängelrügen, sowie gegenüber gutgläubigen Dritten als zum Vertragsabschluss bevollmächtigt (§§ 91, 91a HGB). Im Allgemeinen ist der Handelsvertreter für den Verkauf tätig; er kann jedoch auch, sogar ausschließlich, mit dem Einkauf beauftragt sein. Sonderregeln bestehen für den Handelsvertreter, der nach der maßgeblichen Verkehrsauffassung (also nicht nur nach einer entsprechenden Vereinbarung) seine Tätigkeit nur nebenberuflich ausübt (§ 92b HGB).

2. Pflichten des Handelsvertreters: Er hat sich zu bemühen, für den Unternehmer Ge-

schäfte zu vermitteln oder abzuschließen, darf also nicht unter Verzicht auf Provision untätig bleiben. Bei seiner Tätigkeit hat der Handelsvertreter das Interesse des Unternehmers wahrzunehmen (§ 86 I HGB). Seine Nachrichtspflicht erstreckt sich darauf, dass er über seine Tätigkeit die erforderlichen Berichte geben, insbes. von jedem vermittelten und abgeschlossenen Geschäft unverzüglich Mitteilung machen muss (§ 86 II HGB). Die Treuepflicht des Handelsvertreters verbietet ihm idR auch, ohne besondere Absprache die Vertretung eines Konkurrenzunternehmens zu übernehmen (→ Wettbewerbsverbot), ferner Geschäfts- und Betriebsgeheimnisse preiszugeben oder später zu verwerten (§ 90 HGB). Was der Handelsvertreter aus oder zur Durchführung seiner Tätigkeit für den Unternehmer erlangt, hat er herauszugeben (§ 667 BGB, zB Muster, Gerätschaften). Haftungsmaßstab für alle Pflichten ist die Sorgfalt eines ordentlichen Kaufmanns (§ 86 III HGB).

3. Rechte des Handelsvertreters: Als Entgelt für seine Tätigkeit hat er Anspruch auf Provision für alle während der Dauer des Vertragsverhältnisses abgeschlossenen Geschäfte, die auf seine Tätigkeit zurückzuführen sind oder mit solchen Kunden abgeschlossen werden, die er für Geschäfte der gleichen Art geworben hat (§ 87 I HGB; weiter für den → Bezirksvertreter). Der Provisionsanspruch besteht auch dann, wenn das Geschäft erst nach Beendigung des Handelsvertreterverhältnisses abgeschlossen worden ist, sofern der Handelsvertreter es vermittelt oder so vorbereitet hat, dass der Abschluss vorwiegend auf seiner Tätigkeit beruht und das Geschäft innerhalb angemessener Frist zustandekommt; ggfs. ist die Provision nach Billigkeit zwischen dem alten und dem neuen Handelsvertreter aufzuteilen (§ 87 III HGB). Je nach Vereinbarung kann daneben ein Anspruch auf eine erfolgsunabhängige Vergütung (Fixum) bestehen.

Die Höhe der Provision richtet sich nach der vertraglichen Vereinbarung; fehlt eine solche, so gilt der übliche Provisionssatz als vereinbart (§ 87b I HGB). Die Provision ist fällig, sobald und soweit der Unternehmer das Geschäft ausgeführt hat (§ 87a I HGB). Der Provisionsanspruch entfällt, wenn feststeht, dass der Kunde seine Leistung nicht erbringt, insbes. nicht zahlt (§ 87a II HGB). Führt der Unternehmer das Geschäft nicht oder nicht ganz aus, wie es abgeschlossen ist, so entfällt der Provisionsanspruch nur, wenn die Ausführung ohne Verschulden des Unternehmers unmöglich oder ihm nicht zuzumuten ist, insbes. wegen eines wichtigen Grundes in der Person des Kunden (§ 87a III HGB). Der Handelsvertreter hat weiter Anspruch auf die idR monatlich zu erstellende Provisionsabrechnung (§ 87c I HGB). Er kann verlangen, dass der Unternehmer ihm alle erforderlichen Nachrichten für seine Tätigkeit gibt und ihm die hierfür erforderlichen Unterlagen, zB Muster, Preislisten, zur Verfügung stellt (§ 86a HGB). Aufwendungsersatz (insbes. Reisespesen), die im regelmäßigen Geschäftsbetrieb anfallen, erhält der Handelsvertreter nur, wenn es besonders vereinbart oder handelsüblich ist.

4. Der Handelsvertretervertrag endet mit Ablauf der Zeit, für die er eingegangen wurde; wenn er auf unbestimmte Zeit abgeschlossen wurde, endet das Vertragsverhältnis durch außerordentliche (fristlos mögliche) Kündigung aus wichtigem Grund (§ 89a HGB) oder durch ordentliche, befristete Kündigung (§ 89 HGB). Die gesetzliche Kündigungsfrist steigt mit der Dauer des Vertragsverhältnisses (zB im ersten Jahr 1 Monat, nach dem fünften Jahr 6 Monate, jeweils zum Schluss des Kalendermonats); bei einer vertraglichen Vereinbarung können diese Fristen nur verlängert werden und müssen für beide Teile gleich lang sein (§ 89 HGB). Mit Beendigung des Vertragsverhältnisses erlangt der Handelsvertreter unter bestimmten Voraussetzungen einen → Ausgleichsanspruch (§ 89b HGB). Die Verschwiegenheitspflicht (§ 90 HGB) besteht fort. Eine Wettbewerbsabrede, die den Handelsvertreter in seiner weiteren gewerblichen Tätigkeit beschränkt, ist nur unter den Voraussetzungen des § 90a HGB möglich (längstens 2 Jahre, nur gegen Karenzentschädigung).

Handelswechsel
→ Warenwechsel.

Handgeld
→ Vertrag (4).

Handgepäck
→ Gepäck, → Reisegepäck.

Handgeschäft
→ Vertrag (4).

Handkauf
Ein Handkauf ist ein → Kauf, dem sofort die Erfüllung (Übereignung; s. → Eigentumsübertragung) folgt (zB Einkauf im Lebensmittelgeschäft). Sa → Barkauf.

Handlung
→ Rechtshandlung, → unerlaubte Handlung, → Handlungsbegriff im Strafrecht, → fortgesetzte Handlung, → Prozesshandlung.

Handlungsagent
Handlungsagent ist eine veraltete Bezeichnung für den → Handelsvertreter.

Handlungsbegriff (Strafrecht)
Jeder Straftatbestand setzt eine menschliche Handlung voraus. Strafbar ist eine Handlung dann, wenn sie die im jeweiligen gesetzlichen Straftatbetand genannten äußeren Merkmale erfüllt und außerdem rechtswidrig und schuldhaft ist. Dabei besteht die Funktion des Handlungsbegriffs darin, bestimmte Verhaltensweisen von vornherein strafrechtliche Relevanz abzusprechen, insb. allen willentlich nicht beherrschbaren menschlichen Körperregungen, zB Bewegungen aufgrund eines Reflexes oder im Schlaf.

In der modernen Entwicklung des Strafrechts war der Handlungsbegriff als Versuch, die genannte Funktion über eine positiven Umschreibung strafrechtlich potentiell relevanten menschlichen Verhaltens zu erfüllen, mehrfach Wandlungen unterworfen. Bis heute stehen sich dabei verschiedene Ansätze gegenüber. Der kausale Handlungsbegriff verstand unter einer Handlung jede auf willensgetragenem Verhalten beruhende Veränderung der Außenwelt. Nach der → finalen Handlungslehre (zu deren bleibender Bedeutung s. dort) wird dagegen der Handlungsbegriff nur durch ein bewusst auf einen Effekt ausgerichtetes Verhalten erfüllt; eine Handlung ist damit menschliche Zwecktätigkeit. Diese Lehre hat sich nicht durchgesetzt, weil sie Unterlassens- und Fahrlässigkeitstaten kaum zu erfassen vermag. Nach heute vorherrschendem Verständnis wird als Handlung jedes vom menschlichen Willen beherrschte oder beherrschbare, sozial erhebliche Verhalten angesehen (sog. sozialer Handlungsbegriff), womit auch Unterlassungen erfasst werden können.

Handlungsbevollmächtigter
→ Handlungsvollmacht.

Handlungseinheit
→ Konkurrenz von Straftaten.

Handlungsfähigkeit
Von der → Rechtsfähigkeit, dh der Fähigkeit, Rechte und Pflichten zu haben, ist die Handlungsfähigkeit zu unterscheiden. Unter Handlungsfähigkeit ist die Möglichkeit zu verstehen, durch eigenes verantwortliches Handeln Rechtswirkungen hervorzurufen, insbes. Rechte zu erwerben und Pflichten zu begründen. Die Rechtslehre gliedert die Handlungsfähigkeit, deren Begriff im BGB nicht näher geregelt ist, in die → Geschäftsfähigkeit (für rechtsgeschäftliches Handeln), in die → Deliktsfähigkeit (Verantwortlichkeit für → unerlaubte Handlungen; sa → Billigkeitshaftung) und in die Verschuldensfähigkeit (Einstehenmüssen für schuldhafte Pflichtverletzungen, → Verschulden). Fehlt die Handlungsfähigkeit (insbes. bei Minderjährigen), so steht diese regelmäßig einem → gesetzlichen Vertreter zu. Auch die → juristische Person ist nach hM durch ihre Organe handlungsfähig, die nicht nur Vertreter der handlungsunfähigen juristischen Person sind (→ Verein). Besondere Vorschriften, insbes. zT andere Altersgrenzen als die normale → Volljährigkeit, enthält das Gesetz für die → Ehefähigkeit, die → Testierfähigkeit sowie für die Fähigkeit, über seine Religionszugehörigkeit zu bestimmen (→ Lebensalter). Dagegen besteht heute keine Beschränkung der Handlungsfähigkeit einer Frau, insbes. einer Ehefrau mehr (→ eheliche Lebensgemeinschaft, → Gleichberechtigung). Über Handlungsfähigkeit im Verwaltungsrecht → Verwaltungsverfahren. Für Anträge auf und Entgegennahme von Sozialleistungen nach dem → Sozialgesetzbuch besteht Handlungsfähigkeit ab Vollendung des 15. Lebensjahrs (§ 36 SGB I). S. ferner → Verfügungsbefugnis. Steuerlich handlungsfähig, also zB zur Abgabe von Steuererklärungen verpflichtet (→ Besteuerungsverfahren), ist, wer bürgerlich-rechtlich geschäftsfähig ist oder als geschäftsfähig gilt (§§ 112, 113 BGB), gesetzliche Vertreter oder besonders Beauftragte für juristische Personen, Vereinigungen oder Vermögensmassen und Leiter, deren Vertreter oder Beauftragte für Behörden (§ 79 AO).

Handlungsfreiheit
(Grundrecht) → Freiheit, persönl. (a); → Persönlichkeitsrecht.

Handlungsgehilfe
Handlungsgehilfe (kaufmännischer Angestellter) ist ein → Angestellter, der bei einem → Kaufmann auf Grund → Arbeitsvertrags kaufmännische Dienste leistet (zB Buchhalter, Ein- oder Verkäufer, Korrespondent, Kassierer). Für das → Arbeitsverhältnis gelten besonders die §§ 59 ff. HGB unmittelbar. Über ordentliche (fristgerechte) und außerordentliche (fristlose) Kündigung → Dienstvertrag, → Arbeitsverhältnis, → Kündigungsschutz für Arbeitnehmer. Für die Dauer der Anstellung besteht ein gesetzliches → Wettbewerbsverbot (§ 60 HGB), das vertraglich verlängert werden kann.

Handlungshaftung
iS des → Polizei- und → Ordnungsrechts tritt ein, wenn eine Gefährdung oder Störung der öffentlichen Ordnung durch eine Person (den „polizeilichen Störer“) – sei es auch ohne Verschulden – hervorgerufen wird (anders → Zustandshaftung). Neuerdings spricht man auch von „Verhaltenshaftung“, womit nicht nur das positive Tun, sondern auch das Unterlassen einbezogen wird. Wegen der Verantwortlichkeit s. → Störer.

Handlungslehrling
Handlungslehrling ist die früher im HGB verwendete Bezeichnung für einen kaufmännischen Auszubildenden (→ Berufsausbildungsverhältnis).

Handlungsreisender
Handlungsreisender kann ein selbständiger → Handelsvertreter oder ein → Angestellter sein, der ständig damit betraut ist, für einen Unternehmer Geschäfte zu vermitteln oder abzuschließen (§ 84 I HGB). Er erhält für die Geschäftsabschlüsse → Provision (vgl. § 65 HGB). Der Handlungsreisende ist kaufmännischer Angestellter (→ Handlungsgehilfe), wenn er bei einem → Kaufmann angestellt ist.

Handlungsstörer
→ Störer.

Handlungsunfähigkeit
→ Handlungsfähigkeit.

Handlungsvollmacht
ist eine besondere Art der → Vollmacht. Sie kann durch jeden → Kaufmann, für ihn auch

durch einen Prokuristen (→ Prokura), erteilt werden. Die Erteilung der Handlungsvollmacht kann stillschweigend (sog. → Duldungsvollmacht) geschehen; sie kann auch als → Anscheinsvollmacht fingiert werden. Die Handlungsvollmacht wird nicht ins → Handelsregister eingetragen. Der Umfang der Handlungsvollmacht kann vom Vollmachtgeber beliebig bestimmt, insbes. auf einzelne oder bestimmte Arten von → Rechtsgeschäften und → Rechtshandlungen beschränkt werden (Arthandlungsvollmacht oder Gattungsvollmacht). Zugunsten gutgläubiger Dritter wird jedoch, wenn Handlungsvollmacht erteilt ist, vermutet, dass sie sich auf solche Rechtsgeschäfte und Rechtshandlungen erstreckt, die der Betrieb eines derartigen → Handelsgewerbes oder die Vornahme derartiger Geschäfte für gewöhnlich mit sich bringen (§ 54 I, III HGB); dies gilt jedoch nicht für Veräußerung oder Belastung von Grundstücken, Eingehung von Wechselverbindlichkeiten, Darlehensaufnahme und Prozessführung (§ 54 II HGB). Der Handlungsbevollmächtigte hat, wenn er in Vertretung handelt, einen Zusatz anzufügen, der das Vollmachtsverhältnis ausdrückt (zB „i. V."), aber nicht eine Prokura andeuten darf. Die Handlungsvollmacht erlischt nach den allgemein für die Vollmacht geltenden Grundsätzen. Die Eigenschaft als Handlungsbevollmächtigter erwirbt der → Handlungsgehilfe allein durch die Erteilung der Handlungsvollmacht ohne Rücksicht darauf, ob er ausdrücklich zum „Handlungsbevollmächtigten" bestellt wird.

Handlungsvollstreckung
Die Handlungsvollstreckung ist die → Zwangsvollstreckung zur Herbeiführung vertretbarer, dh auch von einem anderen vornehmbarer Handlungen durch Ermächtigung des Gläubigers zur Ersatzvornahme (§ 887 ZPO) oder zur Herbeiführung nicht vertretbarer Handlungen durch → Zwangsmittel (§ 888 ZPO).

Handlungswille
→ Willenserklärung (1a aa).

Handschenkung
→ Schenkung.

Handschuhehe
→ Eheschließung.

Handstraußregel
§ 39 III BNatSchG erlaubt es, an Stellen der Natur, die keinem Betretungsverbot unterliegen, bestimmte → Pflanzen in geringen Mengen für den persönlichen Bedarf pfleglich zu entnehmen und sich anzueignen. Das gewerbsmäßige Entnehmen, Be- oder Verarbeiten von Pflanzen erfordert eine Genehmigung. § 39 IV BNatSchG nennt die Voraussetzungen, unter denen ein Rechtsanspruch auf die Genehmigung besteht.

Handwerk
1. Handwerk ist ein → Gewerbe, das handwerksmäßig betrieben wird. Ein handwerksmäßiger Betrieb unterscheidet sich von einem industriellen durch weitgehend persönlich-fachliche, also nicht bloß kaufmännische Mitarbeit des Betriebsinhabers und überwiegende Beschäftigung von → Handwerksgesellen des gleichen Gewerbezweiges. Die Regelungen des Handwerks finden sich überwiegend in der → Handwerksordnung.

2. Man unterscheidet die in Anlage A zur HwO aufgeführten 53 → zulassungspflichtigen H. (§ 1 II HwO) von den 42 → zulassungsfreien H. (§ 18 II HwO) der Anlage B Abschn. 1 zur HwO. Ferner gibt es 52 handwerksähnliche Gewerbe nach Anlage B Abschn. 2 zur HwO. Der selbständige Betrieb eines zulassungspflichtigen Handwerks als stehendes Gewerbe bedarf wegen seiner Gefahrengeneigtheit der Erlaubnis durch Eintragung in die → Handwerksrolle (§ 1 I HwO). Dies setzt üblicherweise die → Meisterprüfung im Handwerk voraus (§§ 45 ff. HwO). Gesellen mit sechsjähriger Berufspraxis, vier davon in leitender Stellung, dürfen ebenfalls ein zulassungspflichtiges Handwerk selbständig ausüben (§ 7b HwO). Qualifikationen, die in Mitgliedstaaten der → Europäischen Union oder des → Europäischen Wirtschaftsraums erworben worden sind, können anerkannt werden (§§ 8, 9 HwO). Für ein zulassungsfreies Handwerk ist der Meisterbrief nicht Voraussetzung (§ 18 I HwO). Sein selbständiger Betrieb ist ebenso wie der eines handwerksähnlichen Gewerbes nicht erlaubnispflichtig, bedarf aber der Anzeige bei der örtlichen Handwerkskammer.

3. Das Handwerksrecht ist ein Teil des Gewerberechts. Für den Betrieb des Handwerks gelten daher die Vorschriften der → Gewerbeordnung (zB Anzeigepflicht nach § 14 GewO). Über die Kaufmannseigenschaft des Handwerkers → Kaufmann. Vor allem dem Schutz des Handwerks dienen die Bestimmungen gegen → Schwarzarbeit.

Handwerker
Ansprüche, Verjährung usw → Werkvertrag. Sa → Handwerkerleistungen, → Handwerksgeselle, → Handwerksmeister, → Handwerksordnung.

Handwerkerleistungen
Die Inanspruchnahme von Handwerkerleistungen für Renovierungs-, Erhaltungs- und Modernisierungsmaßnahmen, die nach dem 31.12.2005 erbracht wurden, ist begünstigt (§ 35a II EStG). Auf Antrag des Stpfl. vermindert sich die → Einkommensteuer um 20 vH der angefallenen Aufwendungen. Der Abzug war bis 31.12.2008 auf 600 EUR begrenzt und stieg ab 2009 auf 1.200 EUR, was tatsächlichen Aufwendungen in Höhe von 6.000 EUR entspricht. Die Regelung erfasst die Arbeitskosten des Handwerkers einschließlich Umsatzsteuer. Nicht begünstigt sind die

Materialkosten. Es kommt nicht darauf an, ob der Stpfl. Eigentümer oder Mieter des Hauses, Wohnung oder Grundstücks. ist. Die weiteren Voraussetzungen für die steuerliche Geltendmachung der Aufwendungen für Handwerkerleistungen entsprechen den Regeln für die steuerliche Berücksichtigung → haushaltsnaher Dienstleistungen. Beide Tatbestände können nebeneinander geltend gemacht werden.

Handwerkerversicherung
1. Als Handwerkerversicherung bezeichnete man die gesetzliche Rentenversicherung für selbständige Handwerker nach dem Gesetz über eine Rentenversicherung der Handwerker (Handwerkerversicherungsgesetz – HwVG) vom 8.9.1960 (BGBl. 1960 I 737) mÄnd Durch das Rentenreformgesetz 1992 ist das HwVG aufgehoben worden; die Rentenversicherung der Handwerker ist nunmehr Teil der allgemeinen → Rentenversicherung nach dem SGB VI.

2. Versicherungspflichtig sind danach selbstständig tätige Handwerker, die in die → Handwerksrolle eingetragen sind; ist eine Personengesellschaft in die Handwerksrolle eingetragen, gilt als Handwerker, wer als Gesellschafter in seiner Person die Voraussetzungen für die Eintragung in die Handwerksrolle erfüllt. Die Möglichkeit einer Befreiung von der Versicherungspflicht besteht, wenn für mindestens 18 Jahre Pflichtbeiträge gezahlt worden sind (§§ 2 Nr. 8, 6 I Nr. 4 SGB VI). Diese Möglichkeit wurde auch für Bezirksschornsteinfegermeister zum 1.1.2013 durch das SchfMstrAVNOG (BGBl. 2012 I 2467) geschaffen. Bis dahin war eine Befreiung von der Versicherungspflicht für diesen Berufsstand ausgeschlossen.

3. Auch wenn ein Handwerker lediglich geringfügige Einkünfte (→ geringfügige Beschäftigung) erzielt, bleibt die Versicherungspflicht dem Grunde nach bestehen. Er hat aber die Möglichkeit, beitragsfrei zu bleiben. Die Entrichtung von Pflichtbeiträgen in Höhe des halben Regelbeitrages ist möglich bis zum Ablauf von drei Kalenderjahren nach dem Jahr des Eintrags in die Handwerksrolle. Auch wenn während dieses Zeitraumes die selbstständige Tätigkeit tatsächlich nicht ausgeübt wird, erlischt das Recht zur Zahlung des halben Regelbeitrages mit Ablauf des vorgenannt beschriebenen Zeitraums. Die Zahlung einkommensabhängiger Beiträge ist unabhängig von der bereits bestehenden Dauer der Versicherung möglich. Zum Nachweis ist der Einkommensteuerbescheid → Einkommensteuer vorzulegen. Soweit dieser noch nicht ergangen ist, reicht eine Bescheinigung des → Steuerberaters bzw. auch eine gewissenhafte Selbsteinschätzung des Handwerkers als vorausschauende Prognose.

4. Der Handwerkerversicherung unterliegen nur die Handwerker, deren Gewerk in der Anlage A zur Handwerksrolle eingetragen ist. Es handelt sich dabei immer um zulassungspflichtige Berufe. Die zulassungsfreien Handwerke sowie die handwerksähnlichen Handwerke werden in der Anlage B aufgeführt. Bei bestimmten Handwerken kann die Eintragung in die Handwerksrolle zu einer Versicherungspflicht in der → Künstlersozialversicherung führen. Das ist dann der Fall, wenn der Handwerker vorwiegend künstlerisch tätig ist (z. B. Kunstschlosser).

Handwerksgeselle
ist, wer bei Ablauf der Lehrzeit als → Lehrling oder Auszubildender vor einem Gesellenprüfungsausschuss die Gesellenprüfung mit Erfolg abgelegt hat (§§ 31 ff. HwO; → Handwerk). Das Bestehen der Prüfung ist Voraussetzung für die Zulassung zur Meisterprüfung im Handwerk (§§ 49, 51a HwO). Berufserfahrung vor der Meisterprüfung ist nur erforderlich, wenn der Handwerksgeselle die Prüfung in einem anderen Handwerk als dem der Gesellenprüfung ablegen will. Handwerksgesellen mit sechsjähriger Berufserfahrung können in die → Handwerksrolle eingetragen werden (§ 7b HwO). Zur Wahrung eines guten Verhältnisses zwischen Handwerksmeistern und Gesellen werden bei den → Handwerksinnungen Gesellenausschüsse errichtet (§§ 68 ff. HwO).

Handwerksinnung
1. Handwerksinnung ist ein freiwilliger Zusammenschluss der Betriebsinhaber des gleichen → zulassungspflichtigen Handwerks oder des gleichen → zulassungsfreien Handwerks oder des gleichen handwerksähnlichen Gewerbes eines bestimmten Bezirks zur Förderung ihrer gemeinsamen gewerblichen Interessen (§§ 52–78 HwO). Voraussetzung für die Gründung einer Handwerksinnung ist, dass für das jeweilige Gewerbe eine Ausbildungsordnung erlassen wurde (§ 52 I HwO). Über die Aufgaben der Handwerksinnung s. § 54 HwO; danach können die Innungen auch → Krankenkassen errichten. § 52 I 1 HwO stellt klar, dass der Abschluss von → Tarifverträgen vorrangig zur Förderung der gemeinsamen Interessen zählt, um gleich Arbeitsbedingungen im jeweiligen Geltungsbereich zu schaffen. Weiterhin hat die Handwerksinnung gem. § 54 HwO ein gutes Verhältnis zwischen → Handwerksmeistern, → Handwerksgesellen und → Lehrlingen anzustreben. Darüber hinaus hat sie die Lehrlingsausbildung zu regeln und zu überwachen sowie die Gesellenprüfungen abzunehmen.

2. Die Handwerksinnung ist eine → Körperschaft des öffentlichen Rechts, die mit Genehmigung der Satzung durch die → Handwerkskammer rechtsfähig wird (§ 53 HwO); sie unterliegt gemäß § 75 HwO deren Aufsicht (Rechtsaufsicht). Organe der Handwerksinnung sind die Innungsversammlung, der Vorstand und die Ausschüsse (§ 60 HwO). Handwerksinnungen des gleichen Handwerks oder fachlich oder wirtschaftlich nahe stehender Handwerke können sich zu einem Landesin-

nungsverband, einer juristischen Person des Privatrechts, zusammenschließen (§§ 79, 80 HwO). Diese können einen Bundesinnungsverband bilden (§ 85 HwO). Einen Zusammenschluss fachfremder Innungen auf bezirklicher Grundlage bildet die → Kreishandwerkerschaft.

Handwerkskammer
Die Handwerkskammer vertritt die Interessen des → Handwerks als Berufsstand (nicht der einzelnen Handwerker). Sie ist eine → Körperschaft des öffentlichen Rechts und wird von der obersten Landesbehörde (Wirtschaftsminister) jeweils für einen bestimmten Bezirk errichtet (§ 90 HwO). Die oberste Landesbehörde erlässt die Satzung (§ 105 HwO) und führt die Aufsicht (§ 115 HwO; regelmäßig → Rechtsaufsicht). Zur Handwerkskammer gehören (Pflichtmitgliedschaft) vor allem die Inhaber eines Handwerksbetriebes und eines handwerksähnlichen Gewerbes des Bezirks mit Beitragspflicht (§ 113 HwO), ferner ihre Gesellen und Lehrlinge (§ 90 II HwO). Für nichthandwerkliche Betriebsteile ist Doppelmitgliedschaft bei der → Industrie- und Handelskammer vorgeschrieben (§ 2 III IHKG). Zu den Aufgaben der Handwerkskammer gehören nach § 91 HwO die Durchsetzung des Handwerksrechts, Erlass von Prüfungsordnungen, das Führen der → Handwerksrolle, die Benennung von Sachverständigen zur Erstellung von Gutachten, ferner die Mitwirkung an der → Berufsausbildung und → beruflichen Fortbildung sowie die Aufsicht über die → Kreishandwerkerschaften und die → Handwerksinnungen ihres Bezirks. Organe der Kammer sind die aus gewählten Mitgliedern bestehende Mitgliederversammlung (Vollversammlung, §§ 92 ff. HwO), der Vorstand (§§ 108 f. HwO) und die Ausschüsse (§ 110 HwO). Um die Funktionsfähigkeit der Handwerkskammern während der Corona-Krise zu gewährleisten, wurden durch den neu eingefügten § 124c HwO die Amtszeiten aller Funktionsträger bis zur Berufung eines Nachfolgers verlängert. Gleichzeitig wurden Vorstand und Präsident ermächtigt, Sitzungen ohne Anwesenheit mittels elektronische Kommunikation durchzuführen. Diese Regelungen, die in ähnlicher Form auch für die → Industrie- und Handelskammern erlassen wurden, sind bis Ende 2021 befristet.

Handwerkskarte
→ Handwerksrolle.

Handwerkslehrling
→ Lehrling.

Handwerksmeister
Handwerksmeister ist, wer die → Meisterprüfung im → Handwerk bestanden hat. Die Qualifikation als Handwerksmeister ist regelmäßig Voraussetzung für den selbständigen Betrieb eines → zulassungspflichtigen Handwerks (§ 1 HwO). Die Bezeichnung Meister/Meisterin ist gesetzlich geschützt, §§ 51, 51d HwO. Der Handwerksmeister darf sich zusätzlich „Bachelor Professional" nennen, § 45 II 2 HwO.

Handwerksordnung
Die Handwerksordnung (HwO) idF v. 24.9.1998 (BGBl. 1998 I 3074) mÄnd regelt die Ausübung eines → Handwerks, die → Berufsbildung im Handwerk (→ Lehrling, → Handwerksgeselle), die → Meisterprüfung im Handwerk sowie die berufsständische Organisation (→ Handwerksinnung, → Handwerkskammer).

Handwerksrolle
Die Handwerksrolle wird von den → Handwerkskammern geführt. Sie ist ein Verzeichnis derjenigen Personen, die die Erlaubnis zum selbständigen Betrieb eines → zulassungspflichtigen Handwerks als → stehendes Gewerbe haben (§ 6 I HwO, Anl. D Abschn. I dazu). Die Eintragung in die Handwerksrolle ist für die Erlaubnis zum Betrieb eines → Handwerks konstitutiv. Die Voraussetzungen für die Eintragung ergeben sich aus § 7 HwO, regelmäßig ist der Betrieb durch einen → Handwerksmeister erforderlich. Nach §§ 8, 9 I HwO kann, insbesondere für Staatsangehörige eines → EU-Mitgliedstaates, eine Ausnahmebewilligung erstellt werden. Über die Eintragung wird eine Bescheinigung, die sog. Handwerkskarte ausgestellt, die lediglich Nachweiszwecken dient (§§ 10 II, 16 I 1 HwO). Die Einsicht in die Handwerksrolle ist jedem gestattet, der ein berechtigtes Interesse nachweist (§ 6 II HwO).

Handy
→ Mobiltelefon.

Hanf
1. Zum Umgang mit → Cannabis s. → Konsumcannabisgesetz (KCanG), → Medizinal-Cannabisgesetz (MedCanG).

2. Nutzhanf unterfällt unter den in § 1 Nr. 9 KCanG genannten Voraussetzungen nicht dem KCanG (§ 1 Nr. 8 lit. d KCanG). Gleiches gilt für Hanfpflanzen, die als Teil von Schutzstreifen bei der Rübenzüchtung gepflanzt werden, wenn sie vor der Blüte vernichtet werden. Regelungen zur Anzeigepflicht für den Anbau von Nutzhanf und zur Überwachung des Anbaus enthalten §§ 31, 32 KCanG.

Hangtäter
→ Maßregeln der Besserung und Sicherung (3d), → Gewohnheitsverbrecher.

Hardware
(engl.) → Software.

Hare-Niemeyer-Verfahren
Dieses Verfahren (auch Hamilton-Verfahren, Verfahren der größten Reste, Verfahren der mathematischen Proportion) ist ein Quotenverfahren in zwei Schritten zur Feststellung der Ergebnisse von Wahlen. Die Stimmen der jeweiligen Parteien werden durch die Ge-

samtstimmenzahl aller Parteien (ohne ungültige Stimmen und Enthaltungen) dividiert und dann mit der Gesamtsitzzahl multipliziert (dies ergibt die Quote). Der abgerundete Teil der Quote wird als Sitzzahl direkt zugeteilt. Die Restsitze werden in der Reihenfolge der größten Zahlenbruchteile der Quoten der Parteien zugeteilt. Dabei kann die Restsitzverteilung so angepasst werden, dass eine Partei mit (mehr als) der Hälfte aller Stimmen einen Restsitz dann erhält, wenn sie ohne diesen Sitz nicht die Mehrheit im Parlament hätte (zB § 6 III Bundeswahlgesetz; → Bundestag, 2). Dieses System ersetzte bei BT-Wahlen das → d'Hondtsche System. Es vermeidet die leichte Bevorzugung der großen Parteien durch das d'Hondt'sche System.

Harmonisierungsamt für den Binnenmarkt (HABM)
→ Amt der Europäischen Union für Geistiges Eigentum (EUIPO).

Hartz-Gesetze (Hartz I–IV)
ist die umgangssprachliche Bezeichnung für die Gesetze für moderne Dienstleistungen am Arbeitsmarkt.

1. Das Erste Gesetz für moderne Dienstleistungen am Arbeitsmarkt (Hartz I) v. 23.12.2002 (BGBl. 2002 I 4607), das am 1.1.2003 sowie im Laufe des Jahres 2003 in Kraft getreten ist, hatte im Bereich der → Arbeitsförderung nach dem SGB III unter anderem die Pflicht zur frühzeitigen Arbeitssuche (→ Quickvermittlung) und die Schaffung von → Personal-Service-Agenturen zum Gegenstand; des weiteren wurde das Recht der Arbeitnehmerüberlassung (→ Leiharbeitnehmer) geändert.

2. Das Zweite Gesetz für moderne Dienstleistungen am Arbeitsmarkt (Hartz II), ebenfalls v. 23.12.2002 (BGBl. 2002 I 4621), das ebenfalls am 1.1.2003 in Kraft trat, beinhaltete insbesondere im Bereich der → Arbeitsförderung nach dem SGB III die Regelungen über den → Existenzgründungszuschuss (Ich-AG bzw. Familien-AG) und änderte die Vorschriften über die sozialversicherungsrechtliche und die steuerrechtliche Behandlung von geringfügig Beschäftigungen.

3. Das Dritte Gesetz für moderne Dienstleistungen am Arbeitsmarkt (Hartz III) v. 23.12.2003 (BGBl. 2003 I 2848), das im wesentlichen am 1.1.2004 in Kraft getreten ist, führte unter anderem zur Umbenennung der früheren → Bundesanstalt für Arbeit in → Bundesagentur für Arbeit und der ehemaligen → Arbeitsämter in → Agenturen für Arbeit und zur Einführung von → Transferleistungen als Leistungen der → Arbeitsförderung nach dem SGB III.

4. Das Vierte Gesetz für moderne Dienstleistungen am Arbeitsmarkt (Hartz IV) v. 24.12.2003 (BGBl. 2003 I 2954), das am 1.1.2005 in Kraft getreten ist, regelt schließlich insbesondere die → Grundsicherung für Arbeitslose (→ Arbeitslosengeld II).

Haschisch
→ Cannabis, → Hanf.

Hasskriminalität
Obwohl der Begriff der „Hasskriminalität" uneinheitlich verwendet wird, dient er als Schlagwort in der politischen Diskussion und fungierte als Ausgangspunkt gesetzgeberischer Maßnahmen vor allem im Strafrecht. Mit ihnen wurden Straftatbestände erweitert oder neu geschaffen. 2022 wird zudem eine Meldepflicht für Anbieter eines sozialen Netzwerks eingeführt.

1. Bedeutung des Begriffs:

a) In der → Kriminologie werden als „Hasskriminalität" mitunter Straftaten bezeichnet, die gegen Menschen allein deshalb verübt werden, weil sie tatsächlich oder vermeintlich einer bestimmten gesellschaftlichen Gruppe angehören, so dass das Opfer abgesehen von dieser Gruppenzugehörigkeit austauschbar erscheint. Typischerweise stehen Gruppen inmitten, die auch sonst im Fokus politischer oder gesellschaftlicher Auseinandersetzungen stehen etwa aufgrund ethnischer Herkunft, Religionszugehörigkeit, politischer Einstellung, Geschlecht oder sexueller Orientierung. Ob solche Straftaten über die – mehr oder weniger reflektierte – Motivation der Täter hinaus tatsächlich empirisch fassbare Gemeinsamkeiten in ihren Ursachen oder Begehungsformen aufweisen, erscheint noch nicht abschließend erforscht.

b) In der gegenwärtigen politischen Diskussion in Deutschland werden unter der schlagwortartigen Bezeichnung „Hasskriminalität" auch allgemeine, nicht nur Angehörige bestimmter Gruppen betreffende Verrohungstendenzen in der öffentlichen Diskussion thematisiert. Betroffen hiervon sind insbes. Meinungsäußerungen zu kontroversen Themen im Internet und den sog. sozialen Medien. Sie können zu drastischen Reaktionen anderer Internetnutzer mit beleidigenden oder bedrohenden Inhalten führen. Begünstigt wird dies durch den sog. Online-Enthemmungseffekt (→ Bildaufnahme, unzulässige 1a): Die im Internet herrschende Anonymität und die dort fehlende soziale Kontrolle senken die Hemmschwelle für die Verbreitung krimineller Inhalte.

2. Einschlägige Straftatbestände:

a) In feindlicher Gesinnung gegen bestimmte gesellschaftliche Gruppen gerichtete „Hasskriminalität" (oben 1a) kann sich in Handlungen ausdrücken, die viele verschiedene Straftatbeständen der allgemeinen Kriminalität erfüllen. Meist wird es Tätern aber weniger um einen persönlichen Nutzen als um einen möglichst sichtbaren Schaden des Opfers gehen, so dass eine Zuordnung zu einer so verstandenen „Hasskriminalität" bei Gewaltdelikten oder Ehrverletzungen näher liegen wird als etwa bei Vermögensdelikten. Spezifisch auf derartige Taten gegen gesellschaftliche Gruppen ausgerichtet sind die Strafnormen der → Volksverhetzung (§ 130 StGB) und der → verhetzenden Beleidigung (§ 192a StGB).

b) Eine sich in Diffamierungen und Übergriffen ausdrückende „Hasskriminalität" (oben 1b) kann insbes. die Tatbestände verschiedener Äußerungsdelikte erfüllen. Viele einschlägige Normen wurden durch das Gesetz zur Bekämpfung des Rechtsextremismus und der Hasskriminalität vom 30.3.2021 (BGBl. 2021 I 441) erweitert und in der Strafdrohung verschärft. Das betraf die Tatbstände der → Androhung von Straftaten (§ 126 StGB; Einbeziehung bestimmter Sexualdelikte und gefährlicher Körperverletzungen), der → Belohnung und Billigung von Straftaten (§ 140 StGB; Ausdehnung der Tatvariante der Billigung auf noch nicht begangene schwere Taten) und der → Beleidigung (§ 185 StGB; Verdopplung der Strafobergrenze für öffentliche Begehungsweise), den → Qualifikationstatbestand zur Üblen Nachrede und zur Verleumdung (§§ 186, 187 StGB, → Beleidigung 2) zugunsten Personen des politischen Lebens nach § 188 StGB (Ausdehnung auf kommunale Ebene, Einbeziehung von Beleidigungen) sowie den Tatbestand der → Bedrohung (§ 241 StGB; Ausdehnung auf die Androhung bestimmter → Vergehen, Verdreifachung der Strafobergrenze für öffentliche Begehungsweise). Durch das StRÄndG – Verbesserung des strafrechtlichen Schutzes gegen sogenannte Feindeslisten etc. vom 14.9.2021 (BGBl. 2021 I 4250) neu geschaffen wurden zudem die Straftatbestände des § 126a StGB (→ Gefährdendes Verbreiten personenbezogener Daten), der insbes. die Verbreitung sog. „Feindeslisten" erfassen soll, sowie des § 192a StGB (→ verhetzende Beleidigung). Unter den einschlägigen Delikten keine Änderung erfahren hat der Tatbestand der öffentlichen → Aufforderung zu Straftaten (§ 111 StGB).

3. Strafzumessung: Die sog. „Hasskriminalität" typischerweise zugrunde liegenden Motive und Einstellungen des Straftäters können in der → Strafzumessung Relevanz erlangen. So hat das Gericht nach § 46 II StGB insbes. auch eine rassistische, fremdenfeindliche oder sonstige menschenverachtende Gesinnung des Täters zu berücksichtigen. Durch das Gesetz zur Bekämpfung des Rechtsextremismus und der Hasskriminalität vom 30.3.2021 (BGBl. 2021 I 441) wurde zusätzlich der Fall einer antisemitischen Gesinnung in die Norm aufgenommen.

4. Meldepflicht: Durch das Gesetz zur Bekämpfung des Rechtsextremismus und der Hasskriminalität vom 30.3.2021 (BGBl. 2021 I 441) wird zum 1.2.2022 mit § 3a NetzDG für Anbieter eines sozialen Netzwerks eine Meldepflicht für bestimmte Inhalte geschaffen. Sie besteht für Zwecke der Strafverfolgung gegenüber dem → Bundeskriminalamt als Zentralstelle. Zu übermitteln sind ua Inhalte, bei denen konkrete Anhaltspunkte für die Erfüllung bestimmter Straftatbestände (insbes. den oben 2b genannten) bestehen, sowie die IP-Adresse einschließlich der Portnummer des betreffenden Nutzers.

Hauptaktionär
→ Aktiengesellschaft (4 aE).

Hauptanspruch
ist der Grundanspruch bei einer → Forderung; Gegensatz: → Nebenforderung (zB Zinsen, vgl. §§ 4, 321 ZPO).

Hauptbeweis
→ Beweislast.

Hauptfeststellung
1. Alle → Einheitswerte für den → Grundbesitz sollen in Zeitabständen von sechs Jahren neu festgesetzt werden (§ 21 BewG). Die letzte Hauptfeststellung für die Einheitswerte des Grundvermögens erfolgte auf den 1.1.1964. Die auf diesen Stichtag ermittelten Werte wurden steuerlich zum 1.1.1974 wirksam. Für Grundstücke in den neuen Ländern ist auf den 1.1.1991 ein Einheitswert nach den Wertverhältnissen 1.1.1935 nachträglich festzustellen (§§ 129, 132, 133 BewG). Eine neue Hauptfeststellung ist derzeit nicht vorgesehen.

2. Fortschreibung. Die festgestellten → Einheitswerte werden „fortgeschrieben", wenn sich Veränderungen im Wert eines Grundstücks bzw. Betriebs ergeben. Solche können im Hinblick auf die Höhe eines Einheitswerts (Wertfortschreibung, § 22 I BewG), die Art des Gegenstands (Artfortschreibung, § 22 II BewG) oder die Zurechnung des Gegenstands (Zurechnungsfortschreibung, § 22 II BewG) vorliegen. Eine Wertfortschreibung kann auch zur Fehlerberichtigung erfolgen.

3. Nachfeststellung (§ 23 BewG) ist eine nachträgliche Feststellung eines Einheitswerts auf einen Nachfeststellungszeitpunkt, wenn nach dem Hauptfeststellungszeitpunkt die wirtschaftliche → Einheit (Untereinheit) neu entsteht (zB ein Grundstück wird geteilt) oder eine bereits bestehende wirtschaftliche Einheit (Untereinheit) erstmals zu einer Steuer herangezogen werden soll.

Hauptforderung
→ Aufrechnung.

Hauptfrachtführer
→ Frachtführer.

Hauptfürsorgestellen
Diese waren früher zuständig für die Wahrnehmung von Aufgaben nach dem Schwerbehindertengesetz sowie für Aufgaben im Rahmen der → sozialen Entschädigung bei Gesundheitsschäden. Nachdem das Schwerbehindertengesetz seit dem 1.7.2001 durch das SGB IX (→ Rehabilitation und Teilhabe behinderter Menschen) abgelöst worden ist und die Aufgaben nach diesem Gesetz von den sog. → Integrationsämtern wahrgenommen werden, sind die Hauptfürsorgestellen nur noch zuständig für Aufgaben im Rahmen der sozialen Entschädigung nach dem Bundesversorgungsgesetz;

hierzu gehören die → Kriegsopferfürsorge und die Gewährung von beruflichen Hilfen, Erziehungshilfen, Hilfen zum Lebensunterhalt, Hilfen in besonderen Lebenslagen, Erholungshilfen und Wohnungshilfen. Sie sind auch Rehabilitationsträger für die Gewährung von Leistungen zur Teilhabe am Arbeitsleben sowie zur Teilhabe am Leben in der Gemeinschaft (§ 6 SGB IX).

Die Hauptfürsorgestellen sind in den einzelnen Bundesländern kommunal oder staatlich organisiert; in einigen Bundesländern werden die genannten Aufgaben zum Teil auch von Fürsorgestellen übernommen. Die Integrationsämter und Hauptfürsorgestellen haben sich in der Bundesarbeitsgemeinschaft der Integrationsämter und Hauptfürsorgestellen zusammengeschlossen. Sie werden bei der Vorbereitung der gemeinsamen Empfehlungen der Integrationsämter in Bezug auf Leistungen und sonstige Hilfen für schwerbehinderte Menschen nach Teil 3 über die Bundesarbeitsgemeinschaft der Integrationsämter und Hauptfürsorgestellen beteiligt.

Hauptintervention
Eine Hauptintervention liegt vor, wenn jemand eine Sache oder ein Recht, worüber zwischen anderen Personen ein Rechtsstreit anhängig ist, dadurch für sich in Anspruch nimmt, dass er beide Parteien in einem neuen Rechtsstreit (Interventionsprozess) verklagt (§§ 64, 65 ZPO).

Haupt(leistungs)pflicht
→ gegenseitiger Vertrag (2a).

Hauptname
→ Name der Familie.

Hauptniederlassung
→ Niederlassung.

Hauptsache
Die Hauptsache entspricht als prozessrechtlicher Begriff dem → Streitgegenstand; er wird aber je nach Zusammenhang verschieden verwendet. Die → Nebenforderungen (insbes. Prozesskosten oder Prozesszinsen) gehören an sich nicht zur Hauptsache; selbständig eingeklagt (oder nach Erledigung des übrigen Teils des Rechtsstreits) können sie aber zur Hauptsasche werden. Sa → Erledigung der Hauptsache, → Kostenentscheidung. Für das materielle Recht → Bestandteil, → Zubehör.

Hauptsacheklage
Die Hauptsacheklage ist die → Klage, mit der der Anspruch geltend gemacht wird, den momentan ein → Arrest oder eine → einstweilige Verfügung sichert. Hauptsache einerseits, Arrest und einstweilige Verfügung andererseits sind verschiedene Rechtsstreitigkeiten. Bei der Hauptsacheklage soll der Anspruch selbst verwirklicht, bei Arrest und einstweilige Verfügung lediglich gesichert werden. Ist die Hauptssacheklage nicht anhängig, so hat das Arrestgericht auf Antrag anzuordnen, dass die Partei, die den Arrestbefehl erwirkt hat, binnen einer zu bestimmenden Frist Klage erheben muss (§ 926 I ZPO).

Hauptschöffen
→ Schöffen.

Hauptschuld(ner)
→ Bürgschaft.

Hauptschule
1. Die Hauptschule begann ursprünglich als weiterführende Schule mit dem 5., in Berlin, Brandenburg und Hamburg nach Maßgabe des jeweiligen Landesrechts (s. → Schulrecht, → Schulwesen, 3) mit dem 7. Schuljahr und endete je nach Dauer der Schulpflicht mit dem 9. oder 10. Schuljahr. Die Hauptschule vermittelte eine allgemeine Grundbildung in Orientierung auf die Arbeitswelt. Grundschule und Hauptschule waren häufig zu einer Schuleinheit zusammengefasst und entsprachen in dieser Form der früheren Volksschule.

2. In der neuesten Entwicklung ist die Hauptschule häufig mit anderen Schularten, idR mit der → Realschule zusammengefasst oder wird neu ausgerichtet. In Baden-Württemberg wird die Hauptschule zur Werkrealschule umgebaut, in Bayern treten die → Mittelschulen an die Stelle der früheren Hauptschule. In Berlin wurde die Hauptschule 2010 mit der Realschule zur Integrierten Sekundarschule zusammengefasst. In Brandenburg und Bremen sollen Hauptschulen in die dortigen Oberschulen integriert werden, in Hamburg künftig in die sog. Stadtteilschulen. In Mecklenburg-Vorpommern sind Hauptschule und Realschule zur Regionalschule zusammengefasst, in Nordrhein-Westfalen können Hauptschule und Realschule als Verbundschule kooperieren. In Rheinland-Pfalz und im Saarland sind die Hauptschulen in die Realschule integriert, die sich dort Realschule plus oder Erweiterte Realschule nennt. In Sachsen waren Hauptschule und Realschule in der Mittelschule zusammengefasst; inzwischen wurden die Mittelschulen in Oberschulen umbenannt. In Sachsen-Anhalt geht die Hauptschule mit der Realschule in der Sekundarschule auf, in Thüringen sind Hauptschule und Realschule in der Regelschule zusammengefasst.

Hauptspediteur
→ Spediteur.

Hauptstadt der BRep
→ Bundeshauptstadt.

Hauptstrafen
→ Strafen (1).

Haupttermin
→ mündliche Verhandlung.

Hauptuntersuchung
→ Überwachung von Kfz.

Hauptverfahren
ist der dem → Eröffnungsverfahren folgende Abschnitt des Strafprozesses, in dem das Ge-

richt über die Schuld des Angeklagten und ggf. über die Verhängung von → Strafen und → Maßregeln entscheidet (§§ 213–295 StPO). Im Mittelpunkt des Hauptverfahrens steht die → Hauptverhandlung. Ihre Vorbereitung liegt in der Hand des Gerichtsvorsitzenden. Er bestimmt den Hauptverhandlungstermin und die zu ladenden Zeugen usw. sowie die durch die StA herbeizuschaffenden sonstigen Beweismittel (§§ 213, 214 StPO). Findet die Hauptverhandlung im ersten Rechtszug vor dem Landgericht oder dem Oberlandesgericht statt, so ist spätestens zu Beginn der Hauptverhandlung die Besetzung des Gerichts unter Hervorhebung des Vorsitzenden und hinzugezogener Ergänzungsrichter und Ergänzungsschöffen mitzuteilen. Ist dies geschehen, so kann der Einwand einer vorschriftswidrigen Besetzung nur bis zum Beginn der Vernehmung des ersten Angeklagten zur Sache in der Hauptverhandlung geltend gemacht werden (§§ 222a, 222b StPO). Angeklagter und Verteidiger sind mit mindestens 1 Woche Frist zu laden; bei Nichteinhaltung können sie → Aussetzung der Verhandlung verlangen (§§ 217, 218 StPO). Über Beweisanträge eines Verfahrensbeteiligten entscheidet vor der Hauptverhandlung der Vorsitzende. Lehnt er sie ab, kann die StA Zeugen und Sachverständige selbst laden; das gleiche Recht haben Angeklagter und Verteidiger (Ladung durch den Gerichtsvollzieher), die aber auch Zeugen und Sachverständige zur Hauptverhandlung stellen können (§§ 220, 222 II StPO). Zur weiteren Vorbereitung kann das Gericht die → kommissarische Vernehmung entfernt wohnender, kranker oder sonst am Erscheinen verhinderter Zeugen sowie einen richterlichen → Augenschein beschließen (§§ 223 ff. StPO). Das Hauptverfahren schließt mit der Rechtskraft des Strafurteils ab, ggf. also nach Erschöpfung der vorgesehenen → Rechtsmittel (Berufung, Revision).

Hauptverhandlung
Die Hauptverhandlung (§§ 225–275 StPO) ist das Kernstück des → Strafprozesses. Das Strafurteil beruht auf dem Inbegriff der in ihr geschöpften Überzeugung des Gerichts (§ 261 StPO). Sie ist nach den Grundsätzen der Mündlichkeit, Öffentlichkeit und Unmittelbarkeit (der Beweisaufnahme) durchzuführen. Daher ist die dauernde Anwesenheit der Richter und Schöffen, eines Vertreters der → Staatsanwaltschaft und, wenn die Verteidigung notwendig ist, auch die eines → Verteidigers vorgeschrieben, wobei StA und Verteidiger während der Verhandlung personell wechseln können. Anwesend muss weiter ein → Urkundsbeamter der Geschäftsstelle als Protokollführer sein; allerdings kann beim Amtsgericht der Strafrichter von seiner Hinzuziehung absehen (§ 261 II StPO). Der → Angeklagte muss ebenfalls ständig zugegen sein, außer wenn nur Geldstrafe bis zu 180 Tagessätzen, Fahrverbot, Einziehung usw. zu erwarten und er in der Ladung darauf hingewiesen worden ist, dass ohne ihn verhandelt werden kann (§ 232 StPO). Ist nur Freiheitsstrafe bis zu 6 Mon., Geldstrafe bis zu 180 Tagessätzen, Fahrverbot, Einziehung usw. zu erwarten, so kann er auf Antrag vom Erscheinen entbunden werden, ist dann aber vor der Hauptverhandlung richterlich zu vernehmen (§ 233 StPO, → kommissarische Vernehmung). Bleibt er sonst in der Hauptverhandlung unentschuldigt aus, kann Vorführungs- oder Haftbefehl ergehen; entfernt er sich ohne Erlaubnis, kann ihn das Gericht in Gewahrsam nehmen lassen (§§ 230, 231 StPO). Hat der Angekl. vorsätzlich und schuldhaft seine Verhandlungsunfähigkeit herbeigeführt und verhindert er dadurch wissentlich die Durchführung der H., kann ohne ihn verhandelt werden, wenn das Gericht seine Anwesenheit nicht für unerlässlich hält. Der Angeklagte muss vorher Gelegenheit zur Äußerung vor dem Gericht oder einem kommissarischen Richter gehabt haben. auch ist vorher ein ärztl. Sachverständiger zu hören (§ 231a StPO). Auch bei ordnungswidrigem Verhalten, das zum Ausschluss des Angeklagten von der Hauptverhandlung oder zur Inhaftnahme führt (→ Ungebühr vor Gericht), kann gem. § 231b StPO ohne ihn weiterverhandelt werden. In Hauptverhandlungen gegen mehrere Angeklagte kann einzelnen von ihnen und ihren Verteidigern gestattet werden, sich während einzelner, sie nicht betreffender Teile der Verhandlung zu entfernen (§ 231c StPO).

Die Leitung der Hauptverhandlung obliegt dem Vorsitzenden, insbes. die Vernehmung des Angeklagten, der → Zeugen und Sachverständigen. Er hat den Beisitzern (bei einem Kollegialgericht, → Einzelrichter), den Vertretern der Staatsanwaltschaft, dem Verteidiger, dem Angeklagten und dem Nebenkläger auf Verlangen Fragen zu gestatten; dem StA und dem Verteidiger auf übereinstimmenden Antrag auch das → Kreuzverhör. Wird seine Verhandlungsleitung oder die Zulässigkeit einer Frage beanstandet, entscheidet das Gericht (§§ 238–242 StPO). Grundsätzlich ist die Hauptverhandlung in einem Zug durchzuführen. Eine Unterbrechung ist nur für 3 Wochen zulässig, anderenfalls muss mit ihr erneut begonnen werden. Sie darf auch bis zu 1 Monat unterbrochen werden, wenn sie davor jeweils an mindestens 10 Tagen stattgefunden hat. Kann ein Angeklagter oder eine zur Urteilsfindung berufene Person wegen Krankheit zu einer Hauptverhandlung, die bereits an mindestens 10 Tagen stattgefunden hat, nicht erscheinen, sind die Fristen von 3 Wochen und 1 Monat bis zu zwei Monaten gehemmt (§ 229 StPO).

Die Hauptverhandlung beginnt mit dem Aufruf der Sache (in Verfahren 1. Instanz vor dem Land- oder Oberlandesgericht ist bis dahin die Besetzung des Gerichts bekanntzugeben, § 222a StPO). Dem Aufruf folgen (in Abwesenheit der Zeugen, sofern diese nicht als Verletzte gem. § 406g I StPO zur Anwesenheit berechtigt sind) die Vernehmung des Angeklagten zur Person und die Verlesung des Anklagesatzes durch den StA, sodann die Vernehmung des Angeklagten zur Sache. Zur Sache auszusagen ist der Angeklagte nicht verpflichtet (§ 243 StPO). Hieran schließt sich die Beweisaufnahme (→ Beweis, → Beweisantrag) an. Nach deren Abschluss erhalten StA, Verteidiger und Angeklagte Gelegenheit zu ihren Schlussvorträgen und Anträgen; dem Angeklagten gebührt stets das letzte Wort (§ 258 StPO).

Nur bis zum Beginn der Vernehmung des Angeklagten zur Sache kann eine örtliche Unzuständigkeit des Gerichts gerügt werden (§ 16 StPO). Vorgaben für Zeitpunkt und Verfahren der Rüge einer vorschriftswidrigen Besetzung des Gerichts enthalten die §§ 222a, 222b StPO; ggf. erfolgt hierzu eine Vorabentscheidung durch das Rechtsmittelgericht (§ 222b III StPO). Die Ablehnung eines Richters wegen Besorgnis der Befangenheit (→ Ablehnung von Gerichtspersonen) ist nur bis zum Beginn der Vernehmung des ersten Angeklagten über seine persönlichen Verhältnisse zulässig, im Fall einer Besetzungsmitteilung nach § 222a StPO nur unverzüglich nach deren Zugang. Wird die Besorgnis aufgrund später eingetretener Umstände geltend gemacht, muss die Ablehnung ebenfalls unverzüglich geltend gemacht werden (§ 25 StPO).

Die Hauptverhandlung schließt mit der Verkündung des Urteils, das auf Freispruch, Verurteilung zu Strafe, Anordnung einer Maßregel der Besserung und Sicherung oder auf Einstellung lauten kann (wenn sich ein → Prozesshindernis ergibt). Jede dem Angeklagten nachteilige Entscheidung über Schuld, Strafe oder eine Maßregel der Besserung und Sicherung erfordert Zweidrittelmehrheit (§ 263 StPO). Das Urteil muss den in Anklage und Eröffnungsbeschluss bezeichneten Sachverhalt vollständig würdigen und alle dort umschriebenen strafbaren Handlungen des Angeklagten aburteilen (Kognitionspflicht). Umgekehrt wird der Prozessstoff durch die Anklage auch begrenzt (§ 264 StPO); was als Tat nicht angeklagt ist, darf das Gericht nicht aburteilen (Folge des Anklagegrundsatzes, § 151 StPO). Stellt sich ein rechtlicher Gesichtspunkt gegenüber der in Anklage und Eröffnungsbeschluss enthaltenen vorläufigen rechtlichen Bewertung aufgrund der Erkenntnisse der Hauptverhandlung anders dar oder tritt ein Umstand, zB ein straferhöhender, neu hervor, so darf er nur berücksichtigt werden, nachdem der Angeklagte hierauf hingewiesen und ihm Gelegenheit zur Verteidigung gegeben worden ist; uU kann er zu diesem Zweck Aussetzung der Hauptverhandlung verlangen (§ 265 StPO). Weitere selbständige Straftaten können in die Hauptverhandlung einbezogen werden, wenn der Angeklagte zustimmt. Der StA erhebt dann mündlich eine Nachtragsanklage; wenn erforderlich, ist die Hauptverhandlung – insbes. auf Antrag des Angeklagten – zu unterbrechen (§ 266 StPO).

Ein in der 20. Legislaturperiode eingebrachter Gesetzentwurf der Bundesregierung für ein Gesetz zur digitalen Dokumentation der strafgerichtlichen Hauptverhandlung (BT-Drs. 20/8096) sah die Einführung einer digitalen Inhaltsdokumentation der erstinstanzlichen Hauptverhandlungen vor den Landgerichten und Oberlandesgerichten vor. Der Entwurf stieß auf erhebliche Kritik aus der Justizpraxis und seitens der Länder; er verfiel der Indiskontinuität.

Sa → Verständigung im Strafverfahren, → Verhandlungsprotokoll, → Urteil.

Hauptvermächtnisnehmer
→ Untervermächtnis.

Hauptversammlung
Die Hauptversammlung ist das Organ einer → Aktiengesellschaft oder → Kommanditgesellschaft auf Aktien, durch das die Aktionäre ihre Rechte ausüben. Die Satzung kann vorsehen, dass dies (insbes. die Stimmabgabe) ohne Anwesenheit vor Ort im Wege der elektronischen Kommunikation stattfinden kann (§ 118 I, II AktG). Die ordentliche Hauptversammlung findet regelmäßig jedes Jahr statt; sie muss in den ersten acht Monaten des Geschäftsjahres einberufen werden (§ 120 I AktG); sa → Entlastung). Eine außerordentliche Hauptversammlung wird in den in der Satzung bestimmten Fällen und dann einberufen, wenn das Wohl der Gesellschaft es fordert (§ 121 I AktG); sie kann auch durch den → Aufsichtsrat einberufen (§ 111 III AktG) und ihre Einberufung von Aktionären verlangt werden, deren Anteile den zwanzigsten Teil des Grundkapitals erreichen (§ 122 AktG). Die Hauptversammlung wird idR durch den Vorstand einberufen; die Einberufung ist mit der Tagesordnung im Bundesanzeiger (§ 25 AktG) bekanntzumachen (sind alle Aktionäre bekannt, genügt eingeschriebener Brief oder – je nach Satzung – → E-Mail). Zur Teilnahme sind alle Aktionäre ohne Rücksicht darauf berechtigt, ob ihnen das → Aktienstimmrecht zusteht. Die Mitglieder des Vorstands und des Aufsichtsrats sollen an der Hauptversammlung teilnehmen (§ 118 III AktG). Die Hauptversammlung kann sich mit Dreiviertel-Mehrheit eine Geschäftsordnung geben (§ 129 AktG). In einem sog. Aktionärsforum des Bundesanzeigers können Aktionäre oder Aktionärsvereinigungen andere Aktionäre auffordern, gemeinsam einen bestimmten Antrag zu stellen oder in der Hauptversammlung das Stimmrecht in einer bestimmten Weise auszuüben (§ 127a AktG). Zur Stimmrechtsvertretung → Aktienstimmrecht, → Bankenstimmrecht. Sind alle Aktionäre erschienen, kann die Hauptversammlung, sofern kein Widerspruch erfolgt, Beschlüsse auch ohne Einhaltung dieser Formvorschriften fassen.

Den Vorsitzenden der Hauptversammlung bestimmt die Satzung; idR ist es der Vorsitzende des Aufsichtsrats. Über die Hauptversammlung und ihre Beschlüsse muss, wenn die

Aktien an der Börse zum Handel zugelassen sind, ein notarielles Protokoll aufgenommen werden, in dem alle → Hauptversammlungsbeschlüsse zu beurkunden sind (§ 130 AktG). Jeder Aktionär kann in der Hauptversammlung vom Vorstand Auskunft über Angelegenheiten der Gesellschaft oder des Konzerns verlangen; durch die Satzung oder Geschäftsordnung kann jedoch der Versammlungsleiter ermächtigt werden, sowohl das Rede- als auch das Fragerecht angemessen zu beschränken (§ 131 AktG). Zuständigkeit und Aufgaben der Hauptversammlung erstrecken sich insbes. auf die Bestellung der Mitglieder des Aufsichtsrats, die Gewinnverwendung, die Entlastung des Vorstandes und des Aufsichtsrats, die Bestellung der → Abschlussprüfer, Satzungsänderungen, → Kapitalerhöhung und → Kapitalherabsetzung, → Sonderprüfungen, → Umwandlungen, auch auf sonstige Fragen der Geschäftsführung (§ 119 AktG); dabei ist gelegentlich eine größere als die einfache Stimmenmehrheit erforderlich. Zur Ausschließung eines (Minderheits-)Aktionärs → Aktiengesellschaft (4 aE). Nach der Hauptversammlung hat der Vorstand unverzüglich eine öffentlich beglaubigte Abschrift des Protokolls zum → Handelsregister einzureichen (§ 130 V AktG). Über die Gültigkeit der Beschlüsse der Hauptversammlung s. im Folgenden. Zur Auswirkung der Corona-Krise auf die Durchführung von Hauptversammlungen vgl. → COVID-19-Folgenabmilderungsgesetz. Die Satzung kann vorsehen oder den Vorstand dazu ermächtigen, vorzusehen, dass die Versammlung ohne physische Präsenz der Aktionäre oder ihrer Bevollmächtigten am Ort der Hauptversammlung abgehalten wird (virtuelle Hauptversammlung), vgl. § 118a AktG.

Hauptversammlungsbeschluss
In der → Hauptversammlung treffen die (Kommandit)Aktionäre ihre Entscheidungen durch Hauptversammlungsbeschluss; dabei üben sie das → Aktienstimmrecht aus. Ein Hauptversammlungsbeschluss bedarf grundsätzlich der einfachen Mehrheit aller abgegebenen Stimmen. Gesetz oder Satzung können größere Mehrheiten oder weitere Erfordernisse vorschreiben (§ 133 AktG), insbes. die sog. Kapitalmehrheit (Mehrheit des vertretenen → Grundkapitals unabhängig von den Stimmen). Es besteht die Möglichkeit, das Stimmverhalten vertraglich zu koordinieren (→ Stimmbindungsvertrag).

Hauptversammlungsbeschlüsse können aus den Gründen der §§ 241, 250, 253 AktG nichtig sein; hier handelt es sich um besonders schwere Verstöße, zB fehlerhafte Einberufung der Hauptversammlung, inhaltliche Verstöße gegen zwingende Vorschriften oder gegen die guten Sitten. Die Nichtigkeit kann bei bloßen Formverstößen durch Eintragung in das Handelsregister geheilt werden, sonst auch, wenn sie nicht binnen 3 Jahren durch → Feststellungsklage geltend gemacht wird (§§ 242, 249 AktG). Die → Rechtskraft des Urteils erstreckt sich auf alle Aktionäre, Vorstands- und Aufsichtsratsmitglieder, auch wenn sie nicht Partei des Rechtsstreits sind (§§ 248, 249 I AktG).

Anfechtbar ist ein Hauptversammlungsbeschluss, der auf sonstigen Verstößen gegen Gesetz oder Satzung beruht (§ 243 I AktG, §§ 251, 254 AktG, zB Fehler bei der Abstimmung). Auf die Verletzung von Informationspflichten kann die Anfechtung (zur Vermeidung ihrer missbräuchlichen Geltendmachung) nur gestützt werden, wenn die Unterrichtung für die sachgerechte Wahrnehmung der Teilnahme- und Mitgliedschaftsrechte notwendig war (§ 243 IV AktG). Die Anfechtung kann nur von den in § 245 AktG aufgeführten Personen und unter bestimmten Voraussetzungen (zB muss ein Aktionär seine Aktie schon vor Bekanntgabe der Tagesordnung erworben haben) innerhalb eines Monats nach der Beschlussfassung durch Klage gegen die Aktiengesellschaft geltend gemacht werden (§ 246 AktG). Die Anfechtung ist ausgeschlossen, wenn die Hauptversammlung den anfechtbaren Beschluss durch einen neuen gesetz- und satzungsmäßigen Beschluss bestätigt (§ 244 AktG). Der Umfang der Rechtskraft des Urteils ist der gleiche wie bei der Nichtigkeitsklage (§ 248 AktG). Bei bestimmten Hauptversammlungsbeschlüssen (Maßnahmen der Kapitalbeschaffung, → Kapitalherabsetzung, → Unternehmensvertrag) kann das Oberlandesgericht auf Antrag der Gesellschaft feststellen, dass die Erhebung der Anfechtungsklage der Eintragung des Hauptversammlungsbeschlusses in das → Handelsregister nicht entgegensteht (sog. Freigabeverfahren, § 246a AktG). Hierdurch soll verhindert werden, dass die Wirksamkeit des Hauptversammlungsbeschlusses jahrelang in der Schwebe bleibt und einzelne sog. räuberische Aktionäre sich den Lästigkeitswert ihrer Anfechtungsklage abkaufen lassen. Eine solche Entscheidung ergeht, wenn die Anfechtungsklage unzulässig oder offensichtlich unbegründet ist, der Kläger nicht nachweist, dass er mindestens 1.000 EUR Anteile hält oder das alsbaldige Wirksamwerden des Hauptversammlungsbeschlusses bei Interessenabwägung vorrangig erscheint (§ 246a II AktG). Ferner ist in den §§ 250–257 AktG die Nichtigkeit und Anfechtbarkeit bestimmter Hauptversammlungsbeschlüsse (zB über Aufsichtsratswahlen und Gewinnverwendung) geregelt.

Hauptversammlungsbeschlüsse sind schwebend unwirksam, wenn ihnen noch ein Erfordernis, insbes. eine Zustimmungserklärung, fehlt; sie werden von selbst wirksam, wenn es erfüllt wird. Vorher darf der Hauptversammlungsbeschluss nicht ins → Handelsregister eingetragen werden. Zum sog. Vorratsbeschluss → Übernahme eines Handelsgeschäfts (Unternehmens). Zu neuen digitalen Möglichkeiten, eine Hauptversammlung abzuhalten vgl → virtuelle Hauptversammlung.

Hauptvollmacht
→ Vollmacht.

Hauptwohnsitz
→ Wohnsitz.

Hauptzollamt
→ Zollbehörden.

Hausangestellte
→ Hausgehilfen.

Hausarbeitstag
Der Hausarbeitstag war ein Frauen unter bestimmten Voraussetzungen durch Landesgesetze gewährter freier Arbeitstag. Das BVerfG hat dies 1979 wegen Verstoß gegen Art. 3 II GG für unzulässig erklärt, durch das G zur Vereinheitlichung und Flexibilisierung des Arbeitszeitrechts (BGBl. 1994 I 1170), mit dem auch das Arbeitszeitgesetz (ArbZG) eingeführt wurde, wurden die Landesgesetze erst sehr viel später aufgehoben (→ Arbeitszeit).

Hausarzt
Nach dem Gesundheitsreformgesetz 2000 v. 22.12.1999 (BGBl. 1999 I 2626) nehmen an der hausärztlichen Versorgung im Wesentlichen teil Allgemeinärzte, Kinder- und Jugendärzte und Internisten ohne Schwerpunktbezeichnung, die die Teilnahme an der hausärztlichen Versorgung gewählt haben (§ 73 Ia S. 1 SGB V). Sie sind im Regelfall die ersten Ansprechpartner der Patienten. Die übrigen Fachärzte nehmen an der fachärztlichen Versorgung teil (§ 73 Ia S. 2 SGB V).

Ein Hausarzt darf mit schriftlicher Einwilligung des Versicherten, die widerrufen werden kann, bei Leistungserbringern, die den Versicherten betreffenden Behandlungsdaten und Befunde zum Zwecke der Dokumentation und der weiteren Behandlung erheben. Die einen Versicherten behandelnden Leistungserbringer sind verpflichtet, den Versicherten nach dem von ihm gewählten Hausarzt zu fragen und diesem mit schriftlicher Einwilligung des Versicherten, die widerrufen werden kann, die genannten Daten zum Zwecke der bei diesem durchzuführenden Dokumentation und der weiteren Behandlung zu übermitteln. Die behandelnden Leistungserbringer sind berechtigt, mit schriftlicher Einwilligung des Versicherten, die widerrufen werden kann, die für die Behandlung erforderlichen Behandlungsdaten und Befunde bei dem Hausarzt und anderen Leistungserbringern zu erheben und für die Zwecke der von ihnen zu erbringenden Leistungen zu verarbeiten und zu nutzen (§ 73 Ib SGB V).

Die Aufgaben des Hausarztes ergeben sich im Wesentlichen aus § 73 II SGB V. Grundsätzlich können sie auch → individuelle Gesundheitsleistungen (IGeL) erbringen. Die Krankenkassen sind verpflichtet eine hausarztzentrierte Versorgung anzubieten.

Hausarztzentrierte Versorgung
Versicherte der gesetzlichen → Krankenversicherung können sich gegenüber ihrer → Krankenkasse schriftlich verpflichten, ambulante fachärztliche Leistungen nur noch auf Überweisung des von ihnen gewählten Hausarztes in Anspruch zu nehmen. Als Hausärzte iS dieser Regelung kommen nicht alle Allgemeinärzte etc. in Betracht (→ Hausarzt), sondern nur diejenigen besonders qualifizierten Hausärzte, die mit den Krankenkassen entsprechende Vereinbarungen geschlossen haben. Den Hausärzten gleichgestellt sind zugelassene medizinische Versorgungszentren (§ 73b SGB V idF des GKV-Modernisierungsgesetz v. 14.11.2003, BGBl. 2003 I 2190 mÄnd).

Die Krankenkasse kann in ihrer Satzung bestimmen, unter welchen Voraussetzungen ein Versicherter, der sich verpflichtet, vertragsärztliche Leistungen außerhalb der hausärztlichen Versorgung nur auf Überweisung des von ihm gewählten Hausarztes in Anspruch nehmen, Anspruch auf einen Bonus hat. In der Satzung kann bestimmt werden, welche Facharztgruppen ohne Überweisung in Anspruch genommen werden können. Die Höhe des Bonus richtet sich nach den erzielten Einsparungen (§§ 65a, 73 SGB V).

Hausdiebstahl
→ Diebstahl (4).

Hausfriedensbruch
Straftatbestand nach § 123 StGB, der das Hausrecht schützt: Ihn begeht, wer in die Wohnung, Geschäftsräume oder das befriedete (dh eingehegte) Besitztum eines anderen oder in verschlossene, zum öffentlichen Dienst oder Verkehr bestimmte Räume widerrechtlich eindringt oder sie trotz Aufforderung des Berechtigten nicht verlässt; einmalige Aufforderung genügt. In der letztgenannten Variante normiert § 123 StGB ein → Dauerdelikt.

Das Hausrecht besitzt, wer über die Benutzung des geschützten Raums verfügen darf, also auch der Mieter gegenüber dem Vermieter. Die Ausübung des Hausrechts kann anderen übertragen werden, zB Familienmitgliedern oder Angestellten. Sie kann sich im Besonderen in einem Hausverbot äußern. Die Rechtswidrigkeit kann aufgehoben sein durch Einwilligung des Berechtigten oder kraft eines stärkeren Rechts, insbes. nach öffentlichem Recht, zB für Gerichtsvollzieher oder Polizeibeamte zur Vornahme von Amtshandlungen (Pfändung, Durchsuchung).

Strafverfolgung wegen Hausfriedensbruchs tritt nur auf Antrag ein (→ Antragsdelikte).

Die Strafe ist Freiheitsstrafe bis zu 1 Jahr oder Geldstrafe. Sa → Nachstellung.

Schwerer Hausfriedensbruch (sog. Heimsuchung) liegt vor, wenn sich eine Menschenmenge öffentlich zusammenrottet und in geschützte Räume widerrechtlich in der Absicht eindringt, mit vereinten Kräften Gewalt gegen Personen oder Sachen zu üben. Die Strafe ist Freiheitsstrafe bis zu 2 Jahren oder Geldstrafe (§ 124 StGB). Sa → Landfriedensbruch.

Bei widerrechtlichem Eindringen in die Wohnung oder das befriedete Besitztum muss auf Antrag des Opfers das Familiengericht die erforderlichen Maßnahmen zur Abwendung weiteren Hausfriedensbruchs treffen. Es kann dem Täter insbes. verbieten, die Wohnung des Opfers aufzusuchen, Verbindung mit dem Opfer aufzunehmen oder es zu treffen; der Verstoß gegen die Anordnung ist strafbar (§§ 1, 4 GewaltschutzG v. 11.12.2001, BGBl. 2001 I 3513).

Hausgehilfen
Hausgehilfen sind → Arbeitnehmer, die in einem Haushalt als Arbeitnehmer hauswirtschaftliche Dienste leisten, ohne Rücksicht darauf, ob sie im Haushalt wohnen oder nicht. Stundenweise beschäftigte Personen fallen nicht darunter. → Arbeitgeber ist idR der Haushaltungsvorstand. Für den → Arbeitsvertrag gelten die allgemeinen gesetzlichen Vorschriften, bei Aufnahme in den Haushalt Sondervorschriften in §§ 617–619 BGB. Zu beachten ist jedoch, dass viele Gesetze (zB § 23 KSchG, § 622 BGB für die Verlängerung der Kündigungsfristen) nur für Betriebe, also nicht für Haushalte, gelten. Bei jugendlichen Hausgehilfen gelten für die Arbeitszeit §§ 8 ff. JArbSchG. Für die gesetzliche → Unfallversicherung von Hausgehilfen sind die Unfallversicherungsträger im kommunalen Bereich zuständig (§ 129 I Nr. 2 SGB VII). Einkommensteuerlich vgl. → hauswirtschaftl. Beschäftigungsverhältnisse; → Belastungen, außergewöhnliche (2d; Hilfe im Haushalt); → geringfügige Beschäftigung (3); → haushaltsnahe Dienstleistungen; → Haushaltsscheck.

Hausgemeinschaft
Über die → Familie hinaus kann die Hausgemeinschaft auch familienfremde Personen umfassen (zB Hausangestellte, Auszubildende ua). Wenn auch ein familienrechtliches Verhältnis hierdurch nicht geschaffen wird, so entstehen aus ihr doch Verpflichtungen, zB zur Krankenfürsorge und zum Schutz vor Gefahren für Leben, Gesundheit und Sittlichkeit im Rahmen eines Dienstverhältnisses (§ 617 BGB, § 618 II BGB), zur Dienstleistung hauseigener, auch volljähriger Kinder im Hauswesen und Geschäft (§ 1619 BGB), zur Auskunft über den Bestand der Erbschaft des der Hausgemeinschaft angehörenden Erblassers (§ 2028 BGB, → Erbschaftsanspruch) ua. Sa → Dreißigster, → eheliche Lebensgemeinschaft.

Hausgerichtsbarkeit
→ Rechtspflegeministerium.

Hausgewerbetreibender
Hausgewerbetreibender ist, wer in eigener Arbeitsstätte mit nicht mehr als 2 fremden Hilfskräften oder Heimrbeitern im Auftrag von Gewerbetreibenden oder → Zwischenmeistern bzw. gemeinnützigen Unternehmen oder öffentlich-rechtlichen Körperschaften unter wesentlicher eigener Mitarbeit Waren herstellt, bearbeitet oder verpackt, die Verwertung der Arbeitsergebnisse aber dem Gewerbetreibenden überlässt (§ 2 II HeimarbeitsG (HAG) v. 14.3.1951, BGBl. 1951 I 191, mÄnd). Arbeitnehmereigenschaft, Arbeitsschutz und Kündigung sind im Wesentlichen wie beim → Heimarbeiter geregelt. Die Beschaffung der verwendeten Roh- und Hilfsstoffe in eigener Regie ist unbedeutend. In der → Unfallversicherung und der → Rentenversicherung besteht für Hausgewerbetreibende unabhängig von der Höhe ihres Einkommens Versicherungspflicht (§ 12 SGB IV; §§ 2, 129 SGB VI; § 2 SGB VII). In der → Krankenversicherung besteht Versicherungsfreiheit (Umkehrschluss aus § 5 I Nr. 1 SGB V), weil Selbstständigkeit vorliegt.

Haushaltsbesteuerung
Das BVerfG hat 1957 die damals praktizierte Haushaltsbesteuerung für verfassungswidrig erklärt (BVerfGE 6, 55, BStBl. I 1957, 193). Das daraufhin eingeführte → Splittingverfahren ist als verfassungsgemäß bestätigt worden. Nunmehr können Ehegatten bei der Einkommensteuer regelmäßig zwischen Zusammenveranlagung, getrennter Veranlagung und besonderer Veranlagung im Jahr der Eheschließung wählen (§§ 26–26c EStG). Vgl. → Veranlagungsarten. Die Zusammenveranlagung begründet ein Gesamtschuldverhältnis der zusammenveranlagten Personen (§ 44 AO); → Gesamtschuld.

Haushaltsfreibetrag
Ab 1.1.2004 ist der Haushaltsfreibetrag entfallen. An seiner Stelle wurde ein → Entlastungsbetrag (§ 24b EStG) für Alleinerziehende eingeführt.

Haushaltsführung der Ehegatten
→ Mitarbeit der Ehegatten.

Haushaltsgegenstände
Unabhängig von der Beendigung des Güterstands (s. → Zugewinngemeinschaft) kann im Rahmen einer → Ehescheidung ein Ehegatte verlangen, dass ihm der andere Ehegatte die im gemeinsamen Eigentum stehenden Haushaltsgegenstände (und die → Ehewohnung, s. dort) überlässt, wenn er auf deren Nutzung unter Berücksichtigung des Wohls der im Haushalt lebenden Kinder und der Lebensverhältnisse der Ehegatten in stärkerem Maße angewiesen ist als der andere Ehegatte oder die Überlassung aus anderen Gründen der Billigkeit entspricht (§ 1568b BGB). Haushaltsgegenstände sind die zur Führung der Hauswirtschaft angeschafften und erforderlichen Gegenstände, nicht aber solche, die zum persönlichen Gebrauch bestimmt sind (zB Kleider, Schmuck). Für die in der Ehe angeschafften Haushaltsgegenstände besteht die Vermutung des gemeinsamen Eigentums (§ 1568b II BGB). Zuständig für diese Ehewohnungs- und Haushaltssachen ist das → Familiengericht. Der Richter kann rechtsgestaltend die Eigentumsverhältnisse neu regeln. Das Verfahren ist in §§ 200 ff. FamFG geregelt. Der Ehegatte, der seine Rechtsposition (Eigentum) überträgt, kann eine angemessene Ausgleichszah-

lung verlangen (§ 1568b III BGB). Ohne Veränderung der Eigentumslage können Haushaltsgegenstände bereits anlässlich der → Trennung der Ehegatten einem Ehegatten vorläufig zum Gebrauch überlassen werden (§ 1361a BGB), nach Billigkeitserwägungen auch solche, die im Alleineigentum des anderen Ehegatten stehen.

Haushaltsgeld
→ Unterhaltspflicht der Ehegatten.

Haushaltsgerät
→ Elektro- und Elektronikgeräte, → energieverbrauchsrelevante Produkte, → Verbraucherprodukte.

Haushaltsgesetz
→ Haushaltsrecht (2).

Haushaltsgrundsätze
→ Haushaltsrecht (8).

Haushaltshilfe
Für das Steuerrecht vgl. → hauswirtschaftl. Beschäftigungsverhältnisse, → haushaltsnahe Dienstleistungen und → Belastungen, außergewöhnliche, 2d (Hilfe im Haushalt).

Haushaltsjahr
→ Haushaltsrecht (2).

Haushaltsnahe Dienstleistungen
Die Inanspruchnahme von haushaltsnahen Dienstleistungen kann einkommensteuerlich begünstigt sein. Es handelt sich dabei um Tätigkeiten, die nicht im Rahmen eines Arbeitsverhältnisses mit dem Auftraggeber erbracht werden, zB Inanspruchnahme haushaltsnaher Tätigkeiten über eine Dienstleistungsagentur oder Fensterputzer. Voraussetzung ist, dass der Stpfl. die Aufwendungen durch Vorlage einer Rechnung und die Zahlung auf das Konto des Erbringers der haushaltsnahen Leistung durch einen Beleg des Kreditinstituts nachweist (§ 35a V 3 EStG). Die tarifliche Einkommensteuer ermäßigt sich auf Antrag um 20 vH der Aufwendungen, höchstens 4000 EUR jährlich (ab 1.1.2009; vgl. § 35a II EStG). Der Abzug ist ausgeschlossen, wenn es sich um → Betriebsausgaben oder → Werbungskosten handelt. Ab 1.1.2009 besteht nur noch eine einheitliche Förderung der Pflege- und Betreuungsdienstleistungen nach § 35a EStG. Sa → Handwerksleistungen.

Haushaltsplan
→ Haushaltsrecht (2).

Haushaltsrecht
1. Haushaltsrecht im obj. Sinne ist die Gesamtheit der Vorschriften über die Feststellung des Haushalts des Staates und sonstiger jur. Personen des öffentl. Rechts (zB Gemeinden). Im subj. Sinne (Recht, den Staatshaushalt verbindlich festzustellen) bezeichnet man das Haushaltsrecht herkömmlich als → Budgetrecht.

2. Nach Art. 109 GG sind Bund und → Länder in ihrer Haushaltswirtschaft selbständig und voneinander unabhängig. Sie haben bei ihrer Haushaltswirtschaft den Erfordernissen des gesamtwirtschaftl. Gleichgewichts Rechnung zu tragen. Durch Bundesgesetz mit Zustimmung des Bundesrates können für Bund und Länder gemeinsam geltende Grundsätze für das Haushaltsrecht, für eine konjunkturgerechte Haushaltswirtschaft und für eine mehrjährige Finanzplanung aufgestellt werden. Zur Abwehr einer Störung des gesamtwirtschaftlichen Gleichgewichts können Bestimmungen über die Aufnahme von Krediten durch Gebietskörperschaften und Zweckverbände sowie über → Konjunkturausgleichsrücklagen getroffen werden.

3. Alle Einnahmen und Ausgaben des Bundes sind in den Haushaltsplan einzustellen; er ist in Einnahme und Ausgabe auszugleichen (Art. 110 I GG). Der Haushaltsplan wird für ein oder mehrere Rechnungsjahre nach Maßgabe des Art. 110 II–IV GG durch Haushaltsgesetz festgestellt (vgl. zB HaushaltsG 2018 v. 12.7.2018, BGBl. 2018 I 1126). Da dieses den Staatsbürger nicht unmittelbar berechtigt oder verpflichtet, wird es nicht als Gesetz im materiellen Sinne, sondern als klassischer Fall eines (nur) formellen → Gesetzes angesehen. Das HaushaltsG enthält die Feststellung des Haushaltsplans (eine umfangreiche Anlage; der Gesamtplan gliedert sich in Haushaltsübersicht, Finanzierungsübersicht und Kreditfinanzierungsplan) sowie Einzelvorschriften zu den Staatseinnahmen und -ausgaben.

4. Ist bis zum Schluss eines Rechnungsjahres der Haushaltsplan für das folgende Jahr nicht durch Gesetz festgestellt, so ist die BReg. ermächtigt, alle Ausgaben zu leisten, die nötig sind, um gesetzlich bestehende Einrichtungen zu erhalten und gesetzlich beschlossene Maßnahmen durchzuführen; sie darf die rechtlich begründeten Verpflichtungen des Bundes erfüllen und Bauten, Beschaffungen und sonstige Leistungen fortsetzen oder gewähren, sofern durch den Haushaltsplan eines Vorjahres bereits Beträge bewilligt worden sind (Art. 111 GG). Näheres zu diesem Ausgabenrecht der BReg. während des „etatlosen" Zustandes BVerfG NJW 1977, 1387.

5. Überplanmäßige (dh über den im Haushaltsplan veranschlagten Betrag hinausgehende) und außerplanmäßige (dh im Haushaltsplan überhaupt nicht vorgesehene) Ausgaben bedürfen der Zustimmung des BFinMin., die nur im Falle eines unvorhergesehenen und unabweisbaren Bedürfnisses erteilt werden darf (Art. 112 GG). Für die Anwendung des Art. 112 GG hat das BVerfG (NJW 1977, 1387) strenge Grundsätze aufgestellt; grundsätzlich ist die in Art. 110 II GG begründete Etatkompetenz des Gesetzgebers durch einen Nachtrags- oder Ergänzungshaushaltsplan zu wahren (vgl. zB NachtragshaushaltsG 1993 vom 18.6.1993, BGBl. 1993 I 934).

6. Gesetze, welche die von der BReg. vorgeschlagenen Ausgaben des Haushaltsplanes erhöhen oder neue Ausgaben bereits in sich

schließen oder künftig mit sich bringen (Ausgabenerhöhungen), bedürfen der Zustimmung der BReg. (Art. 113 GG; „Vetorecht"). Das Gleiche gilt für Gesetze, die Einnahmeminderungen in sich schließen oder künftig mit sich bringen. Die BReg. kann verlangen, dass der Bundestag die Beschlussfassung über solche aussetzt; in diesem Falle hat sie binnen 6 Wochen dem BT eine Stellungnahme zuzuleiten. Sie kann innerhalb von 4 Wochen nach dem Gesetzesbeschluss des BT verlangen, dass dieser erneut Beschluss fasst. Ist das Gesetz „zustandegekommen" (Art. 78 GG → Gesetzgebungsverfahren), so kann die BReg. ihre Zustimmung nur binnen 6 Wochen und nur dann versagen, wenn sie vorher die Aussetzung der Beschlussfassung über das Gesetz oder innerhalb von 4 Wochen nach dem Gesetzesbeschluss des BT erneute Beschlussfassung beantragt hat.

7. Der BFinMin. hat dem BT und dem BR über alle Einnahmen und Ausgaben sowie über das Vermögen und die Schulden im Laufe des nächsten Rechnungsjahres zur Entlastung der BReg. Rechnung zu legen (Art. 114 GG); diese wird vom Bundesrechnungshof geprüft (→ Rechnungshöfe).

8. Die Aufnahme von Krediten sowie die Übernahme von Bürgschaften u. ä., die zu Ausgaben in künftigen Rechnungsjahren führen können, bedürfen einer der Höhe nach bestimmten oder bestimmbaren Ermächtigung durch Bundesgesetz (Art. 115 GG). Die Verwaltung kann zur Übernahme von Verpflichtungen zwecks Leistung von Ausgaben in künftigen Jahren ermächtigt werden (Verpflichtungsermächtigungen). Dadurch wird das Budgetrecht des Parlaments gewahrt; anderseits werden der Verwaltung längerfristige (über den Haushaltszeitraum hinausgehende) ausgabenwirksame Planungen ermöglicht. Durch die → Föderalismusreform II werden der Kreditaufnahme enge Grenzen gezogen.

9. Das Gesetz über die Grundsätze des Haushaltsrechts des Bundes und der Länder (Haushaltsgrundsätzegesetz – HGrG) v. 19.8.1969 (BGBl. 1969 I 1273) mÄnd enthält allgemeine Vorschriften zum Haushaltsplan (§§ 2–7 HGrG), Bestimmungen über seine Aufstellung (§§ 8–18 HGrG) und Ausführung (§§ 19–31 HGrG), Zahlungen, Buchführung und Rechnungslegung (§§ 32–47 HGrG) sowie über die Finanzplanung und den Finanzplanungsrat (§§ 50 ff. HGrG). Seit der Reform des HGrG durch das Gesetz zur Modernisierung des HGrG und zur Änderung anderer Gesetze v. 31.7.2009 (BGBl. 2009 I 2580) kann der Haushalt entweder in herkömmlicher Form kameralistisch oder nach den Grundsätzen der staatlichen doppelten Buchführung (→ Doppik) gestaltet werden (§ 1a HGrG). Ergänzend zum HGrG gilt die Bundeshaushaltsordnung v. 19.8.1969 (BGBl. 1969 I 1284) mÄnd Die BHO gilt auch weitgehend für die bundesunmittelbaren → jur. Personen des öffentlichen Rechts (vgl. §§ 105 ff. BHO).

10. Das Haushaltsrecht der Länder ist, soweit nicht die oben erwähnten Bestimmungen des GG und des HGrG eingreifen, durch die Landesverfassungen und sonstiges Landesrecht geregelt (vgl. zB Bayer. Haushaltsordnung – BayHO – v. 8.12.1971, GVBl. 1971, 664, mÄnd). Das Haushaltsrecht der sonstigen juristischen Personen des öffentlichen Rechts im Landesbereich, insbes. der → Gemeinden und → Gemeindeverbände, bestimmt sich subsidiär nach den Landesverfassungen und sonstigem Landesrecht (zB Gemeindeordnungen).

11. Das Haushaltsrecht der → Sozialversicherungsträger ist in den §§ 67–79 SGB IV geregelt.

Haushaltssachen
→ Haushaltsgegenstände.

Haushaltsscheck
Arbeitgeber haben der Einzugsstelle für jeden in der → Krankenversicherung, → Rentenversicherung oder → Pflegeversicherung kraft Gesetzes Beschäftigten eine Vielzahl von Meldungen zu erstatten (§ 28a SGB IV). Für in einem privaten Haushalt versicherte Beschäftigte ist dieses Verfahren durch eine vereinfachte Meldung (Haushaltsscheck) ersetzt, wenn das → Arbeitsentgelt aus dieser Beschäftigung regelmäßig die jeweilige Geringfügigkeitsgrenze nicht übersteigt → geringfügige Beschäftigung (5) (§ 28a VII, VIII SGB IV). Die Anmeldung erfolgt bei der Minijobzentrale. Ob Geringfügigkeit vorliegt, ergibt sich gem. § 8a SGB IV aus der Anwendung von § 8 SGB IV. Die Angaben zur Fälligkeit, Beitragshöhe usw können dem Internetauftritt der Minijob-Zentrale entnommen werden (https://www.minijob-zentrale.de).

Haushaltswirtschaft
ist die Gesamtheit der mit der Aufstellung und dem Vollzug des Haushaltsplanes zusammenhängenden Angelegenheiten (→ Haushaltsrecht).

Hausierer, Hausierhandel
ist eine alte Bezeichnung für den Verkauf von Waren durch umherziehende Verkäufer an der Haustür. S. dazu → Reisegewerbe, → Haustürgeschäft.

Hausmeier
Hausmeier (maior domus) hieß der Inhaber eines der höchsten Hofämter im Mittelalter: Truchseß, Seneschall, Marschall, Hausmeier, Schenk, Kämmerer. Die Hausmeier, denen ursprünglich nur die Hausverwaltung oblag, erlangten mit der Zeit einen immer größeren Machtbereich und wurden schließlich die Leiter der Regierungsgeschäfte. Ihr Einfluss steigerte sich noch, als das Amt zunächst unentziehbar und später außerdem erblich wurde. Im Gerichtswesen traten die Hausmeier als Sonderbeauftragte des Königs im Königsgericht in Erscheinung. Als Nachfolger in der Rechtsstellung des Hausmeiers im späteren Mittelalter ist der Hofmeister anzusehen, der

als Generalvertreter des Fürsten eine ähnlich überragende Stellung am Hofe einnahm.

Hausordnung
→ Wohnraummietvertrag (1), → Wohnungseigentum (3).

Hausrat
→ Zugewinngemeinschaft, → Zugewinnausgleich (2), → Haushaltsgegenstände, → Getrenntleben der Ehegatten.

Hausratspfändung
→ Unpfändbarkeit.

Hausratversicherung
Die Hausratversicherung gegen Schäden durch Feuer, Einbruchdiebstahl, Raub, Sturm, Glasbruch (bei besonderem Abschluss) ist eine Form der → Schadensversicherung.

Hausrecht
→ Hausfriedensbruch.

Haussammlung
→ Sammlung, öffentliche.

Hausschlachtung
→ Schlachten; → Schächten; → Tötung von Tieren.

Haussuchung
→ Durchsuchung.

Haustiere
1. Haustiere sind nach § 2 Nr. 3 TierGesG (→ Tierseuchen) vom Menschen gehaltene Tiere einschließlich der Bienen und des Gehegewildes, jedoch ausschließlich der Fische. Nach § 811 ZPO sind es Tiere, die im häuslichen Bereich und nicht zu Erwerbszwecken gehalten werden. Sie sind der → Pfändung nicht unterworfen. Die Bestimmungen zum → Tierschutz gelten auch für sie. Die VO (EU) 576/2013 (s. → Heimtiere) bestimmt die tierseuchenrechtlichen Bedingungen, unter denen die Verbringung von Haustieren in der EU erfolgen kann; sa → invasive gebietsfremde Arten (3).

2. Die VO (EG) 1774/2002 v. 3.10.2002 (ABl. EG 2002 L 273, 1) regelt ua die Hygieneanforderungen an Tierfutter tierischen Ursprungs. Sa → Tierkörperbeseitigung, → Tierhaltung. Während der → Corona- oder → COVID-19-Krise hat man festgestellt, dass sich auch Haustiere mit SARS-CoV-2 infizieren können. Solche Infektionen gelten nicht als Tierseuche, sind jedoch nach der Verordnung über meldepflichtige Tierkrankheiten idF v. 11.2.2011 (BGBl. 2011 I 252) mÄnd meldepflichtig.

3. Zur Haftung für Haustiere s. → unerlaubte Handlung (4). Zur Haustierhaltung in Mietshäusern s. → Wohnraummietvertrag (1). Sa → Diebstahl, → Giftige Pflanzen und Tiere, → Hunde, → Katzen, → Lärmbekämpfung, → Unpfändbarkeit.

Haustürgeschäft
Den Begriff des Haustürgeschäfts gibt es seit 2014 nicht mehr. Bis dahin wurde darunter verstanden ein Vertragsabschluss, zu dem der Kunde in einer bestimmten Situation (insbes. am Arbeitsplatz, in der Privatwohnung, während einer Freizeitveranstaltung, zB bei einer sog. Kaffeefahrt) veranlasst worden ist. Nunmehr gelten stattdessen die Vorschriften über → außerhalb von Geschäftsräumen geschlossene Verträge (s. iE dort). Sa → Verbrauchervertrag.

Hausverbot
→ Hausfriedensbruch, → Eigentumsstörungen.

Hausverwaltung
→ Geschäftsbesorgungsvertrag, → Wohnungseigentum (3).

Hauswirtschaftliche Beschäftigungsverhältnisse
können seit 1.4.2003 durch eine Ermäßigung der Einkommensteuer berücksichtigt werden. Voraussetzung ist, dass es sich um ein haushaltsnahes Beschäftigungsverhältnis im Privathaushalt handelt. Ein solches liegt vor, wenn die Tätigkeit durch einen privaten Haushalt begründet ist und gewöhnlich durch Mitglieder des privaten Haushalts erledigt wird (§ 8a SGB IV). Der Begriff haushaltsnahe Beschäftigung umfasst Tätigkeiten wie Einkaufen von Lebensmitteln, Kochen, Backen, Nähen, Wäschepflege, Reinigung der Räume, Pflege, Versorgung und Betreuung von Kindern und alten Menschen sowie Gartenarbeit. Voraussetzung ist, dass die Aufwendungen keine → Betriebsausgaben oder → Werbungskosten darstellen und nicht als außergewöhnliche Belastung berücksichtigt worden sind. Die Steuerermäßigung wird nur auf Antrag gewährt und beträgt bei einem Monatsverdienst bis 450 EUR (→ geringfügige Beschäftigung, 3) 10 vH der Aufwendungen, höchstens 510 EUR jährlich. Bei anderen haushaltsnahen Beschäftigungsverhältnissen, für die Pflichtbeiträge entrichtet werden, 12 vH der Aufwendungen, max. 2400 EUR (§ 35a EStG). Der höchstmögliche Steuerermäßigungsbetrag erhöht sich nicht, wenn mehrere Personen beschäftigt werden. Für jeden Kalendermonat, in dem die Voraussetzungen für eine Steuerermäßigung nicht vorgelegen haben, ermäßigen sich die Höchstbeträge um $^1/_{12}$. Sa → Haushaltsnahe Dienstleistungen, → Handwerksleistungen, → Belastungen, außergewöhnliche (2d), → Haushaltsscheck.

Haverei (Havarie)
Haverei werden die Schäden genannt, die ein Schiff oder die Ladung während einer Seereise erleiden. Zur großen Haverei (general average) gehören die Schäden, die der Schiffskapitän dem Schiff und der Ladung vorsätzlich zufügt, um sie aus einer gemeinsamen Gefahr zu retten, ferner Schäden, die durch solche Maßnahmen weiter entstehen und die hierfür aufgewendeten Kosten (§ 588 HGB). Große Haverei liegt insbes. vor, wenn Ladung über Bord geworfen oder auf andere Schiffe übergeladen wird oder das Schiff absichtlich auf

Strand gesetzt oder ein Nothafen angelaufen wird, um Ladung zu retten. Bei der großen Haverei werden Schäden und Kosten von Schiff, Fracht und Ladung gemeinschaftlich getragen, sofern sie nicht der Schädiger zu erstatten hat (§ 589 II HGB). Im Gegensatz dazu umfasst die besondere Haverei (particular average) die je nur der Ladung oder dem Schiff zuordenbaren Schäden. Das Verfahren gehört zur → freiwilligen Gerichtsbarkeit (§§ 403 ff. FamFG); über die Haverei wird eine → Dispache aufgemacht. Sa → Transportversicherung.

Hebammen

Bis 2019 war für männliche Hebammen die Berufsbezeichnung „Entbindungspfleger".
1. Die Berufszulassung und -ausübung ist geregelt im HebG v. 4.6.1985 (BGBl. 1985 I 902) mÄnd. Die Tätigkeit als Hebamme und die Führung der Berufsbezeichnung Hebamme bedürfen der Erlaubnis, soweit es sich nicht um vorübergehende Tätigkeit im Rahmen des freien → Dienstleistungsverkehrs nach Europäischem Gemeinschaftsrecht handelt. Die Erteilung der Erlaubnis setzt das Bestehen der Hebammenprüfung voraus (§ 5 HebG), ferner persönliche → Zuverlässigkeit, den erfolgreichen Abschluss des vorgeschriebenen Studiums und entsprechende Eignung. Prüfungsabschlüsse aus anderen Mitgliedstaaten der EG sind gleichgestellt (§ 46 HebG; ferner Anl. BGBl. 1985 I 909). Zum Ausschluss der Anerkennung in einigen Staaten vgl. §§ 46–53 HebG. Die Erlaubnis ist nach Maßgabe von § 6 HebG zurückzunehmen bzw. gem. § 7 HebG zu widerrufen, wenn ihre Voraussetzungen nicht vorgelegen haben oder weggefallen sind. Zur Leistung von Geburtshilfe sind, abgesehen von Notfällen, außer Ärzten nur Hebammen berechtigt. Bei ärztlicher Geburtshilfe ist eine Hebamme zuzuziehen (§ 4 I HebG). Die Hinzuziehung ist vom Arzt zu veranlassen. Wegen der Gebühren für Hebammenhilfe vgl. die VO vom 28.10.1986 (BGBl. 1986 I 1662). Unerlaubte Führung der Berufsbezeichnung und unerlaubte Geburtshilfe sind mit Bußgeld bedroht (§ 72 HebG). Hebammen sind pflichtversichert in der → Rentenversicherung (§ 2 S. 1 Nr. 2 SGB VI).

2. In der gesetzlichen → Krankenversicherung ist die Hebammenhilfe Teil der Leistungen bei Schwangerschaft und Mutterschaft (§§ 24c–24f SGB V). Der Spitzenverband der Krankenkassen muss mit den Bundesverbänden der Hebammen und den Verbänden der von Hebammen geleiteten Einrichtungen auf Bundesebene verbindliche Verträge mit den Krankenkassen über die Versorgung mit Hebammenhilfe abschließen (§ 134a SGB V). Die Vergütung für Hebammen richtet sich seit dem 1.1.2007 nach Verträgen des Spitzenverbands Bund der Krankenkassen und der Bundesverbände der Hebammen etc. über die Versorgung mit Hebammenhilfe. Die Rechtsstellung der Hebamme ist damit an die für die übrigen Leistungsanbieter im Gesundheitswesen geltenden Regelungen angepasst worden.

3. Schadensersatzansprüche der Kranken- und Pflegekassen gegen freiberuflich tätige Hebammen richten sich nach § 116 SGB X, §§ 280, 823, 249 ff. BGB. Dieser kann nur geltend gemacht werden, wenn der Schaden vorsätzlich oder grob fahrlässig verursacht wurde. Hebammen haben eine Haftpflichtversicherung abzuschließen. Die Beitragshöhe dieser Versicherung ist abhängig von der Art der Ausübung des Berufs (mit oder ohne Geburtshilfe, angestellte Hebamme oder angestellte Hebamme mit freiberuflicher Tätigkeit, Lehrhebammen sowie Hebammenschülerinnen).

Hebesatz

ist der für die Erhebung der → Gewerbe- oder → Grundsteuer von den Gemeinden für jedes Rechnungsjahr festzusetzende Vomhundertsatz, mit dem der Steuermessbetrag zwecks Berechnung der Steuerschuld zu vervielfältigen ist (§ 16 GewStG, § 25 GrStG).

Heck, Philipp von

(1858–1943), deutscher Rechtslehrer, Mitbegründer der Lehre von der Interessenjurisprudenz (→ Begriffsjurisprudenz).

Hedgefonds

1. Hedgefonds sind spezielle Investmentfonds, die im Rahmen ihrer Anlagestrategien kaum Beschränkungen unterliegen und durch Kreditaufnahme (Hebelwirkung/Leverage) und → Leerverkäufe hohe Renditen anstreben. Es handelt sich um eine riskante und spekulative Form der Kapitalanlage (Risikofonds). Der aus dem Angelsächsischen stammende Begriff Hedgefonds ist irreführend, denn er vermittelt den falschen Eindruck, dass es sich um sichere Fonds handele (to hedge = eingrenzen, sichern). Hedgefonds investieren oft in Unternehmensbeteiligungen und sind auch deshalb als „Heuschrecken" in die öffentliche Kritik geraten. Hedgefonds sind in § 283 KAGB (→ Kapitalanlagegesetzbuch) als allgemeine offene Spezial-AIF geregelt (zur Terminologie → Investmentvermögen). Privatanleger dürfen sich an Hedgefonds nicht beteiligen. Die §§ 225 ff. KAGB enthalten zusätzliche Vorschriften zu Dach-Hedgefonds, die überwiegend in andere Hedgefonds investieren.

2. Anteile an Hedgefonds können – mit Ausnahme der Anteile an Dach-Hedgefonds – nicht öffentlich, sondern nur im Wege der Privatplatzierung vertrieben werden. Der Vertrieb setzt einen Verkaufsprospekt (→ Prospekthaftung) voraus. Nach § 228 KAGB müssen Verkaufsprospekte von Dach-Hedgefonds mit einem Warnhinweis versehen werden. Anders als bei herkömmlichen Investmentfonds werden die Anteile von Hedgefonds idR nicht jederzeit, sondern nur zu bestimmten Terminen zurückgenommen.

Hege
1. Die Pflicht zur Hege ist neben der → Jagdausübung ein Teil des Jagdrechts (§ 1 I BJagdG). Ziel ist die Erhaltung eines den landschaftlichen und landeskulturellen Verhältnissen angepassten Wildbestandes, sowie die Pflege und Sicherung seiner Lebensgrundlagen. Beeinträchtigungen einer ordnungsgemäßen land-, forst- und fischereiwirtschaftlichen Nutzung, insbesondere → Wildschäden müssen vermieden werden (§ 1 II BJagdG). Sa → Hegegemeinschaft; → Jagdgenossenschaft.

2. Im landesrechtlich geregelten Fischereirecht definiert zB § 3 FischereiG SH v. 10.2.1996, GVOBl. 1996, 211 mÄnd, Hege als Aufbau und Erhaltung eines artenreichen, heimischen und gesunden Fischbestandes, der der Größe und Beschaffenheit eines Gewässers entspricht, sowie Schonung und Schutz von Gewässerfauna und -flora.

Hegegemeinschaft
ist nach § 10a BJagdG ein Zusammenschluss von Jagdausübungsberechtigten mehrerer Jagdbezirke zu Zwecken der → Hege (1) des Wildes. Die Hegegemeinschaft ist anders als die → Jagdgenossenschaft eine privatrechtliche Vereinigung.

Hegemonie
Unter Hegemonie versteht man zunächst die Vorherrschaft eines Staates über andere, die in den tatsächlichen Machtverhältnissen (faktische Hegemonie), aber auch rechtlich begründet sein kann (→ Staatenverbindungen). Die Hegemonie ist kein technischer Begriff des → Völkerrechts und umschließt deshalb die verschiedenartigsten rechtlichen Verhältnisse. Auch außerhalb des außerpolitischen Bereichs spricht man von der Hegemonie etwa bestimmter Schichten oder Klassen im Staat, bestimmter wirtschaftlicher Gruppierungen usw.

Hehlerei
Straftatbestand nach § 259 StGB, der ein Vermögensdelikt normiert. Ihn begeht, wer eine Sache, die ein anderer durch Diebstahl oder ein sonstiges Vermögensdelikt rechtswidrig erlangt hat (sog. Vortat), ankauft oder sonst sich oder einem Dritten verschafft, sie absetzt oder absetzen hilft, um sich oder einen Dritten zu bereichern. Die Vortat braucht nicht schuldhaft begangen zu sein, muss aber ein Vermögensdelikt sein. Die Vorschrift richtet sich gegen die Aufrechterhaltung des durch die Vortat geschaffenen rechtswidrigen Zustandes. Sie erfasst daher nach hM nicht die sog. Ersatzhehlerei, dh das Ansichbringen des Erlöses aus der Verwertung der durch die Vortat erlangten Sache (also zB des mit dem gestohlenen Bargeld gekauften Gegenstandes). Das Erzielen des Erlöses bzw. der Erwerb des Ersatzgegenstandes können jedoch im Einzelfall neue Straftaten sein (Betrug und Hehlerei), die ihrerseits durchaus Vortat einer Hehlerei am Ersatzgegenstand sein können; zudem erfüllen derartige Verwertungshandlungen regelmäßig den Tatbestand der → Geldwäsche (§ 261 StGB).

Der Vorsatz, der sich auf das Vorliegen einer mit Strafe bedrohten, wenn auch im Einzelnen nicht bekannten Vortat bezieht, kann ein bedingter sein. Dagegen wird die fahrlässige Hehlerei nur bei gewerbsmäßigen Edelmetall(Edelstein)händlern nach § 148b GewO bestraft. Der vom Hehler erstrebte Vorteil muss ein Vermögensvorteil sein.

Wer an der Vortat mitgewirkt hat, kann nicht wegen Hehlerei an den dadurch erlangten Sachen bestraft werden (diese ist insoweit mitbestrafte Nachtat; → Konkurrenz von Straftaten); doch können Anstifter und Gehilfen der Vortat Hehlerei an Sachen begehen, die andere Teilnehmer an der Vortat durch diese erlangt haben (BGHSt. 33, 52).

Die Strafe für Hehlerei (auch Versuch ist strafbar) ist Freiheitsstrafe bis zu 5 Jahren oder Geldstrafe, für → gewerbsmäßige H. und Banden-Hehlerei (Hehlerei als Mitglied einer → Bande, die sich zur fortgesetzten Begehung von → Raub, → Diebstahl oder Hehlerei verbunden hat) Freiheitsstrafe von 6 Mon. bis zu 10 Jahren (§ 260 StGB), für gewerbsmäßige Banden-Hehlerei Freiheitsstrafe von 1 Jahr bis zu 10 Jahren (§ 260a StGB).

Hehlerei unter Angehörigen oder Hausgenossen ist Antragsdelikt, ebenso idR Hehlerei an geringwertigen Sachen.

Zur Hehlerei geschützter Daten s. → Datenhehlerei. Über Steuerhehlerei s. → Steuerstrafrecht.

Heilbehandlung
ist eine Leistung der gesetzlichen → Unfallversicherung. Sie umfasst insbesondere Erstversorgung, ärztliche Behandlung, zahnärztliche Behandlung einschließlich der Versorgung mit Zahnersatz, die Versorgung mit Arznei-, Verband-, Heil- und Hilfsmitteln, häusliche Krankenpflege, Behandlung in Krankenhäusern und Rehabilitationseinrichtungen sowie Leistungen zur medizinischen Rehabilitation einschließlich Belastungserprobung und Arbeitstherapie (§§ 27 ff. SGB VII). Eine Verpflichtung zur Heilbehandlung kann gem. § 63 SGB I bestehen, um die Gesundheit oder die Erwerbs- oder Vermittlungsfähigkeit des Betroffenen zu bewahren oder wiederherzustellen. Trotz Vorrangpflicht durch die → Krankenversicherung (§ 11 V SGB V) hat der Träger der Unfallversicherung die Heilbehandlung durchzuführen, wenn sie wegen eines Unfalles oder einer Berufskrankheit erforderlich ist. Heilbehandlung kann auch während einer → Freiheitsentziehung erbracht werden, sofern die Belange des Vollzuges dem nicht entgegenstehen.

Heilhilfsberufe
Heilhilfsberufe ist der frühere Begriff für spezielle Gesundheitsberufe, zB Krankenpfleger/-in, Arzthelfer/-in, Optiker/-in, Podologe/-in → Heilkunde. Gesundheitsberufe setzen immer eine bestimmte fachbezogene

Ausbildung voraus. Über die fachbezogene Ausbildung hinaus besteht ein Trend zur Akademisierung der Gesundheitsberufe, so dass bereits aus diesem Grund der Begriff „Heilhilfsberuf" nicht mehr zeitgemäß ist.

Heilige Allianz
Heilige Allianz nannte sich die am 26.9.1815 zwischen Österreich, Preußen und Russland geschlossene Vereinbarung, durch die sich die regierenden Monarchen der drei Länder gegenseitige Hilfe zusicherten und ihren Willen zur Sicherung von Frieden und Gerechtigkeit bekundeten. Dem Vertrag traten später weitere Staaten bei.

Heiliger Stuhl
ist die Bezeichnung, unter der der → Papst als Oberhaupt der → Katholischen Kirche gegenüber den Staaten als → Völkerrechtssubjekt auftritt. Der Heilige Stuhl schließt die Kirchenverträge mit den einzelnen Staaten ab (vgl. Konkordat, Reichskonkordat) und unterhält zu den ausländischen Staaten → diplomatische Beziehungen. Zur innerkirchlichen Stellung → Apostolischer Stuhl. Vom Heiligen Stuhl ist die souveräne → Vatikanstadt als eigenes Völkerrechtssubjekt zu unterscheiden.

Heiliger Synod
Als Heiliger Synod wurde die von 1721–1917 fungierende oberste Behörde der Russischen orthodoxen Kirche bezeichnet. Er löste im Jahre 1721 das Patriarchat ab und wurde 1917 wieder durch dieses ersetzt. Der Heiliger Synod war ein Gremium aus Klerikern unter einem weltlichen Oberprokurator.

Heiliges Römisches Reich Deutscher Nation
Heiliges Römisches Reich Deutscher Nation nannte sich das Deutsche Reich, nachdem Otto der Große 962 die römische Kaiserkrone und damit die Stellung eines Schirmherrn der Christenheit erlangt hatte. Der von den 7 Kurfürsten zum Kaiser gewählte König – meist ein Habsburger – hatte Anspruch auf Bestätigung der Wahl und Krönung durch den Papst. Die Gesetzgebung stand dem Reichstag zu, einer Versammlung der Fürsten und Stände (in späterer Zeit gegliedert in Kurfürstenkollegium, Fürstenrat und Städtekollegium); außerdem hatte er ein Anhörungsrecht vor Reichsheerfahrten. In dieser Form blieb das Reich bestehen, obwohl es durch Religionskriege und durch die Anerkennung der Territorialhoheit der Reichsstände (nach dem Westfälischen Frieden) zunehmend geschwächt wurde und im 18. Jh. durch den wachsenden Zwiespalt zwischen Preußen und Österreich auseinanderzufallen drohte. Es wurde formell erst dadurch aufgelöst, dass Kaiser Franz II. 1806 die Kaiserkrone niederlegte.

Heilkunde
Ausübung der Heilkunde ist nach § 1 II des HeilprG nebst DVO vom 17./18.2.1939 (RGBl. I 1939251, 259) mÄnd jede berufs- oder gewerbsmäßig vorgenommene Tätigkeit zur Feststellung, Heilung oder Linderung von Krankheiten, Leiden oder Körperschäden bei Menschen, auch wenn sie im Dienste von anderen ausgeübt wird. Hierunter fällt die Tätigkeit des → Arztes, → Zahnarztes und → Heilpraktikers sowie des → Psychotherapeuten. Die Ausübung der Heilkunde setzt voraus, dass Kenntnisse über die Medikamenteneinnahme des Patienten vorhanden sind und die Wirkungen eines Arzneimittels kennen, um bei Beschwerden des Patienten klären zu können, ob es sich um Krankheitssymptome, Nebenwirkungen oder vielleicht Entzugssymptome handelt. Die Heilkunde ist zu unterscheiden von gesundheitspflegerischen Hilfstätigkeiten, wie sie zB durch Krankenpfleger, technische Assistenten in der Medizin, Masseure, Hebammen und Physiotherapeuten ausgeübt werden → Heilhilfsberufe.

Wer die Heilkunde ausübt, ohne die Approbation als Arzt oder eine besondere Erlaubnis zur Betätigung als Heilpraktiker nach § 1 HeilprG zu besitzen, wird mit Freiheitsstrafe bis zu 1 Jahr oder mit Geldstrafe bestraft (§ 5 HeilprG). Keine Ausübung der Heilkunde ist die Feststellung eines Apothekers über die Art des Leidens, wenn sie nur dem Verkauf des richtigen Mittels dient, ebenso wenig die Prüfung der Sehschärfe durch Optiker. Die unerlaubte Ausübung der Zahnheilkunde, dh ohne → Approbation als Arzt oder Zahnarzt, ist nach § 18 G über die Ausübung der Zahnheilkunde (ZHG v. 21.7.2004) → Zahnarzt strafbar.

Heilmittel
Nach § 32 SGB V haben gesetzlich Versicherte Anspruch auf die Versorgung mit Heilmitteln (→ Arzneimittel). Die Definition des Begriffs Heilmittel ergibt sich nicht aus § 32 SGB V. Der → gemeinsame Bundesausschuss beschließt Richtlinien über die Verordnung von verordnungsfähigen Heilmittel (§ 92 SGB V, Heilmittelrichtlinie). Darin ist geregelt, welche Leistungen an Heilmitteln im Rahmen der vertragsärztlichen Versorgung erbracht werden können. Welche Heilmittel nicht im Rahmen der Kostenübernahme von der → Krankenversicherung übernommen werden müssen, regelt § 34 SGB V und die notwendigen Ausnahmen davon, im Falle schwerer Erkrankungen, der Gemeinsame Bundesausschuss in der Heilmittelrichtlinie (→ Krankenkasse).

Heilmittelwerbung
Die Werbung für → Arzneimittel, Heilverfahren und → kosmetische Mittel sowie Mittel der Körperpflege regelt das HWG idF v. 19.10.1994 (BGBl. 1994 I 3068) mÄnd. Das Gesetz enthält allgemeine Werbeverbote (§§ 3, 3a HWG), ferner Vorschriften über stets erforderliche Grundinformationen (Namen des Herstellers, Bezeichnung des Medikaments, Anwendungsgebiete, Nebenwirkungen, Gegenanzeigen usw – § 4 HWG). Während in

Fachkreisen verhältnismäßig frei geworben werden kann, unterliegt die Allgemeinwerbung zahlreichen Beschränkungen sowohl hins. der Art (insbes. § 11 HWG) wie bzgl. des Gegenstandes; die Werbung darf sich nicht beziehen auf Krankheiten und Leiden nach dem → Infektionsschutzgesetz, auf bösartige Neubildungen, auf Suchterkrankungen ausgenommen Nikotinabhängigkeit und krankhafte Komplikationen bei Schwangerschaft, Entbindung und Wochenbett (§ 12 HWG). Dadurch sollen vor allem Selbstmedikation und übermäßiger Arzneimittelkonsum zurückgedrängt werden. Ebenso ist es unzulässig, mit Empfehlungen von Personen zu werben, die auf Grund ihres Bekanntheitsgrades zu einem Konsum des Arzneimittels anregen könnten. Darüber hinaus ist die Werbung in den Fällen nicht gestattet, die sich ausschließlich oder überwiegend an Kinder unter 14 Jahren richtet (§ 11 I Nr. 12 HWG). Heilmittelwerbung ist dann unzulässig, wenn sie ua mit Preisausschreiben, Verlosungen oder sonstigen zufallsbezogenen Verfahren gekoppelt ist, als deren Folge einer unzweckmäßigen oder übermäßigen Verwendung von Arzneimitteln Vorschub geleistet wird. Die Abgabe von Arzneimitteln, Proben von anderen Mitteln oder entsprechenden Gutscheinen ist ebenfalls unzulässig. Irreführende Heilmittelwerbung ist strafbar; andere Verstöße werden als → Ordnungswidrigkeiten geahndet (§ 15 HWG). Die Werbung für Betäubungsmittel (→ Betäubungsmittelgesetz) ist in § 14 V BtMG teils verboten, teils eingeschränkt.

Heilpädagogische Leistungen
gehören zu den Leistungen nach dem Neunten Buch des Sozialgesetzbuches (SGB IX v. 19.6.2001, BGBl. 2001 I 1046 m. spät. Änd.; → Rehabilitation und Teilhabe behinderter Menschen). Entsprechende Leistungen werden erbracht, wenn zu erwarten ist, dass hierdurch eine drohende Behinderung abgewendet oder der fortschreitende Verlauf einer Behinderung verlangsamt werden kann oder die Folgen einer Behinderung beseitigt oder gemildert werden können (§ 79 SGB IX). Der Umfang der Leistungen ist in § 79 II SGB IX geregelt. Anspruchsberechtigt sind nach § 79 I SGB IX noch nicht eingeschulte Kinder. Für sie wird die heilpädagogische Leistung als Komplexleistung erbracht. Für Kinder, die bereits schulpflichtig sind und weiterhin Förderbedarf haben, ergibt sich der Rechtsanspruch auf diese Leistungen aus § 43a I SGB V.

Heilpraktiker
Heilpraktiker ist nach § 1 I HeilprG, vom 17.2.1939 (RGBl. 1939 I 251) m. spät. Änd., wer → Heilkunde ohne Approbation als → Arzt ausübt. Der Heilpraktiker bedarf der Erlaubnis der unteren Verwaltungsbehörde, die im Benehmen mit dem → Gesundheitsamt (s. u.) entscheidet. Auf die Erteilung der Erlaubnis besteht bei persönlicher Qualifikation ein Rechtsanspruch. Zu Einzelheiten des Verfahrens s. 1. DVO zum HeilprG vom 18.2.1939 (RGBl. 1939 I 259) m. spät. Änd. Unbefugte Berufsausübung ist strafbar (§ 5d. Ges.). Wird eine Erlaubnis nach § 1 HeilprG erteilt, ist die Tätigkeit stationär auszuüben (§ 3 HeilprG). Nach § 5a HeilprG kann das „Umherziehen", also die nichtstationäre Ausübung des Berufs, mit Geldstrafe bis zu 2500 EUR belegt werden. Wird die Tätigkeit des Heilpraktikers ohne erteilte Erlaubnis nach § 1 HeilprG ausgeübt, wird die mit Freiheitsstrafe von bis zu einem Jahr oder mit Geldstrafe geahndet (§ 5 HeilprG).

Vor Erteilung der Erlaubnis überprüft das Gesundheitsamt nach § 2 I 1 HeilprGDV, § 3 HeilprGDV (DVO zum HeilprG (HeilprGDV 1)), ob die Ausübung der → Heilkunde durch den Bewerber eine Gefahr für die Gesundheit der Allgemeinheit bedeuten würde. Diese Überprüfung ist keine Prüfung im rechtstechnischen Sinne, also kein formalisierter Qualifikationsnachweis. Die inhaltlichen Anforderungen sind in Erlassen der Länder geregelt. Soweit der Bewerber im Einzelfall seine Eignung für die angestrebte Heiltätigkeit in anderer Weise nachweisen kann (zB Psychotherapie durch einen entsprechend aus- oder weitergebildeten Dipl. Psychologen), kann die Ablegung der Heilpraktikerprüfung nicht verlangt werden. Der Heilpraktiker übt einen freien Beruf aus.

Im Rahmen einer Maßnahme zur Teilhabe am Arbeitsleben kann die Umschulung auf den Beruf des Heilpraktikers möglich sein (§§ 35 SGB VII, § 37 SGB IX).

Ursprünglich sollte mit dem Heilpraktikergesetz bereits ab dem Jahr 1939 die Ausübung des Heilpraktikerberufs praktisch zum langsamen Erliegen gebracht werden, da keine neuen Erlaubnisse zur Ausbildung und Niederlassung von neuen Heilpraktikern mehr erteilt werden sollten. Diese Regelung wurde 1952 allerdings wieder aufgegeben (im Gegensatz zur Regelung über die Dentisten).

In Österreich ist die Ausübung des ärztlichen Berufs ausschließlich Ärzten vorbehalten und die Tätigkeit als Heilpraktiker grundsätzlich verboten (§ 3 Ärztegesetz; Eu-Rechtskonformität bestätigt durch EuGH ECLI:EU:C:2002:442).

Heilquellen
sind natürlich zu Tage tretende oder künstlich erschlossene Wasser- oder Gasvorkommen, die auf Grund ihrer chemischen Zusammensetzung, ihrer physikalischen Eigenschaften oder der Erfahrung nach geeignet sind, Heilzwecken zu dienen (§ 53 WHG, → Wasserhaushalt). Aus Gründen des Wohls der Allgemeinheit können Heilquellen auf Antrag staatlich anerkannt werden. Auf Landesebene können zu deren Schutz Heilquellen-Schutzgebiete festgesetzt werden. Sa → Gewässer, 4.

Heilung fehlerhafter Rechtsgeschäfte
→ Formerfordernisse (2), → Nichtigkeit von Rechtsgeschäften, → Grundstückskaufvertrag.

Heilung fehlerhafter Verwaltungsakte
→ Verwaltungsakt (5c).

Heilung von Verfahrensmängeln
→ Rügeverzicht.

Heilverfahren
war früher die Bezeichnung für die medizinischen Leistungen in der → Rentenversicherung. Das Rentenreformgesetz 1992 hat sie unter dem Begriff → medizinische Rehabilitation zusammengefasst. Die Bezeichnung ist im Beamtenrecht weiterhin gebräuchlich (§ 33 BeamtVG). Auch im Bereich der gesetzlichen → Unfallversicherung werden als Heilbehandlung noch Heilverfahren durchgeführt. Maßgebende Rechtsnorm ist § 34 SGB VII.

Heim
Das Heimrecht (Altenheime, Altenpflegeheime, Altenwohnheime, Kurzzeitpflegeheime, Pflegeheime, → stationäre Hospize) befand sich längerfristig in einer Umbruchphase. Diese ist zwischenzeitlich beendet.

1. Bis zur → Föderalismusreform I galt bundeseinheitlich das HeimG idF v. 5.11.2001 (BGBl. 2001 I 2970) mÄnd; dieses enthielt sowohl zivilrechtliche Vorschriften über den Heimvertrag als auch gewerberechtliche Vorschriften hinsichtlich des Betriebs und der Überwachung von Heimen etc. Die baulichen und technischen Mindestanforderungen für Heime usw. bestimm(t)en sich nach der VO idF v. 3.5.1983 (BGBl. 1983 I 550) mÄnd Wegen Anforderungen an das Heimpersonal vgl. die HeimPersV v. 19.7.1993 (BGBl. 1993 I 1205) mÄnd, zur Mitwirkung der Heimbewohner HeimmwV v. 25.7.2002 (BGBl. 2002 I 2896). Die Pflichten der Träger von Heimen im Falle der Entgegennahme von Leistungen der Bewohner regelte die HeimsicherungsVO v. 24.4.1978 (BGBl. 1978 I 553) mÄnd.

2. Durch die → Föderalismusreform I ist die Zuständigkeit bezügl. des gewerberechtlichen Teils der Materie auf die Länder übergegangen, während die Zuständigkeit für das Vertragsrecht beim Bund verblieben ist. Aufgrund der seither ergriffenen gesetzgeberischen Aktivitäten ergibt sich nunmehr folgendes Bild:

a) Der Bund hat das → Wohn- und Betreuungsvertragsgesetz (WBVG) erlassen (Gesetz v. 29.7.2009, BGBl. 2009 I 2319), das am 1.10.2009 in Kraft getreten ist. Dieses gilt für alle Verträge, die nach diesem Zeitpunkt geschlossen werden; für Verträge die bis zum 30.9.2009 geschlossen worden sind, galten die vertragsrechtlichen Vorschriften des Heimgesetzes bis zum 30.4.2010 fort; für die Zeit danach gilt auch für diese Verträge das WBVG.

b) Die meisten Länder haben bereits → Landesheimgesetze erlassen. Diese ersetzen für ihren Anwendungsbereich die gewerberechtlichen Vorschriften des HeimG. Soweit (noch) kein Landesheimgesetz geschaffen worden ist, gelten die entsprechenden Vorschriften des HeimG und die zugehörigen Verordnungen (zeitlich unbeschränkt) fort.

c) Das Pflegestärkungsgesetz 2016 hat keine Änderungen erbracht, die eine völlig neue Sichtweise mit sich bringen würde. Das SGB XIV hat keine Änderungen des Heimrechts mit sich gebracht.

Heimarbeiter
Heimarbeiter ist, wer in selbstgewählter Arbeitsstätte (insbes. in eigener Wohnung) allein oder mit Familienangehörigen im Auftrag eines Gewerbetreibenden oder → Zwischenmeisters bzw. eines gemeinnützigen Unternehmens oder öffentlich-rechtlicher Körperschaft gewerblich arbeitet und die Verwertung seines Arbeitsergebnisses dem Auftrag gebenden Gewerbetreibenden überlässt (§ 2 I Heimarbeitsgesetz (HAG) v. 14.3.1951, BGBl. 1951 I 191 mÄnd iVm § 12 II SGB IV). Der Heimarbeiter ist nicht → Arbeitnehmer, weil er nicht persönlich abhängig ist, aber sog. → arbeitnehmerähnliche Person (§ 5 I ArbGG), weil er wirtschaftlich abhängig ist. Auch besonders qualifizierte Dienstleister, die Angestellten entsprechend tätig werden, können Heimarbeiter sein (zB Bauingenieure oder Programmierer; BAG 14.6.2016 – 9 AZR 305/15, NJW 2017, 426). Für die Heimarbeiter gewährt das HAG insbes. Arbeitszeit-, Gefahren- und Entgeltschutz (Führung von Heimarbeiterlisten und Entgeltverzeichnissen sowie Ausstellung von Entgeltbelegen durch den Auftraggeber; Entgeltregelung durch Tarifvertrag unter Mitwirkung des Heimarbeitsausschusses (§ 4 HAG), behördliche Überwachung der Entgelte, Bestimmungen über Gesundheitsschutz an der Arbeitsstätte). Die Kündigungsfrist beträgt mind. 4 Wochen zum 15. oder zum Ende eines Kalendermonats, wenn der Heimarbeiter aus der Beschäftigung überwiegend seinen Lebensunterhalt bezieht; sie ist bei längerer Beschäftigung gestaffelt (§ 29 HAG). Den Aufsichtsbehörden sind besondere Befugnisse eingeräumt, ua das Recht, Ansprüche im Namen des Heimarbeiters gerichtlich geltend zu machen. Der Heimarbeiter steht dem → Hausgewerbetreibenden weitgehend gleich (§ 1 HAG).

Da Heimarbeiter gem. § 12 II SGB IV als Beschäftigte gelten, besteht idR in allen Zweigen der → Sozialversicherung Versicherungspflicht (vgl. §§ 13, 25 I SGB III, § 5 I Nr. 7 SGB V, § 1 S. 1 Nr. 2 SGB VI, § 2 I Nr. 4 SGB VII, § 20 I Nr. 7 SGB XI; sa → Entgeltfortzahlung im Krankheitsfall, → Textilkennzeichnung, → Mutterschutz). Die langjährige Tätigkeit von Solo-Selbstständigen für einen Auftraggeber kann von der → Clearingstelle als Heimarbeit beurteilt werden.

Heimatlandprinzip
→ Lebensmittel- und Futtermittelrecht.

Heimatlose Ausländer
iSd Gesetzes über die Rechtsstellung heimatloser Ausländer v. 25.4.1951 (BGBl. 1951 I 269) mÄnd werden eingebürgert, wenn sie sich 7 Jahre lang rechtmäßig in Deutschland

aufgehalten haben und sich nicht strafbar gemacht haben. Heimatlose Ausländer sind in weiten Bereichen den deutschen Staatsangehörigen gleichgestellt. Eine Ausweisung ist nur aus bes. Gründen möglich. Sa → Fremdrenten.

Heimatvertriebene
Die Rechtsverhältnisse der Vertriebenen regelt das → Bundesvertriebenengesetz. Wer Heimatvertriebener ist, bestimmt sich nach § 2 BVFG. Vertreibungsgebiete sind solche, die am 1. Januar 1914 zum Deutschen Reich oder zur Österreichisch-Ungarischen Monarchie oder zu einem späteren Zeitpunkt zu Polen, zu Estland, zu Lettland oder zu Litauen gehört haben.

Heimaufsicht
Grundsätzlich sollen die Einrichtungen wenigstens einmal jährlich zur Durchführung ihres Pflegeauftrags kontrolliert werden. Die genaue Durchführung ist Sache der Bundesländer → Heim (2). Es können regelmäßige Prüfungen vorgenommen werden sowie konkrete Anlassbezogene, sowohl mit als auch ohne Ankündigung.

Heimbeirat
Die Aufgaben des Heimbeirats ergeben sich aus § 29 Heimmitwirkungsverordnung. Insbesondere ist er verpflichtet eine Bewohnerversammlung durchzuführen und einen Tätigkeitsbericht zu erstellen → Heim. Es besteht zudem sogar ein Mitwirkungsrecht bei einer Änderung der Heimentgelte oder bei Änderung der Musterverträge für die Bewohner.

Heimbewohner-Freibetrag
→ Belastungen, außergewöhnliche (2d).

Heimeinweisung, Heimerziehung Jugendlicher
→ Erziehungsmaßregeln, → Jugendstrafrecht (4).

Heimerziehung
Rechtsgrundlage für die Heimerziehung ist § 34 SGB VIII → Erziehungsheim, → Erziehungshilfe, → Erziehungsmaßregeln. Heimerziehung bedeutet, dass Hilfen zur Erziehung in einer Einrichtung erfolgen, die den zu Erziehenden Tag und Nacht betreut. Zum Bereich der Heimerziehung gehören auch die SOS-Kinderdörfer. Ziel der Heimerziehung ist die Rückführung in die Herkunftsfamilie. § 34 SGB VIII sieht die Heimerziehung auch als jugendrechtliche Strafsanktion vor. Die Vorschriften des Jugendgerichtsgesetzes (JGG) sind zu beachten.

Heimfall
→ Erbbaurecht.

Heimgesetz
Das Heimgesetz regelte grundsätzlich die Rechtsverhältnisse von Einrichtungen, die ältere oder pflegebedürftige Menschen aufnehmen → Heim. Das jeweilige Landesrecht ist zu beachten, da im Zuge der Föderalismusreform die Gesetzeskompetenz auf die Länder übergegangen ist und mittlerweile alle Länder entsprechende Gesetze erlassen haben. Ebenso zu beachten ist in diesem zusammenhang das Wohn- und Betreuungsvertragsgesetz (WBVG).

Heimkehrer
Das Gesetz über Hilfsmaßnahmen für Heimkehrer (HeimkehrerG) sah Leistungen zum Ausgleich von Nachteilen an Heimkehrer (aus der Gefangenschaft Entlassene) nach deren Rückkehr aus dem 2. Weltkrieg vor. Das HeimkehrerG wurde mit Wirkung ab 1.1.1993 aufgehoben (BGBl. 1991 I 2317).

Heimpflege
kann in der Sozialversicherung als Leistung der → Unfallversicherung in Gestalt der erforderlichen Hilfen mit Unterkunft und Verpflegung in einer geeigneten Einrichtung in Anspruch genommen werden (§ 44 I, V SGB VII).

Die gesetzliche → Pflegeversicherung gewährt → vollstationäre Pflege, wenn → häusliche Pflege oder → teilstationäre Pflege nicht möglich ist oder wegen der Besonderheiten des Einzelfalles nicht in Betracht kommt (§§ 41 iVm 43 ff. SGB XI).

Als Leistung der → Sozialhilfe nach dem SGB XII wird Heimpflege gewährt, wenn Personen wegen einer körperlichen, geistigen oder seelischen Erkrankung für die gewöhnlichen und regelmäßig wiederkehrenden Verrichtungen im Ablauf des täglichen Lebens auf Dauer der Hilfe bedürfen und häusliche Pflege nicht ausreicht (§§ 13 iVm 61 ff. SGB XII).

Für Beschädigte, welche Leistungen nach dem BVG (bzw. SGB XIV) beanspruchen können, werden die Kosten einer nicht nur vorübergehenden Heimpflege, soweit sie Unterkunft, Verpflegung und Betreuung einschließlich notwendiger Pflege umfassen, übernommen. Es erfolgt aber eine Anrechnung auf die Versorgungsbezüge.

Heimstätte
Die Ausgabe einer (rechtlich besonders geschützten) Heimstätte war eine Maßnahme des Siedlungsrechts. Die diesbezüglichen Vorschriften sind seit 1.10.1993 aufgehoben. Übergangsregelungen für bestehende Heimstätten in Art. 6 des Gesetz v. 17.6.1993 (BGBl. 1993 I 912).

Heimsuchung
→ Hausfriedensbruch.

Heimtiere
Gemäß VO (EU) 576/2013 über die Verbringung von Heimtieren zu anderen als Handelszwecken v. 12.6.2013 (ABl. EU 2013 L 178, 1) handelt es sich bei Heimtieren um → Hunde, → Katzen, Frettchen, bestimmte Hasentiere, die meisten wirbellosen Tiere, Amphibien, Reptilien sowie bestimmte Vögel gemäß Anhang I der VO (EU), die bei der Verbringung von ihrem Halter oder einer schriftlich ermächtigten Person mitgeführt werden und für die diese Personen für die Dauer der Verbrin-

gung verantwortlich bleiben, sa → Haustiere, 1, → invasive gebietsfremde Arten (3), → Tierseuchen (2). Heimtierfutter ist ein → tierisches Nebenprodukt; → Lebensmittel- und Futtermittelhygiene, → Haustiere.

Heimunterbringung
→ Anstaltsunterbringung, → Personensorge, → Vormund; sa → Unterbringungsgesetze, → Heimeinweisung, → Jugendstrafrecht (4).

Heimvertrag
Rechtsgrundlage für den Abschluss eine Heimvertrages ist das Gesetz zur Regelung von Verträgen über Wohnraum mit Pflege- oder Betreuungsleistungen (WBVG v. 29.7.2009 (BGBl. 2009 I 2319) mÄnd). Die inhaltlichen Vorgaben regelt der Bund → Heim (2). Der Inhalt des Heimvertrages endet mit dem Auszug des Bewohners bzw. mit dessen Tod.

Heirat
→ Eheschließung.

Heirats- und Geburtsbeihilfen
Geld- oder Sachzuwendungen, die ein Arbeitnehmer anlässlich seiner Eheschließung oder einer Geburt von seinem Arbeitgeber erhält, waren steuerfrei, sofern sie innerhalb von drei Monaten vor dem Anlass oder im Anschluss daran gezahlt wurden und sie 315 EUR nicht überschritten. Dieser Freibetrag galt je Dienstverhältnis und Elternteil und Ehepartner. Ab 1.1.2006 ist der → Freibetrag gestrichen. Wurde der Freibetrag noch vor dem 1.1.2006 ausgezahlt, muss das damit zusammenhängende Ereignis innerhalb von drei Monaten, gerechnet ab der Auszahlung, eintreten.

Heiratserstattung
Wurde bis 1967 eine Ehe geschlossen, konnten die bis zur Eheschließung zur → gesetzlichen Rentenversicherung entrichteten Beiträge auf Antrag erstattet werden. Wurde die Heiratserstattung gewählt, erlosch dadurch die Rechtsbeziehung zur Rentenversicherung. Wurden vor und oder nach der Heiratserstattung Kinder geboren, kann die Mutter ggf. einen Anspruch auf → Mütterrente geltend machen. Die „Wiedereinzahlung" der erstatteten Beiträge gem. § 282 SGB VI ist zum Ende des Jahres 1995 endgültig entfallen.

Heiratsschwindel
ist als → Betrug nach § 263 StGB strafbar. Voraussetzung ist, dass der Täter in der Absicht, sich einen rechtswidrigen Vermögensvorteil zu verschaffen, durch Vorspiegelungen (insbes. von Heiratsabsichten) oder durch Unterdrücken wahrer Tatsachen (Verschweigen einer schon bestehenden Ehe) in dem Partner einen Irrtum über die beabsichtigte Eheschließung hervorruft, der diesen zu einer ihn schädigenden Vermögensverfügung veranlasst (Geschenke, Darlehen usw.). Bei bloß einseitiger, nicht durch entsprechende Kommunikationsakte des erhofften Partners begründeter Erwartung, der andere werde zur Eheschließung bereit sein, liegt keine Täuschungshandlung vor. Es fehlt am ursächlichen Zusammenhang zwischen dieser und der Vermögensverfügung, wenn der Geschädigte dem anderen ohne Rücksicht auf ein Heiratsversprechen oder trotz bestehender Zweifel Geschenke macht. Das Verleiten zur Eheschließung selbst zB unter Täuschung über die eigenen Vermögensverhältnisse kann Betrug sein, wenn der Täter darauf ausgeht und es erreicht, dass ein ihm günstiger güterrechtlicher Vertrag abgeschlossen wird, der ihm die Möglichkeit des Missbrauchs gibt.

Heiratsurkunde
→ Personenstandsurkunden.

Heiratsvermittlung
→ Ehevermittlung.

Heizkosten
→ Gebäudeenergie, → Mietvertrag (1; s. dort zur Abrechnung), → Wohnraummietvertrag, → Kohlendioxidkostenaufteilung.

Heizölsteuer
→ Mineralölsteuer.

Heizölverbraucheranlagen
Heizölverbraucheranlagen dienen dem Beheizen oder Kühlen von Räumen oder dem Erwärmen von Wasser, sofern der Jahresbedarf $100m^3$ nicht übersteigt (§ 2 XI Verordnung über Anlagen zum Umgang mit wassergefährdenden Stoffen (AwSV) v. 18.4.2017, BGBl. 2017 I 905 mÄnd). In festgesetzten und vorläufig gesicherten → Überschwemmungsgebieten dürfen Heizölverbraucheranlagen nicht mehr errichtet werden. Bereits bestehende Heizölverbraucheranlagen müssen bis Januar 2023 hochwassersicher nachgerüstet werden, in Risikogebieten (→ Hochwasserschutz, 1.) ist die Frist 10 Jahre länger (§ 78c III WHG).

Heizung
1. Die energetischen Anforderungen an Heizungen und Heizungsanlagen enthalten die §§ 71–73 Gebäudeenergiegesetz (GEG, → Gebäudeenergie). Diese Vorschriften wurden durch die am 1.1.2024 in Kraft getretene Novelle des GEG (BGBl. 2023 I Nr. 280), die oft als „Heizungsgesetz" bezeichnet wurde, neu gefasst und waren recht umstritten.

2. Nach § 71 I GEG dürfen neue Heizungen grundsätzlich nur installiert werden, wenn sie mindestens 65% der Wärme mit → erneuerbaren Energien (definiert in § 3 II GEG) erzeugen. Mit welcher Art von Heizung das geschieht, ist dem Eigentümer überlassen (Technologieoffenheit). Allerdings gilt § 71 I GEG gegenwärtig nur für Neubauten in Neubaugebieten. Für neue Heizungen in Bestandsbauten und Neubauten in Baulücken gilt die 65%-Regel erst, wenn die Fristen der kommunalen → Wärmeplanung abgelaufen sind. (§ 71 VIII und X GEG). Das ist für Kommunen mit mehr als 100.000 Einwohnern der 30.6.2026, für kleinere Kommunen der 30.6.2028. Dadurch soll sichergestellt wer-

den, dass Eigentümer bei ihrer Heizungsentscheidung die Wärmeplanung ihrer Gemeinde berücksichtigen können. Nach Fristablauf müssen neue Heizungen in Bestandsbauten und in Neubauten in Baulücken ebenfalls der 65%-Regel entsprechen. Bis dahin können dort weiterhin neue Heizungen installiert werden, die mit flüssigem oder gasförmigem Brennstoff, also mit Öl oder Gas, betrieben werden, allerdings müssen sie ab 2029 schrittweise auf erneuerbare Energien umgestellt werden können (Hybrid-Heizungen).

3. Die Reparatur einer bereits installierten Heizung ist grundsätzlich immer möglich, ohne dass die 65%-Regel zum Tragen kommt. Musss eine Heizung wegen eines Totalschadens nach den Wärmeplanungsfristen komplett ausgetauscht werden, muss die neue Heizung erst nach einer Übergangsfrist von fünf Jahren die 65%-Regel erfüllen (§ 71i GEG). Diese Vorschriften gelten grundsätzlich auch für → Einzelraumfeuerungsanlagen.

4. § 72 GEG enthält ein absolutes Betriebsverbot für Heizungen, die mit einem flüssigen oder gasförmigen Brennstoff beschickt werden und älter als 30 Jahre sind. Derart alte Heizungen dürfen nicht mehr betrieben werden. Sie müssen stillgelegt bzw. ausgetauscht werden.

Heizungsgesetz
Als Heizungsgesetz wurde in den Medien das Gesetz zur Änderung des Gebäudeenergiegesetzes und anderer Gesetze v. 19.10.2023 (BGBl. 2023 I Nr. 280) bezeichnet. Es ist am 1.1.2024 in Kraft getreten und regelt ua die zukünftigen energetischen Anforderungen an klimafreundliche Heizungsanlagen. Das Heizungsgesetz war politisch umstritten, Gegenstand großer Polemik und wurde erst nach langem Hin und Her in entschärfter Form verabschiedet: → Gebäudeenergie, → Heizung.

Hemmung der Verjährung
→ Verjährung (6a).

Hepatitis
→ Infektionsschutzgesetz.

Heranwachsende
→ Jugendstrafrecht, → Jugendliche und Heranwachsende.

Herausgabe
ist die Übertragung des unmittelbaren → Besitzes an dem Ort, an dem sich die Sache bestimmungsgemäß befindet. Beim → Eigentumsherausgabeanspruch muss daher der Eigentümer die Sache abholen und die Kosten der Abholung tragen. Sa → ungerechtfertigte Bereicherung (3). Die → Zwangsvollstreckung in einen Herausgabeanspruch geschieht durch → Pfändung und Herausgabe an einen → Gerichtsvollzieher (§§ 846 ff. ZPO), die Vollstreckung eines Herausgabeanspruchs wie bei einer Geldforderung durch Einziehung und Überweisung (§ 886 ZPO).

Herausgabe des Kindes
Anspruch auf – gegen den Ehegatten oder Dritte → Personensorge, → Umgangsrecht, → Pflegekinder, → Ordnungsmittel.

Herausgeber
eines → Sammelwerks ist derjenige, dem die ordnende und organisatorische Arbeit daran obliegt. Ihm steht das → Urheberrecht am Sammelwerk zu. Sein Vertrag mit dem Verleger kann ein → Verlagsvertrag, ein → Geschäftsbesorgungs- oder ein → Arbeitsvertrag sein.

Herdprämie
Im Wahlkampf verwendeten Kritiker den Begriff „Herdprämie“ abfällig für die Einführung des → Betreuungsgeldes, da ihrer Ansicht nach, damit ein nicht mehr zeitgemäßes Familienbild gezeichnet werde und die Erwerbsbeteiligung von Frauen benachteiligt werde.

Herkommen
→ Observanz.

Herkunftsland, sicheres
ist ein anderer Begriff für den Gesetzesbegriff sicherer Herkunftsstaat (→ Asylgesetz 2, 3; → Asylrecht, 2).

Herkunftsnachweis
Herkunftsnachweise für → erneuerbare Energien sollen belegen, dass die Energien „grün“ sind. Dazu und zu den entsprechenden Herkunftsnachweisregistern → Herkunftsnachweis für Gas, → Herkunftsnachweis für Strom, → Herkunftsnachweis für Wärme und Kälte.

Herkunftsnachweis für Gas
Nach § 2 Nr. 6 Herkunftsnachweisregistergesetz (HkNRG) v. 4.1.2023 (BGBl. 2023 I Nr. 9) ist Herkunftsnachweis für Gas ein elektronisches Dokument, das gegenüber einem Letztverbraucher nachweist, dass das Gas ganz oder zum Teil aus erneuerbaren Energien oder kohlenstoffarmem Gas erzeugt wurde. Der Nachweis soll bei der Vermarktung oder auf Rechnungen dokumentieren, dass der Energieträger „grün“ ist, und dient damit der Verbraucherinformation. Ausstellung und Betrieb des dazu gehörenden Herkunftsnachweisregisters erfolgen nach Maßgabe von § 3 HkNRG und der Gas-Wärme-Kälte-Herkunftsnachweisregister-Verordnung (GWKHV) v. 25.4.2024 (BGBl. 2024 I Nr. 139). Zu Herkunftsnachweisen anderer Energien: → Herkunftsnachweis für Strom, → Herkunftsnachweis für Wärme und Kälte.

Herkunftsnachweis für Strom
Als Herkunftsnachweis für Strom definiert § 3 Nr. 29 EEG 2023 ein elektronisches Dokument, das ausschließlich dazu dient, im Rahmen der Stromkennzeichnung nach § 42 EnWG (→ Energiewirtschaft) gegenüber einem Letztverbraucher nachzuweisen, dass ein bestimmter Anteil oder eine bestimmte Menge des Stroms aus → erneuerbaren Energien erzeugt wurde. Nach § 42 EnWG müssen näm-

lich Stromlieferanten auf der Stromrechnung und bei der Vermarktung des Stroms die verschiedenen Anteile der Energieträger am gelieferten Gesamtenergiemix aufschlüsseln. Sie dürfen Strom dabei nur als „Strom aus erneuerbaren Energien“ bezeichnen, wenn sie die entsprechenden Herkunftsnachweise besitzen. Dies dient der Verbraucherinformation. Die Ausstellung und der Betrieb des dazu gehörenden Herkunftsnachweisregisters erfolgen durch das Umweltbundesamt nach Maßgabe von § 79 EEG 2023, § 7 EEV sowie der Herkunfts- und Regionalnachweis-Durchführungsverordnung (HkRNDV) v. 8.11.2018 (BGBl. 2018 I 1853) mÄnd. Mit einem → Regionalnachweis für Strom kann der Strom ferner als „im regionalen Zusammenhang mit dem Stromverbrauch erzeugt“ vermarktet werden. Zu Herkunftsnachweisen für andere Energien: → Herkunftsnachweis für Gas, → Herkunftsnachweis für Wärme und Kälte.

Herkunftsnachweis für Wärme und Kälte
Nach § 2 Nr. 7 Herkunftsnachweisregistergesetz (HkNRG) v. 4.1.2023 (BGBl. 2023 I Nr. 9, mÄnd) ist Herkunftsnachweis für Wärme oder Kälte ein elektronisches Dokument, das gegenüber einem Kunden nachweist, dass Wärme- oder Kälteenergie ganz oder zum Teil aus erneuerbaren Energien erzeugt wurde. Der Nachweis soll bei der Vermarktung oder auf Rechnungen dokumentieren, dass der Energieträger „grün“ ist, und dient damit der Verbraucherinformation. Ausstellung und Betrieb des dazu gehörenden Herkunftsnachweisregisters erfolgen nach Maßgabe von § 4 HkNRG und der Gas-Wärme-Kälte-Herkunftsnachweisregister-Verordnung (GWKHV) v. 25.4.2024 (BGBl. 2024 I Nr. 139). Zu Herkunftsnachweisen anderer Energien: → Herkunftsnachweis für Gas, → Herkunftsnachweis für Strom.

Herkunftsstaat, sicherer
→ Asylgesetz (2, 3), → Asylrecht (2).

Hermeneutik
→ Rechtsanwendung.

Hermesdeckung
Hierunter versteht man die Übernahme einer Garantie (→ Garantievertrag) oder einer → Bürgschaft durch den Bund zur finanziellen Absicherung deutscher Exporteure beim Export in das Ausland. Dadurch werden deutsche Exporteure vor Einbußen durch ausbleibende Zahlungen der ausländischen Geschäftspartner geschützt. Der Name kommt von der mit ihr (ua) betrauten Hermes-Kreditversicherung. Einzelheiten sind im jeweiligen → Haushaltsgesetz geregelt.

Heroin
→ Betäubungsmittelgesetz, → Diamorphin, → Methadon.

Herrenchiemseer Verfassungskonvent
→ Grundgesetz.

Herrenlose Sachen
sind solche, an denen kein → Eigentum besteht, sei es, dass es nie bestanden hat (wilde Tiere in der Freiheit, § 960 BGB), erloschen ist (ausgebrochener Bienenschwarm, §§ 961 ff. BGB) oder aufgegeben wurde (→ Eigentumsaufgabe). Herrenlose Sachen unterliegen der → Aneignung. Anders beim → Fund, der nur bei besitzlosen, nicht aber bei herrenlosen Sachen möglich ist.

Herrschaftsrecht
→ subjektives Recht.

Hersteller
→ Verarbeitung.

Herstellergarantie
→ Gewährleistung, → Garantie.

Herstellerhaftung
→ Produkthaftung.

Herstellerrabatt
ist der Preisnachlass, den die Hersteller auf Fertigarzneimittel, deren Apothekerabgabepreise aufgrund der Preisvorschriften nach dem Arzneimittelgesetz oder aufgrund des § 129 Va SGB V bestimmt sind, den Krankenkassen zu gewähren haben (§ 130a I SGB V, Ausnahme: § 130a III SGB V). Die zu gewährenden Abschläge sind nicht abdingbar, können jedoch von den → Apotheken gewährt werden, die ihrerseits die Erstattung gegenüber den pharmazeutischen Großhändlern geltend machen können (§ 130a VII SGB V). Der Rabatt gilt nicht für Importarzneimittel. Der Herstellerrabatt besteht zusätzlich zum → Apothekenrabatt.

Herstellung des ehelichen Lebens
→ eheliche Lebensgemeinschaft, → Getrenntleben der Ehegatten, → Ehesachen.

Herstellungsanspruch, sozialrechtlicher
Nach dem → Sozialgesetzbuch hat jeder Anspruch auf Beratung über seine Rechte und Pflichten nach dem Sozialgesetzbuch. Darüber hinaus sind die nach Landesrecht zuständigen Stellen sowie die Träger der gesetzlichen → Krankenversicherung und der sozialen → Pflegeversicherung verpflichtet, über alle sozialen Angelegenheiten nach dem Sozialgesetzbuch Auskunft zu erteilen (§§ 14 f. SGB I; → Auskunftspflicht in sozialen Angelegenheiten). Obwohl die → Bundesagentur für Arbeit Leistungen nach dem SGB III erbringt ist sie verpflichtet, zB einen Arbeitslosen darauf hinzuweisen, dass er ggf. einen Anspruch auf Rente aus der gesetzlichen → Rentenversicherung haben kann. Besonders wichtig ist diese Beratungspflicht dann, wenn der Arbeitslose das Alter für die Gewährung einer (vorgezogenen) → Altersrente erreicht hat.

Werden diese Betreuungspflichten verletzt, kommt nach der Rechtsprechung des → Bundessozialgerichts ein Herstellungsanspruch in Betracht. Der Herstellungsanspruch ist grundsätzlich darauf gerichtet, jenen (hypothetischen) Zustand herzustellen, der bei ordnungsgemäßer Belehrung bestehen würde. Die Behörde hat dem Betroffenen diejenige Rechtsposition einzuräumen, die er gehabt hätte, wenn von Anfang an ordnungsgemäß verfahren worden wäre. Wenn wegen des Herstellungsanspruchs eine rückwirkende Leistungserbringung in Frage kommt, sind die Fristen des § 44 IV SGB X zu beachten.

Auf keinen Fall kann mit dem Herstellungsanspruch ein nicht rechtmäßiger Zustand hergestellt werden oder ein Schadensersatzanspruch gegen den Träger geltend gemacht werden. Dieser fällt unter die Zuständigkeit der Zivilgerichtsbarkeit (Amtshaftung).

Herstellungsklage
leitet einen Rechtsstreit (→ Ehesache) mit dem Ziel ein, dass der verklagte Ehegatte die → eheliche Lebensgemeinschaft herstellt. Der Anspruch beruht auf § 1353 I 2 BGB. Das Urteil kann nicht vollstreckt werden (§ 120 III FamFG), aber als Grundlage für einen Antrag auf → Ehescheidung dienen.

Herstellungskosten
→ Anschaffungs- und Herstellungskosten.

Hessen
1. Hessen ist ein Land der → Bundesrepublik Deutschland. Landeshauptstadt ist Wiesbaden.

2. Die Gesetzgebung liegt nach der Verfassung vom 1.12.1946 (GVBl. 1946, 229) mÄnd grundsätzlich beim Landtag; doch kann die Landesregierung gegen Gesetzesbeschlüsse Einspruch einlegen, der vom Landtag nur durch die Mehrheit der gesetzlichen Mitglieder ausgeräumt werden kann. Außerdem kann das Volk im Wege eines Volksentscheids nach vorhergegangenem Volksbegehren Gesetze beschließen. Der Landtag besteht aus 110 vom Volk in freier, gleicher, geheimer und unmittelbarer Wahl für 5 Jahre gewählten Abgeordneten. Die Landesregierung besteht aus dem vom Landtag gewählten Ministerpräsidenten und den von diesem ernannten Ministern. Sie bedarf des durch besonderen Beschluss ausgesprochenen Vertrauens des Landtags, der sie nur durch konstruktives Misstrauensvotum ablösen kann. Der MinPräs. führt den Vorsitz in der Landesregierung und leitet deren Geschäfte; er bestimmt die Richtlinien der Politik, innerhalb derer jeder Minister den ihm anvertrauten Geschäftszweig selbständig und unter eigener Verantwortung gegenüber dem Landtag leitet. Mitglieder der früher im → Deutschen Reich oder in anderen Ländern früher oder jetzt regierenden Herrscherhäuser können nicht Mitglieder der hessischen Landesregierung sein (Art. 101 III). Für die Entscheidung verfassungsrechtlicher Streitigkeiten einschließlich der Verfassungsbeschwerden von Bürgern besteht ein Staatsgerichtshof (Gesetz v. 19.1.2001, GVBl. 2001 I 78, mÄnd). Die Verfassung behandelt im ersten Hauptteil die Rechte des Menschen: Gleichheit und Freiheit, Grenzen und Sicherung der Menschenrechte, Soziale und Wirtschaftliche Rechte und Pflichten, Staat, Kirchen, Religions- und Weltanschauungsgemeinschaften, Erziehung und Schule.

3. Hessen ist in 3 Regierungsbezirke (Darmstadt, Gießen, Kassel) eingeteilt, diese wiederum in Landkreise und kreisfreie Städte.

Heterologe Insemination
→ künstliche Fortpflanzung.

Heuer
Heuer ist der → Arbeitslohn, der dem Besatzungsmitglied eines Seeschiffs im → Heuerverhältnis zu zahlen ist. Der Heueranspruch entsteht mit Beginn der Anreise oder Dienstantritt, wird fällig mit Ende des Monats oder des Heuerverhältnisses; über die Heuer ist schon bei Fälligkeit abzurechnen (§§ 37 ff. SeeArbG). Es gibt die Möglichkeit der Auszahlung an andere Personen, insbes. Familienmitglieder, und Regelungen zur Währung und Barauszahlung in Häfen, die die Handlungsfähigkeit der Arbeitnehmer auf Seefahrt erhalten sollen. Der Anspruch auf Heuer erstreckt sich auch auf den Zeitraum einer Anreise zum Schiff (§ 37 SeeArbG). Abrechnungen sind aber nicht erst bei Zahlung, sondern schon bei Fälligkeit der Heuer zu erstellen. Die Regelungen sind iW unabdingbar. Gem. § 104 SeeArbG ist die Heuer im Krankheitsfall fortzuzahlen. § 106 II SeeArbG sichert das Heuerguthaben bei Krankheit des Besatzungsmitglieds. Der Reeder haftet gem. § 4 SeeArbG für die Zahlung der Heuer neben dem Vertragsarbeitgeber.

Heuerverhältnis
Das Heuerverhältnis ist das besonders ausgestaltete → Arbeitsverhältnis zwischen Reeder (der nicht zugleich der Arbeitgeber sein muss) und Besatzungsmitglied (auch Kapitän) eines Seeschiffes; der wesentliche Inhalt des Heuerverhältnisses wird im Heuervertrag niedergelegt (§ 28 SeeArbG – zwingende Schriftform auch für Änderungen), es gibt aber auch wechselseitig besondere, auf die Situation an Bord zurückgehende, Pflichten, die teilweise auch strafbewehrt sind. Das Heuerverhältnis endet durch Zeitablauf oder Kündigung (§§ 65–71 SeeArbG). Die Kündigungsfrist bei ordentlicher Kündigung beträgt bei Schiffsleuten während der ersten 3 Monate 1 Woche; sie erhöht sich je nach Dauer des Heuerverhältnisses für den Reeder auf bis zu 7 Monate. Außerordentliche (fristlose) Kündigung ist aus wichtigem Grund zulässig. Für das Heuerverhältnis des Kapitäns gelten Sonderregeln (§§ 65 f. SeeArbG). Das SeeArbG enthält vielfach dem allgemeinen Arbeitsrecht vorgehende Sonderregelungen, etwa zur Arbeitszeit, zur Unterkunft und Verpflegung, bzgl. Rückreiseansprüchen, aber auch besonderen, auch strafrechtlich gesicherten Pflichten der Arbeitnehmer. Es gilt primär für deutsche Schiffe, aufgrund internationaler Abkommen und EU-Recht sind aber viele Regelungen auch auf

Schiffen anderer Staaten anzuwenden, wenn diese deutsche Häfen anlaufen. Eine Reihe von Vorschriften erfassen auch Selbständige (§ 148 SeeArbG). Die vielfältige staatliche Aufsicht wird iW von der zuständigen → Berufsgenossenschaft wahrgenommen.

Heuervertrag
→ Heuerverhältnis.

Hiebwaffen
→ Waffen.

Hierarchie
Hierarchie (griech.) bezeichnete im ursprünglichen Sinne Rangordnung der Geistlichkeit; hieraus entwickelte sich ein allgemeiner Rechtsbegriff für ein Verhältnis der Über- und Unterordnung (zB Beamtenhierarchie). Die → katholische Kirche unterscheidet zwischen Weihehierarchie, der die zur Spendung der → Sakramente Berechtigten, und Jurisdiktionshierarchie, der die zur Lenkung der Gläubigen berufenen Kleriker angehören. Über den engeren Begriff der Hierokratie (Priesterherrschaft) → Theokratie.

Hierokratie
→ Theokratie.

Hilfe in besonderen Lebenslagen
Rechtsgrundlage für die Gewährung sind die §§ 70 ff. SGB XII. Was unter einer besonderen Lebenslage zu verstehen ist, ergibt sich nicht direkt aus dem Wortlaut des § 73 SGB XII. Es handelt sich dabei um eine Lebenslage, die zwar einen Bedarf an Leistungen auslöst, dieser aber nicht explizit im geltenden Sozialrecht erfasst ist (Auffangfunktion der Regelung). Die Hilfe in besonderen Lebenslagen war früher Teil der → Sozialhilfe nach dem BSHG (sa → Regelsätze).

Hilfe in Seenot
Am 17.6.1960 wurde in London von zahlreichen Staaten (darunter der BRep. Deutschland) ein Abkommen zum Schutz des menschlichen Lebens auf See unterzeichnet (BGBl. 1965 II 480). Das Abkommen trat an die Stelle des Londoner Übereinkommens vom 10.6.1948. Es enthält eine Vielzahl von Regeln hinsichtlich der im Schiffsverkehr einschl. des Schiffsbaus erforderlichen Sicherheitsbestimmungen. Schon seit dem 23.9.1910 (RGBl. 1913 S. 49) besteht ein internationales Übereinkommen zur einheitlichen Feststellung von Regeln über die Hilfsleistung und Bergung in Seenot. Dort ist in Art. 11 I bestimmt, dass jeder Kapitän verpflichtet ist, allen Personen, selbst feindlichen, die auf See in Lebensgefahr angetroffen werden, Beistand zu leisten, soweit er dazu ohne ernste Gefahr für sein Schiff und für dessen Besatzung und Reisende imstande ist. Sa → Bergung.

Hilfe zum Lebensunterhalt
Rechtsgrundlage für die Gewährung der Hilfe zum Lebensunterhalt ist das SGB XII. Die Hilfe zum Lebensunterhalt ist an Personen zu leisten, die nicht in der Lage sind ihren ausreichenden Lebensunterhalt aus eigenen Kräften oder eigenen Mitteln zu bestreiten (Einkommens- und Vermögensprüfung). Welche Personen die Hilfe zum Lebensunterhalt in welcher Höhe erhalten können, ergibt sich aus den entsprechenden Rechtsvorschriften über die Leistungsberechtigten und den entsprechenden Bedarfs-Berechnungsvorschriften (§§ 27–40 SGB XII) → Sozialhilfe. Da Leistungen der → Grundsicherung für Arbeitssuchende grundsätzlich vorrangig sind, kommen die Leistungen der Hilfe zum Lebensunterhalt für Personen in Betracht, die aktuell nicht erwerbsfähig sind und auch keinen Anspruch auf → Grundsicherung im Alter haben.

Hilfe zur Förderung der Verständigung
Hilfen zur Förderung der Verständigung gehören zu den Leistungen nach dem Neunten Buch des Sozialgesetzbuches (SGB IX vom 19.6.2001, BGBl. 2001 I 1046 mÄnd; → Rehabilitation und Teilhabe behinderter Menschen). Bedürfen hörbehinderte Menschen oder behinderte Menschen mit besonders starker Beeinträchtigung der Sprachfähigkeit aufgrund ihrer Behinderung zur Verständigung mit der Umwelt aus besonderem Anlass der Hilfe anderer, werden ihnen die erforderlichen Hilfen zur Verfügung gestellt oder angemessene Aufwendungen hierfür erstattet (§ 82 SGB IX). Zu diesen Hilfen gehören zB die Stellung von Gebärdendolmetschern, Hörgeräten, ggf. Implantaten oder Hörbehindertentelefone. Werden Leistungen iSv § 82 SGB IX erbracht, gehört hierzu auch die unentgeltliche Beförderung im ÖPNV, wenn eine Eintragung dazu im Schwerbehindertenausweis vorhanden ist (§ 228 SGB IX).

Hilfe zur Gesundheit
Die Hilfen zur Gesundheit, die an die Stelle der früheren → Krankenhilfe getreten sind, gehören seit dem 1.1.2005 zu den Leistungen der → Sozialhilfe nach dem SGB XII. Sie umfassen die vorbeugende Gesundheitshilfe zur Verhütung und Vorbeugung von Krankheiten, die Hilfe bei Krankheiten, die der → Krankenbehandlung als Leistung der gesetzlichen → Krankenversicherung entspricht, die Hilfe zur Familienplanung, die neben der ärztlichen Beratung und den erforderlichen Untersuchungen auch die Übernahme der Kosten für empfängnisverhütende Mittel umfassen kann, die Hilfen bei Schwangerschaft und Mutterschaft sowie die Hilfe bei medizinisch notwendigen Sterilisationen (§§ 47 ff. SGB XII).

Hilfe zur Teilhabe am gemeinschaftlichen und kulturellen Leben
Hilfen zur Teilhabe am gemeinschaftlichen und kulturellen Leben gehören zu den Leistungen der Sozialen Teilhabe nach dem Neunten Buch des Sozialgesetzbuches (SGB IX v. 19.6.2001, BGBl. 2001 I 1046 m. spät. Änd.; → Rehabilitation und Teilhabe

behinderter Menschen). Die Hilfen umfassen vor allem Hilfen zur Förderung der Begegnung und des Umgangs mit nicht behinderten Menschen, Hilfen zum Besuch von Veranstaltungen oder Einrichtungen, die der Geselligkeit, der Unterhaltung oder kulturellen Zwecken dienen sowie die Bereitstellung von Hilfsmitteln, die der Unterrichtung über das Zeitgeschehen oder über kulturelle Ereignisse dienen (§§ 76 und 113 SGB IX).

Hilfebedürftigkeit
Hilfebedürftig iSd SGB II (→ Bürgergeld, → Arbeitslosengeld II, → Grundsicherung für Arbeitsuchende, → Hartz-Gesetze) ist, wer seinen Lebensunterhalt und den Lebensunterhalt der mit in einer → Bedarfsgemeinschaft lebenden Personen nicht oder nicht ausreichend aus eigenen Kräften und Mitteln, vor allem nicht durch Aufnahme einer zumutbaren Arbeit oder aus dem zu berücksichtigenden Einkommen oder Vermögen sichern kann und die erforderliche Hilfe nicht von anderen, insbesondere von Angehörigen oder von anderen Sozialleistungsträgern erhält. Bei Personen, die in einer Bedarfsgemeinschaft leben, sind auch das Einkommen und Vermögen des Partners zu berücksichtigen (§ 9 I und II SGB II).

Hilfebedürftig ist darüber hinaus auch derjenige, dem der sofortige Verbrauch oder die sofortige Verwertung von zu berücksichtigendem Vermögen nicht möglich ist oder für den dies eine besondere Härte bedeuten würde; in diesem Falle sind die Leistungen als Darlehen zu gewähren (§§ 9 IV, 24 SGB II).

Personen, die nicht nach § 9 SGB II anspruchsberechtigt sind, können nach § 21 S. 2 SGB XII einen Anspruch nach dem SGB XII geltend machen. Bei diesen Leistungen handelt es sich dann um Sonstige Hilfen zur Sicherung des Lebensunterhalts (§ 36 SGB XII).

Hilfeleistung
bei Erfüllung von schuldrechtlichen Verpflichtungen → Erfüllungsgehilfe, bei unerlaubten Handlungen → Verrichtungsgehilfe, bei Straftaten → Beihilfe.

Hilfeleistung, unterlassene
Straftatbestand nach § 323c I StGB: Wer bei Unglücksfällen oder gemeiner Gefahr oder Not nicht Hilfe leistet, obwohl dies erforderlich und ihm möglich sowie den Umständen nach zuzumuten ist, wird danach mit Freiheitsstrafe bis zu 1 Jahr oder Geldstrafe bestraft. Unglücksfall ist jedes plötzlich eintretende Ereignis, das erhebliche Gefahr für Menschen oder Sachen mit sich bringt. Hierunter fallen zB ein → Verkehrsunfall, Komplikation bei einer Krankheit, ein Betrunkener auf der Fahrbahn, ein Waldbrand etc. Sehr str. ist die Annahme eines Unglücksfalls bei einem vom Betroffenen selbst gezielt herbeigeführten Zustand, zB einem Selbsttötungsversuch. Für letzteren einen Unglücksfall bejahend BGH NJW 2019, 3089 und BGH NJW 2019, 3092; allerdings kann die Zumutbarkeit einer Hilfeleistung zu verneinen sein, wenn die allg. bestehende Hilfspflicht in Konflikt tritt zur gebotenen Achtung des Selbstbestimmungsrechts des Suizidenten (BGH aaO). Die Hilfeleistungspflicht entfällt, wenn anderweitig Hilfe gewährleistet ist. Zumutbar ist die Hilfeleistung, wenn sie ohne erhebliche eigene Gefahr und ohne Verletzung anderer wichtiger Pflichten möglich ist; maßgebend sind die eigenen körperlichen Möglichkeiten (Nichtschwimmer braucht nicht in tiefes Wasser zu springen) und ggf. die Güterabwägung (Arzt wird zu zwei Unglücksstellen gerufen). Nach § 323c StGB wird nur vorsätzliches (auch bedingt vorsätzliches) Unterlassen bestraft, und zwar nur das Unterlassen als solches; ist der Unterlassende für daraus entstehende Folgen aus anderen Gründen (wegen vorheriger aktiver Verursachung der Notlage oder aufgrund Garantenstellung, die zur Strafbarkeit aufgrund eines unechten → Unterlassensdelikts führt) strafrechtlich verantwortlich, zB für Tötung oder Körperverletzung, so tritt § 323c StGB zurück (Gesetzeskonkurrenz; → Konkurrenz von Straftaten).

Im Jahr 2017 neu eingeführt wurde mit Blick auf sog. „Gaffer" die Strafbarkeit desjenigen, der bei Unglücksfällen oder gemeiner Gefahr oder Not eine Person behindert, die einem Dritten Hilfe leistet oder leisten will (§ 323c II StGB, BGBl. 2017 I 1226). → Schaulustige.

Über Schadensersatzpflicht bei Verletzung der Hilfepflicht vgl. § 823 II BGB.

Hilfetelefon „Gewalt gegen Frauen"/ „Gewalt an Männern"
Beim Bundesamt für Familie und zivilgesellschaftliche Aufgaben (→ Zivildienst 3) ist das bundesweite zentrale Hilfetelefon „Gewalt gegen Frauen" eingerichtet, das kostenlos Erstberatung und Informationen zu Hilfemöglichkeiten bei allen Formen der Gewalt gegen Frauen anbietet. Die Einzelheiten sind im HilfetelefonG vom 7.3.2012 (BGBl. 2012 I 448) geregelt. Ein entsprechendes Angebot für Männer, die nach der Polizeilichen Kriminalstatistik regelmäßig deutlich häufiger Opfer von Körperverletzungsdelikten werden als Frauen, existierte auf staatlicher Ebene lange Zeit nicht. Im Jahr 2020 haben jedoch die Länder Bayern und NRW gemeinsam ein Angebot unter der Bezeichnung „Hilfetelefon Gewalt an Männern" eingerichtet. Ein Beratungstelefon für Betroffene terroristischer Taten bietet der Opferbeauftrage der Bundesregierung gemeinsam mit fünf Ländern an, das nach einem Anschlag rund um die Uhr erreichbar ist. Weitere Informationen zu Hilfs- und Beratungsmöglichkeiten sowie finanziellen Unterstützungsleistungen bietet die bundesweite Opferschutzplattform www.hilfe-info.de.

Hilflose, Aussetzung von -n
→ Aussetzung Hilfloser.

Hilfsantrag
Hilfsantrag (Eventualantrag) ist ein Antrag, der nur für den Fall gestellt ist, dass der in erster Linie gestellte Antrag (Hauptantrag) keinen Erfolg hat. Hilfsanträge sind im Prozessrecht idR zulässig.

Hilfsaufrechnung
→ Aufrechnung.

Hilfsbeamte der Staatsanwaltschaft
war die frühere Bezeichnung für die → Ermittlungspersonen der Staatsanwaltschaft.

Hilfsbedürftige
sind Personen, denen Leistungen nach dem SGB II oder SGB XII zu gewähren sind, da sie nicht in der Lage sind ihren Lebensunterhalt ausreichend aus berücksichtigungsfähigem Einkommen oder Vermögen zu sichern → Sozialhilfe, → Hilfebedürftigkeit.

Hilfs(straf-, -zivil-)kammern
Hilfskammern kann das → Präsidium des Gerichts unter Änderung der → Geschäftsverteilung einrichten, wenn es im Laufe des Geschäftsjahres, insbes. wegen Überlastung einer Kammer, notwendig wird (§ 21e III GVG). Zur Bestandsdauer einer Hilfsstrafkammer vgl. BGHSt. 33, 303.

Hilfsmittel
Die Versorgung der Versicherten mit Hilfsmitteln gehört sowohl zu den Leistungen der gesetzlichen → Krankenversicherung als auch zu den Leistungen der sozialen Rehabilitation und der gesetzlichen → Pflegeversicherung.

1. In der Krankenversicherung sind Hilfsmittel Hörhilfen, Körperersatzstücke, orthopädische und andere Hilfsmittel, die im Einzelfall erforderlich sind, um den Erfolg einer Krankenbehandlung zu sichern, einer drohenden Behinderung vorzubeugen oder eine Behinderung auszugleichen, soweit die Hilfsmittel nicht als allgemeine Gebrauchsgegenstände anzusehen sind (§ 33 I SGB V). Als derartige Hilfsmittel kommen ua in Betracht Badeprothesen, Blindenführhunde, Schwimmprothesen und Sportbrillen. Der Anspruch umfasst auch die notwendige Änderung, Instandsetzung und Ersatzbeschaffung von Hilfsmitteln sowie die Ausbildung in ihrem Gebrauch (vgl. § 33 SGB V). Die Hilfsmittel sind im Hilfsmittelverzeichnis des Spitzenverbands Bund der Krankenkassen aufgelistet. Diese Liste ist im Sinne einer unverbindlichen Auslegungshilfe zu verstehen.

2. Im Rahmen der medizinischen Rehabilitation nach dem SGB IX sind Hilfsmittel (Körperersatzstücke sowie orthopädische und andere Hilfsmittel) die Hilfen, die von den Leistungsempfängern getragen oder mitgeführt oder bei einem Wohnungswechsel mitgenommen werden können und die unter Berücksichtigung der Umstände des Einzelfalls erforderlich sind, um einer drohenden Behinderung vorzubeugen, den Erfolg der Heilbehandlung zu sichern oder eine Behinderung bei der Befriedigung der Grundbedürfnisse des täglichen Lebens auszugleichen, soweit sie nicht Gebrauchsgegenstände des täglichen Lebens sind (vgl. § 47 I SGB IX); in Betracht kommen ua die unter 1. bereits genannten Hilfsmittel.

3. In der Pflegeversicherung besteht ein Anspruch auf Versorgung mit Pflegehilfsmittel, die zur Erleichterung der Pflege oder zur Linderung der Beschwerden des Pflegebedürftigen beitragen oder ihm eine selbstbestimmtere Lebensführung ermöglichen, soweit die Hilfsmittel nicht wegen Krankheit oder Behinderung von der Krankenversicherung oder anderen Leistungsträgern zu leisten sind (§ 40 SGB XI). § 40 SGB XI stellt bei dem Begriff Hilfsmittel auf Pflegehilfsmittel ab. Nicht zu den Hilfsmitteln gehören wohnumfeldverbessernde Maßnahmen, obwohl sie in § 40 SGB XI aufgeführt sind.

Hilfsrichter
Überholte und abzulehnende Bezeichnung für Richter auf Probe oder kraft Auftrags und abgeordnete Richter (→ Richterverhältnis, → Abordnung).

Hilfsschöffe
→ Schöffe.

Himmelslaterne
Nach § 2 Fünfzehnte Verordnung zum Produktsicherheitsgesetz (15. ProdSV) v. 10.1.2024 (BGBl. 2024 I Nr. 6) ist eine Himmelslaterne ein unbemannter ballonartiger Flugleuchtkörper, bei dem der Auftrieb durch eine offene Feuerquelle erzeugt wird und der frei und ohne Kontrollmöglichkeit fliegt. Der Gebrauch solcher „unkontrolliert fliegender Feuer" ist in allen Bundesländern verboten, in Bayern etwa durch § 18 der Verordnung über die Verhütung von Bränden v. 29.4.1981. Nachdem eine solche Himmelslaterne trotz dieses Gebrauchsverbots in der Nacht auf den 1.1.2020 einen Großbrand im Krefelder Zoo verursacht hatte, wurden mit der 15. ProdSV auch Einfuhr, Inverkehrbringen und Bereitstellung von Himmelslaternen verboten. Andere Bezeichnungen für sie sind Flug-, Sky- und Kong-Ming-Laternen bzw. Partyballone.

Hindernisbereiten im Straßenverkehr
Nach § 32 StVO dürfen Gegenstände nicht auf eine Straße gebracht oder dort liegengelassen werden, wenn das den Verkehr gefährdet oder erschwert (zB herabgefallenes Ladegut). Dasselbe gilt für verkehrsbehinderndes Beschmutzen (zB auslaufende Flüssigkeit, Tierkot). Der für die Störung Verantwortliche muss die Gegenstände unverzüglich entfernen und sie bis dahin kenntlich machen, bei Sichtbehinderung oder Dunkelheit durch rotes bzw. gelbes Licht. Zuwiderhandlungen können als Ordnungswidrigkeiten (§ 49 StVO) und, wenn Leib oder Leben eines anderen oder fremde Sachen von bedeutendem Wert gefährdet werden, als Vergehen der → Straßenverkehrsgefährdung (§ 315b StGB) geahn-

det werden. S. ferner → Autostraßenraub (Autofallen), → Transportgefährdung.

Hinkende Ehe
Hinkende Ehe wird eine Ehe genannt, deren Gültigkeit in mehreren Staaten unterschiedlich beurteilt wird. Die → Ehescheidung von Ausländern in ihrem Heimatstaat wird dabei in der Bundesrepublik meist als rechtswirksam behandelt. Im Rahmen der EU regelt das die → Brüssel IIb-Verordnung, sonst gilt § 328 ZPO. Die Ehescheidung von Ausländern in einem dritten Staat wird zur Vermeidung von hinkenden Ehen nur anerkannt, wenn auch deren Heimatstaat dies tun würde.

Hinkende Inhaberpapiere
Hinkende Inhaberpapiere werden die qualifizierten → Legitimationspapiere genannt.

Hinterbliebene
Hinterbliebenen sind eine Personen, welche den Tod des Partners überlebt haben. Hinterbliebene sind auch die Kinder (auch Enkel, Stief- und Pflegekinder) die einen Elternteil durch Tod verloren haben. Wurden Eltern von der verstorbenen Person unterhalten, sind die Eltern auch als Hinterbliebene anzusehen. Die Leistungen an die jeweiligen Hinterbliebenen ist vom Zweig abhängig, aus dem die Leistung erbracht werden soll → Soziale Entschädigung bei Gesundheitsschäden, → Kriegsopferversorgung, → Rentenversicherung, → Hinterbliebenenrenten, → Unfallversicherung.

Zum Begriff der Hinterbliebenen im Bereich der gesetzlichen siehe → Rentenversicherung (→ Hinterbliebenenrenten).

Hinterbliebene sind auch die Personen, die eine Ehepartnerschaft eingegangen waren. Gleichwohl stehen sie den Witwen/Witwern in der gesetzlichen → Rentenversicherung nicht gleich mit der Folge, dass ihnen keine Witwenrente/Witwerrente nach § 46 SGB VI gewährt wird.

Hinterbliebenengeld
Das Hinterbliebenengeld war eine Leistung der → Altershilfe für Landwirte nach dem Gesetz über eine Altershilfe für Landwirte. An die Stelle des Hinterbliebenengeld ist mit dem Inkrafttreten des Gesetzes über die → Alterssicherung der Landwirte (ALG) vom 29.7.1994 (BGBl. 1994 I 1890, 1891 mÄnd) am 1.1.1995 die Witwen- und Witwerrente (→ Hinterbliebenenrenten) getreten (vgl. § 94 III Nr. 3 ALG).

Im Zivilrecht wurde 2017 iRd wegen einer → unerlaubten Handlung zu leistenden → Schadensersatz ein sog. Hinterbliebengeld (vielfach als Angehörigenschmerzensgeld bezeichnet) eingeführt, s. hierzu die Einzelheiten bei → Schmerzensgeld. Der ersatzpflichtige Schädiger hat gem. § 844 III 1 BGB (ebenso § 10 III StVG) einem Hinterbliebenen, der zur Zeit der Verletzung zu dem Getöteten in einem besonderen persönlichen Näheverhältnis stand, für das dem Hinterbliebenen zugefügte Leid eine angemessene Entschädigung in Geld zu leisten.

Hinterbliebenen-Pauschbetrag
als Steuervergünstigung (§ 33b IV EStG) → Belastungen, außergewöhnliche (2e); → Kinder, steuerl. Berücksichtigung.

Hinterbliebenenrenten
1. In der gesetzlichen → Rentenversicherung werden folgende Renten wegen Todes gewährt:

a) Kleine Witwen- oder Witwerrente erhalten Witwen und Witwer, die nicht wieder geheiratet haben nach dem Tod des versicherten Ehegatten, wenn der versicherte Ehegatte die allgemeine → Wartezeit erfüllt hat (§ 46 I SGB VI) oder diese als erfüllt gilt (§ 53 I und II SGB VI). Die kleine Witwen- bzw. Witwerrente wird für einen Zeitraum von max. 24 Kalendermonaten nach Ablauf des Todesmonats geleistet. Wird die Rente zu spät beantragt, wird sie nur für den „Restzeitraum" geleistet. Die Beschränkung auf 24 Kalendermonate kommt dann nicht zum Tragen, wenn der Tod vor dem 1.1.2002 eingetreten ist. Sie ist auch anwendbar, wenn der Tod zwar nach dem 31.12.2001 eingetreten ist, einer der beiden Ehegatten aber vor dem 2.1.1962 geboren wurde und die Ehe vor dem 1.1.2002 geschlossen wurde (§ 242a I SGB VI).

Große Witwen- oder Witwerrente erhalten Witwen und Witwer, die nicht wieder geheiratet haben nach dem Tod des versicherten Ehegatten, der die allgemeine Wartezeit erfüllt hat oder diese als erfüllt gilt, wenn sie ein eigenes Kind oder ein Kind des versicherten Ehegatten, das das 18. Lebensjahr noch nicht vollendet hat, erziehen, oder das 47. Lebensjahr vollendet haben oder erwerbsgemindert (→ Rente wegen verminderter Erwerbsfähigkeit) sind (§ 46 II SGB VI). Die Ehe muss im Zeitpunkt des Todes mindestens ein Jahr bestanden haben. Andernfalls wird geprüft, ob ausschließlich ein wirtschaftliches Interesse an der Eheschließung vorgelegen hat (→ Versorgungsehe § 46 IIa SGB VI). Die Vermutung der Versorgungsehe ist widerlegbar. Im Übrigen sind weitere Voraussetzung zu prüfen, so der Zeitpunkt der Eheschließung und das Geburtsjahr der Eheleute. Diese Daten entscheiden, welches Hinterbliebenenrentenrecht anzuwenden ist. Für überlebende Lebenspartner gelten die Regelungen entsprechend (vgl. § 46 IV SGB VI).

Nach dem früheren Recht für die Gewährung von Hinterbliebenenrenten bestand als Altersgrenze für eine große Witwenrente das 45. Lebensjahr. Diese Altersgrenze von 45 Lebensjahren wird schrittweise angehoben (§ 242a II SGB VI).

Das von der Witwe oder dem Witwer neben der Rente erzielte Einkommen ist auf die Hinterbliebenenrente anzurechnen → Einkommensanrechnung.

Bei der ersten Wiederheirat haben Witwen und Witwer einen Anspruch auf → Rentenabfindung (sa→ Abfindung 4b).

b) Anspruch auf Erziehungsrente haben Versicherte, wenn ihre Ehe nach dem 30.6.1977 geschieden und ihr Ehegatte gestorben ist, sie ein eigenes Kind oder ein Kind des geschiedenen Ehegatten erziehen, sie nicht wieder geheiratet haben und sie bis zum Tode des versicherten Ehegatten die allgemeine Wartezeit erfüllt haben (§ 47 SGB VI; bei Scheidung vor dem 1.7.1977 vgl. § 243 SGB VI). Auch insoweit sind Lebenspartner gleichgestellt (vgl. § 47 IV SGB VI). Obwohl es sich bei diesem Personenkreis um Hinterbliebene handelt, ist die zu zahlende Rente eine → Versichertenrente.

c) Anspruch auf Halbwaisenrente haben Kinder nach dem Tode eines Elternteils, wenn sie noch einen unterhaltspflichtigen Elternteil haben und der verstorbene Elternteil die allgemeine Wartezeit erfüllt hat.

d) Vollwaisenrente kann dagegen bezogen werden, wenn das Kind keinen unterhaltspflichtigen Elternteil mehr hat und der verstorbene Elternteil die allgemeine Wartezeit erfüllt hat. Sowohl Halb- als auch Vollwaisenrente wird im Regelfall bis zur Vollendung des 18. Lebensjahres gewährt, die Bezugsdauer verlängert sich jedoch bis zur Vollendung des 27. Lebensjahres, wenn die Waise sich in Schul- oder Berufsausbildung befindet oder behindert ist und sich deshalb nicht selbst unterhalten kann (§ 48 SGB VI). Bis zum 30.6.2015 war das von einer über 18. Jahre alten Waise erzielte Einkommen auf die Waisenrente anzurechnen → Einkommensanrechnung. Die zeitgleiche Zahlung von Kindergeld ist für den Bezug der Waisenrente unbedeutend.

e) Sind Ehegatten, geschiedene Ehegatten oder Elternteile verschollen, besteht uU Anspruch auf Verschollenheitsrente (§ 49 SGB VI).

2. Die gesetzliche → Unfallversicherung leistet bei Tod durch → Arbeitsunfall oder → Berufskrankheit folgende Renten an Hinterbliebene, auf die hinsichtlich der → Einkommensanrechnung zur gesetzlichen → Rentenversicherung keine Änderungen vorliegen:

a) Witwen und Witwer erhalten bis zu ihrem Tod oder ihrer Wiederverheiratung grundsätzlich eine (kleine) Witwen- oder Witwerrente in Höhe von 30% des Jahresarbeitsverdienstes. Sie beträgt 40% des Jahresarbeitsverdienstes, wenn der Berechtigte das 47. Lebensjahr vollendet hat oder erwerbsgemindert oder berufs- oder erwerbsunfähig ist oder ein waisenrentenberechtigtes Kind erzieht oder für ein behindertes Kind sorgt (§ 65 SGB VII).

b) Früheren Ehegatten des durch Arbeitsunfall Verstorbenen, deren Ehe geschieden ist, wird nach dem Tode des Versicherten auf Antrag Rente gewährt, wenn der Verstorbene dem früheren Ehegatten während des letzten Jahres vor seinem Tode Unterhalt geleistet hat oder ein entsprechender Anspruch bestand (§ 66 SGB VII).

c) Kinder des Verstorbenen erhalten eine Halb- oder Vollwaisenrente bis zur Vollendung des 18. Lebensjahres, wobei sich der Bezugszeitraum bis zur Vollendung des 27. Lebensjahres und uU auch darüber hinaus verlängern kann (§ 67 SGB VII).

d) Hinterlässt der durch Arbeitsunfall Verstorbene Verwandte der aufsteigenden Linie, Stief- oder Pflegeeltern, die er aus seinem Arbeitsverdienst wesentlich unterhalten hat oder ohne den Arbeitsunfall wesentlich unterhalten würde, so wird diesen eine Elternrente gewährt (§ 69 SGB VII).

e) Schließlich werden auch in der gesetzlichen Unfallversicherung Renten bei Verschollenheit gezahlt (§ 63 IV SGB VII).

3. Zur Hinterbliebenenrente bei → Beamten s. → Beamtenversorgungsgesetz.

Hinterlegung

Ist der Gläubiger eines → Schuldverhältnisses in Annahmeverzug (→ Gläubigerverzug) oder die Person des Gläubigers ungewiss, ohne dass den Schuldner hieran ein → Verschulden trifft, so kann der Schuldner Geld, Wertpapiere und sonstige Urkunden sowie Kostbarkeiten bei einer dazu bestimmten öffentlichen Stelle hinterlegen, § 372 BGB. Andere bewegliche Sachen sind, mit Ausnahme des → Handelskaufs, wo alle Waren in einem Lagerhaus oÄ hinterlegt werden können (§ 373 I HGB), nicht hinterlegungsfähig; sie sind im Wege des → Selbsthilfeverkaufs zu versteigern und der Erlös zu hinterlegen (§§ 383 ff. BGB, § 373 HGB). Hinterlegungsort ist die Hinterlegungsstelle des → Leistungsorts, § 374 BGB. Der Schuldner ist berechtigt, die hinterlegte Sache zurückzunehmen, sofern er nicht auf das Recht der Zurücknahme verzichtet oder der Gläubiger, dem die Hinterlegung unverzüglich anzuzeigen ist, gegenüber der Hinterlegungsstelle die Annahme erklärt hat, § 376 BGB. Ist die Rücknahme ausgeschlossen, so wird der Schuldner durch die Hinterlegung von seiner Verbindlichkeit in gleicher Weise wie bei einer ordnungsgemäßen → Erfüllung befreit, § 378 BGB. Ist die Rücknahme nicht ausgeschlossen, so ist zwar noch nicht erfüllt; der Schuldner kann den Gläubiger aber auf die hinterlegte Sache verweisen; auch trägt während der Hinterlegung der Gläubiger die Gefahr (Preisgefahr, → Gefahrtragung); eine Zinspflicht besteht nicht, § 379 BGB. Die Kosten der Hinterlegung, die der Schuldner der Hinterlegungsstelle zu erstatten hat, fallen dem Gläubiger zur Last, sofern nicht der Schuldner die hinterlegte Sache zurücknimmt, § 381 BGB. Das Hinterlegungsverhältnis zwischen dem Schuldner und der Hinterlegungsstelle ist ein öffentlich-rechtliches Verwahrungsverhältnis. Seit der Aufhebung der Hinterlegungsordnung v. 10.3.1937 (RGBl. 1937 I 285) ist das Verfahrensrecht der Hinterlegung landesrechtlich geregelt (vgl. zB Bayer. HinterlegungsG v. 23.11.2010, GVBl. 2010, 738, mÄnd).

Hinterlegungsdarlehen
→ Verwahrung.

Hintermann
→ mittelbarer Täter, → Rädelsführer, → Scheingeschäft, → Gründerhaftung.

Hinterziehungszinsen
→ Zinsen, steuerlich.

Hinweisgeber
→ Whistleblower, → Geschäftsgeheimnis.

Hinweispflicht, richterliche
→ Prozessleitung.

Hinzurechnungen
→ Gewerbesteuer (3).

Hinzuverdienst
Der Hinzuverdienst ist der neben einer → Versichertenrente wegen verminderter Erwerbsfähigkeit aus der → gesetzlichen Rentenversicherung weitere Einkommensbetrag. Soweit der Hinzuverdienst bestimmte Beträge der → Hinzuverdienstgrenze übersteigt, führt das ggf. bis zu einem vollständigen Ruhen der Rente (§ 96a SGb VI). Das Rentenstammrecht der Rente wegen Erwerbsminderung bleibt auch bei einem vollständigen Ruhen der Rente bestehen. Bei einer → Altersrente spielt Hinzuverdienst seit 2023 keine Rolle mehr. Bei einer Regelaltersrente ist ein daneben erzielter Hinzuverdienst seitdem unbeachtlich. Ein neben einer Versichertenrente erzielter Hinzuverdienst ist bis zur jährlich neu angepassten Hinzuverdienstgrenze unbeachtlich. Liegt der Hinzuverdienst über diesem Jahresbetrag, wird der darüber hinausgehende Betrag unter Beachtung des → Hinzuverdienstdeckels auf die Versichertenrente angerechnet. Bei einer → Witwen- oder Witwerrente ist der Hinzuverdienst für den Anspruch als solchen unbeachtlich. Die neben dieser Rentenart erzielten Einnahmen werden nicht als Hinzuverdienst, sondern im Rahmen der → Einkommensanrechnung berücksichtigt.

Hinzuverdienstdeckel
Der Hinzuverdienstdeckel ist mit Einführung des Flexirentengesetzes mit Wirkung zum 1.7.2017 eingeführt worden. Er regelte die Ermittlung des Betrages der Rente und Beachtung des zulässigen → Hinzuverdienstes und der → Hinzuverdienstgrenze. Die Regelung zum Hinzuverdienstdeckel ist zum 1.1.2023 aufgehoben durch G v. 20.12.2022 (BGBl. I 2759). Für die Berechnung des Hinzuverdienstdeckels war die mtl. → Bezugsgröße und die höchsten → Entgeltpunkte der ersten Rente zugrunde zu legen, die in den letzten 15 Kalenderjahren vor dem Rentenbeginn erreicht wurden. Zu- und Abschläge aus einem → Versorgungsausgleich bleiben unberücksichtigt; ebenso ausländische Beitragszeiten. Der Hinzuverdienstdeckel wurde jährlich zum 1.7. durch Mulitplikation mit dem → aktuellen Rentenwert neu ermittelt.

Hinzuverdienstgrenze
1. Der Berechnungsweg für die Hinzuverdienstgrenze ist nur noch bei bei einer Rente wegen verminderter Erwerbsfähigkeit relevant. Ab 1.1.2023 entfällt die Hinzuverdienstgrenze für vorzeitige Altersrenten komplett (BGBl. I 2022, 2759).

2. Grenzbetrag für die Berechnung des Hinzuverdienst bei einer Rente wegen verminderter Erwerbsfähigkeit war bis 31.12.2022 ein jährlicher Hinzuverdienst in Höhe von 6.300 EUR. Ab 1.1.2023 erfolgte eine deutliche Erhöhung des Freibetrags auf 17.823,75 EUR (Rente wegen voller Erwerbsminderung), bzw. mindestens 35.647,50 EUR (Rente wegen teilweiser Erwerbsminderung). Ab dem 1.1.2024 beträgt der Freibetrag 18.558, 75 EUR (Rente wegen voller Erwerbsminderung), bzw. 37.117.50 EUR (Rente wegen teilweiser Erwerbsminderung) und ab 1.1.2025 19.661 EUR (Rente wegen voller Erwerbsminderung), bzw. 39.322 EUR (Rente wegen teilweiser Erwerbsminderung) . Die konkrete Berechungsformel ergibt sich aus § 96a Abs. 1c SGB VI, wonach eine jährliche Neuanpassung vorgenommen wird. Bis zu diesem Betrag erfolgt keine Anrechnung auf die jeweilige Rente. Wird die Hinzuverdienstgrenze überschritten, wird die zu leistende Rente berechnet, indem ein Zwölftel des die Hinzuverdienstgrenze übersteigenden Betrages zu 40 Prozent von der Rente in voller Höhe abgezogen wird. Verbleibt danach kein Zahlbetrag mehr, ruht die Rente wegen verminderter Erwerbsfähigkeit, dass Rentenstammrecht bleibt bestehen und lebt auf Antrag wieder auf.

Hirntod
→ Tod.

Hirtenbrief
ist nach kath. Kirchenrecht die Stellungnahme eines → Bischofs oder einer Bischofskonferenz zu geistlichen oder kirchlichen Fragen; sie ist zur Verlesung in der (den) → Diözese(n) bestimmt. Die Einrichtung des Hirtenbriefes ist auch in der evang. Kirche bekannt.

Historische Altgeräte
sind → Elektro- und Elektronikgeräte, die vor dem 13.8.2005 (Inkrafttreten des Elektro- und Elektronikgerätegesetzes v. 16.3.2005, BGBl. 2005 I 762 mÄnd, außer Kraft seit dem 24.10.2015) in Verkehr gebracht wurden.

Historische Interpretation
→ Auslegung (1b).

Historische Rechtsschule
Historische Rechtsschule wird eine im Bereich der → Rechtsphilosophie herausgebildete Auffassung über das Werden des Rechts genannt. Sie geht davon aus, dass das Recht keine natürliche Gegebenheit sei (→ Naturrecht), sondern mit der Geschichte wachse und sich aus der Lebenseinheit eines Volkes, seiner geistigen Haltung und Rechtsüberzeu-

gung entwickele. Nach → Savigny, dem Begründer der historischen Rechtsschule, ist daher das Gewohnheitsrecht das ursprüngliche, gewordene Recht. Die Gesetzgebung hat nach dieser Auffassung keine eigenschöpferische Kraft, sondern kann nur der Niederschlag des schon gewordenen Rechts sein. Die Grundgedanken der historischen Rechtsschule hat → Jhering zur soziologischen Schule weiterentwickelt.

HIV
→ Infektionsschutzgesetz, → AIDS.

HNS-Übereinkommen 2010
Das Internationale Übereinkommen v. 3.5.1996 über Haftung und Entschädigung für Schäden bei der Beförderung gefährlicher und schädlicher Stoffe auf See idF des Protokolls von 2010 (HNS-Übereinkommen 2010, BGBl. 2021 II 670, 671) regelt die Haftung für Schäden nach Unfällen von Seeschiffen, die gefährliche oder schädliche Stoffe (engl. hazardous and noxious substances) transportieren. Das Übereinkommen begründet eine der Höhe nach begrenzte Gefährdungshaftung des Schiffseigentümers, eine Versicherungspflicht sowie einen HNS-Fonds. Dieser Fonds wird von den Importeuren gefährlicher und schädlicher Stoffe alimentiert. Deutschland hat das Übereinkommen ratifiziert, es war im Frühjahr 2024 jedoch noch nicht in Kraft getreten. Die Ausführungsvorschriften enthält das HNS-Gesetz (HNSG) v. 16.7.2021, BGBl. 2021 I 3079. Details zur Ausstellung der Versicherungsbescheinigung finden sich in der HNSPflichtVersBeschV v. 7.9.2021, BGBl. 2021 I 4226.

HOAI
→ Architekten- und Ingenieurvertrag.

Hochfrequenzhandel
Als Hochfrequenzhandel bezeichnet § 2 VIII Nr. 2 lit. d WpHG das Kaufen und Verkaufen von → Finanzinstrumenten auf eigene Rechnung mittels einer hochrequenten algorithmischen Handelstechnik. Darunter versteht man einen elektronischen Handel, bei dem Kauf- und Verkaufsorder von Computerprogrammen in sehr kurzen Zeitabständen, oft Sekundenbruchteilen, automatisch generiert werden. Meistens sollen damit Preisunterschiede auf verschiedenen Märkten ausgenutzt werden. Der Hochfrequenzhandel ist grds. gestattet. Er kann aber Handelssysteme überlasten und durch seinen Automatismus Volatilitäten verstärken. Hochfrequenzhandel ist eine Finanzdienstleistung und damit unterliegen Hochfrequenzhändler der Aufsicht durch die → BaFin (§ 1 Ia Nr. 4 lit. d KWG). Sie müssen sicherstellen, dass ihre Handelssysteme keine Marktstörung verursachen (§§ 72, 80 II-V WpHG).

Hochqualifizierte
Ausländer können unter erleichterten Bedingungen in Deutschland eine Arbeit aufnehmen (→ Aufenthaltserlaubnis, 2b; → Blaue Karte EU; Beschäftigungsverordnung; → Gastarbeitnehmer, 2).

Hochschulabschlüsse
→ Hochschulgrade.

Hochschule für angewandte Wissenschaften
→ Hochschulen (1), → Fachhochschulen (2).

Hochschulen
1. Hochschulen sind Einrichtungen des Bildungswesens, denen das → Hochschulrahmengesetz (HRG) und das dieses ersetzende → Hochschulrecht der Länder (in erster Linie also die Hochschulgesetze) diese Stellung einräumen. Hochschulen sind Universitäten (Wissenschaftliche Hochschulen), Hochschulen für angewandte Wissenschaften (früher → Fachhochschulen), Kunsthochschulen sowie in Baden-Württemberg noch Pädagogische Hochschulen. Die Hochschulen sind idR staatlich. Doch können unter bestimmten Voraussetzungen (vgl. füher § 70 HRG und entsprechende Vorschriften der Länder) auch sonstige Einrichtungen des Bildungswesens nach näherer Bestimmung des Landesrechts die Eigenschaft einer staatlich anerkannten Hochschulen erhalten, zB kirchliche Hochschulen (Theologische Hochschulen), deren Träger die Kirchen sind, oder private Hochschulen; auch „verwaltungsinterne“ Bildungseinrichtungen wie Bundeswehrhochschulen, die Notarschule des Landes Baden-Württemberg oder Beamtenfachhochschulen sind Hochschulen im Sinne des Gesetzes.

2. Aufgaben, Stellung und innere Organisation der Hochschulen sind bislang in den allg. Grundsätzen durch das HRG und das dieses ersetzende Landesrecht geregelt. Hochschulen dienen der Pflege und der Entwicklung der Wissenschaften und der Künste durch Forschung, Lehre und Studium. Sie bereiten auf berufliche Tätigkeiten vor, die die Anwendung wissenschaftlicher Erkenntnisse und wissenschaftlicher Methoden oder die Fähigkeit zu künstlerischer Gestaltung erfordern. Die Hochschulen sind → Körperschaften des öffentlichen Rechts und zugleich staatliche Einrichtungen. Sie haben das Recht der → Selbstverwaltung im Rahmen der Gesetze. Das Land übt die → Rechtsaufsicht aus. Mitglieder der Hochschulen sind die hauptberuflich (zT auch nebenberuflich, zB → Honorarprofessoren) an der Hochschule Tätigen und die eingeschriebenen → Studenten. Die Binnenorganisationen der Hochschulen regelt bereits seit der Aufhebung der entsprechenden Vorschriften durch das 4. Gesetz zur Änderung des HRG das Landesrecht. Die Leitung erfolgt durch einen → Rektor oder Präsident. Nach der → Föderalismusreform I unterfällt nur noch das Recht der Hochschulzulassung und der Hochschulabschlüsse der → konkurrierenden Gesetzgebung des Bundes; nach Art. 72 III GG können die Länder überdies auch bezüglich Hochschulzulassung und

Hochschulabschlüssen abweichende Regelungen treffen. Bis zum Erlass neuer Vorschriften bleiben die bisherigen Vorschriften in Kraft.

3. Die allgemeine → Hochschulreife berechtigt zum Zugang zu allen Hochschulen, die Fachhochschulreife nicht zum Besuch einer Universität (wissenschaftlichen Hochschule) sondern idR nur zum Zugang zu Hochschulen für angewandte Wissenschaften bzw. Fachhochschulen.

Hochschulgrade

1. Das Recht der Hochschulgrade (auch → Akademische Grade) oder Hochschulabschlüsse ist im → Hochschulrecht geregelt; die Regelungen im → Hochschulrahmengesetz sind durch die Länderregelungen weitgehend obsolet. Im Rahmen des → Bologna-Prozesses sind die Hochschulgrade oder Hochschulabschlüsse in den meisten Studiengängen neu geordnet. Grundlage ist zB Art. 66 Bayer. Hochschulgesetz v. 23.5.2006, GVBl. 2006, 245, mÄnd, oder § 66 Hochschulgesetz Nordrhein-Westfalen v. 16.9.2014, GV NRW 2014, 547). Nach idR 3-jährigem Studium kann nach entsprechender Prüfung der Grad des → Bachelor verliehen werden. Daran schließt sich ein idR 2-jähriges Studium an, das mit dem → Master abschließt.

2. Auf Grund einer Hochschulprüfung, mit der nach drei bis vier Jahren ein erster berufsqualifizierender Abschluss erworben wird, verleiht die Hochschule einen Bachelorgrad (wahlweise Bakkalaureus oder Bakkalaurea), nach vierjährigem Studium an einer Fachhochschule oder nach viereinhalbjährigem Studium teilweise noch (zB in Bayern) ein Diplom mit Angabe der Fachrichtung (zB Diplom-Ingenieur oder Diplom-Chemiker). Aufgrund einer weiteren berufsqualifizierenden Prüfung verleiht die Hochschule nach ein- bis zweijährigem weiteren Studium nach dem Bachelorabschluss einen Mastergrad (wahlweise nach dem Recht der jeweiligen Hochschule auch Magister oder Magistra). In einer mit einer Staatsprüfung abschließenden Hochschulausbildung werden Bachelor, Diplom oder Master nicht vergeben; die Hochschule kann aber einen Mastergrad oder teilweise (zB in Bayern) den Diplomgrad auch auf Grund einer staatlichen Prüfung oder einer kirchlichen Prüfung, mit der das Hochschulstudium angeschlossen wird, verleihen; so kann mit der Ersten Juristischen Prüfung (→ Juristenausbildung) der Diplomgrad → Diplom-Jurist verliehen werden. Sa → Bachelor, → Diplomgrad.

3. Weitere Hochschulgrade werden durch Promotion (→ Doktorgrad und → Habilitation) erlangt. Die Verleihung dieser Hochschulgrade ist Fachhochschulen nicht möglich.

4. Die von deutschen staatlichen oder staatlich anerkannten Hochschulen verliehenen Hochschulgrade dürfen nur gemäß der Verleihungsurkunde oder in der sonst festgelegten Form geführt werden. Wird der Doktorgrad in abgekürzter Form geführt, so muss die Fachrichtung nicht angegeben werden.

5. Hochschulgrade können nachträglich unter bestimmten Voraussetzungen von der Hochschule entzogen werden (zB bei Erwerb durch Täuschung).

6. Zur Führung von Hochschulgraden und zu ausländischen Hochschulgraden → Akademische Grade.

Hochschulkapazität

→ Hochschulzulassungsrecht (6, 7), → Kapazitätsermittlung, → Kapazitätsprozess.

Hochschullehrer

1. Die Stellung der Hochschullehrer ist im Wesentlichen im Landesrecht geregelt (→ Hochschulrecht). Die im → Hochschulrahmengesetz (HRG) enthaltenen Bestimmungen haben keine praktische Bedeutung mehr. Teilweise sind die Rechtsverhältnisse der Hochschullehrer nicht in den jeweiligen Landeshochschulgesetzen, sondern in einem speziellen Gesetzen geregelt (vgl. Bayer. HochschulpersonalG v. 23.5.2006, GVBl. 2006, 230, mÄnd); zur Besoldung der Hochschullehrer s. → Professorenbesoldung.

2. Hauptamtliche Hochschullehrer ieS sind Professoren und → Juniorprofessoren.

a) Einstellungsvoraussetzung für Professoren an Universitäten ist ein abgeschlossenes Hochschulstudium, pädagogische Eignung, besondere Befähigung zu wissenschaftlicher Arbeit (idR durch → Promotion nachgewiesen; sa → Doktorgrad) sowie zusätzliche wissenschaftliche Leistungen oder zusätzliche künstlerische Leistungen oder – nach Maßgabe des anzuwendenden Rechts zT – besondere Leistungen bei der Anwendung wissenschaftlicher Erkenntnisse in einer mehrjährigen beruflichen Praxis. Die Einzelheiten sind im Landesrecht geregelt (vgl. zB Art. 7 I Bayer. HochschulpersonalG v. 23.5.2006, GVBl. 2006, 230, mÄnd, § 36 I HochschulG Nordrhein-Westfalen v. 16.9.2014, GV NRW 2014, 547). Die zusätzliche wissenschaftliche Leistung kann in einer → Habilitation bestehen, die besondere Leistung bei der Anwendung wissenschaftlicher Erkenntnisse in einer beruflichen Praxis kann als Juniorprofessor erbracht werden. Somit kann sowohl der Weg über die Habilitation als auch der Weg über die Juniorprofessur zur Professur führen, wobei die Universitäten insbesondere in den Geisteswissenschaften, in Medizin und in Rechtswissenschaften sehr zurückhaltend sind, die Professur allein auf Grund der Juniorprofessur zu verleihen. Für Professoren an → Fachhochschulen oder → Hochschule für angewandte Wissenschaften werden zusätzliche wissenschaftliche Leistungen wie zB eine Habilitation nicht gefordert, dafür aber Anwendung und Entwicklung wissenschaftlicher Methoden in einer mehrjährigen Berufspraxis (Art. 7 III Bayer. Hochschulpersonalgesetz)

b) Einstellungsvoraussetzung für Juniorprofessoren sind ein abgeschlossenes Hochschulstudium, pädagogische Eignung sowie besondere Befähigung zu wissenschaftlicher Arbeit, idR durch eine herausragende Promotion nachgewiesen (vgl. zB Art. 14 Bayer. HochschulpersonalG v. 23.5.2006, GVBl. 2006, 230, mÄnd). Zusätzliche wissenschaftliche oder künstlerische oder sonstige Leistungen (s. o.) werden von Juniorprofessoren nicht gefordert.

3. Zu den Hochschullehrern iwS zählen auch nebenberufliche Hochschullehrer wie → Honorarprofessoren und → Außerplanmäßige Professoren. Hinzu kommen → Privatdozenten und → Lehrbeauftragte.

Hochschulrahmengesetz (HRG)
1. Das auf Grund der früheren Gesetzgebungskompetenz des Bundes nach Art. 75 I Nr. 1a GG aF (→ Hochschulrecht) erlassene Hochschulrahmengesetz (HRG) idF v. 19.1.1999 (BGBl. 1999 I 18) mÄnd hat seine Bedeutung in der Rechtspraxis weitgehend verloren. Es enthält Rahmenvorschriften für die allgemeinen Grundsätze des Hochschulwesens (→ Hochschule). Formal gilt das HRG zwar noch bis auf Weiteres für die Universitäten, Pädagogische Hochschulen, Kunsthochschulen, Fachhochschulen und sonstige Einrichtungen des Bildungswesens, die nach Landesrecht staatliche Hochschulen sind. Im Hinblick auf die → Föderalismusreform I und die gesetzgeberischen Aktivitäten der Länder ist das HRG inzwischen weitgehend bedeutungslos.

2. IE regelte das Hochschulrahmengesetz die Aufgaben der Hochschulen und Ordnung des Hochschulwesens, Grundsätze von Studium und Lehre (zB Studienreform, Studiengänge, Studienordnungen, Fernstudium, Regelstudienzeit, Grundsätze für Hochschulprüfungen, → Hochschulgrade), Forschung (Aufgaben, Koordination, Veröffentlichung von Forschungsergebnissen, Forschung mit Mitteln Dritter, Entwicklungsvorhaben), Zulassung zum Studium (allgemeine Voraussetzungen, Maßstäbe der Ausbildungskapazität, zentrale Vergabe von Studienplätzen mit allgemeinem und besonderem Auswahlverfahren), Stellung der Mitglieder der Hochschule, dh der Studentenschaft und des hauptberuflichen wissenschaftlichen und künstlerischen Personals (Professoren, → Juniorprofessoren, wissenschaftliche u. künstlerische Mitarbeiter, Lehrkräfte für besondere Aufgaben), Nebentätigkeit der Professoren, die Rechtsstellung der Hochschule und die Aufsicht. Die Einzelheiten innerhalb des vom HRG vorgegebenen Rahmens regelte das Landesrecht (→ Hochschulrecht).

Hochschulrecht
1. Hochschulrecht ist die Gesamtheit der Vorschriften, die Aufgaben, Organisation und Betrieb der → Hochschulen regeln. Dazu gehören auch einige Vorschriften des GG (zB über die Freiheit der → Wissenschaften gemäß Art. 5 III 1 GG und die Regelungen über die Hochschulfinanzierung gemäß Art. 91b GG) und der Landesverfassungen.

2. Nach Art. 74 I Nr. 33 GG fallen das Recht der Hochschulzulassung und der Hochschulabschlüsse in die → konkurrierende Gesetzgebung des → Bundes. Die → Länder haben die Befugnis zur Gesetzgebung, solange und soweit der Bund von seiner Gesetzgebungszuständigkeit nicht durch Gesetz Gebrauch gemacht hat (Art. 72 I GG). Auch soweit der Bund von seiner Gesetzgebungszuständigkeit Gebrauch machen würde, können die Länder eigenständige und vom Bundesrecht abweichende Regelungen treffen (Art. 72 III 1 Nr. 6 GG). Nach 91b I 1 u. 2 GG können Bund und Länder auf Grund von Vereinbarungen in Fällen überregionaler Bedeutung bei der Förderung von Wissenschaft, Forschung und Lehre zusammenwirken; Vereinbarungen, die im Schwerpunkt Hochschulen betreffen, bedürfen der Zustimmung aller Länder. Ferner hat der Bund die konkurrierende Gesetzgebungszuständigkeit für die Forschungsförderung (Art. 74 I Nr. 13 GG). Alle übrigen Regelungsgegenstände des Hochschulrechts außerhalb des Rechts der Hochschulzulassung, der Hochschulabschlüsse, vertraglicher Regelungen nach Art. 91b GG und der Forschungsförderung – zB das Hochschulorganisationsrecht – fallen ohnehin in die Gesetzgebungszuständigkeit der Länder. Auf Grund dieser Verfassungslage und der Tatsache, dass der Bund die Befugnisse des Art. 74 I Nr. 33 GG überhaupt nicht ausgeschöpft hat, liegt der Schwerpunkt der hochschulrechtlichen Regelungen im Landesrecht, in Staatsverträgen und in Verwaltungsabkommen.

3. Die vor der → Föderalismusreform I geltenden hochschulrechtlichen Regelungen galten formal nach den Übergangsvorschriften (→ Föderalismusreform, 2d) noch bis zum Tätigwerden der jetzt zuständigen Gesetzgebungsorgane fort. Der ursprünglich 1968 eingefügte und im Rahmen der wieder gestrichene Art. 75 I Nr. 1a GG aF hatte dem Bund das Recht gegeben, Rahmenvorschriften für die allgemeinen Grundsätze des Hochschulwesens zu erlassen. Von diesem Recht hatte der Bundesgesetzgeber erstmals 1976 mit dem → Hochschulrahmengesetz (HRG) Gebrauch gemacht (vgl. HRG idF v. 19.1.1999, BGBl. 1999 I 18, mÄnd). Die inzwischen in die Gesetzgebungszuständigkeit des Bundes fallenden Regelungen des HRG zum → Hochschulzulassungsrecht und zum Recht der Hochschulabschlüsse (→ Hochschulgrade) galten zwar nach Art. 125b I 1 GG fort, haben aber insbesondere im Bereich der Hochschulzulassung ihre praktische Bedeutung verloren, da die Länder durch Landesgesetze und Staatsvertrag hierzu umfassende Regelungen geschaffen haben (vgl. → Hochschulzulassungsrecht). Die übrigen rahmenrechtlichen Vorschriften des HRG gelten zwar nach Art. 125a I 1 GG formal weiter, werden aber durch die umfassenden landesrechtlichen Regelungen

weitestgehend überlagert. Nach der Föderalismusreform I sind die Länder in ihrer Rechtssetzung nicht mehr an dieses Rahmenrecht gebunden. Deshalb gab es bereits Bestrebungen das obsolet gewordene HRG ersatzlos aufzuheben, letztmals in der 16. Legislaturperiode zum 1.10.2010; dazu ist es aber bislang nicht gekommen. Gesetzgeberische Anpassungen des HRG werden nicht mehr vorgenommen.

4. Die Hochschulgesetze der Länder (Zusammenstellung s. Sartorius, Verfassungs- und Verwaltungsgesetze der BRep., Nr. 500 Fußnote 1) regeln Aufbau und Organisation der Hochschulen, Rechte und Pflichten der Organe, die Rechtsstellung der → Hochschullehrer (zT eigene Gesetze), der sonstigen Dienstkräfte und der Studierenden (auch das Ordnungs- und Disziplinarrecht), Studium, Lehre und Prüfungen sowie das → Selbstverwaltungsrecht der Hochschulen (auch ihr → Satzungsrecht) und den Umfang der → Staatsaufsicht. Das Recht der Hochschulzulassung (→ Hochschulzulassungsrecht; → Studienplätze) ist idR in eigenen Gesetzen oder Staatsverträgen geregelt. Zur Besoldung der → Hochschullehrer s. → Professorenbesoldung.

Hochschulreife, Allgemeine
Die allgemeine Hochschulreife (Abitur) wird durch eine Prüfung (nach Maßgabe des iE unterschiedlichen → Schulrechts der → Länder bis zu 4 schriftliche Prüfungen und 1 bis 2 mündliche Prüfungen) nach dem erfolgreichen Besuch der Oberstufe des → Gymnasiums oder einer gleichgestellten Schule der Sekundarstufe II (s. → Schulwesen, zB → Gesamtschulen, → Oberschulen und → Sekundarschulen) oder entsprechender Schulen des zweiten Bildungsweges erreicht. Sie berechtigt zum Besuch aller Hochschulen, insbes. auch der Universitäten (wissenschaftlichen → Hochschulen). Die Schulzeiten, die bis zur allgemeinen Hochschulreife absolviert werden müssen, betragen inzwischen bereits teilweise wieder wieder 13, davor zwischenzeitlich überwiegend 12 und früher meist 13 Jahre (sa → Gymnasium, → Schulpflicht; → Schulwesen). Die abschließende Prüfung wird außer in Rheinland-Pfalz innerhalb eines Landes zentral gestellt. Länderübergreifende gemeinsame Abiturprüfungen werden erprobt.

Hochschulzugang
→ Hochschulzugangsrecht.

Hochschulzugangsrecht
Das Hochschulzugangsrecht regelt die Frage, ob ein Studienbewerber die formalen Voraussetzungen für die Aufnahme eines Studiums besitzt, die sogenannte → Hochschulreife. Das Vorliegen der Hochschulzugangsberechtigung oder die Hochschulreife sagen noch nichts darüber aus, ob und wo der betreffende Studienbewerber einen Studienplatz zugewiesen bekommt; dies ist eine Frage der Hochschulzulassung (→ Hochschulzulassungsrecht).

Hochschulzulassung
→ Hochschulzulassungsrecht.

Hochschulzulassungsrecht
1. Während das → Hochschulzugangsrecht die Frage regelt, ob ein Studienbewerber die formalen Voraussetzungen für den Zugang zu einer → Hochschule mitbringt (sa → Hochschulreife), regelt das Hochschulzulassungsrecht, ob ein Studienbewerber unter Berücksichtigung der zur Verfügung stehenden Studienplätze an einer Hochschule einen Studienplatz erhält. Verfassungsrechtliche Grundlage des Hochschulzulassungsrechts ist der grundrechtlich geschützte Zulassungsanspruch des Studienbewerbers im Sinne eines Teilhaberechts (BVerfG Urt. v. 18.7.1972, BVerfGE 33, 303). Diese Verfassungslage führte von dem früheren freien Zulassungs- und Auswahlrecht der Hochschule zu einem in Staatsverträgen, Gesetzen und untergesetzlichem Recht geregeltenkomplexen Kapazitäts- und Auswahlrecht.

2. Die Grundsätze für des Hochschulzulassungsrechts iSd Vergabe der Studienplätze waren ursprünglich in §§ 27 ff. → Hochschulrahmengesetz (HRG) geregelt. Mit der → Föderalismusreform I ist die Kompetenz des Bundes zur → Rahmengesetzgebung entfallen. Die das Hochschulzulassungsrecht betreffenden Vorschriften des HRG gelten zwar formal nach Art. 125b I GG fort, da der Bund nunmehr für das Hochschulzulassungsrecht die Zuständigkeit für die → konkurrierende Gesetzgebung nach Art. 74 I Nr. 33 GG hat. Nach Art. 72 III 1 Nr. 6 GG können die → Länder aber – durch Landesgesetz oder durch Staatsvertrag (→ Staatsvertrag, 3) – vom bundesrechtlichen Hochschulzulassungsrecht abweichende Regelungen treffen. Von diesen Möglichkeiten haben die Länder Gebrauch gemacht. Die §§ 27 ff. HRG haben daher derzeit keine praktische Bedeutung mehr. Der Bund beabsichtigt gegenwärtig nicht, von seiner Kompetenz gemäß Art. 74 I Nr. 33 GG Gebrauch zu machen. Hinsichtlich der landesrechtlichen Regelungen unterscheidet man zwischen der zentralen Vergabe der Studienplätze in den sog. „harten“ → numerus clausus-Fächern und der im einzelnen Landesrecht geregelten Vergabe der Studienplätze in den übrigen Fächern.

3. Zentrale Rechtsnorm für die zentrale Vergabe der Studienplätze ist der Staatsvertrag (StV)der 16 Länder über die Hochschulzulassung vom 21.3.2019, ratifiziert zB durch Bayern durch Bek. v. 16.8.2019 (GVBl. 2019, 528), Nordrhein-Westfalen durch G v. 29.10.2019 (GV. NRW 2019, 830) oder Sachsen durch G v. 19.7.2019 (SächsGVBl. 2019, 588). Dort ist in Art. 1 die Zuständigkeit der „→ Stiftung für Hochschulzulassung“ geregelt, die 2008 von Nordrhein-Westfalen als Nachfolgerin der früheren Zentralstelle für die Vergabe von Studienplätzen (ZVS) in Dortmund gegründet wurde. Nach Art. 2 und Art. 5 StV

führt die Stiftung das zentrale Vergabeverfahren durch. Nach Art. 7 S. 1 StV sind die Studiengänge Medizin. Zahnmedizin, Tiermedizin und Pharmazie in das zentrale Vergabeverfahren einbezogen, solange für alle den Studiengang anbietenden Hochschulen Zulassungszahlen festgesetzt sind und zu erwarten ist, dass die Bewerberzahl die Zahl der zur Verfügung stehenden Studienplätze übersteigt. Weitere Studiengänge können einbezogen werden. Die Ableistung von → Wehrdienst oder → Bundesfreiwilligendienst darf zu keiner Benachteiligung führen. Bewerber, die das 55. Lebensjahr schon vollendet haben, können nur noch in Ausnahmefällen zugelassen werden. 20% der Studienplätze werden als Vorabquote an Härtefallbewerber, Ausländer, Bewerber für ein Zweitstudium und an Bewerber vergeben, die sich auf Grund entsprechender Vorschriften verpflichtet haben, ihren Beruf in Bereichen besonderen öffentlichen Bedarfs auszuüben (Art. 9 I StV).

– 30% davon werden nach der Note in der Hochschulzugangsberechtigung („Abiturbestenquote") vergeben (Art. 10 I 1 Nr. 1 StV). Dabei werden mangels Vergleichbarkeit der Zeugnisse über die → Hochschulreife Landesquoten gebildet. Die Landesquote bemisst sich zu einem Drittel nach der Zahl der Bewerber aus einem Land und zu zwei Dritteln nach dem Anteil des Landes an der Gesamtzahl der 18- bis 21-Jährigen. Die Bevölkerungsquote wird für Berlin, Bremen und Hamburg noch um 30% erhöht (Stadtstaatenprivileg).
– 10% werden durch die jeweilige Hochschule nach einem landesrechtlich geregelten Verfahren vergeben, bei dem nicht das Ergebnis der Hochschulzugangsberechtigung berücksichtigt wird, sondern fachspezifische Studieneignungstests, Bewerbungsgespräche, eine fachspezifische Berufsausbildung oder besondere praktische Vorerfahrungen und außerschulische Qualifikationen (Art. 10 II StV).
– 60% davon werden von den jeweiligen Hochschulen nach eigenen Auswahlverfahren vergeben, die sich nach Art. 10 III StV und den ergänzenden landesrechtlichen Bestimmungen richten (zB Art. 8 des G über die Hochschulzulassung in Bayern – BayHZG – v. 9.5.2007, GVBl. 2007, 320, mÄnd). Häufig hat auch im Hochschulauswahlverfahren die Abiturnote eine prägende, wenn auch nicht allein maßgebliche Rolle. Mindestens ein schulnotenunabhängiges Kriterium muss berücksichtigt werden; im Studiengang Medizin muss noch ein weiteres schulnotenunabhängiges Kriterium dazukommen. Die Kriterien müssen eine hinreichende Vorhersagekraft für den Studienerfolg und die anschließende Berufstätigkeit darstellen. Soweit das Auswahlverfahren Prüfungskomponenten enthält, gelten die allgemeinen prüfungsrechtlichen Grundsätze (→ Prüfungsentscheidungen).

Die Stiftung für Hochschulzulassung als Gemeinsame Einrichtung kann die Hochschulen bei den beiden letztgenannten Verfahren unterstützen (Art. 5 I Nr. 2 StV). Die Zulassungsbescheide für die nach Abiturbestenquote und Wartezeit zugelassenen Studienbewerber erlässt die Gemeinsame Einrichtung für Hochschulzulassung im eigenen Namen, die Zulassungsbescheide im Auswahlverfahren erlassen die jeweiligen Hochschulen, soweit diese nicht die Gemeinsame Einrichtung damit beauftragen, diese Bescheide im Namen der jeweiligen Hochschule zu erlassen.

5. Für alle anderen Studiengänge mit Bewerberüberhang gelten die Zulassungsverfahren an den einzelnen Hochschulen. Für diese gilt weder das HRG noch der StV, sondern das jeweilige Landeshochschulzulassungsrecht (vgl. zB G über die Hochschulzulassung in Bayern – BayHZG – v. 9.5.2007, GVBl. 2007, 320, mÄnd). Das Hochschulzulassungsrecht der Länder entspricht dabei idR dem Hochschulzulassungsrecht des StV; nach Abzug einer Vorabquote (zB für Härtefälle, Ausländer, Zweitstudienbewerber, Berufstätige) wird der verbleibende Rest zu im Einzelnen in den Ländern unterschiedlichen Quoten auf die Studienbewerber mit der besten Note in der Hochschulzugangsberechtigung („Abiturbesten"), Wartezeitbewerber und Hochschulauswahlverfahren verteilt. Häufig hat auch im Hochschulauswahlverfahren die Abiturnote eine prägende, wenn auch nicht allein maßgebliche Rolle. ZB in Bayern entfallen nach Abzug der Vorabquote 25% auf die Abiturbesten, 65% auf das Hochschulauswahlverfahren, wobei im Hochschulauswahlverfahren der Durchschnittsnote in der Hochschulzugangsberechtigung eine überwiegende Bedeutung zugemessen werden muss. Anders als bei der zentralen Vergabe können in Bayern noch 10% der Studienplätze nach Wartezeit (in Kombination mit der Durchschnittsnote der Hochschulzugangsberechtigung) vergeben werden, indem je Wartesemester ein Bonus von 0,1, maximal aber 1.0 gewährt wird. Nach dem G über die Zulassung zum Hochschulstudium in Nordrhein-Westfalen (Hochschulzulassungsgesetz 2019 – HZG) v. 29.10.2019 (GV. NRW. 2019, 830 mÄnd) werden nach Abzug der Vorabquote 20% der Studienplätze nach dem Ergebnis dere Hochschulzugangsberechtigung und 80% nach einem Auswahlverfahren vergeben, in dem das Ergebnis der Hochschulzugangsberechtigung, Auswahltests, Auswahlgespräche, außerschulische Qualifikationen und auch die Wartezeit berücksichtigt werden können. Die Sächsische Studienplatzvergabeverordnung v. 15.6.2020 (GVBl. 2020, 300) mÄnd verweist in § 8 II auf die Quoten nach dem Staatsvertrag (s. o.).

6. Die für beide Verfahren (s. oben 4 und 5) erforderliche Feststellung der Zahl der zur Verfügung stehenden Studienplätze (Hochschulkapazität) erfolgt nach Maßgabe des Landesrechts durch Rechtsverordnung des zustän-

digen Landesministeriums oder durch Satzung der Hochschule, idR im Einvernehmen mit dem zuständigen Landesministerium. Die Feststellung der jeweiligen Hochschulkapazität erfolgt gemäß dem Lehrangebot, dem Ausbildungsaufwand des jeweiligen Studienganges sowie weiteren kapazitätsbestimmenden Faktoren wie zB den räumlichen und sachlichen Gegebenheiten der Hochschule, zusätzlichen Belastungen durch die Entwicklung der Studienanfängerzahl, dem Verbleibeverhalten der Studierenden und den besonderen Gegebenheiten bei medizinischen Studiengängen; der Ausbildungsaufwand wird durch einen studiengangspezifischen Normwert, den sog. ‚Curricularnormwert festgesetzt, der den in Stunden gemessenen Aufwand aller Lehreinheiten abbildet, der für die ordnungsgemäße Ausbildung eines Studierenden im jeweiligen Studiengang erforderlich ist. Nach der Rechtsprechung des BVerfG besteht zwischen einem Optimum an Studienbedingungen und dem Mindestmaß ein Korridor, innerhalb dessen die Kapazität nach Ermessen des Verordnungs- oder Satzungsgebers rechtmäßig festgesetzt werden kann.

7. Die Zulassung zum Studium erfolgt stets durch → Verwaltungsakt und ist verwaltungsgerichtlich überprüfbar (→ Verwaltungsstreitverfahren). Da die Verfahren nach Nr. 4 und 5 transparent oder mathematisch überprüfbar sind, haben hiergegen gerichtet Verfahren wenig Aussicht auf Erfolg. Schwachpunkt des gesamten Systems ist die komplexe und damit fehleranfällige Kapazitätsfeststellung gemäß Nr. 6, so dass im Falle der Ablehnung die größten Chancen Klagen mit dem Argument haben, die jeweilige Hochschule habe die Ausbildungskapazität unter Verstoß gegen die verfassungsrechtlichen oder einfachrechtlichen Vorgaben zu niedrig festgesetzt. Wenn die Zahl der erfolgreichen Kläger die Zahl der nach dem Ergebnis des Prozesses noch zur Verfügung stehenden Studienplätze übersteigt, entscheidet das Los.

Hochseefischerei
→ Seefischerei, → Seerecht.

Hochseeschifffahrt
→ Seeschifffahrt.

Hochverrat
ist ein auf gewaltsamen Umsturz im Innern der BRep. gerichtetes Unternehmen, während der → Landesverrat den eigenen Staat in seiner Sicherheit gegenüber ausländischen Staaten schwächt; die → Rechtsstaatsgefährdung dagegen zielt auf den gewaltlosen Umsturz durch Maßnahmen im Innern (mit Unterstützung von außen) ab. Wegen Hochverrats wird nach §§ 81, 82 StGB bestraft, wer es unternimmt – dh mindestens versucht (§ 11 I Nr. 6 StGB) –, mit Gewalt oder durch Drohung mit Gewalt die verfassungsmäßige Ordnung der BRep. oder eines ihrer Länder zu ändern (Verfassungs-Hochverrat) oder einen Gebietsteil zugunsten eines ausländischen Staates oder eines der Länder abzutrennen (Bestands-Hochverrat). Die Strafe ist lebenslange Freiheitsstrafe oder Freiheitsstrafe nicht unter 10 Jahren (bei Hochverrat gegen ein Land der BRep.: von 1–10 Jahren); in minder schweren Fällen Freiheitsstrafe von 1–10 Jahren (bzw. von 6 Mon. bis zu 5 Jahren). Auch Vorbereitungshandlungen werden bestraft, aber nur, wenn sie auf ein bestimmtes hochverräterisches Unternehmen gerichtet sind, das nach Angriffsgegenstand und -ziel und in den Grundzügen auch nach Ort und Art der Durchführung umrissen ist (§ 83 StGB). Die Strafe ist Freiheitsstrafe von 1–10 Jahren, in minder schweren Fällen von 1–5 Jahren, bei Hochverrat gegen ein Land der BRep. Freiheitsstrafe von 3 Mon. bis zu 5 Jahren. Die Vorbereitung liegt im Vorfeld des Unternehmens (Versuchs); sie umfasst zB das Sammeln von Beiträgen oder die Herstellung von Flugschriften für eine hochverräterische Aktion. Die Strafe kann gemildert oder es kann von ihr abgesehen werden, wenn der Täter aus freien Stücken seine Tätigkeit aufgibt und den Erfolg abwendet oder sich wenigstens ernstlich darum bemüht (§ 83a StGB; Unterfall der → tätigen Reue).

Hochwasserentstehungsgebiete
sind Gebiete, in denen in kurzer Zeit starke oberirdische Wasserabflüsse entstehen können, die zu einer Hochwassergefahr und damit zu einer erheblichen Gefahr für die öffentliche → Sicherheit und Ordnung führen können (§ 78d WHG); → Wassergefahr, → Überschwemmungsgebiete. In nach Landesrecht festgesetzten Hochwasserentstehungsgebieten sind Boden-Maßnahmen (zB sog. Entsiegelung) zur Vermeidung oder Verringerung der Hochwassergefahr vorzunehmen sowie besondere Genehmigungs-, Zulassungs- und baurechtliche Erfordernisse zu berücksichtigen.

Hochwasserschutz
1. Der Hochwasserschutz wird seit dem 1.3.2010 in den §§ 72 ff. WHG (→ Wasserhaushalt) geregelt. Die zuständigen Behörden haben flussgebietsbezogen das Hochwasserrisiko zu bewerten und Gebiete mit signifikantem Hochwasserrisiko (Risikogebiete) zu bestimmen. Risikomanagementpläne müssen überprüft und gegebenenfalls aktualisiert werden. Den erforderlichen Ausbau der Gewässer und die Errichtung von Deich-, Damm- und Küstenschutzbauten regeln die §§ 67–71a WHG. § 99 WHG spricht den Ländern ein Vorkaufsrecht an Grundstücken zu, die für den Hochwasserschutz oder → Küstenschutz benötigt werden. Im Sommer 2021 wurde als Anlage zur Verordnung über die Raumordnung im Bund für einen länderübergreifenden Hochwasserschutz (BRPHV) v. 19.8.2021 (BGBl. 2021 I 3712) ein länderübergreifender Raumordnungsplan für den Hochwasserschutz erlassen.

2. Darüber hinaus gibt es landesrechtliche Vorschriften. ZB regelt das sächsische Was-

serG v. 12.7.2013 (GVBl. 2013, 503) mÄnd den Hochwasserschutz in den §§ 70 ff. Auf der Grundlage des zT weiter geltenden alten sächs. Wassergesetzes idF v. 18.10.2004, GVBl. 2004, 482 mÄnd, waren Hochwasserschutz-Konzepte erstellt worden. Zur Verbesserung des Hochwasserschutzes schreibt das neue Gesetz deren Fortschreibung bzw. Anpassung vor. Ein Hochwasserschutz-Konzept bindet die Behörden, soweit es Gewässer 1. Ordnung wie die Elbe betrifft, und kann von jedermann kostenlos eingesehen werden (§ 99b Sächs. WasserG 2004). Dazu gehört der Hochwasserschutz-Nachrichten- und -Alarmdienst, der der → Wasserwehr zur frühzeitigen und effektiven Hochwasserbekämpfung dienen soll, indem Teilnehmer, Dritte und die Öffentlichkeit vor Hochwassergefahren gewarnt und über sie informiert werden (§ 2, VO v. 29.9.2015, GVBl. 2015, 615). Die → Wasserstraßen- und Schifffahrtsverwaltung des Bundes unterhält als Wasserstands- und Hochwassermeldedienst gem. § 35 WaStrG auf ihrer Webseite ein jedermann zugängliches Informationssystem zu bundesweiten Wasserständen und Hochwasservorhersagen. Die Gemeinden sind verpflichtet, Hochwasser- oder Eisgefahr abzuwehren; steht sie unmittelbar bevor, muss auf Anordnung der zuständigen Behörde auch in benachbarten Gemeinden Hilfe geleistet werden (§ 84 Sächs. WasserG 2013). → Deich, → Heizölverbraucheranlagen, → Überschwemmungsgebiete, → Wassergefahr.

Höchstarbeitszeit
→ Arbeitszeit (2).

Höchstbeträge
→ Freibetrag.

Höchstbetragshypothek
Die Höchstbetragshypothek ist eine → Sicherungshypothek, bei der nur der Höchstbetrag, bis zu dem das mit ihr belastete Grundstück haften soll, bestimmt und im Grundbuch eingetragen ist, während iÜ der Umfang der → Hypothek der jeweiligen Forderungshöhe entspricht (§ 1190 BGB). Die Höchstbetragshypothek dient zB zur Sicherung eines → Kontokorrents. In dem nicht valutierten Umfang steht die Hypothek dem Eigentümer des Grundstücks als – vorläufige – → Eigentümergrundschuld (sa Eigentümerhypothek) zu. Für die sog. verdeckte Höchstbetragshypothek (Hypothek mit der nicht eintragungsfähigen Vereinbarung, dass das Grundstück trotz des festen Haftungsumfangs nur für die jeweilige Schuld haften solle) gelten dagegen nach außen die allg. Vorschriften über die Hypothek. Die Höchstbetragshypothek ist heute in der Praxis weitgehend durch die (von einer Forderung nicht abhängige) → Grundschuld ersetzt.

Höchstgeschwindigkeit
→ Fahrgeschwindigkeit.

Höchstmengen
schädlicher Stoffe oder Kontaminanten in → Lebensmitteln regeln ua die VO 1881/2006 v. 19.12.2006 (ABl. EG 2006 L 364, 5) zur Festsetzung der Höchstgehalte für bestimmte Kontaminanten in Lebensmitteln, die VO über Höchstmengen an Rückständen von Pflanzenschutz- und Schädlingsbekämpfungsmitteln in oder auf Lebensmitteln (Rückstands-HöchstmengenVO) idF v. 21.10.1999 (BGBl. I 1999, 2082, 2002 I 1004) mÄnd, die VO zur Begrenzung von Kontaminanten in Lebensmitteln v. 19.3.2010 (BGBl. 2010 I 286) mÄnd und die VO (EU) 2017/880 v. 23.5.2017 über die Anwendung von pharmakologischen Rückstandshöchstmengen in einem bestimmten Lebensmittel auf ein anderes Lebensmittel, das von derselben Tierart stammt – die sog. Extrapolation (ABl. EU 2017 L 135, 1). → Lebensmittelunternehmen, → Zusatzstoffe, → Pflanzenschutz.

Für Lebens- und Futtermittel, die nach einem nuklearen Unfall oder radiologischen Notfall in Verkehr gebracht werden dürfen, bestimmt die VO (Euratom) 2016/52 v. 15.1.2016, ABl. EU 2016 L 13, 2, die Höchstmengen an Radioaktivität; → Strahlenschutz.

Höchstpersönliche Rechte
sind → subjektive Rechte, die ihrem Wesen nach so eng mit der Person des Berechtigten verbunden sind, dass sie nicht übertragen werden können (→ Abtretung) und mit dem Tod des Berechtigten erlöschen, zB Mitgliedschaftsrechte (→ Verein), → Nießbrauch ua.

Höchstpreise
Höchstpreise sind Preise, die nicht überschritten werden dürfen. Bestimmungen über Höchstpreise enthält vor allem die Verordnung PR Nr. 30/53 über die Preise bei → öffentlichen Aufträgen v. 21.11.1953 (BAnz. 1953 Nr. 244, mÄnd, PreisV 30/53). Danach sind primär Marktpreise, ansonsten Selbstkostenpreise zu vereinbaren. Die nach dieser VO zu ermittelnden Preise sind Höchstpreise (§ 1 III PreisV 30/53). Dem Preisregime dieser VO unterliegt ein Großteil dese öffentlichen Auftragswesens, einschließlich des militärischen Komplexes.

Darüber hinaus gibt es nur ausnahmsweise Höchstpreise, weil sie europarechtlich problematisch sind. So hat der EuGH die früheren Höchst- und Mindestpreise der HOAI (→ Architekten- und Ingenieurvertrag) für Planungsleistungen von → Architekten und → Ingenieuren als Verstoß gegen die → Dienstleistungsrichtlinie eingestuft; sie waren damit europarechtswidrig (EuGH 4.7.2019, C-377/17) und sind seit dem 1.1.2021 dispositiv. → Preisrecht, → Festpreise, → Mindestpreise, → Grundpreis.

Höchststimmrecht
→ Aktienstimmrecht.

Höchstzahlverfahren
→ d'Hondtsches System.

Höfeordnung
In den Ländern Hamburg, Niedersachsen, Nordrhein-Westfalen und Schleswig-Holstein gilt für land- oder forstwirtschaftliche Betriebe mit einem Wirtschaftswert von grds. mind. 10 000 EUR die Höfeordnung idF v. 26.7.1976 (BGBl. 1976 I 1933) mÄnd mit VerfahrensO v. 29.3.1976 (BGBl. 1976 I 881) mÄnd; ähnliche Vorschriften gelten in Rheinland-Pfalz, in den ehemals badischen und ehemals württembergischen Gebieten von Baden-Württemberg, Hessen und Bremen. In den übrigen Ländern einschließlich der → neuen Länder gibt es keine enstprechenden Regelungen. Wichtigster Inhalt der Höfeordnung ist die – zulässige (vgl. Art. 64 EGBGB) – Regelung des sog. Anerbenrechts. Dieses durchbricht die sonst im Erbrecht geltende → Universalsukzession im Interesse der Erhaltung der Einheit des Hofes und seines Zubehörs zugunsten einer Sondererbfolge eines der Miterben. Der Hof fällt demnach kraft Gesetzes nur dem sog. Hoferben zu, während die übrigen Miterben gegen diesen nur einen Ausgleichs(Abfindungs)anspruch in Geld haben. Hoferbe wird, wen der Erblasser (Hofeigentümer) hierzu durch → Verfügung von Todes wegen oder unter Lebenden durch → Übergabevertrag bestimmt; hilfsweise sind kraft Gesetzes die Verwandten des Erblassers in einer bestimmten Reihenfolge (zunächst dessen Kinder, sofern sie nach den allgem. Bestimmungen gesetzliche Erben sind, dann Ehegatte, Eltern, Geschwister; s. → gesetzliche Erbfolge) berufen. Innerhalb der gleichen gesetzlichen Ordnung entscheidet, falls nicht ein Miterbe schon nach dem Umfang seiner Beschäftigung auf dem Hof zum Hoferben bestimmt ist, je nach örtlichem Brauch Ältestenrecht (Anfall an das älteste Kind des Hofeigentümers) oder Jüngstenrecht. Sa → Grundstücksverkehr, landwirtschaftlicher.

Höferecht
→ Höfeordnung.

Höhere Gewalt
→ Verschulden (4).

Höhere Verwaltungsbehörde
→ Verwaltungsbehörden (Aufbau).

Höherer Kommunalverband
→ Kommunalverband (4).

Höherversicherung
In der sozialen → Rentenversicherung konnten bis zum 31.12.1991 neben Pflicht- oder freiwilligen Beiträgen zusätzlich Beiträge zum Zwecke der Höherversicherung entrichtet werden. Dadurch erhöhte sich die normale Rente um Steigerungsbeträge, die in Vomhundertsätzen der Beitragswerte nach dem Lebensalter im Zeitpunkt der Beitragsentrichtung berechnet wurden; sie nehmen an der → Rentenanpassung nicht teil, sondern bleiben konstant (§§ 234, 269 SGB VI aF). Für Versicherte, die bereits früher von der Möglichkeit der Höherversicherung Gebrauch gemacht haben sowie für ältere Versicherte, blieb die Möglichkeit der Höherversicherung aus Gründen des Vertrauensschutzes zunächst erhalten. Mit Wirkung v. 1.1.1998 ist die Möglichkeit der Höherversicherung endgültig entfallen. Soweit für mehr als 10 Jahre Höherversicherungsbeiträge entrichtet worden sind, kann beim Finanzamt ein Antrag bezüglich der „Öffnungsklausel" gestellt werden. Dadurch werden die Steigerungsbeträge auf Grund der Höherversicherung steuerlich nicht berücksichtigt (§ 22 Nr. 1 S. 3 Buchst. a Unterbuchstabe bb EStG).

In der gesetzlichen → Unfallversicherung besteht die Möglichkeit der Höherversicherung für kraft Gesetzes versicherte selbständig Tätige sowie für kraft Satzung versicherte Unternehmer und ihre Ehegatten. Unter welchen Voraussetzungen und in welchem Umfang eine Höherversicherung möglich ist, regelt die Satzung des → Unfallversicherungsträgers (§ 83 S. 2 SGB VII).

Hoferbe
→ Höfeordnung.

Hofmeister
→ Hausmeier.

Hofübergabe
→ Übergabevertrag.

Hohe Behörde
hieß die in ihrer Funktion auf die → Europäische Gemeinschaft für Kohle und Stahl beschränkte Vorgängerinstitution der Europäischen Kommission; sa → Europäische Integration.

Hohe See
1. Unter Hoher See oder Hohem Meer versteht man dasjenige Seegebiet, welches frei von der Ausübung jeglicher staatlichen Hoheitsgewalt verbleibt. Es handelt sich um diejenigen Teile des Meeres, die weder zu den → inneren Gewässern noch zum → Küstenmeer, zur → Anschlusszone oder zur → ausschließlichen Wirtschaftszone gehören; unberührt bleiben ferner die Rechte am → Festlandsockel. Sa → Meeresgewässer.

2. Auf Hoher See gelten nach Art. 87 SRÜ (→ Seerechtsübereinkommen; → Seerecht) die sogenannten Meeresfreiheiten wie die Schifffahrtsfreiheit und die Fischereifreiheit. Bezüglich des Meeresbodens unter der Hohen See gelten die für den → Tiefseebergbau geltenden Regeln, soweit nicht die Vorschriften über den → Festlandsockel anwendbar sind. Auf Hoher See übt der Flaggenstaat auf allen seine Flagge rechtmäßig führenden Schiffen die ausschließliche Hoheitsgewalt aus. Es besteht kein Recht, andere Schiffe anzuhalten oder zu durchsuchen. Kriegsschiffe können allerdings gegen andere Schiffe vorgehen, die der Seeräuberei verdächtig sind. Auch die Nacheile aus dem Küstenmeer auf die Hohe See ist zulässig. Nach Art. 88 SRÜ soll die

Hohe See friedlichen Zwecken vorbehalten werden. Die Freiheit der Meere schließt allerdings eine militärische Nutzung nicht aus.

Hoheitliche Gewalt
wird ausgeübt, wenn der Staat (oder eine sonstige öffentlich-rechtliche Körperschaft oder Anstalt) zur Verwirklichung seiner Ziele kraft öff.-rechtl. Überordnung tätig wird. Im Besonderen spricht man von Ausübung hoheitlicher Gewalt (neuere Ausdrucksweise: hoheitliches Handeln, hoheitliche Tätigkeit, hoheitliche Verwaltung), wenn die Verwaltungsbehörde eine Angelegenheit mit dem Anspruch auf Verbindlichkeit regelt (im Gegensatz zum privatrechtlichen Handeln [fiskalische Verwaltung oder → Verwaltungsprivatrecht]); Ausübung hoheitlicher Gewalt in diesem Sinne ist Wesensmerkmal des → Verwaltungsaktes. Von „schlicht-hoheitlichem" Handeln spricht man, wenn der Träger öff. Verwaltung zwar öff.-rechtl. Zwecke verfolgt und sich dabei auch nicht privatrechtl. Formen bedient, aber auf den Einsatz von Verwaltungsakt und Verwaltungszwang verzichtet (vor allem im Bereich der → Daseinsvorsorge). Sa → Staatsgewalt, → Hoheitsaufgaben.

Hoheitsaufgaben
sind die Aufgaben, die ein öffentliches Gemeinwesen (Staat, Gemeinde oder sonstige Körperschaft, Anstalt) kraft öffentlichen Rechts zu erfüllen hat; sie stehen im Gegensatz zu der privatrechtlichen (fiskalischen) Betätigung. Die Ausübung hoheitsrechtlicher Befugnisse ist als ständige Aufgabe idR Angehörigen des öffentlichen Dienstes, die in einem öffentlich-rechtlichen Dienst- und Treueverhältnis stehen (→ Beamte), zu übertragen (Art. 33 IV GG). Eine Übertragung an Angestellte und Arbeiter des öffentlichen Dienstes oder an Personen außerhalb des öffentlichen Dienstes (zB an → „beliehene Unternehmer") ist danach zwar grundsätzlich möglich, muss aber auf Ausnahmen beschränkt bleiben. Der Umfang des Begriffs „hoheitsrechtliche Befugnisse" iS von Art. 33 IV GG ist nicht unumstritten.

Hoheitsbetriebe
sind nicht steuerpflichtige Betriebe der öffentlichen Hand, die überwiegend der Ausführung öffentlicher Aufgaben dienen (§ 4 V KStG, § 2 II GewStDV), zB Schlachthöfe, Forschungsanstalten, Wetterwarten, Friedhöfe, Anstalten zur Leichenverbrennung, zur Desinfektion, zur Lebensmitteluntersuchung, zur Müllbeseitigung und Müllverbrennung, zur Straßenreinigung und zur Abführung von Abwässern und Abfällen.

Hoheitsrechte
nennt man die Gesamtheit der dem Staat (iwS auch sonstigen öffentl.-rechtl. Aufgabenträgern) zur Ausübung der → Staatsgewalt zustehenden Befugnisse (Gesetzgebung, Gesetzesvollzug, Rechtsprechung). Die Hoheitsrechte bestehen nach außen im Rahmen des → Völkerrechts, innerstaatlich im Rahmen der → Verfassung und der → Gesetze. Nach Art. 24 GG kann der Bund durch Gesetz Hoheitsrechte auf zwischenstaatliche Einrichtungen übertragen und sich zur Wahrung des Friedens einem System gegenseitiger kollektiver Sicherheit einordnen; er wird hierbei in die Beschränkungen seiner Hoheitsrechte einwilligen, die eine friedliche und dauerhafte Ordnung in Europa und zwischen den Völkern der Welt herbeiführen und sichern. Ferner wird der Bund zur Regelung zwischenstaatlicher Streitigkeiten Vereinbarungen über eine allgemeine, umfassende, obligatorische, internationale Schiedsgerichtsbarkeit beitreten. Sa → supranationale Organisationen. Nach Art. 23 GG wirkt die BRep. zur Verwirklichung eines vereinten Europas bei der Entwicklung der → Europäischen Union (→ Europäische Akte; → Europäische Integration) mit. Der Bund kann hierzu durch Gesetz mit Zustimmung des Bundsrates Hoheitsrechte übertragen. Wenn bei Rechtsetzungsakten der Europ. Union im Schwerpunkt Gesetzgebungsbefugnisse der Länder betroffen sind, ist bei der Willensbildung des Bundes die Auffassung des Bundesrates maßgeblich zu berücksichtigen.

Hoheitszeichen
sind Gegenstände, in denen die Staatshoheit symbolisiert wird (staatliche Symbole), insbes. Flaggen, Standarten, Wimpel, Wappen, Kokarden, Amtsschilder und Siegel. Jedem Staat steht auch ohne ausdrückliche Bestimmung die Gestaltung seiner Hoheitszeichen zu. Im GG ist nur die → Bundesflagge geregelt (schwarz-rot-gold, Art. 22 GG); damit sind die Bundesfarben auch für alle anderen Hoheitszeichen festgelegt, auf denen Farben geführt werden. Weitere Bundessymbole sind durch Bek. des BPräs. betreffend das Bundeswappen und den Bundesadler vom 20.1.1950 (BGBl. 1950, 26) und Erlass über die Dienstsiegel vom 20.1.1950 (BGBl. 1950, 26 idF vom 28.8.1957, BGBl. 1957 I 1328) bestimmt. Die Länder haben eigene Hoheitszeichen. Der Missbrauch bestimmter Hoheitszeichen (Bundesadler, Wappen oder Dienstflagge des Bundes oder eines Landes), nämlich die unbefugte – nicht durch Erlaubnis oder sonstige Ermächtigung gedeckte – Benutzung ist → Ordnungswidrigkeit (§ 124 OWiG).

Hoher Vertreter der Union für Außen- und Sicherheitspolitik
→ GASP, → GSVP.

Holdinggesellschaft
Eine Holdinggesellschaft ist eine → Handelsgesellschaft, meist in Form einer → Aktiengesellschaft oder → Gesellschaft mit beschränkter Haftung, deren Aufgabe im Wesentlichen darin besteht, im Rahmen eines → Konzerns als Dachgesellschaft die Geschäftsanteile an anderen Gesellschaften zu verwalten und den Konzern einheitlich zu leiten.

Holografisches Testament
→ Testament (2a).

Holschuld
→ Leistungsort.

Holz
1. Das Gesetz gegen den Handel mit illegal eingeschlagenem Holz (Holzhandels-Sicherungs-Gesetz, HolzSiG) v. 11.7.2011 (BGBl. 2011 I 1345) dient der Durchführung der VO (EG) 2173/2005 v. 20.12.2005 zur Einrichtung eines Genehmigungssystems für Holzeinfuhren in die EU (ABl. EG 2005 L 347, 1) aus bestimmten Ländern. Es sieht für die ungenehmigte Einfuhr eines Holzproduktes Gefängnisstrafen von bis zu 1 Jahr, Geldstrafen sowie Bußgelder vor. → Forstrecht, → Tropenholz.

2. Die Verordnung (EU) 2023/1115 v. 31.5.2023 über die Bereitstellung bestimmter Rohstoffe und Erzeugnisse, die mit Entwaldung und Waldschädigung in Verbindung stehen, auf dem Unionsmarkt und ihre Ausfuhr aus der Union (ABl. EU 2023 L 150, 206) verbietet die Einfuhr in und Ausfuhr aus der Union von bestimmten Rohstoffen und Erzeugnissen, deren Anbaugebiete nach 2020 abgeholzt wurden. Erfasst werden Rinder, Kakao, Kaffee, Ölpalme, Kautschuk, Soja und Holz sowie Erzeugnisse, die diese Rohstoffe enthalten. Sie dürfen nur noch ein- oder ausgeführt werden, wenn sie entwaldungsfrei und gemäß den örtlichen Vorschriften erzeugt wurden sowie für sie eine Sorgfaltserklärung vorliegt (Art. 3 Waldschutz-VO). Mit diesem speziellen Lieferkettengesetz (zum allgemeinen: → Lieferkettensorgfaltspflichtengesetz) will die EU die weltweite Entwaldung und Abholzung verlangsamen und einen Beitrag zum Umweltschutz leisten. Die Verordnung gilt ab Ende 2025.

Homeoffice
→ Telearbeitsplatz.

Homo-Ehe
→ Ehe, → Lebenspartnerschaft, → gleichgeschlechtliche Lebensgemeinschaften.

Homogenitätsgrundsatz
(im Bundesstaat). Der Homogenitätsgrundsatz besagt, dass wesentliche Merkmale der (geschriebenen und gelebten) Verfassung im Gesamtstaat und den Gliedstaaten übereinstimmen. Art. 28 GG legt Rahmenbestimmungen fest, die bei der Ausgestaltung der Landesverfassungen und des sonstigen Landesrechts eingehalten werden müssen. Die Vorschrift verlangt also keine Uniformität, sondern ein Mindestmaß gleicher Regelung. Sie verlangt von den Landesverfassungen, dass sie republikanisch, demokratisch, sozialstaatlich und rechtsstaatlich ausgestaltet sind. Diesen Grundsätzen muss die verfassungsmäßige Ordnung der Länder analog der des Bundes entsprechen, worunter die „freiheitliche demokratische Grundordnung" zu verstehen ist, die „unter Ausschluss jeglicher Gewalt- und Willkürherrschaft eine rechtsstaatliche Herrschaftsordnung auf der Grundlage der Selbstbestimmung des Volkes nach dem Willen der jeweiligen Mehrheit und der Freiheit und Gleichheit darstellt".

Art. 28 I 2 GG spezifiziert das Homogenitätsgebot für das Wahlrecht in den Ländern und Kommunen. Danach muss das Volk auf Landes-, Kreis- und Gemeindeebene eine Vertretung haben, die aus allgemeinen, unmittelbaren, freien, gleichen und geheimen Wahlen hervorgegangen ist; in Gemeinden kann an deren Stelle auch die Gemeindeversammlung treten. Ein weiteres spezifiziertes Homogenitätsgebot enthält Art. 28 II GG. Danach muss den Gemeinden das Recht gewährleistet sein, alle Angelegenheiten der örtlichen Gemeinschaft im Rahmen der Gesetze in eigener Verantwortung zu regeln. Auch die Gemeindeverbände haben im Rahmen ihres gesetzlichen Aufgabenbereichs nach Maßgabe der Gesetze das Recht der Selbstverwaltung. Als Ausprägungen des Homogenitätsgrundsatzes kann man auch Art. 21 GG (politische Parteien, auch wenn sie nur auf Landesebene tätig sind) und Art. 33 I GG (staatsbürgerliche Gleichheit aller Deutschen in jedem Land) ansehen.

Homologe Insemination
→ künstliche Fortpflanzung.

Homosexuelle
Die Rechtsstellung der Homosexuellen erfuhr in den letzten Jahren erhebliche Veränderungen. Die rechtliche Schlechterstellung der Homosexuellen in der Vergangenheit wurde schrittweise abgebaut. 1994 wurde die unter bestimmten Voraussetzungen gegebene besondere Strafbarkeit → homosexueller Handlungen aufgehoben. Sachsen-Anhalt erließ schon 1997 ein Gesetz zum Abbau von Benachteiligungen von Lesben und Schwulen (Gesetz v. 22.12.1997, GVBl. 1997, 1072). Durch das Gesetz über die eingetragene → Lebenspartnerschaft v. 16.2.2001 (BGBl. 2001 I 266) wurde für gleichgeschlechtliche Lebensgemeinschaften als Zwischenschritt eine der → Ehe ähnliche Rechtslage geschaffen. Das Allgemeine GleichbehandlungsG (AGG) v. 14.8.2006 (BGBl. 2006 I 1897) verbietet die Diskriminierung von Homosexuellen insbesondere im Arbeitsverhältnis (sa → Gleichbehandlung, 2). Nach dem Gesetz zur Einführung des Rechts auf Eheschließung für Personen gleichen Geschlechts (BGBl. 2017 I 2787) kommt es mWv 1.10.2017 auf das Geschlecht der Ehepartner nicht mehr an (sa → Lebenspartnerschaft, → Ehe; „Ehe für Alle"); das Rechtsinstitut der Lebenspartnerschaft wurde dadurch überflüssig. Da Homosexuellen damit auch eine Ehe eingehen können, sind sie rechtlich heterosexuellen Paaren in jeder Hinsicht gleichgestellt.

Homosexuelle Handlungen
Homosexuelle Handlungen unter Männern standen im deutschen Recht bis in die jüngere Vergangenheit in stärkerem Umfang unter Strafe als heterosexuelle Handlungen. Bis 1969 waren sie als solche strafbar, während für homosexuelle Handlungen unter Frauen keine besonderen Strafdrohungen bestanden. Beeinflusst durch Aufklärung, Philosophie und das Erstarken der Naturwissenschaften traten dabei in den strafrechtlichen Kodifikationen des 19. Jhr. zunächst gegenständlich beschränkte und mildere Straftatbestände an die Stelle drakonischer, auf das kanonische Recht zurückgehender Bestrafungen. So bedrohte § 175 des Reichsstrafgesetzbuchs von 1871 im Anschluss an das preussische Recht die „widernatürliche Unzucht, welche zwischen Personen männlichen Geschlechts oder von Menschen mit Tieren begangen wird" (nur mehr) mit Gefängnis, was eine Höchststrafe von fünf Jahren Freiheitsstrafe bedeutete. Dabei sah die Rechtsprechung des Reichsgerichts zudem den Begriff „widernatürlich" als Ausdruck einer Beschränkung der Strafbarkeit auf beischlafähnliche Handlungen. Diese endete 1935 mit der Neufassung des Tatbestands unter dem nationalsozialistischen Regime, in welcher dieser Begriff entfiel und mit § 175a StGB zudem ein Qualifikationstatbestand geschaffen wurde, der ua Fälle des Einsatzes von Gewalt oder der Ausnutzung eines Abhängigkeitsverhältnisses mit → Zuchthaus bis zu 10 Jahren bedrohte. Diese Gesetzeslage galt, ausdrücklich gebilligt durch das Bundesverfassungsgericht (BVerfG NJW 1957, 865), den BGH und nahezu das gesamte strafwissenschaftliche Schrifttum bis 1969 fort, wobei das BVerfG wegen des prägenden „biologischen Geschlechtsunterschieds" auch einen Verstoß gegen das Gebot der Gleichbehandlung von Mann und Frau (Art. 3 II, III GG) verneinte. Im Zug der Strafrechtsreform ab 1969 (→ Strafrecht 2) wurde § 175 StGB im Wesentlichen auf den Gehalt des zugleich weggefallenen § 175a StGB und damit auf eine Jugendschutzvorschrift reduziert, die homosexuelle Handlungen unter Männern neben Fällen der Nutzung von Gewalt uä nur noch in den Fällen unter Strafe stellte, in denen sie ein Mann über 18 Jahren an einem Mann unter 18 Jahren vornahm oder von diesem an sich vornehmen ließ. Erst durch das 29. StrÄndG 1994 wurden sie heterosexuellen Handlungen gleichgestellt und sind wie diese nur noch unter den weiteren Voraussetzungen der → Sexualstraftaten, insbes. des → sexuellen Missbrauchs von Kindern und des → sexuellen Missbrauchs von Jugendlichen, strafbar.

Die nach § 175 StGB aF ergangenen Urteile aus nationalsozialistischer Zeit wurden 2002 aufgehoben durch Erweiterung des Gesetzes zur Aufhebung nationalsozialistischer Unrechtsurteile in der Strafrechtspflege (BGBl. 2002 I 2714). Die in der Bundesrepublik – bis 1969 auf gleicher Rechtsgrundlage – ergangenen Urteile wurden mit dem zum 22.7.2017 in Kraft getretenen Gesetz zur strafrechtlichen Rehabilitierung der nach dem 8. Mai 1945 wegen einvernehmlicher homosexueller Handlungen verurteilten Personen vom 17. Juli 2017 (BGBl. 2017 I 2443) aufgehoben. Ausgenommen hiervon sind ua Verurteilungen, denen sexuelle Handlungen mit Personen unter 16 Jahren zugrunde lagen.

Honoraranspruch
→ Arzt, → Rechtsanwaltsgebühr, → Dienstvertrag (2), → Werkvertrag (2).

Honorar-Finanzanlagenberater
Nach § 34h GewO ist Honorar-Finanzanlagenberater, wer gewerbsmäßig zu Finanzanlagen → Anlageberatung erbringt, ohne von einem Produktgeber eine Zuwendung zu erhalten oder von ihm in anderer Weise abhängig zu sein. Honorar-Finanzanlagenberater dürfen sich die Erbringung der Beratung nur durch den Anleger vergüten lassen. Sie bedürfen einer → Erlaubnis (behördliche) und dürfen nicht gleichzeitig das Gewerbe eines → Finanzanlagenvermittlers ausüben. Kennzeichnend ist damit für sie die Vergütung durch den Anleger und die Unabhängigkeit.

Honorar-Immobiliardarlehensberater
→ Immobiliardarlehensvermittler.

Honorarkonsul
→ Konsul, → Wahlkonsul.

Honorarordnung für Architekten und Ingenieure
oder HOAI: → Architekten- und Ingenieurvertrag, → Preisrecht.

Honorarprofessoren
Honorarprofessoren sind nebenberuflich an wissenschaftlichen → Hochschulen tätige → Hochschullehrer. Maßgebend ist das → Hochschulrecht des Landes (vgl. zB § 41 G über die Hochschulen des Landes Nordrhein-Westfalen v. 16.9.2014, GV 2014, 547). Zum Honorarprofessor kann bestellt werden, wer zur wissenschaftlichen Tätigkeit geeignet und nach seinen wissenschaftlichen Leistungen den Anforderungen entspricht, die an Professoren dieser Hochschulen gestellt werden. Sie sind häufig wissenschaftlich ausgewiesene Praktiker mit langjähriger Bewährung als → Lehrbeauftragte. Honorarprofessoren sind Mitglieder der Hochschule. Honorarprofessoren erhalten für ihre Lehrtätigkeit idR keine Vergütung. Die Verleihung der Honorarprofessur ist nach Maßgabe des Landesrechts eine idR nach einer gewissen Zeit von der tatsächlichen Ausübung unabhängige → akademische Würde.

Hopfen
Die Kletterpflanze Hopfen ist ein landwirtschaftliches Erzeugnis, das für die Herstellung von → Bier benötigt wird. Hopfen unterliegt den Vorschriften der → Gemeinsamen Agrarpolitik, was zur Folge hat, dass Vermarktung,

→ Erzeugergemeinschaften, Beihilfen sowie Im- und Export unionsrechtlich geregelt sind. Deutsche Ausführungsvorschriften sind vor allem das Hopfengesetz (HopfG) v. 21.10.1996 (BGBl. 1996 I 1530 mÄnd) sowie die Verordnung zur Durchführung unionsrechtlicher Vorschriften im Hopfensektor (HopfV 2023) v. 9.3.2023 (BGBl. 2023 I Nr. 61).

Horizontalvereinbarungen
zwischen Unternehmen, die auf demselben Markt als Wettbewerber auftreten, zur Beschränkung des Wettbewerbs sind im → Kartellrecht grds. verboten; sie können jedoch die Voraussetzungen einer → Freistellung im Kartellrecht erfüllen. Das Verbot betrifft alle Formen von → Kartellen, → abgestimmten Verhaltensweisen und → Beschlüssen von Unternehmensvereinigungen. Die → Europäische Kommission hat ergänzende Leitlinien zur Anwendbarkeit von Art. 101 AEUV auf Vereinbarungen über horizontale Zusammenarbeit aufgestellt (ABl. EU 2011 C 11/1).

Hospitalisierungsrate
Nach einer früheren Fassung des § 28a IfG (→ Infektionsschutzgesetz) sollten während einer → epidemischen Lage von nationaler Tragweite bei einer → COVID-19-Pandemie (→ COVID-19) infektionsschutzrechtliche Schutzmaßnahmen insbesondere an die Hospitalisierungsrate angeknüpft werden. Wesentlicher Maßstab war insbesondere die Anzahl der in Bezug auf COVID-19 in ein Krankenhaus aufgenommenen Einwohner je 100.000 Einwohner innerhalb von 7 Tagen. Die Landesregierungen konnten die Einzelheiten und die Schwellenwerte in einer Rechtsverordnung präzisieren. Die Regelung ist durch die geltende Fassung des IfSG überholt.

Hospitant
Mitglied eines → Parlaments oder einer kommunalen Vertretung, der sich der → Fraktion einer Partei angeschlossen hat, der er selbst nicht als Parteimitglied angehört.

Hospizbehandlung
Die Hospizbehandlung ist in § 39a SGB V geregelt. Unter den dort geregelten Voraussetzungen ist die Aufnahme in ein Hospiz und die Übernahme der Kosten durch die Krankenkassen möglich → Stationäre Hospize.

Hospize
Hospize sind Einrichtungen, die darauf spezialisiert sind austherapierten Patienten die bestmögliche Sterbebegleitung zu erbringen → Stationäre Hospize. Die gesetzliche Grundlage dazu findet sich in § 39a SGB V.

Hotel
Für Hotels gelten überwiegend die Vorschriften für → Gaststätten. Zum Beherbergungsvertrag → Gastwirtsvertrag, zu Einschränkungen während der → Corona- oder → COVID-19-Krise → Beherbergungsverbot.

Hotspot
Bei einer lokal begrenzten bedrohlichen Infektionslage in einem bestimmten Bereich („Hotspot“) konnten während der COVID-19-Pandemie (→ COVID-19) in durch eine dynamische Infektionslage konkret gefährdeten Gebietskörperschaften erweiterte Schutzvorkehrungen getroffen werden, zB Maskenzwang (→ Mund- und Nasenschutz), → Abstandsgebote, → 3G-Regelung oder Hygienekonzepte. Eine → epidemische Lage von nationaler Tragweite musste hierfür nicht vorliegen.

House of Commons
(Unterhaus). Zweite Kammer des britischen Parlaments, deren Mitglieder aus allgemeinen, freien und geheimen Wahlen nach einem Mehrheitswahlrecht hervorgehen. Beim House of Commons liegt die Machtfülle des Parlaments; das → House of Lords hat demgegenüber nur geringe politische Befugnisse.

House of Lords
(Oberhaus) ist die erste Kammer des britischen Parlaments. Ihm gehörten mehrere hundert Mitglieder der englischen und schottischen Hocharistokratie sowie einige Repräsentanten der englischen Staatskirche und der Richterschaft an. 1999 wurde im Rahmen einer umfassenden Reform die Erblichkeit der Mitgliedschaft für die Hocharistokratie abgeschafft. Lediglich 89 Erbmitglieder dürfen ihren Sitz behalten; mit den idR auf Lebenszeit ernannten Mitgliedern und den 26 Vertretern der Geistlichkeit hat das Oberhaus derzeit 793 Mitglieder. Das House of Lords wirkt bei der Gesetzgebung (ausgenommen die sog. „money-bills“-Gesetze über Steuern und Staatsausgaben) mit; versagt es einem Gesetzentwurf die Zustimmung, so kann es den Gesetzesbeschluss bis zu zwölf Monate verzögern und dann vom → House of Commons überstimmt werden. Das richterliche Committee des House of Lords ist oberstes Gericht des Vereinigten Königreichs.

Humangenetik
umfasst insbes. die Aufklärung, Erkennung und Behandlung von genetisch bedingten Erkrankungen des Menschen; sa → Gen-Recht.

Humanitäres Völkerrecht
→ Genfer Konventionen. Zur Zulässigkeit eines Angriffskrieges aus humanitären Gründen → Gewaltverbot.

Humanitätsverbrechen
→ Menschlichkeitsverbrechen.

Hunde
Es ist verboten, → Fleisch von Hunden oder hundeartigen Tieren für den menschlichen Verzehr zu gewinnen oder in Verkehr zu bringen (§ 22 Tierische Lebensmittel-HygieneVO, s. → Lebensmittel- und Futtermittelhygiene, 1b). Unabhängig vom Verwendungszweck ist die Einfuhr dieses Fleisches verboten (§ 13a

LebensmitteleinfuhrVO idF v. 15.9.2011, BGBl. 2011 I 1860) mÄnd.

Das Inverkehrbringen, die Ein- und Ausfuhr von Hundefellen oder Produkten, die diese enthalten, sind durch VO (EG) 1523/2007 v. 11.12.2007 (ABL. EG 2007 L 343, 1) verboten. Nach § 5 Tiererzeugnisse-Handels-VerbotsG v. 8.12.2008 (BGBl. 2008 I 2394) mÄnd können Ordnungswidrigkeiten mit bis zu 30 000 EUR geahndet, die Gegenstände eingezogen werden.

Sa → Haustiere, → Hundehaltung, → Kampfhunde, → Jagdschutz, → Tierische Nebenprodukte, → Tollwut, → Wildernde Hunde und Katzen.

Hundehaltung
muss den Anforderungen des → Tierschutzes, die für Halten und Züchten in der Tierschutz-HundeVO v. 2.5.2001 (BGBl. 2001 I 838) iE geregelt sind, entsprechen.

Wer einen gefährlichen Hund sich frei umherbewegen lässt oder als Verantwortlicher die nötigen Vorsichtsmaßnehmen zur Verhütung von Schäden durch den Hund nicht trifft, begeht eine → Ordnungswidrigkeit, die mit Geldbuße bedroht ist (§ 121 OWiG, → Tierhalter). Zusätzlich gilt der ebenfalls bußgeldbewehrte § 28 StVO für → Tiere im Straßenverkehr. Daneben bestehen für → Kampfhunde besondere landesrechtliche Vorschriften über das Halten und ein Zucht- und Handelsverbot sowie ein bundesgesetzliches Einfuhr- und Verbringungsverbot. Verstöße gegen letzteres sind mit Strafe bedroht (§ 5 Hundeverbringungs- und -einfuhrbeschränkungsG (HundVerbrEinfG) v. 12.4.2001, BGBl. 2001 I 530). → Wildernde Hunde und Katzen.

Hundesteuer
ist eine → Gemeindesteuer, die das Halten eines über drei Monate alten Hundes erfasst. Befreit sind ua Diensthunde, Blindenhunde. Ermäßigte Sätze gelten für Wachhunde, Melde-, Sanitäts-, Schutz- und Fährtenhunde, für Hundezüchter (Zwingersteuer) und -händler.

Hungerstreik
→ Zwangsbehandlung.

Hupen von Kraftfahrzeugen
→ Warnzeichen im Straßenverkehr.

Hygienevorschriften
Hygiene (griechisch: der Gesundheit zuträglich, gesund) ist ein wichtiger Aspekt verschiedener Rechtsgebiete: S. zu verschiedenen Hygienevorschriften ua → Infektionsschutzgesetz, → Lebensmittel- und Futtermittelhygiene, → tierische Nebenprodukte, → Gaststätte, → Badegewässer.

Hymne der Bundesrepublik
Hymne der BRep. Deutschland ist das Deutschlandlied (→ Nationalhymne). Die Hymne gehört wie die → Bundesflagge zu den Symbolen der BRep. Deutschland. Die öffentlich oder durch Verbreiten von → Schriften oder anderen Darstellungen begangene Verunglimpfung (→ Beschimpfung) der Hymne ist in § 90a StGB mit Freiheitsstrafe bis zu 3 Jahren (bei absichtlicher Unterstützung von Bestrebungen gegen den Bestand der BRep. oder gegen Verfassungsgrundsätze: bis zu 5 Jahren) oder Geldstrafe bedroht.

Hypnose
Die Anwendung der Hypnose kann als Mittel der → Gewalt ein Tatbestandsmerkmal eines sog. → Gewaltdelikts erfüllen. Die Anwendung von Hypnose ist – ebenso wie Misshandlung, Täuschung usw – bei der Vernehmung von Beschuldigten oder Zeugen im Strafverfahren verboten (§§ 136a, 163a III StPO, § 69 III StPO); sa → Geständnis, → Vernehmungen im Strafverfahren, → Beweisverbote.

Hypothek
1. Die Hypothek ist nach der Systematik des BGB die Grundform des → Realkredits. Die Hypothek ist eine Belastung eines → Grundstücks oder → Miteigentumsanteils in der Weise, dass zugunsten des Berechtigten eine bestimmte Geldsumme wegen einer diesem zustehenden (auch künftigen oder bedingten) Forderung aus dem Grundstück zu zahlen ist (§ 1113 BGB, § 1114 BGB); ein Recht zum → Besitz an dem Grundstück gewährt die Hypothek nicht. Während der Schuldner die Erfüllung der Forderung schuldet, haftet, ohne selbst zu schulden (→ Haftung), hierfür der Grundstückseigentümer mit dem Wert seines Grundstücks. Entgegen dem Sprachgebrauch der Praxis ist das Entscheidende der Bestand der Forderung, an die die Hypothek nur „angelehnt" ist. Diese → Akzessorietät zeigt sich vor allem bei der Begründung (nur der Forderungsgläubiger kann Hypothekengläubiger werden, während andererseits Forderungsschuldner und Grundstückseigentümer nicht dieselbe Person zu sein brauchen, s. 4), bei der Übertragung (die Hypothek geht mit der Forderung auf den neuen Gläubiger über; eine getrennte Übertragung ist nicht möglich, § 1153 BGB; Ausnahme: gutgläubiger Erwerb, s. 5) und beim Erlöschen der Forderung (s. 6). Die folgenden Ausführungen gelten für die vom Gesetz als Regelfall angenommene sog. Verkehrshypothek. Sondervorschriften enthält das BGB für die → Sicherungshypothek, → Gesamthypothek, → Höchstbetragshypothek. S. ferner → Tilgungshypothek (dort auch über Abzahlungs- und Festhypothek), → Eigentümerhypothek, → Zwangshypothek, → Arresthypothek, → Versicherungshypothek sowie → Grundschuld und → Rentenschuld (Grundpfandrechte).

2. Die Hypothek entsteht durch → Einigung zwischen Gläubiger und Grundstückseigentümer und Eintragung aller wesentlichen Umstände, insbes. Höhe der Forderung, Zinssatz, Gläubiger, im → Grundbuch (§ 1115 BGB, → Grundstücksrechte). Dies gilt jedoch nur für die sog. Buchhypothek. Regelmäßig, dh sofern zwischen den Beteiligten nichts anderes vereinbart ist, wird über die Hypothek

ein → Hypothekenbrief erteilt (sog. Briefhypothek, § 1116 BGB). Der Gläubiger erwirbt eine Briefhypothek erst, wenn ihm der Brief von dem Eigentümer des Grundstücks oder bei entsprechender Vereinbarung direkt vom → Grundbuchamt ausgehändigt wird § 1117 BGB; vorher → Eigentümergrundschuld; → Zwischenfinanzierung).

3. Dem Hypothekengläubiger haften auf Grund der Hypothek das Grundstück mit allen → Bestandteilen, Früchte bis zu einem → Fruchterwerb durch einen Berechtigten, das dem Grundstückseigentümer gehörende → Zubehör, etwaige Miet- und Pachtforderungen, Forderungen gegen eine Versicherung (zB Gebäudeversicherung) sowie → Anwartschaftsrechte (bei Erwerb von Zubehörstücken unter → Eigentumsvorbehalt, §§ 1120 ff. BGB). Erzeugnisse, Bestandteile u. dgl. werden von der hypothekarischen Haftung frei, wenn sie vor der → Beschlagnahme durch den Hypothekengläubiger in der Zwangsvollstreckung (s. 4) veräußert oder von dem Grundstück entfernt worden sind (§§ 1121 f. BGB); Veräußerungen nach der Beschlagnahme sind dem Hypothekengläubiger gegenüber unwirksam (relative → Verfügungsbeschränkung; s. aber → gutgläubig – lastenfreier Erwerb).

4. Während der Hypothekengläubiger zugleich auch Forderungsgläubiger (die Forderung kann allerdings ausgewechselt werden, § 1180 BGB) sein muss, kann der persönliche Schuldner der Forderung von dem Eigentümer des Grundstücks verschieden sein (zB bei nachträglicher Übereignung des Grundstücks, s. aber → Schuldübernahme). Für das Rechtsverhältnis zwischen Gläubiger und persönlichem Schuldner gelten die allgemeinen Vorschriften (zB → Darlehen). Gegenüber dem Grundstückseigentümer hat der Gläubiger vor → Fälligkeit der Forderung bei Verschlechterung des Grundstücks und mithaftender Gegenstände Beseitigungs- und Unterlassungsansprüche (§§ 1133 ff. BGB; sog. Devastationsklage). Nach Fälligkeit der persönlichen Forderung kann er vom Grundstückseigentümer nicht Zahlung der Forderung, sondern nur Duldung der Zwangsvollstreckung in das Grundstück und in die mithaftenden Gegenstände verlangen (§ 1147 BGB). Voraussetzung für die Geltendmachung der Hypothek ist ein dinglicher Titel (→ Urteil, → vollstreckbare Urkunde ua, die sich auf die Hypothek beziehen); die Zwangsvollstreckung in das Grundstück erfolgt durch → Zwangsversteigerung oder → Zwangsverwaltung. Gegenüber der Klage des Hypothekengläubigers kann der Grundstückseigentümer auch die dem persönlichen Schuldner gegen die Forderung zustehenden → Einreden (zB Stundung) sowie die einem → Bürgen zustehenden Einreden geltend machen (§ 1137 BGB). Um die Zwangsvollstreckung in sein Grundstück abzuwenden, ist der Grundstückseigentümer berechtigt, den Gläubiger zu befriedigen (auch durch → Hinterlegung oder → Aufrechnung), sobald die Forderung fällig oder der persönliche Schuldner leistungsberechtigt ist (§ 1142 BGB, sog. Ablösungsrecht). Ist der Eigentümer nicht der persönliche Schuldner, so geht durch die Ablösung die Forderung (und damit die Hypothek, s. 6) wie bei der → Bürgschaft auf ihn über § 1143 BGB). Auch Dritte (zB ein Pächter des Grundstücks) haben unter diesen Voraussetzungen ein → Ablösungsrecht (§ 1150 BGB); Forderung und Hypothek gehen mit der Ablösung auf sie über (§ 268 BGB, § 401 BGB, § 412 BGB, § 1153 BGB).

5. Die Hypothek kann nur zusammen mit der durch sie gesicherten Forderung übertragen werden (§ 1153 BGB). Zur Abtretung der Briefhypothek ist eine → Abtretung der Forderung in schriftlicher Form und die Übergabe des Hypothekenbriefs erforderlich (also keine Eintragung im Grundbuch), während es bei der Buchhypothek bei den allgemeinen Vorschriften über → Grundstücksrechte verbleibt (dh Einigung und Eintragung im Grundbuch, § 1154 BGB). Die schriftliche Abtretung bei der Briefhypothek muss auf Verlangen des neuen Gläubigers in öffentlich beglaubigter → Form stattfinden. Dies ist von erheblicher Bedeutung für einen etwaigen gutgläubigen Erwerb. Ergibt sich nämlich das Gläubigerrecht des Besitzers des Hypothekenbriefs aus einer zusammenhängenden, auf einen im Grundbuch eingetragenen Gläubiger zurückführenden Reihe von öffentlich beglaubigten Abtretungserklärungen, so finden die Vorschriften über den → öffentlichen Glauben des Grundbuchs und den → gutgläubigen Erwerb Erwerb (§§ 891 ff. BGB) in gleicher Weise Anwendung, wie wenn der Besitzer des Briefs bereits im Grundbuch als Hypothekengläubiger eingetragen wäre (§ 1155 BGB). Ein gutgläubiger Erwerb einer eingetragenen aber nicht bestehenden Hypothek ist nach den allgemeinen Vorschriften möglich (§ 892 BGB). Besteht nur die gesicherte Forderung nicht oder infolge Tilgung nicht mehr (→ Eigentümerhypothek), so erlangt ein gutgläubiger Erwerber der Hypothek zwar nicht die (nicht existierende) Forderung, weil das BGB einen gutgläubigen Erwerb einer Forderung nicht kennt; für das Verhältnis zwischen Grundstückseigentümer und neuem Gläubiger wird jedoch fingiert (→ Fiktion), dass der nunmehr forderungsentkleideten Hypothek tatsächlich eine Forderung zugrunde liege (§ 1138 BGB; anders bei der forderungsabhängigen → Sicherungshypothek). Die Vorschriften über den gutgläubigen Erwerb gelten schließlich auch für die dem Eigentümer gegenüber dem (neuen) Gläubiger zustehenden Einreden (gutgläubig einredefreier Erwerb, § 1137 BGB, § 1157 BGB).

6. Die Hypothek erlischt bei Befriedigung des Gläubigers aus dem Grundstück, dh nach Durchführung der Zwangsvollstreckung (§ 1181 BGB), ferner bei Ausfall in der Zwangsversteigerung, dh wenn der Erlös nicht zur Befriedigung einer nachrangigen Hypo-

thek ausreicht (§ 52 ZVG). In allen anderen Fällen (mit Ausnahme der rechtsgeschäftlichen Aufhebung, zu der die Zustimmung des Grundstückseigentümers erforderlich ist, § 1183 BGB), zB bei freiwilliger Befriedigung des Gläubigers durch den Eigentümer, bei Tilgung der Forderung durch den persönlichen Schuldner, bei → Konsolidation usw geht die Hypothek nicht unter; sie geht vielmehr mit gleicher Rangstelle regelmäßig auf den Grundstückseigentümer über (→ Eigentümerhypothek, → Eigentümergrundschuld). Hat der persönliche Schuldner, der den Hypothekengläubiger befriedigt, einen Ersatzanspruch gegen den Grundstückseigentümer, so geht zu seiner Sicherung insoweit auch die Hypothek (als Fremdhypothek) auf ihn über (§ 1164 BGB). Auch bei einseitigem, im Grundbuch eintragungsbedürftigem Verzicht des Gläubigers auf die Hypothek erwirbt diese der Eigentümer (§ 1168 BGB). Im Interesse der Erhaltung des Rangs (→ Rang von Grundstücksrechten) für den Eigentümer ist daher das strenge Akzessorietätsprinzip (Erlöschen des dinglichen Rechts mit der gesicherten Forderung) bei der Hypothek zugunsten der Eigentümerhypothek aufgegeben.

7. Gebiet ehem. DDR: Die bisher (nach §§ 452 ff. ZGB) bestellten, inhaltlich einer → Sicherungshypothek ähnelnden Hypothek gelten nach Art. 233 §§ 3, 6 EGBGB mit ihrem bisherigen Inhalt und Rang (sog. Aufbauhypotheken bis zum 1.7.1990 zwingend an erster Rangstelle) fort. Für ihre Übertragung und Aufhebung gelten die og Vorschriften des BGB; eine → Eigentümerhypothek entsteht jedoch nicht. Altrechte aus der Zeit vor dem ZGB richten sich ausschließlich nach BGB.

Hypothekenbanken
Hypothekenbanken waren privatrechtliche → Kreditinstitute, deren Geschäftsbetrieb darauf gerichtet war, Grundstücke zu beleihen und auf Grund der erworbenen → Hypotheken gedeckte Schuldverschreibungen (→ Hypothekenpfandbriefe) auszugeben (§ 1 HypothekenbankG idF v. 9.9.1998, BGBl. 1998 I 2674, aufgehoben durch Gesetz v. 22.5.2005, BGBl. 2005 I 1373). Sie durften nur in der Rechtsform der → Aktiengesellschaft oder → Kommanditgesellschaft auf Aktien geführt werden und waren in ihrer Geschäftstätigkeit beschränkt. Dieses Spezialbankenprinzip wurde durch das PfandBG (→ Pfandbriefrecht) beseitigt. Das → Pfandbriefgeschäft steht nunmehr allen Kreditinstituten mit entsprechender Erlaubnis (→ Pfandbriefbanken) offen (Universalbankenprinzip). Umgekehrt können seit 2005 die damals 24 Hypothekenbanken fast alle → Bankgeschäfte betrieben (§ 43 PfandBG). Gleiches gilt für → Schiffspfandbriefbanken.

Hypothekenbrief
Über die → Hypothek wird regelmäßig ein Hypothekenbrief erteilt. Der Brief ist sowohl für den Erwerb dieser sog. Briefhypothek durch den Gläubiger, ihre Übertragung, Verpfändung und Pfändung wie auch für ihre Geltendmachung von Bedeutung (ohne Vorlage des Briefs kann der Schuldner widersprechen, § 1160 BGB, § 1161 BGB). Der Hypothekenbrief ist eine vom → Grundbuchamt ausgestellte öffentliche Urkunde und ein → Wertpapier; allerdings steht das → Eigentum hieran stets dem Gläubiger der Hypothek zu (§ 952 II BGB). Der Hypothekenbrief genießt – anders als das → Grundbuch – keinen → öffentlichen Glauben, kann aber umgekehrt den öffentlichen Glauben des Grundbuchs zerstören (zB wenn auf ihm eine Tilgung der Hypothek vermerkt ist, § 1140 BGB). Der Hypothekenbrief kann jedoch die Grundlage eines gutgläubigen Erwerbs der Hypothek (s. dort 5) sein (§ 1155 BGB). Bei Verlust kann der Hypothekenbrief für kraftlos erklärt werden (→ Aufgebotsverfahren, § 1162 BGB).

Hypothekenpfandbriefe
sind gedeckte → Schuldverschreibungen, die → Pfandbriefbanken iRd von ihnen betriebenen → Pfandbriefgeschäfts zur Finanzierung der von ihnen ausgereichten Immobiliendarlehen ausgeben (§ 1 I 2 Nr. 1 PfandBG); sa → Pfandbriefe, → Hypothekenbanken.

Hypothekenregister
→ Pfandbriefbanken (3).

Hypothekenübernahme
Oftmals wird bei einem → Grundstückskaufvertrag in Anrechnung auf den Kaufpreis eine hypothekarisch gesicherte Schuld übernommen. Diese Hypothekenübernahme ist eine → Schuldübernahme; deren allgemeine Regeln gelten auch hier. Daneben sieht § 416 BGB eine erleichterte Form für die Hypothekenübernahme vor: Ist der Erwerber des Grundstücks (neuer Schuldner) als Eigentümer im Grundbuch eingetragen worden und teilt er – nicht der bisherige Schuldner – die Hypothekenübernahme dem Gläubiger schriftlich mit dem Hinweis mit, dass er an Stelle des bisherigen Schuldners trete, wenn die Genehmigung nicht binnen 6 Monaten verweigert werde, so gilt die Genehmigung des Gläubigers als erteilt (→ Fiktion), wenn der Gläubiger sie nicht vorher ausdrücklich verweigert, also auch bei Schweigen.

Hypothetische Einwilligung
→ Einwilligung des Verletzten 3b.

Hypothetische Kausalität, Schadensentwicklung
→ Schadensersatz (1).

IAEA
(International Atomic Energy Agency) ist die engl. Bezeichnung für die → Internationale Atomenergie-Organisation; sa → Atomwaffensperrvertrag.

IAS
(Integration Accounting Standards) ist die Bezeichnung für internationale Bilanzierungsregelungen. Einzelheiten bei → International Financial Reporting Standards.

IBRD
(International Bank for Reconstruction and Development) engl. Bezeichnung für die → Weltbank.

ICAO
(= International Civil Aviation Organization) ist die für die internationale Zivilluftfahrt zuständige Sonderorganisation der → Vereinte Nationen.

ICT-Karte
1. Eine ICT-Karte ist ein → Aufenthaltstitel nach der RL 2014/66/EU v. 15.5.2014 (ABl. EU 2014 L 157, 1) über die Bedingungen für die Einreise und den Aufenthalt von Drittstaatsangehörigen im Rahmen eines unternehmensinternen Transfers (§ 19 I 1 AufenthG). ICT steht für „Intra-Corporate-Transfer". Dadurch soll die Mobilität innerhalb einer Unternehmensgruppe gefördert werden.

2. Die ICT-Karte gibt es nur für Führungskräfte oder Spezialisten, die von einem Unternehmen außerhalb der EU in eine Niederlassung innerhalb der EU abgeordnet werden (vgl. § 19 AufenthG; sa → Ausländerrecht). Der Transfer soll eine Mindestdauer von 90 Tagen haben und maximal 3 Jahre andauern (§ 19 II u. IV AufenthG); für Trainees ist die Dauer auf 1 Jahr begrenzt (§ 19 III u. IV AufenthG). Im Rahmen der kurzfristigen Mobilität können Arbeitnehmer, die bereits Inhaber einer ICT-Karte eines anderen EU-Mitgliedsstaates sind, kurzfristig bis zu 90 Tage innerhalb ihres Unternehmens nach Deutschland transferiert werden, ohne dass es eines Aufenthaltstitels bedarf (§ 19a AufenthG).

3. Mit der Mobilen ICT-Karte ist es möglich, Arbeitnehmer, die bereits Inhaber einer ICT-Karte eines anderen EU-Mitgliedsstaates sind, auch langfristig innerhalb ihres Unternehmens oder innerhalb ihrer Unternehmensgruppe nach Deutschland zu transferieren; der Transfer soll eine Mindestdauer von 90 Tagen haben (§ 19b I und II Nr. 2 AufenthG). Die Höchstdauer des unternehmensinternen Transfers darf insgesamt 3 Jahre nicht übersteigen (§ 19b VI Nr. 1 AufenthG).

IDA
(International Development Association) ist die engl. Bezeichnung für die → Internationale Entwicklungsorganisation.

Idealkonkurrenz
(Tateinheit) → Konkurrenz von Straftaten.

Idealverein
→ Verein (1a).

Ideeller Schaden
→ Schaden.

Identifikationsnummer
→ Binnenmarkt, Umsatzsteuer (2c).

Identische Norm
Nach dem Grundsatz der identischen Norm sind im → internationalen Recht bestimmte Rechtsfolgen davon abhängig, dass die im Einzelfall maßgeblichen Rechtsvorschriften in den beteiligten Staaten übereinstimmen. Das gilt zB für die → Auslieferung strafrechtlich Verfolgter; ferner nach deutschem Strafrecht für die Strafbarkeit einer im Ausland gegen einen Deutschen begangenen Tat (s. → Geltungsbereich des Strafrechts, 5).

Identitätsfeststellung
1. Bei der Identitätsfeststellung handelt es sich um eine → polizeiliche Maßnahme, deren Voraussetzungen im → Polizeirecht geregelt sind (sa → Polizei). Die Identitätsfeststellung ist ein Spezialfall der polizeilichen → Datenerhebung. Man unterscheidet dabei die Identitätsfeststellung im engeren Sinn, die sogenannte Anhaltung, → erkennungsdienstliche Maßnahmen und die → Vorladung. Die Identitätsfeststellung im engeren Sinn (Anhaltung) ist zulässig zur Abwehr einer (konkreten) Gefahr, wenn sich der Betroffene an sog. „verrufenen Orten" (Treffpunkt von Straftätern) aufhält oder an → Kontrollstellen nach § 111 StPO. Nach dem Polizeirecht einiger Länder (zB Art. 13 Bayerisches Polizeiaufgabengesetz v. 14.9.1990, GVBl. 1990, 397, mÄnd) sind auch verdachtsunabhängige Kontrollen im Grenzgebiet in einer Tiefe bis zu 30 km, an Durchgangsstraßen, Bahnhöfen und Flughäfen möglich. Bei der Identitätsfeststellung im engen Sinn (Anhaltung) kann die Polizei den Betroffenen anhalten, ihn nach seinen Personalien befragen und die Aushändigung der mitgeführten Ausweispapiere verlangen. Der Betroffene darf festgehalten und zur Dienststelle verbracht werden, wenn die Identität anders nicht oder nur unter erheblichen Schwierigkeiten festgestellt werden könnte.

2. Im Strafverfahren (auch → Ermittlungsverfahren) können Polizei und StA die zur Identitätsfeststellung des Beschuldigten erforderlichen Maßnahmen treffen. Vorher ist ihm zu eröffnen, welche Straftat ihm zur Last gelegt wird. Notfalls kann er festgehalten wer-

den; auch sind Durchsuchung seiner Person und der mitgeführten Sachen sowie erkennungsdienstliche Maßnahmen zulässig. Gegen andere Personen dürfen die Maßnahmen zur Identitätsfeststellung nur eingeschränkt angewendet werden, gegen ihren Willen jedoch nicht Durchsuchungen und erkennungsdienstliche Maßnahmen (§ 163b StPO). Über die Zulässigkeit der Festhaltung, die 12 Std. nicht überschreiten darf, ist eine Entscheidung des Richters beim Amtsgericht herbeizuführen; der Festgehaltene ist wie ein Beschuldigter auf seine Rechte hinzuweisen (→ Festnahme, 2). Der Richter hat einen Angehörigen oder eine Person des Vertrauens zu benachrichtigen (§ 163c StPO). Sa → molekulargenetische Untersuchung.

3. Die → Bundespolizei hat die Befugnis zur Identitätsfeststellung, soweit sie Straftaten verfolgt, wie die Polizei, den grenzüberschreitenden Verkehr kontrolliert oder bestimmte Gefährdungslagen bestehen; außerdem hat sie die Befugnis zur Identitätsfeststellung verdachtsunabhängig im Grenzgebiet bis zu einer Tiefe von 30 km (von der seewärtigen Begrenzung bis zu einer Tiefe von 50 km) sowie zur Befragung und Prüfung der Ausweispapiere bis 30.6.2007 auch in Zügen, auf Bahnhöfen und Flughäfen (s. § 2 II 1 Nr. 3 BPolG, § 23 I BPolG, § 22 I a BPolG, → Grenzkontrollen).

IFC
(International Finance Corporation) = → Internationale Finanz-Corporation.

IFRS
→ International Financial Reporting Standards.

IGH
→ Internationaler Gerichtshof.

IGHSt
→ Internationaler Gerichtshof.

IHK
→ Industrie- und Handelskammer.

IKEA-Klausel
→ Gewährleistung (1b).

Illegale Beschäftigung
umfasst (s. § 16 II SchwarzArbG) die unmittelbare oder mittelbare Beschäftigung eines Ausländers ohne die erforderliche Genehmigung (→ Arbeitsgenehmigung) der Agentur für Arbeit (§ 404 I, II Nr. 3 SGB III), Ausübung einer Beschäftigung durch einen Ausländer ohne Arbeitsgenehmigung (§ 404 II Nr. 4 SGB III), unterlassene oder unrichtige Nebenverdienstbescheinigung für Bezieher oder Antragsteller von Leistungen gem. SGB III (§ 404 II Nr. 20 SGB III), unterlassene oder unrichtige Mitteilung von Tatsachen, die für Sozialleistungen erheblich sind, durch Bezieher oder Antragsteller (§ 404 II Nr. 26 SGB III), Beschäftigung von Ausländern ohne Genehmigung oder Aufenthaltstitel zu ungünstigen Arbeitsbedingungen oder in größerem Umfang oder von solchen Ausländern, die Opfer von → Menschenhandel oder minderjährig sind (§§ 10, 10a, 11 SchwarzArbG), Verleih eines Ausländers ohne Genehmigung (§ 15 AÜG), Entleih von Ausländern ohne Genehmigung zu ungünstigen Bedingungen oder in größerem Umfang (§ 15a AÜG), Verleih oder Entleih eines Arbeitnehmers ohne Verleiherlaubnis (§ 16 I Nr. 1, 1a AÜG), Verleih oder Entleih von Arbeitnehmern in Betriebe des Baugewerbes (§ 16 I Nr. 1b AÜG), Entleih eines ausländischen Arbeitnehmers ohne Genehmigung (§ 16 I Nr. 2 AÜG), erlaubnisfreier Verleih eines Arbeitnehmers ohne Anzeige (§ 16 I Nr. 2a AÜG), Verleih eines Arbeitnehmers ohne Zahlung des Mindeststundenentgelts (§ 16 I Nr. 7b AÜG), Verstöße gegen § 23 I Nr. 1, II Arbeitnehmer-EntsendeG, Verstöße gegen § 21 I Nr. 1, II MindestlohnG (MiLoG) sowie → Vorenthalten u. Veruntreuen von Arbeitsentgelt (§ 266a StGB). Die Handlungen sind als → Straftaten oder → Ordnungswidrigkeiten mit → Strafe oder → Bußgeld bedroht. Der Bekämpfung dienen auch Kontrollen durch Behörden der Zollverwaltung (§ 2 SchwarzArbG) von Beschäftigungsstellen, insb. Baustellen, der Ausschluss von Subventionen (§ 98b AufenthG) und von öffentlichen Liefer-, Dienstleistungs- oder Bauaufträgen nach festgestellter illegaler Beschäftigung (§ 21 SchwarzArbG, § 98c AufenthG) und der → Sozialversicherungsausweis sowie die Unterrichtung und Zusammenarbeit der zuständigen Behörden (→ Leistungsmissbrauch).

Wurden illegal Beschäftigten die Steuern und Beiträge zur Sozialversicherung und zur Arbeitsförderung nicht gezahlt, gilt das Nettoarbeitsentgelt als vereinbart (§ 14 II 2 SGB IV). Wird die illegale Beschäftigung ohne erforderlich Genehmigung für einen Ausländer ausgeübt, wird für einen Zeitraum von 3 Monaten ein Beschäftigungsverhältnis vermutet (§ 7 IV SGB IV).

Illegale Inhalte
Das Herstellen, Vervielfältigen, Vorrätighalten oder Verbreiten von → Inhalten iSd § 11 III StGB (was → Schriften und sonstige → Verkörperungen ebenso einschließt wie Inhalte, die unabhängig von einer Speicherung mittels Informations- oder Kommunikationstechnik übertragen werden), die sich gegen den Bestand oder gegen gestimmte → Verfassungsgrundsätze der BRep. richten, kann als Hochverrat oder Rechtsstaatsgefährdung strafbar sein. Das vorsätzliche Herstellen von Inhalten, die einen gewaltsamen Umsturz anstreben, wird als Unternehmen des → Hochverrats oder Vorbereitung hierzu nach §§ 81 ff. StGB verfolgt. Fördert der illegale Inhalt Bestrebungen, die sich ohne das Mittel der Gewaltandrohung, also insbes. durch Propaganda für eine verbotene Partei oder Vereinigung, gegen die freiheitliche demokratische Grundordnung

oder gegen die Völkerverständigung richten, so ist das Herstellen, Einführen, Ausführen, Vorrätighalten, Verbreiten oder der Öffentlichkeit Zugänglichmachen als Verbreiten von Propagandamitteln verfassungswidriger Organisationen (§ 86 StGB, → Rechtsstaatsgefährdung) zu bestrafen.

Zwecks Vorbereitung der → Beschlagnahme eingeführter illegaler Schriften etc. sind Zollbeamte nach § 2 Gesetz zur Überwachung strafrechtlicher und anderer Verbringungsverbote v. 24.5.1961 (BGBl. 1961 I 607) berechtigt, eine Überprüfung eingebrachter Gegenstände vorzunehmen, wenn sich tatsächliche Anhaltspunkte für den Verdacht strafbarer Einfuhr ergeben.

Sa → jugendgefährdende Medien, → Pornographische Inhalte.

Illegale Staatsgeheimnisse
→ Landesverrat, → Staatsgeheimnis.

Illiquidität
→ Zahlungsunfähigkeit.

ILO
(International Labour Organization) = → Internationale Arbeitsorganisationen.

„Im Zweifel"
Sieht das Gesetz vor, dass „im Zweifel" eine bestimmte Rechtsfolge eintreten soll, so stellt es eine (widerlegbare) Auslegungsregel auf; falls von den Beteiligten nichts anderes vereinbart oder nach den Umständen keine andere Auslegung begründet ist, gilt die im Gesetz vorgesehene Rechtsfolge. Solche Auslegungsregeln, die besonders im → Erbrecht sehr häufig sind (→ Auslegung von Verfügungen von Todes wegen), gehen bloßen gesetzlichen Ergänzungsvorschriften vor, die lediglich eingreifen, wenn ein Wille der Beteiligten nicht zu ermitteln ist.

Im Zweifel für den Angeklagten
→ in dubio pro reo.

Immanente Schranken
→ Grundrechte ohne → Gesetzesvorbehalt sind nicht schlechthin jeder Beschränkung entzogen. Jedes Grundrecht findet vielmehr seine Grenze an anderen durch das Grundgesetz geschützten Rechten und Verfassungsgrundsätzen. So begrenzen zB die Unantastbarkeit der Würde des Menschen (Art. 1 I GG) und das Recht auf Leben (Art. 2 II GG) das Grundrecht der Glaubensfreiheit (Art. 4 I GG). Sollte also zB der Kult einer Glaubensgemeinschaft Tempelprostitution oder Menschenopfer vorsehen, so wäre dies durch Art. 4 I GG nicht geschützt. Die Freiheit der → Kunst findet nach der Rspr. des BVerfG ebenfalls ihre Grenze am allgemeinen → Persönlichkeitsrecht.Die immanenten Schranken sind durch Auslegung zu ermitteln; sie sind auch oft Gegenstand der Ausgestaltung des Grundrechts durch den Gesetzgeber.

Immaterialgüterrechte
sind absolute, also gegenüber jedermann wirkende, subjektive Rechte (→ Recht), die an unkörperlichen Gütern bestehen und einen selbständigen Vermögenswert haben, insbes. → Urheberrechte, → Namensrechte und das → Recht am eigenen Bild sowie die gewerblichen Schutzrechte wie → Patente, → Gebrauchsmuster, → Designs, → Kennzeichenrechte (also → Marken, → Unternehmenskennzeichen, → Werktitel), → Topographien und → Sortenschutzrechte.

Immaterielle Wirtschaftsgüter
Immaterielle Wirtschaftsgüter sind selbstgeschaffene nicht körperliche Anlagegüter, zB Patente, Schutzrechte, → Geschäftswert. Diese können in der Handels- und Steuerbilanz nur sehr eingeschränkt aktiviert werden (§ 248 II HGB, § 5 II EStG). Falls entgeltlich erworben oder in das Betriebsvermögen eingelegt, müssen sie aktiviert und auf die betriebsgewöhnliche Nutzungsdauer abgeschrieben werden; → Absetzung für Abnutzung.

Immaterieller Schaden
→ Schaden.

Immatrikulation
→ Studenten.

immediat
(lat.) = unmittelbar; früher häufig zB für reichsunmittelbare → Stände verwendeter Begriff, heute gelegentlich noch im Zusammenhang mit Gesuchen, die nicht an die zunächst zuständige, sondern unmittelbar an die oberste Behörde gerichtet werden (Immediatgesuche).

Immissionen
1. Immissionen sind Einwirkungen unkörperlicher Art (zB die Zuführung von Gasen, Dämpfen, Gerüchen, Rauch, Ruß, Wärme, Geräuschen, Erschütterungen, Licht, Funken, nicht aber von Steinen oder Wasser) von einem → Grundstück auf das andere. Die Immissionen beschränken privatrechtlich das → Eigentum am Grundstück; der Eigentümer des beeinträchtigten Grundstücks hat sie jedoch zu dulden, wenn hierdurch die Benutzung seines Grundstücks nicht oder nur unwesentlich beeinträchtigt wird oder wenn zwar eine wesentliche Beeinträchtigung vorliegt, diese aber ortsüblich ist (zB Lichteinwirkung durch Straßenbeleuchtung, Fabrikrauch in Industrieorten) und nicht durch Maßnahmen verhindert werden kann, die Benutzern dieser Art wirtschaftlich zumutbar sind (zB Abgasentgiftungsanlage); im letzteren Fall kann der Grundstückseigentümer angemessenen Ausgleich in Geld verlangen, wenn die Einwirkung das Grundstück (zB durch eine Überschwemmung) mehr als zumutbar beeinträchtigt (§ 906 BGB; → Aufopferungsanspruch). Eine nur unwesentliche Beeinträchtigung liegt idR vor, wenn die nach dem öffentlich-rechtlichen Immissionsschutz (→ Immissionsschutz-

recht) ermittelten Grenzwerte nicht überschritten werden.

2. Andere Immissionen, insbes. Zuführungen durch eine besondere Leitung, sind grds. unzulässig; ihnen kann mit dem Abwehranspruch gegen → Eigentumsstörungen begegnet werden. Einschränkend hierzu kann bei einer Anlage, die nach den Vorschriften des BImSchG nebst DVOen (insbes. VO idF v. 14.3.1997, BGBl. 1997 I 504, mÄnd, betr. genehmigungsbedürftige Anlagen) und ergänzenden landesrechtlichen Bestimmungen unanfechtbar genehmigt worden ist (→ Immissionsschutz), niemals die Einstellung des Betriebs verlangt werden; es besteht nur ein Anspruch auf Durchführung zumutbarer Abwehrmaßnahmen. Soweit solche Vorkehrungen nach dem Stand der Technik nicht durchführbar oder wirtschaftlich nicht vertretbar sind, kann lediglich → Schadensersatz (auch ohne Verschulden, → Aufopferungsanspruch) verlangt werden (§ 14 BImSchG; entspr. § 7 VI AtG, § 11 LuftVG). Entsprechendes gilt für lebenswichtige öffentliche Betriebe (zB Eisenbahn, Energieversorgungsbetriebe). Bei Industrie-Immissionen trifft – wie bei der → Produkthaftung – den Betreiber die → Beweislast, dass er alle ihm zumutbaren Vorkehrungen getroffen hat, um eine Schädigung zu verhindern (BGH NJW 1985, 47).

3. Soweit demnach Immissionen nicht zu dulden sind, kann der Grundstückseigentümer vorbeugend verlangen, dass gefahrdrohende Anlagen nicht errichtet werden (§ 907 BGB), dass bei der Gefahr des Einsturzes oder der Ablösung von Teilen eines Nachbargebäudes die entsprechenden Vorkehrungen getroffen werden (§ 908 BGB) und dass ein Grundstück, zB bei Ausschachtungsarbeiten, nicht unzulässig vertieft wird, so dass das Nachbargrundstück die erforderliche Stütze verliert (§ 909 BGB); bei einer unzulässigen Grundstücksvertiefung ist Schadensersatz aus → unerlaubter Handlung zu leisten. → Nachbarrecht, → Luftreinhaltung.

4. Zur Zulässigkeit von Immissionen nach öffentlichem Recht s. Immissionsschutz (2). Das BImSchG ist Schutzgesetz nach § 823 II BGB (→ unerlaubte Handlung, 2b).

Immissionsschutz
→ Immissionen zum Privatrecht und → Immissionsschutzrecht zum öffentlichen Recht.

Immissionsschutzbeauftragter
1. Wer eine genehmigungsbedürftige Anlage (→ Immissionsschutzrecht, → Anlage) betreibt, die in Anh. I 5. BImSchG-DVO v. 30.7.1993 (BGBl. 1993 I 1433) mÄnd aufgeführt ist, hat durch schriftliche Verfügung einen fachkundigen und zuverlässigen → Betriebsbeauftragten für den Immissionsschutz zu bestellen (→ Umweltbevollmächtigter (Umweltverantwortlicher)). Es können mehrere, betriebsfremde oder auch konzernweit tätige Beauftragte benannt werden, wenn eine sachgemäße Erfüllung der Aufgaben nach § 54 BImSchG gewährleistet ist. Ausnahmen regeln § 53 II BImSchG und § 6 5. BImSchG-DVO; die jeweiligen Aufgaben sind dann genau zu bezeichnen. Die Anforderungen an Fachkunde und Zuverlässigkeit regeln §§ 7–10 5. BImSchG-DVO.

2. Die Bestellung des Immissionsschutzbeauftragten ist nach hM ein privatrechtlicher betrieblicher Organisationsakt, ebenso wie seine Rechtsstellung privatrechtlicher Natur ist. Der Immissionsschutzbeauftragte ist der zuständigen Behörde zu benennen. Seine Stellung ist gesetzlich so ausgestaltet, dass er die Interessen des → Umweltschutzes weitgehend selbständig wahrnehmen kann. Er hat die Einhaltung der Genehmigungsauflagen zu überwachen und die Betriebsangehörigen über die technische Seite des Immissionsschutzes im Betrieb zu informieren. Der Betreiber (Betriebsinhaber) hat den Imissionsschutzbeauftragten personell und logistisch zu unterstützen. Bei Investitionsentscheidungen ist seine Stellungnahme einzuholen (§ 56 BImSchG), Bedenken kann er unmittelbar der Geschäftsleitung vortragen (§ 57). Lehnt diese die Vorschläge ab, hat sie den Immissionsschutzbeauftragten umfassend über die Ablehnungsgründe zu unterrichten. § 58 regelt Benachteiligungsverbot und Kündigungsschutz.

Immissionsschutzrecht
1. Den Schutz im öffentlichen Recht vor schädlichen Umwelteinwirkungen durch Luftverunreinigung, Geräusche, Erschütterungen u. ä. (→ Immissionen) regelt das Bundes-Immissionsschutzgesetz (BImSchG) idF v. 27.5.2013 (BGBl. 2013 I 1274). Es basiert zT auf europarechtlichen Vorgaben, wie insbesondere der EU-RL 2010/75 v. 24.11.2010, ABl. EU 2010 L 334, 17, über die integrierte Vermeidung und Verminderung der Umweltverschmutzung, die sog. (neue) IVU-Richtlinie. Sie betrifft bestimmte Industrieanlagen (→ Anlagen, 1e). Die Richtlinie enthält eine Vielzahl Übergangsbestimmungen. Zum internationalen Immissionsschutzrecht: → Klimaschutz.

a) Zweck des Gesetzes ist es, Menschen, Tiere und Pflanzen, den Boden, das Wasser, die Atmosphäre, das Klima sowie Kultur- und sonstige Sachgüter vor schädlichen Umwelteinwirkungen zu schützen und ihrem Entstehen vorzubeugen; soweit es sich um genehmigungsbedürftige Anlagen handelt, dient das Gesetz auch dem Schutz und der Vorsorge gegen Gefahren, erhebliche Nachteile und erhebliche Belästigungen, die auf andere Weise herbeigeführt werden (§ 1 BImSchG). Damit ist das BImSchG einer der Grundpfeiler des Umweltrechts. Das BImSchG ist Schutzgesetz gem. § 823 II BGB. Die Landesimmissionsschutzgesetze ergänzen es und regeln den Vollzug. Zum BImSchG gibt es zZt etwa 30 DVOen, ua zu Anlagengenehmigung (→ Anlage, 1, → überwachungsbedürftige Anlage),

→ Luftreinhaltung, Lärmschutz und → elektromagnetischen Feldern.

b) Schädlich sind nach § 3 BImSchG Umweltauswirkungen, die nach Art, Ausmaß oder Dauer geeignet sind, Gefahren, erhebliche Nachteile oder erhebliche Belästigungen für die Allgemeinheit oder für die Nachbarschaft herbeizuführen. Das Gesetz enthält im Bereich des Rechts der Anlagen überwiegend unmittelbar vollziehbare Vorschriften. Die übrigen Regelungsbereiche sind zum großen Teil als Verordnungsermächtigungen ausgestaltet. Im Einzelnen befasst sich das Gesetz mit der Genehmigung und Überwachung von Anlagen, dem → Störfallbeauftragten und dem → Immissionsschutzbeauftragten, ferner mit Vorschriften über die Beschaffenheit von Produkten und den Straßenbau.

c) Genehmigungsformen sind die uneingeschränkte Genehmigung (Vollgenehmigung), ferner die Teilgenehmigung (vorläufige Genehmigung auf Grund kursorischer Überprüfung, § 8 BImSchG) sowie der Vorbescheid, mit dem die Behörde sich verbindlich zu den Genehmigungsaussichten für eine Anlage äußern kann (§ 9 BImSchG). Unter besonderen Voraussetzungen ist ein vorzeitiger Beginn der Errichtung einer Anlage möglich (§ 8a BImSchG). Die Grundsätze des Genehmigungsverfahrens regelt die 9. BImSchV über das Genehmigungsverfahren idF v. 29.5.1992 (BGBl. 1992 I 1001). Die Antragsunterlagen müssen öffentlich ausgelegt werden. Einwendungen können befristet von jedermann erhoben werden. Beruhen die Einwendungen auf privatrechtlichen Titeln, sind sie an die ordentlichen Gerichte zu verweisen. Die Erörterung der Einwendungen, der sog. Erörterungstermin, ist Ermessenssache der Genehmigungsbehörde (§ 10 VI BImSchG). Die Genehmigung ist zu erteilen, wenn die Genehmigungsvoraussetzungen erfüllt sind (§ 6 BImSchG). Durch die Genehmigung oder auch durch Untätigkeit der Behörden können die Nachbarn in → subjektiven öffentlichen Rechten verletzt sein. → Umwelt-Rechtsbehelfsgesetz.

d) Die im Herbst 2022 eingefügten §§ 31e ff. BImSchG enthalten Verfahrenserleichterungen, wenn die Genehmigung in Zusamenhang mit einer Gasmangellage (→ Gasversorgung) steht, etwa beim Brennstoffwechsel einer Anlage. Diese Vorschriften sollten zur besseren Bewältigung der → Energiekrise solche Genehmigungsverfahren vereinfachen. Sie treten, weil sie die Rechte der Verfahrensbeteiligten zT einschränkten, im Oktober 2024 außer Kraft. Ähnliche Regelungen gelten für Anlagen zum Umgang mit wassergefährdenden Stoffen (Brennstoffwechsel-Gasmangellage-Verordnung (BG-V) v. 19.10.2022, BGBl. 2022 I 1812, mÄnd).

e) Im 3. und 4. Teil des BImSchG werden der BReg. Ermächtigungen erteilt, durch RechtsVO die Beschaffenheit von Anlagen (§§ 32, 33 BImSchG), Brennstoffen und Treibstoffen (§ 34 BImSchG), Stoffen und Erzeugnissen (§ 35 BImSchG) sowie Fahrzeugen (§ 38 BImSchG) festzulegen, die Treibhausgasminderung bei Kraftstoffen (→ Treibhausgasminderungs-Quote) zu regeln und Schallschutzmaßnahmen anzuordnen (§ 43 BImSchG). Dadurch soll ein vorbeugender Immissionsschutz gewährleistet werden. Sa → Umweltkriminalität, → Abfallrecht, → Emissionshandel, → Immissionswerte, → Lärmbekämpfung, → Reinhaltung der Gewässer, → Störfälle.

2. Zum Immissionsschutz im Privatrecht → Immissionen.

Immissionswerte

Immissionswerte sind Mess- und Grenzwerte, die – im Gegensatz zu Werten für allgemeine → Emissionen auf die Natur – auf die Einwirkung schädlicher Stoffe spezifisch auf Menschen, Pflanzen oder Grundstücke abstellen. Häufig sind Emissionen und Immissionen gemeinsam gesetzlich geregelt; die Einordnung im Einzelfall ist fließend. Gegenwärtig gibt es über 30 Immissionsschutz-Verordnungen (BImSchV), die sich zT mit Immissionswerten befassen. Die VO ü. Luftqualitätsstandards und Emissionshöchstmengen v. 2.8.2010 (39. BImSchVO, BGBl. 2010 I 1065, mÄnd) legt zB für bestimmte Luft-Schadstoffe wie → Feinstaub oder → Ozon gestaffelte Belastungswerte und -schwellen sowie Toleranzmargen fest. Droht deren Überschreitung, ist zunächst ein Luftreinhalteplan, gegebenenfalls ein kurzfristig greifender Plan zu erstellen. → Dieselfahrverbot.

Die 44. BImSchVO v. 13.6.2019 (BGBl. 2019 I 804 mÄnd) legt zB für mittelgroße Feuerungs-, Gasturbinen- und Verbrennungsmotoranlagen Grenzwerte für die Luftschadstoffe Schwefeldioxid, Stickstoffoxide und Gesamtstaub fest. Von diesen Grenzwerten kann vorübergehend abgewichen werden, wenn sie wegen eines Brennstoffwechsels bei Mangellage nicht eingehalten werden können (§§ 31a ff. BImSchG).

→ Immissionsschutzrecht, → Klimaschutz, → Luftreinhaltung.

Immobiliardarlehensvermittler

1. Immobiliardarlehensvermittler ist nach § 34i GewO (→ Gewerbe), wer gewerbsmäßig den Abschluss von Immobiliar-Verbraucherdarlehensverträgen nach § 491 BGB oder entsprechende entgeltliche Finanzierungshilfen nach § 506 BGB vermittelt oder hierzu berät. Es handelt sich um ein → stehendes Gewerbe, das der → Erlaubnis (→ Gewerbezulassung) bedarf. Sie kann versagt werden, wenn der Antragsteller die erforderliche → Zuverlässigkeit nicht besitzt, in ungeordneten Vermögensverhältnissen lebt, keine Berufshaftpflichtversicherung nachweist oder ihm die erforderliche Sachkunde fehlt. Einzelheiten regelt die Immobiliardarlehensvermittlungsverordnung (ImmVermV) v. 28.4.2016 (BGBl. 2016 I 1046) mÄnd. → Kreditinstitute bedürfen, da sie eine Zulassung nach KWG besitzen, keiner

Erlaubnis. Die Vergütung der Beschäftigten muss so strukturiert sein, dass sie im besten Interesse des Darlehensnehmers handeln. Immobiliardarlehensvermittler, die eine unabhängige Beratung anbieten, heißen Honorar-Immobiliarberater. Immobiliardarlehensvermittler haben sich in das Vermittlerregister nach § 11a GewO einzutragen. Sa → Darlehensmakler, → Darlehensvertrag, → Verbraucherdarlehensvertrag (9).

2. Die Anforderung an die Sachkunde der mit der Vergabe von Immobiliar-Verbraucherdarlehen befassten Mitarbeiter von → Versicherungsunternehmen und → Pensionsfonds enthält die VersImmoDarlSachkV v. 28.11.2016 (BGBl. 2016 I 2765) mÄnd.

Immobiliarpfandrechte
= → Grundpfandrechte.

Immobiliarzwangsvollstreckung
Immobiliarzwangsvollstreckung ist die Zwangsvollstreckung in das unbewegliche Vermögen, nämlich in → Grundstücke, → grundstücksgleiche Rechte und → Schiffe (§ 864 ZPO). Der Immobiliarzwangsvollstreckung unterliegen auch die beweglichen Sachen und Rechte, auf die sich die → Hypothek erstreckt, zB Bodenfrüchte und Zubehör, soweit sie im Eigentum des Grundstückseigentümers stehen, Miet- und Pachtzinsen (§ 865 ZPO). Die Immobiliarzwangsvollstreckung erfolgt durch Eintragung einer → Zwangshypothek, durch → Zwangsversteigerung oder durch → Zwangsverwaltung.

Immobilien
sind alle nicht beweglichen → Sachen, also → Grundstücke und deren → Bestandteile.

Immobilienfonds
Ein Immobilienfonds wird zur Durchführung eines bestimmten Immobilienvorhabens meist in Form einer KG (Immobilien-KG) gegründet, um das in bestimmter Höhe erforderliche Eigenkapital zu sammeln (geschlossener Immobilienfonds, zB Bau eines Einkaufszentrums, einer Hotelanlage o. ä.). Zweck des Immobilienfonds ist nach der Bauphase die Vermietung/Verpachtung des Objekts. Die KG ist im Handelsregister eingetragen, gilt aber mangels Betrieb eines Handelsgewerbes als Gesellschaft des bürgerlichen Rechts (§§ 705 ff. BGB, sog. Schein-KG), außer sie wird als gewerblich geprägte Personengesellschaft geführt (→ Personengesellschaften, → Verlustzuweisungsgesellschaft). Steuerlich erzielt der geschlossene Immobilienfonds durch seine Gesellschafter Einkünfte aus Vermietung und Verpachtung. Die Einkünfte werden mittels Feststellungsverfahrens auf die einzelnen Gesellschafter verteilt (→ Besteuerungsverfahren).

Hohe Anfangsverluste auf Grund → Sonderabschreibungen, fondsbedingter Aufwendungen (BMF BStBl. I 1990, 366, 1992, 585, und 1995, 167) und auf Grund von Schuldzinsen durch Fremdfinanzierung des Eigenkapitalanteils des einzelnen Beteiligten machen die Beteiligung an einem geschlossenen Immobilienfonds steuerlich interessant, weil die zugewiesenen Verluste mit anderen positiven Einkünften des Anteilseigners saldiert werden können (→ Verlustausgleich), so dass ein Teil der Investition durch Steuerersparnis finanziert wird. Dabei sind jedoch die Verlustverrechnungsbeschränkungen bei sog. → Steuerstundungsmodellen zu beachten. Steuerlich werden die Verluste nur anerkannt, wenn sowohl der Immobilienfonds als auch der einzelne Anleger mit Einkunftserzielungsabsicht handelt (→ Liebhaberei).

Die Veräußerung des Anteils nach Ablauf der Verlustphase kann steuerschädlich sein. Auch der Erwerb eines Anteils an einem I. mit Rückkaufgarantie ist Indiz gegen die Einkunftserzielungsabsicht (BFH BStBl. II 1995, 165). Daneben existieren auch offene Immobilienfonds, die dem Anleger eine Rückgabe seiner Anteile auch während der Laufzeit eines Projekts ermöglichen, wobei die hiermit im Zuge der Finanzkrise zutage getretenen Probleme zu einer engeren Reglementierung (§§ 230 ff. KAGB) dieser Anlageform geführt haben. Sa → Investmentvermögen.

Immobilien-KG
→ Immobilienfonds.

Immobilienmakler
→ Makler, → Mäklervertrag, → Wohnungsvermittlung.

Immunität
1. Ganz allgemein bedeutet Immunität, dass ein bestimmtes → Rechtssubjekt keiner Gerichtsbarkeit unterworfen ist und damit Freiheit vor Strafverfolgung genießt. Parlamentarische Immunität ist die Beschränkung der Strafverfolgung gegenüber den Mitgliedern eines → Parlaments. Strafverfolgung gegen ein Mitglied eines Parlaments ist nur mit Einwilligung des Parlaments möglich, dem es angehört.

2. Nach Art. 46 II GG darf ein Abgeordneter wegen einer mit Strafe bedrohten Handlung nur mit Genehmigung des → Bundestages zur Verantwortung gezogen oder verhaftet werden, es sei denn, dass er bei Begehung der Tat oder im Laufe des folgenden Tages festgenommen wird. Jedes Strafverfahren, jede Haft und jede sonstige Beschränkung der persönlichen Freiheit eines Abgeordneten sind auf Verlangen des Parlaments auszusetzen (vgl. Art. 46 III GG). Ähnliche Bestimmungen finden sich in den Verfassungen der Länder (vgl. zB Art. 55 II SächsVerf). Die Immunität soll die Funktionsfähigkeit des Parlaments schützen. Immunität ist ein Vorrecht des Parlaments, nicht des Abgeordneten, daher für ihn unverzichtbar; Immunität begründet ein → Prozesshindernis für strafrechtliche Verfahren. Die I. endet mit dem Mandat. Bei → Ordnungswidrigkeiten besteht keine Immunität. Von der Immunität ist die → Indemnität zu unterscheiden, die zwar nicht aufhebbar ist,

aber nur vor Strafe wegen verbaler Äußerungen im Parlament schützt.

3. Immunität genießen auch die Mitglieder der → Bundesversammlung und der → Bundespräsident. Für die Entscheidung über die Aufhebung der Immunität ist auch bei Bundesversammlung und Bundespräsident der Bundestag zuständig. Keine Immunität genießen als solche die Mitglieder der → Bundesregierung (soweit sie nicht zugleich Abgeordnete sind), Mitglieder des → Bundesrates (soweit sie nicht zB als Mitglieder einer Landesregierung auch Abgeordnete eines Landtages sind) sowie die Richter des → Bundesverfassungsgerichts.

4. Auf europäischer Ebene genießen nicht nur die Abgeordneten des → Europäischen Parlaments, sondern auch die Richter des → Europäischen Gerichtshofs (vgl. Art. 3 Protokoll über die Satzung des Gerichtshofs der Europäischen Union v. 26.2.2001, ABl. Nr. C 80 S. 53 mÄnd) umfassende Immunität, die vom jeweiligen Organ aufgehoben werden kann. Ebenso gilt Immunität für die → Europäische Kommission und den → Rat der Europäischen Union sowie für die Bediensteten der EU hinsichtlich ihrer amtlichen Tätigkeit. Die Immunität der nichtparlamentarischen Funktionsträger der EU gründet nicht auf den Traditionen der unter Nr. 1 und 2 dargestellten parlamentarischen Immunität, sondern auf der diplomatischen Immunität, die sie als Repräsentanten der EU als Staatenverbund und eigenes → Völkerrechtssubjekt genießen (sa → Staatenimmunität, → Staatenverbindung, → Diplomat, → diplomatische Vorrechte).

5. Große Bedeutung hat die Immunität im → Völkerrecht. Staaten, → Staatsoberhäupter und ihre Repräsentanten genießen Immunität. Sa → Staatenimmunität, → Diplomat, → diplomatische Vorrechte, → Konsul.

Immunitätsnachweis
Immunitätsnachweis ist der schriftliche oder digitale Nachweis dafür, dass von einer bestimmten Person keine Ansteckungsgefahr mehr ausgeht, da sie geimpft, von der ansteckenden Krankheit genesen oder getestet ist (→ 3G); → Impfpass; → Gesundheitszeugnis (4); → Impfung (5).

Immutabilitätsprinzip
Nach Eröffnung des Hauptverfahrens im Strafprozess (→ Eröffnungsverfahren) darf die StA die Klage nicht mehr zurücknehmen (§ 156 StPO; Ausnahmen für Auslands- oder Staatsschutzdelikte nach § 153c IV StPO, § 153d II StPO, § 153f III StPO). Mit der Eröffnung ist die Sache bei Gericht rechtshängig geworden; die StA hat die Dispositionsbefugnis über die öffentliche Klage grundsätzl. verloren, kann diese insbes. nicht mehr abwandeln (mutieren).

IMO
(International Maritime Organization) ist die für die Internationale Seeschifffahrt zuständige Sonderorganisation der → Vereinten Nationen.

Imperatives Mandat
→ Mandat der Abgeordneten.

Impfausweis
→ Impfpass.

Impfdokumentation
→ Impfpass.

Impfpass
Nach § 22 I des → Infektionsschutzgesetzes (IfSG) ist jede Schutzimpfung (→ Impfung) in einem Impfausweis (Impfpass; Impfdokumentation) zu dokumentieren. Der Impfpass kann auch als Immunitätsnachweis verwendet werden, soweit dieser als notwendig und zulässig angesehen wird (sa → Impfung, 5). Nach dem früheren § 22 V IfSG in der Fassung des 2. Gesetzes zur Änderung des Infektionsschutzgesetzes vom 28.5.2021 BGBl. 2021 I 1174) konnte für die COVID-19-Schutzimpfung (→ COVID-19-Pandemie) auch ein digitales Impfzertifikat ausgestellt werden (jetzt § 22 II IfSG). Zur Fälschung von Impfpässen → Gesundheitszeugnis (4 und 6).

Impfpflicht
→ Impfzwang; → Impfung.

Impfschäden
Impfschäden sind Gesundheitsschäden, die infolge einer → Impfung eintreten und über das übliche Ausmaß einer Impfreaktion hinausgehen. Wer einen solchen Schaden durch eine gesetzlich vorgeschriebene oder auf Grund des InfektionsschutzG angeordnete (→ Impfzwang) oder eine von einer Gesundheitsbehörde öffentlich empfohlene Schutzimpfung erleidet, hat Anspruch auf Entschädigungsleistungen in entsprechender Anwendung des → Bundesversorgungsgesetzes (§§ 60 ff. des → Infektionsschutzgesetzes – IfSG – v. 20.7.2000, BGBl. 2000 I 1045, mÄnd). Zur Anerkennung eines Gesundheitsschadens als Folge einer Schädigung im Sinne des § 60 Abs. 1 Satz 1 IfSG genügt die Wahrscheinlichkeit eines ursächlichen Zusammenhangs (§ 61 IfSG). Sa → Aufopferungsanspruch.

Impfung
1. Eine Impfung oder Schutzimpfung ist die Gabe eines Impfstoffes mit dem Ziel, vor einer übertragbaren Krankheit zu schützen (§ 2 Nr. 9 → Infektionsschutzgesetz – IfSG). Übertragbare Krankheiten werden durch Krankheitserreger wie Viren oder Bakterien verursacht vgl. § 2 Nr. 1 IfSG). IdR erfolgt eine Impfung durch einen Arzt (§ 20 IV IfSG), eine Ausnahme sieht § 132j SGB V für Grippeschutzimpfungen vor.

2. Grundsätzlich besteht keine Impfpflicht (→ Impfzwang); die Impfung ist ein freiwilliges Angebot (s. aber → Masern und während der → COVID-19-Pandemie bis 31.12.2022 für das Personal im Gesundheitswesen). Bei nicht einwilligungsfähigen Personen entschei-

den die Sorgeberechtigten (→ Elterliche Sorge) oder der → Betreuer. Die Empfehlungen der Ständigen Impfkommission (STIKO) beim → Robert-Koch-Institut sollen dem Einzelnen lediglich eine Hilfestellung bei der Entscheidung geben, ob er sich impfen lassen soll oder nicht.

3. Sind mehr Impfwillige als Impfstoff vorhanden, stellt sich die Frage der Priorisierung. Während der → COVID-19-Pandemie (→ COVID-19) regelte die Verordnung zum Anspruch auf Schutzimpfung gegen das Coronavirus Sars-CoV-2 (Coronavirus-Impfverordnung – CoronaImpfV) v. 8.2.2021 (BAnz AT 8.2.2021 V1) die Impfreihenfolge nach Schutzbedürftigkeit. Alte, Menschen mit Vorerkrankungen und einem Infektionsrisiko besonders ausgesetzte Berufsgruppen hatten Vorrang vor Jüngeren und Gesunden ohne besonderes Infektionsrisiko. In der Rechtsprechung wird die Impfpriorisierung Älterer als zulässig angesehen (vgl. LSG Niedersachsen-Bremen, B. v. 2.2.2001 – L 5 SV 1/21. Inzwischen wurde die Impfpriorisierung bezüglich der COVID-19-Impfung aufgehoben, da zunächst genügend Impfstoff zur Verfügung stand und mit dem Ende der Pandemie das Interesse an der Impfung nachlies.

4. Durch die Impfung soll idR auf Dauer oder für einen bestimmten Zeitraum Immunität gegen bestimmte Infektionen erlangt werden.

5. Während der COVID-19-Pandemie konnte für den Besuch bestimmter Veranstaltungen, das Betreten von Gaststätten oder den Besuch von Bildungseinrichtungen ein → Immunitätsnachweis verlangt werden (sa → Impfpass; → 3G). Hierdurch entstand ein mittelbarer faktischer → Impfzwang.

6. Zu Entschädigungsleistungen → Impfschäden.

Impfzwang

1. Ein Impfzwang (Impfpflicht) in Form des → unmittelbaren Zwangs (Zwangsimpfung) ist derzeit gesetzlich nicht vorgesehen. Allerdings sieht das Gesetz verschieden Formen des unmittelbaren Impfzwangs vor, bei denen das Gesetz selbst den Impfverweigerern Sanktionen oder andere Rechtsnachteile androht; daneben besteht der sogenannte faktische mittelbare Impfzwang, bei dem zwar nicht der Gesetzgeber die Nichtimpfung sanktioniert, wohl aber Nachteile für Nichtgeimpfte entstehen können, weil sie zB keine Hotels und Gaststätten besuchen, nicht frei reisen oder bestimmte Veranstaltungen nicht besuchen können.

2. Unmittelbarer Impfzwang (Impfplicht) besteht für → Soldaten, die nach § 17a → Soldatengesetz ärztliche Maßnahmen gegen ihren Willen nur dann dulden müssen, wenn sie der Verhütung oder Bekämpfung übertragbarer Krankheiten dienen. Impfverweigerung durch Soldaten ist Befehlsverweigerung, die disziplinarisch geahndet werden kann (→ Wehrdisziplinarordnung). Ferner kann nach § 20 VI und VII → Infektionsschutzgesetz (IfSG) Impfpflicht durch Rechtsverordnung angeordnet werden; die Impfpflicht nach aufrund § 20 IV und VII IfSG erlassenen Rechtsverordnungen muss sich aber auf bedrohte Teile der Bevölkerung beschränken; eine Impfpflicht für die gesamte Bevölkerung kann auf diese Vorschrift nicht gestützt werden. Der frühere Impfzwang nach dem PockenschutzimpfG wurde aufgehoben (G v. 24.11.1982, BGBl. 1982 I 1529). Seit 1.3.2021 besteht unter bestimmten Voraussetzungen eine Impfpflicht gegen → Masern § 20 VIII IfSG); Impfverweigerern drohen hier Bußgelder oder der Ausschluss von bestimmten Einrichtungen. Keine allgemeine Impfpflicht bestand auch während der → COVID-19-Pandemie für Impfungen gegen → COVID-19. Mit dem Gesetz zur Stärkung der Impfprävention gegen COVID-19 und zur Änderung weiterer Vorschriften vom 10.12.2021 (BGBl. 2021 I 5162) wurde lediglich eine einrichtungsbezogene Impfpflicht für Beschäftigte ua in Krankenhäuser, Arztpraxen sowie Pflege- und Altenheimen ab 15.3.2022 geschaffen, die am 31.12.2022 endete. Am 7.4.2022 sind im Bundestag sowohl Bestrebungen zur Einführung einer generellen Impfpflicht als auch zur Einführung einer Impfpflicht für Personen über 60 gescheitert.

3. Faktischer mittelbarer Impfzwang kann entstehen, wenn zB Betreiber von Gaststätten Nichtgeimpften den Zutritt verwehren, Reiseunternehmen für diese keine Buchungen vornehmen usw., soweit kein → Immunitätsnachweis (→ Impfung, 5) vorgelegt werden kann. Dabei ist zu unterscheiden, ob solche Maßnahmen durch private Anbieter (Gastwirte, Reiseveranstalter, Hoteliers usw.) getroffen werden oder ob Nichtgeimpften durch Rechtsnorm oder Einzelverwaltungsakt solche Nachteile auferlegt werden. Die rechtliche Zulässigkeit der Benachteiligung Nichtgeimpfter ist nicht unumstritten, wird aber inzwischen überwiegend bejaht. Der frühere § 28c IfSG (→ Bundesnotbremse) eröffnet während der COVID-19-Pandemie die Möglichkeit, Erleichterungen für Geimpfte vorzusehen, was spiegelbildlich zu Nachteilen für Nichtgeimpfte und damit auch zu einem mittelbaren Impfzwang führen konnte. Grundsätzlich könnte die Benachteiligung Ungeimpfter gegen den Grundsatz der → Gleichbehandlung verstoßen, zumal Nichtgeimpfte in erster Linie nur sich selbst und andere Nichtgeimpfte gefährden. Jedenfalls müssen an Maßnahmen, die durch ihre Wirkung zu einem mittelbaren Impfzwang führen, dieselben verfassungsrechtlichen Maßstäbe angelegt werden wie an die gesetzliche Anordnung eines unmittelbaren Impfzwangs. Ein mittelbarer Impfzwang erscheint danach verfassungsrechtlich daher nur hinnehmbar, wenn der mit der Impfung verbundene Eingriff in die körperliche Unversehrtheit und die damit verbun-

denen Risiken weniger schwer wiegen als die von Nichtgeimpften ausgehenden Gefahren für die Allgemeinheit.

4. Zu Entschädigungsleistungen → Impfschäden.

Import
→ Einfuhr.

Impressum
ist die Benennung des Druckers und Verlegers nach Name (oder → Firma) und Anschrift bei einem veröffentlichten Druckwerk. Das Impressum ist in den PresseG (→ Presserecht, → Pressedelikte) für alle erscheinenden Druckwerke vorgeschrieben; ausgenommen sind solche, die ausschließlich Zwecken des Verkehrs oder Gewerbes oder des häuslichen oder geselligen Lebens dienen (zB Formulare, Preislisten, Besuchskarten), sowie Stimmzettel für Wahlen. Beim Selbstverlag muss der Verfasser oder Herausgeber benannt werden. In Zeitungen und Zeitschriften müssen auf jeder Nummer zudem Name und Anschrift sowie das Sachgebiet des verantwortlichen Redakteurs enthalten sein. Impressum-Pflicht besteht auch für gewerbliche Anbieter von → Telemedien.

Impressumspflicht
→ Digitale-Dienste-Gesetz.

Imprimatur
Imprimatur (es möge gedruckt werden) wird die Druckerlaubnis genannt, die der Verfasser eines Schriftwerkes nach Durchsicht des Schriftsatzes gibt; der Begriff entstammt dem kath. → Kirchenrecht (Publikationserlaubnis des Bischofs).

IMSI-Catcher
→ Telekommunikationsüberwachung 3a.

in dubio pro reo
(im Zweifel für den Angeklagten) ist ein ungeschriebener Rechtssatz, der vor allem im Strafprozessrecht gilt, sich aber auch auf das materielle Strafrecht auswirkt. Gewinnt der Richter bei der freien Beweiswürdigung (§ 261 StPO; → Beweis) nicht die volle Überzeugung von der Schuld des Angeklagten, darf er ihn nicht verurteilen.

Wenn ein Tatvorgang nur deshalb zweifelhaft bleibt, weil 2 alternative Verhaltensweisen in Betracht kommen, ist eine Verurteilung in folgenden Fällen möglich:

Besteht zwischen diesen Verhaltensweisen ein Stufenverhältnis iS eines Mehr oder Weniger, so ist nach dem Grundsatz in dubio pro reo nach dem milderen Gesetz zu bestrafen. Ein begrifflich-logisches Stufenverhältnis wird bejaht zwischen feststehendem Grundtatbestand und nicht nachgewiesenem → Qualifikationstatbestand, ein normativ-ethisches zwischen Versuch und Vollendung, Beihilfe und Täterschaft, Fahrlässigkeit und Vorsatz (aA hier: Auffangtatbestand), Rauschtat und → Vollrausch (s. BGHSt 32, 48; im Einzelnen str.).

Liegt eine Postpendenz oder Präpendenz (→ Wahlfeststellung) vor, erfolgt eine eindeutige Verurteilung.

Ist eine → Wahlfeststellung möglich, kommt es zu einer mehrdeutigen Verurteilung („entweder oder").

Der Grundsatz in dubio pro reo ist eine Entscheidungsregel, die für die jeweils betrachtete Strafbarkeitsvoraussetzung erst auf den gesamten, für sie in der Beweisaufnahme erlangten Befund anzuwenden ist. Stützt sich der potentielle Nachweis auf eine Kette von Indizien (→ Indizienbeweis), so ist der Grundsatz auf diese als Gesamtheit anzuwenden. Nur weil bei jedem einzelnen Indiz bei isolierter Betrachtung Zweifel möglich bleiben, darf das Gericht nicht zu prüfen versäumen, ob es die Zweifel bei einer Gesamtschau aller Anhaltspunkte zu überwinden vermag.

Der Grundsatz in dubio pro reo gilt nicht für das Ergebnis seitens des Gerichts vorzunehmender Prognosen, wie sie vielfach im Rahmen der Strafzumessung erforderlich sind, etwa bei der → Strafaussetzung zur Bewährung oder bei der Anordnung von → Maßregeln der Besserung und Sicherung. Der Grundsatz gilt hier jedoch für Anknüpfungstatsachen der Prognose, wenn sie nicht zweifelsfrei feststellbar sind. Bei verfahrensrechtlich erheblichen Tatsachen, die im → Freibeweisverfahren festzustellen sind, gilt der Grundsatz in dubio pro reo nicht einheitlich. Er ist anwendbar zB in der Frage der → Strafverfolgungsverjährung, wenn die Tatzeit nicht feststeht, oder bei Zweifeln an der Rechtzeitigkeit des → Strafantrags; anders bei Unklarheit, ob ein → Zeugnisverweigerungsrecht besteht oder ein Verfahrensverstoß vorliegt.

in fraudem legis
= unter Umgehung des Gesetzes.

Inbrandsetzen
→ Brandstiftung, → Waldbrandschutz/Waldbrandstiftung.

Incentivereise
→ Einnahmen.

Incoterms
Incoterms (International Commercial Terms in der Fassung v. Februar 2023) ist eine von der Internationalen Handelskammer aufgestellte Liste von → Handelsklauseln und der sich daraus ergebenden Pflichten für Käufer und Verkäufer. Die Incoterms gelten nur, wenn die Vertragspartner darauf Bezug genommen haben. Sie enthalten ua folgende Handelsklauseln: „Ab Werk", „Ab Fabrik" usw.; „Frei (franko) Waggon … (Abgangsort)"; „F.A. S. … (Verschiffungshafen)"; „F.O. B. (→ fob) ... (Verschiffungshafen)"; „C & F … (Bestimmungshafen)"; „C.I. F. (→ cif) ... (Bestimmungshafen)"; „Frachtfrei … (Bestimmungsort)"; „Ab Schiff … (Bestimmungshafen)"; „Ab Kai … (Hafen)" sowie die Möglichkeit elektronischer Dokumentenübermittlung.

Indemnität
Indemnität bedeutet strafrechtliche Verantwortungsfreiheit (Straflosigkeit), ist also ein Begriff des materiellen Strafrechts im Unterschied zur → Immunität, die ein → Prozesshindernis begründet. Nach Art. 46 I GG, § 36 StGB dürfen Bundestagsabgeordnete wegen ihrer Abstimmung oder wegen einer Äußerung, die sie im Plenum oder in einem → Ausschuss des → Parlaments getan haben, zu keiner Zeit – also auch nicht nach Ablauf ihres Mandats – zur Verantwortung gezogen werden; ausgenommen sind Verleumdungen (§ 187 StGB). Nicht geschützt sind Äußerungen außerhalb des Parlaments, zB auf Partei- oder Wahlkampfveranstaltungen. Entsprechende Regelungen gelten in den Ländern (vgl. zB Art. 27 Bayer. Verfassung, Art. 57 Verfassung Brandenburg, Art. 47 Verfassung Nordrhein-Westfalen, Art. 55 Verfassung Thüringen). Die Indemnität kommt als persönlicher → Strafausschließungsgrund nur dem Abgeordneten, nicht einem an der Straftat beteiligten Nichtparlamentarier zugute. Nach Art. 42 III GG, § 37 StGB besteht ferner I. für inhaltlich – wenn auch nicht wörtlich – wahrheitsgetreue Berichte über die öffentlichen Sitzungen des Bundestags und der Landtage sowie ihrer Ausschüsse; die I. ist hier → Rechtfertigungsgrund, wirkt also auch zugunsten eines Tatteilnehmers. Nach hM steht die Indemnität auch einer zivilrechtlichen Inanspruchnahme des Abgeordneten entgegen, schützt aber nicht vor Maßnahmen der eigenen Partei.

Index librorum prohibitorum
war das Verzeichnis der Bücher, welche die → katholische Kirche ihren Angehörigen zu lesen, übersetzen, überlassen und aufzubewahren verboten hat. Die Regelungen des → CIC von 1917 über die Bücherzensur lassen sich bis ins 15. Jahrhundert zurückverfolgen. Durch Dekret der Glaubenskongregation vom 15.11.1966 wurden die gesetzlichen Bücherverbote abgeschafft und die Strafen, die auf Grund dieser Verbote eingetreten waren, aufgehoben. Durch ein Dekret derselben Kongregation vom 19.3.1975 wurde auch die Vorzensur der Bücher mit theologischem Inhalt grundlegend geändert. Nach der Regelung des CIC von 1983 sind die → Bischöfe berechtigt, alle Schriften, die von Christen herausgegeben werden und Glaube und Sitte betreffen, ihrem Urteil zu unterziehen und solche, die zum Schaden des rechten Glaubens und der Sittlichkeit gereichen, zu verwerfen. Die → Bischofskonferenz kann eine Liste als Zensoren geeigneter Personen zusammenstellen, die den → Diözesen zur Verfügung stehen. Bücher der Heiligen Schrift dürfen nicht ohne Approbation des → Apostolischen Stuhls oder der → Bischofskonferenz herausgegeben werden. Die Herausgabe liturgischer Bücher ist dem Apostolischen Stuhl vorbehalten. Die Veröffentlichung von Gebetsbüchern bedarf der Genehmigung, die Herausgabe von Katechismen der Approbation des zuständigen Bischofs.

Indexierung, Indexklausel
bei Forderungen → Geldschuld (2).

Indexmiete
Grds. kann die Miete frei vereinbart werden, → Wohnraummietvertrag (2). Möglich ist auch eine schriftlich vereinbarte Indexmiete (§ 557b BGB, Legaldefinition), mit der die Miete orientiert am Lebenshaltungsindex stufenweise angepasst wird. Vereinbart wird dabei, dass die Miete durch den vom Statistischen Bundesamt ermittelten Preisindex für die Lebenshaltung aller privaten Haushalte in Deutschland entsprechend angepasst wird (sa → Inflation). Die Miete muss für jeweils mindestens ein Jahr unverändert bleiben; eine Mieterhöhung nach §§ 558 ff. BGB (zur Anpassung an die ortsübliche Vergleichsmiete oder wegen Modernisierungsmaßnahmen) ist grds. ausgeschlossen, möglich ist allerdings eine Mieterhöhung nach § 559 BGB iVm § 555b Nr. 6 BGB wegen einer durch Umstände, die der Vermieter nicht zu vertreten hat, verursachten Modernisierungsmaßnahme. Da derzeit infolge der Energiekrise die Indexmieten stark ansteigen, wird rechtspolitisch teilweise die Abschaffung der Indexmietverträge oder deren Beschränkung (zB Einführung einer Kappungsgrenze) gefordert. Die Änderung der Betriebskosten nach § 560 BGB ist auch in einem Indexmietvertrag möglich, s. hierzu → Wohnraummietvertrag, 2.

Indigenat
Indigenat (lat. indigena = eingeboren) ist eine früher gebräuchliche Bezeichnung für die Angehörigkeit einer Person zu einem bestimmten Gemeinwesen (Gemeinde, Staat), insbes. aber auch für die aus dieser Zugehörigkeit entspringenden Rechte. Nach Art. 3 der Reichsverfassung von 1871 bestand für ganz Deutschland ein „gemeinsames Indigenat" mit der Wirkung, dass die Angehörigen eines jeden Bundesstaates in jedem anderen Bundesstaate als Inländer zu behandeln und demgemäß zum festen Wohnsitz, zum Gewerbebetrieb, zu öffentlichen Ämtern, zum Grundstückserwerb und zum Genuss aller sonstigen bürgerlichen Rechte wie Einheimische zuzulassen waren und den gleichen Rechtsschutz genossen. Der Grundgedanke dieses Indigenats ist heute in Art. 33 I GG enthalten, wonach jeder Deutsche in jedem Lande der BRep. die gleichen staatsbürgerlichen Rechte und Pflichten hat.

Indikation
Indikation bedeutet, dass eine ärztliche Maßnahme angezeigt ist (indicare = anzeigen); über medizinische, soziale usw. Indikation → Schwangerschaftsabbruch, → Sterilisation, → Kastration.

Indirekte Stellvertretung
→ mittelbare Stellvertretung.

Indirekte Steuern
→ direkte Steuern.

Individualanspruch
→ einstweilige Verfügung.

Individualarbeitsrecht
→ Arbeitsrecht.

Individualisierung
→ Gattungsschuld.

Individualschutzgesetz
→ unerlaubte Handlung (2b).

Individuelle Gesundheitsleistungen
Bei den individuellen Gesundheitsleistungen (IGeL) handelt es sich um medizinische Leistungen, die vom Leistungskatalog der Pflichtleistungen der → gesetzlichen Krankenversicherung nicht erfasst werden. Es handelt sich bei diesen Leistungen zum einen um Leistungen, welche die → gesetzlichen Rentenversicherungen oder die → gesetzlichen Unfallversicherung erbringen müssten. Des Weiteren hat der → gemeinsame Bundesausschuss festgelegt, welche Leistungen von der gesetzlichen Krankenversicherung ausgeschlossen sind (Richtlinien nach § 92 SGB V). Hauptausschlussgrund für die Leistungspflicht der gesetzlichen Krankenversicherung ist, dass noch keine ausreichenden Nachweise für einen Nutzen der gewünschten Therapie vorhanden sind. Der Sinn dieser Leistungen ist daher in der wissenschaftlichen Literatur umstritten. Diese Leistungen sind in der ambulanten Behandlung immer durch den Patienten selber zu bezahlen. Bei einer stationären Behandlung sind diese Leistungen nur dann von den Patienten selber zu bezahlen, wenn ihre Erbringung ausdrücklich ausgeschlossen ist. Zu den individuellen Gesundheitsleistungen gehören vorwiegend Maßnahmen zur PSA-Bestimmung zur Prostatakrebsfrüherkennung, Ultraschalluntersuchungen (zur Früherkennung von Gebärmutterhals- oder Eierstockkrebs), bestimmte Untersuchungen zur Erkennung von Augenerkrankungen sowie bestimmte Heil- und Hilfsmittel. Maßnahmen zur Hautkrebsvorsorge werden bei Personen ab dem 35. Lebensjahr von den Krankenkassen übernommen. Einige Krankenkassen zahlen als freiwillige Leistung Zuschüsse zu individuellen Gesundheitsleistungen.

Indizienbeweis
Beim Indizien- oder Anzeichenbeweis wird aus einer mittelbar bedeutsamen auf eine andere, für die richterliche Entscheidung erhebliche Tatsache geschlossen (zB aus Fingerabdrücken an der Tatwaffe auf deren Benutzung durch den Angeklagten). Indizien sind im Urteil anzugeben, wenn die richterliche Entscheidung auf sie gestützt wird (§ 267 I 2 StPO).

Indossament
(Giro) ist eine rechtsgeschäftliche Erklärung, durch die bei → Orderpapieren der Rechteinhaber (Indossant) die Rechte aus dem Papier auf eine andere Person (Indossatar) überträgt (Art. 11 WG, Art. 14 ScheckG, § 363 HGB). Das Indossament muss schriftlich auf das Orderpapier oder auf ein damit verbundenes Blatt gesetzt werden (Art. 13 WG, Art. 16 ScheckG, § 365 I HGB). Ein sog. Vollindossament lautet: „Für mich an (Name des Indossatars)" mit Unterschrift des Indossanten. Ein sog. Blankoindossament besteht nur aus der Unterschrift des Indossanten; es muss auf der Rückseite des Papiers stehen (Art. 13 II WG, Art. 16 II ScheckG, § 365 I HGB).

Das Indossament hat folgende Wirkungen: Die Transportfunktion, dh es überträgt das verbriefte Recht (Art. 14 WG, Art. 17 ScheckG, § 365 I HGB); die Legitimationsfunktion, dh die ununterbrochene Reihe von Idossamenten legitimiert den Inhaber des Orderpapiers als den Inhaber des darin verbrieften Rechts (Art. 16 I WG; Art. 19 ScheckG; § 365 I HGB), und die Garantiefunktion, dh der Indossant haftet für die Zahlung des → Wechsels (Art. 15 WG) oder Schecks (Art. 18 I, 20 ScheckG). Ein Vollmachtindossament (Prokuraindossament, Inkassoindossament) bewirkt, dass der Indossatar alle Rechte aus dem Wechsel oder Scheck geltend machen, das Papier aber nur durch ein weiteres Vollmachtindossament übertragen kann (Art. 18 I WG, Art. 23 ScheckG). Für die Einwendungen kommt es dann nur auf diejenigen an, die gegen den Indossanten bestehen (Art. 18 II WG, Art. 23 II ScheckG). Ein offenes Vollmachtindossament lautet: „Wert zur Einziehung", „zum Inkasso", „in Prokura" oÄ. Fehlt ein solcher Vermerk, so liegt ein verdecktes Vollmachtindossament vor. Aus einem Pfandindossament kann der Indossatar alle Rechte aus dem Wechsel geltend machen (Art. 19 I WG). Er kann aber den Wechsel nur mit der Wirkung eines Vollmachtindossaments weiter übertragen. Beim Pfandindossament können dem Inhaber Einwendungen, die gegenüber dem Indossanten bestehen, bei gutgläubigem Erwerb nicht entgegengesetzt werden (Art. 19 II WG). Ein offenes Pfandindossament lautet: „Wert zur Sicherheit", „Wert zum Pfand" oÄ. Fehlt ein solcher Vermerk, so kann ein verdecktes Pfandindossament vorliegen. Ein solches ist auch beim Scheck möglich. Nachindossament nennt man ein Indossament, das erst nach Verfall des Wechsels (Art. 20 WG) oder nach Scheckprotest, einer gleichbedeutenden Feststellung oder nach Ablauf der Vorlegungsfrist (Art. 24 ScheckG) geschrieben wird. Ein Nachindossament hat die Wirkung einer gewöhnlichen → Abtretung; nur beim Wechsel hat es volle Wirkung, wenn es vor dem Protest oder vor Ablauf der Protestfrist auf den Wechsel gesetzt wird (Art. 20 I WG). Teilindossament ist ein Indossament, das sich nur auf einen Teil des verbrieften Rechts bezieht; es ist, ebenso wie ein bedingtes oder befristetes Indossament, nichtig (Art. 12 WG, Art. 15 ScheckG). Ein

Treuhandindossament (als Blanko- oder Vollindossament zu geben) überträgt die vollen Rechte aus dem Orderpapier, verpflichtet aber im Innenverhältnis den Indossatar gegenüber dem Indossanten (→ Rechtsgeschäft, 2i). Beim Ermächtigungsindossament (als Blanko- oder Vollindossament zu geben) bleibt der Indossant Inhaber des verbrieften Rechts; jedoch ist der Indossatar ermächtigt, das Recht im eigenen Namen geltend zu machen (Einziehungsermächtigung, → Abtretung, 2.).

Indossant
→ Indossament.

Indossatar
→ Indossament.

Industrie
Als Industrie im betriebswirtschaftlichen Sinne bezeichnet man Produktionsformen, die durch bedeutende Kapitalausstattung, Einsatz von Managern und Mitarbeitern, fehlende oder nur leitende Mitarbeit des Betriebsinhabers und maschinelle, arbeitsteilige Produktion großer Mengen gekennzeichnet sind. Diese Definition dient der Abgrenzung zum → Handwerk. Volkswirtschaftlich ist Industrie einer der drei Wirtschaftssektoren neben Landwirtschaft und Dienstleistung. Die genannten Indizien müssen dabei nicht sämtlich gegeben sein, es genügt, wenn einige den Betrieb entscheidend prägen. In industriemäßiger Form bedarf die Betätigung in einem Handwerk keiner Genehmigung. Industriebetriebe sind Pflichtmitglieder der → Industrie- und Handelskammer. Sa → Gewerbe, → Handel.

Industrie- und Handelskammer
1. Die Industrie- und Handelskammern (IHK) sind als Selbstverwaltungsorganisationen der Wirtschaft → Körperschaften des öffentlichen Rechts (§ 3 I Gesetz zur vorläufigen Regelung des Rechts der Industrie- und Handelskammern v. 18.12.1956, BGBl. 1956 I 920, mÄnd). Sie haben die Aufgabe, das Gesamtinteresse der ihnen zugehörigen Gewerbetreibenden ihres Bezirks wahrzunehmen, für die Förderung der gewerblichen Wirtschaft zu wirken und dabei die wirtschaftlichen Interessen einzelner Gewerbezweige oder Betriebe abwägend und ausgleichend zu berücksichtigen (§ 1 IHKG). Sie führen Verzeichnisse der → Berufsausbildungsverhältnisse für kaufmännische und gewerbliche → Ausbildungsberufe und nehmen die Lehrabschlussprüfungen ab (§§ 34 ff., 71 II BBiG).

2. Es besteht → Pflichtmitgliedschaft für alle Gewerbetreibenden (Kammerzugehörige) ihres Bezirks (Ausnahmen: → Handwerk und handwerksähnliche Gewerbe, dies jedoch nur für den handwerklichen Betriebsteil, Land- und Forstwirtschaft), soweit sie zur Gewerbesteuer veranlagt werden oder in das Handelsregister eingetragen sind (§ 2 IHKG). Zur Beitragspflicht der Kammerzugehörigen s. § 3 IHKG.

3. a) Wichtigstes Organ der Kammer ist die Vollversammlung, deren Mitglieder von den Kammerzugehörigen gewählt werden (§§ 4, 5 IHKG) und die ua den Präsidenten und Hauptgeschäftsführer wählt sowie über die Satzung, die Beitragsordnung und die Entlastung der geschäftsführenden Organe beschließt. Die Kammern unterstehen der Aufsicht (Rechtsaufsicht) der Länder (§ 11 IHKG), die im Wesentlichen übereinstimmende ergänzende Vorschriften (Ausführungsgesetze) erlassen haben (§ 12 IHKG). Um die Funktionsfähigkeit der IKH während der Corona-Krise zu gewährleisten, wurden durch den neu eingefügten § 13b IHKG die Amtszeiten aller Funktionsträger bis zur Berufung eines Nachfolgers verlängert. Gleichzeitig wurden Präsidium und Präsident ermächtigt, Sitzungen ohne Anwesenheit mittels elektronische Kommunikation durchzuführen. Diese Regelungen, die in ähnlicher Form auch für die → Handwerkskammern erlassen wurden, sind bis Ende 2021 befristet. Eine Berufsgerichtsbarkeit (→ Berufsgerichte) der Kammer über ihre Mitglieder besteht nicht.

b) Neben ihren Hauptaufgaben (Lobby für die regionale Wirtschaft sowie Aus- und Weiterbildung) ist die Mitwirkung der IHK in verschiedenen Rechtsvorschriften vorgesehen (zB Einrichtung von Einigungsstellen zur Beilegung von Wettbewerbsstreitigkeiten, § 15 UWG), Ernennung von öffentlich bestellten und vereidigten Sachverständigen (§ 36 GewO), Ausstellung von Ursprungszeugnissen, gutachtliche Stellungnahme zur Wahl einer → Firma vor der Eintragung in das → Handelsregister, Vorschlag zur Ernennung von Handelsrichtern (§ 108 GVG) Mitwirkung bei der Unabkömmlichstellung Wehrpflichtiger (§ 2 II Nr. 2 UkV v. 24.8.2005, BGBl. 2005 I 2538, mÄnd). Die IHK sind zum → Deutschen Industrie- und Handelskammertag (DIHK) zusammengeschlossen. Ferner bestehen deutsche Auslandshandelskammern.

Industriebetrieb
(Betriebshaftung) → Gefährdungshaftung, → Eisenbahnbetriebshaftung.

Industriegebiet
Gebiet nach der → Baunutzungsverordnung, in dem – anders als im → Gewerbegebiet – insbes. auch erheblich belästigende Gewerbebetriebe zulässig sind.

Industriemeister
(geprüfter Industriemeister) ist eine dem → Handwerksmeister verwandte, gehobene berufliche Qualifikation, die in der Regel nach Abschluss einer → Berufsbildung und einer anschließenden praktischen Tätigkeit erlangt werden kann. Ein Industriemeister erhält nach bestandener Meistprüfung einen Meisterbrief der → Industrie- und Handelskammer. Der Abschluss als Industriemeister ist ua für die Ausbilderqualifikation im Rahmen der Berufsbildung von Bedeutung.

Industrieobligation
Industrieobligation wird eine → Inhaberschuldverschreibung genannt, die von einem Industrieunternehmen, meist einer → Aktiengesellschaft, ausgegeben worden ist.

Industriespionage
→ Wirtschaftsspionage.

Industriestrompreis
Als Industriestrompreis bezeichnet man einen ermäßigten Strompreis für energieintensive Unternehmen. Durch die befristete → Strompreisbremse gab es vorübergehend einen solchen Industriestrompreis von 13 Cent pro kWh netto für 70% des Jahresverbrauchs bestimmter Unternehmen. Seit dem Auslaufen der Strompreisbremse gibt es Forderungen nach einem langfristigen subventionierten Industriestrompreis, etwa durch eine Finanzierung der steigenden Netzentgelte (→ Strompreis) durch den Bund. Gegenwärtig können energieintensive produzierende Unternehmen bereits eine „Strompreiskompensation" genannte Beihilfe (BAnz AT 26.3.2024 B2) für indirekte CO2-Kosten beantragen. Auch die vorübergehende Absenkung der Stromsteuer für das produzierende Gewerbe (§ 9b StromStG) verbilligt den Industriestrom.

Industrieverbandsprinzip
Das Industrieverbandsprinzip ist der maßgebende Gesichtspunkt für die Zugehörigkeit zu den im → Deutschen Gewerkschaftsbund und im → Christlichen Gewerkschaftsbund zusammengeschlossenen → Gewerkschaften. Es bedeutet, dass die Arbeitnehmer eines Betriebes derjenigen Gewerkschaft angehören, zu deren Industriezweig der Betrieb gehört (zB Metall, Chemie), also unabhängig davon, welche Tätigkeit sie ausüben. Das Industrieverbandsprinzip folgt ggf. aus dem Satzungsrecht der Gewerkschaften, zum Teil versucht der Gesetzgeber es aber auch (uU gegen andere Gewerkschaftspositionen) durchzusetzen (→ Tarifkollision). Ein gewisser Gegensatz zum Industrieverbandsprinzip liegt im → Berufsverbandsprinzip.

Infallibilität
→ Papst (1). Andere Bezeichnung für Unfehlbarkeit.

Infektionsschutzgesetz
1. Das Infektionsschutzgesetz (IfSG) enthält die gesetzlichen Regelungen zur Verhütung und Bekämpfung von Infektionskrankheiten beim Menschen. Das Gesetz vom 20.7.2000 (BGBl. 2000 I 1045) mÄnd löste mit seinem Inkrafttreten am 1.1.2001 das frühere Bundes-Seuchengesetz ab.

2. Besondere Bedeutung erlangte das Gesetz während der COVID-19-Pandemie 2020 bis 2022 (→ COVID-19; → SARS-CoV-2; → Corona). Das erste Bevölkerungsschutzgesetz war das Gesetz zum Schutz der Bevölkerung bei einer epidemischen Lage von nationaler Tragweite v. 27.3.2020 (BGBl. 2020 I 587), das durch einen neuen § 5 IfSG das Bundesministerium für Gesundheit ermächtigte, im Rahmen einer → epidemischen Lage von nationaler Tragweite Rechtsverordnungen zu erlassen. Das Dritte Gesetz zum Schutz der Bevölkerung bei einer epidemischen Lage von nationaler Tragweite v. 18.11.2020 (BGBl. 2020 I 2397) schuf als Antwort auf verfassungsrechtliche Bedenken mit dem § 28a IfSG einen ganzen Katalog möglicher Maßnahmen zur Pandemiebekämpfung. Das Vierte Gesetz zum Schutz der Bevölkerung bei einer epidemischen Lage von nationaler Tragweite v. 22.4.2021 (BGBl. 2021 I 802) traf mit dem früheren § 28b IfSG bundeseinheitlich unmittelbar geltende Maßnahmen zur Pandemiebekämpfung (sog. → Bundesnotbremse), die Vorrang vor den höchst unterschiedlichen und nach Auffassung der BReg. unzureichenden Maßnahmen der Länder haben; ferner schuf der neu eingefügte § 28c IfSG die Ermächtigung für die BReg. zum Erlass von VOen, die Erleichterungen für genesene, geimpfte und negativ auf COVID-19 getestete Personen vorsehen, wodurch bereits erstmals ein faktischer → Impfzwang geschaffen werden konnte. Nach dem Auslaufen der mehrfach verlängerten epidemischen Lage von nationaler Tragweite am 25.11.2021 wurden mit dem Gesetz zur Änderung des IfSG und weiterer Gesetze anlässlich der Aufhebung der Feststellung der epidemischen Lage von nationaler Tragweite v. 22.11.2021 (BGBl. 2021 I 4906) mit den neu gefassten §§ 28a und 28b IfSG spezifische Regelungen zur Bekämpfung der COVID-19-Pandemie geschaffen. Das Gesetz zur Stärkung der Impfprävention gegen COVID-19 und zur Änderung weiterer Vorschriften v. 10.12.2021 (BGBl. 2021 I 5162) fügte den früheren § 20a IfSG ein, wonach ua für Beschäftigte in Krankenhäusern, Tageskliniken, Arztpraxen sowie Pflege und Altenheimen ab 15.3.2022 bis 31.12.2022 ein einrichtungsbezogener → Impfzwang geschaffen wurde. Die meisten anderen Schutzmaßnahmen gegen COVID-19 endeten schon kraft Gesetzes am 19.3.2022. Durch das Gesetz zur Änderung des Infektionsschutzgesetzes und anderer Vorschriften vom 18.3.2022 (BGBl. 2022 I 466) wurden die Länder nur noch ermächtigt, unabhängig vom Infektionsgeschehen zum Schutz vulnerabler Gruppe in Einrichtungen wie Krankenhäusern sowie Pflege- und Altenheimen Maskenzwang (→ Mund- und Nasenschutz) anzuordnen; der generelle Maskenzwang im Luft- und Personenfernverkehr blieb bestehen. Regelungen zur Einführung eines allgemeinen Impfzwangs oder jedenfalls eines Impfzwangs für Personen über 60 fanden am 7.4.2022 fanden im Bundestag keine Mehrheit. Inzwischen sind im Hinblick auf das Ende der COVID-19-Pandemie alle Maßnahmen aufgehoben.

3. Nach § 1 IfSG ist Zweck des Gesetzes, übertragbaren Krankheiten beim Menschen vorzubeugen, Infektionen frühzeitig zu erken-

nen und ihre Weiterverbreitung (Epidemien und → Pandemien) zu verhindern. Wesentliches Instrument der Überwachung ist die Meldepflicht nach §§ 6 und 7 IfSG wie zB bei Verdacht auf Erkrankung oder Erkrankung an Cholera, Diphterie, Keuchhusten, → Masern, Menigokokken-Meningitis, Mumps, Pest, Röteln, Tollwut, Typhus oder Windpocken, bei der Erkrankung wegen behandlungsbedürftiger Tuberkulose oder beim Nachweis von Dengue-Virus, Ebolavirus, verschiedene Hepatitisviren, Norovirus und Poliovirus sowie – ohne namentliche Meldung – bei HIV (→ AIDS). Durch die Verordnung nach § 15 I und II IfSG über die Ausdehnung der Meldepflicht nach § 6 I 1 Nr. 1 IfSG und § 7 I 1 IfSG v. 30.1.2020 wurde die Meldepflicht auf das neuartige Coronavirus (in der Verordnung noch „2019-nCoV", inzwischen bezeichnet „→ SARS-CoV-2") ausgedehnt; mit dem Zweiten Gesetz zum Schutz der Bevölkerung bei einer epidemischen Lage von nationaler Tragweite v. 19.5.2020 (BGBl. 2020 I 1018) wurde die Meldepflicht von COVID-19 in § 6 I 1 Nr. 1t IfSG und die Meldepflicht von SARS-CoV-2/Coronavirus in § 7 I 1 Nr. 44a IfSG unmittelbar geregelt.

4. §§ 8 bis 12 IfSG treffen umfangreiche Regelungen über die zur Meldung verpflichteten Personen, die namentliche oder nichtnamentliche Meldung, und die Übermittlung der Daten an die zuständigen Landesbehörden sowie an das Robert Koch-Institut (dazu unter Nr. 7). Nach § 15 I IfSG ist das Bundesministerium für Gesundheit ermächtigt, durch Rechtsverordnung mit Zustimmung des → Bundesrates die Meldepflicht nach §§ 6 und 7 aufzuheben, einzuschränken oder zu erweitern. In dringenden Fällen kann zum Schutz der Bevölkerung diese Rechtsverordnung ohne Zustimmung des Bundesrates erlassen werden (§ 15 II IfS). § 20 IfSG enthält Regelungen über → Impfungen und andere Maßnahmen der spezifischen Prophylaxe (sa → Impfzwang).

5. Der → Bundestag stellt gegebenenfalls eine → epidemische Lage von nationaler Tragweite fest. Die Feststellung und deren Aufhebung sind im BGBl. bekannt zu machen. In diesem Fall erhält das Bundesministerium für Gesundheit weitreichende Befugnisse unbeschadet der fortbestehenden Befugnisse der Länder (§§ 5 und 5a IfSG, § 38 VIII IfSG). Da durch durch Rechtsverordnungen des Bundesministeriums für Gesundheit weitreichende Regelungen ohne Zustimmung des Bundesrates getroffen werden können, kann in dieser Lage faktisch der Entscheidungsspielraum der Länder weitestgehend außer Kraft gesetzt werden. Die Verordnungsermächtigungen betreffen insbesondere den Grenzverkehr (→ Einreise, 3), sämtliche Beförderungsmittel sowie die Sicherstellung der Versorgung mit Arzneimitteln. In einer epidemischen Lage von nationaler Tragweite kann die Ausübung heilkundlicher Tätigkeiten kraft Gesetzes zB auch Altenpflegern, Krankenpflegern, Notfallsanitätern und Pflegefachleuten gestattet werden. Das IfSG enthält umfassende → Befugnisse für die zuständigen Behörden, die den allgemeinen Befugnissen nach dem → Ordnungsrecht vorgehen. Die Maßnahmen nach dem IfSG können durch Allgemeinverfügung (→ Verwaltungsakt, 1) oder → Rechtsverordnung erfolgen (§ 32 IfSG). So können die zuständigen Behörden Ermittlungen zu Art, Ursache, Ansteckungsquelle und Ausbreitung der Krankheit anstellen, wobei Betroffene Untersuchungen dulden müssen (§ 24 IfSG). Werden Kranke, Krankheitsverdächtige, Ansteckungsverdächtige oder Ausscheider festgestellt, können die zuständigen Behörden insbesondere Personen verpflichten, ihren Aufenthaltsort nicht zu verlassen oder bestimmte Orte nicht zu betreten, Veranstaltungen oder Menschenansammlungen beschränken oder verbieten.

6. Eine Reihe von Vorschriften des IfSG betreffen auch nach Ende der Pandemie ausdrücklich nur Maßnahmen gegen eine COVID-19-Pandemie. § 28a IfSG sieht bei einer epidemischen Lage von nationaler Tragweite einen ganzen Katalog von Maßnahmen vor; dieser umfasst ua → Kontaktbeschränkungen sowie das → Abstandsgebot (sa → Social Distancing), Zwang zum Tragen eines → Mund- und Nasenschutzes, Verpflichtung zur Vorlage eines Impf-, Genesenen- oder Testnachweises (→ Immunitätsnachweis; → Impfpass; → Testpflicht; → 3G; → Impfzwang) bei Betreten bestimmter Einrichtungen, Beschränkung der Personenzahl bei Veranstaltungen sowie die Verpflichtung zur Anwendung von Hygienekonzepten.

7. Die Grundrechte auf → persönliche Freiheit der Person (Art. 2 II 2), → Versammlungsfreiheit (§ 8), → Freizügigkeit (Art. 11 I GG) und → Unverletzlichkeit der Wohnung (Art. 13 I GG) können durch diese Maßnahmen beschränkt werden (§ 28 IfSG). Die Beschränkung des Grundrechts auf freie Religionsausübung (→ Religionsausübung, freie) unterliegt gewissen Beschränkungen, so dass das uneingeschränkte Verbot von Zusammenkünften in Kirchen, Moscheen und Synagogen verfassungsrechtlich nicht zulässig war (BVerfG B. v. 29.4.2020 – 1 BvQ 44/20). Erforderlichenfalls kann → Quarantäne (zB auch bei → Einreise aus Hochrisikogebieten und Virusvariantengebieten) durch Absonderung oder – bei Nichtbefolgung der Anordnungen – durch Unterbringung in einem abgeschlossenen Krankenhaus angeordnet werden; im letzteren Fall bedarf es eines richterlichen Beschlusses (§ 30 I und II IfSG). Sa → Anstaltsunterbringung; → Zwangsbehandlung. Weitere Vorschriften befassen sich mit dem Infektionsschutz in bestimmten Einrichtungen (§§ 33 ff. IfSG), der Beschaffenheit des Wassers (§§ 37 ff. IfSG), den gesundheitlichen Anforderungen an das Personal beim Umgang mit Lebensmitteln (§§ 42 ff. IfSG) sowie der Tätigkeit mit Krankheitserregern, die erlaubnispflichtig ist (§§ 44 ff. IfSG). §§ 56 ff.

IfSG enthält umfassende Entschädigungsregelungen für die Adressaten infektionsschutzrechtlicher Maßnahmen und für → Impfschäden. Verstöße gegen infektionsschutzrechtliche Maßnahmen können strafrechtlich oder als Ordnungswidrigkeit geahndet werden (§ 73 IfSG).

8. Die für Maßnahmen zuständigen Behörden werden grundsätzlich durch Landesrecht bestimmt (§ 54 S. 1 IfSG). Zuständig sind idR die Kreisverwaltungsbehörden (sa → Landratsämter; → Kreisverwaltung), gegebenenfalls die Bezirksregierungen (→ Regierungsbezirk) oder → Regierungspräsidien und die obersten Landesbehörden (→ Verwaltungsbehörden (Aufbau), 2a); s. zB für Nordrhein-Westfalen das → Infektionsschutz- und Befugnisgesetz NRW v. 14.4.2020 (GV NRW 2020, 218b) mÄnd oder für Sachsen die Infektionsschutz-Zuständigkeitsverordnung v. 9.1.2019 (SächsVBl. 2019, 83) mÄnd. Die maßgeblichen Rechtsverordnungen erlassen die Regierungen der → Länder (→ Landesregierungen; → Staatsregierungen) oder die von diesen bestimmten Landesministerien (vgl. zB § 32 S. 1 IfSG iVm § 9 Nr. 5 der Bayer. VO über die Zuständigkeit zum Erlass von Rechtsverordnungen – DelegationsVO – v. 28.1.2014, GVBl. 2014, 22, mÄnd oder VO der Landesregierung Baden-Württemberg über infektionsschützende Maßnahmen gegen die Ausbreitung des Virus SARS-CoV-2 – Corona-Verordnung – Corona-VO – v. 1.4.2022). Rechtsverordnungen und Maßnahmen der Länder wurden jedoch in der → COVID-19-Pandemie durch unmittelbar geltenden gesetzlichen Bestimmungen. Soweit unterschiedliche Regelungen durch den Bund, die Länder, auf Bezirksebene, auf Landkreisebene oder gar auf Gemeindeebene getroffen werden, kann für die Betroffenen eine unübersichtliche und zT unklare Rechtslage entstehen.

9. Das Robert Koch-Institut (RKI) ist die nationale Behörde zur Vorbeugung übertragbarer Krankheiten sowie zur frühzeitigen Erkennung und Verhinderung der Weiterverbreitung von Infektionen. Im wesentlichen hat das Robert Koch-Institut koordinierende und empfehlende Aufgaben (§ 4 II IfSG). So erstellt es zB Richtlinien, Empfehlungen und Merkblätter zur Vorbeugung, Erkennung und Verhinderung der Weiterverbreitung übertragbarer Krankheiten, wertet die Daten zu meldepflichtigen Krankheiten und meldepflichtigen Nachweisen von Krankheitserregern infektionsepidemologisch aus, stellt seine Auswertungen öffentlichen Stellen zur Verfügung und unterstützt die → Länder. In Fällen einer → epidemischen Lage von nationaler Tragweite koordiniert das Robert Koch-Institut die Zusammenarbeit wischen den Ländern und dem Bund und den Ländern.

10. Der Freistaat Bayern (BayIfS v. 25.3.2020, GVBl. 174; sa → Infektionsschutzgesetz, Bayerisches) und das Land Nordrhein-Westfalen (→ Infektionsschutz- und Befugnisgesetz NRW v. 14.4.2020, GV NRW 2020, 218b, mÄnd) haben aus Anlass der → COVID-19-Pandemie eigene Infektionsschutzgesetze erlassen. Die formelle und materielle Verfassungsmäßigkeit der Landesinfektionsschutzgesetze ist umstritten. Das bayerische Gesetz trat am 31.12.2020 wieder außer Kraft.

Infektionsschutzgesetz, Bayerisches
Neben dem → Infektionsschutzgesetz (IfSG) des Bundes hat der Freistaat Bayern ähnlich wie Nordrhein-Westfalen (vgl. → Infektionsschutz- und Befugnisgesetz NRW) am 25.3.2020 (GVBl. 2020, 174) aus Anlass der → COVID-19-Pandemie ein eigenes Infektionsschutzgesetz (BayIfSG) erlassen. Bei Ausrufung eines Gesundheitsnotstandes (vergleichbar der → epidemischen Lage von nationaler Tragweite nach § 5 IfSG) nach Art. 1 BayIfSG konnten die zuständigen Behörden ua medizinisches Material beschlagnahmen (Art. 2 ff. BayIfSG) und in entsprechender Anwendung von Art. 9 I 1 des Bayerischen Katastrophenschutzgesetzes (→ Katastrophenschutz) dritte Personen zur Dienstleistung zwangsverpflichten (Art. 6 BayIfSG). Formelle und materielle Verfassungsmäßigkeit des IfSG waren nicht unumstritten, da der Bund die konkurrierende Gesetzgebungszuständigkeit für Maßnahmen gegen gemeingefährliche oder übertragbare Krankheiten bei Menschen und Tieren hat und der Bund durch das IfSG insbesondere durch dessen Reform am 27.3.2020 (→ Infektionsschutzgesetz) hiervon umfassend Gebrauch gemacht hat. Das Gesetz war bis 31.12.2020 befristet.

Infektionsschutz- und Befugnisgesetz NRW
Mit dem Gesetz zur Regelung besonderer Handlungsbefugnisse im Rahmen einer epidemischen Lage von nationaler und landesweiter Tragweite und zur Festlegung der Zuständigkeiten nach dem Infektionsschutzgesetz (Infektionsschutz- und Befugnisgesetz – IfSGB-NRW) v. 14.4.2020 (GV NRW 2020, 218b) mÄnd traf Nordrhein-Westfalen aus Anlass der → COVID-19-Pandemie (sa → COVID-19) ähnlich wie Bayern (vgl. → Infektionsschutzgesetz, Bayerisches) ergänzend zum → Infektionsschutzgesetz des Bundes eigene infektionsschutzrechtliche Regelungen. Im Wesentlichen enthält das Gesetz Zuständigkeitsvorschriften, daneben aber auch materielle Vorschriften wie zB die Befugnis zur Beschlagnahme von medizinischem Material. Die Verfassungsmäßigkeit des Gesetzes ist nicht unumstritten.

Inferent
Inferent bezeichnet im → Gesellschaftsrecht denjenigen, der eine → Einlage zu leisten hat (lat. inferre = hineinbringen, opfern).

Inflation
Inflation beschreibt einen längeren Zeitraum eines erheblichen – über ein normales Maß hinausgehenden – Ansteigens des allgemeinen

Preisniveaus. Gemessen wird die Inflationsrate zB anhand eines Warenkorbs, dessen aktueller Preis des Inhalts mit dem Preis zum gleichen Zeitpunkt des vergangenen Jahres verglichen wird (harmonisierter Verbraucherpreisindex der → Europäischen Zentralbank). Das Ansteigen von Preisen vereinzelter Güter ist im Regelfall unschädlich (und daher ohne Auswirkungen auf das gesamte Preisniveau), da es ggf. durch ein Sinken des Preises anderer Güter kompensiert wird. Die Ursachen der Inflation können vielfältig sein, etwa eine starke Zunahme der Geldmenge, eine erhöhte Geldumlaufgeschwindigkeit oder ein starkes nachfragebedingtes Ansteigen von Güterpreisen. Ein starkes Ansteigen von Energiepreisen löst zudem erhöhte Folgekosten in Güterproduktion und Transport aus. Als volkswirtschaftlich unschädlich bzw. vertretbar wird von der Europäischen Zentralbank eine Teuerungsrate von 1–2% jährlich angesehen. Darüber hinausgehenden Teuerungsraten wird von der Europäischen Zentralbank mit geldpolitischen Maßnahmen, zB Leitzinserhöhungen, begegnet, um wieder ein vertretbares Inflationsniveau zu erreichen. Die Folgen von Inflation können erheblich sein. Insbesondere auf die sozialen Sicherungssysteme kann ein erheblicher Druck ausgeübt werden, da die Bezieher sozialer Sicherungsleistungen oftmals überproportional von Preissteigerungen von Verbrauchsgütern des täglichen Lebens (inklusive Energiekosten für Heizung, Strom, Warmwasserzubereitung) betroffen sind. Zudem kann sich der starke Preisanstieg in den Abschlüssen der Tarifvertragsparteien widerspiegeln und eine sog. Lohn-Preis-Spirale auslösen, sofern der Lohnzuwachs oberhalb des Produktivitätszuwachses in den Betrieben liegt. Ein starkes Ansteigen des Lohnniveaus führt zudem zu einer überproportional ansteigenden Steuerbelastung (kalte Progression). Diesen Folgen versucht im Regelfall die Politik mit Maßnahmen entgegenzuwirken, um die Auswirkungen für die Bürger soweit als möglich gering zu halten (zB → Entlastungspaket oder Preisdeckelungen).

Eine Geldentwertung ist in zivilrechtlicher Hinsicht für eine → Geldschuld grds. ohne Bedeutung (sa → Nominalitätsgrundsatz), das Inflationsrisiko trägt regelmäßig der → Gläubiger (sa → Geschäftsgrundlage). In gewissem Maße bestehen Wertsicherungsmöglichkeiten gegen den durch eine Inflation bedingten → Kaufkraftschwund durch Vertragsklauseln, die auf eine Wertsicherung abzielen (s. hierzu → Geldschuld); sa → Indexmiete (da die Indexmieten an die Inflation gekoppelt sind und damit derzeit stark ansteigen, gibt es Forderungen, sie abzuschaffen oder einzuschränken).

Inflationsausgleichsprämie
Im Rahmen der I. können Arbeitgeber ihren Beschäftigten im Zeitraum 26.10.2022 – 31.12.2024 steuer- und sozialversicherungsfrei einen Betrag bis zu 3.000 Euro gewähren. Dabei handelt es sich um eine freiwillige Arbeitgeberleistung, die auch in mehreren Teilbeträgen ausgezahlt werden kann.

Der Arbeitgeber muss bei Gewährung der Prämie deutlich machen, dass diese im Zusammenhang mit der Preissteigerung steht, wobei auch ein diesbezüglicher Hinweis auf der Verdienstabrechnung oder dem Überweisungsträger ausreicht. Die Inflationsausgleichsprämie muss zusätzlich zum ohnehin geschuldeten Arbeitslohn gewährt werden (§ 3 Nr. 11c EStG) und wird bei einkommensabhängigen Sozialleistungen nicht als Einkommen angerechnet. Die Umwandlung anderer Entgeltzahlungen wie Urlaubs- oder Weihnachtsgeld in eine I. oder die Ausgestaltung der I. als Leistungsprämie für besonders engagierte oder leistungsfähige Mitarbeiter sind nicht zulässig.

Influencer
Als Influencer bezeichnet man bekannte oder einflussreiche Persönlichkeiten, die – überwiegend in sozialen Medien, Blogs uÄ – Produkte persönlich empfehlen und als Werbeträger auftreten. Die dahinter stehende Werbestrategie wird Influencer Marketing genannt. Hierbei wird nicht immer offengelegt, dass es sich um bezahlte Werbung handelt. Einschlägig ist „Irreführung durch Unterlassen" nach § 5a UWG, der versteckte kommerzielle Kommunikation, Schleichwerbung uÄ verbietet (→ unlauterer Wettbewerb, → Product placement). Abgrenzungsschwierigkeiten bestehen zwischen kommerzieller Kommunikation und privater Meinungsäußerung, dem soll ab 2022 § 2 I Nr. 2 UWG entgegenwirken. Weiterhin gelten § 22 I MStV (→ Rundfunkrecht) und § 6 I DDG (→ Telemedien), welche die eindeutige Trennung von redaktionellen und kommerziellen Inhalten vorschreiben. Auch das Jugendschutzgesetz kann, wenn Jugendliche oder Kinder sich als Influencer betätigen, Anwendung finden (→ Jugendschutz). Ab einer gewissen Einkunftshöhe oder Bedeutung gelten Influencer als → Unternehmer iSv § 14 BGB.

Informant
ist eine Person, die im Einzelfall bereit ist, gegen Zusicherung der Vertraulichkeit der Strafverfolgungsbehörde Informationen zu geben (s. Richtlinien der Justiz- und Innenminister, zB BayJMBl. 1986, 33 und 1994, 87). Er gehört zu den Privatpersonen, die zur Strafverfolgung herangezogen oder eingesetzt werden (s. → verdeckte Ermittlungen).

Informationelle Selbstbestimmung
Das BVerfG hat im sog.Volkszählungsurteil (BVerfG Urt. v. 15.12.1983 – 1 BvR 209/83) ausgeführt, dass unter den Bedingungen der modernen → Datenverarbeitung der Schutz des Einzelnen gegen unbegrenzte Erhebung, Speicherung, Verwendung und Weitergabe seiner persönlichen Daten von dem allgemeinen → Persönlichkeitsrecht des Art. 2 I

iVm Art. 1 I GG umfasst wird. Dieses Grundrecht der informationellen Selbstbestimmung gewährleistet insoweit die Befugnis des Einzelnen, grundsätzl. selbst über die Preisgabe und Verwendung seiner persönl. Daten zu bestimmen. Einschränkungen dieses Rechts auf iS sind nur im überwiegenden Allgemeininteresse zulässig; sie bedürfen einer verfassungsgemäßen gesetzlichen Grundlage, die dem rechtsstaatl. Gebot der Normenklarheit entsprechen muss. Bei seinen Regelungen hat der Gesetzgeber den Grundsatz der Verhältnismäßigkeit zu beachten; auch hat er verfahrensmäßige Vorkehrungen gegen die Gefahr einer Verletzung des Persönlichkeitsrechts zu treffen (sa → Datenschutz). Sa → Recht auf Vergessen; → Volkszählung; → Zensus.

Informationsfreiheit
ist das durch Art. 5 I GG geschützte Recht, sich „aus allgemein zugänglichen Quellen" (insbes. Bücher, Zeitungen, → Rundfunk, Fernsehen) zu unterrichten. Die Informationsfreiheit steht als selbständiges → Grundrecht neben der → Meinungsfreiheit, der → Rundfunkfreiheit und der → Pressefreiheit. Allgemein zugänglich ist eine Informationsquelle, wenn sie geeignet und bestimmt ist, der Allgemeinheit Informationen zu verschaffen. Die Informationsfreiheit schützt nicht nur die Entgegennahme von Informationen, sondern auch Aktivitäten zur Informationsverschaffung. Die durch das → Informationsfreiheitsgesetz geschaffenen Rechte gehen allerdings weiter als das Grundrecht nach Art. 5 I GG. Zur Informationsfreiheit der Presse sa → Presserecht.

Informationsfreiheitsgesetz
1. Nach dem Gesetz zur Regelung des Zugangs zu Informationen des Bundes (InformationsfreiheitsG – IFG) v. 5.9.2005 (BGBl. 2005 I 2722) mÄnd hat jedermann gegenüber den Behörden des → Bundes einen Anspruch auf Zugang zu amtlichen Informationen. Der Anspruch steht insbes. auch Personen zu, die nicht → Beteiligte iSd VerwaltungsverfahrensG (→ Verwaltungsverfahren) sind. Das Informationsfreiheitsgesetz bewirkt dadurch vom Ansatz her eine sehr weitgehende Öffentlichkeit behördlicher Vorgänge. Im Einzelnen bestehen indes zahlreiche Ausnahmen von dem allgemeinen Grundsatz.

a) Bei Geltendmachung des Auskunftsanspruches nach dem Informationsfreiheitsgesetz kann die zur Verfügung über die begehrten Informationen berechtigte Behörde (§ 7 I IFG) Auskunft erteilen, Akteneinsicht gewähren oder die Informationen in sonstiger Weise zur Verfügung stellen. Begehrt der Antragsteller eine bestimmte Art des Informationszugangs, so darf die betreffende Behörde diese Informationen nur aus wichtigem Grund in anderer Form zur Verfügung stellen; als wichtiger Grund gilt insbes. ein deutlich höherer Verwaltungsaufwand (§ 1 II IFG).

b) Der Anspruch auf Informationszugang besteht nicht, wenn die Gewährung der begehrten Information nachteilige Auswirkungen auf bestimmte öffentliche Belange haben kann (§ 3 IFG), zB auf

– internationale Beziehungen und internationale Verhandlungen,
– militärische Belange, die Arbeit der → Nachrichtendienste sowie die innere oder äußere Sicherheit,
– die Kontrollaufgaben der Finanz-, Wettbewerbs- oder Regulierungsbehörden (s. zB → Regulierungsbehörde für Telekommunikation und Post),
– den Schutz der Außenwirtschaft (s. → Außenwirtschaftsrecht),
– laufende Ermittlungs- und Gerichtsverfahren,
– die → Verschlusssachen betreffenden Regelungen,
– wirtschaftliche Interessen der → Sozialversicherungen sowie
– vertraulich übermittelte Informationen.

c) Der Anspruch auf Informationszugang besteht ferner bezüglich personenbezogener Daten (s. → Datenschutz, 1) nur dann, wenn das Informationsinteresse des Antragstellers das schutzwürdige Interesse des betroffenen Dritten am Ausschluss des Informationszugangs überwiegt oder wenn der betroffene Dritte ausdrücklich eingewilligt hat. Soweit Informationen mit dem Dienst- oder Amtsverhältnis oder einem Mandat des Dritten in Zusammenhang stehen oder Informationen einem Berufs- oder Amtsgeheimnis unterliegen, überwiegt idR das Interesse des betroffenen Dritten (§ 5 IFG).

d) Gegen die Ablehnung des Antrages auf Zugang zu amtlichen Informationen findet der → Verwaltungsrechtsweg statt (§ 9 IFG). Für Amtshandlungen nach dem Informationsfreiheitsgesetz werden – soweit es sich nicht nur um die Erteilung einfacher Auskünfte handelt – Gebühren und Auslagen erhoben. Die Gebühren dürfen auch im Hinblick auf den verursachten Verwaltungsaufwand nur so hoch angesetzt werden, dass dadurch ein wirksamer Informationszugang nicht behindert wird (§ 10 IFG).

e) Der Bundesbeauftragte für den Datenschutz nimmt zugleich die Aufgaben des Bundesbeauftragten für die Informationsfreiheit wahr (→ Bundesbeauftragter für den Datenschutz und die Informationsfreiheit); jeder kann den Bundesbeauftragten für die Informationsfreiheit anrufen, wenn er seine Rechte nach dem Informationsfreiheitsgesetz als verletzt ansieht (§ 11 IFG).

f) Das Informationsfreiheitsgesetz wird durch das → Datennutzungsgesetz ergänzt. Das Informationsfreiheitsgesetz gewährt nur ein Recht auf Auskunft oder Akteneinsicht, die Art und Weise der Zurverfügungstellung regelt das Datennutzungsgesetz.

2. Die Länder haben teilweise Regelungen geschaffen, die dem Informationsfreiheitsgesetz

entsprechen (zB Gesetz zur Regelung der Informationsfreiheit in Baden-Württemberg v. 17.12.2015 (GBl. 2015, 1201) mÄnd; Gesetz zur Förderung der Informationsfreiheit im Land Berlin v. 15.10.1999, GVBl. 1999, 561, mÄnd; Gesetz über die Freiheit des Zugangs zu Informationen für das Land Nordrhein-Westfalen v. 27.11.2001, GV NRW 2001, 806, mÄnd; für das Land Schleswig-Holstein InformationszugangsG v. 19.1.2012 (GVOBl. 2012, 89). Teilweise gibt es → Transparenzgesetze, die die Behörden zu proaktivem Offenlegen von Informationen verpflichten. Bayern, Niedersachsen und Sachsen haben keine Informationsfreiheitsgesetze.

Informationspflicht

1. Die → Datenschutz-Grundverordnung sieht als Teil der → Betroffenenrechte im Datenschutz Informationspflichten der für die → Datenverarbeitung verantwortlichen Stelle ggü den → betroffenen Personen vor, Art. 13, 14 DS-GVO.

2. Es wird hinsichtlich des Zeitpunkts und Inhalts der zu erteilenden Information danach unterschieden, ob → personenbezogene Daten direkt bei der → betroffenen Person erhoben werden (Art. 13 DS-GVO) oder ob die personenbezogenen Daten mittelbar über einen Dritten erhoben werden (Art. 14 DS-GVO). Art. 12 DS-GVO legt ua die Modalitäten fest, in denen die Information erfolgen muss: in präziser, transparenter und verständlicher Sprache und leicht zugänglich.

3. Die nach Art. 13 DS-GVO bei einer Direkterhebung zu erteilenden Informationen umfassen:
- Kontaktdaten: Name und Kontaktdaten des Verantwortlichen, ggf. seines Vertreters und ggf. Kontaktdaten des Datenschutzbeauftragten,
- Zwecke und Rechtsgrundlage der Verarbeitung,
- Berechtigte Interessen des Verantwortlichen oder des Dritten, falls die Verarbeitung zu deren Wahrung erfolgt,
- Empfänger oder Kategorien von Empfängern, sofern eine Übermittlung beabsichtigt ist,
- Übermittlung an Drittländer oder internationale Organisationen, sofern diese beabsichtigt sind,
- Speicherdauer oder Kriterien zu deren Festlegung,
- Information über → Betroffenenrechte im Datenschutz: Auskunft, Berichtigung, Löschung, Einschränkung der Verarbeitung, Datenübertragbarkeit, Recht auf Widerruf der Einwilligung, Beschwerderecht bei der Aufsichtsbehörde,
- Grundlage für die Bereitstellung: Information über die rechtliche Grundlage, auf der die betroffenen Personen die Daten angeben, die Erforderlichkeit der Angabe und die Folgen der Nichtangabe,
- Information über automatisierte Entscheidungsfindung, sofern diese eingesetzt wird und
- Zweckänderung: Information über den weiteren Zweck, sofern eine Weiterverarbeitung für einen weiteren Zweck als den ursprünglichen Erhebungszweck beabsichtigt ist. Praktisch kaum bedeutende Ausnahmen von der Informationspflicht regeln Art. 13 IV DS-GVO oder aufgrund Öffnungsklausel im nationalen Recht auch §§ 29, 32 BDSG (→ Bundesdatenschutzgesetz).

4. Art. 14 DS-GVO sieht einen grundsätzlich mit Art. 13 DS-GVO vergleichbaren Katalog an zu erteilenden Informationen vor. Unterschiede bestehen darin, dass vor dem Hintergrund der Dritterhebung die betroffene Person über die Herkunft der Daten zu informieren ist und der Zeitpunkt der Informationserteilung nach hinten verlagert ist. Darüber hinaus sieht Art. 14 V DS-GVO einen umfangreichen, teilw praktisch relevanten Ausnahmekatalog vor; zB kann die Information unterbleiben, wenn sie unmöglich ist oder einen unverhältnismäßigen Aufwand darstellt (Art. 14 V lit. c DS-GVO). Weitere Ausnahmen regeln §§ 29, 33 BDSG.

5. Bei Verstößen gegen die Informationspflicht greift der erhöhte Bußgeldrahmen von 20 Mio. Euro oder bis zu 4% des jährlichen weltweiten Konzernumsatzes, Art. 83 V lit. b DS-GVO.

Informationspflichten

→ positive Vertragsverletzung, → Verbrauchervertrag, → Geschäftsbesorgungsvertrag, → Fernabsatzvertrag, → Teilzeit-Wohnrechtevertrag, → Reisevertrag, → E-commerce, → Überweisungsvertrag.

Informationsrecht

→ Auskunftspflicht, → Datenschutz, → Mitbestimmung (1), → Offene Handelsgesellschaft (4); sa → Informationsfreiheit; → IT.

Informationstechnologie

→ IT.

Informationsweiterverwendungsgesetz

Das Informationsweiterverwendungsgesetz (IWG) v. 13.12.2006 (BGBl. 2006 I 2913) regelte, dass jede Person bei der Entscheidung über die Weiterverwendung von Informationen öffentlicher Stellen gleich zu behandeln war (§ 3 I IWG). Bei gewerblicher Weiterverwendung von Informationen öffentlicher Stellen galten für alle Nutzer die gleichen Entgelte. Das IWG eröffnete nicht den Zugang zu Informationen. Letzterer ist im → Informationsfreiheitsgesetz (IFG) geregelt. Das IWG wurde durch das → Datennutzungsgesetz ersetzt.

Informierter Benutzer

Der informierte Benutzer gilt als Maßstab für die Prüfung des durch ein → Design hervorgerufenen Gesamteindrucks, der sowohl für die Frage, ob ein Design über die für die Schutzfähigkeit erforderliche Eigenart verfügt (§ 2 Abs. 3 DesignG), als auch für die Beurteilung, ob ein eingetragenes Design durch eine andere Erscheinungsform verletzt wird (§ 38 Abs. 2 DesignG), bedeutsam ist. Es handelt sich um eine fiktive Person, dessen Kenntnisse und Erfahrungen zwischen denen eines Durchschnittsverbrauchers und denen eines Fachmanns anzusiedeln sind (vgl. EuGH 20.10.2011 – C-281/10 P, GRUR 2012, 506).

Infrastrukturabgabe
→ Maut.

Infrastrukturgesellschaft Verkehr
→ Bundesfernstraßenfinanzierung.

Ingebrauchnahme von Fahrzeugen
→ unbefugter Gebrauch von Fahrzeugen.

Ingenieur
1. Die Regelung der Berufsbezeichnung Ingenieur gehört nicht zum Recht der Wirtschaft iSv Art. 74 I Nr. 11 GG (BVerfGE 26, 246). Daher ist die Berufsbezeichnung mit im Wesentlichen übereinstimmenden Festlegungen landesrechtlich geregelt (vgl. zB für Bayern das Bay. Ingenieurgesetz v. 12.7.2016, GVBl. 2016, 156). Danach darf die Berufsbezeichnung Ingenieur oder Ingenieurin nur führen, wer ein dreijähriges technisches oder naturwissenschaftliches Studium mit Erfolg abgeschlossen hat.

2. Das Berufsrecht der „beratenden Ingenieur", einschließlich des Schutzes der Berufsbezeichnung, der Organisation in → Kammern und eigener → Berufsgerichte, wird ebenfalls durch Landesrecht geregelt (zB für Bayern das BaukammernG (BauKaG) v. 9.5.2007, GVBl. 2007, 308, m. Änd.). Für die Honorare selbständiger Ingenieure galt bis 2019 zwingend die HOAI (→ Architekten- und Ingenieurvertrag), deren Preise jedoch europarechtswidrig waren. Das Preisrecht der HOAI ist seit dem 1.1.2021 dispositiv. → Höchstpreise.

Ingenieurvertrag
→ Architekten- und Ingenieurvertrag.

Ingerenz
stellt eine Fallgruppe für eine → Garantenstellung dar. → Unterlassungsdelikt.

Inhaberaktie
→ Aktie (2).

Inhabergrundschuld
→ Grundschuld.

Inhaberhypothek
→ Sicherungshypothek.

Inhaberklausel
Die Inhaberklausel ist ein Vermerk auf einem → Inhaberpapier, wonach der Aussteller (Wertpapierschuldner) verpflichtet ist, an den berechtigten Inhaber zu leisten. Die Inhaberklausel ist an keinen bestimmten Wortlaut gebunden. Sie kann sich auch in Verbindung mit dem Namen des Gläubigers aus dem Zusatz ergeben „oder Überbringer" (wie zB beim Scheck).

Inhaberpapier
Ein Inhaberpapier ist ein → Wertpapier, bei dem das verbriefte Recht vom jeweiligen Inhaber – praktisch vom → Besitzer – geltend gemacht werden kann. Das Inhaberpapier ist Wertpapier ieS: Das Recht aus dem Papier folgt dem Recht am Papier, dh das Recht wird letztlich wie eine Sache durch Übereignung der Urkunde übertragen. Einwendungen gegenüber dem Vorerwerber können dem Inhaber gegenüber grundsätzlich nicht geltend gemacht werden. Zu den Inhaberpapieren gehören insbes. die → Inhaberschuldverschreibung, das → Inhaberzeichen, die → Inhaberaktie, der → Inhaberscheck; nicht dagegen die qualifizierten → Legitimationspapiere, obwohl sie vielfach als „hinkende" Inhaberpapiere bezeichnet werden.

Inhaberscheck
Ein Inhaberpapier ist ein → Scheck, der – wie andere → Inhaberpapiere – auf den Inhaber oder auf eine bestimmte Person mit dem Zusatz „oder Überbringer" ausgefertigt ist (Art. 5 ScheckG).

Inhaberschuldverschreibung
Eine Inhaberschuldverschreibung ist ein → Inhaberpapier, das ein Forderungsrecht verbrieft. Zur Leistung ist der Aussteller verpflichtet (§ 793 BGB). Diese Pflicht entsteht durch die Ausstellung der Urkunde (→ Wertpapierrechtstheorien). Sie besteht auch dann, wenn die Inhaberschuldverschreibung dem Aussteller gestohlen wird, verloren geht oder sonst ohne Willen des Ausstellers in den Verkehr gelangt (§ 794 BGB). Der Aussteller kann nur solche Einwendungen gegen den Anspruch geltend machen, die die Gültigkeit der Ausstellung betreffen, sich aus der Urkunde ergeben oder dem Aussteller unmittelbar gegen den Inhaber zustehen (§ 796 BGB). Der Aussteller ist nur gegen Aushändigung der Urkunde zur Leistung verpflichtet (§ 797 BGB). Gläubiger ist stets der Inhaber (Eigentümer) der Inhaberschuldverschreibung. Abhandengekommene oder vernichtete Inhaberschuldverschreibungen können für kraftlos erklärt werden (§ 799 BGB; → Aufgebotsverfahren). IdR werden nur Inhaberschuldverschreibungen ausgegeben, in denen die Zahlung einer bestimmten Geldsumme versprochen wird (im Sprachgebrauch der Wirtschaft Anleihen). Zu den Inhaberschuldverschreibungen gehören: die Schuldverschreibungen der öffentlich-rechtlichen Körperschaften, insbes. des Bundes, der Länder und Gemeinden (zB Schatzanweisungen, Prämienanleihen, → öffentliche Pfandbriefe), → Hypothekenpfandbriefe, → Schiffspfandbriefe, → Gewinnanteilscheine einer AG, Inhaberlagerscheine (→ Lagerschein). Für inhaltsgleiche Schuldverschreibungen aus Gesamtemissionen gilt zum Schutz der Gläubiger ergänzend das Schuldverschrei-

bungsgesetz (SchVG) v. 31.7.2009 (BGBl. 2009 I 2512) mÄnd.

Inhaberverpflichtungsschein
→ Inhaberzeichen.

Inhaberzeichen
Inhaberzeichen (Inhaberverpflichtungsscheine) werden im täglichen Verkehr als Karten oder Marken ausgegeben, auf denen ein Gläubiger nicht bezeichnet ist und bei denen angenommen wird, dass der Aussteller an jeden rechtmäßigen Inhaber leisten will (sog. „kleine" → Inhaberpapiere, § 807 BGB). Inhaberzeichen sind von den → Legitimationszeichen zu unterscheiden. Die Inhaberzeichen sind Wertpapiere, weil der Aussteller nur dann zu leisten braucht, wenn das Inhaberzeichen ausgegeben, vorgelegt oder entwertet wird. Die praktisch wichtigsten Inhaberzeichen sind Fahrkarten, Eintrittskarten, Lotterielose.

Inhalte
In einer Reihe von Straftatbeständen verwendet das StGB den Begriff „Inhalte"; dieser bezeichnet dort jeweils ein erforderliches oder zumindest taugliches Tatobjekt oder Tatmittel. So begeht zB eine → Volksverhetzung nach § 130 II Nr. 1 StGB, wer einen „Inhalt" verbreitet, der zum Hass gegen Teile der Bevölkerung aufstachelt, und es macht sich nach § 184b I Nr. 3 StGB strafbar, wer einen kinderpornographischen „Inhalt" (→ Pornographische Inhalte) herstellt. Was einen „Inhalt" jeweils in der geforderten Weise qualifiziert, ergibt sich nur aus den einzelnen Tatbeständen. Eine allgemeine Regelung enthält jedoch § 11 III StGB zu der Frage, in welchen Medien ein „Inhalt" enthalten sein kann: Verweisen Strafnormen auf diese Vorschrift, so werden in den Tatbestand jeweils alle Inhalte einbezogen, die in → Schriften, auf Ton- oder Bildträgern, in Datenspeichern, Abbildungen oder anderen → Verkörperungen enthalten sind oder auch unabhängig von einer Speicherung mittels Informations- oder Kommunikationstechnik übertragen werden. Die durch den Begriff des „Inhalts" und § 11 III StGB geprägten Straftatbestände werden bisweilen als „→ Inhaltsdelikte" bezeichnet.

Mit Hilfe dieser durch das 60. StRÄndG (BGBl. 2020 I 2600) ab 2021 neu eingeführten Gesetzestechnik erfassen Straftatbestände per Verweis auf § 11 III StGB als „Inhalte" einerseits über den Oberbegriff der → Verkörperungen sämtliche körperlichen Gebilde, die sinnlich wahrnehmbar einen gedanklichen Inhalt vermitteln; eine wesentliche Kategorie hiervon bilden die → Schriften. Andererseits beziehen sie über den Terminus der „Übertragung mittels Informations- oder Kommunikationstechnik" alle Arten der technischen Vermittlung ein, egal ob diese mittels eines → Telemediums, eines → Telekommunikationsdienstes oder eines telekommunikationsgestützten Dienstes von Gerät zu Gerät erfolgt oder durch → Rundfunk. Dies geschieht unabhängig von der eingesetzten Übertragungstechnik sowie unabhängig davon, ob es zu einer Speicherung kommt, so dass auch reine Echtzeitübertragungen erfasst werden. Einbezogen sind damit zB Fax, Bildschirmtext, SMS, MMS, E-Mail, IRC (Internet Relay Chat), Instant-Messaging-Dienste, OTT-Dienste (Over-the-top-Dienste), Video/Audio-on-Demand bzw. On-Demand-Streaming, Live-Streaming, Telefonie (auch das bloße fernmündlich übertragene Wort und auch IP-Telefonie) sowie der Rundfunk. Normativ erforderlich ist allerdings eine Übertragung von einem zu einem anderen Ort. Nicht erfasst werden daher technische Methoden, die das gesprochene Wort am Ort der Aussprache lediglich verstärken, etwa über einen Lautsprecher (BT-Drs. 19/19859 S. 26).

Mit der geltenden Regelung wurden Probleme behoben, die mit der bis 2021 in § 11 III StGB enthaltenen Gleichstellungsklausel verbunden waren: Aufbauend auf den Begriff der „Schriften" knüpfte diese allein an bestimmte körperliche Trägermedien der Information an. Sie ging dabei noch von der Dominanz papiergebundener → Darstellungen aus. Digitale Inhalte waren grundsätzlich nur in gespeicherter Form erfasst, wobei umstritten blieb, ob und wann dieses Erfordernis bei einer digitalen Übertragung erfüllt war, etwa wenn Daten nur in den Arbeitsspeicher eines Rechners gelangten (zum deshalb in der Rechtsprechung entwickelten „internetspezifischen" Verbreitungsbegriff vgl. BGHSt 47, 55). Solche wurden sonst nur durch Sonderregelungen in den einzelnen Straftatbeständen einbezogen, was zu einer uneinheitlichen und lückenhaften Regelungssituation führte (näher zur Entwicklung BT-Drs. 19/19859, 16 ff.). Im Recht der → Einziehung im Strafverfahren bzw. der → Unbrauchbarmachung (insbes. § 74d StGB) wird nun statt auf „Schriften" auf „Verkörperungen eines Inhalts" abgestellt. Inhalte, die nur mittels Livestream übermittelt wurden oder sich flüchtig in einem Arbeitsspeicher befanden, sind daher kein tauglicher Gegenstand einer Einziehung (BT-Drs. 19/19859, 28 f.).

Inhaltsdelikte
Als Inhaltsdelikte werden bisweilen die Straf- und Ordnungswidrigkeitentatbestände bezeichnet, die durch den Begriff des „Inhalts" geprägt sind sowie durch den Verweis auf § 11 III StGB, wo allgemein geregelt ist, in welchen Medien ein „Inhalt" enthalten sein kann (→ Inhalte). Vor der Schaffung des Inhaltsbegriffs durch das 60. StRÄndG (BGBl. 2020 I 2600) wurden sie entsprechend dem bis dahin maßgeblichen Begriff der → Schriften auch „Schrift-" oder „Schriftverbreitungsdelikte" genannt.

Zu diesen Delikten zählen das Aufstacheln zum Verbrechen der Aggression (§ 80a StGB, → Angriffskrieg), verschiedene Tatbestände der sog. → Rechtsstaatsgefährdung (Verbreiten von Propagandamitteln verfassungswidriger Organisationen nach § 86 StGB, Verwenden von Kennzeichen verfassungswidriger Organisationen nach § 86a StGB, verschiedene Formen der Verunglimpfung nach §§ 90–90c StGB, Anleitung zur Begehung einer schweren staatsgefährdenden Gewalttat nach § 91 StGB), verschiedene Straftaten gegen die öffentliche Ordnung (→ Gefährdendes Verbreiten personenbezogener Daten nach § 126a StGB; → Volksverhetzung nach § 130 StGB, → Anleitung zu Straftaten nach § 130a StGB, → Gewaltdarstellung nach § 131 StGB, → Belohnung und Billigung von Straftaten nach § 140 StGB), die Beschimpfung von Bekenntnissen, Religionsgesellschaften und Weltanschauungsvereinigungen (§ 166 StGB, → Religionsvergehen), → Sexueller Missbrauch von Kindern (§§ 176 ff. StGB), die Pornografiedelikte (§§ 184 ff. StGB), bestimmte Formen der Üblen Nachrede (§§ 186–188 StGB, → Beleidigung) und die Werbung für den Abbruch der Schwangerschaft (§ 219a StGB, → Schwangerschaftsabbruch); im Recht der → Ordnungswidrigkeiten zudem die Öffentliche Aufforderung zu Ordnungswidrigkeiten (§ 116 OWiG) und der Tatbestand der „grob anstößigen und belästigenden Handlungen" (§ 119 OWiG).

Inhaltsirrtum
→ Anfechtung von Willenserklärungen (1).

Inhaltskontrolle
Hierunter versteht man die gerichtliche Überprüfung von (untergeordneten) Rechtsnormen (zB → Betriebsvereinbarung), insbes. aber von Willenserklärungen oder vertraglichen Regelungen (zB → Arbeitsvertrag), auf deren Übereinstimmung mit dem (übergeordneten) geltenden Recht, va im Hinblick auf eine ausgewogene Berücksichtigung der beiderseitigen Interessen (Billigkeitskontrolle). Besondere Bedeutung hat die Inhaltskontrolle iRd Überprüfung → Allgemeiner Geschäftsbedingungen.

Inhibitorium
→ Pfändung.

In-House-Geschäft
→ öffentliche Aufträge.

Initiativrecht
ist das Recht, Gesetzentwürfe (Gesetzesvorlagen) bei den gesetzgebenden Körperschaften einzubringen. Gesetzesvorlagen werden beim → Bundestag durch die → Bundesregierung, aus der Mitte des Bundestages (meist von einer → Fraktion, aber auch von mehreren Abgeordneten gemeinsam, §§ 75, 76 GOBT) oder durch den Bundesrat eingebracht (Art. 76 I GG; → Gesetzgebungsverfahren). Innerhalb des Bundesrates kann jedes Land eine Gesetzesinitiative des BR beantragen. Nach den Landesverfassungen steht das Initiativrecht der → Landesregierung (Staatsregierung, Senat) und dem Landesparlament (→ Landtag) zu, zT auch dem Volk (→ Volksabstimmung).

Inkasso
Unter Inkasso versteht man die Einziehung von Forderungen (→ Inkassobüro) oder sonstigen Werten.

Inkassobüro
Ein Inkassobüro betreibt, wer sich gewerbsmäßig mit der Einziehung fremder oder zur Einziehung abgetretener Forderungen befasst (sog. Inkassozession, → Abtretung, 2). Die Aufnahme des Betriebs ist nach § 14 GewO anzeigepflichtig. Das Betreiben eines Inkassobüros unterliegt als geschäftsmäßige Besorgung fremder Rechtsangelegenheiten auch der Registrierungspflicht nach § 2 II RDG, § 10 I Nr. 1 RDG, → Rechtsdienstleistung). Soweit die zur Einziehung übernommenen Beträge sofort gutgeschrieben oder ausgezahlt werden, liegt eine Kreditgewährung vor; zur Erlaubnispflicht bei Kreditgeschäften, die gewerblich betrieben werden → Bankgeschäft, → Kreditinstitute. Zur Erstattung der Kosten des Inkassobüros → Schuldnerverzug. Sa → Factoringvertrag.

Inkassodienstleistung
→ Inkasso, → Inkassobüro.

Inkassogebühren, -provision
→ Schuldnerverzug (3).

Inkassoindossament
→ Indossament.

Inkassomandat, -vollmacht
→ Abtretung (2).

Inkassozession
→ Abtretung (2).

Inkognitoadoption
Die Eltern, die in eine → Adoption (1a) ihres Kindes einwilligen müssen (§ 1747 I, II BGB), können diese Einwilligung zwar nicht allgemein, dh für jeden denkbaren Fall erteilen (Verbot der sog. Blankoadoption). Um aber spätere Störungen des Adoptionsverhältnisses durch die leiblichen Eltern zu vermeiden, ist es zulässig, dass der Einwilligende für einen bestimmten Adoptionsfall weder die Person (Name) noch die näheren Lebensumstände des Annehmenden kennt (§ 1747 I, II BGB im Gegensatz zur offenen Adoption). Durch das Adoptionshilfegesetz vom 12.2.2021 (BGBl. 2021 I 226) wurde die Rolle der → Adoptionsvermittlungsstellen als Mittler von Informationen zwischen den Beteiligten gestärkt. Das betrifft die Information der abgebenden Eltern über das Kind und seine Lebenssituation (§ 8b AdVermiG), sowie die Information des Kindes über die Adoption und die abgebenden Eltern (§ 8a AdVermiG), die die Annehmenden im Lichte des § 1747 BGB je freiwillig erteilen. Bei einem begrenzten Informationsaustausch über die Vermittlungsstelle, der die Anonymität der Adoptiveltern wahrt, wird die Adoption auch als halboffen bezeichnet. Mit Vollendung des 16. Lebensjahrs kann

das Kind Einsicht in das → Geburtenregister (§ 63 PStG), sowie in die Adoptionsvermittlungsakten (§ 9c AdVermiG) nehmen als Ausfluss des allgemeinen → Persönlichkeitsrechts auf Kenntnis seiner Abstammung.

Inkompatibilität
1. Inkompatibilität ist die Unvereinbarkeit der gleichzeitigen Ausübung öffentlicher Funktionen in verschiedenen Gewalten durch eine Person, insbes. des Mandats als → Abgeordneter (gesetzgebende Gewalt) mit der Tätigkeit als Beamter (Exekutive) oder Richter (rechtsprechende Gewalt). Die Unvereinbarkeit dieser Tätigkeiten wird aus dem Grundsatz der → Gewaltentrennung hergeleitet, der nicht nur in organisatorischer und funktioneller, sondern auch in personeller Hinsicht durchgeführt werden soll. Zweifelhaft ist allerdings, ob und inwieweit der Grundsatz der Inkompatibilität verfassungsrechtlich bindend oder nur ein Programmsatz ist. Für die Abgeordneten des → Bundestages bestimmt das AbgeordnetenG idF v. 21.2.1996 (BGBl. 1996 I 326) mÄnd, dass Rechte und Pflichten eines in den BT gewählten Beamten, Richters, Soldaten oder Angestellten des öffentl. Dienstes für die Dauer der Mitgliedschaft ruhen. In den → Ländern bestehen ähnliche Regelungen für die Mitgliedschaft in ihren gesetzgebenden Körperschaften (vgl. zB §§ 28 ff. Sächsisches AbgeordnetenG für den sächsischen → Landtag). Kraft ungeschriebenen Verfassungsrechts wird die Mitgliedschaft im Bundestag und im → Bundesrat als unvereinbar angesehen, da sich beide Körperschaften ergänzen und gegenseitig kontrollieren sollen. Doch gilt es als unbedenklich, dass der zum Mitglied der → Bundesregierung ernannte Abgeordnete sein Mandat behält, obgleich er damit Mitglied der gesetzgebenden Körperschaft bleibt, der auch die Kontrolle der Regierung obliegt. Dagegen darf der BPräs. weder der Regierung noch dem Parlament des Bundes oder eines Landes angehören (Art. 55 GG). Über die Unvereinbarkeit der Ämter des BK und der BMin. mit anderen besoldeten Ämtern vgl. Art. 66 GG.

2. Für Richter (im Bundes- oder Landesdienst) schließt das Deutsche → Richtergesetz die gleichzeitige Ausübung des Richteramts und einer Tätigkeit in Gesetzgebung oder Verwaltung grundsätzlich aus (vgl. § 4 DRiG, für Richter des BVerfG Art. 94 GG).

3. Keine Frage der Inkompatibilität ieS ist die Ausübung von Nebentätigkeiten durch Abgeordnete des BT. Nach § 44a AbgeordnetenG sind Tätigkeiten vor Übernahme des Mandats sowie Tätigkeiten und Einkünfte neben dem Mandat, die auf für das Mandat bedeutsame Interessenverknüpfungen hinweisen können, nach Maßgabe der Verhaltensregeln des BT anzuzeigen und zu veröffentlichen. Die Verhaltensregeln finden sich in Anlage 1 der → Geschäftsordnung des BT. Berufstätigkeit mit Einkünften unter 1000 EUR im Monat oder 10 000 EUR im Jahr ist danach zB nicht anzeigepflichtig. Ähnliche Vorschriften gelten für die Abgeordneten der Landtage.

Inkongruente Deckung
→ Insolvenzanfechtung.

Inkorrekte Entscheidungen
→ fehlerhafte Entscheidungen.

Inkrafttreten der Gesetze
Ist das → Gesetzgebungsverfahren mit Verkündung des Gesetzes abgeschlossen, so kann das Gesetz in Kraft treten, dh seine normative Wirkung äußern. Der Zeitpunkt des Inkrafttretens richtet sich in erster Linie nach dem Gesetz selbst; es kann und soll den Tag des Inkrafttretens bestimmen. Fehlt eine solche Regelung, so treten nach Art. 82 II 2 GG Gesetze und Rechtsverordnungen des Bundes mit dem nach Ablauf des Tages in Kraft, an dem das BGBl. ausgegeben worden ist. Ähnliche subsidiäre Regelungen (zT Frist 1 oder 7 Tg.) finden sich in den meisten Landesverfassungen. Sa → Rückwirkung von Gesetzen.

Inländerbehandlung
oder Inländergleichbehandlung (engl. national treatment) ist ein Prinzip der Gleichbehandlung vor allem im internationalen Handel und ist in allen Abkommen der → WTO verankert. Danach müssen in- und ausländische Anbieter die gleiche Behandlung erfahren. Dies gilt für Waren (Art. III GATT, → GATT), Dienstleistungen (Art. XVII GATS, → GATS) und geistiges Eigentum (Art. III TRIPS, → TRIPS). Auch gewährt zB Art. XVI des Freundschafts-, Handels- und Schifffahrtsvertrages zwischen der BRep. und den USA v. 29.10.1954 (BGBl. 1956 II 487) den Erzeugnissen des einen Vertragsteils im Gebiet des anderen Vertragsteils Inländergleichbehandlung hinsichtlich der inneren Besteuerung, des Verkaufs, der Verteilung, der Lagerung und der Verwendung. Sa → Meistbegünstigung, → Diskriminierung im Völkerrecht.

Inländerdiskriminierung
Nach europäischem → Gemeinschaftsrecht ist es den Mitgliedstaaten nicht verwehrt, die eigenen Staatsangehörigen ungünstiger zu behandeln als die Angehörigen der anderen Mitgliedstaaten. Eine Inländerdiskriminierung besteht in Deutschland zB im Bereich des → Handwerks, weil Deutsche, soweit sie über keine EG-ausländische Befähigung verfügen, an die strengen Voraussetzungen der → Handwerksordnung gebunden sind, während Befähigungsnachweise aus anderen Mitgliedstaaten mit weit geringeren Anforderungen anerkannt werden. Nach deutschem Verfassungsrecht ist eine Inländerdiskriminierung dieser Art nicht unproblematisch.

Inländische Einkünfte
→ Einkünfte (2).

Inland
ist staatsrechtlich das Gebiet innerhalb der Staatsgrenzen. Steuerrechtlich ist Inland bei der Einkommen-, Körperschaft-, Gewerbe- und Erbschaftsteuer die BRep. einschl. des Anteils der BRep. am → Festlandsockel, soweit dort Naturschätze des Meeresgrundes oder des Meeresuntergrundes erforscht oder ausgebeutet werden (§ 1 I EStG, § 1 III KStG, § 2 I GewStG, § 2 I ErbschStG). Inland iSd Umsatzsteuer ist die BRep. ohne Büsingen, Helgoland, Freihäfen und Hoheitsgewässer (§ 1 II UStG). Strafrechtlich → Geltungsbereich des Strafrechts.

Inline-Skating
→ Sport und Spiel auf Straßen.

Innengesellschaft
Darunter versteht man eine → Gesellschaft des bürgerlichen Rechts, bei der die Gesellschafter nach außen (dh im allgemeinen Rechtsverkehr) nicht gemeinschaftlich hervortreten, sondern nur im Verhältnis zueinander eine Gesellschaft bilden. → Stille Gesellschaft, → Unterbeteiligung, → Interessengemeinschaft. Die nach außen auftretenden Personen werden selbst und unmittelbar verpflichtet und haben allenfalls Erstattungsansprüche gegen die anderen (Innen-)Gesellschafter.

Innenverhältnis
→ Auftrag, → Vollmacht.

Innenvollmacht
→ Vollmacht.

Innerbetrieblicher Schadensausgleich
"Innerbetrieblicher Schadensausgleich" ist ein Begriff aus dem Arbeitsrecht, der den Ausgleich von Schäden und Schadensersatzpflichten im Verhältnis von → Arbeitgeber und → Arbeitnehmer betrifft. Er umfasst die Fälle, in denen der Arbeitnehmer im Rahmen seiner Arbeitsleistung dem Arbeitgeber, einem anderen Arbeitnehmer des gleichen Betriebs oder einem betriebsfremden Dritten Sach- oder Personenschaden zufügt. Die Haftung des Arbeitnehmers für Sachschäden, Produktionsausfälle usw., die anlässlich einer im Rahmen eines → Arbeitsverhältnisses erbrachten Arbeit verursacht werden, ist ggü. den allgemeinen Haftungsmaßstäben (→ Verschulden) beschränkt, und zwar unabhängig davon, ob es sich um eine besonders gefahrenträchtige (sog. gefahrgeneigte) Arbeit gehandelt hat. Im Einzelnen gilt: Bei Vorsatz und grober Fahrlässigkeit (die nicht nur die Pflichtwidrigkeit, sondern auch den Schaden umfassen; Beweislast beim Arbeitgeber, § 619a BGB) ist der Schaden voll (bei grober Fahrlässigkeit aber uU nur bis zu einer die Existenz nicht gefährdenden Höhe), bei nur geringer Schuld überhaupt nicht und bei normaler Fahrlässigkeit anteilig nach der Quote der Verursachung zu ersetzen (BAG 18.4.2002 – 8 AZR 348/01, NJW 2003, 377). In diesem Umfang hat der Arbeitgeber den Arbeitnehmer von Ansprüchen Dritter, die hierdurch nicht beschränkt werden, freizustellen und kann den Arbeitnehmer in Regress nehmen. Vgl. auch → Mankohaftung. Der innerbetriebliche Schadensausgleich ist gesetzlich nicht geregelt, wird aber in verschiedenen Normen vorausgesetzt (zB § 16d VII 3 SGB II). Bei Personenschäden, insbes. bei Betriebsunfällen, sind die besonderen Vorschriften der gesetzlichen Unfallversicherung zu beachten, die außer bei Vorsatz Schadensersatzansprüche gegen den Arbeitgeber und Arbeitskollegen ausschließen, stattdessen aber Ansprüche gegen die Versicherung gewähren (§§ 104 ff. SGB VII).

Innerdienstliche Anordnung
→ Gewaltverhältnis (öff.-rechtliches), → Verwaltungsvorschriften.

Innere Angelegenheiten
Aus der → Souveränität eines Staates folgt, dass sich andere Staaten nicht in dessen innere Angelegenheiten einmischen dürfen. Die Einmischung in innere Angelegenheiten stellt → völkerrechtliches Unrecht dar. Verboten sind zB die Einmischung von → Diplomaten in den Wahlkampf des Empfangsstaates oder die vorzeitige → Anerkennung von (Revolutions-)Regierungen. Die Gewährung politischen Asyls (→ Asylrecht) stellt keine nach dem → Völkerrecht verbotene Einmischung in innere Angelegenheiten dar. Das Verbot der Einmischung in innere Angelegenheiten schützt Staaten auch als Mitglieder → Internationaler Organisationen. Andererseits beinhaltet der Beitritt zu einer Internationalen Organisation in der Regel den Verzicht auf eigene Rechtspositionen. Inwieweit Maßnahmen Internationaler Organisationen eine verbotene Einmischung in innere Angelegenheiten darstellen, richtet sich nach dem Statut der jeweiligen Internationalen Organisation. Die neuere Entwicklung des Völkerrechts relativiert das Recht der Staaten auf Abwehr von Einmischungen in die inneren Angelegenheiten. So wird zB die Meinung vertreten, das völkerrechtliche Gewaltverbot gelte nicht für militärische Interventionen, wenn dem angegriffenen Staat schwere Menschenrechtsverletzungen zur Last liegen (s. iE → Gewaltverbot, 1d).

Innere Gewässer
1. Gemäß Art. 8 I SRÜ (→ Seerechtsübereinkommen; → Seerecht) werden als innere Gewässer oder Territorialgewässer diejenigen Gewässer bezeichnet, die landeinwärts der Basislinie des → Küstenmeeres eines Staates liegen. Die normale Basislinie des Küstenmeeres verläuft dort, wo bei durchschnittlichem Ebbestand die Niedrigwasserlinie liegt. Bei tiefen Einbuchtungen und Einschnitten sowie vorgelagerten Inselketten wird als Basislinie eine Verbindungslinie zwischen aus der Küstenlinie herausragenden Punkten angenommen. Buchten sind nach Art. 10 IV SRÜ innere Gewässer, wenn die Küsten zu einem Staat gehören und die natürlichen Öffnungspunkte nicht

mehr als 24 Seemeilen voneinander entfernt sind; für „historische Buchten" gelten Ausnahmen kraft → Völkergewohnheitsrecht. Buchten, deren Küsten nicht nur zu einem Staat gehören, sind idR als → Küstenmeer anzusehen. Seehäfen zählen zu den inneren Gewässern.

2. Innere Gewässer sind Bestandteil des Staatsgebietes des Uferstaates. Es gilt die Rechtsordnung des Uferstaates. Fremde Schiffe unterliegen in den inneren Gewässern der Gebietshoheit des Uferstaates, nicht der Gebietshoheit des Flaggenstaates. Der Uferstaat kann deshalb Handelsschiffe grundsätzlich durchsuchen und nach seinem Recht Straftäter festnehmen. Schiffe mit hoheitlichen Aufgaben (Staatsschiffe) genießen hingegen völkerrechtliche Immunität (→ Immunität, 2). Es besteht jedoch keine Pflicht, fremde Handels- oder Staats-(Kriegs-)schiffe in die eigenen inneren Gewässer einfahren zu lassen; Ausnahmen gelten bei Seenot oder auf Grund besonderer völkerrechtlicher Vereinbarungen (zB Genfer Übereinkommen und Statut über die internationale Rechtsordnung der Seehäfen v. 9.12.1923, RGBl. 1928 II 22).

Innere Verwaltung
Inneren Verwaltung ist ein Teil der in Fachbereiche (→ Ressorts) gegliederten öffentlichen → Verwaltung. Oberste Behörde der inneren Verwaltung ist der Minister des Innern. Der Bereich der inneren Verwaltung war früher umfassender und erstreckte sich grundsätzlich auf alle Angelegenheiten, die nicht zu den übrigen „klassischen" Ministerien (Auswärtiges; Krieg; Justiz; Finanzen) gehörten. In neuerer Zeit haben sich von der inneren Verwaltung zahlreiche Sonderbereiche abgespalten (weshalb man den Geschäftsbereich auch als „allgemeine innere Verwaltung" bezeichnet). Die Geschäftsbereiche der Innenministerien in Bund und Ländern werden durch Gesetze und Geschäftsordnungen (der BReg. und der LdReg.en) näher bestimmt; sie sind nicht einheitlich. Aus der Fülle der Aufgaben der inneren Verwaltung seien erwähnt: Angelegenheiten der → Gemeinden und → Kommunalverbände; Recht der → öffentlichen Sicherheit und Ordnung (insbes. → Ordnungsbehörden, → Polizei und → Verfassungsschutz); Gesundheits- und Veterinärwesen; Bauwesen einschl. Straßen- und Wegerecht; Wasserrecht; Personenstandswesen und Namensrecht; Ausländerwesen; Waffen- und Sprengstoffrecht; Sozialhilfe (zT auch bei den Arbeits- und Sozialministerien); Beamtenrecht; Wahlrecht.

Innerer Notstand
→ Notstand, innerer.

Innergemeinschaftliche Lieferung/innergemeinschaftlicher Erwerb
→ Binnenmarkt, Umsatzsteuer; → Reihengeschäft.

Innerorganisationsrechtliche Streitigkeiten
→ Kommunalverfassungsstreitigkeiten.

Innovationspartnerschaft
Die Innovationspartnerschaft dient der Entwicklung innovativer, noch nicht auf dem Markt verfügbarer Liefer-, Bau- oder Dienstleistungen und dem anschließenden Erwerb der daraus hervorgehenden Leistungen. Sie ist einer der für das → Vergabeverfahren gesetzlich geregelten Verfahrensarten (§ 119 Abs. 7 GWB).

Innung
1. Zur Innung im Handwerk s. → Handwerksinnung.

2. Die wenigen, außerhalb des Handwerks noch bestehenden Innungen (zB für Gastwirte, im Taxigewerbe) erhielten durch Art. V des Gesetzes zur Änderung der GewO v. 5.2.1960 (BGBl. 1960 I 61) die Rechtsstellung eines → Vereins (1a), dem die Rechtsfähigkeit nach § 22 BGB verliehen ist (wirtschaftlicher Verein). Sie dürfen ihren Namen behalten und bestehende Innungskrankenkassen fortführen.

Innungskrankenkasse
Die Innungskrankenkasse (§ 145 SGB V) ist Selbstverwaltungskörperschaft des öffentlichen Rechts und Träger der gesetzlichen → Krankenversicherung für eine oder mehrere → Innungen. Sie kann mit behördlicher Genehmigung und mit Zustimmung der Innungsversammlung und des Gesellenausschusses von der Innung oder mehreren Innungen gemeinsam errichtet werden, wenn mindestens 1000 Versicherungspflichtige in den Betrieben der Innung(en) insgesamt beschäftigt werden und ihre Leistungsfähigkeit auf Dauer gesichert ist (§§ 157–164, 175 SGB V). → Kassenwahl, → Krankenkassen. Aktuell gibt es bundesweit noch sechs Innungskrankenkassen. Die Krankenkassen sind für alle Bürger und nicht nur für Innungsmitglieder geöffnet.

Innungsmeister
Nach den Satzungen der → Handwerksinnungen führt der Innungsvorstand (§ 66 HwO) idR die Bezeichnung Obermeister der Innung. Landesinnungsmeister ist die satzungsgemäße Bezeichnung des Vorsitzenden des Vorstands des Landesinnungsverbandes.

Inobhutnahme des Kindes
Bitten Kinder oder Jugendliche um Obhut, hat sie das → Jugendamt in Obhut zu nehmen. Dies geschieht durch vorläufige Unterbringung bei einer geeigneten Person, in einer geeigneten Einrichtung oder in einer betreuten Wohnform. Dies gilt auch, wenn die Inobhutnahme erforderlich ist, um eine dringende Gefahr für das Wohl des Kindes oder des Jugendlichen abzuwenden. Halten sich Kinder oder Jugendliche mit Zustimmung der Eltern oder der sonst Sorgeberechtigten bei einer anderen Person oder Einrichtung auf und wird dadurch

ihr körperliches, geistiges oder seelisches Wohl gefährdet, kann sie das Jugendamt bei Gefahr im Verzug vorläufig von dort entfernen und bei einer geeigneten Person, Einrichtung oder betreuten Wohnform unterbringen. Bei Widerspruch der Sorgeberechtigten muss das Jugendamt unverzüglich eine Entscheidung des Familiengerichts herbeiführen (§ 42 SGB VIII). im Einzelfall ist auch eine freiheitsentziehende Maßnahmen im Rahmen der Inobhutnahme möglich, soweit Selbstgefährdung des Kindes oder Jugendlichen oder Gefahr für Dritte besteht. Die vorläufige Inobhutnahme minderjähriger unbegleiteter Flüchtlinge ist in den §§ 42a–42f SGB VIII geregelt.

INPOL
ist das polizeiliche Informationssystem des Bundes und der Länder. Es beruht auf Beschlüssen der Innenministerkonferenz. In INPOL werden mit elektronischer Datenverarbeitung mehrere Dateien geführt, zB zur Personen- oder Sachfahndung, Terrorismusbekämpfung. Zentralstelle ist das → Bundeskriminalamt.

Inquisitionsprinzip
Der Begriff bezeichnet die insb. im Strafprozess bestehende und durch das Gericht wahrzunehende Amtsermittlungspflicht. Das Gericht hat hierzu die materielle Wahrheit selbständig und ohne Bindung an die von den Verfahrensbeteiligten gestellten Anträge zu ermitteln und hierzu den Sachverhalt zu erforschen (§ 155 II StPO; auch Instruktions- oder Ermittlungsgrundsatz genannt). Dieser Grundsatz erfährt auch in Fällen einer → Verständigung im Strafverfahren keine Einschränkung.

Im Zivilprozess besteht, abweichend von dem dort im Allgemeinen geltenden → Verhandlungs- oder → Beibringungsgrundsatz (Prinzip der sog. formellen Wahrheit), die Befugnis des Gerichts zur Ermittlung des Sachverhalts von Amts wegen – mit einigen Besonderheiten – in Familiensachen mit Ausnahme der Ehe- und Familienstreitsachen (§§ 26, 113 I FamFG).

Im Verwaltungsstreitverfahren, Finanzgerichtsverfahren, Verfahren der freiwilligen Gerichtsbarkeit und der Sozialgerichtsbarkeit hat das Gericht den Sachverhalt von Amts wegen zu erforschen; es ist an das Vorbringen und die Beweisanträge der Beteiligten nicht gebunden (§ 86 VwGO, § 76 FGO, § 26 FamFG, § 103 SGG).

Inquisitionsprozess
Der Inquisitionsprozess als eine im Mittelalter weiterentwickelte Form des Strafverfahrens zeichnet sich dadurch aus, dass die Strafverfolgung vor Gericht dort im Gegensatz zum früheren → Akkusationsprozess nicht von dem durch die Straftat Verletzten, sondern von einer Behörde betrieben wird. Er wird vom → Inquisitionsprinzip bestimmt (Pflicht des Gerichts zur Erforschung des Sachverhalts ohne Bindung an Parteianträge). Obwohl er den Verletzten entlastet, verbindet sich mit dem Begriff des Inquisitionsprozesses vom Mittelalter her ein abwertender Beiklang, weil in den auf Veranlassung der Kirche durchgeführten Strafverfahren gegen angebliche „Ketzer" inhumane Vernehmungsmethoden (→ Folter) angewandt wurden, um Geständnisse zu erreichen.

Insassen von Kraftfahrzeugen
Wird eine mit einem Kfz beförderte Person durch Unfall verletzt oder getötet oder werden von ihr mitgeführte Sachen beschädigt, so kann den Fahrer und den → Halter des Kfz eine → Haftung treffen (iE → Straßenverkehrshaftung). Sie kann sich bei schuldhaftem Handeln aus Vertrag (idR für den Halter aus Beförderungsvertrag) oder → unerlaubter Handlung ergeben, uU aber auch für den Fahrer aus vermutetem Verschulden (§ 18 I StVG) sowie für den Halter ohne Verschulden auf Grund der → Gefährdungshaftung nach § 7 StVG. Diese am weitesten gehende Haftung aus dem Gesichtspunkt der Betriebsgefahr des Kfz besteht aber nicht zugunsten von Insassen langsamer Fahrzeuge (bis 20 km/h) und auch sonst nur, wenn es sich um eine entgeltliche, geschäftsmäßige Personenbeförderung handelt (§§ 8, 8a StVG). Auch ist die Gefährdungshaftung durch gesetzliche Höchstbeträge begrenzt; hierzu und zur → Verjährung s. iE → Straßenverkehrshaftung. Handelt es sich um eine → Gefälligkeitsfahrt(sa. dort), so kann die Haftung (auch die Gefährdungshaftung) durch ausdrückliche oder stillschweigende Vereinbarung zwischen Insassen und Fahrer oder Halter ausgeschlossen sein.

Insassenunfallversicherung
Die Insassenunfallversicherung versichert Schäden, welche die Insassen eines Kfz bei dessen rechtmäßigem Gebrauch durch einen Verkehrsunfall erleiden. Die durch eine Insassenunfallversicherung abgedeckten Risiken werden weitgehend bereits durch andere Versicherungen abgesichert, insbes. durch die → Kraftfahrzeug-Haftpflichtversicherung. Wenn jedoch eine Haftung des Fahrers oder → Halters eines Kfz für Schäden, die mitfahrende Personen erleiden, weder aus schuldhafter Vertragsverletzung noch aus → unerlaubter Handlung oder auf Grund einer → Gefährdungshaftung (sa → Insassen von Kraftfahrzeugen, → Gefälligkeitsfahrt) besteht, so wird auch eine → Haftpflichtversicherung nicht wirksam. Für diesen Fall können mitfahrende Personen gegen Unfälle durch Abschluss einer Insassenunfallversicherung für den Fall des Todes oder der Invalidität versichert werden. Ausgeschlossen sind Unfälle bei Begehung von Verbrechen oder Vergehen oder Schwarzfahrten. Einzelheiten §§ 179 ff. VVG, §§ 16 ff. AKB.

Insemination
→ künstliche Fortpflanzung.

Insichgeschäft
→ Selbstkontrahieren; sa → Eigentumsübertragung (2).

Insidergeschäft
ist die Verwendung einer Insiderinformation über ein → Finanzinstrument, was als Verstoß gegen den Grundsatz der Chancengleichheit und damit als Marktmanipulation grundsätzl. untersagt ist. Während früher die §§ 12 ff. WpHG einschlägig waren, unterliegen Insidergeschäfte seit dem 3.7.2016 der Verordnung (EU) Nr. 596/2014 v. 16.4.2014 über Marktmissbrauch (Marktmissbrauchsverordnung, MAR (Market Abuse Regulation), ABl. 173/1. Die flankierenden Änderungen des WpHG wurden durch das erste Finanzmarktnovellierungsgesetz v. 30.6.2016 (BGBl. 2016 I 1514) eingefügt.

Art. 7 MAR definiert Insiderinformationen als nicht öffentlich bekannte Informationen, die einen Emittenten oder ein Finanzinstrument betreffen und bei Bekanntwerden den Kurs des Papiers erheblich beeinflussen könnten. Ein Insidergeschäft liegt nach Art. 8 MAR vor, wenn eine Person über Insiderinformationen verfügt und sie für Erwerb oder Veräußerung eines Finanzinstruments nutzt. Insidergeschäfte sind nach Art. 14 MAR verboten. Insiderinformationen müssen von Emittenten so bald wie möglich veröffentlicht werden (Art. 17 MAR, → Ad-hoc-Publizität) und dürfen vorher niemandem mitgeteilt werden (Art. 10 MAR). Zur Prävention erstellen Emittenten Insiderlisten (Art. 18 MAR). Zuständige Behörde ist die → Bundesanstalt für Finanzdienstleistungsaufsicht. MAR-Verstöße sind über § 119 II WpHG strafbewehrt.

Insiderinformation
→ Insidergeschäft.

InsO
→ Insolvenzordnung.

Insolvenz
→ Insolvenzrecht, → Insolvenzverfahren.

Insolvenzanfechtung
Rechtshandlungen (und Unterlassungen), die – vor allem seitens des Schuldners – vor der Eröffnung eines → Insolvenzverfahrens vorgenommen worden sind und die die Insolvenzgläubiger benachteiligen, kann der → Insolvenzverwalter unter bestimmten Voraussetzungen anfechten (§§ 129 ff. InsO; Gerichtsstand hierfür § 19a ZPO). Anfechtbar ist eine Rechtshandlung, die einem Insolvenzgläubiger eine Sicherung oder Befriedigung gewährt hat, auf die er einen Anspruch hatte (sog. kongruente Deckung), wenn sie in den letzten 3 Monaten vor dem Antrag auf Eröffnung des Insolvenzverfahrens oder nach diesem vorgenommen wurde, der Schuldner zu diesem Zeitpunkt bereits zahlungsunfähig war (→ Zahlungsunfähigkeit) und der Gläubiger dies (unmittelbar oder aus zwingenden Umständen heraus) wusste (§ 130 InsO). Entsprechendes gilt für sonstige Rechtsgeschäfte des Schuldners, die die Insolvenzgläubiger unmittelbar benachteiligen (§ 132 InsO). Hatte der Gläubiger auf die Sicherung oder Befriedigung (überhaupt oder nach Art und Zeit) keinen Anspruch (sog. inkongruente Deckung), sind Rechtshandlungen im letzten Monat vor dem Eröffnungsantrag uneingeschränkt anfechtbar; für die letzten 3 Monate genügt die bloße Zahlungsunfähigkeit oder die Kenntnis von der Benachteiligung der Insolvenzgläubiger (zu Einzelheiten s. § 131 InsO). Gegenüber Personen, die dem Schuldner nahe stehen (Ehegatte, Lebenspartner, nahe Verwandte, Partner einer → eheähnlichen Gemeinschaft, § 138 InsO) wird vermutet, dass sie die Zahlungsunfähigkeit, den Eröffnungsantrag oder die Benachteiligungsabsicht kannten. Anfechtbar ist ferner eine Rechtshandlung, die der Schuldner in den letzten 10 Jahren vor dem Eröffnungsantrag (oder nach diesem) mit dem Vorsatz, seine Gläubiger zu benachteiligen, vorgenommen hat (§ 133 InsO, sog. Vorsatzanfechtung), eine unentgeltliche Leistung des Schuldners in den letzten 4 Jahren vor dem Eröffnungsantrag (§ 134 InsO, sog. Schenkungsanfechtung) sowie eine Sicherung oder Befriedigung für die Forderung eines Gesellschafters auf Rückgewähr eines → Gesellschafterdarlehens (§§ 135, 143 III InsO).

Was durch die anfechtbare Handlung aus dem Vermögen des Schuldners veräußert, weggegeben oder aufgehoben worden ist, muss zur → Insolvenzmasse zurückgewährt werden (§ 143 InsO). Es handelt sich um einen schuldrechtlichen Anspruch auf Rückgängigmachung der anfechtbaren Rechtshandlung (unter Wiederaufleben der ursprünglichen Forderung des Empfängers und ggf. Ausgleich einer Gegenleistung, § 144 InsO). Die Verjährung des Anfechtungsanspruchs richtet sich nach den Regelungen über die regelmäßige → Verjährung (4) nach dem BGB; auch danach kann der Insolvenzverwalter aber die Erfüllung einer auf einer anfechtbaren Rechtshandlung beruhenden Leistungspflicht verweigern (§ 146 InsO). Von der Insolvenzanfechtung zu unterscheiden ist die → Gläubigeranfechtung, die außerhalb eines Insolvenzverfahrens stattfindet.

Insolvenzantrag
→ Insolvenzverfahren (1). Zu den Auswirkungen der Corona-Krise siehe → COVID-19-Folgenabmilderungsgesetz.

Insolvenzberatung
→ Rechtsdienstleistung.

Insolvenzdelikte
→ Insolvenzstraftaten.

Insolvenzfähigkeit
Ein → Insolvenzverfahren kann über das Vermögen jeder natürlichen und → juristischen Person des Privatrechts (zB AG, GmbH, Verein), eines nichtrechtsfähigen Vereins, einer → Personengesellschaft (zB OHG, KG, Gesellschaft des bürgerlichen Rechts, EWIV) sowie

über einen Nachlass (→ Nachlassinsolvenzverfahren) und das Gesamtgut einer Gütergemeinschaft eröffnet werden (§ 11 InsO). Über das Vermögen des Bundes oder eines Landes findet ein Insolvenzverfahren nicht statt, über das Vermögen einer juristischen Person unter Aufsicht eines Landes nur dann, wenn dies das Landesrecht bestimmt (§ 12 InsO). Zur Insolvenzfähigkeit der Wohnungseigentümergemeinschaft → Wohnungseigentum (3a).

Insolvenzforderung
→ Insolvenzmasse.

Insolvenzgeld
Das Insolvenzgeld als Leistung der → Arbeitsförderung ist mit dem Inkrafttreten der Insolvenzordnung am 1.1.1999 an die Stelle des Konkursausfallgeldes getreten. Maßgebende Rechtsgrundlage sind die §§ 165 ff. und § 324 III SGB III.

Arbeitnehmer und ähnliche Personen (zB Handelsvertreter) haben Anspruch auf Insolvenzgeld in Höhe des Nettoarbeitsentgelts für die letzten 3 Monate vor Eröffnung des → Insolvenzverfahrens oder der Abweisung eines solchen Antrags mangels Masse bei Zahlungsunfähigkeit des Arbeitgebers oder der vollständigen Einstellung der Betriebstätigkeit, wenn ein Insolvenzantrag nicht gestellt worden ist und ein Insolvenzverfahren offensichtlich mangels Masse nicht in Betracht kommt (Insolvenzereignis). Es beläuft sich in Höhe des letzten Netto-Arbeitsentgelts (begrenzt auf die Beitragsbemesungsgrenze) vermindert um die gesetzlichen Abzüge. Das Insolvenzgeld wird von der zuständigen → Agentur für Arbeit auf Antrag gewährt, der binnen einer absoluten Ausschlussfrist von 2 Monaten seit Eröffnung des Insolvenzverfahrens oder eines anderen Insolvenzereignisses, falls kein Insolvenzverfahren eröffnet worden ist, zu stellen ist (§ 324 III SGB III).

Die Mittel für das Insolvenzgeld werden von den → Arbeitgebern aufgebracht (§ 358 SGB III); die hierfür erhobene Umlage betrug im Jahr 2024 wie auch im Jahr 2023 0,06% (nach 0,12% im Jahr 2021 und 0,09% im Jahr 2022) bezogen auf das Entgelt, nach dem die Beiträge zur gesetzlichen Rentenversicherung für die im Betrieb Beschäftigten einschl. der Auszubildenden bemessen werden. Der Einzug der Mittel erfolgt durch die Einzugsstellen, die auch den Gesamtsozialversicherungsbeitrag einziehen. Im Jahr 2025 erfolgte eine Erhöhung des Umlagesatzes auf 0,15%.

Das Insolvenzgeld ist steuerfrei (§ 3 Nr. 2a EStG), unterliegt aber dem → Progressionsvorbehalt (§ 32b I Nr. 1a EStG).

Insolvenzgericht
→ Insolvenzverfahren (1).

Insolvenzgläubiger
→ Insolvenzmasse.

Insolvenzgrund
→ Insolvenzverfahren (1).

Insolvenzmasse
Das → Insolvenzverfahren erfasst das gesamte Vermögen, das dem (Insolvenz)Schuldner zur Zeit der Eröffnung des Verfahrens gehört (Istmasse); darüber hinaus auch das Vermögen, das er während des Verfahrens erwirbt (§ 35 InsO, Teilungsmasse). Zur Insolvenzmasse gehören nicht persönliche Rechte des Schuldners (insbes. Familienrechte), ferner weitgehend nicht solche Gegenstände, die der Zwangsvollstreckung nicht unterliegen (§ 36 InsO; → Unpfändbarkeit, → Lohnpfändung) sowie der gewöhnliche Hausrat des Schuldners (§§ 36, 40 InsO). Zur Insolvenzmasse zählen dagegen auch Rückgewähransprüche aus einer → Insolvenzanfechtung, ferner noch nicht fällige oder bedingte Forderungen des Schuldners. Forderungen, die nicht auf Geld gerichtet sind, werden auf ihren Wert umgerechnet (§§ 41 ff. InsO). Nicht in die Insolvenzmasse fallen Gegenstände, die der → Aussonderung unterliegen, wohl aber solche, an denen dem Gläubiger ein Recht auf abgesonderte Befriedigung (→ Absonderung) zusteht.

Die Insolvenzmasse unterliegt der Verwaltung und Verfügung des → Insolvenzverwalters (§ 80 InsO; → Insolvenzverfahren, 2). Sie dient zur Befriedigung der persönlichen Gläubiger, die einen zurzeit der Eröffnung des Insolvenzverfahrens begründeten Vermögensanspruch (Insolvenzforderung) gegen den Schuldner haben (Insolvenzgläubiger, § 38 InsO). Im Interesse einer möglichst gleichmäßigen Befriedigung aller Insolvenzgläubiger sind deren Forderungen (sog. Schuldenmasse) grds. gleichrangig; nur bestimmte Insolvenzforderungen sind nachrangig, zB Zinsforderungen seit der Eröffnung des Insolvenzverfahrens, Geldstrafen, Forderungen auf Rückgewähr eines → Gesellschafterdarlehens oder Forderungen, deren Nachrang in einem → Insolvenzplan vereinbart worden ist (§ 39 InsO). Ein Insolvenzvorrecht bestimmter Forderungen, zB auf Lohn- oder Gehaltsansprüche (aber → Insolvenzgeld), kennt die InsO nicht mehr.

Vor Befriedigung der Insolvenzgläubiger sind aus der Insolvenzmasse die Masseansprüche der sog. Massegläubiger zu berichtigen (§ 53 InsO). Hierzu zählen die Kosten des Insolvenzverfahrens (Massekosten) und die sonstigen Masseverbindlichkeiten. Massekosten sind die Gerichtskosten des Insolvenzverfahrens sowie die Vergütungen und Auslagen des Insolvenzverwalters und der Mitglieder des Gläubigerausschusses (§ 54 InsO). Sonstige Masseverbindlichkeiten (Masseschulden) sind Verbindlichkeiten, die durch Handlungen des Insolvenzverwalters (zB Vertragsabschlüsse zur Verwaltung oder Verwertung der Insolvenzmasse) begründet wurden, aus gegenseitigen Verträgen, deren Erfüllung der Insolvenzverwalter zur Insolvenzmasse verlangt (→ Insolvenzverfahren, 3a), sowie Verbindlichkeiten aus einer → ungerechtfertigten Bereicherung der Masse (§ 55 InsO).

Insolvenzordnung
→ Insolvenzrecht, → Insolvenzverfahren.

Insolvenzplan
Im Rahmen eines → Insolvenzverfahrens können die Befriedigung der absonderungsberechtigten und der Insolvenz-Gläubiger, die Verwertung der → Insolvenzmasse und deren Verteilung sowie die Haftung des Schuldners nach Beendigung des Insolvenzverfahrens (→ Restschuldbefreiung) in einem Insolvenzplan auch abweichend von den Vorschriften der InsO geregelt werden (§ 217 InsO). Ziel des Insolvenzplans ist es vor allem, eine Insolvenz im Einzelfall flexibel und wirtschaftlich effektiv abwickeln zu können. In erster Linie kommt in diesem Zusammenhang – statt der Liquidation des Unternehmens des Schuldners (Liquidationsplan) oder dessen Veräußerung – die Sanierung des Schuldners, der Träger des Unternehmens bleibt und dessen künftige Erträge für die (teilweise) Befriedigung der Gläubiger zur Verfügung stellt, in Betracht.

Zur Vorlage eines Insolvenzplans an das Insolvenzgericht sind sowohl der Schuldner als auch der → Insolvenzverwalter berechtigt; auch die → Gläubigerversammlung kann den Insolvenzverwalter hierzu verpflichten (§ 218 InsO). Der Insolvenzplan besteht aus dem darstellenden Teil, in dem die getroffenen und geplanten Maßnahmen beschrieben werden, und dem gestaltenden Teil, in dem festgelegt wird, wie die Rechtsstellung der Beteiligten durch den Plan geändert werden soll (§§ 220, 221 InsO). Es besteht auch die Möglichkeit, Forderungen der Gläubiger in Eigenkapital umzuwandeln → Debt-Equity-Swap (§ 225a InsO). Soweit – wie sehr häufig – Gläubiger mit unterschiedlicher Rechtsstellung betroffen sind (zB absonderungsberechtigte oder nachrangige Gläubiger), sind verschiedene Gruppen zu bilden, die ihrerseits nach sachlichen Kriterien weiter unterteilt werden können; → Arbeitnehmer sollen, Kleingläubiger können eine besondere Gruppe bilden (§ 222 InsO). Das Insolvenzgericht bestimmt sodann einen Termin, in dem der Insolvenzplan und das Stimmrecht der Gläubiger erörtert und anschließend über den Plan abgestimmt wird (§ 235 InsO, Erörterungs- und Abstimmungstermin). Zur Annahme des Insolvenzplans ist in jeder – gesondert abstimmenden – Gruppe eine Mehrheit sowohl nach Köpfen als auch nach der Höhe der Ansprüche der abstimmenden Gläubiger erforderlich (§§ 243, 244 InsO). Unter bestimmten Voraussetzungen werden Gegenstimmen vom Gesetz für unerheblich erklärt (§ 245 InsO, sog. Obstruktionsverbot). Der Insolvenzplan bedarf sodann der Bestätigung durch das Insolvenzgericht (§ 248 InsO).

Inhalt eines Insolvenzplans ist im Wesentlichen (in der Art eines → Vergleichs) ein Verzicht der Gläubiger auf einen Teil ihrer Forderungen und/oder eine Stundung eines weiteren Teils, um dem Schuldner die Sanierung seines Unternehmens zu ermöglichen. Eine bestimmte Mindestquote, die den Gläubigern bei dieser Art Vergleich erhalten bleiben muss, ist hierfür (anders als im früheren Vergleichsverfahren) nicht vorgesehen; doch kann ein Gläubiger (auch wenn seine Gruppe mit Mehrheit zugestimmt hat) eine Versagung der Bestätigung erwirken, wenn er durch den Insolvenzplan schlechter gestellt wird, als er ohne Plan stehen würde (§ 251 InsO). Gegen die Bestätigung des Insolvenzplans steht den Gläubigern und dem Schuldner die → sofortige Beschwerde zu (§ 253 I InsO). Zur Beschleunigung einer Sanierung ist nunmehr ein Eilverfahren eröffnet, in welchem nach Güterabwägung das Rechtsmittel zurückgewiesen werden kann (§ 253 IV InsO). Mit der → Rechtskraft der Bestätigung des Insolvenzplans treten die im gestaltenden Teil festgelegten Wirkungen für und gegen alle Beteiligten mit unmittelbarer Wirkung (also ohne besondere zusätzliche Erklärung) ein (§ 254 InsO); das Insolvenzverfahren wird dann aufgehoben (§ 258 InsO). Ein Erlass oder eine Stundung wird hinfällig, wenn der Schuldner mit der Erfüllung des Insolvenzplans erheblich in Rückstand gerät (§ 255 InsO). Aus einem rechtskräftig bestätigten Insolvenzplan kann ein Gläubiger wie aus einem vollstreckbaren Urteil die → Zwangsvollstreckung gegen den Schuldner betreiben (§ 257 InsO). Im Insolvenzplan kann auch vorgesehen werden, dass seine Erfüllung bis zu 3 Jahren nach Aufhebung des Insolvenzverfahrens vom Insolvenzverwalter überwacht wird (§§ 260, 268 InsO) und dass Ansprüche aus Sanierungskrediten, die während dieser Überwachungszeit gegen den Schuldner oder eine Übernahmegesellschaft begründet worden sind, in einem bestimmten Rahmen gegenüber den Ansprüchen der Insolvenzgläubiger vorrangig zu befriedigen sind (§ 264 InsO).

Seit dem 1.3.2012 kann zur Erleichterung einer Sanierung schon vor Eintritt der Insolvenzvoraussetzungen ein eigenständiges Verfahren in Gang gesetzt werden, in welchem der Schuldner selbst die Initiative für die Erstellung eines Insolvenzplans ergreift (→ Schutzschirmverfahren, § 270b InsO).

Insolvenzrecht
Insolvenzrecht werden die Rechtsnormen genannt, die im Falle von (drohender) → Zahlungsunfähigkeit oder → Überschuldung von (natürlichen und juristischen) Personen, Personengesellschaften und Vermögensmassen (zB Nachlass) das Verfahren zum Zwecke einer geordneten, möglichst gleichmäßigen Befriedigung der Gläubiger regeln. Rechtsgrundlage ist – unter Zusammenfassung des bisher zweispurigen Konkurs- und Vergleichsverfahrens in den alten Ländern sowie der Gesamtvollstreckungsordnung im Gebiet der ehem. DDR – (neben Einzelbestimmungen zahlreicher Gesetze) im Wesentlichen die Insolvenzordnung (InsO) v. 5.10.1994 (BGBl. 1994 I 2866) mÄnd. Die InsO gilt für alle → Insol-

venzverfahren, die seit 1.1.1999 beantragt wurden.

Zum internationalen Insolvenzrecht (auch Zuständigkeit, Verfahren) s. VO (EU) 2015/848 v. 20.5.2015 (ABl. EU 2015 L 141, 19 – EuInsVO, mÄnd), zu ihrer Durchführung Art. 102c EGInsO sowie weiterhin zum anwendbaren Recht §§ 335 ff. InsO. Für die Eröffnung des Insolvenzverfahrens sind die Gerichte des EU-Mitgliedstaats zuständig, in dessen Hoheitsgebiet der Schuldner den Mittelpunkt seiner hauptsächlichen Interessen hat; Mittelpunkt der hauptsächlichen Interessen ist der Ort, an dem der Schuldner gewöhnlich der Verwaltung seiner Interessen nachgeht und der für Dritte feststellbar ist (Art. 3 EuInsVO). Für das Insolvenzverfahren und seine Wirkungen gilt im Wesentlichen das Insolvenzrecht des Mitgliedstaats, in dessen Hoheitsgebiet das Verfahren eröffnet wird (Art. 7 EuInsVO). Sa → Insolvenztourismus und → Firmenbestattung.

Wesentliche Grundgedanken des heutigen Insolvenzrechts sind: bestmögliche Befriedigung aller Gläubiger (bei Wegfall früherer Konkursvorrechte) unter Berücksichtigung der Interessen des insolventen Schuldners und der grdsätzl. fortbestehenden Rechte seiner Arbeitnehmer, die Möglichkeit der Erhaltung (Sanierung) des Unternehmens des Schuldners (ggf. unter Erstellung eines → Insolvenzplans, für vorinsolvenzliche Sanierungsmöglichkeiten siehe → StaRuG), die Möglichkeit, gläubigerschädigende Vermögensverschiebungen effektiv anzufechten (→ Insolvenzanfechtung) sowie ein → Verbraucherinsolvenzverfahren (hier insbes. mit der Möglichkeit der → Restschuldbefreiung). Zu Einzelheiten → Insolvenzverfahren.

Zu den besonderen Auswirkungen der Corona-Krise auf das Insolvenzrecht → Corona-Krise und Insolvenzrecht.

Insolvenzschuldner
→ Insolvenzmasse.

Insolvenzschutz Wertguthaben
Im Rahmen des Aufbaus von → Wertguthaben wurde § 7e SGB IV als Rechtsgrundlage für den Insolvenzschutz Wertguthaben geschaffen. Der Insolvenzschutz Wertguthaben regelt ausführlich, welche Vorkehrungen der Arbeitgeber als Schuldner des Wertguthabens zu treffen hat, um im Falle einer → Insolvenz dem Arbeitnehmer keine Nachteile entstehen zu lassen. Voraussetzung für den Insolvenzschutz Wertguthaben ist das Vorliegen einer → Wertguthabenvereinbarung gem. § 7b SGB IV.

Insolvenzsicherung
→ Altersversorgung, betriebliche.

Insolvenzstraftaten
Im Interesse der ordnungsmäßigen Durchführung des Insolvenzverfahrens sind bestimmte Handlungen von Schuldnern oder Gläubigern als rechtswidrig unter Strafe gestellt.

1. a) Der Schuldner, der seine Zahlungen eingestellt hat, oder über dessen Vermögen das Insolvenzverfahren eröffnet worden ist, wird nach § 283 StGB wegen Bankrotts mit Freiheitsstrafe bis zu 5 Jahren oder Geldstrafe bestraft, wenn er bei Überschuldung oder drohender Zahlungsunfähigkeit Vermögensstücke verheimlicht oder beiseitegeschafft, Schulden vorgetäuscht oder erdichtete Rechte anderer anerkannt, gegen die Buchführungs- oder Bilanzpflicht verstoßen oder seine Handelsbücher vernichtet, verheimlicht, gefälscht oder unübersichtlich geführt oder Bilanzen verschleiert hat.

Das Gleiche gilt, wenn der Schuldner im Widerspruch zu einer ordnungsmäßigen Wirtschaft Verlust- oder Spekulationsgeschäfte oder Differenzgeschäfte mit Waren oder Wertpapieren betrieben oder durch unwirtschaftlichen Aufwand, Spiel oder Wette übermäßige Beträge verbraucht hat oder wenn er Waren oder Wertpapiere auf Kredit entnommen und erheblich unter Wert verkauft hat, schließlich auch, wenn er in anderer Weise entgegen einer ordnungsmäßigen Wirtschaft seinen Vermögensstand verringert oder seine geschäftlichen Verhältnisse verschlechtert hat.

Die gleiche Strafvorschrift gilt, wenn der Täter durch eine der vorgenannten Handlungen vorsätzlich seine Überschuldung oder Zahlungsunfähigkeit herbeigeführt hat.

Auch Versuch ist strafbar. Bei einem im Rahmen des § 283 II StGB strafbaren fahrlässigen Handeln ist die Freiheitsstrafe auf 2 Jahre begrenzt. In besonders schweren Fällen wird der Bankrott, insbes. bei Handeln aus Gewinnsucht oder wissentlicher Gefährdung einer großen Zahl von Vermögenseinlegern, mit Freiheitsstrafe von 6 Mon. bis zu 10 Jahren bestraft (§ 283a StGB).

b) Die Verletzung der Buchführungs- oder Bilanzpflicht ist, falls der Täter seine Zahlungen eingestellt hat oder über sein Vermögen das Insolvenzverfahren eröffnet worden ist, nach § 283b StGB auch schon dann strafbar, wenn beim Täter zur Tatzeit noch nicht (wie zu a) Überschuldung oder Zahlungsunfähigkeit bestand oder drohte.

c) Mit Freiheitsstrafe bis zu 2 Jahren oder Geldstrafe bedroht § 283c StGB die Gläubigerbegünstigung, durch die der Schuldner in Kenntnis seiner Zahlungsunfähigkeit einem Gläubiger, um diesen zu bevorzugen, eine Sicherung oder Befriedigung gewährt, die der Gläubiger nicht oder nicht in der Art oder zu der Zeit beanspruchen kann.

d) In den Fällen a bis c ist die Zahlungseinstellung oder Eröffnung des Insolvenzverfahrens → Bedingung der Strafbarkeit, muss also vom Vorsatz des Täters nicht umfasst werden. Die Strafvorschriften gelten auch für Handlungen vertretungsberechtigter Organe einer → juristischen Person, Gesellschafter einer rechtsfähigen Personengesellschaft (→ Offene Handelsgesellschaft, → Kommanditgesellschaft) usw (§ 14 StGB).

2. Ein Gläubiger oder ein Dritter begeht Schuldnerbegünstigung, wenn er im Interesse des Schuldners vorsätzlich in Kenntnis der diesem drohenden Zahlungsunfähigkeit oder nach Zahlungseinstellung oder Eröffnung des Insolvenzverfahrens dem Schuldner gehörende, in die → Insolvenzmasse fallende Vermögensstücke verheimlicht oder beiseiteschafft. Versuch ist strafbar. Die Strafe ist Freiheitsstrafe bis zu 5 Jahren oder Geldstrafe, in besonders schweren Fällen (s. o. 1a) Freiheitsstrafe von 6 Mon. bis zu 10 Jahren (§ 283d StGB). Auch hier ist Bedingung der Strafbarkeit Zahlungseinstellung des Schuldners oder Eröffnung des Insolvenzverfahrens. Der Eröffnung des Insolvenzverfahrens steht bei den I. die Ablehnung der Eröffnung mangels Masse gleich.

3. Das Organ eines beschränkt haftenden Schuldners (zB Geschäftsführer einer GmbH, Vorstandsmitglied einer AG oder Genossenschaft, organschaftlicher Vertreter einer oHG oder KG, bei der kein Gesellschafter eine natürliche Person ist) wird mit Freiheitsstrafe bis zu 3 Jahren, bei Fahrlässigkeit bis zu 1 Jahr, oder Geldstrafe bedroht wenn er es bei Zahlungsunfähigkeit oder Überschuldung unterlässt, unverzüglich, spätestens aber nach 3 Wochen die Eröffnung des Insolvenzverfahrens zu beantragen (§ 15a IV InsO). Daneben besteht eine (zivilrechtliche) Haftung aus → unerlaubter Handlung, 2b (§ 823 II BGB).

4. Zur Strafbarkeit wegen unrichtiger Darstellung und Verletzung der Berichtspflicht ohne Krise → Buchführung.

Insolvenztabelle
→ Insolvenzverfahren (4b).

Insolvenztourismus
Unter dem – etwas abwertenden – Begriff des Insolvenztourismus versteht man Maßnahmen eines kriselnden oder insolvenzreifen Unternehmens (bzw. dessen Geschäftsführung), mit denen eine andere Rechtsordnung für die Behandlung des Sanierungs- oder Insolvenzfalls zuständig werden soll. Grund ist, dass das deutsche Insolvenzrecht gelegentlich als wenig sanierungsfreundlich wahrgenommen wird bzw. wurde. Damit zusammenhängendes Motiv kann aber auch sein, dass die „Zielrechtsordnung" leichtere Einschnitte in Gläubigerrechte ermöglicht (schnellere → Restschuldbefreiung). Schlimmstenfalls wird mit den Maßnahmen eine Schädigung der Gläubiger bezweckt (→ Firmenbestattung). Mittel können etwa die Verlegung des Unternehmenssitzes ins Ausland oder gesellschaftsrechtliche Strukturmaßnahmen sein. Allerdings dürfen solche Maßnahmen nicht nur „auf dem Papier" stattfinden, da ansonsten die Zielrechtsordnung nicht zuständig wird. Vor diesem Hintergrund gab es in letzter Zeit vor allem einen solchen „Tourismus" in Richtung England (vor dem Brexit). Der deutsche Gesetzgeber hat jedoch erkannt, dass die Sanierungsfreundlichkeit des deutschen Insolvenzrechts gesteigert werden musste und hat darauf mit vielfältigen Reformen reagiert (Einzelheiten → Sanierung von Handelsgesellschaften).

Insolvenzverfahren
Das einheitliche (→ Insolvenzrecht) Insolvenzverfahren dient dazu, die Gläubiger eines Schuldners gemeinschaftlich zu befriedigen, indem das gesamte (s. aber → Sonderinsolvenz) Vermögen des Schuldners verwertet und der Erlös verteilt (Liquidation) oder in einem → Insolvenzplan eine abweichende Regelung insbes. zum Erhalt des Unternehmens des Schuldners (Veräußerung, Sanierung) getroffen wird. Dem redlichen Schuldner wird, sofern er eine natürliche Person ist, Gelegenheit gegeben, sich von seinen restlichen Verbindlichkeiten zu befreien (→ Restschuldbefreiung, § 1 InsO). Zum internationalen Insolvenzverfahren → Insolvenzrecht.

1. Das Insolvenzverfahren wird auf Antrag eines Gläubigers oder des Schuldners (bei einer Gesellschaft jedes Mitglieds des Vertretungsorgans, jedes persönlich haftenden Gesellschafters oder Abwicklers, §§ 13–15 InsO) vom Insolvenzgericht eröffnet. Insolvenzgericht ist das → Amtsgericht, in dessen Bezirk der Schuldner seinen allgemeinen → Gerichtsstand bzw. seine gewerbliche Niederlassung hat (§§ 2, 3 InsO). Dabei umfasst ein ausländisches Insolvenzverfahren grundsätzlich auch das im Inland befindliche Vermögen des Schuldners; über dieses kann jedoch auch ein gesondertes Insolvenzverfahren eröffnet werden (Art. 102 EGInsO). In zahlreichen Fällen, insbes. für → juristische Personen und für die → GmbH & Co besteht die Pflicht, das Insolvenzverfahren zu beantragen, und zwar in erster Linie für deren gesetzliche Vertreter (Vorstand, Geschäftsführer), bei Führungslosigkeit einer GmbH auch für deren Gesellschafter (sonst Schadensersatzpflicht nach § 15a InsO iVm § 823 II BGB, sa → Gesellschaft mit beschränkter Haftung, 4). Allgemeiner Grund zur Eröffnung des Insolvenzverfahrens über ein insolvenzfähiges Vermögen (→ Insolvenzfähigkeit) ist die → Zahlungsunfähigkeit, beim Antrag des Schuldners auch die drohende Zahlungsunfähigkeit, dh wenn der Schuldner voraussichtlich nicht in der Lage sein wird, die bestehenden Zahlungsverpflichtungen im Zeitpunkt ihrer Fälligkeit zu erfüllen (§§ 17, 18 InsO). Bei einer juristischen Person, einer Personengesellschaft ohne persönlich haftende natürliche Person (zB einer GmbH & Co) sowie bei einem Nachlass ist darüber hinaus auch die → Überschuldung Eröffnungsgrund (§§ 19, 320 InsO). In überschaubaren Fällen kann das Insolvenzverfahren auch schriftlich durchgeführt werden (§ 5 II InsO).

Das Insolvenzgericht hat zunächst alle Maßnahmen zu treffen, die erforderlich erscheinen, um bis zur Entscheidung über den Eröffnungsantrag (insbes. durch Prüfung des Umfangs der vorhandenen → Insolvenzmasse) eine den Gläubigern nachteilige Veränderung in der Vermögenslage des Schuldners zu verhüten. Es kann zB einen vorläufigen Insolvenzverwalter (mit entsprechender Verwaltungs- und Verfügungsbefugnis zur Prüfung der Erfolgsaussichten eines Insolvenzverfahrens oder einer Fortführung des Unternehmens) bestellen, dem Schuldner ein allgemeines Verfügungsverbot auferlegen und Maßnahmen der Zwangsvollstreckung gegen den Schuldner untersagen (§§ 21, 22 InsO). Es kann auch schon ein vorläufiger → Gläubigerausschuss bestellt werden (§ 22a InsO).

Das Insolvenzgericht weist den Antrag auf Eröffnung des Insolvenzverfahrens ab, wenn das Vermögen des Schuldners voraussichtlich nicht ausreichen wird, die Kosten des Verfahrens (Gerichtskosten, Vergütungen und Auslagen des Insolvenzverwalters und der Mitglieder des → Gläubigerausschusses, § 54 InsO) zu decken (Abweisung bzw. Einstellung mangels Masse, Massearmut). Die Abweisung unterbleibt, wenn der Antragsteller einen ausreichenden Geldbetrag vorschießt, den er von jeder Person erstattet verlangen kann, die entgegen den Vorschriften des Gesellschaftsrechts (zB als Geschäftsführer einer GmbH) den Antrag auf Eröffnung des Insolvenzverfahrens pflichtwidrig und schuldhaft (was vermutet wird) nicht (rechtzeitig) gestellt hat (§ 26 InsO). Gegen die Entscheidungen des Insolvenzgerichts findet nur in den in der InsO vorgesehenen Fällen, zB gegen eine Entscheidung über die (Nicht-)Eröffnung des Insolvenzverfahrens (§ 34 InsO) die → sofortige Beschwerde (sowie die → Rechtsbeschwerde) statt (§§ 6, 7 InsO).

2. Wird das Insolvenzverfahren eröffnet, so ernennt das Insolvenzgericht im Eröffnungsbeschluss idR einen → Insolvenzverwalter (§ 27 I InsO), den die (erste) Gläubigerversammlung durch eine andere Person ersetzen kann (§ 57 InsO). Einzelheiten über den Umfang von Rechten und Pflichten des Insolvenzverwalters, seine Haftung und Vergütung s. dort. Durch die Eröffnung des Insolvenzverfahrens geht das Recht des Schuldners, das zur → Insolvenzmasse gehörende Vermögen zu verwalten und hierüber zu verfügen, auf den Insolvenzverwalter über (§ 80 InsO). Verfügungen des Schuldners sind (relativ) unwirksam (§ 81 InsO, → Unwirksamkeit, 2). Das Insolvenzgericht kann aber – vorbehaltlich einer anderweitigen Entscheidung der Gläubigerversammlung – (ausnahmsweise, insbes. wenn sich der Schuldner korrekt verhalten hat und das Vertrauen der Gläubiger genießt) dem Schuldner auf Antrag auch das eigene Verwaltungs- und Verfügungsrecht belassen (Eigenverwaltung) und ihn lediglich der Aufsicht eines Sachwalters unterstellen (§§ 270 ff. InsO; dieser hat ua die Pflicht, Umstände, durch die die Gläubiger benachteiligt werden können, sowie eine Masseunzulänglichkeit mitzuteilen). Im Regelfall sind aber Verfügungen des Schuldners nach Eröffnung des Insolvenzverfahrens über einen Gegenstand der Insolvenzmasse grds. unwirksam (§ 81 InsO). Von einer Leistung an den Schuldner, die nicht in die Insolvenzmasse gelangt, wird der Leistende nur befreit, wenn er zurzeit der Leistung die Eröffnung des Insolvenzverfahrens nicht kannte (§ 82 InsO). Rechtsstreitigkeiten über die Insolvenzmasse werden unterbrochen (§ 240 ZPO) und können nur vom Insolvenzverwalter (unter bestimmten Voraussetzungen auch gegen ihn) wieder aufgenommen werden (§§ 85, 86 InsO). Die Insolvenzgläubiger können ihre Forderungen nur nach den Vorschriften über das Insolvenzverfahren verfolgen (§ 87 InsO). Dies bedeutet, dass Einzelzwangsvollstreckungen während der Dauer des Insolvenzverfahrens grds. sowohl in die Insolvenzmasse als auch in das sonstige Vermögen des Schuldners unzulässig sind (§§ 89 f. InsO); im letzten Moment vor dem Antrag auf Eröffnung des Insolvenzverfahrens durch Zwangsvollstreckung erlangte Sicherungen (zB → Pfändungspfandrecht, → Zwangshypothek) werden unwirksam (sog. Rückschlagsperre, § 88 InsO). Rechte an Gegenständen der Insolvenzmasse können nicht erworben werden, auch wenn keine Verfügung des Schuldners zugrunde liegt (Ausnahme: gutgläubiger Erwerb von Grundstücksrechten, § 81 I 2 InsO, § 91 InsO). Die → Aufrechnung mit erst nach der Eröffnung des Insolvenzverfahrens entstandenen oder erworbenen Forderungen ist unzulässig (§§ 94 ff. InsO).

Im Eröffnungsbeschluss werden ferner Tag und Stunde der Eröffnung des Insolvenzverfahrens angegeben (§ 27 InsO). Die Gläubiger werden aufgefordert, ihre Forderungen innerhalb einer bestimmten Frist beim Insolvenzverwalter schriftlich anzumelden (§§ 28, 174 InsO) und etwaige Sicherungsrechte (→ Sicherungseigentum, → Eigentumsvorbehalt) unverzüglich geltend zu machen. Personen, die Verpflichtungen gegenüber dem Schuldner haben, werden aufgefordert, nicht mehr an den Schuldner (sondern nur noch an den Insolvenzverwalter) zu leisten (§ 28 III InsO; Zahlungsverbot, früher arrestatorium oder offener Arrest genannt). Das Gericht bestimmt gleichzeitig Termin für die Gläubigerversammlung, und zwar den ersten Termin auf der Grundlage eines Berichts des Insolvenzverwalters über den Fortgang des Verfahrens (Berichtstermin) innerhalb von höchstens 3 Monaten (§§ 29, 156 f. InsO) sowie den Prüfungstermin zur Überprüfung der von den Gläubigern angemeldeten Forderungen (§§ 29, 176 ff. InsO). Vor der ersten Gläubigerversammlung kann das Insolvenzgericht ferner einen → Gläubigerausschuss einsetzen, der den Insolvenzverwalter bei seiner Amtsführung zu unterstützen und zu überwachen hat (§§ 67 ff. InsO). Der Eröffnungsbeschluss ist öffentlich bekanntzugeben (vorzugsweise im Internet unter www.insolvenzbekanntmachungen.de, §§ 30, 9 InsO), dem Handels- und Vereinsregister mitzuteilen und (zur Vermeidung gutgläubigen Erwerbs) im → Grundbuch einzutragen (§§ 31, 32 InsO, § 38 GBO).

3. a) Nach der Eröffnung des Insolvenzverfahrens hat der Insolvenzverwalter das gesamte zur Insolvenzmasse gehörende Vermögen des Schuldners sofort in Besitz und Verwaltung zu nehmen (§§ 80, 148 InsO). Er hat ferner ein Verzeichnis der einzelnen Gegenstände der Insolvenzmasse und der Insolvenzgläubiger (Gläubigerverzeichnis) aufzustellen (§§ 151 f. InsO). Ist ein → gegenseitiger Vertrag zur Zeit der Eröffnung des Insolvenzverfahrens noch nicht oder nicht vollständig erfüllt, so hat der Insolvenzverwalter ein Wahlrecht, ob er den Vertrag erfüllen (und seinerseits Erfüllung verlangen) will oder nicht (§ 103 InsO), sofern nicht zugunsten des Gegners des Schuldners eine → Vormerkung eingetragen oder unter Besitzübergang ein → Eigentumsvorbehalt vereinbart worden ist (dann Erfüllungsanspruch des Gegners, §§ 106, 107 InsO). Lehnt der Verwalter die Erfüllung ab, so kann der andere Teil eine Forderung wegen Nichterfüllung nur als Insolvenzgläubiger geltend machen (§ 103 II InsO). Ein Miet-, Pacht- oder Leasingverhältnis kann der Vertragspartner des Schuldners nicht wegen Verzugs oder Vermögensverschlechterung kündigen (§§ 108 ff. InsO). Der Insolvenzverwalter kann eine → Betriebsvereinbarung vorzeitig kündigen (§ 120 InsO) und im Falle einer geplanten Betriebsänderung die Zustimmung des Arbeitsgerichts hierzu herbeiführen, wenn ein Interessenausgleich zwischen ihm und dem → Betriebsrat nach § 112 BetrVG nicht zustande kommt (§ 122 InsO). Ein Dienst- oder → Arbeitsverhältnis, bei dem der Schuldner der Dienstberechtigte (Arbeitgeber) ist, kann vom Insolvenzverwalter mit einer Frist von längstens 3 Monaten gekündigt werden (§ 113 InsO); der (grds. auch hier gegebene) → Kündigungsschutz für Arbeitnehmer ist entsprechend den besonderen Bedürfnissen des Insolvenzverfahrens modifiziert (zB besonderes Beschlussverfahren vor dem Arbeitsgericht zur Feststellung eines dringenden betrieblichen Erfordernisses für Kündigungen, §§ 126 ff. InsO). Zum → Sozialplan im Rahmen eines Insolvenzverfahrens s. dort. Sa → Sukzessivlieferungsvertrag.

b) Der Insolvenzverwalter hat im Interesse der am Insolvenzverfahren Beteiligten die → Insolvenzmasse möglichst zusammenzuhalten und zu mehren. Hierzu gehört, dass auch bewegliche Sachen, die sich im Besitz des Schuldners befinden und an denen ein Recht des Gläubigers auf abgesonderte Befriedigung (insbes. auf Grund Sicherungsübereignung, Eigentumsvorbehalt, Pfändung) besteht (→ Absonderung), vom Insolvenzverwalter zunächst weiter verwendet und grdsätzl. nur von ihm (unter Kostenbeteiligung des absonderungsberechtigten Gläubigers) verwertet werden (§§ 165 ff. InsO). Im Verfahren auf → Zwangsversteigerung oder → Zwangsverwaltung eines Grundstücks kann die einstweilige Einstellung des Verfahrens beantragt werden (§§ 30d ff., 153b ZVG). Insbesondere aber hat der Insolvenzverwalter im Rahmen der → Insolvenzanfechtung Gegenstände, die der Schuldner vor Eröffnung des I. in anfechtbarer Weise weggegeben oder an ihnen Rechte Dritter begründet hat (auch zB im Wege der Pfändung), zur Insolvenzmasse zurückzufordern (§§ 129 ff. InsO).

4. a) Im Berichtstermin hat der Insolvenzverwalter über die wirtschaftliche Lage des Schuldners und ihre Ursachen zu berichten, insbes. darüber, ob Aussichten bestehen, das Unternehmen des Schuldners im ganzen oder in Teilen zu erhalten (§ 156 InsO). Die Gläubigerversammlung beschließt sodann, ob das Unternehmen des Schuldners stillgelegt oder (vorläufig) fortgeführt werden soll; sie kann den Verwalter auch beauftragen, einen → Insolvenzplan zu erstellen (§ 157 InsO). Entschließt sich die Gläubigerversammlung für eine Fortführung des Unternehmens des Schuldners, so kann sie neben dessen Übertragung (→ Betriebsübergang) auch in einem – von den Vorschriften der InsO abweichenden – Insolvenzplan regeln, dass der Schuldner Träger des Unternehmens bleibt und die künftigen Erträge zur (teilweisen) Befriedigung der Gläubiger zur Verfügung stellt (§§ 217 ff. InsO). Nach dem Berichtstermin hat der Insolvenzverwalter unverzüglich das zur Insolvenzmasse gehörende Vermögen entsprechend den Beschlüssen der Gläubigerversammlung zu verwerten (§§ 159 ff. InsO), wobei er für manche Maßnahmen der Zustimmung des Gläubigerausschusses (soweit nicht vorhanden: der Gläubigerversammlung) bedarf.

b) Der Insolvenzverwalter hat jede angemeldete Forderung eines Insolvenzgläubigers (mit Angaben zu Grund, Höhe und Rang) in eine Tabelle (Insolvenztabelle) einzutragen (§ 175 InsO). Im Prüfungstermin werden sodann die angemeldeten Forderungen ihrem Betrag und Rang nach geprüft (§ 176 InsO). Wird gegen sie weder vom Insolvenzverwalter noch von einem anderen Insolvenzgläubiger Widerspruch erhoben, so gilt die Forderung als festgestellt (§ 178 InsO). Wird eine Forderung bestritten, so kann deren Gläubiger Klage auf ihre Feststellung gegen den Bestreitenden erheben (oder einen bereits gegen den Schuldner anhängigen Rechtsstreit durch Aufnahme mit diesem Ziel fortsetzen); die rechtskräftige Entscheidung in diesem Feststellungsverfahren wirkt für und gegen alle Beteiligten (§§ 179 ff., 183 InsO). Aus der (endgültigen) Eintragung in die Tabelle kann, sofern der Schuldner im Prüfungstermin nicht widersprochen hat (abgesehen von einer → Restschuldbefreiung) später wie aus einem vollstreckbaren Urteil die → Zwangsvollstreckung gegen den Schuldner betrieben werden (§ 201 II InsO).

c) Mit der Befriedigung der Insolvenzgläubiger kann erst nach dem allgemeinen Prüfungstermin begonnen werden (§ 187 I InsO). Einzelheiten → Abschlagsverteilung, → Schlussverteilung, → Schlusstermin, → Nachtragsverteilung.

Sobald die Schlussverteilung vollzogen ist, beschließt das Insolvenzgericht die Aufhebung des Insolvenzverfahrens (§ 200 InsO). Die Insolvenzgläubiger können nach Aufhebung des Insolvenzverfahrens ihre restlichen (unbefriedigten) Forderungen gegen den Schuldner grds. unbeschränkt geltend machen (§ 201 InsO; aber → Restschuldbefreiung). Das Insolvenzverfahren ist schon vorher einzustellen, wenn sich im Lauf des Verfahrens herausstellt, dass die Insolvenzmasse nicht ausreicht, um die Kosten des Verfahrens zu decken (Massearmut, § 207 InsO; s. oben 1). Bei Masseunzulänglichkeit (hier sind zwar die Kosten des Insolvenzverfahrens gedeckt, die Insolvenzmasse reicht jedoch nicht aus, um die fälligen sonstigen Masseverbindlichkeiten zu erfüllen) hat der Insolvenzverwalter nach deren Anzeige und Bekanntmachung die Massegläubiger in einer bestimmten Reihenfolge zu befriedigen; sodann wird das Insolvenzverfahren eingestellt (§§ 208 ff. InsO). Mit Zustimmung aller Insolvenzgläubiger ist das Insolvenzverfahren auch sonst einzustellen (§ 213 InsO). Nach Durchführung eines Insolvenzverfahrens ist eine AG, GmbH oder GmbH & Co grds. von Amts wegen zu löschen (§ 394 I FamFG).

5. Besondere Arten des Insolvenzverfahrens sind das → Verbraucherinsolvenzverfahren und das → Nachlassinsolvenzverfahren (s. iE dort). Für die erleichterte Sanierung eines Unternehmens ist das → Schutzschirmverfahren vorgesehen. Zu den besonderen Auswirkungen der Corona-Krise → Corona-Krise und Insolvenzrecht.

Insolvenzverschleppung
→ Insolvenzstraftaten (3).

Insolvenzverwalter
1. Der Insolvenzverwalter ist ein Organ zur Durchführung eines → Insolvenzverfahrens. Nach der Rspr. ist der Insolvenzverwalter nicht gesetzlicher Vertreter des Schuldners, sondern → Partei kraft Amtes; er handelt im eigenen Namen (wenn auch letztlich nur mit Wirkung für und gegen die am Insolvenzverfahren Beteiligten). Bereits vor der Eröffnung des Insolvenzverfahrens kann vom Insolvenzgericht ein vorläufiger Insolvenzverwalter bestellt werden (§ 21 II InsO). Hat dieser bereits die Verwaltungs- und Verfügungsbefugnis (s. u.), so wird er „starker", sonst „schwacher" vorläufiger Insolvenzverwalter genannt. Nach Eröffnung des Insolvenzverfahrens wird (ausgenommen bei Eigenverwaltung des Schuldners, → Insolvenzverfahren, 2) ein Insolvenzverwalter ernannt (§ 27 InsO). Insolvenzverwalter kann nur eine natürliche Person sein (§ 56 InsO). Erforderlich ist hinreichende Geschäftskunde; vielfach ist Insolvenzverwalter ein – auf die Durchführung von Insolvenzverfahren spezialisierter – Rechtsanwalt. Die → Gläubigerversammlung kann einen anderen Insolvenzverwalter wählen (§ 57 InsO). Hiergegen hat der abgewählte Insolvenzverwalter kein Beschwerderecht.

2. Aufgabe des Insolvenzverwalters ist es, die → Insolvenzmasse in Besitz zu nehmen, sie zu verwalten und über sie (zum Teil mit Zustimmung des → Gläubigerausschusses oder der → Gläubigerversammlung) zu verfügen (§§ 80, 148 InsO). Der Insolvenzverwalter wirkt bei der Feststellung der Forderungen der Insolvenzgläubiger zur Insolvenztabelle mit und führt die Verteilung der Masse an die Gläubiger durch (→ Gerichtsstand § 19a ZPO). Der Insolvenzverwalter steht unter der Aufsicht des Insolvenzgerichts, das ihn aus wichtigen Gründen aus dem Amt entlassen kann (§§ 58 ff. InsO), aber auch der Gläubigerversammlung. Der Insolvenzverwalter ist allen Beteiligten zum → Schadensersatz verpflichtet, wenn er schuldhaft die Pflichten verletzt, die ihm nach seiner von der InsO umrissenen Rechtsstellung obliegen (§ 60 InsO). Er hat Anspruch auf Vergütung für seine Geschäftsführung und auf Erstattung angemessener Auslagen; die Höhe setzt das Insolvenzgericht auf der Grundlage der Insolvenzrechtsvergütungs-VO (InsVV) v. 19.8.1998 (BGBl. 1998 I 2205) mÄnd fest (§§ 63 ff. InsO).

Insolvenzwarenverkauf
In einer öffentlichen Ankündigung des Verkaufs von Waren, die aus einer → Insolvenzmasse stammen, durfte bis 2004 auf diese Herkunft nur hingewiesen werden, wenn die Waren noch zum Bestand der Insolvenzmasse gehörten, dh der Verfügung des → Insolvenzverwalters unterliegen (§ 6 I UWG aF). Verstöße waren wegen Irreführung ein Sonderfall → unerlaubter Werbung. Dieses generelle Verbot gilt seit 2004 nicht mehr. Nach der allgemeinen Regel von § 5 UWG (Verbot irreführender geschäftlicher Handlungen) ist der Hinweis auf ein → Insolvenzverfahren dann irreführend, wenn die Waren nicht aus einem Vermögen stammen, über welches das Insolvenzverfahren eröffnet wurde (§ 35 InsO), oder wenn das Insolvenzverfahren mangels Masse abgelehnt wurde (§ 26 I 1 InsO).

Installationsmonopol
Als Installationsmonopol bezeichnete man Regelungen, nach denen die Abnehmer von Elektrizität oder Gas verpflichtet waren, die erforderlichen Geräte und Vorrichtungen vom Energieversorgungsunternehmen zu beziehen. Ein Installationsmonopol in diesem Sinne gibt es schon lange nicht mehr.

Instandsetzungsgebot
→ Baugebot.

Instandsetzungspflicht bei Wohnräumen
→ Wohnraummietvertrag (1).

Instanz(enzug)
→ Rechtszug.

Instex
Instex (Instrument in Support of Trade Exchanges) ist eine von Deutschland, Frankreich und dem Vereinigten Königreich im Jahre

2019 gegründete Aktiengesellschaft Französischen Rechts. Sie soll den Handel europäischer Unternehmen mit dem Iran trotz der US-amerikanischen Sanktionen ermöglichen. Diese untersagen es Banken, Zahlungen in US-Dollar mit dem Iran abzuwickeln. Statt dessen können über Instex und das iranische Gegenstück STFI tauschähnliche Transaktionen (→ Kompensationsgeschäft) ohne Banken abgewickelt werden. Bis April 2020 gab es erst eine Transaktion unter Instex. Dem Ziel, europäische Unternehmen vor US-amerikanische Wirtschaftssanktionen zu schützen diente auch die sog. Blocking-Verordnung (EG) 2271/96 v. 22.11.1996 zum Schutz vor den Auswirkungen der extraterritorialen Anwendung von einem Drittland erlassener Rechtsakte (ABl. EG 1996 L 309, 1), die wenig Erfolg damit hatte.

Institute des geweihten Lebens
In der → kath. Kirche besondere Gemeinschaften von → Laien und/oder Klerikern (→ Klerus) mit idR eigener Rechtspersönlichkeit. Man unterscheidet → Ordensinstitute und Säkularinstitute.

Institut für Qualitätssicherung und Transparenz im Gesundheitswesen
Das Institut für Qualitätssicherung und Transparenz im Gesundheitswesen (IQTiG) mit Sitz in Berlin entwickelt Inidikatoren und Dokumentationen für eine einrichtungsübergreifende Sicherstellung der Qualität in der ambulanten und stationären Versorgung. Träger des IQTiG ist eine vom → Gemeinsamen Bundesausschuss gegründete Stiftung privaten Rechts mit Rechtsgrundlage in § 137a SGB V, der die Einzelheiten des weiteren Aufgabenbereichs des IQTiG detailliert regelt.

Institut für Qualität und Wirtschaftlichkeit im Gesundheitswesen
Das Institut für Qualität und Wirtschaftlichkeit im Gesundheitswesen (IQWiG) ist eine gemeinnützige rechtsfähige Stiftung des bürgerlichen Rechts errichtet durch den → Gemeinsamen Bundesausschuss (§ 139c SGB V). Auftrag des IQWiG ist die Untersuchung von Nutzen und Schaden medizinischer Maßnahmen für Patientinnen und Patienten. Die Finanzierung des Instituts erfolgt durch Zuschläge pro abgerechneten Krankenhausfall und durch Anhebung der Vergütung für ambulante vertragsärztliche und vertragszahnärztliche Leistungen. Sitz des IQWiG ist Köln.

Institutionelle Garantie
Das GG enthält neben den → Grundrechten, die dem Einzelnen eine individuelle Rechtsstellung verbürgen, auch institutionelle Garantien (auch „Institutsgarantien" genannt; ein Teil der Lehre macht zwischen beiden Begriffen gewisse Unterschiede, zB hinsichtlich der Zugehörigkeit des geschützten Instituts zum privaten – Institutsgarantie – oder zum öffentlichen Recht – institutionelle Garantie). Diese gewährleisten ihrem Wesen nach zunächst nur den Bestand bestimmter Einrichtungen; allerdings können diese verfassungsrechtlich verankerten Institute für den Einzelnen zugleich subjektive Rechte (mit Grundrechtsrang) begründen. Als solche Gewährleistungen bestehen das Institut der Ehe und Familie (Art. 6 GG; Schutz der → Familie), der → Religionsunterricht und die → Privatschulen (Art. 7 GG, jedoch eingeschränkt durch die „Bremer Klausel" des Art. 141 GG) das → Brief-, Post- und Fernmeldegeheimnis (Art. 10 GG), das → Eigentum und das Erbrecht (Art. 14 GG), die kommunale → Selbstverwaltung (Art. 28 GG), die hergebrachten Grundsätze des → Berufsbeamtentums (Art. 33 V GG), der → gesetzliche Richter (Art. 101 GG) und der Schutz des Sonntags und der staatlichen → Feiertage (Art. 140 GG iVm Art. 139 WV).

Institutioneller Rechtsmissbrauch
Der institutionelle Rechtsmissbrauch ist eine Rechtsfigur der Kontrolle des → befristeten Arbeitsverhältnisses.

Institutionen
→ römisches Recht.

Institutsgarantie
→ institutionelle Garantie.

Instruktionsfehler
→ Produkthaftung (1).

instrumenta sceleris
→ Einziehung im Strafverfahren.

InsVV
→ Insolvenzverwalter.

Integration
1. Allgemein wird unter Integration ein Einigungsprozess von Teilen und Gliedern zu einem Ganzen verstanden.

2. Zum europäischen Einigungsprozess s. → Europäische Integration.

3. Nach dem → Ausländerrecht wird die Integration von rechtmäßig auf Dauer in Deutschland lebenden → Ausländern in das wirtschaftliche, kulturelle und gesellschaftliche Leben gefördert (§ 43 AufenthG). Dafür werden Integrationskurse veranstaltet, die Sprachkenntnisse und Kenntnisse der Rechtsordnung, der Kultur und der Geschichte Deutschlands vermitteln sollen. Unter bestimmten Voraussetzungen haben Ausländer einen Anspruch auf Teilnahme an Integrationskursen (§ 44 AufenthG). Durch die erfolgreiche Teilnahme an einem Integrationskurs können die für eine → Niederlassungserlaubnis erforderlichen Kenntnisse nachgewiesen werden. Sa → Integrationsgesetz.

4. Zur Integration von behinderten Menschen s. → Integrationsämter und → Rehabilitation und teilhabe behinderter Menschen.

Integration von digitalen Produkten
→ Verbraucherverträge über digitale Produkte, 2.

Integrationsämter
gehören zu den für die Durchführung des 9. Buch des Sozialgesetzbuches (SGB IX v. 19.6.2001, BGBl. 2001 I 1046 mÄnd; → Rehabilitation und Teilhabe behinderter Menschen) zuständigen Stellen. Ihnen obliegt insbesondere die Erhebung und Verwendung der Ausgleichsabgabe, der Kündigungsschutz für behinderte Beschäftigte und die Durchführung der begleitenden Hilfe im Arbeitsleben (vgl. § 185 SGB IX). Die Integrationsämter arbeiten dazu mit den Agenturen für Arbeit zusammen (§ 184 SGB IX), da auch diese Leistungen zur Teilhabe am Arbeitsleben für schwerbehinderte Menschen erbringen. Die Organisation der Integrationsämter ist von Bundesland zu Bundesland unterschiedlich. In Bayern sind etwa die Integrationsämter beim Zentrum Bayern Familie und Soziales angesiedelt, und zwar unter dem Namen „Inklusionsamt." In Nordrhein-Westfalen übernehmen die Landschaftsverbände die Aufgaben des Integrationsamts; in Sachsen-Anhalt dagegen das Landesverwaltungsamt Sachsen-Anhalt.

Integrationsgesetz
Das Integrationsgesetz v. 31.7.2016 (BGBl 2016 I 1937) soll durch Änderungen der bestehenden Regelungen insbesondere des → Asylgesetzes, des → Asylbewerberleistungsgesetzes und des → Ausländerrechts die → Integration von Asylbewerbern und anerkannten Asylbewerbern erleichtern und fördern. Hierfür wird ua ein eigenes Arbeitsmarktprogramm aufgelegt, das Beschäftigungsmöglichkeiten für Flüchtlinge vor der Anerkennung während des Asylverfahrens schaffen soll. Umgekehrt ist vorgesehen, anders als bisher anerkannte Asylbewerber für einen Zeitraum von drei Jahren ab der Anerkennung Auflagen hinsichtlich des Wohnsitzes zu erteilen.

Integrierte Meerespolitik
Integrierte Meerespolitik ist gem. Art. 3 EU-RL 2014/89 v. 23.7.2014 zur Schaffung eines Rahmens für die maritime Raumplanung (ABl. EU 2014 L 257, 135) Unionspolitik. Ihr Ziel ist es, nachhaltige Entwicklung, Wirtschaftswachstum und sozialen Zusammenhalt der Mitgliedstaaten durch kohärente meeresbezogene Politik und internationale Zusammenarbeit zu maximieren; s. → maritime Raumplanung, → nationale Nachhaltigkeitsstrategie. Sie bezieht sich auf die Küsten- und Inselregionen, einschließlich der äußersten Randlagen der EU. Die Finanzierung von Entwicklung und Umsetzung der integrierten Meerespolitik wird durch die VO (EU) 1255/2011 v. 30.11.2011 zur Schaffung eines Programms zur Unterstützung der Weiterentwicklung der integrierten Meerespolitik geregelt (ABl. EU 2011 L 321, 1).

Integriertes Gemeinschaftsrecht
Der Begriff integriertes Gemeinschaftsrecht bezeichnet nationales Recht, das in Anpassung an → Richtlinien der → Europäischen Union erlassen worden ist und auf diese Weise → Europäisches Recht in das nationale Recht integriert hat. Wegen des dadurch entstandenen sog. acquis communautaire unterliegt integriertes Gemeinschaftsrecht nur noch beschränkt der Disposition des nationalen Gesetzgebers; → Gemeinschaftsrecht, europ.

Intellectual Property
→ Geistiges Eigentum.

Intellektuelle Urheberschaft
wird im Strafrecht gelegentlich die → Anstiftung genannt.

Intellektuelle Urkundenfälschung
→ Falschbeurkundung.

Intelligente Verpackungssysteme
informieren den Nutzer über den Zustand eines Lebensmittels und dürfen ihre Bestandteile nicht an es abgeben. Intelligente Verpackungssysteme können auf der äußeren Oberfläche der Packung angebracht werden und vom Lebensmittel durch eine funktionelle Barriere getrennt sein (zB im Kunststoff einer Kunststoffflasche). Dabei handelt es sich um eine Barriere in Verpackungsmaterialien oder -gegenständen, welche die Migration von Stoffen in das Lebensmittel verhindert. Hinter einer funktionellen Barriere dürfen auch lebensmittelrechtlich nicht zugelassene Stoffe verwendet werden, sofern bestimmte Kriterien erfüllt sind und ihre Migration unterhalb einer bestimmten Nachweisgrenze bleibt, die für die zuzulassenden Stoffe festzulegen ist (VO (EG) 450/2009 der Kommission v. 29.5.2009 über aktive und intelligente Materialien und Gegenstände, die dazu bestimmt sind, mit Lebensmitteln in Berührung zu kommen, ABl. EG 2009 L 135, 3). Sa → Bedarfsgegenstände, → Kennzeichnung von Lebensmitteln.

Intelsat
(International Telecommunications Satellite Organization) ist ein Satellitenbetreiber mit Sitz in Luxemburg. Er bietet die Übertragungskapazität für nationale und internationale Kommunikation, wie Sprach-, Datenübertragung, Internetanbindung und Fernsehübertragung mittels geostationärer Kommunikationssatelliten gegen Entgelt an. Vgl. auch → Eutelsat, → Satellitenrundfunk.

Interesse (öffentliches)
→ öffentliches Interesse.

Interesse (positives, negatives)
→ Schadensersatz (1, 4).

Interessenausgleich
→ Sozialplan.

Interessengemeinschaft
Darunter versteht man eine → Gesellschaft des bürgerlichen Rechts, die eine reine → Innengesellschaft darstellt und deren Zweck darin besteht, Gewinn und Verlust mehrerer → Unternehmen zusammenzurechnen und nach einem bestimmten Schema auf die Mitglieder

der Interessengemeinschaft zu verteilen. In Abgrenzung zu einem → Kartell weist eine Interessengemeinschaft keinen wettbewerbsbeschränkenden Charakter auf. Ist an einer Interessengemeinschaft eine → Aktiengesellschaft oder → Kommanditgesellschaft auf Aktien beteiligt, so gehört die Interessengemeinschaft zu den sog. verbundenen Unternehmen (§ 15 AktG). Der der Interessengemeinschaft zugrunde liegende Vertrag stellt einen → Unternehmensvertrag dar (§ 292 AktG).

Interessenjurisprudenz
→ Begriffsjurisprudenz.

Interessenkollision
→ Selbstkontrahieren, → Parteiverrat.

Interessensphäre
Als Interessensphäre bezeichnet man in der Staatenpraxis die Gebiete, für die ein besonderes politisches Interesse eines Staates von anderen Staaten anerkannt wird. Die Anerkennung solcher Interessensphären, die sich meist auf staatsfreies Gebiet oder das Staatsgebiet schwacher Staaten bezieht, spielte ua im Kolonialzeitalter (→ Kolonie) eine bedeutsame Rolle.

Interimsschein
→ Zwischenschein.

Interlokales Recht
Interlokales Recht ist der Inbegriff der Rechtsnormen, die für den Fall anzuwenden sind, dass innerhalb einer umfassenden Rechtsordnung (zB in einem → Bundesstaat) für Teilgebiete unterschiedliche Bestimmungen gelten. Über Kollisionsfälle im privatrechtlichen Bereich → Internationales Privatrecht (1), dessen Grundsätze auch für das interlokale Recht gelten. Im Strafrecht kann eine Normenkollision entstehen, wenn das am Tatort und das für das urteilende Gericht geltende Recht nicht übereinstimmen. Grundsätzlich ist das Recht des Tatorts maßgebend, insbes. bei Abweichungen in den Ländern der Bundesrepublik. Hat der Täter an mehreren Orten gehandelt, so ist nach § 9 I StGB das strengere Tatortrecht anzuwenden (BGH NJW 1975, 1610). Eine → Amnestie ergreift nur die von den Gerichten des amnestierenden Landes ausgesprochenen Urteile, hat insoweit aber Wirkung auch in anderen Ländern; ob sie bei noch nicht abgeurteilten Taten nur für die im Bereich des amnestierenden Landes begangenen und nur für dessen Gerichte oder auch in den übrigen Ländern gilt, ist str.

Internal Investigations
Die Durchführung von internal investigations (interne Untersuchungen) stellt eine Maßnahme im Rahmen der → Compliance von Unternehmen dar und bildet damit ein Instrument unternehmerischer Selbstreinigung: Entsteht in einem Unternehmen der Verdacht, dass Mitarbeiter in Wahrnehmung ihrer Aufgaben rechtswidrig gehandelt haben, so kann die Leitung internal investigations veranlassen, um den Sachverhalt und die internen Verantwortlichkeiten aufzuklären. Ihr Ziel wird es regelmäßig sein, etwaiges rechtswidriges Handeln zu beenden und eine daraus resultierende Haftung gegenüber Geschädigten sowie die strafrechtliche Verantwortlichkeit der übrigen Unternehmensangehörigen, insbes. der Aufsichtspflichtigen, zu begrenzen. Zudem kann die Untersuchung die Einforderung eigener Schadenersatzansprüche des Unternehmens gegen die Verantwortlichen vorbereiten. Mit internal investigations werden häufig externe Untersucher beauftragt, etwa Anwälte oder Wirtschaftsprüfer.

Rechtlich in hohem Maß etabliert sind internal investigations insbes. in den USA, wo die konzernweite Untersuchung von Rechtsverstößen die Voraussetzung für eine Sanktionsmilderung bildet. In Deutschland sind der rechtliche Spielraum und Stellenwert von internal investigations dagegen bislang noch nicht abschließend geklärt:

1. Gesellschaftsrecht: Auch im deutschen Recht wird eine Verpflichtung zur Aufklärung von Compliance-Verstößen und Straftaten als schadensbegrenzende Maßnahme insbes. aus gesellschaftsrechtlichen Leitungs- und Überwachungspflichten abgeleitet, so aus der Sorgfalts- und Leitungspflicht des → Vorstands einer AG (§ 76 I AktG, § 93 AktG), der Überwachungspflicht des → Aufsichtsrats einer AG (§ 111 AktG) und der Sorgfaltspflicht des → Geschäftsführers einer GmbH (§ 43 GmbHG).

2. Arbeitsrecht: Zu den arbeitsrechtlichen Rahmenbedingungen für die Befragung von Mitarbeitern im Rahmen von internal investigations besteht noch keine vollständig einheitliche Judikatur. Von Interesse ist insbes., inwieweit eine Verpflichtung besteht, Fragen ggf. auch um den Preis einer Selbstbelastung zu beantworten (für → Zeugen im gerichtlichen Verfahren besteht dann ein → Auskunftsverweigerungsrecht, für → Beschuldigte ohnehin ein Schweigerecht). Eine solche Pflicht wurde durch die ober- und höchstrichterliche Rechtsprechung zwar überwiegend verneint. So wurde durch das BAG für eine in das allgemeine → Persönlichkeitsrecht des → Arbeitnehmers eingreifende Frage entschieden, dass dieser Eingriff einer Abwägung der beiderseitigen Interessen nach dem → Verhältnismäßigkeitsgrundsatz standhalten müsse. Zudem dürfe die Darlegungs- und Beweissituation nicht durch die Gewährung materiellrechtlicher Auskunftsansprüche (→ Auskunftspflicht) unzulässig verändert werden. Soweit nicht besondere rechtliche Grundlagen bestehen, sei der Arbeitnehmer nicht verpflichtet, außergerichtliche Erklärungen zu möglichen Kündigungsgründen abzugeben (BAG NZA 1996, 637). Für das Recht des → Dienstvertrags hat auch der BGH eine Pflicht zur Selbstbezichtigung für den Dienstverpflichteten als unzumutbar angesehen; eine solche überschreite die der → Treuepflicht als vertraglicher Nebenpflicht durch § 242 BGB gezogenen Grenzen

(BGH NJW-RR 1989, 614). Demgegenüber hat das LAG Hamm (Urt. v. 3.3.2009, Az. 14 Sa 1689/08) jedoch entschieden, dass ein Verstoß gegen das → Wettbewerbsverbot des § 60 HGB zur Auskunft über wettbewerbswidriges Verhalten auch dann verpflichte, wenn sich der Arbeitnehmer durch die Auskunft in einem staatsanwaltschaftlichen Ermittlungsverfahren selbst belasten könnte.

3. Strafprozessrecht: Umstritten ist der Umgang mit internal investigations im → Strafprozess. Das gilt besonders für die Frage, unter welchen Voraussetzungen die im Rahmen von internal investigation entstandenen Unterlagen (zB Protokolle von Befragungen, Untersuchungsberichte) vor → Beschlagnahme im Rahmen eines Strafverfahrens geschützt sind. In Teilen des Schrifttums wird gestützt auf eine extensive Auslegung der §§ 97, 148 und 160a StPO ein sehr weitgehender Beschlagnahmeschutz für Material eingefordert, das von Rechtsanwälten und damit von zeugnisverweigerungsberechtigten Berufsgeheimnisträgern (→ Berufsgeheimnis) erstellt wurde. Rechtsprechung und hM ziehen dem dagegen, bestätigt durch das BVerfG (NJW 2018, 2385), sehr enge Grenzen. Maßgeblich sind insbes. folgende Gesichtspunkte:

a) Beschuldigtenbeziehung: Der Schutz durch § 97 I StPO beschränkt sich nach hM auf die Mandatsbeziehung zwischen → Beschuldigten und Zeugnisverweigerungsberechtigten, woran auch § 160a StPO nichts ändert (s. § 160a V StPO). Daher besteht regelmäßig kein Beschlagnahmeschutz zugunsten der Mitarbeiter oder Organe des betroffenen Unternehmens, wenn die Untersuchung wie üblich durch das Unternehmen als juristische Person in Auftrag gegeben wurden (LG Hamburg StV 2011, 148). Auch das Unternehmen besitzt die erforderliche Beschuldigtenstellung nur, wenn sich potentiell eine → Einziehung nach §§ 73 ff. StGB gegen das Unternehmen richtet (vgl. die Regelungen für Einziehungsbeteiligte in § 424 I StPO, § 426 I StPO, § 427 I StPO, § 428 I StPO) oder eine Verfahrensbeteiligung nach § 444 Abs. 1 für die Entscheidung über die Verhängung einer → Geldbuße nach § 30 OWiG (→ Verbandsgeldbuße) in Betracht kommt. In zeitlicher Hinsicht müssen hierfür jeweils zumindest objektive Anhaltspunkte eingetreten sein, während bloße Befürchtungen oder Mutmaßungen seitens des Unternehmens nicht genügen.

b) Gewahrsam: Ein Schutz nach § 97 I StPO besteht ferner nur für Gegenstände, die sich im Gewahrsam des Zeugnisverweigerungsberechtigten befinden. Er endet regelmäßig dann, wenn entsprechende Berichte etc. die Räume der beauftragten Anwaltskanzlei verlassen oder ein Mitgewahrsam des Unternehmens besteht (LG Stuttgart StV 2019, 7).

c) Verteidigerstatus: Ein weitergehender Schutz kann sich aus § 148 StPO ergeben, wenn Materialien aus internal investigations als Verteidigungsunterlagen einzustufen sind. Allerdings ist gerade in diesem Zusammenhang besonders umstritten, ab wann und unter welchen inhaltlichen Voraussetzungen einem anwaltlichen Compliance-Ermittler der strafprozessuale Status eines → Verteidigers des beauftragenden Unternehmens zukommt.

d) „Compliance-Ombudsleute": Auch für Rechtsanwälte, die eine solche Funktion für ein Unternehmen wahrnehmen, gelten die genannten Kriterien (LG Bochum NStZ 2016, 500). Soweit sie Hinweisgebern aus einem Unternehmen Anonymität zusichern, hindert dies allein eine Beschlagnahme zugehöriger Unterlagen daher nicht. Ein eigenständiger strafprozessualer Vertraulichkeitsschutz für → Whistleblower folgt aus dem geltenden Recht nach hM nicht, auch wenn ein solcher den Betrieb funktionsfähiger Compliancesysteme erleichtern könnte.

4. Rechtspolitische Vorhaben: Ein in der 19. Legislaturperiode eingebrachter, aber nicht verwirklichter Gesetzentwurf der Bundesregierung für ein Gesetz zur Stärkung der Integrität in der Wirtschaft (BT-Drs. 19/23568), mit dem ua ein eigenständiges Verbandssanktionengesetz (VerSanG-E, → Verbandsstrafrecht) geschaffen werden sollte, sah dort eine positive Regelung zu „verbandsinternen Untersuchungen“ vor. Soweit ein Unternehmen wesentlich dazu beiträgt, eine „Verbandstat“ aufzuklären, sollte das Gericht nach dem Entwurf eine zu verhängende „Verbandssanktion“ mildern können. Als Voraussetzung vorgesehen war allerdings ua, dass die mit der Untersuchung Beauftragten nicht Verteidiger des Verbandes sind (was zugleich einen Beschlagnahmeschutz nach § 148 StPO ausschließt), dass mit den Verfolgungsbehörden zusammengearbeitet und diesen das Ergebnis der Untersuchung einschließlich aller wesentlichen Dokumente zur Verfügung gestellt wird sowie dass Befragungen unter Beachtung der Grundsätze eines fairen Verfahrens durchgeführt werden (ua Belehrung über strafprozessuale Verwertbarkeit und Zubilligung eines Schweigerechts bei drohender Selbstbelastung). Die Verfolgungsbehörde sollte bis zum Abschluss einer ihr angezeigten verbandsinternen Untersuchung von der Verfolgung des Unternehmens absehen können.

International Accounting Standards (IAS)

→ International Financial Reporting Standards.

International Financial Reporting Standards (IFRS)

Die IFRS (= Internationale Rechnungslegungsstandards) – früher erlassene Normen werden International Accounting Standards (IAS) genannt – regeln die → Rechnungslegung bestimmter Kapitalgesellschaften. Die IAS und IFRS sind zunächst keine staatlichen Normen, sondern wurden von einer nichtstaatlichen internationalen Organisation entwickelt (International Accounting Standards

Board – IASB). Der IASB wurde von den großen weltweit agierenden Wirtschaftsprüfungsgesellschaften und internationalen Unternehmen ins Leben gerufen (sa → US-GAAP). Die VO (EG) 1606/2002 v. 19.7.2002 (ABl. EG 2002 L 243, 1) sowie die VO (EU) 1126/2008 v. 3.11.2008 (ABl. EU 2008 L 320, 1) verpflichten kapitalmarktorientierte Unternehmen, von einigen Ausnahmen abgesehen, Konzernabschlüsse nach IFRS zu erstellen; für Konzernabschlüsse nicht-kapitalmarktorientierter Unternehmen sowie für Einzelabschlüsse besteht eine Option der EU-Mitgliedstaaten, IFRS-Abschlüsse wahlweise zuzulassen oder vorzuschreiben. Der deutsche Gesetzgeber hat mit G v. 4.12.2004 (BGBl. 2004 I 3166) von den eröffneten Wahlrechten Gebrauch gemacht. Für den Konzernabschluss kapitalmarktorientierter Unternehmen gelten seit 1.1.2005 nach EU-Recht IAS/IFRS (vgl. §§ 315 ff. HGB). Für Einzelabschlüsse lässt der deutsche Gesetzgeber den Abschluss nach IAS/IFRS nur neben dem HGB-Abschluss zu informatorischen Zwecken zu.

Internationale Arbeitsorganisation
(International Labour Organization, ILO) ist eine Sonderorganisation der → Vereinten Nationen mit dem Sitz in Genf. Hierzu entsendet jeder Mitgliedstaat nicht nur zwei Regierungsvertreter, sondern zusätzlich je einen Vertreter der Arbeitnehmer und Arbeitgeber; die vier Vertreter müssen nicht einheitlich abstimmen.

Internationale Atomenergie-Organisation
(International Atomic Energy Agency, IAEA) → Atomwaffensperrvertrag.

Internationale Entwicklungsorganisation
Die internationale Entwickungsorganisation (International Development Association, IDA) ist im Rahmen der → Weltbankgruppe für die idR langfristige zinslose Gewährung von Krediten an die 80 ärmsten Entwicklungsländer (davon 40 in Afrika) zuständig. Dem Abkommen v. 26.1.1960 (BGBl. 1960 II 2137) gehörten 2012 172 Mitglieder einschließlich Deutschland an.

Internationale Finanz-Corporation (IFC)
Die IFC (International Finance Corporation, IFC) ist im Rahmen der → Weltbankgruppe für die Finanzierung privater Entwicklungsvorhaben zuständig. Dem Abkommen v. 11.4.1955 (BGBl. 1956 II 747), zul. geänd. am 18.6.1992 (BGBl. 1992 II 1228, 1993 II 1862 und 1995 II 568) gehörten am 31.12.1998 119 Mitglieder einschließlich Deutschland an.

Internationale Gerichte
→ Europäischer Gerichtshof; → Europäischer Gerichtshof für Menschenrechte (→ Konvention zum Schutze der Menschenrechte und Grundfreiheiten); → Internationaler Strafgerichtshof; → Internationaler Gerichtshof; → Jugoslawien – Strafgerichtshof; → Ständiger Schiedsgerichtshof; → Seegerichtshof (→ Seerecht).

Internationale Organisationen
1. Internationale Organisationen sind Verbindungen souveräner → Staaten (→ Souveränität), die mindestens über ein Organ verfügen, das einen Willen zum Ausdruck bringen kann, der nicht notwendig mit dem Willen aller sich zusammenschließenden Staaten identisch ist (→ Staatenverbindung). Internationale Organisationen verfolgen einen Zweck, der – von den einzelnen Staaten vorgenommen – zu dessen Hoheitsaufgaben zählen würde. Gemäß Art. 24 I GG kann der Bund Hoheitsrechte auf internationale Organisationen übertragen. Wachsen einer internationalen Organisation Hoheitsrechte zu, die unmittelbar gegenüber den Bürgern der Mitgliedstaaten ausgeübt werden können, so spricht man von → supranationalen Organisationen. Internationale Organisationen sind → Völkerrechtssubjekte, soweit dies dem Willen der Mitgliedstaaten entspricht. Neben Vollmitgliedern können einer internationalen Organisation auch assoziierte Mitglieder angehören. Als Beispiele für internationale Organisationen sind zu nennen die → Vereinten Nationen (UNO), Sonderorganisationen der Vereinten Nationen wie zB die → UNESCO, Regionalorganisationen wie zB der → Europarat oder die NATO (→ Nordatlantikvertrag), internationale Wirtschaftsorganisationen und Organisationen zur Gründung einer Wirtschaftsgemeinschaft wie die EFTA; die → Europäischen Union entstand als internationale Organisation, kann aber inzwischen bereits als supranationale Organisation angesehen werden (sa → Staatenverbund).

Noch keine internationale Organisation mit eigener Rechtspersönlichkeit ist die OSZE (früher → KSZE).

2. Keine internationale Organisationen im eigentlichen Sinn sind Vereinigungen von Privatpersonen und nichtstaatlichen juristischen Personen (Non-Governmental Organizations – NGO) im internationalen Bereich, zB das Internationale Olympische Komitee (IOC).

Internationale Rechtshilfe
→ Rechtshilfe (2), → Auslieferung.

Internationale Solarallianz
Die 2015 gegründete „Internationale Solarallianz" (ISA, International Solar Alliance) ist eine → Internationale Organisation mit Sitz in Indien (New Delhi). Deutschland ist der Organisation am 25.9.2021 beigetreten (BGBl. 2022 II 823). Aufgabe der ISA ist es, den weltweiten Ausbau der Solarenergie, einer → erneuerbaren Energie, durch Programme und Projekte zu fördern. Im Februar 2023 hatte die Organisation 92 Mitglieder. Zu anderen völkerrechtlichen Institutionen des internationalen Umweltschutzes: → Klimaschutz, → Pariser Klimaabkommen.

Internationale Wasserläufe
1. Das Übereinkommen v. 21.5.1997 über das Recht der nichtschifffahrtlichen Nutzung internationaler Wasserläufe (BGBl. 2006 II 743) definiert in Art. 2 einen internationalen Wasserlauf als ein einheitliches System aus Oberflächen- und Grundwasser, dessen Teile in verschiedenen Staaten liegen und das normalerweise in ein gemeinsames aufnehmendes Gewässer fließt. Das Übereinkommen bezweckt die ausgewogene und angemessene nichtschifffahrtliche Nutzung eines internationalen Wasserlaufes und seines Wassers gem. Art. 6 durch die Vertragsstaaten, in deren Hoheitsgebiet das System liegt (Wasserlaufstaaten). Eine ausgewogene und angemessene Nutzung berücksichtigt ua die von dem Wasserlauf abhängige Bevölkerung, die wirtschaftlichen Bedürfnisse eines Wasserlaufstaates sowie neben bestehenden und möglichen Nutzungen deren Auswirkungen auf andere Wasserlaufstaaten. Entsprechend den Schutzerfordernissen des Wasserlaufs und den Interessen der beteiligten Wasserlaufstaaten sollen ein optimaler und nachhaltiger Nutzen erreicht und gezogen werden (Art. 5). Die Ökosysteme werden geschützt und erhalten (Art. 20). Eine Verschmutzung, die in anderen Wasserlaufstaaten gem. Art. 21 beträchtlichen Schaden verursachen könnte, wird verhütet, verringert und bekämpft. Besteht durch einen Notfall (zB Überschwemmung, Industrieunfall oder Erdbeben) in einem anderen Staat eine unmittelbare Gefahr eines ernstlichen Schadens, benachrichtigt der Wasserlaufstaat unverzüglich und auf schnellstem Weg diesen Staat und zuständige internationale Organisationen; er ergreift umgehend alle durchführbaren Maßnahmen zur Schadensverhütung, -abmilderung und -beseitigung (Art. 28). Bei bewaffneten Konflikten genießen diese Wasserläufe und damit zusammenhängende Anlagen Schutz gem. Art. 29.

2. Das Übereinkommen v. 17.3.1992 zum Schutz und zur Nutzung grenzüberschreitender Wasserläufe und internationaler Seen (BGBl. 1994 II 2334 mÄnd) und das Protokoll zu diesem Übereinkommen v. 17.6.1999 (BGBl. 2006 II 764) haben grundsätzlich dieselbe Zielsetzung, schließen aber die schifffahrtliche Nutzung mit ein und legen den Schwerpunkt auf Umweltschutz und Gesundheit. Bei den zu ergreifenden Maßnahmen haben die Vertragsparteien sich von den Grundsätzen des → Vorsorgeprinzips, → Verursacherprinzips und der → nachhaltigen Entwicklung leiten zu lassen (Art. 2 V).

3. Sa → Meeresverschmutzung, → Reinhaltung der Gewässer.

Internationale Wirtschaftsorganisationen
als Form der → Internationalen Organisationen haben für die internationale Zusammenarbeit im wirtschaftlichen Bereich seit dem 2. Weltkrieg zunehmende Bedeutung. Anders als multilaterale Konferenzen sind sie selbständige Träger von völkerrechtlichen Rechten und Pflichten (→ Völkerrechtssubjekte). Die Willensbildung von internationalen Wirtschaftsorganisationen vollzieht sich auf der Ebene von Fachausschüssen, die in Zusammenarbeit mit einem ständigen Sekretariat Berichte und Lösungsvorschläge erarbeiten. Der Ausgleich von Kontroversen wird in Gremien auf der Ebene der Ministerialbürokratie versucht. Die für die Mitglieder verbindlichen Beschlüsse und Entscheidungen werden in Beschlussgremien auf Regierungsebene getroffen. Die wichtigsten internationalen Wirtschaftsorganisationen sind der Internationale → Währungsfonds, die Organisation der → Weltbankgruppe, → WTO, → OECD und → GATT, ferner die → Internationale Arbeitsorganisation (ILO).

Internationale Zulassungsbescheinigung
→ internationaler Kraftfahrzeugverkehr.

Internationaler Führerschein
→ internationaler Kraftfahrzeugverkehr.

Internationaler Gerichtshof
1. Die vom Internationalen Gerichtshof (IGH) ausgeübte internationale Gerichtsbarkeit unterscheidet sich von der internationalen Schiedsgerichtsbarkeit (Ständiger → Schiedsgerichtshof) dadurch, dass die Streitteile keinen Einfluss auf die Auswahl der zur Streitentscheidung berufenen Richter und das anwendbare Recht haben. Durch Art. 14 der Satzung des → Völkerbunds wurde der Ständige Internationale Gerichtshof errichtet. Durch die Satzung der → Vereinten Nationen wurde er in den Internationalen Gerichtshof umgewandelt. Er ist „richterliches Hauptorgan" der Vereinten Nationen (Art. 92 der Satzung). Er wird von 15 Richtern gebildet, die von Vollversammlung und → Sicherheitsrat auf je 9 Jahre gewählt werden. Vor dem G. können klagen (verklagt werden) alle Mitglieder der Vereinten Nationen sowie andere Staaten, die entweder dem Statut des IGH beigetreten sind oder sich im Einzelfall der Entscheidung des Gerichtshofs unterstellen. Eine Verpflichtung, den IGH anzurufen, besteht grundsätzlich nicht. Nach Art. 36 II des Statuts des IGH können die Staaten aber generell erklären, dass sie sich allgemein oder für bestimmte Gruppen von Streitigkeiten der Entscheidung durch den IGH unterwerfen werden. Eine solche Erklärung begründet eine Verpflichtung zur Anrufung (sog. fakultatives Obligatorium). Aus Art. 36 II des Statuts ergibt sich, dass der IGH nur für Rechtsstreitigkeiten, nicht für politische Streitigkeiten zuständig ist; die Abgrenzung macht im Einzelfall große Schwierigkeiten. Ferner fehlt dem IGH die Zuständigkeit für Eingriffe in den Bereich des nationalen Rechts („domaine reservé"); auch das bereitet im Einzelfall Schwierigkeiten. Neben der Streitentscheidung ist der IGH auch zur Erstattung von Rechtsgutachten auf Anfrage von Organen und Unterorganisationen der Vereinten Nationen verpflichtet (Text des Statuts

des IGH: BGBl. 1973 II 505 – Anl. zum Ges. über UN-Beitritt).

2. Neben dem IGH wurde inzwischen auf Grund der Seerechtsübereinkommen von 1982 (→ Seerecht) in Hamburg ein → Internationaler Seegerichtshof errichtet. Ferner wurde in Den Haag ein → Internationaler Strafgerichtshof errichtet.

Internationaler Kraftfahrzeugverkehr
Das Übereinkommen über den Straßenverkehr vom 8.11.1968 (BGBl. 1977 II 809) und das Internat. Abkommen über Kraftfahrzeugverkehr vom 24.4.1926 (RGBl. 1930 II 1233) sollen den Verkehr zwischen den angeschlossenen Staaten sichern und erleichtern. Sie bezeichnen die Sicherheitsvorrichtungen, mit denen ein für den internationalen Kraftfahrzeugverkehr zugelassenes Kfz versehen sein muss, und regeln die Ausstellung internat. Zulassungsscheine, die Führung von Nationalitätszeichen und die Voraussetzungen für die Zulassung von Kraftfahrern zum internationalen Kraftfahrzeugverkehr; als Grundlage hierfür kann der Internationalen Führerschein, aber auch eine innerstaatliche Fahrerlaubnis dienen. Es besteht zwischenstaatliche Auskunfts- und Mitteilungspflicht bei Unfällen international zugelassener Kfz oder Fahrer; ferner sind die zwischen der BRep. und einer Anzahl ausländischer Staaten bestehenden Vereinbarungen über den Rechtshilfeverkehr in Verkehrsstrafsachen zu beachten. Die innerstaatlichen Regelungen enthalten §§ 25a und 25b FeV für den Internationalen Führerschein, §§ 28 ff. FeV für Inhaber einer ausländischen Fahrerlaubnis (→ Auslandsführerschein) und §§ 20 ff. FZV für die → Auslandszulassung.

Internationaler Seegerichtshof
Nach dem SRÜ (→ Seerecht; → Seerechtsübereinkommen) wurde in Hamburg der Seegerichtshof errichtet. Am 1.8.1996 erfolgte die Wahl der 21 Richter. 1997 erging das erste Urteil. Der Gerichtsbarkeit des Seegerichtshofs unterliegen grundsätzlich Streitigkeiten über die Ausübung küstenstaatlicher Hoheitsrechte, der wissenschaftlichen Meeresforschung und der Fischerei. Darüber hinaus hat Deutschland den Seegerichtshof als vorrangiges Streitbeilegungsinstrument bei Streitigkeiten nach dem Seevölkerrecht (→ Seerecht, 2) gewählt.

Internationaler Strafgerichtshof
1. Ein ständiger IStGH besteht in Den Haag auf Grund des → Römischen Statuts vom 17.7.1998 (Gesetz v. 4.12.2000, BGBl. 2000 II 1393). Er ist zuständig für → Völkermord, → Menschlichkeitsverbrechen, → Kriegsverbrechen und das Verbrechen der Aggression (→ Angriffskrieg), für letzteres, sobald es definiert ist, und wird tätig, wenn die nationale Strafgerichtsbarkeit zur Verfolgung nicht fähig oder willens ist. Die USA haben das Römische Statut nicht ratifiziert, sondern Regelungen getroffen, die ihre Staatsbürger vor dem Zugriff des IStGH schützen sollen. Gegen den erklärten Willen zahlreicher UN-Staaten haben die USA am 12.6.2003 im Sicherheitsrat der → Vereinten Nationen die Forderung nach → Immunität für US-Soldaten vor dem IStGH durchgesetzt. Die Rechtshilfe für den IStGH regelt das Gesetz über die Zusammenarbeit mit dem IStGH v. 21.6.2002 (BGBl. 2002 I 2144), insbes. die Überstellung und Durchbeförderung von Personen, die Vollstreckung von Entscheidungen und Anordnungen des IStGH sowie sonstige Maßnahmen und die Duldung von Verfahrenshandlungen der Organe des IStGH auf deutschem Staatsgebiet.

2. Daneben sind vom Sicherheitsrat der → Vereinten Nationen mit Resolution 827 v. 25.5.1993 der → Jugoslawien-Strafgerichtshof (s. Gesetz v. 10.4.1995, BGBl. 1995 I 485) und mit Resolution 955 v. 8.11.1994 der Ruanda-Strafgerichtshof (s. Gesetz v. 4.5.1998, BGBl. 1998 I 843) sowie mit Resolution 1966 (2010) vom 22.12.2010 als Nachfolgeorganisation der Internationale Residualmechanismus für Ad-hoc-Strafgerichtshöfe eingerichtet worden.

Internationaler Währungsfonds (IWF)
→ Währungsfonds, internationaler.

Internationaler Warenkauf
→ CISG.

Internationales Arbeitsrecht
Abgesehen von internationalen Sonderregelungen bestimmt sich die für die rechtliche Beurteilung eines → Arbeitsverhältnisses maßgebende Rechtsordnung nach den Grundsätzen des → Internationalen Privatrechts; sa → Gastarbeitnehmer.

Internationales Privatrecht
(Kollisionrecht) 1. Die privatrechtlichen Beziehungen der am Rechtsleben Beteiligten reichen nicht selten über den Bereich einer Rechtsordnung hinaus (zB ein Deutscher hat in Österreich ein Testament errichtet und stirbt in Frankreich; ein Deutscher kauft in den Niederlanden Blumenzwiebeln). Hier entscheiden die Normen des Internationalen Privatrechts (IPR).

a) Das IPR entscheidet, welches Recht zur Abwicklung und Entscheidung im Einzelfall anzuwenden ist (das Statut), sofern nicht zwischenstaatliche Verträge und Abkommen vorgehen (s. u.). Das IPR regelt hingegen nicht die internationale Zuständigkeit von Gerichten, dies geschieht vielmehr durch das → internationale Prozessrecht. Die Normen des IPR sind kein → Völkerrecht, sondern als sog. Zwischenrecht Teil der Rechtsordnung des jeweiligen Staates (wobei es aber auch völkerrechtliche Verträge mit kollisionsrechtlichem Gehalt geben kann). Anders als die meisten übrigen Vorschriften des → Privatrechts enthält das IPR jedoch idR keine Sachnormen (Sachrecht), sondern nur Grenznormen (Kollisionsnormen), die entweder nur den Anwendungsbereich der deutschen Rechtsordnung festlegen (einseitige Kollisionsnormen) oder die ganz allgemein den maßgeblichen Anknüpfungspunkt regeln (zweiseitige oder vollkommene Kollisionsnormen). Ist das Privatrecht innerhalb einer umfassenden Rechtsordnung nicht einheitlich, sondern weiterhin räumlich aufgespalten (zB in einem Bundesstaat wie den USA), so ist nach den Maßstäben des IPR auch das Recht dieser speziellen Rechtsordnung zu ermitteln und anzuwenden (Art. 4 III EGBGB; sog. interlokales Privatrecht, sa → interlokales Recht). Verwiesen wird immer nur auf ein bestimmtes staatliches Recht; Traditionen bestimmter Volksgruppen oder Regelungen von Religionsgemeinschaften sind grds irrelevant, außer sie gehören (auch als Gewohnheitsrecht) zu der berufenen staatlichen Rechtsordnung. Für vor dem Beitritt der ehem. DDR (3.10.1990) abgeschlossene Vorgänge bleibt das bisherige IPR maßgebend (Art. 236 § 1 EGBGB; Übergangsvorschriften und Sonderregelungen anlässlich des Beitritts in Art. 230 ff. EGBGB, s. bei den einzelnen Stichworten und → Einigungsvertrag).

b) Anknüpfungspunkte für das IPR zur Bestimmung der anwendbaren Rechtsordnung können persönliche (Personalstatut, zB Staatsangehörigkeit, Wohnsitz des Betroffenen) oder räumliche Umstände (zB Ort der belegenen Sache, um die sich der Rechtsstreit dreht, lex rei sitae) sein. Verwendet eine Kollisionsnorm nacheinander verschiedene Anknüpfungspunkte, spricht man gelegentlich von einer Anknüpfungsleiter. Ein Statutenwechsel, also ein Wechsel des anwendbaren Rechts wegen der Veränderung anknüpfungserheblicher Tatsachen, wirkt idR nur für die Zukunft (ex nunc), sodass etwa ein Eigentumserwerb im Ausland nicht seine Wirksamkeit verliert, wenn das Recht des neuen Belegenheitsorts andere Anforderungen stellt. Möglich ist auch, die Rechtsordnung für anwendbar zu erklären, unter der die maßgebliche Willenserklärung, Handlung usw. abgegeben bzw. vorgenommen wurde (lex loci actus). Schließlich kann auch vorgesehen werden, dass auf gewissen Gebieten die Rechtsordnung anzuwenden ist, in deren Herrschaftsbereich sich das angerufene Gericht befindet (lex fori). So ist für das im Einzelfall maßgebliche Prozessrecht, also hins. der Voraussetzungen für die Durchsetzung eines Anspruchs (Klage, Rechtsmittel usw.), die Verfahrensordnung des jeweiligen Gerichts (lex fori) maßgebend (→ internationales Prozessrecht). Das angerufene Gericht wendet dann auch zwingend das IPR des Gerichtsstaats an. Ist nach dem IPR eine ausländische Rechtsordnung maßgebend, so ist im Grundsatz nicht nur auf deren Sach-, sondern auch auf deren Kollisionsnormen verwiesen. Das Gericht hat dann also zu beachten, ob das ausländische IPR wieder auf das deutsche Recht verweist (welches diese Rückverweisung annimmt – renvoi, vgl. Art. 4 I EGBGB) oder eine dritte Rechtsordnung für anwendbar erklärt (Weiterverweisung). Beispiel: 19-jähriger Ausländer schließt in Deutschland Kaufvertrag ab. Nach deutschem IPR ist für die Geschäftsfähigkeit und damit für die Wirksamkeit des Vertrags die Staatsangehörigkeit des Ausländers, also dessen Rechtsordnung maßgebend. Enthält diese jedoch eine Bestimmung, wonach das Recht des Staates maßgebend ist, in dem das Rechtsgeschäft abgeschlossen wird, so ist deutsches Recht anzuwenden.

c) Gelangt man über die kollisionrechtliche Prüfung zu dem anwendbaren Sachrecht, so kann dieses einzelne normativ geprägte Tatbestandsmerkmale beinhalten, die wegen des grenzüberschreitenden Bezugs ihrerseits der einen oder anderen Rechtsordnung zugewiesen werden müssen (Vorfrage, Beispiel: Die IPR-Prüfung führt bei einem Erbfall zum deutschen Recht, welches als Tatbestandsmerkmal nach einer gültigen Eheschließung fragt; dies muss dann, sofern auch die Ehe internationale Komponenten aufweist, gesondert nach familienrechtlichen Kollisionsnormen untersucht werden). Unter Umständen hat die kollisionrechtliche Prüfung auch ein Zusammenspiel mehrerer Rechtsordnungen zur Folge, die sachlich aber nicht aufeinander abgestimmt sind. Dann muss entweder der Sachverhalt doch einem einheitlichen Recht unterstellt werden oder versucht werden, die verschiedenen Rechtsordnungen wertungsmäßig fortzubilden, um ein sinnvolles Gesamtergebnis zu erzielen (Angleichung). Ausländische Rechtssätze, auf die das IPR verweist, sind auch dann anzuwenden, wenn sie von inländischem Recht abweichen. Bei ausländischen materiellen Rechtslagen, die in der hiesigen Rechtsordung in dieser Form unbekannt sind, muss für den weiteren Umgang nach ähnlichen, im Inland vorhandenen Rechtsphänomenen gesucht werden (Substitution). Die Anwendung einer ausländischen Rechtsnorm ist dann ausgeschlossen, wenn dies zu einem Ergebnis führt, das mit wesentlichen Grundsätzen des deutschen Rechts offensichtlich unvereinbar ist, insbes. gegen → Grundrechte verstößt (Art. 6 EGBGB; auch zB Art. 21 Rom I-VO, Art. 26 Rom II-VO, Art. 12 Rom III-VO, Art. 35 EuErbVO), sog. Vorbehaltsklausel oder ordre public. Es muss sich hierbei jedoch um erhebliche, mit der deutschen Rechtsanschauung absolut unvereinbare Gesamtergebnisse handeln, zB die in verschiedenen Staaten zulässige Vielehe. Versucht ein Beteiligter, durch Veränderung der Anknüpfungstatsachen oder durch rechtliche Veränderungen und Wahlmöglichkeiten (auch von Gerichtsständen) ein aus seiner Sicht günstigeres (materielles) Ergebnis zu erlangen, spricht man von Forum Shopping; unter Umständen kann man das als eine Gesetzesumgehung bzw. einen → Rechtsmissbrauch ansehen und die Vorschrift anwenden, die umgangen werden sollte (sa → Wettbewerb der Rechtsordnungen). Zuletzt kann es auch inländische Rechtssätze geben, die unabhängig von dem nach

IPR berufenen Recht für den Sachverhalt Geltung erlangen sollen, meist aus Gemeinwohlerwägungen (sog. Eingriffsnormen). Es geht dabei also nicht, wie bei dem ordre public, um die Abwehr ausländischer Rechtsergebnisse, sondern um die zwingende Durchsetzung von Inlandsrecht (zB Ein- und Ausfuhrbestimmungen für besondere Güter).

2. Das deutsche IPR ist in Art. 3 ff. EGBGB geregelt. Unmittelbar anwendbare überstaatliche Regelungen oder Regelungen in völkerrechtlichen Vereinbarungen, soweit sie unmittelbar geltendes Recht geworden sind, gehen dem IPR vor (Art. 3 EGBGB, auch genannt Einheitsrecht; sa → CISG, → gerichtliche Zuständigkeit, 5). Das deutsche IPR ist zwischenzeitlich sehr stark durch europäische Verordnungen beeinflusst bzw. ersetzt worden (vgl. zB die als Rom I-VO, Rom II-VO und Rom III-VO sowie EuErbVO bezeichneten Verordnungen, s. u.).

Um zu einem Anknüpfungspunkt zu gelangen, muss der Sachverhalt qualifiziert (Qualifikation) werden, also geprüft werden, ob er zB familienrechtlicher, erbrechtlicher, sachenrechtlicher Natur usw ist, mithin unter die einschlägige Kollisionregel subsumiert werden. Die geschieht aus Sicht des befassten Gerichts grundsätzlich nach seinen eigenen Wertungen und Systembegriffen (sog. lex fori-Qualifikation).

a) Allgemeines: Hauptanknüpfungspunkt des deutschen IPR für das Personalstatut ist gem. Art. 5 EGBGB die → Staatsangehörigkeit (Staatsangehörigkeitsprinzip), bei Mehrstaatern das Recht des Staates, mit dem die Person am engsten verbunden ist (zB durch den gewöhnlichen Aufenthalt, der auch bei den Staatenlosen maßgebend ist, also dem Ort oder Territorium, in dem eine Person ihren Lebensmittelpunkt hat). So richtet sich die → Rechtsfähigkeit, die → Geschäftsfähigkeit (Art. 7 EGBGB), aber auch das → Namensrecht (Art. 10 EGBGB) nach dem Recht des Staates, dem die Person angehört. Ein Angehöriger eines fremden Staates, der seinen Aufenthalt im Inland hat, kann aber auch nach deutschem Recht einen Betreuer erhalten (Art. 24 EGBGB). Verträge und einseitige Rechtsgeschäfte sind formgültig, wenn die → Form dem für das Geschäft geltenden Recht (s. u.) oder dem Recht des Abschlussorts entspricht (Ortsform, Art. 11 EGBGB bzw. Art. 11 Rom I-VO). Der Vertragspartner wird bei Unkenntnis von aus dem Heimatrecht des anderen Vertragsteils herrührenden Handlungsbeschränkungen geschützt (Art. 12 EGBGB bzw. Art. 13 Rom I-VO).

b) Familienrecht: Die Voraussetzungen für eine → Eheschließung unterliegen für jeden Partner dem Recht des Staates, dem er angehört; eine im Inland abgeschlossene Ehe bedarf aber der nach deutschem Recht vorgesehenen Form (Art. 13 EGBGB, s. Art. 13 Abs. 3 EGBGB zur Bekämpfung von Kinderehen mit speziellen Heilungsmöglichkeiten zur Nichtigkeit in § 1305 BGB). Es kann also vorkommen, dass eine in einem anderen Staat geschlossene Ehe hier nicht als wirksam angesehen wird (bzw. eine hiernach als unwirksam angesehene Ehe anderswo als wirksam angesehen wird, sa → hinkende Ehe).

Die allgemeinen Ehewirkungen (mit Ausnahme der güterrechtlichen Beziehungen und der Scheidungsfolgen, s. u.) richten sich nach der gemeinsamen Staatsangehörigkeit der Ehegatten, bei gemischten Ehen nach dem Recht des Staates, in dem beide Ehegatten ihren gewöhnlichen Aufenthalt haben oder dem sie auf andere Weise (zB durch die Herkunft) gemeinsam am engsten verbunden sind (Ehewirkungs- oder Familienstatut, Art. 14 EGBGB – eine gewisse Rechtswahl ist möglich, s. Art. 13 Abs. 4 EGBGB). Die güterrechtlichen Wirkungen der Ehe (→ Güterstände) richten sich nach dem hiernach maßgeblichen Recht im Zeitpunkt der Eheschließung (zum Gebiet der ehem. DDR im Zeitpunkt des Beitritts am 3.10.1990 s. Art. 236 § 3 EGBGB); den Ehegatten steht jedoch auch hier die Möglichkeit einer gewissen Rechtswahl zu (Art. 15 EGBGB).

Soweit für die Ehescheidung die Rom III-VO anzuwenden ist, gilt diese vorrangig, vgl. Art. 17 I EGBGB. Zum Anwendungsbereich und zu Einzelheiten dieses Regelwerks → Rom III. Ein → Versorgungsausgleich ist ggf., insbes. wenn der Antragsgegner während der Ehe eine inländische Versorgungsanwartschaft erworben hat, ebenso wie die Benutzungsregelung für Ehewohnung und Haushaltsgegenstände, nach deutschem Recht durchzuführen (Art. 17 III EGBGB, Art. 17a EGBGB). Seit 29.1.2019 gilt für die vermögensrechtlichen Beziehungen zwischen den Ehegatten allerdings die (vorrangige) VO (EU) 2016/1103 (EuGüVO) v. 24.6.2016, ABl. EU 2016 L 183, 1). Die Unterhaltspflicht bestimmt sich nicht mehr nach dem EGBGB, sondern nach dem Haager Protokoll über das auf Unterhaltspflichten anzuwendende Recht (HUP) v. 23.11.2007; sa die VO (EU) 4/2009 (EuUnthVO) v. 18.12.2008 über die Zuständigkeit, das anwendbare Recht, die Anerkennung und Vollstreckung von Entscheidungen und die Zusammenarbeit in Unterhaltssachen, ABl. EU 2008 L 7, 1 mÄnd).

Die Begründung, Rechtswirkung und Auflösung einer → Lebenspartnerschaft bzw. einer gleichgeschlechtlichen Ehe unterliegen den Sachvorschriften des Register führenden Staates (Art. 17b EGBGB). Im EGBGB geregelt sind ferner noch die Anknüpfungen für die → Abstammung (Art. 19 ff. EGBGB), die → Adoption (Art. 22 EGBGB) sowie von → Vormundschaft, → Betreuung und → Pflegschaft (Art. 24 EGBGB).

c) Erbrecht: Für die EU-Mitgliedstaaten mit Ausnahme Dänemarks, Großbritanniens und Irlands gilt seit dem 17.8.2015 die → Erbrechtsverordnung (EuErbVO), die auch Zuständigkeitsfragen regelt. Im Übrigen hat

Deutschland sein internationales Erbrecht durch entsprechende Erklärung der Anwendbarkeit gänzlich der EuErbVO unterstellt (Art. 25 EGBGB; über Formerfordernisse für → Verfügungen von Todes wegen vgl. Art. 26 EGBGB). Im Grundsatz gilt hiernach, dass sich die gesamte Rechtsnachfolge von Todes wegen nach dem Recht des Staats bemisst, in dem der Erblasser im Todeszeitpunkt seinen gewöhnlichen Aufenthalt hatte (Art. 21 EuErbVO). Zu Einzelheiten → Erbrechtsverordnung.

d) Vertragliches Schuldrecht incl. Handels- und Arbeitsrecht (Vertragsstatut): Grundlage hierfür ist die VO (EG) 593/2008 (Rom I-VO) v. 17.6.2008 (ABl. EG 2008 L 177, 6). Der Vertrag unterliegt demnach im Grundsatz dem von den Parteien einvernehmlich gewählten (materiellen) Recht (Art. 3 I Rom-VO). Die Rechtswahl muss ausdrücklich sein oder sich mit hinreichender Deutlichkeit aus dem Vertrag oder aus den Umständen des Falles ergeben. Eine Rechtswahl ist auch nachträglich möglich. Fehlt eine solche Rechtswahlvereinbarung, so ist der Vertrag gem. Art. 4 Rom I-VO nach dem Recht des Staates zu beurteilen, mit dem er die engsten Verbindungen aufweist; dies ist idR der Staat, in dem die Partei, welche die charakteristische Leistung zu erbringen hat (zB die Lieferung der Ware durch den Verkäufer, die Erstellung des Werks durch den Unternehmer), ihren gewöhnlichen Aufenthalt (Sitz, Verwaltung) hat. Bei Verträgen über die Lieferung beweglicher Sachen oder die Erbringung von Dienstleistungen darf die Vertragswahl nicht dazu führen, dass dem → Verbraucher der Schutz der in seinem Aufenthaltsstaat zu seinen Gunsten erlassenen zwingenden Bestimmungen (zB → Allgemeine Geschäftsbedingungen, → Fernabsatzvertrag) entzogen wird; Entsprechendes gilt für die Rechtswahl bei → Arbeitsverträgen und → Arbeitsverhältnissen (Art. 6, 8 Rom I-VO). Nach dem Vertragsstatut richten sich im Wesentlichen das Zustandekommen und die Wirksamkeit des Vertrags, aber auch die Auslegung, die Erfüllung der durch ihn begründeten Verpflichtungen, die Folgen der Nicht- oder Schlechterfüllung, die Verjährung usw (Art. 12 Rom I-VO). Zu Formfragen s. speziell Art. 11 Rom I-VO sowie oben a). Diese Regeln gelten nicht für Verpflichtungen aus → Wechseln, → Schecks und anderen handelsrechtlichen Wertpapieren sowie für Fragen des Gesellschafts-(Vereins-)rechts (dazu s. u. sowie → Gesellschaften, ausländische). Für internationale Warenkäufe geht – soweit nicht anders vereinbart – das → CISG als Sachrecht vor. Regelungen zur Bevollmächtigung enthält die Rom I-VO nicht, s. dazu vielmehr Art. 8 EGBGB.

e) Außervertragliche Schuldverhältnisse: Grundlage ist hier die VO (EG) 864/2007 (Rom II-VO) v. 11.7.2007 (ABl. EG 2007 L 199, 40). Die Möglichkeiten einer Rechtswahl sind dabei eingeschränkt. Bereicherungsansprüche (→ ungerechtfertigte Bereicherung) unterliegen gem. Art. 11 Rom II-VO vorrangig dem Recht des Verhältnisses, auf das sich die Leistung bezogen hat (etwa Vertrag oder unerlaubte Handlung). Hilfsweise wird an den gewöhnlichen Aufenthalt der Parteien des Bereicherungsverhältnisses angeknüpft bzw. an das Recht des Staates, in dem die ungerechtfertigte Bereicherung eingetreten ist. Zuletzt kann aber auch noch eine wesentlich engere Verbindung zu einem andere Staat bestehen (Ausweichklausel). Zu Ansprüchen aus → Geschäftsführung ohne Auftrag s. Art. 11 Rom II-VO. Ansprüche aus → unerlaubter Handlung folgen gem. Art. 4 Rom II-VO grundsätzlich dem Recht des Staates in dem der Schaden eingetreten ist. Hatten der Ersatzpflichtige und der Verletzte zur Zeit des Haftungsereignisses ihren gewöhnlichen Aufenthalt (Hauptverwaltung, Niederlassung) in demselben Staat, so ist das Recht dieses Staates anzuwenden. Zuletzt kann aber auch hier noch eine wesentlich engere Verbindung zu einem anderen Staat bestehen. Ua für Produkthaftung und Umweltschäden gelten Sonderregeln (Art. 5, 7 Rom II-VO). Das Deliktsstatut bestimmt auch, welche Rechtsfolgen sich an einen verwirklichten Haftungsgrund anschließen (Art. 15 Rom II-VO). Nur noch in seltenen Fällen gilt für außervertragliche Schuldverhältnisse das EGBGB, etwa für unerlaubte Handlungen die Art. 40 ff. EGBGB (zB für außervertragliche Schuldverhältnisse aus der Verletzung von Persönlichkeitsrechten, → Persönlichkeitsrecht). In den USA üblicher Strafschadensersatz (sog. punitive damages), der dem deutschen Recht strukturell gänzlich fremd ist, kann über Art. 26 Rom II-VO (ordre public) bzw. Art. 40 III EGBGB abgewehrt werden.

f) Sachenrecht: Die Begründung und Übertragung dinglicher Rechte (Eigentum, Pfandrecht usw) an einer (beweglichen oder unbeweglichen) Sache richtet sich nach dem Recht des Staates, in dem sich die Sache zur Zeit des Eintritts der dinglichen Rechtsfolge befindet (Belegenheit, Ortsrecht, lex rei sitae, Territorialitätsprinzip, Art. 43 I EGBGB). Geht es um Verfügungen über Sachen an Bord eines Schiffes oder Flugzeugs, so gilt das Recht der Flagge bzw. des Hoheitszeichens als Belegenheitsrecht. Bei Verbringen einer beweglichen Sache in eine andere Rechtsordnung bestehen bisher hieran begründete Rechte grds fort, können aber nicht im Widerspruch zu der Rechtsordnung dieses Staates ausgeübt werden (Art. 43 II EGBGB). Wird der Rechtserwerb erst im Inland abgeschlossen (zB Eigentumserwerb nach Kaufpreisrestzahlung), so sind hierfür Vorgänge in dem anderen Staat (zB vereinbarter → Eigentumsvorbehalt) wie inländische zu berücksichtigen (Art. 43 III EGBGB). Rechte an Luft-, Wasser- und Schienenfahrzeugen unterliegen dem Recht des Herkunftsstaates (Art. 45 EGBGB); Kraftfahrzeuge hingegen richten sich nach der og allgemeinen Regel des Art. 43 EGBGB. Besteht jedoch mit dem Recht eines Staates eine wesentlich engere Verbindung als mit dem Recht, das nach Art. 43–45 EGBGB maßgebend wäre, so ist jenes Recht anzuwenden (Art. 46 EGBGB).

g) Gesellschaftsrecht: Auch das ist ein Fall des Personalstatuts, wobei umstr. ist, ob das Recht des Gründungs- oder Inkorporationsorts (Gründungstheorie) maßgeblich ist oder die Rechtsordnung am effektiven (Verwaltungs-) Sitz (Ort, wo die grundlegenden Entscheidungen der Unternehmensleitung effektiv in laufende Geschäftsführungsakte umgesetzt werden; Sitztheorie). Das Gesellschaftsstatut umfasst die materiellen Regeln, nach denen eine Gesellschaft „entsteht, lebt und vergeht" (BGH NJW 1957, 1433), also vor allem den Gründungsvorgang, die innere Organisation und Organkompetenzen, die Stellung der Gesellschafter, Umwandlungsmaßnahmen und die Auflösung (Abgrenzung zum Insolvenzstatut). Sa → Gesellschaften, ausländische sowie → Wettbewerb der Rechtsordnungen.

h) Insolvenzrecht: → Insolvenzrecht sowie → Insolvenztourismus.

Internationales Prozessrecht
(auch Internationales Zivilprozessrecht bzw. Internationales Zivilverfahrensrecht) Das Internationale Prozessrecht betrifft die Frage, wie mit den grenzüberschreitenden Aspekten eines Zivilprozesses einschließlich der Vollstreckung umzugehen ist. Unabhängig von der → Staatsangehörigkeit der Parteien (Beteiligten), von sonstigen internationalen Bezügen des Falles und von dem materiell anzuwendenden Recht (→ Internationales Privatrecht) gilt für Rechtsstreitigkeiten vor Gerichten der BRep. grundsätzlich deutsches Verfahrensrecht, zB die Zivilprozessordnung. Ein deutsches Gericht, an das ein Rechtsstreit mit grenzüberschreitendem Bezug herangetragen wird, wendet also grundsätzlich die deutschen Verfahrensvorschriften, auch die zu seiner (internationalen) Zuständigkeit, an. Dabei kann es aber vorkommen, dass bestimmte ausländische Rechtssubjekte nicht der deutschen Gerichtsgewalt unterfallen (→ Immunität (5), → Staatenimmunität). Das Internationale Prozessrecht erfasst zuletzt auch die Frage, wie mit ausländischen (Gerichts)Entscheidungen in Deutschland bzw. deutschen Entscheidungen im Ausland umzugehen ist. Im europäischen Kontext wird die Frage wesentlich durch die → Brüssel Ia-VO geregelt; in diesem Fall muss der Titel auch kein Exequaturverfahren durchlaufen (sa → Vollstreckungsurteil).

Inzwischen sind vor allem Verordnungen der EU für das Internationale Prozessrecht maßgeblich, die zumindest innereuropäische, häufig aber auch noch Drittstaatensachverhalte regeln, zB die Zustellungsverordnung (VO (EG) 1393/2007, ABl. EG 2007 L 324, 79, und §§ 1067 ff. ZPO, → Zustellung) oder die Beweisaufnahmeverordnung (VO (EG) 1206/2001, ABl. EG 2001 L 174, 1, mÄnd, und §§ 1072 ff. ZPO) zur erleichterten europaweiten Beschaffung von Beweisen. Für Zuständigkeitsfragen → Brüssel Ia-VO und → Brüssel IIb-Verordnung. Ferner enthalten internationale Abkommen einige Sonderregelungen, sa → Haager Übereinkommen in Zivil- und Handelssachen, → Rechtshilfe (2), → gerichtliche Zuständigkeit (5). Über die Vollstreckungstitel-VO (VO (EG) 805/2004, ABl. EG 2004 L 143, 15, mÄnd, und §§ 1079 ff. ZPO) kann europaweit rasch ein Titel für unbestrittene Forderungen erlangt werden, ebenso im Wege eines Mahnverfahrens über die Mahnverfahrens-VO (VO (EG) 1896/2006, ABl. EG 2006 L 399, 1, mÄnd, und §§ 1087 ff. ZPO) sowie für geringfügige Geldforderungen bis 2.000 EUR im Wege des europäischen Bagatellverfahrens nach der Small Claims-VO (VO (EG) 861/2007, ABl. EG 2007 L 199, 1, mÄnd, und §§ 1097 ff. ZPO). Mit Hilfe der EuKtPVO (VO (EU) 655/2014, ABl. EU 2014 L 189, 59, und §§ 946 ff. ZPO) können Konten im EU-Ausland in einem vereinfachten Verfahren zu Sicherungszwecken gepfändet werden.

Internationales Recht
Unter internationalem Recht versteht man auf dem Gebiet des Zivilrechts in erster Linie das → internationale Privatrecht also die Rechtsnormen, die bei über ein Land hinausgreifenden Tatbeständen die anwendbare Rechtsordnung bestimmen. Unter internationalem Recht wird darüber hinaus aber auch das supranationale Recht verstanden, dh das Recht, das von übernationalen Instanzen (→ Supranationale Organisationen, → Internationale Organisationen) für mehrere Staaten einheitlich (zB von den Organen der EU) erlassen wird, gelegentlich auch das → Völkerrecht. Als internationales Recht wird schließlich auch das Recht bezeichnet, das durch Ratifikation vorher abgeschlossener Verträge in mehreren Staaten mit gleichem Wortlaut gilt. S. ferner → Geltungsbereich des Strafrechts.

Internationales Rotes Kreuz
1864 wurde das aus 25 Schweizern bestehende Internationale Komitee vom → Roten Kreuz auf Veranlassung des Arztes Henri Dunant gegründet; es bildet zusammen mit den nationalen Gesellschaften vom Roten Kreuz und deren Dachorganisation, der Liga der Rot-Kreuz-Gesellschaften, das Internationale Rote Kreuz. Das internationale Komitee vom Roten Kreuz ist → Völkerrechtssubjekt.

Internationales Steuerrecht
1. Internationales Steuerrecht umfasst Rechtssätze, die → Doppelbesteuerung und Nichtbesteuerung vermeiden sollen; sie sind zT dem allgemeinen → Völkerrecht, hauptsächlich aber den Doppelbesteuerungsabkommen (§ 2 AO) zu entnehmen. IwS umfasst das internationale Steuerrecht auch die Rechtsnormen des nationalen Außensteuerrechts, das sich mit

der Besteuerung von ausländ. Einkommen und Vermögen befasst. Sa → Außensteuergesetz.

2. Gewinnermittlung. a) Direkte Gewinnermittlung (separate accounting). Hat ein inländisches Unternehmen eine → Betriebsstätte im Ausland oder ein ausländisches Unternehmen eine Betriebsstätte im Inland, so ist das jeweilige Betriebsstätten-Ergebnis und Betriebsstätten-Vermögen durch direkte Gewinnermittlung, dh durch eine separate Betriebsstätten-Buchführung, zu ermitteln. Die Isolierung des Betriebsstätten-Ergebnisses ist erforderlich bei – allgemeiner oder erweiterter – beschränkter Steuerpflicht (§ 49 I Nr. 2 EStG, § 2 I AStG), aber auch bei unbeschränkter Stpfl. (im Hinblick auf DBA-Freistellung oder auf die Steueranrechnung nach § 34c EStG, § 26 KStG). Die direkte Gewinnermittlung verlangt, dass die Betriebsstätte steuerlich „wie ein selbständiges Unternehmen" zu stellen ist. Das Betriebsstättenergebnis bemisst sich unter Berücksichtigung der Arm's-length-Klausel, dh unter Zugrundelegung von Vergütungen, die zwischen voneinander unabhängigen Geschäftspartnern vereinbart werden (§ 1 I AStG). b) Die indirekte Gewinnermittlung (fractional apportionment) teilt den Gesamtgewinn des Unternehmens nach geeigneten Zerlegungsfaktoren wie zB Umsatz, Material-, Lohn- oder Kapitaleinsatz auf. Vgl. Art. 7 Nr. 2 OECD-Muster-DBA.

Internationales Strafrecht
Nach dem internationalen Strafrecht entscheidet sich, welches nationale Strafrecht anzuwenden ist, wenn der Tatort außerhalb des Heimatlandes des Täters oder in mehreren Ländern liegt oder das verletzte Rechtsgut ein ausländisches ist. Das deutsche internationale Strafrecht (§§ 3 ff. StGB, → Geltungsbereich des Strafrechts) regelt nur den Anwendungsbereich des inländischen Strafrechts, enthält also – anders als das → internationale Privatrecht – keine echten Kollisionsnormen.

Internationales Verwaltungsrecht
Das internationale Verwaltungsrecht bestimmt den Geltungsbereich des → Verwaltungsrechts gegenüber dem → Ausland. Es ist nicht kodifiziert. Grundsätzlich wirkt das Verwaltungsrecht nur gegenüber eigenen Staatsangehörigen sowie im Rahmen der → Gebietshoheit; doch kann das → Völkerrecht etwas anderes vorsehen.

Internationales Zivilverfahrensrecht
→ Internationales Prozessrecht.

Interne Rechtskontrolle
→ externe Rechtskontrolle.

Interne Teilung
→ Versorgungsausgleich.

Interne Untersuchungen
→ Internal Investigations.

Internet
Als Internet bezeichnet man das weltweite Computernetzwerk, das jedermann über Provider benutzen kann. Es ermöglicht direkten, schnellen und billigen Kontakt von Rechner zu Rechner zum Zwecke des Datenaustausches (→ E-Mail, Internet-Telefonie, → E-Commerce). Internet wird auch als World Wide Web (www) bezeichnet. Die mit den Internet verbundenen juristischen Fragen betreffen ua → Datenschutz, → Internetkriminalität, → Urheberrecht, Verantwortlichkeit für Inhalte, Erhebung von Steuern und Jugendschutz (→ Jugendgefährdende Medien, 3). Sa → Domain-Name, → Internet-Auktion, → Internet-Apotheken, → Medienrecht, → Telemedien.

Internet-Apotheken
Durch das Gesetz zur Modernisierung der gesetzlichen Krankenversicherung ist die Möglichkeit eröffnet worden, seit 1.1.2004 apothekenpflichtige (→ Apothekenwesen) → Arzneimittel auch über Versand- und Internet-Apotheken zu beziehen, sofern diese dazu von der zuständigen Landesbehörde zugelassen sind. Die Zulassung wird im Versandapothekenregister des Deutschen Instituts für Medizinische Dokumentation und Information nachgewiesen. Für die Teilnahme am Versandhandel ist eine Erlaubnis erforderlich, die gegebenenfalls von den dafür zuständigen Landesbehörden erteilt wird → Internet, → Apothekenwesen. Der Versand der Arzneimittel aus dem Ausland ist zulässig. Voraussetzung dafür ist, dass das Arzneimittel in Deutschland zugelassen ist. Rechtsgrundlage sind das Arzneimittelgesetz und das Apothekengesetz.

Internet-Auktion
1. Bei Internet-Auktionen oder Online-Auktionen stellt der Verkäufer über eine Auktionsplattform (→ Online-Vermittlungsdienst, zB eBay, → eBay-Versteigerung) eine Angebotsseite ins → Internet. Nach Ablauf des Auktionszeitraums erwirbt der Höchstbietende den Gegenstand. Bei umgekehrten Auktionen fällt der Preis in festgelegten Schritten bis zum ersten Gebot.

2. Der genaue Zeitpunkt des Vertragsabschlusses (idR Kaufvertrag) richtet sich nach den Versteigerungsbedingungen (→ Allgemeine Geschäftsbedingungen) und den allgemeinen Vorschriften über den Vertragsschluss (§§ 145 ff. BGB). § 156 BGB gilt nicht, weil bei Internet-Auktionen der Zuschlag fehlt. Mangels anderer Vereinbarungen stellt das Freischalten der Angebotsseite des Verkäufers bereits ein Angebot dar und nicht bloß eine → invitatio ad offerendum. Der Kaufvertrag kommt daher durch Zeitablauf mit dem Höchstbietenden auch dann zustande, wenn dieses Gebot unter den Vorstellungen des Verkäufers liegt. Anders ist es, wenn ein Mindestgebot vorgesehen ist. Einem Verbraucher steht ferner das Widerrufsrecht des § 312g BGB zu (→ Fernabsatzvertrag).

3. § 34b GewO gilt nur für das → Versteigerungsgewerbe, nicht für Internet-Auktionen.

Internet-Domain
→ Domain-Name.

Internethandel
→ eBay-Versteigerung, → E-commerce, → Internet, → Internet-Apotheken, → Internet-Auktion, → Mediendienste, → Teledienste.

Internetkriminalität
1. Zur Internetkriminalität zählt vor allem die strafbare Äußerung oder Verbreitung von Texten, Bildern oder Tönen in Dateien (→ Inhalte) über das → Internet (→ Telemedien), insbes. das Verbreiten oder Zugänglichmachen von → illegalen Inhalten. Siehe hierzu → Rechtsstaatsgefährdung (zu § 86 StGB), → Kennzeichen verfassungswidriger Organisationen (§ 86a StGB), → Volksverhetzung (§ 130 StGB), → Anleitung zu Straftaten (§ 130a StGB), → Gewaltdarstellung (§ 131 StGB), → Pornographische Inhalte (§§ 184–184c StGB), → jugendgefährdenden Medien (§ 27 JuSchG, § 23 JMStV).

Der Diensteanbieter ist für eigene Informationen, die er zur Nutzung bereithält (Content-Provider), nach den allgemeinen Gesetzen, insbes. dem StGB, uneingeschränkt verantwortlich (§ 7 I TMG, → Telemedien). Für fremde Informationen, die er nur durchleitet (reiner Telekommunikations-Betreiber, auch eines lokalen WLAN-Netzes), ist er dies grundsätzlich nicht, sofern er die Übermittlung nicht veranlasst, den Adressaten der übermittelten Informationen nicht ausgewählt und die übermittelten Informationen nicht ausgewählt oder verändert hat (§ 8 TMG). Keine Verantwortlichkeit besteht auch für Informationen, die ein Diensteanbieter zur beschleunigten Übermittlung zwischenspeichert (Caching), oder die er für einen Nutzer speichert (Hosting), bei Beachtung der näheren Vorgaben der §§ 9, 10 TMG. Unberührt bleibt die Verpflichtung des Diensteanbieters nach den allgemeinen Gesetzen, zB als Störer, der auf Grund des Polizei- und Ordnungsrechts in Anspruch genommen wird, die Nutzung rechtswidriger Inhalte zu sperren, wenn er davon Kenntnis erlangt und eine Sperrung technisch möglich und zumutbar ist (§ 7 II 2 TMG).

2. Zur Internetkriminalität können daneben auch sonstige Delikte gerechnet werden, bei denen typischerweise das Internet als Tatwerkzeug bzw. Zugriffsweg benutzt wird, vgl. zB → Ausspähen von Daten, → Datenveränderung, → Datenhehlerei, → Computerbetrug, → Computersabotage, → Cybergrooming; zum Cyberstalking → Nachstellung 1b. Sa → Computerkriminalität.

Internuntius
→ Nuntius.

Interoperabilität
1. Gem. Art. 3 der VO (EU) 2024/1679 (→ Transeuropäische Netze) ist Interoperabilität die Fähigkeit einer Infrastruktur, den sicheren und durchgehenden Verkehrs- und Informationsfluss zwischen verschiedenen Verkehrsträgern zu gewährleisten.

a) Für den Schienenverkehr regelt auf Bundesebene die Eisenbahn-InbetriebsnahmegenehmigungsVO (EIGV) die Sicherstellung der Interoperabilität auf dem deutschen Teil des regelspurigen Eisenbahnsystems (→ Eisenbahn-Bau- und Betriebsordnung). Die Vorschriften der EIGV basieren auf der RL (EU) 2016/797 v. 11.5.2016 über die Interoperabilität des Eisenbahnsystems (ABl. EU 2016 L 138, 44). Fahrzeuge und Infrastruktur (→ Eisenbahnunternehmen) müssen den technischen Spezifikationen für die Interoperabilität (TSI) entsprechen, etwa für die Infrastruktur denjenigen der VO (EU) 1299/2014 der Kommission v. 18.11.2014 (ABl. EU 2014 L 356, 1), und dürfen nur gemäß der EIGV in Verkehr gebracht werden.

b) Im Bereich der zivilen Luftfahrt wird unter Interoperabilität die Gesamtheit aller Systeme, Komponenten und Verfahren verstanden, um den sicheren, nahtlosen und effizienten Betrieb des Europäischen Flugverkehrsmanagementnetzes zu ermöglichen (Verordnung (EU) 2024/2803 v. 23.10.2024 zur Verwirklichung des Einheitlichen Europäischen → Luftraums (ABl. L 2024/2803, 11.11.2024).

2. Die Verordnung (EU) 2024/903 v. 13.3.2024 über Maßnahmen für ein hohes Maß an Interoperabilität des öffentlichen Sektors in der Union (ABl. L 2024/903, 22.3.2024) enthält Maßnahmen zur Förderung der grenzüberschreitenden Interoperabilität transeuropäischer digitaler öffentlicher Dienste und soll somit zur Interoperabilität der zugrunde liegenden Netz- und Informationssysteme beitragen.

3. Zur Freiheit von Produktmängeln gehört auch die Interoperabilität, der Begriff ist definiert in § 327e II BGB, → Gewährleistung, 1., → Verbraucherverträge über digitale Produkte.

Interpellation
(parlamentarische → Anfrage) ist das Ersuchen des → Parlaments an die → Regierung, über eine bestimmte Angelegenheit Auskunft zu erteilen. Das Parlament hat einen Anspruch auf Auskunftserteilung (Interpellationsrecht), der aus der Verpflichtung der Regierung abgeleitet wird, auf Verlangen des Parlaments anwesend zu sein (Art. 43 I GG; entsprechende Vorschriften in den Landesverfassungen). Das Interpellationsrecht ist ein wichtiges Mittel der → parlamentarischen Kontrolle der Regierung.

Interpol
(Internationale Kriminalpolizeiliche Organisation – IKPO) ist eine Vereinigung von ca. 170

nationalen Polizeibehörden. Zweck ist die grenzüberschreitende Verhütung und Verfolgung von Straftaten (mit Ausnahme von politischen, militärischen, religiösen und rassischen Fragen) im Rahmen des nationalen Rechts und im Geiste der allgemeinen Erklärung der Menschenrechte. Dazu sind nationale Zentralbüros, in Deutschland das → Bundeskriminalamt (§ 3 I BKAG) eingerichtet. Hauptaufgaben sind polizeilicher Informationsaustausch und Rechtshilfeverkehr über Straftaten mit internationalem Bezug. Interpol hat keine hoheitlichen Befugnisse. Organe sind die Generalversammlung der Mitglieder, das Generalsekretariat (in Lyon/Frankreich), das auch Informationszentrale ist und mehrere Dateien führt, sowie das Exekutivkomitee.

Interpretation
→ Auslegung.

Interregnum
ist die Zeit zwischen dem Wegfall eines Regenten und dem Regierungsantritt seines Nachfolgers, in der ein herrscherloser Zustand besteht. Ein Interregnum kann insbes. nach dem Tod eines Monarchen, aber auch im Fall unheilbarer Erkrankung eintreten, wenn sie ihn regierungsunfähig macht. In der deutschen Geschichte versteht man unter dem Interregnum insbes. die Zeit zwischen dem Tod Konrads IV. (1254) und der Wahl Rudolfs von Habsburg zum deutschen Kaiser (1273).

Intersexualität
Die Bezeichnung Intersexualität bezieht sich auf Menschen, die sich nicht eindeutig als männlich oder weiblich einordnen lassen (sa → Diverse).

Intervention
Als öffentliche Intervention bezeichnet man in der → Gemeinsamen Marktorganisation der EU den An- und Verkauf – nur noch weniger – landwirtschaftlicher Erzeugnisse (zB Weichweizen, Rohreis, Butter) durch staatliche → Interventionsstellen der Mitgliedstaaten zur Sicherung des Marktpreises nach Art. 11 ff. VO (EU) 1308/2013. Fällt dieser unter den Referenzschwellenwert (Art. 7 VO (EU) 1308/2013), so können Landwirte ihre Erzeugnisse zum Interventionspreis abgeben. Die Interventionsstellen kaufen die ihr zu Interventionsbedingungen angebotene Ware an und setzen sie ab. Die öffentliche Intervention ist ein Instrument der Marktintervention, zu der auch andere Beihilfen, etwa für die private Lagerhaltung oder zur Nahrungsmittelversorgung, gehören (Art. 22–60 VO (EU) 1308/2013).

Interventionsklage
Interventionsklage ist die → Drittwiderspruchsklage im Zivilprozess.

Interventionsprozess
→ Hauptintervention.

Interventionspunkte
sind die von den Währungsbehörden (→ Europäisches System der Zentralbanken) gegenüber einer fremden Währung festgesetzten Tiefst- und Höchstkurse, deren Einhaltung diese Stellen durch kursregulierende An- und Verkäufe der eigenen Währung auf dem Devisenmarkt überwachen.

Interventionsrecht
→ Drittwiderspruchsklage.

Interventionsstellen
Interventionsstellen sind die innerstaatlichen Behörden, die im Vollzug der → Gemeinsamen Marktorganisation der EU bestimmte landwirtschaftliche Produkte zum Zwecke der → Intervention ankaufen und absetzen oder -geben (zB kostenlos an besonders bedürftige Menschen, Art. 16 VO (EU) 1308/2013). Die Entscheidung der Interventionsstellen, für eine bestimmte, ihr angebotene Ware zu intervenieren, ist ein → Verwaltungsakt, die Abwicklung der Intervention erfolgt mit privatrechtlichen Mitteln durch Ankauf oder Ausschreibung. Es handelt sich um eine Preissubvention (→ Subventionen). Die Interventionsstellen garantieren Landwirten die Abnahme mancher Erzeugnisse zu einem Mindestpreis und stabilisieren damit das Preisniveau im europäischen Agrarmarkt. In Deutschland ist die wichtigste Interventionsstelle die → Bundesanstalt für Landwirtschaft und Ernährung. → Administrierte Preise.

Interventionswirkung
→ Nebenintervention.

Interzession
Interzession ist der Oberbegriff des Eintretens für eine fremde Schuld, s. insbes. → Bürgschaft, → Schuld(mit)übernahme, Verpfändung (→ Pfandrecht) usw.

Intestaterbfolge
nennt man die bei Fehlen einer → Verfügung von Todes wegen eintretende gesetzliche → Erbfolge.

Intimsphäre
→ Menschenwürde, → Persönlichkeitsrecht (2), → Geheimbereich, → Tagebuchaufzeichnungen.

Invalidenrente für Behinderte
Die Invalidenrente für Behinderte war eine Leistung der Rentenversicherung in der ehem. DDR. Seit 1.1.1992 ist an ihre Stelle die → Berufsunfähigkeitsrente oder die → Erwerbsunfähigkeitsrente getreten (§ 302a SGB VI).

Invalidenversicherung
Invalidenversicherung ist die Kurzbezeichnung für die Versicherung nach dem „Gesetz betreffend die Invaliditäts- und Altersversicherung" vom 22.6.1889, das am 1.1.1891 in Kraft trat. Das Gesetz war das dritte der grundlegenden Bismarck'schen Sozialversicherungsgesetze (→ Bismarcksche Sozialversicherung) und direkter Vorläufer des heutigen Rechts der ge-

setzlichen → Rentenversicherung nach dem SGB VI.

Invalidität

In der privaten → Unfallversicherung (2) ist Invalidität ein Versicherungsfall. Invalidität liegt in der Regel dann vor, wenn unfallbedingt die körperliche oder geistige Leistungsfähigkeit für voraussichtlich mehr als drei Jahre beeinträchtigt ist und mt keiner Besserung zu rechnen ist.

In der gesetzlichen → Rentenversicherung ist der Begriff noch gebräuchlich bei der Benennung der Verbindungsstellen bei der Anwendung ausländischen Sozialversicherungsrechts (§§ 127a SGB VI und 136a SGB VI).

Im Europäischen Sozialversicherungsrecht befassen sich die Art. 44–49 VO (EG) Nr. 883/2004 mit den Leistungen bei Invalidität.

Invasive gebietsfremde Arten

1. Invasive gebietsfremde Arten sind lebende Tiere, Pflanzen, Pilze oder Mikroorganismen, die überleben sowie sich fortpflanzen könnten und die aus ihrem natürlichen Verbreitungsgebiet in einen Mitgliedstaat eingebracht wurden (zB Waschbär oder Rosskastanienminiermotte, Art. 3 VO (EU) 1143/2014 v. 22.10.2014 über die Prävention und das Management der Einbringung und Ausbreitung invasiver gebietsfremder Arten, ABl. EU 2014 L 317, 35). Die VO bezweckt Prävention, Minimierung und Abschwächung der nachteiligen Auswirkungen von Ein- und Ausbringung invasiver gebietsfremder Arten auf die → Biologische Vielfalt in der EU (Art. 1 VO (EU) 1143/2014). Nicht in den Regelungsbereich fallende Arten sind gem. Art. 2 VO (EU) 1143/2014 zB Arten, deren Verbreitungsgebiet sich natürlich bedingt verändert, → gentechnisch veränderte Organismen, Erreger von → Tierseuchen oder Mikroorganismen zur Verwendung in Pflanzenschutzmitteln oder → Biozidprodukten.

2. Für die VO-Zwecke werden invasive gebietsfremde Arten in drei Gruppen unterteilt: solche mit unionsweiter, mit regionaler Bedeutung oder mit Bedeutung für einen Mitgliedstaat. Invasive gebeitsfremde Arten mit unionsweiter Bedeutung sind Arten, deren nachteilige Auswirkungen als EU-weit erheblich eingeschätzt werden und die in die Liste auf der Grundlage von Art. 4 VO (EU) 1143/2014 aufgenommen wurden. Sie unterliegen den Beschränkungen des Art. 7 VO (EU) 1143/2014: so dürfen sie weder vorsätzlich in die EU verbracht werden noch dort gehalten, *gezüchtet usw.* werden. Forschung, Ex-situ-Erhaltung sowie wissenschaftliche Herstellung und anschließende medizinische Verwendung unterliegen der Genehmigungspflicht (Art. 8 VO (EU) 1143/2014). Aus Gründen zwingenden öffentlichen Interesses sind Zulassungen möglich (Art. 9 VO (EU) 1143/2014).

Die Mitgliedstaaten haben ein Überwachungssystem und amtliche Kontrollstrukturen zu errichten, um insbes. ihrer Pflicht zur frühzeitigen Beseitigung der Arten mit unionsweiter Bedeutung nachzukommen (Art. 14, 15 VO (EU) 1143/2014). Für den Fall, dass sich diese Arten bereits weit verbreitet haben, muss ein Managementsystem zur Populationsbeseitigung und zur Wiederherstellung der geschädigten Ökosysteme eingeführt werden (Art. 19 VO (EU) 1143/2014). Die §§ 40a–40f, 48a u. 51a BNatSchG regeln dies für Deutschland. Zuständig für den Vollzug sind insbes. das Bundesamt für Naturschutz in Bonn, die Landes- und die Zollbehörden. Jagdausübungsberechtigten kann die Durchführung von Management- oder Beseitigungsmaßnahmen nicht gegen ihren Willen auferlegt, aber durch die Landesbehörde angeordnet werden (§ 28a BJagdG).

3. Heimtiere, die zu nichtgewerblichen Zwecken gehalten werden und in die Liste gem. Art. 4 VO (EU) 1143/2014 aufgenommen wurden, dürfen unter den Voraussetzungen des Art. 31 I VO (EU) 1143/2014 bis zu ihrem natürlichen Tod behalten werden; nichtgewerbliche Besitzer, die diese Bedingungen nicht erfüllen können, dürfen die Tiere nicht behalten. Zu kommerziellen Zwecken gehaltene Exemplare invasiver gebietsfremder Arten dürfen befristet (1 bis maximal 2 Jahre nach Aufnahme in die Liste) und unter Auflagen insbes. gehalten, befördert und verkauft werden, Fortpflanzung und Entkommen müssen ausgeschlossen sein (Art. 32 VO (EU) 1143/2014). Sa → Aquakultur.

Inventar

Ist ein → Grundstück samt Inventar Gegenstand eines → Pachtrechts oder eines → Nießbrauchs, so ist unter Inventar die Gesamtheit der beweglichen Gegenstände zu verstehen, die zur zweckentsprechenden Betriebsführung erforderlich sind. Im Erbrecht ist Inventar (Nachlassinventar) ein Verzeichnis sämtlicher beim → Erbfall vorhandener Nachlassgegenstände und → Nachlassverbindlichkeiten (§ 1993 BGB, § 2001 BGB; → Inventarerrichtung).

Im Handelsrecht ist Inventar ein genaues Verzeichnis aller Vermögensgegenstände und Schulden eines → Kaufmanns, das zu Beginn des Handelsgewerbes und zum Schluss jedes Geschäftsjahrs aufzustellen ist (§ 240 HGB) und die Grundlage für Eröffnungsbilanz und → Jahresabschluss darstellt. Einzelkaufleute, die in 2 aufeinanderfolgenden Geschäftsjahren nicht mehr als 600 000 EUR Umsatzerlöse und 60 000 EUR Jahresüberschuss aufweisen, sind hiervon befreit (§ 241a HGB). Das Inventar ist sonst innerhalb einer dem ordnungsmäßigen Geschäftsgang entsprechenden Zeit zu errichten (bei Kapitalgesellschaften grds. innerhalb von 3 Monaten seit Abschluss des Geschäftsjahrs) und vom Kaufmann oder den vertretungsberechtigten Organen zu unterzeichnen. Das Inventar muss 10 Jahre aufbewahrt werden (auch auf Datenträger zulässig, § 257 HGB).

Inventarerrichtung
Der → Erbe ist berechtigt, ein Verzeichnis des → Nachlasses (→ Inventar) bei dem → Nachlassgericht einzureichen (§ 1993 BGB). Auf Antrag eines → Nachlassgläubigers hat das Nachlassgericht dem Erben bzw. dem Testamentsvollstrecker (nicht aber bei → Nachlassverwaltung oder → Nachlassinsolvenzverfahren, da hier ohnedies beschränkte Erbenhaftung eingetreten ist) zur Inventarerrichtung eine Frist zu setzen – Inventarfrist –, die regelmäßig 1–3 Monate, beginnend mit der → Annahme der Erbschaft, beträgt (§§ 1994 f. BGB). Das rechtzeitig errichtete Inventar hat die Vermutung der Richtigkeit und Vollständigkeit für sich (§ 2009 BGB). Die Inventarerrichtung führt nicht zur Beschränkung der Erbenhaftung; der Erbe verliert aber allen Nachlassgläubigern gegenüber die Beschränkungsmöglichkeit, wenn er die Inventarfrist versäumt (§ 1994 I 2 BGB) oder das Inventar absichtlich unvollständig oder unrichtig erstellt (§ 2005 BGB, sog. Inventaruntreue). Jeder Nachlassgläubiger kann verlangen, dass der Erbe die Richtigkeit des Inventars zu Protokoll des → Nachlassgerichts eidesstattlich versichert; verweigert der Erbe die Abgabe der → eidesstattlichen Versicherung, so haftet er dem antragstellenden Gläubiger unbeschränkt (§ 2006 BGB).

Inventarfrist
→ Inventar, → Inventarerrichtung.

Inventaruntreue
→ Inventarerrichtung.

Inventur
Inventur bedeutet im Handels- und Steuerrecht die körperliche Aufnahme von Beständen des → Anlage- und → Umlaufvermögens durch Zählen, Messen, Wiegen oder (ausnahmsweise) Schätzen zur Erstellung des → Inventars. Methoden: jährliche Inventur, erleichtert durch zeitnahe Inventur (10 Tage vor bis 10 Tage nach Bilanzstichtag, Abschn. 30 I EStR), Stichprobeninventur mit Hilfe anerkannter mathematisch-statistischer Methoden (§ 241 I HGB), permanente Inventur, dh kontinuierliches mengenmäßiges Fortschreiben der Bestände (Skontration), Buchinventur auf den Bilanzstichtag und mindestens einmal jährlich Soll-Ist-Vergleich mit Protokollen. Bei zeitlich verlegter Inventur wird ein besonderes → Inventar auf einen Stichtag 3 Monate vor bis 2 Monate nach dem Bilanzstichtag erstellt; die Bestände werden wertmäßig fortgeschrieben oder rückgerechnet. Fehlen der Inventur bedeutet regelmäßig den zeitweisen Verlust der „Ordnungsmäßigkeit" der Buchführung.

Inverkehrbringen
von Mitteln zum → Schwangerschaftsabbruch s. dort; – von Falschgeld → Geld- und Wertzeichenfälschung; – nichtverkehrsfähiger → Lebensmittel s. dort; – vergifteter Sachen → Vergiftung.

Inverkehrbringen eines gentechnisch veränderte Organismen (GVO) enthaltenden Produktes
1. § 3 Nr. 6 GenTG definiert das Inverkehrbringen eines GVO enthaltenden Produktes als seine Abgabe an und Bereitstellung für Dritte, zB den Verkauf. Kein Inverkehrbringen liegt bei solchen Produkten vor, die für → gentechnische Arbeiten in gentechnischen → Anlagen (dort 2.), genehmigte → Freisetzungen (1) oder genehmigte klinische Prüfungen bestimmt sind. Das Inverkehrbringen bedarf der Genehmigung, die EWR-weit geregelt ist (§§ 14–16, 16b–16e u. 42 GenTG, GenT-BeteiligungsVO v. 17.5.1995, BGBl. 1995 I 734 mÄnd). Auf die Genehmigung besteht ein Rechtsanspruch, wenn nach dem Stand der Wissenschaft unvertretbare schädliche Einwirkungen auf Leben und Gesundheit des Menschen und die Umwelt nicht zu erwarten sind (§ 16 II GenTG). Die Bestimmungen der Genehmigung zum Inverkehrbringen sind gem. § 16 V a GenTG auch von denjenigen zu beachten, die Umgang mit dem Produkt haben, dh, es anwenden, anbauen, verbrauchen ua m. – sofern die Genehmigung öffentl. bekannt gemacht wurde. Beim Inverkehrbringen ist eine Produktinformation mitzuliefern.

2. Das → Bundesamt für Verbraucherschutz und Lebensmittelsicherheit entscheidet mit der Genehmigung ua über den Verwendungszweck und die Kennzeichnung des Produktes (§ 16d GenTG). Die Kennzeichnung regelt neben EU-Recht § 17b GenTG, sa → Kennzeichnung von Lebensmitteln. Die VO (EG) 65/2004 über ein System für die Entwicklung und Zuweisung spezifischer Erkennungsmarker für GVO v. 14.1.2004 (ABl. EU 2004 L 10, 5) verlangt für die Genehmigung des Inverkehrbringens für die GVO sog. Erkennungsmarker (ausgenommen: Arzneimittel). Marker sind zB biochemische Bausteine, die den Ursprung von Lebensmitteln und Futtermitteln eindeutig bestimmbar machen; sa → Genlebensmittel und -futtermittel. § 20 II ermöglicht es dem Bundesamt, das Ruhen der Genehmigung anzuordnen. Diejenigen, die mit GVO enthaltenden Produkten umgehen, trifft gem. § 16b eine zT zivilrechtlich beschränkbare Vorsorgepflicht, s. → Gentechnikrecht, 3. Haftung. Die Vorsorgepflicht wird bei Tierhaltung und Pflanzen durch Einhaltung der → guten fachlichen Praxis erfüllt.

Investitionsabzugsbetrag
1. Der Investitionsabzugsbetrag (§ 7g EStG) erlaubt mittelständischen Betrieben im Vorgriff auf künftige Investitionen ihren Gewinn zu mindern. Der Investitionsabzugsbetrag kann nur für die künftige Anschaffung oder Herstellung von abnutzbaren beweglichen Wirtschaftsgütern des Anlagevermögens, die mindestens bis zum Ende des dem Wirtschaftsjahr der Anschaffung oder Herstellung folgen-

den Wirtschaftsjahres vermietet oder in einer inländischen Betriebsstätte des Betriebes ausschließlich oder fast ausschließlich betrieblich genutzt werden. Voraussetzujng ist u. a., dass der der Gewinn in dem Wirtschaftsjahr, in dem die Abzüge vorgenommen werden sollen, 200.000 Euro (ohne Berücksichtigung der Investitionsabzugsbeträge und der Hinzurechnungen nach § 7g Abs. 2 EStG) nicht überschreitet. Die Summen der Abzugsbeträge und der weiteren Angaben dem Finanzamt (FA) elektronisch zu übermitteln. Auf Antrag kann das FA zur Vermeidung unbilliger Härten hierauf verzichten (§ 7g Abs. 1 EStG).

2. Die Investitionsfrist erstreckt sich auf drei Jahre. Innerhalb dieser Zeit muss die geplante Investition realisiert werden. Die Höhe des Abzugsbetrages darf bis 50 vH der voraussichtl. Anschaffungs- oder Herstellungskosten des Wirtschaftsguts, das angeschafft/hergestellt werden soll, betragen. Unterbleibt die Investition, ist der Abzug wieder rückgängig zu machen. Die sich dadurch ergebende Steuernachzahlung ist mit 6 vH zu verzinsen. Sa → Ansparrücklage.

Investitionsvorranggesetz
Im Interesse des nach der → Wiedervereinigung 1990 angestrebten wirtschaftlichen Neuaufbaus in der ehem. DDR (dazu schon Art. 41 II EinigV, das Investitionsgesetz der DDR vom 29.9.1990 sowie das „Hemmnissebeseitigungsgesetz" vom 22.3.1991, BGBl. 1991 I 766) enthält das „Gesetz über den Vorrang für Investitionen bei Rückübertragungsansprüchen nach dem Vermögensgesetz" – InVorG – idF v. 4.8.1997 (BGBl. 1997 I 1996) verschiedene Fälle, in denen vom Grundsatz „Rückgabe vor Entschädigung" (→ Offene Vermögensfragen) bei rückübertragungsbelasteten Vermögenswerten im Interesse baldiger Investitionen abgewichen werden kann (Schlagwort: „Investive Vorfahrtregelungen"). Nach § 1 InVorG dürfen Grundstücke, Gebäude und Unternehmen, die Gegenstand von Rückübertragungsansprüchen nach dem VermG sind oder sein können, ganz oder teilweise für besondere Investitionszwecke verwendet werden. Die den Restitutionsanspruch sichernden Verfügungsbeschränkungen (§ 3 III–V VermG) sind dann nicht anzuwenden. Besondere Investitionszwecke sind insbes. Sicherung oder Schaffung von Arbeitsplätzen, Schaffung von Wohnraum, Schaffung investitionsnotwendiger Infrastrukturmaßnahmen (vgl. dazu §§ 3, 18–20 VermG). Liegen die Voraussetzungen vor und bietet der Vorhabensträger Gewähr für die Durchführung der Investitionen, so erteilt der Verfügungsberechtigte (zB die → Treuhandanstalt oder eine Kommune, bei Privatpersonen die Behörde) einen Investitionsvorrangbescheid. Der Rückübertragungsberechtigte muss angehört werden, hat aber nur bei gleichem oder annäherndem Selbstinvestitionsvorhaben Vorrang. Das InVorG regelt iE das Erteilungsverfahren, den Investitionsvorrangbescheid und den investiven Vertrag, den Rechtsschutz und die Sicherung von Investitionen (Vertrauensschutz des Investors), die Durchführung der Investition und die Rückabwicklung fehlgeschlagener Vorhaben, den Ausgleich für den Rückübertragungsberechtigten sowie besondere Verfahren.

Investitionszulage (IZ)
1. Das Investitionszulagengesetz (InvZulG) 2010 v. 7.12.2008 (BGBl. 2008 I 2350) räumt unbeschränkt und beschränkt Stpfl. iS des → Einkommen- und → Körperschaftsteuergesetzes, die im Fördergebiet begünstigte Investitionen vornehmen, einen Anspruch auf Investitionszulage (IZ) ein. Es trat an die Stelle des InvZulG 2007 (für Investitionen, die in der Zeit vom 1.1.2007 bis 31.12.2009 vorgenommen wurden), das wiederum das InvZulG 2005 abgelöst hat. Für Investitionen ab 1.1.2010 gilt das InvZulG 2010, das die Förderung in reduziertem Umfang bis zum 31.12.2013 fortsetzt und in wesentlichen Bereichen an das InvZulG 2007 anknüpft.

2. Begünstigtes Fördergebiet sind die → neuen Länder und Berlin, wobei für Berlin Einschränkungen gelten (vgl. § 1 II InvZulG, Anlage 1).

3. Begünstigte Investitionen sind: die Anschaffung und Herstellung neuer abnutzbarer beweglicher Wirtschaftsgüter des Anlagevermögens; die Anschaffung neuer Gebäude, Eigentumswohnungen und anderer Gebäudeteile, die selbständige unbewegliche Wirtschaftsgüter sind. Der Mietwohnungsbau wird nicht mehr gefördert. Folgende Voraussetzungen sind zu erfüllen:

a) Es muss sich um eine Erstinvestition handeln (§ 2 III InvZulG). Solche sind die Anschaffung oder Herstellung von Wirtschaftsgütern, die der Errichtung einer neuen Betriebsstätte, der Erweiterung einer bestehenden Betriebsstätte oder der grundlegenden Änderung eines Produkts bzw. eines Produktverfahrens dienen. Investitionen in einem bestehenden Betrieb/Betriebsstätte oder bei Übernahme eines Betriebes sind als Erstinvestitionen begünstigt, wenn der Betrieb/Betriebsstätte bereits geschlossen war und wiedereröffnet wurde oder die Schließung mit den Investitionen verhindert wird. Im InvZulG 2010 wird der Begriff der Erstinvestition durch Erstinvestitionsvorhaben umbenannt. Inwiefern eine einzelne Investitionsmaßnahme zu einem Erstinvestitionsvorhaben führt, ist unklar. Nach der Gesetzesbegründung sei es nicht zu beanstanden, wenn mit einer einzelnen Investition das Ziel eines Erstinvestitionsvorhabens erreicht werden könne. Eine künstliche Trennung von Investitionen, die in einem technischen, funktionellen, strategischen und räumlichen Zusammenhang stehen, in einzelne Vorhaben sei aber nicht zulässig.

b) Es muss sich um einen Betrieb handeln, der zu den in § 3 I InvZulG aufgezählten

Betrieben gehört, zB verarbeitenden Gewerbes oder einen Betrieb der produktionsnahen Dienstleistungen. Die Einordnung des Betriebes ist nach der Klassifikation der Wirtschaftszweige 2008 vorzunehmen. Für sog. sensible Sektoren wird eine Förderung durch IZ ausgeschlossen. Zu diesen gehören ua die Eisen- und Stahlindustrie, der Schiffsbau, die Kraftfahrzeugindustrie, der Landwirtschaftssektor, die Fischerei und der Verkehrssektor (vgl. Anlage 2 zu § 3 II InvZulG 2010).

c) die angeschafften/hergestellten Wirtschaftsgüter müssen mindestens fünf Jahre nach der Anschaffung oder Herstellung zum Anlagevermögen eines Betriebs oder einer Betriebsstätte im Fördergebiet gehören und während dieses Zeitraums dort verbleiben. Das → Wirtschaftsgut darf in jedem Jahr zu nicht mehr als 10 vH privat genutzt werden. Ist die betriebsgewöhnliche Nutzungsdauer geringer als fünf Jahre, so ist diese anzuwenden. Nicht begünstigt sind → geringwertige Wirtschaftsgüter (GWG), Personenkraftwagen und Luftfahrzeuge.

4. Investitionszeitraum: Durch das InvZulG 2010 werden Investitionen, die nach dem 31.12.2009 und vor dem 1.1.2014 abgeschlossen werden bzw. Teilherstellungskosten oder Teillieferungen vor dem 1.1.2014 gefördert.

5. Bemessungsgrundlage der IZ ist die Summe der → Anschaffungs- oder Herstellungskosten der im → Wirtschaftsjahr abgeschlossenen begünstigten Investitionen.

6. Die Höhe der IZ ist abhängig vom Beginn des Investitionsvorhabens. Die Fördersätze der Investitionszulage sinken in Abhängigkeit vom Beginn des Investitionsvorhabens. Dieser liegt im Beginn der ersten Einzelinvestition; in der Regel ist dies die erste Bestellung bzw. der Herstellungsbeginn. Der Abschluss von Einzelinvestitionen und Vorhaben sind für die Förderhöhe nicht maßgeblich. Verbleiben die beweglichen Wirtschaftsgüter während des Fünfjahreszeitraums in einem begünstigten Betrieb, der zusätzlich die Begriffsdefinition für kleine und mittlere Unternehmen nach EU-Recht (KMU) erfüllt, dann erhöht sich die IZ.

Grundsätzlich gilt:

Beginn des Erstinvestitionsvorhabens		Regelsatz	KMU
Nach dem	und vor dem		
	1.1.2010	12,5%	25%
31.12.2009	1.1.2011	10%	20%
31.12.2010	1.1.2012	7,5%	15%
31.12.2011	1.1.2013	5,0%	10%
31.12.2012	1.1.2014	2,5%	5,0%.

Von den vorstehenden Fördersätzen gibt es Ausnahmen, die vor allem Investitionen in Berlin und große Investitionsvorhaben betreffen. Eine Erhöhung der IZ für Investitionen in sog. Randgebieten (ehemals Anlage 3 InvZulG 2007) wird nicht mehr gewährt.

7. Voraussetzung für die Förderung ist stets ein Antrag auf IZ. Dieser kann innerhalb der vierjährigen Festsetzungsfrist (§ 169 II Nr. 2 AO, § 170 I AO) gestellt werden. Der Antrag ist auf dem amtlichen Vordruck zu stellen und eigenhändig v. Anspruchsberechtigten zu unterschreiben. Die Bemessungsgrundlage und der Prozentsatz der IZ werden durch das → Finanzamt (FA) gesondert festgestellt, wenn das für die Besteuerung zuständige FA sich außerhalb des Fördergebietes befindet. Die gesonderte Feststellung erfolgt von dem FA im Fördergebiet, in dessen Bezirk sich der wertvollste Teil des Vermögens des Antragstellers befindet. Dies muss nicht identisch sein, mit dem FA, in dessen Bezirk die Investition erfolgt ist.

8. Die IZ gehört nicht zu den Betriebseinnahmen und mindert nicht die steuerlichen Anschaffungs- und Herstellungskosten.

9. Die IZ kann eine Beihilfe iS des Art. 102 AEUV (→ AEUV) sein, die der Genehmigung der → Europäischen Kommission bedarf. Das InvZulG 2010 sieht deshalb ggf. eine Einzelnotifizierung durch Kommission bzw. weitere Genehmigungsvorbehalte der EG-Kommission vor (vgl. § 9 InvZulG 2010). Eine IZ darf nicht gewährt werden, wenn durch sie der jeweils beihilferechtlich geltende Regionalförderhöchstsatz überschritten wird. → Subvention, → Subventionswesen.

Investiturstreit

1. Der Streit um das Recht der Investitur (Einkleidung = Einsetzung) hoher geistlicher Würdenträger entzündete sich schon im frühen Mittelalter, als Bestrebungen der Kirche aufkamen, das ursprünglich auf der sakralen Auffassung von der weltlichen Obrigkeit beruhende Recht der Auswahl oder Bestätigung der → Bischöfe, Äbte usw. durch den König (sog. Laien-Investitur) zu beseitigen. Die Kämpfe um die Neuordnung des Verhältnisses von Kirche und Staat kamen zum offenen Ausbruch, als Nikolaus II. 1059 im Papstwahlgesetz das Ein- und Absetzungsrecht des Kaisers durch das Wahlrecht des Kardinalkollegiums ersetzte. Papst Gregor VII. beanspruchte, gestützt auf die → Zweischwerterlehre, für den → Papst das Recht, als höchste Autorität der Welt den Kaiser abzusetzen; er verbot 1075 die Laien-Investitur. Sein Gegner Heinrich IV. vermochte nicht, die gegenteilige Auffassung gegenüber dem Papst durchzusetzen, zumal er nicht die volle Unterstützung des Hochadels fand und seine Position durch Aufstellung von Gegenkönigen geschwächt wurde. Sein Bußgang nach Canossa (1077) demonstrierte seine politische Niederlage. Der Investiturstreit fand erst sein Ende durch das Wormser Konkordat (1122) unter Heinrich V. Es enthielt einen Kompromiss, nach dem der Kaiser spiritualiter unter dem Papst, aber temporaliter über ihm stand: dem Kaiser verblieb die Investitur mit den weltlichen

Rechten des Kirchenamtes (Kirchengüter, Regalien und weltliche Regierungsrechte) mittels Verleihung des Zepters, während der Auftrag zur Seelsorge nach kanonischem Recht erteilt wurde (Wahl durch das Domkapitel und Konsekration, Verleihung von Ring und Stab durch den Papst). Je nachdem, ob nach der in den einzelnen Gebieten unterschiedlichen Regelung die weltliche Investitur oder die Konsekration zuerst stattfand, bestand Vorrang der weltlichen oder der geistlichen Investitur.

2. Ein letzter Rest staatlicher Mitwirkung an der Verleihung geistlicher Würden ist die in einigen → Konkordaten (sa → Kirchenverträge) vorgesehene Regelung, dass die Regierung des jeweiligen Landes bedenken gegen die Ernennung eines bestimmten Kandidaten zum Bischof geltendmachen kann. Bei dem Streit in der Volksrepublik China, ob die katholischen Bischöfe dort vom Papst oder der Staatsführung bestimmt werden können, handelt es sich letztlich um eine moderne Form des Investiturstreits.

Investmentaktiengesellschaft
1. Offene inländische → Investmentvermögen dürfen nur als Sondervermögen oder als Investmentaktiengesellschaft mit veränderlichem Kapital in der Rechtsform einer Aktiengesellschaft aufgelegt werden (§ 91 KAGB, → Kapitalanlagegesetzbuch). Einzelheiten regeln die §§ 108 ff. KAGB. So gelten neben den Vorschriften des KAGB diejenigen des AktG. Die Aktien bestehen aus Unternehmens- und Anlageaktien. Die Firma muss die Bezeichnung Investmentaktiengesellschaft voll oder abgekürzt enthalten.

2. Geschlossene inländische Investmentvermögen dürfen nur als Investmentaktiengesellschaft mit fixem Kapital in der Rechtsform einer Aktiengesellschaft oder als geschlossene → Investmentkommanditgesellschaft aufgelegt werden (§ 139 KAGB). Die Einzelheiten zur Investmentaktiengesellschaft mit fixem Kapital enthalten die §§ 140 ff. KAGB. Für die Firma gilt das unter 1. Gesagte.

Investmentfonds
→ Investmentvermögen.

Investmentgeschäft
→ Investmentvermögen, → Kapitalverwaltungsgesellschaft.

Investmentkommanditgesellschaft
1. Offene inländische → Investmentvermögen, die nicht OGAW sind und deren Anteile ausschließlich von professionellen und semi-*professionellen* Anlegern erworben werden dürfen, können als offene Investmentkommanditgesellschaften in der Rechtsform einer Kommanditgesellschaft aufgelegt werden, ebenso wie Investmentvermögen, die in Immobilien oder Beteiligungen an Infrastrukturprojekten investieren (§ 91 KAGB, → Kapitalanlagegesetzbuch). Einzelheiten enthalten die §§ 124 ff. KAGB. Subsidiär gelten die gesellschaftsrechtlichen Vorschriften des HGB. Die Firma muss die Bezeichnung offene Investmentkommanditgesellschaft voll oder abgekürzt enthalten.

2. Geschlossene inländische Investmentvermögen können nur als → Investmentaktiengesellschaften mit fixem Kapital oder als geschlossene Investmentkommanditgesellschaft in der Rechtsform einer Kommanditgesellschaft aufgelegt werden (§ 139 KAGB). Einzelheiten zur geschlossenen Investmentkommanditgesellschaft enthalten die §§ 149 ff. KAGB. Auch hier gelten die Vorschriften des HGB subsidiär; für die Firma gilt das oben Gesagte.

Investmentvermögen
1. Nach § 1 I KAGB, → Kapitalanlagegesetzbuch, ist Investmentvermögen jeder Organismus für gemeinsame Anlagen, der von einer Anzahl von Anlegern Kapital einsammelt, um es gemäß einer festgelegten Anlagestrategie zum Nutzen dieser Anleger zu investieren. Der gewöhnungsbedürftige Begriff „Organismus" ist aus dem französischen Recht über das Europarecht ins deutsche Recht gekommen, im Englischen wird von „undertakings" gesprochen. Investmentvermögen dient im KAGB damit als Oberbegriff für alle Arten von Investmentfonds, unabhängig von ihrer Rechtsform, Anlagetätigkeit usw.

2. Das KAGB unterscheidet zwischen zwei Obergruppen von Investmentvermögen: Organismen für gemeinsame Anlagen von Wertpapieren (OGAW, engl. UCITS (Undertakings for collective investment in transferable securities)) und sonstige Investmentvermögen, die Alternative Investmentfonds (AIF) genannt werden. Ferner unterscheidet man zwischen offenen und geschlossenen Investmentvermögen und Publikums- und Nichtpublikumsfonds. Inländische Investmentvermögen unterliegen deutschem Recht (§ 1 VII KAGB).

a) Organismen für gemeinsame Anlagen in Wertpapieren (OGAW) sind Investmentvermögen, die den Anforderungen der OGAW-RL 2009/65/EG v. 13.7.2009 (ABl. EG 2009 L 302, 32) entsprechen. Sie stellen den klassischen Typus des Investmentvermögen, etwa einen Aktien- oder Rentenfonds, dar und sind in den §§ 91 ff., 162 ff. KAGB geregelt. OGAW werden idR als Sondervermögen einer → Kapitalverwaltungsgesellschaft aufgelegt; ihre → Anteilscheine müssen verbrieft oder in elektronischer Form begeben werden (§ 95 KAGB), und ihr Sondervermögen wird von einem → Kreditinstitut als Verwahrstelle verwahrt. OGAW können allerdings auch als → Investmentaktiengesellschaft aufgelegt werden (§ 91 KAGB). Sie sind immer offene Investmentvermögen, dh ihre Anteile müssen jederzeit oder zu bestimmten Zeiten gegen Auszahlung zurückgenommen werden. Sie sind immer Publikumsfonds, dh sie können von jedermann erworben werden. Ihre Anlagebedingungen benötigen daher einer Genehmigung (§ 163 KAGB) und es dürfen nur bestimmte Wertpapiere und Finanzinstrumente erworben werden (§ 192 KAGB). Ein Verkaufsprospekt (→ Prospektpflicht) sowie ein → Basisinformationsblatt sind erforderlich (§ 164 KAGB).

b) Alternative Investmentfonds (AIF) sind nach § 1 III KAGB alle Investmentvermögen, die keine OGAW sind. Dazu zählen etwa Entwicklungsförderungsfonds, → Immobilienfonds, Infrastrukturfonds, → Hedgefonds, Private-Equity-Fonds oder Rohstofffonds. Sie sind hauptsächlich in den §§ 91 ff., 214 ff. KAGB geregelt. Als Fondsvehikel stehen wiederum das Sondervermögen einer Kapitalverwaltungsgesellschaft und die → Investmentaktiengesellschaft sowie zusätzlich die → Investmentkommanditgesellschaft zur Verfügung.

3. Offene Investmentvermögen sind, im Gegensatz zu geschlossenen, solche, bei denen die Anleger ihre Anteile jederzeit oder zu bestimmten Zeiten und mindestens einmal im Jahr gegen Auszahlung ihres Anteils am Sondervermögen bzw. Gesellschaftsvermögen zurückgeben können (vgl. § 98 KAGB). Einzelheiten regeln die Anlagebedingungen. OGAW sind immer offene Investmentvermögen, AIF können offen oder geschlossen sein (§ 1 IV KAGB). Geschlossene Investmentvermögen sind immer AIF und können nur als Investmentaktien- oder -kommanditgesellschaft aufgelegt werden (§ 139 KAGB).

4. Als Publikumsinvestmentvermögen bezeichnet § 1 VI KAGB Fonds, deren Anteile nicht nur von professionellen und semiprofessionellen, sondern auch von Privatanlegern erworben werden dürfen (§ 1 XIX Nr. 31–33 KAGB). Nichtpublikumsfonds, an denen sich Privatanleger wegen des Risikos nicht beteiligen dürfen, können nur als Spezial-AIF aufgelegt werden.

5. Die VO (EU) 2019/1156 v. 20.6.2019 (ABl. L 188/55) zur Erleichterung des grenzüberschreitenden Vertriebs von Organismen für gemeinsame Anlagen enthält Vorschriften zu Vertrieb und Werbung von Investmentvermögen. Einzelheiten zur Rechnungslegung enthält die KARBV v. 16.7.2013 (BGBl. 2013 I 2483 mÄnd), Einzelheiten zur Prüfung die KAPrüfbV v. 24.7.2013 (BGBl. 2013 I 2777) mÄnd. Für Verbraucherstreitigkeiten in Zusammenhang mit Investmentvermögen ist eine Schlichtung nach dem VSBG möglich, insbes. bei der Ombudsstelle für Investmentfonds.

invitatio ad offerendum
= Einladung (Aufforderung) zur Abgabe eines (Vertrags-)Angebots → Vertrag (1).

In-vitro-Fertilisation
→ künstliche Fortpflanzung.

Inzahlungnahme
→ Leistung an Erfüllungs Statt, erfüllungshalber.

Inzest
Nach § 173 StGB, der nicht die sexuelle Selbstbestimmung, sondern Ehe und Familie schützen soll, wird der → Beischlaf mit bestimmten Verwandten bestraft, und zwar mit einem leiblichen Abkömmling (Kind, Enkel usw.) mit höherer Strafe als mit einem leiblichen Verwandten aufsteigender Linie (Eltern, Großeltern usw.) oder mit einem leiblichen Geschwister. Der Beischlaf zwischen Adoptivverwandten oder Verschwägerten ist nicht strafbedroht. Straflos bleiben zur Tatzeit noch nicht 18-jährige Abkömmlinge und Geschwister. Mit → Sexualstraftaten nach §§ 174 ff. StGB kann Tateinheit (→ Konkurrenz von Straftaten) bestehen. Die Legitimität des Straftatbestands, für den sich rationale Schutzgüter und -zwecke nur schwer formulieren lassen, wurde durch das BVerfG im Jahr 2008 ausdrücklich bestätigt (BVerfGE 120, 224).

Inzidentfeststellungsklage
→ Zwischenfeststellungsklage.

Ionisierende Strahlen
→ Lebensmittel, → ökologischer Landbau, → Sprengstoff- und Strahlungsverbrechen.

IP
Abkürzung für Intellectual Property (→ Geistiges Eigentum).

IPR
→ Internationales Privatrecht.

ipso iure
= kraft Rechts (Gesetzes), unmittelbar. Der rechtliche Erfolg tritt also ohne zusätzliche Handlung oder → Willenserklärung eines Beteiligten ein, zB Erwerb des Nachlasses durch den (die) Erben mit dem Tode des Erblassers (→ Erbanfall, → Rechtserwerb).

IR-Marke
bzw. genauer: Internationale Registrierung, s. → Marken.

IRO
Die International Refugee Organization (IRO) war eine Flüchtlingsorganisation der → Vereinten Nationen, die sich bis Ende 1951 auch in der BRep. mit der Heimschaffung, Auswanderung und Neuansiedlung verschleppter Personen befasste. Nachfolger ist seit 1961 der Hohe Kommissar für das Flüchtlingswesen (UNHCR). Sa → displaced persons, → heimatlose Ausländer.

Irreführung im Wettbewerb
→ unlauterer Wettbewerb, → Firma (2c).

Irrtum
1. Zur Irrtumslehre im bürgerlichen Recht → Anfechtung von Willenserklärungen (1), → Geschäftsgrundlage, → Vertrag (1: Dissens), → Anfechtung letztwilliger Verfügungen.

2. Der strafrechtlich erhebliche Irrtum kann sich auf den Tatbestand oder auf die Rechtswidrigkeit des Handelns beziehen. Im letzteren Falle handelt es sich um → Verbotsirrtum.

Ein Tatbestands-Irrtum liegt vor, wenn der Täter ein Tatbestandsmerkmal objektiv verwirklicht, ohne dies zu wissen (zB versehentliche Mitnahme eines fremden Kleidungsstücks in einer Gaststätte). Er kann dann nach § 16 StGB nicht wegen vorsätzlichen Handelns bestraft werden, aber ggf. wegen fahrlässigen Handelns, falls dieses mit Strafe bedroht ist (fahrlässiger Diebstahl ist straflos; anders – nämlich fahrlässige Körperverletzung – wenn ein Polizist auf einen Passanten schießt, den er fahrlässig mit dem verfolgten Einbrecher verwechselt). Entsprechendes gilt, wenn der Täter irrig Tatumstände annimmt, die den Tatbestand eines milderen Gesetzes erfüllen. Beim sog. umgekehrten Tatbestands-Irrtum – Täter nimmt irrig ein Tatbestandsmerkmal als gegeben an – kann nicht wegen vollendeter Tat bestraft werden, aber wegen Versuchs, falls dieser mit Strafe bedroht ist (zB eidliche Aussage, die der Aussagende für falsch hält, die aber objektiv richtig ist). Rechtsunerheblich ist ein Irrtum über die Identität des Tatgegenstands (→ error in objecto vel persona), insbes. über die verletzte Person, wenn das gewollte und das tatsächliche Angriffsobjekt gleichwertig sind, zB wenn der Täter, der A töten will, B erschießt, den er irrig für A hält. Anders bei Fehlgehen der Tat (→ aberratio ictus). Zum Irrtum über das Vorliegen von → Notstand oder → Notwehr s. dort.

Schwierig ist die Abgrenzung des Tatbestands- vom Subsumtions-Irrtum, das ist der Irrtum darüber, ob ein Sachverhalt unter ein Strafgesetz oder einen gesetzlichen Begriff fällt (zB Irrtum des Täters darüber, ob für das Kfz die Geschwindigkeitsgrenzen für Pkw oder Lkw gelten; oder Irrtum über den Begriff Urkunde iS des § 267 StGB bei Fälschen einer Garderobenmarke). Der echte Subsumtions-Irrtum schließt Vorsatz nicht aus, kann aber nach den Grundsätzen des → Verbotsirrtums zu behandeln sein.

S. ferner → Wahndelikt, → Gehorsamspflicht (Irrtum über Rechtmäßigkeit eines Befehls), → Staatsgeheimnis (Irrtum über dessen Illegalität).

Irrtumsanfechtung
→ Anfechtung von Willenserklärungen (1).

Islam
1. Islam ist eine von Mohammed gestiftete monotheistische Weltreligion. Die Anhänger des Islam bezeichnen sich als Muslime. Die Bezeichnung Mohammedaner ist irreführend, da Mohammed als menschlicher Überbringer der Heilsbotschaft nicht Gegenstand des Glaubens ist. Anders als bei den → Kirchen (→ Katholische Kirche; → Evangelische Kirche) gibt es beim Islam keine institutionelle Struktur mit hierarchischen Gliederungen und keine Organe mit Vertretungsmacht für die Glaubensgemeinschaft. Das islamische Recht (→ Scharia) bietet wegen seiner unterschiedlichen Auslegungsmöglichkeiten ebenfalls keinen festen Rahmen. Islamische Gemeinschaften haben daher in Deutschland derzeit idR noch keinen Status als → Körperschaften des öffentlichen Rechts (sa Nr. 3; → Religionsgesellschaften, 1). Überdies stünde wohl die mit der Verfassungsordnung des Grundgesetzes nicht vereinbare fundamentalistische Grundhaltung einiger islamischer Gruppen einer Anerkennung als Körperschaft des öffentlichen Rechts entgegen. (vgl. aber BVerfG Urt. v. 19.12.2000, NJW 2001, 429 zu den → Zeugen Jehovas; → Religionsgesellschaften, 1 u. 2). Hauptrichtungen innerhalb des Islam sind neben anderen Sunniten und Schiiten.

2. Der Islam in Deutschland ist aus den vorgenannten Gründen uneinheitlich und dezentral organisiert. Geprägt wird er im Wesentlichen von vier unter a) bis d) Organisationen. Daneben und als Mitgliedsverbände der größeren Einheiten existieren noch zahlreiche kleinere Vereinigungen (vgl. e) bis g)).

a) Der Verband der Islamischen Kulturzentren (VIKZ) mit Sitz in Köln wurde als privatrechtlicher Verein 1973 gegründet. Der VIKZ ist sunnitisch geprägt. Seine Bemühungen um Anerkennung als Körperschaft des öffentlichen Rechts waren bislang nicht erfolgreich.
b) Die Türkisch-Islamische Union der Anstalt für Religion (abgekürzt türkisch DITIB) wurde am 5.7.1984 als eingetragener Verein in Köln gegründet und organisiert mit der Förderung und unter Leitung des türkischen Staates ganz überwiegend türkische Muslime. DITIB untersteht dem staatlichen türkischen Präsidium für religiöse Angelegenheiten, das unmittelbar dem türkischen Staatspräsidenten unterstellt ist. DITIB ist sunnitisch geprägt.
c) Der Zentralrat der Muslime in Deutschland (ZMD) ging 1994 aus dem 1987 gegründeten Islamischen Arbeitskreis in Deutschland hervor. Gründungsmitglied war ua der VIKZ. Mehrheitlich sind dort nichttürkische Muslime organisiert. Anders als sein Name suggeriert repräsentiert er nicht die Mehrheit der Muslime in Deutschland. Nach seiner Satzung vom 14.2.1994 ist er als gemeinnütziger privatrechtlicher Verein organisiert. Mitglieder sind eine Vielzahl ebenfalls als privatrechtliche Vereine organisierter islamischer oder muslimischer Vereinigungen. Im Jahr 2000 trat der VIKZ aus dem ZMD aus. Am 3.2.2002 bekannte sich der ZMD in der „Islamischen Charta" zum Grundgesetz. Mit Urt. v. 9.11.2017 – 19 A 997/02 – entschied das OVG Münster, dass der ZMD keine → Religionsgesellschaft iSd von GG und WRV ist und damit keinen Anspruch auf allgemeine Einführung des islamischen Religionsunterrichts an öffentlichen Schulen hat. Das BVerwG hat das Urteil inzwischen mit B. v. 19.12.2018 – 6 B 94/18 – aufgehoben und die Sache an das OVG zurückverwiesen. Offen ist, ob der ZMD über die für die Anerkennung als

Religionsgesellschaft erforderliche Lehrautorität - unter Beachtung seines eigenen Selbstverständnisses – verfügt.

d) Daneben besteht der am 21.11.1986 in Berlin gegründete Islamrat (IR) für die Bundesrepublik Deutschland (IR), der sich als Koordinierungsinstanz einer Vielzahl ihm angehörenden islamischen Religionsgemeinschaften und Institutionen versteht. 1997 erfolgte der Zusammenschluss mit dem Islamischen Weltkongress Deutschland (altpreußischer Tradition) e. V. Mit Urt. v. 9.11.2017 – 19 A 997/02 – entschied das OVG Münster auch, dass der Islamrat keine → Religionsgesellschaft iSd von GG und WRV ist und damit keinen Ansprch auf allgemeine Einführung des islamischen Religionsunterrichts an öffentlichen Schulen hat. Die Entscheidung wurde vom BVerwG mit B. v. 19.12.2018 – 6 B 94/18 ebenfalls aufgehoben und die Sache ans OVG zurückverwiesen (s. o. Buchstabe c)).

Dem Islamrat gehört unter vielen anderen kleineren Gemeinschaften die ursprünglich am 22.11.1976 gegründete, mehrfach umbenannte und seit 23.1.1995 so genannte Islamische Gemeinschaft Milli Görüs e. V. (IGMG) an, die wesentlich von türkischen Muslimen geprägt wird.

e) Das Islamische Konzil in Deutschland (IK) wurde 1989 von überwiegend arabischen Muslimen in Deutschland gegründet. Inzwischen ist es weitgehend bedeutungslos.

f) Weitere islamische Verbände in Deutschland sind die Ahmadiyya Muslim Jamaat Gemeinschaft, die Alevitische Gemeinde Deutschland e. V., die Islamische Gemeinschaft der Bosniaken in Deutschland – Zentralrat e. V., die Islamische Gemeinschaft der schiitischen Gemeinden in Deutschland e. V. und der Zentralrat der Marokkaner in Deutschland e. V. (ZRMD).

g) Die der internationalen Bewegung der Muslimbruderschaft nahestehende Föderation der Islamischen Organisationen in Europa (FIOE) wurde am 1.12.1989 gegründet. Deren Bemühungen um Schaffung einer Charta für die Muslime in Europa sind bislang gescheitert.

3. Der Status einer Körperschaft des öffentlichen Rechts wurde bereits von mehreren der genannten Organisationen beantragt. Bislang wurde lediglich 2013 in Hessen und 2014 in Hamburg der kleinen islamischen Ahmadiyya Muslim Jamaab Gemeinschaftt der Körperschaftsstatus zuerkannt. Weitere Verleihungen sind bislang noch nicht erfolgt (zu den Gründen sa Nr. 1 u. 2).

4. Aus den in Nr. 1 und 3 genannten Gründen, insbesondere wegen der fehlenden eigenen institutionellen Struktur des Islam, gibt es bislang auch keine den → Kirchenverträgen oder → Konkordaten entsprechenden Vereinbarungen zwischen islamischen Gemeinschaften und dem Staat. Erste vertragliche Regelungen bleiben weit hinter der in Kirchenverträgen und Konkordaten üblichen Verbindlichkeit und Regelungsdichte zurück. Als erstem Land schloss → Hamburg Verträge mit dem DITIB-Landesverband Hamburg e. V. (s. a. Nr. 2), dem SCHURA – Rat der islamischen Gemeinschaften in Hamburg e. V. – und dem Verband der Islamischen Kulturzentren e. V. Staat und islamische Religionsgemeinschaften bekennen sich darin zu gemeinsamen Werten, islamische Feiertage werden geschützt, Hamburg verpflichtet sich zur Förderung einer Ausbildungsstätte für islamische Theologie und Religionspädagogik an der Universität Hamburg. Unter Wahrung der weltanschaulichen Neutralität des Staates wird Unterstützung bei der Errichtung von Moscheen zugesichert; im Übrigen beschränkt sich die Vereinbarung im Wesentlichen auf Absichtserklärungen. Gleichzeitig schloss Hamburg einen ähnlichen Vertrag mit der Alevitischen Gemeinde Deutschland e. V. Die Bürgerschaft stimmte den Verträgen am 13.6.2013 zu. Körperschaftsrechte werden durch diese Vereinbarungen nicht gewährt. → Bremen schloss noch 2013 als zweites Land einen vergleichbaren Vertrag mit DITIB und den anderen islamischen Verbänden. In Niedersachsen, Rheinland-Pfalz und weiteren Ländern laufen Verhandlungen. Punktuelle Vereinbarungen auf Verwaltungsebene bestehen bei der Gefängnisseelsorge und beim Religionsunterricht (→ Religionsunterricht, 4).

5. Wegen der auf der Seite des Islams bestehenden organisatorischen Schwierigkeiten wird staatlicherseits eine institutionalisierte Verständigung im Rahmen der Deutschen Islamkonferenz (DIK) gesucht. Die vom Bundesminister des Innern initiierte Konferenz tagte erstmals am 27.9.2006 in Berlin. Die DIK ist keine islamische Gemeinschaft iSd Nr. 2 und keine Körperschaft des öffentlichen Rechts. Vertreter der Muslime und des → Bundes, der → Länder und der → Gemeinden pflegen dort den Gedankenaustausch in jährlichen Plenarsitzungen und Ausschusstagungen. Die Zusammensetzung der Islamkonferenz am 28./29.11.2018 wurde geändert; es wurden mehr Gruppierungen und Einzelpersonen aufgenommen. Die Zusammensetzung der Vertreter auf muslimischer Seite kann gleichwohl noch nicht als repräsentativ angesehen werden. Die oben in Nummer 2 genannten großen Verbände (VIKZ, DITIB, ZMD und IR) sind allerdings alle vertreten.

6. Zur Frage des Tragens von Kopftüchern durch muslimische Lehrerinnen im Dienst → Glaubens- und Gewissensfreiheit (3e); zum → Schächten sowie zu den infektionsschutzrechtlichen Beschränkungen (→ Infektionsschutzgesetz) des Freitagsgebets während der → COVID-19-Pandemie sa → Religionsausübung, freie. Sa → Religionsunterricht (4), → Moschee.

Islamic Banking
→ Scharia (2).

Islamischer Staat
→ Gottesstaat.

Islamisches Recht
→ Islam; → Scharia.

Isolation
→ Quarantäne.

Israelitische Kultusgemeinden
→ Jüdische Gemeinden.

Istbesteuerung
→ Umsatzsteuer (11).

Istmasse
→ Insolvenzmasse.

IT
1. IT ist die Abkürzung für Informationstechnologie. Es ist der Oberbegriff für Informations- und Datenverarbeitung einschließlich Informations- und Datenübermittlung durch technische Systeme vor Ort oder virtuell oder über Datennetzwerke. IdR wird hierunter heute ausschließlich die elektronische Informationstechnologie verstanden.

2. IT-Recht umfasst alle Rechtsgebiete, die sich mit der IT befassen; als Querschnittsmaterie erstreckt es sich auf alle relevanten Teilbereiche praktisch aller Hauptrechtsgebiete. Eine abstrakte Definition des IT-Rechts findet sich nicht im Gesetz. In § 14k Fachanwaltsordnung (→ Fachanwalt) sind aber die wesentlichen Gebiete genannt:

– Vertragsrecht der Informationstechnologien einschließlich einschlägiges Recht der → Allgemeinen Geschäftsbedingungen;

– Recht des elektronischen Geschäftsverkehrs einschließlich Gestaltung von Provider-Verträgen;

– Grundzüge des Immaterialgüterrechts (→ Immaterialgüterrechte) im Bereich der Informationstechnologien, insbes. Kennzeichenrecht und Domainrecht (→ Domain-Name);

– Recht des → Datenschutzes und der Sicherheit der Informationstechnologien (→ Bundesamt für Sicherheit in der Informationstechnologie) einschließlich Recht der Signaturen (→ Signatur, elektronische);

– Recht der Kommunikationsnetze und -dienste, insbes. Recht der Telekommunikation (→ Telekommunikationsgesetz; → Telekommunikationsrecht);

dazu gehören ferner das zu den genannten Vorschriften gehörende → internationale Privatrecht und Strafrecht (→ Computerkriminalität) sowie das einschlägige Verwaltungsverfahrens- und Prozessrecht.

IT-Recht
→ IT.

ITSO
→ Intelsat.

ITU
(International Telecommunication Union) ist die engl. Bezeichnung für die → Fernmelde-Union.

iudex a quo
Iudex a quo ist die abgekürzte Bezeichnung für den Richter (das Gericht), dessen Entscheidung angefochten worden ist.

iudex ad quem
Iudex ad quem ist die Bezeichnung für den Richter, der über das Rechtsmittel zu entscheiden hat (zB Berufungsinstanz).

iudex inhabilis
Iudex inhabilis ist die gemeinrechtliche Bezeichnung für den kraft Gesetzes ausgeschlossenen Richter (→ Ausschließung von Gerichtspersonen).

iudex suspectus
Iudex suspectus bezeichnet den wegen Besorgnis der Befangenheit abgelehnten Richter (→ Ablehnung von Gerichtspersonen).

iudicium
(lat.) = gerichtliche Entscheidung, Urteilsspruch.

iura circa sacra
ist der Inbegriff der dem Staat der Kirche gegenüber zustehenden, aus seiner → Souveränität abgeleiteten Hoheitsrechte (insbes. Zulassung von Religion und Religionsausübung, Anerkennung und Aufsicht bezüglich der Religionsgesellschaften und deren Schutz). Das Verhältnis von staatlicher Obrigkeit und Kirche ist in der BRep. durch Art. 4, 140 GG dahin festgelegt, dass der Staat → Glaubens- und Bekenntnisfreiheit garantiert, die Freiheit der Vereinigung zu Religionsgesellschaften und deren Selbstverwaltung gewährleistet und diese im bisherigen Umfang als öffentlich-rechtliche Körperschaften anerkennt. Der Staat ist der Kirche gegenüber zwar an bestimmte Beschränkungen gebunden; seine Hoheit über die Kirche ist jedoch nicht in Frage gestellt. Der Begriff der iura circa sacra ist von dem der → iura in sacra zu unterscheiden (→ Staatskirchenrecht).

iura in sacra
Während der Begriff der → iura circa sacra die dem Staat der Kirche gegenüber zustehenden Hoheitsrechte bezeichnet, die aus der Souveränität des Staates folgen, versteht man unter den iura in sacra die dem Landesherrn zustehenden Rechte bezüglich des Kirchenregiments. Die iura in sacra kamen in den deutschen evangelischen Landeskirchen früher dem Landesherrn zu; erst im 19. Jahrhundert ging die Entwicklung dazu über, die Befugnisse der inneren Kirchengewalt auf kirchliche, aber noch vom Landesherrn bestellte Institutionen (Provinzialkonsistorien) zu übertragen.

iura novit curia
(das Gericht kennt die Rechtssätze). Die Parteien brauchen dem Gericht nur Tatsachen

vorzutragen; Rechtsausführungen sind nicht erforderlich, weil das Gericht das Recht kennt und von Amts wegen anwendet. Eine Ausnahme von diesem für alle Verfahrensarten geltenden Grundsatz besteht nach § 293 ZPO, soweit eine Partei sich auf ausländisches Recht, Gewohnheitsrecht oder Satzungsrecht beruft und die Rechtssätze dem Gericht unbekannt sind; in diesem Falle hat sie den Nachweis zu erbringen. Sa → da mihi factum, dabo tibi ius.

ius aequum
= billiges Recht (equity).

ius cogens
= zwingendes Recht.

ius dispositivum
= nachgiebiges Recht; → Recht (3).

ius divinum
ist kirchenrechtlich das auf göttlichem Willen beruhende Recht. Der Begriff ist nicht einheitlich, insbes. unterschiedlich in den einzelnen Kirchen; in der evang. Kirchenrechtswissenschaft wird ein ius divinum zum Teil bezweifelt, zumindest scharf von der weltlichen Rechtsordnung getrennt. Im kath. Kirchenrecht war die Anerkennung des ius divinum nie in Frage gestellt; es ist höchste Rechtsquelle und dem → ius humanum übergeordnet. Das ius divinum ergibt sich als ius divinum positivum aus der heiligen Schrift und der Tradition, als ius divinum naturale (Naturrecht) aus dem Rechtsgefühl. Es kann nicht außer Kraft gesetzt, jedoch nach Auffassung der kath. Kirche von ihr authentisch interpretiert werden.

ius gentium
→ Völkerrecht.

ius honorarium
→ römisches Recht.

ius humanum
(menschliches Recht) umfasst im Gegensatz zu dem auf göttlichem Willen beruhenden → ius divinum (soweit ein solches anerkannt wird) sowohl das positive Kirchenrecht, wie es durch die kirchliche Gesetzgebung geschaffen wird (in der → kath. Kirche durch den → Papst und die → Bischöfe jeweils für ihr Gebiet), wie auch das gesamte von weltlichen Einrichtungen geschaffene Recht.

ius offerendi
= → Ablösungsrecht.

ius privatum
= Privatrecht (bürgerliches Recht).

ius publicum
= öffentliches Recht (→ Recht, 2).

ius sanguinis
→ Staatsangehörigkeit, 4.

ius soli
→ Staatsangehörigkeit, 4.

ius strictum
= strenges Recht (→ Recht, 3).

ius tollendi
= → Wegnahmerecht.

ius variandi
Mit diesem Begriff (lat.) wird die Möglichkeit eines Gläubigers bezeichnet, zwischen zwei Rechten wählen zu dürfen. So kann zB der Käufer bei der Mängelhaftung (unter bestimmten Voraussetzungen) zwischen mehreren Gewährleistungsrechten wählen (→ Gewährleistung, 2).

iustitia (commutativa/distributiva)
→ Gerechtigkeit.

IWF
= Internationaler → Währungsfonds.

J

Jäger
→ Revierjäger, → Jagdaufseher, → Schlachterlaubnis.

Jägerprüfung
→ Jagdschein.

Jagd- und Schonzeiten
Nach den Grundsätzen der → Hege und unter Berücksichtigung der Erfordernisse der Landeskultur werden für die jagdbaren Tiere Zeiten bestimmt, in denen die Jagd auf sie ausgeübt werden darf (Jagdzeiten). Außerhalb der Jagdzeiten sind die jagdbaren Tiere mit der Jagd zu verschonen (Schonzeiten; § 22 BJagdG). Die VO ü. die Jagdzeiten v. 2.4.1977 (BGBl. 1977 I 531) mÄnd enthält die bundesrechtliche Liste der Jagd- und Schonzeiten. Die Länder können jedoch eigene Regelungen treffen (→ Jagdrecht, 1.), so § 19 LJagdG-DVO Sachsen-Anhalt v. 25.7.2005 (GVBl. LSA 2005, 462) mÄnd.

Jagdaufseher
ist eine Hilfsperson des Jagdausübungsberechtigten, der dieser die Wahrnehmung des → Jagdschutzes übertragen hat. Der Jagdaufseher bedarf der Bestätigung der nach Landesrecht zuständigen Behörde. Er erhält dadurch innerhalb seines Dienstbezirks in Angelegenheiten des Jagdschutzes die Rechte und Pflichten der Polizeibeamten sowie die Stellung einer → Ermittlungsperson, sofern er → Revierjäger oder forstlich ausgebildet ist, was bei hauptberuflich angestellten Jagdaufsehern der Fall sein soll (§ 25 BJagdG). Über Widerstand gegen Jagdaufseher s. → Widerstand gegen die Staatsgewalt.

Jagdausübung
ist ein subjektives → Jagdrecht (2) gem. § 1 BJagdG und umfasst Aufsuchen, Nachstellen, Erlegen und Fangen von Wild; → Jagdpacht, → Fangjagd, → invasive gebietsfremde Arten (2).

Jagdbeschränkungen
sind Einschränkungen des → Jagdrechts, denen der Berechtigte im Interesse der → Hege und des → Wildschutzes bei Ausübung der Jagd nach den §§ 19 ff. BJagdG sowie den ergänzenden Vorschriften der BundeswildschutzVO v. 25.10.1985 (BGBl. 1985 I 2040) mÄnd und der Länder unterliegt (Verbot bestimmter Arten der Jagdausübung, zB mittels Schlingen, zur Nachtzeit uam; → Jagd- und Schonzeiten).

Jagdbeute, Einziehung der –
→ Wilderei.

Jagdbezirk
Ein Jagdbezirk, in dem die Jagd ausgeübt werden darf (→ Jagdrecht), ist entweder → Eigenjagdbezirk oder gemeinschaftlicher Jagdbezirk, bestehend aus allen Grundflächen einer oder (auf Antrag) mehrerer Gemeinden, die nicht zu einem Eigenjagdbezirk gehören, wenn sie im Zusammenhang mindestens 150 ha umfassen (§§ 4 ff. BJagdG; → Jagdgenossenschaft). Jagdbezirke können durch Austausch von Grundstücken usw. abgerundet werden. In befriedeten Bezirken und auf Grundflächen, die keinem Jagdbezirk angehören, ruht die Jagd (§ 6 BJagdG). Eine Befriedung kann auch erfolgen, wenn der Grundeigentümer, sofern er eine natürliche Person ist, glaubhaft macht, dass er die Jagdausübung aus ethischen Gründen ablehnt (§ 6a BJagdG).

Jagdgenossenschaft
ist eine → Körperschaft des öffentlichen Rechts (str.; anders → Hegegemeinschaft), der kraft Gesetzes (§ 9 BJagdG) die Eigentümer der einen gemeinschaftlichen → Jagdbezirk bildenden Grundflächen angehören. Diese → Pflichtmitgliedschaft ist verfassungsgemäß (BVerfG NVwZ 2007, 808). Organe der Jagdgenossenschaft sind der Jagdvorstand und die Genossenschaftsversammlung. Die Jagdgenossenschaft nutzt die Jagd durch Verpachtung (→ Jagdpacht) oder Ausübung der Jagd auf eigene Rechnung durch angestellte Jäger (§ 10 BJagdG); sa → Jagdrecht. Die Jagdgenossenschaft beschließt über die Verwendung des Reinertrages der Jagdnutzung (§ 10 III BJagdG). Im Gegensatz dazu sind im landesrechtlich geregelten → Fischereirecht (2) Fischereigenossenschaften nicht überall Pflicht.

Jagdgeräte, Einziehung der –
→ Wilderei.

Jagdpacht
Das Jagdausübungsrecht kann grundsätzlich nur einheitlich und nur an Personen verpachtet werden, die einen Jahres- → Jagdschein besitzen und schon vorher 3 Jahre in Deutschland besessen haben (§ 11 BJagdG). Der Jagtpachtvertrag bedarf der Schriftform und einer Mindestlaufzeit von 9 Jahren. Die gepachtete Gesamtfläche darf 1000 ha nicht übersteigen. Der Jagtpachtvertrag ist der zuständigen Behörden anzuzeigen, die ihn binnen 3 Wochen nach Eingang der Anzeige beanstanden kann (Einzelheiten s. § 12 BJagdG).

Jagdrecht
1. Das Jagdrecht im objektiven Sinne ist auf Bundesebene geregelt im BundesjagdG idF v. 29.9.1976 (BGBl. 1976 I 2849) mÄnd. Ferner gibt es in allen Ländern Jagdgesetze, zB das Bayerische Jagdgesetz v. 13.10.1978 (GVBl. 1978, 678) mÄnd. Das BJagdG wurde als Rahmengesetz iSd Art. 75 aF GG erlassen. Seit der → Föderalismusreform I im Jahre 2006 ist das Jagdrecht Gegenstand der → konkurrierenden Gesetzgebung (Art. 74 I Nr. 28 GG), wobei die Länder abweichende Regelungen treffen dürfen (Art. 72 III Nr. 1 GG,

aber nicht für → Jagdscheine). Die Regelungen des BJagdG gelten daher nur, soweit es keine anderslautenden landesrechtlichen Bestimmungen gibt. Das Jagdrecht ist ferner geregelt in der VO über die Jagdzeiten v. 2.4.1977 (BGBl. 1977 I 531; → Jagd- und Schonzeiten), der BundeswildschutzVO v. 25.10.1985 (BGBl. 1985 I 2040), jeweils mÄnd, sowie in den Jagdgesetzen und -verordnungen der Länder.

2. Als subjektives Recht ist Jagdrecht die ausschließliche Befugnis, auf einem bestimmten Gebiet (→ Jagdbezirk) Wild, dh dem Jagdrecht unterliegende wildlebende Tiere (vgl. § 2 BJagdG), zu hegen (→ Hege, → Artenschutz), auf diese Tiere die Jagd auszuüben und sie sich als Jagdbeute anzueignen (§ 1 I BJagdG), → Wildfolge, → Tötung von Tieren, → invasive gebietsfremde Arten (2). Das Jagdrecht steht dem Eigentümer auf seinem Grund und Boden zu; es kann nicht selbständiges → dingliches Recht sein (§ 3 I BJagdG); seine Ausübung kann an Dritte verpachtet werden (→ Jagdpacht). Vom Eigentümer kann das Jagdrecht im → Eigenjagdbezirk selbst ausgeübt werden, in Jagdbezirken verpachten die Eigentümer als Mitglieder einer → Jagdgenossenschaft idR das Jagdrecht, beispielsweise an einen ihrer Jagdgenossen (§§ 7 ff. BJagdG). Der Jagdgast übt fremdes Jagdrecht aus. Ordnungswidrigkeiten, wie das Jagen trotz Verbotes der Jagdausübung, werden mit Bußgeldern bis zu 5000 EUR geahndet. Straftaten, wie das Bejagen von Elterntieren, können mit Geldstrafe oder 5 Jahren Gefängnis bestraft werden.

Jagdschaden
Der Jagdausübungsberechtigte hat dem Grundstückseigentümer oder Nutzungsberechtigten jeden aus missbräuchlicher Jagdausübung entstehenden Schaden zu ersetzen (§ 33 BJagdG); missbräuchlich ist insbes. das schonungslose Betreten besäter Felder und nicht abgemähter Wiesen, → Treibjagd über reifende Felder u. dgl. Der Ersatzanspruch bei Jagd- oder → Wildschaden erlischt, wenn der Schaden nicht innerhalb einer Ausschlussfrist von grundsätzlich 1 Woche bei der zuständigen Behörde angemeldet wird (§ 34 BJagdG).

Jagdschein
Wer die Jagd ausübt, muss einen auf seinen Namen lautenden Jagdschein (Jahresjagdschein, Tagesjagdschein) mit sich führen und auf Verlangen den Polizeibeamten sowie den Jagdschutzberechtigten vorzeigen. Zur Ausübung der Jagd mit Greifen und Falken bedarf es eines Falknerjagdscheins. Die erste Erteilung eines Jagdscheins setzt das Bestehen der Jägerprüfung voraus, in der ausreichende Kenntnisse der jagdbaren Tiere, in der Führung von Jagdwaffen, in der Behandlung des erlegten Wildes und in der Jagdgesetzgebung nachgewiesen werden müssen (§ 15 BJagdG sowie Jägerprüfungsordnungen der Länder). Der Bewerber muss das 18. Lebensjahr vollendet haben (beim Jugendjagdschein: 16. Lebensjahr), körperlich und geistig geeignet sein und eine ausreichende Jagdhaftpflichtversicherung nachweisen (Einzelheiten s. § 17 BJagdG). Ein gültiger Jagdschein oder Jugend-Jagdschein berechtigt den Inhaber zum Führen von Jagd- und Schusswaffen ohne Erlaubnis (§ 13 WaffG, → Waffen). Entziehung des Jagdscheins ist zulässig, wenn Versagungsgründe später bekannt werden und bei gewissen Jagddelikten (§§ 18, 41 BJagdG); bei anderen → Straftaten oder → Ordnungswidrigkeiten in Bezug auf die Jagdausübung kann ein Jagdverbot für 1–6 Mon. verhängt werden (§ 41a BJagdG).

Jagdschutz
Der Jagdschutz umfasst nach näherer Bestimmung durch die Länder den Schutz des Wildes vor Wilderern, Futternot, Wildseuchen, → wildernden Hunden und Katzen sowie die Sorge für die Einhaltung der zum Schutze des Wildes und der Jagd erlassenen Vorschriften (§ 23 BJagdG). Hierzu gehört das Verbot, Wild durch Aufsuchen, Fotografieren, Filmen und dgl. zu stören (§ 19a BJagdG) sowie die Pflicht, Wildseuchen unverzüglich anzuzeigen (§ 24 BJagdG). Der Jagdschutz obliegt neben den zuständigen öffentlichen Stellen dem Jagdausübungsberechtigten, sofern er Inhaber eines → Jagdscheines ist, und den von der zuständigen Behörde bestätigten → Jagdaufsehern.

Jagdsteuer
kann neben der Jagdscheingebühr oder -abgabe von den → Kreisen und → kreisfreien Städten auf Grund landesgesetzlicher Ermächtigung durch kommunale Satzung erhoben werden. Es handelt sich um eine örtliche Verbrauchs- und Aufwandsteuer gem. Art. 105 IIa GG. Sie bemisst sich beim Eigentümer nach dem Jahresjagdwert, beim Pächter nach dem Pachtpreis. Die Jagdsteuer ist in den Kommunalabgabengesetzen von Baden-Württemberg, Hessen, Niedersachsen, Rheinland-Pfalz, Saarland, Sachsen, Schleswig-Holstein und Thüringen vorgesehen. Sa → Gemeindeabgaben.

Jagdverbot
→ Jagdschein, → Jagdbeschränkungen.

Jagdvorstand
→ Jagdgenossenschaft.

Jagdwaffen
sind Schusswaffen (→ Jagdschein, → Waffen), Hieb- und Stoßwaffen. Davon unterschieden werden Fallen (→ Fangjagd).

Jagdwilderei
→ Wilderei.

Jagdzeiten
→ Jagd- und Schonzeiten.

Jahresabschluss
Der Jahresabschluss ist der Teil der → Handelsbücher, der für ein → Geschäftsjahr die Jahres-

abschlussbilanz (→ Bilanz) und die Gewinn- und Verlustrechnung (Gegenüberstellung der Aufwendungen und Erträge; Gliederung für → Kapitalgesellschaften nach §§ 275 ff. HGB) umfasst (§ 242 III HGB; sa → Rechnungslegung). Er ist auf Grund eines → Inventars nach den Grundsätzen ordnungsmäßiger → Buchführung aufzustellen (§ 243 I HGB) – bei → Kapitalgesellschaften grundsätzlich innerhalb von 3 Monaten seit Beendigung des → Geschäftsjahrs (§ 264 I HGB) – und vom Kaufmann oder allen maßgeblichen Organen der Gesellschaft zu unterzeichnen (§ 245 HGB). Ergänzende Vorschriften gelten für den Jahresabschluss von Kapitalgesellschaften und GmbH & Co. (§§ 264 ff. HGB, § 286 AktG, § 42a GmbHG, § 33 GenG); insbes. ist deren Jahresabschluss grundsätzlich offenzulegen (§§ 325 ff., 339 HGB). Vgl. für Kreditinstitute und Finanzierungsdienstleistungsinstitute die Sondervorschriften in §§ 340 ff. HGB, für → Versicherungsunternehmen in §§ 341 ff. HGB. Zur Prüfung des Jahresabschlusses → Abschlussprüfer.

Jahresarbeitsentgeltgrenze
Die Jahresarbeitsentgeltgrenze ist in der gesetzlichen → Krankenversicherung der jährliche Bruttoentgeltbetrag, bei dessen Überschreitung Versicherungsfreiheit für Arbeiter und Angestellte eintritt. Die Versicherungsfreiheit tritt mit Ablauf des Kalenderjahres ein, in dem die Jahresarbeitsentgeltgrenze überschritten wird. Die Jahresarbeitsentgeltsgrenze beträgt (Stand 2025) 73.800 EUR. Für Arbeitnehmer, die am 31.12.2002 wegen Überschreiten der damaligen Jahresarbeitsverdienstgrenze versicherungsfrei und privat versichert waren beläuft sich die Jahresarbeitsentgeltgrenze auf 66.150 EUR. Die Erhöhung der Ausgangsbeträge erfolgt jährlich durch eine Rechtsverordnung der Bundesregierung (§ 6 VI, VII SGB V). Bei Unterschreiten der Jahresarbeitsentgeltgrenze tritt sofort wieder Versicherungspflicht in der gesetzlichen Krankenversicherung ein.

Die Jahresarbeitsentgeltgrenze darf nicht mit der → Beitragsbemessungsgrenze verwechselt werden, die bestimmt, bis zu welchem Bruttohöchstbetrag Entgelte zur Beitragsleistung herangezogen werden dürfen.

Jahresarbeitsverdienst
Der Jahresarbeitsverdienst ist in der → Unfallversicherung die Grundlage für die Berechnung der Geldleistungen (etwa → Verletztengeld). Als Jahresarbeitsverdienst gilt grundsätzlich der Gesamtbetrag aller Arbeitsentgelte und Arbeitseinkommen (§§ 14, 15 SGB IV) des Verletzten in den zwölf Kalendermonaten vor dem Monat, in dem der Arbeitsunfall eingetreten ist. Daneben sind Mindest- und Höchstsätze vorgesehen. Der Jahresarbeitsverdienst beträgt für Personen unter 18 Jahren mindestens 40 vH und nach Vollendung des 18. Lebensjahres mindestens 60 vH der im Zeitpunkt des → Arbeitsunfalles maßgeblichen → Bezugsgröße (§§ 82 ff. SGB VII). Für die Versicherten der → landwirtschaftlichen Berufsgenossenschaften gelten Sonderregelungen (§ 93 SGB VII). In der gesetzlichen → Rentenversicherung kommt dem Jahresarbeitsverdienst dann Bedeutung zu, wenn eine Rente aus beiden Zweigen der Sozialversicherung zusammentrifft. Hier gibt der Jahresarbeitsverdienst den Grenzbetrag vor, bis zu welchem Gesamtbetrag die Rentenzahlung aus der gesetzlichen Rentenversicherung zu erfolgen hat (§ 93 III SGB VI).

Jahresrohmiete
Die Bewertung bebauter Grundstücke erfolgt im → Bewertungsgesetz in der Regel nach dem Ertragswertverfahren (§§ 78–82 BewG). Zentraler Wert ist dabei die Jahresrohmiete, auf die ein Vervielfältiger (§ 80 BewG) angewandt wird. Unter Berücksichtigung von Ab- und Zuschlägen (zB Abschlag wegen besonderer Lärmbeeinträchtigung) ergibt sich der Ertragswert. Dabei ist Jahresrohmiete das Gesamtentgelt, das die Mieter/Pächter für die Benutzung des bebauten Grundstücks für ein Jahr zu entrichten haben. Umlage und sonstige Leistungen der Mieter sind einzubeziehen.

Jahressteuergesetz
Das Steuerrecht in Deutschland dient nicht nur der Erzielung von Einnahmen für den Staat, sondern auch auf Grund des Sozialstaatsprinzips dem Sozialtransfer und unter Geltung der Marktwirtschaft der Wirtschaftslenkung und -förderung (→ Steuer). Man spricht in diesem Zusammenhang von Sozialzweck- und Lenkungsnormen. Diese zT gegensätzlichen Zielsetzungen führten seit langem mehr und mehr zu ausufernder, nicht mehr auf Langzeitwirkung bedachter Gesetzgebung (→ Steuerchaos), die auch in anderen Rechtsgebieten festzustellen ist, sich im Steuerrecht aber besonders niederschlägt. Insbes. seit den 70er Jahren sind die Steuerrechtsänderungen kaum mehr zu übersehen. Pro Jahr ergeht mindestens ein größeres Gesetzeswerk, das typischerweise als Jahressteuergesetz oder Steueränderungsgesetz bezeichnet wird. Als bedeutsame Gesetze aus neuerer Zeit sind hier insbesondere zu benennen: Gesetz zum Einstieg in ein steuerliches Sofortprogramm v. 22.12.2005 (BGBl. 2005 I 3682); Gesetz zur Beschränkung der Verlustverrechnung im Zusammenhang mit Steuerstundungsmodellen v. 22.12.2005 (BGBl. 2005 I 3682); Gesetz zur Eindämmung missbräuchlicher Steuergestaltungen v. 26.4.2006 (BGBl. 2006 I 1095); Gesetz zur steuerlichen Förderung von Wachstum und Beschäftigung v. 26.4.2006 (BGBl. 2006 I 1091) sowie das Haushaltsbegleitgesetz 2006 v. 29.6.2006 (BGBl. 2006 I 1095), das Steueränderungsgesetz 2007 v. 19.7.2006 (BGBl. 2006 I 1652), das Investitionszulagengesetz 2007 v. 15.7.2006 (BGBl. 2006 I 1614) und das Energiesteuergesetz v. 15.7.2006 (BGBl. 2006 I 1534), das Jahressteuergesetz 2007 v. 13.12.2006 (BGBl. 2006 I

2878), das Unternehmenssteuerreformgesetz v. 14.8.2007 (BGBl. 2007 I 1912), das Jahressteuergesetz 2008 v. 20.12.2007 (BGBl. 2007 I 3150), das Erbschaftsteuerreformgesetz v. 24.12.2008 (BGBl. 2008 I 3018), das Steuerbürokratieabbaugesetz v. 20.12.2008 (BGBl. 2008 I 2850), das Jahressteuergesetz 2009 v. 19.12.2008 (BGBl. 2008 I 2794), das Bürgerentlastungsgesetz, das Jahressteuergesetz 2010 v. 8.12.2010 (BGBl. 2010 I 1768), das Steuervereinfachungsgesetz 2011 v. 1.11.2011 (BGBl. 2011 I 2131), das Jahressteuergesetz 2013 idF d. Gesetzes zur Umsetzung der Amtshilferichtlinie sowie zur Änderung steuerlicher Vorschriften v. 26.6.2013 (BGBl. 2013 I 1809), Gesetz zur Anpassung der AO an den Zollkodex der Union und zur Änderung weiterer steuerlicher Vorschriften v. 22.12.2014 (BGBl. 2014 I 2417), Steueränderungsgesetz 2015 v. 2.11.2015 (BGBl. 2015 I 1834), Gesetz zur Umsettzung der Änderungen der EU-Amtshilfrichtlinien und von weiteren Maßnahmen gegen Gewinnkürzungen und -verlagerungen (BEPS-UmsG) v. 20.12.2016 (BGBl. 2016 I 3000), Gesetz zur weiteren steuerlichen Förderung der Elektromobilität und zur Änderung weiterer Steuergesetze v. 29.11.2019 (BGBl. 2019 I 2451); Jahressteuergesetz 2020 v. 21.12.2020 (BGBl. 2020, 3096).

Jahrhundertflut
Zur Unterstützung der Opfer der Hochwasserkatastrophe im August 2002 wurden im → Flutopfersolidaritätsgesetz steuerliche Vergünstigungen gewährt. Als Reaktion auf die Hochwasserkatastrophe 2021 wurden von Finanzverwaltungen der von den Unwetter-Katastrophen betroffenen Bundesländern sog. Katastrophenerlasse veröffentlicht, worin zahlreiche steuerliche Unterstützungsmaßnahmen für die Hochwasseropfer gewährt werden (zB Stundnung von Steuerzahlungen, Verzicht auf Vollstreckungsmaßnahmen, Herabsetzung von Vorauszahlungen, steuerbegünstigte Zuwendungen).

Jahrmarkt
→ Marktverkehr.

Jellinek, Georg
(1851–1911), deutscher Staatsrechtslehrer, Verfasser grundlegender Werke, insbes. Allgemeine Staatslehre, Staatenverbindungen und Das System der subjektiven öffentlichen Rechte.

Jet-Boot
auch Jet-Bob oder -Ski: → Wassermotorräder.

Jhering, Rudolf von
(1818–1892), deutscher Rechtslehrer und Forscher insbes. auf dem Gebiet des → römischen Rechts. Jhering nahm starken Einfluss auf die deutsche Rechtsentwicklung des 19. Jh. Sein Wirken trug wesentlich dazu bei, dass die Grundgedanken der → historischen Rechtsschule zur soziologischen Schule weiterentwickelt wurden.

Job-AQTIV-Gesetz
Das sog. Job-AQTIV-Gesetz, das am 1.1.2002 in Kraft getreten ist, modifizierte das Recht der → Arbeitsförderung nach dem SGB III in zahlreichen Punkten, um Arbeitslosigkeit (→ Arbeitslosengeld) besser als in der Vergangenheit entgegenwirken zu können. Neu eingeführt wurden ua der Abschluss von → Eingliederungsvereinbarungen, die stärkere Einbeziehung Dritter in die Vermittlung von Ausbildungssuchenden und Arbeitssuchenden (→ Hartz-Gesetze).

Job-Center
→ Erwerbsfähige Hilfebedürftige erhalten nach dem SGB II (→ Hartz-Gesetze) zum einen Leistungen der → Bundesagentur für Arbeit (insbes. → Bürgergeld, → Arbeitslosengeld II) und zum anderen Leistungen kommunaler Träger (insbes. Unterkunft und Heizung). Um die Leistungen möglichst effektiv erbringen zu können, wurde den beteiligten Sozialleistungsträgern durch das SGB II zunächst die Möglichkeit eröffnet, in sog. Job-Centern zusammenzuarbeiten; für den erwerbsfähigen Hilfebedürftigen hat diese Zusammenarbeit zudem den Vorteil, dass er nur einen Ansprechpartner hat, der sich umfassend um ihn kümmern kann.

Das Bundesverfassungsgericht hat diese Form der Zusammenarbeit am 20.12.2007 für verfassungswidrig erklärt; die Job-Center wurden daher auf eine neue rechtliche Grundlage gestellt. Nunmehr eröffnet § 44b SGB II den Trägern die Möglichkeit, im Gebiet jeden kommunalen Trägers zur einheitlichen Durchführung der Grundsicherung für Arbeitsuchende eine gemeinsame Einrichtung zu bilden. Den Trägern obliegt die Verantwortung für die rechtmäßige und selbständige Erbringung der Leistungen. Im Rahmen der Datenerhebung und -verarbeitung wird festgelegt, in welchem Umfang Daten von den kommunalen Job-Centern erhoben und der Agentur für Arbeit zu übermitteln sind.

Job-sharing
→ Arbeitsplatzteilung.

Job-Ticket
Es handelte sich um vom Arbeitgeber gezahlte oder vergünstigt angebotene Fahrkarten für die Nutzung öffentlicher Verkehrsmittel. Die Steuerbefreiung ist ab 1.1.2004 abgeschafft worden. Der Arbeitgeber kann jedoch eine → Lohnsteuerpauschalierung vornehmen. Zuschüsse des Arbeitgebers zu Fahrten zwischen Wohnung und Arbeitsstätte mit eigenem Fahrzeug sind steuerpflichtiger Arbeitslohn, können aber – soweit die gesetzlichen Pauschalen nicht überschritten werden – vom Arbeitgeber pauschal mit 15 vH lohnversteuert werden (§ 40 II EStG).

Joint venture-Vertrag
Ein Joint venture-Vertrag ist die (meist zeitlich begrenzte) Beteiligung an einem Unternehmen oder auch nur an einem bestimmten Projekt, vielfach durch Kapital (venture capital-Beteiligung), aber auch durch Produktionsmittel oder unternehmerische Beratung und Betreuung (know how). Charakteristisch ist die (Mit-)Übernahme des Risikos für die Realisierungsmöglichkeit. Rechtlich liegt oftmals eine → Gesellschaft des bürgerlichen Rechts (→ ARGE) oder eine andere, zB → stille Gesellschaft vor.

Journalisten
→ Presserecht, → Pressedelikte, → Zeugnisverweigerungsrecht.

Jubiläumsverkauf
war eine zulässige → Sonderveranstaltung zur Feier des Bestehens eines Unternehmens nach Ablauf von jeweils 25 Jahren. Die gesetzlichen Beschränkungen für einen Jubiläumsverkauf sind entfallen.

Juden
→ jüdische Gemeinden; → Wiedergutmachung; das Denkmal für die ermordeten Juden Europas ist durch das → Versammlungsgesetz in besonderer Weise geschützt. Sa → Antisemitismusbeauftragter.

Judiciary Law
→ Common law.

Judikatur
→ Rechtsprechung.

Jüdische Gemeinden
1. Nach jüdischer Religionsauffassung ist die Kultusgemeinde die einzige Trägerin des religiösen Lebens; der Gesamtheit der Gemeindeangehörigen obliegt die Wahrnehmung der religiösen Pflichten. Über der Gemeinde besteht keine hierarchische religiöse Institution; es gibt nur Gemeindeverbände. Der Zentralrat der Juden in Deutschland ist nach seinem Selbstverständnis für alle Richtungen innerhalb des Judentums offen und damit keine religiöse Institution im eigentlichen Sinne.

2. Zwischen den → Ländern und den jüdischen Gemeinden gibt es Verträge ähnlich den → Kirchenverträgen (zB Vertrag zwischen dem Freistaat Bayern und dem Landesverband der Israelitischen Kultusgemeinden in Bayern v. 14.8.1997, GVBl. 1998, 30, zuletzt geändert durch Vertrag v. 18.4.2023, GVBl. 460). Der Bund schloss am 27.1.2003 einen Vertrag mit dem Zentralrat der Juden in Deutschland (BGBl. 2003 I 1597), zuletzt geändert durch Vertrag v. 25.4.2023 (→ Zustimmungsgesetz v. 8.12.2023, BGBl. 2023 I Nr. 352). Danach erhält der Zentralrat der Juden in Deutschland jährlich derzeit 22 Mio EUR. Der Zentralrat der Juden in Deutschland ist ebenso wie zahlreiche jüdische Gemeinden → Körperschaft des öffentlichen Rechts (1).

3. Sa → Wiedergutmachung, → Antisemitismusbeauftragter.

Jüngstenrecht
→ Höfeordnung.

Jugend- und Auszubildendenvertretung
Die Jugend- und Auszubildendenvertretung (JAV) ist ein Hilfsorgan des → Betriebsrats. In Betrieben, in denen idR mind. 5 noch nicht 18-jährige Arbeitnehmer oder Auszubildende (seit der BetrVG-Novellierung 2021: ohne Altersgrenze) beschäftigt sind, wird von diesen zusätzlich eine JAV gewählt (wählbar sind alle Arbeitnehmer des Betriebs, die das 25. Lebensjahr noch nicht vollendet haben, sowie alle Auszubildenden; sie dürfen nicht bereits Betriebsratsmitglied sein). Die regelmäßigen Wahlen finden alle 2 Jahre statt. Für die Geschäftsführung gelten die Vorschriften über den Betriebsrat entsprechend. Die JAV hat ein Teilnahmerecht an Betriebsratssitzungen; sie hat insbes. die Aufgabe, in ständiger enger Zusammenarbeit mit dem Betriebsrat die Interessen der jugendlichen Arbeitnehmer und der Auszubildenden im Betrieb wahrzunehmen (§§ 60–71 BetrVG). Unter den gleichen Voraussetzungen wie für den Gesamtbetriebsrat und den Konzernbetriebsrat ist auch eine Gesamt- und Konzern-JAV zu errichten (§§ 72–73b BetrVG). Die Mitglieder der JAV sind gegen die automatische Beendigung des Ausbildungsverhältnisses mit Abschluss der Prüfung durch einen bedingten Anspruch auf Fortsetzung als Arbeitsverhältnis geschützt (§ 78a BetrVG), zudem genießen sie während und bis 1 Jahr nach ihrer Amtszeit besonderen Kündigungsschutz gem. § 15 KSchG (s. auch § 103 BetrVG).

Jugendamt, Landesjugendamt
Das Jugendamt ist örtlicher Träger der öffentlichen Jugendhilfe und besteht grds. bei jedem Landkreis und jeder kreisfreien Stadt (der überörtliche Träger wird durch Landesrecht bestimmt).

Es hat folgende Leistungen und andere Aufgaben der Jugendhilfe zu erbringen: Angebote der → Jugendarbeit, → Jugendsozialarbeit und des erzieherischen Kinder- und Jugendschutzes; ferner zur Förderung und der Erziehung in der Familie (→ Erziehungsförderung), zur Förderung von Kindern in Tageseinrichtungen und von Tagespflege. Weitere Leistungen sind → Erziehungshilfe, Hilfe für junge Volljährige und Nachbetreuung, → Inobhutnahme von Kindern und Jugendlichen, Herausnahme eines Kindes oder Jugendlichen ohne Zustimmung der Eltern oder sonst Sorgeberechtigten, Erteilung, Widerruf und Zurücknahme der Pflegeerlaubnis sowie der Erlaubnis und der Erteilung von Auflagen für den Betrieb einer Einrichtung; Untersagung einer Tätigkeit, Mitwirkung vor den Familien- und Jugendgerichten, Beratung und Belehrung bei Adoption, Beratung und Unterstützung von Pflegern und Vormündern, Erteilung, Widerruf und Zurücknahme der Erlaubnis von → Vereinsvormundschaften. Ferner obliegen dem Jugendamt die → Amtsvormundschaft, Beistandschaft (→ Beistand, 1) und Gegenvormundschaft, Beurkundung und Beglaubigung in Adoptions- und Unterhaltssachen sowie die Aufnahme von vollstreckbaren Urkunden (§§ 2, 11–60 SGB VIII). Die Einrichtung länderübergreifender gemeinsamer Einrichtungen und Dienste ist zulässig, wenn einzelne Aufgaben gemeinsam durchgeführt werden sollen. Solche gemeinsamen Einrichtungen oder Dienst sind zB zentrale Adoptionsdienste oder Mädchenhäuser sowie Dienste der Jugendgerichtshilfe.

Die Aufgaben des Jugendamtes werden durch den → Jugendhilfeausschuss und die Verwaltung des Jugendamtes wahrgenommen, die des Landesjugendamtes durch dessen Verwaltung und durch den → Landesjugendhilfeausschuss (§§ 69–72 SGB VIII). Personen, die rechtskräftig wegen einer Straftat nach den §§ 171, 174–174c, 176–180a, 181a, 182–184g, 225, 232–233a, 234, 235 oder 236 StGB verurteilt wurden, dürfen nicht beschäftigt werden (§ 72a SGB VIII).

Jugendarbeit

Die Jugendarbeit ist ein klassisches Handlungsfeld der sozialen Arbeit und ist in erster Linie die außerschulische allgemeine, politische, soziale, gesundheitliche, kulturelle, naturkundliche und technische Bildung, ferner Jugendarbeit in Sport, Spiel und Geselligkeit, in der Arbeitswelt und in schulischer und familiärer Beziehung, inländisch und international, sowie Kinder- und Jugenderholung und Jugendberatung. Jugendarbeit soll unter Beachtung der Interessen jungen Menschen von diesen mitbestimmt und mitgestaltet werden. Sie soll zur Selbstbestimmung befähigen sowie die Jugendlichen zur gesellschaftlich und sozialen Mitverantwortung hinführen. Die Jugendarbeit wird von Verbänden, Gruppen und Initiativen und anderen Trägern der Jugendarbeit (die öffentlich gefördert werden) sowie vom → Jugendamt angeboten (§§ 11, 12, 74 SGB VIII).

Jugendarbeitsschutz

1. Den Jugendarbeitsschutz als Teil des → Arbeitsschutzes regelt das Jugendarbeitsschutzgesetz (JArbSchG) v. 12.4.1976 (BGBl. 1976 I 965) mÄnd für die Beschäftigung von noch nicht 18-jährigen (§ 1 I JArbSchG). Ausgenommen sind geringfügige Hilfeleistungen aus Gefälligkeit, auf Grund familienrechtlicher Vorschriften u. Ä. Zur Beschäftigung von noch nicht 15-Jährigen s. → Kinderarbeit (insbes. § 5 JArbSchG mit näher umrissenen Ausnahmen für 13- und 14-Jährige). Die Arbeitszeit der Jugendlichen (15- bis 18-Jährige) ist grds. auf 8 Stunden täglich bzw. 40 Wochenstunden beschränkt (mind. 16-Jährige in der Landwirtschaft während der Erntezeit: max. 9 Stunden täglich bzw. 85 Stunden in der Doppelwoche, § 8 III JArbSchG), wobei die Teilnahme am Berufsschulunterricht und an außerbetrieblichen Ausbildungsmaßnahmen einschließlich der Pausen und – seit dem 1.8.2024 – der notwendigen Wegezeiten zwischen Berufsschule und Ausbildungsstätte auf die Arbeitszeit anzurechnen ist (§§ 8–10 JArbSchG). Nachtruhezeit besteht grds. zwischen 20 und 6 Uhr; Ausnahmen – ab 16 Jahren – bestehen für Gaststätten, die Landwirtschaft, Bäckereien ua (§ 14 JArbSchG). Für Jugendliche gilt grds. die Fünftagewoche (§ 15 JArbSchG) und Arbeitsruhe an Samstagen, Sonn- und Feiertagen (§§ 16–18 JArbSchG). Tarifverträge und Betriebsvereinbarungen können den starren Zeitrahmen des Gesetzes durch Umschichtungen verändern (vgl. § 21a JArbSchG). Urlaubsanspruch für Jugendliche unter 16 bzw. 17 Jahren beträgt mindestens 30 bzw. 27, im Übrigen mindestens 25 Arbeitstage (§ 19 JArbSchG). Zum gesetzlichen → Mindestlohn vgl. insbes. § 22 I-III MiLoG.

2. Beschäftigungsverbote und -beschränkungen bestehen für gefährliche Arbeiten und schädliche Beschäftigungen (§ 22 JArbSchG), für Akkordarbeit und Arbeiten unter Tage (§§ 23, 24 JArbSchG) sowie für die Beschäftigung durch wegen bestimmter Delikte vorbestrafte Personen (§ 25 I JArbSchG). Wegen des Beschäftigungsverbots bei sittlich gefährdenden Tätigkeiten s. VO v. 3.4.1964 (BGBl. 1964 I 262) mÄnd. Es besteht Züchtigungsverbot sowie Verbot der Ausgabe von Alkohol und Tabak (einschließlich elektronischer Zigaretten und Shishas) an Jugendliche (§ 31 JArbSchG mit einzelnen Ausnahmen ab 16 Jahren). Die regelmäßige gesundheitliche Betreuung der Jugendlichen regeln §§ 32–46 JArbSchG.

3. Das Gesetz, die Anschrift der zuständigen Aufsichtsbehörde sowie eine Information über die Arbeitszeit und Pausen der Jugendlichen sind im Betrieb auszulegen bzw. auszuhängen, seit 2025 können diese Pflichten auch digital erfüllt werden (§§ 47 f. JArbSchG). Der Arbeitgeber hat ein Verzeichnis der beschäftigten Jugendlichen zu führen und der Aufsichtsbehörde auf Verlangen vorzulegen (§§ 49, 50 JArbSchG). Verstöße gegen das Gesetz sind meist als → Ordnungswidrigkeiten verfolgbar (§§ 58, 59 JArbSchG); besonders schwere vorsätzliche Verstöße sind strafbar. Sondervorschriften gelten für die → Binnenschifffahrt (§ 20 JArbSchG) sowie ua nach §§ 117 f. SeeArbG für die → Seeschifffahrt. Für → Beamte gelten die allgemeinen Vorschriften über Jugendarbeitsschutz grds. entsprechend (vgl. zB § 79 BBG).

4. Das Jugendarbeitsschutzgesetz setzt verschiedene EU-Richtlinien um, va die Richtlinie 94/33/EG des Rates v. 22.6.1994 über den Jugendarbeitsschutz.

Jugendarrest

ist das strengste der im Jugendgerichtsgesetz vorgesehenen → Zuchtmittel. Diese werden verhängt, wenn die → Jugendstrafe als schwerste strafrechtliche Reaktion nicht erforderlich erscheint, dem Jugendlichen aber zum Bewusstsein gebracht werden muss, dass er für das begangene Unrecht einzustehen hat (§ 13 JGG). Nach § 8 II 2 JGG kann Jugendarrest neben Jugendstrafe unter den Voraussetzungen des im Jahr 2012 neu eingeführten § 16a JGG (BGBl. 2012 I 1854) auch verhängt werden, wenn die Verhängung oder die Vollstreckung der Jugendstrafe zur Bewährung ausgesetzt wird (sog. Warnschussarrest). Der Jugendarrest ist keine Strafe; er wird nicht im Strafregister, sondern im → Erziehungsregister vermerkt. Er wird als Freizeitarrest für 1 oder 2 wöchentliche Freizeiten (Einschließung jeweils am Wochenende), als Kurzarrest bis zu 4 Tagen oder als Dauerarrest von 1 bis zu 4 Wochen verhängt (§ 16 JGG). Er wird in besonderen Anstalten oder Arresträumen vollzogen. Vollzugsleiter ist der Jugendrichter am Vollzugsort (§ 90 JGG). Den Vollzug des Jugendarrestes regeln die JugendarrestvollzugsO idF vom 30.11.1976 (BGBl. 1976 I 3270) mÄnd und die JugendarrestvollzugsG der Länder, insbes. für Unterbringung und Behandlung des Arrestanten, Verhalten, Beschäftigung, Freizeit und Sport, Gesundheitsfürsorge, Konfliktregelung usw.

Jugendbehörden
Jugendbehörden sind in erster Linie die mit der Kinder- und Jugendhilfe befassten → Jugendämter, Landesjugendämter und obersten Landesjugendbehörden. Die Träger der Jugendhilfe bestimmen sich nach Landesrecht (§ 69 SGB VIII). Die Bundesregierung wird in grundsätzlichen Fragen der Jugendhilfe von einem → Bundesjugendkuratorium beraten. Weitere Behörden, die mit Jugendhilfe befasst sind: → Bundesagentur für Arbeit und → Agentur für Arbeit, (→ Arbeitsvermittlung, → Berufsberatung), → Gesundheitsamt, → Gewerbeaufsicht, (→ Jugendarbeitsschutz), → Jugendgericht, → Familiengericht. §§ 69–72, 82, 83 SGB VIII.

Jugendberufshilfe
Rechtsgrundlage für die Jugendberufshilfe sind ua §§ 48 ff. SGB III (Berufsorientierungsmaßnahmen und berufsvorbereitende Bildungsmaßnahmen), § 130 SGB III (assistierte Ausbildung) sowie die §§ 13 ff. SGB VIII. Die Jugendberufshilfe umfasst weitergehende Leistungen, als diese auf Grund der → Jugendarbeit oder der → Jugendsozialarbeit zu leisten sind. Hier ist insbesondere die Förderung der → Agentur für Arbeit nach dem SGB III zu nennen. Danach ist die Vermittlung von jugendgerechten schulischen oder beruflichen Ausbildungen vorrangig. Die Leistungen nach dem SGB VIII beinhalten im Rahmen der Jugendberufshilfe vorwiegend erzieherische Maßnahmen.

Jugendfreiwilligendienste
sind das freiwillige → soziale Jahr (FSJ) und das freiwillige → ökologische Jahr (FÖJ). Vgl. auch das Gesetz zur Förderung von Jugendfreiwilligendiensten vom 16.5.2008 (BGBl. 2008 I 842). Die Jugendfreiwilligendienste bestehen neben dem nach Aussetzung der → Wehrpflicht eingeführten → Bundesfreiwilligendienst fort.

Jugendgefährdende Medien
1. Dies sind Trägermedien, Telemedien und → Rundfunk, wenn sie geeignet sind, die Entwicklung von Kindern und Jugendlichen (dh noch nicht 18-jährigen) oder ihre Erziehung zu einer eigenverantwortlichen und gemeinschaftsfähigen Persönlichkeit zu beeinträchtigen. Gesetzliche Regelungen dazu enthalten das JugendschutzG (JuSchG) v. 23.7.2002 (BGBl. 2002 I 2730) sowie der Jugendmedienschutz-Staatsvertrag der Länder (JMStV) v. 10./27.9.2002 (zB BayGVBl. 2003, 147), auf den der Rundfunkstaatsvertrag, der ZDF-Staatsvertrag und der Deutschlandradio-Staatsvertrag verweisen.

2. a) Trägermedien sind Medien mit Texten, Bildern oder Tönen auf gegenständlichen Trägern, die zur Weitergabe geeignet, zur unmittelbaren Wahrnehmung bestimmt oder in einem Vorführ- oder Spielgerät eingebaut sind (§ 1 II 1 JuSchG), zB Druckschriften, Filmrollen, Schallplatten, Video- u. Audiokassetten, Disketten, CD-ROM, DVD. Erfasst ist gegenständliches Verbreiten, Überlassen, Anbieten od. Zugänglichmachen. Ihm steht das elektronische Verbreiten usw., das nicht Rundfunk ist, gleich (§ 1 II 2 JuSchG), zB Online-Tauschbörse, Faxübermittlung. Versandhandel fällt auch darunter, wenn nicht durch Vorkehrungen (Altersverifikationssysteme) sichergestellt ist, dass kein Versand an Kinder oder Jugendliche erfolgt.

b) Kinder u. Jugendliche dürfen an öffentl. Filmveranstaltungen je nach Alter bis zu bestimmten Nachtstunden nur teilnehmen, wenn die Filme von der obersten Landesbehörde od. einer Organisation der freiwilligen Selbstkontrolle für ihre Altersstufe freigegeben sind; Werbefilme für Tabakwaren und alkoholische Getränke dürfen nur nach 18 Uhr vorgeführt werden (§ 11 JuSchG). Bespielte Videokassetten und andere zur Weitergabe geeignete, für die Wiedergabe oder das Spiel an Bildschirmgeräten mit Filmen oder Spielen programmierte Datenträger (Bildträger), zB Computerspiele, dürfen einem Kind oder Jugendlichen in der Öffentlichkeit nur nach Freigabe und Alterskennzeichnung zugänglich gemacht werden (§ 12 JuSchG). Das Spielen an öffentlich aufgestellten, elektronischen Bildschirmgeräten ohne Gewinnmöglichkeit darf auch nur unter dieser Voraussetzung gestattet werden (§ 13 JuSchG).

c) Trägermedien, deren Aufnahme in die Liste jugendgefährdender Medien (s. 5.) bekannt gemacht ist, dürfen Kindern oder Jugendlichen nicht zugänglich gemacht werden. Der Vertrieb ist erheblich eingeschränkt. Werbung und Versandhandel sind verboten (§ 15 I JuSchG). Diesen Vertriebsbeschränkungen unterliegen auch ohne Aufnahme in die Liste schwer jugendgefährdender Trägermedien;

das sind solche, die einen strafbaren Inhalt haben, zB → Volksverhetzung, → Gewaltdarstellung oder → pornographische Inhalte (absolutes Verbreitungsverbot), den Krieg verherrlichen, oder sterbende oder leidende Menschen in einer die Menschenwürde verletzenden Weise oder Minderjährige in unnatürlicher geschlechtsbetonter Körperhaltung darstellen (§ 15 II JuSchG).

3. a) Telemedien sind Medien, die nach dem → Telemediengesetz übermittelt, zugänglich gemacht oder bereit gehalten werden (§ 1 III JuSchG, s. a. § 3 II Nr. 1 JMStV), zB alle Angebote in → Internet und Intranet, Telebanking, → Teleshopping, Video-Streaming, → Videotext, → E-Mail.

b) Der Begriff der jugendgefährdender Medien im JMStV stimmt mit dem des JuSchG im Wesentlichen überein (§ 4 JMStV). Angebote, die dem Verbot des § 15 II JuSchG entsprechen, sind unzulässig. Angebote, die einfach pornographisch (→ pornographische Inhalte) sind, in den Teilen A o. C der Liste jugendgefährdender Medien (s. 5.) aufgenommen sind, dh keinen strafbaren Inhalt haben, oder offensichtlich schwer jugendgefährdend sind, sind zulässig, wenn sichergestellt ist, dass sie nur Erwachsenen zugänglich gemacht werden (§ 4 II 2 JMStV). Entwicklungsbeeinträchtigende Angebote dürfen nur verbreitet werden, wenn der Veranstalter durch die Sendezeit oder sonst Vorsorge trifft, dass Kinder oder Jugendliche der betroffenen Altersstufen sie üblicherweise nicht wahrnehmen (§ 5 I JMStV). Dies gilt nicht für Nachrichtensendungen und Sendungen zum politischen Zeitgeschehen (§ 5 VI JMStV). Werbung für indizierte Angebote ist nur unter den Bedingungen, die für die Verbreitung gelten, zulässig; daneben bestehen weitere Beschränkungen für Werbung allgemein, auch für alkoholische Getränke und Tabak; die Vorschriften für Werbung gelten auch für → Teleshopping (§ 6 JMStV).

4. Im Rundfunk, für den die Bestimmungen des JMStV ebenfalls gelten (§ 3 II Nr. 2 JMStV), geht der Jugendschutz weiter als in den Telemedien. Die Ausnahme des § 4 II 2 JMStV (s. 3. b) gilt hier nicht, so dass auch einfache Pornographie ausnahmslos unzulässig ist, ebenso gem. § 22 I VTabakG Werbung für Tabakerzeugnisse.

5. a) Jugendgefährdende Medien, die Träger- u. Telemedien sind, werden von der Bundesprüfstelle für jugendgefährdende Medien (BPjM) in eine Liste aufgenommen. Dazu zählen vor allem unsittliche, verrohend wirkende, zu Gewalttätigkeit, Verbrechen oder Rassenhass anreizende Medien (§ 18 I JuSchG). Jugendgefährdende Medien, die nicht im Internet erhältliche Trägermedien sind, werden in einer öffentl. Liste (Listenteile A u. B) geführt, jugendgefährdende Medien, die Telemedien oder online abrufbare Trägermedien sind, in einer nicht öffentl. Liste (Listenteile C u. D). Die Aufnahme allein wegen des politischen, sozialen, religiösen oder weltanschaulichen Inhalts ist unzulässig; ebenso, wenn die Medien der Kunst oder Wissenschaft, Forschung oder Lehre dienen oder im öffentlichen Interesse liegen und die Art der Darstellung nicht zu beanstanden ist (§ 18 III JuSchG).

b) Die BPjM entscheidet durch 12 nicht weisungsgebundene Mitglieder, die teils vom zuständigen BM, teils von den LdReg.en ernannt werden (§ 19 JuSchG). Zum Verfahren s. § 21 JuSchG u. die DVO-JuSchG v. 9.9.2003 (BGBl. 2003 I 1791). Gegen die Entscheidung der BPjM ist Klage im Verwaltungsrechtsweg gegeben (§ 25 JuSchG).

c) Die Einhaltung der Bestimmungen des JMStV für Telemedien überprüft die Kommission für Jugendmedienschutz (KJM), die aus 12 Sachverständigen besteht (§ 14 JMStV). Sie beurteilt die Angebote in Telemedien u. ist insbes. zuständig für Anträge auf Indizierung, denen die BPjM zu entsprechen hat (§ 18 VI JuSchG).

6. Vorsätzliche und fahrlässige Zuwiderhandlungen gegen die Verbote des JuSchG und des JMStV sind mit Strafe oder mit Bußgeld bedroht (§§ 27, 28 JuSchG, §§ 23, 24 JMStV). Überlassen jugendgefährdender Trägermedien an Kinder oder Jugendliche durch Inhaber der → Personensorge ist straflos. Die Verantwortlichkeit richtet sich nach §§ 7–10 → Telemediengesetz. Sa → Inhaltsdelikte, → Internetkriminalität.

Jugendgerichte, Jugendgerichtsgesetz
→ Jugendstrafrecht.

Jugendgerichtshilfe
Die Jugendgerichtshilfe wirkt im Jugendstrafverfahren (→ Jugendstrafrecht, 4) als Hilfe für das Gericht und für den jugendlichen Beschuldigten mit. Ihre frühzeitige Beteiligung ist vorgeschrieben (§ 38 JGG). Sie soll Unterlagen für die Erforschung der Persönlichkeit des Jugendlichen und seine Beurteilung beibringen; in diesem Rahmen leistet sie Ermittlungshilfe. Ihr obliegt es, während des ganzen Strafverfahrens die erzieherischen, sozialen und fürsorgerischen Gesichtspunkte zur Geltung zu bringen und sich zu den zu ergreifenden strafrechtlichen Maßnahmen zu äußern. → Rechtsmittel stehen ihr nicht zu. Während des Verfahrens soll sie zugleich den Jugendlichen betreuen. Werden diesem im Urteil Weisungen gegeben oder besondere Pflichten auferlegt, so überwacht die Jugendgerichtshilfe deren Erfüllung, falls ein → Bewährungshelfer ausnahmsweise nicht bestellt wird. Träger der Jugendgerichtshilfe sind die → Jugendämter (§ 52 SGB VIII).

Jugendhilfe
Die Jugendhilfe ist ein Teilbereich der → Kinder- und Jugendhilfe nach dem SGB VIII. Der Name „Jugendhilfe" ist auch der Titel einer mehrmals jährlich erscheinenden Fachzeitschrift.

Jugendhilfeausschuss, Landesjugendhilfeausschuss
Dem (Landes-)Jugendhilfeausschuss, der die Aufgaben des → Jugendamts zusammen mit dessen Verwaltung wahrnimmt (§§ 70, 71 SGB VIII), gehören zu $^3/_5$ Mitglieder des Kreistags bzw. des Stadtrats oder Personen an, die in der Jugendhilfe erfahren sind und vom Kreistag bzw. Stadtrat gewählt werden. Die übrigen $^2/_5$ Mitglieder werden auf Vorschlag der im Bereich des öffentlichen Trägers wirkenden und anerkannten freien Träger der Jugendhilfe von der Vertretungskörperschaft gewählt (§ 71 I SGB VIII). Der Jugendhilfeausschuss soll sich insbesondere mit der Erörterung aktueller Problemlagen junger Menschen und deren Familien, mit Anregungen und Vorschlägen für die Weiterentwicklung der Jugendhilfe, mit der Jugendhilfeplanung und der Förderug der freien Jugendhilfe befassen (§ 71 II SGB VIII).

Jugendkammer
→ Jugendstrafrecht (3).

Jugendliche und Heranwachsende
Das → Jugendstrafrecht unterscheidet zwischen Jugendlichen und Heranwachsenden, je nachdem, ob der Täter bei Begehung der Straftat zwar 14, aber noch nicht 18 Jahre oder schon 18, aber noch nicht 21 Jahre alt war.

Gegen Jugendliche können nach §§ 5 ff. JGG ausschließlich die gegenüber dem allgemeinen Strafrecht idR milderen Maßnahmen des Jugendstrafrechts angewendet werden, also → Erziehungsmaßregeln, → Zuchtmittel oder → Jugendstrafe (nicht Freiheitsstrafe oder Geldstrafe). Als → Maßregeln der Besserung und Sicherung sind nur Unterbringung in einem psychiatrischen Krankenhaus oder einer Entziehungsanstalt, Führungsaufsicht und Entziehung der Fahrerlaubnis zugelassen (nicht Sicherungsverwahrung, Berufsverbot). Die Anordnung der Sicherungsverwahrung kann aber bei Verurteilung zu mindestens 7 Jahren Jugendstrafe unter bestimmten Voraussetzungen im Urteil vorbehalten und ggf. dann nachträglich angeordnet werden (§ 7 II JGG).

Bei Heranwachsenden dagegen ist im Einzelfall zu entscheiden, ob die Tat nach Jugendstrafrecht oder nach dem für Erwachsene geltenden allgemeinen Strafrecht zu beurteilen ist (§ 105 JGG). Jugendstrafrecht ist anzuwenden, wenn der Täter seiner Persönlichkeit nach im Hinblick auf seinen geistigen und sittlichen Reifegrad zur Tatzeit noch einem Jugendlichen gleichstand oder wenn die Tat nach Art, Umständen und Beweggründen noch als Jugendverfehlung anzusehen ist (in diesem Falle ist der Heranwachsende seiner Persönlichkeit nach altersgemäß entwickelt, aber mit der Straftat in eine jugendliche Verhaltensweise zurückgefallen). Es bedarf daher einer eingehenden Erforschung der Täterpersönlichkeit, bei der die → Jugendgerichtshilfe mitwirkt; häufig wird außerdem ein kriminalbiologischer Sachverständiger herangezogen. Entscheidet sich das Gericht für die Anwendung des allgemeinen Strafrechts gegen den Heranwachsenden, so kann es anstelle von lebenslanger Freiheitsstrafe auf eine solche von 10–15 Jahren erkennen; es kann ferner anordnen, dass Amtsunfähigkeit und Wahlrechtsverlust nicht eintreten. Sicherungsverwahrung darf neben der Strafe nicht angeordnet werden, ihre Anordnung kann aber bei Verurteilung zu mindestens 7 Jahren Jugendstrafe oder 5 Jahren Freiheitsstrafe unter bestimmten Voraussetzungen im Urteil vorbehalten und ggf. dann nachträglich angeordnet werden (§ 106 III–VI JGG).

Jugendmedienschutz
→ Internetkriminalität, → jugendgefährdende Medien, → Jugendschutz (in der Öffentlichkeit).

Jugendpsychotherapie
→ Psychotherapeut.

Jugendrichter
→ Jugendstrafrecht (3).

Jugendschöffengericht
→ Jugendstrafrecht (3).

Jugendschutz
Das Jugendschutzgesetz (JuSchG) v. 23.7.2002 (BGBl. 2002 I 2730) mÄnd regelt den Jugendschutz für Kinder (noch nicht 14 Jahre) und Jugendliche (14–18 Jahre). Das Gesetz enthält Beschränkungen für den Aufenthalt von Kindern und Jugendlichen an bestimmten Orten sowie für die Abgabe von Tabak und Alkohol. Im Einzelnen:

1. Der Aufenthalt in Gaststätten darf unter 16 Jahren nur in Begleitung eines Personensorgeberechtigten oder einer vom Personensorgeberechtigten erziehungsbeauftragten Person oder in der Zeit von 5 Uhr bis 23 Uhr zur Einnahme einer Mahlzeit oder eines Getränks gestattet werden; Jugendlichen ab 16 Jahren darf der Aufenthalt in Gaststätten in der Zeit von 24 Uhr bis 5 Uhr ohne Begleitung des Personensorgeberechtigten oder einer von Personensorgeberechtigten erziehungsbeauftragten Person nicht gestattet werden. Auf Reisen gelten Ausnahmen. Der Aufenthalt in Nachtbars oder Nachtclubs ist Kindern und Jugendlichen stets untersagt.

2. Der Aufenthalt auf Tanzveranstaltungen ist ohne Begleitung bis zum Alter von 16 Jahren nicht und ab 16 Jahren nur bis 24 Uhr gestattet. Für künstlerische Veranstaltungen und Brauchtumspflege gelten Ausnahmen.

3. In Spielhallen oder bei öffentlichen Glücksspielen ist Kindern und Jugendlichen der Aufenthalt stets untersagt.

4. Bezüglich Kindern und Jugendlichen bis zu 18 Jahren ist die Abgabe von Tabakwaren und das Rauchen in der Öffentlichkeit untersagt. Die Abgabe von Branntwein oder branntweinhaltigen Getränken an Kinder und Jugendliche ist generell untersagt. Andere alkoholische Getränke dürfen an Kinder und

Jugendliche von unter 16 Jahren nur abgegeben werden, wenn sich das Kind oder der Jugendliche in Begleitung einer personensorgeberechtigten Person befindet. Alkoholhaltige Süßgetränke (→ Alkopops) dürfen nur mit dem Hinweis „Abgabe an Personen unter 18 Jahren verboten" in Verkehr gebracht werden. Besondere Beschränkungen gelten für den Automatenverkauf von Tabak und Alkoholika.

5. Verstöße sind bußgeldbewehrt. Zum Jugendschutz im Bereich der Medien → jugendgefährdende Medien.

Jugendschutzsachen
sind Strafsachen, die Straftaten Erwachsener an Kindern oder Jugendlichen oder Verstöße gegen Jugendschutz- oder Jugenderziehungsvorschriften zum Gegenstand haben, zB → Sexualstraftaten, Vernachlässigung von Kindern, Verletzung von Jugendarbeitsschutzbestimmungen usw. In diesen Sachen kann der StA die Anklage entweder vor dem allgemeinen, für Erwachsene zuständigen Gericht oder vor dem Jugendgericht (→ Jugendstrafrecht, 3) erheben. Statt der Strafkammer kann er die Jugendkammer anrufen. Er soll die Sache beim Jugendgericht anhängig machen, wenn eine Verhandlung vor diesem zweckmäßig erscheint, insbes. wenn damit die schutzwürdigen Interessen von Kindern oder Jugendlichen, die als Zeugen benötigt werden, besser gewahrt werden können (§§ 26, 74b GVG). Die Wahl bindet das Gericht nicht. Die Strafkammer oder Jugendkammer kann vielmehr das Verfahren vor dem Amtsgericht als Erwachsenengericht eröffnen; das vom StA angegangene Amtsgericht kann die Sache der Strafkammer oder der Jugendkammer vorlegen, wenn es diese für zuständig hält (§§ 209, 209a StPO).

Jugendsozialarbeit
Die Jugendsozialarbeit umfasst sozialpädagogische Hilfen zur Förderung der schulischen und beruflichen Ausbildung sowie der Eingliederung in Arbeitswelt und Gesellschaft bei sozial benachteiligten und individuell beeinträchtigten jungen Menschen (§ 13 SGB VIII), siehe auch → Jugendamt. Die Angebote sollen mit den Maßnahmen der Schulverwaltung, der Bundesagentur für Arbeit, der Träger betrieblicher und außerbetrieblicher Ausbildung sowie der Träger von Beschäftigungsangeboten abgestimmt werden (§ 13 IV SGB VIII).

Jugendstaatsanwalt
→ Jugendstrafrecht (3).

Jugendstrafe
Die Jugendstrafe ist die einzige Kriminalstrafe des Jugendstrafrechts und bildet dort die dritte Sanktionskategorie neben den → Erziehungsmaßregeln und den → Zuchtmitteln. Anders als bei letzteren wird eine Verurteilung zu Jugendstrafe regelmäßig in das → Bundeszentralregister eingetragen (vgl. § 5 II BZRG). Die Jugendstrafe entspricht weitgehend der Freiheitsstrafe, unterscheidet sich von dieser aber ua durch ihre speziellen Anordnungsvoraussetzungen, durch eine andere Mindest- und Höchstdauer sowie durch die erzieherische Ausgestaltung ihres Vollzugs.

1. Für die Jugendstrafe bestehen nach § 17 II JGG besondere Anordnungsvoraussetzungen: Jugendstrafe darf gegen einen → Jugendlichen oder nach → Jugendstrafrecht zu verurteilenden Heranwachsenden nur verhängt werden, wenn wegen der in der Tat hervorgetretenen schädlichen Neigungen des Angeklagten → Erziehungsmaßregeln (Weisungen, Hilfe zur Erziehung) oder → Zuchtmittel (Verwarnung, Erteilung von Auflagen, Jugendarrest) nicht ausreichen oder wenn die Schwere der Schuld die Verhängung der Jugendstrafe erfordert. Die Dauer der Jugendstrafe beträgt 6 Mon. bis 5 Jahre, bei schweren Verbrechen bis 10 Jahre, für Heranwachsende bei Mord und besonderer Schwere der Schuld bis 15 Jahre. Die Mindestdauer der Jugendstrafe liegt damit deutlich höher als diejenige der Feiheitsstrafe des allgemeinen Strafrechts (vgl. § 38 II StGB); Grund hierfür ist das auch § 47 StGB zugrunde liegende Ziel, kurze Freiheitsstrafen nach Möglichkeit zu vermeiden. Das Gericht kann im Strafurteil oder nachträglich durch Beschluss eine Jugendstrafe von höchstens 1 Jahr entsprechend den Grundsätzen der → Strafaussetzung zur Bewährung für eine Bewährungszeit von 2 bis 3 Jahren aussetzen; der Verurteilte ist einem → Bewährungshelfer zu unterstellen. Ergibt sich bis zum Ablauf der Bewährungsfrist aus dem Verhalten des Probanden oder aus anderen Gründen kein Anlass zum Widerruf der Strafaussetzung, wird die Strafe erlassen (§§ 21–26a, 57, 61 JGG). Eine Besonderheit der Jugendstrafe besteht in der Möglichkeit der Aussetzung der Verhängung der Jugendstrafe (§ 27 JGG): Kann der Jugendrichter in der Hauptverhandlung nicht mit Sicherheit beurteilen, ob die schädlichen Neigungen des Angeklagten die Verhängung einer Jugendstrafe erfordern oder ob Erziehungsmaßregeln oder Zuchtmittel ausreichen, so kann er sich im Urteil darauf beschränken, die Schuld des Angeklagten festzustellen, und die Entscheidung über den Strafausspruch für eine Bewährungszeit von 1 bis 2 Jahren aussetzen. Ergibt sich während der Bewährungszeit, dass wegen der schädlichen Neigungen des Verurteilten auf eine Jugendstrafe nicht verzichtet werden kann, so wird diese auf Grund einer weiteren Hauptverhandlung durch Urteil verhängt; andernfalls wird der Schuldspruch nach Ablauf der Bewährungszeit durch Urteil oder Beschluss getilgt (§§ 27–30, 62, 63 JGG).

2. Die Vollstreckung der Jugendstrafe richtet sich nach §§ 82 ff. JGG. Jugendliche über 18 Jahre, die sich für den Jugendstrafvollzug nicht eignen, und Verurteilte, die das 24. Lebensjahr erreicht haben, werden dem Erwachsenenvollzug überwiesen (§ 91 JGG). Die Aussetzung eines Strafrestes zur Bewährung ist

nach Verbüßung eines Teils der Jugendstrafe zulässig, wenn dies im Hinblick auf die Entwicklung des Jugendlichen, auch unter Berücksichtigung des Sicherheitsinteresses der Allgemeinheit, verantwortet werden kann. IdR ist dies erst nach Ablauf von 6 Mon. der Fall, bei Strafen von mehr als 1 Jahr nach Verbüßung eines Drittels. Die Vorschriften über die Strafaussetzung zur Bewährung (Bewährungszeit, Bewährungshelfer) gelten entsprechend (§ 88 JGG). Vollstreckungsleiter ist der Jugendrichter (§ 82 I JGG). Die Entscheidungen im Vollstreckungsverfahren sind grundsätzlich Justizverwaltungsakte, gegen die der Rechtsweg gem. §§ 23, 25 EGGVG zum OLG gegeben ist, in bestimmtem Fällen gerichtliche Entscheidungen, gegen die sofortige Beschwerde statthaft ist (§ 83 JGG).

3. Der Vollzug der Jugendstrafe ist in den Gesetzen der Länder geregelt, denen durch das Gesetz zur Änderung des GG v. 28.8.2006 (BGBl. 2006 I 2034) die → Gesetzgebungskompetenz für den → Strafvollzug (Art. 74 I Nr. 1 GG) übertragen wurde (→ Föderalismusreform I). Diese Gesetze berücksichtigen neben dem Resozialisierungsauftrag insbes. den Erziehungsauftrag. Danach wird die Jugendstrafe in für ihren Vollzug vorgesehenen Einrichtungen, den Jugendstrafvollzugsanstalten, durch erzieherisch befähigte Beamte unter besonderen, auf den Erziehungszweck gerichteten Gesichtspunkten vollzogen (s. → Strafvollzug). Jugendliche über 18 Jahre, die sich für den Jugendstrafvollzug nicht eignen, können und Verurteilte, die das 24. Lebensjahr erreicht haben, sollen dem Erwachsenenvollzug überwiesen werden (§ 89b JGG). Vollstreckungsleiter ist der Jugendrichter (§ 82 I JGG), Vollzugsleiter ist der Anstaltsleiter. Gegen Maßnahmen im Vollzug der Jugendstrafe ist der Antrag auf gerichtliche Entscheidung entsprechend §§ 109, 111 ff. StVollzG gegeben, über die eine mit 1 Richter besetzte Jugendkammer entscheidet (§ 92 JGG).

Jugendstrafrecht
Für die Strafbarkeit und die Verurteilung von Straftätern, die zur Tatzeit noch nicht 21 Jahre alt waren, gilt das allgemeine Straf- und Strafprozessrecht nur, soweit nicht das Jugendgerichtsgesetz idF vom 11.12.1974 (BGBl. 1974 I 3427) mÄnd Sondervorschriften enthält. Die Anwendung des Jugendstrafrechts soll vor allem erneuten Straftaten des Jugendlichen entgegenwirken; das Jugendstrafrecht dient also nicht primär dem Schuldausgleich, sondern der Spezialprävention. Dabei versucht das Jugendstrafrecht die bei jungen Menschen noch stärker als bei Erwachsenen vorhandenen Einwirkungsmöglichkeiten aufgrund noch laufender Entwicklungsprozesse zu nutzen. Zugleich trägt es durch mildere Sanktionsdrohungen dem Umstand Rechnung, dass Straftaten einer noch im Werden begriffenen Persönlichkeit weniger stark vorwerfbar sind als einem Erwachsenen. Deshalb sind die Rechtsfolgen und unter Beachtung des elterlichen Erziehungsrechts auch das Verfahren vorrangig am Erziehungsgedanken auszurichten (§ 2 JGG).

1. Nach §§ 1, 3 JGG sind Jugendliche (zur Tatzeit 14-, aber noch nicht 18-Jährige) nur bedingt verantwortlich, nämlich soweit sie ihrer Entwicklung nach die erforderliche Einsichts- und Willensbildungsfähigkeit besaßen. Heranwachsende (zur Tatzeit 18-, aber noch nicht 21-Jährige) sind voll verantwortlich. Kinder (zur Tatzeit noch nicht 14-Jährige) sind strafrechtlich überhaupt nicht verantwortlich (§ 19 StGB). Während bei Jugendlichen stets das mildere Jugendstrafrecht anzuwenden ist, entscheidet beim Heranwachsenden das Gericht im Einzelfall, ob der Täter nach seinem Reifegrad oder der Art seiner Tat noch einem Jugendlichen gleichzustellen und daher nach Jugendstrafrecht abzuurteilen oder ob er wie ein Erwachsener nach allgemeinem Strafrecht zu bestrafen ist (§ 105 JGG; im Einzelnen s. → Jugendliche und Heranwachsende).

2. Eine nach Jugendstrafrecht zu beurteilende „Jugendstraftat" ist in erster Linie durch Erziehungsmaßregeln zu ahnden; zu diesen gehört die Erteilung von Weisungen für die Lebensführung, zB Annahme einer Arbeitsstelle, Erbringung von Arbeitsleistungen, Betreuung und Aufsicht durch einen Betreuungshelfer, Teilnahme an einem sozialen Trainingskurs oder Verkehrsunterricht, Bemühung um einen Täter-Opfer-Ausgleich; ferner die Anordnung zu Inanspruchnahme von Hilfe zur Erziehung durch eine Erziehungsbeistandschaft oder in einer Einrichtung über Tag und Nacht oder in einer sonstigen betreuten Wohnform. Reichen Erziehungsmaßregeln nicht aus, können Zuchtmittel angewendet werden, nämlich Verwarnung, Erteilung von Auflagen – zB Schadenswiedergutmachung, Bußzahlung an eine gemeinnützige Einrichtung, Erbringung von Arbeitsleistungen – oder → Jugendarrest. Nur wenn auch Zuchtmittel nicht ausreichen, weil die Straftat schädliche Neigungen des Jugendlichen offenbart hat, oder bei besonders schwerer Tatschuld wird Jugendstrafe verhängt (§§ 5, 9 ff. JGG; über Aussetzung der Jugendstrafe oder des Strafausspruchs → Jugendstrafe). Nicht verhängt werden dürfen nach §§ 6, 7 JGG: Amtsunfähigkeit, Wahlrechtsverlust; von den → Maßregeln der Besserung und Sicherung sind nur Unterbringung in einem psychiatrischen Krankenhaus oder einer Entziehungsanstalt, Führungsaufsicht und Entziehung der Fahrerlaubnis zugelassen (nicht Sicherungsverwahrung, Berufsverbot). Die Anordnung von Sicherungsverwahrung gegen Jugendliche wie Heranwachsende kann aber unter bestimmten Voraussetzungen im Urteil vorbehalten und ggf. dann nachträglich angeordnet werden (§ 7 II JGG, § 106 III–VI JGG). Sondervorschriften gelten nach §§ 112a ff. JGG bei jugendlichen Soldaten der Bundeswehr (Erziehungshilfe durch den Disziplinarvorgesetzten

als Erziehungsmaßregel; zB keine Hilfe zur Erziehung).

3. Als Jugendgericht wird grundsätzlich das Jugendschöffengericht (Strafrichter, zwei Jugendschöffen) tätig; doch kann der Staatsanwalt, wenn nur Erziehungsmaßregeln oder Zuchtmittel zu erwarten sind, die Anklage vor dem Jugendrichter (Einzelrichter) erheben. Die Jugendkammer entscheidet anstelle des → Schwurgerichts; sie ist ferner zuständig, wenn sie eine ihr vom Jugendschöffengericht ihres Umfangs wegen vorgelegte Sache übernimmt, wenn die Sache gegen Jugendliche und Erwachsene verbunden ist und für die Erwachsenen die Große Strafkammer zuständig wäre, wenn die Staatsanwaltschaft wegen der Schutzbedürftigkeit von verletzten Zeugen Anklage bei der Jugendkammer erhebt oder wenn gegen einen Heranwachsenden nicht die Verhängung von Jugendstrafe, sondern Freiheitsstrafe von mehr als 4 Jahren oder die Unterbringung in einem psychiatrischen Krankenhaus oder in der Sicherungsverwahrung oder deren Vorbehalt zu erwarten ist. Sie ist als Große Jugendkammer grundsätzlich mit 3 Richtern und 2 Schöffen besetzt; sie beschließt diese Besetzung für die Hauptverhandlung, wenn sie als Schwurgericht oder gem. § 41 I Nr. 5 JGG zuständig ist oder wenn nach dem Umfang oder der Schwierigkeit ein dritter Richter notwendig erscheint (§§ 33–33b, 39–41, 108 III 2, 3 JGG); andernfalls beschließt sie ihre Besetzung mit 2 Richtern und 2 Schöffen. Außerdem entscheidet sie als Kleine Jugendkammer (1 Richter, 2 Schöffen) über Berufungen gegen Urteile des Jugendrichters und als Große Jugendkammer (§ 41 III JGG) über Berufungen gegen Urteile des Jugendschöffengerichts; in diesem Fall entscheidet sie mit 3 Richtern und 2 Schöffen wie bei erstinstanzlicher Hauptverhandlung, ferner bei erstinstanzlicher Verurteilung zu Jugendstrafe von mehr als 4 Jahren (§ 33b IV JGG). Von der Jugendkammer zu unterscheiden ist die Jugendschutzkammer (§ 74b GVG); sie ist für schwerere Straftaten Erwachsener in → Jugendschutzsachen zuständig. Ausgenommen von der Zuständigkeit der Jugendgerichte sind Hoch- und Landesverrat, Beteiligung an einer → terroristischen Vereinigung ua Staatsschutzsachen, die im ersten Rechtszug vor das Oberlandesgericht oder die Strafkammer nach § 74a GVG – sog. Staatsschutzkammer – gehören (§ 102 JGG). Zu Jugendstaatsanwälten werden besondere Staatsanwälte bestimmt, die – ebenso wie die Jugendrichter und Jugendschöffen – erzieherisch befähigt und in der Jugenderziehung erfahren sein sollen (§§ 35 ff. JGG).

4. Das Jugendstrafverfahren (§§ 43–81 JGG) weicht vom allgemeinen Strafprozess erheblich ab. Um den Jugendlichen durch das Verfahren möglichst wenig zu belasten, kann der Richter mit Zustimmung des Staatsanwalts ohne voraufgegangene Anklage (§ 45 JGG), nach Anklage ohne Hauptverhandlung und Urteil (§ 47 JGG) leichtere Erziehungsmaßregeln oder Zuchtmittel durch Beschluss anordnen, wenn diese ausreichen. Die Hauptverhandlung ist nicht öffentlich (§ 48 JGG). Gesetzliche Vertreter und Erziehungsberechtigte haben ein Recht auf Anhörung, insbes. in der Hauptverhandlung. Ein Recht zur Anwesenheit haben auch der Verletzte und sein Erziehungsberechtigter oder sein gesetzlicher Vertreter. Ferner wirkt die → Jugendgerichtshilfe mit, um die erzieherischen, sozialen und fürsorgerischen Gesichtspunkte zur Geltung zu bringen. Das Rechtsmittelverfahren ist eingeschränkt, um die strafrechtlichen Folgen der Tat möglichst bald wirksam werden zu lassen: Wer gegen ein Urteil → Berufung eingelegt hat, kann nicht mehr → Revision einlegen (§ 55 II JGG). Im vereinfachten Jugendverfahren kann auf Grund eines Antrags des StA ohne Anklage im Urteilsverfahren entschieden werden, wenn nur Weisungen, Hilfe zur Erziehung durch Erziehungsbeistandschaft, Zuchtmittel, Fahrverbot und Einziehung zu erwarten sind (§ 76 JGG). Untersuchungshaft ist nur beschränkt zulässig und soll möglichst durch mildere Maßnahmen ersetzt werden, etwa durch Einweisung in ein Heim der Jugendhilfe; diese kann auch angeordnet werden, um den Jugendlichen vor einer weiteren Gefährdung seiner Entwicklung zu bewahren (§§ 72, 71 II JGG). Die Vorschriften des Jugendstrafverfahrens gelten grundsätzlich auch im Verfahren gegen Heranwachsende; nicht anwendbar sind zB die Bestimmungen über die Nichtöffentlichkeit, das vereinfachte Jugendverfahren und die Einweisung in ein Erziehungsheim. Ein → Strafbefehl ist gegen einen Jugendlichen unzulässig, ebenso → Privatklage; bei Heranwachsenden ist nur ein Strafbefehl, durch den Freiheitsstrafe verhängt wird, unzulässig (§§ 79, 80, 109 JGG). Nebenklage ist gegen einen Jugendlichen nur bei bestimmten Verbrechen zulässig. Im → Strafregister werden nur Verurteilungen zu Jugendstrafe vermerkt; Erziehungsmaßregeln und Zuchtmittel werden im → Erziehungsregister eingetragen. Verwaltungsvorschriften für die Staatsanwaltschaft zur Durchführung des Verfahrens enthalten die Richtlinien zum Jugendgerichtsgesetz (RiJGG) idF vom 1.8.1994.

5. S. ferner → Einheitsstrafe, Beseitigung des → Strafmakels.

Jugendstraftat
→ Jugendstrafrecht (1, 2).

Jugendstrafvollzug
→ Jugendstrafe (2, 3), → Strafvollzug.

Jugendversammlung
→ Betriebsversammlung.

Jugendweihe
war in der ehem. → DDR eine sog. gesellschaftliche Einrichtung der kommunistischen Erziehung der Jugendlichen im 8. Schuljahr. Nach einer Vorbereitung gemäß dem zentralen Jugendstundenprogramm legten die Ju-

gendlichen in einer besonderen Feier ein Bekenntnis zum „sozialistischen Vaterland", zur Freundschaft mit der ehem. Sowjetunion und zu den Zielen der sozialistischen Gesellschaft ab (→ Sozialismus). Die Teilnahme galt offiziell als freiwillig. Nach der → Wiedervereinigung wird in dem Gebiet der ehem. DDR die Jugendweihe ohne Verwendung ihrer auf der sozialistischen Ideologie beruhenden Begriffe weiterhin von privatrechtlichen Vereinen organisiert.

Jugendwohlfahrt
Jugendwohlfahrt war ein früher gebräuchlicher Ausdruck (während der Geltung des Gesetzes über die Jugendwohlfahrt bis 31.12.1990) für die Aufgaben, die heute das → Jugendamt im Rahmen der → Kinder- und Jugendhilfe nach dem SGB VIII wahrnimmt.

Jugoslawien-Strafgerichtshof
Der Sicherheitsrat der → Vereinten Nationen hat mit Resolution 827 v. 25.5.1993 zur strafrechtlichen Ahndung schwerer Verletzungen des humanitären Völkerrechts, die seit dem 1.1.1991 auf dem Gebiet des ehem. Jugoslawien begangen wurden, einen Internationalen Strafgerichtshof mit dem Sitz in Den Haag eingerichtet. Hierzu ist das Gesetz über die Zusammenarbeit mit dem Internationalen Strafgerichtshof für das ehemalige Jugoslawien (Jugoslawien-Strafgerichtshof-Gesetz) v. 10.4.1995 (BGBl. 1995 I 485) ergangen. Es regelt neben der allg. Pflicht deutscher Gerichte und Behörden zur Zusammenarbeit ua das Verhältnis zu nationalen Strafverfahren (Überleitung auf den J.), Überstellung und Durchbeförderung, sonstige Rechtshilfe sowie Vorrechte und Immunitäten für Mitglieder des Gerichtshofes. Der Jugoslawien-Strafgerichtshof besteht neben dem nach dem → Römischen Statut errichteten → Internationalen Strafgerichtshof. Als Nachfolgeorganisation hat der Sicherheitsrat der Vereinten Nationen mit Resolution 1966 (2010) vom 22.12.2010 den Internationalen Residualmechanismus für Ad-hoc-Strafgerichtshöfe eingerichtet.

Junge Aktien
→ Kapitalerhöhung.

Juniorprofessor
1. Durch das Gesetz zur Reform der Professorenbesoldung (→ Professorenbesoldungsreformgesetz) v. 16.2.2002 (BGBl. 2002 I 686) und das 5. Hochschulrahmengesetz-ÄnderungsG v. 16.2.2002 (BGBl. 2002 I 693); sa → Hochschulrahmengesetz) wurde die Juniorprofessur geschaffen, um jungen Wissenschaftlern die Möglichkeit unabhängiger Lehre und Forschung zu eröffnen. Die Juniorprofessur sollte künftig Regelvoraussetzung bei der Berufung zum Universitätsprofessor werden. Die → Habilitation fiel dadurch als zwingende Voraussetzung für die Übertragung einer hauptamtlichen Professur weg und hätte dadurch ihre besondere Bedeutung verloren. Auf Grund einer Übergangsregelung bestand bis 1.1.2010 die Möglichkeit, laufende Habilitationsverfahren abzuschließen. Juniorprofessoren wurden idR zu → Beamten auf Zeit ernannt. Die Regelungen des HRG wurden zT durch die Hochschulgesetze der Länder umgesetzt. Durch Urt. v. 27.7.2004 erklärte das BVerfG die Vorschriften über die Juniorprofessur für verfassungswidrig.

2. Durch Gesetz v. 27.12.2004 (BGBl. 2004 I 3855) wurde das Recht der → Hochschullehrer neu geregelt. Neben der Ernennung zum Professor blieb die Möglichkeit der Ernennung zum Juniorprofessor erhalten. Die Ernennung zum Juniorprofessor ist aber nicht mehr Voraussetzung der Ernennung zum Professor. Die Professur kann nach wie vor, muss aber nicht durch → Habilitation erreicht werden. Die Juniorprofessur kann jedoch als besondere Leistung bei der Anwendung oder Entwicklung wissenschaftlicher Erkenntnisse in der Praxis angesehen werden und so ohne Habilitation die Ernennung zum Professor ermöglichen (vgl. § 44 HRG).

3. Die Regelung gem. Nr. 2 ist inzwischen durch das Landesrecht überholt, das an die Stelle des bedeutungslos gewordenen HRG (→ Hochschulrecht) getreten ist. Die landesrechtlichen Regelungen entsprechen aber im Wesentlichen dem HRG und lassen die Berufung zum Professor sowohl über die Habilitation als auch über eine Juniorprofessur zu (vgl. zB Bayer. Hochschulpersonalgesetz v. 23.5.2006, GVBl. 2006, 230 mÄnd).

Junktimklausel
nennt man die Bestimmung einer Rechtsnorm, dass eine im Range unter ihr stehende Rechtsvorschrift eine bestimmte Regelung nur in Verbindung mit einer anderen Regelung treffen dürfe; so Art. 14 III 2 GG, wonach eine → Enteignung nur durch Gesetz oder auf Grund eines Gesetzes zulässig ist, das Art und Ausmaß der Entschädigung regelt.

juris
Juris ist die Bezeichnung eines juristischen Informationssystems in der BRepD, das vom BMJV entwickelt wurde und von einer GmbH in Saarbrücken betrieben wird. Es enthält mehrere Datenbanken, insbes. zu Rechtsprechung, Rechtsliteratur, Bundesrecht und Gesetzesmaterialien. Rechtsinformationen aus juris kann jedermann gegen Entgelt im Wege der Datenfernübertragung abrufen. juris steht in Konkurrenz zu weiteren juristischen Informationssystemen wie zB Beck-Online oder Wolters Kluwer Online.

Jurisdiktion
→ Gerichtsbarkeit, → Gerichtshoheit, → Rechtsprechung.

Jurisdiktionskonsul
→ Konsulargerichtsbarkeit.

Jurisprudenz
→ Rechtswissenschaft.

Jurist

Jurist ist kein rechtlich geschützter Titel. Die Bezeichnung wird aber traditionell nur für den umfassend ausgebildeten sogenannten „Volljuristen" mit der einheitlichen → Befähigung zum Richteramt, zum höheren Verwaltungsdienst sowie zum Rechtsanwalt und Notar („Einheitsjurist") verwendet. Hierfür ist die erfolgreiche Ablegung der Ersten Juristischen Prüfung und der Zweiten Juristischen Staatsprüfung erforderlich. Die Bezeichnungen „Justizjurist" und „Verwaltungsjurist" besagen im Allgemeinen nur, in welchem Bereich der Jurist tätig ist. Erfolgreichen Absolventen der Ersten Juristischen Prüfung (s. → Befähigung zum Richteramt, 3) kann der Titel → Diplom-Jurist verliehen werden. An verschiedenen Fachhochschulen und Universitäten besteht die Möglichkeit der Ausbildung zum Wirtschaftsjuristen mit einem Abschluss als → Bachelor oder → Master. Dadurch wird der traditionelle Begriff des Juristen relativiert. Teilweise bezeichnen sich auch Personen als Juristen, die im Nebenfach juristische Vorlesungen gehört haben.

Juristenausbildung

Unter Juristenausbildung versteht man idR die zum Erwerb der → Befähigung zum Richteramt erforderliche wissenschaftliche und praktische Ausbildung, die mit der Ersten Juristischen Prüfung und der Zweiten Juristischen Staatsprüfung abgeschlossen wird. Sie umfasst gleichzeitig die Ausbildung zum höheren Verwaltungsdienst und zu allen gebundenen juristischen Berufen, zB auch → Rechtsanwalt, → Notar (einheitliche Juristenausbildung, daher der Begriff „Einheitsjurist"). Sa → Jurist, → Diplom-Jurist.

Juristische Handlung

→ Rechtshandlung.

Juristische Person

1. a) Die juristische Person ist eine Personenvereinigung oder ein Zweckvermögen mit vom Gesetz anerkannter rechtlicher Selbständigkeit. Anders als bei der → Gesamthandsgemeinschaft oder gar bei der → Gemeinschaft nach Bruchteilen, bei denen die Gesamtheit der Mitbeteiligten Träger von Rechten und Pflichten bleibt, besitzt die Juristische Person eine eigene Rechtsfähigkeit und damit auch → Parteifähigkeit (s. auch → Insolvenzfähigkeit). Die juristische Person ist also von ihren Mitgliedern und deren Bestand bzw. Wechsel losgelöst; die Mitglieder sind allerdings an ihr vermögensrechtlich (s. zB Aktie) und korporativ (Einfluss auf die Geschäftsführung, s. u.) beteiligt. Abgesehen von den nur einer natürlichen Person zustehenden Rechten und möglichen Rechtsgeschäften (zB Staatsangehörigkeit, Eheschließung, Testamentserrichtung) kann die juristische Person im Rechtsleben wie jeder Mensch auftreten; sie hat auch ein → Namensrecht. Die juristische Person besitzt nach hM ferner → Handlungsfähigkeit, dh sie handelt durch ihre Organe (Organtheorie), die danach nicht Vertreter der juristischen Person sind; daneben hat die juristische Person aber auch Vertreter, zB Prokuristen, Angestellte. Vom Gesetz ist die Deliktsfähigkeit der juristischen Person bei Handlungen ihres Vorstands oder anderer verfassungsmäßig berufener Vertreter anerkannt (§§ 31, 89 BGB; Organhaftung, → Verein, 1d). Die Organe der juristischen Person sind je nach Gestaltung verschieden; regelmäßig handelt die juristische Person durch die Gesamtheit ihrer Mitglieder (Mitgliederversammlung, Hauptversammlung usw) sowie für die laufenden Geschäfte durch einen von dieser bestimmten Vorstand, Geschäftsführer und dgl. Über das Wesen der juristischen Person, die als solche allgemein anerkannt ist, herrscht viel Streit. Neben verschiedenen anderen Theorien wird vor allem vertreten, die juristische Person sei als Rechtsperson neben dem Menschen an sich nicht denkbar; ihre Existenz werde zur Erreichung gemeinsamer Zwecke nur unterstellt (Fiktionstheorie). Demgegenüber betont die herrschende sog. Theorie der realen Verbandspersönlichkeit das tatsächliche Vorhandensein eines besonderen Rechtssubjekts mit eigener Rechts- und Handlungsfähigkeit. Über den Rechtszustand vor Beginn der Rechtsfähigkeit der juristischen Person → Gründungsgesellschaft. Die Rechtsfähigkeit der juristischen Person endet regelmäßig nicht bereits mit dem Übergang in das Abwicklungsstadium (→ Liquidation), sondern erst mit der vollständigen Beendigung und Auflösung nach Durchführung der Liquidation (→ Verein, → Aktiengesellschaft).

b) Eine juristische Person kann, sofern sie nicht seit unvordenklicher Zeit kraft natürlicher Entstehung am Rechtsleben teilnimmt (zB die öffentlich-rechtlichen Gebietskörperschaften wie Staat und Gemeinden, die katholische Kirche ua), auf zweierlei Weise entstehen: Entweder hängt die Entstehung von einer staatlichen Genehmigung bzw. Erlaubnis ab, auf die kein Anspruch besteht (sog. Konzessionssystem, zB für den wirtschaftlichen → Verein, für die → Stiftung und oftmals kraft besonderer gesetzlicher Vorschriften im öffentlichen Recht), oder es muss – idR zwingend – bei Erfüllung gewisser gesetzlicher Voraussetzungen die Juristische Person als existent angesehen werden (Normativsystem); regelmäßig wird hier zur Klarstellung und zum Schutz der Öffentlichkeit die Eintragung in ein besonderes Register (→ Handelsregister, → Vereinsregister usw), auf die dann ein Anspruch besteht, gefordert (Eintragungsprinzip, insbes. beim Idealverein sowie bei den juristischen Personen des Handelsrechts wie Aktiengesellschaft, Gesellschaft mit beschränkter Haftung usw). Eine freie Körperschaftsbildung (unabhängig vom Staat) kennt das deutsche Recht grundsätzlich nicht.

2. Man unterscheidet juristische Personen des Privatrechts und des öffentlichen Rechts.

a) Als Grundlage der juristischen Person des Privatrechts ist in §§ 21 ff. BGB der → Verein geregelt. Soweit daher bei den anderen juristischen Personen des Privatrechts, insbes. des Handelsrechts (AG, GmbH, Genossenschaft, Kommanditgesellschaft auf Aktien) eine spezielle Regelung fehlt, kann – zB für die Haftung – auf die Grundgedanken des Vereinsrechts zurückgegriffen werden. Neben diesen körperschaftlich (mitgliedschaftlich) organisierten juristischen Personen kennt das Privatrecht noch die → Stiftung des Privatrechts als ein Zweckvermögen mit eigener Rechtspersönlichkeit. Auch wenn in der Form einer juristischen Person des Privatrechts öffentliche Zwecke verfolgt werden (zB eine städtische GmbH betreibt ein Schwimmbad), so sind im Wesentlichen wegen der gewählten Form allein die Vorschriften des Privatrechts (Abschluss eines Beförderungsvertrags, keine hoheitliche Gebühr) anzuwenden. Über die Haftung der juristischen Person des Privatrechts → Verein (1), über die persönliche Haftung ihrer Mitglieder → Durchgriffshaftung. Zur Besteuerung von juristischen Personen → Körperschaftsteuer.

b) Juristische Personen des öffentlichen Rechts sind Rechtssubjekte, die auf öffentlich-rechtlichem und auf privatrechtlichem Gebiet → Rechtsfähigkeit besitzen. Sie bestehen auf Grund öffentlich-rechtlicher Anerkennung (zB Kirchen, Gemeinden, Landkreise) und können grundsätzlich nur durch Gesetz (zB Kraftfahrt-Bundesamt) oder durch Hoheitsakt auf Grund eines Gesetzes (zB Stiftung) neu errichtet werden. Sie haben das Recht der → Selbstverwaltung, verfügen ebenfalls über Organe und interne Entscheidungsstrukturen, unterstehen staatlicher Aufsicht und können idR durch → Satzungen objektives Recht für ihren Aufgabenbereich setzen. Die juristischen Personen des öffentlichen Rechts werden eingeteilt in → Körperschaften, → Anstalten und → Stiftungen öffentlichen Rechts. Die Vorschriften über die Vereinshaftung (→ Verein, 1) finden auf den Staat (Fiskus) sowie auf die Körperschaften, Anstalten und Stiftungen des öffentlichen Rechts entsprechende Anwendung, soweit diese durch ihre Organe privatrechtlich handeln bzw. privatrechtliche Rechtspflichten, zB die → Verkehrssicherungspflicht, verletzen (§ 89 BGB). Anders ist die Haftung geregelt bei hoheitlichem Handeln der juristischen Personen des öffentlichen Rechts; iE → Staatshaftung, → Hoheitsbetriebe.

Jury
ist die Bezeichnung für a) die allein über die Schuldfrage entscheidenden → Geschworenen eines Gerichts (→ Schwurgericht) insbes. im angloamerikanischen Strafrecht und b) die Personen, die als Sachverständige bei Wettbewerben, vor allem im Sport (Kampfgericht), Auszeichnungen, Ausstellungen u. ä. die Leistungen bewerten.

Justitiar
Justitiar ist die häufig verwendete Bezeichnung für einen beamteten oder angestellten Rechtsberater.

Justitium
= Stillstand der Rechtspflege; → Verjährung, → Unterbrechung des Verfahrens.

Justiz
Justiz ist ein formeller Begriff, der diejenige staatliche Tätigkeit umfasst, die der Rechtspflege in Zivil- und Strafsachen dient. Sie besteht aus → Rechtspflege und → Justizverwaltung. Die Organe der Justiz sind die Gerichte der → ordentlichen Gerichtsbarkeit, die → Staatsanwaltschaften, die Justizministerien des Bundes und der Länder (oder gleichstehende Behörden), die Notariate, Straf- und sonstigen Vollzugsbehörden (→ Gerichtsvollzieher). In einem anderen Sinne wird der Begriff Justiz auch für die → Rechtsprechung als eine der drei staatlichen Gewalten (neben Gesetzgebung und Verwaltung) verwendet.

Justizausbildung
→ Juristenausbildung. IwS ist Justizausbildung auch die Ausbildung für die übrigen Laufbahnen des Justizdienstes, insbes. zum → Rechtspfleger.

Justizbehörden
Justizbehörden sind die Behörden der → Justizverwaltung und die Gerichte der → ordentlichen Gerichtsbarkeit.

Justizbeitreibungsgesetz
Das JBeitrG idF der Bek. v. 27.6.2017 (BGBl. 2017 I 1926; früher JBeitrO v. 11.3.1937, RGBl. 1937 I 298) mÄnd regelt, wie Ansprüche der → Justizbehörden einzuziehen sind, insbes. → Gerichtskosten, sonstige Justizverwaltungsabgaben, Gerichtsvollzieherkosten (§ 1 GvKostG). Das JBeitrG gilt kraft entspr. landesrechtlicher Vorschriften auch für die Einziehung solcher nicht auf bundesrechtlicher Regelung beruhender Ansprüche. Vollstreckungsbehörden sind die Gerichtskassen. Das Verfahren richtet sich im Übrigen weitgehend nach den Vorschriften der → Zwangsvollstreckung.

Justizbeitreibungsordnung
→ Justizbeitreibungsgesetz.

Justizfachwirt
Justizfachwirte sind bei → Gerichten und → Staatsanwaltschaften tätig. Zu den Hauptaufgaben gehört der Geschäftsstellenbetrieb (→ Geschäftsstelle), die Protokollführung, die Erledigung von Schreibwerk und die Kostenbehandlung. Die Ausbildung zum Justizfachwirt dauert in der Regel 2 Jahre.

Justizgerichtsbarkeit
Justizgerichtsbarkeit ist eine Bezeichnung für die → ordentliche Gerichtsbarkeit.

Justizgewährungsanspruch
(Rechtsgewährungsanspruch) nennt man allgemein den verfassungsrechtlich gewährleisteten Anspruch des Einzelnen, in Streitfällen ein Gericht anrufen zu können (→ Rechtsprechung). Im Besonderen meint man damit, dass jemandem, der durch die öffentliche Gewalt in seinen Rechten verletzt wird, der Rechtsweg offensteht (Art. 19 IV 1 GG; „formelles Hauptgrundrecht"). Der Justizgewährungsanspruch umfasst nicht nur den Zugang zu den unabhängigen Gerichten, sondern gewährleistet auch, dass dieser Zugang nicht in unzumutbarer Weise (etwa durch zu hohe Kosten) erschwert wird und dass die Sache binnen angemessener Zeit entschieden wird. Dagegen garantiert der Justizgewährungsanspruch nicht, dass mehrere Instanzen zur Verfügung stehen.

Justizhoheit
→ Gerichtshoheit.

Justizkonflikt
Ein Justizkonflikt trifft im Allgemeinen zu Tage, wenn ein Sachverhalt mehrere Rechtsordnungen berührt und diese unter prozessualen oder materiellen Gesichtspunkten nicht aufeinander „abgestimmt" sind und sich faktisch (zB kraft wirtschaftlicher Dominanz) sich einen Rechtsordnung gegen die anderen „durchsetzt". Grundsätzlich ist die Würdigung solcher Situationen Aufgabe des → Internationalen Privatrechts und des → Internationalen Zivilverfahrensrechts, welches jedoch jedes Gericht aus seiner Perspektive anwendet. Das kann zB zu einer ausufernden eigenen Sichtweise im Hinblick auf die eigenen internationale Gerichtszuständigkeit führen, zB wenn eine Rechtsordnung lediglich das Vorhandensein von Vermögen oder die bloße Anwesenheit eines Geschädigten als Anknüpfungspunkt für eine Zuständigkeit genügen lässt. Gelegentlich kommt es im deutsch-amerikanischen Justizverkehr zu solchen Konflikten, etwa wenn das amerikanische Zivilprozessrecht Beweisinstrumente einfordert, die im deutschen Zivilprozessrecht nicht anerkannt sind bzw. sich erheblich negativ auf eine deutsche Klagepartei auswirken (vgl → Discovery). Ein anderer Anwendungsfall sind amerikanische Urteile auf die Zahlung von → punitive damages und deren Vollstreckung gegen deutsche Unternehmen.

Justizministerium
Bezeichnung des für Gerichtsbarkeit, Staatsanwaltschaften, Strafvollzug und Fragen der Gesetzgebung zuständigen Ministeriums (→ Bundesjustizministerium; Landesjustizministerium als Spitze der → Landesjustizverwaltung). Die Zuständigkeiten sind unterschiedlich geregelt. Teilweise sind die Justizministerien nicht für die Fachgerichtsbarkeiten zuständig (→ Rechtspflegeministerium). Die Zuständigkeit für Fragen der Gesetzgebung ist idR auf Zivil- und Strafrecht beschränkt. Teilweise unterstehen die Landesjustizverwaltungen direkt dem Ministerpräsidenten oder dem Regierenden Bürgermeister (Bremen, Berlin, Mecklenburg-Vorpommern). Die Zusammenlegung des Justizministeriums mit dem Innenministerium in Nordrhein-Westfalen wurde wegen Verstoßes gegen das → Wesentlichkeitsprinzip für verfassungswidrig erklärt (VerfGH Nordrhein-Westfalen Urt. v. 19.1.1999).

Justizmitteilungen
Justizmitteilungen sind verfahrensübergreifende Mitteilungen personenbezogener Daten durch Gerichte der ordentlichen Gerichtsbarkeit, StAen und Arbeitsgerichte von Amts wegen an öffentliche Stellen des Bundes oder der Länder zur Erfüllung der Aufgaben des Empfängers. Da sie in das Recht auf → informationelle Selbstbestimmung eingreifen, bedürfen sie einer gesetzlichen Grundlage. Diese ist in zahlreichen bereichsspezifischen Rechtsvorschriften enthalten, zB §§ 474 ff. StPO, §§ 49 ff. OWiG. Soweit solche fehlen, richten sich die Justizmitteilungen nach §§ 12 ff. EGGVG. Danach sind sie zulässig bei Einwilligung oder offensichtlichem Interesse des Betroffenen, über öffentlich bekanntgemachte oder registrierte Daten, bei Eintritt bestimmter Rechtsfolgen (§ 13 I EGGVG), im Übrigen unter den Voraussetzungen der §§ 14–17 EGGVG, zB zur Verfolgung von Straftaten. Die Übermittlung unterbleibt, wenn eine besondere Verwendungsregelung entgegensteht (§ 12 III EGGVG). Verfahrensrechtlich ist das Persönlichkeitsrecht des Betroffenen abgesichert durch Einschränkung der Justizmitteilungen bei Datenüberhang, Zweckbindung für den Empfänger, Pflicht zur Mitteilung des Verfahrensausgangs, Auskunftsanspruch des Betroffenen, uU Pflicht zur Unterrichtung des Betroffenen und eine Rechtsschutzmöglichkeit (§§ 18–22 EGGVG). Die Justizmitteilungen sind für die Gerichte und Behörden in den Verwaltungsvorschriften über → Mitteilungen in Zivilsachen („MiZi") und → Mitteilungen in Strafsachen („MiStra") zusammengefasst. Nicht zu den Justizmitteilungen gehören verfahrensbezogene Mitteilungen, die Bestandteil des jeweiligen Verfahrens sind, und Mitteilungen zur Wahrnehmung von Aufsichts- und Weisungsbefugnissen (s. zB zur Berichtspflicht der StA gegenüber den vorgesetzten Behörden).

Justizverwaltung
ist diejenige Tätigkeit der → Justiz, die nicht → Rechtspflege darstellt. Sie besteht in der → Dienstaufsicht über die Organe der Rechtspflege (einschl. der → Rechtsanwälte und → Notare), in der Sorge für den Personal- und Sachbedarf der Justizbehörden, insbes. der Gerichte, in der Durchführung des → Strafvollzugs, Führung des → Strafregisters und in bestimmten Entscheidungen (→ Justizverwaltungsakte). Die Justizverwaltung wird ausgeübt durch die Ministerien als oberste Behörden (→ Bundesjustizministerium, → Landes-

justizverwaltung, → Justizministerium), im wesentlichen Umfang durch die Präsidenten der → Oberlandesgerichte, denen hierfür eine Verwaltungsabteilung eingegliedert ist, durch die Präsidenten der → Landgerichte und → Amtsgerichte (oder deren aufsichtführende Richter). Sa → Bundesamt für Justiz.

Justizverwaltungsakte
Justizverwaltungsakte sind → Verwaltungsakte aus dem Bereich der → Justizverwaltung, nämlich Anordnungen, Verfügungen und sonstige Maßnahmen von Justizbehörden auf den Gebieten des bürgerlichen Rechts (einschl. → Handelsrecht), des → Zivilprozesses, der → freiwilligen Gerichtsbarkeit und der Strafrechtspflege (einschl. → Strafvollzug, → Untersuchungshaft, → Jugendarrest und → Maßregeln der Sicherung und Besserung). Der Justizverwaltungsakt gehört nicht zur → Rechtspflege und ist von deren Maßnahmen (insbes. gerichtlichen Entscheidungen) zu unterscheiden. Justizverwaltungsakt ist zB Befreiung von der Beibringung des Ehefähigkeitszeugnisses für Ausländer (§ 1309 II BGB). Ein Justizverwaltungsakt kann – nach Durchführung eines etwa vorgesehenen förmlichen Beschwerdeverfahrens – im Verfahren nach den §§ 23 ff. EGGVG mit Antrag auf gerichtliche Entscheidung angefochten werden. Über den Antrag entscheidet, soweit keine anderen gesetzlichen Rechtsbehelfe vorgesehen sind (§ 23 III EGGVG, zB §§ 458–462 StPO, § 109 StVollzG → Strafvollstreckungskammer), das → Oberlandesgericht; hiergegen ist – bei Zulassung – die → Rechtsbeschwerde gegeben (§ 29 EGGVG). Neben den förmlichen Rechtsbehelfen sind gegen einen Justizverwaltungsakt → Gegenvorstellung und → Dienstaufsichtsbeschwerde möglich.

Justizverwaltungskostengesetz
Das JVKostG v. 23.7.2013 (BGBl. 2013 I 2586, 2655, mÄnd) mit dem Kostenverzeichnis hierzu ist die Grundlage für Erhebung von Gebühren und Auslagen, die in Justizverwaltungsangelegenheiten (→ Justizverwaltungsakte) anfallen, zB für Erlaubniserteilung, Abruf von Registerauszügen, Erledigung von Rechtshilfeersuchen. Bestimmte Amtshandlungen sind kostenfrei. Vollstreckt wird nach dem → Justizbeitreibungsgesetz (→ Beitreibung).

Justizvollzugsanstalt
→ Strafvollzug.

Justizwachtmeister
Justizwachtmeister sind Mitarbeiter bei → Gerichten und → Staatsanwaltschaften, die für die Aufrechterhaltung von Sicherheit und Ordnung in den Justizgebäuden, für den Vorführdienst sowie den Postein- und -ausgang bei den Justizbehörden zuständig sind.

Juwelier
→ Edelmetalle.

JVEG
→ Sachverständiger, → Zeuge.

Kabinett
→ Regierung.

Kabinettsjustiz
wurde das im Mittelalter immer stärker entwickelte Recht des Landesherrn genannt, gewisse Rechtsentscheide, besonders im Bereich der Strafrechtspflege, im landesherrlichen Kabinett – dh selbst – zu treffen. Diese Entwicklung begann damit, dass das Begnadigungsrecht des Landesherrn ständig erweitert und der strafrechtliche Schutz gegen Majestätsbeleidigung und Hochverrat zunächst von den Kurfürsten, später von allen Fürsten übernommen wurde. Hinzu kam das → Evokationsrecht, dh das Recht, ein schwebendes Verfahren an sich zu ziehen. Die K. ging sogar so weit, dass die Landesherren nicht nur die Befugnis beanspruchten, die Gerichtsurteile zu bestätigen, sondern auch schon vor Erlass des Urteils die voraussichtliche Strafe zu mildern oder gar aufzuheben. Mitte des 18. Jh. wurde die Kabinettsjustiz im Zuge der Aufklärung nach und nach beseitigt; nur das Begnadigungsrecht verblieb dem Landesherrn.

Kabinettsvorlagen
sind die Angelegenheiten, die der → Bundesregierung oder einer Landesregierung (Kabinett) als Kollegium – meist von einem Minister – zur Beratung und Beschlussfassung unterbreitet werden. Dazu gehören nach § 15 → Geschäftsordnung der BReg. alle Angelegenheiten von allgemeiner innen- oder außenpolitischer, wirtschaftlicher, sozialer, finanzieller oder kultureller Bedeutung, insbes. alle Gesetzentwürfe (→ Gesetzgebungsverfahren, 3) und solche von Verordnungen der BReg. Ferner werden als Kabinettsvorlagen die von der BReg. auf Grund ihres → Initiativrechts bei den gesetzgebenden Körperschaften eingebrachten Gesetzesvorlagen bezeichnet (richtiger: Gesetzesvorlagen der Bundesregierung).

Kabotage
→ Frachtvertrag (4), → Küstenschifffahrt.

Kaduzierung
Hat ein Aktionär die Einlage auf die → Aktien oder der Gesellschafter einer → GmbH die → Stammeinlage nicht rechtzeitig einbezahlt und ist eine Nachfrist mit Androhung der Kaduzierung erfolglos verstrichen, so kann der Aktionär seiner Aktien und der geleisteten Einzahlung, der GmbH-Gesellschafter seines → Geschäftsanteils und der geleisteten Teilzahlungen zugunsten der AG oder GmbH für verlustig erklärt werden (§ 64 AktG, § 21 GmbHG; wobei er der Gesellschaft weiterhin für den Ausfallbetrag haftet). Anders → Amortisation.

Kältenetze
→ Wärmenetze.

Käse
Die Käseverordnung (KäseV) idF v. 14.4.1986 (BGBl. 1986 I 412) mÄnd regelt die lebensmittelrechtlichen Anforderungen an Herstellung und Vertrieb von Käse im Rahmen eines → Gewerbes. Genaue Begriffsbestimmungen enthält § 1 KäseV; die §§ 3–5 KäseV normieren die Anforderungen an die Herstellung. Verstöße werden nach → Lebensmittel- und Futtermittelrecht bestraft.

Käufer
→ Kauf (1).

Kaffee
Die KaffeeVO v. 15.11.2001 (BGBl. 2001 I 3107) mÄnd regelt den Verkehr mit und die Kennzeichnung von Kaffee sowie von Kaffee- und Zichorienextrakten, → Lebensmittel- und Futtermittelrecht. Koffeinhaltige Erfrischungsgetränke (zB Energy Drinks) gehören, zT auch hinsichtlich ihrer Kennzeichnung, zum Regelungsbereich der Fruchtsaft-, Erfrischungsgetränke- und Teeverordnung, → Fruchtsäfte.

Kaffeebecher
Einwegkaffeebecher aus Styropor sind ab dem 3.7.2021 grundsätzlich verboten, im Übrigen besteht für Einwegkaffeebecher aus Kunststoff ab diesem Tag eine Kennzeichnungspflicht: → Einwegkunststoffprodukte.

Kaffeefahrt
→ Ausflugsfahrten, → Haustürgeschäft.

Kaffeesteuer
wird als → Verbrauchsteuer neben dem Zoll auf Röstkaffee mit 2,19 EUR/kg und löslichen Kaffee mit 4,78 EUR/kg erhoben (Gesetz v. 15.7.2009 (BGBl. 2009 I 1870), vgl. § 2 KaffeeStG). Das Aufkommen der Kaffeesteuer iHv jährlich ca. 1 Mrd. EUR steht dem Bund zu. Die Kaffeesteuer wird national erhoben und gehört nicht zu den innerhalb der EU harmonisierten Verbrauchssteuern.

Kahlpfändung
Kahlpfändung bedeutet, dass alle pfändbaren Gegenstände, die einer Person gehören, gepfändet werden (→ Pfändung). Eine völlige Kahlpfändung ist bei natürlichen Personen durch die Vorschriften über → Unpfändbarkeit (sa → Lohnpfändung) verboten.

Kakao
Die VO über Kakao und Schokoladenzeugnisse v. 15.12.2003 (BGBl. 2003 I 2738) mÄnd enthält Vorschriften über die Bezeichnung (Begriffsbestimmungen), die Kenntlichmachung sowie die Zulässigkeit von Zusätzen und Herstellungsverfahren (sa → Täuschung im Lebensmittelhandel). Die von der VO erfassten Kakaoerzeugnisse sind aus einer Anlage ersichtlich.

Kalamitätsnutzungen
→ außerordentliche Einkünfte (1c).

Kaldor-Hicks-Kriterium
→ Ökonomische Analyse des Rechts.

Kalendermäßige Leistung
→ Schuldnerverzug, → Gläubigerverzug.

Kalkulationsirrtum
→ Anfechtung von Willenserklärungen (1).

Kameralistik
Kameralistik ist ein in der deutschen Literatur des 18. Jh. gebräuchlicher Ausdruck für die Finanzwissenschaft. Gegenstand dieser Wissenschaft waren damals in erster Linie die Grundsätze für die Verwaltung der Kammergüter der Fürsten, vor allem der Domänen. Unter kameralistischer Haushaltsführung versteht man die herkömmliche Haushaltsführung, die im Gegensatz zur → Doppik nur Einnahmen und Ausgaben auflistet (→ Haushaltsrecht, 9).

Kameras im Gerichtssaal
→ Öffentlichkeitsgrundsatz.

Kaminkehrer
→ Schornsteinfegerwesen.

Kammer
Die Bezeichnung Kammer für öffentliche Organe wird unterschiedlich gebraucht: für Spruchkörper von Gerichten (zB → Zivilkammer) und für → Körperschaften des öffentlichen Rechts, welche die Angehörigen eines Berufs- oder Wirtschaftszweiges zur Selbstverwaltung ihrer gemeinsamen beruf- und wirtschaftlichen Angelegenheiten zusammenfasst. Hier besteht üblicherweise → Pflichtmitgliedschaft (zB § 90 II HwO, § 2 I IHKG). Diese Kammern sind entweder Repräsentativkörperschaften, bei denen die Kammerzugehörigen die Mitglieder der Kammer wählen – so → Industrie- und Handelskammer, → Handwerkskammer, → Landwirtschaftskammer –, oder Mitgliedskörperschaften, bei denen die in dem Beruf selbständig Tätigen unmittelbar die Kammern bilden, zB Rechtsanwalts-, Ärzte-, Apothekerkammern; sa → Architekten. Sog. → Kammergesetze regeln ihr → Standesrecht. In manchen Bundesländern gibt es für die Pflegeberufe Pflegekammern. Während der → Corona- oder → COVID-19-Krise hat der Gesetzgeber den Kammern vorübergehend verfahrensrechtliche Erleichterungen gewährt, etwa die Durchführung präsenzloser Wahlen und Beschlussfassungen, vgl. etwa das COVID-19-Gesetz zur Funktionsfähigkeit der Kammern v. 10.7.2020 (BGBl. 2020 I 1643, 1644).

Kammer für Baulandsachen
Die Kammer für Baulandsachen ist eine Kammer des Landgerichts, die Rechtsstreitigkeiten in → Baulandsachen entscheidet.

Kammer für Handelssachen
Die Kammer für Handelssachen ist der Spruchkörper eines → Landgerichts, der für → Handelssachen auf Antrag an Stelle der → Zivilkammer tritt (§ 94 GVG). Die Kammer für Handelsachen ist mit einem Mitglied (Richter) des LG als Vorsitzenden und zwei → Handelsrichtern als Beisitzer besetzt (§ 105 I GVG), soweit nicht der Vorsitzende allein entscheidet (§ 349 ZPO).

Kammergericht
Das Kammergericht ist das für Berlin zuständige → Oberlandesgericht; die abweichende Bezeichnung ist historisch zu erklären.

Kammergesetz
(sa → Kammer) ist die Kurzbezeichnung für Gesetze zum → Standesrecht, zB bayer. Gesetz über die Berufsausübung, die Berufsvertretungen und die Berufsgerichtsbarkeit der Ärzte, Zahnärzte, Tierärzte, Apotheker sowie der Psychologischen Psychotherapeuten und der Kinder- und Jugendlichenpsychotherapeuten (Heilberufe-K.) idF v. 6.2.2002 (GVBl. 2002, 42).

Kampfhunde
Kampfhunde sind Hunde, bei denen auf Grund rassespezifischer Merkmale, Zucht oder Ausbildung von einer gesteigerten Aggressivität und Gefährlichkeit gegenüber Menschen oder Tieren auszugehen ist. Mehrere Landesrechte (vgl. zB Art. 37 I 2, 37a des bayer. Landesstraf- und Verordnungsgesetzes vom 13.12.1982, BayRS 2011–2-I, mÄnd und bayer. VO über Hunde mit gesteigerter Aggressivität und Gefährlichkeit vom 10.7.1992, GVBl. 268) sehen für Kampfhunde Einschränkungen vor, insbes. hinsichtlich Freilaufen lassen, Erlaubnisvorbehalt und Untersagungsmöglichkeit für das Halten, Zuchtverbot, Ausbildungserlaubnis und -verbote. Diese Einschränkungen verstoßen nach der Entscheidung des Bayerischen Verfassungsgerichtshofes vom 12.10.1994 (BayVBl. 1995, 109) nicht gegen die Bayerische Verfassung (keine unzulässige Einschränkung des Grundrechts der Handlungsfreiheit). Verstöße können als Ordnungswidrigkeiten geahndet werden. Vgl. auch § 121 OWiG über das Halten gefährlicher Tiere. Durch das Gesetz zur Bekämpfung gefährlicher Hunde v. 12.4.2001 (BGBl. 2001 I 530) wurde inzwischen die Einfuhr bestimmter zur Kampfhundedressur besonders geeigneter Hunderassen verboten. Das ebenfalls in diesem Gesetz geregelte Zuchtverbot für bestimmte Kampfhunderassen wurde wegen fehlender Gesetzgebungszuständigkeit des Bundes vom BVerfG am 16.3.2004 (NVwZ 2000, 597) für verfassungswidrig erklärt. Sa → Hundehaltung; → Tierhalter.

Kann-Vorschrift
→ Ermessen, → Auslegung (1a).

Kanon
Kanon ist die deutsche Schreibweise von „canon“. Es ist die gesetzestechnische Bezeichnung für die einzelnen Bestimmungen des → Codex Iuris Canonici (CIC). Ein Kanon oder canon entspricht einem → Paragraphen in einem deutschen Gesetz oder einem → Artikel im → Grundgesetz (GG), in einer EU-Norm oder in einem bayerischen Gesetz. Sa → Kanonisches Recht.

Kanonisches Recht
wird das Recht der → katholischen Kirche bezeichnet, und zwar sowohl, soweit es nach kirchlichem Verständnis als göttliches Recht (→ ius divinum), als auch, soweit es als kirchlich gesetztes Recht (→ ius humanum) gilt. Das kanonische Recht ist im Wesentlichen im → Codex Iuris Canonici kodifiziert.

Kanzleipflicht
→ Residenzpflicht.

Kanzler
1. Kurzbezeichnung für → Bundeskanzler; 2. Amtsbezeichnung des leitenden Verwaltungsbeamten an verschiedenen → Hochschulen.

Kanzlermehrheit
Kanzlermehrheit ist kein Rechtsbegriff. Gemeint ist damit nach dem Wortlaut des → Grundgesetzes (GG) die Mehrheit der Mitglieder des Deutschen → Bundestages (auch absolute Mehrheit, im Gegensatz zur relativen Mehrheit der anwesenden Mitglieder des Bundestages), die erforderlich ist, um den → Bundeskanzler zu wählen, um im Wege eines konstruktiven → Misstrauensvotums einen Nachfolger eines amtierenden Bundeskanzlers zu wählen oder um dem Bundeskanzler in der → Vertrauensfrage das Vertrauen auszusprechen. Da ein Bundeskanzler seine Macht damit stets auf die Mehrheit der Mitglieder des Bundestages stützen muss, nennt man diese Mehrheit Kanzlermehrheit.

Kapazität
→ Hochschulzulassungsrecht (6, 7), → Kapazitätsermittlung, → Kapazitätsprozess.

Kapazitätsermittlung
im → Hochschulzulassungsrecht. Die Zulassungszahlen sind so festzusetzen, dass die personellen, räumlichen, sächlichen und fachspezifischen Gegebenheiten der Hochschule erschöpfend genutzt werden. Zu diesem Zweck ist in den Ländern eine Vielzahl eingehender Vorschriften über die Kapazitätsermittlung ergangen. IE s. → Hochschulzulassungsrecht (6 u. 7).

Kapazitätsprozess
Wird der Antrag eines Studienbewerbers auf Zulassung zum Studium an einer bestimmten Hochschule zurückgewiesen, so kann sich dieser im Kapazitätsprozess darauf berufen, die Zahl der zur Verfügung stehenden Studienplätze an dieser Hochschule sei nicht richtig festgestellt worden. Sa → Kapazitätsermittlung, → Hochschulzulassungsrecht (6, 7), → Verwaltungsstreitverfahren.

Kapazitätsreserve
→ Stromversorgung.

Kapitän
→ Schiffer, → Heuerverhältnis.

Kapital
→ Grundkapital, → Stammkapital, → Offene Handelsgesellschaft (5); sa → Kapitalanteil.

Kapitalabfindungen
auf Grund der gesetzlichen Rentenversicherung und der beamtenrechtlichen Versorgung sind steuerfrei (§ 3 Nr. 3 EStG). → Abfindung (6).

Kapitalanlageberatung
→ Anlageberatung.

Kapitalanlagebetrug
Der Straftatbestand des Kapitalanlagebetrugs (§ 264a StGB) ist ein Vorfeldtatbestand des Betrugs (§ 263 StGB), der weder die Täuschung einer individuellen Person noch den Eintritt eines Vermögensschadens voraussetzt. Ihn begeht, wer im Zusammenhang mit dem Vertrieb von Wertpapieren und dgl. in Prospekten, Darstellungen oder Übersichten über den Vermögensgegenstand hinsichtlich der für die Entscheidung über den Erwerb oder die Erhöhung erheblichen Umstände gegenüber einem größeren Kreis von Personen unrichtige vorteilhafte Angaben macht oder nachteilige Tatsachen verschweigt. Die Strafe ist Freiheitsstrafe bis zu 3 Jahren oder Geldstrafe. Wer die Erbringung der durch den Erwerb bedingten Leistung verhindert oder sich darum bemüht (→ tätige Reue), bleibt straflos.

Kapitalanlagegesetzbuch
Das Kapitalanlagegesetzbuch (KAGB) v. 4.7.2013 (BGBl. 2013 I 1981 mÄnd) regelt das Recht der → Investmentvermögen, dh der Investmentfonds, und ihrer → Kapitalverwaltungsgesellschaften in Umsetzung verschiedener EU-Richtlinien, insbes. der OGAW-RL 2009/65/EG und der AIFM-RL 2011/61/EU. Das Investmentgesetz v. 15.12.2003 (BGBl. 2003 I 2676) ist außer Kraft getreten.

Kapitalanleger
→ Anlageberatung, → Bauherren-Modell, → Investmentvermögen, → Kapitalanleger-Musterverfahrensgesetz, → Prospekthaftung.

Kapitalanleger-Musterverfahrensgesetz
1. Das Gesetz über Musterverfahren in kapitalmarktrechtlichen Streitigkeiten (Kapitalanleger-Musterverfahrensgesetz – KapMuG) idF v. 16.7.2024 (BGBl. 2024 I Nr. 240) soll Kapitalanlegern die Durchsetzung ihrer Schadenersatzansprüche wegen falscher öffentlicher Kapitalmarktinformationen, ihrer Erfüllungsansprüche aus Verträgen, die auf einem Angebot nach dem → Wertpapiererwerbs- und Übernahmegesetz beruhen, und ihrer Schadenser-

satzansprüche aus Kryptowerte-Dienstleistungen erleichtern (§ 1 KapMuG; ausschließlicher Gerichtsstand hierfür am Sitz des betroffenen Emittenten oder Dienstleisters, § 32b ZPO). Es gilt nicht für Verbandsklagen (→ Massenverfahren (Zivilprozess)), allerdings kann ein Musterverfahren neben einer Verbandsklage stattfinden. Das ursprüngliche Kapitalanleger-Musterverfahrensgesetz v. 16.8.2005 (BGBl. 2005 I 2437) war eine Reaktion auf das Telekom-Verfahren, in dem ca. 17.000 Anleger der → Deutschen Telekom AG falsche Prospektangaben vorwerfen. Der BGH hat mit Beschluss v. 21.10.2014 die Fehlerhaftigkeit des Prospektes bejaht (NJW 2015, 236).

2. Wenn mindestens 10 Kläger einen entsprechenden Musterverfahrensantrag stellen (§ 7 KapMuG), findet ein Musterverfahren vor dem übergeordneten → Oberlandesgericht (in Bayern dem → Bayerischen Obersten Landesgericht) statt. Dadurch werden die verschiedenen Ausgangsverfahren der jeweiligen Kläger ausgesetzt (§ 10 KapMuG). Sach- und Rechtsfragen werden per Musterentscheid vom OLG einheitlich festgestellt (§ 19 KapMuG). Dieser Musterentscheid ergeht durch Beschluss, kann per → Rechtsbeschwerde angefochten werden (§ 23 KapMuG) und bindet die Prozessgerichte (§ 25 KapMuG, § 325a ZPO), vor denen die jeweiligen Kläger ihre verschiedenen Prozesse jetzt wieder fortsetzen müssen. Musterverfahrensanträge werden im Musterverfahrensregister, das jedermann einsehen kann, eingetragen (§ 5 KapMuG, dazu Klageregisterverordnung (KlagRegV) v. 14.12.2012, BGBl. 2012 I 2694). Ende 2024 begann in München das Musterverfahren in Sachen Wirecard.

Kapitalanteil
Der Kapitalanteil ist der auf einen bestimmten Geldbetrag lautende Anteil eines Gesellschafters an einer → offenen Handelsgesellschaft oder → Kommanditgesellschaft. Er ist nicht mit dem → Geschäftsanteil identisch, sondern richtet sich allein nach der wechselnden, kapitalmäßigen Beteiligung des Gesellschafters am → Gesellschaftsvermögen. Der Kapitalanteil ist in Verbindung mit dem Geschäftsanteil eine der Berechnungsgrundlagen für das → Abfindungsguthaben. Dem Kapitalanteil, dessen Grundlage die → Einlage ist, werden Gewinn und Verlust zu- oder abgeschrieben (§ 120 HGB). Der Gesellschafter darf jährlich Geld bis 4% vom Kapitalanteil entnehmen, den Kapitalanteil aber nicht ohne Zustimmung der anderen Gesellschafter vermindern (§ 122 HGB). Der Kapitalanteil kann daher auch passiv (negativ) werden; in diesem Fall besteht aber keine Geldforderung der Gesellschaft gegenüber dem betreffenden Gesellschafter. Bei der Kommanditgesellschaft ist der Kapitalanteil der Höhe nach durch den Betrag der Kommanditeinlage (→ Haftsumme, § 167 II HGB) begrenzt.

Kapitalausfuhr, -einfuhr
Der Kapital- und Zahlungsverkehr mit dem Ausland bedarf nach dem → Außenwirtschaftsrecht grundsätzl. keiner Genehmigung. Dies entspricht Art. 63–66 und 75 → AEUV, nach denen der Kapital- und Zahlungsverkehr innerhalb der → Europäischen Union frei ist (→ Kapitalverkehr). Die §§ 64 ff. AWV enthalten überwiegend lediglich für die Aufstellung der Zahlungsbilanz und Beobachtung des Geldverkehrs erforderliche Meldevorschriften (→ Zahlungsverkehr).

Kapitaleinlage
→ Einlage.

Kapitalerhöhung
Eine Kapitalerhöhung ist bei der → Aktiengesellschaft oder der → Kommanditgesellschaft auf Aktien die Erhöhung des → Grundkapitals. Man unterscheidet die Kapitalerhöhung gegen Einlagen (sog. effektive Kapitalerhöhung, §§ 182–191 AktG) und die Kapitalerhöhung aus Gesellschaftsmitteln (sog. nominelle Kapitalerhöhung, §§ 207–220 AktG). Eine Kapitalerhöhung erfolgt grds. durch Ausgabe neuer (junger) → Aktien (s. aber unten). Kapitalherabsetzung und Kapitalerhöhung können miteinander kombiniert werden (sog. Kapitalschnitt). Die effektive Kapitalerhöhung erfordert einen mit qualifizierter Mehrheit zu fassenden Beschluss der Hauptversammlung, durch den die Satzungsbestimmung über die Höhe des Grundkapitals geändert wird; bei einer Gesellschaft mit Stückaktien muss sich die Zahl der Aktien in demselben Verhältnis wie das Grundkapital erhöhen (§ 182 AktG). Der Beschluss ist zum → Handelsregister anzumelden, einzutragen und bekanntzumachen (§ 184 AktG). Die neuen Aktien werden gezeichnet (→ Zeichnungsschein); dabei ist das → Bezugsrecht zu beachten. Sacheinlagen bedürfen der Prüfung (§ 183 III AktG). Die Kapitalerhöhung wird wirksam, wenn ihre Durchführung im Handelsregister nach Anmeldung (§ 188 AktG) eingetragen wird (§ 189 AktG). Erst danach dürfen neue Aktien und → Zwischenscheine ausgegeben werden (§ 191 AktG).

Während bei der effektiven Kpitalerhöhung das Gesellschaftsvermögen durch fremde Mittel vermehrt wird, geschieht die nominelle Kapitalerhöhung ausschließlich aus Mitteln der Gesellschaft selbst, insbes. dann, wenn das Gesellschaftsvermögen durch offene und stille Reserven so angewachsen ist, dass es das Grundkapital weit übersteigt. Die nominelle Kapitalerhöhung setzt einen mit qualifizierter Mehrheit gefassten, satzungsändernden Beschluss der Hauptversammlung voraus (§ 207 AktG); dabei soll das Grundkapital in der Weise erhöht werden, dass die offenen Rücklagen in Grundkapital umgewandelt werden, wobei diese Rücklagen schon in der letzten Jahresbilanz ausgewiesen sein müssen (§ 208 AktG). Gesellschaften mit Stückaktien können hierbei ihr Grundkapital auch ohne Ausgabe neuer

(Zusatz- oder Frei-)Aktien erhöhen. Der Beschluss ist zum Handelsregister anzumelden; bereits mit seiner Eintragung wird die Kapitalerhöhung wirksam; es wird fingiert (→ Fiktion), dass die neuen Aktien voll einbezahlt sind (sog. Gratisaktien). Sie stehen den Aktionären im Verhältnis ihrer Beteiligung am bisherigen Grundkapital zu (§ 212 AktG).

Eine bedingte Kapitalerhöhung (§§ 192–201 AktG) liegt vor, wenn die Hauptversammlung eine Erhöhung des Grundkapitals beschließt, die nur soweit durchgeführt werden soll, als Dritte von einem ihnen zustehenden → Bezugsrecht oder Umtauschrecht (→ Wandelschuldverschreibungen) Gebrauch machen (§ 192 I AktG). Die bedingte Kapitalerhöhung soll nur beschlossen werden zwecks Gewährung von Umtausch- oder Bezugsrechten an Gläubiger von Wandelschuldverschreibungen, zwecks → Fusion oder Ausgabe von Arbeitnehmeraktien. Der satzungsändernde, mit qualifizierter Mehrheit zu fassende Beschluss der Hauptversammlung (§ 193 AktG) ist zum Handelsregister anzumelden (§ 195 AktG). Erst nach seiner Eintragung dürfen die → Bezugsaktien ausgegeben werden (§ 197 AktG), aber nur nach voller Leistung des Gegenwerts (§ 199 AktG). Das Grundkapital ist erst mit der Ausgabe der Bezugsaktien erhöht (§ 200 AktG).

Eine weitere besondere Form der Kapitalerhöhung ist die durch → genehmigtes Kapital. Für die Erhöhung des Stammkapitals einer → Gesellschaft mit beschränkter Haftung (GmbH) gelten ähnliche Vorschriften (allgemein in §§ 55 ff. GmbHG, für die Kapitalerhöhung aus Gesellschaftsmitteln §§ 57c ff. GmbHG).

Steuerlich ist die Kapitalerhöhung dadurch begünstigt, dass der Wert der neuen Anteilsrechte auf Grund der Kapitalerhöhung aus Gesellschaftsmitteln nicht zu → Einkünften führt.

Kapitalersetzendes Darlehen
→ Gesellschafterdarlehen.

Kapitalertragsteuer
1. Kapitalertragsteuer ist eine besondere Erhebungsform der → Einkommensteuer, die als → Abzugsteuer (Quellensteuer) aus bestimmten inländischen und ausländischen Kapitalerträgen erhoben wird. Sie wird auf die Einkommensteuerschuld des Gläubigers angerechnet (§ 36 II EStG). Rechtsgrundlagen sind §§ 43–45e EStG. Bis zum Veranlagungszeitraum 2008 hatte sie den Charakter einer Einkommensteuervorauszahlung. Da die Steuerschuld mit dem Steuerabzug noch nicht abgegolten war, musste der Stpfl. die Kapitalerträge in seiner Einkommensteuererklärung nochmals erklären. Ab 1.1.2009 wurde die → Abgeltungsteuer auf Kapitalerträge eingeführt, wodurch der Anwendungsbereich für die K. verkleinert wurde und auch ihr teilweise eine abgeltende Wirkung eingeräumt wurde. Zum Abzug der Kapitalertragsteuer ist abhängig vom Kapitalertrag entweder der Schuldner der Kapitalerträge oder die auszahlende Stelle verpflichtet (§ 44 EStG).

2. Die abschließende Aufzählung der vom Steuerabzug betroffenen Kapitalerträge erfolgt in § 43 EStG. Die entsprechenden Steuersätze werden in § 43a EStG benannt, wobei sich die Steuersätze von 15 vH oder 25 vH je nach Art der Kapitalerträge bemessen.

3. Die Kapitalertragsteueranmeldung ist in elektronischer Form dem → Finanzamt zu übermitteln.

4. Die Kapitalertragsteuer entfällt bei Freistellungsauftrag oder Nichtveranlagungsbescheinigung des Wohnsitz-Finanzamts (§ 44a EStG). Der Freistellungsauftrag ist bei der auszahlenden Bank zu stellen mit der Folge, dass diese bis zum Sparer-Pauschbetrag in Höhe von 1.000 EUR/2.000 EUR für Verheiratete keinen Zinsabschlag vornimmt. Die Freistellungsaufträge bei den Banken können durch das Bundeszentralamt für Steuern überprüft werden (§ 45d EStG, Freistellungsauftrags-Datenträger-VO v. 7.4.1994, BGBl. 1994 I 768).

5. Kredit- und Finanzdienstleistungsinstitute, Wertpapierhandelsunternehmen und Wertpapierhandelsbanken waren ab 2004 bis 2008 zur jährlichen Ausstellung einer zusammenfassenden Bescheinigung über sämtliche Wertpapierdepot- und Kontenbestände, Einkünfte aus Kapitalvermögen iSd § 20 EStG sowie aus Veräußerungsgeschäften iSd § 23 EStG des Kunden (Stpfl.), die nach dem 31.12.2003 zuflossen bzw. erfolgten, verpflichtet (§ 24c EStG). Für Einkünfte aus Kapitalvermögen trat diese zusammenfassende Jahresbescheinigung neben die Steuerbescheinigung über anrechenbare Kapitalertragsteuer, Zinsabschlagsteuer und Solidaritätszuschlag. Ab dem Veranlagungszeitraum 2009 erfolgt keine zusammenfassende Jahressteuerbescheinigung. Die für die Veranlagung erforderlichen Daten sind in der neu gestalteten Steuerbescheinigung über die einbehaltene und abgeführte Abgeltungsteuer enthalten, die dem Kunden auszustellen ist. Siehe auch → EU-Zinsrichtlinie.

Kapitalgesellschaft
Eine Kapitalgesellschaft ist – im Gegensatz zur Personengesellschaft – eine Gesellschaft, bei der die Mitgliedschaft auf die reine Kapital (Geld)beteiligung und nicht auf persönliche Mitarbeit der Gesellschafter zugeschnitten ist. Die Merkmale einer Kapitalgesellschaft sind insbes., dass die Anteile grundsätzlich frei veräußert und vererbt werden können, die Gesellschafter nicht persönlich haften und ihre persönliche Mitarbeit bei der Geschäftsführung nicht notwendig ist (→ Drittorganschaft); Kapitalgesellschaften besitzen als → juristische Personen die → Rechtsfähigkeit. Kapitalgesellschaften sind die → Aktiengesellschaft, die → Kommanditgesellschaft auf Aktien, die → Gesellschaft mit beschränkter Haftung. In Einzelheiten kann die Kapitalgesellschaft, insbes. die GmbH, so ausgestattet werden, dass

sie der → Personengesellschaft angenähert ist (zB Zustimmung der Gesellschaft zur Anteilsübertragung). Umgekehrt kann die Personengesellschaft, insbes. die → Kommanditgesellschaft, der Kapitalgesellschaft angenähert sein. Zur Kapitalgesellschaften & Co. → GmbH & Co. Steuerrechtlich unterliegen Kapitalgesellschaften der → Körperschaftsteuer.

Kapitalherabsetzung
Die Kapitalherabsetzung ist bei der → Aktiengesellschaft oder → Kommanditgesellschaft auf Aktien die Herabsetzung des → Grundkapitals. Sie wird vorgenommen, wenn ein Teil des Grundkapitals, zB wegen Verkleinerung des Betriebs, nicht mehr benötigt wird, oder wenn infolge von Verlusten eine → Sanierung notwendig ist, oder für längere Zeit keine → Dividende verteilt werden kann, falls das Grundkapital unverändert bleibt. Die Kapitalherabsetzung erfordert einen satzungsändernden Beschluss der Hauptversammlung, der mit qualifizierter Mehrheit gefasst werden muss (§§ 222, 229 III AktG, § 237 II AktG). Mit der Eintragung des Beschlusses im → Handelsregister wird die Kapitalherabsetzung wirksam (§§ 223 f., 229 III AktG).

Es gibt drei Arten der Kapitalherabsetzung: Bei der ordentlichen Kapitalherabsetzung (§§ 222–228 AktG) werden entweder die Nennbeträge der Aktien herabgesetzt oder die Aktien zusammengelegt (§ 222 IV AktG) und die dadurch freiwerdenden Geldbeträge an die Aktionäre ausbezahlt. Die Gläubiger der AG werden durch § 225 AktG geschützt. Die vereinfachte Kapitalherabsetzung (§§ 229–236 AktG) geschieht in der gleichen Weise, führt aber nie zu einer Rückzahlung von Geldbeträgen an die Aktionäre (§ 230 AktG); es werden vielmehr nur die Nennbeträge der Aktien herabgesetzt. Voraussetzung der vereinfachten Kapitaherabsetzung ist, dass sie dazu dient, Wertminderungen auszugleichen, Verluste zu decken oder Beträge in die gesetzliche → Rücklage einzustellen (§ 229 I AktG). Bei der Kapitalherabsetzung durch Einziehung von Aktien (§§ 237–239 AktG) werden Aktien zwangsweise oder nach Erwerb durch die Gesellschaft (→ eigene Aktien) eingezogen (sog. → Amortisation). Die zwangsweise Einziehung ist nur zulässig, wenn sie in der Satzung vorgesehen ist oder durch eine Satzungsänderung vor Übernahme oder Zeichnung der Aktie zugelassen wird (§ 237 I AktG). Die Gläubiger der AG werden wie bei der ordentlichen Kapitalherabsetzung geschützt, weil idR die Inhaber der eingezogenen Aktien hierfür den Gegenwert in Geld erhalten (§ 237 II AktG). Eine Ausnahme gilt, wenn die AG die Aktien unentgeltlich erhält oder zu Lasten des Bilanzgewinns oder einer freien Rücklage einzieht (§ 237 III AktG). Die Kapitalherabsetzung durch Einziehung wird mit der Einziehung wirksam, wenn diese der Eintragung des Beschlusses nachfolgt (§ 238 AktG). Für die GmbH s. allgemein § 58 GmbHG und für die vereinfachte Kapitalherabsetzung §§ 58a ff. GmbHG (→ Gesellschaft mit beschränkter Haftung, 2). Die Kapitalherabsetzung, die mit einer Rückzahlung des Kapitals einhergeht, ist steuerpflichtig (§ 17 IV EStG).

Kapitalmarkt
1. Als Kapitalmarkt bezeichnet man den Markt für lang- und mittelfristige Kapitalanlagen und Unternehmensbeteiligungen. Davon abzugrenzen ist der → Geldmarkt als Markt für kurzfristige Geldmarktpapiere und Bankguthaben.

2. Am Kapitalmarkt werden vor allem → Wertpapiere iSd § 2 I WpHG (→ WpHG), also insbes. → Aktien und → Schuldverschreibungen, gehandelt. Daher stammen die Bezeichnungen Aktienmarkt und Rentenmarkt (Markt der festverzinslichen Wertpapiere). Man unterscheidet ferner den organisierten Kapitalmarkt, der ausschließlich an der → Börse und → multilateralen Handelssystemen stattfindet, vom nicht organisierten, außerbörslichen (→ systematischer Internalisierer), der zT auch als grauer Kapitalmarkt (→ Vermögensanlagen) bezeichnet wird. Ferner kann man zwischen dem Primärmarkt, an dem die → Emittenten Wertpapiere emittieren (→ Emissionsgeschäft), und dem Sekundärmarkt differenzieren, an dem die emittierten Wertpapiere gehandelt werden. Dies ist vor allem die Börse.

3. Die Funktionsfähigkeit des Kapitalmarkts ist abhängig vom Verhältnis der Kapitalbildung, der Anlagebereitschaft des Publikums und dem Kapitalbedarf von Wirtschaft und öffentlicher Hand. Der Kapitalmarkt unterliegt dem → Kapitalmarktrecht sowie ausgedehnter staatlicher Kontrolle. Zur Pflege des Kapitalmarkts haben die Geschäftsbanken den → Zentralen Kapitalmarktausschuss gegründet.

Kapitalmarktinformationen
1. Als Kapitalmarktinformationen ieS bezeichnet das → WpHG in der Überschrift des 12. Abschnitts Insiderinformationen (zur Definition → Insidergeschäft). Die unterlassene unverzügliche Veröffentlichung von tatsächlichen Insiderinformationen oder die Veröffentlichung von unwahren ist nach Art. 14, 17 MAR verboten, verpflichtet nach §§ 97 f. WpHG zum Schadensersatz und kann nach §§ 119, 120 WpHG bestraft werden.

2. In einem weiteren Sinne kann man Kapitalmarktinformationen auch als alle für den → Kapitalmarkt relevanten Informationen bezeichnen. Relevant sind solche Informationene, wenn sie das Verhalten dere Akteure oder die Kurse von Wertpapieren beeinflussen können.

3. Der Durchsetzung von Schadensersatzansprüchen wegen falscher Kapitalmarktinformationen soll das → Kapitalanleger-Musterverfahrensgesetz dienen.

4. Die meisten Kapitalmarktinformationen sollen ab 2027 für jedermann im → zentralen europäischen Zugangsportal einsehbar sein.

Kapitalmarktrecht
1. Der Begriff des Kapitalmarktrechts ist neueren Datums und stammt aus dem anglo-amerikanischen Rechtskreis. Kapitalmarktrecht umfasst alle Normen, die sich mit den Aktivitäten am → Kapitalmarkt beschäftigen, dh seinen Akteuren, den dort getätigten Geschäften sowie der Aufsicht.

2. Zentrale Vorschrift des Kapitalmarktrechts ist das → Wertpapierhandelsgesetz. Wichtig sind ferner → Börsengesetz, DepotG (→ Depotgeschäft), → Kapitalanlagegesetzbuch, → VermAnlG (→ Vermögensanlagen) und → Wertpapiererwerbs- und Übernahmegesetz.

3. Das Kapitalmarktrecht will fairen Wettbewerb der Marktteilnehmer, Anlegerschutz, → Transparenz und Markteffizienz gewährleisten. Es ist öffentliches und Privatrecht und erfasst börsliche wie außerbörsliche Geschäfte. Die Aufsicht obliegt idR der → BaFin.

4. Das Kapitalmarktrecht ist Teil der → konkurrierenden Gesetzgebung des B. (Art. 74 I Nr. 11 GG). Europarechtliche Vorgaben haben große Bedeutung.

Kapitalschnitt
→ Kapitalerhöhung.

Kapitalverkehr
1. Als Kapitalverkehr bezeichnet man im Europarecht den grenzüberschreitenden Transfer von Geld- (auch → Wertpapiere, Darlehen (→ Darlehensvertrag, → Verbraucherdarlehensvertrag)) oder Sachkapital (zB Immobilien, Unternehmensbeteiligungen). Nach Art. 63–66 AEUV sind grundsätzl. alle Beschränkungen des Kapitalverkehrs zwischen den Mitgliedstaaten, aber auch zwischen den Mitgliedstaaten und Drittstaaten, verboten. Die Freiheit des Kapitalverkehrs und die damit eng verbundene und ebenfalls in Art. 63–66 AEUV geregelte Freiheit des → Zahlungsverkehrs bilden zusammen eine der vier Grundfreiheiten des Unionsrechts.

2. Die Liberalisierung des Kapitalverkehrs erfolgte auf Grund zahlreicher Bedenken der Mitgliedstaaten langsamer als etwa die des → Warenverkehrs. Wichtige Schritte waren das Urteil des EuGH in Luisi u. Carbone v. 31.1.1984 (C-286/82 u. 26/83) sowie die Kapitalverkehrsrichtlinie 88/361/EWG v. 24.6.1988 (ABl. 178/5), deren Regelungen mit dem Vertrag von Maastricht zum 1.1.1994 in die früheren Art. 56–60 EGV übernommen wurden. Dem entsprechen die Art. 63–66 und 75 AEUV weitgehend.

3. Einzelstaatliche Beschränkungen der Freiheit des Kapitalverkehrs sind nach Art. 65 AEUV nur noch aus steuerlichen, statistischen und sicherheitsrechtlichen Gründen und nur dann möglich, wenn sie keine materiellen Beschränkungen des Kapitalverkehrs enthalten (Kontrollen, Meldepflichten, Strafverfolgung). Schutzmaßnahmen für den Kapitalverkehr anzuordnen ist ausschließlich Sache des Rats (Art. 66 AEUV; s. → Rat der EU). Maßnahmen zur Verhütung und Bekämpfung von Terrorismus sind nach Art. 75 AEUV möglich.

4. Die Freiheit des Kapitalverkehrs spielt in der Rechtsprechung des EuGH heute eine größere Rolle als früher. Regelungen in Mitgliedstaaten, wonach bei der Privatisierung staatlicher Unternehmen der Staat als Minderheitsaktionär besondere Rechte behält (Sonderaktien, golden shares), hat der EuGH idR als Verstoß gegen die Freiheit des Kapitalverkehrs beanstandet, da sie Investoren aus anderen Mitgliedstaaten abschrecken bzw. zu Aktionären zweiter Klasse machen (zB Urteile v. 4.6.2002, C-367/98, C-483/99, C-503/99; Urt. v. 26.3.2009, C-326/07; Urt. v. 11.11.2010, C-543/08). Auch das VW-Gesetz aF, das dem Land Niedersachsen besondere Rechte einräumte, verstieß gegen die Freiheit des Kapitalverkehrs (Urt. v. 23.10.2007, C-112/05, Urt. v. 22.10.2013, C-95/12). Seit dem Urt. v. 22.10.2013, C-105/12, ist der EuGH offener für Rechtfertigungen goldener Aktien aus Gründen der Daseinsvorsorge.

Kapitalverkehrsteuern
waren die Gesellschaftsteuer und die Börsenumsatzsteuer. Beide sind ab 1993 entfallen.

Kapitalversicherung
→ Lebensversicherung.

Kapitalverwaltungsgesellschaft
1. Nach § 17 KAGB (→ Kapitalanlagegesetzbuch) ist Kapitalverwaltungsgesellschaft ein Unternehmen, dessen Geschäftsbetrieb darauf gerichtet ist, → Investmentvermögen, die auch als Fonds oder Investmentfonds bezeichnet werden, zu verwalten. Bis zum Inkrafttreten des KAGB sprach man von Kapitalanlagegesellschaften; oft heißt es auch Fondsgesellschaft oder Fondsvehikel. Das Investmentvermögen ist ein Sondervermögen (s. u.), dessen Portfolioverwaltung oder Riskmanagement die Kapitalverwaltungsgesellschaft mindestens ausüben muss. Man unterscheidet externe und interne Kapitalverwaltungsgesellschaften.

2. a) Eine externe Kapitalverwaltungsgesellschaft darf nur in der Rechtsform der → Aktiengesellschaft, der → GmbH oder der → Kommanditgesellschaft betrieben werden (§ 18 KAGB). Sie muss ihren satzungsmäßigen Sitz und Hauptverwaltung im Inland sowie Aufsichtsrat oder Beirat haben. Das Mindestkapital beträgt 300.000 EUR für interne und 125.000 EUR für externe Kapitalverwaltungsgesellschaften (§ 25 KAGB). Der Geschäftsbetrieb bedarf der schriftlichen Erlaubnis und unterliegt der Aufsicht durch die → Bundesanstalt für Finanzdienstleistungsaufsicht (§ 20 KAGB), die für jede Fondskategorie separat erteilt wird. Ausführliche Regelungen der Kapitalverwaltungsgesellschaft enthalten die §§ 17 ff. KAGB. Verhaltens- und Organisationspflichten einer Kapitalverwaltungsgesellschaft präzisiert die KAVerOV v. 16.7.2013

(BGBl. 2013 I 2460 mÄnd). Das Investmentvermögen ist als Sondervermögen vom eigenen Vermögen der Kapitalverwaltungsgesellschaft getrennt zu halten, wobei die Kapitalverwaltungsgesellschaft berechtigt ist, im eigenen Namen über die zu einem Sondervermögen gehörenden Gegenstände zu verfügen. Mit der Verwahrung des Sondervermögens sowie mit Ausgabe und Rücknahme der Anteilsscheine des Investmentvermögens ist ein zugelassenes → Kreditinstitut als Verwahrstelle (früher Depotbank) zu beauftragen (§§ 68 ff. KAGB). Auswahl und Wechsel der Verwahrstelle bedürfen der Genehmigung. Kapitalverwaltungsgesellschaften sind per se keine → Kreditinstitute, § 2 I Nr. 3b KWG.

b) Investmentvermögen können auch ohne externe Kapitalverwaltungsgesellschaft selbständig als → Investmentaktiengesellschaft oder → Investmentkommanditgesellschaft aufgelegt werden (zB § 91 KAGB). In diesem Fall verwaltet sich der Fonds selbst und man spricht von einer internen Kapitalverwaltungsgesellschaft.

3. Mit Wirkung zum 1.1.2018 ist die Besteuerung grundlegend geändert worden (Investmentsteuerreformgesetz – InvStRefG – v. 26.7.2016, BStBl. I 2016, 1730 ff.). Ziel ist, die Besteuerung von inländischen Fonds und ausländischen Fonds gleichzustellen, um europarechtliche Bedenken zu begegnen. An der Steuerfreiheit des Fonds wird nicht mehr festgehalten. Der gesetzliche Vertreter des Investmentfonds hat die steuerlichen Pflichten zu erfüllen. Steuersubjekt ist der Investmentfonds. Wesentlich für die Besteuerung ist die Unterscheidung zwischen Investmentfonds und Spezialinvestmentfonds. Für letztere gelten umfassende Sonderregeln.

a) In den Anwendungsbereich des InvStRefG fallen sämtliche Investmentvermögen iSd § 1 I KAGB. Ausn. sind in § 1 III InvStRefG vorgesehen. Bedeutsam ist die Erfassung sog. Ein-Anleger Fonds, die kein Investmentvermögen iSd KAGB sind, gleichwohl aber vom InvStRefG erfasst werden. Weiter werden Kapitalgesellschaften erfasst, denen nach dem Recht des Staates, in dem sie ihren Sitz oder Geschäftsleitung haben, eine operative unternehmerische Tätigkeit untersagt ist und die keiner Ertragsteuerbesteuerung unterliegen bzw. befreit sind. Damit sind insbes. luxemburgische Verwaltungsgesellschaften für Familienvermögen erfasst. Dagegen sind Personengesellschaften aus dem Anwendungsbereich des InvStRefG ausgenommen. Grund hierfür soll sein, dass die Einkünfte bei Personengesellschaften bereits nach allgemeinen Regeln beim Anleger erfasst werden.

Grundfall der Besteuerung ist ein System, bei dem zwischen der Ebene des Investmentfonds und der des Anlegers getrennt wird (sog intransparentes Besteuerungssystem). Inländische und ausländische Investmentfonds unterliegen einer Steuerpflicht mit bestimmten Einkünften aus Quellen im Inland. Dazu gehören: inländische Beteiligungseinnahmen, inländische Immobilienerträge und sonstige inländische Einkünfte (§ 6 Abs. 2 InvStRefG). Diese Einkünfte unterliegen auf Ebene des Investmentfonds ungemildert der → Körperschaftsteuer. Bei inländischen Beteiligungseinnahmen, die der Kapitalertragsteuer unterliegen, beträgt die Kapitalertragsteuer 15 vH und hat abgeltende Wirkung (§ 7 II InvStRefG). Ferner kann → Gewerbesteuer anfallen. Nach dem § 15 II InvRefG besteht die Gewerbesteuerbefreiung nur noch, wenn der Fonds seine Vermögensgegenstände nicht aktiv unternehmerisch bewirtschaftet.

Durch Teilfreistellungen werden Investmenterträge, abhängig von der Art des Fonds, teilweise steuerfrei gestellt. Damit sollen typisierend steuerliche Belastungen auf nachgeschalteter Ebene beim Anleger berücksichtigt werden, zB beträgt bei einem Aktienfonds die Teilfreistellung 30 vH der Investmenterträge für Privatanleger, 60 vH bei betrieblich beteiligten natürlichen Personen (§ 20 InvestRefG). Korrespondierend ist nur ein anteiliger Abzug der Aufwendungen möglich (§ 21 InvestRefG).

Auf Ebene der Anleger gilt eine Pauschalversteuerung. Steuerpflichtig sind Ausschüttungen, die Vorabpauschale sowie Gewinne aus der Veräußerung von Investmentanteilen § 16 InvStRefG). Diese Erträge unterliegen, vorbehaltlich der Teilfreistellung, in voller Höhe der Besteuerung. Die Investmenterträge gehören bei Privatanlegern zu Einkünften aus Kapitalvermögen (§ 20 I Nr. 3 EStG), bei betrieblichen Anlegern gehören sie zu Betriebseinnahmen. Bei von einer inländischen Stelle verwahrten Investmentanteilen ist zudem Kapitalertragsteuer einzubehalten (§ 43 I Nr. 5, 9 EStG).

b) Für Spezial-Investmentfonds gelten Sonderregelungen. Die Voraus. eines Spezial-Investmentfonds sind in §§ 26 ff. InvestRefG geregelt. Sie stehen im Inland nur Sondervermögen und Investmentaktiengesellschaften offen. Die Anlegerzahl ist auf hundert beschränkt, die grds. keine natürlichen Personen sein dürfen.

Auch bei Spezial-Investmentfonds sind grds. die Regelungen der allgemeinen Investmentfonds anwendbar (§ 29 InvestRefG). Sie sind jedoch immer von der Gewerbesteuer befreit. Eine Steuerpflicht des Spezial-Investmentfonds entfällt, wenn die Transparenzoption ausgeübt wird (§ 30 I InvestRefG). Dann ist bei Erträgen mit Steuerabzug dieser direkt beim Anleger vorzunehmen (§ 31 InvestRefG). Bei Erträgen ohne Steuerabzug (zB Immobilienerträge) muss der Spezial-Investmentfonds auf der Fondsebene Kapitalertragsteuer erheben und abführen (§ 33 InvestRefG).

Kapitalwert

Der Begriff Kapitalwert bezieht sich hier ausschließlich auf die Berechnung des → Versorgungsausgleichs. Bei einer Scheidung ist idR eine → interne Teilung vorzunehmen, zumindest dann, wenn beide Ehegatten in der → gesetzlichen Rentenversicherung versichert sind. Bei einer → externen Teilung (§ 14 VersAusglG) ist zumindest ein Ehegatte nicht in der gesetzlichen Rentenversicherung versichert. Hier erfolgt die Teilung des → Ehezeitanteils an einen „externen" Träger. Das kann zB die gesetzliche Rentenversicherung sein. Zur Bestimmung des extern zu übertragenden Anteils hat das → Familiengericht nach § 222 III FamFG den nach § 14 VersAusglG berechneten Anteil in einen Kapitalwert umzurechnen, der dem Grundsatz der → Halbteilung entsprechen soll. Dieser ist an den Träger der externen Versorgung zu leisten.

Kapitularien
→ Rechtsgeschichte (2).

Kapitulation
ist ein → völkerrechtlicher Vertrag, der die bewaffneten Handlungen nicht nur – wie der Waffenstillstand (→ Friedensvertrag) – unterbricht, sondern allgemein oder örtlich begrenzt unter Entwaffnung und Gefangennahme der Streitkräfte einer Partei endgültig beendet. Von „bedingungsloser Kapitulation" spricht man, wenn keine Ausnahmeregelungen getroffen werden. Die von den Alliierten im 2. Weltkrieg verlangte „unconditional surrender" war kein völkerrechtlicher Begriff, sondern ein (weitergehendes) politisches Leitziel.

Kaplan
ist in der → kath. Kirche ein → Priester, dem auf Dauer wenigstens teilweise die Seelsorge für eine Gemeinschaft oder eine bestimmte Gruppe von Gläubigen anvertraut wird (lat. capellanus, can. 564 CIC; → Codex Iuris Canonici). Im deutschen Sprachraum wird häufig der (Pfarr-) → Vikar – fälschlich – als Kaplan bezeichnet.

KAPOVAZ
→ Arbeit auf Abruf.

Kappungsgrenze
ist die Legaldefinition für den Prozentsatz, um den bei Wohnraummietverträgen die Miete in einem Schritt maximal erhöht werden darf, § 558 III BGB. Sie beträgt 20%. In Gebieten, in denen die ausreichende Versorgung der Bevölkerung mit Mietwohnungen zu angemessenen Bedingungen besonders gefährdet ist, liegt die Kappungsgrenze bei 15%. Solche Gebiete können nur durch die Landesregierungen durch Rechtsverordnung für die Dauer von höchstens 5 Jahren bestimmt werden (→ Wohnraummietvertrag, 2). Sa → Mietpreisbremse, → Mietendeckel, → Mietenstopp, → Indexmiete.

Kardinal
Die Kardinäle bilden in der → kath. Kirche den Rat des Papstes und unterstützen ihn als Gremium bei der Behandlung von Fragen größerer Bedeutung im → Konsistorium. Viele Kardinäle bekleiden Ämter in der Leitung der Gesamtkirche oder der Verwaltung des Kirchenstaates. Voraussetzung der Ernennung durch den Papst ist die Weihe zum → Priester. Nach der Ernennung sind sie zum → Bischof zu weihen, falls sie diesen Rang noch nicht bekleiden. Die Kardinäle sind Titular- oder Diözesanbischöfe bzw. → Metropoliten. Das Kardinalskollegium wird vom Kardinalsdekan geleitet, es bestehen folgende Rangklassen: 1. Kardinalsbischöfe (Titularbischöfe der suburbikarischen Bistümer und die → Patriarchen der unierten Ostkirchen); 2. Kardinalspriester (idR Diözesanbischöfe mit Titelkirche in Rom); 3. Kardinalsdiakone. Die Kardinäle haben das Recht der Papstwahl (→ Papst).

Karenzentschädigung
→ Wettbewerbsverbot.

Karenzzeit
Karenzzeit (Wartezeit) ist im Arbeitsrecht der Zeitraum, in dem für einen ehemaligen Arbeitnehmer ein → Wettbewerbsverbot läuft.

Karitative Sammlung von Abfällen
s. → gemeinnützige Sammlung von Abfällen.

Karrierecenter der Bundeswehr
Innerhalb der → Bundeswehrverwaltung sind die Karrierecenter der Bundeswehr als Bundesunterbehörden insbesondere für die Durchführung der → Musterung Wehrpflichtiger (§ 17 WPflG), die Eignungsuntersuchung und Eignungsfeststellung nach der Musterung (→ Eignungsuntersuchung Wehrpflichtiger; § 20a WPflG) und die → Einberufung zuständig

Kartellbehörden
Zuständig für die Anwendung des europäischen → Kartellrechts sind die → Europäische Kommission und die mitgliedstaatlichen Kartellbehörden. Für die Anwendung der europäischen → Fusionskontrolle ist ausschließlich die Europäische Kommission zuständig; für die Anwendung der Art. 101 AEUV, Art. 102 AEUV sind die → Europäische Kommission und die jeweiligen mitgliedstaatlichen Kartellbehörden parallel zuständig (→ Kartellverfahrensverordnung). Die Behörden arbeiten hierbei im → Netzwerk der Kartellbehörden zusammen.

Für die Anwendung des deutschen → Kartellrechts sind das → Bundeskartellamt, das Bundesministerium für Wirtschaft und Klimaschutz (in § 48 Abs. 1 GWB in der seit 19.1.2021 gültigen Fassung heißt es noch „Bundesministerium für Wirtschaft und Energie") sowie die Landeskartellbehörden zuständig. Die Zuständigkeit für die Fusionskontrolle in §§ 35 f. GWB ist dem Bundeskartellamt zugewiesen; eine Ausnahme bildet hier lediglich die Erteilung einer → Ministererlaubnis gemäß § 42 GWB. Weist das GWB eine Zuständigkeit nicht einer bestimmten Behörde zu, ist das → Bundeskartellamt zuständig, wenn die Wirkung des wettbewerbsbeschränkenden oder diskriminierenden Verhaltens über ein Bundesland hinausreicht; ansonsten ist die jeweilige Landeskartellbehörde zuständig (§ 48 Abs. 2 GWB).

Kartelle
Als Kartelle werden Absprachen zwischen einander auf demselben (Angebots- oder Nachfrage-)Markt als Wettbewerber begegnenden Unternehmen (→ Horizontalvereinbarungen) bezeichnet, bei denen es um ein gemeinsames Auftreten gegenüber der Marktgegenseite geht. Dabei werden häufig Preise abgesprochen oder Märkte und Kunden räumlich oder der Sache nach aufgeteilt. Zielt die Absprache gerade auf die Ausschaltung des Wettbewerbs ab, so wird oft der wenig präzise Begriff des Hardcore-Kartells verwendet. Kartelle sind nach deutschem und europäischem → Kartellrecht grds. verboten.

Kartellgesetz
Das deutsche → Kartellrecht ist im Gesetz gegen Wettbewerbsbeschränkungen (GWB) idF d. Bek. v. 26.6.2013 (BGBl. 2013 I 1750 mÄnd) geregelt.

Kartellordnungswidrigkeitenverfahren
Zuwiderhandlungen gegen das → Kartellrecht können Ordnungswidrigkeiten darstellen (§ 81 GWB), die von den deutschen → Kartellbehörden mit Geldbußen bis zu 1 Mio. EUR bei natürlichen Personen und bis zu 10 vH des Jahresumsatzes bei Unternehmen und Unternehmensvereinigungen geahndet werden können (§ 81c GWB). Die gerichtliche Überprüfung von Bußgeldbescheiden obliegt dem Kartellsenat beim Oberlandesgericht (§ 83 GWB, § 93 GWB) – in Bayern beim → Bayerischen Obersten Landesgericht -, gegen dessen Entscheidungen die Rechtsbeschwerde zum Kartellsenat des Bundesgerichtshofs (§ 84 GWB, § 94 GWB) möglich ist. Die → Europäische Kommission kann als → Kartellbehörde gegen Unternehmen und Unternehmensvereinigungen Geldbußen bis zu 10 vH des Jahresumsatzes verhängen (Art. 23 VO (EG) 1/2003 (→ Kartellverfahrensverordnung)).

Kartellrecht
1. Das Kartellrecht dient dem Schutz des → Wettbewerbs als zentralem Strukturelement der Wirtschaftsordnung nicht nur vor → Kartellen, sondern auch vor sonstigen Beschränkungen; dagegen wird der Leistungswettbewerb zwischen einzelnen Konkurrenten durch das Lauterkeitsrecht, insbes. das Gesetz gegen den → unlauteren Wettbewerb, geschützt. Regelungen des Marktverhaltens (Vereinbarungen zwischen Marktteilnehmern, → Beschlüsse von Unternehmensvereinigungen und aufeinander → abgestimmte Verhaltensweisen) können den Wettbewerb beeinträchtigen; dann sind sie sowohl als → Horizontalvereinbarungen als auch als → Vertikalvereinbarungen verboten, wenn sie nicht freigestellt sind (→ Freistellung im Kartellrecht). Der Wettbewerb kann auch durch die → Marktbeherrschung eines Marktteilnehmers beeinträchtigt werden; hat ein Marktteilnehmer eine → marktbeherrschende Stellung, so trifft ihn ein → Missbrauchsverbot (→ Ausbeutungsmissbrauch, → Behinderungsmissbrauch, → Diskriminierungsverbot im Wettbewerbsrecht). Im Rahmen der → Fusionskontrolle wirkt das Kartellrecht dem Entstehen oder der Verstärkung einer marktbeherrschenden Stellung entgegen.

2. Das europäische Kartellrecht ist auf Verhaltensweisen anwendbar, die geeignet sind, den Handel zwischen den Mitgliedstaaten zu berühren. Art. 101 AEUV regelt das grds. Verbot wettbewerbsbeschränkender Vereinbarungen und die Voraussetzungen für dessen Ausnahmen; verschiedene → Gruppenfreistellungsverordnungen konkretisieren die Freistellungsvoraussetzungen für bestimmte Gruppen von Vereinbarungen und einige Branchen. Art. 102 AEUV enthält ein Verbot des Missbrauchs von → Marktmacht. Die Durchsetzung der Art. 101 AEUV und Art. 102 AEUV ist in der → Kartellverfahrensverordnung geregelt, die europäische → Fusionskontrolle in der → Fusionskontrollverordnung.

3. Regelungen des deutschen Kartellrechts finden sich seit 1958 im Gesetz gegen Wettbewerbsbeschränkungen (GWB). Die dortigen Verbote finden wegen des Vorrangs des europäischen Kartellrechts (→ europäisches Recht) nur noch in Fällen ohne Auswirkungen auf den zwischenstaatlichen Handel Anwendung, sind aber seit dem 1.7.2005 auch insoweit dem europäischen Kartellrecht weitgehend angeglichen. Eigenständige Regelungen betreffen noch → Mittelstandskartelle, die Landwirtschaft (vgl. § 28 GWB) und die Preisbindung bei Zeitungen und Zeitschriften (vgl. § 30 GWB).

Kartellverfahrensverordnung
Die Kartellverfahrensverordnung (VO (EG) 1/2003, ABl. EG 2003 L 1, 1 mÄnd, Kartellverfahrens-VO) ist eine → Verordnung der → Europäischen Union. Sie regelt das Verfahren der → Europäischen Kommission bei der Durchsetzung des europäischen → Kartellrechts. Diese kann feststellen, dass bestimmte Verhaltensweisen kartellrechtswidrig sind, und deren Abstellung anordnen; erforderlichenfalls kann sie Abhilfemaßnahmen auferlegen (Art. 7 Kartellverfahrens-VO), und sie kann gegen Unternehmen und Unternehmensvereinigungen Geldbußen bis zu 10 vH des Jahresumsatzes verhängen (Art. 23 Kartellverfahrens-VO). Die Verordnung regelt auch Aspekte der Verfahren der nationalen Kartellbehörden und Gerichte bei der Anwendung des europäischen Kartellrechts. So sind die Art. 101, 102 AEUV (→ AEUV) immer zumindest parallel zu entsprechendem nationalen Recht anzuwenden, wenn der zwischenstaatliche Handel berührt ist; dann darf die Anwendung nationalen Kartellrechts nicht zu anderen Ergebnissen führen als die Anwendung des europäischen

Kartellrechts (Art. 3 Kartellverfahrens-VO). Geregelt ist ferner die Zusammenarbeit zwischen Europäischer Kommission und nationalen → Kartellbehörden im → Netzwerk der Kartellbehörden bei der Anwendung der Art. 101, 102 AEUV. Die Europäische Kommission hat zur Kartellverfahrens-VO eine DurchführungsVO (VO (EG) Nr. 773/2004, ABl. EG 2004 L 123, 18 mÄnd) erlassen und eine Bekanntmachung über bewährte Vorgehensweisen veröffentlicht (ABl. EU 2011 C 308, 6).

Kartellvergaberecht
Der Begriff bezeichnet das → Vergaberecht oberhalb der → Schwellenwerte, das seit 1998 im bis dahin nur das → Kartellrecht enthaltende Gesetz gegen Wettbewerbsbeschränkungen – GWB – geregelt geregelt ist (§§ 97–184 GWB). Es unterscheidet sich vom Unterschwellenbereich insbes. durch die Kodifizierung des Vergabeverfahrens und subjektiver Ansprüche der beteiligten Unternehmen auf Einhaltung der Verfahrensvorschriften. Auch wenn Vergabe- und Kartellrecht unterschiedliche Materien sind, die unterschiedliche Schutzschwerpunkte (Kartellrecht: Schutz des Wettbewerbs; Vergaberecht: Schutz der Wettbewerber) und unterschiedliche Adressaten (Kartellrecht: alle Marktteilnehmer mit Marktmacht; Vergaberecht: nur öffentliche und Sektorenauftraggeber [→ öffentliche Aufträge]) haben, so zeigt die Aufnahme des Vergaberechts in das GWB doch die Bedeutung des Wettbewerbsprinzips auch für dieses Rechtsgebiet.

Kartellverwaltungsverfahren
Die deutschen → Kartellbehörden können bei Anwendung des deutschen und europäischen → Kartellrechts gem. §§ 32ff. GWB Unternehmen ua zur Abstellung von Zuwiderhandlungen verpflichten und hierzu Maßnahmen aufgeben, die für eine wirksame Abstellung erforderlich sind. Im Rahmen der → Fusionskontrolle kann das → Bundeskartellamt angemeldete Unternehmenszusammenschlüsse untersagen oder (ggf. mit Auflagen oder Bedingungen) freigeben (§ 40 GWB). Für beide Bereiche ist das entsprechende Kartellverwaltungsverfahren in §§ 54–62, § 80, § 86a GWB geregelt. So sind die Einleitung des Verfahrens (§ 54 GWB), die Gelegenheit zur Stellungnahme für die Beteiligten sowie die Möglichkeit einer mündlichen Anhörung (§ 56 GWB), die Ermittlungsbefugnisse der → Kartellbehörden (§§ 57–59b GWB), einstweilige Maßnahmen (§ 60 GWB) und der Verfahrensabschluss (§ 61 GWB) geregelt. Zur Durchsetzung ihrer Anordnungen können die → Kartellbehörden Zwangsgelder verhängen (§ 86a GWB). Für die Beschwerde gegen Entscheidungen im Kartellverwaltungsverfahren ist grundsätzlich der Kartellsenat des Oberlandesgerichts am Sitz der → Kartellbehörde zuständig (§ 73 GWB, § 91 GWB) – in Bayern der Kartellsenat des → Bayerischen Obersten Landesgerichts –, für die Rechtsmittel gegen dessen Entscheidungen der Kartellsenat des Bundesgerichtshofs (§ 74 GWB, § 94 GWB); nur bei Maßnahmen gem. § 19a GWB entscheidet der Bundesgerichtshof als einzige Instanz (§ 73 Abs. 5 GWB).

Das Kartellverwaltungsverfahren der Europäischen Kommission ist in der → Kartellverfahrensverordnung und in der → Fusionskontrollverordnung geregelt.

Kartellzivilverfahren
Für bürgerliche Rechtsstreitigkeiten, welche die Anwendung des deutschen und des europäischen → Kartellrechts unmittelbar oder als Vorfrage betreffen – insbes. Unterlassungs-, Belieferungs- und Schadensersatzklagen –, sind im ersten Rechtszug ausschließlich die Landgerichte zuständig (§ 87 GWB). Für die Rechtsmittel gegen die landgerichtlichen Entscheidungen ist grds. der Kartellsenat des Oberlandesgerichts zuständig (§ 91 GWB), für die Rechtsmittel gegen dessen Entscheidungen und die Sprungrevision gegen die landgerichtlichen Urteile der Kartellsenat des Bundesgerichtshofs (§ 94 GWB). Das → Bundeskartellamt ist über alle Kartellzivilverfahren durch das Gericht zu unterrichten; die zuständige → Kartellbehörde kann vor dem Gericht Stellung nehmen (§ 90 GWB).

Kartensteuer
→ Vergnügungssteuer.

Kaskadenprinzip
→ Vergaberecht.

Kaskadenverweis
Im deutschen Recht können → Verbraucherverträge grds. innerhalb einer Frist von 14 Tagen (§ 355 BGB) widerrufen werden (zu den verschiedenen Verbraucherverträgen s. → Verbrauchervertrag, 1.). Die Frist beginnt meist erst, wenn der Verbraucher über das Widerrufsrecht belehrt worden ist und auch alle im jeweiligen Vertrag vorgeschriebenen Pflichtangaben erhalten hat (zB für den → Verbraucherdarlehensvertrag § 356b BGB). Nach der Rspr. des EuGH und im folgend des BGH führte bislang jeder Fehler in einer Widerrufsbelehrung dazu, dass die Widerrufsfrist nicht zu laufen begann. Die Gestaltung der Widerrufsinformation in Wege eines Kaskadenverweises (zB im Fall eines Verbraucherdarlehensvertrags: Die Frist beginnt erst, wenn der Darlehensnehmer alle Pflichtangaben nach § 492 II BGB erhalten hat) wurde bislang wegen der Verweisung auf weitere gesetzliche Bestimmungen (und der Notwendigkeit, die Pflichtangabedn aus einer Reihe verketteter Normen selbst zu ermitteln) als fehlerhaft angesehen. Nach der neueren Rspr. wird gilt dies nicht mehr. Eine unvollständige oder fehlerhafte Information ist nur dann als fehlerhafte Belehrung anzusehen, wenn der Verbraucher durch sie in Bezug auf seine Rechte und Pflichten irregeführt und somit zum Abschluss eines Vertrags veranlasst wird, den er mögi-

cherweise nicht geschlossen hätte, wenn er über vollständige und inhaltlich zutreffene Informationen verfügt hätte.

Kaskoversicherung
Eine Kaskoversicherung (vom span. casco = Schiffsrumpf, im Gegensatz zur Ladung) ist eine freiwillige Versicherung, die zur Deckung von Schäden insbes. am Kfz abgeschlossen werden kann. Die Vollkaskoversicherung, bei der eine Selbstbeteiligung möglich ist, umfasst Beschädigung, Zerstörung und Totalverlust des Kfz durch Unfall, böswillige Handlungen Dritter sowie die von der Teilkaskoversicherung gedeckten Schäden; diese erstreckt sich auf Schäden (ohne Totalschäden), die auf Diebstahl oder sonstige Entwendung, Brand, Unwetterschäden oder Explosion zurückzuführen sind. Der Versicherungsschutz entfällt, wenn der Versicherungsnehmer den Schaden vorsätzlich herbeigeführt hat (zB infolge Alkoholeinwirkung, Nichtbeseitigung von erheblichen Mängeln); bei grober Fahrlässigkeit erfolgt Minderung der Versicherungsleistung (s. iE → Versicherungsvertrag, 4). Nicht ersetzt werden idR Reifenschäden. Nach Maßgabe der Versicherungsbedingungen ist ein Schaden spätestens binnen einer Woche anzuzeigen; ferner sind alle Maßnahmen zur Schadensminderung zu treffen. Bei Entwendung oder Brand des Kfz ist die Polizei zu verständigen. Über Schadenshöhe, Notwendigkeit von Reparaturen usw entscheidet im Streitfall ein Sachverständigenausschuss. Die Ersatzleistung richtet sich nach dem Zeitwert des Kfz am Schadenstage. Vgl. iE §§ 19 ff., 30, 81 VVG, §§ 12 ff. AKB.

Kassageschäft
ist ein Geschäft an der → Börse, das sofort oder kurzfristig – binnen 2 Börsenarbeitstagen – erfüllt werden muss (an Warenbörsen: → Lokogeschäft). Im Handelsverkehr ist Kassageschäft im weiteren Sinne jedes unter sofortiger Barzahlung abzuwickelnde Geschäft. Gegensatz: → Termingeschäft.

Kassation
Die Kassation ist in manchen ausländischen Rechten (zB in Frankreich, dort: Cour de Cassation) die Aufhebung eines Urteils auf Rechtsmittel. Anders als bei der → Revision überprüft das Kassationsgericht nur die von der betr. Partei erhobene konkrete Rüge. Es kann in der Sache nicht selbst entscheiden, sondern diese nur zurückverweisen.

Kassatorische Klausel
→ Verwirkungsklausel.

Kasse gegen Dokumente
→ Handelsklausel beim → Kauf; der Kaufpreis ist bei Aushändigung der Transportpapiere (Duplikatfrachtbrief) zu zahlen.

Kasse gegen Faktura
Nach dieser Vertragsklausel ist der Kaufpreis (→ Kauf) bei Erhalt der Rechnung zu zahlen; eine → Aufrechnung ist ausgeschlossen.

Kassenärztliche Bundesvereinigung
Die Kassenärztliche Bundesvereinigung und die Kassenzahnärztliche Bundesvereinigung sind Zusammenschlüsse der auf Landesebene gebildeten → kassenärztlichen Vereinigungen und kassenzahnärztlichen Vereinigungen.

Eine länderübergreifende Vereinigung ist zulässig. Die Kassenärztliche Bundesvereinigungen sind Körperschaften des öffentlichen Rechts (§§ 77 ff. SGB V).

Aufgabe der Bundesvereinigungen ist insbesondere der Abschluss von Bundesmantelverträgen mit den Landesverbänden der Krankenkassen und den Verbänden der Ersatzkassen (§§ 82 ff. SGB V). Ferner gehört die Vereinbarung von Vergütungen für die vertragsärztliche Versorgung der teilnehmenden Ärzte und Einrichtungen zu den Aufgaben der Landesverbände der Krankenkassen sowie mit den entsprechenden Ersatzkassen. Nach § 82 III SGB V können die Kassenärztliche Bundesvereinigung mit nicht bundesunmittelbaren Ersatzkassen, der Deutschen Rentenversicherung Knappschaft – Bahn – See sowie der landwirtschaftlichen Krankenkasse abweichende Vereinbarungen treffen.

Kassenärztliche Vereinigung
Die zur ärztlichen Versorgung der Versicherten der gesetzlichen → Krankenversicherung zugelassenen → Vertragsärzte und Vertragszahnärzte haben zur Erfüllung ihrer Aufgaben für den Bereich eines Landes jeweils eine Kassenärztliche Vereinigung und eine Kassenzahnärztliche Vereinigung gebildet, die sich ihrerseits zu Bundesvereinigungen zusammengeschlossen haben (→ Kassenärztliche Bundesvereinigung). Zu ihren Aufgaben gehört auf beiden Ebenen insbesondere der Abschluss von Verträgen mit den Verbänden der Krankenkassen zur Erfüllung der Aufgaben der vertragsärztlichen Versorgung (§§ 77 ff. SGB V).

Gegenstand der Bundesmantelverträge zwischen den Kassen(zahn)ärztlichen Bundesvereinigungen und den Spitzenverbänden der Krankenkassen sind ua einheitliche Bewertungsmaßstäbe für die Honorierung ärztlicher Leistungen. Soweit möglich, können neben den Bundesmantelverträgen auch gesonderte Vereinbarungen getroffen werden (zB Vereinbarungen hinsichtlich Maßnahmen zur Qualitätssicherung). Diese Vereinbarungen stehen den Bundesmanteltarifverträgen gleich. Die auf Landesebene geschlossenen Gesamtverträge regeln dann nicht zuletzt die Gesamtvergütung, die die Krankenkassen für die gesamte vertragsärztliche Versorgung an die Kassenärztlichen Vereinigungen zu entrichten haben; diese Gesamtvergütung wird dann von den Kassenärztlichen Vereinigungen nach dem Honorarverteilungsmaßstab auf die Vertragsärzte verteilt (§§ 82 ff. SGB V).

Für den Fall, dass es zwischen den Beteiligten nicht zu einer Einigung kommt, ist ein Schiedsverfahren vor einem Schiedsamt vorgesehen (§ 89 SGB V).

Kassenarzt
Der Kassenarzt ist → Vertragsarzt (§ 73 II SGB V) der gesetzlichen Krankenkassen und als solcher, aufgrund einer Zulassung durch die kassenärztliche Vereinigung, berechtigt, gesetzlich Versicherte auf Kosten der gesetzlichen Krankenkasse zu behandeln. Bei einem Arzt ohne entsprechende Zulassung spricht man von einem Privatarzt. Dieser behandelt ausschließlich privat Versicherte, bzw. Selbstzahler gegen Rechnung.

Kassenskonto
ist der Abzug eines gewissen Prozentsatzes von der Rechnung (idR 2–3%) bei sofortiger Barzahlung. Das Kassenskonto ist, sofern es nicht vertraglich gestattet ist, nur bei entsprechendem → Handelsbrauch zulässig. Sa → Leistungszeit, → Rabatt.

Kassenwahl
Versicherte der gesetzlichen → Krankenversicherung haben (von geringfügigen Ausnahmen abgesehen) die Möglichkeit, frei zu wählen, bei welcher → Krankenkasse sie und ihre mitversicherten Familienangehörigen versichert sein wollen. Versicherungspflichtige und Versicherungsberechtigte können zB wählen die → Ortskrankenkasse des Beschäftigungs- oder Wohnortes, jede → Ersatzkasse, deren Zuständigkeit sich auf den Beschäftigungs- oder Wohnort erstreckt, die → Betriebs- oder → Innungskrankenkasse, wenn sie in dem Betrieb beschäftigt sind, für den die Kasse besteht oder wenn die Satzung dies vorsieht oder die Krankenkasse, bei der der Ehegatte versichert ist. Bei Satzungen der Betriebskrankenkassen ist zu beachten, dass diese ggf. eine Klausel hinsichtlich einer bundesweiten Öffnung enthalten müssen. Die Ausübung des Wahlrechts hat gegenüber der gewählten Krankenkasse zu erfolgen; diese darf die Mitgliedschaft nicht ablehnen (im Gegensatz zur Privaten Krankenversicherung). Das Wahlrecht kann nach Vollendung des 15. Lebensjahrs ausgeübt werden. Der Versicherte ist an die Wahl mindestens achtzehn Monate gebunden; eine Kündigung der Mitgliedschaft ist möglich zum Ablauf des übernächsten Kalendermonats, gerechnet von dem Monat, in dem die Kündigung erklärt wird (§§ 173 ff. SGB V). Es besteht ein Sonderkündigungsrecht für den Fall der Beitragserhöhung sowie bei erstmaliger Erhebung eines Zusatzbeitrages (§ 175 SGB V).

Kassenzahnärztliche Vereinigung
Die Kassenzahnärztlichen Vereinigungen sind Körperschaften des öffentlichen Rechts, deren Aufgabe es ist, die zahnärztliche Versorgung der gesetzlich Versicherten in Deutschland sicherzustellen (siehe → Kassenärztliche Vereinigung). Die Rechtsgrundlagen dazu finden sich in den §§ 73 ff. SGB V. Je Bundesland existiert eine kassenzahnärztliche Vereinigung (Ausnahme: Nordrhein-Westfalen mit zwei kassenzahnärztlichen Vereinigungen). Spitzenorganisation ist die Bundeskassenzahnärztliche Vereinigung.

Kastration
ist die Entfernung der Keimdrüsen eines Mannes oder die Aufhebung ihrer Funktionsfähigkeit durch Bestrahlung. Andere Behandlungmethoden, zB medikamentöse Behandlung, können eine dauernde Funktionunfähigkeit der Keimdrüsen zur Folge haben, ohne dass sie beabsichtigt ist.

1. Eine zwangsweise Kastration (→ Erbgesundheitsgesetz) ist unzulässig und strafbar als schwere → Körperverletzung (§§ 223, 226 StGB).

2. Das Gesetz über die freiwillige Kastration und andere Behandlungsmethoden vom 15.8.1969 (BGBl. 1969 I 1143) mÄnd gestattet die Kastration und andere Behandlungsmethoden zur Bekämpfung eines abnormen Geschlechtstriebs.

a) Die Kastration ist zulässig – und die damit verbundene Körperverletzung nicht rechtswidrig – bei einem Mann vom 25. Lebensjahr ab mit seiner Einwilligung zur Eindämmung dadurch bedingter schwerwiegender Krankheiten, seelischer Störungen oder Leiden (medizinische Indikation) oder zur Verhinderung triebbedingter → Sexualstraftaten, Tötungs- und Körperverletzungsdelikte (kriminologische Indikation). Die Kastration muss entsprechend den wissenschaftlichen Erkenntnissen von einem Arzt durchgeführt werden und darf für den Betroffenen nicht mit unverhältnismäßigen Nachteilen verbunden sein. Die Einwilligung ist nur bei vorausgegangener Belehrung des Betroffenen (bei geistiger Beeinträchtigung in entsprechender Reduktion, aber mit Zustimmung eines zu bestellenden Betreuers und mit Genehmigung des Betreuungsgerichts) wirksam; eine Gutachterstelle muss nach Untersuchung des Betroffenen durch ein ärztliches Mitglied das Vorliegen der gesetzlichen Voraussetzungen bestätigt haben.

b) Unter den gleichen Voraussetzungen, aber ohne die des Mindestalters, sind andere Behandlungsmethoden bei Mann oder Frau zur Triebbekämpfung zulässig.

3. Eine Kastration aus anderer medizinischer Indikation, zB wegen Krebserkrankung, setzt als Heileingriff die → Einwilligung des Patienten voraus.

Kastration, Ferkel
→ Ferkelkastration.

Kasuelle Bedingung
→ Bedingung.

Kasuistik
nennt man gesetzestechnisch eine auf Einzelfälle abstellende Regelung, bei der Rechtsfindung die in besonderem Maße auf den Einzelfall ausgerichtete Sachentscheidung; bei einer Mehrheit von Rechtsfällen kann diese der unterschiedlichen Fallgestaltung durch entsprechende Rechtsregeln Rechnung tragen.

Kataster
Das Liegenschaftskataster verzeichnet sämtliche Bodenflächen in einem amtlichen vermessungstechnischen Verzeichnis, das genauen Aufschluss über die tatsächlichen Verhältnisse des Grundstücks (zB Lage, Größe, Nutzung) gibt. Es ist als amtliches Verzeichnis (§ 2 II GBO) Grundlage der Bezeichnung der → Grundstücke im → Grundbuch. Die rein tatsächlichen Angaben im Kataster nehmen nicht am → öffentlichen Glauben des Grundbuchs teil. Einrichtung und Führung des Liegenschaftskatasters ist Sache der Länder; sie erfolgt zunehmend im Wege der automatisierten Datenverarbeitung. Sa → Flurstück, → Vermessungswesen, → Grenzregelung bei Grundstücken. Daneben gibt es noch andere Kataster, zB das Immissionskataster.

Katastrophenschutz
1. Der Katastrophenschutz betrifft iW den Schutz der Bevölkerung vor Naturkatastrophen, während der → Zivilschutz den Schutz der Bevölkerung vor den Auswirkungen → militärischer Maßnahmen bezweckt. Zu den Einzelheiten s. → Zivilschutz (4). Während der Zivilschutz Aufgabe des → Bundes ist, der dabei von den → Ländern unterstützt wird, ist der Katastrophenschutz Aufgabe der Länder, die dabei vom Bund unterstützt werden.

2. Die wesentlichen bundesrechtlichen Regelungen finden sich im Zivilschutz- und KatastrophenhilfeG (ZSKG) v. 25.3.1997 (BGBl. 1997 I 726) mÄnd. Der Bund ist nach dem ZSKG auch für den Katastrophenschutz im Rahmen der Katastrophenhilfe zuständig (§ 1 II Nr. 5 ZSKG). Die Vorhaltungen des Bundes für den Zivilschutz stehen den Ländern auch für ihre Aufgaben im Bereich des Katastrophenschutzes zur Verfügung (§ 12 ZSKG). Der Bund unterstützt die Ausbildung (§ 14 ZSKG). Der Katastrophenschutz im Übrigen ist landesrechtlich geregelt. Die Katastrophenschutzgesetze der Länder enthalten die Befugnisse der zuständigen Behörden im Katastrophenfall und die Zusammenarbeit der Behörden und Hilfsorganisationen (zB Bayer. KatastrophenschutzG v. 24.7.1996, GVBl. 1996, 282, mÄnd, LandeskatastrophenschutzG für Mecklenburg-Vorpommern v. 24.10.2001, GVBl. 2001393, mÄnd). Arbeitnehmern und Beamten dürfen durch ihren Einsatz im Katastrophenschutz keine Nachteile entstehen (vgl. zB Art. 17 Bayer. KatastrophenschutzG v. 24.7.1996, GVBl. 282, mÄnd iVm Art. 33a Bayer. RettungsdiensteG v. 22.7.2008, GVBl. 2008, 429 mÄnd; § 20 II G über den Brandschutz, die Hilfeleistung und den Katastrophenschutz NRW v. 17.12.2015 GV 2015, 886).

3. Zum Einsatz der Bundeswehr bei Naturkatastrophen s. → Bundeswehreinsätze im Innern (2b).

4. Wehrpflichtige, die sich vor Vollendung des 23. Lebensjahres mit Zustimmung der zuständigen Behörde auf mindestens 4 Jahre zum ehrenamtlichen Dienst als Helfer im Zivilschutz oder Katastrophenschutz verpflichtet haben, werden nicht zum → Wehrdienst herangezogen, solange sie als Helfer im Zivilschutz oder Katastrophenschutz mitwirken (§ 13a I WPflG). Eine entsprechende Regelung enthält § 14 I ZDG (→ Zivildienst) für anerkannte → Kriegsdienstverweigerer. Der Dienst als Helfer im Zivilschutz oder Katastrophenschutz darf nicht mit dem Zivildienst für Kriegsdienstverweigerer verwechselt werden. Nach → Aussetzung der Wehrpflicht beschränkt sich die Bedeutung dieser Vorschriften auf den → Spannungsfall oder den → Verteidigungsfall.

Katholische Kirche
1. Nach ihrem eigenen Rechtsverständnis ist die katholische Kirche nicht nur Volk Gottes und religiöse Gemeinschaft, sondern ebenso deren sichtbarer, rechtlich verfasster und durch seine Organe handelnder Verband. Glieder der katholischen Kirche sind alle getauften Gläubigen, sowohl → Laien als auch Kleriker (→ Klerus).

2. Die katholische Kirche ist hierarchisch verfasst. An der Spitze steht der → Papst, unterstützt von den Behörden und Ämtern der → Kurie und den → Kardinälen. Als Versammlung aller → Bischöfe kann der Papst ein → Ökumenisches Konzil und als beratende Versammlung eine → Bischofssynode einberufen. Die katholische Kirche umfasst die unierten Ostkirchen sowie die → lateinische Kirche, die sich in Teilkirchen (→ Diözesen und diözesanähnliche Teilkirchen) gliedert; mehrere Diözesen sind zu → Kirchenprovinzen unter einem → Metropoliten zusammengefasst. Die Diözesen werden von Bischöfen geleitet und gliedern sich in Dekanate (→ Dekan) und → Pfarreien. Das → kanonische Recht regelt die Kirchenverfassung. Besonderheiten gelten auch für die Rechtsverhältnisse der Mitarbeiter der katholischen Kirche (sa → Dritter Weg; → Grundordnung, → Mitarbeitervertretungsrecht, → Kirchliche Gerichtsbarkeit, (1 f.).

3. Die Sendung der katholischen Kirche umfasst aus theologischer Sicht Leitungs-, Verkündigungs- (Lehr-) und Heiligungsgewalt. Die Leitungsgewalt umfasst gesetzgebende (→ kirchliche Gesetze, → Codex iuris canonici), vollziehende und rechtsprechende Gewalt (→ kirchliche Gerichtsbarkeit; → kirchliche Akte). Die Einzelheiten regelt das → kanonische Recht (sa → Codex Iuris Canonici). Eine dem staatlichen Recht entsprechende Gewaltentrennung besteht nicht.

4. Die Rechtsverhältnisse von katholischer Kirche und Staat sind weitgehend durch → Konkordate und Kirchenverträge geregelt (→ Staatskirchenrecht). Als → Religionsgesellschaften sind die Bistümer (Diözesen) der katholischen Kirche → Körperschaften des öffentlichen Rechts; die katholische Kirche in

Deutschland in ihrer Gesamtheit hat hingegen keinen Körperschaftsstatus.

5. Die katholische Kirche in Deutschland ist in 7 Kirchenprovinzen mit 7 Erzdiözesen und 27 zugehörigen Diözesen eingeteilt: Kirchenprovinz Bamberg (Erzdiözese Bamberg, Diözesen Eichstätt, Speyer und Würzburg); Kirchenprovinz Berlin (Erzdiözese Berlin, Diözesen Dresden-Meißen und Görlitz); Kirchenprovinz Freiburg (Erzdiözese Freiburg, Diözesen Mainz und Rottenburg-Stuttgart); Kirchenprovinz Hamburg (Erzdiözese Hamburg, Diözesen Osnabrück und Hildesheim); Kirchenprovinz Köln (Erzdiözese Köln, Diözesen Aachen, Essen, Limburg, Münster und Trier); Kirchenprovinz München-Freising (Erzdiözese München-Freising, Diözesen Augsburg, Passau und Regensburg); Kirchenprovinz Paderborn (Erzdiözese Paderborn, Diözesen Fulda, Magdeburg und Erfurt). Während die Kirchenprovinzen Bamberg, Freiburg, Köln und München-Freising in der heutigen Form bereits vor der → Wiedervereinigung Deutschlands bestanden, ergaben sich in den anderen Kirchenprovinzen erhebliche Veränderungen. Am 13.4.1994 wurde der Vertrag zwischen dem → Heiligen Stuhl und dem Land Brandenburg, dem Land Sachsen-Anhalt und dem Freistaat Sachsen über die Errichtung der Diözese Magdeburg unterzeichnet. Das Gebiet der neuen Diözese Magdeburg gehörte bisher kirchenrechtlich zur Erzdiözese Paderborn; bereits 1973 wurde in Magdeburg eine → Apostolische Administratur errichtet. Am 4.5.1994 wurde der Vertrag zwischen dem Heiligen Stuhl und dem Land Brandenburg und dem Freistaat Sachsen über die Errichtung der Diözese Görlitz unterzeichnet. Die Diözese Görlitz ist aus dem im Gebiet der ehemaligen DDR gelegenen Teil der Erzdiözese Breslau entstanden; seit 1972 war Görlitz eine Apostolische Administratur. Am 14.6.1994 wurde der Vertrag zwischen dem Heiligen Stuhl und dem Freistaat Thüringen über die Errichtung der Diözese Erfurt unterzeichnet. Ihr Gebiet setzt sich aus den in der früheren DDR gelegenen Teilen der Diözesen Fulda und Würzburg zusammen; bereits 1973 wurde für dieses Gebiet ein Apostolischer Administrator ernannt. Am 22.9.1994 wurde der Vertrag über die Errichtung der Erzdiözese Hamburg zwischen dem Heiligen Stuhl und den Ländern Hamburg, Schleswig-Holstein und Mecklenburg-Vorpommern unterzeichnet; die Erzdiözese Hamburg entstand aus Teilen der Diözesen Osnabrück und Hildesheim.

Katzen

Es ist verboten, → Fleisch von Katzen oder katzenartigen Tieren für den menschlichen Verzehr zu gewinnen oder in Verkehr zu bringen (§ 22 Tierische Lebensmittel-Hygieneverordnung: → Lebensmittel- und Futtermittelhygiene, 1b). Das Inverkehrbringen, die Ein- und Ausfuhr von Katzenfellen oder Produkten, die diese enthalten, sind durch VO (EG) 1523/2007 v. 11.12.2007 (ABl. EG 2007 L 343, 1) verboten. Nach § 5 Tiererzeugnisse-Handels-VerbotsG v. 8.12.2008 (BGBl. 2008 I 2394) können Ordnungswidrigkeiten mit bis zu 30 000 EUR geahndet, die Gegenstände eingezogen werden. Sa → Haustiere, → Jagdschutz, → Tierische Nebenprodukte, → Tollwut, → Wildernde Hunde und Katzen.

Kauf

1. Vertragsgegenstand, Abstraktionsprinzip, Werklieferungsvertrag, Sondervorschriften: Der Kauf ist ein → gegenseitiger Vertrag, durch den eine Verpflichtung zum Austausch einer (beweglichen oder unbeweglichen) → Sache (Sachkauf, § 433 BGB), eines → Rechts (Rechtskauf, § 453 BGB, s. u.) oder sonstiger Gegenstände gegen Geld (sonst → Tausch) begründet wird. Sa u. 4. Durch den Kaufvertrag wird der Verkäufer verpflichtet, dem Käufer die Sache zu übergeben, ihm also den → Besitz einzuräumen, und das → Eigentum an der Sache bzw. das verkaufte Recht zu verschaffen (§ 433 I 1 BGB; sa → Kommission, → Konditionsgeschäft; anders beim Kauf unter → Eigentumsvorbehalt, § 449 BGB, der in der Praxis sehr häufig ist, Einzelheiten über Voraussetzungen und Rechtsfolgen, insbes. auch bei Verzug mit der Kaufpreiszahlung, s. dort). Infolge des das deutsche Recht beherrschenden Abstraktionsprinzips, also der Trennung zwischen schuldrechtlichem Grundgeschäft und dinglichem Erfüllungsgeschäft (→ Sachenrecht, → Kausalgeschäft), tritt durch den Kauf allein noch keine Änderung der Eigentumslage ein; der Verkäufer ist vielmehr auf Grund des Kaufvertrags nur verpflichtet, diese herbeizuführen (Veräußerung, → Eigentumsübertragung, → Verfügung, → Handkauf). Das Kaufobjekt kann ein ganz bestimmter Gegenstand (→ Spezieskauf), aber auch nur der Gattung nach bestimmt sein (→ Gattungskauf). Ein Vertrag über die Lieferung erst herzustellender oder zu erzeugender beweglicher Sachen ist ein → Werklieferungsvertrag, auf den grds. die Vorschriften über den K. Anwendung finden, § 650 Abs. 1 S. 1 BGB. Neben bzw. teilweise anstelle der allg. kaufrechtlichen Vorschriften gelten zahlreiche Sondervorschriften, etwa bei Kaufverträgen zwischen einem → Unternehmer und einem → Verbraucher, oder bei einem Vertragsschluss unter besonderen Umständen, s. insbes. → Verbrauchsgüterkauf, → Außerhalb von Geschäftsräumen geschlossene Verträge (AGV), → Fernabsatzvertrag, → Elektronischer Geschäftsverkehr, → E-Commerce, → Online-Marktplatz, → Internet-Auktion; sa → Verbrauchervertrag, → Verbraucherverträge über digitale Produkte.

2. Vertragspflichten: Der Verkäufer hat dem Käufer die Sache oder das Recht frei von Sach- und Rechtsmängeln zu verschaffen, § 433 I 2 BGB, s. iE hierzu → Gewährleistung. Der Kauf kann auch unter einer → Bedingung abgeschlossen werden, zB dass es dem Verkäufer gelingt, die verkaufte Sache erst zu beschaf-

fen (→ Selbstbelieferungsvorbehalt; sa → Kauf auf Probe). Der Verkäufer hat regelmäßig die Pflicht zur Auskunft über die den verkauften Gegenstand betreffenden rechtlichen Verhältnisse und zur Herausgabe der zum Beweis dienenden Urkunden; er hat die Kosten der Übergabe (§ 448 I BGB), der Verpackung und der Verbringung (Transport) der verkauften Sache bis zum → Erfüllungsort (anders → Versendungskauf; sa die Klauseln → cif, → fob, → franko, → frachtfrei) sowie uU der Verwahrung bis zur Lieferung zu tragen. Mangels abweichender Vereinbarung treffen den Verkäufer auch Erschließungs- und sonstige Anliegerbeiträge (→ Erschließung) für bis zum Kauf begonnene Maßnahmen (auch bei erst späterem Beitragsbescheid). Der Verkäufer haftet aber iÜ nicht für die Freiheit des Grundstücks von öffentlichen Abgaben und anderen nicht im Grundbuch eintragungsfähigen öffentlichen Lasten, § 436 BGB. Die Hauptpflicht des Käufers ist die Zahlung des vereinbarten Kaufpreises (§ 433 II BGB; sa → Barkauf). Die Höhe des Kaufpreises kann grds. frei bestimmt werden, sofern keine öffentlich-rechtlichen Preisvorschriften bestehen (→ Vertrag, 2). Die Mehrwertsteuer (→ Umsatzsteuer) ist hierin mangels besonderer Absprache oder anderweitiger Hinweise aus den gesamten Umständen idR bereits enthalten. S. ferner die Klauseln → brutto für netto, → Kasse gegen Dokumente, → Kasse gegen Faktura, → Netto Kasse, → Preis freibleibend; s. ferner → Kassenskonto. Die Verpflichtung des Käufers zur Zahlung des Kaufpreises ist eine → Geldschuld, die regelmäßig auch durch → Aufrechnung oder → Leistung an Erfüllungs Statt erbracht werden kann (anders bei Leistung nur erfüllungshalber, zB Hingabe eines Wechsels). Die Angabe einer Kontonummer auf einer Rechnung ist die Ermächtigung an den Käufer, die Kaufpreisschuld durch Überweisung (→ Überweisungsvertrag) zu tilgen. Daneben trifft den Käufer die Pflicht, die gekaufte Sache abzunehmen, § 433 II BGB (zB bei Kauf auf Abruf innerhalb angemessener Frist). Die Abnahme ist eine echte Schuldverpflichtung des Käufers, deren Verletzung nicht nur zum Annahmeverzug (→ Gläubigerverzug), sondern zum → Schuldnerverzug führt. Der Käufer hat ferner idR die Kosten der Versendung der Sache nach einem anderen Ort als dem Erfüllungsort (→ Versendungskauf) sowie bei einem Grundstückskauf die Kosten der Beurkundung des K.vertrags, der → Auflassung und der Eintragung im → Grundbuch (§ 448 II BGB) zu tragen. Zur Verzinsung des Kaufpreises → Schuldnerverzug. Ob die Verpackung zurückzugeben ist, hängt von den Umständen (Bezahlung, Art der Verpackung) ab. Das sog. Flaschenpfand, das der Käufer darlehensähnlich entrichten musste, verpflichtet den Hersteller/Vertreiber, die leere individualisierte, dh von den Produkten anderer unterscheidbare Flasche gegen Erstattung des Pfandbetrags von jedermann zurückzunehmen; sonst besteht diese Pflicht nur im Rahmen des jeweiligen Vertragsverhältnisses. Zur Pfanderhebung aus Gründen des → Umweltschutzes s. → Abfälle.

3. Form, Leistungsstörungen, Gefahrtragung: Der Kauf ist grds. formfrei und genehmigungsfrei. Ausnahmen gelten insbes. für den → Grundstückskaufvertrag, für den → Erbschaftskauf, für den Kauf eines Vermögens (→ Vermögensübernahme) sowie beim Verkauf landwirtschaftlicher Grundstücke (→ Grundstücksverkehr, landwirtschaftlicher). Für den Kauf eingetragener Schiffe gelten die Vorschriften über den Grundstückskauf entsprechend, § 452 BGB. Bei Nichterfüllung der gegenseitigen Verpflichtungen aus dem Kauf gelten zunächst die Vorschriften des allg. Schuldrechts über Leistungsstörungen (→ Pflichtverletzung, insbes. → Unmöglichkeit der Leistung, → Schuldnerverzug, → positive Vertragsverletzung) mit den Besonderheiten des → gegenseitigen Vertrags. Soweit jedoch die verkaufte Sache mangelhaft, dh mit einem Sach- oder Rechtsmangel behaftet ist, gelten umfangreiche Sondervorschriften, s. hierzu iE → Gewährleistung. Mit der Übergabe der Sache geht die → Gefahr (s. → Gefahrtragung) des zufälligen Untergangs oder der zufälligen Verschlechterung auf den Käufer über, dh er bleibt dessen ungeachtet zur Kaufpreiszahlung verpflichtet, § 446 BGB. Von der Übergabe an gebühren dem Käufer die → Nutzungen und er trägt die Lasten der Sache (Steuern, Versicherungsprämien usw.). Der Übergabe steht es gleich, wenn der Käufer im Verzug der Annahme (→ Gläubigerverzug) ist. Besonderheiten gelten für den → Verbrauchsgüterkauf, für den → Erbschaftskauf, für den → Versendungskauf (§ 447 BGB), ferner für den → Handelskauf, dh den Kauf zwischen Kaufleuten (§§ 343 ff. HGB), der in seiner näheren Ausgestaltung weitgehend von → Handelsbräuchen beeinflusst wird. Sa → Kauf auf Probe, → Kauf nach Probe, → Umtauschvorbehalt, → Wiederkauf, → Vorkaufsrecht, → Spezifikationskauf, → Sukzessivlieferungsvertrag, → Wiederkehrschuldverhältnis.

4. Rechtskauf: Die Vorschriften über den Kauf von Sachen finden gem. § 453 BGB auf den Kauf von Rechten entsprechende Anwendung (zB Kauf von gesicherten oder ungesicherten → Forderungen, sa → Factoring, Gesellschaftsanteil, Patent, → Grundschuld, → Hypothek oä), ebenso auf den Kauf von sonstigen Gegenständen (alle übertragbaren unkörperlichen Gegenstände, die weder Forderungen, noch Rechte sind, zB Elektriziät, Wärme, know-how, Kundenstamm, Sach- oder Rechtsgesamtheiten wie Arzt oder Anwaltspraxen; sa → Sache, → Unternehmen). Auch der Erwerb im Wege der → Zwangsvollstreckung, bei einer → Versteigerung, bei Pfand- oder → Selbsthilfeverkauf ist grds. Kauf, § 450 BGB.

5. Internationaler Warenkauf: Hierfür gelten Besonderheiten, s. hierzu → CISG.

Kauf auf Probe
Bei einem Kauf auf Probe steht die Billigung des gekauften Gegenstandes im Belieben des Käufers. Ein solcher → Kauf ist im Zweifel unter der aufschiebenden → Bedingung der Billigung innerhalb der vereinbarten, sonst innerhalb einer von dem Verkäufer bestimmten angemessenen Frist abgeschlossen. Ist die Sache dem Käufer bereits zur Besichtigung übergeben, so gilt sein Schweigen als Billigung, sonst als Ablehnung (§§ 454, 455 BGB). Anders → Umtauschvorbehalt.

Kauf bricht nicht Miete
→ Wohnraummietvertrag (4).

Kauf nach Probe (Muster)
Wird bei einem → Kauf zunächst lediglich eine kleine Menge verkauft, damit der Käufer die Eigenschaften der Ware kennen lernen kann (sog. Kauf zur Probe), so gelten hierfür keine rechtlichen Besonderheiten. Entschließt sich jedoch der Käufer auf Grund der Probe oder eines übersandten Musters zum Kauf einer weiteren Menge dieser Ware (Kauf nach Probe), so sind, auch ohne eine entsprechende Vereinbarung, die Eigenschaften der Probe oder des Musters über § 434 I 1 oder 2 BGB Vertragsinhalt, da die Probe der vereinbarten oder der vorausgesetzten, üblicherweise zu erwartenden Beschaffenheit entspricht. Dies ist für die → Gewährleistung für Sachmängel von Bedeutung. Zur Untersuchungspflicht → Ausfallmuster.

Kauf unter Eigentumsvorbehalt
→ Eigentumsvorbehalt, → Kauf.

Kauf zur Probe
→ Kauf nach Probe.

Kaufanwärtervertrag
→ Grundstückskaufvertrag, → Baubetreuungsvertrag.

Kaufanwartschaft
Kaufanwartschaft nennt man das beim → Kauf unter → Eigentumsvorbehalt erworbene → Anwartschaftsrecht.

Kauffahrteischiff
Kauffahrteischiff ist die veraltete Bezeichnung für ein → Schiff, das dem Seehandel dient.

Kaufgegenstand
→ Kauf.

Kaufkraftausgleich
Der Arbeitgeber kann Auslandsbediensteten im öffentlichen Dienst, die Arbeitslohn aus öffentlichen Kassen beziehen und die für einen begrenzten Zeitraum ins Ausland entsandt sind sowie dort ihren → Wohnsitz oder → gewöhnlichen Aufenthalt haben, einen steuerfreien Kaufkraftausgleich bis zur Grenze des § 54 BBesG für Mehraufwendungen wegen Währungsdifferenz bezahlen (§ 3 Nr. 64 EStG; BMF BStBl. I 1998, 91, 360).

Kaufkraftschwund
Zu den Möglichkeiten der Wertsicherung gegen Kaufkraftschwund, insbes. bedingt durch eine → Inflation s. → Geldschuld (2); sa → Nominalitätsgrundsatz.

Kaufmännische Anweisung
→ Anweisung.

Kaufmännische Buchführung
→ Buchführung.

Kaufmännischer Angestellter
→ Handlungsgehilfe.

Kaufmännischer Verpflichtungsschein
Ein kaufmännischer Verpflichtungsschein ist eine Urkunde, in der sich ein → Kaufmann zur Leistung von Geld, → Wertpapieren oder anderen vertretbaren Sachen verpflichtet, ohne dass diese Leistung von einer Gegenleistung abhängig ist (§ 363 I 2 HGB). Der kaufmännische Verpflichtungsschein ist ein sog. gekorenes → Orderpapier. Seiner Rechtsnatur nach ist er mit dem → Solawechsel verwandt. Es handelt sich um ein in bestimmter Form gegebenes → Schuldversprechen. Der kaufmännische Verpflichtungsschein kann dazu benutzt werden, die staatliche Genehmigung bei der → Inhaberschuldverschreibung zu umgehen. Zu diesem Zweck werden kaufmännische Verpflichtungsscheine auf Order gestellt, von einer Emissionsbank blanko indossiert (→ Indossament) und verkauft. Infolge des Blankoindossaments können solche kaufmännischen Verpfichtungsscheine wie → Inhaberpapiere übertragen werden.

Kaufmännisches Bestätigungsschreiben
→ Bestätigungsschreiben.

Kaufmännisches Unternehmen
→ Unternehmen.

Kaufmännisches Zurückbehaltungsrecht
→ Zurückbehaltungsrecht.

Kaufmann
1. Kaufmann (oder Kauffrau) iSd → Handelsrechts ist, wer ein → Handelsgewerbe betreibt (§ 1 I HGB) oder dessen gewerbliches Unternehmen als Handelsgewerbe gilt (§§ 2, 3 HGB). Die frühere Unterscheidung zwischen dem Ist- oder Musskaufmann (der bestimmte, gesetzlich definierte Grundhandelsgeschäfte betreibt) und dem Soll- bzw. Kannkaufmann (der die Kaufmannseigenschaft durch verpflichtete oder freiwillige Eintragung im → Handelsregister erlangt) hat das Handelsrechtsreformgesetz vom 22.6.1998 (BGBl. 1998 I 1474) zugunsten des nunmehr einheitlichen Kaufmannsbegriffs aufgegeben. Dieser umfasst damit gleichermaßen Unternehmen des Warenhandelsverkehrs (zB Groß- und Einzelhandel, → Kommission), des Dienstleistungsgewerbes (zB Beförderungsunternehmen, Spedition), des → Handwerks und auch der sog. → Urproduktion (zB Bergbau, Ziegelei, Steinbruch). Es wird lediglich zwischen dem Kaufmann kraft Gewerbebetriebs, der

nach Art und Umfang einen in kaufmännischer Weise eingerichteten Geschäftsbetrieb erfordert (§ 1 II HGB), und dem Kaufmann kraft Eintragung im → Handelsregister (insbes. für Kleingewerbetreibende und -handwerker, Land- und Forstwirtschaft, Urproduktion, §§ 2, 3 HGB) unterschieden. Bei ersterem besteht die Kaufmannseigenschaft kraft Gesetzes (also auch ohne Eintragung im Handelsregister), bei letzterem wird sie durch diese (freiwillige) Eintragung (konstitutiv) begründet. Einzelheiten → Handelsgewerbe. Einzelkaufmann nennt man denjenigen, der als alleiniger Inhaber ein Handelsgewerbe betreibt; das kann auch ein hierzu von seinem gesetzlichen Vertreter mit Zustimmung des Familiengerichts ermächtigter Minderjähriger sein, der dann insoweit voll geschäftsfähig ist (§ 112 BGB). Die Kaufmannseigenschaft wird nicht dadurch in Frage gestellt, dass der Inhaber des Handelsgeschäfts nicht selbst tätig ist, sondern das Geschäft durch eine andere Person leiten und sich selbst vertreten lässt.

2. Daneben kennt das Gesetz noch den Kaufmann kraft Rechtsform (sog. Formkaufmann, § 6 HGB). Dies sind die → Handelsgesellschaften, also insbes. die → Aktiengesellschaft, die → Gesellschaft mit beschränkter Haftung, die → Offene Handelsgesellschaft, die → Kommanditgesellschaft sowie die eingetragene → Genossenschaft, auch wenn diese im Einzelfall kein Handelsgewerbe betreiben. Diese Gesellschaften erlangen die Kaufmannseigenschaft durch ihre Eintragung im Handelsregister. Dagegen bestehen für gewerbliche Unternehmen der öffentlichen Hand (zB städtische Verkehrsbetriebe, Sparkassen, staatliche Regiebetriebe) keine Besonderheiten mehr; sie sind jetzt in das Handelsregister einzutragen. Kaufleute sind auch die Gesellschafter der offenen Handelsgesellschaft und die persönlich haftenden Gesellschafter der Kommanditgesellschaft, nicht dagegen die Vorstandsmitglieder und Geschäftsführer einer → Kapitalgesellschaft, die Kommanditisten und Prokuristen.

3. Auf den Kaufmann finden die Vorschriften des HGB in vollem Umfang Anwendung. Insbes. führt der Kaufmann eine → Firma (1), ist im → Handelsregister einzutragen, hat → Handelsbücher zu führen und kann → Prokura erteilen; Rechtsgeschäfte, die er beim Betrieb seines Handelsgewerbes vornimmt, sind → Handelsgeschäfte (s. zB → Handelskauf, → Mängelrüge). Die frühere Unterscheidung zwischen Voll- und Minderkaufleuten (auf den diese Vorschriften nicht oder nur eingeschränkt Anwendung gefunden hatten) gibt es nicht mehr. Dies bedeutet, dass auch Kleingewerbetreibende, sofern sie sich (freiwillig) in das Handelsregister haben eintragen lassen, dem Handelsrecht in vollem Umfang (zB Formfreiheit für → Bürgschaft u. dgl.) unterliegen. Umgekehrt finden die Vorschriften über → Handelsvertreter, → Handelsmakler, → Kommission, → Speditionsvertrag, → Frachtvertrag und → Lagervertrag auch dann Anwendung, wenn ihr Unternehmen nach Art und Umfang einen in kaufmännischer Weise eingerichteten Geschäftsbetrieb nicht erfordert (§ 84 IV HGB, § 93 III HGB, § 383 II HGB, § 407 III HGB, § 453 III HGB, § 467 III HGB). Dem Kaufmann wird auf Grund Rechtsscheins der sog. → Schein-Kaufmann gleichgestellt.

Kaufmannsgehilfe
Kaufmannsgehilfe ist ein → Handlungsgehilfe oder kaufmännischer → Angestellter.

Kaufoption
→ Option (2).

Kaufpreis
→ Kauf (2).

Kaufpreissammlungen
→ Grundstückswerte.

Kaufpreisschwelle
Die Kaufpreisschwelle ist ebenso wie die → Umsatzschwelle die seitens des Gesetzgebers vorgesehene Größe, die für die Frage, ob die Vorschriften über die → Fusionskontrolle zur Anwendung gelangen, maßgeblich ist (s. § 35 Abs. 1a GWB).

Kaufrechtsvermächtnis
ist ein → Vermächtnis, durch das dem Bedachten das Recht eingeräumt wird, einen Nachlassgegenstand zu einem bestimmten niedrigen Kaufpreis zu erwerben. Macht er hiervon Gebrauch, so fällt bei ihm → Erbschaftsteuer nur aus dem Unterschiedsbetrag zwischen dem (Verkehrs-)Wert des Gegenstands und dem von ihm bezahlten Kaufpreis an.

Kaufvertrag
→ Kauf.

Kausale Handlungslehre
→ Handlungsbegriff.

Kausalgeschäft
Nach dem unsere Rechtsordnung beherrschenden Abstraktionsprinzip (→ Sachenrecht) ist von dem dinglichen Erfüllungsgeschäft (zB → Eigentumsübertragung) das ihm zugrunde liegende Verpflichtungs- oder Kausalgeschäft (zB → Kauf) zu unterscheiden. Die Unwirksamkeit des Kausalgeschäfts lässt regelmäßig das Erfüllungsgeschäft unberührt und gibt nach Durchführung des Erfüllungsgeschäfts nur einen Anspruch aus → ungerechtfertigter Bereicherung. S. iE → Sachenrecht.

Kausalität im Strafrecht
Der Straftatbestand verlangt häufig außer der Handlung des Täters auch den Eintritt eines Erfolges (→ Erfolgsdelikte, zB bei fahrlässiger Tötung den Tod des vom Täter Verletzten; Gegensatz: die schon mit der bloßen Handlung abgeschlossenen → Tätigkeitsdelikte, zB → Falscheid). Bei den Erfolgsdelikten hat der Täter nur für den Erfolg strafrechtlich einzustehen, der ihm als Ergebnis seiner Handlung zugerechnet werden kann. Dies setzt voraus, dass seine Handlung für den Erfolg kausal ist. Kausalzusammenhang ist nach der hM gege-

ben, wenn die Handlung des Täters nicht hinweggedacht werden kann, ohne dass der Erfolg entfiele (Bedingungstheorie, Begründer: v. Buri; die Handlung ist conditio sine qua non). Dabei sind alle den Erfolg bedingenden Handlungen gleichwertig (Äquivalenztheorie); es gibt keine überwiegenden Bedingungen. Demnach ist auch ohne Bedeutung, ob die kausale Handlung eine von mehreren Bedingungen ist und längere Zeit zurückliegt, ebenso ob der Erfolg auch durch später eintretende Umstände herbeigeführt worden wäre (das Haus des Getöteten brennt später ab, er wäre darin umgekommen). Die im Zivilrecht bedeutsame überholende Kausalität ist für das Strafrecht ohne Belang (Infektion des Verletzten im Krankenhaus). Der Kausalzusammenhang wird nur unterbrochen, wenn eine andere Bedingung ohne Fortwirken der früheren zum Erfolg führt (der Vergiftete wird, bevor das Gift wirkt, von einem anderen Täter erschossen). Wirkt dagegen die vom Täter gesetzte Bedingung noch fort, sind weitere von einem Dritten oder auch vom Verletzten (zB durch Unvorsichtigkeit) gesetzte Bedingungen für die Kausalität ohne Bedeutung.

Weitere Kausalitätstheorien sind: Die Adäquanztheorie (→ Kausalität im Zivilrecht), nach der nur solche Folgen durch die Handlung verursacht sind, mit deren Eintritt nach allgemeiner Lebenserfahrung gerechnet werden konnte; der Erfolg muss der gesetzten Bedingung angemessen (adäquat) sein, wobei unterschiedliche Auffassungen darüber bestehen, ob diese Entscheidung vom Standpunkt des Täters oder dem eines objektiven Dritten zur Tatzeit oder als nachträglich-objektive Prognose zu treffen ist. Nach der Relevanztheorie ist zwar jede Bedingung kausal, die nicht hinweggedacht werden kann, ohne dass der Erfolg entfiele; doch muss zwischen Tathandlung und Erfolg ein adäquater Kausalzusammenhang bestehen. Schließlich ist – auch für die Frage der Rechtswidrigkeit – zu beachten, dass dem Täter nur solche Tatfolgen zuzurechnen sind, die vom Schutzbereich der Norm umfasst werden (wer zB einem anderen seinen Führerschein überlässt, ist nach § 281 StGB strafbar, nicht dagegen wegen Körperverletzung, wenn der Nichtfahrberechtigte einen Dritten bei einem auf Alkoholeinfluss – nicht auf mangelnde Fahrkenntnis – zurückzuführenden Unfall verletzt).

Einigkeit besteht darüber, dass die bloße Kausalität der Handlung des Täters für den Erfolg nicht abschießend über die Erfüllung eines Straftatbestands entscheidet, weil dann viele Fälle einbezogen würden, in denen dieser nicht als „Werk" des Täters gewertet werden kann. Im strafrechtlichen Schrifttum ist heute hierzu die Lehre von der → objektiven Zurechnung allgemein anerkannt. Die Rechtsprechung löste viele Fälle dagegen auf der subjektiven Ebene und nimmt zB Irrtümer über den Kausalverlauf an.

Kausalität im Zivilrecht
→ Schadensersatz (1).

Kausalzusammenhang
→ Kausalität im Strafrecht, → Schadensersatz (1).

Kautel
Juristisch ist unter Kautel (lat. cautela, Vorsicht, Sicherstellung) ein Vorbehalt oder eine Absicherung zu verstehen, insbes. in einem → Vertrag.

Kautelarjurisprudenz
Kautelarjurisprudenz ist ein Begriff des → römischen Rechts. Vor dem → Zwölftafelgesetz waren Rechtskunde, Rechtsgestaltung und Rechtsfindung zunächst Sache der Priester, die im sakralen wie im weltlichen Bereich Geschäfts- und Prozessformulare entwickelten, Rechtsauskünfte erteilten und Rechtsgutachten erstellten. Für den privaten Rechtsverkehr übernahmen später weltliche Juristen aus dem Stande der Patrizier diese Tätigkeit, namentlich die Formulierung von Vertragsbedingungen (Kautelen); sie begründeten mit dieser sog. Kautelarjurisprudenz die erste Epoche der röm. Rechtswissenschaft. Der Begriff wird heute für die Gestaltung von Rechtsbeziehungen durch Verwendung vorgeformter Vereinbarungen oder → Allgemeiner Geschäftsbedingungen gebraucht, allgemein auch für die vorsorgende, planende, (vertrags)gestaltende Tätigkeit von Organen der Rechtspflege (insbes. Notaren, Rechtsanwälten, Wirtschaftsjuristen) im Gegensatz zur forensischen Tätigkeit.

Kaution
→ Sicherheitsleistung, → Mietkaution.

Kautionswechsel
Ein Kautionswechsel ist ein → Wechsel, der lediglich zur Sicherung einem Gläubiger gegeben wird. Bei Fälligkeit kann ein Dritter, aber auch der Gläubiger aus dem Kautionswechsel wie aus einem normalen Wechsel vorgehen. Der Schuldner kann nur dem Gläubiger gegenüber einwenden, dass dieser aus dem zu sichernden Rechtsverhältnis weder einen fälligen Anspruch hat noch dass ein solcher künftig entstehen wird.

Keck & Mithouard
Kurzbezeichnung für das (auf Vorlage in Strafverfahren gegen Keck und Mithouard ergangene) Urteil des Europäischen Gerichtshofs vom 24.11.1993 – C-267, 268/91, in dem dieser seine durch die → Dassonville- und die → Cassisformel geprägte Rechtsprechung zu unzulässigen Beschränkungen des freien Warenverkehrs im Sinne des (nunmehr) Art. 34 AEUV (→ AEUV) änderte. Danach sind nationale Bestimmungen zu Verkaufsmodalitäten (anderes gilt für produktbezogene Bestimmungen) zulässig, sofern sie für alle betroffenen Wirtschaftsteilnehmer gelten, die ihre Tätigkeit im Inland ausüben, und sofern sie den Absatz der inländischen Erzeugnisse und der

Erzeugnisse aus anderen Mitgliedstaaten rechtlich wie tatsächlich in der gleichen Weise berühren.

Kellerwechsel
Kellerwechsel wird ein → Wechsel genannt, bei dem der → Bezogene zahlungsunfähig oder fingiert ist. Der Kellerwechsel gehört zu den → Finanzierungswechseln und ist grundsätzlich gültig. Jedoch kann → Betrug vorliegen, da der Garantiefunktion des Wechsels nicht entsprochen wird.

Kelloggpakt
Am 27.8.1928 unterzeichneten die Vertreter Deutschlands, der USA, Belgiens, Frankreichs, Großbritanniens, Italiens, Japans, Polens, der Tschechoslowakei sowie der Vertreter der britischen Dominions Kanada, Australien, Neuseeland, Irland, Indien und Südafrika in Paris einen nach dem amerikanischen Staatssekretär Frank B. Kellogg benannten Vertrag über die Ächtung des Krieges. Sie verurteilten darin den Krieg als Mittel für die Lösung internationaler Streitfälle und erklärten, dass sie auf den Krieg als Werkzeug nationaler Politik in ihren gegenseitigen Beziehungen verzichten. Mehr als 60 weitere Staaten sind dem Pakt beigetreten. Die Auslegung des Vertrags hat in der Folge zu Schwierigkeiten geführt. Sie hatten ihren Grund teilweise in dem pauschalen Wortlaut des Pakts (RGBl. 1929 II 97), der zB keine Regelung des Verteidigungskriegs enthielt, teilweise aber auch in den verschiedenen Vorbehalten, unter denen einzelne Staaten dem Pakt beitraten. Der Kellogpakt ist im Wesentlichen durch die Satzung der → Vereinten Nationen und das dort normierte völkerrechtliche → Gewaltverbot überholt. Sa → völkerrechtliche Streitigkeit; → Kriegsrecht.

Kennenmüssen
Ein → Gutglaubensschutz tritt verschiedentlich nicht ein, wenn der Betreffende einen maßgeblichen Umstand zwar nicht kannte, ihn aber „kennen musste“, dh infolge von (jeder, auch leichter) → Fahrlässigkeit nicht kannte, § 122 II BGB. S. zB → Anfechtung von Willenserklärungen (1 aE).

Kennzeichen am Kraftfahrzeug
Die Zuteilung des am Kfz und Anhänger anzubringenden amtlichen Kennzeichens ist Teil der Zulassung des Fz., die in §§ 3, 6, 9 FZV geregelt ist. Erforderlich ist ein Antrag an die Zulassungsbehörde, die Vorlage der Zulassungsbescheinigung Teil II (→ Fahrzeugbrief) und der Nachweis einer → Kraftfahrzeug-Haftpflichtversicherung. Das Kennzeichen (mit schwarzer Schrift auf weißem Grund) wird auf Dauer, auch als Wechsel-Kennzeichen für 2 Fz. eines Halters, das zur selben Zeit nur an 1 Fz. geführt werden darf, zugeteilt (§ 9 FZV) oder befristet für 2–11 Monate als Saison-Kennzeichen; letzteres kann jedes Jahr in diesem Zeitraum verwendet werden (§ 10 III FZV). Die Ausgestaltung des Kennzeichens richtet sich nach §§ 9, 12 FZV iVm Anlage 1, 4. Für neu zugelassene Kfz und Neuzuteilung eines Kennzeichens ist ein reflektierendes Euro-Kennzeichen vorgeschrieben. Besondere Kennzeichen führen Dienst-Kfz des Bundes, der Länder, des → diplomatischen Korps und bevorrechtigter internat. Organisationen. Prüfungs-, Probe- und Überführungsfahrten ohne Betriebserlaubnis oder EG-Typgenehmigung sind zulässig; dabei müssen rote Kennzeichen zur mehrmaligen Verwendung oder Kurzzeit-Kennzeichen zur einmaligen Verwendung, die höchstens 5 Tage gültig sind, oder Ausfuhr-Kennzeichen zur dauerhaften Verbringung des Fz. in das Ausland geführt werden (§§ 41 ff. FZV). Sa → Oldtimer. Grüne Kennzeichen sind für bestimmte von der Kfz-Steuer befreite Kfz und bei bestimmten Anhängern vorgesehen (§ 10 II FZV). Nach Abstempelung ist das Kennzeichen iVm dem Kfz als öffentliche Urkunde anzusehen. Zugleich bildet es mit dem Fahrzeug eine sog. zusammengesetzte Urkunde, so dass eine → Urkundenfälschung (§ 267 StGB) auch derjenige begeht, der das Kennzeichen zur Täuschung im Rechtsverkehr an einem anderen Fahrzeug befestigt. Über die sog. Versicherungskennzeichen → Fahrräder mit Hilfsmotor, → Kleinkrafträder, → Leicht-Kfz, → Mobilitätshilfe. Sa → Nationalitätszeichen. An elektrisch betriebenen Fz., die die bis 31.12.2026 bestehenden Bevorrechtigungen nach dem EmoG (→ Elektromobilität) in Anspruch nehmen wollen, muss das Kennzeichen um den Kennbuchstaben „E“ auf blauer Plakette im Anschluss an die Erkennungsnummer ergänzt sein (§ 11 FZV).

Kennzeichen verfassungswidriger Organisationen
Das Verwenden von Kennzeichen verfassungswidriger und terroristischer Organisationen wird durch § 86a StGB unter Strafe gestellt. Die Norm bildet ein abstraktes Gefährdungsdelikt, das dem Schutz der verfassungsmäßigen Ordnung dient.

Tatobjekte sind Kennzeichen einer der in § 86 I Nr. 1, 2 u. 4 StGB bezeichneten Parteien oder Vereinigungen, dh Kennzeichen einer nach Art. 21 II GG vom BVerfG für verfassungswidrig erklärten Partei (KPD, SRP), einer Vereinigung, die nach Art. 9 II GG, §§ 3 ff. VereinsG unanfechtbar verboten worden ist, weil ihre Zwecke oder Tätigkeit sich gegen Strafgesetze, die verfassungsmäßige Ordnung oder die Völkerverständigung richten, sowie diejenigen der früheren NSDAP und ihrer Organisationen (→ nationalsozialistische Kennzeichen). Im Jahr 2021 wurde der Tatbestand durch zusätzlichen Verweis auf Organisationen nach § 86 II StGB auf Organisationen erstreckt, die auf Grundlage der Verordnung (EG) Nr. 2580/2001 vom 27.12.2001 als terroristische Organisationen (zu → terroristischen Vereinigungen iSd § 129a StGB s. dort) gelistet sind. Der Art nach kann es sich bei Kennzeichen insbes.

handeln um Fahnen, Abzeichen, Uniformstücke, aber auch Parolen und Grußformen („Heil Hitler", „Rotfront") sowie ihnen zum Verwechseln ähnliche Kennzeichen (§ 86a II StGB). Erfasst wird, wer derartige Kennzeichen im Inland verbreitet oder öffentlich, in einer Versammlung oder in einem von ihm verbreiteten → Inhalt (§ 11 III StGB) verwendet oder einen Inhalt, der ein derartiges Kennzeichen darstellt oder enthält, zur Verbreitung oder entsprechenden Verwendung herstellt, vorrätig hält, einführt oder ausführt. Der Tatbestand setzt Handeln mit → Vorsatz voraus. Der → Versuch steht nicht unter Strafe.

Durch Verweis auf § 86 IV StGB ausgenommen von der Strafbarkeit ist die Verwendung im Rahmen der staatsbürgerlichen Aufklärung, der Abwehr verfassungswidriger Bestrebungen, der Kunst oder der Wissenschaft, der Forschung oder der Lehre, der Berichterstattung über Vorgänge des Zeitgeschehens oder der Geschichte und zu ähnlichen sozialadäquaten Zwecken (Gegenpropaganda, historische Werke, Theaterstücke u. dgl.).

Der Strafrahmen umfasst Geldstrafe und Freiheitsstrafe bis zu drei Jahren. Bei geringer Schuld kann das Gericht von Strafe absehen (§ 86a III StGB iVm § 86 V StGB).

Besteht für die betreffende Organisation nur ein vollziehbares, aber noch kein unanfechtbar gewordenes Verbot, so können entsprechende Handlungen unter den Straftatbestand nach § 20 I Nr. 5 VereinsG fallen.

Kennzeichenerfassung

Der Einsatz einer automatischen Kennzeichenerfassung als Instrument in → Ermittlungsverfahren in Strafsachen wird zugelassen durch § 163g StPO. Die Eingriffsnorm wurde im Jahr 2021 durch das Gesetz zur Fortentwicklung der Strafprozessordnung und zur Änderung weiterer Vorschriften vom 25.6.2021 (BGBl. 2021 I 2099) neu eingefügt, um eine verfassungskonforme Rechtsgrundlage zu schaffen in Ansehung der Vorgaben, die zu einer vergleichbaren präventivpolizeilichen Norm des BayPAG durch das BVerfG ergangen sind (Beschlüsse vom 18.12.2018, AZ. 1 BvR 142/15 ua, BVerfGE 150, 244). Zugelassen wird das Instrument im Strafverfahren allerdings allein für Zwecke der → Fahndung. Forderungen nach einer Ausdehnung auf weitere Ermittlungszwecke, etwa solche der Aufklärung von Straftaten, konnten sich im Gesetzgebungsverfahren nicht durchsetzen (s. hierzu BT-Drs. 19/30517, 17 f.).

Inhaltlich gestattet es § 163g I StPO, im öffentlichen Verkehrsraum ohne das Wissen der betroffenen Personen Kennzeichen von Kraftfahrzeugen sowie Ort, Datum, Uhrzeit und Fahrtrichtung durch den Einsatz technischer Mittel automatisch zu erheben. Dies geschieht durch Einsatz automatischer Kennzeichenlesesysteme, mit denen über einen bestimmten Zeitraum hinweg vor allem auf Fernstraßen sämtliche passierende Fahrzeuge abgelichtet und deren amtliche Kennzeichen (→ Kennzeichen am Kraftfahrzeug) durch eine Software ausgelesen werden können. Diese Daten können sodann mit Kennzeichen von Kraftfahrzeugen abgeglichen werden, die auf einen → Beschuldigten oder seine Kontaktpersonen zugelassen sind beziehungsweise von diesen Personen genutzt werden (BT-Drs. 19/27654, 82). Ein Einsatz setzt zureichende tatsächliche Anhaltspunkte dafür voraus, dass eine Straftat von erheblicher Bedeutung begangen worden ist. Der → Tatverdacht muss sich daher mindestens auf eine Tat mittlerer Kriminalität (keine Bagatelldelikte) beziehen, die den Rechtsfrieden empfindlich stört und geeignet ist, das Gefühl der Rechtssicherheit der Bevölkerung erheblich zu beeinträchtigen (BT-Drs. 19/27654, 85). Zudem muss die Annahme gerechtfertigt sein, dass die Maßnahme zur Ermittlung der Identität oder des Aufenthaltsorts des Beschuldigten führen kann. Die Datenerhebung darf nur vorübergehend und nicht flächendeckend erfolgen; ihre Anordnung bedarf daher der Benennung der örtlichen Begrenzung und ist zu befristen (§ 163g I 2, III 3 StPO). Die Kennzeichenerfassung bedarf der schriftlichen Anordnung durch die → Staatsanwaltschaft, bei Gefahr im Verzug kann sie auch durch deren → Ermittlungspersonen iSd § 152 GVG erfolgen (§ 163g III 1, 4 StPO).

Eingriffsnormen zur Zulassung der automatischen Kennzeichenerfassung für präventive Zwecke sind in vielen Polizeigesetzen der Länder (zB Art. 39 BayPAG, § 19 HmbPolDVG, § 32a NPOG, § 33 VII ThPAG) und in §§ 27b, 34 BPolG enthalten.

Kennzeichenmissbrauch

Straftatbestand nach § 22 StVG: Danach wird mit Freiheitsstrafe bis zu 1 Jahr oder Geldstrafe bestraft, wer in rechtswidriger Absicht an einem Kfz ein anderes als das amtliche Kennzeichen für dieses Kfz (→ Kennzeichen am Kraftfahrzeug) oder an einem nicht zugelassenen Kfz ein Zeichen anbringt, das den Anschein eines amtlichen Kennzeichens erweckt, desgleichen wer das echte Kennzeichen beseitigt, verdeckt oder seine Erkennbarkeit sonstwie beeinträchtigt oder wer wissentlich ein vorschriftswidrig gekennzeichnetes Kfz auf öffentl. Wegen gebraucht. Die Bestimmung gilt aber nur subsidiär (→ Konkurrenz von Straftaten), dh wenn nicht im Einzelfall ein strengeres Strafgesetz anzuwenden ist, zB Urkundenfälschung. Zum Schutz gegen Kennzeichenmissbrauch werden Herstellung, Vertrieb und Ausgabe der Kennzeichen und ihrer Vorprodukte nach Maßgabe der §§ 6b–6d StVG überwacht (Anzeige- und Auskunftspflichten, Berechtigungsscheine, ggf. Untersagung). Missbräuchliches Herstellen usw. ist strafbar, Verstoß gegen Nachweispflichten usw. Ordnungswidrigkeit (§§ 22a, 24b StVG).

Kennzeichenrecht
Das Kennzeichenrecht betrifft den Schutz von → Marken und → geschäftlichen Bezeichnungen, nämlich → Unternehmenskennzeichen, → Geschäftsabzeichen und → Werktitel. Es ist im MarkenG v. 25.10.1994 (BGBl. 1994 I 3082 mÄnd) geregelt. Insbes. für → Marken bestehen auch internationale Regelungen, vor allem die Unionsmarkenverordnung.

Kennzeichenstreitsachen
Kennzeichenstreitsachen sind → Zivilprozesse, in denen Ansprüche aus → Kennzeichenrecht geltend gemacht werden; dazu gehören Unterlassungs- und Schadensersatzansprüche aus einer Kennzeichenrechtsverletzung sowie Ansprüche aus Rechtsgeschäften über Kennzeichen (z. B. Ansprüche aus Verträgen über die Lizenzierung von Markenrechten). Für Kennzeichenstreitsachen sind im ersten Rechtszug die → Landgerichte ausschließlich zuständig; die Landesregierungen können für die Bezirke mehrerer Landgerichte eines von ihnen als Gericht für Kennzeichenstreitsachen bestimmen, wovon zum Zwecke der Spezialisierung und damit Stärkung der fachlichen Kompetenzen der mit Kennzeichenstreitsachen befassten Gerichte auch vielfach Gebrauch gemacht wurde. Geregelt und legaldefiniert sind die Kennzeichenstreitsachen in § 140 MarkenG.

Kennzeichnung von Lebensmitteln
1. a) Die VO (EU) 1169/2011 v. 25.10.2011 (ABl. EU 2011 L 304, 18) zur Information über Lebensmittel regelt die Information der Verbraucher, insbes. durch die Kennzeichnung von Lebensmitteln. Die VO gilt, unbeschadet von EU-Spezialvorschriften, für Lebensmittel, die für Endverbraucher oder für Gemeinschaftsverpflegungen bestimmt sind (zB Hotels, Restaurants, Catering-Unternehmen, Kantinen, Schulen, Krankenhäuser, mobil, fest installiert oder per Fahrzeug). Sie gilt ebenfalls für Verkehrsunternehmen, die Verpflegungsdienstleistungen erbringen, sofern der Abfahrtsort im Geltungsbereich der Verträge der → Europäischen Union liegt. Sie legt allgemeine Grundsätze, Anforderungen und Zuständigkeiten für die Information über Lebensmittel fest. Dem Endverbraucher soll mit der VO eine Grundlage für eine fundierte Wahl und sichere Verwendung von Lebensmitteln unter besonderer Berücksichtigung gesundheitlicher, wirtschaftlicher, umweltbezogener, sozialer und ethischer Gesichtspunkte geboten werden (Art. 3 VO (EU) 1169/2011). Zu den Grundsätzen gehört auch, dass bei der Erarbeitung, Bewertung und Überprüfung der Vorschriften idR die Öffentlichkeit zu konsultieren ist.

Die Verantwortung für die Information obliegt den Lebensmittelunternehmern (→ Lebensmittelunternehmen) bzw. den Importeuren in die EU (Art. 8 VO (EU) 1169/2011). Auch mündliche Informationen unterliegen den Bestimmungen der VO (Art. 2 IIa VO (EU) 1169/2011). Die VO schreibt verpflichtende Informationen vor, zB zum tatsächlichen Herkunftsland, zur Bezeichnung, Zusammensetzung, Füllmenge, Mindesthaltbarkeitsdatum und → Nährwertangaben (Art. 9–35 VO (EU) 1169/2011) und freiwillige Informationen, etwa über nicht erwünschte Stoffe oder für Vegetarier oder Veganer (Art. 36, 37 VO (EU) 1169/2011). Die Informationen müssen verfügbar und leicht zugänglich sein. Die Art. 38–45 bestimmen den Rahmen für einzelstaatliche Vorschriften über zusätzliche verpflichtende Angaben. Deren Erlass ist zum Schutz der öffentlichen Gesundheit, zum Verbraucherschutz, zur Betrugsvorbeugung und zum Schutz von gewerblichen Schutzrechten möglich.

b) Ergänzende, nachrangig zu Sonderrecht geltende Kennzeichnungsvorschriften enthält die LebensmittelinformationsDVO (LMIDV) v. 5.7.2017 (BGBl. 2017 I 2272) mÄnd. Sie gilt nicht nur für die Abgabe von Lebensmitteln an Endverbraucher und Anbieter von Gemeinschaftsverpflegung, sondern auch für die Lieferung innerhalb der Lieferkette (§ 1 LMIDV). Neben der Pflicht zur Kennzeichnung in deutscher Sprache (§ 2 LMIDV) enthält sie umfangreiche Sondervorschriften zur Kennzeichnung von vorverpackten und nicht vorverpackten Lebensmitteln (→ Bier, → Fertigpackungen, → intelligente Verpackungssysteme). Die Informationen müssen so bereitgestellt werden, dass der Kunde sie vor Kaufabschluss und Übergabe zur Kenntnis nehmen kann. Sie können in folgenden Fällen auch mündlich erfolgen: wenn das Lebensmittel erst am Verkaufsort auf Wunsch des Kunden verpackt wird, wenn es nicht vorverpackt ist oder wenn es zum unmittelbaren Verkauf, aber nicht zur Selbstbedienung vorverpackt angeboten wird. § 5 LMIDV enthält zahlreiche Verkehrs- und Abgabeverbote für vor- und nicht vorverpackte Lebensmittel, so auch für durch Fernkommunikationstechniken angebotene Lebensmittel oder für Lieferungen innerhalb der Lieferkette.

Die Lebensmittel-KennzeichnungsVO idF v. 15.12.1999 (BGBl. 1999 I 2464 mÄnd) bleibt für eine ganze Reihe von VOen des Lebensmittel-Rechts weiterhin in Kraft, zB für die VOen über → Käse, → Kaffee und die → Butterverordnung (s. Artikel-VO zur Anpassung nationaler Rechtsvorschriften an die VO (EU) 1169/2011 betreffend die Information der Verbraucher über Lebensmittel v. 5.7.2017, BGBl. 2017 I 2272). → Mindesthaltbarkeitsdatum.

2. Die VO (EG) Nr. 1829/2003 v. 22.9.2003 (ABl. EU 2003 L 268, 1) (→ Genlebensmittel und -futtermittel, → neuartige Lebensmittel) bestimmt, dass Lebensmittel, die → gentechnisch veränderte Organismen (GVO) enthalten, mit dem Zusatz „genetisch verändert" gekennzeichnet werden müssen, Art. 12 ff. VO (EG) Nr. 1829/2003. Die Kennzeichnungspflicht besteht nicht, wenn das Lebensmittel weniger als 0,9% GVO enthält. Sie gilt auch nicht für

Fleisch, Milch und Eier von Tieren, die mit GVO gefüttert wurden. Verstöße gegen die Kennzeichnungspflicht werden mit Strafe (bis zu 5 Jahren, zT Geldstrafe) oder Bußgeld (bis zu 50 000 EUR) geahndet. S. dazu §§ 6 ff. EG-Gentechnik-Durchführungsgesetz v. 22.6.2004 (BGBl. 2004 I 1244) mÄnd; es schreibt auch vor, unter welchen Voraussetzungen ein Lebensmittel mit der Angabe „ohne Gentechnik" gekennzeichnet werden darf (§§ 3a, 3b EG-Gentechnik-Durchführungsgesetz). Besondere Kennzeichnungspflichten ergeben sich bei Lebensmitteln, die Anlass zu religiösen oder ethischen Bedenken geben könnten.

3. Zur Pflicht, bei inländischen Lebensmitteln tierischen Ursprungs die Haltungsform der Tiere, aus denen das Lebensmittel gewonnen wurde, anzugeben: → Tierhaltungskennzeichnung.

4. Werden Lebensmittel mit einer → geschützten geografischen Angabe, einer → geschützten Ursprungsbezeichnung oder als → garantiert traditionelle Spezialität vermarket, muss auf dem Etikett zumindest das entsprechende Unionszeichen abgebildet sein.

5. Sa → Aufstallungspflicht, → Allergien, → Lebensmittel- und Futtermittelrecht, → Nährwertangaben, → Zusatzstoffe, → Zutat. Zu Sondervorschriften → Lebensmittel für bestimmte Verbrauchergruppen, → Eier.

Kennzeichnung von Textilien
→ Textilkennzeichnung.

Kernbeschränkungen
sind im → Kartellrecht wettbewerbsbeschränkende Vereinbarungen, die immer als spürbare Beeinträchtigung des Wettbewerbs anzusehen und nicht freistellungsfähig sind (→ Freistellung im Kartellrecht, → Schwarze Klauseln). In → Horizontalvereinbarungen sind Absprachen zur Festsetzung der von Dritten verlangten Preise, zur Beschränkung der Produktion oder des Absatzes sowie zur Aufteilung von Märkten oder Kunden Kernbeschränkungen. In → Vertikalvereinbarungen können insbes. → Preisbindungen und Vereinbarungen zur Beschränkung des Kundenkreises des Wiederverkäufers (auch in räumlicher Hinsicht) Kernbeschränkungen sein (vgl. Nr. 11 der Bagatellbekanntmachung der Europäischen Kommission, ABl. EG 2001 C 368, 13).

Kernbrennstoffsteuer
1. Rechtsgrundlage ist das Kernbrennstoffsteuergesetz vom 8.12.2010 (BGBl. 2010 I 1804). Es handelt sich um eine → Verbrauchsteuer. Sie wurde im Zuge der Einigung mit den Energiekonzernen über die Laufzeitverlängerung von Kernkraftwerken mit Wirkung zum 1.1.2011 eingeführt.

2. Gegenstand der Besteuerung war der Verbrauch von Kernbrennstoff (Uran 233 und 235 sowie Plutonium 239 und 241), der zur gewerblichen Erzeugung von elektrischem Strom verwendet wird. Die Steuer knüpfte an die Masse des Kernbrennstoffs an und entstand, wenn ein Brennelement oder einzelne Brennstäbe in einen Kernreaktor erstmals eingesetzt wurden und eine selbsttragende Kettenreaktion auslöste. Die Steuer betrug für ein Gramm Brennstoff 145 EUR.

3. Steuerschuldner war der Betreiber des Kernkraftwerkes. Dieser hatte beim zuständigen Hauptzollamt bis zum 15. Tag des Folgemonats eine Steuererklärung (Steueranmeldung) einzureichen. Die für den Monat entstandene Steuer war am 25. Tag des Folgemonats fällig.

4. Die Steuer sollte nur bis 2016 erhoben werden. Trotz des inzwischen von der Bundesregierung beschlossenen Atomausstiegs bis 2022 wurde jedoch an der K. festgehalten. Das BVerfG (2 BvL 6/13) hat die Kernbrennstoffsteuer mit Beschluss vom 13.4.2017 mangels Gesetzgebungskompetenz des Bundes für die Einführung der Steuer für verfassungswidrig und nichtig erklärt.

Kernenergie
→ Atomrecht, → Europ. Atomgemeinschaft, → Sprengstoff- und Strahlungsverbrechen.

Kerngebiet
Gebiet nach der → Baunutzungsverordnung, das im Wesentlichen nicht Wohnzwecken dient, in dem aber ua Geschäfts-, Büro- und Verwaltungsgebäude, Einzelhandelsbetriebe, Wirtschaften, Beherbergungsbetriebe, Vergnügungsstätten, nicht wesentlich störende Gewerbebetriebe, Anlagen für kirchliche, kulturelle, soziale, gesundheitliche und sportliche Zwecke sowie Parkhäuser mit Tankstellen zulässig sind.

Kernwaffen
→ Atomwaffensperrvertrag, → ABC-Waffen.

Kettenarbeitsvertrag, -verhältnis
→ befristetes Arbeitsverhältnis (2).

Kettenbrief
Bei einer Kettenbriefaktion zahlt der Empfänger des Briefes idR einen bestimmten Betrag an den Absender und gibt den Brief sodann unter Streichung einer darauf befindlichen Adresse und Hinzufügung seines Namens an mindestens zwei Personen weiter, die ebenso verfahren sollen. Da sich der Brief damit in Form einer geometrischen Reihe verbreitet, muss der Teilnehmerkreis ständig außerordentlich stark anwachsen, was irgendwann zum Zusammenbruch des Systems führen muss. Das Veranstalten einer privaten Kettenbriefaktion ist nicht strafbar (BGHSt. 34, 171) und unterliegt nicht der → Lotteriesteuer (BFH BStBl. II 1977, 495).

Kettenhandel
→ Streckengeschäft.

Kettenschenkung
Erhält jemand als Durchgangs- oder Mittelsperson eine Zuwendung, die er entsprechend einer vorher bestehenden Verpflichtung in vollem Umfang an einen Dritten weitergibt,

liegt schenkungsteuerrechtlich nur eine Zuwendung aus dem Vermögen des Zuwendenden an den Dritten vor. Wegen der Verpflichtung zur Weitergabe besteht keine Bereicherung der Mittelsperson aus dem Vermögen des Zuwendenden; eine Schenkung der Mittelsperson an den Dritten kommt nicht in Betracht (BFH BStBl. II 1994, 128). Durch eine Kettenschenkung kann also der Schenkungsteuerfreibetrag nicht mehrfach ausgenutzt werden. Bsp: A bekommt von B – seinem Vater – ein Haus im Wert von 400 000 EUR geschenkt und überträgt dieses absprachegemäß am gleichen Tag auf seine Ehefrau. Hier werden nicht zwei Schenkungen angenommen, sondern eine direkte Schenkung des B an die Ehefrau des A.

KfH
Abkürzung für → Kammer für Handelssachen.

Kfz-GVO
Die Kfz-GVO (VO (EU) 461/2010, ABl. EU 2010 L 129, 52) stellt bestimmte → Vertikalvereinbarungen im Kraftfahrzeugsektor (ohne Motorräder) im Wege der → Gruppenfreistellungsverordnung vom Verbot wettbewerbsbeschränkender Vereinbarungen im → Kartellrecht frei.

Für Neuwagen ordnete die Kfz-GVO an, dass die diesen Sektor bisher regelnde VO (EG) 1400/2002 (ABl. EG 2002 L 203, 30 mÄnd), eine wesentlich differenziertere Sonderregelung als die allg. → Vertikal-GVO, bis zum 31.5.2013 weiter galt. Nicht freistellungsfähig waren danach Vereinbarungen mit umfangreich aufgelisteten → Schwarzen Klauseln. Der früher zulässige Ausschluss des Vertriebs mehrerer Marken durch einen Händler war grds. nicht mehr freigestellt. Die Freistellung galt nur, soweit der Marktanteil des Lieferanten 30% (bei quantitativen selektiven Vertriebssystemen: 40%) nicht überstieg. Für die Zeit nach dem 31.5.2013 ordnet die Kfz-GVO für den Neuwagenvertrieb die Geltung der allg. Vertikal-GVO an.

Für den Kfz-Anschlussmarkt (Ersatzteile, Wartung, Instandsetzung) stellt die Kfz-GVO Vertikalvereinbarungen grds. frei. Nicht freistellungsfähig sind allerdings Vereinbarungen mit → Schwarzen Klauseln wie Beschränkungen hinsichtlich des Verkaufs von Ersatzteilen durch Mitglieder eines → selektiven Vertriebssystems an unabhängige Werkstätten.

Die → Europäische Kommission hat zur Auslegung der Kfz-GVO ergänzende Leitlinien aufgestellt (ABl. EU 2010 C 138, 16).

KG
→ Kommanditgesellschaft. Außerdem Abkürzung für das → Kammergericht in Berlin.

KG a. A.
→ Kommanditgesellschaft auf Aktien.

KI
→ Künstliche Intelligenz.

KI-Verordnung
1. Die KI-Verordnung (Verordnung zur Festlegung harmonisierter Vorschriften für → Künstliche Intelligenz, (VO (EU) 2024/1689 vom 13.6.2024 – KI-VO), engl. Artifical Intelligence Act – AI Act) schafft den europäischen Rechtsrahmen für eine auf den Menschen ausgerichtete, vertrauenswürdige künstliche Intelligenz, die ein hohes Schutzniveau in Bezug auf Gesundheit, Sicherheit und die in der → Charta der Grundrechte der Europäischen Union (Grundrechte-Charta) verankerten Grundrechte gewährleisten und schädliche Auswirkungen künstlicher Intelligenz unterbinden soll. Gleichzeitig werden Rahmenbedingungen für die Entwicklung innovativer KI-Systeme in der EU geschaffen. Sie gilt ab 2.8.2026 mit der Ausnahme, dass Kap. I und II (allg. Bestimmungen und verbotene Praktiken im KI-Bereich) ab 2.2.2025 gelten. Kap. III Abschnitt 4, Kap. V, Kap. VII und Kap. XII sowie Art. 78 KI-VO ab 2.8.2025, mit Ausnahme des Art. 101 KI-VO; Art. 6 Abs. 1 KI-VO und die entsprechenden Pflichten gelten ab 2.8.2027 (vgl. Art. 113 KI-VO).

2. Die KI-VO gilt u. a. für Anbieter, die KI-Systeme in der EU in Verkehr bringen oder in Betrieb nehmen; für Betreiber von KI-Systemen, die ihren Sitz in der EU haben; Anbieter und Betreiber, die ihren Sitz in einem Drittland haben, wenn das vom System hervorgebrachte Ergebnis in der EU verwendet wird und für Einführer und Händler von KI-System. Für betroffene Personen sieht die KI-VO Rechte vor. Art. 4 KI-VO sieht ein ausreichendes Maß an KI-Kompetenz für die Anbeiter und Nutzer (zB Schulungen) vor.

3. Sie legt in Abhängigkeit von möglichen Risiken und Auswirkungen durch KI-Systeme und -Modelle gestufte Verbote und Verpflichtungen fest. Verboten ist u. a. die KI-gestützte unterhalb des Bewusstseins liegende Beeinflussung oder gezielte Manipulation der menschlichen Entscheidungsfindung, Bewertung des sozialen Verhaltens, die zu einer Schlechterstellung führt, biometrische Kategorisierung auf Grundlage sensibler Merkmale wie bspw. Rasse, ethnischer Herkunft, religiöser oder weltanschaulicher Überzeugung, sexueller Orientierung, das ungezielte Auslesen von Gesichtsbildern aus dem Internet oder von Überwachungskameras für Gesichtserkennungsdatenbanken, Emotionserkennungssysteme am Arbeitsplatz und in Bildungseinrichtungen sowie die präventive Strafverfolgung, die ausschließlich auf der Profilerstellung oder der Bewertung von Merkmalen einer Person beruht. Bezüglich der Strafverfolgung sieht die KI-VO einzelne restriktive Ausnahmen im Bereich der Fernidentifizierung vor.

4. Als Hochrisiko-KI-Systeme werden u. a. KI-Systeme in den Bereichen kritischer Infrastrukturen (zB. Verkehrswesen, autonomes Fahren), berufliche Bildung (zB Prüfungsbewertung) oder Beschäftigung, Gesundheitswesen (zB robotergestützte Medizin), Finanzwe-

sen (zB automatisierte Darlehensentscheidungen), in bestimmten Bereichen der öffentlichen Verwaltung (zB automatisierte Grenzkontrollen und Antragsprüfungen) oder demokratischen Prozessen (zB Wahlen) sowie unter bestimmten Voraussetzungen auch im Bereich der Rechtsprechung eingestuft. Für Hochrisiko-KI-Systeme ist eine Risikobewertung und -minderung durch geeignete Maßnahmen erforderlich. Hierzu zählt auch die Verwendung qualitativ hochwertiger Ausgangsdaten, um das Risiko diskriminierender Ergebnisse zu reduzieren. Mittels Protokollierung ist die Rückverfolgbarkeit der Ergebnisse zu gewährleisten und mittels Dokumentation des KI-Systems und seines jeweiligen Zweckes ist es einer aufsichtlichen Prüfung zugänglich zu machen.

5. Mit KI erzeugte oder bearbeitete Bilder, Audio-, Video- oder Textinhalte, die wirklichen Personen, Orten oder Ereignissen merklich ähneln und einer Person fälschlicherweise echt erscheinen würden (sogenannte Deepfakes) müssen eindeutig als solche gekennzeichnet werden. Hierunter fallen auch sog. „Chatbots".

6. Erlaubt ist die Nutzung von KI-Systemen mit minimalem Risiko, zB Spamfilter oder Videospiele.

7. Soweit die Funktionalitäten von IoT-Geräten mittels KI-Modellen bspw. um Datenanalysen oder Automatisierung erweitert werden, sind die Datenzugangsansprüche des → Data Act auf die durch die IoT-Geräte generierten Daten anwendbar.

8. Nicht anwendbar ist die KI-VO u. a. auf KI-Systeme oder -Modelle, die ausschließlich zum Zwecke der wissenschaftlichen Forschung und Entwicklung entwickelt und betrieben werden, die militärischen oder Verteidigungszwecken dienen und auf Forschungs-, Test- und Entwicklungstätigkeiten zu KI-Systemen oder -Modellen, bevor diese in Verkehr gebracht oder in Betrieb genommen werden. Als Haushaltsausnahme findet die KI-VO weiter keine Anwendung auf natürliche Personen, die KI-Systeme im Rahmen einer ausschließlich persönlichen und nicht beruflichen Tätigkeit verwenden (Art. 2 KI-VO).

9. Maßgebliche europarechtliche Regelungen zum Verbraucherschutz, zur Produktsicherheit und die → Datenschutz-Grundverordnung lässt die KI-VO unberührt. Natürliche und juristische Personen können sich bei vermuteten Verstößen gegen die KI-VO bei der zuständigen Marktaufsichtsbehörde beschweren.

10. Missachtung der in Art. 5 KI-VO verbotenen KI-Praktiken können empfindliche Geldbußen von bis zu 35 Mio. Euro oder bis zu 7% des weltweiten Jahresumsatzes auslösen (Art. 99 KI-VO).

KI-VO
→ KI-Verordnung

kidnapping
→ Entziehung Minderjähriger, → Menschenraub.

Kiesgruben
Die Anlage von Kiesgruben bedarf idR der Genehmigung im Wege der → Planfeststellung, wobei vor allem wasserrechtliche, bauplanungsrechtliche und baurechtliche Gesichtspunkte von Bedeutung sind. Bauplanungsrechtlich sind Kiesgruben zwar privilegierte Vorhaben iS von § 35 I Nr. 4 BauGB; jedoch können ihnen öffentliche Belange nach § 35 II BauGB entgegengehalten werden. Zum → Nassauskiesungsbeschluss des BVerfG vgl. auch → Enteignung.

Kilometerleasing
→ Leasing, Leasingvertrag.

Kilometerpauschale
→ Entfernungspauschalen, → Reisekosten (3).

Kimberley-Prozess
Rohdiamanten dürfen nach der VO (EG) 2368/2002 v. 20.12.2002 (ABl. EG 2002 L 358, 28) in der Europäischen Union nur ein- und ausgeführt werden, wenn sie von einem Zertifikat begleitet sind, das ua ihre Herkunft bescheinigt. Ziel der Verordnung ist es, den Handel mit sog. Blutdiamanten zu erschweren und damit die Finanzierung von bewaffneten Konflikten und Menschenrechtsverletzungen zu reduzieren. Man spricht vom Kimberley-Prozess-Zertifikationssystem, das im südafrikanischen Kimberley vereinbart, im Rahmen der Vereinten Nationen durch eine Resolution bestätigt und von der EU im Rahmen ihrer → Handelspolitik umgesetzt wurde. § 18 III AWG und § 82 III AWV enthalten Straf- und Bußgeldbestimmungen dazu. Ähnliche Regelungen gibt es zB für den Handel mit seltenen Metallen (→ Außenwirtschaftsrecht, 3).

Im Rahmen des Sanktionspakets der EU gegen Russland als Antwort auf den → Ukrainekrieg ist mit dem 1.1.2024 ein Einfuhrverbot für Diamanten, die in Russland gefördert, verarbeitet oder hergestellt wurden, in Kraft getreten (Beschluss (GASP) 2023/2874), vgl. Art. 3p der Verordnung (EU) 2023/2878 des Rates vom 18. Dezember 2023 zur Änderung der durch die VO(EU) 2023/2878 des Rates vom 18.12.2023 geänderte VO(EU) Nr. 833/2014 über restriktive Maßnahmen angesichts der Handlungen Russlands, die die Lage in der Ukraine destabilisieren (ABl. EU 2023 L 2878). Dies beruht auf einer abgestimmten Maßnahme der G7-Staaten.

Kind als Schaden
→ Schaden; sa → Schadensersatz.

Kinder
1. Kinder iSd BGB sind die → Abkömmlinge ersten Grades (→ Erbfolge) unabhängig von ihrem Lebensalter. S. auch → Jugendschutz, → Jugendarbeitsschutz, → Jugendstrafrecht sowie zum UN-Übereinkommen über die

Rechte des Kindes das G. v. 17.2.1992 (BGBl. 1992 II 121).

2. Kinder iS des Einkommensteuerrechts und des Sozialversicherungsrechts sind weiter und mit verschiedenen Altersgrenzen (18, 21, 25 Jahre) definiert; zu ihnen gehören zB auch Pflege-Kinder (→ Pflegekinder, → Kinder, steuerliche Berücksichtigung, → Hinterbliebenenrente).

3. Kinder sind iÜ Personen, die noch nicht 14 Jahre alt sind (→ Lebensalter; → Deliktsfähigkeit (2), → Schuldunfähigkeit, → Strafmündigkeit; → Jugendschutz). Eine Ausnahme bildet § 2 I JArbSchG, der als Kind eine noch nicht 15 Jahre alte Person bezeichnet (→ Jugendarbeitsschutz, → Kinderarbeit).

4. Das KindschaftsrechtsreformG v. 16.12.1997 (BGBl. 1997 I 2942) hat (im Zusammenhang mit weiteren gesetzlichen Maßnahmen, → Amtspflegschaft, → Erbersatzanspruch) in Vollzug des Verfassungsauftrags des Art. 6 V GG den bisherigen rechtlichen Unterschied zwischen ehelichen und nichtehelichen (unehelichen) Kindern im Grundsatz beseitigt. Dies gilt insbes. für die → Abstammung, den → Namen des Kindes, die → elterliche Sorge (vor allem → Personensorge) und das → Umgangsrecht. Lediglich soweit eine Differenzierung noch erforderlich war, bestehen Sondervorschriften (s. zB → Unterhaltspflicht bei nicht miteinander verheirateten Eltern).

5. Kinder erhalten die deutsche → Staatsangehörigkeit, wenn ein Elternteil diese bei der Geburt besitzt (§ 4 I StAG). Sie teilen, solange sie minderjährig sind, den → Wohnsitz ihrer Eltern (nicht aber, insbes. bei → Getrenntleben der Ehegatten, den Wohnsitz des Elternteils, dem die Personensorge nicht zusteht, § 11 BGB). Eltern und Kinder sind einander Beistand und Rücksicht schuldig (§ 1618a BGB). Kinder haben gegen ihre Eltern einen Unterhaltsanspruch (→ Unterhaltspflicht unter Verwandten), sind aber andererseits entsprechend ihren Kräften und ihrer Lebensstellung zu Dienstleistungen im Haushalt und Geschäft verpflichtet (§ 1619 BGB, → Hausgemeinschaft). S. ferner → Ausstattung, → Aussteuer, → Mitgift.

Kinder- und Jugendhilfe

Kinder- und Jugendhilfe wurde durch das Kinder- und Jugendhilfegesetz (KJHG) v. 26.6.1990 (jetzt idF v. 11.9.2012, BGBl. 2012 I 2022 mÄnd) neu geordnet und als VIII. Buch in das → Sozialgesetzbuch eingegliedert. Jedem jungen Menschen wird darin ein Recht auf Förderung seiner Entwicklung und auf Erziehung zu einer eigenverantwortlichen und gemeinschaftsfähigen Persönlichkeit eingeräumt. Zur Verwirklichung dieses Rechts soll die Jugendhilfe insbesondere junge Menschen in ihrer individuellen und sozialen Entwicklung fördern und dazu beitragen, Benachteiligungen zu vermeiden oder abzubauen, sowie Eltern und andere Erziehungsberechtigte bei der Erziehung beraten und unterstützen. Ferner soll sie Kinder und Jugendliche vor Gefahren für ihr Wohl schützen und dazu beitragen, positive Lebensbedingungen für junge Menschen und ihre Familien sowie eine kinder- und familienfreundliche Umwelt zu erhalten oder zu schaffe (§ 1 SGB VIII). Soweit die Inanspruchnahme von öffentlichen Einrichtungen notwendig ist, zB um eine gesundheitliche Gefährdung abzuwenden, regelt § 74a SGB VIII deren Finanzierung. Grundsätzlich ist die Finanzierung der Kinder- und Jugendhilfe Aufgabe des jeweiligen Bundeslandes (§ 26 SGB VIII iVm § 74a SGB VIII). Zu den Einzelheiten der Aufgaben siehe → Erziehungsförderung, → Erziehungshilfe, → Inobhutnahme des Kindes, → Jugendamt.

Kinder, Haftung für

→ unerlaubte Handlung (3).

Kinder, steuerliche Berücksichtigung

1. Die grundgesetzlich geforderte staatliche Entlastung von den Aufwendungen für die Kindererziehung (→ Familie, → Unterhaltspflicht unter Verwandten) erfolgt in erster Linie durch das → Kindergeld (→ Familienleistungsausgleich). Daneben sind bei der → Einkommensteuer mit jeweils unterschiedlichen Voraussetzungen folgende Entlastungen vorgesehen (sog. Kinderadditive): der mit dem Kindergeld zu verrechnende → Kinderfreibetrag (§ 32 VI EStG); → Haushaltsfreibetrag (§ 32 VII EStG bis 2003; → Entlastungsbetrag ab 2004, § 24b EStG); → Ausbildungsfreibetrag (§ 33a II EStG); → Kinderbetreuungskosten; Senkung der zumutbaren Belastung bei → außergewöhnlichen Belastungen (§ 33 III EStG); Übertragung des → Behinderten- und → Hinterbliebenen-Pauschbetrags (§ 33b V EStG); Sonderausgabenabzug i. H. von 30 vH des Schulgelds (§ 10 I Nr. 9 EStG); Erziehungsgeld (→ Mutterschutz) ist steuerfrei (§ 3 Nr. 67 EStG).

Der Arbeitgeber kann steuerfrei Kinderbetreuung von nicht schulpflichtigen Kindern (§ 3 Nr. 33 EStG) leisten. Zur Bemessung der → Kirchensteuer wird der → Kinderfreibetrag vom → Einkommen abgezogen (§ 51a II, IIa EStG).

2. Die Gewährung der oben genannten Kinderadditive setzt voraus (§ 32 I–V EStG): Es muss sich um Kinder handeln, die im ersten Grad mit dem Stpfl. verwandt sind. Begünstigt sind auch Pflegekinder. Das sind Kinder, die zum Stpfl. durch ein familienähnliches, auf längere Dauer berechnetes Band bei Tragung der Kosten durch die Pflegeeltern verbunden sind und bei denen das Obhuts- und Pflegeverhältnis zu den Eltern nicht mehr besteht. Die steuerliche Berücksichtigung des Kindes erfolgt ab dem Monat, in dem es lebend geboren wurde, bis zu dem Monat, zu dessen Beginn es das 18. Lebensjahr vollendet hat. Über das 18. Lebensjahr hinaus wird ein Kind berücksichtigt, wenn es: 1. noch nicht das 21. Lebensjahr vollendet hat, arbeitslos ist und der

Arbeitsvermittlung im Inland zur Verfügung steht oder 2. noch nicht das 25. Lebensjahr vollendet hat und a) für einen Beruf ausgebildet wird, worunter auch Schule und Hochschule fallen, oder b) sich in einer Übergangszeit von höchstens vier Monaten befindet, die zwischen zwei Ausbildungsabschnitten oder zwischen einem Ausbildungsabschnitt und der Ableistung des Wehr- oder Zivildienstes liegt, oder c) eine Berufsausbildung mangels Ausbildungsplatzes nicht beginnen oder fortsetzen kann oder d) ein freiwilliges soziales oder ökologisches Jahr iS dieser Gesetze leistet. Wehrdienst und gleichgestellte Dienste können die Berücksichtigung über das 21. bzw. 25. Lebensjahr hinaus verlängern.

3. Eigene Einkünfte und Bezüge des über 18 Jahre alten Kindes bis 8.004 EUR standen zwischen dem 1.1.2010 (zuvor 7.680 EUR) und dem 31.12.2011 der steuerlichen Berücksichtigung nicht entgegen. Seit 2012 ist diese Einkommensgrenze entfallen, so dass grundsätzlich auf eine Einkommensprüfung bei den Kindern verzichtet werden kann. Allerdings bleibt die Einkommensgrenze weiter für folgende Konstellationen relevant: nach Abschluss einer erstmaligen Berufsausbildung, in einer Übergangszeit zwischen zwei Ausbildungsabschnitten (§ 32 IV Nr. 2b EStG) oder wenn eine Berufsausbildung mangels Ausbildungsplatz nicht begonnen oder fortgesetzt werden kann.

4. Körperlich, geistig oder seelisch behinderte Kinder, die außerstande sind, sich selbst zu unterhalten, werden ohne Altersbegrenzung berücksichtigt. Die Behinderung muss vor Vollendung des 25. Lebensjahres eingetreten sein.

Kinderadditive
→ Kinder, steuerliche Berücksichtigung.

Kinderarbeit
Kinderarbeit, dh Beschäftigung von noch nicht 15-jährigen Jugendlichen, ist grds. verboten (§§ 2, 5 Gesetz über den → Jugendarbeitsschutz). Ausnahmen bestehen für leichte Arbeiten von Kindern über 13 Jahren, insbes. in der Landwirtschaft (§ 5 III JArbSchG), sowie mit Bewilligung der Aufsichtsbehörde ab 6 Jahren für Theatervorstellungen und ab 3 Jahren für Musikaufführungen, Werbeveranstaltungen sowie Aufnahmen im → Rundfunk mit zeitlichen Beschränkungen (§ 6 JArbSchG). Deutschland ist auch Vertragsstaat des Übereinkommens Nr. 182 der → Internationalen Arbeitsorganisation v. 17.6.1999 über das Verbot der Kinderarbeit (BGBl. 2001 II 1290) und des Übereinkommens Nr. 138 v. 26.6.1973 über das Mindestalter für die Zulassung zur Beschäftigung (BGBl. 1976 II 201). Die in Art. 3 des Übereinkommens Nr. 182 benannten sog. „schlimmsten Formen der Kinderarbeit“ und die mit dem Übereinkommen nicht im Einklang stehende Beschäftigung schulpflichtiger Kinder sind auch Gegenstand des → Lieferkettensorgfaltspflichtengesetzes (LkSG) v. 16.7.2021 (BGBl. 2021 I 2959) geworden, das seit 1.1.2023 größere Unternehmen zur Beachtung der Einhaltung menschenrechtlicher und umweltbezogener Mindeststandards in ihren internationalen Lieferketten verpflichtet (vgl. § 2 II Nr. 1 u. 2 LkSG).

Kinderberücksichtigungszeiten
Kindererziehungszeiten sind → Berücksichtigungszeiten in der gesetzlichen → Rentenversicherung (→ Kindererziehungszeiten). Rechtsgrundlage ist § 57 SGB VI. Die Vorschrift gilt für Geburten nach dem 31.12.1991. Für davorliegende Zeiträume gelten die §§ 249, 249a SGB VI.

Kinderbetreuung
→ Scheidungsunterhalt (2), → Unterhaltspflicht bei nicht miteinander verheirateten Eltern (1).

Kinderbetreuungskosten
Die einkommensteuerliche Berücksichtigung der Kinderbetreuungskosten zielt auf die bessere Vereinbarkeit von Kinderbetreuung und Erwerbstätigkeit ab. Bis 2011 wurde zwischen erwerbsbedingten und privaten Kinderbetreuungskosten differenziert und die zu berücksichtigenden Kosten als Werbungskosten/Betriebsausgaben abgezogen. Seit 2012 wird die steuerliche Berücksichtigung der Kinderbetreuungskosten durch einen einheitlichen Abzug der Kinderbetreuungskosten vereinfacht. Die K. sind nicht mehr wie Werbungskosten/Betriebsausgaben abziehbar, sondern als Sonderausgaben. Die Regelung des § 9c EStG wurde aufgehoben. An dessen Stelle gilt § 10 I Nr. 5 EStG.

Zwei Drittel der Aufwendungen, max. 4.000 EUR je Kind, für die Betreuung von Kindern, die das 14. Lebensjahr noch nicht vollendet haben, sind als Sonderausgaben zu berücksichtigen. Ab dem VAZ 2025 können 80% der Aufwendungen, max. 4.800 EUR je Kind, als Sonderausgaben berücksichtigt werden. Voraussetzung ist, dass es sich um Kinder ersten Grades oder Pflegekinder handelt, die zum Haushalt des Steuerpflichtigen gehören.

Zu den berücksichtigungsfähigen Aufwendungen gehören alle Aufwendungen für Dienstleistungen zur Betreuung des Kindes, zB Babysitter, Tagesmütter, Kindergärten und -horte. Aufwendungen für Unterricht oder die Vermittlung besonderer Fähigkeiten, zB Nachhilfe- und Musikunterricht oder für sportliche Aktivitäten, werden nicht berücksichtigt.

Ist das Kind wegen einer vor Vollendung des 25. Lebensjahres eingetretenen körperlichen, geistigen oder seelischen Behinderung außerstande, sich selbst zu unterhalten, gilt die Begrenzung auf die Vollendung des 14. Lebensjahres nicht.

Für den Abzug der Kosten müssen die Eltern eine Rechnung erhalten und die Zahlung unbar auf das Konto des Leistungserbringers geleistet haben. Dabei soll der Gebührenbescheid des Kindergartens ausreichen.

Kinderehe
→ Ehefähigkeit.

Kindererziehung, religiöse
→ Personensorge.

Kindererziehungszeiten
Für Zeiten der Erziehung eines Kindes in dessen ersten drei Lebensjahren gelten für Geburten seit dem 1.1.1992 Pflichtbeiträge als gezahlt, dh für die Dauer der sog. Kindererziehungszeiten wird ein Elternteil rentenversicherungsrechtlich so behandelt, als habe es eine beitragspflichtige Beschäftigung oder Tätigkeit ausgeübt. Voraussetzung für die Anrechnung von Kindererziehungszeiten ist, dass die Erziehungszeit diesem Elternteil zugeordnet ist und die Erziehung im Gebiet der Bundesrepublik Deutschland erfolgt (ist). Eine Anrechnung von Kindererziehungszeiten ist auch bei einer Erziehung im Ausland möglich. Diese ist aber an bestimmte, sich aus EG-Verordnungen ergebenden Voraussetzungen geknüpft.

Die Eltern können wählen, welchem Elternteil in welchem Umfang die Kindererziehungszeit zugeordnet werden soll; geben sie keine übereinstimmende Erklärung ab, wird die Erziehungszeit der Mutter zugeordnet (§ 56 SGB VI). Bei Geburten vor dem 1.1.1992 beträgt die Kindererziehungszeit zwölf Monate (§ 249 SGB VI; für die neuen Bundesländer vgl. § 249a SGB VI). Für Rentenansprüche, die nach dem 30.6.2014 entstehen, wurde die Kindererziehungszeit auf 24 Kalendermonate erhöht (RV-Leistungsverbesserungsgesetz). Beginnt die Rente ab dem 1.1.2019, werden für jedes vor dem 1.1.1992 geborene Kind 30 Kalendermonate Kindererziehungszeit angerechnet. Wenn die Person, in deren Rente bereits die Kindererziehungszeit für ein vor 1992 geborenes Kind berücksichtigt wird, nach dem 30.6.2014 weiterhin Rente bezieht, wird die Erhöhung der Kindererziehungszeit als Zuschlag zur Rente geleistet (§ 307d SGB VI → Berücksichtigungszeiten in der → Rentenversicherung, → Mütterrente). Mit Wirkung ab dem 1.1.2019 werden für jedes vor dem 1.1.1992 geborene Kind weitere sechs Kalendermonate Kindererziehungszeit berücksichtigt. Daraus folgt, dass eine Mutter mit zwei vor dem 1.1.1992 geborenen Kindern die → Wartezeit für eine → Regelaltersrente erfüllt hat. Wird eine Rente bereits bezogen, erfolgt die Erhöhung automatisch. Wenn noch keine Rente bezogen wird, muss die Rente entsprechend beantragt werden.

Vor 1921 geborene versicherte und nichtversicherte Mütter erhalten für jedes Kind eine steuerfreie (§ 3 Nr. 67 EStG) monatliche Kindererziehungsleistung, die auf andere Sozialleistungen nicht angerechnet wird, sog. Trümmerfrauengeld. Zuständig sind die Rentenversicherungsträger (§§ 294 ff. SGB VI).

Kinderfreibetrag
Für Kinder, die den steuerrechtlichen Kinderbegriff erfüllen (→ Kinder, steuerliche Berücksichtigung) und bei denen das → Kindergeld die erforderliche Entlastung nicht bewirkt, wird seit 1.1.2015 ein Freibetrag (ab 2025: 3.336 EUR; ab 2026: 3.414 EUR pro Elternteil) für das sächliche Existenzminimum des Kindes (Kinderfreibetrag) sowie ein Freibetrag (ab 2023: 1.464 EUR pro Elternteil) für den Betreuungs- und Erziehungs- oder Ausbildungsbedarf des Kindes bei der Veranlagung zur → Einkommensteuer vom Einkommen abgezogen (§ 32 VI EStG, → Veranlagungsarten). Bei zusammenveranlagten Ehegatten verdoppeln sich die Beträge, wenn das Kind zu beiden Ehegatten in einem Kindschaftsverhältnis steht. Der Kinderfreibetrag wird auch abgezogen, wenn der andere Elternteil verstorben oder nicht unbeschränkt einkommensteuerpflichtig ist (→ Steuerpflicht) oder der Stpfl. allein das Kind angenommen hat oder das Kind nur zu ihm in einem Pflegekindschaftsverhältnis steht (§ 32 VI 1–3 EStG). Zum Sonderfall → Auslandskind (§ 32 VI 4 EStG).

Liegen die Voraussetzungen zur Zusammenveranlagung zur Einkommensteuer nicht vor (→ Veranlagungsarten), ist auf Antrag eines Elternteils der Kinderfreibetrag des anderen Elternteils auf ihn zu übertragen, wenn dieser seiner Unterhaltspflicht gegenüber dem Kind für das Kalenderjahr im Wesentlichen nicht nachkommt (§ 32 VI 5 EStG). Der Kinderfreibetrag kann auch auf einen Stiefelternteil oder auf Großeltern übertragen werden, wenn sie das Kind in ihren Haushalt aufgenommen haben (§ 32 VI 6 EStG). Die Steuervorteile aus dem Kinderfreibetrag werden auf das Kindergeld angerechnet (s. → Kindergeld, 7, → Familienleistungsausgleich, 3). Gleiches gilt für die im Rahmen der Corona-Steuerhilfegesetze beschlossenen Einmalzahlungen.

Kindergarten
Die Förderung von Kindern in Tageseinrichtungen, zu denen vor allem der Kindergarten gehört, ist als Teil der → Kinder- und Jugendhilfe Aufgabe der örtlichen Träger (s. → Jugendamt, Landesjugendamt). Nach § 24 III SGB VIII hat ein Kind vom vollendeten 3. Lebensjahr bis zum Schuleintritt Anspruch auf den Besuch eines Kindergartens. Das Gesetz zur Förderung von Kindern unter drei Jahren in Tageseinrichtungen und in Kindertagespflege (Kinderförderungsgesetz – KiföG) v. 10.12.2008 (BGBl. 2008 I 2403) sah zudem vor, dass bis 2013 Betreuungsplätze für 35% der unter Dreijährigen angeboten werden (Kinderkrippe). Diese Ansprüche sind landesgesetzlich sehr unterschiedlich ausgestaltet (zB hinsichtlich Länge, Umfang der Betreuung usw.). Im Freistaat Sachsen ist auch die Vorbereitung auf die Schule verbindlicher Teil des Bildungsauftrages der Kindertageseinrichtun-

gen (Schulvorbereitungsjahr, sa → Kinderlärm; → Schließung von Kitas und Krippen).

Kindergeld (§§ 62 ff. EStG)
1. Voraussetzungen: Der Kindergeld-Anspruch nach § 62 EStG setzt → Wohnsitz oder → gewöhnlichen Aufenthalt des Kindergeld-Berechtigten im → Inland voraus. Ohne Wohnsitz oder gewöhnlichen Aufenthalt im Inland ist anspruchsberechtigt, wer der erweiterten unbeschränkten Einkommensteuerpflicht (§ 1 II, III EStG) unterliegt (→ Steuerpflicht, → Grenzgänger). Ein Ausländer hat nur Anspruch auf Kindergeld, wenn er im Besitz einer Aufenthaltsberechtigung oder Aufenthaltserlaubnis ist (→ Ausländer, 4). Weitere Anspruchsvoraussetzung ist, dass es sich entweder um Kinder handelt, für die ein → Kinderfreibetrag zu gewähren ist (→ Kinder, steuerliche Berücksichtigung), um vom Berechtigten in seinen Haushalt aufgenommene Kinder seines Ehegatten oder vom Berechtigten in seinen Haushalt aufgenommene Enkel (§ 63 I EStG). Bei Kindern bis zur Vollendung des 18. Lebensjahres ist kein Ausbildungs- und Einkommensnachweis erforderlich. Bei Kindern über 18 Jahren gelten die Beschränkungen wie beim Kinderfreibetrag (→ Kinder, steuerliche Berücksichtigung). Das Kindergeld wird max. bis zur Vollendung des 25. Lebensjahres gewährt. Dies gilt nicht, wenn das Kind aufgrund einer vor der Vollendung des 25. Lebensjahres eingetretenen Behinderung außerstande ist, sich selbst zu unterhalten. Für jedes Kind wird nur einem Berechtigten das Kindergeld gezahlt. Entscheidend ist grds., in wessen Haushalt das Kind lebt (§ 64 EStG).

2. Verfahren: Das Kindergeld wird nur auf Antrag gezahlt. Der Antrag ist bei der örtlich zuständigen Familienkasse zu stellen. Bei Angehörigen des öffentlichen Dienstes ist der Antrag an die Stelle zu richten, die für die Festsetzung der Bezüge oder des Arbeitsentgelts zuständig ist. Das Kindergeld wird vom Beginn des Monats an gezahlt, in dem die Anspruchsvoraussetzungen erfüllt sind. Ab 1.1.2016 ist die Angabe der Identifikationsnummer (§ 139b AO) des Kindes erforderlich. Mit der Neufassung des § 67 S. 1 EStG wird die elektronische Antragstellung zum Regelfall. Sie soll ausschließlich nach amtlich vorgeschriebenem Datensatz über die amtlich vorgeschriebene Schnittstelle zulässig sein (z. B keine einfache E-Mail), wobei eine Antragstellung durch Übersendung eines Antrags in Papierform vorerst weiterhin zulässig sein soll.

3. Kindergeld für volljährige Kinder: Bei Kindern über 18 Jahren ist anzuzeigen, dass weiter die Voraussetzungen für die Gewährung des Kindergeldes vorliegen (§ 67 EStG). Eine Berücksichtigung erfolgt nur, wenn die Voraussetzungen des § 32 IV EStG vorliegen, → Kinder, steuerliche Berücksichtigung.

4. Höhe: Das Kindergeld beträgt seit 1.1.2023 250 EUR für jedes Kind (ab Januar 2025: 255 EUR; ab Januar 2026: 260 EUR). Die Zahlbeträge werden im Regelfall jährlich überprüft und angepasst. Der Kinderfreibetrag bleibt hiervon unberührt.

5. Auszahlung: Die Auszahlung des Kindergeldes durch den Arbeitgeber ist mWv 1.1.1999 aufgehoben worden. Damit sind bestehende verfassungsrechtliche Zweifel an der bisherigen Regelung ausgeräumt. Bei Angehörigen des öffentlichen Dienstes wird das Kindergeld vom Dienstherrn bezahlt (§ 72 EStG). Im Übrigen ist die Familienkasse zuständig, in deren Zuständigkeitsbereich der Kindergeldberechtigte seinen Aufenthaltsort hat (§ 13 BKGG), wenn keine Abwicklung im Rahmen des Einkommensteuerrechts möglich ist.

6. Aufrechnung und Pfändung des Kindergeldes sind beschränkt möglich (§§ 75, 76 EStG).

7. Das BKGG findet nur noch Anwendung, soweit das Kindergeld mangels Steuerpflicht im Inland nicht über das EStG abgewickelt werden kann. Das Kindergeld ist steuerfrei (§ 3 Nr. 24 EStG). Das Kindergeld wird vom Bund zu 74 vH und von den Ländern zu 26 vH aus dem Umsatzsteueraufkommen getragen (→ Verteilung des Steueraufkommens).

8. Kindergeld und die Steuervorteile aus dem → Kinderfreibetrag sind zu verrechnen. Die Finanzbehörden vergleichen im Rahmen einer Günstigerprüfung, ob die Gewährung von Kindergeld oder Kinderfreibetrag günstiger ist. Soweit Steuervorteile aus dem Kinderfreibetrag erlangt werden, ist das ausgezahlte Kindergeld iRd Einkommensteuerveranlagung zurückzuerstatten (sa → Familienleistungsausgleich, 3).

9. Wird neben dem Kindergeld eine Halb- oder Vollwaisenrente aus der gesetzlichen → Rentenversicherung geleistet, ist der Kindergeldbezug unschädlich. Zu beachten ist aber, dass bei einer Ausbildung das Kindergeld mit dem 25., die Waisenrente aber erst mit dem 27. Lebensjahr endet.

Kindergeldanrechnung
Das auf das Kind entfallende → Kindergeld und sonstige Kind bezogene Leistungen sind beim → Unterhalt zur Deckung des Barbedarfs des Kindes zu verwenden (also auf den Unterhaltsanspruch anzurechnen). Wenn beide Elternteile Barunterhalt leisten, reduziert sich der gesamte Anspruch des Kindes um die volle Höhe des Kindergeldes (§ 1612b Abs. 1 Nr. 2 BGB). Wenn hingegen ein Elternteil das minderjährige Kind betreut, erfüllt er seine Unterhaltspflicht vollständig durch die Betreuung des Kindes. Damit ist der andere Elternteil zur Leistung des vollen Barunterhalts verpflichtet (§ 1606 Abs. 3 S. 2 BGB), Bar- und Betreuungsunterhalt sind gleichwertig. Das Kindergeld wird deshalb in diesen Fällen auch nur hälftig auf den Unterhaltsanspruch in bar angerechnet (§ 1612b Abs. 1 Nr. 1 BGB). Dem betreuenden Elternteil steht die andere Hälfte des Kindergeldes für Ausgaben zur Verfügung,

die er im Zusammenhang mit der Betreuung für sich hat, zB die (eigene) Kinokarte bei der Begleitung des Kindes.

Kindergrundsicherung
Bei der Kindergrundsicherung handelt es sich um eine derzeit als Kabinettsbeschluss vom 23.9.2023 vorliegende Zusammenfassung aller bislang in verschiedenen Einzelgesetzen und Einzelregelungen verstreuten Leistungen (zB → Kindergeld, → Kinderzuschlag, Leistungen aus dem Bildungs- und Teilhabepaket, Leistungen nach dem SGB II) für Kinder. In der Diskussion ist ein zweistufiger Aufbau aus einem Grundbetrag und einem einkommensabhängigen Zusatzbetrag. Die genaue Umsetzung ist derzeit noch sehr unklar; zumal bislang unterschiedliche Träger mit der Leistungsgewährung betraut sind und auch der Rechtsschutz an verschiedenen Gerichtsbarkeiten stattfindet. Im Sinne einer bürgerfreundlichen Verwaltung ist allerdings eine Leistunggewährung aus einer Hand über ein Online-Kindergrundsicherungportal geplant. Die weiteren Abstimmungen im Bundestag und Bundesrat bleiben abzuwarten. Die Einführung der einheitlichen Kindergrundsicherung war für 2025 geplant. Ob es dazu noch kommt, erscheint derzeit aber fraglich.

Kinderhandel
1. Kinderhandel ist auf Grund des Art. 2 des internat. Abkommens vom 30.9.1921 (RGBl. 1924 II 180) in allen Kulturländern entsprechend dem Abk. vom 4.5.1910 (RGBl. 1913, 31) über das Verbot des → Frauenhandels unter Strafe gestellt. Nach dem Weltrechtsprinzip (→ Auslandsdelikte) tritt die Strafbarkeit (→ Menschenhandel) ohne Rücksicht auf Tatort und Staatsangehörigkeit des Täters ein.

2. Kinderhandel ist in Form von Verkauf, Kauf und unbefugter → Adoptionsvermittlung nach § 236 StGB strafbar, auch der Versuch dazu.

Erfasst wird, wer sein eigenes noch nicht 18-jähriges Kind oder seinen noch nicht 18-jährigen Mündel oder Pflegling unter grober Vernachlässigung der Fürsorge- und Erziehungspflicht einem anderen auf Dauer gegen Entgelt oder in der Absicht, sich oder einen Dritten zu bereichern, überlässt. Ebenso ist strafbar, wer gegen Gewährung eines Entgelts das Kind, den Mündel oder Pflegling auf Dauer bei sich aufnimmt und dabei die Pflichtverletzung kennt oder billigend in Kauf nimmt. Die Strafe ist Freiheitsstrafe bis zu 5 Jahren oder Geldstrafe.

Unbefugte Adoptionsvermittlung einer Person unter 18 Jahren und unbefugte Vermittlungstätigkeit mit dem Ziel der Aufnahme einer Person unter 18 Jahren auf Dauer bei einem anderen gegen Entgelt oder in Bereicherungsabsicht wird mit Geldstrafe oder Freiheitsstrafe bis zu 3 Jahren, bei Verbringung der vermittelten Person in das Inland oder Ausland bis zu 5 Jahren bestraft. Ebenso wird bestraft, wer als Vermittler der Adoption einer Person unter 18 Jahren einer Person für die Erteilung der erforderlichen Zustimmung zur Adoption ein Entgelt gewährt.

Unter qualifizierten Voraussetzungen (Gewinnsucht, gewerbs- oder bandenmäßiges Handeln, Gefahr einer erheblichen Entwicklungsschädigung für das Opfer) gelten erhöhte Strafrahmen.

Kinderhort
Die Träger der öffentlichen Jugendpflege müssen nach § 24 IV SGB VIII ein bedarfsgerechtes Angebet an Tageseinrichtungen für schulfplichtige Kinder vorhalten, sog. Kinderhorte (→ Kindertageseinrichtungen). Ein Rechtsanspruch auf einen Hortplatz besteht im Gegensatz zum Krippen- und zum Kindergartenplatz allerdings derzeit noch nicht. Ab dem Schuljahr 2026/2027 soll aber für Erstklässler erstmalig eine Anspruch auf Ganztagesbetreuung eingeführt werden und dann Jahrgansstufenweise bis zur 4. Klasse ausgweitet werden (§ 24 IV SGB VIII idF des Ganztagsförderungsgesetzes v 2.10.2021).

Kinderkrippe
ist eine Form der Tageseinrichtungen für Kinder im Alter von unter einem Jahr, in der sich diese Kinder für einen Teil des Tages oder ganztägig aufhalten (§ 24 SGB VIII; sa → Kindergarten, → Kinderlärm). Die Tageseinrichtung ist zuständig für Kinder unter 1 Jahr (§ 24 Abs. 1 SGB VIII), wenn dieses für die Entwicklung zu einer eigenverantwortlichen und gemeinschaftsfähigen Persönlichkeit geboten ist oder die Erziehungsberechtigten einer Erwerbstätigkeit oder Ausbildung nachgehen oder Leistungen zur Eingliederung in Arbeit nach dem SGB II erhalten. Nach § 24 Abs. 2 SGB VIII hat ein Kind zwischen dem 1. bis zum 3. Lebensjahr Anspruch auf frühkindliche Förderung, die sich am individuellen Bedarf des Kindes zu orientieren hat. Vom 3. Lebensjahr haben Kinder bis zum Schuleintritt einen Rechtsanspruch auf Förderung in einer Tageseinrichtung. Die Jugendhilfeträger haben eine entsprechende Anzahl an Ganztagsplätzen zur Verfügung zu stellen (§ 24 Abs. 3 SGB VIII). Auch für Kinder, die bereits die Schule besuchen, haben die Träger der Jugendhilfe ein bedarfsgerechtes Angebot an Tageseinrichtungen zur Verfügung zu stellen (§ 24 Abs. 4 SGB VIII).

Zwar haben die Träger der Jugendhilfe nach dem SGB VIII die entsprechenden Tageseinrichtungen für Kinder und Jugendliche zur Verfügung zu stellen. Dieses geht aber nicht so weit, als dass ein Jugendhilfeträger, in dessen Zuständigkeitsbereich das Kind seinen gewöhnlichen Aufenthaltsort hat, die Kosten für eine Tageseinrichtung übernehmen muss, der außerhalb seines Zuständigkeitsbereichs liegt.

Sa → Schließung von Kitas und Krippen.

Kinderlärm
Gem. § 22 Ia BImSchG (→ Immissionsschutzrecht) ist Kinderlärm von Kindertageseinrichtungen, -spielplätzen usw. im Regelfall keine schädliche Umwelteinwirkung (s. → Lärm, unzulässiger). Immissionsgrenz- und -richtwerte dürfen zur Beurteilung von Kinderlärm nicht herangezogen werden. Nach der → Baunutzungsverordnung dürfen Kindertagesstätten wie → Kindergärten, → Kinderhorte oder → Kinderkrippen auch in reinen Wohngebieten errichtet werden.

Kinderlastenausgleich
→ Familienleistungsausgleich.

Kinderpornographie
→ Pornographische Inhalte.

Kinderpsychotherapie
Die Ausbildung der Kinderpsychotherapeuten ist in der Ausbildungs- und Prüfungsverordnung für Kinder- und Jugendlichenpsychotherapeuten (KJPsychTh-APrV) v. 18.12.1998 (BGBl. 1998 I 3761) mit Änderungen geregelt. Die Vergütung richtet sich nach § 87b SGB V. Soweit Minderjährige unterzubringen sind, richtet sich die Beteiligung der Kinderpsychotherapie nach § 167 VI FamFG iVm § 151 Nr. 6 FamFG. Der Anspruch auf Kinderpsychotherapie ist in §§ 27 ff. SGB VIII normiert (→ Psychotherapeut).

Kinderspiele
Kinderspiele, auch Fahren mit Rollern usw, sind auf der Fahrbahn, den Seitenstreifen und auf → Radwegen nicht erlaubt, es sei denn, dass sie durch ein Zusatzzeichen erlaubt sind (§ 31 StVO). Auf → Gehwegen sind Kinderspiele erlaubt, soweit sie Fußgänger nicht gefährden oder wesentlich behindern oder belästigen (sa → Sport und Spiel auf Straßen). Für die Einhaltung der Vorschriften ist der gesetzliche Vertreter (→ elterliche Sorge) verantwortlich.

Kinderspielplatz
→ Kinderlärm.

Kindertageseinrichtungen
Kindertageseinrichtung oder Tageseinrichtungen für Kinder sind die → Kinderkrippe, der → Kindergarten und der → Kinderhort (Schulhort). Die private Tagespflege durch → Tagesmütter ist dem nicht gleichgestellt. Gegenüber dem Träger der öffentlichen Jugendpflege besteht ein Rechtsanspruch auf einen Krippenplatz und einen Kindergartenplatz (§ 24 II, III SGB VIII). Ein solcher Anspruch besteht dagegen aktuell noch nicht auf einen Hortplatz. Hier hat der Träger der öffentlichen Jugendpflege nur ein bedarfsgerechtes Angebot vorzuhalten (§ 24 IV SGB VIII), bis es ab dem Schuljahr 2026/2027 zu einem stufenweisen Anspruch auf Ganztagesbetreuung kommt.

Kindertagesstätte
(abgekürzt Kita) ist eine andere Bezeichnung für → Kindertageseinrichtung; sa → Kinderkrippe, → Kindergarten, → Kinderhort, → Kinderlärm. Das SGB VIII spricht allgemein von Einrichtungen der Kindertagespflege.

Kinderzulage
wurde in der gesetzlichen → Unfallversicherung, sofern vor dem 1.1.1984 ein Anspruch darauf bestand, als Zulage zur Rente eines Schwerverletzten (Erwerbsminderung mindestens 50%) für jedes Kind bis zur Vollendung des 18. Lebensjahres gewährt; darüber hinaus längstens bis zur Vollendung des 25. Lebensjahres für Kinder, die sich noch in Schul- oder Berufsausbildung befinden, ein freiwilliges soziales oder ökologisches Jahr ableisten oder infolge körperlicher oder geistiger Gebrechen außerstande waren, sich selbst zu unterhalten (Bestandsschutz § 217 Abs. 3 SGB VII). Bei Unterbrechung oder Verzögerung der Ausbildung durch gesetzlichen Wehrdienst, Zivildienst oder einen gleichgestellten Dienst erfolgte eine entsprechende Zahlung über das 25. Lebensjahr hinaus. Die Kinderzulage beträgt 10 vH der Verletztenrente. Kinderzulage wird über das 18. Lebensjahr hinaus nicht gezahlt, wenn das Kind Ausbildungsbezüge, → Unterhaltsgeld oder → Übergangsgeld in bestimmter Mindesthöhe erhält. (→ Kinderzuschlag, → Kinderzuschuss).

Kinderzuschlag
1. Nach dem Bundeskindergeldgesetz (→ Kindergeld) erhalten Personen für die in ihrem Haushalt lebenden Kinder, die das 25. Lebensjahr noch nicht vollendet haben, einen Kinderzuschlag von bis zu 250 EUR je Kind, wenn sie für dieses einen Anspruch auf Kindergeld haben und durch den Kinderzuschlag Hilfebedürftigkeit iSd → Grundsicherung für Arbeitsuchende (→ Bürgergeld, → Arbeitslosengeld II) vermieden wird. Die Höhe wird laufend angepasst. Durch den Kinderzuschlag soll verhindert werden, dass Eltern, die mit ihren Einkünften ihren eigenen Unterhalt bestreiten können, nicht aber den Unterhalt ihrer Kinder, Arbeitslosengeld II in Anspruch nehmen müssen (§ 6a BKGG).

Der Gesamtkinderzuschlag wird nach § 6a BKGG für 6 Kalendermonate bewilligt. Bezieher von Bürgergeld oder Grundsicherung im Alte oder bei Erwerbsminderung erhalten keinen Kinderzuschlag.

2. Nach dem Recht der → sozialen Entschädigung bei Gesundheitsschäden erhält ein Schwerbeschädigter (Erwerbsminderung mindestens 50 vH) für jedes Kind einen Kinderzuschlag in Höhe des → Kindergeldes, wenn für dieses keine, → Kinderzulage oder → Kinderzuschuss zu zahlen ist (§ 33b BVG idF gültig bis 31.12.2023, § 144 SGB XIV).

3. Der Kinderzuschlag soll in die → Kindergrundsicherung überführt werden. Ob und wann eine Umsetzung erfolgt, ist unklar.

Kinderzuschuss
war eine Leistung der → Rentenversicherung, die zu einer Rente aus eigener Versicherung an Berechtigte gezahlt wird, auf die bereits vor dem 1.1.1992 Anspruch bestanden hat. Über das 18. Lebensjahr hinaus wurde Kinderzuschuss nicht gezahlt, wenn Ausbildungsvergütung, Unterhaltsgeld oder Übergangsgeld in einer bestimmten Mindesthöhe gezahlt wurden. Der Kinderzuschuss fiel ua weg, wenn das Kind in seiner Person die Voraussetzungen für eine → Waisenrente nicht mehr erfüllt, für das Kind eine → Kinderzulage geleistet wurde oder für das Kind Anspruch auf Waisenrente entstanden ist. Der entsprechende § 270 SGB VI ist zum 16.11.2016 aufgehoben worden.

Kindesannahme
→ Adoption.

Kindesentziehung
Strafrechtlich → Entziehung Minderjähriger. Zivilrechtlich → Personensorge, → Ordnungsmittel.

Kindesherausgabe
→ Personensorge.

Kindesmissbrauch
→ Sexueller Missbrauch von Kindern, → Cybergrooming, → sexueller Missbrauch in Abhängigkeitsverhältnissen.

Kindesmisshandlung
→ Körperverletzung (3).

Kindesraub
→ Entziehung Minderjähriger, → Menschenraub.

Kindesunterhalt
→ Unterhaltspflicht unter Verwandten.

Kindesunterschiebung
→ Personenstandsfälschung.

Kindesvermögen
→ Vermögenssorge, → elterliche Sorge (1), → Vormund.

Kindeswohl
→ elterliche Sorge (3).

Kindschaftsprozess
→ Kindschaftssachen.

Kindschaftssachen
sind eine Art der → Familiensachen (§§ 151 ff. FamFG). Zuständig ist das Amtsgericht als → Familiengericht, bei dem eine → Ehesache anhängig ist, sonst das Gericht, in dessen Bezirk das Kind seinen gewöhnlichen Aufenthalt hat (§ 152 FamG). Kindschaftssachen sind dem Kindeswohl verpflichtet und deshalb ua vorrangig und beschleunigt durchzuführen (§ 155 FamFG).

Kindschaftssachen sind insbes. Verfahren, die die → elterliche Sorge, das → Umgangsrecht, die Kindesherausgabe, Unterbringung und Freiheitsentziehung eines Kindes betreffen, ferner → Vormundschaft und → Pflegeschaft über einen Minderjährigen. Zu vermögensrechtlichen Ansprüchen über die Unterhaltspflicht s. → Unterhaltssachen, zu Verfahren betr. die Abstammung s. → Abstammungsverfahren.

Kino
Der Betrieb eines Kinos ist nach § 14 GewO anzeigepflichtig, unterliegt aber nicht der Erlaubnispflicht nach § 33a GewO (s. → Schaustellungen von Personen). Landesrechtliche Sicherheitsvorschriften enthalten die insoweit im Wesentlichen übereinstimmenden Versammlungsstättenverordnungen. Sa → Filmrecht.

Kirchen
Der Begriff „Kirche" (griech. Kyriake = dem Herrn gehörig) ist der engere gegenüber dem der → Religionsgesellschaft. Er bezeichnet die im christl. Bekenntnis vereinigte Glaubensgemeinschaft in ihren verschiedenen Formen. Schon in der Auffassung über den Begriff der Kirche unterscheidet sich die → Evangelische Kirche von der → Katholische Kirche Während nach evangelischer Auffassung die Kirche als Gemeinschaft der Gläubigen zu verstehen ist, in der das Evangelium verkündet und die → Sakramente gereicht werden, faßt sich die Katholische Kirche als hierarchische Ordnung auf, in der die ihr Zugehörigen im Dienste des Reiches Gottes stehen. In dieser unterschiedlichen Auffassung liegt bereits die unterschiedliche Gestaltung der beiden Kirchenverfassungen begründet (s. → Evangelische Kirche, → Katholische Kirche, → Staatskirchenrecht). Die Zugehörigkeit zur Kirche wird bei beiden Bekenntnissen durch die Taufe begründet.

Kirchenasyl
(historisch Schutz vor Verfolgung an heiligen Orten) nennt man in jüngster Zeit die Aufnahme von abgelehnten und abzuschiebenden Asylbewerbern (→ Asylrecht) in Räumen der Kirche mit dem Ziel, sie dem staatlichen Zugriff zu entziehen. Der moderne Staat erkennt seit langem ein Recht auf Kirchenasyl nicht an. Vorschriften des staatlichen Rechts, die ein Recht der Kirchen oder der Zufluchtsuchenden gegenüber der Staatsgewalt in diesem Bereich begründen könnten, bestehen nicht; → Asyl (2).

Kirchenaustritt
Der Austritt aus der Kirche ist im kath. und wohl auch im evang. Kirchenrecht nicht vorgesehen, da die Mitgliedschaft in der Kirche durch die Taufe erworben wird und nicht erlöschen kann. Hingegen sehen die staatlichen Gesetze einen Kirchenaustritt vor, mit dem die Verpflichtungen staatlichen Rechts, die sich aus der Mitgliedschaft ergeben, gelöst werden können, so zB die Kirchensteuerpflicht (→ Kirchensteuer). Kirchenrechtlich hat der Kirchenaustritt keine Auswirkungen auf die Mitgliedschaft. Der Kirchenaustritt ist in den Landesgesetzen geregelt (so zB in Art. 3 IV Bayer. KirchensteuerG v. 21.11.1994,

GVBl. 1994, 1026, mÄnd, oder §§ 1 ff. KirchenaustrittsG NRW v. 26.5.1981, GV NW 1981, 260, mÄnd). Der Austritt bedarf zu seiner öffentlich-rechtlichen Wirksamkeit der Erklärung zu Protokoll, idR auf dem Standesamt (so in Bayern und Niedersachsen, vgl. dort G v. 4.7.1973, GVBl. 1973, 221, mÄnd) oder dem Amtsgericht (Nordrhein-Westfalen). Er wird von diesem der betroffenen Religionsgemeinschaft und dem Finanzamt mitgeteilt. Kinder über 14 Jahre können über ihre Zugehörigkeit zu einer Religionsgesellschaft, also auch über den Austritt, selbst entscheiden; ab Vollendung des 12. Lebensjahres bedarf die Austrittserklärung durch den Erziehungsberechtigten der Zustimmung des Kindes (§ 5 Gesetz über die religiöse Kindererziehung vom 15.7.1921, BGBl. 1921, 929). Im Gegensatz zum Austritt ist der Übertritt zu einer anderen Kirche nicht durch Formvorschriften der Landesgesetze geregelt, seine Anerkennung durch den Staat deshalb nicht von einer Erklärung vor einer Behörde abhängig. Str. ist, inwieweit die Erklärung des Austritts aus einer Kirche als kirchensteuerberechtigter öffentl.-rechtl. Körperschaft wirksam ist, wenn der Erklärende seine Zugehörigkeit zur Kirche als Glaubensgemeinschaft vom Kirchenaustritt ausdrücklich ausnimmt (sog. „modifizierter Kirchenaustritt"; vgl. dazu OLG Oldenburg NJW 1970, 713; OVG Hamburg NJW 1975, 1900 mAnm; BayVGH DVBl. 1976, 908; BVerwG NVwZ 2013, 64); die Frage bestimmt sich nach staatlichem Recht und wird überwiegend verneint. Eine gesetzl. Regelung darf die Wirksamkeit einer Erklärung über den Kirchenaustritt davon abhängig machen, dass die Erklärung keinerlei Zusätze enthält (BVerwG BayVerwBl. 1979, 376). So sieht das Kirchenaustrittsgesetz von NRW vom 26.5.1981 (GVBl. 260) vor, dass die Austrittserklärung keine Vorbehalte, Bedingungen oder Zusätze enthalten darf (§ 3 IV).

Kirchenbaulast
ist die Verpflichtung nichtkirchlicher Personen (häufig Gemeinden) zur baulichen Unterhaltung (Renovierung, uU Neubau) kirchlicher Gebäude. Die Kirchenbaulast reicht meist weit in die Vergangenheit zurück und beruht auf sehr unterschiedlichen Rechtsgrundlagen (vgl. auch → Patronatsrecht). Teilweise wird die Problematik durch → Kirchenverträge geregelt. Für Streitfälle zwischen kirchlichen Institutionen und Gemeinden über Fragen der Kirchenbaulast ist das → Verwaltungsstreitverfahren gegeben.

Kirchenbeamte
1. Die → evang. Kirche unterscheidet zwischen den Inhabern eines geistlichen Amtes, denen primär die geistlichen Aufgaben zur Wahrnehmung obliegen, aber auch solche weltlicher Art übertragen werden können, und den Kirchenbeamte, die rein weltliche Aufgaben zu erfüllen haben. Kirchenbeamte ist, wer zur Evangelischen Kirche Deutschlands, zu einer Gliedkirche, einer Gemeinde oder einem kirchlichen Gemeinde- oder Synodalverband in einem öffentl.-rechtl. Dienstverhältnis steht, das ausdrücklich als Kirchenbeamtenverhältnis begründet worden ist. Geistliche sind als solche nicht Kirchenbeamte. Die Rechtsverhältnisse der Kirchenbeamten sind (weitgehend entsprechend dem staatl. Beamtenrecht, das bei fehlender kirchenrechtl. Regelung analog angewendet werden kann) durch das Kirchenbeamtengesetz der EKD geregelt. Es gilt unmittelbar nur für die Kirchenbeamten der EKD; entsprechende Gesetz bestehen aber auch in den Gliedkirchen. Ähnlich ist die Lage beim Disziplinarrecht, das für Kirchenbeamte und Geistliche gilt. Die Stellungnahme Geistlicher zu Fragen des Bekenntnisses und der Lehre ist als solche kein Dienstvergehen. Ein irrgläubiger Pfarrer kann also nicht im Disziplinarwege entfernt werden. Einige Kirchen sehen allerdings besondere → Lehrbeanstandungsverfahren vor. Die hergebrachten Grundsätze des Berufsbeamtentums (Art. 33 V GG) gelten im kirchlichen Bereich nicht (BVerfG NJW 2009, 1195). Der Rechtsweg zu den staatl. Gerichten steht den Kirchenbeamten nur offen, wenn er nach innerkirchlichen Vorschriften vorgesehen ist (BVerfG aaO); vgl. dazu → kirchliche Gerichtsbarkeit (2, 3), → kirchliche Akte.

2. Auch in der → katholischen Kirche können Kirchenbeamte für bestimmte Aufgaben ernannt werden, die nicht Angehörigen des Klerus (→ Diakon, → Priester, → Bischof) vorbehalten sind. ZB können Lehrer an Schulen in kirchlcher Trägerschaft zu Kirchenbeamten ernannt werden.

Kirchenbücher
→ Personenstandsbücher.

Kirchendiebstahl
→ Diebstahl (4).

Kirchenglocken
→ Glockengeläute.

Kirchenpräsident
In einigen Gliedkirchen der → Evangelischen Kirche in Deutschland (zB in der Evang. Landeskirche Anhalts) Bezeichnung für die Spitze der Kirchenleitung.

Kirchenprovinz
In der → kath. Kirche ein aus einer Erzdiözese und einer oder mehreren → Diözesen (Suffragandiözesen) bestehender Verband mehrerer Teilkirchen. Leiter ist als → Metropolit der der jeweiligen Erzdiözese vorstehende Erzbischof.

Kirchenrecht
Kirchenrecht ist die Gesamtheit der Rechtsnormen, die das Verhältnis des Staates zu Religion und Religionsgemeinschaften (Staatskirchenrecht; staatliches Kirchenrecht; äußeres Kirchenrecht) oder die inneren Verhältnisse der Kirchen (inneres Kirchenrecht; in der → Kath. Kirche auch → kanonisches Recht genannt) regeln. Das → Staatskirchenrecht ist

in den Verfassungen und staatlichen Gesetzen sowie in Verträgen zwischen Staat und Kirchen (s. → Kirchenvertrag, → Konkordat) festgelegt. Das innere Kirchenrecht ist autonomes Recht der Kirchen; es ist in den einzelnen Kirchen nach Wesen, Umfang und Form sehr verschieden. Die → kath. Kirche betrachtet das göttliche Gebot als oberste Rechtsquelle (→ ius divinum im Gegensatz zum → ius humanum). In der → Evang. Kirche ist das Wesen des Kirchenrechts umstritten. Das Kirchenrecht ist zT geschriebenes, zT Gewohnheitsrecht. Hauptquellen des kath. Kirchenrechts sind der → codex iuris canonici und für das Staatskirchenrecht die → Konkordate. Das Kirchenrecht der → Evang. Kirche hat sich weitgehend partikulär (in den einzelnen Kirchen) entwickelt, zeigt aber trotzdem viele Gemeinsamkeiten.

Kirchenstaat
→ Vatikanstadt.

Kirchensteuer
Nach Art. 137 VI WV iVm Art. 140 GG sind die → Religionsgesellschaften, die → Körperschaften des öffentlichen Rechts sind, berechtigt, auf Grund der bürgerlichen Steuerlisten nach Maßgabe der landesrechtlichen Bestimmungen Steuern zu erheben. Die → Kirchen in Deutschland haben von dieser Möglichkeit Gebrauch gemacht. Die Steuerpflicht der Kirchenmitglieder ergibt sich nach dem inneren → Kirchenrecht für die → katholische Kirche aus can. 222 § 1 cic (→ Codex iuris canonici), für die → evangelische Kirche aus § 4 II des Kirchengesetzes über die Kirchenmitgliedschaft, das kirchliche Meldewesen und den Schutz der Daten von Kirchenmitgliedern vom 10. November 1976 (ABl. EKD S. 389). Die Länder haben entsprechend der verfassungsrechtlichen Vorgabe Gesetze über die Erhebung der Kirchensteuer erlassen (vgl. zB Bayer. Kirchensteuergesetz idF 21.11.1994, GVBl. 1026 mÄnd; Sächsisches Kirchensteuergesetz idF v. 14.2.2002, GVBl. 2002 82 mÄnd). Darin sind Bemessungsgrundlage, Schuldner und Gläubiger, Verwaltung und Vollstreckung der Kirchensteuer geregelt. Steuerschuldner ist jeweils das Mitglied der betreffenden Kirche, wobei sich der Erwerb der Mitgliedschaft nach innerem Kirchenrecht richtet. Der → Kirchenaustritt ist idR gegenüber dem → Standesamt (in NRW dem Amtsgericht) zu erklären. Zur Kirchensteuer können nur natürliche Personen herangezogen werden. Die Kirchensteuer wird als → Zuschlagsteuer (8 oder 9 vH) zur → Einkommensteuer (vgl. § 51a EStG) und → Lohnsteuer erhoben. In einigen Ländern außerhalb des → Beitrittsgebietes wird die Kirchensteuer – teilweise abhängig von der jeweiligen → Diözese oder → Landeskirche – auch als Zuschlag zur → Grundsteuer erhoben. Die Höhe des Zuschlages bestimmen in dem vom Landesrecht gesteckten Rahmen die steuerberechtigten Kirchen. Die kirchlichen Regelungen über die Hebesätze zur Kirchensteuer unterliegen verwaltungsgerichtlicher Kontrolle. Unterschiedliche Hebesätze innerhalb des Gebietes einer Kirche sind nicht zulässig. Bei konfessionsverschiedener Ehe gilt grundsätzlich Halbteilung, dh die Kirchensteuer bemisst sich nach der Hälfte des zusammengerechneten Einkommens der Ehegatten. Dies ist verfassungsgemäß (BFH 15.3.1995, BStBl. II 1995, 547). Bei glaubensverschiedener Ehe gilt ausnahmslos der Grundsatz der Individualbesteuerung, der bei einer Zusammenveranlagung die gesonderte Feststellung der Steuerbemessungsgrundlage für den kirchensteuerpflichtigen Ehegatten verlangt. Gezahlte Kirchensteuer natürlicher Personen ist regelmäßig als → Sonderausgabe (§ 10 I Nr. 4 EStG) abzugsfähig. Bei Austritt aus der Kirche darf die Kirchensteuer längstens bis Ende des Kalendermonats der Austrittserklärung erhoben werden; eine Nachbesteuerung Ausgetretener ist unzulässig (BVerfG BGBl. 1974 I 571; NJW 1977, 1279, 1281). Bei → Lohnsteuerpauschalierung ist die Erhebung von K. nur bei Kirchenangehörigen zulässig (BFH vom 7.12.1994, BStBl. II 1995, 507). Die Kirchen haben die Verwaltung der Kirchensteuer idR den staatlichen Finanzämtern übertragen. Eine Sonderform von Kirchensteuer ist das → Kirchgeld.

Kirchensynode
→ Evangelische Kirche (5b), → Synode (1).

Kirchentag
→ Evangelische Kirche (5b).

Kirchenverträge
Der Begriff wird für die Verträge des Staates mit der → Kath. und der → Evang. Kirche verwendet. Zuständig zum Abschluss auf staatlicher Seite sind im Hinblick auf die grundgesetzlichen Gesetzgebungszuständigkeiten grundsätzlich die Länder. Den Kirchenverträgen ähnlich sind die Verträge mit den → jüdischen Gemeinden.

1. Als evangelische Kirchenverträge bestehen zB in Bayern der Vertrag v. 15.11.1924, im früheren Preußen Verträge v. 11.5.1931, in Baden v. 14.11.1931; aus der Nachkriegszeit in Niedersachsen v. 19.3.1955, in Schleswig-Holstein v. 23.4.1957, in Hessen v. 18.2.1960. Nach der Wiedervereinigung schlossen auch die neuen Länder Kirchenverträge (vgl. zB Vertrag des Freistaates Sachsen mit den Evangelischen Landeskirchen im Freistaat Sachsen v. 24.3.1994, GVBl. S. 1253).

2. Den Kirchenverträgen mit der Evangelischen Kirche vergleichbare Verträge gibt es zwischen den Ländern und den Jüdischen Gemeinden (vgl. zB Vertrag des Freistaates Sachsen mit dem Landesverband der Jüdischen Gemeinden v. 7.6.1994, GVBl. S. 1346; Vertrag zwischen dem Freistaat Bayern und dem Landesverband der Israelitischen Kultusgemeinden in Bayern v. 14.8.1997, GVBl. 1998, 30).

3. Die Kirchenverträge mit der Kath. Kirche wurden traditionell als → Konkordate bezeichnet; jüngere Verträge der Kath. Kirche

mit den Ländern nennen sich auch Kirchenverträge (vgl. zB Kath. Kirchenvertrag Sachsen v. 2.7.1996, GVBl. 1997, 17). Die Kirchenverträge mit der kath. Kirche sind völkerrechtliche Verträge, da der → Heilige Stuhl als Vertragspartner → Völkerrechtssubjekt ist.

4. Zu punktuellen, allein den Bund betreffenden Fragen kann auch der Bund Kirchenverträge oder diesen ähnliche Verträge schließen (vgl. zB Vertrag zwischen der BRep. Deutschland und dem Zentralrat der Juden in Deutschland v. 27.1.2003, BGBl. 2013 I 1597, über Staatsleistungen des Bundes an den Zentralrat der Juden; sa → jüdische Gemeinden).

5. Den Kirchenverträgen vergleichbare umfassende Regelungen mit Gemeinschaften des → Islam bestehen derzeit noch nicht.

Kirchenzehnt
→ Zehnt.

Kirchgeld
In einigen Ländern kann von den Kirchen unabhängig von der → Kirchensteuer ein sog. Kirchgeld erhoben werden (zB Art. 20 ff. Bayer. KirchensteuerG; Art. 6 Sächsisches KirchensteuerG). Das Kirchgeld wird anders als die Kirchensteuer nicht als → Zuschlagsteuer, sondern meist in pauschalierter Form für Zwecke der örtl. Kirchengemeinde erhoben.

Kirchliche Akte
Kirchliche Maßnahmen sind nur dann Ausübung öffentlicher Gewalt iS von Art. 19 IV GG, § 90 I BVerfGG, wenn sie sich auf vom Staat verliehene Befugnisse gründen oder den staatlichen Bereich berühren, nicht aber, wenn sie dem innerkirchlichen Bereich zuzurechnen sind. Ersteres ist zB bei Steuerbescheiden kirchlicher Steuerämter der Fall, während etwa die Verweigerung von Sakramenten, kirchliche Organisationsakte oder die → Lehrbeanstandung eines Pfarrers dem innerkirchlichen Bereich angehören und daher nicht vor den staatlichen Verwaltungsgerichten angefochten oder mit Verfassungsbeschwerde verfolgt werden können. Insoweit ist der Betroffene auf innerkirchliche Rechtsbehelfe angewiesen (→ kirchliche Gerichtsbarkeit, 4). Nicht vor den staatlichen Verwaltungsgerichten anfechtbar sind auch kirchliche Akte, die den Bestand oder Fortbestand von Dienstverhältnissen der Geistlichen betreffen. Inwieweit bei vermögensrechtlichen Streitigkeiten aus kirchlichen Dienstverhältnissen der Rechtsweg zu den Verwaltungsgerichten ausnahmsweise gegeben ist, ist streitig (vgl. BVerfG NVwZ 1999, 758). Ist die Kirche nur im Bereich ihrer innerkirchlichen Angelegenheiten tätig geworden, so liegt kein Akt (staatlicher) öffentlicher Gewalt vor, so dass auch keine Verfassungsbeschwerde möglich ist. (BVerfG NJW 2009, 1195).

Kirchliche Gerichtsbarkeit
1. a) In der → katholischen Kirche besteht ein dreistufiger Aufbau der kirchlichen Gerichtsbarkeit: Bischöfliche Gerichte, Metropolitangerichte (→ Metropolit) und päpstliche Gerichte als Obergerichte. Jedoch kann der → Papst jeden Rechtsstreit an sich ziehen (can. 1405 § 1 CIC), und jedes Glied der Kirche kann eine Sache unmittelbar beim → Heiligen Stuhl anbringen.

b) Die → Bischöfe und die ihnen gleichgestellten Oberen können die kirchliche Gerichtsbarkeit in 1. Instanz selbst oder durch andere ausüben, insbesondere durch den Offizial, der Vorsitzender des Kollegialgerichts ist. Gegen seine Urteile ist Berufung zum Bischof nicht zulässig. Das Amt des Offizials ist mit dem des → Generalvikars grundsätzlich nicht vereinbar. Der Offizial wird in weniger wichtigen Streitsachen als Einzelrichter tätig. Kollegiale Verfahrensweise mit wenigstens drei erkennenden Richtern ist bei Ehe- und Weihesachen sowie bei Strafsachen vorgeschrieben. Darüber hinaus kann der Bischof in wichtigen Fällen die Behandlung im Dreier- oder auch Fünfergremium anordnen. Der Vernehmungsrichter (auditor) ist Hilfsorgan des Gerichts. Das öffentliche Interesse im gerichtlichen Bereich wird vom Kirchenanwalt (promotor iustitiae) und in Ehesachen vom Bandverteidiger (defensor vinculi) wahrgenommen. In den (Erz-)Diözesen München, Augsburg, Regensburg, Passau und Berlin heißt das Gericht Konsistorium. Bestrebungen in den deutschen Diözesen zur Errichtung einer Verwaltungsgerichtsbarkeit auf Diözesanebene blieben bisher erfolglos (sa d).

c) Das Metropolitangericht ist 2. Instanz für alle Gerichte einer → Kirchenprovinz und zugleich Gericht 1. Instanz für das Erzbistum (→ Erzbischof, Erzdiözese).

d) Päpstliche Gerichte sind die Apostolische Pönitentiarie, die Apostolische Signatur und die Rota Romana. Die Apostolische Pönitentiarie ist im Wesentlichen für Gnadenerweise zuständig. Die Rota Romana ist Berufungsgericht für Streitsachen, die in 2. Instanz von den Metropolitangerichten entschieden wurden oder die im Wege der Sprungrevision gegen eine Entscheidung der 1. Instanz an sie gelangt sind. Ferner ist der Rota die Rechtsprechung über die Streitsachen der Bischöfe und anderer Oberer vorbehalten. Die Apostolische Signatur ist das höchste kirchliche Gericht. Sie ist für Rechtsbehelfe gegen Entscheidungen der Rota Romana und Kompetenzkonflikte zwischen verschiedenen Gerichten zuständig. Ferner ist die Apostolische Signatur als oberstes Verwaltungsgericht für Einsprüche gegen Verwaltungsakte der Diözesanbischöfe und der diesen gleichgestellten Oberen sowie für die sonstigen ihr zugewiesenen Fälle zuständig. Der Verwaltungsrechtsschutz setzt jedoch ein internes Beschwerdeverfahren voraus; erst gegen die Entscheidung des zuständigen Dikasteriums der → Kurie kann die Apostolische Signatur angerufen werden. Auf Diözesanebene gibt es keinen Verwaltungsrechtsschutz. Die Richter werden vom Papst jeweils für 5 Jahre ernannt. Der

Papst kann nach can. 1405 § 1 CIC jeden Rechtsstreit an sich ziehen. Der Papst selbst unterliegt keiner Gerichtsbarkeit (can. 1404 CIC; → Immunität).

e) Die Verfahren sind grundsätzlich nichtöffentlich und schriftlich. Streitsachen privaten Charakters werden vom Verhandlungsprinzip bestimmt, für Ehe, Weihe- und Strafsachen gilt die Offizialmaxime.

f) Eine Sonderstellung in der kirchlichen Gerichtsbarkeit der katholischen Kirche nimmt die Gerichtsbarkeit in kirchlichen Arbeitssachen ein. Soweit die Arbeitsverhältnisse kirchlicher Beschäftigter wie idR dem staatlichen Arbeitsrecht unterliegen, sind die staatlichen → Arbeitsgerichte zuständig (Art. 10 I der Grundordnung des kirchlichen Dienstes im Rahmen kirchlicher Arbeitsverhältnisse v. 27.4.2015 (GrO)); s. dazu unten Nr. 6. Für Rechtsstreitigkeiten auf den Gebieten der kirchlichen Ordnungen für ein Arbeitsvertrag- und des Mitarbeitervertretungsrechts bestehen unabhängige kirchliche Arbeitsgerichte (Art. 10 II GrO; sa → Dritter Weg). Insoweit verbietet sich im Hinblick auf das verfassungsrechtliche garantierte Selbstbestimmungsrecht der Religionsgemeinschaften der Rechtsweg zu den staatlichen Gerichten (s. a. Nr. 3). Geschaffen wurde diese kirchlichen Arbeitsgerichte durch die Kirchliche Arbeitsgerichtsordnung (KAGO), die auf Grund eines besonderen Mandats des Apostolischen Stuhles (can. 445 § 1 CIC; → Codex Iuris Canonici) von der Deutschen Bischofskonferenz erlassen wurde und am 1.7.2005 in Kraft trat. Die Gerichtsbarkeit wird in erster Instanz durch Kirchliche Arbeitsgerichte, die für jedes Bistum oder mehrerer Bistümer errichtet werden, und in zweiter Instanz durch den Kirchlichen Arbeitsgerichtshof für die Bistümer im Bereich der Deutschen Bischofskonferenz ausgeübt. Auf das Verfahren vor den kirchlichen Gerichten für Arbeitssachen finden grundsätzlich die Vorschriften des staatlichen Arbeitsgerichtsgesetzes über das Urteilsverfahren in ihrer jeweiligen Fassung Anwendung. Die Verfahrensgrundsätze entsprechen aber dem Beschlussverfahren; das Gericht erforscht deshalb wie dort den Sachverhalt von Amts wegen im Rahmen der gestellten Anträge. Die Verhandlungen sind grundsätzlich öffentlich und mündlich. Der Kirchliche Arbeitsgerichtshof ist als Revisionsinstanz eingerichtet, kontrolliert also nur die richtige Rechtsanwendung.

2. Die → Evangelische Kirche in Deutschland (EKD) hat die Gerichtsbarkeit durch Kirchengesetz vom 6.11.2003 (ABl. EKD 2003, 408) neu geordnet. Die bisher in unterschiedlichen Kirchengesetzen geregelten Zweige (Schiedsgerichtshof, Disziplinargerichte sowie Verwaltungsgerichte für mitarbeitervertretungsrechtliche Streitigkeiten) wurden zusammengefasst. Die Gerichtsbarkeit gliedert sich in den Verfassungsgerichtshof der EKD, das Kirchengericht der EKD als Kirchengericht erster Instanz und den Kirchengerichtshof der EKD als Kirchengericht zweiter Instanz. Anders als die katholische Kirche (s. o. Nr. 1) verfügt die EKD über eine vollständig ausgebaute Verwaltungsgerichtsbarkeit. Nach dem Verwaltungsgerichtsgesetz der EKD (VwGG.EKD) v. 10.11.2010 werden die Aufgaben des Verwaltungsgerichts der EKD vom Kirchengericht der EKD und die Aufgaben des Verwaltungsgerichtshofs der EKD vom Kirchengerichtshof der EKD wahrgenommen. Der Verwaltungsrechtsweg ist auch für → kirchliche Akte aus dem Bereich des öffentlichen Dienstrechts (zB bei Maßnahmen gegen Pfarrer) eröffnet. Für die Arbeitgeber-Arbeitnehmer-Beziehungen ist vor allem von Bedeutung, dass das Kirchengericht der EKD über Streitigkeiten aus der Anwendung des Mitarbeitervertretungsgesetzes (→ Mitarbeitervertretungsrecht) entscheidet; für diese findet wegen der Verfassungsgarantie des kirchlichen Selbstbestimmungsrechts der Rechtsweg zu den staatlichen Gerichten nicht statt. Es gelten die Vorschriften des Mitarbeitervertretungsgesetzes (MVG.EKD); die Vorschriften des Kirchengerichtsgesetzes (KiGG) finden nur ergänzend Anwendung (§ 28 KiGG.EKD). Das Mitarbeitervertretungsgesetz (MVG.EKD) bezeichnet seit der Neuregelung durch Kirchengesetz vom 6.11.2003 die auch für Rechtsstreitigkeiten vorgesehene Schlichtungsstelle als Kirchengericht. Gegen die Beschlüsse der Kirchengerichte findet die Beschwerde an den Kirchengerichtshof der EKD statt (§ 63 MVG.EKD). Die dezentrale Kirchenverfassung im Bereich der evangelischen Kirche hat allerdings zur Folge, dass das Mitarbeitervertretungsgesetz der EKD (MVG.EKD) nicht von allen Gliedkirchen übernommen wurde.

3. Die Mehrzahl der kirchlichen Mitarbeiter befindet sich in Arbeitsverhältnissen, für die das staatliche Arbeitsrecht gilt. Welche kirchlichen Grundverpflichtungen Gegenstand dieser Arbeitsverhältnisse sind, bestimmen die Kirchen selbst nach ihren Maßstäben (BVerfG U. v. 4.6.1985 – 2 BvR 1703/83). Für die üblichen Arbeitsrechtsstreitigkeiten von diesen Arbeitnehmern bleibt es bei der Zuständigkeit der staatlichen → Arbeitsgerichte, die jedoch nach bisheriger Rechtsprechung kirchliche Maßstäbe (→ Grundordnung) nur daraufhin überprüfen dürfen, ob sie Grundprinzipien der staatlichen Rechtsordnung widersprechen. Im Hinblick auf das → EU-Recht geht die Überprüfung durch die staatlichen Gerichte inzwischen weiter. Der EuGH (Urt. v. 17.4.2018 – C-414, 16) hat entschieden, dass die staatlichen Gerichte zu prüfen haben, ob das Erfordernis der Konfessionszugehörigkeit eines Arbeitnehmers notwendig und angesichts des Ethos der betreffenden Kirche aufgrund der Art der in Rede stehenden beruflichen Tätigkeit oder der Umstände ihrer Ausübung objektiv geboten ist. Das BAG (Beschl. v. 28.7.2018 – 2 AZR 746/14) hat die Frage, ob der Chefarzt eines katholischen Krankenhauses

nach Scheidung und Wiederverheiratung gekündigt werden darf, dem EuGH vorgelegt.

4. Besonderheiten gelten für den Rechtsschutz kirchlicher Mitarbeiter in öffentlich-rechtlichen Dienstverhältnissen (→ Pfarrer, → Kirchenbeamte). Die Ausgestaltung des Dienst- und Amtsrechts der kirchlichen Mitarbeiter in öffentlich-rechtlichen Dienstverhältnissen (→ Pfarrer, → Kirchenbeamte) unterliegt dem Selbstbestimmungsrecht der Kirche und ist der staatlichen Gerichtsbarkeit entzogen. Ist die Kirche nur im Bereich ihrer innerkirchlichen Angelegenheiten tätig geworden (zB der Versetzung eines evangelischen Pfarrers in den Ruhestand), so liegt kein Akt – staatlicher – öffentlicher Gewalt vor. Verwaltungsrechtbehelfe (→ Verwaltungsstreitverfahren) und → Verfassungsbeschwerde zu staatlichen Instanzen sind hiergegen nicht zulässig (BVerfG NJW 2009, 1195). Sa → kirchliche Akte. In der evangelischen Kirche besteht in diesen Fällen für Pfarrer und Kirchenbeamte ein Rechtsweg zu den kirchlichen Verwaltungsgerichten (s. o. Nr. 2); in der katholischen Kirche sind Pfarrer und Kirchenbeamte ohne staatlichen und ohne kirchlichen Rechtsschutz auf den innerkirchlichen Beschwerdeweg verwiesen, bei dessen Erschöpfung theoretisch die Apostolische Signatur angerufen werden könnte (s. o. Nr. 1b und d).

Kirchliche Gesetze

1. Die → kath. Kirche kennt keine Gewaltentrennung ieS; der → Papst und im partikularen Bereich die → Bischofskonferenzen sowie die Diözesanbischöfe und die diesen gleichgestellten Oberen sind auch Gesetzgeber. Dennoch sind Rechtsnormen von Akten der Verwaltung und Rechtsprechung zu unterscheiden. Man unterscheidet Gesetze (leges) und die wie Gesetze zu behandelnden allgemeinen Dekrete (decreta generalia), Statuten (zB der Stiftungen) und Konstitutionen (zB der Ordensgemeinschaften). Keinen Gesetzesrang besitzen allgemeine Durchführungsdekrete (decreta generalia executoria), Verwaltungsverordnungen (instructiones) und (Geschäfts-)Ordnungen (ordines).

2. Die → evang. Kirche besitzt kein allgemein geltendes Gesetzbuch. Da bis zum Beginn des 19. Jh. das Landeskirchentum vorherrschte, sind die meisten Kirchenrechtsordnungen aus dieser Zeit vom Staat für die Kirche erlassen worden. Im Laufe des 19. Jh. räumte die staatliche Kirchengesetzgebung den Landeskirchen eine beschränkte eigene Regelungszuständigkeit ein (zB in Preußen die Kirchengemeinde- und Synodalordnung von 1873). Das auf Grund dieser staatl. Kirchengesetze von kirchlichen Organen erlassene Recht ist zT auch heute noch in Geltung. Nach 1918 schufen sich die vom Staat unabhängig gewordenen Landeskirchen eigene Kirchenverfassungen, die – soweit nicht abgeändert oder ersetzt – fortgelten. Ferner gilt, soweit es der Grundordnung der → EKD nicht widerspricht, das Recht der 1933 organisierten Deutschen Evangelischen Kirche (DEK) fort. Heute haben auf der Ebene der EKD die Synode und auf der Ebene der Landeskirchen idR die Kirchensynode Gesetzgebungsbefugnisse. Kirchengesetze der EKD bedürfen der zweimaligen Beratung und Beschlussfassung. Der Rat der EKD sowie die Kirchenleitungen der jeweiligen Landeskirchen besitzen bei nichtversammeltem Synodalorgan unter bestimmten Voraussetzungen ein Notverordnungsrecht.

Kirchliche Trauung

Die Vorschriften des Kirchenrechts über die Ehe werden durch die staatlichen Bestimmungen über die Eheschließung grds. nicht berührt (§ 1588 BGB). Die kirchliche Trauung ersetzt umgekehrt nicht die Rechtswirkungen einer standesamtlichen → Eheschließung. In der → kath. Kirche ist das Eherecht im → Codex iuris canonici geregelt. Nach katholischen Kirchenrecht ist eine kirchliche Trauung von Personen gleichen Geschlechts nicht möglich. Zur Ehe unter konfessionsverschiedenen Eheleuten → „ökumenische Trauung".

Kirchliches Arbeitsrecht

Für Inhaber geistlicher Ämter und für → Kirchenbeamte gelten ohnehin vom → Arbeitsrecht abweichende Vorschriften (sa → Arbeitsverhältnis). Aber auch für die → Arbeitnehmer der → Kirchen oder kirchlicher Institutionen gelten teilweise vom allgemeinen Arbeitsrecht abweichende Bestimmungen (sa → Dritter Weg). Danach können Bewerber für Arbeitsplätze im kirchlichen Bereich abgelehnt werden, wenn sie nicht der betreffenden Religionsgemeinschaft angehören. Auch kann eine Kündigung erfolgen, wenn das Verhalten des Arbeitnehmers nicht den Regeln der Kirche entspricht, die dessen Arbeitgeber ist. Nach Art. 140 GG iVm Art. 137 III WRV ordnet und verwaltet jede → Religionsgesellschaft ihre Angelegenheiten selbstständig inn erhalb der Schranken der für alle geltenden Gesetze. Nach der ständigen Rspr. des BVerfG folgt aus Art. 4 I u. II, dass dem Selbstbestimmungsrecht der Kirchen besonderes Gewicht zukommt. Die Anforderungen an kirchliche Mitarbeiter sind als elementare Bestandteile der Religionsfreiheit verfassungsrechtlich geschützt. Den staatlichen Gerichten obliegt nur eine Plausibilitätskontrolle auf der Grundlage des glaubensdefinierten Selbstverständnisses der verfassten Kirchen. Der EuGH hat die Autonomie der Kirchen in diesem Bereich inzwischen deutlich eingeschränkt (Urt. v. 17.4.2018 – C-414/16). Die Ausnahme in Art. 4 II RL 2000/78/EG v. 27.11.2000 zur Festlegung eines allgemeinen Rahmens für die Verwirklichung der Gleichbehandlung in Beschäftigung und Beruf zu Gunsten der Kirchen ist danach eng auszulegen. Benachteiligung eines Arbeitnehmers aufgrund fehlender Religionszugehörigkeit oder eines den Regeln der betreffenden Kirche widersprechenden Verhaltens sind nur unter besonderer Berücksichtigung der Art der Tätigkeit und im Rahmen der Verhältnismäßigkeit zulässig. Dies dürfte nur bei Tätigkeiten in der Verkündung, der Seelsorge und der Bildung sowie bei Leitungsfunktionen der Fall sein.

Kita
→ Kindertagesstätte; → Kindergarten; → Kinderkrippe; → Schließung von Kitas und Krippen.

Kite-Surfen
→ Surfen (2).

Kläger
→ Klage.

Klagbarkeit
Klagbarkeit eines → Anspruchs bedeutet, dass dieser bei Gericht durch → Klage geltend gemacht werden kann. Die Klagbarkeit ist grundsätzlich bei jedem Anspruch gegeben, kann aber ausnahmsweise durch Gesetz oder vertragliche Vereinbarung ausgeschlossen sein; in diesen Fällen spricht man auch von → Naturalobligation. Unklagbar ist zB die aus einem Verlöbnis herrührende Pflicht zur Eheschließung (§ 1297 BGB).

Klage
Der Begriff geht auf die → actio des → römischen Rechts zurück. Sie ist die Prozesshandlung, durch die der Kläger bei Gericht um Rechtsschutz nachsucht. Die Klage richtet sich an das Gericht und gegen den Beklagten. Klage kann in verschiedenen → Klagearten (auf Leistung, Feststellung usw.) erhoben werden im Zivilprozess (§ 253 ZPO) und in der Arbeitsgerichtsbarkeit, im Verwaltungs- (§§ 42, 43 VwGO), Finanz- (§§ 40, 41 FGO) und Sozialstreitverfahren (§ 53 SGG). Im Strafprozess gibt es die öffentliche und die → Privatklage. In der Klage werden Gericht, → Parteien und → Streitgegenstand bezeichnet; sie muss in bestimmter Form erhoben werden (→ Klageerhebung). Das Gericht entscheidet über sie im Regelfall durch → Urteil, in dem es ihr ganz oder zum Teil stattgibt oder sie abweist. Nach dem → Streitgegenstand gibt es verschiedene Arten von Klage, auch eine → Widerklage. Eine Klage kann geändert (→ Klageänderung) und zurückgenommen (→ Klagerücknahme) werden. Klagen können miteinander verbunden werden (→ Klagenverbindung). Eine Klage ist zulässig, wenn alle → Prozessvoraussetzungen erfüllt sind. Nur dann darf eine → Sachentscheidung ergehen. Begründet ist eine Klage, wenn ihr Tatsachen zugrundegelegt werden dürfen, die den Klageantrag rechtfertigen. S. ferner → Leistungsklage, → Feststellungsklage und → Gestaltungsklage.

Klage auf vorzugsweise Befriedigung
→ Vorzugsklage.

Klage, öffentliche
Im → Strafprozess kann öffentliche Klage erhoben werden durch Einreichen einer → Anklageschrift, Antrag auf Durchführung des → beschleunigten Verfahrens, Antrag auf Erlass eines → Strafbefehls oder → Nachtragsanklage. Sa → Ermittlungsverfahren in Strafsachen. Zuständig hierfür ist die Staatsanwaltschaft (§ 152 I StPO).

Klageabweisung
→ Klage, → Prozessurteil, → Sachurteil.

Klageänderung
Eine Klageänderung besteht darin, dass der Kläger im gleichen Verfahren (Prozess) einen anderen → Klageantrag stellt oder seinen Klageantrag auf einen anderen → Klagegrund stützt. Eine Klageänderung ist nur zulässig, wenn der Beklagte bzw. die → Beteiligten einwilligen (auch stillschweigend, § 267 ZPO) oder das Gericht die Klageänderung für sachdienlich erachtet, aber nicht mehr in der Revisionsinstanz (§ 263 ZPO, § 91 I VwGO, § 67 I FGO, §§ 99 I SGG, § 168 SGG). Die Zulässigkeit der Klageänderung ist eine besondere → Prozessvoraussetzung. Bestimmte Fälle von Änderung des Klageantrags oder Klagegrundes werden nicht als Klageänderung angesehen, insbes. ergänzende oder berichtigende Ausführungen, Erweiterung oder Beschränkung des erhobenen Anspruchs (§ 264 ZPO, § 173 VwGO, § 155 FGO, § 99 III SGG).

Klageanspruch
→ Streitgegenstand.

Klageantrag
→ Klageschrift.

Klagearten
Man unterscheidet im Zivilprozess → Leistungsklage, → Feststellungsklage und → Gestaltungsklage, im Verwaltungs-, Finanz- und Sozialstreitverfahren die Anfechtungsklage (Aufhebungsklage), → Verpflichtungsklage und Feststellungsklage, im Verwaltungsstreitverfahren ferner die Allgemeine Leistungsklage. In diese Kategorien lassen sich alle Klagen nach ihrem → Streitgegenstand einordnen.

Klagebefugnis
Klagebefugnis nennt man im → Verwaltungsstreitverfahren die für → Anfechtungsklage und → Verpflichtungsklage ausdrücklich normierte Zulässigkeitsvoraussetzung, dass – soweit gesetzlich nichts anderes bestimmt ist – der Kläger geltend macht, in seinen Rechten verletzt zu sein (§ 42 II VwGO). Es genügt also zB nicht, dass er seine Klage mit der Verletzung von Vorschriften begründet, die im Interesse der Allgemeinheit ergangen sind, nicht aber (zumindest auch) dem Schutz des Einzelnen dienen (zB → „nachbarschützende" Vorschriften des Baurechts wie etwa → Abstandsflächen). Das Gesetz schließt damit die → Popularklage und die → Verbandsklage aus. Geltendmachung bedeutet, die Verletzung eigener Rechte substantiiert vorzutragen, so dass

eine Verletzung möglich erscheint; ob sie wirklich vorliegt, ist dann eine Frage der Begründetheit der Klage. Da das → Widerspruchsverfahren eine Vorstufe des gerichtlichen Verfahrens ist, gilt § 42 II VwGO auch hier. Die verwaltungsgerichtliche Normenkontrolle erfordert nach § 47 II 1 VwGO, dass der Antragsteller durch die Rechtsvorschrift oder ihre Anwendung in seinen Rechten verletzt ist oder verletzt werden wird; lediglich Behörden sind immer antragsbefugt nach § 47 II 1 VwGO. In der → Finanzgerichtsbarkeit besteht eine eingeschränkte Klagebefugnis bei einheitlicher und gesonderter Feststellung (§ 48 FGO; → Besteuerungsverfahren).

Klagebegründung
→ Klageschrift.

Klageerhebung
Im Zivilprozess und in der Arbeitsgerichtsbarkeit wird Klage durch (unverzügliche, § 271 ZPO) → Zustellung der → Klageschrift erhoben (§ 253 ZPO; auch in → mündlicher Verhandlung, § 261 II ZPO), im Verwaltungs- (§ 81 VwGO), Finanz- (§ 64 FGO) und Sozialstreitverfahren (§ 90 SGG) ohne Zustellung durch Einreichen der Klageschrift oder zur Niederschrift des Urkundsbeamten der Geschäftsstelle. Durch die Klageerhebung wird die → Rechtshängigkeit begründet (§ 261 I ZPO, § 90 VwGO, § 66 I FGO, § 94 I SGG). Die Klage kann auch nachträglich erweitert werden (§ 261 II ZPO). Einhaltung einer Klagefrist ist im Zivilprozess nur ausnahmsweise gesetzlich vorgeschrieben (zB Nichtigkeits-, Restitutionsklage, § 586 ZPO; sa → Kündigungsschutz für Arbeitnehmer, 2b). Hierbei handelt es sich meistens um eine besondere → Prozessvoraussetzung. → Anfechtungsklagen in Verwaltungs-, Finanz- und Sozialstreitsachen können nur binnen einer Monatsfrist erhoben werden (§ 74 VwGO, § 47 I FGO, § 87 SGG; → Verwaltungsstreitverfahren). Über die Klageerhebung im Strafprozess → Ermittlungsverfahren, → Anklageschrift, → Privatklage.

Klageerweiterung
→ Klageerhebung, → Klageänderung.

Klageerzwingungsverfahren
→ Anklageerzwingung.

Klagefrist
→ Klageerhebung; sa → Kündigungsschutz für Arbeitnehmer (2b). Bei → Arrest (1) und → einstweiliger Verfügung kann das Gericht eine Frist zur Klageerhebung anordnen (§ 926 ZPO). Nicht zu verwechseln ist die Klagefrist mit der materiellen Rechtsfrage der → Verjährung.

Klagegrund
→ Klageschrift.

Klageindustrie
→ Massenverfahren (Zivilprozess).

Klageleugnen
(auch: Bestreiten der Klagetatsachen) → Einrede, → Schlüssigkeit.

Klagenhäufung
→ Klagenverbindung.

Klagenverbindung
(Klagenhäufung). Werden mehrere Ansprüche oder Klagebegehren gegen denselben Beklagten in einer Klage verfolgt, spricht man von objektiver Klagenverbindung Sie ist im Zivilprozess und im arbeitsgerichtlichen Verfahren zulässig, wenn dasselbe Prozessgericht zuständig und dieselbe → Prozessart zulässig ist (§ 260 ZPO), im Verwaltungs- und im Sozialstreitverfahren, wenn dasselbe Gericht zuständig ist und die Klagebegehren im Zusammenhang stehen (§ 44 VwGO, § 56 SGG). Klagen mehrere gemeinsam oder werden mehrere gemeinsam verklagt, spricht man von subjektiver Klagenverbindung oder → Streitgenossenschaft. Ob der Kläger mehrere Ansprüche in dieser Weise vorbringt, steht grundsätzlich in seinem Belieben. Jedoch kann das Gericht die einzelnen Begehren durch Beschluss trennen oder verbinden (§§ 145, 147 ZPO; § 93 VwGO, § 73 FGO, § 113 SGG). Ist die Klagenverbindung unzulässig, muss das Gericht trennen. Die Klagenverbindung ist auch nur hilfsweise (→ Hilfsantrag) zulässig (Eventualklage). Die Zulässigkeit der Klagenverbindung ist keine → Prozessvoraussetzung.

Klageregister
→ Sammelklage.

Klagerücknahme
Eine Klagerücknahme ist eine → Prozesshandlung, durch die der Kläger auf die Durchführung des Prozesses und auf eine Entscheidung über seine → Klage (oder → Widerklage) ganz oder zum Teil verzichtet, indem durch Erklärung gegenüber dem Gericht die Klage zurückgenommen wird. Im Verwaltungsprozess gilt die Klage als zurückgenommen, wenn der Kläger trotz Aufforderung durch das Gericht das Verfahren länger als zwei Monate nicht betreibt (§ 92 II VwGO). Die Klagerücknahme ist grundsätzlich bis zum rechtskräftigen Abschluss des Verfahrens möglich. Von einem gewissen Zeitpunkt an ist zur Klagerücknahme erforderlich, dass der Beklagte und im Verwaltungsstreitverfahren auch der Vertreter des öffentlichen Interesses einwilligt (§ 269 I ZPO – Beginn der mündl. Verhandlung des Beklagten zur Hauptsache –, § 92 I VwGO, § 72 I FGO). Die Wirkungen der Klagerücknahme sind verschieden: im Zivilprozess wird fingiert, dass der Rechtsstreit nicht anhängig geworden sei (§ 269 III 1 ZPO), im Verwaltungs- und Finanzstreitverfahren hat das Gericht ohne Antrag das Verfahren einzustellen (§ 92 III VwGO, § 72 III FGO), im Sozialstreitverfahren ist der Rechtsstreit in der Hauptsache erledigt (§ 102 SGG). Infolge der Klagerücknahme sind dem Kläger die Kosten des Rechtsstreits aufzuerlegen (§ 269 III 2 ZPO, § 155 II

VwGO, § 136 II FGO); im Sozialstreitverfahren ist darüber ebenso wie im Zivilprozess bei → Erledigung der Hauptsache vor → Rechtshängigkeit (Klagezustellung; § 269 III 3 ZPO) nach billigem Ermessen zu entscheiden. Diese Wirkungen sind durch (beschwerdefähigen) Beschluss auszusprechen, entweder auf Antrag (§ 269 IV ZPO, § 102 SGG) oder von Amts wegen (§ 92 II VwGO, § 72 II S. 2 FGO). Wird im Zivilprozess die Klage neuerlich erhoben, so kann der Beklagte die Einlassung verweigern, bis ihm die vormals entstandenen Kosten erstattet werden (§ 269 VI ZPO). Im Strafverfahren ist Klagerücknahme nur bis zur Eröffnung des Hauptverfahrens zulässig, bei Privatklage nach Beginn der Sachvernehmung des Angeklagten in der ersten Instanz nur mit dessen Einwilligung (§§ 156, 391 StPO).

Klageschrift

1. Im Zivilprozess und in der Arbeitsgerichtsbarkeit (§ 253 ZPO, § 46 ArbGG) muss die Klageschrift notwendig die Bezeichnung des Gerichts und der → Parteien, den Klageantrag und den Klagegrund enthalten. Nicht notwendig, aber vorgeschrieben (instruktioneller Inhalt) ist die Angabe des → Streitwerts und alles, was ein vorbereitender Schriftsatz enthalten soll (§ 130 ZPO). Im Klageantrag muss der Kläger kennzeichnen, welchen Rechtsschutz er vom Gericht begehrt (zB „Der Beklagte wird verurteilt, an den Kläger 1000 EUR zu zahlen." „Es wird festgestellt, dass zwischen dem Kläger und dem Beklagten für das Anwesen Karlsplatz 7 in München kein Mietvertrag besteht.") Dieser Antrag muss bestimmt sein (eindeutig), er kann alternativ (→ Alternativantrag) oder eventuell (→ Hilfsantrag) gestellt werden. Den Klagegrund hat der Kläger nach der herrschenden Substantiierungs-Theorie durch Vortrag der Tatsachen darzulegen, durch die er den Klageantrag rechtfertigen will. (Nach der überwundenen Individualisierungstheorie war lediglich das konkrete Rechtsverhältnis, aus dem geklagt wird, zu kennzeichnen.) Klageantrag und -grund grenzen den → Streitgegenstand ab und können im Verlaufe des Rechtsstreits geändert werden (→ Klageänderung). Für das Strafverfahren → Anklageschrift.

2. Im → Verwaltungsstreitverfahren und in der → Finanzgerichtsbarkeit (§ 82 VwGO, § 65 FGO) muss die Klageschrift lediglich Kläger und Beklagten sowie den Streitgegenstand bezeichnen, damit sie wirksam ist. Ein bestimmter Antrag sowie die zur Begründung dienenden Tatsachen und Beweismittel sollen in der Klageschrift enthalten sein. Die angefochtene Entscheidung (Verwaltungsakt, Verfügung oder Bescheid) und die Einspruchsentscheidung sollen in Urschrift oder Abschrift beigefügt werden.

3. Im Sozialgerichtsverfahren (→ Sozialgerichtsbarkeit) ist dieser gesamte Inhalt zwar vorgeschrieben (Bezeichnung von Kläger, Beklagtem, Klagegenstand, Klageantrag, Datum, Unterschrift, angefochtene Verfügung und ggf. Widerspruchsbescheid in Kopie, Tatsachen und Beweismittel), aber nicht zwingend („soll", § 92 SGG). Ist dem „Soll"-gedanken nicht entsprochen worden, hat das Gericht die notwendigen Angaben für die Bearbeitung des Streitfalles vom Kläger anzufordern. Für die Beantwortung darf er eine angemessene Frist setzen. Versäumt das Gericht die notwendige Aufklärung des Rechtsstreits, in dem es zB von der Pflicht zur Beschleunigung des Verfahrens (§ 92 Abs. 2 SGG) keinen Gebrauch macht, kann dieses einen Zurückweisungsgrund an eine Vorinstanz zur Folge haben. Die Verurteilung eines Beteiligten wegen überlanger Verfahrensdauer ist möglich.

4. In allen Verfahrensarten sollen so viele Abschriften der Klageschrift eingereicht werden, wie es für die Zustellung und Mitteilung an den Beklagten und die anderen → Beteiligten erforderlich ist. Die Klageschrift kann auch in elektronischer Form eingereicht werden. Hierzu muss aber von den jeweiligen Gerichten die Zulassung elektronisch übermittelter Dokumente vorgesehen sein. Dazu ist es notwendig, eine digitale Signatur erzeugen zu können.

Klageverzicht

→ Verzichtsurteil. Zu Kündigungen im Arbeitsrecht siehe → Ausgleichsquittung und → Aufhebungsvertrag im Arbeitsrecht.

Klaglose Forderungen

→ unvollkommene Rechte, → Naturalobligation, → Klagbarkeit.

Klassenkampf, Anreizung zum –

war bis zum 6. StrÄnd.G 1960 nach § 130 StGB a. F. unter Strafe gestellt. An die Stelle der Vorschrift trat der umfassendere Tatbestand der → Volksverhetzung, der auch die Anreizung zum Klassenkampf umfasst, soweit sie sich gegen Teile der Bevölkerung wendet.

Klausel, Klauselerteilung

→ Vollstreckungsklausel.

Klauseln

in Verträgen → Allgemeine Geschäftsbedingungen.

Kleinanleger

ist kein deutscher juristischer Begriff; er wird in MiFID II verwandt, nicht aber in deutschen Gesetzen. Das → Wertpapierhandelsgesetz spricht vielmehr von Privatkunden (→ Anlageberatung), das KAGB von Privatanlegern. Das sogenannte Kleinanlegerschutzgesetz v. 3.7.2015 (BGBl. 2015 I 1114) ist ein Artikelgesetz und nennt Kleinanleger nur zur besseren Beschreibung seines Zwecks.

Kleinbeträge

(Steuerrecht). Aufgrund § 156 AO hat der BMF die Kleinbetragsverordnung v. 19.12.2000 (BGBl. 2000 I 1790) erlassen, die die Behandlung von steuerlichen Bagatellbeträgen regelt. So findet zB eine Steueränderung zu Ungunsten des Steuerpflichtigen nicht statt, wenn der Änderungsbetrag 10 EUR, ab 1.1.2017 25 EUR unterschreitet.

Kleine Aktiengesellschaft
→ Aktiengesellschaft (1a), → Bilanz (1).

Kleine Freihandelszone
→ EFTA.

Kleine Haverei
→ Haverei.

Kleine Kapitalgesellschaft
→ Bilanz (1).

Kleine Münze
Mit diesem Begriff soll zum Ausdruck gebracht werden, dass an die für den → urheberrechtlichen Schutz grds. erforderliche Gestaltungshöhe bei Werken der zweckfreien bildenden Kunst ebenso wie im literarischen und im künstlerischen Bereich keine gesteigerten Anforderungen gestellt werden.

Kleiner Grenzverkehr
wird der nachbarliche Verkehr zwischen Grenzgebieten von Staaten genannt (insbes. zu Ausflugs-, Besuchs- und Gewerbezwecken). Nach Maßgabe zwischenstaatl. Abkommen genießt er pass-, ausweis- und zollrechtl. Erleichterungen. Für Deutschland ist der kleine Grenzverkehr inzwischen praktisch bedeutungslos.

Kleiner Schadensersatz
→ Schadensersatz, 4; sa → Dieselskandal.

Kleinfahrzeug
ist ein → Wasserfahrzeug, das eine Länge von 20 m nicht erreicht. Die VO v. 21.2.1995 (BGBl. 1995 I 226) m. spät. Änd., kennt als Ausnahmen Ruderboote, Beiboote, Fahrgastschiffe zur Beförderung von mehr als 12 Personen und → Fähren. Die Wasserstraßen- und Schifffahrtsämter führen ein Verzeichnis über die von ihnen gekennzeichneten Kleinfahrzeuge. Sa → Schifffahrtsverkehrsregeln.

Kleingärten
Für den → Pachtvertrag über Kleingärten (Schrebergärten mit idR nicht mehr als 400m^2 Fläche; eine einfache Laube ist zulässig; ausgenommen Eigentümergärten ua) enthalten die §§ 4 ff. BKleingG Sondervorschriften, insbes. über die zulässige Höchstpacht und die Möglichkeit der Anpassung der vereinbarten Pacht hieran (§ 5 BKleingG). Das Recht zur ordentlichen → Kündigung des Kleingartenpachtvertrags ist eingeschränkt (§ 9 BKleingG); im Einzelfall hat der Pächter Anspruch auf angemessene Entschädigung (§ 11 BKleingG), bei Dauerkleingärten (im → Bebauungsplan als solche ausgewiesen) ggf. auch auf Bereitstellung geeigneten Ersatzlandes durch die Gemeinde (§ 14 BKleingG). Im Gebiet der ehem. DDR begründete Verträge über Kleingärten gelten fort (→ Nutzungsberechtigungen); über deren Dauer, Pachthöhe (Anpassung) usw s. § 20a BKleingG und Nutzungsentgeltverordnung idF v. 24.6.2002 (BGBl. 2002 I 2562).

Kleingewerbetreibender
→ Handelsgewerbe, → Kaufmann, → Offene Handelsgesellschaft (1a).

Kleinhandel mit Branntwein
→ Alkoholverbot.

Kleininsolvenzverfahren
→ Verbraucherinsolvenzverfahren.

Kleinkrafträder
sind → Krafträder (zweirädrige Kfz) oder dreirädrige Kfz mit 45 km/h Höchstgeschwindigkeit und einem Motor bis 50 ccm Hubraum oder 4 kW Leistung, aber ohne Fahrradmerkmale wie → Fahrräder mit Hilfsmotor (§ 6 FeV, § 2 Nr. 11 FZV). Sie bedürfen keiner Zulassung (§ 3 II Nr. 1 Buchst. d FZV), aber einer Betriebserlaubnis oder EG-Typgenehmigung (§ 4 I FZV). Der Führer eines zweirädrigen Kleinkraftrades oder eines dreirädrigen Kleinkraftrades (sog. Trike) muss die → Fahrerlaubnis Klasse AM besitzen; das Mindestalter für deren Erteilung beträgt 16 Jahre (§§ 6, 10 I FeV). Das Führen von Kleinkrafträdern ohne Fahrerlaubnis ist strafbar (→ Fahren ohne Führerschein).

Die Haftung des Fahrers und des → Halters für einen durch das Kleinkraftrad verursachten Schaden und der Zwang zum Abschluss einer → Kraftfahrzeug-Haftpflichtversicherung richten sich nach den Bestimmungen für Kfz (§§ 7 ff. StVG, § 4 III FZV). Zum Nachweis der Versicherung ist am Kleinkraftrad ein Versicherungskennzeichen zu führen, das für 1 Jahr gilt (§ 26 FZV). Kleinkrafträder müssen mit → Schutzhelm und auch am Tage mit Abblendlicht (→ Beleuchtung) gefahren werden. Autobahnen und Kraftfahrstraßen dürfen von Kleinkrafträdern nicht benutzt werden (→ Autostraßen).

Dreirädrige Kfz mit den Leistungsmerkmalen von Kleinkrafträdern werden für → Zulassung (von Kfz.), → Fahrerlaubnis und → Versicherungsnachweis wie Kleinkrafträder behandelt und als dreirädrige Kleinkrafträder bezeichnet (§ 2 Nr. 11 Buchst. b FZV), obwohl sie eigentlich keine Krafträder sind.

Für das Führen von geschwindigkeitsbeschränkten Kleinkrafträdern der Klasse L1e (mit durch die Bauart gewährleisteter Höchstgeschwindigkeit von 25 km/h) ist keine Fahrerlaubnis notwendig und genügt ein Mindestalter von 15 Jahren (§ 4 I 2 Nr. 1b FeV, § 10 III FeV); es muss aber die Vorschriften- und Gefahrenkenntnis in einer Prüfung nachgewiesen werden, über die eine Prüfbescheinigung erteilt wird (§ 5 FeV).

Kleinkunst
→ Schaustellung von Personen.

Kleinsiedlungsgebiet
Gebiet nach der → Baunutzungsverordnung, in dem Kleinsiedlungen mit Nutzgärten, Gar-

tenbaubetriebe, Läden und Wirtschaften zulässig sind.

Kleinstunternehmer
Das Gesetz zur Abmilderung der Folgen der Covid-19-Pandemie im Zivil-, Insolvenz- und Strafverfahrensrecht (→ COVID-19-Folgenabmilderungsgesetz) führt bestimmte befristete vertragliche Erleichterungen zu Gunsten von wirtschaftlich besonders schwer betroffenen → Verbraucher → Verbrauchern und sog. Kleinstunternehmern ein (s. die Übersicht über die Regelungen unter → COVID-19-Folgenabmilderungsgesetz). Der Begriff des Kleinstunternehmers ist einer Empfehlung der Europäischen Kommission v. 6.5.2003, 2003/361/EG (ABl. EG 2003 L 124) entnommen. Darunter ist ein Unternehmen zu verstehen, das weniger als 10 Personen beschäftigt und dessen Jahresumsatz bzw. Jahresbilanz 2 Mio. Euro nicht überschreitet.

Kleinunternehmer
→ Umsatzsteuer (12).

Klerikalismus
Im Unterschied zum Laizismus, der eine klare Trennung der Sphäre von Kirche und Staat erstrebt, ist es das Ziel des sog. Klerikalismus, der Kirche entscheidenden Einfluss auf das gesamte öffentliche Leben, insbes. den Staat, zu verschaffen. Diese Geisteshaltung ist so alt wie die Kirchen selbst und ist nicht allein mit der kath. Kirche verbunden, wenngleich sie hier am klarsten Gestalt gewonnen hat, so im „Dictatus papae" (1075). In der modernen Staatslehre wird eine solche Überordnung der Kirche nicht mehr anerkannt.

Klerus
Die → kath. Kirche unterscheidet innerhalb des Rechts der Gläubigen zwischen Laien und Klerikern (can. 232–293 CIC). Kleriker wird man durch Empfang der Diakonatsweihe (→ Diakon); weitere Weihestufen sind die Priesterweihe (→ Priester) und die Bischofsweihe (→ Bischof). Die Kleriker sind Träger der Heiligungs- und Leitungsgewalt der Kirche; die Lehrgewalt (Verkündigung) kann in Ausnahmefällen auf Laien übertragen werden (→ missio canonica). Jeder Kleriker ist einer Teilkirche eingegliedert (sog. Inkardination), kann aber in anderen Teilkirchen tätig oder dorthin versetzt werden. Kleriker sind dem Papst und den Bichöfen zu Gehorsam verpflichtet, müssen dem Dienst in der Kirche zur Verfügung stehen, sind zu einfacher Lebensführung, geziemender Kleidung und standesgemäßem Verhalten gehalten. Gewerbetätigkeit, Übernahme öffentlicher Ämter und politische Betätigung sind ihnen idR verboten. Sie sind zum → Zölibat verpflichtet; Besonderheiten gelten insoweit für → Diakone. Die Kleriker haben Anspruch auf angemessenen Unterhalt und soziale Sicherung.

Klima- und Transformationsfonds
Der Klima- und Transformationsfonds (KTF) ist ein → Sondervermögen des Bundes nach dem Klima- und Transformationsfondsgesetz (KTFG) v. 8.12.2010 (BGBl. 2010 I 1807 mÄnd). Er wurde 2011 als Energie- und Klimafonds errichtet und 2022 umbenannt. Das Sondervermögen wird nach § 4 KTFG aus der Versteigerung von Berechtigungen zur Emission von Treibhausgasen (→ Emissionshandel, Treibhausgase), Einnahmen aus dem nationalen Emissionshandel zur CO2-Bepreisung (→ Emissionshandel, Brennstoffemissionen) und Bundeszuschüssen gespeist. Mit den Geldern soll die Transformation Deutschlands zu einer nachhaltigen und klimaneutralen Volkswirtschaft gefördert werden, idR durch von der → Kreditanstalt für Wiederaufbau oder dem → Bundesamt für Wirtschaft und Ausfuhrkontrolle organisierte Förderprogramme. Deshalb zahlt der Fonds ua den EEG-Finanzierungsbedarf, leistet Zuschüsse an stromintensive Unternehmen nach dem → Energiefinanzierungsgesetz und fördert Maßnahmen der Energiewende im Gebäudebereich.

Mit dem Zweiten Nachtragshaushaltsgesetz 2021 v. 18.2.2022 (BGBl. 2022 I Nr. 6) wurden während der Corona-Pandemie nicht in Anspruch genommene Kreditermächtigungen in Höhe von 60 Mrd. EUR auf den KTF übertragen, vgl. § 2a KTFG. Diese „Umwidmung" hat das Bundesverfassungsgericht mit Urteil v. 15.11.2023 - 2 BvF 1/22 – als Verstoß gegen die → Schuldenbremse für verfassungswidrig und den Nachtragshaushalt für nichtig erklärt. Damit fehlten dem KTF 60 Mrd. EUR, was zu Einsparungen bei den Fondsausgaben führte. So wurde die Förderung der Elektromobilität durch den → Umweltbonus sofort beendet.

Klimaanpassung
Das Bundes-Klimaanpassungsgesetz (KAnG) v. 20.12.2023 (BGBl. 2023 I Nr. 393) dient der Anpassung von Staat und Gesellschaft an die negativen Auswirkungen des Klimawandels. Es soll Schäden durch Hitze, Dürre, Waldbrände, Flutkatastrophen usw. möglichst vermeiden oder zumindest in Grenzen halten. Dafür legt der Bund regelmäßig eine vorsorgende Klimaanpassungsstrategie und eine Klimarisikoanalyse vor (§§ 3 f. KAnG). Bei Planungen soll die Klimaanpassung in Zukunft stärker berücksichtigt werden. Ähnliches gilt für die Länder. (§§ 9 ff. KAnG). Subjektive Rechte oder klagbare Rechtspositionen sollen durch das Gesetz nicht begründet werden (§ 13 KAnG).

Klimaklage
Bei sog. Klimaklagen handelt es sich um das Phänomen, dass Verbände oder sogar auch (einzelne) Private Klagen erheben, um klimaschützende Maßnahmen zu erreichen (→ Klimaschutz). Bislang vorzufinden waren Klagen gegen Staaten bzw. staatliche Einrichtungen vor → Verwaltungsgerichten, vor allem durch

Umweltverbände im Wege von sog. → Verbandsklagen, oder nationalen Verfassungsgerichten (→ Verfassungsgerichtsbarkeit) sowie dem EGMR. Ziel solcher – sicherlich gut gemeinten, häufig öffentlichkeitswirksamen, in den Medien zT bereitwillig rezipierten - Klagen ist es, den Staat zu mehr Klimaschutz und klimaschützender Gesetzgebung zu bewegen. Neuerdings gibt es auch Versuche von privaten Verbänden oder Privatpersonen, vor Zivilgerichten (→ Zivilgerichtsbarkeit) Unternehmen zu verklagen, um diese zu klimaschützendem Verhalten zu zwingen (manchmal auch durch eine → Sammelklage). Anknüpfungspunkt soll dabei vor allem das Deliktsrecht (→ Unerlaubte Handlung (Delikt)) sein. Bekannter Fall aus den Niederlanden ist die Verurteilung des Energiekonzerns Shell durch ein niederländisches Zivilgericht. Solche zivilrechtlichen Ansätze sind aber aus mehreren Gründen verfehlt. Das wird aber in der medialen Darstellung, bei den klagenden (gewiss negativ betroffenen) Protagonisten oder aber deren Unterstützerkreis wohl nicht immer vollends durchschaut. Ein Kausalitätsnachweis kann wegen einer unbegrenzten Anzahl weiterer „Schädiger" nicht seriös erbracht werden, auch nicht unter Zuhilfenahme gesetzlicher Erleichterungen, da feststehen muss, dass einer der Schädiger den Schaden verursacht hat (und nicht nur der Kumulationseffekt aller Schädigerhandlungen), sodass letztlich die Auswahl einzelner Beklagter willkürlich und bisweilen lediglich moralisierend anmutet (und es fraglich ist, ob auf diese Weise in der Sache selbst überhaupt Verbesserungen erreicht werden können). Konkret vollstreckungsfähige Handlungspflichten können kaum formuliert werden, vielmehr letztlich nur ein erwünschter Zielzustand (etwa halbierter Schadstoffausstoß, ohne zu erklären, ob dies durch technische Neuerungen geschehen kann, dass geringere Absatzzahlen erhebliche [gesamt]wirtschaftlichen Folgen usw. hätten, oder Abstriche an Lebenskomfort und Konsum nötig wären, übrigens auch der Befürworter selbst). Außerdem ist unklar, inwieweit das selektive Verklagen einzelner größerer Unternehmen zur Erreichung des in der Tat wichtigen politischen Ziels „Klimaschutz" konkret geeignet ist, während andere „Verschmutzer" (uU sogar Wettbewerber), etwa mit Sitz in China, unbelangt bleiben. Eine Streitverkündung und – anteiliger – Regress des beklagten Unternehmens gegenüber allen anderen (denkbaren) Schädigern ist nicht umsetzbar, was ebenfalls die Systemwidrigkeit eines zivilrechtlichen Vorgehens zeigt. In letzter Konsequenz könnte jeder Betroffene aus jedem Land dieser Welt jedes deutsche Unternehmen verklagen (peruanischer Bauer gegen RWE wegen des Betriebs von Kohlekraftwerken), was die zweifelhafte Logik und Kohärenz zivilrechtlicher Klimaklagen ebenfalls verdeutlicht. Vor allem verfehlen solche Verfahren die Aufgabe der Zivilgerichte bzw. des Zweiparteiencharakters eines Zivilprozesses. Letztlich kommt es zu einer höchst problematischen „Politisierung des Privatrechts". Die dem Klimaschutz als zentraler, dringender Menschheitsaufgabe zugrunde liegenden Fragen sind genuin politischer Natur, erfordern komplexe Abwägungsprozesse aller betroffenen Interessen – auch außerhalb der Prozessparteien – und müssen deshalb von einem demokratisch legitimierten, parlamentarischen Gesetzgeber in schlüssigen, die Lasten verteilenden Gesamtkonzepten behandelt bzw. auf internationaler Ebene durch Abkommen geregelt werden. Erste Entscheidungen, auch von Oberlandesgerichten, zu Klagen gegen deutsche Autobauer fielen dementsprechend zu Ungunsten der „Klimakläger" (nicht zu verwechseln mit den „Klimaklebern", siehe → Klimaproteste) aus.

Klimapakt

Zur Umsetzung der Klimaziele der Bundesregierung (Klimaschutzprogramm 2030) wurden seit Ende 2019 verschiedene Maßnahmen erlassen, die als Klimapakt, -paket oder -kompromiss bezeichnet werden. Sie betten sich ein in den → Klimaschutz, dessen Ziele auf internationaler Ebene durch das → Pariser Klimaabkommen und auf europäischer Ebene durch den → European Green Deal vorgegeben sind. Zum Klimapakt gehören:

- Das Bundes-Klimaschutzgesetz (KSG) v. 12.12.2019 (BGBl. 2019 I 2513 mÄnd).
- Das Gesetz zur Umsetzung des Klimaschutzprogramms 2030 im Steuerrecht v. 21.12.2019 (BGBl. 2019 I 2886). Es regelt Steuerermäßigungen ab dem 1.1.2020 für die energetische Sanierung von Wohnräumen (→ Gebäudeenergie) und ermäßigt ab diesem Zeitpunkt die → Umsatzsteuer für Fahrten im Schienenbahnverkehr und im → öffentlichen Personennahverkehr von 19% auf 7%. Ab dem 1.1.2021 wird die → Entfernungspauschale erhöht bzw. für Geringverdiener eine Mobilitätsprämie eingeführt.
- Die CO2-Bepreisung über das Gesetz über einen nationalen Zertifikatehandel für Brennstoffemissionen (Brennstoffemissionshandelsgesetz, BEHG) v. 12.12.2019 (BGBl. 2019 I 2728). Es schafft seit 2021 einen nationalen Emissionshandel für die Sektoren Wärme und Verkehr, soweit diese Emissionen nicht dem EU-Emissionshandel unterliegen, um möglichst eine Neutralität der → Treibhausgase bis 2045 zu erreichen.
- Die zusätzlichen Einnahmen aus der CO2-Bepreisung werden zT seit 2021 für eine Erhöhung des → Wohngelds eingesetzt, um die wohngeldberechtigten privaten Haushalte bei den → Heizkosten zu entlasten, Wohngeld-CO2-Bepreisungsentlastungsgesetz v. 15.5.2020 (BGBl. 2020 I 1015).
- Das Gesetz zur weiteren steuerlichen Förderung der → Elektromobilität v. 12.12.2019

(BGBl. 2019 I 2451) sowie das Gesetz zur Änderung des Luftverkehrsteuergesetzes vom selben Tag (BGBl. 2019 I 2492), mit dem die → Luftverkehrsabgabe grds. erhöht wurde. Sie kann jedes Jahr, je nach Einnahmen aus der Einbeziehung des Luftverkehrs in den → Emissionshandel, reduziert werden, vgl. etwa Luftverkehrsteuer-Absenkungsverordnung 2023 (LuftVStAbsenkV 2023) v. 14.11.2022 (BGBl. 2022 I 2062).
– Der → Kohleausstieg.
– Das Maßnahmengesetzvorbereitungsgesetz (MgvG) v. 22.3.2020 (BGBl. 2020 I 640) mÄnd. Danach dürfen der Ausbau von zahlreichen namentlich genannten Verkehrsprojekten durch Gesetz anstelle eines Verwaltungsakts zugelassen werden. Deren Ausbau soll dadurch beschleunigt werden, was wiederum den Umstieg auf klimafreundliche Verkehrswege erleichtert: → Allgemeines Eisenbahngesetz, 2., → Bundeswasserstraßen, 2.
– Das Ziel einer klimaneutralen Bundesverwaltung bis 2030.

Zur Zielerreichung werden jährliche Erfolgskontrollen durchgeführt; ggf. sollen Nachsteuerungen vorgenommen werden. Die Fortschritte werden durch einen unabhängigen Expertenrat kontrolliert (§ 11 KSG, dazu ExpertenratV v. 9.11.2020, BGBl. 2020 I 2386).

Klimaproteste
Die gesellschaftliche Diskussion um den Klimawandel hat Formen organisierter, auf erhöhte Öffentlichkeitswirkung bedachter sog. Klimaproteste hervorgebracht, bei denen sich anders als bei herkömmlichen, friedlichen Demonstrationen Fragen der Strafbarkeit der Teilnehmer sowie ihrer zivilrechtlichen Haftung stellen: So seilen sich etwa sog. „Aktivisten" von Autobahnbrücken ab im Wissen darum, dass der Verkehr aus Sicherheitsgründen durch die Polizei unterbrochen werden muss, oder führen Sitzblockaden auf vielbefahrenen Straßen durch, wobei sie ihre Hände auf der Fahrbahn festkleben, so dass die Straße nur mit hohem Zeitaufwand geräumt werden kann. Ähnliche Blockaden werden auf den Start- und Landebahnen von Flughäfen durchgeführt. In Museen werden Gemälde, regelmäßig Spitzenwerke der europäischen Kunst mit hohem Bekanntheitsgrad, mit Substanzen (zB Kartoffelbrei oder Tomatensuppe) beworfen, um über Filme und Bilder hiervon Medienpräsenz zu erlangen. Mitunter in Zusammenhang mit Zielen des Klimaschutzes gestellt werden zudem Handlungen des – ebenfalls strafrechtlich relevanten – sog. → Containerns, soweit damit demonstrativ gegen die Verschwendung von Lebensmitteln und deren ökologische Folgen vorgegangen werden soll.

1. Strafrecht: Soweit durch Aktionen auf Straßen und Autobahnen dort der Verkehr zum Erliegen gebracht wird, ggf. auch mittelbar durch Veranlassung polizeilicher Sperrungen, kommt eine Strafbarkeit wegen → Nötigung (§ 240 StGB) in Betracht, s. dort auch zu den sich gerade bei Sitzblockaden stellenden Fragen des Gewaltbegriffs und der sog. Zweite-Reihe-Rechtsprechung des BGH, ferner → Gewalt (Strafrecht). Kommen aufgrund einer Straßenblockade über den Kreis der in ihrer Fortbewegung gehinderten Verkehrsteilnehmer hinaus Menschen individuell zu Schaden, etwa weil Abseilaktionen wegen des plötzlichen Stockens des Verkehrs dort zu Unfällen führen oder weil durch Sitzblockaden Rettungseinsätze behindert werden, so können Blockadeteilnehmer ggf. wegen fahrlässiger Tötung (§ 222 StGB, → Tötung) oder → Körperverletzung (§ 229 StGB) strafbar sein. Haben sie mit der Möglichkeit derartiger Folgen gerechnet und diese in Kauf genommen (zum bedingten → Vorsatz s. dort), kommen beide Tatbestände auch in ihrer Vorsatzvariante in Betracht (§ 212 bzw. § 223 StGB). Es können sich dabei jeweils Fragen der → objektiven Zurechnung stellen. Blockaden auf Flugplätzen können uU eine Strafbarkeit nach § 315 StGB (Gefährliche Eingriffe in den Bahn-, Schiffs- und Luftverkehr, → Transportgefährdung) auslösen. Verschafft man sich den Zugang zum Flughafengelände unter Überwindung oder gar Beschädigung entsprechender Absperranlagen, so kann dies als → Hausfriedensbruch (§ 123 StGB) und ggf. Sachbeschädigung (§ 303 StGB) strafbar sein. Maßnahmen gegen Kunstwerke können, wenn mehr als nur unerheblich deren Substanz beeinträchtigt oder ihr Erscheinungsbild nicht nur vorübergehend verändert wird, die Tatbestände der gemeinschädlichen Sachbeschädigung (§ 304 StGB) sowie der → Sachbeschädigung (§ 303 StGB) erfüllen, s. jeweils dort. Zur Strafbarkeit des sog. → Containerns s. dort. Soweit Beteiligte sich aktiv polizeilichen Maßnahmen widersetzen oder Gewalt gegen Einsatzkräfte üben, können sie sich wegen → Widerstands gegen Vollstreckungsbeamte (§§ 113 ff. StGB) und ggf. wegen vorsätzlicher oder fahrlässiger Körperverletzung strafbar machen.

2. Zivilrecht: Wenn bei Protestaktionen Gegenstände in ihrer Substanz unmittelbar beschädigt werden, kommt eine deliktsrechtliche Haftung der an einer konkreten Aktion Beteiligten nach § 823 I BGB wegen Eigentumsverletzung (→ Unerlaubte Handlung (Delikt), 2a) in Betracht (zB Reparaturkosten bei Beschädigung eines Museumsexponats; ggf. auch Ersatz eines adäquat kausal verursachten weiteren → Schadens; ebenso ist eine Haftung nach § 823 I BGB möglich, wenn Menschen individuell zu Schaden kommen (Verletzung von Leben, Körper, Gesundheit). Vorstellbar sind auch Ansprüche wegen eines Eingriffs in den eingerichteten und ausgeübten Gewerbebetrieb (→ Unerlaubte Handlung (Delikt), 2a), zB bei gezielter Störung einer Veranstaltung, die dann entfallen muss). Auch eine Haftung

nach § 823 II BGB iVm den entsprechenden Straftatbeständen (s. o.) kommt in Betracht. Eine zeitweise Nutzungsbeeinträchtigung, beispielsweise von Fahrzeugen durch Straßenblockaden, begründet regelmäßig keine Haftung wegen Eigentums- oder Besitzbeeinträchtigung nach § 823 I BGB (mangels Intensität der Nutzungsbeeinträchtigung, → Unerlaubte Handlung (Delikt), 2a), zur Vermeidung von Wertungswidersprüchen auch nicht nach § 823 II BGB iVm einem ggf. verwirklichten Straftatbestand (Begrenzung des sachlichen Schutzbereichs); etwas anderes könnte jedoch ggf. bei der gezielten Blockade der Start- und Landebahn eines Flughafens gelten (str.). In gravierenden Fällen kann auch eine Haftung nach § 826 BGB in Betracht kommen (bei zumindest bedingt vorsätzlichem Handeln hinsichtlich der Schadensfolgen). Zweifelhaft erscheint, ob bei gezielten Aktionen mit einer billigenden Inkaufnahme von Schädigungen eine Rechtfertigung mit dem Fernziel des Klimaschutzes möglich ist (str.).

3. Klimaschutz: Zahlreiche Forderungen der Klimaproteste sind nicht neu, sondern bereits gesetzlich verankert. So ist das Ziel, die Erderwärmung auf 1,5° zu beschränken, Teil des → Pariser Klimaabkommens und damit für die Europäische Union wie für die Bundesrepublik Deutschland grundsätzlich verbindlich. Der → European Green Deal auf europäischer sowie das Klimaschutzgesetz (→ Klimaschutz) auf nationaler Ebene sind diesem Ziel verpflichtet. Viele Proteste, insbesondere jüngerer Menschen, berufen sich auf den Beschluss des BVerfG v. 24.3.2021 (1 BvR 2656/18 ua) zu den ursprünglichen Reduktionszielen für Treibhausgasemissionen des KSG. Das BVerfG hatte diese ursprünglichen Reduktionsziele als Verstoß gegen die Freiheitsrechte der jüngeren Generation gerügt und eine Nachbesserung verlangt. Da die ursprünglich nur bis 2030 festgeschriebenen Reduktionsziele wenig ambitioniert gewesen seien, verschöben sie den größten Teil der Emissionsreduzierungslasten auf die Zeit nach 2031. Es sei aber mit dem Grundgesetz nicht vereinbar, diese Lasten ungleichmäßig zu verteilen und überwiegend in die Zeit ab 2031 zu verlagern. Das KSG war daraufhin geändert worden. Ein Recht zu nicht friedlichen Protesten lässt sich aus dieser Entscheidung jedoch nicht ableiten, auch wenn man die besondere Verpflichtung des Klimaschutzes für die jüngere Generation bejaht.

Klimarahmenkonvention

1. In der Klimarahmenkonvention der UN von Rio de Janeiro v. 9.5.1992 (Gesetz v. 13.9.1993, BGBl. 1993 II 1783) setzten sich 194 Vertragsstaaten sowie die EU das Ziel, die Konzentration der → Treibhausgase in der Atmosphäre auf einem Niveau zu stabilisieren, auf dem eine gefährliche anthropogene Störung des Klimasystems verhindert wird (→ Klimaschutz). Dieses Niveau sollte in einem Zeitraum erreicht werden, der ausreicht, dass sich die Ökosysteme den Klimaänderungen natürlich anpassen können, die Nahrungsmittelerzeugung nicht bedroht wird und die wirtschaftliche Entwicklung nachhaltig fortgeführt werden kann (Art. 2 der Konvention). Die hierzu ergangenen → Kyoto-Protokolle dienten der Umsetzung, Kyoto I für eine erste Verpflichtungsperiode 2008–2012, und Kyoto II für den Zeitraum von 2013–2020. Die Protokolle betrafen vor allem die Industriestaaten; allerdings nahmen die USA, Kanada und China nicht teil. An Kyoto II beteiligten sich nur die EU und einige wenige andere Staaten.

2. 2020 ist die Umsetzung ausgelaufen und es gelten ab diesem Zeitpunkt die Vorgaben des → Pariser Klimaabkommens, welches erheblich intensivere weltweite Anstrengungen, nun auch der Entwicklungsländer, zur Reduktion von Treibhausgasen fordert, um den immer schneller anwachsenden globalen Temperaturanstieg zu begrenzen.

Klimaschutz

1. Klimaschutz ist der Schutz des Klimas vor schädlichen Veränderungen. Er ist Teil des → Umweltschutzes und vor allem, aber nicht nur, Immissionsschutz. Seit der Häufung von Naturkatastrophen und der zunehmenden Aufmerksamkeit der Öffentlichkeit, vor allem der jüngeren Generation („Fridays for Future“), ist die Bekämpfung der anthropogenen, also durch die Menschen verursachten Aspekte des Klimawandels in den Vordergrund gerückt. Das gegenwärtig vordringlichstes Ziel des Klimaschutzes ist die Reduzierung der → Treibhausgase.

2. Klimaschutz wird auf verschiedenen Ebenen betrieben. Da die zunehmende Erderwärmung, verbunden mit dem Anstieg der Weltbevölkerung, das weltweite Ökosystem bedroht, ist eine internationale Abstimmung unverzichtbar. Nach der → Klimarahmenkonvention von 1992 mit den bekannten → Kyoto-Protokollen stellt gegenwärtig das → Pariser Klimaabkommen von 2015 das wichtigste internationale Forum dar. → Internationale Solarallianz.

3. Auf Ebene der EU fungiert der Klimaschutz seit dem Vertrag von Lissabon 2009 als eines der maßgeblichen Ziele der Europäischen Umweltpolitik (Art. 191 I 4. Gedankenstrich AEUV) und wird seitdem auch mit erheblichen Anstrengungen betrieben. Im Dezember 2019 legte die Kommission das Programm des → European Green Deal vor, welcher das ehrgeizige Ziel vorgibt, bis 2050 vollständige Klimaneutralität zu erreichen, dh dass innerhalb der EU kein höherer Ausstoß von Treibhausgasen erfolgen darf als auf natürliche Weise, also über Wälder, Pflanzen und Ozeane, wieder gebunden werden kann. Niedergelegt ist dieses Ziel nebst eines Zwischenziels für 2030 ua in der VO (EU) 2021/1119 v. 30.6.2021 zur Schaffung des Rahmens für

die Verwirklichung der Klimaneutralität (ABl. EU 2021 L 243, 1). Eine wichtige Rahmenstrategie der EU ist auch die → Energieunion mit ehrgeizigen Vorgaben zur Nutzung → erneuerbarer Energien.

4. a) In Deutschland wurden mit dem → Klimapakt von Dezember 2019 wichtige Gesetzesvorhaben auf den Weg gebracht. Das wichtigste ist sicherlich das Bundes-Klimaschutzgesetz (KSG) v. 12.12.2019 (BGBl. 2019 I 2513). Zweck dieses Gesetzes ist es, zum Schutz vor den Auswirkungen des weltweiten Klimawandels die Erfüllung der nationalen Klimaschutzziele sowie die Einhaltung der europäischen Zielvorgaben zu gewährleisten (§ 1 KSG). Nach § 3 KSG sollen die Treibhausgasemissionen bis 2030 um 65% und bis 2040 um 88%, bezogen auf 1990, gemindert werden. Die Minderungsziele ab 2031 sollten in der ursprünglichen Fassung des KSG erst 2025 festgelegt werden. Das BVerfG hatte diese ursprünglichen Reduktionsziele des KSG mit Beschluss v. 24.3.2021 (1 BvR 2656/18 ua) als Verstoß gegen die Freiheitsrechte der jüngeren Generation gerügt und eine Nachbesserung verlangt. Da die ursprünglich nur bis 2030 festgeschriebenen Reduktionsziele wenig ambitioniert gewesen seien, verschöben sie den größten Teil der Emissionsreduzierungslasten auf die Zeit nach 2031. Es sei aber mit dem Grundgesetz nicht vereinbar, diese Lasten ungleichmäßig zu verteilen und überwiegend in die Zeit ab 2031 zu verlagern. Die Bundesregierung hatte daraufhin das KSG geändert (BGBl. 2021 I 3905).

b) Zur Erreichung der nationalen Klimaschutzziele enthält das KSG in den Anlagen für 2020–2030 Jahresemissionsgesamtmengen, etwa für 2025 643 Mio. Tonnen CO2-Äquivalent. Diese verteilen sich auf die Sektoren Energiewirtschaft, Industrie, Gebäude, Verkehr, Landwirtschaft und Abfallwirtschaft und werden jährlich reduziert. Ob die Ziele des KSG eingehalten werden, wird sektorübergreifend geprüft (§ 4 KSG). Es ist daher nicht erforderlich, dass jeder Sektor seine Klimaziele erreicht, solange die jeweilige Jahresemissionsgesamtmenge eingehalten wird. Dadurch können Zielverfehlungen einzelner Sektoren durch Einsparungen anderer ausgeglichen werden. Das erforderliche Monitoring obliegt dem → Umweltbundesamt. Droht eine Zielverfehlung, muss die Bundesregierung nachsteuern (§ 8 KSG). Das KSG verlangt ferner Klimaschutzprogramme (§ 9 KSG), einen unabhängigen Expertenrat für Klimafragen (§ 11 KSG, dazu ExpertenratV v. 9.11.2020, BGBl. 2020 I 2386) und Klimaneutralität der Bundesverwaltung bis 2030 (§ 15 KSG). 2020 wurde als wichiger Schritt auf diesem Weg der → Kohleausstieg bis spätestens 2038 besiegelt. Zum Schutz vor Klimakatastrophen: → Klimaanpassung.

c) Einige Bundesländer haben gesonderte Klimaschutz-Gesetze erlassen, etwa Bayern und NRW. Auch große Kommunen haben eigene Vorgaben zur Klimaneutralität entwickelt, z. B. München.

d) Mit dem durch Gesetz vom 22.3.2025 (BGBl. 2025 I Nr. 94) eingefügten Art. 143h GG wurde der Bund ermächtigt, ein → Sondervermögen Infrastruktur und Klimaneutralität mit einem Volumen von 500 Mrd. EUR zur Schaffung von Klimaneutralität bis 2045 zu schaffen. Diese Regelung begründet aber weder ein Staatsziel Klimaneutralität noch ein Grundrecht auf Klimaneutralität.

Klima-Sozialfonds
→ Emissionshandel, Brennstoffemissionen.

Klon-Baby
→ künstliche Fortpflanzung, → Bioethik-Konvention, → Retorten-Baby.

Klonen
→ Künstliche Fortpflanzung (1).

Knappschaft
Bereits im Mittelalter bildeten die Bergarbeiter Zusammenschlüsse mit dem Ziel gemeinsam ihre Interessen durchzusetzen und sich gegen ihre speziellen Berufsrisiken abzusichern, sog. Knappschaften. Heute ist die „Knappschaft“ ein Träger der gesetzlichen Krankenversicherung, der sämtliche Leistungen einer gesetzlichen Krankenversicherung anbietet. Die Knappschaft ist Teil der Deutschen Rentenversicherung Knappschaft-Bahn-See (sa → Bundesknappschaft; → Deutsche Rentenversicherung Knappschaft-Bahn-See; → Knappschaftsversicherung), bei der auch die Minijob-Zentrale angesiedelt ist.

Knappschaftsausgleichsleistung
ist eine Geldleistung der knappschaftlichen Rentenversicherung (→ gesetzliche Rentenversicherung, → Knappschaftsversicherung), um den durch Rationalisierungsvorgänge frei werdenden älteren Bergleuten einen Berufswechsel in den letzten Jahren vor dem Bezug einer Rente wegen Alters zu ersparen. Sie wird dem Versicherten gewährt, der nach Vollendung seines 55. Lebensjahres seine Beschäftigung im Bergbau aufgibt und bis dahin bestimmte Wartezeiten zurückgelegt hat. Rente aus eigener Versicherung wird daneben nicht gezahlt; § 239 SGB VI. Die sich aus § 34 SGB VI ergebende → Hinzuverdienstgrenze (entspricht derjenigen der Rente wegen voller Erwerbsminderung, die sich an der → Bezugsgröße orientiert und jedes Kalenderjahr angepasst wird) muss eingehalten werden.

Knappschaftsversicherung
Die Knappschaftsversicherung ist der Versicherungszweig der → Sozialversicherung, welcher die → Kranken- und → Rentenversicherung für die in knappschaftlichen Betrieben (Bergbau- und Nebenbetriebe) Beschäftigten umfasst. Die Krankenversicherung wird nach den Vorschriften des SGB V durchgeführt. Die Rentenversicherung regelt sich nach dem SGB VI, das eine Reihe von Sonderregelun-

gen enthält (vgl. §§ 45, 60, 61, 79–87, 136, 137, 215, 238, 239, 242, 254, 254a, 265, 265a, 273, 273a, 293 SGB VI). Träger der Knappschaftsversicherung ist die → Deutsche Rentenversicherung Knappschaft-Bahn-See. Diese hat ihren Sitz in Bochum. In der knappschaftlichen Rentenversicherung sind nur die Personen versichert, die eine der knappschaftlichen Rentenversicherung zuzuordnende Tätigkeit ausüben. Dabei reicht es nicht aus, in einem Bergbaubetrieb tätig zu sein, aber keine knappschaftliche Tätigkeit zu verrichten.

Knebelungsvertrag
→ unerlaubte Handlung (2e), → Sittenwidrigkeit.

know-how-Vereinbarung
→ Franchisevertrag, → joint venture-Vertrag, → Wettbewerbsrecht, → Lizenzverträge (Wettbewerbsrecht).

Koadjutor
→ Bischof (1).

Koalition
nennt man den Zusammenschluss zweier oder mehrerer in einem → Parlament vertretener Parteien (→ Parteien, politische) zwecks gemeinsamer Regierungsbildung (Koalitionsregierung). Eine Koalition wird zumeist dann eingegangen, wenn das Kräfteverhältnis der Parteien dazu zwingt, insbes. wenn keine Partei über die absolute Mehrheit verfügt, eine von ihr allein gebildete Regierung demnach stets auf die Unterstützung oder Tolerierung durch Abgeordnete einer nicht regierungsbeteiligten Partei angewiesen wäre. Es gibt allerdings auch Fälle, in denen eine Partei mit absoluter Mehrheit im Parlament aus politischen oder taktischen Erwägungen eine Koalition eingeht. Möglich ist auch eine Allparteienkoalition, an der alle im Parlament vertretenen Parteien beteiligt sind; es fehlt dann eine organisierte parlamentarische → Opposition. Bei Bildung einer Koalition wird idR eine → Koalitionsvereinbarung getroffen (Koalitionsvertrag).

Koalitionsfreiheit
Koalitionsfreiheit ist eine besondere Ausprägung der → Vereinigungsfreiheit. Art. 9 III GG gewährleistet als ein gegenüber der Vereinsfreiheit selbständiges → Grundrecht für jedermann und für alle Berufe das Recht, zur Wahrung und Förderung der Arbeits- und Wirtschaftsbedingungen Vereinigungen zu bilden. Es schützt damit die arbeitsrechtlichen Koalitionen, das sind freiwillige, privatrechtliche und korporativ gestaltete Vereinigungen von Arbeitnehmern (zB Gewerkschaften) oder von Arbeitgebern auf unabhängiger überbetrieblicher Grundlage zur Wahrnehmung kollektiver Arbeitnehmer- bzw. Arbeitgeberinteressen. Der Einzelne hat das Recht, einer Koalition beizutreten, ihr anzugehören und sich in ihr zu betätigen (positive Koalitionsfreiheit). Darüber hinaus genießt aber auch die Koalition selbst in ihrem Bestand wie in ihrer Betätigung den Schutz des Grundrechts. Damit sind zwar noch nicht die einzelnen Koalitionsziele geschützt; den Koalitionen ist aber doch ein Kernbereich garantiert, innerhalb dessen sie zur Gestaltung der Arbeitsbedingungen berufen sind (insbes. das Recht zum Abschluss von → Tarifverträgen, also zum Setzen von → Rechtsnormen; sog. „Tarifautonomie"). Schließlich enthält (zT allerdings bestr.) Art. 9 III GG auch die Garantie der negativen Koalitionsfreiheit, dh das Recht des Einzelnen, einem bestimmten Verband oder allen Verbänden fernzubleiben. Die Koalitionsfreiheit darf durch Abreden weder eingeschränkt noch behindert werden; hierauf gerichtete Maßnahmen sind nichtig. Damit hat das GG für dieses Grundrecht ausnahmsweise → Drittwirkung im Privatrechtsbereich angeordnet. Grundsätzlich darf deshalb ein Arbeitnehmer im Arbeitsverhältnis wegen seiner (Nicht-)Zugehörigkeit zu einer Gewerkschaft nicht benachteiligt werden; problematisch ist die Zulässigkeit von Lohnabschlägen für nichtorganisierte Arbeitnehmer. Maßnahmen nach Art. 12a GG (→ Dienstpflichten), Art. 35 II, III GG (→ Naturkatastrophen), Art. 87a IV GG und Art. 91 GG (innerer → Notstand) dürfen sich nicht gegen Arbeitskämpfe richten, die zur Wahrung und Förderung der Arbeits- und Wirtschaftsbedingungen von arbeitsrechtlichen Koalitionen geführt werden (Art. 9 III 3 GG).

Koalitionsvereinbarung
Eine Koalitionsvereinbarung (auch: Koalitionsvertrag) ist eine Vereinbarung zwischen zwei oder mehreren in einem → Parlament vertretenen Parteien (→ Parteien, politische) mit dem Ziel, eine gemeinsame → Regierung zu bilden (→ Koalition). Die Koalitionsvereinbarung regelt die von einer → Koalition getroffenen Grundsätze für das Regierungsprogramm. Häufig wird auch die interne Abstimmung der Koalitionsparteien und die Besetzung wichtiger politischer Ämter geregelt und vereinbart, dass die Koalitionspartner im Parlament nicht gegeneinander abstimmen. Die Koalitionsvereinbarung bindet nur die Koalitionspartner, nicht jedoch andere Verfassungsorgane, zB den → Bundeskanzler. Da aber die Koalitionsvereinbarung oft die Person des Bundeskanzlers bestimmt, gilt Art. 63 I GG als verfassungsrechtliche Grundlage. Die in einer Koalitionsvereinbarung festgelegten Ziele oder Programmsätze sind rein politischer Natur und nicht einklagbar. Nach hM dürfen Koalitionsvereinbarungen keine rechts- oder verfassungswidrigen Ziele enthalten. Die Rechtsnatur ist umstritten; überwiegend wird die Auffassung vertreten, dass es sich um einen öffentlich-rechtlichen oder einen verfassungsrechtlichen Vertrag handelt.

Koalitionsvertrag
ist eine andere Bezeichnung für → Koalitionsvereinbarung.

Kodifikation

1. Kodifikation ist Zusammenfassung der Rechtssätze eines Rechtsgebietes in einem einheitlichen Gesetzeswerk. Grundsätzlich soll die Kodifikation das Rechtsgebiet erschöpfend regeln und weitere Rechtsquellen ausschließen; die Vielschichtigkeit der Gesetzgebung bringt es aber häufig mit sich, dass eine Kodifikation durch Bestimmungen in anderen Gesetzen ergänzt wird. Kodifikationen sind beispielsweise das Bürgerliche Gesetzbuch für das bürgerliche Recht, das Strafgesetzbuch für das Strafrecht, das Handelsgesetzbuch für das Handelsrecht; Ergänzungen finden sich zB im Ehegesetz, in den Nebenstrafgesetzen, im Wechsel- und Scheckrecht usw.

2. Verfassungsrechtlich bedeutsam ist die Frage der Kodifikation im Rahmen der → konkurrierenden Gesetzgebung. Wenn der übergeordnete Gesetzgeber in zulässiger Art und Weise im Wege einer Kodifikation von seiner konkurrierenden Gesetzgebungszuständigkeit Gebrauch macht, hat der andere Gesetzgeber daneben keinen eigenen Gestaltungsspielraum mehr.

Kodizill

Das Kodizill war im → römischen Recht zunächst ein privatschriftlicher Zusatz zu einem formgültig errichteten Testament, später eine in erleichterter Form (vor Zeugen) errichtete letztwillige Verfügung, in der allerdings eine Erbeinsetzung nicht vorgenommen werden konnte. Der Begriff Kodizill ist heute nicht mehr gebräuchlich.

Königsteiner Abkommen

wird das Staatsabkommen der Länder der BRep. über die Finanzierung wissenschaftlicher Forschungseinrichtungen vom 30./31.3.1949 idF vom 12.12.1963 genannt. Der darin festgelegte und inzwischen auf die → neuen Länder erstreckte Beteiligungsschlüssel (nach Steueraufkommen und Bevölkerungszahl) wird auch für Vereinbarungen auf anderen Gebieten angewendet („Königsteiner Schlüssel").

Körperbehinderte

war eine früher gebräuchliche Bezeichnung für jetzt korrekt als → behinderte Menschen oder → schwerbehinderte Menschen zu bezeichnende Personen (§ 2 SGB IX). In der → Einkommen- und → Lohnsteuer wird die körperliche Behinderung primär durch den Behinderten-Pauschbetrag (→ Belastungen, außergewöhnliche, 2e; → behinderte Menschen, 2) und den erhöhten Abzug von Fahrtkosten berücksichtigt. Daneben enthalten ua folgende Regelungen Sondervorschriften für Körperbehinderte: § 4 Nr. 19 UmsatzsteuerG, § 13 I Nr. 6 ErbschaftsteuerG, § 3a KraftfahrzeugsteuerG, § 36 GrundsteuerG, § 2 WohnungsbauprämienG, bei der → Arbeitnehmersparzulage § 4 IV, XV 5. VermögensbildungsG und bei der → Hundesteuer (Steuerbefreiung für Blindenhunde nach der jeweiligen Gemeindesatzung). Sa → Eingliederungshilfe für behinderte Menschen, → Pflegebedürftige, → Schwerbeschädigte. Körperbehinderte sind gleichzusetzen mit schwerbehinderten Menschen.

Körperliche Untersuchung im Prozess

1. a) Im Strafverfahren hat der Beschuldigte eine körperliche Untersuchung zu dulden, wenn Tatsachen festgestellt werden sollen, die für das Verfahren von Bedeutung sind (körperliche Merkmale, Fremdstoffe oder -körper im Innern usw.). Körperliche Eingriffe, insbes. Entnahme von Blutproben (→ Blutentnahme) oder Urin dürfen nur von einem Arzt nach den Regeln der ärztlichen Kunst vorgenommen werden und ohne Einwilligung des Beschuldigten nur, wenn kein Nachteil für seine Gesundheit zu befürchten ist (§ 81a StPO). Doch gilt auch hier der → Verhältnismäßigkeitsgrundsatz, dh der Grad des Eingriffs darf nicht außer Verhältnis zur Bedeutung der Straftat stehen.

b) Für Zeugen besteht eine beschränkte Duldungspflicht. Sie dürfen gegen ihren Willen nur untersucht werden, soweit zur Erforschung der Wahrheit festgestellt werden muss, ob sich an ihrem Körper eine bestimmte Spur oder Folge einer Straftat befindet (Verletzungen, Veränderungen usw.); außerdem müssen sich Zeugen und dritte Personen, die nicht Beschuldigte sind, einer ärztlichen Untersuchung zur Feststellung der Abstammung oder einer Blutprobe unterziehen, wenn kein gesundheitlicher Nachteil zu befürchten und die Maßnahme zur Wahrheitserforschung unerlässlich ist. In allen Fällen kann der Zeuge oder Dritte die Untersuchung verweigern, wenn sie ihm nicht zuzumuten ist (etwa wegen seines hohen Alters) oder wenn ihm ein → Zeugnisverweigerungsrecht zusteht (§ 81c StPO).

c) Eine → molekulargenetische Untersuchung darf nur zu bestimmten Zwecken angeordnet werden (§§ 81e, 81g StPO).

d) Untersuchungen und Eingriffe bedürfen grundsätzlich richterlicher Anordnung. Kann eine Verzögerung den Untersuchungserfolg gefährden, können auch die StA und ihre → Ermittlungspersonen die Anordnung treffen. Keine richterliche Anordnung ist erforderlich für die Entnahme einer Blutprobe bei Verdacht bestimmter Verkehrsstraftaten (§ 81a II 2 StPO). Im Weigerungsfalle kann gegen den Beschuldigten unmittelbarer Zwang angewendet werden, gegen Zeugen nur auf Anordnung des Richters und wenn die Festsetzung eines Ordnungsgeldes erfolglos geblieben oder wenn Gefahr im Verzug ist. Besondere Schutzvorschriften gelten zur Schonung des Schamgefühls (§ 81d StPO). Sa → Beobachtung (des Beschuldigten) in einem psychiatrischen Krankenhaus.

2. Für den Zivilprozess s. → Abstammung, → Abstammungsgutachten; sa → Genomanalyse, Gendiagnostik.

Körperschaften des öffentlichen Rechts sind → juristische Personen des öffentlichen Rechts, die – im Gegensatz zu den → Anstalten – verbandsförmig organisiert, dh wesentlich auf der Mitgliedschaft der ihnen zugehörigen Personen aufgebaut sind. Die Mitgliedschaft kann freiwillig sein oder auf Zwang beruhen (zB Zwangsmitgliedschaft in Ärzte-, Zahnärzte-, Apotheker- und Rechtsanwaltskammern). Haben die Mitglieder weitgehend das Recht, auf die Bildung der Organe der K. und die im Rahmen der Verwaltung zu treffenden Entscheidungen einzuwirken, so spricht man auch von „öffentlichen Genossenschaften". Hauptarten der Körperschaften des öffentlichen Rechts sind die Gebietskörperschaften (zB → Gemeinden, maßgebend für die Mitgliedschaft einer Person ist ihr Wohnsitz), die Personal- oder Vereinskörperschaften (zB Berufskammern; maßgebend für die Mitgliedschaft ist der freiwillige Beitritt oder die Zugehörigkeit zu einer bestimmten Gruppe, insbes. zu einem bestimmten Beruf) und die Verbandskörperschaften (zB gemeindliche Zweckverbände; Mitglieder sind nur juristische Personen des öffentlichen Rechts). Weitere Einzelbeispiele für Körperschaften des öffentlichen Rechts: Handwerksinnungen und -kammern (§§ 53, 90 HwO); Träger der Sozialversicherung; Jagdgenossenschaften (§ 9 BJagdG); auch die → Hochschulen sind Körperschaften des öffentlichen Rechts. Teilweise haben die Religionsgemeinschaften (→ Religionsgesellschaften) und → Weltanschauungsgemeinschaften den Status einer Körperschaft des öffentlichen Rechts.

Körperschaftsteuer (KSt)
1. Rechtsgrundlage für die Körperschaftsteuer (KSt) ist das Körperschaftsteuergesetz (KStG) idF v. 15.10.2002 (BGBl. 2002 I 4144). Zugehörige Verordnung (Art. 80 GG) ist die KSt-Durchführungsverordnung (KSt DVO) idF v. 22.2.1996 (BGBl. 1996 I 365). Allgemeine Verwaltungsvorschriften zur KSt sind in den KSt-Richtlinien v. 10.12.2007 (BStBl. I SonderNr. 1) festgelegt.

2. Die KSt ist die → Einkommensteuer der nicht natürlichen Personen. Ihr unterliegen → Kapitalgesellschaften, → Genossenschaften, → Versicherungsvereine auf Gegenseitigkeit, sonstige → juristische Personen des privaten Rechts, rechtsfähige → Vereine, Anstalten, → Stiftungen des Privatrechts und andere Zweckvermögen, nichtrechtsfähige Vereine sowie die Betriebe gewerblicher Art von juristischen Personen des öffentlichen Rechts (§ 1 KStG; → Hoheitsbetriebe). Diese sind unbeschränkt steuerpflichtig und werden mit sämtlichen Einkünften erfasst, wenn ihre → Geschäftsleitung oder ihr → Sitz im → Inland belegen ist. Befindet sich die Geschäftsleitung oder der Sitz nicht im Inland, so besteht nur eine beschränkte Steuerpflicht, die sich auf die inländischen Einkünfte erstreckt (§§ 1, 2 KStG). Befreit sind ua Unternehmen des Bundes; kirchlichen, gemeinnützigen oder mildtätigen Zwecken dienende Körperschaften, politische Parteien iSd § 2 PartG und ihre Gebietsverbände sowie kommunale Wählervereinigungen und Dachverbände, wenn kein wirtschaftlicher Geschäftsbetrieb unterhalten wird (§ 5 KStG, §§ 51 ff. AO). Unter die Befreiung fallen auch → Zweckbetriebe. Seit 1.1.2004 sind für Lebens- und Krankenversicherungsunternehmen Beteiligungserträge in vollem Umfang steuerpflichtig. Seit 2021 besteht für Personenhandels- und Partnerschaftsgesellschaften die Möglichkeit, sich für Zwecke der Besteuerung wie eine Kapitalgesellschaft behandeln zu lassen (§ 1a KStG).

3. Besteuerungsmaßstab ist das zu versteuernde Einkommen, das nach den Vorschriften des EStG und den §§ 8 ff. KStG ermittelt wird. Bei Stpfl., die nach HGB zur Führung von Büchern verpflichtet sind, sind alle Einkünfte als solche aus Gewerbebetrieb zu behandeln (§ 8 II KStG). Auszugehen ist vom Steuerbilanzgewinn, korrigiert um → verdeckte Einlagen. Hinzuzurechnen sind die nichtabziehbaren Aufwendungen des § 10 KStG (Erfüllung von Satzungszwecken, Personensteuern, Hälfte der Aufsichtsratsvergütungen) und → verdeckte Gewinnausschüttungen; abzuziehen sind die abziehbaren Aufwendungen des § 9 KStG (zB Spenden). Der sich ergebende steuerliche Gewinn (Verlust) führt nach → Verlustabzug zum zu versteuernden Einkommen, auf das der Steuersatz anzuwenden ist.

4. Der Steuersatz beträgt seit 2008 grundsätzlich 15 vH (von 2001 bis 2007: 25 vH, § 23 I KStG). Durch den einheitlichen Steuersatz entfällt die Differenzierung zwischen einbehaltenen und ausgeschütteten Gewinnen der Körperschaft und das Anrechnungsverfahren. Aufgrund der Absenkung der KSt sowie der Gewerbesteuermesszahl auf 3,5 vH (→ Gewerbesteuer) besteht seit 2008 – bei einem Gewerbesteuer-Hebesatz von 400 vH – eine steuerliche Belastung von 29,83 vH (bisher 38,65 vH) auf Ebene der Gesellschaft. Diese erhöht sich bei Ausschüttungen der Gewinne auf Anteilseignerebene je nachdem, ob eine Ausschüttung in das Privatvermögen (→ Abgeltungsteuer) oder das Betriebsvermögen (→ Teileinkünfteverfahren) erfolgt.

5. Das bis 2001 angewandte Anrechnungsverfahren basierte darauf, dass der Steuersatz für thesaurierte Gewinne 40 vH und auf ausgeschüttete Gewinne 30 vH betrug. Schütteten Kapitalgesellschaften den Gewinn aus, waren sie verpflichtet, eine Ausschüttungsbelastung iHv 30 vH des ausgeschütteten Gewinns vor Abzug der KSt. herzustellen, damit die Anrechnung der KSt. beim Anteilseigner stets mit $^3/_7$ ($^{30}/_{70}$) der Ausschüttung erfolgen konnte. Herstellung der Ausschüttungsbelastung von 30 vH bedeutete, dass bei Ausschüttung von mit 40 vH belasteten Rücklagen die KSt sich um 10 vH minderte, bei einer Belastung mit 0 vH um 30 vH erhöht. Diese Erhö-

hung und Minderung der KSt (§ 27 KStG) erforderte eine Gliederung des für Ausschüttungen verwendbaren Eigenkapitals nach seiner Belastung mit KSt in EK 45, EK 40 (voll belastet), EK 30 (ermäßigt belastet), EK 0 (unbelastet) und zwar EK 01 = aus ausländischen Quellen, EK 02 = aus inländischen Quellen, EK 03 = Altkapital, EK 04 = Einlagen neu, in einer Nebenrechnung außerhalb des Abschlusses. Der am höchsten belastete Eigenkapitalteil galt als zuerst ausgeschüttet. Über das verwendbare Eigenkapital (§ 29 KStG) erließ das Finanzamt einen Feststellungsbescheid (§ 47 KStG), der neben dem KSt-Bescheid erging. Die auf ausgeschüttete Gewinne entfallende KSt wurde auf die ESt- oder KSt-Schuld der Anteilseigner angerechnet (§ 36 II Nr. 3 EStG, §§ 36a–36e EStG). Somit entstand im Ergebnis lediglich ESt beim Anteilseigner. Bei einem zur Ausschüttung verwendeten Gewinn vor Abzug der KSt von 100 DM betrug die KSt 30 vH (Ausschüttungsbelastung, § 27 KStG) = 30 DM. Auf die Ausschüttung (Dividende) von 70 DM war 25 vH → Kapitalertragsteuer mit 17,50 DM einzubehalten, so dass die Auszahlung 52,50 DM betrug. Der Anteilseigner erhielt in bar 52,50 DM, in Form einer Kapitalertragsteuerbescheinigung 17,50 DM und einer KSt-bescheinigung 30 DM, somit insgesamt 100 DM, die er regelmäßig als Einnahmen aus Kapitalvermögen (§ 20 I Nrn. 1, 3 EStG) oder als Betriebseinnahmen (§ 15 I EStG) versteuerte. Ausländische Anteilseigner waren von einer Anrechnung der KSt auf ihre ESt- oder KSt-Schuld grundsätzlich ausgeschlossen. Durch das Anrechnungsverfahren war eine Doppelbelastung durch KSt und → Einkommensteuer ausgeschlossen. Wegen langfristiger Übergangsregelungen war dieses Anrechnungsverfahren auch über 2000 hinaus bedeutsam.

6. Ab 2001 wurde die Doppelbelastung durch KSt und Einkommensteuer dadurch gemindert, dass die KSt auf 25 vH gesenkt wurde und auf Ebene der Gesellschaften Ausschüttungen nur noch zur Hälfte bei der Besteuerung erfasst wurden (→ Halbeinkünfteverfahren). Ab 2008 wurde die KSt auf 15 vH gesenkt und ab 2009 das Halbeinkünfteverfahren durch das → Teileinkünfteverfahren ersetzt. Das Anrechnungsverfahren gilt weiter für Gewinnausschüttungen, die auf einem Gewinnverteilungsbeschluss für ein abgelaufenes Wirtschaftsjahr beruhen, und die in 2001 erfolgen. Bei einem abweichenden Wirtschaftsjahr der Körperschaft kann sich eine Verschiebung auf 2002 ergeben. Des Weiteren besteht für den Übergang von Anrechnungs- auf das Halbeinkünfteverfahren eine 15-jährige Übergangsphase.

7. Verdeckte Gewinnausschüttungen (§ 8 III 2 KStG) sind alle Vorteile, die eine Gesellschaft ihrem Gesellschafter oder einer diesem nahestehenden Person (zB → Angehörige) zuwendet und die sie einem Nicht-Gesellschafter bei Anwendung der Sorgfalt eines ordentlichen und gewissenhaften Geschäftsleiters nicht zugewendet hätte; zB zinsgünstiges Darlehen, verbilligte Miete, unentgeltliche Pkw-Nutzung. Die Korrektur einer verdeckten Gewinnausschüttung führt regelmäßig bei der Kapitalgesellschaft zu einem Mehreinkommen (= mehr KSt und GewSt); beim Anteilseigner zu Mehr-Einnahmen aus Kapitalvermögen oder aus Gewerbebetrieb. Die verdeckte Gewinnausschüttung bewirkt beim betroffenen Gesellschafter einen höheren Gewinnanteil als den von der Gesellschafterversammlung beschlossenen. Rückzahlungsklauseln sind handelsrechtlich möglich, steuerlich aber ohne Auswirkung. Sa → Gesellschafterfremdfinanzierung.

8. Verdeckte Einlage (Abschn. 36a KStR) liegt vor, wenn der Anteilseigner oder eine ihm nahe stehende Person der Gesellschaft einen bilanzierungsfähigen Vermögensvorteil zuwendet, zB verbilligte Lieferung eines Lkw. Es handelt sich um eine einseitige Vorteilsgewährung an die Gesellschaft. Sie erfolgt ohne Gegenleistung und hat ihre Ursache im Gesellschaftsverhältnis. In der Steuerbilanz wird unterstellt, dass die Gesellschaft ein angemessenes Entgelt zahlt, zB mit der Folge höherer Anschaffungskosten des Lkw und der Passivierung der v. E. in Höhe des Vorteils. Beim Gesellschafter führt die v. E. zu höheren Anschaffungskosten der Beteiligung und damit bei Veräußerung einer wesentlichen Beteiligung (§ 17 EStG) oder einer Beteiligung im → Betriebsvermögen zu einem niedrigeren Veräußerungsgewinn. In der Handelsbilanz wird der Lkw mit dem vereinbarten Kaufpreis aktiviert. Vgl. → Beteiligung, wesentliche.

Körperverletzung
Strafrechtlich (Straftatbestand nach §§ 223 ff. StGB) ist Körperverletzung entweder körperliche Misshandlung, dh jede unangemessene Behandlung, die das körperliche Wohlbefinden oder die Unversehrtheit des Körpers nicht nur unwesentlich beeinträchtigt, oder Gesundheitsschädigung, die einen Krankheitszustand hervorruft oder steigert. Geschütztes Rechtsgut ist die körperliche Unversehrtheit. Sa → Nachstellung.

1. Die vorsätzliche (einfache Körperverletzung) ist mit Freiheitsstrafe bis zu 5 Jahren oder Geldstrafe bedroht. Die Rechtswidrigkeit kann ausgeschlossen sein, zB durch → Einwilligung des Verletzten (s. dort auch zur Frage der Sittenwidrigkeit, § 228 StGB). Der zu Heilzwecken vorgenommene ärztliche Eingriff wird von der Rspr. ebenfalls als Körperverletzung angesehen. Die Rechtswidrigkeit kann hier durch Einwilligung des Behandelten, durch → Geschäftsführung ohne Auftrag (vermutete Einwilligung) oder nach § 35 StGB durch → Notstand (bei Gefahr im Verzug) ausgeschlossen sein.

2. Als gefährliche Körperverletzung wird die Tat mit Freiheitsstrafe von 6 Mon. bis zu 10 Jahren oder Geldstrafe bestraft, wenn sie

durch Beibringung von Gift oder anderen gesundheitsschädlichen Stoffen, mittels eines gefährlichen Werkzeugs (Waffe, Messer, aber auch beschuhter Fuß) oder mittels hinterlistigen Überfalls oder mit einem anderen Beteiligten, der uU nur Gehilfe (→ Beihilfe) sein kann (BGH NJW 2002, 3788), gemeinschaftlich oder mittels lebensgefährdender Behandlung begangen wird (§ 224 StGB).

3. Wegen Misshandlung von Schutzbefohlenen wird nach § 225 StGB mit Freiheitsstrafe von 6 Mon. bis zu 10 Jahren bestraft, wer Personen unter 18 Jahren oder wegen Gebrechlichkeit oder Krankheit Wehrlose, die seiner Fürsorge oder Obhut unterstehen, seinem Hausstand angehören, von dem Fürsorgepflichtigen seiner Gewalt überlassen worden sind oder ihm im Rahmen eines Dienst- oder Arbeitsverhältnisses untergeordnet sind, quält oder roh misshandelt oder sie durch böswillige Vernachlässigung seiner Obhutspflicht gesundheitlich schädigt. Bei Gefahr des Todes oder einer schweren Gesundheitsschädigung oder einer erheblichen Schädigung der körperlichen oder seelischen Entwicklung des Opfers beträgt die Freiheitsstrafe mindestens 1 Jahr.

4. Eine schwere Körperverletzung liegt vor, wenn die Körperverletzung zur Folge hat, dass der Verletzte ein wichtiges Körperglied verliert oder nicht mehr gebrauchen kann, das Sehvermögen auf einem oder beiden Augen, das Gehör, das Sprechvermögen oder die Fortpflanzungsfähigkeit verliert oder erheblich dauernd entstellt wird (zB bei Gesichtsverletzungen, uU auch bei Verlust mehrerer Vorderzähne) oder in Siechtum, Lähmung oder geistige Krankheit oder Behinderung verfällt. Die schwere Körperverletzung ist mit Freiheitsstrafe von 1 bis 10 Jahren bedroht. War die schwere Tatfolge absichtlich oder wissentlich verursacht, ist Freiheitsstrafe von mindestens 3 Jahren zu verhängen (§ 226 StGB). Die strafrechtliche Haftung für die nicht beabsichtigte schwere Folge tritt nach § 18 StGB aber nur ein, wenn der Täter mit ihr gerechnet hat oder hat rechnen müssen (→ erfolgsqualifiziertes Delikt).

5. Genitalverstümmelung erfasst die Verstümmelung der äußeren Genitalien einer weiblichen Person durch Beschneidung oder in anderer Weise (§ 226a StGB); sie ist mit Freiheitsstrafe von nicht unter 1 Jahr bedroht (→ Verbrechen). Die gesonderte Regelung der Strafbarkeit, die bereits durch § 223 StGB, idR auch durch § 224 I Nr. 2 StGB und ggf. durch §§ 226, 227 StGB erfasst wird, soll das Bewusstsein für das Unrecht der Gentialverstümmelung schärfen. Zur Genitalverstümmelung an männlichen Personen → Beschneidung.

6. Hat der Täter nur eine Körperverletzung begehen wollen, dabei aber wenigstens fahrlässig den Tod des Verletzten herbeigeführt (Körperverletzung mit Todesfolge; → erfolgsqualifiziertes Delikt), so ist auf Freiheitsstrafe von mindestens 3 Jahren zu erkennen (§§ 227, 18 StGB); war die Todesfolge gewollt, gelten auch die Bestimmungen über vorsätzliche Tötungsdelikte (→ Tötung).

7. In minder schweren Fällen der Straftaten nach 2.–6. sind geringere Strafen zugelassen. Versuch ist in allen Fällen strafbar.

8. Die fahrlässige Körperverletzung ist mit Geldstrafe oder Freiheitsstrafe bis zu 3 Jahren bedroht (§ 229 StGB).

9. Sonderfall der Körperverletzung ist die Beteiligung an einer → Schlägerei (§ 231 StGB).

10. Körperverletzung im Amt (§ 340 StGB) ist eine Körperverletzung, die ein → Amtsträger oder ein Offizier oder Unteroffizier (§ 48 WStG) während der Ausübung seines Dienstes oder in Beziehung auf diesen begeht oder begehen lässt (sa → Amtsdelikte, → Sonderdelikte, → militärische Straftaten). Sie mit Freiheitsstrafe von 3 Monaten bis zu 5 Jahren bedroht. Der Versuch ist strafbar. Die §§ 224–229 StGB gelten für Körperverletzung im Amt entsprechend.

11. Die einfache und die fahrlässige Körperverletzung (§§ 223, 229 StGB) sind → Antragsdelikt; doch kann die StA die Tat auch ohne Strafantrag von Amts wegen verfolgen, wenn ein besonderes öffentliches Interesse ihrer Ahndung gebietet, so wenn der Täter einschlägig vorbestraft ist oder besonders leichtfertig gehandelt hat, zB bei einem Verkehrsdelikt (§ 230 StGB, Nr. 234 RiStBV). Körperverletzung im Amt ist stets Offizialdelikt. S. ferner → Privatklage, → Nebenklage.

12. Nach einer Körperverletzung muss auf Antrag des Opfers das Familiengericht die erforderlichen Maßnahmen zur Abwendung weiterer Körperverletzung treffen. Es kann dem Täter insbes. verbieten, die Wohnung des Opfers zu betreten, Verbindung mit dem Opfer aufzunehmen oder es zu treffen; der Verstoß gegen die Anordnung ist strafbar (§§ 1, 4 GewaltschutzG v. 11.12.2001, BGBl. 2001 I 3513).

13. Über zivilrechtliche Schadensersatzansprüche wegen Körperverletzung vgl. § 823 I BGB (→ unerlaubte Handlung, 2a); sa → Gewaltschutz.

Kognaten
→ Agnaten.

Kognition
→ Rechtsanwendung.

Kognitives Ermessen
→ Ermessen.

Kohleausstieg
Der Kohleausstieg (Dekarbonisierung) ist Teil der → Energiewende und dient durch Eindämmung der → Treibhausgase dem → Klimaschutz. Dabei sind vier Aspekte zu unterscheiden: Zum einen der Ausstieg aus der Gewinnung von Stein- und Braunkohle und zum anderen der Ausstieg aus der Erzeugung elektrischer Energie durch den Einsatz von Stein-

und Braunkohle (Verstromung) in Deutschland. Der europaweite Kohleausstieg ist auch ein Ziel der Europäischen Union im Rahmen ihres → European Green Deal und der → Energieunion.

1. Der Ausstieg aus dem deutschen Steinkohlebergbau erfolgte durch das Gesetz zur Finanzierung der Beendigung des subventionierten Steinkohlenbergbaus zum Jahre 2018 v. 20.12.2007 (BGBl. 2007 I 3086) mÄnd. Es legte das Ende der subventionierten Steinkohleförderung zum 31.12.2018 fest; ohne staatliche Förderung musste die letzte aktive Steinkohlenzeche (Prosper-Haniel) zu Weihnachten 2018 ihren Betrieb einstellen. Damit ist die Gewinnung von Steinkohle in Deutschland beendet; Importsteinkohle wird jedoch weiterhin zur Stromerzeugung verwendet. S. zur früheren Förderung des Steinkohlebergbaus → Verstromungsgesetze sowie zu den sog. Ewigkeitslasten des Steinkohlebergbaus → RAG-Stiftung. Die Beendigung der Braunkohleförderung in Deutschland wird die Folge der Beendigung der Braunkohleverstromung sein, die bis spätestens Ende 2038 erfolgt (dazu 2.). Danach wird es keinen Braunkohletagebau mehr in Deutschland geben, der gegenwärtig im Lausitzer (Brandenburg/Sachsen), Rheinischen (NRW) und Mitteldeutschen (Sachsen, Sachsen-Anhalt) Braunkohlerevier stattfindet. Einzelheiten kann die Bundesregierung mit den Braunkohletagebauunternehmen durch öffentlich-rechtlichen Vertrag regeln. Zu finanziellen Hilfen für die Betroffenen 3.

2. Die Verstromung von Stein- und Braunkohle soll laufend reduziert und spätestens Ende 2038 (im Rheinischen Revier 2030) beendet werden. Grundlage hierfür ist das Kohleverstromungsbeendigungsgesetz (KVBG) v. 8.8.2020 (BGBl. 2020 I 1818) mÄnd. Danach soll die elektrische Nettonennleistung von Stein- und Braunkohleanlagen auf 30 Gigawatt im Jahre 2022, auf 17 Gigawatt im Jahre 2030 und auf 0 Gigawatt spätestens Ende 2038 reduziert werden (§ 4 KVBG: Zielniveau). Dies geschieht durch einvernehmliche oder angeordnete Stilllegung von Stein- und Braunkohleanlagen (Stilllegungspfad). Die Stilllegung von Steinkohleanlagen erfolgt bis 2027 überwiegend per Ausschreibung. Dabei schreibt die → Bundesnetzagentur jährlich eine bestimmte elektrische Nettonennleistung gegen eine Prämie (Steinkohlezuschlag) zur Stilllegung aus (§ 5 KVBG). Die Anlagenbetreiber können sich für diese Stilllegungsprämie bewerben. Erhalten sie den Zuschlag, bekommen sie die Prämie und müssen die Steinkohleanlage stilllegen (Kohleverfeuerungs- und Vermarktungsverbot, §§ 51 f. KVBG). Nach 2027 erfolgt die Stilllegung der verbliebenen Steinkohleanlagen durch Anordnung der Bundesnetzagentur (§ 27 KVBG: gesetzliche Reduzierung) auf Grundlage einer Rangliste, die Alter und Effizienz der Anlagen berücksichtigt. Die Stilllegung der Braunkohleanlagen erfolgt gem. dem Stilllegungspfad zu den Terminen, auf die sich die Betreiber der Braunkohleanlagen mit der Bundesregierung geeinigt haben. Er ist in der Anlage 2 des KVBG enthalten. Die Inbetriebnahme neuer Stein- oder Braunkohleanlagen ist verboten (§ 53 KVBG). Während der → Energiekrise im Anschluss an den Angriff Russlands auf die Ukraine 2022 (→ Ukrainekrieg) wurde die Laufzeit einiger Kraftwerke verlängert bzw. wurden einige stillgelegte Kraftwerke zT reaktiviert: → Ersatzkraftwerke, → Stromversorgung.

3. Der Kohleausstieg ist ein kostspieliges Unterfangen. Neben den Stilllegungsprämien für Steinkohleanlagen enthält das KVBG Entschädigungsvorschriften für die Stilllegung von Braunkohleanlagen und ein Anpassungsgeld für betroffene ältere Arbeitnehmer (§§ 44, 57 KVBG). Das Investitionsgesetz Kohleregionen (InvKG) v. 8.8.2020 (BGBl. 2020 I 1795) enthält für die vom Kohleausstieg betroffenen Länder und Kommunen milliardenschwere Finanz- und Strukturhilfen bis 2038. Es sieht darüber hinaus zahlreiche Verkehrsinfrastrukturprojekte in diesen Regionen vor (§§ 20 ff. InvKG), die zT nach dem MgvG beschleunigt genehmigt werden können, dazu → Allgemeines Eisenbahngesetz.

4. Die Nutzung von Kohle in der Industrie (Stahlerzeugung, Chemie) ist weiterhin zulässig. Auch das Heizen mit Kohle in Gebäuden ist, sofern die immissionsschutzrechtlichen Vorschriften beachtet werden, weiterhin möglich, ebenso das Grillen. Die Inbetriebnahme neuer Kohleheizungen ist allerdings ab 2026 nur noch unter den Bedingungen des § 72 GEG zulässig, → Gebäudeenergie.

Kohlendioxid

Kohlendioxid oder CO2 ist ein → Treibhausgas, das durch fossile Brennstoffe verursacht wird. Seine Emissionen, für die insbesondere Energieerzeugung, Industrie, Verkehr, Gebäudewirtschaft und Landwirtschaft verantwortlich sind, gelten als Hauptursache des Klimawandels. Vordringliches Ziel des → Klimaschutzes ist daher die Reduzierung dieser Emissionen. Dies geschieht in Deutschland (→ Klimapakt) vor allem durch den → Emissionshandel, der die Emission von Kohlendioxid verteuert. Die daraus resultierenden Preiserhöhungen werden manchmal CO2-Abgabe, Kohlendioxidkosten oder auch → Ökosteuer genannt.

Die VO (EU) 2024/3012 v. 27.11.2024 zur Schaffung eines Unionsrahmens für die Zertifizierung von dauerhaften CO2-Entnahmen (ABl. EU L 3012 v. 6.12.2024) schafft die Voraussetzungen für die Zertifizierung von CO2-Entnahmen, die damit attraktiver gemacht werden sollen. Darunter versteht man die Entnahme des Treibhausgases aus der Atmosphäre und seine Speicherung in unterirdischen geologischen Formationen, in den Speichern der Ozeane (→ Kohlendioxid-Speicherung) oder in langlebigen Produkten wie Baumaterialien.

Kohlendioxidkostenaufteilung
Die Bepreisung fossiler Brennstoffemissionen durch einen Zertifikatehandel nach dem BEHG (→ Emissionshandel, Brennstoffemissionen) hat nicht nur das Autofahren, sondern auch das Heizen von Gebäuden und ihre Warmwasserversorgung verteuert. Diese sog. Kohlendioxidkosten konnten bis Ende 2022 vom Vermieter vollständig auf den Mieter abgewälzt werden. Seit dem 1.1.2023 regelt das Kohlendioxidkostenaufteilungsgesetz (CO2KostAufG) v. 5.12.2022 (BGBl. 2022 I 2068) ihre Verteilung. Ziel des Gesetzes ist es, Gebäudenutzer zum Energiesparen und Gebäudeeigentümer zu energetischen Sanierungen anzureizen.

Wird ein Gebäude mit fossilen Brennstoffen, die dem BEHG unterliegen, wie etwa Erdgas, Heizöl oder Kohle, versorgt, hat der Brennstofflieferant auf seinen Rechnungen die Brennstoffemissionen in kg und die Kohlendioxidkosten separat auszuweisen (§ 3 CO2KostAufG). Je nach dem energetischen Gesamtzustand des Gebäudes werden sie dann zwischen Vermieter und Mieter verteilt. Liegt der Kohlendioxidausstoß des Gebäudes etwa über 52 kg CO2 pro Quadratmeter Wohnfläche im Jahr (emissionsreiches Gebäude), hat der Vermieter 95% der Kohlendioxidkosten zu tragen und kann nur 5% auf die Mieter verteilen. Liegt der Kohlendioxidausstoß unter 12 kg CO2 pro Quadratmeter Wohnfläche im Jahr (emissionsarmes Gebäude), kann der Vermieter die gesamten Kohlendioxidkosten auf die Mieter abwälzen (Anlage CO2KostAufG). Die Abrechnung der auf die Mieter entfallenden Kohlendioxidkosten erfolgt mit der jährlichen Heizkostenabrechnung auf Basis der Wohnfläche (§§ 5, 7 CO2KostAufG).

→ Gebäudeenergie.

Kohlendioxid-Speicherung
1. Die EU-RL 2009/31/EG v. 23.4.2009 über die geologische Speicherung von Kohlendioxid (CO2), ABl. EU 2009 L 140, 114, bildet den rechtlichen Rahmen für die Kohlendioxid-Speicherung in der EU. Sie ist gem. Art. 3 Nr. 1 RL 2009/31/EG die Injektion und damit einhergehende Speicherung von CO2-Strömen in unterirdischen geologischen Formationen. Die RL erlaubt die Speicherung im eigenen Hoheitsgebiet, in der → ausschließlichen Wirtschaftszone sowie im → Festlandsockel. Die Speicherung im Meer oder Gewässern ist verboten (Art. 2 RL 2009/31/EG), nicht aber im Meeresuntergrund. Die RL wurde durch das Kohlendioxid-Speicherung-Gesetz (KSpG) zur Demonstration der dauerhaften Speicherung von Kohlendioxid v. 17.8.2012 (BGBl. 2012 I 1726), mÄnd, umgesetzt.

2. Das Gesetz bezweckt die Gewährleistung einer dauerhaften Kohlendioxid-Speicherung zum Schutz des Menschen, auch in Verantwortung für zukünftige Generationen. Es regelt zunächst Erforschung, Erprobung und Demonstration dieser Technologien (§ 1 KSpG). Das zuständige Bundesministerium bewertet Gesteinsschichten auf ihre Eignung hin, die bei der Bundesanstalt für Geowissenschaften und Rohstoffe, Hannover, in einem öffentlichen Register geführt werden (§§ 5 f. KSpG). Die Untersuchung der Schichten und die Stilllegung eines Speichers bedürfen einer Genehmigung (§§ 7–10 und 17 KSpG). Errichtung, Betrieb, wesentliche Änderung von Kohlendioxid-Speichern und Transportleitungen bedürfen der Planfeststellung (§§ 4, 11–16 KSpG). Das Gesetz regelt, entsprechend immissionsschutz-, berg- und energiewirtschaftsrechtlicher Vorbilder, die Aufsicht, Haftung und Vorsorge sowie den Anschluss und Zugang Dritter zu Leitungsnetzen und Speichern. Ordnungswidrigkeiten für Vorsatz oder Fahrlässigkeit werden mit bis zu 100 000 EUR geahndet.

Ist auf Landesebene ein eigenes Gesetz zur Kohlendioxid-Speicherung beabsichtigt, müssen Entscheidungen über Anträge zur Untersuchungsgenehmigung oder zur Planfeststellung eines Speichers bis zum Inkrafttreten des Landesgesetzes zurückgestellt werden, jedoch höchstens drei Jahre (§ 45 III KSpG).

3. Der Betrieb von Kohlendioxid-Speichern unterliegt den Bestimmungen des Umweltschadensgesetzes (→ Umweltschaden). Betreiber von Anlagen zur Stromerzeugung müssen unter den Voraussetzungen des § 9 der VO über Großfeuerungs-, Gasturbinen- und Verbrennungsmotoranlagen (13. BImSchV) v. 6.7.2021 (BGBl. 2021 I 2514) ua prüfen, ob geeignete Kohlendioxid-Speicher zur Verfügung stehen.

Kohlepfennig
Der Kohlepfennig zog die Stromverbraucher zur Finanzierung eines Sonderfonds heran, der den Einsatz der Steinkohle bei der Verstromung fördern sollte (§ 8 Drittes → Verstromungsges. in der zT verfassungswidrigen Fassung vom 17.11.1980, BGBl. 1980 I 2137). Der Kohlepfennig ist verfassungswidrig (BVerfG vom 1.10.1994, NJW 1995, 381), weil er als Sonderabgabe (→ Abgaben) die inländischen Stromverbraucher belastet, die lediglich ein gemeinsames Interesse an einer Stromversorgung kennzeichnet, das heute so allgemein ist wie das Interesse am täglichen Brot. Der Kreis der Stromverbraucher ist nahezu konturenlos und geht in der Allgemeinheit der Steuerzahler auf. Diese Verbraucher trifft keine besondere Verantwortlichkeit für die Finanzierung der Kohleverstromung, wie es für eine Sonderabgabe erforderlich wäre. Die Sicherstellung der Strom- oder Energieversorgung ist ein Interesse der Allgemeinheit, das nicht durch eine Sonderabgabe finanziert werden darf.

Kohlesteuer
Mit dem → Energiesteuergesetz wurde für den Einsatz von Kohle zur Wärmeerzeugung ein neuer Steuertatbestand geschaffen. Steuerschuldner ist nicht der Endverbraucher, sondern der Inhaber des Steuerlagers bzw. der Hersteller. Bemessungsgrundlage ist der Energiegehalt der Kohle in Gigajoule. Das Energiesteuergesetz sieht hierfür einen Steuersatz von 0,33 EUR je Gigajoule vor. Dieser Steuersatz entspricht den Vorgaben der → Energiesteuerrichtlinie für Kohle für nichtgewerbliche Bereiche. Abhängig vom Heizwert ist von einer durchschnittlichen Steuerlast von 7 EUR je Tonne bei Braunkohlebriketts und 11 EUR je Tonne bei Steinkohle auszugehen. Beim Einsatz von Kohle ist mit einer durchschnittlichen Steuerbelastung von 0,22 EUR pro Quadratmeter Wohnfläche jährlich zu rechnen. Im Vergleich dazu unterliegt zB Heizöl einer ca. sechsmal höheren Steuerbelastung. Für eine 50 Quadratmeter große Wohnung bedeutet die Kohlesteuer eine Steuerbelastung von ca. 11 EUR im Jahr. Soweit die Stein- und Braunkohle in der Stromerzeugung eingesetzt wird, ist diese Verwendung steuerfrei. Ebenso ist der Einsatz von Kohle bei der Stahlerzeugung steuerfrei.

Kohlestiftung
→ RAG-Stiftung.

Koimperium
→ Kondominium.

Kokain
→ Betäubungsmittelgesetz.

Kollationspflicht
= Ausgleichungspflicht; → Ausgleichung von Vorempfängen, → Pflichtteil.

Kollegialgericht
→ Einzelrichter.

Kollegialprinzip
Das Kollegialprinzip steht im Gegensatz zum monokratischen Prinzip. Damit wird umschrieben, dass Leitungs-, Führungs- und Entscheidungsbefugnisse nicht einem einzelnen Entscheidungsträger, sondern einem Kollegium grundsätzlich gleichrangiger Personen zustehen. Es handelt sich dabei um eine typische Form der Entscheidungsfindung in unabhängigen Gremien (Gerichte, Prüfungsausschüsse) oder an der Spitze von juristischen Personen (→ Vorstand – i. E. s. → Aktiengesellschaft, 3a –, → Gemeinderat, → Bundesregierung). Häufig ist das Kollegialprinzip von anderen Führungs- und Entscheidungsprinzipien überlagert (so zB die → Richtlinienkompetenz des Regierungschefs). Entscheidungen werden abhängig von den im Einzelfall geltenden Vorschriften einstimmig, mit qualifizierter Mehrheit oder – wenn nichts anderes bestimmt ist – mit einfacher Mehrheit getroffen.

Kollektivdelikt
→ Sammelstraftat.

Kollektiver Rechtsschutz
Kollektiver Rechtsschutz bezeichnet ganz allgemein die Tatsache, dass in einem → Zivilprozess auf Klägerseite eine Vielzahl an Prozessparteien in Erscheinung tritt, die ein gleiches bzw. zumindest ähnliches Rechtsverhältnis zu der gegnerischen Partei aufweisen (enger hingegen → Streitgenossenschaft). Dadurch soll den einzelnen Betroffenen (zB geschädigte Verbraucher) die Rechtsdurchsetzung erleichtert werden. Der kollektive Rechtsschutz ist im angloamerikanischen Raum seit jeher verbreitet (→ class action), hat in neuerer Zeit aber auch Eingang in das deutsche Zivilprozessrecht gefunden (→ Musterfeststellungsklage, → Kapitalanleger-Musterverfahrensgesetz, → Sammelklage).

Kollektives Arbeitsrecht
→ Arbeitsrecht.

Kollektivmarken
Ein rechtsfähiger Verband, der die Anforderungen des § 98 MarkenG erfüllt, kann für ein Zeichen Schutz als Kollektivmarke (§ 97 MarkenG) beanspruchen, sofern das Zeichen geeignet ist, die Produkte seiner Mitglieder von denjenigen anderer Unternehmen nach ihrer Herkunft, ihrer Art oder ihren sonstigen Eigenschaften zu unterscheiden. Gegenüber sonstigen → Marken (vgl. insoweit § 8 Abs. 2 Nr. 2 MarkenG) besteht zudem die Besonderheit, dass Kollektivmarken auch ausschließlich aus Zeichen oder Angaben bestehen können, die im Verkehr zur Bezeichnung der geographischen Herkunft einer Produkts dienen können, § 99 MarkenG. Bei der Anmeldung der Marke muss die Kollektivmarke als solche bezeichnet werden.

Kollektivvertragliche Regelung
Kollektivvertragliche Regelung ist der Oberbegriff für → Tarifvertrag, → Betriebsvereinbarung und → Dienstvereinbarung. Eine normativ geltende kollektivvertragliche Regelung geht einzelvertraglichen Abmachungen (→ Arbeitsvertrag) vor, sofern in ihr kein entsprechender Vorbehalt enthalten ist; eine Besserstellung der Arbeitnehmer durch Einzelvertrag ist aber grds. zulässig (→ übertarifliche Zulagen, → Günstigkeitsprinzip).

Kollisionsnorm
→ Internationales Privatrecht (1).

Kollisionsrecht
→ Internationales Privatrecht.

Kollusion
→ Sittenwidrigkeit, → Vertretung ohne Vertretungsmacht.

Kolonie
Kolonie iwS ist die Niederlassung einer Gruppe von Menschen in fremdem Gebiet, die sich staatsrechtlich vom Heimatland lösen und zumeist die fremde Staatsangehörigkeit annehmen, aber ihr Volkstum mehr oder weniger bewahren („deutsche Kolonie" in den USA).

Im eigentlichen Sinne versteht man unter Kolonien die auswärtigen Besitzungen eines Staates. Die rechtliche Stellung dieser K. war sehr unterschiedlich geregelt; sie wurden im Prinzip „völkerrechtlich als Inland, staatsrechtlich als Ausland" behandelt, was zB zur Folge hatte, dass ihre Bevölkerung nicht die Staatsangehörigkeit des Mutterlandes erwarb. K. gab es seit dem Altertum (Rom); in neuerer Zeit hatten Spanien, Portugal, England und Frankreich große Kolonialbesitzungen. Mit dem Erwachen des politischen Selbstbewusstseins der kolonialen Bevölkerung und dem Vordringen des Gedankens der → Selbstbestimmung ging das Zeitalter des Kolonialismus zu Ende. Die ehemaligen deutschen Kolonien wurden nach dem 1. Weltkrieg von verschiedenen Staaten als → Mandatsgebiete des → Völkerbunds verwaltet, bevor sie inzwischen alle unabhängige Staaten oder Teil anderer unabhängiger Staaten wurden.

Kolonnen
von Personen od. Fz. müssen im Straßenverkehr die durch die Verkehrslage gebotene Vorsicht walten lassen, haben aber auch einen gewissen Vorrang (§ 27 StVO; sa → Verbände (geschlossene) im Straßenverkehr). Haben sich auf Fahrbahnen mit mehreren → Fahrstreifen Fahrzeugschlangen nebeneinander gebildet, so darf rechts schneller gefahren werden als links (§ 7 II, IIa StVO); Fahrstreifenwechsel verlangt Ankündigung und besondere Vorsicht (§ 7 II StVO).

Komasaufen
→ Flatrate Party.

Kombattant
1. Kombattant ist ein Begriff des → Kriegsrechts, der in verschiedenartigem Sinn gebraucht wird.

2. Untechnisch wird die Unterscheidung von Kombattant und Nichtkombattant zur Charakterisierung zweier Gruppen innerhalb der Streitkräfte verwendet, je nachdem, ob sie zum Einsatz im Kampf bestimmt sind oder nicht; zu letzteren zählen Militärbeamte, Sanitäter und Militärgeistliche. In diesem Sinn ist die Unterscheidung völkerrechtlich ohne große Bedeutung; insbesondere haben auch die Nichtkombattanten in diesem Sinn Anspruch auf Behandlung als → Kriegsgefangene, wenn sie in die Hand des Feindes fallen.

3. Bedeutsamer ist die Unterscheidung, wenn man völkerrechtlich unter Kombattanten die am Kampf gegen den Feind aktiv (auch potentiell) Beteiligten und unter Nichtkombattanten die am Kampf nicht teilnehmende friedliche Zivilbevölkerung versteht. Kombattanten genießen zwei Privilegien: Zum einen können sie wegen ihrer kriegerischen Handlungen nicht strafrechtlich belangt werden (mit Ausnahme von → Kriegsverbrechen), zum anderen müssen sie als → Kriegsgefangene behandelt werden. Umgekehrt können nur gegen Kombattanten in diesem Sinne legale Kriegshandlungen des Gegners gerichtet sein. Welche Personengruppen dazu zählen, wird weitgehend vom innerstaatlichen Recht bestimmt. Kombattanten sind danach idR alle Mitglieder der regulären Streitkräfte (nicht aber nicht eingezogene Reservisten oder ausgemusterte Soldaten), aber auch Angehörige von Milizen und Freiwilligeneinheiten, die militärisch geführt werden, die Waffen offen tragen, ein erkennbares Unterscheidungszeichen führen und das → Kriegsrecht (2) beachten. Greift die Bevölkerung bei Herannahen des Feindes aus eigenem Antrieb zu den Waffen, um die eindringenden Truppen zu bekämpfen, ohne Zeit gehabt zu haben, sich den regulären Streitkräften anzuschließen („levée en masse"), so haben auch diese Kämpfer (→ Freischärler) Kombattantenstatus. S. zu allem → Haager Landkriegsordnung (HLKO), dort insbesondere Art. 1 und 2. Innerhalb der Gruppe der Kombattanten in diesem Sinn ist völkerrechtlich zu unterscheiden zwischen rechtmäßigen Kombattanten im Sinn der Haager Landkriegsordnung und der → Genfer Konventionen, die legale Kampfhandlungen vornehmen können und Anspruch auf Behandlung als Kriegsgefangene haben, und unrechtmäßigen Kombattanten, die wegen ihrer Beteiligung an den Kampfhandlungen bestraft werden können. Auch für die Behandlung der letzteren Gruppeenthält die Genfer Konventionen aber gewisse Mindestbedingungen.

Kombinationsgrundsatz
im Vertragsrecht → Vertrag (2).

Komitologie
Als Komitologie (Lehnbildung nach dem Französischen) wird das politisch und sachlich umstrittene Verfahren bezeichnet, nach dem der → Europäischen Kommission der Erlass von Aus- und Durchführungsvorschriften ohne Beteiligung des Parlaments und der Mitgliedstaaten allein nach Vorlage an einen sog. Komitologie-Ausschuss ermöglicht wird. Der derzeit geschützte Verfassungsvertrag (→ Europäische Verfassung) sieht insoweit eine Art Rückholrecht des Parlaments und damit eine parlamentarische Kontrolle vor.

Kommanditaktionär
Kommanditaktionär ist bei einer → Kommanditgesellschaft auf Aktien ein Gesellschafter, der an dem in → Aktien zerlegten → Grundkapital beteiligt ist, ohne persönlich für die Verbindlichkeiten der Gesellschaft zu haften (§ 278 I AktG). Der Kommanditaktionär entspricht also dem Aktionär einer → Aktiengesellschaft.

Kommanditgesellschaft
1. Eine Kommanditgesellschaft ist eine handelsrechtliche → Personengesellschaft, die sich von der → Offenen Handelsgesellschaft dadurch unterscheidet, dass bei einem Teil der Gesellschafter die Haftung gegenüber den Gesellschaftsgläubigern auf einen bestimmten Betrag begrenzt ist (§ 161 I HGB). Es müssen

also im Übrigen alle Voraussetzungen einer OHG vorliegen. Gesellschafter der Kommanditgesellschaft sind die unbeschränkt haftenden Komplementäre und die beschränkt haftenden Kommanditisten. Jede Kommanditgesellschaft muss mind. einen Komplementär und mind. einen Kommanditisten haben. Wie bei der OHG kann Komplementär auch eine Personengesellschaft oder eine → juristische Person, insbes. eine Gesellschaft mit beschränkter Haftung sein (zB Firma X GmbH & Co KG). Gerade diese Rechtsform bietet sich für den Fall an, dass keiner der Gesellschafter persönlich die unbeschränkte Haftung übernehmen will (→ GmbH & Co).

2. Die Rechtsverhältnisse der Kommanditgesellschaft entsprechen grds. denen der OHG (§ 161 II HGB; zur → Firma der KG s. dort) mit folgenden Ausnahmen: In das → Handelsregister sind die Namen der Kommanditisten und die Geldbeträge ihrer Einlage (→ Haftsumme) einzutragen, während bei der Bekanntmachung keine Angaben zu den Kommanditisten zu machen sind (§ 162 HGB). Die Kommanditisten sind von der Geschäftsführung ausgeschlossen; diese steht allein den Komplementären zu (§ 164 HGB). Jedoch kann im Gesellschaftsvertrag einem Kommanditisten die Geschäftsführung übertragen werden. Die Kommanditisten haben stets Kontrollrechte (§ 166 HGB). Bei der Verteilung von Gewinn und Verlust (§§ 167, 168 HGB) ist wichtig, dass der Kommanditist am Verlust nur bis zum Betrag seines Kapitalanteils und seiner noch rückständigen Einlage teilnimmt. Für die Verbindlichkeiten der Gesellschaft haftet er ebenso wie der Komplementär persönlich und unmittelbar, jedoch nur bis zur Höhe seiner Einlage (Haftsumme); seine Haftung entfällt, wenn er seine Einlage geleistet hat und so der Betrag der Haftsumme in das Gesellschaftsvermögen geflossen ist (§ 171 I HGB); s. aber → Durchgriffshaftung. Wird die Einlage an den Kommanditisten zurückbezahlt, so haftet er wieder, als habe er sie nicht geleistet (§ 172 IV HGB). Nur beim Tod eines Komplementärs scheidet dieser (wie bei der OHG im Regelfall) aus der Kommanditgesellschaft aus; beim Tod eines Kommanditisten wird die Gesellschaft dagegen (mangels abweichender vertraglicher Bestimmung) mit dessen Erben fortgesetzt (§ 177 HGB). Der Kommanditanteil ist übertragbar. Das Ausscheiden eines Kommanditisten aus einer Kommanditgesellschaft, die auf die Mitgliedschaft vieler rein geldmäßig beteiligter Kommanditisten angelegt ist (sog. Publikumsgesellschaft – Kapitalanlagezweck; → Minderheitsrechte; s. ferner → Werbeangaben, → Abschreibungsgesellschaft), berührt deren Bestand nicht.

3. In einer sog. kapitalistischen Kommanditgesellschaft ist der Gesellschaftsvertrag so ausgestaltet, dass im Innenverhältnis (der Gesellschafter zueinander) die Kommanditgesellschaft von den Kommanditisten beherrscht wird. Das kann zB dadurch erreicht werden, dass dem (den) Kommanditisten die Geschäftsanteile weit überwiegend zustehen, Gewinn oder Verlust sie allein trifft, während der Komplementär in der Geschäftsführung an die Weisungen der Kommanditisten gebunden ist. In diesen Fällen wird dem Komplementär durch den Gesellschaftsvertrag idR ein → Befreiungs(Feststellungs)anspruch gegen die Kommanditisten zugestanden.

4. Steuerlich. Die Kommanditgesellschaft unterliegt als solche nicht der Einkommensteuer. Die von ihr erzielten Einkünfte sind den Gesellschaftern zuzurechnen und von ihnen zu versteuern, sa → Mitunternehmerschaften, → Negatives Kapitalkonto, → GmbH & Co.

Kommanditgesellschaft auf Aktien
Die KGaA ist eine → Kapitalgesellschaft, die rechtlich als eine besondere Art der → Aktiengesellschaft ausgestaltet, aber viel seltener als diese ist. Da mindestens ein Gesellschafter (Komplementär; dies kann aber auch eine GmbH sein, § 279 II AktG) den Gesellschaftsgläubigern unbeschränkt haftet, finden Vorschriften über die → Kommanditgesellschaft Anwendung, soweit es sich um die Stellung der Komplementäre handelt (§ 278 AktG). Im Übrigen gilt für die KGaA das Gleiche wie bei der AG, soweit nicht die §§ 278–290 AktG etwas anderes bestimmen. Die Komplementäre haben für die Geschäftsführung und Vertretung die gleiche Stellung wie der Vorstand einer AG (§ 283 AktG). Sie können sich aber mit einer → Einlage beteiligen oder → Aktien erwerben, so dass sie zugleich die Stellung eines → Kommanditaktionärs erlangen. Der → Aufsichtsrat wird nur von den Kommanditaktionären gewählt; hierbei dürfen die Komplementäre auch dann nicht mitwirken, wenn sie Aktien besitzen (§ 285 I AktG). Der Aufsichtsrat hat die gleichen Befugnisse wie bei der AG; darüber hinaus führt er auch die Beschlüsse der Kommanditaktionäre aus (§ 287 AktG). Die → Hauptversammlungsbeschlüsse, insbes. der über den → Jahresabschluss, bedürfen grundsätzlich der Zustimmung der Komplementäre (§ 285 II AktG, § 286 I AktG). Die KGaA wird aus den gleichen Gründen und auf die gleiche Weise aufgelöst wie die KG (§ 289 AktG, § 161 II HGB, §§ 131 ff. HGB). Die → Liquidation besorgen die Komplementäre und mindestens ein von der Hauptversammlung gewählter Liquidator (§ 290 AktG).

Kommanditist
→ Kommanditgesellschaft.

Kommanditwechsel
Ein Kommanditwechsel ist ein gezogener Wechsel (→ Tratte), in dem sich der → Aussteller selbst als → Bezogener angibt und den er idR von der Hauptniederlassung auf die Zweigniederlassung zieht.

Kommentatoren
→ römisches Recht.

Kommissarische Vernehmung
Eine kommissarische Vernehmung von Zeugen oder Sachverständigen oder ein sonstiger Akt der → Beweisaufnahme kann durch einen beauftragten oder ersuchten Richter vorgenommen werden, der anstelle des Gerichts tätig wird. Der beauftragte Richter ist ein Mitglied des mit der Sache befassten Gerichts; er erhebt den Beweis anstelle des Kollegiums. Der ersuchte Richter gehört einem anderen Gericht an, das um die Beweiserhebung im Wege der → Rechtshilfe ersucht wird (auch ein ausländisches Gericht). Für den Zivilprozess s. §§ 361, 362 ZPO. Im Strafprozess ist im Hinblick auf den Grundsatz der Unmittelbarkeit der Beweisaufnahme die kommissarische Vernehmung eines Zeugen oder Sachverständigen nur zulässig, wenn seinem Erscheinen in der Hauptverhandlung für längere oder ungewisse Zeit nicht zu beseitigende Hindernisse entgegenstehen (Krankheit, Gebrechlichkeit; Aufenthalt im Ausland, wenn Ladung undurchführbar) oder wenn ihm das Erscheinen wegen großer Entfernung, zB mit Rücksicht auf die Verkehrsverhältnisse, den entstehenden Zeitverlust oder starke berufliche Inanspruchnahme, nicht zugemutet werden kann (§ 223 StPO). Kommissarische Vernehmungen sind zudem zum Zweck der Beweissicherung bei Abwesenheit des Angeklagten vorgesehen (§ 289 StPO). Eine kommissarische Vernehmung des Angeklagten kann seine Vernehmung in der Hauptverhandlung nicht ersetzen, außer wenn er bei geringfügigen Delikten vom Erscheinen in der Hauptverhandlung entbunden worden ist; dann ist seine vorherige kommissarische Vernehmung vorgeschrieben (§ 233 StPO).

Kommission
1. Eine Kommission liegt vor, wenn ein → Kaufmann im Betrieb seines → Handelsgewerbes für Rechnung eines anderen (des → Kommittenten) im eigenen Namen mit Dritten ein Geschäft ausführt (Gegensatz: Eigengeschäft). Kommissionsvertrag (Kommissionsauftrag) ist der Vertrag zwischen dem Kommissionär und dem Kommittenten, in dem die Kommission übernommen wird; sa → Konditionsgeschäft. Das Geschäft, das der Kommissionär mit dem Dritten ausführt, ist das Ausführungsgeschäft. Abwicklungsgeschäft nennt man die Vorgänge, durch die das Ergebnis des Ausführungsgeschäfts auf den Kommittenten übertragen wird (zB Weiterleitung des Erlöses). Der Kommissionsvertrag ist entweder ein → Werkvertrag oder ein → Dienstvertrag, der eine Geschäftsbesorgung (→ Geschäftsbesorgungsvertrag) zum Gegenstand hat.

2. Kommissionär iSd HGB ist, wer es gewerbsmäßig übernimmt, Waren oder Wertpapiere für Rechnung eines anderen im eigenen Namen zu kaufen oder zu verkaufen (§ 383 HGB). Zur Eigenschaft als → Kaufmann s. dort. Die Vorschriften des HGB (§§ 383–406 HGB) gelten in gleicher Weise für den Kommissionär iSd § 383 HGB wie für den Kaufmann, der im Betrieb seines Handelsgewerbes gelegentlich eine Kommission übernimmt (§ 406 I HGB). Der Kommissionär ist verpflichtet, das übernommene Geschäft mit der Sorgfalt eines ordentlichen Kaufmanns auszuführen (§ 384 HGB). Beim Ausführungsgeschäft hat er das vom Kommittenten festgesetzte Limit – Höchstpreis bei Einkaufskommission, Mindestpreis bei Verkaufskommission – einzuhalten (§ 386 HGB). Er hat das Ausführungsgeschäft mit dem Dritten, dessen Vertragspartner er – nicht der Kommittent – ist, abzuwickeln, dem Kommittenten Rechnung abzulegen und das aus der Geschäftsbesorgung Erlangte herauszugeben (§ 384 II HGB). Das → Delkredere trifft ihn nur unter den Voraussetzungen des § 394 HGB. Der Kommissionär hat Anspruch auf Provision und Aufwendungsersatz (§ 396 HGB). Für diese Ansprüche steht ihm ein gesetzliches → Pfandrecht am Kommissionsgut zu, sofern er es im Besitz hat (§ 397 HGB). Betrifft die Kommission Waren oder Wertpapiere, die einen Börsen- oder Marktpreis haben, kann der Kommissionär selbst als Verkäufer liefern oder selbst als Käufer übernehmen (→ Selbsteintritt, §§ 400–405 HGB). An Stelle des Ausführungsgeschäfts tritt dann der Kaufvertrag zwischen Kommissionär und Kommittent; der Kommissionsvertrag bleibt daneben (mit Provisionsanspruch) bestehen. Bei der Effektenkommission (→ Effekten) führen die Banken idR die Aufträge ihrer Kunden durch Selbsteintritt aus. → Konsignation. Umsatzsteuerlich liegen beim Kommissionsgeschäft zwei selbständige Lieferungen vor (§ 3 III UStG).

3. Im Verwaltungsrecht wird als Kommission ein Kollegialorgan oder ein Gremium mit Entscheidungskompetenz (Prüfungs-Kommission) oder Beratungsfunktion bezeichnet.

4. Sa → Europäische Kommission.

Kommission der Europäischen Union
→ Europäische Kommission.

Kommission für Anlagensicherheit
ist eine gemäß § 51a BImSchG (→ Immissionsschutzrecht) gebildete Expertenkommission zur Beratung der BReg und der zuständigen Minister, die den Technischen Ausschuss für Anlagensicherheit ersetzt hat. Sie schlägt dem Stand der Sicherheitstechnik entsprechende technische Regeln vor. Ihr gehören ua Vertreter der beteiligten Bundesbehörden, der Wissenschaft, der Wirtschaft, der Gewerkschaften sowie der Berufsgenossenschaften an. Zu Unterausschüssen können weitere Fachleute hinzugezogen werden; sa → Störfall.

Kommissionär
→ Kommission (2).

Kommissionsagent
Als Zwischenstufe zwischen → Handelsvertreter und Kommissionär (→ Kommission) hat sich im Handelsverkehr der Kommissionagent herausgebildet. Er tritt nach außen wie der

Kommissionär im eigenen Namen auf, steht aber zu seinem Geschäftsherrn in dem gleichen Verhältnis wie der Handelsvertreter.

Kommissionsgeschäft
→ Kommission.

Kommissionsverlag
Übernimmt es ein Verleger, gegen Vergütung ein Schriftwerk für Rechnung des Verfassers, aber im eigenen Namen, zu vervielfältigen und zu verbreiten, so gelten die Regeln der → Kommission (§§ 383 ff. HGB), nicht die des → Verlagsvertrags.

Kommissionsvertrag
→ Kommission.

Kommissionsvertreter
Kommissionsvertreter ist eine andere Bezeichnung für → Kommissionsagent.

Kommissionswechsel
Ein Kommissionswechsel ist ein gezogener Wechsel (→ Tratte), den der → Aussteller im eigenen Namen, aber für Rechnung eines Dritten zieht (Art. 3 III WG). Im Wortlaut des Wechsels wird das durch den Vermerk ausgedrückt: „Zahlen Sie für Rechnung des X....".

Kommittent
Kommittent ist, wer einen anderen (Kommissionär) damit betraut, im eigenen Namen, aber für Rechnung des Kommittenten Waren oder Wertpapiere zu kaufen oder zu verkaufen (→ Kommission). Der Kommittent hat hieraus grundsätzlich nur Ansprüche gegen den Kommissionär, da dieser das Ausführungsgeschäft mit dem Dritten im eigenen Namen und nicht als Vertreter (→ Stellvertretung) abschließt.

Kommunalabgaben
→ Gemeindeabgaben.

Kommunale Selbstverwaltung
ist das nach Art. 28 II 1 GG garantierte Recht der → Gemeinde, alle Angelegenheiten der örtlichen Gemeinschaft im Rahmen der Gesetze in eigener Verantwortung zu regeln. Gegen Angriffe auf dieses Recht können sich die Gemeinden mit der → Verfassungsbeschwerde nach Art. 93 I Nr. 4b GG zur Wehr setzen. Das Recht steht unter dem Vorbehalt des Gesetzes und beinhaltet nur eine institutionelle Garantie, kein Recht der einzelnen Gemeinde auf ihren Bestand. Das Recht auf kommunale Selbstverwaltung ist auch in den Länderverfassungen geschützt (zB Art. 82 II Sächsische Verfassung).

Kommunale Spitzenverbände
sind der → Deutsche Städtetag, der → Deutsche Landkreistag und der → Deutsche Städte- und Gemeindebund sowie deren Gliederungen auf Landesebene. Sie sind zusammengeschlossen in der „Bundesvereinigung der kommunalen Spitzenverbände". Ihre Aufgabe ist insbes. der Erfahrungsaustausch über gemeinsame kommunale Probleme, die Beratung staatlicher und kommunaler Stellen, die Vertretung kommunaler Interessen gegenüber Regierung und Parlament sowie die Förderung des Verwaltungsrechts und der Verwaltungstätigkeit.

Kommunale Wahlbeamte
sind neben → Bürgermeistern und → Landräten ua → Beigeordnete und → berufsmäßige Stadträte. Als → Wahlbeamte sind sie regelmäßig → Beamte auf Zeit.

Kommunalobligation
→ Inhaberschuldverschreibung.

Kommunalrecht
Sammelbegriff für alle Rechtsvorschriften, die Organisation, Rechtsstellung, Aufgaben, Bildung, Umbildung und Auflösung von → Gemeinden (→ Gemeinderecht) und anderen Gebietskörperschaften (→ Kreis; → Bezirk, 3; → Kommunalverband) sowie die Rechtsverhältnisse gegenüber ihren Angehörigen regeln. Das Kommunalrecht ist im wesentlichen Landesrecht (→ Gemeindeordnung, → Landkreisordnung). IwS ist Kommunalrecht auch das von den Kommunen im Rahmen ihrer → Autonomie gesetzte Recht.

Kommunalverband
1. Kommunalverbände sind öffentlich-rechtliche → Körperschaften (Gebietskörperschaften) im Bereich oberhalb der → Gemeinde. Im Gegensatz zum früheren Recht handelt es sich aber nicht nur um Zusammenschlüsse der Gemeinden zu einer neuen Rechtspersönlichkeit, sondern zT um eigenständige Körperschaften, in denen eine unmittelbar gewählte Volksvertretung besteht.

2. Kommunalverbände unterhalb der Kreisebene sind die → Verwaltungsgemeinschaften in Bayern, Sachsen-Anhalt und Thüringen, der Gemeindeverwaltungsverband in Baden-Württemberg und Hessen, die Verbandsgemeinden in Rheinland-Pfalz, die Samtgemeinden in Niedersachsen, die Verwaltungsverbände in Sachsen sowie die Ämter in Schleswig-Holstein, Brandenburg und Mecklenburg-Vorpommern. Besondere Formen der Kommunalverbände sind die Stadt-Umland-Verbände wie zB der Stadtverband Saarbrücken und der Kommunalverband „Ruhrgebiet".

3. Wichtigste Form der Kommunalverbände sind die → Kreise (Landkreise).

4. In zahlreichen Ländern existieren oberhalb der Kreisebene höhere Kommunalverbände. Teilweise werden bei diesen die Mitglieder direkt vom Volk gewählt, wie bei den → Bezirken in → Bayern und dem Bezirksverband Pfalz in → Rheinland-Pfalz, überwiegend sind jedoch Kreise und Gemeinden Mitglieder; hierzu gehören die Landeswohlfahrtsverbände/Sozialverbände in → Baden-Württemberg, → Hessen und → Mecklenburg-Vorpommern, der Kommunale Sozialverband → Sachsen, die Landschaftsverbände Rheinland und Westfalen-Lippe in → Nordrhein-Westfalen (→ Landschafts-

verband), die Oldenburgische und die Ostfriesische Landschaft sowie die → Region Hannover in → Niedersachsen.Die Struktur dieser höheren Kommunalverbände ist höchst heterogen.

5. Für die Erfüllung bestimmter Aufgaben können sich Gemeinden und Kreise zu → Zweckverbänden zusammenschließen.

Kommunalverfassung
In einigen Ländern Bezeichnung des das Recht der → Gemeinden und → Landkreise regelnden Landesgesetzes (zB Kommunalverfassung für das Land Mecklenburg-Vorpommern v. 13.7.2011, GVOBl. M-V 2011, 777 mÄnd). Allgemeine Bezeichnung für das die Rechtsverhältnisse der Gebietskörperschaften regelnde Landesrecht (→ Gemeindeverfassung; → Landkreisordnung).

Kommunalverfassungsstreitigkeiten
sind Streitigkeiten zwischen Organen der Gebietskörperschaften (insbes. Gemeinden, Landkreise) untereinander über Rechte und Pflichten aus dem körperschaftlichen Verhältnis (Beispiele: Wahl von Organen; Maßnahmen gegen Mitglieder, etwa Ausschluss wegen Befangenheit oder Beteiligung). Für Kommunalverfassungsstreitigkeiten steht das → Verwaltungsstreitverfahren offen, und zwar die allgemeine Leistungs- oder Feststellungsklage. Auch für entsprechende Fälle innerhalb anderer öff.-rechtl. Körperschaften (zB Universitäten) hat man ein Klagerecht bejaht. Allgemein wird für solche Klagen, deren Zulässigkeit früher weitgehend verneint wurde und deren Voraussetzungen im Einzelnen auch jetzt noch streitig sind, auch der Ausdruck „Organklagen" oder „innerorganisationsrechtl. Streitigkeiten" verwendet.

Kommunalwahlen
Nach Art. 28 I 2 GG muss in den Kreisen und Gemeinden das Volk eine Vertretung haben, die aus allgemeinen, unmittelbaren, freien, gleichen und geheimen Wahlen hervorgegangen ist. Die Wahlen zu diesen Vertretungsorganen (zT auch zu anderen Kommunalorganen, zB → Oberbürgermeister oder → Landrat) sind durch Landesgesetz geregelt; vgl. zB Bayer. Gemeinde- u. Landkreiswahlgesetz idF v. 7.11.2006 (GVBl. 2006, 834) mÄnd. Das Wahlrecht für die K. ist im Einzelnen sehr unterschiedlich ausgestaltet. Die 5%-Klausel gilt zB in der Mehrzahl der Länder nicht; 5%-Klauseln bestehen zB in Mecklenburg-Vorpommern, im Saarland, in Schleswig-Holstein und in Thüringen; in Rheinland-Pfalz besteht eine Sperrklausel von 3,03%. → Kumulieren und → Panaschieren ist zB in Baden-Württemberg, Bayern, Niedersachsen, Rheinland-Pfalz und den neuen Ländern möglich. Die Wahlperiode beträgt vier, fünf (zB Sachsen) oder sechs Jahre (zB Bayern) für die Vertretungsorgane, für andere Kommunalorgane zT länger. Das aktive → Wahlrecht wird in einigen Ländern bereits mit dem 16. Lebensjahr erlangt. Nach BVerfGE 83, 37, 59 ist die Einführung des Ausländerwahlrechts für Nicht-EG-Angehörige durch einfaches Gesetzesrecht nach der gegenwärtigen Verfassungslage nicht zulässig. Gem. Art. 28 I 3 GG (eingefügt 1994) sind auch EG-Angehörige nach Maßgabe des Gemeinschaftsrechts (dazu EG-Richtlinie 94/80 v. 19.12.1994) auf kommunaler Ebene wahlberechtigt und wählbar (sa → Unionsbürgerschaft). Näheres regelt das Landesrecht.

Kommunalwahlrecht
→ Kommunalwahlen; (für Unionsbürger) → Unionsbürgerschaft.

Kommunen
Als kommunale Gebietskörperschaften bestehen in allen Ländern der BRep. die → Gemeinden, ferner mit Ausnahme der Stadtstaaten Hamburg, Bremen und Berlin die → Kreise, in einigen Ländern (zB Bayern, Rheinland-Pfalz, Nordrhein-Westfalen) noch → Bezirke (Bezirksverbände; Landschaftsverbände). Den Kommunen steht auf Grund Gesetzes (Gemeinde-, Landkreis-, Bezirksordnungen) das Recht der → kommunalen Selbstverwaltung zu, das durch Art. 28 II GG sowie entsprechende Bestimmungen in den Landesverfassungen garantiert ist. Den Gemeinden muss das Recht gewährleistet sein, alle Angelegenheiten der örtlichen Gemeinschaft im Rahmen der Gesetze in eigener Verantwortung zu regeln. Die Gemeindeverbände (Kreise; Bezirke) haben im Rahmen ihres gesetzlichen Aufgabenbereiches das Recht der Selbstverwaltung. Dementsprechend erledigen die Gemeinden, Kreise und Bezirke die auf ihr Gebiet beschränkten (örtlichen bzw. überörtlichen) Aufgaben als Selbstverwaltungsangelegenheiten (oder Angelegenheiten des eigenen Wirkungskreises). Insoweit unterstehen sie zwar der → Staatsaufsicht. Diese beschränkt sich aber darauf, die Rechtmäßigkeit der kommunalen Verwaltungstätigkeit und die Erfüllung der gesetzlichen Pflichten zu überwachen. Staatliche Aufgaben hingegen sind den Kommunen – sofern sie nicht von unteren staatlichen Verwaltungsbehörden wahrgenommen werden (vgl. → Kreisverwaltung) – zur Erledigung als Pflichtaufgaben nach Weisung (oder Aufgaben des übertragenen Wirkungskreises) zugewiesen. Der Staat übt hierbei die Fachaufsicht aus, dh er überprüft nicht nur die Rechtmäßigkeit, sondern kann auch Weisungen hinsichtlich der Ausübung des Verwaltungsermessens erteilen. In manchen Ländern sind Eingriffe in das Verwaltungsermessen auf die Fälle beschränkt, in denen das Wohl der Allgemeinheit oder sonstige Interessen dies dringend erfordern.

Kommunismus
Kommunismus ist eine im 19. Jh. entstandene, insbes. auf Karl Marx (Marxismus) und Friedrich Engels zurückgehende politische Bewegung. Philosophische Ausgangspunkte sind die beherrschende Rolle des Ökonomischen (der

Produktionsverhältnisse; demgegenüber sind Verfassung, Recht, Religion usw. nur ideologischer Überbau), die dadurch bedingte Klassenstruktur der Gesellschaft und die dialektischen Entwicklungsgesetze. Ziel des Kommunismus ist die Diktatur des Proletariats und letztlich das Absterben des herkömmlichen Staates. Der Kommunismus gewann erstmals in der ehem. Sowjetunion größere staatliche Gestalt. Die ehem. kommunistischen Staaten Ost- und Südosteuropas wiesen zwar gewisse Unterschiede auf, stimmten aber in Organisation und Zielsetzung weitgehend überein. Organisatorisch kennzeichnend waren das → Rätesystem und der umfassende Einfluss der kommunistischen Parteien auf alle staatlichen und gesellschaftlichen Funktionen. Das Staatsleben wurde vom Vorrang kollektiver Interessen gegenüber individuellen Freiheitsräumen iS westlicher Demokratien beherrscht. Die Wirtschaft war fast vollständig sozialisiert.

Kommunistische Partei Deutschlands (KPD)
Das BVerfG hat durch Urt. vom 17.8.1956 (BVerfGE 5, 85 ff.) gem. Art. 21 II GG Verfassungswidrigkeit der KPD festgestellt und die Partei aufgelöst; zugleich wurde die Schaffung von → Ersatzorganisationen verboten. Im Sept. 1968 wurde die „Deutsche Kommunistische Partei" (DKP) gegründet; auch diese verstieß nach BVerwG NJW 1982, 779 in ihren Zielen gegen die → freiheitl. demokrat. Grundordnung.

Kommunmauer
→ Grenzregelung bei Grundstücken, → Nachbarrecht.

Kompatibilität
Zur Freiheit von Sachmängeln gehört die Kompatibilität, der Begriff ist ab 1.1.2022 definiert in § 327 II BGB nF, → Gewährleistung, 1, → Verbraucherverträge über digitale Produkte.

Kompensation (Naturschutz)
Als Kompensation bezeichnet man im → Naturschutz Maßnahmen, mit denen Beeinträchtigungen von Natur und Landschaft ausgeglichen werden sollen. Für Projekte der Bundesverwaltung enthält die Bundeskompensationsverordnung (BKompV) v. 14.5.2020 (BGBl. 2020 I 1088) dazu die Einzelheiten gem. § 15 BNatSchG. Wegen der lediglich konkurrierenden Gesetzgebungskompetenz des Bundes in diesem Bereich gilt sie nur für Maßnahmen der Bundesverwaltung, etwa der Bundesnetzagentur (zB beim Bau von Energieleitungen), der Bundeswehr, des Eisenbahn-Bundesamtes oder des Bundesamtes für Seeschifffahrt und Hydrographie (zB beim Bau von → Windenergieanlagen auf See). Kompensationsmaßnahmen für die Schutzgüter Tiere, Pflanzen, Boden, Klima, Luft, Wasser und Landschaftsbild sind zB die Entsiegelung von Böden, die Neuherstellung von Biotopen oder die Renaturierung von Gewässerläufen. Zu den Kompensationsmaßnahmen können auch Ersatzzahlungen gehören.

Kompensation (Strafrecht)
→ Absehen von Strafe.

Kompensationsgeschäft
Der Kaufpreis einer Ware wird (insbes. im internationalen Handel) nicht selten ganz oder teilweise mit anderen Waren als Gegenleistung bezahlt. Rechtlich liegt insoweit ein → Tausch vor (Bartergeschäft). Bei Abwicklung über einen Dritten (zB Bank) → Switchgeschäft. Sa → Instex.

Kompetenz
(im Verwaltungsrecht) ist ein in der Gesetzessprache kaum noch vorkommender zusammenfassender Begriff für die Aufgaben und Befugnisse eines Verwaltungsorgans. Vielfach wird der Begriff gleichbedeutend mit Zuständigkeit gebraucht (zB Gesetzgebungskompetenz iS von Aufteilung der Zuständigkeit zur → Gesetzgebung zwischen Bund und Ländern).

Kompetenzkompetenz
ist die Befugnis eines staatlichen Organs (insbes. eines Gerichts), Zweifel über die Zuständigkeit von Verwaltungsbehörden oder die → gerichtliche Zuständigkeit verbindlich zu entscheiden. S. aber → Zuständigkeitsstreit. Eigene Kompetenzkonfliktsgerichte bestehen nicht mehr. Sie sind durch ein System verbindlicher → Verweisungen entbehrlich geworden.

Kompetenzkonflikt
→ Zuständigkeitsstreit.

Komplementär
Komplementär ist derjenige Gesellschafter einer → Kommanditgesellschaft oder → Kommanditgesellschaft auf Aktien, der unbeschränkt haftet und dem grundsätzlich die Geschäftsführung zusteht (§ 161 I HGB, § 164 HGB; § 278 I AktG).

Komplott
= Verschwörung; → Mordkomplott.

Kondiktion
Kondiktion ist der Anspruch aus → ungerechtfertigter Bereicherung (s. iE dort, insbes. zu den verschiedenen Arten der Kondiktion).
→ Ungerechtfertigte Bereicherung, 2c.

Kondition
(lat.) → Bedingung.

Konditionalität
Als Konditionalität bezeichnet man im Agrarrecht die Verknüpfung von → Direktzahlungen an landwirtschaftliche Betriebe mit der Einhaltung von umweltschützenden Maßnahmen gem. Art. 12 VO (EU) 2021/2115 (→ Gemeinsamen Agrarpolitik). Bis zur am 1.1.2023 in Kraft getretenen Reform der GAP sprach man noch von → Cross Compliance, deren Anforderungen an Direktzahlungen zur Erreichung der Ziele des → European Green

Deal verschärft und unter dem neuen Begriff zusammengefasst wurden. Die einzelnen Anforderungen an die Konditionalität unterfallen in Grundanforderungen an die Betriebsführung (GAB) und Standards für den guten landwirtschaftlichen und ökologischen Zustand von Flächen (GLÖZ, Anhang III VO (EU) 2021/2115). Hierzu gehören zB die Erhaltung von Dauergrünland, der Schutz von Feuchtgebieten und Torfflächen, die Schaffung von mindestens 3 m breiten Pufferstreifen entlang von Wasserläufen, der regelmäßige Fruchtwechsel auf Ackerland oder die Verpflichtung, mindestens 4% der Ackerfläche als nichtproduktive Fläche oder Landschaftselemente stillzulegen. Manche dieser Vorschriften wurden nach den Bauernprotesten 2023/2024 abgemildert. Über die VO (EU) 2021/2115 hinausgehende Einzelheiten enthalten das GAP-Konditionalitäten-Gesetz (GAPKondG) v. 16.7.2021 (BGBl. 2021 I 2996) und die GAP-Konditionalitäten-Verordnung (GAPKondV) v. 7.12.2022 (BGBl. 2022 I 2244) mÄnd.

Konditionenkartelle
Konditionenkartelle sind → Horizontalvereinbarungen, die die einheitliche Anwendung allg. Geschäfts-, Lieferungs- und Zahlungsbedingungen einschließlich der Skonti zum Gegenstand haben. Ihre Freistellung vom allg. Verbot von → Kartellen war bis zum 30.6.2005 in § 2 II GWB aF gesondert geregelt. Seither gelten die allg. Grundsätze der → Freistellung im Kartellrecht.

Konditionsgeschäft
Konditionsgeschäft ist – anders als bei der → Kommission – die Übergabe einer Sache mit dem Recht der Weiterveräußerung oder Rückgabe bis zu einem bestimmten Zeitpunkt (zB im Sortimentsbuchhandel). Hier ist idR ein aufschiebend bedingter → Kauf anzunehmen, so dass der Verkäufer die → Gefahr des Untergangs der Sache trägt.

Kondominium
ist gemeinsame Herrschaftsausübung durch zwei oder mehr Staaten in einem Gebiet, das ihnen gehört (Kondominialgebiet). Durch letzteres unterscheidet sich das Kondominium vom Koimperium, das die gemeinsame Herrschaftsausübung im fremden (drittstaatlichen) Gebiet bedeutet. Beispiele sind das Kondominium Preußens und Österreichs in Schleswig-Holstein 1864–1866 und das Kondominium Frankreichs und Großbritanniens über die Neuen Hebriden. Ein Koimperium bestand zB in Bosnien-Herzegowina unter Österreich und der Türkei 1878–1908. Nach 1945 erhielt die Unterscheidung besondere Bedeutung bei der Diskussion um die Rechtslage Deutschlands. Überwiegend wird angenommen, dass das Deutsche Reich fortbestand und deshalb allenfalls ein Koimperium, nicht aber ein Kondominium der Alliierten vorlag.

Konfessionsschule
→ Bekenntnisschule.

Konfiskation
ist ein manchmal noch für entschädigungslose → Einziehung im Strafverfahren oder → Enteignung gebrauchter Ausdruck. Sa → Konterbande.

Konfitüren
Die VO v. 23.10.2003 (BGBl. 2003 I 2151) mÄnd regelt Begriffsbestimmungen, Zusammensetzung, Zutaten, Kennzeichnungspflichten und Verkehrsverbote. Sa → Lebensmittel- und Futtermittelrecht.

Konföderation
→ Staatenbund.

Konformitätszeichen
bestätigen, dass Gegenstände oder Geräte den gesetzlichen Vorgaben oder technischen Standards entsprechen. Das Konformitätszeichen CE (wohl von Communauté Européenne o. ä.) zeigt etwa an, dass der Hersteller für sein Produkt die Erfüllung aller technischen Rechtsvorschriften der Europäischen Union garantiert; → Marktüberwachung, → Akkreditierung, → Geräte- und Produktsicherheitsrecht.

Konfusion
→ Konsolidation.

Kongregation
→ Kurie.

Kongress
(USA) → Congress.

Kongruente Deckung
→ Insolvenzanfechtung.

Konjunkturausgleichsrücklage
ist eine Vermögensmasse, gebildet aus unverzinslichen Guthaben, die sowohl der Bund als auch die Länder bei der Deutschen → Bundesbank auf Grund von §§ 7, 14 StabilitätsG (→ Stabilitätsgesetz) zu halten haben (Art. 109 IV GG). Zur Abwehr der Störung eines gesamtwirtschaftlichen Gleichgewichts kann die BReg. durch VO anordnen, dass Bund und Länder ihrer Konjunkturausgleichsrücklage Mittel zuzuführen haben. Dies geschah 1969 und 1970 zur Mittelverknappung der öffentlichen Haushalte und Dämpfung der Ausgabenpolitik.

Konjunkturpaket
Zur Überwindung der Finanz- und Wirtschaftskrise verabschiedete die BReg. Ende 2008 das Konjunkturpaket I (Beschäftigungssicherung durch Wachstumsstärkung, vgl. Gesetz v. 21.12.2008, BGBl. 2008 I 2896). Zu seinem Maßnahmenpaket gehörten → Sonderabschreibungen für kleine und mittlere Unternehmen, Verlängerung der Bezugsdauer von Kurzarbeitergeld (→ Kurzarbeit), Förderung energieeffizienter Gebäudesanierung, erhöhte Absetzbarkeit von → Handwerkerleistungen, Beschleunigung von Verkehrsinvestitionen, ein Kredit- und Bürgschaftsprogramm ua Dem Konjunkturpaket I folgte im Frühjahr

2009 das Konjunkturpaket II (Sicherung von Beschäftigung und Stabilität in Deutschland, vgl. Gesetz v. 2.3.2009, BGBl. 2009 I 416), welches das Kredit- und Bürgschaftsprogramm ausweitete (→ Wirtschaftsfonds für Deutschland), die → Umweltprämie einführte und zahlreiche andere, idR befristete konjunkturelle Unterstützungsmaßnahmen in die Wege leitete. Sa → Finanzmarktstabilisierungsfonds.

Konjunkturrat
Nach § 18 StabilitätsG (→ Stabilitätsgesetz) wird bei der BReg. ein Konjunkturrat für die öffentliche Hand gebildet, dem die BMin. für Wirtschaft und Technologie und der Finanzen, je 1 Vertreter jedes Landes sowie 4 Vertreter der Gemeinden und Gemeindeverbände angehören. Der Konjunkturrat berät in regelmäßigen Abständen alle zur Erreichung der Ziele des StabilitätsG erforderlichen konjunkturpolitischen Maßnahmen sowie die Möglichkeiten der Deckung des Kreditbedarfs der öffentlichen Haushalte. Er ist insbes. vor allen Maßnahmen zu hören, welche die Selbständigkeit von Bund, Ländern und Gemeinden in ihrer Haushaltswirtschaft durch Dotierung der → Konjunkturausgleichsrücklage sowie Begrenzung oder Terminierung von Kreditaufnahmen nach Maßgabe der §§ 15, 19 und 20 StabilitätsG. beschränken. Die → Bundesbank hat das Recht, an den Sitzungen des Konjunkturrats teilzunehmen.

Konklave
→ Papst (4).

Konkludentes Handeln
→ Willenserklärung (1b aa).

Konkordat
Konkordat werden traditionell die Verträge zwischen einem Staat und der → kath. Kirche genannt. Die entsprechenden Verträge mit der → evang. Kirche werden als → Kirchenverträge bezeichnet. In neuerer Zeit hat sich auch für Verträge zwischen den Ländern und der Kath. Kirche der Begriff Kirchenvertrag eingebürgert (vgl. zB Kath. Kirchenvertrag Sachsen v. 2.7.1996). Die Rechtsnatur des Konkordats war früher streitig; nach Ansicht der Kirche enthielt es vom Papst gewährte Privilegien, nach Ansicht der absolutistischen Staatsrechtslehre ein Staatsgesetz. Nach der heute überwiegenden Ansicht ist das Konkordat eine Art → völkerrechtlichen Vertrags; es bedarf damit, um als innerstaatliches Recht zu gelten, der → Transformation durch staatliches Gesetz. Als Konkordat bestehen in Deutschland ua das Bayerische Konkordat v. 29.3.1924, zul. geänd. durch Vertrag v. 8.6.1988 (GVBl. 1988, 241), das Preußische Konkordat v. 14.6.1929 und das Badische Konkordat v. 12.10.1932. Diese Konkordate werden von dem am 20.7.1933 abgeschlossenen → Reichskonkordat nicht berührt. Am 1.1.1958 kam ein Vertrag über die Errichtung des Ruhrbistums zwischen Nordrhein-Westfalen und dem Hl. Stuhl zustande, am 26.2.1965 ein Konkordat mit Niedersachsen.

Konkordatslehrstuhl
nennt man eine Professur oder einen Lehrauftrag an einer staatl. Hochschule, dessen Einrichtung oder Besetzung in einem → Konkordat oder Kirchenvertrag festgelegt ist (zur verfassungsrechtl. Zulässigkeit BayVerfGH BayVerwBl. 1980, 462). Der Inhaber eines Konkordatslehrstuhls unterrichtet als solcher nicht im Auftrag der Kirche, doch werden diese erst dann ernannt, wenn vom zuständigen Bischof keine Erinnerung erhoben worden ist. Sa → Lehrbefugnis (b).

Konkrete Betrachtungsweise im Strafrecht
Sie geht (im Gegensatz zur → abstrakten Betrachtungsweise) von der Strafe aus, die der Täter im Einzelfall verwirkt hat; zB ist bei Tateinheit (Verletzung mehrerer Strafgesetze durch dieselbe Handlung, § 52 StGB) das Strafgesetz anzuwenden, nach dem der Täter im konkreten Fall die schwerste Strafe verwirkt hat. Straferhöhung oder -milderung (bes. schwerer Fall, minder schwerer Fall) sind also zu berücksichtigen.

Konkrete Normenkontrolle
→ Normenkontrolle.

Konkrete Schadensberechnung
→ Schadensersatz (4).

Konkretisierung einer Gattungsschuld
→ Gattungsschuld.

Konkubinat
→ eheähnliche Gemeinschaft.

Konkurrentenklage
nennt man die verwaltungsgerichtliche Klage eines übergangenen Mitbewerbers (zB eines nicht beförderten → Beamten, eines nicht berücksichtigten Bewerbers um eine Subvention); sie wird häufig auf unrichtigen Gebrauch des → Ermessens oder eines Beurteilungsspielraums der Verwaltungsbehörde gestützt. Bei Konkurrentenklage von Beamten ist zu beachten, dass seitens des Bewerbers gegen die Ernennungsbehörde nur ein Anspruch auf fehlerfreie Ermessensausübung besteht. Nach hM ist die Konkurrentenklage unzulässig, wenn die angestrebte Stelle bereits besetzt ist, da die Ernennung nur aus bestimmten, in den Beamtengesetzen im Einzelnen geregelten Gründen zurückgenommen werden darf. Auch für Arbeitnehmerpositionen im öffentlichen Dienst kann – vor den Arbeitsgerichten – Konkurrentenklage erhoben werden. Sa → Unterlassungsklage, → Unlauterer Wettbewerb (3).

Konkurrenz
→ Anspruchskonkurrenz.

Konkurrenz von Straftaten
1. Hat der Täter mehrere Straftaten begangen (Tatmehrheit, Realkonkurrenz) und dadurch mehrere Freiheitsstrafen oder mehrere Geld-

strafen verwirkt, so wird aus den für die Einzeltaten verwirkten Strafen eine Gesamtstrafe gebildet (ggf. nachträglich aus Einzelstrafen, die noch nicht vollstreckt, verjährt oder erlassen sind). Dabei wird die schwerste Einzelstrafe – sog. Einsatzstrafe – erhöht (→ Asperationsprinzip); die Gesamtstrafe muss geringer sein als die Summe der Einzelstrafen und darf bei zeitigen Freiheitsstrafen 15 Jahre Freiheitsstrafe, bei Geldstrafen 720 Tagessätze nicht übersteigen; ist eine Einzelstrafe lebenslange Freiheitsstrafe, ist auf diese als Gesamtstrafe zu erkennen (§§ 53–55 StGB, § 460 StPO). Eine Zusammenrechnung (Kumulation) findet auch bei Geldstrafen nicht statt. Treffen Freiheitsstrafe und Geldstrafe zusammen, kann auf beide gesondert erkannt werden.

2. Hat der Täter durch dieselbe Handlung mehrere Strafgesetze oder dasselbe Strafgesetz mehrmals verletzt (Tateinheit, Idealkonkurrenz), so wird nur eine Strafe verhängt; sie ist dem Gesetz zu entnehmen, das die schwerste Strafe androht (Absorptionsprinzip, § 52 StGB; so zB bei mit wörtlicher Beleidigung verbundener Körperverletzung aus § 223 StGB). Mehrere an sich rechtlich selbständige Taten können eine natürliche Handlungseinheit bilden und demgemäß zur einmaligen Bestrafung nur aus einem Strafgesetz entsprechend den für die Tateinheit geltenden Grundsätzen führen; so bei Verletzung mehrerer höchstpersönlicher Rechtsgüter durch dieselbe Handlung (Beleidigung mehrerer Personen in einem Brief). Tateinheit durch Klammerwirkung kann zwischen 2 rechtlich selbständigen Straftaten und einer 3. Straftat bestehen, wenn mit dieser jede der beiden Straftaten ideell konkurriert, idR wegen Teilidentität der Ausführungshandlung (zB Verklammerung von unerlaubtem Schusswaffenerwerb und Totschlag durch unerlaubtes Schusswaffenführen).

3. Sog. Gesetzeskonkurrenz ist gegeben, wenn der Unrechtsgehalt der Verletzung eines Straftatbestands über einen ebenfalls verletzten weiteren Straftatbestand zwangsläufig miterfasst wird. Im Bereich der Handlungseinheit sind das Fälle, in denen eine Handlung mehrere Strafgesetze verletzt, von denen das eine das andere ausschließt (verdrängt); so bei Spezialität (zB Raub, § 249 StGB, gegenüber Nötigung und Diebstahl, §§ 240, 242 StGB); Subsidiarität (Trunkenheit am Steuer, § 316 StGB, wird bei Gefährdung anderer durch § 315c I Nr. 1 StGB verdrängt); Konsumtion (Wohnungseinbruchsdiebstahl, § 244 StGB, umfasst Hausfriedensbruch und Sachbeschädigung, §§ 123, 303 StGB). Im Bereich der Handlungsmehrheit unterscheidet man straflose Vor- und Nachtaten. Eine straflose (mitbestrafte) Nachtat liegt vor, wenn durch die neue Tat nur die durch die Vortat erlangten Vorteile gesichert werden sollen (zB Vernichtung des gestohlenen Sparbuchs); anders wenn ein weiteres Rechtsgut verletzt wird (so zB Betrug durch Verkauf gestohlener Sachen). Eine Vortat ist straflos, wenn sie in der Nachtat aufgeht (zB ein unterbrochener Versuch, der später zu Ende geführt wird).

Konkurrenz, unlautere
→ unlauterer Wettbewerb.

Konkurrenzklausel
Eine Konkurrenzklausel ist ein auf ein → Wettbewerbsverbot bezogener Vertragsbestandteil in Vereinbarungen zwischen den Gesellschaftern einer → Handelsgesellschaft, mit → Handlungsgehilfen oder sonstigen Arbeitnehmern (§ 110 GewO), → Handelsvertretern. Sie ist nichtig, wenn sie den Verpflichteten in seinem Fortkommen unbillig behindert (§ 138 BGB, § 74a HGB), der Arbeitnehmer kann aber uU die Konkurrenzklausel dennoch als für sich verbindlich akzeptieren und dann die Karenzentschädigung verlangen; wegen der besonderen Regelungen im HGB findet eine AGB-Inhaltskontrolle nur sehr eingeschränkt statt; s. iE → Wettbewerbsverbot (Entschädigungspflicht).

Konkurrenzverbot
→ Sittenwidrigkeit (1), → Wettbewerbsverbot.

Konkurrierende Gesetzgebung
1. Konkurrierende Gesetzgebung ist ein Begriff des Verfassungsrechts, und zwar des Staatsorganisationsrechts. Er bezeichnet innerhalb eines → Bundesstaates die Regelung, dass sowohl die übergreifende staatliche Einheit als auch die Gliedstaaten in einer bestimmten Rechtsmaterie die → Gesetzgebungszuständigkeit haben. Die Regelung kann dabei hinsichtlich der Wahrnehmung der Gesetzgebungszuständigkeit entweder der übergreifenden staatlichen Einheit oder den Gliedstaaten den Vorrang einräumen. Solange der konkurrierende Gesetzgeber, dem der Vorrang zukommt, von seiner Gesetzgebungszuständigkeit keinen Gebrauch macht, kann der jeweils andere Gesetzgeber tätig werden.

2. In der → Bundesrepublik Deutschland hat die → Föderalismusreform I ein überaus komplexes System der konkurrierenden Gesetzgebung geschaffen, das in den Rechtsmaterien, die der konkurrierenden Gesetzgebung unterliegen, überwiegend dem → Bund, teilweise auch den → Ländern den Vorrang bei der Wahrnehmung der Gesetzgebungszuständigkeit in diesen Rechtsmaterien einräumt. In allen unter Buchstabe a) genannten Gebieten hat der Bund den Vorrang bei der Wahrnehmung der Gesetzgebungszuständigkeit der konkurrierenden Gesetzgebung (mit der Möglichkeit einfachgesetzlicher Öffnungsklauseln für die Länder; siehe Buchstabe b)), in den unter Buchstabe c) genannten Gebieten darf er davon allerdings nur unter eingeschränkten Voraussetzungen Gebrauch machen; in den unter Buchstabe d) genannten Gebieten können die Länder selbst die Gesetzgebungszuständigkeit nach der konkurrierenden Gesetzgebung wahrnehmen, selbst wenn der Bund bereits von ihr Gebrauch gemacht hat.

a) Im Einzelnen unterfallen der konkurrierenden Gesetzgebung

- → bürgerliches Recht, → Strafrecht, → Gerichtsverfassung, Verfahrensrecht sowie das Recht der → Rechtsanwälte und → Notare und das Recht der → Rechtsberatung;
- Personenstandswesen;
- Vereinsrecht (s. → Vereinsgesetz);
- → Ausländerrecht;
- Angelegenheiten der Flüchtlinge und Vertriebenen;
- öffentliche Fürsorge (ohne Heimrecht);
- Kriegsschäden und Wiedergutmachung, Recht der Kriegsgräber und der Gräber der Opfer von Gewaltherrschaft;
- Recht der Wirtschaft (Bergbau, Industrie, Energiewirtschaft, Handwerk, Gewerbe, Handel, Bank- und Börsenwesen, private Versicherungen) ohne das Recht des → Ladenschlusses, der → Gaststätten, der Spielhallen, der → Schaustellung von Personen, der Messen, der Ausstellungen und der Märkte (letztere unterfallen nach der Föderalismusreform der → ausschließlichen Gesetzgebung der Länder);
- Arbeitsrecht und Sozialversicherungsrecht;
- → Ausbildungsförderung und Forschungsförderung;
- Recht der → Enteignung;
- Überführung von Grund und Boden, von Naturschätzen und Produktionsmitteln in Gemeineigentum oder in andere Formen der Gemeinwirtschaft (s. → Sozialisierung);
- Verhütung des Missbrauchs wirtschaftlicher Machtstellung;
- Landwirtschafts- und Forstwirtschaftsrecht einschließlich Fischereirecht;
- Städtebau- und Bodenrecht ohne Erschließungsbeitragsrecht (s. → Erschließung; letzteres unterfällt nach der Föderalismusreform der ausschließlichen Gesetzgebung der Länder);
- Recht der Maßnahmen gegen gemeingefährliche oder übertragbare Krankheiten (s. → Infektionsschutzgesetz); Recht der Heilberufe (s. zB → Arzt) und des → Apothekenwesens sowie das Recht der → Arzneimittel, Medizinprodukte und Betäubungsmittel (s. → Betäubungsmittelgesetz);
- Krankenhausrecht;
- Lebensmittelrecht;
- Schifffahrtsrecht;
- → Straßenverkehrsrecht;
- Schienenverkehrsrecht, soweit nicht das Recht der Bundeseisenbahnen betroffen ist, ohne das Bergbahnrecht (letzteres unterfällt nach der Föderalismusreform der ausschließlichen Gesetzgebung der Länder);
- Abfallrecht, Luftreinhaltung und Lärmbekämpfung (ohne den Schutz vor verhaltensbezogenem Lärm, der nach der Föderalismusreform der ausschließlichen Gesetzgebung der Länder unterfällt);
- → Staatshaftung;
- medizinische Unterstützung der Erzeugung menschlichen Lebens, Recht der → Gentechnik sowie Transplantationsrecht (→ Transplantation);
- Statusrecht der Beamten und Richter in Ländern und Gemeinden mit Ausnahme des Laufbahnrechts, des Besoldungsrechts und des Versorgungsrechts (→ Beamtenrecht);
- → Jagdrecht;
- → Naturschutz und Landschaftspflege;
- Bodenverteilung;
- → Raumordnung;
- → Wasserhaushalt;
- Hochschulzulassung und Hochschulabschlüsse (→ Hochschulrecht);

b) Grundsätzlich hat der Bund den Vorrang bei der Wahrnehmung der Gesetzgebungszuständigkeiten aus der konkurrierenden Gesetzgebung. Nach Art. 72 I GG haben die Länder die Befugnis zur Gesetzgebung nur, soweit und solange der Bund von seiner Gesetzgebungszuständigkeit nicht durch Gesetz Gebrauch gemacht hat. Möglich ist es auch, dass der Bund in einem der konkurrierenden Gesetzgebung unterfallenden Gesetz bestimmte Punkte ausdrücklich der Regelung durch die Länder überlässt. Soweit eine solche Öffnung für ländereigene Regelungen nicht vorliegt, ist bei einer abschließenden Regelung (→ Kodifikation) eines der konkurrierenden Gesetzgebung unterfallenden Rechtsgebietes durch den Bund davon auszugehen, dass daneben Landesgesetzgebung nicht mehr möglich ist. So haben die Länder im Bereich des bürgerlichen Rechts nur insoweit eine Gesetzgebungszuständigkeit, als der Bund bestimmte Einzelbereiche (zB nach Art. 124 EGBGB das → Nachbarrecht) ausdrücklich der Gesetzgebung durch die Länder überlässt.

c) Der Bund darf gemäß Art. 72 II GG von den unter Buchstabe a) genannten Gesetzgebungszuständigkeiten der konkurrierenden Gesetzgebung in den folgendenen Gebieten

- Ausländerrecht,
- öffentliche Fürsorge,
- Recht der Wirtschaft,
- Ausbildungsförderung und Forschungsförderung,
- Überführung von Grund und Boden, von Naturschätzen und Produktionsmitteln in Gemeineigentum oder in andere Formen der Gemeinwirtschaft,
- Krankenhausrecht,
- Lebensmittelrecht,
- Straßenverkehrsrecht,
- Staatshaftung,
- medizinische Unterstützung der Erzeugung menschlichen Lebens,
- Recht der Gentechnik sowie Transplantationsrechtnur Gebrauch machen, wenn und soweit die Herstellung gleichwertiger Lebensverhältnisse im Bundesgebiet oder die Wahrung der Rechts- und Wirtschaftseinheit im gesamtstaatlichen Interesse eine bundesgesetzliche Regelung erforderlich macht.

Von allen anderen der unter Buchstabe a) genannten Gesetzgebungszuständigkeiten kann der Bund seine Gesetzgebungszuständigkeit nach der konkurrierenden Gesetzgebung ohne Vorliegen weiterer Voraussetzungen nach seinem freien gesetzgeberischen Ermessen wahrnehmen.

d) Die Länder können gemäß Art. 72 III GG von den unter Buchstabe a) genannten Gesetzgebungszuständigkeiten der konkurrierenden Gesetzgebung in den folgenden Gebieten

- Jagdwesen (ohne Jagdscheinrecht),
- Naturschutz und Landschaftspflege (ohne die allgemeinen Grundsätze des Naturschutzes, des Rechts des Artenschutzes oder des Meeresnaturschutzes),
- Bodenverteilung,
- Wasserhaushalt (ohne stoff- oder anlagebezogene Regelungen) sowie
- Hochschulzulassung und Hochschulabschlüsse vom Bundesrecht abweichende gesetzliche Regelungen treffen. Bundesgesetze auf diesen Gebieten treten frühestens 6 Monate nach ihrer Verkündung in Kraft (soweit mit Zustimmung des → Bundesrates nichts anderes bestimmt ist), um den Ländern Gelegenheit zu eigener Gesetzgebung zu geben. In diesen Gesetzgebungsgebieten gilt nicht der Grundsatz „Bundesrecht bricht Landesrecht", sondern der Grundsatz, dass das spätere Gesetz dem früheren Gesetz vorgeht.

3. Zu den Übergangsregelungen für vor der Föderalismusreform I beschlossene Gesetze s. → Föderalismusreform I (2d).

Konkurrierendes Verschulden
→ Mitverschulden.

Konkurs
Der Konkurs war das gerichtliche Verfahren, in dem durch Vollstreckung in das gesamte Vermögen des Gemeinschuldners alle persönlichen Gläubiger anteilig befriedigt werden sollten. Geregelt war dieses Verfahren in der Konkursordnung v. 20.5.1898 (RGBl. 1989, 612 mÄnd). Jetzt → Insolvenzrecht, → Insolvenzverfahren.

Konkursausfallgeld
Das Konkursausfallgeld war eine Leistung der Arbeitsförderung. An die Stelle des Konkursausfallgeldes ist seit 1.1.1999 das → Insolvenzgeld getreten (§§ 165 ff., 358 ff. SGB III).

Konkursverfahren
Das Konkursverfahren (→ Konkurs) regelte die Einzelheiten zur Durchführung des Konkurses. S. jetzt → Insolvenzverfahren.

Konnexität
Konnexität bedeutet im Zivil- bzw. Zivilverfahrensrecht einen wirtschaftlichen bzw. rechtlichen Zusammenhang; iE → Widerklage, → Zurückbehaltungsrecht.

Konnivenz
ist die Verleitung (oder versuchte Verleitung) eines → Amtsträgers zu einer strafbedrohten Handlung durch seinen Vorgesetzten oder das wissentliche Geschehenlassen der Tat durch den Vorgesetzten (zB Körperverletzung an Gefangenen). Auch ein Aufsichts- oder Kontrollbeamter, der nicht Vorgesetzter ist, kann Täter sein. Der Täter hat die auf die Handlung angedrohte Strafe verwirkt (§ 357 StGB); dadurch werden Anstiftung, mißlungene Anstiftung und Beihilfe zum selbständigen Delikt erhoben. Wegen der Verleitung von Soldaten zu Verbrechen oder Vergehen durch militär. Vorgesetzte (§ 33 WStG) → Gehorsamspflicht.

Konnossement
Das Konnossement ist ein → Wertpapier des → Seehandelsrechts. Es ist ein gekorenes → Orderpapier (§ 513 HGB); es ist zugleich → Traditionspapier (§ 524 HGB). Das Konnossement wird vom Verfrachter demjenigen erteilt, der das Frachtgut an Bord ablädt; es ist nach seinem Inhalt für das Rechtsverhältnis zwischen dem Verfrachter und dem Empfänger des Guts maßgebend (§ 519 HGB). Man unterscheidet das Übernahmekonnossement, das über die Güter ausgestellt wird, die zur Beförderung übernommen, aber noch nicht an Bord gekommen sind, und das Bordkonnossement, das nur erteilt wird, sobald das Frachtgut an Bord genommen ist (§ 514 II HGB). Das Konnossement enthält außer den Namen von Verfrachter, Schiff und Schiffer, Ablader, Empfänger, Abladungs- und Löschungshafen insbes. die Art der übernommenen Güter, deren Maß, Zahl oder Gewicht, auch ihre äußerlich erkennbare Beschaffenheit (§ 515 HGB). Künftig ist auch ein elektronisches Konnossement zulässig (§ 516 II HGB).

Konsens
→ Vertrag (1).

Konsensprinzip
→ Grundbuch, → Grundstücksrechte, → Traditionsprinzip.

Konsensualkontrakt, Konsensualvertrag
→ Vertrag (4).

Konservierungsstoffe
Konservierungsstoffe sind → Zusatzstoffe und verlängern die Haltbarkeit von Lebensmitteln, Anhang I Nr. 3 Verordnung (EG) 1333/2008 v. 16.12.2008 über Lebensmittelzusatzstoffe (ABl. EG 2008 L 354, 16).

Konsignation
Konsignation ist eine Form der → Kommission im Auslands- (insbes. Übersee-)Geschäft. Es kann sich hierbei um eine bloße Verkaufskommission handeln; vielfach übergibt der Auftraggeber (Konsignant) die Ware an den Konsignatar mit dem Ziel, dass dieser deren Absatz durch Abschluss eines (weiteren) Kommissionsauftrags vermittelt (sog. Exportkommission).

Konsiliatoren
→ römisches Recht.

Konsistorium
1. Konsistorium ist in der → kath. Kirche die Versammlung der → Kardinäle zur Beratung des Papstes in bedeutenderen kirchlichen Angelegenheiten. Das Konsistorium wird vom Papst einberufen. Man unterscheidet ordentliche und außerordentliche Konsistorien. Zum ordentlichen Konsistorium werden alle Kardinäle, die sich in Rom aufhalten, einberufen, um wichtige Angelegenheiten zu beraten oder feierliche Akte vorzunehmen. Zum außerordentlichen Konsistorium werden alle Kardinäle einberufen. Öffentlich sind nur Konsistorien, die ausschließlich zeremonielle Bedeutung haben. In einigen Diözesen nennt man auch das Gericht der → kirchlichen Gerichtsbarkeit Konsistorium.

2. In der → evang. Kirche war das Konsistorium ursprünglich eine aus geistlichen und weltlichen Mitgliedern bestehende Behörde, die vom Landesherrn zur Ausübung seiner kirchenregimentlichen Funktionen eingesetzt worden war. Mit deren Wegfall (1918) wurde es eine selbständige Kirchenbehörde, deren Wirkungsbereich mit der Einführung des Amtes des → Bischofs zunehmend auf diesen überging (sa → Evangelische Kirche, 5b).

Konsolidation
Während im → Schuldverhältnis (desgleichen beim → Pfandrecht an beweglichen Sachen) bei Zusammenfallen von Gläubiger und Schuldner das Recht erlischt (Konfusion), geht ein → Grundstücksrecht nicht dadurch unter, dass der Eigentümer des Grundstücks und der Inhaber des das Grundstück belastenden Rechts in einer Person zusammenfallen (sog. Konsolidation, § 889 BGB). Vielmehr wandelt sich automatisch eine Hypothek in eine → Eigentümerhypothek, eine Grundschuld in eine → Eigentümergrundschuld um. Das Gesetz sieht diese Regelung vor, um dem Eigentümer den → Rang des Grundstücksrechts zur weiteren Verwendung zu erhalten und ein Nachrücken der übrigen Grundstücksgläubiger zu verhindern. Das gilt auch für einen → Nießbrauch an Grundstücken; dagegen tritt beim Nießbrauch an beweglichen Sachen ein Erlöschen nur dann nicht ein, wenn der Eigentümer am Fortbestehen des Nießbrauchs ein rechtliches Interesse hat (§ 1063 BGB).

Konsolidierung
wird die Umwandlung offener Schulden in langfristige Anleihen (→ Schuldverschreibung) oder die Zusammenfassung älterer Anleihen zu einer neuen Gesamtanleihe mit günstigeren Bedingungen genannt.

Konsortium
→ Gelegenheitsgesellschaft.

Konspiration, landesverräterische
→ Landesverrat.

Konstitution
ist der überkommene Ausdruck für → Verfassung („konstitutionelle" → Monarchie; → „vorkonstitutionelles" Recht).

Konstitutionen
werden in der → kath. Kirche die → Statuten der → Ordensinstitute genannt (→ kirchliche Gesetze).

Konstitutives Schuldanerkenntnis
→ Schuldanerkenntnis.

Konstitutivurkunde
Konstitutivurkunde ist ein Begriff aus dem → Wertpapierrecht. Er wird für → Urkunden verwendet, deren Herstellung dafür notwendig ist, dass das darin verbriefte Recht entsteht (zB → Wechsel, → Scheck, → Inhaberschuldverschreibung).

Konstitutivwirkung
→ deklaratorische Wirkung, → Gestaltungsrecht, → Schuldanerkenntnis.

Konstruktionsfehler
→ Produkthaftung (1).

Konsul
Während → Diplomaten die völkerrechtliche Vertretung eines Staates im Ausland auf Regierungsebene wahrnehmen, sind Konsuln Vertreter auf den Ebenen unterhalb der Regierung. Dem Konsul obliegt idR die Wahrnehmung der Interessen des Entsendestaates auf den Gebieten des Handels, der Schifffahrt und des Verkehrs; Berichterstattung über wirtschaftliche Vorgänge im Empfangsstaat; Schutz der Interessen einzelner Staatsbürger des Heimatstaats. Konsuln sind nicht zwingend Beamte des Entsendestaates. Dieser kann auch Privatpersonen, die entweder Staatsangehörige des Entsendestaates oder Staatsangehörige des Empfangsstaates sind, mit der nebenamtlichen Wahrnehmung konsularischer Aufgaben betrauen (Wahl- oder Honorarkonsuln). Berufskonsuln sind in der Regel Leiter einer mehrere Personen umfassenden konsularischen Vertretung. Das Protokoll unterscheidet Generalkonsuln, Konsuln, Vizekonsuln und Konsularagenten. Die Ausübung der konsularischen Befugnisse bedarf der Zustimmung des Empfangsstaats. Nach der Ernennung des Konsuls durch den Heimatstaat (mittels der sog. lettre de provision) wird auf diplomatischem Weg um die Erteilung dieser Zustimmung für den vorgesehenen Konsularbezirk (Exequatur oder Placet) ersucht. Da der Konsul nicht als diplomatischer Vertreter angesehen wird, genießt er die → diplomatischen Vorrechte nicht in vollem Umfang. Konsulatsarchiv und Konsulatspapiere sind dem Zugriff des Empfangsstaats entzogen; der Konsul ist von der Gerichtsbarkeit des Empfangsstaates für Handlungen befreit, die er in amtlicher Eigenschaft vorgenommen hat (Amtsimmunität). Die allgemeinen Fragen des Konsularrechts sind zT im → Wiener Übereinkommen über konsularische Beziehungen vom 24.4.1963 geregelt (s.

Gesetz vom 26.8.1969, BGBl. 1969 II 1585). Das deutsche Konsularrecht, insbes. die Organisation der Bundeskonsulate und die amtlichen Rechte und Pflichten der Konsuln (zB Sichtvermerke, Beglaubigungen, Aufnahme von Erklärungen, Testamenten und Erbverträgen) regelt das KonsularG vom 11.9.1974 (BGBl. 1974 I 2317).

Konsulargerichtsbarkeit
Durch → völkerrechtlichen Vertrag kann ein Staat einem anderen Staat das Recht einräumen, durch seine → Konsuln innerhalb des Konsularbezirks über die Staatsangehörigen des Entsendestaates in näher bestimmtem Umfang die Zivil- und Strafrechtspflege auf der Grundlage des Heimatrechts auszuüben (sog. Jurisdiktionskonsuln). Hierfür galt in Deutschland das Gesetz v. 7.4.1900 (RGBl. 1900, 213). Die Konsulargerichtsbarkeit, die im Kolonialzeitalter ihre Blüte hatte und dem Zweck diente, die weiße Bevölkerung nicht der Rechtsordnung einer kolonialen Bevölkerung zu unterwerfen, besteht heute nicht mehr.

Konsumcannabisgesetz (KCanG)
Das zum 1.4.2024 in Kraft getretene Konsumcannabisgesetz (KCanG) vom 27.3.2024 (BGBl. 2024 I Nr. 109) regelt den Umgang mit Cannabis, nämlich mit Pflanzen, Blüten und sonstigen Pflanzenteilen sowie Harz der zur Gattung Cannabis gehörenden Pflanzen (§ 1 Nr. 8 KCanG).

1. Anwendungsbereich (§ 1 Nr. 8 KCanG): Hiervon ausgenommen sind medizinischen oder medizinisch-wissenschaftlichen Zwecken dienendes Cannabis iSv § 2 Nr. 1 u. 2 des → Medizinal-Cannabisgesetzes (MedCanG), Cannabidiol (CBD), Vermehrungsmaterial, Nutzhanf (→ Hanf) sowie Pflanzen als Teil von bei der Rübenzüchtung gepflanzten Schutzstreifen, wenn sie vor der Blüte vernichtet werden.

2. Umgangsverbot und Ausnahmen: Das KCanG verbietet den Umgang mit Cannabis weitgehend, insbes. Besitz, Anbau, Herstellung, das Handeltreiben, Ein- und Ausfuhr, Abgabe und Verbrauchsüberlassung (§ 2 I KCanG). Hiervon macht das Gesetz allerdings wesentliche Ausnahmen für den Besitz und den privaten Eigenanbau begrenzter Mengen sowie für den gemeinschaftlichen Eigenanbau von Cannabis (§ 2 III KCanG):

a) Besitz: Erwachsene dürfen insgesamt bis zu 50 Gramm Cannabis (Trockengewicht) sowie bis zu drei lebende Cannabispflanzen zum Eigenkonsum besitzen (§ 3 II KCanG); außerhalb des Wohnsitz oder des Ortes des gewöhnlichen Aufenthalts allerdings nur 25 Gramm (§ 3 I KCanG).

b) Privater Eigenanbau: Korrespondierend hiermit erlaubt § 9 I KCanG Erwachsenen an ihren Wohnsitz oder an ihrem gewöhnlichen Aufenthaltsort den privaten Eigenanbau von gleichzeitig maximal drei Cannabispflanzen, wobei das so gewonnene Cannabis nicht an Dritte weitergegeben werden darf (§ 9 II KCanG) und Vorkehrungen gegen den Zugriff durch Dritte, insbes. Kinder und Jugendliche, zu treffen sind (§ 10 KCanG).

c) Gemeinschaftlicher Eigenanbau: Erlaubt ist schließlich der gemeinschaftliche Eigenanbau sowie die Weitergabe und Entgegennahme von Cannabis in Anbauvereinigungen. Hierzu bedarf die Vereinigung einer behördlichen Erlaubnis nach § 11 KCanG; zu Berichtspflichten und behördlicher Überwachung vgl. §§ 26–30 KCanG. Anbauvereinigungen dürfen höchstens 500 Mitglieder haben, wobei nur Erwachsene Mitglied werden können und jede Person nur Mitglied in einer einzigen Anbauvereinigung sein darf (§ 16 KCanG). Die Mitglieder haben beim Eigenanbau aktiv mitzuwirken (§ 17 II KCanG). Beim Anbau sind die Anforderungen nach § 17 KCanG und der dazu ergangenen Verordnung einzuhalten und Maßnahmen zur Qualitätssicherung nach § 18 KCanG vorzunehmen. Die Modalitäten und Mengengrenzen für die Weitergabe des gewonnenen Cannabis an Mitglieder regelt § 19 KCanG. Auch hier ist eine Weitergabe an Dritte verboten.

3. Konsumverbote: Solche bestehen nach § 5 KCanG insbes. in unmittelbarer Gegenwart von Personen unter 18 Jahren sowie in der Öffentlichkeit in Sichtweite (dh im Abstand von nicht mehr als 100 Metern, vgl. § 5 I S. 2 KCanG) von Schulen, Kinderspielplätzen, Kinder- und Jugendeinrichtungen sowie in Fußgängerzonen, dort allerdings nur zwischen 7 und 20 Uhr. Ein generelles Konsumverbot besteht in militärischen Bereichen der Bundeswehr (§ 5 III KCanG). Verstöße werden als → Ordnungswidrigkeit geahndet (§ 36 I Nr. 4 KCanG).

4. Strafnormen: Diese enthält § 34 KCanG in Form von Strafbewehrungen der in § 2 KCanG enthaltenen Verbote, im Übrigen strukturell vergleichbar den Strafnormen der §§ 29 ff. BtMG (Betäubungsmitteldelikte), allerdings mit deutlich milderen Strafrahmen; im Grundtatbestand sind Geldstrafe oder Freiheitsstrafe bis drei Jahre vorgesehen. Abweichend von den für den erlaubten Besitz in § 3 KCanG vorgesehenen Mengengrenzen ist der Besitz nach § 34 I Nr. 1 KCanG erst ab einer Menge von 60 Gramm bzw. 30 Gramm außerhalb des Wohnsitzes/gewöhnlichen Aufenthaltsortes strafbar (verboten dagegen ab 50 bzw. 25 Gramm, s. o.). Fälle des gewerbsmäßigen Handelns oder des Umgangs mit einer nicht geringen Menge sind lediglich als → Regelbeispiele für einen besonders schweren Fall ausgestaltet (§ 34 III KCanG, Strafrahmen von drei Monaten bis fünf Jahre Freiheitsstrafe). Dabei hat der Bundesgerichtshof eine nicht geringe Menge inzwischen – übereinstimmend mit der bisherigen Rechtsprechung nach dem BtMG – ab einem Wirkstoffgehalt von 7,5 Gramm Tetrahydrocannabinol (THC) bejaht, s. BGH, B. v. 23.4.2024, Az. 5 StR 153/24, NStZ-RR 2024, 216; B.

v. 18.4.2024, Az. 1 StR 106/24, NJW 2024, 1968. Einen → Qualifikationstatbestand enthält § 34 IV KCanG, der u. a. das bewaffnete und das bandenmäßige Handeltreiben erfasst, aber auch hierfür lediglich einen Strafrahmen von zwei bis 15 Jahren Freiheitsstrafe vorsieht.

Konsumentenkredit
→ Verbraucherdarlehensvertrag (1, 3).

Konsumgutlösung
nennt man die ab 1.1.1987 geltende Rechtslage, wonach für die selbstgenutzte Wohnung keine → Einkünfte anzusetzen sind. Zuvor war es möglich, für das selbstgenutzte Wohnen einen fiktiven Mietwert zu berücksichtigen; von diesem konnten Aufwendungen, zB Reparaturarbeiten, als → Werbungskosten abgezogen werden (§ 21a EStG aF).

Konsumsteuer
→ Umsatzsteuer (2).

Konsumtion
ist eine Form der sog. Gesetzeskonkurrenz → Konkurrenz von Straftaten (3).

Konsumverein
→ Genossenschaft (1).

Kontaktbeschränkungen
→ Lockdown.

Kontaktperson
→ Kontaktsperre.

Kontaktsperre
Die Kontaktsperre (§§ 31 ff. EGGVG) ist ein rechtliches Instrument, das es ermöglicht, für einen begrenzten Zeitraum jedwede Verbindung von → Gefangenen untereinander und mit der Außenwelt zu unterbrechen, um eine gegenwärtige Gefahr für Leben, Leib oder Freiheit einer Person abzuwehren. Voraussetzung ist ein durch Tatsachen begründeter Verdacht, dass die Gefahr von einer → terroristischen Vereinigung ausgeht. Angeordnet werden darf die Kontaktsperre nur gegen Untersuchungs- und Strafgefangene bzw. aufgrund eines → Haftbefehls Verhaftete, bei denen bestimmte Bezüge zum → Terrorismus anzunehmen sind.

Historischer Hintergrund der Regelung waren die im Herbst 1977 in Deutschland bzw. gegen deutsche Staatsbürger begangenen linksextremistischen Terrorakte, insbesondere die Entführung des Präsidenten der Vereinigung deutscher Arbeitgeberverbände und des Bundesverbandes der deutschen Industrie Dr. Hanns-Martin Schleyer am 5.9.1977, und der seinerzeit festzustellende intensive Nachrichtenaustausch zwischen bereits inhaftierten und noch gesuchten Gewalttätern (vgl. BT-Drs. 8/935, 5). Im Zentrum stand dabei die später durch einzelne rechtskräftige Verurteilungen von Verteidigern wegen Unterstützung einer kriminellen bzw. terroristischen Vereinigung (zB OLG Hamburg JZ 1979, 275) bestätigte Annahme, dass insbesondere → Verteidiger als Träger dieses Austauschs fungierten, so dass die Kontaktsperre in der damals geschaffenen Form gerade auch den schriftlichen und mündlichen Verkehr mit dem Verteidiger erfasste. Der nach einem nur fünf Tage währenden Gesetzgebungsverfahren durch Gesetz vom 30.9.1977 (sog. Kontaktsperregesetz, BGBl. 1977 I 1877) geschaffenen Regelung gingen im Verwaltungsweg getroffene Anordungen der Justizminister der Länder voraus, die damit einer Bitte des Bundesministers der Justiz nachkamen und sich auf den Gedanken des rechtfertigenden → Notstands (§ 34 StGB) stützten. Entsprechende Maßnahmen fanden die Billigung des BGH (BGHSt 27, 260) und des BVerfG (BVerfGE 46, 1). Auch das Kontaktsperregesetz wurde durch das BVerfG als mit dem Grundgesetz vereinbar befunden (BVerfGE 49, 24).

Die Regelungen wurden bislang seit 1977 kein weiteres Mal mehr angewandt. Entgegen rechtspolitischer Kritik hat der Gesetzgeber sie gleichwohl beibehalten, da entsprechende Gefahrenlagen durch terroristische Aktivitäten auch für die Zukunft nicht ausgeschlossen werden können (vgl. BT-Drs. 18/9534, 25). Soweit Vorgaben der Richtlinie 2013/48/EU eine Anpassung erforderten, wurde das Instrument der Kontaktsperre lediglich in dem Maß begrenzt, in dem dies aus europarechtlichen Gründen erforderlich war. Die hierzu durch Gesetz v. 4.9.2017 (BGBl. 2017 I 3295) vorgenommene Änderung bewirkt, dass eine Kontaktsperre nur noch für den Zeitraum vor Anklageerhebung und nach rechtskräftiger Verurteilung auch auf den Verteidiger erstreckt werden kann, was gesonderter Anordnung bedarf (§ 31 II EGGVG).

Der Eintritt der in § 31 EGGVG normierten Voraussetzungen einer Kontaktsperre bedarf der förmlichen Feststellung durch den zuständigen Landesminister oder den Bundesminister der Justiz. Die Feststellung verliert ihre Wirkung, wenn sie nicht innerhalb von zwei Wochen durch das OLG bzw. den BGH bestätigt worden ist (§ 35 EGGVG), und ist zurückzunehmen, sobald ihre Voraussetzungen nicht mehr vorliegen (§ 36 EGGVG). Sie bedarf der Umsetzung durch die Maßnahmen, die zur Unterbrechung der Verbindung im Einzelfall erforderlich sind (zB Unterbindung von Besuchsverkehr, Postempfang, elektronischer Kommunikation und Medienkonsum; Einzelunterbringung). Diese sind durch die zuständigen Landesbehörden (insb. die jeweilige Justizvollzugsanstalt; → Strafvollzug) vorzunehmen. Zugleich treten prozessuale Schutzmaßnahmen für betroffene Gefangene ein (§ 34 EGGVG: Fristenhemmung, keine Hauptverhandlung, Unterbrechung anderer Verfahren, ggf. Bestellung eines Verteidigers). Betroffene Gefangene können die Rechtmäßigkeit einzelner Maßnahmen gerichtlich überprüfen lassen; über entsprechende Anträge entscheidet ein → Strafsenat des OLG (§ 37 EGGVG). Wurde die Kontaktsperre auch auf den Verkehr mit dem Verteidiger erstreckt, so kann dem Gefangenen auf Antrag ein Rechtsanwalt als Kontaktperson beigeordnet werden (§ 34a EGGVG). Während des gerichtlichen → Eröffnungsverfahrens und des → Hauptverfahrens (→ Strafprozess) kann der Kontakt zum Verteidiger dagegen seit der Änderung des § 31 EGGVG nicht mehr unterbrochen werden. Für in §§ 31 ff. EGGVG erfasste Gefahrenlagen gegenüber dem Verteidiger stehen in dieser Phase allein die Kontrollmöglichkeit nach § 148 II StPO und die Ausschlussmaßnahmen nach §§ 138a ff. StPO zur Verfügung.

Kontaktverbot
→ Belästigung durch Nachstellen, → Gewaltschutz, → Haftbefehl, → Kontaktsperre, → Nachstellung, → Strafaussetzung zur Bewährung, → Weisungen.

Kontaminanten
→ Höchstmengen.

Konterbande
Konterbande werden im Seekriegsrecht die Güter genannt, die für Kriegszwecke verwendbar sind. Je nachdem, ob sie ausschließlich oder neben anderem der militärischen Verwendung dienen können, spricht man von absoluter oder relativer Konterbande. Güter, die weder absolute noch relative Konterbande sind, werden in einer sog. Freiliste geführt. Die → Londoner Deklaration von 1909 hat für alle drei Gruppen von Gütern Listen aufgestellt, die aber in beiden Weltkriegen durch die Seemächte weitgehend abgeändert wurden. Es ist ein alter Satz des Seekriegsrechts, dass Schiffe, die Konterbande für den Feind führen, beschlagnahmt werden können. Die Kriegsparteien sind berechtigt, durch ihre Kriegsschiffe fremde Handelsschiffe auf hoher See anhalten und auf Konterbande untersuchen und bei Feststellung von Konterbande das Handelsschiff in einen ihrer Häfen bringen zu lassen (→ Prisenrecht). Anbordbringen oder -nehmen von Konterbanden ohne Wissen des Schiffsführers (Kapitän) oder Reeders ist als Schiffsgefährdung durch Bannware strafbar, wenn sie die Gefahr der Beschlagnahme oder Einziehung von Schiff oder Ladung begründet (§ 297 StGB).

Kontoauszug
→ Schuldanerkenntnis.

Kontokorrent
Das Kontokorrent (laufende Rechnung) ist eine im Handelsverkehr – insbes. bei Banken – stark verbreitete Einrichtung, durch die eine Mehrheit von gegenseitigen Ansprüchen zwischen zwei Personen durch Verrechnung auf eine Geldschuld zurückgeführt wird. Ein Kontokorrent setzt eine Geschäftsverbindung zwischen zwei Personen voraus, von denen mindestens eine → Kaufmann sein muss (sonst uneigentliches Kontokorrent) und aus der eine größere noch unbestimmte Anzahl von Geschäftsvorgängen, die Geldforderungen begründen, entstehen können. Ferner muss vereinbart sein, dass die gegenseitigen Geldansprüche verrechnet werden und in bestimmten Perioden, mindestens einmal jährlich, so abgerechnet werden, dass ein Saldo festgestellt wird. Das Kontokorrent ist in den §§ 355–357 HGB nur unvollkommen geregelt. Die wesentlichen rechtlichen Wirkungen eines Kontokorrents sind: Die in das Kontokorrent fallenden Einzelansprüche können nicht gesondert geltend gemacht, auch nicht gepfändet werden (vielmehr nur Saldopfändung; anders das Tagesguthaben beim → Girovertrag), dürfen ferner nicht abgetreten und gesondert erfüllt werden; sie sind gestundet (→ Stundung). Bei Abschluss der jeweiligen Kontokorrentperiode werden die gegenseitigen Einzelansprüche verrechnet; sie erlöschen und werden durch den Anspruch auf den Saldo ersetzt. Wird der Saldo anerkannt, so liegt ein abstraktes → Schuldanerkenntnis vor (Saldoanerkenntnis). Wird der Saldoanspruch nicht durch Zahlung erfüllt (§ 362 I BGB) und besteht das Kontokorrent weiter, so wird der Anspruch in die weiterlaufende Rechnung vorgetragen. Wenn keine andere Vereinbarung besteht, können Zinsen nur vom Saldo verlangt werden. Staffelkontokorrent nennt man ein Kontokorrent, bei dem der Saldo mit jedem in das Kontokorrent fallenden Geschäftsvorgang, ggf. täglich, errechnet wird (insbes. beim Bankkonto üblich). Sa → Überziehungskredit, → Verbraucherdarlehensvertrag.

Kontokorrentverrechnung
→ Kontokorrent.

Kontokorrentvorbehalt
→ Eigentumsvorbehalt (3).

Kontopfändung
→ Kontokorrent, → Überziehungskredit.

Kontradiktorisches Urteil
→ streitiges Urteil.

Kontrahieren mit sich selbst
(Insichgeschäft) → Selbstkontrahieren.

Kontrahierungszwang
Für die Begründung von Schuldverhältnissen gilt der Grundsatz der Vertragsfreiheit, dh sowohl der Abschluss als auch der Inhalt eines Vertrages unterliegen grds. der freien Parteibestimmung, s. → Vertrag (2), → Schuldrecht. In bestimmten Fällen besteht allerdings die Pflicht, mit einem anderen den von diesem gewünschten Vertrag abzuschließen, wenn nicht gewichtige Gründe dagegenstehen (Abschluss- oder Kontrahierungszwang). Dies gilt insbes. für bestimmte Bereiche der Daseinsfürsorge (zB Versorgung mit Strom und Gas). Sa → Anschluss- u. Benutzungszwang, → Anschlusspflicht, → Beförderungspflicht, → Diskriminierungsverbot im Wettbewerbsverkehr, → Postdienstleistungen, → Verein (1c).

Kontrakt
= → Vertrag.

Kontratabularersitzung
→ Buchersitzung.

Kontributionen
sind außerordentliche Geldleistungen, die der Bevölkerung eines im Krieg besetzten Gebiets von der Besatzungsmacht auferlegt wurden. Sie sind, soweit nicht besondere Abmachungen getroffen wurden, nur zulässig in den Grenzen der Art. 48, 49, 51 der → Haager Landkriegsordnung sowie der → Genfer Konvention zum Schutze von Zivilpersonen in Kriegszeiten vom 12.8.1949. Kontributionen sind insbes. der Höhe nach begrenzt durch die Kosten der militär. Besetzung und Verwaltung des Gebiets. Kontributionen zu Strafzwecken sind unzulässig. Sa → Requisitionen.

Kontrollbetreuung
→ Vorsorgevollmacht.

Kontrolle von Kriegswaffen
→ Kriegswaffen.

Kontrollgerät
Zum Nachweis der Lenk- und Ruhezeiten des → Fahrpersonals bestimmter Kfz zur Güter- und Personenbeförderung (→ Kraftfahrer) ist ein Kontrollgerät nach VO (EU) Nr. 165/2014 vom 4.2.2014 (ABl. EU 2014 L 60, 1) oder nach Art. 10 AETR (Ges. vom 31.7.1985, BGBl. 1985 II 889 mÄnd) zu benutzen. → Fahrtschreiber.

Kontrollgremium, Parlamentarisches
→ Nachrichtendienste (2).

Kontrollkommission, Parlamentarische
war die frühere Bezeichnung für das Parlamentarische Kontrollgremium (→ Kontrollgremium, Parlamentarisches); → Nachrichtendienste.

Kontrollmeldeverfahren
Das Kontrollmeldeverfahren war ein vereinfachtes Verfahren zur Ermäßigung oder Freistellung von Abzugsteuern und sollte die Besteuerung → beschränkt Steuerpflichtiger sichern, denen von deutschen Schuldnern Vergütungen zufließen, indem das Bundeszentralamt für Steuern auf Antrag des Schuldners eine vereinfachte Abzugsbesteuerung zuließ (§ 50d V, VI EStG; Einzelheiten BMF BStBl. I 1994, 4). Zum 1.7.2021 wurde das K. abgeschafft und durch eine Freigrenze ersetzt: Bei Vergütungen von bis zu EUR 5.000,00 im Jahr jeAuftragnehmer kann von einer Einbehaltung und Abführung der Abzugsteuer auch ohne Vorliegen einer Freistellungsbescheinigung abgesehen werden bzw. bei einer niedrigen Versteuerung eine niedrigere Steuer abgeführt werden, wenn das Doppelbesteuerungsabkommen keine Versteuerung vorsieht.

Kontrollmitteilungen
sind schriftliche Mitteilungen einer Finanzbehörde an eine andere Finanzbehörde zur Überprüfung von steuerlichen Verhältnissen eines Stpfl. So können bspw. anlässlich einer → Außenprüfung durch den Betriebsprüfer Kontrollmitteilungen, die für die Besteuerung dritter Personen relevant sind, gefertigt werden (§ 194 III AO). Eine Außenprüfung darf allerdings nicht zu dem Zweck durchgeführt werden, Kontrollmaterial zu fertigen, ebensowenig dürfen im Rahmen einer Außenprüfung die steuerlichen Verhältnisse anderer Personen systematisch ausgeforscht werden.

Kontrollmitteilungen sind keine → Verwaltungsakte. Gegen sie kann kein Einspruch eingelegt werden. Kontrollmitteilungen werden auch von anderen Behörden dem Finanzamt zur Auswertung übersandt, zB bei illegaler Beschäftigung (→ Mitteilungsverordnung v. 7.9.1993 (BGBl. 1993 I 1554). Sa → Ohne-Rechnung- (OR-)Geschäften, → Amtshilfe.

Kontrollstellen
1. Kontrollstellen kann die Polizei nach richterlicher Anordnung oder bei Gefahr im Verzug selbst auf Straßen usw. im Rahmen von Fahndungsmaßnahmen wegen bestimmter schwerer Straftaten (Tötungsdelikte, Unterstützung terroristischer Vereinigungen, erpresserischer Menschenraub, Geiselnahme, Raub mit Waffen ua m.) zwecks → Identitätsfeststellung von Personen einrichten; die hiermit verbundenen Durchsuchungen sind auch bei nicht tatverdächtigen Personen zulässig (§ 111 StPO). Eine generelle richterliche Ermächtigung an die Polizei, für einen längeren Zeitraum nach ihrem eigenen Ermessen zu jeder Tages- und Nachtzeit an jedem öffentl. zugänglichen Ort der BRep. Kontrollstellen einzurichten, ist aber durch § 111 II StPO nicht gedeckt (BGH NStZ 1989, 82). Sa → Schleppnetzfahndung.

2. S. zur technischen Kontrolle → Überwachungsstelle.

Kontumazialverfahren
wird ein Verfahren genannt, das in Abwesenheit einer Partei gegen diese oder gegen einen abwesenden Beschuldigten durchgeführt werden kann, Kontumazialurteil das gegen die Partei bzw. den Angeklagten in einem solchen Verfahren ergehende Urteil. S. zB → Versäumnisurteil (für den Zivilprozess), → Abwesenheitsverfahren (für den Strafprozess).

Konvaleszenz
nennt man das nachträgliche Erstarken eines – idR schwebend unwirksamen – → Rechtsgeschäfts zu einem voll wirksamen. Hierunter fällt vor allem das Gültigwerden durch → Zustimmung (Genehmigung) zu einem zB wegen fehlender Geschäftsfähigkeit oder Vertretungsmacht mangelhaften Rechtsgeschäft, die Heilung einer unwirksamen → Verfügung eines Nichtberechtigten, die → Bestätigung eines nichtigen oder anfechtbaren Rechtsgeschäfts usw.

Konvention
→ völkerrechtlicher Vertrag.

Konvention über die Rechte des Kindes
→ Konvention zum Schutze der Menschenrechte und Grundfreiheiten, 3.

Konvention über die Rechte von Menschen mit Behinderungen
Die Generalversammlung der → Vereinten Nationen hat am 13.12.2006 die Resolution 61/106 verabschiedet, mit der die Teilhabe und die Selbstbestimmung von → Menschen mit Behinderungen verbessert werden soll (UN-Behindertenrechtskonvention). Die Konvention wurde in Deutschland unter anderem durch das Bundesteilhabegesetz (Gesetz vom 23.12.2016, BGBl. 2016 I 3234) umgesetzt mit Auswirkungen auf die → Teilnahme am Arbeitsleben, die → Teilhabe an Bildung, die → soziale Teilhabe und die → Eingliederung. Aus Art. 12 der Konvention folgt das Gebot größtmöglicher Selbstbestimmung von behinderten Menschen, das eine Grundlage der Reform des → Betreuungsrechts ist.

Konvention über die Verhütung und Bestrafung des Völkermordes
→ Völkermord.

Konvention zum Schutze der Menschenrechte und Grundfreiheiten
1. Am 4.11.1950 schlossen die Mitglieder des → Europarats eine Konvention, in der sie sich verpflichteten, allen ihrer Herrschaft unterstehenden Personen bestimmte Rechte und Freiheiten zu gewähren, insbes. das Recht auf Leben und persönliche Freiheit, Gewissens- und Religionsfreiheit, freie Meinungsäußerung, Versammlungs- und Vereinigungsfreiheit, Diskriminierungsverbot, rechtliches Gehör und Verbot rückwirkender Strafdrohungen. Mitglieder sind alle europäischen Staaten mit Ausnahme Weißrusslands und der → Vatikanstadt. Ferner ist → Europäische Union (EU) als solche Mitglied. Die Konvention bestimmt ferner, dass bis zum Beweis der Schuld des Angeklagten dessen Schuldlosigkeit vermutet wird. Die verfahrensrechtliche Sicherung der Menschenrechte in der Konvention ist durch das Protokoll Nr. 11 v. 11.5.1994 (Gesetz v. 24.7.1995, BGBl. 1995 II 578) völlig neu geregelt worden. Die Neuregelung ist seit 1.11.1998 in Kraft. Die früheren Art. 19–56 der Konvention wurden durch die neuen Art. 19–51 EMRK ersetzt. Es wurde der ständiger „Europäischer Gerichtshof für Menschenrechte“ errichtet. Mitgliederzahl entspricht Zahl der Vertragsstaaten (am 1.4.2019: 47). Ernennungsvoraussetzungen (ua „hohes sittliches Ansehen“), Wahl, Amtszeit und Entlassung der Richter sind in Art. 21–24 EMRK geregelt. Der Gerichtshof tagt in Ausschüssen mit 3, in Kammern mit 7 und in der Großen Kammer mit 17 Richtern (Art. 26 IEMRK). Die Ausschüsse können durch einstimmigen Beschluss eine Individualbeschwerde für unzulässig erklären, ansonsten entscheidet darüber eine Kammer. Bedeutende Sachen kann die Kammer an die Große Kammer abgeben (Art. 30 EMRK). Der Gerichtshof kann von jeder natürlichen Person, nichtstaatlichen Organisation oder Personengruppe, die behauptet, durch einen Vertragsstaat in einem in der Konvention (oder den Protokollen) anerkannten Recht verletzt zu sein, mit einer Beschwerde befasst werden („Individualbeschwerde“, Art. 34 EMRK). Jeder Vertragsstaat kann den Gerichtshof wegen jeder behaupteten Verletzung der Konvention durch einen anderen Vertragsstaat anrufen („Staatenbeschwerde“, Art. 33 EMRK). Der Gerichtshof kann sich mit einer Angelegenheit erst nach Erschöpfung aller innerstaatlichen Rechtsbehelfe befassen (Art. 35 EMRK). Der Gerichtshof soll auf eine gütliche Einigung hinwirken. Kommt diese nicht zustande, so findet grundsätzlich eine öffentl. Verhandlung statt (Art. 40 EMRK). Bei Feststellung einer Verletzung der Konvention spricht der Gerichtshof unter bestimmten Voraussetzungen eine gerechte Entschädigung zu (Art. 41 EMRK). Gegen Urteile der Kammern kann in Ausnahmefällen binnen 3 Monaten die Verweisung an die Große Kammer beantragt werden; ein Ausschuss dieser Kammer nimmt den Antrag an, wenn die Sache schwerwiegende Fragen aufwirft (Art. 43 EMRK). Die Vertragsparteien verpflichten sich, endgültige Urteile des Gerichtshofs zu befolgen; das Ministerkomitee überwacht die Durchführung (Art. 46). Vgl. auch die Neufassung der Konvention v. 17.5.2002 (BGBl. 2002 II 1054). Nach Art. 6 II EUV (des → EU-Vertrages (EUV)) trat die → Europäische Union der Konvention bei. Die Konvention wurde damit Teil des Unionsrechts. IE s. → Charta der Grundrechte der Europäischen Union (4).

2. Die Konvention ist von der „Allgemeinen Erklärung der Menschenrechte“ zu unterscheiden, die am 10.12.1948 von der Generalversammlung der → Vereinten Nationen genehmigt wurde (Text s. Sartorius, Internat. Verträge, Nr. 19).

3. Dem Schutz der Menschenrechte dienen ferner folgende von der UN-Vollversammlung 1966 verabschiedete völkerrechtliche Abkommen: Internationaler Pakt über wirtschaftliche, soziale und kulturelle Rechte (in Kraft getreten am 3.1.1976; Text BGBl. 1973 II 1569); bedeutsamer der Internationale Pakt über bürgerliche und politische Rechte (in Kraft seit 23.3.1976, Text BGBl. 1973 II 1534) sowie das diesen Pakt ergänzende und mit ihm in Kraft getretene Fakultativprotokoll (Text BGBl. 1992 II 1246), außerdem 2. Fakultativprotokoll vom 15.12.1989 (BGBl. 1992 II 390), Übereinkommen vom 22.11.1989 über die Rechte des Kindes (Gesetz vom 17.2.1992, BGBl. 1992 II 121).

Konventionalscheidung
→ Ehesachen.

Konventionalstrafe
→ Vertragsstrafe.

Konvergenzkriterien
1. Mit Konvergenz bezeichnen die Vereinbarungen über die → Wirtschafts- und Währungsunion die Annäherung der Wirtschaftspolitiken der Mitgliedstaaten. Konvergenz ist volkswirtschaftliche Voraussetzung für das Funktionieren des Eurosystems. Die Konvergenzkriterien sind in Art. 140 AEUV sowie im Protokoll (Nr. 13) über die Konvergenzkriterien und dem Protokoll (Nr. 12) über das Verfahren bei einem übermäßigen Defizit enthalten. Die Erfüllung der Konvergenzkriterien ist Voraussetzung für einen Beitritt zum Eurosystem.

2. Es handelt sich um folgende vier Kriterien:
- Die Inflationsrate darf höchstens 1,5% über dem Mittel der drei preisstabilsten Mitgliedstaaten liegen,
- die jährliche Neuverschuldung darf höchstens 3%, die Staatsschulden insgesamt höchstens 60% des Bruttoinlandsproduktes betragen,
- mindestens zweijährige Teilnahme am → Europäischen Währungssystem ohne Abwertungen und
- niedriges Zinsniveau.

3. Die Einhaltung der Konvergenzkriterien nach einem Beitritt zum Eurosystem soll der → Stabilitätspakt gewährleisten.

Konvergenzprogramme
hatten die Mitgliedstaaten vor dem Eintritt in die zweite Stufe der → Wirtschafts- und Währungsunion (1.1.1994 bis 31.12.1998) gemäß dem früheren § 116 EGV vorzulegen, um einen möglichst großen Gleichlauf der am → Euro teilnehmenden Volkswirtschaften zu erreichen. Als Konvergenzprogramme bezeichnet man auch Programme zur Vermeidung übermäßiger Defizite (→ Stabilitätspakt) und zur Vorbereitung eines Beitritts zum Eurosystem; sa → Konvergenzkriterien.

Konversion
Konversion bedeutet im bürgerlichen Recht so viel wie Umdeutung (→ Nichtigkeit von Rechtsgeschäften, 3). Im Wertpapierrecht versteht man unter Konversion die Änderung der Zahlungsbedingungen (Umschuldung), insbes. bei → Inhaberschuldverschreibungen (Anleihen).

Konvertibilität
(Konvertierbarkeit) ist die freie Austauschbarkeit einer Währung gegen andere Währungen im Devisenverkehr. Die Konvertibilität war nach dem 1. und 2. Weltkrieg eingeschränkt. Die DM war seit dem Inkrafttreten des Außenwirtschaftsgesetzes (→ Außenwirtschaftsrecht) frei konvertierbar entsprechend Art. 63 AEUV (früher Art. 56 EGV). Gleiches gilt nunmehr für den → Euro gegenüber Drittwährungen. Die Konvertibilität kann auf der Basis fester oder flexibler → Wechselkurse erfolgen. Sa → Devisen.

Konzentration einer Gattungsschuld
→ Gattungsschuld.

Konzentration in der Verwaltung
ist die Zusammenfassung von Zuständigkeiten bei einem Verwaltungsorgan. Bei Verlagerung auf nachgeordnete Behörden (→ Verwaltungsbehörden – Aufbau –) oder die → mittelbare Staatsverwaltung spricht man von → Dekonzentration; horizontal nennt man die Konzentration auf wenige Stellen einer Verwaltungsstufe, vertikal die Konzentration auf die Verwaltungsspitze hin. Sa → Zentralismus.

Konzentration in der Wirtschaft
→ Fusionskontrolle, → marktbeherrschende Unternehmen.

Konzentrationsgrundsatz
Der Konzentrationsgrundsatz ist ein Verfahrensgrundsatz, wonach ein Rechtsstreit möglichst in einer Verhandlung erledigt werden soll. Ausgeprägt in § 272 ZPO, § 56 ArbGG, § 87 VwGO, § 79 FGO, § 106 II SGG (→ mündliche Verhandlung), am ehesten im Strafprozess verwirklicht (§ 229 StPO).

Konzern
Der Konzern ist ein Sonderfall der → verbundenen Unternehmen. Zu einem aktienrechtlichen Konzern werden verbundene Unternehmen erst durch die einheitliche Leitung. Man unterscheidet den Unterordnungskonzern (§ 18 I AktG), in dem ein herrschendes und ein oder mehrere abhängige Unternehmen unter der Leitung des herrschenden Unternehmens zusammengefasst sind, vom Gleichordnungskonzern (§ 18 II AktG), wo die rechtlich selbständigen Konzernunternehmen unter einer einheitlichen Leitung stehen. Bei Vorliegen eines Beherrschungsvertrages (§ 291 AktG) oder bei einer Eingliederung (§ 319 AktG) wird die einheitliche Leitung unwiderlegbar vermutet. Sa → Konzernbilanz, → Trust, → Holdinggesellschaft, → Cash-Pooling. Zur Haftung → Konzernrecht.

Konzernabschluss
→ Konzernbilanz.

Konzernbetriebsrat
→ Betriebsrat (§§ 54 ff. BetrVG).

Konzernbilanz
In einem → Konzern ist die Aufstellung einer zusammengefassten → Bilanz aller Konzernunternehmen vorgeschrieben. Das Gleiche gilt für den → Jahresabschluss (Konzernabschluss) und den Lagebericht sowie für die Gewinn- und Verlustrechnung (§§ 290 ff. HGB). Der Konzernabschluss ist so aufzustellen, als ob die Konzernunternehmen insgesamt ein einziges Unternehmen wären. Der Konzernabschluss und der Konzernlagebericht eines börsenorientierten Mutterunternehmens eines Konzerns müssen den Vorschriften des HGB nicht entsprechen, wenn Konzernabschluss und Konzernlagebericht in → Euro und in deutscher Sprache offengelegt und nach international an-

erkannten Rechnungslegungsgrundsätzen aufgestellt worden sind. Dazu gehören die GAAP (Generally Accepted Accounting Principles; → US-GAAP) und die IFRS (→ International Financial Reporting Standards). Kapitalmarktorientierte Unternehmen sind nach EU-Recht verpflichtet, Konzernabschlüsse nach IFRS zu erstellen (→ International Financial Reporting Standards, 2).

Konzernhaftung
→ Konzernrecht (2).

Konzernrecht
1. Das Konzernrecht ist für → Konzerne und → verbundene Unternehmen, an denen → Aktiengesellschaften beteiligt sind, im AktG (§§ 291–328 AktG) geregelt. Die Vorschriften betreffen die Begründung des Konzernverhältnisses, den Umfang des Einflusses der Konzernmutter sowie den Schutz des beherrschten Unternehmens und der außenstehenden Gesellschafter, also solcher, die nicht das herrschende Unternehmen sind bzw. diesem nicht angehören. Schließen sich andere Kapitalgesellschaften, Personengesellschaften oder Einzelpersonen zu einem Konzern zusammen, so entscheidet sich die Frage, welche Rechtsvorschriften hierfür maßgebend sind, nach der Rechtsform der beteiligten Unternehmen und nach dem Grad der Unterstellung unter eine einheitliche Leitung, insbes. hinsichtlich der Übertragung von Geschäftsführungsbefugnissen, Verteilung oder Abführung des Gewinns usw. So kann zB beim Zusammenschluss handelsrechtlicher Gesellschaften zu einer Interessen- oder Gewinngemeinschaft auch die Form einer → Gesellschaft des bürgerlichen Rechts gewählt werden, was dann aber mit einem Konzern nichts zu tun hat.

2. Ein speziell normiertes Konzernrecht besteht indes außerhalb des Aktienrechts nicht. Für den GmbH-Konzern behilft man sich teilweise mit Analogien zum aktienrechtlichen Konzern. Generell nimmt die Rspr. bei existenzvernichtenden Eingriffen in das → Stammkapital oder den Bestand der Gesellschaft durch die im Konzern führende Gesellschaft oder einen handelnden (Allein-)Gesellschafter eine sog. Existenzvernichtungshaftung gegenüber der geschädigten (Unter-)Gesellschaft an. Die missbräuchliche Schädigung des im Gläubigerinteresse zweckgebundenen Vermögens ist danach eine → unerlaubte Handlung (2e), die nach § 826 BGB zum → Schadensersatz verpflichtet. Für die Existenzvernichtungshaftung genügen aber noch nicht bloße Managementfehler; erforderlich ist ein gezielter betriebsfremden Zwecken dienender Eingriff.

Konzernvorbehalt
→ Eigentumsvorbehalt (3).

Konzert
→ Lärmbekämpfung (3).

Konzertierte Aktion
Konzertierte Aktion ist nach § 3 StabilitätsG (→ Stabilitätsgesetz) die Bezeichnung für das aufeinander abgestimmte Verhalten der Gebietskörperschaften (Bund, Länder, Gemeinden), Gewerkschaften und Unternehmensverbände zur Gewährleistung des gesamtwirtschaftlichen Gleichgewichts. Die konzertierte Aktion stützt sich auf Orientierungsdaten, welche die Bunderegierung zur Verfügung stellt; diese enthalten eine Darstellung der gesamtwirtschaftlichen Zusammenhänge im Hinblick auf die gegebene Situation.

Konzession
1. ist eine Form der → Gewerbezulassung, bei der bestimmte persönliche und sachliche Voraussetzungen erfüllt sein müssen, insbes. Befähigung, Zuverlässigkeit bzw. bauliche oder technische Einrichtungen; so zB für Apotheken (§§ 1, 2 ApothekenG), → Privatkrankenanstalten (§ 30 GewO), Schaustellungen (§ 33a GewO), → Gaststätten, → Personenbeförderung gegen Entgelt (§§ 2, 13 PBefG), → Güterverkehr, → Kreditinstitute, → Versicherungsunternehmen. Sa → Erlaubnis (behördliche).

2. Im → Vergaberecht sind Konzessionen entgeltliche Verträge, mit denen ein Konzessionsgeber ein Unternehmen mit der Erbringung von Bauleistungen oder der Erbringung und der Verwaltung von Dienstleistungen betraut; dabei besteht die Gegenleistung zumindest auch in dem Recht zur Nutzung des Bauwerks in dem Recht zur Verwertung der Dienstleistungen. In Abgrenzung zur Vergabe → öffentlicher Aufträge geht bei der Vergabe einer Bau- oder Dienstleistungskonzession das Betriebsrisiko für die Nutzung des Bauwerks oder für die Verwertung der Dienstleistungen auf den Konzessionsnehmer über.

Konzessionsabgaben
nennt man die Zahlungen, die Energieversorgungsunternehmen den Gemeinden für die Benutzung von Gemeindegrund (Straßen) zur Verlegung von Leitungen oder für den Verzicht auf eigene Energieversorgung leisten. Rechtsgrundlage: Verordnung über Konzessionsabgaben für Strom und Gas vom 9.1.1992 (BGBl. 1992 I 12) mÄnd. Zu steuerlichen Fragen in diesem Zusammenhang BMF BStBl. 1994 I 264.

Konzessionssystem
→ juristische Person (1b).

Konzil
→ Ökumenisches Konzil, → Katholische Kirche (2).

Kooperationsplan ist die seit dem 1.7.2023 geltende Bezeichnung für die vorherige → Eingliederungsvereinbarung. Im Gegensatz zur Eingliederungsvereinbarung stellt der Kooperationsplan allerdings keinen rechtverbindlichen Vertrag zwischen Einrichtung und Leistungsbeziehern dar, sondern ist seiner Konzeption nach, eine nicht rechtsverbindliche

Vereinbarung. Einzelheiten dazu regelt § 15 SGB II.

Kopfnoten
Kopfnoten sind Beurteilungen auf dem Schul- → Zeugnis für Verhalten. Die Regelungen sind je nach Landesrecht sehr unterschiedlich, und zwar sowohl im Hinblick darauf was als auch wie beurteilt wird (zB Hessen „Arbeitsverhalten" und „Sozialverhalten" mit Noten 1 bis 6; Mecklenburg-Vorpommern: „Arbeits- und Sozialverhalten", Bewertung: „vorbildlich", „gut", „zufriedenstellend" oder „entwicklungsbedürftig"; Nordrhein-Westfalen: „Leistungsbereitschaft", „Zuverlässigkeit", „Sozialverhalten"; Sachsen: Betragen, Fleiß, Mitarbeit, Ordnung mit Noten von 1–5). Schleswig-Holstein sieht zur Zeit keine Kopfnoten vor.

Kopfstützen
Pkw, Omnibusse und Lkw bis zu 3,5 t Gesamtmasse und mehr als 25 km/h Höchstgeschwindigkeit müssen zum Schutz der Insassen bei Unfällen an den vorderen Außensitzen mit Kopfstützen ausgerüstet sein (§ 35a II StVZO).

Kopftuch
1. Das Tragen eines muslimischen Kopftuches (→ Islam) bei beruflicher Tätikeit oder bei Ausübung eines Amtes ist seit Jahren Gegenstand politischer Kontroversen und zahlreicher gerichtlicher Entscheidungen. Aus den im Detail divergierenden Normen unterschiedlicher Hoheitsträger (Bund, Land) und verschiedener Gerichte hat sich noch keine eindeutige Linie herauskristallisiert.

2. Das Tragen eines Kopftuches allein rechtfertigt regelmäßig noch nicht die ordentliche Kündigung einer Verkäuferin in einem Kaufhaus aus personen- oder verhaltensbedingten Gründen (BAG Urt. v. 10.10.2002 – 2 AZR 418/01 –, NJW 2003, 1685). Der EuGH präzisierte in seinem Urt. v. 15.7.2021 – C-804/128 u. C-341/19, dass ein grundsätzliches Kopftuchverbot im Betrieb eine mittelbare Diskriminierung wegen der Religion sein könne. Gebe es indes ein wirkliches Bedürfnis des Arbeitgebers nach betrieblicher Neutralität, so dürfe es im Betrieb überhaupt keine sichtbaren Bekundungen politischer, weltanschaulicher und religiöser Überzeugungen geben.

3. Ein Verbot für Lehrkräfte, im Schulunterricht ein Kopftuch zu tragen, bedarf nach einhelliger Meinungeiner gesetzlichen Grundlage (BVerfG Urt. v. 24.9.2003, NJW 2003, 3111). Als erstes Land in Deutschland hat im Juni 2004 Baden-Württemberg im Landesschulgesetz bestimmt, dass Lehrkräfte an öffentlichen Schulen keine politischen, religiösen, weltanschaulichen oder ähnliche äußere Bekundungen abgeben dürfen, die geeignet sind, die Neutralität des Landes gegenüber Schülern und Eltern oder den politischen, religiösen oder weltanschaulichen Schulfrieden zu gefährden oder zu stören; die Darstellung christlicher und abendländischer Bildungs- und Kulturwerke oder Traditionen bleibt erlaubt. Damit ist dort das muslimische Kopftuch für Lehrkräfte verboten, die Nonnentracht aber weiterhin erlaubt. Eine Baden-Württemberg ähnliche Regelung enthalten inzwischen zB seit 2005 Art. 59 II des Bayer.G über das Erziehungs- u. Unterrichtswesen v. 31.5.2000 (GVBl. 414, ber. 632) mÄnd und zunächst seit 2006 § 57 IV Schulgesetz NRW v. 15.2.2005 (GV. NRW 102) mÄnd. Die Praxis in Baden-Württemberg wurde in mehreren Verfahren vom BVerwG mit Urt. v. 24.6.2004 (NJW 2004, 3581) sowie VGH Mannheim mit Urt. v. 14.3.2008 – 4 S 516/07 – und vom BVerwG mit Beschl. v. 16.12.2008 (NJW 2009, 1289) bestätigt. Das BVerfG hat mit Urt. v. 27.1.2015 (NJW 2015, 1359) in einem Nordrhein-Westfalen betreffenden Fall entschieden, dass jedenfalls ein pauschales Kopftuchverbot nicht verfassungskonform sei. Die betreffenden Rechtsnormen seien so auszulegen, dass nicht nur eine abstrakte Gefahr, sondern eine konkrete Gefahr für die Beeinträchtigung des Schulfriedens bestehen muss. Das Kopftuchverbot wurde daraufhin aus dem nordrhein-westfälischen Schulrecht wieder gestrichen.

4. Das VG Augsburg erklärte mit Urt. v. 30.6.2016 – Au 2 K 15457 – das Verbot für → Rechtsreferendarinnen, im Gerichtssaal ein Kopftuch zu tragen, für unzulässig. Das Urteil ist durch Art. 11 II Bayer. Richter- und Staatsanwaltsgesetz überholt, wonach Richterinnen und Richter in Verhandlungen und Amtshandlungen mit Außenkontakt keine sichtbaren religiös oder weltanschaulich geprägten Symbole oder Kleidungsstücke tragen dürfen. Die Regelung wurde durch das BayVerfG mit Urteil v. 14.3.2019, 3-VII-18 als verfassungsgemäß bestätigt.

5. Für alle Bereiche des öffentlichen Dienstes konkretisiert inzwischen § 34 II BeamtStG (→ Beamtenrecht, 4a, → Beamtenverhältnis, 3) idF des G zur Regelung des Erscheinungsbilds vom Beamtinnen und Beamten und zur Änderung weiterer dienstrechtlicher Vorschriften v. 28.6.2021 (BGBl. 2021 I 2250), dass Beamte im Dienst auch hinsichtlich ihres Erscheinungsbildes Rücksicht auf das ihnen entgegengebrachte Vertrauen nehmen müssen. Religiöse oder weltanschauliche Merkmale des Erscheinungsbilds können indes nur dann eingeschränkt werden, wenn sie objektiv geeignet sind, das Vertrauen in die neutrale Amtsfühung zu beeinträchtigen.

6. Sa → Glaubens- und Gewissensfreiheit (3e).

Kopierrecht
→ Vervielfältigungsrecht.

Koppelungsgeschäft
1. Soweit das Koppelungsgeschäft darin besteht, einen begünstigenden → Verwaltungsakt gegen eine wirtschaftliche Gegenleistung

zu erlangen, ist es grds. nach §§ 134, 138 BGB nichtig, wenn nicht ausnahmsweise ein innerer Zusammenhang (zB Übernahme von Erschließungskosten für Baugenehmigung) bejaht werden kann (BGH NJW 1972, 1657). Das Koppelungsgeschäft zwischen einem → Grundstückskaufvertrag und einem → Architekten(Ingenieur-)Vertrag ist unwirksam (Art. 10 § 3 G v. 4.11.1971, BGBl. 1971 I 1745).

2. Im → Kartellrecht werden als Koppelungsgeschäfte Geschäfte bezeichnet, bei denen ein Unternehmen Waren oder Dienstleistungen, für die es marktbeherrschend ist, gekoppelt mit Waren oder Dienstleistungen für einen von ihm nicht beherrschten Drittmarkt anbietet, um auf diese Weise seine Stellung auf dem Drittmarkt zu verbessern. Das kann hinsichtlich der Wettbewerber auf dem Drittmarkt einen → Behinderungsmissbrauch darstellen.

Koran
Der Koran ist im → Islam nicht nur heiliges Buch mit religiöser Bedeutung, sondern zugleich wichtige Quelle des islamischen Rechts (→ Scharia; → Fiqh).

Korporationen
→ Verbindungen, studentische.

Korrespektive Verfügungen
→ Gemeinschaftliches Testament, → Widerruf eines gemeinschaftlichen Testaments.

Korrespondenzanwalt
→ Verkehrsanwalt.

Korruption
wird im Strafrecht vor allem mit den Vorschriften gegen → Mandatsträgerbestechung (§ 108e StGB), Bestechlichkeit, Vorteilsannahme und -gewährung, → Bestechung (§§ 331 ff. StGB), Verletzung von → Dienst- oder Privatgeheimnissen (§§ 353b, 203 StGB, → Berufsgeheimnis), → Geheimnisverrat (§ 17 UWG), → Bestechung und Bestechlichkeit im Gesundheitswesen (§§ 299a, 299b StGB), → Angestelltenbestechung (§ 299 StGB), → Submissionsabsprachen (§ 298 StGB), → Subventionsbetrug (§ 264 StGB) und → Untreue (§ 266 StGB) sowie gegen → Stimmenkauf, -verkauf bekämpft. Strafbar sind auch bestimmte → Auslandsdelikte (s. § 5 Nr. 7, 12–16, § 6 Nr. 8 StGB, Art. 2 § 3 Ges. zur Bekämpfung internat. Bestechung vom 10.9.1998, BGBl. 1998 II 2327). Das → Steuergeheimnis hindert die Verfolgung von Korruption nicht. Auch die → Verdingungsordnungen sollen der Korruption vorbeugen. Zur Behandlung der Korruption im Zivil- und Arbeitsrecht → Schmiergelder, im Steuerrecht → Bestechung, im Beamtenrecht → Geschenke, Annahme durch Beamte.

Koscherer Wein
→ Wein für religiöse Zwecke.

Kosmetische Mittel
1. Die für kosmetische Mittel relevanten Vorschriften gehören fast ausschließlich zum Europarecht. Einschlägig ist insbesondere die unmittelbar anwendbare VO (EG) 1223/2009 v. 30.11.2009 (ABl. EG 2009 L 342, 59) über kosmetische Mittel. Sie definiert kosmetische Mittel als Stoffe oder Gemische, die dazu bestimmt sind, äußerlich mit den Teilen des menschlichen Körpers (Haut, Behaarungssystem, Nägel, Lippen und äußere intime Regionen) oder mit den Zähnen und den Schleimhäuten der Mundhöhle in Berührung zu kommen, und zwar zu dem ausschließlichen oder überwiegenden Zweck, diese zu reinigen, zu parfümieren, ihr Aussehen zu verändern, sie zu schützen, sie in gutem Zustand zu halten oder den Körpergeruch zu beeinflussen. Kosmetische Mittel sind keine → Lebensmittel.

2. Nur solche kosmetischen Mittel dürfen in den Verkehr gebracht werden, die bei normaler oder vernünftigerweise vorhersehbarer Verwendung für die menschliche Gesundheit sicher sind (Art. 3 VO (EG) 1223/2009). Die Herstellung kosmetischer Mittel muss guter Herstellungspraxis entsprechen (Art. 8 VO (EG) 1223/2009, → Gute Praxis) und zum Nachweis der Konformität muss eine Sicherheitsbewertung erfolgen (Art. 10 VO (EG) 1223/2009). Die Verwendung bestimmter Stoffe ist verboten, die anderer eingeschränkt (Farbstoffe, Konservierungsstoffe, Art. 14 ff. VO (EG) 1223/2009). Das Inverkehrbringen von kosmetischen Mitteln, deren Zusammensetzung durch → Tierversuche bestimmt wurde, ist grundsätzlich untersagt (Art. 18, 35 VO (EG) 1223/2009). Kosmetische Mittel müssen unverwischbar, leicht lesbar und deutlich sichtbar gekennzeichnet sein (Art. 19 VO (EG) 1223/2009) und dürfen keine täuschenden Werbeaussagen haben (Art. 20 VO (EG) 1223/2009). Ernste unerwünschte Wirkungen sind zu melden (Art. 23 VO (EG) 1223/2009). Damit der Endverbraucher eine fundierte Entscheidung bei der Auswahl des kosmetischen Mittels treffen kann, müssen die durch Werbeaussagen für kosmetische Mittel vermittelten Informationen die Kriterien des Anhanges der VO (EU) der Kommission 655/2013 v. 10.7.2013, ABl. L 190/31, erfüllen. Eindeutig übertriebene Behauptungen, die vom durchschnittlichen Endverbraucher nicht wörtlich genommen werden, und Behauptungen abstrakter Natur müssen jedoch nicht belegt werden (Nr. 3.5. des Anhanges).

3. Die Kosmetik-Verordnung (KosmetikV 2014) vom 16.7.2014 (BGBl. 2014 I 1054) mÄnd regelt die Überwachung des Verkehrs mit kosmetischen Mitteln und die Durchführung der VO (EU) 1223/2009. So sind der Herstellungsort eines kosmetischen Mittels in Deutschland bzw. der Einfuhrort in die EU anzeigepflichtig (§ 3 KosmetikV 2014). Verstöße gegen die VO (EG) 1223/2009 oder die KosmetikV 2014 werden gem. §§ 58–60 LFGB geahndet.

Kostenansatz
Der Kostenansatz ist die Berechnung der → Gerichtskosten durch den Kostenbeamten (§§ 19 ff. GKG; → Kostenrechnung). Hiergegen ist die → Erinnerung und bei Beschwerdewert über 200 EUR die → Beschwerde gegeben (§§ 66 ff. GKG, § 81 GNotKG). Anders → Kostenfestsetzung.

Kostenanschlag
Unter einem Kostenanschlag oder Kostenvoranschlag (in § 632 III BGB wird der Begriff Kostenanschlag verwendet) wird die Berechnung der voraussichtlich entstehenden Kosten für eine Leistung, die im Rahmen eines Vertrages, insbes. eines Werkvertrages, erbracht werden soll, verstanden. Nach § 632 III BGB wird ein Kostenanschlag iZw nicht vergütet, sofern nicht die Erstellung des Kostenanschlags nur gegen eine Vergütung vereinbart worden ist, was der Unternehmer zu beweisen hat. Sa → Werkvertrag (5) und → Bauvertrag (2, beim Bauvertrag hat der Unternehmer bei Vertragsänderungen ggf. ein Angebot über die Mehr- oder Mindervergütung zu erstellen, § 650b BGB).

Kostenaufhebung
Kostenaufhebung bei Teilerfolg einer Klage (§ 92 I ZPO) oder zB bei der → Ehescheidung (§ 150 I FamFG, → Kostenpflicht) bedeutet, dass jede Partei ihre eigenen (außergerichtlichen) Kosten (zB Rechtsanwalt) sowie die Hälfte der Gerichtskosten trägt. Die Kosten werden in diesem Fall durch das Gericht „gegeneinander aufgehoben". Praktisch kommt dies vor, wenn die Klage (ca.) zur Hälfte begründet ist.

Kostenausgleich
→ Kostenfestsetzung.

Kostenberechnung
Kostenberechnung wird die Kostenrechnung des Notars über die ihm zufließenden Gebühren und Auslagen genannt (§ 19 GNotKG; → Kostenschuld). Die Kostenberechnung muss bestimmte Mindestangaben beinhalten, insbesondere den Geschäftswert (§ 19 II GNotKG). Auf Grund der Kostenberechnung kann auch die → Zwangsvollstreckung durchgeführt werden (§ 89 GNotKG). Über Einwendungen gegen die Kostenberechnung entscheidet das Landgericht (§ 127 GNotKG). Sa → Rechtsanwaltsgebühr.

Kostenbeteiligung der Versicherten
1. In der gesetzlichen → Krankenversicherung haben sich die Versicherten ua im folgenden Umfang an den Kosten ihrer medizinischen Versorgung zu beteiligen:

a) Arznei- und Verbandmittel: Die Zuzahlung zu jedem zu Lasten der gesetzlichen → Krankenversicherung verordneten Arznei- und Verbandmittel beträgt 10% des Preises, jedoch mindestens 5 EUR und maximal 10 EUR pro Arzneimittel, in jedem Fall jedoch nicht mehr als die Kosten des Arzneimittels. Die Spitzenverbände der Krankenkassen können Arzneimittel von der Zuzahlung freistellen, wenn der Abgabepreis des pharmazeutischen Unternehmens ohne Mehrwertsteuer um mindestens 30 vH niedriger ist als der jeweils gültige → Festbetrag (§ 31 III SGB V iVm § 61 SGB V).

b) Heilmittel (zB Massagen, Krankengymnastik): 10 vH der Kosten des Mittels zuzüglich 10 EUR je Verordnung (§ 32 II SGB V iVm § 61 SGB V).

c) Hilfsmittel: (zB Hörgerät, Rollstuhl) 10 vH der Kosten, jedoch mindestens 5 EUR und höchstens 10 EUR; in jedem Fall nicht mehr als die Kosten des Mittels (§ 33 VIII SGB V iVm § 61 SGB V).

d) Krankenhausbehandlung: Für 28 Tage innerhalb eines Kalenderjahres je Tag 10 EUR (§ 39 IV SGB V iVm § 61 SGB V).

e) Rehabilitationskuren: Für jeden Kalendertag 10 EUR (§ 40 V SGB V iVm § 61 SGB V).

f) Kieferorthopädische Behandlung: 20 vH der Kosten. Bei mindestens zwei versicherten Kindern im Haushalt 10 vH für das zweite und jedes weitere Kind (§ 29 II SGB V).

2. Für die gesetzliche → Rentenversicherung gelten die vorstehend skizzierten Regelungen im Wesentlichen entsprechend. Für die Zeit des Bezugs von Übergangsgeld ist keine Zuzahlung zu leisten. Im Gegensatz zur gesetzlichen Krankenversicherung beläuft sich die Zuzahlungsdauer in der gesetzlichen Rentenversicherung auf die gesamte Dauer der medizinischen Rehabilitationsmaßnahme, längstens jedoch auf 42 Kalendertage je Kalenderjahr. Wird eine medizinische Rehabilitationsmaßnahme über den Jahreswechsel hinaus durchgeführt, wird dieser Jahreswechsel bei der Bemessung der Zuzahlungstage nicht berücksichtigt. Auf die Anzahl der Zuzahlungstage werden die Tage angerechnet, für die im lfd. Kalenderjahr bereits eine Zuzahlung geleistet wurde.

3. Die Kostenbeteiligung trifft nur Versicherte über 18 Jahre. Bestimmte Personen sind befreit oder teilbefreit.

Bei unzumutbarer Belastung kann der Versicherungsträger von der Forderung der Zuzahlung absehen (§§ 29 bis 33, 39, 41 und 61 SGB V; § 32 SGB VI).

Kostendeckungsprinzip
ist im Bereich der öffentlichen Verwaltung der Grundsatz, dass eine → Gebühr einerseits die tatsächlichen Aufwendungen der Verwaltungsbehörde für die betreffende Errichtung voll ausgleichen, andererseits der Behörde keine darüber hinausgehenden Einnahmen verschaffen soll. Das Kostendeckungsprinzip gehört nicht zum Wesen einer Gebühr und gilt nur da, wo das Gesetz es ausdrücklich festlegt. Im Allgemeinen ist vom → Äquivalenzprinzip auszugehen. Besondere Bedeutung hat das K. bei der Frage, ob die Verwaltung für bestimmte Leistungen (zB für die Lieferung von Was-

ser) höhere Gebühren festsetzen darf, um damit Minderaufkommen bei anderen (insbes. verwandten) defizitären Leistungen auszugleichen, zB bei Verkehrsbetrieben. Neuerdings wird auch in der Justiz eine höhere Kostendeckung durch Gebühren gefordert.

Kostenentscheidung
Die Kostenentscheidung ist der gerichtliche, in einer getrennten Ziffer der → Urteilsformel erfolgende Ausspruch darüber, wer die Kosten eines gerichtlichen Verfahrens zu tragen hat (→ Kostenpflicht). Die Kostenentscheidung orientiert sich in aller Regel am Prozessergebnis in der → Hauptsache (§ 91 ZPO). Die Kostenentscheidung bezieht sich auf die Kosten des Rechtsstreits (Verfahrens) und ist von Amts wegen zu treffen (§ 308 II ZPO, § 464 StPO, § 161 I VwGO, § 193 I SGG, § 143 I FGO, § 81 FamFG). Sie umfasst die gerichtlichen und außergerichtlichen Kosten. Die Kostenentscheidung (anders die → Kostenfestsetzung) kann grundsätzlich nicht selbständig angefochten werden (§ 99 ZPO, § 158 VwGO, § 140 FGO). Andererseits umfasst der Rechtsbehelf, der gegen die Entscheidung in der → Hauptsache eingelegt wird, auch die Kostenentscheidung.

Kostenerstattung
→ Kostenerstattungsanspruch.

Kostenerstattung in der Krankenversicherung
Für die → Sozialversicherung, insbesondere für die gesetzliche → Krankenversicherung galt ursprünglich nahezu uneingeschränkt das sog. Sachleistungsprinzip, dh die Versicherungsträger waren verpflichtet, ihren Versicherten Leistungen wie Behandlung durch einen Kassenarzt oder Arzneimittel in natura zur Verfügung zu stellen und konnten sich nicht darauf beschränken, dem Versicherten die Kosten für selbst beschaffte Leistungen zu erstatten. Durch das GKV-Modernisierungsgesetz v. 14.11.2003 (BGBl. 2003 I 2190) ist dieses Prinzip für die gesetzliche Krankenversicherung teilweise aufgegeben worden.

Versicherte können seit dem 1.1.2004 anstelle von Sach- oder Dienstleistungen Kostenerstattung und damit ua privatärztliche Behandlung wählen. Sie sind von ihrer → Krankenkasse vor ihrer Wahl zu beraten. Eine Beschränkung der Wahl auf den ambulanten Bereich ist möglich, nicht dagegen eine Beschränkung auf bestimmte ambulante Leistungen. Die Erstattung erfolgt anschließend auf der Basis der in der gesetzlichen Krankenversicherung geltenden Vergütungsregelungen. Die Versicherten sind an ihre Wahl mindestens ein Jahr gebunden.

Nach Genehmigung der Krankenkasse dürfen in medizinisch begründeten Ausnahmefällen auch nicht zugelassene Leistungserbringer im Inland im Wege der Kostenerstattung in Anspruch genommen werden, sofern eine gleichwertige Qualität wie bei zugelassenen Leistungserbringern gewährleistet ist (§ 13 II SGB V). In Ausnahmefällen ist auch eine Behandlung in einem anderen Mitgliedstaat der Europäischen Union, einem anderen Vertragsstaat des Abkommens über den Europäischen Wirtschaftsraum oder der Schweiz zulässig, wenn die Leistungserbringer bestimmte Anforderungen erfüllen (§ 13 IV SGB V). Gleiches gilt auch für die Behandlung in Krankenhäusern. Hier ist jedoch eine Zustimmung der Krankenkasse erforderlich (§ 13 V SGB V).

Sofern die Krankenkasse eine unaufschiebbare Leistung nicht rechtzeitig erbringt oder ihre Leistungspflicht komplett ablehnt, kommt ein Erstattungsanspruch nach § 13 III SGB V in Frage, soweit der Versicherte bereits selbst in Vorleistung gegangen ist und sich nachträglich eine Leistungspflicht der Krankenkasse herausstellt.

Kostenerstattungsanspruch
Der Kostenerstattungsanspruch ist der Anspruch einer Partei oder eines Beteiligten gegen den Verfahrensgegner, die ihr entstandenen Prozesskosten zu ersetzen (→ Kostenpflicht). Zu erstatten sind die vom Gesetz anerkannten Kosten (zB eines Rechtsanwalts, § 91 II ZPO), darüber hinaus die für eine sachgerechte Prozessführung im Einzelfall notwendigen Auslagen, zB Fahrtkosten zum auswärtigen → Prozessbevollmächtigten, eines Privatgutachtens oÄ (erheblich eingeschränkt im Verfahren der → Arbeitsgerichtsbarkeit, § 12a ArbGG). Man unterscheidet den prozessualen und den materiellen Kostenerstattungsanspruch. Der prozessuale Kostenerstattungsanspruch beruht allein auf den prozessualen Vorschriften (also im Zivilprozess §§ 91 ff. ZPO) und betrifft nur in dem Rechtsstreit, in dem er entsteht. Der materielle Kostenerstattungsanspruch, der entweder unmittelbar auf einem Vertrag beruht oder als Aufwendungs- oder Schadensersatzanspruch entsteht (zB als Schaden, weil sich der Schuldner in Verzug befand und deshalb anwaltliche Maßnahmen erforderlich waren, §§ 280, 286 BGB), kann gerichtlich auch in einem selbstständigen Rechtsstreit geltend gemacht werden. Der prozessuale Kostenerstattungsanspruch wird über eine → Kostenfestsetzung verwirklicht.

Kostenfestsetzung
Die Kostenfestsetzung geschieht auf Antrag durch Kostenfestsetzungsbeschluss (§ 104 ZPO, § 164 VwGO, § 197 SGG, § 149 FGO); hierbei wird über den prozessualen → Kostenerstattungsanspruch entschieden und die → Kostenentscheidung des Gerichts umgesetzt (ggf. Durchführung eines Kostenausgleich der beiderseitigen Ansprüche, wenn die Kostenentscheidung auf Kostenaufhebung lautet, § 92 ZPO). Der Beschluss ist Vollstreckungstitel (§ 794 I Nr. 2 ZPO). Er ist anfechtbar, nach § 104 III ZPO, § 11 I RPflG mit → sofortiger Beschwerde, nach § 149 FGO mit auf 2 Wochen befristeter → Erinnerung, nach

§§ 165, 151 VwGO mit Antrag auf Entscheidung des Gerichts in gleicher Frist, nach § 197 II SGG mit Anrufung des Gerichts innerhalb eines Monats. Zuständig für die Kostenfestsetzung ist grundsätzlich der → Urkundsbeamte der Geschäftsstelle, im Bereich der ordentlichen Gerichtsbarkeit der → Rechtspfleger (§ 21 Nr. 1 RPflG). Sa → Kostenansatz.

Kostenfeststellungsbeschluss
→ Kostenfestsetzung.

Kostenfreiheit
→ Kostenschuld.

Kostenhaftung
→ Kostenschuld.

Kostenklausel
→ Geldschuld (2).

Kostenmiete
Zur Kostenmiete für bis zum 31.12.2001 geförderte Sozialwohnungen → sozialer Wohnungsbau. Für seit dem 1.1.2002 geförderten sozialen Wohnraum gelten andere Mietpreisregelungen, → soziale Wohnraumförderung.

Kostenpflicht
1. Wer in einem Rechtsstreit oder sonstigen gerichtlichen Verfahren die gerichtlichen und außergerichtlichen Kosten zu tragen hat, entscheidet sich nach dem Grundsatz, dass die Kosten dem aufzuerlegen sind, der im Verfahren unterliegt oder im Strafverfahren verurteilt wird, im Rechtsmittelverfahren dem, der erfolglos das Rechtsmittel eingelegt hat, in der → Zwangsvollstreckung der Schuldner; unterliegt die Staatsanwaltschaft oder sonstige Vertreter des öffentlichen Interesses, trifft die Kostenpflicht die Staatskasse. Vgl. §§ 91, 97, 788 ZPO, § 154 I, II VwGO, § 135 I, II FGO, §§ 465, 473 StPO. Bei einem (Prozess-)Vergleich (im Zivilprozess) ist in erster Linie die Vereinbarung der Beteiligten maßgebend; fehlt eine solche, gilt → Kostenaufhebung (§ 98 ZPO). Ausnahmsweise wird über die Kostenpflicht nach billigem Ermessen entschieden (§ 91a ZPO, §§ 80 ff. FamFG). Unter verschiedenen Gesichtspunkten kann die Kostenpflicht verteilt werden, insbes. prozentual bei nur teilweiser Verurteilung im Zivilprozess. In Ehesachen werden die Kosten, falls die Ehe geschieden, aufgehoben oder für nichtig erklärt wird, „gegeneinander aufgehoben" (dh, jede Partei trägt ihre außergerichtlichen Kosten selbst, dazu die Hälfte der Gerichtskosten); jedoch können sie aus Billigkeitsgründen anders verteilt werden (§ 150 FamFG). Zum Umfang der Kostenpflicht → Kostenschuld, → Kostenerstattungsanspruch.

2. Die Kosten des Strafverfahrens hat der Angeklagte zu tragen, soweit gegen ihn Strafe verhängt oder eine → Maßregel der Besserung und Sicherung angeordnet worden ist (§ 465 StPO). Wird er freigesprochen oder wird die Eröffnung des → Hauptverfahrens abgelehnt oder das Verfahren eingestellt, so trägt er nur die Kosten, die er durch schuldhafte Säumnis verursacht hat; im Übrigen trifft die Kostenpflicht die Staatskasse. Seine notwendigen Auslagen – auch die eines gewählten Verteidigers, selbst wenn die Heranziehung eines Verteidigers nicht gesetzlich vorgeschrieben, aber nach Lage des Falles sachgemäß war – werden im Falle des Freispruchs usw. der Staatskasse auferlegt. Dem Anzeigenden, der vorsätzlich oder leichtfertig (grob fahrlässig) eine falsche Beschuldigung erhoben hat, werden die Verfahrenskosten und die notwendigen Auslagen des Beschuldigten, und zwar auch nach Einstellung des Ermittlungsverfahrens, auferlegt (§ 469 StPO). Wird ein Strafverfahren eingestellt, weil der zur Verfolgung erforderliche Strafantrag zurückgenommen worden ist, trägt der Antragsteller die Verfahrenskosten und die notwendigen Auslagen des Beschuldigten, falls sie nicht vom Angeklagten übernommen oder aus Billigkeitsgründen der Staatskasse auferlegt werden (§ 470 StPO). Kommt es nicht zum Hauptverfahren, weil die Staatsanwaltschaft nach Zurücknahme der Anklage das Ermittlungsverfahren einstellt, so bürdet das Gericht die notwendigen Auslagen des Beschuldigten auf Antrag ganz oder zT der Staatskasse auf (§ 467a StPO).

3. In der → Sozialgerichtsbarkeit besteht für Versicherte, Leistungsempfänger und behinderte Menschen keine Kostenpflicht. Doch haben die beteiligten Körperschaften oder Anstalten des öffentlichen Rechts ohne Rücksicht auf den Ausgang des Prozesses eine Pauschgebühr zu entrichten. Haben Beteiligte die Vertagung einer mündlichen Verhandlung verschuldet oder ist die Rechtsverfolgung trotz Hinweises rechtsmissbräuchlich erfolgt, so kann ihnen das Gericht im Urteil die Kosten ganz oder teilweise auferlegen (§§ 183, 184, 192 SGG).

Kostenrechnung
Die Kostenrechnung ist die dem Zahlungspflichtigen von der Geschäftsstelle erteilte Aufstellung über die → Gerichtskosten (→ Kostenschuld). Zahlt der Kostenschuldner nicht freiwillig, so treibt die Gerichtskasse die Gerichtskosten ein, und zwar nach den Vorschriften des → Justizbeitreibungsgesetzes; sa → Kostenberechnung.

Kostenrecht
→ Gerichtskosten, → Gebühren, → Justizbeitreibungsgesetz.

Kostenschuld
De Kostenschuld ist die öffentlich-rechtliche Pflicht gegenüber dem Staat, die Gerichtskosten zu entrichten. Die Kostenschuld folgt unmittelbar aus dem Gesetz (§§ 22 ff. GKG, §§ 22 ff. GNotKG). Darin ist bestimmt, wer Kostenschuldner ist und wann die Kostenschuld fällig wird. Mehrere Kostenschuldner haften als Gesamtschuldner (§ 31 GKG). In bestimmtem Umfang, insbes. für Bund und Länder, besteht Kostenfreiheit (§ 2 GKG, § 2 GNotKG). Für die Kosten der → Notare vgl.

§§ 29 ff. GNotKG. Über die Gerichtskosten wird dem Kostenschuldner eine → Kostenrechnung übersandt, über die Notarkosten eine → Kostenberechnung. Gegen den Kostenansatz sind Rechtsmittel (→ Erinnerung, → Beschwerde) gegeben (§§ 66 ff. GKG, §§ 81 ff., 127 ff. GNotKG). Zur Höhe s. Beispiele im Anhang L.

Kostenteilung
→ Kostenfestsetzung.

Kostentrennung
Kostentrennung liegt – als Ausnahme vom Grundsatz der Einheitlichkeit der → Kostenentscheidung – vor, wenn die Kosten einzelner Prozesshandlungen, einzelner Prozessabschnitte oder eines ganzen Rechtszuges gesondert von den übrigen Kosten eines Rechtsstreits auferlegt werden. Kostentrennung ist in einzelnen gesetzlichen Vorschriften vorgesehen, zB bei Terminsversäumung, Verweisung an das zuständige Gericht uam (vgl. §§ 94–97 ZPO, 281 III ZPO, § 344 ZPO).

Kostenvoranschlag
→ Kostenanschlag.

Kostenvorschusspflicht
des Ehegatten → Unterhaltspflicht der Ehegatten, → Prozesskostenvorschuss.

Kostgeld
→ Ausbildungsunterhalt.

Kräuter- und Früchtetee
Kräuter- und Früchtetees für Säuglinge und Kleinkinder müssen sich nach der Lebensmittel für bestimmte Verbrauchergruppen-Verordnung (LMBVV) v. 26.4.2023 (BGBl. 2023 I Nr. 115) als Getränk für diese besonderen Verbrauchergruppen eignen. Daher verbietet die LMBVV die Verwendung von Zucker, Honig usw. bei ihrer Herstellung, ferner müssen sie praktisch frei von gesundheitlich bedenklichen Stoffen sein. Als Kräuter- und Früchtetees gelten auch Extrakte, die noch der Zubereitung mit Wasser bedürfen. Die LMBVV enthält darüber hinaus Vorschriften, wie diese Getränke gekennzeichnet werden müssen, zB mit dem Hinweis, ab welchem Alter sie verwendet werden können. Die LMBVV dient der Durchführung der Verordnung (EU) 609/2013 v. 12.6.2013 über Lebensmittel für Säuglinge und Kleinkinder, Lebensmittel für besondere medizinische Zwecke und Tagesrationen für gewichtskontrollierende Ernährung (ABl. EU 2013 L 181, 35). → Lebensmittel für bestimmte Verbrauchergruppen, → Säuglingsnahrung.

Kraftfahrer
→ Fahrerlaubnis, → Fahrgastbeförderung, → Haftung (2), → Kraftfahrzeug-Haftpflichtversicherung.

Die Kraftfahrer und Beifahrer bestimmter Fz. zur Güter- und Personenbeförderung (→ Fahrpersonal) benötigen ein Mindestalter und haben Lenk- und Ruhezeiten einzuhalten und zum Nachweis (→ Kontrollgerät, → Fahrtschreiber) aufzuzeichnen. Die einzelnen Regelungen enthalten die RL 2003/59/EG vom 15.7.2003 (ABl. EG 2003 L 226, 4), die durch das Berufskraftfahrer-Qualifikations-Gesetz (BKrFQG) vom 14.8.2006 (BGBl. 2006 I 1958) umgesetzt wird, die RL 2002/15/EG v. 11.3.2002 (ABl. EG 2002 L 80, 35), die durch das Gesetz zur Regelung der Arbeitszeit von selbständigen Kraftfahrern vom 11.6.2012 (BGBl. 2012 I 1479) umgesetzt wird, die VOen VO 561/2006/EG v. 15.3.2006 (ABl. EG 2006 L 102, 1) und VO 165/2014/EU vom 4.2.2014 (ABl. EU 2014 L 60, 1) für den Verkehr im EU-Bereich, das Europ. Übereinkommen über die Arbeitszeit des im internat. Straßenverkehr beschäftigten Fahrpersonals (AETR) vom 1.7.1970 (G v. 31.7.1985, BGBl. 1985 II 889 mÄnd) für den grenzüberschreitenden Verkehr in Vertragstaaten, die nicht EU-Mitglied sind, und die Fahrpersonal-VO (FPersV) v. 27.6.2005 (BGBl. 2005 I 1882) für den Verkehr im Bundesgebiet mit weiteren, von den VOen nicht erfassten Fahrzeugen. Daneben gelten subsidiär die arbeits-, sozial- und tarifrechtlichen Bestimmungen (s. → Arbeitszeit). Sa → Fahrtätigkeit.

Kraftfahrstraßen
sind gekennzeichnete Schnellstraßen, die nur von Kfz mit mehr als 60 km/h Höchstgeschwindigkeit benutzt werden dürfen (§ 18 I StVO). Sa → Autostraßen, → Fahrgeschwindigkeit, → Vorfahrt.

Kraftfahrt-Bundesamt
Das Kraftfahrt-Bundesamt in Flensburg ist die Bundesoberbehörde für den Straßenverkehr (Gesetz v. 4.8.1951, BGBl. 1951 I 488 mÄnd). Es ist nach § 2 des Gesetzes ua zuständig: für Typgenehmigung und Typprüfung von Fahrzeugen und Fz.-Teilen, Akkreditierung von Stellen, die Fahrzeuge und Fz.-Teile prüfen; Führung von → Fahreignungsregister, → Zentralem Fahrzeugregister und → Zentralem Fahrerlaubnisregister; Erstellung, Veröffentlichung und Auswertung von Verkehrsstatistiken; Zusammenarbeit mit Stellen anderer Staaten oder der EU auf den Gebieten des Straßenverkehrs und des Kraftfahrwesens. Die Einzelheiten, insbes. die Übermittlung von Daten aus Registern, sind in zahlreichen Gesetzen und VOen zum Straßenverkehr geregelt.

Kraftfahrzeug
Ein Kraftfahrzeug iSd Straßenverkehrsrechts ist ein maschinell getriebenes, nicht an Bahngleise gebundenes Landfahrzeug (§ 1 II StVG, § 1 Nr. 1 FZV). Die Rechtsvorschriften für die Inbetriebnahme und Benutzung sind insbes. im StraßenverkehrsG (StVG), in der Straßenverkehrsordnung (StVO), der Straßenverkehrs-Zulassungs-Ordnung (StVZO), der Fahrzeug-ZulassungsVO (FZV) und der Fahrerlaubnis-VO (FeV) enthalten. S. insbes. → Zulassung von Kfz., → Kennzeichen am Kfz., → Lastkraftwagen, → Omnibusse, → Personenkraft-

wagen, → Anhänger, → Krafträder, → Elektromobilität, → Fahrerlaubnis, → Auslandsführerschein, → Internat. Kraftfahrzeugverkehr, → unbefugter Gebrauch von Fz. u. bei den folgenden Stichworten. Zu den Kraftfahrzeugen gehören auch → Elektrokleinstfahrzeuge (E-Scooter, Elektroroller). Kein Kraftfahrzeug ist dagegen ein → Elektrorad, wenn es die Merkmale gem. § 1 III StVG aufweist.

Kraftfahrzeugbrief
→ Fahrzeugbrief.

Kraftfahrzeugführer
→ Fahrzeugführer, → Kraftfahrer, → Alkoholverbot für Fahranfänger.

Kraftfahrzeug-Haftpflichtversicherung
1. Der → Halter eines Kfz (oder Anhängers) mit regelmäßigem Standort im → Inland ist nach dem PflichtversicherungsG (PflVG) zum Abschluss einer Kraftfahrzeug-Haftplichtversicherung für sich, den Eigentümer und den Fahrer zwecks Deckung der durch das Kfz verursachten Personen- und Sachschäden verpflichtet, wenn das Kfz auf öffentlichen Wegen verwendet wird.

a) Die Mindesthöhe der Versicherung beträgt pro Schadensfall 7,5 Mio EUR für Personenschäden, 1,3 Mio EUR für Sachschäden und 50 000 EUR für sonstige reine Vermögensschäden (Anlage zu § 4 II PflVG; für → Omnibusse gelten höhere Sätze). Der Versicherungsabschluss ist vor → Zulassung des Kfz. nachzuweisen; bei zulassungsfreien → Kleinkrafträdern, → Fahrrädern mit Hilfsmotor und elektronischen → Mobilitätshilfen genügt ein Versicherungskennzeichen. Besteht keine Versicherung mehr, hat der Versicherer dies der Zulassungsbehörde anzuzeigen und der Halter hat das Kfz außer Betrieb setzen zu lassen (→ Abmeldung von Kfz) oder die Zulassungsbehörde hat das Kfz außer Betrieb zu setzen. Der Gebrauch eines nicht versicherten Kfz auf öffentlichen Straßen oder die Gestattung des Gebrauchs ist strafbar (§ 30 iVm § 6 PflVG) und kann bei Vorsatz zur Einziehung des Kfz (→ Einziehung im Strafverfahren) und zur Entziehung der → Fahrerlaubnis führen.

b) Der Versicherungsschutz beginnt mit Einlösung des Versicherungsscheins oder vorläufiger Deckungszusage. Die Anerkennung der Leistungspflicht im Schadensfall oder ihre Ablehnung durch den Versicherer berechtigen beide Teile zur Kündigung des Versicherungsvertrags binnen 1 Monat, § 111 VVG. Der Versicherte hat die Allgemeinen Bedingungen für die Kfz-Versicherung (AKB) einzuhalten (→ Versicherungsbedingungen). Insbes. ist er zur Anzeige eines Schadensereignisses binnen 1 Woche, zu wahrheitsgemäßen Auskünften über den Hergang und Vorlage von Nachweisen sowie zur Schadensabwendung oder -minderung verpflichtet. Der Versicherungsschutz ist nicht dadurch ausgeschlossen, dass der Versicherte das Schadensereignis verschuldet hat, regelmäßig auch nicht bei grober Fahrlässigkeit; anders zB bei vorsätzlichem gesetz- oder vorschriftswidrigem Handeln, s. zB → Fahren ohne Führerschein.

c) § 115 VVG räumt dem geschädigten Dritten (neben dem für den Schaden haftenden Versicherten) einen Direktanspruch gegen den Versicherer ein; Versicherter und Versicherer haften als Gesamtschuldner (→ Gesamtschuld). Der Versicherer kann dem Geschädigten nicht entgegenhalten, dass er von der Leistungspflicht frei ist, weil der Versicherte gegen den Versicherungsvertrag verstoßen, zB keine Unfallanzeige erstattet oder unrichtige Angaben gemacht hat. Der Versicherer muss dem Dritten innerhalb von drei Monaten ein Schadensersatzangebot machen oder eine begründete Antwort auf in dem Antrag enthaltenen Darlegungen geben, § 3a PflVG. Ist der Versicherer oder der Halter des Kfz nicht bekannt, kann sich der Dritte unter bestimmten Voraussetzungen an eine Auskunftsstelle gem. § 8a PflVG wenden.

d) Kann bei einem Unfall im Inland das Unfallfahrzeug nicht ermittelt werden oder besteht keine Kraftfahrzeug-Haftpflichtversicherung und erlangt der Geschädigte infolgedessen keinen Schadensersatz, so kann er binnen drei Jahren Ansprüche, die ihm gegen den Fahrer, Halter oder Eigentümer des Kfz zustehen, gegen den Entschädigungsfonds für Schäden aus Kraftfahrzeugunfällen geltend machen (§ 12 PflVG), dessen Aufgaben der Verkehrsopferhilfe e. V. in Berlin übertragen sind (§ 24 PflVG).

e) Bei einem Auslandsunfall in einem EU- oder EWR-Staat kann der Geschädigte, der seinen Wohnsitz im Inland hat, seine Ansprüche gegen die Entschädigungsstelle gem. § 15 PflVG (Verkehrsopferhilfe e. V. Berlin) geltend machen, wenn der Versicherer keine Antwort auf den Schadensersatzantrag erteilt oder keinen Schadensregulierungsbeauftragten im Inland bestellt hat oder das Kfz oder der Versicherer nicht zu ermitteln ist.

f) Sa → Rechtsschutzversicherung, → Rückvergütung, → Straßenverkehrshaftung, → Kaskoversicherung.

2. Für ausländische Kfz gilt das Auslandsfahrzeug-Pflichtversicherungsgesetz (AuslPflVG) v. 11.4.2024 (BGBl. 2024 I Nr. 119). Dabei besteht für Kfz aus den Mitgliedstaaten der EU ein weitgehend harmonisierter Rechtsrahmen aufgrund der Richtlinie (EU) 2021/2118 v. 24.11.2021 (ABl. EU L 430 vom 2.12.2021, S. 1). Für Kfz der ausländischen → Streitkräfte gilt Art. 11 des Zusatzabkommens zum NATO-Truppenstatut v. 3.8.1959 (BGBl. 1961 II 1218).

Kraftfahrzeughaftung
→ Straßenverkehrshaftung, → Gefährdungshaftung, → Gefälligkeitsfahrt, → Kraftfahrzeug-Haftpflichtversicherung.

Kraftfahrzeughalter
→ Halter eines Kraftfahrzeugs, → Straßenverkehrshaftung (2), → Kraftfahrzeug-Haftpflichtversicherung.

Kraftfahrzeughandel
Der Kraftfahrzeughandel durch auf den Handel mit Gebrauchtwagen spezialisierte Betriebe unterliegt als → Gebrauchtwarenhandel den gewerberechtlichen Beschränkungen für → überwachungsbedürftige Gewerbe.

Kraftfahrzeugrennen, verbotene
→ Verbotene Kraftfahrzeugrennen.

Kraftfahrzeugschein
→ Zulassung von Kraftfahrzeugen.

Kraftfahrzeugsteuer (KraftSt)
1. Rechtsgrundlage ist das Kraftfahrzeugsteuergesetz (KraftStG) idF v. 26.9.2002 (BGBl. 2002 I 3818). Zugehörige Rechtsverordnung (Art. 80 GG) ist die KraftSt-Durchführungsverordnung idF v. 26.9.2002 (BGBl. 2002 I 3856). Die KraftSt ist eine Verkehrsteuer. Die Ertragshoheit steht seit 1.7.2009 dem Bund zu (zuvor den Ländern). Die Länder erhalten hierfür als Kompensation einen jährlichen Festbetrag in Höhe von rund 9 Milliarden Euro.

2. Die KraftSt wird erhoben für das Halten eines Kraftfahrzeugs oder Kfz-Anhängers zum Verkehr auf öffentlichen Straßen, die Zuteilung eines Kennzeichens für Probe- und Überführungsfahrten und die widerrechtliche Benutzung auf öffentlichen Straßen (§ 1 KraftStG). Steuerbefreiungen bestehen ua für nicht zulassungspflichtige Kfz und für bestimmte Kfz von Bund und Ländern, Gemeinden, Polizei und Körperbehinderten (§§ 3, 3a KraftStG).

3. Steuerschuldner ist die Person, für welche das Kraftfahrzeug zugelassen ist; bei widerrechtlicher Benutzung jeder Benutzer; bei gebietsfremden Fahrzeugen, wer das Fahrzeug im Inland benutzt; bei rotem Kennzeichen der, dem es zugeteilt ist (§ 7 KraftStG).

4. Bemessungsgrundlage für die KraftSt ist bei Krafträdern und Personenkraftwagen grundsätzlich der Hubraum, bei Personenkraftwagen sind zusätzlich die Schadstoffemissionen und Kohlendioxidemissionen zu beachten. Bei anderen Fahrzeugen ist auf das zulässige Gesamtgewicht, die Anzahl der Achsen und Schadstoff- und Geräuschemissionen abzustellen (§ 8 KraftStG). Seit 11.12.1999 ist für Fahrzeuge mit einem zulässigen Gesamtgewicht von nicht mehr als 2500 kg die sog. EG-Abgasrichtlinie zu beachten. Die Abgasgrenzwerte für Kohlenmonoxid, Stickoxyde und Kohlenwasserstoffe sinken mit den Reglements Euro-3 vom Jahr 2000 an und Euro-4 vom Jahr 2005 an auf etwa ein Drittel der vor dem 1.1.2000 maßgeblichen Werte. Die Schadstoffemission wird in der Schlüsselnummer im Fahrzeugschein ausgewiesen. Fahrzeuge mit hohem Schadstoffausstoß werden höher belastet.

5. Ab 1.7.2009 neu zugelassene Fahrzeuge werden nach dem Schadstoffausstoß besteuert. Maßgeblich ist dann in erster Linie der Kohlendioxidausstoß und damit der Verbrauch eines Pkw. Dabei ist ein linearer, an der Kohlendioxid-Emission orientierter Tarif mit einem Steuersatz von 2 EUR je g/km vorgesehen. Eine Basismenge von Kohlendioxidausstoß bleibt steuerfrei. Bis zum 31.12.2011 war dies eine Menge von 120g/km. Dieser Betrag reduzierte sich für 2012 und 2013 auf 110g/km und beträgt seit 1.1.2014 noch 95g/km. Der Hubraum eines Pkw sowie die Antriebsart – Diesel oder Benziner – bleiben im Rahmen eines Sockelbetrages weiter Teil der Bemessungsgrundlage. Durch diese Neuregelung werden kleinere, sparsame Fahrzeuge begünstigt.

6. Bei ab dem 1.1.2021 zugelassenen Fahrzeugen wird der Kohlendioxidausstoß bei der Steuerbemessung noch stärker berücksichtigt, um Anreize für eine möglichst klimaschonende Mobilität zu setzen. Im Bereich von 96 bis 115g/km Kohlendioxidausstoß beträgt der Steuersatz zukünftig 2,00 EUR je g/km, im Bereich von 116 bis 135g/km Kohlendioxidausstoß 2,20 EUR je g/km, im Bereich von 136 bis 155g/km Kohlendioxidausstoß 2,50 EUR je g/km, im Bereich von 156 bis 175g/km Kohlendioxidausstoß 2,90 EUR je g/km, im Bereich von 176 bis 195g/km Kohlendioxidausstoß 3,40 EUR je g/km, im Bereich ab 195g/km Kohlendioxidausstoß 4,00 EUR je g/km.

7. Verfahren: Der Halter eines inländischen Kfz hat dieses über die Zulassungsbehörde beim Finanzamt, der eines ausländischen bei der Zollstelle anzumelden (§§ 3, 10 ff. KraftStDV). Es handelt sich dabei um eine Steuererklärung. Das Finanzamt (die Zollstelle) setzt die Steuer fest und gibt sie dem Steuerschuldner durch einen Steuerbescheid bekannt (§ 12 I KraftStG). Eine Steuerkarte erhalten nur die Halter nicht im Inland zugelassener Fahrzeuge. Die Steuer wird grundsätzlich unbefristet festgesetzt, es sei denn, der Zeitpunkt der Beendigung der Steuerpflicht steht fest. Es handelt sich daher um einen Dauerbescheid. Die KraftSt ist idR jährlich im voraus zu entrichten (§ 11 KraftStG); vgl. auch → Steuerkarte (2).

8. Befreiungen: Das Halten von Personenkraftwagen, die Elektrofahrzeuge sind, ist seit dem 1.1.2017 für die Dauer von zehn Jahren ab dem Tag der erstmaligen Zulassung (zuvor: für fünf Jahre seit dem 1.1.2016) von der Steuer befreit. Die zehnjährige Befreiung gilt auch für Fahrzeuge, die in der Zeit vom 18.5.2016 bis zum 31.12.2020 verkehrsrechtlich genehmigt zu reinen Elektrofahrzeugen umgerüstet wurden. Auch vom 1.1.2020 bis 31.12.2025 erstzugelassene Elektrofahrzeuge werden für zehn Jahre, höchstens aber bis zum 31.12.2030, von der KraftSt befreit.

Kraftfahrzeugvermietung an Minderjährige
→ Autovermietung an Minderjährige.

Kraftfahrzeugversicherung
Zur Deckung von Schäden, die beim Betrieb eines Kfz entstehen können, kommen insbes. in Betracht die für die meisten Kfz gesetzlich vorgeschriebene → Kraftfahrzeug-Haftpflichtversicherung, ferner die → Kaskoversicherung und die → Insassenunfallversicherung. Sa → Gefälligkeitsfahrt.

Kraftloserklärung
Kraftloserklärung von Urkunden → Aufgebotssachen.

Kraftomnibusse
→ Omnibusse.

Krafträder
sind zweirädrige → Kraftfahrzeuge, auch mit → Beiwagen (vgl. § 6 FeV, § 2 Nr. 9 FZV). Nach der Leistung werden unterschieden leistungsunbeschränkte Krafträder, → Leicht-Krafträder, → Klein-Krafträder und → Fahrräder mit Hilfsmotor, zu denen Mofa und Leichtmofa gehören. Demgemäß gelten die Vorschriften für mehrspurige Kfz nicht für alle Krafträder und sind zudem bei Bauart und Ausrüstung deren Besonderheiten angepasst. Leistungsunbeschränkte Krafträder und Leicht-Krafträder benötigen die → Zulassung von Kfz (§ 3 I FZV), die anderen Krafträder sind zulassungsfrei (§ 3 II Nr. 1 Buchst. c, d FZO). Leistungsunbeschränkte Krafträder und Leicht-Krafträder müssen amtliche → Kennzeichen am Kfz führen, bei den anderen Krafträdern genügt ein Versicherungskennzeichen (§ 3 III FZV). Zum Führen der Krafträder ist mit Ausnahme von Mofa und Leichtmofa, für die eine Prüfbescheinigung ausreicht, die jeweils vorgeschriebene → Fahrerlaubnis erforderlich. Sie kann für leistungsunbeschränkte Krafträder auch im Aufstieg erworben werden (→ Stufenführerschein).

→ Beiwagen dürfen nur in amtlich genehmigter Bauart ausgeführt werden. Für → Soziusfahrer müssen ein besonderer Sitz, ein Handgriff und auf beiden Seiten Fußstützen eingebaut sein. Vgl. §§ 50 II StVZO, § 53 I, II StVZO, § 54 IV StVZO, §§ 56, 61 III StVZO, § 10 FZV, § 21 I StVO, § 21a II StVO. Sa → Schutzhelm.

Kraftstoffe
Die Verordnung über die Beschaffenheit und die Auszeichnung der Qualitäten von Kraft- und Brennstoffen (10. BImSchV) v. 8.12.2010 (BGBl. I S. 1849) enthält die biochemischen Voraussetzungen von Kraft- und Brennstoffen, wie etwa von Super, Super Plus und → Super E10, aber auch von Autogas, Erdgas, Biogas und Schiffsdiesel. In vielen Fällen verweis die 10. BImSchV hierfür auf DIN-Normen. Sie schreibt ferner vor, wie die Kraft- und Brennstoffe an einer Zapfsäule ausgezeichnet werden müssen. → alternative Kraftstoffe, → Biokraftstoff, → strombasierte Kraftstoffe.

Kraftverkehrsunternehmer
Kraftverkehrsunternehmer betreiben → Gütertransport oder → Personenbeförderung auf der Straße. Für die Tätigkeit von Kraftverkehrsunternehmern gelten die harmonisierten Rahmenbedingungen der VO (EG) 1071/2009 v. 21.10.2009 (ABl. EG 2009 L 300, 51) zur Festlegung gemeinsamer Regeln für die Zulassung zum Beruf des Kraftverkehrsunternehmers. Er muss seine tatsächliche, dauerhafte Niederlassung in der EU haben, zuverlässig, finanziell leistungsfähig und geeignet sein. Diese Anforderungen werden in den Art. 5 ff. VO (EG) 1071/2009 und den Anhängen detailliert festgelegt. Die VO (EG) 1071/2009 regelt darüber hinaus die gegenseitige Anerkennung von bestehenden Zulassungen sowie die Überwachung der Kraftverkehrsunternehmer.

Kraft-Wärme-Kopplung
1. Kraft-Wärme-Kopplung ist nach § 2 Nr. 13 Kraft-Wärme-Kopplungsgesetz (KWKG 2023) v. 21.12.2015 (BGBl. 2015 I 2498 mÄnd) die gleichzeitige Erzeugung von Strom und Nutzwärme in einer ortsfesten Anlage. Dabei werden aus der eingesetzten Primärenergie (zB Abfall, Diesel, Gas, Holz, Kohle, Pflanzenöl) Strom und Nutzwärme gewonnen. Eigentlich sollte man daher von Strom-Wärme-Kopplung sprechen. Die Energieeffizienz von KWK-Anlagen ist hoch, weil die oft verlorene Abwärme zumindest teilweise in Nutzwärme umgewandelt wird. Zweck des KWKG 2023, das zum → Energierecht gehört, ist es, im Interesse der Energieeinsparung sowie des → Klimaschutzes und → Umweltschutzes die Transformation zu einer nachhaltigen und treibhausgasneutralen Energieversorgung zu unterstützen. Daher wird die Kraft-Wärme-Kopplung nach dem KWKG 2023 gefördert. Diese Förderung erfolgt durch eine Anschluss- und Abnahmepflicht sowie einen finanziellen Zuschlag und ähnelt der Förderung der → erneuerbaren Energien.

2. Stromnetzbetreiber sind nach § 3 KWKG 2023 verpflichtet, KWK-Anlagen an ihr Netz anzuschließen und den in ihnen erzeugten Strom physikalisch abzunehmen, dh ihn weiter zu transportieren. Dadurch haben KWK-Anlagenbetreiber die Garantie, dass sie ihren KWK-Strom verkaufen können. Betreiber von KWK-Anlagen mit einer Leistung von mehr als 100 kW müssen den erzeugten Strom entweder direkt vermarkten, also selbst verkaufen, oder selbst verbrauchen, bei weniger Leistung können Anlagenbetreiber zusätzlich auch die Abnahme durch den Netzbetreiber verlangen (§ 4 KWKG 2023). Für KWK-Strom aus neuen, modernisierten, nachgerüsteten oder innovativen Anlagen, die als Primärenergie zB Abfall, Abwärme, Biomasse, gasförmige oder flüssige Brennstoffe, nicht aber Kohle, verwenden, müssen Netzbetreiber dem KWK-Anlagenbetreiber ferner einen finanziellen Zuschlag zahlen, der zwischen 1–8

Cent pro Kilowattstunde liegt (§§ 5–7 KWKG 2023). Die Zuschläge werden idR für eine bestimmte Anzahl von Vollbenutzungsstunden gezahlt und entweder gesetzlich festgesetzt oder durch → Ausschreibung ermittelt (§ 8a KWKG 2023). Zusätzlich gibt es für bestimmte KWK-Anlagen finanzielle Boni, etwa für elektrische Wärmeerzeuger und für die Umstellung von KWK-Anlagen, die als Primärenergie Kohle verwenden, auf andere Energien (§ 7c KWKG 2023: Kohleersatzbonus). Durch finanzielle Zuschläge des Übertragungsnetzbetreibers werden auch Neu- und Ausbau von → Wärme- und Kältenetzen sowie Wärme- und Kältespeichern gefördert (§§ 18 ff. KWKG 2023). Nach dem Abwälzungsprinzip werden die Kosten dieser KWK-Förderung vom Letztverbraucher in Form der KWKG-Umlage nach dem → Energiefinanzierungsgesetz getragen (§ 26 KWKG 2023). Zuständig sind das → Bundesamt für Wirtschaft und Ausfuhrkontrolle sowie die → Bundesnetzagentur.

Krankenbehandlung
können Versicherte der gesetzlichen → Krankenversicherung in Anspruch nehmen, wenn sie erforderlich ist, um eine → Krankheit zu erkennen, zu heilen, ihre Verschlimmerung zu verhüten oder Krankheitsbeschwerden zu lindern. Die Krankenbehandlung umfasst ärztliche Behandlung, zahnärztliche Behandlung, → psychotherapeutische Behandlung, Versorgung mit Arznei-, Verband-, Heil- und Hilfsmitteln, → häusliche Krankenpflege und → Haushaltshilfe, → Krankenhausbehandlung, medizinische und ergänzende Leistungen zur Rehabilitation sowie Belastungserprobung und Arbeitstherapie (§ 27 SGB V). Unter bestimmten Voraussetzungen gehören außerdem auch medizinische Maßnahmen zur Herbeiführung einer Schwangerschaft (künstliche Befruchtung) zu den Leistungen der Krankenbehandlung (§ 27a SGB V). Es besteht ein Rechtsanspruch auf die Einholung einer Zweitmeinung (§ 27b SGB V). Einzelheiten zur ärztlichen und zahnärztlichen Behandlung sind in § 28 SGB V geregelt.

Krankengeld
1. Krankengeld ist eine Entgeltersatzleistung der gesetzlichen → Krankenversicherung mit dem Zweck, den durch die → Arbeitsunfähigkeit ausfallenden Lohn zu ersetzen. Es beträgt 70 vH des Regelentgelts und darf 90 vH des Nettoentgelts nicht übersteigen (§ 47 SGB V). Die Leistungsdauer ist bei Arbeitsunfähigkeit wegen derselben Krankheit auf 78 Wochen innerhalb von drei Jahren vom Beginn der Arbeitsunfähigkeit an beschränkt (§ 48 SGB V). Es ist für die gleiche Höchstdauer auch bei → Krankenhausbehandlung zu gewähren, ebenso bei stationärem Kur- oder Genesungsaufenthalt. Nach Ablauf eines Jahres erhöht es sich entspr. der letzten Rentenanpassung.

2. Krankengeld können Versicherte ferner in Anspruch nehmen, wenn es nach ärztlichem Zeugnis erforderlich ist, dass sie zur Betreuung ihres erkrankten Kindes, das das 12. Lebensjahr noch nicht vollendet hat, der Arbeit fernbleiben. Der Anspruch besteht für jedes Kind für längstens zehn Kalendertage, für alleinerziehende Versicherte längstens für 20 Arbeitstage im Jahr (§ 45 Abs. 2 SGB V). Unabhängig von der Zahl der Kinder ist der Anspruch allerdings auf 25 bzw. 50 (Alleinerziehende) Kalendertage im Jahr limitiert. In den Jahren 2024 und 2025 gilt eine abweichende Sonderregelung, wonach der Anspruch auf 15, max. 35 Tage und bei Alleinerziehenden auf 30, max. 70 Tage jährlich besteht. Für das Jahr 2023 bestand noch eine Sonderregelung zu § 45 SGB V in den Abs. 2a und 2b, wonach die Dauer der Inanspruchnahme des Kinderkrankengeldes verlängert wurde (auf bis zu 130 Tage für Alleinerziehende) Sofern dafür Kinderkrankengeld in Anspruch genommen wird, ruht der Anspruch nach § 56 Abs. 1a IfSG. Für Angehörige der Privaten Krankenversicherung existiert bislang keine vergleichbare Regelung zum Kinderkrankengeld. Grds. ist es zulässig, wenn beide Elternteile berufstätig sind, den Anspruch auf den Elternteil zu übertragen, der bereits die Höchstgrenze für die Kinderbetreuung ausgeschöpft hat. Dazu bedarf es des Einverständnisses des Arbeitgebers, der bereits den betreuenden Elternteil wegen der Erkrankung des Kindes freigestellt hat. Die Krankenkasse des anderen Elternteiles, der wegen beruflicher Unmöglichkeit die Betreuung nicht übernehmen kann, soll der anderen Krankenkasse ohne Einwände ersetzen (Besprechungsergebnis der Spitzenverbände der Krankenkassen vom 29.6.1994).

3. Bei Entgeltfortzahlung durch den Arbeitgeber (→ Entgeltfortzahlung im Krankheitsfall) ruht das Krankengeld in entspr. Höhe. Bei vorsätzlich herbeigeführter Erkrankung kann die Satzung für deren Dauer das Krankengeld ganz oder teilweise versagen (§§ 44–52 SGB V; §§ 8, 13 KVLG 1989). Obwohl bei der Spende von Organen, Blut oder Geweben eine Vorsätzlichkeit gegeben ist, führt diese nicht zum Ausschluss des Krankengeld (§ 44a SGB V).

4. Hauptberuflich selbständig Erwerbstätige haben seit der Einführung des → Gesundheitsfonds keinen Anspruch auf Krankengeld, es sei denn, sie haben ggü. der Krankenkasse erklärt, dass die Versicherung den Anspruch auf Krankengeld umfassen soll (Wahlerklärung § 44 II Nr. 2 SGB V). Das Krankengeld ist steuerfrei (§ 3 Nr. 1a EStG), unterliegt aber dem → Progressionsvorbehalt (§ 32b Nr. 1b EStG).

Krankengymnast
Krankengymnast ist die ehemalige Bezeichnung für → Physiotherapeut. Einzelheiten zum Beruf regelt das Masseur- und Physiotherapeutengesetz – MPhG.

Krankenhaus
Der Gesetzgeber definiert Krankenhäuser als Einrichtungen, in denen durch ärztliche und pflegerische Hilfeleistung Krankheiten, Leiden oder Körperschäden festgestellt, geheilt oder gelindert werden sollen oder Geburtshilfe geleistet wird und in denen die zu versorgenden Personen untergebracht und verpflegt werden können (§ 2 KHG). Dazu gehören auch die Universitätskliniken in denen darüber hinaus noch Aufgaben der Lehre und der Forschung übernommen werden. Krankenhäuser können sowohl in öffentlich-rechtlicher, gemeinnütziger oder privater Trägerschaft betrieben werden. Zur Genehmigungsbedürftigkeit gewerblicher Einrichtungen → Privatkrankenanstalten; zur Finanzierung → Krankenhausfinanzierung; sa → Preisrecht. Derzeit besteht noch eine Klassifizierung der Krankenhäuser in verschiedene Stufen (je nach Art der vorgehaltenen Leistungen). Aktuell ist eine Reform der Krankenhäuser in der Diskussion mit den Zielen: Entbürokratisierung, Entökonomisierung und Steigerung der Behandlungsqualität.

Krankenhausbehandlung
wird von der → Krankenversicherung gewährt, wenn sie erforderlich ist, um die Krankheit zu erkennen oder zu behandeln oder die Beschwerden zu lindern und dieses Ziel ambulant oder häuslich nicht erreicht werden kann. Eine zeitliche Begrenzung besteht nicht. Daneben ist uU → Krankengeld von der gesetzlichen Krankenkasse zu gewähren. Wählt der Versicherte ein anderes als das in der ärztlichen Einweisung bezeichnete Krankenhaus, muss er die Mehrkosten tragen. Handelt es sich um einen geplanten Eingriff, hat der Patient freies Wahlrecht. Die Anreise geht allerdings zu seinen Lasten. Vom Beginn der Krankenhausbehandlung an muss der Versicherte innerhalb eines Kalenderjahres für längstens 28 Tage an das Krankenhaus 10 EUR pro Tag Eigenbeteiligung zahlen (§§ 39, 61, 107, 108 SGB V; § 8 KVLG 1989). Eine Krankenhausbehandlung im Ausland ist zulässig, muss aber vorher von der → Krankenkasse genehmigt werden. Die Genehmigung wird nur dann erteilt, wenn die Krankenhausbehandlung dem Leistungskatalog der deutschen Krankenversicherung entspricht.

Krankenhausfinanzierung
Die Kosten der Errichtung und für den Erhalt von Krankenhäusern und der Anschaffung der dazugehörenden Wirtschaftsgüter (ohne Verbrauchsgüter) tragen grundsätzlich die Länder. Die Kosten des Betriebs werden von den Benutzern durch Pflegesätze getragen, die zwischen den Krankenhausträgern und den Sozialleistungsträgern mit behördlicher Genehmigung vereinbart werden (s. Krankenhausfinanzierungsgesetz – KHG idF v. 10.4.1991 (BGBl. 1991 I 886 mÄnd); Bundespflegesatzverordnung – BPflV vom 26.9.1994 (BGBl. 1994 I 2750 mÄnd); KrankenhausentgeltG (KHEntG) v. 23.4.2002 (BGBl. 2002 I 1412, 1422) mÄnd). Um die Kosten für die Krankenhäuser zu senken sind seit der Corona-Pandemie mehrere Hilfspakete des Bundes (zB Förderung von Krankenhäusern mir Geburtshilfe oder Energiehilfen) gestartet. Eine größere Krankenhausreform ist mittlerweile beschlossen; die Umsetzung soll bis 2029 erfolgt sein.

Krankenhausvertrag
Im Fall der stationären Behandlung schließen Patienten mit dem Krankenhausträger einen Krankenhaus(aufnahme)vertrag, der zu ärztlichen, pflegerischen und technischen Maßnahmen sowie Unterkunft und Verpflegung verpflichtet; der Krankenhausvertrag wird hinsichtlich der Behandlungsseite von §§ 630a ff. BGB (→ Behandlungsvertrag) erfasst. Es haben sich 3 Vertragstypen herausgebildet: totaler Krankenhausvertrag, der sämtliche Leistungen erfasst (gemischter Vertrag mit Elementen des Dienst-, Miet-, Werk- und Behandlungsvertrags; kommt auch mit Kassenpatienten zustande; gespaltender Krankenhausvertrag mit 2 Verträgen (Vertrag mit dem nicht am Krankenhaus angestellten Belegarzt, sa → Belegarztvertrag, über dessen ärztliche Leistungen sowie gemischter Vertrag mit dem Krankenhausträger über die sonstigen Leistungen); totaler Krankenhausvertrag und Arztzusatzvertrag (als Behandlungsvertrag) über wahlärztliche Leistungen mit einem liquidationsberechtigten Arzt (Chefarztbehandlung).

Krankenhilfe
war bis 31.12.2004 eine Leistung der → Sozialhilfe. An die Stelle der Krankenhilfe ist die → Hilfe zur Gesundheit gem. § 47 – § 52 SGB XII getreten (→ Sozialhilfe). Für die Krankenhilfe im Jugendhilfebereich gilt das SGB XII entsprechend (§ 40 SGB VIII).

Krankenkassen
Die Krankenkassen sind die Träger der gesetzlichen → Krankenversicherung. Sie gliedern sich in allgemeine → Ortskrankenkassen, → Betriebskrankenkassen, → Innungskrankenkassen, die → See-Krankenkassen, die → landwirtschaftlichen Krankenkassen, die → Bundesknappschaft und → Ersatzkassen (§§ 143 ff. SGB V). Die Krankenkassen sind Selbstverwaltungskörperschaften des öffentl. Rechts. Ihre Organe sind die Vertreterversammlung (erlässt die Satzung) und der → Vorstand (Vollzugsorgan). Für die Führung der laufenden Geschäfte besteht eine hauptamtliche Geschäftsführung mit einem vom Vorstand gewählten hauptamtl. Geschäftsführer an der Spitze (§§ 29 ff. SGB IV, siehe auch → Dienstordnung). Die Orts-, Betriebs- und Innungskrankenkassen sind zu Landesverbänden zusammengeschlossen (§§ 207 ff. SGB V). Verbandsaufgaben auf Bundesebene werden wahrgenommen vom Spitzenverband Bund der Krankenkassen (§§ 217a ff. SGB V) bzw. vom Spitzenverband der landwirtschaftlichen Sozialversicherung (§ 34 KVLG 1989).

Krankenkassenwahl
Grundsätzlich ist es möglich, die gesetzliche Krankenkasse im Rahmen der Vorgaben des § 173 SGB V zu wählen → Kassenwahl. Die gewählte Kasse darf die Mitgliedschaft nicht ablehnen (§ 175 SGB V). An die Krankenkassenwahl besteht eine zwölfmonatige Bindung.

Krankenpapiere
Einsicht, Herausgabe → Vorlegung von Sachen.

Krankenpflege
Leistungen der Krankenpflege werden in stationären Einrichtungen erbracht und als häusliche Krankenpflege. Auf diese Leistungen besteht ein Anspruch der Versicherten im Rahmen der Krankenbehandlung nach § 27 SGB V (→ Krankenversicherung, → Krankenbehandlung).

Krankenpflegeanstalten
Krankenpflegeanstalten sind genehmigungspflichtig. Zur Genehmigungsbedürftigkeit gewerblicher (→ Gewerbe) Kranken- und Pflegeeinrichtungen s. → Privatkrankenanstalten. Zu den Pflegesätzen in Krankenanstalten s. → Krankenhausfinanzierung, → Preisrecht, → Krankenhaus.

Krankenpfleger, -schwester
Krankenpfleger-, bzw. Krankenschwester sind die gebräuchlichen Bezeichnungen für den Beruf des Gesundheits- und Krankenpflegers. Für die Ausübung einer Tätigkeit unter der Berufsbezeichnung Gesundheits- und Krankenpfleger oder Gesundheits- und Krankenpflegerin war bis 31.12.2019 nach § 1 des Gesetzes über Berufe in der Krankenpflege (KrPflG) v. 16.7.2003 (BGBl. 2003 I 1442) mÄnd die Erlaubnis der von der LdReg. bestimmten Verwaltungsbehörde erforderlich. Voraussetzungen für die Erlaubnis war eine mindestens 3-jährige Ausbildung und Ablegung einer Prüfung (Ausbildungs- und PrüfungsO v. 10.11.2003, BGBl. 2003 I 2263, mÄnd). Seit 1.1.2020 gilt dazu das Pflegeberufegesetz mit dem die bisherigen Pflegeberufe (Alten-, Kranken-, Kinderkrankenpflege) zu einem einheitlichen Pflegeberuf zusammengefasst worden sind. Einzelheiten zur Ausbildung sind in der Pflegeberufe-Ausbildungs- und -Prüfungsverordnung – PflAPrV geregelt. Unbefugte Führung der Berufsbezeichnung ist gem. § 57 PflBG eine → Ordnungswidrigkeit. § 66 des Pflegeberufegesetzes regelt, dass vor dem 1.1.2020 begonnene Ausbildungen zum Krankenpfleger, -schwester fortgesetzt werden dürfen mit der Folge, dass die angestrebte Berufsbezeichnung geführt werden kann.

Krankenschein
Bis zum 31.12.1994 diente der Krankenschein in der gesetzlichen → Krankenversicherung als Ausweis der Versicherungszugehörigkeit und bildete die Grundlage für die ärztliche oder zahnärztliche Behandlung. Der Krankenschein ist ersetzt worden durch die → Krankenversichertenkarte (sa → elektronische Gesundheitskarte, → europäische Krankenversicherungskarte).

Krankenunterlagen
1. Für den Patienten besteht ein Einsichtsrecht in die Krankenunterlagen aus Vertrag, wenn ein solcher (wie meist) vorliegt (→ Behandlungsvertrag, Einsichtnahme in die Patientenakte, § 630g BGB), iÜ aus § 810 BGB, sonst aus Art. 2 GG (allg. Persönlichkeitsrecht); über Umfang und Beschränkungen sa → Vorlegung von Sachen.

2. Im Strafverfahren unterliegen Krankenunterlagen nicht der → Beschlagnahme gegen den Patienten, solange sie sich im Gewahrsam des Arztes befinden (§§ 97, 108 II StPO), aber im Strafverfahren gegen den Arzt.

3. Auf den Inhalt der Krankenunterlagen erstreckt sich die ärztliche Schweigepflicht (→ Berufsgeheimnis), deren Verletzung strafbar nach § 203 StGB ist. Diese Bestimmung ist auch bei einer → Praxisübergabe zu beachten. Bei der Datenverarbeitung sind vom Arzt die Vorschriften des Datenschutzes zu beachten, von den Sozialleistungsträgern die besonderen Vorschriften über → Sozialdaten (sa → Sozialgeheimnis). Gleichwohl ist die Übermittlung statthaft in den Fällen, in denen die Kenntnis der Krankheiten für die Entscheidung über beantragte Leistungen, zB über Rentenleistungen, notwendig ist (§ 76 II SGB X). Das Übermittlungsersuchen stützt sich dabei auf § 69 I SGB X. Der die Leistung Begehrende kann der Übermittlung widersprechen. In einem solchen Fall sind die → Mitwirkungspflichten des Antragstellers zu beachten (§ 65 SGB I).

Krankenvergütung
→ Entgeltfortzahlung im Krankheitsfall.

Krankenversichertenkarte
Die Krankenversichertenkarte, die jeder Versicherte der gesetzlichen → Krankenversicherung erhalten hat, ersetzte den früheren Krankenschein. Die Krankenversichertenkarte enthielt folgende Angaben: Bezeichnung der ausstellenden Krankenkasse, Name des Versicherten, Geburtsdatum, Anschrift, Krankenversichertennummer, Versichertenstatus, Tag des Beginns des Versicherungsschutzes und bei befristeter Gültigkeit der Karte, das Datum des Fristablaufs. Versicherte, die ärztliche oder zahnärztliche Behandlung in Anspruch nehmen wollen, hatten dem Arzt bzw. Zahnarzt vor Beginn der Behandlung ihre Krankenversichertenkarte vorzulegen; in dringenden Fällen konnte die Krankenversichertenkarte auch nachgereicht werden (§§ 15, 291 SGB V).

Die Krankenversichertenkarte wurde durch die → elektronische Gesundheitskarte ersetzt. Ab 1.1.2015 gilt ausschließlich nur die elektronische Gesundheitskarte.

Krankenversicherung
1. a) Die gesetzliche Krankenversicherung ist ein Versicherungszweig der → Sozialversiche-

rung mit der Aufgabe, Leistungen zur Förderung der Gesundheit (zB Aufklärung und Beratung), zur Verhütung von Krankheiten (zB zahnärztliche → Vorsorgeuntersuchungen, Vorsorgekuren), Früherkennungsuntersuchungen bei Erwachsenen (zB auf Krebs-, Herz-, Kreislauf-, Nieren- und Zuckererkrankungen) und bei Kindern, Krankenbehandlung (zB ärztliche und zahnärztliche Behandlung), → Arzneimittel, Heil- und Hilfsmittel, → häusliche Krankenpflege und → Haushaltshilfe, Behandlung im Krankenhaus (→ Krankenhausbehandlung), medizinische und ergänzende Leistungen zur Rehabilitation sowie → Belastungserprobung und Arbeitstherapie zu gewähren. Auch medizinische Leistungen zur Herbeiführung einer Schwangerschaft (→ künstliche Befruchtung) gehören zur Krankenbehandlung. Bei Entgeltausfall wird → Krankengeld gezahlt, ebenso sind Krankengeldzahlung an Eltern bei Erkrankung des Kindes möglich (Kinderkrankengeld). Leistungen werden ferner bei Schwangerschaft und Mutterschaft und legitimem Schwangerschaftsabbruch oder durch Krankheit erforderlicher → Sterilisation erbracht. Fahrtkosten werden seit 1.1.2004 nur noch in Ausnahmefällen und nach vorheriger Genehmigung durch die Krankenkasse erstattet (§§ 20 ff. SGB V; §§ 195 ff. RVO). Zum Leistungsumfang sa → Kostenbeteiligung der Versicherten; zur Art der Abrechnung der Leitungen sa → Kostenerstattung, → Sachleistungsprinzip.

b) Pflichtmitgliedschaft besteht für → Arbeiter und für → Angestellte bis zu einem regelmäßigen Arbeitseinkommen unterhalb der → Jahresarbeitsentgeltgrenze, ferner für bestimmte selbständige Berufe (zB Landwirte, Künstler, Publizisten), für eingeschriebene Hochschulstudenten und für Praktikanten während eines vorgeschriebenen Berufspraktikums (sofern nicht familienversichert) mit Befreiungsmöglichkeit zugunsten der Privatversicherung, des Weiteren für behinderte Menschen, die in Werkstätten für → behinderte Menschen tätig sind oder bestimmte Leistungen erbringen sowie für Rentenantragsteller und Rentner der gesetzlichen → Rentenversicherung bei Erfüllung bestimmter Voraussetzungen. Versicherungsfrei sind insbes. Beamte sowie vorübergehend oder unentgeltlich Beschäftigte (§§ 5–9 SGB V). Auch → freiwillige Versicherung ist möglich (sa → Krankenversicherung der Landwirte und → Rentnerkrankenversicherung). Träger der Krankenversicherung sind die → Krankenkassen. Der Beitrag zur Krankenversicherung wird bei pflichtversicherten Beschäftigten hälftig vom Versicherten und dem Arbeitgeber getragen (§ 249 SGB V). Der allgemeine Beitragssatz für das Jahr 2024 beträgt 14,6%, der durchschnittliche Zusatzbeitrag liegt bei 1,7%. Als Familienangehörige werden der Ehegatte sowie die Kinder beitragsfrei mitversichert, wenn sie nicht auf Grund einer Ausnahme nicht familienversichert werden können (§ 10 SGB V).

2. a) Die privatrechtliche Krankenversicherung ist eine Art der → Personenversicherung. Der Versicherer gewährt hier nach Maßgabe der → Versicherungsbedingungen und der Vereinbarungen im Einzelfall (Tarif) Versicherungsschutz durch Ersatz der Aufwendungen, die durch notwendige Heilungskosten wegen Krankheit oder Unfallfolgen (einschl. Schwangerschaft und Entbindung) entstehen. Krankheit ist dabei ein nach ärztlichem Urteil anormaler körperlicher oder geistiger Zustand. Die Krankheitskostenversicherung umfasst die notwendige ärztliche Behandlung (einschl. Arzneimittel, im gewissen Umfang Kuren, auch → künstliche Samenübertragung oÄ, nicht aber Schönheitsoperationen u. dgl.). Daneben kann auch eine Krankenhaustagegeldversicherung bei medizinisch notwendiger stationärer Heilbehandlung vereinbart werden (§ 192 VVG).

b) Für die privatrechtliche Krankenversicherung gelten die allg. Vorschriften des G über den → Versicherungsvertrag mit ergänzenden Sonderregelungen in §§ 192 ff. VVG. Jeder, der nicht in der gesetzlichen Krankenversicherung versichert oder versicherungspflichtig ist, ist grds. verpflichtet, eine Krankheitskostenversicherung abzuschließen, die mind. eine Kostenerstattung für ambulante und stationäre Heilbehandlung umfasst (§ 193 III VVG, → Pflichtversicherung). Der Versicherer muss allen freiwillig in der gesetzlichen Krankenversicherung Versicherten und allen dort nicht versicherungspflichtigen Personen eine Krankenversicherung zu einem bundesweit einheitlichen Basistarif anbieten, dessen Vertragsleistungen in Art, Umfang und Höhe den Leistungen der gesetzlichen Krankenversicherung vergleichbar sind; den Versicherten muss die Möglichkeit eingeräumt werden, → Selbstbehalte bis zu 1200 EUR jährlich zu vereinbaren (§ 193 V VVG, § 12 VAG).

c) Darüber hinaus werden dem Vertrag meist Allg. Bedingungen für die Krankenversicherung (AKVB, → Versicherungsbedingungen) zugrunde gelegt (für das Sterbegeld gelten die Vorschriften über die → Lebensversicherung). Danach ist der Versicherer regelmäßig von seiner Leistungspflicht frei, wenn die Krankheit bereits vor Beginn des Versicherungsverhältnisses oder vor Beendigung der Wartezeit bestanden hat (kein Rücktrittsrecht des Versicherers nach Ablauf von drei Jahren ab Verletzung der Anzeigepflicht). Eine → Wartezeit scheidet regelmäßig beim sofortigen Übergang von der → Sozialversicherung aus; sonst darf sie drei Monate nicht überschreiten (§ 197 VVG). Der Versicherungsnehmer kann ein auf unbestimmte Zeit oder auf mehr als ein Jahr abgeschlossenes Krankenversicherungsverhältnis zum Ende des ersten oder jedes darauf folgenden Jahres mit einer Frist von drei Monaten kündigen (§ 205 VVG). Der Versicherer kann die Krankenversicherung ordentlich nur innerhalb der ersten drei Versicherungsjahre kündigen (§ 206 VVG); bei Zahlungsverzug (→ Schuldnerverzug) trotz Fristsetzung des Versicherers hat dieser idR ein fristloses Kündigungsrecht und ist von der Leistungspflicht befreit. Sa → Rückvergütung, → Pflegeversicherung.

3. Leistungen aus der Krankenversicherung sind steuerfrei (§ 3 Nr. 1a EStG). → Krankengeld, → Sonderausgaben, 1d.

Krankenversicherung der Landwirte
Eine Pflichtmitgliedschaft bei der Krankenversicherung der Landwirte besteht insbesondere für land- und forstwirtschaftliche Unternehmer, mitarbeitende Familienangehörige und Altersrentenempfänger. Es handelt sich dabei um eine im deutschen Sozialversicherungssystem nur vereinzelt vorkommende echte Pflichtmitgliedschaft für Selbstständige. Die Leistungen entsprechen im Wesentlichen denen der allgemeinen → Krankenversicherung. Zusätzlich wird Betriebshilfe durch Stellung einer Ersatzkraft oder Kostenerstattung gewährt. Träger ist die bei der Sozialversicherung für Landwirtschaft, Forsten und Gartenbau errichtete landwirtschaftliche Krankenkasse. Rechtsgrundlage ist das Gesetz über die Krankenversicherung der Landwirte – KVLG 1989 – vom 20.12.1988 (BGBl. 1988 I 2477) m. spät. Änd. (sa → Betriebshilfe).

Krankenwagen
→ Fahrgastbeförderung, → Beleuchtung, → Vorfahrt.

Krankheit
im Sinne der gesetzlichen → Krankenversicherung ist ein regelwidriger Körper- oder Geisteszustand, der Behandlungsbedürftigkeit und/oder Arbeitsunfähigkeit zur Folge hat. Als Regelwidrigkeiten im Sinne dieser Definition sind zB angesehen worden Sucht (insbesondere Trunksucht), wenn ein Verlust der Selbstkontrolle eintritt und die zwanghafte Abhängigkeit ohne ärztliche Hilfe nicht gebessert oder auch nur vor Verschlimmerung bewahrt werden kann, Neurosen, wenn der Betroffene auch bei zumutbarer Willensanspannung aus eigener Kraft die seelische Störung nicht überwinden kann, sowie Dauerleiden, die wesentliche Funktionsstörungen verursachen. Auf die Ursache der Regelwidrigkeit kommt es nicht an. Behandlungsbedürftigkeit ist zu bejahen, wenn der regelwidrige Zustand nach den Regeln der ärztlichen Kunst einer Behandlung mit dem Ziel der Heilung, zumindest der Besserung oder der Verhütung der Verschlimmerung des Zustandes oder der Linderung von Schmerzen zugänglich ist. Arbeitsunfähigkeit liegt vor, wenn der Betroffene seiner bisher ausgeübten Erwerbstätigkeit nicht mehr oder nur noch auf die Gefahr hin nachgehen kann, seinen Zustand zu verschlimmern. Nicht jede Erkrankung bedeutet daher auch Arbeitsunfähigkeit.

Krankheit im Sinne der gesetzlichen → Rentenversicherung ist ein regelwidriger Körper- oder Geisteszustand; auf die Behandlungsbedürftigkeit oder eine aus der Regelwidrigkeit folgende Arbeitsunfähigkeit kommt es nicht an. Ähnliches gilt für die anderen Bereiche des Sozialrechts. Für die Gewährung von Leistungen zur Teilhabe ist das Vorliegen einer Krankheit Voraussetzung. Krankheit ist nicht gleichzusetzen mit einer vollen oder teilweisen → Erwerbsminderung.

Krankheit des Arbeitnehmers
Über die Auswirkungen auf den Arbeitsvertrag → Arbeitsverhältnis, → Entgeltfortzahlung im Krankheitsfall. In der gesetzlichen → Krankenversicherung ist die Krankheit des Arbeitnehmers ein → Versicherungsfall. Krankheit im sozialversicherungsrechtlichen Sinne ist jeder regelwidrige Körper- und Geisteszustand, der behandlungsbedürftig ist und/oder → Arbeitsunfähigkeit zur Folge hat; auch die Verletzung durch Unfall.

Krankheiten, übertragbare
→ Geschlechtskrankheiten, → übertragbare Krankheiten.

Krankheitsverhütung
Die Verhütung von Berufskrankheiten ist Aufgabe der gesetzlichen Unfallversicherung → Prävention, → Betriebliches Eingliederungsmanagement (§ 14 SGB VII) und die allgemeine Prävention – mittlerweile in großem Umfang – der gesetzlichen Krankenversicherung (§§ 11 I Nr. 2, 20 ff. SGB V). Die gesetzlichen Krankenkassen haben dazu in ihren jeweiligen Satzungen Leistungen zur Verhinderung und Verminderung von Krankheitsrisiken aufzunehmen sowie ein selbstbestimmtes und gesundheitsorientiertes Handeln ihrer Versicherten zu fördern. Die Kriterien für entsprechende Leistungen entwickelt der Spitzenverband Bund der Krankenkassen. Ein Beispiel für derartige Leistungen sind die Schutzimpfungen iSd § 20i SGB V. Sozialversicherungsträgerübergreifend wird von einer Nationalen Präventionskonferenz eine nationale Präventionsstrategie, bestehend aus Vereinbarungen zu übergreifenden Rahmenempfehlungen und der Fortschreibung des Präventionsberichts, erstellt.

Krankmeldung
→ Entgeltfortzahlung im Krankheitsfall.

Krawallschäden
→ Tumultschäden.

Kreationstheorie
→ Wertpapierrechtstheorien.

Kredit(vertrag)
→ Darlehensvertrag, → Verbraucherdarlehensvertrag, → Realkredit, → Personalkredit, → Kontokorrent.

Kreditanstalt für Wiederaufbau
1. Die Kreditanstalt für Wiederaufbau (KfW) wurde 1948 von den Besatzungsmäch-

ten gegründet, um die Gelder des Marshall-Planes zu verteilen. Sie ist eine Anstalt des öffentlichen Rechts im Besitz von Bund und Ländern und hat ihren Sitz in Frankfurt (§ 1 I KredAnstWiAG idF v. 23.6.1969, BGBl. 1969 I 573 mÄnd). Die KfW ist weder → Kreditinstitut oder → Finanzdienstleistungsinstitut (§ 2 I Nr. 2, VI Nr. 2 KWG) noch → Wertpapierinstitut (§ 3 I Nr. 3 WpIG) und unterliegt daher vorwiegend der Rechtsaufsicht durch das BMF (§ 12 KredAnstWiAG) und nur eingeschränkt der Bankenaufsicht (§ 12a KredAnstWiAG, § 2 II KWG). Die KfW-Verordnung (KfWV) v. 20.9.2013 (BGBl. 2013 I 3735 mÄnd) bestimmt, welche aufsichtsrechtlichen Vorschriften (→ Kreditinstitute, Aufsicht) gleichwohl auf sie Anwendung finden. Die KfW finanziert sich überwiegend durch Anleihen auf den internationalen → Kapitalmärkten (§ 4 KredAnstWiAG). Für ihre Verbindlichkeiten haftet der Bund (§ 1a KredAnstWiAG).

2. Ihre Aufgabe ist es heute, im staatlichen Auftrag Fördermaßnahmen, insbesondere Finanzierungen in den Bereichen Mittelstand, Freie Berufe, Existenzgründungen und Risikokapital, durchzuführen (§ 2 KredAnstWiAG). Ferner gehören zu ihren Aufgaben Fördermaßnahmen in den Bereichen Wohnungswirtschaft, Umweltschutz und entwicklungspolitische Zusammenarbeit sowie Export- und Projektfinanzierungen. Während der Corona-Krise hat die KfW verschiedene Maßnahmen des → Corona-Hilfspakets des Bundes durchgeführt, ebenso während der Finanzkrise 2008 (→ Wirtschaftsfonds für Deutschland). Nach § 6 Anlegerentschädigungsgesetz (→ Anlegerentschädigung) ist bei der KfW eine Entschädigungseinrichtung der → Wertpapierinstitute als nicht rechtsfähiges Sondervermögen des Bundes errichtet worden.

Kreditauftrag
ist ein Auftrag, im eigenen Namen und auf eigene Rechnung einem Dritten ein Darlehen oder eine Finanzierungshilfe zu gewähren, § 778 BGB. Auf den Kreditauftrag finden die Vorschriften über den → Auftrag Anwendung, meist liegt ein → Geschäftsbesorgungsvertrag vor; der Auftraggeber haftet aber dem Beauftragten daneben für die aus dem Darlehen oder der Finanzierungshilfe entstehende Verbindlichkeit des Dritten als → Bürge, jedoch wenn der Kreditauftrag für ihn ein Handelsgeschäft ist, ohne Einrede der Vorausklage (§ 349 HGB). → Akkreditiv.

Kreditauskunft
→ Raterteilung.

Kreditbetrug
(§ 265b StGB) begeht, wer im Zusammenhang mit einem Kreditgewährungsantrag über wirtschaftliche Verhältnisse unrichtige od. unvollständige Unterlagen (Bilanzen, Vermögensübersichten u. dgl.) vorlegt oder schriftlich unrichtige oder unvollständige Angaben macht, soweit es sich um für den Kreditnehmer günstige, entscheidungserhebliche Umstände handelt. Die Norm beinhaltet damit einen Vorfeldtatbestand des Betrugs (§ 263 StGB); sie setzt auf Seiten des Opfers keinen Irrtum und keinen Vermögensschaden voraus. Die Strafe ist Freiheitsstrafe bis zu 3 Jahren oder Geldstrafe. Die Vorschrift bezieht sich auf Kredite iwS (auch Bürgschaften u. dgl.), erfasst aber nur solche, die für einen kaufmännisch zu führenden Betrieb oder Unternehmen (auch freiberuflich, zB Arzt-, Anwaltspraxis) von einem ebensolchen Betrieb (Unternehmen) gewährt werden sollen. Die Tathandlung kann sich auch auf Belassung eines Kredits oder Konditionsänderung beziehen. Wer die Kredithergabe verhindert oder sich darum bemüht (→ tätige Reue), bleibt straflos.

Kreditbrief
ist eine → Anweisung, bei welcher der Anweisende (Aussteller des Kreditbriefs) den Anweisungsempfänger ermächtigt, sich beim Angewiesenen (meist Bank) unter Vorlage des Kreditbriefs Geldbeträge bis zu einem bestimmten Höchstbetrag auszahlen zu lassen.

Kreditbürgschaft
→ Bürgschaft.

Krediteröffnungsvertrag
→ Darlehensvertrag.

Kreditgefährdung
→ unerlaubte Handlung (2c).

Kreditgenossenschaft
→ Kreditverein, → Genossenschaft (1).

Kreditgeschäft
ist ein → Bankgeschäft iSv § 1 I 2 Nr. 2 KWG und beinhaltet die Gewährung von Gelddarlehen und Akzeptkrediten; → Verbraucherdarlehensvertrag, → Darlehensvertrag, → Bankakzept.

Kreditinstitute
1. a) Kreditinstitute sind nach § 1 I Gesetz über das Kreditwesen (KWG) idF v. 9.9.1998 (BGBl. 1998 I 2776) mÄnd Unternehmen, die → Bankgeschäfte gewerbsmäßig oder in einem Umfang betreiben, der einen in kaufmännischer Weise eingerichteten Geschäftsbetrieb erfordert. Der ursprüngliche Begriff der Bank hat keine juristische Bedeutung mehr.

b) Etwas enger definiert Art. 4 I Nr. 1 VO (EU) 575/2013 (→ Kreditinstitute, Aufsicht) den Begriff für das Europarecht: Kreditinstitute sind danach

- Unternehmen, deren Tätigkeit darin besteht, Einlagen oder andere rückzahlbare Gelder des Publikums entgegenzunehmen und Kredite für eigene Rechnung zu gewähren, und
- sehr große → Wertpapierinstitute, die auf Grund ihrer Systemrelevanz als Kreditinstitute angesehen und beaufsichtigt werden.

Kreditinstitute in diesem Sinne bezeichnet das KWG als CRR-Kreditinstitute (§ 1 IIId KWG). Damit ist gemeint, dass es sich um Kreditinstitute iSd zentralen Vorschrift des Aufsichtsrecht, nämlich der genannten VO (EU) 575/2013, der sog. Capital Requirements Regulation, handelt. Fast alle deutschen Banken sind CRR-Kreditinstitute.

2. Jeder gewerbliche Betrieb von Bankgeschäften unterliegt der Aufsicht. Die ca. 1.500 Kreditinstitute in Deutschland (per 2020) setzen sich zusammen aus Privatbanken, → Sparkassen, Genossenschaftsbanken (→ Volksbanken), Pfandbriefbanken, Kreditinstituten mit Sonderaufgaben und den → Bausparkassen. Wie Kreditinstitute werden → Finanzdienstleistungsinstitute behandelt, nicht aber → Finanzunternehmen. Nicht zu den Kreditinstituten iS des KWG zählen wegen der für sie bestehenden Sondervorschriften insbes. die Deutsche → Bundesbank, die → Kreditanstalt für Wiederaufbau, die Sozialversicherungsträger, die → Bundesagentur für Arbeit, → Kapitalverwaltungsgesellschaften, die privaten und öffentlichen → Versicherungsunternehmen sowie → Pfandleiher; für diese – mit Ausnahme der Bundesbank – gelten nur einzelne Vorschriften des KWG (vgl. § 2 KWG). Für → Zahlungsinstitute, → E-Geld-Institute und Wertpapierinstitute gelten eigene Regeln.

3. a) Der Betrieb eines Kreditinstituts unterliegt den Vorschriften des KWG einschließlich der europäischen Gesetze, insbes. der VO (EU) 575/2013; für bestimmte Arten von Kreditinstituten bestehen außerdem Sondervorschriften (zB → Pfandbriefbanken). Die Errichtung eines Kreditinstituts bedarf der schriftlichen Erlaubnis der Aufsichtsbehörde (§ 32 KWG), also der → Bundesanstalt für Finanzdienstleistungsaufsicht oder der → Europäischen Zentralbank (§ 1 V KWG), auf deren Erteilung ein Rechtsanspruch besteht, wenn keiner der in § 33 KWG genannten Versagungsgründe vorliegt (zB Fehlen der erforderlichen Mittel, Unzuverlässigkeit, mangelnde fachliche Eignung, fehlende organisatorische Vorkehrungen für geordneten Geschäftsbetrieb). Der Vermeidung von → Geldwäsche und → Terrorismusfinanzierung sowie der → Gewinnaufspürung dient das europäische Richtlinien umsetzende Geldwäschegesetz (GwG) idF v. 23.6.2017 (BGBl 2017 I 1822 mÄnd). Es normiert Sorgfaltspflichten der Kreditinstitute bei der Identitätsprüfung ihrer Kunden, fordert ein wirksames Risikomanagement und regelt das → Transparenzregister. Bestimmte Arten von Bankgeschäften sind generell verboten (Werksparkassen, Zwecksparunternehmen, § 3 KWG).

b) Für die Kreditinstitute gelten besondere Struktur- und Ordnungsvorschriften (VO (EU) 575/2013 sowie §§ 10–31 KWG), insbes. über Eigenmittel. Als Eigenmittel eines Kreditinstituts bezeichnet man die Summe aus Kern- und Ergänzungskapital. Kernkapital wiederum unterteilt sich in hartes und zusätzliches Kernkapital. Nach den auf → Basel III basierenden Eigenmittelvorschriften müssen Kreditinstitute nach Art. 92 VO (EU) 575/2013 Eigenmittel in Höhe von 8% des gewichteten Gesamtrisikobetrags besitzen, 4,5% davon hartes Kernkapital (zB eigene Aktien, Gewinne, sonstige Rücklagen). Zusätzlich ist ein Kapitalerhaltungspuffer aus hartem Kernkapital in Höhe von 2,5% vorgeschrieben (§ 10c KWG). Damit sollen Kreditinstitute ausreichend gegen Krisen gesichert werden. Einzelheiten regeln Verordnungen, etwa die Solvabilitätsverordnung (SolvV) v. 6.12.2013 (BGBl. 2013 I 4168) mÄnd. Weitere wichtige Regelungen gibt es zu Liquidität, Kreditgeschäft (dazu auch Großkredit- und MillionenkreditV v. 6.12.2013, BGBl. 2013 I 4183 mÄnd), → Refinanzierungsregister, Werbung, Anzeigen, Verhinderung von Geldwäsche und Terrorismusfinanzierung, Rechnungslegungsunterlagen und ihre Offenlegung und Prüfung (dazu PrüfungsberichtsVO v. 11.6.2015 (BGBl. 2015 I 930) mÄnd). Vergütungssysteme müssen angemessen und transparent sein (§ 25a KWG, dazu Institutsvergütungsverordnung (InstitutsVergV) v. 16.12.2013, BGBl. 2013 I 4270, mÄnd). Grds. darf die jährliche variable Vergütung (zB Boni) nicht höher sein als die fixe Vergütung. Zur Führung der Bezeichnung „Bank", „Bankier", „Volksbank" oder „Sparkasse" sind nach §§ 39 ff. KWG grundsätzlich nur Kreditinstitute befugt, die eine Erlaubnis nach § 32 KWG besitzen. Für Kreditinstitute aus den EU-Staaten gilt durchgehend das Prinzip der „Heimatlandkontrolle", dh deutsche Kreditinstitute können Zweigstellen in anderen EU-Mitgliedstaaten frei gründen, während umgekehrt Zweigstellen von Banken aus anderen EU-Mitgliedstaaten keinen inländischen Zugangsbeschränkungen mehr unterliegen; es bestehen aber Anmeldepflichten und Beaufsichtigungsmöglichkeiten (§ 53b KWG, sog. Europäischer Pass für Kreditinstitute).

4. Siehe zu Sondervorschriften über → Bilanz und → Jahresabschluss von Kreditinstituten §§ 340 ff. HGB, zur Mindestreservepflicht → Mindestreserven, zu den Kundeninformationspflichten der Kreditinstitute → Überweisungsvertrag und zur Sanierung → Kreditinstitute, Sanierung und Abwicklung.

Kreditinstitute, Aufsicht
Die Aufsicht über → Kreditinstitute in der Euro-Zone ist zweigeteilt, folgt aber einheitlichen Regeln (→ Bankenunion). Man spricht vom einheitlichem Aufsichtsmechanismus (Single Supervisory Mechanism (SSM)), nach dem die Aufsicht über systemrelevante (bedeutende) Institute seit 2014 bei der → Europäischen Zentralbank (EZB) liegt, im Übrigen bei den nationalen Aufsichtsbehörden verbleibt. Die wichtigste Vorschrift hierzu ist die VO (EU) 1024/2013 v. 15.10.2013 (ABl. EU 2013 L 287, 63) zur Übertragung besonderer Aufgaben im Zusammenhang mit der Aufsicht

über Kreditinstitute auf die EZB (sog. Single Supervisory Regulation (SSR)). Ihr hat der deutsche Gesetzgeber wegen der Rechtsprechung des BVerfG mit Gesetz v. 25.7.2013 (BGBl. 2013 II 1050) vorab zugestimmt; die Anpassung des deutschen Rechts erfolgte überwiegend durch das Gesetz v. 10.12.2014 (BGBl. 2014 I 2091).

1. a) Nach Art. 4 und 6 VO (EU) 1024/2013 übt die EZB die Aufsicht über alle bedeutenden Kreditinstitute, Gruppen von Kreditinstituten und Finanzkonglomerate im Euro-Raum aus. Die Bedeutung eines Instituts hängt ua vom Gesamtwert der Aktiva (über 30 Mrd. EUR) und vom Verhältnis dieser Aktiva zum Bruttoinlandsprodukt des Niederlassungsstaats (über 20%) ab. Die EZB ist damit zuständig für die Aufsicht über die 118 wichtigsten europäischen Kreditinstitute, darunter 21 (mit Tochtergesellschaften 66) deutsche (Stand: März 2018).

b) Die EZB ist nach Art. 4 und 5 VO (EU) 1024/2013 zuständig für die Zulassung von Kreditinstituten, den Entzug der Zulassung, die Beurteilung des Erwerbs qualifizierter Beteiligungen und die mikro- und makroprudentielle Aufsicht. Die hierfür einschlägigen materiellen Vorschriften zu Eigenmittelanforderungen, Großkrediten, Liquiditätsanforderungen sowie Berichts- und Offenlegungspflichten enthält die mehrfach geänderte VO (EU) 575/2013 v. 26.6.2013 über Aufsichtsanforderungen an (Kreditinstitute und) Wertpapierfirmen (ABl. EU 2013 L 176, 1, Capital Requirements Regulation/CRR), mit der → Basel III umgesetzt wurde. Zur Durchsetzung hat die EZB weitreichende Überprüfungs- und Untersuchungsbefugnisse. Sie soll eng mit der → Europäischen Bankenaufsichtsbehörde sowie den nationalen Aufsichtsbehörden zusammenarbeiten. Die Aufsichtsgebühren regelt VO (EU) 1163/2014 der EZB v. 22.10.2014 (ABl. EU 2014 L 311, 23).

c) Diese Befugnisse werden vom sog. Aufsichtsgremium der EZB wahrgenommen (Art. 26 VO (EU) 1024/2013). Damit soll die strukturelle und personelle Trennung von geldpolitischen und aufsichtsrechtlichen Befugnissen innerhalb der EZB gewährleistet werden.

2. a) Die staatliche Aufsicht über alle deutschen Kreditinstitute und → Finanzdienstleistungsinstitute (in der Terminologie des § 1 Ib KWG: „Institute") oblag seit 1.5.2002 der → Bundesanstalt für Finanzdienstleistungsaufsicht (BaFin) nach Maßgabe des Gesetzes über das Kreditwesen (KWG) idF v. 9.9.1998 (BGBl. 1998 I 2776) mÄnd. Seit 2014 erstreckt sich diese Aufsicht nur noch auf die ca. 1550 weniger bedeutsamen Institute (vgl. 1.) Dabei arbeitet die BaFin eng mit der Deutschen → Bundesbank zusammen (§ 7 KWG). Letzterer obliegt die Durchführung der Aufsicht, während die Bundesanstalt für die hoheitlichen Maßnahmen verantwortlich ist. Auch Wertpapier- und Zahlungsinstitute unterliegen der Aufsicht durch die BaFin, die jedoch im WpIG und ZAG geregelt sind: → Wertpapierinstitut, → Zahlungsinstitute.

b) Materielles Aufsichtsrecht ist auch für die weniger bedeutsamen Institute die VO (EU) 575/2013. Die Vorschriften des KWG enthalten daher, ebenso wie evtl. RVO des BMF, nur noch punktuelle Ergänzungen des EU-Rechts bzw. füllen Freiräume aus. Zu nennen sind die Vorschriften über Eigenmittel und Liquidität (§§ 10–12a KWG, Solvabilitätsverordnung (SolvV) v. 6.12.2013 (BGBl. 2013 I 4168) mÄnd, LiquiditätsVO v. 14.12.2006 (BGBl. 2006 I 3117) mÄnd, Großkredite (§ 13 KWG, dazu Großkredit- und Millionenkreditverordnung v. 6.12.2013 (BGBl. 2013 I 4183) mÄnd), Bestellung und Abberufung von Geschäftsleitern, Änderung der Rechtsform, Sitzverlegung und Einstellung des Geschäftsbetriebs (§ 24 KWG). Es bestehen umfangreiche Pflichten zur Vorlage von Finanzinformationen (dazu Finanz- und Risikotragfähigkeitsinformationenverordnung v. 6.12.2013 (BGBl. 2013 I 4209) mÄnd) und Rechnungslegungsunterlagen (§§ 25, 26 KWG). Einzelheiten hierzu enthält die Anzeigenverordnung (AnzV) v. 19.12.2006 (BGBl. 2006 I 3245) mÄnd. Institute haben nach § 44 KWG ferner auf Verlangen Auskünfte über alle Geschäftsangelegenheiten zu erteilen und Unterlagen vorzulegen. Auch können die Geschäftsräume des Instituts betreten werden.

c) Zur Aufsicht gehört auch die Zulassung von Instituten zum Geschäftsbetrieb (§§ 32 ff. KWG, dazu → Kreditinstitute). Die Erlaubnis erlischt bei Nichtausübung über 1 Jahr. Bei nachträglicher Feststellung mangelnder Zuverlässigkeit oder Fachkunde und bei anders nicht abwendbarer Gefahr für die Sicherheit der dem Kreditinstitut anvertrauten Vermögenswerte (§ 35 KWG) kann die Erlaubnis aufgehoben werden. Zur Sanierung und Abwicklung → Kreditinstitute, Sanierung und Abwicklung.

3. Während der Corona-Krise hat die Europäische Union zahlreiche regulatorische Erleichterungen verabschiedet, zB VO (EU) 2020/873 v. 24.6.2020 (ABl. EU 2020 L 204, 4). EZB, EBA, BaFin und Deutsche Bundesbank haben ferner angekündigt, aufsichtsrechtliche Vorschriften flexibel zu handhaben. Ein für 2021 geplanter Stresstest weniger bedeutsamer Institute wurde wegen der Krise verschoben.

Kreditinstitute, Sanierung und Abwicklung

1. Kreditinstitute unterliegen grundsätzlich dem allgemeinen Insolvenzrecht, allerdings kann ein Insolvenzantrag nur von der → Bundesanstalt für Finanzdienstleistungsaufsicht gestellt werden (§ 46b KWG). Sie können daher prinzipiell in einem Insolvenzverfahren liquidiert werden. Kreditinstitute sollen jedoch vorrangig saniert oder nach Bankaufsichtsrecht

abgewickelt werden. Abwicklung bedeutet hier, das die Funktionen des gefährdeten Instituts fortgeführt und somit die Auswirkungen auf den Finanzmarkt minimiert werden. Für diese Abwicklung von Kreditinstituten gelten je nach Größe europäische oder deutsche Vorschriften. Ein Insolvenzverfahren ist daher nur für kleine deutsche Kreditinstitute denkbar, für die eine Abwicklung mangels Auswirkungen auf den Finanzmarkt nicht erforderlich ist.

2. Die Regeln zur Sanierung und Abwicklung bestandsgefährdeter Kreditinstitute und Wertpapierinstitute sind im Rahmen der → Bankenunion harmonisiert worden. Man spricht vom einheitlichen Abwicklungsmechanismus (Single Resolution Mechanism). Er basiert auf der RL 2014/59/EU v. 15.5.2014 (ABl. EU 2014 L 173, 190) zur Festlegung eines Rahmens für die Sanierung und Abwicklung von Kreditinstituten und Wertpapierfirmen (sog. Bank Recovery and Resolution Directive (BRRD) mÄnd) und der VO (EU) 806/2014 v. 15.7.2014 (ABl. EU 2014 L 225, 1) zur Festlegung einheitlicher Vorschriften und eines einheitlichen Verfahrens für die Abwicklung von Kreditinstituten und bestimmten Wertpapierfirmen im Rahmen eines einheitlichen Abwicklungsmechanismus und eines einheitlichen Abwicklungsfonds (sog. Single Resolution Regulation (SRR) mÄnd). Die Zuständigkeit ist an die Aufsicht gekoppelt (→ Kreditinstitute, Aufsicht): Institute, die der Aufsicht durch die → Europäische Zentralbank unterliegen, werden nach der VO durch eine europäische Behörde abgewickelt (s. 3.), alle übrigen Institute nach nationalem Recht durch nationale Instanzen (s. 4.).

3. Zuständige Behörde für die Sanierung und Abwicklung der ca. 120 bedeutenden Institute, für deren Aufsicht die EZB zuständig ist, ist der Ausschuss für die einheitliche Abwicklung (Single Resolution Board, Art. 1, 42 ff. VO (EU) 806/2014). Es handelt sich um eine Agentur der Europäischen Union mit eigener Rechtspersönlichkeit und Sitz in Brüssel. Ein Institut ist nach Art. 18 VO (EU) 806/2014 abzuwickeln, wenn es wahrscheinlich ausfällt, dieser Ausfall unabwendbar und die Abwicklung im öffentlichen Interesse erforderlich ist. Der Ausschuss kann dazu die Rechtstitel von Eigentümern herabschreiben und Gläubiger in haftende Anteilseigner umwandeln, um sie so an den Verlusten zu beteiligen (sog. Bail-in, Art. 21 VO (EU) 806/2014). Zu weiteren Abwicklungsinstrumenten zählen ua die Unternehmensveräußerung und die Übertragung von Vermögenswerten auf → Brückeninstitute (Art. 22 VO (EU) 806/2014). Bei der Abwicklung unterstützen die nationalen Abwicklungsbehörden (in Deutschland die BaFin) den Ausschuss; zT setzen sie seine Beschlüsse um (vgl. §§ 176 SAG).

4. Die geordnete Abwicklung von deutschen Kreditinstituten und → Wertpapierinstituten, die nicht der Zuständigkeit des einheitlichen Abwicklungsausschusses unterstehen, erfolgen nach dem Sanierungs- und Abwicklungsgesetz (SAG) v. 10.12.2014 (BGBl. 2014 I 2091) mÄnd. Es setzt die RL 2014/59/EU um. Das Kreditinstitute-Reorganisationsgesetz (KredReorgG) v. 9.12.2010 (BGBl. 2010 I 1900) ist aufgehoben worden.

a) Bestandsgefährdete Institute sind nach § 62 SAG abzuwickeln, wenn dies erforderlich und verhältnismäßig ist sowie eine Bestandsgefährdung auf anderem Wege nicht zu beseitigen ist. Eine Bestandsgefährdung ist gegeben, wenn gravierende Verstöße gegen aufsichtsrechtliche Auflagen, Überschuldung oder Zahlungsunfähigkeit vorliegen (§ 63 SAG). Die Abwicklung soll eine Gefährdung des Bankensystems (→ Systemrisiko) abwenden und sicherstellen, dass keine oder nur wenige öffentliche Mittel für die Sanierung des Instituts aufgewendet werden müssen (§ 67 SAG). Nationale Abwicklungsbehörde ist die BaFin (§ 3 SAG). Die Abwicklungsinstrumente des § 77 SAG entsprechen denjenigen der VO (EU) 806/2014. Vorrangig sollen Eigen- und Fremdkapitalgeber per Bail-in an den Verlusten beteiligt werden. Ferner kann das Unternehmen auch veräußert oder auf ein Brückeninstitut übertragen werden. Abwicklungsanordnungen ergehen als Allgemeinverfügungen (§ 137 SAG).

b) Alle Institute haben frühzeitig vor jeder Schieflage einen Sanierungsplan zu erstellen (§ 12 SAG); ferner soll die Abwicklungsbehörde für jedes Institut einen Abwicklungsplan in der Schublade haben (§ 40 SAG). Sondervorschriften gibt es für die Abwicklung und Sanierung → zentraler Gegenparteien. Aufsichtsrechtliche Maßnahmen, etwa die Aufhebung der Erlaubnis (→ Kreditinstitute, Aufsicht), werden durch das SAG nicht eingeschränkt.

5. Zur Finanzierung von Abwicklungsmaßnahmen gibt es auf deutscher Ebene den → Restrukturierungsfonds, auf europäischer den → Abwicklungsfonds.

Kreditkarte
Die von einer bestimmten Organisation (→ Kreditinstitute, → Zahlungsinstitute) ausgestellte → Zahlungskarte berechtigt den Inhaber, bei den angeschlossenen Unternehmen Leistungen ohne Bargeldzahlung (bei periodischer Abrechnung; anders: → Debitkarte) in Anspruch zu nehmen. Sa → Verbraucherdarlehensvertrag, → Preisaufschlagsverbot. Strafrechtlich → Missbrauch von Kreditkarten, → Fälschung von Zahlungskarten.

Kreditkauf
→ Barkauf, → Teilzahlungsgeschäft, → Verbraucherdarlehensvertrag.

Kreditlinie
Pfändung einer Kreditlinie → Überziehungskredit.

Kreditor
→ Gläubiger.

Kreditsicherung
→ Darlehensvertrag (1).

Kreditverein
Ein Kreditverein ist eine → Genossenschaft (1), deren Zweck darin besteht, ihren Mitgliedern → Darlehen zu verschaffen, und zwar meistens durch gemeinsame Beiträge. Die Aufgaben von Kreditvereinen werden heute idR durch die Genossenschaftsbanken wahrgenommen.

Kreditvermittler
→ Darlehensmakler.

Kreditvermittlungsvertrag
→ Verbraucherdarlehensvertrag (9).

Kreditwechsel
→ Finanzierungswechsel.

Kreditwesengesetz
→ Kreditinstitute, → Kreditinstitute, Aufsicht.

Kreditwucher
→ Wucher (2).

Kreditzinsen
→ Zinsen.

Kreis
1. Der Kreis (auch Landkreis) ist eine öffentlich-rechtliche → Gebietskörperschaft, die das Recht hat, die Angelegenheiten der durch das Kreisgebiet begrenzten überörtlichen (übergemeindlichen) Gemeinschaft im Rahmen der Gesetze zu ordnen und zu verwalten. Kreise bestehen in allen Ländern mit Ausnahme der → Stadtstaaten. In den meisten Ländern besteht deckungsgleich mit dem Kreis ein staatlicher Verwaltungsbezirk; anders zB in Niedersachsen und Sachsen, wo die staatlichen Verwaltungsaufgaben durch den Kreis als Gebietskörperschaft wahrgenommen werden (Vollkommunalisierung).

2. Die Rechtstellung der Kreis ist durch Landesrecht (→ Kommunalrecht) geregelt. Die maßgeblichen Rechtsgrundlagen finden sich in den Kreisordnungen (vgl. zB für Nordrhein-Westfalen Kreisordnung v. 14.7.1994, GV NW 1994, 646 mÄnd), den → Landkreisordnungen (zB Bayern und Sachsen) oder der → Kommunalverfassung (zB Mecklenburg-Vorpommern).

3. Die Kreisverfassung weist nach Maßgabe des jeweiligen Landesrechts erhebliche Unterschiede auf. In den meisten Ländern ähnelt die Kreisverfassung der süddeutschen Ratsverfassung bei den Gemeinden (→ Gemeindeverfassung, 2). Hauptorgan ist stets der → Kreistag. Den Vorsitz im Kreistag führt in Baden-Württemberg, Bayern, Nordrhein-Westfalen, Rheinland-Pfalz, Saarland, Sachsen und idR Thüringen der Landrat, im Übrigen ein aus der Mitte des Kreistags gewählter Vorsitzender, in Mecklenburg-Vorpommern mit der Bezeichnung Kreistagspräsident, in Schleswig-Holstein mit der Bezeichnung Kreispräsident. An der Spitze Kreisverwaltung steht der → Landrat, in Hessen in Anlehnung an die Magistratsverfassung (→ Gemeindeverfassung, 2b) der → Kreisausschuss unter Vorsitz des Landrates. Die Behörde der → Kreisverwaltung ist das Landratsamt. In Bayern, Hessen, Mecklenburg-Vorpommern, Nordrhein-Westfalen, Niedersachsen, Rheinland-Pfalz, Saarland, Sachsen, Sachsen-Anhalt, Schleswig-Holstein und Thüringen wird der Landrat vom Volk gewählt.

4. Der Kreis hat Aufgaben von überörtlicher Bedeutung zu erfüllen, die über den Bereich oder die Leistungsfähigkeit der → Gemeinden hinausgehen; er ist deshalb gegenüber den Gemeinden nur subsidiär zuständig. Teilweise wird zwischen eigenen und übertragenen Aufgaben unterschieden. Soweit der Landrat zugleich Leiter der Staatsverwaltung im Kreisgebiet ist, nimmt das Landratsamt als Behörde auch des staatlichen Verwaltungsbezirkes Kreis zugleich staatliche und kommunale Aufgaben wahr. Im Falle der Vollkommunalisierung ist das Landratsamt bereits als Kreisbehörde für die Staatsaufgaben auf unterer Ebene zuständig (→ Kreisverwaltung). Je nach der Art des Geschäftsbereichs unterliegt der Kreis der Rechts- oder der Fachaufsicht der übergeordneten Behörde (→ Staatsaufsicht).

Kreisausschuss
Kreisausschuss (auch Hauptausschuss) ist ein vom → Kreistag bestellter ständiger Ausschuss zur Verwaltung des → Kreises (Kreisorgan). Organisation, Aufgabenbereich und Bezeichnung sind in den einzelnen Ländern unterschiedlich geregelt. Der Kreisausschuss besteht aus dem → Landrat als Vorsitzenden und ehrenamtlichen Mitgliedern, die vom Kreistag entweder aus seiner Mitte oder aus wählbaren Kreisangehörigen gewählt werden. Dem Kreisausschuss obliegt die Verwaltung des Kreises, soweit nicht der Kreistag oder der Landrat zuständig ist; er bereitet die Sitzungen des Kreistags vor. In einigen Ländern kann der Kreisausschuss die ihm vom Kreistag zugewiesenen Aufgaben selbständig erledigen oder in Eilfällen entscheiden. In Hessen ist der Kreisausschuss unter Vorsitz des Landrates entsprechend der gemeindlichen Magistratsverfassung (→ Gemeindeverfassung, 2b) Organ der Verwaltungsleitung.

Kreisfreie Städte
Die → Gemeinden sind entweder kreisangehörig (so die Regel) oder kreisfrei. Kreisfreie Städte (Stadtkreise) sind in erster Linie diejenigen Gemeinden, die bei Inkrafttreten der Gemeindeordnungen der Länder wegen ihrer Größe oder Bedeutung nicht in einen Landkreis eingegliedert waren. Im Übrigen können Gemeinden bei Erfüllung bestimmter Voraussetzungen (insbes. Mindesteinwohnerzahl, nach den Gemeindeordnungen zwischen 25000 und 100000; entsprechende Bedeutung der Stadt) durch Gesetz oder (zB in Bayern) durch RechtsVO für kreisfrei erklärt werden. Neben den der Gemeinde obliegenden Aufga-

ben haben die kreisfreien Städte auch die Aufgaben des → Kreises (Landkreises) und der unteren staatlichen Verwaltungsbehörde wahrzunehmen, also alle Aufgaben, die sonst der → Kreisverwaltung obliegen. Die Staatsaufsicht wird gegenüber den kreisfreien Gemeinden nicht vom Landrat, sondern von der höheren Verwaltungsbehörde ausgeübt. Von den kreisfreien Städten sind die sog. Großen → Kreisstädte zu unterscheiden.

Kreisgebietsreform
→ Gebietsreform.

Kreisgericht
→ Bezirksgericht.

Kreishandwerkerschaft
Die Kreishandwerkerschaft wird aus den → Handwerksinnungen gebildet, die in einem Stadt- oder Landkreis ihren Sitz haben (§§ 86 ff. HwO). Sie ist eine → Körperschaft des öffentlichen Rechts, die mit Genehmigung ihrer Satzung durch die Handwerkskammer rechtsfähig wird (§§ 53, 56, 89 HwO) und deren Aufsicht untersteht. Die Kreishandwerkerschaft hat die Gesamtinteressen der selbständigen Handwerker zu wahren und die Handwerksinnungen in ihren Aufgaben zu unterstützen.

Kreislaufwirtschaft
Kreislaufwirtschaft ist ein Grundprinzip des → Abfallrechts und im Kreislaufwirtschaftsgesetz (KrWG) v. 24.2.2012 (BGBl. 2012 I 212) mÄnd geregelt. → Abfälle sind danach in erster Linie zu vermeiden, in zweiter Linie zu verwerten und erst zuletzt zu beseitigen. Die genau Abfallhierarchie legt § 6 KrWG fest: Vermeidung, Vorbereitung zur Wiederverwendung, → Recycling, sonstige Verwertung und Beseitigung. Die Vorbereitung zur Wiederverwendung betrifft iW Erzeugnisse, die durch Prüfung, Reinigung oder Reparatur wieder verwendbar werden und somit ihre Abfalleigenschaft verlieren (§ 3 XXIV KrWG).

Kreisordnung
→ Kreis, 2; → Landkreisordnung.

Kreisstadt
ist eine häufige (nicht gesetzestechnische) Bezeichnung der → Stadt, in der sich der Sitz der → Kreisverwaltung befindet. Mitunter wird damit irreführend die → kreisfreie Stadt bezeichnet. Das neuere Kommunalrecht kennt den Begriff der „Großen Kreisstadt" (auch „Große selbständige Stadt" oder „Große kreisangehörige Stadt"); das sind → Gemeinden, die zwar kreisangehörig sind, denen aber die Erfüllung bestimmter Aufgaben übertragen ist, die sonst von der unteren staatlichen Verwaltungsbehörde (Landratsamt) wahrgenommen werden. Die Rechtsstellung der Großen Kreisstadt ist in den → Gemeindeordnungen landesrechtlich verschieden geregelt. Die Eigenschaft als Große Kreisstadt wird durch Gesetz oder VO der Länder im Hinblick auf Einwohnerzahl und regionale Bedeutung verliehen. Zu Großen Kreisstädten werden idR bis dahin kreisfreie Städte nach Eingliederung in einen Landkreis (Einkreisung).

Kreisstraßen
→ Landstraßen.

Kreissynode
In einigen Gliedkirchen der → Evangelischen Kirche Bezeichnung für das synodale Organ auf der mittleren (Kreis-)Ebene.

Kreistag
Kreistag heißt die Volksvertretung in den → Kreisen. Er muss aus allgemeinen, unmittelbaren, freien, gleichen und geheimen Wahlen hervorgehen (Art. 28 I 2 GG). Die Rechtsstellung des Kreistages und sein Aufgabenbereich sind in den Kreisordnungen näher geregelt. Die Mitglieder des Kreistages (Kreisräte, Kreisverordnete, Kreistagsabgeordnete, Kreistagsmitglieder) werden von den Kreisbürgern meist auf 4 oder 6 Jahre gewählt; sie sind ehrenamtlich tätig. Der Kreistag beschließt grundsätzlich über alle Angelegenheiten des Kreises und überwacht die Ausführung seiner Beschlüsse, soweit hierfür andere Organe zuständig sind. Vorsitzender des Kreistages ist entweder der → Landrat (in Baden-Württemberg, Bayern, Nordrhein-Westfalen, Rheinland-Pfalz, Saarland, Sachsen und idR Thüringen) oder ein aus der Mitte des Kreistages gewählter Vorsitzender (in Mecklenburg-Vorpommern Kreistagspräsident, in Schleswig-Holstein Kreispräsident). In den meisten Ländern ist die Bildung von → Kreisausschüssen vorgesehen.

Kreisumlage
→ Finanzausgleich.

Kreisverkehr
Ein Kreisverkehr, bei dem ein Platz nur in einer Richtung – also ohne Gegenverkehr – rechts umfahren werden darf, kann durch → Verkehrszeichen angeordnet sein. Ein Recht zur → Vorfahrt besteht für den Kreisverkehr nicht, soweit nicht besonders bestimmt (§ 8 Ia 1 StVO). Beim Einfahren in den Kreisverkehr ist die Benutzung des Fahrtrichtungsanzeigers unzulässig (§ 8 Ia 2 StVO).

Kreisverordnung
→ Landesverordnung.

Kreisverwaltung
Der Begriff bezeichnet einmal die Verwaltung des → Kreises als Selbstverwaltungskörperschaft. Zum anderen wird darunter die Ausübung staatlicher Verwaltung durch Behörden des Kreises verstanden. Die Kreisverwaltung erledigt neben den Aufgaben der Selbstverwaltungskörperschaft Kreis grundsätzlich alle Aufgaben des Staates in der Unterstufe. Im letzteren Sinne ist Kreisverwaltung also staatseigene Verwaltung auf Kreisebene. Insoweit hat die Kreisverwaltung eine Doppelnatur als zugleich kommunale und staatliche Behörde. Im Falle der Vollkommunalisierung (zB Nieder-

sachsen und Sachsen) ist die Kreisverwaltung ausschließlich kommunale Behörde, die als solche die staatlichen Aufgaben wahrnimmt. Die Behörde der Kreisverwaltung wird Landratsamt genannt. In den → kreisfreien Städten ist die Kreisverwaltung stets nur kommunale Behörde für die Wahrnehmung der staatlichen Aufgaben (Kreisverwaltungsamt).

Kreiswahlen
→ Kommunalwahlen.

Kreiswehrersatzamt
war die frühere Bezeichnung der für → Musterung und → Einberufung zuständigen Behörden, vergleichbar den heutigen → Karrierecentern der Bundeswehr; sa → Bundeswehrverwaltung.

Kreuz
Zur Anbringung von Kreuzen in öffentlichen Institutionen → Kruzifix in Behörden, → Kruzifix in Gerichtssälen, → Kruzifix in Schulen.

Kreuzungen
An Straßenkreuzungen oder -einmündungen ohne Vorfahrtregelung hat nach § 8 StVO jedes Fz. den Vorrang, das von rechts kommt; im Einzelnen → Vorfahrt. Das Vorfahrtrecht kann durch → Verkehrszeichen anders geregelt sein, so dass Benutzer einer Hauptverkehrsstraße stets Vorrang haben; das gilt auch für den Vorfahrtberechtigten, der in eine Seitenstraße einbiegen will. Den Vorrang hat ferner zu achten, wer aus der Seitenstraße in die bevorrechtigte einbiegen will. Die Kreuzung ist freizumachen bei entsprechendem Lichtzeichen einer → Verkehrsampel (gelb) oder Zeichen des verkehrsregelnden Polizeibeamten (§§ 36, 37 StVO). Zuwiderhandlungen gegen die Bestimmungen sind → Ordnungswidrigkeiten (§ 49 StVO). Wer an Straßenkreuzungen oder -einmündungen grob verkehrswidrig und rücksichtslos zu schnell fährt und dadurch andere Personen oder bedeutende fremde Sachwerte gefährdet, macht sich der → Straßenverkehrsgefährdung (§ 315c I Nr. 2d StGB) schuldig. S. ferner → abknickende Vorfahrt, → Parken, → Fußgänger(überwege), → Eisenbahnkreuzungen, → Bahnkreuzungen, → Haifischzähne.

Kreuzverhör
ist in der Hauptverhandlung im Strafverfahren die Vernehmung von Zeugen oder Sachverständigen allein durch StA und Verteidiger, also ausnahmsweise nicht durch den Vorsitzenden, der aber ergänzende Fragen stellen kann. Das Kreuzverhör ist auf übereinstimmenden Antrag von StA und Verteidiger zu gestatten. Die Vernehmung wird von dem Antragsteller begonnen, der das Beweismittel benannt hat, und vom Gegner fortgesetzt (§ 239 StPO). Dem Verfahrensbeteiligten, der das Fragerecht missbraucht, kann es vom Vorsitzenden entzogen werden; dieser kann ferner ungeeignete oder nicht zur Sache gehörende Fragen zurückweisen (§ 241 StPO). Das Kreuzverhör ist im angelsächsischen Rechtskreis im Strafverfahren die Regel. Im deutschen Strafprozess, der dem → Inquisitionsprinzip folgt, bildet das Kreuzverhör einen Fremdkörper und hat keine praktische Bedeutung erlangt.

Krieg
ist nach dem → Völkerrecht kein erlaubtes Mittel zur Durchsetzung politischer Interessen. Die Anwendung militärischer Gewalt ist nur erlaubt zur Selbstverteidigung oder auf Grund eines Beschlusses der → Vereinten Nationen. Sa → Gewaltverbot (1); → Auslandseinsätze der Bundeswehr; → Angriffskrieg; → Kriegsrecht; → völkerrechtliche Streitigkeiten.

Kriegsbeschädigte
→ Kriegsopferversorgung, → Bundesversorgungsgesetz (BVG), SGB XIV – Recht der sozialen Entschädigung.

Kriegsdienst
→ Wehrdienst, → Kriegsdienstverweigerer.

Kriegsdienstverweigerer
1. Die Regelung über Kriegsdienstverweigerer verlor durch die → Aussetzung der Wehrpflicht ihre Bedeutung. Da die → Wehrpflicht nur noch im → Spannungsfall oder im → Verteidigungsfall Wirkung hat, ist die Kriegsdienstverweigerung auch nur noch in diesem Fall relevant. Wer im Frieden keinen Dienst an der Waffe tun will, braucht dies nicht zu tun, da der Wehrdienst rein freiwillig ist (→ Wehrdienst, 8).

2. Art. 4 III GG gewährleistet das Recht, den Kriegsdienst mit der Waffe aus Gewissensgründen zu verweigern. Art. 12a II GG bestimmt für die → Wehrpflicht, dass zum Ersatzdienst verpflichtet werden kann, wer den Kriegsdienst verweigert. Die Wirkungen der Kriegsdienstverweigerung regelt das Kriegsdienstverweigerungsgesetz (KDVG) v. 9.8.2003 (BGBl. 2003 I 1593) mÄnd. Über die Berechtigung zur Kriegsdienstverweigerung wird auf entsprechend begründeten, schriftlichen Antrag entschieden (§ 2 I KDVG; Einzelheiten: II bis V). Der Wortlaut des KDVG ist noch nicht der Änderung der Behördenorganisation nach der Aussetzung der Wehrpflicht angepasst: Der Antrag ist nunmehr bei einem → Karrierecenter der Bundeswehr (früher Kreiswehrersatzamt) einzureichen; über den Antrag entscheidet das → Bundesamt für Familie und zivilgesellschaftliche Aufgaben als Rechtsnachfolger Die Antragstellung befreit nicht von der Verpflichtung, sich zur Erfassung zu melden und zur Musterung vorzustellen. Sie hemmt aber bis zur unanfechtbaren oder rechtskräftigen Ablehnung die Einberufung zum Wehrdienst (§ 3 KDVG). Über Anträge von Soldaten und bereits einberufenen ungedienten Wehrpflichtigen ist vorrangig zu entscheiden (§ 4 KDVG) Die Anerkennung erfolgt, wenn der Antrag vollständig ist, die dargelegten Beweggründe das Recht auf Kriegsdienstverweigerung zu be-

gründen geeignet sind und kein Zweifel an der Wahrheit der gemachten Angaben bestehen (§ 5 KDVG). Bei Zweifeln an der Wahrheit hat eine Anhörung stattzufinden (§ 6 KDVG) gegen einen ablehnenden Bescheid ist der Widerspruch zulässig (§ 9), dagegen Klage zum → Verwaltungsgericht (§ 10 II KDVGI). Gegen das Urteil gibt es nur das Rechtsmittel der Revision (§ 10 II KDVG). Nach Auffassung des BVerfG (E 12, 45 ff.) schützt Art. 4 III GG nur diejenigen, die den Kriegsdienst mit der Waffe schlechthin verweigern. Das sind nicht nur die grundsätzlichen Pazifisten, sondern auch diejenigen, die den Kriegsdienst hier und jetzt ablehnen, die Motive hierzu aber der historisch-politischen Situation entnehmen. Nicht geschützt ist in Art. 4 III GG die „situationsbedingte Kriegsdienstverweigerung", bei der die Teilnahme an einem bestimmten Krieg, an Kriegen bestimmter Art, unter bestimmten Bedingungen oder mit bestimmten Waffen verweigert wird. Der K. hat → Zivildienst zu leisten. Verweigert er den Zivildienst, ist er nach § 53 ZivildienstG strafbar. Zur Frage der Mehrfachbestrafung (Art. 103 III GG) bei wiederholter oder fortdauernder Verweigerung des Zivildienstes oder auch einzelner militärischer/zivildienstlicher Anordnungen s. BVerfG NJW 1983, 1600 (mwN).

3. Die Regelung über Kriegsdienstverweigerer verlor durch die → Aussetzung der Wehrpflicht ihre Bedeutung. Da die → Wehrpflicht nur noch im → Spannungsfall oder im → Verteidigungsfall Wirkung hat, ist auf die Kriegsdienstverweigerung auch nur noch in diesem Fall relevant. Wer im Frieden keinen Dienst an der Waffe tun will, braucht dies nicht zu tun, da der Wehrdienst rein freiwillig ist (→ Wehrdienst, 7).

Kriegsfall
→ Casus belli, sa → Gewaltverbot (1); → Krieg.

Kriegsflüchtlinge und Bürgerkriegsflüchtlinge
1. → Ausländern aus Kriegs- oder Bürgerkriegsgebieten ist nach § 4 AsylG (→ Asylgesetz) → subsidiärer Schutz zu gewähren, wenn ihnen als Zivilperson eine ernsthafte Bedrohung des Lebens oder der Unversehrtheit infolge willkürlicher Gewalt im Rahmen eines internationalen oder innerstaatlichen bewaffneten Konflikts droht (§ 4 I 2 Nr. 3 AsylG). § 4 AsylG setzt Art. 15 RL 2011/95/EU (Qualifikationsrichtlinie) um. Kriegsflüchtlinge und Bürgerkriegsflüchtlinge mit subsidiärem Schutz ist nach § 25 II 1 AufenthG eine → Aufenthaltserlaubnis zu erteilen. Nach § 26 I 3 AufenthG wird die Aufenthaltserlaubnis für 1 Jahr erteilt, bei Verlängerung für 2 weitere Jahre.

2. Das EU-Recht sieht mit der Massenzustrom-RL v. 20.7.2001 – 2001/55/EG eine weitere Schutzform für Kriegsflüchtlinge und Bürgerkriegsflüchtlinge vor. Die Massenzustrom-RL soll in erster Linie eine ausgewogene Verteilung der Belastungen auf die Mitgliedstaaten sicherstellen. Das Bestehen eines Massenzustroms wird nach Art. 5 Massenzustrom-RL durch Beschluss des → Rates der EU festgestellt, der mit qualifiziertere Mehrheit auf Vorschlag der → Kommission der Europäischen Union getroffen wird. In diesem Beschluss bedarf es lediglich der Beschreibung der durch den Beschluss begünstigten Personengruppe. Die zur betroffenen Gruppe gehörenden Personen erhalten nach § 24 I AufenthG für die EU-rechtlich vorgesehene Dauer des vorübergehenden Schutzes eine → Aufenthaltserlaubnis (2c). Diese gilt nach Art. 4 I und II Massenzustrom-RL zunächst für ein Jahr, mit Verlängerungsmöglichkeiten. Nach Art. 6 Massenzustrom-RL ist durch Beschluss des Rates der EU eine vorzeitige Beendigung möglich. Von der Möglichkeit eines Beschlusses nach der Massenzustrom-RL hat der Rat der EU erstmals mWv 4.3.2022 nach dem russischen Angriff auf die Ukraine (sa → Ukrainekrieg) zu Gunsten geflohener ukrainischer Staatsangehöriger und deren Familienangehöriger, die sich bis zum 24.2.2022 in der Ukraine aufgehalten haben, Gebrauch gemacht; ebenfalls begünstigt sind Drittstaatsangehörige, die in der Ukraine einen unbefristeten Aufenthaltstitel hatten oder dort als Flüchtlinge anerkannt waren. Die Jahresfrist wurde inzwischen mehrfach verlängert. Die Kriegsflüchtlinge iSd Massenzustrom-RL müssen in D zunächst kein gesondertes Asylverfahren durchlaufen. Die Verfahrenserleichterungen für Flüchtlinge aus der Ukraine gemäß der Ukraine-Aufenthalts-Übergangsverordnung v. 22.3.2022 (BAnz AT 30.11.2022 V19) mÄnd gelten zunächst bis 2.6.2024. Kriegsflüchtlinge und Bürgerkriegsflüchtlinge erhalten Leistungen nach dem → Asylbewerberleistungsgesetz; Kriegsflüchtlinge aus der Ukraine erhalten seit 1.6.2022 Unterstützung nach dem SGB II erhalten (jetzt → Bürgergeld).

Kriegsgefangene
Die → Haager Landkriegsordnung enthält in Art. 4 f. der Anlage eine Reihe von Bestimmungen über die rechtliche Stellung und Behandlung von Kriegsgefangenen. Eine wesentlich umfassendere Regelung wurde nach dem 2. Weltkrieg durch das Genfer Abkommen vom 12.8.1949 über die Behandlung der Kriegsgefangenen getroffen. Die detaillierte Regelung enthält ua Bestimmungen über den Begriff des Kriegsgefangenen, wobei die ältere Auffassung, dass die Gefangennahme im Verlauf von Kampfhandlungen erfolgt sein muss, nicht mehr aufrechterhalten wird. Auch Angehörige von Widerstandsbewegungen unterfallen dem Begriff des Kriegsgefangenen, wenn sie militärisch organisiert sind, ein bleibendes und deutliches Unterscheidungskennzeichen tragen, die Waffen offen führen und die Gesetze und Gebräuche des Krieges einhalten (sa → Freischärler, → Kombattant). Unterbringung, Verpflegung und Bekleidung

der Kriegsgefangenen sind ebenso geregelt wie Arbeitspflicht, Beschwerderecht und die zulässigen Straf- und Disziplinarmaßnahmen. Dem Abkommen sind die meisten Staaten beigetreten, die BRep. durch Gesetz vom 21.8.1954 (BGBl. 1954 II 781).

Kriegsgefangenenentschädigung
nach dem Kriegsgefangenenentschädigungsgesetz idF v. 4.2.1987 (BGBl. 1987 I 506) mÄnd erhielten Deutsche, die kriegsgefangen, interniert oder verschleppt waren. Das Kriegsgefangenenentschädigungsgesetz ist aufgehoben worden durch das Kriegsfolgenbereinigungsgesetz v. 21.12.1992 (BGBl. 1992 I 2094). Soweit Leistungen nach dem Kriegsgefangenenentschädigungsgesetz vor dem 31.12.1993 beantragt worden sind, gelten Übergangsvorschriften. Die → Rentenversicherung rechnet Zeiten der Kriegsgefangenschaft unter bestimmten Voraussetzungen als → Ersatzzeiten sowohl für die Erfüllung der → Wartezeit als auch rentensteigernd an (§ 250 SGB VI). Ersatzzeiten sind für Zeiten nach Vollendung des 14. Lebensjahres zu berücksichtigen. Für Zeiten nach dem 31.12.1991 können Ersatzzeiten nicht mehr entstehen. Für Kriegsgefangene kommt heute allenfalls eine Eingliederungshilfe nach § 9a HHG in Betracht. Voraussetzung hierfür ist, dass die Person dem Personenkreis des § 1 HHG angehört.

Kriegsopferfürsorge
besteht in Fürsorgemaßnahmen für Kriegsopfer (→ Kriegsopferversorgung). Bis 31.12.2023 waren die Regelungen dazu im BVG. Ab 1.1.2024 finden sich die Regelungen zur Kriegsopferfürsorge im SGB XIV. Die Leistungen der Kriegsopferfürsorge werden gewährt, wenn und soweit der Beschädigte oder seine Hinterbliebenen bei Berücksichtigung sonstiger Sozialleistungen und des eigenen Einkommens und Vermögens nicht in der Lage sind, eine angemessene Lebensstellung zu erlangen oder sich zu erhalten. Das Leistungsspektrum der Kriegsopferfürsorge ergibt sich aus de §§ 21, 4 SGB XIV. Die Kriegsopferfürsorge obliegt den Ländern und den dort jeweils nach Landesrecht bestimmten Stellen → Sozialhilfe; → schwerbehinderte Menschen. Soweit Pflegebedürftigkeit → Pflegebedürftige besteht, sind die Vorschriften §§ 74–76 SGB XIV zu beachten.

Kriegsopferversorgung
Anspruch auf Kriegsopferversorgung hatte nach dem Bundesversorgungsgesetz idF v. 22.1.1982 (BGBl. 1982 I 21) mÄnd, wer durch militärischen oder militärähnlichen Dienst oder die ihm eigentümlichen Verhältnisse, unmittelbare Kriegseinwirkung, Kriegsgefangenschaft, Internierung im Ausland oder in nicht unter deutscher Verwaltung stehenden deutschen Gebieten (wegen deutscher Staatsangehörigkeit oder Volkszugehörigkeit) eine gesundheitliche Schädigung erlitten hat. Zu den Schädigungstatbeständen zählt ferner eine mit militärischem oder ähnlichem Dienst oder mit den allgemeinen Auflösungserscheinungen zusammenhängende, offensichtlich unrechtmäßige Straf- oder Zwangsmaßnahme sowie ein Unfall, den der Beschädigte bei Durchführung von Versorgungsmaßnahmen oder auf einem damit zusammenhängenden Weg erleidet (§§ 1–6 BVG). Ab 1.1.2024 finden sich die Regelungen zur Kriegsopferversorgung im SGB XIV (Übergangsergelungen zum Besitzstand nach BVG vorhanden).

Zum anspruchsberechtigten Personenkreis gehören Deutsche und deutsche Volkszugehörige mit Wohnsitz oder gewöhnlichem Aufenthalt im Inland, in den zum Staatsgebiet des Deutschen Reiches nach dem Stand vom 31.12.1937 gehörenden Gebieten östlich der Oder-Neiße-Linie oder im Ausland. Andere Kriegsopfer gehören nur dazu, wenn sie ihren Wohnsitz oder gewöhnlichen Aufenthalt im Inland haben und die Schädigung auf Dienst im Rahmen der deutschen Wehrmacht oder militärähnlichem Dienst für eine deutsche Organisation beruht oder in Deutschland oder in einem im Schädigungszeitpunkt von der deutschen Wehrmacht besetzten Gebiet durch unmittelbare Kriegseinwirkung eingetreten ist (§§ 7 f. BVG).

Die Leistungen im Gesundheitsbereich sind im Wesentlichen die gleichen wie in der → Krankenversicherung. Im Übrigen → Kriegsopferfürsorge, → Beschädigtenrente, Pflegezulage, Bestattungsgeld, → Sterbegeld (dreifacher monatl. Versorgungsbezug), → Hinterbliebenenrente und Bestattungsgeld beim Tode von Hinterbliebenen (→ Hinterbliebene von Kriegsopfern), ferner Witwen- und Waisenbeihilfe, wenn der Tod nicht Schädigungsfolge ist (§§ 10–53 BVG).

Die Durchführung obliegt den Behörden und sonstigen Einrichtungen der Versorgungsverwaltung (→ Versorgungsämter). Zu den sonstigen Trägern sind auch die Landschaftsverbände zu nennen, die teilweise die Aufgaben der Versorgungsämter übernommen haben. Die laufenden Rentenleistungen werden jeweils dem vH-Satz angepasst, um den sich der → aktuelle Rentenwert ändert (sa → schwerbehinderte Menschen, → Schwerbeschädigte; Gesetz über das Verwaltungsverfahren der Kriegsopferversorgung idF vom 6.5.1976 (BGBl. 1976 I 1169) mÄnd; Kriegsopferversorgungs-Strukturgesetz vom 23.3.1990 (BGBl. 1990 I 582)).

In den neuen Ländern wurde die Kriegsopferversorgung ab 1.1.1991 eingeführt. Ab 1.1.2024 finden sich die Regelungen zur Kriegsopferversorgung im SGB XIV.

Kriegsrecht
1. Kriegsrecht im weiteren iwS befasst sich mit der Frage, ob die Führung von Kriegen überhaupt zulässig ist. Nach Art. 2 Nr. 4 der Satzung der → Vereinten Nationen ist die Anwendung militärischer Gewalt grundsätzlich verboten (→ Gewaltverbot, 1). Damit sind

Kriege grundsätzlich völkerrechtswidrig (→ Völkerrecht). Bei → völkerrechtlichen Streitigkeiten lässt aber das Selbstverteidigungsrecht nach Art. 51 der Satzung der → Vereinten Nationen die Anwendung militärischer Gewalt gegen einen bewaffneten Angriff ausdrücklich zu (i. e. → Gewaltverbot, 1). Ferner erlaubt das Völkerrecht militärische Zwangsmaßnahmen der Vereinten Nationen nach Art. 42 der Satzung der Vereinten Nationen.

2. Bei dieser (zulässigen) Kriegführung ist nach dem Völkerrecht das Kriegsrecht ieS zu beachten. Daher ist auch ein angegriffener Staat bei der Verteidigung gegen den Angriff (→ Angriffskrieg; → Gewaltverbot, 1g) an die Regeln des Kriegsrechts ieS gebunden. Insoweit spricht man auch vom sog. Kriegsvölkerrecht (im Gegensatz zum → Friedensrecht; sa → Friede). Quellen des Kriegsrechts sind die Abkommen der 1. und 2. Haager Friedenskonferenz 1899 und 1907, insb. die → Haager Landkriegsordnung, und die Genfer Rotkreuzabkommen von 1949 mit zwei (noch ratifizierungsbedürftigen) Zusatzprotokollen vom 12.12.1977 (→ Genfer Konventionen). Das 1. Zusatzprotokoll regelt die Rechtsstellung der Freiheitskämpfer, das 2. Zusatzprotokoll nähert das Recht des Bürgerkriegs dem Recht zwischenstaatlicher Kriege an. Nach dem Kriegsrecht dürfen sich Kampfhandlungen nur gegen → Kombattanten richten. Dabei ist der Grundsatz der Verhältnismäßigkeit zu beachten. Die Tötung von Kombattanten, die sich ergeben haben, ist unzulässig. Kombattanten sind alle uniformierten Angehörigen einer bewaffneten Macht mit Ausnahme des Sanitätspersonals, ferner die sich gegen den eindringenden Feind erhebende Bevölkerung (levée en masse), Freiwillige und Milizen, soweit sie die Waffen offen tragen (→ Freischärler). Strittig ist die Zubilligung terroristischer Kampfmethoden für Freiheitskämpfer. Angriffe auf die Zivilbevölkerung als solche sind unzulässig. Partisanen, die die Waffen nicht offen tragen und so keinen Kombattantenstatus genießen, dürfen bestraft werden. Die Verhängung der Todesstrafe ist aber nur dann zulässig, wenn das Recht des besetzten Staates bereits vor der Besetzung die Todesstrafe für die von dem Partisanen begangene Handlung vorsah. An Privateigentum besteht im Landkrieg anders als im Seekrieg kein Beuterecht (→ Konterbande; → Kontributionen; → Prisenrecht; → Requisitionen). In besetzten Gebieten ist von der Besatzungsmacht Sicherheit und Ordnung herzustellen. Gerichte und Verwaltung sind an das von der Besatzungsmacht gesetzte Recht gebunden. Besondere Regeln bestehen für die Behandlung von → Kriegsgefangenen. Sa → Neutralität.

3. Innerstaatlich wird als Kriegsrecht die durch den Kriegszustand veranlasste Änderung der Rechtsordnung bezeichnet (→ Standrecht); sa → Ausnahmezustand. In Deutschland gilt im → Verteidigungsfall, im Spannungsfall und in Fällen des inneren → Notstands die → Notstandsverfassung.

Kriegsschäden

Rechtsgrundlage für die Abwicklung von Kriegsschäden waren das BVG und das LAG. Diese wurden zum 1.1.2024 durch das Recht der sozialen Entschädigung im SGB XIV ersetzt → Kriegsopferversorgung.

Kriegsverbrechen

1. Die Teilnahme an Kampfhandlungen ist für → Kombattanten grundsätzlich nicht strafbar. Bestimmte schwere Verstöße gegen elementare Grundsätze der Menschlichkeit werden aber nach Völkerrecht als strafbare Kriegsverbrechen angesehen. So sind auch im → Völkerstrafgesetzbuch entsprechend dem (völkerrechtlichen) → Römischen Statut des → Internationalen Strafgerichtshofs, allerdings abweichend davon nicht nach Konfliktarten, sondern nach Schutzgütern, Kriegsverbrechen auch im deutschen Recht unter Strafe gestellt. Voraussetzung ist in allen Fällen vorsätzliches Handeln im Zusammenhang mit einem internationalen oder nichtinternationalen bewaffneten Konflikt. Mit lebenslanger oder zeitiger Freiheitsstrafe sind bedroht:

a) Kriegsverbrechen gegen Personen durch Tötung, Geiselnahme, grausame oder unmenschliche Behandlung, sexuelle Übergriffe oder sexuelle Sklaverei, Verwendung von Kindersoldaten, Vertreibung oder zwangsweise Überführung der Zivilbevölkerung, Bestrafung ohne ordentliches Gerichtsverfahren, Lebens- oder Gesundheitsgefährdung durch medizinische oder andere Versuche, Gewebe- oder Organentnahme oder Anwendung nicht anerkannter Behandlungsmethoden, entwürdigende oder erniedrigende Behandlung (§ 8 I 1 VStGB), Verwundung außer Gefecht befindlicher Personen (§ 8 II VStGB), rechtswidrige Gefangenhaltung, Überführung der Zivilbevölkerung der Besatzungsmacht, Nötigung zum Dienst in den Streitkräften des Gegners und Nötigung zu Kriegshandlungen (§ 8 III VStGB);

b) Kriegsverbrechen gegen Eigentum und sonstige Rechte durch Plünderung oder Zerstörung sowie Aufhebung und Aussetzung von Rechten und Forderungen (§ 9 VStGB);

c) Kriegsverbrechen gegen humanitäre Operationen und Embleme durch Angriffe gegen Hilfsmissionen, friedenserhaltende Missionen oder durch Schutzzeichen der Genfer Abkommen gekennzeichnete Personen und Objekte (§ 10 I 1 VStGB) sowie Missbrauch anerkannter Schutzzeichen (§ 10 II VStGB);

d) Kriegsverbrechen des Einsatzes verbotener Methoden der Kriegsführung durch Angriff auf die Zivilbevölkerung und zivile Objekte, Angriffe, die zu unverhältnismäßigen Schäden führen, Missbrauch von Personen als menschliche Schutzschilde, Aushungern der Zivilbevölkerung, meuchlerische Tötung oder Verwundung oder Herbeiführung schwerer Umweltschäden (§ 11 I VStGB);

e) Kriegsverbrechen des Einsatzes verbotener Mittel der Kriegsführung durch Verwendung von Gift, vergifteten, biologischen oder chemischen Waffen, von Dum-Dum-Geschossen, von mit Röntgenstrahlung nicht zu entdeckenden Geschossen oder von zu dauerhafter Erblindung führenden Laserwaffen (§ 12 VStGB).

2. Völkerrechtlich ist Kriegsverbrechen der Sammelbegriff für Straftaten, die im Zusammenhang mit der Kriegsführung von Angehörigen einer kriegsführenden Macht gegen Angehörige der Gegenseite oder Neutrale unter Verletzung des → Völkerrechts begangen worden sind. In Betracht kommt insbes. die Verletzung der → Haager Landkriegsordnung.

3. In Art. II 1b des KontrollratsG Nr. 10 vom 20.12.1945 (Kontrollrats ABl. 50) waren Gewalttaten gegen die Zivilbevölkerung, gegen Kriegsgefangene oder Geiseln, Plünderung usw. als Kriegsverbrechen unter Strafe gestellt. Sa → Menschlichkeitsverbrechen.

4. Zu den völkerrechtlichen Regeln über über K. s. a. → Internationaler Strafgerichtshof, → völkerrechtliches Unrecht.

Kriegsverschollenheit
→ Todeserklärung.

Kriegsvölkerrecht
→ Kriegsrecht (2).

Kriegswaffen
1. Kriegswaffen sind zur Kriegführung bestimmte Waffen. Sie dürfen nach Art. 26 II GG nur mit Zustimmung der BReg. hergestellt, befördert oder in Verkehr gebracht werden. Das Nähere regelt das Gesetz über die Kontrolle von Kriegswaffen (KrWaffKontrG) idF v. 22.11.1990 (BGBl. 1990 I 2506) mÄnd. Danach sind Kriegswaffen die in der Anlage zu dem Gesetz (Kriegswaffenliste) aufgeführten Gegenstände, Stoffe und Organismen (§ 1 KrWaffKontrG). Die Liste umfasst in Teil A Kriegswaffen, auf deren Herstellung Deutschland verzichtet hat (Atomwaffen, biologische Waffen, chemische Waffen), und in Teil B sonstige Kriegswaffen (Flugkörper, Kampfflugzeuge und -hubschrauber, Kriegsschiffe und schwimmende Unterstützungsfahrzeuge, Kampffahrzeuge, Rohrwaffen bestimmter Bauart, Panzerabwehrwaffen, Flammenwerfer, Minenleg- und Minenwurfgeräte, Torpedos, Minen und Bomben). Herstellung, In-Verkehr-Bringen und Beförderung von Kriegswaffen im Bundesgebiet oder auf deutschen Seeschiffen oder Luftfahrzeugen bedürfen der Genehmigung (§§ 2–11 KrWaffKontrG). Zuständig sind die nach § 11 durch 1. DVO v. 1.6.1961 (BGBl. 1961 I 649) mÄnd bestimmten BMin.; das Antrags- und Genehmigungsverfahren regelt die 2. DVO v. 1.6.1961 (BGBl. 1961 I 649) mÄnd Überwachungsbehörden sind die BMin. für Wirtschaft und Technologie, bei Beförderung auf deutschen Schiffen oder mit deutschen Luftfahrzeugen das BMin. für Verkehr, Bau- und Stadtentwicklung, bei Ein- und Ausfuhr das BFinMin. und die Zolldienststellen (§ 14 KrWaffKontrG). Befreiungen genießen die Bundeswehr, der Zolldienst und der Bundesgrenzschutz (§ 15 KrWaffKontrG). Die Richtlinien der BReg. zum Verkehr mit Kriegswaffen (keine Lieferung in Spannungsgebiete u. ä.) haben lediglich den Charakter von politischen Direktiven und keine unmittelbare rechtliche Bedeutung.

2. Entwicklung, Herstellung und Verbreitung von → ABC-Waffen sowie von Antipersonenminen und Streumunition im Inland ist generell verboten (§§ 17, 18 KrWaffKontrG). Die Mitwirkung von Deutschen an solchen Handlungen im Inland und im Ausland (→ Auslandsdelikte) ist nach §§ 19 ff. KrWaffKontrG mit Strafe bedroht. Zur Ausfuhr von sonstigen Waffen → Außenwirtschaftsrecht.

3. Das Waffengesetz ist auf Kriegswaffen nicht anwendbar (→ Waffen, 1).

Kriminalbiologie, -psychologie, -somatologie, -soziologie
→ Kriminologie.

Kriminalistik
nennt man die Lehre von der unmittelbaren Bekämpfung der Kriminalität durch die Strafverfolgungsorgane und ihre Helfer. Sie erforscht wissenschaftlich kriminelles Verhalten und befasst sich auch mit der Aufklärung und Verhinderung von → Straftaten (Kriminaltechnik und Kriminaltaktik).

Kriminalpolizei
ist der Zweig der → Polizei, der mit der Aufklärung von Straftaten befasst ist. Sie wird also nur repressiv tätig, dh zur Verfolgung bereits begangener Delikte, während die Verhinderung von Straftaten durch vorbeugende Maßnahmen Sache der Sicherheitspolizei ist. Behörden der Kriminalpolizei sind in den Ländern Kriminalpolizeistellen, Bezirkskriminalpolizeistellen und das Landeskriminalamt oder entsprechende Dienststellen, im Bund das → Bundeskriminalamt (G v. 7.7.1997, BGBl. 1997 I 1650). Als Kriminalpolizei im materiellen (funktionellen) Sinne können außer den eigentlichen Kriminalbeamten auch andere Polizeibeamte oder sonstige mit kriminalpolizeilichen Befugnissen ausgestattete Amtsträger (zB des Zoll- oder Steuerfahndungsdienstes) tätig werden. Die Aufgaben der Kriminalpolizei im Einzelnen bestehen insbes. im „ersten Zugriff", dh im Erforschen der ihr bekanntgewordenen Straftaten, in der Ermittlungstätigkeit nach Weisung der Staatsanwaltschaft sowie in der Vornahme unaufschiebbarer strafprozessualer Maßnahmen (§ 163 StPO). Die Kriminalpolizei handelt als Ermittlungsorgan der Staatsanwaltschaft. Gewisse grundsätzlich dem Richter vorbehaltene Anordnungen, insbes. Beschlagnahme und Durchsuchung, dürfen nur von den Beamten der Kriminalpolizei getroffen werden, die → Ermittlungspersonen der StA sind. Die Kri-

minalpolizei kann im → Ermittlungsverfahren notfalls auch vom Gericht statt vom StA für Untersuchungshandlungen in Anspruch genommen werden (§ 165 StPO).

Kriminelle Handelsplattformen
Der Straftatbestand des § 127 StGB stellt das Betreiben krimineller Handelsplattformen im Internet unter Strafe. Er wurde durch Gesetz v. 12.8.2021 (BGBl. 2021 I 3544) neu geschaffen. Erfasst wird, wer eine Handelsplattform im Internet betreibt, deren Zweck darauf ausgerichtet ist, die Begehung von rechtswidrigen Taten zu ermöglichen oder zu fördern. Gedacht ist dabei an Plattformen, über die zB Waffen, Betäubungsmittel, Falschgeld, gefälschte Ausweise oder gestohlene Kreditkartendaten verkauft werden, aber auch technische Instrumente, Software und Dienstleistungen zur Begehung von → Internetkriminalität sowie Menschen zum Zweck der Ausbeutung. Hintergrund der Norm ist die Erfahrung, dass auch vollautomatisierte Plattformen zur Anwendung kommen, bei denen das Einpflegen von Waren und Dienstleistungen in den virtuellen Marktplatz allein durch den jeweiligen Händler erfolgt. Der Betreiber der Plattform erhält von diesem Provision, muss aber selbst keine manuelle Freischaltung des Angebots durchführen, so dass er nicht zwingend konkrete Kenntnis von einzelnen Transaktionen haben muss. Dies kann zur Folge haben, dass sein Tun mangels entsprechendem → Vorsatz nicht als → Beihilfe zu den strafbaren Geschäften des Händlers erfasst werden kann (BT-Drs. 19/28175, 10 f.).

Eine Handelsplattform im Internet iSd der → Legaldefinition des § 127 II StGB ist jede virtuelle Infrastruktur im frei zugänglichen wie im durch technische Vorkehrungen zugangsbeschränkten Bereich des Internets, die Gelegenheit bietet, Menschen, Waren, Dienstleistungen oder → Inhalte (§ 11 III StGB) anzubieten oder auszutauschen. Die tauglichen Bezugstaten, deren Begehung die Plattform ermöglichen oder fördern soll, sind in § 127 I 2 StGB enumerativ aufgezählt. Hierzu gehören neben allen → Verbrechen solche → Vergehen aus dem StGB und dem Nebenstrafrecht, die den Umgang mit verbotenen Waren oder verbotene Formen des Handeltreibens mit nicht per se verbotenen Waren zum Gegenstand haben oder hiermit eng verknüpft sind, ua Tatbestände der → Geld- und Wertzeichenfälschung, → Urkundenfälschung, Vermögensdelikte wie → Raub und → Betrug, → Hehlerei, der Umgang mit → pornographischen Inhalten und mit → Sexpuppen, → Menschenhandel sowie → Computerkriminalität wie das → Ausspähen von Daten.

Der Strafrahmen reicht von Geldstrafe bis zu Freiheitsstrafe von fünf Jahren. Für die Fälle gewerbsmäßiger oder bandenmäßiger (→ Bande) Begehung sieht das Gesetz Freiheitsstrafe von sechs Monaten bis zu zehn Jahren vor (§ 127 III StGB). Als → Verbrechen mit einer Strafdrohung von einem bis zu zehn Jahren Freiheitsstrafe wird die Tat eingestuft, wenn der Täter beabsichtigt oder weiß, dass die Handelsplattform den Zweck hat, Verbrechen zu ermöglichen oder zu fördern (§ 127 IV StGB).

Über § 5 Nr. 5a b) StGB (→ Geltungsbereich des Strafrechts) kann auch ein Betrieb der Plattform vom Ausland aus erfasst werden, wenn ihr Zweck auf Taten im Inland gerichtet und der Täter Deutscher ist oder seine Lebensgrundlage im Inland hat. Durch die Aufnahme des § 127 StGB in die Kataloge der §§ 100a, 100b und 100g StPO potentiell zugelassen werden zudem weitreichende techniche Ermittlungsmaßnahmen wie die → Telekommunikationsüberwachung und der → Einsatz technischer Mittel.

Kriminelle Vereinigungen
sind Zusammenschlüsse von mindestens 3 Personen auf längere Dauer und unter organisierter Willensbildung, wenn Tätigkeit oder Zweck auf die Begehung von Straftaten gerichtet ist. Der Zweck ist dann auf die Begehung von Straftaten gerichtet, wenn dies das verbindlich festgelegte Ziel der Vereinigung ist. Kriminelle Vereinigungen sind nach Art. 9 II GG verboten. Die Gründung, Beteiligung an ihnen, ihre Unterstützung und die Werbung für sie im Inland werden nach § 129 StGB mit Freiheitsstrafe bis zu 5 Jahren oder Geldstrafe bestraft. Die Strafvorschrift gilt aber nicht für politische Parteien, die das BVerfG nicht für verfassungswidrig erklärt hat (Parteienprivileg). Für → Rädelsführer und Hintermänner gelten schwerere Strafdrohungen. Bei Mitläufern kann das Gericht von Strafe absehen. Bei tätiger Reue kann es die Strafe mildern oder von ihr absehen, insbes. bei rechtzeitiger Anzeige bei der Behörde, so dass Straftaten noch verhindert werden können (→ Kronzeuge), oder bei freiwilligem und ernstlichem Bemühen, Straftaten zu verhindern oder die kriminelle Vereinigung aufzulösen. Kriminelle Vereinigungen im Ausland sind ebenfalls strafbar nach § 129b I 1 StGB, in einem EU-Mitgliedstaat ohne weiteres; kriminelle Vereinigungen außerhalb der EU-Mitgliedstaaten sind strafbar und mit Ermächtigung des BMJV verfolgbar, wenn eine Tätigkeit im Inland vorliegt oder wenn der Täter oder das Opfer Deutscher ist oder sich im Inland befindet (§ 129b I 2, 3 StGB). Ohne diese Einschränkung sind kriminelle Vereinigungen, die nicht oder nicht nur im Inland bestehen, strafbar, wenn ihr Zweck oder ihre Tätigkeit auf den unbefugten Vertrieb von Betäubungsmitteln gerichtet ist (§ 6 Nr. 5 StGB, § 30b BtMG → Betäubungsmitteldelikte). Für kriminelle Vereinigungen mit rechtsstaatsgefährdenden Zielen (→ Rechtsstaatsgefährdung) gelten Sondervorschriften (§§ 84–87 StGB), ebenso für → terroristische Vereinigungen (§ 129 StGB).

Kriminologie
Die Kriminologie befasst sich als Wissenschaft mit dem Verbrechen (lat. crimen), dem Verbrecher und der Verbrechenskontrolle. In neuerer Zeit wurde zudem das Verbrechensopfer verstärkt Gegenstand eigenständiger Forschung (Viktimologie, → Opferschutz). Überwiegend wird die Kriminologie als interdisziplinäre empirische Wissenschaft verstanden, wobei die genauen Akzentsetzungen str. sind. Gleiches gilt für die Frage, inwieweit die Kriminologie (bereits) Eigenständigkeit für sich beanspruchen kann und inwieweit sie als spezielles Anwendungsgebiet ihrer Bezugswissenschaften zu begreifen ist. Zu letzteren zählen insbes. die Humanbiologie, die Psychologie, die Medizin, die Soziologie und die Rechtswissenschaft. Dass Kriminologen regelmäßig einer dieser Disziplinen entstammen, bedingt bis heute unterschiedliche Sichtweisen auf die Forschungsgegenstände.

Im Zentrum der Kriminologie steht die Erforschung der Ursachen kriminellen Verhaltens. Wesentlich diesem Anliegen verdankt die Kriminologie ihre Entstehung im 19. Jh., befördert durch den Gedanken des Positivismus. Erste Ansätze einer empirischen Forschung hierzu lieferte der italienische Mediziner C. Lombroso, der anthropologische Faktoren betonte; mit seinem Ansatz verbindet sich das Schlagwort des „geborenen Verbrechers". Im Gegensatz hierzu entwickelte sich, zuerst in Frankreich (Lacassagne, Durkheim), die kriminalsoziologische Schule, die gesellschaftliche und mikrosoziale Einflüsse auf die Genese von Straftaten untersucht und deren Stellenwert betont. Dazu gehört als Konsequenz die Forderung, die Schuldstrafe in weiterem Umfang durch bessernde und vorbeugende Maßnahmen zu ersetzen (sa → défense sociale). Im 20. Jh. erlangte insbes. die US-amerikanische Soziologie eine erhebliche Bedeutung innerhalb der Kriminologie. In Deutschland trugen zu Beginn va Psychiater und Juristen zur entstehenden Kriminologie bei. Wesentliche Bedeutung erlangte dabei F. v. Liszt, der als Verfechter der Anthropologie und Psychologie einbindenden und auf Spezialprävention zielenden „gesamten Strafrechtswissenschaften" im sog. Schulenstreit in Opposition trat zur vorherrschenden, den Vergeltungszweck des Strafrechts betonenden klassischen Strafrechtslehre. Für das deustche Strafrecht bedeutsam ist die hieraus erwachsene stärkere Differenzierung des Sanktionensystems im 20. Jh., wobei versucht wurde, kriminalitätsfördernde Nebenfolgen von Strafen zu reduzieren (zB durch Zurückdrängung kurzer Freiheitsstrafen zugunsten der Geldstrafe) und zur Minderung der Gefährlichkeit bestimmter Straftäter besondere Rechtsfolgen zu schaffen (insbes. durch Einführung der sog. zweiten Spur des Strafrechts, nämlich der → Maßregeln der Besserung und Sicherung).

In der heutigen Kriminologie stehen sich zur Erklärung kriminellen Verhaltens zB psychiatrische Konzepte, sozialpsychologische, insbes. lerntheoretische Ansätze und gesellschaftsorientierte Theorien gegenüber. Insbes. von soziologischer Seite werden zudem auch Modelle vertreten, die Kriminalität als bloßes Ergebnis eines gesellschaftlichen Zuschreibungsprozesses verstehen und individualbezogene Ursachen von Kriminalität negieren. Keiner dieser Ansätze vermag Kriminalität jedoch für sich allein und in ihrer Gesamtheit zu erklären. Va auf praktische Nutzbarkeit iRd Prognose von Kriminalität ausgerichtet sind empirische Mehrfaktorenansätze, die durch Verknüpfung persönlicher und sozialer Daten statistische Zusammenhänge zwischen bestimmten Faktoren und kriminellem Verhalten aufzuzeigen versuchen. Für sie gilt wie für alle Theorien zur Kriminalität sowie die Sozialwissenschaften generell, dass über das zukünftige Verhalten eines Menschen nur Wahrscheinlichkeitsaussagen getroffen werden können. Erst aus der Zusammenfassung der verschiedenen kriminologischen Gesichtspunkte kann ein zutreffendes Bild von den Ursachen einer Straftat und vom Täter gewonnen werden; hiervon hängt wiederum die Beurteilung seiner Schuld ab.

Krippe
→ Kinderkrippe.

Krise der Gesellschaft
→ Gesellschafterdarlehen, → Sanierung von Handelsgesellschaften.

Krisenkartelle
→ Strukturkrisenkartelle.

Kronzeuge
Der Begriff Kronzeuge stammt aus dem englischen Strafverfahren, das als Parteiprozess zwischen der Krone und dem Beschuldigten ausgestaltet ist; er wird für den Zeugen verwendet, der – selbst als Mittäter oder Teilnehmer der Straftat verdächtig oder überführt – für die Anklage (Vertretung der Krone) als Belastungszeuge auftritt.

Im deutschen Strafrecht besteht eine allgemeine Regelung zur Aufklärungshilfe durch Tatbeteiligte in § 46b StGB: Leistet der Täter einer Straftat, die mit einer im Mindestmaß erhöhten Freiheitsstrafe oder mit lebenslanger Freiheitsstrafe bedroht ist, Hilfe zur Aufklärung oder Verhinderung einer schweren, in § 100a II StPO genannten Straftat, die mit seiner Tat in Zusammenhang steht, vor → Anklageerhebung und -zulassung gegen ihn, kann das Gericht die Strafe mildern oder, wenn er nur eine Freiheitsstrafe bis zu 3 Jahren verwirkt hat, von Strafe absehen. Dabei hat das Gericht insbes. zu berücksichtigen: Art und Umfang der offenbarten Tatsachen und deren Bedeutung, das Ausmaß der Unterstützung und die Schwere der angegebenen Tat sowie das Verhältnis dieser Umstände zur Schwere der Straftat und Schuld des Täters (§ 46b StGB). Eine entsprechende Regelung enthält § 31 BtMG für → Betäubungsmitteldelikte. Unwahre Angaben, um eine Strafmilderung oder ein Absehen von Strafe zu erreichen, können als → Vortäuschen einer Straftat (§ 145d III, IV StGB) oder → falsche Verdächtigung (§ 164 III StGB) strafbar sein.

Eine kleine Kronzeugen-Regelung enthalten für → kriminelle Vereinigungen und → terroristische Vereinigungen § 129 VI StGB, § 129a VII StGB, für → Betäubungsmitteldelikte § 31 BtMG, für → Geldwäsche § 261 X StGB und für → Staatsschutzdelikte § 153e StPO.

Kruzifix
→ Kruzifix in Behörden; → Kruzifix in Gerichtssälen; → Kruzifix in Schulen.

Kruzifix in Behörden
Die Bayer. Staatsregierung beschloss am 24.4.2018 mWv 1.6.2018, dass im Eingangsbereich aller Behörden des Freistaates Bayern ein Kreuz anzubringen sei. Das BVerwG Urt. v. 19.12.2023 – 10 C 3.22 sah die unmittelbar hiergegen gerichtete Klage als unzulässig an, da es sich bei der Verwaltungsvorschrift um ein reines Behördeninternum handelt. Die Klage von Weltanschauungsgemeinschaften unmittelbar gegen die Kruzifixe sah das BVerwG Urt. v. 19.12.2023 – 10 C 5.22 als unbegründet an, da es an einer Grundrechtsverletzung fehlt. Die Kreuze sollten Ausdruck der geschichtlichen und kulturellen Prägung des Landes sein und stehen so der Offenheit des Staates gegenüber anderen Bekenntnissen und Weltanschauungen nicht entgegen. Sa → Kruzifix in Gerichtssälen; → Kruzifix in Schulen.

Kruzifix in Gerichtssälen
wurde vom Bayer. Verfassungsgerichtshof in einem → obiter dictum als zulässig angesehen (Urt. v. 14.3.2019, 3-VII-18). Sa → Kruzifix in Behörden; → Kruzifix in Schulen.

Kruzifix in Schulen
1. Die Anbringung von Kruzifixen in Klassenzimmern wird überwiegend als zulässig angesehen (vgl. zB OVG Münster NVwZ 1994, 597; BayVGH NVwZ 1991, 1099). Die zwingend vorgeschriebene Anbringung durch die Bayer. Volksschulordnung vom 21.6.1983 wurde vom BVerfG (NJW 1995, 2477) als verfassungswidrig angesehen. Nach der Aufhebung der genannten Vorschrift traf das Bayer. Erziehungs- und UnterrichtsG mit dem ÄnderungsG v. 23.12.1995 (GVBl. 1995, 850) in Art. 7 III für Grund- und Hauptschulen eine differenzierte Regelung. Danach muss der Schulleiter eine gütliche Einigung versuchen, wenn der grundsätzlich vorgeschriebenen Anbringung eines Kruzifixes in einem Klassenzimmer aus ernsthaften und einsehbaren Gründen des Glaubens oder der Weltanschauung durch die Erziehungsberechtigten widersprochen wird; gelingt eine Einigung nicht, hat der Schulleiter unter Berücksichtigung der Interessen aller Beteiligten eine Regelung für den Einzelfall zu treffen, die den Willen der Mehrheit soweit als möglich berücksichtigt. Diese Vorschrift wurde vom BayVerfGH und vom BVerfG inzwischen als verfassungsgemäß bestätigt. Inzwischen liegt ein Urteil des Europäischen Gerichtshofs für Menschenrechte (→ Konvention zum Schutze der Menschenrechte und Grundfreiheiten – EMRK –) v. 2009 vor, wonach (in einem Fall aus Italien) das Anbringen von Kruzifixen in Klassenzimmern gegen die EMRK verstößt.

2. Anders ist allerdings die Rechtslage, wenn nicht die Erziehungsberechtigten der unterrichteten Schüler, sondern ein Lehrer die Abnahme des Kruzifixes verlangt. Nach Entscheidung des BayVGH (Urt. v. 21.12.2001, NVwZ 2002, 1000) kann die Abwägung zwischen → Glaubens- und Gewissensfreiheit und beamtenrechtlicher Treuepflicht in besonders gelagerten Einzelfällen dazu führen, dass der Lehrer die Abnahme des Kruzifixes verlangen kann.

3. Sa → Kruzifix in Behörden; → Kruzifix in Gerichtssälen.

Kryptofondsanteile
Nach § 1 KryptoFAV handelt es sich um elektronische → Anteilscheine an → Investmentvermögen in der Rechtsform des Sondervermögens, die nach §§ 12 ff. eWpG in ein Kryptowertpapierregister – und nicht ein Zentralregister – eingetragen sind. Die elektronische Registrierung erfolgt hier dezentral mittels → Blockchains.

Kryptowährung
Kryptowährungen basieren auf der sog. Blockchain-Technologie (→ Blockchain). Es sind dabei jedem Nutzer virtuelle Währungseinheiten zugeordnet. Bei einer Übertragung wird an die schon vorhandene, dezentral archivierte Abfolge multilateraler Transaktionen angeknüpft und diese Abfolge um einen weiteren Vorgang rechnerisch ergänzt. Die bekannteste Kryptowährung ist derzeit → Bitcoin. Investments in Kryptowährungen sind wegen deren Volatilität sehr riskant und betrugsanfällig, etwa dass Betrüger als Kryptowährung getarnte Schneeballsysteme betreiben (zB milliarendenschwerer Betrugsskandal durch die erfundene Währung „OneCoin"). Krypowährungen werden nicht selten zur Abwicklung krimineller Transaktionen, zB zu Zahlungen im Darknet, verwendet. Sa → Kryptowerte.

Kryptowerte
1. Die seit Ende 2024 geltende Kryptowerte-VO (VO 2023/1114/EU v. 31.5.2023 über Märkte für Kryptowerte (ABl. EU 2023 L 150, 40, MiCAR = Markets in Crypto-Assets Regulation)) harmonisiert den europäischen Regulierungsrahmen für Kryptowerte unionsweit. Als Verordnung hat sie unmittelbare Wirkung.

a) Art. 3 I Nr. 5 Kryptowerte-VO definiert Kryptowerte als digitale Darstellung eines Werts oder eines Rechts, der bzw. das unter Verwendung der Distributed-Ledger-Technologie (→ Blockchain) oder einer ähnlichen Technologie elektronisch übertragen und gespeichert werden kann. Im Einzelnen unterscheidet die Verordnung drei Arten von Kryptowerten: Vermögenswertereferenzierte Token (Kryptowerte, deren Wertstabilität durch Bezug auf einen Wert, zB Gold, gewahrt werden soll), E-Geld-Token (die sich auf eine amtliche Währung beziehen) und andere Kryptowerte (zB → Bitcoins). → Finanzinstrumente (wie Kryptoaktien und Kryptowertpapiere) und → E-Geld unterliegen nicht der Kryptowerte-VO.

b) Die Emission von Kryptowerten und der Handel mit ihnen bedürfen nach der Kryptowerte-VO der Zulassung (Erlaubnis) sowie eines prospektähnlichen Kryptowerte-Whitepapers. Anbieter von Kryptowerte-Dienstleistungen bedürfen ebenfalls einer Zulassung. Dies sind Tätigkeiten rund um Kryptowerte, wie zB ihre Verwahrung und Verwaltung, der Betrieb einer Handelsplattform für Kryptowerte sowie ihr Tausch gegen Geld. Des weiteren enthält die Kryptowerte-VO Organisations- und Verhaltenspflichten für Kryptowerteemittenten und Kryptowerte-Dienstleister. Das Kryptomärkteaufsichtsgesetz (KMAG) v. 27.12.2024 (BGBl. 2024 I Nr. 438) dient der Durchführung der Kryptowerte-VO und regelt vor allem Zuständigkeiten (idR der → BaFin), Befugnisse und Sanktionen.

c) Die Geldtransfer-VO 2023 (VO 2023/1113 v. 31.5.2023 über die Übermittlung von Angaben bei Geldtransfers und Transfers bestimmter Kryptowerte (ABl. EU 2023 L 150, 1)) verpflichtet Kryptowerte-Dienstleister, bestimmte Informationen zum Originator und Begünstigtem von Kryptotransfers vorzuhalten. Damit sollen Geldwäsche und Terrorismusfinanzierung erschwert werden. Diese Vorschriften haben die Kryptowertetransferverordnung (KryptoWTransferV) v. 22.5.2023 (BGBl. 2023 I Nr. 135) ersetzt.

2. Bis zur Geltung der Kryptowerte-VO war die Aufsicht über Kryptowerte Gegenstand des KWG. Weiterhin dort geregelt sind die Verwahrung und Verwaltung kryptographischer Instrumente (qualifiziertes Kryptoverwahrgeschäft). Wegen des Vorrangs des Europarechts können diese Vorschriften nur für Kryptowerte gelten, die nicht in den Anwendungsbereich der Kryptowerte-VO fallen.

3. Die privatrechtliche Einordnung von Kryptowerten ist noch unklar. Sie sind keine Sachen, eher Rechte. ZT wird gefordert, sie als eigenständige Kategorie im BGB zu regeln.

Kryptowertpapierregister
→ Wertpapierrecht.

KSZE
Die am 1.8.1975 in Helsinki von 33 Staaten Europas (einschl. der ehem. UdSSR, ohne Albanien), den USA und Kanada unterzeichnete Schlussakte der Konferenz über Sicherheit und Zusammenarbeit in Europa (KSZE) anerkennt die Gleichberechtigung und das Selbstbestimmungsrecht der Völker, die Souveränität und territoriale Integrität der Staaten, die Unverletzlichkeit ihrer Grenzen sowie das Verbot der Einmischung in innere Angelegenheiten; Streitfälle sind friedlich zu regeln, völkerrechtliche Verpflichtungen nach Treu und Glauben zu erfüllen und die Zusammenarbeit der Staaten auf der Grundlage der UN-Charta zu fördern; die Achtung der Menschenrechte und Grundfreiheiten wird als tragender Grundsatz herausgestellt; den Zielen der Humanität dienen Vereinbarungen über Erleichterungen in der Familienzusammenführung und der Eheschließung zwischen Bürgern verschiedener Staaten. Folgekonferenzen fanden in Belgrad (1978), Madrid (1980–1983), Wien (1986–1989) und Helsinki (1992) statt. In der Pariser Charta schuf die KSZE 1990 ein Sekretariat in Prag und ein Konfliktverhütungszentrum in Wien. Gleichwohl ist die KSZE noch keine → internationale Organisation mit eigener Rechtspersönlichkeit. Die Schlussakte der KSZE und alle weiteren Beschlüsse sind Absichtserklärungen und keine → völkerrechtlichen Verträge. 1994 wurde in Budapest die Umbenennung der KSZE in OSZE (Organisation für Sicherheit und Zusammenarbeit in Europa) mit Wirkung vom 1.1.1995 beschlossen. Damit trat jedoch keine rechtliche Änderung ein; insbesondere erlangte die frühere KSZE hierdurch noch keine Rechtspersönlichkeit. Aktuell (1.1.2018) nehmen an der OSZE 57 Staaten (alle europäischen Staaten einschließlich der Türkei, die Mongolei, die Nachfolgestaaten der Sowietunion, USA und Kanada teil.

Kuckuck
Kuckuck ist die volkstümliche Bezeichnung für das → Pfandsiegel.

Kündigung
Die Kündigung ist ein → Gestaltungsrecht, das ein → Schuldverhältnis mit Wirkung für die Zukunft (ex nunc) beendet. An die Stelle des → Rücktritts vom Vertrag tritt bei → Dauerschuldverhältnissen idR die Kündigung. Man unterscheidet allg. die ordentliche und die außerordentliche Kündigung. Die ordentliche Kündigung ist bei den einzelnen Vertragstypen (→ Darlehensvertrag, → Verbraucherdarlehensvertrag, → Dienstvertrag, → Arbeitsverhältnis, → Mietvertrag, → Wohnraummietvertrag, → Gesellschaft des bürgerlichen Rechts) besonders ausgestaltet. Zur Kündigungssperre für die → COVID-19-Pandemie s. → Corona-Krise und Mietrecht. Die Kündigung ist regelmäßig an eine bestimmte Frist und oftmals an sonstige gesetzliche oder vertraglich vereinbarte Voraussetzungen gebunden. Die ordentliche Kündigung kann auch für eine bestimmte Zeit vertraglich ganz ausgeschlossen werden (zB Zeitmietvertrag, → Wohnraummietvertrag, 5a), sofern hierin keine → Sittenwidrigkeit (Knebelung) oder ein Verstoß gegen → Treu und Glauben zu sehen ist.

Darüber hinaus kann jeder Vertragsteil ein Dauerschuldverhältnis aus wichtigem Grund ohne Einhaltung einer Frist kündigen, § 314 BGB (außerordentliche, fristlose Kündigung); bei einzelnen Vertragstypen ist auch das außerordentliche Kündigung (teilweise) spezialgesetzlich geregelt, diese Normen gehen als Sondervorschriften dann insoweit vor (zB §§ 490, 543, 569, 626, 723 BGB, 89b HGB). Ein wichtiger Grund liegt vor, wenn dem kündigenden Teil unter Berücksichtigung aller Umstände des Einzelfalls und unter Abwägung der beiderseitigen Interessen die Fortsetzung des Vertragsverhältnisses bis zur vereinbarten Beendigung oder bis zum Ablauf der ordentlichen Kündigungsfrist nicht zugemutet werden kann, § 314 I BGB (sa § 626 BGB für Dienst- und Arbeitsverhältnisse). In einzelnen Fällen ist der wichtige Grund auch gesetzlich (zB auf bestimmte Verhaltensweisen) oder vertraglich („Als wichtiger Kündigungsgrund ist es anzusehen, wenn ...") konkretisiert. Besteht der wichtige Grund in einer → Pflichtverletzung aus dem Vertrag, so ist die Kündigung regelmäßig (Ausnahme → gegenseitiger Vertrag, 2a) erst nach erfolglosem Ablauf einer zur Abhilfe bestimmten angemessenen Frist (Länge abhängig von den Umständen, insbes. vom erforderlichen Aufwand für die Abhilfe) oder nach erfolgloser Abmahnung (insbes. bei Verstößen aus dem Verhalten) zulässig, § 314 II BGB. Der Berechtigte kann nur innerhalb angemessener Frist kündigen, nachdem er vom Kündigungsgrund Kenntnis erlangt hat, § 314 III BGB; sonst wird das Recht zur außerordentlichen Kündigung verwirkt. Die Länge dieser Frist hängt davon ab, wie schwer es für den Berechtigten (bzw. das für ihn handelnde Gremium, zB Aufsichtsrat) ist, die Umstände einer Kündigungserklärung abzuwägen. In einzelnen Fällen ist diese Frist auch gesetzlich konkretisiert (zB bei einem Dienst- oder Arbeitsverhältnis innerhalb von 2 Wochen ab Kenntnis der für die Kündigung maßgeblichen Umstände, § 626 II BGB). Das Recht zur außerordentlichen Kündigung ist nach der Rspr. in seinem Kern zwingendes Recht und kann durch → allgemeine Geschäftsbedingungen nicht ausgeschlossen werden. Durch Individualvereinbarung kann das Recht zur Kündigung beschränkt, aber nicht völlig ausgeschlossen werden (vgl. zB auch § 723 III BGB). Sa → Verdachtskündigung.

Für die Kündigungserklärung als Ausübung eines → Gestaltungsrechts gelten die Grundsätze über die Rücktrittserklärung (einseitige, empfangsbedürftige → Willenserklärung) entsprechend. Da die Kündigung das → Schuldverhältnis nur für die Zukunft beendet, ist eine Rückforderung wie beim Rücktritt ausgeschlossen (uU jedoch Abwicklung und Ansprüche aus → ungerechtfertigter Bereicherung). Die Berechtigung, unter den gesetzlichen Voraussetzungen → Schadensersatz zu verlangen, wird durch die Kündigung nicht ausgeschlossen, § 314 IV BGB. Sa → Änderungskündigung, → Teilkündigung, → Kündigungsschutz für Arbeitnehmer.

Kündigungsbutton
→ Gesetz über faire Verbraucherverträge.

Kündigungsfristen für Mieträume
→ Mietvertrag (3), für Wohnräume → Wohnraummietvertrag (5). ZurKündigungssperre für die → COVID-19-Pandemie s. → Corona-Krise und Mietrecht.

Kündigungsfristen im Arbeitsrecht
Die ordentliche Kündigung eines Arbeitsverhältnisses kann nur unter Einhaltung einer Frist erfolgen. Diese Kündigungsfrist beträgt mind. vier Wochen zum 15. oder zum Ende eines Kalendermonats (während vereinbarter Probezeit 2 Wochen, → Probearbeitsverhältnis). Die Frist verlängert sich für den Arbeitgeber je nach Bestand des Arbeitsverhältnisses im Betrieb bzw. Unternehmen auf bis zu 7 Monate (zB bei 10 Jahren Arbeitsverhältnis: 4 Monate Kündigungsfrist), § 622 I-III BGB. Besteht kein Betrieb (im privaten Haushalt), kommt es, sofern nicht anders vereinbart, mangels Betriebszugehörigkeit auch nicht zu einer Verlängerung der Kündigungsfrist (str.). Abweichende Regelungen durch → Tarifvertrag sind möglich (auch Differenzierungen zwischen Angestellten und Arbeitern, wenn ausnahmsweise sachlich begründet und verhältnismäßig), durch Einzelvereinbarung grds. nur eine Verlängerung, die zudem für den Arbeitnehmer nicht länger sein darf als für den Arbeitgeber (§ 622 IV–VI BGB; weitere begrenzte Abweichungsmöglichkeit bei kurzfristiger Aushilfsbeschäftigung und in Kleinbetrieben: § 622 V BGB). Sonderregelungen für die Kündigungsfrist gelten für das → Heuerverhältnis (§ 66 SeeArbG) und für → Heimarbeiter (§ 29 HAG), für schwerbehinderte Menschen gilt stets eine vierwöchige Mindestkündigungsfrist (§ 169 SGB IX). Im Falle der Insolvenz beträgt die Kündigungsfrist höchstens drei Monate, auch wenn sie gesetzlich, einzel- oder tarifvertraglich länger sein sollte (§ 113 InsO, → Insolvenzverfahren, 3b). Kürzere Kündigungsfristen gelten auch für bestimmte Vertretungskräfte, wenn der Vertretene vorzeitig zurückkehrt (zB § 21 IV BEEG); keine Fristen sind für die Kündigung geförderter Arbeitnehmer einzuhalten, wenn diese vom Jobcenter abberufen werden (§ 16i VI SGB II). Handelt es sich um ein befristetes Arbeitsverhältnis, kann eine ordentliche Kündigung nur erfolgen, wenn zumindest Kündigungsfristen vereinbart wurden (vgl. § 15 IV TzBfG). Eine auch verfassungsrechtlich umstrittene Sonderregelung für auf Lebenszeit oder für mehr als fünf Jahre eingegangene Arbeitsverhältnisse enthält § 15 V TzBfG.

Die Kündigungserklärung muss nicht die konkrete Kündigungsfrist oder gar (was wegen des unsicheren Zugangs nicht immer möglich wäre) den Kündigungstermin nennen. Die Frist muss für den Empfänger aber ermittelbar sein, wobei anderenfalls aber grds. eine Umdeutung gem. § 140 BGB in Betracht kommt. Eine Kündigung „zum nächstmöglichen Termin" ist jedenfalls als hilfsweise ordentliche Kündigung zulässig (BAG 20.1.2016 – 6 AZR 782/14, NJW 2016, 1117).

Siehe auch → Kündigungsschutz für Arbeitnehmer.

Kündigungsgrund
→ Kündigung, → Kündigungsschutz für Arbeitnehmer.

Kündigungsmoratorium
→ Corona-Krise und Mietrecht.

Kündigungsschaltfläche
→ Gesetz über faire Verbraucherverträge.

Kündigungsschutz für Arbeitnehmer
1. a) Kündigungsschutz für Arbeitnehmer gegen ordentliche (dh mit Frist ausgesprochene) Kündigungen besteht nach dem KSchG idF v. 25.8.1969 (BGBl. 1969 I 1317) mÄnd (abweichend geregelt im → Berufsausbildungsverhältnis) in Betrieben und Verwaltungen mit mehr als idR zehn (bzw. für Altarbeitnehmer mit mehr als idR fünf vor dem 31.12.2003 eingestellten und nach wie vor vorhandenen) Arbeitnehmern (§ 23 I 2, 3 KSchG; Teilzeitkräfte werden entsprechend dem Umfang ihrer Tätigkeit ggf. nur zu 0,5 bzw. 0,75 berücksichtigt; wird der Schwellenwert nicht überschritten, handelt es sich um einen sog. Kleinbetrieb), die seit mind. 6 Monaten ohne rechtliche Unterbrechung dem Betrieb oder Unternehmen angehören (§ 1 I KSchG, sog. Wartezeit, oft – aber nicht zwingend – deckungsgleich mit der sog. Probezeit, s. dazu → Probearbeitsverhältnis).

b) Unabhängig von der Anwendbarkeit des § 1 KSchG ist jedoch nach der Rspr. auch in Kleinbetrieben bei betrieblich motivierten Kündigungen (zB Stellenabbau) ein Mindestmaß an sozialer Rücksichtnahme zu wahren, um trotz grds. Kündigungsfreiheit extrem unbillige Auswahlentscheidungen zu vermeiden. Zudem gelten stets (sowohl in Kleinbetrieben als auch während der Wartezeit) die zivilrechtlichen Verbote gesetzes-, treu- oder sittenwidriger Kündigungen (§§ 134, 138, 242 BGB); darunter fällt zB auch eine sog. Maßregelungskündigung (vgl. dazu § 612a BGB). Bei diesen Fällen außerhalb des § 1 KSchG hat der Arbeitnehmer die Gründe für die Unwirksamkeit der Kündigung darzulegen und zu beweisen (erleichtert zB bei Anwendbarkeit von § 22 AGG); dem Arbeitgeber obliegt es sodann, dies zu entkräften. IRd § 134 BGB (Gesetzeswidrigkeit) können der für bestimmte Arbeitnehmergruppen idR unabhängig von einer bestimmten Betriebsgröße bestehende Sonderkündigungsschutz (s. unten 4) sowie (sofern das KSchG keine Anwendung findet) die Regelungen des AGG (→ Gleichbehandlung) – in Abweichung zu § 2 IV AGG – zum Tragen kommen.

2. a) Bei Anwendbarkeit von § 1 KSchG ist die ordentliche Kündigung (zu den → Kündigungsfristen im Arbeitsverhältnis s. dort) unwirksam, wenn sie nicht sozial gerechtfertigt ist, dh nicht durch Gründe in der Person des Arbeitnehmers (zB Krankheit) oder im Verhalten des Arbeitnehmers (Pflichtverletzungen wie zB wiederholtes Zuspätkommen, Störung des Betriebsfriedens, gewollt schlechte Arbeitsleistung etc) oder durch dringende betriebliche Erfordernisse (zB Rationalisierung, Betriebsschließung; sog. betriebsbedingte Kündigung) bedingt ist (§ 1 II KSchG). Die Kündigung muss stets verhältnismäßig sein, so dass sich oftmals die Frage nach möglichen, geeigneten und zumutbaren milderen Mitteln stellt, zB einer → Abmahnung (bei verhaltensbedingten Kündigungen) oder einer (zuzuweisenden bzw. im Wege einer → Änderungskündigung zu erreichenden) anderweitigen Beschäftigung (va bei personenbedingten und betriebsbedingten Kündigungen). Zudem sind bei der Auslegung der unbestimmten Rechtsbegriffe des KSchG (auch, wenn das AGG nach dessen § 2 IV AGG keine unmittelbare Anwendung findet) die Diskriminierungsverbote des AGG als Konkretisierungen des Begriffs der Sozialwidrigkeit zu beachten. Bei einer betriebsbedingten Kündigung müssen bei der Auswahl des zu kündigenden Arbeitnehmers die Dauer der Betriebszugehörigkeit, das Lebensalter (in Grenzen), die Unterhaltspflichten des Arbeitnehmers und seine Schwerbehinderung ausreichend berücksichtigt werden (sog. Sozialauswahl, § 1 III KSchG); ist in einem Interessenausgleich mit Namensliste zwischen Arbeitgeber und Betriebsrat (→ Sozialplan) festgelegt, wie die sozialen Gesichtspunkte im Verhältnis zueinander zu bewerten sind, so kann die soziale Auswahl der zu kündigenden Arbeitnehmer nur auf grobe Fehlerhaftigkeit überprüft werden (§ 1 IV, V KSchG). Der Kündigungsschutz ist betriebsbezogen, teilweise (Notwendigkeit, dem zu kündigenden Arbeitnehmer freie Arbeitsplätze anzubieten) unternehmensbezogen; darüber hinaus (im Konzern) sowie im Ausland wirkt der Kündigungsschutz grds. nicht (s. aber → Gesamthafenbetrieb). IRd § 1 KSchG hat grds. der Arbeitgeber die soziale Rechtfertigung der ordentlichen Kündigung darzulegen und zu beweisen, wobei bei einzelnen Voraussetzungen andere Abstufungen bestehen (zB § 1 III 3 KSchG) bzw. sich ergeben können (s. zB → Betriebliches Eingliederungsmanagement).

Bei einer betriebsbedingten Kündigung, die der Arbeitnehmer hinnimmt und keine Kündigungsschutzklage erhebt, hat dieser bei entsprechendem Hinweis (Angebot) des Arbeitgebers in der Kündigungserklärung einen Abfindungsanspruch iHv je einem halben Monatsverdienst für jedes Jahr des Bestehens des Arbeitsverhältnisses (§ 1a KSchG), wovon in der Praxis jedoch sehr selten Gebrauch gemacht wird; der Anspruch entsteht erst mit

Ablauf der Kündigungsfrist, so dass er bei vorherigem Tod des Arbeitnehmers nicht vererblich ist.

b) Der Arbeitnehmer kann zunächst binnen 1 Woche Einspruch beim → Betriebsrat einlegen, sofern ein solcher besteht (§ 3 KSchG, keine praktische Bedeutung). Der Arbeitnehmer muss va jedoch binnen drei Wochen nach Zugang der schriftlichen Kündigung → Feststellungsklage beim → Arbeitsgericht mit dem Antrag erheben, dass das Arbeitsverhältnis durch die Kündigung nicht aufgelöst sei und deshalb fortbestehe (§ 4 KSchG; sog. Kündigungsschutzklage), wenn er verhindern will, dass die sozial ungerechtfertigte oder sonst rechtsunwirksame Kündigung wirksam wird (§ 7 KSchG). Verspätet eingereichte Klagen können aus ähnlichen Gründen wie bei → Wiedereinsetzung nachträglich zugelassen werden (§ 5 KSchG). Wird der Klage stattgegeben, so steht fest, dass die Kündigung unwirksam war und das Arbeitsverhältnis fortbestanden hat. Jedenfalls nach einer der Klage stattgebenden Entscheidung des Erstgerichts kann bis zur Rechtskraft eine → Beschäftigungspflicht des Arbeitgebers bestehen (→ Weiterbeschäftigungsanspruch). Ist es bei Obsiegen mit der Kündigungsschutzklage dem Arbeitnehmer ausnahmsweise nicht zuzumuten, das Arbeitsverhältnis fortzusetzen, so hat es das Gericht auf Antrag des Arbeitnehmers durch → Gestaltungsurteil aufzulösen und dem Arbeitnehmer eine Abfindung in Geld (regelmäßig bis zu zwölf Monatsverdiensten, bei längerdauerndem Arbeitsverhältnis auch mehr) zuzusprechen (§§ 9, 10 KSchG); auch der Arbeitgeber kann einen solchen Auflösungsantrag stellen (§ 9 I KSchG, erleichtert bei → Leitenden Angestellten, jedoch ausgeschlossen bei außerordentlichen Kündigungen).

Außer in diesem Fall oder bei Vorliegen eines → Sozialplans besteht jedoch kein Anspruch des Arbeitnehmers auf eine → Abfindung; bei den oftmals (auch vor Gericht) vereinbarten Abfindungen handelt es sich um freiwillige Vereinbarungen der Arbeitsvertragsparteien nach Abwägung der Prozessaussichten. Dazu gehört trotz des ggf. missverständlichen Wortlauts auch die oa Regelung des § 1a KSchG; auch hier erfolgt durch das (nach § 623 BGB zwingend schriftliche) Abfindungsangebot des Arbeitgebers und dessen Annahme durch den Arbeitnehmer (durch Verstreichenlassen der Klagefrist) ebenfalls eine Vereinbarung, nämlich ein Abwicklungs- oder Aufhebungsvertrag für das → Arbeitsverhältnis (2). Abgesehen vom oa Fall des § 9 KSchG ist eine Abfindung grds. frei verhandelbar, unterliegt im öffentlichen Interesse jedoch wenigen Beschränkungen (nur aufsichtsrechtliche Beschränkungen ggü. Arbeitgebern aus dem Finanzsektor in § 5 VI InstitutsVergV, § 25a V KWG, unmittelbare Unwirksamkeit bei Unternehmensbeteiligungen des Bundes iRv Finanzmarkt- und Corona-Krise gem. § 18 Wirtschaftsstabilisierungsbeschleunigungsgesetz).

3. Durch das KSchG wird das Recht zur außerordentlichen (idR fristlosen) → Kündigung nicht berührt; jedoch muss die Unwirksamkeit einer solchen Kündigung in gleicher Weise und Frist gerichtlich geltend gemacht werden, weil sie sonst wie eine ordentliche, sozial ungerechtfertigte Kündigung auch ohne Vorliegen eines wichtigen Grundes wirksam wird (§ 13 I 2 KSchG). Das gilt auch für Kündigungen, die aus anderen Gründen, zB wegen Sitten- oder Gesetzeswidrigkeit (§§ 138, 134 BGB) nichtig sind; iÜ gilt das KSchG hierfür nicht (§ 13 III KSchG); die Wirksamkeit einer außerordentlichen (arbeitgeberseitigen oder arbeitnehmerseitigen) Kündigung beurteilt sich in erster Linie nach § 626 BGB mit dem strengeren Maßstab der Unzumutbarkeit der Fortsetzung des Arbeitsverhältnisses sowie ebenfalls den Regelungen zum Sonderkündigungsschutz (s. nachfolgend).

4. Soweit ein → Betriebsrat besteht, ist dieser – unter Mitteilung der Gründe – vor jeder (auch außerordentlichen oder → Änderungs-) Kündigung, auch zB zur Frage der Auswahl des Arbeitnehmers bei betriebsbedingter Kündigung) zu hören (gilt nicht für → leitende Angestellte); eine ohne Anhörung ausgesprochene Kündigung ist unwirksam (§ 102 I BetrVG; ähnliche Regelungen zur Beteiligung des Personalrats im BPersVG bzw. in den Personalvertretungsgesetzen der Länder, → Personalvertretung). Der Betriebsrat kann in bestimmten Fällen (zB Außerachtlassung ausreichender sozialer Gesichtspunkte, mögliche Weiterbeschäftigung des Arbeitnehmers) der Kündigung innerhalb einer Woche schriftlich widersprechen (dreitägige Frist bei außerordentlichen Kündigungen); bei berechtigtem Widerspruch gegen eine ordentliche Kündigung kann ein besonderer Weiterbeschäftigungsanspruch des Arbeitnehmers bestehen (§ 102 V BetrVG; → Beschäftigungspflicht). Weitergehender Kündigungsschutz (Sonderkündigungsschutz) besteht für Mitglieder eines → Betriebsrats (einer Personalvertretung) und ähnlichen Mandatsträgern sowie Wahlinitiatoren nach § 15 KSchG (teilweise ist zusätzlich die Zustimmung des Betriebsrats/Personalrats erforderlich, § 103 BetrVG), während der → Elternzeit (§ 18 BEEG) und der → Pflegezeit (3) bzw. → Familienpflegezeit, für Frauen während und nach der Schwangerschaft (→ Mutterschutz), für → schwerbehinderte Menschen (§§ 168–175 SGB IX), für Inhaber eines Bergmannversorgungsscheins im Land NRW (§ 10 BVSG NRW) und viele besondere Beauftragte (zB Datenschutzbeauftragte, Strahlenschutzbeauftragte; Regelungen in den jeweiligen Gesetzen, zB § 58 II BImSchG, § 6 IV BDSG). Zum Kündigungsschutz für wehrpflichtige Arbeitnehmer → ArbeitsplatzschutzG, zu Massenentlassungen → anzeigepflichtige Entlassungen, zum Kündigungsschutz beim → befristeten Arbeitsverhältnis s.

dort. Zum Kündigungsschutz im Falle der Insolvenz → Insolvenzverfahren (3a), → Arbeitsverhältnis; sa → Betriebsübergang. Zum (beschleunigten) Verfahren in Kündigungsschutzprozessen s. § 61a ArbGG.

5. Dem Kündigungsschutz iwS dient § 623 BGB (sa § 22 III Hs. 2 BBiG). Danach bedarf die Beendigung von Arbeitsverhältnissen durch Kündigung oder Aufhebungs- bzw. Auflösungsvertrag (→ Aufhebungsvertrag im Arbeitsrecht) zu ihrer Wirksamkeit der Schriftform; die elektronische Form ist ausdrücklich ausgeschlossen. Die Angabe eines Kündigungsgrundes in der Kündigungserklärung ist nur in wenigen Fällen erforderlich (§ 22 III BBiG: Ausbildungsverhältnisse nach der Probezeit; § 17 II 2 MuSchG); § 626 II 3 BGB verpflichtet nur zur nachträglichen Nennung des Kündigungsgrundes. Zum → befristeten Arbeitsverhältnis s. dort.

Kündigungsschutz für Miet(Wohn)räume
→ Wohnraummietvertrag (5). Zur Kündigungssperre in der → COVID-19-Pandemie s. → Corona-Krise und Mietrecht.

Kündigungsschutz in der Corona-Krise
→ Corona-Krise und Mietrecht.

Kündigungsschutzklage
→ Kündigungsschutz für Arbeitnehmer (2b).

Kündigungssperre
→ Corona-Krise und Mietrecht.

Künftige Leistung
→ Leistungszeit (2), → Leistungsklage.

Künstlersozialabgabe
ist eine Umlage der einschlägigen Unternehmen (Verlage, Konzertagenturen usw.) für die → Künstlersozialversicherung. Sie bemisst sich nach einem durch Rechtsverordnung vom BMAS festgesetzten Vomhundertsatz der gezahlten Entgelte (§§ 23 ff. KSVG). Der Abgabesatz beträgt ab 1.1.2024 5,0%. Dieser Wert gilt auch für das Jahr 2025. Aus diesem – zusammen mit einem Bundeszuschuss – werden die Leistungen der Künstlersozialversicherung finanziert.

Künstlersozialkasse
Die Künstlersozialkasse mit Sitz in Wilhelmshafen führt die → Künstlersozialversicherung durch. Sie übernimmt die Feststellung der Beitragspflicht zur Künstlersozialversicherung und den Beitragseinzug. Die Künstlersozialversicherung ist angesiedelt bei der Unfallversicherung Bund und Bahn.

Künstlersozialversicherung
besteht seit 1.1.1983 für selbstständige Künstler, die schöpferisch, ausübend oder lehrend auf den Gebieten Musik, darstellende oder bildende Kunst tätig sind sowie Publizisten (Schriftsteller, Journalisten usw.). Sie unterliegen, sofern sie erwerbsmäßig und nicht nur vorübergehend künstlerisch oder publizistisch tätig sind und nicht mehr als einen → Arbeitnehmer beschäftigen, der → Rentenversicherung und in den ersten 5 Jahren der → Krankenversicherung (Wahl einer privaten KV möglich, ebenso Befreiung bei höherem Einkommen). Keine Versicherungspflicht besteht für Jahre, in denen das Einkommen 3900 EUR nicht übersteigt (Mindesteinkommensgrenze seit 2004). Die Mittel werden durch Beiträge der Versicherten, eine → Künstlersozialabgabe der einschlägigen Unternehmen (Verlage, Konzertveranstalter usw.) und Bundeszuschüsse aufgebracht. Die Künstlersozialversicherung wird von der Unfallkasse des Bundes und der Bahn durchgeführt. Sie hat ihren Sitz in Wilhelmshaven und ist bundesweit zuständig (Künstlersozialversicherungsgesetz (KSVG) v. 27.7.1981 (BGBl. 1981 I 705) mÄnd; VO über den Beirat und die Ausschüsse bei der Künstlersozialkasse v. 13.8.1982 (BGBl. 1982 I 1149) mÄnd; VO über die Überwachung der Beitragsanteile und der Künstlersozialabgabe nach dem KünstlersozialversicherungsG v. 13.10.1994 (BGBl. 1994 I 2972) mÄnd). Die Betriebsprüfungen der Künstlersozialversicherung werden durch die Deutsche Rentenversicherung durchgeführt. Besteht Unklarheit über das Vorliegen von Versicherungspflicht zur Künstlersozialversicherung soll ein Statusfeststellungsverfahren nach § 7a SGB IV durch die → Deutsche Rentenversicherung Bund durchgeführt werden. Das Ergebnis des Statusfeststellungsverfahrens ist gerichtlich überprüfbar durch das → Sozialgericht. Während der Corona-Pandemie galten teilweise Sonderregelungen mit dem Ziel den Versicherungsschutz in der Künstlersozialversicherung nicht zu verlieren, etwa infolge höheren nichtkünstlerischen Zuverdienstes.

Künstliche Befruchtung
Die → Heilbehandlung als Leistung der gesetzlichen → Krankenversicherung umfasst auch medizinische Maßnahmen zur Herbeiführung einer Schwangerschaft. Voraussetzung für die Inanspruchnahme der Leistung ist, dass die Maßnahme nach medizinischer Erkenntnis erforderlich ist, nach ärztlicher Feststellung hinreichende Erfolgsaussicht besteht, die Personen, die diese Maßnahme in Anspruch nehmen wollen, miteinander verheiratet sind, ausschließlich Ei- und Samenzellen der Ehegatten verwendet werden und die Ehegatten zuvor von einem unabhängigen Arzt beraten worden sind (vgl. § 27a SGB V). Die künstliche Befruchtung erfolgt nur nach Vollendung des 25. Lebensjahres. Der Anspruch ist beschränkt bei weiblichen Versicherten, solange diese das 40. Lebensjahr, bei männlichen Versicherten, solange diese das 50. Lebensjahr noch nicht vollendet haben. Die → Krankenkassen übernehmen 50% der genehmigungsfähigen Kosten. Vor Beginn der künstlichen Befruchtung ist ein Behandlungsplan zu erstellen und der Krankenkasse zur Genehmigung vorzulegen. Eine Satzungsausweitung der Krankenkasse zur Kostenübernahme bei Paaren einer auf Dauer angelegten Lebensgemeinschaft

ist nicht zulässig (BSG v. 18.11.2014 – B 1 A 1/14 R). Die Übernahme der anteiligen Kosten für die künstliche Befruchtung durch die Krankenversicherung ist auf drei „Versuche" beschränkt. Durch Satzung können die Krankenkassen jeweils evtl. weitere übernahmefähige Kosten regeln.

Künstliche Fortpflanzung
Wegen ungewollter Kinderlosigkeit wird zunehmend die Hilfe der Fortpflanzungsmedizin und der → Reproduktionstechnik gesucht. Statt künstlicher Fortpflanzung wird daher auch von assistierter Reproduktion gesprochen. Die im Tierversuch und in der Tierzucht (u. 3.) entwickelten Methoden, deren Erfolgsaussichten und Risiken oft nicht richtig eingeschätzt werden, lassen gezielte Eingriffe in die Entstehung und Entwicklung menschlichen Lebens zu. Die Grenzen der Anwendung sind rechtlich durch den Embryonenschutz (u. 1.) festgelegt. Außerdem sind bestimmte Vereinbarungen über die Vermittlung von Kindern (→ Adoptionsvermittlung, → Kinderhandel) und über Ersatzmutterschaft (u. 2.) verboten und zum Teil mit Strafe bedroht.

1. Embryonenschutz. Der Gesetzgeber geht davon aus, dass mit Abschluss der Befruchtung, dh mit der Kernverschmelzung innerhalb der befruchteten Eizelle, menschliches Leben entsteht, das verfassungsrechtlich geschützt ist. Durch Fortpflanzungsmedizin und Reproduktionstechnik wurden zur Erzeugung und Veränderung des Lebens folgende Methoden entwickelt: Insemination (Samenübertragung), In-vitro-Fertilisation und Embryotransfer (Zusammenführung von Samen und Eizellen im Reagenzglas und Einbringung der entstandenen Embryonen in die Gebärmutter), intratubarer Gametentransfer (gleichzeitiges Einbringen von Ei- und Samenzellen in die Eileiter), Eispende (Übertragung der Eizelle einer anderen), Embryospende (Übertragung eines von anderen stammenden Embryos), Gewinnung totipotenter Zellen (Erzeugung eineiiger Mehrlinge durch Teilung der Zellen eines Embryos), Bildung von Chimären (Vereinigung von Zellen eines Embryos mit Zellen eines anderen Embryos), Gentransfer in Keimbahnzellen (Veränderung der genetischen Struktur einer befruchteten Eizelle vor Beginn der Zellteilungen durch Entnahme eines defekten Gens oder dessen Austausch durch ein intaktes Gen, → Gentherapie).

Die strafrechtlichen Bestimmungen zum Schutz des menschlichen Lebens vor Manipulationen enthält das EmbryonenschutzG (ESchG) v. 13.12.1990 (BGBl. 1990 I 2746). Als Embryo gelten die befruchtete, entwicklungsfähige Eizelle ab der Kernverschmelzung und jede einem Embryo entnommene totipotente Zelle (§ 8 ESchG). IE sind verboten gezielte Erzeugung menschlicher Embryonen zu Forschungszwecken (§ 1 I Nr. 2 ESchG), Verwendung menschlicher Embryonen zu nicht ihrer Erhaltung dienenden Zwecken (§ 2 ESchG), Übertragung von mehr als 3 Embryonen innerhalb 1 Zyklus (§ 1 I Nr. 3 ESchG), Befruchtung von mehr als 3 Eizellen durch intratubaren Gametentransfer innerhalb 1 Zyklus (§ 1 I Nr. 4 ESchG), extrakorporale Befruchtung von mehr Eizellen, als innerhalb 1 Zyklus übertragen werden sollen (§ 1 I Nr. 5 ESchG), Gentransfer in menschliche Keimbahnzellen (§ 5 ESchG), Klonen, dh gezielte Erzeugung genetisch identischer Menschen (§ 6 ESchG), Bildung von Hybriden (Embryo aus Mensch und Tier) und menschlichen Chimären (§ 7 ESchG), gezielte Geschlechtsfestlegung des künftigen Kindes (§ 3 ESchG), eigenmächtige Befruchtung, eigenmächtige Übertragung eines Embryos und Übertragung des Samens eines Mannes nach dessen Tod (§ 4 ESchG). Gespaltene Mutterschaften, bei denen genetische und austragende Mutter nicht identisch sind, sollen verhindert werden. Deshalb sind verboten Übertragung fremder Eizellen auf eine Frau (§ 1 I Nr. 1 ESchG), Befruchtung einer Eizelle für eine Embryospende oder eine Übertragung des Embryos auf eine Ersatzmutter (§ 1 I Nr. 2 ESchG), Entnahme eines Embryos zur Übertragung auf eine andere Frau (§ 1 I Nr. 6 ESchG), künstliche Befruchtung oder Embryoübertragung bei einer Ersatzmutter (§ 1 I Nr. 7 ESchG) (u. 2.). Nur ein Arzt darf die künstliche Befruchtung, die Embryoübertragung und die Konservierung eines Embryos oder einer befruchteten Eizelle vornehmen (§ 9 ESchG). Die Mitwirkung an bestimmten Taten ist für die beteiligte Frau nicht strafbar.

Die Präimplantationsdiagnostik (PID), die genetische Untersuchung eines Embyos in vitro vor dem intrauterinen Transfer, ist ebenfalls mit Strafe bedroht (§ 3a I ESchG). Dies gilt ausnahmslos für die PID an totipotenten Zellen (§§ 2, 6, 8 ESchG, vgl. BGH NJW 2010, 2672 Rn. 22). Nicht rechtswidrig ist die PID von (pluripotenten) Zellen des Embryos mit schriftlicher Einwilligung der Frau zur Herbeiführung einer Schwangerschaft, wenn wegen der genetischen Disposition der Frau und/oder des Mannes ein hohes Risikos einer bestimmten schwerwiegenden Erbkrankheit für das Kind besteht, oder zur Feststellung einer schwerwiegenden Schädigung des Embryos, die mit hoher Wahrscheinlichkeit zu einer Tot- oder Fehlgeburt führen wird (§ 3a II ESchG). Diese PID darf nur nach Aufklärung und Beratung der Frau und Zustimmung einer Ethikkommission und durch einen hierfür qualifizierten Arzt vorgenommen werden (§ 3a III 1 ESchG); fehlt eine der Voraussetzungen des § 3a III 1 ESchG, stellt die Vornahme der PID eine Ordnungswidrigkeit dar, die mit einer Geldbuße bis zu 50 000 EUR geahndet werden kann (§ 3a IV ESchG). Die Einzelheiten zu Organisation und Verfahren der Durchführung einer PID sind in der PIDV v. 21.2.2013 (BGBl. 2013 I 323) geregelt.

Verboten ist auch die Gewinnung embryonaler Stammzellen aus totipotenten Zellen durch Entnahme, Abgabe, Erwerb oder Verwendung zum Zweck der Stammzellenforschung (§§ 2, 6, 8 ESchG). Wegen der Bedeutung der Stammzellenforschung für die Therapie bisher unheilbarer Krankheiten sind Einfuhr und Verwendung vor dem 1.5.2007 gewonnener embryonaler Stammzellen unter bestimmten Voraussetzungen zugelassen (vgl. G zur Sicherstellung des Embryonenschutzes im Zusammenhang mit Einfuhr und Verwendung menschlicher embryonaler Stammzellen – StammzellG – v. 28.6.2002, BGBl. 2002 I 2277).

Die heterologe Insemination ist nicht verboten (→ Samenspende). Für → Kinder aus einer homologen Insemination gelten keine Besonderheiten; für Kinder aus einer heterologen Insemination (ggf. nach Vaterschaftsanfechtung, → Abstammung, 3) gelten die Sondervorschriften für Kinder nicht verheirateter Personen, zB → Unterhaltspflicht bei nicht miteinander verheirateten Eltern. Gleichwohl besteht die Unterhaltspflicht des (der heterologen Insemination zustimmenden) Ehemannes (auch zB nach einer → Ehescheidung) grds. fort, es sei denn, das Kind hat seinerseits die Abstammung angefochten (BGH NJW 1995, 2028 und 2031). Für → Erbfolge und Vaterschaftsanerkennung (→ Abstammung, 2b) gelten keine Besonderheiten.

§ 27a SGB V bestimmt bereits, dass Ehepaare gegen die gesetzlichen Krankenkassen Anspruch auf Leistung für Maßnahmen der künstlichen Befruchtung im homologen System haben. Aufwendungen hierfür sind steuerlich außergewöhnliche → Belastungen (§ 33 I EStG).

2. Ersatzmutterschaft (Leih-, Miet-, gespaltene –) führt dazu, dass genetische und austragende Mutter nicht identisch sind. Sie muss nicht mit einer künstlichen Fortpflanzung verbunden sein, beruht aber idR auf einer Insemination. Ersatzmutter ist nach § 13a AdoptionsvermittlungsG (AdVermiG) idF v. 22.12.2001 (BGBl. 2002 I 354) eine Frau, die auf Grund einer Vereinbarung bereit ist, sich einer künstlichen oder natürlichen Befruchtung zu unterziehen oder einen nicht von ihr stammenden Embryo auf sich übertragen zu lassen oder sonst auszutragen und das Kind nach der Geburt Dritten zur Annahme als Kind oder zur sonstigen Aufnahme auf Dauer zu übertragen. Die Vereinbarung ist unwirksam. Die Ersatzmuttervermittlung durch Zusammenführen von Bestelleltern (Personen, die das Kind annehmen oder sonst auf Dauer aufnehmen wollen) mit einer Ersatzmutter oder durch Nachweis einer Gelegenheit zur Vereinbarung einer Ersatzmutter ist verboten und mit Strafe bedroht (§§ 13b, 13c, 14b AdVermiG). Strafbar sind auch die künstliche Befruchtung und die Embryoentnahme oder -übertragung zum Zweck einer Ersatzmutteschaft (§ 1 I Nr. 1, 2, 6, 7 ESchG, s. o. 1.). Eizellen- oder Embryospenderin, Ersatzmutter und Bestelleltern werden nicht bestraft. Die Suche oder das Angebot von Ersatzmüttern oder Bestelleltern durch öffentliche Erklärungen, zB Zeitungsanzeigen, ist ebenfalls untersagt (§ 13d AdVermiG) und wird als → Ordnungswidrigkeit geahndet.

3. → Tierzucht Für die Zucht von Rindern, Schweinen, Schafen, Ziegen und Pferden regelt das TierzuchtG die künstliche Besamung und den Embryotransfer (Gewinnung, Behandlung, Übertragung und Abgabe von Eizellen und Embryonen).

Künstliche Intelligenz
Die Künstliche Intelligenz (KI) ist ein Teilgebiet der Informatik. Es wird ganz allgemein als automatisiertes intelligentes Verhalten sowie die Fähigkeit von Maschinen, menschliches Entscheidungsverhalten durch komplexe Algorithmen zu imitieren, definiert. Visionäre, in absehbarer Zeit nicht konkret erreichbare Varianten der KI, bei denen Maschinen umfassend das Niveau menschlichen Denkens erreichen sollen, werden gelegentlich als „starke" KI bezeichnet, während die „schwache" KI einzelne konkrete Lebensbereiche mathematisch-informationstechnisch nachmodelliert. Ein wichtiger Aspekt dieser Modellierung ist die Fähigkeit, anhand von Bildern, Texten und Sprache zu „lernen", also dass aus einer anwachsenden Basis zutreffender Daten (→ Big Data) für die Zukunft stärkere (auch kontextbezogene) Wiedererkennungseffekte eintreten und deshalb reale Unsicherheiten statistisch präziser gewürdigt werden können. Diesen Umgang mit großen Datenmengen, um sich mathematisch-statistisch immer stärker an die „richtige" Entscheidung durch die Maschine anzunähern, nennt man häufig auch Big Data. Zugleich besteht die Gefahr, dass sich unzutreffende Tatsachen oder Vorurteile perpetuieren und verstärken (machine bias). Zu den Wechselwirkungen zwischen der Künstlichen Intelligenz und dem rechtlichen Schutz schöpferischer, künstlerischer Anstrengungen siehe → Urheberrecht. Die sog. → KI-Verordnung ist ein Meilenstein im Versuch, das Phänomen in allen seinen Facetten zumindest grob zu regeln und eine Balance zwischen v. a. wirtschaftlichen, ethischen und sicherheitspolitischen Interessen zu finden.

Künstliche Samenübertragung
(Insemination) → künstliche Fortpflanzung.

Küstenfischerei
gehört zur → Seefischerei. Im Übrigen s. → Fischerei.

Küstengewässer
wird in § 3 Nr. 2 WHG (→ Wasserhaushalt) nach den Vorgaben des → Völkerrechts definiert (→ integrierte Meerespolitik). Danach ist Küstengewässer das Meer zwischen der Küstenlinie bei mittlerem Hochwasser und der seewärtigen Begrenzung des → Küstenmeeres. Sa → Küstenschutz, → Meeresgewässer.

Küstenmeer
1. Die Souveränität eines Staates erstreckt sich nach Art. 2 I SRÜ (→ Seerechtsübereinkommen; → Seerecht) über sein Hoheitsgebiet zu Lande und die → inneren Gewässer hinaus auf einen an seine Küste angrenzenden Meeresstreifen, der als Küstenmeer bezeichnet wird. Art. 3 SRÜ erlaubt es, das Küstenmeer bis zu 12 Seemeilen auszudehnen. Deutschland hat mit Proklamation vom 11.11.1994 (BGBl. 1994 II 3428) sein Küstenmeer in der Nordsee auf 12 Seemeilen ausgedehnt und für die Ostsee detaillierte Koordinaten zur seewärtigen K.begrenzung (ohne Überschreitung der völkerrechtlichen 12-Seemeilen-Zone) festgelegt. Küstenmeeransprüche verschiedener Staaten, die über 12 Seemeilen hinausgehen, sind völkerrechtswidrig. Die Breite des Küstenmeeres wird von der Basislinie (s. → innere Gewässer, 1) aus gemessen. Im Anschluss an die Grenze zweier Küstenstaaten ist die Grenze der aneinander angrenzenden Küstenmeere durch Vereinbarung zu regeln. Hilfsweise gilt die Äquidistanzlinie.

2. Die Souveränität des Küstenstaates erstreckt sich auch auf das Küstenmeer. Diese Souveränität wird nur durch das Recht auf friedliche Durchfahrt beschränkt. Die Durchfahrt fremder Schiffe hat grundsätzlich ohne Unterbrechung und zügig zu erfolgen; auch Kriegsschiffe haben das Recht auf friedliche Durchfahrt, allerdings sind Manöver mit Waffen jeder Art und Spionage verboten; die friedliche Durchfahrt darf nicht zu Propagandazwecken missbraucht werden; die Finanz-, Einreise- und Gesundheitsgesetze des Küstenstaates sind zu beachten; Fischerei ist nur mit Zustimmung des Küstenstaates erlaubt. Der Küstenstaat ist verpflichtet, die friedliche Durchfahrt zu dulden und auf Gefahren in seinem Küstenmeer hinzuweisen. Für Schiffe mit gefährlicher Ladung können bestimmte Schifffahrtswege vorgeschrieben werden. Das SRÜ gibt kein Recht zum Überfliegen des Küstenmeeres.

3. Für Meerengen gelten bestimmte Privilegien; so dürfen Meerengen auch überflogen werden.

4. Die Vorschriften des WHG sind mit Ausnahme der nur für oberirdische Gewässer und für Grundwasser geltenden Vorschriften auch für das Küstenmeer anwendbar (behördliche Zulassung der Wasserbenutzung, Haltung bei Änderung der Beschaffenheit).

Küstenschifffahrt
Als Küstenschifffahrt kann man den Transport von Personen und Gütern im Küstenmeer bezeichnen. So betreibt nach der Verordnung über die Küstenschifffahrt v. 5.7.2002 (BGBl. 2002 I 2555) mÄnd Küstenschifffahrt, wer Fahrgäste oder Güter zwischen Orten im Geltungsbereich deutschen Rechts unter Benutzung des Seeweges gegen Entgelt befördert. Die Küstenschifffahrt darf nur betrieben werden mit Seeschiffen, die nach dem Flaggenrechtsgesetz (→ Seeschifffahrt) die Bundesflagge führen, und mit dazu tauglichen und in Deutschland registrierten Binnenschiffen. Küstenschifffahrt kann ferner mit Schiffen, die unter der Flagge eines Mitgliedstaates der Europäischen Union fahren, betrieben werden. In diesem Fall spricht man, weil der Transport mit einem ausländischen Schiff durchgeführt wird, von Kabotage. Diese Schiffe müssen gem. Seekabotage-VO (EWG) 3577/92 v. 7.12.1992 (ABl. EG 1992 L 364, 7) registriert sein. → Binnenschifffahrt, → Frachtvertrag (4).

Küstenschutz
umfasst zB in Schleswig-Holstein den Schutz der Küste vor Meeresüberflutungen, gegen Uferrückgang und Erosion sowie die Sicherung der Wattgebiete, so § 62 Landeswassergesetz idF v. 11.2.2008 (GVOBl. 2008, 91) mÄnd. Er ist grds. Aufgabe derjenigen, die davon Vorteile haben. Sa → Wassergefahr, → Deich, → Hochwasserschutz, → Überschwemmungsgebiete.

Küstenwache
ist ein Koordinierungsverbund von Vollzugsbehörden der für den Bereich See zuständigen Bundesministerien in Kiel. Seine Organisationen und ihre primär beteiligten Behörden sind: maritimer Umweltschutz (BMV, BMI, → Meeresverschmutzung), Sicherheit im Schiffsverkehr (BMV, BMI), polizeilicher Grenzschutz (BMI), Zoll (BMF, BMI, → Zollbehörden) und Fischerei (BMEL, BMI, BMF). Die Einsatz-Koordination erfolgt im Maritimen Sicherheitszentrum in Cuxhaven, das für die Gefahrenabwehr, das Unfallmanagement und die Seeraumüberwachung zuständig ist. Sa → Wasserstraßen- und Schifffahrtsverwaltung, → Such- und Rettungsdienst.

Kulturgut
Nach dem Gesetz zum Schutz von Kulturgut (Kulturgutschutzgesetz – KGSG) v. 31.7.2016 (BGBl. 2016 I 1914) mÄnd sind Kunstwerke oder sonstiges Kulturgut, dessen Abwanderung einen wesentlichen Verlust für den deutschen Kulturbesitz bedeuten würde, in ein von der obersten Landesbehörde geführtes Verzeichnis einzutragen. Die Ausfuhr bedarf der Genehmigung des Beauftragten der Bundesregierung für Angelegenheiten der Kultur und der Medien. Entsprechendes gilt für Archivgut. Zum Ausgleich für die Bindung bestehen Steuervergünstigungen. Die Vorschriften des Europäischen Gemeinschaftsrechts lassen nationale Beschränkungen zugunsten von Kulturgut zu (Art. 36 AEUV (→ AEUV)). Allerdings ist dabei nach der sog. → Cassisformel der Grundsatz der Verhältnismäßigkeit und der Vorrang gemeinschaftsrechtlicher Regelungen zu wahren.

Kulturhoheit der Länder
wird deren primäre Zuständigkeit für Gesetzgebung und Verwaltung auf kulturellem Gebiet (insbes. im Schul- und Hochschulwesen,

Rundfunk (→ Rundfunkrecht) und Fernsehen) genannt. Sie ergibt sich aus Art. 30 GG, da das GG dem Bund auf kulturellem Gebiet – insbesondere nach der → Föderalismusreform, aber auch schon vorher – nur geringe Kompetenzen einräumt (vgl. aber Art. 74 Nr. 13 und 33 GG). Vgl. aber → Digitalpakt.

Kulturpflanzen
sind Nutzpflanzen (zum Nutzen des Menschen) und Zierpflanzen (zur Erbauung), s. → Pflanzenschutz.

Kumulation von Strafen
→ Konkurrenz von Straftaten (Tatmehrheit).

Kumulative Schuldübernahme
→ Schuldmitübernahme.

Kumulieren
Im Kommunalwahlrecht (→ Kommunalwahlen) werden teilweise die Grundsätze des → Verhältniswahlrechts durch Kumulieren und → Panaschieren ergänzt. Von Kumulieren spricht man, wenn der Wähler so viele Stimmen hat, wie Sitze zu vergeben sind, er aber auf einen Bewerber mehrere Stimmen (in Bayern bis zu drei) häufeln kann.

Kumulierungsverbot
Verbot der mehrfachen Inanspruchnahme steuerlicher Vergünstigungen für eine Sache; zB wer eine Arbeitnehmersparzulage erhält, kann diese Beiträge nicht gleichzeitig als → Sonderausgaben geltend machen.

Kundenauthentifizierung
Als Kundenauthentifizierung bezeichnet man im Recht der Zahlungsdienste (→ Zahlungsinstitute) ein Verfahren, mit dessen Hilfe der Zahlungsdienstleister die Identität eines Zahlungsdienstnutzer überprüfen kann (§ 1 I Nr. 23 ZAG). Eine starke Kundenauthentifizierung erfordert darüber hinaus, dass die Vertraulichkeit der Authentifizierungsdaten geschütz ist und die Kundenauthentifizierung aus zwei Elementen der Bereiche Wissen (zB Passwort), Besitz (zB Mobiltelefon) und Inhärenz (zB Fingerabruck, Gesichtserkennung) besteht (§ 1 I Nr. 24 ZAG). Eine starke Kundenauthentifizierung ist seit dem 14.9.2019 erforderlich, wenn der Kunde online auf sein → Zahlungskonto zugreift oder einen elektronischen Zahlungsvorgang auslöst (§ 55 ZAG). Diese Regel basiert auf der 2. → Zahlungsdiensterichtlinie; Einzelheiten beinhaltet die Delegierte VO (EU) 2018/389 v. 27.11.2017 (ABl. 2018 L 69, 23).

Kundenbeschwerde
→ Gütestellen.

Kundenbindung
Gewährt ein Unternehmen für häufige Leistungsabnahme Sachprämien, die öffentlich ausgeschrieben sind, zB das Lufthansaprogramm „miles and more", so ist die Inanspruchnahme für den Begünstigten bis 1080 EUR/Jahr steuerfrei (§ 3 Nr. 38 EStG). Darüber hinausgehende Prämien kann das Unternehmen auf Antrag mit 2,25 vH Pauschalsteuer abgelten; Bemessungsgrundlage sind dabei alle Prämien, auch die nach § 3 Nr. 38 EStG steuerfreien Prämien, so dass in diesen Fällen der Begünstigte steuerlich überhaupt nicht behelligt wird (§ 37a EStG; → Pauschbesteuerung). Arbeitsrechtlich stehen die Sachprämien dem Arbeitgeber zu, soweit nicht – gegebenenfalls stillschweigend – etwas anderes vereinbart sein sollte.

Kundenfinanzierung, -kredit
→ Verbraucherdarlehensvertrag.

Kundeninformation
→ Überweisungsauftrag; → Verbrauchervertrag, → E-commerce.

Kunst, Freiheit der –
1. Nach Art. 5 III GG ist die Kunst frei. Dies bedeutet primär eine → institutionelle Garantie. Die Freiheit des Einzelnen, künstlerisch tätig zu sein und zu gestalten, folgt schon aus der → Meinungsfreiheit (Art. 5 I GG), die auch den Ausdruck von Gedanken durch Bild-, Plastik- und Tonwerke sichert. Der Begriff wird weit gefasst. Nach BVerfG Urt. v. 24.2.1971 – 1 BvR 435/68 ist Kunst die freie schöpferische Gestaltung, in der Eindrücke, Erfahrungen, Erlebnisse des Künstlers durch das Medium einer bestimmten Formensprache zu unmittelbarer Anschauung gebracht werden. Die Kunstfreiheit erstreckt sich nicht nur auf die schöpferische Tätigkeit selbst, sondern auch auf Darbietung und Verbreitung.

2. Für die Freiheit der Kunst gelten die → immanenten Schranken; ein spezieller Gesetzesvorbehalt besteht nicht. Eine wichtige Grenze findet die Freiheit der Kunst im allgemeinen → Persönlichkeitsrecht. Die Kunstfreiheit schließt zwar das Recht zur Verwendung von Vorbildern aus der Lebenswirklichkeit zB in einem Roman ein; BVerfG Urt. v. 24.2.1971 – 1 BvR 435/68 geht aber im Rahmen der Abwägung davon aus, dass bei Wiedererkennbarkeit einer Romanfigur mit einer tatsächlichen Person für einen nicht unbedeutenden Leserkreis Verleumdungen und Beleidigungen gegenüber dieser Person nicht mehr von dem Grundrecht der Kunstfreiheit gedeckt sind. BVerfG B. v.13.6.2007 – 1 BvR 1783/05 hat diese Rechtsprechung weiter präzisiert; danach muss die Verfremdung umso größer sein, je stärker der besonders geschützte Kern des Persönlichkeitsrechts betroffen ist; dabei ist nach der neueren Rechtsprechung Voraussetzung für den Vorrang des Persönlichkeitsschutzes nicht nur die Erkennbarkeit für einen nicht unbedeutenden Leserkreis, sondern es genügt bereits die Erkennbarkeit für einen mehr oder minder großen Bekanntenkreis.

Kunstfehler, ärztliche
Jeder ärztliche Heileingriff wird in der Rspr. überwiegend als → Körperverletzung angesehen, bei der aber das Vorliegen eines Rechtfertigungsgrundes (Einwilligung des Betroffe-

nen, uU Geschäftsführung ohne Auftrag oder eine Notstandslage) die straf- und zivilrechtliche Verantwortlichkeit des Arztes ausschließt. Voraussetzung ist, dass der Eingriff medizinisch indiziert (angezeigt) war, dh nach Gesundheitszustand und Heilungsaussichten unter Berücksichtigung der Gefährlichkeit geboten oder mind. vertretbar, und dass er nach den Regeln der ärztl. Kunst (lege artis) vorgenommen worden ist. (Nach einer in der Lit. vielfach vertretenen Auffassung ist der Eingriff unter den genannten Voraussetzungen keine Körperverletzung und daher schon aus diesem Grund rechtens). Ob ein Eingriff medizinisch indiziert war und fachgerecht durchgeführt worden ist, beurteilt sich nach dem Zustand zum Zeitpunkt seiner Vornahme und den damals nach ärztlicher Erfahrung begründeten Erwartungen, nicht nach dem später eingetretenen Erfolg oder Misserfolg. War der Eingriff danach nicht indiziert, lag zB eine Fehldiagnose vor, oder ist er nicht mit der gebotenen ärztlicher Sorgfalt durchgeführt worden, ist der Arzt wegen Körperverletzung oder Tötung strafbar, wenn eine Verschlechterung des Gesundheitszustandes oder der Tod des Patienten durch den Kunstfehler verursacht worden ist.

Nach bürgerlichem Recht ist ggf. → Schadensersatz aus → Vertrag (s. insbes. → Behandlungsvertrag) oder → unerlaubter Handlung (s. dort 2b, zur Beweislast 6) zu leisten. Zur Arzthaftung allg. → Arzt, zum Ersatz des Unterhalts bei fehlgeschlagener → Sterilisation s. → Schaden. Sa → Aufklärungspflicht des Arztes.

Kunstflüge
sind gem. der Definition in Art. 2 Nr. 5 DVO (EU) 923/2012 (s. → Luftfahrtrecht) absichtliche Manöver, die für den normalen Flug oder für die Unterweisung für Fluglizenzen oder -berechtigungen (außer für Kunstflüge selbst) nicht notwendig sind. Kunstflüge unterliegen auch den Bestimmungen der LuftVO (s. → Flugregeln), in bestimmten Lufträumen sind sie verboten oder benötigen eine Freigabe der Flugverkehrskontrolle. Ohne ausdrückliche Zustimmung sämtlicher Insassen des Luftfahrzeuges dürfen sie nicht ausgeführt werden. → Luftsportgeräte dürfen Kunstflüge generell nicht durchführen (§§ 14 u. 21 LuftVO).

Kunsthandel
Der Kunsthandel durch auf den Handel mit Gebrauchtwaren spezialisierte Betriebe unterlag wie der Antiquitätenhandel früher den gewerberechtlichen Beschränkungen für → überwachungsbedürftige Gewerbe. Heute bestehen keine gewerberechtlichen Beschränkungen mehr; sa → Gebrauchtwarenhandel, → Versteigerungsgewerbe.

Kunsturheberrechtsgesetz
→ Bildnis.

Kupon
Ein Kupon (franz. coupon) ist ein → Inhaberpapier, das meistens einer → Inhaberschuldverschreibung oder einer → Aktie beigegeben ist und das zur Empfangnahme von Zinsen (→ Zinsschein) und → Dividenden legitimiert (§§ 803, 804 BGB; Gewinnanteilschein). Neue Kupons werden nur gegen → Erneuerungsscheine (Talons) ausgegeben.

Kuppelei
als Förderung sexueller Handlungen zwischen anderen ist nur als → Förderung sexueller Handlungen von Minderjährigen (§ 180 StGB) unter 16 Jahren (bei „Bestimmen" zur Prostitution oder Missbrauch eines Abhängigkeitsverhältnisses: 18 Jahre) sowie → Ausbeutung von Prostituierten (§ 180a StGB), insbes. von noch nicht 18-Jährigen, mit Strafe bedroht. Sa → Zuhälterei (§ 181a StGB).

Kur
Die → Krankenversicherung kann eine stationäre Behandlung in Kur- oder Spezialeinrichtungen in Form von Vorsorgekuren oder Rehabilitationskuren bewilligen und in der Satzung auch Zuschüsse sowie für Beschäftigte die Übernahme der gesamten Kosten vorsehen (§§ 23 ff., 40 ff. SGB V).

Die → Rentenversicherung sowie die → Kriegsopferversorgung können ebenfalls Kuren gewähren. In der Kranken- und in der Rentenversicherung müssen sich die Versicherten (über 18 Jahre) an den Kosten einer stationären Kur mit 10 EUR pro Tag beteiligen; bei Unzumutbarkeit kann hiervon abgesehen werden (§§ 39 SGB V; § 32 SGB VI). Eine Wiederholung der Kur ist erst nach 4 Jahren möglich, es sei denn, ein früherer Zeitpunkt ist ärztlich dringend geboten. In der Rentenversicherung werden Kuren als medizinische Maßnahmen zur → Rehabilitation bezeichnet.

Die vergleichbaren Leistungen der gesetzlichen → Unfallversicherung werden in § 33 SGB VII geregelt.

Kuratel
ist ein überholter Ausdruck für → Vormundschaft.

Kurie
1. Kurie ist die Bezeichnung für den dem → Papst zur Seite stehenden Regierungsapparat, der aus dem Staatssekretariat sowie 16 verschiedenen Behörden (Dikasterien) besteht; die 16 Dikasterien entsprechen den Ministerien in einer staatlichen Regierung. Zur Kurie iwS gehört auch die päpstliche Gerichtsbarkeit. (→ Kirchliche Gerichtsbarkeit , 1d). Die derzeit gültige Verfassung der Kurie wurde am 19.3.2022 von Papst Franziskus I. verkündet und trat am 5.6.2022 in Kraft.

2. Das bislang von einem Kardinalstaatssekretär geleitete Staatssekretariat ist die zentrale Behörde des Papstes und ist ua für die → Diplomatischen Beziehungen des → Heiligen Stuhles und das diplomatische Personal zuständig.

3. Dikasterien bestehen für die Evangelisierung, für die Glaubenslehre, dür den Dienst

der Nächstenliebe, für die Ostkirchen, für den Gottesdienst und die Sakramentenordnung, für die Selig- und Heiligsprechungsprozesse, für die → Bischöfe, für den → Klerus, für die → Institute des geweihten Lebens und die Gesellschaften des apostolischen Lebens, für die → Laien, zur Förderung der Einheit der Christen, für den interreligiösen Dialog, für Kultur und Bildung, zur Förderung der ganzheitlichen Entwicklung der Menschheit, für Gesetzestexte und für Kommunikation.Das Dikasterium für die Evangelisierung leitet der Papst persönlich, die Leitung der anderen Dikasterien haben → Kardinäle, → Bischöfe, andere Kleriker und in geeigneten Fällen auch Laien jeden Geschlechts. Die Leitung eines Dikasterium (Präfekt oder in Ausnahmefällen Präfektin) sowie alle Mitarbeitenden werden vom Papst für jeweils 5 Jahre ernannt. Es gilt eine Altersgrenze von 80 Jahren. Das → kanonische Recht bezeichnet den Papst und die Kurie als → Heiligen Stuhl oder Apostolischen Stuhl. Eine Entscheidung, für die der Heilige oder Apostolische Stuhl zuständig ist, muss nicht der Papst persönlich, sondern kann auch eine der oben genannten Behörden der Kurie treffen. Die Behörden der Kurie unterliegen aber den Weisungen des Papstes. Schwerwiegende und außergewöhnliche Entscheidungen können ohne Vorwissen des Papstes nicht gefällt werden; soweit nicht besondere Vollmachten erteilt sind, bedürfen Erlasse, Entscheidungen und Gnadenerweise der päpstlichen → Bestätigung.

Kurierfreiheit
Im Gesundheitswesen wird Kurierfreiheit das Recht zur unbeschränkten Ausübung der → Heilkunde genannt. In der BRep. Deutschland ist es dadurch eingeschränkt, dass die berufs- oder gewerbsmäßige Ausübung der Heilkunde dem → Arzt und dem → Heilpraktiker vorbehalten ist. Zur Kurierfreiheit im Völkerrecht → diplomatische Vorrechte (3).

Kurpfuscher
Herabsetzende Bezeichnung für die unerlaubte oder sehr fehlerhafte Ausübung der → Heilkunde und auch für → Heilpraktiker; sa → Kunstfehler, ärztliche.

Kurs
ist der an der → Börse festgestellte Preis für Wertpapiere (insbes. → Aktien), Devisen (→ Wechselkurs) oder Waren (zB → Edelmetalle).

Kursmanipulation
→ *Marktmanipulation.*

Kurtaxe
Entgelt für die Möglichkeit der Inanspruchnahme von Kureinrichtungen. Neben der Kurtaxe ist die Erhebung einer → Zweitwohnungsteuer zulässig. Eine Doppelbelastung liegt nicht vor, da beide Abgaben nicht gleichartig sind. → Fremdenverkehr.

Kurzarbeit
Kurzarbeit ist die sozialversicherungsrechtlich abgefederte unvermeidbare Verkürzung der täglichen Arbeitszeit oder der planmäßige Ausfall von Arbeitstagen aus konjunkturellen Gründen (zB Auftragsmangel) oder aufgrund unabwendbaren Ereignisses.

1. Arbeitsrechtlich muss der Kurzarbeit grds. eine vertragliche Vereinbarung von Arbeitgeber und Arbeitnehmer (Änderung des → Arbeitsvertrags) zugrundeliegen; sie wird idR durch die normative Wirkung einer → Betriebsvereinbarung oder eines → Tarifvertrags herbeigeführt. Einseitig kann der Arbeitgeber Kurzarbeit nur einführen, wenn die Arbeitsagentur es zulässt (§ 19 KSchG); das setzt voraus, dass der Arbeitgeber seine Arbeitnehmer vorübergehend nicht voll beschäftigen kann. Durch diese Kurzarbeit soll eine Massenentlassung (→ Anzeigepflichtige Entlassungen) vermieden werden. Zur entsprechenden Kürzung des → Arbeitslohns ist in diesem Fall der Arbeitgeber nur von dem Zeitpunkt an berechtigt, zu dem das Arbeitsverhältnis – ohne außerordentliche Kündigung – beendet werden könnte, was diese einseitige Anordnungsmöglichkeit praktisch entwertet (§ 19 II KSchG). Immer hat der Betriebsrat ein Mitbestimmungsrecht (§ 87 I Nr. 2 und 3 BetrVG). Es bestehen Sondervorschriften zur Entgeltberechnung bei Kurzarbeit zB bei Entgeltfortzahlung im Krankheitsfall § 4 EFZG. Zu Besonderheiten im → Leiharbeitsverhältnis § 11a AÜG und unten.

2. Die → Arbeitsförderung nach dem SGB III gewährt Leistungen, wenn die regelmäßige betriebliche Arbeitszeit wegen unvermeidbaren, vorübergehenden Arbeitsausfalles verkürzt wird. Die Kurzarbeit ist der zuständigen → Agentur für Arbeit anzuzeigen. Arbeitnehmern gewähren die Agenturen für Arbeit Kurzarbeitergeld, wenn die betriebsübliche Arbeitszeit im jeweiligen Kalendermonat für mindestens ein Drittel der im Betrieb tatsächlich beschäftigten Arbeitnehmer zu mehr als 10% ausfällt. Leistungsdauer idR höchstens zwölf Monate (§§ 95–105 SGB III), kann jedoch durch VO, wenn außergewöhnliche Verhältnisse auf dem (gesamten) Arbeitsmarkt vorliegen, auf bis zu 24 Monate verlängert werden (§ 109 I, Ia SGB III: im Jahr 2025 befristet auf den 31.12.2025 beträgt die Höchstanspruchsdauer 24 Monate).

3. Änderungen aufgrund der Corona-Pandemie: Kurzarbeit kann bereits dann angezeigt werden, wenn bei Beginn der Kurzarbeit bis 30.6.2022 mind. ein Zehntel (statt ein Drittel) der Arbeitnehmer vom Arbeitsausfall betroffen sind. Dem Arbeitgeber werden die Beiträge zur Sozialversicherung bis zum 31.12.2021 in voller Höhe durch den Bund erstattet bzw. durch die Bundesagentur für Arbeit. Die Regelung gilt bis zum 31.12.2021 und ist auch auf Leiharbeitnehmer anzuwenden. Rechtsgrundlage ist die Verordnung zur Erleichterung der Kurzarbeit v. 25.3.2020 (BGBl. 2020

I 595) idF der 3. Änderungsverordnung (v. 17.6.2021, BGBl. 2021 I 1821). Einkünfte aus anderweitiger Beschäftigung – zunächst beschränkt auf solche in „systemrelevanten" Branchen und Berufen (seit 29.5.2020 aufgegeben) – sind gem. § 421c I SGB III bis 30.6.2022 nicht auf das Kurzarbeitergeld anzurechnen. Ebenfalls wurde die in § 104 I 1 SGB III geregelte Bezugsdauer von zwölf Monaten dahingehend geändert, dass der Anspruch auf bis zu 28 Monate verlängert wird. Die Geltung der Regelungen (Zweite KurzarbeitergeldbezugsdauerVO v. 12.10.2020, BGBl. 2020 I 2165 und § 421c III SGB III) wurde durch die Kurzarbeitergeldzugangsverordnung v. 23.6.2022, BGBl. 2022 I 985, mÄnd) verlängert, zuletzt im Rahmen eines angesichts der Pandemie, aber auch des → Ukrainekrieges und deshalb steigender Energiepreise beschlossenen Entlastungspaketes der Bundesegierung bis zum 30.12.2022. Bis 30.6.2023 bestand noch eine Zugangserleichterung zum Kurzarbeitergeldbezug durch abgesenkte Mindesterfordernisse. Zur Höhe und zu den weiteren Übergangsregelungen für das Jahr 2021 und 2022 → Kurzarbeitergeld.

Kurzarbeitergeld

1. Konjunkturelles Kurzarbeitergeld ist eine Leistung nach §§ 95 ff. SGB III an Arbeitnehmerinnen und Arbeitnehmer. Zweck des Kurzarbeitergeldes ist die Vermeidung von Entlassungen und Arbeitslosigkeit. Beantragt wird das Kurzarbeitergeld durch die Arbeitgeber, die vorab eine Berechnung und Auszahlung an die Beschäftigten vornehmen sollen. Eine entsprechende Erstattung des vorgestreckten Kurzarbeitergeldes erfolgt auf Antrag. Beschäftigte nach § 101 SGB III haben während der Schlechtwetterzeit Anspruch auf → Saison-Kurzarbeitergeld, → Kurzarbeit, → Progressionsvorbehalt.

2. Das Verfahren beginnt mit der Anzeige über Arbeitsausfall (§ 99 SGB III). Deren Eingang bei der Agentur für Arbeit bestimmt den Beginn des Kurzarbeitergeldbewilligungszeitraums. Die Agentur für Arbeit prüft anhand der Anzeige den erheblichen und nicht vermeidbaren Arbeitsausfall aufgrund konjunktureller Gründe oder unabwendbaren Ereignisses (§§ 95–97 SGB III) und erstellt bei positiver Feststellung und Vorliegen der betrieblichen Voraussetzungen einen sog. Kug-Grundlagenbescheid (entweder für den Gesamtbetrieb oder eine Betriebsabteilung). Dieser ist die Grundlage für die monatlichen Anträge auf Erstattung von Kurzarbeitergeld, die innerhalb der gesetzlichen absoluten dreimonatigen Ausschlussfrist bei der Agentur für Arbeit einzureichen sind (§ 325 Abs. 3 SGB III). Im Abrechnungsmonat müssen mindestens 1/3 der im Betrieb oder der betroffenen Betriebsabteilung Beschäftigten einen Entgeltausfall von mehr als 10% des monatlichen Bruttoentgelts haben. Das Übermittlungsrisiko für den rechtzeitigen Zugang des Erstattungsantrags trägt der Antragsteller. Wiedereinsetzung in den vorigen Stand ist bei absoluten Ausschlussfristen grds. nicht möglich. Das Kurzarbeitergeld wird dabei von den Arbeitgebern vorab an die Beschäftigten ausbezahlt und erst danach vom Arbeitgeber mit der Agentur für Arbeit abgerechnet. Bei jedem Erstattungsantrag werden die persönlichen Voraussetzungen (Kurzarbeitergeldbezugsberechtigung) und die Mindestvoraussetzungen überprüft, so dass ein positiver Grundlagenbescheid nicht zwangsläufig immer positive Erstattungen zur Folge haben muss, da die speziellen Erstattungsvoraussetzungen im Betrieb im Regelfall monatlich variieren (z. B. Umfang des Arbeitsausfalls oder von Kurzarbeit betroffene Personen). Eine dreimonatigen Unterbrechung im Kug-Bezug macht eine neue Anzeige über Arbeitsausfall erforderlich (§ 104 Abs. 3 SGB III) mit der eine neue Bezugsdauer beginnt.

3. Die Höhe des Kurzarbeitergeldes wird anhand der Nettoentgeltdifferenz im Anspruchszeitraum errechnet (§ 106 SGB III). Die Nettoentgeltdifferenz ist dabei die Differenz zwischen dem pauschaliertem Nettoentgelt aus dem Sollentgelt (das Entgelt, das im Abrechnungszeitraum ohne Kurzarbeit erzielt worden wäre) und dem pauschaliertem Nettoentgelt aus dem Ist-Entgelt (tatsächlich im Abrechnungszeitraum erzieltes Entgelt). Für Beschäftigte, die Anspruch auf den erhöhten Leistungssatz beim Arbeitslosengeld hätten (ein Kind iSd § 32 Abs. 1, 3 5 EStG) beträgt das Kurzarbeitergeld 67% dieser Nettoentgeltdifferenz, ansonsten 60%.

4. Auf Grund der Corona-Pandemie wurden einige Bereiche des Kurzarbeitergeldes durch die KugV und § 421c SGB III befristet geändert. So beläuft sich das Kurzarbeitergeld in Betrieben, in denen die Kurzarbeit bis zum 30.6.2021 begonnen hat, ab dem vierten Bezugsmonat auf 70%, ab dem siebten Bezugsmonat auf 80%. Die Werte erhöhen sich in gewohnter Weise für Bezieher mit Kindern. Die Mindesterfordernisse wurden zudem abgesenkt, so dass bereits ein Entgeltausfall von 10% bei 10% der im Betrieb Beschäftigten – abweichend von § 96 SGB III (30% der Beschäftigten) – ausreichend ist. Die Änderungen betreffen den Zeitraum bis zum 30.6.2022. Zuletzt bestand noch bis 30.6.2023 eine Zugangserleichterung zum Kurzarbeitergeldbezug durch abgesenkte Mindesterfordernisse.

5. Steuerlich werden Zuschüsse zum Kurzarbeitergeld durch die Einfügung eines § 3 Nr. 28a EStG privilegiert. Die steuerliche Regelung orientiert sich damit an der bisherigen sozialversicherungsrechtlichen Behandlung. Zuschüsse des Arbeitgebers zum Kurzarbeitergeld und Saison-Kurzarbeitergeld werden bis 80% des Unterschiedsbetrages zwischen Sollentgelt und Istentgelt iSd § 106 SGB III steuerfrei gestellt. Bis Ende Juni 2022 gezahlte Arbeitgeberzuschüsse bleiben steuerfrei (4. Corona-Steuerhilfegesetz).

Kurzarrest
→ Jugendarrest.

Kurzzeitkennzeichen
→ Kennzeichen am Kfz.

Kurzzeitpflege
Kann → häusliche Pflege als Leistung der → Pflegeversicherung zeitweise nicht, noch nicht oder nicht im erforderlichen Umfang erbracht werden und reicht auch → teilstationäre Pflege nicht aus, besteht Anspruch auf Pflege in einer vollstationären Einrichtung. Dies gilt sowohl für eine Übergangszeit im Anschluss an eine stationäre Behandlung als auch für Krisenzeiten, in denen vorübergehend häusliche oder teilstationäre Pflege nicht möglich oder nicht ausreichend ist. Der Anspruch auf Kurzzeitpflege ist auf acht Wochen pro Kalenderjahr beschränkt (§ 42 II SGB XI, sa → Verhinderungspflege). Es muss ein Pflegebedürftigkeit nach einem Pflegegrad von mindestens 2 bestehen. Es können Leistungen bis zu 1854 EUR jährlich in Anspruch genommen werden und ggf. darüber hinaus, wenn der Maximalbetrag für die Verhinderungspflege nicht ausgeschöpft worden ist (gemeinsamer Jahresbetrag iHv bis zu 3539 EUR).

Kurzzeitpflegeheim
Ist/war (bis zur Föderalismusreform und der Änderung des Art. 74 I Nr. 7 GG) ein → Heim oder Teil eines Heimes, das der vorübergehenden Pflege Volljähriger dient (§ 1 III HeimG); als vorübergehend in diesem Sinne war ein Zeitraum von bis zu drei Monaten anzusehen (§ 1 IV HeimG).

Die mittlerweile von den meisten Bundesländern erlassenen Nachfolgeregelungen, die bezogen auf diese Länder das HeimG abgelöst haben, sehen ebenfalls Sonderregelungen für Kurzzeitpflegeheime vor, wobei als vorübergehend überwiegend ein Zeitraum von drei Monaten angesehen wird. Die Rechtsfolge einer Qualifizierung als Kurzzeitpflegeeinrichtung besteht in der Regel darin, dass bestimmte Schutzvorschriften (zB Befristung von Verträgen, Bildung einer Bewohnervertretung) keine Anwendung finden.

Kux
→ Gewerkschaft, bergrechtliche.

KWKG-Umlage
→ Energiefinanzierungsgesetz, → Kraft-Wärme-Kopplung.

Kyoto-Protokolle
Das nach der japanischen Stadt Kyoto benannte Kyoto-Protokoll v. 11.12.1997 (Gesetz v. 27.4.2002, BGBl. 2002 II 966), später Kyoto I, ist ein Zusatzprotokoll zur → Klimarahmenkonvention der UN, welches die Vertragsstaaten verpflichtet, den Ausstoß bestimmter anthropogener, also vom Menschen erzeugter Gase zu verringern, insbes. das für den Treibhauseffekt maßgeblich verantwortliche Kohlendioxid (s. → Treibhausgase, → Energiewende). Die Emissionen der Industriestaaten sollten in der ersten Verpflichtungsperiode 2008–2012 insgesamt um 5% gegenüber 1990 gesenkt werden (Art. 3 I Kyoto I-Protokoll), mit Quoten zwischen 8 und 20%. Für Entwicklungs- und Schwellenländer galten sehr niedrige Quoten. Zur Zielerreichung wurde ua das System des → Emissionshandels entwickelt, bei dem Emissionsberechtigungen (Verschmutzungsrechte) zwischen Unternehmen der beteiligten Staaten gehandelt werden können (Art. 17). Da die USA und China, die für einen erheblichen Anteil der weltweiten CO_2-Emissionen verantwortlich sind, an dem Protokoll nicht teilnahmen und Kanada sich später zurückzog, war das Ergebnis weniger erfolgreich als vorgesehen. Trotzdem konnte unter den Teilnehmerländern in der ersten Periode eine überobligatorische Reduktion von 24% erzielt werden (was ua damit zusammenhing, dass in Russland und anderen osteuropäischen Ländern eine Vielzahl ohnehin unrentabler Kohlekraftwerke geschlossen worden war).

Für die Periode 2013–2020 wurde in der auf dem Weltklimagipfel in Doha im Dez. 2012 vereinbarten Nachfolgeregelung Kyoto II weitere Reduktionen vorgesehen. Die Nachfolgeregelung erfuhr jedoch nur geringe internationale Aufmerksamkeit und wurde lediglich von der EU und einigen wenigen anderen Staaten ratifiziert und eingehalten. Die EU konnte die für sie vorgeschriebenen 8% an Reduktionen erreichen.

Ab 2020 gelten die Vorgaben des → Pariser Klimaabkommens von 2015, welches erheblich intensivere weltweite Anstrengungen, nun auch der Entwicklungsländer, zur Reduktion von Treibhausgasen fordert, um den immer schneller anwachsenden globalen Temperaturanstieg zu begrenzen.

Laband, Paul
(1838–1918), deutscher Rechtslehrer; seine in die Zeit des Kaiserreichs nach 1871 fallenden Werke sind in hohem Grade von positivistischem Rechtsdenken beeinflusst (→ Begriffsjurisprudenz, → Rechtspositivismus).

Laborpraxis
→ Grundsätze der guten Laborpraxis, → Chemikaliengesetz.

Ladegeschäft
Das Be- und Entladen von Fahrzeugen darf die übrigen → Verkehrsteilnehmer nicht über Gebühr belästigen (§ 1 II StVO). Wo ein Verbot des → Haltens besteht, aber durch → Verkehrszeichen eingeschränkt ist, darf das Ladegeschäft ohne Verzögerung durchgeführt werden. Auch an Parkuhren oder Parkscheinautomaten ist das Ladegeschäft ohne Betätigung der Ein- oder Vorrichtung zur Überwachung der Parkzeit erlaubt (§ 13 StVO). Das erlaubte Ladegeschäft umfasst Nebenverrichtungen (Annahme des Geldbetrages für abgelieferte Ware, Aufladen des Leerguts; nicht zeitraubendes Anbieten von Waren). Sa → verkehrsberuhigter Bereich. Zivilrechtlich s. → Ladeschein, → Ladezeit.

Ladenangestellte
Ladenangestellte, die ein → Kaufmann in seinem Ladengeschäft oder offenen Warenlager angestellt hat, besitzen kraft unwiderlegbarer gesetzlicher Vermutung die → Vollmacht zu Verkäufen und Empfangnahmen, die gewöhnlich dort geschehen (§ 56 HGB).

Ladendiebstahl
Nimmt der Täter insbes. im Selbstbedienungsladen Waren an sich und verbirgt er sie in der Kleidung oder in mitgebrachten Behältnissen in der Absicht, den Kaufpreis nicht zu bezahlen, so liegt damit vollendeter → Diebstahl (§ 242 StGB) vor. Zwar bildet der Laden eine für den Täter fremde Herrschaftssphäre, so dass zB die offen im Einkaufswagen liegenden Waren weiterhin dem Gewahrsam des Geschäftsinhabers zuzuordnen sind. Mitgebrachte Taschen oder solche in der eigenen Kleidung bilden jedoch eine sog. Gewahrsamsenklave, deren Inhalt dem Täter zugeordnet wird. Wird der Täter bei der Tat vom Personal beobachtet, so fragt es sich, ob er gleichwohl bereits eigenen Gewahrsam begründet und somit die Tat vollendet hat oder ob nur → Versuch vorliegt, weil das Mitnehmen noch verhindert werden kann. Die Rspr. nimmt im Anschluss an BGHSt. 16, 271 überwiegend Vollendung an.

Bei geringwertigen Gegenständen (ca. 25–30 EUR) ist der Diebstahl grundsätzl. → Antragsdelikt, § 248a StGB.

Zivilrechtlich ist str., welche Ansprüche die bestohlene Firma außer dem Kaufpreis hat. Nach BGH NJW 1980, 119 kann sie weder eine Bearbeitungsgebühr noch einen Anteil der Überwachungskosten verlangen, wohl aber Ersatz einer Fangprämie in angemessener, den Wert der entwendeten Ware mitberücksichtigenden Höhe (zB 25 EUR).

Ladenöffnung
→ Ladenschluss.

Ladenschluss
1. Die Regelungen des Ladenschlusses oder der Ladenöffnungszeiten bestimmen, wann Verkaufsstellen zum Schutz der Sonn- und Feiertagsruhe und der Arbeitnehmer geschlossen sein müssen. Dies war früher bundeseinheitlich durch das Bundesgesetz über den Ladenschluss idF v. 2.6.2003 (BGBl. 2003 I 744) mÄnd festgelegt. Entsprechend den Vorgaben des BVerfG (1 BvR 636/02, NJW 2004, 2363) wurde im Rahmen der → Föderalismusreform I im Jahre 2006 die Gesetzgebungskompetenz für den Ladenschluss vom Bund (→ konkurrierende Gesetzgebung) auf die → Länder (Art. 70, 74 I Nr. 11 GG) übertragen. Bis auf Bayern haben alle Länder eigene Ladenschluss-Gesetze erlassen, die üblicherweise Ladenöffnungsgesetze heißen. Entsprechend unterschiedlich sind die Vorschriften.

2. Bundesrecht: Die Regelungen des LadenschlussG des Bundes, die gem. Art. 125a I GG nur noch in Bayern fort gelten, sahen vor, dass Verkaufsstellen (Ladengeschäfte aller Art, Tankstellen, Kioske, Basare und ähnliche Einrichtungen, in denen von einer festen Stelle aus ständig Waren zum Verkauf an jedermann feilgehalten werden, § 1 LadSchlG) an Sonn- und → Feiertagen ganztätig, montags bis samstags bis 6 und ab 20 Uhr und am 24.12. (wenn dieser auf einen Werktag fällt) bis 6 und ab 14 Uhr für den geschäftlichen Verkehr mit den Kunden geschlossen sein mussten (§ 3 LadSchlG). Bei Ladenschluss anwesende Kunden durften noch bedient werden. Sonderregelungen galten für → Bäckereien (§ 3 S. 2 LadSchlG), Apotheken (§ 4 LadSchlG), Zeitungskioske (§ 5 LadSchlG), Tankstellen (§ 6 LadSchlG), Verkaufsstellen auf Personenbahnhöfen (§ 8 LadSchlG) und auf Flug- und Fährhäfen (§ 9 LadSchlG). § 12 LadSchlG ließ einen befristeten Verkauf von frischer Milch, Bäcker- und Konditorwaren, frischen Früchten, Blumen und Zeitungen an Sonn- und Feiertagen zu. Darüber hinaus konnten bis zu vier verkaufsoffene Sonn- und Feiertage pro Jahr regional erlaubt werden. Zuwiderhandlungen gegen das Gesetz wurden als Ordnungswidrigkeiten (§ 24 LadSchlG), teils auch als Straftaten (§ 25 LadSchlG) geahndet.

3. Landesrecht:

a) Zahlreiche Länder haben das Recht des Ladenschlusses dereguliert und Ladenöffnungszeiten rund um die Uhr von Montag bis Samstag erlaubt. Solche „6 × 24 – Regelungen“ gelten in BW, Berlin, Brandenburg, Bremen, Hamburg, Hessen, Mecklenburg-Vorpommern, Niedersachsen, NRW, Sachsen-Anhalt, Schleswig-Holstein und Thüringen. In Mecklenburg-Vorpommern ist die Samstagöffnungszeit auf 22 Uhr verkürzt, in Sachsen-Anhalt und Thüringen auf 20.00 Uhr. In Rheinland-Pfalz und Sachsen dürfen Verkaufsstellen von Montag bis Samstag nur von 6–22 Uhr, im Saarland nur von 6–20 Uhr geöffnet sein. Mehrere Bundesländer erlauben außerdem die ganztägige Öffnung von digitalen Kleinstsupermärkten (Automatenmärkte), zB § 4 Hessisches Ladenöffnungsgesetz (HLöG), zul. geänd. durch Gesetz vom 10.7.2024 (GVBl. 2024 Nr. 33).

b) An Sonn- und Feiertagen bleiben Verkaufsstellen grundsätzlich in allen Bundesländern geschlossen, allerdings können zwischen drei (BW) und acht (§ 6 BerlLadÖffG) bzw. 16 pro Gemeinde bei Beschränkung auf Bezirke (§ 6 Abs. 4 LÖG NRW) verkaufsoffene Sonn- und Feiertage pro Jahr eingerichtet werden. Diese dürfen allerdings nicht auf bestimmte Feiertage, wie etwa 1. Januar, 1. Mai, Karfreitag, Ostersonntag, Pfingstsonntag, Volkstrauertag, Totensonntag (§ 6 BerlLadÖffG), fallen. Darüber hinaus gibt es überall Ausnahmen vom Sonn- und Feiertagsverbot für den Verkauf von Reise- und Touristenbedarf, Blumen, Pflanzen, Zeitungen, Backwaren und Milchprodukten, für Verkaufsstellen auf Bahnhöfen, Flughäfen, Fährhäfen, in Museen, für Tankstellen und Apotheken. Zuwiderhandlungen werden allgemein als Ordnungswidrigkeiten geahndet. Durch Urt. v. 1.12.2009 (1 BvR 2857/07) erklärte das BVerfG das BerlLadÖffG im Hinblick auf die Ladenöffnung an allen vier Adventssonntagen für verfassungswidrig (vgl. a. → Religionsausübung, freie, 1).

c) Die Ladenschlussgesetze der Länder enthalten idR auch Vorschriften zum Schutz der → Arbeitnehmer. Diese dürfen grundsätzlich an Sonn- und Feiertagen in Verkaufsstellen nur während der jeweils zugelassenen Ladenöffnungszeiten plus 30 Min. und nur mit Verkaufstätigkeiten beschäftigt werden (§ 7 BerlLadÖffG). Ferner wird gewährleistet, dass sie nicht jeden Sonn- und Feiertag tätig sind und angemessenen Zeitausgleich erhalten. Sa → Arbeitsschutz, → Arbeitszeit.

4. Während der Corona-Krise haben fast alle Bundesländer die Ladenöffnungszeiten vorübergehend geändert. Für systemrelevante Geschäfte wie Lebensmittelläden und Apotheken wurden sie verlängert, andere Geschäfte mussten zeitweise geschlossen bleiben. So galt zB für Bayern die ua auf § 23 LadSchlG (Maßnahmen im öffentlichen Interesse) gestützte Allgemeinverfügung v. 27.3.2020 (BayMBl. 2020 Nr. 160 mÄnd) oder für NRW § 6 Corona-SchutzVO idF v. 16.4.2020 (GV. NRW. 2020, 221a).

Ladepunkte

Ladepunkte (auch Ladesäulen) sind Einrichtungen, die zum Aufladen von Elektromobilen/elektrisch betriebenen Fahrzeugen geeignet und bestimmt sind und an denen zur gleichen Zeit nur ein Elektromobil aufgeladen werden kann, § 2 Nr. 9 Gebäude-Elektromobilitätsinfrastruktur-Gesetz (GEIG) v. 18.3.2021 (BGBl. 2021 I 354), ähnlich § 2 Nr. 2 Ladesäulenverordnung (LSV) v. 9.3.2016 (BGBl. 2016 I 457) mÄnd.

1. Die LSV ergänzt die Verordnung 2023/1804/EU (→ alternative Kraftstoffe) und bestimmt die technischen Mindestanforderungen an den sicheren und interoperablen Aufbau bzw. Betrieb von öffentlich zugänglichen Ladepunkten. Die LSV kennt zwei Arten von Ladepunkte: Normal- (Ladeleistung bis 22 kW) und Schnellladepunkte (Ladeleistung über 22 kW). Nach § 19 II Niederspannungsanschlussverordnung (NAV) sind Ladepunkte dem Netzbeteiber vor der Inbetriebnahme mitzuteilen. Nach dem Schnellladegesetz (SchnellLG) v. 25.6.2021 (BGBl. 2021 I 2141) gewährleistet das Bundesministerium für Verkehr die flächendeckende Bereitstellung einer Schnellladeinfrastruktur, ohne dass jedoch ein Rechtsanspruch darauf bestünde. Schnellladepunkte nach dem SchnellLG haben eine Ladeleistung von mindestens 150 kW.

2. Das GEIG regelt die Ausstattung von Gebäuden mit Leitungs- und Ladeinfrastruktur für die → Elektromobilität und betrifft damit überwiegend nicht öffentlich zugängliche Ladepunkte. Die Ausstattung ist abhängig von der Anzahl der Stellplätze. So muss nach § 6 GEIG bei einem zu errichtenden Wohngebäude mit mehr als fünf Stellplätzen jeder Stellplatz die Leitungsinfrastruktur für die Elektromobilität haben. Dies bedeutet, dass ein Ladepunkt jederzeit eingerichtet werden kann. Bei einem zu errichtenden Nichtwohngebäude mit mehr als sechs Stellplätzen muss jeder dritte die Leitungsinfrastruktur besitzen und mindestens ein Ladepunkt vorhanden sein. Ähnliche Vorschriften greifen, wenn an bestehenden Gebäuden größere Renovierungen vorgenommen werden (§§ 8 ff. GEIG).

3. Die Errichtung von Ladepunkten wird gegenwärtig staatlich gefördert.

Ladeschein

Ein Ladeschein ist eine Urkunde, die der → Frachtführer (mit dem Inhalt wie beim → Frachtbrief) ausstellt und in der er bescheinigt, dass er das Frachtgut angenommen und die Verpflichtung übernommen hat, es dem legitimierten Inhaber des Ladeschein auszuhändigen (§§ 444, 408 I HGB). Der Ladeschein entspricht für das Land- und Flussfrachtgeschäft dem → Konnossement. Er ist ein gekorenes → Orderpapier, außerdem → Traditionspapier (§ 448 HGB). Zum Empfang des Frachtguts ist derjenige legitimiert, der im Ladeschein als Empfänger bezeichnet oder auf den er durch → Indossament übertragen ist, falls der Ladeschein als Orderpapier ausgestellt ist (§ 446 HGB). Der Frachtführer ist zur Ablieferung des Gutes an den Empfänger nur gegen Rückgabe des Ladescheins verpflichtet (§ 445 HGB). Üblich ist der Ladeschein nur in der → Binnenschifffahrt. Der Ladeschein ist seit 25.4.2013 auch als elektronisches Dokument möglich (§ 443 III HGB).

Ladezeit
Für die Lade- und Entladezeit, die sich mangels abweichender Vereinbarung nach einer den Umständen des Falls angemessenen Frist bemisst, kann der Frachtführer keine besondere Vergütung verlangen (§ 412 II HGB). Für die → Binnenschifffahrt sind gemäß § 412 IV HGB die Voraussetzungen für den Beginn der Lade- und Entladezeit, deren Dauer sowie die Höhe des Standgeldes durch die Lade- und Löschzeitenverordnung (BinSchLV) idF der Bek. v. 25.1.2010, BGBl. 2010 I 62 geregelt. Nach § 2 BinSchLV beträgt zB die Ladezeit für jeweils 45 Tonnen Rohgewicht 1 Stunde, in der Tankschifffahrt pauschal 24 Stunden bei einem Gewicht bis zu 1.100 Tonnen (§ 6 BinSchlLV).

Ladung
1. Eine Ladung ist die Aufforderung, zu einem gerichtlichen oder behördlichen Termin zu erscheinen. Eine Ladung im gerichtlichen Verfahren ist grundsätzlich zuzustellen (§ 214 ZPO, § 56 VwGO, § 53 FGO, § 217 StPO; → Zustellung); sie obliegt dem Gericht (Geschäftsstelle). Zwischen der Zustellung und dem Termin muss ein Mindestzeitraum liegen (Ladungsfrist). Er beträgt im Zivilprozess (einschließlich → Ehesachen) 1 Woche, sonst beim Amtsgericht 3 Tage (aber → Einlassungsfrist), in Verwaltungs- und Finanzgerichtssachen 2 Wochen, vor dem BVerwG und BFH 4 Wochen (§ 217 ZPO, § 102 VwGO, § 91 FGO). Bei Nichteinhaltung darf gegen den Widerspruch des Gegners nicht verhandelt werden und insbes. kein → Versäumnisurteil ergehen. In der Ladung ist über die Folgen der Versäumung eines Termins zu belehren. Im Strafprozess ist die Mindestfrist für die Ladung zur Hauptverhandlung eine Woche (im → beschleunigten Verfahren 24 Stunden). Wird sie nicht eingehalten, können Angeklagter und Verteidiger Aussetzung der Verhandlung verlangen (§§ 217, 218 StPO). Im sozialgerichtlichen Verfahren ist seit dem 6. SGGÄndG die Zustellung der Ladung nicht mehr vorgeschrieben. Hier reicht die Bekanntgabe aus (§ 63 I S. 2 SGG). Wurde die Ladung nicht ordnungsgemäß bekannt gegeben, liegt Verletzung rechtlichen Gehörs vor (BSG v. 4.3.2014 – B 1 KR 110/13 B – BeckRS 2014, 67685). Ist ein Termin zur mündlichen Verhandlung vom Gericht nicht ausdrücklich aufgehoben worden, müssen die Beteiligten vom Stattfinden des Termins ausgehen (BSG v. 8.5.2015 – B 13 R 4/15 B).

2. Ladung ist auch die untechnische Bezeichnung für das Frachtgut iSd Frachtrechts (→ Frachtvertrag; → Ladezeit).

Ladungsfrist
→ Ladung.

Länder (der BRep.)
Die Bundesrepublik Deutschland ist ein → Bundesstaat. Dem entspricht es, dass im Bundesgebiet Länder (die Bezeichnung „Bundesländer“ entspricht nicht dem Sprachgebrauch des Grundgesetzes) mit eigener Staatlichkeit und eigener Verfassung bestehen. Nach der → Wiedervereinigung bestehen 16 Länder, nämlich → Baden-Württemberg, Freistaat → Bayern, → Berlin, → Brandenburg, Freie Hansestadt → Bremen, Freie und Hansestadt → Hamburg, → Hessen, → Mecklenburg-Vorpommern, → Niedersachsen, → Nordrhein-Westfalen, → Rheinland-Pfalz, → Saarland, Freistaat → Sachsen, → Sachsen-Anhalt, Freistaat → Thüringen, → Schleswig-Holstein; sa → neue Länder. Nach Art. 28 GG muss die verfassungsmäßige Ordnung in den Ländern den Grundsätzen des republikanischen demokratischen und sozialen Rechtsstaats iS des GG entsprechen (Homogenitätsklausel, Homogenitätsprinzip). Das Volk in den Ländern, Kreisen und Gemeinden muss eine Vertretung haben, die aus allgemeinen, unmittelbaren, freien, gleichen und geheimen Wahlen hervorgegangen ist. Der Bund gewährleistet die verfassungsmäßige Ordnung in den Länder. Die Ausübung der staatlichen Befugnisse und die Erfüllung der staatlichen Aufgaben ist nach Art. 30 GG Sache der Länder, soweit das GG keine andere Regelung trifft oder zulässt. Die Länder wirken durch den → Bundesrat bei der Gesetzgebung und Verwaltung des Bundes mit. Sie haben das Recht der Gesetzgebung, soweit das GG diese nicht dem Bund zuweist (Art. 70 GG; → Gesetzgebungskompetenz). Die → Ausführung der Bundesgesetze obliegt den Ländern als eigene Angelegenheit, soweit das GG nichts anderes bestimmt (Art. 83 GG). Die rechtsprechende Gewalt wird durch die im GG vorgesehenen Gerichte des Bundes und durch die Gerichte der Länder ausgeübt. Bestimmungen der Landesverfassungen bleiben auch insoweit in Kraft, als sie in Übereinstimmung mit den Art. 1–18 GG Grundrechte gewährleisten (Abweichung vom Grundsatz „Bundesrecht bricht Landesrecht“, Art. 31 GG).

Länderbüro
→ Vertretungen der Länder.

Länderkammer
wird im → Bundesstaat die Vertretung der Länder genannt. In der BRep. Deutschland ist Länderkammer der → Bundesrat, der aber kein Länder-, sondern ein Bundesorgan ist.

Ländervertretung
→ Vertretungen der Länder.

Lärm, unzulässiger
Eine → Ordnungswidrigkeit begeht, wer ohne berechtigten Anlass oder in einem unzulässigen oder vermeidbaren Ausmaß Lärm erregt, der geeignet ist, die Allgemeinheit oder die Nachbarschaft erheblich zu belästigen oder die Gesundheit eines anderen zu schädigen (§ 117 OWiG). Danach darf auch eine an sich rechtmäßige Geräuschentwicklung (zB Beladen eines Lkw, Laufen lassen eines Motors, Musik) kein Übermaß annehmen und muss unterbleiben, wenn es den Umständen nach vermeidbar ist. Dass eine Belästigung eingetreten ist, wird nicht vorausgesetzt. Das GG nimmt seit der → Föderalismusreform diesen Bereich als verhaltensbezogenen Lärm aus dem Anwendungsbereich von Art. 74 I Nr. 24 aus. Sa → Belästigung der Allgemeinheit, → Kinderlärm. Sondervorschriften der Länder zur Lärmbekämpfung bleiben unberührt. Unter Strafe gestellt ist die bestimmungswidrige Verursachung von Lärm beim Betreiben einer → Anlage, wenn der Lärm außerhalb des Anlagenbereichs die Gesundheit anderer zu schädigen geeignet ist (§ 325a StGB). → Lärmbekämpfung, → Umweltkriminalität.

Lärmbekämpfung
1. Lärmbekämpfung ist verwaltungsrechtlich in erster Linie durch das Bundes-Immissionsschutzgesetz (→ Immissionsschutzrecht, 1) und die Landes-Immissionsschutzgesetze (zB bayer. Gesetz v. 8.10.1974, GVBl. 1974, 499) geregelt. Nach § 48 BImSchG wurde die → Technische Anleitung zum Schutz gegen Lärm (TA-Lärm) v. 26.8.1998 (GMBl. 1998, 503) erlassen. Daneben bestehen lärmschutzrechtliche Vorschriften im Luftverkehrsgesetz und im Gesetz zum Schutz gegen → Fluglärm. Für Straßen und Schienenwege regeln die 16. BImschV (Verkehrslärmschutzverordnung) v. 12.6.1990 (BGBl. 1990 I 1036) aktiven Lärmschutz an Verkehrswegen und die 24. BImSchV (Verkehrswege-Schallschutzmaßnahmenverordnung) v. 4.2.1997 (BGBl. 1997 I 172) Maßnahmen in baulichen Anlagen zum Schutz vor Verkehrslärm, also passiven Lärmschutz. Zum Schienenlärmschutz: → Allgemeines Eisenbahngesetz.

2. Spezialregelungen für einzelne Bereiche enthalten die 18. DVO zum BImSchG (SportanlagenlärmschutzVO) v. 18.7.1991 (BGBl. 1991 I 1588, 1790) – mit Ausnahmeregelungen für nationale und internationale Sportveranstaltungen von herausragender Bedeutung wie Fußballweltmeisterschaften, → Public viewing – und die 32. DVO zum BImSchG (Geräte- u. Maschinenlärmschutz-VO) v. 29.8.2002 (BGBl. 2002 I 3478). Weitere lärmschutzrechtliche Bestimmungen finden sich in den Vorschriften des Straßenverkehrs, der → Bauordnungen der Länder, des → Wasserrechts und des Rechts zum Schutz der Sonn- und → Feiertage. Die Landes-Immissionsschutzgesetze enthalten auch Ermächtigungen für die Gemeinden, Vorschriften über die zeitliche Beschränkung ruhestörender Haus- oder Gartenarbeiten, über die Benutzung von Musikinstrumenten, Tonübertragungsgeräten und Tonwiedergabegeräten sowie über das Halten von Haustieren zu erlassen. Neben den besonderen Straf- und Ordnungswidrigkeitentatbeständen der vorgenannten Gesetze dienen der Lärmbekämpfung allgemeine Straf- und Bußgeldvorschriften (→ Lärm, unzulässiger). Zivilrechtliche Schutzvorschriften nach dem BGB sind insbes. die §§ 862, 906, 1004, 823; vgl. → Immissionen. → Umgebungslärm.

3. Die Lärm- und Vibrations-Arbeitsschutz-VO v. 6.3.2007 (BGBl. 2007 I 261), die auch auf den Musik- und Unterhaltungsbereich, etwa in Diskotheken, Anwendung findet, betrifft den Schutz von Beschäftigten vor den möglichen und den tatsächlichen Gefährdungen ihrer Gesundheit durch Lärm oder → Vibrationen bei der Arbeit; → Arbeitsschutz.

Lagebericht
Der Lagebericht (früher: Geschäftsbericht) ist bei Kapitalgesellschaften, insbes. bei der → Aktiengesellschaft sowie bei bestimmten Unternehmen (→ GmbH & Co) und Konzernen (→ Rechnungslegung), der für jedes Geschäftsjahr aufzustellende Bericht über den Geschäftsverlauf und die Lage der Gesellschaft, des Unternehmens oder Konzerns. Der Lagebericht hat eine ausgewogene und umfassende, dem Umfang und der Komplexität der Geschäftstätigkeit entsprechende Analyse des Geschäftsverlaufs und der Lage der Gesellschaft zu enthalten. Einzelheiten §§ 289, 315 HGB, § 286 AktG, § 5 PublG, § 42a GmbHG, § 33 GenG. Zur Prüfung des Lageberichts → Abschlussprüfer.

Lagerfeuer
Die Gemeinden können auf Grund landesrechtlicher Bestimmungen des → Immissionsschutzrechtes allgemein das Verbrennen bestimmter Brennstoffe, etwa Holz in Form eines Lager- oder Osterfeuers, untersagen, so zB § 5 LImSchG NRW v. 18.3.1975 (GVBl. 1975, 232) mÄnd.

Lagergeld
→ Lagerkosten.

Lagergeschäft
→ Lagervertrag, → Lagerhalter.

Lagerhalter
Lagerhalter ist, wer gewerbsmäßig die Lagerung und Aufbewahrung von Gütern, dh von beweglichen Sachen, die zum Einlagern geeignet sind, übernimmt (Lagergeschäft; § 467 HGB; zur Eigenschaft als → Kaufmann s. dort). Über Rechte und Pflichten des Lagerhalters → Lagervertrag. Die → Spediteure und → Frachtführer sind meist Lagerhalter, weil sie

im Betrieb ihres Handelsgewerbes auch regelmäßig Güter lagern.

Lagerkosten

Lagerkosten sind die dem → Lagerhalter auf Grund des → Lagervertrages zustehenden Beträge, nämlich das vereinbarte oder ortsübliche Lagergeld (die Vergütung für seine Leistung), die Auslagen für → Fracht und → Zoll und die übrigen Aufwendungen für das Lagergut, soweit der Lagerhalter sie für erforderlich halten durfte (§ 467 II HGB, § 474 HGB). Wegen der Lagerkosten hat der Lagerhalter ein gesetzliches → Pfandrecht am Lagergut, solange er es im Besitz hat (§ 475b HGB).

Lagerschein

Der Lagerschein ist eine Urkunde, in der sich der → Lagerhalter verpflichtet, das eingelagerte Gut gegen Aushändigung des Lagerscheins herauszugeben (Inhalt: § 475c HGB). Der Lagerschein ist → Wertpapier und → Traditionspapier (§ 475g HGB). Er wird idR auf den Namen des Empfangsberechtigten ausgestellt und ist dann → Rektapapier. Auch als → Inhaberpapier kann der Lagerschein vorkommen; dann gelten die §§ 793 ff. BGB. Als gekorenes → Orderpapier ist die Ausstellung des Lagerscheins als Orderlagerschein zulässig. Der Lagerschein ist für das Rechtsverhältnis zwischen dem Lagerhalter und dem legitimierten Besitzer des Lagerscheins maßgebend; insbes. begründet er eine → Vermutung für die Richtigkeit der in ihm enthaltenen Angaben (zB über Menge und Zustand der gelagerten Ware, § 475d HGB). Zum Empfang des Gutes legitimiert ist derjenige, an den das Gut nach dem Lagerschein ausgeliefert werden soll oder auf den ein Orderlagerschein durch → Indossament übertragen worden ist (§ 475 f HGB). Ist ein Lagerschein ausgestellt, so ist der Lagerhalter zur Herausgabe der Ware nur gegen Rückgabe des Lagerscheins, auf dem die Auslieferung bescheinigt ist, verpflichtet (§ 475e II HGB). Der Lagerschein soll künftig auch als elektronisches Dokument möglich sein (§ 475c IV HGB).

Lagervertrag

Lagervertrag ist der einem Lagergeschäft zugrundeliegende entgeltliche (Verwahrungs-) Vertrag zwischen → Lagerhalter und Einlagerer über bewegliche Sachen, die zum Lagern geeignet sind (§ 467 HGB). IdR wird Einzel- oder Sonderlagerung vereinbart. Der Lagerhalter ist nur dann berechtigt, vertretbare Sachen mit anderen Sachen gleicher Art und Güte zu vermischen (Sammellagerung, Sammelverwahrung), wenn die beteiligten Einlagerer hiermit ausdrücklich einverstanden sind; in diesem Fall entsteht → Miteigentum nach Bruchteilen im Verhältnis der eingelagerten Mengen (§ 469 HGB). Kein Lagergeschäft ist die sog. Summenverwahrung (→ Verwahrung). Für den Lagervertrag gelten die §§ 467–475h HGB, subsidiär die Vorschriften über die → Verwahrung und – soweit diese, wie weitgehend (vgl. § 475h HGB), nicht zwingend sind – → Allgemeine Geschäftsbedingungen infolge Einbeziehung in den Lagervertrag durch Parteivereinbarung. Letzteres sind insbes. die Allgemeinen Deutschen Spediteurbedingungen (→ Speditionsvertrag) oder sonstige Lagerbedingungen.

Der Lagerhalter ist verpflichtet, das Gut entgegenzunehmen, zu lagern und aufzubewahren (§ 467 I HGB), auf Verlangen einen → Lagerschein auszustellen (§ 475c HGB), Ersatzansprüche des Einlagerers (zB bei Annehmen beschädigter Ware) zu sichern (§ 470 HGB), das Gut auf Verlangen des Einlagerers zu versichern (§ 472 I HGB) und dem Einlagerer die Besichtigung des Gutes, die Entnahme von Proben und die zur Erhaltung des Gutes notwendigen Handlungen zu gestatten (§ 471 I HGB). Die Einlagerung bei einem Dritten nur mit Zustimmung des Einlagerers zulässig (§ 472 II HGB). Der Einlagerer kann das Gut jederzeit zurückverlangen, bei einem Lagervertrag auf unbestimmte Zeit ohne Vorliegen eines wichtigen Grundes jedoch nur bei Einhaltung einer Kündigungsfrist von 1 Monat (§ 473 HGB; dies gilt umgekehrt auch für eine Kündigung des Lagerhalters). Der Lagerhalter hat Anspruch auf Zahlung der → Lagerkosten (s. dort auch über das → Pfandrecht des Lagerhalters). Der Lagerhalter haftet für den Schaden, der durch Verlust oder Beschädigung des Gutes in der Zeit von der Aufnahme bis zur Auslieferung entstanden ist, es sei denn, dass der Schaden durch die Sorgfalt eines ordentlichen Kaufmanns nicht abgewendet werden konnte (also nur bei → Verschulden, § 475 HGB). Für die → Verjährung von Ansprüchen aus einem Lagervertrag gelten die Vorschriften über den → Frachtvertrag entsprechend (§ 475a HGB).

Laien

Unter Laien werden in der → kath. Kirche diejenigen Gläubigen verstanden, die keine Angehörigen des → Klerus sind. Leitungs- und Heiligungsgewalt kommt nur Klerikern zu. Die Verkündigung (Lehre) kann in Einzelfällen Laien übertragen werden (→ missio canonica).

Laienrichter

ist die volkstümliche Bezeichnung für den → ehrenamtlichen Richter (§§ 1, 44, 45 DRiG), der neben dem → Berufsrichter mit vollem Stimmrecht und gleicher sachl. Unabhängigkeit an der Rechtsprechung mitwirkt. IeS kann man als Laienrichter die ehrenamtlichen Richter bezeichnen, die nicht (wie zB in Handelssachen oder in arbeits- und sozialgerichtlichen Verfahren) wegen besonderer Sachkunde, sondern als Vertreter des Volkes schlechthin tätig werden sollen (insbes. → Schöffen).

Laizismus

→ Klerikalismus.

Landabgaberente
erhielt nach dem Gesetz über eine Altershilfe für Landwirte (GAL) idF v. 14.9.1965 (BGBl. 1965 I 1448) mÄnd ein ehemaliger landwirtschaftlicher Unternehmer, wenn er bis zum 31.12.1983 das 60. Lebensjahr vollendet hatte oder berufsunfähig war, er für mindestens 60 Kalendermonate Beiträge an die landwirtschaftliche Alterskasse gezahlt hatte, er in den letzten fünf Jahren überwiegend hauptberuflicher landwirtschaftlicher Unternehmer gewesen war und er sein landwirtschaftliches Unternehmen zum Zwecke der Strukturverbesserung abgegeben hatte. Ist der Empfänger einer Landabgaberente nach dem 31.12.1994 verstorben, erhält die Witwe oder der Witwer nach dem Gesetz über die Alterssicherung der Landwirte (ALG) vom 29.7.1994 (BGBl. 1994 I 1890, 1891) mÄnd die Landabgaberente, wenn sie nicht wieder geheiratet haben und nicht Landwirt sind (§§ 121 ff. ALG). Die Kosten der Landabgaberente trägt der Bund (§ 127 ALG).

Landbeschaffung
Die Beschaffung von Grundstücken für Aufgaben der Verteidigung regelt das LandbeschaffungsG vom 23.3.1957 (BGBl. 1957 I 134) m. spät. Änd. Soweit die erforderlichen Grundstücke nicht freihändig erworben werden können (hierzu § 2 LandbeschaffungsG), ist → Enteignung zulässig, die von Landesbehörden durchgeführt wird (Verfahren §§ 28 ff. LandbeschaffungsG).

Landeplätze
bilden zahlenmäßig die größte Gruppe der → Flugplätze. → Landestellen.

Landesamt für Verfassungsschutz
→ Verfassungsschutz.

Landesanwaltschaft
ist die Bezeichnung der → Vertreter des öffentlichen Interesses bei den Gerichten der Verwaltungsgerichtsbarkeit; sie kann durch RechtsVO der Landesregierungen bei den Verwaltungsgerichten und den Oberverwaltungsgerichten eingerichtet werden (§§ 35–37 VwGO). Sie kann durch Landes-, Oberlandes- und Generallandesanwälte das öffentliche Interesse wahrnehmen, zT auch die Vertretung des am Verfahren beteiligten Staates oder anderer öffentl.-rechtl. Körperschaften und Behörden. Derzeit besteht eine Landesanwaltschaft nur in Bayern. Beim Bundesverwaltungsgericht wird ein → Vertreter des Bundesinteresses bestellt, der sich zur Wahrung des öffentl. Interesses an jedem Verfahren beteiligen kann; er ist an die Weisungen der BReg. gebunden.

Landesarbeitsamt
Landesarbeitsamt ist die frühere Bezeichnung für die heutigen → Regionaldirektionen. Diese sind die mittlere Verwaltungsebene der → Bundesagentur für Arbeit. Die örtlichen Zuständigkeitsbereiche entsprechen nicht immer den Ländergrenzen.

Landesarbeitsgericht
Das Landesarbeitsgericht (LAG) ist das für Arbeitssachen grds. im zweiten Rechtszug zuständige Gericht der → Arbeitsgerichtsbarkeit (§§ 33–39 ArbGG). Das Landesarbeitsgericht besteht aus dem Präsidenten, den Vorsitzenden der Kammern und den → ehrenamtlichen Richtern. Die Kammer wird mit 1 Berufsrichter als Vorsitzenden und 2 ehrenamtlichen Richtern tätig (§ 35 II ArbGG). Das Landesarbeitsgericht ist zuständig für → Berufungen und → Beschwerden gegen Entscheidungen des → Arbeitsgerichts (§§ 64, 78, 87 ArbGG). Ausnahmsweise wird das Landesarbeitsgericht auch in erster Instanz tätig (Entscheidungen über die Tariffähigkeit oder -zuständigkeit einer Gewerkschaft, über → Allgemeinverbindlichkeit von Tarifverträgen und über Rechtsschutz bei überlangen Gerichtsverfahren). Gegen Urteile des Landesarbeitsgerichts (nicht im einstweiligen Rechtsschutz) ist → Revision (§ 72 ArbGG, ggf. nach Erfolg einer Nichtzulassungsbeschwerde gem. § 72a ArbGG), gegen verfahrensabschließende Beschlüsse → Rechtsbeschwerde zum → Bundesarbeitsgericht (BAG) zulässig (§ 92 ArbGG). Die → Gerichtsverwaltung wird wie bei den → Arbeitsgerichten ausgeübt. In jedem Bundesland existiert grds. 1 Landesarbeitsgericht, in Bayern 2 (München, Nürnberg), in NRW 3 (Düsseldorf, Hamm, Köln), Berlin und Brandenburg verfügen über ein gemeinsames.

Landesbauordnungen
→ Bauordnungen.

Landesbehörden
→ Verwaltungsbehörden (2).

Landesbischof
In einigen Gliedkirchen der → Evangelischen Kirche in Deutschland Bezeichnung für die Spitze der Kirchenleitung (zB in der Evang.-Lutherischen Kirche in Bayern). Sa → Bischof (2).

Landesblindengeld
Das Lindesblindengeld ist eine Leistung für Blinde nach den für das jeweilige Bundesland geltenden Landesgesetzen. Die Einnahmen aus dem Landesblindengeld werden auf die Leistungen der → gesetzlichen Pflegeversicherung angerechnet. Die Regelelung zur Blindenhilfe in § 72 SGB XII ist dazu nachrangig und auch nur unter den weiteren Voraussetzungen des SGB XII zu erbringen.

Landesdatenschutzgesetze
Neben dem → Bund (→ Bundesdatenschutzgesetz – BDSG) und der → Europäischen Union (→ Datenschutz-Grundverordnung) haben auch die → Länder Vorschriften zum → Datenschutz erlassen. Das BDSG gilt nicht für öffentliche Stellen der Länder, soweit der Datenschutz durch L. geregelt ist (§ 1 I 1 Nr. 2 BDSG). Von dieser Öffnung des BDSG haben

die Länder idR Gebrauch gemacht. Wie das BDSG können auch die Landesdatenschutzgesetze neben der unmittelbar wirkenden DS-GVO nur ergänzende Regelungen enthalten. Die Landesdatenschutzgesetze enthalten insbesondere die für die öffentlichen Stellen der Länder und der Gemeinden und der deren Aufsicht unterstehenden juristischen Personen des öffentlichen Rechts geltenden Datenschutzregelungen. Darüber hinaus sind in den Landesdatenschutzgesetzes rglm die Richtlinie (EU) 2016/680 vom 27.4.2016 zum Schutz personenbezogener Daten im Bereich der Verhütung, Ermittlung, Aufdeckung und Verfolgung von Straftaten und Ordnungswidrigkeiten umgesetzt, zB in §§ 35 ff. LDSG NW.

Landesgesetz
→ Landesrecht.

Landesheimgesetze
Im Rahmen der → Föderalismusreform I ist die Gesetzgebungszuständigkeit für den gewerberechtlichen Teil des „Heimrechts" (→ Heim) auf die Länder übergegangen (Art. 74 Abs. 1 Nr. 7 GG). Von der daraus resultierenden Möglichkeit vom (früheren) Bundesrecht abweichende Regelungen zu schaffen haben Gebrauch gemacht:

Baden-Württemberg (Gesetz für unterstützende Wohnformen, Teilhabe und Pflege v. 20.5.2014), Bayern (Pflege- und Wohnqualitätsgesetz v. 8.7.2008), Berlin (Wohnteilhabegesetz v. 3.6.2010), Brandenburg (Brandenburgisches Pflege- und Betreuungsgesetz vom 8.7.2009), Bremen (Bremisches Wohn- und Betreuungsgesetz v. 16.12.2017), Hamburg (Hamburgisches Wohn- und Betreuungsqualitätsgesetz v. 4.10.2018), Hessen (Hessisches Betreuungs- und Pflegegesetz v. 19.12.2016, Mecklenburg-Vorpommern (Einrichtungsqualitätsgesetz v. 29.5.2010, Niedersachsen (Niedersächsisches Gesetz über unterstützende Wohnformen v. 14.4.2016), Nordrhein-Westfalen (Alten- und Pflegegesetz v. 15.10.2014), Rheinland-Pfalz (Landesgesetz über Wohnformen und Teilhabe v. 19.12.2018), Saarland (Saarländisches Wohn- Betreuungs- und Pflegegesetz v. 15.3.2017), Sachsen (Sächsisches Betreuungs- und Wohnqualitätsgesetz v. 12.8.2012), Sachsen-Anhalt (Wohn- und Teilhabegesetz v. 25.2.2011), Schleswig-Holstein (Selbstbestimmungsstärkungsgesetz v. 1.8.2009) und Thüringen (Thüringer Wohn- und Teilhabegesetz v 10.6.2014). Inhaltlich beinhalten diese Gesetze einerseits die Regeln und Grundlagen für stationäre Einrichtungen; andererseits erfassen sie aber auch andere Formen des betreuten Wohnens.

Landesinnungsverband
→ Handwerksinnung.

Landesjugendamt
Das Landesjugendamt ist der überörtliche Rechtsträger der öffentlichen Jugendpflege (→ Jugendamt). Rechtsgrundlage des Landesjugendamtes ist § 69 SGB VIII. Die Aufgaben des Landesjugendamtes ergeben sich aus § 70 SGB VIII, die sachliche Zuständigkeit aus § 85 II SGB VIII. Landesjugendämter sind überörtlich einzurichten. Sie haben keine Fachaufsicht über die Jugendämter (§ 85 SGB VIII).

Landesjustizverwaltung
Als oberstes Organ der → Justizverwaltung eines → Landes führt die Landesjustizverwaltung (LJV) die Dienstaufsicht über die Justizbehörden (Gerichte, Staatsanwaltschaften usw); ferner bearbeitet sie Personal- und Haushaltsachen und andere das Rechtswesen betreffende Angelegenheiten. In manchen Ländern ist die L. nicht für die Fachgerichtsbarkeiten zuständig (→ Rechtspflegeministerium). Neben den eigentlichen Verwaltungsaufgaben obliegt es der LJV, die → Gesetzgebung vorzubereiten. LJV ist im Allgemeinen das → Justizministerium, in Berlin und Bremen die Senatsverwaltung für Justiz, in Hamburg das Justizamt der Justizbehörde. Die LJV ist idR in Abteilungen und Referate gegliedert und beschäftigt Beamte und abgeordnete Richter oder Staatsanwälte.

Landeskinderklausel
wird eine Bestimmung genannt, wonach Studienbewerber, die den Vorbildungsnachweis in einem bestimmten Land erworben und dort auch ihren Wohnsitz haben, Vergünstigungen bei dem durch den Eignungsgrad bestimmten Zulassungsrang zu einer Hochschule erhalten. In Fächern mit absolutem → numerus clausus ist eine Landeskinderklausel nicht statthaft (BVerfGE 33, 303); s. jetzt → Studienplätze (Vergabe).

Landeskirchen
Landeskirchen (oder Provinzialkirchen) sind die Gliedkirchen der → Evangelischen Kirche in Deutschland. Teilweise ist der Begriff „Landeskirche" im Namen der jeweiligen Gliedkirche enthalten; vgl. zB die Evang. Landeskirche in Baden, die Evang. Landeskirche in Württemberg, die Evang.-Lutherische Landeskirche Sachsens ua.

Landeskirchenrat
→ Evangelische Kirche (5b).

Landeskriminalamt
→ Kriminalpolizei.

Landesmedienanstalten
Die 14 als → Anstalten des öffentlichen Rechts organisierten Landesmedienanstalten sind die Lizensierungs- und Überwachungsbehörden für den privaten → Rundfunk. Einrichtung, Organisation und Bezeichnung (zB Bay. Landeszentrale für Neue Medien, Landesanstalt für Kommunikation BW) richten sich nach Landesrecht, zB für BW Landesmediengesetz v. 19.7.1999 (GBl. 1999, 273, 387) mÄnd. Inhaltlich bestehen keine wesentlichen Unterschiede zwischen den Regelungen der Länder. Nach § 52 MStV iVm den Landesmediengesetzen obliegt den Landesmedienanstalten die Zulassung privater Rundfunksender, nach §§ 104 ff. MStV üben sie die Aufsicht aus.

Die Landesmedienanstalten erhalten zur Finanzierung etwa 2% des Aufkommens aus den → Rundfunkbeiträgen, § 10 RFinStV. Organe der Landesmedienanstalten sind idR der Medienrat (Versammlung), zT ein Vorstand und der Direktor (Präsident). Sa → Rundfunkanstalten, → Rundfunkrecht. Die Landesmedienanstalten arbeiten in einer Direktorenkonferenz und der Arbeitsgemeinschaft der Landesmedienanstalten in der Bundesrepublik Deutschland zusammen.

Landespersonalausschuss
Nach dem Vorbild des → Bundespersonalausschusses sind in den Ländern zum Zweck der einheitlichen Anwendung der beamtenrechtlichen Ausnahmevorschriften Landespersonalausschüsse eingerichtet (vgl. zB Art. 112 ff. Bayer. BeamtenG v. 29.7.2008, GVBl. 2008, 500; mÄnd).

Landespflege
Landespflege ist ein insbes. im Landesrecht verwendeter, synonymer Begriff für Landschaftspflege. Dazu → Landschaftsplanung, → Naturschutz.

Landesplanung
Landesplanung ist der Begriff für die Raumordnung in den Ländern (→ Raumordnung). Sie ist in Abschn. 2 des Raumordnungsgesetzes v. 22.12.2008 (BGBl. 2008 I 2986) mÄnd enthalten. Nach § 8 ROG sind ein landesweiter Raumordnungsplan für das Landesgebiet und → Regionalpläne für die Teilräume der Länder aufzustellen. Die Raumordnungspläne sollen Festlegungen zur Raumstruktur, dh zur anzustrebenden Siedlungs-, Freiraum- und Infrastruktur, enthalten. Bei der Aufstellung ist eine Umweltprüfung durchzuführen (§ 9 ROG). Zu Einzelheiten s. → Raumordnung. Rechtsgrundlage sind neben dem ROG die Landesplanungsgesetze der Länder. Sie enthalten idR nähere Bestimmungen über die Aufgabe der Landesplanung, die Landesplanungsbehörden einschl. Landesplanungsbeirat, die Mittel der Landesplanung (Programme, Pläne, Raumordnungsverfahren), die Sicherung der Raumordnung und die Entschädigung für Planungsschäden (vgl. zB Bayer. Landesplanungsgesetz (BayLpLG) v. 25.6.2012, GVBl. 2012, 254 mÄnd).

Landesrecht
ist – im Gegensatz zum → Bundesrecht – jede von Rechtsetzungsorgangen eines → Landes erlassene → Rechtsnorm sowie das als Landesrecht fortgeltende ehemalige → Reichsrecht und fortgeltende Recht der ehemaligen → DDR. Sa → Gesetzgebung, → Gesetzgebungszuständigkeit, → Bundesrecht (2), → Normenkontrolle. Landesrecht sind auch → Rechtsverordnungen, die von einer Landesbehörde auf Grund bundesrechtlicher Ermächtigung erlassen werden.

Landesrechte
Landesrechte im historischen Sinne sind Aufzeichnungen der überkommenen oder vom Landesherrn erlassenen, in einem bestimmten Gebiet geltenden Rechtssätze (→ Rechtsgeschichte).

Landesregierung
Übliche Bezeichnung der Regierung (s. → Regierung 1, 2) eines Landes (s. → Länder), in den → Stadtstaaten → Senat, in den Freistaaten → Bayern und → Sachsen Staatsregierung genannt.

Landessozialgericht
Das Landessozialgericht (LSG) ist das Landesgericht der → Sozialgerichtsbarkeit zur Entscheidung im zweiten Rechtszug über Berufung und Beschwerde gegen Entscheidungen der → Sozialgerichte. Es besteht aus Senaten mit einem Vorsitzenden Richter, zwei weiteren Berufsrichtern (Ernennung auf Lebenszeit (§ 32 SGG) und zwei → ehrenamtlichen Richtern. Ehrenamtliche Richter beim LSG sollen das 30. Lebensjahr vollendet haben und mindestens fünf Jahre ehrenamtliche Richter bei einem → Sozialgericht gewesen sein (§ 35 I SGG). Es besteht kein → Anwaltszwang oder Vertretungszwang. Die allgemeine Dienstaufsicht übt die Landesregierung oder die von ihr beauftragte Stelle aus (§§ 28 ff. SGG). Die LSG entscheiden im ersten Rechtszug über Klagen gegen Entscheidungen der Landesschiedsämter sowie den Beanstandungen der Landesschiedsämter nach dem SGB V, gegen Schiedsstellenentscheidungen nach § 120 IV SGB V, § 76 SGB XI sowie § 81 SGB XII. Im Übrigen entscheiden die LSG im ersten Rechtszug über Aufsichtsangelegenheiten gegenüber Trägern der Sozialversicherung und ihren Verbänden, gegenüber den Kassenärztlichen und Kassenzahnärztlichen Vereinigungen sowie der Kassenärztlichen und Kassenzahnärztlichen Bundesvereinigung, bei denen die Aufsicht von einer Landes- oder Bundesbehörde ausgeübt wird, sowie über Klagen in Angelegenheiten der Erstattung von Aufwendungen nach § 6b des Zweiten Buches Sozialgesetzbuch und über Anträge nach § 55a SGG (§ 29 II SGG). Dem LSG NRW sowie dem LSG Berlin-Brandenburg sind bestimmte Entscheidungsbefugnisse im ersten Rechtszug zugeordnet (§ 29 III und IV SGG). Bei dem LSG sind Senate zu bilden für Angelegenheiten der Sozialversicherung, der Arbeitsförderung einschließlich der übrigen Aufgaben der Bundesagentur für Arbeit, für Angelegenheiten der Grundsicherung für Arbeitsuchende, für Angelegenheiten der Sozialhilfe und des Asylbewerberleistungsgesetzes sowie für Angelegenheiten des sozialen Entschädigungsrechts und des Schwerbehindertenrechts. Für Angelegenheiten der Knappschaftsversicherung einschließlich der Unfallversicherung für den Bergbau sowie für Verfahren wegen eines überlangen Gerichtsverfahrens (§ 31 I S. 2 SGG) kann jeweils ein eigener Senat gebildet

werden. Für Angelegenheiten des Vertragsarztrechts und für Antragsverfahren nach § 55a SGG ist jeweils ein eigener Senat zu bilden (§ 31 II SGG). Für Versicherte und Leistungsempfänger entstehen – im Gegensatz zu Versicherungsträgen und Arbeitgebern, für die Kosten nach dem Gerichtskostengesetz anfallen – keine Gerichtskosten. Der Rechtsprechung der Landessozialgerichte kommt in der Praxis eine sehr große Bedeutung zu, da die Hürden, um ein Verfahren vom Landessozialgericht in die nächste Instanz zum → Bundessozialgericht zu bringen, äußerst hoch sind (Zulassung der Revision und Rechtsverletzung s. §§ 160 ff. SGG).

Landessteuern
→ Verteilung des Steueraufkommens.

Landesstrafrecht
Da dem Bund die konkurrierende Gesetzgebung für das Strafrecht zusteht (Art. 74 Nr. 1 GG), können die Länder Strafgesetze nur auf den vom Bund nicht abschließend geregelten Gebieten erlassen. Soweit eine solche bundesrechtliche Regelung besteht, tritt Landesrecht zurück (Art. 31, 72 I GG). Das Landesstrafrecht darf nach Art. 3 EGStGB nur Freiheitsstrafe bis zu zwei Jahren und wahlweise Geldstrafe bis zum gesetzlichen Höchstmaß (vgl. § 40 I 2, II 3 StGB) sowie die Einziehung von Gegenständen androhen. Landesrechtliche Strafnormen dürfen weder Freiheitsstrafe noch Geldstrafe allein vorsehen, ebenso bei Freiheitsstrafe kein anderes Mindestmaß als das gesetzliche (vgl. § 38 II StGB) und kein niedrigeres Höchstmaß als sechs Monate. Die Vorschriften des Landesstrafrechts über → Abgaben sowie → Feld- und Forstschutz bleiben gemäß Art. 4 III–V EGStGB unberührt. Vgl. insbes. das bayer. Landesstraf- und VerordnungsG idF vom 13.12.1982 (BayRS 2011–2-I) mÄnd.

Landesstraßengesetze
→ Straßen- und Wegerecht.

Landessuperintendent
In einigen Gliedkirchen der Evangelischen Kirche in Deutschland (zB der Lippischen Landeskirche) Bezeichnung für die Spitze der Kirchenleitung (sa → Evangelische Kirche, 5b).

Landessynode
→ Evangelische Kirche (5b), → Synode (1).

Landestellen an Einrichtungen von öffentlichem Interesse
sind insbes. Landestellen für Hubschrauber an Krankenhäusern, die den Genehmigungsanforderungen von § 25 LuftVG und § 18 LuftVO unterliegen (→ Flugplätze, 2). Wer eine solche Landestelle nutzt, bedarf ab April 2017 der Genehmigung des Luftfahrt-Bundesamtes.

Landesunmittelbare Sozialversicherungsträger
Landesunmittelbare Sozialversicherungsträger sind → Sozialversicherungsträger, deren Zuständigkeitsbereich sich nicht über das Gebiet eines Landes hinaus erstreckt (zB → Unfallkassen der Länder). Die Aufsicht führen die Arbeits- und Sozialministerien der Länder oder die von ihnen bestimmten Behörden (§ 3 BVersicherungsamtsG vom 9.5.1956 (BGBl. 1956 I 415) m. spät. Änd.; § 90 II SGB IV; § 144 SGB VI).

Landesverbände der Krankenkassen
Landesverbände der Krankenkassen werden nach § 207 SGB V gebildet → Krankenkassen. Nach dieser Regelung besteht in jedem Bundesland ein Landesverband der Orts- Betriebs- und Innungskrankenkassen.

Landesverordnung
ist allgemein eine von Verwaltungsbehörden eines Landes erlassene → Rechtsverordnung (sa → Landesrecht), ieS eine RechtsVO, die für das Gebiet des ganzen Landes gilt und von der zuständigen obersten Landesbehörde erlassen wurde. IwS gehören zu den Landesverordnungen auch die im Rahmen der jeweiligen Zuständigkeit erlassenen Gemeinde- oder Kreisverordnungen.

Landesverrat
Landesverrat richtet sich – im Gegensatz zum → Hochverrat (§§ 81–83 StGB) und zur → Rechtsstaatsgefährdung (§§ 84–92b StGB) – gegen die äußere Sicherheit der BRep. im Verhältnis zu fremden Staaten. Strafvorschriften zum Landesverrat enthält der Zweite Abschnitt des Besonderen Teils des StGB (§§ 93–101a StGB). Grundlegend für viele der Straftatbestände ist der Begriff des → Staatsgeheimnisses, der in § 93 StGB definiert ist. § 93 II StGB enthält dabei eine Definition des sog. illegalen Staatsgeheimnisses, an die die §§ 97a, 97b StGB anknüpfen.

Die zentrale Strafvorschrift des Landesverrat enthält § 94 StGB, der ein zweiaktiges Delikt umschreibt: Wer vorsätzlich ein Staatsgeheimnis einer fremden Macht oder einem ihrer Mittelsmänner mitteilt oder sonst an einen Unbefugten gelangen lässt oder öffentlich bekanntmacht, um die BRep. zu benachteiligen oder eine fremde Macht zu begünstigen, und dadurch die Gefahr eines schweren Nachteils für die äußere Sicherheit der BRep. herbeiführt, wird mit Freiheitsstrafe nicht unter 1 Jahr bestraft (in besonders schweren Fällen, zB bei Missbrauch einer verantwortlichen Stellung oder schwerer Schädigung der BRep., mit höherer Strafe).

Wer vorsätzlich oder bei dienstlich zugänglichen Geheimnissen leichtfertig ein Staatsgeheimnis an einen Unbefugten gelangen lässt und dadurch fahrlässig die Gefahr eines schweren Nachteils für die äußere Sicherheit der BRep. verursacht, hat dagegen nur Vergehensstrafe wegen Preisgabe von Staatsgeheimnissen verwirkt (§ 97 StGB).

Vom Landesverrat zu unterscheiden ist das Offenbaren von Staatsgeheimnissen, bei dem der Täter, ohne aus verwerflichen Motiven zu handeln, das Geheimnis an einen Unbefugten gelangen lässt oder öffentlich bekanntmacht und dadurch die Gefahr eines schweren Nachteils für die äußere Sicherheit der BRep. herbeiführt; die Tat ist in § 95 StGB grundsätzlich – abgesehen von schweren Fällen – mit Vergehensstrafe bedroht (Freiheitsstrafe von 6 Mon. bis zu 5 Jahren). Damit wird für Fälle des sog. publizistischen Landesverrats die Möglichkeit milderer Beurteilung eröffnet.

Das Sichverschaffen eines Staatsgeheimnisses zu Verratszwecken ist als Ausspähung mit Freiheitsstrafe von 1–10 Jahren bedroht (§ 96 StGB). Der Tatbestand stellt damit eine Vorbereitungshandlung zu § 94 StGB unter Strafe.

Über geheimdienstliche Tätigkeit (§§ 98, 99 StGB) → Agententätigkeit. Landesverräterische Konspiration begeht ein Deutscher, der, obwohl er seine Lebensgrundlage in der BRep. hat, mit einer fremden Regierung, Vereinigung o. dgl. Beziehungen aufnimmt oder unterhält in der Absicht, einen Krieg oder ein bewaffnetes Unternehmen gegen die BRep. herbeizuführen (§ 100 StGB).

Der Verrat eines sog. illegalen → Staatsgeheimnisses ist nur in besonderen Fällen strafbar: bei unmittelbarer Mitteilung an eine fremde Macht oder einen ihrer Agenten und Herbeiführung eines schweren Nachteils für die äußere Sicherheit der BRep. (§ 97a StGB). Nimmt der Täter fälschlich an, das Geheimnis sei illegal, so kann er nach der Sondervorschrift des § 97b StGB strafbar sein.

Weitere Fälle des Landesverrats betreffen die landesverräterische Fälschung: Der Täter lässt Gegenstände, Nachrichten oder Tatsachenbehauptungen, die im Falle der Echtheit oder Wahrheit für die äußere Sicherheit der BRep. oder ihre Beziehungen zu einer anderen Macht von Bedeutung wären (zB militär. Pläne, Vertragsentwürfe), in Kenntnis der Unrichtigkeit zur Täuschung einer fremden Macht an einen anderen gelangen oder macht sie öffentlich bekannt; die Strafbarkeit nach § 100a StGB setzt voraus, dass dadurch die Gefahr eines schweren Nachteils für die Sicherheit der BRep. oder für ihre Beziehungen zu einer fremden Macht entsteht.

Landesversicherungsanstalt

Die Landesversicherungsanstalten sind die ehemaligen Träger der → Arbeiterrentenversicherung als Teil der → Rentenversicherung. An die Stelle der Landesversicherungsanstalten sind 2005 durch das RVOrgG die → Regionalträger getreten (→ Bundesträger, → gesetzliche Rentenversicherung).

Landesversorgungsamt

Bei den Landesversorgungsämtern handelt es sich um Behörden mit sozialen Aufgaben, ua für Schwerbehindertenangelegenheiten und Kriegsopferversorgung → Versorgungsämter. Rechtsgrundlage für die Errichtung der Landesversorgungsämter ist ua das Gesetz über die Errichtung der Verwaltungsbehörden der Kriegsopferversorgung (KOVVwG) v. 12.3.1951 (BGBl. 1951 I, 169) mÄnd. Die Ausgestaltung ist je nach Bundesland unterschiedlich. In Bayern trägt das Landesversorgungsamt den Namen „Zentrum Bayern Familie und Soziales" (zuständig auch für Elterngeld). In Nordrhein-Westfalen werden die Aufgaben des Landesversorgungsamtes von den Landschaftsverbänden wahrgenommen.

Landesvertretung

→ Vertretungen der Länder.

Landesverweisung

→ Ausweisung.

Landeszentralbanken

waren bis zum Inkrafttreten des Bundesbankgesetzes 1957 selbständige regionale Zentralbankinstitute, die zusammen mit der 1948 gegründeten → Bank Deutscher Länder das deutsche → Zentralbanksystem bildeten. Mit Gründung der → Bundesbank wurden sie mit dieser verschmolzen, behielten aber wichtige Mitwirkungsbefugnisse im → Zentralbankrat. Mit der Anpassung des Bundesbankgesetzes an das → Europäische System der Zentralbanken sind 1999 neben der Bezeichnung auch die föderalistisch geprägten Mitwirkungsbefugnisse der Landeszentralbanken entfallen. An Stelle der Landeszentralbanken bestehen jetzt in den Ländern Hauptverwaltungen der Bundesbank (§ 8 BBankG). Geleitet werden diese Hauptverwaltungen von einem Präsidenten, der dem Vorstand der Bundesbank untersteht. Ferner gibt es bei jeder Hauptverwaltung einen Beirat (§ 9 BBankG).

Landfriede

Landfriede war im Mittelalter ein vom Kaiser oder König zur Verhinderung von → Fehden erlassenes allgemeines Friedensgebot; er konnte regional beschränkt sein. Der Landfriede hat sich als weltliche Institution aus dem → Gottesfrieden entwickelt, der auf kirchlicher Vorschrift beruhte. Der Landfriede war Gesetz und allgemein verbindlich; seine Verletzung wurde als Landfriedensbruch verfolgt (ein im heutigen Strafrecht ieS verwendeter Begriff). Der Schutz des Landfriedens war Sache des Reiches, des Königs (mittels des Friedensbannes) oder der Herzöge. Der Landfrieden wurde von den Ständen beschworen und galt auf Zeit (meist für mehrere Jahre). Die bekanntesten sind der Reichslandfriede Heinrichs II. von 1103, Barbarossas von 1152, Friedrichs II. von 1235, der Rheinfränkische Friede von 1179; ein ewiger Landfriede wurde erst 1495 von Maximilian I. verkündet.

Im Gegensatz zum Landfrieden waren die Burg- oder Stadtfrieden auf den Bezirk einer Burg oder Stadt beschränkt; soweit dem Burgherrn oder der Stadt die Gerichtsbarkeit zustand, war der Gerichtsbezirk zugleich Friedensbezirk. Doch waren die Burg- oder Stadtfrieden zum Unterschied vom Landfrieden zeitlich nicht beschränkt. Sie wurden außerhalb der allgemeinen Gerichtsbarkeit durch eine freiwillige Sühnegerichtsbarkeit gesichert.

Landfriedensbruch
Straftatbestand nach § 125 StGB: Er liegt vor, wenn aus einer Menschenmenge in einer die öffentl. Sicherheit gefährdenden Weise mit vereinten Kräften Gewalttätigkeiten gegen Personen oder Sachen begangen oder Menschen mit einer Gewalttätigkeit bedroht werden. Strafbar ist, wer sich als Täter oder Teilnehmer an Gewalttätigkeiten beteiligt oder dazu anreizt. Dabei ist Mitführen von Schusswaffen oder Vermummung zusätzlich nach dem → Versammlungsgesetz strafbar. Höhere Strafe droht bei Verstoß gegen § 125 StGB in bes. schweren Fällen, zB bei Mitführen von Waffen oder gefährlichen Werkzeugen, Gewalttätigkeiten mit Gefahr des Todes oder schwerer Gesundheitsschädigung für andere, bei Plünderung u. dgl. (§ 125a StGB). → Ansammlung, unerlaubte, → Schlägerei.

Landgericht
Das Landgericht ist das → ordentliche Gericht, das im Gerichtsaufbau zwischen dem → Amtsgericht und dem → Oberlandesgericht steht. Beim LG sind Kammern als Spruchkörper gebildet, in erster Linie → Zivilkammern, → Kammern für Handelssachen und → Strafkammern (§ 60 GVG), ferner Kammern für besondere Rechtsstreitigkeiten (zB für Baulandsachen; sa § 72a GVG). Die Kammern sind besetzt mit Vorsitzenden Richtern und Richtern am LG. Sie entscheiden grundsätzlich mit 3 Berufsrichtern (s. aber → Kammer für Handelssachen, → Strafkammer), soweit nicht – wie vielfach im Zivilprozess – der → Einzelrichter zuständig ist. Entscheidungen des LG können im Rahmen ihrer Zuständigkeit auch → Rechtspfleger und → Urkundsbeamte treffen. Die Zuständigkeit des LG erstreckt sich in → bürgerlichen Rechtsstreitigkeiten im ersten Rechtszug auf alle Streitigkeiten, die nicht den → Amtsgerichten zugewiesen sind, sowie auf Ansprüche aus → Staatshaftung (§ 71 GVG). Ferner entscheidet das LG über → Berufungen und → Beschwerden gegen Entscheidungen des ihm nachgeordneten Amtsgerichts, soweit hierfür nicht das → Oberlandesgericht zuständig ist (§ 72 GVG). Letzteres ist weitgehend in → Familiensachen der Fall. In Strafsachen ist das LG im ersten Rechtszug zuständig zur Aburteilung von → Verbrechen – insoweit auch als → Schwurgericht – und → Vergehen, soweit nicht das Amtsgericht oder ein höheres Gericht zuständig ist (Straferwartung oberhalb von 4 Jahren). Es entscheidet ferner über Berufungen und Beschwerden gegen Urteile und Beschlüsse der Amtsgerichte (§§ 73 ff. GVG). Es ist möglich, Landgerichte zu errichten, die nur für Zivil- oder nur für Strafsachen zuständig sind (so kürzlich angesichts der Größe des bisherigen Gerichts geschehen in Berlin). S. zu allem iE Tabellen zum Rechtsmittelzug im Anhang E und F.

Landgerichtsarzt
→ Amtsarzt, → Gerichtsarzt.

Landkreis
ist in der Mehrzahl der Länder (zB Bayern, Sachsen) Bezeichnung für den → Kreis.

Landkreisordnung
In der Regel Bezeichnung für das die Rechtsverhältnisse der → Landkreise regelnde Gesetz eines Landes (vgl. zB in Bayern Landkreisordnung idF v. 22.8.1998 (GVBl. 1998, 826) mÄnd, und in Hessen Landkreisordnung v. 7.3.2005 (GVBl. 2005 I 183) mÄnd. Teilweise sind die entsprechenden Regelungen in der sogenannten Kreisordnung (für Nordrhein-Westfalen v. 14.7.1994 (GV NRW 1994, 646 mÄnd) oder der → Kommunalverfassung enthalten; vgl. zB Kommunalverfassung für das Land Mecklenburg-Vorpommern v. 13.7.2011 (GVOBl. 2011, 777), Niedersächsisches Kommunalverfassungsgesetz v. 17.12.2010 (GVBl. 2010, 576) mÄnd oder Kommunalverfassungsgesetz des Landes Sachsen-Anhalt v. 17.6.2014 (GVBl. 2014, 288 mÄnd). Sa → Kreis.

Landkreiswahlen
→ Kommunalwahlen.

Landpacht
→ Pachtvertrag.

Landpachtvertrag
→ Pachtvertrag.

Landrat
Rechtsstellung und Aufgabenbereich des Landrates sind in den Ländern, insbes. in den → Landkreisordnungen oder der → Kommunalverfassung, unterschiedlich ausgestaltet (→ Kreis). Grundsätzlich leitet der Landrat die → Kreisverwaltung. Der Landrat ist Kommunalbeamter. Überwiegend wird der Landrat von den Kreisbürgern unmittelbar gewählt (so in Bayern, Hessen, Mecklenburg-Vorpommern, Nordrhein-Westfalen, Niedersachsen, Rheinland-Pfalz, Saarland, Sachsen, Sachsen-Anhalt, Schleswig-Holstein und Thüringen). Teilweise erfolgt die Wahl durch den Kreistag (so zB in Brandenburg) oder vom Kreistag unter Mitwirkung staatlicher Stellen (so zB in Baden-Württemberg). Der Landrat ist in Baden-Württemberg, Bayern, Nordrhein-Westfalen, Rheinland-Pfalz, Saarland, Sachsen und idR Thüringen, Vorsitzender des Kreistags. Dem Landrat steht meist ein Beanstandungsrecht gegenüber rechtswidrigen Beschlüssen des Kreistages und des Kreisausschusses zu. IdR ist der Landrat auch berechtigt, einfache Geschäfte der laufenden Verwaltung und eilige Angelegenheiten selbständig zu erledigen. Ferner erledigt der Landrat die staatlichen Auftragsangelegenheiten und ist Leiter der (unteren) staatlichen Verwaltungsbehörde („Landratsamt"; in den einzelnen Ländern unterschiedlich geregelt; vgl. → Kreis, → Kreisverwaltung).

Landratsamt
Landratsamt ist die Bezeichnung der Behörde, die die Aufgaben der → Kreisverwaltung wahrnimmt (sa → Kreis). An der Spitze steht

der → Landrat. In den meisten Ländern ist das Landratsamt sowohl die Behörde der → Gebietskörperschaft Kreis als auch untere staatliche Verwaltungsbehörde. In den → kreisfreien Städten werden die sonst staatlichen Aufgaben des Landratsamtes insgesamt von der kreisfreien Stadt als Gebietskörperschaft wahrgenommen.

Landrecht, Preuß. Allgemeines
→ Allgemeines Landrecht.

Landschaften
waren in Form öffentlich-rechtlicher → Körperschaften (Kreditverbände) errichtete Bodenkreditinstitute auf genossenschaftlicher Basis in den ehemaligen preußischen Gebieten und Ländern, s. zB die Märkische Landschaft, Anl. 1 Berliner Altbankengesetz v. 10.12.1953 (GVBl. 1953, 1483). Sie wurden von Grundbesitzern eines bestimmten Gebietes mit dem Zweck gegründet, ihren Mitgliedern hypothekarisch gesicherte Darlehen unter Ausgabe von → Pfandbriefen zu gewähren. Ihre Organisation wurde durch die vom Staat zu genehmigende Satzung geregelt. Ergänzend für die Beleihung städtischen Grundbesitzes s. → Stadtschaften.

Landschaftsbestandteile
→ geschützte Landschaftsbestandteile.

Landschaftsgesetze
→ Naturschutz.

Landschaftspflege
→ Föderalismusreform I (2b), → Landschaftsplanung, → Naturschutz, → Zivildienst (1).

Landschaftsplanung
1. Aufgabe der Landschaftsplanung ist es gemäß §§ 8–12 BNatSchG (→ Naturschutz), die Ziele des Naturschutzes und der Landschaftspflege für den jeweiligen Planungsraum zu konkretisieren. Die Landschaftsplanung dient dem Aufzeigen der Erfordernisse und Maßnahmen zur Verwirklichung dieser Ziele auch in den Planungen und Verwaltungsverfahren, deren Entscheidungen sich auf Natur und Landschaft im Planungsraum auswirken können. Einzelheiten regeln die Länder.

2. Die Erfordernisse und Maßnahmen des Naturschutzes und der Landschaftspflege sind in Landschaftsprogrammen und Landschaftsrahmenplänen sowie in Landschafts- u. Grünordnungsplänen darzustellen. Die Pläne sollen ua Angaben enthalten über den vorhandenen und den zu erwartenden Zustand von Natur und Landschaft, die konkretisierten Ziele und Grundsätze sowie Erfordernisse und Maßnahmen zur Beseitigung von Beeinträchtigungen und zur Entwicklung bestimmter Teile von Natur und Landschaft. Nach § 10 BNatSchG werden die überörtlichen Erfordernisse und Maßnahmen des Naturschutzes und der Landschaftspflege für den Bereich eines Landes im Landschaftsprogramm oder für Teile des Landes in Landschaftsrahmenplänen, die für die gesamte Fläche eines Landes erstellt werden, dargestellt. Dabei sind die Ziele der → Raumordnung zu beachten; die Grundsätze und sonstigen Erfordernisse der Raumordnung sind zu berücksichtigen. Die raumbedeutsamen Erfordernisse und Maßnahmen werden unter Abwägung mit den anderen raumbedeutsamen Planungen und Maßnahmen nach Maßgabe der landesplanungsrechtlichen Vorschriften der Länder in die Raumordnungspläne aufgenommen. Die Länder haben die entsprechenden Programme und Pläne benachbarter Länder zu berücksichtigen (§ 12 BNatSchG).

Landschaftsschutzgebiete
Landschaftsschutzgebiete sind nach § 26 BNatSchG (→ Naturschutz) rechtsverbindlich festgesetzte → Schutzgebiete, in denen ein besonderer Schutz von Natur und Landschaft erforderlich ist zur Erhaltung, Entwicklung oder Wiederherstellung des → Naturhaushalts, wegen der Vielfalt, Eigenart und Schönheit der Landschaft oder wegen ihrer besonderen Bedeutung für die Erholung. In einem Landschaftsschutzgebiet sind grundsätzlich alle Handlungen verboten, die den Charakter des Gebiets verändern oder dem besonderen Schutzzweck zuwiderlaufen. Seit dem 1.2.2023 dürfen → Windenergieanlagen an Land allerdings unter bestimmten Voraussetzungen auch in Landschaftsschutzgebieten errichtet und betrieben werden.

Landschaftsverband
Der Landschaftsverband ist in → Nordrhein-Westfalen höherer → Kommunalverband mit dem Recht der Selbstverwaltung durch ihre gewählten Organe (Landschaftsverbandsordnung für Nordrhein-Westfalen v. 14.7.1994, GVBl. 1994, 657, mÄnd). Die Kreise und kreisfreien Städte der früheren Rheinprovonz bilden den Landschaftsverband Rheinland, die Kreise und kreisfreien Städte der früheren Provinz Westfalen und des früheren Landes Lippe den Landesverband Westfalen-Lippe. Ihm obliegen insbes. soziale Aufgaben, Aufgaben der Jugendhilfe, der Gesundheitsangelegenheiten, des Straßenwesens, der landschaftlichen Kulturpflege und der Kommunalwirtschaft. Der Landschaftsverband kann seine Angelegenheiten durch → Satzung regeln, soweit nicht Gesetze etwas anderes bestimmen. Er ist berechtigt und verpflichtet, Gebühren und Beiträge und zur Deckung ihres Finanzbedarfs eine Landschaftsumlage von den angehörenden Mitgliedskörperschaften zu erheben. Der Landschaftsverband untersteht der Aufsicht des Innenministers. Als Organ bestehen die Landschaftsversammlung, der Landschaftsausschuss und Fachausschüsse, der Direktor des Landschaftsverbandes und Landesräte. Ähnliche Einrichtungen in anderen Ländern sind die → Bezirke (3).

Landstände
→ Stände.

Landstraßen
ist ein im → Straßen- und Wegerecht der Länder der BRep. teilweise noch gebräuchlicher Begriff. Man unterscheidet a) Straßen, die zusammen mit den → Bundesfernstraßen ein Verkehrsnetz bilden und dem Durchgangsverkehr zu dienen bestimmt sind (auch Landstraßen I. Ordnung, oder – so zB in Bayern – Staatsstraßen genannt), und b) Straßen, die dem überörtlichen Verkehr innerhalb eines Kreises oder dem Verkehr zwischen benachbarten Kreisen zu dienen bestimmt sind (auch als Landstraßen II. Ordnung oder Kreisstraßen bezeichnet). Über die → Straßenbaulast s. dort.

Landstreicherei
Landstreicherei, dh zielloses Umherziehen mit wechselndem Quartier, wobei der Lebensunterhalt überwiegend auf Kosten anderer bestritten wird, ist als solche nicht strafbar.

Landtag
Landtag wird in den Verfassungen der meisten → Länder. die in allgemeiner, unmittelbarer, freier, gleicher und geheimer Wahl gewählte Volksvertretung (Landesparlament) genannt, so in Baden-Württemberg (Art. 27 Verfassung des Landes Baden-Württemberg), Bayern (Art. 13 ff. Verfassung des Freistaates Bayern), Hessen (Art. 75 ff. Verfassung des Landes Hessen), Niedersachsen (Art. 3 ff. Niedersächsische Verfassung), Nordrhein-Westfalen (Art. 30 ff. Verfassung für das Land Nordrhein-Westfalen), Rheinland-Pfalz (Art. 79 ff. Verfassung für Rheinland-Pfalz), Saarland (Art. 67 ff. Verfassung des Saarlandes), Schleswig-Holstein (Art. 9 ff. Verfassung des Landes Schleswig-Holstein) sowie in den → neuen Ländern Brandenburg (Art. 55 ff. Verfassung des Landes Brandenburg), Mecklenburg-Vorpommern (Art. 20 ff. Verfassung des Landes Mecklenburg-Vorpommern), Sachsen (Art. 39 ff. Verfassung des Freistaates Sachsen), Sachsen-Anhalt (Art. 41 ff. Verfassung des Landes Sachsen-Anhalt) und Thüringen (Art. 48 ff. Verfassung des Freistaats Thüringen). In Berlin (Art. 25 ff. Verfassung von Berlin) wird die Volksvertretung als → Abgeordnetenhaus, in Bremen (Art. 75 ff. Landesverfassung der Freien Hansestadt Bremen) und Hamburg (Art. 6 ff. Verfassung der Freien und Hansestadt Hamburg) als → Bürgerschaft bezeichnet. Die Existenz von Volksvertretungen und die Grundsätze für ihre Wahl sind durch Art. 28 I 2 GG den Ländern vorgeschrieben. Als wesentliche Rechte stehen den Landtagen die → Gesetzgebung und die → parlamentarische Kontrolle der Regierung zu (→ Parlament). Sa → Wahlperiode.

Landwirtschaft
→ Agrarrecht.

Landwirtschaftliche Altershilfe
Mit dem Rentenreformgesetz von 1957 wurde eine berufständische Altershilfe für die Landwirtschaft eigeführt, die bis heute als → Alterssicherung der Landwirte fortbesteht. Träger der Alterssicherung für Landwirte ist die Sozialversicherung für Landwirtschaft, Forsten und Gartenbau.

Landwirtschaftliche Alterskasse
Die Landwirtschaftliche Alterskasse ist Teil der Sozialversicherung für Landwirtschaft, Forsten und Gartenbau (SVFLG). Sie führt die Alterssicherung der Landwirte durch → Alterskasse.

Landwirtschaftliche Berufsgenossenschaften
Die Landwirtschaftliche Berufsgenossenschaft gehört zu den Trägern der gesetzlichen → Unfallversicherung. Sie ist Teil der Sozialversicherung für Landwirtschaft, Forsten und Gartenbau. Sie ist zuständig für landwirtschaftliche Unternehmen, sofern nicht ausnahmsweise ein Unfallversicherungsträger der öffentlichen Hand zuständig ist (§ 123 SGB VII; → Unfallversicherungsträger). Landwirtschaftliche Unternehmen sind Unternehmen der Land- und Forstwirtschaft einschließlich des Garten- und Weinbaues, der Fischzucht, Teichwirtschaft, Seen-, Bach- und Flußfischerei (Binnenfischerei), der Imkerei sowie der den Zielen des Natur- und Umweltschutzes dienenden Landschaftspflege, Unternehmen, in denen ohne Bodenbewirtschaftung Nutz- oder Zuchttiere zum Zwecke der Aufzucht, der Mast oder der Gewinnung tierischer Produkte gehalten werden, land- und forstwirtschaftliche Lohnunternehmen, Park- und Gartenpflege sowie Friedhöfe, Jagden, die Landwirtschaftskammern und die Berufsverbände der Landwirtschaft, Unternehmen, die unmittelbar der Sicherung, Überwachung oder Förderung der Landwirtschaft überwiegend dienen, sowie die Sozialversicherung für Landwirtschaft, Forsten und Gartenbau und deren weitere Einrichtungen sowie die Zusatzversorgungskasse und das Zusatzversorgungswerk für Arbeitnehmer in der Land- und Forstwirtschaft. Keine landwirtschaftlichen Unternehmen sind Haus- und Ziergärten sowie Kleingärten iSd Bundeskleingartengesetzes. Haus- Zier- und Kleingärten sind dann landwirtschaftliche Unternehmen, wenn sie besondere Arbeitskräfte beschäftigen oder nicht hauptsächlich für den eigenen Haushalt wirtschaften.

Landwirtschaftliche Buchstelle
Steuerberater, Steuerbevollmächtigte und Rechtsanwälte, die eine besondere Sachkunde auf dem Gebiet der Hilfeleistung in Steuersachen für land- und forstwirtschaftliche Betriebe nachgewiesen haben, dürfen diese Bezeichnung als Zusatz zur Berufsbezeichnung führen (§ 44 StBerG). Die Bezeichnung wird durch das Finanzministerium des Landes, in dem der Antragsteller seine Niederlassung hat, verliehen. Die besondere Sachkunde ist durch eine mündliche Prüfung nachzuweisen.

Landwirtschaftliche Krankenkassen
Die Landwirtschaftliche Krankenkasse ist ein Zweig der Sozialversicherung für Landwirt-

schaft, Forsten und Gartenbau (SVFLG) → Krankenkassen. Sie führt die → Krankenversicherung der Landwirte durch.

Landwirtschaftliche Krankenversicherung
Die landwirtschaftliche Krankenversicherung ist die → Krankenversicherung der Landwirte. Sie wird von der → landwirtschaftliche Krankenkasse durchgeführt, die Teil der Sozialversicherung für Landwirtschaft, Forsten und Gartenbau ist.

Landwirtschaftliche Marktordnung
→ Marktorganisation, gemeinsame; → Bundesanstalt für Landwirtschaft und Ernährung (BLE).

Landwirtschaftliche Rentenbank
Die landwirtschaftliche Rentenbank ist eine bundesunmittelbare → Anstalt des öffentlichen Rechts mit Sitz in Frankfurt und einem Grundkapital von 135 Mio. EUR. Sie fördert im staatlichen Auftrag Landwirtschaft und ländlichen Raum mit Darlehen, Zuschüssen, Bürgschaften usw. nach dem Gesetz über die landwirtschaftliche Rentenbank idF v. 12.12.2013 (BGBl. 2013 I 4120) mÄnd.

Landwirtschaftliche Unfallversicherung
Die Landwirtschaftliche Unfallversicherung ist Teil der Sozialversicherung für Landwirtschaft, Forsten und Gartenbau (SVLFG) → Landwirtschaftliche Berufsgenossenschaften. Sie führt die → Unfallversicherung in der Landwirtschaft durch.

Landwirtschaftliches Bodenrecht
→ Grundstücksverkehr, landwirtschaftlicher.

Landwirtschaftsbehörden
Die Einrichtung der Landwirtschaftsbehörden ist Angelegenheit der Länder (vgl. zB bayer. VO über die Ämter für Ernährung, Landwirtschaft und Forsten v. 16.6.2005 (GVBl. 2005, 199) mÄnd).

Landwirtschaftsgericht
→ Grundstücksverkehr, landwirtschaftlicher.

Landwirtschaftskammern
Für die Landwirtschaftskammern fehlt im Gegensatz zu den → Industrie- und Handelskammern und → Handwerkskammern bisher eine bundesgesetzliche Grundlage. Landesrechtliche Regelungen bestehen in einigen Ländern. Danach ist die Kammerorganisation weitgehend den IHK nachgebildet. Die Landwirtschaftskammern nehmen staatliche Aufgaben (Fachschulen) und Aufgaben gem. ihrer Satzung (Produktförderung) wahr. Mitglieder sind neben den selbstständigen Landwirten auch die mitarbeitenden Familienangehörigen und sämtliche Arbeitnehmer. In Baden-Württemberg, Bayern und den neuen Ländern wird die Interessenvertretung der Landwirte iW vom Bauernverband wahrgenommen.

Landwirtschaftsrecht
→ Agrarrecht.

Landwirtschaftssachen
→ Grundstücksverkehr, landwirtschaftlicher.

Landzwang
Historische Bezeichnung des heutigen Straftatbestands der Störung des öffentlichen Friedens durch → Androhung von Straftaten (§ 126 StGB).

Lang-Lkw
Sog. Lang-Lkw sind Fahrzeuge und Fahrzeug-Kombinationen mit Überlänge für den Güterverkehr. Sie dürfen abweichend von § 32 IV Nr. 2, 3 StVZO, der eine Gesamtlänge für Sattel-Kfz. bis 16,50 m und für Lkw. mit Anhänger bis 18,80 m zulässt, eine Gesamtlänge bis 25,25 m haben. Die Einzelheiten, insbes. die Anforderungen an die Person des Fahrers und die Technik des Fahrzeugs, und die für den Verkehr mit Lang-Lkw zugelassenen Strecken regelt die VO über Ausnahmen von straßenverkehrsrechtlichen Vorschriften für Fahrzeuge und Fahrzeugkombinationen mit Überlänge (LKWÜberlStVAusnV) v. 19.12.2011 (BGBl. 2011 I 3147 mit Hinweis auf eBAnz AT1442011 V2). Das → Überholen mit Lang-Lkw ist unzulässig, ausgenommen das Überholen von Fahrzeugen, die nicht schneller als 25 km/h fahren können oder dürfen.

Langzeitarbeitslose
iSd → Arbeitsförderung nach dem SGB III sind Arbeitslose, die ein Jahr und länger arbeitslos sind (§ 18 SGB III). Ihre Wiedereingliederung wird besonders gefördert durch die Gewährung von → Eingliederungszuschüssen (§ 88 SGB III). Die Langzeitarbeitslosen müssen den Verpflichtungen zur Eigenbemühung nachkommen. Ein grundsätzliches Ziel der Arbeitsförderung ist es, Langzeitarbeitslosigkeit durch den Einsatz aktiver Arbeitsförderung zu vermeiden (§ 1 I SGB III, § 3 II SGB III, § 5 SGB III).

Langzeitlager
→ Deponie.

Lasten
→ Früchte, → öffentliche Lasten.

Lasten, prozessuale
→ Beweislast, → Substantiierung.

Lastenausgleich
Der Lastenausgleich bezweckt einen teilweisen Ausgleich der durch Vertreibungen und Zerstörungen der Kriegs- und Nachkriegszeit entstandenen Schäden und eine Milderung der Härten der Währungsreform von 1949 (§ 1 Lastenausgleichsgesetz – LAG – idF v. 2.6.1993, BGBl. 1993 I 845 mÄnd). Die Regelungen haben durch die lange seit Kriegsende 1945 verstrichene Zeit ihre Bedeutung weitgehend eingebüßt. Sa → Allgemeines Kriegsfolgengesetz, → Entschädigungs- und Ausgleichsleistungsgesetz, → Vertreibungsschäden.

Lastenzuschuss
Der Lastenzuschuss ist die staatliche Leistung, die auf Antrag Wohnungseigentümern zur Sicherung eines angemessenen und familiengerechten Wohnraums gewährt werden kann (§ 1 Abs. 2 WoGG). Mieter erhalten stattdessen → Wohngeld.

Lastkraftwagen
sind Straßenfz., und zwar Kfz, die nach Bauart und Einrichtung zur Beförderung von Gütern – nicht von Personen – bestimmt sind (§ 4 IV PBefG).

Sie unterliegen besonderen Vorschriften zB hins. ihrer Abmessungen und der Motorleistung – mindestens 4,4 kW je t zulässigen Gesamtgewichts – (§§ 32, 35 StVZO) sowie Sicherheitseinrichtungen wie → Geschwindigkeitsbegrenzer, seitliche Schutzvorrichtungen, Unterfahrschutz. Im Übrigen gelten für Lastkraftwagen die allgemeinen Bestimmungen über Bauart und Einrichtungen der Kfz (§§ 35a ff. StVZO), insbes. über Führersitz und -räume, Kraftstoffbehälter, Richtungsanzeiger, Rückspiegel, Geschwindigkeitsmesser, Wegstreckenzähler usw. Über Achslast und Gesamtgewicht → Belastung; ferner → Bereifung, → Bremsen, → Beleuchtung. Für Lastzüge gelten Sondervorschriften über höchstzulässige Länge, Mitführen von Anhängern und Zugvorrichtungen (§§ 32, 32a, 42, 43 StVZO, §§ 18 I, 22 II StVO), für → Lang-Lkw die VO über Ausnahmen von straßenverkehrsrechtlichen Vorschriften für Fahrzeuge und Fahrzeugkombinationen mit Überlänge (LKW-ÜberlStVAusnV) v. 19.12.2011 (BGBl. 2011 I 3147 mit Hinweis auf eBAnz AT1442011 V2).

Für Lastkraftwagen mit mehr als 3,5 t zulässiger Gesamtmasse ist → Fahrerlaubnis Klasse C erforderlich, wobei für Lastkraftwagen bis 7,5 t zulässige Gesamtmasse Fahrerlaubnis Klasse C1 genügt. In beiden Fällen kann ein Anhänger bis 750 kg zulässiger Gesamtmasse mitgeführt werden; ist diese höher, wird Fahrerlaubnis Klasse C1E oder CE benötigt (§ 6 FeV). Die Fahrerlaubnis setzt ua grundsätzlich ein Mindestalter von 18 bzw. 21 Jahren (§ 10 I FeV), Vorbesitz der Fahrerlaubnis Klasse B (§ 9 FeV), eine ärztliche Untersuchung der Eignung (§ 11 IX FeV, § 12 VI FeV) und Ausbildung in Erster Hilfe (§ 19 II FeV) voraus. Die Fahrerlaubnis Klasse C1, C1E wird bis zur Vollendung des 50. Lebensjahres erteilt, nach Vollendung des 45. Lebensjahres für 5 Jahre; die Fahrerlaubnis Klasse C, CE gilt 5 Jahre (§ 23 I 2 Nr. 1, 2 FeV). Sie werden nur nach erneuter ärztlicher Untersuchung jeweils um 5 Jahre verlängert (§ 11 IX FeV, § 12 VI FeV, § 24 FeV). Außerdem ist für gewerbliche Fahrten im Güterkraftverkehr die Grundqualifikation nach dem Berufskraftfahrer-Qualifikations-G v. 14.8.2006 (BGBl. 2006 I 1958) und der VO dazu v. 22.8.2006 (BGBl. 2006 I 2108) erforderlich.

Für die → Fahrgeschwindigkeit außerhalb geschlossener Ortschaften gelten Höchstgrenzen (§ 3 III StVO, § 18 V StVO). Über das Sonn- und Feiertagsfahrverbot von 0–22 Uhr s. (§ 30 III StVO) und das Samstagsfahrverbot in den Sommerferien → Fahrverbot (3). Auf den Ladeflächen oder in Laderäumen dürfen Personen nur befördert werden, soweit sie dort Arbeiten auszuführen haben (§ 21 II StVO).

Der Fahrer eines Lastkraftwagens hat Lenk- und Ruhezeiten einzuhalten (→ Kraftfahrer) und zum Nachweis aufzuzeichnen (→ Kontrollgerät, → Fahrtschreiber). Lastkraftwagen mit mehr als 3,5t Gesamtmasse können nach der VO über technische Kontrollen von Nutzfahrzeugen auf der Straße (TechKontrollV) v. 21.5.2003 (BGBl. 2003 I 774) mÄnd nicht angekündigten Kontrollen unterzogen werden.

Lastschriftverfahren
Das Lastschriftverfahren ist (im Rahmen eines → Girovertrags) eine Form des bargeldlosen Zahlungsverkehrs. Anders als bei der → Überweisung geht hier die Initiative vom Gläubiger aus, der eine Forderung seiner Bank bekanntgibt; diese erteilt ihm eine vorläufige Gutschrift und zieht den Betrag von der Schuldnerbank ein, die ihrerseits das Konto des Schuldners entsprechend belastet. Man unterscheidet das Abbuchungsverfahren (→ Auftrag des Schuldners an seine Bank; hier Widerruf nur für die Zukunft möglich) und das Einzugsermächtigungsverfahren (→ Ermächtigung des Schuldners gegenüber dem Gläubiger; hier unbefristetes Widerspruchsrecht des Schuldners gegen eine Belastung bis zur Genehmigung, die noch nicht in einem Schweigen auf den Rechnungsabschluss liegt). Einzelheiten regelt das Abkommen der Spitzenverbände des deutschen Kreditgewerbes.

Lateinische Kirche
In der → kath. Kirche Bezeichnung für die abendländische Kirche im Gegensatz zu den unierten Ostkirchen. Als Oberhaupt der lateinischen Kirche führte der Papst bis 2006 den Titel „Patriarch des Abendlandes".

Latente Steuern
Latente Steuern sind Abweichungen zwischen steuer- und handelsrechtlich ermitteltem Steueraufwand. Sie entstehen, wenn die nach steuerrechtlichen Vorschriften ermittelte Steuerfestsetzung von der nach der Handelsbilanz ermittelten Steuerlast abweicht. Zu solchen Abweichungen kann es kommen, wenn Wirtschaftsgüter in der Steuer- und in der Handelsbilanz abweichend bewertet werden. Die tatsächliche Steuerfestsetzung erfolgt aufgrund der Werte in der Steuerbilanz. Die latenten Steuern werden in der Handelsbilanz ausgewiesen, vgl. § 274 HGB.

Lateranverträge
Durch die Lateranverträge vom 11.2.1929 wurden die seit der Annexion des Kirchenstaates (1870) zwischen dem italienischen Staat und der kath. Kirche bestehenden Spannun-

gen beseitigt. Der kath. Glaube wurde zur einzigen Staatsreligion Italiens; andere religiöse Bekenntnisse werden nur toleriert. Ferner wurde der → Vatikanstaat geschaffen, das Eigentum des → Heiligen Stuhls an zahlreichen Gebäuden anerkannt und die Pflicht des Staates festgelegt, alles zu unterlassen, was dem heiligen Charakter der Stadt Rom widerspricht. Die Kirche sollte die Bischöfe ohne Mitwirkung des Staates einsetzen können. Ein Teil des kirchlichen Rechts, insbes. das Eheschließungsrecht, wurde vom Staat als verbindlich anerkannt. Durch Art. 7 II der italienischen Verfassung von 1949 wurden die in den L. getroffenen Abmachungen verfassungsmäßig aufrechterhalten. Die Rechtslage wurde 1984 durch ein neues Konkordat teilweise geändert.

Laternengarage
→ Beleuchtung von Fahrzeugen (2), → Parken.

laudatio auctoris
ist die gemeinrechtliche Bezeichnung für die im Zivilprozess vorgesehene, aber in der Praxis wenig bedeutsame → Urheberbenennung (vgl. § 76 ZPO, § 77 ZPO). Ein Bezug zum → Urheberrecht besteht nicht.

Laufbahnen der Beamten
1. Laufbahn ist ein Begriff aus dem → Beamtenrecht (sa → Beamte, → Beamtenverhältnis). Die Laufbahn ist die Zusammenfassung von Ämtern derselben Fachrichtung, die eine gleiche Vor- und Ausbildung voraussetzen. Nach dem Laufbahnprinzip, sind im Regelfall nur die jeweils unteren Ämter durch Einstellung zu besetzen, alle höheren nur durch Beförderung (Gegensatz: Ämterprinzip; Ausnahmen: „Außenseiter“, „Seiteneinsteiger“); ferner sind die Laufbahnen nach fachlichen Gesichtspunkten sowie nach Vor- und Ausbildungsvoraussetzungen, schließlich vertikal nach Laufbahngruppen mit einem jeweils allgemein geltenden Anforderungsprofil zu ordnen.

2. Das Bundesbeamtenrecht entspricht noch den Grundgedanken des Laufbahnprinzips. §§ 16 ff. BBG unterscheiden zwischen Laufbahngruppen des einfachen Dienstes (Amtsgehilfen, Oberamtsgehilfen, Hauptamtsgehilfen, Amtsmeister, Oberamtsmeister und gleichgestellte Gruppen, BesGr. A 1–5; Laufbahnvoraussetzungen: Hauptschule, Vorbereitungsdienst, Probezeit), des mittleren Dienstes (Assistenten, Sekretäre, Obersekretäre, Hauptsekretäre, Amtsinspektoren, BesGr. A 5–9; Laufbahnvoraussetzungen: Realschule oder Abschluss einer förderlichen Berufsausbildung, Vorbereitungsdienst mit einem theoretischen Lehrgang, Prüfung, Probezeit), des gehobenen Dienstes (Inspektoren, Oberinspektoren, Amtmänner, Oberamtmänner, Amtsräte, Oberamtsräte; BesGr. A 9–13, Laufbahnvoraussetzungen: Berechtigung zum Hochschulstudium oder gleichwertiger Bildungsabschluss, Vorbereitungsdienst von 3 Jahren im Studiengang einer → Fachhochschule oder in einem gleichstehenden Studiengang, Prüfung, Probezeit 2 Jahre) und des höheren Dienstes (Regierungsräte, Oberregierungsräte, Regierungsdirektoren, Ministerialräte und gleichgestellte Gruppen, BesGr. A 13–16, sowie Spitzenstellen wie Ministerialdirigenten oder Ministerialdirektoren, BesGr. B; Laufbahnvoraussetzungen: durch Prüfung abgeschlossenes, mindestens dreijähriges Hochschulstudium, Vorbereitungsdienst von 24 Monaten, Abschlussprüfung, Probezeit idR 3 Jahre). Zur Bezahlung der einzelnen Laufbahngruppen s. → Dienstbezüge. Die näheren Vorschriften über die einzelnen Laufbahnvoraussetzungen, Probezeiten, Einstellungs- und Beförderungsbedingungen (Mindestalter, zeitl. Zwischenraum vor Beförderung usw.), → Aufstieg in höhere Laufbahnen, dienstliche → Beurteilung sowie die Einstellungsvoraussetzungen für andere Bewerber, welche die Laufbahnvoraussetzungen nicht erfüllen, regelt die BundeslaufbahnVO idF v. 12.2.2009 (BGBl. 2009 I 284) mÄnd Wegen der Laufbahn der Soldaten → Soldatenlaufbahn. Einen für Berufssoldaten vereinfachten Zugang zu den allgemeinen Laufbahnen, vor allem eine wesentliche Verkürzung und Erleichterung des Vorbereitungsdienstes, regelt das → Soldatenversorgungsgesetz.

3. Das BeamtStG enthält keine einheitlichen Vorgaben mehr für das Laufbahnrecht der Länder (sa → Beamtenrecht, 4). Zum Teil entspricht das Laufbahnrecht der Länder derzeit noch entsprechend der früheren Vorgaben des → Beamtenrechtsrahmengesetzes dem Laufbahnrecht des Bundes. Das Beamtenrecht befindet sich jedoch im Umbruch, so dass seit der → Föderalismusreform I in einer Reihe von Ländern eine Neuordnung des Laufbahnsystems erfolgte, so zB in Bayern durch das G über die Leistungslaufbahn und die Fachlaufbahnen der Bayerischen Beamten und Beamtinnen v. 5.8.2010, GVBl. 2010, 410, mÄnd, und in Nordrhein-Westfalen durch das Dienstrechtsmodernisierungsgesetz v. 14.6.2016, GV.NRW 2016, 310. Die bisher 4 Laufbahngruppen wurden auf 2 Laufbahngruppen oder eine Leistungslaufbahn ersetzt.

Laufbahnstrafen
(zur Abgrenzung von den Strafen des → Strafrechts besser „gerichtliche → Disziplinarmaßnahmen“) ändern den nach den laufbahn- und besoldungsrechtlichen Bestimmungen erreichten Status des → Beamten oder Soldaten: Gehaltskürzung, Versagen des Aufsteigens im Gehalt, Einstufung in eine niedrigere Dienstaltersstufe, Dienstgradherabsetzung, Entfernung aus dem Dienstverhältnis. Sie können – anders als die einfachen Disziplinarmaßnahmen wie Verweis usw. – nur im förmlichen → Disziplinarverfahren durch die Disziplinargerichte bzw. Wehrdienstgerichte verhängt werden.

Laufbilder
Das → Urheberrecht versteht unter Laufbildern Bildfolgen (mit und ohne Ton), die wie ein Film Bewegungsabläufe zeigen, aber nicht als → Filmwerke geschützt sind (vgl. § 95 UrhG). Da Filmwerke dadurch gekennzeichnet sind, dass sie eine persönliche geistige Schöpfung darstellen (der sie zu Werken im urheberrechtlichen Sinn macht, vgl. § 2 Abs. 1 Nr. 6, Abs. 2 UrhG), erfasst der Begriff der Laufbilder Bildfolgen ohne einen solchen schöpferischen Gehalt. Das sind etwa Dokumentaraufnahmen, die ein Ereignis lediglich ohne schöpferischen Einsatz von Gestaltungsmitteln abfilmen. Auch Übertragungen von Sportveranstaltungen können darunter fallen, können aber u. U. auch etwa wegen der schöpferischen Auswahl der Kameraperspektiven urheberrechtlich schutzfähige Filmwerke sein. Laufbilder genießen nur einen gegenüber Filmwerken eingeschränkten Schutz durch das UrhG.

Laufende Rechnung
→ Kontokorrent.

Laufende Versicherung
→ Versicherungsvertrag (2a).

Lauschangriff
Als Lauschangriff wird – meist kritisch – bei der Strafverfolgung der → Einsatz technischer Mittel, ggf. der → Telekommunikationsüberwachung sowie bei der präventiven Tätigkeit der Polizei die verdeckte → Datenerhebung (insbes. in Wohnungen und Geschäftsräumen) bezeichnet. Nach dem U. des BVerfG v. 3.3.2004 (NJW 2004, 999) darf die akustische Wohnraumüberwachung (sog. großer Lauschangriff) nur angeordnet werden, wenn es um schwere Straftaten geht, für die eine Höchststrafe von mehr als 5 Jahren droht; Gespräche mit Ärzten, Seelsorgern und Anwälten dürfen idR nicht abgehört werden.

Lauschzeuge
→ Zeuge.

Lautsprecher
dürfen → Verkehrsteilnehmer nicht verkehrsgefährdend ablenken oder belästigen (§ 33 StVO; dort auch über Beschränkung der Werbung durch Ton). Überlautes Einstellen eines Rundfunkgeräts, so dass der Lautsprecher über den Bereich einer Wohnung hinaus hörbar ist, kann unzulässiger → Lärm sein (§ 117 OWiG).

Law and Economics
→ Ökonomische Analyse des Rechts.

Law Clinic
Eine Law Clinic versteht man eine studentische Initiative zur rechtlichen Beratung Rechtssuchender, beispielsweise im Miet- oder Verbraucherrecht oder auch im Ausländerrecht.

Leasing, Leasingvertrag
1. Unter dem Begriff Leasing werden verschiedene Vertragsgestaltungen subsumiert. Stets überlässt der Leasinggeber dem Leasingnehmer gegen Entgelt (grds. in Raten zu zahlen, Leasingraten, Leasingzins) eine Sache oder Sachgesamtheit zum Gebrauch. Anders als der Vermieter beim → Mietvertrag erwirbt der Leasinggeber die vom Leasingnehmer gewünschte Sache häufig erst von einem Dritten, dem Lieferanten (sodass ein Dreiecksverhältnis entsteht). Leasing kann auch vorliegen, wenn dem Leasingnehmer eine Erwerbsoption eingeräumt wird; der Unterschied zum → Mietkauf liegt darin, dass dort Gefahr, Mängelhaftung und Instandhaltung beim Vermieter liegen (s. u. 2). Beim Finanzierungs-Leasing (auch von Immobilien) erhält der Leasingnehmer die Sache idR für deren gewöhnliche Lebensdauer, die Finanzierungsfunktion steht im Vordergrund; aufgrund der Laufzeit erfolgt durch die Leasingraten des Leasingnehmers eine Vollamortisation des gesamten Aufwands des Leasinggebers, der Leasingzins (Miete) ist so bemessen, dass er die Vergütung für den Substanzwert nebst Kosten darstellt. Bei kürzerer Laufzeit will der Leasinggeber die Vollamortisation seines Aufwands durch mehrfache Überlassung des Gegenstands an mehrere Leasingnehmer erreichen, Operating-Leasing (unbestimmte Vertragsdauer mit idR kurzer Nutzung und jederzeitiger Kündbarkeit). Beim Hersteller-Leasing tritt der Hersteller einer Sache (oder eine Tochtergesellschaft) als Leasinggeber auf. Beim auch im privaten Bereich immer weiter verbreiteten Leasen von Kfz wird idR zwischen Restwertleasing (vertragliche Bestimmung des Restwerts bei Vertragsende und Bestimmung einer Ausgleichszahlung) und Kilometerleasing (vertragliche Festlegung der Fahrleistung und eines Preises für Mehrkilometer) unterschieden.

2. Grds. findet auf das Leasing zwar Mietrecht Anwendung, die mietrechtlichen Regelungen werden jedoch vielfach durch vertragliche Vereinbarungen abgeändert. Dabei trägt regelmäßig der Leasingnehmer die Gefahr bzw. Haftung für Instandhaltung, Untergang und Beschädigung, während der Leasinggeber dafür seine Ansprüche gegen Dritte (insbes. den Lieferanten) dem Leasingnehmer überträgt. Das Risiko ist also ähnlich wie beim → Kauf verteilt; insbes. richten sich meist Ansprüche aus → Gewährleistung wegen Sachmängeln gegenüber dem Lieferanten nach Kaufrecht, mietvertragliche Gewährleistungsansprüche werden ausgeschlossen. Der Leasingnehmer hat bei einem Mangel damit nur abgetretene Ansprüche aus dem Kaufvertrag des Leasinggebers mit dessen Lieferanten, die er geltend machen muss. Tritt er vom Kaufvertrag zurück, so entsteht ein Rückabwicklungsverhältnis aber zwischen dem Leasinggeber und dem Lieferanten; damit entfällt die → Geschäftsgrundlage des Vertrags, der Leasingnehmer kann von diesem zurücktreten und die gezahlten Raten zurückverlangen, muss aber die gezogenen Nutzungen ersetzen. → Halter eines Kraftfahrzeugs ist idR der Lea-

singnehmer; dieser kann auch → Erfüllungsgehilfe des Leasinggebers gegenüber dem Hersteller sein. Zur Anwendbarkeit der Vorschriften über den → Verbraucherdarlehensvertrag (zB Leasing eines Kfz) s. dort (insbes. 1, 2); der → Verbraucher hat insbes. ein Widerrufsrecht.

3. Steuerlich ist maßgeblich, wem das Leasinggut zugerechnet wird. Dies hängt von der Länge der vertraglich vereinbarten Grundmietzeit ab. Grundmietzeit ist der Zeitraum, in dem der Vertrag unkündbar ist. Beträgt die Grundmietzeit 40–90 vH der betriebsgewöhnlichen Nutzungsdauer, dann wird das Leasinggut grds. dem Leasinggeber als dem bürgerlich-rechtlichen Eigentümer zugerechnet. Die Leasingraten und sonstige mit dem Leasing anfallende Kosten können vom Leasingnehmer als → Betriebsausgabe geltend gemacht werden. Falls die Grundmietzeit bis 39 vH oder 91–100 vH beträgt, erfolgt Zurechnung beim Leasingnehmer. Dies hat zur Folge, dass die Leasingraten wie Kaufpreisraten behandelt werden. Sie sind als Anschaffungskosten nur im Wege der Abschreibung als Betriebsausgaben zu berücksichtigen. Eine Grundmietzeit zwischen 40 und 90 vH schließt die Überlassung an weitere Leasingnehmer nicht aus. Vgl. zB Erlass des BMF v. 23.12.1991 (BStBl. 1992 I 13), Anhang 1/6 ff. EStR.

Leben als Schaden

→ Schaden; sa → Schadensersatz.

Lebensalter

Im Leben des Menschen, dessen → Rechtsfähigkeit mit Vollendung der Geburt eintritt (§ 1 BGB), sind folgende Altersstufen von besonderer rechtlicher Bedeutung – jeweils von der Vollendung des Lebensjahrs gerechnet –:

vor dem 6. Lebensjahr: zusätzlich zum Arbeitslohn erbrachte Leistungen des Arbeitgebers zur Betreuung/Unterbringung nicht schulpflichtiger Kinder im Kindergarten sind steuerfrei (§ 3 EStG Nr. 33 (VZ 2016));

6. Lebensjahr: Schulpflichtbeginn (nach den Landesschulgesetzen);

7. Lebensjahr: beschränkte → Geschäftsfähigkeit (§§ 106 ff. BGB); beschränkte → Deliktsfähigkeit nach bürgerl. Recht (bei nicht vorsätzlichem Verkehrsunfall 10. Lebensjahr; § 828 I BGB);

12. Lebensjahr: Recht auf Anhörung bzw. Zustimmungserfordernis zum Bekenntniswechsel (§ 5 S. 2 RelKErzG);

13. Lebensjahr: eng umrissene Ausnahmen vom Verbot der → Kinderarbeit (§ 5 III JArbSchG);

14. Lebensjahr: volle Religionsmündigkeit (§ 5 S. 1 RelKErzG), Mitspracherecht hins. der → elterlichen Sorge nach Scheidung der Eltern (§ 1671 II BGB, → Ehescheidung, 3); bedingte Strafmündigkeit (§ 2 JGG, § 3 JGG); Ausschank von alkoholischen Getränken (ohne Branntwein) an Jugendliche in Begleitung einer personensorgeberechtigten Person zulässig (§ 2 JuSchG);

15. Lebensjahr: sog. Arbeitsmündigkeit, §§ 2 ff. JArbSchG, jedoch bis zur Volljährigkeit mit Einschränkungen (s. zB §§ 8, 14, 22 JArbSchG); Antrags- und Leistungsempfangsrecht für Sozialleistungen (sozialrechtliche → Handlungsfähigkeit, § 36 SGB I); Möglichkeit des Erwerbs der Prüfbescheinigung für → Mofa;

16. Lebensjahr: beschränkte → Testierfähigkeit (§ 2229 I BGB, § 2247 IV BGB), Beginn der Eidesfähigkeit im Zivilprozess (§ 393 ZPO, § 455 II ZPO), Möglichkeit zum Erwerb der → Fahrerlaubnis Klasse AM, A1, T und L (§ 10 FeV), Pflicht zum Besitz eines → Personalausweises (§ 1 I PAuswG); Zulässigkeit des Ausschanks alkoholischer Getränke (ohne Branntwein; § 9 I JuSchG); Besuch von Gaststätten ohne Begleitung von 5 bis 24 Uhr (§ 4 I 2 JuSchG); Besuch von Tanzveranstaltungen ohne Begleitung bis 24 Uhr (§ 5 I JuSchG); Rauchen in der Öffentlichkeit (§ 10 I JuSchG); weitergehende Möglichkeiten bei der Beschäftigung Jugendlicher (zB §§ 8 III, 14 II u. V, 24 JArbSchG); bei den Europawahlen und in einigen Ländern aktives Wahlrecht auf kommunaler Ebene (zB Mecklenburg-Vorpommern, Schleswig-Holstein; Brandenburg, Niedersachsen, Sachsen-Anhalt, Nordrhein-Westfalen); zum Landtag oder zur Bürgerschaft in den Ländern Baden-Württemberg, Brandenburg, Bremen, Hamburg und Mecklenburg-Vorpommern. Das passive Wahlrecht besteht in diesem Lebensalter noch nicht;

17. Lebensjahr: Möglichkeit des Erwerbs der Fahrerlaubnis Klasse B bei Teilnahme am Begleiteten Fahren (§§ 48a f. FeV);

18. Lebensjahr: Volljährigkeit, volle → Geschäfts-, → Testier- (§ 2 BGB, § 2229 BGB), → Ehe- (§ 1303 I BGB) und → Deliktsfähigkeit nach bürgerl. Recht (§ 828 III BGB); Beginn der Eidesfähigkeit im Strafprozess (§ 60 Nr. 1 StPO); Strafmündigkeit als → Heranwachsender (§ 1 JGG, §§ 105 f. JGG); aktives und passives → Wahlrecht zum Bundestag (Art. 38 GG) und den meisten Länderparlamenten; aktives und passives Wahlrecht zum Betriebsrat (§ 7 BetrVG); Möglichkeit des Erwerbs der Fahrerlaubnis Klassen A2, B und C1; Beginn der Wehrpflicht (§ 1 WPflG), in Friedenszeiten ist der Wehrdienst ausgesetzt (§ 2 WPflG); unbeschränkter Zugang zu Gaststätten, Nachtbars, Nachtclubs, Tanzveranstaltungen, Spielhallen und Branntwein (§§ 4 ff. JuSchG); weitere Gewährung des → Kindergeldes/Kinderfreibetrages nur unter eingeschränkten Voraussetzungen;

20. Lebensjahr: Möglichkeit des Erwerbs der Fahrerlaubnis Klasse A nach 2 Jahren Vorbesitz der Fahrerlaubnis Klasse A2 (→ Stufenführerschein);

21. Lebensjahr: volle strafrechtliche Verantwortlichkeit als Erwachsener (§ 1 II JGG, § 10 StGB); Möglichkeit zum Erwerb der Fahrerlaubnis Klassen C, D1 und D; Ende des absoluten Alkoholverbot im Straßenverkehr (§ 24c

StVG); Wegfall des → Kindergeldes für arbeitslose Kinder;

24. Lebensjahr: Möglichkeit des Erwerbs der Fahrerlaubnis Klasse A bei direktem Zugang;

25. Lebensjahr: Mindestalter für Schöffen und ehrenamtliche Richter beim Arbeits-, Verwaltungs-, Finanz- oder Sozialgericht (§ 33 Nr. 1 GVG (Sollbestimmung), § 21 I ArbGG, § 20 VwGO, § 17 FGO, § 16 I SGG); Wegfall der Kindergeldberechtigung mit Ausnahme behinderter Kinder, die nicht in der Lage sind, sich selbst zu unterhalten und deren Behinderung vor dem 25. Lebensjahr eingetreten ist § 32 IV EStG; Ende der Wählbarkeit in die → Jugend- und Auszubildendenvertretung nach § 61 II BetrVG;

30. Lebensjahr: Mindestalter für Handelsrichter und ehrenamtliche Richter beim Landessozialgericht und Landesarbeitsgericht (§ 109 I GVG, § 35 I SGG, § 37 I ArbGG);

35. Lebensjahr: Mindestalter der Richter an einem Obersten Gerichtshof des Bundes (§ 125 II GVG, § 15 III VwGO, § 38 II 2, § 47 SGG, § 14 II FGO, § 42 II, § 43 II ArbGG);

40. Lebensjahr: Mindestalter des Bundespräsidenten (Art. 54 I GG);

45. Lebensjahr: Ende der Wehrpflicht für Mannschaften in Friedenszeiten (derzeit ausgesetzt);

55. Lebensjahr: Freibetrag für Veräußerungsgewinne (§ 16 IV EStG);

60. Lebensjahr: Ende der Wehrpflicht für Offiziere und Unteroffiziere sowie für alle im Spannungs- und → Verteidigungsfall;

63. Lebensjahr: → Versorgungs-Freibetrag wird gewährt (§ 19 II Nr. 2 EStG);

64. Lebensjahr: → Altersentlastungsbetrag (§ 24a EStG).

→ Beamte und → Richter erlangen künftig mit dem 67. Lebensjahr den Ruhestand.

In der → Rentenversicherung ist die Vollendung des 60., 62., 63., 65. und (idR) 67. Lebensjahr Voraussetzung für die Gewährung von → Altersrente. In der → Arbeitslosenversicherung (→ Arbeitsförderung) tritt von der Vollendung des 65. Lebensjahres (ansteigend auf das 67. Lebensjahr) an → Versicherungsfreiheit ein (§ 28 SGB III). Bei Witwen oder Witwern ist die Vollendung des 45. Lebensjahres bzw. 47. Lebensjahres für die Erhöhung der Witwenrente (Witwerrente) von Bedeutung (§§ 33 ff. SGB VI). → Waisenrenten werden grds. bis zur Vollendung des 18. Lebensjahres gewährt. Danach können Waisenrenten bis zum 27. Lebensjahr bei Vorliegen von Berufs- oder Schul(hoch)ausbildung geleistet werden; bei Unterbrechung der Ausbildung durch Wehr- oder Zivildienst erfolgt für die Dauer der Dienstpflicht über das 27. Lebensjahr hinaus weitere Zahlung. Bis zur Vollendung des 18. Lebensjahres besteht die Familienversicherung für Kinder in der → Krankenversicherung (§ 10 SGB V). Höhere Altersgrenzen der Familienversicherung für Kinder existieren für nicht erwerbstätige Kinder (23. Lebensjahr) und für Kinder in Schul- oder Berufsausbildung (25. Lebensjahr, Verlängerung um geleistete Dienstzeiten möglich). Für Kinder mit Behinderung gibt es keine Altersgrenze (unter den weiteren Voraussetzungen des § 10 Abs. 2 Nr. 4 SGB V).

70. Lebensjahr: Regelhöchstalter für Schöffen (§ 33 Nr 2 GVG).

Lebensführungskosten
dürfen grundsätzlich das zu versteuernde Einkommen nicht mindern, es sei denn, das Gesetz lässt ausdrücklich den Abzug zu, wie dies bei den → Sonderausgaben und außergewöhnlichen → Belastungen der Fall ist. Nach § 12 Nr. 1 EStG besteht ein Aufteilungsverbot. Demnach sind Aufwendungen, die sowohl → Betriebsausgaben oder → Werbungskosten als auch Lebensführungskosten darstellen (sog. gemischte Aufwendungen), grundsätzlich nicht in einen betrieblichen/beruflichen und einen privaten Teil aufzuteilen. Die Aufwendungen sind insgesamt der privaten Lebensführung zuzurechnen. Ausnahmen von diesem Grundsatz werden zugelassen, wenn objektive Merkmale und Unterlagen eine zutreffende und leicht nachprüfbare Trennung ermöglichen, zB → private Pkw-Nutzung, private Telefonnutzung. Eine untergeordnete private Nutzung (weniger als 10 vH) ist dagegen von vornherein unschädlich und erlaubt den vollständigen Abzug der Aufwendungen. → Ausgaben, → Zuordnung. Nach neuerer Rechtsprechung des BFH können bei gemischt veranlassten Reisen (Reise erfolgt aus beruflichen und privaten Gründen) die Aufwendungen für die Reise teilweise als Werbungskosten/Betriebsausgaben steuerlich berücksichtigt werden. Voraussetzung ist, dass die beruflichen zuzuordnenden Zeitanteile feststehen und nicht von untergeordneter Bedeutung sind. Das Gewicht der Veranlassungsbeiträge kann im Einzelfall erfordern, einen anderen Aufteilungsmaßstab heranzuziehen oder von einer Aufteilung ganz abzusehen (vgl. Beschl. BFH v. 21.9.2009 GrS 1/06, BStBl. II 2010, 672). Kann kein Aufteilungsmaßstab substanziell vorgetragen und nachgewiesen werden, so können die Kosten der Reise ggf. hälftig aufgeteilt werden (vgl. BFH Urt. v. 24.2.2011 – VI R 12/10).

Lebensführungsschuld
Nach § 20a StGB aF konnte bei wiederholter Straffälligkeit eine das gesetzliche Höchstmaß übersteigende Strafschärfung eintreten, wenn der Täter sich auf Grund eines Hangs zu Straftaten als gefährlicher → Gewohnheitsverbrecher erwiesen hatte. Die Zulässigkeit der Strafschärfung wurde vielfach mit einer Lebensführungsschuld des Täters begründet. Das 1. StrRG 1969 hat § 20a StGB gestrichen, weil nach dem → Schuldgrundsatz eine Strafschärfung stets an die der Einzeltat zugrundeliegende Schuld des Täters anknüpfen muss. Nach § 46 II StGB ist jedoch im Rahmen der allgem. Strafzumessungserwägungen das Vor-

leben des Täters zu berücksichtigen, insoweit auch seine Lebensführungsschuld, soweit sie in der Tat zum Ausdruck kommt.

Lebensgemeinschaft
→ eheähnliche Gemeinschaft, → eheliche Lebensgemeinschaft, → gleichgeschlechtliche Lebensgemeinschaften, → Lebenspartnerschaft.

Lebenshaltungs(kosten)index
→ Unterhaltspflicht unter Verwandten, → Abänderungsklage, → Geldschuld, 2 (Wertsicherungsklausel), → Preisstatistik.

Lebenskunde
→ LER, → Religionsunterricht (3).

Lebenslange Freiheitsstrafe
→ Strafen, → Strafaussetzung zur Bewährung.

Lebensmittel
1. Lebensmittel sind Stoffe und Erzeugnisse, die dazu bestimmt sind oder von denen erwartet werden kann, dass sie von Menschen aufgenommen werden, Art. 2 VO (EG) 178/2002 v. 28.1.2002 (ABl. EG 2002 L 31, 1), → Lebensmittel- und Futtermittelrecht. Keine Lebensmittel sind → Tabakerzeugnisse, → Arzneimittel, → kosmetische Mittel und Betäubungsmittel. Die Vorschriften des LFGB für Lebensmittel gelten ebenso für lebende Tiere, deren → Fleisch zu Lebensmitteln werden soll (§ 4 I LFBG).

2. Der Verkehr mit Lebensmitteln ist zum Schutz der menschlichen Gesundheit eingehend geregelt (§§ 5–16 LFGB). Lebensmittel und mit ihnen verwechselbare Produkte dürfen nicht hergestellt, behandelt oder in Verkehr gebracht werden, wenn ihr Verzehr gesundheitsschädlich ist. Eingehende Verordnungsermächtigungen sollen den Verbraucher vor Gesundheitsschädigungen schützen (§§ 7 ff. LFGB). Verboten ist zB die nicht zugelassene Behandlung von Lebensmitteln mit ultravioletten oder ionisierenden Strahlen (§ 8 LFGB), ferner das Inverkehrbringen von Tieren und tierischen Lebensmitteln, bei denen → Höchstmengen von Stoffen mit pharmakologischer Wirkung überschritten werden (§ 10 LFGB, Einzelheiten s. VO über Stoffe mit pharmakologischer Wirkung idF v. 8.7.2009 (BGBl. 2009 I 1768). Überschreitet der Anteil gentechnisch veränderter Organismen in einem Erzeugnis, das für die unmittelbare Verwendung als Lebensmittel oder → Futtermittel vorgesehen ist, 0,5%, so darf es nur nach den Vorschriften des GenTG in Verkehr gebracht werden. Die Ein- und Ausfuhr regeln §§ 53 ff. LFGB.

3. Sa → Deutsches Lebensmittelbuch, → Lebensmittel für bestimmte Verbrauchergruppen, → Fleischhygiene, → Genlebensmittel und -futtermittel, → intelligente Verpackungssysteme, → Kennzeichnung von Lebensmitteln, → Lebensmittel- und Futtermittelüberwachung, → Milch, → Produkthaftung, → Täuschung im Lebensmittelhandel, → traditionelle Lebensmittel.

Lebensmittel für besondere medizinische Zwecke
1. Art. 2 II g der Verordnung (EU) 609/2013 v. 12.6.2013 über Lebensmittel für Säuglinge und Kleinkinder, Lebensmittel für besondere medizinische Zwecke und Tagesrationen für gewichtskontrollierende Ernährung (ABl. EU 2013 L 181, 35) definiert Lebensmittel für bestimmte medizinische Zwecke als Lebensmittel, die unter ärztlicher Aufsicht zum Diätmanagement von Patienten, einschließlich Säuglingen, verwendet werden; sie sind zur ausschließlichen oder teilweisen Ernährung von Patienten mit eingeschränkter Fähigkeit zur Aufnahme gewöhnlicher Lebensmittel bestimmt. Bespiele sind Vitamine und Nährstoffe für Menschen mit Mangelerscheinungen oder natriumarme Lebensmittel für Menschen mit Natriumunverträglichkeit. → Glutenunverträglichkeit.

2. Lebensmittel für besondere medizinische Zwecke werde auch als „bilanzierte Diät" bezeichnet und gehören zu den → Lebensmitteln für bestimmte Verbrauchergruppen. Sie sind → Lebensmittel, keine → Arzneimittel, und unterliegen dem → Lebensmittel- und Futtermittelrecht. Wichtigste Normen sind die Verordnung (EU) 609/2013 sowie die sie ergänzende Delegierte Verordnung (EU) 2016/128 v. 25.9.2015 (ABl. EU 2016 L 25, 30), die für die Herstellung Zusammensetzungsanforderungen und für das Inverkehrbringen Informationspflichten enthalten Danach müssen Lebensmittel für besondere medizinische Zwecke zB den Hinweis tragen, dass sie unter ärztlicher Aufsicht zu verwenden sind. Nährwert- und gesundheitsbezogene Angaben sind nicht zulässig. Durchführungsvorschriften, insbesondere zu behördlichen Zuständigkeiten, enthält die Lebensmittel für bestimmte Verbrauchergruppen-Verordnung (LMBVV) v. 26.4.2023 (BGBl. 2023 I Nr. 115).

Lebensmittel für bestimmte Verbrauchergruppen
Lebensmittel für bestimmte Verbrauchergruppen sind → Lebensmittel und unterliegen dem → Lebensmittel- und Futtermittelrecht, insbesondere der Verordnung (EU) 609/2013 v. 12.6.2013 über Lebensmittel für Säuglinge und Kleinkinder, Lebensmittel für besondere medizinische Zwecke und Tagesrationen für gewichtskontrollierende Ernährung (ABl. EU 2013 L 181, 35) sowie den dazu ergangenen Delegierten Verordnungen. Die Verordnung (EU) 609/2013 enthält unmittelbar anwendbare Vorschriften über Lebensmittel für die genannten Verbrauchergruppen. Insbesondere enthält sie für die Herstellung Zusammensetzungs- und für das Inverkehrbringen Informationsanforderungen für → Säuglingsnahrung, Getreidebeikost, → Lebensmittel für besondere medizinische Zwecke und → Tagesrationen für gewichtskontrollierende Ernährung. Deutsche Durchführungsvorschriften, insbesondere zu behördlichen Zuständigkeiten, enthält die

Lebensmittel für bestimmte Verbrauchergruppen-Verordnung (LMBVV) v. 26.4.2023 (BGBl. 2023 I Nr. 115). → Glutenunverträglichkeit, → Kräuter- und Früchtetee.

Mit dem Inkrafttreten der LMBVV ist die Diätenverordnung (DiätV) idF v. 28.4.2005 (BGBl. 2005 I 1161, Änd) aufgehoben worden. Sie enthielt Bestimmungen über diätetische Lebensmittel, die nunmehr von den genannten Vorschriften abgedeckt werden.

Lebensmittel- und Futtermittelhygiene
1. → Lebensmittel: a) Unionsrechtlich (→ europäisches Recht) bedeutsam ist die VO (EG) 852/2004 über die Lebensmittelhygiene v. 29.4.2004 (ABl. EG 2004 L 226, 3). Sie legt die allgemeinen Grundsätze zur Gewährleistung der Lebensmittelhygiene durch die → Lebensmittelunternehmen fest (Grundsätze der Gefahrenanalyse und der Überwachung kritischer Kontrollpunkte). Die VO gilt weder für den häuslichen Bereich noch für die Abgabe von Kleinmengen an den Endverbraucher. Ergänzt wird sie insbes. durch VO (EG) 853/2004 mit spezifischen Hygienevorschriften für Lebensmittel tierischen Ursprungs v. 29.4.2004 (ABl. EG 2004 L 226, 22) und die VO (EG) 2073/2005 v. 15.11.2005 ü. mikrobiologische Kriterien für Lebensmittel (ABl. EG 2005 L 338, 1).

b) In Deutschland werden die unionsrechtlichen Vorschriften ergänzt durch die LebensmittelhygieneVO idF v. 21.6.2016 (BGBl. 2016 I 1469) mÄnd und die Tierische Lebensmittel-HygieneVO (Tier-LMHV) idF v. 18.4.2018 (BGBl. 2018 I 480, 619) mÄnd. Sie regeln insbes. die Hygiene-Anforderungen an die Abgabe in Kleinmengen, Anforderungen an den Einzelhandel und enthalten Regelungen für Spezialfälle wie → traditionelle Lebensmittel. Sa → Schlachten.

2. → Futtermittel: Allgemeine Bestimmungen zur Futtermittelhygiene, zur Rückverfolgbarkeit von Futtermitteln und zu Futtermittelunternehmen enthält die VO (EG) 183/2005 v. 12.1.2005 (ABl. EG 2005 L 35, 1). Die VO gilt insbes. für die Fütterung der Tiere, die zur Lebensmittelgewinnung bestimmt sind und für die Ein- und Ausfuhr von Futtermitteln, nicht aber für den privaten Bereich oder den Einzelhandel mit Heimtierfutter (Art. 2 VO (EG) 183/2005). Futtermittelunternehmen müssen zugelassen und registriert werden.

Lebensmittel- und Futtermittelrecht
1. Das Lebensmittel- und Futtermittelrecht wird wesentlich durch → Unionsrecht bestimmt. Seine Grundlagen sowie die Grundsätze der → Lebensmittel- und Futtermittelsicherheit finden sich in der Lebensmittel-Basis-VO (VO (EG) 178/2002 v. 28.1.2002 (ABl. EU 2002 L 31, 1)). Die VO bezweckt vorrangig den Schutz der Gesundheit und der Verbraucherinteressen und gilt nicht für den privaten Bereich (Art. 1 III Lebensmittel-Basis-VO). Klar abgegrenzt vom Lebensmittel- und Futtermittelrecht ist sowohl auf europäischer wie auf deutscher Ebene das Recht der → Arzneimittel. Unionsrechtlich werden auch die allgemeinen Regeln zur Überprüfung des Lebensmittel- und Futtermittelrechts durch die Mitgliedsstaaten festgelegt (seit Dezember 2019 durch die VO (EU) 2017/625, → Lebensmittel- und Futtermittelüberwachung). Die VO regelt auch das Krisenmanagement für den Fall, dass ernste Risiken für Mensch und Tier auftreten. Die Information über Lebensmittel, die für den Endverbraucher o. für die Gemeinschaftsverpflegung bestimmt sind, regelt die VO (EU) 1169/2011, s. → Kennzeichnung von Lebensmitteln, → Nährwertangaben.

2. Das Lebensmittel- und Futtermittelgesetzbuch (LFGB idF v. 15.9.2021, BGBl. 2021 I 4255) dient der Ergänzung und Umsetzung des Europarechts. Das LFGB erfasst neben → Lebensmitteln und → Futtermitteln auch → Bedarfsgegenstände und zT → kosmetische Mittel; sa → Genlebensmittel und -futtermittel. Es soll den Gesundheitsschutz von Verbrauchern und Tieren sicherstellen (siehe zB → Ekelfleisch und → BSE), beim Verkehr mit den Erzeugnissen vor Täuschung schützen, auch bei ungeeigneten Lebensmitteln o. Bedarfsgegenständen (sa → Täuschung im Lebensmittelhandel) und die Unterrichtung aller Beteiligten sicherstellen (zB der Verbraucher über Radio und Fernsehen). Weiterer Zweck ist die tierische Erzeugung so zu fördern, dass die Leistungsfähigkeit der Nutztiere erhalten und verbessert wird. Außerdem soll der → Naturhaushalt vor den Gefahren durch unerwünschte Stoffe aus tierischen Ausscheidungen geschützt werden (§ 1 LFGB). Die Ein- und Ausfuhr von Lebens- und Futtermitteln sind in §§ 53–57 LFGB geregelt. Die Verkehrsfähigkeit von Erzeugnissen aus EU-Ländern richtet sich nach dem sog. Heimatlandprinzip, also nach dem Recht des EU-Ursprungsstaates (§ 54 LFGB, vgl. auch → Cassisformel). → Lebensmittel- und Futtermittelüberwachung, → Lebensmittel- und Futtermittelhygiene, → Kennzeichnung von Lebensmitteln, → Lebensmittelbestrahlung, → Verbraucherinformationsgesetz.

3. Darüber hinaus enthält das LFGB eine hohe Zahl von Ermächtigungsgrundlagen. In der Regel ist vor dem Erlass einer VO die Öffentlichkeit gem. Art. 9 Lebensmittel-Basis-VO zu beteiligen (§ 71 LFGB). § 70 LFGB sieht vor, dass VO bei Gefahr im Verzug oder unvorhergesehenen gesundheitlichen Bedenken auch ohne Zustimmung des Bundesrates befristet erlassen werden können. §§ 1 und 2 des Gesetzes über den Übergang auf das neue Lebensmittel- und Futtermittelrecht (= Art. 2 des Gesetzes zur Neuordnung des Lebensmittel- und Futtermittelrechts v. 1.9.2005, BGBl. 2005 I 2618, mÄnd) bestimmen für nach altem Lebensmittel- und Futtermittelrecht erlassene VO, dass sie bis zum Erlass neuer VO fort gelten.

Lebensmittel- und Futtermittelsicherheit
→ Lebensmittel, die nicht sicher sind, dürfen nicht in den Verkehr gebracht werden (Lebensmittel-Basis-VO – VO (EG) 178/2002, → Lebensmittel- und Futtermittelrecht). Sie gelten als nicht sicher, wenn davon auszugehen ist, dass sie gesundheitsschädlich oder für den Verzehr durch den Menschen ungeeignet sind (Art. 14 Lebensmittel-Basis-VO). Die entsprechenden Anforderungen an die Futtermittelsicherheit regelt Art. 15 Lebensmittel-Basis-VO. Art. 50 ff. Lebensmittel-Basis-VO etablieren ein EU-weites Schnellwarnsystem, falls ein unmittelbares Gesundheitsrisiko durch Lebensmittel oder → Futtermittel auftritt, sowie ein Krisenmanagement. Maßnahmen zum Schutz der Lebensmittel- und Futtermittelsicherheit können auch Importverbote sein (Art. 53 Lebensmittel-Basis-VO); s. zB die DVO (EU) 2016/6 v. 5.1.2016 (ABl. EU 2016 L 3, 5) zur Einfuhr von Lebens- u. Futtermitteln, deren Ursprung o. Herkunft Japan ist, nach dem Unfall im Kernkraftwerk Fukushima.

Die DVO 931/2011 v. 19.9.2011 (ABl. EU 2011 L 242, 2) über Rückverfolgbarkeitsanforderungen an Lebensmittel tierischen Ursprungs bestimmt gem. den Vorgaben der VO (EG) 178/2002 Informationspflichten, um die Lieferkette vollständig rückverfolgen zu können. Sa → Bundesamt für Verbraucherschutz und Lebensmittelsicherheit.

Lebensmittel- und Futtermittelüberwachung
1. Dieser Rechtsbereich wird durch die VO (EU) 2017/625 v. 15.3.2017 über amtliche Kontrollen ua amtliche Tätigkeiten zur Gewährleistung der Anwendung des → Lebensmittel- und Futtermittelrecht und der Vorschriften über Tiergesundheit und → Tierschutz, Pflanzengesundheit und Pflanzenschutzmittel uam harmonisiert (ABl. EU 2017 L 95, 1). → Tierarzt, → Pflanzengesundheitsinspektor, → Referenzlaboratorium.

2. Die Überwachung des Verkehrs mit → Lebensmitteln (§§ 38 ff. LFGB) ist Aufgabe der Länder. Sie obliegt idR den unteren Verwaltungsbehörden, zu deren Unterstützung vereidigte Sachverständige bestellt und Untersuchungsanstalten eingerichtet werden. Das LFGB ermächtigt die deutschen und europäischen Verwaltungsangehörigen und Sachverständigen, bei Gefahr im Verzuge auch alle Beamten der Polizei, zum Betreten der Räume, in denen Lebensmittel, → Futtermittel, → kosmetische Mittel oder → Bedarfsgegenstände gewerbsmäßig hergestellt, aufbewahrt oder verkauft werden (§ 42 LFGB). Der Betriebsinhaber ist bei der Entnahme von Proben zur Duldung und Mitwirkung verpflichtet (§ 44 LFGB). Widerspruch und Anfechtungsklage gegen Anordnungen, die zum Schutz der menschlichen Gesundheit erfolgen, haben keine aufschiebende Wirkung (§ 39 VII LFGB). Die Benachrichtigung der Öffentlichkeit zur Gefahrenabwehr (idR im Internet) regelt § 40 LFGB. Solche Informationen sind spätestens nach sechs Monaten wieder zu löschen. Die Überwachung des Verkehrs mit Lebensmitteln tierischen Ursprungs ist Gegenstand der Tierische Lebensmittel-Überwachungsverordnung (Tier-LMÜV) idF v. 3.9.2018 (BGBl. 2018 I 1358) mÄnd. Die fachlichen Anforderungen an die in der Lebensmittel- und Futtermittelüberwachung tätigen Lebensmittelkontrolleure bestimmen sich nach der Lebensmittelkontrolleur-VO v. 17.8.2001 (BGBl. 2001 I 2236) mÄnd. Sa → Lebensmittelmonitoring. Während der → Corona-Krise durften vorübergehend amtliche Kontrollen auch von nicht amtlichem Personal und nicht amtlichen Laboren durchgeführt werden (VO (EU) 2020/466 v. 30.3.2020, ABl. EU 2020 L 98, 30).

Lebensmittelbestrahlung
Die Bestrahlung von Lebensmitteln regelt, in Umsetzung verschiedener EU-Richtlinien, die Lebensmittelbestrahlungsverordnung (LMBestrV) idF v. 15.2.2019 (BGBl. 2019 I 116). Danach ist die Bestrahlung von getrockneten Kräutern und Gewürzen mit Elektronen-, Gamma- und Röntgenstrahlung zulässig, wenn sie den Vorgaben der Verordnung genügt. Gleiches gilt für die Behandlung mit ultravioleten Strahlen von Trinkwasser, Obst- und Gemüse sowie Hartkäse. Grundsätzl. ist die Lebensmittelbestrahlung dem Verbraucher gegenüber kenntlich zu machen. → Lebensmittel- und Futtermittelrecht.

Lebensmittelbuch, Deutsches
→ Deutsches Lebensmittelbuch.

Lebensmittelmonitoring
ist ein System wiederholter Beobachtungen, Messungen und Bewertungen von Gehalten an gesundheitlich unerwünschten Stoffen in Lebensmitteln (§§ 50–52 LFGB). Sa → Lebensmittel- und Futtermittelüberwachung, → Monitoring.

Lebensmittelunternehmen
Lebensmittelunternehmen sind alle Unternehmen, die eine mit der Produktion, der Verarbeitung und dem Vertrieb von → Lebensmitteln zusammenhängende Tätigkeit ausführen (Art. 3 Nr. 2 VO (EG) 178/2002). Sie tragen die Hauptverantwortung für die Sicherheit von Lebensmitteln (Art. 1 VO (EG) 852/2004, → Lebensmittel- und Futtermittelhygiene) und für die Information über sie (Art. 6–8 VO (EU) 1169/2011, → Kennzeichnung von Lebensmitteln).

Die VO zu Mitteilungs- und Übermittlungspflichten zu gesundheitlich nicht erwünschten Stoffen v. 28.12.2011 (BGBl. 2012 I 58) verpflichtet Lebensmittelunternehmen, entsprechende Untersuchungsergebnisse (z. Zt. insbes. → Dioxine, sa → Höchstmengen) den zuständigen Behörden mitzuteilen, ohne dass damit Sanktionen verbunden werden dürfen.

Die Richtlinie (EU) 2019/633 über unlautere Handelspraktiken in den Geschäftsbeziehungen zwischen Unternehmen in der Agrar- und Lebensmittelversorgungskette v. 17.4.2019 (ABl. EU 2019 L 111, 59) will die Erzeuger und Lieferanten von Agrar- und Lebensmitteln vor der Marktmacht großer Abnehmer schützen: → Agrarorganisationen und Lieferketten.

Lebensmittelzusatzstoffe
→ Zusatzstoffe.

Lebenspartner
Für den Bereich des Sozialrechts sind die Lebenspartner den Ehegatten gleichgestellt → Lebenspartnerschaft, → Rentensplitting.

Lebenspartnerschaft
1. Durch das G über die eingetragene Lebenspartnerschaft – LPartG – v. 16.2.2001 (BGBl. 2001 I 266) wurde für gleichgeschlechtliche Lebensgemeinschaften eine der → Ehe weitgehend ähnliche Rechtslage geschaffen. Zwei Personen gleichen Geschlechts können sich demnach verloben (→ Verlöbnis) sowie durch Erklärung gegenüber dem → Standesbeamten eine Lebenspartnerschaft begründen (§ 1 LPartG). Die Lebenspartnerschaft ist in einem Lebenspartnerschaftsregister einzutragen (→ Personenstandsregister). Mit Urt. v. 17.7.2002 (NJW 2002, 2543) hat das BVerfG die Verfassungsmäßigkeit des LPartG bestätigt. Seit Inkrafttreten des G zur Einführung des Rechts auf Eheschließung für Personen des gleichen Geschlechts v. 20.7.2017 (BGBl. 2017 I 2787) am 1.10.2017 können keine neuen Lebenspartnerschaften begründet werden; es besteht die Möglichkeit, die Lebenspartnerschaft in eine Ehe umzuwandeln (§ 20a LPartG).

2. a) Lebenspartner leben im Güterstand der → Zugewinngemeinschaft, sofern sie nicht durch Lebenspartnerschaftsvertrag etwas anderes vereinbart haben (§§ 6, 7 LPartG).

b) Die Lebenspartner können einen gemeinsamen Lebenspartnerschaftsnamen (→ Familienname) bestimmen (Zuständigkeit des → Standesbeamten § 42 PStG), sind einander wie Ehegatten (→ Unterhaltspflicht der Ehegatten) zum angemessenen Unterhalt (auch noch nach Beendigung der Lebenspartnerschaft) verpflichtet (§ 5 LPartG), gelten als Familienangehörige (§ 11 LPartG) und haben ein beschränktes Sorgerecht (in Alltagsangelegenheiten) über ein Kind des Partners (§ 9 LPartG) sowie ein (einem Ehegatten entsprechendes, → Erbfolge) Erbrecht (§ 10 LPartG). Auch für → Getrenntleben und Aufhebung der Lebenspartnerschaft (§§ 15 ff. LPartG, § 269 FamFG) gelten der → Ehescheidung entsprechende Regelungen, zB über den → Versorgungsausgleich (§ 20 LPartG). Die Möglichkeit der gemeinsamen → Adoption eines Kindes ist nicht vorgesehen; doch kann ein Partner ein leibliches Kind seines Lebenspartners allein annehmen (§ 9 VII LPartG). Zum Verfahren in Lebenspartnerschaftssachen s. §§ 269 ff. FamFG.

c) Darüber hinaus sind die Lebenspartner in den meisten Rechtsbereichen einem Ehegatten gleichgestellt. Bei Berechnung des Ortszuschlags von Angestellten des öffentlichen Dienstes steht die Lebenspartnerschaft der Ehe gleich. Auch bei der Hinterbliebenenversorgung im Rahmen eines berufsständischen Versorgungssystems zB im Beamtenrecht, insbes. im Besoldungsrecht (s. → Dienstbezüge) sind Lebenspartner Ehegatten gleichgestellt (vgl. zB § 17b BBesG, Art. 36 I Bay. BesoldungsG v. 5.10.2010, GVBl. 2010, 410, ber. 764). Nach BVerwG Urt. v. 15.11.2007 (NJW 2008, 868; ebenso BVerfG NJW 2008, 2325) haben Lebenspartner aber keinen Anspruch auf Familienzuschlag nach dem BBesG, wohl aber nach der og Entscheidung des BVerfG auf die beamtenrechtliche Versorgung.

d) Eine steuerrechtliche Gleichstellung ist fast vollständig erfolgt. Nachdem das BVerfG entschieden hat, dass die Ungleichbehandlung eingetragener Lebenspartner bzgl. der Steuersätze im Erbschaft- und Schenkungsteuerrecht verfassungwidrig ist (vgl. BVerfG v. 21.7.2010, 1 BvR 611/07; 1 BvR 2464/07) hat der Gesetzgeber hierauf reagiert, → Erbschaft- und Schenkungsteuer. Grunderwerbsteuerlich erfolgt dagegen durch das Jahressteuergesetz 2013 eine Gleichstellung eingetragener Lebenspartnerschaften mit Eheleuten, → Grunderwerbsteuer. Nachdem das BVerfG mit Entsch. v. 7.5.2013 – 2 BvR 909/06 ua die Ungleichbehandlung von Verheirateten und eingetragenen Lebenspartnern in den Vorschriften der §§ 26, 26b, 32a V EStG zum Ehegattensplitting (→ Veranlagungsarten) als nicht vereinbar mit dem allgem. Gleichheitssatz erklärt hat, erfolgte die einkommensteuerl. Gleichstellung (§ 2 VIII EStG) durch G. v. 15.7.2013 (BGBl. 2013 I 2397). Die Gesetzesänderung gilt in allen noch nicht bestandskräftigen Verfahren.

e) Auch im Sozialrecht, das begrifflich am Lebenspartnerschaftsgesetz anknüpft (vgl. § 33b SGB I), werden die Lebenspartner weitgehend Ehegatten gleichgestellt. Nach dem SGB I gehören sie zu den Personen, auf die Sozialleistungsansprüche im Wege der → Sonderrechtsnachfolge nach dem Tod des Berechtigten übergehen können (vgl. § 56 I Nr. 1a SGB I). IRd → Grundsicherung für Arbeitsuchende nach dem SGB II sowie der → Sozialhilfe nach dem SGB XII wird das Einkommen und Vermögen des Lebenspartners bei der Ermittlung der Bedürftigkeit berücksichtigt (vgl. § 7 III SGB II, § 19 I SGB XII, § 43 SGB XII). In der gesetzlichen → Krankenversicherung und der sozialen → Pflegeversicherung sind die Lebenspartner in den Kreis der familienversicherten Personen einbezogen (→ Familienversicherung; § 10 SGB V, § 25 SGB XI). Ferner haben Lebenspartner Ansprüche aus der gesetzlichen → Rentenversicherung.

Lebenspartnerschaftsregister
→ Personenstandsregister.

Lebenspartnerschaftssachen
→ Lebenspartnerschaft (2b).

Lebenspartnerschaftsurkunde
→ Personenstandsurkunden.

Lebensvermutung
→ Todeserklärung.

Lebensversicherung
1. Die Lebensversicherung ist eine Form der → Personenversicherung (→ Versicherungsvertrag). Sie kann auf die Person des Versicherungsnehmers oder eines Dritten mit dessen schriftlicher Einwilligung genommen werden, § 150 VVG. Man unterscheidet die Erlebensversicherung (Fälligkeit der Versicherungssumme bei Erreichen eines bestimmten Lebensjahres) und die Todesfallversicherung; beide Formen werden oft miteinander verbunden (zB Fälligkeit mit dem Tod, spätestens mit Erreichen des 60. Lebensjahrs). Die Lebensversicherung kann in der Form abgeschlossen werden, dass im Versicherungsfall ein bestimmter Kapitalbetrag zu zahlen ist (Kapitalversicherung) oder dass ab diesem Zeitpunkt, weil die dem Vertrag notwendigerweise innewohnende Ungewissheit beseitigt ist, eine laufende Rente an den Bezugsberechtigten zu zahlen ist (Rentenversicherung). Zu unterscheiden von der Versicherung auf das Leben eines anderen (Fremdversicherung) ist die bloße Bestimmung eines Bezugsberechtigten für die Eigenversicherung, insbes. für die Todesfallversicherung, die dem Versicherungsnehmer nicht mehr zugute kommen kann. Es handelt sich bei der Bestimmung eines Bezugsberechtigten idR um einen → Vertrag zugunsten Dritter; die Versicherungssumme gehört dann als selbständig entstehender Anspruch nicht zum Nachlass des Versicherungsnehmers (→ Erbschaft) und ist vom Schicksal des Nachlasses unabhängig. Bei einer Kapitalversicherung ist iZw anzunehmen, dass der Versicherungsnehmer berechtigt ist, durch einseitige Erklärung (auch durch → letztwillige Verfügung) nachträglich einen Bezugsberechtigten zu bezeichnen oder an die Stelle eines bereits Bezeichneten einen anderen zu setzen; der Bezugsberechtigte erwirbt das Recht auf Leistung gegen den Versicherer regelmäßig erst mit Eintritt des Versicherungsfalls, § 159 VVG. Mehrere als bezugsberechtigt Bezeichnete sind mangels näherer Bestimmung zu gleichen Teilen berechtigt; ist bei der Todesfallversicherungs kein Bezugsberechtigter benannt, fällt die Lebensversicherung den → Erben getrennt vom Nachlass und unabhängig von dessen Schicksal, zB bei → Ausschlagung, zu, § 160 VVG.

2. Über die allg. Bestimmungen hinaus (s. hierzu → Versicherungsvertrag) gelten bei der Lebensversicherung ferner folgende Sondervorschriften, die teilweise zwingend sind (§ 171 VVG):

a) Der Versicherer hat dem Versicherungsnehmer unter bestimmten Voraussetzungen eine (allerdings unverbindliche) Modellrechnung zur Höhe seiner Leistungen bei verschiedenen Abläufen des Versicherungsverhältnisses zu übermitteln, § 154 VVG. Die Frist für das Widerrufsrecht des Versicherungsnehmers bei Vertragsschluss (→ Versicherungsvertrag, 2e) beträgt nicht nur 14 (§ 8 VVG), sondern 30 Tage. Im Fall des Widerrufs sind vom Versicherer nicht nur vorausbezahlte Prämien zu erstatten (§ 9 VVG), sondern auch der sog. Rückkaufswert (→ Rückvergütung) zu zahlen, § 152 VVG. Dem Versicherungsnehmer steht mangels abweichender Vereinbarung eine Beteiligung an dem Überschuss und den Beteiligungsreserven, also an noch nicht realisierten Gewinnen (stillen Reserven), zu (sog. Überschussbeteiligung, § 153 VVG). Hierüber muss der Versicherer den Versicherungsnehmer jährlich in Textform unterrichten, § 155 VVG.

b) IdR wird eine Vereinbarung über eine Gesundheitsuntersuchung des Versicherungsnehmers abgeschlossen; diese kann der Versicherer aber nicht erzwingen (er kann nur den Vertragsschluss ablehnen), § 151 VVG. Soweit Kenntnis und Verhalten des Versicherungsnehmers rechtlich von Bedeutung sind, ist bei einer Versicherung auf die Person eines anderen (s. o. 1) auch deren Kenntnis und Verhalten zu berücksichtigen. Ist das Alter der versicherten Person unrichtig angegeben, so kann der Versicherer (abweichend von § 19 VVG) vom Vertrag nur zurücktreten, wenn die Abweichung so erheblich ist, dass bei wahrer Angabe ein Versicherungsvertrag nicht abgeschlossen worden wäre; sonst mindert sich lediglich die Leistungspflicht des Versicherers im gleichen Verhältnis, in dem die Prämie zu niedrig festgesetzt wurde, § 157 VVG. Als nachträgliche Gefahrerhöhung mit den sich daraus ergebenden Folgen (§§ 23 ff. VVG) kommen nur die Umstände in Betracht, die vertraglich in Textform ausdrücklich ausbedungen wurden, § 158 VVG. Bei einer Todesfallversicherung wird der Versicherer von seiner Leistungspflicht frei, wenn derjenige, auf dessen Person die Versicherung genommen wurde, vor Ablauf von 3 Jahren (Frist ist vertraglich änderbar) nach Abschluss des Versicherungsvertrags Selbstmord begangen hat, § 161 BGB. Die Leistungspflicht bleibt jedoch bestehen, wenn der Selbstmord in einem die freie Willensbestimmung ausschließenden Zustand krankhafter Störung der Geistestätigkeit begangen wurde; der Rückkaufswert einschließlich der Überschussanteile ist aber stets auszuzahlen. Ist die Lebensversicherung auf den Tod eines anderen genommen, so tritt Leistungsfreiheit des Versicherers auch dann ein, wenn der Versicherungsnehmer vorsätzlich durch eine widerrechtliche Handlung den Tod des anderen herbeiführt, § 162 VVG.

c) Das angesparte Kapital hat der Versicherer teilweise einer sog. Prämienreserve (→ Deckungsrückstellung) zuzuführen. Über den durch die Ansparung entstandenen wirtschaftlichen Wert der Lebensversicherung, der erheblich sein kann, kann der Versicherungsnehmer bereits vor Eintreten des Versicherungsfalls rechtlich verfügen (zB durch → Abtretung oder Verpfändung, s. → Pfandrecht, was idR schriftlich anzuzeigen ist). Sind laufende Prämien zu entrichten, so kann der Versicherungsnehmer grds. jederzeit für den Schluss der laufenden → Versicherungsperiode kündigen (§ 168 VVG; nach § 168 II VVG auch bei bereits geleisteter Einmalprämie, nicht aber bei der Risiko-Lebensversicherung). Nach Erreichen der dafür vereinbarten Mindestversicherungssumme kann der Versicherungsnehmer jederzeit die Umwandlung der L. in eine prämienfreie (oder nur eingeschränkt pfändbare, s. → Lohnpfändung, 4) Versicherung verlangen; die prämienfreie Leistung ist dann unter Zugrundelegung des Rückkaufswerts zu berechnen; Ansprüche des Versicherungsnehmers aus der Überschussbeteiligung bleiben unberührt, § 165 VVG. Das Gleiche gilt, wenn die Lebensversicherung vorzeitig durch Kündigung, zB infolge mangelnder Prämienzahlung, durch Rücktritt oder Anfechtung aufgehoben wird, §§ 166, 169 VVG. Im → Insolvenzverfahren des Versicherers haben die Versicherten ein Vorzugsrecht auf Befriedigung aus der → Deckungsrückstellung, im Insolvenzverfahren des Versicherungsnehmers oder bei Zwangsvollstreckung in den Versicherungsanspruch hat ein bereits benannter Bezugsberechtigter das Recht, in das Versicherungsverhältnis einzutreten, § 170 VVG. Über Verjährung s. → Versicherungsvertrag (2 f). S. ferner → Versicherungsbedingungen, → Leibrente, → Sonderausgaben (1d), → Tilgungshypothek (aE).

Leerlaufende Grundrechte
Als „leerlaufend“ bezeichnete man zahlreiche Grundrechte der Weimarer → Reichsverfassung infolge des allgemeinen → Gesetzesvorbehalts, dem jedes formell verfassungsmäßig erlassene Gesetz entsprach. Bei den Grundrechten des GG ist die Einschränkbarkeit durch Gesetz unterschiedlich geregelt. Auch soweit ein allgemeiner Gesetzesvorbehalt besteht (zB Art. 2 II, 10 GG), können diese Grundrechte nicht als „leerlaufend“ bezeichnet werden, weil nach heutiger Auffassung Einschränkungen von Grundrechten inhaltlich an den Grundwerten der verfassungsrechtlichen Ordnung orientiert sein müssen und ein Gesetz keinesfalls in seinem Wesensgehalt antasten dürfen (Art. 19 II GG).

Leerverkauf
1. Leerverkauf ist der Verkauf eines Wirtschaftsguts (zB Wertpapier), das der Verkäufer noch gar nicht besitzt. Er setzt auf sinkende Preise (Kurse) bis zum Erfüllungszeitpunkt. Bei Wertpapieren erfüllt der Verkäufer seine Pflichten aus dem Kaufvertrag sofort mit geliehenen Wertpapieren. Seine Rückgabepflicht aus dem Leihvertrag erfüllt er später mit dann billiger erworbenen Wertpapieren. Man spricht auch von Blankoverkauf oder ‚short sale‘. Eine juristische Definition enthält Art. 2 I lit. b VO 236/2012/EU v. 14.3.2012 über Leerverkäufe und bestimmte Aspekte von Credit Default Swaps (ABl. EU 2012 L 86, 1). Danach liegt ein Leerverkauf über Finanzinstrumente vor, wenn sich diese zum Zeitpunkt des Eingehens der Verkaufsvereinbarung nicht im Eigentum des Verkäufers befinden. Leerverkäufe sind grundsätzlich zulässig, aber umstritten, da sie Kursentwicklungen verstärken, jedoch auch Positionen absichern können.

2. Die unmittelbar anwendbare VO unterscheidet zwischen gedeckten und ungedeckten Leerverkäufen (Naked Short Sales). Ungedeckte Leerverkäufe von Aktien und öffentlichen Schuldtiteln sind nur unter engen Voraussetzungen gestattet (Art. 12 ff. VO 236/2012/EU). Im Übrigen gelten für alle Leerverkäufe besondere Offenlegungspflichten. Dadurch sollen Spekulationen verhindert und die Stabilität des Finanzsystems erhöht werden. Zuständig für die Überwachung von Leerverkäufen nach der VO ist die → BaFin (§ 53 WpHG) bzw. die Börsengeschäftsführung (§ 15 VII BörsG). Sie kann nach Art. 20 VO 236/2012/EU Leerverkäufe auch untersagen, wie es zB 2019 für Aktien der ehemaligen Wirecard AG vorübergehend geschehen ist. Ferner gibt es die Leerverkaufs-Anzeigeverordnung v. 16.4.2014 (BGBl. 2014 I 386). Verdachtsfälle von Verstößen müssen nach § 23 WpHG gemeldet werden.

legal
= gesetzlich (gesetzmäßig).

Legal Tech
Unter Legal Tech (oder: Legal Technology) versteht man im weiten Sinne Informationstechnik, die in irgendeiner Weise das juristische Arbeiten unterstützt. Berührungspunkte und Überschneidungen von Legal Tech bestehen hinsichtlich der Rechtsinformatik. Letzteres sieht man mehr als ein wissenschaftliches Forschungsfeld, wohingegen Legal Tech seinen Ursprung in IT-Milieu hat und sich auf die effiziente Lösung konkreter Probleme fokussiert. Zur Rechtsinformatik werden gelegentlich auch das Informations- bzw. IT-Recht gezählt, mit dem Informationstechniken reguliert und die Interessen der Technikbetroffenen rechtlich in Ausgleich gebracht werden sollen.

Die einfachste Form dieser informationstechnischen Unterstützung wird gelegentlich als „Legal Tech 1.0“ bezeichnet und erfasst Software zur Arbeits- und Büroorganisation, etwa zur Dokumentenverwaltung und Buchhaltung bei juristischen Berufsträgern. In diesem Zusammenhang werden auch juristische Online-Datenbanken zur Rechtsrecherche, zB Beck-Online, oder elektronische Fortbildungsmedien genannt. Hier verortet werden auch Online-Marketing-Anwendungen und

Online-Portale, in denen standardisierte Rechtsberatung – meist zu Massenphänomenen wie Fluggastentschädigungen – geleistet oder zumindest vermarktet wird.

Bei einer komplexeren Form von Legal Tech werden juristische Arbeitsschritte zum Teil schon selbsttätig durch Informationstechnologie abgewickelt. Bei diesen Arbeitsschritten kommen menschliche Sachbearbeiter nicht mehr zum Einsatz. Legal Tech 2.0 ist im Begriff, sich vor allem im Bereich der Sachverhaltsaufklärung zu etablieren, beispielsweise wenn eine große Menge elektronischer Dokumente auf bestimmte Inhalte, Strukturen oder Begriffsabfolgen durchzusehen ist (auch bezeichnet als E-Discovery; ein Einsatzfeld ist die → due diligence im Rahmen eines → Unternehmenskaufs oder die Analyse von Verträgen auf Klauseln, die von Gesetzes- oder Rechtsprechungsänderungen betroffen sein könnten). Auf der Grundlage der so erhobenen Informationen können durch programmierte Software auch schon Vertragsdokumente oder Bausteine für Verträge und Klageschriften generiert werden. Unter Umständen können auf der Grundlage der Informationen, die von einem Nutzer zugeliefert werden, vorab hinterlegte Handlungsalternativen vorgeschlagen werden; dies kann auch in Chatfunktionen mit Chatbots geschehen. Hier einzuordnen sind auch Portale, die anhand von anzugebender Informationen die Berechtigung zu Schadensersatzansprüchen (überschlägig) kalkulieren und sodann jene Ansprüche von den Geschädigten erwerben, um diese selbst gegenüber dem Schädiger zu verfolgen. In diesem Feld ist auch das Phänomen der Online-Dispute-Resolution einzuordnen, bei der die (streitenden) Nutzer in vorprogrammierte Strukturen Informationen zu dem Streitfall einpflegen. Die Informationen werden algorithmisiert weiterverarbeitet und es wird eine (grobe) maschinelle Einordnung getroffen werden, die auch in einem Einigungsvorschlag bestehen kann. Seit Anfang 2016 gilt für die Online-Dispute-Resolution die Verordnung über Online-Streitbeilegung in Verbraucherangelegenheiten (VO (EU) Nr. 524/2013, ABl. EU 2013 L 165, 1), zugleich wurde eine europäische Internetseite in Betrieb genommen, welche Verbraucher dabei unterstützen soll, die für ihre Streitigkeit richtige Streitbeilegungsplattform zu finden.

Die komplexeste und folgenreichste Variante von Legal Tech betrifft Software und Algorithmen, die in der Lage sein sollen, den menschlichen Erkenntnisprozess der Rechtsfindung gänzlich digital und ohne Mitwirkung von Juristen abzuwickeln. Allgemein angesprochen ist damit das weite, nur schwer definierbare Feld der → Künstlichen Intelligenz (sa → KI-Verordnung). Besondere Bedeutung entfalten in dieser Kategorie von Legal Tech die sog. Smart Contracts. Smart Contracts sind formale Regeln, die erfüllt sein müssen, damit in einer → Blockchain, einem digitalen Netz an logischen Verknüpfungen, die gewünschte Zustandsänderung (zB Zahlung eines Kaufgegenstands mit einer → Kryptowährung) eintritt. Rechtliche Konstrukte und Transaktionsstrukturen werden bei Smart Contracts in einem Programmcode abgebildet, der erkennt (oder dem mitgeteilt wird), wenn Voraussetzungen einer Transaktion gegeben sind, und dann Folgen auslöst, etwa im Hinblick auf Vermögenswerte die Übertragung von einem Nutzer auf den anderen. Die Vermögenswerte müssen virtuell erreichbar sein, zB Buchgeld, da ansonsten digital keine Zustandsänderung erwirkt werden kann. Insoweit sind die Smart Contracts bei der Herbeiführung von (Rechts-)Folgen selbsttätig behilflich und es bedarf nicht mehr gesonderter Umsetzungsakte der beteiligten Nutzer, etwa einer Banküberweisung zur Zahlung des Kaufpreises. Solche IT-Anwendungen, soweit sie komplexe rechtliche Fragen würdigen sollen, sind allerdings momentan noch erheblich von einer Praxisreife entfernt, werden aber zT schon – auch durch die Landesjustizverwaltungen – für einfache Rechtssachverhalte erprobt, z. B. zur Auskehr von Entschädigungen für Flug- oder Zuggäste bei Verspätung, ZT aber auch für komplexere Angelegenheiten wir die Strukturierung von Schriftsätzen. Nochmals zu den Smart Contracts: Diese erleichtern einerseits Transaktionen und führen gewünschte Rechtsfolgen effizienter herbei, könnten aber – soweit einer der Vertragspartner auf diese Weise selbsttätig „vollstreckt" – im Hinblick auf das staatliche Monopol zur Vollstreckung problematisch angesehen werden. Bei den Landesjustizverwaltungen, aber auch be dem BMJ gibt es momentan einige interessante Forschungsprojekte, die z. B. mit Hilfe von KI bei der Bewältigung von → Massenverfahren (Zivilprozess) helfen sollen, bei der automatischen Anonymisierung von Gerichtsurteilen oder bei der Struktuierung des Parteivortrags durch eine Art „Basisdokument", in das der ganze Streitstoff eingepflegt wird. Deshalb wird vom Gesetzgeber aktuell auch darüber nachgedacht, mit Hilfe von Experimentierklauseln in der ZPO solche Forschungsprojekte zu erleichtern bzw. ihnen eine gesetzliche Grundlage zu geben. Zu weiteren Modernisierungsbemühungen siehe auch → Zivilprozess („Zivilprozess der Zukunft").

Legaldefinition
Legaldefinition ist die in demselben oder einem späteren Gesetz enthaltene Erläuterung eines Rechtsbegriffs (zB § 11 I Nr. 2 StGB: „Im Sinne dieses Gesetzes ist Amtsträger …"). Die Legaldefinition hat die gleiche bindende Wirkung wie die durch sie ausgefüllte Bestimmung.

Legalenteignung
→ Enteignung.

Legalinterpretation
→ Auslegung (1d).

Legalisation
Die Legalisation einer → Urkunde ist die idR durch ein Konsulat oder eine andere Behörde, zB Justizbehörde (→ Apostille), erteilte amtliche Bescheinigung, dass die Urkunde echt ist, dh die Unterschrift von der ausstellenden Person stammt. Die Legalisation kommt nur für ausländische Urkunden oder für solche inländischen Urkunden in Betracht, die im Ausland verwendet werden.

Legalität
bedeutet Gesetzmäßigkeit und bezeichnet die Übereinstimmung einer bestimmten Handlung oder Maßnahme mit dem geltenden Recht. Mitunter wird der Begriff aber auch für die Kennzeichnung einer „bloß formalen" Übereinstimmung des staatlichen oder privaten Handelns mit dem positiven Recht verwendet; dabei kann trotz der formalen Gesetzmäßigkeit materielle Rechtswidrigkeit („legales Unrecht") vorliegen (zB beim → Rechtsmissbrauch oder beim Widerspruch einer Vorschrift zu höherrangigem Recht). Der Legalität wird oft der Begriff der Legitimität, dh die Frage nach der Rechtfertigung des Staates und seiner Rechtsordnung aus höheren Grundsätzen, entgegengestellt (→ überstaatliches Recht). Unter Legalitätskontrolle versteht man die Prüfung der Rechtmäßigkeit des Handelns einer Verwaltungsbehörde durch eine übergeordnete Behörde (→ Rechtsaufsicht) oder ein Gericht oder das Parlament.

Legalitätsprinzip
Das Legalitätsprinzip bezeichnet im Strafverfahren die Pflicht der Strafverfolgungsbehörden (StA, Polizei, Finanzamt usw.) nach § 152 II StPO, §§ 160, 163 StPO, § 386 AO, bei dem Anfangsverdacht einer Straftat (→ Tatverdacht 1) von Amts wegen, also auch ohne Anzeige, einzuschreiten. Dazu ist die StA befugt, von allen Behörden Auskunft zu verlangen und Ermittlungen jeder Art vorzunehmen. Ausnahmen gelten nach dem → Opportunitätsprinzip insbes. in → Bagatellstrafsachen. Das Legalitätsprinzip soll die Einhaltung des Grundsatzes der Gleichheit vor dem Gesetz (Art. 3 I GG) sichern. Es ist insofern die notwendige Ergänzung zum Anklagemonopol der StA, die im Einzelfall nach Abschluss des → Ermittlungsverfahrens darüber entscheidet, ob das Strafverfahren durchgeführt werden soll (→ Anklageerhebung, → Anklageerzwingung). Verletzung des Legalitätsprinzips durch vorsätzliche Nichtverfolgung eines Schuldigen ist als → Strafvereitelung im Amt strafbar (§ 258a StGB).

Legalzession
→ Abtretung (5).

Legat(um)
(das, lat. legatum) = → Vermächtnis.

Legat(us)
(der, lat. legatus) ist in der → kath. Kirche allgemein ein Abgesandter des → Papstes, der in dessen Auftrag bestimmte Aufgaben erledigt. Man unterscheidet idR Apostolische Delegaten, die für die Teilkirchen delegiert sind, und die bei einem Staat akkreditierten → Diplomaten (→ Nuntius, Internuntius, Pronuntius).

Legende
Verdeckt arbeitende Bedienstete der Nachrichtendienste (→ verdeckte Mitarbeiter) und → verdeckte Ermittler der → Polizei (→ Datenerhebung) erhalten zur Verdeckung ihrer wahren Identität eine Legende, nämlich eine andere, fingierte Identität. Dazu gehört nicht nur ein anderer, fingierter Name, sondern nach den Erfordernissen des jeweiligen Einsatzes auch ein mehr oder weniger vollständiger fingierter Lebenslauf mit fingiertem Familienstand, Wohnsitz und Beruf. Soweit es für den Aufbau und die Aufrechterhaltung der Legende erforderlich ist, dürfen entsprechende Urkunden hergestellt, verändert oder gebraucht werden (zB Personalausweis, Reisepass, Führerschein, Schulzeugnisse, Geburtsurkunde, Heiratsurkunde); der betreffende Bedienstete oder verdeckte Ermittler darf unter seiner Legende am Rechtsverkehr teilnehmen (vgl. zB Art. 35 I Bayerisches Polizeiaufgabengesetz v. 14.9.1990, GVBl. 1990, 397, mÄnd). Die Legende berechtigt nicht zur Begehung von Straftaten, doch können durch die rechtlich zulässige Legende Tatbestand oder Rechtswidrigkeit von Straftatbeständen ausgeschlossen sein.

Legendierte Kontrolle
Als legendierte Kontrolle wird eine staatliche (typischerweise polizeiliche) Eingriffsmaßnahme bezeichnet, die faktisch zumindest auch der Strafverfolgung dient und bei der jedoch dem Betroffenen gegenüber durch Angabe einer anderen Intention zumindest vorübergehend verschleiert wird, dass die Strafverfolgung von Beginn an zentraler Eingriffszweck gewesen ist. Ziel eines solchen Vorgehens ist, gegen ein mutmaßlich strafbares Verhalten einschreiten zu können, ohne bereits laufende, größer dimensionierte Ermittlungen offen legen zu müssen. So wird zB das Fahrzeug eines Drogenkuriers gezielt einer Verkehrskontrolle unterzogen, bei der versteckte Betäubungsmittel wie zufällig entdeckt werden. Deren Verbreitung kann auf diese Weise unterbunden werden, ohne die laufenden Ermittlungen gegen im Hintergrund agierende Beteiligte sofort zu gefährden. Der BGH (NStZ 2017, 651) hat solches Vorgehen entgegen im Schrifttum geäußerter Kritik unter bestimmten Voraussetzungen für zulässig erachtet: So kennt das Gesetz keinen Vorrang strafprozessualer Vorschriften gegenüber dem Gefahrenabwehrrecht. Daher können sog. doppelfunktionale Maßnahmen, die sowohl der strafprozessualen Beweisgewinnung wie der Gefahrenabwehr dienen, grds. auch auf Eingriffsnormen des Gefahrenabwehrrechts (zB des Straßenverkehrsrechts) gestützt werden. Die auf dieser Basis gewonnenen Informatio-

nen sind im Strafverfahren unter den Voraussetzungen des § 161 II StPO verwertbar, nämlich wenn die Maßnahme auch die materiellen Voraussetzungen der einschlägigen strafprozessualen Eingriffsnorm erfüllt hätte (Prinzip des hypothetischen Ersatzeingriffs) und deren ggf. strengere Vorgaben, insb. ein Richtervorbehalt, durch das Ausweichen auf die gefahrenrechtliche Grundlage nicht rechtsmissbräuchlich umgangen wurden. Eine Aufdeckung der Genese des Tatverdachts ist zur Wahrung der Beschuldigtenrechte bei der Vernehmung) nicht in jedem Fall erforderlich.

leges barbarorum
→ Rechtsgeschichte (2).

Legislative
→ gesetzgebende Gewalt.

Legislaturperiode
→ Wahlperiode.

Legitimation
Hierunter verstand man, dass ein nichteheliches Kind – abgesehen von einer → Adoption – die Rechtsstellung eines ehelichen Kindes erlangen konnte. Dies geschah durch nachfolgende Ehe seiner Eltern oder durch gerichtliche Ehelicherklärung. Die Legitimation ist als Folge der grundsätzlichen Gleichstellung ehelicher und nichtehelicher Kinder (→ Abstammung) ersatzlos entfallen.

Legitimationspapier
ist eine → Urkunde, bei welcher der Schuldner mit befreiender Wirkung an jeden leisten kann, der die Urkunde vorlegt; er ist hierzu grds. jedoch nicht verpflichtet. Der Schuldner wird dadurch geschützt, dass er nicht nachzuprüfen braucht, ob der Inhaber der Urkunde auch der wirklich Berechtigte ist. Man unterscheidet zwischen reinen (einfachen) Legitimationspapier, die nicht zu den → Wertpapieren zählen, also nicht selbst Träger eines Vermögensrecht sind, sondern ausschließlich der Ausweiserleichterung dienen (sog. → Legitimationszeichen, zB Garderobenmarke, Gepäckschein). Ein Legitimationspapier kann jedoch auch ein Wertpapier sein. Zu den Wertpapieren gezählt werden die sog. qualifizierten Legitimationspapiere (hinkende Inhaberpapiere) des § 808 BGB, weil bei diesen der Schuldner nur an den Inhaber zu leisten braucht und befreit wird. Die qualifizierten Legitimationspapiere stehen den → Rektapapieren nahe und werden wie solche behandelt. Sie geben den Namen des Gläubigers an, werden aber mit der Bestimmung ausgegeben, dass die versprochene Leistung an jeden Inhaber bewirkt werden kann. Zu den qualifizierten Legitimationspapieren gehören zB das → Sparkassenbuch, der → Pfandschein und der → Depotschein.

Legitimationszeichen
Legitimationszeichen sind einfache → Legitimationspapiere. Sie benennen den Gläubiger nicht; der Schuldner kann mit befreiender Wirkung an jeden Inhaber des Legitimationszeichens leisten. Legitimationszeichen sind zB Gepäckscheine, Garderobenmarken. Das Legitimationszeichen ist kein Wertpapier; es ist vom → Inhaberzeichen zu unterscheiden.

Legitimität
→ Legalität.

Lehen (Lehnswesen)
Im deutschen Mittelalter wurde als Lehen (Lehnswesen) ein Gut bezeichnet, das der Lehnsherr dem Lehnsmann (Vasallen) – ursprünglich nur auf Zeit – gegen persönliche Dienstleistung (Heeresdienst usw) zur Nutzung überließ. Das Lehen hat somit zwei Wurzeln: das → beneficium, das in der Überlassung wirtschaftlicher Güter bestand – Länder, aber auch Rechte, zB Abgaben oder sonstige öffentliche Einkünfte, oder auch beide zusammen als Herrschaftsbezirk –, und das Vasallenverhältnis, dem ein oder mehrere Untervasallenverhältnisse nachgeordnet sein konnten, so dass sich eine Kette solcher Bindungen vom König über hohe Adelige bis zum niederen Adel bildete (→ Mediatisierung). Über den Heimfall bei Treubruch des Vasallen → Felonie, über die weitere Entwicklung des Lehnswesens (Verleihung des Lehens auf Lebenszeit beider Teile, später Erblichkeit) und seine politische und soziale Bedeutung → Feudalismus. Sa → Hausmeier.

Lehrbeanstandung
(im Kirchenrecht) ist die Feststellung einer kirchlichen Instanz, ob ein zur Verkündigung der christlichen Lehre Befugter hierbei in Widerspruch zum Bekenntnis seiner Kirche getreten ist; iwS umfasst die Lehrbeanstandung auch die mit einer solchen Feststellung verbundenen dienstrechtlichen Folgen. Das (vom Disziplinarverfahren zu unterscheidende) Lehrbeanstandungsverfahren ist in den einzelnen Kirchen verschieden geregelt. Für die → kath. Kirche vgl. die von der Kongregation für die Glaubenslehre erlassene „Nova agendi ratio in doctrinarum examine" vom 15.1.1971 und das von der Deutschen Kath. Bischofskonferenz erlassene „Lehrbeanstandungsverfahren bei der Deutschen Bischofskonferenz". Im Codex Iuris Canonici wurde keine Regelung getroffen. Für die Evang. Kirche vgl. das „Kirchengesetz über das Verfahren bei Lehrbeanstandungen" vom 16.6.1956 (Vereinigte Evang.-Luth. Kirche Deutschlands) sowie die Lehrbeanstandungsordnung der Evang. Kirche der Union vom 27.6.1963. Sa → Lehrbefugnis, → missio canonica, → kirchliche Akte (Anfechtung).

Lehrbeauftragte
Zur Ergänzung des Lehrangebots an → Hochschulen können Lehraufträge erteilt werden (vgl. zB Art. 31 I Bayer. Hochschulpersonalgesetz v. 23.5.2006, GVBl. 2006, 230; Art. 43 G über die Hochschulen des Landes Nordrhein-Westfalen v. 16.9.2014, GV 2014, 547). Diese sollen jedenfalls über ein abgeschlossenes

Hochschulstudium und über pädagogische Eignung verfügen. Bei Vorliegen der weiteren Voraussetzungen können Lehrbeauftragte nach mehrjähriger Lehrtätigkeit zu → Honorarprofessoren ernannt werden.

Lehrbefähigung
→ Lehrbefugnis.

Lehrbefugnis
Lehrbefugnis bedeutet nach herkömmlicher Terminologie im → Hochschulrecht im Gegensatz zu der (idR durch die → Habilitation erworbenen; sa → Hochschullehrer) Lehrbefähigung die staatliche Erlaubnis zur Ausübung der Lehrtätigkeit. Neuere Regelungen verwenden den Begriff nicht mehr; vgl. Bayer. HochschulpersonalG v. 23.5.2006 (GVBl. 2006, 230) mÄnd. Mit der Erteilung der Lehrbefugnis ist das Recht zur Führung der Bezeichnung → Privatdozent verbunden. Eine kirchenrechtliche Lehrbefugnis kann auch für Hochschullehrer an theologischen Fakultäten staatlicher Hochschulen von Bedeutung sein. So werden zB nach Art. 3 § 2 des → Konkordats zwischen dem Hl. Stuhl und Bayern v. 29.3.1924 idF v. 8.6.1988 Professoren und andere lehrberechtigte Personen vom Staat erst ernannt oder zugelassen oder erhalten Lehraufträge, wenn der zuständige Diözesanbischof keine Erinnerung erhoben hat. Wird ein solcher Lehrer vom Diözesanbischof wegen seiner Lehre oder wegen seines sittlichen Verhaltens aus triftigen Gründen beanstandet, so wird der Staat unbeschadet der staatsdienerlichen Rechte alsbald auf andere Weise für einen entsprechenden Ersatz sorgen (Art. 3 § 3 des Konkordats). Ähnliche Bestimmungen enthalten auch jüngere → Kirchenverträge (vgl. Kath. Kirchenvertrag Sachsen v. 2.7.1996).

Lehre
→ Berufsausbildung, → Berufsausbildungsverhältnis, → Lehrling, → Auszubildender.

Lehrer
→ Aufsichtspflicht (Verletzung); → Hochschullehrer; → Lehrerkonferenz; → Lehrpläne; → pädagogische Freiheit; → Schule; → Züchtigungsrecht.

Lehrerkonferenz
ist das kollegiale Beratungs- und Entscheidungsorgan vor allem für die pädagogischen Angelegenheiten der → Schule (zB Auswahl der Schulbücher; → Ordnungsmaßnahmen), ohne dass dadurch die pädagogische Freiheit des einzelnen Lehrers eingeschränkt wäre. Die Einzelheiten sind landesrechtlich geregelt. Die Lehrerkonferenz ist an → Lehrpläne, sonstige Verwaltungsvorschriften und Weisungen der Verwaltung gebunden. Für die Ausführung der Beschlüsse ist der Schulleiter verantwortlich. Bei verschiedenen Maßnahmen ist – auch in unterschiedlicher Ausgestaltung in den Ländern – der → Elternbeirat oder ein ähnliches Organ zu beteiligen.

Lehrfreiheit
(Art. 5 III GG). Die Lehrfreiheit ist wie die Forschungsfreiheit ein Unterfall der Freiheit der → Wissenschaft. Lehre ist die wissenschaftlich korrekte Übermittlung der durch Forschung gewonnenen Ergebnisse. Dies ist im Wesentlichen die Lehrtätigkeit der → Hochschulen. Nicht von der Freiheit der Lehre ist der Unterricht an den Schulen umfasst.

Lehrling
ist ein → Auszubildender im → Handwerk (§ 21 HwO). Die jeweilige Ausbildung richtet sich nach der → Ausbildungsordnung (§§ 25 ff. HwO). §§ 21–24 HwO regeln die Ausbildungsbefugnis. Den Abschluss bildet die Gesellenprüfung (→ Handwerksgeselle), zu der seit 1.8.2024 neben Lehrlingen auch Berufserfahrene zugelassen werden können, die ein entsprechendes Validierungsverfahren durchlaufen haben (§ 37 HwO; sa → Berufliche Handlungsfähigkeit). → Berufsausbildungsverhältnis, → Lehrlingsrolle.

Lehrlingsausschuss
Für Auszubildende – va im Handwerk bei den Innungen gem. § 67 III HwO als Lehrlingsausschuss – ist oft ein Schlichtungsausschuss eingerichtet. Dann ist gem. § 111 II ArbGG im bestehenden → Berufsausbildungsverhältnis und bei Streitigkeiten über seinen Bestand zunächst der Ausschuss anzurufen, eine zuvor eingereichte Klage beim Arbeitsgericht ist unzulässig. Wenn unsicher ist, ob ein Schlichtungsausschuss existiert, kann vorsorglich Klage vor dem Arbeitsgericht erhoben werden, um Fristen zu wahren. Während für Kündigungsschutzklagen unmittelbar vor dem Arbeitsgericht (wenn kein Schlichtungsausschuss existiert) die Klagefrist aus § 4 KSchG einzuhalten ist, ist für die Anrufung des Schlichtungsausschusses keine Frist zu beachten (BAG 23.7.2015 – 6 AZR 490/14, NZA-RR 2015, 628). Der Spruch des Schlichtungsausschusses kann aber, wenn er nicht innerhalb 1 Woche von beiden Parteien anerkannt wird, nur innerhalb einer Frist von 2 Wochen vor dem Arbeitsgericht angefochten werden (§ 111 II 3 ArbGG), wobei die Regelung insoweit unklar formuliert ist.

Lehrlingsrolle
ist das von der → Handwerkskammer zu führende Verzeichnis der → Berufsausbildungsverhältnisse im → Handwerk (§§ 28–30 HwO). Die Eintragung hat der Ausbildende unverzüglich nach Abschluss des Berufsausbildungs- bzw. Lehrvertrages zu beantragen.

Lehrpläne
werden als → Verwaltungsvorschriften der Länder erlassen. Lehrpläne legen die allgemeinen und fachspezifischen Bildungs- und Lernziele sowie Stoffkataloge, zT auch die von den Lernenden zu erreichenden Kompetenzen, fest. Lehrpläne differenzieren nach → Schularten und Schuljahrgängen. Sie enthalten darüber hinaus didaktische Grundsätze und Be-

stimmungen über Organisation des Unterrichts. Innerhalb der Lehrpläne besteht für den Lehrer die Möglichkeit, im Rahmen der → pädagogischen Freiheit den Unterricht eigenverantwortlich zu gestalten.

Lehrstellenvermittlung
Die Lehrstellenvermittlung ist eine besonderer Teil der → Arbeitsvermittlung der Agenturen für Arbeit, die sich im Regelfall an jugendliche Schulabgänger richtet. Private Lehrstellenvermittlung durch professionelle Anbieter ist zwar möglich, ein Honorar für das erfolgreiche Vermitteln einer Ausbildungsstelle darf aber nur vom Arbeitgeber verlangt werden (§ 296a SGB III).

Lehrvertrag
→ Berufsausbildung, → Berufsausbildungsverhältnis, → Lehrling.

Leibesfrucht
(lat. nasciturus). Die Leibesfrucht besitzt an sich noch keine → Rechtsfähigkeit, kann aber in einzelnen Beziehungen bereits Träger von Rechten und Ansprüchen sein. So ist die Leibesfrucht erbfähig (→ Erbe), wenn sie im Zeitpunkt des → Erbfalls bereits gezeugt, wenn auch noch nicht geboren war (§ 1923 II BGB). Der Unterhaltsanspruch des Kindes kann bereits vor dessen Geburt durch eine → einstweilige Verfügung gesichert werden (§ 247 FamFG, → Unterhaltspflicht bei nicht miteinander verheirateten Eltern). Die Leibesfrucht kann Schadensersatzansprüche, zB wegen Schädigung im Mutterleib, haben und nach der Geburt geltend machen ua. Soweit die Eltern die Leibesfrucht nicht vertreten können, ist ihr ein Pfleger zu bestellen (→ Ergänzungspflegschaft). Sa → künstliche Fortpflanzung.

Leibesfrucht, Tötung der –
→ Schwangerschaftsabbruch.

Leibgedinge
wird die bei Übergabe eines landwirtschaftl. Anwesens an den Übernehmer übliche lebenslange Versorgung des Übertragenden (Wohnung, Kost usw) genannt. → Übergabevertrag.

Leibrente
Eine vollständige gesetzliche Begriffsbestimmung für die Leibrente fehlt. Nach der Rspr. ist unter einer Leibrente ein einheitlich nutzbares Recht (Stammrecht) zu verstehen, das idR auf Lebenszeit (andere zusätzliche Befristungen sind denkbar) des Berechtigten oder eines Dritten eingeräumt ist und dessen Erträge aus regelmäßig wiederkehrenden gleichmäßigen Leistungen von Geld oder anderen vertretbaren Sachen bestehen (§ 759 BGB). Die Rspr. unterscheidet zwischen dem Grundgeschäft, das zur Bestellung der Leibrente verpflichtet (zB → Vermächtnis, entgeltlicher oder unentgeltlicher → Vertrag), dem aufgrund dieses Grundgeschäfts bestellten abstrakten Stammrecht (die Leibrente) und der aus dem Stammrecht folgenden Verpflichtung zu den einzelnen Rentenleistungen (Stammrechtstheorie; dagegen folgt die Lit. der Einheitstheorie, wonach die Verpflichtung zur Rentenzahlung auf einem einheitlichen Grundgeschäft beruht). Es entsteht ein → Dauerschuldverhältnis. Keine Leibrente ist idR die Leistung aus dem → Altenteil (hier → Reallast), aus einer Ruhegehaltsvereinbarung (keine selbständige Vereinbarung, sondern Teil des Arbeitsvertrags), aus der Verpflichtung zur Unterhaltsleistung und zum Schadensersatz in Rentenform (anderer Rechtsgrund, aber Vorschriften entsprechend anwendbar) sowie aufgrund der Zinszahlungspflicht. Die Leibrente ist vierteljährlich im Voraus zu entrichten (§ 760 BGB). Das Grundgeschäft, durch das eine Leibrente versprochen wird, bedarf, soweit keine andere Form vorgeschrieben ist (zB iRd → Grundstückskaufvertrags oder → Erbschaftskaufs) der Schriftform (§ 761 BGB; betrifft nicht eine letztwillige Verfügung). Zur Wertsicherungsklausel bei der Leibrente → Geldschuld (2), zur Zahlung an einen Dritten → Vertrag zugunsten Dritter. Zur steuerlichen Behandlung → Rentenbesteuerung.

Leiche
Über strafrechtl. Fragen s. im Folgenden und → Transplantation. Über die zivilrechtl. Behandlung der Leiche → Sache, → Erbschaft. S. ferner → Exhumierung.

Leiche, unbefugte Wegnahme oder Beerdigung einer –
Die unbefugte Wegnahme einer Leiche oder einer toten Leibesfrucht, oder Teilen von diesen (sa → Transplantation), oder der Asche eines Verstorbenen aus dem Gewahrsam des Berechtigten (Angehörige, Krankenhausverwaltung usw.) ist kein Diebstahl, weil eine Leiche grundsätzlich nicht Gegenstand fremden Eigentums ist; sie ist aber nach § 168 StGB als Störung der Totenruhe (→ Religionsvergehen) strafbar.

Leichen- und Bestattungswesen
Das Leichen- und Bestattungswesen ist in den Ländern der BRep. Deutschland unterschiedlich geregelt. Zusammenfassende Gesetze sind in einigen Ländern ergangen (zB das niedersächs. Gesetz über das Leichen- und Bestattungswesen v. 8.12.2005, GVBl. 2005, 381, und das bayer. Bestattungsgesetz v. 24.9.1970, GVBl. 1970, 417, jeweils mÄnd). Jede Leiche muss durch Beisetzung in einer Grabstätte (Erdbestattung) oder durch Einäscherung in einer Feuerbestattungsanlage und Beisetzung der Aschenreste in verschlossener Urne in einer Grabstätte (→ Feuerbestattung) bestattet werden. Die Art der Bestattung richtet sich nach dem Willen des Verstorbenen, bei Minderjährigen unter 16 Jahren und Geschäftsunfähigen nach dem des Personensorgeberechtigten. Mangels Willenskundgebung des Verstorbenen entscheiden die Angehörigen. Der Bestattung muss die ärztliche Leichenschau

(Totenschau) vorausgehen (Verpflichtung des Leichenschauers zur Anzeige von Zeichen unnatürlichen Todes). Vor Eintragung des Sterbefalles in das Personenstandsregister ist die Bestattung nur mit ordnungsbehördlicher oder polizeilicher (→ Polizei) Genehmigung zulässig (§ 39 PersonenstandsG); diese kann landesrechtlich auch sonst vorgeschrieben werden (vgl. § 15 II BestattungsG Rheinland-Pfalz v. 4.3.1983, GVBl. 1983, 69, zul. geänd. d. G v. 19.12.2014, GVBl. 2014, 301). Grundsätzlich sind die Gemeinden verpflichtet, die erforderlichen Einrichtungen herzustellen und zu unterhalten, in erster Linie Friedhöfe. Die Rechtsverhältnisse der Friedhöfe sind häufig durch → Satzung („Friedhofsordnung") geregelt, zB die Benutzung des Friedhofs und die Benutzungsrechte an den Gräbern, deren Anlage und Ausgestaltung und die Durchführung der Bestattungen. In Friedhöfen der Kirchen oder Religionsgemeinschaften ist auch die Beisetzung Andersgläubiger unter den für sie üblichen Formen und ohne räumliche Absonderung zu gestatten, wenn eine andere geeignete Grabstätte nicht vorhanden ist. ZT bestehen besondere Vorschriften für die → Feuerbestattung. Zum Leichenwesen gehören ferner zB Bestimmungen über die Beförderung von Leichen („Leichenpass", zwischenstaatliche Vereinbarungen) und Straf- oder Ordnungswidrigkeitenvorschriften über die unbefugte Verwendung von Leichen, die vorzeitige Bestattung oder die Beisetzung an nicht zugelassenen Stätten. Sa → Bestattung.

Bestattungsplätze sind von der Grundsteuer befreit (§ 4 II GrEStG).

Leichenfund
Wird die Leiche eines Unbekannten aufgefunden, so sind Polizei und Gemeindebehörde zur sofortigen Anzeige bei StA oder Amtsgericht verpflichtet. Die Leiche darf nur mit schriftlicher Genehmigung der StA bestattet werden (§ 159 StPO). Dasselbe gilt, wenn der Aufgefundene zwar bekannt ist, aber Anhaltspunkte für eine nicht natürliche Todesursache bestehen (gewaltsame Einwirkung; auch Selbsttötung).

Leichenschändung
ist kein Delikt iS des StGB. S. aber → Leiche, unbefugte Wegnahme (Leichenentwendung) und → Religionsvergehen (Störung der Totenruhe).

Leichenschau, -öffnung
sind im Strafverfahren Formen des richterlichen → Augenscheins. Die (äußere) Leichenschau wird von der Staatsanwaltschaft, auf deren Antrag auch vom Richter, grundsätzlich unter Hinzuziehung eines Arztes, vorgenommen; sie ist nach einem → Leichenfund (§ 159 StPO) idR notwendig. Die Leichenöffnung (innere Leichenschau, Obduktion, → Sektion) dient der Feststellung der Todesursache, wenn der Verdacht einer Straftat vorliegt. Sie wird von zwei Ärzten durchgeführt, unter diesen muss sich ein → Gerichtsarzt oder Leiter eines gerichtsmedizin. o. ä. Instituts und darf sich nicht der zuletzt behandelnde Arzt befinden (§ 87 StPO). Die StA, auf deren Antrag auch der Richter, können an der Öffnung teilnehmen. Der Tote ist vorher nach Möglichkeit zu identifizieren (§ 88 StPO). Dazu ist eine → molekulargenetische Untersuchung zulässig. Bei Verdacht einer Vergiftung ist außer der Obduktion eine chemische Untersuchung der in der Leiche gefundenen verdächtigen Stoffe erforderlich (§ 91 StPO).

Über die Zulässigkeit der klinischen und anatomischen → Sektion s. dort. Eine ärztliche Leichenschau ist allgemein durch Landesrecht für jeden Todesfall, also unabhängig vom Verdacht einer Straftat, vorgeschrieben. Über die Leichenschau bei Verdacht übertragbarer Krankheiten s. § 26 III IfSG (→ Infektionsschutz G) v. 20.7.2000 (BGBl. 2000 I 1045). Sa → Bestattung, → Feuerbestattung, → Leichen- und Bestattungswesen.

Leichte Fahrlässigkeit
→ Verschulden (2).

Leichtfertigkeit
→ Fahrlässigkeit. → Steuerstrafrecht.

Leichtkraftfahrzeuge
sind vierrädrige Kfz mit einer Leermasse bis 350 kg und den Leistungsmerkmalen von → Kleinkrafträdern (§ 2 Nr. 12 FZV, sog. Quads). Sie werden zulassungs- und versicherungsrechtlich (§ 3 II 1 Nr. 1 Buchst. f FZV) wie diese behandelt. Der Führer muss die → Fahrerlaubnis Klasse AM besitzen.

Leichtkrafträder
sind → Krafträder mit Hubraum von mehr als 50 bis 125 ccm und Motorleistung bis 11 kw (§ 6 FeV, § 2 Nr. 10 FZV). Sie bedürfen keiner Zulassung, aber einer EG-Typgenehmigung oder einer Betriebserlaubnis und müssen amtliche → Kennzeichen führen (§ 3 II 1 Nr. 1 Buchst. c, § 4 II 1 Nr. 2 FZV).

Der Führer eines Leichtkraftrades muss die → Fahrerlaubnis Klasse A1 besitzen; das Mindestalter für deren Erteilung beträgt 16 Jahre (§§ 6, 10 FeV). Das Führen von Leichtkrafträdern ohne Fahrerlaubnis ist strafbar (→ Fahren ohne Führerschein).

Leichtkrafträder müssen mit → Schutzhelm und auch am Tage mit Abblendlicht (→ Beleuchtung) gefahren werden.

Leichtmofas
→ Fahrräder mit Hilfsmotor.

Leiharbeitsverhältnis
1. Ein Leiharbeitsverhältnis (manchmal auch als Zeitarbeit bezeichnet) liegt vor, wenn ein → Arbeitgeber einen → Arbeitnehmer für eine begrenzte Zeit einem anderen Arbeitgeber zur Arbeitsleistung überlässt und ihn dessen Weisungen (→ Direktionsrecht) unterstellt (Arbeitnehmerüberlassung). Wegen § 613 S. 2 BGB ist die Zustimmung des Arbeitnehmers notwendig. Die Rechtsnatur des Leiharbeits-

verhältnisses ist umstritten. Jedenfalls hat der Arbeitnehmer Anspruch auf Lohnzahlung gegen seinen eigentlichen Arbeitgeber (für die der Entleiher aber uU wie ein Bürge haftet), schuldet aber die Arbeitsleistung dem Arbeitgeber, dem der Anspruch hierauf übertragen ist. Diesen trifft die → Fürsorgepflicht und er muss dem anderen Arbeitgeber das mit ihm vereinbarte Entgelt zahlen. Das Leiharbeitsverhältnis ist vom → mittelbaren Arbeitsverhältnis zu unterscheiden. Für die Überlassung von Leiharbeitnehmern an Dritte (ohne damit → Arbeitsvermittlung zu betreiben) bedarf der Arbeitgeber grds. (Ausnahme zB aufgrund zwischenstaatlicher Vereinbarung) der Erlaubnis; teilweise ist sie gesetzlich untersagt oder eingeschränkt (Baugewerbe), § 1b AÜG (Arbeitnehmerüberlassungsgesetz idF vom 3.2.1995 (BGBl. 1995 I 158) mÄnd). Die frühere Beschränkung auf nur gewerbsmäßige Überlassung ist entfallen, es gibt aber weiter bestimmte Ausnahmen für Konzernfälle und nur gelegentliche Überlassungen; die va im öffentlichen Dienst vorkommende Gestellung dürfte grds. ein Leiharbeitsverhältnis sein, wird aber gesetzlich privilegiert; zu allem § 1 III AÜG. Zur Arbeitnehmerentsendung (für Bauarbeiter innerhalb der EU) → Entsendegesetz, → Allgemeinverbindlichkeit. Im Interesse der Leiharbeitnehmer enthält das AÜG weitere Schutzbestimmungen, insbes. über Erlaubnispflicht, den Grundsatz der → Gleichbehandlung von Leiharbeitnehmern mit vergleichbaren Arbeitnehmern des Entleihers (zB hinsichtlich Arbeitsentgelt sowie Auskunft hierüber und die Aufzeichnung von Arbeitszeiten; eine Sonderregelung durch → Tarifvertrag ist möglich und üblich, wobei das BAG festgestellt hat, dass der früher oft in Bezug genommene Tarifvertrag mit dem CGZP als solcher unwirksam ist, → Christlicher Gewerkschaftsbund; vielfach wurden Tarifverträge über Entgeltzuschläge abgeschlossen).

Ab 1.4.2017 wurden die Überlassungsdauer und die Möglichkeit zur geringeren Bezahlung zeitlich wieder eingeschränkt, wobei allerdings vom AÜG nur auf die Person des Leiharbeitnehmers abgestellt wird und nicht auf den von ihm besetzten Arbeitsplatz. Zudem wurde die Regelung, nach der bei unzulässiger Arbeitnehmerüberlassung das Leiharbeitsverhältnis auf den Entleiher übergeht, ausgeweitet: Eine vorsorglich eingeholte Genehmigung bei unklarem Status genügt nicht mehr, zudem wurde das Recht der Leiharbeitnehmer, sich gegen einen Übergang ihres Arbeitsverhältnisses (bei fehlender Genehmigung oder falscher Bezeichnung des Rechtsverhältnisses) zu wehren, durch formale Vorgaben erheblich eingeschränkt (§§ 9 f. AÜG). Die Beschränkungen hinsichtlich der Einsatzdauer und der Gleichbehandlung können öffentlich-rechtliche Arbeitgeber durch eine gesetzlich privilegierte „Gestellung“ umgehen, für private Arbeitgeber hat sich die Errichtung von Gemeinschaftsbetrieben etabliert. Durch Verordnung wird regelmäßig eine Lohnuntergrenze gem. § 3a AÜG festgelegt (seit 1.11.2024: 14,00 EUR brutto pro Stunde, ab 1.3.2025: 14,53 EUR brutto pro Stunde, gültig bis 30.9.2025); Leiharbeitnehmer werden dabei teilweise gegenüber Stammkräften, für die nur das → Mindestlohngesetz mit einem geringeren Lohn gilt, bevorzugt. Für das Leiharbeitsverhältnis gelten die allgemeinen Befristungsregeln (→ befristetes Arbeitsverhältnis). Die Beschäftigung → ausländischer Arbeitnehmer im Leiharbeitsverhältnis ist beschränkt (ua § 40 I AufenthG).

2. Im Betriebsverfassungsrecht sind die Leiharbeitnehmer weitgehend den Stammkräften angenähert (§ 14 AÜG), ihr Arbeitsverhältnis mit dem Verleiher und eine Repräsentation durch den dortigen Betriebsrat wird dadurch nicht berührt. Der Betriebsrat des Einsatzbetriebes hat auch ihre Interessen zu vertreten. Länger als 3 Monate beschäftigte Leiharbeitnehmer sind auch im Einsatzbetrieb wahlberechtigt, aber nicht wählbar. Für die wirtschaftliche → Mitbestimmung vgl. § 14 II AÜG.

3. In der → Sozialversicherung hat der Entleiher den Arbeitnehmer, den Arbeitgeber sowie Beginn und Ende der Überlassung an die zuständige → Krankenkasse zu melden. Für die Beitragszahlung der Arbeitgeber haftet auch der Entleiher. Wird das Arbeitsentgelt unmittelbar an den Leiharbeitnehmer gezahlt, gelten der Verleiher und der Entleiher als Arbeitgeber und haften als Gesamtschuldner (→ Gesamtschuld), §§ 28a, 28e SGB IV. Die Möglichkeit des Bezuges von Kurzarbeitergeld während der Corona-Pandemie auch für Leiharbeitnehmer (§ 11 IV 3 AÜG) ist mit dem 30.6.2022 ausgelaufen.

Leihe

Leihe ist die unentgeltliche Überlassung einer Sache für bestimmte oder unbestimmte Zeit. Durch den Leihvertrag wird der Verleiher verpflichtet, dem Entleiher den Gebrauch unentgeltlich zu gestatten, §§ 598 ff. BGB. Es muss also eine vertragliche Bindung zwischen den Beteiligten gewollt sein; im täglichen Leben liegt dagegen oftmals nur ein → Gefälligkeitsverhältnis ohne vertragliche Bindung vor (in dem dann nur nach den Vorschriften über das → Eigentümer-Besitzerverhältnis, uU auch aus → ungerechtfertigter Bereicherung gehaftet wird). Sobald ein Entgelt für die Gebrauchsüberlassung zu zahlen ist, liegt (trotz manchmal falscher Bezeichnung, zB „Leihbücherei“, „Leihwagen“) ein → Mietvertrag, bei verbrauchbaren Sachen ein (Sach-)→ Darlehensvertrag vor. Die Haftung des Verleihers ist auf Vorsatz und grobe Fahrlässigkeit beschränkt, § 599 BGB. Veränderungen oder Verschlechterungen der geliehenen Sache, die durch den vertragsgemäßen Gebrauch herbeigeführt werden, hat der Entleiher nicht zu vertreten, § 602 BGB. Der Entleiher darf von der Sache aber keinen vertragswidrigen Gebrauch machen, insbes. diese nicht ohne Erlaubnis des Verleihers einem Dritten überlassen, § 603 BGB. Der Entleiher ist verpflichtet, die entliehene Sache nach Ablauf der vereinbarten Zeit (bzw. nachdem der Entleiher den sich aus dem Zweck der Leihe ergebenden Gebrauch gemacht hat), mangels Vereinbarung jederzeit auf Anforderung des Verleihers, zurückzugeben, § 604 BGB. Zuvor besteht für den Verleiher unter bestimmten Voraussetzungen ein Kündigungsrecht (zB, wenn er die Sache selbst benötigt oder bei vertragswidrigem Gebrauch).

Leihhaus, Leihhausschein
→ Pfandleiher.

Leihmutterschaft
→ künstliche Fortpflanzung (2), → Adoptionsvermittlung, → Standesrecht aE, → Abstammung (1).

Leihwagen
(Kostenersatz) → Schadensersatz (2a). Sa → Leihe.

Leistung
Leistung ist die Zuwendung eines (wirklichen oder vermeintlichen) Vorteils, der idR, aber nicht zwingend einen Vermögenswert hat. Aufgrund eines Schuldverhältnisses kann der → Gläubiger vom → Schuldner eine Leistung, die auch in einem Unterlassen bestehen kann, verlangen, § 241 BGB; das Schuldverhältnis erlischt, wenn die geschuldete Leistung an den Gläubiger bewirkt wird, § 362 BGB (→ Erfüllung). Der Inhalt der Leistung (hierzu s. iE → Schuldverhältnis, → ungerechtfertige Bereicherung, 2a) muss bestimmt, zumindest bestimmbar sein. Die nähere Bestimmung des Inhalts einer Leistung kann durch vertragliche Vereinbarung sowohl dem Gläubiger wie dem Schuldner überlassen sein, insbes. die Bestimmung der Gegenleistung, die dann im Zweifel vom Forderungsberechtigten festgesetzt werden kann, § 361 BGB. Die Bestimmung hat regelmäßig durch Erklärung gegenüber dem anderen Teil nach billigem Ermessen (zB Tageskurs, Ladenpreis) zu erfolgen; entspricht sie nicht der Billigkeit (ausgewogenes Verhältnis zwischen Leistung und Gegenleistung, das der Gerechtigkeit entspricht), so wird sie durch gerichtliches Urteil getroffen, § 315 BGB. Besondere Regeln für eine noch unbestimmte Leistung enthält das Gesetz für die → Wahlschuld, die → Gattungsschuld und den → Spezifikationskauf. Die Bestimmung der Leistung kann auch einem Dritten überlassen werden; für die Durchführung gelten die gleichen Regeln wie bei der Bestimmung durch eine Partei (§§ 317 ff. BGB). Dies gilt auch bei Abschluss eines → Schiedsgutachtervertrages, während für das → schiedsrichterliche Verfahren besondere Vorschriften bestehen.

Der Schuldner ist regelmäßig zur Leistung eines Teils nicht berechtigt, § 266 BGB. Ausnahmen können sich aus → Treu und Glauben und bei entsprechender Vereinbarung bzw. entsprechender gesetzlicher Regelung (zB Ratenzahlung, Abschlagszahlung, → Sukzessivlieferungsvertrag, → Verbraucherdarlehensvertrag) ergeben; sie gelten auch bei Forderungen aus → Wechsel oder → Scheck (Art. 39 II WG, Art. 34 II SchG) sowie in der → Zwangsvollstreckung und Insolvenz (s. aber auch → Gerichtsvollzieher). Der Gläubiger kann dagegen grds. auch Teilleistung verlangen. Hat der Schuldner nicht in Person zu leisten (zB bei bestimmten Dienstleistungen), so kann auch ein Dritter die Leistung bewirken, § 267 BGB. Die Einwilligung des Schuldners ist hierzu nicht erforderlich; der Gläubiger kann aber die Leistung ablehnen, wenn der Schuldner widerspricht. Der Widerspruch des Schuldners ist unbeachtlich, wenn er die Leistung durch den Dritten zu dulden hat (zB ein Gläubiger, der beim Schuldner eine unter → Eigentumsvorbehalt gekaufte Sache und dessen → Anwartschaftsrecht gepfändet hat, zahlt die letzten Raten, um der → Drittwiderspruchsklage des Vorbehaltsverkäufers zu begegnen; sa § 162 BGB). Ein besonderes Leistungsrecht des Dritten ist das → Ablösungsrecht. Sa → Leistungsort, → Leistungszeit, → Zurückbehaltungsrecht, → Aufwendungen, → Aufrechnung, → Überleitungsanzeige.

Leistung an Erfüllungs Statt, erfüllungshalber
Ein → Schuldverhältnis erlischt, wenn die geschuldete → Leistung an den Gläubiger bewirkt wird, § 362 BGB. Wird eine andere Leistung erbracht, so liegt darin an sich keine → Erfüllung. Nimmt der Gläubiger diese Leistung jedoch als Erfüllung an, so erlischt durch diese Leistung an Erfüllungs Statt gleichfalls das → Schuldverhältnis, § 364 BGB (zB der Gläubiger nimmt statt des geschuldeten Geldes eine Sachleistung als Erfüllungssurrogat an). Wegen eines Sach- oder Rechtsmangels der an Erfüllungs Statt gegebenen Sache, Forderung oder des Rechts haftet der Schuldner wie ein Verkäufer (→ Gewährleistung), § 365 BGB. Anders als die Leistung an Erfüllungs Statt ist eine nur erfüllungshalber erbrachte Leistung keine Erfüllung des Schuldverhältnisses. Eine Leistung erfüllungshalber liegt vor, wenn dem Gläubiger ein Gegenstand überlassen wird, aus dem er seine Befriedigung suchen soll (zB → Abtretung einer Forderung zur Einziehung; Inzahlungnahme eines gebrauchten Kraftfahrzeuges bei Kauf eines neuen, wenn nicht nur → Kommission); bei einer Leistung erfüllungshalber tritt die Erfüllung des Schuldverhältnisses erst ein, wenn dem Gläubiger aus dem erfüllungshalber überlassenen Gegenstand tatsächlich Mittel zufließen. Der Gläubiger ist nach → Treu und Glauben verpflichtet, zunächst die Verwertung des erfüllungshalber überlassenen Gegenstands zu versuchen, die ursprüngliche Forderung ist idR gestundet. Ob Leistung an Erfüllungs Statt oder nur erfüllungshalber vorliegt, ist durch

→ Auslegung zu ermitteln. Übernimmt der Schuldner zum Zwecke der Befriedigung des Gläubigers diesem gegenüber eine neue Verbindlichkeit (zB Akzeptierung eines → Wechsels), so ist iZw anzunehmen, dass er nur erfüllungshalber leistet, die alte Forderung also bestehen bleibt, § 364 II BGB. Sa → Aufrechnung.

Leistung erfüllungshalber
→ Leistung an Erfüllungs Statt, erfüllungshalber.

Leistungen für Bildung und Teilhabe
1. Die Leistungen für Bildung und Teilhabe sind eine im Jahr 2011 neu eingeführte Leistung der → Grundsicherung für Arbeitssuchende nach dem SGB II (→ Arbeitslosengeld II, → Grundsicherung für Arbeitsuchende, → Hartz-Gesetze). Bedarfe für Bildung und Teilhabe am sozialen und kulturellen Leben in der Gemeinschaft werden danach bei Kindern, Jugendlichen und jungen Erwachsenen gesondert berücksichtigt. Bedarfe für Bildung werden allerdings nur bei Personen berücksichtigt, die das 25. Lebensjahr noch nicht vollendet haben, eine allgemein- oder berufsbildende Schule besuchen und keine Ausbildungsvergütung erhalten (Schülerinnen und Schüler; § 28 I SGB II). Bei Schülerinnen und Schülern werden die tatsächlichen Aufwendungen anerkannt für Schulausflüge und mehrtägige Klassenfahrten im Rahmen schulrechtlicher Bestimmungen. Gleiches gilt auch für Kinder, die eine → Kindertageseinrichtung besuchen. Für die Ausstattung mit persönlichem Schulbedarf werden 130 EUR zum 1. August und 65 EUR zum 1. Februar eines jeden Jahres berücksichtigt (§ 28 II und III SGB II iVm § 34 III SGB XII; Sonderregelungen für die unterjährige Aufnahme des Schulbesuchs). Die Aufwendungen für den Besuch des gewählten Bildungsgangs werden im Rahmen der Kostenübernahme für die Schülerbeförderung übernommen. Hierbei wird jedoch davon ausgegangen, dass eine mtl. Eigenbeteiligung in Höhe von 5 EUR zumutbar ist (§ 9 RBEG). Bestimmte von der Schule vorgeschriebene Schulbücher und Schulhefte gelten nach § 21 VIa SGB II als Mehrbedarf.

2. Bei Teilnahme an einer gemeinschaftlichen Mittagsverpflegung werden die entstehenden Mehraufwendungen berücksichtigt für Schüler und Schülerinnen sowie Kinder, die eine Tageseinrichtung besuchen oder für die Kindertagespflege geleistet wird (§ 28 VI SGB II). Für die Schülerinnen und Schüler werden die Kosten der Mittagsverspflegung aber nur dann übernommen, wenn die Mittagsverpflegung in schulischer Verantwortung angeboten wird. Die selbstorganisierte Mittagsverpflegung ist nicht erstattungsfähig.

3. Für die Teilnahme am sozialen und kulturellen Leben erhalten Leistungsberechtigte mtl. einen Betrag in Höhe von 15 EUR. Dieser Betrag wird gewährt für Mitgliedsbeiträge für die Bereiche Sport, Spiel, Kultur und Geselligkeit, Unterrichtung in künstlerischen Fächern, zB Musikunterricht und die Teilnahme an Freizeiten. Der mtl. Maximalbetrag von 15 EUR kann dann überschritten werden, wenn der Leistungsberechtigte die überschießenden Aufwendungen zumutbar nicht aus dem Regelbedarf bestreiten kann (§ 28 VII SGB II). Die Leistungen werden nur gewährt, wenn sie tatsächlich entstehen.

4. Die konkrete Art der Erbringung der Leistungen (Sachleistung, Direktzahlung, Geldleistung) bestimmen die kommunalen Träger. Hinsichtlich der Leistungen sei auf § 6b BKGG hingewiesen, der im Kindergeldrecht (→ Kindergeld, 7) in gleicher Form die Gewährung von diesen Leistungen in Anlehnung an § 28 SGB II vorsieht.

Leistungen zur Eingliederung in Arbeit
werden seit dem 1.1.2005 nach dem SGB II (§§ 14 ff. SGB II) gewährt (→ Bürgergeld, → Arbeitslosengeld II, → Grundsicherung für Arbeitsuchende, → Hartz-Gesetze). Sie umfassen neben den Leistungen der → Arbeitsförderung nach dem SGB II weitere Leistungen, die zur Eingliederung von → erwerbsfähigen Hilfebedürftigen in das Erwerbsleben erforderlich sind. Hierzu gehören insbesondere die Betreuung minderjähriger oder behinderter Kinder oder die häusliche Pflege von Angehörigen, die Schuldnerberatung, die psychosoziale Betreuung, die Suchtberatung, das → Einstiegsgeld sowie Leistungen zur Eingliederung von Selbstständigen. Leistungen zur Förderung der Teilhabe am Arbeitsleben werden nach § 112 SGB III erbracht. Nach dem SGB III werden ua Maßnahmen zur beruflichen Eingliederung erbracht (§ 45 SGB III).

Leistungen zur Teilhabe am Arbeitsleben
1. Diese gehören zu den Leistungen nach dem 9. Buch des Sozialgesetzbuches (SGB IX v. 19.6.2001, BGBl. 2001 I 1046 m. spät. Änd.; → berufsfördernde Leistungen zur Rehabilitation; → Rehabilitation und Teilhabe behinderter Menschen). Die Leistungen umfassen insbesondere Hilfen zur Erlangung oder Erhaltung eines Arbeitsplatzes, Berufsvorbereitung einschließlich einer wegen der Behinderung erforderlichen Grundausbildung, berufliche Anpassung und Weiterbildung, auch soweit die Leistungen einen zur Teilnahme erforderlichen beruflichen Abschluss einschließen und die Gewährung von Überbrückungsgeld (vgl. §§ 49 ff. SGB IX). Im Leistungsfall hat zunächst die → Bundesagentur für Arbeit zu prüfen (§ 54 SGB IX), ob eine Behinderung vorliegt, die eine Leistung nach dem SGB IX erforderlich macht. Andernfalls sind die vorrangigen Leistungen nach dem SGB II bzw. SGB III zu erbringen.

2. Neben den genannten Leistungen an behinderte Menschen kommen auch Leistungen an Arbeitgeber in Betracht. Hierzu gehören → Ausbildungszuschüsse zur betrieblichen Ausführung von Bildungsleistungen, → Eingliederungszuschüsse, Zuschüsse für Arbeits-

hilfen im Betrieb sowie die teilweise oder vollständige Kostenerstattung für eine befristete Probebeschäftigung (§ 50 SGB IX).

3. Soweit die Art oder die Schwere der Behinderung dies erforderlich macht, werden die Leistungen durch Einrichtungen der beruflichen Rehabilitation in Form von Berufsbildungswerken, Berufsförderungswerken (§ 56 SGB IX) und → Werkstätten für behinderte Menschen erbracht (§§ 39 ff. SGB IX).

4. Leistungen zur Eingliederung in Arbeit werden nach §§ 14 ff. SGB II erbracht. Zu beachten ist dabei, dass es sich hier um keine Reha-Leistungen handelt.

Leistungsantrag
Der Leistungsantag ist der Klageantrag bei einer → Leistungsklage.

Leistungsbescheid
ist ein → Verwaltungsakt, mit dem die Verwaltung einen auf öffentlichem Recht beruhenden Zahlungsanspruch gegen eine Privatperson geltend macht (im Gegensatz zur privatrechtlichen Zahlungsaufforderung bei fiskalischen Rechtsverhältnissen). Der Leistungsbescheid ist Grundlage für die Vollstreckung, ohne dass es noch gerichtlicher Geltendmachung bedarf. Ob Leistungsbescheide ohne besondere gesetzliche Grundlage stets zulässig sind, ist str., jedenfalls aber bei Rückforderung öff.-rechtlicher Leistungen („Kehrseite") zu bejahen.

Leistungsbestimmungsrecht
→ Leistung.

Leistungsfähigkeit
Die Zahlung von → Unterhalt aus dem Einkommen des Verpflichteten steht unter dem Vorbehalt, dass der Verpflichtete seinen eigenen angemessenen Unterhalt trotz der Unterhaltzahlung bestreiten kann, und nicht selbst → Sozialhilfe in Anspruch nehmen muss. Das folgt auch aus dem Grundsatz der → Subsidiarität der Sozialhilfe. Diese Grenze der Leistungsfähigkeit kann als monatlicher Betrag des dem Verpflichteten zu verbleibenden Einkommens, dem Selbstbehalt, festgelegt werden. Aus dem Selbstbehalt bestreitet der zum Unterhalt Verpflichtete seine eigenen Ausgaben für seinen Lebensbedarf an Wohnung, Essen etc. Die Höhe des Selbstbehalts ist abhängig von dem einzelnen Unterhaltstatbestand (→ Unterhaltspflicht unter Verwandten 3.) und wird in den → Unterhaltstabellen der Oberlandesgerichte jährlich festgelegt. Der angemessene Unterhalt, der dem Verpflichteten verbleiben soll, verringert sich bis auf das → Existenzminimum, wenn der Verpflichtete einem minderjährigen, unverheirateten Kind zum Unterhalt verpflichtet ist (§ 1603 Abs. 2 BGB, → Unterhaltspflicht gegenüber minderjährigen Kindern). Anders als in der Regelsätzen der → Sozialhilfe sind in den unterhaltsrechtlichen Selbstbehaltssätzen Wohnkosten pauschaliert enthalten. Neben dem betragsmäßig festgelegten Selbstbehalt, bei dessen Unterschreiten ein absoluter Mangelfall eintritt, muss nach dem → Halbteilungsgrundsatz im → Ehegattenunterhalt dem Verpflichteten wenigstens die Hälfte des Bedarfs verbleiben (relativer oder eheangemessener Selbstbehalt).

Im Mangelfall sieht das Gesetz eine Rangfolge der Unterhaltspflichten vor: Die → Unterhaltspflicht der Ehegatten oder Lebenspartner geht der Unterhaltspflicht unter Verwandten vor (§ 1608 BGB); über die Unterhaltspflicht des geschiedenen Ehegatten → Scheidungsunterhalt. Unter den Verwandten haften die Abkömmlinge vor den Verwandten der aufsteigenden Linie, unter den Abkömmlingen und den Verwandten der aufsteigenden Linie selbst jeweils die näheren vor den entfernteren (also zB der Sohn vor dem Enkel, dieser wieder vor dem Vater des Bedürftigen). Mehrere gleich nahe Verwandte, zB die Eltern, haften anteilig – dh nicht als Gesamtschuldner (→ Gesamtschuld) – nach ihren Erwerbs- und Vermögensverhältnissen (§ 1606 BGB). Der Elternteil, der ein minderjähriges unverheiratetes Kind betreut, erfüllt seine Unterhaltspflicht idR durch dessen Pflege und Erziehung; der andere Elternteil haftet für den Barunterhalt voll. An Stelle eines leistungsunfähigen Verwandten tritt der nächstberufene Verwandte; das Gleiche gilt, soweit die Rechtsverfolgung gegen einen Verwandten im Inland ausgeschlossen oder erheblich erschwert ist. Der Unterhaltsanspruch des Verwandten geht dann auf den Unterhalt leistenden Verwandten über (§ 1607 BGB).

Sind mehrere Unterhaltsberechtigte vorhanden und ist der Verpflichtete außerstande allen Unterhalt zu gewähren, so gilt nach § 1609 BGB folgende Rangfolge: 1) Minderjährige unverheiratete Kinder und Kinder bis zu 21 Jahren, die sich im Haushalt eines Elternteils und in allgemeiner Schulausbildung befinden (gleichgültig, ob diese aus einer früheren oder der jetzigen Beziehung stammen, ehelich oder nicht ehelich sind), 2) Elternteile mit Anspruch auf Betreuungsunterhalt (→ Scheidungsunterhalt, 3), 3) sonstige Ehegatten, 4) Kinder, die nicht unter Nr. 1 fallen, 5) Enkel und weitere Abkömmlinge, 6) Eltern, 7) weitere Verwandte der aufsteigenden Linie (nähere gehen den entfernteren vor).

Bestehen mehrere gleichrangige Unterhaltsverpflichtungen, ist das über dem Selbstbehalt des Verpflichteten liegende Einkommen anteilig zu verteilen und der Unterhaltsanspruch entsprechend zu kürzen. Hat zum Beispiel der Unterhaltsverpflichtete ein → Einkommen von 2.000 EUR und ist zwei neugeborenen Zwillingen, die bei dem anderen Elternteil leben, zum Unterhalt verpflichtet, ergibt sich in 2025 ein Unterhaltsanspruch nach § 1612a BGB von je 482 EUR abzügliches hälftiges → Kindergeld (127,50 EUR, § 1612b Abs. 1 Nr. 1 BGB), somit ein Zahlbetrag von je 354,50 EUR. Der Selbstbehalt als Grenze der Leistungsfähigkeit nach der → Düsseldorfer Tabelle Anmerkung A. VII.

beträgt 1.450 EUR. Es liegt ein Mangelfall vor, da das Einkommen nicht ausreicht, um ohne Gefährdung des Selbstbehalts beide Unterhaltsverpflichtungen zu erfüllen. Die Verteilungsmasse beträgt (2.000 €–1.450 EUR) sind 550 EUR, der Unterhaltsanspruch reduziert sich auf je 275 EUR.

Leistungsfreiheit
des Versicherers → Versicherungsvertrag (4).

Leistungsgefahr
→ Gefahrtragung.

Leistungsklage
Die Leistungsklage ist die → Klage, mit der die Verurteilung des Beklagten zu einer (uU auch künftigen, § 257 ZPO, → Leistungszeit, 2) Leistung, dh zu einem Tun, Unterlassen oder Dulden, erstrebt wird. Die erfolgreiche Klage im Zivilprozess führt zum Leistungsurteil, das je nach Art der Leistung vollstreckt wird. Geldforderungen werden nach §§ 803–882 ZPO vollstreckt (→ Geldschuld), die → Herausgabe von Sachen nach §§ 883–886 ZPO, Handlungen und Unterlassungen nach §§ 887–892 ZPO und Abgabe von → Willenserklärungen nach §§ 894–898 ZPO. Für das Sozialgerichtsverfahren vgl. § 54 IV, V SGG, für das → Verwaltungsstreitverfahren (s. dort 1a) § 42 VwGO, für den Steuerprozess vgl. § 40 I FGO.

Leistungskondiktion
→ ungerechtfertigte Bereicherung (2a).

Leistungsmissbrauch
Wer Sozialleistungen beantragt oder bezieht, hat dem Leistungsträger alle für die Leistung erheblichen Tatsachen (→ Sozialdaten) anzugeben und nachträgliche Änderungen in den Verhältnissen unverzüglich mitzuteilen (§ 60 I SGB I, § 8a AsylbLG). Eine vorsätzliche Verletzung dieser Pflicht, die zum unberechtigten Bezug von Sozialleistungen führt, ist als → Betrug oder → Erschleichen von Sozialleistungen mit Strafe bedroht. Die Ordnungswidrigkeit nach § 404 II Nr. 26 SGB III, § 60 I 1 Nr. 1, 2 SGB I, § 63 I Nr. 6 SGB II bei Verstoß gegen die Mitteilungspflicht tritt zurück.

Da die → Sozialdaten dem → Sozialgeheimnis unterliegen, enthalten das SchwarzArbG (→ Schwarzarbeit) und das SGB zur Bekämpfung von Leistungsmissbrauch und → illegaler Beschäftigung Vorschriften über die Übermittlung von Sozialdaten für Aufgaben von Polizei, StA und Gerichten oder zur Durchsetzung öffentlich-rechtlicher Ansprüche (§ 68 SGB X), für die Durchführung von Strafverfahren (§ 73 SGB X) sowie über die Unterrichtung und Zusammenarbeit, insbes. durch Datenabgleich, von Behörden der Zollverwaltung, Bundesagentur für Arbeit, Leistungs- und sonstigen Sozialversicherungsträgern und anderen Behörden (§§ 2, 6 SchwarzArbG, § 90 AufenthG, §§ 50 ff. SGB II, §§ 9a, 394, 395, 405 SGB III, §§ 28p, 113 SGB IV, §§ 81a, 197a, 306 SGB V, §§ 148, 321 SGB VI, §§ 199, 211 SGB VII, §§ 67e, 68, 71 I SGB X, § 118 SGB XII; s. a. § 139b VII, VIII GewO, § 12 VI GüKG, §§ 31, 31a AO).

Leistungsnähe
→ Vertrag zugunsten Dritter.

Leistungsort
Leistungsort ist der Ort, an dem in einem → Schuldverhältnis die → Leistung zu erfolgen, der → Schuldner also die Leistungshandlung vorzunehmen hat (oft, auch vom Gesetz, zB in §§ 447, 644 BGB, auch als Erfüllungsort bezeichnet, obwohl unter Erfüllung nicht die Vornahme der Leisungshandlung, sondern die Herbeiführung des Leistungserfolgs zu verstehen ist, s. → Erfüllung); vom Leistungsort zu unterscheiden ist der Ort, an dem der Leistungserfolg eintritt (Erfolgsort); beide Orte können zusammenfallen, müssen es aber nicht. Leistungs- und Erfolgsort bezeichnen eine politische Gemeinde; sind Schuldner und Gläubiger in derselben Gemeinde ansässig, ist die Leistung an der sog. Leistungsstelle (Wohnung, Geschäftslokal) zu erbringen (sog. Platzkauf), insoweit gelten die nachfolgenden Ausführungen entsprechend. Die Bestimmung des Leistungsorts ist maßgeblich für die Verteilung der Gefahr (→ Gefahrtragung). Die Bestimmung des Leistungsorts unterliegt in erster Linie der Vereinbarung der Parteien. Ist ein Ort für die Leistungshandlung weder bestimmt (zB auch stillschweigend, nicht aber einseitig auf der Rechnung) noch aus den Umständen, insbes. aus der Natur des Schuldverhältnisses zu entnehmen, so ist an dem Ort zu leisten, an dem der Schuldner zzt. der Entstehung des Schuldverhältnisses seinen → Wohnsitz oder seine gewerbliche Niederlassung hatte (§ 269 BGB). Hat der Schuldner die Leistungshandlung dort vorzunehmen, liegt eine Holschuld vor (vom → Gläubiger beim Schuldner abzuholen), Leistungsort und Erfolgsort fallen zusammen. Eine Bringschuld liegt vor, wenn die Leistung am Wohnsitz des Gläubigers zu erfolgen hat, dies ist nur bei besonderer Vereinbarung anzunehmen, die nicht bereits darin liegt, dass der Schuldner die Kosten der Versendung übernommen hat, § 269 III BGB, Leistungsort und Erfolgsort fallen auch hier zusammen; s. die Klauseln → cif, → fob, → frachtfrei). Leistungsort und Erfolgsort fallen auseinander bei den sog. Schickschulden. Hier bleibt der Leistungsort am Wohnsitz des Schuldners; der Schuldner ist jedoch verpflichtet, die Versendung der Ware an den Gläubiger (dort ist der Erfolgsort) vorzunehmen (insbes. beim → Versendungskauf). Eine Schickschuld ist idR die → Geldschuld; Geld hat der Schuldner regelmäßig auf seine Kosten und Gefahr (→ Gefahrtragung) dem Gläubiger an dessen Wohnsitz zu übermitteln, ohne dass hierdurch der Leistungsort geändert würde (§ 270 BGB; → Anweisung, Überweisung). Ob Bring- oder Schickschuld vorliegt, entscheiden die Umstände; Warenschulden im Handelsverkehr sind regelmäßig Schickschulden, während bei

Einzelbestellungen von Nichtkaufleuten (zB Kohlenlieferung) oftmals eine Bringschuld und damit eine Änderung des Leistungsorts angenommen werden kann. Der Leistungsort ist für das → internationale Privatrecht (Bestimmung der anwendbaren Rechtsordnung bei internationalen Rechtsgeschäften) sowie für den → Gerichtsstand des § 29 ZPO („wo die streitige Verpflichtung zu erfüllen ist") von Bedeutung; über die Grenzen einer zulässigen vertraglichen Gerichtsstandsvereinbarung s. → Zuständigkeitsvereinbarung. Leistet der Schuldner nicht am Leistungsort, so gerät er in → Schuldnerverzug. Zum → Gefahrübergang beim → Versendungskauf s. dort. Zum Leistungsort bei der → Umsatzsteuer s. dort (4).

Leistungsprämien
→ Leistungszulagen.

Leistungsprinzip
(Beamtenrecht) → Beförderung von Beamten, → Beurteilung.

Leistungsstörungen
→ Allgemeines Leistungsstörungsrecht; sa → Pflichtverletzung.

Leistungsurteil
→ Leistungsklage.

Leistungsverfügung
→ einstweilige Verfügung.

Leistungsverwaltung
Die öffentliche Verwaltung wird nicht nur ordnend, sondern auch leistend tätig, indem sie zur Erreichung wirtschafts-, gesellschafts-, sozial- oder kulturpolitischer Zwecke im öffentlichen Interesse für den Bürger bestimmte Leistungen erbringt oder Einrichtungen für die Öffentlichkeit bereitstellt. Sie dient damit der Daseinsvorsorge. Hierher gehört insbes. die sog. Vorsorgeverwaltung (Bereitstellung von öffentlichen Einrichtungen für die Allgemeinheit: zB Verkehrs- und Beförderungseinrichtungen; Gas-, Wasser- und Elektrizitätsversorgung; Müllabfuhr; Abwasserbeseitigung; Bildungs- und andere Kultureinrichtungen; Krankenhäuser; Friedhöfe usw.), die Sozialverwaltung (zB Sozialversicherung, Sozialhilfe) und die Förderungsverwaltung (zB → Subventionen für Landwirtschaft und Bergbau; Förderung von Kunst und Wissenschaft; Vermögensbildung; Ausbildungsförderung). Auch soweit die Leistungsverwaltung keine Eingriffe in Freiheit und Eigentum vornimmt (→ Gesetzmäßigkeit der Verwaltung), sondern begünstigend oder „schlicht-hoheitlich" (→ hoheitliche Gewalt) tätig wird, bedarf die Leistungsgewährung durch die Verwaltung grundsätzlich einer gesetzlichen Grundlage. Hierfür genügen aber (insbes. bei Subventionen) die Bereitstellung der Mittel im → Haushaltsplan und allgem. Aufgabenzuweisung. Wesentliche Gebiete der Leistungsverwaltung sind gesetzlich geregelt (zB Sozialversicherung; SGB XII), die kommunale Leistungsverwaltung häufig durch → Satzungen oder → Anstaltsordnungen. Die Leistungsverwaltung kann öffentlich-rechtlich (zB SGB XII; Widmung öffentlicher Sachen zum Gemeingebrauch) oder privatrechtlich (zB Gewährung von Darlehen) ausgestaltet sein. Auch wenn die Gewährung von Leistungen nicht näher gesetzlich geregelt ist oder in privatrechtlicher Form vorgenommen wird, ist die Verwaltung nicht frei, sondern an die Grundrechte (insbes. den → Gleichheitssatz) und an die allgemeinen Grundsätze rechtsstaatlichen Handelns gebunden. Subventionen staatlicher oder kommunaler Träger unterliegen im Übrigen strenger Begrenzung durch europarechtliche Vorgaben (→ Beihilferecht). Sofern sie privatrechtlich tätig wird (sa → Verwaltungsprivatrecht), gilt das → Verwaltungsverfahrensgesetz nicht.

Leistungsverweigerung
→ positive Vertragsverletzung, → Zurückbehaltungsrecht, → Einrede (1, „Einrede des nicht erfüllten Vertrags"); zur Leistungsverweigerung während der → COVID-19-Pandemie s. → Corona-Krise und Vertragsrecht, → Corona-Krise und Darlehensrecht, → Corona-Krise und Mietrecht.

Leistungsverweigerungsrecht
→ Einrede (1), → gegenseitiger Vertrag (1), → Verjährung (1a); zum Leistungsverweigerungsrecht während der → COVID-19-Pandemie s. → Corona-Krise und Vertragsrecht, → Corona-Krise und Darlehensrecht, sa → Corona-Krise und Mietrecht.

Leistungsverzug
→ Schuldnerverzug.

Leistungsvorbehalt(sklausel)
→ Geldschuld (2).

Leistungswucher
→ Wucher (2).

Leistungszeit
1. Die Bestimmung des Zeitpunkts der → Leistung in einem → Schuldverhältnis unterliegt der freien Vereinbarung der Beteiligten. Die genaue Bestimmung der Leistungszeit kann auch dem → Schuldner (im Rahmen von Treu und Glauben, also nicht zur Unzeit, zB regelmäßig nicht am Sonntag), dem → Gläubiger (Leistung auf Abruf) oder einem Dritten (Festsetzung nach billigem Ermessen) überlassen sein. Vereinbarungen, wonach ein Gläubiger erst 60 Tage nach Empfang der Gegenleistung (andere Fristen insoweit bei öffentlichen Auftraggebern) zahlen muss, können nur ausdrücklich und nicht durch → Allgemeine Geschäftsbedingungen getroffen werden (§ 271a BGB). Ist die Leistungszeit weder bestimmt oder bestimmbar noch aus dem Gesetz (zB §§ 357, 357a, 475, 556b, 579, 614, 641 BGB) oder den Umständen zu entnehmen, so kann der Gläubiger die Leistung sofort (dh so schnell sie der Schuldner nach den Umständen bei objektiver Betrachtung erbringen kann) verlangen, der Schuldner sie sofort bewirken (§ 271 I BGB). Die sofortige Leistungspflicht

des Schuldners (mit der Möglichkeit des → Schuldnerverzugs usw) wird als Fälligkeit der Schuld bezeichnet (unter Erfüllbarkeit ist der Zeitpunkt zu verstehen, ab dem der Schuldner leisten darf, der Gläubiger also bei Nichtannahme in → Gläubigerverzug gerät, sa u. 2). Maßgeblich ist die Leistungshandlung, nicht der Eintritt des Leistungserfolgs (so dass zB ein Überweisungsauftrag oder die Absendung eines Verrechnungsschecks innerhalb der Leistungszeit ausreicht, ein vereinbartes → Skonto in Anspruch nehmen zu können).

2. Ist eine Leistungszeit bestimmt, so ist iZw anzunehmen, dass der Schuldner die Leistung zwar vorher bewirken (Ausnahme zB bei einem zinspflichtigen → Darlehen; s. aber → Zinsschuld), der Gläubiger sie aber nicht vorher verlangen kann (die Fälligkeit also nicht vor diesem Zeitpunkt eintritt), § 271 II BGB. Bezahlt der Schuldner eine unverzinsliche Schuld vor Fälligkeit, so ist er zum Abzug wegen der Zwischenzinsen regelmäßig nicht berechtigt, § 272 BGB; auch ein → Kassenskonto kann nur bei entsprechender Vereinbarung oder → Handelsbrauch abgezogen werden. Die Fälligkeit der (gesamten restlichen) Leistung kann von einer → Bedingung (zB schuldhafte Nichterfüllung von Zins- und Tilgungsbeträgen, sog. Fälligkeitsklausel) oder von einer einseitigen, gestaltenden Erklärung eines Teils, insbes. von einer → Kündigung, abhängig gemacht werden (→ Darlehensvertrag); hier tritt die Fälligkeit der Leistung mit Ablauf der Kündigungsfrist ein. Besondere Bedeutung hat die Leistungszeit beim → Fixgeschäft, bei dem die ordnungsgemäße Erfüllung mit der genauen Einhaltung der Leistungszeit steht und fällt. Die Fälligkeit einer Leistung kann durch eine Stundung hinausgeschoben werden (Zahlungsaufschub); in dieser (ursprünglichen oder nachträglichen) Vereinbarung (also nicht einseitig) liegt regelmäßig nicht (wie bei einer Bedingung oder Zeitbestimmung) ein späteres Wirksamwerden des Schuldverhältnisses als solches, sondern nur ein Hinausschieben der sofortigen Leistungspflicht, also der Fälligkeit für eine bestimmte Zeit (sog. betagte Forderung). Sa → pactum de non petendo, → Verbraucherdarlehensvertrag. Zur Zulässigkeit einer Klage auf künftige Leistung s. §§ 257 ff. ZPO.

3. Für Steuerschulden ergibt sich die Fälligkeit aus § 220 AO iVm dem jeweiligen EinzelsteuerG, zB wird die Einkommensteuerabschlusszahlung grds. einen Monat nach Bekanntgabe des Steuerbescheids fällig (§ 36 IV EStG). → Vorauszahlungen auf Lohn- und Umsatzsteuer werden am 10. jeden Monats (§ 41a I EStG, § 18 I UStG) fällig, Einkommensteuervorauszahlungen sind dagegen zum 10.3., 10.6., 10.9., 10.12. fällig (§ 37 I EStG). Bei Überschreiten der Fälligkeit fallen → Säumniszuschläge an. Durch → Stundung (§ 222 AO) oder → Aussetzung der Vollziehung (§ 361 AO) kann die Fälligkeit hinausgeschoben werden. Hierfür sind dann entsprechende → Zinsen (§§ 236, 237 AO) zu zahlen.

Leistungszulagen
(turnusmäßig) und Leistungsprämien (einmalig) dürfen Bundesbeamten der Besoldungsordnung A und (begrenzt) Richtern und Staatsanwälten gemäß § 42a BBesG (→ Dienstbezüge) nach näherer Bestimmung einer besonderen RechtsVO (Bundesleistungsbesoldungs VO) zur Abgeltung von herausragenden besonderen Leistungen gewährt werden. Sie sind nicht ruhegehaltsfähig. Die Zahlung von Leistungszulagen ist zu befristen und bei Leistungsabfall zu widerrufen. Die Länder haben zT ähnliche Regelungen erlassen.

Leitende Angestellte
Leitende Angestellte sind → Angestellte, die nach Stellung und Dienstvertrag erhebliche eigenverantwortliche, iW weisungsfrei spezifisch unternehmerische (Teil-)Aufgaben wahrnehmen, zB Generalvollmacht (→ Vollmacht, → Handlungsvollmacht) oder → Prokura haben bzw. zur selbständigen Einstellung und Entlassung von → Arbeitnehmern befugt sind; auf die Vergütungshöhe kommt es dabei nicht an (§ 14 II KSchG, § 5 III, IV BetrVG). Wegen ihrer arbeitgeberähnlichen Stellung gelten für sie verschiedene Sonderregelungen, zB bei der → Betriebsratswahl (vgl. bes. § 18a BetrVG), → Kündigungsschutz für AN, → Arbeitszeit. S. ferner → Sprecherausschuss, → Mitbestimmung (2). Der Begriff des leitenden Angestellten ist jedoch unterschiedlich definiert, es bestehen insbes. zwischen KSchG und BetrVG erhebliche Abweichungen. Der Begriff ist zudem rechtlich erheblich enger als im alltäglichen Sprachgebrauch, va sind → außertarifliche Angestellte („AT-Angestellte") mit einem Verdienst oberhalb des Regelungsbereichs von Tarifverträgen meist keine leitenden Angestellten. Im Bankbereich wird der Kündigungsschutz ua abhängig von der Vergütung wie bei leitenden Angestellten beschränkt (§ 25a Va KWG).

Leitentscheidungsverfahren
→ Massenverfahren (Zivilprozess).

Leitlinien
→ Soft law; → Unterhaltstabellen.

Lenkungssteuer
ist eine → Steuer, durch die das Verhalten der Wirtschaft in eine bestimmte Richtung gelenkt werden soll (→ Wirtschaftslenkung). Sie ist verfassungsrechtlich zulässig (→ Verteilung des Steueraufkommens), wenn sie nicht in die Sachkompetenz des Gesetzgebers (Art. 70 ff. GG, → Gesetzgebung) eingreift. → Gemeindeabgaben, → Verpackungsteuer, → Zwecksteuern.

Lenkzeit, tägliche
→ Kraftfahrer.

LER (Lebensgestaltung-Ethik-Religionskunde)
Dieses Unterrichtsfach soll im Land Brandenburg den Religionsunterricht ersetzen (→ Religionsunterricht, 3).

Lernmittelfreiheit
heißt der Grundsatz, dass die erforderlichen Schulbücher und zT auch andere Lernmittel an den öffentl. Schulen (mittelbar auch an Privatschulen) kostenlos zur Verfügung gestellt werden. Der Grundsatz ist nicht lückenlos verwirklicht. Teilweise wurde oder wird ein Büchergeld erhoben.

Lesben
Lesben ist inzwischen auch Begriff der Gesetzessprache für weibliche → Homosexuelle.

Lesbische Beziehungen
in Form von sexuellen Handlungen zwischen Frauen sind nach deutschem Recht nicht strafbar, sofern nicht eine → Sexualstraftat vorliegt, zB Missbrauch von Kindern oder Abhängigen.

Lesung
(eines Gesetzes) → Gesetzgebungsverfahren.

Letter of intent
ist vielfach noch kein Vertragsangebot, sondern nur die Darlegung der Verhandlungsposition einer Seite im Rahmen von Vertragsverhandlungen. Je nach Formulierung kann der letter of intent aber auch bereits die verbindliche Regelung von Vorfragen (zB Tragung von Entwicklungskosten) enthalten; auch kann bei späterem (unbegründetem) Abweichen vom letter of intent eine Haftung aus → Verschulden beim Vertragsschluss in Betracht kommen. Sa → Side letter.

lettre de provision
→ Konsul.

lettre de rappel
→ Abberufung von Diplomaten.

Letztes Wort
des Angeklagten im Strafprozess → Hauptverhandlung.

Letztwillige Verfügung
ist eine andere Bezeichnung für ein → Testament (§ 1937 BGB). → Verfügung von Todes wegen.

Leuchtzeichen
→ Warnzeichen.

Leumundszeugnis
wurde früher eine behördliche Bescheinigung genannt, dass über den darin Bezeichneten nichts Nachteiliges bekannt sei. S. jetzt → Führungszeugnis.

Leveraged Buyout
→ Unternehmen (2).

lex
= Gesetz.

lex commissoria
→ Verwirkungsklausel.

lex fori
Gesetz, das am Gerichtsort gilt; → Internationales Privatrecht (1).

lex generalis
= allgemeines (eine allgemeine Regelung enthaltendes) Gesetz.

lex imperfecta
Ein Gesetz, das deshalb unvollkommen (imperfekt) ist, weil für den Fall seiner Übertretung weder eine Strafe noch Unwirksamkeit der verbotenen Rechtshandlung vorgesehen ist. Droht ein Gesetz Strafe, aber keine Nichtigkeit an, spricht man von lex minus quam perfecta.

lex loci actus
→ Internationales Privatrecht (1).

lex minus quam perfecta
→ lex imperfecta.

lex posterior
= ein später erlassenes Gesetz; lex posterior derogat legi priori: das später erlassene Gesetz geht dem älteren vor.

lex rei sitae
= das Recht der belegenen Sache (Recht des Ortes, an dem sich die streitbefangene Sache befindet). → Internationales Privatrecht (1, 2f).

Lex Salica
Älteste Quelle des fränkischen Rechts (Stammesrecht der salischen Franken), vermutlich 508–511 entstanden, später durch Zusätze ergänzt; Hauptanwendungsbereich der Lex Salica war das späte Frankreich. Sa → Rechtsgeschichte (2).

lex specialis
= besonderes Gesetz; lex specialis derogat legi generali: das besondere Gesetz geht dem (thematisch) allgemeineren Gesetz vor.

Liberaler Rechtsstaat
(kein Rechtsbegriff) wird eine staatliche Ordnung genannt, welche die Ziele des → Liberalismus verwirklichen will, also bestrebt ist, dem Staatsbürger eine möglichst weite freiheitliche Sphäre mit möglichst wenigen staatl. Eingriffen zu belassen. Dieses Ziel soll dadurch erreicht werden, dass die Macht des Staates in Schranken gehalten wird, insbes. durch seine Bindung an Gesetz und Recht und die umfassende Garantie von → Grundrechten (sa Rechtsstaat). Auf wirtschaftlichem Gebiet erstrebt der liberale Staat eine freiheitliche Entwicklung durch Unterlassen staatlicher Interventionen.

Liberalisierung
des Handels ist die Befreiung der → Einfuhr von → Zoll, mengenmäßigen Beschränkungen und anderen → NTB. Sie wurde bereits durch den Liberalisierungskodex der → OECD im Jahre 1950 gefordert und in der Folgezeit in vielen Bereichen verwirklicht; sa → WTO,

→ Europäische Union, → Europäische Integration.

Liberalismus
Der Liberalismus ist eine freiheitliche Staats-, Gesellschafts- und Wirtschaftsauffassung, die sich im 19. Jh. herausbildete und die – damit im Gegensatz zum → totalen Staat stehend – eine möglichst weitgehende Freiheit des Einzelnen vom Staat und den sonstigen gesellschaftlichen Verbänden erstrebt. Dem Staat soll allein die Aufgabe zufallen, die Entwicklung der Einzelpersönlichkeit durch Aufrechterhaltung der öffentlichen Sicherheit und Ordnung mittels Gesetzgebung, Rechtspflege und Polizei und durch die Abwehr von Angriffen anderer Staaten zu sichern (deshalb auch spöttisch Nachtwächterstaat genannt). Auf wirtschaftlichem Gebiet wendet sich der Liberalismus gegen jede staatliche Einmischung in das Wirtschaftsleben und steht damit im Gegensatz zum Merkantilismus und zur Planwirtschaft, bei denen der Staat auf den Wirtschaftsablauf Einfluss nimmt oder ihn durch Aufstellen verbindlicher Pläne bestimmt. Das Gedankengut des Liberalismus hat die deutschen Verfassungen des 19. und des frühen 20. Jh. stark beeinflusst.

Lichtbild
Ein → Urheberrecht besteht nur an solchen Fotografien, die eine persönliche geistige Schöpfung darstellen und deshalb als Lichtbildwerke geschützt sind (§ 2 Abs. 1 Nr. 5, Abs. 2 UrhG). Aber auch nichtschöpferische Abbildungen (bloße Lichtbilder und ähnlich hergestellte Erzeugnisse) werden als geistige Leistung grds. wie Lichtbildwerke geschützt (§ 72 UrhG) mit der Folge, dass diese nicht ohne Zustimmung des Lichtbildners in urheberrechtlich relevanter Weise genutzt werden dürfen (etwa auf einer Internetseite verwendet werden dürfen); der Schutz erlischt jedoch schon 50 Jahre nach Erscheinen oder Herstellung. Vom urheberrechtlichen Recht am Lichtbild zu unterscheiden ist das Recht am eigenen → Bildnis.

Lichtimmissionen
Als Lichtimmissionen, Lichtverschmutzung oder Lichtsmog bezeichnet man auf Menschen, Tiere, Pflanzen, Boden usw einwirkendes Licht. Solche Immissionen sind schädliche Umwelteinwirkungen iSv § 3 BImSchG, wenn sie geeignet sind, Gefahren, erhebliche Nachteile oder Belästigungen herbeizuführen. Anders als bei Lärm und Luftverschmutzung ist gesetzlich nicht geregelt, wann dies der Fall ist. Zum Schutz insbesondere von Insekten verlangt in Zukunft § 41a BNatSchG, dessen Inkrafttreten vom Erlass einer Rechtsverordnung abhängt, dass neu zu errichtende Beleuchtungen an Straßen, Außenbeleuchtungen baulicher Anlagen und lichtemittierende Werbeanlagen so betrieben werden, dass Tiere und Pflanzen wild lebender Art vor nachteiligen Auswirkungen geschützt sind.

Lichtspieltheater
→ Kino.

Lichtzeichen
(§ 37 StVO) → Verkehrsampeln.

Lidlohn
Lidlohn war eine frühere Bezeichnung für Lohn- und Gehaltsansprüche der Arbeitnehmer sowie für sonstige Vergütung von Arbeitsleistungen (zB der Provisionsanspruch des Handelsvertreters), s. → Arbeitslohn.

Liebhaberei
bedeutet im Steuerrecht, dass eine Tätigkeit ohne Absicht der Erzielung von einkommensteuerbaren Einkünften durchgeführt wird (§ 2 I, II EStG). Es fehlt an der → Gewinnerzielungsabsicht. Die Einkünfte hieraus sind nicht zu versteuern, Verluste steuerlich nicht anzuerkennen. Liebhaberei liegt insbes. vor, wenn die Tätigkeit nicht aus wirtschaftlichen, sondern aus persönlichen Gründen betrieben wird. Typische Tätigkeiten, die die Vermutung der Liebhaberei nahe legen, sind das Vermieten eines Segelbootes oder das Betreiben eines Rennstalles. Streben nach Steuerersparnis begründet keine Gewinn- oder Einnahmenerzielungsabsicht (§ 15 II 2 EStG).

Liebhaberinteresse
→ Schadensersatz (3).

Lieferant
→ Gewährleistung, 2e.

Lieferanten-, Einkaufsfactoring
→ Factoringvertrag.

Lieferbarkeitsbescheinigung
→ Affidavit.

Liefer(ungs)bedingungen
→ Allgemeine Geschäftsbedingungen.

Lieferkette
→ Gewährleistung (2e), → Verbrauchsgüterkauf; sa → Agrarorganisationen und Lieferketten, → Lieferkettensorgfaltspflichtengesetz.

Lieferkettensorgfaltspflichtengesetz
1. Deutsche Unternehmen mit mindestens 1000 Arbeitnehmern sind verpflichtet, auf die Einhaltung menschenrechtlicher und umweltbezogener Mindeststandards in ihren internationalen Lieferketten zu achten. Das Lieferkettensorgfaltspflichtengesetz (LkSG) v. 16.7.2021 (BGBl. 2021 I 2959) soll die weltweite Menschenrechtssituation (va die Einhaltung von → Mindestarbeitsbedingungen, sa → Arbeitsbedingungen, → Tariftreue) verbessern und zum internationalen Umweltschutz beitragen. Es verpflichtet Unternehmen zur Einrichtung eines entsprechenden Risikomanagements, Durchführung regelmäßiger Risikoanalysen, zu Präventionsmaßnahmen, ggf. Abhilfemaßnahmen sowie Dokumentation und Berichterstattung (§§ 3 ff. LkSG). Zuständige Behörde ist das → Bundesamt für Wirtschaft und Ausfuhrkontrolle. Das LkSG schafft bußgeldbewehrte Sorgfaltspflichten, aber keine neuen

Haftungstatbestände, und ist kein Schutzgesetz iSv § 823 II BGB (→ Unerlaubte Handlung (Delikt) Ziff. 2b). Betroffene Arbeitnehmer ausländischer Zulieferer können ihre Ansprüche von inländischen Gewerkschaften oder Nichtregierungsorganisationen gerichtlich geltend machen lassen (§ 11 LkSG, → Prozessstandschaft).

2. a) Die Europäische Union hat im Sommer 2024 eine europäische Lieferkettenrichtlinie erlassen. Die Richtlinie 2024/1760/EU v. 13.6.2024 über die Sorgfaltspflichten von Unternehmen im Hinblick auf Nachhaltigkeit (ABl. EU 2024 L v. 5.7.2024) ist auch als CSDDD (Corporate Sustainability Due Diligence Directive) bekannt und muss bis zum 26.7.2026 in nationales Recht umgesetzt werden. Da die Richtlinie in verschiedenen Punkten über das LkSG hinausgeht, wird die deutsche Regelung angepasst werden müssen.

b) Die Richtlinie gilt grundsätzlich für alle Unternehmen mit mehr als 1000 Beschäftigten und einem weltweiten Nettoumsatz von mehr als 450 Mio. €. Für diese Unternehmen sind die umgesetzten nationalen Vorschriften ab 2029 anwendbar, für erheblich größere Unternehmen bereits ab 2027. Gegenüber dem LkSG werden die umweltbezogenen Sorgfaltspflichten deutlich ausgeweitet, etwa im Hinblick auf die Vermeidung von Abfällen oder Quecksilber in Lieferketten. Generell werden die Unternehmen verpflichtet, ihren schädlichen Einfluss auf den Klimawandel zu reduzieren. Die einzuhaltenden menschen- und umweltrechtlichen Sorgfaltsstandards sind im Anhang der Richtlinie aufgelistet, häufig durch Verweis auf entsprechende völkerrechtliche Verträge. Die betroffenen Unternehmen unterliegen umfangreichen Berichtspflichten und sollen, im Gegensatz zur jetzigen deutschen Regelung, für schuldhaft verursachte Schäden haften (Art. 29 Richtlinie 2024/1760/EU).

3. Zur Kontrolle von Lieferketten im Holzhandel → Holz, im Agrarsektor → Agrarorganisationen und Lieferketten.

Lieferschein
Der Lieferschein ist die einer Warenlieferung beigegebene Urkunde, die Aussagen über geliefere Ware gibt. Besondere gesetzliche Vorgaben für den Lieferschein gibt es nicht. Sein Inhalt kann das vertraglich Vereinbarte (→ Vertrag, 1) nicht einseitig ändern; s. aber → Eigentumsvorbehalt, → Bestätigungsschreiben. Ist die Ware eingelagert, so ist der Lieferschein eine → Anweisung an den Lagerhalter, nur gegen Zahlung zu liefern.

Lieferschwelle
→ Binnenmarkt, → Umsatzsteuer (2e).

Lieferung
→ Umsatzsteuer (3, 4).

Lieferungskauf
→ Werklieferungsvertrag.

Liegegeld
→ Überliegezeit.

Liegenbleiben von Fahrzeugen
auf öffentl. Straße erfordert sofortige Sicherungsmaßnahmen, ggf. Beleuchtung des Fahrzeugs. Bei mehrspurigen Fahrzeugen, die nicht sofort als Hindernis erkennbar sind, ist Warnblinklicht einzuschalten und in der nach der Verkehrslage erforderlichen Entfernung (bei Schnellverkehr: 100m) ein Warndreieck aufzustellen (§§ 15, 17 StVO; § 53a StVZO). Zuwiderhandlung ist → Ordnungswidrigkeit (§ 49 I Nr. 15, 17 StVO), uU → Straßenverkehrsgefährdung. Eine Pflicht, die mitzuführende Warnweste zu tragen, besteht nicht.

Liegenschaft
= unbewegliche Sache; → Grundstück, → Sachenrecht. Gegensatz: → Fahrnis.

Liegenschaftskataster
→ Kataster.

Liegezeiten
→ Binnenschifffahrt, → Ladezeit.

Limit
ist eine Preis- oder Mengengrenze, die der Beauftragte nicht überschreiten darf. Dies betrifft idR aber nur das Innenverhältnis, nicht zugleich auch die → Vollmacht. Zum Limit bei der → Kommission s. dort.

Limited
(oder Ltd.) abkürzende Bezeichnung für Gesellschaftsformen englischen Rechts, genauer gesagt solchen mit beschränkter Haftung (public/private company limited by shares).

Limited Liability Partnerships (LLP)
Personengesellschaft englischen Rechts mit beschränkter Haftung der Gesellschafter. Die Rechtsform war (bis zum Brexit) bei großen internationalen Anwaltskanzleien mit europaweiten Niederlassungen sehr verbreitet (im Zuge des Brexit haben aber viele Kanzleien ihre Rechtsform wieder gewechselt). Das deutsche Äquivalent hierzu ist die → Partnerschaftsgesellschaft.

Limitierte Akzessorietät
→ Akzessorietät (2), → Teilnahme an einer Straftat.

Lindauer Abkommen
(auch Lindauer Absprache, Lindauer Beschlüsse oder Lindauer Vereinbarung).

1. Die Regelung des Art. 32 GG (s. → auswärtige Angelegenheiten) ist nur rudimentär und nicht eindeutig. Insbesondere ist unklar, ob es sich bei der Befugnis der → Länder nach Art. 32 III GG, im Rahmen ihrer Gesetzgebungszuständigkeiten eigene → völkerrechtliche Verträge (sa → Staatsvertrag) abzuschließen, um eine ausschließliche (dh nur die Länder dürfen völkerrechtliche Verträge abschließen, die ihre Gesetzgebungszuständigkeiten betreffen) oder nur um eine konkurrierende (dh auch der → Bund darf völkerrecht-

liche Verträge abschließen, die die Gesetzgebungszuständigkeiten der Länder betreffen) Zuständigkeit handelt.

2. Das Lindauer Abkommen v. 14.11.1957 hat diesen Verfassungskonflikt pragmatisch gelöst. Nach Ziffer 3 des Lindauer Abkommens muss der Bund das Einverständnis aller Länder einholen, wenn deren ausschließliche Gesetzgebungskompetenzen (zB im Kulturbereich) berührt sind. In der Staatspraxis wird diesem Mitwirkungserfordernis durch förmliche Zustimmung der → Landesregierungen Rechnung getragen. Nach Ziffer 4 des Lindauer Abkommens müssen daneben beim Abschluss aller Verträgen, die wesentliche Interessen der Länder berühren (unabhängig davon, ob darüber hinaus die engeren Voraussetzungen der Ziffer 3 gegeben sind) die Länder möglichst früh beteiligt werden. Als ständiger Gremium und Ansprechpartner des → Auswärtigen Amtes wurde durch Ziffer 4 des Lindauer Abkommens hierfür durch die Bremer Konferenz vom 21.3.1958 die Ständige Vertragskommission der Länder geschaffen. Diese hat die Landesregierungen über Vorhaben des Bundes und den jeweiligen stand der Verhandlungen zu unterrichten und die Auffassungen der Landesregierungen hierüber dem Bund darzulegen.

3. Die Ständige Vertragskommission der Länder setzt sich aus jeweils einem Vertreter eines jeden Landes zusammen, die persönlich und auf unbestimmte Zeit berufen werden. Üblicherweise sind dies die Bevollmächtigten der Länder beim Bund (→ Vertretungen der Länder, 1), die nach der Staatspraxis die Wahrnehmung der Geschäfte auf einen Beamten übertragen können. Den Vorsitz führt traditionell der Bevollmächtigte des Freistaates → Bayern beim Bund, der die Leitung der Geschäfte auf seinen zuständigen Referenten als Geschäftsführer überträgt.

Lineare Abschreibung
→ Absetzung für Abnutzung (3).

Linienverkehr
Linienverkehr auf der Straße ist eine zwischen bestimmten Ausgangs- und Endpunkten eingerichtete, regelmäßige Verkehrsverbindung, auf der Fahrgäste an bestimmten Haltestellen ein- und aussteigen können (§ 42 PBefG). Personenbeförderung mit Straßenbahnen und Obussen geschieht immer als Linienverkehr, er kann aber auch mit Kraftfahrzeugen durchgeführt werden. Anwendbar ist, falls nicht besondere Beförderungsbedingungen gültig sind (§ 39 PBefG), die Verordnung über die Allgemeinen Beförderungsbedingungen für den Straßenbahn- und Obusverkehr sowie den Linienverkehr mit Kraftfahrzeugen (BefBedV) v. 27.2.1970 (BGBl. 1970 I 230) mÄnd. Zum Linienverkehr zählen auch die meistens unter Ausschluss anderer Fahrgäste stattfindenden regelmäßigen Beförderungen von Berufstätigen zwischen Wohnung und Arbeitsstelle (Berufsverkehr) oder von Schülern zwischen Wohnung und Lehranstalt (Schülerfahrten, § 43 PBefG). Seit 2021 gibt es als Sonderform des Linienverkehrs den Linienbedarfsverkehr. Er dient der Beförderung von Fahrgästen auf vorherige Bestellung ohne festen Linienweg zwischen bestimmten Einstiegs- und Ausstiegspunkten innerhalb eines bestimmten Gebiets und soll zur Flexibilisierung des Personennahverkehrs beitragen (§ 44 PBefG). Der Linienverkehr bedarf immer der Genehmigung, die idR von einer Bedürfnisprüfung abhängt. → Personenbeförderung.

Linksextremisten
→ Extremismus.

Liquidation (Abwicklung)
1. Wird ein → Verein (1e), eine → Personengesellschaft, eine → Kapitalgesellschaft oder eine → Genossenschaft aufgelöst oder verliert sie die Rechtsfähigkeit, so findet eine Liquidation statt (Ausnahme → Umwandlung), wenn bei einer Personengesellschaft nicht eine andere Form der Auseinandersetzung gewählt wird oder ein → Insolvenzverfahren stattfindet. Bei den → juristischen Personen ist Zweck der Liquidation in erster Linie, dass die Gläubiger befriedigt werden, erst in zweiter Linie die Verteilung des Liquidationserlöses an die Mitglieder, Gesellschafter, Aktionäre oder Genossen. Bei einer Personengesellschaft ist Zweck der Liquidation ausschließlich, das gemeinsame Gesellschaftsvermögen zu verteilen, da die Haftung der Gesellschafter gegenüber den Gesellschaftsgläubigern ohnehin fortbesteht. Grundsätzlich geschieht die Liquidation in der Weise, dass die laufenden Geschäfte beendet, die Schulden getilgt, die Forderungen eingezogen und das Vermögen in Geld umgesetzt und verteilt wird (§ 49 BGB, §§ 732–735 BGB, §§ 149, 155, 161 II HGB, §§ 268, 271 AktG, §§ 70, 72 GmbHG, §§ 88, 91, 92 GenG).

2. Die Liquidation wird durch die Liquidatoren (Abwickler) durchgeführt, die den bis zur Beendigung der Liquidation fortbestehenden Verein (Gesellschaft, Genossenschaft) gesetzlich vertreten (§ 48 BGB, §§ 149, 161 II HGB, § 269 AktG, § 70 GmbHG, § 88 GenG). Liquidatoren sind idR diejenigen Personen, die bisher die Geschäfte des Vereins usw. geführt und ihn gesetzlich vertreten haben, sofern nicht dritte Personen vom Gericht, durch → Gesellschafterbeschluss, Gesellschaftsvertrag, Satzung, Haupt- oder Generalversammlungsbeschluss bestellt werden (§ 48 BGB, §§ 146, 161 II HGB, § 265 AktG, § 66 GmbHG, § 83 GenG). Die Liquidatoren müssen ihre Handlungen in gleicher Weise verantworten wie vorher der Vorstand (§ 48 II BGB, § 268 II AktG, § 89 GenG), Geschäftsführer (§ 71 II GmbHG) und geschäftsführende Gesellschafter. Die Liquidation endet idR mit Verteilung des Vereins(Gesellschafts)vermögens.

3. Zur steuerlichen Behandlung: Liquidationsraten von Kapitalgesellschaften führen zu

Einkünften aus Kapitalvermögen (§ 20 I Nr. 2 EStG), → Veräußerungsgewinne, → Auflösungsgewinn, → außerordentliche Einkünfte.

Liquidation des Drittinteresses
→ Schadensersatz (1).

Liquidationsplan
→ Insolvenzplan.

Lissabon, Vertrag von
→ Europäische Integration (3f und g).

Lissabon-Entscheidung, Lissabon-Urteil
ist die Kurzbezeichnung für das Urt. des BVerfG v. 30.6.2009 (NJW 2009, 2267). Mit diesem Urteil stellte das BVerfG die Verfassungsmäßigkeit des Vertrages von Lissabon fest und definierte die Grundsätze für die innerstaatliche Beteiligung von → Bundestag und → Bundesrat an Entscheidungen der → Europäischen Union (EU) sowie für die Überprüfung von Rechtsakten der EU durch das BVerfG (sa → Europäischen Union, 7; → Grundrechte, 8).

Listenmandat
→ Direktmandat.

Listenwahl
nennt man die → Verhältniswahl, weil der Wähler hier seine Stimme für eine der aufgestellten Kandidatenlisten abgibt (Gegensatz: → Mehrheitswahl); sa → Bundestag.

Liszt, Franz von
(1851–1919), deutscher Rechtslehrer, Mitbegründer der soziologischen Strafrechtsschule, setzte sich für die empirische Erforschung der Erscheinungsformen und Ursachen der Kriminalität (→ Kriminologie) mit dem Ziel ein, die Beurteilung des Straffälligen individuell nach dessen Persönlichkeit auszurichten und im → Strafzweck den Vergeltungsgedanken durch den Erziehungs-, Besserungs- und Sicherungszweck (→ Spezialprävention) zu ersetzen.

Lizenz
→ Nutzungsrecht; → Lizenzvertrag.

Lizenzgebühr
→ Lizenzvertrag.

Lizenzvertrag
1. Immaterialgüterrecht. Ein Lizenzvertrag ist ein → Vertrag, durch den der Inhaber eines Immaterialgüterrechts (etwa eines → Patents, → Gebrauchsmusters, → Designs, Werks des → Urheberrechts oder einer → Marke, aber auch des → Rechts am eigenen Bild oder des → Namensrechts) ein Nutzungsrecht daran ganz oder zum Teil einem Dritten einräumt (vgl. § 15 Abs. 2 PatG; § 22 Abs. 2 GebrMG; § 31 DesignG; §§ 31 ff. UrhG; § 30 MarkenG). Der Lizenznehmer erlangt dadurch die Rechte in dem Umfang und mit der Wirkung (gegenüber Dritten, soweit es sich um absolute Rechte handelt), wie sie dem Lizenzgeber zustehen. Man unterscheidet die ausschließliche Lizenz, bei welcher der Lizenzgeber dem Lizenznehmer das alleinige Recht zur Ausübung aller oder einzelner Benutzungsbefugnisse (regelmäßig auch des Verbietungsrechts) erteilt, und die einfache Lizenz, bei welcher dem Lizenznehmer nur gestattet wird, Benutzungshandlungen vorzunehmen, während der Lizenzgeber daneben auch anderen die Benutzung gestatten kann und das Verbietungsrecht bei ihm verbleibt. Der Lizenzvertrag kann vorsehen, dass der Lizenznehmer berechtigt ist, das Recht seinerseits zu lizenzieren, also Unterlizenzen zu erteilen. Ein Rechtsübergang oder die Erteilung einer Lizenz berühren solche Lizenzen nicht, die bereits vorher einem Dritten erteilt worden sind. Lizenzen können zeitlich und räumlich begrenzt oder auf bestimmte Personen, Gegenstände, Betriebe (Betriebslizenz), Mengen und Benutzungsarten beschränkt werden. Der Lizenzvertrag verpflichtet idR den Lizenzgeber, das Benutzungsrecht einzuräumen, sowie zur Haftung für dessen Bestand und → Gewährleistung dafür, dass (insbes. Rechts-)Mängel des lizenzierten Gegenstands nicht bestehen. Der Lizenznehmer ist insbes. zur Zahlung der vereinbarten Vergütung (Lizenzgebühr) verpflichtet. In ähnlicher Weise kann auch geheimes Knowhow lizenziert werden, das keinen Sonderrechtschutz genießt. Sa → Franchisevertrag.

2. Kartellrecht. Die Regelung der früheren §§ 17, 18 GWB aF idF bis zum 30.6.2005 betreffend Lizenzverträge über Patente und verwandte Schutzrechte, ist durch die Generalklausel des § 2 GWB ersetzt worden (→ Freistellung im Kartellrecht), die insbes. auf die → Technologietransfer-GVO Bezug nimmt.

Lobbyismus
(nach dem englischen „lobby" = Wandelhalle des Parlaments) ist eine Erscheinung des modernen parlamentarischen Staates. Er bezeichnet das Bestreben von Interessengruppen, durch ihre Beauftragten (Lobbyisten) über die Abgeordneten und maßgebende Personen in der Exekutive auf Gesetzgebung und Verwaltungspraxis im Sinne ihrer Ziele und Wünsche Einfluss zu gewinnen. Versuche, auf solchem Wege die Entscheidung der Parlamente und Regierungen zu beeinflussen, wird es notwendig in jeder pluralistischen Gesellschaftsordnung geben, für die ja der Interessengegensatz der einzelnen Gruppen kennzeichnend ist. Sie sind auch in der zum Teil doch faktisch bestehenden Beziehungen der Abgeordneten und der Parteien zu Interessengruppen begründet. Ab 1.1.2022 wird die Tätig derkeit Lobbyisten in D gesetzlich geregelt sein (→ Lobbyregistergesetz). Derzeit führt noch nach der GeschO des → Bundestages (Anlage 2) dessen Präsident eine öffentliche Liste aller Interessenverbände und ihrer Vertreter, die – zB bei Ausschussberatungen – angehört werden können.

Lobbyregistergesetz
Die Interessenvertretung gegenüber Mitgliedern des → Bundestages (sa → Abgeordnete), der → Bundesregierung und gegenüber den

→ Ministerien des → Bundes (vom → Minister bis zur Ebene der Unterabteilungsleiter, müssen sich die Lobbyisten ein Lobbyreister eintraen.) ist mit Wirkung vom 1.1.2022 durch dass Lobbyregistergesetz v. 16.4.2021 (BGBl. 2021 I 818) geregelt. Interessenvertretung ist jede Kontaktaufnahme zum Zweck der unmittelbaren oder mittelbaren Einflussnahme auf den Willensbildungs- und Entscheidungsfindungsprozess. Erfolgt diese Interessenvertretung regelmäßig, auf Dauer oder geschäftsmäßig, müssen sich die Lobbyisten in ein Lobbyregister eintragen. Ausnahmen gelten zB für politische → Parteien, Arbeitgeber- und Arbeitnehmerverbände, → Kirchen, Amts- und Mandatsträger. Für die Lobbyarbeit legen Bundestag und Bundesregierung einen Verhaltenskodex fest. Verstöße gegen die Eintragungspflicht sind bußgeldbewehrt.

Ähnliche Regelungen gelten auch in den Ländern, zB in Bayern.

Lockangebote
Als Lockangebote bezeichnet man Angebote von Produkten zu einem bestimmten (niedrigen) Preis, bei denen der Anbieter nicht darüber aufklärt, dass er die Produkte nicht für einen angemessenen Zeitraum in angemessener Menge zum genannten Preis bereitstellen kann; sie sind gem. Nr. 5 Anhang zu § 3 Abs. 3 UWG unlauter (→ Unlauterer Wettbewerb).

Lockdown
Lockdown ist kein Begriff der deutschen Rechtssprache. Der englische Begriff „Lockdown" bedeutet ursprünglich Ausgangssperre. Im Zusammenhang mit der → COVID-19-Pandemie von 2020 bis 2022 (→ COVID-19) umschreibt Lockdown ein Bündel von Maßnahmen nach dem → Infektionsschutzgesetz wie zB → Ausgangsbeschränkungen, → Abstandsgebote, Kontaktbeschränkungen, Schließung von Kindertagesstätten, Schulen und Universitäten, Verbot von allen mit Menschenansammlungen verbundenen Veranstaltungen, Schließung von Ladengeschäften, Gastronomiebetrieben und Bordellen (sa → Social Distancing). Die genannten Maßnahmen erfolgen idR durch → Rechtsverordnung oder Allgemeinverfügung (→ Verwaltungsakt, 1); als solche unterliegen sie der Überprüfung durch die → Verwaltungsgerichte (sa → Verwaltungsstreitverfahren). Nach Fortfall der → epidemischen Lage von nationaler Tragweite waren jedenfalls Ausgangsbeschränkungen nicht mehr möglich. Mit dem Ende der Pandemie sind inzwischen sämtliche Beschränkungen entfallen.

Lockspitzel
→ agent provocateur.

Löschung
im Grundbuch ist die Eintragung, dass ein → Grundstücksrecht oder sonstige → eintragungsfähige Umstände nicht mehr bestehen. Die Löschung wird im Grundbuch durch rotes Unterstreichen („röten") des betr. Textes gekennzeichnet.

Löschungsanspruch
→ Löschungsvormerkung.

Löschungsbewilligung
→ Grundbuch.

Löschungsfähige Quittung
Bei Befriedigung des Gläubigers einer → Hypothek kann der Grundstückseigentümer statt der Bewilligung der Löschung oder der Berichtigung im Grundbuch vom Gläubiger eine Quittung in öffentlich beglaubigter Form über die geleistete Zahlung und die Herausgabe des → Hypothekenbriefs verlangen. Diese sog. löschungsfähige Quittung dient für den Nachweis der Unrichtigkeit des Grundbuchs (→ Eigentümerhypothek, → Berichtigung des Grundbuchs).

Löschungsvormerkung
ist eine → Vormerkung (1), insbes. zugunsten eines nachrangigen Gläubigers, durch die dessen Anspruch gegen den Grundstückseigentümer auf Löschung einer im Rang (→ Rang von Grundstücksrechten) vorgehenden → Hypothek für den Fall, dass sie mit dem Eigentum in einer Person zusammenfällt (→ Eigentümerhypothek), gesichert wird (§ 1179 BGB). Eine etwaige anderweitige Verfügung über die Hypothek ist dann dem durch die Löschungsvormerkung geschützten Gläubiger gegenüber unwirksam (§ 883 II BGB, § 888 BGB). Ein nachrangiger Hypothekengläubiger hat grds. bereits kraft Gesetzes einen Anspruch auf Löschung einer vor- oder gleichrangigen → Eigentümerhypothek (§ 1179a BGB, § 1179b BGB).

Lösungssumme
Die Lösungssumme ist der in einem Arrestbefehl (→ Arrest) von Amts wegen festzustellende Geldbetrag, durch dessen Hinterlegung der Schuldner erwirken kann, dass der Arrest nicht weiter vollzogen wird und auf Antrag des Schuldners aufzuheben ist (§ 923 ZPO).

Logische Interpretation
→ Auslegung (1b).

Lohn
→ Arbeitslohn.

Lohnabzüge
Neben den vertraglich vereinbarten (zB Abrede der Verwendung eines Teils des → Arbeitslohns für die → Vermögensbildung der Arbeitnehmer) gibt es gesetzliche Lohnabzüge (insbes. → Lohnsteuer, → Sozialversicherung, → Lohnpfändung), zu deren Einbehaltung und anderweitigen Abführung der Arbeitgeber verpflichtet ist. Unterlaufen bei der Abführung der gesetzlichen Lohnabzüge Fehler, können diese nur eingeschränkt zwischen den Arbeitsvertragsparteien rückabgewickelt werden: Der Arbeitgeber ist gem. § 28g SGB IV für Sozialversicherungsbeiträge stark eingeschränkt; für Lohnsteuerzahlungen gem. § 41a EStG ist dem-

gegenüber der Arbeitnehmer iW auf die Rückerstattung im Rahmen der Einkommensteuererklärung verwiesen, dem Arbeitgeber steht ein „besonderer Erfüllungseinwand" zu, wobei aber die Fristen des § 41c EStG zu beachten sind (BAG 21.12.2016 – 5 AZR 266/16, NJW 2017, 972).

Lohnanspruch
→ Arbeitslohn, → Insolvenzgeld.

Lohndumping
(am Bau) → Allgemeinverbindlichkeit, → Sozialdumping, → Entsendegesetz.

Lohnersatzleistung
→ Progressionsvorbehalt.

Lohnfortzahlung bei Arbeitsunfähigkeit wegen Erkrankung
→ Entgeltfortzahlung im Krankheitsfall.

Lohngleichheit
Der Gleichheitsgrundsatz des Art. 3 GG garantiert auch die Lohngleichheit von Mann und Frau bei gleicher Arbeit, verbietet also – wie auch das Europarecht (vgl. Art. 157 AEUV u. div. Richtlinien) – insbes. eine niedrigere Entlohnung der Frauenarbeit nur wegen der Geschlechtszugehörigkeit. Hieran sind auch die Tarifvertragsparteien gebunden. Dieses Ziel wird u. a. durch § 75 BetrVG, § 62 BPersVG oder § 4 I TzBfG gefördert und das Allgemeine Gleichbehandlungsgesetz (AGG) v. 14.8.2006, BGBl. 2006 I 1897 mÄnd (→ Gleichbehandlung, 2) untersagt daher allgemein für gleiche oder gleichwertige Arbeit eine geringere Vergütung zu vereinbaren als bei Beschäftigten des anderen Geschlechts; das darf auch nicht im Hinblick auf besondere Schutzvorschriften, zB für Frauen, geschehen. Konkrete Maßnahmen zur Verwirklichung der Lohngleichheit zwischen den Geschlechtern verfolgt das Entgelttransparenzgesetz (EntgTranspG) v. 30.6.2017, BGBl. 2017 I 2152 mÄnd ua mit gewissen Auskunftsansprüchen (zB § 10 EntgTranspG). Lohndifferenzierungen sind nach allem zwar nicht allgemein ausgeschlossen, sie müssen aber für Männer und Frauen gleich sein.

Zum Vorstehenden ist im Juni 2023 die Entgelttransparenz-RL EU/2023/970 v. 10.5.2023, ABl. L, 132/21, 17.5.2023, hinzugetreten, die über den Inhalt des EntgTranspG hinausgehende Maßnahmen vorsieht (zB Ausweitung des Anwendungsbereichs auf Stellenbewerber inkl. Verbot der Frage nach dem bisherigen Entgelt, Auskunftsrecht der Beschäftigten grds. unabhängig von der Betriebsgröße und gerichtet auf das durchschnittliche Vergleichsentgelt, Unterrichtungs- und Veröffentlichungspflichten, Erweiterung von Sanktionen und Durchsetzungsmöglichkeiten). Die RL ist bis zum 7.6.2026 in nationales Recht umzusetzen; es ist davon auszugehen, dass das EntgTranspG entsprechend verschärft werden wird.

Auch bei der einseitigen kollektiven Gewährung von Leistungen ist der Gleichbehandlungsgrundsatz zu beachten, s. dazu → Gleichbehandlung (1). Zudem gilt für Leiharbeitnehmer im Verhältnis zu Stammarbeitnehmern eine Vorgabe zur Lohngleichheit (→ Leiharbeitsverhältnis).

Ein weiteres Problem der Lohngleichheit (abgesehen von der Geschlechtszugehörigkeit) liegt im kollektivrechtlichen Bereich darin, ob bestimmte Leistungen nur Gewerkschaftsmitgliedern vorbehalten werden können bzw. ob Lohnabschläge oder sonstige Nachteile für nichtorganisierte Arbeitnehmer (sog. „Trittbrettfahrer") zulässig sind. Solange durch solche Differenzierungsklauseln kein Beitrittszwang erzeugt wird, bestehen jedenfalls keine grundrechtlichen Bedenken zB hins. der negativen Koalitionsfreiheit (vgl. Art. 9 III, 12 I GG; BVerfG v. 14.11.2018 – 1 BvR 1278/16, NZA 2019, 112). IÜ sind einfache Differenzierungsklauseln in Tarifverträgen, die zB Sonderzahlungen oÄ nur für Gewerkschaftsmitglieder vorsehen, nach der Rspr. des BAG zulässig (bzgl. des Tarifentgelts noch ungeklärt); unzulässig sind jedoch (auch einfache) Differenzierungsklauseln iVm einer Stichtagsregelung, die einen Anspruch nur bei Gewerkschaftseintritt bis zu einem bestimmten Zeitpunkt bzw. eine Rückzahlungsverpflichtung für austretende Gewerkschaftsmitglieder vorsieht, und insbes. qualifizierte Differenzierungsklauseln, die dem Arbeitgeber eine Gewährung auch an nicht tarifgebundene Arbeitnehmer durch einzelvertragliche Zusatzvereinbarung verbieten oder eine solche Gewährung umgehen (zB als sog. Spannen(sicherungs)klausel oder Abstandsklausel, die bei individualrechtlicher Gewährung an nicht organisierte Arbeitnehmer eine Anspruchserweiterung für Gewerkschaftsmitglieder vorsieht); vgl. zu allem ausführlich BAG v. 18.3.2009 – 4 AZR 64/08, NZA 2009, 1028.

Lohnhandwerker
Ein Lohnhandwerker ist ein Handwerker, der im Rahmen seines Gewerbebetriebs fremde Waren be- oder verarbeitet, zB repariert oder färbt (anders der → Warenhandwerker, der Waren anschafft und weiterveräußert). Zur Kaufmanneigenschaft des Lohnhandwerkers → Kaufmann, → Handelsgewerbe.

Lohnkostenzuschuss
Lohnkostenzuschüsse werden im Regelfall an Arbeitgeber bezahlt, damit diese eine vorher arbeitslose Person mit Vermittlungshemmnissen beschäftigen. Die Zahlung soll die geringere Anfangsproduktivität der bezuschussten Person ausgleichen. Die Förderung erfolgt durch die Agenturen für Arbeit in Form des → Eingliederungszuschuss (§ 88 SGB III; früher auch → Einstellungszuschuss).

Lohnnebenkosten
→ Arbeitsschutz, → Lohnsteuer, → Sozialversicherungsbeiträge.

Lohnpfändung

1. Das → Arbeitseinkommen ist nur beschränkt der → Pfändung unterworfen; aus sozialen Gründen bestehen Pfändungsfreibeträge. Gegen pfändungsfreies Einkommen kann grds. nicht aufgerechnet werden (§ 394 BGB). Pfändungsfrei sind auf Grund der Bek. zu § 850c ZPO v. 10.5.2024 (BGBl. 2024 I Nr. 160) iVm der Berichtigung v. 23.5.2024 (BGBl. 2024 I Nr. 165a) grds. 1491,75 EUR monatlich (343,31 EUR wöchentlich, 68,66 EUR täglich). Der Betrag erhöht sich, wenn der Schuldner nahen Angehörigen Unterhalt gewährt um 561,43 EUR monatlich für die erste und um 312,78 EUR monatlich für die zweite bis fünfte unterhaltsberechtigte Person. Nach der sich ebenfalls aus der Bek. ergebenden Pfändungstabelle ist je nach Unterhaltspflicht ein Nettolohn von monatlich mind. 1499,99 EUR bzw. max. 3309,99 EUR unpfändbar. Eigenes Einkommen des Unterhaltsberechtigten kann hierbei aber berücksichtigt werden. Übersteigt das Arbeitseinkommen den Betrag, bis zu dessen Höhe es unpfändbar ist, so ist es hinsichtlich des überschießenden Betrages teilweise pfändbar, und zwar um 70%, wenn der Schuldner nicht unterhaltspflichtig ist, zu 50% bei einer Unterhaltspflicht für eine Person und um jeweils 10% weniger für jede weitere unterhaltsberechtigte Person. Oberhalb von 4573,10 EUR monatlich ist das Arbeitseinkommen unbeschränkt pfändbar. Einzelheiten ergeben sich aus der Anlage zu § 850c ZPO. Die demnach unpfändbaren Beträge ändern sich jeweils zum 1.7. eines Jahres entsprechend der Entwicklung des (steuerrechtlichen) Grundfreibetrags (→ Einkommensteuer, 5); bis 2021 galt ein zweijähriger Rhythmus.

2. Zur Berechnung des Arbeitseinkommens s. iE § 850e ZPO (grds. Nettoeinkommen nach Abzug von Lohnsteuer und Sozialversicherungsbeiträgen). Gewisse Teile des Arbeitseinkommens sind völlig (zB Urlaubsgeld, Weihnachtsgratifikation: s. → Gratifikation, Mehrarbeitsstundenlohn zur Hälfte, § 850a ZPO) oder bedingt (insbes. Unterhaltsrenten, § 850b ZPO) unpfändbar. Andererseits gelten die genannten Pfändungsfreigrenzen nicht bei Lohnpfändung wegen gesetzlicher → Unterhaltsansprüche; hier ist dem → Pfändungsschuldner nur das zur Bestreitung des notwendigen Unterhalts Erforderliche zu belassen (§ 850d ZPO). Das → Vollstreckungsgericht kann nach den Besonderheiten des Einzelfalles eine abweichende Regelung treffen (§ 850f ZPO). Auch das mittelbare Arbeitseinkommen unterliegt der Lohnpfändung (falls das Arbeitsentgelt an einen Dritten gezahlt wird, § 850h ZPO; → Lohnschiebungsvertrag). → Sachbezüge sind gem. § 850e Nr. 3 ZPO hinzuzurechnen, der Arbeitgeber muss aber § 107 II 5 GewO beachten (Wert der Sachbezüge nicht höher als der pfändbare Teil des Entgelts).

3. Der Pfändungsschuldner kann bei einem Kreditinstitut ein Girokonto als sog. Pfändungsschutzkonto (P.Konto) begründen. Dann wird der unter 1 genannte Freibetrag automatisch nicht von der Pfändung erfasst (sog. Basispfändungsschutz, Basisfreibetrag); der Schuldner kann jeweils bis zum Ende des Kalendermonats über den pfändungsfreien Betrag verfügen (insbes. zur Deckung laufender Ausgaben wie zB Miete, Strom, Krankenkassenbeiträge usw.), § 850k I ZPO. Das Vollstreckungsgericht kann auch hier auf Antrag (mit entsprechenden Nachweisen) einen anderen Pfändungsfreibetrag festsetzen (§ 850k IV ZPO). Dem Gläubiger darf aus dem Guthaben erst nach Ablauf von 4 Wochen überwiesen werden (§ 835 III 2 ZPO). Zu dem genannten Basisfreibetrag werden Sozialleistungen (etwa nach dem SGB II) oder → Kindergeld hinzugerechnet. Einkünfte selbständig tätiger Personen sind dem Arbeitseinkommen gleichgestellt; das Vollstreckungsgericht hat den Vollstreckungsschuldner hier auf Antrag einen entsprechenden Betrag pfändungsfrei zu belassen (§ 850i ZPO).

4. Die Lohnpfändung wird vom Gläubiger bei dem → Drittschuldner (Arbeitgeber) durchgeführt. Für Klagen auf das gepfändete Entgelt sind die Arbeitsgerichte zuständig.

5. → Altersrenten und steuerlich gefördertes Altersvorsorgevermögen sind grds. gleichfalls nur wie Arbeitseinkommen pfändbar (§§ 851c, 851d ZPO).

Lohnschiebungsvertrag

Ein Lohnschiebungsvertrag ist eine Vereinbarung, die bezweckt, Arbeitseinkommen zu verschleiern und der Lohnpfändung zu entziehen, indem zB der Arbeitgeber einen Teil des Lohns einbehält und mit Leistungen verrechnet, die unmittelbar an Dritte (zB die Ehefrau des Arbeitnehmers) erbracht werden. Ein Lohnschiebungsvertrag ist idR sittenwidrig und daher nichtig (§ 138 BGB) und verpflichtet zum → Schadensersatz (§ 826 BGB); er steht der Lohnpfändung gegenüber dem Arbeitgeber als → Drittschuldner nicht im Wege, weil es nach § 850h ZPO so angesehen wird, als ob auch der entzogene Lohnanteil dem Arbeitnehmer zustehe. Der Gläubiger muss lediglich ergänzend zu der Höhe der angemessenen Vergütung vortragen.

Lohnsteuer (LSt)

1. Die Lohnsteuer (LSt) wird bei den Einkünften aus nichtselbständiger Arbeit (ua Gehälter, Löhne, Pensionen, vgl. § 2 LStDV) durch Abzug vom Arbeitslohn erhoben (§ 38 EStG). Die LSt ist keine selbständige Steuerart, sondern eine Erhebungsform der → Einkommensteuer bei → Arbeitnehmern. Rechtsgrundlagen sind insbes. die §§ 19, 38–42f EStG und die LStDV v. 10.10.1998 (BGBl. 1998 I SonderNr. 1). Zu beachten sind auch die Lohnsteuerrichtlinien 2015 v. 22.10.2014 (BStBl. 2014 I 1344). Der Arbeitnehmer wird zur Einkommensteuer nur unter bestimmten Voraussetzungen veranlagt (§ 46 EStG; → Veranlagung), zB bei anderen → Einkünften,

→ Lohnersatzleistungen über 410 EUR, bei Lohn von mehreren Arbeitgebern, bei LSt-Klasse V oder VI oder auf Antrag (→ Antragsveranlagung). Entfällt eine Veranlagung, gilt die Einkommensteuer durch den LSt-Abzug als abgegolten. Bei Veranlagung wird die einbehaltene LSt auf die Einkommensteuerschuld angerechnet (§ 36 II Nr. 2 EStG; → Einkommensteuer). Die LSt ist dann eine → Vorauszahlung auf die Einkommensteuer.

2. Der LSt unterliegt der gesamte → Arbeitslohn. Auch → geldwerte Vorteile und → Sachbezüge sind grundsätzlich zu berücksichtigen. Nicht zum steuerpflichtigen Arbeitslohn gehören grundsätzlich → Aufmerksamkeiten, → Aufwandsentschädigungen aus öffentlichen Kassen (§ 3 Nr. 12 EStG) oder von Übungsleitern usw. bis 2.400 EUR (§ 3 Nr. 26 EStG), → Reise- und → Umzugskostenvergütungen (§ 3 Nr. 16 EStG), durchlaufende Gelder und Auslagenersatz (§ 3 Nr. 50 EStG), → Trinkgelder ohne Rechtsanspruch (§ 3 Nr. 51 EStG) und Zuschläge für Sonntags-, Feiertags- und Nachtarbeit, → Feiertagszuschlag. → Versorgungsbezüge bleiben seit 2006 anders als in den Vorjahren nur teilweise steuerfrei. In den Folgejahren wird die Steuerfreiheit weiter zurückgefahren; s. → Versorgungsfreibetrag.

3. Arbeitnehmer waren verpflichtet, die von der Gemeindebehörde ausgeschriebene LSt-Karte dem Arbeitgeber auszuhändigen (§ 39b EStG). Die LSt-Karte wurde letztmalig für das Kalenderjahr 2010 von den Gemeinden den unbeschränkt einkommensteuerpflichtigen Arbeitnehmern unentgeltlich ausgestellt. Der Arbeitnehmer hatte die LSt-Karte dann dem Arbeitgeber auszuhändigen. Änderungen der Eintragungen waren beim Finanzamt bzw. bei der Gemeinde zu beantragen (§ 39 Abs. 4 EStG aF). Ab 2011 sollte das elektronische LSt-Verfahren (→ elektronische Lohnsteuerabzugsmerkmale – ELStAM –) eingeführt werden. Bei diesem werden den Arbeitgebern die LSt-Abzugsmerkmale für ihre Mitarbeiter elektronisch zum Abruf zur Verfügung gestellt. Die Einführung des elektronischen Verfahrens verzögerte sich jedoch und wurde erst zum Kalenderjahr 2014 umgesetzt.

4. Arbeitgeber haben den Steuerbetrag der LSt-Tabelle zu entnehmen, bei der Lohnauszahlung einzubehalten und an das Finanzamt abzuführen (§§ 41–41c EStG). LSt-Anmeldungen sind grundsätzlich monatlich abzugeben (→ Steueranmeldung). Ab VAZ 2017 wurden die Grenzwerte zur Abgabe der LSt-Anmeldungen erhöht; vierteljährliche Anmeldungen sind ab 1.080 EUR und monatliche Anmeldungen bei mehr als 5000 EUR abzugeben. Liegen die Beträge unter 1.080 EUR, so ist nur eine jährliche Anmeldung vorzunehmen. Sie sind grundsätzlich auf elektronischem Weg dem Finanzamt zu übermitteln (→ Elster). Während der Coaorona-Pandemie können Arbeitgeber die Fristen zur Abgabe der monatlichen oder vierteljährlichen Lohnsteueranmeldungen auf Antrag nach § 109 Abs. 1 AO verlängert bekommen, soweit sie nachweislich unverschuldet gehindert sind, diese Lohnsteueranmeldungen fristgerecht zu übermitteln. Jedoch darf die Fristverlängerung nur maximal zwei Monate betragen. Der Arbeitgeber führt Lohnkonten und füllt LSt-Bescheinigungen aus. Die Höhe der LSt ergibt sich aus den amtlichen (Jahres-, Monats-, Wochen-, Tages-)Tabellen unter Berücksichtigung der Eintragungen auf der LSt-Karte (Steuerklasse, Familienstand, Kinder, Religionsgemeinschaft, Hinzurechnungsbetrag oder steuerfreier Betrag). Es gelten Allgemeine und Besondere LSt-Tabellen (für Arbeitnehmer mit ungekürzter bzw. gekürzter Vorsorgepauschale; → Sonderausgaben, 6). In die Tabellen ist ua der → Arbeitnehmer-Pauschbetrag mit jährlich 1.000 EUR eingearbeitet. Höhere tatsächliche → Werbungskosten, können nach Wahl des Stpfl. als steuerfreie Beträge berücksichtigt (§ 39a EStG) oder durch → Antragsveranlagung nachträglich geltend gemacht werden. Unbeschränkt Stpfl. werden in → Steuerklassen eingeteilt (§ 38b EStG).

5. Der Arbeitnehmer ist Schuldner der LSt (§ 38 II EStG); jedoch haftet der Arbeitgeber für die Einbehaltung und Abführung (§ 42d EStG). Vgl. → Haftung im Steuerrecht. Zur → Nettolohnvereinbarung, → Nettolohn; sa → Lohnsteuerpauschalierung.

6. Die LSt-Anrufungsauskunft (§ 42e EStG) gibt Arbeitgeber und Arbeitnehmer ein Recht auf verbindliche Auskunft des Finanzamts über Lohnsteuerfragen, → Anrufungsauskunft.

7. Die LSt-Außenprüfung (§ 42 f EStG) überprüft in den Geschäftsräumen des Arbeitgebers (→ Außenprüfung) die zutreffende Abführung der LSt an das Finanzamt durch den Arbeitgeber. Steuernachholungen können gegenüber dem Arbeitgeber durch Haftungsbescheid (§ 42d EStG, → Haftung im Steuerrecht) oder gegenüber dem Arbeitnehmer durch → Steuerbescheid erfolgen.

Lohnsteuerhilfeverein
sind Selbsthilfeeinrichtungen von Arbeitnehmern zur Hilfeleistung in Lohnsteuersachen für ihre Mitglieder (§ 13 I StBerG). Sie bedürfen der Anerkennung durch die Oberfinanzdirektion (§ 15 StBerG), die Aufsichtsbehörde (§ 27 StBerG) ist. Lohnsteuerhilfeverein haben die Vollständigkeit und Richtigkeit der vorgeschriebenen Aufzeichnungen und Vermögensübersichten sowie die Übereinstimmung der tatsächlichen Geschäftsführung mit ihren satzungsmäßigen Aufgaben jährlich innerhalb von sechs Monaten nach Beendigung des Geschäftsjahrs durch vereinsexterne Geschäftsprüfer prüfen zu lassen (§ 22 I StBerG). Lohnsteuerhilfeverein sind zur geschäftsmäßigen Hilfeleistung in Steuersachen für ihre Mitglieder befugt, wenn diese Einkünfte aus nichtselbständiger Arbeit, sonstige Einkünfte aus wiederkehrenden Bezügen (§ 22 Nr. 1 EStG) oder Einkünfte aus Unterhaltsleistungen (§ 22

Nr. 1a EStG) erzielen. Zusätzlich dürfen die Mitglieder Einnahmen aus anderen Einkunftsarten haben, die zusammen die Höhe von 9.000 EUR (bei Zusammenveranlagung 18.000 EUR) nicht übersteigen. Ausgenommen sind Einkünfte aus Land- und Forstwirtschaft, Gewerbebetrieb und selbständiger Arbeit sowie umsatzsteuerpflichtige Umsätze. Die Befugnis erstreckt sich nur auf die Hilfeleistung bei der → Einkommensteuer, ihren → Zuschlagsteuern, der → Eigenheimzulage, der → Investitionszulage nach den § 3 und § 4 Investitionszulagengesetz 1999 sowie des Altervermögensgesetzes und des → Wohnungsbau-Prämiengesetzes (→ Altersversorgung, betriebliche, → Altersvorsorge, kapitalgedeckte).

Lohnsteuerjahresausgleich
Der Lohnsteuerjahresausgleich ist seit 1991 abgelöst durch eine → Antragsveranlagung. Der Arbeitgeber ist aber nach wie vor berechtigt und ab zehn Arbeitnehmern verpflichtet, den Lohnsteuerjahresausgleich durchzuführen (§ 42b EStG). Der Lohnsteuerjahresausgleich durch den Arbeitgeber schließt die → Antragsveranlagung nicht aus, durch die die vom Arbeitgeber nicht erstattungsfähige → Lohnsteuer (vgl. § 42b II EStG) vom Finanzamt erstattet wird.

Lohnsteuerpauschalierung
ist in den §§ 40–40b EStG geregelt. Lohnsteuerpauschalierung bedeutet, dass der Arbeitgeber in den gesetzlich geregelten Fällen für steuerpflichtige Leistungen an den Arbeitnehmer (zB → Betriebsveranstaltungen, → Direktversicherung, → Entfernungspauschale, → Pensionskasse, → Teilzeitbeschäftigung, → Unfallversicherung) die Lohnsteuer in Höhe von 15 vH, 20 vH, 25 vH übernehmen kann. Steuerschuldner ist der Arbeitgeber. Der pauschal besteuerte Arbeitslohn einschließlich Pauschalsteuer bleibt bei der Veranlagung des Arbeitnehmers zur → Einkommensteuer außer Betracht. Die Pauschalsteuer ist weder auf die Einkommensteuer noch auf die Jahreslohnsteuer des Arbeitnehmers anzurechnen (§ 40 III EStG). Pauschal besteuerte Leistungen des Arbeitgebers sind auch sozialversicherungsfrei. Wird die pauschale → Lohnsteuer auf den Arbeitnehmer übergewälzt, zB durch Abzug der pauschalen Lohnsteuer vom Arbeitslohn, so gilt seit 1.1.1999 die pauschale Lohnsteuer als zugeflossener Arbeitslohn.

Lohnuntergrenze
→ Leiharbeitsverhältnis.

Lohnvorschuss
Der Lohnvorschuss ist eine arbeitgeberseitige, für einen bestimmten Vergütungszeitabschnitt erfolgende, vorweggenommene Erfüllung des Arbeitsentgeltanspruchs des hins. seiner Arbeitsleistung nach § 614 BGB vorleistungspflichtigen Arbeitnehmers. Während bei Abschlagszahlungen das Arbeitsentgelt bereits fällig ist, erfolgen Lohnvorschüsse vor Fälligkeit. Der vorgeschossene Geldbetrag muss als solcher gekennzeichnet sein und dem Arbeitnehmer tatsächlich zufließen. Ein Lohnvorschuss ist abzugrenzen vom → Arbeitgeberdarlehen, das unabhängig von der Arbeitsleistung bzw. dem zu erwartenden Arbeitsentgelt gezahlt wird und auf einem (evtl. mündlich geschlossenen) → Darlehensvertrag beruht. Ein ges. Anspruch auf Lohnvorschuss besteht nicht; es bedarf einer Absprache der Arbeitsvertragsparteien oder einer Regelung in Arbeits-/Tarifvertrag oder Betriebsvereinbarung. Da der Lohnvorschuss vorweggenommene Erfüllung ist, findet bei Abrechnung des Vergütungszeitabschnitts (idR monatsweise) eine Verrechnung statt und keine → Aufrechnung, so dass zB die Pfändungsgrenzen nicht von Bedeutung sind (s. → Aufrechnung 2. u. → Lohnpfändung), außer der Arbeitgeber nimmt die Verrechnung erst bei der Abrechnung eines späteren Vergütungszeitabschnitts vor. Wird der erhaltene Vorschuss von dem abgerechneten Arbeitsentgelt nicht gedeckt, ist der nicht verdiente Teil grds. zurückzuzahlen.

Lohnzahlung für Feiertage
→ Feiertagsgeld, → Feiertagsvergütung, → Feiertagszuschlag.

Lohnzahlung im Krankheitsfalle
→ Entgeltfortzahlung im Krankheitsfall.

Lohnzuschläge
→ Arbeitslohn.

Lokaltermin
Ein Lokaltermin ist ein gerichtlicher Termin, der außerhalb des Gerichtsgebäudes abgehalten wird (§ 219 ZPO). Ein Lokaltermin findet idR aus Anlass eines → Augenscheins statt.

Lokogeschäft
Ein Lokogeschäft an Warenbörsen ist ein auf sofortige Lieferung abgeschlossenes Geschäft. Sa → Kassageschäft. Gegensatz: → Termingeschäft.

Lombardgeschäft
Lombardgeschäft oder Lombardkredit nannte man die Hergabe von Darlehen (zB bei Überziehung eines Girokontos) durch Bankinstitute gegen Bestellung eines → Pfandrechts (meist an hinterlegten Wertpapieren, sog. Effektenlombard; bei Warenlagern – Warenlombard – meist → Sicherungsübereignung). S. heute → Offenmarktpolitik.

Londoner Deklaration von 1909
Die Londoner Konferenz der Seemächte bemühte sich, wichtige Fragen des Seekriegsrechts, insbes. die Fragen des Handelskriegs, in einem Abkommen zu regeln. Sie erarbeitete ua eine „déclaration relative au droit de guerre maritime", in der die von ihr festgestellten allgemein anerkannten Regeln des → Völkerrechts hinsichtlich folgender Fragen enthalten waren: → Blockade; Kriegs- → Konterbande; neutralitätswidrige Unterstützung; Zerstörung neutraler Prisen; Flaggenwechsel; feindliche Eigenschaft; Geleit; Widerstand gegen die

Ausübung des → Prisenrechts; Schadensersatz. Die Deklaration wurde von keiner der beteiligten Mächte ratifiziert (→ Ratifikation). Es herrscht aber Übereinstimmung darüber, dass zahlreiche der in ihr festgestellten Regeln bindendes → Völkergewohnheitsrecht geworden sind.

Londoner Schuldenabkommen
Das am 27.2.1953 unterzeichnete, am 16.9.1953 in Kraft getretene Abkommen (BGBl. 1953 II 333 ff., 556) bezweckte die Wiederaufnahme des während des 2. Weltkrieges von Deutschland eingestellten Schuldendienstes und damit verbunden die Normalisierung der wirtschaftlichen Beziehungen zwischen der BRep. Deutschland und den Gläubigerstaaten. Das Abkommen behandelt die öffentlichen und privaten Vorkriegsschulden, die vor dem 8.5.1945 entstanden oder festgestellt oder fällig waren. Dabei wurde grundsätzlich keine Kapitalherabsetzung gewährt, jedoch Zinssätze und Zinsrückstände gekürzt und die Fälligkeiten hinausgeschoben. In weiteren Abkommen und Verträgen der Londoner Schuldenkonferenz wurde ua auch die Verbindlichkeiten aus der Deutschland gewährten Nachkriegswirtschaftshilfe geregelt (s. Auslandsschulden). Nicht von den Abkommen erfasst sind die Wiedergutmachungszahlungen an Israel, ferner die Reparationsansprüche gegen das Deutsche Reich aus dem 1. Weltkrieg sowie die während des 2. Weltkrieges entstandenen Besatzungskosten. Alle ausstehenden Forderungen auf Reparationen wurden im Londoner Schuldenabkommen bis zum Zeitpunkt einer endgültigen Friedensregelung zurückgestellt. Für Streitfälle aus dem Abkommen ist eine → Schiedsgerichtsbarkeit vereinbart (Art. 28 ff.). Sitz des Schiedsgerichtshofs ist Koblenz (vgl. hierzu Verwaltungsabkommen vom 1.12.1954, BAnz. 1955 Nr. 185 m. spät. Änd.). Der → Zwei-plus-Vier-Vertrag (→ Wiedervereinigung) ließ die Reparationsfrage wieder aktuell werden. Die Diskussion konnte dadurch umgangen werden, dass Deutschland die Entschädigung der Opfer der NS-Zeit in den Staaten der ehemaligen → Warschauer Paktes nachholte.

Lose
→ Lotterielose.

Losvergabe
→ Öffentliche Aufträge (→ Vergaberecht) sind oft so umfangreich, dass grds. nur Großunternehmen in der Lage wären, den gesamten Auftrag allein auszuführen. Insbes. zur Berücksichtigung mittelständischer Interessen (§ 97 Abs. 4 S. 1 GWB) sind deshalb Leistungen in der Menge aufgeteilt (Teillose) und getrennt nach Art oder Fachgebiet (Fachlose) zu vergeben (§ 97 Abs. 4 S. 2 GWB), so dass sich auch mittlere und kleinere Unternehmen an der Vergabe beteiligen können; die Aufteilung in Lose erhöht aber auch die Zahl der Wettbewerber und verstärkt damit den Wettbewerb. Mehrere Teil- oder Fachlose dürfen nur zusammen vergeben werden, wenn wirtschaftliche oder technische Gründe dies erfordern.

Lotsen
1. Binnenlotsen oder Hilfsschiffsführer führen ein Schiff gegen Entgelt auf Strecken, für die der Schiffsführer kein Patent besitzt. Für den Rhein gelten die Lotsenordnung für den Rhein zwischen Basel und Mannheim und die Verordnung zur Einführung der Lotsenordnung für den Oberrhein, jeweils v. 15.6.1956 (jeweils BGBl. 1956 II 703), mÄnd. Sa → Rheinschifffahrt.

2. Für Seelotsen gilt das Gesetz über das Seelotswesen idF v. 13.9.1984 (SeeLG, BGBl. 1984 I 1213) mÄnd. Seelotse ist, wer nach behördlicher Zulassung (→ Bestallung) in einem Seelotsrevier berufsmäßig Schiffe als orts- und schifffahrtskundiger Berater begleitet; sa die Allgemeine Lotsenordnung (ALV) v. 21.4.1987 (BGBl. 1987 I 1290) und die Verordnung über das Seelotswesen außerhalb der Reviere v. 25.8.1978 (BGBl. 1978 I 1515), jeweils mÄnd. Stellt der Seelotse Mängel an Schiffen oder Besatzung fest, hat er dies unverzüglich zu melden (→ Hafenstaatkontrolle; sa → Hafen). Die Vergütung des Seelotsen (→ Lotsgeld) richtet sich nach der Lotstarifverordnung (LTV) v. 26.1.2009 (BGBl. 2009 I 97 mÄnd), ihre Ausbildung nach der Seelotsenaus- und Fortbildungsverordnung (SeeLAuFV) v. 21.2.2023 (BGBl. 2023 I Nr. 49). Lotsen üben einen → Freien Beruf aus.

3. Sa → Fluglotsen.

Lotsgeld
Lotsgeld ist die Vergütung (Entgelt) des → Lotsen, vgl. § 45 SeeLG (Gesetz über das Seelotswesen idF v. 13.9.1984, BGBl. 1984 I 1213, mÄnd).

Lotterie
1. Lotterie und Ausspielung sind → Glücksspiele, weil über Gewinn und Verlust der Zufall entscheidet. Doch wird die Lotterie nach einem bestimmten Plan gegen einen bestimmten Einsatz mit der Aussicht auf bestimmte Geldgewinne veranstaltet; bei der Ausspielung besteht der Gewinn nicht in Geld, sondern in Gegenständen (zB Tombola). Eine Lotterie ist auch gegeben bei Veranstaltung von Rennwetten bei Pferderennen (Totalisator), bei Teilnahme am Zahlenlotto und Fußballtoto oÄ. Der Ausspielvertrag und der Lotterievertrag (§ 763 BGB) sind eine Unterart des Spielvertrags (§ 762 BGB; s. → Wette). Ein Spielvertrag begründet grds. keine Verbindlichkeit (sog. unvollkommene Verbindlichkeit, sa → Naturalobligation), berechtigt den → Gläubiger also nicht, die Forderung einzuklagen; der → Schuldner kann das gleichwohl Geleistete aber nicht zurückverlangen. Demgegenüber begründet ein Lotterie- oder Ausspielvertrag jedoch rechtliche Verbindlichkeiten, wenn die Lotterie bzw. die Ausspielung

(sa → Sportwette) staatlich genehmigt ist, § 763 BGB (insbes. staatliche Lotterien, Spielbanken). Fehlt die Genehmigung, ist der abgeschlossene Vertrag unverbindlich, ggf. auch nichtig nach § 134 BGB (wenn ein Verbot besteht).

2. Lotterien sind geregelt im Glücksspielstaatsvertrag der Länder (dazu → Glücksspiel); die spielrechtlichen Vorschriften der → Gewerbeordnung gelten nicht. Lotterien durch private Anbieter sowie gewerbliche Lottovermittlung bedürfen der Genehmigung. Werbung ist nur eingeschränkt möglich. Lotterie-Lizenzen der ehemaligen DDR haben keinen Bestand.

3. Nach § 287 StGB ist das behördlich nicht erlaubte Veranstalten einer öffentlichen Lotterie oder Ausspielung beweglicher oder unbeweglicher Sachen, namentlich das Angebot und der Abschluss von Spielverträgen sowie das Werben hierfür, mit Strafen bedroht. Nicht strafbar ist also zB Veranstalten einer Tombola in geschlossener Gesellschaft und die bloße Teilnahme an der Lotterie oder Ausspielung.

4. Sa → Spielbanken, → Spiele, → Spielgeräte, → Wette und insbes. für Wetten beim → Buchmacher, → Rennwett- und Lotteriesteuer, sowie zum Glücksspielstaatsvertrag → Glücksspiel.

Lotterielose
sind idR → Inhaberpapiere. Der Handel mit Lotterielosen (Losen von Geldlotterien und Anteilscheinen an anderen Ausspielungen) ist in § 6 GewO grundsätzlich von der Geltung der GewO ausgenommen, soweit nicht in einzelnen Bestimmungen Abweichendes bestimmt ist (§ 14 II GewO: Anzeigepflicht; § 56 I Nr. 1h GewO: Vertrieb v. Lotterielosen im Reisegewerbe).

Lotteriesteuer
→ Rennwett- und Lotteriesteuer.

Lotterievertrag
→ Lotterie.

Lotto
→ Lotterie.

LNG
→ Flüssigerdgas.

lucidum intervallum
= lichter Augenblick, in dem ein geistig Gestörter zurechnungsfähig ist. Zur zivilrechtlichen Bedeutung → Geschäftsfähigkeit; zur strafrechtlichen Verantwortlichkeit → Schuldunfähigkeit.

lucrum cessans
(lat.) entgangener Gewinn → Schadensersatz (3).

Lügendetektor
Die Verwendung eines Polygraphen, mit dem bei → Vernehmungen im Strafverfahren der willentlichen Kontrolle entzogene körperliche Vorgänge wie Blutdruck, Puls oder Atemfrequenz auf Fragen zur Kontrolle der Aussage gemessen und aufgezeichnet werden, verstößt gegen §§ 136a, 69 III StPO und die → Menschenwürde des Betroffenen, wenn er nicht einverstanden ist. Das Ergebnis führt auch bei freiwilliger Mitwirkung zu einem völlig ungeeigneten Beweismittel, weil es keinen Maßstab zur Prüfung seiner Richtigkeit gibt (BGH NJW 1999, 657), auch im → Zivilprozess (BGH NJW 2003, 2527). Sa → Geständnis, → Beweisverbote.

Lugano-Übereinkommen
→ Gerichtliche Zuständigkeit.

Luft- und Seepiraterie
1. Luft- und Seepiraterie, die sich gegen ein im zivilen Luftverkehr eingesetztes Luftfahrzeug vor dem Start, im Flug oder nach der Landung oder ein im zivilen Seeverkehr eingesetztes Schiff richtet, ist nach § 316c StGB zum Schutz der Sicherheit des Luft- und Seeverkehrs mit Freiheitsstrafe nicht unter 5 Jahren bedroht. Erfasst werden die – auch erfolglose – Entführung durch Anwenden von Gewalt, Angreifen der Entschlussfreiheit oder Machenschaften mit der Absicht, die Herrschaft über das Fz. oder dessen Führung zu erlangen, und die Sabotage durch Schusswaffengebrauch oder Unternehmen zur Herbeiführung einer Explosion oder eines Brandes in der Absicht, das Fz. oder die Ladung zu zerstören oder zu beschädigen. Verursacht der Täter wenigstens leichtfertig den Tod eines anderen, ist die Freiheitsstrafe lebenslang oder nicht unter 10 Jahren. Die Vorbereitung einer Luft- und Seepiraterie durch Herstellen, Beschaffen, Vermehren oder Überlassen von Schusswaffen, Sprengstoff oder sonstigen Stoffen oder Einrichtungen zur Herbeiführung einer Explosion oder eines Brandes wird mit Freiheitsstrafe von 6 Mon. bis 5 Jahren bestraft.

2. Zur Luftsicherheit ist das Mitführen im Handgepäck oder Mitsichtragen von bestimmten Gegenständen, insbes. Waffen, Munition oder explosionsgefährlichen Stoffen, oder solchen, die diesen Anschein erwecken, in Luftfahrzeugen und in nicht allgemein zugänglichen Bereichen auf Flugplätzen verboten (§ 11 LuftSiG). Der Verstoß ist mit Strafe bedroht (§ 19 LuftSiG), ebenso der Widerstand mit Gewalt oder durch Drohung mit Gewalt gegen Maßnahmen des → Luftfahrzeugführers zur Gefahrenabwehr, wie zB Sicherstellung von Gegenständen, Durchsuchung oder Fesselung (§ 20 II, III LuftSiG).

Luftaufsicht
Aufgabe der Luftaufsicht ist die Abwehr betriebsbedingter Gefahren für die Sicherheit des Luftverkehrs sowie für die öffentliche Sicherheit oder Ordnung durch den Luftverkehr. Die Luftaufsicht obliegt den Luftfahrtbehörden, der für die → Flugsicherung zuständigen Stelle und den Luftfahrtteilnehmern (→ Luftfahrzeugführer; §§ 29, 31 II Nr. 18 LuftVG, → Luftfahrtrecht). Sa VO (EG) 2320/2002 v.

16.12.2002 (ABl. EG 2002 L 355, 1) zur Festlegung gemeinsamer Vorschriften für die Sicherheit in der Zivilluftfahrt (→ Luftfahrt-Bundesamt, → Luftsicherheitsgesetz). Art. 73 VO (EU) 2018/1139 sieht vor, unter welchen Voraussetzungen Informationsquellen der Behörden ua Schutz vor arbeits- o. strafrechtlichen Konsequenzen genießen (sa → Flugunfalluntersuchung, 1.). Maßnahmen bei Ankunft eines Luftfahrzeugs mit Personen, die möglicherweise eine erhebliche Gefahr für die öffentliche Gesundheit darstellen, regelt das Gesetz zur Durchführung internationaler Gesundheitsvorschriften v. 21.3.2013, BGBl. 2013 I 566.

Luftfahrerschein
→ Fluglizenz.

Luftfahrt-Bundesamt
Das Luftfahrt-Bundesamt ist die durch Gesetz über das Luftfahrt-Bundesamt (LFBAG) v. 30.11.1954 (BGBl. 1954 I 354, mÄnd) für die Zivilluftfahrt mit Sitz in Braunschweig errichtete → Bundesoberbehörde. Seine Aufgaben sind allgemein in § 2 LFBAG aufgeführt. So obliegen dem Amt ua die Sicherstellung und Bescheinigung der Lufttüchtigkeit des Luftfahrtgeräts gem. § 2 Verordnung zur Prüfung von Luftfahrtgerät (LuftGerPV) v. 15.2.2013 (BGBl. 2013 I 293, mÄnd), die Führung der → Luftfahrzeugrolle, die technische → Luftaufsicht, sowie Genehmigung und Überwachung von → Luftfahrtunternehmen und Luftfahrerschulen. Diese Aufgaben nimmt das Luftfahrt-Bundesamt allerdings nur wahr, wenn nicht die EASA, die Agentur der Europäischen Union für Flugsicherheit mit Sitz in Köln, zuständig ist. Das Luftfahrt-Bundesamt führt ferner die Zentrale Luftfahrerdatei (§ 65 LuftVG) und das Deliktsregister (§ 68 LuftVG). Es ist Durchsetzungs- u. Beschwerdestelle für → Fluggastrechte nach der VO (EG) 261/2004 v. 11.12.2004 (ABl. EG 2004 L 46, 1). → Luftfahrtrecht.

Luftfahrtpersonalverordnung
Die VO (EU) 2018/1139 v. 4.7.2018 zur Festlegung gemeinsamer Vorschriften für die Zivilluftfahrt und zur Errichtung einer Agentur der Europäischen Union für Flugsicherheit (ABl. EU 2018 L 212, 1) sowie die VO (EU) 1178/2011 der Kommission v. 3.11.2011 zur Festlegung technischer Vorschriften und von Verwaltungsverfahren in Bezug auf das fliegende Personal in der Zivilluftfahrt (ABl. EU 2011 L 311, 1) bestimmen die Anforderungen an Luftfahrtpersonal, insbesondere an Piloten, deren Ausbilder und Flugbegleiter. Die Verordnung über Luftfahrtpersonal (LuftPersV) idF v. 13.2.1984 (BGBl. 1984 I 265) mÄnd regelt die fachlichen Voraussetzungen sowie Prüfung, Erlaubnisse und Berechtigungen für private und berufliche Luftfahrer, Luftsportgeräte- und → Luftfahrzeugführer. → Luftfahrtrecht.

Luftfahrtrecht
Das Luftfahrtrecht gliedert sich in europäische und nationale Rechtsvorschriften; auch internationale Vereinbarungen spielen eine Rolle.

1. a) Die wichtigste europarechtliche Vorschrift ist die unmittelbar anwendbare und dem nationalen Recht vorgehende VO (EU) 2018/1139 v. 4.7.2018 zur Festlegung gemeinsamer Vorschriften für die Zivilluftfahrt und zur Errichtung einer Agentur der Europäischen Union für Flugsicherheit (ABl. EU 2018 L 212, 1), die auch als Luftfahrt-Grundverordnung bezeichnet wird. Sie enthält Vorschriften zum Flugsicherheitsmanagement, zur Lufttüchtigkeit von → Luftfahrzeugen, zu den grundlegenden Anforderungen an Piloten und Flugbegleiter, zum Flugbetrieb, zu Flugplätzen, zu Fluglotsen, zu → unbemannten Luftfahrzeugen sowie zu den Aufgaben der Agentur der Europäischen Union für Flugsicherheit. Diese Agentur gibt es seit 2002; sie wurde durch die VO (EU) 2018/1139 nur umbenannt, nicht gegründet.

b) Von Bedeutung sind ferner die Verordnung (EU) 2024/2803 v. 23.10.2024 zur Verwirklichung des Einheitlichen Europäischen → Luftraums (ABl. L 2024/2803, 11.11.2024), die VO (EU) 965/2012 der Kommission v. 5.10.2012 zur Regelung des gewerblichen Flugbetriebs (ABl. EU 2012 L 296, 1) und die DVO (EU) 923/2012 der Kommission v. 26.9.2012 zur Festlegung gemeinsamer Luftverkehrsregeln und Betriebsvorschriften für Dienste und Verfahren der → Flugsicherung (ABl. EU 2012 L 281, 1). Ziel des Luftfahrtrechts ist es, einen sicheren und effizienten zivilen Luftverkehr sowie einen einheitlichen europäischen Luftraum zu schaffen.

2. a) Wichtigste nationale Vorschrift ist das LuftverkehrsG (LuftVG) idF v. 10.5.2007 (BGBl. 2007 I 669) mÄnd. Danach dürfen Luftfahrzeuge idR erst nach einer Verkehrszulassung und Eintragung in die → Luftfahrzeugrolle verkehren (§ 2 LuftVG). Luftfahrer bedürfen einer Erlaubnis (§ 4 LuftVG), Fluglehrer einer besonderen Erlaubnis (§ 5 LuftVG, → Luftfahrtpersonalverordnung). Das LuftVG regelt ferner die Errichtung und den Betrieb von → Flugplätzen (§§ 6 bis 19d LuftVG) und begründet für → Luftfahrtunternehmen und Luftfahrtveranstaltungen eine Genehmigungspflicht (§§ 20–24 LuftVG).

b) Auf der Grundlage der §§ 26 bzw. 26a LuftVG können Luftsperrgebiete und Gebiete mit Flugbeschränkungen festgelegt bzw. Start-, Einflug- sowie Überflugverbote verhängt werden. Die Beförderung gefährlicher Güter (zB Waffen, Sprengstoff) sowie der grundsätzlich verbotene Betrieb von elektronischen Geräten an Bord, die eine Störung der Bordelektronik verursachen können, sind von einer besonderen Genehmigung abhängig (§ 27 LuftVG). Die → Luftaufsicht ist Aufgabe der Luftfahrtbehörden und der Flugsicherungsorganisation (§ 29 LuftVG); sa → Flugsicherheitsbegleiter, → Luftsicherheitsgesetz. Sondervorschriften bestehen für Bundeswehr und Polizei (§ 30 LuftVG), ferner für die → Raumfahrt.

c) Im 2. Abschn. enthält das LuftVG die dem Privatrecht zugehörigen Vorschriften über die → Luftverkehrshaftung, wobei zwischen der Haftung für Personen und Sachen, die nicht im Luftfahrzeug befördert werden (§§ 33–43 LuftVG), und der Haftung aus dem Beförderungsvertrag für Fluggäste und → Gepäck (§§ 44–51 LuftVG) unterschieden wird. Haftungsregelungen für internationale Flüge gehen auf das → Warschauer Abkommen zurück und unterliegen dem weitgehend an seine Stelle getretene Montrealer Übereinkommen. Für alle Klagen aus den Haftpflichtvorschriften des LuftVG erweitert § 56 LuftVG die örtliche Zuständigkeit der Gerichte: Zuständig sind auch das Gericht des Unfallortes und des Bestimmungsortes; sa → Flugunfalluntersuchung. Durch VO (EG) 261/2004 v. 11.2.2004 über eine gemeinsame Regelung für Ausgleichs- und Unterstützungsleistungen für Fluggäste im Fall der Nichtbeförderung und bei Annullierung oder großer Verspätung von Flügen (ABl. EG 2004 L 46, 1) hat die EU die → Fluggastrechte vereinheitlicht.

d) Der öffentlich-rechtliche Teil des LuftVG wird ergänzt durch die → Luftverkehrsordnung v. 29.10.2015 (BGBl. 2015 I 1894, mÄnd), die → Luftverkehrszulassungsordnung idF v. 10.7.2008 (BGBl. 2008 I 1229, mÄnd) und die → Luftfahrtpersonalverordnung. Die Luftverkehrsverwaltung wird in bundeseigener Verwaltung durch das für Verkehr zuständige Bundesministerium, das → Luftfahrt-Bundesamt, durch beliehene Unternehmer (§§ 31a–31e; → Luftsportverbände, → Flughafenkoordinierung) und für einzelne in § 31 LuftVG abschließend aufgezählte Aufgaben durch die Länder im Auftrag des Bundes ausgeführt (vgl. auch Art. 87d GG).

Luftfahrtunternehmen

1. Luftfahrtunternehmen sind Unternehmen, die Personen oder Sachen gewerbsmäßig durch → Luftfahrzeuge befördern. Sie bedürfen nach § 20 LuftVG (→ Luftfahrtrecht) der Betriebsgenehmigung. Diese ist zu versagen, wenn Tatsachen die Annahme rechtfertigen, dass die öffentliche Sicherheit und Ordnung gefährdet werden kann und die für den sicheren Betrieb erforderlichen Mittel nicht nachgewiesen sind. Für Luftfahrtunternehmen im Fluglinienverkehr (öffentliche und regelmäßige Beförderung) ist für bestimmte Linien noch eine Fluglinienqenehmigungerforderlich (§ 21 LuftVG u. § 62 LuftVZO). Luftfahrtunternehmen, die dem Luftverkehrsrecht der → Europäischen Union unterliegen, bedürfen einer Betriebsgenehmigung gem. VO (EG) 1008/2008 v. 31.10.2008, ABl. EG 2008 L 293, 3 (VO ü. gemeinsame Vorschriften für die Durchführung von Luftverkehrsdiensten in der → Europäischen Union). Zu börsennotierten AGs mit Sitz im Inland, die Luftfahrtunternehmen gem. EU-Recht sind, vgl. LuftverkehrsnachweissicherungsG v. 5.6.1997 (BGBl. 1997 I 1322 mÄnd). Das Genehmigungsverfahren regeln §§ 61 ff. LuftVZO. Wegen der → Corona- oder → COVID-19-Krise hat die Kommission es den Mitgliedstaaten gestattet, die Ausübung von Verkehrsrechten zur Bekämpfung der Pandemie vorübergehend einzuschränken oder an Auflagen zu knüpfen, VO (EU) 2020/696 v. 25.5.2020 (ABl. EU 2020 L 165, 1).

2. Die Beförderungsbedingungen von Luftfahrtunternehmen unterliegen als → Allgemeine Geschäftsbedingungen der gerichtlichen Inhaltskontrolle. Flugpreise und Luftfrachtraten innerhalb der Gemeinschaft unterliegen grundsätzlich keiner Kontrolle (Art. 16 I VO (EG) 1008/2008 und Art. 22 VO (EG) 1008/2008). Die Bekämpfung von Kartellen und des Missbrauchs einer marktbeherrschenden Stellung regelt VO (EG) 1/2003 v. 16.12.2002 (ABl. EG 2002 L 1, 1). Es besteht keine → Betriebspflicht mehr, die öffentlich-rechtliche → Beförderungspflicht wurde durch → Kontrahierungszwang ersetzt (§ 21 II LuftVG). Zur Untersagung der Beförderung im → Gelegenheitsverkehr s. § 22 LuftVG. Die Haftung der Luftfahrtunternehmen wegen Körperverletzung oder Gesundheitsbeschädigung eines Fluggastes durch einen Unfall, wegen verspäteter Beförderung sowie wegen Zerstörung oder Verlusts des → Gepäcks bestimmt sich nach §§ 44 ff. LuftVG. Zur außergerichtlichen Beilegung von Streitigkeiten können Fluggäste an einem Schlichtungsverfahren nach §§ 57–57d LuftVG teilnehmen, → Fluggastrechte. Weitere EU-Vorgaben enthält die VO (EG) Nr. 261/2004 v. 11.2.2004 (ABl. EG 2004 L 46, 1). Das Luftfahrtunternehmen kann für bestimmte Pflichtverletzungen seines verantwortlichen → Luftfahrzeugführers von der BRep. haftbar gemacht werden (§ 12 LuftSiG (→ Luftsicherheitsgesetz)).

3. Zum Vorrang der deutschen Luftfahrtunternehmen im Inlandsverkehr und der Beschränkung ausländischer Luftfahrtunternehmen bei mangelnder Gegenseitigkeit s. §§ 23–23a LuftVG; s. → Open Skies (2). Gemäß VO (EG) 2111/2005 v. 14.12.2005, ABl. EG 2005 L 344, 15, werden die Namen von Luftfahrtunternehmen, denen der Betrieb in der EU aus Sicherheitsgründen untersagt ist, in einer gemeinschaftlichen Liste veröffentlicht. Durchführungsbestimmungen dazu enthält die VO (EG) 473/2006 v. 22.3.2006, ABl. EG 2006 L 84, 8, die Liste findet sich in VO (EG) 474/2006 v. 22.3.2006 (in der jeweils gültigen Fassung). Betroffene Maschinen und deren Inhalt dürfen stichprobenartig und ohne unbillige Verzögerung von den zuständigen Stellen der Luftaufsicht untersucht werden. Sa → Beförderung gefährlicher Güter, → Emissionshandel.

Luftfahrtveranstaltungen

sind öffentliche Veranstaltungen von Wettbewerben oder Schauvorstellungen, an denen → Luftfahrzeuge beteiligt sind. Zivile Luftfahrtveranstaltungen bedürfen einer Genehmigung (§§ 73 ff. LuftVZO). Für Luftfahrtveranstaltungen müssen Haftpflichtversicherungen abgeschlossen werden (§ 101 LuftVZO).

Luftfahrzeuge

1. Luftfahrzeuge sind nach der Aufzählung in § 1 LuftVG (→ Luftfahrtrecht, 1a) neben Flugzeugen jeder Art auch Drehflügler (Hubschrauber), → Ballone, Luftschiffe, Drachen, Rettungsfallschirme, → Flugmodelle, → Luftsportgeräte und alle Geräte, die im → Luftraum genutzt und betrieben werden können, sa → Segelflugzeuge. Raumfahrzeuge, Raketen und ähnliche Flugkörper gelten als Luftfahrzeuge, solange sie sich im Luftraum befinden; sa → unbemannte Luftfahrzeuge. Luftfahrzeuge unterliegen außerdem den Bestimmungen der VO (EU) 2018/1139 (→ Luftfahrtrecht, 1a), wenn sie

- unter der Aufsicht eines Mitgliedsstaates konstruiert, hergestellt, betrieben oder instandgehalten werden und in der EU eingetragen sind oder
- in, nach oder aus der EU fliegen.

Die VO gilt grundsätzlich nur für zivil eingesetzte Luftfahrzeuge, also beispielsweise nicht für Polizei- oder → Such- und Rettungsdienste (Art. 2 VO (EU) 2018/1139). Ausgenommen sind weiter etwa historische Luftfahrzeuge, Segelflugzeuge mit max. 400 kg Startmasse sowie andere Luftfahrzeuge gem. Anhang I, deren Betrieb mit einem geringen Risiko für die Flugsicherheit verbunden ist.

2. Luftfahrzeuge bedürfen einer Muster- und einer Verkehrszulassung, wenn das durch eine deutsche VO oder Art. 2 IV VO (EU) 2018/1139 vorgeschrieben ist, sowie der Eintragung in die → Luftfahrzeugrolle (§§ 1–19a LuftVZO); außerdem müssen sie den Umweltverträglichkeitsanforderungen des Anhangs III der VO (EU) 2018/1139 entsprechen. Deutsche Luftfahrzeuge haben das Staatsangehörigkeitszeichen und eine besondere Kennzeichnung zu führen (§ 2 V LuftVG). Für die Lufttüchtigkeit der Luftfahrzeuge s. Verordnung zur Prüfung von Luftfahrtgerät (LuftGerPV) v. 15.2.2013 (BGBl. 2013 I 293 mÄnd), LuftfahrtgerätbetriebsO v. 4.3.1970 (BGBl. 1970 I 262 mÄnd) und VO (EU) 1321/2014 über die Aufrechterhaltung der Lufttüchtigkeit von Luftfahrzeugen uam v. 26.11.2014 (ABl. EU 2014 L 362, 1). Die Luftfahrzeug-Elektronik-Betriebs-VO v. 22.2.2008 (BGBl. 2008 I 266) bildet die Grundlage für das – überwiegend noch geltende – Verbot des Betriebs elektronischer Geräte in einem Luftfahrzeug. Wer ein Luftfahrzeug führt oder bedient, bedarf einer → Fluglizenz.

3. Obwohl das Luftfahrzeug eine bewegliche → Sache ist und auch wie eine solche übereignet wird, kann nach dem Gesetz über Rechte an Luftfahrzeugen v. 26.2.1959 (BGBl. 1959 I 57, 223) mÄnd ein besitzloses → Pfandrecht an in die Luftfahrzeugrolle eingetragenen Luftfahrzeuge nur durch Einigung und Eintragung in einem besonderen Pfandrechtsregister bestellt werden (sog. Registerpfandrecht). Das Registerpfandrecht am Luftfahrzeug ähnelt stark einer → Hypothek. Sa → Internationales Privatrecht (2 f). Das Gesetz enthält weitere Vorschriften über Zwangsvollstreckung und Arrestvollziehung (dazu insbes. Gesetz über die Unzulässigkeit der Sicherungsbeschlagnahme von Luftfahrzeugen v. 17.3.1935, RGBl. 1935 I 385 mÄnd). Sa → Luft- und Seepiraterie.

4. Luftfahrzeuge unterliegen den Bestimmungen des → Emissionshandels, Treibhausgase und der→ Fluggastrechte.

5. → Pflanzenschutz (2).

Luftfahrzeugführer

Der Luftfahrzeugführer (auch Flugzeugführer oder Pilot) erhält seine Fluglizenz gem. → Luftfahrtpersonalverordnung, sa → Luftfahrtrecht (1a). Er hat – wenn er dazu zB vom Betreiber benannt wurde – als verantwortlicher Luftfahrzeugführer oder Pilot an Bord (anders der → Fernpilot) grds. die Entscheidungsgewalt (SERA 2015, Anh. DVO (EU) 923/2012), zumal er dort auch Aufgaben der → Luftaufsicht wahrnimmt. ZB ist der Luftfahrzeugführer als Beliehener verantwortlich für Sicherheit und Ordnung (§ 12 LuftSiG (→ Luftsicherheitsgesetz)); sa → Flugunfalluntersuchung (1). Das Führen oder Bedienen eines Luftfahrzeuges unter dem Einfluß psychoaktiver Substanzen ist verboten (§ 4a LuftVG). Zur Haftung s. → Luftfahrtunternehmen.

Luftfahrzeugregister

Das Luftfahrzeugregister enthält Daten aus der → Luftfahrzeugrolle und den Verzeichnissen der → Luftsportgeräte (§ 64 LuftVG), ua zur Überwachung der Verkehrssicherheit. Das nationale Luftfahrzeugregister wird vom → Luftfahrt-Bundesamt geführt.

Luftfahrzeugrolle

ist ein Verzeichnis aller in Deutschland zum Verkehr zugelassenen → Luftfahrzeuge, das vom → Luftfahrt-Bundesamt geführt wird. Die Eintragung ist, soweit durch VO vorgeschrieben, neben der Verkehrszulassung Voraussetzung dafür, dass ein Luftfahrzeug im Geltungsbereich des LuftVG verkehren darf. Die Eintragung findet von Amts wegen statt (s. §§ 14 ff. LuftVZO (→ Luftverkehrszulassungsordnung)). Die Eintragung setzt grundsätzlich voraus, dass sich das Luftfahrzeug im ausschließlichen Eigentum von natürlichen oder juristischen Personen oder Handelsgesellschaften eines Staates befindet, in dem das → Luftfahrtrecht der EU angewandt wird (§ 3 LuftVG).

Lufthoheit

Im Gegensatz zur → Freiheit des Meeres ist eine Freiheit der Luft völkerrechtlich nicht anerkannt. Vielmehr wird angenommen, dass jeder Staat die Lufthoheit, dh die Herrschaftsgewalt an der Luftsäule über seinem Territorium besitze, wobei die Reichweite der Lufthoheit streitig ist. Nach hM reicht die Lufthoheit so weit, wie die Tragkraft der Luft die Fortbewegung eines → Luftfahrzeuges ermöglicht. Das Recht des Flugverkehrs ist bisher dem Recht des → völkerrechtlichen Vertrags vorbehalten geblieben. Auch hinsichtlich der Rechtslage in der Stratosphäre und im Weltall konnten sich Sätze des → Völkergewohnheitsrechts bisher nicht entwickeln (→ Weltraumrecht).

Luftraum
Der Luftraum ist völkerrechtlich der Bereich, in dem ein Staat die → Lufthoheit besitzt. Der deutsche Luftraum ist damit horizontal durch den Geltungsbereich des Luftverkehrsgesetzes begrenzt (→ Luftfahrtrecht). Die Grenze nach oben liegt dort, wo die Tragkraft der Luft für → Luftfahrzeuge endet und der Weltraum beginnt. Eher verkehrstechnisch bezeichnet Luftraum einen Raum, in dem insbes. Flugsicherungs- und Flugverkehrsdienste erbracht werden. Die Verordnung (EU) 2024/2803 v. 23.10.2024 zur Verwirklichung des Einheitlichen Europäischen Luftraums (ABl. L 2024/2803, 11.11.2024) regelt dessen Ordnung und Nutzung. → Flugregeln, → Interoperabilität.

Luftreinhaltung
1. Die Luftreinhaltung ist eine vordringliche öffentliche Aufgabe. Sie ist der zentrale Bereich im → Immissionsschutzrecht (dort 1.). Für die Luftreinhaltung von besonderer Bedeutung sind die Vorschriften des BImSchG über die Ermittlung von → Emissionen und → Immissionen und die Überwachung und Verbesserung der Luftqualität (§§ 26–31a, 44–48a BImSchG). Wichtige Vorschriften zur Begrenzung industrieller Emissionen enthalten die → Technische Anleitung Luft v. 24.7.2002 (GMBl. 2002, 511) und zB die 17. BImSchV zur → Abfallverbrennung. Im Verkehrsbereich regeln mehrere DVO die Emissionen, zB zu Kraftstoff-Qualität, Betankung ua die 10. BImSchV über die Beschaffenheit und die Auszeichnung der Qualitäten von Kraft- und Brennstoffen v. 8.12.2010 (BGBl. 2010 I 1849) und die 28. BImSchV (→ Feinstaub). Die 37. und 38. BImSchV betreffen die Reduzierung von Treibhausgasen durch → alternative Kraftstoffe. Ergänzend greift das Benzin-BleiG v. 5.8.1971 (BGBl. 1971 I 1234).

2. Die Verbesserung der Luftqualität bezwecken insbes. die Überwachung (§§ 44, 52a BImSchG, → Monitoring) mit Überwachungsplan und -programm bei → Anlagen (1) sowie der Luftreinhalteplan. Er dient der Einhaltung bestimmter Immissionsgrenzwerte (zB von Blei, Benzol und → Ozon) in einem bestimmten Gebiet (§ 47 BImSchG). Der Luftreinhalteplan enthält Feststellungen über Art und Ursachen der → Immissionswerte sowie Maßnahmen zu ihrer Verminderung (zB Verkehrsbeschränkungen, → Dieselfahrverbot, → Fahrverbot). Werden zu hohe Werte durch Emissionsquellen außerhalb des Plangebietes verursacht, ist auch dort ein solcher Plan zu erstellen. Zur Strafbarkeit verbotener Luftverunreinigung s. → Umweltkriminalität. → Emissionshandel.

3. Die Richtlinie 2008/50/EG v. 21.5.2008 über Luftqualität und saubere Luft für Europa (ABl. EU 2008 L 152, 1) wurde inbes. durch die 39. BImSchV über Luftqualitätsstandards und Emissionshöchstmengen v. 2.8.2010 (BGBl. 2010 I 1065 mÄnd) umgesetzt. Die Umsetzung der Richtlinie (EU) 2016/2284 über die Reduktion der nationalen Emissionen bestimmter Luftschadstoffe uam v. 14.12.2016 (ABl. EU 2016 L 344, 1) führte zur 43. BImSchV v. 18.7.2018 über nationale Verpflichtungen zur Reduktion der Emissionen bestimmter Luftschadstoffe (BGBl. 2018 I 1222). Sie stellt die deutsche Verpflichtung zur Verringerung der Emission von zB Stickstoffoxiden (NOx) und → Feinstaub (PM2,5) bis über das Jahr 2030 hinaus fest. Ausgenommen sind insbes. der Flugverkehr und der internationale Schiffsverkehr. Die 44. BImSchV v. 13.6.2019 (BGBl. 2019 I 804 mÄnd) enthält Emissionsgrenzwerte für mittelgroße Feuerungs-, Gasturbinen- und Verbrennungsmotoranlagen, die 1. BImSchV (→ Einzelraumfeuerungsanlage) für kleinere und mittlere Feuerungsanlagen.

Luftschutz
Der Begriff wird seit 1964 amtlich nicht mehr verwendet. Er ist in dem umfassenden Begriff → Zivilschutz aufgegangen.

Luftsicherheitsgesetz
1. Ua zur Umsetzung der VO (EG) 2320/2002 v. 16.12.2002 (ABl. EG 2002 L 355, 1) wurde das Luftsicherheitsgesetz v. 11.1.2005 (BGBl. 2005 I 78) mÄnd erlassen. Das Luftsicherheitsgesetz dient dem Schutz vor Angriffen auf die Sicherheit des Luftverkehrs, insbesondere vor Flugzeugentführungen, Sabotageakten und terroristischen Anschlägen (§ 1 LuftSiG). Das Luftsicherheitsgesetz ist damit als Polizeigesetz des → Bundes anzusehen (→ Polizeirecht). Die Abwehr von Angriffen ist Aufgabe der Luftsicherheitsbehörden (§ 2 LuftSiG); die Aufgaben der Luftsicherheitsbehörden werden grundsätzlich von den → Ländern wahrgenommen, soweit sich diese der Bund nicht vorbehalten hat (§ 16 III LuftSiG).

2. Aufgrund des Luftsicherheitsgesetzes haben die Luftsicherheitsbehörden ua die Befugnis Personen zu durchsuchen und zu überprüfen, Gegenstände zu durchsuchen und zu überprüfen, Flughäfen und Einrichtungen der o. g. Kontrollen durch bewaffnete Polizeibeamte zu sichern sowie unter bestimmten Voraussetzungen Personen im Flughafenbereich anhalten und des Flughafens verweisen (§ 5 I und II LuftSiG). Ferner haben die Luftsicherheitsbehörden die Befugnis, Gepäck, Postsendungen und sonstige Gegenstände im Flughafenbereich zu durchsuchen, zu durchleuchten oder zu überprüfen sowie sämtliche Geschäfts- oder Arbeitsräume im Flughafenbereich betre-

ten und besichtigen. Diese Sicherheitsmaßnahmen können → beliehenen Unternehmern übertragen werden (§ 5 III, IV und V LuftSiG).

3. Die am Flughafen tätigen Personen sind einer besonderen Zuverlässigkeitsüberprüfung zu unterziehen (§ 7 LuftSiG). Die Flughafenanlagen müssen den Sicherheitsbedürfnissen entsprechen (§ 8 LuftSiG). Die Luftsicherheitsbehörden entscheiden, welchen Personen die Berechtigung zum Zugang zu den nicht öffentlichen Bereichen eines Flughafens erteilt werden darf (§ 10 LuftSiG). Die Mitnahme bestimmter als Waffen verwendbarer Gegenstände ist den Passagieren verboten (§ 11 LuftSiG).

4. Eine Besonderheit des Luftsicherheitsgesetzes ist die ausdrückliche gesetzliche Regelung des Bundeswehreinsatzes zur Unterstützung der Polizei bei Luftzwischenfällen. Auf Anforderung eines Landes kann der Bundesminister der Verteidigung den Einsatz der Bundeswehr anordnen (§ 13 II LuftSiG); ist mehr als ein Land betroffen, entscheidet die Bundesregierung, im Eilfall ebenfallls der Bundesminister der Verteidigung über den Bundeswehreinsatz (§ 13 III LuftSiG). Mit BVerfG Besch. v. 20.3.2013 – 2 BvF 1/05 wurde entschieden, dass bei Betroffenheit mehr als eines Landes auf jeden Fall über den Einsatz der Bundeswehr die Bundesregierung als Ganzes zu entscheiden hat. Zur Verhinderung des Eintritts eines besonders schweren Unglücksfalles dürfen die Streitkräfte im Luftraum Luftfahrzeuge abdrängen, zur Landung zwingen, den Einsatz von Waffengewalt androhen oder Warnschüsse abgeben (§ 14 I LuftSiG). § 14 III aF LuftSiG ließ die unmittelbare Einwirkung mit Waffengewalt – also auch den Abschuss von Passagierflugzeugen – zu, wenn nach den Umständen davon auszugehen ist, dass das Luftfahrzeug gegen das Leben anderer Menschen eingesetzt werden soll, und wenn dies das einzige Mittel zur Abwehr dieser gegenwärtigen Gefahr ist. Diese Vorschrift wurde vom BVerfG mit Urt. v. 15.2.2006 (NJW 2006, 751) für verfassungswidrig erklärt. Das BVerfG verneinte zum einen die Gesetzgebungszuständigkeit des Bundes, den Abschuss von Zivilflugzeugen zum Zwecke der polizeilichen Gefahrenabwehr zu regeln. Zum anderen hatte das BVerfG Zweifel an der materiellen Verfassungsmäßigkeit der Norm. In der Neufassung des LuftSiG wurde die bisherige Fassung des § 14 III LuftSiG gestrichen. Zur Problematik einer Abwägung Leben gegen Leben unter dem Gesichtspunkt des → Notstands s. dort 1a.

Luftsportgeräte
sind → Luftfahrzeuge wie Sprungfallschirme, Ultraleichtflugzeuge und ähnliche Geräte für den Luftsport, die relativ unkompliziert und für die Allgemeinheit relativ ungefährlich sind. → Luftsportverbände erteilen die Luftsportgeräte-Zulassung, beaufsichtigen den Betrieb, erteilen die Führungserlaubnisse und führen die Luftsportgeräte-Verzeichnisse (→ Luftfahrzeugregister). Neue Luftsportgeräte müssen vom BMV auf Antrag des zuständigen Verbandes (§ 101 LuftVZO) anerkannt werden. Sa → Kunstflüge, → Luftfahrtunternehmen.

Luftsportverbände
5 Luftsportverbände unter der Aufsicht des → Luftfahrt-Bundesamtes nehmen als → beliehene Unternehmer (→ Luftfahrtrecht) die Verwaltung der → Luftsportgeräte wahr (§§ 31c, d LuftVG, VO v. 16.12.1993, BGBl. 1993 I 2111 mÄnd).

Luftverkehrsabgabe
1. Rechtsgrundlage ist das Luftverkehrsteuergesetz (LuftVStG) vom 9.12.2010 (BGBl. 2010 I 1885).

2. Gegenstand der Besteuerung ist der Abflug eines Fluggastes von einem inländischen Standort. Die Höhe der Abgabe richtet sich nach der Flugstrecke zwischen Deutschland und dem Zielland. Die Zielländer sind in drei Kategorien aufgeteilt: Kurzstrecke 7,50 EUR, Mittelstrecke 23,43 EUR, andere/Langstrecke 42,18 EUR (§ 11 I LuftVStG). Für Flüge innerhalb Deutschlands ist auf die L. zusätzl. USt zu entrichten. Ausgenommen von der Besteuerung sind ua Sport- und Privatflieger, sowie Fluggäste, die das 2. Lebensjahr noch nicht vollendet haben und ohne eigenen Sitzplatz fliegen. Weitere Befreiungen bestehen für rein hoheitliche, militärische und medizinische Flüge.

Luftverkehrsabkommen
→ Open Skies (2), → Warschauer Abkommen.

Luftverkehrsgesetz
→ Luftfahrtrecht.

Luftverkehrshaftung
1. Grds. ist ein Beförderungsvertrag Grundlage einer Haftung (→ Beförderungsvertrag) auf Schadensersatz, die relevanten internationalen wie nationalen Haftungsvorschriften setzen einen solchen Vertrag voraus. Maßgeblich für die Haftung im internationalen Luftverkehr sind das → Warschauer Abkommen nebst Zusatzabkommen sowie das Montrealer Übereinkommen (MÜ) über die Beförderung im internationalen Luftverkehr, sofern Abgangs- und Bestimmungort in einem Staat liegen, der das betreffende Übereinkommen unterzeichnet hat; Vorrang hat, wenn ein Staat beide Übereinkommen unterzeichnet hat, das MÜ (Art. 55 MÜ). Nach Art. 17 I MÜ hat das Luftfahrtunternehmen (der Luftfrachtführer in der Terminologie der amtlichen Übersetzung) den Schaden zu ersetzen, der dadurch entsteht, dass ein Reisender getötet oder verletzt wird, jedoch nur, wenn sich der Unfall, der zu Tod oder Körperverletzungen geführt hat, an Bord des Luftfahrzeugs oder beim Ein- oder Aussteigen ereignet hat (Gefährdungshaftung bis zu einem Höchstbetrag von 128821 Rechnungseinheiten, → Sonderziehungsrechte des

Internationalen Währungsfonds bei Tötung oder Körperverletzung für jede Person; bei darüber hinausgehenden Schäden unbegrenzte Haftung für vermutetes Verschulden). Unfall ist jedes auf einer äußeren Einwirkung beruhendes plötzliches Ereignis. Str. ist insoweit, ob sich dabei eine luftfahrttypische Gefahr verwirklichen muss. Hierfür ist jedenfalls keine einzigartige Gefahr, die nur im Luftverkehr auftreten kann, erforderlich; ausreichend ist die Verwirklichung einer sich aus der typischen Beschaffenheit oder dem Zustand eines Luftfahrzeugs oder einer luftfahrtechnischen Einrichtung ergebenden Gefahr (zB Feuchtigkeit in einer zum Einsteigen verwendeten Fluggastbrücke). Eine Haftung besteht auch für Zerstörung, Verlust oder Beschädigung von Reisegepäck (Art. 17 II – IV MÜ, Art. 22 MÜ; Haftungshöchstgrenze von 1121 Rechnungseinheiten) sowie für Verspätung bei der Beförderung von Personen (Höchstgrenze 5346 Rechnungseinheiten) und Reisegepäck (Höchstgrenze 1288 Rechnungseinheiten). Für Flüge zwischen Vertragsstaaten der → Europäischen Union gilt die Verordnung (EG) Nr. 2027/97 des Rates über die Haftung von Luftfahrtunternehmen bei der Beförderung von Fluggästen und deren Gepäck im Luftverkehr. Das MÜ wurde insoweit in das EU-Recht übernommen und zwar sowohl für nationale als auch für internationale Luftbeförderungen. Soweit diese internationalen Vorschriften nicht greifen und geringfügige (da grds. EU-Recht und MÜ auch für innerdeutsche Flüge gelten) Anwendungslücken verbleiben, greift das deutsche nationale Recht: Wird ein Fluggast an Bord des Luftfahrzeugs oder beim Ein- oder Aussteigen getötet oder körperlich verletzt, erleidet er einen Schaden an seinem Gepäck oder wird der Fluggast oder sein Gepäck verspätet befördert, so ist der Luftfrachtführer gleichfalls ohne Nachweis eines Verschuldens zum Schadensersatz verpflichtet, §§ 44 ff. LuftVG. Auch hier gelten die genannten Haftungsgrenzen. S. hinsichtlich der Haftung für Gepäck, insbes. auch zur Unterscheidung von Hand- und Reisegepäck, auch → Reisegepäck, Haftung für. Ein weitergehender Schutz kann nur durch Abschluss eines → Versicherungsvertrags erreicht werden. Zu Ausgleichs- und Unterstützungsansprüchen bei Nichtbeförderung, Annulierung oder Verspätung von Flügen innerhalb der Europäischen Union s. → Fluggastrechte. Sa → unerlaubte Handlung. Das MÜ gilt auch für die Beförderung von Frachtgütern mit Luftfahrzeugen, iÜ finden national die Vorschriften über den → Frachtvertrag Anwendung (§ 407 III Nr. 1 HGB).

2. Wird beim Betrieb eines → Luftfahrzeugs durch Unfall jemand, der nicht Fluggast ist, getötet, körperlich verletzt oder an seinem Eigentum beschädigt, so ist der Halter des Luftfahrzeugs grds. verpflichtet, den Schaden ohne Nachweis eines Verschuldens (→ Gefährdungshaftung) zu ersetzen (§§ 33 ff. LuftVG; → Luftfahrtrecht). Zum Begriff des Unfalls s. o. 1. Der Umfang der Ersatzpflicht entspricht der Regelung bei der → Straßenverkehrshaftung (sa → Kraftfahrzeug-Haftpflichtversicherung). Die Höchstsumme des Schadensersatzes für jede getötete oder verletzte Person beträgt 600 000 EUR oder 36 000 EUR Jahresrente; die Gesamthaftungshöhe richtet sich nach dem zulässigen Höchstgewicht des Luftfahrzeugs und reduziert ggf. den Einzelanspruch (§ 37 LuftVG). Auch → Schmerzensgeld kann gefordert werden. Die gleichen Grundsätze gelten an sich für Überschallschäden, soweit in ihnen ein Unfall zu sehen ist. Dies ist zu bejahen zB bei einem plötzlichen Schock oder bei Sachschäden, die durch einen Überschallknall verursacht werden; zu verneinen bei Gesundheitsschäden durch andauernde Tiefflüge (hier kann aber → Staatshaftung in Betracht kommen, BGHZ 122, 363). Die Bestimmungen des LuftVG sind grds. auch auf militärische Luftfahrzeuge anwendbar (§§ 53, 54 LuftVG); daneben kommen die Grundsätze der → Staatshaftung (bei NATO-Truppen → Stationierungsschäden) zur Anwendung.

Luftverkehrsordnung
Die LuftVO (→ Luftfahrtrecht) regelt ergänzend zur DVO (EU) 923/2012 die Pflichten der Teilnehmer am Luftverkehr und den Vollzug des EU-Rechts, s. dazu insbes. → Flugregeln, → Luftraum, → Flugsicherung.

Luftverkehrsrecht
→ Luftfahrtrecht.

Luftverkehrs-Zulassungs-Ordnung
Die Luftverkehrs-Zulassungs-Ordnung (LuftVZO) regelt die Zulassungen von Luftfahrtgeräten, dh von → Luftfahrzeugen und Gegenständen, die im Luftverkehr oder zu Ausbildungs- und Prüfungszwecken verwendet werden (→ Luftfahrt-Bundesamt, → Luftsportverbände). Die Luftverkehrszulassungsordnung regelt weiterhin Betätigungsvoraussetzungen für Luftfahrtpersonal, Ausbildung von Luftfahrern sowie Zulassung von Luftfahrerschulen (§§ 30–37 LuftVZO, → Luftfahrtpersonalverordnung). Die Einteilung der → Flugplätze und das Genehmigungsverfahren sowie die Pflichten der Flugplatzbetreiber richten sich nach §§ 38 ff. LuftVZO, Verwendung und Betrieb von Luftfahrzeugen nach §§ 61 ff. LuftVZO. Vorschriften zu Haftpflicht- und Unfallversicherung enthalten die §§ 101 ff. LuftVZO. → Luftfahrtrecht.

Luftverschollenheit
→ Todeserklärung.

Lugano-Abkommen
(auch: Lugano-Übereinkommen, Luganer Übereinkommen) → gerichtliche Zuständigkeit (5).

Lustmord
ist die Tötung eines Menschen, bei der der Täter in der Tötungshandlung selbst sexuelle

Befriedigung sucht. Sie ist nach § 211 StGB als Mord (→ Tötung, 1a aa) mit lebenslanger Freiheitsstrafe bedroht. Vom Lustmord zu unterscheiden ist die Tötung aus Mordlust; hierbei handelt der Täter nicht aus geschlechtlichen Motiven, sondern aus unnatürlicher Freude an der Vernichtung von Menschenleben. Sie ist mit der gleichen Strafe bedroht.

Lutherische Kirchen
Die lutherischen Kirchen sind in der „Vereinigten Evangelisch-Lutherischen Kirche Deutschlands" (VELKD) zusammengeschlossen; Organe der VELKD sind die Generalsynode, die Bischofskonferenz, die Kirchenleitung und als Verwaltungsbehörde das Lutherische Kirchenamt. Die einzelnen lutherischen Kirchen dauern innerhalb der VELKD fort (s. → Evang. Kirche, 4). Die lutherischen Kirchen sind zugleich Mitglied der EKD (s. → Evangelische Kirche, 2).

Luxusverwendungen
→ Verwendungen.

Lynchjustiz
Als „Lynchjustiz" bezeichnet wird die eigenmächtige, gesetzwidrige „Bestrafung" – idR Tötung – eines nach privater Auffassung der Beteiligten Straffälligen ohne gerichtliches Verfahren, meist durch eine erregte Menge („Volksjustiz"). Die Herkunft des Begriffs wird unterschiedlich erklärt und ist wohl auf den Namen einer Person zurückzuführen, die sich durch derartige Vorgehensweisen besonders hervortat. Unter den potentiellen Namensgebern befinden sich ein James Lynch, der im 15./16. Jahrhundert als Bürgermeister in Galway/Irland amtiert haben soll, sowie mehrere Personen, die im 17. und 18. Jahrhundert im Gebiet der heutigen USA lokale öffentliche Funktionen ausübten.

M

M & A
(= Mergers & Acquisitions) → Unternehmen (2).

Maastricht (Vertrag von)
→ Europäische Union, → Europäische Integration (3b).

Machiavelli, Niccolò
(1469–1527), florentinischer Historiker, Politiker und Literat, der in seinen Werken das Idealbild des durch keine moralischen Rücksichten gehemmten Alleinherrschers zeichnete (Hauptwerk: Il principe). Als Machiavellismus wird seither eine ausschließlich vom Gebot der Klugheit getragene, von moralischen Bedenken freie Staatskunst bezeichnet, bei der allein der alle Mittel rechtfertigende Erfolg entscheidet. Diese Gedankengänge wurden ua von Friedrich d. Gr. in seiner Schrift Antimachiavell bekämpft.

Madrider Abkommen
Die Madrider Abkommen v. 14.4.1891 betreffend die Unterdrückung falscher Herkunftsangaben auf Waren und betreffend die internationale Registrierung von Marken sind zwei Nebenabkommen zur → Pariser Verbandsübereinkunft zum Schutz des gewerblichen Eigentums. Deutschland trat ihnen 1922 und 1925 bei. Die Fassung wurde zuletzt 1958 bzw. 1967 revidiert (vgl. BGBl. 1961 II 273; 1970 II 293, 418). Sa → TRIPS.

Mädchenhandel
→ Frauenhandel, → Menschenhandel, → Prostitution.

Mäklervertrag
→ Maklervertrag; durch das Gesetz über die Verteilung der Maklerkosten bei der Vermittlung von Kaufverträgen über Wohnungen und Einfamilienhäuser vom 12.6.2020 wurden die Vorschriften des BGB über den Mäklervertrag auch sprachlich angepasst und die in der Alltags- und Rechtssprache nicht mehr gebräuchliche Bezeichnung des Mäklers ersetzt.

Mängelanzeige
→ Mängelrüge.

Mängelhaftung
→ Gewährleistung, → Mietvertrag (2a), → Werkvertrag (3).

Mängelheilung
bei Formmängeln usw → Form (2).

Mängelrecht
→ Gewährleistung.

Mängelrüge, -anzeige
Mit der Mängelrüge können beim → Kauf und → Werkvertrag Ansprüche aus → Gewährleistung geltend gemacht werden (s. iE dort). Die beim beiderseitigen → Handelskauf gesetzlich besonders ausgestaltete Mängelrüge ist die Anzeige des Käufers an den Verkäufer, dass die gelieferte Ware einen Sachmangel aufweist (§ 377 I HGB). Die Pflicht zur Mängelrüge beruht auf der kaufmännischen → Untersuchungspflicht. Wird die Mängelrüge unterlassen, so wird unwiderlegbar vermutet, dass der Sachmangel genehmigt ist; damit verliert der Käufer seine Ansprüche aus → Gewährleistung, außer bei Mängeln und Abweichungen, die bei der Untersuchung nicht erkennbar waren. Stellt sich später ein Mangel heraus, so muss die Mängelrüge → unverzüglich nach der Entdeckung erhoben werden. Stets genügt für die Mängelrüge, dass der Käufer die Anzeige rechtzeitig absendet (§ 377 IV HGB). Hat der Verkäufer den Mangel arglistig verschwiegen, so kann er sich hierauf nicht berufen (§ 377 V HGB).

Märkte, mehrseitige
Von mehrseitigen Märkten spricht man, wenn auf ihnen mindestens zwei unterscheidbare Nutzergruppen zusammenkommen, zB Einkaufszentren (Läden und Kunden), werbefinanzierte Medien (Werbende und Konsumenten), e-commerce Plattformen (Händler und Konsumenten), technische Standards (im Fall von Blue-ray zum Beispiel Anbieter von Inhalten auf Blue-ray-Discs und Besitzer von Blue-ray-Playern), Betriebssysteme (Entwickler von Programmen und Endkunden des Betriebssystems), Spielekonsolen (Entwickler von Spielen und Spieler), Kreditkartensysteme (Kreditkarten akzeptierende Geschäfte und Kreditkartenbesitzer), App Stores (Entwickler von Apps und Endgerätenutzer), s. GesE der BReg v. 7.11.2016 zur 9. GWB-Novelle, Drs. 18/10207 (s. weiterführend → Markt, relevanter).

Magazinverein
Ein Magazinverein ist eine Form der → Absatzgenossenschaft.

Magister
→ Hochschulgrade; → Master.

Magistratsverfassung
→ Gemeindeverfassung (2).

Magna Charta (libertatum)
Vom König von England 1215 erlassenes Gesetz, das der Hochadel im Kampf gegen die bis dahin bestehende Allmacht des Monarchen erzwungen hatte. Die Magna Charta war ein Staatsgrundgesetz, das die Freiheit der Kirche und die Rechtsstellung der Vasallen des Königs sicherte und diesen bei Verletzung ihrer Rechte ein Widerstandsrecht einräumte (Sanktionen gegen den König durch Pfändung seines Besitzes). Außerdem ordnete sie die Rechtspflege und gewährleistete jedem Untertanen die Entscheidung durch das ihm zustehende Gericht. Die Auswirkungen der

Magna Charta kamen daher indirekt auch den Bürgern und Bauern zugute. Verfassungsrechtlich stellte sie eine Vorstufe auf dem Weg zum Parlamentarismus in England dar.

Magnetschwebebahn
Die Magnetschwebebahn gehört zu den → Schienenbahnen. Das Allgemeine Magnetschwebebahngesetz (AMbG) v. 19.7.1996 (BGBl. 1996 I 1019) mÄnd regelt die Betriebsgenehmigung, die Aufsicht durch das → Eisenbahn-Bundesamt und Tarife für öffentlich betriebene Magnetschwebebahnen. Außer der ehemaligen Versuchsstrecke im Emsland wurde bislang kein Projekt realisiert. Umstritten wegen der ausgebliebenen technischen Fortschritte dort sowie der hohen Kosten für den Aufbau eines eigenen Netzes wird diese Technik seit einem schweren Unfall in Lathen im September 2006 in Deutschland nicht weiterverfolgt.

Mahnbescheid
→ Mahnverfahren.

Mahngericht
→ Mahnverfahren.

Mahnkosten
→ Schuldnerverzug.

Mahnung
→ Schuldnerverzug.

Mahnverfahren
Das Mahnverfahren (§§ 688–703d ZPO; Besonderheiten in § 46a ArbGG, dazu ArbGMahnVordrV v. 15.12.1977, BGBl. 1977 I 2625 mÄnd) soll für möglicherweise nicht bestrittene Ansprüche auf eine Geldsumme (Euro) rasch ohne mündliche Verhandlung zu einem Vollstreckungstitel führen. Ausschließlich zuständig ist das → Amtsgericht, bei dem der Antragsteller seinen → Wohnsitz (Sitz) hat (§ 689 ZPO; abweichende → Zuständigkeitsvereinbarung unzulässig). Die für das Mahnverfahren zuständigen Gerichte sind durch Verordnungen der einzelnen Länder konzentriert. Folgende Gerichte sind bestimmt: Baden-Württemberg – Amtsgericht Stuttgart; Bayern – Amtsgericht Coburg; Berlin und Brandenburg – Amtsgericht Wedding; Bremen – Amtsgericht Bremen; Hamburg und Mecklenburg-Vorpommern – Amtsgericht Hamburg-Mitte; Hessen – Amtsgericht Hünfeld; Niedersachsen – Amtsgericht Uelzen; Nordrhein-Westfalen – Amtsgerichte Hagen und Euskirchen; Rheinland-Pfalz und Saarland – Amtsgericht Mayen; Sachsen, Sachsen-Anhalt und Thüringen – Amtsgericht Aschersleben; Schleswig Holstein – Amtsgericht Schleswig. Funktionell zuständig ist der → Rechtspfleger. Das Mahnverfahren wird eingeleitet durch den maschinell lesbaren Antrag auf Erlass eines Mahnbescheids, der den geltend gemachten Anspruch möglichst genau bezeichnen muss (§ 690 ZPO). Ist das der Fall, so ergeht – ohne Prüfung, ob der Anspruch tatsächlich besteht (Besonderheiten beim → Verbraucherdarlehensvertrag, 10) – ein Mahnbescheid, durch den der Antragsgegner aufgefordert wird, den Anspruch nebst Zinsen und Kosten binnen 2 Wochen ab Zustellung zu erfüllen oder innerhalb gleicher Frist Widerspruch einzulegen (§ 692 ZPO). Bei (formlosem) Widerspruch gegen den Mahnbescheid gibt das Mahngericht, sofern eine Partei die Durchführung des streitigen Verfahrens beantragt hat, den Rechtsstreit an das hierfür zuständige Gericht ab (§ 696 ZPO). Das weitere Verfahren regelt § 697 ZPO.

Wird kein Widerspruch eingelegt bzw. erfolgt der Widerspruch nicht rechtzeitig, so ergeht auf Antrag ein Vollstreckungsbescheid, der, wenn nicht anders beantragt, dem Antragsgegner gleichfalls von Amts wegen zuzustellen ist (§ 699 ZPO). Der Vollstreckungsbescheid steht einem für → vorläufig vollstreckbar erklärten → Versäumnisurteil gleich, dh er ist Vollstreckungstitel und kann mit einem → Einspruch binnen 2 Wochen angefochten werden (dann gleichfalls Abgabe an das zuständige Prozessgericht; § 700 ZPO). Ein verspäteter Widerspruch gegen den Mahnbescheid ist, sobald der Vollstreckungsbescheid verfügt ist, in einen Einspruch gegen diesen umzudeuten (§ 694 II ZPO). Für das europäische Mahnverfahren (Durchführung der VO (EG) 1896/2006 v. 12.12.2006, ABl. EU 2006 L 399, 1, mÄnd) gelten ergänzend die §§ 1087 ff. ZPO, für die Zwangsvollstreckung die §§ 1093 ff. ZPO. In Deutschland ist für den Erlass eines europäischen Zahlungsbefehls ausschließlich das AG Wedding zuständig.

Mainzer Modell
Das sog. Mainzer Modell, das bundesweit erprobt worden ist, sollte für Personen mit geringem Einkommen zusätzliche Beschäftigungsanreize schaffen, indem bei einem Einkommen zwischen 325 EUR und 897 EUR bei ledigen bzw. 1007 EUR bei Alleinerziehenden, Verheirateten und Personen, die in einer Lebenspartnerschaft leben, Zuschüsse zu den Sozialversicherungsabgaben gezahlt wurden (→ Lohnkostenzuschuss). Das Modell ist bereits nach kurzer Zeit wieder ausgelaufen (Neufassung des § 131 SGB XII zum 1.1.2005).

Makler
Wer gewerbsmäßig den Abschluss von Verträgen über Grundstücke, grundstücksgleiche Rechte, gewerbliche Räume, Wohnräume und Darlehen vermitteln oder die Gelegenheit zum Abschluss solcher Verträge nachweisen will (Immobilien- oder Darlehensmakler), bedarf – ebenso wie der gewerbsmäßige Bauträger, Baubetreuer (→ Baubetreuungsvertrag, → Bauträgervertrag) und Wohnimmobilienverwalter – der Erlaubnis (→ Gewerbezulassung), die bei Unzuverlässigkeit (→ Zuverlässigkeit) des Maklers zu versagen ist (§ 34c GewO). Zum Schutze der Immobilienkäufer und Darlehensnehmer enthält die DVO hierzu – Makler- und Bauträ-

gerVO idF vom 7.11.1990 (BGBl. 1990 I 2479) mÄnd – Vorschriften über besondere Sicherheitsleistungen, Buchführungs-, Auskunfts- und Informationspflichten. S. ferner → Wohnungsvermittlung, → Ehevermittlung, → Börsenmakler, → Handelsmakler, → Maklervertrag, → Verbraucherdarlehensvertrag (9).

Maklercourtage
→ Maklervertrag.

Maklerklausel
→ Maklervertrag.

Maklerlohn, -provision
→ Maklervertrag.

Maklervertrag
1. Vertragsgegenstand, Sondervorschriften: Der Maklervertrag ist ein Vertrag, durch den jemand für den Nachweis der Gelegenheit zum Abschluss eines Vertrags (Nachweismakler) oder für die Vermittlung eines Vertrags (Vermittlungsmakler) einen Maklerlohn verspricht, § 652 BGB. Die Vorschriften über den Maklervertrag gelten grds. für alle zu vermittelnden Verträge, insbes. für Grundstücksgeschäfte (→ Grundstücksmakler); teilweise Sonderbestimmungen enthalten insbes. §§ 93 ff. HGB für den → Handelsmakler (Vermittlung von Waren), Art. 9 des G v. 4.11.1971 (BGBl. 1971 I 1745) für die → Wohnungsvermittlung, §§ 655a ff. BGB für die Darlehensvermittlung (→ Verbraucherdarlehensvertrag, 9), § 656 BGB für die → Ehevermittlung, §§ 292, 296 ff. SGB III für die Ausbildungs- und Arbeitsvermittlung (die Tätigkeit der Makler insoweit ist aber durch das Monopol der Arbeitsämter für die → Arbeitsvermittlung nahezu weggefallen; auch für die Vermittlung bestimmter Kapitalanlageprodukte gelten Sondervorschriften. Ein Maklervertrag ist häufig, aber nicht notwendig ein → Verbrauchervertrag, dann gelten die entsprechenden Sondervorschriften. Der gewerbsmäßig Wohnungsmakler bedarf einer Erlaubnis nach § 34c GewO. Mit dem Gesetz über die Verteilung der Maklerkosten bei der Vermittlung von Kaufverträgen über Wohnungen und Einfamilienhäuser v. 12.6.2020 (BGBl. 2020 I 1245), das am 23.12.2020 in Kraft getreten ist und für Verträge gilt, die nach diesem Termin abgeschlossen werden, ist für einen Maklervertrag, der den Nachweis der Gelegenheit zum Abschluss eines Kaufvertrages über eine Wohnung oder ein Einfamilienhaus oder die Vermittlung eines solchen Vertrages zum Gegenstand hat, Textform (→ Form, 1a) erforderlich, § 656a BGB; außerdem gelten, sofern der Käufer ein → Verbraucher ist, gem. §§ 656b ff. BGB für die Vereinbarung des Maklerlohns Sondervorschriften: Der Makler darf, sofern er sich für die Vermittlung derselben Immobilie sowohl vom Verkäufer als auch vom Käufer eine Provision versprechen lässt, mit beiden Parteien nur eine Vereinbarung jeweils über die Hälfte der gesamten Provision treffen, beide Parteien sollen also die Provision je zur Hälfte tragen (sog. Halbteilungsprinzip, -grundsatz). Davon abweichende Vereinbarungen sind unwirksam. Unabhängig davon führt die vertragswidrige Doppeltätigkeit aber weiterhin nach § 654 BGB zu einem Verlust des Provisionsanspruchs, s. u. 2. In § 656d BGB wird zudem geregelt, dass in Fällen, in denen nur eine der Parteien des Hauptvertrages einen Maklervertrag abgeschlossen hat, eine Vereinbarung zur Übernahme der Maklerkosten durch die andere Partei nur wirksam ist, wenn die Partei, die den Maklervertrag geschlossen hat, mindestens zur Zahlung der Provision in gleicher Höhe verpflichtet bleibt. Ein solcher Zahlungs- oder Erstattungsanspruch ist erst fällig, wenn die Partei, die den Maklervertrag abgeschlossen hat, nachweist, dass sie ihrer Verpflichtung zur Zahlung des Maklerlohns nachgekommen ist.

2. Vertragsschluss, Kausalität, Pflichten, Provision: Der Abschluss eines Maklervertrag erfolgt nach allg. Regeln (→ Vertrag, 1), er ist grds. formfrei (sofern keine Sondervorschriften, zB § 655b BGB, bestehen), bei Verträgen betreffend Wohnungen oder Einfamilienhäuser gilt aber Textform, s. o. 1.; ggf. sind die Besonderheiten des → Verbrauchervertrags zu beachten. Grds. sind mindestens drei Personen in das Geschäft involviert, ein Vertrag besteht aber meist nur zwischen dem Auftraggeber und dem Makler. Häufig erfolgt ein konkludenter Vertragsschluss. Voraussetzung für das Entstehen der Verpflichtung des Auftraggebers zur Zahlung der vereinbarten, hilfsweise der üblichen Vergütung (sa § 653 BGB) ist, dass der vermittelte Vertrag infolge des Nachweises oder der Vermittlung des Maklers formgültig zustande kommt. Eine Nachweisleistung erfordert eine Mitteilung des Maklers an seinen Auftraggeber, die diesen in die Lage versetzt, in konkrete Vertragsverhandlungen einzutreten. Eine Vermittlungsleistung erfordert ein Einwirken des Maklers auf den potentiellen Vertragspartner des Auftragsgebers mit dem Ziel der Förderung der Abschlussbereitschaft. Der Vertragsschluss muss sich zumindest auch (Mitursächlichkeit genügt) als Ergebnis einer dafür wesentlichen Maklerleistung darstellen (vertragsadäquate Kausalität); bei vorheriger Kenntnis vom Objekt und der Möglichkeit des Vertragsschlusses ist die Maklerleistung nicht ursächlich, es sei denn, der Makler erbringt eine zusätzliche, für den Vertragsschluss wesentliche und mitursächliche Leistung. Für die Kausalität seiner Leistung trägt grds. der Makler die Darlegungs- und Beweislast. Der Makler hat bestimmte Aufklärungs- und Beratungspflichten, eine Verpflichtung zur Prüfung von steuerrechtlichen Fragen besteht grds. nicht; erteilt der Makler Auskünfte, müssen diese jedenfalls richtig sein. Der Vertragspartner des Maklers ist verpflichtet, die Nachweise des Maklers vertraulich zu behandeln. Der Makler hat keinen Anspruch auf Ersatz seiner Aufwendungen, sofern dies nicht gesondert vereinbart wird, § 652 II BGB (was in

→ Allgemeinen Geschäftsbedingungen, AGB, nur eingeschränkt möglich ist). Besondere Vereinbarungen zugunsten des Maklers sind grds. möglich, in AGB durch §§ 305 ff. BGB aber stark eingeschränkt. Hauptpflicht des Auftraggebers ist die Zahlung der vereinbarten Provision. Die Provision ist oft Verhandlungssache, häufig ist die Vereinbarung einer (grds. zulässigen) sog. Maklerklausel, mit der bei Beauftragung des Maklers zB durch den Verkäufer die Pflicht zur Provisionszahlung auf den Käufer abgewälzt wird, „Provision trägt Käufer" (in AGB kann eine Unwirksamkeit nach § 305c BGB in Betracht kommen); ob infolge der Klausel ein Vertrag mit dem Käufer zustandekommt, hängt von den konkreten Vereinbarungen im Einzelfall ab (ggf. → Schuldübernahme, → Schuldmitübernahme; zu den aufgrund der gesetzlichen Neuregelung bei Verträgen mit → Verbrauchern geltenden Einschränkung und grds. Kostenteilung s. o. 1. Die Vereinbarung einer vom Erfolg oder der Kausalität unabhängigen Provision ist nur durch eine eindeutige individuelle Vereinbarung möglich (nicht in AGB, § 307 II Nr. 1 BGB). Dies gilt auch für die sog. Vorkenntnisklausel, dh die Vereinbarung, dass ein nachgewiesenes Objekt als unbekannt gilt, falls der Auftraggeber nicht innerhalb bestimmter Frist widerspricht; in AGB kann eine solche Klausel allenfalls als Vereinbarung über die Beweislast Bestand haben. Der Makler ist regelmäßig nicht zum Tätigwerden verpflichtet, wie andererseits der Auftraggeber grds. jederzeit den Maklervertrag kündigen (Kündigungsrecht wird aber häufig vertraglich ausgeschlossen, sog. Festauftrag; § 314 BGB gilt aber), den vom Makler vermittelten Vertrag nicht abschließen, selbst einen Interessenten für das Objekt finden kann usw. Ist dem Makler jedoch ein Alleinauftrag erteilt, dh ist die (grds. zulässige) Beauftragung weiterer Makler ausgeschlossen, so trifft ihn eine Verpflichtung zum Tätigwerden (sog. Maklerdienstvertrag; auch kann ein Erfolg, zB eine bestimmte Finanzierung, geschuldet sein, sog. Maklerwerkvertrag); andererseits wird der Auftraggeber schadensersatzpflichtig, wenn er den Alleinauftrag verletzt (iZw aber noch nicht durch ein Eigengeschäft des Auftraggebers). Nach Abschluss des Hauptvertrages ist der Auftraggeber verpflichtet, dem Makler Auskunft über alle Umstände zu geben, die dieser zur Berechnung der Provision benötigt. Der Anspruch auf Maklerlohn ist ausgeschlossen, wenn der Makler treuwidrig (also nicht bei Einvernehmlichkeit hierüber) auch für den Vertragsgegner tätig geworden ist, § 654 BGB (s. aber → Handelsmakler). Sa → Agenturvertrag, → Trödelvertrag.

mala fides
= (→ böser Glaube).

Management Buy Out (MBO)
→ Unternehmen (2).

Mandant
(lat.) = Auftraggeber, insbes. eines → Rechtsanwalts.

Mandantenschutzklausel
→ Wettbewerbsverbot.

Mandat
(lat.) = (→ Auftrag); sa → Rechtsanwalt (2).

Mandat der Abgeordneten
1. Das Mandat ist der durch die Wahl den → Abgeordneten erteilte Auftrag. Dieser geht nach Art. 38 GG und den Verfassungen der → Länder als sog. freies Mandat dahin, dass die Abgeordneten Vertreter des ganzen Volkes, an Aufträge und Weisungen nicht gebunden und nur seinem Gewissen unterworfen sind. Die Abgeordneten sind also bei der Abstimmung im Parlament weder an Beschlüsse und Weisungen ihrer Partei – unbeschadet der Zulässigkeit eines → Fraktionszwangs – noch ihrer Wählerschaft gebunden.

2. Das sog. imperative Mandat, das mit einer Bindung an einen bestimmten Auftrag der Wählerschaft (oder der Partei, die die Abgeordneten aufgestellt hat) verknüpft und in seinem Fortbestand hiervon abhängig ist – mögliche Abwahl des Mandatsträgers –, kennen die deutschen Verfassungen nicht (anders im → Rätesystem).

3. Da die Abgeordneten nach dem GG und den Verfassungen der Länder Vertreter des ganzen Volkes sind, ist ihr Mandat auch nicht von der Zugehörigkeit zu einer bestimmten Partei abhängig. Parteiausschluss, -austritt und -übertritt berühren nach geltendem Verfassungsrecht ihr Mandat daher nicht. In der politischen Praxis werden die Abgeordneten indes idR die Linie Ihrer Partei und die Stimmung Ihrer Wählerschaft in ihrer Arbeit berücksichtigen, um ihre Wiederwahl nicht zu gefährden. Nach dem Urt. des BVerfG v. 5.11.1975 (NJW 1975, 2331; „Diäten-Urteil") verlangen die Art. 48 III, 38 I GG gesetzliche Vorkehrungen dagegen, dass Abgeordnete Bezüge aus Angestelltenverhältnissen, Beraterverträgen u. ä. nur deshalb erhalten, weil erwartet wird, dass sie die Interessen der Zahlenden im Parlament vertreten.

Mandatar
= Beauftragter, Bevollmächtigter (→ Vollmacht).

Mandatsgebiete
Nach dem 1. Weltkrieg wurde für die deutschen → Kolonien und Teile der Türkei eine neue Form der Verwaltung geschaffen. Art. 22 der Völkerbundsatzung übertrug die Verwaltung dieser Gebiete einzelnen Staaten, welche die Verwaltung im Auftrag (Mandat) des Völkerbundes und unter Überwachung durch die ständige Mandatskommission des Völkerbundes führen sollten. Ein Teil der Mandatsgebiete wurde in unabhängige Staaten umgewandelt (Irak 1932, Syrien, Libanon 1944, Jordanien 1946, Israel 1948). Nach dem Zweiten Welt-

krieg wurden die noch bestehenden Mandatsgebiete in → Treuhandgebiete umgewandelt, mit Ausnahme der früheren Kolonie Deutsch-Südwest-Afrika, das nach längeren Auseinandersetzungen mit der ehem. Mandatarmacht Südafrika 1989 als Namibia seine staatliche Unabhängigkeit erlangte.

Mandatsträgerbestechung
Straftatbestand nach § 108e StGB (Bestechung und Bestechlichkeit von Mandatsträgern). Dieser wurde ursprünglich 1994 eingeführt und durch das 48. StrÄndG v. 23.4.2014 (BGBl. 2014 I 410) wesentlich umgestaltet. Durch G v. 8.10.2021 (BGBl. 2021 I 4650) wurde der Strafrahmen ausgedehnt und die Mindeststrafe verdoppelt; der Tatbestand enthält seitdem ein → Verbrechen. Die Strafnorm steht inmitten des Spannungsverhältnisses zwischen der Gewährleistung der für eine indirekte Demokratie wesentlichen Freiheit der Mandatsausübung einerseits und der Notwendigkeit, unlautere Einflussnahmen auf parlamentarische Entscheidungsprozesse auszuschließen, andererseits; die Integrität der letzteren bildet das Schutzgut des Tatbestands. Der Umfang der anzustrebenden Strafbarkeit und die nähere Ausgestaltung der Strafnorm waren und sind rechtspolitisch umstritten.

1. Tathandlungen: Den Straftatbestand erfüllt, wer als Mitglied einer Volksvertretung des Bundes oder der Länder einen ungerechtfertigten Vorteil für sich oder einen Dritten als Gegenleistung dafür fordert, sich versprechen lässt oder annimmt, dass er bei der Wahrnehmung seines Mandats eine Handlung im Auftrag oder auf Weisung vornehme oder unterlasse (Bestechlichkeit, § 108e I StGB; der Tatbestand enthält insoweit ein → Sonderdelikt). Spiegelbildlich wird wegen Bestechung von Mandatsträgern bestraft, wer einem Mitglied einer Volksvertretung des Bundes oder der Länder einen ungerechtfertigten Vorteil für dieses Mitglied oder einen Dritten als Gegenleistung dafür anbietet, verspricht oder gewährt, dass es bei der Wahrnehmung seines Mandates eine Handlung im Auftrag oder auf Weisung vornehme oder unterlasse (§ 108e II StGB). Steht die Annahme des Vorteils im Einklang mit den für die Rechtsstellung des Mitglieds maßgeblichen Vorschriften, etwa weil es sich um eine nach dem Parteiengesetz zulässige Spende handelt, so liegt kein ungerechtfertigter Vorteil vor (§ 108e III StGB). Das Tatbestandsmerkmal „bei der Wahrnehmung seines Mandates" erfasst nur die Mandatstätigkeit als solche, dh das Wirken des Abgeordneten im Parlament. Hierzu gehört allein die Arbeit im Plenum, in den Ausschüssen oder sonstigen parlamentarischen Gremien einschließlich der Fraktionen, oder in mit Parlamentsmitgliedern besetzten Kommissionen. Vorteile für außerparlamentarische Betätigungen werden dagegen aufgrund des engen gesetzlichen Zuschnitts des Tatbestands nicht erfasst, und zwar selbst dann nicht, wenn ein Abgeordneter Funktionsträger der Exekutive beeinflussen und sich dabei auf seinen Status berufen oder seine in dieser Funktion geknüpften Beziehungen ausnutzen soll (BGH NJW 2022, 2856).

2. Einbeziehung weiterer Mandatsträger: Den genannten Mandatsträgern stehen gleich Mitglieder einer Volksvertretung einer kommunalen Gebietskörperschaft, eines gewählten Gremiums einer für ein Teilgebiet eines Landes oder einer kommunalen Gebietskörperschaft gebildeten Verwaltungseinheit, der → Bundesversammlung, des → Europ. Parlaments, einer parlamentarischen Versammlung einer internationalen Organisation und eines Gesetzgebungsorgans eines ausländischen Staates (§ 108e III StGB). Nicht nach § 108e StGB, jedoch nach Art. 2 § 2 G zur Bekämpfung internat. Bestechung vom 10.9.1998 (BGBl. 1998 II 2327) strafbar ist zudem die Bestechung von Abgeordneten eines ausländischen Staates und Mitgliedern einer parlamentarischen Versammlung einer internationalen Organisation im Zusammenhang mit internationalem geschäftlichen Verkehr.

3. Strafrahmen: Dieser beginnt bei Freiheitsstrafe von mindestens einem Jahr und reicht bis zu 10 Jahren; in minder schweren Fällen umfasst er Freiheitsstrafe von 6 Monaten bis zu 5 Jahren. Daneben kann das Gericht die Wählbarkeit und das Stimmrecht aberkennen (§ 108e V StGB, → Aberkennung von Rechten und Fähigkeiten).

4. Prozessuales: Zuständig für die Verhandlung und Entscheidung im ersten Rechtszug sind die → Oberlandesgerichte, in deren Bezirk die Landesregierungen ihren Sitz haben (§ 120b GVG). Beschwerde- und Revisionsinstanz ist der → Bundesgerichtshof.

Mangel
einer verkauften (gelieferten, vermieteten, hergestellten) Sache s. → Gewährleistung (1), → Werkvertrag (3), → Mietvertrag (2a).

Mangelfall
(Unterhalt) → Leistungsfähigkeit.

Mangelfolgeschaden
Unter einem Mangelfolgeschaden wird im kauf- und werkvertraglichen Gewährleistungsrecht ein Schaden verstanden, der durch ordnungsgemäße Nacherfüllung nicht beseitigt werden kann und der an anderen Rechtsgütern (als dem Gegenstand des Kauf- oder Werkvertrags) des zum Schadensersatz Berechtigten entsteht. S. → Gewährleistung (2d), → Werkvertrag (3). Sa → Produkthaftung.

Mankohaftung
Hierunter versteht man die Frage, ob und inwieweit ein Arbeitnehmer für einen Kassen- oder Warenfehlbestand einzustehen hat. Mangels besonderer Vereinbarung haftet ein Arbeitnehmer nur, wenn eine schuldhafte Verletzung des Arbeitsvertrags oder eine unerlaubte Handlung vorliegt. Danach werden die ver-

schuldensunabhängigen Herausgabeansprüche einer Verwahrung oder des Auftragsrechts nicht oder – durch das BAG – nur in Ausnahmefällen herangezogen. Der Arbeitgeber muss die Voraussetzungen der Haftung (Fehlbestand, Kausalität, zB Zugang zur Kasse) und auch das Verschulden des Arbeitnehmers dartun und ggf. beweisen; allerdings trifft auch den Arbeitnehmer für die Umstände aus seinem Bereich (Verhältnisse an der Kasse oder im Warenlager) eine gesteigerte Darlegungslast. Die Grundsätze der Beschränkung der Arbeitnehmerhaftung (→ Innerbetrieblicher Schadensausgleich) gelten auch hier. Ist eine Vereinbarung über die Mankohaftung getroffen, so muss diese hierfür – um nicht wegen Sittenwidrigkeit oder Verstoßes gegen das AGB-Recht unwirksam zu sein – eine angemessene Gegenleistung (Mankogeld oder hierwegen erhöhtes Arbeitsentgelt) vorsehen. Zahlt der Arbeitgeber seinem Arbeitnehmer, der im Kassen- oder Zähldienst beschäftigt ist, Fehlgeldentschädigungen, so ist die pauschale Entschädigung bis 16 EUR pro Monat steuerfrei (R 19.3 I Nr. 4 LStR). Werden nur die tatsächlichen Kassenfehlbestände ersetzt, dann sind diese als Auslagenersatz in voller Höhe steuerfreie → Aufwandsentschädigung. Wird der Arbeitnehmer aber durch die Zahlung von einer ihn treffenden Ersatzpflicht freigestellt, so kann Arbeitslohn vorliegen (vgl. FG Münster 25.2.2000 – 11 K 5202/98, EFG 2000, 556).

Manöver

Manöver sind größere Übungen militärischer Verbände. Die Berechtigung zur Abhaltung von Manövern und anderen Übungen ist lediglich für die ausländischen Streikräfte in Art. 45, 46 Zusatzabkommen zum NATO-Truppenstatut geregelt. Im Übrigen enthalten die §§ 66–83 BLeistG (→ Bundesleistungsgesetz) eine Kodifizierung des Manöverrechts einschl. der Entschädigungsansprüche, die auch für die Übungen von Verbänden und Einheiten des zivilen Bevölkerungsschutzes (→ Zivilschutz) gilt. Bei Zerstörungen ist der gemeine Wert, bei Beschädigungen sind die Instandsetzungskosten zu ersetzen; außerdem Ertragsminderung und Nutzungsausfall. Die Entschädigung ist in einem besonderen Verfahren geltend zu machen, in dem zuerst auf eine Vereinbarung hinzuwirken ist. Kommt eine solche nicht zustande, wird die Entschädigung durch schriftlichen Bescheid festgesetzt, gegen den Beschwerde gegeben ist. Gegen die Beschwerdeentscheidung kann binnen 2 Monaten der ordentliche Rechtsweg beschritten werden (Landgericht). S. ferner → Streitkräfte, ausländische.

Mantelgesetz

→ Rechtsetzung.

Mantelkauf

ist der Erwerb von Anteilen einer GmbH, um deren Verluste steuerlich zu nutzen (→ Verlustvortrag iSd § 10d IV EStG). Diese Möglichkeit, die Verluste einer GmbH durch andere zu nutzen, unterliegt Einschränkungen, denn nach dem Grundgedanken des § 10d EStG können Verluste nur von der Person geltend gemacht werden, die sie erwirtschaftet hat. Ab 1.1.2008 wurde die körperschaftsteuerliche Beschränkung des Verlustabzugs neu geregelt (§ 8c KStG), um die Verlustnutzung beim Beteiligungserwerb zu erschweren und den Handel mit sog. Verlustmänteln zu verhindern. Unter einem Verlustmantel versteht man eine im Wesentlichen vermögenslose GmbH, die über steuerliche Verlustvorträge verfügt. Demnach entfällt die Möglichkeit der Verlustnutzung bei Körperschaften ganz oder teilweise, wenn ein schädlicher Beteiligungserwerb vorliegt. Ein solcher ist gegeben, wenn innerhalb eines Fünfjahreszeitraums mittelbar oder unmittelbar mehr als 25 vH oder mehr als 50 vH der Anteile an einer Körperschaft auf einen Erwerber, eine ihm nahe stehende Person oder eine Erwerbergruppe mit gleichgerichteten Interessen übertragen wird oder ein vergleichbarer Sachverhalt vorliegt. Bei einer Übertragung von mehr als 25 vH bis zu 50 vH innerhalb von füf Jahren ergibt sich ein quotaler Verlust des Verlustabzugsvortrags. Bei mehr als 50 vH geht der gesamte Verlustvortrag verloren.

Von der Verlustverrechnungsbeschränkung sind alle Umstrukturierungen ausgenommen, die ausschließlich innerhalb eines Konzerns vorgenommen werden, an dessen Spitze zu 100 vH eine einzelne Person oder Gesellschaft steht (Konzernklausel). Ausnahmen gelten beim Zutritt neuer Gesellschafter oder der Beteiligung konzernfremder Gesellschafter. Die Regelung des § 8c KStG war umstritten und ist vom BVerfG (BVerfG 2 BvL 6/11) für partiell verfassungswidrig erklärt worden. Dem Gesetzgeber wurde aufgegeben, bis spätestens bis zum 31.12.2018 eine Neuregelung mit Rückwirkung zum 1.1.2008 zu treffen. Als Reaktion hierauf wurde § 8d KStG eingeführt, der auf Antrag weitere Ausnahmen von der Verlustverrechnungsbeschränkungseit mindestens drei Jahren ausschließlich denselben Geschäftsbetrieb unterhält und keine Einstellung des Geschäftsbetriebs erfolgt. Die Europäische Union hat die Ausnahmen für Wagnisgesellschaften und die Sanierungsklausel für unzulässige Beihilfen erklärt. Im Jahressteuergesetz 2019 hat der Gesetzgeber die generelle Aufhebung des quotalen Verlustuntergangs beschlossen. Wenn bei Gesellschaften ein Gesellschafterwechsel stattfindet, gehen Verluste aus der bisherigen Tätigkeit der Gesellschaft vollständig verloren, wenn innerhalb von fünf Jahren mehr als 50% der Anteile übertragen werden.

Manteltarifvertrag

Ein Manteltarifvertrag ist ein → Tarifvertrag, der auf einen längeren Zeitraum berechnet ist und solche → Arbeitsbedingungen – daneben auch betriebsverfassungsrechtliche Fragen – regelt, die länger gelten und nicht häufig verändert werden sollen (auch Rahmentarifvertrag; zB allgemeine Lohnbedingungen, Kündigungsfristen, Arbeitszeit, Urlaub, Nachtarbeitzuschläge). Der Manteltarifvertrag wird ergänzt durch die zwischen denselben → Sozialpartnern abgeschlossenen Lohn(Gehalts)tarifverträge mit meist kürzerer Laufzeit, in denen zugleich die Lohn(Gehalts)höhe vereinbart wird.

Mantelzession
Durch eine Mantelzession verpflichtet sich ein → Schuldner, Forderungen aus seinem Geschäftsbetrieb in einem bestimmten Umfang zur Sicherung eines → Gläubigers stets abzutreten (s. → Abtretung) und in bestimmten Zeitabständen Listen über die abgetretenen Forderungen zu übergeben. IdR wird die Abtretung erst mit der Übergabe der Listen wirksam, so dass dem Bestimmbarkeitserfordernis genügt ist.

mare librum
(lat.: freies Meer) → Freiheit des Meeres.

Margarine
→ Milch.

Margentarife
→ Höchstpreise.

Marihuana
→ Cannabis, → Hanf.

Maritime Raumplanung
Die große und zunehmende Nachfrage nach Küsten- und Meeresraum auf verschiedenen Ebenen (zB Energie, Verkehr, Tourismus, Fischerei und Umweltschutz) erfordert ein integriertes Raumplanungs-Konzept, das der Zielsetzung der → integrierten Meerespolitik entspricht. Jeder Mitgliedstaat hat auf der Grundlage der RL (EU) 2014/89 v. 23.7.2014 (ABl. EU 2014 L 257, 135) eine maritime Raumplanung bis März 2021 auszuarbeiten und umzusetzen, die die Anforderungen der Art. 6 und 8 RL (EU) 2014/89 erfüllen soll (Art. 4, 15 RL (EU) 2014/89).

Marken
1. Das Gesetz über den Schutz von Marken und sonstigen Kennzeichen (MarkenG) v. 25.10.1994 (BGBl. 1994 I 3082 mÄnd) hat nicht nur die Vorgaben der Markenrechts-RL (RL 89/104/EWG, ABl. EG 1989 L 40, 1 mÄnd; nunmehr RL (EU) 2015/2436, ABl. EU 2015 L 336, 1 mBer) in nationales Recht umgesetzt, sondern gleichzeitig die bis dahin bestehenden Vorschriften über Warenzeichen und sonstige Kennzeichen vereinheitlicht. Nach diesem Gesetz werden Marken, → geschäftliche Bezeichnungen und geografische Herkunftsangaben geschützt. Für die EU einheitlichen Schutz genießen Unionsmarken nach der Unionsmarkenverordnung (UMV, VO (EU) 2017/1001, ABl. EU 2017 L 154, 1; früher VO (EG) 40/94, ABl. EG 1994 L 11, 1), die vom → Amt der Europäischen Union für Geistiges Eigentum (EUIPO) – früher Harmonisierungsamt für den Binnenmarkt (HABM) – eingetragen werden. Außerdem sind international registrierte Marken (IR-Marken bzw. Internationale Registrierungen) nach dem Madrider Markenabkommen (MMA) (BGBl. 1970 II 293) oder dem Protokoll hierzu (BGBl. 1995 II 1017) im Inland zu beachten, wenn deren Schutz auf das Inland erstreckt worden ist. Die Regelungen des MarkenG gelten für Unionsmarken und IR-Marken im Wesentlichen entsprechend (§ 107 MarkenG, § 109 MarkenG, § 125b MarkenG), soweit nicht insbesondere die UMV eigene, in den Mitgliedstaaten der EU direkt anzuwendende Regelungen vorsieht.

2. Marken sind Zeichen, die dazu dienen, die Produkte (Waren oder Dienstleistungen) eines Unternehmens von denjenigen anderer Unternehmen zu unterscheiden und die – durch Eintragung (Regelfall) oder – soweit es nationale Marken betrifft – durch Erlangung von Verkehrsgeltung oder aufgrund notorischer Bekanntheit – Schutz erlangt haben (§ 4 MarkenG). Eine gesetzliche Definition der Marke gibt es indes nicht, sie wird vielmehr nach neuerem Verständnis über die einer Marke typischer Weise zukommenden Funktionen definiert (Herkunftsfunktion, Werbefunktion, Qualitätsfunktion, Investitionsfunktion). In Frage kommen insbes. Wörter einschließlich Personennamen, Abbildungen, Buchstaben, Zahlen, Hörzeichen, dreidimensionale Gestaltungen einschließlich der Form einer Ware (soweit diese nicht ausschließlich technisch bedingt oder für die Ware wesensnotwendig ist) oder ihrer Verpackung sowie sonstige Aufmachungen einschließlich Farben und Farbzusammenstellungen (§ 3 MarkenG). Wort-Marken bestehen nur aus Textzeichen, ohne dass es auf deren grafische Gestaltung ankäme; Bild-Marken bestehen ausschließlich aus Bildelementen, Wort-Bild-Marken enthalten sowohl Bild- als auch Textelemente oder Textelemente in besonderer grafischer Gestaltung. Von der Eintragung ausgeschlossen sind u. a. Zeichen, die im Markenregister nicht so dargestellt werden können, dass der Gegenstand des Schutzes nicht klar und eindeutig bestimmt werden kann, die ein Produkt lediglich allgemein bezeichnen oder beschreiben oder denen aus anderen Gründen jegliche Unterscheidungskraft fehlt (es sei denn, das Zeichen hat sich durch Benutzung gleichwohl in den beteiligten Verkehrskreisen als Herkunftshinweis durchgesetzt), amtliche Prüfzeichen, Wappen, Flaggen usw (es sei denn, der Anmelder ist befugt, ein solches Zeichen zu führen) sowie irreführende, sittenwidrige oder böswillig angemeldete Zeichen (§ 8 MarkenG). Wird eine Marke nicht vom Hersteller eines Produkts, sondern von einem Unternehmen verwendet, das damit handelt (zB einer Supermarktkette), spricht man von einer Handelsmarke.

Markenschutz kann nicht nur ein Gewerbetreibender, sondern jede (natürliche oder juristische) Person ohne konkreten Bezug zu einer bestimmten Herstellung beanspruchen. Deshalb können etwa Werbeagenturen ebenso Schutz für Zeichen beanspruchen, die derzeit noch nicht verwendet werden sollen (sog. Vorratszeichen), wie Unternehmen für Zeichen, die den von ihnen verwendeten Marken nur ähneln und ausschließlich der Abwehr von Konkurrenten dienen (sog. Defensivzeichen). Die gezielte Beeinträchtigung von Unternehmen kann allerdings eine böswillige Markenanmeldung (§ 8 Abs. 2 Nr. 14 MarkenG, § 50 Abs. 3 MarkenG) darstellen oder als gezielte Mitbewerberbehinderung (→ unlauterer Wettbewerb) zu bewerten sein. Wird eine Marke mehr als 5 Jahre nicht ernsthaft benutzt (§ 26 MarkenG), so kann sie auf Antrag für verfallen erklärt und gelöscht werden.

Ein rechtsfähiger Verband kann Schutz als Kollektivmarke für Zeichen beanspruchen, die geeignet sind, die Produkte seiner Mitglieder von denjenigen anderer Unternehmen nach ihrer Herkunft, ihrer Art oder ihren sonstigen Eigenschaften zu unterscheiden; soll die Kollektivmarke eine bestimmte Qualität anzeigen, so liegt ein Gütezeichen vor. Daneben gibt es die Gewährleistungsmarke, die nicht auf die Herkunft der damit gekennzeichneten Waren oder Dienstleistungen hinweist, sondern auf deren Qualität, Genauigkeit oder andere Eigenschaften mit Ausnahme der geografischen Herkunft (Art. 83 Abs. 1 UMV, § 106a MarkenG); zur Sicherung seiner Neutralität darf der Inhaber einer Gewährleistungsmarke keine gewerbliche Tätigkeit ausüben, die die Lieferung von Waren oder Dienstleistungen, für die eine Gewährleistung besteht, umfasst (Art. 83 Abs. 2 UMV, § 106b Abs. 1 MarkenG).

3. a) Markenschutz entsteht im Regelfall (abgesehen von in der Praxis seltenen Bentzungsmarken und notorisch bekannten Marken) mit der Eintragung eines für bestimmte Produkte angemeldeten Zeichens durch das → Deutsche Patent- und Markenamt (DPMA) in das dort geführte Markenregister (§ 4 Nr. 1 MarkenG). Vor der Eintragung prüft das DPMA neben den formalen Voraussetzungen grds. nur das Vorliegen absoluter Schutzhindernisse (§ 36 MarkenG, § 37 MarkenG). Innerhalb von 3 Monaten nach Veröffentlichung der Eintragung kann der Inhaber eines prioritätsälteren → Prioritätsprinzip im Kennzeichenrecht) Kennzeichens Widerspruch gegen die Eintragung erheben (§ 42 MarkenG); die Marke wird dann vom DPMA gelöscht, wenn sie in den Schutzbereich des älteren Zeichens eingreift. Daneben kann der Inhaber des prioritätsälteren Zeichens ohne zeitliche Begrenzung Löschungsklage erheben (§ 51 MarkenG, § 55 MarkenG). Eine eingetragene Marke genießt 10 Jahre Schutz; die Schutzdauer kann beliebig oft um jeweils 10 Jahre verlängert werden. Voraussetzung für alle Eintragungen (auch Verlängerung, Widerspruch usw) ist die (zeitgerechte) Entrichtung einer Gebühr, deren Höhe sich nach dem PatentkostenG (PatKostG) v. 13.12.2001 (BGBl. 2001 I 3656 mÄnd) richtet.

Nationaler Markenschutz entsteht auch, wenn ein nicht eingetragenes Zeichen nicht nur im geschäftlichen Verkehr benutzt worden ist, sondern dadurch auch innerhalb beteiligter Verkehrskreise Verkehrsgeltung als Marke für bestimmte Produkte erlangt hat (§ 4 Nr. 2 MarkenG). Das setzt voraus, dass ein jedenfalls nicht unerheblicher Teil der angesprochenen Verkehrskreise darin einen Hinweis auf die Herkunft der gekennzeichneten Produkte aus einem bestimmten Unternehmen sieht. In der Praxis kommen solche Benutzungsmarken selten vor. Allerdings hat der → BGH in jüngerer Vergangenheit dem Goldton des Lindt Goldhasens Markenschutz aufgrund Verkehrsgeltung attestiert und damit diesen Goldton als Benutzungsfarbmarke anerkannt (BGH 29.7.2021 – I ZR 139/20, GRUR 2021, 1199 – Goldhase III).

b) Das Recht aus einer eingetragenen Marke endet mit deren Löschung. Löschungsgründe sind Nichtigkeit wegen absoluter Schutzhindernisse (§ 50 MarkenG) oder entgegenstehender prioritätsältere Rechte (§ 43 Abs. 2 MarkenG, § 51 MarkenG; → Prioritätsprinzip im Kennzeichenrecht), Nichtbenutzung innerhalb von 5 Jahren (Verfall, § 49 MarkenG), Ablauf der Schutzdauer (§ 47 Abs. 8 MarkenG) und Verzicht (§ 48 MarkenG). Die Löschung wegen Nichtigkeit wirkt auf den Eintragungszeitpunkt zurück. Gegen den Markeninhaber können die Löschung wegen absoluter Schutzhindernisse durch Antrag zum → DPMA und die Löschung wegen älterer Rechte oder wegen Verfalls sowohl durch Antrag zum → DPMA als auch durch Klage geltend gemacht werden.

Der Schutz einer nicht eingetragenen Marke gem. § 4 Nr. 2 MarkenG erlischt, wenn die den Schutz begründende Verkehrsgeltung – etwa durch nachlassende Benutzung – wegfällt.

4. Eine Marke gewährt ihrem Inhaber ein ausschließliches, der → Eigentumsgarantie unterliegendes Recht, das Gegenstand eines → Lizenzvertrags sein kann (§ 30 MarkenG). Dritten, die sich nicht auf Kennzeichen gleicher oder älterer Priorität (→ Prioritätsprinzip im Kennzeichenrecht) berufen können, ist es untersagt, ohne Zustimmung des Markeninhabers im geschäftlichen Verkehr identische Zeichen für identische Produkte zu benutzen (§ 14 Abs. 2 Nr. 1 MarkenG; u. U. klassischer Fall der → Produktpiraterie oder des Vertriebs von Waren, die erstmals außerhalb des → EWR in Verkehr gebracht wurden, s. → Erschöpfung), identische oder ähnliche Zeichen für ähnliche oder identische Produkte zu benutzen, wenn dadurch → Verwechslungsgefahr begründet wird (§ 14 Abs. 2 Nr. 2 MarkenG), oder identische oder ähnliche Zeichen für andere Produkte zu benutzen, wenn die Marke bekannt ist und die Verwendung den guten Ruf oder die Unterscheidungskraft

der Marke in unlauterer Weise ausnutzt oder beeinträchtigt (§ 14 Abs. 2 Nr. 3 MarkenG). Der Markeninhaber kann allerdings nicht die Benutzung der Marke für Waren untersagen, die von ihm selbst oder mit seiner Zustimmung unter der Marke in der EU oder im EWR in den Verkehr gebracht worden sind (§ 24 MarkenG); insoweit ist eine → Erschöpfung seiner Markenrechte eingetreten, weil er deren Wert bereits beim Inverkehrbringen realisieren konnte. Ebenfalls nicht untersagt werden können Benutzungen, die in lauterer Weise ein Produkt bezeichnen oder beschreiben oder auf dessen Bestimmung hinweisen (§ 23 MarkenG). Anspruchsvoraussetzung ist weiterhin, dass sich die Marke entweder noch in der Benutzungsschonfrist von 5 Jahren befindet oder ernsthaft benutzt wird (§ 25 MarkenG), andernfalls kann der Inanspruchgenommene die sog. Nichtbenutzungseinrede erheben. Keine Verbotsrechte hat der Markeninhaber zudem im Hinblick auf Benutzungen, die ein Dritter im ausschließlich privaten Bereich vornimmt.

Die Verletzung des Markenrechts begründet unabhängig vom → Verschulden Ansprüche auf Beseitigung und (bei Erstbegehungs- oder Wiederholungsgefahr) Unterlassung (§ 14 Abs. 5 MarkenG, → Unterlassungsanspruch), Vernichtung der widerrechtlich gekennzeichneten Waren (§ 18 MarkenG), Herausgabe des Werts des Erlangten (→ ungerechtfertigte Bereicherung; entspricht der marktüblichen → Lizenzgebühr) und Auskunft über die Herkunft und den Vertriebsweg der widerrechtlich gekennzeichneten Produkte (§ 19 MarkenG), bei → Verschulden auch auf → Schadensersatz (§ 14 Abs. 6 MarkenG). → Verjährung tritt binnen 3 Jahren ab Kenntnis ein (§ 20 MarkenG iVm § 195 BGB). Vor der Einleitung eines gerichtlichen Verfahrens kann der Markeninhaber den Verletzer durch eine Schutzrechtsverwarnung → abmahnen und ihm Gelegenheit geben, den Streit durch Abgabe einer mit einer angemessenen → Vertragsstrafe bewehrten Unterlassungsverpflichtung (strafbewehrte Unterlassungserklärung) beizulegen. Die Rechtsanwaltskosten für eine berechtigte Schutzrechtsverwarnung hat der Verletzer zu tragen. Eine unberechtigte Schutzrechtsverwarnung kann einen Anspruch des Verwarnten wegen gezielter Mitbewerberbehinderung § 4 Nr. 4 UWG oder aus → unerlaubter Handlung (§ 823 I BGB; Eingriff in das Recht am eingerichteten und ausgeübten Gewerbebetrieb) begründen. Die Ansprüche aus einer Marke können in → Kennzeichenstreitsachen durchgesetzt werden. Nicht unüblich ist auch die Geltendmachung von markenrechtlichen Unterlassungsansprüchen im Wege der → einstweiligen Verfügung (vgl. § 140 III MarkenG). Vorsätzliche Markenverletzungen sind strafbar, wobei die Gewerbsmäßigkeit den Strafrahmen erhöht (§ 143 MarkenG); vgl. auch → Produktpiraterie.

Einen ähnlichen Schutz wie Marken genießen geografische Herkunftsangaben, die im geschäftlichen Verkehr zur Kennzeichnung der geografischen Herkunft von Produkten verwendet werden, sofern es sich nicht nur um Gattungsbezeichnungen (zB Wiener Würstchen) handelt (§ 126 MarkenG, § 127 MarkenG, § 144 MarkenG; s. auch → geschützte geographische Angabe).

Markenregister
Mit dem Begriff Markenregister wird das Verzeichnis eingetragener → Marken bezeichnet. Es wird beim → Deutschen Patent- und Markenamt (DPMA) geführt, und zwar seit August 1999 in Form einer elektronischen Datenbank (§ 24 MarkenV). Das Register ist besonders für diejenigen ein wichtiges Verzeichnis, die beabsichtigen, entweder selbst ein Zeichen als Marke schützen zu lassen oder eigene Produkte mit einem Zeichen zu kennzeichnen, denn mittels einer Registerrecherche kann festgestellt werden, ob der beabsichtigen Zeichennutzung oder -anmeldung zum Markenschutz ältere Rechte eines anderen Markeninhabers entgegenstehen. Mit einer solchen Recherche werden in der Praxis nicht selten → Patentanwälte beauftragt.

Markscheider
ist die Bezeichnung für bergrechtlich anerkannte Vermessungsingenieure; s. → Vermessungswesen.

Markt
1. Nach der bayer. Gemeindeordnung mögliche Bezeichnung größerer → Gemeinden. Rechtliche Bedeutung kommt ihr nicht zu.

2. Im Wirtschaftsrecht sa → Marktverkehr; → Markt, relevanter; → Marktordnung; → Marktorganisationen, gemeinsame.

Markt, regulierter (Börse)
→ regulierter Markt.

Markt, relevanter
Die Feststellung des relevanten Marktes ist Voraussetzung für die Anwendung einer Vielzahl von Normen des → Kartellrechts. Zur Prüfung, ob ein Unternehmen marktbeherrschend ist, ob eine Fusion zur Entstehung oder Verstärkung einer marktbeherrschenden Stellung führt oder ob eine Gruppenfreistellungsverordnung wegen Überschreitung der einschlägigen Marktanteilsschwelle keine Anwendung findet, muss zunächst der relevante Markt festgestellt werden. Er umfasst alle Produkte (Waren oder Leistungen), die aus Sicht der jeweiligen Marktgegenseite funktional austauschbar sind, und definiert damit die Gruppe von Produkten, die mit den Produkten eines Unternehmens im Wettbewerb stehen. Bietet das Unternehmen Produkte an (Angebotsmarkt), so sind die Abnehmer Marktgegenseite; fragt das Unternehmen Produkte nach (Nachfragemarkt), so sind die Anbieter Marktgegenseite. Ein Markt kann auch vorliegen, wenn eine Leistung unentgeltlich erbracht

wird, etwa bei Internetangeboten; häufig liegen dann sogenannte mehrseitige Märkte vor (etwa bei digitalen Plattformen, werbefinanzierten Medien oder Internetwerbeblockern), die besondere Schwierigkeiten bei der Marktabgrenzung bereiten. Der relevante Markt hat eine sachliche (Gleichartigkeit der Produkte), eine räumliche (regional, national oder größer) und mitunter eine zeitliche (ggf. temporäre Angebote) Komponente. Erst nach einer derartigen Abgrenzung des relevanten Marktes können das Marktvolumen und die Marktstellung der Marktteilnehmer festgestellt werden.

Feststellungen zum relevanten Markt sind auch erforderlich, um zu prüfen, ob ein konkretes Wettbewerbsverhältnis iSv § 2 Abs. 1 Nr. 4 UWG zwischen den Parteien einer lauterkeitsrechtlichen Auseinandersetzung besteht, da sich nur so die Mitbewerberstellung des Anspruchsstellers und eine daraus folgende Aktivlegitimation nach § 8 Abs. 3 Nr. 1 UWG ermitteln lässt (s. auch → Unlauterer Wettbewerb).

Marktabgrenzung
Die Marktabgrenzung ist die für die Anwendung einer Vielzahl von Normen des → Kartellrechts erforderliche Feststellung des → relevanten Marktes.

Marktbeherrschung
Von Marktbeherrschung spricht man nach deutschem → Kartellrecht, wenn ein Unternehmen auf dem → relevanten Markt keinen Wettbewerber hat, keinem wesentlichen Wettbewerb ausgesetzt ist oder eine im Verhältnis zu seinen Wettbewerbern überragende Marktstellung hat (§ 18 Abs. 1 GWB). Um festzustellen, ob ein Unternehmen marktbeherrschend ist, ist Gesamtbetrachtung der wettbewerbsrelevanten Umstände vorzunehmen. Zu diesen Umständen zählen insbesondere der Marktanteil, die Finanzkraft, der Zugang zu wettbewerbsrelevanten Daten sowie zu Absatz- und Beschaffungsmärkten sowie Verflechtungen mit anderen Unternehmen; von Bedeutung sind auch rechtliche oder tatsächliche Marktzutrittsschranken, tatsächlicher oder potentieller Wettbewerb von anderen Unternehmen und die Ausweichmöglichkeiten der Marktgegenseite (§ 18 Abs. 3 GWB) sowie insbesondere bei (digitalen) mehrseitigen Märkten weitere Kriterien (§ 18 Abs. 3a GWB, § 18 Abs. 3b GWB). Es können auch mehrere Unternehmen gemeinsam marktbeherrschend sein, wenn zwischen ihnen kein wesentlicher Wettbewerb besteht und sie die oben aufgeführten Voraussetzungen in ihrer Gesamtheit erfüllen (§ 18 Abs. 5 GWB). Das GWB enthält → Marktbeherrschungsvermutungen.

Im europäischen → Kartellrecht gibt es keine Legaldefinition der Marktbeherrschung. Der Begriff wird durch Behördenpraxis und Rechtsprechung als wirtschaftliche Machtstellung eines Unternehmens konkretisiert, die dieses in die Lage versetzt, die Aufrechterhaltung eines wirksamen Wettbewerbs auf dem → relevanten Markt zu verhindern, indem sie ihm die Möglichkeit verschafft, sich seinen Wettbewerbern, seinen Abnehmern und schließlich den Verbrauchern gegenüber in einem nennenswerten Umfang unabhängig zu verhalten.

Marktbeherrschungsvermutungen
Anders als das europäische → Kartellrecht enthält das deutsche → Kartellrecht widerlegliche Marktbeherrschungsvermutungen (§ 18 Abs. 4–6 GWB). So wird beispielsweise vermutet, dass ein Unternehmen → marktbeherrschend ist, wenn es einen Marktanteil auf dem → relevanten Markt von mind. 40% hat. Mehrere Unternehmen können als kollektiv marktbeherrschend gelten, wenn drei oder weniger Unternehmen einen gemeinsamen Marktanteil von 50% oder wenn fünf oder weniger Unternehmen einen gemeinsamen Marktanteil von zwei Dritteln erreichen.

Marktgewerbe
→ Marktverkehr.

Marktmacht, relative
Ein Unternehmen hat nach deutschem → Kartellrecht eine relative Marktmacht – und ist damit auch ohne Marktbeherrschung Normadressat bestimmter Missbrauchsverbote –, wenn andere (seit der der 10. GWB-Novelle von 2021 nicht mehr zwingend kleinere oder mittlere) Unternehmen als Anbieter oder Nachfrager von bestimmten Waren oder Leistungen in der Weise von ihm abhängig sind, dass ausreichende und zumutbare Möglichkeiten, auf andere Unternehmen auszuweichen, nicht bestehen (§ 20 GWB, → Behinderungsmissbrauch).

Marktmanipulation
(Kursmanipulation) ist nach Art. 12 Marktmissbrauchsverordnung (MAR, → Insidergeschäft) eine Handlung, die falsche Signale zu Angebot, Nachfrage oder Preis eines → Finanzinstruments gibt oder ein unrichtiges Kursniveau eines Finanzinstruments sichert, eine Tätigkeit an Finanzmärkten, die durch Täuschung den Kurs eines Finanzinstruments beeinflusst, eine Verbreitung von Informationen, die falsche Signale zu Angebot oder Kurs eines Finanzinstruments geben oder ein unrichtiges Kursniveau herbeiführen, oder eine Übermittlung unrichtiger Angaben über einen Referenzwert. Sie wird als Scalping bezeichnet, wenn der Täter, zB ein Journalist, Finanzinstrumente erwirbt und ihren Erwerb empfiehlt, um sie dann zu dem deshalb gestiegenen Kurs zu verkaufen. Die Marktmanipulation und der Versuch hierzu sind nach Art. 15 MAR verboten. Verstöße dagegen sind Ordnungswidrigkeiten nach § 39 WpHG, bei Einwirkung auf den Preis des Finanzinstruments Straftaten nach § 38 I WpHG.

Marktordnung
ist die Regelung des Marktes als ökonomische Institution durch staatliche Eingriffe in das Marktgeschehen (Gegensatz: Vereinbarungen der Marktparteien untereinander; s. hierzu → Kartellrecht). Die Marktordnung ist im wirtschaftlichen Sinne eine Beschränkung der → Marktwirtschaft, im rechtlichen Sinne eine Maßnahme der staatlichen → Wirtschaftslenkung. In der Ernährungswirtschaft wird für die gesamte → Europäische Union eine praktisch lückenlose Marktordnung durch die gemeinsamen → Marktorganisationen erreicht.

Marktordnung (Gewerberecht)
Der Begriff Marktordnung bezeichnet im Gewerberecht die einen einzelnen Markt betreffenden normativen Regelungen des → Marktverkehrs, also zB Zulassungsbedingungen, Marktwaren, Marktzeiten usw eines Wochenmarktes.

Marktorganisation, gemeinsame (GMO)
1. Zu den in Art. 38–44 AEUV (→ AEUV) vorgesehenen Steuerungsmitteln der → Gemeinsamen Agrarpolitik (GAP) der EU gehört neben → Direktzahlungen vor allem die Gemeinsame Marktorganisation (GMO), deren wichtigste Vorschrift die VO (EU) 1308/2013 v. 17.12.2013, ABl. EU 2013 L 347, 671, ist. Sie organisiert die Agrarmärkte aller Mitgliedstaaten einheitlich und erfasst alle Erzeugnisse, die im Anh. I zum AEUV als zur Landwirtschaftspolitik gehörend aufgeführt sind; ausgenommen sind → Fischerei und → Aquakultur. Geregelt werden neben dem Binnenmarkt (zB → Intervention, → Vermarktungsnormen, → Erzeugergemeinschaften) der Handel mit Drittländern (Einfuhrzölle) und außergewöhnliche Maßnahmen, etwa bei Marktstörungen, zB durch → Tierseuchen oder den Vertrauensverlust der Verbraucher durch Gefährdungen der öffentlichen Gesundheit. Finanziert wird die GMO über den → Europäischen Garantiefonds für die Landwirtschaft.

2. Den Vollzug der gemeinsamen Marktorganisation in Deutschland regelt das Gesetz zur Durchführung der gemeinsamen Marktorganisationen und der Direktzahlungen (Marktorganisationsgesetz, MOG) idF v. 7.11.2017 (BGBl. 2017 I 3746 mÄnd). Dieses regelt den innerstaatlichen Vollzug sowie die dafür zuständigen Behörden, vor allem die Marktordnungs- und → Interventionsstellen (§§ 3, 7 MOG). Danach ist für den Vollzug die → Bundesanstalt für Landwirtschaft und Ernährung zuständig. Zur Abmilderung der Folgen der → Corona- oder → COVID-19-Krise für die Landwirtschaft hat die Kommission vorübergehende Abweichungen von den genannten Vorschriften erlassen und Finanzierungshilfen zur Verfügung gestellt, vgl. etwa VO (EU) 2020/592 v. 30.4.2020 (ABl. EU 2020 L 140, 6).

3. Als GMO werden auch → gentechnisch veränderte Organismen bezeichnet.

Marktregulierung (Telekommunikation)
1. Die Marktregulierung im Bereich der Telekommunikation regelt Teil 2 (§§ 10–36 TKG) des → TKG, sa → Telekommunikationsrecht. Um den Wettbewerb auf dem Telekommunikationssektor zu fördern, unterliegen der Marktregulierung Telekommunikationsmärkte, die längerfristig nicht zu wirksamem Wettbewerb tendieren und auf denen die Anwendung des allgemeinen → Wettbewerbsrechts allein nicht ausreicht, dem Marktversagen entgegenzuwirken (§ 11 II TKG). Geregelt werden das Verfahren der Marktregulierung, Zugangs- und Entgeltregulierung sowie Missbrauchsaufsicht. Zuständig ist die → Bundesnetzagentur (§§ 191–222 TKG).

2. Regulierungsverfahren: Bevor die Regulierungsbehörde gegenüber Unternehmen mit besonderer Marktmacht Regulierungsverfügungen (§ 13 TKG, → Verwaltungsakt) erlässt, muss sie den relevanten Telekommunikationsmarkt bestimmen (§ 10 TKG, zB Zugangsmarkt für Privatkunden zum öffentlichen Telefonnetz an festen Standorten, vgl. Marktempfehlung der Kommission, ABl. EG 2003 L 114, 45) und analysieren, ob wirksamer Wettbewerb besteht (§ 11 TKG). Hierbei ist Einvernehmen mit dem → Bundeskartellamt herzustellen (§ 197 I TKG), die betroffenen Unternehmen sind zu konsultieren (§ 12 TKG).

3. Im Rahmen der Zugangsregulierung kann die Bundesnetzagentur Betreiber öffentlicher → Telekommunikationsnetze mit beträchtlicher Marktmacht verpflichten, anderen Unternehmen Zugang zu ihren Netzen zu gewähren (§ 21 TKG). Dies beinhaltet idR entbündelten Zugang zum Teilnehmeranschluss, Zusammenschaltung von Telekommunikationsnetzen (zB für Call-by-Call-Dienste) und Zugang zu Schnittstellen. Verpflichtete Unternehmen müssen ein objektives Standardangebot für ihre Zugangsleistungen veröffentlichen (§ 29 TKG).

4. Die Entgeltregulierung soll verhindern, dass Unternehmen mit beträchtlicher Marktmacht Kunden durch preispolitische Maßnahmen ausbeuten, behindern oder diskriminieren (so klar § 27 I TKG aF, jetzt weiter gefasst § 2 TKG nF). Zu diesem Zweck kann die Regulierungsbehörde Entgelte für Zugangsleistungen (§ 38 ff. TKG) und für Endnutzerleistungen (§ 49 TKG) durch vorherige → Genehmigung oder nachträgliche Untersagung des Entgelts regulieren.

5. Anbieter von → Telekommunikationsdiensten unterliegen ferner einer besonderen Missbrauchsaufsicht (§ 50 TKG). Ein Missbrauch wird vermutet, wenn ein Unternehmen einzelnen Nachfragern Vorteile gegenüber anderen einräumt oder die Bearbeitung von Zugangsanträgen verzögert. Die Regulierungsbehörde kann dieses Verhalten untersagen und wirtschaftliche Vorteile abschöpfen.

Marktstammdatenregister
Nach § 111e EnWG (→ Energiewirtschaft) betreibt die → Bundesnetzagentur das Markt-

stammdatenregister. Es ist ein elektronisches Verzeichnis mit den wichtigsten energiewirtschaftliche Daten und enthält Informationen über Energieversorgungsunternehmen und ihre Anlagen. Einzelheiten enthält die Marktstammdatenregisterverordnung (MaStRV) v. 10.4.2017 (BGBl. 2017 I 842) mÄnd. Die gespeicherte Marktstammdaten werden zT veröffentlicht, § 15 MaStRV.

Markttransparenzstelle
Mit dem Gesetz zur Einrichtung einer Markttransparenzstelle für den Großhandel mit Strom und Gas v. 5.12.2012 (BGBl. 2012 I 2403) wurden durch Änderungen des Gesetzes gegen Wettbewerbsbeschränkungen (GWB) die Grundlagen für zwei Markttransparenzstellen geschaffen.

1. Die Markttransparenzstelle für den Großhandel mit Strom und Gas (§§ 47a–47j GWB) ist bei der → Bundesnetzagentur eingerichtet; ihre Aufgaben nehmen die Bundesnetzagentur und das → Bundeskartellamt einvernehmlich wahr. Sie dient der Sicherstellung einer wettbewerbskonformen Bildung der Großhandelspreise von Elektrizität und Gas. Zu diesem Zweck beobachtet sie laufend die Vermarktung und den Handel mit diesen Energieformen auf der Großhandelsstufe, um Auffälligkeiten bei der Preisbildung aufzudecken, die auf Missbrauch von Marktbeherrschung, Insiderinformationen oder auf Marktmanipulation beruhen können; dazu sind ihr von den Marktteilnehmern laufend deren Handels-, Transport-, Kapazitäts-, Erzeugungs- und Verbrauchsdaten zu übermitteln; außerdem kann sie Auskünfte einfordern. Bei Anhaltspunkten für Verstöße gegen Bestimmungen des → Kartellrechts informiert sie das Bundeskartellamt.

2. Die Markttransparenzstelle für Kraftstoffe (§ 47k GWB) ist beim Bundeskartellamt eingerichtet. Sie beobachtet den Handel mit Otto- und Dieselkraftstoffen, um den → Kartellbehörden die Aufdeckung und Sanktionierung von Verstößen gegen Bestimmungen des → Kartellrechts zu erleichtern; dazu sind ihr die aktuellen Kraftstoffpreise an öffentlichen Tankstellen in Echtzeit zu übermitteln; außerdem kann sie Auskünfte einfordern. Sie gibt die von ihr erhobenen Preisdaten elektronisch an Verbraucher-Informationsdienste weiter, welche diese ihrerseits im Internet zum Abruf bereitstellen.

Marktüberwachung
1. Als Marktüberwachung bezeichnet man die Durchsetzung der Einhaltung von Rechtsvorschriften in bestimmten Märkten. Die EU verwendet diesen Begriff häufig und meint damit die Rechtsdurchsetzung im Binnenmarkt. → Akkreditierung.

2. Im Bereich des → Geräte- und Produktsicherheitsrechts vereinheitlicht die VO (EU) 2019/1020 über Marktüberwachung und die Konformität von Produkten v. 20.6.2019 (ABl. EU 2019 L 169, 1) seit Juli 2021 die den Mitgliedstaaten obliegende Marktüberwachung. Die VO erfasst alle Produkte, für die es technische Harmonisierungsvorschriften, die in Art. 2 VO (EU) 2019/1020 iVm Anhang I aufgeführt sind, gibt. Dies sind zB Bauprodukte, chemische Stoffe (→ REACH), Druckbehälter, → Elektro- und Elektronikgeräte, energieverbrauchsrelvante Produkte, Fertigpackungen, Funkanlagen, Kraftfahrzeuge, Messgeräte, → Spielzeug, → Sportboote und vieles mehr. Nach der VO dürfen solche Produkte nur in den Verkehr gebracht werden, wenn es einen in der EU niedergelassenen Produktverantwortlichen (Hersteller, Importeur, Bevollmächtigter) gibt (Art. 4 VO (EU) 2019/1020). Die Mitgliedstaaten benennen nationale Marktüberwachungsbehörden (Art. 10 VO (EU) 2019/1020), deren Befugnisse vereinheitlicht werden. So können sie von den Produktverantwortlichen Informationen verlangen, Produktions- und Verkaufsstätten inspizieren und letzendlich den Rückruf und die Vernichtung von Produkten anordnen (Art. 14 ff. VO (EU) 2019/1020).

3. Das Marktüberwachungsgesetz v. 9.6.2021 (BGBl. 2021 I 1723) ergänzt insbes. Zuständigkeits- und Verfahrensvorschriften und trifft über den Anwendungsbereich der VO (EU) hinausgehende Regeln für Produkte im Anwendungsbereich des → ProdSiG.

Marktverkehr
1. Der Marktverkehr ist nach der GewO (§§ 64 ff. GewO) weitgehend privilegiert; er steht „einem jeden mit gleichen Befugnissen frei". Mit der → Föderalismusreform I 2006 ist die Zuständigkeit für den Marktverkehr auf die Länder übergegangen (Art. 70, 74 I Nr. 11 GG). Solange die Länder keine eigenen Vorschriften erlassen, gilt die GewO fort (Art. 125a I GG).

2. Nach der GewO bedarf der Marktverkehr weder einer Anzeige (→ stehendes Gewerbe) noch einer Reisegewerbekarte (→ Reisegewerbe); anders bei → Volksfesten. Die GewO unterscheidet Ausstellungen (überwiegend zur Information über das Angebot eines Wirtschaftszweigs oder einer Region; § 65 GewO), Großmärkte (für gewerbliche Wiederverkäufer, gewerbliche Verbraucher und Großabnehmer; § 66 GewO), Wochenmärkte (für Lebensmittel, Produkte des Obst- und Gartenbaus, der Land- und Forstwirtschaft und Fischeri, rohe Naturerzeugnisse; § 67 GewO), Spezial- und Jahrmärkte (Briefmarken-, Antiquitäten-, Gebrauchtwagenmärkte, Dulten; § 68 GewO) und → Messen. Zahl, Zeit, Dauer und Platz der Messen und Märkte werden von der zuständigen Verwaltungsbehörde festgesetzt (§ 69 GewO; Verwaltungsakt gegenüber dem Marktträger). Die Festsetzung regelt Marktzeit, Gegenstände des Marktes sowie die Ordnung auf dem Marktplatz bzw. Messegelände. Auf die Zulassung zum Marktverkehr hat grundsätzlich jedermann einen Rechtsan-

spruch, der zum festgesetzten Teilnehmerkreis gehört (§ 70 GewO).

Marktwirtschaft

1. Marktwirtschaft ist die wirtschaftswissenschaftliche Bezeichnung für einen Zustand der Volkswirtschaft, bei dem der Ablauf des Wirtschaftsprozesses maßgeblich durch individuelle Wirtschaftspläne (Konsum-, Produktions-, Investitionspläne) bestimmt wird; deren Koordinierung regelt sich durch die am freien Markt gemäß Angebot und Nachfrage sich bildenden Preise (Preismechanismus). Gegensatz: → Planwirtschaft. Eine von staatlichen Eingriffen völlig freie Marktwirtschaft entsprach den Vorstellungen des frühen Liberalismus (sog. Manchester-Liberalismus, laissez-faire-System), dessen Überzeugung von einer „prästabilisierten Harmonie der Volkswirtschaft" durch die wirtschaftliche Entwicklung nicht bestätigt worden ist.

2. Nach dem Neo-Liberalismus des 20. Jahrhunderts, dem die Wirtschaftspolitik der sozialen Marktwirtschaft der BRep. zuzurechnen ist, hat der Staat dagegen die Aufgabe, die institutionellen Rahmenbedingungen des Wirtschaftsprozesses (Wirtschaftsordnung) so festzusetzen, dass sich eine funktionsfähige (soziale) Wettbewerbswirtschaft entfalten kann. Hierzu gehört ua die Bekämpfung marktbeherrschender Einflüsse (→ Wettbewerbsrecht). Direkte staatliche Eingriffe (→ Wirtschaftslenkung) sind dem System der Marktwirtschaft fremd. Durch das → Stabilitätsgesetz wurde der Auftrag an den Staat nach einer zusätzlichen globalen Steuerung der gesamtwirtschaftlichen Entwicklung instrumental ergänzt.

3. Eine völlig freie Marktwirtschaft wäre, ebenso wie die Planwirtschaft, mit dem GG nicht vereinbar (Sozialstaatsgarantie). Innerhalb dieser wirtschaftstheoretischen Extremfälle verbleibt der staatlichen Wirtschaftspolitik jedoch ein weiter Handlungsraum. Die These Nipperdeys von der Garantie der sozialen Marktwirtschaft durch das GG hat sich in Wissenschaft und Rspr. nicht durchgesetzt. Vgl. BVerfGE 4, 18; 7, 400; 12, 363 ua (stRspr). Sa → Wirtschaftsverfassungsrecht.

MARPOL-Übereinkommen

→ Meeresverschmutzung.

Maschinen

Die 9. VO v. 12.5.1993 (BGBl. 1993 I 704) mÄnd, zum ProdSG regelt die Anforderungen an das Bereitstellen auf dem Markt von Maschinen; sa → Geräte- und Produktsicherheitsrecht, → technische Arbeitsmittel, → überwachungsbedürftige Anlagen. Die VO definiert in § 1, was eine Maschine ist bzw. nicht ist (zB Waffen, Fahrzeuge, Schiffe, Flugzeuge, spezielle Einrichtungen auf Jahrmärkten, elektrische Betriebsmittel gem. 1. VO zum ProdSG v. 11.6.1979, BGBl. 1979 I 629 mÄnd), und ergänzt ua das → Immissionsschutzrecht (1). Die Regelungen basieren auf der RL (EU) 2006/42 über Maschinen v. 17.5.2006 (ABl. EU 2006 L 107, 24, 2007 L 76, 35).

Masern

Masern sind die einzige Infektionskrankheit (→ Infektionsschutzgesetz – IfSG –), bei der unter bestimmten Voraussetzungen eine Impfpflicht (→ Impfzwang, → Impfung) besteht. Die Masernimpfpflicht besteht für Personen, die nach dem 31.12.1970 geboren sind (§ 20 VIII 1 Nr. 1 IfSG) und die in Gemeinschaftseinrichtungen wie → Kindertageseinrichtungen, → Schulen oder Heimen im Bereich der Kinder- und Jugendhilfe tätig oder untergebracht sind oder die in → Krankenhäusern, Tageskliniken, Rehabilitationseinrichtungen, Arztpraxen oder Zahnarztpraxen tätig sind. Der Nachweis erfolgt durch einen Impfausweis (→ Impfpass, Impfdokumentation) oder ein ärztliches Zeugnis (§ 20 IX 1 Nr. 1 IfSG). Soweit die Betroffenen ihrer Impfpflicht nicht nachkommen, dürfen sie in die betreffenden Gemeinschaftseinrichtungen nicht aufgenommen oder dort tätig werden und in Krankenhäusern, Tageskliniken, Rehabilitationseinrichtungen, Arztpraxen oder Zahnarztpraxen nicht tätig werden. Die Nichterbringung des erforderlichen Impfnachweises ist eine → Ordnungswidrigkeit (§ 73 Ia Nr. 7c, II IfSG). Das → Gesundheitsamt kann ferner ein Aufenthaltsverbot aussprechen (§ 20 XII IfSG). Eine Vornahme der Impfung mittels → unmittelbarem Zwang sieht das Gesetz nicht vor.

Maskenpflicht

→ Mund- und Nasenschutz.

Maskenzwang

→ Mund- und Nasenschutz.

Masse

→ Insolvenzmasse.

Masseanspruch

→ Insolvenzmasse.

Massearmut

→ Insolvenzverfahren (1, 4c).

Massegläubiger

→ Insolvenzmasse.

Maßeinheiten

→ Messwesen.

Massekosten

→ Insolvenzmasse.

Massenentlassung

→ anzeigepflichtige Entlassungen.

Massengeschäft

→ Gleichbehandlung (2).

Massenverfahren

Massenverfahren nennt man im Verwaltungsrecht Verfahren, an denen eine Vielzahl von Personen mit gleicher Interessenrichtung beteiligt ist (so zB in → Planfeststellungsverfahren). Vorschriften über die Vertretung in solchen Verfahren enthalten die §§ 17–19

VwVfG. Danach gilt bei „gleichförmigen Eingaben" (Anträge und Eingaben, die in einem Verwaltungsverfahren von mehr als 50 Personen auf Listen unterzeichnet oder in vervielfältigten Texten eingereicht werden) der darin so Bezeichnete als Vertreter. Ist kein Vertreter bezeichnet, so kann die Behörde nach ortsüblicher Bekanntmachung die gleichförmigen Eingaben unberücksichtigt lassen. Endet die Vertretungsmacht und bestellen die Vertretenen keinen neuen Vertreter, so kann die Behörde von Amts wegen einen neuen Vertreter bestellen (§ 17 VwVfG). Sind an einem Verwaltungsverfahren mehr als 50 Personen mit gleichem Interesse beteiligt, so kann die Behörde zur Bestellung eines gemeinsamen Vertreters auffordern und ihn erforderlichenfalls von Amts wegen bestellen (§ 18 VwVfG). Sa → Verbandsklage.

Massenverfahren (Zivilprozess)
Im Zivilprozess versteht man unter diesem Begriff Verfahren, bei denen die Parteien (Kläger) massenhaft gleich betroffen sind. Beispiele sind etwa Entschädigungen wegen Flugverspätungen (→ Fluggastrechte), die Dieselklagen (→ Dieselskandal), Klagen beim Widerruf von Verbraucherkrediten oder aber sonstigen Massenschadensereignissen. Häufig versuchen einige spezialisierte Kanzleien, mit aggressiven Marketingstrategien Mandaten zu akquieren, und gehen dann mit standardisierten, nicht immer angemessen auf den Einzelfall zugeschnittenen Schriftsätzen vor – was wiederum die Arbeit der Gerichte erheblich erschwert. In der Regel können die Rechtsschutzversicherer ihre Deckungszusagen nicht verweigern (mangels höchstrichterlich geklärter Rechtslage), was zur Folge hat, dass die Verfahren in allen Instanzen durchgefochten werden, obwohl uU eine rasche gütliche Einigung günstiger für die betroffenen Verbraucher wäre. Treffend ist daher für solche Phänomene auch der Begriff „Klageindustrie". Es kann auch passieren, dass die (angeblichen) Forderungen mit Abschlägen zusammengekauft werden mit der Folge, dass nur dieses eine Unternehmen klagt, letztlich aber auch mit dem gleichen Massenproblem. Die Fülle der Verfahren, die gelegentlich mäßige Qualität der Klageschriftsätze und die nicht stets gegebene Sachkunde der klägerseitigen Terminsvertreter sind geeignet, die angegangenen Zivilkammern bzw. Zivilsenate bei den Gerichten „lahmzulegen" und die Verfahrensdauern zu erhöhen. Aktuell besonders betroffen sind die Landgerichte bzw. Oberlandesgerichte am Sitz der großen deutschen Autobauer sowie Gerichte an großen Flughafenstandorten. Vor diesem Hintergrund war und ist der Gesetzgeber dringend aufgerufen, durch gesetzgeberische Maßnahmen der Ziviljustiz Linderung zu verschaffen. Nur eingeschränkt hilfreich zur Problembehebung war die → Musterfeststellungsklage, da hieraus keine vollstreckungsfähigen Titel resultierten, sondern nur Feststellungsurteile. Die Musterfestellungsklage war zunächst in §§ 606 ff. ZPO geregelt. Mit dieser Klage können besondere qualifzierte Einrichtungen, insbesondere anerkannte (Verbraucher-)Verbände, das Vorliegen oder Nichtvorliegen von Ansprüchen bzw. Rechtsverhältnissen zwischen Verbrauchern und einem Unternehmen durch das Oberlandesgericht feststellen lassen. Die Einreichung einer solchen Klage ist ein einem Klageregister bekannt zu machen. Angemeldete Verbraucher können während der Zeit der Musterfeststellungsklage für angemeldete Verbraucher keine eigene Klage erheben. Die Feststellungen eines Musterfeststellungsurteils haben Bindungswirkung für einen späteren Zahlungsprozess. Der betroffenen Verbraucher mussdaher im Anschluss an den Musterfeststellungsprozess eine Klage erheben, um zu einer konkreten Entschädigung zu kommen. Das wurde weithin als rechtspolitisches Defizit gesehen. Echte Abhilfe soll das neue Verbandsklagenrichtlinienumsetzunggesetz (Kernstück: Verbraucherrechtedurchsetzungsgesetz) bringen, mit dem nun in Verbrauchersachen eine echte Kollektivklage auf Leistung ermöglicht wird, dh die zu einem Leistungsurteil (Abhilfe) führt. Die ausschließliche sachliche und örtliche Zuständigkeit liegt bei dem Oberlandesgericht, in dessen Bezirk der allgemeine Gerichtsstand des beklagten Unternehmens liegt. Erhoben werden muss die Klage durch eine der in § 2 VDuG genannten klageberechtigten Stellen. Das sind vor allem qualifizierte Verbraucherverbände nach dem UKlaG. Die Verteilung der erstrittenen Beträge erfolgt durch einen Sachverwalter in einem anschließenden sog. Umsetzungsverfahren. Bei dem Bundesamt für Justiz wurde ein Verbandsklagenregister eingerichtet. Verbraucher, die sich diesem Kollektivverfahren nicht anschließen, müssen weiterhin selber klagen. Weiterhin ist kürzlich das Gesetz über die Einführung eines Leitentscheidungsverfahrens in Kraft getreten, mit dem der BGH Rechtsfälle, die exemplarisch für ein Massenproblem sind, auch dann noch entscheiden kann, wenn die Parteien – vor einer Entscheidung – einen Vergleich schließen bzw. die Revision zurücknehmen. Neben diesen gesetzgeberischen Maßnahmen wird momentan mit (Einzel-) Projekten versucht, mit modernen IT-technischen Möglichkeiten die Massenklagen zu bewältigen (→ Legal Tech).

Masseschulden
→ Insolvenzmasse.

Masseunzulänglichkeit
→ Insolvenzverfahren (4c).

Masseur
Der Beruf des Masseurs ist als im Verhältnis zum → Physiotherapeuten eigenständiger Heilhilfsberuf geregelt (Gesetz v. 26.5.1994, BGBl. 1994 I 1084, mÄnd). Die vollständige Berufsbezeichnung ist Masseur und medizinischer Bademeister, in der weiblichen Form

Masseurin und medizinische Bademeisterin. Das Berufsbild ist geprägt von der Anwendung physikalischer Therapien in Prävention, kurativer Medizin, Rehabilitation und im Kurwesen zur Heilung und Linderung. Die Ausbildungszeit beträgt zwei Jahre und ist durch eine erfolgreich abgelegte Prüfung abzuschließen, vgl. hierzu die VO über Ausbildung und Prüfung vom 6.12.1994 (BGBl. 1994 I 3770) mÄnd. Die unbefugte Führung der Berufsbezeichnung wird als ordnungswidrig geahndet.

Masseverbindlichkeiten
→ Insolvenzmasse.

Maßgeblichkeit der Handelsbilanz
Maßgeblichkeit der Handelsbilanz bedeutet, dass die handelsrechtlichen Ansatz- und Bewertungsvorschriften auch für die Steuerbilanz gelten, soweit keine steuerrechtliche Sonderregelung besteht (§ 5 I 1 EStG). Für Wirtschaftsjahre nach dem 1.1.2010 gilt das aufgrund des Bilanzmodernisierungsgesetzes in abgeschwächter Form. Der Grundsatz der materiellen Maßgeblichkeit der Handelsbilanz für die Steuerbilanz gilt prinzipiell weiterhin. Allerdings gibt es zunehmend Abweichungen. So können selbstgeschaffene immaterielle Anlagegüter handelsrechtlich aktiviert werden, wenn diese identifiziert und bewertet werden können (Ansatzwahlrecht). Steuerlich bleiben die Aufwendungen für selbstgeschaffene immaterielle Wirtschaftsgüter des Anlagevermögens jedoch weiterhin nicht abzugsfähig (§ 5 II EStG). Durch die nun verstärkt möglichen unterschiedlichen Wertansätze in Steuer- und Handelsbilanz kann es zu sog. → latenten Steuern kommen.

Der Grundsatz der umgekehrten Maßgeblichkeit, dh dass steuerliche Ansätze auch in der Handelsbilanz übernommen werden müssen (§ 5 I 2 EStG aF), gilt mit dem Bilanzmodernisierungsgesetz nicht mehr. Die Ausübung von steuerlichen Wahlrechten muss in dem handelsrechtlichen Jahresabschluss nicht mehr nachvollzogen werden, wenn sie vom Handelsgesetzbuch abweichen. Die Ausübung abweichender steuerlicher Wahlrechte ist in laufend zu führenden Verzeichnissen aufzunehmen. In den Verzeichnissen sind der Tag der Anschaffung oder Herstellung, die Anschaffungs- und Herstellungskosten, die Vorschrift des ausgeübten Wahlrechts und die vorgenommenen Abschreibungen nachzuweisen.

Maßnahmegesetz
nennt man ein → Gesetz, das nicht allgemeine Tatbestände, sondern (offen oder versteckt) einen oder wenige Einzelfälle regelt (daher auch „Einzelfallgesetz"), zB Enteignung eines Industriebetriebs durch Gesetz. Maßnahmegesetz sind nur unter engen Voraussetzungen zulässig; insbes. dürfen sie nicht gegen den → Gleichheitssatz (Art. 3 GG) verstoßen. Zur Rspr. vgl. BVerfGE 7, 129 („lex Schörner"), BVerfGE 10, 234 („Platow-Komplex"), BVerfGE 13, 229 („Bahnhofsapotheke"), BVerfG NJW 1987, 1251 („Boxberg"). Sa → Allgemeines Eisenbahngesetz.

Maßnahmen der Arbeitsbeschaffung
Die Bundesagentur für Arbeit hatte bis 31.3.2012 die Möglichkeit die Beschäftigung von Arbeitslosen auf dem sog. 2. Arbeitsmarkt durch Zuschüsse zu fördern → Arbeitsbeschaffung. Insbesondere nach der Wiedervereinigung wurde dieses Instrument stark genutzt, um eine Wiedereingliederung in eine Beschäftigung zu erreichen. Zum 1.4.2012 wurden die Arbeitsbeschaffungsmaßnahmen abgeschafft.

Maßregeln der Besserung und Sicherung
Durch das Gesetz gegen gefährliche Gewohnheitsverbrecher vom 24.11.1933 (RGBl. 1933 I 995) wurden, basierend auf Vorarbeiten aus der Zeit der Weimarer Republik, als Reaktion auf die Straftat neben der Strafe erstmals bestimmte Maßregeln zugelassen, die nicht wie die Strafe dem Ausgleich von Schuld, sondern der Vorbeugung durch Besserung des Täters oder der Sicherung der Gemeinschaft dienen (sog. → Zweispurigkeit im Strafrecht: Strafe und Maßregeln stehen nebeneinander). Die heute in §§ 61 ff. StGB geregelten Maßregeln kommen daher auch gegen Schuldunfähige in Betracht. Dabei gehören die Maßregeln der Unterbringung in einem psychiatrischen Krankenhaus (§ 63 StGB) und in der Sicherungsverwahrung (§ 66 StGB) insb. wegen des Fehlens einer zeitlichen Höchstdauer zu den eingriffsintensivsten Sanktionen des Strafrechts. Alle Maßregeln setzen die Gefahr voraus, dass der Täter weitere Straftaten begehen wird, wobei hierzu je nach Maßregel verschiedene nähere Vorgaben bestehen. Inwieweit für die zur Beurteilung der Gefährlichkeit des Täters erforderliche Prognose der Satz → in dubio pro reo gilt, ist str. Nach dem → Verhältnismäßigkeitsgrundsatz darf eine Maßregel der Besserung und Sicherung nicht außer Verhältnis zur Bedeutung der Straftaten und zur Gefährlichkeit des Täters stehen (§ 62 StGB). Zugelassen sind folgende 6 Maßregeln:

1. Unterbringung in einem psychiatrischen Krankenhaus (§ 63 StGB): Sie wird angeordnet, wenn der Täter eine rechtswidrige Tat im Zustand der Schuldunfähigkeit oder verminderten Schuldfähigkeit begangen hat und wenn die öffentliche Sicherheit aufgrund dieses (weiter andauernden) Zustands die Unterbringung erfordert, also insbes. bei Geisteskranken . Die zugehörigen Vorschriften wurden mit Wirkung zum 1.8.2016 (BGBl. 2016 I 1610) reformiert, dabei wurden die Voraussetzungen der Anordnung und der Fortdauer der Maßregeln noch stärker am Verhältnismäßigkeitsgrundsatz orientiert.

2. Unterbringung in einer Entziehungsanstalt (§ 64 StGB): Sie soll angeordnet werden, wenn jemand den Hang hat, alkoholische Getränke oder andere berauschende Mittel (zB Alkohol, Rauschgift) im Übermaß zu sich zu nehmen, er wegen einer überwiegend auf den

Hang zurückzuführenden rechtswidrigen Tat zu Strafe verurteilt oder nur wegen (möglicher) Schuldunfähigkeit nicht bestraft wird und seine Unterbringung wegen der Gefahr neuer erheblicher rechtswidriger Taten erforderlich ist. Der Hang erfordert eine Substanzkonsumstörung, infolge derer eine dauernde und schwerwiegende Beeinträchtigung der Lebensgestaltung, der Gesundheit, der Arbeits- oder der Leistungsfähigkeit eingetreten ist und fortdauert. Die Anordnung ergeht nur, wenn aufgrund tatsächlicher Anhaltspunkte hinreichend konkrete Aussicht besteht, die Person durch die Behandlung zu heilen oder erhebliche Zeit vor dem Rückfall zu bewahren und von erheblichen rechtswidrigen Taten, die auf den Hang zurückgehen, abzuhalten. Die Voraussetzungen der Anordnung wurden mit Wirkung zum 1.10.2023 (BGBl. 2023 I Nr. 203) enger gefasst, um die knappen Behandlungskapazitäten des Maßregelvollzugs von ungeeigneten Probanden zu entlasten.

3. Unterbringung in der Sicherungsverwahrung (§ 66 ff. StGB): Sie ist eine bes. umstrittene Rechtsfolge einer Straftat, die eine Abwägung zwischen dem Recht des Verurteilten auf Freiheit nach Strafverbüßung und dem Sicherheitsinteresse der Allgemeinheit erfordert. Sie ist mehrfach verschärft worden, nämlich 1998 durch die rückwirkende Aufhebung der Höchstfrist von 10 Jahren, die das BVerfG mit Urt. v. 5.2.2004 (NJW 2004, 739) billigte, und die Möglichkeit der Anordnung bei bestimmten Straftaten bereits nach 1 Vorverurteilung, 2002 durch die Möglichkeit des Vorbehalts im Strafurteil, 2004 auch gegenüber Heranwachsenden, und 2004 durch die Möglichkeit der nachträglichen Anordnung ohne Vorbehalt im Strafurteil, auch gegenüber Heranwachsenden und Jugendlichen. Durch Urt. v. 17.12.2009 (NJW 2010, 2495) entschied der EGMR, dass die nachträgliche Verlängerung der Maßregel eine Strafe sei, die gegen Art. 5 I und Art. 7 I EGMR verstoße. Das Recht der Maßregeln wurde daher durch das Gesetz zur Neuordnung des Rechts der Sicherungsverwahrung und zu begleitenden Regelungen v. 22.12.2010 (BGBl. 2010 I 2300), in Kraft seit 1.1.2011, wesentlich geändert. Der Anwendungsbereich wurde eingeschränkt, die Möglichkeit des Vorbehalts erweitert und die Möglichkeit der nachträglichen Anordnung nur noch in einem bestimmten Fall zugelassen. Für die Fälle von psychisch gestörten Gewalttätern, die nach dem Urt. des EGMR zu entlassen sind, bei denen aber weiterhin die Gefahr besteht, dass sie erhebliche Straftaten begehen werden, wurde mit dem TherapieunterbringungsG (ThUG) eine Möglichkeit zur Unterbringung geschaffen. Das bisherige Recht war aber nach Maßgabe des Art. 316e EGStGB auf Altfälle weiterhin anzuwenden.

a) Die Maßregel ist nach § 66 I StGB zwingend vorgeschrieben, wenn der Täter wegen einer vorsätzlichen Tat gegen höchstpersönliche Rechtsgüter einschließlich einer gemeingefährlichen Tat oder von besonderer Schwere (Katalogtat) zu Freiheitsstrafe von mindestens 2 Jahren verurteilt wird, nachdem er früher bereits wegen vorsätzlicher Katalogtaten zweimal zu je mindestens 1 Jahr Freiheitsstrafe verurteilt worden war und dafür mindestens 2 Jahre Freiheitsstrafe verbüßt oder sich im Vollzug einer freiheitsentziehenden Maßregel der Besserung und Sicherung befunden hat (1 Anlasstat, 2 Vorverurteilungen).

b) Sie ist nach § 66 II StGB möglich, wenn jemand – auch ohne Vorstrafen – drei vorsätzliche (zur Aburteilung stehende) Katalogtaten begangen und für diese jeweils mindestens 1 Jahr Freiheitsstrafe verwirkt hat und wenn er dafür zu mindestens 3 Jahren Freiheitsstrafe verurteilt wird (3 Anlasstaten, keine Vorverurteilung).

c) Sie ist auch möglich: aa) nach § 66 III 1 StGB, wenn jemand wegen eines Verbrechens, das eine Katalogtat darstellt, oder einer anderen bestimmten Katalogtat, insbes. bestimmter → Sexualstraftaten, zu mindestens 2 Jahren Freiheitsstrafe verurteilt wird, nachdem er früher wegen einer oder mehrerer solcher Taten schon einmal zu mindestens 3 Jahren Freiheitsstrafe verurteilt worden ist und dafür mindestens 2 Jahre Freiheitsstrafe verbüßt oder sich im Vollzug einer freiheitsentziehenden Maßregel der Besserung und Sicherung befunden hat (1 bestimmte Anlasstat, 1 bestimmte Vorverurteilung); bb) gem. § 66 III 2 StGB, wenn jemand – ohne Vorverurteilung – zwei (zur Aburteilung stehende) Verbrechen oder bestimmte Katalogtaten begangen hat, dafür jeweils mindestens 2 Jahre Freiheitsstrafe verwirkt hat und zu mindestens 3 Jahren Freiheitsstrafe verurteilt wird (2 bestimmte Anlasstaten, keine Vorverurteilung).

d) Allgemeine Voraussetzung in diesen Fällen ist eine ungünstige Gefährlichkeitsprognose gem. § 66 I 1 Nr. 4 StGB. Die Gesamtwürdigung des Täters und seiner Taten muss ergeben, dass er infolge eines Hanges zu erheblichen Straftaten (Hangtäter), insbes. zu solchen, durch welche die Opfer seelisch oder körperlich schwer geschädigt werden oder schwerer wirtschaftlicher Schaden angerichtet wird, für die Allgemeinheit gefährlich ist.

e) Ist bei der Verurteilung der Hang zu erheblichen Straftaten zu bejahen, die Gefährlichkeit zwar nicht mit hinreichender Sicherheit feststellbar, aber wahrscheinlich, kann im Urteil die Anordnung der Maßregel vorbehalten werden, wenn ein Fall gem. c) aa) vorliegt (§ 66a I StGB) oder wenn jemand – ohne Vorverurteilung – wegen eines Verbrechens, das eine Katalogtat darstellt, zu mindestens 5 Jahren Freiheitsstrafe verurteilt wird (§ 66a II StGB). Über diese Anordnung kann das Gericht bis zur vollständigen Vollstreckung der Freiheitsstrafe entscheiden, auch nach einer → Strafaussetzung zur Bewährung, wenn der Strafrest noch vollstreckt wird (§ 66a III StGB).

f) Die Maßregel kann nachträglich angeordnet werden (§ 66b StGB), wenn die Unterbringung gem. § 63 StGB (s. 2) für erledigt erklärt worden ist, weil die (mögliche) Schuldunfähigkeit im Zeitpunkt der Erledigungsentscheidung nicht bestand, wenn diese Unterbringung wegen mehrerer Katalogtaten angeordnet worden war oder der Betroffene bereits vor der zu ihr führenden Tat schon einmal wegen einer Katalogtat zu mindestens 3 Jahren Freiheitsstrafe oder zur Unterbringung gem. § 63 StGB verurteilt worden war und wenn eine ungünstige Gefährlichkeitsprognose besteht. Diese muss auf Grund einer Gesamtwürdigung, ua auch der Entwicklung bis zur Entscheidung, ergeben, dass der Betroffene mit hoher Wahrscheinlichkeit erhebliche Straftaten begehen wird, durch welche die Opfer seelisch oder körperlich schwer geschädigt werden.

g) Gegen Jugendliche (zur Tatzeit noch nicht 18-Jährige) und Heranwachsende (zur Tatzeit 18, aber noch nicht 21 Jahre) darf die Maßregel bei der Verurteilung wegen einer Straftat nicht angeordnet werden; sie darf aber unter bestimmten Voraussetzungen im Urteil vorbehalten und ggf. dann angeordnet werden (§§ 7 II, III JGG, § 106 III, V, VI JGG).

h) Die Vorschriften über die Maßregeln wurden vom BVerfG mit U. v. 4.5.2011 (NJW 2011, 1931) für nicht mit der Verfassung vereinbar erklärt, aber mit bestimmten Maßgaben bis 31.5.2013 für anwendbar erklärt. Dabei wurde nicht der wesentliche Inhalt der Vorschriften beanstandet, sondern das Fehlen eines freiheitsorientierten und therapiegerichteten Gesamtkonzepts, das das verfassungsrechtliche Abstandsgebot gegenüber der schuldausgleichenden Freiheitsstrafe erfüllt.

i) Deshalb wurde das Gesetz zur bundesrechtlichen Umsetzung des Abstandsgebots im Recht der Sicherungsverwahrung vom 5.12.2012 (BGBl. 2012 I 2425), in Kraft ab 1.6.2013, erlassen. Es regelt durch Vorschriften in StGB, JGG, StPO und StVollzG: im Strafvollzug Sicherstellung ausreichender Behandlung vor der Maßregeln (ultima-ratio-Prinzip); während der Maßregel individuelle und intensive Betreuung auf Grund Behandlungsuntersuchung und fortlaufend aktualisiertem Vollzugsplan durch Fachkräfte (Individualisierungs- und Intensivierungsgebot), Behandlungs- und Betreuungsangebot (Motivierungsgebot), deutlicher Abstand zum Strafvollzug und Angleichung an die allgemeinen Lebensverhältnisse (Trennungsgebot), vollzugsöffnende Maßnahmen und Angebot von Nachsorgeeinrichtungen (Minimierungsgebot), effektiver Rechtsschutz und Beiordnung eines Beistands (Rechtsschutz- und Unterstützungsgebot) sowie regelmäßige gerichtliche Kontrolle der Fortdauer der Maßregel und Verkürzung der Überprüfungsfristen (Kontrollgebot). Altfälle (letzte Anlasstat vor dem 1.6.2013) sind in Art. 316f EGStGB geregelt. Er ordnet, wie vom BVerfG für die Zeit bis 31.5.2013 gebilligt, grundsätzlich die Anwendung der seit 1.1.2011 geltenden Vorschriften an. In Altfällen, bei denen durch Verschärfungen (rückwirkende Aufhebung der Höchstdauer von 10 Jahren, nachträglich nach der Strafhaft angeordnete oder verlängerte Maßregel) auch gegen das Vertrauensschutzgebot verstoßen wird, setzt, wie vom BVerfG vorgegeben, weiterer Vollzug voraus, dass eine hochgradige Gefahr schwerster Gewalt- oder Sexualverbrechen aus konkreten Umständen in der Person des Verurteilten abzuleiten ist und dieser an einer psychischen Störung i. S von § 1 I ThUG leidet. Den Vollzug der Maßregeln iE regeln Gesetze der Länder.

j) Über die vorbehaltene oder nachträgliche Maßregel wird nach Einholung von einem bzw. zwei Sachverständigengutachten in einer Hauptverhandlung durch Urteil entschieden (§ 275a StPO) Zuständig ist das Strafgericht des ersten Rechtszugs; war das Amtsgericht Tatgericht, ist im Fall des § 66b StGB die → Strafkammer in der Besetzung mit 3 Richtern und 2 Schöffen zuständig (§ 74f GVG).

k) Das TherapieunterbringungsG (ThUG) soll Rechtsgrundlage für die Altfälle sein, in denen die Maßregel auf Grund des Urteils des EGMR wegen des Verbots rückwirkender Verschärfung zu beenden ist. Hier kann die Unterbringung in einer geschlossenen Einrichtung angeordnet werden, wenn die Person an einer psychischen Störung leidet, deshalb mit hoher Wahrscheinlichkeit das Leben, die körperliche Unversehrtheit, die persönliche Freiheit oder die sexuelle Selbstbestimmung einer anderen Person erheblich beeinträchtigen wird und die Unterbringung zum Schutz der Allgemeinheit erforderlich ist. Diese Voraussetzung liegt nur vor, wenn eine hochgradige Gefahr schwerster Gewalt- oder Sexualstraftaten aus konkreten Umständen in der Person oder dem Verhalten des Untergebrachten abzuleiten ist (BVerfG NJW 2013, 3151). Zuständig für die Entscheidung sind die Zivilkammern des Landgerichts, in dessen Bezirk das Bedürfnis entsteht oder die Maßregel noch vollstreckt wird. Das Verfahren richtet sich nach dem FamFG. Die Therapieunterbringung dauert bis zu 18 Monaten; sie kann verlängert werden.

4. Die Maßregeln zu 1 bis 3 dauern so lange, wie ihr Zweck es erfordert, die Maßregel zu 2 (§ 64 StGB) höchstens 2 Jahre. Wird die Maßregel zu 1 für erledigt erklärt, weil der Zustand nicht mehr besteht, kann das Strafgericht unter bestimmten Voraussetzungen nachträglich die Maßregel zu 3 anordnen (§ 66b StGB). Die Maßregeln zu 1 und 3 werden nach 10 Jahren Vollzug für erledigt erklärt, wenn nicht die Gefahr erheblicher Straftaten mit schwerer seelischer oder körperlicher Schädigung der Opfer besteht (§ 67d III StGB; für die Maßregel nach § 63 StGB gilt das im Regelfall schon nach 6 Jahren, § 67d VI 2 StGB). Die Maßregeln zu 1 und 2 werden mangels anderer Anordnung des Gerichts

vor einer Freiheitsstrafe vollzogen; die Vollzugszeit wird auf die Strafe angerechnet, bis diese zu zwei Dritteln erledigt ist (§ 67 StGB, sog. Vikariierung der Strafe durch die Maßregel). Wird dagegen eine Freiheitsstrafe vor der Unterbringung vollzogen, so darf diese erst durchgeführt werden, wenn die Strafvollstreckungskammer entschieden hat, dass sie noch erforderlich ist (§ 67c StGB, § 463 III StPO). Mit Entlassung aus dem Vollzug einer Unterbringung wegen Ablauf einer Höchstfrist oder Erledigung tritt Führungsaufsicht ein (§ 67d III 2, IV 2, V 2, VI 4 StGB). Aussetzung zur Bewährung ist zulässig, hat aber Führungsaufsicht zur Folge (§§ 67b, 67d II StGB).

Unter den Voraussetzungen der §§ 67g, 67h StGB kann die Aussetzung widerrufen oder die Unterbringung befristet wieder in Vollzug gesetzt werden.

5. Führungsaufsicht (§§ 68 ff. StGB). Sie ist in gesetzlich bestimmten Fällen bei Verurteilung zu mindestens 6 Mon. Freiheitsstrafe oder nach vollständiger Vollstreckung einer mindestens 2-jähr. Freiheitsstrafe wegen einer vorsätzlichen Straftat oder bei Entlassung oder Aussetzung einer freiheitsentziehenden Maßregel zur Bewährung zwecks Verhütung weiterer Straftaten und zugleich zur Resozialisierung des Verurteilten zulässig. Der Verurteilte wird für 2–5 Jahre einer Aufsichtsstelle und einem → Bewährungshelfer unterstellt; das Gericht kann ihn mit Weisungen versehen (Ortsbindung, Kontaktverbot, Verbot bestimmter Tätigkeiten, Meldepflichten, Alkoholverbot, → elektronische Aufenthaltsüberwachung u. dgl.). Unter den Voraussetzungen des § 68c II StGB kann die Maßregel unbefristet angeordnet oder verlängert werden. Über die Strafbarkeit der Zuwiderhandlung gegen bestimmte richterliche Weisungen vgl. § 145a StGB.

6. Entziehung der Fahrerlaubnis nach §§ 69 ff. StGB (sichernde Maßregel zum Unterschied von der Nebenstrafe des → Fahrverbots). Sie setzt voraus, dass der Täter wegen einer strafbedrohten Handlung, die er bei oder im Zusammenhang mit dem Führen eines Kfz. oder unter Verletzung der Führerpflichten begangen hat, verurteilt oder nur wegen Schuldunfähigkeit nicht verurteilt worden ist und dass er sich durch die Tat als ungeeignet zum Führen von Kfz erwiesen hat. Die Tat muss tragfähige Rückschlüsse darauf zulassen, dass der Täter bereit ist, die Sicherheit des Straßenverkehrs seinen kriminellen Interessen unterzuordnen (BGH NJW 2005, 1957). Mit der Maßregel ist zugleich eine Sperre (Verbot der Erteilung einer neuen Fahrerlaubnis) entweder auf Zeit – 6 Mon. bis 5 Jahre – oder für immer anzuordnen, jedoch mindestens für 1 Jahr, wenn in den letzten 3 Jahren vor der Tat bereits eine Sperre angeordnet worden war. Die Maßregel ist regelmäßig anzuordnen, wenn es sich um bestimmte erheblichere Verkehrsdelikte handelt (Straßenverkehrsgefährdung, Trunkenheit im Verkehr, unerlaubtes Entfernen vom Unfallort in Kenntnis eingetretener schwerer Unfallfolgen, Volltrunkenheit im Verkehr, §§ 315c, 316, 142, 323a, 69 II StGB). Ausnahmsweise kann die Sperre auf bestimmte Arten von Kfz., zB Lkw., beschränkt werden. War die Fahrerlaubnis dem Täter nach § 111a StPO vorläufig entzogen oder der Führerschein nach § 94 StPO beschlagnahmt oder sonstwie sichergestellt worden (→ Fahrerlaubnis, vorläufige Entziehung), so wird die entsprechende Zeit bei Bemessung der Sperrfrist berücksichtigt; das gesetzliche Mindestmaß der Frist (6 Mon.) verkürzt sich dementsprechend, aber nicht unter 3 Mon. Die Sperrfrist beginnt mit Rechtskraft des Urteils; doch wird die Dauer der vorläufigen Entziehung oder Sicherstellung, soweit sie nach der letzten Tatsachenentscheidung liegt, stets angerechnet. Vorzeitige Aufhebung der Sperre ist zulässig, wenn angenommen werden kann, dass der Verurteilte nicht mehr zum Führen von Kfz ungeeignet ist, jedoch nicht vor Ablauf von 3 Mon. (bei Rückfall 1 Jahr); die Entscheidung trifft das Gericht (§ 69a VII StGB, §§ 463 V, 462 StPO; es handelt sich um einen richterlichen, nicht um einen Gnadenakt, der idR bei Maßregeln nicht in Frage kommt). Nach Ablauf der Sperrfrist entscheidet die Verwaltungsbehörde auf Antrag über Erteilung einer (neuen) Fahrerlaubnis; sie ist hierzu nicht schon wegen des Fristablaufs verpflichtet, sondern an die gesetzlichen Voraussetzungen des § 2 StVG gebunden (→ Fahrerlaubnis; dort auch über deren vorläufige Entziehung, die keine Maßregel iS der §§ 61 ff. StGB ist, diese aber neben ihrem allgemeinen Präventivzweck verfahrensrechtlich sichern soll).

7. Berufsverbot (§ 70 StGB). Es ist zulässig, wenn der Täter wegen einer rechtswidrigen Tat verurteilt wird, die er unter Missbrauch seines Berufes oder Gewerbes oder unter grober Verletzung der mit ihnen verbundenen Pflichten begangen hat und wenn die Gefahr weiterer erheblicher missbräuchlicher Taten besteht. Dauer der Maßregel mindestens 1, höchstens 5 Jahre, bei besonders ungünstiger Prognose ohne Befristung; währenddessen darf der Verurteilte den Beruf oder das Gewerbe auch nicht für einen anderen ausüben oder durch einen von seinen Weisungen Abhängigen für sich ausüben lassen. Die Maßregel ist unabhängig von einem Berufsverbot der Verwaltungsbehörde. Doch hat das Strafverfahren den Vorrang; die strafgerichtliche Entscheidung hat Sperrwirkung (vgl. § 35 III GewO). Über das vorläufige Berufsverbot vgl. § 132a StPO, über die Strafbarkeit von Verstößen gegen das Verbot § 145c StGB.

8. Als weitere Maßregel war – ursprünglich in § 65 StGB – die Unterbringung in einer sozialtherapeutischen Anstalt vorgesehen. Sie ist schießlich jedoch nicht als gerichtliche Anordnung normiert, sondern als Modalität des Strafvollzugs eingeführt worden. Nach dem jeweiligen LandesstrafvollzugsG (zB Art. 11

BayStVollzG) oder, wenn ein solches nicht besteht (→ Strafvollzug), nach §§ 7 II Nr. 2, 9 StVollzG kann ein Strafgefangener mit seiner Zustimmung und der des Leiters der Aufnahmeanstalt in eine sozialtherapeutische Anstalt (oder die sozialtherapeutische Abteilung einer Vollzugsanstalt) verlegt werden, wenn deren besondere therapeutische Mittel und soziale Hilfen zu seiner Resozialisierung angezeigt sind; bei einem wegen einer → Sexualstraftat zu mehr als 2 Jahren verurteilten Strafgefangenen ist die Verlegung zwingend, wenn die Behandlung in einer sozialtherapeutischen Anstalt angezeigt ist. Zu den möglichen sozialtherapeutischen Maßnahmen gehört zB eine Psychotherapie.

9. Die durch das Gesetz v. 24.11.1933 eingeführte Unterbringung in einem Arbeitshaus (neben der Strafe wegen Bettelns, Landstreicherei, Gewerbsunzucht u. dgl.) ist durch das 1. StrRG 1969 weggefallen.

10. Die Maßregeln zu 1, 2, 5, 6 können, da sie auch gegen zur Tatzeit Schuldunfähige und gegen im Strafprozess Verhandlungsunfähige zulässig sind, auch im → objektiven Verfahren selbständig angeordnet werden (§ 71 StGB, § 413 StPO, sog. Sicherungsverfahren). Die Verhängung einer Maßregel kann für sich allein mit dem gegen das Urteil zulässigen Rechtsmittel angefochten werden. Der Schuldspruch wird durch die beschränkte Anfechtung nicht berührt; diese ergreift aber den Strafausspruch, wenn die Entscheidungen über Strafe und Maßregel sachlich nicht voneinander getrennt werden können. Sondervorschriften über den Vollzug der freiheitsentziehenden Maßregel gem. 1 und 2 enthalten die Maßregelvollzugsgesetze der Länder.

Maßregelungsverbot

Ein allgemeines Maßregelungsverbot für Arbeitnehmer enthält § 612a BGB. Daneben bestehen vielfache Spezialregelungen (etwa § 16 I AGG, § 17 II 2 ArbSchG, §§ 20, 84 III BetrVG).

Verboten ist jeweils, dem Arbeitnehmer Nachteile (zB eine Kündigung oder die Nicht-Gewährung einer Streikbruchprämie, die nicht bloß den Mehraufwand der nichtstreikenden Arbeitnehmer ausgleich) zuzufügen, weil er bestimmte Rechte wahrgenommen hat. Jedoch ist erforderlich, dass das Recht in zulässiger Weise in Anspruch genommen wurde und – jedenfalls für § 612a BGB – auch, dass das Recht tatsächlich besteht. Ein Verstoß gegen das Verbot führt dann zur Unwirksamkeit der Maßnahme des Arbeitgebers (zB der Kündigung). Wegen der begrenzten Reichweite des allgemeinen Kündigungsschutzes erlangen Maßregelungsverbote va in Kleinbetrieben und bei anderen Konstellationen als Kündigungen (zB der Verweigerung der Verlängerung einer Befristung) Bedeutung.

Maßregelvollzugsgesetze

→ Maßregeln der Besserung und Sicherung (10).

Maßstäbegesetz

Das BVerfG hat mit U. v. 11.11.1999 (BVerfGE 101, 158 ff.) eine Neuregelung des → Finanzausgleichs zwischen Bund und Ländern gefordert (→ Verteilung des Steueraufkommens, 7). Dem Gesetzgeber wurde aufgegeben, bis Ende 2002 Maßstäbe für die Verteilung des Umsatzsteueraufkommens, den Finanzausgleich sowie die Bundesergänzungszuweisungen gesetzlich aufzustellen. Diesen Gesetzgebungsauftrag erfüllt das inzwischen mehrfach geänderte Maßstäbegesetz v. 9.9.2001 (BGBl. 2001 I 2302). Für den Finanzausgleich legt das Maßstäbegesetz fest, dass die Finanzkraft der Länder hinreichend anzunähern ist. Der Länderfinanzausgleich darf aber weder die Finanzkraftabstände aufheben noch zu einer Verkehrung der Finanzkraftreihenfolge unter den Ländern führen. Bundesergänzungszuweisungen sollen dem ergänzenden Ausgleich im Anschluss an den Länderfinanzausgleich dienen. Die besondere Situation der Länder Berlin, Brandenburg, Mecklenburg-Vorpommern, Sachsen, Sachsen-Anhalt und Thüringen begründet unter bestimmten Voraussetzungen Sonderbedarfs-Bundesergänzungszuweisungen. Das Maßstäbegesetz bedarf selbst der Umsetzung. Dies geschah durch das neue FinanzausgleichsG v. 20.12.2001 (BGBl. 2001 I 3955, 3956), das am 1.1.2005 an die Stelle des bisherigen FinanzausgleichsG trat). Die Regelungen sind zT durch die → Föderalismusreform II überholt.

Maßvoller Gesetzesvollzug

→ Besteuerungsverfahren, → Gleichmäßigkeit der Besteuerung.

Master

Master ist ein → Hochschulgrad, der im angelsächsischen Sprachraum vergeben wurde und wird; der Titel entspricht dem seit dem Mittelalter in Deutschland vergebenen akademischen Abschluss des Magisters. Im Rahmen des → Bologna-Prozesses ist der Master nach dem → Hochschulrecht der Länder inzwischen der Regelabschluss des zweiten und letzten Zyklus des idR insgesamt 5-jährigen Studiums. Ausgenommen sind mit einer Staatsprüfung endende Studiengänge wie Rechtswissenschaften (→ Befähigung zum Richteramt; sa → Jurist) oder Medizin. Voraussetzung des idR 2-jährigen Masterstudiums ist das vorherige erfolgreiche Bestehen des Abschlusses zum → Bachelor.

Material Adverse Change (Klausel)

→ Unternehmen (2).

Materielle Beschwer

→ Beschwer.

Materielle Rechtskraft

→ Rechtskraft.

Materielles Konsensprinzip
→ Grundbuch, → Traditionsprinzip.

Materielles Recht
→ Recht (3), → Strafrecht (1a).

Matriarchat
→ Gerontokratie.

Mauer- und Grenzgrundstücke
sind Immobilien, die von der ehem. DDR zum Zweck der 1961 durchgeführten Errichtung der Mauer quer durch und um Berlin (West) sowie der Sperranlagen an der innerdeutschen Grenze enteignet oder durch Zwangsverkauf entzogen wurden. Diese Grundstücke werden durch das VermögensgG (s. → Offene Vermögensfragen) nicht erfasst, sind also der öffentlichen Hand zugefallen. Die Maßnahmen stellen zwar kein individuelles Unrecht, aber ein Symbol für das Unrechtsregime der ehem. DDR und für die frühere Teilung Deutschlands dar. Durch das MauergrundstücksG vom 15.7.1996 (BGBl. 1996 I 980) wurde deshalb bestimmt, dass ein früherer Eigentümer oder sein Rechtsnachfolger sein Grundstück zum Preis von 25% des Verkehrswertes zurückkaufen kann oder, falls die BRep. Deutschland das Grundstück im öffentlichen Interesse verwenden oder an einen Dritten veräußern will, Anspruch auf Zahlung von 75% des Verkehrswertes hat.

Der Erwerb eines Mauer- und Grenzgrundstücks ist von der → Grunderwerbsteuer befreit und stellt keine Anschaffung iS eines Spekulationsgeschäftes (→ Spekulationsgewinne) dar.

Mauern
(Grenzmauern) → Grenzregelung bei Grundstücken, → Nachbarrecht.

Maut
1. Nach dem BundesfernstraßenmautG (BFStrMG) v. 12.7.2011 (BGBl. 2011 I 1378) mÄnd wird für die Benutzung der Bundesautobahnen, der mindestens vierstreifigen Bundesstraßen (→ Autostraßen) in der Baulast des Bundes mit Anbindung an eine Bundesautobahn und der in der MautstreckenausdehnungsVO (MautStrAusdehnV) v. 8.12.2006 (BGBl. 2006 I 2858) bezeichneten Streckenabschnitte bestimmter Bundesstraßen durch in- und ausländische Kfz oder Fz.Kombinationen zur Güterbeförderung ab 7,5t zulässigem Gesamtgewicht die Maut erhoben. Sie richtet sich nach der zurückgelegten Strecke sowie der Achsenanzahl und der Emissionsklasse des Fz. Die Höhe der Maut je km ist in der Anlage 1 bestimmt. Die Erhebung ist in der LKW-Maut-VO v. 24.6.2003 (BGBl. 2003 I 1003) geregelt. Ein Verstoß gegen das BFStrMG kann als Ordnungswidrigkeit mit einer Geldbuße bis zu 20 000 EUR geahndet werden. Das Mautaufkommen steht dem Bund zu. Das nach den Ausgaben für das Mautsystem verbleibende Aufkommen wird überwiegend zweckgebunden für die Verbesserung der Verkehrsinfrastruktur für die Bundesfernstraßen verwendet (§ 11 BFStrMG). Sa → Bundesfernstraßenfinanzierung.

2. Nach dem Gesetz über den Bau und die Finanzierung von Bundesfernstraßen durch Private v. 6.1.2006 (BGBl. 2006 I 49) können Private Aufgaben des Neu- und Ausbaus von Bundesfernstraßen auf der Grundlage einer Mautgebührenfinanzierung wahrnehmen.

3. Nach dem InfrastrukturabgabenG (InfrAG) v. 8.6.2015 (BGBl. 2015 I 904) soll die Nutzerfinanzierung von Verkehrsinfrastrukturinvestitionen ausgeweitet werden. Dazu soll eine als Infrastrukturabgabe bezeichnete Maut für Pkw erhoben werden. Entrichten sollen sie die Halter von im Inland zugelassenen Pkw und Wohnmobilen für die Nutzung von Bundesautobahnen und Bundesstraßen für ein Jahr und die Halter von im Ausland zugelassenen Pkw und Wohnmobilen für die Nutzung von Bundesautobahnen durch eine für 10 Tage, 2 Monate oder 12 Monate gültige Vignette. Um eine Doppelbelastung von in Deutschland Kfz-steuerpflichtigen Pkw oder Wohnmobilen zu vermeiden, wurden in das Kfz-SteuerG. (→ Kraftfahrzeugsteuer) Steuerentlastungsbeträge aufgenommen. Da die EU-Kommission diese Regelung für nicht vereinbar mit dem EU-Recht hält und deshalb ein Vertragsverletzungsverfahren eröffnet hat, wird das InfrAG bis zur Entscheidung durch den EuGH nicht umgesetzt.

Maximalhypothek
→ Höchstbetragshypothek.

Mecklenburg-Vorpommern
1. Mecklenburg-Vorpommern wurde durch das Ländereinführungsgesetz der ehemaligen → DDR vom 22.7.1990 (GBl. 1990 I Nr. 51 S. 955) mit Wirkung vom 3.10.1990 errichtet und ist seit dem selben Tag gem. dem → Einigungsvertrag mit dem Wirksamwerden des → Beitritts Land der → Bundesrepublik Deutschland. Landeshauptstadt ist Schwerin.

2. Nach der Verfassung vom 23.5.1993 (GVOBl. 1993, 372) mÄnd ist Mecklenburg-Vorpommern ein republikanischer, demokratischer, sozialer und dem Schutz der natürlichen Lebensgrundlagen verpflichteter Rechtsstaat. Die Gesetzgebung erfolgt durch den Landtag oder durch Volksentscheid. Gesetzesentwürfe werden von der Landesregierung, aus der Mitte des Landtags oder durch Volksbegehren eingebracht. Nimmt der Landtag einen durch Volksbegehren eingebrachten Gesetzesentwurf nicht innerhalb von sechs Monaten im Wesentlichen unverändert an, findet frühestens drei, spätestens sechs Monate nach Ablauf der Frist oder dem Beschluss des Landtags, den Entwurf nicht als Gesetz anzunehmen, über den Gesetzesentwurf ein Volksentscheid statt. Der Landtag kann dem Volk auch einen eigenen Gesetzesentwurf zum Gegenstand des Volksbegehrens zur Entscheidung vorlegen. Verfassungsändernde Gesetze bedürfen jeweils einer Zwei-Drittel-Mehrheit. Der

Landtag wird in freier, gleicher, allgemeiner, geheimer und unmittelbarer Wahl auf 5 Jahre gewählt. Die Landesregierung besteht aus dem Ministerpräsidenten und den Ministern. Der Ministerpräsident wird vom Landtag gewählt. Der Ministerpräsident ernennt und entlässt die Minister. Der Landtag kann das Vertrauen nur dadurch entziehen, dass er in einem konstruktiven → Misstrauensvotum mit der Mehrheit seiner Mitglieder einen Nachfolger des Ministerpräsidenten wählt. Das Landesverfassungsgericht (Gesetz v. 19.7.1994, GVOBl. 1994, 734) mÄnd besteht aus sieben Richtern. Sie werden auf Vorschlag eines besonderen Ausschusses vom Landtag mit Zweidrittel-Mehrheit gewählt. Das Landesverfassungsgericht entscheidet auch über Verfassungsbeschwerden von Bürgern. Eigene Abschnitte der Verfassung befassen sich mit den Grundrechten und den Staatszielen. Die kulturelle Eigenständigkeit ethnischer und nationaler Minderheiten wird besonders geschützt.

3. Das Land ist in → Landkreise und → kreisfreie Städte gegliedert. Den → Regierungspräsidien entsprechende Mittelbehörden sind nicht eingerichtet.

Medaillen
dürfen nur hergestellt und vertrieben werden, wenn sie den §§ 2–4 VO über die Herstellung und den Vertrieb von Medaillen und Münzstücken zum Schutz deutscher Euro-Gedenkmünzen (MedaillenVO) v. 31.10.2005 (BGBl. 2005 I 3117) entsprechen. Die VO enthält va Vorschriften über zulässige und unzulässige Angaben auf Medaillen sowie Größe und Form von Medaillen. Verstöße hiergegen werden grundsätzlich als Ordnungswidrigkeit behandelt (§ 5 MedaillenVO). Hierdurch soll die Verwechslung mit deutschen Euro-Gedenkmünzen ausgeschlossen werden. Zu beachten ist ferner die VO (EG) Nr. 2182/2004 v. 6.12.2004 über Medaillen und Münzstücke mit ähnlichen Merkmalen wie Euro-Münzen (ABl. EG 2004 L 373, 1), die entsprechende Vorschriften zum Schutz der allgemeinen Euro-Münzen enthält. S. → Geld und Wertzeichenfälschung, → Münzwesen.

Mediat(isierung)
Im Gegensatz zu den reichsunmittelbaren Ständen, die ihr → Lehnsrecht direkt vom König ableiteten, standen im Mittelalter die mediatisierten, deren Lehnsverhältnis zum König durch einen ihnen übergeordneten Reichsstand vermittelt wurde. Kleinere Reichsstände wurden im Laufe der Zeit häufig mediatisiert, andere versuchten sich dem zu entziehen. Im → Reichsdeputationshauptschluss (1803) wurde neben der → Säkularisation in großem Umfange eine Mediatisierung in der Weise durchgeführt, dass alle geistlichen und viele weltlichen Territorien größeren zugeschlagen wurden.

Mediation
1. Mediation (engl. Vermittlung) ist eine in den USA entwickelte Form zur außergerichtlichen, von den Beteiligten selbst erarbeiteten, einvernehmlichen Lösung von Konflikten. Die Mediation hat durch das Gesetz zur Förderung der Mediation und anderer Verfahren der außergerichtlichen Konfliktbeilegung (MediationsG) v. 21.7.2012 (BGBl. 2012 I 577) mÄnd rechtliche Kontur erhalten. Das Gesetz setzt auch die RL 2008/52/EG über bestimmte Aspekte der Mediation in Zivil- und Handelssachen in nationales Recht um. Nach der gesetzlichen Definition ist Mediation ein vertrauliches und strukturiertes Verfahren, bei dem Parteien mithilfe eines oder mehrerer Mediatoren freiwillig und eigenverantwortlich eine einvernehmliche Beilegung ihres Konflikts anstreben. Wesen der Mediation ist die Freiwilligkeit der Teilnehmer. Dies kommt ua zum Ausdruck, dass die Parteien eine Mediation jederzeit beenden können (§ 2 V 1 MediationsG). Wesen des Mediationsverfahrens ist ferner, dass der → Mediator das Verfahren neutral und unparteilich führt und Lösungsansätze fördert. Eigene Lösungsvorschläge zu unterbreiten, ist dabei nicht ausgeschlossen. Ziel des Verfahrens ist der Abschluss einer Vereinbarung, welche den Konflikt beilegt. Nachteilig hierbei ist, dass eine solche Vereinbarung nicht für vollstreckbar erklärt werden kann. Den Parteien bleibt daher nur der Weg über den → Anwaltsvergleich oder die → vollstreckbare Urkunde.

2. Das Mediationsverfahren hat in familien- und erbrechtlichen Streitigkeiten einen nennenswerten Stellenwert erhalten. Auch Wirtschaftsmediationen sind nicht mehr selten. In geeigneten Fällen fanden sogar in bereits anhängigen Zivilverfahren Mediationen bei den Gerichten durch besonders ausgebildete Richter statt. Solche Verfahren sind unter der Bezeichnung Mediation nun aber nicht mehr zulässig; das Mediationsgesetz eröffnet aber ein besonderes Verfahren der Konfliktbeilegung bei Gericht durch einen → Güterichter.

3. Von der Mediation zu unterscheiden sind das → Güteverfahren im Arbeitsgerichtsprozess und die Güteverhandlung in gerichtlichen Verfahren vor dem angerufenen Gericht oder einem hierfür bestimmten und nicht entscheidungsbefugten Güterichter (§ 278 ZPO, § 36 FamFG, § 54 ArbGG, § 202 SGG, § 173 VwGO, § 155 FGO). Sa → Schlichtung.

Mediator
Ein Mediator ist eine unabhängige und neutrale Person ohne Entscheidungsbefugnis, die die Parteien durch die → Mediation führt (§ 1 II MediationsG) und ausschließlich von ihnen ausgewählt wird. Das Mediationsgesetz regelt nicht, welchen Inhalt eine Vereinbarung der Parteien mit dem Mediator aufweisen muss, sondern bestimmt seine wesentlichen Pflichten gesetzlich. Der Mediator wird von den Parteien ausgewählt (§ 2 I MediationsG). Wesent-

lich ist seine Unabhängigkeit und Neutralität, er ist allen Parteien gleichermaßen verpflichtet. Er darf nicht tätig werden, wenn er zuvor schon in derselben Sache für eine Partei tätig war und darf auch nicht während oder nach einer Mediation für eine Partei in derselben Sache tätig werden (§ 3 II MediationsG). Er unterliegt ferner der Verschwiegenheit. Kern seiner Aufgabe ist die Förderung der Kommunikation der Parteien und die faire Einbindung aller Parteien in das Mediationsverfahren (§ 2 III MediationsG). Die Bezeichnung „Mediator" ist nach wie vor nicht geschützt, gleichwohl hat ein Mediator in eigener Verantwortung sich hinreichende theoretische und praktische Kenntnisse anzueignen (§ 5 MediationsG). Geschützt hingegen ist die Bezeichnung „zertifizierter Mediator". Er muss hierfür die Anforderungen erfüllen, welche in einer Verordnung des Bundesministeriums der Justiz (Verordnung über die Aus- und Fortbildung von zertifizierten Mediatoren v. 21.8.2016, BGBl. 2016 I 1994, ZMediatAusbV) enthalten sind.

Medien, jugendgefährdende
→ jugendgefährdende Medien.

Mediendienste
Mediendienste waren nach § 2 I Mediendienste-Staatsvertrag v. 1997 an die Allgemeinheit gerichtete Informations- und Kommunikationsdienste mit besonderer Meinungsrelevanz, zB e-Zeitungen. Die Betonung lag auf Allgemeinheit. Die der individuellen Nutzung dienenden Dienste wurden → Teledienste genannt. Diese Trennung zwischen individueller und allgemeiner Nutzung hat man wegen der Abgrenzungsschwierigkeiten aufgegeben. Es gibt nur noch → Telemedien und ihre einheitliche Regulierung im → Telemediengesetz und dem → Medienstaatsvertrag. Der Mediendienste-Staatsvertrag wurde durch den 9. Rundfunkänderungsstaatsvertrag 2007 aufgehoben.

Medienrecht
1. Medium (lat.: Mitte, Öffentlichkeit) bezeichnet einen Informationsmittler. Medienrecht ist ein in den 1980er Jahren entstandener Oberbegriff für eigentlich selbständige Rechtsgebiete wie → Presserecht, → Rundfunkrecht (= Hörfunk und Fernsehen), → Filmrecht und das Recht der Multimedia oder neuen Medien. Darunter versteht man den Informationsaustausch mittels Computertechnik, Digitalisierung und → Telekommunikationsnetzen (zB → Internet). Die wichtigsten Vorschriften des Medienrechts ieS sind das Telemediengesetz (→ Telemedien), der → Medienstaatsvertrag, der Jugendmedienschutz-Staatsvertrag (→ jugendgefährdende Medien), das → Telekommunikationsgesetz und die entsprechenden Vorschriften des EU-Rechts. Man spricht auch von Medienordnung.

2. Zum Medienrecht iwS gehören auch → Urheberrecht, → Verlagsrecht, → Datenschutz.

Medienstaatsvertrag
1. Der Medienstaatsvertrag (MStV) regelt Veranstaltung, Angebot und Zugänglichmachung von → Rundfunk und → Telemedien in Deutschland. Er ist als Art. 1 des Staatsvertrags zur Modernisierung der Medienordnung in Deutschland (zB BayGVBl. 2020, 450) am 7.11.2020 in Kraft getreten und ersetzte den zeitgleich aufgehobenen Rundfunkstaatsvertrag. Der Medienstaatsvertrag ist damit das „Grundgesetz" des deutschen Rundfunk- und Medienrechts und erfasst neben Fernsehen und Radio auch digitale Plattformen, soziale Medien, Suchmaschinen, Videostreamer und Voice-Assistenten, wenn sie Medien verbreiten. Die Vorschriften des Telemediengesetzes bleiben weiterhin anwendbar.

2. Der Medienstaatsvertrag enthält neben allgemeinen Vorschriften für jeden Rundfunk (§§ 3 ff. MStV, etwa zu Verbraucherschutz, Barrierefreiheit, Werbung, Sponsoring, Gewinnspielen und Medienprivileg) Vorschriften, die speziell für den öffentlich-rechtlichen Rundfunk (§§ 26 ff. MStV, etwa zu Auftrag, Telemedienangeboten, Produktplatzierung und Teleshopping) oder für den privaten Rundfunk (§§ 50 ff. MStV, etwa zu Zulassung, Meinungsvielfalt und Dauer der Fernsehwerbung) gelten. Nach gleichem Muster enthält der Medienstaatsvertrag allgemeine, für alle Telemedien geltenden Vorschriften (§§ 17 ff. MStV, etwa zu Zulassungsfreiheit, Gegendarstellung, Werbung und Sponsorung) sowie Vorschriften, die nur für einzelne Telemedien, nämlich rundfunkähnliche Telemedien, Medienplattformen, Medienintermediäre und Video-Sharing-Dienste anwendbar sind, §§ 74 ff. MStV. Die §§ 104 ff. MStV enthalten abschließend die Vorschriften zur Aufsicht über Rundfunk und Telemedien durch die → Landesmedienanstalten.

Medizinal-Cannabisgesetz (MedCanG)
Das zum 1.4.2024 in Kraft getretene Medizinal-Cannabisgesetz (MedCanG) vom 27.3.2024 (BGBl. 2024 I Nr. 109) regelt den Umgang mit Cannabis zu medizinischen und zu medizinisch-wissenschaftlichen Zwecken, während der Umgang zu Konsumzwecken dem → Konsumcannabisgesetz (KCanG) unterfällt. Es wurde geschaffen, um die einschlägigen Normen des → Betäubungsmittelgesetzes für → Cannabis in ein eigenständiges Stammgesetz zu überführen (BT-Drs. 20/8704, 138). Wesentliche Regelungen enthält § 3 MedCanG, wonach Cannabis zu medizinischen Zwecken nur durch Ärzte verschrieben oder im Rahmen einer ärztlichen Behandlung verabreicht oder einem anderen zum unmittelbaren Verbrauch überlassen werden darf (§ 3 I 1 MedCanG). Das so verschriebene Cannabis darf an Endverbraucher nur im Rahmen des Betriebs einer Apotheke gegen Vorlage der Verschrei-

bung abgegeben werden (§ 3 II MedCanG). Anbau, Herstellung, Handel etc. von Medizinal-Cannabis bedürfen einer Erlaubnis nach § 4 MedCanG. Verstöße sind nach § 25 MedCanG mit Strafe bedroht. Nach § 25 I Nr. 1 MedCanG macht sich zudem derjenige strafbar, der unrichtige oder unvollständige Angaben macht, um für sich oder einen anderen eine ärztliche Verschreibung von Cannabis zu medizinischen Zwecken zu erlangen.

Medizinische Indikation
→ Schwangerschaftsabbruch, → Sterilisation, → Kastration.

Medizinische Rehabilitation
In der gesetzlichen → Rentenversicherung umfassen die Leistungen zur medizinischen Rehabilitation die Behandlung durch Ärzte und Angehörige anderer Heilberufe, soweit deren Leistungen unter ärztlicher Aufsicht oder auf ärztliche Anordnung durchgeführt werden, die Versorgung mit Arznei- und Verbandmitteln, Heilmitteln einschließlich Krankengymnastik, Belastungserprobung und Arbeitstherapie sowie die Versorgung mit Körperersatzstücken und orthopädischen und anderen Hilfsmitteln. Die medizinischen Leistungen zur Rehabilitation werden stationär erbracht (§ 15 SGB VI), es sei denn, dass Rehabilitationsziel lässt sich gleichwertig durch eine ambulante Maßnahme erreichen.

In der gesetzlichen → Unfallversicherung sind vergleichbare Leistungen Teil der → Heilbehandlung (§§ 27 ff. SGB VII). Die medizinische Rehabilitation wird auch als Leistung der gesetzlichen → Krankenversicherung erbracht (§ 40 SGB V, → Kur). Eine Besonderheit der gesetzlichen Krankenversicherung ist die medizinische Rehabilitation für Mütter und Väter (sog. Mutter-Kind-Kuren; bzw. Vater-Kind-Kuren nach § 41 SGB V).

Medizinischer Dienst der Krankenversicherung
Dieser ist als eine von den Krankenkassen und ihren Verbänden in einem Land gemeinsam getragene Arbeitsgemeinschaft an die Stelle des früheren vertrauensärztlichen Dienstes getreten (MdK). Die Rechtlichen Grundlagen sind in den §§ 275 bis 283 SGB V geregelt. Aufgaben des MdK sind unter anderem: Vorschläge zur Sicherung des Heilerfolges und zur Einleitung von Rehabilitationsmaßnahmen, Erstattung von Gutachten bei Zweifeln an der Arbeitsunfähigkeit, Überprüfung der Verordnungen von Versicherungsleistungen (ausführliche Aufgabenübersicht bei § 275 SGB V).

Im Rahmen der → Pflegeversicherung haben außerdem die → Pflegekassen durch den Medizinischen Dienst prüfen zu lassen, ob die Voraussetzungen der Pflegebedürftigkeit (→ Pflegebedürftige) erfüllt sind und welche Stufe der Pflegebedürftigkeit (→ Pflegestufen, → Pflegegrad) vorliegt (§ 18 SGB XI).

Der MdK ist eine Körperschaft des öffentlichen Rechts mit Selbstverwaltung (§§ 278–283 SGB V). Dachorganisation ist der Medizinische Dienst des Spitzenverbandes Bund der Krankenkassen (MDS), der koordinierende Aufgaben wahrnimmt, so etwa die Herausgabe von Richtlinien zur Feststellung des Pflegegrades.

Medizinische Versorgungszentren
Medizinische Versorgungszentren nehmen an der vertragsärztlichen Versorgung teil (§ 95 SGB V). Es handelt sich dabei um ärztlich geleitete Einrichtungen, in denen Ärzte, die in das Arztregister eingetragen sind, als Angestellte oder Vertragsärzte tätig sind. In einem MVZ können Ärzte unterschiedlicher Fachrichtungen tätig werden. Medizinische Versorgungszentren können von zugelassenen Ärzten, von zugelassenen Krankenhäusern, von Erbringern nichtärztlicher Dialyseleistungen, von anerkannten Praxisnetzen, von gemeinnützigen Trägern, die aufgrund von Zulassung oder Ermächtigung an der vertragsärztlichen Versorgung teilnehmen, oder von Kommunen gegründet werden. Für die Errichtung eines MVZ ist eine spezielle Zulassung erforderlich. In der Hand von Investorengesellschaften befindliche MVZ (IMVZ) stehen vermehrt in der Kritik. Ihnen wird ua vorgeworfen das Profitinteresse zu sehr in den Vordergrund zu stellen.

Medizinisch-psychologisches Gutachten
ist ein Gutachten einer amtlich anerkannten Begutachtungsstelle für Fahreignung (§ 66 FeV), das die Fahrerlaubnisbehörde bei Zweifeln an der Eignung vor Erteilung (uU mit Beschränkungen oder Auflagen), Verlängerung und Entziehung einer → Fahrerlaubnis oder deren Neuerteilung, insbes. bei Fahrerlaubnis auf Probe, bei Neuerteilung der Fahrerlaubnis nach Entziehung nach dem → Fahreignungs-Bewertungssystem, bei Alkohol-, Betäubungsmittel- und Arzneimittelkonsumenten (§ 2 VIII StVG, § 2a IV, V StVG, § 4 X StVG; § 10 II, § 11 III, IX FeV, §§ 13, 14 II FeV, § 46 III FeV, § 48 IX FeV), oder vor Untersagung oder Beschränkung des Führens eines fahrerlaubnisfreien Fz. (§ 3 II FeV) verlangen muss oder kann. Nach dem Führen eines Fz. mit 1,6‰ oder mehr Blutalkoholkonzentration ist es ohne weitere Umstände beizubringen.

Medizinisch-technische Assistenten
Nach dem Gesetz über technische Assistenten in der Medizin (MTAG) v. 2.8.1993 (BGBl. 1993 I 1402) m. spät. Änd. bedürfen medizinisch-technische Laboratoriums-, Radiologie- und veterinärmedizinisch-technische Assistenten (-innen) einer Erlaubnis der zuständigen Verwaltungsbehörde. Sie setzt 3 Jahre theor. und prakt. Ausbildung und die Prüfung vor einem staatlichen Prüfungsausschuss voraus (Ausbildungs- u. PrüfungsO v. 25.4.1994, BGBl. 1994 I 922) m. spät. Änd.

Gleichwertige Qualifikationen aus EU-Ländern sind gleichgestellt (§ 2 II MTAG). Nach § 9 des Gesetzes ist ihnen die Ausübung der wichtigsten medizinischen Hilfsleistungen vorbehalten. Das bedeutet, dass diese Personen nicht die Befugnis haben, ohne Erlaubnis nach § 44 IfSG mit auf den Menschen übertragbaren Krankheitserregern zu arbeiten. Gleichwohl stelle es zB keinen Behandlungsfehler dar, wenn einer entsprechend ausgebildeten MTA für Radiologie die Verabreichung intravenöser Injektionen zur Vorbereitung von Diagnosemaßnahmen übertragen wird, wenn eine regelmäßige Kontrolle und Überwachung durch den Arzt stattfindet.

Zum 1.1.2023 sind Änderungen durch das Gesetz zur Reform der technischen Assistenzberufe in der Medizin und zur Änderung weiterer Gesetze (MTA-Reformgesetz) vom 24.2.2021 (BGBl. 2021 I 274) erfolgt, wonach sich die Berufsbezeichnung in Medizinische Technologin, bzw. Medizinischer Technologe, gefolgt vom jeweiligen Fachbereich: Laboratoriumsanalytik, Radiologie, Funktionsdiagnostik oder Veterinärmedizin ändert.

Medizinprodukte
Medizinprodukt ist gem. der VO (EU) 2017/745 ein Instrument, ein Apparat, ein Gerät, eine Software, ein Implantat, ein Reagenz, ein Material oder ein anderer Gegenstand, das dem Hersteller zufolge für Menschen bestimmt ist und allein oder in Kombination einen oder mehrere der folgenden spezifischen medizinischen Zwecke erfüllen soll: – Diagnose, Verhütung, Überwachung, Vorhersage, Prognose, Behandlung oder Linderung von Krankheiten, – Diagnose, Überwachung, Behandlung, Linderung von oder Kompensierung von Verletzungen oder Behinderungen, – Untersuchung, Ersatz oder Veränderung der Anatomie oder eines physiologischen oder pathologischen Vorgangs oder Zustands, – Gewinnung von Informationen durch die In-vitro-Untersuchung von aus dem menschlichen Körper – auch aus Organ-, Blut- und Gewebespenden – stammenden Proben und dessen bestimmungsgemäße Hauptwirkung im oder am menschlichen Körper weder durch pharmakologische oder immunologische Mittel noch metabolisch erreicht wird, dessen Wirkungsweise aber durch solche Mittel unterstützt werden kann.

Umgesetzt wird die Verordnung in Deutschland durch das Medizinprodukterecht-Durchführungsgesetz (MPDG) vom 28. April 2020 (BGBl. I S. 960) mÄnd. Zuständige Vollzugsbehörden sind das → Bundesinstitut für Arzneimittel und Medizinprodukte, die Physikalisch-technische Bundesanstalt sowie das → Paul-Ehrlich-Institut. Für Medizinprodukte gelten anstelle allgemeiner Vorschriften, etwa des → Eichwesens und → Geräte- und Produktsicherheitsrechts, die oben genannten Sondervorschriften.

Meeresbodenbergbau
→ Tiefseebergbau; → Küstenmeer; → Festlandsockel.

Meeresgewässer
umfassen gem. Definition in § 3 Nr. 2a WHG (→ Wasserhaushalt) die → Küstengewässer, die → Gewässer im Bereich der → ausschließlichen Wirtschaftszone und des → Festlandsockels, einschließlich der dazugehörigen Meeresgründe und -untergründe; sa → Küstenmeer, → Hohe See, → Meeresverschmutzung und → Kohlendioxid-Speicherung (1). Diese Ausweitung des Geltungsbereichs des WHG basiert auf der Meeresstrategie-Rahmenrichtlinie 2008/56/EG v. 17.6.2008 (ABl. EG 2008 L 164, 19). Die §§ 45a ff. WHG legen Bewirtschaftungsziele für Meeresgewässer fest. → Nordsee und → Ostsee sind gem. diesen Vorschriften jeweils gesondert zu bewirtschaften (§ 45a III WHG). Sa → integrierte Meerespolitik.

Meeresnaturschutz
Die §§ 56–57 BNatSchG (→ Naturschutz) regeln die grundsätzl. Anwendung des BNatSchG auf Küstengewässer (→ Küstenmeer), → ausschließliche Wirtschaftszone und → Festlandsockel. Der Meeresnaturschutz gehört zum bestandsfesten Kern des Naturschutzes, abweichende Regelungen der Länder sind unzulässig (Art. 72 III Nr. 2 GG). Auf EU-Ebene dient zB die VO EG 734/2008 v. 15.7.2008 zum Schutz empfindlicher Tiefseeökosysteme vor den schädlichen Auswirkungen von Grundfanggeräten dem Meeresnaturschutz (ABl. EG 2008 L 201, 8). Die Meeresstrategie-Rahmenrichtlinie 2008/56/EG v. 17.6.2008 (ABl. EG 2008 L 164, 19) bezweckt analog zur → Wasser-Rahmenrichtlinie einen guten Zustand der Meeresumwelt zu erreichen bzw. zu erhalten. S. → Meeresverschmutzung, → Seerechtsübereinkommen.

Meeresverschmutzung
1. Zur Verhütung der Meeresverschmutzung hat Deutschland sich ua in folgenden internationalen Verträgen verpflichtet:

a) Das Übereinkommen zur Verhütung der Meeresverschmutzung durch Schiffe (MARPOL) v. 2.11.1973 nebst Protokoll v. 17.2.1978 (Neufassung BGBl. 1996 II 399) mÄnd verpflichtet die Vertragsstaaten aus aller Welt zu gemeinsamen Bemühungen gegen die im normalen Schiffsbetrieb und durch Tankerunfälle verursachte Meeresverschmutzung. Das Protokoll von 1997 (BGBl. 2003 II 130) begrenzt bestimmte Emissionen durch Verbrennungsabgase von Schiffen und Plattformen. Es ist 2005 in Kraft getreten (BGBl. 2013 II 394).

b) Deutschland ist ferner Vertragsstaat des Übereinkommens über den Schutz der Meeresumwelt des Ostseegebiets (Helsinki-Übereinkommen) v. 9.4.1992 (BGBl. 1994 II 1355, 1397) sowie des Übereinkommens zum Schutz der Meeresumwelt des Nordatlantiks v.

22.9.1992 (BGBl. 1994 II 1355, 1360), jeweils mÄnd. Beide Verträge verpflichten dazu, alle zur Verhütung und Beseitigung von Meeresverschmutzung in den Vertragsgebieten möglichen Maßnahmen zu ergreifen.

c) Das Bonn-Übereinkommen v. 13.9.1983 (BGBl. 1990 II 70) mÄnd regelt die Maßnahmen zur Bekämpfung der Meeresverschmutzung in der Nordsee durch Öl und andere Schadstoffe.

d) Das Hohe-See-EinbringungsG v. 25.8.1998 (BGBl. 1998 I 2455) mÄnd verbietet die Einbringung von Abfällen, Stoffen und Gegenständen mit Ausnahme von Baggergut und Urnen zur → Bestattung auf See. Maßnahmen des marinen → Geo-Engineerings sind eingeschränkt. Ebenfalls verboten ist die Verbrennung von Abfällen auf Hoher See. Das Gesetz setzt das Übereinkommen v. 29.12.1972 zur Verhütung der Meeresverschmutzung durch das Einbringen von Abfällen und anderen Stoffen (BGBl. 1977 II 165 mÄnd) um.

e) Das Übereinkommen v. 4.6.1974 zur Verhütung der Meeresverschmutzung vom Lande aus ist durch Gesetz vom 18.9.1981 (BGBl. 1981 II 870 mÄnd) ratifiziert worden.

f) In Teil XII des → Seerechtsübereinkommens finden sich weitere umfangreiche Regelungen zum Schutz der Meeresumwelt.

2. Die See-Umweltverhaltens-Verordnung (SeeUmwVerhV) v. 13.8.2014 (BGBl. 2014 I 1371) regelt – in Bezug auf Meeresverschmutzung – Anforderungen an das umweltgerechte Verhalten in der Seeschifffahrt. Schiffe, die die Bundesflagge führen oder sich auf den Seeschifffahrtsstraßen Deutschlands oder in deren ausschließlicher Wirtschaftszone befinden, haben die Vorschriften des MARPOL- (s. Ziffer 1. a)) und weiterer Übereinkommen zur Meeresverschmutzung einzuhalten (§ 3). Verstöße gegen sie und sie ergänzende Vorschriften der SeeUmwVerhV werden mit Bußgeldern von bis zu 50 000 EUR geahndet (§ 23); Adressaten der Sanktionen sind die Schiffsführer oder sonst für den Schiffsbetrieb Verantwortliche (zB Eigner, Charterer, Reeder).

3. Die RL (EU) 2013/30 v. 12.6.2013 (ABl. EU 2013 L 178, 66) über die Sicherheit von Offshore-Erdöl- und -Erdgasaktivitäten legt die Mindestanforderungen fest, um schwere Unfälle bei den genannten Aktivitäten im Küstenmeer, in der ausschließlichen Wirtschaftszone oder auf dem Festlandsockel zu verhindern und deren Folgen zu begrenzen (Art. 1 RL (EU) 2013/30). Dazu haben die Mitgliedstaaten insbes. die Betreiber zu verpflichten, sicherzustellen, dass alle geeigneten Maßnahmen zur Verhütung solcher Unfälle getroffen werden und ein systematisches Risikomanagement durchgeführt wird. Für den Fall eines schweren Unfalls haben die Mitgliedstaaten eine Untersuchung gem. Art. 26 RL (EU) 2013/30 einzuleiten und sicherzustellen, dass die Betreiber alle geeigneten Maßnahmen ergreifen, um die Folgen für Mensch und Umwelt zu begrenzen (Art. 3 RL (EU) 2013/30). Die EU-RL war bis Juli 2015 in nationales Recht umzusetzen. Sa → internationale Wasserläufe, → Reinhaltung der Gewässer (2).

Mehrarbeit
Mehrarbeit ist die Arbeitszeit, die die arbeitszeitrechtlich grds. zulässige → Arbeitszeit (8 Stunden am Tag) überschreitet; sie ist von → Überarbeit zu unterscheiden, die über die vertragliche Arbeitszeit hinausgeht. Schwerbehinderte Menschen sind auf Wunsch von Mehrarbeit zu befreien (§ 207 SGB IX). Für werdende und stillende Mütter ist die Leistung von Mehrarbeit gem. § 4 MuSchG beschränkt. Für Mehrarbeit von Seeleuten sind Zuschläge zu zahlen (§ 51 I SeeArbG). Die gesamte Vergütung für Mehrarbeitsstunden ist zur Hälfte unpfändbar (§ 850a Nr. 1 ZPO; → Lohnpfändung).

Mehraufwands-Wintergeld
Das Mehrarbeits-Wintergeld gehört zu sammen mit dem → Zuschuss-Wintergeld (→ Wintergeld) zu den Maßnahmen der → Arbeitsförderung nach dem SGB III, die das → Saison-Kurzarbeitergeld, das durch das Gesetz zur Förderung der ganzjährigen Beschäftigung eingeführt worden ist, ergänzen sollen.

Mehraufwands-Wintergeld wird in Höhe von 1,00 EUR für jede in die Zeit vom 15. Dezember bis zum letzten Kalendertag des Monats Februar geleistete Arbeitsstunde an Arbeitnehmer gewährt, die auf einem witterungsabhängigen Arbeitsplatz beschäftigt sind und deren Arbeitsverhältnis nicht aus witterungsbedingten Gründen gekündigt werden kann. Berücksichtigungsfähig sind im Dezember bis zu 90, im Januar und Februar jeweils bis zu 180 Arbeitstunden (§ 102 SGB III). Das Mehrarbeits-Wintergeld ist steuerfrei (§ 3 Nr. 2 EStG). Arbeitgeber erhalten die zur → Sozialversicherung zu zahlenden Beiträge auf Antrag erstattet, wenn es sich um → Saison-Kurzarbeitergeld handelt.

Mehraufwendungen
→ Doppelte Haushaltsführung, → Reisekosten (3).

Mehrehe
→ Scharia (2).

Mehrerlös
Im Verfahren wegen einer dem WirtschaftsstrafG 1954 idF v. 3.6.1975 (BGBl. 1975 I 1313) mÄnd unterliegenden Zuwiderhandlung kann angeordnet werden, dass der Verurteilte den durch die Tat erlangten unzulässigen Überpreis (Mehrerlös) an das Land abführt, soweit er ihn nicht schon auf Grund bürgerlich-rechtlicher Verpflichtung dem Geschädigten zurückerstattet hat. Statt dessen kann auf Antrag des Geschädigten die Rückerstattung an diesen angeordnet werden. Wäre die Abführung des vollen Betrags eine unbillige Härte, so kann sie auf einen angemessenen

Betrag beschränkt werden oder unterbleiben. Die Anordnung, den Mehrerlös abzuführen, ist keine Strafe, sondern Nebenfolge; sie kann daher auch getroffen werden, wenn der Täter nicht schuldhaft gehandelt hat, und kann im → objektiven Verfahren verhängt werden, wenn ein Straf- oder Bußgeldverfahren gegen den Täter zB wegen Abwesenheit oder Schuldunfähigkeit nicht durchgeführt werden kann (§§ 8 ff. WiStG 1954; sa → Wirtschaftsstrafrecht). Die Abführung des Mehrerlöses tritt an die Stelle der Einziehung von Taterträgen (→ Einziehung im Strafverfahren, §§ 73 ff. StGB, § 29a OWiG).

Mehrfachname
→ Name der Familie.

Mehrfachpfändung
→ Pfändung, → Anschlusspfändung.

Mehrfachtäter
(Straßenverkehr) → Fahreignungs-Bewertungssystem.

Mehrfachversicherung
→ Schadensversicherung.

Mehrgebot
Das Mehrgebot ist in der Zwangsversteigerung ein über das → geringste Gebot hinausgehendes Gebot.

Mehrheit
(einfache, qualifizierte) → Abstimmung; → Kanzlermehrheit; sa → Minderheitsrechte (Mehrheitsbeschluss).

Mehrheit von Schädigern
→ Unerlaubte Handlung (Delikt), 5b.

Mehrheitsbeschluss
→ Wohnungseigentum (3b), → Gesellschaft des bürgerlichen Rechts (3), → Minderheitsrechte.

Mehrheitswahl
Bei der Mehrheitswahl ist die Person gewählt, die in einem Wahlkreis die (absolute oder relative) Mehrheit der abgegebenen Stimmen erhält. Mehrheitswahl ist gleichbedeutend mit Persönlichkeitswahl und steht im Gegensatz zur → Verhältniswahl (→ Listenwahl). Als Hauptvorzüge der Mehrheitswahl wird angesehen, dass kleinere Parteien weitgehend ausgeschaltet werden und damit klare Mehrheitsverhältnisse in der gewählten Körperschaft zu erwarten sind. Als Hauptnachteil der Mehrheitswahl gilt, dass sie die Mehrheitsverhältnisse oft ungenau, im Extremfall sogar verzerrt widerspiegelt, und dass sie uU zahlenmäßig kleinere, aber politisch bedeutsame Gruppen von der Mitarbeit im Parlament ausschließt. Häufig wird daher versucht, Mehrheitswahl und Verhältniswahl zu kombinieren, etwa durch das System der für eine Liste abzugebenden Zweitstimme (wie zB bei der Wahl zum → Bundestag, 2).

Mehrlieferung
→ Minderlieferung.

Mehrmalige Bestrafung
(Verbot der –) → Strafklageverbrauch.

Mehrphasensteuer
→ Allphasensteuer.

Mehrstaater
1. Besitzt jemand die → Staatsangehörigkeit zweier oder mehrerer Staaten (sujet mixte), so hat er die staatsbürgerlichen Rechte und Pflichten beider oder aller Staaten. Der Erwerb mehrerer Staatsangehörigkeiten ist zB möglich, wenn sich die Staatsangehörigkeit des Staates, dem der Vater einer Person angehört, nach der Abstammung richtet (Personalitätsprinzip; ius sanguinis), das Kind jedoch in einem Land geboren wird, in dem die Staatsangehörigkeit kraft Geburt im Lande erworben wird (Territorialitätsprinzip; ius soli). Ferner kann eine doppelte Staatsangehörigkeit auch dann eintreten, wenn eine fremde Staatsangehörigkeit erworben wird, die bisherige Staatsangehörigkeit aber beibehalten werden kann.

2. Die Mitgliedstaaten des → Europarats haben am 6.5.1963 das Übereinkommen über die Verringerung der Mehrstaatigkeit und über die Wehrpflicht von Mehrstaatern beschlossen, dem die BRep. mit Gesetz v. 29.9.1969 (BGBl. 1969 II 1953) zugestimmt hat. Danach verlieren volljährige Staatsangehörige ihre Staatsangehörigkeit, wenn sie kraft ausdrücklicher Willenserklärung durch → Einbürgerung, → Option oder Wiedereinbürgerung die Staatsangehörigkeit einer anderen Vertragspartei erwerben. Staatsangehörige mehrerer Vertragsparteien brauchen ihre Wehrpflicht nur einer gegenüber erfüllen. Das Übereinkommen ist durch die Rechtsentwicklung weitgehend überholt.

3. Diese Regeln sind aber inzwischen durch eine Vielzahl von Ausnahmen durchbrochen. Bereits durch das Gesetz zur Reform des Staatsangehörigkeitsrechts v. 15.7.1999 (BGBl. 1999 I 1618) wurde in Deutschland seit dem 1.1.2000 die Mehrstaatigkeit entgegen dem früheren Grundsatz im weiten Umfang zugelassen. Nach dem Gesetz v. 22.3.2024 (BGBl. 2024 I Nr. 104) ist die Aufgabe der bisherigen Staatsangehörigkeit nicht mehr Voraussetzung der → Einbürgerung, so dass Mehrstaatigkeit in Deutschland inzwischen uneingeschränkt möglich ist.

Mehrstimmrechtsaktie
Eine Mehrstimmrechtsaktie ist eine → Aktie, die bei gleichem Nennbetrag wie eine → Stammaktie ein mehrfaches → Aktienstimmrecht gewährt. Sie ermöglicht es, dass auch mit geringerer Kapitalbeteiligung eine → Aktiengesellschaft von den Inhabern der Mehrstimmrechtsaktien beherrscht wird. Mehrstimmrechtsaktien dürfen grundsätzlich nicht mehr geschaffen werden (§ 12 II AktG). Früher begründete Mehrstimmrechtsaktien bestehen fort, können aber durch → Hauptversammlungsbeschluss beschränkt oder abge-

schafft werden (§ 5 EGAktG). Bei dem verwandten Phänomen der Goldenen Aktien (golden shares) handelt es sich um Aktien, die allgemein den (meist staatlichen) Eignern umfangreichere Rechte der Einflussnahme auf die Gesellschaft einräumen als den anderen Aktionären (auch zB erweiterte Genehmigungserfordernisse), womit der staatliche Anteilseigner weiterhin zB auf privatisierte Unternehmen einwirken kann. Ein bekannter Fall ist das VW-Gesetz, mit dem die Stimmrechte der anderen, nicht staatlichen Anteilseigner beschränkt waren und dem Land Niedersachsen als staatlichem Aktionär faktisch ein Vetorecht eingeräumt wurde. Nach Klagen der EU-Kommission musste das Gesetz teilweise geändert werden.

Mehrstufiger Verwaltungsakt
→ Mitwirkungsverwaltung.

Mehrvertretung
→ Selbstkontrahieren.

Mehrwegverpackungen
sind Verpackungen, die gem § 3 III VerpackG dazu bestimmt sind, nach Gebrauch mehrfach zum gleichen Zweck wieder verwendet zu werden und deren Rücknahme und Wiederverwendung durch das VerpackG zur Erreichung der abfallwirtschaftlichen Ziele des KrWG und der EU geregelt werden, → Verpackungen.

Mehrwertsteuer
→ Umsatzsteuer.

Meierrecht
Das Meierrecht war im Mittelalter eine Form des bäuerlichen Pachtrechts. Es entstand aus der Überlassung von Höfen durch die Grundherren an die bisherigen Verwalter („Meier") oder an freigelassene Hintersassen, zunächst auf Zeit, später in Erbpacht. Bei Misswirtschaft oder Zinsrückstand konnte der Grundherr das Meierrecht entziehen (Abmeierung). Das erbliche Meierrecht entwickelte sich im 19. Jh. zum Eigentumsrecht der Meier.

Meineid
ist die vorsätzliche eidliche Bekräftigung einer unrichtigen Aussage vor Gericht oder einer anderen zur Eidesabnahme zuständigen Stelle, zB Konsulat, parlamentarischer Untersuchungsausschuss (§ 154 StGB). Erfasst wird auch der Meineid vor einem internationalen Gericht (§ 162 I StGB). Täter kann zB die im Zivilprozess eidlich vernommene Partei oder ein Zeuge oder Sachverständiger sein. Ein Meineid kann auch durch eine an Stelle des Eides abgegebene eidesgleiche Bekräftigung (§ 65 StPO, § 484 ZPO) oder durch Berufung auf einen früheren Eid (eine frühere Bekräftigung) geleistet werden (§ 155 StGB). Ob der Eid falsch ist, richtet sich nach der objektiven Richtigkeit der beschworenen Aussage. Zu unterscheiden ist dabei insbes. ob der Vernommene eine Tatsache als wahr hingestellt oder nur seine Überzeugung hiervon zum Ausdruck gebracht hat, ob sie sich auf Nebenangaben wie Personalien bezieht usw. Der Vorsatz des Täters muss das Bewusstsein, dass die Aussage unrichtig ist, und die Zuständigkeit der den Eid abnehmenden Stelle umfassen. Hält er eine objektiv richtige Aussage für unwahr, liegt untauglicher → Versuch vor. Vollendet ist die Tat mit Abschluss der Eidesleistung. Als → eigenhändiges Delikt kann der Meineid nicht in → Mittäterschaft oder → mittelbarer Täterschaft begangen werden. Außer → Anstiftung (auch misslungener) ist → Beihilfe zum Meineid möglich, uU dadurch, dass eine Prozesspartei den Meineid eines Zeugen durch ihr Verhalten fördert, obwohl sie zur Richtigstellung verpflichtet ist. Strafmilderung oder Absehen von Strafe ist zulässig, wenn ein Zeuge oder Sachverständiger den Meineid geleistet hat, um von sich oder einem Angehörigen die Gefahr gerichtlicher Bestrafung abzuwenden (§ 157 StGB, Eidesnotstand). Das Gleiche gilt – hier auch bei Meineid einer Partei –, wenn der Täter die Aussage rechtzeitig berichtigt, dh bevor ein Nachteil für einen anderen entstanden, eine Anzeige erstattet oder eine Untersuchung eingeleitet worden ist und solange die Berichtigung noch verwertet werden kann (§ 158 StGB). Wegen der uneidlichen Falschaussage von Zeugen oder Sachverständigen s. → falsche uneidliche Aussage, wegen der fahrlässigen Eidesverletzung s. → Falscheid.

Meinungsfreiheit
Nach Art. 5 I GG hat jeder das Recht, seine Meinung in Wort, Schrift und Bild frei zu äußern und zu verbreiten. Meinung in diesem Sinne ist nicht die bloße Wiedergabe von Tatsachen, sondern nur auf Überzeugungsbildung gerichtete Äußerungen, also Stellungnahmen, Wertungen, Beurteilungen, wenn diese auch in Form von Tatsachenberichten abgegeben werden können. Die Meinungsfreiheit ist eines der wichtigsten → Grundrechte und Wesensbestandteil einer freiheitlichen demokratischen Staatsordnung. Sie kann deshalb auch durch → Verfassungsänderung nicht beseitigt werden. Doch ist dieses Freiheitsrecht nicht schrankenlos; es findet nach Art. 5 II GG seine Schranken in den allgemeinen Gesetzen, den gesetzlichen Bestimmungen zum Schutze der Jugend und in dem Recht der persönlichen Ehre. Allgemeine Gesetze sind nur solche, die sich nicht gegen eine bestimmte Meinung richten, so insbes. die Strafgesetze, die allgemeinen Polizeigesetze, die Richter- und Beamtengesetze (Gebot der Mäßigung und Zurückhaltung), sowie die Grundregeln über das Arbeitsverhältnis (zB betriebliche Friedenspflicht, Verbot parteipolitischer Betätigung des Betriebsrats). Die Auslegung der das Grundrecht der Meinungsfreiheit einschränkenden „allgemeinen Gesetze" darf aber den besonderen Wertgehalt des Grundrechts nicht beeinträchtigen. Es besteht eine Wechselwirkung: die allgem. Gesetze schränken zwar ihrem

Wortlaut nach das Grundrecht ein, sind aber ihrerseits aus der wertsetzenden Bedeutung des Grundrechts auszulegen und so in ihrer begrenzenden Wirkung selbst wieder einzuschränken (vgl. BVerfGE 7, 207; 12, 124; 20, 176). Als besondere Ausprägungen der Meinungsfreiheit werden die → Pressefreiheit und die Freiheit der Berichterstattung durch Rundfunk und Film gewährleistet (Art. 5 I 2, 3 GG, → Rundfunkfreiheit). In engem Zusammenhang mit der Meinungsfreiheit stehen → Informationsfreiheit sowie Freiheit der → Kunst, → Wissenschaft und → Lehre.

Meistbegünstigung
1. Meistbegünstigung ist die Verpflichtung eines Staates, die anderen Staaten eingeräumten handelspolitischen Vergünstigungen, insbes. Zollvorteile, den Staaten zu gewähren, mit denen die Meistbegünstigung vereinbart ist. Die Meistbegünstigung (Most-Favoured-Nation Treatment; zT auch Normal Trade Relations) kann eine ein-, zwei- oder mehrseitige sein und auf einem zwei- oder mehrseitigen Vertrag beruhen. Eine unbedingte Meistbegünstigung hat deren Gewährung automatisch zur Folge, eine bedingte nur unter der Voraussetzung, dass derselbe Vorteil durch den Partner eingeräumt wird (sog. Reziprozitätsklausel). Eine unbeschränkte Verpflichtung zur Meistbegünstigung begründet Art. I GATT (→ GATT) 1947. Sa → Inländerbehandlung.

2. Auch im nationalen und internationalen Handel sind Meistbegünstigung-Klauseln (most favoured clause) gebräuchlich. Hier verspricht eine Vertragspartei der anderen die gleich günstigen Bedingungen wie anderen Kunden einzuräumen. Eine solche Vereinbarung kann gegen §§ 305 ff. BGB verstoßen oder den verbotenen Missbrauch einer marktbeherrschenden Stellung darstellen (§§ 19, 20 GWB, Art. 102 AEUV (→ AEUV)); → Marktbeherrschung, → Diskriminierungsverbot im Wettbewerbsrecht.

Meister
S. → Handwerksmeister, → Meisterprüfung im Handwerk,→ Industriemeister, → Baumeister, → Aufstiegsfortbildungsförderungsgesetz.

Meister-BAföG
Entsprechend der Idee des Bundesausbildungsförderungesetzes (Förderung der schulischen Ausbildung) wird mit dem sog. Meister-BAföG die berufliche Aufstiegsfortbildung von Handwerkern und anderen Fachkräften nach dem → Aufstiegsfortbildungsförderungsgesetz (AFBG) gefördert.

Meisterprüfung im Handwerk
1. §§ 45 bis 51e HwO (→ Handwerksordnung) regeln die Meisterprüfung im Handwerk. Man unterscheidet zwischen der Meisterprüfung in einem → zulassungspflichtigen Handwerk (Meisterprüfungsberufsbild A, § 45 HwO) und in einem → zulassungsfreien Handwerk oder handwerksähnlichen Gewerbe (Meisterprüfungsberufsbild B, § 51a HwO). Die Meisterprüfung besteht aus vier Teilen, in denen fachpraktische (Teil I), fachtheoretische (Teil II), betriebswirtschaftliche, kaufmännische und rechtliche (Teil III) sowie berufs- und arbeitspädagogische (Teil IV) Kenntnisse nachzuweisen sind (§ 45 III HwO). Wegen der fachlichen Prüfungsanforderungen (Teil I und II) in den einzelnen Meisterprüfungen vgl. die im Fundstellennachweis A zum BGBl. I ab Nr. 7110–3–5 rund 100 nachgewiesenen Meisterprüfungs-VOen. Das Zulassungs- und allgemeine Prüfungsverfahren regelt die MeisterprüfungsverfahrensV (MPVerfVO) v. 17.12.2001 (BGBl. 2001 I 4154) mÄnd, die Prüfungsanforderungen für Teil III und IV der Meisterprüfung die Allgemeine MeisterprüfungsV (AMVO) v. 26.10.2011 (BGBl. 2011 I 2149). Wer die Meisterprüfung bestanden hat, hat damit auch den Fortbildungsabschluss „Bachelor Professional“ erlangt, § 45 II HwO.

2. Die Voraussetzungen für die Ausübung eines zulassungspflichtigen Handwerks durch Staatsangehörige eines EU- oder EWR-Mitgliedstaates oder der Schweiz in Deutschland sind in der EU/EWR-Handwerk-Verordnung (EU/EWRHwV) v. 18.3.2016 (BGBl. 2016 I 509) und im BerufsqualifikationsfeststellungsG (→ Anerkennung im Ausland erworbener Berufsqualifikationen) geregelt.

Meistgebot
Das Meistgebot ist bei einer → Versteigerung oder → Zwangsversteigerung das höchste abgegebene Gebot. Nur in der Zwangsversteigerung gibt das Meistgebot ein Recht auf den → Zuschlag (§ 81 I ZVG).

Meldepflichten
1. Meldepflichten ggü. Behörden bestehen: für die Aufenthaltsmeldung nach den Vorschriften über das → Meldewesen, bei Geburten (→ Geburtenbuch), ferner bei → übertragbaren Krankheiten für Medizinalpersonen nach dem → Infektionsschutzgesetz. Über die Anzeige bei Beginn, Verlegung usw. eines stehenden Gewerbes s. dort, über die Meldepflicht nach dem WehrpflG → Wehrpflicht.

2. In der → Sozialversicherung besteht für den Arbeitgeber die Pflicht zur Meldung der versicherungspflichtig Beschäftigten. Er hat Beginn, Ende und jede Änderung jedes versicherungspflichtigen Beschäftigungsverhältnisses der zuständigen → Krankenkasse für die → Arbeitsförderung, die → Krankenversicherung und die → Rentenversicherung zu melden (Beginn innerhalb zwei Wochen, Ende innerhalb sechs Wochen, §§ 28a–c SGB IV; §§ 198–206 SGB V; §§ 190–195 SGB VI; §§ 50 f. SGB XI; §§ 27–33 KVLG 1989; Datenerfassungs- und -übermittlungsverordnung – DEÜV – vom 23.1.2006, BGBl. 2006 I 152 mÄnd). Im Recht der → Arbeitsförderung bestehen weitere Meldepflichten. So sind Personen, deren Beschäftigungsverhältnis endet, verpflichtet sich drei Monate vor Beendigung

der Beschäftigung, bzw. spätestens drei Tage nach Kenntnis des Beendigungszeitpunkts bei der Agentur für Arbeit zu melden (§ 38 SGB III). Während der Arbeitslosigkeit besteht eine allgemeine Meldepflicht der Arbeitslosen nach § 309 SGB III. Die Verletzung dieser Meldepflichten kann eine einwöchige Sperrzeit zur Folge haben (§ 159 Abs. VI SGB III). Bei einem Umzug von einem Arbeitsagenturbezirk in einen Anderen während der Arbeitslosigkeit besteht eine Meldepflicht nach § 310 SGB III. Um Anspruch auf Arbeitslosengeld zu haben, ist eine Arbeitslosmeldung nach § 141 SGB III erforderlich. Die Verletzung einer Meldepflicht nach dem SGB II kann für Bezieher von → Bürgergeld eine Sanktion durch Minderung der Leistung nach sich ziehen (§§ 31, 31a, 32, 59 SGB II).

In der → Unfallversicherung ist dem zuständigen → Unfallversicherungsträger die Inbetriebnahme jedes Unternehmens und die Zahl der Versicherten binnen einer Woche zu melden, ebenso jeder Unternehmerwechsel. Jeden → Arbeitsunfall, der tödlich verläuft oder völlige oder teilweise Arbeitsunfähigkeit von mehr als drei Tagen nach sich zieht, muss der Unternehmer binnen drei Tagen dem Versicherungsträger melden (§§ 192 ff. SGB VII). Für Eigentümern von → Seeschiffen, die unter der Bundesflagge in Dienst gestellt werden sollen, gilt, dass die Meldung bei Baubeginn des Schiffes zu erfolgen hat. Wird das Schiff erworben, ist die Meldung direkt nach dem Erwerb vorgeschrieben (§ 194 SGB VII).

In der → Künstlersozialversicherung bestehen Meldepflichten für Versicherte (§§ 11–13 KSVG) und für die zur → Künstlersozialabgabe Verpflichteten (§§ 27–29 KSVG).

3. Über die steuerliche Meldepflichten → Anzeigepflicht, steuerliche. Neben den steuerlichen Meldepflichten bestehen für Steuerberater auch Meldepflichten nach § 43 GwG. Alle Verdachtsmeldungen für Geldwäsche müssen der Generalzolldirektion (§§ 27 ff. GwG) übermittelt werden.

Meldepflichtige Krankheiten

Meldepflichtige Krankheiten sind solche Krankheiten, die nach § 6 des → Infektionsschutzgesetzes den zuständigen → Gesundheitsbehörden zu melden sind.

Meldewesen

1. Seit der → Föderalismusreform I hat der Bund die ausschließliche Gesetzgebungszuständigkeit für das Meldewesen (Art. 73 I Nr. 3 GG). Das Bundesmeldegesetz (BMG) – erlassen als Art. 1 des Gesetzes zur Fortentwicklung des Meldewesens v. 3.5.2013 (BGBl. 2013 I 1084) mÄnd – ersetzte das noch als früheres → Rahmengesetz erlassene Melderechtsrahmengesetz (MRRG) idF v. 19.4.2002 (BGBl. 2002 I 1342) mÄnd und die wesentlichen Regelungen der früheren Landesmeldegesetze.

2. Nach § 2 BMG haben die Meldebehörden der Länder die Einwohner zu registrieren und Melderegister zu führen, um Identität und Wohnungen der Einwohner feststellen zu können. Personenbezogene Daten dürfen nur nach Maßgabe des BMG erhoben, verarbeitet oder sonst genutzt werden. Das BMG regelt ua die Datenspeicherung sowie die Zweckbindung der Daten (§§ 3–5 BMG), Richtigkeit und Vollständigkeit des Melderegisters (§ 6 BMG) sowie das Meldegeheimnis (§ 7 BMG). Die Rechte der Betroffenen, insbes. auf Auskunft und Löschung, sind in §§ 8–16 BMG geregelt. Nach § 17 BMG muss sich jeder, der eine Wohnung bezieht oder aus einer Wohnung auszieht und keine neue Wohnung im Inland bezieht, bei der Meldebehörde an- oder abmelden („Allgemeine Meldepflicht"), bei mehreren Wohnungen (Hauptwohnung, Nebenwohnung) ist auch dies der Meldebehörde zu melden (§§ 21, 22 BMG).

3. Eingehend geregelt ist die Zulässigkeit von Datenübermittlungen zwischen den Meldebehörden und anderen öffentl. Stellen (§§ 33 ff. BMG). Dritten Personen darf die Meldebehörde nur Auskunft über Vor- und Familiennamen, Doktorgrad und Anschriften einzelner bestimmter Einwohner übermitteln („einfache Melderegisterauskunft"); bei berechtigtem Interesse dürfen darüber hinausgehende Angaben gemacht werden („erweiterte Melderegisterauskunft"); Einzelheiten vgl. §§ 44, 45 BMG. Melderegisterauskünfte für Zwecke der Werbung und des Adressenhandels sind nur mit Zustimmung des Betroffenen zulässig.

4. In Hotels muss von Inländern ein Meldeschein ausgefüllt werden. Mitreisende Angehörige sind nur der Zahl nach anzugeben. Bei Reisegesellschaften betrifft die Meldepflicht nur den Reiseleiter (§ 29 II BMG). → Ausländer müssen zusätzlich Pass oder Passersatz (→ Passwesen) vorlegen (§ 29 III BMG).

Memorandum

(memoire) ist ein Schriftstück des diplomatischen Verkehrs, das meist zusammenfassende Stellungnahmen zu bestimmten Fragenkreisen enthält. Von der diplomatischen → Note unterscheidet es sich dadurch, dass es nicht an bestimmten Formen gebunden ist. Es wird regelmäßig nicht unterzeichnet. Ein aide-memoire ist zur Unterstützung einer bereits gemachten Mitteilung bestimmt; es wiederholt oder ergänzt häufig mündliche Mitteilungen.

Mengenmäßige Beschränkungen

→ freier Warenverkehr, → NTB.

Meningitis

→ Infektionsschutzgesetz.

Menschenhandel

In Umsetzung der RL 2011/36/EU v. 5.4.2011 (ABl. EU 2011 L 101, 1) ist die Strafbarkeit der verschiedenen Formen des Menschenhandels (→ Sklaverei, Sklavenhandel, → Zwangsarbeit, → Frauenhandel) heute in §§ 232–233a StGB geregelt. Geschützt wird jeweils eine Person, wenn ihre persönliche oder wirtschaftliche Zwangslage oder ihre

Hilflosigkeit, die mit dem Aufenthalt in einem fremdem Land verbunden ist, ausgenutzt wird, sowie unabhängig hiervon Personen unter 21 Jahren. Dabei stellt § 232 StGB als Vorfeldtatbestand und abstraktes → Gefährdungsdelikt Handlungen unter Strafe, die der Vorbereitung der in den §§ 232a ff. StGB speziell erfassten Formen der Ausbeutung dienen. Das Schutzgut der Tatbestände ist primär die persönliche Freiheit des Opfers, insbes. bei § 232a StGB (Zwangsprostitution) auch das Recht der sexuellen Selbstbestimmung. Es handelt sich durchgehend um Vorsatzdelikte mit Ausnahme von § 232a VI 2 StGB (unten 2). Im Einzelnen macht sich strafbar wegen

1. Menschenhandel (§ 232 StGB), wer eine solche Person anwirbt, befördert, weitergibt, beherbergt oder aufnimmt, wenn sie bei der Ausübung der Prostitution oder bei der Vornahme oder Duldung → sexueller Handlungen, durch eine ausbeuterische Beschäftigung (dh eine solche, die aus rücksichtslosem Gewinnstreben zu Arbeitsbedingungen erfolgt, die in einem auffälligen Missverhältnis zu den Arbeitsbedingungen solcher Arbeitnehmer stehen, welche der gleichen oder einer vergleichbaren Beschäftigung nachgehen), bei der Ausübung der Bettelei oder bei der Begehung von Straftaten durch sie ausgebeutet werden soll, wenn sie in Sklaverei, Leibeigenschaft, Schuldknechtschaft oder ähnlichen Verhältnissen gehalten werden soll oder wenn ihr rechtswidrig ein Organ entnommen werden soll;

2. Zwangsprostitution (§ 232a StGB), wer eine solche Person veranlasst, die → Prostitution aufzunehmen oder fortzusetzen oder → sexuelle Handlungen, durch die sie ausgebeutet wird, vorzunehmen oder an sich vornehmen zu lassen; nach § 232a VI StGB macht sich auch ein „Kunde" strafbar („→ Freierstrafbarkeit") , der mit → Vorsatz (also insbes. auch im Wissen darum, ein Opfer von Zwangsprostitution vor sich zu haben), dessen Dienste gegen Entgelt in Anspruch nimmt und dabei dessen Zwangslage oder Hilflosigkeit ausnutzt; nach dem 2021 neu geschaffenen (G v. 10.8.2021, BGBl. 2021 I 3513) Fahrlässigkeitstatbestand des § 232a VI 2 StGB genügt es zudem, wenn der Täter bei der sexuellen Handlung die Situation des Opfers, seine Zwangslage oder seine Hilflosigkeit zumindest leichtfertig (→ Fahrlässigkeit) verkennt;

3. Zwangsarbeit (§ 232b StGB), wer eine solche Person veranlasst, eine ausbeuterische Beschäftigung aufzunehmen oder fortzusetzen, sich in Sklaverei, Leibeigenschaft, Schuldknechtschaft oder ähnliche Verhältnisse zu begeben oder die Bettelei, bei der sie ausgebeutet wird, aufzunehmen oder fortzusetzen;

4. Ausbeutung der Arbeitskraft (§ 233 StGB), wer eine solche Person durch eine ausbeuterische Beschäftigung, bei der Ausübung der Bettelei oder bei der Begehung von Straftaten durch sie ausbeutet;

5. Ausbeutung unter Ausnutzung einer Freiheitsberaubung (§ 233a StGB), wer eine andere Person unabhängig von Zwangslage, Hilflosigkeit oder Alter einsperrt oder auf andere Weise der Freiheit beraubt und sie in dieser Lage bei der Ausübung der Prostitution, durch eine ausbeuterische Beschäftigung, bei der Ausübung der Bettelei oder bei der Begehung von Straftaten durch sie ausbeutet.

Der Strafrahmen umfasst für die meisten Tatbestände Freiheitsstrafe von sechs Monaten bis zu zehn Jahren, beim Grundtatbestand des § 232 StGB und bei § 232a VI StGB („Freierstrafbarkeit") bis zu fünf Jahren. Beim Fahrlässigkeitstatbestand des § 232a VI 2 StGB und bei § 233 I StGB kann Geldstrafe oder Freiheitsstrafe bis zu drei Jahren verhängt werden. Einzelne → Qualifikationstatbestände sind als → Verbrechen mit Mindeststrafe von einem Jahr Freiheitsstrafe ausgestaltet. Sa → Menschenraub.

Menschenmenge
(Ansammlung). Nach dem → Versammlungsgesetz ist die Veranstaltung öffentlicher Versammlungen und die Teilnahme an ihnen grundsätzlich gestattet; Versammlungen in geschlossenen Räumen dürfen nur unter besonderen Voraussetzungen untersagt werden (sa → Versammlungsfreiheit). Das Verbleiben in einer Menschenmenge trotz rechtmäßiger Aufforderung des zuständigen Beamten zum Auseinandergehen ist eine Ordnungswidrigkeit (→ Ansammlung). Unter Strafe gestellt sind Gewalttätigkeiten einer zusammengerotteten Menschenmenge (→ Landfriedensbruch, § 125 StGB; nicht mehr bloße Teilnahme an einer solchen Zusammenrottung, → Aufruhr); ferner der schwere → Hausfriedensbruch (§ 124 StGB), bei dem eine zusammengerottete Menge in eine Wohnung oder ein befriedetes Anwesen in der Absicht eindringt, mit vereinten Kräften Gewalttätigkeiten zu begehen.

Der mit Wirkung zum 10.11.2016 geschaffene Tatbestand des § 184j StGB (Strafaten aus Gruppen) erfasst denjenigen, der eine Straftat dadurch fördert, dass er sich an einer Personengruppe beteiligt, die eine andere Person zur Begehung einer Straftat an ihr bedrängt, sofern von einem Beteiligten dieser Gruppe eine Straftat nach den §§ 177 oder 184i StGB begangen wird. Geschaffen wurde dieser Tatbestand im Anschluss an die politische Diskussion um die Vorfälle in Köln in der Silvesternacht 2015.

Menschenraub
Das StGB enthält mehrere Straftatbestände, die als „Menschenraub" bezeichnet sind oder zumindest eine ähnliche Struktur und Schutzrichtung aufweisen. Schutzgut ist jeweils zumindest auch die persönliche Freiheit. Als Tathandlung sehen die folgenden Tatbestände jeweils (bei §§ 239a, 239b StGB in Alternative zur Entführung) voraus, dass der Täter sich eines anderen Menschen bemächtigt. Erforderlich hierzu ist die Erlangung der physischen Verfügungsgewalt über den Körper des Op-

fers, wobei dies keine völlige Aufhebung der Fortbewegungsfreiheit wie bei der Freiheitsberaubung (§ 239 StGB) voraussetzt.

1. Als Menschenraub bezeichnet ist der Straftatbestand nach § 234 StGB. Dieser erfasst denjenigen, der sich einer anderen Person mit → Gewalt, durch List oder → Drohung mit einem empfindlichen Übel bemächtigt, um sie in hilfloser Lage auszusetzen oder dem Dienst in einer militärischen oder militärähnlichen Einrichtung im Ausland zuzuführen (Sonderfall der → Freiheitsberaubung; es genügt das Sichbemächtigen). Die Strafe ist Freiheitsstrafe nicht unter 1 Jahr, in minder schweren Fällen 6 Mon. bis 5 Jahre. Wird das Opfer in ein Gebiet außerhalb der BRep. gebracht und dadurch der Gefahr politischer Verfolgung ausgesetzt, kommt → Verschleppung (§ 234a StGB) in Betracht.

2. Erpresserischen Menschenraub (§ 239a StGB) begeht, wer einen anderen entführt oder sich seiner bemächtigt, um die Sorge des Opfers um sein Wohl oder eines Dritten um das Wohl des Opfers zu einer → Erpressung auszunutzen, oder wer die von ihm durch eine Entführung aus anderen, zB sexuellen, Motiven geschaffene Lage eines anderen zu einer Erpressung ausnutzt. Eine Entführung setzt im Unterschied zur Bemächtigung eine Veränderung des Aufenthaltsorts des Opfers voraus. Hierdurch muss es in eine Situation geraten, in der es der Herrschaftsgewalt des Täters schutzlos ausgeliefert ist. Die Tat ist mit Freiheitsstrafe nicht unter 5 Jahren bedroht, bei wenigstens leichtfertig verursachter Todesfolge mit lebenslanger Freiheitsstrafe oder einer solchen nicht unter 10 Jahren; bei → tätiger Reue ist Milderung möglich.

3. Geiselnahme (§ 239b StGB): Dieses Delikt unterscheidet sich vom Erpresserischen Menschenraub dadurch, dass mit der Entführung bzw. dem Sichbemächtigen keine Erpressung, sondern die Nötigung des Opfers oder eines Dritten zu einer Handlung, Duldung oder Unterlassung (Freilassung politischer Gefangener o. dgl.) bezweckt und bei der das Tatopfer mit dem Tode, einer schweren Körperverletzung oder einer Freiheitsentziehung von über einer Woche bedroht wird. Der Tatbestand unterliegt der gleichen Strafdrohung wie § 239a StGB.

Da §§ 239a und 239b StGB nicht nur die Dreiecksstruktur (Täter, Entführter, Genötigter), sondern seit 1989 auch das 2-Personen-Verhältnis (Täter, Geisel = Genötigter) erfassen, schränkt die Rspr wegen der hohen Strafdrohung die Anwendung in diesem Fall dadurch ein, dass sie einen funktionalen Zusammenhang zwischen Entführen (Sichbemächtigen) und Nötigung (BGHSt 40, 350) und beim Sichbemächtigen zudem eine stabilisierte Bemächtigungslage verlangt (BGH NJW 1997, 1082).

→ Entziehung Minderjähriger, → Kinderhandel, → Menschenhandel, → Sklaverei.

Menschenrechte
→ Konvention zum Schutze der Menschenrechte und Grundfreiheiten; s. dort auch über UN-Konventionen zum Schutz der Menschenrechte Sa → Grundrechte.

Menschenwürde
1. Nach Art. 1 I GG ist die Würde des Menschen unantastbar; sie zu achten und zu schützen, ist Verpflichtung aller staatlichen Gewalt. Unter der Würde der menschlichen Persönlichkeit ist der innere und zugleich der soziale Wert- und Achtungsanspruch zu verstehen, der dem Menschen als Träger höchster geistiger und sittlicher Werte zukommt; der Mensch verkörpert einen sittlichen Eigenwert, der unverlierbar und auch gegenüber jedem Anspruch der Gemeinschaft eigenständig und unantastbar ist. Aus diesem Grundsatz leiten sich die unverletzlichen und unveräußerlichen Menschenrechte als Grundlage jeder menschlichen Gemeinschaft ab. Demgemäß ist Art. 1 GG unabänderlich und einer → Verfassungsänderung nicht zugänglich (Art. 79 III GG). Die Würde des Menschen ist der staatlichen Verfügungsgewalt entzogen. Doch ist eine Verletzung der Menschenwürde nicht schon bei jeder Beeinträchtigung der Persönlichkeit gegeben, sondern erst bei einer solchen Beeinträchtigung des Persönlichkeitswertes, dass über die Auswirkung auf den Betroffenen hinaus die menschliche Würde als solche ohne Berücksichtigung der Einzelperson getroffen erscheint (zB bei heimlicher → Tonaufnahme in Verfahren; bei Verwendung eines → Lügendetektors).

2. Die Würde des Menschen ist im innerstaatlichen Bereich auch strafrechtlich geschützt. Ausdrücklich geschieht dies zB in § 130 StGB, der es verbietet, die Menschenwürde anderer in einer den öffentlichen Frieden gefährdenden Weise durch Aufstachelung zum Hass gegen eine nationale, rassische, religiöse oder durch ihre ethnische Herkunft bestimmte Gruppe, gegen Teile der Bevölkerung oder gegen einen Einzelnen wegen seiner Zugehörigkeit zu einer Gruppe oder einem Bevölkerungsteil, Aufforderung zu Gewalt- oder Willkürmaßnahmen gegen sie oder Beschimpfung, böswilliges Verächtlichmachen oder Verleumdung anzugreifen. Für den militärischen Bereich bestimmt § 22 WStG, dass ein gegen die Menschenwürde verstoßender Befehl nicht verbindlich ist; der Untergebene, der ihn nicht befolgt, handelt nicht rechtswidrig. Die vorsätzliche entwürdigende Behandlung eines Untergebenen ist nach § 31 WStG strafbar. Das in Art. 3 der → Konvention zum Schutz der Menschenrechte ausgesprochene Verbot, jemand der Folter oder unmenschlicher oder erniedrigender Strafe oder Behandlung zu unterwerfen, gilt im strafrechtlichen Bereich für die Durchführung des Verfahrens – Vernehmung, Untersuchungshaft, Verurteilung – wie auch für die Strafvollstreckung. So leitet zB der BGH auch aus der Menschenwür-

de ab, dass Angaben eines Beschuldigten, die er in einer Vernehmung ohne die erforderliche Belehrung über sein Aussageverweigerungsrecht gemacht hat, einem Beweisverwertungsverbot unterliegen (BGH NJW 1992, 1463); sa → Beweisverbote.

Menschlichkeitsverbrechen
1. Im → Völkerstrafgesetzbuch sind entsprechend dem (völkerrechtlichen) → Römischen Statut des → Internationalen Strafgerichtshofs die Verbrechen gegen die Menschlichkeit auch im deutschen Recht unter Strafe gestellt. Voraussetzung ist in allen Fällen, dass der Täter im Rahmen eines ausgedehnten oder systematischen Angriffs gegen die Zivilbevölkerung vorgeht. Dabei sind vorsätzliche Tötung und Ausrottung (§ 7 I Nr. 1, 2 VStGB) mit lebenslanger Freiheitsstrafe bedroht, Versklavung (Menschenhandel), Vertreibung oder zwangsweise Überführung, Folter, sexuelle Übergriffe, sexuelle Sklaverei und zwangsweisen Schwangerschaftsabbruch, zwangsweises Verschwindenlassen von Personen (§ 7 I Nr. 3–7 VStGB) mit Freiheitsstrafe nicht unter fünf Jahren (s. zum → Verschwindenlassen von Personen auch § 234b StGB), die Zufügung schwerer körperlicher oder seelischer Schäden, Freiheitsberaubung und Verfolgung (§ 7 I Nr. 8–10 VStGB) mit Freiheitsstrafe nicht unter drei Jahren. Das Verbrechen der Apartheid (§ 7 V VStGB), dh die Begehung eines Verbrechens nach § 7 I VStGB in der Absicht, ein institutionalisiertes Regime der systematischen Unterdrückung und Beherrschung einer rassischen Gruppe durch eine andere aufrecht zu erhalten, ist mit Freiheitsstrafe nicht unter fünf Jahren bedroht.

2. Art. II 1c KontrollratsG Nr. 10 v. 20.12.1945 (KR ABl. 50) stellte als Verbrechen gegen die Menschlichkeit Gewaltakte unter Strafe, insbes. Mord, Ausrottung, Verschleppung, aber auch Freiheitsberaubung, Vergewaltigung ua an der Zivilbevölkerung begangene unmenschliche Handlungen, ebenso Verfolgung aus politischen, rassischen oder religiösen Gründen. Das KRG Nr. 10, gegen das wegen der Unbestimmtheit der Straftatbestände und deren Rückwirkung Bedenken erhoben worden sind, ist endgültig aufgehoben worden durch das 1. Gesetz zur Aufhebung des Besatzungsrechts v. 30.5.1956 (BGBl. 1956 I 437), in Berlin durch Anordnung der Alliierten Kommandantur v. 30.4.1957 (GVBl. 1957, 442).

Mensur
→ Zweikampf.

Mentalreservation
→ Willenserklärung (1b bb).

Merchandising
Unter Merchandising versteht man alle Aktivitäten im Zusammenhang mit Warenpräsentation und -platzierung, insbes. alle Arten der Werbung (sales promotion). Merchandising ist kein einheitlicher rechtlicher Begriff; es sind vielmehr die jeweiligen gesetzlichen und vertraglichen Regelungen (zB → Kauf, → Lizenzvertrag, → Franchisevertrag) heranzuziehen und das → Wettbewerbsrecht (s. hier insbes. → unlauterer Wettbewerb) und unter Umständen auch das Markenrecht zu beachten.

Mergers & Acquisitions
→ Unternehmen (2), → Umwandlung.

Merkantiler Minderwert
→ Schadensersatz (3).

Messen
sind öffentliche behördliche Marktveranstaltungen, auf denen innerhalb eines bestimmten Bezirks (Messegelände) und in einem bestimmten Zeitraum (Messezeit) und regelmäßig periodisch wiederkehrend unter Vorlage von Mustern (Mustermesse) ein für die Erzeugung des Bundesgebiets repräsentatives Warenangebot dargeboten wird (§ 64 GewO). Beschränkt sich die Messe auf Erzeugnisse eines Wirtschaftsbereichs, spricht man von einer Fachmesse im Unterschied zur allgemeinen Messe, auf der mehrere Wirtschaftszweige vertreten sind. Den Zugang zur Messe regelt die Messeordnung (→ Marktordnung, Gewerberecht). Grundsätzlich steht die Messe Erzeugern, Großhändlern und Handelsvertretern als Ausstellern sowie jedem offen, der diese Erzeugnisse zu gewerblichen Zwecken erwerben will. Verkauf an nicht gewerbliche Letztverbraucher und sog. Handverkauf (sofortige Aushändigung der Ware) beeinträchtigen den Charakter als Messe nicht, solange sie im Rahmen des Gesamtumsatzes unbedeutend bleiben. Zur gewerberechtlichen Behandlung der Messe. s. → Marktverkehr.

Messgeräte
Nach dem Mess- und Eichgesetz (MessEG) v. 25.7.2013 (BGBl. 2013 I 2722) mÄnd sind Messgeräte alle Geräte mit einer Messfunktion, die zur Verwendung im geschäftlichen oder amtlichen Verkehr oder zur Durchführung von Messungen im öffentlichen Interesse bestimmt sind (§ 3 Nr. 13 MessEG). Messgeräte dürfen nur nach einer erfolgreichen Konformitätsbewertung (§ 6 MessEG) in Verkehr gebracht werden. Dabei wird geprüft und durch ein → Konformitätszeichen bestätigt, dass das Messgeräte allen rechtlichen und → technischen Regeln zur Gewährleistung richtiger Messungen entspricht; Einzelheiten finden sich in der Mess- und EichVO (MessEV) v. 11.12.2014, BGBl. 2014 I 2011 mÄnd. Nur solche Messgeräte dürfen eingesetzt werden (§ 31 MessEG) und unterliegen der Eichpflicht (→ Eichwesen). Zuständig sind anerkannte Konformitätsbewertungsstellen (§ 13 MessEG), die ihrerseits der Bewertung und Überwachung durch die Akkreditierungsstelle (→ Akkreditierung, → Marktüberwachung) unterliegen. Die Anzeigepflicht für den Einsatz neuer Messgeräte (§ 32 MessEG aF) ist zum 1.1.2025 entfallen. Sa → Messwesen.

Messstelle
Im → Energierecht bezeichnet man als Messtelle eine oder mehrere Messeinrichtungen zur Erfassung des Energieverbrauchs bzw. der Energieeinspeisung, wie etwa Strom- und Gaszähler. Die wichtigsten Vorschriften hierzu enthält das Messstellenbetriebsgesetz (MsbG) v. 29.8.2016 (BGBl. 2016 I 2034 mÄnd). Einrichtung, Wartung und Auslesung der Messstelle ist Aufgabe des Messstellenbetreibers (§ 3 MsbG) gegen ein entsprechendes Messstellenentgelt. Messstellenbetreiber ist häufig das Energieversorgungsunternehmen, jedoch kann diese Aufgabe durch Messstellenvertrag auch auf einen Dritten übertragen werden (§ 9 MsbG).

Ziel des MsbG ist es auch, die Einführung intelligenter Messsysteme (smart meter) zu beschleunigen. Dabei handelt es sich um Messeinrichtungen, die über ein Smart-Meter-Gateway mit dem Energieversorgungsunternehmen und dem Verbraucher kommunizieren und im Viertelstundentakt aktuelle Messwerte zur Verfügung stellen (§§ 19 ff. MsbG). Dies erlaubt dem Energieversorgungsunternehmen eine bessere Versorgungsplanung und hilft dem Verbraucher, seinen Verbrauch kostengünstig, etwa über lastvariable und tageszeitabhängige Tarife (§ 41a EnWG), zu steuern. Für die flächendeckende Einführung solcher intelligenter Messsysteme enthält § 45 MsbG einen bis ins Jahr 2032 getakteten Fahrplan. § 30 MsbG bestimmt eine Obergrenze für das Messstellenentgelt bei intelligenten Messsystemen. Des weiteren enthält das MsbG ausführliche Vorschriften zum → Datenschutz.

Messungsanerkennung
Soll nur ein Teil eines Grundstücks verkauft werden (→ Grundstückskaufvertrag), so wird die → Auflassung regelmäßig erst erklärt (und vollzogen), wenn dieser Teil von der zuständigen Stelle (→ Vermessungswesen) abgemessen (→ Veränderungsnachweis) und von den Beteiligten die Vermessung (notariell) als vertragsgemäß anerkannt worden ist.

Messwein
→ Wein für religiöse Zwecke.

Messwesen
1. Maße und Gewichte sind im Gesetz über die Einheiten im Messwesen und die Zeitbestimmung idF v. 22.2.1985 (BGBl. 1985 I 408) mÄnd geregelt. Nach § 1 sind im geschäftlichen und amtlichen Verkehr – mit Ausnahmen für den Verkehr mit dem Ausland – Größen in den gesetzlichen Einheiten anzugeben. Die gesetzlichen Einheiten zB für Länge, Masse, Zeit, elektrische Stromstärke, thermodynamische Temperatur und Lichtstärke, ferner atomphysikalische Einheiten für Stoffmenge, Masse und Energie sowie die Ableitungen, Vielfachen und Teile der Einheiten werden durch Rechtsverordnung festgelegt. Die Einheiten gehen auf Maßeinheiten des internationalen metrischen Einheitssystems zurück, das im Wesentlichen von der 11. Generalkonferenz für Maß und Gewicht 1960 beschlossen wurde. Die Darstellung der gesetzlichen Einheiten obliegt der Physikalisch-Technischen Bundesanstalt (§ 6).

2. Die gesetzlichen Einheiten und Einheitszeichen einschließlich der Abkürzungen sowie der Vorsätze und Vorsatzzeichen ergeben sich aus der EinheitenVO v. 13.12.1985 (BGBl. 1985 I 2272) mÄnd. Wegen Definitionen und Beziehungen verweist die VO zT auf die einschlägigen DIN-Normen. Verstöße gegen das Gesetz werden grundsätzl. als Ordnungswidrigkeiten geahndet. S. im Übrigen → Eichwesen, → Messgeräte.

Meta-Geschäft
→ Gelegenheitsgesellschaft.

Metallhandel
→ Edelmetalle, → Altmetalle.

Methadon
ist eine synthetische Droge und das am häufigsten verschriebene Substitutionsmittel für die Abhängigkeit insbes. von Heroin. Der Einsatz von Substitutionsmitteln, um Drogenabhängigkeit zu überwinden, ist umstritten. Sa → Betäubungsmittelgesetz, → Diamorphin.

Methodenlehre
Die Methodenlehre umfasst in der Rechtswissenschaft die Regeln, nach denen ein bestimmter Sachverhalt einer Rechtsnorm zugeordnet und das Recht angewendet wird. Von Bedeutung sind insbes. der → Rechtssatz, die → Auslegung und die richterliche → Rechtsfortbildung.

Metropolit
In der → kath. Kirche Leiter einer → Kirchenprovinz. Dieses Amt ist mit einer bestimmten → Diözese verbunden, die die Bezeichnung Erzdiözese führt. Als deren Leiter führt der Metropolit den Titel Erzbischof. In den übrigen Diözesen seiner Kirchenprovinz (Suffragandiözesen) hat der Metropolit nur ein Aufsichtsrecht, im Übrigen aber keine Leitungsgewalt.

Meuterei
von Soldaten (§ 27 WStG) ist das Zusammenrotten mehrerer, die mit vereinten Kräften den Gehorsam verweigern, einen Vorgesetzten bedrohen oder nötigen oder ihn tätlich angreifen. Auch der Versuch ist strafbar. Teilnehmer an der Zusammenrottung werden mit Freiheitsstrafe von 6 Mon. bis zu 5 Jahren bestraft; für besonders schwere Fälle, insbes. gegen → Rädelsführer, ist Freiheitsstrafe von 1–10 Jahren angedroht. Wer sich nur an der Zusammenrottung beteiligt und zur Ordnung zurückkehrt, bevor eine der genannten Straftaten begangen wird, kann milder bestraft werden (Unterfall des → Rücktritts vom Versuch).

Gefangenenmeuterei (§ 121 StGB) ist das Zusammenrotten von Gefangenen, die mit vereinten Kräften Anstalts- oder Aufsichtsbeamte angreifen oder nötigen. Sie wird mit Freiheitsstrafe von 3 Mon. bis zu 5 Jahren bestraft, ebenso – als Ausnahme vom Grundsatz der Straflosigkeit der Selbstbefreiung – das Zusammenrotten und der gewaltsame Ausbruch unter Überwindung der Abschlussvorrichtungen mit vereinten Kräften. Versuch ist strafbar. In bes. schweren Fällen, insbes. bei Mitführen von Waffen, wird die Gefangenenmeuterei mit Freiheitsstrafe von 6 Mon. bis zu 10 Jahren bestraft. → Ausbruch aus der Gefangenenanstalt, → Gefangenenbefreiung.

Midi-Job
Midi-Job ist die umgangssprachliche Bezeichnung für Beschäftigungsverhältnisse im Übergangsbereich, der sog. → Gleitzone. Für diese Beschäftigungsverhältnisse gelten sozialversicherungsrechtliche Sonderregelungen bezüglich der Beitragshöhe. Die Sozialversicherungsbeiträge sind nicht in voller Höhe abzuführen, sondern nach einem speziellen Berechnungsverfahren. Gesetzlich definiert ist der Übergangsbereich in § 20 II SGB IV.

Mietbeihilfen
Mietbeihilfe ist ein umgangssprachlicher Ausdruck für Wohngeld → Wohngeld, obwohl unter die Leistungen nach dem WoGG auch Leistungen an Eigentümer fallen (Lastenzuschuss).

Mietdatenbank
Eine Mietdatenbank ist eine zur Ermittlung der ortsüblichen Vergleichsmiete fortlaufend geführte Sammlung von Mieten, die von der Gemeinde oder von Interessenvertretern der Vermieter und der Mieter gemeinsam geführt oder anerkannt wird und aus der Auskünfte gegeben werden, die für einzelne Wohnungen einen Schluss auf die ortsübliche Vergleichsmiete zulassen, § 558e BGB. Sa → Mietspiegel, → Qualifizierter Mietspiegel, → Wohnraummietvertrag (2).

Miete
ist das vereinbarte Entgelt im Rahmen eines → Mietvertrages (2); vor der Mietrechtsreform (→ Mietvertrag, 1) sprach das Gesetz von Mietzins. Die Miete kann grds. frei vereinbart werden; zur Begrenzung von Mieterhöhungen bei der Wohnraummiete s. → Wohnraummietvertrag (2). Sa → Indexmiete, → Staffelmiete.

Mietendeckel
Unter dem Begriff des Mietendeckels wird die Diskussion um ländergesetzliche Regelungen verstanden, durch welche über die bundesweit geltenden Regelungen zur Begrenzung der Mieten hinaus (→ Kappungsgrenze, → Wohnraummietvertrag, 2; sa → Mietpreisbremse) weitere Reglementierungen der Mieten in einzelnen Bundesländern geregelt werden (sollen). Berlin hatte als bislang einziges Bundesland Anfang 2020 ein solches Gesetz verabschiedet (rückwirkend zum 18.6.2019 sollten die Mieten für vor 2014 gebaute Wohnungen für 5 Jahre eingefroren und für Neuvermietungen Obergrenzen je nach Alter und Ausstattung festgelegt werden; auch die Senkung der Miethöhe in laufenden Mietverträgen sollte bei besonders hohen Mieten unter bestimmten Voraussetzungen verlangt werden können). Die Verfassungsmäßigkeit des Gesetzes war von Anfang an sehr umstritten, das BVerfG hat mittlerweile das Gesetz für verfassungswidrig erklärt, dem Landesgesetzgeber habe die Gesetzgebungskompetenz (→ Gesetzgebungszuständigkeit) für eine solche Regelung gefehlt, da der Bundesgesetzgeber mit den auf Art. 74 I Nr. 1 GG gestützten mietrechtlichen Vorschriften des BGB, insbes. in §§ 556d ff. über die Berechtigung zur Mieterhöhung, eine abschließende Regelung getroffen habe (der Berliner Landesgesetzgeber wollte seine Gesetzgebungskompetenz als eine öffentlich-rechtliche Maßnahme der Wohnraumnutzung aus der den Ländern seit 2006 gem. Art. 70 I GG ausschließlich zustehenden Kompetenz für das Wohnungswesen ableiten); auch der BayVerfGH hat ein in Bayern initiiertes Volksbegehren mit dem Ziel der Begrenzung der Miethöhen für unzulässig erklärt, → Mietenstopp. In der rechtspolitischen Diskussion sind nunmehr Forderungen nach einem Mietendeckel auf bundesgesetzlicher Grundlage.

Mietenstopp
S. zunächst → Mietendeckel. Auch in anderen Bundesländern gibt es Überlegungen für die Einführung von landesrechtlichen Regelungen zur weiteren Begrenzung der Mieten. In Bayern war ein Volksbegehren (→ Volksabstimmung) initiiert worden, um Bestandsmieten in 162 Kommunen für 6 Jahre einzufrieren. Der BayVerfGH hat jedoch entschieden, dass die gesetzlichen Voraussetzungen für die Zulassung des Volksbegehrens nicht gegeben seien, da dem Landesgesetzgeber die Kompetenz für die beabsichtigte Regelung fehle: Der Bundesgesetzgeber habe in §§ 556d ff. BGB die Miethöhe im Rahmen der ihm nach Art. 74 I Nr. 1 GG zustehenden konkurrierenden Gesetzgebungskompetenz erschöpfend geregelt; für den Landesgesetzgeber ergebe sich daher auch nach § 556d II und § 558 III BGB keine Abweichungsmöglichkeit; mangels eines öffentlich-rechtlichen Gesamtkonzepts ergebe sich eine Kompetenz auch nicht aus dem Bereich des Wohnungswesens. Auch in anderen Ländern Europas gab oder gibt es Regelungen zur Mietbegrenzung (etwa in einigen Städten der Schweiz).

Mieter
→ Mietvertrag (2); → Wohnraummietvertrag.

Mieterdarlehen
→ Baukostenzuschuss, → Wohnraummietvertrag (4).

Mieterhöhung
→ Wohnraummietvertrag (2).

Mieterschutz
→ Wohnraummietvertrag (5).

Mietersicherheit
→ Mietkaution.

Mieterstrom
1. Als Mieterstrom bezeichnet § 21 III EEG 2023 (→ erneuerbare Energien) Strom, der von einer → Solaranlage, die auf, an oder in einem Gebäude installiert ist, an einen Letztverbraucher in dem Gebäude oder in der Nähe ohne Netzdurchleitung geliefert und von diesem verbraucht wird. Der Betreiber der Solaranlage hat einen Anspruch auf einen Mieterstromzuschlag vom Netzbetreiber gem. § 19 I EEG 2023. Die Höhe des Mieterstromzuschlags hängt ab vom durch → Ausschreibungen ermittelten „anzulegenden Wert" (§ 48a EEG 2023). Neben dem Mieterstromzuschlag erhält der Betreiber der Solaranlage vom Letztverbraucher den Kaufpreis für den Strom. Der Mieterstromzuschlag fördert damit durch einen finanziellen Anreiz die Erzeugung von Strom durch Gebäudestromanlagen. Andere Formen der finanziellen Förderung von Strom aus erneuerbaren Energien nach dem EEG 2023 sind die Marktprämie der → Direktvermarktung sowie die → Einspeisevergütung.

2. Die Belieferung eines Mieters mit Mieterstrom regelt § 42a EnWG: Voraussetzung ist ein Mieterstromvertrag, der nicht Bestandteil eines → Wohnraummietvertrages sein darf. Der Vertrag verpflichtet den Betreiber der Solaranlage, den Mieter umfassend mit Strom zu versorgen, also auch dann, wenn die Solaranlage keinen Strom liefert. Für Mieter von Wohnräumen darf der Strompreis 90 % des in dem betreffenden Netzgebiet geltenden Grundversorgungstarifes nicht überschreiten. Eine vertragliche Bindung von mehr als zwei Jahren ist für Mieter, die → Verbraucher sind, unwirksam. Ihr Recht, den Mieterstromvertrag zu kündigen, kann durch den Mietvertrag nicht ausgeschlossen oder beschränkt werden.

3. Der von einer Gebäudestromanlage produzierte Strom kann auch durch → gemeinschaftliche Gebäudeversorgung, die dem Mieterstrommodell ähnelt, auf Eigentümer und Mieter verteilt werden.

Mietgericht
Das Mietgericht, eine Abteilung des → Amtsgerichts, ist ausschließlich zuständig zur Entscheidung von Streitigkeiten über Ansprüche aus einem → Wohnraummietvertrag oder über den Bestand eines solchen Mietverhältnisses (§ 23 Nr. 2 lit. a GVG). Örtlich ist das Gericht ausschließlich zuständig, in dessen Bezirk sich die Räume befinden (§ 29a ZPO).

Miethöhe
→ Miete; → Wohnraummietvertrag (2); → Mietpreisbremse.

Mietkauf
Unter Mietkauf versteht man einen Vertrag, bei dem eine (idR kostspielige) Sache dem Mieter zunächst mietweise überlassen und ihm das Recht (oder die Pflicht) eingeräumt wird, durch einseitige Erklärung die Sache später unter Anrechnung der bis dahin gezahlten Mieten auf den (fest bestimmten) Kaufpreis käuflich zu erwerben. Während zunächst bis zur Abgabe dieser Erklärung grds. die Vorschriften über den → Mietvertrag Anwendung finden, bestimmen sich die gegenseitigen Rechte und Pflichten danach rückwirkend nach Kaufrecht (→ Kaufvertrag). Der Mietkauf kann unter die Vorschrift des § 506 BGB fallen (→ Verbraucherdarlehensvertrag). Der Mietkauf ist vom reinen → Leasingvertrag zu unterscheiden (zur Abgrenzung s. dort).

Mietkaution
Die Mietkaution ist eine Sicherheitsleistung des Mieters für künftige Ansprüche des Vermieters aus dem → Mietvertrag und dessen Abwicklung. Sie bedarf der vertraglichen Vereinbarung. Im Rahmen eines → Wohnraummietvertrages gelten einschränkende und teilweise zwingende Sondervorschriften, insbes. hinsichtlich Höhe, Anlage, Verzinsung (§ 551 BGB; sa § 563b III BGB, § 554a II BGB); bei der Geschäftsraummiete ist die Vereinbarkeit frei. Die Mietkaution ist, wenn Ersatzansprüche nicht bestehen, nach Beendigung des Mietverhältnisses zurückzuzahlen. Bei der Wohnraummiete darf die Mietkaution das Dreifache der monatlichen Miete nicht übersteigen, auch darf keine darüber hinausgehende sonstige → Sicherheitsleistung vereinbart werden; der Mieter darf die Mietkaution in drei gleichen monatlichen Teilzahlungen leisten; dabei ist die erste Rate zu Beginn des Mietverhältnisses, die weiteren spätestens mit den folgenden Mietzahlungen zu entrichten; die Mietkaution ist vom Vermieter zu dem für Spareinlagen mit dreimonatiger Kündigungsfrist üblichen Zinssatz getrennt vom Vermögen des Vermieters anzulegen (gilt nach der Rspr. auch für die gewerbliche Miete, falls eine Vereinbarung insoweit fehlt); die Zinsen stehen dem Mieter zu. Grds. erst nach Vertragsende hat der Vermieter Zugriff auf die Kaution, er kann mit seinen Forderungen gegen den Kautionsrückzahlungsanspruch des Mieters zB aufrechnen. Sa → Baukostenzuschuss (auch zum Mieterdarlehen).

Mietkündigungsmoratorium
→ Corona-Krise und Mietrecht.

Mietminderung
→ Mietvertrag (2).

Mietmutterschaft
→ künstliche Fortpflanzung (2).

Mietobergrenzen
→ Mietpreisbremse, → Wohnraummietvertrag (2), → Mietendeckel, → Mietenstopp.

Mietomnibus
Der Verkehr mit Mietomnibussen ist → Gelegenheitsverkehr und bedarf nach §§ 2, 46 Personenbeförderungsgesetz (→ Personenbeförderung) der Genehmigung. Verkehr mit Mietomnibussen oder → Mietwagen liegt vor, wenn das Fahrzeug im Ganzen zur Beförderung angemietet wird und der Mieter Zweck, Ziel und Ablauf bestimmt. Die Teilnehmer müssen dabei einen zusammengehörigen Personenkreis bilden (anders bei → Linienverkehr und → Ausflugsfahrten). Der Mietomnibus darf nicht öffentlich bereitgestellt werden (§ 49 PBefG). Die Genehmigung ist befristet (höchstens 10 Jahre, § 16 PBefG). Vorschriften zur Ordnung des Betriebs sowie zur Sicherheit der Kraftfahrzeuge und zum Verhalten der Benutzer enthält die BOKraft, zu weiteren Vorschriften → Omnibusse. Sa → Fahrgastrechte (Kraftomnibusverkehr).

Mietpreisbremse
Unter dem Schlagwort der Mietpreisbremse werden die durch das Mietrechtsnovellierungsgesetz (s. → Mietvertrag, 1) eingeführten gesetzlichen Neuregelungen verstanden. Der Begriff umschreibt die Einschränkung der freien Vereinbarkeit der Miethöhe in → Wohnraummietverträgen in Gebieten mit angespannten Wohnungsmärkten (in Einschränkung der grds. zulässigen freien Vereinbarkeit der Miethöhe, s. hierzu → Wohnraummietvertrag, 1, 2, sa → Kappungsgrenze). Bei Wiedervermietung von Wohnraum in einem solchen Gebiet darf die Miete zu Beginn die ortsübliche Vergleichsmiete höchstens um 10% übersteigen, § 556d I BGB. Die ortsübliche Vergleichsmiete wurde bislang gebildet aus einem Querschnitt der üblichen Entgelte, die in einer Gemeinde für vergleichbaren Wohnraum (hinsichtlich Art, Größe, Ausstattung, Beschaffenheit und Lage) in den letzten 4 Jahren vereinbart oder geändert worden sind, § 558 II BGB; mit Wirkung vom 1.1.2020 wurde der Betrachtungszeitraum auf 6 Jahre ausgeweitet, wodurch mehr Mietverhältnisse in die Betrachtung einbezogen werden (kurzfristige Schwankungen haben damit geringere Auswirkungen auf die Bestimmung der ortsüblichen Vergleichsmiete). Die Höhe der ortsüblichen Vergleichsmiete lässt sich dem → Mietspiegel (sa → Qualifizierter Mietspiegel; s. hierzu auch → Mietspiegelreformgesetz) und Vergleichsmietdatenbanken entnehmen (für Gemeinden, in denen Mietspiegel bestehen oder in Vorbereitung sind, wurde eine Übergangsregelung geschaffen, um die Fortgeltung sicherzustellen). Ist die Miete, die ein vorheriger Mieter zuletzt schuldete, höher als die ortsübliche Vergleichsmiete, so kann ein Betrag bis zur Höhe der Vormiete vereinbart werden, § 556e BGB (maßgeblich ist nur die Miete des direkten Vormieters über Wohnraum). Zur Auskunftspflicht des Vermieters s. § 556g Ia BGB (ausreichend ist die Mitteilung der Höhe der vertraglich vereinbarten Vormiete, unabhängig von deren Zulässigkeit). Die Deckelung der Neumiete gilt nicht bei Wohnungen, die nach dem 1.10.2014 erstmals genutzt und vermietet werden, oder bei Erstvermietung nach umfassender Modernisierung (wenn vergleichbar mit einem Neubau), § 556 f BGB; die von der M. betroffenen Wohnungen werden (auch in der Gesetzesbegründung) als Bestandswohnungen (also Wohnungen, die auf dem Wohnungsmarkt bereits zur Verfügung stehen) bezeichnet. Die Landesregierungen sind ermächtigt, die Gebiete mit angespannten Wohnungsmärkten für die Dauer von höchstens 5 Jahren durch Rechtsverordnung zu bestimmen, § 556d II BGB; seit 1.4.2020 kann ein Gebiet auch mehrfach für jeweils höchstens 5 Jahre als Gebiet mit angespanntem Wohnungsmarkt bestimmt werden; eine entsprechende Verordnung muss jedoch spätesten am 31.12.2025 außer Kraft treten. Ein Gebiet mit einem angespannten Wohnungsmarkt liegt vor, wenn die ausreichende Versorgung der Bevölkerung mit Mietwohnungen in einer Gemeinde oder einem Teil davon zu angemessenen Bedingungen besonders gefährdet ist, insbes., weil die Mieten deutlich stärker steigen als im bundesweiten Durchschnitt, die durchschnittliche Mietbelastung der Haushalte den bundesweiten Durchschnitt deutlich übersteigt, die Wohnbevölkerung wächst, ohne dass der erforderliche Wohnraum durch Neubautätigkeit geschaffen wird oder ein geringer Leerstand bei großer Nachfrage besteht. Die Verordnungen sind detailliert zu begründen, wobei die Tatsachen, aus denen sich ergibt, dass in den erfassten Gemeinden der Wohnungsmarkt angespannt ist, sowie die geplanten Abhilfemaßnahmen anzugeben sind. Die Mietpreisbremse greift nur in Gemeinden, die in eine solche Verordnung aufgenommen worden sind. Die meisten Bundesländer haben von der Verordnungsermächtigung Gebrauch gemacht und zahlreiche Städte und Gemeinden (in Bayern zB 203) in den Anwendungsbereich einbezogen (zur Wirksamkeit s. u.). Die Vereinbarung einer bei Mietbeginn nach §§ 556d ff. BGB nicht geschuldeten Miete ist insoweit teilweise unwirksam, als die zulässige Miete überschritten wird. Unter bestimmten Voraussetzungen (insbes. Rügepflicht) besteht nach § 556g BGB ein Anspruch auf Rückzahlung der zuviel gezahlten Miete nach den Vorschriften über die → Ungerechtfertigte Bereicherung; grds. besteht ein Anspruch auf Rückzahlung zuviel gezahlter Miete ab dem Zeitpunkt der Rüge; für ab 1.4.2020 abgeschlossene Mietverträge kann grds. Rückzahlung der gesamten, ab Beginn des Mietverhältnisses zuviel gezahlten Miete verlangt werden (es sei denn, das Mietverhältnis ist bereits beendet oder die Rüge erfolgt mehr als 30 Monate nach Beginn des Mietverhältnisses).

Die Verfassungsmäßigkeit der Regelung, auch die Verlängerungsmöglichkeit bis Ende 2025, war str.; die Rspr. hat mittlerweile die

Verfassungsmäßigkeit der bundesrechtlichen Verordnungsermächtigung in § 556d II BGB festgestellt und auch die auf dieser Grundlage ergangene Verordnung des Landes Berlin gebilligt. In einigen Bundesländern wurden erlassene Rechtsverordnungen mangels ausreichender Begründung von Fachgerichten für nichtig erachtet und deshalb neue Verordnungen erlassen. In Bayern gilt seit dem 1.2.2022 eine neue Mieterschutzverordnung.

Teilweise wird die Mietpreisbremse als wirkungslos kritisiert, da viele Mieter bei einem bestehenden Mietverhältnis die Auseinandersetzung mit dem Vermieter scheuen würden. Insoweit könnte die Entscheidung des BGH zur Vereinbarkeit des Geschäftsmodells eines Legal-Tech-Anbieters (→ Legal Tech), der als Inkassodienstleister aus abgetretenem Recht ua Ansprüche wegen behaupteter Verstöße gegen die Mietbegrenzung geltend macht, mit dem Rechtsdienstleistungsgesetz (→ Rechtsdienstleistung) Bedeutung erlangen.

Sa → Mietendeckel, → Mietenstopp.

Mietpreisüberhöhung
→ Mietwucher, → Mietpreisbremse, → Mietendeckel, → Mietenstopp.

Mieträume
→ Mietvertrag, → Wohnraummietvertrag.

Mietspiegel
Ein Mietspiegel ist eine Übersicht (für das Gebiet einer oder mehrerer Gemeinden) über die ortsübliche Vergleichsmiete zu einem bestimmten Stichtag, wenn diese Übersicht von der Gemeinde oder von Interessenvertretern der Vermieter und der Mieter gemeinsam erstellt oder anerkannt worden ist, §§ 558c, d BGB. Ein Mietspiegel ist im Abstand von 2 Jahren der Marktentwicklung anzupassen. Str. ist bislang, nach welchen Methoden ein Mietspiegel zu erstellen ist. Zur Begründung eines Mieterhöhungsverlangens kann ua auf einen Mietspiegel Bezug genommen werden, § 558a II Nr. 1 BGB, der Mieter kann anhand des Mietspiegels das Erhöhungsverlangen überprüfen; → Wohnraummietvertrag (2). Sa → Qualifizierter Mietspiegel. Am 24.6.2021 hat der Bundestag ein Gesetz zur Reform des Mietspiegelrechts (→ Mietspiegelreformgesetz) beschlossen, zu den künftigen Neuerungen s. dort.

Mietspiegelreformgesetz
Mit dem vom Bundestag am 24.6.2021 beschlossenen und zum 1.7.2022 in Kraft getretenen Gesetz zur Reform des Mietspiegelrechts (Mietspiegelreformgesetz, MsRG, BGBl. 2021 I 3515) wurden Mindestanforderungen für einfache → Mietspiegel und insbes. für → Qualifizierte Mietspiegel beschlossen, um mehr Rechtssicherheit zu erreichen, da bislang ein häufiger Streitpunkt war, ob Mietspiegel nach anerkannten wissenschaftlichen Grundsätzen erstellt wurden. Beschlossen wurden insbes. Änderungen von §§ 558c und d BGB und Neuregelungen in Art. 238 §§ 1–4 EGBGB. Für Gemeinden mit mehr als 50.000 Einwohnern müssen (unter 50.000 Einwohner: Sollregelung, sofern ein Bedürfnis für einen Mietspiegel besteht) künftig Mietspiegel erstellt werden (einfache Mietspiegel spätestens zum 1.1.2023, qualifizierte Mietspiegel spätestens zum 1.1.2024), die Zuständigkeit zur Erstellung regelt das jeweilige Landesrecht; es besteht eine Wahlmöglichkeit für die Erstellung eines einfachen oder qualifizierten Mietspiegels. Für qualifizierte Mietspiegel gelten künftig einheitliche Vorgaben und unter bestimmten Voraussetzungen eine Vermutung, dass dieser wissenschaftlichen Grundsätzen entspricht; es werden Mindeststandards in einer Verordnung über den Inhalt und das Verfahren zur Erstellung und zur Anpassung von Mietspiegeln und zur Konkretisierung der Grundsätze für qualifizierte Mietspiegel festgelegt (Mietspiegelverordnung v. 28.10.2021, BGBl. 2021 I 4779, die ebenfalls zum 1.7.2022 in Kraft getreten ist; da die VO nur Mindeststandards bestimmt, sind alternative wissenschaftliche Methoden zur Erstellung denkbar, die Gemeinde hat ein Auswahlermessen). Alle 4 Jahre ist eine Neuerstellung, alle 2 Jahre eine Aktualisierung notwendig (einfache Mietspiegel sollen wie bisher alle 2 Jahre aktualisiert werden). Jeder Mietspiegel ist zu veröffentlichen, die Wirkung ist davon jedoch unabhängig. Mieter und Vermieter sind künftig verpflichtet, Auskunft über ihr Mietverhältnis und die Merkmale ihrer Wohnung zu erteilen. Die Behörden erhalten neue Befugnisse zur Datenverarbeitung (zB betreffend Melderegister und Grundsteuer), um eine bessere Datengrundlage zu erreichen.

Mietspiegelverordnung
→ Mietspiegelreformgesetz.

Mietverhältnis
ist das durch einen → Mietvertrag begründete Rechtsverhältnis zwischen Vermieter und Mieter.

Mietvertrag
1. Systematik des Mietrechts, Abgrenzung zu anderen Verträgen, Gesetzesänderungen, Sondervorschriften, DDR:

Systematik: Die Vorschriften des Mietrechts beginnen mit den für alle Mietverträge, unabhängig von der Art der vermieteten Sache (also egal ob Wohnung, Geschäftsraum, KfZ, Werbefläche oÄ), geltenden allg. Vorschriften (§§ 535–548 BGB). Es folgen umfangreiche Sondervorschriften, die grds. nur für Mietverträge über Wohnraum gelten (§§ 549–577a BGB; s. hierzu iE → Wohnraummietvertrag). Sodann schließen sich Vorschriften für Mietverträge über andere Sachen an, §§ 578–580a BGB (Grundstücke; Räume, die keine Wohnräume sind, insbes. Geschäftsräume; eingetragene → Schiffe; bewegliche Sachen). Die Systematik ist jedoch nicht völlig stringent, es gibt verschiedene Verweisungen innerhalb dieser Gruppen. So gelten zB für Mietverträge über

Grundstücke und Räume, die keine Wohnräume sind (also insbes. Geschäftsräume), gem. der Verweisung in § 578 BGB einige Vorschriften über die Wohnraummiete (zB betreffend die Form, das Vermieterpfandrecht, den Wechsel der Vertragsparteien, s. deshalb hierzu die Erläuterungen beim → Wohnraummietvertrag). Zum Mietvertrag über ein im Schiffsregister eingetragenes → Schiff s. § 578a BGB.

Abgrenzung: Tritt neben die bloße Gebrauchsüberlassung (Nutzungsmöglichkeit) das Recht zur Fruchtziehung, so liegt ein → Pachtvertrag (§§ 581–597 BGB) vor. S. ferner, auch zur Abgrenzung zum Mietvertrag, (unentgeltlich) und → Verwahrung (Obhutspflicht).

Gesetzesänderungen: Das Mietrecht wurde durch das Mietrechtsreformgesetz vom 19.6.2001 grundlegend umgestaltet (Übergangsvorschriften für vor dem 1.9.2001 begründete Mietverhältnisse: Art. 229 § 3 EGBGB). Weitere Änderungen sind erfolgt durch das MietrechtsänderungsG v. 11.3.2013 (zB Anspruch auf Duldung von Maßnahmen zur Erhaltung und insbes. energetischer Modernisierung, auf Mieterhöhung nach Modernisierung, Anspruch auf Umlage von Kosten der Wärmelieferung in einem bestehenden Mietvertrag, außerordentliches Kündigungsrecht bei Verzug mit Zahlung der Mietkaution, Herabsetzung der für eine Mieterhöhung geltenden Kappungsgrenze auf 15% in durch VO der Länder zu bestimmenden Wohnungsmangelgebieten) und das MietrechtsnovellierungsG v. 21.4.2015 (weitere Begrenzung der Miethöhe, neben der Kappungsgrenze, für Bestandswohnungen bei Vertragsschluss, wenn die Wohnung in einem durch VO der Länder zu bestimmenden Gebiet mit angespanntem Wohnungsmarkt liegt, auf höchstens 10% über der ortüblichen Vergleichsmiete, sog. → Mietpreisbremse, s. dort, sowie Änderungen des Gesetzes zur Regelung der Wohnungsvermittlung: Zahlung einer Maklergebühr durch den Mieter nur, wenn von diesem ein Auftrag erteilt wurde, sa → Wohnungsvermittlung).

Sonderregelungen: Neben den Vorschriften des BGB bestehen, insbes. zum Schutz des Mieters, im öffentlichen Interesse etliche Sonderregelungen. So gilt eine Zweck- und Preisbindung für vor dem 31.1.2001 geförderte Wohnräume nach dem Gesetz zur Sicherung der Zweckbestimmung von Sozialwohnungen idF v. 13.9.2001, WohnungsbindungsG, WoBindG (BGBl. 2001 I 2404), → sozialer Wohnungsbau; s. ferner → soziale Wohnraumförderung, → Wohngeld, → Baukostenzuschuss. Der Vermieter ist grds. verpflichtet, die Kosten einer zentralen Heizung oder Warmwasserversorgung nach dem tatsächlichen Verbrauch abzurechnen (VO über Heizkostenabrechnung, HeizkostenV). Die Zweckentfremdung von Wohnraum (auch zB die Einrichtung bloßer Schlafstellen für Gastarbeiter) kann von der Genehmigung einer von der jeweiligen Landesregierung bestimmten Stelle (zB Wohnungsamt) abhängig gemacht werden (Art. 6 des G. zur Verbesserung des Mietrechts und zur Begrenzung des Mietanstiegs sowie zur Regelung von Ingenieur- und Architektenleistungen vom 4.11.1971); zu den ausführenden Vorschriften der Länder hierzu s. Habersack, Deutsche Gesetze, Anm. vor § 535 BGB. Sa → Wohnungsvermittlung. Zu den Sonderregelungen für die → COVID-19-Pandemie s. → Corona-Krise und Mietrecht.

Gebiet der ehemaligen DDR: Auch ein vor dem Beitritt abgeschlossener Mietvertrag richtet sich grds. nach den Vorschriften des BGB. Auch frühere Grundstücks-Überlassungsverträge (ohne Rücksicht auf → Nutzungsberechtigungen) werden grds. als Mietverträge oder Pachtverträge fortgeführt, wobei Sondervorschriften für Kündigungsmöglichkeiten, Vertragsdauer, Nutzungsentgelt und Entschädigung für vom Nutzer veranlasste Wertsteigerungen bestehen (Art. 1 SchuldrechtsänderungsG v. 21.9.1994, → Schuldrechtsanpassung). Mit der Beendigung des Vertragsverhältnisses geht (begründetes und fortbestehendes) → Gebäudeeigentum auf den Grundstückseigentümer (gegen Entschädigung) über (Art. 1 §§ 11 ff. SchuldrechtsänderungsG).

2. Vertragsgegenstand, Vertragsschluss, vertragliche Pflichten und Rechte, Gewährleistung, Verjährung:

Vertragsgegenstand: Der Mietvertrag ist ein → gegenseitiger Vertrag, durch den sich der Vermieter verpflichtet, dem Mieter den Gebrauch der Mietsache während der Mietzeit gegen Entgelt (→ Miete) zu überlassen (Mietverhältnis, § 535 I BGB); begründet wird ein → Dauerschuldverhältnis. Gegenstand des Mietvertrags können nur bewegliche (zB Kfz, → Schiff) und unbewegliche → Sachen (Grundstück, Räume, auch Software wird von der Rspr. insoweit als Sache behandelt) sein; andere Gegenstände (zB Rechte) kann man nur pachten. Ob Wohn- oder Geschäftsraummiete vorliegt, richtet sich nach der Vereinbarung der Parteien, maßgebend ist der Nutzungszweck, den der Vermieter bei der Anmietung verfolgt. Wohnraummiete liegt vor, wenn der Mieter selbst die Räume zu eigenen Wohnzwecken nutzt. Will der Mieter die Räume weitervermieten oder Dritten (auch zu Wohnzwecken) überlassen, liegt keine Wohnraummiete vor.

Vertragsschluss: Es gelten die allg. Regeln. Der Vertragsschluss ist grds. formfrei; für einen → Wohnraummietvertrag sowie einen Mietvertrag über Grundstücke und Räume (§ 578 BGB) und einen Pachtvertrag (für die Landpacht gilt § 585a BGB) schreibt § 550 BGB die Schriftform zwar nicht ausdrücklich vor, die (zwingende) Vorschrift ordnet aber an, dass ein Mietvertrag, der für eine längere Zeit als 1 Jahr gelten soll und nicht in schriftlicher → Form erfolgt, für unbestimmte Zeit gilt (und eine Kündigung frühestens zum Ablauf von 1 Jahr nach Überlassung möglich ist). Eine zeitliche Beschränkung für den Abschluss eines Mietvertrags besteht nicht. Zu den Kündigungsmöglichkeiten bei einem für mehr als 30 Jahre abgeschlossenen Mietvertrag s. u. Zur Vereinbarung einer → Mietkaution s. dort.

Pflichten des Vermieters: Der Vermieter hat dem Mieter die Mietsache in einem zum vertragsgemäßen Gebrauch (gem. einer ggf. abgeschlossenen Beschaffenheitsvereinbarung, ansonsten entsprechend dem vereinbarten Nutzungszweck des Mietgegenstandes) geeigneten Zustand zu überlassen und sie während der Mietzeit in diesem Zustand zu erhalten, § 535 I BGB. Er hat also die Pflicht, die Mietsache instandzuhalten, also auch später auftretende Mängel zu beseitigen (nicht aber die Mietsache zu verbessern oder zu modernisieren); grds. trifft damit den Vermieter auch die Pflicht zur Durchführung von Schönheitsreparaturen (zum Begriff s. → Wohnraummietvertrag, 1); die Übernahme der Schönheitsreparaturen durch den Mieter im Mietvertrag ist allerdings sehr häufig (für den → Wohnraummietvertrag s. iE dort 1, insbes. bei der Überwälzung in → Allgemeinen Geschäftsbedingungen). Der Vermieter hat auch die auf der Mietsache ruhenden öffentlichen und privatrechtlichen Lasten zu tragen, § 535 I 3 BGB; der Mieter hat insoweit einen Erfüllungsanspruch. Den Vermieter trifft auch die allg. Rücksichtnahmepflicht nach § 241 II BGB (→ Schuldverhältnis, 1). Nach § 554a BGB ist der Vermieter weiterhin verpflichtet, unter bestimmten Voraussetzungen baulichen Veränderung und Einrichtungen für eine behindertengerechte Nutzung zuzustimmen.

Pflichten des Mieters: Der Mieter ist verpflichtet, dem Vermieter die → Miete zu entrichten, § 535 II BGB, diese kann grds. frei vereinbart werden (zur Vereinbarung einer → Mietkaution s. dort); zur Begrenzung von Mieterhöhungen bei Wohnräumen iE → Wohnraummietvertrag, sa → Mietpreisbremse, → Mietendeckel Ein Anspruch auf Erhöhung der Miete infolge einer → Inflation besteht grds. nicht (sa → Geschäftsgrundlage). Vom Mieter übernommene Nebenkosten (Betriebskosten) gehören zur Miete (s. zu den Betriebskosten näher → Wohnraummietvertrag, 2; da § 560 BGB nur für die Wohnraummiete gilt, könnte bei einem Mietvertrag, der keinen Wohnraum betrifft, eine Erhöhung der Betriebskostenvorauszahlungen wegen des drastischen Anstiegs der Energiepreise im Jahr 2022 infolge der Energiekrise ein Anspruch des Vermieters auf Zustimmung zu einer außerordentlichen Erhöhung der Betriebskostenvorauszahlung nach § 313 BGB nach den Regeln über die Störung der → Geschäftsgrundlage in Betracht kommen; sa → Kohlendioxidkostenaufteilung zur Verteilung der Kosten, wenn ein Gebäude mit fossilen Brennstoffen versorgt wird). Der Mieter wird von der Zahlungspflicht nicht dadurch befreit, dass er durch einen in seiner Person liegenden Grund (zB Erkrankung) an der Ausübung seines Gebrauchsrechts gehindert wird; der Vermieter muss sich in diesem Fall jedoch ersparte Aufwendungen sowie andere Vorteile (zB durch anderweitige Gebrauchsüberlassung) anrechnen lassen, § 537 I BGB. Die Pflicht zur Mietzahlung entfällt jedoch, solange der Vermieter infolge Gebrauchsüberlassung an einen Dritten außerstande ist, dem Mieter den vertraglich vereinbarten Gebrauch zu gewähren, § 537 II BGB. Wenn der Mieter nicht zahlt, gerät er in → Schuldnerverzug. Der Mieter hat die gemietete Sache pfleglich zu behandeln. Änderungen oder Verschlechterungen, die durch den vertragsgemäßen Gebrauch herbeigeführt werden, hat er jedoch nicht zu vertreten, § 538 BGB (zu den sog. Schönheitsreparaturen s. o. und iE → Wohnraummietvertrag, 1). Macht der Mieter trotz Abmahnung des Vermieters von der Mietsache einen vertragswidrigen Gebrauch (zB einseitige bauliche Veränderungen, Änderung der Benutzungsart, nicht aber bei Aufstellung einer → Antenne, str. bei Umstellung auf Ölheizung), so kann der Vermieter (auch ohne Verschulden des Mieters) auf Unterlassung klagen, § 541 BGB, bei erheblicher Rechtsverletzung ohne Einhaltung einer Frist außerordentlich kündigen (s. u. 3a) und bei Verschulden des Mieters und seiner → Erfüllungsgehilfen (Haushaltsangehörige, auch Untermieter, § 540 II BGB) Schadensersatz verlangen. Ein vertragswidriger Gebrauch ist auch die Überlassung der Mietsache an einen Dritten ohne Erlaubnis des Vermieters, insbes. die Weitervermietung (Untermiete, § 540 I BGB). Ein Anspruch des Vermieters gegen den Mieter auf Herausgabe von durch unberechtigte Gebrauchsüberlassung an Dritte erzielten Erlösen besteht nicht. Verweigert der Vermieter die Erlaubnis zur Gebrauchsüberlassung, so kann der Mieter grds. den Mietvertrag außerordentlich mit gesetzlicher Frist kündigen. Zum Anspruch des Mieters auf Erlaubnis zur Gebrauchsüberlassung gem. § 553 BGB beim → Wohnraummietvertrag s. dort. Bei der Vermietung von allen Arten von Räumen muss der Mieter gem. §§ 555a ff. BGB unter bestimmten Voraussetzungen (nach Ankündigung) Erhaltungsmaßnahmen (Maßnahmen zur Herstellung des vertragsgemäßen Zustands, Schönheitsreparaturen, nicht aber Veränderungen, zB Umbau einer Terrasse in einen Wintergarten) und bestimmte Modernisierungsmaßnahmen (bauliche Veränderungen insbes. zur energetischen Modernisierung, Einsparung von nicht erneuerbarer Primärenergie, Einsparung von Wasserverbrauch, nachhaltige Erhöhung des Gebrauchswerts der Mietsache, zB Einbau Aufzug, Schallschutz) dulden; insbes. zu dulden ist der Einbau einer Heizungsanlage zum Zweck der Erfüllung der Anforderungen von § 71 GEG (→ Gebäudeenergie). Für Härtefälle gelten Ausnahmen, § 555d II BGB. Aus Anlass solcher Maßnahmen können die Vertragsparteien nach § 555 f BGB Vereinbarungen treffen, zB über die Durchführung oder die Miethöhe (unter Beachtung des gesetzlichen Verfahrens); zur Mieterhöhung nach Modernisierungsmaßnahmen beim → Wohnraummietvertrag: § 559 BGB. Sonderkündigungsrecht bei Modernisierungsmaßnahmen s. u. 3. Aufwendungen, die der Mieter zu anderen Zwecken als zur Mängelbeseitigung (s. o.) auf die Mietsache gemacht hat, kann er nach den Vorschriften über die → Geschäftsführung ohne Auftrag ersetzt verlangen, § 539 I BGB. Der Mieter hat ferner ein → Wegnahmerecht hinsichtlich der Einrichtungen, mit denen er die Mietsache versehen hat (zB eingebaute Maschinen oder Pflanzen, § 539 II BGB).

Gewährleistungsrechte des Mieters: Das Mietrecht enthält eigenständige Regeln zur Sach- und Rechtsmängelhaftung für den Zeitpunkt ab Einräumung der Gebrauchsmöglichkeit. Hat die Mietsache zur Zeit der Überlassung einen Mangel, der ihre Tauglichkeit zum vertragsgemäßen Gebrauch (völlig) aufhebt (zB unzureichende Tragfähigkeit des Bodens) oder entsteht während der Mietzeit ein solcher Mangel, so ist der Mieter für die Zeit, in der die Tauglichkeit aufgehoben ist, ohne Weiteres von der Entrichtung der Miete befreit (ohne Ausübung eines Gestaltungsrechts wie beim Kauf). Ist die Tauglichkeit nicht nur unerheblich gemindert, so hat er nur eine angemessen herabgesetzte Miete zu entrichten (Mietminderung, § 536 I BGB); ausgeschlossen ist die Minderung für die Dauer von bis zu 3 Monaten, soweit die Tauglichkeit aufgrund einer (ordnungsgemäß angekündigten) Maßnahme zur energetischen Sanierung herabgesetzt ist (§ 555b, § 555c BGB). Das Gleiche gilt, wenn eine zugesicherte Eigenschaft (zB Grundstücksgröße, Bebauungsfähigkeit) fehlt oder nachträglich wegfällt (§ 536 II BGB) oder wenn dem Mieter der vertragsgemäße Gebrauch der Mietsache durch das Recht eines Dritten ganz oder teilweise entzogen wird (Rechtsmängelhaftung, § 536 III BGB). Mangel und Tauglichkeitsbeeinträchtigung hat nach Überlassung der Mietsache grds. der Mieter zu beweisen, der Vermieter die Unerheblichkeit der Tauglichkeitsminderung. Für M. über Wohnraum ist die Vorschrift zwingend, § 536 IV BGB. Ist ein Mangel schon bei Vertragsschluss vorhanden, hat der Vermieter ihn verschuldet oder kommt er mit der Beseitigung eines Mangels in → Schuldnerverzug, so kann der Mieter außerdem → Schadensersatz verlangen (auch der Mangelfolgeschäden); bei Verzug des Vermieters kann der Mieter den Mangel selbst beseitigen und Ersatz der hierfür erforderlichen Aufwendungen verlangen, § 536a BGB. Der Mieter hat die Voraussetzungen eines Schadensersatz- und Aufwendungsanspruchs und das Vorliegen des Mangels bei Vertragsschluss zu beweisen, der Vermieter, dass die Ursache des Mangels nicht aus seinem Pflichten- und Verantwortungskreis stammt oder dass die von ihm veranlassten Mängelbeseitigungsmaßnahmen fristgemäß erfolgten und erfolgreich waren. Über das Recht zur außerordentlichen fristlosen Kündigung des Mietvertrages s. u. 3. Kennt der Mieter bei Vertragsschluss den Mangel der Mietsache oder nimmt er trotz Kenntnis eine mangelhafte Sache ohne Vorbehalt an, so stehen ihm die Rechte aus §§ 536, 536a BGB nicht zu, bei grob fahrlässiger Unkenntnis nur, wenn der Vermieter den Mangel arglistig verschwiegen hat, § 536b BGB. Zum Kündigungsrecht nach § 569 BGB s. u. 3. Der Mieter hat im Laufe der Mietzeit auftretende Mängel der Sache oder behauptete Rechte Dritter unverzüglich dem Vermieter mitzuteilen; unterlässt er dies, so ist er zum Ersatz des hieraus entstehenden Schadens verpflichtet; seine Gewährleistungsansprüche erlöschen, wenn der Vermieter infolge der Unterlassung nicht Abhilfe schaffen konnte, § 536c BGB. Auf eine Vereinbarung, durch die die Rechte des Mieters wegen eines Mangels der Mietsache ausgeschlossen oder beschränkt werden, kann sich der Vermieter nicht berufen, wenn er den Mangel arglistig verschwiegen hat, § 536d BGB (sa § 536 IV BGB).

Verjährung: Die Ersatzansprüche des Vermieters wegen Veränderungen oder Verschlechterungen der Mietsache verjähren in 6 Monaten seit Rückgabe der Sache, die Ansprüche des Mieters auf Ersatz von Aufwendungen oder Gestattung der Wegnahme in 6 Monaten nach Beendigung des Mietvertrages, § 548 I, II BGB. Die Verjährung wird auch durch Antrag auf → Beweissicherung gehemmt. Für den Anspruch des Vermieters auf Miete gilt die regelmäßige Verjährungsfrist (→ Verjährung, 1a).

3. Beendigung des Mietvertrages, Kündigung, Rückgabepflicht, Nutzungsentschädigung: Für den → Wohnraummietvertrag gelten Sondervorschriften, s. iE dort. Der befristete Mietvertrag endet mit dem Ablauf der Zeit, für die er eingegangen ist, sofern er nicht zulässigerweise außerordentlich gekündigt oder einvernehmlich verlängert wird, § 542 II BGB. Mietverträge auf unbestimmte Zeit werden, abgesehen von der Möglichkeit eines Aufhebungsvertrags, durch → Kündigung beendet, § 542 I BGB. Es ist zwischen der außerordentlichen und der ordentlichen Kündigung zu unterscheiden, außerdem zwischen fristloser und befristeter Kündigung (die nicht sofort, sondern nach Ablauf einer Frist wirkt); eine unberechtigte Kündigung kann unter bestimmten Voraussetzungen zum Schadensersatz verpflichten. Der Tod des Vermieters berührt den Mietvertrag nicht, die Erben treten in den Vertrag ein. Dies gilt grds. auch beim Tod des Mieters (anders beim → Wohnraummietvertrag); zu den Kündigungsmöglichkeiten s. u.

Außerordentliche Kündigung: Jede Partei kann den Mietvertrag aus wichtigem Grund außerordentlich (und ggf. fristlos) kündigen,

§ 543 BGB (lex spezialis zu § 314 BGB). Ein wichtiger Grund liegt vor, wenn dem Kündigenden unter Berücksichtigung aller Umstände des Einzelfalls, insbes. eines Verschuldens der Vertragsparteien, und unter Abwägung der beiderseitigen Interessen die Fortsetzung des Mietvertrages bis zum Ablauf der Kündigungsfrist oder bis zur sonstigen Beendigung des M. nicht zugemutet werden kann, § 543 I BGB. Die bloße Zerrüttung des Mietverhältnisses wegen Zerstörung der Vertrauensgrundlage allein, etwa wegen eines Dauerkonflikts, reicht dafür nicht aus. Eine grundlos falsche Strafanzeige kann einen Kündigungsgrund darstellen. Ein wichtiger Grund liegt für den Mieter insbes. vor, wenn ihm der vertragsgemäße Gebrauch der Mietsache ganz oder teilweise nicht rechtzeitig gewährt oder wieder entzogen wird. Der Vermieter hat einen wichtigen Grund zur außerordentlichen Kündigung, wenn der Mieter die Mietsache durch Vernachlässigung der ihm obliegenden Sorgfalt erheblich gefährdet oder sie unbefugt einem Dritten überlässt, ferner wenn der Mieter für zwei aufeinanderfolgende Termine mit der Entrichtung der Miete oder eines nicht unerheblichen Teils der Miete (oder für einen längeren Zeitraum mit mindestens zwei Monatsmieten) in → Schuldnerverzug ist (s. aber zur Kündigungssperre in der → COVID-19-Pandemie die Ausführungen unter → Corona-Krise und Mietrecht), sofern der Vermieter nicht vor der Kündigung befriedigt wird, § 543 II BGB. Abgesehen von dem Fall des Verzugs ist die außerordentliche Kündigung grds. erst nach erfolglosem Ablauf einer zur Abhilfe bestimmten angemessenen Frist oder nach erfolgloser Abmahnung zulässig, § 543 III BGB. Bei einem für eine längere Zeit als 30 Jahre abgeschlossenen Mietvertrag besteht nach § 544 BGB ein außerordentliches (befristetes) Kündigungsrecht nach dem Ablauf von 30 Jahren nach Überlassung der Mietsache mit der gesetzlichen Kündigungsfrist nach §§ 573d, 575a oder 580a BGB. Bei Modernisierungsmaßnahmen (s. o. 2) steht dem Mieter ein außerordentliches und befristetes Sonderkündigungsrecht nach § 555e BGB zu. Zum außerordentlichen Kündiungsrecht des Insolvenzverwalters s. § 109 II InsO. Beim Tod des Mieters ist sowohl dessen Erbe als auch der Vermieter berechtigt, das Mietverhältnis innerhalb eines Monats ab Kenntnis vom Tod des Mieters außerordentlich mit gesetzlicher Frist zu kündigen, § 580 BGB (Sonderregelungen beim → Wohnraummietvertrag). Zum Kündiungsrecht bei verweigerter Erlaubnis zur Gebrauchsüberlassung an Dritte s. o. 2.

Ordentliche Kündigung: Diese bedarf regelmäßig keines Grunds (Ausnahme beim → Wohnraummietvertrag) und kann mit der vertraglich vereinbarten Frist erklärt werden. Sonst gelten die gesetzlichen Kündiungsfristen des § 580a BGB, die grds. auch auf eine vorzeitige Auflösung mit gesetzlicher Kündigungsfrist anzuwenden sind, § 580a IV BGB. Bei einem Mietvertrag über bewegliche Sachen sind sehr kurze Kündiungsfristen (Tage) vorgesehen. Ist ein Grundstück oder ein Raum vermietet, so hängt die Länge der Kündiungsfrist von der Art der Mietzahlung ab (zB bei monatlicher Zahlweise spätestens am dritten Werktag eines Kalendermonats zum Ablauf des übernächsten Monats, bei gewerblich genutzten unbebauten Grundstücken oder einem im Schiffsregister eingetragenen Schiff zum Ablauf eines Kalendervierteljahrs). Bei einem Mietvertrag über Geschäftsräume ist die ordentliche Kündigung spätestens am dritten Werktag eines Kalendervierteljahrs zum Ablauf des nächsten Kalendervierteljahrs zulässig. Auch hier gelten zahlreiche Sondervorschriften für den → Wohnraummietvertrag (5).

Rückgabepflicht, Nutzungsentschädigung: Nach Beendigung des Mietvertrages hat der Mieter (oder ein Dritter, der im Besitz der Mietsache ist) die gemietete Sache dem Vermieter zurückzugeben, § 546 BGB. Setzt der Mieter nach Ablauf der Mietzeit den Gebrauch der Mietsache fort, so verlängert sich der Mietvertrag auf unbestimmte Zeit, sofern dem nicht von einer Vertragspartei innerhalb von 2 Wochen (vom Vermieter ab Kenntnis der Fortsetzung) widersprochen wird, § 545 BGB. Auch ohne (verlängerten) Mietvertrag kann der Vermieter für die Zeit der Vorenthaltung der Mietsache als Mindestentschädigung die vereinbarte Miete oder die Miete verlangen, die für vergleichbare Sachen ortsüblich ist (sog. Nutzungsentschädigung, § 546a BGB). Die Geltendmachung eines weiteren (dann vom Vermieter zu beweisenden) Schadens (nach §§ 280, 281 BGB) ist nicht ausgeschlossen. Ist die Miete für die Zeit nach Beendigung des Mietvertrages bereits im Voraus entrichtet worden, so hat der Vermieter sie zurückzuerstatten und ab Empfang zu verzinsen (§ 547 BGB, → Baukostenzuschuss).

Mietvorauszahlung
→ Baukostenzuschuss, → Wohnraummietvertrag (4), → Mietkaution.

Mietvorvertrag
ist ein Vorvertrag (→ Vertrag, 3) mit der Verpflichtung, einen → Mietvertrag abzuschließen. Der Abschluss ist formlos möglich.

Mietwagen
1. Nach § 49 IV PBefG ist Verkehr mit Mietwagen die Beförderung von Personen mit Personenkraftwagen, die nur im Ganzen zur Beförderung gemietet werden und mit denen der Unternehmer Fahrten ausführt, deren Zweck, Ziel und Ablauf der Mieter bestimmt. Es handelt sich um → Gelegenheitsverkehr, bei dem der Mieter einen Personenkraftwagen mit Fahrer mietet. Anders als ein → Taxi sind Mietwagen keine öffentlichen Verkehrsmittel und dürfen nicht öffentlich bereitgestellt werden. Aufträge dürfen nur am Betriebssitz des Mietwagenunternehmers angenommen werden und nach ihrer Erledigung müssen die

Mietwagen an den Betriebssitz oder einen besonderen Abstellort zurückkehren (Rückkehrpflicht). Dafür ist, anders als bei einem Taxiunternehmen, für die Betriebsgenehmigung keine Bedürfnisprüfung erforderlich. Grundlage des Entgeltes ist der Wegstreckenzähler, wenn nichts anderes vereinbart ist (§§ 30, 40 BOKraft). Die Genehmigungsbehörde kann Mindestbeförderungsentgelte festlegen (§ 51a PBefG). → Personenbeförderung.

2. Keine Mietwagen im Sinne des § 49 PBefG sind Mietwagen (oder Leihwagen) für Selbstfahrer: → Selbstfahrervermietfahrzeuge.

Mietwagenkosten
Zum Ersatz von Mietwagenkosten nach einem Verkehrsunfall s. → Schadensersatz (3).

Mietwert
→ Jahresrohmiete.

Mietwucher
Der Begriff bezeichnet eine Form des Wuchers, die aufgrund ihrer vergleichsweise hohen Bedeutung im Straftatbestand des § 291 StGB als eigene Fallgruppe umschrieben ist. Mietwucher begeht, wer vorsätzlich die Zwangslage, die Unerfahrenheit, die Urteils- oder erhebliche Willensschwäche eines anderen dadurch ausbeutet, dass er sich oder einem Dritten für Wohnraumvermietung ein Entgelt versprechen lässt, das in auffälligem Mißverhältnis zum Mietwert steht (§ 291 I Nr. 1 StGB). Dasselbe gilt für die Wohnraumvermittlung gegen überhöhtes Entgelt (§ 291 I Nr. 4 StGB). Die Tat ist mit Freiheitsstrafe bis zu 3 Jahren oder Geldstrafe, bei → gewerbsmäßigem Handeln und in anderen schweren Fällen mit höherer Strafe bedroht.

Liegt keine vorsätzliche Ausbeutung einer Zwangslage usw. vor, so ist die Mietpreisüberhöhung als → Ordnungswidrigkeit mit Geldbuße bis zu 50 000 EUR bedroht, wenn der Täter vorsätzlich oder leichtfertig ein unangemessen hohes Entgelt fordert, annimmt oder sich versprechen lässt (§ 5 WiStG 1954; der Mietvertrag bleibt hier mit angemessenem Mietzins wirksam, BGH NJW 1984, 722). Unangemessen ist idR ein Entgelt, das infolge Ausnutzung des geringen Angebots an vergleichbaren Räumen die ortsüblichen Entgelte für Vergleichswohnungen in den letzten 4 Jahren um mehr als 20% übersteigt. Abführung od. Rückerstattung des → Mehrerlöses kann nach §§ 8, 9 WiStG 1954 angeordnet werden.

Für die Wohnungsvermittlung vorsätzlich oder fahrlässig mehr als 2 Monatsmieten zu fordern, sich versprechen zu lassen oder anzunehmen, ist als → Ordnungswidrigkeit mit Geldbuße bis zu 25 000 EUR bedroht (§ 3 II Gesetz zur Regelung der Wohnungsvermittlung, § 8 I Nr. 2 Gesetz zur Regelung der Wohnungsvermittlung). Sa → Preistreiberei, → Preistreiberei, → Preisverstöße, → Wohnungsvermittlung, → Wucher.

Mietzins
war die frühere Bezeichnung für die → Miete (→ Mietvertrag, 2).

Mietzuschuss
Mietzuschuss ist ein umgangssprachlicher Ausdruck für → Wohngeld. Das WoGG sieht aber nicht nur Leistungen für Mieter, sondern auch für Eigentümer vor (Lastenzuschuss).

MiFID
MiFID ist die Abkürzung für Markets in Financial Instruments Directive. Als MiFID I wurde die RL 2004/39/EG v. 21.4.2004 (ABl. EG 2004 L 145, 1) abgekürzt, die durch das Finanzmarktrichtlinie-Umsetzungsgesetz v. 16.7.2007 (BGBl. 2007 I 1330) transformiert wurde. MiFID II ist die Bezeichnung für die RL 2014/65/EU v. 15.5.2014 (ABl. EU 2014 L 173, 349) über Märkte für → Finanzinstrumente. Sie verschärfte die Organisations- und Verhaltenspflichten von Wertpapierdienstleistungsunternehmen und war bis zum 3.1.2018 in nationales Recht umzusetzen. Dies geschah in Deutschland durch das 2. FiMaNoG v. 23.6.2017 (BGBl. 2017 I 1693) und führte ua zu erheblichen Änderungen des → Wertpapierhandelsgesetzes. Flankierte wird MiFID II ua von der VO (EU) 600/2014 v. 15.5.2014 (ABl. EU 2014 L 173, 84) über Märkte für Finanzinstrumente (MiFIR). MiFID III ist geplant.

MIGA
(Multilateral Investment Guarantee Agency) ist die engl. Bezeichnung für die → Multilaterale Investitions-Garantie-Agentur.

Migrant
→ Migration, → Ausländerrecht, → Aufenthaltserlaubnis, → Niederlassungserlaubnis, → Flüchtlinge, → Asylrecht, → Asylgesetz.

Migration
Migration ist kein Begriff des deutschen Rechts, wird aber im → EU-Recht und in anderen Rechtsordnungen verwendet. Der Begriff umschreibt die vorübergehende oder dauernde Wechsel des regelmäßigen Aufenthalts von einem Staat in den anderen. Das Recht differenziert danach, aus welchem Grund dieser Wechsel erfolgt. Ist Verfolgung aus ethnischen, religiösen oder politischen Gründen die Ursache, richten sich die Rechtsfolgen nach dem Genfer Abkommen über die Rechtsstellung der Flüchtlinge (→ Flüchtlinge) und dem → Asylrecht (→ Asylgesetz), erfolgt der Wechsel aus sonstigen persönlichen, beruflichen oder geschäftlichen Gründen, ist das → Ausländerrecht (sa → Aufenthaltserlaubnis; → Niederlassungserlaubnis) einschlägig. Die Migration erfuhr im Hinblick auf die → Einwanderung nach D nach der Jahrtausendwende umfassende zusätzliche gesetzgeberische Regelungen (zB im → Zuwanderungsgesetz). Mit dem sog. Migrationspaket 2019 wurden 8 unterschiedliche Gesetze zur Migration ge-

troffen, ua als umfassendes → Änderungsgesetz das → Fachkräfteeinwanderungsgesetz.

Mikrozensus
Mikrozensus nennt man die Repräsentativstatistik über die Bevölkerung, den Arbeitsmarkt sowie die Wohnsituation der Haushalte (MikrozensusG (MZG) v. 7.12.2016, BGBl. 2016 I 2826 mÄnd); → Statistik, → Volkszählung, → Zensus.

Milch
1. Das Milch- und Margarinegesetz (MilchMargG) v. 25.7.1990 (BGBl. 1990 I 1471) mÄnd gehört zum → Lebensmittel- und Futtermittelrecht. Das Gesetz betrifft für den menschlichen Verzehr bestimmte Milch, Milch- und Margarineerzeugnisse sowie mit beiden verwechselbare Produkte (§ 1 Milch- und MargarineG). Es regelt die Erlaubnis zum Betrieb eines → milchwirtschaftlichen Unternehmens (§ 4 Milch- und MargarineG) und enthält zahlreiche Ermächtigungsnormen. Die Überwachung (→ Lebensmittel- und Futtermittelüberwachung) obliegt den Ländern, der Bund kann jedoch allgemeine Vorschriften erlassen (§ 11 Milch- und MargarineG).

2. Zu den Vorschriften, die das Gewinnen, Herstellen, Behandeln und Inverkehrbringen v. Milch grundsätzlich regeln s. → Lebensmittel- und Futtermittelhygiene. Bei Milch ist die Angabe des Herkunftslandes Pflicht, → Kennzeichnung von Lebensmitteln. Die Rohmilchgüteverordnung (RohmilchGütV) v. 11.1.2021 (BGBl. 2021 I 47) regelt seit dem 1.7.2021 die Güteprüfung von Rohmilch, die von einem Abnehmer durchzuführen ist, und die Berechnung des Kaufpreises. Die Milch-Güteverordnung v. 9.7.1980 (BGBl. 1980 I 2132) ist außer Kraft getreten.

3. Enthalten Milcherzeugnisse Zutaten gem. Anlage 3 der aufgehobenen Lebensmittel-Kennzeichnungsverordnung (→ Kennzeichnung von Lebensmitteln), die allergische oder andere Unverträglichkeitsreaktionen auslösen können, müssen diese angegeben werden, wenn nicht die Verkehrsbezeichnung dieser Erzeugnisse auf das Vorhandensein solcher Zutaten schließen lässt, § 3 Milcherzeugnisverordnung (MilchErzV) v. 15.7.1970 (BGBl. 1970 I 1150, mÄnd). Die Lebensmittel-Kennzeichnungsverordnung gilt insofern fort (§ 7b MilchErzV).

4. → Schulobst.

Milchwirtschaftliche Unternehmen
Milchwirtschaftliche Unternehmen stellen → Milch und Milcherzeugnisse her oder geben sie ab. Milchwirtschaftliche Unternehmen bedürfen einer Betriebserlaubnis (§ 4 Milch- und MargarineG). Eine Stellvertretererlaubnis – weil der Erlaubnisinhaber das Unternehmen nicht persönlich betreiben kann – ist möglich. Nicht unter § 4 fallen der Handel mit verkaufsfertig bezogenen Packungen und der Verkauf in → Gaststätten.

Mildernde Umstände
(Strafmilderungsgründe) → Strafzumessung.

Milieuschutz
→ Erhaltungssatzung.

Militärgerichte
→ Wehrstrafgerichte, → Besatzungsgerichte.

Militärische Gewalt
→ Gewaltverbot (1), → militärische Verteidigung, → militärische Maßnahmen.

Militärische Maßnahmen
sind unter Beachtung des → Völkerrechts, insbes. des → Kriegsrechts und des → Gewaltverbots, im Rahmen der → militärischen Verteidigung zulässig gegen die von einem anderen Staat ausgehende Gewalt. Maßnahmen gegen nichtstaatliche → Störer richten sich als → polizeiliche Maßnahmen nach dem → Polizeirecht des jeweiligen Staates, in Fällen grenzüberschreitender Kriminalität ergänzend nach den Regeln der internationalen → Rechtshilfe; sa → Schengener Übereinkommen; → Vereinte Nationen. Militärische Maßnahmen mit militärischen Waffen durch die Bundeswehr im Inland zur Bekämpfung von Naturkatastrophen oder besonders schweren Unglücksfällen sind nach BVerfG Urt. v. 15.2.2006 (NJW 2006, 751) nicht zulässig.

Militärische Straftaten
sind die im 2. Teil des WehrstrafG idF v. 24.5.1974 (BGBl. 1974 I 1213) unter Strafe gestellten Handlungen, die von Soldaten der Bundeswehr, von militärischen Vorgesetzten, auch wenn sie nicht Soldaten sind (Bundeswehrbeamte), sowie von anderen Nichtsoldaten als Anstifter oder Gehilfen einer militärischen Strafe begangen werden (§ 1 WStG).

1. Mit Strafe bedroht sind

a) als Verstöße gegen die Pflicht zur militärische Dienstleistung (§§ 15–18 WStG): eigenmächtige Abwesenheit von der Truppe (länger als 3 volle Kalendertage), → Fahnenflucht, Selbstverstümmelung und Dienstentziehung durch Täuschung (→ Wehrdienstentziehung);

b) als Straftaten gegen die Pflichten des Untergebenen (§§ 19–29 WStG): Ungehorsam und Gehorsamsverweigerung → Gehorsamspflicht), leichtfertiges Nichtbefolgen eines Befehls, Bedrohung oder Nötigung eines Vorgesetzten oder tätlicher Angriff auf ihn, → Meuterei oder Verabredung zur Unbotmäßigkeit (dh zu einer der vorgenannten Straftaten);

c) Straftaten gegen die Pflichten eines Vorgesetzten (§§ 30–41 WStG), insbes.: vorsätzliche körperliche Mißhandlung oder deren Duldung, vorsätzliche entwürdigende Behandlung oder böswillige Diensterschwerung sowie Duldung dieser Straftaten, Missbrauch der Befehlsbefugnis zu unzulässigen Zwecken (hierzu und über die Verbindlichkeit eines Befehls → Gehorsamspflicht), Unterdrücken von Beschwerden, Missbrauch der Disziplinarbefugnis, mangelhafte Dienstaufsicht, wenn sie schwere Folgen hat (Gefahr für die Sicherheit der BRep., die Schlagkraft der Truppe, für Leib oder Leben eines anderen oder für Sachen von bedeutendem Wert, die dem Täter nicht gehören).

d) Weitere militärische Strafen sind: unwahre dienstliche Meldung, Unterlassung der Anzeige vom Vorhaben oder der Ausführung einer → Meuterei oder → Wehrmittelsabotage, Wachverfehlung, rechtswidriger Waffengebrauch ua m. (§§ 42 ff. WStG).

2. Auf militärische Strafen ist, soweit nichts anderes bestimmt ist, das allgemeine Strafrecht anzuwenden, insbes. das StGB; für → jugendliche und heranwachsende Soldaten gelten Sondervorschriften (§ 3 WStG; → Jugendstrafrecht 2 a. E.). Als Strafe gegen Soldaten verhängbar ist außer Freiheitsstrafe und Geldstrafe nach §§ 9 ff. WStG der Strafarrest (Freiheitsentziehung von 2 Wochen bis 6 Mon., tunlichst unter Förderung der Ausbildung, vgl. Bundeswehrvollzugsordnung vom 29.11.1972, BGBl. 1972 I 2205, mÄnd). Für die Strafaussetzung zur Bewährung gelten Sondervorschriften nach §§ 14, 14a WStG.

Militärische Verteidigung
1. Militärische Verteidigung ist die Anwendung → militärischer Maßnahmen zum Zwecke der Selbstverteidigung gegen die von einem anderen Staat ausgehende Gewalt. (→ Gewaltverbot, 1).

2. Die militärische Verteidigung im Sinne des GG umfasst alle Maßnahmen, die der Abwehr von Angriffen anderer Staaten auf Deutschland mit Hilfe der Streitkräfte dienen. Zusammen mit der → zivilen Verteidigung bildet sie die Gesamtverteidigung, wie sie das GG versteht, wenn es von „Verteidigung einschließlich des Schutzes der Zivilbevölkerung" spricht (vgl. Art. 73 Nr. 1 GG, Art. 87a, 87b II GG). Die militärische Verteidigung Deutschlands gliedert sich in die NATO-Verteidigung, an der Deutschland durch die der → NATO assignierten Verbände mitwirkt, und die sog. Territoriale Verteidigung mit einem im Wesentlichen auf die Unterstützung der NATO-Streitkräfte ausgerichteten Kampfauftrag, die dem nationalen Kommando untersteht.

3. Keine militärische Verteidigung ist die Abwehr nichtstaatlicher Angriffe zB durch Terroristen (sa → Terrorismus, → Terrorismusbekämpfung). Zur Abwehr von Gefahren für Bestand oder die freiheitliche demokratische Grundordnung des → Bundes oder eines → Landes können nach § 87a IV GG Streitkräfte eingesetzt werden (→ Notstand, innerer, 1); dabei handelt es sich um keine militärische Verteidigung ieS. Ebenfalls keine militärische Verteidigung ist der Einsatz der Bundeswehr im Inland zur Bekämpfung von Naturkatasrophen und besonders schweren Unglücksfällen (Art. 35 II 2 und III 1 GG). Nach Urt. d. BVerfG v. 15.2.2006 (NJW 2006, 751) dürfen bei solchen Einsätzen keine spezifisch militärischen Waffen eingesetzt werden (sa → Notstand, innerer, 2).

4. → Bundeswehr; → Verteidigungsfall; → Kriegsrecht; → Auslandseinsätze der Bundeswehr; → Bundeswehreinsätze im Inland.

Militärischer Abschirmdienst (MAD)
des Bundesministers der Verteidigung. Die Rechtsverhältnisse des Militärischen Abschirmdienstes (MAD) sind durch das MAD-Gesetz v. 20.12.1990 (BGBl. 1990 I 2954, 2977) mÄnd geregelt. Gem. § 1 MADG ist Aufgabe des MAD des Bundesministers der Verteidigung in erster Linie die Sammlung und Auswertung von Informationen über verfassungsfeindliche Bestrebungen sowie sicherheitsgefährdende oder geheimdienstliche Tätigkeiten im Bereich der Verteidigung. Das Gesetz regelt insbes. die Zusammenarbeit mit Behörden des → Verfassungsschutzes, die Befugnisse des MAD (polizeiliche Befugnisse oder Weisungsbefugnisse stehen ihm nicht zu, § 4 II), Datenerhebung und Datenschutz, Informationsübermittlung an und durch den MAD, Auskunftsrecht des Betroffenen (§ 9 MADG). Durch das → Terrorismusbekämpfungsgesetz erhielt der MAD die Befugnis zur Einholung von Auskünften bei Anbietern von → Telekommunikationsdiensten (§§ 111 ff. TKG). Der MAD gehört neben den Verfassungsschutzbehörden (→ Verfassungsschutz) des Bundes und der Länder und dem → Bundesnachrichtendienst zu den Stellen, die zur Überwachung des Brief- und Postverkehrs sowie der Telekommunikation nach dem Gesetz zur Beschränkung des Brief-, Post- und Fernmeldegeheimnisses v. 26.6.2001 (BGBl. 2001 I 1254) mÄnd berechtigt sind. Vgl. → Brief-, Post- und Fernmeldegeheimnis (3); → Nachrichtendienste; → nachrichtendienstliche Mittel.

Militärisches Eingreifen
→ Militärische Verteidigung, → Gewaltverbot (1), → Kriegsrecht.

Militärstrafgerichtsordnung
→ Wehrstrafgerichte, → Wehrstrafrecht (1).

Militärstrafgesetzbuch
→ Wehrstrafrecht.

Milzbrand
→ Infektionsschutzgesetz.

Minarett
→ Moschee.

Minderheitenklage
→ Aktiengesellschaft (3c).

Minderheitenrecht
ist die Gesamtheit der Rechtsnormen, welche die Rechtsstellung völkerschaftlicher oder auch religiöser Minderheiten in einem Staat oder sonstigen Verband regeln. Eine umfassende Regelung des Minderheitenrechts im Allgemeinen → Völkerrecht besteht nicht. Soweit sie nicht in → völkerrechtlichen Verträgen getroffen wurde (wie etwa in den Friedensverträgen von Versailles, St. Germain, Neuilly, Trianon und Lausanne oder in den

Vereinbarungen über Südtirol zwischen Österreich und Italien vom 5.9.1946), ist es Sache des innerstaatlichen Rechts, das Minderheitenrecht zu regeln. Hierbei sind die großen völkerrechtlichen Konventionen, insbes. die Europäische → Konvention zum Schutz der Menschenrechte und Grundfreiheiten und das → Völkermord-Abkommen, zu beachten. Anerkannt ist, dass die völlige Entrechtung oder gar die Ausrottung einer Minderheit → völkerrechtliches Unrecht ist. → Autonomie.

Minderheitsaktionär
→ Aktiengesellschaft (4 aE).

Minderheitsrechte
Minderheitsrechte bestehen bei einer Gesellschaft oder einem Verein darin, dass bei einem Gesellschafter- oder Hauptversammlungsbeschluss eine Minderheit der Gesellschafter (Mitglieder, Aktionäre) einen für alle verbindlichen Beschluss fassen, nicht nur (wie bei der → Sperrminorität) verhindern kann. Minderheitsrechte sind bei der → Aktiengesellschaft für die → Sonderprüfung und die Geltendmachung von Ersatzansprüchen gegen Gründer, Vorstand und Aufsichtsrat vorgesehen (§ 147 AktG). Bei der → Personengesellschaft kann der Gesellschaftsvertrag – sofern er ausreichend bestimmt ist – Mehrheitsbeschlüsse zulassen (weitgehend bei der sog. Publikumsgesellschaft; → Kommanditgesellschaft). Dies gilt – im Interesse des Minderheitenschutzes – aber nicht für die Änderung der Gesellschaftsgrundlagen (zB Gesellschaftsform, Gesellschaftszweck usw).

Minderjährige Kinder
(Unterhalt) → Unterhaltspflicht unter Verwandten (5).
(Rechte) → Lebensalter.

Minderjährigkeit
→ Volljährigkeit, → Geschäftsfähigkeit, → Handlungsfähigkeit, → Prozessfähigkeit, → elterliche Sorge (1, s. dort insbes. über Minderjährigen-Haftungsbeschränkung), → Vormundschaft, → Haager Minderjährigenschutzabkommen, → Unterhaltspflicht unter Verwandten (5), → Autovermietung an Minderjährige, → Strafmündigkeit.

Minderkaufmann
→ Kaufmann (3).

Minderlieferung
Die Minderlieferung, dh die Lieferung einer geringeren als der vertraglich bedungenen Menge, wird (ebenso wie eine Mehrlieferung) wie ein Sachmangel behandelt (→ Gewährleistung, 1b, → Werkvertrag, 3).

Minderung
beim Kauf → Gewährleistung (2); im Mietrecht → Mietvertrag (2).

Minderung der Erwerbsfähigkeit
Die Minderung der Erwerbsfähigkeit (MdE) bezeichnet in der → Unfallversicherung und der → Kriegsopferversorgung das Ausmaß, in dem die normale körperliche und geistige Fähigkeit, unter Ausnutzung der sich auf dem gesamten Gebiet des Erwerbslebens bietenden Arbeitsgelegenheiten einen Erwerb zu erzielen, durch → Arbeitsunfall oder Kriegsschäden gemindert ist. In der Unfallversicherung richtet sich die Höhe der Rente nach dem Grad der Minderung der Erwerbsfähigkeit (Vomhundertsatz der vollen Erwerbsfähigkeit) und dem Jahresarbeitsverdienst; auf eine tatsächliche Einbuße an Erwerbseinkommen kommt es nicht an (§ 56 SGB VII). In der Kriegsopferversorgung ist die Höhe der Leistungen von der MdE sowie (teilweise) vom anrechenbaren Einkommen des Geschädigten abhängig. Für die Gewährung einer Rente aus der gesetzlichen → Rentenversicherung ist die MdE unbedeutend, es sei denn, die gezahlte Rente der gesetzlichen Unfallversicherung ist auf die Rente aus der gesetzlichen Rentenversicherung anzurechnen (sa → verminderte Erwerbsfähigkeit).

Minderwert, merkantiler, technischer
→ Schadensersatz (3).

Mindestarbeitsbedingungen
S. zunächst → Arbeitsbedingungen. Nach dem Mindestarbeitsbedingungengesetz vom 11.1.1952 (BGBl. 1952 I 17, mÄnd, aufgehoben zum 16.8.2014), konnten für einzelne Wirtschaftszweige oder Beschäftigungsgruppen Mindestarbeitsbedingungen festgelegt werden, was aber nie geschah. Das inzwischen geltende → Mindestlohngesetz sieht nur Vorgaben für die Lohnhöhe und -fälligkeit vor. Zu Mindestlöhnen und -arbeitsbedingungen in einer Reihe von Branchen, zB im Baugewerbe, s. → Allgemeinverbindlichkeit (aE); sa für Auszubildende § 17 BBiG, → Entsendegesetz und Lohnuntergrenze im → Leiharbeitsverhältnis. Die dortigen Regelungen wurden in den letzten Jahren auf immer mehr Branchen ausgeweitet. Über Mindestarbeitsbedingungen für die Beschäftigung fremder Hilfskräfte durch → Hausgewerbetreibende vgl. § 22 HAG. Seit 1.1.2023 verpflichtet das → Lieferkettensorgfaltspflichtengesetz (in der Berichterstattung auch als Lieferkettengesetz bezeichnet) größere Unternehmen mit Sitz oder Zweigniederlassungen in Deutschland zur Beachtung der Einhaltung von Mindestarbeitsbedingungen auch entlang ihrer internationalen Lieferketten.

Mindestbesteuerung
Durch eine Mindestbesteuerung im Bereich der persönlichen Einkommensteuer sollte verhindert werden, dass ein Stpfl. durch Zuweisung von Verlustanteilen andere, an sich zu versteuernde Einkünfte nicht versteuert und damit letztlich keine → Steuer entrichtet. Seit dem VAZ 2005 sind einkommensteuerlich nur noch die Beschränkungen des → Verlustabzugs nach § 10d EStG und § 15b EStG (Verluste im Zusammenhang mit → Steuerstundungsmodellen) zu beachten.

Neue Bedeutung hat die Thematik der Mindestbesteuerung im internationalen Steuerrecht erlangt: Das „Mindestbesteuerungsrichtlinie-Umsetzungsgesetz“ wurde am 27.12.2023 verkündet (BGBl. 2023 I, 397) und enthält v. a. ein neues „Mindeststeuergesetz“, mit dem eine globale effektive Mindestbesteuerung sichergestellt und aggressiven Steuergestaltungen entgegengewirkt werden soll. Betroffen sind große Unternehmensgruppen, die die Umsatzgrenze von 750 Mio. EUR in mindestens zwei der vier vorangegangenen Geschäftsjahre erreicht haben (§ 1 MinStG). Es handelt sich um eine länderbezogene Berechnung des Steuererhöhungsbetrags unter Zugrundelegung eines Mindeststeuersatzes von 15 Prozent. Sie erfolgt auf Basis der handelsrechtlichen Rechnungslegung (mit einigen Anpassungen). Für die Mindeststeuer ist eine Steuererklärung beim zuständigen Finanzamt abzugeben und die Steuer selbst zu berechnen (Steueranmeldung), was bei den betroffenen Unternehmen in der Regel zu einem hohen bürokratischen Aufwand führt.

Mindestgebot
Das Mindestgebot ist bei einer öffentlichen Versteigerung ein Gebot, das mindestens die Hälfte des gewöhnlichen Verkaufswerts der Sache erreicht (§ 817a ZPO), in der → Zwangsversteigerung den Betrag von 7/10 des Grundstückswerts (Verkehrswert). Einem → Meistgebot, das unter diesem Betrag bleibt, kann der → Zuschlag auf Antrag eines Beteiligten, dessen Rechte durch dieses Meistgebot nicht gedeckt sind, versagt werden (§ 74a ZVG). Das Mindestgebot ist vom → geringsten Gebot zu unterscheiden.

Mindesthaltbarkeitsdatum
Mindeshaltbarkeitsdatum ist das Datum, bis zu dem → Lebensmittel bei angemessener Aufbewahrung ihre spezifischen Eigenschaften behalten. Das Verbrauchsdatum bezeichnet dagegen das Datum, ab dem ein mikrobiologisch sehr leicht verderbliches Lebensmittel als nicht sicher gilt (Art. 24 VO (EU) 1169/2011, → Kennzeichnung von Lebensmitteln, 1.a). → intelligente Verpackungssysteme. Auch → kosmetische Mittel haben ein Mindesthaltbarkeitsdatum (Art. 19 Ic VO (EG) 1223/2009 v. 30.11.2009 über kosmetische Mittel, ABl. EU 2009 L 342, 59).

Mindestharmonisierung
→ Richtlinien der Europäischen Union (2).

Mindest-Ist-Besteuerung
→ Umsatzsteuer (11).

Mindestkapital
→ Aktiengesellschaft, → Gesellschaft mit beschränkter Haftung, → Genossenschaft (2).

Mindestlohn
Einen gesetzlichen, für alle → Arbeitnehmer gleichen Mindestlohn gibt es in Deutschland, anders als bereits zuvor etwa in Frankreich oder Luxemburg, erst seit dem Jahr 2015 auf Grdl. des → Mindestlohngesetzes (MiLoG) v. 11.8.2014, BGBl. I S. 1348, mÄnd. Er betrug ursprünglich brutto 8,50 EUR/Stunde und wurde gem. Vorschlägen der Mindestlohnkommission regelmäßig angepasst (zB brutto 10,45 EUR/Stunde ab 1.7.2022). Zum 1.10.2022 hat der Gesetzgeber abweichend vom bisherigen Prozedere eine Erhöhung des Mindestlohns auf 12,00 EUR brutto pro Stunde festgelegt und den zweijährigen Vorschlagsturnus der Kommission um ein Jahr verschoben (§§ 1 II, 9 I MiLOG). Dementsprechend hat die Mindestlohnkommission am 26.6.2023 eine Erhöhung auf brutto 12,41 EUR/Stunde ab 1.1.2024 sowie brutto 12,82 EUR/Stunde ab 1.1.2025 vorgeschlagen. Der Vorschlag wurde von der Bundesregierung umgesetzt. Der nächste Vorschlag der Kommission hat bis zum 30.6.2025 zu erfolgen.

Es gab allerdings schon vor dem MiLoG und es gibt auch weiterhin Mindestlöhne für bestimmte Branchen (ua Abfallwirtschaft, Bau, Briefdienstleistungen, Bergbauspezialarbeiten und Wäschereidienstleistungen, inzwischen potentiell auf alle Branchen erweitert), die auf bestimmten VOen nach § 7 AEntG beruhen (→ Entsendegesetz 4.). Weitere Lohnuntergrenzen für bestimmte Arbeitnehmer bestimmter Branchen kann es ferner geben durch → Tarifverträge, insbes. für allgemeinverbindlich erklärte (→ Allgemeinverbindlichkeit), die Lohnuntergrenze im → Leiharbeitsverhältnis, die Festlegung „angemessener“ Vergütung etwa für Auszubildende (§ 17 BBiG, seit 2020 als echte Untergrenze mit zusätzlich verstärkter Bindung an branchenübliche Tarifverträge), → Nachtarbeit (§ 6 V ArbZG) und Angestellte von Rechtsanwälten (§ 26 I BORA) sowie die Grenze der Sittenwidrigkeit (§ 138 BGB).

Sa → Arbeitsbedingungen, → Mindestarbeitsbedingungen u. (zur Beachtung der Zahlung eines angemessenen Lohnes in internationalen Lieferketten) → Lieferkettensorgfaltspflichtengesetz.

Mindestlohngesetz
1. Das Gesetz zur Regelung eines allgemeinen Mindestlohns (Mindestlohngesetz – MiLoG) v. 11.8.2014, BGBl. I S. 1348, mÄnd, setzt einen allgemeinen und bundeseinheitlichen → Mindestlohn (nicht aber sonstige → Mindestarbeitsbedingungen) fest, enthält Mechanismen zu dessen Anpassung und zivil- und ordnungsrechtliche Bestimmungen zu seiner Durchsetzung. Anders als die Vorgängernorm (Mindestarbeitsbedingungengesetz) wird das Mindestlohngesetz tatsächlich mit einer Entgeltfestsetzung angewendet.

2. Der Anwendungsbereich des Gesetzes erfasst alle Arbeitnehmer, unabhängig von der Verdiensthöhe. Dies hat Auswirkungen in der Praxis, weil so auch Gutverdiener für bestimmte Teilaspekte auf den Stundenlohn als Entlohnungsmodell festgelegt werden und – anteilig – die Regelungen zur Absicherung des

Mindestlohns (Durchsuchungsrechte der Behörden, Verbot von Ausschlussfristen und Verzicht, Aufzeichnungspflichten) anwendbar sind, obwohl diese auf übliche Vertragsmodelle von nicht schutzbedürftigen Arbeitnehmern nicht abgestimmt sind. Anwendbar ist das Mindestlohngesetz auch auf bestimmte → Praktikantenverhältnisse (§ 22 I MiLoG); nicht anwendbar ist es gem. § 22 II, III MiLoG auf Ausbildungsverhältnisse (vgl. dazu aber § 17 BBiG u. → Berufsbildung, → Berufsausbildungsverhältnis), auf Kinder u. Jugendliche ohne abgeschlossene Berufsausbildung iSv. § 2 I, II JArbSchG sowie auf → ehrenamtlich Tätige (wobei hier ohnehin kein Arbeitsverhältnis vorliegt). Ausgenommen sind ferner bestimmte Langzeitarbeitslose (§ 22 IV MiLoG). Soweit durch Rechtsverordnung gem. AEntG (→ Entsendegesetz), AÜG oder bestimmte → Allgemeinverbindlicherklärungen von Tarifverträgen ein Mindestentgelt festgelegt wurde, gehen deren Regelungen denen des MiLoG vor, soweit die Höhe des Branchenmindestlohns die Höhe des gesetzl. Mindestlohnes nicht unterschreitet (§ 1 III MiLoG), was zB für die (beschränkte) Wirkung von (insbes. tariflichen) Ausschlussfristen von Bedeutung ist (→ Ausschlussklausel). Den Regelungen des MiLoG entgegenstehende allgemeinverbindliche Tarifverträge blieben nur bis zum 31.12.2017 insoweit wirksam.

3. Die anfängliche Höhe des Mindestlohns ab dem 1.1.2015 (brutto 8,50 EUR/Stunde) bzw. ab dem 1.10.2022 (brutto 12 EUR/Stunde) wurde durch das MiLoG selbst festgelegt. Sie ist dadurch nur verfassungsgerichtlich überprüfbar und auch nicht durch eine Mitwirkung von Tarifvertragsparteien und Wissenschaft zusätzlich legitimiert. Änderungen werden nach Beteiligung einer Mindestlohnkommission (§§ 4 ff. MiLoG) durch Rechtsverordnung (§ 11 MiLoG) festgesetzt; die Mindestlohnkommission orientiert sich dabei an der durchschnittlichen Tarifentwicklung. Zum 1.10.2022 hat der Gesetzgeber abweichend vom bisherigen Prozedere den Mindestlohn auf 12 EUR brutto pro Stunde erhöht (§ 1 II MiLoG) und den zweijährigen Vorschlagsturnus der Kommission um ein Jahr verschoben (§ 9 I MiLoG); am 26.6.2023 hat die Kommission Vorschläge für die Zeit ab 1.1.2024 bzw. 1.1.2025 unterbreitet. Die Vorschläge wurden umgesetzt, so dass der Mindestlohn seit dem 1.1.2024 brutto 12,41 EUR/Stunde bzw. seit dem 1.1.2025 12,82 EUR/Stunde beträgt; zu allem auch → Mindestlohn. Das MiLoG differenziert nicht zwischen „normaler" Arbeitszeit und → Bereitschaftsdienst, der ebenfalls mit dem Mindestlohn zu vergüten ist. Anzurechnen sind aber sämtliche arbeitsleistungsbezogene Zahlungen des Arbeitgebers, also auch zB Weihnachtsgeld, sofern es nicht ausschließlich Betriebstreue honoriert.

4. Der Mindestlohn ist zivilrechtlich erheblich gesichert. Gem. § 2 MiLoG ist eine Fälligkeit zwingend bestimmt, von der nur eingeschränkt zB für bestimmte → Arbeitszeitkonten abgewichen werden kann. Ein Verzicht ist nur durch gerichtlichen Vergleich und nur für bereits entstandene Ansprüche möglich, die Verwirkung ist ausgeschlossen (§ 3 MiLoG). Damit sind auch Ausschlussfristen unzulässig, soweit der Mindestlohn betroffen ist. Ein Anspruch auf den Mindestlohn besteht nicht nur gegenüber dem unmittelbaren Arbeitgeber, sondern auch entsprechend § 13 MiLoG in gewissem Maße gegenüber Auftraggebern. Die besonderen Sicherungen gelten nur für die Entgeltzahlungen für tatsächliche Arbeitsleistung, für Annahmeverzugsvergütung, → Entgeltfortzahlung im Krankheitsfall usw hat der Mindestlohn nur mittelbar Bedeutung.

5. Die Einhaltung des Mindestlohngesetzes wird durch den Zoll kontrolliert (§§ 14 ff. MiLoG), der dazu ua Durchsuchungsrechte in allen Geschäftsräumen in der Bundesrepublik erhalten hat. Nur private Haushalte sind hiervor geschützt. Es bestehen erhebliche Aufzeichnungspflichten ua für die Arbeitszeit (für bestimmte Branchen und alle geringfügigen Beschäftigungsverhältnisse). Die Mindestlohnaufzeichnungsverordnung (MiLoAufzV) vereinfacht die Aufzeichnungspflichten für mobile Arbeitnehmer mit Arbeitszeitsouveränität (ua Brief- und Paketzustellung sowie Gütertransport). Die Mindestlohndokumentationspflichten-Verordnung (MiLoDokV) stellt Arbeitgeber bestimmter Arbeitnehmer von Dokumentationspflichten frei: Im Grundsatz sind ab einem verstetigten Monatsentgelt von 4461 EUR Aufzeichnungen nicht mehr erforderlich; der Grenzwert sinkt zudem auf 2974 EUR, sofern der Arbeitgeber dieses Bruttoentgelt nachweislich für die letzten zwölf Monate (ohne Zeiten des Entgeltfortfalls) gezahlt hat; die Werte werden regelmäßig angepasst. Die Dokumentationspflicht entfällt zudem bei engeren Familienmitgliedern des Arbeitgebers bzw. des Organs oder eines Organmitglieds juristischer Personen bzw. eines vertretungsberechtigten Gesellschafters einer rechtsfähigen Personengesellschaft (§ 1 II MiLoDokV). Flankiert werden die Regelungen des Gesetzes durch umfassende Bußgeldvorschriften (§ 21 MiLoG), die selbst die fahrlässig verspätete Zahlung des Mindestlohns als Ordnungswidrigkeit ahnden. Unklar ist, was dies für Fälle wie die fahrlässige Aufrechnung mit zB Schadensersatzforderungen bedeutet. Es bestehen insoweit Meldepflichten der Gerichte.

6. Anders als für Rechtsverordnungen gem. AEntG uÄ ist für die Prüfung der Rechtmäßigkeit einer Verordnung zur Änderung des Mindestlohns nicht der Weg zur Arbeitsgerichtsbarkeit sondern der Verwaltungsrechtsweg eröffnet.

Mindestpreise

Mindestpreise sind Preise, die nicht unterschritten, aber überschritten werden dürfen (im Gegensatz zu → Höchstpreisen). Sie sind europarechtlich problematisch. So hat der

EuGH die früheren Höchst- und Mindestpreise der HOAI (→ Architekten- und Ingenieurvertrag) für Planungsleistungen von → Architekten und → Ingenieuren als Verstoß gegen die → Dienstleistungsrichtlinie eingestuft; sie waren damit europarechtswidrig (EuGH 4.7.2019, C-377/17). Die HOAI wurde zum 1.1.2021 entsprechend geändert. Sa → Gesamtpreis, → Festpreis, → Grundpreis, → Preisrecht. Mindestpreise im EU-Agrarrecht waren die früher geläufigen, aber mittlerweile kaum mehr praktizierten Interventionspreise (→ Intervention, → Marktorganisationen, gemeinsame).

Mindestreserven

1. Mindestreserven sind Geldbeträge, die von → Kreditinstituten der Eurozone bei den betreffenden nationalen Zentralbanken auf Mindestreservekonten gehalten werden müssen. Rechtsgrundlagen sind Art. 19 ESZB-Satzung, Verordnung (EG) 2531/98 des Rates v. 23.11.1998 über die Auferlegung einer Mindestreservepflicht durch die → Europäische Zentralbank (ABl. EG 1998 L 318, 1) und Verordnung (EU) 2021/378 der EZB v. 22.1.2021 über die Auferlegung einer Mindestreservepflicht (ABl. EU 2021 L 73, 1). Die Höhe der Mindestreserven ergibt sich aus der Multiplikation von Mindestreservebasis und Mindestreservesatz. Die Mindestreservebasis umfasst Einlagen und ausgegebene Schuldverschreibungen (Art. 5 VO (EU) 2021/378), der maßgebliche Mindestreservesatz wird von der EZB festgesetzt und beträgt gegenwärtig 1%. Die Mindestreserven werden von ihr zum durchschnittlichen Zinssatz der Hauptrefinanzierungsgeschäfte verzinst (Art. 9 VO (EU) 2021/378).

2. Mindestreserven verknappen die Liquidität und beeinflussen das Zinsniveau. Als Mindestreservenpolitik, die früher der → Bundesbank oblag (§ 16 BBankG aF), bezeichnet man die Veränderung der Mindestreservepflicht zu währungspolitischen Zwecken. → Offenmarktpolitik, → ständige Fazilitäten.

Mindestunterhalt

1. Der minderjährigen Kindern zu gewährende Mindestunterhalt durch → Verwandte richtet sich nach dem Existenzminimum des minderjährigen Kindes (§ 1612a I 2 BGB). Er beträgt monatlich entsprechend dem Alter des Kindes bis zur Vollendung des 6. Lebensjahres 87% (Altersstufe 1), für die Zeit vom 7.–12. Lebensjahr 100% (Altersstufe 2) und ab dem 13. Lebensjahr 117% (Altersstufe 3) des steuerfrei zu stellenden sächlichen Existenzminimums. Nach der Konzeption des Gesetzgebers hat das Justizministerium des Bundes den Mindestunterhalt erstmals zum 1.1.2016 und dann alle zwei Jahre durch Rechtsverordnung auf Basis des → Existenzminimumsbericht der Bundesregierung festzulegen (§ 1612a BGB). Das Grundrecht auf Gewährleistung eines menschenwürdigen Existenzminimums aus Art. 1 Abs. 1 GG i. V. m. Art. 20 Abs. 1 GG erfordert, dass der Mindestunterhalt zusammen mit dem → Kindergeld das Existenzminimum nicht unterschreitet. Da regelmäßig die Prognose des Existenzminimumberichts für das zweite Jahr zu niedrig ausfiel, wurde die Mindestunterhaltsverordnung laufend außerplanmäßig geändert und der Mindestunterhalt dem Existenzminimum angepasst.

Ab 1.1.2025 gelten nach der siebten Verordnung zur Änderung der Mindestunterhaltsverordnung (BGBl. 2024 I Nr. 359) folgende Beträge für den Mindestunterhalt: Altersstufe 1 = 482 EUR, Altersstufe 2 = 554 EUR, Altersstufe 3 = 649 EUR. Von diesen Beträgen ist noch das Kindergeld abzuziehen (→ Kindergeldanrechnung). Für ein achtjähriges Kind, das von einem Elternteil betreut wird, bezahlt der andere Elternteil damit derzeit monatlich einen Mindestunterhalt in Höhe von 554 – (1/2255) sind 426,50 EUR.

2. Eltern müssen gegenüber unverheirateten minderjährigen Kindern (ggf. bis zu deren 21. Lebensjahr) alle verfügbaren Mittel einsetzen, sofern nicht andere leistungsfähige Unterhaltspflichtige vorhanden sind (§ 1603 II BGB, gesteigerte Unterhaltspflicht). Ein Unterhaltsbedarf in Höhe des Mindestunterhalts als Existenzminimum wird vermutet. Der unterhaltsverpflichtete Verwandte hat darzulegen und gegebenenfalls zu beweisen, dass er nicht in der Lage ist, den Unterhalt ohne Gefährdung des eigenen Existenzminimums zu leisten, etwa wegen einer Erkrankung. Nach der → Düsseldorfer Tabelle sollen dem erwerbstätigen Unterhaltspflichtigen monatlich 1.450 EUR verbleiben (notwendiger Eigenbedarf oder Selbstbehalt). Der Unterhaltspflichtige muss, um den Mindestunterhalt des Kindes und seine eigene Existenz zu sichern, neben der durch die allgemeine Erwerbsobliegenheit geforderten üblichen Vollzeittätigkeit auch Nebentätigkeiten aufnehmen, seine Arbeitszeit bis zum maximal Zulässigen (→ Arbeitszeit 2.) ausdehnen etc.

3. Zu den weiteren Voraussetzungen der → Unterhaltspflicht unter Verwandten, zum Verfahren (auf Festsetzung und Abänderung) s. → Unterhaltssachen.

Mindesturlaub

Mindesturlaub ist der den → Arbeitnehmern, → Auszubildenden und → arbeitnehmerähnlichen Personen mindestens zu gewährende → Urlaub. Er beträgt bei Erwachsenen 24 Werktage (Berechnungsbasis 6-Tage-Woche, § 3 BUrlG, Art. 7 RL 2003/88/EG), bei Jugendlichen (14–18 Jahre) je nach Alter 25–30 Werktage (bei Beschäftigung im Bergbau unter Tage 3 Werktage zusätzlich), § 19 JArbSchG. → Schwerbehinderte Menschen erhalten 5 Tage → Zusatzurlaub (Berechnungsbasis 5-Tage-Woche, § 208 SGB IX). Durch → Tarifvertrag, → Betriebsvereinbarung oder Einzelarbeitsvertrag darf der Mindesturlaub erhöht werden (§ 13 BUrlG). Unter den gesetzlichen Mindesturlaub darf auch ein Tarifvertrag den Urlaubsanspruch nicht festlegen, auch betreffend die Gewährung anteiligen Urlaubs oder den Verfall von Urlaub bei längerer Arbeitsunfähigkeit; hier wird ggf. eine Kürzung vorgesehen, die aber mind. den gesetzlichen Anspruch erhält. Für ausländische Arbeitgeber → Allgemeinverbindlichkeit. → Bildungsurlaub.

Mineral- und Tafelwasser
Bezeichnungen, Kennzeichnung, Anerkennung sowie hygienische Anforderungen an Gewinnung, Herstellung und Verpackung regelt die Mineral- und Tafelwasser-Verordnung (Min/TafelWV) v. 1.8.1984 (BGBl. 1984 I 1036) mÄnd. → Lebensmittel, → Trinkwasser.

Mineralien
sind → Bodenschätze.

Mineralölsteuer
1. Rechtsgrundlage für die Mineralölsteuer war das Mineralölsteuergesetz v. 21.12.1992 (BGBl. 1992 I 2185) und die MinöStVO v. 15.9.1993 (BGBl. 1993 I 1602). Besondere Bedeutung erlangte die Mineralölsteuer durch die ökologische Steuerreform (→ Ökosteuer), durch die die Mineralölsteuer für Kraftfahrstoffe kontinuierlich erhöht wurde.

2. Die Mineralölsteuer war eine zweckgebundene Verbrauchsteuer auf die im → Inland gewonnenen oder eingeführten Mineralöle. Der auf den Kraftverkehr entfallende Teil des Mineralölsteuer-Aufkommens war für Zwecke des Straßenwesens zu verwenden (StraßenbaufinanzierungsG vom 28.3.1960, BGBl. 1960 I 201). Im Interesse des → Umweltschutzes betrug die Mineralölsteuer ab 1.1.2003 für bleifreies Benzin 0,65 Cent, für bleihaltiges Benzin 0,72 Cent und für Diesel 0,47 Cent. Die Mineralölsteuer für Erdgas betrug ab 1.1.2003 je MWh 31,80 EUR. → Kraftfahrzeugsteuer. Sie war die bedeutendste → Verbrauchsteuer. Das Aufkommen aus der Besteuerung der Heizöle war zweckgebunden für energiepolitische Maßnahmen; es diente ua der Anpassung des Steinkohlenbergbaus.

3. Ab 1.8.2006 ging die Mineralölsteuer in den Steuern nach dem → Energiesteuergesetz auf.

Mini-Job
Mini-Job ist die geläufige Bezeichnung für → geringfügige Beschäftigung. So erfolgt auch die Anmeldung der geringfügig Beschäftigten bei der „Minijob-Zentrale“ (→ Haushaltsscheck).

minima non curat praetor
Der Richter kümmert sich nicht um Kleinigkeiten. Grundsatz des → römischen Rechts, der als solcher heute keine Gültigkeit mehr hat; s. aber → Opportunitätsprinzip.

Minister
Minister sind Mitglieder der → Regierung als oberstem (Kollegial-)Organ der → vollziehenden Gewalt. Zugleich stehen sie an der Spitze der Ministerien als der obersten Verwaltungsbehörden des Staates (→ Bundes-, → Staats-, Landesminister; in den Stadtstaaten Senator). Ihre Rechtsstellung ist zT durch die Verfassungen, im Übrigen durch besondere Gesetze geregelt (vgl. BundesministerG idF v. 27.7.1971, BGBl. 1971 I 1166, mÄnd). Die Minister sind nicht → Beamte, sondern stehen in einem öffentlich-rechtlichen Amtsverhältnis besonderer Art. Ihre Ernennung ist in den einzelnen Verfassungen unterschiedlich geregelt. In den demokratischen Staaten werden sie meist auf Vorschlag des durch das → Parlament gewählten Regierungschefs (Ministerpräsident, Bundeskanzler) vom Staatsoberhaupt ernannt und ebenso entlassen; ihr Amt endet zugleich mit dem des Regierungschefs. Im Rahmen der vom Regierungschef gesetzten Richtlinien der Politik (→ Richtlinienkompetenz) leiten die Minister ihr Ministerium idR selbständig unter eigener Verantwortung (→ Ressort). Zahl und Sachgebiete der Ministerien unterliegen im Allgemeinen der Disposition des Regierungschefs; zT sind sie verfassungsmäßig oder in einer Geschäftsordnung festgelegt. Die Gesamtheit der Minister eines Staates bildet zusammen mit dem Regierungschef (→ Bundeskanzler, Ministerpräsident) die → Regierung (Kabinett; Ministerrat; Bundes-, Staatsreierung; in den → Stadtstaaten: Senat).

Ministeranklage
Nach Art. 59 Weimarer Verfassung war der Reichstag berechtigt, den Reichspräsidenten, den Reichskanzler und die Reichsminister vor dem Staatsgerichtshof für das Deutsche Reich anzuklagen, dass sie schuldhaft die Reichsverfassung oder ein Reichsgesetz verletzt haben. Im Gegensatz hierzu kennt das Bonner Grundgesetz eine Anklage des Bundeskanzlers oder eines Bundesministers nicht (aber eine Anklage des → Bundespräsidenten und die → Richteranklage; Art. 61, 98 II, V GG). Die Verfassungen einzelner Länder sehen dagegen die Ministeranklage vor dem Verfassungs (Staats)gerichtshof vor.

Ministererlaubnis
Hat das → Bundeskartellamt im Rahmen der → Fusionskontrolle einen Zusammenschluss von Unternehmen untersagt, so kann der Bundesminister für Wirtschaft und Energie (nunmehr: Bundesminister für Wirtschaft und Klimaschutz) auf Antrag den Zusammenschluss gleichwohl erlauben, wenn im Einzelfall die Wettbewerbsbeschränkung von gesamtwirtschaftlichen Vorteilen des Zusammenschlusses aufgewogen wird oder der Zusammenschluss durch ein überragendes Interesse der Allgemeinheit gerechtfertigt ist (§ 42 Abs. 1 S. 1 GWB). Auf diese Weise kann eine Berücksichtigung außerwettbewerblicher Aspekte (etwa Verbesserung der Energieversorgungssicherheit oder Umwelt- und Klimaschutz) stattfinden, die dem Bundeskartellamt verwehrt ist. Die Ministererlaubnis darf nur erteilt werden, wenn die markt-

wirtschaftliche Ordnung nicht durch das Ausmaß der Wettbewerbsbeschränkung gefährdet wird. Vor der Entscheidung ist eine Stellungnahme der → Monopolkommission einzuholen; die Ministererlaubnis kann mit Auflagen und Bedingungen verbunden werden.

Die europäische → Fusionskontrolle kennt kein vergleichbares Institut.

Eine der Ministererlaubnis vergleichbare Zielsetzung hatte die Freistellung von → Sonderkartellen durch den Bundesminister für Wirtschaft, die bis zum 30.6.2005 gem. § 8 GWB aF vorgesehen war.

Ministerium
Ministerium nennt man die Behörde, die einen → Minister bei der Wahrnehmung seiner Aufgaben unterstützt. Im → Bund ist die Bezeichnung Bundesministerium, in einigen Ländern (Bayern u. Sachsen) Staatsministerium, in den Stadtstaaten Senatsverwaltung oder schlicht Behörde (zB Justizbehörde Hamburg). Gebräuchlich ist auch die Bezeichnung → Ressort (iE s. dort).

Ministerkartelle
→ Sonderkartelle.

Ministerpräsident
→ Regierung.

Ministerrat
1. → Regierung, → Europ. Atomgemeinschaft, → Rat der Europäischen Union.

2. In der ehem. DDR war der Ministerrat (Art. 76–80 der Verfassung der ehem. DDR) als Organ der → Volkskammer die Regierung der DDR und leitete die einheitliche Durchführung der Staatspolitik. Er handelte im Auftrag der Volkskammer und war ihr verantwortlich. Er bestand aus dem Vorsitzenden, den Stellvertretern und den Ministern, die nach Neuwahl der Volkskammer von ihr auf 5 Jahre gewählt wurden.

Mischehe
Die Eheschließung zwischen einem Angehörigen der → kath. Kirche und einem Angehörigen eines anderen religiösen Bekenntnisses ist nach kath. Kirchenrecht unstatthaft; jedoch kann Dispens gegen das schriftliche Gelöbnis erteilt werden, die Ehe nach kath. Ritus zu schließen, die Kinder im kath. Glauben zu erziehen und den kath. Eheteil in der Religionsausübung nicht zu behindern. Die → evang. Kirche kann die Einsegnung der Ehe ablehnen, wenn die Erziehung der Kinder in ihrem Glauben nicht versprochen wird. Kirchenrechtlich nicht möglich ist eine → kirchliche Trauung in der Form einer → Ökumenischen Trauung.

Mischgebiet
Gebiet nach der → Baunutzungsverordnung, in dem ua Wohngebäude, Geschäfts- und Bürogebäude, Einzelhandelsbetriebe, Wirtschaften, Beherbergungsbetriebe, sonstige Gewerbebetriebe, Anlagen für Verwaltungen sowie für kirchliche, kulturelle, soziale, gesundheitliche und sportliche Zwecke, Gartenbaubetriebe und Tankstellen sowie Vergnügungsstätten zulässig sind.

Mischtatbestände
→ Ordnungswidrigkeiten (1).

Mischverwaltung
Weder der Bund noch die Länder können über ihre im GG festgelegten Kompetenzen (→ Verwaltungskompetenz, → Ausführung von Gesetzen) verfügen. Kompetenzüberschreitungen sind auch mit Zustimmung der Beteiligten nicht zulässig. Mitplanungs-, Mitverwaltungs- und Mitentscheidungsbefugnisse gleich welcher Art im Aufgabenbereich der Länder verstoßen, sofern nicht die Verfassung dem Bund entsprechende Sachkompetenzen übertragen hat – wie zB im Bereich der → Gemeinschaftsaufgaben – gegen das grundgesetzliche Verbot einer Mischverwaltung (BVerfGE 32, 145 ff.; 39, 96). Vgl. auch → Dotationsauflagen.

Missbilligte Klausel
→ Allgemeine Geschäftsbedingungen; → Rechtsmissbrauch, → Treu und Glauben, → Nichtigkeit.

Missbräuchliche Rechtsausübung
→ Treu und Glauben, → Schikaneverbot.

Missbrauch Abhängiger
→ Sexueller Missbrauch in Abhängigkeitsverhältnissen.

Missbrauch der Befehlsbefugnis
→ Gehorsamspflicht, → Militärische Straftaten.

Missbrauch der Vertretungsmacht
→ Vertretung ohne Vertretungsmacht.

Missbrauch geschützter Daten
→ Datenschutz, → Computerkriminalität.

Missbrauch von Ausweispapieren
→ Ausweismissbrauch.

Missbrauch von Gestaltungsmöglichkeiten
Bürgerlich-rechtliche Gestaltungen sind für die Besteuerung unbeachtlich, wenn Steuerersparnis durch außergewöhnliche Gestaltung einziger Zweck ist (§ 42 I AO). Besteuert wird in einem solchen Fall nach der angemessenen Gestaltung. Mit Wirkung zum 1.1.2008 ist in § 42 II AO der Begriff Missbrauch definiert. Er liegt vor, wenn eine unangemessene rechtliche Gestaltung gewählt wird, die beim Stpfl. oder einem Dritten im Vergleich zu einer angemessenen Gestaltung zu einem gesetzlich nicht vorgesehenen Steuervorteil führt. Dies gilt nicht, wenn der Stpfl. für die gewählte Gestaltung außersteuerliche Gründe nachweist, die nach dem Gesamtbild der Verhältnisse beachtlich sind. Die Regelung bedeutet eine erhebliche Verschärfung der Anforderungen an den Stpfl., da bislang die Finanzverwaltung darzulegen hatte, dass ein Missbrauch vorliegt. Jetzt obliegt es dem Stpfl., nachzuweisen, dass sein Handeln auf beachtlichen

außersteuerlichen Gründen beruht, → wirtschaftliche Betrachtungsweise, → Fremdvergleich.

Missbrauch von Grundrechten
→ Verwirkung von Grundrechten.

Missbrauch von Hoheitszeichen
→ Hoheitszeichen.

Missbrauch von Kreditkarten
Straftatbestand nach § 266b StGB, den der berechtigte Karteninhaber mittels Belastung des ungedeckten Kontos erfüllt, wenn der Aussteller der Karte dadurch geschädigt wird. Der Tatbestand ähnelt in seiner Struktur demjenigen der → Untreue (§ 266 StGB) in Form der dortigen Missbrauchsalternative. Seine Einführung durch das 2. WiKG 1986 (→ Wirtschaftsstrafrecht) trug dem Umstand Rechnung, dass der Karteninhaber keine Vermögensbetreuungspflicht zugunsten des Kartenausstellers innehat, so dass seine Missbrauchshandlungen durch den allgemeinen Untreuetatbestand nicht erfasst werden. § 266b StGB setzt ein Drei-Partner-System voraus, in dem der Kartenaussteller dem Dritten, dessen Leistung der Karteninhaber in Anspruch nimmt, Erfüllung garantiert. Er erfasst daher die Barabhebung an Geldautomaten mit Karte bei einem dritten Kreditinstitut, nicht bei dem Kreditinstitut, das Kartenaussteller ist; bei diesem liegt auch → Computerbetrug nicht vor. Der Strafrahmen sieht Geldstrafe oder Freiheitsstrafe bis zu 3 Jahren vor, bei geringem Schaden Verfolgung aber nur auf → Strafantrag oder bei besonderem öffentlichen Interesse.

Missbrauch von Notrufen
Straftatbestand nach § 145 StGB, der als abstraktes → Gefährdungsdelikt die Funktionsfähigkeit von Einrichtungen und Strukturen schützt, die in Notfällen Hilfleistung ermöglichen. Als Missbrauch von Notrufen oder Notzeichen (Feuer-, Unfallmelder, SOS-Zeichen) erfasst § 145 I StGB deren absichtliche od. wissentliche Anwendung trotz Fehlens der Voraussetzungen. Zudem bedroht § 145 II StGB auch absichtliche oder wissentliche Beeinträchtigung oder Beschädigung von Einrichtungen, die der Verhütung von Unglücksfällen oder gemeiner Gefahr dienen, oder von Rettungsgeräten u. dgl. mit Strafe. Der Strafrahmen reicht im ersten Fall bis zu einem Jahr, im zweiten Fall bis zu zwei Jahren Freiheitsstrafe.

Missbrauch von Sozialleistungen
→ Leistungsmissbrauch.

Missbrauch von Wegstreckenzählern und Geschwindigkeitsbegrenzern
Die Verfälschung der Messung eines Wegstreckenzählers (Kilometerzähler, → Ausrüstung von Kfz.) oder die Aufhebung oder Beeinträchtigung der Funktion eines → Geschwindigkeitsbegrenzers ist mit Strafe bedroht, ebenso die Vorbereitung einer Tat durch Herstellung, Verschaffen, Feilhalten oder Überlassen von Computerprogrammen zur Begehung einer solchen Tat (§ 22b StVG).

Missbrauch zu sexuellen Handlungen
→ Sexueller Missbrauch in Abhängigkeitsverhältnissen, → Sexueller Missbrauch von Jugendlichen, → Sexueller Missbrauch von Kindern, → Sexueller Missbrauch von Schutzbefohlenen. Sa → Codex Iuris Canonici (CIC), 4.

Missbrauchsanleitungen
Der Straftatbestand des § 176e StGB stellt die Verbreitung und den Besitz von Anleitungen zu → sexuellem Missbrauch von Kindern unter Strafe. Er wurde durch das StRÄndG – Verbesserung des strafrechtlichen Schutzes gegen sogenannte Feindeslisten etc. vom 14.9.2021 (BGBl. 2021 I 4250) neu geschaffen. Als abstraktes → Gefährdungsdelikt soll die Norm der Gefahr entgegenwirken, dass der Umgang mit derartigen Anleitungen die Hemmschwelle absenkt und die Bereitschaft weckt oder verstärkt, sexuellen Missbrauch von Kindern zu begehen. Der Gesetzgeber hat damit zugleich darauf reagiert, dass einschlägige Anleitungen nicht selten bei → Beschuldigten aufgefunden werden, die des sexuellen Missbrauchs von Kindern verdächtigt werden (BT-Drs. 19/31115, 10 f.). Erfasst werden → Inhalte (§ 11 III StGB), die geeignet sind, als Anleitung zu einer in den §§ 176 bis 176d StGB genannten rechtswidrigen Tat zu dienen. Unter Strafe steht, solche Inhalte zu verbreiten oder der Öffentlichkeit zugänglich zu machen, wenn entweder diese Inhalte als solche schon dazu bestimmt sind, die Bereitschaft anderer zu fördern oder zu wecken, eine solche Tat zu begehen (§ 176e I StGB), oder wenn der Täter subjektiv zu diesem Zweck handelt (bei für sich betrachtet „neutralen" Inhalten, § 176e II Nr. 1 StGB). Ein mit der letztgenannten Motivation handelnder Täter macht sich zudem strafbar, wenn er öffentlich oder in einer Versammlung zu einer in den §§ 176 bis 176d StGB genannten rechtswidrigen Tat eine Anleitung gibt (§ 176e II Nr. 2 StGB). Insbes. das Abrufen und der Besitz eines Inhalts nach § 176e I StGB steht unter Strafe nach § 176e III StGB. Die Norm erfasst nur Handeln mit → Vorsatz (vgl. § 15 StGB). Der Strafrahmen reicht von Geldstrafe bis zu drei Jahren Freiheitsstrafe; in den Fällen des § 176e III StGB (Abrufen, Besitz etc.) bis zu zwei Jahren Freiheitsstrafe. Ähnlich wie § 184b V StGB und § 184l IV StGB sieht auch § 176e IV, V StGB tatbestandliche Ausnahmen vor, um insbes. für Zwecke strafrechtlicher Ermittlungen den insoweit erforderlichen Umgang mit Missbrauchsanleitungen zu ermöglichen.

Missbrauchsskandal
Seit 2010 wurden in Deutschland vermehrt Fälle des → sexuellen Missbrauchs von Kindern sowie des → sexuellen Missbrauchs von

Jugendlichen in der → katholischen Kirche, aber auch in anderen → Religionsgemeinschaften, Internaten und im Sport bekannt. Ähnliche Enthüllungen gab es vorher bereits in anderen Staaten, insbes. auch den USA. Der Vorwurf richtete sich dabei nicht nur gegen die konkreten Täter, sondern vor allem auch dagegen, dass die betreffenden Institutionen nicht genügend für die Aufklärung, die Entschädigung der Opfer und die Prävention getan hätten. Inzwischen hat zB die katholische Kirche Maßnahmen ergriffen und eigeneVorschriften des kirchlichen Rechts erlassen, die vergleichbare Vorkommnisse in der Zukunft verhindern sollen. Vgl. auch → Sexueller Missbrauch in Abhängigkeitsverhältnissen; → Sexueller Missbrauch von Schutzbefohlenen; → Missbrauch zu sexuellen Handlungen; → Codex Iuris Canonici (CIC), 4.

Missbrauchsverbot
Im → Kartellrecht gilt ein allgemeines Verbot des Missbrauchs einer → marktbeherrschenden Stellung (Art. 102 AEUV, § 19 Abs. 1 GWB). In § 19 GWB wird dieses Verbot beispielhaft konkretisiert als die Beeinträchtigung der Wettbewerbsmöglichkeiten anderer Unternehmen (→ Behinderungsmissbrauch), Forderung von Entgelten oder Geschäftsbedingungen, die sich bei wesentlichem Wettbewerb nicht ergeben würden (→ Ausbeutungsmissbrauch), unterschiedliche Behandlung der Marktgegenseite ohne sachliche Rechtfertigung (→ Diskriminierungsverbot im Wettbewerbsrecht) und → Zugangsverweigerung zu Infrastruktureinrichtungen (→ Essential facility). Für das europäische Kartellrecht enthält Art. 102 AEUV ähnliche Regeln. Nach deutschem → Kartellrecht kann sich auch ein Unternehmen missbräuchlich verhalten, das aufgrund seiner → relativen Marktmacht von ihm abhängige kleinere und mittlere Unternehmen unbillig behindert (§ 20 GWB).

Misshandlung
→ Körperverletzung, → militärische Straftaten.

Misshandlung von Tieren
→ Tierschutz.

Missio canonica
ist im kath. Kirchenrecht allgemein die Übertragung von Lehrbefugnissen an dazu befähigte Personen. → Diakonen, → Priestern und → Bischöfen steht bereits im Rahmen ihres Amtes die Lehrgewalt zu, so dass die besondere Bedeutung der missio canonica darin liegt, dass durch sie die Lehrbefugnis für einen bestimmten Bereich auch auf Laien übertragen werden kann, so zB → Pastoralassistenten, Religionslehrern (→ Religionsunterricht) und Hochschullehrern (→ Lehrbefugnis). Die missio canonica ist widerruflich, insbesondere bei Nichtübereinstimmung mit der kirchlichen Lehre oder Beanstandungen der privaten Lebensführung.

Missionschef
→ Diplomaten.

Misstrauensvotum
Allgemein bezeichnet man als Misstrauensvotum die Kundgabe des → Parlaments, dass die Regierung oder einzelne ihrer Mitglieder nicht mehr das Vertrauen der Volksvertretung besitzen (→ parlamentarisches Regierungssystem). Häufig ist in den Verfassungen vorgesehen, dass die Regierung durch die allgemein oder in Verbindung mit einer bestimmten Vorlage gestellte Vertrauensfrage ein Votum des Parlaments herbeiführen kann. Nach Art. 67 GG kann der → Bundestag dem → Bundeskanzler das Misstrauen nur dadurch aussprechen, dass er mit der Mehrheit seiner Mitglieder einen Nachfolger wählt und den → Bundespräsidenten ersucht, den BK zu entlassen. Der BPräs. muss dem Ersuchen entsprechen und den Gewählten ernennen. Dieses sog. konstruktive M. soll verhindern, dass der BK durch ein Misstrauensvotum gestürzt wird, ohne dass die parlamentarische Grundlage für die Bildung einer neuen BReg. vorhanden ist. Findet ein Antrag des BK, ihm das Vertrauen auszusprechen (→ Vertrauensfrage), nicht die Zustimmung der Mehrheit der Mitglieder des Bundestages, so kann der BPräs. auf Vorschlag des BK binnen 21 Tagen den Bundestag auflösen (Ermessensentscheidung) und so Neuwahlen herbeiführen; das Recht zur Auflösung erlischt, sobald der Bundestag mit der Mehrheit seiner Mitglieder einen anderen BK wählt (Art. 68 GG).

Mitarbeit der Ehegatten
1. Aus der → ehelichen Lebensgemeinschaft (vgl. § 1353 I 2 BGB, § 1360 BGB) folgt generell die Verpflichtung der Ehegatten, einander, soweit möglich, beizustehen und zu helfen. Dies umfasst im Einzelfall, dass die Ehegatten gehalten sind, auch in einem Beruf oder Erwerbsgeschäft (Handwerksbetrieb, Landwirtschaft usw.) des anderen Ehegatten mitzuarbeiten, soweit dies nach den Verhältnissen, in denen die Ehegatten leben, üblich und zumutbar ist. Eine ausdrückliche gesetzliche Verpflichtung dazu besteht nicht mehr. Unabhängig hiervon regeln die Ehegatten die Haushaltsführung im gegenseitigen Einvernehmen (§ 1356 I BGB). Die Ehegatten müssen bei der Wahl und Ausübung einer Erwerbstätigkeit auf die berechtigten Belange des anderen Ehegatten und der Familie, zB hinsichtlich der Haushaltsführung, Rücksicht nehmen (§ 1356 II BGB). Zur Frage des Unterhalts in diesen Fällen → Unterhaltspflicht der Ehegatten, → Scheidungsunterhalt.

2. Die Mitarbeit der Ehegatten wird grds. unentgeltlich in Erwartung des Fortbestands der Ehe geleistet, sofern kein Ehegattenarbeitsverhältnis besteht. Der mitarbeitende Ehegatte partizipiert laufend an den ehelichen Lebensverhältnissen und im Fall des → Scheiterns der Ehe an dem enstandenen Vermögenszuwachs durch den Ausgleich des → Zu-

gewinns. Werden weit überdurchschnittliche Arbeitsleistungen (zB zur Errichtung eines Familienheims) oder sonstige ehebezogene Zuwendungen (in der Erwartung des Fortbestands der Ehe) erbracht, soll im Ergebnis eine Möglichkeit zum Ausgleich im Falle des → Scheiterns der Ehe auch dann bestehen, wenn der dem Ausgleich grds. vorgehende güterrechtliche Ausgleich (→ Zugewinnausgleich) ausgeschlossen ist (→ Gütertrennung) oder zumutbarerweise nicht ausreicht (BGH NJW 1997, 2747; WM 1999, 1830). Zwischen den Ehegatten ist regelmäßig keine → Schenkung gegeben, weil Zuwendungen und Leistungen nicht uneigennützig, sondern in Erwartung des Fortbestands der Ehe gemacht werden. Es kann eine → unbenannte Zuwendung vorliegen, die nach den Grundsätzen des → Wegfalls der Geschäftsgrundlage rückabgewickelt wird. Das Wesen der Ehe steht einem → Gesellschaftsvertrag zwischen den Ehegatten mit allen seinen vermögensrechtlichen Folgen (Familiengesellschaft) nicht entgegen. Bei Beendigung einer derartigen Ehegattengesellschaft mit dem Scheitern der Ehe besteht ein Ausgleichsanspruch, der von dem Anspruch auf → Zugewinnausgleich unabhängig ist (BGH NJW 2006, 1268). Auch ein echtes → Arbeitsverhältnis mit Über- und Unterordnung sowie den sich hieraus ergebenden Pflichten zur Lohnzahlung, Sozialversicherung und Abführung der Lohnsteuer kann zwischen Ehegatten bestehen. Betriebsverfassungsrechtlich trägt das Arbeitsrecht der besonderen familiären Verbundenheit dadurch Rechnung, dass Ehegatten, Lebenspartner, Verwandte und Verschwägerte ersten Grades nicht als Arbeitnehmer iSd BetrVG gelten, solange sie mit dem Arbeitgeber in häuslicher Gemeinschaft leben (§ 5 Abs. 2 Nr. 5 BetrVG). Voraussetzung für die steuerrechtliche Anerkennung ist allerdings in jedem Fall die ernsthafte Begründung eines Gesellschafts- oder Arbeitsverhältnisses auf Grund objektiv nachweisbarer Umstände. Maßstab für die steuerliche Anerkennung ist der → Fremdvergleich; dh das Rechtsverhältnis zwischen den Ehegatten wird nur dann steuerlich anerkannt, wenn es wie unter fremden Dritten abgeschlossen ist und tatsächlich durchgeführt wird.

3. Sofern ein Arbeitsverhältnis vorliegt, besteht Versicherungspflicht in der sozialen → Krankenversicherung, der → Pflegeversicherung, → Rentenversicherung und → Arbeitslosenversicherung (→ Arbeitsförderung), in der → Unfallversicherung nach Maßgabe der Satzung (§ 24 SGB III; § 5 SGB V; § 1 SGB VI; § 2 I Nr. 1 SGB VII, § 3 I Nr. 1 SGB VII, § 6 I Nr. 1 SGB VII; § 20 SGB XI). Die → Einzugstelle (gesetzliche Krankenkasse) stellt bei Kenntnis eines Ehegattenarbeitsverhältnisses in der Regel einen Antrag auf Feststellung des Erwerbsstatus bei der → Deutschen Rentenversicherung Bund. Die Tätigkeit auf familienrechtlicher Grundlage (s. o. 2.) oder aufgrund eines versicherungspflichtigen Arbeitsverhältnisses sind voneinander abzugrenzen. Für Letzteres können zB die Erwartung, die Dienste nur gegen Vergütung zu erbringen (Antritt einer Vollzeitstelle), der Abschluss eines schriftlichen Arbeitsvertrages, die Verbuchung des Entgelts als Betriebsausgabe oder der dauerhafte Ersatz einer Arbeitskraft durch den Ehegatten sprechen. Wird zwar ein Arbeitsvertrag geschlossen, wollen die Ehegatten diesen aber nicht tatsächlich durchführen, kann er als Scheingeschäft nach § 117 I BGB nichtig sein.

4. Wird die Mitarbeit der Ehegatten im Haushalt oder Erwerbsgeschäft des anderen durch eine rechtswidrige Schädigung (Körperverletzung ua) ganz oder teilweise vereitelt, so steht der Anspruch auf → Schadensersatz dem verletzten Ehegatten selbst zu (BGHZ 59, 172 = NJW 1972, 2217); § 845 BGB (Ersatzanspruch des anderen Ehegatten wegen entgangener Dienste) ist daneben nicht anwendbar, weil die Mitarbeit der Ehegatten auf der Unterhaltspflicht beruht. Untereinander haften die Ehegatten nur für die → Sorgfalt, die sie in eigenen Angelegenheiten anzuwenden pflegen (§ 1359 BGB, § 277 BGB). Nicht nur für deliktische Ansprüche ist die Verjährung gem. § 207 BGB gehemmt.

Mitarbeit von Kindern
im Haushalt der Eltern → Hausgemeinschaft, → Fremdvergleich.

Mitarbeitervertretungsrecht
Der Begriff bezeichnet das Recht der kircheneigenen Betriebsverfassung. Wegen der Verfassungsgarantie des kirchlichen Selbstbestimmungsrechts finden das staatliche Betriebsverfassungsgesetz und die Personalvertretungsgesetze auf die Kirchen und die ihnen zugeordneten Einrichtungen keine Anwendung. Für den Bereich der evangelischen Kirche gilt vor allem das Kirchengesetz über Mitarbeitervertretungen in der → Evangelischen Kirche in Deutschland (MVG.EKD) idF v. 1.1.2004 (ABl. EKD S. 7). Das Mitarbeitervertretungsrecht, durch das in der → katholischen Kirche eine Betriebsverfassung geschaffen wird, beruht auf der Rahmenordnung für eine Mitarbeitervertretungsordnung (MAVO), die von den Bischöfen in ihren Diözesen als Kirchengesetz in Kraft gesetzt ist. Sa → kirchliche Akte; → kirchliche Gerichtsbarkeit.

Mitbenutzungsrechte
Die im Gebiet der ehem. DDR begründeten Mitbenutzungsrechte (zu unterscheiden von den dinglichen → Nutzungsrechten und den vertraglichen → Nutzungsberechtigungen), die ähnlich einer Grunddienstbarkeit die (Mit-)Benutzung eines Grundstücks in bestimmter Weise zulassen (§§ 321 f. ZGB), gelten mit ihrem bisherigen Inhalt und Rang fort ((Art. 233 §§ 3, 5 EGBGB). Mitbenutzungsrechte bedurften zu ihrer Entstehung nicht der

Eintragung im → Grundbuch; der Nutzer kann aber von dem Eigentümer (gegen Entgelt) die Eintragung einer → Dienstbarkeit verlangen (§§ 116 ff. SachenRBerG) v. 21.9.1994, BGBl. 1994 I 2457).

Mitbesitz
→ Besitz.

Mitbestimmung
Unter Mitbestimmung der Arbeitnehmer ist die Mitentscheidung und sonstige Mitwirkung der Arbeitnehmer in allen Bereichen des → Betriebs zu verstehen. I. E. ist zu unterscheiden:

1. In allen Betrieben, in denen ein → Betriebsrat besteht, hat dieser auf Grund des Betriebsverfassungsgesetztes (BetrVG) v. 25.9.2001 (BGBl. 2001 I 2518) mÄnd ein umfangreiches Mitspracherecht in personellen, sozialen und wirtschaftlichen Angelegenheiten. In sozialen Angelegenheiten (zB Betriebsordnung, Arbeitszeit, Gruppenarbeit, Urlaubsplan, Akkordsätze, Werkwohnungen, Änderung des Arbeitsplatzes, Überwachung von Arbeitnehmern am Arbeitsplatz, Einführung neuer Techniken, Ausgestaltung mobiler Arbeit, Arbeits- und betrieblicher Umweltschutz) hat der Betriebsrat ein echtes Mitbestimmungsrecht; kommt es zu keiner Einigung mit dem Arbeitgeber, so entscheidet die Einigungsstelle (§§ 87 ff. BetrVG). In allgemeinen personellen Angelegenheiten (Personalplanung ua) hat der Betriebsrat nur ein Informations-, Vorschlags- (zB zur Beschäftigungssicherung) und Beratungsrecht (§§ 91 ff. BetrVG; anders – echtes Mitbestimmungsrecht – bei der Erstellung von Auswahlrichtlinien für Einstellungen, Kündigungen etc., § 95 BetrVG, sowie bei der betrieblichen Berufsbildung, § 97 II BetrVG, § 98 BetrVG); zu personellen Einzelmaßnahmen (→ Einstellung, → Umgruppierung, → Versetzung des Arbeitnehmers) bedarf in Unternehmen mit idR mehr als 20 wahlberechtigten Arbeitnehmern der Arbeitgeber der – durch Entscheidung des Arbeitsgerichts ersetzbaren – Zustimmung des Betriebsrats (§ 99 BetrVG). Zur praktisch wichtigsten Form der Mitbestimmung des Betriebsrats bei Kündigungen s. → Kündigungsschutz für Arbeitnehmer, → Betriebsrat. Bei geplanten → Betriebsänderungen hat der Betriebsrat in Unternehmen mit über 20 wahlberechtigten Arbeitnehmern ein Beratungsrecht zur Herbeiführung eines Interessenausgleichs und eines → Sozialplans für die betroffenen Arbeitnehmer (§§ 111 ff. BetrVG). Zur Mitbestimmung des Betriebsrats in wirtschaftlichen Angelegenheiten s. im Übrigen → Wirtschaftsausschuss. Diese Mitbestimmung des Betriebsrats kann durch → Tarifvertrag oder → Betriebsvereinbarung erweitert werden. S. ferner → Tendenzbetriebe.

2. Im → Aufsichtsrat von Gesellschaften nach deutschem Recht werden die Arbeitnehmer zu einem Drittel der Sitze (auf Grund sog. Stimmbindungsverträge auch bis zur Hälfte) beteiligt in → Aktiengesellschaften, → Kommanditgesellschaften auf Aktien (hier wegen der Geschäftsführung durch den Komplementär) und → Gesellschaften mit beschränkter Haftung, soweit diese 500 oder mehr Arbeitnehmer beschäftigen (→ Drittelbeteiligungsgesetz v. 18.5.2004, BGBl. 2004 I 974). Lediglich im Bergbau sowie in der Eisen und Stahl erzeugenden Industrie (→ Montanindustrie) entsenden die Arbeitnehmer nach dem Montanmitbestimmungsgesetz v. 21.5.1951 (BGBl. 1951 III Nr. 801–2 mÄnd) ebenso viele Aufsichtsratsmitglieder wie die Anteilseigner (Aktionäre, Gesellschafter, Gewerken); Pattsituationen werden hier durch Entscheidung eines neutralen weiteren Mitglieds aufgelöst. Sa → Arbeitsdirektor. Diese Regelung gilt nach dem MitBestErgG vom 7.8.1956 (BGBl. 1956 III Nr. 801–3 mÄnd) auch für die herrschenden Unternehmen eines → Konzerns, solange die Montanquote insgesamt mindestens 20% erreicht. Zur Fortgeltung der Montan-Mitbestimmung s. G v. 29.11.1971 (BGBl. 1971 I 1857), v. 21.5.1981 (BGBl. 1981 I 441) und v. 23.7.1987 (BGBl. 1987 I 1676); WahlO zum MitBestErgG idF v. 10.10.2005 (BGBl. 2005 I 2932).

Das Mitbestimmungsgesetz v. 4.5.1976 (BGBl. 1976 I 1153) mÄnd – dazu Wahlordnungen v. 27.5.2002 (BGBL. 2002 I 1682, 1708, 1741) mÄnd – sieht darüber hinaus für die og Gesellschaften nach deutschem Recht mit idR mehr als 2000 Beschäftigten im Grundsatz die paritätische Mitbestimmung (gleichmäßige Beschickung des Aufsichtsrats durch Vertreter der Anteilseigner – Aktionäre, Gesellschafter usw. – und der → Arbeitnehmer) vor. Für → leitende Angestellte ist ein Minderheitenschutz in der Form vorgesehen, dass sie zwar an der Wahl der Mitglieder des Aufsichtsrats iRd Gruppe der Angestellten teilnehmen, ihnen aber auf jeden Fall ein Aufsichtsratssitz vorbehalten ist. Wird im Aufsichtsrat bei einer Abstimmung die erforderliche Mehrheit nicht erreicht (Pattsituation), so steht dem Aufsichtsratsvorsitzenden eine zweite Stimme zu. Dieser ist mit einer $^2/_3$-Mehrheit zu wählen; wird diese Mehrheit nicht erreicht, so wählen die Aufsichtsratsmitglieder der Anteilseigner aus ihrer Mitte den Aufsichtsratsvorsitzenden, die Vertreter der Arbeitnehmer dessen Stellvertreter. Ein „Arbeitsdirektor“ mit Befugnissen wie in der Montan-Mitbestimmung ist nicht vorgesehen; Arbeitsdirektor heißt vielmehr jetzt lediglich das für Personalangelegenheiten zuständige Vorstandsmitglied (die Aufgabenverteilung im Vorstand ist dadurch aber teilweise vorbestimmt). Eine sog. Öffnungsklausel, dh die Möglichkeit der Erweiterung der Mitbestimmung der Arbeitnehmer über diese Rechte hinaus durch entsprechende Vereinbarung, enthält das Mitbestimmungsgesetz nicht.

Die Zahl der Arbeitnehmer ist einschließlich mehr als sechs Monaten beschäftigter

Leiharbeitnehmer zu ermitteln (§ 14 II AÜG), wobei die Mindestbeschäftigungszeit nicht arbeitnehmer- sondern arbeitsplatzbezogen zu ermitteln ist.

3. Zur Mitbestimmung bei der → Societas Europaea, SE s. → Aktiengesellschaft (1b). Sa → Genossenschaft (8). Zur Mitbestimmung der Arbeitnehmer bei einer grenzüberschreitenden Verschmelzung (→ Umwandlung, 1b) s. G v. 21.12.2006 (BGBl. 2006 I 3332). Sa → besonderes Verhandlungsgremium.

Mitbestrafte Vor(Nach)tat
→ Konkurrenz von Straftaten.

Mitbürge
→ Bürgschaft.

Miteigentum
Das → Eigentum an einer Sache kann mehreren Personen zustehen. Sofern nicht ausnahmsweise eine → Gesamthandsgemeinschaft gegeben ist, steht das Miteigentum mehreren zu Bruchteilen zu, dh jeder Miteigentümer hat einen bestimmten ideellen (nicht realen) Anteil an der Sache. Für das Miteigentum nach Bruchteilen, das durch → Rechtsgeschäft oder kraft Gesetzes (→ Verbindung, → Schatzfund) entstehen kann, gelten die Vorschriften über die → Gemeinschaft (§§ 741 ff. BGB). Sondervorschriften enthalten die §§ 1008 ff. BGB. Jeder Miteigentümer kann danach seinen Anteil nach den Vorschriften über die → Eigentumsübertragung übertragen und – auch zugunsten eines Miteigentümers – belasten, zB mit einem Pfandrecht (§ 747 BGB, § 1009 BGB); auch die Pfändung des Miteigentumsanteils ist möglich (§ 857 ZPO). Vereinbarungen der Miteigentümer eines Grundstücks über die Verwaltung und Benutzung der gemeinschaftlichen Sache, über die Aufhebung der Gemeinschaft u. dgl. wirken gegenüber dem Nachfolger eines Miteigentümers nur, wenn sie als Belastung des Anteils im → Grundbuch eingetragen sind (§ 1010 BGB). Jeder Miteigentümer kann die Ansprüche aus dem Eigentum Dritten gegenüber für die ganze Sache geltend machen, Herausgabe (→ Eigentumsherausgabeanspruch) jedoch nur an alle Miteigentümer verlangen (§ 1011 BGB, § 432 BGB). → Wohnungseigentum. Gebiet ehem. DDR: Nach § 459 ZGB (bei erheblichen Werterhöhungen durch den Nutzer) kraft Gesetzes entstandenes Miteigentum kann im Wege der → Berichtigung in das Grundbuch eingetragen werden (§§ 113 ff. SachenRBerG v. 21.9.1994, BGBl. 1994 I 2457).

Miterbe
→ Erbengemeinschaft.

Mitfahrer
→ Verkehrsteilnehmer, → Soziusfahrer, → Gefälligkeitsfahrt, → Einwilligung des Verletzten, → Insassenunfallversicherung, → Fahrgastbeförderung, → Beifahrer, → Fahrpersonal, → Kraftfahrer.

Mitfahrerzentrale
wird ein Gewerbebetrieb genannt, der die Beförderung von Personen in PKW gegen Kostenbeteiligung vermittelt. Die grundsätzlich genehmigungspflichtige gewerbsmäßige Vermittlung der Beförderung (§ 1 III PBefG, qualifizierte Vermittlung nach § 1 Ia PBefG) bedarf keiner Genehmigung, soweit das Gesamtentgelt je Kilometer zurückgelegter Strecke den in § 5 Absatz 2 Satz 1 des Bundesreisekostengesetzes genannten Betrag nicht übersteigt (§ 1 II Nr. 1b) PBefG). Nicht-gewerbsmäßige (private) Mitfahrerzentralen sind von § 1 III PBefG ausgenommen. Sa → Uber-Fahrdienste.

Mitforderung
→ Gesamtgläubigerschaft.

Mitgift
Wird einer Frau anlässlich ihrer Eheschließung von den Eltern eine Mitgift zugewendet, so liegt – nach dem Wegfall der → Aussteuer – eine → Ausstattung vor. Eine Mitgift von Seiten Dritter ist, sofern sie nicht im Rahmen einer → Unterhaltspflicht unter Verwandten geleistet wird, regelmäßig eine → Schenkung (Folge zB: Formbedürftigkeit des Mitgiftversprechens).

Mitgläubigerschaft
→ Gesamtgläubigerschaft.

Mitgliederversammlung
→ Verein (1b).

Mitgliedschaft
(Beitritt, Austritt) → Verein (1c), → Genossenschaft (4), → Gesellschaft des bürgerlichen Rechts (2, 5), → Offene Handelsgesellschaft (6).

Mithören
Das Recht am gesprochenen Wort, das zum allgemeinen → Persönlichkeitsrecht gehört, umfasst auch die Befugnis, selbst zu bestimmen, ob der Gesprächsinhalt einzig dem Gesprächspartner, einem bestimmten Personenkreis oder der Öffentlichkeit zugänglich sein soll. Es schützt vor der Nutzung einer Mithöreinrichtung, die ein Gesprächsteilnehmer einem nicht am Gespräch beteiligten Dritten bereitstellt (BVerfG NJW 2002, 3619). Stellt eine Vernehmung des Dritten über das Gespräch einen Eingriff in das Persönlichkeitsrecht dar, scheidet eine Verwertung der Aussage im Zivilprozess aus (BGH NJW 2003, 1727). Anders ist dies bei der Strafverfolgung (→ Einsatz technischer Mittel).

Mitnehmen im Kraftfahrzeug
→ Gefälligkeitsfahrt, → Schuldverhältnis, → Mitverschulden, → Insassen von Kfz.

Mittäterschaft
Begehen mehrere gemeinschaftlich eine strafbare Handlung, so wird jeder als Täter – Mittäter – bestraft (§ 25 II StGB). Werden mehrere Beteiligte einer Straftat als Mittäter qualifiziert, so werden ihnen ihre objektiven

Tatbeiträge wechselseitig zugerechnet, so dass ihre Strafbarkeit auch auf Handlungen der jeweils anderen Mittäter gestützt und die arbeitsteilige Erfüllung eines Straftatbestands erfasst werden kann. Eine Ausnahme besteht für besondere persönliche Merkmale (§ 28 StGB). Mittäter eines → Sonderdelikts kann entsprechend nur sein, wer das jeweilige strafbegründende Merkmal selbst erfüllt. Sog. → eigenhändige Delikte können grundsätzlich nur in Alleintäterschaft begangen werden.

1. Voraussetzung einer Mittäterschaft: Die Mittäterschaft erfordert einen gemeinsamen Tatplan (der konkludent gefasst und während der Ausführung auch noch modifiziert werden kann) und eine von entsprechendem Willen getragene gemeinsame Tatausführung durch bewusstes und gewolltes Zusammenwirken. Aus diesen Vorgaben folgt nach hM zugleich, dass eine Mittäterschaft nur bei → Vorsatzdelikten (→ Vorsatz) in Betracht kommt. Zunehmend wird aber vertreten, dass die genannten Kriterien auch auf ein gemeinsames sorgfaltswidriges Verhalten und damit auf → Fahrlässigkeitsdelikte (→ Fahrlässigkeit) anwendbar seien. Die praktische Bedeutung dieser Frage ist jedoch gering, da jedenfalls die → Teilnahme auf Vorsatzdelikte beschränkt ist und daher jede Person, welche die Voraussetzungen einer fahrlässigen Straftat erfüllt, zwingend eine Täterstellung erlangt. Tragen mehrere Personen fahrlässig zu einem insoweit mit Strafe bedrohten Vorgang bei, so ergibt sich regelmäßig eine Nebentäterschaft (unten 4); bei Fahrlässigkeitsdelikten gilt das Prinzip des → Einheitstäters.

Abzugrenzen ist eine Mittäterschaft regelmäßig gegenüber der Teilnahme, insbes. gegenüber der → Beihilfe (§ 27 StGB). Die hierfür maßgeblichen Kriterien sind umstritten. Die Rechtsprechung hat die Unterscheidung früher allein anhand der Formel vorgenommen, wonach der Mittäter eine eigene Tat begehen, der Gehilfe dagegen eine fremde Tat fördern will, so dass ersterer mit „Täterwillen" und letzterer mit „Teilnehmerwillen" handele (sog. subjektive Theorie, animus-Formel; s. → animus auctoris, → animus socii). Inzwischen bewertet sie die Frage im Ergebnis anhand aller von der Vorstellung der Beteiligten umfassten Umstände, wobei wesentliche Bedeutung auch objektiven Gesichtspunkten wie dem Umfang der Beteiligung und der Tatherrschaft zukommt, daneben aber weiterhin auch subjektiven Kriterien wie dem Grad des eigenen Interesses am Taterfolg und dem (bloßen) Willen zur Tatherrschaft. Im strafrechtlichen Schrifttum herrschen heute objektive Theorien, welche die → Tatherrschaft als allein maßgebliches Kriterium der Abgrenzung angesehen. Unterschiede bestehen dort aber bei der Frage, ob für eine Mittäterschaft allein Tatbeiträge im Ausführungsstadium der Tat genügen (so die „strenge" Tatherrschaftslehre) oder ob hierfür auch Handlungen in der Vorbereitungsphase genügen können, insbesondere wenn es sich um wesentliche Planungsleistungen handelt (so andere Teile des Schrifttums und auch die Rechtsprechung).

2. Reichweite der Zurechnung, Exzess: Da Mittäterschaft gemeinsames Wollen der Tat voraussetzt, haftet jeder Mittäter für die Tatausführung und ihren Erfolg nur, soweit sein Wille reicht, nicht also für einen sog. Exzess der anderen Beteiligten (nicht zB für eine Tötung, wenn er sich nur an einer Körperverletzung hat beteiligen wollen). Bei einem → erfolgsqualifizierten Delikt allerdings wird auch derjenige Mittäter bereits von der Strafbarkeit erfasst, dessen Vorsatz sich nur auf die Erfüllung des Grundtatbestands durch einen anderen Beteiligten bezog, wenn ihm hinsichtlich der schweren Folge eigene Fahrlässigkeit zur Last fällt, dh sorgfaltswidriges Handeln bei Vorhersehbarkeit des Erfolgseintritts.

3. Sukzessive Mittäterschaft: Umstritten ist die Behandlung des Falls, dass jemand erst während der Tatausführung als Mittäter hinzutritt (sog. sukzessive Mittäterschaft). Nach der Rspr. ist ihm die Gesamttat, soweit sie nicht rechtlich selbständig ist, zuzurechnen, soweit sie ihm bekannt ist. Das soll auch noch für ein Hinzutreten in der Phase zwischen → Vollendung und → Beendigung der Tat gelten, ebenso für von den anderen Tätern bereits verwirklichte → Qualifikationstatbestände und Erschwerungsgründe, zB für das vorherige Aufbrechen einer Tür bei einem → Diebstahl aus einem Gebäude.

4. Nebentäterschaft: Setzen mehrere, ohne in bewusstem und gewolltem Zusammenwirken zu handeln, Bedingungen für den Taterfolg, die diesen einzeln oder zusammen herbeiführen, so liegt Nebentäterschaft vor (zB mehrere Wilderer schießen unabhängig voneinander auf den Förster). Hier ist jeder beteiligte selbständig als Alleintäter, nicht als Mittäter verantwortlich. Erhebliche praktische Bedeutung besitzt die Nebentäterschaft bei Fahrlässigkeitsdelikten.

Mitteilungen in Strafsachen

Die bundeseinheitliche Anordnung über Mitteilungen in Strafsachen (MiStra) zum 1.6.1998 ist eine Verwaltungsvorschrift, die die → Justizmitteilungen der StAen und Strafgerichte an Behörden und andere Stellen über die Einleitung oder Durchführung eines Strafverfahrens iE regelt; zB die Mitteilung in Verfahren gegen Beamte an den Dienstvorgesetzten (s. § 125c BRRG), gegen Jugendliche an das Familiengericht (s. § 70 JGG) oder die Mitteilung über den Ausgang des Verfahrens an die mit dem Fall befasste Polizeibehörde (§ 482 StPO).

Mitteilungen in Zivilsachen

Die vorstehenden Ausführungen über → Mitteilungen in Strafsachen gelten für die Übermittlung personenbezogener Daten durch Gerichte der ordentlichen Gerichtsbarkeit und Staatsanwaltschaften an andere öffentliche Stellen in Zivilsachen weitgehend entsprechend (MiZi idF v. 9.8.2021, zT mit landesrechtlichen Ergänzungen), zB zur Berichtigung oder Ergänzung des Grundbuchs, zur Einleitung und Durchführung familiengerichtlicher Maßnahmen ua (§§ 12 ff., 15 EGGVG, §§ 308 ff. FamFG ua).

Mitteilungsverordnung
Die Mitteilungsverordnung vom 7.9.1993 (BGBl. 1993 I 1554) verpflichtet Behörden und öffentlich-rechtliche → Rundfunkanstalten, Mitteilungen an die Finanzbehörden über ausbezahlte Honorare ohne Ersuchen, dh unaufgefordert, zu übersenden. Der Zahlungsempfänger ist von der mitteilungspflichtigen Behörde über die Mitteilungsverpflichtung zu unterrichten und auf seine steuerliche Erklärungspflicht hinzuweisen; → Kontrollmitteilung.

Mittelbare Falschbeurkundung (intellektuelle Urkundenfälschung)
→ Falschbeurkundung.

Mittelbare Staatsverwaltung
ist die Wahrnehmung staatlicher Aufgaben durch selbständige Verwaltungsträger, also durch Körperschaften mit eigener Rechtspersönlichkeit (juristische Personen des öffentlichen Rechts). Sie steht damit im Gegensatz zur unmittelbaren Staatsverwaltung, bei welcher der Staat seine Aufgaben durch eigene Behörden erfüllt. Die Träger der mittelbaren Staatsverwaltung sind nicht in den staatlichen Behördenaufbau eingegliedert, stehen also nicht im Instanzenzug der unmittelbaren Staatsverwaltung; vielmehr sind sie idR Selbstverwaltungskörperschaften, die bei Wahrnehmung der staatlichen Aufgaben der Rechts- und Fachaufsicht des Staates (→ Staatsaufsicht) unterliegen, zB die Gemeinden oder die Handwerkskammern. Auch die Verwaltung von Bundesangelegenheiten durch die Länder (mittelbare Bundesverwaltung) ist ein Fall der mittelbaren Staatsverwaltung, ebenso die Wahrnehmung von Bundesangelegenheiten durch bundesunmittelbare Körperschaften und Anstalten des öffentlichen Rechts (Art. 87 III GG); vgl. → Ausführung von Bundesgesetzen.

Mittelbare Stellvertretung
(indirekte, unechte, verdeckte Stellvertretung). Die mittelbare Stellvertretung ist kein Fall der echten → Stellvertretung, weil hier der „Vertreter" nicht im Namen des Vertretenen, sondern im eigenen Namen, wenn auch im Interesse des Geschäftsherrn, das Rechtsgeschäft abschließt. Berechtigter und Verpflichteter aus dem Rechtsgeschäft mit dem Dritten ist bei der mittelbaren Stellvertretung also allein der mittelbare Stellvertreter, der die erworbenen Rechte erst durch → Abtretung, Übereignung ua (antizipiertes → Besitzkonstitut, Übertragung der → Anwartschaft) auf den Geschäftsherrn übertragen muss. Der mittelbare Stellvertreter kann jedoch bereits einen Schaden seines Geschäftsherrn im eigenen Namen für diesen geltend machen (sog. → Drittschadensliquidation). Die mittelbare Stellvertretung ist im BGB nicht geregelt; die wichtigsten Fälle sind der → Kommissions- und der → Speditionsvertrag (dort teilweise Sondervorschriften) sowie der → Strohmann. Keine mittelbare Stellvertretung liegt vor, wenn die Zwischenperson als Vermittler tätig wurde (→ Mäklervertrag, → Handelsmakler; → Handelsvertreter).

Mittelbarer Besitz
→ Besitz, → Besitzkonstitut.

Mittelbarer Schaden
→ Schadensersatz (1).

Mittelbarer Täter
ist, wer (als Hintermann) eine Straftat durch einen anderen (§ 25 I StGB; Tatmittler, Tatwerkzeug, Vordermann) ausführen lässt. Die Zurechnung zum mittelbaren Täter rechtfertigt sich durch dessen Tatherrschaft. Diese beruht in den allgemein anerkannten Fällen der mittelbare Täter auf einem beim Vordermann bestehenden Defekt, der zur Folge hat, dass dieser ohne Vorsatz, gerechtfertigt oder entschuldigt handelt und deshalb strafrechtlich nicht oder nicht in vollem Umfang verantwortlich ist. Unterscheiden lassen sich die Fallgruppen der Nutzung eines nach § 20 StGB → schuldunfähigen Vordermanns (Kind, Geisteskranker), der Nötigungsherrschaft (der Hintermann versetzt den Vordermann in eine Zwangslage, welche ihn nach § 35 StGB schuldlos handeln lässt) sowie der Irrtumsherrschaft, bei welcher der Vordermann aufgrund einer Fehlvorstellung die Umstände seines Handelns verkennt. Letztere kann in einem → Tatbestandsirrtum (§ 16 StGB) des Vordermanns bestehen (zB wird dem Koch statt Salz ein Gift gereicht, mit dem er ahnungslos Speisen zubereitet) oder in der Fehlvorstellung, gerechtfertigt zu handeln (sog. Erlaubnistatbestandsirrtum, zB bewirkt der mittelbare Täter durch falsche Angaben gegenüber einer Strafverfolgungsbehörde die Festnahme eines Dritten). Ausreichend ist nach der Rechtsprechung aber sogar ein vermeidbarer Verbotsirrtum iSd § 17 StGB (BGH NJW 1989, 912, „Katzenkönigfall"). Möglich ist eine mittelbare Täterschaft in diesen Formen auch bei Taten, die der Vordermann – typischerweise unter Irrtumsherrschaft – gegen sich selbst begeht (zB BGHSt 32, 38, „Sirius-Fall").

Der mittelbare Täter muss in seiner Person alle subjektiven Tatbestandsmerkmale verwirklichen und bewusst ausnutzen, dass das Tatwerkzeug diese Merkmale nicht sämtlich erfüllt. Vom Grundsatz her kann also ein Hintermann nicht als mittelbarer Täter, sondern nur wegen → Anstiftung oder → Beihilfe strafbar sein, wenn der Vordermann voll verantwortlich ist. Ausnahmsweise kann nach der Rspr. (BGH NJW 1994, 2703) ein Hintermann aber auch bei voll verantwortlichem Vordermann mittelbarer Täter (sog. „Täter hinter dem Täter") sein, wenn er durch staatliche, unternehmerische oder geschäftsähnliche Organisationsstrukturen oder durch Befehlshierarchien bestimmte Rahmenbedingungen, insbes. die unbedingte Tatbereitschaft des Vordermannes, ausnutzt und den Erfolg als eigenen will. Dies kommt bei Missbrauch staatlicher Machtbefugnisse, mafiaähnlich organisierten Verbrechen und der Verantwortlichkeit beim Betrieb wirtschaftlicher Unternehmen in Betracht. Auch der Fall des im vermeidbaren Verbotsirrtum handelnden Vordermanns gehört hierher, da dieser bei ihm nur zu einer fakultativen Strafmilderung führt. Im Einzelnen ist die Abgrenzung zwischen mittelbarer Täterschaft, → Mittäterschaft und → Teilnahme streitig. Bei sog. → eigenhändigen Delikten und bei → Sonderdelikten (zB echten → Amtsdelikten, wenn dem Veranlasser die Sondereigenschaft fehlt) scheidet mittelbare Täterschaft nach hM aus; bei letzteren wird zT eine mittelbare Täterschaft durch Nutzung eines sog. qualifikationslos dolosen Werkzeugs vertreten. Der Veranlasser kann hier grds. nur Anstifter sein.

Mittelbares Arbeitsverhältnis
Ein mittelbares Arbeitsverhältnis liegt vor, wenn jemand, der selbst → Arbeitnehmer ist (zB → Zwischenmeister), seinerseits Arbeitnehmer beschäftigt, die mit Wissen seines Arbeitgebers die Arbeit unmittelbar für diesen leisten, ohne dass zwischen dem mittelbaren Arbeitgeber und den Arbeitnehmern ein Arbeitsvertrag besteht. Es ist vom → Leiharbeitsverhältnis nach der Art der Ausübung des Weisungsrechts zu unterscheiden (Ausübung iRd Leiharbeit durch den Entleiher, vgl. § 1 I 2 AÜG), zudem ist der Verleiher Unternehmer bzw nicht selbst Arbeitnehmer. Das mittelbare Arbeitsverhältnis kommt selten vor, zB bei Orchesterleitern oder Wissenschaftlern, die selbst Hilfskräfte beschäftigen. Str. ist, ob der Arbeitnehmer auch gegen den mittelbaren Arbeitgeber einen (subsidiären) Anspruch auf den → Arbeitslohn hat. Jedenfalls besteht im mittelbaren Arbeitsverhältnis eine → Fürsorgepflicht; auch die Sozialversicherungspflichten treffen den mittelbaren Arbeitgeber. IÜ besteht zwischen dem vermittelnden Arbeitgeber (zB Zwischenmeister) und dem Arbeitnehmer ein vollgültiges → Arbeitsverhältnis.

Mittelbehörden
→ Verwaltungsbehörden (Aufbau).

Mittelschule
war früher eine andere Bezeichnung für die → Realschule. In Sachsen bezeichnet Mittelschule bis 2013 die zusammengefasste Haupt- und Realschule; ab 1.8.2013 wurden die Mittelschulen in Sachsen in → Oberschulen (sa Schulwesen, 3) umbenannt (vgl. Art. 1 Nr. 2 Buchstabe c der 2. VO des Sächsischen Staatsministeriums für Kultus zur Änderung der Schulordnung Mittel- und Abendmittelschulen v. 20.2.2013, SächsGVBl. 2013, 123). In Bayern traten die Mittelschulen an die Stelle der früheren → Hauptschulen. Sie vermitteln eine grundlegende Allgemeinbildung, bieten Hilfen zur Berufsfindung und schaffen die Voraussetzungen für eine qualifizierte berufliche Bildung (vgl. Art. 7a Bayer. Gesetz über das Erziehungs- und Unterrichtswesen (BayEUG) v. 31.5.2000, GVBl. 2000, 414, ber. 632, mÄnd).

Mittelstandskartelle
sind → Horizontalvereinbarungen, die die Rationalisierung wirtschaftlicher Vorgänge durch zwischenbetriebliche Zusammenarbeit zum Gegenstand haben, den Wettbewerb auf dem Markt nicht wesentlich beeinträchtigen und dazu dienen, die Wettbewerbsfähigkeit kleiner oder mittlerer Unternehmen zu verbessern. Sie stellen damit einen Unterfall der → Rationalisierungskartelle dar. § 3 GWB enthält eine gesetzliche Fiktion der Voraussetzungen der → Freistellung im Kartellrecht; wegen des Vorrangs des europäischen → Kartellrechts wirkt diese Fiktion nur, soweit das Kartell nicht den zwischenstaatlichen Handel berührt.

Mitunternehmerschaften
1. Zu den steuerlichen Mitunternehmerschaften gehören insbesondere die → Personengesellschaft, → Kommanditgesellschaft (→ offene Handelsgesellschaft, → Kommanditgesellschaft, → Gesellschaft bürgerlichen Rechts), atypische → stille Gesellschaft, atypische → Unterbeteiligung und sonstige Gemeinschaften. Einkommensteuerpflichtig ist nicht die Mitunternehmerschaft, sondern jeder einzelne Mitunternehmer (§ 15 II EStG). Die Einkünfte der Mitunternehmerschaft sind regelmäßig vom Betriebsfinanzamt (→ Finanzamt) einheitlich und gesondert festzustellen (§§ 179, 180 I Nr. 2a AO). Dieser Feststellungsbescheid ist ein Grundlagenbescheid (→ Besteuerungsgrundlagen, → Besteuerungsverfahren). Das Betriebsfinanzamt teilt dann den jeweiligen Wohnsitzfinanzämtern mit, welche Anteile dem jeweiligen Gesellschafter zuzurechnen sind. Diese werden dann beim Gesellschafter in das zu versteuernde Einkommen einbezogen.

2. Mitunternehmer sind die Gesellschafter, die Mitunternehmerinitiative und Mitunternehmerrisiko tragen. Mitunternehmerinitiative bedeutet die Möglichkeit, an unternehmerischen Entscheidungen mitzuwirken. Ausreichend sind Stimm-, Kontroll-, oder Widerspruchsrechte. Mitunternehmerrisiko bedeutet die Teilhabe am Erfolg oder Misserfolg des Unternehmens, idR erfolgt dies durch Beteiligung am Gewinn und Verlust des Unternehmens. Mitunternehmer können natürliche und juristische Personen sein. Zu den gewerblichen Einkünften aus der Mitunternehmerschaft gehören alle Einkünfte, die ein Mitunternehmer im Rahmen dieser Tätigkeit erzielt. Hierzu zählt nicht nur der Gewinnanteil, sondern alle Vergütungen, die ein Gesellschafter im Zusammenhang mit dieser Tätigkeit erhält,

zB Geschäftsführergehalt, Zinsen für die Hingabe von Darlehen oder Zahlungen für die Überlassung von Wirtschaftsgütern (Sondervergütung).

3. Während in der Handelsbilanz (→ Bilanz) der Mitunternehmerschaft nur Wirtschaftsgüter ausgewiesen werden, die der Gesellschaft gehören (Gesamthandsvermögen), muss in der Steuerbilanz auch das Sonderbetriebsvermögen ausgewiesen werden. Zu diesem gehören alle Wirtschaftsgüter, die im Alleineigentum eines Gesellschafters stehen und der M. dienen, zB das vom Kommanditisten an seine KG vermietete Grundstück (Sonderbetriebsvermögen I). Als Sonderbetriebsvermögen sind auch Wirtschaftsgüter, die dem Mitunternehmeranteil dienen, zu erfassen, zB Bankschuld, mit der der Anteilserwerb finanziert wurde (Sonderbetriebsvermögen II).

4. Mitunternehmerschaften sind keine Gewerbebetriebe kraft Rechtsform. Mitunternehmer können aus einer Mitunternehmerschaft Einkünfte aus Land- und Forstwirtschaft, aus Gewerbebetrieb oder aus selbständiger Arbeit erzielen (§ 13 V EStG, § 15 I EStG, § 18 IV EStG). Betreibt eine Mitunternehmerschaft jedoch einen Gewerbebetrieb, so haben die Mitunternehmer ausschließlich gewerbliche Einkünfte, auch wenn Einzelne von ihnen im Rahmen der Mitunternehmerschaft nicht gewerblich, sondern freiberuflich tätig sind (→ Abfärbetheorie, § 15 III Nr. 1 EStG).

5. Seit 2008 besteht für Mitunternehmerschaften eine Begünstigung für nicht entnommene Gewinne (§ 34a EStG). Diese wurde nach der Absenkung des Körperschaftsteuertarifs auf 15 vH eingeführt, damit Mitunternehmerschaften im steuerlichen Vergleich zu Kapitalgesellschaften nicht schlechter gestellt sind. Nach § 34a EStG ist für Gewinne, die nicht an die Gesellschafter ausgeschüttet werden, ein Steuersatz von 28,5 vH anzuwenden, vgl. → Körperschaftsteuer. Die Begünstigung wird auf Antrag gewährt. Voraussetzung ist, dass der Gewinn durch Betriebsvermögensvergleich (§ 4 I EStG, § 5 EStG) ermittelt wird. Weiter muss der Antragsteller zu mehr als 10 vH am Gewinn beteiligt sein oder der auf ihn entfallende Gewinn mehr als 10 000 EUR betragen. Bei einer späteren Entnahme erfolgt die Nachbelastung mit dem Abgeltungsteuersatz für Dividenden. Im Zuge des Wachstumschancengesetzes (BR-Beschluss v. 22.3.2024) werden die Möglichkeiten zur Thesaurierungsbegünstigung durch verschiedene Maßnahmen verbessert. So wird u. a. der begünstigungsfähige Gewinn um die gezahlte Gewerbesteuer sowie die Beträge, die zur Zahlung der Einkommensteuer nach § 34a Abs. 1 EStG entnommen werden, erhöht. Damit steht ab dem VAZ 2024 ein höheres Thesaurierungsvolumen zur Verfügung.

6. Wird die Mitunternehmerschaft durch Realteilung aufgelöst, so liegt eine → Betriebsveräußerung vor. Eine Realteilung ist gegeben, wenn die Mitunternehmer ihr gemeinschaftliches Engagement beenden und die Wirtschaftsgüter der Mitunternehmerschaft unter den Mitunternehmern aufgeteilt werden.

Miturheber
Wenn mehrere gemeinsam ein → urheberrechtlich geschütztes Werk schaffen, gelten sie als Miturheber. Die sich daran anknüpfenden rechtlichen Konsequenzen ergeben sich aus § 8 UrhG.

Mitvermächtnis
Ist ein → Vermächtnis mehreren zugewandt, so steht jedem Mitvermächtnisnehmer ein entsprechender Teil des Vermächtnisses zu (§ 2157 BGB, § 2091 BGB, § 2093 BGB, § 741 BGB); die Mitvermächtnisnehmer sind daher nicht → Gesamtgläubiger.

Mitverschulden
Hat bei der Entstehung eines → Schadens ein → Verschulden des Geschädigten mitgewirkt, so hängt der Umfang der Verpflichtung zum Schadensersatz von den Umständen, insbes. davon ab, inwieweit der Schaden vorwiegend von dem einen oder anderen Teil verursacht und verschuldet worden ist, § 254 BGB. Dies gilt auch dann, wenn der Geschädigte seine → Obliegenheit verletzt hat, den Schaden abzuwenden oder zu mindern oder den Schädiger auf die Gefahr eines ungewöhnlich hohen Schadens aufmerksam zu machen (Schadensminderungspflicht). Die Mithaftung setzt → Verschulden (s. dort über dessen Voraussetzungen) voraus; der Gedanke der Minderung der Ersatzpflicht durch ein Mitverschulden gilt aber ganz allgemein, insbes. auch bei der → Gefährdungshaftung (→ Betriebsgefahr) und bei der bloßen Mitverursachung (→ Schadensersatz, 1). Den Geschädigten trifft also zB die Verpflichtung, die beschädigte Sache bestmöglich zu verkaufen, bei Verletzungen sich in ärztliche Behandlung zu begeben, seine eigene Arbeitskraft zur Schadensminderung einzusetzen usw. Ein Mitverschulden eines → gesetzlichen Vertreters oder eines → Erfüllungsgehilfen steht dem eigenen Mitverschulden gleich (zB wenn die Mutter ihr von einem anderen verletztes Kind nicht behandeln lässt); allerdings kann § 278 BGB auf § 254 BGB nur im Rahmen einer bereits (zB durch eine → unerlaubte Handlung entstandenen Verbindlichkeit angewandt werden, so dass für ein Mitverschulden bei der Entstehung des Schadens selbst (wenn zB die Mutter das Kind nicht genügend beaufsichtigt hat) nur nach den allg. Vorschriften über → unerlaubte Handlungen(→ Verrichtungsgehilfe) einzustehen ist (hM; sehr str.).

Die Haftung wegen Mitverschuldens kann vertraglich abbedungen werden. Bei einer → Gefälligkeitsfahrt (Mitnahme im Auto), Teilnahme am Sport usw wurde früher vielfach eine → Einwilligung des Verletzten in mögliche, durch den anderen Teil fahrlässig verursachte Körperbeschädigungen angenommen. Da die Einwilligung jedoch grds. → Geschäftsfähigkeit voraussetzt, betont die Rspr. nunmehr den Gesichtspunkt des Handelns auf eigene Gefahr, dh des Sichbegebens in eine möglicherweise eintretende Gefahr, das bei Jugendlichen lediglich eine dem Alter entsprechende Einsichtsfähigkeit voraussetzt. Das Verschulden des Schädigers und das Handeln des sich der möglichen Gefahr bewusst Aussetzenden werden dann nach den Grundsätzen des Mitverschuldens gegeneinander abgewogen.

Mitverursachung
→ Mitverschulden.

Mitvormund
Grundsätzlich ist für den → Mündel (auch für mehrere Geschwister) nur ein → Vormund (zur Reform des Vormundschaftsrechts siehe dort) zu bestellen. Das Familiengericht kann aber auch ein Ehepaar gemeinschaftlich oder aus besonderen Gründen, zB bei besonders schwieriger Vermögensverwaltung, räumlicher Trennung u. dgl., mehrere Vormünder bestellen (§ 1775 BGB). Die Mitvormünder führen die → Vormundschaft gemeinschaftlich (Streitigkeiten entscheidet das Vormundschaftsgericht) oder bei Aufteilung nach verschiedenen Wirkungskreisen jeder für diesen selbständig (§ 1797 BGB). Durch seinen Aufgabenkreis unterscheidet sich der Mitvormund von dem eine Kontrollfunktion über den Vormund ausübenden → Gegenvormund.

Mitwirkendes Verschulden
→ Mitverschulden.

Mitwirkungsbedürftiger Verwaltungsakt
→ Verwaltungsakt (2d).

Mitwirkungspflichten
des Bürgers in öffentlich-rechtlichen Rechtsverhältnissen bestehen häufig und in unterschiedlicher Intensität je nach Art, Dauer und Zielrichtung des Verfahrens. Teilweise sind die Mitwirkungspflichten ausdrücklich gesetzlich geregelt (zB Antrags- oder Zustimmungserfordernis, Auskunftspflicht); im Verwaltungsverfahrensrecht ist die Mitwirkungspflicht allgemein geregelt (§ 26 II VwVfG). Gesteigerte Mitwirkungspflichten finden sich vor allem in den sog. besonderen Verwaltungsrechtsverhältnissen (bes. → Gewaltverhältnissen). Die Verweigerung der Mitwirkung kann dabei uU zu Rechtsnachteilen führen. Erhöhte Mitwirkungspflichten bestehen auch in Verfahren, die im Interesse des Bürgers durchgeführt werden und seine aktive Mitwirkung verlangen, zB Prüfungen ua; hier kann die Mitwirkungspflicht etwa darin bestehen, dass er das von seiner Seite Erforderliche zum reibungslosen Ablauf des Prüfungsverfahrens beiträgt und auf Verfahrensmängel rechtzeitig hinweist.

Im → Sozialrecht bestehen Mitwirkungspflichten für die Leistungsberechtigten, soweit sie für die Entscheidung über die Leistung erheblich sind, zB Angabe aller erheblichen Tatsachen, Duldung ärztlicher Untersuchung, Teilnahme an Rehabilitationsmaßnahmen. Schuldhafte Verletzung der Mitwirkungspflicht kann zu voller oder teilweiser Versagung der Leistung führen (§§ 60–67 SGB I). Die Mitwirkungspflicht erstreckt sich auch auf den Arbeitgeber, der zur Mitwirkung ua bei der Betriebsprüfung verpflichtet ist (§ 28p SGB IV).

Steuerliche Mitwirkungspflichten bestehen nach §§ 90, 93, 97 AO für die am → Besteuerungsverfahren Beteiligten (insbes. Auskunft, Beweismittelvorlage) und nach §§ 140 ff. AO in erweitertem Umfang für den Steuerpflichtigen (Steuererklärung, Führung und Vorlage der vorgeschriebenen Unterlagen, Bücher, Aufzeichnungen usw u. deren Erläuterung). Bei Verletzung der Mitwirkungspflichten ist eine → Schätzung der Besteuerungsgrundlagen möglich (§ 162 AO). Des Weiteren können → Zwangsgelder und → Verspätungszuschläge festgesetzt werden. Bei der → Außenprüfung besteht eine erhöhte Mitwirkungspflicht gem. § 200 AO. → Anzeigepflichten, steuerliche.

Mitwirkungsrechte
Mitwirkungsrechte des Betriebsrats ua → Mitbestimmung.

Mitwirkungsverwaltung
Von Mitwirkungsverwaltung spricht man (vgl. BVerwGE 26, 31), wenn an einer Verwaltungsentscheidung, insbes. am Erlass eines → Verwaltungsaktes, mehrere Verwaltungsbehörden beteiligt sind (auch „mehrstufiger Verwaltungsakt" genannt). Dabei erlässt eine Behörde die endgültige Entscheidung (Entscheidungsbehörde), während andere Behörden hieran mitwirken (Mitwirkungsbehörden). Die Mitwirkung kann in verschiedenen Formen erfolgen: Vorschlagsrecht (zB § 4 III 2 BBankG oder § 93 II 1 BBiG), Anhörung, Benehmen (Anhörungspflicht), insbes. aber Zustimmung und Einvernehmen (zB § 36 BauGB: über die Zulässigkeit nicht privilegierter Vorhaben im Außenbereich entscheidet die Baugenehmigungsbehörde im Einvernehmen mit der Gemeinde und nach Zustimmung der höheren Verwaltungsbehörde). Anfechtbarer Verwaltungsakt ist in diesen Fällen nur die abschließende Entscheidung (hier also über die Baugenehmigung), während die Mitwirkungsakte zu den vom Bürger mit förmlichen Rechtsbehelfen nicht angreifbaren Interna der Verwaltung zählen. Die Mitwirkungsakte werden demnach inzident bei der Entscheidung über den Schlussakt überprüft; sie werden also der Entscheidungsbehörde „zugerechnet", die im → Verwaltungsstreitverfahren die Verantwortung dafür trägt. Ist die nach einer Rechtsvorschrift erforderliche Mitwirkung einer anderen Behörde unterblieben, so ist der Verwaltungsakt zwar fehlerhaft zustandegekommen, aber nicht schon deshalb nichtig (§ 44 III Nr. 4 VwVfG); der Verfahrensmangel wird durch Nachholung der Mit-

wirkung geheilt (§ 45 I Nr. 5 VwVfG). Schwierige Fragen ergeben sich hinsichtlich der Haftung, der Prozesskosten und des Regresses zwischen den beteiligten Behörden bei fehlerhaften Mitwirkungshandlungen.

Mobbing
Unter diesem (nicht juristischen) Begriff versteht man die bewusste und systematische (dh va auf längere Zeit betriebene) Ausgrenzung und Herabsetzung eines Arbeitnehmers durch dessen Arbeitskollegen oder/und den Arbeitgeber (fortgesetzte Schaffung eines feindlichen Arbeitsumfeldes ggü. dem/den Betroffenen bzw. die arbeitgeberseitige Unterlassung der Beseitigung dieses Zustandes). Ausnahmsweise können auch rechtmäßige Handlungen in ihrer Summe rechtswidrig sein (vgl. die „Belästigung“ in § 3 III AGG). Während gegen Arbeitskollegen hieraus nur Ansprüche aus → unerlaubter Handlung (zB Verletzung des Persönlichkeitsrechts oder der Gesundheit) in Betracht kommen, kann gegen den Arbeitgeber oder Dienstherrn (denen ein Fehlverhalten des Vorgesetzten des Betroffenen zugerechnet werden kann) auch ein Schadensersatzanspruch aus → positiver Vertragsverletzung des Arbeitsvertrags (zB bei Zuteilung unzumutbarer Arbeit, Nicht-Einschreiten gegen Mobbing-Handlungen von Arbeitskollegen usw.) oder aus → Staatshaftung gegeben sein, immer aber muss eine spezifische Anspruchsgrundlage vorliegen und der Betroffene ausführlich die Anspruchsvoraussetzungen darlegen. Sa → Stalking.

Mobile-ICT-Karte
Die Mobile-ICT-Karte ist ein → Aufenthaltstitel. Er ist ein Sonderfall der → ICT-Karte.

Mobiliar(zwangs)vollstreckung
Die Mobiliarvollstreckung ist die → Zwangsvollstreckung in das bewegliche Vermögen, nämlich in bewegliche → Sachen, → Forderungen und solche Rechte, die nicht unter die → Immobiliarvollstreckung fallen. Sie ist hauptsächlich im 8. Buch der ZPO geregelt (§§ 704 ff. ZPO, insbes. §§ 803 ff. ZPO).

Mobiliarpfandrecht
→ Pfandrecht.

Mobilien
sind bewegliche → Sachen; Gegensatz: → Immobilien.

Mobilitätshilfe
1. Die Mobilitätshilfe gehörte bis zum 1.12.2008 zu den Leistungen der → Arbeitsförderung nach dem SGB III. Entsprechende Leistungen können seit 2009 aus dem → Vermittlungsbudget gewährt werden (Ermessensleistung nach §§ 44 ff. SGB III).

2. Elektronische Mobilitätshilfen im Straßenverkehr sind nach der Verordnung über die Teilnahme von → Elektrokleinstfahrzeugen am Straßenverkehr (eKFV) v. 6.6.2019 (BGBl 2019 I 756) Kraftfahrzeuge mit elektrischem Antrieb. Hierzu zählen zB auch die sog. E-Scooter. Die Zulassung ist an bestimmte Voraussetzungen geknüpft, die diese Fahrzeuge erfüllen müssen.

Mobiltelefon
1. Die Benutzung eines elektronischen Geräts, das der Kommunikation, Information oder Organisation dient oder zu dienen bestimmt ist, insbes. also eines Mobiltelefons, ist im Straßenverkehr während der Fahrt für den Fahrzeugführer, auch einen Radfahrer, wenn er das Mobiltelefon aufnehmen oder halten muss, verboten (§ 23 Ia StVO) und mit Bußgeld bedroht. Das Verbot besteht nicht, wenn das Fahrzeug steht und bei Kfz der Motor ausgeschaltet ist. Während der Fahrt ist die Benutzung also nur zulässig, wenn eine Freisprecheinrichtung besteht oder ein sog. Head-Set benutzt wird. Die Regelung gilt auch für Geräte der Unterhaltungselektronik oder Geräte zur Ortsbestimmung, Autotelefone, Berührungsbildschirme, tragbare Flachrechner, Navigationsgeräte, Fernseher oder Abspielgeräte mit Videofunktion oder Audiorekorder, zudem auch für auf dem Kopf getragene visuelle Ausgabegeräte, insbes. Videobrillen.

2. In Luft-Fahrzeugen ist für Passagiere der Betrieb eines Mobiltelefons grds. nicht zulässig (§ 27 III 1 LuftVG). Eine Ausnahme besteht, solange das Luft-Fahrzeug an einer Parkposition steht und die Triebwerke nicht in Betrieb sind oder der Luft-Fahrzeughalter oder -führer den Betrieb ausdrücklich zugelassen hat (§ 1 I Nr. 5, § 2 Luft-Fahrzeug-Elektronik-Betriebs-VO v. 22.2.2008 (BGBl. 2008 I 266). Der unzulässige Betrieb ist, wenn er Störungen der Bordelektronik verursachen kann, strafbar (§ 27 III 1 LuftVG, § 60 I Nr. 7 LuftVG).

Modell
→ Design.

Modellflugzeuge
→ Flugmodelle.

Modernisierungsgebot
→ Baugebot, → Wohnungsmodernisierung.

Modernisierungsmaßnahmen
→ Mietvertrag (2), → Wohnraummietvertrag (1).

Modernisierungsrichtlinie
Aufgrund einer umfassenden Überprüfung des Verbraucher- und Marketingrechts in der EU und einer Bewertung der Verbraucherrichtlinie vom 25.10.2011 wurde die EU-Richtlinie v. 18.12.2019 zur Durchsetzung und Modernisierung des Verbraucherschutzes erlassen (ABl. 2019 L 328, S. 7). Mit dem Gesetz zur Änderung des BGB und des EGBGB (BGBl. 2021 I 3483) wurden in Umsetzung dieser Richtlinie mit Wirkung vom 28.5.22 die Teile der Richtlinie betreffend missbräuchliche Klauseln in Verbraucherverträgen und Anpassungen der Verbraucherrichtlinie im Hinblick auf Verträge über digitale Inhalte und digitale Dienstleistungen normiert sowie zusätzliche Sanktionsvorschriften und Infor-

mationspflichen für Betreiber von Online-Marktplätzen und bei Personalisierung des Preises aufgrund automatisierten Entscheidungsfindung eingeführt. S. iE → Online-Marktplatz, → Verbrauchervertrag, → Verbrauchsgüterkauf, → Fernabsatzvertrag, → Außerhalb von Geschäftsräumen geschlossene Verträge (AGV), → Verbraucherverträge über digitale Produkte.

Möbeltransport
→ Umzugsvertrag.

MOE-Staaten
Frühere Kurzbezeichnung für die mittel- und osteuropäischen Staaten (zT früher Mitglieder des → Warschauer Pakts); einige sind bereits ab 1.5.2004 Mitglied in der → Europäischen Union (Estland, Lettland, Litauen, Polen, Tschechische Republik, Slowakei, Slowenien und Ungarn), Rumänien und Bulgarien seit 1.1.2007.

Mofa
→ Fahrräder mit Hilfsmotor, → Schutzhelm.

Mohammedaner
→ Islam.

Molekulargenetische Untersuchung
ist als Form der → Genomanalyse eine Methode zur Feststellung und zum Vergleich von Bereichen der Desoxyribonukleinsäure aus menschlichen Körperzellen (DNA-Analyse, genetischer Fingerabdruck). Sie ermöglicht die sichere Zuordnung der Herkunft der Spuren einer Straftat wie Blut, Haut, Haare, Speichel, Samen von einer bestimmten Person und ist damit ein Mittel zum Beweis der Beteiligung an der Straftat. Auch die Abstammung kann damit festgestellt werden.

1. Im Strafverfahren dürfen auf diese Weise Molekulargenetische Untersuchungen zu folgenden Zwecken durchgeführt werden:

a) Blutproben und sonstige Körperzellen, die dem Beschuldigten oder Zeugen auf Grund → körperlicher Untersuchung entnommen wurden, sowie Spurenmaterial dürfen gem. § 81e StPO untersucht werden. Die Molekulargenetische Untersuchung ist nur zur Feststellung der Abstammung und der Herkunft des Spurenmaterials vom Beschuldigten oder Verletzten sowie zur Bestimmung des Geschlechts der Person zulässig, nicht zur Feststellung von anderen Persönlichkeitsmerkmalen oder Erbanlagen. Die Molekulargenetische Untersuchung entnommener Körperzellen erfordert die Einwilligung des Betroffenen, die Anordnung des Gerichts oder in Eilfällen die Anordnung der StA oder ihrer Ermittlungspersonen (§ 81 f StPO). Für die Molekulargenetische Untersuchung von Spurenmaterial genügt die Anordnung der StA oder der Ermittlungspersonen gem. §§ 161, 163 StPO. Die Molekulargenetische Untersuchung darf nur von bestellten Sachverständigen oder Amtsträgern durchgeführt werden.

b) Eine DNA-Reihenuntersuchung darf zur Aufklärung von Verbrechen gegen höchstpersönliche Rechtsgüter an Personen, die bestimmte, auf den Täter vermutlich zutreffende Prüfungsmerkmale erfüllen, zum Vergleich mit Spurenmaterial durchgeführt werden (§ 81h StPO). Dazu ist die schriftliche Einwilligung dieser Personen und eine gerichtliche Anordnung erforderlich.

c) Zur Identitätsfeststellung in künftigen Strafverfahren dürfen die Entnahme von Körperzellen und die Molekulargenetische Untersuchung auch bei Beschuldigten, die einer erheblichen Straftat oder wiederholt begangener sonstiger Straftaten oder einer → Sexualstraftat verdächtig sind, und bei deshalb bereits rechtskräftig Verurteilten stattfinden, wenn die Gefahr neuer, einschlägiger Straftaten besteht (§ 81g StPO). Die Molekulargenetische Untersuchung darf ohne die schriftliche Einwilligung des Betroffenen nur durch das Gericht oder in Eilfällen durch die StA oder ihre Ermittlungspersonen angeordnet werden.

d) Außerdem sind die Entnahme von Körperzellen und eine Molekulargenetische Untersuchung gem. § 88 I 3 StPO zulässig zur Feststellung der Identität und des Geschlechts einer Leiche (→ Leichenschau, -öffnung).

e) Die Ergebnisse der Molekulargenetischen Untersuchung, die DNA-Identifizierungsmuster und das Geschlecht, werden in den Fällen gemäß a) und c) beim → Bundeskriminalamt in einer DNA-Identifizierungsdatei gespeichert. Auskünfte dürfen nur für Zwecke eines Strafverfahrens, der Gefahrenabwehr und der internationalen Rechtshilfe erteilt werden (§ 81g V StPO, § 2 AusführungsG zum Prümer Vertrag und zum Ratsbeschluss Prüm v. 10.7.2006, BGBl. 2006 I 1458, mÄnd).

2. Im → Bußgeldverfahren ist eine Molekulargenetische Untersuchung unzulässig.

3. Zur Molekulargenetische Untersuchung iÜ → Abstammung, → Abstammungsgutachten, → Gendiagnostik, → Genomanalyse.

Monarchie
(griech. Alleinherrschaft) ist eine → Staatsform, die dadurch gekennzeichnet ist, dass an der Spitze des Staates eine Einzelperson (der Monarch) steht. In einem materiellen Sinne spricht man von Monarchie, wenn die → Staatsgewalt tatsächlich von dem Monarchen ausgeübt wird (monarchisches Prinzip; → Monokratie im Gegensatz zu → Aristokratie und → Demokratie). Allerdings liegt eine Monarchie nicht nur dann vor, wenn der Monarch die gesamte Staatsgewalt ohne Beschränkung in Händen hat (absolute oder unbeschränkte Monarchie), sondern auch, wenn er in der Ausübung der Staatsgewalt beschränkt ist (beschränkte Monarchie). Eine solche Beschränkung besteht idR darin, dass die → Verfassung (Konstitution; daher konstitutionelle Monarchie) die Zuständigkeit oder die Mitwirkung anderer Organe, etwa der Ständevertretung (ständische Monarchie) oder der

Volksvertretung (→ Parlament; daher parlamentarische Monarchie), vorsieht oder die Staatsgewalt sonstwie aufteilt (→ Gewaltentrennung). Stehen dem Monarchen nur noch die weitgehend formalen Befugnisse des → Staatsoberhauptes, aber nicht solche echter Staatsgewalt zu, so enthält die Monarchie nur noch die Erblichkeit der Stellung des Staatsoberhauptes; damit steht der Begriff Monarchie im Gegensatz zur → Republik, deren Staatsoberhaupt gewählt wird. Regelmäßig ist die Monarchie eine Erbmonarchie, bei der sich die Nachfolge nach einer im Voraus festgelegten Ordnung innerhalb der Familie bestimmt (im Abendland meist Erbfolge der männlichen Abkömmlinge mit Primogenitur). Die sog. Wahlmonarchie ist heute fast überall erloschen (vergleichbar aber die Stellung des → Papstes).

Monitoring
bezeichnet allgemein die verhaltens- und auswirkungsprüfende Beobachtung, zB die ständige Messung der Luftqualität (→ Luftreinhaltung). Das Monitoring mit rechtlichem Bezug ist idR langfristig angelegt. → Fluglärm, → Lebensmittel.

Monokratie
bedeutet die Alleinherrschaft einer Einzelperson. Hauptform der Monokratie ist die (erbliche) → Monarchie.

Monokratisches Prinzip
bezeichnet eine Organisationsform der Behörden; danach stehen die behördlichen Befugnisse nur ihrem Leiter zu, der sie auf die Angehörigen seiner Behörde delegieren kann. Man nennt diese Organisation auch büromäßig (Büroprinzip) im Gegensatz zur Kollegialbehörde (→ Kollegialprinzip), wo die Entscheidungsbefugnis einem Kollegium zusteht.

Monopolkommission
Die Monopolkommission ist eine unabhängige Kommission zur Beratung der Bundesregierung in wettbewerbspolitischen Fragen (§§ 44–47 GWB). Sie besteht aus 5 Mitgliedern, die auf Vorschlag der Bundesregierung vom Bundespräsidenten berufen werden. Sie entscheidet mit Mehrheit; Minderheitsvoten sind möglich. Sie erstellt alle 2 Jahre ein Gutachten zur Entwicklung der Unternehmenskonzentration in Deutschland, in dem sie die Anwendung der Regeln zur → Fusionskontrolle würdigt und zu sonstigen wettbewerbspolitischen Fragen Stellung nimmt. Sie kann im Auftrag der Bundesregierung und im eigenen Ermessen weitere Gutachten erstellen. Die Monopolkommission gibt eine Stellungnahme ab, bevor der Bundesminister für Wirtschaft über einen Antrag auf → Ministererlaubnis entscheidet.

Monopolstellung
ist die → Marktbeherrschung in dem Fall, dass auf dem → relevanten Markt nur ein einziges Unternehmen auftritt.

Monroe-Doktrin
→ Doktrin.

Montage
→ Gewährleistung (1b).

Montan-Industrie
ist die auf dem → Bergbau (→ Bergrecht) aufbauende Kohlen-, Eisenhütten- und Stahlindustrie. Die enge Verbindung von Zechen und Hüttenwerken, welche die deutsche Montan-Industrie kennzeichnet, wurde durch die → Entflechtung vorübergehend aufgelöst. Über den Zusammenschluss der Montan-Industrie der BRep. sowie der Länder Belgien, Frankreich, Italien, Luxemburg und der Niederlande zur Montan-Union → Europäische Gemeinschaft für Kohle und Stahl. → Mitbestimmung (2).

Montan-Mitbestimmung
→ Mitbestimmung (2).

Montan-Union
→ Europäische Gemeinschaft für Kohle und Stahl; → Europäische Integration (1).

Montesquieu, Charles-Louis
(1689 bis 1755), franz. Staatsphilosoph, der in der Zeit der Aufklärung Grundgedanken des liberalen Staatsdenkens vertrat. Als Anhänger einer konstitutionellen Monarchie lehnte er den Absolutismus ab und verfocht die verfassungsmäßige Abgrenzung der drei Staatsgewalten: Gesetzgebung, Verwaltung, Rechtsprechung. Diese → Gewaltentrennung sollte nach dem Vorbild des engl. Rechts eine gegenseitige Kontrolle der voneinander unabhängigen Staatsorgane und durch die Wirkung dieser Gegengewichte (le pouvoir arrête le pouvoir) mittelbar die Freiheit der Staatsbürger gewährleisten. Sein Hauptwerk „De l'esprit des lois" (1748), in dem diese Grundgedanken niedergelegt sind, wurde richtungweisend für die Staatslehre des 19. u. 20. Jh.

Montrealer Übereinkommen
→ Warschauer Abkommen.

Moore, Schutz gegen Brand
→ Brandstiftung, → Waldbrandschutz.

Moot Court
Ein Moot Court ist eine simulierte Gerichts- oder Schiedsverhandlung, mit der Studentinnen und Studenten erste Erfahrungen mit der Rechtspraxis sammeln können.

Moratorium
ist ein Zahlungsaufschub; → Leistungszeit, → Stundung, → Fälligkeit. Zum Moratorium betreffend Forderungen gegen → Verbraucher und → Kleinstunternehmer in der Corona-Krise s. → Corona-Krise und Vertragsrecht. Zu Stundungen bei → Verbraucherdarlehensverträgen s. → Corona-Krise und Darlehensrecht . Sa → Corona-Krise und Mietrecht . Überblick über die Regelungen für die Corona-Krise: → COVID-19-Folgenabmilderungsgesetz.

Mord
→ Tötung (1), → Lustmord, → Mordkomplott, → Völkermord.

Mordkomplott
ist nicht mehr (wie bis 1973 nach § 49b StGB aF; Aufhebung mit dem 2. StrRG, BGBl. 1969 I 717 ff.) ein eigener Straftatbestand, sondern bei Verabreden einer entsprechenden Einzeltat nach § 30 II StGB als Versuch der Beteiligung an einem Verbrechen als besonders gefährliche Vorbereitungshandlung mit der Strafe des → Versuchs bedroht. Der Zusammenschluss zu mehreren, zunächst noch unbestimmten Taten (Mordverbindung) fällt unter die Strafvorschrift gegen → kriminelle oder → terroristische Vereinigungen (§§ 129, 129a StGB). Über Rücktritt bzw. tätige Reue vgl. §§ 31, 129 VI StGB, § 129a VII StGB.

More Economic Approach
Schlagwort für das Bestreben der → Europäischen Kommission, im → Kartellrecht die Kontrolle von Wettbewerbsbeschränkungen weniger an formellen juristischen Kriterien als vielmehr an wirtschaftlichen Bewertungen auszurichten.

Morgengabe
Die Morgengabe war eine Zuwendung des Ehemanns an seine Ehefrau anlässlich der Eheschließung zur Sicherung ihrer wirtschaftlichen Existenz im Falle des Vorversterbens des Ehemanns. Das geltende Recht kennt diesen Begriff nicht mehr; eine entsprechende Sicherung kann im Wege des ehelichen → Güterrechts durch einen → Ehevertrag erreicht werden.

Mortifikationsschein
→ Schuldschein.

Morus (More), Thomas
→ Staatsutopien.

Moschee
Die Zulässigkeit der Errichtung einer Moschee durch Anhänger des → Islam richtet sich nach dem Baurecht (→ Baurecht, 1). Eine Moschee gilt als Anlage für kirchliche Zwecke (BVerwG BayVBl. 1992, 440). Entscheidend ist, ob sich die Moschee in die bestehende Bebauung einfügt. Während dies für die Moschee selbst in der Regel der Fall sein kann, ist dies bei einem Minarett problematisch.

Motiv
→ Geschäftsgrundlage, → Anfechtung von Willenserklärungen (1), → Anfechtung letztwilliger Verfügungen. Tatmotiv: → Tötung (1a) u. im Folgenden.

Motivbündel
ist strafrechtlich die Überlagerung von Tatmotiven, die zu unterschiedlichen Rechtsfolgen führen, zB Tötung auf Verlangen (§ 216 StGB), aber zugleich aus Habgier oder Geschlechtslust (§ 211 StGB). Für die Rechtsanwendung entscheidet das im Einzelfall überwiegende Antriebsmotiv (BGHSt. 13, 138, 140).

Motivirrtum
→ Anfechtung von Willenserklärungen (1).

Motorräder
→ Krafträder, → Fahrerlaubnis, → Zulassung von Kraftfahrzeugen.

motu proprio
(lat. „aus eigenem Antrieb"; auch subst. Motuproprio) werden Erlasse des → Papstes genannt, die seiner freien Initiative entspringen, also nicht durch Berichte oder Anfragen Dritter veranlasst sind (Gegensatz: Reskript).

Mundschutzpflicht
→ Mund- und Nasenschutz.

Müll
→ Abfälle.

Mülltourismus
bezeichnet den Verkauf von → Abfällen in Staaten mit keiner vergleichbaren Rechtslage, um Entsorgungskosten zu sparen. Sa → Abfallverbringung.

Müllverbrennung
→ Abfallverbrennung, → Emissionshandel.

Münchener Abkommen
wird das am 29.9.1938 in München zwischen Deutschland, Großbritannien, Frankreich und Italien geschlossene Abkommen zur Lösung der deutsch-tschechoslowakischen Krise genannt. Inhalt des Abkommens war die Abtretung des Sudetenlandes durch die (an den Verhandlungen nicht beteiligte) Tschechoslowakei. Das Münchener Abkommen belastete lange die Beziehungen zwischen BRep. und Tschechoslowakei wegen der Streitfrage, ob es von Anfang an (ex tunc) ungültig oder nur nicht mehr gültig ist. Der Vertrag vom 11.12.1973 (BGBl. 1974 II 989) geht von der Nichtigkeit des Münchener Abkommens aus, lässt aber die Wirkungen unberührt, die sich für natürliche u. jur. Personen aus dem in der Zeit vom 30.9.1938 bis 9.5.1945 angewendeten Recht ergeben haben.

Mündel
ist eine unter → Vormundschaft stehende Person.

Mündelgeld
Mündelgeld ist das Bargeld, das der → Vormund oder → Betreuer für den Mündel bzw. Betreuten verwaltet. Es ist, wie alle Vermögenswerte des Mündels, mündelsicher anzulegen. Mündelsicher ist eine Anlage und Verwaltung von Vermögenswerten, die die Gefahr eines Verlustes möglichst reduziert. Die mündelsichere Anlage ist über das Vormundschaftsrecht hinaus ein Synonym für eine entsprechende Anlage von Vermögenswerten. Mit der Reform des Vormundschaftsrechts mit Wirkung zum 1.1.2023 durch das Gesetz zur Reform des Vormundschafts- und Betreuungsrechts vom 4.5.2021 (BGBl. 2021 I 882)

wurden die früheren Vorgaben der mündelsicheren Anlage wesentlich gelockert.

Das Mündelgeld war vor der Reform, sofern das Familiengericht nicht aus wirtschaftlichen Erwägungen eine andere Art der Anlegung gestattete, nur verzinslich in inländischen Hypothekenforderungen, → Pfandbriefen, Wertpapieren und Schuldverschreibungen öffentlicher Körperschaften oder sonst für geeignet erklärter Kreditanstalten, ferner bei einer inländischen öffentlichen → Sparkasse oder einem anderen → Kreditinstitut, das einer für die Anlage ausreichenden Sicherheitseinrichtung angehört, anzulegen. War ein → Gegenvormund bestellt, war dessen Genehmigung für die Anlegung von Mündelgeld erforderlich. → Inhaberpapiere waren stets, andere Wertpapiere auf Verlangen des Familiengerichts bei einer geeigneten Hinterlegungsstelle oder Bank mit Sperrvermerk zu hinterlegen; über sie konnte der Vormund nur mit Genehmigung des Familiengerichts verfügen bzw. sich verpflichten.

Nach der Reform des Vormundschaftsrechts bleibt es bei dem Erfordernis, das Mündelgeld bei einem Institut anzulegen, das einer die jeweilige Anlage abdeckenden Einrichtung zur → Einlagensicherung angehört (§ 1842 BGB). Im Übrigen gilt lediglich die Vorgabe, Geld, das nicht für Ausgaben benötigt wird, auf einem zur verzinslichen Anlage geeigneten Konto anzulegen (Anlagegeld, § 1841 BGB). Im Gegensatz dazu ist Verfügungsgeld das Geld, das der Vormund für die Ausgaben des Mündels benötigt und auf einem → Girokonto verwaltet (§ 1839 BGB). Der Zahlungsverkehr erfolgt so weitgehend bargeldlos (§ 1840 BGB). → Wertpapiere sind grundsätzlich in einem → Depot bei einer Bank zu verwahren (§ 1843 BGB), Wertgegenstände auf Anordnung des Betreuungsgerichts zu hinterlegen (§ 1844 BGB). Für Anlagegeld, Wertpapiere und andere bei einer Bank hinterlegten Wertgegenständen ist der Vormund verpflichtet, mit der Bank zu vereinbaren, dass er darüber nur mit Genehmigung des Betreuungsgerichts verfügen kann (Sperrvereinbarung, § 1845 BGB). Daneben treffen den Vormund Anzeigepflichten gegenüber dem Betreuungsgericht für Depot- und Kontoeröffnungen, § 1846 BGB. Die Möglichkeit der Bestellung eines → Gegenvormunds entfällt seit der Reform vollständig.

Mündelsicherheit
→ Mündelgeld.

Mündelvermögen
→ Mündelgeld, → Vormund.

Mündigkeit
→ Ehefähigkeit, → Strafmündigkeit; sa → Volljährigkeit, → Lebensalter.

Mündliche Verhandlung
Die mündliche Verhandlung ist die Verhandlung, die vor dem Gericht bei Anwesenheit der Beteiligten durch mündlichen Vortrag (wenn auch auf Grund vorbereitender Schriftsätze) durchgeführt wird. Sie ist in den meisten Verfahrensordnungen für das → Urteilsverfahren als gesetzliche Regel vorgesehen (→ Mündlichkeitsgrundsatz), im Übrigen in das Ermessen des Gerichts gestellt. Im Zivilprozess soll nach dem → Konzentrationsgrundsatz und zur Beschleunigung des Verfahrens der Rechtsstreit grundsätzlich in einem durch Aufklärung zur Ergänzung des Parteivorbringens, Ladung von Zeugen, Vorlegung von Urkunden usw vorbereiteten Haupttermin erledigt werden (§§ 272, 273, 358a ZPO; ebenso für das → Verwaltungsstreitverfahren, §§ 87 ff. VwGO). Der Vorsitzende bestimmt deshalb einen frühen ersten Termin (§ 275 ZPO) nur dort, wo eine rasche Erledigung geboten und möglich erscheint; sonst findet vor dem Haupttermin ein schriftliches Vorverfahren statt (§ 276 ZPO). Das Gericht soll in jeder Lage des Verfahrens auf gütliche Beilegung des Rechtsstreits hinwirken (§ 278 I ZPO; → Sühneversuch); an eine erfolglose Güteverhandlung schließt sich die streitige mündliche Verhandlung an (§ 278 II ZPO, § 279 ZPO). Die mündliche Verhandlung findet in einer Sitzung des Gerichts statt, über die eine Niederschrift (→ Verhandlungsprotokoll) erstellt wird. Bei sehr geringem Streitwert (600 Euro) kann das Gericht im Verfahren nach billigem Ermessen vorgehen und muss keine mündliche Verhandlung anberaumen; auf Antrag muss allerdings mündlich verhandelt werden (§ 495a ZPO). Im Strafprozess entspricht der mündlichen Verhandlung die → Hauptverhandlung. Im förmlichen → Verwaltungsverfahren entscheidet die Behörde grds. nach mündlicher Verhandlung (§ 67 I VwVfG; Ausnahmen § 67 II VwVfG). Nähere Vorschriften (ua über Zeugen und Sachverständige, Verlauf der mündlichen Verhandlung, Entscheidung und deren Anfechtung) enthalten die §§ 63 ff. VwVfG. Für das → Verwaltungsstreitverfahren s. dort (4, 5), für den Finanzgerichtsprozess → Finanzgerichtsbarkeit.

Mündlichkeitsgrundsatz
Mündlichkeitsgrundsatz bedeutet, dass vor dem Gericht mündlich verhandelt werden muss und nur das mündlich Verhandelte der Entscheidung zugrunde gelegt werden darf. Die meisten Verfahrensordnungen schreiben Mündlichkeit als Grundsatz ausdrücklich vor (§ 128 I ZPO, § 46 II ArbGG, § 101 VwGO, § 90 I FGO, § 124 I SGG), lassen aber in weitem Umfang → schriftliches Verfahren, insbes. für Nebenentscheidungen (zB allein über die Kosten, § 128 III ZPO) zu; auch Verhandlung oder Vernehmung im Wege der Bild- und Tonübertragung (zB § 128a ZPO, → Videokonferenztechnik). Mit Zustimmung der Parteien kann von einer mündlichen Verhandlung abgesehen werden (§ 128 II ZPO). Unter den Voraussetzungen des § 105 SGG kann am Sozialgericht auch ohne mündliche

Verhandlung durch Gerichtsbescheid entschieden werden.

Am strengsten ist der Mündlichkeitsgrundsatz im Strafprozess in der für den Regelfall vorgeschriebenen → Hauptverhandlung gewahrt. Eine Durchbrechung bildet dort nur das Strafbefehlsverfahren (§§ 407–412 StPO). Auf schriftlichem Weg können zudem Verfahrenseinstellungen nach dem → Opportunitätsprinzip erfolgen (§§ 153 ff. StPO, → Bagatellstrafsachen).

Münzfälschung
→ Geld- und Wertzeichenfälschung.

Münzgesetz
Das Münzgesetz v. 16.12.1999 (BGBl. 1999 I 2402) mÄnd regelt Ausprägung und Umlauf deutscher Euro- und Sammlermünzen, die Annahme- und Umtauschpflicht sowie den Münzschutz. Sa → Euro, → Geld, → Münzwesen, → Scheidemünzen.

Münzhoheit
→ Münzwesen.

Münzwesen
1. Münzen sind geprägte Metallgeldstücke (s. a. → Euro, → Geld, → Münzgesetz). Man unterscheidet Kurantmünzen, bei denen sich Metallwert und Nennwert entsprechen, und → Scheidemünzen, bei denen der Metallwert unter dem Nennwert liegt. Das Recht Münzen auszuprägen (Münzregal) kann vom Staat verliehen werden, der die Münzhoheit besitzt.

2. In Deutschland gehört das Geld- und Münzwesen zur ausschließlichen Gesetzgebungszuständigkeit des Bundes (Art. 73 I Nr. 4 GG), soweit Zuständigkeiten nicht inzwischen auf die → Europäische Zentralbank übergegangen sind. Die Münzen werden im Auftrag und für Rechnung des Bundes (§ 1 MünzG) in den Münzprägeanstalten Berlin, München, Stuttgart, Karlsruhe und Hamburg ausgeprägt und durch die Bundesbank nach Maßgabe des Verkehrsbedarfs (§ 7 MünzG) in Umlauf gesetzt. Der Münzgewinn aus der Ausprägung von Scheidemünzen (Differenz zwischen Herstellungskosten und Nennwert) fließt dem Bundeshaushalt zu.

Mütterrente
Umgangssprachliche Beschreibung der von der → gesetzlichen Rentenversicherung erbrachten Geldleistungen für Mütter, die ihren Rentenanspruch ua durch die Geburt und Erziehung ihrer Kinder erbracht haben. Durch das RV-Leistungsverbesserungsgesetz (1.7.2014) wurde dieser Begriff verstärkt, weil durch die Verdoppelung → Kindererziehungszeiten für vor 1992 geborene Kinder der Zugang zu einer eigenen → Versichertenrente wesentlich erleichtert wurde. Durch das RV-Leistungsverbesserungs- und -Stabilisierungsgesetz v. 28.11.2018 (BGBl I, 2016) wurden weitere 6 Kalendermonate Kindererziehungszeit für vor dem 1.1.1992 geborene Kinder berücksichtigt. Insgesamt werden somit ab dem 1.1.2019 für jedes vor dem 1.1.1992 geborene Kind 30 Kalendermonate Kindererziehungszeiten angerechnet.

Multilaterale Abkommen
sind mehrseitige → völkerrechtliche Verträge (im Gegensatz zu bilateralen, dh zweiseitigen Abkommen).

Multilaterale Investitions-Garantie-Agentur
Die Multilaterale Investitions-Garantie-Agentur (Multilateral Investment Guarantee Agency, MIGA) wurde am 31.10.1985 vom Gouverneursrat der → Weltbank initiiert. Dem Multilaterale Investitions-Garantie-Agentur Übereinkommen gehörten 2013 179 Mitglieder an. Die Multilaterale Investitions-Garantie-Agentur versichert Investitionen in Entwicklungsländern gegen nichtkommerzielle Risiken wie zB Enteignungen und militärische Handlungen. Die Multilaterale Investitions-Garantie-Agentur gehört zur → Weltbankgruppe.

Multilaterales Handelssystem
1. Mit multilateralem Handelssystem (Multilateral Trading Facility, MTF) wird der zweite gesetzlich geregelte Handelsplatz für → Finanzinstrumente zwischen → reguliertem Markt und → organisiertes Handelssystem bezeichnet. Ein multilaterales Handelssystem ist eine elektronische Handelsplattform für Kauf und Verkauf von Finanzinstrumenten (zB Tradegate); früher sprach man von → börsenähnlichen Einrichtungen. Legaldefinitionen enthalten § 2 VIII Nr. 8 WpHG, § 2 V BörsG und § 1 Ia Nr. 1b KWG. Danach handelt es sich um ein System, das die Interessen einer Vielzahl von Personen am Kauf und Verkauf von Finanzinstrumenten innerhalb des Systems und nach nichtdiskretionären Bestimmungen in einer Weise zusammenbringt, die zu einem Vertrag über den Kauf dieser Finanzinstrumente führt. Multilaterale Handelssysteme sind organisierte Märkte iSv § 2 XI WpHG.

2. Der Betrieb eines multilateralen Handelssystems ist eine → Finanzdienstleistung und bedarf der Erlaubnis durch die → Bundesanstalt für Finanzdienstleistungsaufsicht (§ 1 Ia Nr. 1b KWG, § 32 KWG). Da Multilaterale Handelssysteme keine Börsen sind, unterliegen sie dem WpHG, jedoch nicht dem → Börsenrecht. Insbes. gibt es keine gesetzlichen Vorgaben für die Zulassung der Finanzinstrumente zum Handel oder ihre Emittenten. Neben den allgemeinen Verhaltens- und Organisationsvorschriften der §§ 63 ff. WpHG sind die §§ 72 ff. WpHG einschlägig, die Betreibern eines multilateralen Handelssystems besondere Pflichten auferlegen, etwa nichtdiskriminierende Regelungen für den Zugang von Handelsteilnehmern zu erlassen sowie ordnungsgemäße Preisbildung und ordnungsgemäße Dokumentation aller Geschäftsvorfälle sicherzustellen. Zur Vor- und Nachhandelstransparenz s. VO (EU) 600/2014 (Mi-

FIR, → Wertpapierhandelsgesetz) und → Transparenz. Multilaterale Handelssysteme unterliegen der Aufsicht durch die BaFin.

Multimedia
oder neue Medien → Medienrecht.

Multimodaler Verkehr (Transport)
Hierunter versteht man die Beförderung des Frachtgutes auf Grund eines einheitlichen → Frachtvertrags mit verschiedenen Beförderungsmitteln (zB mit dem Kraftfahrzeug bis zum Bahnhof, Flugplatz oder Seehafen, sodann Weiterbeförderung per Bahn, Flugzeug oder Schiff, anschließend wieder Kraftfahrzeugtransport zum Empfänger). Hierfür gelten grds. die allgemeinen Regeln des → Frachtvertrags, sofern internationale Übereinkommen nichts anderes bestimmen (§ 452 HGB). Steht fest, dass der Verlust oder die Beschädigung des Transportguts oder die Überschreitung der Lieferfrist auf einer bestimmten Teilstrecke eingetreten ist, so richtet sich allerdings die Haftung des Frachtführers allein nach den Rechtsvorschriften, die auf einen Vertrag zur Beförderung auf dieser Teilstrecke anzuwenden wären (§ 452a HGB). Ist der Schadensort unbekannt, gelten dagegen die allgemeinen Vorschriften, ggf. die dem Geschädigten günstigste Rechtsordnung. Abweichende Vereinbarungen sind nur eingeschränkt zulässig, durch → Allgemeine Geschäftsbedingungen nur dahin, dass sich die Haftung auch bei bekanntem Schadensort nach den allgemeinen Bestimmungen (§§ 425 ff. HGB) bestimmt (§ 452d HGB). → Gütertransport, → Personenbeförderung.

Multipolar-mehrseitiger Vertrag
ist ein mehrseitiger Vertrag, bei dem sich nicht nur zwei, sondern mehrere Interessenlager gegenüberstehen (zB bestimmte Gesellschaftsverträge); sa. → bipolar-mehrseitiger Vertrag.

Mund- und Nasenschutz
Nach § 28 I 1 2. Halbsatz des → Infektionsschutzgesetzes (IfSG) können die zuständigen Landesbehörden Personen verpflichten, bestimmte Orte oder öffentliche Ort nicht oder nur unter bestimmten Bedingungen zu betreten. Dazu gehört auch die Verpflichtung zum Tragen eines Mund- und Nasenschutzes. Für die Dauer einer → epidemischen Lage von nationaler Tragweite kann nach § 28a I Nr. 2 IfSG das Tragen eines Mund- und Nasenschutzes angeordnet werden. Besondere bundeseinheitliche Bestimmungen galten während der → COVID-19-Pandemie. Soweit das Landesrecht nicht vom einheitlichen Bundesrecht überlagert wurde, bestanden so während der COVID-19-Pandemie höchst unterschiedliche Vorschriften, ob und welche Art eines Mund- und Nasenschutzes zu tragen war.

Mundraub
Der Begriff bezeichnet einen in mehreren früheren deutschen Strafrechtskodifikationen vorhandenen historischen → Privilegierungstatbestand gegenüber dem → Diebstahl, mit dem typischerweise die Entwendung von Lebensmitteln, insbesondere Feldfrüchten, zum sofortigen Verbrauch einer milderen Sanktionsdrohung unterworfen wurde. So wurde auch durch das RStGB von 1871 als Übertretung mit bloßer Geldbuße geahndet, wer „Nahrungs- oder Genußmittel von unbedeutendem Werthe oder in geringer Menge zum alsbaldigen Verbrauche entwendet" (§ 370 S. 1 Nr. 5 RStGB), wobei die Tat nur auf Antrag geahndet wurde und sogar straflos blieb, wenn sie gegen Verwandte absteigender Linie oder unter Ehegatten begangen wurde. 1912 wurde der Tatbestand auf Genussmittel und Gegenstände des hauswirtschaftlichen Verbrauchs erweitert („Verbrauchsmittelentwendung"). Als mit der Strafrechtsreform 1970 die Deliktskategorie der Übertretungen abgeschafft wurde, entfiel auch die genannte Norm, so dass entsprechende Taten seitdem der regulären Strafdrohung des Diebstahls (§ 242 StGB) unterliegen. Einschlägige Privilegierungen enthält das geltende Recht aber noch immer in Form des Antragserfordernisses (→ Antragsdelikte, → Strafantrag) für Haus- und Familiendiebstahl (§ 247 StGB) und für Diebstahl und Unterschlagung geringwertiger Sachen (§ 248a StGB).

Munition
→ Waffen; → Kriegswaffen.

Munt
Im germanischen Recht war die Munt ein personales Herrschafts-, Schutz- und Vertretungsverhältnis. Sie stand namentlich dem Hausherrn über die Ehefrau, die dem Haushalt angehörenden Kinder und das freie Gesinde zu (die Unfreien unterstanden dagegen der → Gewere). Mit dem wachsenden Einfluss der Staatsgewalt wurde der Bereich der Munt, der ursprünglich sogar die Gerichtsbarkeit innerhalb der Sippe umfasste, zunehmend zurückgedrängt; doch hat die Hausgerichtsbarkeit der Könige gegenüber den Angehörigen des Königshauses verhältnismäßig lange bestanden. Auch Kaufleute konnten unter der Munt und damit unter dem Schutz des Königs stehen. Ebenso konnten Jungmannen unter die Munt des Königs, Herzogs usw treten, von dem sie verpflegt und ausgerüstet wurden. Weitere Formen der Munt bestanden in der Schutzherrschaft über Waisen, Geisteskranke usw.

Muntbruch
→ Entziehung Minderjähriger.

Musikwerke
Werke der Musik gehören zu den → urheberrechtlich geschützten Werken (§ 2 Abs. 1 Nr. 2 UrhG), allerdings nur, wenn es sich dabei um persönliche geistige Schöpfungen handelt (§ 2 Abs. 2 UrhG). Angesichts dessen dürften Musikstücke, die ausschließlich mithilfe von → KI hergestellt werden, keinen urheberrechtlichen Schutz genießen.

Muslime
→ Islam; → islamisches Recht; → Scharia.

Muss-Vorschrift
→ Ermessen.

Muster
→ Kauf nach Probe; → Geschmacksmuster, → Gebrauchsmuster.

Musterbescheid
→ Musterverfahren (2).

Musterfeststellungsantrag
→ Musterverfahren (2).

Musterfeststellungsklage
→ Sammelklage, → Kapitalanleger-Musterverfahrensgesetz.

Mustermietvertrag
→ Wohnraummietvertrag (1).

Musterprotokoll
→ Gesellschaft mit beschränkter Haftung (2a).

Musterregister
ist die frühere Bezeichnung für das Designregister, in das angemeldete → Designs eingetragen werden.

Musterrolle
→ Musterung der Seeschiffsbesatzung.

Musterschutz
→ Gebrauchsmuster, → Design.

Musterung der Seeschiffsbesatzung
Die Musterung der Seeschiffsbesatzung (Schiffsoffiziere, sonstige Angestellte und Schiffsleute) war die Verhandlung vor dem Seemannsamt über die in die Musterrolle einzutragenden Angaben (§§ 13 ff. SeemG, außer Kraft). Bei der Musterung mussten der Kapitän oder ein Bevollmächtigter des Kapitäns oder Reeders sowie die zu musternden Personen anwesend sein (§ 16 SeemG, außer Kraft). Anmusterung fand bei Dienstantritt, Abmusterung bei Dienstbeendigung, Ummusterung bei Änderung der Dienststellung des Besatzungsmitglieds statt. Die Musterung wurde mit Inkrafttreten des SeeArbG zum 1.8.2013 abgeschafft; es sind aber durch den Kapitän etwa Besatzungslisten gem. § 22 SeeArbG zu führen. Sa → Seemannsamt, → Heuerverhältnis, → Seeleute.

Musterung Wehrpflichtiger
Die Regelungen über die Musterung Wehrpflichtiger haben nach → Aussetzung der Wehrpflicht nur noch im → Spannungsfall oder → Verteidigungsfall Bedeutung. Ungediente Wehrpflichtige werden dann vor der Heranziehung zum → Wehrdienst gemustert (→ Wehrpflicht). Sie haben sich nach Aufforderung durch das Kreiswehrersatzamt zur Musterung vorzustellen. Bei Verstoß gegen diese Pflicht kann polizeiliche → Vorführung angeordnet werden. Die Musterung dient der Feststellung, ob der Wehrpflichtige für den Wehrdienst zur Verfügung steht (Fehlen von Wehrpflicht- und Wehrdienstausnahmen, körperliche und geistige Tauglichkeit). Festgestellt wird ferner die Verfügbarkeit für den → Grundwehrdienst in zeitlich getrennten Abschnitten. Der Musterungsbescheid kann binnen 2 Wochen mit dem Widerspruch angefochten werden, über den die Wehrbereichsverwaltung entscheidet (§ 33 I–III WPflG). Widerspruch gegen den Musterungsbescheid hat aufschiebende Wirkung. Die Berufung gegen ein Urteil des Verwaltungsgerichts in Musterrungssachen ist ausgeschlossen. Nach § 135 VwGO kommt allenfalls die Revision in Betracht. Die Anfechtungsklage hat keine aufschiebende Wirkung; das Gericht kann auf Antrag die aufschiebende Wirkung anordnen.

Musterverfahren
Ist die Rechtmäßigkeit einer behördlichen Maßnahme Gegenstand von mehr als 20 → Verwaltungsstreitverfahren, kann das Verwaltungsgericht eines oder mehrere geeignete Verfahren vorab durchführen (Musterverfahren) und die übrigen Verfahren aussetzen (§ 93a I 1 VwGO).

S. auch → Kapitalanleger-Musterverfahrensgesetz.

Musterwiderrufsbelehrung
In → Verbraucherverträgen steht dem Verbraucher in vielen Fällen ein Widerrufsrecht zu. Über die Widerrufsrechte in den einzelnen Verbraucherverträgen hat der Unternehmer den Verbraucher zu unterrichten (vgl. Art. 246a ff. EGBGB). Der Gesetzgeber hat in den Anlagen zu diesen Bestimmungen Muster für geeignete Widerrufsbelehrungen im Einzelfall zur Verfügung gestellt. Sie sind nicht verpflichtend, geben aber eine für Unternehmer und Verbraucher Hilfestellung, wie eine wirksame Widerrufsbelehrung inhaltlich ausgestaltet sein kann. So enthalten die Anlagen 1 und 3 ein Muster für eine Widerrufsbelehrung bei außerhalb von Geschäftsräumen abgeschlossenen Verträgen und bei Fernabsatzverträgen.

Mutmaßliche Einwilligung
→ Einwilligung des Verletzten 3a.

Mutter
→ Abstammung (1), → elterliche Sorge (2), → Kinder, → Unterhaltspflicht bei nicht miteinander verheirateten Eltern; sa → künstliche Fortpflanzung (2).

Muttergesellschaft
ist wirtschaftlich eine Kapital- oder Personengesellschaft mit beherrschendem Einfluss auf ein anderes Unternehmen (Tochtergesellschaft). Als Enkelgesellschaft wird die Tochtergesellschaft einer Gesellschaft bezeichnet, die ihrerseits Tochtergesellschaft ist. Steuerlich wird beim → Schachtelprivileg die Muttergesellschaft als Obergesellschaft, die Tochtergesellschaft (T.) als Untergesellschaft bezeichnet; bei der → Organschaft die Muttergesellschaft als Organträger und die T. als Organgesell-

schaft oder Organ. → Durchgriffshaftung → Konzernrecht.

Mutterschaftsgeld
Mutterschaftsgeld (§ 24i SGB V) wird im Regelfall von den gesetzlichen Krankenkassen an weibliche versicherungspflichtig beschäftigte Mitglieder in den letzten sechs Wochen vor dem errechneten Entbindungstermin, am Entbindungstag und in den ersten acht Wochen nach der Entbindung geleistet (sa → Mutterschaftshilfe). Der Bezug des Mutterschaftsgeldes stellt für Beschäftigte eine versicherungspflichtige Zeit in der Arbeitslosenversicherung dar, die eine beitragslose Versicherungspflicht einer anschließenden, bis max. zum Ende des dritten Lebensjahres des Kindes dauernden, Erziehungszeit begründen kann (§ 26 II, IIa SGB III). Bis 29.10.2012 fand sich die Regelung zum Mutterschaftgeld in § 200 RVO, bevor sie endlich systematisch zum 30.10.2012 im Rahmen des Pflegeneuausrichtungsgesetzes ins SGB V aufgenommen wurde (PNG v. 23.10.2012). Während eines bestehenden Beschäftigungsverhältnisses besteht zudem ein Anspruch auf Zuschuss zum Mutterschaftsgeld nach § 20 MuSchG gegen den Arbeitgeber.

Mutterschaftshilfe
Die Mutterschaftshilfe umfasst folgende Leistungen der gesetzlichen → Krankenversicherung während der Schwangerschaft und nach der Entbindung: ärztliche Betreuung und Hebammenhilfe (→ Hebammen), Arznei-, Verband- und Heilmittel, stationäre Entbindung, häusliche Pflege, Haushaltshilfe sowie Mutterschaftsgeld. Das Mutterschaftsgeld wird gewährt für sechs Wochen vor und acht Wochen – bei Früh- und Mehrlingsgeburten zwölf Wochen – nach der Entbindung in Höhe des Nettoentgelts oder des → Krankengeldes, tägl. höchstens 13 EUR (§ 24i SGB V; § 14 KVLG 1989). Durch die Änderungen des MuschG kann seit dem 1.1.2018 Mutterschaftshilfe auch von Schülerinnen und Studentinnen in Anspruch genommen werden.

Mutterschaftshilfe gehört auch zu den Leistungen der → Sozialhilfe und umfasst dort dieselben medizinischen Leistungen; sa → Mutterschutz.

Das Mutterschaftsgeld und der Zuschuss zum Mutterschaftsgeld sind steuerfrei (§ 3 Nr. 1d EStG), unterliegen aber dem → Progressionsvorbehalt (§ 32 I Nr. 1b, c EStG). Weitere Hilfeleistungen an Eltern sind zB → Elterngeld, → Betreuungsgeld, → Haushaltshilfe, → Sozialhilfe.

Mutterschutz
Der Mutterschutz dient dem Zweck, werdenden Müttern und Müttern nach der Entbildung soziale und wirtschaftliche Sicherheiten zu verschaffen. Die Leistungen werden im MutterschutzG v. 20.6.2002 (BGBl. 2002 I 2318) mÄnd (MuSchG) benannt. Ziel des Mutterschutzes ist es ua, Schwangeren einen Kündigungsschutz zu verschaffen. Ferner dient der Mutterschutz dazu, zB ein Arbeitsverbot in bestimmten Berufen durchzusetzen. So dürfen medizinisch tätige Mitarbeiterinnen nicht mit Tätigkeiten betraut sein, bei denen eine Ansteckungsgefahr besteht. Das gesetzliche Beschäftigungsverbot nach der Entbindung wird umgangssprachlich als Mutterschaftsurlaub bezeichnet. Durch Änderung des MuschG zum 1.1.2018 gilt der Mutterschutz seitdem auch für Schülerinnen und Studentinnen.

Mutung
war nach altem Bergrecht das Gesuch um Verleihung des Bergwerkeigentums (→ Bergrecht) in einem bestimmten Feld; sie begründete einen Anspruch auf Verleihung des Bergwerkseigentums. Die Vorschriften über die Mutung galten nach § 172 BBergG nur noch übergangsweise. Sa → Bergbau.

Nachahmung
Der Begriff der Nachahmung ist für unterschiedliche Gebiete des gewerblichen Rechtsschutzes relevant (vgl. zB in Bezug auf: → Design, → Marken, → unlauterer Wettbewerb, → Plagiat, → Produktpiraterie). Dabei stellt ein Produkt die Nachahmung eines anderen dar, wenn es dem Originalprodukt so ähnlich ist, dass es sich in ihm wiedererkennen lässt (BGH 11.1.2018 – I ZR 187/16, GRUR 2018, 832 Rn. 50 – Ballerinaschuh). Hinzukommen muss als subjektives Element, dass dem Nachahmer das Originalprodukt im Zeitpunkt der Nachahmung bekannt war und ihm als Vorbild diente, denn andernfalls liegt eine selbständige Zweitentwicklung und gerade keine Nachahmung vor (BGH 4.5.2016 – I ZR 58/14, GRUR 2017, 79 Rn. 64 – Segmentstruktur).

Der Hersteller des nachgeahmten Originalprodukts kann gegen die Nachahmung bzw. den Nachahmer jedoch nicht bereits deswegen vorgehen, weil die Voraussetzungen einer Nachahmung zu bejahen sind. Denn Nachahmungen sind als solche sogar gewünscht und tragen zur Fortentwicklung von Produkteigenschaften sowie zu mehr Wettbewerb und damit vielfältigeren Angeboten bei. Wenn aber der Hersteller des Originals Inhaber von gewerblichen Schutzrechten ist (z. B. eines → Designs oder einer die Form des Produkts umfassenden → Marke), das dem Inhaber des Schutzrechts Ausschließlichkeitsrechte in Bezug auf die Gestaltung seines Produkts gibt oder aber wenn sich der Hersteller des Originalprodukts und der Nachahmer als Wettbewerber gegenüberstehen und der Nachahmer den Verbrauchern z. B. durch die Gestaltung seines Angebots seine Nachahmung fälschlich als das Original anpreist, kann der Hersteller des Originals den Vertrieb der Nachahmung unterbinden lassen.

Nachbarrecht
1. Im Privatrecht. Abgesehen von den im öffentlichen Recht wurzelnden bau- und nachbarrechtlichen Beschränkungen (s. u. 2) kennt auch das Privatrecht aus dem nachbarlichen Gemeinschaftsverhältnis herrührende Beschränkungen des → Eigentums an einem → Grundstück. Am wichtigsten ist die Regelung der Zuführung unwägbarer Stoffe, zB von Geräuschen, Gerüchen usw von einem Grundstück auf das andere (→ Immissionen), ferner der → Überhang von Zweigen u. dgl. und der → Überfall von Früchten, der versehentliche → Überbau, der → Notweg und die Regelung der Grenzverhältnisse und Grenzeinrichtungen an einem Grundstück (zB Kommunmauer; → Grenzregelung). Zum nachbarrechtlichen Ausgleichsanspruch (bei zu duldenden Immissionen) → Aufopferungsanspruch. Daneben enthalten über Art. 124 EGBGB landesrechtliche Vorschriften (zB Art. 43 AGBGB ff., GVBl. 1982, 803) Bestimmungen über die Errichtung von Fenstern u. dgl. in unmittelbarer Nähe der Grundstücksgrenze und insbes. über den Grenzabstand und die zulässige Höhe von Bäumen, Sträuchern und Hecken, soweit nicht öffentlich-rechtliche Vorschriften (zB Bebauungsplan) vorgehen. Die Nachbarrechte sind im Detail in den einzelnen Ländern abweichend geregelt. Schließlich steht das gesamte Nachbarrecht, auch soweit es nicht ausdrücklich geregelt ist, unter dem Gesichtspunkt von → Treu und Glauben (zB Verbot der Errichtung eines den Nachbarn übermäßig schädigenden Bauwerks u. dgl.).

2. Im öffentlichen Recht. Öffentlich-rechtliche Vorschriften im Interesse des Nachbarn enthält insbes. das Bauordnungsrecht. Die → Bauordnungen der Länder sehen zT vor, dass die Baupläne den Eigentümern der benachbarten Grundstücke vorzulegen sind, um ihnen Einwendungen gegen das Bauvorhaben im Baugenehmigungsverfahren zu ermöglichen. Vor der Befreiung von baurechtlichen Vorschriften (Dispens) hat die Baubehörde die Eigentümer benachbarter Grundstücke zu unterrichten, wenn zu erwarten ist, dass öffentlich-rechtlich geschützte nachbarliche Belange (nicht bloße privatrechtliche, zB auf vertraglicher Vereinbarung oder auf einer → Dienstbarkeit beruhende) berührt werden. Öffentlich-rechtliche Vorschriften, die auch dem Interesse des Nachbarn dienen, sind insbes. die Bestimmungen über Grenzabstände (vgl. → „Nachbarschützend"). Die Baugenehmigung wird unbeschadet der privaten Rechte Dritter erteilt; diese können privatrechtliche Einwendungen gegen das Bauvorhaben auch nach erteilter Genehmigung noch geltend machen. Öffentlich-rechtliche Bestimmungen zugunsten von Nachbarn sind im Baugenehmigungsverfahren zu berücksichtigen. Soweit solche Rechte dem Nachbarn ein → subjektives öffentliches Recht gewähren, kann er gegen eine Baugenehmigung, die dieses Recht nicht beachtet, im → Verwaltungsstreitverfahren vorgehen. Über weitere Schutzvorschriften vgl. → Lärmbekämpfung sowie → Immissionsschutzrecht.

Nachbarschützend
Nachbarschützend nennt man Rechtsvorschriften (vor allem des Baurechts), die in erster Linie im Interesse des Nachbarn und nicht der Allgemeinheit erlassen sind (zB Vorschriften über den Grenzabstand von Gebäuden): Sie dienen zwar auch dem öffentl. Interesse (Brandschutz, Zufahrt in Notfällen), vorwiegend aber den Interessen der Nachbarn (Belüftung, Besonnung, Ruhe). Die Verlet-

zung nachbarschützender Rechte macht den Nachbarn zum „Betroffenen" und eröffnet ihm damit den Verwaltungsrechtsweg (§ 42 II VwGO). Die Berufung auf Vorschriften, die nur dem öffentlichen Interesse dienen (auch wenn ihr „Reflex" dem einzelnen nützen mag), genügt hierfür nicht. Die Frage, ob eine Bestimmung nachbarschützend ist, ist oft schwierig zu entscheiden. Die Rspr. arbeitet auch oft damit, dass ein Bauvorhaben auf schützenswerte Interessen des Nachbarn Rücksicht nehmen müsse; auch dies kann im Einzelfall sehr problematisch sein. Sa → Nachbarrecht

Nachbesserung
→ Gewährleistung (2a), → Werkvertrag (3).

Nachbürge
→ Bürgschaft.

Nachdatowechsel
→ Datowechsel.

Nachdienen
der Wehrdienstzeit → Wehrdienst.

Nachdruck
Als Nachdruck wird die Vervielfältigung und Verbreitung eines bereits erschienenen Werkes bezeichnet, insbes. wegen hoher Nachfrage.

Nachehelicher Unterhalt
→ Scheidungsunterhalt.

Nacheile
ist die Verfolgung eines Flüchtigen, der einer Straftat verdächtig oder wegen einer solchen verurteilt ist, durch Polizeibeamte über die Grenzen ihres Amtsbezirks hinaus. Die Nacheile in ein anderes Land der BRep. gestattet § 167 GVG nur zur Fortsetzung der Verfolgung und Ergreifung des Flüchtigen; dieser ist unverzüglich dem nächsten Gericht oder der nächsten Polizeibehörde zu überstellen. Ein Länderabk. vom 8.11.1991 (s. BayGVBl. 1992, 720) sowie § 19 BKAG (→ Bundeskriminalamt) lassen aber unter bestimmten Voraussetzungen Nacheile und Ermittlungen in den anderen Ländern zu. Das Tätigwerden in anderen Amtsbezirken innerhalb eines Landes regeln die Polizeigesetze der Länder. Nacheile in das Ausland ist mit Rücksicht auf die Souveränitätsgrenzen unzulässig; hier muss zwischenstaatliche → Rechtshilfe in Anspruch genommen werden oder eine vertragliche Regelung vorliegen, so in Art. 40, 41 des Durchführungsübereinkommens zum → Schengener Übereinkommen.

Nachentrichtung von Sozialversicherungsbeiträgen
Der Versicherungsschutz in der → Sozialversicherung ist teilweise davon abhängig, dass rechtzeitig wirksame Beiträge entrichtet wurden. In der freiwilligen → Unfallversicherung muss der Beitrag innerhalb von 2 Monaten nach Zahlungsaufforderung entrichtet werden (§ 6 II SGB VII); andernfalls kommt die freiwillige Versicherung nicht zu Stande. In der → Rentenversicherung ist Nachentrichtung für Pflichtbeiträge innerhalb der Verjährungszeit (4 Jahre nach dem Fälligkeitsjahr) zulässig (§ 197 I SGB VI). Freiwillige Beiträge können bis zum 31. März des Jahres entrichtet werden, das dem Jahr folgt, für das sie gelten sollen. In Fällen besonderer Härte kann das für weitere Zeiträume geschehen (§ 197 III SGB VI). Ist ein Beitragsverfahren oder ein Verfahren über einen Rentenanspruch durchgeführt worden, verlängert die Verfahrensdauer die Frist für die Zahlung der freiwilligen Beiträge entsprechend (§ 198 SGB VI). In diesen Fällen beginnt die Frist erneut mit Ende des Verfahrens.

Weitere Möglichkeiten der Nachentrichtung von Sozialversicherungsbeiträgen rückwirkend bis 1.1.1924 bestanden für ehem. Reichswehrsoldaten und Polizeibeamte, früher versicherungsfreie Beamtinnen und weibl. Angestellte des öffentl. Dienstes sowie Geistliche und Kirchenbeamte, die bereits Versicherungszeiten nachweisen können, ferner für früher selbständig gewesene Vertriebene, Flüchtlinge und Evakuierte, ebenso für Ehefrauen eines nat. soz. Verfolgten bzw. für weibliche Verfolgte und für Frauen, die von der (jetzt nicht mehr möglichen) Beitragserstattung wegen Heirat Gebrauch gemacht haben; unter bestimmten Voraussetzungen auch für Landwirte, die ihren Betrieb abgegeben haben. Können vor dem 1.1.1955 geborene Elternteile, denen Kindererziehungszeiten angerechnet werden, die → Wartezeit für eine → Regelaltersrente nicht mehr erfüllen, können diese auf Antrag so viele Beiträge nachentrichten, wie an der Wartezeit fehlen. Versicherungsfreie Personen, die am 10.8.2010 freiwillige Beiträge nur dann entrichten durften, wenn sie die Wartezeit für eine Regelaltersrente erfüllt hatten, können nunmehr auch von der Nachentrichtung Gebrauch machen. Der Antrag konnte nur bis zum 31.12.2015 gestellt werden (→ Mütterrente; → Rentenversicherung der Selbständigen, §§ 204 ff., 282 ff. SGB VI). Eine Nachentrichtung ist nur möglich für die Zeiten, für die nicht bereits Beitragszeiten vorhanden sind. Eine Aufstockung gezahlter Beiträge ist nicht zulässig.

Nacherbe
ist ein → Erbe, der erst Erbe wird, nachdem zunächst ein anderer (→ Vorerbe) Erbe geworden ist (anders idR beim → Berliner Testament). Der → Erblasser bestimmt, unter welcher Bedingung der Nacherbfall eintreten soll (ohne Bestimmung mit dem Tod des Vorerben, § 2106 I BGB). Der Nacherbe ist wie der Vorerbe Gesamtrechtsnachfolger des Erblassers, nicht des Vorerben. Der Nacherbe muss im Zeitpunkt des Nacherbfalls leben oder zumindest schon gezeugt sein; im Zeitpunkt des Erbfalls – Tod des Erblassers – braucht das noch nicht der Fall zu sein (§ 1923

BGB, § 2101 BGB). Hat der Erblasser angeordnet, dass jemand Erbe nur bis zu dem Eintritt eines bestimmten Zeitpunkts oder Ereignisses sein soll, ohne zu bestimmen, wer alsdann die Erbschaft erhalten soll, so ist anzunehmen, dass als Nacherbe eingesetzt ist, wer in diesem Zeitpunkt gesetzlicher Erbe des Erblassers wäre (§ 2104 BGB). Stirbt der eingesetzte Nacherbe vor dem Erbfall, so wird die Anordnung der Nacherbfolge unwirksam, sofern nicht ein Ersatznacherbe (→ Ersatzerbe) bestimmt ist. Mit dem Erbfall erwirbt der Nacherbe bereits ein unentziehbares und vererbliches Anwartschaftsrecht auf Eintritt in die Erbenstellung, sofern nicht ein anderer Wille des Erblassers anzunehmen ist (§ 2108 II BGB). Diese Vererblichkeit des Anwartschaftsrechts geht der → Anwachsung an andere Miterben im Zweifel vor. Durch die Einsetzung eines Ersatznacherben wird die Vererblichkeit der Anwartschaft des Nacherben nicht ohne weiteres ausgeschlossen.

Der Nacherbe hat vor dem → Erbfall verschiedene Sicherungsrechte, die ihm möglichst den ungeschmälerten Bestand des Nachlasses erhalten sollen (→ Vorerbe). Bei Eintritt des Nacherbfalls hat er gegenüber dem Vorerben den Anspruch auf Herausgabe der Erbschaft und der Ersatzstücke (Surrogate) in einem einer ordnungsmäßigen Verwaltung entsprechenden Zustand (§ 2130 BGB); bei Verletzung dieser Verpflichtung hat der Nacherbe gegenüber dem Vorerben einen Ersatzanspruch (§ 2134 BGB). Mit dem Nacherbfall beginnt die Haftung des Nacherben für die → Nachlassverbindlichkeiten mit der Möglichkeit der Haftungsbeschränkung (→ Erbe, → Beschränkung der Erbenhaftung). Soweit danach der Nacherbe den Nachlassgläubigern für die Nachlassverbindlichkeiten nicht haftet, bleibt die Haftung des Vorerben auch nach dem Eintritt der Nacherbfolge bestehen (§§ 2144 f. BGB).

Nacherbfall
→ Erbfall.

Nacherbschaft
→ Nacherbe.

Nacherfüllung
→ Gewährleistung (2a), → Verbrauchsgüterkauf, → Schadensersatz (4), → Werkvertrag (3).

Nachfeststellung
des Einheitswerts → Hauptfeststellung.

Nachfluchttatbestände
→ Asylrecht (2).

Nachfolgeklausel
→ Gesellschaft des bürgerlichen Rechts (5), → Offene Handelsgesellschaft (6).

Nachfolgelasten
→ Folgelasten.

Nachforderungsklage
Die Nachforderungsklage ist eine → Klage, durch die im Zivilprozess nach Verurteilung zur Zahlung einer Geldrente aus §§ 843–845, 1569–1586b BGB der Anspruch auf → Sicherheitsleistung nachträglich geltend gemacht wird, nachdem im vorangegangenen Urteil nicht auf eine solche erkannt worden war (§ 324 ZPO).

Nachfrist(setzung)
→ gegenseitiger Vertrag (2a).

Nachgelagerte Besteuerung
Das Prinzip der nachgelagerten Besteuerung liegt darin, dass Alterseinkünfte erst dann versteuert werden, wenn sie ausgezahlt werden (Auszahlungsphase). Dafür bleiben die Beiträge zur Altersvorsorge in der Zeit der Erwerbstätigkeit (Ansparphase) bis zu einem jährlichen Höchstbetrag (max. 20.000 EUR) steuerfrei. Der Übergang zur n. B. erfolgt allerdings erst schrittweise. Ab 2005 sind 60 vH der Aufwendungen zur Förderung der Altersvorsorge steuerfrei. In den Folgejahren wird der Prozentsatz um jeweils 2 Punkte angehoben, so dass ab 2025 die vollständige Steuerbefreiung bis zum Höchstbetrag greift. Im Gegenzug werden die ausgezahlten Renten schrittweise der Besteuerung unterworfen, → Rentenbesteuerung, → Altersvorsorgeaufwendungen.

Nachgiebiges Recht
(ius dispositivum) → Recht (3).

Nachgründung
Nachgründung nennt man den Erwerb von Vermögensgegenständen (insbes. von Betriebsanlagen) von Gründern oder mit mehr als 10 vH beteiligten Aktionären durch eine → Aktiengesellschaft, wenn er in den ersten 2 Jahren seit der Eintragung der AG im → Handelsregister vorgenommen wird und die Vergütung den 10. Teil des → Grundkapitals übersteigt (§ 52 AktG). Verträge, die einer Nachgründung dienen, werden, sofern der Erwerb nicht im Rahmen der laufenden Geschäfte der AG oder an der Börse stattfindet, nur mit Zustimmung der → Hauptversammlung und durch Eintragung ins Handelsregister wirksam. Auch bei der Nachgründung kann eine → Gründerhaftung eintreten (§ 53 AktG).

Nachhaltige Entwicklung
(auch Nachhaltigkeit, engl. sustainable development, sustainability) ist eine Entwicklung, die den Bedürfnissen der heutigen Generation entspricht, ohne die Möglichkeiten künftiger Generationen zu gefährden, ihre eigenen Bedürfnisse zu befriedigen. Nachhaltige Entwicklung ist ein Leitbild der Politik insgesamt, das auf der UN-Konferenz für Umwelt und Entwicklung 1992 von der internationalen Staatengemeinschaft anerkannt wurde. Sie bildet einen Grundsatz im → Umweltschutz, insbes. im → Naturschutz und → Wasserrecht und ist ein Ziel der EU-Politik gem. Art. 11

AEUV (→ AEUV) sowie ein Leitprinzip deutscher Bundesregierungen seit 2002, s. → Nationale Nachhaltigkeitsstrategie. Sa → Agenda 21, → Erneuerbare Energien, → Klimarahmenkonvention.

Nachhaltige Investitionen
Die Verordnung (EU) 2020/852 v. 18.6.2020 (ABl. EU 2020 L 198, 13) bezeichnet Wirtschaftstätigkeiten als nachhaltig, wenn sie einen wesentlichen Beitrag zur Verwirklichung der Klimaschutzziele der Europäischen Union (→ Klimaschutz) leisten. Die Verordnung wird als → Taxonomie-Verordnung bezeichnet, weil sie einen Rahmen für die Beurteilung schafft, wann Wirtschaftstätigkeiten als „grün", nachhaltig oder ökologisch bezeichnet werden dürfen. Die genauen technischen Bewertungskriterien enthält die Delegierte Verordnung (EU) 2021/2139 v. 4.6.2021 (ABl. EU 2021 L 442, 1). Eine am 1.1.2023 in Kraft getretene Änderung dieser Delegierten Verordnung erlaubt es, unter bestimmten Voraussetzungen auch Atomstrom als nachhaltig einzustufen. Die Einstufung einer Wirtschaftstätigkeit als nachhaltig iSd Regelungen hat Auswirkungen auf den Finanzmarkt, weil nur Investitionen in sie als nachhaltig gelten. Bestimmte Unternehmen haben über ihre nach diesen Vorschriften nachhaltigen Tätigkeiten zu informieren. Einzelheiten dazu enthält die Delegierte Verordnung (EU) 2021/2178 v. 6.7.2021, ABl. EU 2021 L 443, 9.

Die Verordnung 2023/2631/EU v. 22.11.2023 über europäische grüne Anleihen (ABl. EU L 2023/2631 v. 30.11.2023) legt seit Dezember 2024 fest, wann ein Emittent eine → Anleihe als „europäische grüne Anleihe" oder „EuGB" bezeichnen und vermarkten darf. Das ist nur der Fall, wenn der Erlös der Anleihe vor ihrer Fälligkeit entsprechend den oben beschriebenen Taxonomieanforderungen verwendet, also vor allem für nachhaltige Zwecke eingesetzt wird.

→ Anlageberatung.

Nachhaltigkeit
→ Nachhaltige Entwicklung, → nachhaltige Investitonen.

Nachhaltigkeitsrücklage
Die Träger der → allgemeinen Rentenversicherung halten eine gemeinsame Nachhaltigkeitsrücklage (Betriebsmittel und Rücklage), der die Überschüsse der Einnahmen über die Ausgaben zugeführt werden und aus der Defizite zu decken sind (§ 216 Abs. 1 SGB VI). Die Nachhaltigkeitsrücklage ist damit an die Stelle der früheren sog. Schwankungsreserve getreten. Das Verwaltungsvermögen gehört nicht zur Nachhaltigkeitsrücklage.

Die gemeinsame Nachhaltigkeitsrücklage wird bis zu einem Umfang von 50% der durchschnittlichen Ausgaben aller Träger der gesetzlichen Rentenversicherung für einen Kalendermonat dauerhaft von der → Deutschen Rentenversicherung Bund verwaltet; überschreitet die gemeinsame Nachhaltigkeitsrücklage über einen längeren Zeitraum diesen Umfang, ist der den Prozentsatz von 50 überschreitende Teil von den Trägern der allgemeinen Rentenversicherung zu verwalten (§ 216 Abs. 2 SGB VI). Über die Art und Weise der Verwaltung dieses Teiles entscheidet das erweiterte Direktorium der Deutschen Rentenversicherung Bund. Dem erweiterten Direktorium der Deutschen Rentenversicherung Bund gehören fünf Geschäftsführer der Regionalträger der Deutschen Rentenversicherung, ein Mitglied der Geschäftsführung der Deutschen Rentenversicherung Knappschaft-Bahn-See und das Direktorium der Deutschen Rentenversicherung Bund an (§ 139 SGB VI).

Die Zahlungsfähigkeit der Rentenversicherungsträger wird, sofern deren Mittel nicht ausreichen, durch eine Liquiditätshilfe des Bundes sichergestellt (214 SGB VI). In der Knappschaft-Bahn-See trägt der Bund dauerhaft die nicht von Einnahmen gedeckten Ausgaben (§ 215 SGB VI).

Nachholen von Prozesshandlungen
→ Verteidigungsmittel, → Berufung.

Nachindossament
→ Indossament.

Nachlass
→ Erbschaft.

Nachlass, digitaler
Zur → Erbschaft des → Erblassers gehören auch die vertraglichen Beziehungen, die mit Anbietern von digitalen Diensten wie E-Mail, Datenbanken oder sozialen Netzwerken bestehen. Durch die → Gesamtrechtsnachfolge treten die Erben in den Vertrag ein und haben Zugriff auf die Daten, außer der Nutzungsvertrag schliesst einen Zugang der Erben aus (zB durch die Löschung des Zugangs mit dem Tod des Zugangsberechtigten). Die Erben dürfen auf die Inhalte so zugreifen, wie es der Erblasser tat, sie allerdings nicht mehr aktiv verändern, da die aktive Nutzung eines sozialen Netzwerks zum unvererblichen höchstpersönlichen Recht des Erblassers gehört. Es ist strittig, inwieweit die Begrenzung des Zugriffs der Erben durch → Allgemeine Geschäftsbedingungen möglich ist, die sich an dem Leitbild der Vererblichkeit der Daten messen lassen müssen. Die Gesamtrechtnachfolge umfasst – wie bei hinterlassenen Schriftstücken und Briefen – auch die Kenntnisnahme höchstpersönlicher Inhalte. Der Zugang der Erben kann nicht mit dem Argument verweigert werden, dass auch Dritte in der Erwartung der Vertraulichkeit der Kommunikation Inhalte hinterlassen haben. Der Zugriff der Erben verstösst nicht gegen das → Fernmeldegeheimnis und gegen die Regelungen zum → Datenschutz. Der Erblasser kann in seiner → letztwilligen Verfügung und durch eine → postmortale Vollmacht die Frage des Umgangs mit dem digitalen Nachlass bestimmen, so dass

auch Bevollmächtigte, → Testamentsvollstrecker und → Vermächtnisnehmer Zugriff auf die Daten erhalten können.

Nachlasserbenschulden
→ Nachlassverbindlichkeiten.

Nachlassfürsorge
→ Nachlasspfleger.

Nachlassgericht
→ Nachlasssachen.

Nachlassgläubiger
→ Nachlassverbindlichkeiten.

Nachlassinsolvenzverfahren
Das Nachlassinsolvenzverfahren dient (wie die → Nachlassverwaltung) der Absonderung des (nicht rechtsfähigen, aber insolvenzfähigen) Nachlasses von dem Eigenvermögen des → Erben und der → Beschränkung der Erbenhaftung. Gründe für die Eröffnung des Nachlassinsolvenzverfahrens sind die (drohende) → Zahlungsunfähigkeit und die → Überschuldung des Nachlasses (§ 320 InsO). In dem Verfahren können alle → Nachlassverbindlichkeiten geltend gemacht werden (auch die Forderungen des Erben gegen den Erblasser, § 325 InsO). Antragsberechtigt ist jeder Erbe, der → Nachlassverwalter, ein → Nachlasspfleger und der → Testamentsvollstrecker sowie jeder Nachlassgläubiger innerhalb von 2 Jahren nach → Annahme der Erbschaft (§ 317 InsO, § 319 InsO). Über einen → Erbteil ist das Nachlassinsolvenzverfahren nicht zulässig (§ 316 III InsO); die Auseinandersetzung der → Erbengemeinschaft steht aber einem Nachlassinsolvenzverfahren nicht entgegen. Bei Zahlungsunfähigkeit oder Überschuldung des Nachlasses haben der Erbe, der Nachlassverwalter sowie der Testamentsvollstrecker die Pflicht, das Nachlassinsolvenzverfahren zu beantragen (§ 1980 BGB, § 1985 BGB). Schuldner im Nachlassinsolvenzverfahren ist der Erbe oder ein Käufer des Nachlasses (→ Erbschaftskauf, § 330 InsO). Für das Nachlassinsolvenzverfahren ist das Insolvenzgericht zuständig, in dessen Bezirk der Erblasser seinen letzten → Wohnsitz oder (vorrangig) den Mittelpunkt seiner selbständigen wirtschaftlichen Tätigkeit hatte (§ 315 InsO). Im Übrigen gelten die allg. Vorschriften über das → Insolvenzverfahren. Der Nachlassinsolvenzverwalter hat im Wesentlichen die gleiche Rechtsstellung wie der → Nachlassverwalter.

Nachlassinventar
→ Inventar, → Inventarerrichtung.

Nachlasskauf
→ Erbschaftskauf.

Nachlasspfleger
Bis zur → Annahme der Erbschaft oder bis zur Ermittlung eines unbekannten Erben (nicht bei nur unbekanntem Aufenthalt, dann → Abwesenheitspflegschaft) hat das Nachlassgericht (→ Nachlasssachen), falls ein Bedürfnis hierfür besteht, für die Sicherung des → Nachlasses zu sorgen, insbes. durch Bestellung eines Nachlasspflegers (§ 1960 BGB). Auch die Nachlassgläubiger können zwecks gerichtlicher Geltendmachung einer → Nachlassverbindlichkeit gegenüber dem → vorläufigen Erben die Bestellung eines Nachlasspflegers (Prozesspflegers) verlangen (§ 1961 BGB). Der Nachlasspfleger ist – anders als der → Testamentsvollstrecker und der → Nachlassverwalter – kein Treuhänder von Amts wegen, sondern → gesetzlicher Vertreter des zukünftigen endgültigen Erben (nicht des Nachlasses oder der Nachlassgläubiger); die Nachlasspflegschaft dient auch nicht der Ausführung des letzten Willens des Erblassers oder der Befriedigung der Nachlassgläubiger, sondern der Ermittlung des Erben und der Erhaltung des Nachlasses für ihn. Der Nachlasspfleger kann zu diesem Zweck den Nachlass in Besitz nehmen, → Nachlassverbindlichkeiten eingehen oder erfüllen und → Ansprüche klageweise geltend machen. Er kann aber nicht die → Annahme oder die → Ausschlagung der Erbschaft erklären oder Prozesse über das → Erbrecht führen, da es sich hierbei um eine höchst persönliche Entscheidung des zukünftigen Erben handelt. Da die Auswahlvorschriften des Betreuungsrechts, die eine Bindung an den Wunsch des Betreuten vorsehen, nicht anwendbar sind, unterliegt der Nachlasspfleger für die Anordnung, Auswahl und Bestellung eigenständigen Regeln (§ 1885 BGB). Es handelt sich um eine → Nachlasssache nach § 342 Abs. 1 Nr. 2 FamFG. Seine Bestellung ist aufzuheben, wenn der hiermit verfolgte Zweck, zB infolge Ermittlung des endgültigen Erben, erreicht ist.

Nachlasspflegschaft
→ Nachlasspfleger.

Nachlasssachen
sind alle mit dem Tod eines Menschen (→ Erbfall) zusammenhängenden Verfahren, die ein gerichtliches Tätigwerden verlangen, zB die Eröffnung von Verfügungen von Todes wegen, die Ermittlung der Erben, die Erteilung eines Erbscheins oder Testamentsvollstreckerzeugnisses usw (§§ 342 ff. FamFG). Zuständig für diese Angelegenheiten der → freiwilligen Gerichtsbarkeit ist das Nachlassgericht, eine Abteilung des → Amtsgerichts (§ 23a GVG). Die örtliche Zuständigkeit richtet sich idR nach dem letzten → Wohnsitz des Erblassers (§ 343 FamFG). Das Verfahren in Nachlasssachen ist iE in §§ 345 ff. FamFG geregelt. Die Nachlasssachen sind weitgehend dem → Rechtspfleger übertragen; nur manche Vorgänge, zB die Erteilung eines → Erbscheins bei gewillkürter Erbfolge, die Einziehung eines Erbscheins oder Testamentsvollstreckerzeugnisses, die Anordnung einer → Nachlassverwaltung oder → Nachlasspflegschaft sind dem Richter vorbehalten (§ 3 Nr. 2c RPflG, § 16 RPflG).

Nachlassschulden
→ Nachlassverbindlichkeiten.

Nachlassteilung
→ Erbengemeinschaft (Auseinandersetzung).

Nachlassübertragung
→ Erbschaftskauf.

Nachlassverbindlichkeiten
sind die vom → Erblasser herrührenden Schulden (Erblasserschulden), dh alle Verbindlichkeiten des Erblassers, soweit sie nicht mit dessen Tod erlöschen (→ Erbschaft), ferner die sog. Erbfallschulden, die durch den → Erbfall entstehen und den Erben als solchen treffen, insbes. → Pflichtteilsansprüche, → Vermächtnisse und → Auflagen (im Erbrecht), aber auch die → Erbschaftsteuer, die Beerdigungskosten (§ 1968 BGB) sowie die durch Handlungen eines → Nachlasspflegers, → Nachlassverwalters oder → Testamentsvollstreckers entstehenden Verbindlichkeiten und Kosten. → Dreißigster. Für die Nachlassverbindlichkeiten haftet der Erbe den Nachlassgläubigern zunächst unbeschränkt, hat aber grds. die Möglichkeit der → Beschränkung der Erbenhaftung. Begründet der Erbe in ordnungsgemäßer Verwaltung des Nachlasses eine Verbindlichkeit, so entsteht – neben der Haftung des Erben mit seinem Eigenvermögen (Eigenschuld) – gleichfalls eine Nachlassverbindlichkeit (sog. Nachlasserbenschuld). Für reine Eigenschulden haftet dagegen der Nachlass vor der → Annahme der Erbschaft nicht (vgl. § 778 ZPO). Besonderheiten gelten für die Haftung des → vorläufigen Erben.

Mehrere Erben haften für die gemeinschaftlichen Nachlassverbindlichkeiten nach außen als Gesamtschuldner (§ 2058 BGB, → Gesamtschuld), untereinander in der Höhe ihrer → Erbteile. Diese gesamtschuldnerische Haftung besteht grds. auch nach der Auseinandersetzung der → Erbengemeinschaft fort, sofern der Nachlassgläubiger nicht durch → Aufgebot, Zeitablauf oder Beendigung des → Insolvenzverfahrens ausgeschlossen ist (§§ 2060 f. BGB). Bis zur Teilung des Nachlasses kann jedoch jeder Miterbe, sofern er nicht bereits unbeschränkbar haftet (→ Beschränkung der Erbenhaftung), die Berichtigung einer Nachlassverbindlichkeit aus seinem Eigenvermögen, dh außer dem – selbständig pfändbaren (§ 859 II ZPO) – Anteil am Nachlass, verweigern; dem Nachlassgläubiger bleibt indes unbenommen, Befriedigung aus dem ungeteilten Nachlass von sämtlichen Miterben zu verlangen (§ 2059 BGB). Besonderheiten gelten für den → Nacherben, den → Erbschaftskauf und die Haftung bei Fortführung des ererbten → Handelsgeschäfts (§ 27 HGB).

Nachlassverwalter
→ Nachlassverwaltung.

Nachlassverwaltung
Die Nachlassverwaltung ist eine Nachlasspflegschaft (→ Pflegschaft) zum Zwecke der Befriedigung der → Nachlassgläubiger (§ 1975 BGB). Ihr Zweck ist namentlich bei unübersichtlichem Nachlass eine Trennung der beiden Vermögensmassen des Erben (Eigenvermögen und → Nachlass; separatio bonorum) sowie eine → Beschränkung der Erbenhaftung auf den Nachlass (§§ 1976 ff. BGB). Die Nachlassverwaltung wird vom Nachlassgericht (→ Nachlasssachen) auf Antrag angeordnet, es sei denn, dass eine die Kosten deckende Masse nicht vorhanden ist (§ 1982 BGB); in diesem Fall kann sich der Erbe gegenüber den Nachlassgläubigern auf die → Dürftigkeit des Nachlasses berufen. Antragsberechtigt für die Nachlassverwaltung ist der Erbe, mehrere Miterben nur gemeinschaftlich und vor der Auseinandersetzung der Erbengemeinschaft (§ 1981 BGB, § 2062 BGB), sowie ein Nachlassgläubiger innerhalb von 2 Jahren seit → Annahme der Erbschaft, wenn dessen Befriedigung aus dem Nachlass gefährdet erscheint. Mit Anordnung der Nachlassverwaltung verliert der Erbe die Befugnis, den Nachlass zu verwalten und über ihn zu verfügen (§ 1984 I BGB). Diese Rechte gehen auf den Nachlassverwalter über, der den Nachlass in Besitz zu nehmen sowie die → Nachlassverbindlichkeiten aus dem Nachlass zu berichtigen hat (§ 1985 BGB). Ansprüche, die sich gegen den Nachlass richten, können nur gegen den Verwalter geltend gemacht werden (alleinige → Prozessführungsbefugnis); Zwangsvollstreckungen in den Nachlass zugunsten eines Gläubigers, der nicht Nachlassgläubiger (→ Nachlassverbindlichkeiten) ist, sind ausgeschlossen (§ 1984 II BGB). Der Nachlassverwalter, der an sich → Nachlasspfleger ist, wird von der Praxis wegen seiner dem Nachlassinsolvenzverwalter angenäherten Stellung nicht als → gesetzlicher Vertreter des Erben, sondern als amtliches Organ, im Prozess als → Partei kraft Amtes angesehen. Der Nachlassverwalter ist für die Führung seines Amts sowohl dem Erben als auch den Nachlassgläubigern gegenüber verantwortlich (§ 1985 BGB); er kann für seine Tätigkeit eine angemessene Vergütung verlangen (§ 1987 BGB). Die Nachlassverwaltung endet durch Eröffnung des → Nachlassinsolvenzverfahrens, sonst durch Aufhebung seitens des Nachlassgerichts nach Berichtigung der → Nachlassverbindlichkeiten (§ 1986 BGB, § 1988 BGB).

Nachlassverzeichnis
→ Inventar, → Inventarerrichtung.

Nachlieferung
→ Gewährleistung (2a).

Nachmachen von Geld
→ Geld- und Wertzeichenfälschung.

Nachprämie
→ Versicherungsvertrag (3).

Nachprüfungsverfahren
Im → Kartellvergaberecht erfolgt der Primärrechtsschutz (Rechtsschutz gegen die Rechtsverletzung selbst) hinsichtlich der Vergabe → öffentlicher Aufträge und → Konzessionen im Nachprüfungsverfahren vor den → Vergabekammern (vgl. §§ 155–170 GWB). Im Inter-

esse einer zügigen Abwicklung des Vergabeverfahrens treffen ein Unternehmen, das eine Verletzung des Vergaberechts im Nachprüfungsverfahren geltend macht, weitgehende Obliegenheiten zur umgehenden Rüge von Verstößen gegenüber dem Auftraggeber (vgl. § 160 Abs. 3 GWB). Aus demselben Grund soll die Vergabekammer binnen fünf Wochen ab Antragstellung entscheiden (§ 167 Abs. 1 GWB). Liegt eine Rechtsverletzung vor, so kann sie nach ihrem Ermessen die geeigneten Maßnahmen treffen, etwa dem Auftraggeber Verhaltenspflichten für das weitere Vergabeverfahren auferlegen oder ihn verpflichten, das Vergabeverfahren aufzuheben und neu durchzuführen.

Ist bereits vor der Entscheidung der Vergabekammer ein wirksamer Zuschlag erteilt, so scheidet Primärrechtsschutz aus; die Vergabekammer kann allenfalls noch das Vorliegen einer Rechtsverletzung feststellen. Dem Unternehmen, das seine Rechte verletzt sieht, verbleibt dann nur die Geltendmachung von Sekundäransprüchen – insbes. auf Ersatz des Vertrauensschadens (vgl. § 181 GWB) – vor den ordentlichen Gerichten.

Gegen die Entscheidungen der Vergabekammer findet die sofortige Beschwerde zum → Vergabesenat des Oberlandesgerichts statt (§ 171 GWB), in Bayern zum Vergabesenat des Bayerischen Obersten Landesgerichts.

Nachrang
→ Rangverhältnis.

Nachrede, üble
→ Beleidigung (2b, e).

Nachrichtendienst
landesverräterischer Nachrichtendienst → Agententätigkeit; militärischer Nachrichtendienst → Wehrstrafrecht. Sa → Nachrichtendienste.

Nachrichtendienste
1. Nachrichtendienste sind in Deutschland das Bundesamt für → Verfassungsschutz, der → Bundesnachrichtendienst und der → Militärische Abschirmdienst. Die Nachrichtendienste arbeiten mit → nachrichtendienstlichen Mitteln. Die Nachrichtendienste sind organisatorisch kein Teil der → Polizei und haben auch keine polizeilichen Befugnisse. Die Nachrichtendienste handeln vielmehr im Vorfeld der polizeilichen → Gefahrenabwehr. Nachrichtendienste handeln nicht mit dem Ziel, das ihre Erkenntnisse in Maßnahmen der Gefahrenabwehr oder der Strafverfolgung (→ Strafprozess) umgesetzt werden.

2. Nach dem Gesetz über die parlamentarische Kontrolle nachrichtendienstlicher Tätigkeit des Bundes (KontrollgremiumG; PKGrG) v. 29.9.2009 (BGBl. 2009 I 2346) mÄnd, unterliegt die → Bundesregierung hinsichtlich der Tätigkeit des Bundesamtes für → Verfassungsschutz, des → Militärischen Abschirmdienstes und des → Bundesnachrichtendienstes einer Kontrolle durch das Parlamentarische Kontrollgremium. Sie hat dieses über die allgemeine Tätigkeit der Nachrichtendienste und über Vorgänge von besonderer Bedeutung zu unterrichten. Die Bundesregierung hat dem Kontrollgremium auf Verlangen Einsicht in Akten und Dateien der Nachrichtendienste zugeben, die Anhörung von Mitarbeitern der Nachrichtendienste zu gestatten und Besuche bei den Nachrichtendiensten zu ermöglichen. Die Mitglieder des Kontrollgremiums werden vom → Bundestag gewählt, der auch Zusammensetzung und Arbeitsweise bestimmt.

Nachrichtendienstliche Mittel
Die → Nachrichtendienste (Behörden des → Verfassungsschutzes, → Bundesnachrichtendienst, → Militärischer Abschirmdienst) beschaffen sich die für ihre Aufgaben erforderlichen Informationen entweder offen oder durch den Einsatz sogenannter nachrichtendienstlicher Mittel. Beim Einsatz nachrichtendienstlicher Mittel unterscheidet man Personaleinsatz und technische Mittel. Personaleinsatz ist möglich durch verdeckt arbeitende Bedienstete der Nachrichtendienste, auch im langfristigen Einsatz (→ verdeckte Mitarbeiter), sowie durch die Mitwirkung Außenstehender (Informanten, Gewährspersonen, → Vertrauensleute) und abgeworbene Bedienstete gegnerischer Dienste (Countermen). Wichtiges technisches Mittel ist die Überwachung des Brief-, Post- und Fernmeldeverkehrs (→ Brief-, Post- und Fernmeldegeheimnis). Weitere Befugnisse erhielten die Nachrichtendienste zur → Terrorismusbekämpfung. Die Zulässigkeit des Einsatzes nachrichtendienstlicher Mittel rechtfertigt nicht die Begehung von Straftaten. Gesetzlich zugelassene nachrichtendienstliche Mittel können jedoch Tatbestand oder Rechtswidrigkeit ausschließen.

Nachschau
Das Finanzamt kann ohne vorherige Ankündigung Grundstücke und Räume von Personen, die eine gewerbliche oder berufliche Tätigkeit selbständig ausüben, während der Geschäfts- und Arbeitszeit betreten, um Sachverhalte festzustellen, die für die Besteuerung erheblich sein können (§ 88b AO). Auf Verlangen sind Aufzeichnungen, Bücher, Geschäftspapiere und andere Urkunden vorzulegen und Auskünfte zu erteilen. Geben die Feststellungen dazu Anlass, kann zu einer → Außenprüfung übergegangen werden. Auf den Übergang zur Außenprüfung ist schriftlich hinzuweisen.

Die Möglichkeit der Nachschau besteht bei der Umsatzsteuer (§ 27b UStG) und Lohnsteuer (§ 42g EStG) sowie für die Kassenführung (§ 146b AO).

Nachschieben von Gründen
1. Im Prozessrecht spricht man von einem Nachschieben von Gründen, wenn eine Prozesshandlung (zB Revisionsbegründung) nachträglich auf neue selbständige Gründe ge-

stützt wird (also keine bloße Ergänzung oder Erläuterung bereits geltend gemachter Gründe). Wenn die Gründe nur innerhalb bestimmter Frist geltend gemacht werden können, ist ein Nachschieben grds. nicht möglich (vgl. § 345 StPO). Kein Nachschieben liegt vor, wenn Gründe geltend gemacht werden, die das Gericht ohnehin zu prüfen hat (zB → Prozessvoraussetzungen), oder wenn bei der Revision im Strafverfahren die fristgerecht erhobene allg. Sachrüge konkretisiert wird. Vom Nachschieben von Gründen ist die Frage zu unterscheiden, inwieweit neue Tatsachen und Beweismittel in der Rechtsmittelinstanz noch vorgebracht werden können (→ Berufung, → Verteidigungsmittel).

2. Im Verwaltungsrecht liegt ein Nachschieben vor, wenn ein → Verwaltungsakt nachträglich auf andere (in der ursprünglichen Begründung nicht angeführte, aber beim Erlass des VA bereits vorhandene) tatsächliche oder rechtliche Gesichtspunkte gestützt wird. Ein Verwaltungsakt, dem die erforderliche Begründung fehlt (auch, wenn sie unzulänglich ist), kann – vom Fall der Nichtigkeit abgesehen – durch nachträgliche Begründung auch noch im verwaltungsgerichtlichen Verfahren geheilt werden (§ 45 VwVfG u. § 114 S. 2 VwGO). Zur Aufhebung des Verwaltungsakts führt der Begründungsmangel überdies dann nicht, wenn in der Sache keine andere Entscheidung hätte getroffen werden können (§ 46 VwVfG).

3. Auch im materiellen Recht spielt das Nachschieben von Gründen eine Rolle (insbes. bei fristgebunden abzugebenden Erklärungen). So kann zB die Kündigung eines → Arbeitsverhältnisses nachträglich auch auf andere bzw. weitere Gründe gestützt werden, wenn diese im Zeitpunkt der Erklärung der Kündigung bereits vorlagen, aber dem Kündigenden erst später bekannt wurden; bei außerordentlichen Kündigungen muss lediglich für einen Grund die Frist des § 626 II BGB eingehalten sein, da sie nur die Ausübung des Kündigungsrechts zeitlich beschränkt. Etwas anderes gilt, wenn die Kündigung einer behördlichen Zustimmung bedarf (zB bei schwerbehinderten Menschen gem. § 168 SGB IX), zudem ist prozessual § 67 ArbGG zu beachten. Auch kann ein Nachschieben ausgeschlossen sein, wenn die weiteren Gründe dem Kündigenden bereits bei der (ersten) Beteiligung des → Betriebsrats bzw. → Personalrats (sa → Kündigungsschutz für Arbeitnehmer) bekannt waren, aber nicht zum Gegenstand der Anhörung gemacht wurden. Vor dem Nachschieben erst nach der Kündigung bekannt gewordener Umstände ist der Betriebs- bzw. Personalrat (erneut) zu beteiligen. Im Mietrecht s. → Wohnraummietvertrag (5).

Nachschlüsseldiebstahl
→ Diebstahl (2).

Nachschulung
→ Fahreignungsseminar, → Fahreignungs-Bewertungssystem.

Nachschussberechnung
Im → Insolvenzverfahren der → Genossenschaft hat der Insolvenzverwalter, falls sich bei Beginn der → Schlussverteilung ein Fehlbetrag ergibt, den die Mitglieder in Erfüllung ihrer → Nachschusspflicht decken müssen, eine Nachschussberechnung vorzunehmen (§ 114 GenG). Sie entspricht der → Vorschussberechnung.

Nachschusspflicht
Bei einer → Gesellschaft mit beschränkter Haftung kann im Gesellschaftsvertrag bestimmt werden, dass die Gesellschafter über den Betrag der → Stammeinlage hinaus durch Gesellschafterbeschluss weitere Einzahlungen (sog. Nachschüsse, Zubuße) nach dem Verhältnis der → Geschäftsanteile einfordern können (§ 26 GmbHG). Die Nachschusspflicht kann unbeschränkt (§ 27 GmbHG) oder beschränkt sein (§ 28 GmbHG).

Bei der → Genossenschaft besteht eine Nachschusspflicht nur im Falle eines → Insolvenzverfahrens, sofern diese in der Satzung nicht (zulässigerweise) ausgeschlossen worden ist (§ 6 Nr. 3 GenG, § 105 I GenG). Besteht danach eine Nachschusspflicht in Geld zur Insolvenzmasse, so ist diese entweder unbegrenzt oder die → Haftsumme stellt deren Höchstbetrag dar. Die Nachschüsse werden auf die Mitglieder grundsätzlich nach ihrer Kopfzahl verteilt (§ 105 II GenG). Einbezahlt wird auf Grund der → Vorschussberechnung und, soweit einzelne Genossen ihre Beiträge nicht leisten können, auf Grund einer Zusatzberechnung. Ergibt sich bei der → Schlussverteilung ein Fehlbetrag, ist auf Grund einer → Nachschussberechnung weiter einzuzahlen.

Reicht bei einer → Gesellschaft des bürgerlichen Rechts, wenn deren → Liquidation (Abwicklung) vorgenommen wird, das Gesellschaftsvermögen zur Berichtigung der gemeinschaftlichen Schulden und zur Rückerstattung der Einlagen nicht aus, so haben die Gesellschafter für den Fehlbetrag nach dem Verhältnis aufzukommen, nach welchem sie den Verlust zu tragen haben. Kann von einem Gesellschafter der auf ihn entfallende Beitrag nicht erlangt werden, so haben die übrigen Gesellschafter den Ausfall nach dem gleichen Verhältnis zu tragen (§ 737 BGB).

Bei einer sog. Publikumsgesellschaft (→ Kommanditgesellschaft, 2) kann eine Nachschusspflicht grds nur einstimmig begründet werden; durch einen Mehrheitsbeschluss nur dann, wenn der Gesellschaftsvertrag eine entsprechende Möglichkeit eindeutig und umfangmäßig bestimmt vorsieht.

Nachsichtwechsel
Der Nachsichtwechsel ist ein → Wechsel, der auf eine bestimmte Zeit nach Vorlegung (Sicht) fällig gestellt ist (Art. 35 WG).

Nachstellung

1. Straftatbestand nach § 238 StGB (sog. → Stalking), der nach hM den individuellen Lebensbereich des Opfers sowie seine Handlungs- und Entschließungsfreiheit schützt (str.).

a) Entwicklung: Der Tatbestand war bei seiner Einführung (40. StrÄndG v. 22.3.2007, BGBl. 2007 I 354) rechtspolitisch stark umstritten und wird, wenn auch mit abnehmender Intensität, bis heute im Schrifttum kontrovers diskutiert. Kritik richtete sich schon gegen die Pönalisierung als solche sowie gegen die Gestaltung des Tatbestands, den manche als zu unbestimmt ansahen. Die Rechtsprechung teilt diese Bedenken nicht; die Strafnorm erlangt dort offenbar zunehmend Bedeutung. Der Tatbestand wurde 2017 umgestaltet (BGBl. 2017 I 386 ff.); dabei wurde das ursprüngliche Erfolgsdelikt in ein potentielles → Gefährdungsdelikt (sog. Eignungsdelikt) umgewandelt (zu den Hintergründen s. BT-Drs. 18/9946). Im Jahr 2021 wurde der Tatbestand in Reaktion auf die Ergebnisse eines Evaluierungsberichts der Bundesregierung durch das G v. 10.8.2021 (BGBl. 2021 I 3513) nochmals erweitert (s. hierzu BT-Drs. 19/28679, 19/30948). Dabei wurde die Strafbarkeitsschwelle abgesenkt: Der Täter muss nicht mehr „beharrlich", sondern nur noch „wiederholt" handeln; die Tat muss nicht mehr die Eignung aufweisen, die Lebensgestaltung „schwerwiegend", sondern nur noch „nicht unerheblich" zu beeinträchtigen. Zudem wurden in § 238 I StGB zusätzliche Tathandlungen aufgenommen, um auch Fälle sog. Cyberstalkings abzubilden. § 238 II StGB normiert nun keinen Qualifikationstatbestand mehr, sondern einen besonders schweren Fall. Ferner entfiel das frühere Erfordernis eines → Strafantrags.

b) Tatbestand: Erfasst wird, wer einer Person in einer Weise unbefugt nachstellt, die geeignet ist, deren Lebensgestaltung nicht unerheblich zu beeinträchtigen. Der Täter muss dazu wiederholt bestimmte Handlungen vornehmen. Welche Handlungen tauglich für eine Nachstellung sind, listet der Tatbestand in einer Enumeration auf. Zu ihnen gehört nach § 238 I Nr. 1–4 StGB, dass der Täter die räumliche Nähe der verfolgten Person aufsucht (Nr. 1), über Kommunikationsmittel oder über Dritte Kontakt zu ihr aufzunehmen versucht (Nr. 2), Waren oder Dienstleistungen für sie bestellt oder Kontaktaufnahmen Dritter veranlasst (Nr. 3) oder die Person oder eine ihr nahestehende Person mit der Verletzung von Leben, körperlicher Unversehrtheit, Gesundheit oder Freiheit bedroht (Nr. 4). Zur Erfassung des sog. Cyberstalkings wurden 2021 mit § 238 I Nr. 5–7 StGB als weitere taugliche Handlungen aufgenommen, dass der Täter zulasten der verfolgten Person, eines ihrer Angehörigen oder einer anderen ihr nahestehenden Person eine Tat nach §§ 202a–202c StGB (→ Ausspähen von Daten, → Abfangen von Daten) begeht (Nr. 5), eine Abbildung dieser Person, eines ihrer Angehörigen oder einer anderen ihr nahestehenden Person verbreitet oder der Öffentlichkeit zugänglich macht (Nr. 6) oder einen → Inhalt (§ 11 III StGB), der geeignet ist, diese Person verächtlich zu machen oder in der öffentlichen Meinung herabzuwürdigen, unter Vortäuschung der Urheberschaft der Person verbreitet oder der Öffentlichkeit zugänglich macht (Nr. 7). Abgezielt wird hier auf Fälle, in denen Täter über sog. Stalking-Apps oder Stalkingware zB auf Social-Media-Konten oder Bewegungsdaten von Opfern zugreifen oder unter Vortäuschung der Identität des Opfers in dessen Namen abträgliche Erklärungen abgeben oder Abbildungen von ihm veröffentlichen (BT-Drs. 19/28679, 1). § 238 I Nr. 8 StGB erfasst zudem den in § 238 I Nr. 1–7 StGB genannten „vergleichbare Handlungen". Ua gegen die letztgenannte Variante (zum früheren § 238 I Nr. 5 StGB s. BT-Drs. 18/10654, 5) richtet sich Kritik des strafrechtl. Schrifttums mit Blick auf den strafrechtlichen Bestimmtheitsgrundsatz (Art. 103 II GG). Der → Versuch ist, außer beim Verbrechen nach § 238 III StGB, nicht strafbar. Allerdings lässt die Tathandlung des Nachstellens ohnehin wenig zeitlichen Raum zwischen Versuchsbeginn und Tatvollendung; sie ähnelt einem unechten → Unternehmensdelikt.

c) Strafrahmen: Dieser umfasst Geldstrafe und Freiheitsstrafe bis zu drei Jahren, in besonders schweren Fällen (§ 238 II StGB) Freiheitsstrafe von drei Monaten bis zu fünf Jahren. Als → Regelbeispiele hierfür nennt das Gesetz ua den Fall, dass der Täter das Opfer, einen Angehörigen oder eine dem Opfer nahe stehende Person gesundheitlich schädigt, in die Gefahr des Todes oder einer schweren Gesundheitsschädigung bringt oder dem Opfer durch eine Vielzahl von Tathandlungen über einen Zeitraum von mindestens sechs Monaten nachstellt. Verursacht der Täter mindestens fahrlässig den Tod des Opfers, eines Angehörigen oder einer dem Opfer nahe stehenden Person, so ist die Strafe Freiheitsstrafe von einem Jahr bis zu zehn Jahren (§ 238 III StGB, → erfolgsqualifiziertes Delikt).

2. Gem. §§ 1, 4 GewaltschutzG v. 11.12.2001, BGBl. 2001 I 3513, strafbar ist auch die Zuwiderhandlung gegen eine vollstreckbare Anordnung des Familiengerichts zum Schutz vor Nachstellung nach Drohung mit einer Verletzung von Leben, Körper, Gesundheit oder Freiheit, widerrechtlichem Eindringen in die Wohnung oder das befriedete Besitztum des Opfers oder unzumutbarer Belästigung. Die Strafrahmenobergrenze des Delikts wurde 2021 verdoppelt; der Strafrahmen umfasst nun Geldstrafe und Freiheitsstrafe bis zu zwei Jahren. Sa → Bedrohung, → Hausfriedensbruch, → Körperverletzung, jeweils aE, → Bildaufnahme, unzulässige.

3. Zivilrechtlich: Verbot der Nachstellung → Belästigung durch Nachstellen, → Gewaltschutz, → Unterlassungsanspruch.

Nachtarbeit
Nachtarbeit ist nach § 2 IV ArbZG (→ Arbeitszeit) jede Arbeit, die mehr als zwei Stunden der Nachtzeit, das ist die Zeit zwischen 23 und 6 Uhr, umfasst.

1. Die werktägliche Arbeitszeit der Nachtarbeitnehmer (§ 2 V ArbZG: Arbeit in der Nacht an wenigstens 48 Kalendertagen) darf 8 Stunden idR nicht überschreiten, eine Verlängerung auf 10 Stunden ist nur zulässig, wenn innerhalb von 4 Wochen der Durchschnitt von 8 Stunden eingehalten wird (§ 6 II ArbZG). Durch Tarifvertrag oder Betriebsvereinbarung können gemäß § 7 ArbZG andere Ausgleichszeiten vorgesehen werden, auch kann die Arbeitszeit ohne Ausgleich auf über 10 Stunden ausgedehnt werden, wenn in die Arbeitszeit regelmäßig und in erheblichem Umfang Arbeitsbereitschaft fällt. IÜ gelten für Nachtarbeitnehmer (anders für sonstige Nachtarbeit) weitere Arbeitsschutzvorschriften (§ 6 III–VI ArbZG): So ist entweder ein angemessener Zuschlag für die Nachtarbeitszeit oder zusätzliche Freizeit zu gewähren. Ein Zuschlag von 25 % ist regelmäßig angemessen, bei Dauernachtarbeit 30 %; kann die Arbeit nicht außerhalb der Nachtzeit erbracht werden, kann der Zuschlag geringer ausfallen, weil der Steuerungszweck der Vermeidung von Nachtarbeit dann nicht erreicht werden kann (zB 20 % für Dauernachtwachen in der Altenpflege). → Arbeitsschutz, → Ladenschluss.

2. Steuerfrei sind Zuschläge für Nachtarbeit bis 25 % bzw. 40 % des Grundlohns von höchstens 50 EUR/Stunde, je nach Arbeitszeit (§ 3b EStG). Steuerrechtlich ist Nachtarbeit die Zeit zwischen 20 und 6 Uhr, dem folgen oft die Zuschlagregelungen in Tarifverträgen. Sozialabgabenfreiheit besteht gem. § 1 I Nr. 1 SvEV bezogen auf derartige Zuschläge, abweichend vom Steuerrecht aber nur bis zu einem Grundlohn von 25 EUR/Stunde.

Nachtat, straflose
(mitbestrafte), → Konkurrenz von Straftaten.

Nachteilsausgleich
→ Sozialplan.

Nachtpflege
Nachtpflege ist eine besondere Form der Erbringung von Pflegeleistungen (siehe → Teilstationäre Pflege). Sie wird erbracht, wenn in der häuslichen Pflege die Betreuung über Nacht nicht ausreichend sichergestellt ist oder es zur Stärkung der häuslichen Pflege erforderlich ist (§ 41 SGB XI).

Nachtragsanklage
Erhebt der Staatsanwalt gegen den Angeklagten bei demselben Gericht eine zusätzliche Anklage wegen einer weiteren Straftat, so kann das Verfahren mit dem bereits eröffneten verbunden werden (§§ 3, 4 StPO). Der StA kann aber auch in der Hauptverhandlung die Anklage auf weitere Straftaten des Angeklagten durch mündlichen Vortrag des Anklagesatzes entsprechend § 200 I StPO ausdehnen (§ 266 StPO). Die Nachtragsanklage wird dann in das Sitzungsprotokoll aufgenommen. Das Gericht kann mit Zustimmung des Angeklagten den Gegenstand der Nachtragsanklage durch Beschluss in das Verfahren einbeziehen, wenn es sich für zuständig hält. Dem Angeklagten ist Gelegenheit zur Verteidigung zu geben. Zu deren Vorbereitung kann er Unterbrechung der Sitzung verlangen, aber nicht mutwillig oder um das Verfahren zu verzögern.

Nachtragshaushalt
→ Haushaltsrecht (4).

Nachtragsverteilung
Eine Nachtragsverteilung findet statt, wenn sich im Rahmen eines → Insolvenzverfahrens nach dem → Schlusstermin herausstellt, dass noch verwertbare → Insolvenzmasse vorhanden ist (§ 203 InsO). Die Nachtragsverteilung wird vom Insolvenzgericht angeordnet und vom → Insolvenzverwalter nach Maßgabe des → Schlussverzeichnisses durchgeführt (§ 205 InsO).

Nachtrunk
ist der Alkoholgenuss nach Abschluss einer Trunkenheitsfahrt (→ Trunkenheit im Verkehr) oder eines sonstigen Verkehrsvergehens. Er erschwert die genaue Feststellung der Höhe der Blutalkoholkonzentration zum Zeitpunkt der vorangegangenen Tat oder macht sie ganz unmöglich. Der Nachtrunk selbst ist nicht strafbar, kann aber uU bei der → Strafzumessung strafschärfend gewertet werden und kann sich als Aufklärungspflichtverletzung auch nachteilig bei der → Kraftfahrzeug-Haftpflichtversicherung auswirken.

Nachverfahren
Das Nachverfahren ist das Verfahren, das in einem Rechtsstreit nach einem → Vorbehaltsurteil in demselben → Rechtszug stattfindet. Das Nachverfahren (§ 302 IV ZPO, § 600 ZPO) bildet mit dem Verfahren bis zum Vorbehaltsurteil eine Einheit. Im Nachverfahren kann das Vorbehaltsurteil vorbehaltlos aufrechterhalten, abgeändert oder aufgehoben werden. Über das strafrechtliche Nachverfahren zum Zweck der → Einziehung s. §§ 433 f. StPO und bei Nichtgewähren des rechtlichen Gehörs §§ 33a, 311a StPO, für das → Bußgeldverfahren, § 87 IV OWiG.

Nachvermächtnis
Soll nach dem Willen des → Erblassers der durch ein → Vermächtnis zugewendete Gegenstand von einem bestimmten Zeitpunkt oder Ereignis an von dem Vermächtnisnehmer auf einen Dritten (auch den ursprünglich beschwerten Erben, sog. Rückvermächtnis) übergehen, so gilt der erste Vermächtnisnehmer als zugunsten des Dritten mit dem Nachvermächtnis beschwert; für den Anfall gelten die Vorschriften über den → Nacherben entsprechend (§ 2191 BGB).

Nachversicherung
Beamte, Berufssoldaten, Soldaten auf Zeit und sonstige Beschäftigte, die mit Rücksicht auf eine Versorgungsanwartschaft nicht versicherungspflichtig waren, sind in der sozialen → Rentenversicherung nachzuversichern, wenn sie aus dem versicherungsfreien Beschäftigungsverhältnis ohne Versorgung ausscheiden, ebenso im Ruhestand befindliche bei Wegfall des Versorgungsanspruchs. Dies gilt auch für Ordensmitglieder, Diakonissen, Rotkreuzschwestern und Angehörige ähnlicher Gemeinschaften, wenn sie aus diesen ausscheiden. Die Nachversicherung ist in voller Höhe vom Arbeitgeber allein durchzuführen (keine → Arbeitnehmeranteile). In bestimmten Fällen ist die Durchführung der Nachversicherung aufzuschieben (zB Wechsel des Dienstherrn, vorübergehende Unterbrechung des Beschäftigungsverhältnisses u. ä.). Die Rechtsgrundlage ist in den §§ 8, 96, 281, 285 SGB VI. Werden Nachversicherungsbeiträge zu spät abgeführt, sind hierauf Säumniszuschläge zu zahlen. Wurden Nachversicherungsbeiträge vorenthalten, wird dadurch die Verjährungsfrist (§ 24 SGB IV) verlängert. Anstelle der Nachversicherung kann im Bund und in einigen Ländern auch → Altersgeld in Anspruch genommen werden (sa → Beamtenversorgung, 8).

Nachwahl
1. Eine Nachwahl für die Wahl zum → Bundestag findet statt, wenn in einem Wahlkreis oder Wahlbezirk die Wahl nicht durchgeführt worden ist (zB wegen höherer Gewalt) oder wenn ein Wahlkreisbewerber nach Zulassung des Kreiswahlvorschlages (aber noch vor der Wahl) stirbt. Die Nachwahl soll spätestens 3 Wochen nach dem Tag der Hauptwahl stattfinden und ist auf denselben Grundlagen wie die Hauptwahl abzuhalten, insbes. mit den für die Hauptwahl aufgestellten Wählerverzeichnissen und Wahlvorschlägen (soweit nicht durch den Tod des Bewerbers ein Ersatzvorschlag nötig wurde). Aus den Ergebnissen der Hauptwahl und der Nachwahl wird das endgültige Wahlergebnis festgestellt. Beim Ausscheiden (zB durch Tod) eines gewählten Abgeordneten findet keine Nachwahl statt; es rückt der nächste Listenbewerber nach (sa → Bundestag). Beim → Überhangmandat sind jedoch Besonderheiten zu beachten.

2. Von der Nachwahl zu unterscheiden ist die Wiederholungswahl, die durchzuführen ist, soweit in der → Wahlprüfung eine Wahl für ungültig erklärt wurde. Das Wahlverfahren ist dann insoweit zu erneuern, als das nach der Entscheidung im Wahlprüfungsverfahren erforderlich ist. Auf Grund des Ergebnisses der Wiederholungswahl wird das Wahlergebnis festgestellt.

3. Ähnliche Bestimmungen über Nachwahl und Wiederholungswahl wie §§ 43, 44 BundeswahlG idF v. 23.7.1993 (BGBl. 1993 I 1288) mÄnd und §§ 82, 83 BundeswahlO idF v. 19.4.2002 (BGBl. 2002 I 1376) mÄnd finden sich in den Wahlvorschriften zu den Landesparlamenten und den Kommunalvertretungen.

Nachweis der Arbeitsbedingungen
→ Arbeitsvertrag.

Nachweismakler
→ Mäklervertrag.

Nachwirkung von Betriebsvereinbarungen
→ Betriebsvereinbarung.

Nachwirkung von Tarifverträgen
→ Tarifvertrag.

Nachzahlung von Sozialversicherungsbeiträgen
Vornehmlich in der gesetzlichen Rentenversicherung sieht das SGB VI in bestimmten Ausnahmefällen, zB für nicht als Anrechnungszeiten berücksichtigungsfähige Ausbildungszeiten, die Möglichkeit der Nachzahlung von Beiträgen vor → Nachentrichtung von Sozialversicherungsbeiträgen. Den ausdrücklichen Fall der Nachzahlung für Ausbildungszeiten regelt § 207 SGB VI. Wichtig ist, dass der Nachzahlungsantrag nur bis zur Vollendung des 45. Lebensjahres gestellt werden kann.

Nachzeichnung eines Tarifvertrages
→ Tarifkollision.

Nährwertangaben
1. Als Nährwertangabe, Nährwertdeklaration oder Nährwerttabelle bezeichnet man die Angabe des Brennwerts eines Lebensmittels sowie die Mengen an Fett, gesättigten Fettsäuren, Kohlenhydraten, Zucker, Eiweiß und Salz, die es enthält. Solche Angaben sind für die meisten Lebensmittel nach Art. 29 ff. der VO (EU) 1169/2011 v. 25.10.2011 betreffend die Information der Verbraucher über Lebensmittel (ABl. EU 2011 L 304, 18) verpflichtend. Diese Angaben sollen den Verbraucher in die Lage versetzen, den Nährwert eines Lebensmittels besser einzuschätzen. → Kennzeichnung von Lebensmitteln.

2. Seit Oktober 2020 können Lebensmittel zusätzlich zu der verpflichtenden Nährwertangabe freiwillig mit einer erweiterten Nährwertkennzeichnung, dem Nutri-Score, in Verkehr gebracht werden, § 4a Lebensmittelinformations-Durchführungsverordnung (LMIDV). Dabei handelt es sich um eine Marke, die in Ampelform auf einem Spektrum von A/dunkelgrün bis E/dunkelrot den Nährwert des Lebensmittels vereinfacht zusammenfasst. Die Marke gehört zum französischen Gesundheitsministerium, das die Benutzung des Nutri-Scores genehmigen muss. Einzelheiten enthält die französische Markensatzung.

Nahrungsergänzungsmittel
sind → Lebensmittel, die die allgemeine Ernährung in konzentrierter und dosierter Form (zB Tabletten oder Pulver) durch Nährstoffe (Vitamine, Mineralstoffe und Spurenelemente)

ergänzen (§ 1 VO über N. v. 24.5.2004, BGBl. 2004 I 1011, mÄnd). Sie dürfen nur vorverpackt in Verkehr gebracht werden. Die VO benennt ferner die für Nahrungsergänzungsmittel zugelassenen Stoffe und regelt die Kennzeichnung, Anzeigepflichten sowie Straftaten.

Nahrungsmittel
→ Lebensmittel.

Name
s. → Bürgerlicher Name, sowie → Firma, → Pseudonym, → Adelsprädikate.

Name der Familie
Die Ehegatten sollen bei der → Eheschließung einen gemeinsamen Namen (Ehenamen) aus ihren Geburtsnamen oder ihren bisher geführten Namen (zB aus einer geschiedenen früheren Ehe) wählen; sie können jedoch auch jeweils ihren bisherigen Namen weiterführen. Nach dem Gesetz zur Änderung des Ehenamens- und Geburtsnamensrechts und des Internationalen Namensrechts vom 14.6.2024 (BGBl. 2024 I Nr. 185), das zum 1.5.2025 in Kraft tritt, kann auch ein aus den beiden Familiennamen gebildeter Doppelnamen als Ehenamen bestimmt werden. Der Name kann mit oder ohne Bindestrich gebildet werden. Auch kann nur ein Bestandteil eines Doppelnamens zum Ehenamen bestimmt werden. Bei der Bildung des Ehenamens darf nur je ein Bestandteil herangezogen werden, so dass keine über einen Doppelnamen hinausgehende Mehrfachnamen entstehen (Namenskette). Gleiches gilt für den Begleitnamen. Ein verwitweter oder geschiedener Ehegatte behält grds. den bisherigen Ehenamen; er kann aber durch öffentlich beglaubigte Erklärung gegenüber dem → Standesbeamten seinen Geburtsnamen oder den Namen, den er bei der Eheschließung getragen hat, wieder annehmen (§ 1355 BGB). Zur Zuständigkeit des Standesbeamten s. § 41 PStG. Sa → Namensangleichung. Siehe auch → Name des Kindes, zum Vornamen → Personensorge; zum Namen in einer → Lebenspartnerschaft s. dort. Zur Übergangsregelung für Ehen vor dem 1.4.1994 s. Art. 7 G v. 16.12.1993 (BGBl. 1993 I 2054).

Name des Kindes
Das Kind erhält den Ehenamen seiner Eltern (→ Name der Familie) als Geburtsnamen (§ 1616 BGB). Dies gilt auch dann, wenn die Ehe der Eltern bei der Geburt des Kindes infolge → Ehescheidung bereits aufgelöst ist. Führen die Eltern keinen Ehenamen (zB bei Kindern nicht miteinander verheirateter Eltern), so entscheidet das Recht der → elterlichen Sorge. Steht die Sorge den Eltern gemeinsam zu, so bestimmen sie durch (öffentlich beglaubigte, → Form, 1b) Erklärung gegenüber dem → Standesbeamten den Namen, den der Vater oder die Mutter zurzeit der Erklärung führt, zum Geburtsnamen des Kindes.

Nach dem Gesetz zur Änderung des Ehenamens- und Geburtsnamensrechts und des Internationalen Namensrechts vom 14.6.2024 (BGBl. 2024 I Nr. 185), das zum 1.5.2025 in Kraft tritt können die Eltern auch einen Doppelname aus den Nachnamen der Eltern bilden. Für die Bildung des Doppelnamens gelten die Regeln wie bei dem → Name der Familie. Eine Namenskette aus mehr als zwei Namen darf dadurch nicht entstehen. Einigen sich die Eltern nicht, ist der Geburtsname des Kindes der aus den Namen der Eltern in alphabetischer Reihenfolge mit Bindestrich gebildete Doppelname (§ 1617 IV BGB). Das → Familiengericht kann das Bestimmungsrecht einem Elternteil allein übertragen, wenn ein Elternteil den Geburtsname ablehnt. Der durch die Eltern oder einen Eltrenteil bestimmte Geburtsname gilt auch für die weiteren gemeinsamen Kinder (§ 1617 V BGB).

Steht die elterliche Sorge nur einem Elternteil, zB nach § 1626a BGB der Mutter, allein zu, so erhält das Kind den Namen, den dieser Elternteil im Zeitpunkt der Geburt führt; es kann auch der Name des anderen Elternteils oder ein Doppelname aus beiden Namen der Eltern bestimmt werden (§ 1617a BGB). Wird die gemeinsame Sorge der Eltern erst begründet, wenn das Kind bereits einen Namen führt, so kann der Name neu bestimmt werden (§ 1617b BGB). Bestimmen die Eltern einen Ehenamen erst, nachdem das Kind das 5. Lebensjahr vollendet hat, so erstreckt sich der Ehename auf den Geburtsnamen des Kindes nur, wenn sich dieses (vertreten durch den gesetzlichen Vertreter oder einen Pfleger, bei über 14-jährigen Kindern durch dieses selbst mit Zustimmung des gesetzlichen Vertreters) der Namensgebung anschließt (§ 1617c BGB). Die Namensänderung eines Elternteils anlässlich der Ehescheidung (→ Name der Familie) kann auf das Kind, das bei ihm im Haushalt lebt, übertragen werden, und daneben für das Kind ein Doppelname aus dem wieder angenommenen Name des Elternteils und dem Geburtsname des Kindes gebildet werden (§ 1617d BGB).

Der Geburtsname eines Kindes kann seinem Geschlecht angepasst werde, wenn es dem sorbischen Volk angehört oder wenn die Angleichung nach einer ausländischen Rechtsordnung vorgesehen ist, die der Herkunft des Kindes entspricht oder der Name traditionell aus dem dortigen Sprachraum stammt (§ 1617 f BGB). Weitere Möglichkeiten der abweichenden Namensbildung gelten für Kinder, die der friesischen Volksgruppe (§ 1617g BGB) und der dänischen Minderheit (§ 1617h BGB) angehören.

Mit Eintritt der Volljährigkeit kann der Geburtsname einmalig neu bestimmt werden, indem nur ein Name weitergeführt wird oder der Familienname des einen Elternteils durch den des anderen Elternteils ersetzt wird oder erstmalig ein Doppelname aus beiden Familiennamen der Eltern gebildet wird (§ 1617i

BGB). Zur Zuständigkeit des → Standesbeamten s. § 45 PStG. S. ferner → Einbenennung, → Adoption; s. a. → Vornamen. Übergangsregelung für vor dem 1.5.2025 geborene Kinder Art. 229 § 67 EGBGB.

Namensadoption
→ Adoption (1b).

Namensänderung
Der Familienname oder Vorname eines deutschen Staatsangehörigen oder eines Staatenlosen, der seinen Wohnsitz oder gewöhnlichen Aufenthalt in der Bundesrepublik hat, kann auf Antrag geändert werden, wenn ein wichtiger Grund dies rechtfertigt, insbes. wenn der Name anstößig oder lächerlich ist (§ 3 NamÄndG). Der Antrag ist bei der unteren Verwaltungsbehörde zu stellen, die auch über eine Änderung des Vornamens entscheidet, während für die Änderung des Familiennamens die höhere Verwaltungsbehörde zuständig ist. Diese Namensänderung erstreckt sich grds. auch auf die unter → elterlicher Sorge stehenden ehelichen und (bei der Namensänderung einer Frau deren) nichtehelichen Kinder; differenzierter ist jedoch die Regelung bei einer Namensänderung aus familienrechtlichen Gründen (zB Eheschließung) des Namensgebers (s. § 1617 II BGB – 4 sowie → Name des Kindes). Jede Namensänderung wird dem Standesbeamten zur Eintragung im → Geburtenregister sowie der Strafregisterbehörde und der Ortspolizeibehörde mitgeteilt. G über die Änderung von Familiennamen und Vornamen v. 5.1.1938 (RGBl. 1938 I 9), zuletzt geändert durch G. v. 9.3.2021 (BGBl. 2021 I 322). → Namensangleichung, → Transsexualität.

Namensaktie
→ Aktie (2), → Nebenleistungsaktiengesellschaft.

Namensangabe, falsche
gegenüber einer zuständigen Behörde oder einem zuständigen Amtsträger oder Soldaten der Bundeswehr (Wachposten, vgl. §§ 1, 4 UZwGBw vom 12.8.1965, BGBl. 1965 I 796) ist nach § 111 OWiG mit Geldbuße bis 1000 EUR – bei fahrlässiger Annahme der Unzuständigkeit bis 500 EUR – bedroht. Dasselbe gilt für unrichtige Angaben über Familienstand, Beruf, Wohnort, Wohnung oder Staatsangehörigkeit, desgl. für das Verweigern der Angaben. Die Zuständigkeit für das Auskunftsverlangen ergibt sich aus den einschlägigen Rechtsvorschriften, vor allem für Polizeibeamte (auch → Bundespolizei-, Zollbeamte), wenn der Befragte als Beschuldigter oder Zeuge einer Straftat oder → Ordnungswidrigkeit in Frage kommt, sowie aus den Meldevorschriften. Die Ahndung (→ Bußgeld, Bußgeldverfahren) ist aber nur zulässig, wenn das Auskunftsverlangen formell und materiell rechtmäßig und verhältnismäßig war (BVerfG NJW 1995, 3110).

Namensangleichung
Frühere Ausländer, deren Namen sich jetzt nach deutschem Recht richtet (zB nach → Einbürgerung), können durch Erklärung gegenüber dem → Standesbeamten einen entsprechenden deutschsprachigen (Vor- oder Familien-)Namen annehmen (Art. 47 EGBGB). → Namensänderung.

Namenserteilung
→ Einbenennung; → Personensorge (Vorname).

Namenskette
→ Name der Familie; → Name des Kindes.

Namenspapier
→ Rektapapier.

Namensrecht
Das Namensrecht ist ein besonderes → Persönlichkeitsrecht. Durch den Namen wird die Person (auch die → juristische Person sowie Personengesellschaften, zB die offene Handelsgesellschaft, oder der nicht rechtsfähige Verein) von anderen Rechtssubjekten unterschieden. Über den Erwerb des Namens und das Recht zur Führung → Name der Familie, → Vorname, → juristische Person, → Verein, → Firma, → Domain-Name, → Internationales Privatrecht (2a). Über → Adelsprädikate s. dort. Den Schutz des Namensrechts genießen neben dem bürgerlichen Namen auch ein Künstler- oder Deckname (Pseudonym), die Führung eines Wappens sowie bei entsprechender Verkehrsgeltung auch schlagwortartige Bezeichnungen (zB „HaKo" als Abkürzung des Namens Hans Kohl) und Telegrammadressen, nicht aber Bezeichnungen auf Grund von Titeln, Orden und sonstigen Ehrenzeichen. Der Name bleibt – außer bei gesetzlich zulässiger → Namensänderung – bis zum Tod unverändert.

Das Namensrecht ist nach § 12 BGB in doppelter Hinsicht geschützt. Wird das Recht zum Gebrauch eines Namens von einem anderen bestritten oder wird das Interesse des Berechtigten dadurch verletzt, dass ein anderer unbefugt den gleichen Namen gebraucht, so kann der Berechtigte von dem Störer Beseitigung der Beeinträchtigung verlangen. Es handelt sich hierbei um einen beseitigenden → Unterlassungsanspruch (actio negatoria), der nur rechtswidriges, nicht auch schuldhaftes Handeln voraussetzt. Sind weitere Beeinträchtigungen zu besorgen (Wiederholungsgefahr), so kann der Berechtigte auf Unterlassung klagen (vorbeugender Unterlassungsanspruch). Liegt ein → Verschulden vor, so kann zudem aus → unerlaubter Handlung Schadensersatz verlangt werden. Eine Verletzung des Namensrechts eines anderen kann auch bei Führung des eigenen Namens gegeben sein, wenn dadurch der ältere allgemein bekannte Name des anderen beeinträchtigt wird. Für die praktisch wichtigsten Fälle, nämlich die Benutzung einer (abgeleiteten) Firma und einer Marke zu Wettbewerbszwecken gelten Sondervorschriften (→ Firma, → Marke, → unlauterer Wettbewerb; sa → Domain-Name). Die → Firma insbes. als Handelsname des Kaufmanns hat eine spezielle Ausgestaltung im Handelsrecht erhalten; s. dort über deren Voraussetzungen, Übertragung und Schutz gegenüber missbräuchlicher anderweitiger Verwendung. Die Gedanken des Schutzes des Namensrechts, namentlich durch den Unterlassungsanspruch, wurden von der Rspr. auf den Schutz aller absoluten Rechte – zB Eigentum, Persönlichkeitsrecht, eingerichteter und ausgeübter Gewerbebetrieb – gegen rechtswidrige Beeinträchtigungen ausgedehnt (→ unerlaubte Handlung, 2a, → Unterlassungsanspruch).

Namensschutz
→ Namensrecht.

Nanomaterialien
Eine Legaldefinition für den Lebensmittelbereich enthält Art. 3 II VO (EU) 2015/2283 (s. → Neuartige Lebensmittel). Er definiert technisch hergestellte Nanomaterialien als absichtlich hergestellte Materialien, die in jeder Dimension höchstens 100 Nanometer groß sind oder deren durch diese sog. Nanoskaligkeit bedingten Eigenschaften erhalten bleiben, auch wenn die Materialien größer sind. Die VO (EU) 1223/2009 über kosmetische Mittel enthält eine andere Definition. Die dynamische Entwicklung in diesem Bereich bedingt derzeitig häufige Veränderungen der Legaldefinitionen.

Narkoanalyse
ist die Befragung eines Patienten oder – im strafrechtlichen Ermittlungsverfahren – eines zu Vernehmenden unter dem Einfluss der Injektion eines enthemmenden Narkotikums (Evipan, Pervitin o. dgl.; sog. Wahrheitsserum). Wird die Narkoanalyse zu Heilzwecken angewendet, um bestimmte Erlebnisse des Patienten als Ausgangspunkt der Behandlung zu erfragen, so bedarf sie als körperlicher Eingriff der Einwilligung des Betroffenen. Im Strafverfahren ist die Anwendung der Narkoanalyse gegenüber Beschuldigten oder Zeugen durch §§ 136a, 69 III StPO untersagt, weil sie die Willensentschließung und -betätigung unzulässig beeinträchtigt. Entgegen dem Verbot gewonnene Aussagen dürfen auch mit der zum Zwecke seiner Entlastung erteilten Zustimmung des Betroffenen nicht verwertet werden. → Vernehmungen im Strafverfahren, → Beweisverbot, → Lügendetektor.

nasciturus
→ Leibesfrucht.

nasciturus pro iam nato habetur
= die Leibesfrucht wird (in gewissen Beziehungen) einem schon geborenen Kind gleichgesetzt; → Leibesfrucht, → Rechtsfähigkeit, → Fiktion.

Nassauskiesungsbeschluss
Das BVerfG hat in seinem Beschluss vom 15.7.1981 (BVerfGE 58, 330) in erster Linie die Frage behandelt, ob die Untersagung der Auskiesung eines Grundstücks eine → Enteignung oder nur eine Eigentumsbindung (Inhaltsbestimmung des Eigentums) darstellt. Der Beschluss hat wegen einiger grundsätzl. Ausführungen zu ausgedehnten Diskussionen über Enteignungsfragen geführt, insbes. über den → enteignungsgleichen Eingriff. Das BVerfG hat eine Wahlmöglichkeit des Betroffenen verneint, statt sich gegen einen rechtswidrigen Eingriff zu wehren, Entschädigung zu verlangen.

Nationale Behörde zur Vorbeugung übertragbarer Krankheiten
Das → Robert-Koch-Institut ist gemäß § 4 I 1 → Infektionsschutzgesetz (IfSG) die Nationale Behörde zur Vorbeugung übertragbarer Krankheiten sowie zur frühzeitigen Erkennung und Verhinderung der Weiterverbreitung von Infektionen.

Nationale Nachhaltigkeitsstrategie
Als Folge der Festsetzung der → nachhaltigen Entwicklung als Ziel der EU-Politik in Art. 11 AEUV wurde 2002 die nationale Nachhaltigkeitsstrategie entwickelt. Die nationale Nachhaltigkeitsstrategie dient deutschen Bundesregierungen als Handlungsanleitung für eine umfassende zukunftsfähige Politik, um der generationenübergreifenden Verantwortung für eine ökonomisch, ökologisch und sozial tragfähige Entwicklung gerecht zu werden. Sie setzt Kerngedanken einer nachhaltigen Entwicklung um, Prioritäten für einen zukünftigen Zeitabschnitt, und sie zeigt Ziele und Maßnahmen dazu auf. Eine Rechtsnorm als Grundlage gibt es über Art. 11 AEUV hinaus nicht. Bei einem Rechtsetzungsvorhaben, wie zB dem EEG 2023 (→ erneuerbare Energien), hat das federführende Ministerium die Vorlage auf Erfüllung der Anforderungen der nationale Nachhaltigkeitsstrategie im Rahmen der Gesetzesfolgenabschätzung zu prüfen.

Nationale Naturmonumente
sind rechtsverbindlich festgesetzte Gebiete, die aus wissenschaftlichen, naturgeschichtlichen, kulturhistorischen oder landeskundlichen Gründen sowie wegen ihrer Seltenheit, Eigenart oder Schönheit von herausragender Bedeutung sind (§ 24 BNatSchG, → Naturschutz). Sie sind wie → Naturschutzgebiete zu schützen. Derzeit gibt es noch kein nationales Naturmonument.

Nationaler Ethikrat
Der Nationaler Ethikrat wurde gem. Beschluss der BReg v. 2.5.2001 gegründet. Er ist im Jahr 2008 durch den → Deutschen Ethikrat ersetzt worden.

Nationales Waffenregister (NWR)
Seit 1.1.2013 führt das → Bundesverwaltungsamt ein bundesweites Register, das die rasche Zuordnung von → Waffen sowie waffenrechtlichen Erlaubnissen, Ausnahmen, Anordnungen, Sicherstellungen und Verboten zu be-

stimmten Personen ermöglicht. Rechtsgrundlage für dieses nationale Waffenregister (NWR) ist das Gesetz zur Errichtung eines Nationalen Waffenregisters v. 25.6.2012 (BGBl. 2012 I 1366). Der deutsche Gesetzgeber folgte damit der EU-Waffenrichtlinie (2008/51/EG). Ziel der Errichtung des NWR ist die Aufbereitung der bei knapp 600 lokalen Waffenbehörden erfassten registerrelevanten Informationen und ihre Überführung in eine zentrale Datenbank. Für jede erlaubnispflichtige Schusswaffe ist jetzt nachvollziehbar, wer seit wann deren Besitzer ist und von wem er sie erworben hat. Einzelheiten regelt die VO zur Durchführung des Nationalen-Waffenregister-Gesetzes v. 31.7.2012 (BGBl. 2012 I 1765).

Nationalhymne
1. Nationalhymne ist ein Lied oder Musikstück, welches das Staats- und Nationalgefühl eines Landes ausdrücken soll. Meist wird sie zu feierlichen Anlässen gespielt, zB Staatsakte, Staatsbesuche, Jubiläen usw.

2. Am 11.8.1922 wurde das „Lied der Deutschen" (Deutschlandlied) von August Heinrich Hoffmann von Fallersleben mit allen drei Strophen und der Melodie von Joseph Haydn durch den Reichspräsidenten Friedrich Ebert zur Nationalhymne bestimmt. Als sich 1949 die Bundesrepublik Deutschland konstituierte, wurde im → Grundgesetz eine Nationalhymne nicht erwähnt. Nach einer breiten Diskussion aus Anlass der Teilnahme an den Olympischen Spielen 1952 bestätigte der Bundespräsident Heuss das Deutschlandlied als Nationalhymne; bei staatlichen Veranstaltungen sei die dritte Strophe zu singen. Mit Beschluss vom 7.3.1990 stellte das Bundesverfassungsgericht fest, dass dem Briefwechsel nicht ausdrücklich zu entnehmen ist, dass das Deutschlandlied nur mit seiner dritten Strophe zur Hymne erklärt werden sollte. Eindeutig, so das Bundesverfassungsgericht, sei lediglich festgestellt worden, dass bei staatlichen Veranstaltungen die dritte Strophe gesungen werden solle. Dies entsprach bereits zum Zeitpunkt des Beschlusses einer jahrzehntelangen allgemeinen Übung (BVerfGE 81, 298 ff.). Damit war noch bis 1991 (s. unten Ziffer 4) das Deutschlandlied mit allen drei Strophen als Nationalhymne der Bundesrepublik Deutschland anzusehen.

3. Die Hymne der ehem. → DDR (ab 1949) wurde das von Johannes R. Becher weitgehend passend auf Haydns Melodie getextete „Auferstanden aus Ruinen", für das dann Hanns Eisler eine eigene Melodie komponierte. Bechers Text wurde ab ca. 1970 nicht mehr gesungen, da der Passus „Deutschland, einig Vaterland" damals politisch nicht mehr als opportun erachtet wurde.

4. Nach der deutschen → Wiedervereinigung 1990 legten Bundespräsident von Weizsäcker und Bundeskanzler Kohl in einem Briefwechsel vom August 1991 fest, dass die dritte Strophe des „Liedes der Deutschen von Hoffmann von Fallersleben mit der Melodie von Joseph Haydn … die Nationalhymne für das deutsche Volk" ist. Die Festlegung der dritten Strophe des Deutschlandliedes als Nationalhymne bedeutet kein Verbot, das Deutschlandlied in voller Länge abzudrucken oder – zB bei nichtstaatlichen Anlässen – zu singen.

5. Zur Strafbarkeit der Verunglimpfung der Nationalhymne → Hymne der Bundesrepublik.

Nationalisierung
→ Vergesellschaftung.

Nationalitätsprinzip
Nach dem Nationalitätsprinzip gilt das Recht eines Staates grundsätzlich nur für seine eigenen Staatsangehörigen. Der Gegensatz ist das → Territorialitätsprinzip. Im geltenden deutschen Strafrecht wird an Stelle des Begriffs des Nationalitätsprinzips der des Personalitätsprinzips verwendet; → Geltungsbereich des Strafrechts. Für das Zivilrecht → Internationales Privatrecht.

Nationalitätszeichen
ist das neben dem amtlichen → Kennzeichen am Kfz zugelassene, unbeleuchtete Unterscheidungszeichen, das in Art. 37 des Übereinkommens über den Straßenverkehr vom 8.11.1968 (BGBl. 1977 II 809) und Art. 5 des Internat. Abkommens über Kraftfahrzeugverkehr vom 24.4.1926 (RGBl. 1930 II 1233) für den zwischenstaatlichen Verkehr auf öffentlichen Straßen vorgeschrieben ist. In einem anderen Staat zugelassene Kfz müssen in der BRep. ein Nationalitätszeichen führen (§ 21 II 1 FZV). S. → Internat. Kraftfahrzeugverkehr. Innerhalb der EU ist ein Nationalitätszeichen entbehrlich, wenn ein Euro-Kennzeichen (→ Kennzeichen am Kfz) verwendet wird (§ 21 II 2 FZV).

Nationalparke
sind nach Maßgabe von § 24 BNatSchG (→ Naturschutz) rechtsverbindlich festgesetzte einheitliche → Schutzgebiete (zB N. Eifel oder Bayerischer Wald), die großräumig, weitgehend unzerschnitten und von besonderer Eigenart sind, in einem überwiegenden Teil ihres Gebiets die Voraussetzungen eines → Naturschutzgebiets erfüllen und sich in einem überwiegenden Teil ihres Gebiets in einem vom Menschen nicht oder wenig beeinflussten Zustand befinden oder geeignet sind, sich in einen Zustand zu entwickeln, der einen möglichst ungestörten Ablauf von Naturvorgängen in ihrer natürlichen Dynamik gewährleistet. Hauptsächliche Zielsetzung ist die Gewährleistung dieser Dynamik, daneben sollen Nationalparke der wissenschaftlichen Umweltbeobachtung, der naturkundlichen Bildung und dem Naturerlebnis der Bevölkerung dienen. → Umweltkriminalität.

Nationalsozialismus
Der Nationalsozialismus war eine nach dem 1. Weltkrieg entstandene, ideologisch dem → Faschismus verwandte politische Bewegung, die mit der Ernennung des Führers der „Nationalsozialistischen Deutschen Arbeiterpartei" (NSDAP) Adolf Hitler zum Reichskanzler am 30.1.1933 die Macht im → Deutschen Reich übernahm. Unter Missachtung der Weimarer → Reichsverfassung entwickelte sich das national-sozialistische Regime schnell zu einer → totalitären Diktatur unter Führung der allein zugelassenen NSDAP. Die Gesetzgebung lag beim „Führer und Reichskanzler" und der Reichsregierung; der Reichstag war praktisch ohne Bedeutung (→ Ermächtigungsgesetz). Die nach dem „Führerprinzip" organisierte Verwaltung herrschte nahezu uneingeschränkt (Lockerung und zT Aufhebung der Grundlagen der → Gesetzmäßigkeit der Verwaltung; Konzentrationslager; Judenverfolgung). Die Unabhängigkeit der Rechtsprechung blieb zwar formell erhalten, war aber in allen politisch bedeutsamen Bereichen faktisch stark eingeschränkt. Materiell war die national-sozialistische Gesetzgebung vom Vorrang des (parteipolitisch geprägten) „Gemeinnutzes" gegenüber Individualinteressen, von ideologischen Maximen wie dem Rassegedanken (Beispiel: → „Nürnberger Gesetze"), im Strafrecht von einer Auflockerung des Tatbestandsprinzips (Analogie auch zuungunsten des Täters; Generalklauseln wie „Volksschädling"), starker Betonung des Abschreckungs- und Sicherungsgedankens und zT überharten Strafdrohungen sowie gerichtsverfassungs- und verfahrensrechtlichen Maßnahmen (Sondergerichte, → „Volksgerichtshof") gekennzeichnet. Das national-sozialistische Regime endete 1945 mit dem militärischen Zusammenbruch Deutschlands. Gedenktag an die Opfer des Nationalsozialismus ist der 27. Januar (Proklamation des BPräs. v. 3.1.1996, BGBl. 1996 I 17).

Nationalsozialistische Kennzeichen
Kennzeichen der durch das Gesetz Nr. 5 der Militärregierung Deutschlands (MRG Nr. 5, MRABl. Nr. 1 S. 18, Nr. 3 S. 10) verbotenen NSDAP, ihrer Gliederungen oder angeschlossenen Verbände dürfen nicht verwendet, Gegenstände mit solchen Kennzeichen dürfen nicht bereit gehalten werden (§ 86a StGB, → Kennzeichen verfassungswidriger Organisationen).

Nationalsozialistisches Unrecht
1. → Nationalsozialismus, → Entschädigung (NS-Unrecht), → Erbgesundheitsgesetz, → Wiedergutmachung, → Rückerstattungsrecht.

2. Zur Beseitigung von NS-Unrechtsurteilen wurden nach dem 2. Weltkrieg in den westlichen Besatzungszonen von den Ländern Gesetze zur Rehabilitierung im Wege der Einzelprüfung erlassen und in der sowjetischen Besatzungszone von der Militäradministration durch einen Befehl, der bis 1954 galt, diese Urteile für nichtig erklärt. Eine umfassende Rehabilitierung der Opfer der NS-Strafgerichtsbarkeit gelang dadurch nicht. Durch G vom 25.8.1998 (BGBl. 1998 I 2501) m wurden deshalb Strafurteile, die unter Verstoß gegen elementare Gedanken der Gerechtigkeit nach dem 30.1.1933 zur Durchsetzung oder Aufrechterhaltung des NS-Regimes aus politischen, militärischen, rassischen, religiösen oder weltanschaulichen Gründen ergangen sind, insbes. Urteile, die vom Volksgerichtshof und den Standgerichten oder auf Grund bestimmter NS-Normen erlassen sind, ohne Einzelprüfung und gerichtliche Entscheidung aufgehoben. Auf Antrag wird die Aufhebung von der StA festgestellt.

Nationalversammlung
In der deutschen Geschichte wurden als Nationalversammlung besondere Vertretungskörperschaften der gesamten Nation bezeichnet, die eigens zum Zwecke des Erlasses grundlegender Gesetze – insbes. von Verfassungswerken – einberufen worden waren; so zB die in der Frankfurter Paulskirche 1848 zusammengetretene Nationalversammlung (→ Deutscher Bund), ferner die Nationalversammlung in Weimar, welche die → Reichsverfassung von 1919 verabschiedete. In Frankreich ist die Nationalversammlung das gesetzgebende Parlament.

NATO
→ Nordatlantikvertrag.

NATO-Truppenstatut
→ Streitkräfte, ausländische.

Natürliche Handlungseinheit
→ Konkurrenz von Straftaten.

Natürliche Person
→ Person, → Rechtsfähigkeit.

Natura 2000
→ Schutzgebiete (Naturschutz).

Naturalherstellung
→ Schadensersatz (3).

Naturalisation
→ Einbürgerung.

Naturalkomputation
→ Frist (2).

Naturallohn
Naturallohn ist → Arbeitslohn, der nicht in Geld, sondern durch → Sachbezüge (zB Privatnutzung eines Dienstwagens, Wohnung, Lebensmittel, Landnutzung, Brennstoffe) entrichtet wird. Naturallohn ist trotz des grundsätzlichen Truckverbots (→ Trucksystem) durch § 107 II GewO in gewissem Umfang (insbes. darf der Wert des Sachbezugs nicht höher als der pfändbare Teil des Arbeitslohns sein) zugelassen. Der → Mindestlohn darf gem. § 1 I MiLoG nur in Geld gezahlt werden. Die Bewertung im Steuer- und Sozialrecht ist durch Pauschalierungen gekennzeichnet, die vielfach günstig ausgestaltet sind, und

wird in der Sozialversicherungsentgeltverordnung vorgenommen.

Naturalobligation
ist eine sog. unvollkommene Verbindlichkeit, die nicht im Klagewege durchgesetzt werden kann; → Schuldverhältnis, → Haftung, → Spiel, → Lotterie, → Ehevermittlung.

Naturalrestitution
→ Schadensersatz (3).

Naturalunterhalt
→ Unterhaltsanspruch.

Naturdenkmäler
sind rechtsverbindlich festgesetzte Einzelschöpfungen der Natur o. entsprechende Flächen bis 5 Hektar (zB die Saurierfährten in Münchehagen/Nds. oder die Sandhöhlen bei Blankenburg/Harz), deren besonderer Schutz aus wissenschaftlichen, naturgeschichtlichen o. landeskundlichen Gründen oder wegen ihrer Seltenheit, Eigenart o. Schönheit erforderlich ist (Schutz des unberührten Naturobjektes, → geschützte Landschaftsbestandteile, → Naturschutzgebiete u. → Nationale Naturmonumente). Ihre Beseitigung sowie alle Handlungen, die zu einer Zerstörung, Beschädigung o. Veränderung eines Naturdenkmals führen können, sind nach Maßgabe näherer Bestimmungen verboten (§ 28 BNatSchG). → Naturschutz, → Schutzgebiete.

Naturhaushalt
Den Naturhaushalt machen gemäß § 7 I Nr. 2 BNatSchG (→ Naturschutz) die Naturgüter Boden, Wasser, Luft, Klima, → Tiere und → Pflanzen sowie das Wirkungsgefüge zwischen ihnen aus. Der Begriff ist ein Schlüsselbegriff des Naturschutzrechts. → Lebensmittel- und Futtermittelrecht, → Pflanzenschutz, → Umweltbeobachtung, → Wasserhaushalt.

Naturkatastrophen
Naturkatastrophen und besonders schwere Unglücksfälle (zB Explosion mit weittragenden Folgen) berechtigen die → Länder der BRep. nach Art. 35 II, III GG, Polizeikräfte anderer Länder, Kräfte und Einrichtungen anderer Verwaltungen sowie des → Bundesgrenzschutzes und der → Streitkräfte anzufordern. Bei Gefährdung mehrerer Länder kann die BReg. notfalls den Ld-Reg.en die Weisung erteilen, Polizeikräfte anderen Ländern zur Verfügung zu stellen; sie kann Einheiten des Bundesgrenzschutzes und der Streitkräfte zur Unterstützung der Polizeikräfte einsetzen. Die Maßnahmen der BReg. sind jederzeit auf Verlangen des → Bundesrates, im Übrigen unverzüglich nach Beseitigung der Gefahr aufzuheben. Maßnahmen nach Art. 35 II, III GG dürfen sich nicht gegen → Arbeitskämpfe richten, die zur Wahrung und Förderung der Arbeits- und Wirtschaftsbedingungen von kollektiven Vereinigungen geführt werden (Art. 9 III 3 GG). → Katastrophenschutz.

Naturparke
sind gem. § 27 BNatSchG (→ Naturschutz) einheitlich zu entwickelnde und zu pflegende → Schutzgebiete (zB Saar-Hunsrück, Insel Usedom), die ua überwiegend aus → Landschaftsschutzgebieten oder → Naturschutzgebieten bestehen, sich wegen ihrer landschaftlichen Voraussetzungen für die → Erholung besonders eignen und in denen ein nachhaltiger Tourismus angestrebt wird, und die im Rahmen der Erfordernisse der Raumplanung für Erholung vorgesehen sind. Naturparke sollen der Erhaltung, Entwicklung oder Widerherstellung einer durch vielfältige Nutzung geprägten Landschaft und ihrer Arten- und Biotopvielfalt dienen. Dazu wird in ihnen eine dauerhaft umweltgerechte Landnutzung angestrebt.

Naturrecht
iS der → Rechtsphilosophie ist das Recht, das sich aus der menschlichen Natur ableitet und das demgemäß aus der reinen Vernunft, die allen Menschen eigen ist, erkennbar ist. Das Naturrecht ist daher für alle Zeiten gültig, von Raum und Zeit unabhängig; nach einer modifizierten Auffassung bedarf es zu seiner Wirksamkeit allerdings eines Rechtssetzungsaktes auf Grund der (jeweiligen) Volksüberzeugung und ist somit wandelbar. Den Gegensatz bildet das positive, dh das gesetzte oder das Gewohnheitsrecht, dessen Überbetonung als → Rechtspositivismus bezeichnet wird. Anhänger des antiken Naturrechts waren zB Plato und Aristoteles, Anhänger des christlichen Naturrechts Thomas von Aquino, während → Grotius und vor allem → Pufendorf das Naturrecht von der theologischen Grundlage lösten und wieder verselbständigten. Das Naturrecht wurde zu Beginn des 19. Jh. durch die → historische Rechtsschule (Savigny) weitgehend verdrängt, die das gewordene und gewachsene Recht als die Quelle eines jeden Rechtssystems ansieht. In und nach dem Zweiten Weltkrieg sind unter dem Eindruck der Missachtung der Persönlichkeit durch totalitäre Regime und der Kriegsgeschehnisse naturrechtliche Gedankengänge durch die Anerkennung allgemein gültiger, unveräußerlicher Grund- und Menschenrechte wieder in den Vordergrund getreten. Sie werden aus dem sittlichen Gehalt der Idee des Rechts an sich abgeleitet, aus der sich gewisse Grundregeln für das Zusammenleben der Gemeinschaften und der Menschen in den Gemeinschaften ergeben, insbes. die → Grundrechte und Grundfreiheiten (→ Konvention zum Schutze der Menschenrechte).

Naturschutz
1. Der Naturschutz als Rechtsgebiet wird dem Umweltrecht zugeordnet und kann als Element des vitalen → Umweltschutzes bezeichnet werden.

a) Grundgesetz: Nach Art. 20a GG schützt der Staat auch in Verantwortung für die künftigen Generationen die natürlichen Lebensgrundlagen sowie die Tiere. Diesem Verfassungsauftrag ist der Bund durch die gesetzlichen Regelungen zum Naturschutz und zum → Tierschutz nachgekommen. Nach Art. 74 I Nr. 29 GG steht dem Bund seit der → Föderalismusreform I 2006 die Befugnis zur → konkurrierenden Gesetzgebung zu; von ihr hat er durch das Bundesnaturschutzgesetz (BNatSchG) v. 29.7.2009 (BGBl. 2009 I 2542) mÄnd Gebrauch gemacht. Ferner gibt es die Naturschutzgesetze der Länder (zB das Bayerische Naturschutz-Gesetz v. 23.2.2011 mÄnd, GVBl. 2011, 82, oder das Berliner Naturschutzgesetz v. 29.5.2013, GVBl. 2013, 140), die nach Art. 72 III Nr. 2 GG auch abweichende Regelungen enthalten dürfen, allerdings nicht über die Grundsätze des Naturschutzes, den → Artenschutz und den → Meeresnaturschutz.

b) EU- und Völkerrecht: Auf europäischer Ebene erlassene und besonders bedeutsame Vorschriften sind zB die Verordnung über die → Wiederherstellung der Natur, die → Flora-Fauna-Habitat-Richtlinie oder die EU-RL zum → Vogelschutz. Völkerrechtlich zum Naturschutz verpflichtet ist Deutschland insbes. als Vertragspartei des → Washingtoner Artenschutzübereinkommens, des Übereinkommens über die → Biologische Vielfalt, des → Seerechtsübereinkommens und des MARPOL-Übereinkommens (→ Meeresverschmutzung).

2. BNatSchG: a) § 1 BNatSchG benennt die Zieledes Gesetzes: Danach sind Natur und Landschaft als Lebensgrundlage des Menschen sowie in Verantwortung für künftige Generationen (→ nachhaltige Entwicklung) so zu schützen, zu entwickeln und wiederherzustellen, dass die Leistungs- und Funktionsfähigkeit des → Naturhaushalts und die Tier- und Pflanzenwelt einschließlich ihrer Lebensräume auf Dauer gesichert werden. Die Grundsätze zur Erreichung dieser Ziele finden sich sowohl in § 2 BNatSchG als auch in den Landesgesetzen.

b) In den allgemeinen Vorschriften (§§ 1–7 BNatSchG) regelt das BNatSchGdarüber hinaus Zuständigkeiten, Funktionssicherung bei Flächen für öffentliche Zwecke, Rücksichtnahme auf Land-, Forst- und Fischereiwirtschaft sowie die Umweltbeobachtung. Die Landschaftsplanung (§§ 8–12 BNatSchG), der Artenschutz (§§ 37–55 BNatSchG) und der Meeresnaturschutz (§§ 56–58 BNatSchG) bilden weitere Regelungsbereiche. Vor allem aber regelt das BNatSchG den Schutz von Natur und Landschaft (§§ 13–19 BNatSchG), bestimmter Teile davon (§§ 20–36 BNatSchG, zB → Naturschutzgebiete, → Naturparke, → Naturdenkmäler) sowie die → Erholung in ihnen (§§ 59–62 BNatSchG). Das BNatSchG enthält ferner artenschutzrechtliche Vorschriften für die Genehmigung von → Windenergieanlagen an Land (§ 45b BNatSchG), deren Errichtung seit 2023 auch in → Landschaftsschutzgebieten möglich ist (§ 26 BNatSchG). Die Bundeskompensationsverordnung regelt die → Kompensation von Beeinträchtigungen von Natur und Landschaft durch Projekte der Bundesverwaltung.

c) Einer nach dem → Umwelt-Rechtsbehelfsgesetz anerkannten Naturschutz-Vereinigung ist gem. §§ 63, 64 BNatSchG in bestimmten Verwaltungsverfahren Gelegenheit zur Stellungnahme und Einsicht in die Sachverständigengutachten zu geben; sie kann auch Rechtsbehelfe einlegen. Eigentumsbindung (Duldungspflichten, Vorkaufsrecht der Länder an Grundstücken in Nationalparken etc) und Befreiungen von Ge- oder Verboten auf Antrag enthalten §§ 65 ff. BNatSchG.

Naturschutzgebiete
sind gem. § 23 BNatSchG (→ Naturschutz) rechtsverbindlich festgesetzte → Schutzgebiete (zB N. Alpenpark Karwendel oder Stechlin/Brandenburg), in denen ein besonderer Schutz von Natur und Landschaft in ihrer Ganzheit oder in einzelnen Teilen zur Erhaltung, Entwicklung oder Wiederherstellung von Lebensstätten, → Biotopen oder Lebensgemeinschaften bestimmter wild lebender Tier- und Pflanzenarten, aus wissenschaftlichen, naturgeschichtlichen oder landeskundlichen Gründen oder wegen ihrer Seltenheit, besonderen Eigenart oder hervorragenden Schönheit erforderlich ist (Schutz der unberührten Natur, s. → Landschaftsschutzgebiete u. → Naturdenkmäler). Handlungen, die zu einer Zerstörung, Beschädigung oder Veränderung des Naturschutzgebiets oder seiner Bestandteile oder zu einer nachhaltigen Störung führen können, sind nach Maßgabe näherer Bestimmungen verboten. Soweit es der Schutzzweck erlaubt, können Naturschutzgebiete der Allgemeinheit zugänglich gemacht werden.

Naturschutzrecht
→ Naturschutz.

ne (eat iudex) ultra petita partium
Ne ultra petita ist der im Zivil- und Verwaltungsprozess herrschende Grundsatz, dass keiner Partei durch eine gerichtliche Entscheidung mehr oder etwas anderes zugesprochen werden darf, als sie beantragt hat (§ 308 I ZPO, § 88 VwGO). Das gilt entsprechend für andere Verfahrensarten, die den Grundsätzen der ZPO unterstehen (vgl. § 46 ArbGG, §§ 123, 202 SGG, § 96 I 2 FGO). An die Fassung der Anträge der Parteien, also an die die Wortwahl, ist das Gericht aber nicht gebunden; etwa kann durch Auslegung der genaue Inhalt der Anträge ermittelt werden.

ne bis in idem
→ Strafklageverbrauch.

Nebel, Verhalten im Straßenverkehr bei –
Bei Sichtbehinderung durch Nebel ist jeder → Verkehrsteilnehmer zu besonderer Vorsicht verpflichtet (vgl. § 1 StVO). Vor allem haben Fahrzeugführer die → Fahrgeschwindigkeit und den → Abstand so einzurichten, dass sie

vor plötzlich sichtbar werdenden Hindernissen anhalten können (§ 3 I StVO, § 4 I StVO). Bei starker Sichtbehinderung ist auch am Tage mit Abblendlicht zu fahren (§ 17 III 1 StVO). Nebelschlussleuchten dürfen nur dann benutzt werden, wenn durch Nebel die Sichtweite weniger als 50 m beträgt (§ 17 III 5 StVO).

Nebelscheinwerfer
→ Beleuchtung von Fahrzeugen (2).

Nebenabreden beim Vertragsschluss
→ Vertrag (1), → Form (1), → Grundstückskaufvertrag.

Nebenbeschäftigung
→ geringfügige Beschäftigung (§ 8 SGB IV), → Nebentätigkeit (Beamte, Arbeitnehmer).

Nebenbesitz
→ Besitz.

Nebenbestimmungen
(eines Verwaltungsakts) → Verwaltungsakt (4).

Nebenbeteiligte
→ Verfahrensbeteiligte.

Nebenbetriebe an den Bundesautobahnen
dienen den Belangen der Verkehrsteilnehmer dieser Straßen (zB Raststätten, Tankstellen). Ihr Betrieb ist auf Dritte zu übertragen, soweit nicht öffentl. Interessen oder besondere betriebliche Gründe entgegenstehen. Auflagen und Bedingungen, zB über die Betriebszeiten, sind zulässig. Der Inhaber hat eine Konzessionsabgabe an den Bund zu entrichten. Vgl. § 15 FStrG.

Nebeneinanderfahren
→ Kolonnen; sa → Radfahrer.

Nebenfolgen
→ Nebenstrafen.

Nebenforderung
Eine Nebenforderung ist eine → Forderung, die abhängig aus einem anderen → Anspruch (Hauptanspruch) entstanden ist und neben diesem geltend gemacht wird. Es kann sich um → Zinsen, → Nutzungen oder (Prozess-) Kosten handeln (§ 4 I ZPO). Eine Nebenforderung kann im Prozess zur → Hauptsache gehören oder werden, etwa wenn Zinsansprüche gesondert eingeklagt werden.

Nebenintervenient
→ Nebenintervention.

Nebenintervention
Eine Nebenintervention (Streithilfe) liegt vor, wenn sich jemand im eigenen Namen an einem fremden (dh zwischen anderen anhängigen) Zivilprozess beteiligt, um eine der beiden Parteien zu unterstützen (§ 66 ZPO). Die Nebenintervention besteht im Beitritt des Nebenintervenienten (Streithelfers) mittels Einreichens eines Schriftsatzes bei Gericht (§ 70 ZPO). Der Beitritt ist nur berechtigt, wenn der Nebenintervenient ein rechtliches Interesse daran hat, dass die von ihm unterstützte Partei gewinnt. Wird über die Berechtigung des Beitritts gestritten, so wird durch → Zwischenurteil entschieden (§ 71 ZPO). Der Nebenintervenient darf den Rechtsstreit im eigenen Namen durch alle → Prozesshandlungen führen, sich aber zu der unterstützten Partei damit nicht in Widerspruch setzen (§ 67 ZPO). Von streitgenössischer Nebenintervention spricht man, wenn sich die materielle → Rechtskraft eines im Prozess ergehenden Urteils auf den Nebenintervenienten erstreckt; in diesem Fall darf der Nebenintervenient sich mit seinen Prozesshandlungen auch in Widerspruch zur Hauptpartei setzen (§ 69 ZPO). Nebeninterventionswirkung bedeutet, dass in einem (nachfolgenden) Prozess zwischen dem Nebenintervenienten und der von ihm unterstützten Partei eine Bindung an die tatsächlichen und rechtlichen Feststellungen des im vorangegangenen Prozess erlassenen, rechtskräftigen Urteils eintritt (§ 68 ZPO). Dies wirkt aber nur zugunsten, nicht zuungunsten der unterstützten Partei. Die Nebeninterventionswirkung kann auch durch → Streitverkündung herbeigeführt werden (§ 74 ZPO).

Nebenklage
Über die Nebenklage (§§ 395 ff. StPO) kann sich der → Verletzte bestimmter, meist gegen höchstpersönliche Rechtsgüter gerichteter Straftaten am Strafverfahren gegen den Beschuldigten beteiligen und auf dieses Einfluss nehmen. Die Nebenklage gewährt ihm hierzu eigene prozessuale Rechte, die über jene hinausgehen, die jedem Verletzten zustehen (Geltendmachung von Schadenersatzansprüchen im → Adhäsionsverfahren der §§ 403 ff. StPO, Auskunfts-, Akteneinsichts- u. Beistandsrechte nach §§ 406d ff. StPO). Mit der Nebenklage soll insbes. vermieden werden, dass der Verletzte in der → Hauptverhandlung auf die passive Funktion des → Zeugen reduziert wird.

Eine Nebenklage ist nach Anklageerhebung der StA bis zum rechtskräftigen Abschluss des Verfahrens in folgenden Fällen möglich: Bei bestimmten → Sexualstraftaten (insbes. sexueller Missbrauch von Kindern oder Jugendlichen, sexueller Übergriff, sexuelle Nötigung, Vergewaltigung oder sexuelle Nötigung), bei versuchtem Mord oder Totschlag (→ Tötung) bei Körperverletzungsdelikten (→ Körperverletzung), bei gewissen Straftaten gegen die persönliche Freiheit (insbes. → Menschenhandel, → Menschenraub, → Zwangsehe, → Nachstellung, → Freiheitsberaubung, → Geiselnahme, → Nötigung), bestimmten Tatbeständen des → Völkerstrafgesetzbuchs (VStGB) oder bei einer Straftat gem. § 4 GewSchG (→ Gewaltschutz). Ferner besteht die Anschlussmöglichkeit bei den in § 374 I Nr. 6 StPO bezeichneten Straftaten (Verstöße gegen gewerbliche Schutzrechte und das Urheberrecht) und für denjenigen Verletzten, der im → Anklageerzwingungsverfahren die Erhebung der Klage erwirkt hat. Auch die nahen Angehörigen eines durch eine Straftat Getöteten sind anschlussberechtigt. Ein durch eine andere rechtswidrige Tat Verletzter kann sich nur anschließen, wenn dies aus besonderen Gründen (zB schwere Folgen der Tat) zur Wahrnehmung seiner Interessen geboten erscheint (§ 395 StPO).

Die Anschlusserklärung ist schriftlich bei dem Gericht einzureichen; das kann auch zur Einlegung von Rechtsmitteln geschehen (zu den Befugnissen vor Klageerhebung → Verletzter, Rechtsstellung im Strafprozess, → Opferschutz). Wird die Nebenklage vom Gericht zugelassen, ist der Nebenkläger zur Anwesenheit in der Hauptverhandlung berechtigt. Er ist vor jeder gerichtlichen Entscheidung zu hören, kann Fragen und Anträge stellen und Erklärungen abgeben, sich aber auch durch einen Anwalt vertreten lassen. Rechtsmittel kann er unabhängig von der StA einlegen, jedoch nicht mit dem Ziel der Verhängung einer anderen Strafe oder Rechtsfolge oder der Verurteilung wegen eines nicht zum Anschluss als Nebenkläger berechtigenden Delikts (§§ 396, 397, 400, 401 StPO).

Dem Nebenkläger kann → Prozesskostenhilfe für die Hinzuziehung eines Rechtsanwalts gewährt oder bei bestimmten Straftaten ein Rechtsanwalt als → Beistand auf Kosten der Staatskasse bestellt werden (§ 397a StPO). Verfolgen mehrere Nebenkläger gleichgelagerte Interessen, zB weil sie Angehörige desselben durch die Tat Getöteten sind, so kann ihnen das Gericht einen gemeinschaftlichen Rechtsanwalt als Beistand bestellen oder beiordnen (§ 397b StPO). Mit dieser 2019 angesichts der Erfahrungen aus dem „NSU"-Verfahren vor dem OLG München neu geschaffenen Regelung (BGBl. 2019 I 2121, 2123) soll vermieden werden, dass durch eine Vervielfachung der Nebenklagevertretungen die effektive Durchführung einer Hauptverhandlung erheblich erschwert wird und sich das Verfahren erheblich verlängert (BT-Drs. 19/14747, 38 ff.).

Wird der Angeklagte wegen einer den Nebenkläger betreffenden Tat verurteilt, hat er diesem die notwendigen Auslagen zu erstatten, dh alle zur zweckentsprechenden Rechtsverfolgung erforderlichen Kosten einschl. der Anwaltsgebühren, notwendige Reise- und Terminskosten usw., es sei denn, es wäre unbillig, den Angeklagten damit zu belasten (§ 472 StPO). Bei Freispruch trägt der Nebenkläger seine Auslagen selbst, bei Einstellung können sie ganz oder teilweise dem Angeklagten auferlegt werden.

Nebenkosten
(Mietrecht) → Wohnraummietvertrag (2).

Nebenleistungsaktiengesellschaft
Eine Nebenleistungsaktiengesellschaft ist eine → Aktiengesellschaft, bei der sich die Aktionäre verpflichten, neben Geldeinlagen wiederkehrende, nicht in Geld bestehende Leistungen zu erbringen (zB Lieferung bestimmter Rohstoffe). Die Nebenleistungsaktiengesellschaft ist nur zulässig, wenn Namensaktien (→ Aktie) ausgegeben wurden und ihre Übertragung an die Zustimmung der AG gebunden ist (sog. vinkulierte Namensaktien, § 55 AktG). Die Nebenleistungspflicht trifft immer den jeweiligen Inhaber der Aktie; sie muss in der Satzung festgelegt sein und kann ohne Rücksicht auf den Bilanzgewinn gleichwertig vergütet werden (§ 61 AktG).

Neben(leistungs)pflicht
→ gegenseitiger Vertrag (2a), → positive Vertragsverletzung.

Nebenprodukte
→ Abfälle (1).

Nebenrechte
→ Abtretung (4).

Nebenstrafen, Nebenfolgen
Neben den sog. Hauptstrafen (Freiheits-, Geldstrafe → Strafen) kann als Nebenstrafe das → Fahrverbot (§ 44 StGB) verhängt werden. Nebenfolgen sind insbes. die → Aberkennung von Rechten und Fähigkeiten, dh der Amtsfähigkeit, des aktiven und passiven Wahlrechts (§ 45 II, V StGB), die bei Verurteilung zu Freiheitsstrafe von mindestens 1 Jahr wegen eines → Verbrechens eintreten (§ 45 I StGB). Streitig ist die Einordnung der → Bekanntgabe der Verurteilung bei Beleidigung und falscher Verdächtigung (§§ 165, 200 StGB; hM: Nebenfolge ohne Strafcharakter) sowie der → Einziehung von Taterträgen (bis 2017: „Verfall", §§ 73 ff. StGB; nach dem Willen des Gesetzgebers eine Maßnahme – § 11 I Nr. 8 StGB – eigener Art). Die Einziehung von Tatprodukten, Tatmittteln und Tatobjekten ist Nebenstrafe, soweit sie sich gegen Tatbeteiligte und auf diesen gehörende Gegenstände richtet (§ 74 StGB). Bei der ohne Rücksicht auf das Eigentum möglichen Sicherungseinziehung allgemeingefährlicher Gegenstände (§ 74b StGB) handelt es sich um eine polizeirechtliche Maßnahme. Nebenstrafen und Nebenfolgen müssen bzw. können bei Verurteilung wegen Tateinheit und bei Verhängung einer Gesamtstrafe (→ Konkurrenz von Straftaten) neben der Hauptstrafe verhängt werden, wenn das auch nur wegen einer der einbezogenen Gesetzesverletzungen geboten bzw. zugelassen ist; vgl. § 52 IV StGB, § 53 III StGB, § 55 I StGB.

Nebenfolge ist bei → Verkehrsordnungswidrigkeiten das Fahrverbot (§ 25 StVG).

Nebenstrafgesetze
→ Strafrecht.

Nebentäter
→ Mittäterschaft 4.

Nebentätigkeit
1. Die Nebentätigkeit der → Beamten ist im BeamtStG sowie in den Beamtengesetzen des Bundes und der Länder sowie in besonderen

NebentätigkeitsVO (→ Beamtenrecht; → Beamtenverhältnis) geregelt.

Das BeamtStG beschränkt sich dabei auf die Regelung, dass Nebentätigkeiten grundsätzlich anzeigepflichtig sind; Nebentätigkeiten sind unter Erlaubnis – oder Verbotsvorbehalt zu stellen, soweit sie geeignet sind, dienstliche Interessen zu beeinträchtigen (§ 40 BeamtStG). Die Länder sind damit in der Regelung ihres Nebentätigkeitsrechts weitgehend frei, lehnen sich aber gleichwohl an das Nebentätigkeitsrecht des Bundes im BBG an.

a) Ein Beamter hat auf Verlangen seiner obersten Dienstbehörde eine Nebentätigkeit im öffentlichen Dienst zu übernehmen, sofern sie seiner Vorbildung oder beruflichen Ausbildung entspricht und ihn nicht über Gebühr in Anspruch nimmt (§ 98 BBG). Er hat sodann grundsätzlich Anspruch auf Freistellung von etwaigen Schadensersatzansprüchen (§ 102 BBG). Für eine freiwillige Nebentätigkeit insbes. gegen Vergütung, gewerbliche oder freiberufliche Betätigung, Eintritt in den Vorstand oder ein sonstiges Organ einer Gesellschaft, Genossenschaft oder eines anderen Unternehmens, aber auch zur Übernahme eines Nebenamtes (soweit keine Rechtspflicht besteht), einer Vormundschaft, Pflegschaft oder Testamentsvollstreckung ist grundsätzlich die vorherige Genehmigung der obersten Dienstbehörde oder der von ihr ermächtigten Behörde einzuholen; auf deren Erteilung besteht ein Rechtsanspruch, wenn keine dienstlichen Interessen beeinträchtigt werden, insbes. keine Beeinträchtigung der Erfülllung der dienstlichen Pflichten, der Unparteilichkeit oder Unbefangenheit des Beamten oder anderer dienstlicher Interessen erfolgt (§ 99 BBG). Eine Beeinträchtigung dienstlicher Interessen ist idR anzunehmen, wenn die N. mehr als ein Fünftel der regelmäßigen wöchentlichen Arbeitszeit in Anspruch nimmt o. die Vergütung 40 vH des jährlichen Endgrundgehaltes übersteigt. Nicht als Nebentätigkeit gilt die Wahrnehmung öffentlicher Ehrenämter sowie einer unentgeltlichen Vormundschaft, Betreuung oder Pflegschaft. Als Nebentätigkeiten gelten, aber nicht genehmigungspflichtig sind ua die Verwaltung eigenen Vermögens, die schriftstellerische, wissenschaftliche, künstlerische oder Vortragstätigkeit, die Gutachtertätigkeit von Hochschullehrern sowie die Tätigkeit in Gewerkschaften, Berufsverbänden und Selbsthilfeeinrichtungen (§ 100 BBG). Die vor einigen Jahren verschärften Nebentätigkeitsvorschriften sehen für den Bereich des Bundes und eines überwiegenden Teiles der Länder umfassende Anzeige- und Auskunftsverpflichtungen auch für diese nicht genehmigungsbedürftigen Nebentätigkeiten vor. Die NebentätigkeitsVOen des Bundes und der Länder regeln vor allem Fragen der Vergütung für Nebentätigkeiten im öffentlichen Dienst, Höchstbeträge und Ablieferungsverpflichtungen für Einnahmen aus Nebentätigkeiten im öffentlichen Dienst (s. hierzu die auch für Soldaten geltende BundesnebentätigkeitsVO idF vom 12.11.1987, BGBl. 1987 I 2376 mÄnd, und VO über die N. der Richter im Bundesdienst v. 15.10.1965, BGBl. 1965 I 1719 mÄnd; für Soldaten s. daneben § 20 SoldatenG (→ SoldatenG) für → Richter s. daneben §§ 40–42 DRiG).

b) Nebentätigkeit ist nur in Ausnahmefällen zulässig, soweit der Beamte aus arbeitmarktpolitischen Gründen teilzeitbeschäftigt oder beurlaubt ist (→ Teilzeitbeschäftigung, → Urlaub der Beamten, aE, → Vorruhestand). Die Nebentätigkeit von Ruhestandsbeamten ist nunmehr gem. § 41 BeamtStG, § 105 BBG beschränkt (Anzeigepflicht bei möglichem Interessenkonflikt, Verbotsmöglichkeit).

2. Die Nebentätigkeit eines Arbeitnehmers ist grundsätzlich zulässig, soweit hierdurch das → Arbeitsverhältnis nicht beeinträchtigt wird. Die Möglichkeit einer Nebentätigkeit ist aber beschränkt durch gesetzliche Regelung (→ Arbeitszeit) und vielfach durch → Tarifvertrag, → Betriebsvereinbarung oder den Inhalt des → Arbeitsvertrags.

3. Ob steuerlich eine Nebentätigkeit vorliegt und unter welche Einkunftsart sie fällt, ist nach allgemeinen Abgrenzungsmerkmalen der Einkunftsarten zu beurteilen (§ 2 EStG, § 1 I, II LStDV; Einzelheiten H 68 LStR). Vergütungen für N. insbes. im kulturellen oder sozialen Bereich sind bis zum → Freibetrag iHv 3.000 EUR steuerfrei (§ 3 Nr. 26 EStG; → Aufwandsentschädigungen).

4. Zu den Nebentätigkeiten von Abgeordneten s. → Inkompatibilität (3).

Negativattest

1. Negativattest im Allgemeinen ist die oft für die Gültigkeit eines → Rechtsgeschäfts oder die Eintragung im → Grundbuch usw erforderliche Bescheinigung einer Behörde, dass dem Rechtserwerb (öffentlich-rechtliche) Hindernisse nicht entgegenstehen (bzw. dass eine Genehmigungspflicht nicht besteht).

2. Sind im Wettbewerbsrecht (→ Kartelle) die Voraussetzungen für eine kartellrechtliche Verbotsmaßnahme nach den § 1 und §§ 19–21 GWB, Art. 101 I AEUV oder Art. 102 AEUV (→ AEUV) nach den der Kartellbehörde vorliegenden Erkenntnissen nicht gegeben, so kann sie gem. § 32c GWB entscheiden, dass für sie kein Anlass zum Tätigwerden besteht. Die Vorschrift ist einer entsprechenden europäischen Praxis nachgebildet, wie sie von der europäischen Kommission seit langem gehandhabt wird. Sie ergeht vorbehaltlich neuer Erkenntnisse und besagt lediglich, die Kartellbehörde werde von ihren aufsichtlichen Befugnissen nach den §§ 32 und 32a GWB keinen Gebrauch machen. Eine Freistellung von einem kartellrechtlichen Verbot enthält sie nicht.

Negative Bedingung

→ Bedingung.

Negative Beschaffenheitsvereinbarung
→ Gewährleistung, 1; → Verbauchsgüterkauf.

Negative Feststellungsklage
→ Feststellungsklage.

Negative Koalitionsfreiheit
→ Koalitionsfreiheit.

Negative Orderklausel
→ Orderklausel.

Negative Publizität
→ Handelsregister, → Vereinsregister, → Güterrechtsregister.

Negativer Kompetenzkonflikt
→ Zuständigkeitsstreit.

Negatives Interesse
Vertrauensinteresse → Schadensersatz (4).

Negatives Kapitalkonto
Ein negatives Kapitalkonto entsteht, wenn das Kapitalkonto der Gesellschafter durch → Verluste aufgezehrt ist, nachdem diesem nach und nach anteilig die Verluste zugeschrieben wurden. Auch bei Kommanditisten kann ein negatives Kapitalkonto entstehen, wenn sie nach dem Gesellschaftsvertrag unbeschränkt am Verlust der KG teilnehmen, während sie gegenüber den Gläubigern der KG, also im Außenverhältnis, weiterhin nur bis zur Höhe ihrer Haftsumme haften (§ 171 I HGB). Steuerlich können Verluste eines Kommanditisten nur in Höhe seines steuerlichen Kapitals ohne Sonderbetriebsvermögen (→ Betriebsvermögen) bzw. der höheren Haftsumme ausgeglichen werden. Übersteigende Verluste können in Folgejahren nur mit Gewinnen aus dieser KG-Beteiligung verrechnet werden (§ 15a EStG). Der lediglich verrechenbare Verlust ist jährlich gesondert festzustellen (§ 15a IV EStG). Entsprechendes gilt für → stille Gesellschaften und → Unterbeteiligungen.

Negatives Schuldanerkenntnis
→ Erlassvertrag, → Schuldanerkenntnis, → Schuldschein.

Negativliste
Als Negativliste bezeichnet man in der gesetzlichen → Krankenversicherung die vom Bundesministerium für Gesundheit ua erstellte Liste von Arzneimitteln, die nicht zu Lasten der Krankenversicherung verordnet werden dürfen. Es handelt sich dabei um Arzneimittel, die als unwirtschaftlich angesehen werden, weil sie für das Therapieziel oder zur Minderung von Risiken nicht die erforderlichen Bestandteile enthalten; Arzneimittel, deren Wirkungen wegen der Vielzahl der darin enthaltenen Wirkstoffe nicht mit ausreichender Sicherheit beurteilt werden können, oder um Arzneimittel, deren therapeutischer Nutzen entsprechend der Anforderungen des Arzneimittelgesetzes nicht nachgewiesen ist (§ 34 Abs. 3 SGB V; sa → Positivliste).

Negativzins
Gelegentlich verlangen Banken von ihren Vertragskunden im Passivgeschäft sog. Negativzinsen (oder Strafzinsen). Im Aktivgeschäft könnte sich, etwa aufgrund einer in einem Darlehensvertrag (→ Darlehen) vereinbarten → Zinsgleitklausel, wenn sich bei mathematischer Anwendung der vereinbarten Klausel ein negativer Wert ergibt, ein Anspruch des Darlehensnehmers gegen die kreditgebende Bank errechnen. Nach der Rspr. bedeutet Zins im Rechtssinne das für die Möglichkeit des Gebrauchs von zeitweilig überlassendem Kapital zu leistende Entgelt (→ Zinsschuld). Deshalb sind Negativzinsen nach dem gesetzlichen Leitbild des § 488 I 2 BGB keine Zinsen iSv § 488 BGB. Aufgrund des Erwartungshorizonts eines verständigen und redlichen Vertragspartners bedarf es daher in einem Darlehensvertrag grds. nicht der vertraglichen Festlegung einer Zinsuntergrenze, um eine Verpflichtung des Darlehensgebers zur Zahlung von Negativzinsen auszuschließen. Im Passivgeschäft sind Negativzinsen nach hM ein Entgelt für die Kapitalverwahrung (Geldeinlagen sind grds. nach § 700 BGB als unregelmäßige Verwahrung zu behandeln). Im Ergebnis verliert der Kunde damit über einen bestimmten Zeitraum einen Teil seines zur Verfügung gestellten Guthabens. Als Grundlage für das Verlangen von Negativzinsen im Aktiv- und Passivgeschäft der Banken ist eine entsprechende Vereinbarung nötig. Eine individualvertragliche Vereinbarung findet ihre Grenze grds. nur in § 138 BGB. Bei einer Vereinbarung im Rahmen von → Allgemeinen Geschäftsbedingungen (zur Auslegung s. dort, grds. Auslegung so, wie die Regelung von verständigen und redlichen Vertragspartnern unter Abwägung der Interessen der üblicherweise betreiligten Kreise verstanden werden) gelten die Kontrollvorschriften der §§ 305 ff. BGB. Ggf. ist auch zwischen neu abgeschlossenen Verträgen und Bestandsverträgen zu unterscheiden. Nach der Rspr. des BGH ist die Vereinbarung von Negativzinsen im Rahmen von AGB bei einem → Tagesgeldkonto oder einem → Sparkonto stets unzulässig, da es der Zweck von Sparverträgen sei, dem Kapitalerhalt zu dienen. Bei einem → Girokonto, das nicht aufs Sparen, sondern die Abwicklung alltäglicher Geldgeschäfte abziele, sollen Negativzinsen dagegen grds. zulässig sein, sofern die Berechnungsgrundlage in den AGB hinreichend transparent dargestellt wird.

Negatorischer Anspruch
→ Unterlassungsanspruch; negatorischer Eigentumsanspruch → Eigentumsstörungen.

nemo plus iuris in alium transferre potest quam ipse habet
(niemand kann mehr Rechte übertragen, als er selbst hat). Rechtssatz des Corpus iuris civilis (→ Römisches Recht), der grds. auch heute noch gilt (zB bei → Abtretung von Forderungen). Eine Ausnahme besteht aber beim Er-

werb des Eigentums an einer Sache vom Nichtberechtigten kraft guten Glaubens; → gutgläubiger Erwerb.

nemo pro parte testatus pro parte intestatus decedere potest
Römisch-rechtlicher Grundsatz, wonach es für den Erblasser unzulässig war, nur über einen Teil seines Vermögens letztwillig zu verfügen. Dieser Grundsatz gilt heute nicht mehr; soweit die → Verfügung von Todes wegen den Nachlass nicht erschöpft, tritt gesetzliche → Erbfolge ein.

Nennbetragsaktie
→ Aktie.

Nennkapital
Das Nennkapital ist das → Grundkapital einer → Aktiengesellschaft.

Nennwert, nennwertlose Aktie
→ Aktie.

Netto Kasse
Diese Vertragsklausel bedeutet, dass der vereinbarte Kaufpreis ohne jeden Abzug zu zahlen ist. S. dagegen → Kassenskonto.

Nettolohn
Nettolohn ist der → Arbeitslohn nach Abzug von Steuern und Arbeitnehmeranteil zu Sozialabgaben. Letztere unterliegen anders als der Nettolohn besonderen Regelungen, weil der Arbeitgeber hier für den Arbeitnehmer öffentlich-rechtliche Zahlungspflichten erfüllt, die zB Vorrang vor Pfändungen genießen (§ 850e Nr. 1 ZPO, vgl. dort auch für Beiträge zu privaten Krankenversicherungen). Der Arbeitgeber kann nur gegen den abgerechneten Nettolohn (als gleichartiger Forderung, § 387 BGB) die Aufrechnung mit Ansprüchen gegen den Arbeitnehmer zB auf Schadensersatz erklären. Sa → Nettolohnvereinbarung.

Nettolohnvereinbarung
bedeutet die Vereinbarung zwischen Arbeitgeber und Arbeitnehmer, dass das vereinbarte Arbeitsentgelt als Nettolohn gezahlt wird und der Arbeitgeber gegenüber dem Arbeitnehmer verpflichtet ist, sämtliche oder bestimmte gesetzliche Abgaben zu tragen (Lohnsteuer, Kirchensteuer, Sozialversicherungsbeiträge). Durch die Nettolohnvereinbarung bleibt die Steuerschuldnerschaft des Arbeitnehmers bestehen (→ Lohnsteuer), so dass Erstattungsbeträge ihm zustehen. Die Nettolohnvereinbarung beeinflusst die Ermessensentscheidung bei der Inanspruchnahme des Arbeitgebers als Haftenden (→ Haftung im Steuerrecht). Die vom Arbeitgeber zu zahlenden Abzugsbeträge berechnen sich nach eigenen Nettolohnsteuertabellen (Abschn. 122 I LStR).

Netzausbau
Um den Ausbau von Versorgungs-, Kommunikations- und Verkehrsnetzen zu beschleunigen, hat der Bundesgesetzgeber die Vorschriften über die Planung solcher Infrastrukturvorhaben, die Planfestsetzung sowie den Rechtsschutz gestrafft.

1. Elektrizität: Die Beschleunigung des Ausbaus von Übertragungsleitungen ist Ziel des Netzausbaubeschleunigungsgesetzes Übertragungsnetz (NABEG) v. 28.7.2011 (BGBl. 2011 I 1690). Das Gesetz enthält Regelungen zu Bundesfachplanung und Planfeststellung mit Umweltverträglichkeitsprüfung. Die Regelungen des NABEG ergänzen die Vorschriften des EnWG (→ Energiewirtschaft) mit dem Ziel, Planungs- und Genehmigungsverfahren zu beschleunigen. Die wichtigsten Vorhaben des Netzausbaus sind als Bedarfsplan in der Anlage zum Energieleitungsausbaugesetz (EnLAG) v. 21.8.2009 (BGBl. 2009 I 2870) und gem. § 12e EnWG auf Basis des → Netzentwicklungsplans Strom im Bundesbedarfsplan aufgeführt, der die Anlage des Bundesbedarfsplangesetzes (BBPlG) v. 23.7.2013 (BGBl. 2013 I 2543) darstellt. In beiden Fällen stehen damit die energiewirtschaftliche Notwendigkeit sowie der vordringliche Bedarf der Vorhaben fest, was die Planfeststellungsverfahren beschleunigen soll.

2. Telekommunikation: Die §§ 136 ff. TKG regeln die entgeltliche Mitnutzung öffentlicher Versorgungsnetze sowie die Koordination von Hoch- und Tiefbauarbeiten beim Ausbau eines digitalen Hochgeschwindigkeitsnetzes in Deutschland. So können Betreiber von öffentlichen Telekommunikationsnetzen die Infrastruktur öffentlicher Versorgungsnetze für die Verlegung von Glasfaser- und Breitbandkabeln auf Antrag mitnutzen. Bei Bauarbeiten an Verkehrswegen oder der Erschließung von Neubaugebieten können die Betreiber von Telekommunikationsnetzen die Koordinierung der Arbeiten verlangen und ihre Kabel mitverlegen. Zur Förderung des Netzausbaus wurde der → Digitalpakt geschlossen sowie das Sondervermögen des Bundes „Digitale Infrastruktur“ errichtet (Digitalinfrastrukturfondsgesetz (DIFG) v. 17.12.2018, BGBl. 2018 I 2525). Es wurde während der → Corona- oder → COVID-19-Krise für den schnelleren Ausbau des Mobilfunknetzes in ländlichen Gebieten aufgestockt und 2024 zu Gunsten des Bundeshaushalts aufgelöst.

3. Eisenbahnen: Der Ausbau des Schienenwegenetzes des Bundes erfolgt nach dem Bedarfsplan für die Bundesschienenwege. Er ist als Anlage Teil des Bundesschienenwegeausbaugesetzes (BSWAG) v. 15.11.1993 (BGBl. 1993 I 1874). Zur Beschleunigung des Netzausbaus der Bundeseisenbahnen hat der Gesetzgeber das Planfeststellungsverfahren gestrafft (§§ 18 ff. AEG) und die alleinige Zuständigkeit des Bundesverwaltungsgerichts für Rechtsbehelfe gegen Aus- und Neubauten von Schienenwegen ausgedehnt. Ferner hat er mit dem Maßnahmengesetzvorbereitungsgesetz (→ Allgemeines Eisenbahngesetz, 2.) die Möglichkeit geschaffen, bestimmte Verkehrsprojekte durch Gesetz anstelle eines Verwal-

tungsakts zuzulassen. Dadurch soll der Ausbau der Verkehrsnetze beschleunigt und die Akzeptanz solcher Vorhaben erhöht werden.

Netzentwicklungsplan
Netzentwicklungspläne dienen der Optimierung, der Verstärkung und dem Ausbau von Netzen. Es gibt sie für Stromnetze (§ 12a ff. EnWG) sowie für Gas- und Wasserstoffnetze (§ 15a ff. EnWG). Beide Netzentwicklungspläne sind nationale, also das gesamte Bundesgebiet umfassende Pläne. Sie werden auf der Basis eines Szenariorahmens alle zwei Jahre von den Netzbetreibern unter Beteiligung der Öffentlichkeit erstellt und danach von der → Bundesnetzagentur bestätigt. Diese Bestätigung kann von Dritten nicht selbständig angefochten werden (§ 12c IV EnWG, § 15d II EnWG). Die Vorgaben des Netzentwicklungsplans Strom fließen in den Bundesbedarfsplan (→ Netzausbau) ein. Der frühere Offshore-Netzentwicklungsplan wurde abgeschafft. → Energiewirtschaft.

Netzreserve
→ Stromversorgung.

Netzwerk der Kartellbehörden
Das europäische Netzwerk der Kartellbehörden wurde mit der Verabschiedung der → Kartellverfahrensverordnung zur verbesserten gemeinsamen Durchsetzung des europäischen → Kartellrechts eingerichtet. Die → Europäische Kommission und die mitgliedstaatlichen → Kartellbehörden unterrichten einander gegenseitig über laufende Verfahren; die nationalen Behörden legen der Europäischen Kommission Entscheidungsentwürfe vor; die Europäische Kommission hört vor einer Entscheidung einen Beratenden Ausschuss der nationalen Behörden an. Die Kartellbehörden sind befugt, einander tatsächliche oder rechtliche Umstände einschließlich vertraulicher Angaben mitzuteilen und diese Informationen als Beweismittel im gleichen Fall zu verwenden; für die Verwendung als Beweismittel zur Verhängung von Sanktionen gegen natürliche Personen bestehen weitere Einschränkungen. Die Regeln über die Zusammenarbeit im europäischen Netzwerk der Kartellbehörden wurden in §§ 50a ff. GWB mit Blick auf die deutsche Behördenstruktur übernommen.

Netzzugang
1. Der offene Zugang zu den → Telekommunikationsnetzen war in den §§ 33–39 TKG aF v. 25.7.1996 (BGBl. 1996 I 1120) in Vollzug entsprechender EG-Richtlinien geregelt. Nach erfolgter Liberalisierung beschränkt sich das → Telekommunikationsgesetz von 2004 wie auch von 2021 auf die Zugangsregulierung, s. → Marktregulierung, → Telekommunikationsrecht.

2. Zum Netzzugang in der Energiewirtschaft s. dort; im Wettbewerbsrecht s. → Missbrauchsverbot.

Neu für alt
→ Schadensersatz (3).

Neuartige Lebensmittel
1. Neuartige Lebensmittel (Novel food) bezeichnet allgemein → Lebensmittel und Lebensmittelzutaten, die vor Mai 1997 nicht in nennenswertem Umfang in der Union für den menschlichen Verzehr verwendet wurden (Art. 3 VO (EU) 2015/2283 v. 25.11.2015 über N. (ABl. EU 2015 L 327, 1), zB die erst kürzlich dazu gekommenen Lebensmittel aus technisch hergestellten → Nanomaterialien. Gentechnisch veränderte Lebensmittel gehören nicht mehr zu den neuartigen Lebensmitteln, → Genlebensmittel und -futtermittel. Die materiellen Regelungen hierzu sind überwiegend unmittelbar geltendes Europarecht. Nach dieser VO dürfen neuartige Lebensmittel kein Sicherheitsrisiko für die menschliche Gesundheit mit sich bringen, Verbraucher nicht irregeführen und für deren Ernährung nicht nachteilig sein (Art. 7 VO (EU) 2015/2283). Deutsche Zuständigkeiten regelt die Neuartige Lebensmittel-Verordnung (NLV) v. 27.9.2017 (BGBl. 2017 I 3520) mÄnd.

2. Zur Haftung → Produkthaftung.

Neubaumietenverordnung
Die Neubaumietenverordnung war anwendbar im → sozialen Wohnungsbau für die Mietpreisberechnung von bis zum 31.12.2001 geförderten Sozialwohnungen und wirkt hinsichtlich der Vorschriften über die künftigen Veränderungen im Kostenmietgefüge fort, solange diese Wohnungen als öffentlich gefördert gelten. → Soziale Wohnraumförderung.

Neubeginn der Verjährung
→ Verjährung (6c).

Neue Länder
(Neue → Bundesländer) ist die gängige Bezeichnung für die → Länder des → Beitrittsgebietes ohne Berlin (→ Brandenburg, → Mecklenburg-Vorpommern, → Sachsen, → Sachsen-Anhalt und → Thüringen).

Neue Medien
oder Multimedia → Medienrecht.

Neue-psychoaktive-Stoffe-Gesetz (NpSG)
Das 2016 geschaffene NpSG dient der Bekämpfung der Verbreitung entsprechender Stoffe; es ergänzt in dieser Funktion das → Betäubungsmittelgesetz (BtMG). Durch das Gesetz erfasst werden die in seiner Anlage enthaltenen, meist synthetischen, psychoaktiven Stoffe, die gelegentlich auch als „→ Designerdrogen", „Research Chemicals" oder „Legal Highs" bezeichnet werden; in der Konsumentenszene ist mitunter auch verharmlosend von „Kräutermischungen" oder „Badesalz" die Rede. Ihre chemische Struktur erlaubt es häufig, durch gezielte Änderungen immer wieder neue Varianten mit ungeschmälertem psychoaktiven Potential zu erzeugen, was eine Erfassung im Betäubungsmittelgesetz erschwert.

Das NpSG arbeitet daher verstärkt damit, ganze Gruppen von Stoffen zu erfassen, wobei die maßgebliche Anlage dank der Ermächtigung in § 7 NpSG durch Verordnung geändert werden kann. Die Neuregelung war erforderlich geworden, nachdem aufgrund einer Entscheidung des EuGH (Urteil vom 10.7.2014, Rechtssachen C-358/13 und C-181/14) die zuvor genutzte Möglichkeit eines Vorgehens nach dem Arzneimittelgesetz entfallen war (näher vgl. BT-Drs. 18/8579, S. 16). Durch § 3 NpSG wird der Umgang mit neuen psychoaktiven Stoffen weitgehend verboten, nämlich mit solchen Handel zu treiben, sie in den Verkehr zu bringen, sie herzustellen, sie in den, aus dem oder durch den Geltungsbereich des Gesetzes zu verbringen, sie zu erwerben, sie zu besitzen oder sie einem anderen zu verabreichen. Hieran knüpft die Strafnorm des § 4 NpSG an, die insbes. das Handeltreiben, Inverkehrbringen und Herstellen solcher Stoffe unter Strafe stellt. Der Strafrahmen umfasst Geldstrafe und Freiheitsstrafe bis zu 3 Jahren, in qualifizierten Fällen, ua bei bandenmäßiger Begehung, bis zu 10 Jahren. → Betäubungsmitteldelikte.

Neugliederung des Bundesgebietes
ist jede Umgestaltung oder sonstige Änderung des Gebietsbestandes der → Länder der BRep. Deutschland.

1. Nach Art. 29 I GG aF war das Bundesgebiet unter Berücksichtigung der landsmannschaftlichen Verbundenheit, der geschichtlichen und kulturellen Zusammenhänge, der wirtschaftlichen Zweckmäßigkeit und des sozialen Gefüges durch Bundesgesetz neu zu gliedern. Die Neugliederung sollte Länder schaffen, die nach Größe und Leistungsfähigkeit ihre Aufgaben erfüllen können. a) In Gebietsteilen, die bei der Neugliederung der Länder nach dem 8.5.1945 ohne Volksabstimmung ihre Landeszugehörigkeit geändert hatten, konnte binnen eines Jahres nach Inkrafttreten des GG durch Volksbegehren eine bestimmte Änderung der Entscheidung gefordert werden (Art. 29 II GG). War ein solches Volksbegehren zustande gekommen, so war in dem betreffenden Gebietsteil bis zum 31.3.1975 ein Volksentscheid darüber durchzuführen, ob die Änderung vorgenommen werden soll (Verfahren gem. Art. 29 III, IV GG). Solche Volksentscheide waren am 19.9.1975 in zwei Gebieten des Landes Niedersachsen (Oldenburg und Schaumburg-Lippe) erfolgreich. b) Eine erleichterte Möglichkeit der Neugliederung (durch Vereinbarung der beteiligten Länder) sah Art. 118 GG für Baden, Württemberg-Baden und Württemberg-Hohenzollern vor (→ Baden-Württemberg).

2. Die Neufassung des Art. 29 GG (durch Gesetz v. 23.8.1976) sieht vor, dass das Bundesgebiet neu gegliedert werden kann, um zu gewährleisten, dass die Länder nach Größe und Leistungsfähigkeit die ihnen obliegenden Aufgaben wirksam erfüllen können. Zu berücksichtigen sind die landsmannschaftl. Verbundenheit, geschichtl. und kulturelle Zusammenhänge, wirtschaftl. Zweckmäßigkeit sowie die Erfordernisse der Raumordnung und Landesplanung. Maßnahmen zur Neugliederung des Bundesgebietes ergehen durch Bundesgesetz, das der Bestätigung durch Volksentscheid bedarf. Hierzu bringt Art. 29 III–VI GG Verfahrensregelungen, die durch Gesetz v. 30.7.1979 (BGBl. 1979 I 1317: G Artikel 29 Abs. 6) näher ausgeführt werden. Kleinere Änderungen im Gebietsbestand der Länder (bis zu 50000 Einwohner) können durch → Staatsverträge oder durch Bundesgesetz mit Zustimmung des Bundesrates erfolgen; hierzu vgl. Gesetz über das Verfahren bei sonstigen Änderungen des Gebietsbestandes der Länder nach Art. 29 VII GG (G Artikel 29 Abs. 7) vom 30.7.1979 (BGBl. 1979 I 1325). Abweichend von Art. 29 GG kann nach dem → Einigungsvertrag im Raum Berlin/Brandenburg eine Neugliederung auch durch Vereinbarung dieser Länder erfolgen (Art. 118a GG; vgl. dazu → Berlin 6.).

3. Der durch das 42. Gesetz zur Änderung des GG vom 27.10.1994 (BGBl. 1994 I 3146) angefügte Art. 29 VIII GG bringt für alle Länder eine Vereinfachung der Neugliederung durch → Staatsvertrag. Ein solcher Staatsvertrag zwischen Ländern bedarf der Bestätigung durch Volksentscheid in jedem beteiligten Land oder Teilgebiet. Ein Bundesgesetz ist, abweichend von den Regelungen in Art. 29 II –VI GG, nicht erforderlich, wohl aber bedarf der Staatsvertrag einer Zustimmung des Bundestages.

Neuheit
→ Patentfähigkeit; → Design.

Neun-Euro-Ticket
→ Öffentlicher Personennahverkehr.

Neutrales Geschäft
→ Geschäftsführung ohne Auftrag.

Neutralisierung
Neutralisierung ist die Eingehung der Verpflichtung eines Staates zur → Neutralität durch → völkerrechtlichen Vertrag oder durch selbstgewählte Erklärung. Regelmäßig ist die Neutralisierung mit dem Verbot verbunden, Bündnis- oder Garantieverträge einzugehen, andererseits häufig auch mit der Gewährleistung des Bestandes des neutralisierten Staates durch die Vertragspartner. Die Neutralität der Schweiz hatte sich als freigewählter Grundsatz entwickelt und wurde als „Immerwährende Neutralität“ im 2. Pariser Frieden von 1815 völkerrechtlich gesichert. Österreich hatte sich 1955 für neutral erklärt. Als Neutralisierung wird ferner die vertragliche Verpflichtung eines Staates bezeichnet, in bestimmten („neutralisierten“) Gebieten – meist Grenzzonen – keine Truppen zu stationieren oder militärische Anlagen zu errichten oder zu unterhalten. Eine solche Neutralisierung war zB die Entmi-

litarisierung des linken Rheinufers und eines 50 km breiten Streifens rechts des Rheins durch den → Versailler Vertrag von 1919.

Neutralität

Neutralität iS des → Völkerrechts ist die Nichtbeteiligung eines Staates an der kriegerischen Auseinandersetzung zwischen anderen Staaten (→ Kriegsrecht). In diesem Sinne ist die Neutralität ein ausgeprägtes, auf einer langen geschichtlichen Entwicklung beruhendes Rechtsinstitut des Völkerrechts. In dem heute oft gebrauchten weiteren Sinne, dass die sog. neutralen Staaten in der (nicht militärischen) Auseinandersetzung der Großmächte keine Stellung für die eine oder andere Seite beziehen, ist Neutralität kein völkerrechtlicher, sondern ein politischer Begriff. Für das Verhältnis zwischen den neutralen und den kriegführenden Staaten hat das Völkerrecht in wechselvoller Geschichte eine Reihe von Regeln zu entwickeln versucht, die auf folgenden Grundsätzen beruhen: Dem neutralen Staat ist es verboten, einer der kriegführenden Seiten Waffenhilfe zu leisten. Dies schließt das Verbot ein, einer der kriegführenden Seiten den Durchmarsch durch sein Staatsgebiet zu gestatten, sowie das Verbot der Lieferung von Kriegsmaterial. Der neutrale Staat ist ferner allgemein zur Unparteilichkeit in der Behandlung der Kriegführenden verpflichtet. Er ist schließlich berechtigt und verpflichtet, alle Angriffe der Kriegführenden auf sein Gebiet abzuwehren. Jeder dieser Grundsätze hat zu zahlreichen Streitfragen geführt. Die großen Kodifikationen des Neutralitätsrechts, das Haager Abkommen betreffend die Rechte und Pflichten der neutralen Mächte und Personen im Falle eines Landkrieges (→ Haager Landkriegsordnung) und das Haager Abkommen betreffend die Rechte und Pflichten der Neutralen im Falle eines Seekriegs (beide Abkommen vom 18.10.1907) zielen darauf ab, diese Streitfragen jedenfalls teilweise zu regeln. In beiden Weltkriegen zeigte sich jedoch, dass das Neutralitätsrecht in entscheidenden Punkten lückenhaft ist. Rechtlich hat der Neutralitätsbegriff auch dadurch an Bedeutung verloren, dass die Satzung der → Vereinten Nationen unter bestimmten Voraussetzungen eine Pflicht zur Nichtneutralität auf Grund von Beschlüssen des Sicherheitsrats begründet (Art. 39, 40, 48). Teilweise wird der historische Begriff der Neutralität heute als Überholt angesehen und durch den Begriff der → Nonbelligerency (= „Nichtkriegführung") ersetzt. Dieser Zustand würde zB Waffenlieferungen oder finanzielle Unterstützung eines unter Verstoß gegen das völkerrechtliche → Gewaltverbot angegriffenen Staates erlauben, ohne selbst zur Kriegspartei zu werden. Streitig ist, ob auch die Ausbildung von Streitkräften des angegriffenen Staates noch unter den Begriff derNon-belligerency fällt.

Neutralitätspflicht

→ Übernahme eines Handelsgeschäfts (Unternehmens).

Neutralitätsprinzip im Arbeitsrecht

→ Arbeitskampf.

Neutralitätsprinzip im Steuerrecht

→ Umsatzsteuer (1).

Neuwahl

des Bundestages → Bundestag; Neuwahl des Bundeskanzlers: → Misstrauensvotum.

New-START-Vertrag

→ Abrüstung

Nichtanzeige von Straftaten

→ Anzeigepflicht, strafrechtliche.

Nichtbeamtete Personen

→ Verpflichtung nichtbeamteter Personen. Sa → Beliehene Unternehmer.

Nichtberechtigter

→ Verfügung eines Nichtberechtigten, → gutgläubiger Erwerb, → Genehmigung.

Nicht-bundeseigene Eisenbahn

Jede → Eisenbahn, an der der Bund keine Mehrheit hält, ist eine nicht-bundeseigene Eisenbahn (§ 2 XV AEG). Neben den für die Eisenbahnen geltenden Bundesvorschriften gilt auch Landesrecht. Sa → Allgemeines Eisenbahngesetz.

Nichtehe

(Scheinehe). Eine Nichtehe liegt nur vor, wenn die → Eheschließung nicht vor einem → Standesbeamten vorgenommen wird, der Standesbeamte nicht zur Mitwirkung bereit ist, die Verlobten keinen Eheschließungswillen äußern oder wenn ein Ehegatte im Zeitpunkt der Eheschließung das 16. Lebensjahr noch nicht vollendet hatte (§ 1303 BGB, → Ehefähigkeit). Als Standesbeamter gilt dabei auch, wer, ohne ein solcher zu sein, das Amt eines Standesbeamten öffentlich ausgeübt und die Ehe in das → Eheregister eingetragen hat (§ 1310 II BGB). Die Nichtehe ist – auch bei gutem Glauben der Beteiligten – wirkungslos (anders → Eheaufhebung). Eine rückwirkende Heilung kommt nicht in Betracht; die Folgen können nur durch eine erneute formgerechte Eheschließung beseitigt werden.

Nichteheliche Kinder

→ Kinder, → Unterhaltspflicht bei nicht miteinander verheirateten Eltern.

Nichteheliche Lebensgemeinschaft

Eine nichteheliche Lebensgemeinschaft ist das auf Dauer abgestellte Zusammenleben zweier Personen ohne förmliche → Eheschließung. Entscheidend für die Annahme einer eheähnlichen Gemeinschaft ist über die Vereinbarung einer Wohn- und Wirtschaftsgemeinschaft hinaus die gemeinsame Planung und Gestaltung der Lebensführung, die zu einer familienähnlichen inneren Bindung der Partner führt (BVerfGE 82, 6). Auch wenn von den Beteiligten eine dauernde Gemeinschaft gewollt ist (zB um Unterhalts- oder Rentenansprüche nicht zu verlieren; sog. Onkelehe), hat die eheähnliche Gemeinschaft nicht die Wirkungen einer gültigen → Ehe (sie ist vielmehr – rechtlich gesehen – etwas anderes, ein aliud), so dass über die Rechtsbeziehungen auch nicht das → Familiengericht, sondern das allgemeine Zivilgericht entscheidet, sie begründet insbes. nicht gegenseitige Unterhaltsansprüche oder einen Anspruch auf → Witwenrente/Witwerrente (BSG NJW 1982, 1894); die Partner bilden keine → Familie (BGHZ 102, 257; s. aber → Wohnraummietvertrag, 4). Über Kinder aus einer eheähnliche Gemeinschaft → Abstammung (2a), → Elterliche Sorge (2). Die Dienstleistung der Partnerschaftsanbahnung wird den Regeln der Heiratsvermittlung unterstellt (→ Ehevermittlung). Unterhaltsleistungen können steuerlich als außergewöhnliche → Belastung zu berücksichtigen sein (BFH BStBl. II 1994, 897).

Hinsichtlich einzelner Vermögensgegenstände (Haus, Pkw, Unternehmen) kann die Annahme einer → Innengesellschaft oder einer sonstigen gemeinschaftlichen Beteiligung in Betracht kommen, falls ausreichende Anhaltspunkte hierfür vorliegen. Dann besteht bei deren Ende ein Ausgleichsanspruch. Auch sonst kann ein Anspruch aus → ungerechtfertigter Bereicherung oder wegen → Wegfalls der Geschäftsgrundlage in Betracht kommen (BGH NJW 2008, 3277). → Schenkungen der Eltern eines Beteiligten einer nichteheliche Lebensgemeinschaft an den anderen Beteiligten können danach (ähnlich bei → Schenkungen von Schwiegereltern) zurückgefordert werden, wenn die nichteheliche Lebensgemeinschaft nach kurzer Zeit scheitert (BGH NJW 2019, 3511). Auf dem Gebiet der Grundsicherung für Arbeitslose und der → Sozialhilfe sind auch die Partner einer eheähnlichen Gemeinschaft anspruchsberechtigt, dürfen aber nicht besser gestellt werden als Ehegatten (vgl. zB § 7 III 3c SGB II).

Nichterfüllung
→ Schuldnerverzug, → Unmöglichkeit der Leistung, → gegenseitiger Vertrag (2), → Schadensersatz (4).

Nichtigkeit der Ehe
→ Ehenichtigkeit.

Nichtigkeit gerichtlicher Entscheidungen
Richterliche Entscheidungen, insbes. Urteile, haben grds. die Vermutung der Wirksamkeit für sich. Anders ist dies bei einem Nicht- oder Scheinurteil, zB einem nicht verkündeten oder von einer Stelle ohne Urteilsbefugnis (Landrat, Notar, „Betriebsgericht") erlassenen Urteil. Ob im Übrigen Nichtigkeit anzunehmen ist, wenn der Ausspruch nach dem geltenden Recht etwa völlig unzulässig ist (zB auf eine gesetzlich nicht vorgesehene Rechtsfolge lautet) oder auch äußerlich der Rechtsordnung widerspricht und der Mangel offenkundig ist, ist fraglich. Als unwirksam werden die Entscheidung eines völlig unzuständigen Gerichts (Finanzgericht in einer Strafsache) oder Entscheidungen gegen → Exterritoriale angesehen. Während dem Nicht-(Schein)urteil jede Wirkung fehlt (es ist nicht existent), so dass sich Rechtsbehelfe erübrigen, können nichtige Entscheidungen formell, aber nicht materiell rechtskräftig werden; sie sind auf Rechtsbehelf hin aufzuheben, auch kann die Nichtigkeit durch → Feststellungsklage geltend gemacht werden. Keine Unwirksamkeit ist bei (auch schweren) Verfahrensverstößen gegeben, zB bei unrichtiger Besetzung des Gerichts, wenn das Gericht ein Verfahrenshindernis übersehen oder wenn die Rechtsmittelinstanz nicht bemerkt hat, dass das angefochtene Urteil mangels Unwirksamkeit des eingelegten Rechtsmittels rechtskräftig geworden ist.

Nichtigkeit von Gesetzen
→ Verfassungswidrigkeit von Gesetzen.

Nichtigkeit von Rechtsgeschäften
1. Ein → Rechtsgeschäft ist nichtig, wenn es so schwere Mängel aufweist, dass das Gesetz ihm keinerlei Rechtswirkung zubilligt. Die wichtigsten Fälle sind mangelnde → Geschäftsfähigkeit des Erklärenden, mangelnde → Form des Rechtsgeschäfts, → Schein- und Scherzgeschäft sowie Verstöße gegen gesetzliche Verbote (→ Gesetzwidrigkeit; insbes. idR dann, wenn das Gesetz erklärt, eine Rechtsfolge „kann nicht" eintreten) oder gegen das Verbot der → Sittenwidrigkeit. Das nichtige Rechtsgeschäft ist von Anfang an unwirksam (anders → Anfechtung von Willenserklärungen) und erzeugt niemandem gegenüber Rechtswirkungen (anders → relative Unwirksamkeit); uU verstößt jedoch die Berufung auf die Nichtigkeit eines Rechtsgeschäfts gegen → Treu und Glauben (→ Form, 2). Die Nichtigkeit wirkt grds. dauernd; eine Heilung ist nur in besonderen Ausnahmefällen vorgesehen (→ Form, 2, → Grundstückskaufvertrag, → Verbraucherdarlehensvertrag, 5). Eine „Bestätigung" des nichtigen Rechtsgeschäfts als solche ist nicht möglich; in dieser liegt ein erneuter Abschluss (Neuvornahme), bei der alle Erfordernisse des betreffenden Rechtsgeschäfts in sachlicher und formeller Hinsicht, insbes. Form, Geschäftsfähigkeit usw, gegeben sein müssen (§ 141 I BGB). Demnach wirkt das „bestätigte" nichtige Rechtsgeschäft erst vom Zeitpunkt des erneuten Abschlusses an; bei einem Vertrag sind die Parteien untereinander jedoch im Zweifel verpflichtet, einander so zu stellen, als wenn der Vertrag von Anfang an gültig gewesen wäre (§ 141 II BGB). Von Anfang an nichtig ist schließlich auch ein erfolgreich angefochtenes (§ 142 I BGB) sowie ein zunächst schwebend unwirksames Rechtsgeschäft, bei dem das fehlende Erfordernis endgültig nicht mehr beigebracht werden kann. Die Nichtigkeit eines Rechtsgeschäfts schließt dessen gleichzeitige → An-

fechtung nicht aus (s. dort). Von der Nichtigkeit ist die Vernichtbarkeit zu unterscheiden. Hier – zB bei der → Eheaufhebung - ist das Rechtsgeschäft zunächst wirksam, kann aber (auf Antrag eines Beteiligten) für unwirksam erklärt werden. Anderes gilt auch für die schwebende oder relative → Unwirksamkeit eines Rechtsgeschäfts.

2. Teilnichtigkeit: Ist nur ein Teil eines Rechtsgeschäfts (oder eines von mehreren untrennbar verbundenen Rechtsgeschäften) nichtig, so ist das ganze Rechtsgeschäft nichtig, wenn nicht anzunehmen ist, dass es auch ohne den nichtigen Teil vorgenommen worden wäre (§ 139 BGB). Die Teilnichtigkeit kann sich zB auf einzelne Klauseln eines Vertrags beziehen, ebenso auf den Wegfall eines Beteiligten (zB einer der beiden Käufer ist geschäftsunfähig). Voraussetzung ist ein einheitlicher, aber teilbarer wirtschaftlicher Geschäftsvorgang, der gedanklich die Aufrechterhaltung des nicht der Nichtigkeit unterliegenden Restes denkbar sein lässt. Der Grundsatz des § 139 BGB, wonach Teilnichtigkeit im Zweifel zur vollen Nichtigkeit führt, ist im Erbrecht umgekehrt (→ Auslegung von Verfügungen von Todes wegen, § 2085 BGB). Auch bei Verträgen hat die Rspr. oftmals als mutmaßlichen Willen der Beteiligten angenommen, bei Nichtigkeit nur einer Klausel im Vertrag den Restvertrag mit den wesentlichen Bestimmungen ohne die missbilligte Klausel fortgelten zu lassen (insbes. wenn der Vertrag eine sog. → salvatorische Klausel enthält oder bei einem Miet- oder Mäklervertrag, bei dem einzelne Klauseln wegen Ausnutzung der Machtstellung des Vermieters bzw. Mäklers sittenwidrig sind; ebenso § 306 I BGB, → Allgemeine Geschäftsbedingungen). Das dingliche Erfüllungsgeschäft (zB die Übereignung) ist gegenüber dem ihm zugrunde liegenden Verpflichtungsgeschäft (zB Kauf) rechtlich selbständig (abstrakt, → Sachenrecht, → Rechtsgeschäft), so dass bei Nichtigkeit des Verpflichtungs(Kausal)geschäfts mangels Einheitlichkeit des Gesamtvorgangs grds. das Erfüllungsgeschäft unberührt bleibt, es sei denn, der Nichtigkeitsgrund ergreift auch das Vollzugsgeschäft (zB ist gerade auch die Übereignung verboten). Auch ist die Wirksamkeit des Kausalgeschäfts regelmäßig nicht → Bedingung für das Erfüllungsgeschäft (bei der → Auflassung ohnehin gesetzlich ausgeschlossen). Es ist aber durchaus möglich, dass die Beteiligten Kausal- und Erfüllungsgeschäft als einheitliches Ganzes behandelt wissen wollen (nach hM nur ausnahmsweise anzunehmen; aA die sog. Geschäftseinheitstheorie), so dass die Regeln über die Teilnichtigkeit Anwendung finden können.

3. Umdeutung (Konversion): Entspricht ein nichtiges Rechtsgeschäft den Erfordernissen eines anderen – meist weniger weit reichenden – Rechtsgeschäft, so gilt das letztere, wenn anzunehmen ist, dass dessen Geltung bei Kenntnis der Nichtigkeit gewollt wäre (§ 140 BGB). So kann zB bei entsprechendem vermuteten Willen der Beteiligten ein formunwirksamer Erbvertrag in ein privatschriftliches Testament, eine unwirksame fristlose Kündigung in eine ordentliche, eine nichtige Pfandrechtsbestellung in ein → Zurückbehaltungsrecht, eine unwirksame → offene Handelsgesellschaft in eine Gesellschaft des bürgerlichen Rechts, die unwirksame → Sicherungsübereignung einer fremden (unter Eigentumsvorbehalt gelieferten) Sache in die Übertragung des → Anwartschaftsrechts und ein formwidriger → Wechsel in ein → Schuldversprechen umgedeutet werden. Ist das Rechtsgeschäft nur schwebend unwirksam oder anfechtbar, so kommt eine Umdeutung erst in Betracht, wenn das Rechtsgeschäft, zB infolge Anfechtung, endgültig nichtig geworden ist.

Nichtigkeit von Verwaltungsakten
→ Verwaltungsakt (5).

Nichtigkeitsklage
Eine Nichtigkeitsklage findet im → Wiederaufnahmeverfahren des Zivilprozesses statt. Sie kann nur auf die in § 579 ZPO bezeichneten (besonders schweren) Verfahrensverstöße gestützt werden, insbes. auf Mängel in der Besetzung des Gerichts, Mitwirkung eines ausgeschlossenen oder mit Erfolg abgelehnten Richters usw. Nach denselben Vorschriften richtet sich die Nichtigkeitsklage im Verwaltungs-, Finanz- und Sozialstreitverfahren (§ 153 VwGO, § 134 FGO, § 179 SGG).

Nicht-offenes Verfahren
oder auch → beschränkte Ausschreibung (s. auch → Vergabeverfahren).

Nichtraucherschutz
Nichtraucherschutz regelt in erster Linie den Schutz von Beschäftigten am Arbeitsplatz → Arbeitsstättenverordnung; sa → Rauchverbot in Betrieben, öffentlichen Einrichtungen, Gaststätten und Verkehrsmitteln. Rechtsgrundlage, soweit die Kompetenz des Bundes gegeben ist, sind das Bundesnichtraucherschutzgesetz v. 20.7.2007 (BGBl. 2007 I 1595) und die Arbeitsstättenverordnung, ansonsten ist Nichtraucherschutz Ländersache.

Nichtrechtsfähiger Verein
→ Verein (2a).

Nichttarifäre Beschränkungen
→ NTB.

Nichturteil
→ Nichtigkeit gerichtlicher Entscheidungen.

Nichtveranlagungsbescheinigung
wird unbeschränkt Steuerpflichtigem auf Antrag erteilt. Zuständig ist das Wohnsitzfinanzamt (→ Finanzamt). Voraussetzung für eine Nichtveranlagungsbescheinigung ist, dass eine → Veranlagung des Steuerpflichtigen zur → Einkommensteuer nicht zu erwarten ist. Die Bescheinigung wird unter Vorbehalt des Widerrufs erteilt und gilt höchstens drei Jahre. → Kapitalertragsteuer (4).

Nichtvermögensschaden
→ Schaden, → Schadensersatz (3).

Nichtzulassungsbeschwerde
Die Nichtzulassung der → Revision durch das Berufungsgericht kann innerhalb eines Monats selbständig durch Nichtzulassungsbeschwerde angefochten werden, wobei zur Begründung die grundsätzliche Bedeutung der Rechtssache dargelegt oder die Entscheidung des Bundesgerichts, von der das Urteil abweicht (Divergenzbeschwerde), oder der behauptete wesentliche Verfahrensmangel bezeichnet werden muss (§ 544 ZPO, § 133 VwGO, § 116 FGO, § 160a SGG, § 72a ArbGG). In Zivilsachen beträgt die Wertgrenze für die Nichtzulassungsbeschwerde 20.000 EUR (Beschwer). Im Arbeitsgerichtsverfahren kann zudem sofortige → Beschwerde eingelegt werden, wenn das Berufungsurteil nicht binnen 5 Monaten nach der Verkündung vollständig abgefasst worden ist (§ 72b ArbGG). Wird der Nichtzulassungsbeschwerde stattgegeben, so beginnt mit Zustellung der Entscheidung der Lauf der Revisionsfrist (§ 160a IV SGG, § 72a V ArbGG). Im → Zivilprozess, im → Verwaltungsstreitverfahren und im finanzgerichtlichen Verfahren wird das Beschwerdeverfahren als Revisionsverfahren fortgesetzt (§ 544 VI ZPO, § 139 II VwGO, § 116 VII FGO) und es beginnt sodann der Lauf der Revisionsbegründungsfrist. Über die Nichtzulassungsbeschwerde in Kartellsachen vgl. § 75 GWB.

Niederlassung
Jeder → Kaufmann muss für sein → Handelsgewerbe eine Niederlassung haben, an der ihn Mitteilungen erreichen können. Als Niederlassung gelten die Geschäftsräume des Kaufmanns, sonst seine Wohnung. Betreibt ein Kaufmann mehrere selbständige Handelsgewerbe, so muss er für jedes eine Niederlassung haben; die mehreren Niederlassungen können sich aber in den gleichen Geschäftsräumen befinden. Außerdem können auch für das einzelne Handelsgewerbe mehrere Niederlassungen bestehen; dann ist die Niederlassung, von der aus das gesamte Unternehmen geleitet wird, die Hauptniederlassung, die übrigen sind → Zweigniederlassung Der Niederlassung (Hauptniederlassung) entspricht bei einer → Handelsgesellschaft deren Sitz. Der Ort der Niederlassung ist maßgebend für die Eintragung im → Handelsregister (§ 29 HGB). Eine Niederlassung ist für die Ausübung eines → stehenden Gewerbes nicht erforderlich. Sa → örtliche Zuständigkeit des Gerichts (1) und → Leistungsort.

Niederlassungsabkommen
Die Mitglieder des → Europarates unterzeichneten am 13.12.1955 das Europäische Niederlassungsabkommen, durch das den Staatsangehörigen der Vertragsstaaten Einreise, Aufenthalt und Freizügigkeit erlaubt und die Ausübung der bürgerlichen Rechte sowie Rechts- und Verwaltungsschutz gewährt wird; ferner regelt das Abk. die Ausübung von Erwerbstätigkeiten sowie Steuerfragen. Das Niederlassungsabkommen wurde von der BRep. Deutschland durch Gesetz v. 30.9.1959 (BGBl. 1959 II 997) übernommen. Innerhalb der EU ist das Niederlassungsabkommen durch die → Niederlassungsfreiheit nach Europäischem Gemeinschaftsrecht überholt.

Niederlassungserlaubnis
1. Die Niederlassungserlaubnis ist nach §§ 4 und 9 AufenthG ein → Aufenthaltstitel für → Ausländer in Deutschland (→ Ausländerrecht). Anders als die → Aufenthaltserlaubnis ist die Niederlassungserlaubnis ein unbefristeter Aufenthaltstitel. Sie berechtigt zur Aufnahme einer Erwerbstätigkeit und darf nicht mit Nebenbestimmungen versehen werden.

2. Voraussetzung der Erteilung der Niederlassungserlaubnis gem. § 9 AufenthG ist, dass der Ausländer seit mindestens 5 Jahren eine → Aufenthaltserlaubnis besitzt, sein Lebensunterhalt gesichert ist, Wohnraum für ihn und seine Familie besitzt, für 60 Monate Pflichtbeiträge zur Altersvorsorge geleistet hat oder Aufwendungen für einen Anspruch auf vergleichbare Leistungen nachweist, keine gravierende Vorstrafe vorliegt sowie ausreichende Kenntnisse der deutschen Sprache und über die deutsche Rechts- und Gesellschaftsordnung vorhanden sind; Kenntnisse der Sprache, der Rechtsordnung und der Gesellschaftsordnung sind durch einen erfolgreichen Integrationskurs (→ Integration) nachzuweisen. Ferner muss dem um Niederlassungsfreiheit nachsuchenden Ausländer entweder eine nichtselbständige Tätigkeit oder die Ausübung einer selbständigen Erwerbstätigkeit erlaubt sein (siehe dazu → Aufenthaltserlaubnis, 2b). Für Ehegatten genügt es, wenn der andere Partner die Pflichtbeiträge geleistet hat und diesem eine Erlaubnis für eine nichtselbständige Tätigkeit oder die Ausübung einer selbständigen Erwerbstätigkeit erteilt ist. Für Fachkräfte und insbesondere Inhaber der → Blauen Karte EU (§ 18g AufenthG) kann die Niederlassungserlaubnis schon zu einem früheren Zeitpunkt erteilt werden (Niederlassungserlaubnis für Fachkräfte, § 18c I und II AufenthG).

3. Die Niederlassungserlaubnis kann grundsätzlich wie eine Aufenthaltserlaubnis erlöschen, insbesondere bei längerer Ausreise (§ 51 I Nr. 6 und 7 AufenthG); der betreffende Ausländer ist dann im Falle einer Wiedereinreise zur → Ausreise verpflichtet (s. → Aufenthaltserlaubnis, 4). Die Niederlassungserlaubnis kann – anders als eine → Aufenthaltserlaubnis – aber nicht wegen Ablauf der Geltungsdauer erlöschen; eine Niederlassungserlaubnis erlischt nach mindestens 15-jährigem rechtmäßigem Aufenthalt auch nicht mehr wegen längerer Ausreise (§ 51 II AufenthG). Ausländer mit Niederlassungserlaubnis genießen überdies nach mindestens 5-jährigem rechtmäßigen Aufenthalt einen besonderen Ausweisungsschutz (→ Ausweisung); sie können nur aus

schwerwiegenden Gründen der öffentlichen Sicherheit und Ordnung (→ Sicherheit und Ordnung, öffentliche) ausgewiesen werden (§ 55 I Nr. 1 AufenthG).

Niederlassungserlaubnis für Fachkräfte
→ Niederlassungserlaubnis, aE.

Niederlassungsfreiheit
1. Das Grundrecht der → Freizügigkeit enthält auch das Recht, sich an jedem Ort innerhalb des Bundesgebietes niederzulassen, Grundeigentum zu erwerben und Gewerbe aller Art zu betreiben. Die Niederlassungsfreiheit besteht aber auch für nichtgewerbliche Berufe, da eine Bedürfnisprüfung grundsätzlich unzulässig ist (→ Berufsfreiheit). Vgl. auch → Niederlassungserlaubnis.

2. Die Niederlassungsfreiheit in der → Europäischen Union entspricht für die selbständigen Berufe (freiberuflich wie gewerblich) sowie die juristischen Personen der → Arbeitnehmerfreizügigkeit. Sie gehört neben dem → freien Warenverkehr, der Freiheit des → Dienstleistungsverkehrs und des → Kapitalverkehrs zu den Grundfreiheiten des europäischen Unionsrechts. Die Niederlassungsfreiheit ist geregelt in Art. 49–55 AEUV (→ AEUV) (früher Art. 43–48 EGV). Voraussetzung ist, dass auf Dauer eine Erwerbs- oder Geschäftstätigkeit in einem anderen Mitgliedstaat angestrebt wird; bei nur vorübergehender Tätigkeit ist die Dienstleistungsfreiheit eröffnet.

3. Niederlassungsfreiheit für natürliche Personen:

a) Beschränkungen der freien Niederlassung von Staatsangehörigen eines Mitgliedstaats im Hoheitsgebiet eines anderen Mitgliedstaats sind grundsätzl. verboten. Konkret gewährt die Niederlassungsfreiheit ein Aufenthaltsrecht nach der RL 2004/38/EG v. 29.4.2004 (ABl. EG 2004 L 158, 77) über das Recht der Unionsbürger, sich im Hoheitsgebiet der Mitgliedstaaten frei zu bewegen und aufzuhalten. Ferner enthält die Niederlassungsfreiheit ein → Diskriminierungsverbot.

b) Wie alle anderen Grundfreiheiten ist auch die Niederlassungsfreiheit gewissen Beschränkungen unterworfen, insbes. findet die Niederlassungsfreiheit keine Anwendung auf die Ausübung öffentlicher Gewalt (Art. 51 AEUV, früher Art. 45 EGV, zB Minister, Richter). Nach Art. 52 AEUV (früher Art. 46 EGV) sind Sonderregelungen für Ausländer aus Gründen der öffentlichen Ordnung, Sicherheit oder Gesundheit gerechtfertigt. Beschränkungen müssen dem unionsrechtlichen → Verhältnismäßigkeitsgrundsatz genügen (Art. 5 Nr. 4 EUV, früher Art. 5 III EGV).

c) Die praktische Anwendung der Niederlassungsfreiheit setzt voraus, dass die Mitgliedstaaten ihre Berufsabschlüsse und Diplome gegenseitig anerkennen. Anderenfalls kann zB einem französischen Tierarzt die Approbation in Deutschland mit der Begründung versagt werden, er habe nicht die notwendige Ausbildung. Zahlreiche Richtlinien befassen sich mit dieser Anerkennung (zB RL 2005/36/EG v. 7.9.2005 (ABl. EG 2005 L 255, 22) über die Anerkennung von Berufsqualifikationen). Sie ist geregelt im BerufsqualifikationsfeststellungsG (→ Anerkennung im Ausland erworbener Berufsqualifikationen).

4. Niederlassungsfreiheit für juristische Personen: Die Niederlassungsfreiheit berechtigt auch juristische Personen mit Sitz in der Union. Nach Art. 49 AEUV (früher Art. 43 EGV) sind Beschränkungen der Gründung von Agenturen, Zweigniederlassungen oder Tochtergesellschaften durch Angehörige eines Mitgliedstaates unzulässig. Nach den Entscheidungen Centros (NJW 1999, 2027), Überseering (NJW 2002, 3614) und Inspire Art (NJW 2003, 3331) des Europäischen Gerichtshofs muss eine Gesellschaft, die nach den Vorschriften eines Mitgliedstaates wirksam gegründet wurde, in jedem anderen Mitgliedstaat anerkannt werden. Ausländische Gesellschaften behalten danach ihre Rechtsfähigkeit nach dem Recht des Staates, in dem sie gegründet wurden, auch wenn sie ihren Sitz vollständig in einen anderen Mitgliedstaat der EU verlagern. Dies hat ua Bedeutung für das deutsche Mitbestimmungsrecht, die Vorschriften über das Grundkapital bei Kapitalgesellschaften und die berufsrechtlichen Beschränkungen des Handwerksrechts. Die dadurch ausgelöste Welle von Limited-Gründungen hat letztendlich zur Modernisierung des GmbH-Rechts geführt.

Niedersachsen
1. Niedersachsen ist ein aus den ehemaligen Ländern Hannover, Oldenburg, Braunschweig und Schaumburg-Lippe hervorgegangenes Land der → Bundesrepublik Deutschland. Landeshauptstadt ist Hannover.

2. Die Gesetzgebung liegt nach der Verfassung v. 19.5.1993 (GVB. 1993, 107) mÄnd beim Landtag. Der Landtag besteht aus den vom Volk in allgemeiner, unmittelbarer, freier, gleicher und geheimer Wahl für 5 Jahre gewählten Abgeordneten; daneben ist eine Beteiligung des Volkes durch Volksinitiative, Volksbegehren und Volksentscheid vorgesehen. Die vollziehende Gewalt wird durch die Landesregierung ausgeübt, die aus dem Ministerpräsidenten und den Ministern besteht. Der MinPräs. wird vom Landtag gewählt; er beruft die Minister. Zur Amtsübernahme bedarf die Landesregierung die Bestätigung durch den Landtag, der ihn durch konstruktives → Misstrauensvotum ablösen kann. Der MinPräs. bestimmt die Richtlinien der Politik, innerhalb derer jeder Minister seinen Geschäftsbereich selbständig leitet. Ein Staatsgerichtshof entscheidet über verfassungsrechtliche Streitigkeiten, insbes. Organstreitigkeiten (Gesetz v. 1.7.1996, GVBl. 1996, 342); Verfassungsbeschwerden von Bürgern sind nicht möglich.

3. Niedersachsen war früher in 4 → Regierungsbezirke (Braunschweig, Hannover, Lüneburg, Weser-Ems) eingeteilt, diese wieder-

um in → Landkreise und → kreisfreie Städte. Im Zuge der Verwaltungsreform wurden die Regierungsbezirke zum 1.1.2005 aufgelöst.

Niederschlagung von Abgaben
Ansprüche aus dem → Steuerschuldverhältnis (§ 37 AO), zB Steuer-, Steuervergütungs-, Haftungsansprüche usw., können niedergeschlagen werden, wenn feststeht, dass die Einziehung keinen Erfolg haben wird, oder wenn die Kosten der Einziehung außer Verhältnis zu dem Betrag stehen (§ 261 AO). Der Anspruch bleibt trotz Niederschlagung bestehen, bis er durch Zahlung, Verjährung usw. erlischt (§ 47 AO). Es handelt sich um eine verwaltungsinterne Maßnahme, die an den Stpfl. nicht bekanntgegeben wird. Die Anordnung der Niederschlagung von Abgaben kann daher jederzeit wieder aufgehoben werden, wenn sich die finanzielle Lage des Stpfl. bessert. Niederschlagung unterbricht die Verjährung nicht (§ 231 AO). Dagegen erlischt der Anspruch beim → Billigkeitserlass (§ 227 iVm § 47 AO). Die Zuständigkeit für die Niederschlagung von Abgaben hängt von der Höhe des niederzuschlagenden Betrages ab.

Niederschlagung von Gerichtskosten
→ Gerichtskosten, die bei richtiger Sachbehandlung nicht entstanden wären, werden nicht erhoben. Die Entscheidung über die Nichterhebung trifft das Gericht (§ 21 GKG).

Niederschlagung von Steuern
→ Niederschlagung von Abgaben.

Niederschlagung von Strafverfahren
→ Abolition.

Niederschrift
→ Protokoll, → Verhandlungsprotokoll; „zur Niederschrift eines Notars" → Form (1d).

Niederstwertprinzip
→ Abschreibung.

Niedrigstenergiegebäude
Wer ein Gebäude errichtet, das beheizt oder gekühlt werden muss, hat es nach § 10 Gebäudeenergiegesetz (GEG, → Gebäudeenergie) als Niedrigstenergiegebäude zu errichten. Dies ist nach der Definition des § 3 I Nr. 25 GEG ein Gebäude, das eine sehr gute Gesamtenergieeffizienz aufweist, dessen Energiebedarf sehr gering ist und zu einem ganz wesentlichen Teil durch Energie aus erneuerbaren Quellen gedeckt wird. Präzisiert werden diese Anforderungen durch § 15 GEG. Danach muss sich der zulässige Gesamtenergiebedarf eines Niedrigstenergiegebäudes an einem vergleichbaren Referenzgebäude orientieren.

Niemeyer-System
(Sitzberechnung nach dem „Verfahren der mathematischen Proportion") → d'Hondt'sches System.

Nießbrauch
1. Ein Nießbrauch kann an → Sachen (Grundstücken und beweglichen Sachen), an einem übertragbaren → Recht (insbes. an einer → Forderung oder an einem Wertpapier) und an einem → Vermögen (zB an einem → Nachlass) bestellt werden. Der Nießbrauch ist das grds. (Ausnahme bei → juristischer Person und rechtsfähiger → Personengesellschaft) nicht übertragbare (nur die Ausübung kann einem anderen überlassen werden) und unvererbliche → dingliche Recht, die → Nutzungen des belasteten Gegenstands zu ziehen (§§ 1030 ff. BGB, §§ 1059 ff. BGB); der Nießbrauch kann durch den Ausschluss einzelner Nutzungen beschränkt werden. Auch ein dem → Treuhandeigentum entsprechender Sicherungsnießbrauch ist zulässig. Die Bestellung eines Nießbrauchs richtet sich nach der Art des belasteten Objekts; bei der Belastung eines Grundstücks finden die Vorschriften über → Grundstücksrechte (§§ 873 ff. BGB), bei Belastung einer beweglichen Sache die Bestimmungen über die → Eigentumsübertragung an beweglichen Sachen entsprechende Anwendung (§§ 1032 f. BGB). Die Bestellung eines Nießbrauchs an einem Recht erfolgt nach dem für die Übertragung eines Rechts – zB → Abtretung – geltenden Vorschriften (§ 1069 BGB). Der Nießbrauch an einem Vermögen kann nur in der Weise bestellt werden, dass er an den einzelnen zu dem Vermögen gehörenden Gegenständen eingeräumt wird (§ 1085 BGB, § 1089 BGB).

2. Der Nießbraucher ist berechtigt, die Sachen in seinen Besitz zu nehmen (§ 1036 BGB) und grds. umfassend (Früchte, Zinsen, Dividenden ua) zu nutzen; mit der Trennung der → Früchte erwirbt er hieran Eigentum (§ 954 BGB, → Fruchterwerb). Der Nießbraucher kann eine unverzinsliche Forderung einziehen und kündigen (verzinsliche nur gemeinschaftlich mit dem Gläubiger); sonst aber hat er kein Verfügungsrecht über den Gegenstand des Nießbrauchs selbst, darf insbes. nicht die wirtschaftliche Art der Sache oder diese selbst umgestalten (zB nicht aus einem Acker eine Kiesgrube machen; §§ 1036 f. BGB). Der Nießbraucher hat nach den Regeln einer ordnungsmäßigen Wirtschaft zu verfahren, für die Erhaltung der Sache in ihrem wirtschaftlichen Bestand zu sorgen (Tragung der laufenden Unterhaltskosten, § 1041 BGB), die → öffentlichen Lasten zu übernehmen (§ 1047 BGB) ua. Zieht er Nutzungen im Übermaß, so wird er zwar Eigentümer, ist aber dem Eigentümer der Sache gegenüber ersatzpflichtig (§ 1039 BGB), der seinerseits dem Nießbraucher für Aufwendungen, zu denen dieser verpflichtet ist, nach den Vorschriften über → Geschäftsführung ohne Auftrag Ersatz zu leisten hat (§ 1049 BGB). Macht der Nießbraucher trotz Abmahnung einen unzulässigen Gebrauch von der Sache, so kann der Eigentümer → Sicherheitsleistung verlangen oder auf → Unterlassung klagen (§ 1051 BGB). Sind verbrauchbare Sachen Gegenstand des Nießbrauchs, so wird der Nießbraucher deren

Eigentümer; nach der Beendigung des Nießbrauchs hat er dem Besteller den Wert zu ersetzen (§ 1067 BGB, sog. uneigentlicher Nießbrauch).

3. Bei Beeinträchtigung des Nießbrauchs hat der Nießbraucher einen dem Eigentumsabwehranspruch (→ Eigentumsstörungen) entsprechenden Beseitigungs- und Unterlassungsanspruch (§ 1065 BGB, § 1004 BGB); außerdem genießt er, soweit er Besitzer ist, → Besitzschutz. Der Nießbrauch endet durch einseitige Aufhebung (§ 875 BGB, § 1064 BGB), bei beweglichen Sachen auch grds. durch Zusammentreffen mit dem Eigentum in einer Person (§ 1063 BGB; anders bei Grundstücken, → Konsolidation, § 889 BGB); er erlischt, da er unvererblich ist, mit dem Tod des Nießbrauchers oder, wenn er einer → juristischen Person oder rechtsfähigen → Personengesellschaft zusteht, mit deren Auflösung (§ 1061 BGB).

4. Für die steuerliche Beurteilung des Nießbrauchs ist maßgeblich, aus welchem Anlass der Nießbrauch eingeräumt wird und ob dies unentgeltlich oder entgeltlich erfolgt. Die wichtigsten Formen des Nießbrauchs sind der Vorbehalts- und der Zuwendungsnießbrauch. Beim Vorbehaltsnießbrauch überträgt der Eigentümer das Eigentum auf einen Dritten und behält sich die Nutzungen aus der Sache vor. Dem neuen Eigentümer können die Nutzungen, zB Mieteinnahmen, nicht zugerechnet werden. Diese sind beim bisherigen Eigentümer als Einnahmen zu berücksichtigen. Aufwendungen für die Sache, zB Reparaturen, kann der bisherige Eigentümer als → Werbungskosten berücksichtigen. Ihm steht auch die → AfA zu. Der Vorbehaltsnießbrauch wird häufig bei vorweggenommener Erbfolge gewählt. Beim Zuwendungsnießbrauch überträgt der Eigentümer nur die Nutzungen einer Sache auf einen Dritten (Nießbraucher). Die Nutzungen, zB Mieteinnahmen, sind beim Nießbraucher als Einnahmen zu versteuern. Vom Nießbraucher getragene Aufwendungen sind als Werbungskosten von den Einnahmen abzuziehen. Wurde der Zuwendungsnießbrauch unentgeltlich eingeräumt, so kann der Nießbraucher keine AfA geltend machen. Auch beim Eigentümer ist keine AfA zu berücksichtigen, denn dieser erzielt aus der Sache keine Einnahmen. Beim entgeltlich eingeräumten Zuwendungsnießbrauch kann der Nießbraucher seine Anschaffungskosten verteilt auf die Laufzeit des Nießbrauchs abschreiben. Der Eigentümer hat durch die Gegenleistung für den Nießbrauch steuerpflichtige Einnahmen. Er kann daher Kosten und Abschreibungen steuerlich geltend machen. Steuerliche Relevanz hat nur der Immobilien-Nießbrauch. Häufig wird der Nießbrauch nahen Angehörigen eingeräumt. Die Vereinbarungen müssen dann dem → Fremdvergleich standhalten (Einzelheiten BMF 15.11.1984, BStBl. I 1984, 561 und 26.5.1992, BStBl. I 1992, 370).

nihil obstat
→ Reichskonkordat.

Nizza (Vertrag von)
→ Europäische Union, → Europäische Integration (3d).

Nötigung
Straftatbestand nach § 240 StGB, der nach hM die Freiheit der Willensentschließung und -betätigung schützt.

1. Tatbestand: § 240 StGB erfasst denjenigen, der eine Person rechtswidrig mit → Gewalt oder durch → Drohung mit einem empfindlichen Übel zu einer Handlung, Duldung oder Unterlassung nötigt. Als Gewalt ist eine körperliche Kraftentfaltung des Täters anzusehen, die beim Opfer physischen (nicht nur psychischen) Zwang bewirkt und zur Verhinderung oder Überwindung von Widerstand ausgeübt wird. Eine Drohung ist die Ankündigung eines Übels, auf dessen Eintritt der Täter Einfluss hat oder solchen zu haben vorgibt. Der Vorsatz des Täters muss die Umstände erfassen, die das Übel empfindlich und sein Verhalten verwerflich erscheinen lassen. Selbst teilen muss er diese Bewertung nicht, insoweit kann → Verbotsirrtum vorliegen. Wegen des Unterschieds zwischen Nötigung und → Erpressung s. dort. Der Versuch ist strafbar.

Eine besondere Problematik im Zusammenhang mit Wandlungen des Begriffs der → Gewalt (dort 3) wurde insbes. anhand der Fälle von Sitzblockaden diskutiert: Bei einer Sitzdemonstration, die zur Nichtbenutzbarkeit einer öffentl. Straße durch andere Verkehrsteilnehmer führt, hatte die Rspr. früher in dem dadurch körperlich vermittelten Zwang zur Überwindung dieses Widerstands Gewalt erblickt und darauf abgestellt, ob ihre Anwendung nach den jeweiligen Umständen als verwerflich zu bezeichnen ist (BVerfG NJW 1987, 43; BGHSt. 34, 71). Fernziele von Straßenblockierern konnten nur bei der → Strafzumessung berücksichtigt werden (BGHSt. 35, 270). Das BVerfG hat später seine Ansicht geändert und gestützt auf das Gesetzlichkeitsprinzip (Art. 103 II GG) im Falle der Blockade eines einzelnen Kfz. entschieden (NJW 1995, 1141), dass die bloße körperliche Anwesenheit des Täters und psychische Zwangswirkung auf das Opfer noch keine Gewalt darstellt. Es bejaht aber Gewalt, wenn darüber hinaus eine physische Barriere, zB durch Ankettung oder Blockade mit Kfz, errichtet wird (BVerfG NJW 2002, 1031). Die sog. Zweite-Reihe-Rspr. des BGH (NJW 1995, 2643), wonach Nötigung vorliegt, wenn das erste an der Weiterfahrt gehinderte Fahrzeug bewusst dazu benutzt wird, die Durchfahrt der nachfolgenden Fahrzeuge zu versperren, hat das BVerfG gebilligt (NJW 2011, 3020). Außerdem verlangt das BVerfG, dass bei der Prüfung der Verwerflichkeit (unten 2) neben dem Gebot schuldangemessenen Strafens das durch Art. 8 GG geschützte Anliegen, öffentliche Aufmerksamkeit für eine Meinung zu erringen, berücksichtigt wird (NJW 2002, 1031).

2. Rechtswidrigkeit: Bei § 240 StGB besteht die Besonderheit, dass die Rechtswidrigkeit nicht wie sonst durch die Erfüllung des Tatbestands indiziert wird, sondern gesonderter Feststellung bedarf: Rechtswidrig ist die Tat, wenn die Androhung der Gewalt oder des Übels zu dem angestrebten Zweck als verwerflich anzusehen ist (§ 240 II StGB), dh wenn das angewendete Mittel nicht in einem angemessenen Verhältnis zum Zweck steht. Verwerflich kann daher auch ein an sich berechtigtes Zahlungsverlangen sein, wenn es mit sittlich zu missbilligenden (nicht sozialadäquaten) Mitteln geltend gemacht wird, so zB unter Androhen von Veröffentlichungen über die Vergangenheit des Schuldners oder andere mit dem Anspruch nicht zusammenhängende Vorfälle; im Straßenverkehr das gefährliche Zufahren auf einen anderen oder sonstige erhebliche Gefährdung, um ein an sich bestehendes Vorfahrtrecht o. dgl. zu erzwingen.

3. Strafrahmen: Dieser umfasst Geldstrafe und Freiheitsstrafe bis zu 3 Jahren, in besonders schweren Fällen (§ 240 IV StGB) Freiheitsstrafe von 6 Mon. bis zu 5 Jahren. Ein bes. schwerer Fall liegt idR (→ Regelbeispiele) vor, wenn der Täter eine Frau zum → Schwangerschaftsabbruch nötigt oder seine Befugnisse oder seine Stellung als Amtsträger missbraucht.

4. Ist eine Nötigung durch die Drohung begangen worden, eine Straftat des Opfers zu offenbaren, so kann von deren Verfolgung abgesehen werden, wenn diese nicht zur Sühne unerlässlich ist; dies gilt auch dann, wenn das Opfer eine Erpressung anzeigt und dadurch ein von ihm begangenes Vergehen bekannt wird (§ 154c StPO).

Über Sonderfälle von Nötigung → Parlamentsnötigung, → militärische Straftaten (Nötigung eines Vorgesetzten), → Sexualstraftaten (→ sexuelle Nötigung), → Menschenraub (Geiselnahme), → Menschenhandel, → Zwangsehe.

Nominalitätsgrundsatz
Nominalitätsgrundsatz (Nominalitätsprinzip, Nominalismus) bedeutet, dass der Wert des Geldes nur von seinem Nennwert abhängt. Nach diesem ungeschriebenen währungsrechtlichen Prinzip werden Verbindlichkeiten, die in einer Währung festgelegt sind, von Wertänderungen dieser Währung, zB infolge von Inflation oder Aufwertung, nicht berührt. Der Wert der Schuld bemisst sich nach dem Nennbetrag, nicht dem inneren Wert des → Geldes (Geldsummenschuld). Zu Wertsicherungsklauseln → Geldschuld.

Non-belligerency
Der Begriff Non-belligerency bedeutet wörtlich den Zustand des Nicht-Krieg-Führens und ersetzt den teilweise als überholt angesehenen Begriff der → Neutralität. Der Begriff bedeutet, dass ein Staat noch nicht Kriegspartei ist, aber zB einen unter Verstoß gegen das völkerrechtliche → Gewaltverbot angegriffenen Staat mit Waffen und Finanzmitteln unterstützen darf, ohne dadurch zur Kriegspartei zu werden. Streitig ist, ab wann die Grenze zur Kriegspartei überschritten ist, zB ob auch die Ausbildung von Streitkräften eines im Kriegszustand befindlichen Staates noch als mit dem Zustand der Non-belligerency vereinbar anzusehen ist.

Non-governmental-Organizations (NGO)
→ Internationale Organisationen (2).

non liquet
(es besteht keine Klarheit). Ist ein Sachverhalt nicht aufgeklärt und auch nicht weiter aufklärbar, insbes. für eine entscheidungswesentliche Behauptung oder Annahme weder Beweis noch Gegenbeweis erbracht, so entscheidet das Gericht im Zivilprozess nach den Regeln über die → Beweislast gegen die Prozesspartei, die den Beweis zu führen hat. Im Strafprozess besteht keine Beweislast (Beweispflicht) in diesem Sinne. Eine Verurteilung ist nur zulässig, wenn das Gericht nach seiner freien, aus dem Inbegriff der Verhandlung geschöpften Überzeugung die Schuld des Angeklagten für erwiesen erachtet (§ 261 StPO); andernfalls ist nach dem Grundsatz → in dubio pro reo freizusprechen. Doch gelten auch im Strafverfahren einzelne gesetzliche Beweisregeln (→ Beweis).

Nordatlantikvertrag
1. Die durch den Nordatlantikvertrag vom 4.4.1949 (BGBl. 1955 II 289) begründete Nordatlantikpakt-Organisation (NATO, North Atlantic Treaty Organization) verfolgt das Ziel, in Übereinstimmung mit der Satzung der → Vereinten Nationen jeden internationalen Streitfall auf friedliche Weise zu regeln und zur weiteren Entwicklung friedlicher und freundschaftlicher internationaler Beziehungen beizutragen (Art. 1, 2). Gleichzeitig haben die Parteien vereinbart, einen bewaffneten Angriff gegen einen oder mehrere von ihnen in Europa oder Nordamerika als einen Angriff gegen sie alle anzusehen und der oder den angegriffenen Parteien unverzüglich in dem zur Wiederherstellung und Erhaltung der Sicherheit erforderlichen Maße einschließlich der Anwendung von Waffengewalt Beistand zu leisten (Art. 5; „Bündnisfall"; → Auslandseinsätze der Bundeswehr). Mitglieder der NATO waren zunächst Belgien, Dänemark, Frankreich, Island, Italien, Kanada, Luxemburg, die Niederlande, Norwegen, Portugal, die USA und das Vereinigte Könugreich. Nach Art. 10 des Nordatlantikvertrages können die NATO-Staaten durch einstimmigen Beschluss jeden anderen europäischen Staat zum Beitritt einladen, der in der Lage ist, die Grundsätze des Nordatlantikvertrages zu fördern und zur Sicherheit des nordatlantischen Gebiets beizutragen. Der Beitritt wird an dem Tag vollzogen, an dem die Regierung des ein-

geladenen Staates ihre Beitrittsurkunde bei der Regierung der USA hinterlegt. 1952 sind Griechenland und die Türkei beigetreten, 1955 Deutschland (Zustimmungsgesetz v. 24.3.1955, BGBl. 1955 II 256; sa → Brüsseler Vertrag u. → Pariser Verträge), 1982 Spanien. Nach dem Ende der Ost-West-Spannungen traten die meisten Mitglieder des ehem. → Warschauer Pakts durch den Vertrag über den Nordatlantischen Kooperationsrat v. 20.12.1991 zunächst in ein Näheverhältnis zur NATO. 1999 traten dann Polen, Tschechien und Ungarn der NATO bei, 2004 Bulgarien, Estland, Lettland, Litauen, Rumänien, Slowakei und Slowenien; 2009 folgten Albanien und Kroatien, 2017 Montenegro und 2020 Nordmazedonien. In Europa sind Österreich, die Schweiz und Liechtenstein, Irland, Schweden und Finnland, Bosnien-Herzegowina und Serbien sowie Moldawien nach wie vor nicht Mitglieder der NATO. Russland und Weißrussland (Belarus) stehen der Osterweiterung der NATO ablehnend gegenüber. Mit Gründung des NATO-Russland-Rates 2002 sollte den Vorbehalten Russlands gegenüber der NATO begegnet werden. 2014 wurde nach der Krise in der Ukraine und der russischen Besetzung der Krim die politische Zusammenarbeit im NATO-Russland-Rat beendet. Die Annäherung der Ukraine an die NATO war letztlich einer der Auslöser des → Ukrainekrieges 2022.

2. Organe der NATO sind der Nordatlantikrat, bestehend aus Vertretern der Mitgliedstaaten, der Militärausschuss, bestehend aus den Generalstabschefs der Mitgliedstaaten, und das Hauptquartier der Alliierten Mächte in Europa (Shape = Supreme Headquarters Allied Powers Europe), jetzt in Casteau (Belgien). Es bestehen regionale Oberkommandos. Die Rechtsstellung der Truppen der Mitgliedstaaten in den Aufnahmestaaten behandelt das Abkommen v. 19.6.1951 (NATO-Truppenstatut, BGBl. 1961 II 1190) nebst Zusatzabkommen und Unterzeichnungsprotokoll v. 3.8.1959 (BGBl. 1961 II 1218, 1313), dem Deutschland zusammen mit weiteren Zusatzabkommen über die Rechtsstellung der in Deutschland stationierten ausländischen Truppen, die Durchführung von Manövern und Übungen sowie die Beilegung von Streitigkeiten bei Direktbeschaffungen mit Gesetz zum NATO-Truppenstatut und zu den Zusatzvereinbarungen vom 18.8.1961 (BGBl. 1961 II 1183) zugestimmt hat. S. iE → Streitkräfte, ausländische. Nachdem durch den → Zwei-plus-Vier-Vertrag die volle Souveränität der Bundesrepublik Deutschland wiederhergestellt war, wurde am 18.3.1993 das Abkommen zur Änderung des Zusatzabkommens zum NATO-Truppenstatut unterzeichnet; mit dessen Inkrafttreten am 29.3.1998 war die Rechtsstellung der Stationierungsstreitkräfte in Deutschland dem Stand angepasst, der aufgrund des NATO-Truppenstatuts auch in den Staatsgebieten der anderen Bündnispartner für dort stationierte Streitkräfte gilt. Deutsches Recht gilt seitdem auch auf den Liegenschaften der Stationierungsstreitkräfte.

3. Die NATO wird inzwischen auch bei friedenserhaltenden Maßnahmen der → Vereinten Nationen tätig. In Bosnien konnte die NATO das Friedensabkommen von Dayton durchsetzen (1995). Zur Problematik des Kosovo-Krieges (1999) s. → Gewaltverbot, 1d. 2001 stellte die NATO erstmals den Bündnisfall fest, nachdem die Anschläge auf das World Trade Center in New York entsprechend einer neueren Auffassung im Völkerrecht als bewaffneter Angriff Afghanistans, das den Terroristen Schutz gewährt haben soll, angesehen wurden (→ Gewaltverbot, 1b; sa → Terrorismus; → Terrorismusbekämpfung).

Norddeutscher Bund

(1867–1870). Nach dem Sieg Preußens über Österreich im Krieg 1866 setzte Bismarck die Errichtung des Norddeutschen Bundes durch Vertrag zwischen Preußen, den 18 norddeutschen Staaten und den 3 Hansestädten durch. Die Verfassung des Norddeutschen Bundes, die nach Annahme durch den neugewählten Reichstag am 1.7.1867 wirksam wurde, sah als Organe vor: den Bundesrat als Vertretung der Länder, das Bundespräsidium (das dem König von Preußen zukam) und den in allgemeiner, gleicher, direkter und geheimer Wahl gewählten Reichstag. Der Norddeutsche Bund war ein → Bundesstaat auf konstitutioneller Grundlage. Dem Bundesrat kam eine wesentlich stärkere Stellung zu als dem heutigen BR; er war maßgeblich an der Gesetzgebung beteiligt, weil Gesetze eines übereinstimmenden Beschlusses von BR und Reichstag bedurften. Der Norddeutsche Bund wurde im November 1870 durch den Beitritt der süddeutschen Staaten erweitert. Mit Wirkung vom 1.1.1871 wurden die Bezeichnungen „Kaiser" und „Reich" in die Bundesverfassung aufgenommen. Mit der Kaiserproklamation vom 18.1.1871 wurde der Norddeutsche Bund zum → Deutschen Reich, das so zu seinem unmittelbaren Rechtsnachfolger wurde.

Nordrhein-Westfalen

1. Nordrhein-Westfalen ist ein Land der → Bundesrepublik Deutschland. Landeshauptstadt ist Düsseldorf.

2. Die Gesetzgebung liegt nach der Verfassung vom 28.6.1950 (GV NW 1950, 127 = GS 3) mÄnd grundsätzlich beim Landtag. Gesetze können aber auch durch Volksentscheid beschlossen werden. Gegen Gesetzesbeschlüsse des Landtags kann die Landesregierung Bedenken erheben; der Landtag entscheidet, ob er diesen Rechnung tragen will. Der Landtag besteht aus den vom Volk in allgemeiner, gleicher, freier, unmittelbarer und geheimer Wahl auf 5 Jahre gewählten Abgeordneten. Die vollziehende Gewalt steht der Landesregierung zu, die aus dem Ministerpräsidenten und den Landesministern besteht. Der MinPräs wird vom Landtag mit der Mehrheit seiner Mitglieder

gewählt; er ernennt die Minister und führt den Vorsitz in der Landesregierung. Er leitet die Geschäfte und bestimmt die Richtlinien der Politik, innerhalb derer jeder Minister seinen Geschäftsbereich selbständig leitet. Der MinPräs kann nur durch konstruktives → Misstrauensvotum des Landtags abgelöst werden. Zur Entscheidung verfassungsrechtlicher Streitigkeiten, insbes. Organstreitigkeiten, besteht der Verfassungsgerichtshof (Gesetz v. 14.12.1989, GV NW 1989, 708, ber. GV NW 1993, 588, mÄnd). Verfassungsbeschwerden von Bürgern sind nicht möglich. Die Verfassung hat einen eigenen Grundrechtskatalog mit Grundrechten ähnlich dem GG; Ehre (Art. 4) und persönliche Daten (Art. 4a) sind besonders geschützt.

3. Das Land ist in 5 → Regierungsbezirke (Arnsberg, Detmold, Düsseldorf, Köln und Münster) eingeteilt, diese wiederum in → Landkreise und → kreisfreie Städte.

Nordsee
→ Biosphärenreservate, → integrierte Meerespolitik, → Küstenmeer, → Küstenschutz, → Küstenwache, → Meeresgewässer, → Meeresverschmutzung, → Reinhaltung der Gewässer, → Schifffahrtsverkehrsregeln, → Seeschifffahrt, → Wasserstraßen- und Schifffahrtsverwaltung (3), → Wattwagen.

Norm
(Regel, Richtschnur). Über Normen im Rechtssinne (= Rechtsnorm) → Gesetz. Normativen Charakter (Inhalt) hat eine Vorschrift, soweit sie – im Gegensatz zu bloßen → Verwaltungsvorschriften – Rechtssätze enthält, also Gesetz im materiellen Sinne ist (somit auch gleichbedeutend mit → „Rechtsvorschrift"). Normierung oder → Normsetzung ist der Erlass einer Rechtsnorm und damit deckungsgleich mit dem Begriff → Rechtsetzung; sa → Normung.

Normativbestimmungen
Unter diesen werden einmal gesetzliche Vorschriften verstanden, die für die Satzungen von → juristischen Personen (Kapitalgesellschaften, Genossenschaften, Vereinen usw) zwingende Richtlinien aufstellen, nach denen Satzungen zu „normen" sind; ohne den vorgeschriebenen Mindestinhalt kann eine Satzung nicht als Grundlage für eine Eintragung in öffentliche Register (Handels-, Genossenschafts-, Vereinsregister) und damit für die Erlangung der Rechtsfähigkeit der juristischen Person dienen. Beim → Tarifvertrag werden als N. diejenigen Bestimmungen bezeichnet, die – zum Unterschied von den schuldrechtlichen – den Charakter von Rechtsnormen tragen und deshalb unmittelbare Wirkung für die tarifbeteiligten Arbeitgeber und Arbeitnehmer haben.

Normative Tatbestandsmerkmale und Rechtsbegriffe
Über den Unterschied zwischen normativen und deskriptiven Gesetzesmerkmalen → deskriptive Merkmale. Zu den in zahlreichen Gesetzen verwendeten normativen (wertausfüllungsbedürftigen) Rechtsbegriffen gehören insbes. die → Generalklauseln (Treu und Glauben, Rücksicht auf die Verkehrssitte usw.) und andere eine Wertung erfordernde Begriffe, zB sittenwidrig, verwahrlost, Gefahr für bedeutende Sachwerte u. dgl.

Normativer Schadensbegriff
→ Schadensersatz (3).

Normativer Schuldbegriff
→ Schuld.

Normativsystem
→ juristische Person (1b).

Normen- und Typenkartelle
sind → Horizontalvereinbarungen, die die einheitliche Anwendung von Normen oder Typen zum Gegenstand haben. Ihre Freistellung vom allg. Verbot von → Kartellen war bis zum 30.6.2005 in § 2 I GWB aF gesondert geregelt. Seither gelten die allg. Grundsätze der → Freistellung im Kartellrecht.

Normengesetz
nennt man gelegentlich ein → Gesetz, das – wie in aller Regel – → Rechtsnormen enthält (im Gegensatz zum „nur formellen" Gesetz, zB dem → Haushaltsplan, und zum → Maßnahmegesetz).

Normenkollision
Treffen auf denselben Sachverhalt inhaltlich gegensätzliche Rechtsnormen gleichen Ranges zu, so muss der Widerstreit, sofern nicht eine Kollisionsnorm (→ Internationales Privatrecht) eingreift, im Wege richterlicher Rechtsfindung gelöst werden.

Normenkontrolle
1. Normenkontrolle ist die gerichtliche Überprüfung der Gültigkeit von Rechtsvorschriften (→ Gesetzen im materiellen Sinn). Grundsätzlich ist jedes Gericht berechtigt und verpflichtet, die formelle und materielle Gültigkeit einer Rechtsnorm, auf die es in einem Verfahren ankommt, selbst zu überprüfen (→ richterliches Prüfungsrecht), außer wenn die Normenkontrolle einem anderen Gericht, insbes. einem Verfassungsgericht, übertragen ist. Das ist in erheblichem Umfang der Fall: Nach Art. 93 I Nr. 2 GG entscheidet bei Meinungsverschiedenheiten oder Zweifeln über die förmliche oder sachliche Vereinbarkeit von Bundesrecht oder Landesrecht mit dem GG oder über die Vereinbarkeit von Landesrecht mit sonstigem Bundesrecht auf Antrag der Bundesregierung, einer Landesregierung oder eines Drittels der Mitglieder des Bundestags das → Bundesverfassungsgericht (sog. „abstrakte" – dh nicht im Zuge eines konkreten anderen Verfahrens notwendige – Normenkontrolle). Hält das BVerfG das Gesetz für verfassungswidrig, so erklärt es dieses für nichtig; die Entscheidung hat Gesetzeskraft (§ 31 BVerfGG). Wenn durch die Nichtigerklärung eine Regelungslücke entstünde, lässt das

BVerfG die verfassungswidrige Norm bestehen und gibt dem Gesetzgeber auf, bis zu einem bestimmten Zeitpunkt eine Neuregelung nach Maßgabe des Urteils des BVerfG zu treffen. Nach Art. 100 GG kann das BVerfG auch durch ein Gericht um diese Entscheidung angegangen werden, wenn das Gericht nach Ausübung seines richterlichen Prüfungsrechtes die Grundgesetzmäßigkeit eines formellen und nachkonstitutionellen Bundes- oder Landesgesetzes verneint, auf dessen Gültigkeit es in dem bei ihm anhängigen Verfahren ankommt (sog. „konkrete" Normenkontrolle). Ebenso können nach Art. 100 GG entsprechenden Bestimmungen in Verfassungen der Länder) die Verfassungsgerichte der Länder angerufen werden, wenn es sich um die Verletzung einer Landesverfassung durch ein Landesgesetz handelt. Eine Popularklage, dh die Möglichkeit für jedermann (auch einen Nichtbetroffenen), die Überprüfung der Verfassungsmäßigkeit eines Gesetzes durch das Verfassungsgericht zu beantragen, ist nach dem GG und dem BVerfGG nicht gegeben, vereinzelt aber nach den Landesverfassungen (zB Art. 98 IV BV). Nach Art. 93 I Nr. 4a GG, § 90 BVerfGG kann jedermann gegen ein Gesetz, das ihn – was allerdings nur selten der Fall ist – unmittelbar (dh ohne dazwischenliegenden Vollzugsakt) in seinen Grundrechten verletzt, → Verfassungsbeschwerde erheben; auch dann hat das BVerfG ggf. das Gesetz für nichtig zu erklären. Auf der Ebene der → Europäischen Union (EU) entscheidet nach Art. 263 AEUV der → Europäische Gerichtshof (EuGH) über die Rechtmäßigkeit von Gesetzgebungsakten; ua kann er im Wege der Vorabentscheidung über die Vereinbarkeit von nationalen Normen und Normen des europäischen Rechts mit EUV und AEUV entscheiden (Art. 267 AEUV; sa → Richterliches Prüfungsrecht).

2. Neben der Überprüfung der Gültigkeit von Gesetzen in den genannten Normenkontrollverfahren obliegt dem BVerfG noch die Entscheidung über die Fortgeltung von Recht als Bundesrecht nach Art. 126 GG (vgl. → Reichsrecht, Fortgeltung) sowie die Entscheidung darüber, ob eine Regel des → Völkerrechts Bestandteil des Bundesrechts ist und unmittelbare Rechte und Pflichten erzeugt (Art. 100 II GG).

3. Nach § 47 VwGO entscheidet das → Oberverwaltungsgericht (Verwaltungsgerichtshof) im Rahmen seiner Gerichtsbarkeit auf Antrag über die Gültigkeit von Satzungen, die nach den Vorschriften des → Baugesetzbuches erlassen wurden (also insbes. auch über → Bebauungspläne), sowie über Rechtsverordnungen, die auf Grund § 246 II BauGB erlassen wurden. Ferner entscheidet das OVG allgemein über die Gültigkeit von anderen im Range unter dem Landesgesetz stehenden Rechtsvorschriften (also → Rechtsverordnungen und → Satzungen), sofern das Landesrecht dies bestimmt (so zB in Bayern nach Art. 5 AGVwGO; → Verwaltungsstreitverfahren). Bei ausschließlicher Nachprüfungskompetenz eines Verfassungsgerichts entfällt die Normenkontrolle nach § 47 VwGO.

4. Als Normenkontrolle bezeichnet man auch die verwaltungsinterne Überprüfung der Entwürfe von Rechtsnormen auf Rechtsförmlichkeit, aber auch auf Vereinbarkeit mit höherrangigem Recht vor Einleitung des Gesetzgebungs- oder Rechtsetzungsverfahrens, idR also vor Beschlussfassung durch Landes- oder BReg. Darüber hinaus gehen zB die Aufgaben des Nationalen Normenkontrollrates (G v. 14.8.2006, BGBl. 2006 I 1866, mÄnd), der neben der Rechtsförmlichkeitsprüfung die Aufgabe hat, die BReg. dabei zu unterstützen, die durch Gesetze verursachten Bürokratiekosten zu reduzieren und die Möglichkeit der digitalen Ausführung neuer Regelungen zu prüfen. Ähnliche Institutionen gibt es auch in den Ländern (vgl. Sächsisches NormenkontrollratsG v. 3.7.2014 (SächsGVBl. 2014, 384) mÄnd.

Normenkontrollrat
→ Normenkontrolle, 4.

Normierter Vertrag
→ Vertrag (2).

Normsetzung
ist ein anderer Begriff für → Rechtsetzung; sa → Gesetzgebung.

Normung (technische Normung)
Anders als die Rechtsetzung (Normsetzung, → Norm) ist die technische Normung grundsätzlich Privatsache. Technische Normen bestehen für fast alle Lebensbereiche und mit den unterschiedlichsten Regelungsgehalten (zB Sicherheitsnormen, Qualitätsnormen, Normen für technische Verfahren, Formular- und Vertragsgestaltungsnormen). In Deutschland wird die Normung ua von der DIN-Organisation und vom VDE betrieben. Die Empfehlung einer einheitlichen Normanwendung ist eine Kartellempfehlung, Vereinbarungen dieses Inhalts sind ein → Kartell. Beide sind anmeldepflichtig (Normenempfehlung bzw. -Kartell). Wegen der Bezugnahme auf technische Normen in Gesetzen und Richtlinien (als „Regeln der Technik" ua) s. → technische Regeln, → Verweisung. Heute bildet die VO (EU) 1025/2012 zur europäischen Normung v. 25.10.2012 (ABl. EU 2012 L 316, 12) den Rechtsrahmen für Normungen. Die europäische Normung wird von den Normorganisationen CEN (Comité Européen de Normalisation, Brüssel), CENELEC (C. E. de N. Electrotechnique, ebenfalls Brüssel) und ETSI (European Telecommunications Standards Institute, Sophia Antipolis, Frankreich) betrieben. Wegen des europäischen Sicherheitszeichens CE → Geräte- und Produktsicherheitsrecht. Sa → Gute Praxis.

Normzwecktheorie
→ Schadensersatz (1).

Notanwalt
In Prozessen mit → Anwaltszwang ordnet das Gericht einer Partei auf Antrag einen → Rechtsanwalt bei, wenn sie keinen zu ihrer Vertretung bereiten Rechtsanwalt findet (§§ 78b, 78c ZPO; anders die Beiordnung eines Rechtsanwalts im Rahmen der → Prozesskostenhilfe).

Notar
1. Als Rechtspflegeorgan ist der Notar unabhängiger Träger eines öffentlichen Amtes. Seine Aufgaben liegen (im Bereich der → freiwilligen Gerichtsbarkeit) auf dem Gebiet der vorsorgenden → Rechtspflege (§ 1 BNotO v. 24.2.1961, BGBl. 1961 I 98, mÄnd). Er ist vor allem zuständig für Beurkundungen (→ Form, 1c; sa → Verwahrung). Die Notare werden von der → Landesjustizverwaltung bestellt, und zwar nur so viele, wie es eine geordnete Rechtspflege erfordert (§§ 4, 12 BNotO). Die Befähigung zum Richteramt (§ 5 DRiG) ist Voraussetzung (§ 5 BNotO). Zum hauptberuflichen Notar auf Lebenszeit soll nur bestellt werden, wer eine dreijährige Anwärterzeit als Notarassessor abgeleistet hat (§ 7 BNotO). Nebenberuflich (dh anders als der sog. Nur-Notar) kann das Notaramt nur unter bestimmten Voraussetzungen in den Gerichtsbezirken ausgeübt werden, in denen das Anwaltsnotariat (→ Anwaltsnotar) besteht (§§ 3 II BNotO, § 6 II BNotO, vorwiegend in den ehemals preußischen Gebieten). Sa → Bezirksnotar. Dem Notar wird ein bestimmter Ort als Amtssitz zugewiesen. Der Amtsbereich, innerhalb dessen der Notar nur tätig werden soll, ist regelmäßig der Bezirk des zuständigen Amtsgerichts (§ 10a BNotO).

2. In der Amtsausübung ist der Notar unparteiischer und unabhängiger Betreuer der Beteiligten (§ 14 BNotO). Bei den Rechtsgeschäften, die er beurkundet, hat der Notar Prüfungs- und Belehrungspflichten gegenüber den Beteiligten hins. der Rechtslage usw (§§ 17–21 BeurkG). Den Notar trifft die Pflicht zu Verschwiegenheit (§ 18 BNotO) und zu achtungswürdigem Verhalten (§ 14 II BNotO). Der Notar hat sich der Amtstätigkeit zu enthalten, wenn bestimmte Fälle der Interessenkollision vorliegen (§ 3 BeurkG, § 16 I BNotO), ferner bei Unvereinbarkeit mit seinen Amtspflichten (§ 4 BeurkG). Bei schuldhafter Amtspflichtverletzung haftet der Notar auf → Schadensersatz (ähnlich der → Staatshaftung); er ist verpflichtet, hierwegen eine Berufshaftpflichtversicherung abzuschließen (§§ 19, 19a BNotO; → Pflichtversicherung). Der Notar unterliegt der → Dienstaufsicht des Landgerichtspräsidenten, Oberlandesgerichtspräsidenten und der Landesjustizverwaltung (§ 92 BNotO). Zum Disziplinarverfahren vgl. §§ 95 ff. BNotO; als Disziplinargerichte bestehen beim OLG und beim BGH ein Notarsenat, dem neben Berufsrichtern auch Notare angehören. Für seine Tätigkeit erhält er Gebühren und Auslagen nach §§ 85 ff. GNotKG iVm Teil 2 Kostenverzeichnis. Ähnlich wie bei den → Rechtsanwälten sind in den OLG-Bezirken Notarkammern gebildet, außerdem die Bundesnotarkammer.

Notariatsverwalter
Ein Notariatsverwalter ist der Verwalter eines Notariats, der von der → Landesjustizverwaltung bestellt wird, wenn das Amt eines Notars (zB durch Tod, Amtsenthebung) erloschen, sein Amtssitz verlegt ist, der Notar sein Amt nicht persönlich ausübt oder vorläufig seines Amtes enthoben ist (§§ 56, 57 BNotO). Der Notariatsverwalter (idR ein Notarassessor) nimmt das Amt des Notars vorübergehend wahr. Anders der → Notarvertreter.

Notarielle Beurkundung
→ Form (1c).

Notarielle Urkunde
→ Urkunde, → Form (1c).

Notarielles Testament
→ Testament (2b).

Notarkosten
→ Kostenberechnung.

Notarvertreter
Ist ein → Notar abwesend oder verhindert, so bestellt die Aufsichtsbehörde auf seinen Antrag einen Notarvertreter; für alle voraussichtlich während eines Jahres eintretenden Behinderungsfälle kann ein ständiger Notarvertreter bestellt werden. Notarvertreter kann nur sein, wer die Voraussetzungen für das Amt des Notars erfüllt (§§ 39, 5, 6 BNotO). Zu ständigen Vertretern sollen nur Notare (auch solche außer Dienst) und Notarassessoren bestellt werden; bei → Anwaltsnotaren können auch Rechtsanwälte ständige Notarvertreter sein (§ 39 III BNotO). Den Notarvertreter treffen dieselben Pflichten wie einen Notar. Anders beim → Notariatsverwalter.

Notbedarf
→ Schenkung.

Note
1. Im diplomatischen Verkehr ist die Note die gewöhnliche Form der schriftlichen Mitteilung. Sie unterscheidet sich von Briefen und → Memoranden durch gewisse stilistische Besonderheiten, nicht aber durch den Inhalt. Noten an fremde Regierungen sprechen regelmäßig von Absender und Empfänger in der dritten Person und beginnen meist mit herkömmlichen Formeln, in denen Rang und Auftrag des Absenders näher bezeichnet werden. Noten sind im Regelfall unterzeichnet (notes signées); fehlt es an der Unterzeichnung, spricht man von Verbalnoten. Die note signée ist die feierliche Form der Note; manchmal wird sogar ein Vertragsabschluss in Form eines Notenwechsels vollzogen.

2. Im → Schulverhältnis sind Noten die Bewertungen von Schülerleistungen. Eine einzelne Note kann nur dann selbständig vor den Verwaltungsgerichten angegriffen werden,

wenn der Kläger gerade durch diese Note in seinen Rechten verletzt wird (zB wenn von dieser Note der Notendurchschnitt und damit die Studienzulassung abhängt). In allen anderen Fällen sind Noten nur unselbständige Entscheidungen; förmliche Rechtsbehelfe müssen sich dann gegen die abschließende Entscheidung (zB Nichtversetzung) richten. Zum Prüfungsmaßstab bei der gerichtlichen Überprüfung → Prüfungsentscheidungen.

Notenbank
Als Notenbank oder auch Zentralbank wird eine → Bank bezeichnet, der das Recht zur Ausgabe von → Banknoten zusteht. Das sind in der → Wirtschafts- und Währungsunion die → Europäische Zentralbank und die nationalen Zentralbanken (Art. 128 AEUV). Zur Zeit der DM war es ausschließlich die → Bundesbank. → Euro.

Notenprivileg
Als Notenprivileg oder Geldausgabemonopol bezeichnet man die ausschließliche Befugnis, → Banknoten auszugeben. Das Notenprivileg in der → Wirtschafts- und Währungsunion steht vorrangig der → Europäischen Zentralbank, aber auch den nationalen Zentralbanken zu (Art. 128 AEUV). → Euro.

Noterbrecht
→ Pflichtteil.

Notfallplan Gas
→ Gasversorgung.

Notfrist
Eine Notfrist ist eine → Frist, die im Gesetz ausdrücklich als solche bezeichnet wird (§ 224 I 2 ZPO). Notfristen sind insbes. im → Zivilprozess vorgesehen. Ihre Bedeutung liegt darin, dass sie durch Parteivereinbarung nicht abgeändert werden können (§ 224 I 1 ZPO) und auch beim Ruhen des Verfahrens laufen (§ 251 I 2 ZPO). Gegen ihre Versäumung ist die → Wiedereinsetzung in den vorigen Stand gem. § 233 vorgesehen. Durch eine mangelhafte → Zustellung wird eine Notfrist keinesfalls in Lauf gesetzt (vgl. § 189 ZPO). Notfristen sind zB die Fristen zur Einlegung der → Berufung und der → Revision.

Notfristzeugnis
Das Notfristzeugnis ist die vom → Urkundsbeamten der Geschäftsstelle auf Antrag zu erteilende Bescheinigung, dass bis zum Ablauf der → Notfrist gegen eine bestimmte Entscheidung eine Rechtsmittelschrift nicht eingereicht ist (sa § 706 ZPO).

Nothilfe
→ Notwehr (1a aa).

Nothilfepflicht
→ Hilfeleistung, unterlassene.

Notice and take down
meint ein unmittelbares Reagieren des Verantwortlichen für eine Internetseite auf die Mitteilung einer Rechtsverletzung auf dieser Seite, die ihn dazu veranlasst, die rechtsverletzenden Inhalte von der von ihm betriebenen Seite zu entfernen. Dies kann – wenn der Betreiber der Internetseite für die Rechtsverletzung selbst nicht verantwortlich ist – u. U. zu einer Haftungsbefreiung führen, s. auch → Urheberrecht.

Notifikation
nennt man die amtliche Mitteilung einer völkerrechtlich erheblichen Tatsache, zB des Abbruchs der diplomatischen Beziehungen.

Notleidender Wechsel
→ Wechselregress.

Notorische Tatsache
Eine notorische Tatsache ist eine offenkundige Tatsache; sie kann allgemein bekannt oder gerichtsbekannt (dem Gericht kraft Amtes bekannt, gerichtsnotorisch) sein. Eine notorische Tatsache bedarf keines Beweises (§ 291 ZPO).

Notparlament
→ Gemeinsamer Ausschuss.

Notruf
→ Missbrauch von Notrufen; → Universaldienstleistungen.

Notstaatsanwalt
→ Ermittlungsrichter.

Notstand
Die Rechtsordnung enthält mehrere Normen, die Fragen des Notstands behandeln. Ihnen ist gemeinsam, dass Eingriffe in Rechte eines Dritten zur Abwehr einer Gefahr gestattet (im Fall des § 35 StGB: entschuldigt) werden, wobei überwiegend (Ausnahme: § 35 StGB) eine Interessenabwägung zugrunde liegt. Auf die Notstandsrechte kann sich jedermann berufen, nach hM grds. auch bei hoheitlichem Handeln, solange hierdurch die Voraussetzungen einschlägiger öffentlich-rechtlicher Eingriffsnormen nicht umgangen werden (eine solche ist behandelt unter 3.). Die Notstandsregelungen des StGB und des BGB sind wegen des Grundsatzes der Einheit der Rechtsordnung jeweils im gesamten Straf- und Zivilrecht anwendbar; dabei enthalten §§ 228, 904 BGB Spezialfälle der allgemeinen Norm des § 34 StGB für Eingriffe in fremdes Eigentum und sind als solche auch im Strafrecht vorrangig anzuwenden.

1. Im Strafgesetzbuch geregelt sind zwei Normen zum Notstand mit unterschiedlicher Rechtsfolge: § 34 StGB (§ 16 OWiG) enthält einen Rechtfertigungs-, § 35 StGB einen Schuldausschließungsgrund. Außerhalb des Gesetzes allgemein anerkannt werden als verwandte Fälle die → rechtfertigende Pflichtenkollision und der übergesetzliche entschuldigende Notstand.

a) Rechtfertigender Notstand (§ 34 StGB, § 16 OWiG): Die Vorschriften schließen die → Rechtswidrigkeit einer Straftat oder eines unter eine sonstige Verbotsnorm fallenden Handelns aufgrund einer Interessenabwägung aus, nämlich wenn die Tat zur Rettung irgendeines Rechtsguts des Täters, eines Dritten oder der Allgemeinheit aus einer sonst nicht zu beseitigenden, gegenwärtigen Gefahr erforderlich ist und das hierdurch geschützte Interesse das durch die Tat beeinträchtigte wesentlich überwiegt. Anders als der abzuwehrende Angriff beim Rechtfertigungsgrund der → Notwehr muss die Gefahr nicht aus rechtswidrigem menschlichen Handeln resultieren, sondern kann zB auf Naturgewalten beruhen. Zudem ist der Begriff der Gegenwärtigkeit der Gefahr bei § 34 StGB weiter als beim Angriff iSd § 32 StGB; er erfasst auch sog. Dauergefahren, die zwar jederzeit in einen Schaden umschlagen können, bei denen dies aber nicht schon unmittelbar bevorsteht. Die Tat muss ein angemessenes Mittel zur Gefahrenabwehr sein, so zB Hausfriedensbruch oder Sachbeschädigung zur Befreiung eines Eingesperrten, Überschreiten der Geschwindigkeitsgrenze zur Rettung eines Verunglückten. Subjektiv muss der Täter mit Gefahrabwendungswillen handeln.

Relevant bei der Abwägung der betroffenen Güter sind va deren Rang (zB Erhalt menschlichen Lebens geht der Vermeidung bloßer Gesundheitsschäden vor, der Erhalt der Gesundheit wiederum der Rettung von Sachwerten), das Ausmaß der jeweils drohenden Gefahr samt dem Grad der Wahrscheinlichkeit eines Schadenseintritts sowie etwaige Gefahrtragungspflichten. Berücksichtigt werden kann zudem zulasten eines Rechtsgutsträgers, wenn die Gefahr von ihm verursacht wurde bzw. aus seiner Sphäre stammt (sog. Defensivnotstand, str.). Eine Abwägung Leben gegen Leben ist allerdings per se unzulässig, und zwar sowohl nach der Anzahl der betroffenen Personen als auch nach sonstigen Kriterien (etwa Lebenserwartung, Gesundheit, Geschlecht, familiäre Verpflichtungen, Qualifikationen, sozialer Status etc.). Ausnahmen werden diskutiert für Fälle der Gefahrengemeinschaft, wenn für mehrere aus gleichem Grund in Lebensgefahr befindliche Menschen nur die Wahl besteht, alle zu sterben oder durch Opferung einzelner eine Rettung der übrigen zu ermöglichen. Besonders relevant sind dabei Konstellationen mit asymmetrischen Rettungschancen, dh wenn einzelne Mitglieder einer Gefahrengemeinschaft bereits unrettbar verloren scheinen (zB als Insassen eines wie am 11.9.2001 in den USA von Terroristen gekaperten Flugzeugs, das in ein Gebäude gesteuert werden soll), um den Preis ihrer vorzeitigen Aufopferung (die als Lebensverkürzung gleichwohl den Tatbestand der Tötungsdelikte erfüllt, → Tötung) allerdings Rettungschancen für andere eröffnet werden könnten (zB durch Abschuss des genannten Flugzeugs; dessen Passagiere und Besatzung stehen in Gefahrengemeinschaft mir den Menschen in dem Gebäude, in das das Flugzeug sonst gesteuert werden würde). Die hM lehnt auch in diesen Fällen eine Rechtfertigung ab, wobei im Meinungsstreit zahlreiche Fallvarianten zu unterscheiden und auch die Grenzen einer Gefahrengemeinschaft str. sind (vgl. zu der für den Abschuss von Flugzeugen in § 14 III LuftSiG zunächst enthaltenen und durch das BVerfG für verfassungswidrig erachteten hoheitlichen Ermächtigungsgrundlage → Luftsicherheitsgesetz 4). Überwiegend befürwortet wird für solche Fälle aber die Annahme eines übergesetzlichen entschuldigenden Notstands, s. u. b. Zu einschlägigen Vorgaben für Systeme des → autonomen Fahrens s. dort.

Bei Gleichwertigkeit der betroffenen Güter kann eine → rechtfertigende Pflichtenkollision gegeben sein, wenn der Täter in Bezug auf sie Handlungspflichten (Rettungspflichten) unterliegt, die nicht alle rechtzeitig erfüllbar sind. Ansonsten kann ein Schuldausschließungsgrund vorliegen, s. u. b.

b) Entschuldigender Notstand (§ 35 StGB): Diese Norm führt als → Schuldausschließungsgrund lediglich zum Wegfall der → Schuld. Sie folgt nicht dem Prinzip eines überwiegenden Interesses, sondern berücksichtigt zugunsten des Handelnden die Unzumutbarkeit normgemäßen Verhaltens in Extremsituationen. Wie bei § 34 StGB muss die Tat auch hier zur Abwehr einer gegenwärtigen, anders nicht abwendbaren Gefahr begangen worden sein. Anders als beim rechtfertigenden Notstand sind die möglichen Schutzgüter jedoch eng limitiert auf Leben, Leib oder Freiheit des Täters, eines Angehörigen oder einer ihm nahe stehenden Person. Dafür kommt es nicht auf eine Güterabwägung an; vielmehr greift die Norm auch bei Gleichwertigkeit der betroffenen Güter. Entschuldigt kann danach sogar derjenige sein, der einen anderen Menschen tötet, um sein eigenes Leben zu retten. Voraussetzung der Entschuldigung ist weiter, dass dem Täter nicht zuzumuten ist, die Gefahr hinzunehmen, etwa weil er sie selbst verursacht hat (zB bei einem fahrlässig bewirkten Brand) oder weil er dazu durch ein besonderes Rechtsverhältnis (zB als Soldat, Polizist, Feuerwehrmann) verpflichtet ist. Im ersten Fall kann Strafmilderung eintreten. Das Gleiche gilt, wenn der Täter in Putativ-Notstand handelte, weil er irrtümlich tatsächliche Umstände annahm, die ihn entschuldigen würden (zB wenn er zur Rettung eines vermeintlich Ertrinkenden handelt, der in Wahrheit nur simuliert), und wenn der Irrtum vermeidbar war; war er unvermeidbar, bleibt er straflos.

Außerhalb des durch § 35 StGB geregelten Bereichs wird für verschiedene Fallgruppen durch die hM auch ein übergesetzlicher entschuldigender Notstand anerkannt. Beschränkt wird dies aber auf Fälle, in denen Leben gegen Leben abzuwägen ist (so dass § 34 StGB nicht greift, s. o. a) und in denen der Täter nicht zugunsten seiner selbst oder eines Angehörigen oder einer nahestehenden Person handelt (so dass § 35 StGB nicht greift, s. o.). In Betracht kommen vor allem die oben unter a) genannten Fälle der Gefahrengemeinschaft.

Diskutiert wird eine Entschuldigung darüber hinaus aber auch für Fälle, in denen die Rettung einer großen Zahl von Menschen aus Lebensgefahr um den Preis der Opferung einzelner Personen erreicht wird, die mit diesen nicht in einer Gefahrengemeinschaft standen, dh von der Gefahr selbst nicht betroffen waren. Ein Lehrbuchbeispiel hierfür bildet der sog. „Bahnwärterfall", bei dem ein solcher durch schnelles Umstellen einer Weiche verhindert, dass ein führerloser Zug mit einem voll besetzten Personenzug kollidiert, wodurch auf dem nunmehr betroffenen Gleis aber wie von ihm in Kauf genommen ein Gleisarbeiter stirbt, an dem der führerlose Zug sonst vorbeigefahren wäre. Gegen eine Entschuldigung spricht hier, dass der Rettende „Schicksal spielt" und sich eine Entscheidung über Leben und Tod anmaßt, da in einem solchen Fall allein er es ist, der einen bislang Unbeteiligten zu Tode bringt.

c) Zum Befehls-Notstand des Soldaten vgl. § 5 WStG, § 11 II SG.

2. Der zivilrechtliche Notstand (§ 228 BGB, § 904 BGB) ist an weniger enge Voraussetzungen gebunden. Wer eine fremde → Sache beschädigt oder zerstört, um eine durch sie drohende Gefahr von sich oder einem anderen abzuwenden (zB Tötung eines angreifenden Hundes), handelt nicht rechtswidrig (Rechtfertigungsgrund), wenn die Beschädigung oder Zerstörung zur Abwendung der Gefahr erforderlich ist und der Schaden nicht außer Verhältnis zu der Gefahr steht – sog. defensiver Notstand. Hat der Handelnde die Gefahr verschuldet (zB den Hund gereizt), so ist er zum → Schadensersatz verpflichtet (§ 228 S. 2 BGB).

Darüber hinaus ist der Eigentümer einer Sache nicht berechtigt, die Einwirkung eines anderen auf seine Sache zu verbieten, wenn dies zur Abwendung einer gegenwärtigen Gefahr notwendig und der drohende Schaden gegenüber dem dem Eigentümer entstehenden Schaden unverhältnismäßig groß ist – sog. aggressiver Notstand (zB Benutzung eines fremden Kraftfahrzeugs, um einen Schwerverletzten ins Krankenhaus zu bringen). In diesem Fall ist – ohne Rücksicht auf ein Verschulden – dem Eigentümer, obwohl der Eingriff nicht rechtswidrig ist, in vollem Umfang Schadensersatz zu leisten (§ 904 BGB).

3. Polizeilicher Notstand liegt vor, wenn eine gegenwärtige polizeiliche Gefahr weder durch Heranziehung des → Störers noch durch die eigenen, der Polizei zur Verfügung stehenden Mittel beseitigt werden kann. Die Polizei ist in solchen Fällen befugt, auch Nichtstörer in Anspruch zu nehmen (vgl. zB Art. 10 BayPAG). Dem betroffenen Nichtstörer ist Entschädigung zu leisten, wenn er durch die Inanspruchnahme Schaden erleidet und nicht von einem anderen Ersatz erlangen kann. Der Begriff des polizeilichen Notstands wird auch für den Fall verwendet, dass die an sich örtlich zuständigen Polizeikräfte nicht in der Lage sind, die ihnen gesetzlich obliegenden Aufgaben zu erfüllen. In diesen Fällen sieht das Polizeiorganisationsrecht die Anforderung und den Einsatz anderer polizeilicher Dienstkräfte vor. Sa → Notstand, innerer; → Naturkatastrophen.

Notstand, innerer

1. Innerer Notstand ist ein in der Diskussion um die → Notstandsverfassung häufig verwendeter, nicht gesetzestechnischer Begriff, der im Gegensatz zum → Verteidigungsfall („äußerer Notstand") und zum „zivilen Notstand" (→ Naturkatastrophen) die in Art. 91 und 87a IV GG genannte „drohende Gefahr für den Bestand oder die → freiheitliche demokratische Grundordnung des → Bundes oder eines Landes" (→ Länder) kennzeichnet. Zur Abwehr einer solchen Gefahr kann ein Land Polizeikräfte anderer Länder sowie Kräfte und Einrichtungen anderer Verwaltungen und des Bundesgrenzschutzes (jetzt → Bundespolizei) anfordern. Ist das bedrohte Land nicht selbst zur Bekämpfung der Gefahr bereit oder in der Lage, so kann die BReg. die Polizeikräfte dieses Landes und anderer Länder ihren Weisungen unterstellen sowie Einheiten des Bundesgrenzschutzes (jetzt → Bundespolizei) einsetzen. Die Anordnung ist nach Beseitigung der Gefahr, im Übrigen jederzeit auf Verlangen des Bundesrates aufzuheben. Die BReg. kann → Streitkräfte zur Unterstützung der Polizei und des Bundesgrenzschutzes (jetzt → Bundespolizei), wenn diese Kräfte zur Gefahrenabwehr nicht ausreichen, beim Schutze von zivilen Objekten und bei der Bekämpfung organisierter und militärisch bewaffneter Aufständischer einsetzen; der Einsatz ist einzustellen, wenn der Bundestag oder der Bundesrat es verlangt. Maßnahmen nach Art. 87a IV und Art. 91 GG dürfen sich nicht gegen Arbeitskämpfe richten, die zur Wahrung und Förderung der Arbeits- und Wirtschaftsbedingungen von kollektiven Vereinigungen geführt werden (Art. 9 III 3 GG).

2. IwS kann als „innerer Notstand" auch der Fall des Art. 35 II 1 GG bezeichnet werden; hiernach kann zur Aufrechterhaltung oder Wiederherstellung der öff. Sicherheit und Ordnung ein Land in Fällen von bes. Bedeutung Kräfte und Einrichtungen des Bundesgrenzschutzes (jetzt → Bundespolizei) zur Unterstützung seiner Polizei anfordern, wenn die Polizei ohne diese Unterstützung eine Aufgabe nicht oder nur unter erhebl. Schwierigkeiten erfüllen könnte. Zur Hilfe bei einer Naturkatastrophe oder bei einem besonders schweren Unglücksfall kann ein Land Polizeikräfte anderer Länder, Kräfte und Einrichtungen anderer Verwaltungen sowie des Bundesgrenzschutzes (jetzt → Bundespolizei) und der Streitkräfte anfordern (Art. 35 II 2 GG). Gefährdet die Naturkatastrophe oder der Unglücksfall das Gebiet mehr als eines Landes, so kann die BReg. den Landesregierungen die Weisung erteilen, Polizeikräfte anderen Ländern zur Verfügung zu stellen, sowie Einhei-

ten des Bundesgrenzschutzes (jetzt → Bundespolizei) und der Streitkräfte zur Unterstützung der Polizeikräfte einsetzen (Art. 35 III 1 GG). Durch Urt. v. 15.2.2006 (NJW 2006, 751) hat das BVerfG klargestellt, dass Art. 35 II 2 und III 1 GG dem Bund nicht erlauben, die Bundeswehr bei der Bekämpfung von Naturkatastrophen und besonders schweren Unglücksfällen mit spezifisch militärischen Waffen einzusetzen.

3. → Bundeswehreinsätze im Inland, → Luftsicherheitsgesetz, 4.

Notstand, ziviler
→ Naturkatastrophen.

Notstandsgesetzgebung
(zu unterscheiden vom → Gesetzgebungsnotstand) nennt man zusammenfassend die neben der → Notstandsverfassung erlassenen (oder noch zu erlassenden) „einfachen", dh nicht verfassungsändernden Gesetze, die der Bewältigung von Notstandsfällen dienen sollen. Durch die Notstandsgesetzgebung sollen in erster Linie die für die zivile Verteidigung erforderlichen Rechtsgrundlagen geschaffen werden (äußerer Notstand). Hiervon wurden früher bereits verabschiedet: drei Zivilschutzgesetze (Schutzbau, → Selbstschutz, → Zivilschutz) sowie die der Sicherstellung der Versorgung dienenden → Sicherstellungsgesetze (Wirtschafts-, Ernährungs-, Verkehrs-, Wassersicherstellungsgesetz), die zT auch bei zivilen Versorgungskrisen anwendbar sind. Als weitere Notstandsgesetze wurden Regelungen für die Einschränkung des Art. 10 GG – vgl. Brief-, Post- und Fernmeldegeheimnis (3) –, ein Ges. über die Erweiterung des Katastrophenschutzes und ein ArbeitssicherstellungsG verabschiedet, wonach für Verteidigungszwecke das Recht zur Beendigung von Arbeitsverhältnissen beschränkt und für Wehrpflichtige die Verpflichtung in neue Arbeitsverhältnisse begründet werden kann.

Notstandsverfassung
Notstandsverfassung ist die Gesamtbezeichnung für die durch Gesetz v. 24.6.1968 (BGBl. 1968 I 709) eingeführten Ergänzungen und Änderungen des GG für den → Verteidigungsfall und den → Spannungsfall sowie zur Abwehr drohender Gefahren für den Bestand oder die freiheitliche demokratische Grundordnung des Bundes oder eines Landes (sog. „innerer → Notstand") und zur Bekämpfung von → Naturkatastrophen und besonders schweren Unglücksfällen. Die Notstandsverfassung regelt die Voraussetzungen der genannten Fälle und die Form ihrer Feststellung (vgl. Art. 115a, 80a GG), den Übergang staatlicher Funktionen auf andere Organe (insbes. der Befugnis zur → Gesetzgebung auf den → Gemeinsamen Ausschuss – Art. 115e GG – und der → Befehls- und Kommandogewalt auf den → Bundeskanzler, Art. 115b GG), Verschiebungen der → Gesetzgebungskompetenz und der Verwaltungszuständigkeiten zwischen Bund und Ländern (vgl. Art. 115c, 115 f, 115i GG), Änderungen des Gesetzgebungsverfahrens (vgl. Art. 115d GG), die Verlängerung von Wahlperioden (Art. 115h GG), den Rang von Rechtsvorschriften (Art. 115k GG) und die Aufhebung von Gesetzen des Gemeinsamen Ausschusses (Art. 115l GG). Weiter wurde durch die Notstandsverfassung die Einschränkung von Grundrechten teilweise neu geregelt (vgl. Brief-, Post- und Fernmeldegeheimnis – iE dort unter 3 –; → Freizügigkeit; → Dienstpflichten, Art. 12a GG). Ferner hat die Notstandsverfassung ein allgemeines → Widerstandsrecht (Art. 20 IV GG) eingeführt. Die Notstandsverfassung und sie ergänzende einfache Gesetze haben zur Ablösung der Sicherheitsvorbehalte der Drei Mächte im → Deutschlandvertrag geführt. Von den durch die Notstandsverfassung geregelten Fällen ist der sog. → Gesetzgebungsnotstand zu unterscheiden.

Nottestament
→ Testament (3).

Notveräußerung
beschlagnahmter Gegenstände ist unter bestimmten Voraussetzungen (drohender Verderb usw) im Straf(Steuerstraf)verfahren nach § 111p StPO, § 399 II AO zulässig.

Notverkauf
→ Selbsthilfeverkauf.

Notverordnungen
waren → RechtsVOen, die zur Bewältigung einer Notstandssituation von bestimmten Erfordernissen, insbes. der spezialgesetzlichen Ermächtigung und dem Vorrang des formellen Gesetzes, befreit waren (gesetzesvertretende Verordnungen). Notverordnungen konnten also uU auch formelle → Gesetze oder sogar Bestimmungen der → Verfassung ändern oder außer Kraft setzen (zB Suspendierung von → Grundrechten). Das GG enthält im Gegensatz zu Art. 48 WV hierüber keine Bestimmungen. Auch die → Notstandsverfassung soll kein Notverordnungsrecht der BReg. begründen, sondern für den Fall der Verhinderung von BT und BR eine vereinfachte Gesetzgebung durch deren → Gemeinsamen Ausschuss.

Notvertretung
bei Ehegatten → Ehegattennotvertretung.

Notvorstand
→ Verein (1b).

Notweg
Fehlt einem Grundstück die zur ordnungsmäßigen Benutzung notwendige Verbindung mit einem öffentlichen Weg und ist ein entsprechendes Geh- und Fahrtrecht über ein fremdes Grundstück auch nicht durch eine → Dienstbarkeit gesichert, so kann der Grundstückseigentümer, sofern er nicht selbst durch eine willkürliche Handlung die Verbindung unterbrochen hat, von seinen Nachbarn verlangen, dass diese bis zur Herstellung eines Anschlusses

die Benutzung ihrer Grundstücke zum Gehen, Fahren, Verlegen einer Abwasserleitung, u. dgl. dulden. Die Nachbarn, über deren Grundstück der Notweg verläuft, sind durch eine der Überbaurente (→ Überbau) entsprechende Notwegrente zu entschädigen (§§ 917 f. BGB). → Nachbarrecht.

Notwehr
Notwehr ist ein Rechtfertigungsgrund, dh sie beseitigt die → Rechtswidrigkeit. Notwehr ist diejenige Verteidigung, die erforderlich ist, um einen gegenwärtigen, rechtswidrigen Angriff von sich oder einem anderen abzuwenden (§ 227 BGB, § 32 StGB). Das Notwehrrecht dient dem Schutz individueller Rechtsgüter (Schutzprinzip) und zugleich der Durchsetzung der Rechtsordnung (Rechtsbewährungsprinzip).

1. a) Somit sind gesetzliche Voraussetzungen der Notwehr: aa) Es muss ein Angriff vorliegen gegen ein Individualrechtsgut. Dies sind nicht nur Leib oder Leben, sondern zB auch Eigentum und Hausrecht. Nicht ausreichend ist ein Angriff auf ein Kollektivgut, zB die Verkehrssicherheit. Wird nicht der Täter angegriffen, sondern ein Dritter, kann in gleicher Weise Notwehr geübt werden (sog. Nothilfe). bb) Der Angriff muss gegenwärtig, darf also noch nicht beendet sein (Rachehandlung ist keine Notwehr; vgl. → Beendigung); doch genügt, dass er unmittelbar bevorsteht. cc) Rechtswidrigkeit des Angriffs, die auch gegeben ist, wenn der Angreifer schuldlos handelt (infolge Irrtums oder sinnloser Trunkenheit). Dass der Angegriffene den Angriff verschuldet hat, beseitigt dessen Rechtswidrigkeit nicht (s. u. ee). dd) Die Verteidigungshandlung muss erforderlich, dh nach Art und Maß das mildeste zur Verfügung stehende Mittel nutzen, das geeignet ist, den Angriff sicher abzuwehren (sonst Notwehrexzess, s. u. b). Dafür können die Körperkräfte der Beteiligten wesentlich sein, aber auch die Begleitumstände. Wenn es die Kampflage zulässt, muss der Einsatz einer Waffe vorher angekündigt werden (zB Warnschuss). Flucht ist dem Angegriffenen im Allgemeinen nicht zuzumuten, allerdings ist Inanspruchnahme staatlicher Hilfe vorrangig, wenn solche verfügbar ist. Eine Güterabwägung zwischen dem Wert des angegriffenen und des durch die Notwehrhandlung bedrohten Rechtsgutes findet bei der Notwehr im Unterschied zum → Notstand nicht statt (Konsequenz des Rechtsbewährungsprinzips), nicht geboten (s. ee)) ist die Notwehr aber bei extremen Missverhältnis (zB dürfen automatische Anlagen zum Schutz gegen Obstdiebstähle keine schweren Verletzungen verursachen). ee) Die Notwehrhandlung muss geboten sein. Unter diesem Stichwort werden verschiedene sozialethische Einschränkungen des Notwehrrecht zusammengefasst, etwa beim Angriff eines Schuldlosen (zB Geisteskranker, Kind), in engen Garantenverhältnissen (zB unter Ehegatten) oder bei schuldhaft provoziertem Angriff. In diesen Fällen muss vorrangig jede Fluchtmöglichkeit genutzt und sonst möglichst schonend agiert werden (nur „Schutz-“, keine „Trutzwehr“). Hat der Angegriffene die Notwehrlage sogar bewusst provoziert, um unter dem Deckmantel der Notwehr selbst angreifen zu können (sog. Absichtsprovokation), so versagt der Schutz der Notwehrbestimmungen. Der Gedanke der Haftung für die Provokation als actio illicita in causa (= in ihrer Ursache unerlaubte Handlung) braucht dazu nicht herangezogen zu werden. ff) Der Angegriffene muss mit Verteidigungungswillen handeln.

b) Notwehrexzess ist straflos, wenn der Angegriffene aus Verwirrung, Furcht oder Schrecken das zulässige Abwehrmaß überschreitet (§ 33 StGB, sog. intensiver Notwehrexzess); doch steht ihm nur ein Schuldausschließungsgrund zur Seite, er handelt also rechtswidrig, so dass gegen sein Handeln wiederum Notwehr zulässig ist.

c) In Putativ-Notwehr (sog. extensiver Notwehrexzess) handelt, wer die tatsächlichen Voraussetzungen der Notwehr irrtümlich für gegeben hält. Glaubt er, angegriffen zu sein (zB weil sein Gegner im Streit die Hand hebt), oder überschätzt er die Stärke des Angriffs, so gelten nach heute hM für diesen sog. Erlaubnisatbestandsirrtum im Ergebnis die Grundsätze des Tatbestandsirrtums (§ 16 StGB, → Irrtum). Betrifft ein Irrtum die rechtliche Zulässigkeit der Abwehr, so liegt → Verbotsirrtum vor (§ 17 StGB).

2. Der strafrechtliche Begriff der Notwehr ist auch für das bürgerliche Recht maßgebend. Die Notwehr gegenüber einem gegenwärtigen, rechtswidrigen, von einem Menschen ausgehenden (sonst Notstand) Angriff, die erforderlich und geboten ist (Verhältnismäßigkeit), um diesem Angriff zu begegnen, ist nicht rechtswidrig; sie stellt – wegen der Erforderlichkeit sofortiger Abwehr – eine erlaubte Form des Selbstschutzes dar (§ 227 BGB; → Rechtsschutz). Die im Strafrecht entwickelten Begriffe des Überschreitens der erforderlichen Notwehr (Notwehrexzess) oder des fälschlichen Annehmens einer Notwehrlage (Putativnotwehr) gelten gleichfalls entsprechend; in beiden Fällen ist die „Abwehr“ handlung rechtswidrig, führt allerdings nur dann zu einer Verpflichtung zum → Schadensersatz, wenn den Handelnden ein → Verschulden, also mindestens eine leichte Fahrlässigkeit, trifft (anders bei der → Selbsthilfe).

Notwehrexzess
→ Notwehr (1b).

Notwendige Auslagen
→ Kostenerstattungsanspruch, → Kostenpflicht.

Notwendige Streitgenossenschaft
→ Streitgenossenschaft.

Notwendige Teilnahme
→ Teilnahme an einer Straftat.

Notwendige Verteidigung
→ Verteidiger, → Pflichtverteidiger.

Notwendige Verwendungen
→ Verwendungen.

Notwendiges Betriebs-/Privatvermögen
→ Betriebsvermögen (1).

Notzeichen
→ Missbrauch von Notrufen.

Notzucht
Der schon in Art. 119 der → Constitutio Criminalis Carolina von 1532 verwendete Begriff der „Notzucht" bezeichnete im deutschen Strafrecht früher die → Vergewaltigung. In § 177 StGB (heutige Bezeichnung: „→ Sexueller Übergriff; sexuelle Nötigung; Vergewaltigung") wurde er mit dem 4. StrRG vom 23.11.1973, BGBl. 1973 I S. 1725, durch den Begriff der Vergewaltigung ersetzt.

Novation
→ Vertrag (5).

Novel food
→ neuartige Lebensmittel.

Novelle
(Gesetzesnovelle) ist die Änderung oder Ergänzung einer bestehenden gesetzlichen Regelung ohne völlige Neugestaltung der Rechtsmaterie. Sie bedarf der gleichen Form wie die bestehende Norm. Grund für eine Novellierung kann zB das Auftreten einer Gesetzeslücke (vgl. → Auslegung von Gesetzen) oder die Anpassung der gesetzlichen Regelung an veränderte Umstände sein. Umfassende Novellierungen eines Rechtsgebietes, die häufig zur Aufhebung der alten und zum Erlass einer neuen gesetzlichen Regelung führen, werden Reformen genannt.

Novenrecht
→ Verteidigungsmittel, → Berufung.

NSDAP
→ Nationalsozialismus, → nationalsozialistische Kennzeichen.

NTB – nichttarifäre Beschränkungen
nennt man Handelsbeschränkungen, die unter Umgehung der durch → GATT ua internationale Handelsverträge geregelten Handelserleichterungen beschränkend auf den internationalen Handel einwirken sollen. Mittel sind bewusst langsame administrative Abfertigung, gesteigerte administrative Kontrollen – zB mit angeblich oder wirklicher sicherheitstechnischer, gesundheitspolitischer, markenrechtlicher, patentrechtlicher Tendenz –, Einführung technischer Standards, die international schwer einzuhalten sind u. ä. Im Recht der → Europäischen Gemeinschaft deckt sich der Begriff mit dem Verbot mengenmäßiger und ähnlicher Beschränkungen gemäß Art. 28 EGV. Der EuGH verwendet zur Abgrenzung die sog. → Dassonville-Formel. Wegen zulässiger Beschränkungen vgl. → Cassis-Formel und → Keck, Keck & Mithouard.

Nürnberger Gesetze
Nürnberger Gesetze nennt man die auf dem Reichsparteitag der NSDAP am 15.9.1935 in Nürnberg beschlossenen Gesetze. Das „Reichsbürgergesetz" und das „Gesetz zum Schutz des deutschen Blutes und der deutschen Ehre" entzogen Personen, die nicht „deutschen oder artverwandten Blutes" waren, Bürger- und Menschenrechte (zB Verbot der Eheschließung mit Deutschen: „Rassenschande").

Nützliche Verwendungen
→ Verwendungen.

Nuklearkriminalität
→ Sprengstoff- und Strahlungsverbrechen.

nulla poena sine culpa
(keine Strafe ohne Schuld) → Schuldgrundsatz im Strafrecht.

Nullkuponanleihe
→ Zerobond.

„Nullplan"
→ Verbraucherinsolvenzverfahren (1).

Nullregelung
→ Umsatzsteuer (12).

nullum crimen (nulla poena) sine lege
Nach § 1 StGB kann eine Tat nur mit Strafe geahndet werden, wenn ihre Strafbarkeit vor der Begehung gesetzlich bestimmt war (nullum crimen sine lege); nach § 2 I StGB kann aber auch bei Festsetzung der Strafe nur ein zur Tatzeit geltendes Gesetz angewendet werden (nulla poena sine lege). Diese Grundsätze gelten nach §§ 3, 4 OWiG auch für → Ordnungswidrigkeiten. Der erstgenannte Rechtssatz ist bereits in Art. 103 II GG ausdrücklich ausgesprochen. Unzulässig sind die rückwirkende Anwendung des Strafgesetzes sowie die Rechtsanalogie zuungunsten des Beschuldigten (→ Analogie), im Gegensatz zur → Auslegung, die auch zu seinen Ungunsten möglich ist. Als Gesetz ist auch eine gesetzesvertretende, auf Ermächtigung beruhende Rechtsverordnung anzusehen, nicht dagegen Gewohnheitsrecht (→ Recht); allgemeine Regeln des Völkerrechts sind Bestandteil des Bundesrechts (Art. 25 GG). Tatbestand und Strafdrohung müssen so bestimmt sein, dass die Tatmerkmale und der Strafrahmen keiner willkürlichen Auslegung oder dem freien Ermessen des Richters zugänglich sind; doch sind relativ unbestimmte Strafen zulässig (weite Strafrahmen). Ob das Rückwirkungsverbot eingreift, entscheidet sich nach dem letzten Zeitpunkt der Tat; maßgebend ist der Abschluss der Tathandlung, beim → Dauerdelikt also der letzte Teilakt, nicht der Eintritt des Erfolgs (§ 8 StGB; das Opfer stirbt lange Zeit nach der Tat). Bei Gesetzesänderungen zwischen Tatzeit und Aburteilung ist das mildeste Gesetz anzuwenden (§ 2 III StGB). Welches das mildere ist, kann zweifelhaft sein. Maßgebend ist, welche Bestimmung im Einzelfall die mildeste

Verurteilung nach Tatbestand und Strafdrohung zulässt (→ konkrete Betrachtungsweise). Auch blankettausfüllende Normen (→ Blankettgesetz), zB die StVO, sind zu berücksichtigen.

Ausnahmen gelten: a) für Zeitgesetze, dh solche, die ihrem Inhalt nach nur für bestimmte Zeit erlassen sind; sie sind auf die in diese Zeit fallenden Taten auch nach Außerkrafttreten des Gesetzes anzuwenden (§ 2 IV StGB), und b) für die → Maßregeln der Besserung und Sicherung, wenn gesetzlich nichts anderes bestimmt ist (§ 2 VI StGB); die Entscheidung über diese richtet sich nach dem bei Urteilsfällung geltenden Gesetz, weil sie als vorbeugende Maßregeln in die Zukunft gerichtet sind.

numerus clausus
(= geschlossene Zahl) ist die Beschränkung des Zugangs zu einem Beruf, Gewerbe, Studium oder sonstigen Berufsausbildung durch Festsetzung einer bestimmten Zahl der zuzulassenden Bewerber. Der numerus clausus verstößt grundsätzlich gegen Art. 12 I 1 GG, wonach alle Deutschen das Recht haben, Beruf, Arbeitsplatz und Ausbildungsstätte frei zu wählen (→ Beruf, Ausbildungsstätte). Der Zugang zu einem Beruf (Berufswahl und Berufsaufnahme) darf deshalb grundsätzlich nur von subjektiven Zulassungsbedingungen abhängig gemacht werden (zB Zuverlässigkeit, Vorbildung, Ausbildung u. ä. persönliche Voraussetzungen), nicht dagegen von einer Bedürfnisprüfung. Die Zulassung zu einem Gewerbe nur bis zu einer bestimmten Zahl von Gewerbetreibenden nach den bestehenden Bedürfnissen ist idR verfassungswidrig (so entschieden zB für Mietwagenunternehmer, Apotheken, Gaststätten, Metallhandel, Pfandleihgewerbe). Ebenso darf die Zulassung zu einer Hochschule nicht zahlenmäßig beschränkt werden, etwa um einer Überfüllung bestimmter Berufe zu steuern. Nach BVerfG Urt. v. 18.7.1972, BVerfGE 33, 303 ff. ergibt sich aus Art. 12 I 1 GG iVm dem allgemeinen Gleichheitssatz und dem Sozialstaatsprinzip ein Recht auf Zulassung zum Hochschulstudium, das aber gesetzlich einschränkbar ist. Absolute Zulassungsbeschränkungen für Studienanfänger einer bestimmten Fachrichtung sind nur verfassungsmäßig, wenn sie in den Grenzen des unbedingt Erforderlichen unter erschöpfender Nutzung der vorhandenen Ausbildungskapazitäten angeordnet werden und wenn Auswahl und Verteilung der Bewerber nach sachgerechten Kriterien mit einer Chance für jeden an sich hochschulreifen Bewerber und unter möglichster Berücksichtigung der individuellen Wahl des Ausbildungsortes erfolgen. Die Vergabe der → Studienplätze ist im → Hochschulzulassungsrecht im Einzelnen geregelt.

Nuntius
ist der im Range einem → Botschafter entsprechende → Diplomat des → Heiligen Stuhles, der wie in Deutschland, Österreich und einer Reihe anderer Staaten zugleich der → Doyen des → Diplomatischen Korps ist. Ein Diplomat des Heiligen Stuhles im Botschafterrang, der nicht zugleich Doyen ist, wird Pronuntius genannt; dem Gesandten entspricht der Internuntius.

Nur-Notar
→ Notar.

Nutri-Score
→ Nährwertangaben.

Nutzlose Aufwendungen
→ Schadenersatz (2b).

Nutznießung
→ Nießbrauch, → Pacht.

Nutztierhaltung
Die Tierschutz-NutztierhaltungsVO (TierSchNutztV) idF v. 22.8.2006 (BGBl. 2006 I 2043) mÄnd bestimmt die Anforderungen an Haltungseinrichtungen sowie Versorgung und Kontrolle der Nutztiere. Die VO betrifft alle landwirtschaftlichen Nutztiere (insbes. Kälber, Schweine, Hühner und → Pelztiere) und warmblütigen Wirbeltiere (zB Büffel oder Strauß), die zur Erzeugung tierischer Produkte gehalten werden. Die TierSchNutztV regelt zB Gruppenhaltung und Halteeinrichtungen (etwa den umstrittenen Kastenstand) für Sauen. Sa → Aufstallungspflicht, → invasive gebietsfremde Arten (3).

Nutzungen
→ Früchte.

Nutzungsausfall
→ Schadensersatz (3).

Nutzungsberechtigungen
Im Gebiet der ehem. DDR konnten Grundstücke durch Vertrag zum Zwecke der kleingärtnerischen Nutzung, Erholung und Freizeitgestaltung überlassen werden (§§ 312 ff. ZGB). Diese der → Pacht ähnlichen Nutzungsberechtigungen gelten fort (Art. 232 § 4 EGBGB; NutzungsentgeltVO v. 22.7.1993, BGBl. 1993 I 1339, mÄnd; für → Kleingärten s. iE dort). Auf Grund von Nutzungsberechtigungen errichtete Wochenendhäuser und andere Baulichkeiten gelten nicht als → Bestandteile des Grundstücks (Art. 231 § 5 EGBGB); sie sind also – ähnlich einem Scheinbestandteil – als bewegliche Sache zu übertragen (→ Eigentumsübertragung, 2). Grundstückseigentümer und Nutzer haben Anspruch auf Bestellung eines (auf 30 Jahre befristeten) → Erbbaurechts gegen ermäßigtes Entgelt (Art. 2 des SchuldRÄndG v. 21.9.1994, BGBl. 1994 I 2538). Zur Anpassung von Grundstücksüberlassungsverträgen → Mietvertrag (1c).

Zu unterscheiden von den Nutzungsberechtigungen (und auch von den andersartigen → Mitbenutzungsrechten) sind die dinglichen Nutzungsrechte nach §§ 287 ff. ZGB. Diese ähneln dem → Erbbaurecht und konnten an volkseigenen und genossenschaftlichen

Grundstücken begründet werden. Sie gelten fort und werden auch ohne Eintragung im Grundbuch von dessen öffentlichem Glauben nicht erfasst (Art. 233 §§ 3, 4 EGBGB). Über das Eigentum an einem auf Grund eines solchen Nutzungsrechts errichteten Gebäude → Gebäudeeigentum. Zur Anpassung der Rechtsverhältnisse an das BGB (samt Nebengesetzen) steht dem Nutzer grds. ein Wahlrecht zwischen einem Anspruch auf Bestellung eines → Erbbaurechts (gegen Zahlung der Hälfte des üblichen Erbbauzinses) und einem Anspruch auf Ankauf des Grundstückes zum halben Verkehrswert zu; die Ansprüche sind in einem notariellen Vermittlungsverfahren geltend zu machen (SachenrechtsbereinigungsG v. 21.9.1994, BGBl. 1994 I 2457).

Nutzungsentgelt
→ Straßenverkehrshaftung, → Nutzungsberechtigungen.

Nutzungsentschädigung
Nutzungsausfallentschädigung bei einem Kfz → Schadensersatz (3); nach Beendigung des Mietverhältnisses → Mietvertrag (3).

Nutzungsherausgabe
→ Eigentumsherausgabeanspruch.

Nutzungspfand
(Antichrese). Die Bestellung eines → Pfandrechts an einer Sache berechtigt den Pfandgläubiger idR nicht dazu, ihre Nutzungen (→ Früchte) zu ziehen. Dies kann aber bei Pfandbestellung vereinbart werden; bei einer von Natur fruchttragenden Sache, zB einer Milchkuh, ist auch ohne Vereinbarung im Zweifel ein Nutzungsrecht anzunehmen (§ 1213 II BGB). Der nutzungsberechtigte Gläubiger ist verpflichtet, für die Gewinnung der Nutzungen zu sorgen, und muss darüber Rechenschaft ablegen; der Reinertrag ist auf die geschuldete Leistung, die durch das Pfandrecht gesichert wird, anzurechnen, und zwar zunächst auf etwa zu zahlende Kosten und Zinsen (§ 1214 BGB).

Nutzungsrecht, urheberrechtliches
Das urheberrechtliche Nutzungsrecht (Lizenz) ist das vom Urheber (→ Urheberrecht) eingeräumte Recht, das Werk auf einzelne (auch räumlich, zeitlich oder inhaltlich beschränkte) oder alle Nutzungsarten zu nutzen (→ Lizenzvertrag § 31 Abs. 1 UrhG). Davon macht der Urheber Gebrauch, wenn er nicht willens oder in der Lage ist, seine → Verwertungsrechte selbst (z. B. durch Verbreitung, Ausstellung, Aufführung) zu nutzen. Nutzungsrechte können eingeräumt werden: 1. zur Wahrnehmung, d. h. wenn der Erwerber (zB ein Bühnenvertrieb, die → GEMA) das Werk nicht selbst verwertet, sondern das Recht dazu mit Zustimmung des Urhebers auf andere weiter überträgt, 2. zur unmittelbaren Nutzung durch den Erwerber (z. B. räumt der Autor dem Verleger das Vervielfältigungs- und Verbreitungsrecht ein). Man unterscheidet zwischen dem einfachen Nutzungsrecht (einfache Lizenz), bei dem der Erwerber das Werk auf die bestimmte ihm erlaubte Art nutzen darf, ohne dass eine Nutzung durch andere ausgeschlossen ist (§ 31 Abs. 2 UrhG), und dem ausschließlichen Nutzungsrecht (ausschließliche Lizenz), bei dem der Erwerber das Werk unter Ausschluss anderer Personen – mangels abweichender Vereinbarung auch des Urhebers – auf die ihm erlaubte Art nutzen und selbst Nutzungsrechte einräumen darf (§ 31 Abs. 3 UrhG). Die Einräumung (künftiger, im Zeitpunkt der Einräumung noch) unbekannter Nutzungsrechte bedarf der Schriftform (§ 31a UrhG, → Form). Die Weiterübertragung des Nutzungsrechts erfordert die Zustimmung des Urhebers, die nicht wider → Treu und Glauben verweigert werden darf (§ 34 Abs. 1 UrhG).

Der Urheber hat für die Einräumung von Nutzungsrechten Anspruch auf die vertraglich vereinbarte, sonst auf die angemessene Vergütung. Angemessen kann eine Vergütung sein, wenn sie den gemeinsam von Verbänden der Urheber und der Nutzer (auch durch eine Schlichtungsstelle) aufgestellten Vergütungsregeln oder dem entspricht, was im Geschäftsverkehr nach Art, Umfang, Dauer und Zeitpunkt der Nutzung üblicher- und redlicherweise zu leisten ist. Ist die vereinbarte Vergütung danach nicht angemessen oder steht sie (insbes. nachträglich) in einem auffälligen Missverhältnis zu den Erträgen und Vorteilen aus der Nutzung, so kann der Urheber die Einwilligung des Nutzers in eine entsprechende Änderung des Vertrags verlangen (§§ 32 ff., 36 f. UrhG). Entsprechendes gilt bei der Aufnahme einer neuen Nutzungsart (§ 32c UrhG).

Ein Rückrufsrecht steht dem Urheber zu, wenn der ausschließlich Nutzungsberechtigte das Recht nicht oder unzureichend nutzt und dadurch berechtigte Interessen des Urhebers erheblich verletzt (§ 41 UrhG), ferner wenn das Werk (z. B. die in einem Schriftwerk vertretenen Anschauungen) nicht mehr der Überzeugung des Urhebers entspricht und ihm deshalb die Verwertung nicht mehr zugemutet werden kann (§ 42 UrhG).

Nutzungsvergütungen
→ außerordentliche Einkünfte.

O

O.-R.-Geschäft
→ Ohne-Rechnung-Geschäft.

Obdachlose
Die Bekämpfung der Obdachlosigkeit gehört zu den Aufgaben der → Ordnungsbehörden oder der Verwaltungspolizei (→ Polizei), da der Obdachlose eine Störung der öffentlichen Sicherheit und Ordnung bedeutet; er ist → Störer iS des Polizeirechts. Obdachlosigkeit liegt nur vor, wenn die betreffende Person keinerlei Unterkunft hat, nicht schon dann, wenn diese nur unzureichend ist. Die Zulässigkeit von Maßnahmen bei Obdachlosigkeit bestimmt sich nach Landesrecht. Die Behörde muss zunächst versuchen, den Obdachlosen in behördeneigenen (oder von ihr angemieteten) Räumen unterzubringen. Nur wenn dies nicht möglich ist (→ Notstand 3), kann sie den Obdachlosen im Wege einer Einweisungsverfügung zwangsweise in den Räumen Dritter unterbringen. Die Einweisung darf nur so lange dauern, wie die Behörde keine anderweitige Unterkunft verschaffen kann. Während der Einweisungszeit hat der in Anspruch genommene Wohnungseigentümer einen Anspruch auf Entschädigung. Allgemein ist anerkannt, dass der frühere Mieter zur Vermeidung drohender und anders nicht abwendbarer Obdachlosigkeit auch in die zwangsgeräumte Wohnung wieder eingewiesen werden kann.

Obduktion
→ Leichenschau, -öffnung; → Sektion.

Oberbergamt
Aufsichts- und Verwaltungsbehörde für den Bereich der knappschaftlichen Sozialversicherung. Die Aufgaben wurden auf die Bezirksregierungen übertragen.

Oberbesitzer
→ Besitz.

Oberbürgermeister
ist nach den Gemeindeordnungen der Länder idR die Amtsbezeichnung nur für die → Bürgermeister der → kreisfreien Städte, mitunter auch für Bürgermeister Großer Kreisstädte oder großer kreisangehöriger Städte (so in Bayern und Rheinland-Pfalz). Über Rechtsstellung und Aufgaben des Oberbürgermeisters vgl. → Gemeindeverfassung.

Oberbundesanwalt
war die frühere Bezeichnung des → Vertreters des Bundesinteresses beim → Bundesverwaltungsgericht.

Oberhaus
(Vereinigtes Königreich) → House of Lords.

Oberkreisdirektor
hieß früher in Niedersachsen und Nordrhein-Westfalen der leitende Beamte des → Kreises (Landkreises); sa → Oberstadtdirektor.

Oberlandesgericht
Oberlandesgericht ist das → ordentliche Gericht, das im Gerichtsaufbau über dem → Landgericht und unter dem → Bundesgerichtshof steht. Beim OLG sind Senate als Spruchkörper gebildet, in erster Linie Zivil- und Strafsenate (§ 116 GVG). Sie sind mit einem Vorsitzenden Richter und Richtern am OLG besetzt und entscheiden grundsätzlich in der Besetzung von 3 Richtern (§ 122 GVG; zT auch durch den → Einzelrichter, §§ 526, 527 ZPO, oder 1 Richter, § 80a OWiG; in erstinstanzlichen Strafsachen in der Hauptverhandlung und bei Abschlussentscheidungen: 5 Richter). Das OLG ist zuständig: in bürgerlichen Rechtsstreitigkeiten für Berufungen und Beschwerden gegen Urteile und Beschlüsse des → Landgerichts und des → Amtsgerichts in → Familiensachen (mit Ausnahme der Betreuungs- und Freiheitsentziehungssachen, → Landgericht); in Strafsachen hauptsächlich für die → Revision gegen die Berufungsurteile des Landgerichts, ferner für die → Sprungrevision gegen amtsgerichtliche Urteile sowie für die Beschwerde gegen Beschlüsse des Landgerichts (§ 121 GVG). Im ersten Rechtszug entscheidet insbes. in bestimmten politischen Strafsachen das OLG, das im Bezirk einer LdReg. seinen Sitz hat (§ 120 GVG). Einige Oberlandesgerichte haben an anderen Standorten als ihrem Sitz sog. Außensenate (zB OLG München in Augsburg, OLG Karlsruhe in Freiburg). Das hat meist historische Gründe, da sich an diesen Außenstandorten vormals eigenständige, mittlerweile aufgelöste Oberlandesgerichte befunden haben. In Berlin heißt das OLG → „Kammergericht“. Nicht zu verwechseln ist das OLG mit einem obersten Landesgericht (→ Bayerisches Oberstes Landesgericht).

Oberschrift
→ Form (1a).

Oberschule
ist in Bremen, Brandenburg und Sachsen eine neben den → Gymnasien bestehende weiterführende Schule, die zT → Realschulen und → Hauptschulen integrieren und bis zum Abitur (→ Allgemeine Hochschulreife) führen können (sa → Schulwesen, 3, und → Mittelschule).

Oberstadtdirektor
war früher die Bezeichnung des → Stadtdirektors (Gemeindedirektors) in → kreisfreien Städten Niedersachsens und Nordrhein-Westfalens (→ Gemeindeverfassung 2a).

Oberste Bundesbehörden
sind alle → Behörden des Bundes, die keiner anderen Behörde nachgeordnet sind. Oberste Bundesbehörden sind insbes. die Bundesministerien (→ Bundesminister) und der Bundesrechnungshof (§ 1 II G über die Errichtung

und Aufgaben des Bundesrechnungshofes). Die obersten Bundesbehörden haben nur zum Teil einen eigenen Verwaltungsunterbau (eigene Mittel- und Unterbehörden), nämlich die Bundesfinanzverwaltung, der Auswärtige Dienst und die Bundeswehrverwaltung (vgl. Ausführung von Gesetzen). Zum Teil sind für Angelegenheiten, für die dem Bund die Gesetzgebung zusteht, selbständige → Bundesoberbehörden oder bundesunmittelbare Körperschaften und Anstalten des öffentl. Rechts geschaffen worden.

Oberste Gerichtshöfe
des Bundes (früher: obere Bundesgerichte) sind die auf Grund des Art. 95 GG errichteten höchsten Gerichte der → ordentlichen Gerichtsbarkeit (→ Bundesgerichtshof), der → Arbeitsgerichtsbarkeit (→ Bundesarbeitsgericht), der → Verwaltungsgerichtsbarkeit (→ Bundesverwaltungsgericht), der → Finanzgerichtsbarkeit (→ Bundesfinanzhof) und der → Sozialgerichtsbarkeit (→ Bundessozialgericht). Ihnen obliegt hauptsächlich die Nachprüfung der Entscheidungen nachgeordneter Gerichte (meist nur) unter rechtlichen Gesichtspunkten im Revisionsrechtszug. Die Entscheidungen der obersten Gerichtshöfe werden in Auswahl in amtlichen Sammlungen veröffentlicht. Zur Wahrung der Einheitlichkeit der Rechtsprechung besteht der → Gemeinsame Senat.

Oberste Landesbehörden
→ Verwaltungsbehörden (2a).

Oberste Verwaltungsbehörden
→ Verwaltungsbehörden (Aufbau).

Oberstes Bundesgericht
Seine Errichtung war früher im Art. 95 I GG zur Wahrung der Einheit des Bundesrechts vorgesehen. Statt seiner wurde durch Gesetz v. 19.6.1968 (BGBl. 1968 I 661) der → Gemeinsame Senat der obersten Gerichtshöfe eingerichtet.

Oberversicherungsamt
Staatliche Mittelbehörden mit Aufsichts- und Verwaltungsaufgaben im Bereich der → Sozialversicherung bestehen in Bayern, Bremen, Nordrhein-Westfalen, Rheinland-Pfalz, Schleswig-Holstein. In den übrigen Ländern wurden die Aufgaben besonderen Landesaufsichtsämtern, den Regierungspräsidenten oder den Senatsverwaltungen für Arbeit übertragen. Hauptaufgaben des Oberversicherungsamtes war die Entscheidung über Satzung, Dienstordnung und Stellenplan der landesunmittelbaren gesetzlichen → Krankenkassen sowie über deren Errichtung, Vereinigung, Schließung und Auflösung, Entscheidung über Widersprüche gegen Verwaltungsakte der → Versicherungsämter (§ 90 II SGB IV). Für den Bereich der knappschaftlichen Sozialversicherung war das → Oberbergamt (Bergamt, Landesbergamt) zuständig.

Oberverwaltungsgericht
Oberverwaltungsgericht (OVG) ist die gerichtliche Mittelinstanz der → Verwaltungsgerichtsbarkeit. Die OVG werden durch Landesgesetz errichtet. Das OVG besteht aus dem Präsidenten, den Vorsitzenden Richtern und weiteren Richtern. Beim OVG werden Senate gebildet, die idR in der Besetzung von 3 Richtern entscheiden. Das Landesrecht kann eine Besetzung mit 5 Richtern vorsehen, von denen 2 auch → ehrenamtliche Richter sein können. In den Fällen der erstinstantiellen Zuständigkeit kann auch vorgesehen werden, dass die Senate in der Besetzung mit 5 Berufsrichtern und 2 ehrenamtlichen Richtern entscheiden. Das OVG entscheidet über die Berufung gegen Urteile und die Beschwerde gegen andere Entscheidungen des → Verwaltungsgerichts, nach § 145 VwGO auch über die Revision. Im ersten Rechtszug entscheidet das OVG in Streitigkeiten über technische Großvorhaben (Katalog in § 48 I VwGO, insbes. Atomanlagen, Kraftwerke, Freileitungen, größere Abfallverbrennungs- oder Zersetzungsanlagen, Flughäfen, Planfeststellungsverfahren für den Bau und die Änderung neuer Strecken von Straßen-, Magnetschwebe- und von öffentlichen Eisenbahnen, für Bau und Änderung von Bundesfernstraßen sowie für den Neu- oder Ausbau von Bundeswasserstraßen) und ferner entscheidet das Oberverwaltungsgericht erstinstantiell über Vereinsverbote nach § 3 II Nr. 1 → Vereinsgesetz, soweit nicht jeweils die erstinstantielle Zuständigkeit des → Bundesverwaltungsgerichts gegeben ist. In diesen Verfahren sind Aufrechterhaltung und Wiederherstellung der → sofortige Vollziehung erleichtert.

In diesen Fällen kann das Landesrecht auch vorsehen, dass das OVG mit 5 Berufsrichtern und 2 ehrenamtl. Richtern besetzt ist (§ 9 III VwGO). Nach § 47 VwGO ist das OVG zur → Normenkontrolle über Satzungen und bestimmte Rechtsverordnungen nach dem Baugesetzbuch sowie nach Maßgabe des Landesrechts auch anderer im Range unter dem Gesetz stehender Rechtsvorschriften berufen (→ Verwaltungsstreitverfahren). In Baden-Württemberg, Bayern und Hessen führt das OVG die historische Bezeichnung „Verwaltungsgerichtshof" (VGH).

Obhut
Obhut ist der fürsorgende Schutz für Menschen, Tiere und Sachen. Das Jugendamt kann eine → Inobhutnahme von Kindern und Jugendlichen veranlassen, und sie in den Schutz einer Pflegefamilie oder eines Heimes geben. Die Obhut über ein Kind ist Voraussetzung für die Geltendmachung von → Unterhaltsvorschuss. Für die Geltendmachung von → Kindesunterhalt kommt es auf die Frage, welcher Elternteil das Kind in Obhut hat, im Ergebnis nicht mehr an (→ Elterliche Sorge 3.) Das → Aussetzen von Tieren aus der Obhut der Menschen ist verboten. Die → Verletzung der

Obhutspflicht ist ein Straftatbestand. Der Beförderer haftet für in seine Obhut gegebenes → Reisegepäck, der Gastwirt für die Sachen des Gastes im Rahmen der → Beherbergung, der → Spediteur des in seiner Obhut befindlichen Gutes.

Obhutspflicht, Verletzung der –
In § 225 StGB ist im Regelfall mit Freiheitsstrafe von 6 Monaten bis zu 10 Jahren bedroht, wer wegen Gebrechlichkeit oder Krankheit Wehrlose oder Jugendliche unter 18 Jahren, die seiner Obhut unterstehen, vorsätzlich quält oder roh misshandelt oder durch böswillige Vernachlässigung seiner Sorgepflicht an der Gesundheit schädigt. Die Strafbarkeit setzt das Bestehen eines Schutzverhältnisses voraus, das den Täter auf Grund Gesetzes, Vertrags oder einer behördlichen Maßnahme (zB Anstaltseinweisung) zur Fürsorge oder Obhut verpflichtet, oder dass ihm der Betroffene von einem zur Fürsorge Verpflichteten (zB Vormund) zu diesem Zweck überlassen oder dass er dem Täter durch ein Dienst(Arbeits)verhältnis untergeordnet ist oder dass er dessen Hausstand angehört.

Das Vernachlässigen eines noch nicht 16-Jährigen durch gröbliche Verletzung der Obhutspflicht ist, wenn dadurch die körperliche oder psychische Entwicklung des Schutzbefohlenen erheblich gefährdet wird oder dieser in Gefahr gerät, in Kriminalität oder Prostitution abzugleiten, nach § 171 StGB mit Freiheitsstrafe bis zu 3 Jahren oder Geldstrafe zu ahnden. Sa → Aussetzung Hilfloser.

Über Schadensersatz bei Verletzung der Obhutspflicht → unerlaubte Handlung (3).

obiter dictum
(beiläufig bemerkt) → Divergenz gerichtlicher Entscheidungen.

Objektiv fremdes Geschäft
→ Geschäftsführung ohne Auftrag.

Objektive Bedingungen der Strafbarkeit
→ Bedingungen der Strafbarkeit.

Objektive Zurechnung
In der strafrechtlichen Dogmatik der → Erfolgsdelikte hat die Lehre von der objektiven Zurechnung (grundlegend Roxin, Strafrecht All. Teil I, § 11) weitgehende Anerkennung im Schrifttum gefunden. Sie ergänzt die allgemeinen objektiven Tatbestandsvoraussetzungen dieser Delikte, nämlich dass der Täter durch seine Handlung (→ Handlungsbegriff) kausal (→ Kausalität) den im Tatbestand vorausgesetzten Erfolg herbeigeführt haben muss, um eine zusätzliche Wertungsebene. Über sie soll die unstreitig zu große Reichweite der Straftatbestände sinnvoll begrenzt werden, was das Kausalitätserfordernis allein nicht ausreichend ermöglicht (objektiv kausal beigetragen zu einem Mord haben zB auch alle direkten Vorfahren des Mörders). Im Rahmen der objektiven Zurechnung sollen deshalb Konstellationen ausgeschieden werden, in denen der Täter einen Erfolg zwar verursacht hat, ihm dieser aber trotzdem nicht als „sein Werk" zugerechnet werden kann. Dazu hat die Lehre eine Reihe von im Einzelnen streitigen Fallgruppen entwickelt, in denen eine Zurechnung zu verneinen sein kann. Zu ihnen gehören insb. die Fälle des sog. erlaubten Risikos (der Täter hat sozialadäquat gehandelt) und der Risikoverringerung, der objektiven Unvorhersehbarkeit des Erfolgs, des außerhalb des Schutzbereichs der verletzten Norm liegenden Erfolgs sowie des Dazwischentretens einer anderen Person (des Opfers oder eines Dritten). Praktische Bedeutung haben dabei insb. die Fälle der Mitwirkung des Täters an bewusst oder gar gezielt zu einer → Selbstgefährdung oder -schädigung führenden Handlungen des Opfers (zB Drogenkonsum, „Mutproben", Suizid), bei denen sich die Straflosigkeit allerdings ohnhin aus der Dogmatik der → Teilnahme an einer Straftat herleiten lässt und auch in der Rechtsprechung allgemein anerkannt ist. Die sog. → Fremdgefährdung wird dagegen nach hM nach den Regeln der → Einwilligung des Verletzten behandelt. Einige der genannten Fallgruppen stammen aus der Dogmatik der → Fahrlässigkeitsdelikte. Ihre Bedeutung auch für → Vorsatzdelikte zu postulieren bildet den eigentlichen Kern der Lehre von der objektiven Zurechnung. In der Rechtsprechung hat sie sich bislang nicht durchgesetzt. Die dort favorisierte Lösung vieler problematischer Konstellationen im Rahmen der Prüfung des Vorsatzes, insb. die Anerkennung vorsatzausschließender Irrtümer über den Kausalverlauf, gelangt jedoch weitgehend zu ähnlichen Ergebnissen.

Objektives Recht
→ Recht (1a).

Objektives Verfahren
Als „objektives Verfahren" wird ein Strafverfahren bezeichnet, das nicht auf die Verurteilung eines bestimmten Beschuldigten (subjektives Verfahren), sondern auf andere aus Anlass einer Straftat zulässige strafrechtliche Maßnahmen gerichtet ist. Die StPO kennt als solche das → Sicherungsverfahren (§§ 413 ff. StPO), das durchgeführt werden kann, wenn der Beschuldigte zur Tatzeit schuldunfähig war und daher nicht bestraft werden kann oder wenn er verhandlungsunfähig ist und wenn bestimmte freiheitsentziehende → Maßregeln der Besserung und Sicherung (dort 10) zu erwarten sind; ferner das auf → Einziehung gerichtete objektive Verfahren (§§ 435 ff. StPO) in Fällen, in denen ein bestimmter Beschuldigter, etwa weil er flüchtig ist, nicht verfolgt werden kann, in denen aber eine solche Maßnahme angeordnet werden soll. Entsprechendes gilt im → Bußgeldverfahren (§ 27 OWiG).

Objektsteuern
lasten auf einzelnen Gegenständen und werden bei demjenigen erhoben, dem diese Ge-

genstände zuzurechnen sind. Die persönlichen Verhältnisse, insbes. die Leistungsfähigkeit des Steuerschuldners, werden nicht berücksichtigt. Objektsteuern werden auch als → Realsteuern bezeichnet. Zu ihnen gehören die → Grundsteuer und die → Gewerbesteuer (§ 3 II AO). → Zurechnung.

Obliegenheit
In einem → Schuldverhältnis kann neben der Schuld der einen oder beider Seiten (→ gegenseitiger Vertrag) auch eine Pflicht des Gläubigers zur Mitwirkung bei der Erfüllung des Schuldverhältnisses bestehen (zB die Pflicht bei Bestellung eines Porträts, dem Maler Modell zu stehen). Diese Mitwirkungspflicht ohne eigentlichen Schuldcharakter wird Obliegenheit genannt. Ebenso besteht für einen Geschädigten (→ Schadensersatz) die Obliegenheit, den → Schaden so gering wie möglich zu halten. Bei Verletzung einer Obliegenheit gelten die Grundsätze über das → Mitverschulden. Obliegenheit des Versicherungsnehmers gibt es bes. häufig im Versicherungsrecht; bei deren Nichterfüllung, zB von Anzeigepflichten, drohen Rechtsnachteile (→ Versicherungsvertrag, 4, → Schadensversicherung). S. ferner → positive Vertragsverletzung.

obligatio
(lat.) → Schuldverhältnis. Obligatio ex contractu ist ein Schuldverhältnis aus → Vertrag (Rechtsgeschäft), obligatio ex delicto ein Schuldverhältnis aus → unerlaubter Handlung, obligtio ex lege ein Schuldverhältnis kraft Gesetzes, zB aus → ungerechtfertigter Bereicherung, → Geschäftsführung ohne Auftrag.

Obligation
→ Schuldverhältnis. Im Wertpapierrecht wird unter Obligation eine Schuldverschreibung verstanden (→ Inhaberschuldverschreibung).

Obligatorischer Vertrag
→ Vertrag (4).

Obligo
= Verbindlichkeit (→ Schuldverhältnis). Sa → ohne Obligo.

Observanz
(im Verwaltungsrecht) ist öffentliches → Gewohnheitsrecht von örtlich begrenzter Geltung. Es wird auch als Herkommen bezeichnet. Observanz kommt hauptsächlich im gemeindlichen Bereich auf dem Gebiet der Verteilung öffentlicher Rechte und Lasten vor (zB Nutzungsrechte; Bau- und Unterhaltspflichten im Wasser- und Wegerecht). Wie jedes Gewohnheitsrecht unterliegt eine Observanz der Aufhebung oder Änderung durch das positive Recht. Neubildung von Observanzen ist zwar möglich, aber praktisch selten.

Observation
ist die länger andauernde, heimliche Beobachtung von Personen oder Objekten durch Polizeibehörden (→ Polizei) oder → Nachrichtendienste. Die Zulässigkeit einer Observation wird für die Polizeibehörden zur Gefahrenabwehr aus der → polizeilichen Generalklausel hergeleitet, soweit nicht eine gesetzl. Regelung wie zB in Art. 33 BayPAG idF v. 14.9.1990 (GVBl. 1990, 397) mÄnd besteht, zur Strafverfolgung aus §§ 161, 163 I StPO bei kurzfristiger Observation. Längerfristige Observation zur Strafverfolgung setzt eine Straftat von erheblicher Bedeutung voraus und erfordert eine Anordnung der StA, die bei Gefahr im Verzug auch deren → Ermittlungspersonen treffen können (§ 163 f StPO). Sa → Datenerhebung, → Einsatz technischer Mittel, → nachrichtendienstliche Mittel, → Polizeiliche Beobachtung. Über die Grenzen der BRep. hinaus ist eine Observation nur auf Grund eines zwischenstaatlichen Vertrages zulässig, so unter den Voraussetzungen des Art. 40 des Durchführungsübereinkommens zum → Schengener Übereinkommen.

Obsoleszenz
ist das Veralten eines Produkts infolge begrenzter Haltbarkeit, neuer Konkurrenzprodukte oder technischen Fortschritts. Eine kurze Nutzungsdauer zwingt der Erwerber zu baldiger Ersatzbeschaffung und steigert damit den Umsatz. Eine bewusst gesteuerte (sog. geplante) Obsoleszens (zB für den Verbraucher nicht erkennbare geringe Haltbarkeit von Teilen eines Produkts) kann Rechtsfragen (Gewährleistung, Strafbarkeit) aufwerfen.

Obsterzeugnisse
→ Lebensmittel, → Fruchtsäfte, → Gemeinsame Agrarpolitik, → Vermarktungsnormen, → Schulobst. Zur Abgabe an den Verbraucher in Kleinmengen s. → Lebensmittel- und Futtermittelhygiene (1).

Obstruktion
wird eine radikale Form der → Opposition genannt. Die Obstruktion ist dadurch gekennzeichnet, dass eine parlamentarische Minderheit ihre gegensätzliche Auffassung gegenüber der Mehrheit oder der Regierung nicht mittels sachlicher Opposition durch die Kraft der Überzeugung, sondern durch exzessive und unsachliche Ausnutzung aller nach der Verfassung und der Geschäftsordnung des Parlaments möglichen Mittel (Redezeit, Herbeiführen der Beschlussunfähigkeit usw) durchzusetzen sucht.

Obstruktionsverbot
→ Insolvenzplan.

OCCV
→ europäische zentrale Fachbehörden.

Ochlokratie
ist nach der altgriechischen Staatslehre die Entartungsform der → Demokratie, in welcher der Pöbel die Staatsgewalt an sich gerissen hat.

Oderkonto
ist ein Bankkonto, über das mehrere Personen zeichnungs- und verfügungsberechtigt sind; jeder Berechtigte kann selbständig verfügen

(anders dagegen beim → Undkonto). Bei einem Ehegattenarbeitsverhältnis (→ Mitarbeit des Ehegatten) steht ein Oderkonto der steuerlichen Anerkennung nicht entgegen (BVerfG 7.11.1995, BStBl. II 1996, 34).

Oder-Neiße-Linie
Im → Potsdamer Abkommen wurden die Gebiete östlich der Oder und der Lausitzer Neiße polnischer Verwaltung unterstellt. Die völkerrechtliche Bedeutung dieser Grenzziehung war zunächst umstritten. Während die Ostblockstaaten die Auffassung vertraten, die Grenzziehung sei endgültig, wurde in der westlichen Völkerrechtswissenschaft zT angenommen, dass nur eine vorläufige Grenzziehung gewollt war. Die ehem. DDR hat die Oder-Neiße-Linie als endgültige Westgrenze Polens anerkannt. In den → Ostverträgen der BRep. mit der Sowjetunion und Polen von 1970 wurde die Oder-Neiße-Linie als westliche Staatsgrenze der Volksrepublik Polen bezeichnet. Die → Abschließende Regelung in Bezug auf Deutschland sah die völkerrechtliche Bestätigung der Oder-Neiße-Linie durch Deutschland und Polen vor; sie ist inzwischen erfolgt.

ODR
(Abk. für Online-Dispute-Resolution) → Legal Tech.

OECD (Organization for Economic Cooperation and Development)
Auf Grund des Übereinkommens über die Organisation für wirtschaftliche Zusammenarbeit und Entwicklung (OECD) v. 14.12.1960 (BGBl. 1961 II 1151), das die BRep. Deutschland mit Gesetz v. 16.8.1961 (BGBl. 1961 II 1150) ratifiziert hatte, wurde die bisherige Zusammenarbeit der Mitgliedstaaten der → OEEC unter Erweiterung und Umgestaltung ihrer Aufgaben fortgesetzt (vgl. Art. 15 des Abkommens). Die inzwischen 36 Mitglieder (Stand 1.4.2019) sind neben den meisten EU-Staaten (ohne Bulgarien, Kroatien, Malta, Rumänien und Zypern) Australien, Chile, Island, Israel, Japan, Kanada, Mexiko, Neuseeland, Norwegen, Schweiz, Südkorea, Türkei und USA. Ziel der Organisation ist eine laufende enge Zusammenarbeit der Mitglieder zur Förderung der wissenschaftlichen, technischen und wirtschaftlichen Entwicklung der Mitgliedstaaten und zur Ausweitung des Welthandels (Art. 1–3). Zur Verwirklichung dieser Ziele kann die Organisation verbindliche Beschlüsse fassen sowie Empfehlungen an die Mitglieder richten und Vereinbarungen schließen (Art. 5). Die Organisation wird vertreten durch den Rat, der einen Exekutiv-Ausschuss einsetzt und einen Generalsekretär bestellt. Sitz ist Paris. Seit 2007 werden Gespräche mit China, Indien und Russland über die Frage einer Mitgliedschaft geführt.

OEEC (Organization for European Economic Cooperation)
Die Organisation für Europäische wirtschaftliche Zusammenarbeit – deutsche Bezeichnung: Europäischer Wirtschaftsrat – wurde am 16.4.1948 von den am Marshall-Plan teilnehmenden Ländern zur Koordinierung der europäischen Wiederaufbau-Pläne und zur allgemeinen wirtschaftlichen Zusammenarbeit gegründet. Die BRep. Deutschland war seit 1949 Mitglied. Die OEEC wurde 1960/1961 in die → OECD umgebildet und überführt.

Öffentliche Aufträge
Öffentliche Aufträge i. S. d. → Vergaberechts sind entgeltliche Verträge zwischen öffentlichen Auftraggebern oder Sektorenauftraggebern und Unternehmen über die Beschaffung von Leistungen, die die Lieferung von Waren, die Ausführung von Bauleistungen oder die Erbringung von Dienstleistungen zum Gegenstand haben (vgl. § 103 Abs. 1 GWB). Öffentliche Auftraggeber (vgl. § 99 GWB) sind nicht nur Gebietskörperschaften und deren Sondervermögen, sondern auch andere juristische Personen des öffentlichen und des privaten Rechts, wenn sie von den vorgenannten Rechtsträgern beherrscht werden und öffentliche Aufgaben erfüllen, sowie in den Fällen, in denen sie für öffentliche Bauvorhaben von den vorgenannten Rechtsträgern Mittel erhalten, mit denen diese Vorhaben überwiegend finanziert oder subventioniert werden. Sektorenauftraggeber sind Auftraggeber, die eine der in § 102 GWB näher beschriebene Sektorentätigkeit (in den Bereichen – „Sektoren" – Wasser, Elektrizität, Gas und Wärme, Verkehrsleistungen, Häfen und Flughäfen oder fossile Brennstoffe) ausüben und – wenn nicht selbst öffentliche Auftraggeber – in besonderer Beziehung zu öffentlichen Auftraggebern stehen oder ihre Tätigkeit auf der Grundlage von besonderen oder ausschließlichen, von einer Behörde gewährten Rechten ausüben.

Keine Anwendung findet das Vergaberecht, wenn der öffentliche Auftraggeber allein oder zusammen mit anderen öffentlichen Stellen über den Beauftragten eine Kontrolle wie über eigene Dienststellen ausübt und der Beauftragte seine Tätigkeit im Wesentlichen für diesen öffentlichen Auftraggeber verrichtet (vgl. § 108 GWB; so genannte In-House-Geschäfte).

Daneben findet auf öffentliche Aufträge auch das → Preisrecht Anwendung, nämlich die Verordnung PR Nr. 30/53 über die Preise bei öffentlichen Aufträgen v. 21.11.1953 (BAnz. 1953 Nr. 244, PreisV 30/53), deren § 1 III für andere öffentliche Aufträge als über Bauleistungen → Höchstpreise festsetzt.

Öffentliche Beglaubigung
→ Form (1b).

Öffentliche Beurkundung
→ Form (1c).

Öffentliche Erregung von Ärgernis
→ Erregung öffentlichen Ärgernisses.

Öffentliche Klage
→ Klage, öffentliche; → Anklageerhebung.

Öffentliche Lasten
Außer den im Privatrecht wurzelnden → dinglichen Rechten können auf einer Sache (meist → Grundstück) auch öffentliche Lasten (zB gemeindliche Erschließungskosten, Hypothekengewinnabgabe, Grundsteuer) ruhen. Hierfür gelten die besonderen Vorschriften des öffentlichen Rechts, während die Grundsätze des → Sachenrechts nicht anwendbar sind; insbes. werden die öffentliche Lasten nicht im → Grundbuch eingetragen. In den meisten Ländern besteht im Bereich des → Baurechts die Möglichkeit, dass durch Erklärung gegenüber der Bauaufsichtsbehörde der Grundstückseigentümer öffentlich-rechtliche Verpflichtungen zu einem sein Grundstück betreffenden Tun, Dulden oder Unterlassen übernehmen kann, die sich nicht schon aus den öffentlich-rechtlichen Vorschriften ergeben. Diese sogenannten Baulasten werden unbeschadet der Rechte Dritter mit der Eintragung in das Baulastenverzeichnis ohne zusätzlichen Grundbucheintrag wirksam und wirken auch gegen den Rechtsnachfolger (§ 83 BauO NRW v. 1.3.2000, GVBl. 2000, 256; § 83 SächsBO idF v. 11.5.2016, GVBl. 2016, 186 mÄnd).

Öffentliche Pfandbriefe
Öffentliche Pfandbriefe sind nach § 1 I S. 2 Nr. 2 PfandBG gedeckte → Schuldverschreibungen, die von einer → Pfandbriefbank im Rahmen des → Pfandbriefgeschäfts auf Grund erworbener Forderungen gegen staatliche Stellen unter der Bezeichnung Kommunalschuldverschreibungen, Kommunalobligationen oder öffentliche Pfandbriefe ausgegeben werden.

Öffentliche Sachen
iwS sind alle Sachen, die der öffentlichen → Verwaltung unmittelbar oder mittelbar zur Erfüllung ihrer Aufgaben dienen. Hierzu zählen im Allgemeinen das Finanzvermögen, das Verwaltungsvermögen und die öffentlichen Sachen im Gemeingebrauch (s. u.). IeS sind öffentliche Sachen nur die beiden letzten Gruppen. Verwaltungsvermögen ist das Vermögen, das unmittelbar bestimmten Verwaltungsaufgaben dient (zB Dienstgebäude, Dienstfahrzeug). Zu den öffentlichen Sachen rechnen auch die → res sacrae (Kirchengebäude usw.). Der Begriff der öffentlichen Sache deckt sich nicht unbedingt mit dem privatrechtlichen Sachenbegriff der §§ 90 ff. BGB; insbes. kann bei ihnen die Eigenschaft der Körperlichkeit fehlen (so ist zB auch der Luftraum eine öffentliche Sache, vgl. § 1 I LuftVG). Öffentliche Sachen stehen auch nicht notwendig im Eigentum der öff. Verwaltung; idR reicht deren Verfügungsgewalt aus (→ Widmung). Die Rechtsverhältnisse der öffentlichen Sache richten sich hins. ihrer Entstehung, Beendigung und Benutzung nach öffentlichem Recht (→ Widmung, → Gemeingebrauch, → Sondernutzung). Auch Vorschriften des Privatrechts finden auf die öffentlichen Sachen Anwendung: sie sind grundsätzlich Gegenstände des privaten Eigentums und können wie dieses veräußert oder belastet werden. Die Ausübung privater Rechte ist jedoch durch die öffentlich-rechtliche Zweckbestimmung begrenzt; so kann zB die Eigenschaft als öffentliche Sache nicht durch gutgläubigen Erwerb beeinträchtigt werden. Nach § 882a ZPO ist die → Zwangsvollstreckung in öffentlichen Sachen unzulässig, wenn diese zur Erfüllung der öff. Aufgaben des Schuldners unentbehrlich sind oder wenn ihrer Veräußerung ein öff. Interesse entgegensteht. Die Unterhaltspflicht an öffentlichen Sachen als öff.-rechtl. Verbindlichkeit gewährleistet, dass die Sachen in gebrauchsfähigem Zustand erhalten wird; soweit nicht Sondervorschriften bestehen (insbes. im Straßen- und Wegerecht sowie im Wasserrecht; vgl. → Straßenbaulast), obliegt sie grundsätzlich dem Träger der öff. Verwaltung, von dem die Widmung ausgeht. Von der Unterhaltspflicht zu unterscheiden ist die → Verkehrssicherungspflicht, deren Verletzung nach hM Schadensersatzansprüche nach § 823 BGB auslösen kann.

Finanzvermögen werden die öffentlichen Sachen (im weiteren Sinne) genannt, die durch ihren Wert oder ihre Erträgnisse dem Staat oder jur. Personen des öffentlichen Rechts (insbes. Gebietskörperschaften) fiskalische Mittel zur Durchführung der Verwaltungsaufgaben liefern (Forsten, Fabriken, auch Wertpapiere und sonstiges Vermögen). Das Finanzvermögen folgt primär den Regeln des Privatrechts, insbes. Erwerb, Belastung und Veräußerung; Streitigkeiten über das Finanzvermögen gehören deshalb zur Zuständigkeit der → ordentlichen Gerichte. Die Zwangsvollstreckung in das Finanzvermögen ist grundsätzlich möglich, doch bestehen hier in der Regel Sondervorschriften (zB im Gemeinderecht). Verwaltungsvermögen sind die öffentlichen Sachen, die der öff. Verwaltung unmittelbar zur Erfüllung ihrer Aufgaben dienen, zB Verwaltungsgebäude, Schulen, Bibliotheken, Krankenhäuser, Kasernen, Markthallen, Feuerlöscheinrichtungen, Verkehrs-Versorgungsbetriebe. Öffentliche Sachen stehen im Gemeingebrauch, wenn sie jedermann ohne besondere Zulassung zur Benutzung im Rahmen ihrer rechtlichen Zweckbestimmung offen stehen, so zB die öffentlichen Wege, Wasserläufe, der Meeresstrand und der Luftraum. Die Widmung verleiht unter gleichzeitiger Zweckbestimmung einer Sache die öff. Eigenschaft.

Öffentliche Sammlung
→ Sammlung, öffentliche.

Öffentliche Schulen
sind → Schulen in der Trägerschaft eines öffentlich-rechtlichen Gemeinwesens (→ Schulwesen).

Öffentliche Sicherheit und Ordnung
→ Sicherheit u. O., öffentliche.

Öffentliche Urkunde
→ Urkunde, → Form (1c).

Öffentliche Versteigerung
→ Versteigerung, → Pfandrecht, → Selbsthilfeverkauf.

Öffentliche Zugänglichmachung (Recht der)
Das Recht der öffentlichen Zugänglichmachung ist das Recht, ein nach dem → Urheberrecht geschütztes Werk drahtgebunden oder drahtlos der Öffentlichkeit in einer Weise zugänglich zu machen, dass es Mitgliedern der Öffentlichkeit von Orten und zu Zeiten ihrer Wahl zugänglich ist (§ 19a UrhG), etwa im Internet. Anders als das → Verbreitungsrecht oder das → Ausstellungsrecht setzt die öffentliche Zugänglichmachung nicht die Verwendung eines verkörperten Werkstücks voraus.

Öffentliche Zustellung
Eine öffentliche Zustellung ist nach Zivilprozessrecht und im Verwaltungsverfahren nur zulässig, wenn der Aufenthalt des Empfängers unbekannt, eine Zustellung im Ausland unausführbar oder aussichtslos ist oder wenn die Zustellung in einer exterritorialen Wohnung ausgeführt werden soll (§ 185 ZPO, § 10 VwZG). Bewirkt wird die öffentliche Zustellung nach einem besonderen Verfahren durch Aushängen des Schriftstücks an der Gerichtstafel, bei Anordnung des Gerichts zusätzlich durch Veröffentlichung eines Auszugs im Bundesanzeiger (§§ 186 ff. ZPO). Für die öffentliche Zustellung an Beschuldigte im Strafverfahren gelten Sondervorschriften (§ 40 StPO).

Öffentlicher Dienst
1. Als öffentlicher Dienst im weitesten Sinne kann jede Tätigkeit bei einer Behörde des → Bundes, der → Länder, → Kommunen und → Kommunalverbände sowie einer sonstigen Körperschaft oder Anstalt des öffentlichen Rechts bezeichnet werden. Der Begriff umfasst in diesem Falle auch die Rechtsverhältnisse der Minister, der Richter und der Soldaten sowie ehrenamtlicher und nebenamtlicher Mitarbeiter. Öffentlicher Dienst ieS ist demgegenüber der Funktionsbereich der → Beamten und der nicht beamteten → Arbeitnehmer bei den o. g. Behörden.

2. Das Recht des öffentlichen Dienstes ist insbes. geregelt für die Beamten in den Beamtengesetzen des Bundes und der Länder (→ Beamtenrecht), für die nicht beamteten Arbeitnehmer in Bund und Kommunen im → TVöD (sa → TVÜ), in den Ländern überwiegend im → TV-L (sa → TV-H).

3. Öffentlicher Dienst bedeutet nicht, dass die dem öffentlichen Dienst zugehörenden Beschäftigten ausschließlich → Hoheitsaufgaben wahrnehmen. Auch alle Beschäftigten bei den o. g. Behörden, die privatrechtliche und fiskalische Aufgaben wahrnehmen, sind dem öffentlichen Dienst zuzuordnen.

Öffentlicher Friede
Störung oder Gefährdung. Der öffentliche Frieden ist ein strafrechtlich besonders geschütztes Rechtsgut. In § 126 StGB ist die → Androhung von Straftaten, sofern sie den öffentlichen Frieden stört, unter Strafe gestellt, in § 130 StGB die den öffentlichen Frieden gefährdende → Volksverhetzung (Aufstacheln zum Hass oder Auffordern zu Gewalt- oder Willkürmaßmaßnahmen gegen bestimmte Gruppen, Teile der Bevölkerung oder Einzelpersonen, Angriff auf deren Menschenwürde durch Beschimpfung usw.), in § 166 StGB die den öffentlichen Frieden störende Beschimpfung einer Religion oder Weltanschauung. Die Gefährdung der öffentlichen Sicherheit, die zugleich den persönlichen Frieden des Einzelnen bedroht, kann als Heimsuchung (schwerer → Hausfriedensbruch, § 124 StGB) oder → Landfriedensbruch (§ 125 StGB) strafbar sein.

Öffentlicher Glaube
(des Grundbuchs). Im Interesse des Rechtsverkehrs besteht für die Eintragungen im → Grundbuch die (allerdings widerlegbare) → Vermutung der Richtigkeit. Es wird daher bis zum Beweis des Gegenteils, zB im Prozess, vermutet, dass ein im Grundbuch eingetragenes → Grundstücksrecht dem eingetragenen Rechtsinhaber zusteht, sowie dass ein gelöschtes Recht nicht mehr besteht (§ 891 BGB). Darüber hinaus hat der Inhalt des Grundbuchs für den → gutgläubigen Erwerb (s. iE dort) die unwiderlegliche → Fiktion der Richtigkeit für sich (§§ 892 f. BGB). Zugunsten des redlichen Erwerbers führt daher der öffentliche Glaube des Grundbuchs dazu, dass die Eintragungen stets als mit der wahren Rechtslage im Einklang stehend angesehen werden, wenn auch dadurch der wahre, nicht eingetragene Berechtigte Rechtsnachteile erleiden mag und auf Ersatzansprüche (→ Schadensersatz, ungerechtfertigte Bereicherung) angewiesen ist. Einen ähnlichen öffentlichen Glauben genießt der → Erbschein (s. dort). S. ferner → Handelsregister, → Güterrechtsregister.

Öffentlicher Personennahverkehr
1. Der öffentliche Personennahverkehr (ÖPNV) ist die allgemein zugängliche → Personenbeförderung im Stadt-, Vorort- und regionalen → Linienverkehr auf Straßen und Schienen, wobei idR die Gesamtstrecke von 50 km oder die Gesamtfahrzeit von 1 Stunde nicht überstiegen wird (§ 2 Gesetz zur Regionalisierung des ÖPNV (RegG) v. 27.12.1993, BGBl. 1993 I 2378, 2395 mÄnd). Eine ähnliche Definition enthält § 8 I PBefG. Der Li-

nienverkehr zu Wasser (zB durch → Fähren) wird durch Landesrecht in den ÖPNV einbezogen (zB Nahverkehrsgesetz Rheinland-Pfalz v. 3.2.2021, GVBl. 2021 S. 51).

2. Die Gewährleistung eines ausreichenden öffentlichen Personennahverkehrs ist nach Art. 30 GG Aufgabe der Länder und nach § 1 RegG Teil der Daseinsvorsorge (→ Leistungsverwaltung). Der Bund unterstützt den ÖPNV gemäß Art. 106a GG nach den Vorgaben des RegG aus seinem Steueraufkommen (§ 5 RegG); für Nachteile durch die → Corona- oder → COVID-19-Krise wurde diese Unterstützung aufgestockt (§ 7 RegG). Im Sommer 2022 wurde für drei Monate ein Tarif angeboten, der für 9 € pro Monat (Neun-Euro-Ticket) deutschlandweit die Nutzung des ÖPNV ermöglichte. Für die Umsetzung dieser Maßnahme durch die Länder zahlte ihnen der Bund 2,5 Mrd. € (§ 8 RegG). Das Neun-Euro-Ticket war sehr populär und führte zur Einführung des → Deutschlandtickets.

3. Der öffentliche Personennahverkehr zu Lande kann auch durch Verkehrsarten, die nicht zum Linienverkehr gehören, wie → Taxen oder → Mietwagen, ersetzt werden (zB § 8 II PBefG). Befreiungen vom Verbot der Wettbewerbsbeschränkung ermöglichen § 8 IIIb PBefG und § 12 VII AEG. Ein → Eisenbahnunternehmen, das ausschließlich öffentlichen Personennahverkehr betreibt, unterliegt keiner Entflechtungspflicht (§ 2 I ERegG).

4. Während der → Corona- oder → COVID-19-Krise haben viele Bundesländer auf der Grundlage des Infektionsschutzgesetzes das Tragen von Mund-Nase-Bedeckungen (Schutzmaske) ua im öffentlichen Personennahverkehr zuerst empfohlen und später angeordnet (zB § 6 2. BayIfSMV v. 16.4.2020 (GVBl. 11/2020, 214), § 8 3. BayIfSMV v. 1.5.2020 (BayMBl. 2020/239)). Anfang 2023 waren diese Beschränkungen überall aufgehoben.

Öffentliches Ärgernis
→ Erregung öffentl. Ärgernisses.

Öffentliches Interesse
ist ein in der Gesetzessprache (insbes. des → Verwaltungsrechts, aber auch in anderen Rechtsgebieten, vgl. zB § 153 StPO) häufig verwendeter Begriff, der die Belange der Allgemeinheit gegenüber Individualinteressen kennzeichnen soll (so zB die Anordnung der sofortigen → Vollziehung eines → Verwaltungsaktes aus Gründen des öffentlichen Interesses nach § 80 II Nr. 4 VwGO). Die Voraussetzungen des öffentlichen Interesses im Einzelfall lassen sich nur aus einer Gesamtschau von Sinn und Zweck der jeweiligen gesetzlichen Regelung gewinnen. Das öffentliche Interesse ist ein → unbestimmter Rechtsbegriff, dessen Voraussetzungen im Streitfall (insbes. im → Verwaltungsstreitverfahren) im Allgemeinen gerichtlich überprüft werden können. Sa → Gemeinwohl, → Vertreter des öffentlichen Interesses.

Öffentliches Recht
→ Recht (2).

Öffentliches Testament
→ Testament (2b).

Öffentlichkeit
→ Öffentlichkeitsgrundsatz, → Informationsfreiheitsgesetz.

Öffentlichkeitsarbeit von Staatsorganen
(zB durch Broschüren, Verlautbarungen) verstößt dann gegen das Demokratieprinzip und gegen Rechte der betroffenen Parteien oder Bewerber auf Chancengleichheit, wenn sie in parteiischer Weise, insbes. zugunsten einer Partei, in den Wahlkampf eingreift. Die Abgrenzung zwischen zulässiger und unzulässiger Öffentlichkeitsarbeit ist schwierig (eingehend dazu BVerfG vom 2.3.1977, BVerfGE 44, 125: Feststellung eines Verfassungsverstoßes setzt eine ins Gewicht fallende Häufung und Massivität offenkundiger Grenzüberschreitungen voraus).

Öffentlichkeitsbeteiligung
→ Planfeststellung (2), → Verwaltungsverfahren (4).

Öffentlichkeitsgrundsatz
Der Grundsatz bedeutet, dass die Verhandlung vor dem → erkennenden Gericht unbeteiligten Personen zugänglich ist. Von der allgemeinen Öffentlichkeit ist die → Parteiöffentlichkeit zu unterscheiden. Der Öffentlichkeitsgrundsatz entspringt rechtsstaatlichen Grundsätzen. Er bestand im Mittelalter und bis in das 19. Jahrhundert hinein nicht (Geheimjustiz). Die Öffentlichkeit ist vorgeschrieben in § 169 GVG, § 52 ArbGG, § 55 VwGO, § 52 I FGO, § 61 I SGG, kann aber aus verschiedenen Gründen ausgeschlossen werden (Gefährdung der öffentlichen Ordnung, insbes. der Staatssicherheit, der Sittlichkeit oder wichtiger Geschäfts- oder Betriebsgeheimnisse, vor Sozialgerichten auch zur Vermeidung von Nachteilen für Gesundheits- oder Familienverhältnisse eines Beteiligten); unzulässig ist aber der Ausschluss für die Urteilsverkündung (§§ 172, 173 I GVG, § 52 II FGO, § 61 I SGG). Kraft Gesetzes ist die Öffentlichkeit ausgeschlossen in bestimmten Familiensachen und in Unterbringungssachen (§§ 170, 171a GVG) sowie im Jugendstrafverfahren (§ 48 JGG). Bestimmten Personen kann der Zutritt versagt werden (§ 175 GVG). In der Verhandlung waren früher Ton- und Fernseh-Rundfunkaufnahmen sowie Ton- und Filmaufnahmen zum Zweck der öffentlichen Vorführung oder Veröffentlichung ihres Inhalts unzulässig (s. § 169 S. 2 aF GVG, → Rundfunkurteile des Bundesverfassungsgerichts); andere Ton-, Bild- oder Filmaufnahmen richten sich nach den Anordnungen des Vorsitzenden zur → Prozessleitung und dem Recht am → Bildnis des Betroffenen (sa → Tonaufnahmen in Verfahren). Nach der

Neufassung von § 169 GVG kann die Tonübertragung in einen Arbeitsraum für Journalisten im Gericht zugelassen werden, eingeschränkt allerdings bei schutzwürdigen Interessen der Beteiligten oder dritter Personen oder wenn der ordnungsgemäße Verfahrensablauf in Frage steht. Tonaufnahmen zugunsten der Allgemeinheit zu wissenschaftlichen und historischen Zwecken sind nunmehr zulässig, wenn es sich um Verfahren von herausragender zeitgeschichtlicher Bedeutung handelt. Bei Entscheidungsverkündungen des Bundesgerichtshofs sind nunmehr auch Fernsehaufnahmen möglich (§ 169 III GVG).

Öffentlich-rechtliche Anstalt
→ Anstalten des öffentlichen Rechts.

Öffentlich-rechtliche Entschädigung
→ Enteignung, → Entschädigung.

Öffentlich-rechtliche Körperschaft
→ Körperschaften öffentlichen Rechts.

Öffentlich-rechtliche Streitigkeiten
ist der Oberbegriff für Streitsachen über Rechtsbeziehungen aus dem Bereich des materiellen öffentlichen Rechts (→ Recht) im Gegensatz zu den → bürgerlichen Rechtsstreitigkeiten. Zu den öffentlich-rechtlichen Streitigkeiten gehören → Verfassungsstreitigkeiten und die der (allgemeinen und besonderen) → Verwaltungsgerichtsbarkeit zugewiesenen Streitsachen. Das Vorliegen einer öffentlich-rechtlichen Streitigkeit ist Voraussetzung für die Zulässigkeit des → Verwaltungsrechtsweges (§ 40 I VwGO). Maßgebend hierfür ist die wahre Natur des im Klagevorbringen behaupteten Anspruchs, nicht seine behauptete Rechtsnatur.

Öffentlich-rechtliche Verträge
können zwischen Verwaltungsträgern wie auch zwischen solchen und Zivilpersonen auf der Ebene rechtlicher Gleichordnung über öffentlich-rechtliche vermögenswerte Rechte und Pflichten geschlossen werden. Über die Unterscheidung zwischen koordinations- und subordinationsrechtlichen Verträgen und deren näheren Inhalt vgl. → Vertrag, öffentlich-rechtlicher.

Öffentlich-rechtliche Verwahrung
→ Verwahrung, öffentlich-rechtliche.

Öffentlich-rechtlicher Versorgungsausgleich
→ Versorgungsausgleich.

Öffnungsklausel
Soweit der Bund im Bereich der → konkurrierenden Gesetzgebung (1) von seiner Gesetzgebungskompetenz Gebrauch macht, kann er durch Öffnungsklauseln für Teilbereiche die Gesetzgebungszuständigkeit an die Länder zurückdelegieren. So überlässt zB der Bund im Bereich des Bürgerlichen Rechts die Regelung des → Nachbarrechts den Ländern (Art. 124 EGBGB). Teilweise wird auch von Öffnungsklausel gesprochen, soweit die Ersetzung von Bundesrecht durch Landesrecht zugelassen wird (zB Art. 125a II GG; → konkurrierende Gesetzgebung, 1). Als Öffnungsklausel kann man auch die durch die → Föderalismusreform I eingefügte Vorschrift des Art. 72 III GG ansehen, nach der die Länder in bestimmten Berichten der konkurrierenden Gesetzgebung auch ohne Rückdelegation eigene Regelungen treffen können. (zB im Jagdrecht oder im Hochschulzulassungsrecht). Sa → Experimentierklausel, → Tariföffnungsklausel.

OEG
→ Gewalttaten, Entschädigung für Opfer von.

Öko-Audit
bezeichnet die Umweltbetriebsprüfung im Rahmen des Zertifizierungsverfahrens nach EMAS, s. → Umweltmanagement.

Ökobilanz
oder Life-Cycle-Assessment ist die Zusammenstellung und Bewertung aller potentiellen Umweltwirkungen eines Untersuchungsgegenstandes (zB Getränkeverpackungen oder Windenergiepark) von seiner Herstellung über seine Benutzung bis zu seiner Entsorgung. Sa → ökologisch vorteilhaft.

Ökodesign
Ökodesign bezeichnet die umweltgerechte Gestaltung → energieverbrauchsrelevanter Produkte gem. der Verordnung (EU) 2024/1781 v. 13.6.2024 zur Schaffung eines Rahmens für die Festlegung von Ökodesign-Anforderungen für nachhaltige Produkte (ABl. EU 2024 L v. 28.6.2024). Genau heißt es dort, Ökodesign sei „die Einbeziehung von Erwägungen der ökologischen Nachhaltigkeit in die Merkmale eines Produkts und die Prozesse, die entlang der gesamten Wertschöpfungskette des Produkts stattfinden". Es handelt sich um technische Anforderungen, die Energieeffizienz und Umweltschutz erhöhen sollen. Für konkrete Geräte wird die umweltgerechte Gestaltung durch EU-Durchführungsverordnungen festgelegt. § 1 der deutschen EVPG-Verordnung enthält eine Liste der energieverbrauchsrelevanten Produkte mit den für sie einschlägigen EU-Vorschriften.

Öko-Kennzeichen
→ Bio-Siegel.

Ökologisch vorteilhaft
sind Gegenstände beliebiger Art (zB Stuhl, Schokoriegel, Schiff), wenn eine → Ökobilanz zu diesem Ergebnis kommt. Das Gegenteil heißt ökologisch nachteilig.

Ökologische Produktion
→ Ökologischer Landbau.

Ökologischer Landbau
Ökologischer Landbau wurde bis Ende 2021 durch die VO (EG) 834/2007 v. 28.6.2007 (ABl. EG 2007 L 189, 1) geregelt. Seit dem 1.1.2022 gilt die VO (EU) 2018/848 v. 30.5.2018 über die ökologische/

biologische Produktion und die Kennzeichnung von ökologischen/biologischen Erzeugnissen (ABl. EU 2018 L 150, 1), deren Geltung wegen der Corona-Pandemie um ein Jahr verschoben worden war. Sie erfasst auch → Aquakultur und → Futtermittel. Verschiedene europäische Durchführungsvorschriften enthalten Details.

1. Die ökologisch/biologische Produktion hat auf folgenden allgemeinen Grundsätzen zu beruhen (Art. 5 VO (EU) 2018/848):

- Respekt vor den Systemen und Kreisläufen der Natur und Förderung der Nachhaltigkeit,
- verantwortliche Nutzung von Energie und natürlichen Ressourcen,
- angemessene Gestaltung und Handhabung biologischer Prozesse,
- Beschränkung der Verwendung externer Produktionsmittel,
- Beachtung eines hohen Tierschutzniveaus.

Diese Grundsätze gelten für die Produktion, die Aufbereitung und den Vertrieb von Produkten der Landwirtschaft, der Aquakultur und der Imkerei. Darüber hinaus gelten spezifische Grundsätze für die landwirtschaftliche Tätigkeit, zB die Fütterung von Tieren mit ökologischen/biologischen Futtermitteln oder die Gewinnung tierischer Erzeugnisse von Tieren, die ununterbrochen in ökologischen/biologischen Betrieben gelebt haben (Art. 6 VO (EU 2018/848). Die amtliche Kontrolle erfolgt gemäß der VO (EU) 2017/625 sowie der Öko-Landbaugesetz-Durchführungsverordnung (ÖLG-DV) v. 26.7.2023 (BGBl. 2023 I Nr. 206): → Lebensmittel- und Futtermittelüberwachung.

2. Die Kennzeichnung der Erzeugnisse auf Etiketten, in der Werbung oder auf Geschäftspapieren mit den Begriffen ökologisch, biologisch und mit daraus abgeleiteten Begriffen vermitteln den Eindruck, aus der ökologisch/biologischen Produktion iSd europarechtlichen Vorschriften zu stammen (Art. 30 ff. VO (EU) 2018/848, → Bio-Siegel, → Tierhaltungskennzeichnung). Das ist nur zulässig, wenn es den Tatsachen entspricht, → unlauterer Wettbewerb.

3. Das Öko-Landbaugesetz (ÖLG) v. 7.12.2008 (BGBl. 2008 I 2358) mÄnd sowie das Öko-Kennzeichengesetz (ÖkoKennzG) v. 20.1.2009 (BGBl. 2009 I 78 mÄnd) dienen der Umsetzung der EU-Verordnungen. Im ÖLG werden vor allem die Zuständigkeiten und die Sanktionen geregelt (§§ 12, 13 ÖLG).

4. Die Bio-Außer-Haus-Verpflegung-Verordnung (Bio-AHVV) v. 27.9.2023 (BGBl. 2023 I Nr. 265) regelt, wie der Bioanteil von Außerhausverpflegung, also dem Essen von Gaststätten, Restaurants, Kantinen, Mensen, Schulen, Kindergärten, Unternehmen, Behörden usw., ausgewiesen werden darf. Zum einen ist die Kennzeichnung einzelner Zutaten nach den allgemeinen Regeln zulässig (zB Strammer Max mit Bio-Schinken). Gleichzeitig kann der Gesamtanteil von Bioprodukten nach Prüfung der zuständigen Kontrollstelle ausgelobt werden: Diese AHV-Kennzeichen gibt es in den Kategorien Bronze (Gesamtbioanteil von 20–49 %), Silber (50–89 %) und Gold (90–100 %) (§ 8 Bio-AHVV).

Ökologisches Jahr

Das freiwillige ökologische Jahr ist eine Form des → Jugendfreiwilligendienstes. Wer zwischen nach der Erfüllung der Vollzeitschulpflicht und vor dem 27. Lebensjahr 6–24 Monate eine ganztägige Tätigkeit bei einem anerkannten Träger leistet und hierfür nur Unterkunft, Verpflegung, Arbeitskleidung und Taschengeld bezieht, erhält hierüber eine Bescheinigung auf Grund des Gesetzes zur Förderung von → Jugendfreiwilligendiensten v. 16.5.2008 (BGBl. 2008 I 842). Träger sind in erster Linie die freien Wohlfahrtsverbände und die Religionsgemeinschaften mit dem Status einer Körperschaft des öffentlichen Rechts (→ Religionsgesellschaften) sowie Gebietskörperschaften. Die Tätigkeit umfasst überwiegend praktische Hilfstätigkeiten im Bereich Natur und Umwelt. Die Ableistung des ökologischen Jahres hat Vergünstigungen in verschiedenen Bereichen insbes. des Sozialrechts zur Folge. Das ökologische Jahr besteht neben dem mit Aussetzung der Wehrpflicht eingeführten → Bundesfreiwilligendienst fort. S. auch → Soziales Jahr, → Kinder, steuerliche Berücksichtigung.

Ökosteuer

Mit dem Begriff Ökosteuer wird eine Reihe steuerpolitischer Maßnahmen bezeichnet, die mit dem Gesetz zum Einstieg in die ökologische Steuerreform v. 24.3.1999 (BGBl. 1999 I 378) beschlossen wurden. Der Begriff bezeichnet mittlerweile im allgemeinen Sprachgebrauch vor allem Steuern, die auf dem Verbrauch von Energie lasten.

Mit dem Gesetz zum Einstieg in die ökologische Steuerreform sollte eine nachhaltige Umsteuerung der Nachfrage in Richtung energiesparender und ressourcenschonender Produkte erreicht und die Entwicklung umweltfreundlicher Verfahren und Technologien gefördert werden. Mit den Einnahmen sollte die Senkung der Sozialversicherungsbeiträge finanziert und damit der Faktor Arbeit entlastet werden. Das Gesetz sah in Art. 1 die Einführung eines neuen → Stromsteuergesetzes und in Art. 2 Änderungen der seinerzeit bestehenden → Mineralölsteuer vor. Das Gesetz zur Fortführung der ökologischen Steuerreform v. 16.12.1999 (BGBl. 1999 I 2432) sah eine jährliche Anhebung der Mineralölsteuer auf Kraftstoffe für die Jahre 2000–2003 um jeweils 3 Cent je Liter vor. Die Stromsteuer wurde vom 1.1.2000 an jährlich von damals 2 Pf. je Kilowattstunde um 0,26 Cent heraufgesetzt und damit bis 2003 verdoppelt. Die Regelungen sind inzwischen durch das → Energiesteuergesetz überholt.

Teilweise wird mit dem Begriff Ö. auch die seit 2021 geltende CO2-Steuer bezeichnet, die im Rahmen eines Emissionshandelssystems für im Verkehrs- und Gebäudesektor verwendete Brennstoffe anfällt. → Emissionshandel, Brennstoffemissionen.

Der Emissionshandel startet 2021 mit einem fixen CO2-Preis von 25 Euro pro Tonne (das entspricht etwa sieben Cent pro Liter Benzin, acht Cent pro Liter Diesel, acht Cent pro Liter Heizöl und 0,5 Cent pro Kilowattstunde Erdgas), der sich bis 2025 auf 55 Euro pro Tonne CO2 erhöht. Ziel ist, fossile Brenn- und Kraftstoffe weniger attraktiv zu machen und zum Umstieg auf klimafreundlichere Alternativen anzuregen.

Ökonomische Analyse des Rechts
Die ökonomische Analyse des Rechts beruht auf der Anwendung von ökonomischen Theorien auf gesetzliche Regelungen. Untersucht werden deren wirtschaftliche Effizienz, also zB Kosten-Nutzen-Relationen und die Transaktionskosten oder aber welcher Akteur bestimmte Nachteile tragen sollte bzw. am günstigsten tragen kann (cheapest cost avoider, cheapest cost insurer). Für diese Folgenbewertung werden ökonomische Rechenmodelle zur Ermittlung von Effizienz herangezogen, meist das Pareto-Optimum (keiner der Akteure steht schlechter als in der Alternative) oder aber das Kaldor-Hicks-Kriterium (die Gesamtheit steht besser als in der Alternative, auch wenn einzelne schlechter stehen mögen). Eine Weiterentwicklung der ökonomischen Analyse des Rechts stellt Behavioural Law and Economics dar, wo nicht mehr von einem perfekt rationalen Menschenbild ausgegangen wird, sondern kognitive oder psychologische Verzerrungen in die Prognose des Verhaltens der Akteure mit einbezogen werden.

Ökumenische Trauung
Die gemeinsame kirchliche Trauung konfessionsverschiedener christlicher Brautleute (oft falsch als „ökumenische Trauung" bezeichnet) ist kirchenrechtlich nur in der Weise möglich, dass die Trauung nach dem Ritus entweder der einen oder der anderen Konfession vollzogen wird; die Mitwirkung eines Geistlichen jeweils der anderen Konfession ist kirchenrechtlich ohne Relevanz. Soll zB die Trauung nach evangelischem Ritus vollzogen werden, ist zur Wirksamkeit nach katholischem Kirchenrecht die Befreiung des katholischen Teils von der Formpflicht durch den Bischof erforderlich (→ kirchliche Trauung; → Mischehe).

Ökumenischer Rat
Die Bestrebungen der christlichen → Kirchen, zu praktischer Zusammenarbeit und Annäherung in Glaubensfragen zu gelangen, führten über die sog. Ökumenische Bewegung schließlich im Jahre 1948 durch die Annahme einer Verfassung des Ökumenischen Rates der Kirchen zu einer festen Organisation. Zur Mitgliedschaft sind alle christl. Kirchen zugelassen. Der Ökumenischen Rat behandelt bestimmte gemeinsame Fragen auf Weltkirchenkonferenzen. Als Organe des Ökumenischen Rates fungieren eine Vollversammlung, die etwa alle 5 Jahre zusammentritt, und als Exekutivorgan ein Zentralausschuss. Die → kath. Kirche blieb als die nach ihrem Selbstverständnis einzige Hüterin des rechten Glaubens dem Ökumenischen Rat fern, obwohl das II. Vatikanische Konzil (1965) für die Förderung der christl. Glaubenseinheit eintrat. Unabhängig davon bestehen in Deutschland insbes. auf unterer Ebene Bestrebungen für eine Annäherung von kath. und evang. Kirche (Una-Sancta-Bewegung).

Ökumenisches Konzil
Das Ökumenische Konzil ist in der → kath. Kirche neben dem → Papst das höchste Leitungsorgan (can. 336 → CIC). Allein dem Papst steht es zu, ein Ökumenisches Konzil einzuberufen (kein Selbstversammlungsrecht), ihm persönlich oder durch andere vorzusitzen, es zu unterbrechen und aufzulösen. Der Papst bestimmt oder genehmigt die Verhandlungsgegenstände. Dekrete des Ökumenischen Konzils haben nur dann Rechtsverbindlichkeit, wenn sie zusammen mit dem Papst von den Konzilsvätern genehmigt, vom Papst bestätigt und auf dessen Anordnung promulgiert (veröffentlicht) werden. Mitglieder eines Ökumenischen Konzils sind alle → Bischöfe (Diözesanbischöfe und Titularbischöfe); der Papst kann darüber hinaus noch andere Personen berufen.

Öl-Fernleitungen
unterliegen den Regelungen für → Rohrfernleitungsanlagen.

ÖPNV
→ Öffentlicher Personennahverkehr.

Örtliche Zuständigkeit des Gerichts
1. Die (auch als Gerichtsstand bezeichnete) örtliche Zuständigkeit ist unterschiedlich geregelt. Maßgebend ist für → Klagen im → Zivilprozess (im Inland; zur internationalen Zuständigkeit → gerichtliche Zuständigkeit, 5) bei natürlichen Personen der → Wohnsitz des Beklagten (§ 13 ZPO), bei juristischen Personen ihr → Sitz (Niederlassung, Zweigniederlassung; §§ 17, 21 ZPO) als sog. allgemeiner Gerichtsstand. Daneben kommen die sog. besonderen Gerichtsstände in Betracht, zB der des → Erfüllungsorts (§ 29 ZPO), der sog. dingliche Gerichtsstand (§§ 24–26 ZPO), der der unerlaubten Handlung (§ 32 ZPO); bei mehreren → Wahlgerichtsstand). Zuletzt gibt es auch ausschließliche örtliche Zuständigkeiten, zB in Angelegenheiten der Wohnraummiete (§ 29a ZPO). In der → Zwangsvollstreckung ist grundsätzlich das Amtsgericht zuständig, in dessen Bezirk das Vollstreckungsverfahren stattfindet oder stattgefunden hat (§ 764 II ZPO, aber zahlreiche Ausnahmen). Sa → Widerklage.

2. In Strafsachen besteht eine örtliche Zuständigkeit für jedes Gericht, in dessen Bezirk entweder der Tatort oder der Wohnsitz des Beschuldigten zurzeit der Anklageerhebung liegt oder in dem er ergriffen wird (§§ 7–9 StPO; bei → Druckschriften strafbaren Inhalts idR der Erscheinungsort); der Gerichtsstand des Zusammenhangs ist bei mehreren Straftaten desselben Beschuldigten oder bei Beteiligung mehrerer an einer Tat bei jedem Gericht begründet, das für eine der Strafsachen zuständig ist (§§ 3, 13 StPO). Den Vorrang hat das Gericht, das zuerst das Verfahren eröffnet hat (§ 12 StPO). Beim Fehlen eines zuständigen Gerichts wird dieses vom BGH bestimmt (§ 13a StPO).

3. In der → freiwilligen Gerichtsbarkeit ist zB in → Ehesachen das → Familiengericht zuständig, in dessen Bezirk einer der Ehegatten mit den gemeinschaftlichen Kindern seinen gewöhnlichen Aufenthalt hat (§ 122 FamFG) oder in → Nachlasssachen das Gericht, in dessen Bezirk der Erblasser den letzten Wohnsitz hatte (§ 343 FamFG).

4. In der → Arbeitsgerichtsbarkeit gilt für Klagen dasselbe wie im Zivilprozess; für das → Beschlussverfahren ist aber das Arbeitsgericht örtlich zuständig, in dessen Bezirk der Betrieb seinen Sitz hat (§ 82 ArbGG) und für individualrechtliche Streitigkeiten ist gem. § 48 Ia ArbGG der Gerichtsstand des Arbeitsortes eröffnet.

5. In der Verwaltungsgerichtsbarkeit ist grundsätzlich das Verwaltungsgericht zuständig, in dessen Bezirk der Sitz der Behörde liegt, die den angefochtenen Verwaltungsakt erlassen hat, ggf. das Gericht der belegenen Sache; sonst ist der Wohnsitz (Sitz) des Beklagten maßgebend (§ 52 VwGO); in der → Finanzgerichtsbarkeit grundsätzlich das Finanzgericht, in dessen Bezirk die Behörde ihren Sitz hat, die den ursprünglichen Verwaltungsakt erließ (§ 38 FGO); in der Sozialgerichtsbarkeit grundsätzlich das → Sozialgericht, in dessen Bezirk der Kläger seinen Wohnsitz hat (§ 57 I SGG).

6. Bei Kompetenzkonflikt (→ Zuständigkeitsstreit) ist Bestimmung des örtlich zuständigen Gerichts durch das gemeinsame obere Gericht vorgesehen (§ 36 ZPO, § 53 VwGO, § 39 FGO, § 58 SGG, §§ 14, 19 StPO).

7. Über die öffentliche Zuständigkeit der Behörden → Zuständigkeit von Verwaltungsbehörden.

Österreicher
(Regelung der Staatsangehörigkeit). Durch die VOen über die Staatsangehörigkeit im Lande Österreich vom 3.7.1938 (RGBl. 1938 I 790) und vom 30.6.1939 (RGBl. 1939 I 1072) erwarben die österreichischen Staatsangehörigen kraft Gesetzes die deutsche → Staatsangehörigkeit. Wer auf Grund dieser VOen am 26.4.1945 deutscher Staatsangehöriger war, hat nach dem Zweiten Gesetz zur Regelung von Fragen der Staatsangehörigkeit vom 17.5.1956 (BGBl. 1956 I 431) dieses Status mit Ablauf dieses Tages verloren. Dies gilt nicht für Frauen, die zwischen dem 13.3.1938 und dem 26.4.1945 einen deutschen Staatsangehörigen geheiratet haben. Die Personen, deren deutsche Staatsangehörigkeit danach erloschen ist, hatten jedoch grundsätzlich bis zum 30.6.1957 das Recht, sie durch Erklärung mit Rückwirkung auf den Zeitpunkt des Erlöschens wieder zu erwerben, wenn sie ihren dauernden Aufenthalt seit dem 26.4.1945 im Gebiet des Deutschen Reiches nach dem Stande vom 31.12.1937 hatten. Die Möglichkeit des Erwerbs der deutschen Staatsangehörigkeit ist in verschiedenen Fällen noch erweitert, insbes. hins. der Ehefrauen und Kinder und bei Personen, die glaubhaft machen, dass es ihnen erschwert war, ihren dauernden Aufenthalt seit dem 26.4.1945 in Deutschland zu haben.

Ofen
→ Einzelraumfeuerungsanlage, → Heizung.

Off Label Use
Off Label Use bezeichnet die Verordnung von → Arzneimitteln außerhalb der zugelassenen Indikationen. Dies kann erforderlich sein, wenn für eine Erkrankung keine andere passende Therapie vorhanden ist. Praktisch stellen sich im Fall des Off-Label-Use die Frage der Haftung für evtl. als Folge der Behandlung eintretende Schäden (Arzthaftung und Haftung des Pharmaunternehmens) und die Frage der Kostenübernahme durch die gesetzliche Krankenversicherung. Eine Herstellerhaftung besteht nur dann, wenn der Gebrauch außerhalb der zugelassenen Indikationen wissentlich akzeptiert wird; anderenfalls kommt eine → Arzthaftung in Betracht. (sh. Anlage K zur Arzneimittel-Richtlinie). Der Gemeinsame Bundesausschuss hat dazu eine Liste mit im Off Label Use verordnungsfähigen Medikamenten veröffentlicht. Das Bundessozialgericht hat mittlerweile Kriterien zur Kostenübernahme im Off Label Use durch die gesetzlichen Krankenversicherungen aufgestellt: es muss sich um eine schwerwiegende Erkrankung handeln, für die keine andere Behandlung verfügbar ist und aufgrund der bisherigen Datenlage muss eine gewisse Aussicht auf Behandlungserfolg bestehen.

Offenbare Unrichtigkeit
Schreibfehler, Rechenfehler und ähnliche offenbare Unrichtigkeiten, die beim Erlass eines Verwaltungsakts unterlaufen, können jederzeit berichtigt werden. Die Änderung liegt grundsätzlich im Ermessen der Behörde, es sei denn, der Steuerpflichtige hat ein berechtigtes Interesse. Dann hat die → Berichtigung zu erfolgen (§ 129 AO). Unter den Anwendungsbereich der Vorschrift fallen nur rein mechanische Fehler, die ohne weitere Prüfung erkannt und berichtigt werden können. Fehler bei der Auslegung oder Nichtanwendung einer Rechtsnorm, unrichtige Tatsachenwürdigung

oder Fehler, die auf mangelnder Sachaufklärung beruhen, scheiden aus. → Steuerbescheid, → Berichtigung (1).

Offenbaren von Geheimnissen, unbefugtes
→ Geheimnisverrat, → Ausspähen von Daten, → Berufsgeheimnis, → Dienstgeheimnis, → Landesverrat.

Offenbarungseid
nicht mehr terminologisch korrekte, aber ugs. noch verwendete Bezeichnung für die → eidesstattliche Versicherung im Zwangsvollstreckungsverfahren.

Offenbarungspflicht
→ Verschulden beim Vertragsschluss.

Offenbarungsverbot
→ Transsexualität.

Offenbarungsversicherung
→ eidesstattliche Versicherung.

Offene Handelsgesellschaft
1. Allgemeines. Die OHG ist eine Gesellschaft, deren Zweck auf den Betrieb eines → Handelsgewerbes (für Angehörige freier Berufe → Partnerschaftsgesellschaft) unter gemeinschaftlicher → Firma gerichtet ist und bei der alle Gesellschafter den Gesellschaftsgläubigern gegenüber unbeschränkt haften. Mit dem Gesetz zur Modernisierung des Personengesellschaftsrechts (MoPeG vom 17.8.2021, BGBl. 2021 I 3436) wurde die OHG als Gesellschaftsform für die Freien Berufe geöffnet, soweit dies das jeweilige Berufsrecht zulässt (zB auch für Rechtsanwälte). Die OHG ist eine → Handelsgesellschaft und → Personengesellschaft; ihre Grundform ist die → Gesellschaft des bürgerlichen Rechts, bei der folgende weitere Voraussetzungen vorliegen müssen: a) Gesellschaftszweck (vgl. § 705 BGB) ist der Betrieb eines kaufmännischen (→ Kaufmann) Handelsgewerbes iSd § 1 II HGB (§ 105 I HGB). Darüber hinaus ist eine Gesellschaft, deren Gewerbebetrieb nicht schon nach § 1 II HGB Handelsgewerbe ist (insbes. von Kleingewerbetreibenden) oder die nur eigenes Vermögen verwaltet (zB Immobilienverwaltungs- oder Besitzgesellschaft) dann eine OHG, wenn die → Firma des Unternehmens in das → Handelsregister eingetragen ist (§ 107 HGB). b) Die Gesellschaft muss unter einer gemeinschaftlichen Firma handeln; Einzelheiten → Firma. c) Die Haftung gegenüber den Gesellschaftsgläubigern darf bei keinem Gesellschafter beschränkt sein; andernfalls liegt eine → Kommanditgesellschaft vor. Die OHG ist keine → juristische Person, ist ihr aber insoweit angenähert, als die OHG unter ihrer Firma Rechte (insbes. → Eigentum) erwerben und Verbindlichkeiten eingehen, als OHG auch vor Gericht klagen und verklagt werden kann (also → Rechtsfähigkeit und → Parteifähigkeit besitzt, § 123 HGB, § 14 II BGB). Die → Zwangsvollstreckung in das Gesellschaftsvermögen erfordert einen gegen die OHG gerichteten → Vollstreckungstitel (§ 129 I HGB).

2. Das Recht der OHG ist in den §§ 105–160 HGB geregelt; subsidiär gelten die Vorschriften der → Gesellschaft des bürgerlichen Rechts. Soweit das Gesetz nur dispositives (nachgiebiges) Recht enthält, gehen die Vereinbarungen im Gesellschaftsvertrag vor. Gesellschafter einer OHG können grundsätzlich alle → Personen, auch geschäftsunfähige (→ Geschäftsfähigkeit) und juristische Personen sein (zB eine → Aktiengesellschaft oder eine → Gesellschaft mit beschränkter Haftung). Gerade in den letzten Jahrzehnten ist es sehr häufig geworden, dass eine GmbH Gesellschafter einer OHG ist (zB → GmbH & Co.); die GmbH haftet für die Verbindlichkeiten der OHG zwar unbeschränkt, aber nur mit ihrem eigenen Vermögen. Auch eine Personengesellschaft, zB eine → Gesellschaft bürgerlichen Rechts, kann Gesellschafter einer OHG sein.

3. Die Entstehung der OHG im Innenverhältnis setzt den Abschluss des – formlos wirksamen – Gesellschaftsvertrages voraus; nach außen entsteht sie durch die Eintragung in das → Handelsregister (§ 123 I HGB, § 106 HGB), aber auch schon vorher, wenn die OHG ihre Geschäfte bereits vor der Eintragung beginnt, mit dem Geschäftsbeginn, sofern die Eintragung im Handelsregister nicht nach §§ 2, 107 HGB konstitutiv ist (§ 123 I HGB; s. oben 1a und → Handelsgewerbe). Ist der Gesellschaftsvertrag nichtig oder anfechtbar, und ist die OHG über das Gründungsstadium hinausgekommen, insbes. in den Rechtsverkehr mit Dritten eingetreten, so gelten die Grundsätze der → faktischen Gesellschaft und der → Scheingesellschaft. In diesem Fall kann die OHG nur auf Grund einer Auflösungsklage durch gerichtliches → Gestaltungsurteil beseitigt werden. Die OHG wird so lange als bestehend behandelt, und die Rechtsverhältnisse der Gesellschafter richten sich nach dem für die OHG geltenden Recht.

4. Die Geschäftsführung steht grundsätzlich allen Gesellschaftern zu, und zwar jedem für sich allein (§§ 116 III HGB), soweit nicht der Gesellschaftsvertrag einzelne Gesellschafter von der Geschäftsführung ausschließt oder bestimmt, dass sie nur gemeinsam (Gesamtgeschäftsführung) handeln können. Einem Gesellschafter kann die Geschäftsführungsbefugnis – nicht aber das Informationsrecht über Angelegenheiten der OHG (§ 717 BGB) – aus wichtigem Grunde entzogen werden; wenn es im Gesellschaftsvertrag nicht auf andere Weise vorgesehen ist, nur durch gerichtliche Entscheidung (§ 116 V HGB). Ebenso wie die Geschäftsführung ist grundsätzlich die gesetzliche Vertretung der OHG geregelt (§§ 124 f. HGB); die Vertretungsmacht der Gesellschafter ist unbeschränkt und grundsätzlich unbeschränkbar (§ 124 IV HGB). Bei außergewöhnlichen Maßnahmen der Geschäftsführung ist ein → Gesellschafterbeschluss herbeizuführen (§ 116 II

HGB). Das Beschlussmängelrecht der §§ 110 bis 115 HGB orientiert sich am aktienrechtlichen Modell (→ Hauptversammlungsbeschluss) und unterscheidet zwischen nichtigen und bloß anfechtbaren Beschlüssen, die innerhalb einer Frist von drei Monaten gerichtlich angreifbar sind (§§ 112 f. HGB).

5. Jeder Gesellschafter hat neben seinem Geschäftsanteil (Anteil am Gesellschaftsvermögen, Gesellschaftsanteil) einen Kapitalanteil, der zunächst vom Wert der geleisteten Einlage aus errechnet wird, sich durch weitere Einlagen, Gewinngutschriften, Verluste und Entnahmen verändern, auch negativ (passiv) werden kann. Der Gewinn und Verlust der OHG wird idR jedes Jahr ermittelt und auf die Gesellschafter je nach ihrem Anteil verteilt, indem er zunächst den Kapitalanteilen zugeschrieben wird (§ 120 HGB). Für die Verbindlichkeiten der OHG haften alle Gesellschafter persönlich, unmittelbar und unbeschränkt als Gesamtschuldner (§ 126 HGB), also auch mit ihrem Privatvermögen (im Prozess sind sie aber nicht notwendige → Streitgenossen der OHG; hM). Diese Ansprüche verjähren in 5 Jahren nach Auflösung der OHG (§ 151 HGB); scheidet ein Gesellschafter aus oder wird er → Kommanditist, so haftet er noch 5 Jahre für (fällig gewordene und geltend gemachte) Alt-Verbindlichkeiten (§ 137 HGB). Neu eintretende Gesellschafter haften auch für die früher entstandenen Gesellschaftsverbindlichkeiten (§ 127 HGB). Gegen die Gesellschaftsverbindlichkeiten kann ein Gesellschafter alle der OHG zustehenden → Einwendungen und außerdem die in seiner eigenen Person bestehenden Einwendungen geltend machen. Gläubiger einer OHG kann auch einer ihrer Gesellschafter sein. Hier ist zwischen den sog. Sozialverpflichtungen (zB Aufwendungsersatz, Anspruch auf Privatentnahme) und den außergesellschaftlichen Verpflichtungen (zB Kauf oder Darlehen) zu unterscheiden. Bei den Sozialverpflichtungen ist die Haftung der anderen Gesellschafter grundsätzlich auf das Gesellschaftsvermögen beschränkt.

6. Eintritt und Ausscheiden eines Gesellschafters geschehen wie bei der → Gesellschaft des bürgerlichen Rechts (2, 5; zB Nachfolgeklausel); jedoch bestehen folgende Besonderheiten: Mangels abweichender Bestimmung im Gesellschaftsvertrag führen folgende Gründe zum Ausscheiden eines Gesellschafters (wobei die OHG ohne Auflösung – unten 7 – fortbesteht): Tod des Gesellschafters, Eröffnung des → Insolvenzverfahrens über sein Vermögen, Kündigung des Gesellschafters oder eines seiner Privatgläubiger, Eintritt von weiteren im Gesellschaftsvertrag vorgesehenen Fällen sowie → Gesellschafterbeschluss (§ 130 HGB). Die Erben eines durch Tod ausgeschiedenen Gesellschafters treten zwar infolge der → Gesamtrechtsnachfolge als Gesellschafter kraft Gesetzes ein (s. aber → Sondererbfolge), können jedoch binnen einer Frist von 3 Monaten die Stellung eines Kommanditisten verlangen; in diesem Fall wandelt sich die OHG in eine → Kommanditgesellschaft um (§ 131 HGB). Den ausscheidenden Gesellschaftern steht in allen Fällen das → Abfindungsguthaben zu. Darüber hinaus ist der Ausschluss eines Gesellschafters durch gerichtliches Gestaltungsurteil aus wichtigem Grund (statt dem Verlangen auf Auflösung nach unten 7) möglich, wenn die übrigen Gesellschafter dies beantragen (§ 134 HGB). Der Ausschließungsklage steht nicht entgegen, dass nach der Ausschließung nur ein Gesellschafter verbleibt (was nicht zu einer Einpersonengesellschaft, sondern zum Übergang des Vermögens auf den Verbleibenden führt). Auch in diesem Fall steht dem ausscheidenden Gesellschafter das → Abfindungsguthaben nach § 728 BGB zu.

7. Die OHG kann auf folgende Weise aufgelöst werden: Durch Ablauf der Zeit, für die sie eingegangen ist, durch → Gesellschafterbeschluss und durch Eröffnung des → Insolvenzverfahrens über das Vermögen der Gesellschaft (§ 138 I HGB). Gründe in der Person eines Gesellschafters, zB dessen → Kündigung, führen dagegen regelmäßig nur zu dessen Ausscheiden (s. oben 6), nicht zur Auflösung der OHG. Außerdem kann die OHG durch gerichtliches Gestaltungsurteil aufgelöst werden, wenn ein wichtiger Grund vorliegt (zB wenn ein Gesellschafter vorsätzlich oder grob fahrlässig eine wesentliche Pflicht aus dem Gesellschaftsvertrag verletzt, § 139 HGB). Mit ihrer Auflösung tritt die OHG in das Stadium der → Liquidation, sofern nicht ein → Insolvenzverfahren stattfindet oder die Gesellschafter eine andere Art der Auseinandersetzung vereinbaren (§ 143 I HGB). Bis zum Abschluss der Liquidation besteht die OHG als Abwicklungsgesellschaft fort. Diese kann bei Einverständnis aller Gesellschafter durch alle oder durch einen Teil von ihnen sich wieder in eine OHG zurückverwandeln.

8. Steuerlich → Mitunternehmerschaften.

Offene Vermögensfragen

1. Das noch von der ehem. Deutschen Demokratischen Republik erlassene Gesetz zur Regelung offener Vermögensfragen (vom 23.9.1990, BGBl. 1990 II 885, 1159) blieb gem. dem → Einigungsvertrag nach der Wiedervereinigung als partielles Bundesrecht in Kraft, nach mehreren Änderungen jetzt idF v. 21.12.1998 (BGBl. 1998 I 4026) mÄnd; Text mit Einleitung sowie anderen wichtigen Vorschriften s. „Vermögensgesetz", Beck-Texte im dtv, 6. Aufl.). Das „Vermögensgesetz" – VermG – regelt in § 1 VermG insbes. vermögensrechtliche Ansprüche an Vermögenswerten, die entschädigungslos enteignet und in Volkseigentum überführt wurden, gegen eine zu geringe Entschädigung enteignet wurden, durch staatliche Verwalter an Dritte veräußert wurden oder auf der Grundlage des Beschlusses des Präsidiums des Ministerrates vom

9. Februar 1972 in Volkseigentum übergeleitet wurden. Ferner gilt das Gesetz auch für Grundstücke und Gebäude, die auf Grund nicht kostendeckender Mieten und so eingetretene Überschuldung durch Enteignung oder Eigentumsverzicht in Volkseigentum übernommen wurden. Weiter betrifft das VermG auch Ansprüche an Vermögenswerten und Nutzungsrechten, die auf Grund unlauterer Machenschaften, zB durch Machtmissbrauch, Korruption, Nötigung oder Täuschung erworben wurden. Überdies regelt es die Aufhebung der staatlichen Treuhandverwaltung von Vermögenswerten der „Republikflüchtlinge". Ferner erfasst das VermG auch vermögensrechtl. Ansprüche von Personen, die in der Zeit vom 30.1.1933 bis zum 8.5.1945 aus rassischen, politischen, religiösen oder weltanschaulichen Gründen Vermögen verloren haben (§ 1 VI VermG). Schließlich gilt es auch für die Rückgabe von Vermögenswerten, die im Zusammenhang mit aufgehobenen rechtsstaatswidrigen Entscheidungen steht (§ 1 VII VermG; zB Vermögensentzug bei strafrechtlicher Verurteilung). Das Gesetz gilt ua nicht für Enteignungen von Vermögenswerten „auf besatzungsrechtlicher oder besatzungshoheitlicher Grundlage" (§ 1 VIII VermG), das sind Enteignungen in den Jahren 1945 bis 1949 (vgl. dazu BVerfGE 84, 90, bestätigt BVerfG NJW 1996, 1666) und auch nicht für Enteignungen oder enteignungsähnliche Eingriffe, die nicht die oben genannten (in § 1 I–VII VermG beschriebenen) Merkmale aufweisen, sondern nach den in der DDR für jedermann geltenden Enteignungsvorschriften (ohne gezielte Benachteiligung bestimmter Personen oder Personengruppen) vorgenommen wurden (zB nach dem Bergrecht oder dem Verteidigungsgesetz, zum Zwecke des Städtebaus und der Energiegewinnung oder für Zwecke der Nationalen Volksarmee; Beispiel: → „Mauer- und Grenzgrundstücke"). Das VermG bezweckt also keine „Totalrevision" der in der DDR vorgenommenen Eigentumsveränderungen.

2. Vermögenswerte, die den Maßnahmen im Sinne des § 1 VermG unterlagen und in Volkseigentum oder an Dritte veräußert wurden, sind nach § 3 VermG grundsätzlich auf Antrag an die Berechtigten zurückzuübertragen (Grundsatz „Rückgabe vor Entschädigung"). Dieser Grundsatz der Restitution ist jedoch von zahlreichen Ausnahmen durchbrochen (vgl. insbes. §§ 4, 5 VermG). Einer der wichtigsten Ausschlussgründe ist gem. § 4 II VermG, wenn natürliche Personen, Religionsgemeinschaften oder gemeinnützige Stiftungen nach dem 8.5.1945 „in redlicher Weise" an dem Vermögenswert Eigentum oder dingliche → Nutzungsrechte erworben haben; Regelfälle unredlichen Rechtserwerbs sind in § 4 III VermG näher umschrieben. Ist eine Rückübertragung des Vermögensgegenstands ausgeschlossen oder nicht mehr möglich, so erhält der Berechtigte eine Entschädigung. Überdies kann er allgemein anstelle der Rückübertragung Entschädigung wählen.

3. Zur Sicherung der Rückübertragung ist der Verfügungsberechtigte (zB die → Treuhandanstalt) gem. § 3 III VermG verpflichtet, den Abschluss dinglicher Rechtsgeschäfte (also insbes. Übereignung und Belastung) oder die Eingehung langfristiger vertraglicher Verpflichtungen ohne Zustimmung des Restitutionsberechtigten zu unterlassen; ausgenommen sind Rechtsgeschäfte zur Erfüllung von Rechtspflichten des Eigentümers, insbes. bei Anordnungen nach § 177 BauGB (Beseitigung von Mißständen und Behebung von Mängeln) und zur Erhaltung und Bewirtschaftung des Vermögenswerts. Liegt keine Anmeldung des Berechtigten nach der AnmeldeVO vom 11.7.1990 (GBl. DDR 1990 I 718), jetzt idF vom 3.8.1992 (BGBl. 1992 I 1481) und kein Antrag nach dem VermG (vgl. unten 6) vor, so kann der Verfügungsberechtigte über den Gegenstand verfügen oder Verpflichtungen eingehen; er muss sich vorher bei den zuständigen Ämtern für offene Vermögensfragen vergewissern, dass keine Anmeldung vorliegt (§ 3 IV u. V VermG).

4. Die Rückübertragung, insbes. auch von Unternehmen, ist in teilweise sehr komplizierten Vorschriften der §§ 3 ff. VermG geregelt (vgl. auch UnternehmensrückgabeVO vom 13.7.1991 (BGBl. 1991 I 1542).

5. Sehr bedeutsame Ausnahmen vom Grundsatz „Rückgabe vor Entschädigung" enthält das „Gesetz über den Vorrang für Investitionen bei Rückübertragungsansprüchen nach dem VermG" (→ Investitionsvorranggesetz).

6. Ansprüche nach dem VermG sind bei der zuständigen Behörde mittels Antrag geltend zu machen; zu den Ausschlussfristen vgl. im Einzelnen §§ 30, 30a VermG. Die Behörde hat den Sachverhalt von Amts wegen zu ermitteln, dabei hat der Antragsteller mitzuwirken. Zuständig sind die auf Kreisebene eingerichteten Ämter oder in bestimmten Fällen (insbes. bei Unternehmen) die Landesämter zur Regelung offener Vermögensfragen, in wenigen Einzelfällen das Bundesamt zur Regelung offener Vermögensfragen, das im Übrigen die einheitliche Durchführung des Gesetzes gewährleisten soll. Gegen die Entscheidung des Amtes auf Kreisebene kann Widerspruch zum Landesamt eingelegt, gegen dessen Entscheidung der Verwaltungsrechtsweg beschritten werden (vgl. §§ 30–38 VermG).

7. Das VermG ist keine abschließende Regelung der offenen Vermögensfragen. Es wird ergänzt durch das → Entschädigungs- und Ausgleichsleistungsgesetz (EALG) vom 27.9.1994 (BGBl. 1994 I 2624), in dem die Fälle geregelt werden, in denen keine Rückgabe stattfinden kann oder der Berechtigte Entschädigung gewählt hat, ferner die Enteignungsfälle „auf besatzungsrechtlicher oder besatzungshoheitlicher Grundlage" (1945–1949),

auf die das VermG keine Anwendung findet. Zu den offenen Vermögensfragen im weiteren Sinne gehören auch die → Rehabilitierungsgesetze, die eine Wiedergutmachung strafrechtlichen, verwaltungsrechtlichen und beruflichen Unrechts bezwecken.

8. Steuerlich BMF BStBl. I 1994, 286, 380.

Offener Arrest
→ Insolvenzverfahren (2).

Offener Dissens
→ Vertrag (1).

Offener Himmel
→ Open Skies.

Offener Immobilienfonds
→ Immobilienfonds.

Offenes Verfahren
auch → öffentliche Ausschreibung (s. ferner → Vergabeverfahren).

Offenkundige Tatsache
→ notorische Tatsache.

Offenlegung
→ Patentanmeldung, → Rechnungslegung von Unternehmen und Konzernen, → Jahresabschluss.

Offenmarktpolitik
1. Offenmarktpolitik ist neben → Mindestreserven und → ständigen Fazilitäten das dritte geldpolitische Instrumentarium der → Europäischen Zentralbank (EZB). Rechtsgrundlagen sind Art. 18 ESZB-Satzung und die Leitlinie der EZB v. 31.8.2000 über geldpolitische Instrumente und Verfahren des Eurosystems, ABl. EG 2000 L 310, 1 v. 11.12.2000, mÄnd. Offenmarktpolitik bezeichnet den An- und Verkauf von auf Gemeinschafts- oder Drittlandswährung lautenden Forderungen, börsengängigen Wertpapieren und Edelmetallen auf den Finanzmärkten (= am „offenen Markt") zu Marktsätzen (Art. 18). Durch solche Geschäfte mit → Kreditinstituten kann die EZB Geldmenge und Zinssätze am → Kapitalmarkt steuern und diesen mit Liquidität versorgen (Refinanzierung).

2. Im Einzelnen stehen für die Offenmarktpolitik fünf Geschäfte zur Verfügung: Befristete Transaktionen (deren wichtigste Hauptrefinanzierungsgeschäfte sind), endgültige Käufe und Verkäufe, Emission von EZB-Schuldverschreibungen, Devisenswapgeschäfte und die Hereinnahme von Termineinlagen (1.3.1 und 3 Leitlinie). Die Durchführung der Offenmarktgeschäfte erfolgt durch Abschluss privatrechtlicher Verträge idR im Tenderverfahren und obliegt den nationalen Zentralbanken. Die Kreditinstitute müssen Sicherheiten stellen (refinanzierungsfähige oder Kategorie-1 und 2-Sicherheiten).

Offerte
= Vertragsantrag; s. iE → Vertrag (1).

Offizial
→ kirchliche Gerichtsbarkeit (2).

Offizialbetrieb
→ Amtsbetrieb.

Offizialdelikt
nennt man im Gegensatz zum → Antragsdelikt die von Amts wegen zu verfolgende Straftat.

Offizialprinzip
Nach dem im → Strafprozess geltenden Offizialprinzip sind grundsätzlich nur staatliche Organe befugt, den Straftäter zu verfolgen und zur Aburteilung zu bringen, insbes. Polizei und → Staatsanwaltschaft, der ein Anklagemonopol zusteht (§ 152 I StPO; Ausnahme: → Privatklage §§ 374 ff. StPO). Dabei ist der Verfolgungswunsch des Verletzten, außer bei → Antragsdelikten, ohne Bedeutung. Vielmehr besteht für die Strafverfolgungsorgane idR die Pflicht zum Einschreiten (→ Legalitätsprinzip, § 152 II StPO). S. ferner → Ermittlungsverfahren in Strafsachen, → Anklageerhebung, → Anklageerzwingung, → Inquisitionsprinzip (dort auch über das Offizialprinzip im gerichtlichen Verfahren = Ermittlungsgrundsatz). Im Zivilprozess → Verfügungsgrundsatz.

Offizialverfahren
ist ein von Amts wegen betriebenes Verfahren, so idR das Strafverfahren (→ Offizialprinzip, ausgenommen das → Privatklageverfahren).

Offizialverteidiger
→ Pflichtverteidiger.

Offiziere
Laufbahnvoraussetzungen → Soldatenlaufbahn.

Offshore-Anlagen
Offshore-Anlagen sind Anlagen auf See oder → Seeanlagen. Im Recht der → Energiewirtschaft spricht man, wenn es um Anlagen zur Stromerzeugung durch Windkraft geht, von → Windenergieanlagen auf See.

Offshore-Netzumlage
→ Energiefinanzierungsgesetz, → Windenergieanlagen auf See.

OGAW
→ Investmentvermögen.

OHG
= → Offene Handelsgesellschaft.

„ohne Obligo"
"Ohne obligo" lautet der Vermerk, durch den ein → Indossant seine Haftung aus dem → Wechsel bei dessen Begebung ausschließt (sog. Angstklausel). Er wird in das → Indossament aufgenommen. S. a. → Vertrag (1).

Ohne-Rechnung-(OR-)Geschäft
wird ein → Rechtsgeschäft (idR Kaufvertrag) genannt, über das zwecks Steuerverkürzung keine Rechnung ausgestellt und das mindestens von einem der Vertragspartner nicht in den → Handelsbüchern verzeichnet wird. Ohne-Rechnung-(OR-)Geschäfte sind wegen → Sittenwidrigkeit nichtig (§ 138 BGB), wenn die Steuerverkürzung ihr Hauptzweck ist. Vgl. §§ 41, 370 AO. → Schwarzarbeit 4, → wirt-

schaftliche Betrachtungsweise, → Aufbewahrungspflichten bei Geschäftsbüchern (2).

OIE
Die Welt-Tiergesundheitsorganisation in Paris ist für die weltweite Verbesserung der Tiergesundheit und die Festlegung von Normen für den internationalen Handel mit Tieren und tierischen Erzeugnissen zuständig. Sie wurde als Internationales Tierseuchenamt durch Übereinkommen v. 25.1.1924 (RGBl. 1928 II 317) gegründet. Die Abkürzung steht für die frühere französische Bezeichnung der Organisation (Office International des Epizooties), die heute offiziell World Organisation for Animal Health (OIE) heißt.

Okkupation
bedeutet im → Völkerrecht die von einem Staat vorgenommene Inbesitznahme eines Gebietes, das keiner Staatsgewalt unterworfen ist (im Gegensatz zur → Annexion fremden Gebietes). Diese Form des Gebietserwerbs hat heute auf der Erde allenfalls noch hinsichtlich der Polargebiete Bedeutung. Zahlreiche Streitfragen, die sich an die großen Okkupationen im Kolonialzeitalter (→ Kolonie) geknüpft haben, besitzen deshalb nur noch historisches Interesse. Heute noch bedeutsam und ungeklärt ist die Frage, ob das in der Antarktis verwandte sog. Sektorenprinzip rechtsgültig ist, nach dem die Begrenzung des okkupierten Gebiets lediglich durch bestimmte Längengrade angegeben wurde, ohne dass eine tatsächliche Inbesitznahme stattgefunden hat. Zur Okkupation von Gestirnen → Weltraumrecht. Über den zivilrechtlichen Begriff Okkupation → Aneignung.

Oktroyierte Verfassung
Oktroyierte Verfassung wird geschichtlich die Verfassung (Konstitution) genannt, die der König von Preußen 1850 dem Parlament „aufzwang"; sie wurde entgegen der Regel nicht von einer verfassungsgebenden Versammlung beschlossen, sondern beruhte auf einem einseitigen Willensakt des Monarchen.

OLAF
→ Europäisches Amt für Betrugsbekämpfung.

Oldtimer
Ein Oldtimer ist ein Kfz, das vor mindestens 30 Jahren erstmals in den Verkehr gekommen ist und zur Pflege des kfz.-technischen Kulturgutes dient (§ 2 Nr. 22 FZV). Zur Einstufung als Oldtimers ist ein Gutachten gem § 23 StVZO erforderlich; dann wird ein Oldtimer-Kennzeichen mit dem Zusatz „H" für historisches Kfz zugeteilt (§ 10 I FZV). Für Fahrten zur Teilnahme an Veranstaltungen für Oldtimer gilt § 43 FZV.

OLG
→ Oberlandesgericht.

Oligarchie
ist nach der altgriechischen Staatslehre eine Regierungsform, bei der die Staatsgewalt in den Händen einer kleinen Personengruppe liegt (Herrschaft der Wenigen). Die ideale Form der Oligarchie ist die → Aristokratie; doch bezeichnet man mit Oligarchie zumeist die entartete Form der Aristokratie, bei der nicht mehr die Besten des Volkes die Herrschaft ausüben. Die häufigste Form der Oligarchie in diesem Sinne ist die → Plutokratie (Herrschaft der Reichen).

Oligopol
Treten auf einem → relevanten Markt nur wenige Unternehmen auf einer Marktseite auf, so liegt ein Oligopol vor, das zur → Marktbeherrschung führen kann. Dazu gibt es im deutschen → Kartellrecht widerlegliche → Marktbeherrschungsvermutungen.

Ombudsman
wird in Schweden ein Parlamentsbeauftragter genannt, der als Verfassungsorgan den einzelnen Bürger gegen Verletzungen der Grundrechte und allgemein gegen behördliche Willkür schützen soll. Ähnliche Einrichtungen bestehen in den übrigen skandinavischen und einigen anderen Ländern (in Österreich: „Volksanwaltschaft"). In der BRep. bestehen als vergleichbare Institution der → Wehrbeauftragte des Bundestages und der Bürgerbeauftragte in Rh-Pf (Gesetz v. 3.5.1974, GVBl. 1974, 187). Die Bestellung eines allgemein zuständigen Organs, das als unbürokratische Beschwerdestelle von Amts wegen oder auf Anrufung durch den Betroffenen tätig werden kann (wenig glücklich auch als „Justizkanzler" bezeichnet), ist zwar in der BRep. grundsätzl. erörtert, aber bisher nicht allgemein geregelt worden.

omni modo facturus
(auf jeden Fall entschlossen) ist ein Täter, der bereits den Entschluss zur Begehung einer bestimmten Straftat gefasst hat. Nachdem jede → Anstiftung objektiv darin besteht, den Tatentschluss beim Täter zu wecken, ist bei einem omni modo facturus keine Anstiftung mehr möglich. Diese kann vom „Anstifter", der vom schon vorhandenen Tatentschluss des Täters nichts weiß, nur noch versucht, aber nicht mehr verwirklicht werden. Der Anstiftungsversuch ist grundsätzlich straflos (Ausnahmen bei der mißlungenen Anstiftung zu einem → Verbrechen, § 30 I StGB); doch kann → Beihilfe (insbes. psychische Beihilfe) vorliegen. Bestr. ist die Strafbarkeit des Anstifters, der den zur Tat bereits entschlossenen omni modo facturus (alias facturus) zu einer anderen Ausführungsart, zB Diebstahl statt Unterschlagung, oder zu einem qualifizierten Delikt, zB Raub mit Waffen statt einf. Raub, veranlasst (Fälle der sog. Um- bzw. Aufstiftung).

Omnibusse
Omnibusse (Kraftomnibusse) sind → Kraftfahrzeuge, die nach Bauart und Einrichtung zur → Personenbeförderung bestimmt sind und mehr als 8 Fahrgastsitzplätze haben (§ 30d

StVZO, § 6 I FeV v. 13.12.2010, BGBl. 2010 I 1980, mÄnd). Der Unternehmer bedarf einer behördlichen Genehmigung nach dem PBefG, der Fahrer der → Fahrerlaubnis zur → Fahrgastbeförderung (§ 6 I FeV). Technische Sondervorschriften gelten nach §§ 30d, 32 ff. StVZO ua für Notausstiege u. Feuerlöscher; zum Fahrtschreiber vgl. § 57a StVZO. Über die Höchstgeschwindigkeit außerhalb geschlossener Ortschaften → Fahrgeschwindigkeit, → Geschwindigkeitsbegrenzer, über die zugelassene Lenkzeit durch denselben Fahrer → Kraftfahrer. Omnibusse können nach der VO über technische Kontrollen von Nutzfahrzeugen auf der Straße (TechKontrollV) v. 21.5.2003 (BGBl. 2003 I 774) mÄnd nicht angekündigten Kontrollen unterzogen werden. S. ferner → Fahrtschreiber, → Gefährdungshaftung, → Kontrollgerät, → Mietomnibusse, → Straßenverkehrshaftung.

Omnibusverkehr
→ Fahrgastrechte (Kraftomnibusverkehr), → Personenbeförderung, → Linienverkehr, → Mietomnibusse.

Online-Buchungsverfahren
→ Reisevertrag.

Online-Dispute-Resolution
→ Legal Tech, → Online-Verfahren.

Online-Durchsuchung
Als Online-Durchsuchung wird ein regelmäßig verdeckt durchgeführter staatlicher Zugriff auf informationstechnische Systeme (PC, Laptop, Tablet, Smartphone etc.) bezeichnet, der dazu dient, im System gespeicherte, von dort aus zugängliche sowie dort während des Zugriffs neu anfallende Daten auszuleiten und auszuwerten. Eine gesetzliche Grundlage dafür, eine Online-Durchsuchung für Zwecke der Strafverfolgung durchzuführen, hat der Gesetzgeber 2017 mit § 100b StPO geschaffen. Voraus gingen Entscheidungen des BVerfG zu früheren Regelungen im Polizeirecht sowie im Recht des Verfassungsschutzes (BVerfGE 120, 274; BVerfGE 141, 220). Das BVerfGE hat in diesem Zusammenhang entschieden, dass eine Online-Durchsuchung zwar nicht in das Grundrecht der Unverletzlichkeit der Wohnung (Art. 13 GG) eingreife, wohl aber in das Grundrecht auf Gewährleistung der Integrität und Vertraulichkeit informationstechnischer Systeme, welches das BVerfG aus dem Allgemeinen → Persönlichkeitsrecht ableitete. Dabei hat das BVerfG das erhebliche Gewicht dieses Eingriffs hervorgehoben, da er angesichts der bei vielen Menschen üblich gewordenen umfassenden Nutzung entsprechender Geräte erhebliches Potential zur Ausforschung der Persönlichkeit besitzt. Seine Heimlichkeit und die Möglichkeit einer längerfristigen Überwachung erhöhen die Eingriffstiefe zusätzlich. Verhältnismäßig ist ein derartiger Eingriff nach dem BVerfG im Bereich der Gefahrenabwehr nur, soweit bestimmte Tatsachen auf eine im Einzelfall drohende Gefahr für ein überragend wichtiges Rechtsgut hinweisen. Zudem sind die Interessen des Betroffenen durch geeignete gesetzliche Vorkehrungen verfahrensrechtlich abzusichern.

Auf dieser verfassungsrechtlichen Basis, deren konkrete Konsequenzen für strafprozessuales Vorgehen str. sind, gestattet § 100b StPO die Online-Durchsuchung nur, wenn bestimmte Tatsachen den Verdacht begründen, dass jemand eine besonders schwere Straftat begangen oder zu begehen versucht hat, die Tat auch im Einzelfall besonders schwer wiegt und die Ermittlungen ansonsten wesentlich erschwert oder aussichtslos wären. Für die möglichen Anlasstaten enthält § 100b II StPO einen abschließenden Katalog. Dieser gilt über die Verweisung in § 100c I Nr. 1 StPO auch für die akustische Wohnraumüberwachung („großer Lauschangriff"; → Einsatz technischer Mittel), womit der Gesetzgeber der erheblichen Eingriffsintensität der Online-Durchsuchung Rechnung getragen hat. Auch die Vorschriften zum Schutz des Kernbereichs privater Lebensgestaltung (§ 100d StPO) sowie zum Verfahren (§ 100e II StPO; ua darf die Anordnung nur durch die in § 74a IV GVG vorgesehene Kammer des Landgerichts erfolgen) gelten für die Online-Durchsuchung und die akustische Wohnraumüberwachung gemeinsam. Zur Durchführung der Maßnahme erlaubt § 100b I StPO den Einsatz technischer Mittel. Dazu wird typischerweise eine Spionagesoftware („Staatstrojaner", „Bundestrojaner") in das zu durchsuchende System eingebracht. Hinsichtlich Schutzmaßnahmen und einzuhaltender Protokollierungspflichten verweist § 100b IV StPO weitgehend auf § 100a V und VI StPO. Inhaltlich gestattet § 100b StPO in den durch das Verfassungsrecht gezogenen Grenzen den Zugriff auf den gesamten Datenbestand des jeweiligen Systems. Hierzu gehören auch während des Laufs der Maßnahme neu anfallende Kommunikationsdaten. Der Eingriff deckt sich bzgl. der letzteren faktisch mit der Quellen-Telekommunikationsüberwachung (§ 100a I 2, 3 StPO; → Telekommunikationsüberwachung), geht über jene aber insoweit hinaus, als auch auf zurückliegende und noch gespeicherte Kommunikation zugegriffen werden darf, und zwar auch aus der Zeit vor der richterlichen Anordnung der Maßnahme (anders § 100a V 1 Nr. 1b StPO bei der Quellen-TKÜ).

Für eine Online-Durchsuchung zu Zwecken der Gefahrenabwehr bestehen Grundlagen in einzelnen Polizeigesetzen (zB § 49 BKAG).

Online-Gründung
→ Gesellschaft mit beschränkter Haftung (GmbH).

Online-Kauf
→ Elektronischer Geschäftsverkehr; → E-Commerce; → Online-Marktplatz; → Fernabsatzvertrag; → Internet-Auktion.

Online-Marktplatz
In Umsetzung der → Modernisierungsrichtlinie wurde durch ein Gesetz zur Änderungen des BGB (und anderer Vorschriften, BGBl. 2021 I 3483) mit Wirkung vom 28.5.22 ein neuer § 312l BGB (zunächst als § 312k BGB; sa → Gesetz für faire Verbraucherverträge) eingefügt werden, der den Begriff des Online-Marktplatzes ua legaldefiniert. Nach § 312l III BGB ist ein Online-Marktplatz ein Dienst, der es → Verbrauchern ermöglicht, durch die Versendung von Software, die vom → Unternehmer oder im Namen des Unternehmers betrieben wird, einschließlich einer Webseite, eines Teils einer Webseite oder einer Anwendung, → Fernabsatzverträge mit anderen Unternehmern oder Verbrauchern abzuschließen (Bsp. Amazon, ebay); auf die Art des Fernabsatzvertrages soll es nicht ankommen. Betreiber eines Online-Marktplatzes ist nach § 312l IV BGB der Unternehmer, der einen Online-Marktplatz für Verbraucher zur Verfügung stellt. Ein Online-Marktplatz liegt auch dann vor, wenn sowohl eigene Produkte des Marktplatz-Betreibers als auch Produkte anderer Unternehmer angeboten werden. Bei einer Vermittlungs- oder Vergleichswebseite liegt ein Online-Marktplatz dann vor, wenn der Fernabsatzvertrag durch die Verwendung von Software des Betreibers des Online-Marktplatze geschlossen wird, also zB auf einem Teil der Webseite des Marktplatz-Betreibers. Nach § 312l I BGB werden umfassende Informationspflichten für Betreiber von Online-Marktplätzen eingeführt werden, welche in Art. 246d EGBGB näher geregelt werden; durch sie soll das Verbraucherschutzniveau erhöht und eine größere Transparenz für Verbraucher erreicht werden, die auf Online-Marktplätzen Verträge abschließen. In § 246d § 1 EGBGB werden die verschiedenen Informationspflichten normiert (zB zu den Hauptparametern und deren Gewichtung eines Rankings von Waren, Dienstleistungen oder digitalen Inhalten, das dem Verbraucher als Ergebnis seiner Suchanfrage auf dem Online-Marktplatz präsentiert wird, zu wirtschaftlichen Verflechtungen und der Marktabdeckung oder bei Vergleichsportalen die Information über die Anbieter, die bei der Erstellung des dem Verbraucher auf eine Suchanfrage präsentierten Vergleichs berücksichtigt wurden), die neben bestehende sonstige Informationspflichten aufgrund anderer Vorschriften treten; Art. 246d § 2 EGBGB bestimmt, dass der Betreiber des Online-Marktplatzes dem Verbraucher die Informationen vor dem Vertragsschluss in klarer, verständlicher und einer den benutzten Fernkommunikationsmitteln angepasster Weise zur Verfügung stellen muss, teilweise in einem unmittelbar und leicht zugänglichen Bereich der Online-Benutzeroberfläche. Zur Bußgeldbewehrung s. Art. 246e EGBGB. Nicht gelten sollen die Informationspflichten gem. § 312l II BGB für Verträge über Finanzdienstleistungen iSv § 312 V 1 BGB, weil insoweit eigene Informationspflichten gelten.

Online-Partnervermittlungsvertrag
→ Partnervermittlung.

Online-Teilnahme an einer Hauptversammlung
Siehe allgemein → Hauptversammlung und → Hauptversammlungsbeschluss. Zu den besonderen Erleichterungen digitaler Möglichkeiten im Rahmen der Corona-Krise siehe → COVID-19-Folgenabmilderungsgesetz.

Online-Shopping
→ Elektronischer Geschäftsverkehr, → E-Commerce, → Online-Marktplatz, → Fernabsatzvertrag, → Internet-Auktion.

Online-Verfahren
Die Bundesregierung hat kürzlich den Entwurf eines Gesetzes zur Entwicklung und Erprobung eines Online-Verfahrens in der Zivilgerichtsbarkeit vorgelegt. Es wird als Experimentiermöglichkeit ein Online-Verfahren als neue Verfahrensart in der Zivilgerichtsbarkeit geschaffen, vor allem für Massenverfahren mit kleinen Streitwerten. Es soll eine Klageerhebung durch digitale Eingabesysteme möglich werden (idealerweise auf einer Kommunikationsplattform für alle Prozessbeteiligten) mitsamt einer digitalen Strukturierung des Verfahrensdokuments. Ziel ist ein erleichterten Zugang zur Justiz durch niederschwellige Kommunikationswege.

Online-Vermittlungsdienst
1. Als. Online-Vermittlungsdienst bezeichnet Art. 2 Nr. 2 der Verordnung (EU) 2019/1150 zur Förderung von Fairness und Transparenz für gewerbliche Nutzer von Online-Vermittlungsdiensten v. 20.6.2019 (ABl. EU 2019 L 186, 57) elektronische Dienste, die es gewerblichen Nutzern ermöglichen, Verbrauchern Waren oder Dienstleistungen anzubieten. Beispiele für Online-Vermittlungsdienste sind Suchmaschinen, Vergleichsportale, Hotel- oder Flugbuchungsportale oder Online-Marktplätze. Auf der Grundlage eines Vertrags zwischen dem Anbieter des Online-Vermittlungsdienstes und dessen gewerblichen Nutzer vermittelt der Anbieter den Kontakt zu Verbrauchern, so dass diese beim gewerblichen Nutzer zB Kleidung kaufen, Versicherungen abschließen oder Flüge buchen können. Die VO setzt voraus, dass der gewerbliche Nutzer seine Niederlassung in der EU hat und regelt sein Verhältnis zu den häufig dominaten Anbietern von Online-Vermittlungsdiensten.

2. Zum Schutz der gewerblichen Nutzer von Online-Vermittlungsdiensten, und damit indirekt auch zum Schutz der Verbraucher, müssen die vom Anbieter verwendeten → Allgemeinen Geschäftsbedingungen klar und verständlich formuliert sein und ua die Gründe benennen, bei deren Vorliegen der Online-Vermittlungsdienst eingeschränkt, ausgesetzt oder beendet werden kann. In seinen AGB hat

der Anbieter von Online-Vermittlungsdiensten ferner darzulegen, nach welchen Kriterien die Angebote der Nutzer auf der Internetplattform geordnet werden (Ranking). Die AGB müssen auch erläutern, ob und wie das Ranking durch Entgelte beeinflusst werden kann. → Elektronischer Geschäftsverkehr.

Open Skies

1. Militärluftfahrt: Der Open Skies-Vertrag v. 24.3.1992 (BGBl. 1993 II 2046, in Kraft für Deutschland seit 1.1.2002) regelte die Durchführung militärischer Beobachtungsflüge vor allem der NATO-Staaten und Russlands („von Vancouver bis Wladiwostok“) über den Hoheitsgebieten der Vertragsstaaten. Die Maßnahme sollte der Vertrauensbildung, der Kontrolle der Einhaltung von Rüstungsbegrenzungsmaßnahmen (sa → Abrüstung) und damit der Friedenssicherung dienen. Am 22.11.2020 sind die USA aus dem Vertrag ausgetreten. In Kürze wird auch Russland austreten, so dass der Vertrag seine Bedeutung verliert.

2. Zivilluftfahrt: Das Luftverkehrsabkommen zwischen den EU-Staaten, der Europäischen Kommission, den USA sowie Norwegen und Island v. 25.4.2007 (ABl. 2007 L 134, 4), im Allgemeinen Open Skies-Abkommen genannt, gewährt den Vertragsstaaten wesentliche Rechte zur Erbringung internationaler Luftverkehrsdienste (Beförderung von Fluggästen, Transport von Gepäck, Post und Fracht) durch → Luftfahrtunternehmen der jeweils anderen Vertragsstaaten. Dazu gehört zB das Recht, das jeweilige Hoheitsgebiet ohne Landung zu überfliegen, o. das Recht, internationale Luftverkehrsdienste gem. Art. 3 II nach eigenem Ermessen durchzuführen bzw. anzubieten. Die Preise für Luftverkehrsdienste unterliegen grundsätzl. keiner Genehmigungspflicht (Art. 13).

Operating-Leasing

→ Leasing, Leasingvertrag.

Opferentschädigungsgesetz

Das Opferentschädigungsgesetz (OEG) regelte bis 31.12.2023 die Entschädigung für Opfer von Gewalttaten. Ausgeschlossen ist die Entschädigung nach dem Opferentschädigungsgesetz, wenn die Gewalttat selber verschuldet oder mitverursacht wurde (→ Bundesversorgungsgesetz, → Viktimologie). Das OEG gilt nach § 68 SGB I als besonderer Teil des Sozialgesetzbuchs. Zum 1.1.2024 wurde das OEG in das SGB XIV (soziale Entschädigung) aufgenommen.

Opferschutz

In den letzten Jahrzehnten wurden im Strafprozessrecht zahlreiche Vorschriften zum Schutz des Verletzten (→ Verletzter, Rechtsstellung im Strafprozess) einer Straftat geschaffen. Sie sind Ausdruck einer gewandelten Sichtweise auf Verbrechensopfer: Im Strafverfahren, das dem Offizialprinzip unterliegt und das primär der Durchsetzung des staatlichen Strafanspuchs dient, läuft der Verletzte Gefahr, auf die passive Rolle des Opferzeugen reduziert zu werden. Schlimmstenfalls kann es bei ihm zu einer sog. sekundären Viktimisierung kommen, wenn er sich während der Zeugenaussage traumatisierende Erlebnisse erneut vergegenwärtigen muss und sich dabei zugleich mit dem seine Verteidigungsrechte wahrnehmenden Angeklagten und ggf. dessen Verteidigern konfrontiert sieht. Entsprechend zielen die verschiedenen Schutzmaßnahmen nicht nur auf verbesserte Möglichkeiten zur Erlangung materiellen Schadenersatzes, sondern auch auf eine schonende Durchführung der Zeugenbefragung (Vermeidung von Mehrfachvernehmungen, Videovernehmung, Möglichkeit der Entfernung des Angeklagten während der Aussage) sowie auf die Zubilligung eigener prozessualer Rechte des Verletzten (am stärksten in Form der → Nebenklage). Kritik findet diese Entwicklung insofern, als manche Schutzmaßnahmen zwangsläufig mit anderen Maximen des Strafprozesses in Konflikt geraten können, insb. mit der Wahrheitsermittlung (Schonung eines Zeugen und Verfälschung seiner Aussage können in einander übergehen) und den Verteidigungsrechten des Beschuldigten (zB wenn der Verletzte zwar anwaltlich vertreten ist, dem Beschuldigten aber kein Pflichtverteidiger bestellt wird; eine notwendige Verteidigung sieht § 140 I Nr. 9 StPO hier nur bei gerichtlicher Beiordnung des Anwalts des Verletzten vor, nicht aber, wenn letzterer ihn selbst bezahlt). Nicht von vornherein unberechtigt erscheint diese Sorge insb. in Verfahren, denen eine Aussage-gegen-Aussage-Konstellation zugrunde liegt und bei denen folglich frühestens mit dem Urteil feststeht, welcher Beteiligte materiell „Täter“ und welcher „Opfer“ ist. Zutreffend liegt daher auch der 2021 geschaffenen Legaldefinition des Verletzten in § 373b StPO nur eine Arbeitshypothese zugrunde (Verletzter ist, wer durch die Tat, ihre Begehung unterstellt oder rechtskräftig festgestellt, in seinen Rechtsgütern unmittelbar beeinträchtigt worden ist).

Im Einzelnen wurde der Opferschutz insb. durch folgende gesetzgeberische Maßnahmen ausgebaut:

Das Opferschutzgesetz (= Erstes Gesetz zur Verbesserung der Rechtsstellung des Verletzten im Strafverfahren) vom 18.12.1986 (BGBl. 1986 I 2496) regelte das Recht der Nebenklage neu und räumte dem → Verletzten im Strafverfahren weitergehende Befugnisse ein (§§ 406d ff. StPO; §§ 171b, 175 II 2 GVG), die durch das ZeugenschutzG vom 30.4.1998 (BGBl. 1998 I 820) noch gestärkt wurden (§§ 58a, 68b, 168e, 247a, 255a, 397a StPO). Durch das OpferanspruchssicherungsG vom 8.5.1998 (BGBl. 1998 I 905) wurde ein gesetzliches Pfandrecht des Verletzten an einer Forderung begründet, die der Täter oder Teilnehmer im Hinblick auf eine öffentliche Darstellung der Tat erwirbt. Nachdem mit dem VerbrBekG vom 28.10.1994 (BGBl. 1994 I 3186) eine materielle (strafzumessungsrechtliche) Vorschrift zum → Täter-Opfer-Ausgleich in § 46a StGB geschaffen worden war, wurde dieser durch das Gesetz zur strafverfahrensrechtlichen Verankerung des Täter-Opfer-Ausgleichs vom 20.12.1999 (BGBl. 1999 I 2491) auch als eigenes strafprozessuales Instrument in §§ 153a, 155a und 155b StPO verankert.

Durch das OpferrechtsreformG v. 24.6.2004 (BGBl. 2004 I 1354) und das 2. OpferrechtsreformG v. 29.7.2009 (BGBl. 2009 I 2280) wurden die Verfahrens- und Informationsrechte des Verletzten gestärkt, die Belastungen des Verletzten durch Vernehmungen verringert und die Regelung der Schadenswiedergutmachung im Strafprozess (→ Adhäsionsverfahren) verbessert. Das G zur Stärkung der Rechte von Opfern sexuellen Missbrauchs v. 26.6.2013 (BGBl. 2013 I 1805) führte vor allem weitere Regelungen zur Vermeidung von Mehrfachvernehmungen von Kindern und Jugendlichen (§ 58a I 2 StPO, § 255a I 2, 3 StPO), zum Ausschluss der Öffentlichkeit bei Hauptverhandlungen mit minderjährigen Opfern (§ 171b GVG) und zu Informationsrechten von Opfern ein (§ 406d II Nr. 3 StPO); es präzisierte die Zuständigkeit der Jugendgerichte in Jugendschutzsachen (§ 24 I 2 GVG, § 26 II, III GVG). Ferner verlängerte es die Verjährungsfrist für zivilrechtliche Ansprüche wegen sexuellen Missbrauchs und vorsätzlicher Verletzung anderer höchstpersönlicher Rechtsgüter auf 30 Jahre (§ 197 I Nr. 1 BGB).

Durch das 3. OpferrechtsreformG v. 21.12.2015 (BGBl. 2015 I 2525) wurde der Schutz des Opfers weiter verstärkt. Bei der Vernehmung als Zeuge ist nun zu prüfen, ob sie getrennt von Anwesenheitsberechtigten oder audiovisuell durchzuführen ist (§ 48 III StPO). Dem Verletzten ist auf Antrag der Eingang seiner → Strafanzeige schriftlich zu bestätigen (§ 158 I 3 StPO). Ist er der deutschen Sprache nicht mächtig, erhält er Hilfe bei der Verständigung, um die Anzeige anzubringen, und die Anzeigebestätigung in einer ihm verständlichen Sprache (§ 158 IV StPO). In diesem Fall ist bei der Vernehmung durch Staatsanwaltschaft oder Polizei ein Dolmetscher zuzuziehen (§ 161a V, § 163 III 6 StPO). Ein Verletzter, der sich als Nebenkläger angeschlossen hat und der deutschen Sprache nicht mächtig ist, erhält auf Antrag eine Übersetzung der zur Ausübung seiner Rechte erforderlichen schriftlichen Unterlagen (§ 397 III StPO). Die Auskunft an den Verletzten über den Stand des Strafverfahrens wurde erweitert (§ 406d StPO). Der Verletzte kann sich des Beistands eines psychosozialen Prozessbegleiters bedienen, der bei Vernehmungen des Verletzten und während der Hauptverhandlung gemeinsam mit dem Verletzten anwesend sein kann (§ 406g StPO und PsychPbG vom v. 21.12.2015, BGBl. 2015 I 2525, 2529); bei bestimmten Delikten muss oder kann eine kostenfreie Beiordnung des Prozessbegleiters erfolgen. Ferner wurde die Unterrichtung des Verletzten sowie von Angehörigen und Erben des Verletzten über die Befugnisse im Strafverfahren und außerhalb des Strafverfahrens und über weitere Informationen ausgebaut (§§ 406i–406l StPO).

Mit dem Gesetz zur Fortentwicklung der Strafprozessordnung und zur Änderung weiterer Vorschriften v. 25.6.2021 (BGBl. 2021 I 2099) wurde mit § 373b StPO eine Legaldefinition des Verletzten in die StPO eingefügt. Diese geht zurück auf Art. 2 RL 2012/29/EU v. 25.10.2012 (EU-Opferschutzrichtlinie), näher → Verletzter, Rechtsstellung im Strafprozess.

Zu Schutzmaßnahmen speziell mit Blick auf Gefahren, die aus der Wahrnehmung der Zeugenpflicht resultieren und nicht nur Opferzeugen betreffen → Zeugenschutz. Wesentliche Schutzmaßnahmen außerhalb des Strafprozessrechts ermöglicht seit 2002 das GewSchG (→ Gewaltschutz). Zum → Opferentschädigungsgesetz s. dort.

Opium
→ Betäubungsmittel-Abkommen.

Opportunitätsprinzip
1. Im strafrechtlichen Bereich stellt das Opportunitätsprinzip als Ausnahme zu dem dort grundsätzlich herrschenden → Legalitätsprinzip (§ 152 II StPO) die Entscheidung, ob wegen einer Straftat eingeschritten werden soll, in das Ermessen der StA. Diese kann von der Strafverfolgung insbes. in → Bagatellstrafsachen bei → Vergehen mit Zustimmung des Gerichts mangels öffentlichen Interesses absehen; nach Anklageerhebung entscheidet das Gericht mit Zustimmung der StA und des Angeschuldigten (§ 153 StPO; über vorläufige Einstellung iVm Auflagen und Weisungen s. § 153a StPO). Ähnliches gilt bei Straftaten, bei denen das Gericht nach dem Strafgesetz von Strafe absehen kann (§ 153b StPO), sowie im Jugendstrafverfahren für geringfügige Delikte (§§ 45, 47 JGG; → Diversion). Im → Privatklageverfahren entscheidet über die Einstellung wegen Geringfügigkeit das Gericht (§ 383 II StPO), in → Bußgeldverfahren die Verwaltungsbehörde, solange das Verfahren bei ihr anhängig ist (§ 47 I OWiG).

Bei Steuerhinterziehung und Steuerhehlerei (→ Steuerstrafrecht 1) in geringwertigem Umfang kann die StA. gem. § 398 AO, der neben §§ 153 ff. StPO gilt, auch ohne Zustimmung des Gerichts von der Verfolgung absehen. Dies ist bei einer → Selbstanzeige, bei der Straffreiheit nur deswegen nicht eintritt, weil der verkürzte Betrag 50 000 EUR übersteigt, auch möglich, wenn der Täter innerhalb der vom Finanzamt bestimmten Frist die hinterzogenen Steuern und einen Geldbetrag von 5 % dieser Steuern entrichtet (§ 398a AO).

Bei unwesentlichen Nebendelikten, die neben anderen zur Aburteilung gestellten oder bereits abgeurteilten Straftaten nicht beträchtlich ins Gewicht fallen, kann die StA, im Hauptverfahren das Gericht auf Antrag der

StA, das Verfahren vorbehaltlich der Wiederaufnahme – etwa nach Freispruch wegen der anderen Tat – vorläufig einstellen; in ähnlicher Weise kann das Strafverfahren auf einzelne von mehreren Gesetzesverletzungen beschränkt werden (bestimmte von mehreren Taten, einzelne rechtliche Gesichtspunkte bei Tateinheit); §§ 154, 154a StPO.

Ist eine → Nötigung oder → Erpressung durch die Drohung begangen worden, eine Straftat des Opfers zu offenbaren, so kann von deren Strafverfolgung abgesehen werden, wenn diese nicht zur Sühne unerlässlich ist; dies gilt auch, wenn das Opfer eine Erpressung anzeigt und dadurch ein von ihm begangenes Vergehen bekannt wird (§ 154c StPO).

Das Opportunitätsprinzip gilt ferner bei Auslandstaten, insbes. wenn wegen der Tat im Ausland schon Strafe vollstreckt worden ist (§ 153c StPO) oder wenn der Beschuldigte wegen derselben oder einer anderen Tat zur Strafverfolgung an das Ausland ausgeliefert oder an einen → Internationalen Strafgerichtshof überstellt oder wenn er ausgewiesen wird (§§ 154b, 153 f StPO, § 28 IStGHG).

Bei leichteren → Staatsschutzdelikten kann der Generalbundesanwalt von der Strafverfolgung absehen, wenn diese der BRep. schwere Nachteile bringen könnte oder sonstige überwiegende öffentliche Interessen entgegenstehen (§ 153d StPO). Ferner kann der Generalbundesanwalt bei den meisten dieser Delikte mit Zustimmung des OLG (nach Anklageerhebung dieses mit Zustimmung des Generalbundesanwalts) das Verfahren nach § 153e StPO einstellen, wenn der Täter nach der Tat, aber vor deren Entdeckung in tätiger Reue dazu beigetragen hat, eine Gefahr für Bestand oder Sicherheit der BRep. oder ihre verfassungsmäßige Ordnung abzuwenden (zB durch Aufdecken staatsgefährdender Bestrebungen, → Kronzeuge).

2. Im Bereich der Verwaltung besagt das Opportunitätsprinzip, dass eine Behörde nach ihrem → Ermessen handeln darf. Das Opportunitätsprinzip steht dem Grundsatz der → Gesetzmäßigkeit der Verwaltung gegenüber. Das Opportunitätsprinzip war früher das beherrschende Prinzip der öffentlichen Verwaltung, ist aber durch die ausgedehnte Verwaltungsgesetzgebung des modernen Rechtsstaates, der sich um möglichst genaue Festlegung der öffentlichen Aufgaben und Befugnisse bemüht, zurückgedrängt. Das Opportunitätsprinzip gilt, soweit für ein Gebiet gesetzliche Regelungen überhaupt nicht bestehen oder das Gesetz das Handeln der Behörde ihrem Ermessen überlässt. So sind zB die Polizei- und die Ordnungsbehörden zu einem Eingreifen gegen den → Störer berechtigt, aber grundsätzlich nicht zum Einschreiten verpflichtet; sie entscheiden hierüber nach pflichtgemäßem Ermessen (→ polizeiliche Maßnahmen).

Soweit das Opportunitätsprinzip gilt, hat ein Dritter grundsätzlich keinen Anspruch auf ein Handeln der Behörde (sa → subjektives öff. Recht, → Rechtsreflex). Unter bestimmten Voraussetzungen besteht jedoch ein Recht auf fehlerfreie Ermessenbetätigung, das sich in Ausnahmefällen zum Anspruch auf ein bestimmtes Tätigwerden der Behörden verdichten kann (→ Ermessen).

Opposition

Opposition im politischen Sinne ist Gegensätzlichkeit gegenüber den an der Macht befindlichen Kräften in politischen Angelegenheiten, ieS jede nicht an der Regierung beteiligte und diese weder tragende noch tolerierende, jedoch potentiell regierungsfähige und -willige Parlamentsfraktion (sog. „parlamentarische Opposition“, legaldefiniert zB im Art. 16a Bayer. Verfassung, Art. 38 Verfassung Berlin, Art. 78 Verfassung Bremen, Art. 50 Sächsische Verfassung); eine an der Reg. nicht beteiligte, diese aber stützende oder „tolerierende“ Gruppe ist nicht Opposition. Die mit eigenen Vorschlägen an der Parlamentsarbeit mitwirkende Opposition bezeichnet man als „konstruktiv“, die sich in der bloßen Ablehnung und Behinderung erschöpfende Opposition als → Obstruktion. Das Recht auf Bildung und Ausübung einer Opposition im Parlament ist Bestandteil der freiheitlichen demokratischen → Grundordnung. Das Recht zur Opposition ergibt sich schon aus dem Grundrecht der freien Meinungsäußerung (Art. 5 GG); in der Form ist sie durch die allgemeinen Gesetze (insbes. das Strafrecht und das → Versammlungsrecht) begrenzt.

Option

1. Im → Staatsrecht umfasst der Begriff der Option iwS jede durch innerstaatliches Recht oder durch Völkerrechtsnorm begründete Befugnis einzelner Personen, sich für eine bestimmte Staatsangehörigkeit zu entscheiden, zB nach § 3 des 2. Ges. zur Regelung von Fragen der Staatsangehörigkeit (→ Österreicher). IeS umfasst der Begriff nur solche Wahlbefugnisse, die anlässlich einer Gebietsänderung den Einwohnern des betroffenen Gebietes eingeräumt werden. Erwerben diese infolge des Gebietswechsels eine neue Staatsangehörigkeit, so wird ihnen – jedenfalls bei vertraglichen Gebietsänderungen – in neuerer Zeit häufig die Möglichkeit eingeräumt, für ihre bisherige Staatsangehörigkeit zu optieren. Allerdings ist damit meist die Verpflichtung verbunden, das Gebiet zu verlassen; in manchen Fällen kann die Option nur durch Auswanderung ausgeübt werden.

2. Im → Zivilrecht ist die Option die rechtlich begründete Anwartschaft, ein Recht durch eigene einseitige Erklärung zu erwerben (zB → Ankaufsrecht). Der Optionsvertrag, der mit der Vereinbarung einer Gegenleistung für die Einräumung dieser Rechtsstellung verbunden ist, bedarf bereits der Form des späteren Erwerbsgeschäfts (zB → Grundstückskaufvertrag). Sa → Aktienoption.

3. Steuerlich → Umsatzsteuer (4, 11).

Optionshandel
→ Optionsschein.

Optionsschein
(warrant). Im Optionsschein wird das selbständige Optionsrecht (→ Option, 2) zum Kauf oder Verkauf bestimmter Aktien (→ Aktienoption), Anleihen, Waren usw verbrieft (§ 2 III Nr. 1 lit. a WpHG). Der Optionsschein ist selbständig übertragbar. Der Handel mit Optionsscheinen unterliegt den Vorschriften über den → Wertpapierhandel.

Optionsvertrag
→ Option. Zum Optionshandel → Differenzgeschäft.

Ordal
→ Gottesurteil.

Orden (und Ehrenzeichen)
Für besondere Verdienste um die BRep. Deutschland können der Bundespräsident oder mit seiner Genehmigung andere Stellen Orden und Ehrenzeichen – also tragbare Auszeichnungen – stiften und verleihen (§§ 1, 3 des Gesetzes über Titel, Orden und Ehrenzeichen v. 26.7.1957, BGBl. 1957 I 844 mÄnd). Stiftung und Verleihung bzw. die Genehmigung dazu erfolgt durch Erlass des Bundespräsidenten (Art. 58 GG). Daneben haben auch die Länder die Befugnis, Orden und Ehrenzeichen zu stiften und zu verleihen (zB Bayern G v. 11.6.1957, GVBl. 1957, 119, und vom 18.3.1980, GVBl. 1980, 151). Als Orden des Bundes besteht der „Verdienstorden der BRep." (Großkreuz, Großes Verdienstkreuz, Verdienstkreuz) und das „Ehrenzeichen der Bundeswehr" genehmigt ist, zB die Stiftung und Verleihung des Ordens Pour le mérite für Wissenschaften und Künste. Beispiele für Ehrenzeichen sind das des Deutschen Roten Kreuzes, das Deutsche Feuerwehrehrenkreuz und das Deutsche Sportabzeichen. Erweist sich ein Beliehener durch sein Verhalten der verliehenen Auszeichnung unwürdig oder wird ein solches Verhalten nachträglich bekannt, so kann die Auszeichnung entzogen werden (§ 4 OrdensG). Für das Tragen von Orden und Ehrenzeichen, die vor Erlass des Ordensgesetzes verliehen wurden (insbes. Auszeichnungen aus dem Zweiten Weltkrieg), bestehen besondere Vorschriften (vgl. §§ 6, 7 OrdensG). Orden und Ehrenzeichen dürfen grundsätzlich nur dann getragen werden, wenn sie ordnungsgemäß verliehen wurden und der Beliehene, soweit nicht anderes bestimmt ist, über die Verleihung eine Verleihungsurkunde oder ein Besitzzeugnis innehat (Besitznachweis; für vor dem 8.5.1945 verliehene Orden und Ehrenzeichen vgl. VO v. 6.5.1959, BGBl. 1959 I 247). Die Annahme und das Tragen ausländischer Orden und Ehrenzeichen bedarf der (widerruflichen) Genehmigung des BPräs. (§ 5 OrdensG). Das unbefugte Tragen in- oder ausländischer Orden und Ehrenzeichen oder dazugehöriger Bänder, nicht zugelassener früherer Auszeichnungen sowie verschiedene andere Verstöße gegen das OrdensG (zB Vertreiben von Orden und Ehrenzeichen ohne die erforderliche Erlaubnis) können als Ordnungswidrigkeiten geahndet werden (§ 15 OrdensG). Nicht unter das OrdensG fällt das Tragen von Abzeichen, die mit einer Dienststellung oder einer akademischen Würde verbunden sind oder die Zugehörigkeit zu einer Vereinigung u. dgl. kennzeichnen oder als Anerkennung für eine Leistung bestimmt sind. Es darf jedoch keine Verwechslungsgefahr mit Orden und Ehrenzeichen bestehen.

Ordensinstitute
in der → kath. Kirche unterscheiden sich von Säkularinstituten durch die öffentlichen Gelübde (Ehelosigkeit, Armut, Gehorsam) und das gemeinsame Leben. Die Ordensinstitute können päpstlichen Rechts (vom → Apostolischen Stuhl errichtet od. bestätigt) oder bischöflichen Rechts (vom zuständigen → Bischof errichtet) sein. Für die Oberen der Niederlassungen der verschiedenen Stufen sind zT noch die Bezeichnungen Abt, Generaloberer u. dgl. gebräuchlich. Kollegiale Leitungsorgane sind die (Haus-, Provinz-, General-)Kapitel. Die näheren Regelungen ergeben sich aus dem → kanonischen Recht und den eigenen Rechtsnormen der Ordensinstitute. Sa → kirchliche Gerichte.

Ordentliche Gerichtsbarkeit
(Justizgerichtsbarkeit) ist die → Gerichtsbarkeit der ordentlichen Gerichte, also im Wesentlichen in Zivil- und Strafsachen. Das sind der → Bundesgerichtshof, die → Oberlandesgerichte, → Landgerichte und → Amtsgerichte. Die ordentliche Gerichtsbarkeit zerfällt in die → streitige Gerichtsbarkeit, die sog. → freiwillige (nichtstreitige) Gerichtsbarkeit, die → Strafgerichtsbarkeit und die Gerichtsbarkeit der besonderen Abteilungen der ordentlichen Gerichtsbarkeit (zB → Schifffahrts-, Rückerstattungs- und Entschädigungsgerichte). Die ordentliche Gerichtsbarkeit gehört zur → Justiz. Zugewiesen sind ihr alle → bürgerlichen Rechtsstreitigkeiten und Strafsachen, für die gemäß § 13 GVG der → ordentliche Rechtsweg gegeben ist.

Ordentliche Kündigung
→ Kündigung, → Kündigungsschutz für Arbeitnehmer.

Ordentlicher Rechtsweg
Der ordentliche Rechtsweg ist der Rechtsweg zu den Gerichten der → ordentlichen Gerichtsbarkeit. Er umfasst außer den Strafsachen die → bürgerlichen Rechtsstreitigkeiten und die Zivilprozesssachen kraft Zuweisung, das sind öffentlich-rechtliche Streitigkeiten, die den ordentlichen Gerichten ausdrücklich zugewiesen sind (§ 40 VwGO), zB über die Höhe der Enteignungsentschädigung (Art. 14 III 4 GG), → Baulandsachen (§ 217 BauGB) oder Ansprüche auf Geldersatz aus → Staatshaftung (Art. 34 S. 3 GG). In diesem Rahmen

entscheiden die ordentlichen Gerichte auch über öffentlich-rechtliche Vorfragen (zB über das Bestehen oder Nichtbestehen eines → Verwaltungsakts).

Ordentliches Testament
→ Testament (2).

Orderklausel
Die Orderklausel ist ein Vermerk auf einem → Wertpapier, wonach der im Text als Berechtigter Bezeichnete einen anderen Berechtigten benennen und das Recht auf diesen übertragen kann. Die Orderklausel lautet: „oder an Order" (positive Orderklausel). Dadurch wird ein gekorenes → Orderpapier zum echten Orderpapier. Die negative Orderklausel lautet: „Nicht an Order"; sie hat nur bei geborenen Orderpapieren Sinn und zur Folge, dass das verbriefte Recht nur nach den Grundsätzen der → Abtretung einer Forderung – §§ 398 ff. BGB – übertragen werden kann (Art. 11 WG, Art. 14 II ScheckG).

Orderpapier
Ein Orderpapier ist ein → Wertpapier, in dem der → Aussteller verspricht, an eine bestimmte Person oder an einen anderen zu leisten, der von dem Benannten durch → Indossament als Gläubiger bezeichnet wird. Das Ordferpapier ist Wertpapier ieS: das Recht ist in der Urkunde verkörpert, wird übertragen, indem die Urkunde übereignet wird, so dass hier das Recht aus dem Papier dem Recht am Papier folgt. Darin unterscheidet sich das Orderpapier vom → Rektapapier, mit dem es andererseits gemeinsam hat, dass eine bestimmte Person als Berechtigter bezeichnet ist. Geborene Orderpapiere nennt man diejenigen, die ohne weiteres (von selbst) Orderpapier sind; bei ihnen muss die → Orderklausel besonders ausgeschlossen sein, wenn sie nicht Orderpapier sein sollen. Dazu gehören vor allem der Wechsel, die → Namensaktie und der auf den Namen lautende → Scheck, nicht aber der → Inhaberscheck. Gekorene Orderpapiere sind die sechs in § 363 HGB aufgeführten handelsrechtlichen Papiere (insbes. kaufmännische Anweisungen und Verpflichtungsscheine, Lade- und Lagerscheine sowie → Konnossemente), ferner bestimmte → Schuldverschreibungen und → Schatzanweisungen. Sie werden nur dadurch zu Orderpapieren, dass die Orderklausel in das Papier aufgenommen wird. Andere Wertpapiere als die hier genannten können nicht als Orderpapier ausgestellt werden.

Ordinarius
→ Hochschullehrer. – In der → kath. Kirche nach → kanonischem Recht Bezeichnung für die Diözesanbischöfe (→ Diözese, Bischof) und diesen gleichgestellte Leiter diözesanähnlicher Teilkirchen.

Ordnung, öffentliche
→ Sicherheit und Ordnung, öffentliche.

Ordnungsbehörden
1. Ordnungsbehörden iwS sind alle Behörden, deren Aufgabe die Abwehr von Gefahren für die öffentliche → Sicherheit und Ordnung sowie die Beseitigung bereits eingetretener Störungen ist (→ Gefahrenabwehr). Zu den Ordnungsbehörden iwS gehört auch die → Polizei (1). Ordnungsbehörden im heutigen engeren Sinne sind nur Behörden, die in den Ländern des institutionellen Polizeibegriffes (→ Polizei, 1 und 2) nicht zur Polizei gehören; in den Ländern des materiellen Polizeibegriffes (→ Polizei, 1 und 2) sind auch die Polizeibehörden und Polizeiverwaltungsbehörden als Ordnungsbehörden anzusehen.

2. Die Terminologie für die Ordnungsbehörden ist unterschiedlich. Ordnungsbehörden heißen sie in Brandenburg, Berlin, Mecklenburg-Vorpommern, Nordrhein-Westfalen, Rheinland-Pfalz, Schleswig-Holstein und Thüringen. In Hamburg, Niedersachsen und Sachsen-Anhalt werden sie Verwaltungsbehörden bezeichnet, in Hessen Gefahrenabwehrbehörden, in Bayern Sicherheitsbehörden. Von den Ländern des materiellen Polizeibegriffs bezeichnet sie das Saarland als Polizeiverwaltungsbehörden, Baden-Württemberg, Bremen und Sachsen als Polizeibehörden. Keine einheitliche Bezeichnung besteht auch auf Bundesebene. Dort werden Aufgaben der Ordnungsbehörden vom Bundesministerium des Innern und verschiedenen Bundesämtern und Bundesbehörden wie zB der Strompolizei wahrgenommen (→ Polizei, 2 und 3).

3. Organisatorisch gibt es Ordnungsbehörden auf der Ebene des Bundes und der Länder. Zahlreiche → Oberste Bundesbehörden und → Bundesoberbehörden haben ordnungsbehördliche Aufgaben und Befugnisse. Auf der Ebene der Länder obliegt der größte Bereich der Ordnungsverwaltung den → Gemeinden und den Kreisverwaltungsbehörden (→ Kreisverwaltung), auf der Mittelstufe den Regierungen (→ Regierung, 3) oder → Regierungspräsidenten sowie oberen und Obersten Landesbehörden; zudem sind zahlreiche ordnungsbehördliche Befugnisse auf Fachbehörden (Sonderordnungsbehörden) verteilt. Auf Gemeindeebene sind häufig die Ordnungsbehörden im „Amt für öffentliche Ordnung" zusammengefasst. In Anlehnung an den früheren materiellen Polizeibegriff (→ Polizei, 1) findet sich auch in den Ländern mit institutionellem Polizeibegriff im allgemeinen Sprachgebrauch für einige Ordnungsbehörden noch die Bezeichnung Baupolizei (statt Baubehörde oder Bauordnungsamt), Gesundheitspolizei (statt Gesundheitsbehörde oder Gesundheitsamt), Gewerbepolizei (statt Gewerbeamt, Gewerbebehörde oder Gewerbeaufsichtsamt) oder Ausländerpolizei (statt Ausländerbehörde oder Ausländeramt).

4. Aufgabe der Ordnungsbehörden ist die → Gefahrenabwehr. Welche → ordnungsbehördliche Maßnahmen die Ordnungsbehörden

ergreifen dürfen, richtet sich nach den im → Ordnungsrecht geregelten Befugnissen. Der überwiegende Teil der ordnungsrechtlichen Aufgaben und Befugnisse betrifft Spezialbereiche, zB Abfallrecht (→ Abfälle), Ausländerrecht (→ Ausländer), Bauordnungsrecht (→ Baurecht), Gaststättenrecht (→ Gaststätte), Gewerberecht (→ Gewerbeordnung), Handwerksrecht (→ Handwerk), → Immissionsschutzrecht und Versammlungsrecht (→ Versammlungsgesetz). Während die ordnungsrechtlichen Spezialgesetze überwiegend dem Bundesrecht zuzuordnen sind, ist das allgemeine Ordnungsrecht überwiegend Landesrecht.

Ordnungsbehördliche Maßnahmen

1. Die → Ordnungsbehörden greifen zur Erfüllung ihrer Aufgabe der → Gefahrenabwehr zu ordnungsbehördliche Maßnahmen. Die Einzelheiten sind im → Ordnungsrecht des Bundes und der Länder geregelt. Neben schlichthoheitlichem Handeln unterscheidet man ordnungsbehördliche → Verwaltungsakte und ordnungsbehördliche → Rechtsverordnungen. Beide ordnungsbehördlichen Maßnahmen müssen zur Erreichung des angestrebten Zwecks geeignet und notwendig sein; der mit ordnungsbehördlicher Maßnahme verbundene Rechtseingriff darf zum angestrebten Erfolg nicht außer Verhältnis stehen (→ Verhältnismäßigkeitsgrundsatz).

2. Soweit ordnungsbehördliche Verwaltungsakte in die Rechte eines anderen eingreifen, müssen sie sich auf eine gesetzlich geregelte Befugnis stützen. Grundsätzlich ist wie bei → polizeilichen Maßnahmen zwischen Spezialbefugnissen und der Generalbefugnis (sa → polizeiliche Generalklausel) zu unterscheiden. Typische Maßnahmen sind idR auf die Spezialbefugnisse zu stützen, die sich im allgemeinen Ordnungsrecht der Länder sowie in den ordnungsrechtlichen Spezialgesetzen des Bundes und der Länder finden. Findet sich für eine bestimmte Maßnahme keine Spezialbefugnis, kann auf die subsidiäre landesrechtliche ordnungsrechtliche Generalbefugnis zurückgegriffen werden; auf die Generalbefugnis kann allerdings nicht zurückgegriffen werden, wenn für eine in einer Spezialbefugnis geregelte ordnungsbehördliche Maßnahme die rechtlichen Voraussetzungen im Einzelfall nicht gegeben sind. Ordnungsbehördliche Verwaltungsakte können sich grundsätzlich nur gegen den → Störer, in Ausnahmefällen auch gegen Nichtstörer richten. Sie müssen bestimmt sein. Es steht im Ermessen der Ordnungsbehörden, ob sie zulässige ordnungsbehördliche Verwaltungsakte erlässt (→ Opportunitätsprinzip); nur in seltenen Fällen können die Ordnungsbehörden auf Grund einer „Ermessensreduktion auf Null" zum Eingreifen gezwungen sein. Ordnungsbehördliche Verwaltungsakte auf Grund von Spezialbefugnissen oder der Generalklausel erfordern das Vorliegen einer konkreten Gefahr (→ Gefahrenabwehr). Als Verwaltungsakte unterliegen sie verwaltungsgerichtlicher Überprüfung (→ Verwaltungsstreitverfahren). Die Durchsetzung ordnungsbehördlicher Verwaltungsakte erfolgt im Wege des → Verwaltungszwangs (→ Zwangsmittel); soweit unmittelbarer Zwang angewandt werden muss, wird idR die Vollzugspolizei (→ Polizei) um → Vollzugshilfe gebeten (→ polizeiliche Zwangsmittel).

3. Ordnungsbehördliche Rechtsverordnungen können nur auf Grund einer gesetzlich geregelten Ermächtigung ergehen. Dabei ist zwischen Spezialermächtigungen und der Generalermächtigung zu unterscheiden; lediglich das bayerische Landesrecht kennt keine Generalermächtigung. Spezialermächtigungen finden sich im → Ordnungsrecht des Bundes und der Länder. Subsidiär kann auf die landesrechtliche Generalermächtigung zurückgegriffen werden. Der Erlass von ordnungsrechtlichen Rechtsverordnungen steht im Ermessen der Ordnungsbehörden (→ Opportunitätsprinzip). Ordnungsrechtliche Rechtsverordnungen erfordern das Vorliegen einer abstrakten Gefahr (→ Gefahrenabwehr). Ordnungsrechtliche Rechtsverordnungen unterliegen der → Normenkontrolle nach § 47 VwGO (iE → Verwaltungsstreitverfahren).

Ordnungsgeld

→ Ordnungsmittel.

Ordnungshaft

→ Ordnungsmittel.

Ordnungsmäßige Buchführung

im Handelsrecht → Buchführung, → Aufzeichnungspflichten im Steuerrecht. Die Ordnungsmäßigkeit der Buchführung ist nicht Voraussetzung von Steuervergünstigungen; sie ist aber für die Frage von Bedeutung, ob eine vom Buchführungsergebnis abweichende → Schätzung der Besteuerungsgrundlagen zulässig ist (vgl. §§ 158, 162 AO).

Ordnungsmaßnahmen

(= Erziehungsmittel; früher: Schulstrafen) sind pädagogische Einwirkungen, die im Rahmen des → Schulverhältnisses zur Erfüllung und Sicherung des gesetzlichen Bildungs- und Erziehungsauftrages, zur Aufrechterhaltung der Ordnung, zur Erfüllung der Schul- und Teilnahmepflicht sowie zum Schutz von Personen und Sachen innerhalb der Schule angewendet werden. Anknüpfungspunkt ist immer das innerschulische Verhalten. Sie dürfen verhängt werden, wenn andere pädagogische Maßnahmen (Gespräche, Ermahnungen) nicht ausreichen und sind unter Beachtung des Grundsatzes der → Verhältnismäßigkeit zu erlassen. Die Arten der Ordnungsmaßnahmen, ihre Voraussetzungen und das Verfahren sind landesrechtlich in der jeweiligen → Schulordnung geregelt. Die wichtigsten Ordnungsmaßnahmen sind schriftlicher Verweis, Ausschluss vom Unterricht und dessen Androhung, Überweisung in eine Parallelklasse oder an eine andere Schule, Verweisung von der Schule oder von allen Schulen. Körperliche Züchtigungen

(→ Züchtigungsrecht) sind unzulässig, ebenso andere herabsetzende oder diskriminierende Maßnahmen (zB mechanische Strafarbeit). Andere als in dem jeweiligen Gesetz oder Rechtsverordnung vorgeschriebene Ordnungsmaßnahmen dürfen nicht ausgesprochen werden. Vor der Entscheidung über eine Ordnungsmaßnahme ist der Betroffene, bei schwereren Ordnungsmaßnahmen sind auch die Erziehungsberechtigten zu hören (vgl. zB Art. 86 VIII Bayer. Gesetz über das Erziehungs- und Unterrichtswesen v. 31.5.2000, GVBl. 2000, 414, ber. 632, mÄnd, sowie § 39 SächsSchulG v. 16.7.2004, SächsGVBl. 2004, 298, mÄnd). Die Anordnung einer Ordnungsmaßnahmen, sowie auch deren selbständige Androhung, sind ein → Verwaltungsakt, der im → Verwaltungsstreitverfahren vor den Verwaltungsgerichten angefochten werden kann.

Ordnungsmittel

Ordnungsmittel sind – zum Unterschied von Kriminalstrafen (→ Strafrecht, 1b) und Disziplinarmaßnahmen – solche gerichtlichen Maßnahmen, die dem Zweck dienen, bei Personen bestimmte Handlungen, Duldungen oder Unterlassungen zu erzwingen oder Ungehorsam und Ungebühr in einem Verfahren zu ahnden. Beispiele iE → Beugemittel, → Ungebühr vor Gericht. Ordnungsmittel sind das Ordnungsgeld (im Bereich der → freiwilligen Gerichtsbarkeit ua auch das Zwangsgeld) und – vielfach ersatzweise – die Ordnungshaft (Zwangshaft). Nach Art. 6 EGStGB kann mangels spezieller Regelung Ordnungsgeld von 5 EUR bis 1.000 EUR oder – ggf. ersatzweise – Ordnungshaft von 1 Tag bis 6 Wochen festgesetzt werden (letztere nicht gegen Sachverständige u. Schöffen). Abweichendes gilt zB in der Zwangsvollstreckung (→ Unterlassungsanspruch, § 890 ZPO; Zwangshaft zulässig bis zu 6 Monaten) oder bei der Kindesherausgabe (Zwangsgeld bis zu 25 000 EUR, Zwangshaft bis zu 6 Monaten, § 89 FamFG). Ordnungsmittel wegen Ungehorsams gegen gesetzliche oder behördliche Anordnungen sind auch in zahlreichen Nebengesetzen angedroht. Soweit sie früher als Ordnungsstrafen oÄ bezeichnet wurden, sind sie nun als → Ordnungswidrigkeiten nur noch mit → Bußgeld bedroht. Sa → Erzwingungshaft, → Zwangsmittel. Zu Ordnungsmittel an der Schule → Ordnungsmaßnahmen.

Ordnungsrecht

1. Grundsätzlich gehören zum Ordnungsrecht alle von den → Ordnungsbehörden anzuwendenden Vorschriften, die die Abwehr von Gefahren (→ Gefahrenabwehr) und die Beseitigung von Störungen für die öffentliche → Sicherheit und Ordnung zum Gegenstand haben. In Bayern wird hierfür auch die Bezeichnung Sicherheitsrecht verwendet. In den Ländern, die dem materiellen Polizeibegriff (→ Polizei, 2) folgen, unterfällt auch der vom Ordnungsrecht umfasste Bereich dem → Polizeirecht.

2. Vorschriften des besonderen Ordnungsrechts finden sich in zahlreichen spezialgesetzlichen Vorschriften des Bundes- und des Landesrechts. Dazu gehören ua auch das Abfallrecht (→ Abfälle), Ausländerrecht (→ Ausländer), Gaststättenrecht (→ Gaststätte), Gewerberecht (→ Gewerbeordnung), Handwerksrecht (→ Handwerk), → Immissionsschutzrecht und Versammlungsrecht (→ Versammlungsgesetz). Für das allgemeine Ordnungsrecht sind die Länder zuständig. In Bayern (Landesstraf- und VerordnungsG idF v. 13.12.1982, BayRS 2011–2-I, mÄnd), in Brandenburg (OrdnungsbehördenG idF v. 21.8.1996, GVBl. 1996 I 266, mÄnd), in Nordrhein-Westfalen (OrdnungsbehördenG idF v. 13.5.1980, GVBl. 1980528, mÄnd), und in Thüringen (OrdnungsbehördenG v. 18.6.1993, GVBl. 1993, 323, mÄnd), gibt es eigene Ordnungsgesetze. In Berlin, Hamburg, Hessen, Mecklenburg-Vorpommern, Niedersachsen, Rheinland-Pfalz, Sachsen-Anhalt und Schleswig-Holstein sind die Vorschriften des allgemeinen Ordnungsrechts zusammen mit den Vorschriften des Polizeirechts in denselben Gesetzen geregelt (→ Polizeirecht, 4b; üblich sind Titel wie „Sicherheits- und OrdnungsG" oder ähnliche Bezeichnungen). In Baden-Württemberg, Bremen, dem Saarland und Sachsen sind unter Geltung des materiellen Polizeibegriffes die das allgemeine Ordnungsrecht betreffenden Gegenstände als Polizeirecht im jeweiligen PolizeiG geregelt (→ Polizeirecht, 4a).

Ordnungswidrigkeiten

sind Rechtsverstöße, die keinen kriminellen Gehalt haben und daher nicht mit Strafe bedroht sind, die aber als Ordnungs(Verwaltungs)unrecht mit → Geldbuße geahndet werden können. Soweit sie nicht ein grob fehlerhaftes Verkehrsverhalten darstellen und daher zB als → Straßenverkehrsgefährdung bestraft werden, sind die meisten Verkehrsverstöße Verkehrsordnungswidrigkeiten.

1. Nach § 1 des Gesetz über Ordnungswidrigkeiten (OWiG) idF v. 19.2.1987 (BGBl. 1987 I 602) mÄnd ist Ordnungswidrigkeit eine rechtswidrige und vorwerfbare Handlung, deren Ahndung mit Geldbuße (nicht: Geldstrafe) im Gesetz zugelassen – nicht wie bei der Straftat: vorgeschrieben – ist. Außerdem gibt es sog. Mischtatbestände, bei denen wegen derselben Handlung Strafe oder Geldbuße verhängt werden kann und bei denen sich der Charakter als Straftat oder Ordnungswidrigkeit danach bestimmt, ob die Tat im Einzelfall bestimmte Merkkmale erfüllt; dies richtet sich zB im → Wirtschaftsstrafrecht nach Umfang und Auswirkungen der Tat, Verwerflichkeit des Handelns usw. (§§ 1, 2 WiStG 1954). Bei den sog. unechten Mischtatbeständen hängt die Wertung als Straftat von Qualifikationsmerkmalen ab (zB Gesundheitsgefährdung bei Jugendlichen, § 58 V JArbSchG). Die Höhe der Geldbuße (idR

5 EUR–1000 EUR) soll das dem Täter zugeflossene Entgelt oder seinen Gewinn übersteigen; zu diesem Zweck kann das gesetzliche Höchstmaß überschritten werden (§ 17 IV OWiG). Insoweit übernimmt die Geldbuße zugleich die Funktion der → Einziehung von Taterträgen des allg. Strafrechts.

2. Das Recht der Ordnungswidrigkeiten weist einige Abweichungen vom allgemeinen Strafrecht auf. Versuch ist stets nur strafbar, wenn das Gesetz es ausdrücklich bestimmt (§ 13 OWiG, anders im allg. Strafrecht bei → Verbrechen). Für Teilnahmehandlungen (→ Mittäterschaft, → Anstiftung, → Beihilfe) gilt nach § 14 OWiG der zusammenfassende Begriff „Beteiligung" und damit das Prinzip des → Einheitstäters; jeder Beteiligte handelt ordnungswidrig, doch werden Umfang und Bedeutung seines Tatbeitrags bei Bemessung der Geldbuße berücksichtigt. Das Zusammentreffen mehrerer Gesetzesverletzungen in Tateinheit wird wie im Strafrecht (→ Konkurrenz) behandelt. Sind wegen Tatmehrheit mehrere Geldbußen verwirkt, so wird anders als im Strafrecht jede gesondert festgesetzt. Ist eine Handlung zugleich Straftat und Ordnungswidrigkeit (häufig im Straßenverkehrsrecht, zB fahrlässige Körperverletzung durch Vorfahrtsverstoß), so wird nur das Strafgesetz angewendet (§§ 19 ff. OWiG). Für die Verjährung der Verfolgung gelten je nach Höhe der Bußgelddrohung Fristen von 6 Mon. bis zu 3 Jahren (§ 31 OWiG). Die Regelung des → Irrtums (§ 11 OWiG) folgt der allgemeinen Unterscheidung zwischen Tatbestands- und → Verbotsirrtum; ist dieser vorwerfbar, kann der geringere Schuldgrad bei Bemessung der Geldbuße berücksichtigt werden. Die → Einziehung ist zulässig, soweit das gesetzlich bestimmt ist (§§ 22 ff. OWiG), so insbes. bei Gegenständen, die durch eine Ordnungswidrigkeit erlangt worden oder zur Begehung einer Ordnungswidrigkeit gebraucht oder bestimmt sind. Gehören sie einem Dritten, ist Einziehung nur zulässig, wenn sie gemeingefährlich sind oder wenn der Dritte mindestens leichtfertig zu ihrer Verwendung für die Tat beigetragen oder sie in Kenntnis der einziehungsbegründenden Umstände in verwerflicher Weise erworben hat; doch gilt der Grundsatz der → Verhältnismäßigkeit (§§ 22 ff. OWiG). Sofern eine Geldbuße nicht angeordnet wird, kann außerdem die Einziehung des Wertes des Tatertrags angeordnet werden (§ 29a OWiG). Anders als das Strafrecht ermöglicht das Recht der Ordnungswidrigkeiten auch eine Sanktionierung von Verbänden, also zB auch von Unternehmen (→ Verbandsgeldbuße, → Verbandsstrafrecht).

3. Für das Verfahren (sa → Bußgeldverfahren) gilt das → Opportunitätsprinzip, dh die Verwaltungsbehörde entscheidet nach pflichtgemäßem Ermessen, ob das öffentliche Interesse eine Ahndung erfordert (§ 47 OWiG). In Bagatellfällen kann sie eine → Verwarnung erteilen und ein Verwarnungsgeld (5 EUR–35 EUR) festsetzen; die Verwarnung ist aber nur wirksam, wenn der Betroffene mit ihr nach Belehrung über sein Weigerungsrecht einverstanden ist und ggf. das Verwarnungsgeld sofort oder fristgerecht zahlt (§ 56 OWiG).

a) Zuständigkeit. Liegt ausschließlich eine Ordnungswidrigkeit vor, so führt die Verwaltungsbehörde die Ermittlungen selbst oder mit Hilfe der Polizei durch, die auch ohne Auftrag ermitteln kann. Kommt eine Straftat in Betracht, ist die Sache an die StA abzugeben. Deren Entscheidung, dass eine Straftat und keine Ordnungswidrigkeit vorliegt, bindet die Verwaltungsbehörde (§ 44 OWiG). Bei Zusammenhang zwischen einer Straftat und einer Ordnungswidrigkeit kann die StA auch deren Verfolgung übernehmen. Vor Einstellung des Verfahrens hört sie die Verwaltungsbehörde; bei Anklageerhebung übersendet sie ihr eine Abschrift der Anklageschrift (§§ 42, 63 OWiG).

b) Der Bußgeldbescheid enthält die Personalien des Betroffenen, die Bezeichnung der Ordnungswidrigkeit, ihrer gesetzl. Merkmale und der angewendeten Bußgeldvorschriften, die Beweismittel, die Höhe der Geldbuße und etwaige → Nebenfolgen, Rechtsmittelbelehrung usw (§ 66 OWiG).

c) Als Rechtsmittel sind der Einspruch an das Amtsgericht und gegen dessen Entscheidung die Rechtsbeschwerde an das Oberlandesgericht (in Bayern: BayObLG) zugelassen; diese kann nur auf Gesetzesverletzung gestützt werden (§§ 67 ff., 79 ff. OWiG). Die Frist beträgt für den Einspruch 2 Wochen, für die Rechtsbeschwerde 1 Woche; die Rechtsbeschwerde, die dem Betroffenen und der StA zusteht, bedarf wie die Revision in Strafsachen einer besonderen Begründung binnen 1 Monats. Sie ist nur beschränkt zulässig, insbes. wenn das festgesetzte Bußgeld 250 EUR übersteigt, bei Freispruch, Einstellung oder Absehen von Fahrverbot, wenn im Bußgeldbescheid eine Geldbuße von mehr als 600 EUR oder ein Fahrverbot verhängt oder eine solche Geldbuße oder ein Fahrverbot von der StA beantragt war, oder bei Verwerfung des Einspruchs als unzulässig, sonst nur bei ausdrücklicher Zulassung nach § 80 OWiG. Über den Einspruch kann, wenn StA und Betroffener nicht widersprechen, durch Beschluss entschieden werden; sonst geschieht dies nach Hauptverhandlung durch Urteil. Das Gericht kann auf Festsetzung einer Geldbuße, Freispruch oder Einstellung erkennen; soweit es ohne Hauptverhandlung entscheidet, darf es vom Bußgeldbescheid nicht zum Nachteil des Betroffenen abweichen (§ 72 OWiG). Zu der Hauptverhandlung muss der Betroffene erscheinen. Bleibt er ohne genügende Entschuldigung aus, wird der Einspruch ohne Verhandlung zur Sache verworfen (§ 73 I OWiG, § 74 II OWiG).

d) Ist der Bußgeldbescheid rechtskräftig geworden oder hat das Gericht rechtskräftig entschieden, so kann die Tat nicht mehr als Ordnungswidrigkeit verfolgt werden; sie kann auch nicht Gegenstand eines neuen Strafverfahrens sein, wenn das Gericht sie im rechtskräftigen Urteil nur als Ordnungswidrigkeit bewertet hat (§ 84 OWiG), so wenn sich erst später aus erschwerenden Gesichtspunkten der Charakter als Straftat ergibt. Somit kommt nur → Wiederaufnahme des Verfahrens in Betracht (§ 85 OWiG).

e) Im Übrigen gelten die Grundsätze des → Strafprozesses mit gewissen Besonderheiten für das Ermittlungsverfahren der Verwaltungsbehörde (kein Klageerzwingungsverfahren, keine Verhaftung usw); vgl. §§ 46 ff. OWiG; im gerichtl. Verfahren ist die Beweisaufnahme vereinfacht (§§ 77a, 78 OWiG), bei rechtskräftigem Urteil kann von einer schriftlichen Begründung abgesehen werden (§ 77b OWiG).

4. Die Vollstreckung des rechtskräftigen Bußgeldbescheides richtet sich nach den bundes- bzw. landesrechtlichen Vorschriften über das → Verwaltungszwangsverfahren. Nach fruchtloser Vollstreckung kann das Gericht (idR das Amtsgericht) → Erzwingungshaft bis zu 6 Wochen festsetzen (§§ 90, 96 OWiG).

ordre public
→ Internationales Privatrecht (1).

Organ- und Gewebehandel
→ Transplantation.

Organ(haftung)
→ juristische Person (1a), → Verein (1d). Sa → Stellvertretung.

Organe juristischer Personen des Privatrechts
sind in erster Linie → Vorstand, → Aufsichtsrat und → Geschäftsführer; iE → Aktiengesellschaft (3) und → Gesellschaft mit beschränkter Haftung (3). Zu den Organen juristischer Personen des öffentlichen Rechts → Organe der BRep. sowie → Gemeinde, → Kreis.

Organe, staatliche
Die BRep. Deutschland , die Länder und die Körperschaften und Anstalten des öffentl. Rechts sind juristische Personen, die durch ihre Organe handeln. Organe des Bundes sind der → Bundespräsident (Art. 54 ff. GG), die → Bundesversammlung (Art. 54 GG), im Bereich der → gesetzgebenden Gewalt der → Bundestag (Art. 38 ff. GG), der → Bundesrat (Art. 50 ff. GG) und der → Gemeinsame Ausschuss (Art. 53a GG), im Bereich der → vollziehenden Gewalt die → Bundesregierung (Art. 62 ff. GG), die Einzelnen → Bundesminister und die ihnen unterstellten Behörden, im Bereich der → rechtsprechenden Gewalt das → Bundesverfassungsgericht (Art. 95 GG), die obersten Gerichtshöfe und die sonstigen Gerichte des Bundes (Art. 96, 96a GG); vgl. auch → Verfassungsorgane. Organe der Länder sind die → Landtage, die Landesregierungen samt den ihnen unterstellten Behörden und die Gerichte der Länder. Die Organe der sonstigen jur. Personen des öffentl. Rechts sind unterschiedlich ausgestaltet (vgl. zB → Gemeinde, → Kreis, → Hochschulen).

Organe, völkerrechtliche
eines Staates sind die zur → völkerrechtlichen Vertretung gegenüber anderen → Völkerrechtssubjekten befugten Personen, also das → Staatsoberhaupt, die → Regierung, die → Diplomaten und die → Konsuln. IwS sind Organe auch die Organe völkerrechtlicher Gemeinschaften, zB der → Vereinten Nationen und anderer → Internationaler Organisationen.

Organentnahme
bei Menschen → Transplantation, bei Tieren s. § 6 I TierschutzG.

Organisation der Gerichte
→ Gerichtsbarkeit.

Organisation der Polizei
→ Polizei, → Kriminalpolizei.

Organisation der Staatsanwaltschaft
→ Staatsanwaltschaft.

Organisation für wirtschaftliche Zusammenarbeit und Entwicklung
→ OECD.

Organisationsakte
Organisationsakte nennt man Akte, die sich auf die Organisation der staatlichen oder einer sonstigen öffentlichen Verwaltung beziehen (zB Errichtung und Aufhebung von Behörden; Änderung der Amtsbezirke). Soweit sie nach dem → Wesentlichkeitsprinzip nicht der Form eines Gesetzes oder auf Grund gesetzlicher Vorschrift einer besonderen Form bedürfen (zB einer → Rechtsverordnung), wird man sie als innerdienstliche Anordnungen ansehen müssen, die keine unmittelbare Rechtswirkung nach außen entfalten und daher keine → Verwaltungsakte sind. Sie können sonach auch nicht im → Verwaltungsstreitverfahren angefochten werden. Anders, wenn die Bezirke von Selbstverwaltungskörperschaften (zB Gemeinden, Kreisen, Handwerkskammern) geändert werden, weil der Organisationsakt zugleich in den Rechtsbestand der Körperschaft eingreift; insoweit wird man einen Verwaltungsakt annehmen müssen. Gegenüber den Angehörigen der Körperschaft (zB den Gemeindeeinwohnern) bleibt aber auch ein solcher Akt „innerdienstlich". Die (gesetzlich festgelegte oder sich aus der Behördenhierarchie ergebende) Befugnis zum Erlass von Organisationsakten nennt man „Organisationsgewalt".

Organisationsdelikte
nennt man diejenigen Straftaten, die in der Bildung, Fortführung oder Unterstützung verbotener – insbes. verfassungsfeindlicher – Vereinigungen oder Gruppen bestehen. Hierzu zählen namentlich Zuwiderhandlungen gegen das Verbot verfassungswidriger politischer Parteien oder sonstiger Vereinigungen (§§ 84 ff.

StGB, § 20 I Nr. 1 VereinsG) und die Beteiligung an → kriminellen oder terroristischen Vereinigungen (§§ 129, 129a StGB). Auch → Bildung bewaffneter Gruppen (§ 127 StGB) kann hierzu gerechnet werden.

Organisationshaft
Wird gegen einen Angeklagten, der sich in Untersuchungshaft befindet, Freiheitsstrafe und eine → Maßregel der Besserung und Sicherung gemäß §§ 63, 64 StGB, die vorweg zu vollstrecken ist (§ 67 I StGB), verhängt, so bezeichnet man den Zeitraum zwischen der Rechtskraft des Urteils, mit der die Untersuchungshaft endet, und dem Beginn der Maßregel, in dem sich der Verurteilte weiterhin in Haft befindet, bis ein Platz im Maßregelvollzug frei geworden ist, als Organisationshaft. Sie ist auf die nach dem Maßregelvollzug zu vollstreckende Freiheitsstrafe anzurechnen. Die Vollstreckungsbehörde muss die Überstellung in den Maßregelvollzug unverzüglich herbeiführen.

Organisationsmangel, Haftung für –
→ unerlaubte Handlung (5a), → Verein (1d).

Organisierte Handelssysteme
Das Kapitalmarktrecht kennt drei Handelsplätze für Finanzinstrumente: organisierte Märkte, dh → regulierte Märkte, → multilaterale Handelssysteme und organisierte Handelssysteme (§ 2 Abs. 22 WpHG, § 2 Abs. 5 BörsG). Man spricht auch von Organized Trading Facility oder OTC. Nach den Definitionen in § 2 VIII Nr. 9 WpHG, § 2 VII BörsG und § 1 Ia Nr. 1d KWG handelt es sich dabei um ein organisiertes System, das die Interessen Dritter an Kauf und Verkauf von Finanzinstrumenten zusammenführt, aber kein organisierter Markt oder multilaterales Handelssystem ist. Vorschriften und Verhaltenspflichten, etwa über den diskriminierungsfreien Zugang und die Preisermittlung, finden sich in § 48b BörsG und §§ 72 ff. WpHG. Der Betrieb eines organisierten Handelssystems ist eine Finanzdienstleistung, sie unterliegt grundsätzlich den allgemeinen Vorschriften zur → Transparenz sowie den Verboten der → Marktmanipulation.

Organisierte Kriminalität
1. Organisierte Kriminalität schädigt neben den Betroffenen die gesamte Wirtschaft und Gesellschaft erheblich. Kriminelle Organisationen, deren Mitglieder oft sozial unauffällig sind, begehen aus Gewinn- oder Machtstreben professionell und teilweise mit Gewalt → Straftaten meist über nationale Grenzen hinweg. Sie organisieren besonders illegalen Handel mit Betäubungsmitteln (insbes. Heroin, Kokain, → Betäubungsmitteldelikte) und → Waffen, Herstellung und Verbreitung von → Falschgeld, → Diebstahl, → Hehlerei, → Erpressung, → Menschenhandel, → Zuhälterei, → Glücksspiel und Taten der → Wirtschaftskriminalität. Sie legen die Gewinne in legalen Geschäften an und versuchen, Einfluss auf Politik, Medien und gesellschaftliche Gruppen sowie Verwaltung und Justiz zu nehmen (s. auch die Definition in Art. 4 II Bayer. VerfassungsschutzG v. 12.7.2016, GVBl. 2016, 145 sowie in den Richtlinien der Justiz- und Innenminister der Länder, zB Bayer. JMBl. 1991, 1).

2. Bekämpft wird die organisierte Kriminalität vor allem im Strafrecht mit der Strafbarkeit von → Geldwäsche, → Bandenhehlerei und ausländischen, auf den Vertrieb von Betäubungsmitteln gerichteten kriminellen Vereinigungen, der Gewinnabschöpfung durch → Einziehung, verschärften Strafdrohungen insbes. von Bandendelikten, im Verfahrensrecht mit → Verdeckten Ermittlern, → Einsatz technischer Mittel, → Rasterfahndung und → Polizeilicher Beobachtung sowie verbessertem → Zeugenschutz. Um Geldwäsche unterbinden oder aufklären zu können, wurden Möglichkeiten zur → Gewinnaufspürung geschaffen.

Organismen für die Gemeinsamen Anlagen in Wertpapieren
→ Investmentvermögen.

Organklage
→ Kommunalverfassungsstreitigkeiten, → Organstreitigkeiten.

Organschaft
Ist ein rechtlich selbständiges → Unternehmen (Organ) einem anderen Unternehmen (Organträger) derart eingegliedert, dass es keinen eigenen Willen hat, so verliert es seine steuerliche Selbständigkeit bei den einzelnen Steuern in verschiedenem Maße. Eine Organschaft ist in der → Körperschaft-/→ Einkommensteuer (körperschaftsteuerliche Organschaft), in der → Gewerbesteuer (gewerbesteuerliche Organschaft) und in der → Umsatzsteuer (umsatzsteuerliche Organschaft) möglich.

1. Organträger bei der körperschaftsteuerlichen Organschaft kann ein inländisches gewerbliches Unternehmen oder ein ausländische Unternehmen mit Geschäftsleitung im Inland sowie eine unbeschränkt steuerpflichtige natürliche Person mit gewerblichen Einkünften sein. Auch inländische Personengesellschaften mit gewerblichen Einkünften können Organträger sein (§ 14 Nr. 2 KStG). Das Organ muss eine Kapitalgesellschaft mit Geschäftsleitung und Sitz im Inland sein (§§ 14, 17 KStG). Weitere Voraussetzung ist, dass dem Organträger die Mehrheit der Stimmrechte aus den Anteilen am Organ zusteht (sog. finanzielle Eingliederung). Auch eine mittelbare Beteiligung genügt für die finanzielle Eingliederung, wenn jede der Beteiligungen, auf denen die mittelbare Beteiligung beruht, die Mehrheit der Stimmrechte gewährt, zB die A-AG besitzt 60 vH der B-GmbH, die wiederum 80 vH an der C-GmbH hält. Die C-GmbH ist dann in die A-AG finanziell eingegliedert. Die finanzielle Eingliederung kann auch durch die Addition einer unmittelbaren und mittelbaren Beteiligung

oder mehrerer mittelbarer Beteiligungen begründet werden. Darüber hinaus ist ein → Gewinnabführungsvertrag erforderlich.

2. Die Voraussetzungen der gewerbesteuerlichen Organschaft stimmen mit denjenigen der körperschaftsteuerlichen Organschaft überein.

3. Umsatzsteuerlich ist gleichfalls die finanzielle, wirtschaftliche und organisatorische Eingliederung des Organs erforderlich (§ 2 II Nr. 2 UStG). Es ist nicht erforderlich, dass alle drei Eingliederungsmerkmale gleichermaßen ausgeprägt sind.

4. Auswirkungen: Das Einkommen des Organs wird während des Bestehens der Organschaft mit Ausnahme der Ausgleichszahlungen an außenstehende Gesellschafter für Zwecke der Körperschaftsteuer und Einkommensteuer dem Organträger zugerechnet. Das Organ bleibt aber Steuersubjekt. Das Einkommen ist zunächst so zu ermitteln, als bestünde keine Organschaft, wobei die in § 15 KStG genannten Besonderheiten zu berücksichtigen sind. Bei der Gewerbesteuer gilt die Filialtheorie: Das Organ gilt als → Betriebsstätte des Organträgers. Das Organ ist daher nicht gewerbesteuerpflichtig. Der Organträger ist Schuldner der gesamten Gewerbesteuer. Dennoch ist der Gewerbeertrag von Organ und Organträger getrennt zu ermitteln und anschließend beim Organträger zu addieren. Dort wird dann der einheitliche Steuermessbetrag ermittelt und ggf. auf die einzelnen Betriebsstätten-Gemeinden zerlegt.

Bei der Umsatzsteuer sind Umsätze zwischen Organträger und Organ nichtsteuerbare Innenumsätze (§ 2 II Nr. 2 UStG). Das Organ ist kein → Unternehmer iSd Umsatzsteuerrechts.

Organschaftsvertrag
Organschaftsvertrag nennt man im Recht der → Aktiengesellschaft und → Kommanditgesellschaft auf Aktien eine Verbindung von → Beherrschungs- und → Gewinnabführungsvertrag. Organschaftsvertrag sind nach § 291 AktG zulässig.

Organspende
Die Rechtsfragen der Organspende regelt das Transplantationsgesetz (→ Transplantation).

Organstreitigkeiten
nennt man zunächst verfassungsrechtliche Streitigkeiten über den Umfang der Rechte und Pflichten bestimmter oberster Bundesorgane oder anderer Beteiligter (Art. 93 I Nr. 1 GG); vgl. Verfassungsstreitigkeiten (f). IwS wird der Begriff auch für → Kommunalverfassungsstreitigkeiten oder entsprechende Streitigkeiten zwischen Organen öff.-rechtl. Körperschaften (zB Universität) verwendet (andere Bezeichnungen: „Organklage"; „verwaltungsrechtliche Organstreitigkeit" u. Ä.).

Organträger
→ Organschaft.

Organübertragung
→ Transplantation.

Orientierungsarbeiten
→ Vergleichsarbeiten.

Orientierungsstufe
Die Orientierungsstufe schloss in einigen Ländern an die → Grundschule an und umfasste die Schuljahrgänge 5 und 6 für alle Schüler, unabhängig von ihrer organisatorischen Zuordnung. Die Orientierungsstufe sollte den Eltern und Schülern durch Erprobung und Förderung die Wahl zwischen den weiterführenden Schularten (→ Hauptschule, → Realschule und → Gymnasium) erleichtern. Am Ende der Orientierungsstufe wurde eine Empfehlung über eine weiterführende Schulart ausgesprochen (→ Schulwesen, 3). In Rheinland-Pfalz, Saarland, Sachsen, Sachsen-Anhalt und Schleswig-Holstein wird der Begriff Orientierungsstufe heute noch für die Jahrgangsstufen 5 und 6 innerhalb des gegliederten Schulwesens verwendet.

Originärer Erwerb
→ Rechtserwerb.

Ortsbeirat
→ Gemeindebezirk.

Ortsbezirk
→ Gemeindebezirk.

Ortsbürgermeister
→ Gemeindebezirk.

Ortschaft
→ Gemeindebezirk.

Ortschaftsbeirat, Ortschaftsrat
→ Gemeindebezirk.

Ortsdurchfahrt
ist der Teil einer → Bundesstraße oder → Landstraße, der innerhalb der geschlossenen Ortslage liegt. Träger der → Straßenbaulast für Ortsdurchfahrten im Zuge der Bundesstraßen ist der Bund, soweit nicht die Baulast nach gesetzlichen Vorschriften oder öffentlichrechtlichen Verpflichtungen den Ländern obliegt. Gemeinden mit mehr als 80 000 Einwohnern sind Träger der Straßenbaulast für die Ortsdurchfahrt im Zuge der Bundesstraßen (Näheres in § 5 Bundesfernstraßengesetz). Die Ortsdurchfahrt für andere als Bundesfernstraßen ist landesrechtlich geregelt.

Ortsform
→ Internationales Privatrecht (2a).

Ortsgericht
Ortsgericht ist ein besonderes Gericht, das eng begrenzte Aufgaben im lokalen Bereich wahrnimmt. Die Ortsgerichte sind Hilfsbehörden der Justiz. Ortsgerichte gibt es nur noch in Hessen (Ortsgerichtsgesetz v. 2.4.1980, GVBl. 1980 I 124). Jede Gemeinde in Hessen verfügt über ein Ortsgericht. Das Ortsgericht ist mit ehrenamtlichen Mitgliedern (Ortsgerichtsvorsteher und Ortsgerichtsschöffen) besetzt. Das

Ortsgericht nimmt die Beglaubigung von Unterschriften und Abschriften vor, erteilt die Sterbefallanzeige an das Amtsgericht, erteilt Auskünfte über die Besitzverhältnisse und persönlichen Verhältnisse seines Bezirkes, nimmt gutachtlich zu Fragen des Gerichts Stellung und stellt Vermögensverzeichnisse und Nachlassinventare auf. Vom Ortsgericht zu unterscheiden sind → Schiedsämter und → Schiedsstellen.

Ortsgesetze
ist ein in der Gesetzessprache kaum verwendeter Sammelbegriff für die von den → Gemeinden und den → Kreisen (Landkreisen) durch das zuständige Organ (idR → Gemeindevertretung, → Kreistag) erlassenen Rechtsvorschriften, insbes. die → Satzungen und ordnungsbehördlichen → Rechtsverordnungen (→ Ordnungsbehördliche Maßnahmen). Ortsgesetze in diesem Sinne sind also Rechtsnormen und → Gesetz (im materiellen Sinn). Sie gelten für das Gebiet der Gemeinde oder des Landkreises. Sie erfassen innerhalb dieses Gebietes nicht nur Gemeinde- oder Kreiseinwohner, sondern jeden, der in diesem Gebiet einen in der Satzung oder Verordnung geregelten Tatbestand erfüllt. Die Beschränkung des Geltungsbereichs auf einen Teil des Gebiets oder auf bestimmte Personenkreise ist aus sachgerechten Gründen zulässig.

Ortskrankenkasse
Die AOK (Allgemeine Ortskrankenkasse) ist der Träger der gesetzlichen → Krankenversicherung für eine abgegrenzte Region. Die Ortskrankenkasse ist Selbstverwaltungskörperschaft des öffentlichen Rechts und zuständig für die Versicherten, die von ihrem Wahlrecht entsprechend Gebrauch gemacht haben. Durch Fusion haben die in den jeweiligen Bundesländern bzw. einzelnen Landesteilen bestehenden Ortskrankenkassen heute auch überregionalen Status. So wurde aus der AOK Westfalen-Lippe und der AOK Schleswig-Holstein die AOK Nordwest. Zwischenzeitlich hat es verschiedene Zusammenlegungen gegeben. Im Übrigen → Krankenkassen (§§ 29 ff. SGB IV; §§ 143 ff., 173 ff. SGB V). Allgemeine Ortskrankenkassen, die sich nicht über Landesgrenzen hinaus erstrecken sind die AOK Baden-Württemberg, die AOK Bayern, die AOK Bremen/Bremerhaven, die AOK Hessen und die AOK Sachsen-Anhalt. Die AOK Niedersachsen vereinigte sich zwischenzeitlich kassenartübergreifend mit der → Innungskrankenkasse Niedersachsen. Etwa 27 Millionen Menschen sind in Deutschland bei den Allgemeinen Ortskrankenkassen versichert.

Ortsrat
→ Gemeindebezirk.

Ortssprecher
→ Gemeindebezirk.

Ortsteil, Ortsteilvertretung
→ Gemeindebezirk.

Ortstermin
→ Augenschein.

Ortsübliche Vergleichsmiete
→ Wohnraummietvertrag (2), → Mietpreisbremse.

Ortsvorsteher
→ Gemeindebezirk.

Ortszuschlag
ist nicht mehr Bestandteil der → Dienstbezüge des Beamten.

Osterfeuer
→ Lagerfeuer.

Osterweiterung
der → Europäischen Union (EU) s. → Europäische Integration (3e).

Ostsee
→ integrierte Meerespolitik, → Küstenmeer, → Küstenschutz, → Küstenwache, → Meeresgewässer, → Meeresverschmutzung, → Reinhaltung der Gewässer, → Schifffahrtsverkehrsregeln, → Seeschifffahrt, → Wasserstraßen- und Schifffahrtsverwaltung (3).

Ostverträge
nannte man die 1970 von der Bundesrepublik Deutschland mit der UdSSR und Polen abgeschlossenen Verträge.

1. Der Vertrag mit der UdSSR v. 12.8.1970 (G v. 23.5.1972, BGBl. 1972 II 353) wollte die Normalisierung der Lage in Europa und die Entwicklung friedlicher Beziehungen fördern und dabei von der in diesem Raum bestehenden wirklichen Lage auszugehen. Die Vertragsparteien verpflichteten sich, die territoriale Integrität aller Staaten in Europa in ihren heutigen Grenzen uneingeschränkt zu achten, erklärten, keine Gebietsansprüche gegen irgendjemand zu haben und solche auch in Zukunft nicht zu erheben und betrachteten auch künftig die Grenzen aller Staaten in Europa als unverletzlich (einschließlich der → Oder-Neiße-Linie als Westgrenze Polens und der Grenze zwischen der ehem. BRep. und ehem. DDR).

2. Im Vertrag mit Polen über die Grundlagen der Normalisierung ihrer gegenseitigen Beziehungen v. 7.12.1970 (Gesetz v. 23.5.1972, BGBl. 1972 II 361) wurde festgestellt, dass die → Oder-Neiße-Linie die westliche Staatsgrenze Polens bildet. Die Vertragspartner bekräftigen die Unverletzlichkeit ihrer bestehenden Grenzen und erklären, dass sie gegeneinander keinerlei Gebietsansprüche haben und in Zukunft nicht erheben werden.

3. Zusammen mit den Vertragsgesetzen zu 1) und 2) haben BT und BR eine Erklärung abgegeben, in der ua festgestellt wird, dass das unveräußerliche Recht auf Selbstbestimmung und die Rechte und Verantwortlichkeiten der Vier Mächte in Bezug auf Deutschland als Ganzes und auf Berlin durch die Verträge

nicht berührt werden. Das BVerfG hat 1975 Verfassungsbeschwerden gegen die Zustimmungsgesetze zu den Ostverträgen, verworfen (BVerfGE 40, 141).

4. Durch die → abschließende Regelung in Bezug auf Deutschland und die folgenden Verträge mit der Sowjetunion und Polen sind die Ostverträge weitgehend überholt.

OSZE
→ KSZE.

OT-Mitgliedschaft
→ Arbeitgeberverbände.

Outsourcing
bedeutet im Bereich der öffentlichen Verwaltung die Übertragung einer Aufgabe der öffentlichen Verwaltung auf einen privaten Träger (→ Privatisierung).

Ozon
1. Die Verordnung (EU) 2024/590 v. 7.2.2024 (ABl. EU L v. 20.2.2024) über Stoffe, die zum Abbau der Ozonschicht führen, regelt den Umgang mit solchen Stoffen in der EU. Produktion, Inverkehrbringen, Lieferung oder Überlassung an Dritte solcher Stoffe sind grundsätzlich verboten, um den Abbau der Ozonschicht zu verlangsamen.

2. Bodennahes Ozon entsteht aus UV-Licht, insbes. Autoabgasen und flüchtigen organischen Verbindungen wie zB Benzol (Sommersmog). Die Schwellenwerte für Maßnahmen des Gesundheitsschutzes, etwa für die Unterrichtung der Öffentlichkeit über mögliche Auswirkungen für besonders empfindliche Bevölkerungsgruppen (180 μg/m^3), bestimmt die 39. BImSchV über Luftqualitätsstandards und Emissionshöchstmengen (BGBl. 2010 I 1065). → Immissionswerte, → Fahrverbot, → Umweltschutz im Straßenverkehr.

3. Ozon-Mangel in der Stratosphäre, vor allem über dem Südpol (so genanntes Ozon-Loch), wird insbes. durch Fluorchlorkohlenwasserstoffe (FCKW) als Treib- oder Kühlmittel verursacht. Deren Verwendung und Emission wird durch die Verordnung (EU) 2024/573 v. 7.2.2024 (ABl. EU L v. 20.2.2024) und ergänzend dazu durch die Chemikalien-Ozonschichtverordnung (ChemOzonSchichtV) idF v. 15.2.2012 (BGBl. 2012 I 1410) eingeschränkt. Sa → Treibhausgase.

Pacht
→ Pachtvertrag.

Pachtkredit(gesetz)
→ Pachtvertrag, → Pfandrecht.

Pachtvertrag
1. Durch den Pachtvertrag wird der Verpächter verpflichtet, dem Pächter gegen Zahlung der Pacht den Gebrauch des gepachteten Gegenstandes und darüber hinaus (sonst nur → Mietvertrag) den Genuss der bei ordnungsmäßiger Wirtschaft anfallenden → Früchte während der Pachtzeit zu gewähren, § 581 I BGB. Gegenstand des Pachtvertrags können (anders als beim Mietvertrag) nicht nur → Sachen, sondern auch Rechte sein, zB Nutzung von Urheber- und Patentrechten, → Lizenzvertrag, usw. Auf den Pachtvertrag finden, soweit nichts anderes geregelt ist, die Vorschriften über den Mietvertrag entsprechende Anwendung, § 581 II BGB, insbes. auch Vorschriften über das → Pfandrecht des Vermieters (Verpächters); zum Eigentumserwerb an den Früchten s. → Fruchterwerb. Wird ein Grundstück mit → Inventar verpachtet, so obliegt dem Pächter die Erhaltung der einzelnen Inventarstücke, § 582 BGB (Inventarübernahme zum Schätzwert: § 582a BGB); für seine Forderungen steht auch ihm (neben dem Pfandrecht des Verpächters) ein → Pfandrecht hieran zu, § 583 BGB. Ist beim Pachtvertrag über ein Grundstück, von Räumen oder Rechten eine Pachtzeit nicht bestimmt, so ist die → Kündigung nur zum Schluss eines Pachtjahrs (mit halbjähriger Frist) zulässig, § 584 BGB. Ist Wohnraum mitverpachtet (Pächterwohnung), so gilt auch insoweit Pachtrecht, nicht das Recht des → Wohnraummietvertrags. Bestimmte mietrechtliche Kündigungsrechte sind ausgeschlossen, § 584a BGB. Bei verspäteter Rückgabe der Pachtsache, kann der Verpächter verhältnismäßig die vereinbarte Pacht verlangen, § 584b BGB. Zur Kündigungssperre aufgrund der Corona-Krise → Corona-Krise und Mietrecht.

2. Besonderheiten gelten für den Pachtvertrag über ein landwirtschaftliches Grundstück mit oder ohne die seiner Bewirtschaftung dienenden Wohn- und Wirtschaftsgebäude (Landpachtvertrag, §§ 585 ff. BGB). Ein nicht in schriftlicher → Form (1a) abgeschlossener Landpachtvertrag, der mehr als 2 Jahre gelten soll, gilt als für unbestimmte Zeit geschlossen, § 585a BGB. Verpächter und Pächter sollen zu Beginn des Pachtvertrags gemeinsam eine Beschreibung der Pachtsache anfertigen, § 585b BGB. Der Verpächter hat die Pachtsache in einem vertragsgemäßen Zustand zu überlassen und zu erhalten; die gewöhnlichen Ausbesserungskosten trägt jedoch der Pächter, § 586 BGB; der Verpächter hat auch die auf der Pachtsache ruhenden Lasten zu tragen, § 586a BGB. Fälligkeit der Pacht, Entrichtung der Pacht bei persönlicher Verhinderung: § 587 BGB. Der Pächter darf ohne Erlaubnis des Verpächters die Pachtsache nicht einem Dritten überlassen oder deren landwirtschaftliche Bestimmung ändern, §§ 589, 590 BGB. Bei nachhaltiger Änderung der maßgebenden Verhältnisse kann jede Seite eine Vertragsanpassung verlangen, § 593 BGB. Ein auf unbestimmte Zeit eingegangener Landpachtvertrag kann (außer jederzeit aus wichtigem Grund, § 594e BGB) mit zweijähriger Kündigungsfrist für den Schluss des nächsten Pachtjahres schriftlich gekündigt werden, § 594a BGB. Der Pächter kann unter bestimmten Voraussetzungen (insbes. wenn die Betriebspacht die wirtschaftliche Lebensgrundlage bildet) die Fortsetzung des Pachtverhältnisses verlangen, § 595 BGB. Ein Landpachtvertrag bedarf der Anzeige und kann von der zuständigen (Landwirtschafts-)Behörde beanstandet werden (LandpachtverkehrsG vom 8.11.1985, BGBl. 1985 I 2075). Für eine gerichtliche Überprüfung gilt das G über das gerichtliche Verfahren in Landwirtschaftssachen (→ Grundstücksverkehr, landwirtschaftlicher). Nach dem PachtkreditG vom 5.8.1951 (BGBl. 1951 I 494) mÄnd. kann der Pächter eines landwirtschaftlichen Grundstücks zur Sicherung für ein gewährtes Darlehen ein → Pfandrecht am Inventar ohne Besitzübertragung an die Bank bestellen.

3. Besonderheiten gelten ferner für die → Jagdpacht; zur Apothekenpacht → Apothekenwesen. Sa → Kleingärten, → Fischereirecht, → Franchisevertrag; Gebiet ehem. DDR → Nutzungsberechtigungen.

pacta sunt servanda
= Verträge müssen eingehalten (erfüllt) werden; aus dem → römischen Recht übernommener, heute noch gültiger Grundsatz der Vertragstreue. Er gilt im Besonderen kraft → Völkergewohnheitsrechts, in dem er bei dem Theorienstreit um die Frage der → Verbindlichkeit des Völkerrechts eine Rolle spielt. S. aber (für das Zivilrecht), → Treu und Glauben, → Geschäftsgrundlage.

pactum de non cedendo
(lat.) → Abtretung (3).

pactum de non licitando
→ Zwangsversteigerung.

pactum de non petendo
Hierunter versteht man einen → Vertrag, in dem sich der Gläubiger verpflichtet, seine Forderung gegenüber dem Schuldner nicht geltend zu machen (Stillhalteabkommen). Darin liegt – auch bei unbefristeter Abrede – kein → Erlassvertrag; vielmehr wird dem Schuldner nur eine → Einrede eingeräumt. Das befristete pactum ist als → Stundung anzusehen.

Pädagogische Freiheit
wird im → Schulwesen der Gestaltungsspielraum des Lehrers bei der Erteilung des Unterrichts genannt. Die pädagogische Freiheit besteht nur im Rahmen von Gesetzen, Verordnungen, Verwaltungsvorschriften und Weisungen (insbes. auch → Lehrplänen), die jedoch den Lehrer nicht so stark einengen sollen, dass ihm kein pädagogischer Spielraum mehr verbleibt. Die pädagogische Freiheit ist kein Grundrecht oder sonstiges subjektives Recht des Lehrers; die pädagogische Freiheit dient allein den Interessen der Schüler. Der Lehrer kann sich nicht auf die wissenschaftliche Lehrfreiheit des Art. 5 III GG berufen, denn das Schulwesen unterliegt gem. Art. 7 I GG einem umfassenden staatlichen Bestimmungsrecht.

Päderastie
(griech.: Knabenliebe) → Homosexuelle Handlungen, → sexueller Missbrauch von Kindern.

Pairing
→ Abstimmung (1).

Paketzustelldienst
Die Beförderung von Paketen ist nach § 4 PostG (→ Postgesetz) eine → Postdienstleistung, die in Deutschland von zahlreichen Paketzustelldiensten angeboten wird. Die Paketdienste-Verordnung (VO (EU) 2018/644 v. 18.4.2018 über grenzüberschreitende Paketzustelldienste (ABl. EU 2018 L 112, 19)) verpflichtet Paketzustelldienste, ihre Tarife für grenzüberschreitende Paketzustellungen den nationalen Regulierungsbehörden, in Deutschland ist das die → Bundesnetzagentur, zu melden. Diese Tarife werden nach Weitergabe an die Europäische Kommission von dieser im Internet veröffentlicht. Dies soll zu mehr Transparenz und Preisdruck bei grenzüberschreitenden Paketzustellungen führen und den grenzüberschreitenden Warenhandel, insbesondere durch mehr → Verbraucherverträge, fördern. Zum Schutz der Paketboten gibt es bei Beauftragung von Subunternehmern die Nachunternehmerhaftung des beauftragenden Unternehmens für Sozialversicherungsbeiträge, § 28e Abs. 3g SGB IV und Gesetz v. 15.11.2019 (BGBl. 2019 I 1602). Während der Corona- oder COVID-19-Krise wurde das sich aus § 30 Abs. 3 StVO ergebende Sonntagsfahrverbot für Paketzustelldienste vorübergehend gelockert (zB in Bayern BayMBl. 2020 Nr. 708), um dem erhöhten Bedarf an Postzustellungen und Lieferungen Rechnung zu tragen.

Pakt
→ völkerrechtlicher Vertrag.

Pakt für den Rechtsstaat
Bei dem Pakt für den Rechtsstaat handelt es sich um eine politische Übereinkunft der Bundesregierung mit den Landesregierungen, mit dem verschiedenen Maßnahmen zur Stärkung des Rechtsstaats in Deutschland vereinbart wurden. Der Pakt wurde Anfang 2019 im Rahmen einer Ministerpräsidentenkonferenz abgeschlossen und bis Ende 2021 von Bund und den Ländern umgesetzt. Schwerpunkte waren der Aufbau von Personal im Bereich der Justiz und Polizei der Länder (mit finanzieller Unterstützung des Bundes), Vereinfachungen im Verfahrensrecht, verschiedene Digitalprojekte, Verbesserungen im Bereich von Fortbildung und Opferschutz sowie Maßnahmen der Öffentlichkeitsarbeit. Nach längeren politischen Auseinandersetzungen zwischen dem Bund und den Ländern ist man übereingekommen, zur Fortsetzung der Zusammenarbeit jedenfalls einen Digitalpakt ins Leben zu rufen, mit dem Digitalprojekte gefördert werden, die den Bund und die Länder betreffen. Allerdings herrscht politische Uneinigkeit, ob damit der entsprechenden Ankündigung aus dem Ampel-Koalitionsvertrag genüge getan wird oder nicht. Das aktuelle Fördervolumen beläuft sich auf ca. 300 Mio. Euro.

Palliativmedizin
Die Palliativmedizin beschäftigt sich mit der Behandlung von Patienten in derart weit fortgeschrittenem Krankheitsstadium, dass nicht mehr die Heilung der Patienten das Behandlungsziel ist, sondern die Herstellung höchstmöglicher Lebensqualität → stationäre Hospize.

Panaschieren
ist das Zusammenstellen von Wahlkandidaten aus verschiedenen Wahlvorschlägen durch den Wahlberechtigten in demselben Stimmschein, wenn dies bei Verhältniswahl zugelassen ist. Das Panaschieren ist in der BRep. bei den Wahlen zum Bundestag und den Landtagen unzulässig, ist aber bei → Kommunalwahlen durch die Wahlgesetze einiger Länder vorgesehen.

Pandekten
→ römisches Recht.

Pandemie
(griechisch „pandemia" = das ganze Volk betreffend) ist der länder- und kontinentübergreifende Ausbruch einer Infektionskrankheit, die zeitlich begrenzt gehäuft auftritt; sa → Infektionsschutzgesetz. Im Gegensatz zur Pandemie ist die → Epidemie örtlich oder zumindest regional noch begrenzt; der Übergang zwischen den beiden Formen einer Infektionskrankheit ist fließend. Sa → COVID-19-Pandemie.

Paneuropäisches Privates Pensionsprodukt
Nach Art. 2 Nr. 2 VO (EU) 2019/1238 über ein Paneuropäisches Privates Pensionsprodukt (PEPP) v. 20.6.2019 (ABl. L 198/1) versteht man darunter ein langfristiges Sparprodukt zur privaten Altersvorsorge, bei dem zwischen einer Anspar- und einer Leistungsphase unter-

schieden wird. Eine vorzeitige Kündigung ist nicht oder nur stark eingeschränkt möglich. Es handelt sich um eine neue, europaweite Sparmöglichkeit zur freiwilligen Altersvorsorge. Die VO regelt die Registrierung aller PEPPs in einem Zentralregister der → Europäischen Aufsichtsbehörde für das Versicherungswesen und die betriebliche Altersversorgung, sowie Vertrieb, Beratung, vorvertragliche Informationen durch ein → Basisinformationsblatt, Vertragsabschluss und Aufsicht. Zuständige Behörde ist die → Bundesanstalt für Finanzdienstleistungsaufsicht nach § 6 If KWG. → Altersversorgung, → Finanzinstrumente, → Pensionsfonds.

Papst
1. In der → kath. Kirche besitzt der Papst die höchste, volle, unmittelbare und universale Leitungsgewalt. Er ist Bischof von Rom und wird nach kirchlichem Selbstverständnis als Nachfolger des Apostels Petrus, als Haupt des Bischofskollegiums und als Stellvertreter Christi auf Erden angesehen. Seine Leitungsgewalt umfasst zugleich Gesetzgebung, Verwaltung und Rechtsprechung (→ kirchliche Gerichtsbarkeit). Gewaltentrennung ist nach dem → Kirchenrecht nicht vorgesehen. Der Papst besitzt nach dem Selbstverständnis der kath. Kirche Unfehlbarkeit im Lehramt, wenn er als oberster Hirte und Lehrer eine Glaubens- oder Sittenlehre definitiv als verpflichtend verkündet. Gegen seine Entscheidungen gibt es keinen Rechtsbehelf.

2. Der Papst bedient sich der Behörden der → Kurie, die mit ihm zusammen den → Apostolischen Stuhl oder → Heiligen Stuhl bilden. Er wird von den → Kardinälen im → Konsistorium beraten und unterstützt. Neben dem Papst besteht als weiteres oberstes Leitungsorgan das → Ökumenische Konzil. Wichtige Fragen können auch in der → Bischofssynode beraten werden. Eine Stellvertretung des Papstes im eigentlichen Sinne findet nicht statt; bei Vakanz oder Behinderung darf in der Leitung der Gesamtkirche nichts geändert werden („sede romana vacante nihil innovetur").

3. Der Papst ist auch Oberhaupt der unierten Ostkirchen. Als Oberhaupt der → Lateinischen Kirche führte er bis 2006 und wieder seit 2024 zugleich den Ehrentitel „→ Patriarch des Abendlandes". Er ist ferner Primas von Italien und → Metropolit der römischen → Kirchenprovinz; zu dieser gehören grundsätzlich auch alle → Diözesen o. Ä. Teilkirchen außerhalb deren eigentlichem Bereich, die keiner anderen Kirchenprovinz angehören. Ferner repräsentiert der Papst den → Heiligen Stuhl als Völkerrechtssubjekt sowie die Vatikanstadt als souveränen Staat.

4. Die Wahl des Papstes erfolgt seit 1179 durch das Kardinalskollegium, seit Ende des 13. Jh. im sog. Konklave. Rechtsgrundlage ist jetzt die Apostolische Konstitution „Universici dominici gregis" v. 22.2.1996. → Kardinäle, die das 80. Lebensjahr vollendet haben, besitzen kein Wahlrecht mehr. Wählbar ist jeder männliche Getaufte. Die Wahlgänge werden solange fortgesetzt, bis ein Kandidat die erforderliche Mehrheit (eine Stimme mehr als zwei Drittel) erhalten hat. Nach einem ersten Zyklus von 13 erfolglosen Abstimmungen während der ersten vier Tage des Konklaves folgen je 7 weitere Abstimmungen in maximal drei, von je einem Tag Pause unterbrochenen Zyklen. Nach 14 Konklavetagen mit 34 erfolglosen Wahlgängen kann mit absoluter Mehrheit beschlossen werden, dass für eine Wahl die absolute Mehrheit genügt, oder dass in einem Wahlgang zwischen den beiden Kandidaten, die im 34. Wahlgang die meisten Stimmen erhalten haben, eine Stichwahl stattfindet, für die wiederum die absolute Mehrheit genügt.

5. Das Amt des Papstes endet mit dessen Tod oder durch Verzicht; dieser muss erklärt werden, bedarf jedoch keiner Annahme durch das Kardinalskollegium oder andere Organe.

Paragraph
(von griechisch parágraphos = Zeichen am Rande der Buchrolle) ist ein fortlaufend numerierter kleiner Abschnitt eines Gesetzes, der mit dem Zeichen § gekennzeichnet wird. Sa → Artikel.

Paragraphenbremse
Unter der Paragraphenbremse versteht man die politisch motivierte, nicht notwendig gesetzlich niedergelegte Verfahrensweise eines Gesetzgebungsorgans, neue Gesetze oder Verwaltungsvorschriften nur dann zu erlassen, wenn dafür alte Vorschriften aufgehoben oder gestrafft werden („one in, one out"), es sei denn, es ist fachlich zwingend erforderlich, den Normenbestand zu vergrößern. Neuerdings gibt es auch verschärfte Varianten in Gestalt eines „one in, two out".

Parallelgesetzgebung
→ gemeines Recht.

Paraphierung
Haben sich bei Verhandlungen über den Abschluss eines → völkerrechtlichen Vertrages die Staatenvertreter auf einen vorläufigen Vertragstext geeinigt, so bestätigen sie dessen Richtigkeit, indem sie ihn mit dem Anfangsbuchstaben ihres Namens (Paraphe) unterzeichnen. Eine Verpflichtung der verhandelnden Staaten wird dadurch noch nicht begründet. Sa → Form (1a).

Parentelensystem
→ Erbfolge.

Pareto-Optimum
→ Ökonomische Analyse des Rechts.

Pari
(Kurs) → Disagio.

Pariser Klimaabkommen
Das Pariser Klimaabkommen v. 12.12.2015 (Gesetz v. 28.9.2016, BGBl. 2016 II 1082) zwischen etwa 190 Vertragsstaaten und der

EU, für welches sich der frühere US-Präsident Obama stark eingesetzt hatte, setzt die Anstrengungen der → Klimarahmenkonvention der UN zur Reduktion der → Treibhausgase fort. Im Gegensatz zu dieser, welche sich vor allem an die Industriestaaten wandte, sind in dem neuen Abkommen auch Entwicklungsländer gleichermaßen gefordert, da sie zunehmend Emittenten von Treibhausgasen werden. Die Vorgaben des Abkommens liefen 2020 an. Danach soll der Klimawandel bei einer Erderwärmung gestoppt werden, die deutlich unter 2° gegenüber vorindustriellen Werten (bezogen auf 1750) liegt, möglichst bei 1,5°. Alle 5 Jahre sollen sukzessiv neue Ziele gesetzt werden. Im Gegensatz zur Klimarahmenkonvention nehmen auch China und Kanada teil. Die Kündigung der USA unter Präsident Trump 2019 hat Präsident Biden rückgängig gemacht. Präsident Trump hat das Abkommen am ersten Tag seiner zweiten Amtszeit 2025 erneut gekündigt (BGBl. 2025 II Nr. 49).

Besonders ehrgeizige Ziele zur Eindämmung der Erderwärmung setzt sich die EU intern mit dem → European Green Deal, der 2019 als Programm verkündet wurde, und der Klimaneutralität bis 2050 vorgibt.

Pariser Verbandsübereinkunft zum Schutz des gewerblichen Eigentums
v. 20.3.1883 (zuletzt 1967 revidiert; BGBl. 1970 II 293, 391) ist ein mehrseitiger völkerrechtlicher Vertrag zum internationalen → gewerblichen Rechtsschutz. → Madrider Abkommen, → TRIPS, → Weltorganisation für geistiges Eigentum.

Pariser Verträge
Nach dem Scheitern des Vertrages über die Europäische Verteidigungsgemeinschaft wurde am 23.10.1954 in Paris von den USA, Großbritannien, Frankreich und der BRep. Deutschland das Protokoll über die Beendigung des Besatzungsregimes in der BRep. Deutschland unterzeichnet; dadurch wurde eine Reihe von Verträgen, die schon 1952 zwischen diesen Staaten geschlossen worden waren, in geänderter Form neu bekräftigt. Es waren dies der Vertrag über die Beziehungen zwischen der BRep. Deutschland und den drei Mächten (sog. → Deutschland- oder Generalvertrag), der Vertrag über die Rechte und Pflichten ausländischer Streitkräfte und ihrer Mitglieder in der BRep. Deutschland (sog. Truppenvertrag), der Finanzvertrag, der Vertrag zur Regelung aus Krieg und Besatzung entstandener Fragen (Überleitungsvertrag) sowie das Abkommen über die steuerliche Behandlung der Streitkräfte und ihrer Mitglieder, alle vom 26.5.1952. Gleichzeitig mit diesem Protokoll wurde von den vier Staaten der Vertrag über den Aufenthalt ausländischer Streitkräfte in der BRep. Deutschland unterzeichnet. Ebenfalls am 23.10.1954 unterzeichneten die Vertreter Frankreichs, Großbritanniens, Italiens, der Beneluxländer und der BRep. Deutschland in Paris eine Reihe von Protokollen über den Beitritt Italiens und der BRep. Deutschland zur → Westeuropäischen Union. Gleichzeitig trat die BRep. Deutschland dem → Nordatlantikpakt bei; der Beitritt wurde nach Ratifikation 1955 wirksam.

Parität
Parität bedeutet einmal die Besetzung eines Gremiums unter gleichmäßiger Berücksichtigung verschiedener Gruppen (s. zB Mitbestimmung). Im Bereich des Währungsrechts ist Parität ein festes Wertverhältnis mehrerer Währungen zueinander oder einer Währung zu einer bestimmten Geldmenge. S. → Währungsgesetz.

Parken
Parken (§ 12 II–VI StVO) ist das Abstellen eines Fahrzeugs auf öffentlicher Straße, wenn der Fahrer das Fahrzeug verlässt oder länger als 3 Minuten hält.

Parkverbote (§ 12 III StVO) bestehen überall, wo → Halten verboten ist, sowie je 5m vor und hinter Straßenkreuzungen und -einmündungen (soweit in Fahrtrichtung rechts neben der Fahrbahn ein Radweg baulich angelegt ist: vor Kreuzungen und Einmündungen je 8m), bei Verhinderung der Benutzung gekennzeichneter Parkflächen, an Grundstücksaus- und -einfahrten, über Schachtdeckeln und anderen Verschlüssen beim zulässigem Parken auf Gehwegen, vor Bordsteinabsenkungen, mit Kfz. über 7,5t oder mit Kfz.-Anhängern über 2t in bestimmten Gebieten innerhalb geschlossener Ortschaften von 22–6 Uhr und an Sonn- und Feiertagen, ferner im Bereich bestimmter Verkehrszeichen, so zB je 15 m vor und hinter Haltestellenschildern, vor und hinter Andreaskreuzen an Bahnübergängen (bis zu 5 bzw. 50m). Begrenzte Verbote gelten je nach Bezeichnung, zB auf → Gehwegen.

Es ist ohne Verkehrsbehinderung platzsparend und grundsätzlich am rechten Fahrbahnrand zu parken (links nur in → Einbahnstraßen und wenn rechts Schienen liegen). Ohne die bei → Dunkelheit vorgeschriebenen Parkleuchten oder Park-Warntafeln des Fz. ist in geschlossenen Ortschaften das Parken von Fahrzeugen, ausgenommen große Kfz. und Anhänger, zulässig, wenn es durch eine andere bleibende Lichtquelle ausreichend beleuchtet ist (§ 17 IV 2 StVO; sog. Laternengarage). Das Parken kann zeitlich begrenzt sein durch Aufstellen von Schildern, Parkuhren oder Parkscheinautomaten (→ Parkgebühren); vor diesen ist Halten nur zum Ein- oder Aussteigen, Be- oder Entladen oder während der Laufzeit der Uhr (des am Fahrzeug angebrachten Parkscheins) gestattet; ebenso, wo Parkscheiben an gekennzeichneten Stellen auf Grund einer begrenzten Ausnahme im Innern des Fz. vom Fahrer selbst angebracht und eingestellt werden dürfen (§ 13 StVO). Ist eine Parkuhr defekt, darf nur – unter Einstellung der Parkscheibe – bis zur angegebenen Höchstparkdauer geparkt werden. Ein Kfz-Anhänger ohne Zugfahrzeug darf nicht länger als 2 Wochen geparkt werden (§ 12 III b StVO).

Über § 13 V 1 StVO besteht die Möglichkeit zur Privilegierung von elektrisch betriebenen Fahrzeugen im Sinne des Elektromobilitätsgesetzes (→ Elektromobilität) und von Carsharingfahrzeugen im Sinne des Carsharinggesetzes (→ Carsharing); diese müssen Einrichtungen und Vorrichtungen zur Überwachung der Parkzeit nicht betätigen, soweit dies durch bevorrechtigende Zusatzzeichen (§ 45 Ig, Ih StVO) angeordnet ist. Zudem kann aufgrund § 39 X, XI StVO durch entspechende Zusatzzeichen zu den Zeichen 314, 314.1 und 315 (Anlage 3 zu § 42 II StVO) eine Parkbevorrechtigung von elektrisch betriebenen Fahrzeugen und Carsharingfahrzeugen ausgesprochen werden, indem eine Parkerlaubnis auf sie beschränkt wird. Durch ein entsprechendes Zusatzzeichen können diese Fahrzeuge zudem von Parkverboten ausgenommen werden, die durch die Zeichen 286, 290.1 (Anlage 1 zu § 41 I StVO) angeordnet werden.

Unzulässiges Parken ist → Ordnungswidrigkeit (§ 49 StVO; § 24 StVG), uU → Straßenverkehrsgefährdung. Sa → Halterhaftung; → Bewohner-Parkzonen. Die Polizei kann nach Polizeiaufgabenrecht (nicht § 44 II StVO) bei Störung oder Gefährdung der → öffentlichen Sicherheit und Ordnung das Abschleppen unerlaubt parkender Fahrzeuge anordnen (zB Parken im absoluten Haltverbot, auch auf privatem Anwohnerparkplatz). Die Maßnahme muss notwendig und verhältnismäßig sein, ebenso ein sofortiger Vollzug. Die Abschleppkosten treffen den Fahrer als Verhaltensstörer oder den Halter als Zustandsstörer. Zivilrechtlich ist unerlaubtes Parken auf einem privaten Grundstück verbotene → Eigenmacht. Der Besitzer kann das verkehrsbehindernd parkende Fahrzeug auf Kosten des Halters oder Fahrers abschleppen lassen, wenn vorherige Aufforderung zum Entfernen erfolglos oder unzumutbar ist (§§ 859, 823, 677, 683, 670 BGB).

Parkgebühren
dürfen für das → Parken auf öffentlichen Wegen und Plätzen von den Gemeinden in Ortsdurchfahrten, im Übrigen von den Trägern der Straßenbaulast erhoben werden (§ 6a VI StVG).

Parklücke
Wer eine Parklücke zuerst unmittelbar, also nicht auf der gegenüberliegenden Fahrbahnseite, erreicht, hat Vorrang. Der Vorrang bleibt ihm auch erhalten, wenn er an der Parklücke vorbeifährt, um rückwärts einzuparken, oder wenn er sonst zusätzliche Fahrbewegungen ausführt, um in die Parklücke einzufahren. Das gilt auch für Fahrzeugführer, die an einer freiwerdenden Parklücke warten (§ 12 V StVO). Nur der Fahrzeugführer selbst hat Vorrang; andere Personen können die Parklücke nicht reservieren.

Parkraumbewirtschaftungszone
→ Bewohner-Parkzone.

Parkstudium
→ Hochschulzulassungsrecht (4).

Parlament
Parlament (altfranzösisch: parlement = Unterredung) wird in demokratischen Staaten die Vertretung des Volkes genannt. Das Vorhandensein eines vom Volk gewählten Parlaments ist Wesensmerkmal der → Demokratie. Wahl, Aufgaben und Befugnisse des Parlaments sind in der Verfassung und sonstigen Gesetzen (zB Wahlgesetz) geregelt, der Geschäftsgang in einer → Geschäftsordnung. In Durchführung der → Gewaltentrennung übt das Parlament die gesetzgebende Gewalt aus; doch stehen ihm auch zahlreiche andere Befugnisse (zB Bestellung und Überwachung der vollziehenden Gewalt; Budgetrecht) zu. Ist die Existenz der Regierung vom Vertrauen der Volksvertretung abhängig, so spricht man von → parlamentarischem Regierungssystem (auch „Parlamentarismus"); → Misstrauensvotum, Vertrauensfrage. Organe des Parlaments sind zumeist der Präsident (und ein oder mehrere Stellvertreter), der Ältestenrat, der Vorstand und die Ausschüsse. In der BRep. Deutschland ist Parlament des Bundes der → Bundestag; Parlament der Länder sind die → Landtage (andere Bezeichnungen in den Stadtstaaten → Berlin, → Bremen und → Hamburg). Die gewählten Vertretungen anderer öffentlichrechtlicher Körperschaften, insbes. im kommunalen Bereich, können nicht als Parlament bezeichnet werden, da sie nicht zur gesetzgebenden Gewalt, sondern zur Verwaltung zählen.

Parlamentarische Demokratie/Monarchie
Der Zusatz „parlamentarisch" kann einmal das bloße Vorhandensein eines → Parlaments bezeichnen (repräsentative → Demokratie im Gegensatz zur unmittelbaren Demokratie; Beschränkung der monarchischen Staatsgewalt durch eine Volksvertretung), besagt zumeist aber, dass in der Demokratie (Monarchie) ein → parlamentarisches Regierungssystem eingerichtet ist.

Parlamentarische Immunität
→ Immunität.

Parlamentarische Kontrolle
Die Kontrolle der → vollziehenden Gewalt durch das → Parlament kennzeichnet das → parlamentarische Regierungssystem. Sie bewirkt ein gewisses Übergewicht der Volksvertretung. Wichtigste Mittel der parlamentarischen Kontrolle sind das → Misstrauensvotum gegenüber der Regierung (die Regierung bedarf zu ihrer Amtsführung des Vertrauens der Volksvertretung) und das → Budgetrecht einschl. der Pflicht der Regierung, dem Par-

lament Rechnung zu legen, ferner das Recht zur → Interpellation und zur Überweisung von Petitionen (→ Beschwerde- und Petitionsrecht) an die Regierung, die Befugnis, die Anwesenheit der Mitglieder der Regierung zu verlangen sowie → Untersuchungsausschüsse einzusetzen. Eine besondere Einrichtung der parlamentarischen Kontrolle ist der → Wehrbeauftragte. Auch im Bereich der → Nachrichtendienste findet eine parlamentarische Kontrolle durch das parlamentarische Kontrollgremium statt (→ Nachrichtendienste).

Parlamentarische Staatssekretäre
Nach § 1 Gesetz v. 24.7.1974 (BGBl. 1974 I 1538) mÄnd können Mitgliedern der → Bundesregierung zu ihrer Unterstützung parlamentarische Staatssekretäre beigegeben werden. Sie müssen dem Bundestag angehören. Sie werden vom BPräs. auf Vorschlag des BK ernannt; der Vorschlag kann nur im Einvernehmen mit dem BMin. gemacht werden, für den der parlamentarische Staatssekretär tätig werden soll. Die parlamentarischen Staatssekretäre leisten einen Amtseid. Sie können jederzeit auf dem gleichen Wege wie bei der Ernennung entlassen werden und ihre Entlassung jederzeit verlangen. Ein parlamentarischer Staatssekretär ist kraft Gesetzes entlassen, wenn er aus dem Bundestag ausscheidet oder wenn das Amtsverhältnis des für ihn zuständigen BMin. endet. Die parlamentarischen Staatssekretäre erhalten Amtsbezüge (75 % des Amtsgehaltes eines BMin.) sowie Versorgung. Einem parlamentarischen Staatssekretär kann das Recht verliehen werden, die Bezeichnung „Staatsminister" zu führen. Der parlamentarische Staatssekretär ist vom beamteten → Staatssekretär und vom Staatssekretär als Mitglied der Staatsregierung (so in Bayern) zu unterscheiden.

Parlamentarischer Rat
Der parlamentarische Rat war ein aus 65 Mitgliedern bestehendes Gremium, das die Aufgabe hatte, in Zusammenarbeit mit den → Alliierten Mächten das → Grundgesetz auszuarbeiten. Die Mitglieder waren von den Landtagen der Länder der amerikanischen, englischen und französischen Besatzungszone gewählt. Der parlamentarische Rat trat am 1.9.1948 erstmals zusammen. Er beendete seine Arbeit am 8.5.1949 mit der Schlussabstimmung, in der das GG mit 53 zu 12 Stimmen angenommen wurde.

Parlamentarischer Untersuchungsausschuss
→ Untersuchungsausschuss.

Parlamentarisches Kontrollgremium
→ Nachrichtendienste (2).

Parlamentarisches Regierungssystem
bedeutet nicht das bloße Vorhandensein eines → Parlaments (Volksvertretung) oder dessen maßgebliche Beteiligung an der Staatsgewalt, sondern die verfassungsmäßige Abhängigkeit der → Regierung vom Vertrauen des Parlaments, das ein gewisses Übergewicht gegenüber der vollziehenden Gewalt besitzt. Diese bleibt zwar entsprechend dem Grundsatz der → Gewaltentrennung in ihren Entscheidungen grundsätzlich frei, ist in ihrer Existenz aber vom Vertrauen des Parlaments abhängig. In der BRep. Deutschland ist diese Abhängigkeit dadurch gelockert, dass der → Bundeskanzler nicht durch ein einfaches, sondern nur durch ein sog. konstruktives → Misstrauensvotum gestürzt werden kann (sa → Vertrauensfrage). Das parlamentarische Regierungssystem ist die regelmäßige, aber nicht unbedingt notwendige Regierungsform der Demokratie; in einer → Präsidialdemokratie (zB in den USA) ist die Spitze der vollziehenden Gewalt – jedenfalls rechtlich – nicht vom Vertrauen der Volksvertretung abhängig.

Parlamentsnötigung
begeht, wer ein Gesetzgebungsorgan des Bundes oder eines Landes oder die → Bundesversammlung oder einen ihrer Ausschüsse rechtswidrig mit Gewalt oder durch Drohung mit Gewalt nötigt oder zu nötigen versucht, ihre Befugnisse nicht oder in einem bestimmten Sinne auszuüben (§ 105 StGB). Unter Strafe gestellt ist auch die Nötigung oder versuchte Nötigung von Mitgliedern dieser Organe (hier genügt Drohung mit einem empfindlichen Übel, § 106 StGB). Die Bestimmungen regeln Sonderfälle der → Nötigung; sie schützen die Funktionsfähigkeit und -freiheit der Parlamente und ihrer Mitglieder.

Partei
im Zivilprozess ist derjenige, von dem oder gegen den bei Gericht Rechtsschutz begehrt wird; das sind je nach Verfahrensart Kläger und Beklagter, Antragsteller und Antragsgegner, Gläubiger und Schuldner. Eine Partei muss parteifähig sein (→ Parteifähigkeit). Der Partei entspricht in der freiwilligen Gerichtsbarkeit, im Verwaltungs-, Finanz- und Sozialstreitverfahren der → Beteiligte. Über den politischen Begriff → Parteien.

Partei kraft Amtes
Eine Partei kraft Amtes ist im Zivilprozess eine → Partei, die diese Stellung lediglich auf Grund eines besonderen Amtes innehat, das sie zur Wahrung fremder Rechte beruft (sog. Amtstheorie; nach der Vertretungstheorie handelt es sich um gesetzliche Vertreter). Als Partei kraft Amtes werden von der Gerichtspraxis angesehen: der → Insolvenzverwalter, der → Testamentsvollstrecker, der → Nachlassverwalter und der → Zwangsverwalter.

Parteiänderung
Eine Parteiänderung im Verlauf eines Rechtsstreits ist möglich entweder durch → Parteiwechsel oder → Parteibeitritt. Beides kann auf Grund bestimmter gesetzlicher Vorschriften oder gewillkürt (durch freigestellte Prozesshandlungen) geschehen. Bei Parteiänderungen wird der begonnene Rechtsstreit unter Beach-

tung bestimmter Regeln fortgesetzt. Die Parteiänderung ist allgemein noch nicht gesetzlich geregelt; vielfach wird sie wie eine → Klageänderung behandelt, die uU die Zustimmung der anderen Partei erfordert.

Parteianhörung
Die Parteianhörung ist ein Mittel zur Aufklärung des Sachverhalts im Rahmen der richterlichen → Aufklärungspflicht (auch informatorische Anhörung). Anders → Parteivernehmung.

Parteiausschluss
(-austritt, -übertritt) eines Abgeordneten → Mandat des Abg. Über den Ausschluss von Parteimitgliedern → Parteien (polit.).

Parteibeitritt
Ein Parteibeitritt oder Parteierweiterung liegt vor, wenn eine weitere → Partei als → Streitgenosse einer Partei neu in den anhängigen Rechtsstreit eintritt. Ein solcher Parteibeitritt, gesetzlich ausdrücklich nur in § 856 II ZPO vorgesehen, ist grundsätzlich zulässig, soweit → Streitgenossenschaft zugelassen ist und die funktionelle Zuständigkeit des angegangenen Gerichts nicht entgegensteht.

Parteibetrieb
Parteibetrieb bedeutet, dass das Betreiben eines Prozesses in den Händen der Parteien liegt. Der Gegensatz ist der → Amtsbetrieb. Der Parteibetrieb ist Ausfluss der → Parteiherrschaft.

Parteien, politische
1. Nach Art. 21 I GG wirken die politischen Parteien bei der politischen Willensbildung des Volkes mit. Ihre Gründung ist frei. Ihre innere Ordnung muss demokratischen Grundsätzen entsprechen. Sie müssen über die Herkunft ihrer Mittel öffentlich Rechenschaft ablegen. Das GG enthält ferner Bestimmungen über die Verfassungswidrigkeit von Parteien (Art. 21 II GG; s. u.).

2. Die nähere bundesgesetzliche Regelung der allgemeinen Verhältnisse der Parteien enthält das Gesetz über die politischen Parteien (ParteienG) idF v. 31.1.1994 (BGBl. 1994 I 149) mÄnd. Nach § 2 ParteienG sind Parteien Vereinigungen von Bürgern, die dauernd oder für längere Zeit für den Bereich des Bundes oder eines Landes auf die politische Willensbildung Einfluss nehmen und an der Vertretung des Volkes im Bundestag oder einem Landtag mitwirken wollen (Unterschied zu den sog. Rathausparteien). Voraussetzung ist, dass sie nach dem Gesamtbild der tatsächlichen Verhältnisse, insbes. nach Umfang und Festigkeit ihrer Organisation, nach der Zahl ihrer Mitglieder und nach ihrem Hervortreten in der Öffentlichkeit eine ausreichende Gewähr für die Ernsthaftigkeit dieser Zielsetzung bieten. Mitglieder einer Partei können nur natürliche Personen sein. Nach § 1 ParteienG sind die Parteien ein verfassungsrechtlich notwendiger Bestandteil der freiheitlichen demokratischen → Grundordnung; ihre Mitwirkung an der politischen Willensbildung des Volkes ist eine nach dem GG verbürgte öffentliche Aufgabe.

3. Die Parteien müssen eine Satzung und ein schriftliches Programm haben, das ihre Ziele wiedergibt. Der Mindestinhalt der Satzungen ist in § 6 II ParteienG festgelegt. Ferner enthält das Gesetz zur inneren Ordnung der Parteien Vorschriften über die Gliederung, die Organe (Mitglieder- und Vertreterversammlung, Vorstand, allgemeine Parteiausschüsse, Parteischiedsgerichte) und die Willensbildung in den Organen sowie über die Rechte der Mitglieder. Diese können insbes. nur ausgeschlossen werden, wenn sie vorsätzlich gegen die Satzung oder erheblich gegen Grundsätze oder Ordnung der Partei verstoßen und ihr dadurch schweren Schaden zugefügt haben; gegen den Ausschluss muss ein zweistufiges schiedsgerichtliches Rechtsmittelverfahren offen stehen (§ 10 IV, V ParteienG, § 14 ParteienG). Nach der Rspr. kann auch ein Parteiausschluss von den staatl. Gerichten nur eingeschränkt (nach den für das Vereinsrecht entwickelten Grundsätzen) nachgeprüft werden, nämlich darauf, ob das vorgeschriebene Verfahren eingehalten wurde und ob die Entscheidung offenbar unbillig ist (vgl. BGH NJW 1980, 443). Die Aufstellung von Wahlbewerbern für Wahlen zu Volksvertretungen muss in geheimer Abstimmung stattfinden.

4. Das Parteien G enthält derner umfangreiche Regelung zur → Parteienfinanzierung.

5. Parteien können unter ihrem Namen klagen und verklagt werden ohne Rücksicht auf ihre Rechtsform (meist nichteingetragene → Vereine).

6. Zur politischen Bildungsarbeit der Parteien vgl. auch → Stiftungen zur politischen Bildungsarbeit.

7. Parteien, die nach ihren Zielen oder nach dem Verhalten ihrer Anhänger darauf ausgehen, die → Freiheitliche demokratische Grundordnung zu beeinträchtigen oder zu beseitigen oder den Bestand der Bundesrepublik Deutschland zu gefährden, sind verfassungswidrig (Art. 21 II 1 GG). Parteien, die nach ihren Zielen oder ihrem Verhalten darauf ausgerichtet sind, die freiheitlich demokratische Grundordnung zu beeinträchtigen oder zu beseitigen oder den Bestand der BRep. Deutschland zu gefährden, sind von der staatlichen Finanzierung ausgeschlossen (Art. 21 III 1 GG). Das Tatbestandsmerkmal „darauf ausgehen" erfordert, dass die betreffende Partei auch das Potential hat, die in § 21 II GG genannten Ziele zu erreichen; dieses Potential wird bei dem Tatbestandsmerkmal „darauf ausgerichtet" gemäß § 21 III GG nicht gefordert.

a) Über die Frage der Verfassungswidrigkeit und des Auschlusses von der staatlichen Finanzierung entscheidet ausschließlich das BVerfG (Art. 21 II 2 GG; § 13 Nr. 2 BVerfGG, §§ 43 ff., 46a BVerfGG). Ohne Entscheidung des BVerfG nach Art. 21 GG ist von der Verfassungsmäßigkeit einer Partei auszugehen (→ Parteienprivileg). Den Antrag auf Entscheidung, ob eine Partei verfassungswidrig ist, kann der Bundestag, der Bundesrat oder die Bundesregierung stellen (eine Landesregierung nur gegen Parteien, deren Organisation sich auf das Gebiet ihres Landes beschränkt). Nach einem Anhörungsverfahren beschließt das BVerfG zunächst, ob der Antrag als unzulässig oder als nicht hinreichend begründet zurückzuweisen oder ob die Verhandlung durchzuführen ist. Erweist sich der Antrag als begründet, so stellt das BVerfG fest, dass die politische Partei verfassungswidrig ist. Die Feststellung kann auf einen rechtlich oder organisatorisch selbständigen Teil einer Partei beschränkt werden. Mit der Feststellung ist die Auflösung der Partei und das Verbot, eine Ersatzorganisation zu schaffen, zu verbinden. Das BVerfG kann in diesem Falle außerdem die Einziehung des Vermögens der Partei zugunsten des Bundes oder des Landes zu gemeinnützigen Zwecken aussprechen. Über die Vollstreckung des Verbots einer Partei und über das Verbot von Ersatzorganisationen vgl. §§ 32, 33 ParteienG. Mit dem Urteilsspruch erlöschen die Mandate der Abgeordneten einer verfassungswidrigen Partei (vgl. BVerfGE 2, 73; 5, 392). Die „Neugründung" einer verbotenen Partei ist zulässig, sofern ihr Parteiprogramm nicht gegen Art. 21 II GG verstößt.

b) Bisher sind auf Grund Art. 21 II GG die „Sozialistische Reichspartei" und die → „Kommunistische Partei Deutschlands" (BVerfGE 2, 1 ff. bzw. 5, 85 ff.) für verfassungswidrig erklärt worden. Das von BReg., BT und BR angestrengte Verfahren zum Verbot der NPD wurde eingestellt, da die Partei während des Verbotsverfahrens durch V-Leute der Verfassungsschutzbehörden beobachtet wurde. Durch deren Präsenz sei staatlicher Einfluss auf die Willensbildung der NPD genommen worden, so dass im Zeitpunkt der Einleitung des Verbotsverfahrens nicht mehr von der Staatsfreiheit der NPD-Führung ausgegangen habe werden können (BVerfG Beschl. v. 18.3.2003, NJW 2003, 1577). Daraufhin wurde ein neuerliches Verbotsverfahren gegen die NPD angestrengt. Nach BVerfG Urt. v. 17.1.2017 – 2 BvB 1/13, NJW 2017, 611 hatte bie NPD aber nicht das Potential, das zur Bejahung des Tatbestandsmerkmales „darauf ausgehen" gem. Art. 21 II GG erforderlich ist, so dass das Verbotsverfahren erfolglos blieb; hingegen bejahte das BVerfG Urt. v. 23.1.2024 – 2BvB 1/19, NJW 2024, 645 in einem weiteren Verfahren das Tatbestandsmerkmal „darauf ausgerichtet" gem. Art. 21 III GG, so dass dem Antrag auf Auschluss der Partei NPD/Die Heimat von der staatlichen Parteienfinanzierung stattgegeben werden konnte.

c) In hohem Maße strittig ist die Zulässigkeit der Aufnahme einer nicht für verfassungswidrig erklärten Partei in einen Verfassungsschutzbericht (s. → Verfassungsschutzbericht, 2). Früher wurde dies im Hinblick auf das → Parteienprivileg idR als unzulässig angesehen. Das Brandenburger Verfassungsgericht sah mit Urt. v. 20.5.2022 – 94/20 die Verdachtsberichterstattung zur AfD im Verfassungsschutzbericht als zulässig an.

Parteienfinanzierung

1. Die Parteienfinanzierung ist in §§ 18 ff. des Gesetzes über die politischen Parteien (ParteienG) v. 31.1.1994 (BGBl. 1994 I 149) mÄnd geregelt. Die staatliche Finanzierung der Parteien in der Vorläuferregelungwar nach dem Urt. des BVerfG v. 9.4.1992 (BVerfGE 85, 264) zT verfassungswidrig.

2. Die durch Gesetz v. 28.6.2002 (BGBl. 2002 I 2268) und Gesetz v. 22.12.2004 (BGBl. 2004 I 3673) wesentlich modifizierte Regelung durch das ParteienG von 1994 sieht in § 18 ParteienG als Grundsatz vor, dass der Staat den Parteien eine Teilfinanzierung der allgemein ihnen nach dem GG obliegenden Tätigkeit gewährt. Maßstab für die Verteilung der staatlichen Mittel bilden der Erfolg, den eine Partei bei Europa-, Bundestags- und Landtagswahlen erzielt, die Summe ihrer Mitgliedsbeiträge sowie der Umfang der eingeworbenen Spenden (→ Parteispenden). Das jährliche Gesamtvolumen der staatlichen Mittel darf für eine Partei die Summe ihrer jährlich selbst erwirtschafteten Einnahmen nicht überschreiten (relative Obergrenze). Dies vorausgeschickt erhalten die Parteien nach § 18 III ParteienG vom Staat 0,83 EUR für jede für sie abgegebene Stimme (1,00 EUR für jede Stimme bis zu 4 Mio. Stimmen) sowie 0,45 EUR für jeden Euro, die sie als Mitgliedsbeitrag oder Spende vereinnahmt haben. Dabei werden nur Zuwendungen bis zu 3300 EUR je natürliche Person berücksichtigt. Anspruch auf die staatliche Mittel haben nach § 18 IV ParteienG nur Parteien, die bei der jeweils letzten Europa- oder Bundestagswahl mindestens 0,5 % oder bei einer Landtagswahl 1% oder bei fehlender Landesliste in einem Stimm- oder Wahlkreis 10 % der Stimmen erreicht haben. Eine frühere strengere Regelung, wonach bei Nichterfüllung der 0,5 %-Quote bei Europa- oder Bundestagswahl bei mindestens drei der vergangenen Landtagswahlen 1,0 % oder 5 % bei einer Landtagswahl erreicht werden mussten, wurde vom BVerfG mit Urt. v. 26.10.2004, 2 BvE 1/02 und 2/02 als verfassungswidrig verworfen, da diese Regelung Entstehen und Behauptung kleiner Parteien erschwere. Weiter geregelt sind Festsetzungsverfahren und Abschlagszahlungen (§§ 19 bis 21 ParteioenG). Der Präsident des BT setzt jährlich zum 15. 2. die Höhe der staatlichen Mittel für jede anspruchsberechtigte Partei für das vorangegangene Jahr fest (§ 19a ParteienG).

3. Nach § 18 II ParteienG beträgt das Gesamtvolumen staatlicher Mittel, das allen Parteien höchstens ausbezahlt werden darf, ab 2019 190 Mio EUR; der nach dem Preisindex

dynamisierte Betrag (§ 18 II 2 bis 5 ParteienG betrug zuletzt 2022 205,1 Mio EUR (absolute Obergrenze). Die Anhebung der absoluten Obergrenze von früher 165 auf 190 Mio EUR erfolgte durch G v. 10.7.2018 (BGBl. 2018 I 1116). Das BVerfG Urt. v. 24.1.2023 – 2 BvF 2/18 erklärte die Anhebung der absoluten Obergrenze durch das Gesetz von 2018 für verfassungswidrig, da entsprechende Kostensteigerungen nicht nachgewiesen waren. 2021 lagen die tatsächlichen staatlichen Zahlungen bei ca. 200 Mio EUR.

4. Die §§ 23 ff. ParteienG enthalten Vorschriften zur Pflicht der Parteien, über die Herkunft ihrer Mittel öffentlich Rechenschaft zu geben. Parteien können Spenden annehmen. Barspenden dürfen nur bis 1000 EUR erfolgen. Spenden von öffentlich-rechtlichen Körperschaften, Fraktionen (→ Fraktion), politischen Stiftungen und gemeinnützigen Einrichtungen, Unternehmen im Eigentum der öffentlichen Hand und solche in Erwartung oder als Gegenleistung eines wirtschaftlichen oder politischen Vorteils dürfen nicht angenommen werden. Weitere Einschränkungen bestehen für Spenden aus dem Ausland, von Berufsverbänden, von Unbekannten und für Spenden, die gegen Provision eingeworben wurden (vgl. § 25 ParteienG). Unrichtige Angaben über Einnahmen oder Vermögen von Parteien ist unter Strafe gestellt (§ 31d ParteienG).

5. Das BVerfG (Urt. v. 23.1.2024 – 2 BvB 1/19, NJW 2024, 645) hat die Partei NPD/Die Heimat nach Art. 23 III GG von der staatlichen Parteienfinanzierung ausgeschlossen (→ Parteien, politische, 7).

Parteienprivileg
Parteienprivileg nennt man den Grundsatz, dass eine politische Partei (→ Parteien, politische) und ihre Mitglieder allein wegen ihrer politischen Betätigung nicht benachteiligt oder verfolgt werden dürfen (insbes. strafrechtlich), solange die Partei nicht für verfassungswidrig erklärt ist (→ Parteien, politische, 7). Dieses Privileg gilt aber nur für Parteien im Rechtssinne, nicht für andere Vereinigungen, selbst wenn diese politische Ziele verfolgen. Das Parteienprivileg folgt aus der alleinigen Zuständigkeit des Bundesverfassungsgerichts, die Verfassungswidrigkeit einer Partei festzustellen. Eine politische Partei kann daher auch ohne Feststellung ihrer Verfassungswidrigkeit durch das BVerfG nicht nach dem → Vereinsgesetz verboten werden. Nach der Rechtsprechung des BVerfG hindert das Parteienprivileg allerdings nicht, dem Mitglied einer nicht für verfassungswidrig erklärten Partei wegen seiner gegen das Grundgesetz gerichteten individuellen Betätigung die Zulassung zum öffentlichen Dienst zu versagen (→ Radikale im öff. Dienst). Höchst strittig ist, ob das Parteienprivileg die Erwähnung einer Partei im → Verfassungsschutzbericht hindert (vgl. dazu → Parteien, politische, 7c).

Parteierweiterung
→ Parteibeitritt.

Parteifähigkeit
Parteifähigkeit, dh die Fähigkeit, in einem Rechtsstreit → Partei zu sein, deckt sich grundsätzlich mit der → Rechtsfähigkeit (§ 50 I ZPO). Sie ist → Prozessvoraussetzung und → Prozesshandlungsvoraussetzung. Die Parteifähigkeit besitzen alle natürlichen und → juristischen Personen, darüber hinaus der nichtrechtsfähige → Verein (2a), die OHG (§ 124 I HGB), die KG (§ 161 II HGB), die → Partnerschaftsgesellschaft, die Reederei (§ 493 III HGB), nach der Rspr. auch die → Gesellschaft des bürgerlichen Rechts (s. dort 1) und die Wohnungseigentümergemeinschaft (→ Wohnungseigentum, 3a), ferner im Verfahren vor dem → Arbeitsgericht Gewerkschaften und Arbeitgeberverbände, auch wenn sie nicht eingetragene Vereine sind (§ 10 ArbGG). Der Parteifähigkeit entspricht in anderen Verfahrensordnungen die Beteiligtenfähigkeit (→ Beteiligter). Ausländische Gesellschaften können vor deutschen Gerichten ebenfalls parteifähig sein (sa → Gesellschaft, ausländische).

Parteihandlung
→ Prozesshandlung.

Parteiherrschaft
Parteiherrschaft besteht, wenn die Parteien (jeweils allein oder im Konsens) darüber bestimmen können, ob ein Prozess beginnt, wie er verläuft und endet. Ausfluss der Parteiherrschaft sind der → Parteibetrieb, der → Verhandlungsgrundsatz und der → Verfügungsgrundsatz. Die Parteiherrschaft ist in manchen Verfahrensarten stark eingeschränkt, im → Zivilprozess aber am stärksten ausgeprägt.

Parteinahe Stiftungen
→ Stiftungen zur politischen Bildungsarbeit.

Parteiöffentlichkeit
Bei bestimmten Verfahrenshandlungen, die nicht öffentlich stattfinden (→ Öffentlichkeitsgrundsatz), gestattet das Gesetz (allein) den Verfahrensbeteiligten die Teilnahme, so im Zivilprozess den Parteien die Anwesenheit bei der Beweisaufnahme (§ 357 ZPO), im Strafprozess (hier ist der Ausdruck Parteiöffentlichkeit ungenau) dem StA und dem Verteidiger bei richterlichen Vernehmungen des Beschuldigten (Angeschuldigten) im Vorverfahren und nach Entbindung vom Erscheinen in der Hauptverhandlung (§§ 168c, 233 StPO); ferner sind Beschuldigter, Verteidiger und StA zur Teilnahme am richterlichen Augenschein und an der vorweggenommenen Beweisaufnahme berechtigt (§§ 168d, 224, 225 StPO; → kommissarische Vernehmung). Die Befugnis zur Teilnahme umfasst das Recht, Fragen zu stellen. Die Teilnahmeberechtigten sind vom Termin rechtzeitig zu benachrichtigen.

Parteiprozess
Der Parteiprozess ist im Gegensatz zum → Anwaltsprozess der Rechtsstreit, den die Parteien

selbst führen können. Dies ist vor dem → Amtsgericht (Ausnahme vor dem → Familiengericht; → Anwaltsprozess), dem → Arbeitsgericht, → Verwaltungsgericht, → Sozialgericht, Finanzgericht und → Patentgericht der Fall. Die Parteien können sich aber auch hier durch einen → Rechtsanwalt vertreten lassen. Andere Personen sind als Bevollmächtigte nur eingeschränkt zugelassen, zB Beschäftigte oder Familienangehörige der Partei, Verbraucherzentralen und bestimmte berufsständische Vereinigungen für ihre Mitglieder. Einzelheiten: § 79 ZPO, § 11 ArbGG, § 67 VwGO, § 73 SGG, § 62 FGO, § 97 PatG, § 10 FamFG.

Parteispenden
Einen erheblichen Teil ihres Finanzbedarfs decken die Parteien (→ Parteien, politische) durch die Annahme von Spenden (sog. Parteispenden). § 25 ParteienG lässt die Annahme von Parteispenden ausdrücklich zu, unterwirft sie aber zugleich zahlreichen Beschränkungen (→ Parteienfinanzierung, 4). Zur steuerrechtlichen Behandlung der Parteispenden → Spenden (2).

Parteiverbot
→ Parteien, politische (7).

Parteivernehmung
Die Parteivernehmung ist ein → Beweismittel des Zivilprozesses, bei dem eine → Partei ähnlich einem → Zeugen vernommen wird (§§ 445–455 ZPO). Der Parteivernehmung entspricht die Beteiligtenvernehmung im Verwaltungs- und Finanzstreitverfahren (§ 98 VwGO, § 82 FGO) und in der freiwilligen Gerichtsbarkeit. Anstelle der Partei kann ihr → gesetzlicher Vertreter vernommen werden (Einzelheiten § 455 ZPO). Eine Verpflichtung, sich vernehmen zu lassen, besteht nicht; jedoch kann das Gericht aus dieser Weigerung im Rahmen der freien → Beweiswürdigung entsprechende Schlüsse ziehen (§ 446 ZPO). Die Aussage steht unter der → Wahrheitspflicht. Das Gericht kann die → Beeidigung anordnen (§ 452 ZPO).

Parteiverrat
(Prävarikation). Ein → Rechtsanwalt (auch ein europäischer Rechtsanwalt) oder sonstiger Rechtsbeistand (zB → Patentanwalt, im Strafverfahren auch Verteidiger gem. §§ 138 II, 142 II StPO), der bei den ihm in dieser amtlichen Eigenschaft anvertrauten Angelegenheiten in derselben Rechtssache beiden Parteien pflichtwidrig dient, wird mit Freiheitsstrafe von 3 Mon. bis zu 5 Jahren bestraft; handelt er im Einverständnis mit dem Gegner zum Nachteil seiner Partei, so tritt Freiheitsstrafe von 1–5 Jahren ein (§ 356 StGB). Für die Identität der Rechtssache ist es ohne Belang, ob sie Gegenstand desselben oder mehrerer Verfahren ist (zB bei mehreren Prozessen zwischen Vertragsparteien aus demselben Vertragsverhältnis). Entscheidend ist der sachlichrechtliche Inhalt der anvertrauten Interessen, nicht der einzelne Anspruch. Auch Strafsachen und Angelegenheiten der freiwilligen Gerichtsbarkeit gehören zu den Rechtssachen (Interessenwidrigkeit zB bei Beratung des Beschuldigten und des Verletzten oder mehrerer Anspruchsberechtigten in einer Nachlasssache). Die Pflichtwidrigkeit besteht in der Verletzung der Treuepflicht gegenüber dem Mandanten (vgl. § 45 BRAO). Sie entfällt nicht schon, weil der Anwalt die Vertretung des Gegners mit Zustimmung seines Mandanten übernimmt, wohl aber, wenn beide Teile gemeinsam den Anwalt um Rat oder Vermittlung angehen. Die Strafbarkeit setzt Vorsatz voraus (Fahrlässigkeit kann aber zu standesrechtlichen Maßnahmen führen). Der Irrtum darüber, ob es sich um dieselbe Rechtssache handelt oder ob ein Interessengegensatz und somit Pflichtwidrigkeit vorliegt, ist Tatbestandsirrtum (§ 16 StGB), wenn er sich auf die tatsächlichen Voraussetzungen bezieht, dagegen Verbotsirrtum (§ 17 StGB), wenn der Täter in der rechtlichen Beurteilung irrt (→ Irrtum, → Verbotsirrtum).

Parteivertreter
→ Prozessbevollmächtigter.

Parteivorbringen
→ Angriffsmittel, → Verteidigungsmittel.

Parteiwechsel
Ein Parteiwechsel liegt vor, wenn eine neue → Partei an Stelle einer ausscheidenden in den Rechtsstreit eintritt. Das kann kraft Gesetzes geschehen (zB durch → Erbfolge beim Tod einer Partei), durch gesetzliche Vorschriften geregelt sein (zB bei Veräußerung der Streitsache, § 265 ZPO) oder auf freigestellten Prozesshandlungen der Parteien beruhen (→ Parteiänderung). Grundsätzlich führt die neue Partei an Stelle der alten mit den bisherigen Prozessergebnissen den Rechtsstreit fort.

Parteiwechsel eines Abgeordneten
→ Mandat des Abgeordneten.

Parteizustellung
→ Zustellung.

Partenreederei
→ Reeder.

PartGG
→ Partnerschaftsgesellschaft.

Partiarischer Vertrag
ist ein → Vertrag, durch den jemand am Gewinn eines Unternehmens verhältnismäßig beteiligt wird. Dies kann in der Form einer einmaligen Prämie für das Zustandekommen des Geschäfts (Provision des → Handelsvertreters) geschehen, aber auch durch eine echte Gewinnbeteiligung (zB Geldhingabe gegen Gewährung von 20 % des erzielten Reingewinns; sog. partiarisches Darlehen). Der partiarisch Beteiligte hat einen Anspruch auf → Auskunft und → Rechenschaftslegung über die Höhe des erzielten Gewinns. Sa → stille Gesellschaft.

Partiarisches Darlehen
→ Partiarischer Vertrag.

Partielle Geschäfts(un)fähigkeit
→ Geschäftsfähigkeit.

Partielles Recht
ist Recht mit beschränktem Geltungsbereich. Es gilt nicht für das gesamte Gebiet, für das der Gesetzgeber die Gesetzgebungshoheit besitzt, sondern nur in einem Teil dieses Gebietes. Partielles Recht gibt es in der BRep. Deutschland insbes. auf Grund der Regelung über die Fortgeltung aus der Zeit vor dem Zusammentritt des Bundestages stammenden Rechts (Art. 123 ff. GG). Zwischen dem 8.5.1945 und dem 7.9.1949 bestand eine umfassende Zuständigkeit der Länder zum Erlass von Gesetzen; sie konnten sowohl neue Gesetze erlassen als auch altes Reichsrecht abändern. Soweit das demgemäß geschaffene Landesrecht zur → ausschließlichen oder → konkurrierenden Gesetzgebung des Bundes gehört, wurde es gemäß Art. 124, 125 GG (vgl. → Reichsrecht, Fortgeltung) Bundesrecht, aber nur innerhalb seines z. Zt. des ersten Zusammentritts des Bundestages bestehenden Geltungsbereiches, also innerhalb des Landes, das damals eine neue Regelung getroffen oder Reichsrecht abgeändert hatte (partielles oder partikuläres Bundesrecht). In großem Umfang wurde durch den → Einigungsvertrag partielles Recht geschaffen, indem bestimmte Vorschriften nur oder nicht im → Beitrittsgebiet gelten.

Partikelrußfilter
→ Kraftfahrzeugsteuer (6).

Partikulares Recht
→ gemeines Recht.

Partikulares Völkerrecht
→ Völkerrecht.

Partikularismus
→ Zentralismus.

Partisanen
→ Kriegsrecht (2).

Partizipation
(an Verwaltungsentscheidungen) ist ein in der neueren wissenschaftlichen Diskussion gebrauchter Begriff, der die verschiedenen Formen der Beteiligung des Bürgers an Verwaltungsvorgängen (Auskunft, Anhörung, Erörterung, Vorschlagsrecht, Mitentscheidung) zusammenfassen und der rechtspolitischen Diskussion eines weiteren Ausbaues dieser Beteiligung dienen soll. Solche rechtspolitischen Forderungen nach möglichst frühzeitiger und umfassender Beteiligung (insbes. an Planungsvorhaben) werden aus dem modernen Verständnis des Demokratiebegriffes, dem Rechtsstaatsgrundsatz und dem Sozialstaatsgebot hergeleitet. IwS versteht man unter Partizipation auch die Beteiligung öffentl.-rechtl. Körperschaften oder sonstiger Personen oder Verbände am Gesetzgebungsverfahren (insbes. auch am Verfahren zum Erlass von → Rechtsverordnungen). Schließlich spricht man von Partizipation im Zusammenhang mit dem Wandel des Verständnisses der → Grundrechte von Abwehr- zu sozialen Teilhaberechten.

Partnerschaft
→ Lebenspartnerschaft, → eheähnliche Gemeinschaft.

Partnerschaftsabkommen
von Städten (Gemeinden, Kreisen) mit ausländischen Partnern sind keine völkerrechtlich verbindlichen Verträge oder Abkommen, sondern haben nur den Charakter kommunalpolitischer Programme. Sie müssen sich in den Grenzen des örtlichen Wirkungsbereichs halten.

Partnerschaftsgesellschaft
Angehörige → freier Berufe, insbes. Ärzte, Rechtsanwälte, Patentanwälte, hauptberufliche Sachverständige, Wirtschaftsprüfer, Steuerberater, Journalisten, Übersetzer usw, können sich zur gemeinsamen Berufsausübung auch in einer Partnerschaftsgesellschaft zusammenschließen. Die – in ein gesondertes Partnerschaftsregister einzutragende – Partnerschaftsgesellschaft ist eine rechtsfähige → Personengesellschaft; sie trägt – obwohl keine → Handelsgesellschaft – wie die → Offene Handelsgesellschaft einen Namen, kann hierunter Rechte (zB im Grundbuch) erwerben und Verbindlichkeiten eingehen, klagen und verklagt werden und ist insolvenzfähig. Für die Verbindlichkeiten der Partnerschaftsgesellschaft haften grds. neben deren Vermögen alle Partner persönlich als Gesamtschuldner (→ Gesamtschuld). Waren einzelne Partner mit der Bearbeitung eines Auftrags befasst, so haften für die durch ihr Handeln oder Unterlassen eingetretenen Schäden nur sie persönlich neben der Partnerschaftsgesellschaft. Inzwischen kann die Partnerschaftsgesellschaft an eine juristische Person in Bezug auf die Haftung angenähert werden. Für Verbindlichkeiten haftet nur mehr das Gesellschaftsvermögen, wenn die Partnerschaftsgesellschaft eine Berufshaftpflichtversicherung mit erhöhter Mindestversicherungssumme abgeschlossen hat. Diese ist für die einzelnen Berufe unterschiedlich. Für Rechtsanwälte beträgt sie 2.500.000 EUR je Versicherungsfall (§ 51a BRAO). Eine haftungsbeschränkte Partnerschaftsgesellschaft muss den Zusatz „mit beschränkter Berufshaftung“ oÄ tragen.

Für die Geschäftsführung und die Vertretung innerhalb der Partnerschaftsgesellschaft sowie für deren Auflösung (Ausscheiden eines Partners) gelten die Regelungen im Partnerschaftsvertrag, ersatzweise die Vorschriften über die → offene Handelsgesellschaft. Auf die Partnerschaftsgesellschaft finden im Übrigen ergänzend die Vorschriften über die → Gesellschaft des bürgerlichen Rechts Anwendung (PartGG v. 25.7.1994, BGBl. 1994 I 1744 mÄnd; BGBl. 1998 I 1878, dort auch zur

Möglichkeit der → Umwandlung einer bzw. in eine Partnerschaftsgesellschaft). Zum Verfahren in Partnerschaftsregistersachen s. §§ 374 ff. FamFG.

Angehörige freier Berufe können sich, soweit die berufliche Unabhängigkeit der Mitglieder satzungsmäßig gesichert ist, auch in einer → Offene Handelsgesellschaft oder einer → Gesellschaft mit beschränkter Haftung („AnwaltsGmbH", Patentanwaltsgesellschaft) zusammenschließen (§§ 59b ff. BRAO). Dasselbe gilt nach BGH NJW 2005, 1568 für eine (Anwalts-)→ Aktiengesellschaft. Zur bis zum Brexit verbreiteten Rechtsform „LLP" vgl → Limited Liability Partnership. Es gilt das sog. Fremdbesitzverbot, d. h. das Verbot einer Fremdkapitalbeteiligung durch Dritte an der Anwaltsgesellschaft. Das Verbot ist allerdings aktuell Gegenstand eines Verfahrens vor dem EuGH und könnte wegen Verstoßes u. a. gegen die Kapitalverkehrsfreiheit gekippt werden.

Partnerschaftsregister
→ Partnerschaftsgesellschaft, → Handelsregister (1).

Partnerschaftsvertrag
(Partner-Service-Vertrag) → Ehevermittlung.

Partnervermittlung
Ein Partnervermittlungsvertrag ist gerichet auf den Nachweis oder die Vermittlung eines Partners. Meist liegt ein gemischter Vertrag (→ Vertrag, 2) vor, die Einordnung hängt von der konkreten Ausgestaltung des Vertrags ab, meist → Dienstvertrag (bei einer unabhängig vom Erfolg zu vergütenden Verpflichtung des Vermittlers zum Tätigwerden) oder auch → Maklervertrag (bei Erfolgsabhängigkeit). Str. ist die Anwendung von § 656 BGB. Auf einen Online-Partnervermittlungsvertrag, bei dem nur Zugang zu einer Plattform gewährt wird mit der Möglichkeit, eigeninitiativ Kontakte zu möglichen Partnern herzustellen, ist § 656 BGB nicht anwendbar. Sa → Ehevermittlung.

Parzellierung
nennt man die Aufteilung (Zerlegung) von Flurstücken. Sie wird idR zur → Abschreibung von Grundstücken im Grundbuch durchgeführt. Die Parzellierung ist vielfach genehmigungsbedürftig (vgl. zB § 19 BauGB) und bedarf, wenn sie eine Verpflichtung zum Verkauf (auch an Dritte) umfasst, der Form des → Grundstückskaufvertrages.

Pass
→ Passwesen.

Passagiervertrag
→ Überfahrtsvertrag.

Passierschein
→ Kleiner Grenzverkehr.

Passing-On-Einwand
Verstöße gegen das → Kartellrecht, insbes. die Teilnahme an einem → Kartell, können Schadensersatzansprüche auslösen. Hat der Verletzer von seinen unmittelbaren Abnehmern überhöhte Preise verlangt, so kann deren Schadensersatzansprüchen entgegenstehen, dass diese ihrerseits die überhöhten Preise bei der Weiterveräußerung auf ihre eigenen Abnehmer (mittelbare Abnehmer des Verletzers) abwälzen konnten („passing on"). Dieser Einwand hindert Schadenseratzansprüche jedoch nicht grds: Der unmittelbare Abnehmer kann jedenfalls seinen entgangenen Gewinn als Schaden geltend machen, soweit dieser durch die Weitergabe des Preisaufschlags verursacht worden ist (§ 33 Abs. 1 S. 3 GWB). Zugunsten eines mittelbaren Abnehmers besteht unter bestimmten Voraussetzungen die widerlegliche Vermutung, dass der Preisaufschlag vom unmittelbaren Abnehmer auf ihn abgewälzt (§ 33 Abs. 2 GWB), also ihm durch den Kartellrechtsverstoß ein Schaden zugefügt wurde.

Passiva
→ Vermögen, → Bilanz.

Passive Bestechung
ist die Bestechlichkeit (bzw. Vorteilsnahme) des Amtsträgers spiegelbildlich zur → Bestechung. Sa → Angestelltenbestechung.

Passive Stellvertretung
→ Stellvertretung.

Passiver Widerstand
→ Widerstand gegen die Staatsgewalt, → Widerstandsrecht.

Passives Wahlrecht
→ Wahlrecht.

Passivlegitimation
Die Passivlegitimation ist allein die passive → Sachbefugnis, also ob in der Sache die richtige Person verklagt wurde. Die Passivlegitimation bezieht sich also nicht auf die → Prozessführungsbefugnis.

Passwesen
1. Nach dem Passgesetz (PaßG) v. 19.4.1986 (BGBl. 1986 I 537) mÄnd sind Deutsche, die aus Deutschland aus- oder nach Deutschland einreisen, verpflichtet, einen Pass mitzuführen und sich damit über ihre Person auszuweisen (§ 1 I 1 PaßG). Man unterscheidet

- Reisepässe
- Kinderreisepässe
- vorläufige Reisepässe
- amtliche Pässe (insbes. Dienstpässe und Diplomatenpässe).

Nach § 2 I PaßG können Deutsche zur Erleichterung des Grenzverkehrs in besonderen Fällen oder im Verkehr mit einzelnen Staaten durch Rechtsverordnung von der Passpflicht befreit werden oder andere Ausweispapiere als Passersatz zugelassen werden. Die Befreiung von der Passpflicht gilt insbes. für Deutsche, die durch zwischenstaatliche Vereinbarungen von der Passpflicht befreit sind (§ 6 I Nr. 3 VO zur Durchführung des Passgesetzes – PassV – v. 19.10.2007, BGBl. 2007

I 2386, mÄnd). Befreiung besteht ua nach dem Europäischen Übereinkommen über die Regelung des Personenverkehrs zwischen den Mitgliedstaaten des → Europarats. Als Passersatz ist ua der → Personalausweis zugelassen (§ 7 I Nr. 1 PassV).

2. Niemand darf mehr als einen Pass besitzen, sofern nicht ein berechtigtes Interesse an der Ausstellung mehrerer Pässe nachgewiesen wird (§ 1 III PaßG). Ein solches Interesse an der Ausstellung eines Zweitpasses wird idR bejaht, wenn der Pass für eine Reise in ein Land benötigt wird, das die Einreise verweigern könnte, wenn sich der Einreisestempel eines bestimmten anderen, mit ihm verfeindeten Landes im Pass befindet (so wechselseitig zwischen Iran und Israel). Der P. ist Eigentum der Bundesrepublik Deutschland (§ 1 IV PaßG).

3. Der Pass enthält Lichtbild, Unterschrift, Familienname, Geburtsname, Vornamen, Doktorgrad, Geburtstag, Geburtsort, Geschlecht, Größe, Augenfarbe, Wohnort, Staatsangehörigkeit (§ 4 I PaßG). Auf Grund der VO (EG) Nr. 2252/2004 v. 13.12.2004 über Normen für Sicherheitsmerkmale und biometrische Daten in von den Mitgliedstaaten ausgestellten Pässen und Reisedokumenten (ABl. EU Nr. L 385, 1) sind Pässe mit einem elektronischen Speichermedium zu versehen, auf dem ua das Lichtbild und Fingerabdrücke gespeichert sind; eine bundesweite Datenbank dieser biometrischen Daten darf nicht errichtet werden (§ 4 III PaßG). Beantragung, Ausstellung und Ausgabe von Pässen dürfen nicht zum Anlass genommen werden, die dafür erforderlichen Angaben und biometrischen Merkmale außer bei den zuständigen Passbehörden zu speichern. Entsprechendes gilt für die zur Ausstellung des Passes erforderlichen Antragsunterlagen sowie für personenbezogene fotografische Datenträger. Die bei der Passbehörde gespeicherten Fingerabdrücke sind spätestens nach Aushändigung des Passes an den Passbewerber zu löschen (s. § 16 II PaßG). Einzelheiten sind in der VO zur Durchführung des Passgesetzes (PassV) v. 19.10.2007 (BGBl. 2007 I 2386) mÄnd geregelt. Zur Identitätsfeststellung berechtigte Behörden dürfen die im elektronischen Speicher- und Verarbeitungsmedium des Passes gespeicherte Daten nur zum Zwecke der Überprüfung der Echtheit des Dokuments oder der Identität des Ausweisinhabers auslesen und mit den beim Passinhaber bei der Identitätsfeststellung erhobenen biometrischen Daten vergleichen (§ 16a PaßG). Die elektronische Speicherung der biometrischen Merkmale soll so nach dem Willen des Gesetzgebers nur eine zweifelsfreie Zuordnung des Passes zu seinem Inhaber belegen (zB durch Vergleich des echten mit dem gespeicherten Fingerabdruck), nicht der präventiven Gewinnung einer Datei mit für eine etwaige Fahndung relevanten biometrischen Merkmalen. Behörden dürfen den Pass nicht zum automatischen Abruf personenbezogener Daten verwenden; Ausnahmen gelten ua für die → Polizei des → Bundes und der → Länder für Zwecke der Grenzkontrolle und der Fahndung im Rahmen der Strafverfolgung und der Abwehr von Gefahren für die öffentliche → Sicherheit und Ordnung (§ 17 I PaßG; sa → Gefahrenabwehr).

4. Pässe werden für 10 Jahre, bei unter 24-jährigen Personen für 6 Jahre ausgestellt (§ 5 I PaßG).

5. Der Inhaber des Passes kann diesen auch im nichtöffentlichen Bereich als Identitätsnachweis und Legitimationspapier verwenden (§ 19 PaßG).

6. Zum → Personalausweis s. dort.

7. → Ausländer dürfen nur in das Bundesgebiet einreisen oder sich darin aufhalten, wenn sie einen anerkannten und gültigen Pass oder Passersatz besitzen (§ 3 AufenthaltsG; → Ausländerrecht). Ausnahmen gelten nach der AufenthaltsVO v. 25.11.1994 (BGBl. 1994 I 2945) mÄnd zB für Bürger eines Mitgliedstaates der → Europäischen Union (EU); hier genügt idR ein Identitätsausweis entsprechend einem Personalausweis nach dem Recht des jeweiligen Mitgliedstaates.

Pastoralassistent
Der Pastoralassistent hat in der → kath. Kirche ebenso wie der Pastoralreferent Anteil am kirchlichen Amt. Er erhält Sendung und Ermächtigung (→ missio canonica) für alle Seelsorgeaufgaben, die ohne → Weihe (→ Diakon; → Priester; → Bischof) wahrgenommen werden können. Haupttätigkeitsbereiche sind daher Lehre und Verkündigung. Das Amt steht auch Frauen offen.

Patent
Das Patent ist die einem Erfinder oder dessen Rechtsnachfolger vom Staat erteilte ausschließliche, aber zeitlich begrenzte Befugnis, eine → Erfindung zu benutzen. Es ist vom → Erfinderrecht zu unterscheiden. Gegenstand des Patents können ein Erzeugnis (Sachpatent) oder ein technisches Herstellungs- oder Anwendungsverfahren (Verfahrenspatent) sein, denen → Patentfähigkeit zukommt. Grds. wird ein Patent von jedem Staat nur mit Wirkung für sein Gebiet erteilt (Territorialprinzip; vgl. aber → Europäisches Patent, → Einheitspatent [Europäisches Patent mit einheitlicher Wirkung]), für Deutschland im Verfahren der → Patentanmeldung vor dem → Deutschen Patent- und Markenamt. Die Schutzdauer beträgt 20 Jahre, beginnend mit dem Tag, der dem der Anmeldung folgt (§ 16 PatG); für Patente auf Arzneimittel oder Pflanzenschutzmittel kann über → Ergänzende Schutzzertifikate eine Verlängerung um bis zu fünf Jahre erreicht werden. Für das Patent sind → Patentgebühren zu entrichten. Das Patent wird widerrufen, wenn und soweit wichtige Voraussetzungen seiner Erteilung, insbes. die → Patentfähigkeit, fehlen (§ 21 PatG); hier kann auch Klage auf Nichtigerklärung (→ Patentnichtigkeitsklage) zum → Bundespatentgericht

erhoben werden (§§ 22, 81 ff. PatG). Das Patent erlischt vor Ablauf der Schutzdauer, wenn der Patentinhaber schriftlich auf das Patent verzichtet oder die Patentgebühren nicht bezahlt (§ 20 PatG).

Allein der → Patentinhaber ist befugt, die patentierte Erfindung zu benutzen; Dritten ist es insbes. grds. verboten, ohne Zustimmung des Patentinhabers gewerbsmäßig ein Verfahren, das Gegenstand eines (Verfahrens-)Patents ist, anzuwenden oder ein durch das Verfahren unmittelbar hergestelltes Erzeugnis anzubieten, in Verkehr zu bringen oder zu gebrauchen; entsprechendes gilt für ein Erzeugnis, das Gegenstand eines (Sach-)Patents ist (§§ 9–11 PatG). Die Wirkung des Patents ist beschränkt gegenüber einem Vorbenutzer (→ Vorbenutzung); sie kann ferner aus Gründen der öffentlichen Wohlfahrt und der Staatssicherheit beschränkt werden (§ 13 PatG). Das Patent ist vererblich und übertragbar und kann durch → Lizenzvertrag verwertet werden; sa → Zwangslizenz.

Die Verletzung eines Patents begründet unabhängig vom → Verschulden Ansprüche auf Vernichtung patentverletzender Erzeugnisse (§ 140a PatG) und (bei Erstbegehungs- oder Wiederholungsgefahr) Unterlassung (§ 139 Abs. 1 PatG, → Unterlassungsanspruch). Außerdem bestehen Ansprüche auf Herausgabe des Werts des Erlangten (→ ungerechtfertigte Bereicherung; entspricht der marktüblichen → Lizenzgebühr) und Auskunft über die Herkunft und den Vertriebsweg der patentverletzenden Erzeugnisse (§ 140b PatG), bei → Verschulden auch auf → Schadensersatz (§ 139 Abs. 2 PatG). → Verjährung tritt grds. binnen 3 Jahren ab Kenntnis ein (§ 141 PatG i.V.m. § 195 BGB). Vor der Einleitung eines gerichtlichen Verfahrens kann der Patentinhaber den Verletzer durch eine Schutzrechtsverwarnung → abmahnen und ihm Gelegenheit geben, den Streit durch Abgabe einer mit einer angemessenen → Vertragsstrafe bewehrten Unterlassungsverpflichtung (strafbewehrte Unterlassungserklärung) beizulegen. Die Ansprüche können in → Patentstreitsachen durchgesetzt werden. Vorsätzliche Patentverletzungen sind strafbar, wobei die Gewerbsmäßigkeit den Strafrahmen erhöht (§ 142 PatG); vgl. auch → Produktpiraterie.

Patentamt
→ Deutsches Patent- und Markenamt.

Patentanmeldung
Die Anmeldung eines → Patents erfolgt – soweit damit Schutz für Deutschland beansprucht werden soll und es sich nicht um ein → Europäisches Patent handelt – beim → Deutschen Patent- und Markenamt (DPMA) durch den Anmelder, der nicht notwendig der Erfinder sein muss, aber jedenfalls → Patentinhaber werden will. Die Patentanmeldung muss den Erfindungsgedanken darlegen; es ist die → Erfindung zu beschreiben und anzugeben, was als patentfähig geschützt werden soll (§§ 34 ff. PatG); Einzelheiten s. Patentverordnung v. 1.9.2003 (BGBl. 2003 I 1702 mÄnd). Bereits nach Hinweis auf die Patentanmeldung im Patentblatt hat der Anmelder gegen jeden, der die Erfindung nutzt, obwohl er weiß oder wissen muss, dass sie Gegenstand einer Patentanmeldung ist, einen Entschädigungsanspruch (§ 33 PatG), der allerdings entfällt, wenn die Patentanmeldung zurückgenommen oder zurückgewiesen wird (§ 58 Abs. 2 PatG). Die Patentanmeldung wird nach Offenlegung (§ 32 PatG) durch das DPMA daraufhin geprüft, ob die formellen und materiellen Voraussetzungen eines → Patents (→ Patentfähigkeit) vorliegen. Fehlt es daran, wird die Patentanmeldung zurückgewiesen, wenn die gerügten Mängel nicht innerhalb einer hierfür gesetzten Frist beseitigt werden (§ 42 PatG). Anderenfalls wird das Patent vom DPMA unter Veröffentlichung im Patentblatt erteilt (§ 49 Abs. 1 PatG). Bei oder nach einer Patentanmeldung kann außer einem Recherchenantrag auch der Antrag gestellt werden, dass das DPMA prüft, ob die Patentanmeldung den gesetzlichen Erfordernissen genügt und ob die Patentfähigkeit gegeben ist (§ 44 PatG); fehlt es daran, so ist die Patentanmeldung nach § 48 PatG zurückzuweisen. Um die vollständige Zurückweisung zu vermeiden, kann der Anmelder die Patentanmeldung in geeigneten Fällen auch teilen.

Gleichzeitig mit der Patenterteilung wird die Patentschrift (Beschreibung und Zeichnungen, auf Grund deren das Patent erteilt worden ist, § 32 Abs. 3 PatG) im Patentblatt veröffentlicht (es sei denn, die Erfindung ist ein → Staatsgeheimnis, sog. Geheimpatent, §§ 50 ff. PatG). Mit der Veröffentlichung treten die gesetzlichen Wirkungen des Patents ein (§ 58 PatG). Binnen 9 Monaten nach Veröffentlichung der Erteilung kann jedermann, bei der sog. widerrechtlichen Entnahme (§ 21 Abs. 1 Nr. 3 PatG) nur der Verletzte oder sein Rechtsnachfolger, schriftlich Einspruch einlegen mit der Begründung, dass die → Patentfähigkeit fehle, Identität mit einer früheren Anmeldung bestehe oder eine widerrechtliche Entnahme vorliege (§§ 59 ff. PatG). Über den Einspruch entscheidet das DPMA. Im Übrigen findet gegen Entscheidungen des DPMA die Beschwerde zum → Bundespatentgericht statt (§§ 73 ff. PatG).

Meldet ein Nichtberechtigter eine Erfindung zum Patent an, so stehen dem Berechtigten (zB dem Erfinder) die in § 8 PatG vorgesehenen Ansprüche zu (sog. Patentvindikation), insbesondere, dass ihm der Anspruch auf Erteilung des Patents abgtreten wird bzw. – falls das Patent bereits erteilt wurde – das Patent übertragen wird.

Patentanspruch
ist die Beschreibung (Kennzeichnung) dessen, was nach dem Antrag des Anmelders unter Patentschutz gestellt werden soll. Nach dessen

Inhalt richtet sich der Schutzbereich des → Patents (§ 14 PatG).

Patentanwalt
ist der berufsmäßige Berater und Vertreter in Angelegenheiten des → Patent-, → Gebrauchsmuster-, → Design- und Markenwesens (→ Marken). Außer zur → Rechtsberatung ist er zur Vertretung vor dem → Deutschen Patent- und Markenamt (DPMA), dem → Bundespatentgericht und im Berufungsverfahren vor dem → Bundesgerichtshof über Patentnichtigkeitsurteile des Bundespatentgerichts befugt. Darüber hinaus hat er in den in § 4 Abs. 1 PAO genannten Rechtsgebieten (darunter insbes. → Patentstreitsachen, → Kennzeichenstreitsachen oder → Designstreitsachen) Mitwirkungsbefugnisse vor den Zivilgerichten, die sich in der Praxis u. a. in der Mitwirkung an der Ausarbeitung von Schriftsätzen oder im Auftreten in der mündlichen Verhandlung zeigen und gerade in Fällen, in denen technische Sachverhalte zu klären sind, regelmäßig vom großen Nutzen für die Rechtsfindung sind. Rechtsstellung und Standesrecht sind in der Patentanwaltsordnung (PAO) v. 7.9.1966 (BGBl. 1966 I 557 mÄnd) geregelt. Voraussetzung der Zulassung sind ein technisches oder naturwissenschaftliches Hochschulstudium mit Abschlussprüfung, eine 1-jährige technische Praxis und grds. eine mind. 34-monatige Vorbereitungszeit (auf dem Gebiet des gewerblichen Rechtsschutzes; daneben auch Studium zumindest der Grundsätze des allg. Rechts), ferner eine juristische Prüfung vor einer beim → DPMA gebildeten Kommission (§§ 8 f. PAO; § 33 PatAnwAPrV). Die Zulassung von Angehörigen von Mitgliedsstaaten der → Europäischen Union oder anderer Vertragsstaaten des → Europäischen Wirtschaftsraums regelt das Gesetz über die Tätigkeit europäischer Patentanwälte in Deutschland – EuPAG (BGBl. 2017 I 1121 mÄnd). Die standesrechtliche Stellung des Patentanwalts entspricht weitgehend der eines → Rechtsanwalts (dort 2); vgl. §§ 39 ff. PAO sowie zu Patentanwaltskammer und Berufsgerichtsbarkeit §§ 53 ff., 98 ff. PAO.

Patentberühmung
Eine Patentberühmung liegt vor, wenn jemand auf Sachen oder deren Verpackung, in Werbeschriften usw auf ein erteiltes → Patent oder eine → Patentanmeldung hinweist oder einen Eindruck erweckt, der auf ein erteiltes oder angemeldetes Patent schließen lässt (zB „Dt. Bundespatent“ oder „Patentschutz angem.“). Der → Patentinhaber oder Patentanmelder ist zur Patentberühmung berechtigt, aber wenn er sie vornimmt, auch verpflichtet, jedem, der ein berechtigtes Interesse daran hat, die Rechtslage zu kennen, auf Verlangen darüber Auskunft zu erteilen, auf welches Patent (oder welche Patentanmeldung) sich die Patentberühmung bezieht (§ 146 PatG). Die unberechtigte oder auch inhaltlich unzutreffende Patentberühmung kann lauterkeitsrechtliche Ansprüche wegen Irreführung begründen (s. auch → Unlauterer Wettbewerb).

Patenterteilung
Die Patenterteilung ist das Ergebnis einer erfolgreichen → Patentanmeldung (§ 49 PatG). Diese wird im Patentblatt veröffentlicht, gleichzeitig mit der → Patentschrift, mit der Folge, dass gem. § 58 Abs. 1 PatG die gesetzlichen Wirkungen des → Patents eintreten.

Patentfähigkeit
Die Patentfähigkeit ist bei einer → Erfindung Voraussetzung für Erteilung eines → Patents darauf. Die Patentfähigkeit besteht darin, dass die Erfindung bei der → Patentanmeldung neu ist, auf einer erfinderischen Tätigkeit beruht und gewerblich verwertbar ist (§ 1 PatG, Art. 52 I EPÜ (→ Europäisches Patentübereinkommen – EPÜ)). Eine Erfindung gilt als neu, wenn sie nicht zum Stand der Technik – das sind alle im Zeitpunkt der → Patentanmeldung durch Beschreibung, → Vorbenutzung o. ä. öffentlich zugänglichen Kenntnisse – gehört (§ 3 PatG, Art. 54 EPÜ). Eine Erfindung gilt als auf einer erfinderischen Tätigkeit beruhend, wenn sie sich für den Fachmann nicht in naheliegender Weise aus dem Stand der Technik ergibt (§ 4 PatG, Art. 56 EPÜ). Kein Patent (→ Biotechnologische Erfindungen) kann für den menschlichen Körper selbst erteilt werden, wohl aber für einen isolierten Bestandteil des menschlichen Körpers (§ 1a PatG); auch für Pflanzensorten (vgl. aber → Sortenschutz) und Tierrassen werden keine Patente erteilt (§ 2a PatG, Art. 53 EPÜ).

Patentgebühren
sind die beim → Deutschen Patent- und Markenamt im Zusammenhang mit einem → Patent anfallenden Anmeldungs- und Veröffentlichungsgebühr, die Gebühren für bestimmte weitere Anträge und vor allem die Jahresgebühr während der Schutzdauer, die grds. vom dritten Jahr an (mit der Dauer des Patents steigend) zu entrichten ist (§ 17 PatG; Einzelheiten s. PatentkostenG v. 13.12.2001, BGBl. 2001 I 3656 mÄnd). Wird die Jahresgebühr nicht rechtzeitig bezahlt, so erlischt das Patent (§ 20 Abs. 1 Nr. 2 PatG).

Patentgericht
→ Bundespatentgericht, → Einheitliches Patentgericht (EPG).

Patenthinterhalt
→ FRAND

Patentinhaber
ist derjenige, dem das → Patent zusteht; das ist oft nicht der Erfinder (→ Erfindung), obwohl er originär das Recht auf das Patent (Erfinderrecht) erwirbt. Der Erfinder kann dieses Recht aber auf andere Personen übertragen; bei einer Diensterfindung (→ Arbeitnehmererfindung) muss er das unter bestimmten Voraussetzungen. Der Patentinhaber erwirbt zunächst das Patent, indem es ihm im Verfahren der → Patentanmeldung vom Patentamt erteilt (s. → Pa-

tenterteilung) wird. Dann kann das Patent auf andere Personen übertragen oder vererbt werden (§ 15 PatG); diese werden dadurch Patentinhaber.

Patentkosten
→ Patentgebühren.

Patentnichtigkeitsklage
Die Patentnichtigkeitsklage leitet das Verfahren wegen Erklärung der Nichtigkeit eines → Patents durch schriftliche Klageerhebung beim → Bundespatentgericht ein (§ 81 Abs. 4 PatG). Der Erfolg einer solchen Klage erfordert, dass einer der in § 21 Abs. 1 PatG aufgezählten Gründe vorliegt (dass zB der Gegenstand des Patents nicht patentfähig ist) oder der Schutzbereich des Patents erweitert worden ist, § 22 Abs. 1 PatG.

Patentschrift
Gem. § 32 Abs. 3 PatG enthält die Patentschrift die → Patentansprüche, die Beschreibung und die Zeichnungen, aufgrund derer das → Patent erteilt worden ist. Außerdem ist in ihr der Stand der Technik anzugeben (s. auch → Patentanmeldung).

Patentstreitsachen
Als Patentstreitsachen gelten → Zivilprozesse, die auf Ansprüchen aus den im Patentgesetz (PatG) geregelten Rechtsverhältnissen beruhen (zB aus Patentverletzung, → Erfinderrecht, → Lizenzvertrag, → Vorbenutzungsrecht). Für Patentstreitsachen sind erstinstanzlich die → Landgerichte ohne Rücksicht auf den → Streitwert ausschließlich zuständig (§ 143 Abs. 1 PatG). Patentstreitsachen aus dem Bezirk mehrerer Landgerichte können einem von ihnen durch RechtsVO der Landesregierung zugewiesen werden (§ 143 Abs. 2 PatG). Die dann hierfür zuständige Zivilkammer wird Patentstreitkammer genannt.

Patenturkunde
ist die dem → Patentinhaber zum Beweis seines Rechts (→ Patent) ausgestellte Urkunde (§ 25 DPMAV (BGBl. 2004 I 514 mÄnd)).

Patientenquittung
Versicherte der gesetzlichen → Krankenversicherung können von ihrem Arzt, Zahnarzt oder Krankenhaus eine Kosten- und Leistungsübersicht in leicht verständlicher Form verlangen. Die Übersicht kann entweder unmittelbar nach dem Arztbesuch erstellt werden (sog. Tagesquittung) oder innerhalb von vier Wochen nach Ende eines Abrechnungsquartals. Die dadurch entstehenden Kosten hat der Versicherte zu tragen (§ 305 Abs. 2 SGB V idF des GKV-Modernisierungsgesetz vom 14.11.2003, BGBl. 2003 I 2190). Bei quartalsweiser Bescheinigung belaufen sich die vom Versicherten zu tragenden Kosten derzeit auf 1 Euro zuzüglich Versandkosten.

Patientenrechte
→ Behandlungsvertrag.

Patiententestament
→ Patientenverfügung.

Patientenverfügung
(auch Patiententestament genannt), ist keine → Verfügung von Todes wegen, sondern eine im Zustand der Einwilligungsfähigkeit abgegebene, höchstpersönliche, → schriftliche Erklärung, dass für den Fall der Einwilligungsunfähigkeit in bestimmte Untersuchungen des Gesundheitszustands, Heilbehandlungen oder ärztliche Eingriffe eingewilligt wird oder sie untersagt werden (§ 1827 BGB, vor 1.1.2023: § 1901a BGB aF). Dies betrifft besonders Behandlungen etwa im Wachkoma oder bei ansonsten tödlichem Verlauf (s. a. → Sterbehilfe) wie die künstliche Ernährung, die organprotektive Intensivtherapie bei dem Verdacht auf Hirntod, gerade im Zusammenhang mit einer → Organspende, das Abschalten des Herzschrittmachers. Bei psychiatrischen Erkrankungen kann eine psychiatrische Verfügung ein möglicher Schutz vor ungewollten Behandlungsformen und Therapien sein. Der Betreuer (→ Betreuung) prüft, ob diese Festlegungen auf die aktuelle Lebens- und Behandlungssituation zutreffen. Ist dies der Fall, hat der Betreuer dem Willen des Betreuten (nach Rücksprache mit dem behandelnden Arzt und ggf. nahen Angehörigen, § 1828 BGB) Ausdruck und Geltung zu verschaffen. Es darf keine Verpflichtung zur Errichtung einer Patientenverfügung geben, sie kann jederzeit formlos widerrufen werden.

Liegt keine Patientenverfügung vor oder treffen die dortigen Festlegungen nicht auf die aktuelle Lage zu, hat der Betreuer den mutmaßlichen Willen des Patienten festzustellen und auf dieser Grundlage zu entscheiden (§ 1827 II BGB). Besteht zwischen dem Betreuer und dem behandelnden Arzt Einvernehmen darüber, dass die Einwilligung oder Nichteinwilligung dem Willen des Patienten entspricht, bedarf es für die geplante Maßnahme nicht der (sonst erforderlichen, → Betreuung, 3) Genehmigung des → Betreuungsgerichts (§ 1829 IV BGB). Das Verfahren ist in § 298 FamFG geregelt. Sa → Sterbehilfe.

Der Patient kann die Entscheidung über die Einwilligung oder deren Verweigerung für den Fall der Einwilligungsunfähigkeit auch durch ausdrückliche und schriftliche → Vorsorgevollmacht einem Bevollmächtigten übertragen (Einwilligungsermächtigung). Werden Vorsorgevollmacht und Patientenverfügung in einer Urkunde errichtet, bilden sie eine kombinierte Patientenverfügung. Die Bundesnotarkammer registriert Vorsorgevollmachten, kombinierte Patientenverfügungen und seit 1.1.2023 (§ 9 VRegV) auch isolierte Patientenverfügungen im → Zentralen Vorsorgeregister; den Gerichten wird auf Ersuchen Auskunft aus dem Register erteilt (§§ 78a ff. BNotO; VO v. 21.2.2005, BGBl. 2005 I 318). Auch approbierte Ärzte haben seit 1.1.2023 das Recht, Einsicht in das Register zu nehmen (§ 78b I S. 1 BNotO).

Patriarch
In der → kath. Kirche Titel der Oberhäupter einiger unierter Ostkirchen und Ehrentitel der Erzbischöfe von Venedig, Lissabon und Goa. Bis 2006 und wieder seit 2024 Ehrentitel des → Papstes (Patriarch des Abendlandes).

Patriarchat
→ Gerontokratie.

Patrimonium
In dem im frühen Mittelalter aus dem römischen Patrimonium (lat.: väterliches Erbgut, Vermögen) entstandenen Patrimonialstaat umfasste das Herrschaftsrecht an einem gebietlichen Grundbesitz neben dem Privateigentum die aus diesem abgeleitete Staatsgewalt. Aus dem Patrimonium, das auch zur Einsetzung eines Patrimonialgerichts berechtigte, entwickelte sich die → Territorialhoheit.

Patrizier
hießen im alten Rom die Angehörigen des Geburtsadels. Sie waren die Grundbesitzer und genossen bestimmte politische und sonstige Vorrechte. Aus ihnen gingen die Beamten und Priester hervor; der römische Senat bestand ausschließlich aus Patriziern. Im Gegensatz dazu standen die Plebejer, dh die gesamte nichtadelige Bevölkerung, die erst im 3. Jh. vor Chr. in zähen Kämpfen eine Hebung ihrer Rechtsstellung durchsetzen konnte. Im Mittelalter verstand man unter den Patriziern die Angehörigen der gehobenen Stände in den Städten; insbes. die Ratskollegien setzten sich aus Patriziern zusammen (ratsfähige Geschlechter: zugezogene Adelige, Ministerialen, reiche Kaufleute). Die in Zünften organisierten Handwerker konnten erst seit dem 14. Jh. nach langwierigen Kämpfen in den Stadträten Fuß fassen. In der germanischen Zeit wurde die Bezeichnung patricius für den Inhaber eines besonders einflussreichen Staatsamtes verwendet; so für die → Hausmeier als Leiter der Regierungsgeschäfte neben dem König. Die Frankenkönige und später die Kaiser hießen Patricius Romanus.

Patronatserklärung
→ Bürgschaft.

Patronatsrecht
Das Patronat ist eine Einrichtung des älteren katholischen Kirchenrechts, wurde später von den lutherischen Landesherren übernommen und fand auch Eingang in das → Staatskirchenrecht. Es umschreibt ursprünglich das Rechtsverhältnis eines Kirchenstifters (Patrons) zu der gestifteten Kirche. Das Hauptrecht des Patrons war das Vorschlagsrecht für die Besetzung des betreffenden Kirchenamtes; seine Hauptpflicht bestand in der Übernahme der Baulast und uU auch der durch die Besetzung des Kirchenamts entstehenden Personalkosten. In der kath. Kirche können Patronate nicht mehr neu begründet werden.

Paul-Ehrlich-Institut
Das Paul-Ehrlich-Institut (PEI) ist das Bundesinstitut für Impfstoffe und biomedizinische Arzneimittel. Es ist eine Bundesoberbehörde im Geschäftsbereich des Bundesministeriums für Gesundheit (Gesetz über das Bundesinstitut für Impfstoffe und biomedizinische Arzneimittel vom 7. Juli 1972, BGBl. I S. 1163 mÄnd). Das Paul-Ehrlich-Institut ist zuständig für Sera, Impfstoffe, Blutzubereitungen, Gewebezubereitungen, Gewebe, Allergene, Arzneimittel für neuartige Therapien, xenogene Arzneimittel und gentechnisch hergestellte Blutbestandteile (§ 77 II AMG). Die Zuständigkeit betrifft die Erforschung, Bewertung und Zulassung von biomedizinischen Human-Arzneimitteln und von immunologischen Tierarzneimitteln. Weiter ist das PEI für die Genehmigung klinischer Prüfungen sowie die Prüfung möglicher Nebenwirkungen zuständig. Zusätzlich betreibt das PEI Grundlagenforschung, Beratung und Verbraucherinformation. Einer breiteren Öffentlichkeit wurde das Institut im Zusammenhang mit der Zulassung der Impfstoffe gegen COVID-19 und der dazu ausgesprochenen Empfehlungen bekannt. Das Institut ist benannt nach dem Nobelpreisträger Paul Ehrlich (geb. 14.3.1854; gest. 20.8.1915), dessen Forschung maßgeblich die Impfung gegen Infektionskrankheiten voranbrachte und die moderne Chemotherapie begründete.

Pauschalierter Schadensersatz
→ Schadensersatz (2).

Pauschalpreis
ist ein Preis, der ohne Rücksicht auf den konkreten Leistungsumfang auf eine Leistung insgesamt (zB „schlüsselfertig") bezogen ist. Der Pauschalpreis ist im Preissystem der VOB/B (→ Verdingungsordnungen) der ausnahmsweise zu vereinbarende Preis, § 2 VOB/B. Pauschalhonorar kann es nach der HOAI auch für Architekten und Ingenieure sowie nach dem RVG für Rechtsanwälte (Pauschgebühren) geben. Zur Pauschalreise s. → Reisevertrag (1).

Pauschalreise
→ Reisevertrag.

Pauschbesteuerung
ist die in gesetzlich geregelten Ausnahmefällen vorgesehene Besteuerung durch Festsetzung eines abgeltenden Steuerbetrags unter Verzicht auf die Besteuerung nach der tatsächlichen wirtschaftlichen Leistungsfähigkeit (→ Besteuerungsverfahren), zB Besteuerung der Landwirte (§ 13a EStG, → Durchschnittssätze), der Auslandseinkünfte (§ 34c V EStG, § 15 GewStG), beschränkt Steuerpflichtiger (§ 50c EStG; → Steuerpflicht), der Sachprämien bei → Kundenbindung. Zur Pauschalierung der Lohnsteuer (§§ 40–40b EStG) → Lohnsteuerpauschalierung.

Pauschbetrag
Durch Pauschbetrag werden bestimmte → Werbungskosten und → Sonderausgaben ohne Nachweis steuerlich berücksichtigt. Die Festlegung der Pauschbeträge beruht auf einer typisierenden Betrachtung. Es kommt nicht darauf an, ob dem Stpfl. überhaupt entsprechende Aufwendungen entstanden sind. Die wichtigsten Pauschbeträge sind: Arbeitnehmerpauschbetrag: ab 1.1.2023 jährlich 1.230 EUR, Pauschbetrag bei Einkünften aus Kapitalvermögen (→ Sparer-Pauschbetrag): ab 1.1.2023: 1.000 EUR. → Freibetrag, → Werbungskosten.

Pausen
→ Arbeitszeit, → Jugendarbeitsschutz, → Kraftfahrer.

Pay-TV
Pay-TV oder Bezahlt-Fernsehen bezeichnet den Empfang von Fernsehsendungen per Kabel oder Satellit (→ Satellitenrundfunk) gegen Entgelt. Für den Empfang der verschlüsselten Sendungen ist ein Decoder erforderlich. Öffentlich-rechtlichen → Rundfunkanstalten ist Pay-TV untersagt, da sie über → Rundfunkbeiträge finanziert werden, § 35 MStV. Private Anbieter können sich durch Einzelentgelte (Pay-per-view) oder Abonnements (Pay-per-channel) finanzieren, § 69 MStV. Großereignisse (Olympische Spiele, Fußball-Weltmeisterschaften, Champions-League) dürfen nicht ausschließlich im Bezahlt-Fernsehen gezeigt werden, § 13 MStV. Vgl. a. → Rundfunk, → Rundfunkrecht.

Peep-show
→ Schaustellungen von Personen.

Peinliche Hals- und Gerichtsordnung (1532)
→ Constitutio Criminalis Carolina.

Pelztiere
Nerz, Iltis, Rotfuchs, Polarfuchs, Sumpfbiber, Chinchilla und Marderhund dürfen nach § 3 Tiererzeugnisse-Handels-Verbotsgesetz (TierErzHaVerbG) v. 8.12.2008 (BGBl. 2008 I 2394 mÄnd) ohne behördliche Erlaubnis weder gehalten noch gezüchtet werden. Eine Erlaubnis darf nur erteilt werden, wenn die Tiere nicht der Natur entnommen sind, also zB nicht gefangen wurden. → Nutztierhaltung, → Tötung von Tieren, → Robben.

Pendlerpauschale
→ Entfernungspauschale.

Pennystocks
→ Aktie.

Pensenschlüssel
Die Vergleichbarkeit verschiedener Richtergeschäftsaufgaben in der ordentl. Gerichtsbarkeit wird durch den sog. Pensenschlüssel erleichtert. Der Pensenschlüssel ist eine justizverwaltungsinterne Richtgröße, die besagt, wieviele Verfahren einer bestimmten Richtergeschäftsaufgabe ein Richterpensum bilden. Der Pensenschlüssel gewährleistet damit eine gleichmäßige Personalausstattung der Gerichte und eine ausgewogene Geschäftsverteilung durch die Präsidien.

Pension
wird im allgemeinen Sprachgebrauch das → Ruhegehalt der → Beamten und → Richter bezeichnet (sa → Beamtenversorgung 2, 6).

Pensionierung
wird im allgemeinen Sprachgebrauch die → Versetzung in den Ruhestand bei → Beamten und → Richtern bezeichnet (sa → Beamtenversorgung 2, 6).

Pensionsanwartschaft
ist der Versorgungsanspruch einer Person, bei welcher der Versorgungsfall noch nicht eingetreten ist. Vgl. → Pensionsrückstellungen.

Pensionsfonds
1. Pensionsfonds dienen der betrieblichen Altersvorsorge (→ Altersversorgung, betriebliche). Es handelt sich um eine rechtlich selbständige Versorgungseinrichtung in der Rechtsform einer Aktiengesellschaft, einer Europäischen Gesellschaft (SE) oder eines Pensionsfondsvereins auf Gegenseitigkeit. Die gesetzliche Definition findet sich in § 236 I Versicherungsaufsichtsgesetz (VAG). Pensionsfonds bedürfen einer Erlaubnis der → Bundesanstalt für Finanzdienstleistungsaufsicht. Der Pensionsfonds räumt dem Arbeitnehmer aufgrund der Vereinbarung des Pensionsfonds mit dem Arbeitgeber einen unmittelbaren Anspruch auf Leistung ein (§ 236 I Nr. 3 VAG). Dabei werden grds. nur Rentenleistungen gewährt, allerdings sind Kapitalwahlrechte möglich. Einzelheiten regelt die Pensionsfonds-Aufsichtsverordnung (PFAV) v. 18.4.2016 (BGBl. 2016 I 842). → Pensionskassen.

2. Die Aufwendungen des Arbeitgebers an den Pensionsfonds können als → Betriebsausgaben geltend gemacht werden (§ 4e EStG). Voraussetzungen sind ua, dass die Aufwendungen auf festgelegten Verpflichtungen beruhen oder der Abdeckung von Fehlbeträgen des Pensionsfonds dienen. Beim Arbeitnehmer sind die Zahlungen des Arbeitgebers bis zu 4 vH der → Beitragsbemessungsgrenze der gesetzlichen Rentenversicherung steuerfrei (§ 3 Nr. 63 EStG). Die Leistungen aus dem Pensionsfonds, die in der Beitragsphase steuerfrei waren oder steuerlich gefördert wurden, sind beim Arbeitnehmer als sonstige Einnahmen iSd § 22 Nr. 5 EStG zu versteuern, sog. → nachgelagerte Besteuerung. Der Werbungskostenpauschbetrag beträgt 102 EUR (§ 9a Satz 1 Nr. 3 EStG); der → Versorgungsfreibetrag kann nicht geltend gemacht werden.

Pensionsgeschäft
Pensionsgeschäft nennt man die Übertragung von Vermögensgegenständen (zB Wertpapiere, Forderungen) gegen Entgelt verbunden mit der Verpflichtung (echtes Pensionsgeschäft) oder Möglichkeit (unechtes Pensions-

geschäft) der Rückübertragung gegen Zahlung eines bestimmten Betrages (Einzelheiten § 340b HGB).

Pensionskassen
sind eine Einrichtung zur Altersversorgung für Mitarbeiter eines Unternehmens und damit eine weitere Möglichkeit der → betrieblichen Altersversorgung. Die Pensionskasse ist eine rechtlich selbständige Versorgungseinrichtung in der Rechtsform einer Aktiengesellschaft oder eines Pensionsfondsvereins auf Gegenseitigkeit.

Die Pensionskasse sichert Vorsorgerisiken ab. Dazu zählen Renteneintritt, Invalidität und Tod. Der Versorgungsberechtigte hat einen direkten Anspruch auf die Leistungen. Anders als bei der → Unterstützungskasse sind die Arbeitnehmer bei der Pensionskasse selbst versichert. Pensionskassen werden von der Bundesanstalt für Finanzdienstleistungen kontrolliert. Seit 2006 sind die meisten Pensionskassen dereguliert und unterliegen den gleichen Anforderungen wie normale Lebensversicherungsunternehmen. Im Gegensatz zu → Pensionsfonds garantieren Pensionskassen eine Mindestverzinsung.

Die Beiträge des Arbeitgebers zur Pensionskasse können als → Betriebsausgabe berücksichtigt werden. Für den Arbeitnehmer sind die Zahlungen des Arbeitgebers bis zu 4 vH der → Beitragsbemessungsgrenze der gesetzlichen Rentenversicherung nach § 3 Nr. 63 EStG lohnsteuerfrei. Darüber hinausgehende Beiträge konnten bis einschließlich 2004 bis zu einem Betrag von 1.752 EUR jährlich vom Arbeitgeber pauschal mit 20 vH versteuert werden (§ 40b I und II EStG aF). Sieht die Versorgungszusage eine Auszahlung der Versorgungsleistungen in Form einer Rente vor, dann besteht über den 31.12.2004 hinaus die Möglichkeit der Lohnsteuerpauschalierung. Wird dagegen als Versorgungsleistung eine einmalige Kapitalauszahlung gewährt, entfällt die Steuerfreiheit der Beiträge ab 1.1.2005. Wurde die Versorgungszusage der Pensionskasse nach dem 1.1.2005 erteilt, ist neben der Steuerfreiheit von 4 vH der Bemessungsgrundlage ein Zuschlag in Höhe von 1.800 EUR steuerfrei.

Die Rentenleistungen der Pensionskassen an den Arbeitnehmer unterliegen je nachdem, ob die Beiträge steuerfrei belassen oder mit dem Pauschalsteuersatz/individuellen Steuersatz des Arbeitnehmers erfasst wurden, der vollen Steuerpflicht (§ 22 Nr. 5 EStG, → nachgelagerte Besteuerung) oder nur der Besteuerung mit dem → Ertragsanteil (§ 22 Nr. 1 S. 3a EStG), → Rentenbesteuerung. Der Werbungskostenpauschbetrag beträgt 102 EUR (§ 9a S. 1 Nr. 3 EStG). → Altersversorgung, betriebliche; → Versorgungsbezüge.

Pensionsrückstellungen
Pensionsrückstellungen sind Rückstellungen für Verpflichtungen des Arbeitgebers gegenüber den Arbeitnehmern aus betrieblicher Altersversorgung. Es handelt sich um ungewisse Verbindlichkeiten des Arbeitgebers, da die Leistung erst nach dem Ausscheiden des Arbeitnehmers erfolgt. Handelsrechtlich und steuerrechtlich besteht für Altzusagen (bis 1985) ein Passivierungswahlrecht, für ab 1987 neubegründete Pensionsverpflichtungen (Neuzusagen) Passivierungspflicht (§ 249 I 1 HGB, Art. 23 und 28 EGHGB). Pensionsrückstellungen sind steuerlich nur wirksam, wenn ein Rechtsanspruch auf die Pensionsleistung eingeräumt wird. Die Pensionsrückstellung darf grundsätzlich für Anwartschaften erstmals in der Steuerbilanz für das Wirtschaftsjahr gebildet werden, in dem die Pensionszusage wirksam wird. Sie kann für Versorgungsverpflichtungen, die nach dem 31.12.2001 zugesagt werden, bereits für das Wirtschaftsjahr gebildet werden, in dem der Versorgungsberechtigte das 27. Lebensjahr (bis 31.12.2008 das 28. Lebensjahr) vollendet oder in dessen Verlauf die Anwartschaft dem Grunde nach unverfallbar wird (§ 6a Abs. 2 Nr. 1 EStG). Die Pensionsrückstellung darf höchstens mit dem → Teilwert der Pensionsverpflichtung (Teilwertprinzip) angesetzt werden. Zur Berechnung siehe BMF v. 18.2.1999, BStBl. I 1999, 436.

Pensions-Sicherungs-Verein
Der Pensions-Sicherungs-Verein ist eine Einrichtung der betrieblichen → Altersversorgung, betriebliche. Der Pensions-Sicherungs-Verein ist ein Versicherungsverein auf Gegenseitigkeit mit dem Betriebszwecke, Mitarbeitern und Rentnern von zahlungsunfähigen Unternehmen, bei denen das Insolvenzverfahren eröffnet wurde, die gesetzlichen und unverfallbaren Rentenanwartschaften sowie die laufenden Rentenzahlungen zu sichern.

Pensionszusagen
werden auch als Direktzusagen oder Versorgungszusage bezeichnet. Bei ihnen verpflichtet sich der Arbeitgeber im Versorgungsfall, dh bei Erreichen des Rentenalters, aber auch bei Tod oder Invalidität, Leistungen an den Arbeitnehmer bzw. seine Hinterbliebenen zu zahlen. Die Pensionszusage muss schriftlich erteilt werden. Darin müssen Zusagezeitpunkt sowie eindeutige und präzise Angaben zu Art, Form, Voraussetzungen und Höhe der in Aussicht gestellten künftigen Leistungen festgelegt sein (§ 6a I EStG). Die Pensionszusage darf grundsätzlich nicht mit Vorbehalten versehen sein, die den Verlust oder die Minderung der Anwartschaft oder Pensionsleistung herbeiführen können. Für die Realisierung der Pensionszusage bildet der Arbeitgeber idR Rückstellungen, → Pensionsrückstellung. Der Arbeitnehmer kann eigene Beiträge einzahlen (→ Entgeltumwandlung). Die Einzahlungen sind steuerfrei. Erst in der Leistungsphase werden die Auszahlungen für den Arbeitnehmer steuerpflichtig und sind als Einkünfte aus nichtselbständiger Tätigkeit (§ 19 I Nr. 2

EStG) zu erfassen, → Versorgungsbezüge. Erteilt eine GmbH ihrem Gesellschafter-Geschäftsführer oder diesem nahestehenden Personen neben laufenden Bezügen eine Pensionszusage, so kann eine → verdeckte Gewinnausschüttung vorliegen. Eine solche ist insbes. anzunehmen, wenn an den beherrschenden Gesellschafter-Geschäftsführer eine Zusage erteilt wird und der Zeitraum zwischen Zusage und dem vorgesehenen Rentenbeginn nur wenige Jahre beträgt oder die Zusage unangemessen ist. Eine Unangemessenheit ist insbes. anzunehmen, wenn die Pensionszusage zusammen mit den anderen Leistungen der → Kapitalgesellschaft die Vergütungen übersteigt, die einem Fremdgeschäftsführer gewährt worden wären; sa → Ruhestandsverhältnis, → Altersversorgung (betriebl.), → Pensionsrückstellungen.

PEPP
→ Paneuropäisches Privates Pensionsprodukt.

Peremptorische Einrede
→ Einrede.

Perlen
→ Edelsteine, → Edelmetall.

perpetuatio fori
Der Grundsatz der perpetuatio fori besagt, dass die Zuständigkeit der Gerichte mit Eintritt der → Rechtshängigkeit (s. dort) erhalten bleibt, auch wenn sich die sie begründenden Umstände anschließend verändern (§ 17 I 1 GVG, § 261 III Nr. 2 ZPO).

Persönlich haftender Gesellschafter
→ Kommanditgesellschaft.

Persönliche Entgeltpunkte
Die persönlichen Entgeltpunkte (§ 66 SGB VI) sind zusammen mit dem → aktuellen Rentenwert und dem → Rentenartfaktor bestimmend für die Höhe von Renten aus der gesetzlichen → Rentenversicherung. Die Ermittlung der persönlichen Entgeltpunkte erfolgt unter Berücksichtigung des → Zugangsfaktors (vgl. § 64 SGB VI). Durch die Berücksichtigung der persönlichen Entgeltpunkte wird erreicht, dass die Höhe der Rente entscheidend von den Beitragsleistungen des Versicherten abhängig ist. Die persönlichen Entgeltpunkte ergeben sich durch die Multiplikation der Summe der erworbenen → Entgeltpunkte mit dem Zugangsfaktor.

Persönliche Strafausschließungs-, Strafaufhebungsgründe
→ Strafausschließungs(aufhebungs)gründe.

Persönlicher Arrest
→ Arrest.

Persönliches Budget
Das Persönliche Budge kann auf Antrag (§ 29 II SGB IX) statt einer Leistung zur Teilhabe als Geldleistung in der Form erbracht werden, dass dem Leistungsberechtigten ein möglichst selbstbestimmtes Leben ermöglicht. Für die Bemessung des Persönlichen Budgets ist auf den individuellen Bedarf des Leistungsberechtigten abzustellen. Die Leistung wird als Komplexleistung der beteiligten Leistungsträger erbracht. Leistungsträger sind die → Rehabilitationsträger, → Pflegekasse → Integrationsämter. In der Regel wird das Persönliche Budget als Geldleistung gewährt. In begründeten Fällen ist die Erbringung des Persönlichen Budgets auch in Form von Gutscheinen möglich (→ Budget).

Persönliches Erscheinen
Das persönliche Erscheinen einer → Partei oder eines → Beteiligten kann das Gericht anordnen und erzwingen (§ 141 ZPO, § 51 ArbGG, § 95 VwGO, § 80 FGO, § 111 SGG, §§ 33, 128 FamFG). Die Anordnung dient idR der Aufklärung des Sachverhalts. Bleibt der Geladene aus und ist auch kein Vertreter erschienen, der zur Aufklärung des Tatbestandes in der Lage und zur Abgabe der gebotenen Erklärungen ermächtigt ist, so kann Ordnungsgeld von 5 EUR bis 1.000 EUR verhängt werden (Haft und Vorführung sowie Auferlegung der Kosten sind unzulässig). In der strafprozessualen Hauptverhandlung besteht für den Angeklagten grds. Anwesenheitspflicht mit bestimmten Ausnahmen (§§ 230 ff. StPO). Das Erscheinen des Beschuldigten vor dem Richter kann unter den Voraussetzungen des → Haftbefehls durch Vorführungsbefehl erzwungen werden, im Hauptverfahren außerdem durch Haftbefehl, der nicht an die Voraussetzungen der §§ 112 ff. StPO gebunden ist (§§ 134, 230, 236, 329 StPO). Einem Zeugen, der ordnungsmäßig geladen, aber weder erschienen noch genügend entschuldigt ist, werden ein Ordnungsgeld von 5 EUR bis 1.000 EUR (Ersatzhaft bis 6 Wochen) und die durch das Ausbleiben verursachten Kosten auferlegt; seine Vorführung kann angeordnet werden (§ 380 ZPO, §§ 51, 161a StPO).

Bundesrechtliche Vorschriften, nach denen das Erscheinen eines Beschuldigten oder Zeugen von der Polizei erzwungen werden kann, bestehen nicht. Allerdings sind Zeugen verpflichtet, auf Ladung vor → Ermittlungspersonen der Staatsanwaltschaft zu erscheinen und zur Sache auszusagen, wenn der Ladung ein Auftrag der Staatsanwaltschaft zugrunde liegt (im Jahr 2017 neu geschaffene Regelung in § 163 III 1 StPO). Vor der Staatsanwaltschaft haben Zeugen und Sachverständige auf Ladung zu erscheinen; ihr stehen dabei die gegen Zeugen zulässigen Zwangsmittel – s. oben – zu, außer Haft (§ 161a StPO). Eine Pflicht zum persönlichen Erscheinen bei Verwaltungsbehörden besteht nur, soweit dies durch Rechtsvorschrift ausdrücklich angeordnet ist.

Persönlichkeitsrecht
1. Nach Art. 2 Abs. 1 GG hat jeder das Recht auf freie Entfaltung seiner Persönlichkeit, soweit er nicht Rechte anderer verletzt oder gegen die verfassungsmäßige Ordnung oder das Sittengesetz verstößt. Damit ist die allgemeine

menschliche Handlungsfreiheit im weitesten Sinne als → Grundrecht anerkannt (→ Freiheit, persönliche). Es umfasst das Recht auf eigene Gestaltung der Lebensführung, aber auch den Anspruch, durch die Staatsgewalt nicht mit Nachteilen belastet zu werden, die nicht in der verfassungsmäßigen Ordnung begründet sind (darunter ist jede formell und materiell verfassungsmäßige Rechtsnorm zu verstehen; vgl. BVerfGE 6, 38). Auch Unternehmen steht grundsätzlich das Persönlichkeitsrecht zu (→ Unternehmenspersönlichkeitsrecht).

2. Das Recht schützt ferner eine Reihe besonderer Persönlichkeitsrechte, zB das → Namensrecht, die → Urheberrechte sowie Leben, Körper, Gesundheit und Freiheit nach den Bestimmungen über die → unerlaubten Handlungen. Darüber hinaus hat die Rspr. aus den Grundwertentscheidungen des Grundgesetzes zur Würde des Menschen nach Art. 1 Abs. 1 GG und dem Recht auf Entfaltung der Persönlichkeit nach Art. 2 Abs. 1 GG ein über die allgemeine menschliche Handlungsfreiheit hinausgehendes allgemeines Persönlichkeitsrecht abgeleitet, das die Ausstrahlungen der Persönlichkeit eines Menschen als Individuum in allen Beziehungen umfasst (hM; zB bei ungenehmigter Reklame mit dem Bild des Betroffenen, bei Behauptungen über dessen Person, Schutz der Intimsphäre, Aufruf zum → Boykott u. dgl.). Zu dem Schutz des Menschen als Individuum gehört auch das Recht auf Kenntnis der eigenen → Abstammung. Die Kenntnis der Herkunft bietet dem Einzelnen Anknüpfungspunkte für das Verständnis und die Entfaltung der eigenen Individualität. Art. 2 I GG iVm Art. 1 I GG verleiht jedoch kein Recht auf Verschaffung von Kenntnissen der eigenen Abstammung, sondern kann nur vor der Vorenthaltung erlangbarer Informationen schützen. Aus dem allgemeinen Persönlichkeitsrecht wird auch das Recht auf → informationelle Selbstbestimmung hergeleitet.

3. Das Persönlichkeitsrecht findet seine Grenze in den Rechten anderer, wobei der Kerngehalt der Menschenwürde nach Art. 1 Abs. 1 GG nicht einschränkbar ist. Seine Reichweite bestimmt sich insbes. bei Kollision mit dem Grundrecht auf freie Meinungsäußerung (Art. 5 GG) – vor allem durch die Presse – nach einer Güter- und Interessenabwägung, bei der die Art der Berichterstattung, deren Zweck (öffentliche Unterrichtung oder Sensationsberichterstattung) und die Persönlichkeit des Geschädigten zu berücksichtigen sind (s. näher → immanente Schranken, → Meinungsfreiheit, → Pressefreiheit). Berücksichtigt wird, ob die Intimsphäre, die Privatsphäre oder lediglich der soziale oder öffentliche Geltungsanspruch durch die Äußerung tangiert sind. Liegt eine schwere Verletzung des Persönlichkeitsrechts vor, die nicht auf andere Weise ausgeglichen werden kann, so besteht neben dem sonstigen → Schadensersatzanspruch, der sich zB auf eine Gegendarstellung richten kann, ein Anspruch auf Ersatz auch des immateriellen → Schadens für die erlittene seelische Beeinträchtigung usw. Der Anspruch, der zur höchstpersönlichen Genugtuung des Geschädigten führen soll, ist anders als der Anspruch auf → Schmerzensgeld nicht → vererblich. Der vermögensrechtliche Gehalt des Persönlichkeitsrechts wirkt – insbes. bei allgemein bekannten Personen – jedoch auch über den Tod hinaus; eine postmortale Verletzung kann deshalb ggfs. zu einem Schadensersatzanspruch des (der) Erben führen. Inzwischen wird als Ausfluss des Persönlichkeitsrechts auch ein → Recht auf Vergessen anerkannt. Die Rechtsordnung muss davor schützen, dass sich eine Person frühere Positionen, Äußerungen und Handlungen unbegrenzt vor der Öffentlichkeit vorhalten lassen muss.

Persönlichkeitsschutz
→ Persönlichkeitsrecht, → Ehre, → unerlaubte Handlung (2a), → Beleidigung, → Datenschutz.

Persönlichkeitswahl
→ Mehrheitswahl.

Person
Das Gesetz kennt neben der natürlichen Person (das ist jeder Mensch) noch die sog. → juristische Person. Diese kann eine Personenvereinigung (zB Staat, Gemeinde, Verein, Aktiengesellschaft) oder ein Zweckvermögen (Stiftung) sein, wobei der juristischen Person vom Gesetz eine rechtlich von ihren Mitgliedern losgelöste Selbständigkeit eingeräumt ist (→ Rechtssubjekt). Wesentliches Merkmal einer Person ist die → Rechtsfähigkeit. → Handlungsfähigkeit.

persona non grata
(unerwünschte Person) ist die übliche Bezeichnung für den → Diplomaten eines anderen Staates, gegen den der Empfangsstaat Einwendungen hat und deshalb nicht wünscht, dass er seine diplomatische Tätigkeit aufnimmt (→ agrément) oder fortführt (→ Abberufung von Diplomaten).

Personalakten
Der → Beamte hat, auch nach Beendigung des → Beamtenverhältnisses, ein Recht auf Einsicht in seine vollständigen Personalakten. Er muss über Beschwerden und Behauptungen tatsächlicher Art, die für ihn ungünstig sind oder ihm nachteilig werden können, vor Aufnahme in die Personalakten gehört werden. Die Äußerung des Beamten ist zu seinen Personalakten zu nehmen. Regelungen zu den Personalakten der Beamten und Soldaten enthalten § 50 BeamtStG, §§ 106 ff. BBG und die entsprechenden Vorschriften der Länder; sa → Beamtenrecht. Das Recht zur Einsicht in seine Personalakten hat auch jeder → Arbeitnehmer, falls der Arbeitgeber über ihn Personalakten führt (§ 83 BetrVG).

Personalausschuss
→ Bundespersonalausschuss, → Landespersonalausschuss.

Personalausweis
1. Nach dem Gesetz über Personalausweise und den elektronischen Identitätsnachweis sowie zur Änderung weiterer Vorschriften v. 18.6.2009 (BGBl. 2009 I 1346) mÄnd sind Deutsche verpflichtet, einen Ausweis zu besitzen, sobald sie das 16. Lebensjahr vollendet haben und der Meldepflicht (→ Meldewesen) unterliegen; auf Antrag ist ein Ausweis auch Personen auszustellen, die das 16. Lebensjahr noch nicht vollendet haben oder die der Meldepflicht deswegen nicht unterliegen, weil sie keine Wohnung in Deutschland haben (§ 1 PAuswG).

2. Niemand darf mehr als einen Personalausweis besitzen (§ 4 PAuswG). Der Personalausweis ist Eigentum der Bundesrepublik Deutschland (§ 4 II PAuswG).

3. Der Personalausweis enthält Familienname, Geburtsname, Vornamen, Doktorgrad, Geburtstag, Geburtsort, Lichtbild, Unterschrift, Größe, Augenfarbe, Anschrift, Staatsangehörigkeit, Serienname sowie Ordens- und Künstlernamen. Der Personalausweis enthält ferner einen Bereich für das elektronische Auslesen und ein elektronisches Speicher- und Verarbeitungsmedium (§ 5 I–V PAuswG); in letzterem kann auf Antrag des Ausweisinhabers auch der Fingerabdruck gespeichert werden. Zur Identitätsfeststellung berechtigte Behörden dürfen die im elektronischen Speicher- und Verarbeitungsmedium des Personalausweises gespeicherte Daten nur zum Zwecke der Überprüfung der Echtheit des Dokuments oder der Identität des Ausweisinhabers auslesen (§ 17 PAuswG).

4. Personalausweise werden für 10 Jahre, bei unter 24-jährigen Personen für 6 Jahre ausgestellt (§ 6 I und III PAuswG).

5. Der Inhaber des Personalausweises kann diesen bei öffentlichen und nichtöffentlichen Stellen als Identitätsnachweis und Legitimationspapier verwenden (§ 20 PAuswG). Der Ausweisinhaber kann seinen Personalausweis auch dazu verwenden, seine Identität gegenüber öffentlichen und nichtöffentlichen Stellen elektronisch nachzuweisen (§ 18 I PAuswG). Der → elektronische Identitätsnachweis erfolgt durch Übermittlung der Daten aus dem elektronischen Speicher- und Verarbeitungsmedium des Personalausweises (§ 18 II PAuswG); sa → elektronische Identitätsfeststellung.

6. Zum Pass s. → Passwesen.

Personalbeweis
→ Beweis (1).

Personalbindungsprämie
→ Personalgewinnungsprämie.

Personalfirma
→ Firma (1, 2a).

Personalfolium
→ Grundbuch.

Personalgesellschaft
→ Personengesellschaft.

Personalgewinnungsprämie
1. Nach § 43 I BundesbesoldungsG (BBesG; → Dienstbezüge) kann einem zu gewinnenden Beamten oder Berufssoldaten eine nicht ruhegehaltfähige Personalgewinnungsprämie gewährt werden, um einen oder mehrere gleichartige Dienstposten anforderungsgerecht besetzen zu können oder um sicherzustellen, dass Funktionen in von obersten Dienstbehörden bestimmten Verwendungsbereichen wahrgenommen werden können. Dadurch soll die Konkurrenzfähigkeit des öffentlichen Dienstes gegenüber der Privatwirtschaft gestärkt werden. Insbesondere in bestimmten Berufsgruppen (zB im IT-Bereich) liegen die Dienstbezüge deutlich unter entsprechenden Gehältern in Unternehmen.

2. Die Prämie wird für höchstens 48 Monate gewährt und in einem Betrag bezahlt (§ 43 II BBesG). Abweichend davon kann die Prämie in Teilbeträgen für mindestens 6 Monate bezahlt werden. Die Prämie kann für jeden Monat der erstmaligen Gewährung bis zu 30 v. H. des Grundgehalts der jeweiligen Besoldungsgruppe (Anfangsgrundgehalt) betragen. Nach der Erstgewährung kann bei weiterem Vorliegen der Voraussetzungen die Prämie zweimal wiederholt gewährt werden (§ 43 II 2 BBesG).

3. Wenn ein Angebot eines anderen Arbeitgebers vorliegt, kann die Prämie für die gleiche Dauer als Personalbindungsprämie gewährt werden (§ 43 IV 1 BBesG). Die Höhe der Personalbindungsprämie kann für jeden Monat des Gewährungszeitraums bis zu 50 v. H. der Differenz zwischen dem Grundgehalt und dem Gehalt des Einstellungsangebots, höchstens aber 75 v. H. des Grundgehalts betragen.

4. Ähnliche Regelungen gibt es auch in den Ländern. In Bayern sind Zuschläge in den Besoldungsgruppen A und W 1 möglich, differenziert nach IT-Fachkräften (Art. 60a Bayerisches Besoldungsgesetz – BayBesG – v. 5.8.2010, GVBl. 410, 764, m.Änd.), Gesundheitsdienst (Art. 60b BayBesG) und sonstigen Beamten (Art. 60 BayBesG). Ähnliche Regelungen enthält zB auch Art. 69 des LandesbesoldungsG für Nordrhein-Westfalen v. 14.6.2016 (GV.NRW 310, 339, 642) m.Änd.

Personalienfeststellung
durch die Polizei, → Identitätsfeststellung.

Personalitätsprinzip
Im Strafrecht → Geltungsbereich des Strafrechts. Außerhalb des Strafrechts wird das Personalitätsprinzip auch als → Nationalitätsprinzip bezeichnet. Den Gegensatz bildet das → Territorialitätsprinzip.

Personalkörperschaften
→ Körperschaften des öffentlichen Rechts.

Personalkredit
→ Realkredit, → Verbraucherdarlehensvertrag.

Personalrat
→ Personalvertretung.

Personalrechte
sind Rechte, die mit einer Person (nicht mit einem Grundstück; → Realrechte) verbunden sind. Sa → Grundstücksrechte.

Personalstatut
→ Internationales Privatrecht (1, 2a, g).

Personalstrukturgesetz – Streitkräfte
→ Soldatengesetz.

Personalunion
besteht bei einer → Staatenverbindung, bei der die beteiligten Staaten durch ein gemeinsames Staatsoberhaupt verbunden sind. Personalunion gab es bisher nur in Monarchien. Sie beruhte auf dynastischen Zufälligkeiten, sei es, dass der Erbmonarch eines Staates in einem anderen zum Herrscher gewählt wurde, sei es, dass die Thronfolgeordnungen zweier Staaten ein und dieselbe Person zum Thronfolger vorsahen. Die Personalunion berührt als solche die völlige Unabhängigkeit der beteiligten Staaten voneinander nicht. Beide sind Völkerrechtssubjekte; ein Gesamtstaat besteht nicht. Beispiele: Polen und Sachsen mit Unterbrechungen 1697–1765; England und Hannover 1714–1837; Niederlande und Luxemburg 1815–1890.

Personalversammlung
→ Personalvertretung.

Personalvertretung
Die Personalvertretung hat für den Bereich des → öffentlichen Dienstes (dh in den Verwaltungen, Betrieben und Gerichten des Bundes, der Länder, der Gemeinden und Gemeindeverbände sowie der Körperschaften, Anstalten und Stiftungen des öffentlichen Rechts) eine ähnliche Funktion wie der → Betriebsrat im Bereich der Privatwirtschaft. Dabei entspricht dem Betrieb iS des → Betriebsverfassungsrechts die Dienststelle, dem Unternehmer der Leiter der Dienststelle, dem Betriebsrat der Personalrat und der Betriebsversammlung die Personalversammlung. Rechtsgrundlagen sind das BundespersonalvertretungsG v. 15.3.1974 (BGBl. 1974 I 693) mÄnd, das neben der Regelung für die Bundesdienststellen auch noch Rahmenvorschriften für die Ländergesetzgebung enthält (§§ 94 ff. BPersVG; s. Föderalismusreform I), und die entsprechenden Ländergesetze. Der Personalrat (§§ 12 ff. BPersVG) setzt sich idR aus Gruppen für Beamte, Angestellte und Arbeiter zusammen (Wahlordnung idF v. 1.12.1994, BGBl. 1994 I 3653 mÄnd). Bei mehrstufigen Verwaltungen werden bei den Mittelbehörden Bezirkspersonalräte, bei den obersten Dienstbehörden Hauptpersonalräte gebildet (sog. Stufenvertretungen; §§ 53 ff. BPersVG). Das Mitwirkungs- und Mitbestimmungsrecht in sozialen und personellen Angelegenheiten (§§ 66 ff. BPersVG) ist weitgehend dem des Betriebsrats nachgebildet, aber auf die Besonderheiten des öffentlichen Dienstes ausgerichtet. Zur Personalvertretung im Bereich des Militärs vgl. das Soldatenbeteiligungsgesetz idF vom 15.4.1997 (BGBl. 1997 I 766) mÄnd sowie WahlO hierzu v. 18.3.1997 (BGBl. 1997 I 558). Über Streitigkeiten aus dem PersonalvertretungsG entscheiden die Verwaltungsgerichte in besonderen Fachkammern (-senaten); §§ 83, 84 BPersVG. Sa → Kündigungsschutz für Arbeitnehmer. Für kirchliche Arbeitnehmer gelten weder Betriebsverfassungsrecht noch Personalvertretungsrecht, sondern → Mitarbeitervertretungsrecht.

Personelles Mitbestimmungsrecht
→ Betriebsrat, → Mitbestimmung.

Personen, juristische
→ juristische Person, → Rechtsfähigkeit.

Personen, natürliche
→ Rechtsfähigkeit.

Personenbeförderung
1. Straße. a) Die entgeltliche oder geschäftsmäßige Beförderung von Personen mit → Straßenbahnen (zu denen auch U-Bahnen zählen), Oberleitungsbussen (Obussen) und → Kraftfahrzeugen ist geregelt im Personenbeförderungsgesetz (PBefG) idF v. 8.8.1990 (BGBl. 1990 I 1690) mÄnd. Das PBefG unterscheidet zum einen zwischen den verschiedenen Verkehrsarten, zum anderen zwischen → Linien- und → Gelegenheitsverkehr. Gelegenheitsverkehr kann nur von Kraftfahrzeugen, insbesondere → Taxen und → Mietwagen, betrieben werden. In allen Fällen bedarf die Personenbeförderung der Genehmigung (§ 2 PBefG), die nur erteilt wird, wenn die Sicherheit des Betriebs sowie die Zuverlässigkeit und fachliche Eignung des Unternehmers (→ Kraftverkehrsunternehmer) gewährleistet sind. Auch eine → Bedürfnisprüfung ist vorgesehen, da eine Genehmigung versagt werden darf, wenn der Verkehr mit den vorhandenen Verkehrsmitteln befriedigend bedient werden kann oder das örtliche Taxengewerbe in seiner Funktionsfähigkeit bedroht wird. Die Einzelheiten des Genehmigungsverfahrens regeln die §§ 9 ff. PBefG. Zuständig sind idR die Kommunen oder Landkreise. Eine Genehmigung benötigen auch Mobilitätsanbieter, die per App Fahrten vermitteln oder bündeln, wie etwa → Uber-Fahrdienste, da sie die Beförderung organisatorisch und vertraglich kontrollieren (§ 1 Ia PBefG). Nicht in den Anwendungsbereich des PBefG fallen die unentgeltliche bzw. geringfügig entgoltene Personenbeförderung (§ 1 II PBefG), die damit genehmigungsfrei sind. Da die Genehmigung zur Personenbeförderung eine gewisse Privilegierung darstellt, unterliegen die Unternehmer im Gegenzug der → Betriebspflicht, der → Beförderungspflicht (§§ 21 f. PBefG) sowie der Tarifpflicht. Sie sind damit verpflichtet, den genehmigten Betrieb aufzunehmen und aufrechtzuerhalten sowie jede Person zu befördern, die sich an die Beförderungsbedingungen hält. Sie dürfen fer-

ner grundsätzlich nur die genehmigten und veröffentlichten Tarife verlangen. Die Unternehmer haben die bei der Personenbeförderung entstehenden Mobilitätsdaten über den von der Bundesanstalt für Straßenwesen betriebenen Nationalen Zugangspunkt bereitzustellen (§ 3a PBefG iVm. der Mobilitätsdatenverordnung (MDV) v. 20.10.2021, BGBl. 2021 I 4728, mÄnd). Die Unternehmer unterliegen ferner der Aufsicht der Genehmigungsbehörde (§§ 54–54b PBefG).

b) Darüber hinaus enthält das PBefG Sonderbestimmungen für die einzelnen Verkehrsarten, den Linienverkehr, den Gelegenheitsverkehr mit Kraftfahrzeugen (§§ 28 ff. PBefG) und den Auslandsverkehr (§§ 52 f. PBefG). Ergänzende Vorschriften enthalten die Fahrerlaubnis-Verordnung (→ Fahrerlaubnis, → Fahrgastbeförderung) und für Kraftfahrzeuge und Obusse die Verordnung über den Betrieb von Kraftfahrunternehmen im Personenverkehr (BOKraft) v. 21.6.1975 (BGBl. 1975 I 1573) mÄnd. Gemeinsame Regelungen für den Zugang zum grenzüberschreitenden Personenkraftverkehrsmarkt enthält die VO (EG) 1073/2009 v. 21.10.2009 (ABl. EG 2009 L 300, 88), die mit der EG-Bus-Durchführungsverordnung (EGBusDV) v. 4.5.2012 (BGBl. 2012 I 1038) mÄnd durchgeführt wurde. → öffentlicher Personennahverkehr, → Personenfernverkehr.

2. Zur Personenbeförderung auf der Schiene → Eisenbahn-Verkehrsordnung, zur Personenbeförderung auf dem Wasser → Beförderungsvertrag,→ Reisevertrag und zur Personenbeförderung in der Luft → Luftfahrtrecht. S. zu den Rechten der Fahrgäste bei Verspätungen etc. die Stichwörter zum Thema → Fahrgastrechte und → Fluggastrechte.

Personenbezogene Daten

1. Personenbezogene Daten sind Informationen, die sich auf eine identifizierte oder identifizierbare natürliche Person beziehen (betroffene Person, Betroffener), Art. 4 Nr. 1 DS-GVO. Der Begriff ist von zentraler Bedeutung im → Datenschutz (→ Datenschutz-Grundverordnung, → Bundesdatenschutzgesetz, → Datenverarbeitung). Wie bereits ihre Vorgängerregelung geht die Datenschutz-Grundverordnung von einem sehr weiten Verständnis personenbezogener Daten aus. Sie bezieht daher zur Erreichung ihrer Schutzziele ausdrücklich alle Informationen mit Personenbezug in jedem denkbaren Format (zB numerisch, graphisch, fotographisch, akustisch), in allen Arten (Tatsachen und Werturteile) und auf jedem Datenträger (zB digital, analog) technikneutral mit ein.

2. Eine Person ist identifiziert, wenn sich die Identität der Person unmittelbar aus der Information selbst entnehmen lässt (zB Namensangaben).

3. Identifizierbar ist eine Person, wenn sich der Personenbezug nicht allein aus der Information selbst aber unter Hinzuziehung bzw. der Kombination mit weiteren Informationen ergibt (zB im Falle von Steuer-ID, Online-Kennung, Pseudonym). Es werden keine unterschiedlichen Folgen daran geknüpft, ob eine Person direkt identifiziert oder indirekt identifizierbar ist. Unterschiedlich beurteilt und durch die Datenschutz-Grundverordnung nicht eindeutig beantwortet wird die Frage, wann von einer Identifizierbarkeit auszugehen ist. Teilw. wird bereits von einer Identifizierbarkeit ausgegangen, wenn irgendeine Person und nicht nur derjenige, der die Daten verarbeitet, die Zuordnung von Informationen zu einer bestimmten Person vornehmen kann (absoluter Personenbezug). Teilw. wird darauf abgestellt, ob derjenige, der die Daten verarbeitet mit bereits vorhandenem Zusatzwissen oder mittels Zusatzwissen, das für ihn mit vernünftigem Aufwand und auf legale Weise beschaffbar ist, die Zuordnung zu einer bestimmten Person vornehmen kann (relativer Personenbezug). Bedeutsam ist diese Unterscheidung ua bei der Einordnung von dynamischen IP-Adressen als personenbezogene Daten (vgl. EuGH 19.10.2016, C-582/14, relativer Personenbezug).

4. Beziehen sich die Informationen nicht auf eine Person, handelt es sich nicht um personenbezogene Daten iSd Art. 4 Nr. 1 DS-GVO, sondern um Sachdaten (zB Betriebs- und Geschäftsdaten, die wiederum anderen Schutzvorschriften unterliegen können).

5. Juristische Personen (zB GmbH, AG) sind aus dem datenschutzrechtlichen Begriff der betroffenen Person ausgenommen. Soweit Informationen zu juristischen Personen (zB Max-Mustermann-GmbH) im Einzelfall auf dahinter stehende natürliche Personen durchschlagen, sind diese als betroffene Person geschützt. Daten Verstorbener stellen keine personenbezogenen Daten iSd Datenschutzes dar (Erwägungsgrund 27 DS-GVO); Ausnahmen im postmortalen Datenschutz finden sich in § 2a Abs. 5 Nr. 1 AO und § 35 Abs. 2 SGB I.

6. Personenbezogene Daten sind zB Emailadressen (namentliche), Geodaten (soweit durch Kontext personenbezogen oder personenbezogen verarbeitet), IP-Adressen (s. o.), Videoüberwachung/Bilder (soweit Personen erkennbar), Cookies (soweit nach Art und Inhalt eine personenbezogene Verarbeitung möglich ist).

Personenfernverkehr

Personenfernverkehr auf der Straße ist → Linienverkehr mit Kraftfahrzeugen, der nicht zum → öffentlichen Personennahverkehr zählt (§ 42a PBefG). Kennzeichnend ist insbesondere, dass Haltestellen mehr als 50 Kilometer Abstand haben müssen oder die Reisezeit des Schienenpersonennahverkehrs dazwischen mindestens 1 Stunde betragen muss. → Personenbeförderung.

Personenfirma

→ Firma (1, 2a).

Personengesellschaft

Eine Personengesellschaft ist ein Zusammenschluss mehrerer Personen zu einer Gesellschaft, bei der die Mitgliedschaft auf die Person und die einzelnen Gesellschafter zugeschnitten ist. Ihre wesentlichen Merkmale sind: in der Regel persönliche Haftung der Gesellschafter für die Schulden, persönliche Mitarbeit und → Selbstorganschaft, Übertragbarkeit und Vererblichkeit der Mitgliedschaft grds. nur mit Zustimmung der anderen Gesellschafter (zur → Rechtsfähigkeit s. iE bei den folgenden Stichw.). Den Gegensatz zur Personengesellschaft bildet die → Kapitalgesellschaft. Personengesellschaften sind insbes. die → Gesellschaft bürgerlichen Rechts, die → Offene Handelsgesellschaft, die → Kommanditgesellschaft, die → stille Gesellschaft, die → Partnerschaftsgesellschaft und die Reederei (→ Reeder).

Personengesellschaften sind steuerlich regelmäßig → Mitunternehmerschaften. Sie sind zwar ertragsteuerlich nicht steuerpflichtig, nach der Rspr. des BFH jedoch partielles Steuersubjekt. So ist für die Bestimmung der Art der Einkünfte auf die Personengesellschaft abzustellen. Auch wird der Gewinn zunächst auf der Ebene der Personengesellschaft ermittelt. Gewerblich geprägt ist eine Personengesellschaft, die nicht gewerblich tätig ist (§ 15 I Nr. 1 EStG) und bei der ausschließlich eine oder mehrere Kapitalgesellschaften persönlich haftende Gesellschafter sind und nur diese oder Personen, die nicht Gesellschafter sind, zur Geschäftsführung befugt sind (§ 15 III Nr. 2 EStG). Eine gewerblich geprägte Personengesellschaft (bzw. deren Gesellschafter → Mitunternehmerschaften) bezieht einkommensteuerlich Einkünfte aus Gewerbebetrieb und ist gewerbesteuerpflichtig. Hauptbeispiel: vermietende GmbH & Co. KG (s. auch § 2 I Nr. 2 GewStG, § 97 I Nr. 5 BewG).

Seit 2021 besteht für Personengesellschaften die Möglichkeit, sich unter bestimmten Voraussetzungen wie eine Kapitalgesellschaft besteuern zu lassen (§ 1a KStG).

Personenkontrolle

→ Gefahrenabwehr, → polizeiliche Maßnahmen, → Identitätsfeststellung, → Namensangabe, falsche, → Grenzkontrollen, → Passwesen, → Personalausweise, → Bundespolizei, → Schengener Übereinkommen.

Personenkraftwagen

sind vierrädrige Kfz, die nach ihrer Bauart und Einrichtung zur Personenbeförderung eingerichtet und bestimmt sind, aber zum Unterschied von → Omnibussen höchstens 8 Fahrgastsitzplätze haben. Sie unterliegen den allg. Vorschriften für → Kraftfahrzeuge; vgl. insbes. → Gefährdungshaftung, → Straßenverkehrshaftung, → Kraftfahrzeug-Haftpflichtversicherung, → Zulassung von Kfz.; → Fahrerlaubnis, → Personenbeförderung, → Taxi. Über die Geschwindigkeitsbegrenzung → Fahrgeschwindigkeit.

Personensorge

1. Die Personensorge ist ein Teil der → elterlichen Sorge, 1 (und steht damit – wie die → Vermögenssorge – grds. deren Inhabern zu). Sie umfasst die Pflicht und das Recht, den Vornamen des Kindes auszuwählen, das Kind – mit Unterstützung des → Familiengerichts und (in geeigneten Fällen) des → Jugendamts (§§ 27 ff. SGB VIII) – zu pflegen, zu erziehen (Erziehungsrecht), zu beaufsichtigen und seinen Aufenthalt zu bestimmen (Aufenthaltsbestimmungsrecht) sowie das Kind in diesen Angelegenheiten – auch gerichtlich – zu vertreten (§ 1631 I BGB, § 1629 I BGB). Kinder haben ein Recht auf gewaltfreie Erziehung; körperliche Bestrafung, seelische Verletzungen und andere entwürdigende Maßnahmen sind unzulässig (§ 1631 II BGB; zum Europ. Übereinkommen über die Ausübung von Kinderrechten v. 25.1.1996 s. G v. 5.10.2001, BGBl. 2001 II 1074), sa → Haager Übereinkommen.

2. Zur Personensorge gehört insbes. die Bestimmung und Sorge für Verpflegung, Bekleidung, Wohnung, Erziehung und Ausbildung. Zum Wohl des Kindes gehört ferner regelmäßig der Umgang des Kindes mit beiden Elternteilen und anderen Personen, zu denen das Kind Bindungen besitzt (§ 1626 III BGB). S. hierzu iE → Umgangsrecht. Generell haben bei der Pflege und Erziehung die Eltern die wachsende Fähigkeit und das wachsende Bedürfnis des Kindes zu selbständigem verantwortungsbewusstem Handeln zu berücksichtigen und eine einvernehmliche Lösung, soweit es nach dem Entwicklungsstand des Kindes angezeigt ist, anzustreben (§ 1626 II BGB). In Angelegenheiten der Ausbildung und des Berufes haben die Eltern auf die Eignung und Neigung des Kindes Rücksicht zu nehmen (§ 1631a BGB). Die Personensorge umfasst auch die Einwilligung in die rituelle Beschneidung (§ 1631d BGB). Kommen die Inhaber der Personensorge ihren Verpflichtungen nicht nach, so hat das → Familiengericht die zur Abwendung der Gefahr für das körperliche, geistige oder seelische Wohl des Kindes erforderlichen Maßnahmen zu treffen (§ 1666 I BGB, → elterliche Sorge). Zur Unterbringung des Kindes, die mit einer Freiheitsentziehung verbunden ist, → Anstaltsunterbringung (1).

3. Die Personensorge kann Dritten (zB Schule, Internat) zur Ausübung übertragen werden, ist aber unverzichtbar; ihre Vernachlässigung kann zu Schadensersatzansprüchen gegen die Eltern wegen mangelnder Aufsicht (zB bei Verletzung eines anderen Kindes mit gefährlichem Spielzeug, § 832 BGB) oder – bei unmittelbar drohender, konkreter Gefährdung des Wohls des Kindes – zur Beschränkung oder Entziehung durch das Familiengericht führen (§ 1666 BGB, → elterliche Sorge). Die Personensorge umfasst in eingeschränktem Umfang die religiöse Erziehung des Kindes. Hierfür ist zunächst die Einigung der Eltern

maßgebend, erst hilfsweise die Bestimmung durch den Personensorgeberechtigten; nach Vollendung des 14. Lebensjahres steht dem Kind die Entscheidung über sein religiöses Bekenntnis frei (s. iE G über die religiöse Kindererziehung v. 15.7.1921, RGBl. 1921, 939). Teil des Aufenthaltsbestimmungsrechts ist das Recht, die Herausgabe des Kindes von jedem zu verlangen, der es dem Personenberechtigten widerrechtlich vorenthält; über Streitigkeiten entscheidet das → Familiengericht (§ 1632 BGB; Vollstreckung §§ 88 ff. FamFG). Im internat. Verkehr, insbes. zur Ausführung des Haager Übereinkommens v. 25.10.1980 über die zivilrechtl. Aspekte internat. Kindesentführung (BGBl. 1990 II 207), gilt das G zum internationalen Familienrecht v. 26.1.2005 (BGBl. 2005 I 162); s. ferner das Europ. Übereinkommen v. 20.5.1980 betr. Anerkennung und Vollstreckung von Sorgerechtsentscheidungen und Wiederherstellung des Sorgerechtsverhältnisses (ebenfalls BGBl. 1990 II 207; Besonderheiten ferner für → Pflegekinder). Die frühere Beschränkung der Personensorge gegenüber einem verheirateten Minderjährigen nach § 1633 BGB und das Recht des verheirateten Minderjährigen, selbständig einen Wohnsitz zu begründen, sind mit der Abschaffung der → Minderjährigenehe aufgehoben worden. Sa → Vermögenssorge.

Personenstand
ist die sich aus den Merkmalen des Familienrechts ergebende Rechtsstellung einer Person einschließlich ihres Namens. Der Personenstand umfasst Daten über Geburt, → Eheschließung, Begründung einer → Lebenspartnerschaft und Tod sowie damit in Verbindung stehende familien- und namensrechtliche Tatsachen (§ 1 I PStG idF v. 19.2.2007, BGBl. 2007 I 122). Zur Beurkundung des Personenstands und seiner Veränderungen ist der → Standesbeamte berufen (§ 1 II PStG, § 2 PStG). Die vorsätzliche Veränderung oder Unterdrückung des Personenstands ist strafbar (→ Personenstandsfälschung). Sa → Diverse.

Personenstandsbücher
→ Personenstandsregister.

Personenstandsfälschung
ist die Veränderung oder Unterdrückung des familienrechtlichen Verhältnisses, das zwischen einem anderen und dem Täter oder einem Dritten besteht. Die Fälschung des eigenen Personenstandes fällt nicht hierunter (s. insoweit aber mittelbare → Falschbeurkundung). Die Personenstandsfälschung – auch die versuchte – wird mit Freiheitsstrafe bis zu 2 Jahren oder Geldstrafe bestraft (§ 169 StGB). Ein Fall der Personenstandsfälschung ist die Kindesunterschiebung, durch die der Täter mittels Täuschung (zB auch vorsätzliche Vertauschung in der Klinik) den Eindruck entstehen lässt, das Kind sei das leibliche Kind einer Frau, die es in Wirklichkeit nicht geboren hat. Strafbar ist ferner falsche Personenstandsangabe oder Personenstandsunterdrückung gegenüber einer zur Führung von Personenstandsregistern oder zur Feststellung des Personenstandes zuständigen Behörde (Standesamt, Gericht usw.). Den Personenstand unterdrückt, wer die richtigte Feststellung verhindert oder erschwert, zB durch Nichtanzeige der Geburt eines Kindes entgegen §§ 18, 19 PStG oder wenn der auf Unterhaltszahlung in Anspruch genommene Erzeuger einen anderen bei der → Blutentnahme vorschiebt; nicht dagegen in der bloßen Weigerung der Mutter, den Erzeuger zu benennen (str.). → Anonyme Geburt, → vertrauliche Geburt, → Babyklappe.

Personenstandsregister
Der → Standesbeamte führt zum Nachweis des jeweiligen → Personenstands (elektronische) Personenstandsregister (früher Personenstandsbücher genannt). Personenstandsregister sind das → Eheregister, Lebenspartnerschaftsregister, → Geburtenregister und → Sterberegister (§ 3 PStG idF v. 19.2.2007, BGBl. 2007 I 122); s. dort über den jeweiligen Inhalt. Berechtigte Personen (dh Personen, auf die sich der Eintrag bezieht, sowie deren Ehegatten, Abkömmlinge und Vorfahren) sowie Behörden (andere nur wenn sie ein rechtliches Interesse glaubhaft machen) haben Anspruch auf Einsicht in die Personenstandsregister sowie auf Erteilung von → Personenstandsurkunden (§§ 61 ff. PStG). Zweck der Personenstandsregister ist neben der registermäßigen Erfassung des Personenstands deren Beweiskraft. Die Personenstandsregister beweisen bei ordnungsgemäßer Führung Eheschließung, Geburt und Tod und die darüber gemachten näheren Angaben, nach Eintragung im Geburtenregister auch die → Staatsangehörigkeit; der Nachweis der Unrichtigkeit ist allerdings zulässig. Daneben führen (ohne Beweiskraft) die → Kirchen sog. Kirchenbücher.

Personenstandssachen
→ Standesbeamter.

Personenstandsunterdrückung
→ Personenstandsfälschung.

Personenstandsurkunden
werden vom → Standesbeamten auf Grund der → Personenstandsregister ausgestellt. Neben beglaubigten Abschriften und Auszügen aus den Personenstandsregistern sind dies insbes. Ehe-, Lebenspartnerschafts-, Geburts- und Sterbeurkunden, in denen die persönlichen Verhältnisse des Betreffenden und die näheren Umstände des zu beurkundenden Ereignisses – Geburt, Eheschließung oder Tod – vermerkt werden (§§ 55 f. PStG). Die Personenstandsurkunden haben dieselbe Beweiskraft wie die → Personenstandsregister (§ 54 II PStG).

Personensteuern
sind Steuern, zu denen einzelne Personen nach bestimmten sachlichen Merkmalen herangezogen werden. Die Besteuerung stellt dabei auf die persönliche Leistungsfähigkeit des

Steuerpflichtigen ab. Zu den Personensteuern gehören ua die Einkommen- und die Körperschaftsteuer.

Personenvereinigung
ist ein Sammelbegriff für Zusammenschlüsse, die keine → juristische Person, dieser aber in gewissen Beziehungen gleichgestellt sind. So kann zB im Recht der → Ordnungswidrigkeiten eine → Geldbuße gegen eine Personenvereinigung verhängt werden, wenn ein vertretungsberechtigtes Organ, Vorstandsmitglied oder vertretungsberechtigter Gesellschafter eine Straftat oder Ordnungswidrigkeit begangen und dadurch Pflichten der Personenvereinigung verletzt hat (§§ 30, 88 OWiG). Personenvereinigungen in diesem Sinne sind rechtsfähige Personengesellschaften und nicht rechtsfähige Vereine. Zulässig sind aber nur (wertneutrale) Geldbußen, nicht kriminelle Strafen, die gegen eine Personengesamtheit nicht verhängt werden dürfen. Zur sog. Vereinigungskriminalität → Organisationsdelikte.

Personenverkehr
→ Personenbeförderung.

Personenversicherung
Anders als bei der → Schadensversicherung sind bei der Personenversicherung (Grundlagen s. → Versicherungsvertrag, 2) persönliche Risiken abgedeckt. Die wichtigsten Formen sind die Versicherungen des Lebens für den vorzeitigen Todesfall (→ Lebensversicherung), der Erwerbsfähigkeit (→ Unfallversicherung) und der persönlichen Gesundheit (→ Krankenversicherung); doch können auch andere persönliche Umstände Gegenstand des Versicherungsvertrags sein (zB Versicherung für den Fall der Geburt oder der Verheiratung eines Kindes, sog. Aussteuerversicherung). Für die Personenversicherung gelten, soweit nicht Sondervorschriften bestehen, die jeweiligen Vereinbarungen in Verbindung mit den Allgemeinen → Versicherungsbedingungen.

Pest
→ Infektionsschutzgesetz.

Petition of Rights
Petition of Rights war eine vom englischen Parlament 1628 dem König überreichte Bittschrift um Gewährung bestimmter Rechte und Freiheiten (Mitwirkung des Parlaments bei der Steuergesetzgebung, Schutz des Bürgers gegen willkürliche Verhaftung, Einquartierung usw). Nach Bewilligung durch den König wurde sie Staatsgrundgesetz. Sie wurde 1689 erweitert durch die Declaration of Rights und den auf dieser basierenden → Bill of Rights.

Petitionsrecht
→ Beschwerde- und Petitionsrecht.

Petitorische Ansprüche
→ Besitzschutz.

Pfändung
Die Pfändung ist die staatliche Beschlagnahme eines Gegenstandes (Pfändungsakt) zu dem Zweck, den Gläubiger (auch mehrere nacheinander, § 804 III ZPO; sa → Anschlusspfändung) wegen einer Geldforderung zu befriedigen. Für eine Pfändung müssen alle Voraussetzungen der → Zwangsvollstreckung vorliegen. Pfändung ist Zwangsvollstreckung in das bewegliche Vermögen (§ 803 ZPO; Gegensatz: → Immobiliarzwangsvollstreckung in das unbewegliche Vermögen). Die Folge einer wirksamen Pfändung ist die → Verstrickung und das → Pfändungspfandrecht. Sachen werden beim Schuldner gepfändet, indem der → Gerichtsvollzieher sie in Besitz nimmt (§ 808 I ZPO; s. a. → Durchsuchung, 3). Sofern es sich nicht um Geld, Wertsachen oder Wertpapiere handelt, bleiben die Sachen beim Schuldner; jedoch wird die Pfändung kenntlich gemacht, insbes. durch → Pfandsiegel. Auch an Sachen, die dem Schuldner nicht gehören, entstehen Verstrickung und Pfändungspfandrecht (str.). Der Eigentümer der Sache kann sein Recht durch die → Drittwiderspruchsklage geltend machen, wenn auf sein Verlangen hin der Gläubiger die gepfändete Sache nicht freigibt. Forderungen und andere Rechte werden durch Beschluss des → Vollstreckungsgerichts (Pfändungsbeschluss) gepfändet (§§ 829, 857 ZPO). Im Pfändungsbeschluss wird dem Schuldner der gepfändeten Forderung (Drittschuldner) verboten, an seinen Gläubiger (Schuldner der Zwangsvollstreckung) zu leisten – Arrestatorium –; dem Gläubiger wird verboten, über die Forderung zu verfügen – Inhibitorium –. Die Pfändung ist mit Zustellung des Pfändungsbeschlusses an den Drittschuldner vollzogen (§ 829 III ZPO). Die gepfändeten Gegenstände kann der Gläubiger auf bestimmte Weise verwerten, um seine Geldforderung zu befriedigen. Sachen werden durch den Gerichtsvollzieher versteigert (§ 814 ZPO, → Versteigerung), Forderungen an den Gläubiger zur Einziehung oder an Zahlungs Statt überwiesen und durch ihn vom Drittschuldner eingezogen (§ 835 ZPO; → Überweisungsbeschluss). Bei Pfändung desselben Gegenstandes durch mehrere Gläubiger werden diese nach der zeitlichen Reihenfolge der Pfändungen befriedigt. Ist eine Forderung mehrfach gepfändet, so kann sich der Schuldner durch → Hinterlegung des Betrags befreien. Andere Rechte werden verschiedenartig verwertet. Der → Gerichtsvollzieher kann auf Antrag des Gläubigers oder des Schuldners auch eine andere (zweckmäßigere) Art der Verwertung vornehmen (§ 825 ZPO). Der Erlös ist nach Abzug der Kosten dem Gläubiger abzuliefern; bei gepfändetem Geld geschieht das sofort (§ 815 ZPO). Die Zahlung gilt als bewirkt, sobald der Gerichtsvollzieher den Erlös empfangen hat (§ 819 ZPO). Die Pfändung kann nur durch das zuständige Vollstreckungsorgan aufgehoben werden, wenn bestimmte Voraussetzungen vorliegen (§ 776

ZPO; → Pfandfreigabe). Gegen die Art und Weise der Pfändung kann → Vollstreckungserinnerung eingelegt werden. Sa → Lohnpfändung, → Überpfändung.

Pfändung der Kreditlinie, Pfändung in die Kreditlinie
→ Überziehungskredit.

Pfändung von Sozialleistungsansprüchen
Ansprüche auf Dienst- und Sachleistungen nach dem → Sozialgesetzbuch sind unpfändbar (§ 54 Abs. 1 SGB I), ebenso ein Anspruch auf Elterngeld, Betreuungsgeld oder dem Erziehungsgeld vergleichbare Leistungen (→ Elternzeit) oder Mutterschaftsgeld (→ Mutterschaftshilfe, § 54 Abs. 1, 3 SGB I). Auch → Wohngeld sowie Geldleistungen, die dafür bestimmt sind, den durch einen Körper- oder Gesundheitsschaden bedingten Mehraufwand auszugleichen sind von der Pfändbarkeit ausgenommen.

Bei einmaligen Geldleistungen ist die Pfändung von Sozialleistungsanprüchen zulässig, wenn sie nach den Einkommens- und Vermögensverhältnissen des Schuldners, nach Art des beizutreibenden Anspruchs und nach Höhe und Zweck der Geldleistung sowie nach den Gesamtumständen der Billigkeit entspricht (§ 54 Abs. 2 SGB I).

Das gilt auch für die Pfändung von Ansprüchen auf laufende Geldleistungen mit Ausnahme der Pfändung zugunsten gesetzlicher Unterhaltsansprüche; die Pfändung darf hier ferner nur im Rahmen der → Lohnpfändung erfolgen. Ansprüche auf Geldleistungen für Kinder sind nur beschränkt pfändbar. Eine Geldleistung bleibt nach Überweisung auf das Konto des Empfängers 7 Tage lang unpfändbar; danach ist der Anspruch aus der Gutschrift sowie Bargeld nur insoweit pfändbar, als ihr Betrag den unpfändbaren Teil der Leistungen für die Zeit von der Pfändung bis zum nächsten Zahlungstermin übersteigt (§ 54 Abs. 4, 5 SGB I).

Für die Berechnung der pfandfrei zu belassenden Beträge ist auf die Tabelle zu § 850c ZPO zurückzugreifen. Ob bestimmte Beträge einer Pfändung von Sozialleistungsanprüchen unzugänglich sind, ergibt sich aus §§ 850 ff. ZPO.

Im Fall von Verletzung der Unterhaltspflicht ist die Abzweigung von laufenden Geldleistungen in § 48 SGB I geregelt. Hier ist ein höherer Betrag zugunsten des Unterhaltsberechtigten abzweigbar, als er sich bei Anwendung der Tabelle nach § 850c ZPO ergeben würde, da zur Durchführung der Abzweigung im Regelfall auf die Düsseldorfer Tabelle zurückgegriffen wird.

Die Durchführung der Pfändung steht im Ermessen des auszahlenden Leistungsträgers. Eine vorherige Anhörung des Betroffenen ist erforderlich (§ 24 SGB X).

Pfändungs- und Überweisungsbeschluss
→ Pfändung, → Überweisungsbeschluss.

Pfändungsakt
→ Pfändung.

Pfändungsankündigung
→ Vorpfändung.

Pfändungsbeschluss
→ Pfändung.

Pfändungsfreigrenzen
→ Lohnpfändung.

Pfändungsgläubiger
Der Pfändungsgläubiger ist der Inhaber eines → Pfändungspfandrechts.

Pfändungspfandrecht
Das Pfändungspfandrecht ist das → Pfandrecht, das der Gläubiger durch die → Pfändung erwirbt. Das Pfändungspfandrecht ist öffentlichrechtlicher Natur und die ausnahmslose Folge der → Verstrickung (sehr str.). An einem Gegenstand können mehrere Pfändungspfandrechte bestehen (→ Anschlusspfändung). Zwischen diesen ergibt sich ein Rangverhältnis: die frühere Pfändung geht der späteren vor (§ 804 III ZPO). Auch gleicher Rang ist möglich.

Pfändungsschuldner
Der Pfändungsschuldner ist der Schuldner in der → Zwangsvollstreckung, gegen den eine → Pfändung erwirkt wird.

Pfändungsschutz
Pfändungsschutz besteht nach näherer Regelung der §§ 811 ff., 850 ff. ZPO zugunsten des → Pfändungsschuldners aus sozialen Gründen in mehrfacher Beziehung durch völlige oder teilweise → Unpfändbarkeit von Sachen oder Forderungen, insbes. beim Arbeitseinkommen (→ Lohnpfändung). → Pfändung von Sozialleistungsansprüchen.

Pfändungsschutzkonto
→ Lohnpfändung (3).

Pfändungsverbote
Pfändungsverbote bestehen in Bezug auf → Unpfändbarkeit und → Überpfändung sowie bei nutzloser Pfändung, nämlich wenn sich von der Verwertung der zu pfändenden Gegenstände ein Überschuss über die Kosten der Zwangsvollstreckung nicht erwarten lässt (§ 803 II ZPO). Wird entgegen einem Pfändungsverbot gepfändet, so ist die Pfändung an sich wirksam, aber auf → Vollstreckungserinnerung hin aufzuheben.

Pfandbriefbanken
1. Pfandbriefbanken sind nach § 1 I S. 1 Pfandbriefgesetz (PfandBG) v. 22.5.2005 (BGBl. 2005 I 1373, mÄnd) Kreditinstitute, deren Geschäftsbetrieb das → Pfandbriefgeschäft, also die Ausgabe von gedeckten Schuldverschreibungen in Form von → Pfandbriefen, umfasst. Während bis 2005 das Pfandbriefgeschäft → Hypothekenbanken, → Schiffspfandbriefbanken und öffentlich-rechtlichen Banken vorbehalten war, steht es seitdem allen Kredit-

instituten offen (Universalbankenprinzip). → Pfandbriefrecht.

2. Pfandbriefbanken benötigen neben der Bankerlaubnis nach KWG (→ Kreditinstitute) eine zusätzliche Erlaubnis nach § 2 PfandBG der → Bundesanstalt für Finanzdienstleistungsaufsicht. Hierfür muss das Kreditinstitut über ein Kernkapital von mindestens 25 Mio. EUR sowie ein geeignetes Risikomanagement für die Deckungsmasse verfügen und das Pfandbriefgeschäft regelmäßig und nachhaltig betreiben wollen.

3. Der Barwert der im Umlauf befindlichen Pfandbriefe einer Pfandbriefbank muss jederzeit gedeckt sein (§ 4 PfandBG; Deckungsmasse). Diese Deckungswerte (zur Berechnung Pfandbrief-BarwertVO v. 14.7.2005, BGBl. 2005 I 2165, mÄnd) sichern die Forderungen der Pfandbriefgläubiger und sind in ein Deckungsregister einzutragen (§ 5 PfandBG, dazu DeckungsregisterVO v. 25.8.2006, BGBl. 2006 I 2074, mÄnd). Es wird ein Treuhänder nebst Stellvertreter bestellt (§ 7 PfandBG), der darauf zu achten hat, dass die vorschriftsmäßige Deckung vorhanden ist. In der Insolvenz der Pfandbriefbank fallen die Deckungswerte nicht in die → Insolvenzmasse (§ 30 PfandBG) und bleiben den Pfandbriefgläubigern vorbehalten (Trennungsprinzip).

4. Pfandbriefbanken unterliegen der Aufsicht (→ Kreditinstitute, Aufsicht) durch EZB, BaFin und Bundesbank nach Europarecht, KWG und § 3 PfandBG. Sie müssen regelmäßig detaillierte Angaben zu Emissionsvolumen und Deckungsmasse veröffentlichen (§ 28 PfandBG) und der BaFin berichten (Pfandbrief-Meldeverordnung (PfandMeldeV) v. 4.10.2022, BGBl. 2022 I 1614). Bezeichnungsschutz besteht für die Bezeichnungen „Pfandbrief" und „Europäische gedeckte Schuldverschreibung" (§§ 41 f. PfandBG).

Pfandbriefe
Pfandbriefe sind nach § 1 I, III PfandBG → Hypothekenpfandbriefe, → öffentliche Pfandbriefe, → Schiffspfandbriefe und → Flugzeugpfandbriefe. Pfandbriefe werden üblicherweise an der Börse notiert. Sa → Börsenrecht, → Pfandbriefrecht.

Pfandbriefgeschäft
Das Pfandbriefgeschäft ist ein → Bankgeschäft nach § 1 I 2 Nr. 1a KWG. Es umfasst nach § 1 I 2 PfandBG die Ausgabe gedeckter → Schuldverschreibungen auf Grund erworbener Hypotheken (→ Hypothekenpfandbriefe), erworbener Forderungen gegen staatliche Stellen (→ öffentliche Pfandbriefe), erworbener Schiffshypotheken (→ Schiffspfandbriefe) und erworbener Registerpfandrechte an Luftfahrzeugen (→ Flugzeugpfandbriefe). Das Pfandbriefgeschäft darf von allen → Kreditinstituten mit entsprechender Erlaubnis betrieben werden (→ Pfandbriefbanken) und stellt eine Art der → Verbriefung dar.

Pfandbriefrecht
Zum Pfandbriefrecht zählen alle Normen, nach denen sich die Ausgabe von → Pfandbriefen durch → Pfandbriefbanken vollzieht. Man bezeichnet dies als → Pfandbriefgeschäft. Das deutsche Pfandbriefrecht wurde auf der Grundlage von Art. 74 I Nr. 11 GG (Bank- und Börsenwesen) durch Gesetz zur Neuordnung des Pfandbriefrechts v. 22.5.2005 (BGBl. 2005 I 1373) reformiert, dessen Art. 1 die zentrale deutsche Vorschrift, das Pfandbriefgesetz (PfandBG), enthält. Unionsrechtlich bedeutsam sind die VO (EU) 2017/2402 v. 12.12.2017 zur Festlegung eines allgemeinen Rahmens für → Verbriefungen (ABl. EU 2017 L 347, 35) sowie die Richtlinie (EU) 2019/2162 v. 27.11.2019 über die Emission gedeckter Schuldverschreibungen (Covered Bonds Directive, ABl. EU 2019 L 328, 29).

Pfandbruch
→ Verstrickungsbruch.

Pfandfreigabe
liegt vor, wenn der Gläubiger gestattet, dass die → Pfändung durch das zuständige → Vollstreckungsorgan aufgehoben wird. Anlass für eine Pfandfreigabe kann sein, dass die Geldforderung, aus der vollstreckt wird, bezahlt wurde oder dass an der gepfändeten Sache das Recht eines Dritten besteht.

Pfandgläubiger
→ Pfandrecht, → Indossament.

Pfandindossament
→ Pfandrecht (3), → Indossament.

Pfandkehr
Straftatbestand nach § 289 StGB. Diesen erfüllt, wer durch Wegnahme einer ihm selbst gehörenden beweglichen Sache, die ein anderer zu nutzen oder einzubehalten berechtigt ist, dessen Rechtsausübung bewusst vereitelt. Geschützt sind fremde → Nießbrauchs- und → Pfandrechte, Gebrauchsrechte (zB des Mieters oder Entleihers) und das → Zurückbehaltungsrecht an beweglichen Sachen. Die Wegnahme, die dem Berechtigten die Ausübung seines Rechts unmöglich macht, kann bei besitzlosen Nutzungsrechten in einem Entziehen bestehen (zB „Rücken" des Mieters durch Ausziehen unter Mitnahme pfandunterworfener Möbel). Die Pfandkehr kann auch von einem Dritten zugunsten des Eigentümers der Sache begangen werden. Versuch ist strafbar; die Tat ist → Antragsdelikt. Über den Bruch behördlicher Pfändung oder Beschlagnahme (Arrest- oder Pfandbruch) → Verstrickungsbruch.

Pfandleiher
ist, wer gewerbsmäßig Gelddarlehen gegen Faustpfand (→ Pfandrecht) zur Sicherung des Darlehens nebst Zinsen und Kosten gewährt (sa § 2 I Nr. 5 KWG). Der Pfandleiher bedarf nach § 34 GewO einer Erlaubnis, auf deren Erteilung ein Rechtsanspruch besteht, soweit nicht einer der in § 34 I genannten Versa-

gungsgründe (Fehlen der → Zuverlässigkeit oder der erforderlichen Mittel) vorliegt. Bei Abschluss des → Darlehensvertrages wird jeweils ein Leihschein (Pfandschein) ausgestellt, aus dem Darlehnszinsen und -kosten, Leihfrist, Verfallzeit und Verwertungsrecht am Pfand ersichtlich sind. Befugnisse und Verpflichtungen bei Ausübung des Gewerbes regelt die PfandleiherVO idF vom 1.6.1976 (BGBl. 1976 I 1334) mÄnd, ua Anzeige- und Buchführungspflicht, Pfandschein, Aufbewahrung, Versicherung und Verwertung des Pfandes, Vergütung. Nur für öffentlich-rechtliche Pfandleihanstalten bestehen teilweise noch landesrechtliche Vorschriften, die außer dem Geschäftsbetrieb auch die Rechtsverhältnisse auf dem Gebiet des Zivilrechts regeln (Art. 94 EGBGB) und vielfach ein sog. Lösungsrecht vorsehen. Zuwiderhandlungen der Pfandleiher gegen die Bestimmungen werden als Ordnungswidrigkeiten geahndet (§ 144 I Nr. 1e, II Nr. 1b GewO). Die gewerbsmäßige Gewährung von Gelddarlehen gegen andere Sicherheiten (Grundpfandrechte, Sicherungsübereignung, Sicherungszession) bedarf idR als → Bankgeschäft einer Erlaubnis nach § 32 KWG.

Pfandrecht

1. Das Pfandrecht ist ein zur Sicherung einer Forderung bestelltes, akzessorisches (→ Akzessorietät) → dingliches Recht, das dem Pfandgläubiger die Befugnis einräumt, unter bestimmten Voraussetzungen Befriedigung aus dem verpfändeten Gegenstand zu suchen. Neben den → Grundpfandrechten (Hypothek, Grundschuld), für die besondere Vorschriften gelten, unterscheidet man beim Pfandrecht an beweglichen Sachen und Rechten (sog. Fahrnispfand oder Mobiliarpfand) das durch Vertrag begründete vertragliche Pfandrecht oder sog. Faustpfand, das gesetzliche Pfandrecht und das bei der → Zwangsvollstreckung entstehende → Pfändungspfandrecht (s. dort über die Anwendbarkeit der allg. Vorschriften über das Pfandrecht). Die kraft Gesetzes entstehenden Pfandrechte sind entweder an den → Besitz des Pfandgläubigers gebunden, zB das gesetzliche Pfandrecht des Unternehmers beim → Werkvertrag (§ 647 BGB) und die handelsrechtlichen gesetzlichen Pfandrechte des → Kommissionärs, Spediteurs, Lagerhalters, Frachtführers usw (§§ 397, 410, 421, 440 HGB), oder entstehen (ohne Besitz) auf Grund einer Einbringung in den Herrschaftsbereich des Gläubigers, zB die gesetzlichen Pfandrechte des Vermieters und Verpächters (§§ 562, 581 II BGB, → Wohnraummietvertrag, 3) sowie des → Gastwirts (§ 704 BGB). Sondervorschriften gelten ferner für → Luftfahrzeuge, → Schiffe, für den Pächter eines landwirtschaftlichen Grundstücks (PachtkreditG v. 5.8.1951, BGBl. 1951 I 494, → Pachtvertrag) ua. Die folgenden Ausführungen gelten grds. nur für das vertragliche Pfandrecht; doch finden auf ein bereits entstandenes gesetzliches Pfandrecht (also nicht auf dessen Entstehung selbst, s. u.) die Vorschriften über das Vertragspfand entsprechende Anwendung (§ 1257 BGB). Sa → Pfandleiher, → Lombardgeschäft.

2. a) Voraussetzung für die Bestellung eines vertraglichen Pfandrechts an einer beweglichen → Sache ist die → Einigung über die Bestellung und regelmäßig die Übergabe der Sache von dem Eigentümer an den Pfandgläubiger (§ 1205 BGB; Ausnahme beim Landpachtkredit; → Pachtvertrag). Da eine Verpfändung durch → Besitzkonstitut (Einräumung nur des mittelbaren → Besitzes) nicht möglich ist, wurde das Pfandrecht im Geschäftsleben weitgehend von der → Sicherungsübereignung verdrängt. Gehört die zu verpfändende Sache nicht dem Verpfänder, so finden auf die Pfandrechtsbestellung falls der Pfandgläubiger den → Besitz an der Sache erlangt (Besitzpfandrecht, zB bei der Kfz-Reparatur), die Vorschriften über den → gutgläubigen Erwerb beweglicher Sachen entsprechende Anwendung (§§ 1207, 932 ff. BGB). Der gute Glaube muss sich auf das Eigentum des Verpfänders beziehen; im Handelsrecht wird allerdings auch der gute Glaube an die Verfügungsbefugnis geschützt (§ 366 I HGB). Ein gutgläubiger Erwerb nicht besitzgebundener gesetzlicher Pfandrechte (s. o.) ist nach allgM ausgeschlossen. Ein gutgläubiger Erwerb besitzgebundener gesetzlicher Pfandrechte (zB des Werkunternehmers, der ein dem Besteller unter → Eigentumsvorbehalt geliefertes Kraftfahrzeug in der Annahme repariert, es gehöre dem Besteller) wird von BGHZ 34, 153 gleichfalls verneint, da § 1257 BGB nur für bereits entstandene Pfandrecht gelte. Für den Rang mehrerer Pfandrechte gilt grds. das → Prioritätsprinzip.

b) Das Pfand haftet für die Forderung in deren jeweiligem Bestand; der Verpfänder kann gegenüber dem Pfandgläubiger die dem persönlichen Schuldner gegen die Forderung sowie die einem → Bürgen zustehenden → Einreden geltend machen (§§ 1210, 1211 BGB). Vor der Pfandreife besteht zwischen dem Verpfänder und dem Pfandgläubiger ein gesetzliches → Schuldverhältnis, das ua den Pfandgläubiger zur → Verwahrung des Pfandes und zur Sorge für das Pfand vor drohendem Verderb – öffentliche Versteigerung u. dgl. – verpflichtet (§ 1215 BGB); lediglich beim sog. Nutzungspfand (Antichrese) ist der Pfandgläubiger bereits vor der Pfandverwertung berechtigt, die → Nutzungen des Pfandes zu ziehen (anzunehmen, wenn eine fruchttragende Sache verpfändet wurde, § 1213 BGB). Das Pfandrecht gewährt iÜ auch gegenüber dem Eigentümer dieselben Ansprüche, wie sie sonst dem Eigentümer zustehen (→ Eigentumsherausgabeanspruch, → Eigentumsstörungen), ferner → Besitzschutz.

c) Sobald die Forderung fällig wird (sog. → Pfandreife; → Schuldnerverzug oder ein Vollstreckungstitel wie bei der Hypothek sind nicht erforderlich), ist der Pfandgläubiger zur Befriedigung aus dem Pfand durch Pfandverkauf berechtigt (§ 1228 BGB). Eine vor der Pfandreife vereinbarte Verfallklausel, wonach das Eigentum an dem Pfand in diesem Fall automatisch auf den Pfandgläubiger übergehen soll, ist nichtig (§ 1229 BGB). Hat der Pfandgläubiger gegen den Eigentümer einen vollstreckbaren Titel, so kann er die Pfandverwertung nach den Vorschriften über die → Zwangsvollstreckung in bewegliche Sachen durchführen (§ 1233 II BGB, §§ 808 ff. ZPO); im Übrigen erfolgt die Pfandverwertung durch den sog. Pfandverkauf (§§ 1233 ff. BGB). Der Pfandverkauf ist vorher anzudrohen und regelmäßig durch öffentliche → Versteigerung durchzuführen (bei Waren mit Markt- oder Börsenpreis auch durch einen → Handelsmakler). Durch einen rechtmäßigen Pfandverkauf erlangt der Erwerber das – grds. unbelastete – Eigentum an der Pfandsache (§ 1242 BGB); falls dem Veräußerer ein Pfandrecht nicht zustand, ist bei ordnungsgemäßer Durchführung des Pfandverkaufs ein → gutgläubiger Erwerb möglich (§ 1244 BGB). Soweit der Erlös dem Pfandgläubiger zu seiner Befriedigung gebührt, geht seine Forderung unter; im Übrigen tritt der Erlös an die Stelle des Pfandes (§ 1247 BGB, sog. → Surrogation); bei freiwilliger Befriedigung des Pfandgläubigers durch den – vom Schuldner verschiedenen – Verpfänder (§ 1225 BGB) oder durch einen Dritten, dem ein → Ablösungsrecht an dem Pfand zusteht (bei drohendem Rechtsverlust durch Pfandverkauf, § 1249 BGB), geht die gesicherte Forderung auf den Leistenden über. Mit der Übertragung der Forderung geht infolge der Akzessorietät auch das Pfandrecht auf den neuen Gläubiger über; getrennte Übertragung ist nicht möglich (§ 1250 BGB).

d) Das Pfandrecht endet mit dem Erlöschen der gesicherten Forderung (zB infolge Tilgung, § 1252 BGB), bei Rückübertragung des Besitzes an der Pfandsache auf den Verpfänder (auch bei entgegenstehendem Willen des Gläubigers, § 1253 BGB), durch einseitige Pfandaufgabeerklärung des Pfandgläubigers (§ 1255 BGB) und grds. bei Zusammentreffen mit dem Eigentum in einer Person, sofern nicht der Eigentümer am Fortbestand, zB wegen nachrangiger Pfandrechte, ein rechtliches Interesse hat (§ 1256 BGB; anders → Konsolidation).

3. Gegenstand des Pfandrechts können ferner Rechte aller Art sein, sofern diese übertragbar sind (zB Forderungen, Grundpfandrechte, Miterbenanteile, Wertpapiere ua, §§ 1273 ff. BGB). Die Bestellung des Pfandrechts richtet sich hier nach den für die Übertragung des Rechts geltenden Vorschriften (§ 1274 BGB); bei einer Forderung (→ Abtretung) ist außerdem die Anzeige an den Schuldner erforderlich (§ 1280 BGB). Das → Anwartschaftsrecht des Vorbehaltskäufers wird dagegen rechtlich wie die Sache selbst behandelt. Ein → Wechsel oder sonstiges → Orderpapier wird durch Einigung über die Pfandrechtsbestellung, entsprechendes → Indossament – sog. → Pfandindossament – und Übergabe des Papiers verpfändet (§ 1292 BGB); für → Inhaberpapiere gelten die Vorschriften über das Pfandrecht an beweglichen Sachen entsprechend (§ 1293 BGB). Die Pfandverwertung setzt hier idR einen vollstreckbaren Titel nach den Vorschriften über die → Zwangsvollstreckung voraus (§ 1277 BGB). Bei einem Pfandrecht an einer Forderung hat der Schuldner vor Pfandreife an den Gläubiger und den Pfandgläubiger gemeinsam zu leisten; nach Eintritt der Pfandreife ist der Pfandgläubiger allein einziehungsberechtigt (§§ 1281, 1282 BGB). Erbringt der Schuldner hiernach seine Leistung, so erwirbt der Gläubiger den geleisteten Gegenstand (zB das Eigentum an dem übergebenen Geld) und der Pfandgläubiger ein Pfandrecht hieran (bei Übertragung des Eigentums an einem Grundstück eine → Sicherungshypothek); das Pfandrecht an der Forderung setzt sich also automatisch in einem Pfandrecht an der Sache selbst fort (sog. dingliche → Surrogation § 1287 BGB).

4. Im Gebiet der ehem. DDR gemäß §§ 443 ff. ZGB begründete Pfandrecht, die für Forderungen von Kreditinstituten, volkseigenen Betrieben und staatlichen Organen auch besitzlos sein konnten (und damit das → Sicherungseigentum ersetzten, § 448 ZGB), gelten mit dem bisherigen Inhalt und Rang fort (Art. 233 § 3 EGBGB).

Pfandrecht, gesetzliches; Pfandrecht, vertragliches
→ Pfandrecht (1, 2a).

Pfandreife
→ Pfandrecht (2c).

Pfandschein
→ Pfandleiher.

Pfandsiegel
Ein Pfandsiegel ist eine Marke, die der → Gerichtsvollzieher bei → Pfändung von Sachen, die im Gewahrsam des Schuldners bleiben, anbringt, um die → Beschlagnahme kenntlich zu machen (§ 808 II ZPO). Unbefugtes Entfernen eines Pfandsiegels ist als → Siegelbruch strafbar (§ 136 II StGB).

Pfandverkauf
→ Pfandrecht (2c).

Pfandverstrickung
→ Pfändung, → Verstrickung, → Verstrickungsbruch.

Pfandverwertung
→ Pfandrecht (2c).

Pfarrer
(Pfarrei). 1. In der → kath. Kirche der Leiter der ihm übertragenen Pfarrei; eine Pfarrei kann auch mehreren → Priestern gemeinsam (in solidum) oder einem → Ordensinstitut übertragen werden. Errichtung, Aufhebung

und Änderung der Pfarreien obliegen dem zuständigen Diözesanbischof. Zum Pfarrer kann vom zuständigen Bischof nur ernannt werden, wer die Weihe zum → Priester erhalten hat. Zur Unterstützung des Pfarrers kann der Diözesanbischof einen Pfarrvikar (im deutschen Sprachraum auch: Kaplan) ernennen. Bei Verhinderung des Pfarrers nimmt der Pfarrvikar bis zur Bestellung eines Pfarradministrators die Vertretung des Pfarrers wahr.

2. In der → evang. Kirche Bezeichnung des Leiters einer Kirchengemeinde, die im Gegensatz zur kath. Kirche bei seiner Bestellung mitwirkt. Der ersten Ernennung zum Pfarrer geht eine feierliche Ordination voraus. Voraussetzung der Ordination ist der Abschluss der Universitätsstudien durch ein wissenschaftliches Examen, durch das die Predigterlaubnis erworben wird. Darauf folgt eine mindestens zweijährige praktische Ausbildung durch ein Lehrvikariat oder auf einem Predigerseminar, zu deren Ende eine mehr praktisch orientierte Prüfung abgelegt wird. Ferner sind sittliche und körperliche Eignung und gemäß den → Kirchenverträgen deutsche Staatsangehörigkeit erforderlich.

Pferde im Straßenverkehr
→ Reiter, → Tiere im Straßenverkehr, → Fuhrwerke.

Pflanzen
iS des Naturschutzrechts (→ Naturschutz) sind insbes. wild lebende, durch künstliche Vermehrung gewonnene und tote Pflanzen wild lebender Arten, deren Samen oder sonstige Entwicklungsformen sowie ohne Weiteres erkennbare Teile oder gewonnene Erzeugnisse von ihnen (§ 7 II BNatSchG).

Das Ausbringen bestimmter Pflanzen in der freien Natur bedarf der behördlichen Genehmigung gem. § 40 BNatSchG. Bei in Deutschland noch nicht vorkommenden Arten ist hierfür das Bundesamt für Naturschutz in Bonn zuständig (→ invasive gebietsfremde Arten). Die Genehmigung ist zu versagen, wenn eine Gefährdung von Ökosystemen, Biotopen oder Arten der EU-Mitgliedstaaten nicht auszuschließen ist.

Sa → Artenschutz, → Energiepflanzen, → giftige Pflanzen und Tiere, → Saatgut, → Tierhandel, → transgene Pflanzen und Tiere. Zu zivilrechtlichen Aspekten s. → Bestandteil.

Pflanzengesundheitsinspektor
Der amtliche Pflanzengesundheitsinspektor ist eine gem. Art. 3 Nr. 33 VO (EU) 2017/625 (→ Lebensmittel- und Futtermittelrecht) von einer zuständigen Behörde eingestellte oder anderweitig bestimmte natürliche Person, die zur Durchführung amtlicher Kontrollen und anderer amtlicher Tätigkeiten angemessen geschult ist. Seine Befugnisse erstrecken sich, mit Ausnahme von insbesondere → Wein, auf praktisch den gesamten vom Lebensmittel-, Futtermittel-, → Pflanzenschutz und → Naturschutzrecht geregelten Bereich (Art. 1 II VO (EU) 2017/625). Er ist damit das Pendant zum amtlichen → Tierarzt (2).

Pflanzenschutz
1. Die Rechtsterminologie beschränkt den Begriff Pflanzenschutz auf den Schutz von → Kulturpflanzen. Zwar definiert § 2 des PflanzenschutzG v. 6.2.2012 (PflSchG, BGBl. 2012 I 148, 1281, mÄnd) Pflanzenschutz als Schutz von Pflanzen im Allgemeinen vor Schadorganismen und nichtparasitären Beeinträchtigungen. Dem Schutz biologisch wild lebender Pflanzen dient jedoch in erster Linie der → Artenschutz.

2. Europäisches Recht: Zulassung, Inverkehrbringen, Verwendung etc. von Pflanzenschutzmitteln und deren Bestandteilen sind durch die VO (EG) 1107/2009 v. 21.10.2009 (ABl. EG 2009 L 309, 1) geregelt. Die VO zielt darauf ab, für die Gesundheit von Mensch und Tier sowie für die Umwelt ein möglichst hohes Schutzniveau zu gewährleisten. Pflanzenschutzmittel dienen gem. Art. 2 VO (EG) 1107/2009 der Wachstumsregelung, Konservierung von Pflanzenerzeugnissen, Vernichtung oder Wachstumshemmung unerwünschter Pflanzen und der Schädlingsbekämpfung. Die Zulassung von Pflanzenschutzmitteln erfolgt gem. den Art. 28 ff. VO (EG) 1107/2009 und setzt die bereits erfolgte Genehmigung der Bestandteile voraus.

3. Bundesrecht: Pflanzenschutzmittel dürfen grundsätzl. nur angewandt werden, wenn sie zugelassen sind (§ 12 PflSchG). Wegen des Europäischen Rechts regelt das PflSchG nunmehr im Wesentlichen dessen Vollzug. Zuständige Behörde ist das → Bundesamt für Verbraucherschutz und Lebensmittelsicherheit (§§ 33, 41, 58 PflSchG). Die Zulassung eines Pflanzenschutzmittel gilt für 10 Jahre, kann aber erneuert werden (Art. 5, 14 VO (EG) 1107/2009). Neben der VO über Zulassungs- und Genehmigungsverfahren für Pflanzenschutzmittel (PflSchMV) v. 15.1.2013 (BGBl. 2013 I 74) oder die VO über die Prüfung von Pflanzenschutzgeräten (PflSchGerätV) v. 27.6.2013 (BGBl. 2013 I 1962, mÄnd) gibt es eine Reihe anderer Vorschriften, die Einzelheiten der Verwendung von Pflanzenschutzmitteln regeln, etwa die Pflanzenschutz-Anwendungsverordnung (PflSchAnwV 1992) v. 10.11.1992, BGBl. 1992 I 1887 mÄnd. Auf der Grundlage des PflSchG werden auch Sonderfälle auf Landesebene geregelt: So gilt für das Alte Land an der Elbe die Altes Land PflanzenschutzVO (AltLandPflSchV) v. 11.3.2015 (BAnz. AT 16.3.2015 V2, mÄnd). Das Pflanzengesundheitsgesetz dient der Umsetzung der VO (EU) 2016/2031 zur → Schädlingsbekämpfung.

4. → Referenzlaboratorium.

Pflanzgebot
→ Baugebot.

Pflegebedürftige
iSd → Pflegeversicherung sind Personen, die wegen einer körperlichen, geistigen oder seelischen → Krankheit oder Behinderung für die gewöhnlichen und regelmäßig wiederkehrenden Verrichtungen im Ablauf des täglichen Lebens auf Dauer, voraussichtlich für mindestens 6 Monate, in erheblichem Maße der Hilfe bedürfen. Krankheiten oder Behinderungen iSd Pflegeversicherung sind insbesondere Verluste, Lähmungen oder andere Funktionsstörungen am Stütz- und Bewegungsapparat, Funktionsstörungen der inneren Organe oder der Sinnesorgane sowie Störungen des Zentralnervensystems (zB Antriebs- oder Gedächtnisstörungen). Gewöhnliche und regelmäßig wiederkehrende Verrichtungen sind ua die Körperpflege, das Zubereiten und die Aufnahme von Nahrung, das selbstständige Aufstehen und Zu-Bett-Gehen sowie hauswirtschaftliche Verrichtungen wie das Einkaufen und das Reinigen der Wohnung. In welchem Umfang Pflegebedürftige Leistungen in Anspruch nehmen können (→ Häusliche Pflege, → Pflegegeld, → Teilstationäre Pflege, → Vollstationäre Pflege) ist davon abhängig, welchem → Pflegegrad sie zugeordnet sind. § 14 SGB XI definiert den Begriff der Pflegebedürftigkeit während § 15 SGB XI die Pflegegrade beschreibt.

Zum 1.1.2016 ist das PSG II in Kraft getreten. Wichtig war die Einführung von Pflegestützpunkten (§ 7c SGB XI). Der Begriff der Pflegestufe wurde zum 1.1.2017 durch den Begriff Pflegegrad ersetzt.

Pflegeberücksichtigungszeiten
In der Zeit vom 1.1.1992 bis 31.3.1995 konnten Pflegepersonen, die eine Person pflegen, freiwillige Beiträge während der Berücksichtigungszeiten entrichten, welche dann als Pflichtbeiträge angerechnet wurden (→ Pflegezeiten, → Berücksichtigungszeiten in der Rentenversicherung).

Pflegedienste
Pflegedienste im Sinne der sozialen → Pflegeversicherung sind nach der Legaldefinition des § 71 I SGB XI ambulante → Pflegeeinrichtungen, die selbständig wirtschaften und die unter der ständigen Verantwortung einer ausgebildeten Pflegefachkraft Pflegebedürftige in deren Wohnung pflegen und hauswirtschaftlich versorgen (zur teilstationären bzw. stationären Versorgung → Pflegeheime).

Pflegeeinrichtungen
sind in der sozialen Pflegeversicherung der Oberbegriff für (ambulante) → Pflegedienste und (stationäre) → Pflegeheime (→ Heim), geregelt in § 71 SGB XI .

Pflegeeltern
→ Pflegekinder, → elterliche Sorge (4).

Pflegegeld
In der sozialen → Pflegeversicherung können → Pflegebedürftige anstelle der → häuslichen Pflege ein Pflegegeld beantragen. Der Anspruch auf Pflegegeld setzt voraus, dass der Pflegebedürftige mit dem Pflegegeld dessen Umfang entsprechend die erforderliche Grundpflege und hauswirtschaftliche Versorgung durch eine Pflegeperson in geeigneter Weise selbst sicherstellt. Das Pflegegeld beträgt ab 2025 je Kalendermonat für → Pflegebedürftige mit dem → Pflegegrad 2347 EUR, für Pflegebedürftige mit dem → Pflegegrad 3599 EUR, für Pflegebedürftige mit dem → Pflegegrad 4800 EUR und für Pflegebedürftige mit dem → Pflegegrad 5990 EUR (§ 37 SGB XI). In Abhängigkeit vom Pflegegrad finden Überprüfungen der Pflegebedürftigkein statt; bei Pflegegrad 2 und 3 einmal halbjährlich, bei den Pflegegraden 4 und 5 jedes Vierteljahr. Die Kombination von Pflegesachleistungen und Pflegegeld ist grundsätzlich möglich (mit entsprechender Reduzierung der jeweiligen Leistungen, § 38 SGB XI).

Der Anspruch auf Pflegegeld richtet sich gegen die zuständige → Pflegekasse.

Ist ein Versicherter der → Unfallversicherung durch einen → Arbeitsunfall oder eine → Berufskrankheit so hilflos geworden, dass er für die gewöhnlichen und regelmäßig wiederkehrenden Verrichtungen im Ablauf des täglichen Lebens in erheblichem Umfang der Hilfe bedarf, kann der Versicherungsträger ihm ein Pflegegeld gewähren (§ 44 SGB VII).

In der → Kriegsopferversorgung wird uU eine Pflegezulage gewährt (§§ 35, 36 BVG).

Pflegegrad
Die bisherigen → Pflegestufen (→ Pflegestufe 0–3) wurden im Rahmen des Pflegestärkungsgesetzes II zum 1.1.2017 durch die Pflegegrade 1–5 ersetzt. Die Zuordnung zu den Pflegegraden erfolgt durch ein Punktsystem durch den → Medizinischer Dienst der Krankenversicherung (MdK). Für die Zuordnung des Pflegegrades 1 müssen zwischen 12,5 bis unter 27 Gesamtpunkten erreicht werden. Der Pflegegrad 1 entspricht dabei dem Vorliegen von geringen Beeinträchtigungen der Selbständigkeit oder der Fähigkeiten. Liegen erhebliche Beeinträchtigungen der Selbständigkeit oder der Fähigkeiten vor, so resultiert hieraus der Pflegegrad 2, der einer Punktzahl zwischen 27 bis unter 47,5 Punkten entspricht. Bei einer Punktzahl zwischen 47,5 bis unter 70 Gesamtpunkten liegen schwere Beiträchtigungen der Selbständigkeit oder der Fähigkeiten vor, die den Pflegegrad 3 zur Folge haben. Bei Überschreiten der Gesamtpunktzahl vor 70 bis zu einem Wert von unter 90 wird der Pflegegrad 4 anerkannt, der schwerste Beeinträchtigungen der Selbständigkeit oder der Fähigkeiten voraussetzt. Der Pflegegrad 5, bei dem schwerste Beeinträchtigungen der Selbständigkeit oder der Fähigkeiten mit besonderen Anforderungen an die pflegerische Versorgung vorliegen, bedingen eine Gesamtpunktzahl von über 90 bis zu 100 Gesamtpunkten.

Die Gesamtpunktzahl ergibt sich unter Berücksichtigung verschiedener „Module". Diese Module werden nach Art und Bedeutung gewichtet. So liegt zB. die Gewichtung für das Modul „Mobilität" bei 10 % der Gesamtpunktzahl. Das Modul Selbstversorgung hat an der Gesamtgewichtung einen Wert von 40 %. Außerhäusliche Aktivitäten und die Haushaltsführung werden als Modul nicht berücksichtigt, weil diese bereits bei den einzelnen Modulen berücksichtigt werden (vgl. Anlage 2 zu § 15 SGB XI).

Wenn krankenpflegerische Maßnahme dauerhaft erforderlich sind und durch die → Krankenversicherung abgedeckt werden, sind diese gleichwohl bei der Ermittlung des Pflegegrades zu berücksichtigen. Bei pflegebedürftigen Kindern und Jugendlichen ist das Alter des Kindes bzw. Jugendlichen entsprechend zu berücksichtigen. Bei pflegebedürftigen Kindern im Alter bis zu 18 Monaten sind die Werte der Gesamtpunktzahlen abgesenkt.

Pflegeheime
Pflegeheime sind nach der Legaldefinition in § 71 II SGB XI im Sinne der sozialen → Pflegeversicherung stationäre → Pflegeeinrichtungen, die selbständig wirtschaften und in denen unter der ständigen Verantwortung einer ausgebildeten Pflegefachkraft Pflegebedürftige ganztägig (vollstationär) oder nur tagsüber oder nur nachts (teilstationär) untergebracht und verpflegt werden können (s. auch → Heime; zur ambulanten Versorgung → Pflegedienste). Die pflegerische Versorgung der älter werdenden Bevölkerung nimmt in der politischen Diskussion einen breiten Raum ein, insbesondere hinsichtlich des Mangels an Pflegefachkräften und der Finanzierung der Pflege.

Pflegehilfe
Pflegehilfe bezeichnet die Leistungen der häuslichen Pflege nach dem SGB XI, wie etwa Pflegesachleistungen, Pflegegeld, kombinierte Leistungen, wohnumfeldverbessernde Maßnahmen oder digitale Pflegeanwendungen (→ Häusliche Pflege).

Pflegehilfsmittel
→ Pflegebedürftige haben Anspruch auf Versorgung mit Pflegehilfsmittel durch die zuständige → Pflegekasse, wenn die Pflegehilfsmittel zur Erleichterung der Pflege oder zur Linderung der Beschwerden des Pflegebedürftigen beitragen oder ihm eine selbständige Lebensführung ermöglichen, soweit die Hilfsmittel nicht wegen → Krankheit oder Behinderung von der → Krankenversicherung oder anderen zuständigen Leistungsträgern zu leisten sind. Soweit die Pflegehilfsmittel zum Verbrauch bestimmt sind, werden von der Pflegekasse max. 40 EUR im Monat erstattet. Technische Hilfsmittel sollen in geeigneten Fällen vorrangig leihweise überlassen werden (§ 40 III SGB XI).

Subsidiär können die Pflegekassen auch finanzielle Zuschüsse für Maßnahmen zur Verbesserung des individuellen Wohnumfeldes des Pflegebedürftigen gewähren, beispielsweise für technische Hilfen im Haushalt, wenn hierdurch im Einzelfall die häusliche Pflege ermöglicht oder wesentlich erleichtert oder eine möglichst selbständige Lebensführung des Pflegebedürftigen wiederhergestellt werden kann. Eine Zuschussgewährung von max. 4000 EUR je Maßnahme ist möglich. Leben mehrere Pflegebedürftige in einer gemeinsamen Wohnung beläuft sich der Förderbetrag auf max. 16. 000 EUR (§ 40 IV SGB XI).

Der behindertengerechte Umbau einer Wohnung sowie der dauerhafte Einbau von Geräten, die ein weitgehend selbständiges Wohnen des Pflegebedürftigen ermöglichen sollen, sind keine Pflegehilfsmittel. Die Entscheidung, welche Maßnahmen zur Verbesserung des individuellen Wohnumfeldes allgemein in Betracht kommen, unterliegt nicht dem Ermessen der Pflegekassen. Zuschüsse für bauliche Veränderungen des Wohnumfeldes zur Aufrechterhaltung der selbständigen Lebensführung eines Pflegebedürftigen kommen als Ermessensleistung im Einzelnen nur in Betracht, soweit die Maßnahmen durchschnittliche Anforderungen an die Wohnungsausstattung nicht übersteigen. Der Einbau von elektrisch betriebenen Sonnenschutzanlagen (Rollläden, Markisen) gehört nicht zu den wohnumfeldverbesserenden Maßnahmen. Zu solchen Maßnahmen können dagegen der Einbau einer mobilen, elektrisch betriebenen Treppensteighilfe (Treppenlift) oder der Einbau einer behindertengerechten Dusche und Verbreiterung der Badezimmertür gehören. Nicht von der Pflegekasse getragene Mehrkosten für Pflegehilfsmittel können im Rahmen der Einkommensteuererklärung geltend gemacht werden.

Pflegekasse
Pflegekassen sind Träger der → Pflegeversicherung. Eine Pflegekasse ist bei jeder → Krankenkasse errichtet worden. Die → Deutsche Rentenversicherung Knappschaft-Bahn-See führt für ihre Versicherten der → Knappschaft die → Pflegeversicherung durch. Die Pflegekassen sind rechtsfähige Körperschaften des öffentlichen Rechts mit Selbstverwaltung; ihre Organe sind die Organe der Krankenkasse, bei denen sie errichtet worden sind (§ 46 SGB XI). Für bei einer privaten Pflegekasse Versicherte ist zu beachten, dass für Klagen gegen den privaten Pflegeversicherungsträger der Rechtsweg zu den Sozialgerichten eröffnet ist (§ 51 Abs. 1 Nr. 2 SGG).

Pflegekinder
Das Pflegekindschaftsverhältnis ist im BGB nicht definiert. Es handelt sich dabei um Kinder und Jugendliche, die sich dauernd oder regelmäßig für einen Teil des Tages außerhalb des Elternhauses in Familienpflege befinden,

ausgenommen Kinder, die beim → Personensorgeberechtigten, bei Verwandten, in einer auswärtigen Schulpflegestelle (Internat) oder beim Arbeitgeber untergebracht sind. Die Pflegeperson bedarf zur Aufnahme eines Pflegekindes der vorherigen Pflegeerlaubnis des → Jugendamtes, das auch die Aufsicht über die Pflegekinder führt (§§ 44 ff. SGB VIII). Lebt das Kind seit längerer Zeit in Familienpflege und wollen die Eltern das Kind von der Pflegeperson wegnehmen, so kann das → Familiengericht anordnen, dass das Kind bei der Pflegeperson verbleibt, wenn und solange das Kindeswohl durch die Wegnahme gefährdet würde (Verbleibensanordnung, § 1632 IV BGB). Die Verbleibensanordnung kann seit der Reform durch das Kinder- und Jugendstärkungsgesetz (Gesetz v. 3.6.2021, BGBl. 2021 I 1444) auch einen perspektivisch dauerhaften Verbleib bei der Pflegeperson regeln und so das Bedürfnis des Kindes nach kontinuierlichen und stabilen Lebensverhältnissen stärker berücksichtigen. Das Gericht kann der Pflegeperson auch Angelegenheiten der → elterliche Sorge übertragen; die Pflegeperson hat dann die Rechte und Pflichten eines → Pflegers (§ 1630 III BGB). In Angelegenheiten des täglichen Lebens ist die Pflegeperson berechtigt, selbst zu entscheiden und den Inhaber der elterlichen Sorge zu vertreten; hierunter fällt auch die Geltendmachung von Unterhalts-, Versicherungs-, Versorgungs- und Sozialleistungsansprüchen sowie die Verwaltung eines eventuellen Arbeitsverdienstes des Pflegekindes (§ 1688 BGB). Zum → Umgangsrecht s. dort; zum Anhörungsrecht der Pflegeperson s. § 161 FamFG.

Die Leistungen der → Familienversicherung in der → Krankenversicherung sowie das → Kindergeld und die für Kinder gewährten Leistungen der gesetzlichen → Unfallversicherung, der gesetzlichen → Rentenversicherung und der → Kriegsopferversorgung (→ Kinderzuschlag und → Waisenrente) erstrecken sich auch auf Pflegekinder (§ 10 SGB V; § 48 SGB VI; § 67 SGB VII; § 45 BVG; § 2 BKGG).

Einkommensteuerlich sind Pflegekinder dem ehelichen Kind gleichgestellt (→ Kinder, steuerliche Berücksichtigung); doch müssen Pflegeeltern und -kinder durch ein auf längere Dauer angelegtes Pflegeverhältnis mit häuslicher Gemeinschaft wie Eltern und Kind miteinander verbunden sein (§ 15 I Nr. 8 AO). Die Haushaltsaufnahme ist auch Voraussetzung für die Gewährung von Leistungen nach dem SGB sowie dem BKGG.

Werden Kinder von einer → Tagesmutter betreut, entsteht dadurch keine Pflegekindschaftsverhältnis.

Pflegekosten
Pflegekosten können im Rahmen der Steuererklärung steuermindernd geltend gemacht werden. Die Steuerermäßigung kann in Anspruch genommen werden für die Inanspruchnahme von Pflege- und Betreuungsleistungen sowie für Aufwendungen, die einem Steuerpflichtigen wegen der Unterbringung in einem Heim oder zur dauernden Pflege erwachsen, soweit darin Kosten für Dienstleistungen enthalten sind, die mit denen einer Hilfe im Haushalt vergleichbar sind. Pflegebedürftige können dabei 20 vH der Aufwendungen, max. 4000 EUR pro Jahr von ihrer Einkommensteuerschuld abziehen (§ 35a II 1 EStG). Voraussetzungen für die Anrechnung sind, dass:

- ein Schweregrad der Pflegebedürftigkeit im Sinn des § 14 SGB XI besteht oder
- Leistungen aus der Pflegeversicherung bezogen werden,
- dem Finanzamt eine Rechnung und der Nachweis der Überweisung der Zahlungen vorgelegt werden kann.

Eine Steuerermäßigung kann neben der Inanspruchnahme des Behindertenpauschbetrages nicht erfolgen.

Eine Begrenzung des Eigenanteils der Pflegekosten wird bereits seit einiger Zeit in der Politik diskutiert. Auch im Koalitionsvertrag zur 20. Legislaturperiode ist eine Entlastung beabsichtigt. Seit dem 1.1.2022 gilt nach § 43c SGB XI eingef. mWv 1.1.2022 durch G v. 11.7.2021 (BGBl. I S. 2754) eine Zuschussregelung, in der abhängig von der Dauer des Aufenthalts in der Pflegeeinrichtung ein Zuschuss zum Eigenanteil an den pflegebedingten Aufwendungen zwischen 5 und 70 Prozent an Betroffene der Pflegegrade 2–5 geleistet wird.

Pflege-Pauschbetrag
wird jährlich in Abhängigkeit vom Pflegegrad (600 EUR für Pflegegrad 2, 1.100 EUR für Pflegegrad 3, 1.800 EUR für Pflegegrad 4 oder 5) für die persönliche Pflege eines Hilflosen in der eigenen Wohnung oder in der Wohnung des Pflegebedürftigen gewährt (§ 33b VI EStG). Vgl. → Belastungen, außergewöhnliche (2e).

Pflegepersonen
iSd → Pflegeversicherung sind Personen, die nicht erwerbsmäßig einen → Pflegebedürftigen in seiner häuslichen Umgebung pflegen (§ 19 SGB XI).

Zur Verbesserung der sozialen Sicherung dieses Personenkreises entrichtet die soziale Pflegeversicherung oder das private Versicherungsunternehmen, bei dem eine private Pflege-Pflichtversicherung abgeschlossen worden ist, Beiträge an den zuständigen Träger der gesetzlichen → Rentenversicherung, wenn die Pflegeperson einen Pflegebedürftigen mit mindestens Pflegegrad 2 wöchentlich wenigstens 10 Stunden, verteilt auf mindestens zwei Tage, nicht erwerbsmäßig pflegt und der Pflegebedürftige Anspruch auf Leistungen der Pflegeversicherung hat (§ 3 SGB VI). Außerdem sind Pflegepersonen während ihrer Tätigkeit in den Schutz der gesetzlichen → Unfallversicherung einbezogen (§ 2 I Nr. 17 SGB VII).

Pfleger
→ Pflegschaft.

Pflegesachleistungen
In der sozialen → Pflegeversicherung bezeichnet § 36 SGB XI die → häusliche Pflege (körperbezogene Pflegemaßnahmen, pflegerische Betreuungsmaßnahmen sowie Hilfen bei der Haushaltsführung) als Pflegesachleistung.

Der Anspruch umfasst pflegerische Maßnahmen in den Bereichen Mobilität, kognitive und kommunikative Fähigkeiten, Verhaltensweisen und psychische Problemlagen, Selbstversorgung, Bewältigung von und selbständiger Umgang mit krankheits- oder therapiebedingten Anforderungen und Belastungen sowie Gestaltung des Alltagslebens und sozialer Kontakte. Pflegesachleistungen (im Regelfall in Form ambulanter Pflege) können je nach Pflegegrad abgerufen werden in folgenden Höhen: 796 EUR in Pflegegrad 2, 1497 EUR in Pflegegrad 3, 1859 EUR in Pflegegrad 5 und 2299 EUR in Pflegegrad 5.

Anstelle der Pflegesachleistungen kann → Pflegegeld beantragt werden.

Pflegesatz
In der Pflegeversicherung bezeichnet Pflegesatz die Entgelte der Heimbewohner oder ihrer Kostenträger für die teil- oder vollstationären Pflegeleistungen des Pflegeheims sowie für die Betreuung und, soweit kein Anspruch auf außerklinische Intensivpflege nach § 37c SGB V besteht, für die medizinische Behandlungspflege (§ 84 SGB XI). Der Pflegesatz wird taggenau abgerechnet (§ 87a SGB XI). Die Höhe der Pflegesätze wird in einem besonderen Verfahren zwischen den Trägern der Pflegeeinrichtungen und den Leistungsträgern nach § 85 II SGB XI vereinbart. Nicht enthalten im Pflegesatz sind die Kosten für Unterkunft, Verpflegung sowie die Investitionskosten. In der Krankenversicherung findet sich der Begriff Pflegesatz nur noch in speziell aufgeführten Bereichen, in denen noch keine Abrechnung der Leistungen nach Fallpauschalen erfolgt (→ Krankenhausfinanzierung, § 115a SGB V, § 17 KHG, → Preisrecht).

Pflegestützpunkt
Zum 1.1.2016 ist das zweite Pflegestärkungsgesetz in Kraft getreten. Durch dieses Gesetz wurden die Krankenkassen und Pflegekassen verpflichtet, Pflegestützpunkte einzurichten (äußert kompliziert in § 7c SGB XI geregelt). Voraussetzung ist, dass die obersten Landesbehörden diese bestimmen. Für die Errichtung des Pflegestützpunktes haben die → Krankenkassen und → Pflegekassen sechs Monate Zeit, nachdem die Aufforderung durch die Landesbehörde erfolgt ist. Die Pflegestützpunkte haben die Aufgabe, sowohl die Rat suchenden umfassend und unabhängig zu beraten, die wohnortnahe Versorgung und Betreuung sicherzustellen sowie notwendige Hilfe anzubieten. Es soll auf vorhandene Strukturen bei der Beratung zurückgegriffen werden. Die Krankenkassen und Pflegekassen müssen sich an der Arbeit der Pflegestützpunkte beteiligen (§ 7c II SGB XI). Eine Zusammenarbeit mit den Trägern der Leistungen nach dem SGB II bzw. SGB XII ist gesetzlich vorgesehen.

Pflegestufe 0
Für die Gewährung von Leistungen der → Pflegeversicherung waren → Pflegebedürftige grundsätzlich drei → Pflegestufen zugeordnet (§ 15 I Nr. 1–3 SGB XI aF). Für Versicherte mit einem erheblichen allgemeinen Betreuungsaufwand, insbesondere bei Demenzerkrankungen, besteht unter Umständen die Möglichkeit, → zusätzliche Betreuungsleistungen in Anspruch zu nehmen, auch wenn die Voraussetzungen für eine Zuordnung zu einer Pflegestufe nicht erfüllt sind (§§ 45a und 45b SGB XI aF). Umgangssprachlich wird dies auch als Pflegestufe 0 bezeichnet. Der Begriff der Pflegestufen ist zum 1.1.2017 durch eine Gesetzesänderung durch den Begriff Pflegegrade ersetzt worden. Dabei wurde die Pflegestufe 0 in Pflegegrad 2 überführt. Die Leistungen in → Pflegegrad 2 sind höher als sie bei Pflegestufe 0 gewesen waren.

Pflegestufen
Mit Wirkung v. 1.1.2017 wurde der Begriff → Pflegegrad eingeführt. Dieser ersetzt die bis dahin geltenden drei Pflegestufen. Die bisher vom MdK (→ Medizinischer Dienst der Krankenversicherung) festgelegten Pflegestufen wurden in die Pflegegrade überführt. Wer bislang der höchsten Pflegestufe 3 zugeordnet wurde, dem wurde nunmehr der Pflegegrad 4 zugeordnet (Überleitungsregelung § 140 SGB XI). Die Pflegegrade entscheiden über die Gewährung von Leistungen der → Pflegeversicherung an → Pflegebedürftige (§ 15 SGB XI).

Pflegeversicherung
1. Die „klassischen" Bereiche der → Sozialversicherung, dh die → Krankenversicherung, die → Unfallversicherung und die → Rentenversicherung sind mit dem Inkrafttreten des Pflege-Versicherungsgesetzes (SGB XI) durch die soziale Pflegeversicherung ergänzt worden (Pflege-VersicherungsG vom 26.5.1994, BGBl. 1994 I 1014 mÄnd).

Der Kreis der Versicherten ist im Wesentlichen identisch mit jenen Personen, die als Pflichtmitglieder in der gesetzlichen → Krankenversicherung versichert sind; dh erfasst werden insbes. → Arbeiter, → Angestellte und zu ihrer Berufsausbildung Beschäftigte; Personen, die → Arbeitslosengeld beziehen; Landwirte und ihre mitarbeitenden Familienangehörigen; selbstständige Künstler und Publizisten nach näherer Bestimmung der → Künstlersozialversicherung; Rehabilitanden, behinderte Menschen und Studenten, soweit sie der Krankenversicherungspflicht unterliegen. Versicherungspflichtig in der Pflegeversicherung sind auch die freiwilligen Mitglieder der Krankenversicherung; für sie besteht allerdings die Möglichkeit der Befreiung von der Versicherungspflicht, wenn sie sich entsprechend privat versichert haben (§§ 20 ff. SGB XI; sa → Familienversicherung, → freiwillige Versicherung).

2. Anspruchsberechtigt sind → Pflegebedürftige, denen ein → Pflegegrad zugeordnet ist (§§ 14 ff. SGB XI). Als Leistungen werden insbes. gewährt → häusliche Pflege, → Pflegegeld, → Pflegehilfsmittel, → teilstationäre Pflege, → Kurzzeitpflege, → vollstationäre Pflege (§§ 36 ff. SGB XI) und Leistungen zur sozialen Sicherung der → Pflegeperson (§ 44 SGB XI). MWv 1.1.2002 sind durch das Pflegeleistungs-ErgänzungsG (PflEG) zusätzlich eingeführt worden die Leistungen für → Pflegebedürftige mit erheblichem allgemeinen Betreuungsaufwand (§ 45b SGB XI).

3. Träger der Pflegeversicherung sind die → Pflegekassen, die bei den → Krankenkassen errichtet worden sind; die Organe der Krankenkassen sind zugleich die Organe der bei ihnen errichteten Pflegekassen (§§ 46 ff. SGB XI).

4. Finanziert wird die Pflegeversicherung durch Beiträge, die bei Beschäftigten, die in der gesetzlichen Krankenversicherung pflichtversichert sind, grds. je zum Teil vom Versicherten und seinem Arbeitgeber zu tragen sind, wobei die hieraus resultierende finanzielle Belastung der Arbeitgeber allerdings auf andere Weise ausgeglichen worden sind. Für andere Versicherte bestehen hinsichtlich der Beitragstragung Sonderregelungen. Der Beitragssatz wird durch Gesetz festgesetzt; er beträgt seit 1.7.2008 bundeseinheitlich 1,95 vH der beitragspflichtigen Einnahmen der Mitglieder. Ab dem 23. Lebensjahr erhöht sich der Beitragssatz für Kinderlose um 0,25 vH. Die → Beitragsbemessungsgrenze orientiert sich an der für die gesetzliche Krankenversicherung geltenden → Jahresarbeitsentgeltgrenze (§§ 54 ff. SGB XI). Zum 1.1.2014 stieg der Beitragssatz auf 2,05 vH; zum 1.1.2015 wurde der Beitragssatz auf 2,35 vH erhöht. Zum 1.1.2016 ist das PSG II in Kraft getreten. Dadurch steigt der Beitragssatz um weitere 0,2 %. Zum 1.1.2019 wurde der Beitragssatz erneut angehoben sowie auch stetig in den Folgejahren. Im Jahr 2024 lag der allgemeine Beitragssatz bei 3,4 %. Ab 2025 beträgt der allgemeine Beitragssatz nunmehr bei 3,60 vH für Versicherte ab dem 23. Lebensjahr. Dieser allgemeine Beitragssatz wird paritätisch von Arbeitgebern und Beschäftigten getragen. Der Mehrbetrag für Kinderlose beträgt 0,6 vH und wird ausschließlich von den Versicherten getragen. Ab dem 2. Kind erfolgt eine Beitragsreduzierung pro Kind um jeweils 0,25 vH (bis maximal 1 vH bei fünf Kindern) Lediglich im Bundesland Freistaat Sachsen gilt eine andere Beitragsaufteilung, weil diese keinen Feiertag (Reformationstag) für die Finanzierung entfallen ließen, so dass die Beschäftigten einen höhreren Beitragsanteil übernehmen. Ein Rentenbezieher muss den gesamten Beitrag alleine aufbringen, während sich bei Arbeitnehmern die Beitragsaufwendungen mit dem Arbeitgeber paritätisch teilen.

5. Steuerlich folgt die Behandlung der Pflegeversicherung der Krankenversicherung. Der Beitragsanteil des Arbeitgebers ist steuerfrei (§ 3 Nr. 62 EStG). Der Arbeitnehmeranteil sowie Arbeitnehmerbeiträge zu einer zusätzlichen freiwilligen Pflegeversicherung sind bei diesem → Sonderausgaben (§ 10 I Nr. 3.b) EStG und § 10 I Nr. 3a. EStG). Zuschüsse eines Trägers der gesetzlichen Rentenversicherung zu den Aufwendungen eines Rentners für seine Pflegeversicherung sind steuerfrei (§ 3 Nr. 14 EStG). Die der Pflegeperson bezahlte Vergütung für die Pflege ist grds. einkommensteuerpflichtig. Im Familienbereich gezahlte Vergütungen sind steuerfrei (§ 3 Nr. 36 EStG), um die Förderung der Familienpflege nicht zu gefährden. Voraussetzung ist, dass die Grenzen des Pflegegeldes (§ 37 SGB XI) nicht überschritten werden.

Pflegezeit

1. Ein → Arbeitnehmer kann bis zu 10 Tagen der Arbeit fernbleiben, um einen nahen Angehörigen in einer akut aufgetretenen Pflegesituation pflegerisch zu versorgen und die bedarfsgerechte Pflege zu organisieren (§ 2 PflegeZG = Art. 3 des PflegeweiterentwicklungsG vom 28.5.2008, BGBl. 2008 I 874, 896). Aus der Formulierung „akut" folgt, dass bei dauerhaftem Bezug von Leistungen nach dem SGB XI (Pflegegeld) der Anspruch nicht geltend gemacht werden kann.

2. Über diese kurzzeitige Arbeitsverhinderung hinaus hat der Arbeitnehmer Anspruch auf (vollständige oder teilweise) Freistellung von der Arbeitsleistung bis zu 6 Monaten zur Pflege eines nahen Angehörigen in häuslicher Umgebung. Dieser Anspruch auf Pflegezeit gilt allerdings nicht in Betrieben mit 15 oder weniger Arbeitnehmern (§§ 3, 4 PflegeZG; s. auch → Familienpflegezeit).

3. Im Falle der kurzzeitigen Arbeitsverhinderung (oben 1) ist der Arbeitslohn (nur) unter den Voraussetzungen des § 616 BGB weiter zu zahlen (→ Dienstvertrag, 2); für die Pflegezeit (oben 2) besteht kein Anspruch auf Entgeltfortzahlung. Von der Ankündigung bis zur Beendigung von Arbeitsverhinderung oder Pflegezeit kann der Arbeitnehmer ordentlich nur ausnahmsweise in besonderen Fällen mit Zustimmung der zuständigen Landesbehörde gekündigt werden (Sonderkündigungsschutz, § 5 PflegeZG).

4. Die kurzzeitige Arbeitsverhinderung oder die Pflegezeit ist ein sachlicher Grund für die Befristung des Arbeitsverhältnisses einer aus diesem Grund eingestellten Ersatzkraft (§ 7 PflegeZG).

5. In der gesetzlichen → Rentenversicherung werden Zeiten der nicht erwerbsmäßigen

Pflege eines pflegebedürftigen in der Zeit vom 1.1.1992 bis zum 31.3.1995 auf Antrag der Pflegeperson uU als → Berücksichtigungszeiten bei der Berechnung der Rente berücksichtigt (§ 249b; § 43 III Nr. 2 SGB VI, §§ 57, 71 III SGB VI, § 263 SGB VI).

Soweit mit dem Arbeitgeber eine Wertguthabenvereinbarung (§ 7b SGB IV) geschlossen worden ist, kann dieses Wertguthaben nach § 7c SGB IV bei einer Pflegezeit verwendet werden, → Flexibilisierung der Arbeitszeit, → Wertguthaben.

Pflegezulage
Die Pflegezulage ist eine Leistung des sozialen Entschädigungsrechts (→ Pflegegeld). Voraussetzung ist, dass der oder die Beschädigte infolge der Schädigung hilflos ist. Hilflos sind Beschädigte, wenn sie für eine Reihe von häufig und regelmäßig wiederkehrenden Verrichtungen zur Sicherung ihrer persönlichen Existenz im Ablauf eines jeden Tages fremder Hilfe dauernd bedürfen. Solange Beschädigte infolge der Schädigung hilflos sind, wird eine Pflegezulage von 376 Euro (Stufe I) monatlich gezahlt (§ 35 BVG, § 144 SGB XIV). Höhere Stufen der Pflegezulage sind abhängig von der Schwere der Schädigung und dem Umfang der Hilfebedürftigkeit.

Pflegschaft
Während die → Vormundschaft zur Fürsorge für die Person und das Vermögen eines Minderjährigen (für Volljährige → Betreuung) und zu dessen Vertretung in grds. allen Angelegenheiten dient, ist vom → Familiengericht eine Pflegschaft bei einem Fürsorgebedürfnis für einzelne besondere Angelegenheiten anzuordnen (§§ 1809 ff. BGB). Der Pfleger hat daher nur für einen bestimmten, begrenzten Kreis von Angelegenheiten zu sorgen. Die Pflegschaft lässt die → Geschäftsfähigkeit des Pfleglings unberührt (dieser kann also neben dem Pfleger Rechtsgeschäfte abschließen). Die Pflegschaft ist idR Personalpflegschaft (zur Fürsorge für eine bestimmte Person), kann aber ausnahmsweise eine Sachpflegschaft (→ Pflegschaft für Sammelvermögen) sein.

Die Voraussetzungen für die Anordnung einer Pflegschaft und ihre Beendigung sind in den einzelnen Pflegschaftsfällen verschieden; iE → Ergänzungspflegschaft, → Ersatzpflegschaft, → Abwesenheitspflegschaft, → Pflegschaft für eine Leibesfrucht, → Pflegschaft für unbekannte Beteiligte, → Pflegschaft für Sammelvermögen, → Nachlasspflegschaft, → Nachlassverwaltung. Für Fälle geistiger oder körperl. Behinderung (bisher Gebrechlichkeitspflegschaft) gilt jetzt ausschließl. das Recht der → Betreuung. Pflegeeltern sind nicht zwingend Inhaber der Pflegschaft (→ Pflegekinder). Auf die Pflegschaft, insbes. auf die Bestellung des Pflegers, seine Rechte und Pflichten sowie auf den Umfang seiner Tätigkeit, finden bei Pflegschaften für Minderjährige die Vorschriften über die Vormundschaft (→ Vormund) entsprechende Anwendung (§ 1813 BGB), für sonstige Pflegschaften die Vorschriften über die → Betreuung (§ 1888 BGB). Jede Pflegschaft ist aufzuheben, wenn der Grund für ihre Anordnung weggefallen ist, dh das Fürsorgebedürfnis nicht mehr besteht (§ 1812 BGB), insbes. bei Erreichen des mit ihr verfolgten Zwecks (für sonstige Pflegschaften §§ 1886 f. BGB). Überleitungsvorschrift für im Gebiet der ehem. DDR am 3.10.1990 bestehende Pflegschaft, die ab dann den oa Vorschriften unterliegen: Art. 234 § 15 EGBGB.

Im Prozess (§ 53 ZPO), insbes. bei Bestellung eines Pflegers durch das Prozessgericht (→ Prozesspfleger, § 57 ZPO), hat der Pfleger die Stellung des → gesetzlichen Vertreters einer nicht prozessfähigen Partei.

Pflegschaft für eine Leibesfrucht
Für ein gezeugtes, aber noch nicht geborenes Kind ist zur Wahrung seiner künftigen Rechte – zB des Erbrechts – eine → Pflegschaft anzuordnen, sofern diese Rechte nicht von dem zukünftigen Inhaber der → elterlichen Sorge geltend gemacht werden können, § 1810 BGB. Zur Wahrung von Rechten zu erwartender, aber noch nicht gezeugter Kinder kommt eine → Pflegschaft für unbekannte Beteiligte in Betracht, § 1882 BGB. Die Pflegschaft endet mit der Geburt des Kindes, sofern ihr Zweck nicht vorher erledigt ist. Zur Geltendmachung von Unterhaltsansprüchen → Beistand (1).

Pflegschaft für Sammelvermögen
Ist durch eine öffentliche Sammlung ein Vermögen für einen vorübergehenden Zweck zusammengebracht worden, so kann – außer wenn Vermögensträger eine → juristische Person ist (→ Stiftung) – zur Verwaltung und Verwendung des Sondervermögens eine → Pflegschaft (Sachpflegschaft) angeordnet werden, falls die dazu berufenen Personen weggefallen sind, zB durch Tod der Veranstalter, Auflösung des Sammlungsausschusses (§ 1883 BGB). Anders als in den sonstigen Fällen der Pflegschaft, die Personen betreffen, handelt es sich um die Pflegschaft einer Sachgesamtheit, eine Sachpflegschaft. Die Pflegschaft endet mit Erledigung der Angelegenheit (§ 1887 Abs. 2 BGB) oder mit Aufhebung durch das Betreuungsgericht (§ 1886 Abs. 2 BGB).

Pflegschaft für unbekannte Beteiligte
Ist unbekannt oder ungewiss, wer bei einer Angelegenheit der Beteiligte ist, so kann bei einem entsprechenden Bedürfnis für den unbekannten Beteiligten eine → Pflegschaft angeordnet werden (§ 1882 BGB). So kann zB einem → Nacherben, der noch nicht gezeugt oder dessen Person erst durch ein künftiges Ereignis bestimmt wird, bis zum Eintritt der Nacherbfolge ein Pfleger bestellt werden (ist er gezeugt, aber noch nicht geboren, kommt → Pflegschaft für eine Leibesfrucht in Betracht). Die Pflegschaft endet bei Erledigung

des besonderen Zwecks (§ 1887 Abs. 2 BGB) oder durch Aufhebung seitens des → Familien- oder Betreuungsgerichts, wenn die Unbekanntheit weggefallen, insbes. die Nacherbfolge eingetreten ist (§§ 1886 Abs. 2, 2106 BGB).

Pflicht zum Erscheinen
→ persönliches Erscheinen.

Pflichtangebot
→ Übernahme eines Handelsgeschäfts (Unternehmens), 2; → Wertpapiererwerbs- und Übernahmegesetz.

Pflichtbeitragszeiten
sind in der gesetzlichen → Rentenversicherung Zeiten, für die nach Bundesrecht Beiträge gezahlt worden sind (→ Beitragszeiten); soweit ein Anspruch auf eine → Rente eine bestimmte Anzahl von Pflichtbeiträgen für eine versicherte Beschäftigung oder Tätigkeit voraussetzt, zählen hierzu ua auch freiwillige Beiträge, die als Pflichtbeiträge (§ 177 SGB VI aF) gelten und Beiträge für → Anrechnungszeiten, die ein Leistungsträger mitgetragen hat (§ 55 I SGB VI). Pflichtbeitragszeiten setzen in der Regel ein abhängiges Beschäftigungsverhältnis voraus. Selbstständige haben ggf. nach § 2 SGB VI trotz der Selbstständigkeit Beiträge zu entrichten, sofern sie eine der dort aufgeführten Tätigkeiten ausüben. Für sonstige Versicherte, zB Personen, denen → Kindererziehungszeiten angerechnet werden, werden Pflichtbeitragszeiten entrichtet. Nachversicherungszeiten sind ebenso Pflichtbeitragszeiten; → Ersatzzeiten sind zwar keine Pflichtbeitragszeiten entfalten im Rahmen der Rentenberechnung aber die gleiche Wirkung.

Pflichtenkollision
→ Rechtswidrigkeit.

Pflichtenkollision, rechtfertigende
→ Rechtfertigende Pflichtenkollision,
→ Rechtswidrigkeit, → Notstand.

Pflichtexemplar
→ Presserecht.

Pflichtgemäßes Ermessen
→ Ermessen.

Pflichtmitgliedschaft
besteht kraft Gesetzes bei manchen öffentl.-rechtl. Körperschaften, insbes. in der → Sozialversicherung (→ Pflichtversicherung, 2) und bei berufsständischen Vereinigungen/Versorgungswerken (Ärzte-, Rechtsanwaltskammern, Industrie- und Handelskammern usw). Sie verstößt, sofern sie sich aus deren Aufgabenbereich rechtfertigt, nicht gegen die sog. negative Vereinigungsfreiheit. Aus der Pflichtmitgliedschaft folgt auch eine Beitragspflicht; sa → Studentenschaft. Die Pflichtmitgliedschaft endet mit dem Ende der Versicherungspflicht, zB durch Überschreiten der Versicherungspflichtgrenze in der Krankenversicherung. Sie kann, zB bei Gewerbetreibenden in Handwerksbetrieben auf Antrag beendet werden, wenn diese für mind. 216 Kalendermonate → Pflichtbeiträge entrichtet haben. Wurde die Versicherungspflicht nach § 4 II SGB VI durch einen Selbstständigen beantragt, kann die Pflichtmitgliedschaft nicht gekündigt werden. Sie endet mit Aufgabe der Selbstständigkeit.

Pflichtschenkung
→ Schenkung (aE).

Pflichtteil
Die → Testierfreiheit des → Erblassers wird durch das Pflichtteilsrecht naher Angehöriger eingeschränkt. Sind nämlich Abkömmlinge, die Eltern oder der Ehegatte des Erblassers (Pflichtteilsberechtigte, nicht Geschwister oder weitere Verwandte) durch → Verfügung von Todes wegen von der gesetzlichen → Erbfolge ausgeschlossen (Enterbung), so können sie von dem → Erben den Pfliechtteil verlangen (sog. Pflichtteilsanspruch, § 2303 BGB), Abkömmlinge und Eltern allerdings nur, soweit sie nicht im Falle der gesetzlichen Erbfolge durch einen näher Berufenen ausgeschlossen wären (§ 2309 BGB). Der Pflichtteil, der nur unter bestimmten engen Voraussetzungen (Pflichtteilsentziehung) entfällt, ist kein gesetzlicher Erbteil (Noterbrecht), sondern ein persönlicher Anspruch auf Zahlung einer Geldsumme in Höhe der Hälfte des Wertes des gesetzlichen Erbteils im Zeitpunkt des → Erbfalls (§ 2303 I 2 BGB); der Wert ist unabhängig von der Auffassung des Erblassers durch Schätzung zu ermitteln (§ 2311 BGB). Dieser Erbteil erhöht sich zwar für den überlebenden Ehegatten beim gesetzlichen Güterstand der → Zugewinngemeinschaft um ein Viertel (§ 1371 I BGB), so dass sich für die Berechnung, den → Pflichtteilsergänzungsanspruch usw auch der Pflichtteil entsprechend vergrößert (sog. großer Pflichtteil; s. iE → Zugewinnausgleich). Nach BGHZ 42, 182 kann jedoch der überlebende Ehegatte, der weder Erbe noch Vermächtnisnehmer geworden ist, neben dem Zugewinnausgleich nur den Pflichtteil nach dem nicht erhöhten Erbteil verlangen (sog. kleiner Pflichtteil, § 1371 II BGB). Ist dagegen der überlebende Ehegatte als Erbe berufen, so kann er stets wählen, ob er den erhöhten Erbteil annehmen oder ausschlagen will (§ 1371 III BGB; dann Zugewinnausgleich und kleiner Pflichtteil).

Der Anspruch auf den Pflichtteil entsteht mit dem Erbfall; er ist vererblich und übertragbar (§ 2317 BGB), der → Pfändung jedoch nur unterworfen, wenn er vertraglich anerkannt oder durch → Klage geltend gemacht worden ist (§ 852 I ZPO). Die → Verjährung (4) richtet sich nach den allg. Vorschriften; sie wird nicht dadurch gehemmt, dass dieser erst nach Ausschlagung der Erbschaft geltend gemacht werden kann (§ 2332 BGB). Die Pflichtteilsschuld ist Nachlassverbindlichkeit (§ 1967 II BGB); die Pflichtteilslast trifft die Miterben grds. gleichmäßig, sofern nicht der Erblasser etwas anderes bestimmt hat (§§ 2320 ff. BGB).

Wird einem Erbberechtigten nur der Pflichtteil zugewendet (Einsetzung „auf den Pflichtteil"), so ist dies im Zweifel (→ Auslegung von Verfügungen von Todes wegen) nicht als Erbeinsetzung anzusehen (§ 2304 BGB).

Der Pflichtteilsberechtigte hat gegen den Erben einen Anspruch auf → Auskunftserteilung und evtl. eidesstattliche Versicherung der Richtigkeit (§§ 2314, 260 BGB). Auf den Pflichtteil ist anzurechnen, was der Berechtigte von dem Erblasser unter Lebenden mit der Bestimmung der Anrechnung erhalten hat (§ 2315 BGB); ebenso ist bei Abkömmlingen, wie wenn sie gesetzliche Erben geworden wären, die Pflicht zur Ausgleichung von Vorempfängen und Vorleistungen zu beachten (§§ 2316, 2050 ff., 2057a BGB). Ist ein Pflichtteilsberechtigter zwar enterbt, aber mit einem → Vermächtnis bedacht, so kann er den Pflichtteil nur verlangen, wenn er das Vermächtnis ausschlägt; schlägt er nicht aus, so hat er nur, sofern der Wert des Vermächtnisses den Pflichtteil nicht erreicht, einen Pflichtteilsrestanspruch (§ 2307 BGB). Ist ein als Erbe berufener Pflichtteilsberechtigter (zB durch die Einsetzung eines → Nacherben oder eines → Testamentsvollstreckers, durch ein Vermächtnis oder eine → Auflage) oder durch Berufung nur zum Nacherben übermäßig beschränkt oder beschwert, so gilt die Beschwerung als nicht angeordnet, wenn durch sie der Erbteil unter den Wert des Pflichtteils absinkt. Ist der hinterlassene Erbteil größer, so hat der Berechtigte die Wahl, ob er den Erbteil mit Belastungen behalten oder ausschlagen und den unbeschwerten Pflichtteil verlangen will (§ 2306 BGB). Sonst hat dagegen der eingesetzte Erbe, der die Erbschaft ausschlägt, grds. (Ausnahme im gesetzlichen Güterstand der Zugewinngemeinschaft, s. o.) keinen Anspruch auf den Pflichtteil, da er ja nicht enterbt wurde. Er kann jedoch bei Annahme der Erbschaft → Stundung des Pflichtteilsanspruchs verlangen, wenn die sofortige Erfüllung für den Erben eine unbillige Härte wäre, zB zur Aufgabe des Familienheims zwingen würde (§ 2331a BGB). → Pflichtteilsergänzungsanspruch.

Pflichtteil, großer
→ Pflichtteil, → Zugewinnausgleich.

Pflichtteil, kleiner
→ Zugewinnausgleich.

Pflichtteilsanspruch
→ Pflichtteil.

Pflichtteilsberechtigter
→ Pflichtteil.

Pflichtteilsbeschränkung in guter Absicht
→ Pflichtteilsentziehung.

Pflichtteilsentziehung
Der → Erblasser kann durch → Verfügung von Todes wegen, in welcher der Grund der Entziehung angegeben werden muss (§ 2336 BGB), einem pflichtteilsberechtigten Abkömmling, Elternteil oder Ehegatten – über den → Erbteil hinaus (→ Enterbung) – den → Pflichtteil entziehen, wenn sich der Berechtigte eines → Verbrechens oder schweren vorsätzlichen → Vergehens gegen den Erblasser, dessen Ehegatten, einen anderen Abkömmling oder einer dem Erblasser ähnlich nahestehenden Person (zB Eltern) schuldig macht oder ihm nach dem Leben trachtet, wenn er die dem Erblasser gegenüber obliegende gesetzliche Unterhaltspflicht (s. zB → Unterhaltspflicht unter Verwandten) böswillig verletzt oder wegen einer vorsätzlichen Straftat zu einer Freiheitsstrafe von mind. einem Jahr ohne Bewährung verurteilt wird und die Teilnahme am Nachlass dem Erblasser deshalb unzumutbar ist (§ 2333 BGB). Wie bei der grds. hiervon zu unterscheidenden Pflichtteilsunwürdigkeit erlischt das Pflichtteilsentziehungsrecht durch Verzeihung des Erblassers (§ 2337 BGB). Bei Verschwendungssucht oder erheblicher Verschuldung des Abkömmlings kann der Erblasser den Pflichtteil dadurch beschränken (nicht kürzen), dass er die gesetzlichen Erben des Abkömmlings als → Nacherben einsetzt oder einen → Testamentsvollstrecker zur Verwaltung des Pflichtteils bestellt (§ 2338 BGB, Pflichtteilsbeschränkung in guter Absicht).

Pflichtteilsergänzungsanspruch
Hat der → Erblasser den → Nachlass durch eine → Schenkung unter Lebenden in den letzten 10 Jahren vor dem → Erbfall vermindert und dem Pflichtteilsberechtigten nicht so viel hinterlassen, dass sein → Pflichtteil auch bei Hinzurechnung des Wertes der Schenkung gedeckt wäre, so kann dieser von dem → Erben eine entsprechende Ergänzung seines Pflichtteils verlangen (§§ 2325, 2326 BGB), wobei Geschenke, die er selbst erhalten hat, anzurechnen sind (§ 2327 BGB). Die Schenkung unter Lebenden wird innerhalb des ersten Jahres vor dem Erbfall in vollem Umfang, innerhalb jedes weiteren Jahres vor dem Erbfall um jeweils ein Zehntel weniger berücksichtigt. Ist die Schenkung an den Ehegatten erfolgt, beginnt die Frist nicht vor der Auflösung der Ehe (§ 2325 III BGB). Der Erbe haftet, sofern er selbst pflichtteilsberechtigt ist, für diese → Nachlassverbindlichkeit nur bis zur Höhe seines Pflichtteils; soweit der Erbe hiernach nicht haftet, kann der Pflichtteilsergänzungsanspruch unmittelbar gegen den Beschenkten nach den Vorschriften über die → ungerechtfertigte Bereicherung geltend gemacht werden (§§ 2328, 2329 BGB).

Pflichtteilsrestanspruch
Pflichtteilsberechtigte, denen ein → Erbteil oder ein → Vermächtnis hinterlassen wurde, das nicht die Höhe des → Pflichtteils erreicht, können von den → Erben bzw. den Miterben zur Vervollständigung des Pflichtteils den Wert des an der Hälfte des gesetzlichen Erbteils fehlenden Teils verlangen (Zusatzpflichtteil, §§ 2305, 2307 BGB).

Pflichtteilsunwürdigkeit
→ Erbunwürdigkeit.

Pflichtverband
→ Zweckverband.

Pflichtverletzung
Die Pflichtverletzung ist der zentrale Begriff im Bereich der Leistungsstörungen (zur Systematik der Leistungsstörungen s. → Allgemeines Leistungsstörungsrecht; sa → Schlechterfüllung, -leistung). § 280 I BGB spricht von der Verletzung einer Pflicht aus dem → Schuldverhältnis, dieses kann ein rechtsgeschäftliches, aber auch ein gesetzliches sein. Es war ein Anliegen der Schuldrechtsmodernisierung (→ Schuldrecht aE), durch den Begriff der Pflichtverletzung einen einheitlichen Tatbestand der Leistungsstörung und ein grds. einheitliches System von Rechtsfolgen in Form von → Rücktritt vom Vertrag und → Schadensersatz zu schaffen (allerdings ist bei den Voraussetzungen der Rechtsfolgen, Schadensersatz oder Rücktritt, nach der Art der P. und dem Grund der Pflichtverletzung zu unterscheiden). Pflichtverletzung ist jede Abweichung des Verhaltens des Schuldners von den geschuldeten Pflichten; umfasst sind Leistungspflichten (Haupt- und Nebenleistungspflichten, § 241 I BGB) sowie Rücksichtnahme- und Schutzpflichten, § 241 II BGB. Vgl. iE die Fälle der → Unmöglichkeit der Leistung, der Verzögerung der Leistung (→ Schuldnerverzug), der mangelhaften Leistung (→ Schlechterfüllung, -leistung, s. hierzu insbes. → Gewährleistung, → Werkvertrag, → Mietvertrag, → Reisevertrag), des → Verschuldens beim Vertragsschluss und der Verletzung sonstiger, nicht leistungsbezogener Nebenpflichten (zB Beratung, Benutzungsanleitung, → Positive Vertragsverletzung (pVV)); sa → Geschäftsgrundlage. Als Folge einer Pflichtverletzung des Schuldners kann der Gläubiger, sofern keine besonderen Mängelrechte gelten, grds. Schadensersatz verlangen (§ 280 I 1 BGB), es sei denn, der Schuldner hat die Pflichtverletzung nicht zu vertreten, § 280 I 2 BGB (s. iE → Schadensersatz), wobei nach dem geltend gemachten Schaden zu differenzieren ist (Schadensersatz statt oder neben der Leistung), oder er kann unter bestimmten Voraussetzungen vom Vertrag zurücktreten. Zu den Folgen von Pflichtverletzungen während der → COVID-19-Pandemie s. insbes. → COVID-19-Folgenabmilderungsgesetz, → Corona-Krise und Vertragsrecht, → Corona-Krise und Mietrecht.

Pflichtverletzung durch Beamte
→ Staatshaftung, → Amtsdelikte.

Pflichtversicherung
1. Unter einer Pflichtversicherung versteht man eine Versicherung, deren Abschluss gesetzlich vorgeschrieben ist. Im Bereich der Privatversicherung besteht insbes. eine gesetzliche Pflicht zum Abschluss einer → Haftpflichtversicherung nach dem Gesetz über die Pflichtversicherung für Kraftfahrzeughalter (§ 1 PflVG) v. 5.4.1965 (BGBl. 1965 I 213), für ausländische Kfz nach dem Gesetz v. 24.7.1956 (BGBl. 1956 I 667), beide mÄnd, ferner für Luftverkehrsunternehmen (§§ 43, 50 LuftVG), für den Betrieb von Atomanlagen (Deckungsvorsorge oder Versicherung, §§ 13 ff. AtomG), für den Güterkraftverkehr sowie für Berufshaftpflichtfälle bei Notaren (§ 19a BNotO), Rechtsanwälten (§ 51 BRAO), Wirtschaftsprüfern, Steuerberatern, Schaustellern, im Bewachungsgewerbe, iRd → Krankenversicherung (2) ua (Zusammenstellung b. Prölss/Martin, VVG, Vorbem. IV; für Ärzte Regelung durch Berufsordnungen und manche Ländergesetze). Für die Fälle einer solchen gesetzlichen Pflichtversicherung gelten nach §§ 113 ff. VVG Sondervorschriften für die Rechtsverhältnisse zwischen dem Versicherer, dem Versicherungsnehmer und dem durch diesen geschädigten anspruchsberechtigten Dritten. Die Mindestversicherungssumme beträgt, soweit nichts anderes bestimmt ist (zB bei der → Kraftfahrzeug-Haftpflichtversicherung) 250 000 EUR je Versicherungsfall und 1 000 000 EUR für alle Versicherungsfälle eines Versicherungsjahres, § 114 VVG. Der geschädigte Dritte hat in bestimmten Fällen (zB stets bei der Kfz.-Haftpflichtversicherung, iÜ bei Insolvenz oder unbekanntem Aufenthalt des Versicherungsnehmers) einen Direktanspruch gegen den Versicherer (neben dem Anspruch gegen den Schädiger als → Gesamtschuldner, wobei im Innenverhältnis im Rahmen des Versicherungsverhältnisses nur die Versicherung zahlungspflichtig ist), §§ 115, 116 VVG. Der Versicherer ist dem geschädigten Dritten gegenüber auch dann zur Ersatzleistung verpflichtet, wenn er nach dem Versicherungsvertrag dem Versicherungsnehmer gegenüber von der Leistung ganz oder teilweise frei ist (zB wegen nicht rechtzeitiger Schadensanzeige oÄ) und der Dritte von einem anderen Schadensversicherer oder einem → Sozialversicherungsträger keinen Ersatz erlangen kann, § 117 VVG. Andererseits hat der Dritte bestimmte Obliegenheiten, zB muss er dem Versicherer innerhalb von 2 Wochen seit Kenntnis von dem Versicherungsfall schriftlich Anzeige machen, wenn er ihn in Anspruch nehmen will, und ist zur Auskunft über den Schadensfall usw verpflichtet, § 119 VVG. In bestimmten Fällen erstreckt sich die Rechtskraft eines Urteils und die Wirkung eines Vergleichs oder Anerkenntnisses in einem Rechtsstreit zwischen dem Geschädigten einerseits und dem Versicherer oder Versicherungsnehmer andererseits auch auf den jeweils anderen Gesamtschuldner, nicht aber im Falle eines Direktanspruchs des Dritten, § 124 VVG.

2. Im Bereich der → Sozialversicherung besteht Pflichtversicherung in der → Krankenversicherung insbes. für Arbeiter, Angestellte und Auszubildende, deren Arbeitsentgelt die für die gesetzliche Krankenversicherung gel-

tende → Jahresarbeitsentgeltgrenzen nicht übersteigt, Empfänger von Leistungen der → Arbeitsförderung nach dem SGB III, Landwirte und ihre mitarbeitenden Familienangehörigen, Künstler und Publizisten nach näherer Bestimmung der → Künstlersozialversicherung sowie für Gruppen von behinderten Menschen, Studenten und Rentner (§ 5 SGB V).

In der → Unfallversicherung besteht Pflichtversicherung ua für Arbeitnehmer einschließl. der Auszubildenden, Heimarbeiter, Arbeitslose, die Pflichten nach dem SGB III erfüllen, landwirtschaftliche Unternehmer, sog. Nothelfer, Blut- und Organspender, ehrenamtlich Tätige, Kinder während des Besuchs von Kindergärten, Schüler während des Schulbesuchs und Studierende, Personen, die beim Bau eines Familienheimes tätig sind sowie für Rehabilitanden und für → Pflegepersonen (§ 2 SGB VII).

Pflichtversicherte in der gesetzlichen → Rentenversicherung sind neben Arbeitnehmern und Auszubildenden sowie behinderten Menschen, die in Werkstätten für behinderte Menschen oder ähnlichen Einrichtungen tätig sind, verschiedene Gruppen von selbständig Tätigen; hierzu gehören ua → Hebammen und Entbindungspfleger, Künstler und Publizisten nach näherer Bestimmung der → Künstlersozialversicherung, Hausgewerbetreibende und Handwerker (§§ 1 ff. SGB VI).

In der sozialen → Pflegeversicherung besteht Pflichtversicherung zunächst für jene Person, die auch in der Krankenversicherung pflichtversichert sind. Des Weiteren sind ua pflichtversichert die freiwilligen Mitglieder der gesetzlichen Krankenversicherung, Personen, die nach dem → Bundesversorgungsgesetz Anspruch auf Heilbehandlung haben, die Bezieher einer Kriegsschadensrente oder vergleichbarer Leistungen, Personen, die krankenversorgungsberechtigt nach dem Bundesentschädigungsgesetz sind und Soldaten auf Zeit (§§ 20 ff. SGB XI).

Nach dem Recht der → Arbeitsförderung nach dem SGB III sind schließlich pflichtversichert (dort: beitragspflichtig) Arbeitnehmer und Auszubildende, jugendliche behinderte Menschen, die in Einrichtungen für behinderte Menschen beschäftigt werden, sowie Personen, deren Beschäftigungsverhältnis durch Wehr- oder Zivildienst unterbrochen worden ist (§§ 24 ff. SGB III).

In der Sozialversicherung endet die Pflichtversicherung idR mit dem Wegfall der Versicherungsberechtigung durch zB Aufgabe der Beschäftigung, Überschreiten der Versicherungspflichtgrenze oder durch Tod des Versicherten. In Ausnahmefällen kommt auch eine Kündigung auf Grund der Dauer des Versicherungsverhältnisses (Gewerbetreibende in Handwerksbetrieben nach 216 Kalendermonaten Pflichtbeitragszeit) in Betracht. Eine Kündigung der Pflichtversicherung bei Beantragung einer solchen nach § 4 II SGB VI ist ausgeschlossen. Sie endet mit Aufgabe der Selbständigkeit.

Pflichtversicherungsgesetz
→ Pflichtversicherung (1), → Kraftfahrzeug-Haftpflichtversicherung.

Pflichtverteidiger
ist der im Strafverfahren gerichtlich bestellte → Verteidiger (im Gegensatz zum → Wahlverteidiger). Die Bestellung eines Pflichtverteidigers ist für das → Hauptverfahren nach Zustellung der → Anklageschrift vorgeschrieben, falls die Verteidigung notwendig ist (§ 140 StPO; → Verteidiger) und der Angeschuldigte noch keinen Verteidiger hat; es ist regelmäßig der vom Beschuldigten bezeichnete Rechtsanwalt zu bestellen (§ 142 I StPO). Im → Ermittlungsverfahren ist sie ua vorgeschrieben, wenn dem Beschuldigten ein → Verbrechen zur Last gelegt wird, seit 3 Monaten die Freiheit entzogen ist oder gegen den Beschuldigten Untersuchungshaft nach §§ 112, 112a StPO oder eine → einstweilige Unterbringung nach § 126a oder § 275a V StPO vollstreckt wird; im Übrigen steht sie im Ermessen des Gerichts, ist aber nach Abschluss der Ermittlungen vorzunehmen, wenn die StA es beantragt (§ 141 StPO). Der bestellte Verteidiger ist grundsätzlich verpflichtet, die Verteidigung zu übernehmen (§ 49 BRAO).

Pflichtwehrübung
→ Wehrübungen.

Pharmaberater
Pharmaberater, die hauptberuflich Angehörige von Heilberufen aufsuchen, um diese über Arzneimittel zu informieren, müssen die in § 75 AMG (→ Arzneimittel) näher beschriebene Sachkenntnis besitzen. Sie haben Mitteilungen von Angehörigen der Heilberufe über Nebenwirkungen und Gegenanzeigen oder sonstige Risiken schriftlich oder elektronisch aufzuzeichnen und ihrem Auftraggeber schriftlich mitzuteilen. Sind sie mit der Abgabe von Mustern von Fertigarzneimitteln beauftragt, haben sie über die Empfänger sowie über Art, Umfang und Zeitpunkt der Abgabe Nachweise zu führen und auf Verlangen der zuständigen Behörde vorzulegen (§ 76 AMG). Die Zulassung erfolgt nach § 1 Verordnung über die Prüfung zum anerkannten Abschluss Geprüfter Pharmareferent/Geprüfte Pharmareferentin (PharmRefPrV) v. 26.6.2007, BGBl. 2007 I 1192). Der Pharmaberater stellt damit ein Bindeglied zwischen produzierender und forschender Industrie mit den Leistungserbringern im Gesundheitswesen dar.

Pharmazeutisch-technische Assistenten
Die Voraussetzungen für die Ausübung einer Berufstätigkeit als pharmazeutisch-technische Assistenten ergeben sich aus der entsprechenden gesetzlichen Grundlage (PTAG). Voraussetzungen sind Zuverlässigkeit, körperliche und geistige Eignung, 2-jähriger Lehrgang, 1/2-jährige praktische Ausbildung in Apothe-

ken, Bestehen einer staatl. Prüfung und Erlaubnis der Verwaltungsbehörde, vgl. Gesetz über den Beruf des pharmazeutisch-technischen Assistenten (PTAG) idF v. 23.9.1997 (BGBl. 1997 I 2349) m. spät. Änd. sowie Ausbildungsordnung v. 23.9.1997 (BGBl. 1997 I 2352) mÄnd. Durch das PTAG v. 13.1.2020 (BGBl I, 66) wurden die Ausbildungsvorschriften um die Ableistung eines Praktikums in einer Apotheke sowie eine Grundsausbildung in Erster Hilfe ergänzt (§ 11 PTAG). Eine Ausbildung in Teilzeit ist zulässig, darf aber nicht länger als 5 Jahre dauern.

Phishing
Hierunter versteht man die illegale Beschaffung von Zugangsdaten zum Online-Banking. Werden infolge dessen zB Überweisungen oder Auszahlungen ausgeführt, kommt eine Haftung des Handelnden aus → ungerechtfertigter Bereicherung und aus → unerlaubter Handlung in Betracht. Strafrechtlich liegen idR Fälschung oder der Gebrauch beweiserheblicher Daten (§ 269 StGB, → Urkundenfälschung) und → Computerbetrug vor.

Physiotherapeut
Der Beruf des Physiotherapeuten ist als eigenständiger Gesundheitsfachberuf im Masseur- und Physiotherapeutengesetz (MPhG) v. 26.5.1994 (BGBl. 1994 I 1084) mÄnd geregelt. Er setzt eine Erlaubnis gem. § 2 MPhG voraus. Inhalt der Physiotherapie ist das Anwenden geeigneter physiotherapeutischer Verfahren in Prävention, kurativer Medizin, Rehabilitation und im Kurwesen zur Entwicklung, zum Erhalt oder zur Wiederherstellung aller Funktionen im somatischen und psychischen Bereich und zur Schulung von Ersatzfunktionen bei nicht rückbildungsfähigen Körperbehinderungen. Die Berufsausbildung dauert zweieinhalb Jahre und ist mit einer Prüfung abzuschließen, vgl. hierzu die Ausbildungs- und PrüfungsVO vom 6.12.1994 (BGBl. 1994 I 3786) mÄnd. Die Berufsbezeichnung ist geschützt.

Pilot
→ Luftfahrzeugführer.

Pinge
→ Tagesbruch.

Pipeline
→ Rohrfernleitungsanlagen.

Piratensender
dh private Sender, die Rundfunksendungen (→ Rundfunk) aus Gebieten außerhalb staatlicher Hoheitsgebiete – also vor allem von der → Hohen See aus – ohne Genehmigung verbreiten, sind verboten (vgl. Gesetz zu dem Europ. Übereinkommen v. 22.1.1965, BGBl. 1969 II 1939, mÄnd). Seit es privaten Rundfunk gibt, haben Piratensender ihren Reiz verloren. Die Nutzung von Frequenzen ohne die nach § 91 I 1 TKG erforderliche Zuteilung stellt eine Ordnungswidrigkeit dar (§ 228 II Nr. 17 TKG). Völkerrechtlich umstritten, wenn auch wohl zulässig, ist die – selbst planmäßige – Funkversorgung von einem Staat zum anderen, zB die der ehemals kommunistischen Staaten Osteuropas durch amerikanische Sender (Radio Free Europe).

Piraterie
→ Luft- und Seepiraterie, → Produktpiraterie.

PKH
Abkürzung für → Prozesskostenhilfe.

P-Konto
→ Lohnpfändung (3).

Plädoyer
(franz.) ist der Sachvortrag eines Rechtsanwalts, Verteidigers oder StA in der gerichtlichen Verhandlung; es enthält eine zusammenfassende Darstellung des Sachverhalts, dessen rechtliche Würdigung und einen Sachantrag. Im Strafverfahren erhalten nach dem Schluß der Beweisaufnahme der Staatsanwalt und sodann der Angeklagte zu ihren Ausführungen und Anträgen das Wort (§ 258 I StPO, sog. Schlussvorträge).

Plagiat
ist ein vom Gesetz nicht verwendeter Begriff aus dem → Urheberrecht. Plagiat bedeutet, dass ein fremdes Werk ganz oder teilweise in ein neues Werk übernommen wird, dessen Urheber sich als Urheber des gesamten neuen Werkes bezeichnet. Es handelt sich um eine unerlaubte Benutzung eines unfreien Werkes (→ freie Benutzung); sa → Produktpiraterie.

Planfeststellung
1. Der Bau neuer Straßen, der Ausbau eines Gewässers und seiner Ufer und ähnliche Vorhaben, zB Flugplätze, dürfen nur in Angriff genommen werden, wenn der Plan vorher festgestellt ist (vgl. § 17 FStrG; Straßen- und Wegegesetze der Länder; § 31 WasserhaushaltsG). → Bebauungspläne können die Planfeststellungen zum Teil ersetzen. Das in zahlreichen Einzelgesetzen (BundeswasserstraßenG, LuftverkehrsG, FStrG, FlurbereinigungsG, Kreislaufwirtschaft- und AbfallG) vorgesehene Planfeststellungsverfahren ist in §§ 72–78 VwVfG allgemein geregelt. Hiernach hat der Träger des Vorhabens den Plan bei der Behörde einzureichen, die für das Anhörungsverfahren zuständig ist. Diese holt die Stellungnahme der Beteiligten (insbes. der beteiligten Behörden, Gemeinden) ein, veranlasst die Auslegung des Plans und erörtert die erhobenen Einwendungen (Anhörungsverfahren: Einzelheiten § 73 VwVfG). Die Planfeststellungsbehörde setzt dann den Plan durch Beschluss fest und stellt ihn den Beteiligten zu (uU öffentl. Bekanntmachung, § 74 V VwVfG). Die Planfeststellung regelt alle öffentlich-rechtlichen Beziehungen zwischen der das Bauvorhaben durchführenden Behörde und den durch den Plan Betroffenen. Insbes. können den Beteiligten die für das Gemeinwohl oder zur Sicherung der benachbarten Grundstücke notwendigen Vor-

kehrungen auferlegt werden. Die P. ersetzt jede nach anderen Vorschriften notwendige öffentlich-rechtliche Genehmigung („Bündelungsfunktion"). Die vorherige Durchführung eines Planfeststellungsverfahrens ist nach den meisten Enteignungsgesetzen (vgl. Enteignung) Voraussetzung für die Einleitung des Enteignungsverfahrens; der im Planfeststellungsverfahren festgestellte Plan ist dem Enteignungsverfahren zugrunde zu legen und für die Enteignungsbehörde bindend. Landesrechtlich vorgesehene Planfeststellung bestimmen sich nach den Verwaltungsverfahrensgesetzen der Länder, die weitestgehend mit dem VwVfG des Bundes übereinstimmen.

2. Vor dem Hintergrund massiver Bürgerproteste bei Großvorhaben wurde durch das Gesetz zur Verbesserung der Öffentlichkeitsarbeit und Vereinheitlichung von Planfeststellungsverfahren v. 31.5.2013 (BGBl. 2013 I 1388) in § 25 III VwVfG das Instrument einer frühzeitigen Öffentlichkeitsbeteiligung eingeführt. Der Träger eines Vorhabens soll möglichst bereits vor Stellung eines förmlichen Antrags die Öffentlichkeit über Ziele und Auswirkungen seines Vorhabens unterrichten.

3.Wesentlicher Teil der räumlichen Gesamtplanung (zB bei Aufstellung der Bebauungspläne nach dem Bundesbaugesetz) wie auch der Fachplanung (zB beim Bau von Straßen, Eisenbahnen, Wasserwegen, Flughäfen, Kernkraftanlagen, bei Abfallbeseitigung, Flurbereinigung und Naturschutz) ist das Gebot der planerischen Abwägung aller betroffenen öffentlichen und privaten Interessen. Zum Teil ist dies gesetzlich ausdrücklich festgelegt. Es ergibt sich aber schon aus dem Wesen rechtsstaatl. Planung und gilt daher allgemein. Der Betroffene hat ein subj.-öff. Recht auf gerechte Abwägung der eigenen Belange gegenüber den öffentlichen unter Berücksichtigung der für und gegen die Planung sprechenden Gesichtspunkte. Die planerische Gestaltungsfreiheit der Verwaltung unterliegt rechtlichen Bindungen in formeller und materieller Hinsicht. Die richterliche Kontrolldichte der Planungsleitsätze ist von deren Ausgestaltung abhängig und iE umstr., geht aber wohl über eine bloße → Evidenzprüfung hinaus.

Plangebote
→ städtebauliche Gebote.

Plangewährleistung
nennt man den Anspruch auf Durchführung einer Planung bzw. auf Schadensersatz bei Nichtdurchführung oder Fehlplanungen. Der Anspruch ist bei Planungen, die unmittelbar in → subjektive Rechte eingreifen oder Pflichten begründen (zB der Bebauungsplan; → Bauleitplan), nicht zweifelhaft (meistens: → Enteignung, vgl. §§ 39 ff. BauGB). Schwierigkeiten ergeben sich hingegen hinsichtlich der Plangewährleistung bei unverbindlichen (indikativen) und sonst nur mittelbar subj. Rechte berührenden Planungen (zB nach dem → StabilitätsG, Straßenausbauplanung). Nach hM sind hier Ansprüche nur aus → Staatshaftung und → enteignungsgleichem Eingriff möglich.

Planung
→ Bauleitpläne; → Raumordnung.

Planungsschäden
nennt man Vermögensnachteile, die dem Eigentümer oder sonstigen Nutzungsberechtigten durch die Aufstellung, Änderung oder Aufhebung von Bebauungsplänen (→ Bauleitplan) entstehen. Die Entschädigung hierfür (in Geld oder durch Übernahme) ist in §§ 39 ff. BauGB näher geregelt.

Planungsverband
→ Bauleitplan.

Planvorlagemonopol
nennt man eine Bestimmung (zB in den → Bauordnungen der Länder), wonach das Recht, der Bauaufsichtsbehörde mit dem Antrag auf → Baugenehmigung Bauvorlagen einzureichen, für schwierigere Bauvorhaben auf Architekten beschränkt wird (nach BVerfG Beschl. v. 27.5.1970, DVBl. 1971, 313, nicht verfassungswidrig).

Planwirtschaft
oder Zentralwirtschaft ist die wirtschaftswissenschaftliche Bezeichnung für eine Organisation der Volkswirtschaft, bei der ein von einer zentralen staatlichen Stelle festgesetzter ökonomischer Gesamtplan über den Ablauf des Wirtschaftsprozesses entscheidet. Gegensatz ist die → Marktwirtschaft. Die individuellen Pläne der Einzelnen haben sich, soweit sie im Rahmen der Planwirtschaft überhaupt zugelassen werden (zB freie oder begrenzte Konsumwahl, freie oder begrenzte Berufswahl), dem staatlichen Gesamtplan unterzuordnen. Beispiele einer Planwirtschaft sind die Wirtschaftssysteme der früheren Ostblockstaaten. Die durch das GG verbürgten Freiheitsrechte (vgl. Art. 2, 12, 14 GG) sowie die Garantie des Rechts- und Sozialstaats (Art. 20, 79 III GG) schließen die Begründung einer Planwirtschaft in Deutschland aus (→ Wirtschaftsverfassungsrecht). Zulässig sind dagegen staatliche Lenkungsmaßnahmen (→ Wirtschaftslenkung), soweit sie die verfassungsmäßigen Schranken des GG wahren.

Planzeichen
Die Planzeichenverordnung idF vom 18.12.1990 (BGBl. 1990 I 58) enthält Vorschriften über die Ausarbeitung der → Bauleitpläne sowie über die Darstellung des Planinhalts, insbes. über die dabei verwendeten Planzeichen und ihre Bedeutung.

Platin
→ Edelmetall.

Platzgeschäft
→ Leistungsort, → Versendungskauf.

Platzkauf
→ Versendungskauf.

Platzverweisung
oder Platzverweis ist eine → polizeiliche Maßnahme, mit der die → Polizei anordnet, dass sich eine bestimmte Person von einem bestimmten Ort zu entfernen habe oder diesen vorübergehend nicht betreten darf. Die gesetzlichen Voraussetzungen sind im → Polizeirecht geregelt.

Platzwechsel
Ein Platzwechsel ist ein → Wechsel, bei dem Ausstellungs- und Zahlungsort übereinstimmen. Gegensatz: → Distanzwechsel.

Plebejer
Plebejer hießen im alten Rom die Angehörigen der nichtadeligen Bevölkerung (im Gegensatz zu den → Patriziern).

Plebiszit
wird im → Völkerrecht die Abstimmung der Bevölkerung eines bestimmten Gebiets darüber genannt, ob sie im bisherigen Staatsverband verbleiben oder ihre Staatszugehörigkeit wechseln will. Innerstaatlich spricht man von einem Plebiszit (Volksabstimmung, Volksentscheid), wenn das Staatsvolk – als Organ des Staates – im Wege einer Abstimmung den Staatswillen bildet. Dabei kann es zB zur Entscheidung über die Annahme einer neuen → Verfassung berufen sein, aber auch sonst im Rahmen der Gesetzgebung mitwirken. In den Länderverfassungen ist ein Plebiszit vorgesehen (vgl. zB → Bayern, → Sachsen, → Schleswig-Holstein). Das GG kennt den Volksentscheid nur bei der Frage der → Neugliederung des Bundesgebiets. Die Einführung weiterer plebiszitärer Elemente auf Bundesebene sind geplant. Vgl. auch → Grundgesetz (5), → Bürgerbeteiligung, → Bürgerentscheid, → Volksabstimmung.

Plenarentscheidung
Eine Plenarentscheidung ist eine Entscheidung der Vollversammlung (→ Plenum). Bei Gerichten ist im Rahmen der Gerichtsverfassung ein Plenarbeschluss des → Bundesverfassungsgerichts bei beabsichtigter Abweichung von der Rechtsauffassung des anderen Senats, beim → Bundesgerichtshof für dessen Geschäftsordnung vorgesehen (§ 140 GVG). Sa → Große Senate.

Plenum
(lat. plenus = voll) nennt man die Vollversammlung einer Vertretungskörperschaft, insbes. eines Parlaments, im Gegensatz zu den → Ausschüssen. Sitzungen des Plenums sind grundsätzlich öffentlich. Beim → Bundestag kann auf Antrag eines Zehntels der Mitglieder oder der Bundesregierung mit $^2/_3$-Mehrheit die Öffentlichkeit ausgeschlossen werden. Ähnliche Bestimmungen gelten in den Ländern.

Plünderung
wird als selbständiges Delikt in Kriegszeiten vielfach besonders unter Strafe gestellt; Tatbestand ist idR die Wegnahme von Gegenständen in geräumten Gebieten oder Gebäuden u. dgl. Die → Haager Landkriegsordnung untersagt in Art. 28, Städte oder Ansiedlungen der Plünderung preiszugeben; sie verbietet in Art. 23 I g allgemein die nicht durch Kriegsnotwendigkeiten gerechtfertigte Wegnahme fremden Eigentums. Im geltenden deutschen Strafrecht ist die Plünderung als idR besonders schwerer Fall des → Landfriedensbruchs durch § 125a StGB mit Strafe bedroht: Werden aus einer Menschenmenge in einer die öffentliche Sicherheit gefährdenden Weise mit vereinten Kräften Gewalttaten gegen Menschen oder Sachen begangen, so werden die Teilnehmer, die Sachen geplündert, dh unter Ausnutzung der durch den Landfriedensbruch verursachten Lage weggenommen oder anderen abgenötigt haben, mit Freiheitsstrafe von 6 Mon. bis zu 10 Jahren bestraft.

Pluralismus
ist kein Begriff der Gesetzessprache, sondern bezeichnet im politisch-soziologischen Bereich eine Form des Staats und der Gesellschaft, die weder liberal-invidualistisch noch einheitlich-kollektivistisch geprägt, sondern von einem freien Nebeneinander geistiger und politischer Strömungen gekennzeichnet ist. Häufig wird mit dem Begriff auch die Bedeutung und der Einfluss von Gruppen und → Verbänden auf Gesellschaft und Staat in Verbindung gebracht. In rechtlicher Hinsicht wird der Begriff Pluralismus häufig für die Auslegung der → Grundrechte und sonstiger wertungsbedürftiger Normen bemüht („Wertpluralismus").

Plutokratie
wird eine → Staatsform (iwS) genannt, bei der die → Staatsgewalt im Wesentlichen von der reichen Bevölkerungsklasse ausgeübt oder bestimmt wird. Die Plutokratie ist also eine Form der → Oligarchie und die häufige Niedergangserscheinung der → Aristokratie.

Podologen
üben einen Heilhilfsberuf (→ Heilkunde) im Bereich der medizinischen Fußpflege aus. Das Berufsrecht regelt das Podologengesetz vom 4.12.2001 (BGBl. 2001 I 3320) mÄnd, Ausbildung und Prüfung die Ausbildung- und Prüfungsordnung vom 18.12.2001 (BGBl. 2002 I 12) mÄnd.

Police
→ Versicherungsvertrag.

Polio
→ Infektionsschutzgesetz.

Politessen
→ Polizeihelfer.

Politisch Verfolgte
→ Verfolgte, → Asylrecht; → Flüchtlinge.

Politische Beamte
Politische Beamte sind → Beamte, die bei Ausübung ihres Amtes in fortdauernder Übereinstimmung mit den grundsätzlichen politischen Ansichten und Zielen der Regierung stehen müssen (§ 30 BeamtStG). Als Beamte auf Lebenszeit können sie jederzeit nach Ermessen und ohne Angabe von Gründen in den → einstweiligen Ruhestand versetzt werden, als Beamte auf Probe jederzeit entlassen werden. Welche Beamten zu den politischen Beamten gehören, bestimmen die Beamtengesetze des Bundes und der Länder. Beim → Bund sind dies gem. § 54 BBG → Staatssekretäre und Ministerialdirektoren, bestimmte höhere Beamte des auswärtigen Dienstes (→ Auswärtige Angelegenheiten), des → Militärischen Abschirmdienstes, des Bundesamtes für → Verfassungsschutz und des → Bundesnachrichtendienstes, der Bundespressechef sowie der Regierungssprecher und deren Vertreter, der → Generalbundesanwalt beim BGH sowie die Präsidenten des → Bundeskriminalamtes und der → Bundespolizei. In den meisten → Ländern sind die → Staatssekretäre der Landesministerien und die Regierungssprecher politische Beamte. Früher hatten häufig auch die Generalstaatsanwälte (s. → Staatsanwaltschaft) in den Ländern den Status von politischen Beamten; als letztes Land schaffte → Mecklenburg-Vorpommern den Status des politischen Beamten für den Generalstaatsanwalt ab. Bayern hat keine politische Beamte.

Politische Häftlinge
Politische Häftlinge befinden sich aufgrund ihrer politischen oder weltanschaulichen Gesinnung in Haft → Häftlingshilfe; → Berufliches Rehabilitierungsgesetz. Oftmals werden dabei fundamentale Justizgrundrechte verletzt. Der UN-Zivilpakt aus dem Jahr 1976 verbietet eine Verurteilung von Gefangenen allein aufgrund politischer Anschauung.

Politische Parteien
→ Parteien, politische.

Politische Straftaten
→ Auslieferung, → Hochverrat, → Landesverrat, → Rechtsstaatsgefährdung, → Staatsschutzdelikte.

Politische Verdächtigung
Straftatbestand nach § 241a StGB, → Denunziation.

Politische Verträge
→ Staatsvertrag.

Politischer Streik
→ Streik (2).

Polizei
1. Der Begriff Polizei wird unterschiedlich verwendet. Der klassische materielle Polizeibegriff versteht unter Polizei alle Tätigkeiten der öffentlichen Verwaltung zur Abwehr von Gefahren für die öffentliche → Sicherheit und Ordnung sowie zur Beseitigung bereits eingetretener Störungen (→ Gefahrenabwehr). Dieser der Tradition des 19. Jh. entstammende materielle Polizeibegriff wurde in Umgangs- und Gesetzessprache vom organisationsrechtlichen geprägten institutionellen Polizeibegriff abgelöst. Danach versteht man unter Polizei nur mehr den idR bewaffneten und uniformierten Polizeivollzugsdienst, während die anderen für die Gefahrenabwehr zuständigen Stellen der öffentlichen Verwaltung nicht als Polizei, sondern als → Ordnungsbehörden (Brandenburg, Berlin, Mecklenburg-Vorpommern, Nordrhein-Westfalen, Rheinland-Pfalz, Schleswig-Holstein, Thüringen), Gefahrenabwehrbehörden (Hessen), Verwaltungsbehörden (Hamburg, Niedersachsen und Sachsen-Anhalt) oder Sicherheitsbehörden (Bayern) bezeichnet werden. Im formellen Sinn (formeller Polizeibegriff) gehört zur Polizei auch ihre repressive Tätigkeit in → Ermittlungsverfahren in Strafsachen (sa → Kriminalpolizei).

2. Die Länder Bayern, Brandenburg, Berlin, Hamburg, Hessen, Mecklenburg-Vorpommern, Niedersachsen, Nordrhein-Westfalen, Rheinland-Pfalz, Sachsen-Anhalt, Schleswig-Holstein und Thüringen folgen dem institutionellen Polizeibegriff; dieser lag auch dem Musterentwurf eines einheitlichen Polizeigesetzes des Bundes und der Länder vom 11.6.1976 zugrunde. Beim Bund ist die Terminologie nicht einheitlich. Die Gesetze über die → Bundespolizei und das → Bundeskriminalamt folgen dem institutionellen Polizeibegriff, das Bundeswasserstraßengesetz (→ Bundeswasserstraßen) folgt bezüglich der Strompolizei dem materiellen Polizeibegriff. In Baden-Württemberg, Bremen, Saarland und Sachsen gilt der materielle Polizeibegriff. Aber auch in Baden-Württemberg, Bremen und Sachsen wird zwischen Polizeivollzugsdienst und Polizeibehörden unterschieden; im Saarland unterscheidet man zwischen Vollzugspolizei und Polizeiverwaltungsbehörden. Polizeivollzugsdienst und Vollzugspolizei entsprechen der Polizei im institutionellen Sinne, Polizeibehörden und Polizeiverwaltungsbehörden entsprechen den Ordnungsbehörden.

3. Organisatorisch gibt es Polizei auf der Ebene der EU (→ Europol), des Bundes und der Länder. Bundespolizeien sind die → Bundespolizei (früher → Bundesgrenzschutz), das → Bundeskriminalamt und die Strompolizeibehörden nach §§ 24 ff. Bundeswasserstraßengesetz (→ Bundeswasserstraßen). Darüber hinaus kann der Bund nach den Kompetenzvorschriften des Art. 87 GG keine eigenen Polizeikräfte unterhalten. Die Polizei der Länder (in den Ländern des materiellen Polizeibegriffes: Polizeivollzugsdienst/Vollzugspolizei) sind idR hierarchisch gegliedert: Polizeipräsidien, Polizeidirektionen, Polizeiinspektionen, Polizeistationen; zT existieren Sondergliederungen für spezielle Aufgaben wie zB Autobahnpolizeiinspektionen. In allen Ländern gibt es eine eigene → Kriminalpolizei mit Kriminalpolizeidirektionen, Kriminalpoli-

zeiinspektionen usw., die in unterschiedlicher Weise mit der allgemeinen Polizeiorganisation verknüpft sind. Daneben bestehen Landeskriminalämter. ZT sind Polizeivollzugsaufgaben den Gemeinden übertragen, zB zur Überwachung des ruhenden Verkehrs (Gemeindepolizei).

4. Aufgabe der Polizei ist sowohl nach dem materiellen als auch nach dem institutionellen Polizeibegriff die → Gefahrenabwehr, nach dem institutionellen Polizeibegriff und für den Polizeivollzugsdienst/die Vollzugspolizei nach dem materiellen Polizeibegriff die Tätigkeit in → Ermittlungsverfahren in Strafsachen. Welche → polizeilichen Maßnahmen die Polizei im Einzelfall ergreifen darf, richtet sich im Bereich der Gefahrenabwehr nach den im → Polizeirecht geregelten Befugnissen, im Ermittlungsverfahren nach dem → Strafprozessrecht. Mit Ausnahme der für die Polizeien des Bundes geltenden Vorschriften (s. o. Nr. 3) ist das Polizeirecht nach den Gesetzgebungszuständigkeiten des GG Landesrecht. Rechtsetzungsbefugnisse (Erlass von Verordnungen) stehen der Polizei im institutionellen Sinne und dem Polizeivollzugsdienst/der Vollzugspolizei nicht zu. Dazu sind nur die → Ordnungsbehörden (auch Gefahrenabwehrbehörden, Verwaltungsbehörden oder Sicherheitsbehörden; s. o. Nr. 1) sowie in den Ländern des materiellen Polizeibegriffes die Polizei(verwaltungs)behörden befugt.

Polizeiaufsicht
war eine bis 1974 neben Freiheitsstrafe zugelassene Maßnahme, zur Überwachung des Verurteilten (§§ 38, 39 StGB aF). Zum Unterschied von der Polizeiaufsicht verfolgt die heutige Führungsaufsicht (§§ 68 ff. StGB, → Maßregeln der Besserung und Sicherung, 5) primär Resozialisierungszwecke.

Polizeibehörden
→ Polizei (2), → Ordnungsbehörden.

Polizeihelfer
Polizeihelfer im eigentlichen Sinne sind Privatpersonen, die durch Rechtsvorschrift mit polizeilichen Aufgaben und Befugnissen beliehen sind (vgl. zB bad.-württ. Gesetz über den freiwilligen Polizeidienst v. 12.4.1985, GBl. 1985, 129, mÄnd). Vergleichbar ist die → Sicherheitswacht in Bayern und Sachsen. In einem weiteren Sinn kann man Angehörige von Organisationen dazu zählen, die ohne gesetzliche Verpflichtung Aufgaben der Gefahrenabwehr wahrnehmen, wie zB das Deutsche Rote Kreuz, die Deutsche Lebensrettungsgesellschaft oder das Technische Hilfswerk. Keine Polizeihelfer, sondern Dienstkräfte der Polizei sind Personen, die zur Verwarnung von Verkehrsteilnehmern nach § 57 OWiG wegen Zuwiderhandlungen gegen Straßenverkehrsvorschriften im ruhenden Verkehr ermächtigt sind (insbes. privatrechtlich angestellte „Politessen"); sie üben öffentliche Gewalt aus. → Privatpolizeien sind keine Polizeihelfer, da sie keine öffentliche Gewalt ausüben.

Polizeikosten
→ Polizeiliche Maßnahmen dienen überwiegend öffentlichem Interesse. Eine Überwälzung der Polizeikosten auf Dritte findet daher grundsätzlich nicht statt; das allgemeine (Verwaltungs-)Kostenrecht ist nur bedingt anwendbar (vgl. zB Art. 3 I Nr. 10 des bayer. KostenG v. 20.2.1998, GVBl. 1998, 43, mÄnd). Teilweise ist die Erstattung der Kosten für polizeiliche Maßnahmen landesrechtlich geregelt, so zB durch Art. 76 BayPAG v. 14.9.1990 (GVBl. 1990, 397) mÄnd und die PolizeikostenVO v. 13.11.2000 (GVBl. 785) insbes. für Sicherstellung und Verwertung von Sachen, Ausführung der Ersatzvornahme, Zwangsgeld und Anwendung unmittelbaren Zwangs. Str. ist, ob eine Heranziehung zu Polizeikosten bei rechtmäßigem Handeln, das einen hohen Polizeiaufwand erfordert (zB Großveranstaltungen), verfassungsrechtl. zulässig und rechtspolitisch zweckmäßig wäre; hier spielen Grundrechtsfragen (Versammlungs-, Demonstrationsfreiheit) eine wesentliche Rolle. Ein Kostenersatz für Polizeieinsätze bei privaten Veranstaltungen konnte bisher nur auf Grund § 81 II 1 des bis Dezember 1991 geltenden Polizeigesetzes für Baden-Württemberg verlangt werden; die Vorschrift wurde ersatzlos gestrichen.

Polizeiliche Befugnisse
→ Polizeiliche Maßnahmen, → Befugnis.

Polizeiliche Beobachtung
Die Ausschreibung zur Beobachtung anlässlich von polizeilichen Kontrollen ist als strafprozessuales Ermittlungsinstrument in § 163e StPO geregelt. Ermöglicht wird dabei die Sammlung und Zusammenführung von Erkenntnissen zur Erstellung eines Bewegungsbildes einer ausgeschriebenen Person. Auf Grund der → Ausschreibung (im Strafprozess) wird das Antreffen der Person, uU auch das Kennzeichen eines Kfz, bei polizeilichen Kontrollen erfasst und der StA mitgeteilt. Die polizeiliche Beobachtung erfordert den Anfangsverdacht einer Straftat (→ Tatverdacht 1) von erheblicher Bedeutung. Weitere Voraussetzungen müssen hinzukommen. Die Anordnung kann das Gericht treffen, bei Gefahr im Verzug die StA; sie benötigt die richterliche Bestätigung. Eine polizeiliche Beobachtung ist auch bei der → Strafvollstreckung während einer Führungsaufsicht (→ Maßregeln der Besserung und Sicherung) möglich (§ 463a I StPO). Sa → Datenerhebung, → Observation.

Polizeiliche Beschlagnahme und Durchsuchung
im Strafverfahren ist, wenn nicht eine richterliche Anordnung vorliegt oder der Betroffene einverstanden ist, nur bei Gefahr im Verzuge zulässig. Werden Gegenstände in Abwesenheit des Betroffenen oder entgegen dessen Widerspruch beschlagnahmt, so ist binnen drei Ta-

gen die richterliche Bestätigung einzuholen. Vgl. §§ 98, 105 StPO und → Beschlagnahme, → Durchsuchung. Die präventivpolizeilichen Befugnisse zur Sicherstellung von Gegenständen und zu ihrer Beschlagnahme (= zwangsweise Wegnahme) sind in den Polizeiaufgabengesetzen geregelt. Sicherstellung und Beschlagnahme sind insbes. zulässig, wenn die Gegenstände zur Begehung von Straftaten oder Ordnungswidrigkeiten verwendet werden sollen oder wenn ihr Gebrauch oder ihre Belassung zur Schädigung von Leben, Gesundheit oder Eigentum führen würde (vgl. zB Art. 24 ff. BayPAG v. 14.9.1990, GVBl. 1990, 397, mÄnd). Die Zulässigkeit präventivpolizeilichen Durchsuchung von Personen und Sachen ist ebenfalls im Polizeirecht geregelt (Hauptgrund): Suche nach Gegenständen, die der Sicherstellung oder Beschlagnahme unterliegen; s. zB Art. 21 ff. BayPAG).

Polizeiliche Generalklausel
Die → Polizei kann → polizeiliche Maßnahmen nur treffen, wenn hierfür eine gesetzlich geregelte Befugnis besteht. Dabei kann es sich um Spezialbefugnisse oder um eine Generalbefugnis handeln (→ polizeiliche Maßnahmen, 2). Um eine polizeiliche Generalklausel im klassischen Sinne handelt es sich dabei nur, wenn die Polizei alle polizeilichen Maßnahmen auf eine einzige Generalbefugnis stützt. Bereits das preußische Polizeiverwaltungsgesetz vom 1.6.1931 enthielt für einige wenige Bereiche Spezialbefugnisse (Vorladung, Verwahrung, Betreten einer Wohnung). In modernen Polizeigesetzen gilt die polizeiliche Generalklausel als Generalbefugnis nur mehr subsidiär. Der Musterentwurf eines einheitlichen Polizeigesetzes vom 11.6.1976 (→ Polizeirecht) bestimmte in § 8 I: „Die Polizei kann die notwendigen Maßnahmen treffen, um eine im einzelnen Fall bestehende Gefahr für die öffentliche Sicherheit oder Ordnung abzuwehren, soweit nicht §§ 8a bis 24 die Befugnisse der Polizei besonders regeln." Heute hat die subsidiäre polizeiliche Generalklausel nach dem Polizeirecht der Länder nur mehr die Bedeutung, Fälle zu erfassen, die bei der Formulierung der Spezialbefugnisse nicht vorhersehbar waren. Grundsätzlich setzen polizeiliche Maßnahmen eine konkrete Gefahr voraus. Das Bayer. Polizeigesetz idF des G v. 18.5.2018 (GVBl. 2018, 301, 434) geht darüber hinaus; danach können polizeiliche Maßnahmen auch dann ergriffen werden, soweit in absehbarer Zeit Angriffe von erheblicher Intensität oder Auswirkung zu erwarten sind (drohende Gefahr).

Polizeiliche Lage
→ polizeiliche Maßnahmen (5).

Polizeiliche Maßnahmen
1. Die → Polizei greift zur Erfüllung ihrer Aufgabe der → Gefahrenabwehr zu polizeilichen Maßnahmen. Soweit polizeiliche Maßnahmen in die Rechte eines anderen eingreifen, müssen sie sich auf eine gesetzlich geregelte Befugnis stützen. Die Einzelheiten sind im → Polizeirecht des Bundes und der Länder unterschiedlich geregelt. Grundsätzlich ist zwischen Spezialbefugnissen und der Generalbefugnis (→ polizeilichen Generalklausel) zu differenzieren. Nach modernen Polizeigesetzen wird die Mehrzahl der P. auf Spezialbefugnisse gestützt.

2. Hinsichtlich der Spezialbefugnisse lassen sich vier Gruppen feststellen:

a) Informationserhebung und Informationsverarbeitung, insbes. → Identitätsfeststellung (Anhaltung, erkennungsdienstliche Maßnahmen, Vorladung), → Datenerhebung, → Datenverarbeitung, → Rasterfahndung, → Datenabgleich.

b) → Platzverweisung.

c) → Gewahrsam (sa → Unterbindungsgewahrsam).

d) → Durchsuchung, → Sicherstellung, → Verwertung.

3. Polizeiliche Gebote und Verbote, die sich nicht einer der unter Nr. 2 genannten Kategorien zuordnen lassen, können subsidiär auf die polizeiliche Generalbefugnis (→ polizeilichen Generalklausel) gestützt werden. Auf die Generalbefugnis kann allerdings nicht zurückgegriffen werden, wenn für eine in einer Spezialbefugnis geregelten polizeilichen Maßnahme im Einzelfall die rechtlichen Voraussetzungen fehlen.

4. Die Polizei ergreift nach dem Polizeirecht der meisten Länder polizeiliche Maßnahmen nur dann, wenn die Abwehr durch eine andere → Ordnungsbehörden nicht oder nicht rechtzeitig (Unaufschiebbarkeit) möglich erscheint. Polizeiliche Maßnahmen können sich grundsätzlich nur gegen den → Störer, in Ausnahmefällen auch gegen Nichtstörer richten. Sie müssen bestimmt sein. Es dürfen nur solche polizeiliche Maßnahmen ergriffen werden, die zur Erreichung des angestrebten Zwecks geeignet und notwendig sind und bei denen der Rechtseingriff nicht außer Verhältnis zum angestrebten Erfolg steht (→ Verhältnismäßigkeitsgrundsatz). Es steht im Ermessen der Polizei, ob sie zulässige polizeiliche Maßnahmen ergreift (→ Opportunitätsprinzip); nur in besonderen Fällen kann die Polizei auf Grund einer „Ermessensreduktion auf Null" zu polizeilichen Maßnahmen gezwungen sein. Leistet der Adressat polizeiliche Maßnahmen keine Folge, können sie durch → polizeiliche Zwangsmittel durchgesetzt werden.

5. Bei den polizeilichen Maßnahmen auf Grund von Spezialbefugnissen oder der Generalbefugnis handelt es sich stets um Einzelmaßnahmen auf Grund einer konkreten Gefahr (polizeilichen Lage; → Gefahrenabwehr). Rechtsverordnungen können nur die Polizeibehörden und Polizeiverwaltungsbehörden (→ Polizei, 2) in den dem materiellen Polizeibegriff folgenden Ländern (die dort Polizeiverordnungen genannt werden) sowie die → Ordnungsbehörden in allen anderen Län-

dern erlassen. Nach dem Bayer. Polizeigesetz idF des Gesetzes v. 18.5.2018 (GVBl. 2018, 301, 434) können in Einzelfällen polizeiliche Maßnahmen auch auf eine drohende Gefahr gestützt werden. Polizeiliche Maßnahmen unterliegen als → Verwaltungsakt der verwaltungsgerichtlichen Überprüfung (→ Verwaltungsstreitverfahren).

Polizeiliche Verwarnung
→ Verwarnung bei Ordnungswidrigkeiten.

Polizeiliche Zwangsmittel
1. Polizeiliche Zwangsmittel dienen der Durchsetzung → polizeilicher Maßnahmen. Die Einzelheiten sind im → Polizeirecht geregelt. Voraussetzung für die Anwendung polizeilicher Zwangsmittel ist eine rechtmäßige polizeiliche Maßnahme. Die Anwendung des Zwangsmittels muss selbst geeignet und notwendig sein und zum angestrebten Erfolg nicht außer Verhältnis stehen (→ Verhältnismäßigkeitsgrundsatz). Ferner müssen die gesetzlichen Voraussetzungen eines der im → Polizeirecht abschließend geregelten polizeilichen Zwangsmittels vorliegen. In Betracht kommen Ersatzvornahme, Zwangsgeld und unmittelbarer Zwang.

2. Ersatzvornahme und Zwangsgeld kommen bei Maßnahmen der Vollzugspolizei (→ Polizei) nur selten in Betracht. Im Bereich der polizeilichen Standardmaßnahmen (→ Platzverweisung; → Gewahrsam; → Durchsuchung; → Sicherstellung) scheiden sie aus. IdR. sind Ersatzvornahme und Zwangsgeld dem allgemeinen → Verwaltungszwang vorbehalten (→ Zwangsmittel). Ihre Anwendung ist auf atypische Maßnahmen der Vollzugspolizei auf Grund der Generalbefugnis beschränkt.

3. Die Vollzugspolizei setzt ihre polizeilichen Maßnahmen idR mit den Mitteln des unmittelbaren Zwangs durch. Die Einzelheiten sind im → Polizeirecht der Länder unterschiedlich ausgestaltet. Unmittelbarer Zwang ist vor der Anwendung anzudrohen. Von einer Androhung kann abgesehen werden, wenn es die Umstände des Einzelfalles nicht zulassen. Der unmittelbare Zwang kann durch einfache körperliche Gewalt (zB Festhalten, „Polizeigriff"), Hilfsmittel für körperliche Gewalt (zB Handschellen oder andere zulässige Fesselungsmittel, Wasserwerfereinsatz, technische Sperren, Fahrzeuge, Diensthunde, Dienstpferde) oder Waffen (Schlagstock, Schusswaffen; sa Waffengebrauch, 1) angewandt werden; teilweise werden regelungstechnisch die Hilfsmittel für körperliche Gewalt pauschal den Waffen zugerechnet. Soweit → Ordnungsbehörden oder andere Verwaltungsbehörden mangels entsprechender Rechtsvorschriften unmittelbaren Zwang nicht oder nur eingeschränkt (ohne → Waffengebrauch oder Schusswaffengebrauch) ausüben dürfen oder über kein in der Ausübung unmittelbaren Zwangs geschultes Personal oder keine geeigneten Hilfsmittel oder Waffen verfügen, kann die Vollzugspolizei für diese Behörden den unmittelbaren Zwang im Wege der → Vollzugshilfe ausüben.

Polizeilicher Notstand
→ Störer, → Notstand (3).

Polizeipflichtige Personen
ist eine veraltete Bezeichnung für → Störer.

Polizeirecht
1. Nach dem weiten materiellen Polizeibegriff (→ Polizei, 1) gehören zum Polizeirecht alle Vorschriften, die die Abwehr von Gefahren (→ Gefahrenabwehr) und die Beseitigung von Störungen für die öffentliche → Sicherheit und Ordnung zum Gegenstand haben. Neben dem Recht des Polizeivollzugsdienstes gehören dazu auch Vorschriften des Abfall-, Ausländer-, Gaststätten-, Gewerbe-, Handwerks-, Immissionsschutz- und Versammlungsrechts. Daher rühren auch traditionelle Begriffe wie „baupolizeiliche" oder „gewerbepolizeiliche" Vorschriften. Nach dem institutionellen Polizeibegriff umfasst das Polizeirecht nur das Recht des Polizeivollzugsdienstes.

2. Nach der Kompetenzordnung des GG ist das Polizeirecht Landesrecht, soweit nicht dem Bund für die Bundespolizeien (→ Polizei, 2) eigene Gesetzgebungskompetenzen zustehen; vgl. BundespolizeiG v. 19.10.1994 (BGBl. 1994 I 2978) mÄnd (sa → Bundespolizei), G über das → Bundeskriminalamt und die Zusammenarbeit des Bundes und der Länder in kriminalpolizeilichen Angelegenheiten (Bundeskriminalamt G – BKAG – v. 1.6.2017, BGBl. I 1354, mÄnd).

3. Die Länder bemühen sich seit den 70er Jahren um eine Angleichung ihres unterschiedlichen Polizeirechts. Der Musterentwurf eines einheitlichen Polizeigesetzes vom 11.6.1976 wurde zum Vorbild für die meisten gesetzlichen Regelungen. Bereits dasas Volkszählungsurteil (→ Volkszählung) des BVerfG v. 15.12.1983 (BVerfGE 65, 1) zwang zu eigenen Vorschriften des Polizeirechts über Datenerhebung- und Verarbeitung (sa → Datenschutz). Vorschläge für solche Vorschriften fanden sich im Vorentwurf zur Änderung des Musterentwurfs eines einheitlichen Polizeigesetzes v. 12.3.1986, dem sich mit Abweichungen im Einzelnen die neueren Polizeirechtsnovellen der Länder anschlossen. In der ehem. DDR erließ die Volkskammer nach den freien Wahlen in Anlehnung an den Musterentwurf das Gesetz über Aufgaben und Befugnisse der Polizei v. 13.9.1990 (GBl. DDR 1990 I 1489), das inzwischen in allen → neuen Ländern von eigenen Polizeigesetzen abgelöst wurde. Das Inkrafttreten der → Datenschutz-Grundverordnung gab Anlass zu einer nachmaligen umfassenden Novellierung der Polizeigesetze insbes. in datenschutzrechtlicher Hinsicht (vgl. zB das GG zur Neuordnung des bayerischen Polizeirechts (PAG-Neuordnungsggesetz) v. 18.5.2018 (GVBl. 2018, 301, 434).

4. Gesetzestechnisch gibt es in den einzelnen Ländern erhebliche Unterschiede.

a) In den dem materiellen Polizeibegriff folgenden Ländern (→ Polizei, 2) gilt jeweils ein Gesetz, das sowohl die den Polizeivollzugsdienst/die Vollzugspolizei als auch die die Polizeibehörden/Polizeiverwaltungsbehörden betreffenden Regelungen enthält, so in Baden-Württemberg das PolizeiG idF v. 13.1.1992 (GBl. 1992, 1, ber. 596) mÄnd, in Bremen das PolizeiG v. 6.12.2001 (GBl. 2001, 441) mÄnd, im Saarland das PolizeiG idF v. 26.3.2001 (Amtsbl. 2001, 1074) mÄnd und in Sachsen das PolizeiG idF v. 13.8.1999 (GVBl. 1999, 466) mÄnd.

b) In den dem institutionellen Polizeibegriff folgenden Ländern gibt es zwei Gruppen.

Die erste Gruppe regelt trotz der institutionellen Trennung Polizeirecht und → Ordnungsrecht in ein und demselben Gesetz; zu diesen Gesetzen gehört in Berlin das Allgemeine Sicherheits- und OrdnungsG v. 11.10.2006 (GVBl. 2006, 930) mÄnd, in Hamburg das Gesetz zum Schutz der öffentlichen Sicherheit und Ordnung v. 14.3.1966 (GVBl. 1966, 77) mÄnd, sowie das G über die Datenverarbeitung der Polizei v. 2.5.1991 (GVBl. 1991, 187, 191) mÄnd, in Hessen das Gesetz über die öffentliche Sicherheit und Ordnung idF v. 14.1.2005 (GVBl. 2005 I 14) mÄnd, in Mecklenburg-Vorpommern das Sicherheits- und OrdnungsG idF v. 9.5.2011 (GVOBl. 2011, 246) mÄnd, in Niedersachsen das Gesetz über die öffentliche Sicherheit und Ordnung idF v. 19.1.2005 (GVBl. 2005, 9), in Rheinland-Pfalz das Polizei- und OrdnungsbehördenG idF v. 10.11.1993 (GVBl. 1993, 595) mÄnd, in Sachsen-Anhalt das Gesetz über die öffentliche Sicherheit und Ordnung v. 20.5.2014 (GVBl. 2014, 182, 183, ber. 380) mÄnd sowie in Schleswig-Holstein das LandesverwaltungsG v. 2.6.1992 (GVOBl. 1992, 243) mÄnd.

In der zweiten Gruppe regeln zwei verschiedene Gesetze jeweils das Polizeirecht und das Ordnungsrecht; dazu gehören in Bayern das PolizeiaufgabenG idF v. 14.9.1990 (GVBl. 1990, 397) mÄnd und das Landesstraf- und VerordnungsG idF v. 13.12.1982 (BayRS 2011–2-I) mÄnd, in Brandenburg das PolizeiG v. 19.3.1996 (GVBl. 1996 I 74) mÄnd und das OrdnungsbehördenG idF v. 21.8.1996 (GVBl. 1996 I 266) mÄnd, in Nordrhein-Westfalen das PolizeiG idF v. 25.7.2003 (GVBl. 2003, 441) mÄnd und das OrdnungsbehördenG idF v. 13.5.1980 (GVBl. 1980, 528) mÄnd, sowie in Thüringen das PolizeiaufgabenG v. 4.6.1992 (GVBl. 1992, 199) mÄnd und das OrdnungsbehördenG v. 18.6.1993 (GVBl. 1993, 323) mÄnd.

Polizeistunde
Polizeistunde, Sperrstunde oder Sperrzeit ist nach § 18 GaststättenG die Zeit, in welcher der Betrieb von → Gaststätten sowie von öffentl. Vergnügungsstätten geschlossen zu halten ist; sie wird durch VO der zuständigen obersten Landesbehörde festgesetzt. Ihre äußerste Grenze war früher 1 Uhr nachts, heute haben fast alle Bundesländer liberalere Regelungen. In 9 Bundesländern (u. a. Bayern, Sachsen und Berlin) gilt grundsätzl. nur noch eine Sperrzeit von 5–6 Uhr (Putzstunde), manche Bundesländer (u. a. Brandenburg, Niedersachsen und Thüringen) kennen gar keine Sperrzeit mehr. Allerdings beginnen Kommunen als → Ordnungsbehörden wegen Lärmbelästigungen und Vandalismus wieder Polizeistunden einzurichten. Die Regelungen sind von Bundesland zu Bundesland unterschiedlich.

Während der → Corona- oder → COVID-19-Krise haben alle Bundesländer die Polizeistunde vorübergehend und teils inzidenzabhängig vorgezogen, etwa auf 21 oder 22 Uhr. Diese Regelungen waren zum Teil recht uneinheitlich und fußten überwiegend auf dem → Infektionsschutzgesetz, nicht dem Gaststättenrecht. → Lockdown.

Polizeiverfügung
→ polizeiliche Maßnahmen (5).

Polizeiverordnung
→ polizeiliche Maßnahmen (5).

Polizeiverwaltungsbehörden
→ Polizei (2), → Ordnungsbehörden.

Polizeivollzugsbeamte
sind die im Polizeivollzugsdienst tätigen Dienstkräfte der → Polizei.

Polizeivollzugsdienst
→ Polizei (2).

Polizeiwidrigkeit
ist der veraltete Begriff für Fälle, in denen das Verhalten einer Person oder der Zustand einer Sache eine Störung der öffentlichen → Sicherheit und Ordnung darstellt (→ polizeiliche Maßnahmen).

Polygraph
→ Lügendetektor.

Poolvertrag
Ein Poolvertrag ist im Handelsgesellschaftsrecht eine besondere Art des → Stimmbindungsvertrags, nämlich die gegenseitige Bindung von (Groß)Aktionären mit dem Ziel, eine Stimmenmehrheit oder eine Sperrminorität zu bilden. Ein Poolvertrag kann auch anderweit der gemeinsamen Interessenwahrnehmung dienen, zB durch Absprachen über Produktion und Absatz, Preise und Gewinnverteilung usw. unter mehreren Unternehmen. Sa → Rückversicherung. Eine andere Form des Poolvertrags ist der sog. Sicherheitenpool. In ihm (idR als → Gesellschaft des bürgerlichen Rechts) schließen sich mehrere Gläubiger (idR Banken) zur gemeinsamen Interessenwahrnehmung (zB zur Verhaltenskoordinierung bei Krise oder Insolvenz des gemeinsamen Schuldners) zusammen.

Popularklage
ist eine Klage, bei der die → Sachbefugnis jedermann – nicht nur dem „Betroffenen" – zusteht. Die Popularklage wird in bestimmten Fällen zugelassen, wenn Interessen der Allgemeinheit berührt sind, zB bei der Nichtigkeits- bzw. Löschungsklage in den Fällen der §§ 22, 81 PatG und des § 55 II Nr. 1 MarkenG. Auch bei der verfassungsgerichtlichen → Normenkontrolle findet sich vereinzelt die Popularklage (zB Art. 98 S. 4 Bayer. Verfassung, Art. 55 Bayer. Gesetz über den Verfassungsgerichtshof v. 10.5.1990, GVBl. 1990, 122; hiernach kann jedermann geltend machen, dass eine Rechtsvorschrift des Landesrechts ein Grundrecht verfassungswidrig einschränke). Keine Popularklage ist die → Verbandsklage.

Pop-up-Radwege
→ Radwege.

Pornographische Darbietungen
Pornographischen Darbietungen, dh insbes. Live-Vorführungen mit pornographischem Charakter, werden durch die §§ 184–184c StGB erfasst, soweit sie mittels Informations- oder Kommunikationstechnik übertragen werden, da sie dann dem Begriff des → pornographischen Inhalts (→ Inhalte, § 11 III StGB) unterfallen. Der Straftatbestand des § 184e StGB pönalisiert zudem die unmittelbaren Besucher sowie die Veranstalter einer kinder- oder jugendpornographischen Live-Darbietung.

Pornographische Inhalte
1. §§ 184–184c StGB verbieten zum Schutz von Kindern (unter 14 Jahren) und Jugendlichen (unter 18 Jahren) oder im Allgemeininteresse die Verbreitung pornographischer → Inhalte, wobei durch den Verweis auf § 11 III StGB jeweils Inhalte erfasst werden, die in → Schriften, auf Ton- oder Bildträgern, in Datenspeichern, Abbildungen oder anderen Verkörperungen enthalten sind oder auch unabhängig von einer Speicherung mittels Informations- oder Kommunikationstechnik übertragen werden. Sa → Internetkriminalität. Zur früheren Bedeutung des Schriftenbegriffs im Pornographiestrafrecht → Pornographische Schriften.

a) Pornographisch ist ein Inhalt, wenn er unter Hintansetzung sonstiger menschlicher Bezüge sexuelle Vorgänge in grob aufdringlicher, anreißerischer Weise in den Vordergrund rückt und ausschließlich oder überwiegend auf die Erregung sexueller Reize abzielt (sog. einfache pornographische Inhalte, BGH NJW 1990, 3026). Harte pornographische Inhalte sind solche, die zusätzlich Gewalttätigkeiten oder sexuelle Handlungen von Menschen mit Tieren (Sodomie) (§ 184a StGB) oder sexuelle Handlungen von, an oder vor Kindern (§ 184b StGB, kinderpornographische Inhalte) oder Jugendlichen (§ 184c StGB, jugendpornographische Inhalte) zum Gegenstand haben. Erfasst werden auch die Wiedergabe eines ganz oder teilweise unbekleideten Kindes oder Jugendlichen in aufreizend geschlechtsbetonter Körperhaltung oder die sexuell aufreizende Wiedergabe der unbekleideten Genitalien oder des unbekleideten Gesäßes eines Kindes. Wissenschaftliche oder künstlerische (dichterische) Darstellung schließt den pornographischen Charakter aus, falls sie nicht nur vorgetäuscht ist und den wahren Zweck verhüllen soll.

b) In § 184 I StGB ist die Verbreitung einfacher pornographischer Inhalte ua in folgenden Handlungen mit Freiheitsstrafe bis zu 1 Jahr oder Geldstrafe bedroht: Anbieten, Überlassen oder der Öffentlichkeit Zugänglichmachen gegenüber Kindern oder Jugendlichen, ferner – auch gegenüber Erwachsenen – das Zugänglichmachen, Anbieten oder Bewerben an für Kinder oder Jugendlichen zugänglichen Orten, ferner Einzelhandel außerhalb von Geschäftsräumen oder in Kiosken oder anderen vom Kunden nicht zu betretenden Räumen, gewerbliche Vermietung oder vergleichbare gewerbliche Gebrauchsgewährung, Versandhandel, öffentl. entgeltliche Filmvorführung, Herstellung, Bezug, Lieferung, Ein- oder Ausfuhr zu verbotenen Zwecken sowie unverlangte Zusendung.

c) Bei sog. harten pornographischen Inhalten sind nach §§ 184a–184c StGB strafbar insbes. das Verbreiten und das der Öffentlichkeit Zugänglichmachen, bei Kinder- und Jugendpornographie auch der bloße Besitz. Die Strafrahmen der Tatbestände sind stark differenziert. Bei § 184b StGB (kinderpornographische Inhalte) wurden sie, nachdem der Tatbestand 2021 weitgehend als → Verbrechen (§ 12 I StGB) mit einer Mindeststrafe von 1 Jahr Freiheitsstrafe ausgestaltet worden war, im Jahr 2024 (G v. 24.6.2024, BGBl. 2024 I Nr. 213) hinsichtlich des Mindestmaßes in Abs. 1 und 3 wieder abgesenkt, um eindeutig unverhältnismäßige Ergebnisse zu vermeiden, etwa wenn pornographische Inhalte allein zu dem Zweck weitergeleitet werden, um – zB an einer Schule – auf ihre Existenz aufmerksam zu machen und dem Einhalt zu gebieten. Der Strafrahmen des § 184b I StGB (insbes. Herstellung und Verbreitung kinderpornographischer Inhalte) reicht nun von sechs Monaten bis zu zehn Jahren Freiheitsstrafe (Ausnahme § 184b I 2 StGB für Inhalte, die kein tatsächliches oder wirklichkeitsnahes Geschehen wiedergeben). Der Besitz wird mit Freiheitsstrafe von drei Monaten bis fünf Jahren geahndet (§ 184b III StGB). Beim → Qualifikationstatbestand des § 184b II StGB (gewerbsmäßiges Handeln oder Handeln als Mitglied einer Bande jeweils bei Inhalten, die ein tatsächliches oder wirklichkeitsnahes Geschehen wiedergeben) beginnt der Strafrahmen weiterhin bei zwei Jahren und und reicht bis zum Höchstmaß der zeitigen Freiheitsstrafe von 15 Jahren. Ähnlich wie § 176e IV, V StGB und § 184l IV StGB enthält auch § 184b

V, VI StGB tatbestandliche Ausnahmen, um insbes. für Zwecke strafrechtlicher Ermittlungen den insoweit erforderlichen Umgang mit Kinderpornographie zu ermöglichen.

2. → Verkörperungen pornographischer Inhalte unterliegen der → Einziehung und der → Unbrauchbarmachung nach §§ 74 ff. StGB.

3. Ferner dürfen Inhalte iSd § 11 III StGB, die zwar nicht pornographischen, aber sexuellen Inhalt haben, dh das Geschlechtliche herausstellen, nicht an Orten der Öffentlichkeit zugänglich gemacht werden, an denen dies grob anstößig wirkt (§ 119 III OWiG → Belästigung der Allgemeinheit).

4. Zur möglichen Strafbarkeit kommerzieller Nacktaufnahmen von Kindern und Jugendlichen (§ 201a III StGB) sowie von Bildaufnahmen, welche unbefugt die Genitalien, das Gesäß, die weibliche Brust oder die diese Körperteile bedeckende Unterwäsche einer anderen Person zeigen (§ 184k StGB) → Bildaufnahme, unzulässige. Sa → jugendgefährdende Medien.

Pornographische Schriften
Gesetzestechnisch werden pornographische → Schriften heute durch die Straftatbestände der §§ 184–184c StGB erfasst, weil sie kraft der dort jeweils enthaltenen Verweisung auf § 11 III StGB als → Verkörperungen eine Gruppe der → pornographischen Inhalte bilden. Der Inhaltsbegriff erfasst ua auch solche → Inhalte, die unabhängig von einer Speicherung mittels Informations- oder Kommunikationstechnik übertragen werden. Vor seiner Einführung durch das 60. StRÄndG (BGBl. 2020 I S. 2600) baute die Gleichstellungsklausel des § 11 III StGB dagegen noch auf dem Begriff der „Schriften" auf und knüpfte allein an bestimmte körperliche Trägermedien der Information an. Entsprechend stellten die §§ 184–184c StGB auch in ihren Überschriften primär auf „pornographische Schriften" ab. Um das Zugänglichmachen pornographischer Inhalte mittels Rundfunk oder Telemedien zu erfassen, bedurfte es ua der Sonderregelung des § 184d StGB aF, die im Zuge der genannten Reform aufgehoben wurde.

Positive Bedingung
→ Bedingung.

Positive Feststellungsklage
→ Feststellungsklage.

Positive Forderungsverletzung
→ Positive Vertragsverletzung (pVV).

Positive Vertragsverletzung (pVV)
1. Unter dem gesetzlich nicht geregelten Begriff der positiven Vertragsverletzung (pVV) oder positiven Forderungsverletzung wurden früher alle schuldhaften Leistungsstörungen verstanden, die weder zur → Unmöglichkeit der Leistung noch zum → Schuldnerverzug führten. Hierunter fielen sowohl Handlungen (zB Verletzung von Nebenpflichten, vertragswidriges Verhalten) als auch Unterlassungen (mangelhafte Information, Beratung oder Aufbewahrung, Verletzung von → Obliegenheiten). Die (nicht nur unerhebliche) pVV führte zur Möglichkeit des Rücktritts vom Vertrag oder des Schadensersatzes entsprechend den Vorschriften über Unmöglichkeit und Verzug.

2. Nunmehr bestimmt § 241 II BGB ausdrücklich, dass das Schuldverhältnis (je nach seinem Inhalt iE) jeden Vertragsteil neben der Verpflichtung zu Leistungen (§ 241 I BGB) auch zur Rücksicht auf die Rechte, Rechtsgüter und Interessen des anderen Teils verpflichten kann. → Gläubiger und → Schuldner haben danach nicht nur die unmittelbaren Leistungspflichten (zB die Lieferung der Ware, einerseits und deren Bezahlung andererseits), sondern es können auch verschiedene weitere Vertragspflichten (Neben- und Schutzpflichten) Vertragsinhalt sein. Inwieweit dies der Fall ist, ist durch Auslegung des Vertrags (→ Auslegung, 2b) unter Berücksichtigung der Grundsätze von → Treu und Glauben im Einzelfall zu ermitteln. Hierunter fallen insbes. Informations- (Gebrauchsanleitung, Handbuch), Beratungs- und Überwachungspflichten, auch wenn diese Interessenvertretung nicht (wie zB bei der → Raterteilung oder der → Verwahrung) unmittelbarer Vertragsinhalt ist.

3. Die Folge einer derartigen (nicht nur unerheblichen) → Pflichtverletzung (sa dort) des Schuldners, die er zu vertreten hat, ist zunächst, dass der Gläubiger Ersatz des ihm hierdurch entstandenen Schadens (unter Aufrechterhaltung der sonstigen Leistungsverpflichtungen) verlangen kann, § 280 BGB; Einzelheiten → Schadensersatz. Unter diesen Voraussetzungen kann der Gläubiger aber auch (vollen) Schadensersatz statt der Leistung verlangen, wenn ihm infolge Gefährdung des Vertragszwecks die Leistung durch den Schuldner nicht mehr zuzumuten ist, § 282 BGB. Bei einem → gegenseitigen Vertrag kann der Gläubiger dann ggf. auch vom Vertrag zurücktreten (§ 324 BGB), was sein Begehren auf (zusätzlichen) Schadensersatz nicht ausschließt (§ 325 BGB).

Positives Interesse
Erfüllungsinteresse → Schadensersatz (4).

Positives Recht
→ Recht (1a).

Positivismus im Recht
→ Rechtspositivismus.

Positivliste
Eine Liste der Arzneimittel, die zu Lasten der gesetzlichen → Krankenversicherung verordnet werden dürfen ist im Interesse einer Kostendämpfung im Gesundheitswesen wiederholt diskutiert worden, geltendes Recht ist jedoch bislang nur eine → Negativliste, die festlegt, welche Arzneimittel nicht zu Lasten der gesetzlichen Krankenversicherung verordnet werden dürfen (§§ 31, 34, 92 SGB V).

Possessorische Ansprüche
→ Besitzschutz.

Post AG
→ Deutsche Post AG.

Post- und Fernmeldewesen
war die, früher auch im GG (zB Art. 73 Nr. 7 GG aF) verwendete Bezeichnung für den Rechtsbereich → Postwesen und Telekommunikation.

Postbank AG
→ Deutsche Postbank AG.

Postbeschlagnahme
Geregelt in §§ 99 f. StPO, → Beschlagnahme 2e.

Postdienste-Datenschutzverordnung
Die Postdienste-Datenschutzverordnung v. 2.7.2002 (BGBl. 2002 I 2494) regelte den Schutz der personenbezogenen Daten der am Postverkehr Beteiligten (§ 1 PDSV). Sie wurde durch Art. 136 des Gesetzes v. 20.11.2019 (BGBl. 2019 I 1626) aufgehoben. Den → Datenschutz im Postverkehr regeln nunmehr die → Datenschutz-Grundverordnung und §§ 41 ff. PostG, → Postgesetz.

Postdienstleistungen
Nach § 4 Nr. 1 PostG (→ Postgesetz) sind Postdienstleistungen folgende gewerbsmäßig erbrachten Dienstleistungen:
- Beförderung von Briefsendungen,
- Beförderung von Paketen unter 20 kg, und
- Beförderung von Büchern, Katalogen, Zeitungen und Zeitschriften.

Die PostdienstleistungsVO vom 21.8.2001 (BGBl. 2001 I 2178 mÄnd) regelt Rahmenvorschriften für die Inanspruchnahme von Postdienstleistungen. Ihre Vorschriften sind zu Gunsten der Kunden zwingendes Recht. Im Einzelnen sind zu nennen ein Diskriminierungsverbot, § 2 PDLV, Kontrahierungszwang für auf Grund einer Verpflichtung oder gem. § 56 PostG erbrachte → Universaldienstleistungen, § 3 PDLV, Regelungen für Abholung, Rücksendung, Nachsendung und Lagerung sowie über die Nachforschung nach vermissten Sendungen, §§ 5–8 PDLV. Die Verjährung ist in erheblicher Abweichung vom allgemeinen Recht auf 1 Jahr ab Inanspruchnahme der Dienstleistung beschränkt, § 9 PDLV. Nach § 18a PostG kann der Postkunde bei Streitigkeiten mit dem Anbieter von Postdienstleistungen ein → Schlichtungsverfahren nach dem VSBG bei der „Schlichtungsstelle Post" der → Bundesnetzagentur einleiten. § 10 PDLV ist durch Änderungsgesetz vom 9.3.2021 (BGBl. 2021 I 324) aufgehoben. Es handelt sich hierbei um eine → Verbraucherschlichtungsstelle. Die flächendeckend erbrachten Postdienstleistungen sind grundsätzl. von der → Umsatzsteuer befreit (§ 4 Nr. 11b UStG). Sa → Postrecht.

Postdienstleistungsverordnung
→ Postdienstleistungen.

Post-Entgeltregulierungsverordnung
Die Post-Entgeltregulierungsverordnung (PEntgV) v. 22.11.1999 (BGBl. 1999 I 2386) mÄnd regelt die Ausgestaltung der in §§ 19 ff. PostG (→ Postgesetz) enthaltenen Verfahren der Entgeltregulierung von → Postdienstleistungen marktbeherrschender Anbieter, insbesondere die Verfahren der Entgeltgenehmigung durch die → Bundesnetzagentur. Im Einzelnen werden Maßstäbe zur Ermittlung genehmigungsfähiger Entgelte konkretisiert (§ 3 PEntgV), wie auch Genehmigungsvoraussetzungen für Entgelte (§ 5 PEntgV) und deren nachträgliche Überprüfung (§ 6 PEntgV).

Postgebühren
1. Früher waren Postgebühren Benutzungsgebühren. Seit der → Postreform sind Postgebühren private Dienstleistungsentgelte, die durch den stetigen Wettbewerb langsam sinken sollen. Postgebühren eines marktbeherrschenden Anbieters (= Lizenznehmer) bedürfen der Genehmigung durch die → Bundesnetzagentur; die Entgeltgenehmigung hat privatrechtsgestaltende Wirkung, abweichende Vereinbarungen sind nicht möglich. Das Verfahren regelt die → Post-Entgeltregulierungsverordnung. Ähnliches gilt für den Telekommunikationsbereich, dazu → Marktregulierung.

2. Als Postgebühren werden auch die zahlreichen Lizenzgebühren bezeichnet, die Anbieter von Post- und Telekommunikationsdienstleistungen an die Regulierungsbehörde entrichten müssen, s. Post-LizenzgebührenVO v. 4.2.2002 (BGBl. 2002 I 579) mÄnd. (Die VO wurde zum 1.10.2021 aufgehoben und ihr Inhalt neu geregelt im Rahmen des Gesetzes zur Aktualisierung der Strukturreform des Gebührenrechts des Bundes vom 18.7.2016 (BGBl. 2016 I 1666). Die Regelungn finden sich in Abschn. 9 Besondere Gebührenverordnung BNetzA vom 19.8.2021 (BGBl. 2021 I 3715) Sa → Postrecht, → Telekommunikationsrecht.

Postgeheimnis
→ Brief-, Post- u. Fernmeldegeheimnis.

Postgesetz
1. Zweck des Postgesetzes (PostG) v. 22.12.1997 (BGBl. 1997 I 3294) mÄnd ist es, durch Regulierung im Bereich des Postwesens den Wettbewerb zu fördern und flächendeckend angemessene und ausreichende Dienstleistungen zu gewährleisten (§ 1 PostG). Ziele der Regulierung sind ua die Wahrung der Interessen der Kunden und des Postgeheimnisses (→ Brief-, Post- und Fernmeldegeheimnis). Sa → Postrecht.

2. Die dem PostG unterliegenden → Postdienstleistungen sind in § 4 PostG näher bestimmt (Beförderung von Briefen, kleinen Paketen und Pressepost). Die Regulierung des Postwesens erfolgt vor allem durch Lizenzen und Entgeltregulierung. Einer Lizenz bedarf, wer Briefsendungen, deren Einzelgewicht nicht mehr als 1000 Gramm beträgt (lizensier-

ter Bereich), gewerbsmäßig für andere befördert (§ 5 PostG). Der Sache nach ist die Lizenz für den Lizenznehmer eine Gewerbeerlaubnis (→ Gewerbezulassung). Darüber hinaus bedürfen Entgelte, die ein marktbeherrschender Lizenznehmer für lizenzpflichtige Postdienstleistungen erhebt, der Genehmigung (§ 19 PostG, dazu → Post-Entgeltregulierungsverordnung). Das PostG regelt ferner die postalische Grundversorgung durch → Universaldienstleistungen (§§ 11 ff. PostG), die Verpflichtung zur förmlichen Zustellung nach öffentlich-rechtlichen Vorschriften (§§ 33 ff. PostG), Postgeheimnis und, iVm der DS-GVO, den→ Datenschutz (§§ 39 ff. PostG). Zahlreiche Bestimmungen sind bußgeldbewehrt. Sa → Deutsche Post AG.

3. Auf der Grundlage des PostG wurden erlassen:
– Die → Post-EntgeltregulierungsVO,
– die Post-UniversaldienstleistungsVO (→ Universaldienstleistungen),
– die PostdienstleistungsVO (→ Postdienstleistungen) und
– die Post-LizenzgebührenVO (→ Postgebühren), die zum 30.9.2021 außer Kraft getreten ist. Die Regelungen finden sich nun in Absch. 9 der Besondere Gebührenverordnung BNetzA vom 19. August 2021 (BGBl. 2021 I 3715).

4. Zuständige Regulierungsbehörde ist die → Bundesnetzagentur. Soweit nicht völkerrechtliche Verträge (→ Weltpostverein) und die zu deren Durchführung ergangenen Gesetze und VO etwas anderes bestimmen, gilt das PostG auch für den Postverkehr mit dem Ausland (§ 3 PostG). Zur Telekommunikation → Telekommunikationsgesetz, → Marktregulierung.

Postglossatoren
→ römisches Recht.

Postmortale Vollmacht
→ Vollmacht.

Postnachfolgeunternehmen
Postnachfolgeunternehmen sind diejenigen privaten Unternehmen, die aus dem Teilsondervermögen der → Deutschen Bundespost durch deren Privatisierung hervorgegangen sind, § 1 I Bundesanstalt-Post-Gesetz (BAPostG) v. 14.9.1994 (BGBl. 1994 I 2325) mÄnd. Dies waren ursprünglich die → Deutsche Post AG, die → Deutsche Postbank AG und die → Deutsche Telekom AG. Zu den Postnachfolgeunternehmen gehören heute allerdings auch deren Rechtsnachfolger, etwa die Deutsche Bank AG, auf die die Deutsche Postbank AG in verschiedenen Etappen verschmolzen wurde, PBNUBestV v. 17.3.2020 (BGBl. 2020 I 523, 1208). Postnachfolgeunternehmen unterliegen wegen der noch dort beschäftigten Beamten besonderen Regelungen, zB für die Betriebsverfassung (§ 24 Postpersonalrechtsgesetz (PostPersRG) v. 14.9.1994 (BGBl. 1994 I 2325, 2353) mÄnd). → Postreform.

Postneuordnungsgesetz
→ Postreform.

Postpendenz
→ Wahlfeststellung.

Postrecht
1. Zum Postrecht gehören alle Normen des Postwesens. Das betrifft vor allem die Beförderung von Postsendungen, denn → Telekommunikations- (→ Deutsche Telekom AG) und Bankrecht (→ Deutsche Postbank AG) gehören nicht mehr zum Postrecht. Das Postrecht ist geprägt durch fortschreitende → Privatisierung und Liberalisierung. Während postalische Dienstleistungen früher von der in Behördenform geführten → Deutsche Bundespost (Sondervermögen des Bundes) angeboten wurden, geschieht dies heute durch privatwirtschaftliche Unternehmen. Nach der → Postreform ist der öffentlich-rechtliche Bereich zugunsten des allgemeinen → Wettbewerbsrechts stark zurückgedrängt worden, wenn auch immer noch umfangreiche Regulierungsbefugnisse bestehen (→ Bundesnetzagentur).

2. Zentrale Vorschrift des Postrechts ist das → Postgesetz mit seinen hierzu ergangenen Rechtsverordnungen. Verfassungsrechtlich gehören zum Postrecht vor allem Art. 73 I Nr. 7 GG, Art. 87 f GG(→ Postwesen und Telekommunikation), Art. 143b GG und Art. 10 GG (→ Brief-, Post- und Fernmeldegeheimnis). Für den Übergang von staatlichem Monopolbetrieb zu privatrechtlichen Unternehmen war bedeutsam das Postneuordnungsgesetz v. 14.9.1994 (→ Postreform).

3. Das Postgesetz dient auch der Umsetzung der Postdienste-Richtlinie 97/67/EG v. 15.12.1997, ABl. EG 1998 L 15, 14 mÄnd. Für den Postverkehr mit dem Ausland gelten bilaterale Abkommen bzw. die Verträge des → Weltpostvereins.

Postreform
1. Ursprünglich wurden Postdienste in Deutschland durch die → Deutsche Bundespost hoheitlich erbracht; sa → Reichspost. Auf Grund technischer Entwicklungen und Reformbewegungen anderer Länder wurden das staatliche Monopol liberalisiert und die Deutsche Bundespost privatisiert.

2. Durch das Poststrukturgesetz v. 8.6.1989 (BGBl. 1989 I 1026, auch: Postreform I) wurde die Deutsche Bundespost in Teilsondervermögen (Deutsche Bundespost Postdienst, Deutsche Bundespost Postbank, Deutsche Bundespost Telekom) getrennt. Betriebliche Aufgaben oblagen den drei Generaldirektionen, hoheitliche dem Bundesministerium für Post und Telekommunikation.

3. Nach Änderung des GG (→ Grundgesetz 4.) wurden durch das Postneuordnungsgesetz v. 14.9.1994 (BGBl. 1994 I 2325, 1996 I 103, auch: Postreform II) die drei Teilsondervermögen durch → Umwandlung in die → Deutsche Post AG, die → Deutsche Postbank AG und die → Deutsche Telekom AG überführt.

Als Holding für die Eigentumsverwaltung des Bundes wurde die → Bundesanstalt für Post und Telekommunikation Deutsche Bundespost geschaffen. Die bei der Deutschen Bundespost tätigen Bundesbeamten wurden von den privaten Nachfolgeunternehmen weiter beschäftigt (Art. 143b GG).

4. Weitere Schritte der Postreform waren der Erlass des ersten, mittlerweile aufgehobenen TKG v. 25.7.1996 (BGBl. 1996 I 1120), vgl. → Telekommunikationsrecht, → Telekommunikationsgesetz, durch das die Regulierungsbehörde für Telekommunikation und Post (heute: → Bundesnetzagentur) geschaffen wurde. Durch das → Postgesetz wurde 1997 der wettbewerbliche Ordnungsrahmen des Postwesens geschaffen, der dem ehemaligen Staatsunternehmen bis 2007 noch eine → Exklusivlizenz gewährte. Das Bundesministerium für Post und Telekommunikation wurde Ende 1997 aufgelöst. Sa → Postrecht, → Postwesen und Telekommunikation.

Postregal
Als Postregal bezeichnete man das staatliche (bzw. königliche oder kaiserliche) Monopol auf Beförderung von Nachrichten. Ein Monopol dieser Art bestand seit der → Postreform noch in Form der bis zum 31.12.2007 befristeten → Exklusivlizenz der → Deutschen Post AG. Sa → Regalien.

Postulationsfähigkeit
Die Postulationsfähigkeit ist die Fähigkeit, Prozesshandlungen die rechtserhebliche Erscheinungsform zu geben. Die Postulationsfähigkeit ist → Prozesshandlungsvoraussetzung. Nur wer postulationsfähig ist, darf vor Gericht verhandeln (Verhandlungsfähigkeit). Nach verschiedenen gesetzlichen Vorschriften sind nur Personen mit bestimmten Eigenschaften postulationsfähig und zur Verhandlung vor Gericht zugelassen (→ Anwaltsprozess, §§ 78 ff., 157 ZPO, § 11 ArbGG, § 67 VwGO, § 62 II FGO, § 166 SGG).

Post-Universaldienstleistungsverordnung
→ Universaldienstleistungen (2).

Postwesen und Telekommunikation
Der Begriff Postwesen und Telekommunikation ist verfassungsrechtlich geprägt:

1. Nach Art. 73 I Nr. 7 GG besitzt der Bund die → ausschließliche Gesetzgebung über Postwesen und Telekommunikation (früher: Post und Fernmeldewesen).

a) Postwesen bezieht sich auf die herkömmlichen Zweige der Post. Hierzu gehört vor allem noch die Beförderung von Postsendungen, nicht jedoch die ehemalige → Deutsche Postbank AG, für die Art. 74 I Nr. 11 GG (→ konkurrierende Gesetzgebung) einschlägig war. Der Bund hat seine Gesetzgebungskompetenz vor allem durch das → Postgesetz wahrgenommen; sa → Postrecht.

b) Telekommunikation ist das Aussenden, Übermitteln und Empfangen von elektromagnetischen oder optischen Signalen mittels technischer Einrichtungen, vgl. → Telekommunikationsrecht und → Telekommunikationsgesetz. Zur Telekommunikation zählt auch der sendetechnische Bereich von → Rundfunk und Fernsehen, nicht jedoch die sog. Studiotechnik oder gar der Rundfunk als Ganzes (vgl. das sog. erste → Rundfunkurteil des Bundesverfassungsgerichts, BVerfGE 12, 205).

2. Der Bund gewährleistet nach Art. 87 f GG nach Maßgabe eines Bundesgesetzes (PostG, TKG) im Bereich Postwesen und Telekommunikation flächendeckend angemessene und ausreichende Dienstleistungen. Diese werden privatwirtschaftlich durch die aus dem Sondervermögen Deutsche Bundespost hervorgegangenen Unternehmen (→ Postreform) und durch andere private Anbieter erbracht, s. → Universaldienstleistungen. Hoheitsaufgaben, zB Frequenzverwaltung, Genehmigung von Funkanlagen, werden in bundeseigener Verwaltung ausgeführt, dazu→ Bundesnetzagentur. Ferner führt der Bund durch die → Bundesanstalt für Post und Telekommunikation Deutsche Bundespost einzelne Aufgaben in Bezug auf die aus dem Sondervermögen Deutsche Bundespost hervorgegangenen Unternehmen aus.

3. Im Rahmen der Neuordnung des Postwesens wurde 1994 mit Art. 143b GG eine Übergangsvorschrift für die → Deutsche Bundespost ins GG aufgenommen.

Postzustellung
→ Zustellung.

Postzwang
→ Exklusivlizenz.

Potestativbedingung
→ Bedingung.

Potsdamer Abkommen
Vom 17.7.– 2.8.1945 fand in Potsdam eine Konferenz der Regierungschefs der USA, der UdSSR und Großbritanniens statt, auf der mit dem Potsdamer Abkommen eine Reihe von Vereinbarungen über die aus der militärischen Niederwerfung Deutschlands zu ziehenden Folgerungen zustande kamen. Bis zur → Wiedervereinigung waren von Bedeutung die territorialen Vereinbarungen dieser Konferenz, insbes. die Vereinbarungen über das ehem. Ostpreußen und die Westgrenze Polens. Der Entwurf eines Friedensvertrags wurde dem Rat der Außenminister der Alliierten übertragen. Die Gültigkeit des P. A. ist wiederholt von den Alliierten wegen angeblicher Nichteinhaltung in Frage gestellt worden. Inzwischen ist das Potsdamer Abkommen durch die → Abschließende Regelung in Bezug auf Deutschland insgesamt überholt.

ppa
→ Prokura.

PPP
→ Public Private Partnership.

Präambel
Die Präambel ist ein Vorspruch, der meist bei völkerrechtlichen Verträgen und bei Verfassungen (vgl. die Präambel zum GG), gelegentlich auch bei sonstigen wichtigen Gesetzen dem eigentlichen Vertrags- oder Gesetzestext vorangestellt wird. Unmittelbare Rechtserheblichkeit wird der P. nicht beigemessen. Sie enthält meist politische Zielsetzungen oder Programmsätze, welche die Zielrichtung des Vertrages oder Gesetzes darlegen und erläutern. Die Präambel ist deshalb insbes. für die → Auslegung des Vertrages (Gesetzes) von Bedeutung. So hatte zB das BVerfG für die damalige Präambel des GG festgestellt, dass sie hinsichtlich der Wiedervereinigung Deutschlands die Pflicht aller politischen Staatsorgane festlegt, die Einheit Deutschlands mit allen Kräften anzustreben, dass es ihnen aber überlassen bleiben muss, welchen Weg sie dazu wählen (vgl. BVerfGE 5, 85/127 f.; 12, 45/51 f.). Im europäischen Gemeinschaftsrecht enthält die Präambel authentische Interpretationsvorgaben („Erwägungsgründe"), hat also unmittelbar normativen Charakter.

Präimplantationsdiagnostik
→ künstliche Fortpflanzung.

Präjudizielles Rechtsverhältnis
= → vorgreifliches Rechtsverhältnis.

Präjudizien
sind voraufgegangene gerichtliche Entscheidungen – insbes. Urteile – in derselben Rechtsfrage. Sie können in einem späteren Verfahren als Vorbild dienen oder kraft Gesetzes oder Gewohnheitsrechts bindend sein. Im angelsächsischen Rechtskreis besteht im Bereich des case-law (Fallrecht; → common law) eine rechtliche Bindung an frühere Entscheidungen eines höheren Gerichts in derselben Rechtsfrage. Das deutsche Recht kennt eine Bindung des Richters an Präjudizien grundsätzlich nicht. Gleichwohl werden die Entscheidungen insbes. des BVerfG (soweit sie nicht ohnehin Gesetzeskraft haben oder sonst in der Auslegung des Bundesrechts Bindungswirkung entfalten, Art. 31 GG) sowie die Erkenntnisse der obersten Gerichtshöfe und der Gerichte der Mittelinstanz (Oberlandesgerichte, Landesverwaltungsgerichte usw.) idR als Leitbilder, wenn nicht als maßgebend angesehen, zumal wenn der Fall im Rechtsmittelweg an das obere Gericht gelangen kann. Eine gesetzliche Bindung der unteren Gerichte (Amts-, Landgerichte usw.) an die Rspr. der oberen Instanzen besteht grundsätzlich nicht, wohl aber zur Wahrung der Rechtseinheit innerhalb der obersten Gerichtshöfe, deren Spruchkörper vor Abweichung von dem früheren Urteil eines anderen Senats die Entscheidung eines Großen Senats einholen müssen. Ferner muss in Strafsachen und in Angelegenheiten der → freiwilligen Gerichtsbarkeit ein Oberlandesgericht, das von der Entscheidung eines anderen OLG oder des BGH abweichen will, diesem die Sache vorlegen (→ Divergenz gerichtlicher Entscheidungen); im Zivil-, Arbeits-, Verwaltungs- und Sozialgerichtsverfahren kann die Abweichung des Urteils der Berufungsinstanz von einer Entscheidung des übergeordneten obersten Gerichtshofs mit der Revision gerügt werden (§ 546 I Nr. 2 ZPO, § 72 II Nr. 2 ArbGG, § 132 II Nr. 2 VwGO, § 160 II Nr. 2 SGG). S. → Divergenzrevision.

Präklusion
= Ausschluss. Nach gesetzlicher Bestimmung kann unter gewissen Voraussetzungen eine Ausschlusswirkung für bestimmte Rechte oder Rechtshandlungen eintreten. So schließt der Ablauf der gesetzlichen Frist für die → Mängelrüge beim Kauf- oder Werkvertrag die Geltendmachung des Mangels, der Ablauf einer Antrags- oder Rechtsmittelfrist idR die Stellung des Antrags oder die Einlegung des Rechtsmittels aus; der im → Aufgebotsverfahren ergehende Ausschließungsbeschluss präkludiert die Rechte aus einer für kraftlos erklärten Urkunde oder die Erhebung eines nicht angemeldeten Anspruchs gegen den Erben u. dgl.

Prälegat
= → Vorausvermächtnis.

Präliminarfriede
wird ein völkerrechtlicher Vorvertrag genannt, in dem als Grundlage für den endgültigen Friedensschluss (Friedensvertrag) die Einstellung der Feindseligkeiten vereinbart und ggf. weitere vorläufige Abmachungen getroffen werden.

Prämie
→ Versicherungsvertrag (2a, 3), → Arbeitslohn, → Erfolgsbeteiligung; sa → Gratifikation, → Kundenbindung.

Prämienanleihe
Eine Prämienanleihe ist eine → Anleihe, bei der nach Auslosung auf einen Teil der Schuldverschreibungen neben den Zinsen Gewinne in Geld ausbezahlt werden.

Prämienlohn
→ Arbeitslohn.

Prämienreserve
→ Rückvergütung, → Deckungsrückstellung, → Lebensversicherung.

Prämiensparvertrag
Ein Prämiensparvertrag (zur rechtlichen Einordnung → Sparvertrag) kennzeichnet sich meist dadurch, dass sich die Verzinsung aus 2 Elementen zusammensetzt: einer vereinbarten Prämie (Bonus), die idR nicht ausbezahlt, sondern dem Kapital zugeschlagen wird, und einem meist variablen Grundzins, mit dem das Guthaben jährlich verzinst wird. Häufig wurden in der Vergangenheit von Kreditinstituten in ihren → Allgemeinen Geschäftsbedingungen variable Zinsanpassungsklauseln, also Klauseln die vom Kreditinstitut an allg. Zins-

entwicklung am Markt angepasst werden können, verwendet, die wegen Verstoßes gegen § 308 Nr. 4 BGB unwirksam sind, s. hierzu näher → Zinsgleitklausel.

Prämienzahlungen
In ihren Satzungen können die gesetzlichen Krankenkassen Wahltarife anbieten, die Prämienzahlungen vorsehen können, etwa für die Teilnahme an einem Hausarztmodell → Beitragsrückerstattung, → Wahltarife.

Pränumerationskauf
→ Barkauf.

Präpendenz
→ Wahlfeststellung.

Präqualifikation
ist eine standardisierte und generalisierte Eignungsprüfung der Bieter im Rahmen des → Vergaberechts. Sie kann die individuelle Eignungsprüfung als Voraussetzung für den Zuschlag ersparen. Systeme zur Präqualifikation sind angesprochen ua in § 122 Abs. 3 GWB und § 48 SektVO.

Prärogative
Prärogative werden die dem Monarchen zustehenden Vorrechte genannt, die ihn von gesetzlichen Bindungen freistellen. In der konstitutionellen Monarchie sind sie durch die Bindung an die Verfassung ausgeschlossen (→ Konstitution).

Präsentation
nennt man die (zur Geltendmachung der Forderung erforderliche) Vorlegung eines → Wechsels oder → Schecks.

Präsente Beweismittel
sind die von einem Prozessbeteiligten gestellten (vorgeladenen und erschienenen) Zeugen und Sachverständigen sowie andere herbeigeschaffte (vorgelegte) Beweismittel (zB Urkunden, Skizzen u. dgl.). Die Präsenz erweitert die Pflicht des Gerichts zur Beweiserhebung (s. ferner → Glaubhaftmachung). Es kann sie zB in der → Hauptverhandlung im Strafverfahren nur ablehnen, wenn die Beweiserhebung unzulässig, die Beweistatsache völlig unerheblich oder schon erwiesen oder offenkundig oder wenn das Beweismittel ungeeignet ist, schließlich wenn der Antragsteller Prozessverschleppung beabsichtigt; sonst nur mit Einverständnis des StA, des Angeklagten und des Verteidigers (§ 245 StPO).

Präses
In einigen Gliedkirchen der Evangelischen Kirche in Deutschland (zB in der Evang. Kirche von Westfalen) Bezeichnung für die Spitze der Kirchenleitung (→ Evangelische Kirche, 5b).

Präsident
1. Präsident ist die aus dem Lateinischen (praesidere = vorsitzen) hergeleitete fremdsprachliche Bezeichnung für den Vorsitzenden. Der Begriff allein sagt noch nichts über Bedeutung und Befugnisse der so bezeichneten Person. In der Regel wird der Begriff für Leitungspersonen bestimmter → Körperschaften des öffentlichen Rechts und bestimmter → Behörden verwendet. Häufig findet sich zu dem Begriff noch ein Zusatz, zB → Regierungspräsident.

2. IdR ist Präsident auch die Bezeichnung für das → Staatsoberhaupt einer → Republik (Staatspräsident), ggf. noch mit einem weiteren Zusatz, so zB in Deutschland → Bundespräsident oder in Frankreich Président de la République. Aus dem Präsidentenamt folgen dabei in den einzelnen Ländern höchst unterschiedliche Machtbefugnisse; während in Deutschland in der Staatspraxis die repräsentativen Aufgaben im Vordergrund stehen, ist der Präsident in Frankreich Chef der → vollziehenden Gewalt. Sa → Präsidialdemokratie.

3. In der Evangelischen Kirche ist Präsident zT die Bezeichnung für das Leitungsamt einer Landeskirche (→ Evangelische Kirche, 5b).

4. Der Begriff des Präsidenten ist nicht geschützt, so dass sich auch die Vorsitzenden privatrechtlicher Vereinigungen, zB eines → Vereins, Präsident nennen können.

Präsidialdemokratie
ist eine Form der → Demokratie, in der nach der Verfassung die → vollziehende Gewalt bei einem Präsidenten liegt, der gegenüber dem → Parlament eine stärkere Stellung besitzt als in einer → parlamentarischen Demokratie (Präsidialverfassung). Er wird idR direkt vom Volk (nicht vom Parlament) gewählt und bedarf zu seiner Amtsführung nicht des Vertrauens des Parlaments. Eine typische Präsidialverfassung besteht in den USA: ua hat dort der Präsident ein Vetorecht gegen Gesetzentwürfe; er nimmt die Stellung des Ministerpräsidenten und die des Oberbefehlshabers der Streitkräfte ein.

Präsidialrat
Bei den Gerichten bestehen Präsidialräte als Richtervertretung für die Beteiligung an der Ernennung von Richtern. Bildung und Aufgaben der Präsidialräte sind im Deutschen → Richtergesetz (§§ 49, 54 ff. DRiG) und in den Richtergesetzen der Länder geregelt. Die Präsidialräte bei den Gerichten des Bundes setzen sich aus vom Gesetz bestimmten und gewählten Mitgliedern zusammen. Bei den Gerichten der Länder müssen dem Präsidialrat, der für jeden Gerichtszweig (uU auch für mehrere) zu bilden ist, der Präsident eines Gerichts als Vorsitzender und weitere Richter angehören, von denen mindestens die Hälfte durch die Richter zu wählen sind (§ 74 DRiG). Die Präsidialräte bei den Gerichten des Bundes sind vor jeder Ernennung oder Wahl eines Richters zu beteiligen. Der Präsidialrat gibt auf Antrag der obersten Dienstbehörde eine schriftlich begründete Stellungnahme über die persönliche und fachliche Eignung des Bewerbers oder Richters ab; auf Ersuchen eines Mitgliedes des Präsidialrates hat die ob. Dienstbehörde die Stellungnahme

zu beantragen. Die Präsidialräte bei den Gerichten der Länder sind nach § 75 DRiG jedenfalls an der Ernennung eines Richters für ein Amt mit höherem Endgrundgehalt als dem eines Eingangsamtes zu beteiligen. Im Einzelnen sind die Beteiligungsrechte unterschiedlich geregelt. Sie sind idR dort schwächer ausgestaltet, wo Richterwahlausschüsse (→ Richterwahl) gebildet sind.

Präsidialverfassung
→ Präsidialdemokratie, → Präsidium.

Präsidium
(nach Gerichtsverfassungsrecht) Das Präsidium ist ein unabhängiges gerichtliches Selbstverwaltungsorgan. Seine Aufgabe besteht im Wesentlichen in der → Geschäftsverteilung und in der Besetzung der Spruchkörper (§ 21e GVG). Die Präsidialverfassung der Gerichte ist jetzt weitgehend einheitlich in §§ 21a ff. GVG und in der GerPräsWahlO v. 19.9.1972 (BGBl. 1972 I 1821) mÄnd mit Verweisungen für andere Gerichtszweige (§ 4 FGO; § 6a ArbGG; § 6 SGG; § 68 PatG usw) geregelt. Danach wird bei jedem Gericht ein Präsidium gebildet, das aus dem Präsidenten (oder aufsichtsführenden Richter) als Vorsitzenden und (je nach Größe des Gerichts) aus höchstens 10 gewählten Richtern besteht (§ 21a GVG). Das Präsidium entscheidet mit Stimmenmehrheit durch Beschluss (sog. Präsidialbeschluss); es ist beschlussfähig, wenn mindestens die Hälfte seiner gewählten Mitglieder anwesend ist (§ 21i GVG).

praesumptio
(facti, iuris usw) → Vermutung.

Prätendent
= Anspruchsteller; → Thronprätendent.

Prätendentenstreit
oder Gläubigerstreit liegt vor, wenn in einem Rechtsstreit eine Forderung geltend gemacht wird, die ein Dritter, dem der Beklagte den Streit verkündet hat (→ Streitverkündung), für sich in Anspruch nimmt, und dieser Dritte (Prätendent) dann in den Prozess wie ein → Hauptintervenient eintritt. Hinterlegt der bisherige Beklagte den streitigen Betrag unter Rücknahmeverzicht, wird er auf Antrag aus dem Rechtsstreit entlassen und dieser zwischen dem Kläger und dem Prätendenten fortgesetzt; der Obsiegende erhält den hinterlegten Betrag (§ 75 ZPO).

praeter legem
= neben dem Gesetz (außerhalb des Gesetzes). Der Ausdruck wird gelegentlich für Handlungen verwendet, die zwar nicht ausdrücklich verboten sind, aber nicht dem Sinn der Rechtsvorschriften entsprechen.

Prävarikation
→ Parteiverrat.

Prävention
Prävention wird unterschieden in Primärprävention (Maßnahmen des Risikoschutzes bei Gesunden), Sekundärprävention (Vorsorgemaßnahmen, um Krankheiten frühzeitig diagnostizieren und therapieren zu können) und Tertiärprävention (Maßnahmen, um nach Krankheiten Rückfälle und Folgeschäden zu verhindern oder abzumildern). Die → Krankenkassen sollen in der Satzung Leistungen zur primären Prävention vorsehen (§ 20 SGB V).

Präventiver Restrukturierungsrahmen
→ Sanierung von Handelsgesellschaften.

Präventivgewahrsam
→ Unterbindungsgewahrsam.

Präventivpolizei
Von Präventivpolizei spricht man, wenn die → Polizei nicht im Rahmen des Strafverfahrens, also strafverfolgend (repressiv), sondern vorbeugend (präventiv) zur Verhütung und Beseitigung von Gefahren für die öffentl. Sicherheit und Ordnung tätig wird. Während die strafverfolgende Tätigkeit von der Polizei als Hilfsorgan der Staatsanwaltschaft ausgeübt wird, ist die Vorbeugung (Prävention) die eigentliche Aufgabe der Polizei. Ihre Aufgaben und Befugnisse in diesem Bereich sind in den Polizeigesetzen geregelt (→ Polizeirecht), die strafverfolgende Tätigkeit vornehmlich in der Strafprozessordnung.

Präventivschlag
→ Gewaltverbot (1g).

Präzedenzfall
Präzedenzfall wird ein Fall (Vorfall, Rechtsfall) genannt, dessen Beurteilung oder gerichtliche Entscheidung für künftige Fälle gleicher Art als Beispiel oder Vorbild dient (→ Präjudizien).

Praktikantenverhältnis
Das Praktikantenverhältnis ist grds. ein sonstiges → Berufsausbildungsverhältnis, das lediglich dazu dient, berufliche Kenntnisse und Erfahrungen zu erwerben. Sofern nicht ein normales, vergütungspflichtiges → Arbeitsverhältnis als Grundlage vereinbart ist, gelten die Vorschriften für das Berufsausbildungsverhältnis mit bestimmten Ausnahmen (§ 26 BBiG); Zeugnisanspruch daher aus § 26 BBiG iVm § 16 BBiG. Das → Mindestlohngesetz gilt grds. auch hier, außer es handelt sich um eine vorgeschriebene praktische Tätigkeit im Rahmen eines Studiums (zB für angehende Ärzte) oder einer Schulausbildung bzw. um ein ausbildungsbegleitendes oder -vorbereitendes Praktkum (§ 22 I MiLoG, teilw. auf eine Dauer von 3 Monaten beschränkt). Sa → Volontärverhältnis, → Werkstudent. Die Abgrenzung ist komplex, Praktika ohne → Mindestlohn sollten daher kaum noch vorkommen. Das Nachweisgesetz verweist zum einen auf § 22 I MiLoG, enthält aber auch weitere Spezialregelungen (§ 1 S. 2 und § 2 Ia NachwG). Sondervorschriften gelten für Ausländer, die einer Arbeitserlaubnis bedürfen, § 15 BeschäftigungsVO.

Praktikum
→ Praktikantenverhältnis.

Praxisgebühr
Versicherte der gesetzlichen → Krankenversicherung, die das 18. Lebensjahr vollendet hatten, mussten seit dem 1.1.2004 je Kalendervierteljahr für jede erste Inanspruchnahme eines Arztes, Zahnarztes oder Psychotherapeuten eine Zuzahlung von 10 EUR leisten. Zu beachten war, dass die Praxisgebühr auf die Belastungsgrenze angerechnet wurde. Hierzu war ein Antrag bei der Krankenkasse notwendig. Die Belastungsobergrenze betrug 2% des bereinigten Bruttoeinkommens, bei chronisch Kranken 1%. Wurde die Belastungsobergrenze im Laufe eines Kalenderjahres überschritten, wurde der überschreitende Betrag – somit auch die Praxisgebühr – auf Antrag erstattet. Die von Anfang an stark kritisierte Praxisgebühr ist ab 2013 ersatzlos entfallen (Gesetz zur Regelung des Assistenzpflegebedarfs in stationären Vorsorge- und Rehabilitationseinrichtungen v. 20.12.2012 (BGBl. 2012 I 2789)).

Praxisgemeinschaft
→ Sozietät.

Praxisübergabe
Die in § 203 StGB genannten Berufsträger, zB Ärzte, Rechtsanwälte, benötigen zur Aushändigung von Dateien und Unterlagen über Patienten oder Mandanten anlässlich einer Praxisübergabe deren Einwilligung. Ein Praxisübergabevertrag, der dies nicht beachtet, ist wegen Verletzung des Rechts auf → informationelle Selbstbestimmung und des → Berufsgeheimnisses nach § 134 BGB nichtig. Ohne die Einwilligung ist auch die → Abtretung von Honorarforderungen aus der zum Berufsgeheimnis verpflichtenden Tätigkeit nichtig, sofern nicht für Rechtsanwälte, Steuerberater oder Wirtschaftsprüfer § 49b IV BRAO, § 64 II StBerG oder § 55a III WPO eingreift.

Preis freibleibend
Klausel beim → Kauf, wonach der Verkäufer bis zur Lieferung den Kaufpreis angemessen erhöhen kann (eingeschränkt im Rahmen → Allgemeiner Geschäftsbedingungen, § 309 Nr. 1 BGB). Über die Bindung bereits an das Vertragsangebot → Vertrag (1).

Preisabschlagsverbot
S. zunächst → Preisaufschlagsverbot. § 675 f VI BGB verbietet es, dass in einem → Zahlungsdienstevertrag zwischen Zahlungsdienstleister und Zahlungsempfänger (zB zwischen Kreditinstitut und Händler) das Recht des Zahlungsempfängers, dem Zahler für die Nutzung eines bestimmten → Zahlungsinstruments eine Ermäßigung oder einen anderen Anreiz anzubieten, vertraglich ausgeschlossen wird, eine solche Vereinbarung wäre unwirksam (§ 134 BGB).

Preisangaben
1. Die Preisangabenverordnung (PAngV) idF v. 18.10.2002 (BGBl. 2002 I 4197) mÄnd gehörte zum → Preisrecht und regelt, wie Preise von Waren und Leistungen beim Angebot an Verbraucher, aber auch schon in der Werbung, zB im Internet, anzugeben sind. Sie wurde durch die PAngV 2022 idF v. 12.11.2021 (BGBl. 2021 I 4921) umfassend novelliert, um die sog. „Omnibus-Richtlinie" 2019/2161/EU umzusetzen, die die Preisangabenrichtlinie 98/6/EG geändert hat. Die Änderungen traten zum 28.5.2022 in Kraft.

Die PAngV betrifft nach § 3 PAngV jeden → Unternehmer, der solche Leistungen in seinem → Gewerbe, geschäftsmäßig (→ geschäftsmäßiges Handeln) oder sonst regelmäßig anbietet oder für sie öffentlich wirbt. Dabei sind idR → Gesamtpreis und → Grundpreis einschließlich → Umsatzsteuer und sonstiger Preisbestandteile auszuweisen und mit Gütebezeichnungen und Verkaufseinheiten (s. dazu → Fertigpackungen, → Ausschankmaße) zu nennen. Die Preisangaben müssen den Grundsätzen der Preisklarheit und -wahrheit entsprechen (§ 1 III PAngV). Es kann auf die Bereitschaft hingewiesen werden, über den angegebenen Preis zu verhandeln (§ 3 II 2 PAngV). Bei Angeboten im Internet müssen die Preise unmittelbar bei den Abbildungen oder Beschreibungen der Waren angegeben werden (§ 10 IV PAngV). Besondere Voraussetzungen gelten ab 2022 für Preisermäßigungen, hier ist nun nach §§ 9, 11 PAngV regelmäßig der vorherige Gesamtpreis anzugeben, um mehr Transparenz für die Verbraucher zu schaffen. In § 7 PAngV ist der → Pfandbetrag nun gesondert auszuweisen. Für Leistungen (§ 12 PAngV) sind die Preise durch Preisverzeichnisse oder die Angabe der Verrechnungssätze (zB Stunden- oder Kilometersätze) bekannt zu geben (zB Aushang in den Geschäftsräumen). Bei Verbraucherdarlehen (§ 16 ff. PAngV) sind als Preis die Gesamtkosten in Form des effektiven Jahreszinses (dazu Art. 247 § 3 EGBGB und → Verbraucherdarlehensvertrag 4, 5) bekannt zu machen. Die Preise im → Gaststättengewerbe (§ 13 PAngV) sind durch Speise- und Getränkekarten am Lokaleingang sowie auf den Gasttischen auszuzeichnen. Beherbergungsbetriebe müssen Übernachtungs- und Frühstückspreise durch gut sichtbare Verzeichnisse nachweisen. Angesichts der heutigen hohen Preisflexibilität in diesem Gewerbe werden die Angaben allerdings meist nur im Internet veröffentlicht. Die Kraftstoffpreise von Tankstellen (§ 15 PAngV) müssen für die Kraftfahrer frühzeitig erkennbar sein; für Ladepunkte für Elektrofahrzeuge muss der jeweilige Arbeitspreis angegeben werden (§ 14 II PAngV). Die Angabe von Preisen mit Änderungsvorbehalt ist nur bei Liefer- oder Leistungsfristen von mehr als vier Monaten sowie bei → Dauerschuldverhältnissen zulässig; ggf. ist die voraussichtliche Lieferfrist anzugeben (§ 8 PAngV). Ausnahmen von den Vorschriften für Preisangaben (§ 1 II PAngV) gelten ua für Leistungen von Gebietskörperschaften des öffentlichen Rechts. Verstöße gegen die VO sind mit Bußgeld bedroht (§ 20 PAngV) und gelten als → unlauterer Wettbewerb, sa → unerlaubte Werbung.

2. Zum Preisklauselgesetz, das Wertsicherungsklauseln behandelt, s. → Geldschuld.

Preisaufschlagsverbot
Beim Einsatz bestimmter → Zahlungsinstrumente (zB Kreditkarten) wird zwischen Zahlungsdienstleister, → Zahlungsdienstevertrag, (zB Kreditkartenunternehmen) und Zahlungsempfänger (zB Händler) ggfs. vertraglich ein erhöhtes Entgelt vereinbart, dies ist zulässig. Einen solchen Aufschlag könnte der Zahlungsempfänger an den Zahlenden, also seinen Kunden, in bestimmten Fällen weitergeben, diesem also einen Preisaufschlag abverlangen (sog. Surcharging). Der Zahlungsdienstleister kann dem Zahlungsempfänger aber auch die Weitergabe durch einen solchen Preisaufschlag vertraglich untersagen und ihn damit zur Gleichbehandlung der Zahlungsarten (Barzahlung mit anderer Zahlungsart) zwingen. § 270a BGB verbietet allerdings einen solchen Aufschlag für die Nutzung bestimmter bargeldloser Zahlungsmittel im Verhältnis zwischen Zahlungsempfänger und Zahlendem (Kunde). Erfasst von dem Verbot werden die meisten Lastschriften und Überweisungen in der EU (str.: PayPal) sowie die meisten gängigen → Zahlungskarten (insbes. Mastercard- oder Visa-Systeme, Girocard). Sa § 312a IV Nr. 1 BGB (im Verbrauchervertrag muss der Unternehmer zumindest eine gängige und zumutbare unentgeltliche Zahlungsmöglichkeit einräumen). Sa → Preisabschlagsverbot.

Preisausschreiben
Das Preisausschreiben ist eine besondere Form der → Auslobung; doch bestimmt über die Preisverteilung nicht die Reihenfolge des Eingangs der Lösungen, sondern die verbindliche Entscheidung eines Preisrichters über die beste Lösung, ggf. eine Auslosung unter mehreren richtigen Lösungen. Ein Preisausschreiben ist nur rechtsverbindlich, wenn in der Bekanntmachung eine Frist für die Bewerbung bestimmt wird, § 661 BGB. Bei (aus Werbegründen) besonders leichten Preisausschreiben liegt oftmals in Wahrheit eine Ausspielung (→ Lotterie) vor. Sa → Gewinnzusage.

Preisauszeichnung
→ Preisangaben.

Preisbindungen
sind in → Vertikalvereinbarungen vorgesehene Beschränkungen der Möglichkeit des gewerblichen Käufers, seinen Wiederverkaufspreis selbst festzusetzen. Sie sind im → Kartellrecht als → Kernbeschränkungen grds. verboten, soweit Fest- oder Mindestpreise vorgegeben werden; Höchstverkaufspreise oder Preisempfehlungen sind dagegen zulässig, sofern sie sich nicht infolge der Ausübung von Druck oder der Gewährung von Anreizen tatsächlich wie Fest- oder Mindestverkaufspreise auswirken (vgl. Art. 4 lit. a der → Vertikal-GVO). Sonderregelungen gelten für die Preisbindung bei Zeitschriften (§ 30 GWB) und die → Buchpreisbindung.

Preisgefahr
→ Gefahrtragung, → Versendungskauf.

Preis(gleit)klausel
→ Geldschuld (2).

Preislimit
→ Limit.

Preisnachlass
→ Rabatt.

Preisrecht
1. Marktteilnehmer können die Höhe ihrer Preise grundsätzlich frei bestimmen und jederzeit beliebig ändern, um flexibel auf Angebot und Nachfrage zu reagieren. Das heute gültige Preisrecht betrifft nur bestimmte Situationen, in welchen a) die Festsetzung oder Genehmigung von Preisen (= Entgelte für Güter und Leistungen jeder Art einschließlich Mieten, Pachten, Gebühren) sowie die Aufrechterhaltung des Preisstandes in Form von → Fest-, → Höchst- oder → Mindestpreisen und b) die → Preisangaben einschließlich der → Preisüberwachung geregelt werden. Rechtsgrundlagen des geltenden Preisrecht sind

- das Übergangsgesetz über Preisbildung und Preisüberwachung (PreisG) v. 10.4.1948 in der im BGBl. III, Gliederungsnr. 720–1 veröffentlichten Fassung, mÄnd,
- das Gesetz über die Preisangaben (PreisangabenG) v. 3.12.1984 (BGBl. 1984 I 1429) mÄnd,
- die PreisangabenVO (s. → Preisangaben) und
- das PreisklauselG (dazu → Geldschuld 2.).

2. Preisvorschriften bestehen gegenwärtig zB für → öffentliche Aufträge, für die Pflegesätze in Krankenanstalten (Art. 74 I Nr. 19a GG; Krankenhausfinanzierungsgesetz idF v. 10.4.1991 (BGBl. 1991 I 886) mÄnd, sa → Krankenhausfinanzierung), für bestimmte Dienstleistungen in den Bereichen Energie, Telekommunikation und Post, für die Vermietung von Wohnraum (s. → Wohnraummietvertrag, 2.), für den öffentlichen Personennahverkehr und für das → Schornsteinfegerwesen. Auch die Preisbildung von → Arzneimitteln unterliegt gesetzlichen Regelungen, vgl. § 78 AMG und ArzneimittelpreisVO. Die deutsche Regelung der Arzneimittelfestpreise wurde vom EuGH als unzulässige Beschränkung des freien Warenverkehrs eingestuft, EuGH 20.10.2016, C-148/15. Preisrecht enthält auch die Honorarordnung für → Architekten und Ingenieure (HOAI, → Architekten- und Ingenieurvertrag), deren früher zwingende Mindest- und Höchstsätze für Pla-

nungsleistungen allerdings ebenfalls europarechtswidrig waren, EuGH 4.7.2019, C-377/17. Das Preisrecht der HOAI ist nunmehr dispositiv. Dem Preisrecht verwandte Wirkungen haben die übrigen Gebührenordnungen und Vergütungsgesetze für → freie Berufe, indem sie die Höhe der gesetzlichen Gebühren festlegen (→ Arzt, → Rechtsanwaltsgebühr, → Tierarzt und → Zahnarzt).

3. Verstöße gegen Preisvorschriften werden nach Maßgabe der §§ 3–5 WiStG 1954 geahndet (→ Preistreiberei, Preisverstöße, → Wirtschaftsstrafrecht). Preisvorgaben der Hersteller gegenüber ihren Händlern können auch im Rahmen des Kartellrechts relevant werden → Preisbindungen.

4. Sa → administrierte Preise, → Marktorganisationen, gemeinsame, → Buchpreisbindung, → Preisstopp.

Preisstatistik
Nach dem Gesetz über die Preisstatistik (PreisStatG) v. 9.8.1958 mÄnd wird eine Preisstatistik als Bundesstatistik geführt. Sie erstreckt sich auf Preise für land- und forstwirtschaftliche und gewerbliche Güter, Werk- und Dienstleistungen, Verkehrsleistungen, Grundstücke, Gebäude und Wohnungen sowie Mieten für Räume und Grundstücke, § 2 PreisStatG. Auf dieser Grundlage werden zB die Preise für Leistungen des Post- und Fernmeldewesen, Strom, Erdgas und Wohnimmobilien erfasst. Die Preisstatistik wird für die Berechnung bestimmter Indizes, etwa des Lebenshaltungsindex (Verbraucherpreisindex), herangezogen. → Statistik.

Preisstopp
ist die Festlegung von → Höchstpreisen für bestimmte Waren oder Leistungen durch die für → Preisüberwachung zuständigen Behörden. § 2 PreisG sieht diese Möglichkeit der Preisintervention vor, an die strenge Anforderungen zu stellen sind (BVerfGE 8, 274). Einen Sonderfall stellte der → Mietpreisstopp, zB nach § 3 MietenWoG Bln dar, der vom BVerfG (Beschl v 25.3.2021, 2 BvF 1/20, 2 BvL 4/20, 2 BvL 5/20) für nichtig erklärt wurde. Energiepreisbremsen für → Strom, → Gas und Wärme für das Jahr 2023 traten am 24.12.2022 in Kraft (Gesetz v. 19.10.2022, BGBl. 2022 I 1743). Sa → Preisrecht.

Preistreiberei, Preisverstöße
Vorsätzliche oder fahrlässige Verstöße gegen Vorschriften über Preise, → Preisangaben, Zahlungs- oder Lieferbedingungen, Preisbildung und Preisschutz werden, soweit sie auf § 3 WiStG 1954 idF v. 3.6.1975 (BGBl. 1975 I 1313) mÄnd verweisen, als → Ordnungswidrigkeiten nach dieser Vorschrift mit Geldbuße bis 25 000 EUR geahndet. Die gleiche Bußgelddrohung gilt für die vorsätzlich oder leichtfertig begangene Preistreiberei (Preisüberhöhung in einem Beruf oder Gewerbe). Sie liegt vor, wenn jemand im Rahmen eines Berufs oder Gewerbes für Gegenstände oder Leistungen des lebenswichtigen Bedarfs unter Ausnutzen von Wettbewerbsbeschränkungen, einer Monopolstellung oder Mangellage unangemessen hohe Entgelte fordert, verspricht, vereinbart, annimmt oder gewährt (§ 4 WiStG 1954). Zur Mietpreisüberhöhung (§ 5 WiStG 1954) und überhöhtem Wohnungsvermittlungsentgelt → Mietwucher, → Wohnungsvermittlung. Sa → Wirtschaftsstrafrecht.

Preisüberwachung
Nach § 8 PreisG (→ Preisrecht) obliegt die Preisüberwachung den zuständigen obersten Landesbehörden – idR den Wirtschaftsministerien – und den von ihnen bestimmten nachgeordneten Behörden (§ 10 PreisG). Sie sind nach § 3 PreisangabenG zur Einholung von Auskünften, Einsichtnahme in Geschäftsunterlagen und Besichtigung von Betrieben berechtigt. Gegenstand der Preisüberwachung sind vor allem → öffentliche Aufträge, Tarife des öffentlichen Personennahverkehrs und Preisauszeichnungen (s. → Preisangaben). Die zuständigen Behörden haben auch die Aufgabe der Preisbeobachtung, die Voraussetzung für eventuelle spätere Eingriffsmaßnahmen ist.

Preisvergleich
Der werbende Vergleich von Produkten über deren Preis ist ein Unterfall der vergleichenden Werbung. Seine lauterkeitsrechtliche Zulässigkeit richtet sich nach § 6 Abs. 2 Nr. 2 UWG. S. auch → Unlauterer Wettbewerb.

Presbyterium
Als Presbyterium wird in der evang. Kirche verschiedentlich der Kirchenvorstand (→ Gemeindekirchenrat) bezeichnet. Es setzt sich aus dem Pfarrer und den von den Gemeindemitgliedern gewählten Kirchenvorstehern zusammen. Das Presbyterium vertritt die Kirchengemeinde, verwaltet ihr Vermögen und wacht über der Seelsorge in der Gemeinde. Die Kirchenkreise (Provinzialgemeinden) haben ein entsprechendes synodales Organ.

Pressedelikte
Als Pressedelikte werden Straftaten und Ordnungswidrigkeiten bezeichnet, die Presseangehörige (→ Presserecht) mittels eines → Druckwerks oder sonst bei ihrer Berufsausübung begehen. Die LandespresseG enthalten dazu besondere Vorschriften; vgl. zB Bayer. Pressegesetz (BayPrG) v. 19.4.2000 (GVBl. 2000, 340) oder Landespressegesetz Nordrhein-Westfalen v. 24.5.1966 (GV NRW 1966, 340).

Presseinhaltsdelikte sind Taten, deren Strafbarkeit durch den Inhalt und die Verbreitung des Druckwerks begründet wird, zB Volksverhetzung. Sie sind nach den allgemeinen Vorschriften, insbes. über Täterschaft und Teilnahme, zu beurteilen. Kann der verantwortliche Redakteur oder Verleger nicht bestraft werden, etwa weil er den Text nicht kannte, kann er nach den LandespresseG gleichwohl wegen vorsätzlicher oder leichtfertiger Verletzung seiner Pflicht, Druckwerke von strafbarem Inhalt freizuhalten, strafrechtlich belangt werden.

Pressevertriebsdelikte sind strafbare Verstöße wegen der Art und Weise der Verbreitung, zB an Kindern und Jugendlichen zugänglichen Orten entgegen § 27 I JuSchG, § 15 JuSchG (→ jugendgefährdende Medien).

Presseordnungsdelikte sind Zuwiderhandlungen gegen Vorschriften der LandespresseG über die äußere Ordnung der Presse, zB das → Impressum. Sie sind je nach der Schwere Vergehen oder Ordnungswidrigkeit.

Auch für die Verfolgung gelten Besonderheiten:

Die → Strafverfolgungsverjährung von Presseinhaltsdelikten sowie von in den LandespresseG geregelten Pressedelikten beträgt zumeist bei Verbrechen 1 Jahr, bei Vergehen 6 Mon., bei Ordnungswidrigkeiten 3 Mon.

Während sich die → Beschlagnahme einzelner Druckwerke zu Beweiszwecken nach §§ 94 ff. StPO richtet, ist die Beschlagnahme idR der gesamten Auflage zur Sicherung der → Einziehung nur mit den Einschränkungen des § 111q StPO zulässig. Diese Beschlagnahme kann bei einem periodischen Druckwerk grundsätzlich nur der Richter anordnen, bei anderen Druckwerken bei Gefahr im Verzuge auch die StA, die aber binnen 3 Tagen die richterliche Bestätigung einholen muss. Auch gilt in besonderem Maße der → Verhältnismäßigkeitsgrundsatz. Die Beschlagnahme ist auf das Notwendige zu beschränken; ausscheidbare Teile sind von ihr auszunehmen. Sie ist aufzuheben, wenn nicht binnen 2 Monaten Anklage erhoben oder selbständige Einziehung beantragt wird.

Presseangehörige haben im Strafprozess ein → Zeugnisverweigerungsrecht (§ 53 I 1 Nr. 5 StPO) über Personen (Verfasser, Einsender, Informanten) sowie über Mitteilungen, deren Inhalt und eigene Materialien für den redaktionellen Teil (§ 53 I 2, 3 StPO). Korrespondierend hiermit bestehen Beschlagnahmeverbote (§ 97 V StPO). Da es sich bei dieser Regelung um Verfahrensrecht nach Art. 74 I Nr. 1 GG handelt, sind nach hM landesrechtliche Vorschriften dazu unwirksam.

Pressefreiheit

Art. 5 I 2 GG gewährleistet als besondere Ausprägung des → Grundrechts der → Meinungsfreiheit die Pressefreiheit und die Freiheit der Berichterstattung durch Rundfunk und Film, s. → Rundfunkfreiheit; eine → Zensur findet nicht statt. Der Begriff Presse umfasst nicht nur die Tageszeitungen, sondern alle Druckerzeugnisse. Die Garantie der freien Berichterstattung durch → Rundfunk (einschl. Fernsehfunk) und Film sichert nicht nur die Unterrichtung über Tatsachen, sondern – ebenso wie die Pressefreiheit – auch die Kundgabe von Stellungnahmen und Wertungen. Die dadurch gewährleistete Aufgabe von Presse, Rundfunk und Film, bei der öffentlichen Meinungsbildung mitzuwirken, ist wesentliches Merkmal einer freiheitlichen demokratischen Staatsform. Das GG hat der Presse entsprechend ihrer staatspolitischen Bedeutung als Trägerin der öff. Meinung institutionelle Eigenständigkeit gewährleistet. Strittig ist, inwieweit durch Art. 5 I 2 GG auch die „innere Pressefreiheit", dh die Unabhängigkeit der Pressemitarbeiter von den Presseunternehmen, geschützt ist. Die Pressefreiheit steht – wie die Meinungsfreiheit – nach Art. 5 II GG in den Schranken der allgemeinen Gesetze, der gesetzlichen Bestimmungen zum Schutze der Jugend und des Rechts der persönlichen Ehre (zum Begriff der „allgemeinen Gesetze" vgl. Meinungsfreiheit). Die Bedeutung der Presse für die freiheitl.-demokr. Staatsordnung gibt dem Grundrecht der Pressefreiheit gegenüber beschränkenden gesetzl. Vorschriften im Rahmen der „Güterabwägungslehre" des BVerfG (s. dazu näher bei Meinungsfreiheit) besonderen Rang. S. ferner → Persönlichkeitsrecht. Zur unzulässigen Erwähnung eines Presseerzeugnisses im Verfassungsschutzbericht → Verfassungsschutzbericht (2 aE).

Presserecht

Das Presserecht ist die Gesamtheit der Vorschriften, welche die allg. Rechtsverhältnisse der Presse regeln. Es ist in den PresseG der Länder enthalten, die das ReichsG über die Presse v. 7.5.1874 abgelöst haben. Die – weitgehend übereinstimmenden – LandespresseG bekräftigen die verfassungsmäßige Garantie der → Pressefreiheit und befassen sich mit den Rechten und Pflichten der Presse. Sie normieren insbes. die Pflicht, in jede → Druckschrift ein → Impressum mit genauen Angaben aufzunehmen, einen verantwortlichen Redakteur zu bestellen, amtliche Bekanntmachungen und → Gegendarstellungen zu Pressemitteilungen abzudrucken sowie ein Pflichtexemplar jedes Druckwerks der gesetzlich bestimmten Behörde abzuliefern (dazu PflichtstückVO v. 14.12.1982, BGBl. 1982 I 1739). Ferner regeln sie die pressestrafrechtliche Verantwortlichkeit des Redakteurs. Manche Landesgesetze gewähren der Presse gegenüber den Behörden ein Recht auf Auskunft (→ Informationsfreiheit). Über die zivilrechtlichen Folgen (Widerruf, Gegendarstellung) unwahrer oder ehrverletzender Presseveröffentlichungen → unerlaubte Handlung (2c), → Unterlassungsanspruch, → Persönlichkeitsrecht. Strafrecht: → Pressedelikte.

Pressevergehen

→ Pressedelikte.

Preußen

Aus Gebieten zwischen der unteren Weichsel und Memel entstanden, stand Preußen im 16./17. Jh. unter polnischer Oberhoheit, von der es 1660 endgültig frei wurde. In der 2. Hälfte des 17. Jh. stieg Preußen durch umfangreichen Territorialzuwachs zur Großmacht auf. Seit 1701 war es Königreich. Im 18. Jh. traten neue Gebietserwerbungen hinzu (vor allem Schlesien). Preußen erhielt 1850 seine erste (→ oktroyierte Verfassung), die bis 1918 in Kraft blieb. Durch Annexion (1866) erneut vergrößert, schloss Preußen sich mit den übrigen norddeutschen Staaten zum → Norddeutschen Bund zusammen, der durch Beitritt der süddeutschen Staaten 1871 zum → Deutschen Reich erweitert wurde. In diesem nahm Preußen eine Vorrangstellung ein, die es auch unter der Weimarer Verfassung behielt. 1920 erhielt es eine demokratische Verfassung. Wie alle anderen damaligen Staaten des Deutschen Reiches wurde auch Preußen durch das Gesetz über den Neuaufbau des Reiches v. 30.1.1934 (RGBl. 1934 I 75) als Staat aufgelöst. Nach dem 2. Weltkrieg kam es nicht mehr zur Neugründung eines preußischen Staates. Dem stand insbes. auch das Kontrollratsgesetz Nr. 46 entgegen, das die Auflösung Preußens anordnete und damit eine Wiedererrichtung eines Landes Preußen wohl verbietet.

Priester
Das Priesteramt wird in der → kath. Kirche durch sakramentale Weihe übertragen. Die Priesterweihe ist die mittlere Weihestufe zwischen der Diakonatsweihe (→ Diakon) und der Bischofsweihe (→ Bischof; → Klerus). Die meisten Kirchenämter – insbesondere die Übertragung einer Pfarrei (→ Pfarrer) – sowie die Befugnis zur Spendung bestimmter → Sakramente erfordern die Priesterweihe.

Primäranspruch
ist jeder unmittelbar aus einem → Schuldverhältnis herrührende Anspruch (zB Beratungspflicht aus einem Rechtsanwaltsvertrag). Wird der Primäranspruch verletzt, kann sich hieraus ein weiterer (Sekundär)Anspruch (zB auf → Schadensersatz) ergeben.

Primärrecht
→ europäisches Recht (1); → europäische Gesetzgebung (1).

prima-facie-Beweis
→ Anscheinsbeweis.

Primarschule
wird in Hamburg die sechsjährige → Grundschule genannt.

Primas
In der → kath. Kirche Ehrentitel für den → Bischof bzw. → Erzbischof eines Landes, dem dort ein Ehrenvorrang gebührt. Der → Papst führt den Ehrentitel „Primas von Italien".

Primat des Bundesrechts
→ Bundesrecht (2).

Primat des Völkerrechts
Für das Verhältnis zwischen → Völkerrecht (VR) und innerstaatlichem Recht ist nach den sog. dualistischen Theorien maßgebend, dass beide verschiedenartige und getrennte Rechtssysteme sind, von denen jeweils nur eines anwendbar ist, so dass ein Konflikt zwischen beiden nicht entstehen kann. Diese Auffassung wird den tatsächlichen Gegebenheiten aber nicht gerecht. Die monistischen Theorien sehen beide Rechtssysteme als Teil einer Gesamtrechtsordnung an mit der Folge, dass eines das übergeordnete sein (den Primat haben) muss; dabei wird überwiegend dem Völkerrecht der Vorrang zugewiesen. Der gemäßigte Monismus verzichtet dabei auf die uneingeschränkte Durchsetzung des Vorrangs des Völkerrechts. Danach sind nur im → Kriegsrecht die Regeln des Völkerrechts unmittelbar bindend. Im Übrigen hat der Einzelmensch die Normen des innerstaatlichen Rechts zu beachten, auch wenn er dieses für völkerrechtswidrig hält. Die Staaten wiederum sind gegenüber der Völkerrechtsgemeinschaft verpflichtet, ihr innerstaatliches Recht den Normen des Völkerrechts anzupassen. Andererseits ist die Gültigkeit des Völkerrechts unabhängig von der Entscheidung nationaler Gesetzgeber oder Gerichte; kein Staat kann sich gegenüber der Völkerrechtsgemeinschaft darauf berufen, eines seiner Gerichte ge- oder verbiete ihm ein bestimmtes Handeln. Die in der Praxis herrschende Transformationslehre geht davon aus, dass die innerstaatliche Wirksamkeit des Völkerrechts eine Transformation voraussetzt, was beim → völkerrechtlichen Vertrag durch staatlichen Einzelakt, beim → Völkergewohnheitsrecht häufig durch generelle Transformationsbestimmungen in den Staatsverfassungen geschieht (so zB in Art. 25 GG). Solche Bestimmungen enthalten häufig Vorrangklauseln, nach denen sich der Rang des transformierten Völkerrechts im innerstaatlichen Rechtssystem bestimmt; so Art. 25 GG, wonach die „allgemeinen Regeln des Völkerrechts" den Gesetzen vorgehen und unmittelbar Rechte und Pflichten für die Bewohner der BRep. Deutschland begründen. Bei völkerrechtlichen Verträgen unterscheidet man die automatische (generelle) Transformation, wonach mit der Veröffentlichung des Zustimmungsgesetzes die völkerrechtlichen Regelungen innerstaatliches Recht werden (so Deutschland, Österreich, Schweiz und USA), und die spezielle Transformation, wonach es nach dem völkerrechtlichen Inkrafttreten eines besonderen Gesetzes bedarf (so im Vereinigten Königreich).

Primawechsel
Der Primawechsel ist die erste Ausfertigung (→ Ausfertigung einer Urkunde) eines → Wechsels (vgl. Art. 64 WG). Das Wort Primawechsel wird oft auch dann verwendet, wenn keine weitere Ausfertigung erstellt worden ist.

Prime Standard
§ 42 BörsG (→ Börsengesetz) gestattet es einer → Börse, durch zusätzliche Anforderungen an die Zulassung von → Wertpapieren zum → Regulierten Markt oder → Freiverkehr neue Marktsegmente zu schaffen. Die Frankfurter Wertpapierbörse hat auf diese Weise in ihrer Börsenordnung den Prime Standard als

besonderes Marktsegment für im regulierten Markt zugelassene Wertpapiere geschaffen. Emittenten des Prime Standards unterliegen erhöhten Transparenzanforderungen und zusätzlichen, internationalen Gepflogenheiten entsprechenden Informationspflichten (zB Bilanzierung nach → International Financial Reporting Standards oder → US-GAAP, Quartalsberichte auf Deutsch und Englisch, Bilanzpressekonferenz, Analystenveranstaltung, → Ad-hoc-Publizität auch auf Englisch). Die im Prime Standard gelisteten Unternehmen sollen dadurch für internationale Investoren interessanter werden. Alle nicht zum Prime Standard gehörenden Wertpapiere des regulierten Frankfurter Markts bilden den General Standard, für den die gesetzlichen Vorschriften ohne zusätzliche Anforderungen gelten.

Primogenitur
= Alleinerbfolgerecht des Erstgeborenen, in den deutschen regierenden Fürstenhäusern seit dem 14. Jh. eingeführt, um eine Zersplitterung des Hausvermögens und damit der Hausmacht zu vermeiden. Durch die Primogenitur waren nicht nur die jüngeren Abkömmlinge des Regenten, sondern auch deren Abkömmlinge und damit die jüngeren Linien der Häuser von Thron- und Erbfolge ausgeschlossen. Das im bäuerlichen Höferecht teilweise noch bestehende Ältestenrecht ist nicht vergleichbar, weil es mit der Pflicht zur Abfindung der weichenden Erben verbunden ist (→ Höfeordnung).

prior tempore potior iure
(„früher in der Zeit, stärker im Recht"): das zeitlich früher entstandene Recht hat den besseren Rang. → Prioritätsprinzip.

Prioritäre Stoffe
iSd → Wasser-Rahmenrichtlinie sind gefährliche Stoffe im Gewässer, die für oder durch die aquatische Umwelt ein Risiko darstellen. Für sie müssen bestimmte Maßnahmen ergriffen werden, wenn die Risiko-Bewertung ihrer Umweltauswirkungen sie als vorrangig problematisch identifiziert hat. Sa → wassergefährdende Stoffe.

Priorität des Bundesrechts
→ Bundesrecht (2).

Prioritätsgrundsatz
→ Prioritätsprinzip.

Prioritätsprinzip
ist der Grundsatz, wonach das früher entstandene Recht dem späteren im Rang vorgeht; entscheidend ist also der Zeitpunkt der Entstehung (anders als bei Kollision verschiedener Rechtsordnungen; → Bundesrecht bricht Landesrecht, → Europäisches Recht 5, → Primat des Völkerrechts). Das Prioritätsprinzip ist von besonderer Bedeutung beim → Pfandrecht (§§ 1208, 1209 BGB, wo allerdings im → guten Glauben auch ein Vorrang erworben werden kann), beim → Pfändungspfandrecht (§ 804 III ZPO) und beim → Domain-Namen. Andere Grundsätze gelten für den → Rang von Grundstücksrechten. Sa → Verfügung eines Nichtberechtigten. Sa → Prioritätsprinzip im Kennzeichenrecht.

Prioritätsprinzip im Kennzeichenrecht
Das Prioritätsprinzip begründet innerhalb des → Kennzeichenrechts das zentrale Kriterium zur Lösung von Konflikten wegen kollidierender Kennzeichen (z. B. wegen Verwechslunsgefahr aufgrund bestehender Ähnlichkeit). Es besagt, dass das (prioritäts-)ältere Kennzeichen Vorrang gegenüber dem (prioritäts-)jüngeren hat; so kann der Inhaber der (prioritäts-)älteren Marke vom Inhaber der (prioritäts-)jüngeren Unterlassung der Verwendung und Markenlöschung verlangen (→ Marken); ein Gegenrecht gleicher oder älterer Priorität, das dem in Anspruch Genommenen selbst zusteht oder dessen Benutzung ihm vom Inhaber gestattet worden ist, kann kennzeichenrechtlichen Ansprüchen auch einredeweise entgegengehalten werden. Kommt Rechten derselbe Tag als Zeitrang zu, so sind sie gleichrangig und begründen gegeneinander keine Ansprüche (§ 6 Abs. 4 MarkenG); Ansprüche gegen Dritte bleiben davon unberührt.

Als Prioritätszeitpunkt maßgeblich ist bei einer eingetragenen → Marke grds. der Tag der Anmeldung (§ 6 Abs. 2 MarkenG), auch wenn das Markenrecht selbst erst später, nämlich mit der Eintragung (§ 4 Nr. 1 MarkenG) entsteht (so dass die Marke zeitlich nach dem angegriffenen Kennzeichen eingetragen worden sein kann und doch prioritätsälter, wenn sie nämlich schon vor dem Prioritätszeitpunkt des angegriffenen Kennzeichens angemeldet worden war). Bei anderen Kennzeichenrechten ist der Zeitpunkt maßgeblich, an dem das Recht entstanden ist (§ 6 Abs. 3 MarkenG), bei Marken kraft Verkehrsgeltung (§ 4 Nr. 2 MarkenG) und → Geschäftsabzeichen (§ 5 II MarkenG) also der Zeitpunkt, zu dem sie durch Benutzung Verkehrsgeltung erlangt haben, bei → Unternehmenskennzeichen der Zeitpunkt der Benutzungsaufnahme, bei → Werktiteln der Zeitpunkt des Erscheinens des Werks (falls keine → Titelschutzanzeige erfolgt ist).

Grds. keine Anwendung findet das Prioritätsprinzip im Recht der → Gleichnamigen. Streiten jedoch zwei Gleichnamige um einen auf der Grundlage ihres Namens gebildeten → Domain-Namen, so gilt regelmäßig zwar nicht das Prioritätsprinzip im Kennzeichenrecht ieS, wohl aber das Gerechtigkeitsprinzip der Priorität der Registrierung.

Prisenrecht
Unter Prisen versteht man im Seekriegsrecht die von den Kriegführenden beschlagnahmten Schiffe und Waren. Das Prisenrecht ist die Gesamtheit der Rechtsnormen, welche die Zulässigkeit der Beschlagnahme und Einziehung von Prisen regeln (→ Konterbande).

Privatdozent
Habilitierte Personen (→ Habilitation), die (noch) keine Professur erhalten haben, werden als Privatdozenten bezeichnet. Die Einzelheiten sind durch das Landesrecht höchst unterschiedlich geregelt. IdR. kann, wer durch die Habilitation die Lehrbefähigung erhalten hat, die → Lehrbefugnis und damit den Titel Privatdozent erhalten. Teilweise ist damit die Verpflichtung zur Lehre, nicht aber ein Recht auf Vergütung oder eine Anwartschaft auf Anstellung als → Hochschullehrer verbunden. Nach mehrjähriger Lehrtätigkeit als Privatdozent kann nach Maßgabe des Landesrechts die Bestellung zum → Außerplanmäßige Professoren erfolgen.

Private Arbeitsvermittlung
Bis zum Jahr 1994 bestand ein Vermittlungsmonopol der Agenturen für Arbeit → Arbeitsvermittlung (3) und (4). Dieses musste aufgrund einer Entscheidung des EuGH gelockert werden, bis es schließlich aufgegeben wurde. Im SGB III ist die private Arbeitsvermittlung in den §§ 292–299 SGB III geregelt. Zwischen Vermittlungsunternehmen und den zu vermittelnden Personen wird im Regelfall nach Vorlage eines Aktivierungs- und Vermittlungsgutscheins ein Vermittlungsvertrag geschlossen. Die maximale Vergütung für die Tätigkeit beträgt in diesem Fall 2500 EUR, die in zwei Teilbeträgen in Höhe von je 1250 EUR nach sechswöchiger und sechsmonatiger Beschäftigung erfolgsbezogen geleistet wird (in besonderen Fällen ist eine Vergütung von 3000 EUR möglich). Ohne entsprechenden Vermittlunsgutschein darf das Honorar 2000 EUR nicht überschreiten. Für den Fall einer grenzüberschreitenden Arbeitsvermittlung bestehen besondere weitgehende Informationspflichten über die Rechtsverhältnisse der konkreten Beschäftigung im Beschäftigungsstaat.

Private Equity
(dt.: außerbörsliches Eigenkapital) ist die Zusammenfassung von Beteiligungskapital (meist in → Fonds bzw. → Unternehmensbeteiligungsgesellschaften), welches in nicht börsennotierte Unternehmen investiert wird. Ein Private Equity Fond sammelt Mittel von verschiedenen privaten Investoren (auch Banken) ein. Damit wird sodann ein Unternehmen erworben (Unternehmenskauf, sa → Unternehmen, 2) und dieses nach circa 3 bis 5 Jahren gewinnbringend veräußert (im Private Equity-Jargon „Exit“ genannt), entweder durch Börsengang oder Weiterverkauf an einen anderen Investor. Sofern überhaupt eine deutsche Rechtsform gewählt wird (sa → Gesellschaft, ausländische), treten die Private Equity Fonds aus Gründen der Haftungsbeschränkung häufig als → GmbH & Co. KG auf.

Private Pkw-Nutzung
1. Stellt der Arbeitgeber dem Arbeitnehmer einen Pkw auch zur privaten Nutzung zur Verfügung – dazu zählen auch die Fahrten zwischen Wohnung und Arbeitsstätte –, so ist die private Nutzung als Einnahme beim Arbeitnehmer zu versteuern, nämlich entweder mit den tatsächlich entstandenen Aufwendungen, wobei der Umfang der Nutzung durch ein → Fahrtenbuch nachzuweisen ist, oder mit 1 vH des Listenpreises des Pkw pro Monat. Für Fahrten mit → Elektroautos, die zwischen dem 1.1.2019 und dem 31.12.2030 erstzugelassen werden, reduziert sich der zu versteuernde Betrag auf 0,5 vh des Listenpreises zuzüglich Sonderausstattung des PKW. Für in diesem Zeitraum erstmalig zugelassene vollständig elektrifizierte PKW, die keine Kohlendioxidemission verursachen und bei denen der Bruttolistenpreis zuzüglich Sonderausstattung nicht mehr als 60.000 EUR (bis 31.12.2019: 40.000 EUR) beträgt, reduziert sich der zu versteuernde Betrag sogar auf 0,25 vH des Listenpreises zuzüglich Sonderausstattung des PKW pro Monat. Für Fahrten zwischen Wohnung und Arbeitsstätte sind 0,03 vH des Listenpreises pro Monat und Entfernungskilometer anzusetzen. Auch diese besteuerten Fahrten zwischen der Wohnung und Arbeitsstätte halbieren bzw. vierteln sich bei → Elektroautos unter den oben genannten Voraussetzungen.

Zusätzlich gelten zur Förderung von → Elektroautos Sonderregeln wegen der hohen Batteriekosten. Diese würden den lohnsteuerpflichtigen geldwerten Vorteil erhöhen. Deshalb werden die Kosten für das Elektroauto um einen Abschlag von 500 EUR pro kWh der Batteriekapazität gekürzt. Die Kürzung ist auf einen Maximalbetrag von 10.000 EUR begrenzt. Für Fahrzeuge mit Erstzulassung nach 2013 wird der pauschale Abschlag seit 2014 um jährlich 50 EUR abgeschmolzen. Begünstigt sind nur Elektrofahrzeuge, die bis zum 31.12.2022 angeschafft werden. Durch die Kürzung der Kfz-Gesamtkosten ist ein niedriger Kilometersatz und damit ein geringerer geldwerter Vorteil für die Privatnutzung des Elektroautos anzusetzen.

2. Nutzt der Unternehmer den betrieblichen Pkw für private Fahrten, so ist der auf die Privatnutzung entfallende Teil sämtlicher Pkw-Kosten eine → Entnahme, → Firmenwagenbesteuerung.

3. Umsatzsteuerlich ist die private Nutzung betrieblicher Fahrzeuge als unentgeltliche Wertabgabe (→ Eigenverbrauch) zu erfassen. Zur Ermittlung der Bemessungsgrundlage für die Umsatzsteuer stehen drei Methoden zur Verfügung: Die 1 %-Regelung wird mit Modifikationen übernommen, und zwar entweder die tatsächlichen Kosten, die mit Hilfe eines → Fahrtenbuches nachgewiesen werden oder die Schätzung der Kosten. Die Verwaltung setzt hier, soweit sich aus den besonderen Verhältnissen des Einzelfalls nichts Gegenteiliges ergibt, den geschätzten privaten Nutzungsanteil mit mindestens 50 % an. Die jeweils zu berücksichtigende Umsatzsteuer ist ertragsteu-

erlich nicht abzugsfähige Ausgabe (§ 12 Nr. 3 EStG, 10 Nr. 2 KStG), → Firmenwagenbesteuerung.

Private Veräußerungsgeschäfte
→ Spekulationsgewinn.

Privateinlagen
im Steuerrecht → Einlagen.

Privatentnahmen
im Steuerrecht → Entnahmen.

Privatgeheimnisse
Schutz von Privatgeheimnissen → Geheimbereich, → Berufsgeheimnis, → Briefgeheimnis.

Privatisierung
1. Privatisierung ist die Umwandlung eines staatlichen (oder kommunalen) Betriebes in ein privates Unternehmen. Man unterscheidet zwischen echter Privatisierung, bei der die bislang von der öffentlichen Hand erbrachte Dienstleistung (zB Müllabfuhr, Verkehrsbetrieb) voll privaten Unternehmen überlassen wird, und unechter Privatisierung, bei der ein öffentliches Unternehmen zwar in private Rechtsform überführt wird (meist → Aktiengesellschaft oder → Gesellschaft mit beschränkter Haftung), die öffentliche Hand aber einziger oder mehrheitlicher Gesellschafter bleibt und damit entscheidenden Einfluss auf das Unternehmen behält, so bei der → Flugsicherung. Der Gegensatz zur Privatisierung ist die Verstaatlichung (→ Vergesellschaftung, → Sozialisierung). Von Reprivatisierung spricht man, wenn ein verstaatlichter Betrieb in Privathand zurückgeführt wird.

2. Der Hintergrund von Maßnahmen der Privatisierung kann ganz unterschiedlich sein. Zum Teil geht es um die Umgehung des öffentlichen Dienstrechts. Auch kann die Privatisierung dazu dienen, verfassungs- oder haushaltsrechtliche Vorgaben für die Kreditaufnahme zu umgehen (→ Schattenhaushalt). Das ist zT die Grundlage von sog. Leasingmodellen. Diese können freilich auch dazu benutzt werden, steuerliche Vergünstigungen und damit praktisch die steuerliche Subventionierung (→ Subventionen) eines öffentlichen Vorhabens zu erreichen, was besonders für Gemeinden von Interesse sein kann. Die Vermeidung der Bindungen des öffentlichen Auftragswesens (→ öffentliche Aufträge) soll einer der Gründe der Privatisierung der → Deutschen Bahn und der → Deutschen Bundespost (→ Postreform) gewesen sein. Bau und Finanzierung der Bundesautobahnen sollen auch privatisiert werden, → Bundesfernstraßenfinanzierung. Sa → Treuhandanstalt, → Telekommunikationsrecht, → Volksaktie.

3. Zweck der Privatisierung kann es auch sein, eine kaufmännische und damit wirtschaftlichere Betriebsführung zu erreichen. Interessante Regelungen über Privatisierungsmaßnahmen im Bereich des Straßenbaus enthält das Gesetz über Bau und Finanzierung von Bundesfernstraßen durch Private idF v. 6.1.2006 (BGBl. 2006 I 49). Danach können Private Aufgaben des Neu- und Ausbaus von → Bundesfernstraßen gegen eine Finanzierung durch Mautgebühren (→ Maut) wahrnehmen. Das erste Projekt dieser Art war der Warnow-Tunnel in Rostock. Ist nach Beendigung der Vorfinanzierung die Übergabe der Anlage vorgesehen, spricht man vom BOT-Vertrag (Build-Operate-Transfer). Neben diesen, sämtlich als → Public Private Partnership bezeichneten Modellen kommen auch Kooperationen zwischen Gemeinden und Erschließungsunternehmen vor, bei denen die Gemeinden ohne eigenes finanzielles Engagement mitarbeiten.

Privative Schuldübernahme
→ Schuldübernahme.

Privatklage
Das Strafverfahren wird grundsätzlich von der → Staatsanwaltschaft betrieben, der ein Anklagemonopol zusteht (→ Offizialprinzip, § 152 I StPO). Nur bei bestimmten Delikten, die vorwiegend Rechtsgüter des Einzelnen verletzen, besteht für den Verletzten ein selbständiges Strafklagerecht, dh er kann, ohne vorher die StA angehen zu müssen, Privatklage erheben. Über diese entscheidet das Amtsgericht nach den Grundsätzen des Strafprozesses. Zu den Privatklagedelikten gehören insbes. Beleidigung, (einfache, gefährliche od. fahrlässige) Körperverletzung, Sachbeschädigung, Hausfriedensbruch, Nachstellung, Bedrohung, ferner Verstöße gegen gewerbliche Schutzrechte und das Urheberrecht (§ 374 StPO); meist handelt es sich um → Antragsdelikte (aber nicht in allen Fällen, so nicht bei gefährlicher Körperverletzung und Bedrohung).

Die StA ist entgegen dem sonst geltenden → Legalitätsprinzip (§ 152 II StPO) bei Privatklagedelikten nicht zu einer Mitwirkung verpflichtet (§ 377 I 1 StPO). Eine öffentliche Klage erhebt sie nur, wenn die Strafverfolgung in öffentlichem Interesse liegt (§ 376 StPO), d. h. der Rechtsfrieden über den Lebenskreis des Verletzten hinaus gestört und die Strafverfolgung ein gegenwärtiges Anliegen der Allgemeinheit ist (Nr. 86 II RiStBV). Sonst verweist die StA den anzeigenden Verletzten auf den Privatklageweg und stellt ein etwa schon aufgenommenes Ermittlungsverfahren ein, wenn dieses ausschließlich Privatklagedelikte zum Gegenstand hat. In diesem Fall kann der Verletzte auch ein Klageerzwingungsverfahren (→ Anklageerzwingung) nicht anstrengen (§ 172 II 3 StPO). Die StA kann jedoch in jeder Lage des Verfahrens die Verfolgung im öffentlichen Interesse übernehmen (§§ 376, 377 StPO), wodurch das Verfahren zum gewöhnlichen Strafverfahren wird, aus dem der Privatkläger ausscheidet; will dieser weiterhin am Verfahren mitwirken, kann er seinen Anschluss als Nebenkläger (→ Nebenklage) erklären, wenn die Tat auch ein Nebenklagedelikt ist (§§ 395, 396 I StPO). → Opferschutz.

Die Erhebung der Privatklage, die einer → Anklageschrift entsprechen muss, setzt einen erfolglosen → Sühneversuch vor der landesrechtlich bestimmten → Vergleichsbehörde (meist → Schiedsperson) und, falls dem Kläger nicht Prozesskostenhilfe bewilligt ist, Zahlung eines Gebührenvorschusses voraus (§ 16 I GKG, §§ 379a, 380 StPO). Das Gericht führt das Verfahren nach den Vorschriften über das Hauptverfahren in Strafsachen durch, kann es aber wegen Geringfügigkeit einstellen (§ 383 II StPO). Der Privatkläger hat die Stellung des StA, kann insbes. Rechtsmittel einlegen (§ 385 StPO). Kläger und Angeklagter können sich – auch in der Hauptverhandlung – durch einen Anwalt vertreten lassen (§§ 378, 387 StPO). Der Angeklagte kann bis zur Beendigung des letzten Wortes im ersten Rechtszuge wegen eines Privatklagedelikts des Klägers, das mit dem Klagedelikt zusammenhängt, Widerklage erheben; über beide ist gleichzeitig zu entscheiden (§ 388 StPO). Die Privatklage kann zurückgenommen werden, nach Beginn der Vernehmung des Angeklagten zur Sache im ersten Rechtszug aber nur mit seiner Zustimmung; sie kann dann nicht von neuem erhoben werden (§§ 391, 392 StPO). Gegen Jugendliche kann Privatklage nicht erhoben werden (aber Widerklage, falls sie selbst Privatklage erhoben haben, § 80 JGG); gegen Heranwachsende ist sie zulässig.

Privatklinik
Privatklinik ist eine andere Bezeichnung für → Privatkrankenanstalten. Der Begriff steht dafür, dass der Betreiber der Einrichtung nicht ein öffentlicher, sondern ein privater Träger ist.

Privatkopie
Als Privatkopien bezeichnet man einzelne – auch digitale – Vervielfältigungen zu privaten Zwecken, die urheberrechtlich zulässig sind, soweit nicht offensichtlich rechtswidrige Vorlagen verwendet werden, § 53 Abs. 1 UrhG. S. auch → Urheberrecht.

Privatkrankenanstalten
Als → Gewerbe betriebene Privatkrankenanstalten bedürfen einer Genehmigung der höheren Verwaltungsbehörde nach Maßgabe von § 30 GewO. Im Einzelnen sind das Privatkrankenanstalten, Privatentbindungsanstalten, Privatnervenkliniken und private Pflegeheime, nicht aber Erholungsheime und Altenwohnheime. Die Regelung betrifft nicht die Krankenhäuser der öffentlichen Hand und auch nicht kirchliche oder sonst gemeinnützige Einrichtungen. Die Genehmigung setzt → Zuverlässigkeit des Unternehmers und Eignung der Anlagen voraus (Näheres § 30 I S. 2 Nr. 1–4 GewO). Bei Erfüllung der Voraussetzung besteht ein Rechtsanspruch auf Erteilung der Genehmigung. Stellt die konzessionierende Behörde fest, dass die Zuverlässigkeit nicht mehr gegeben ist, hat sie die Konzession zu widerrufen (§ 15 II GewO). Wird die Konzession widerrufen, hat das eine Betriebsuntersagung nach § 30 GewO zur Folge. Die notwendige ärztliche Versorgung kann auch durch fremde Personen sichergestellt werden (Belegärzte, Vertragsärzte). Demgemäß berechtigt die Erlaubnis nicht zur Ausübung der → Heilkunde. Gleichwohl ist nicht ausgeschlossen, dass Privatkrankenanstalten als Transplantationszentren zugelassen werden.

Privatpolizeien
(Sicherheitsdienste). Gebräuchliche, aber rechtlich irreführende Bezeichnung für gewerbliche Unternehmen wie zB Wachunternehmen, → Werkschutz, Leibwächter oder auch Privatdetektive. P. haben keine öff.-rechtl. Befugnisse, sondern sind auf die jedermann zustehenden Abwehrrechte wie → Notwehr, → Selbsthilfe, → Besitzwehr oder die aus dem → Hausrecht entspringenden Rechte beschränkt. P. bedürfen, soweit sie gewerblich tätig sind, der Erlaubnis als → Bewachungsgewerbe. S. a. → Auskunftei, → Polizeihelfer, → Sicherheitswacht, → Uniformtragen.

Privatrecht
Das Privatrecht regelt die Rechtsbeziehungen verschiedener Rechtssubjekte auf dem Boden der Gleichordnung. Zum öffentlichen Recht (s. iE dort) gehören dagegen die Rechtsvorschriften, die die Unterordnung des einzelnen unter die hoheitliche Gewalt des Staates oder anderer öffentlich-rechtlicher Rechtssubjekte betreffen oder die zwar auf der Ebene der Gleichordnung stehen (→ Vertrag, öffentlich-rechtlicher), aber ihrem Wesen nach Gegenstände des öffentlichen Rechts regeln, hinter denen also letztlich die Möglichkeit einseitig-obrigkeitlicher Durchsetzung steht. So gehören zum öffentlichen Recht insbes. das Verfassungs- und Verwaltungsrecht, das Wirtschafts- und Steuerrecht, das Strafrecht, ferner das Prozessrecht, das – obwohl zum Teil zum → Zivilrecht gehörend – den Parteien vorschreibt, sich zur Durchsetzung ihrer privatrechtlichen Ansprüche der staatlichen Gerichtsbarkeit zu unterwerfen. Zum Privatrecht gehört dagegen vornehmlich das → Bürgerliche Recht, daneben aber auch die besonderen Rechtsgebiete des Handels-, Gesellschafts-, Wertpapier-, Urheber- und (Privat-)Versicherungsrechts. Welchem Rechtsgebiet eine Rechtsnorm angehört, ist oftmals schwierig abzugrenzen; von Bedeutung ist diese Unterscheidung insbes. für die Feststellung des zulässigen Rechtswegs (zB ordentliche Gerichte oder Verwaltungsgerichte; → bürgerliche Rechtsstreitigkeit, → Verwaltungsgerichtsbarkeit). Materielles Privatrecht ist das Privatrecht ieS, dh die Gesamtheit der Rechtsnormen, welche die privatrechtlichen Rechtsbeziehungen für Beteiligte untereinander regeln. Demgegenüber sind unter formellem Privatrecht die Vorschriften zu verstehen, die die Durchsetzung der Ansprüche aus dem materiellen Privatrecht zum Inhalt haben, also insbes. das Prozess- und Zwangsvollstreckungsrecht.

Privatrechtliche Streitigkeiten
→ bürgerliche Rechtsstreitigkeit.

Privatscheidung
→ Ehescheidung (1).

Privatschulen
1. Privatschulen (auch: freie Schulen, Schulen in freier Trägerschaft) sind solche, die nicht in öffentlicher Trägerschaft (Land, Gemeinde) stehen, sondern zB in kirchlicher oder sonstiger Trägerschaft (zB Freie Walddorfschulen). Privatschulen sind entweder Ersatzschulen, wenn sie in ihren Bildungs- oder Erziehungszielen öffentlichen Schulen entsprechen, oder Ergänzungsschulen, wenn sie andere Erziehungsziele haben (zB Sprachschulen, Haushaltsschulen, Sportschulen, Schauspielschulen, Dolmetscherschulen).

2. Nach Art. 7 IV 1 GG ist das Recht zur Entrichtung von Privatschulen als → Grundrecht gewährleistet. Ersatzschulen dürfen nur mit Genehmigung der Schulbehörden errichtet und betrieben werden. Sie dürfen in Lernzielen, Einrichtung und wissenschaftlicher Ausbildung der Lehrkräfte nicht hinter den öffentlichen Schulen zurückstehen. Auf einer genehmigten Ersatzschule kann die allgemeine → Schulpflicht erfüllt werden. Ergänzungsschulen sind all die Privatschulen, die nicht als Ersatzschulen genehmigt werden können, weil sie die dafür geforderten Voraussetzungen nicht erfüllen. Eine Grundschule ist als private Ersatzschule nur zuzulassen, wenn die Unterrichtsverwaltung ein besonderes pädagogisches Interesse anerkennt oder wenn sie auf Antrag als Gemeinschafts-, Bekenntnis- oder Weltanschauungsschule errichtet werden soll und eine öffentliche Schule dieser Art in der Gemeinde nicht besteht. Die Beziehungen zwischen Privatschulen und Schülern sind privatrechtlicher Art (sog. Beschulungsvertrag).

3. Das (lange umstrittene) Recht auf Finanzierung der Privatschulen ist zum Teil in den Landesverfassungen (zB Art. 30 brand.LV; Art. 4 nds. LV; Art. 30 rh-pf.LV; Art. 8 nrw.LV; Art. 28 saarl. LV; Art. 102 sächs. LV; Art. 28 sachs-anh. LV; Art. 26 thür. LV), zum Teil in den Schulgesetzen, zT in Privatschulgesetzen, zum Teil in Gesetzen zur Finanzierung von Privatschulen (zB Bayern, Hessen, NRW) geregelt. Das BVerfG hat (BVerfGE 75, 40) dargelegt, dass zwar aus der Privatschulfreiheit weder eine staatliche Finanzierungsverpflichtungen noch ein Subventionsanspruch folgt, die Länder aber über die institutionelle Garantie des Art. 7 IV GG hinaus verpflichtet seien, das private Ersatzschulwesen neben den öffentlichen Schulen zu fördern. Dies kann auch durch Personal- und Sachleistungen erfolgen. Bis zu welcher Höhe Schulgelder verfassungsrechtlich unbedenklich erhoben werden dürfen, hat das BVerfG ausdrücklich offen gelassen.

Privatsphäre
Strafrechtlicher Schutz der Privatsphäre s. → Geheimbereich.

Privatstraßen
(Privatwege) sind alle Straßen, Wege und Plätze, die nicht dem öffentlichen Verkehr gewidmet sind. Sie stehen im Gegensatz zu den öffentlichen Straßen des Bundes, der Länder, Landkreise und Gemeinden, die diese Eigenschaft durch → Widmung erlangt haben (für Bayern vgl. insoweit jedoch Art. 53c Straßen- und Wegegesetz). Privatstraßen können dem allgemeinen Verkehr offen stehen; idR dienen sie allerdings nur privaten Verkehrsbedürfnissen. Der Charakter als Privatstraße wird nicht dadurch ausgeschlossen, dass die Straße im Eigentum der öffentlichen Hand steht und für deren Bedürfnisse herangezogen wird (zB Forststraßen). Die Rechtsverhältnisse der Privatstraßen (s. dazu Kodal, Straßenrecht, „Privatstraßen") bestimmen sich nach bürgerlichem Recht. Die → Straßen- und Wegegesetze kommen nicht zur Anwendung; insbes. besteht keine → Straßenbaulast. Dem Eigentümer obliegt jedoch die → Verkehrssicherungspflicht. Andererseits darf er die Benutzung, deren Umfang er bestimmen kann, von der Zahlung eines Entgelts abhängig machen.

Privattestament
→ Testament (2: eigenhändiges Testament).

Privatvermögen
→ Betriebsvermögen.

Privatversicherung
→ Versicherungsvertrag (1).

Privatwege
→ Privatstraßen.

Privileg
(lat. privilegium) ist das einer Person, einer Gruppe usw eingeräumte Vorrecht. Privilegien bestanden zB im Altertum und im Mittelalter für die → Patrizier, für Könige und Fürsten (Abgabenrecht, Freistellung von der allgemeinen Gerichtsbarkeit usw). Der heute geltende Grundsatz der → Gleichberechtigung aller vor dem Gesetz steht der Inanspruchnahme solcher Sonderstellungen entgegen (daher die Aufhebung der Privilegien im → Apothekenwesen). Das schließt aber nicht Sonderrechte aus, die sich aus einer Rechtsstellung ergeben (→ Immunität, → Exterritorialität). Sa → Privilegium Paulinum. Von einem privilegium odiosum spricht man, wenn ein Vorrecht mit einer dem Berechtigten lästigen Verpflichtung verbunden ist; so früher das → Patronatsrecht über Kirchengemeinden, mit dem ua das Recht zur Präsentation eines Geistlichen, aber auch die → Kirchenbaulast verknüpft war.

Privilegierte Bauvorhaben
sind die in § 35 I BauGB genannten → Vorhaben im → Außenbereich (→ Baubeschränkungen). Sie sind nur zulässig, wenn öffent-

liche Belange nicht entgegenstehen und die ausreichende Erschließung gesichert ist.

Privilegierungstatbestand
Ein Privilegierungstatbestand (kurz: Privilegierung) ist eine im Gesetz enthaltene selbständige Abwandlung eines Straftatbestands (sog. Grundtatbestand), der unter Hinzufügen eines zusätzlichen Tatbestandsmerkmals mit einer zwingend anzuwendenden milderen Strafdrohung ausgestattetet wird. Ein Beispiel bildet der Tatbestand der Tötung auf Verlangen (§ 216 StGB) gegenüber den eigentlichen vorsätzlichen Tötungsdelikten des Totschlags und des Mords (§§ 211, 212 StGB). Das sehr viel häufigere Gegenstück bilden die → Qualifikationstatbestände (kurz: Qualifikationen), s. dort zu Unterschieden gegenüber anderen Strafänderungsvorschriften.

Privilegium Paulinum
Nach kath. Kirchenrecht (can. 1143 CIC) kann eine Ehe unter Christen, sobald sie durch ehelichen Verkehr vollzogen ist, nicht mehr gelöst werden; zulässig ist nur Aufhebung der ehelichen Lebensgemeinschaft bei Trennung von Bett, Tisch und Wohnung. Dagegen kann eine Ehe unter Nichtchristen (nicht Getauften) zugunsten eines Ehegatten, der sich bekehrt und taufen lässt, gelöst werden (s. Paulus im ersten Korintherbrief, 7, 12). Bevor der bekehrte und getaufte Ehegatte aber eine neue Ehe schließen kann, muss er an den ungläubigen anderen Ehegatten die Frage stellen, ob dieser sich taufen lassen oder mit ihm friedlich zusammenleben will. Erst wenn die Anfrage negativ beantwortet wurde, kann der getaufte Teil eine neue Ehe mit einem Katholiken eingehen. In Ausnahmefällen kann die Anfrage mit der Erlaubnis des zuständigen Diözesanbischofs unterbleiben. Die erste Ehe wird auf Grund des Privilegium Paulinum in dem Augenblick gelöst, in dem der bekehrte Teil die neue Ehe eingeht. Das Privilegium Paulinum gilt auch dann, wenn der nicht bekehrte Partner erst später den bekehrten Ehegatten verlässt, gleich, ob unmittelbar nach der Bekehrung eine Befragung durchgeführt wurde oder nicht.

Pro-forma-Rechnung
nennt man eine → Rechnung über ein Rechtsgeschäft (zB → Kauf), das in Wirklichkeit (so) nicht stattgefunden hat (zB der → Handelsvertreter „kauft“ zu Vertriebszwecken die Musterkollektion des Unternehmers). Sa → Schwarzarbeit (4), → wirtschaftliche Betrachtungsweise, → Aufbewahrungspflicht bei Geschäftsbüchern (2).

pro viribus hereditatis
= Haftung des Erben für → Nachlassverbindlichkeiten nur mit dem Nachlass. → Beschränkung der Erbenhaftung.

probation
(engl.) ist ein im angelsächsischen Recht seit langem bestehendes Rechtsinstitut, das gestattet, im Interesse der Resozialisierung des nur leicht straffällig Gewordenen von der Verhängung oder Vollstreckung einer Strafe oder von der Strafverfolgung überhaupt abzusehen, um ihm innerhalb einer Bewährungsfrist Gelegenheit zu geben, sich durch einwandfreie Führung Straflosigkeit zu verdienen. Im deutschen Recht ist in → Bagatellstrafsachen die vorläufige und nach Erfüllung von Auflagen durch den Beschuldigten endgültige Einstellung des Verfahrens zugelassen (§ 153a StPO), ferner die Aussetzung des Strafausspruchs (Beschränkung des Urteils auf den Schuldspruch) bei Geldstrafen geringerer Höhe in Form der → Verwarnung mit Strafvorbehalt (§§ 59 ff. StGB) sowie bei der → Jugendstrafe (§§ 27 ff. JGG), schließlich die Aussetzung der Vollstreckung einer Freiheitsstrafe durch → Strafaussetzung zur Bewährung (§§ 56 ff. StGB).

Probearbeitsverhältnis
Ist bei einem → Arbeitsverhältnis eine Probezeit vereinbart, ist es iZw auf unbestimmte Dauer abgeschlossen und ist lediglich für eine Höchstdauer von 6 Monaten (bei → befristeten Arbeitsverhältnissen muss seit dem 1.8.2022 die Probezeit im Verhältnis zur erwarteten Befristungsdauer und zur Art der Tätigkeit stehen, vgl. § 15 III TzBfG nF) die bei einer ordentlichen Kündigung zu wahrende Frist verkürzt (stillschweigende Vereinbarung der gesetzlichen Mindestkündigungsfrist von 2 Wochen), § 622 III BGB. Das Probearbeitsverhältnis kann auch so ausgestaltet werden, dass das Arbeitsverhältnis durch die Dauer der Probezeit befristet ist (→ Zeitarbeitsverhältnis, 2) und mit ihrem Ablauf von selbst endet. Ferner ist es möglich, die Probezeit als Mindestdauer eines auf unbestimmte Zeit abgeschlossenen Arbeitsverhältnisses zu vereinbaren. Unabhängig von der Vereinbarung einer Probezeit (oder auch dem ausdrücklichen Verzicht auf die Probezeit) greift aber innerhalb der ersten 6 Monate (sog. Wartezeit) der allgemeine → Kündigungsschutz für Arbeitnehmer nicht (§ 1 I KSchG). Zur Probezeit bei → Berufsausbildungsverhältnissen § 20 BBiG.

Probekauf
→ Kauf auf Probe, → Kauf nach Probe, → Umtauschvorbehalt.

Probezeit
→ Probearbeitsverhältnis, → Kündigungsfristen im Arbeitsrecht, → Berufsausbildungsverhältnis.

Product placement
ist die Einbettung eines Produkts oder dessen Marke in einem Film oder eine Fernsehsendung zu Werbezwecken. Product placement ist nur unter bestimmten Voraussetzungen und auch nicht in allen Sendeformaten zulässig. So ist Product placement generell nicht gestattet ua. in Nachrichten- oder Kindersendungen. Ungeachtet dessen darf diese Form der Werbung auch nicht als getarnte Werbung

(Schleichwerbung) geschaltet sein (vgl. § 8 Abs. 7 MStV); sa → Unlauterer Wettbewerb.

producta sceleris
→ Einziehung im Strafverfahren.

Produktbeobachtungsfehler
→ Produkthaftung (1).

Produkte
→ energieverbrauchsrelevante Produkte, → technische Arbeitsmittel, → Verbraucherprodukte.

Produktenbörsen
dienen als allgemeine Warenbörsen oder Spezialbörsen für einzelne Warengattungen dem Handel mit börsengängigen Waren (zB Baumwolle, Zucker, Weizen, Zinn). S. → Börse, → Warenbörse.

Produkthaftung (Produzentenhaftung)
1. Zwischen dem Hersteller einer Ware und dem Endabnehmer bestehen idR keine unmittelbaren vertraglichen Beziehungen (auch nicht aufgrund Beigabe einer Gebrauchsanweisung oÄ). Demzufolge scheiden für Schäden, die dem Endabnehmer infolge Fehlerhaftigkeit (insbes. Konstruktions-, Fabrikations-, Instruktions- und Produktbeobachtungsfehler) durch mangelhafte Sicherheit des verwendeten Produkts entstehen (zB Tiere verenden auf Grund des verwendeten Futtermittels; zunächst unbekannt gebliebene schädliche Eigenschaften treten nach Inverkehrbringen auf), insoweit Ansprüche auf → Schadensersatz wegen einer → Pflichtverletzung gegen den Hersteller aus (also zB keine Ansprüche wegen → Gewährleistung oder Verletzung von Nebenpflichten, s. → Positive Vertragsverletzung (pVV), auch nicht auf Grund eines → Vertrags zugunsten Dritter); zum Fall der Übernahme einer Herstellergarantie s. → Gewährleistung, 4., → Garantie; zur Haftung nach §§ 823ff. BGB s. u. 3.

2. Eine Haftung für infolge eines fehlerhaften (auch Teil-)Produkts hervorgerufene Körper-, Gesundheits- und Sachschäden regelt in erster Linie das Produkthaftungsgesetz (ProdHaftGvom 15.12.1989 (BGBl. 1989 I 2198) mÄnd und zwar in der Form einer verschuldensunabhängigen → Gefährdungshaftung. Danach haftet der Hersteller (auch der Importeur im Bereich des Abkommens über den Europäischen Wirtschaftsraums, s. → Europäischer Wirtschaftsraum, ersatzweise der Lieferant, § 4 ProdHaftG), wenn durch derartige Fehler eines Produkts (bewegliche Sache, auch wenn eingebaut, § 2 ProdHaftG), das nicht die berechtigterweise zu erwartende Sicherheit bietet (§ 3 ProdHaftG; Mindestanforderungen → Geräte- und Produktsicherheitsrecht, 4.), der Körper oder die Gesundheit beschädigt wird; im Falle der Sachbeschädigung gilt dies nur gegenüber dem privaten Verbraucher und nur, soweit eine andere Sache als das fehlerhafte Produkt beschädigt wird, § 1 I ProdHaftG. Der Hersteller trägt auch die Kosten einer vorsorglichen Rückrufaktion wegen möglicher Produktfehler. Für den Fehler, den Schaden und den ursächlichen Zusammenhang zwischen Fehler und Schaden trägt der Geschädigte die → Beweislast; Ausschlusstatbestände (zB erst späteres Entstehen oder Nichterkennbarkeit des Fehlers) muss der Hersteller beweisen (§ 1 IV ProdHaftG). Mehrere Ersatzpflichtige haften als Gesamtschuldner (→ Gesamtschuld); ein → Mitverschulden des Geschädigten ist zu berücksichtigen (§§ 5, 6 ProdHaftG). Der Schadensersatz wegen Personenschäden (Heilungskosten, Unterhalts- und Erwerbsausfall, Berufsunfähigkeitsrente usw., §§ 7–9 ProdHaftG) ist auf maximal 85 Mio. EUR begrenzt (§ 10 ProdHaftG); auch kann → Schmerzensgeld gefordert werden. Im Falle der Sachbeschädigung trifft den Geschädigten eine Selbstbeteiligung bis zu einer Höhe von 500 EUR (§ 11 ProdHaftG). Der Anspruch verjährt (→ Verjährung) in 3 Jahren ab Kenntnis von Fehler, Schaden und Ersatzverpflichtetem, ebenso bei fahrlässiger Unkenntnis (§ 12 ProdHaftG); der Anspruch erlischt grds. in 10 Jahren ab dem Zeitpunkt, in dem das Produkt in Verkehr gebracht worden ist (§ 13 ProdHaftG). Die Produkthaftung nach diesem Gesetz ist zwingend (§ 14 ProdHaftG).

3. Eine Produkthaftung auf Grund anderer Vorschriften bleibt unberührt (§ 15 II ProdHaftG). Dies gilt insbes. für eine Haftung des Herstellers aus → unerlaubter Handlung und zwar, soweit ein Schutzgesetz (zB Lebensmittelgesetze oder das ProduktsicherheitsG, → Geräte- und Produktsicherheitsrecht) verletzt ist, aus § 823 II BGB, im Übrigen aus § 823 I BGB. Hierfür ist jedoch → Verschulden Voraussetzung, wobei allerdings nach der Rspr. (vgl. BGHZ 51, 91; 80, 186; 104, 323) der Hersteller beweisen muss, dass ihn hinsichtlich des Fehlers kein Verschulden trifft (sog. Umkehrung der → Beweislast). Für Schäden auf Grund fehlerhafter → Arzneimittel gelten nur die Vorschriften des Arzneimittelgesetzes, die in §§ 84ff. ebenfalls eine Gefährdungshaftung vorsehen (§ 15 I ProdHaftG). Sa → Gen-Recht.

Produktinformationsblatt
→ Anlageberatung, → Basisinformationsblatt.

Produktions(Produktiv)genossenschaft
Eine Produktionsgenossenschaft ist eine → Genossenschaft (1), deren Zweck darauf gerichtet ist, Sachen (Waren) herzustellen und auf gemeinschaftliche Rechnung zu verkaufen (va in der Landwirtschaft).

Produktionsaufgaberente
erhalten landwirtschaftliche Unternehmer bei Stilllegung landwirtschaftlicher Nutzungsflächen. Der Gesetzgeber bezeichnet diese Leistung als Leistung wegen Einstellung der landwirtschaftlichen Erwerbstätigkeit (§ 1 FELEG). Die Produktionsaufgaberente ist an bestimmte, in der Person des „Aufgebenden“

liegenden persönlichen Voraussetzungen gebunden. Davon betroffene Arbeitnehmer und mitarbeitende Familienangehörige erhalten ein Ausgleichsgeld. Zuständig sind die landwirtschaftlichen → Alterskassen nach dem Gesetz zur Förderung der Einstellung landwirtschaftlicher Erwerbstätigkeit (FELEG) v. 21.2.1989 (BGBl. 1989 I 233) mÄnd. Seit dem 1.1.1997 wird das Gesetz nur noch angewandt, wenn die Anspruchsvoraussetzungen erstmals vor diesem Zeitpunkt vorgelegen haben. Die Produktionsaufgaberente ist ggf. auch als Leistung an Hinterbliebene möglich (§ 5 FELEG).

Produktpiraterie
Mit Produktpiraterie wird die gezielte Verletzung von → Urheberrechten oder → gewerblichen Schutzrechten, also das gewerbsmäßige Aneignen fremden → geistigen Eigentums durch Nachahmung und Kopie bezeichnet. Die Produktpiraterie hat weltweit stark zugenommen und erfasst alle Schutzgegenstände des geistigen Eigentums und alle Warenbereiche. Hauptgründe für diese → Wirtschaftskriminalität sind die Entwicklung der Reproduktionstechniken, der Umstand, dass wegen des Territorialitätsprinzips oft nur in einigen Ländern ein Schutz besteht, und die Einschätzung der Schutzrechtsverletzung als Kavaliersdelikt. Durch Produktpiraterie entstehen Schäden sowohl bei Originalherstellern als auch bei Verbrauchern. Die Folgen für den inländischen Arbeitsmarkt stellen eine Gefahr für die Volkswirtschaft dar. Das G zur Stärkung des Schutzes des geistigen Eigentums und zur Bekämpfung der Produktpiraterie v. 7.3.1990 (BGBl. 1990 I 422) hat deshalb die zivil- und strafrechtlichen Folgen bei Verletzung von → Marken, → Urheberrecht, → Design, → Patenten, → Gebrauchsmuster, Topografien (→ Halbleiterschutz) sowie Sorten (→ Sortenschutz) verschärft. Bei offensichtlicher Rechtsverletzung können die Zollbehörden die Produktpirateriewaren bereits bei Ein- oder Ausfuhr beschlagnahmen.

Produktsicherheit
→ Geräte- und Produktsicherheitsrecht.

Produktverantwortung
Zur Produktverantwortung im → Abfallrecht: → Abfälle, → Altfahrzeug, → Verpackungen.

Produzentenhaftung
→ Produkthaftung.

Professor
→ Hochschullehrer.

Professorenbesoldung
1. Die Professorenbesoldung ist ein Spezialfall der Beamtenbesoldung (§§ 32 ff. BBesG; sa → Dienstbezüge). Das Gesetz zur Reform der Professorenbesoldung v. 16.2.2002 (BGBl. 2002 I 686) ordnete die Besoldung der → Hochschullehrer neu. Nach der nunmehr niedrigsten Stufe W1 wurden → Juniorprofessoren bezahlt. W2 und W3 waren Professoren an Fachhochschulen und Universitätsprofessoren vorbehalten.Das Gesetz zur Reform der Professorenbesoldung wurde durch die → Föderalismusreform I insoweit überholt, als die die Besoldung der Beamten der Länder in die Zuständigkeit der Länder überging. Grundsätzlich regelt jedes Land die Professorenbesoldung der Hochschullehrer des Landes selbst. Die Regelung erfolgt idR in den Landesbesoldungsgesetzen. Lediglich an den Hochschulen des Bundes gilt noch das Professorenbesoldungsrecht des Bundes.

2. Das Bundesverfassungsgericht hat mit U. v. 14.2.2012 – 2 BvL 4/10 die Besoldung gemäß W 2 als zu niedrig angesehen. Durch das Professorenbesoldungsneuregelungsgesetz v. 11.6.2013 (BGBl. 2013 I 1514) wurde dem Rechnung getragen und die Besoldung in den Stufen W2 und W3 angehoben. Seitdem erfolgen regelmäßige Anpassungen mit den Änderungen des Bundesbesoldungsrechts (zB durch das G zur Anpassung der Bundesbesoldung und -versorgung für 2021/2022 v. 9.7.2021 (BGBl. 2021 I 2444). Das Professorenbesoldungsneuregelungsgesetz und die genannten Anpassungen haben aber nur Geltung für die Hochschulen des Bundes. Ein Hochschullehrer der Besoldungsgruppe W 2 verdient derzeit in der höchsten Stufe ein Grundgehalt von 7589 EUR, in der Besoldungsgruppe W 3 in der höchsten Stufe ein Grundgehalt von 8625 EUR (Stand 1.3.2024). Letzteres entspricht nicht ganz dem Grundgehalt eines Oberstudiendirektors in der Endstufe mit 8717 EUR (sa → Dienstbezüge, 6). Nach § 33 BBesG können aus Anlass von Berufungs- oder Bleibeverhandlungen, für besondere Leistungen in Forschung und Lehre sowie für die Wahrnehmung von Aufgaben in der Hochschulverwaltung Leistungsbezüge vergeben werden. Leistungsbezüge dürfen nunmehr unter besonderen Voraussetzungen den Unterschiedsbetrag zwischen den Besoldungsgruppen W 3 und B 10 übersteigen.

3. Bayern hat im Hinblick auf die Entscheidung des BVerfG die Professorenbesoldung bereits mit dem Gesetz zur Änderung der Professorenbesoldung v. 11.12.2012 (GVBl. 2012, 624) angehoben. Die Bezüge werden auch dort mit den Änderungen des Landesbesoldungsrechts angepasst. Die Höchststufe des Grundgehaltes in W3 beträgt danach dort 7995 EUR, zum Vergleich in Nordrhein-Westfalen 7163 EUR (Stand jeweils 1.12.2022).

Profiling
Profiling bezeichnet die automatisierte Verarbeitung → Personenbezogener Daten, um bestimmte persönliche Aspekte einer Person zu bewerten oder vorherzusagen (vgl. Art. 4 Nr. 4 DS-GVO). Insbesondere gilt dies für eine Analyse oder Vorhersage der Aspekte Arbeitsleistung, wirtschaftliche Lage, Gesundheit, persönliche Vorlieben, Interessen, Zuverlässigkeit, Verhalten, Aufenthaltsort oder Orts-

wechsel einer natürlichen Person anhand von personenbezogenen Daten. Auch das sog. → Scoring fällt unter das Profiling.

Profiling ist die Grundlage der Geschäftsmodelle bedeutender Internetunternehmen, die u. a. Profile natürlicher Personen bilden zum Zwecke der Online-Werbung, Risikoanalyse oder bei der Personalisierung → Digitaler Dienste. Aber auch im Verhältnis zwischen Arbeitgeber und Arbeitnehmern, wenn der Arbeitgeber bei der Bewerberauswahl und der Personalentwicklung Persönlichkeitstests einsetzt, wird Profiling relevant. Die besondere Gefährdung der Rechte der Betroffenen ist beim Profiling darin zu sehen, dass mit technischen Mitteln eine Entscheidung in Bezug auf den Betroffenen herbeigeführt oder zumindest wesentlich vorbereitet wird, die für den Betroffenen nachteilig sein kann.

Art. 22 Abs. 1 DS-GVO nennt das Profiling ausdrücklich als einen Unterfall der automatisierten Einzelentscheidung. Diskriminierende Anknüpfungspunkte sind beim Profiling unzulässig, Art. 22 Abs. 4 verweist auf die besonderen personenbezogenen Daten nach Art. 9 Abs. 1. Auch Art. 21 GRCh enthält ein Diskriminierungsverbot.

Programmsatz
nennt man eine gesetzliche Bestimmung (vor allem in Verfassungen oder Präambeln), die keine unmittelbare Verbindlichkeit beansprucht, sondern nur Absichten, Vorstellungen, Zielsetzungen oder Pläne des Gesetzgebers wiedergibt. Ein Programmsatz in der Verfassung kann allerdings auch Auftrag für den Gesetzgeber, seine Nichterfüllung uU Verfassungsverletzung sein. Er kann auch für die Auslegung von Gesetzen Bedeutung haben. Der Programmsatz hat eine gewisse Verwandtschaft zur Staatszielbestimmung (→ Verfassung). → Absichtserklärung.

Progression
nennt man bei der Besteuerung den mit steigender → Bemessungsgrundlage steigenden Steuersatz. Das führt dazu, dass der Grenzsteuersatz, dh der Steuersatz, mit dem die letzte Einheit der → Bemessungsgrundlage belastet ist, höher ist als der durchschnittliche Steuersatz. Hierdurch soll dem Prinzip der Leistungsfähigkeit Rechnung getragen werden. Einzelheiten → Einkommensteuer; → Erbschaftsteuer.

Progressionsvorbehalt
1. Die Freistellung bestimmter Einkünfte von der Einkommensteuer hat nicht nur deren Steuerfreiheit zur Folge, sie bewirkt auch, dass das zu versteuernde Einkommen geringer ist und dementsprechend ein niedrigerer Steuersatz zur Anwendung kommt (→ Progression). Diese Folge wird durch den Progressionsvorbehalt verhindert. Die in § 32b EStG aufgezählten Einkünfte sind zwar steuerfrei, diese Einkünfte erhöhen jedoch den Steuersatz für die übrigen steuerpflichtigen Einkünfte so, als wenn sie steuerpflichtig wären. Der ermittelte besondere Steuersatz wird anschließend nur auf das zu versteuernde Einkommen angewendet. Zu den Einkünften, die vom Progressionsvorbehalt betroffen sind, gehören insbes. Lohnersatzleistungen, zB steuerfreies Arbeitslosengeld, Kurzarbeiter- oder Winterausfallgeld, Konkursausfallgeld bzw. Insolvenzgeld, Mutterschaftsgeld oder Arbeitslosenhilfe.

2. Des Weiteren findet der Progressionsvorbehalt bei ausländischen Einkünften Anwendung, → Doppelbesteuerungsabkommen.

Prohibitivzölle
sollen zum Schutz inländischer Erzeuger bestimmte Einfuhren dadurch verhindern, dass diese mit überhöhten Abgaben belastet werden. → Finanzzölle werden als Prohibitivzölle bezeichnet, wenn sie wegen ihrer Höhe zu einer Drosselung des Imports und infolgedessen zum Ausfall von Zolleinnahmen führen.

Projektentwicklung (Projektentwickler)
Unter Projektentwicklung versteht man in der Baubranche idR die Konzeption und Planung von größeren Projekten unter Einbindung sämtlicher Leistungen (Grundstückserwerb, Planung, Finanzierung, Errichtung schlüsselfertiger Bauten, Verkauf oder Betrieb). Häufig befasst sich der Projektentwickler mit der Errichtung und Vermarktung von gewerblichen Großprojekten. Sa → Bauträgervertrag.

Projektmanagement
Bei komplexen Vorhaben ist häufig eine Vielzahl von Verwaltungsentscheidungen zu treffen (zB Baugenehmigung, wasserrechtliche Genehmigung, Gewerbegenehmigung, Entscheidung über Förderanträge uvm). Daher ist es Ziel der → Rechtsvereinfachung, Genehmigungen und Genehmigungsverfahren nach Möglichkeit zu bündeln (vgl. zB §§ 71d, 75 und 78 VwVfG; → Planfeststellung; → Sternverfahren). Soweit diese Bündelung nicht möglich oder nicht vorgesehen ist, wird angestrebt, im Interesse der Förderung des beantragten Vorhabens die Verwaltungszuständigkeiten nach Möglichkeit bei einer Behörde zu bündeln oder zumindest für sämtliche Fragen im Zusammenhang mit einem Vorhaben einen Ansprechpartner, den sogenannten Projektmanager, zu bestimmen, der mit dem Ziel der Beschleunigung und Vereinfachung die Verfahren der verschiedenen zuständigen Behörden koordiniert und alle Anliegen im Zusammenhang mit einem Vorhaben an die zuständigen Stellen weiterleitet. Der Einsatz von Projektmanagement ist Teil der → Deregulierung iwS.

Projektsteuerung(svertrag)
Als Projektsteuerung(svertrag) bezeichnet man die Koordinierung und Kontrolle komplexer Bauvorhaben mit dem Ziel einer Optimierung der Projekterstellung in zeitlicher und kostenmäßiger Hinsicht (Beschreibung der Tätigkeit in § 31 HOAI). Der Projektsteuerungsvertrag kann je nach Ausgestaltung ein Geschäftsbe-

sorgungsvertrag mit dienstvertraglichem Charakter (wenn primär Unterstützungsleistungen erbracht werden, wie Beratung, Information oder Koordinierung, und die Überwachungsverantwortung beim Bauherrn verbleibt) oder (wenn die erfolgsorientierten Aufgaben den Vertrag prägen) ein → Werkvertrag sein. Sa → Architekten- und Ingenieurvertrag.

Prokura
Eine Prokura ist eine handelsrechtliche Art der → Vollmacht. Die Prokura kann nur von einem → Kaufmann oder seinem gesetzlichen Vertreter durch eine ausdrückliche Erklärung erteilt werden (§ 48 I HGB). Die Erteilung der Prokura ist zur Eintragung in das → Handelsregister anzumelden (Einzelprokura, § 53 I HGB). Der Prokurist hat als Vertreter des Kaufmanns so zu unterschreiben, dass er der → Firma seinen Namen und einen die Prokura andeutenden Zusatz – zB ppa. – beifügt (§ 51 HGB). Die Prokura ermächtigt kraft Gesetzes zu allen gerichtlichen und außergerichtlichen → Rechtsgeschäften und → Rechtshandlungen, die der Betrieb eines → Handelsgewerbes überhaupt (nicht nur des betreffenden) mit sich bringt; lediglich für die Veräußerung und Belastung von Grundstücken ermächtigt die Prokura nur dann, wenn die Vertretungsmacht ausdrücklich darauf erstreckt wird (§ 49 HGB). Die Prokura ist in ihrem Umfang nach außen (Dritten gegenüber) unbeschränkbar (§ 50 I, II HGB). Im Innenverhältnis (des Prokuristen zum Kaufmann) hat der Prokurist aber auferlegte Beschränkungen zu beachten. Eine auch nach außen wirksame Beschränkung der Vollmacht ist nur möglich und üblich, wenn verschiedene Niederlassungen oder Zweigniederlassungen unter verschiedenen Firmen oder verschiedenen Firmenzusätzen betrieben werden und die Prokura auf eine dieser Niederlassungen beschränkt wird (§ 50 III HGB, sog. Filialprokura). Ferner kann die Prokura in der Weise erteilt werden, dass nur mehrere (meist 2) Prokuristen gemeinschaftlich handelnd vertreten können (§ 48 II HGB, § 53 I 2 HGB, sog. Gesamtprokura). Die Prokura erlischt insbes. mit dem ihrer Erteilung zugrunde liegenden Rechtsverhältnis (Dienst- oder Arbeitsvertrag), durch Widerruf (der jederzeit möglich ist und nicht ausgeschlossen werden kann, § 52 I HGB), durch Eröffnung des → Insolvenzverfahrens über das Vermögen des Kaufmanns (§ 115 InsO, § 168 BGB) und mit der Aufgabe des Geschäfts. Auch das Erlöschen der Prokura ist zum Handelsregister anzumelden (§ 53 III HGB).

Prokuraindossament
→ Indossament.

Prolongation
Prolongation nennt man die Verlängerung der Vereinbarungen über eine Wechselverbindlichkeit (namentlich über die Laufzeit des → Wechsels). Sie wird meist durch Ausstellung eines Prolongationswechsels (Erneuerungswechsels) an Stelle des bei Verfall nicht bezahlten Wechsels vorgenommen; damit ist eine → Stundung der Wechselforderung verbunden.

Promillegrenze
→ Blutalkohol.

Promotion
ist die Verleihung des → Doktorgrades. Voraussetzungen und Verfahren regeln die von den Universitäten (Hochschulen) erlassenen Promotionsordnungen.

Promotionsrecht
ist das Recht zur Verleihung der Würde eines Doktors (→ akademische Grade, → Hochschulgrade). Es steht den einzelnen → Fakultäten (→ Fachbereichen) der Universitäten und ihnen im wissenschaftlichen Rang gleichgestellten → Hochschulen zu. → Hochschulen für angewandte Wissenschaften (früher→ Fachhochschulen) besitzen nur teilweise das Promotionsrecht. Die Doktorwürde wird gemäß der Satzung der Hochschule (des Fachbereichs) auf der Grundlage der vom Fachbereich erlassenen Promotionsordnung verliehen. Die ordentliche Verleihung hat die Anfertigung einer selbständigen wissenschaftlichen Abhandlung (Dissertation) und die Ablegung einer mündlichen Prüfung zur Voraussetzung; sie ist an die Erfüllung weiterer durch die Promotionsordnung aufgestellter Bedingungen gebunden. Unter bestimmten Voraussetzungen, insbes. wegen sonstiger anerkannter besonderer wissenschaftlicher Leistungen, kann der Fachbereich die Würde eines Doktor honoris causa (Dr. h. c.) verleihen (Ehrenpromotion).

Promulgation
= Bekanntmachung, insbes. → Verkündung von Rechtsvorschriften.

Pronuntius
→ Nuntius.

Propaganda, verfassungsfeindliche
→ Rechtsstaatsgefährdung 1b. Sa → Agententätigkeit, → Verbringungsverbote.

Proporzsystem
Von einem Proporz spricht man, wenn auf Grund entsprechender Vereinbarungen staatliche oder staatsbeeinflusste Ämter nach dem Stärkeverhältnis der in einer → Koalitionsregierung verbundenen Parteien besetzt werden (entsprechend bei der Einparteienregierung bei der Berufung in Ämter unter Berücksichtigung verschiedener Gruppen nach bestimmten – zB konfessionellen – Gesichtspunkten). Das Proporzsystem entspricht demokratischen Grundsätzen, wenn es sich um die Besetzung politischer Ämter (zB Minister) handelt. In Deutschland ist ein Proporzsystem hins. der → Beamten unzulässig, da Ernennungen nach Eignung, Befähigung und fachlicher Leistung ohne Rücksicht auf Geschlecht, Abstammung, Rasse, ethnische Herkunft, Behinderung, Re-

ligion, Weltanschauung, politische Anschauungen, Herkunft, Beziehungen oder sexuelle Identität vorzunehmen sind (Art. 33 II, III GG; § 9 BeamtStG, § 9 BBG) und ein Proporzsystem insoweit auch den hergebrachten Grundsätzen des → Berufsbeamtentums (Art. 33 V GG) widersprechen würde (eine gewisse Ausnahme sind die sog. → politischen Beamten; sa → Beamtenrecht).

Prorektor
→ Rektor.

Prorogation
Eine Prorogation ist eine → Zuständigkeitsvereinbarung zwischen Prozessparteien.

Prospektbetrug
→ Kapitalanlagebetrug.

Prospekthaftung
1. Wer → Wertpapiere in der EU öffentlich anbieten oder zum Handel an einem geregelten Markt zulassen will, unterliegt der in der VO (EU) 2017/1129 geregelten → Prospektpflicht. Gleiches gilt für den öffentlichen Vertrieb von → Vermögensanlagen. Als Prospekthaftung bezeichnet man die Haftung der Prospektverantwortlichen für durch einen fehlerhaften oder gar fehlenden Prospekt verursachte Schäden. Sie ist im → Wertpapierprospektgesetz sowie im VermögensanlagenG geregelt. Die bis 2012 einschlägigen §§ 44 ff. → Börsengesetz sowie das VerkaufsprospektG wurden aufgehoben. Weitergehende, etwa auf → Pflichtverletzung (§ 280 BGB) oder § 823 II BGB, § 826 BGB gestützte Ansprüche aus → bürgerlich-rechtlicher Prospekthaftung bleiben unberührt (§ 16 II WpPG, §§ 20 VI, 21 V VermAnlG).

2. Prospekthaftung nach Wertpapierprospektg: Nach §§ 9 ff. WpPG kann der Erwerber von Wertpapieren, die auf Grund eines unrichtigen oder unvollständigen Prospekts zum Börsenhandel zugelassen oder öffentlich angeboten worden sind, die Übernahme der Wertpapiere gegen Erstattung des Erwerbspreises und der Kosten verlangen. Als Gesamtschuldner haften dem geschädigten Anleger diejenigen, die für den Prospekt die Verantwortung übernommen haben (§ 8 WpPG, zB → Emittent, emissionsbegleitendes → Kreditinstitut, → Finanzdienstleistungsinstitut, → Wertpapierinstitutoder→ Bankenkonsortium) und diejenigen, von denen der Erlass des Prospekts ausgeht (zB Konzernholding, Großaktionär). Der Anspruch setzt neben Kausalität Verschulden (§ 12 WpPG) voraus und ist ausgeschlossen, wenn der Geschädigte die Fehlerhaftigkeit des Prospekts kannte. Er unterliegt der dreijährigen regelmäßigen → Verjährung; der Beginn der Frist setzt Kenntnis der anspruchsbegründenden Umstände voraus. Ein nach diesen Vorschriften nicht gedeckter Schaden ist ggf. über bürgerlich-rechtliche Ansprüche zu ersetzen.

3. Prospekthaftung nach VermögensanlagenG und KAGB: Die Haftung für unrichtige oder unvollständige Verkaufsprospekte für Vermögensanlagen richtet sich nach §§ 20 ff. VermAnlG und entspricht den Regelungen des WpPG. Die Prospekthaftung im Investmentrecht ist in § 306 KAGB enthalten.

→ Bürgerlich-rechtliche Prospekthaftung.

Prospektpflicht
1. Anwendbares Recht: Wer in der EU → Wertpapiere öffentlich anbieten oder an einem geregelten Markt zum Handel zulassen will, muss einen Prospekt veröffentlichen. Dies war im → Wertpapierprospektgesetz, das die nunmehr aufgehobene Wertpapierprospektrichtlinie 2003/71/EG umsetzte, geregelt. Seit Mitte 2019 gilt hierfür unmittelbar die → Verordnung (EU) 2017/1129 v. 14.6.2017 über den Prospekt, der beim öffentlichen Angebot von Wertpapieren oder bei deren Zulassung zum Handel an einem geregelten Markt zu veröffentlichen ist und zur Aufhebung der RL 2003/71/EG (ABl. EU 2017 L 168, 12). Das WpPG wurde entsprechend geändert (Gesetz v. 8.7.2019, BGBl. 2019 I 1002) und regelt nur noch die Ausnahmen von der Prospektpflicht sowie die → Prospekthaftung. Weitere Einzelheiten zu Aufmachung, Inhalt, Prüfung und Billigung des Prospekts enthält die Delegierte VO (EU) 2019/980 der Kommission v. 14.3.2019 (ABl. EU 2019 L 166, 26).

2. Prospektpflicht und Ausnahmen: Nach Art. 3 VO (EU) 2017/1129 dürfen Wertpapiere erst nach vorheriger Veröffentlichung eines gebilligten Prospekts öffentlich angeboten oder zum Handel an einem geregelten Markt zugelassen werden. Beides gilt nach Art. 1 VO (EU) 2017/1129 nicht für Wertpapiere, die → Investmentvermögen verbriefen (dazu u. 5), von staatlichen Emittenten herausgegeben werden oder deren gesamte Emissionsvolumen unter 1 Mio.€ liegt. Auch → Schwarmfinanzierungen sind von der Prospektpflicht befreit. Als öffentliches Angebot gilt bereits jede Mitteilung an die Öffentlichkeit, die den Anleger in die Lage versetzt, eine Anlageentscheidung zu treffen (Art. 2 Buchst. d VO (EU) 2017/1129). Keine Prospektpflicht besteht, wenn sich das öffentliche Angebot (public offering, im Gegensatz zur Privatplazierung oder private placement) nur an qualifizierte Anleger richtet oder auf Wertpapiere mit einer Mindeststückelung von 100.000 € bezieht. Unter geregelter Markt ist nur der → regulierte Markt (§ 32 III BörsG), nicht jedoch der → Freiverkehr, zu verstehen. Ohne Prospekt ist der Antrag auf Zulassung zum Handel abzulehnen und das öffentliche Angebot zu untersagen. Zur → Prospekthaftung s. dort.

3. Prospektinhalt: Die Prospektpflicht dient dem Anlegerschutz. Der Prospekt muss daher in leicht analysierbarer, knapper und verständlicher Form alle erforderlichen Informationen enthalten, damit sich der Anleger ein fundiertes Urteil über den → Emittenten und die Wertpapiere bilden kann (Art. 6 VO (EU) 2017/1129). Er besteht idR aus einem Doku-

ment, muss eine Zusammenfassung enthalten sowie datiert und unterschrieben sein. Es gilt der Grundsatz der Prospektwahrheit und -klarheit. Der Prospekt bedarf vor Veröffentlichung der Billigung (Art. 20 VO (EU) 2017/1129). Diese Prüfung ist formaler Art und erstreckt sich auf Vollständigkeit und Verständlichkeit, nicht dagegen auf die Bonität des Emittenten. Der gebilligte Prospekt ist zu veröffentlichen und bleibt 12 Monate gültig (Art. 12, 21 VO (EU) 2017/1129). Zuständige Behörde ist die → Bundesanstalt für Finanzdienstleistungsaufsicht.

4. Europäischer Pass: Ein in einem Mitgliedstaat des → Europäischen Wirtschaftsraums von der zuständigen Stelle gebilligter Prospekt ist in Deutschland ohne weiteres gültig und umgekehrt (Art. 24 VO (EU) 2017/1129). Damit werden mehrfache Verfahren und womöglich widersprüchliche Ergebnisse vermieden. Ein in mehreren Ländern verwendeter Prospekt muss im Zweifel in einer „in internationalen Finanzkreisen gebräuchlichen Sprache" abgefasst sein (Art. 27 VO (EU) 2017/1129), was wohl nur Englisch sein kann. Für die Verwendung in Deutschland bedarf es in diesem Fall noch einer Übersetzung der Prospektzusammenfassung (§ 21 WpPG).

5. Sonderregelungen: Eine eigenständige Prospektpflicht für Wertpapiere, die Investmentvermögen verbriefen, enthalten die §§ 164 ff. KAGB und 268 ff. KAGB. Nach dem Gesetz über → Vermögensanlagen v. 6.12.2011 dürfen auch unverbriefte Vermögensanlagen nur auf Grund eines Verkaufsprospekts öffentlich angeboten werden.

Prostitution

1. Prostitution ist die wiederholte Vornahme sexueller Handlungen gegen Entgelt mit oder vor wechselnden Partnern. Sind sexuelle Handlungen gegen ein vorher vereinbartes Entgelt vorgenommen worden, so begründet diese Vereinbarung eine rechtswirksame Forderung. Diese kann nur im eigenen Namen geltend gemacht und nicht abgetreten werden; gegen sie kann nur Nichterfüllung und Verjährung eingewandt werden. Das Gleiche gilt, wenn sich eine Person, insbes. im Rahmen eines Beschäftigungsverhältnisses, für die Erbringung derartiger Handlungen gegen ein vorher vereinbartes Entgelt für eine bestimmte Zeitdauer bereithält (§ 1 ProstitutionsG v. 20.12.2001, BGBl. 2001 I 3983). Sa → Bordell. Prostitution ist eine Beschäftigung iSd Sozialversicherungsrechts.

2. Die Ausübung der Prostitution ist nicht strafbar. Jedoch sind bestimmte Arten der Prostitution als Ordnungswidrigkeiten verfolgbar, so das öffentliche Sichanbieten, wenn es andere zu belästigen geeignet ist (§ 119 I Nr. 1 OWiG), sowie Verstöße gegen Vorschriften über Sperrbezirke oder Sperrzeiten (§ 120 I OWiG). Die Prostitution kann durch RechtsVO der LdReg. a) in Gemeinden bis 50.000 Einwohner ganz, b) für solche über 20.000 Einwohner oder gemeindefreie Gebiete bezirklich, c) unabhängig von der Einwohnerzahl für öffentliche Straßen, Anlagen usw. ganz oder bezirklich oder für bestimmte Tageszeiten verboten werden; Kasernierung ist jedoch unzulässig (Art. 297 EGStGB). Beharrliche Zuwiderhandlungen gegen die Verbote sind mit Strafe bedroht, ebenso die Prostitution in der Nähe von Schulen usw. oder in Häusern, wenn durch die Ausübung der Prostitution Personen unter 18 Jahren sittlich gefährdet werden (§§ 184e, 184 f StGB). Strafbar sind ferner die → Förderung sexueller Handlungen Minderjähriger (§ 180 StGB), die → Ausbeutung von Prostituierten (§ 180a StGB), → Zuhälterei (§ 181a StGB) sowie Zwangsprostitution (§ 232a StGB, → Menschenhandel, → Freierstrafbarkeit).

3. Durch das Prostituiertenschutzgesetz (ProstSchG) vom 21.10.2016 (BGBl. 2016 I 2372), in Kraft seit 1.7.2017, wurden Regelungen für das Prostitutionsgewerbe getroffen. Für alle Prostitutionsgewerbe ist eine Erlaubnis erforderlich. Ihre Erteilung ist an die Erfüllung gesetzlicher Mindestanforderungen und an die Zuverlässigkeit des Betreibers gekoppelt. Die Ausübung der Prostitution selbst ist weiterhin erlaubnisfrei, Prostituierte müssen ihre Tätigkeit jedoch anmelden. Die Anmeldebescheinigung gilt zwei Jahre und kann verlängert werden. Prostituierte sind verpflichtet, vor Aufnahme der Tätigkeit und anschließend jährlich eine gesundheitliche Beratung wahrzunehmen. Für Personen unter 21 Jahren sind eine kürzere Gültigkeitsdauer der Anmeldung von einem Jahr und eine halbjährliche Wiederholung der gesundheitlichen Beratung vorgesehen. Die Anmeldung ist mit einem Informations- und Beratungsgespräch verbunden. Für Prostituierte und ihre Kunden wurde eine Kondompflicht eingeführt. Zur Prostitutionsstatistik → Statistik (4).

Protektorat

ist das auf → völkerrechtlichem Vertrag beruhende Verhältnis zwischen einem mächtigeren und einem schwächeren Staat, kraft dessen ersterer dem anderen Schutz gewährt, wofür er einen mehr oder weniger starken Einfluss auf dessen auswärtige Angelegenheiten erhält. Dieses Verhältnis kann, muss aber nicht zum Verlust der Stellung des „beschützten" Staates als → Völkerrechtssubjekt führen. Beispiele: Frankreich über Marokko und Tunis bis zu deren Unabhängigkeit (Verträge vom 12.5.1881, 8.6.1883 und 30.3.1912); Spanien über Marokko; Tanger unter internationalem Protektorat.

Protest

→ Wechselprotest, → Scheckprotest.

protestatio

= Einspruch, Vorbehalt; → Willenserklärung (1b bb).

protestatio facto contraria
→ Willenserklärung (1b bb).

Protokoll
Protokoll (Protokollierung) wird die schriftliche Beurkundung eines Vorgangs genannt; im Besonderen → Verhandlungsprotokoll.

Protokoll im Völkerrecht
1. Bei diplomatischen Verhandlungen auf Konferenzen usw. a) das Verhandlungsprotokoll, das den Gang der Beratungen, b) das Beschlussprotokoll, das die gefassten Beschlüsse und c) das Schlussprotokoll, das die Ergebnisse einer Konferenz wiedergibt. Voraussetzung der Gültigkeit ist Unterzeichnung des Protokolls durch die Verhandlungsbeteiligten; dadurch wird es als richtig anerkannt (Verifikation).

2. Als Protokoll wird ferner die Gesamtheit der Regeln des diplomatischen Zeremoniells bezeichnet. Dieses wird in den Außenministerien ua am diplomatischen Verkehr beteiligten Zentralbehörden von Protokollabteilungen gehandhabt, denen der sog. Chef des Protokolls vorsteht (→ Diplomatische Beziehungen).

Provinzialsynode
ist in der → evang. Kirche die auf der Ebene einer Kirchenprovinz gebildete → Synode (auf Landesebene: Landessynode).

Provision
Die Provision ist die Vergütung für geleistete Dienste, die nach einem im Einzelfall bestimmten Prozentsatz vom Wert eines besorgten oder vermittelten Geschäfts bemessen wird. Voraussetzungen und Umfang des Anspruchs auf Provision sind je nach dem zu Grunde liegenden Rechtsverhältnis verschieden. Es gibt den allgemeinen kaufmännischen Provisionsanspruch für Geschäftsbesorgung oder Dienstleistung (§ 354 HGB); ferner haben insbes. Anspruch auf Provision die → Handelsvertreter, → Handelsmakler, → Kommissionäre, Protestanten und Einlöser beim → Wechselregress und → Scheckregress. Sa → Avalprovision.

Prozess
→ Rechtsstreit.

Prozessagent
Prozessagent war der → Rechtsbeistand früheren Rechts zur Vertretung vor dem → Amtsgericht. Sa → Rechtsdienstleistung.

Prozessantrag
Prozessantrag ist der in einem Rechtsstreit gestellte Antrag, der sich auf den Gang und die Gestaltung des Verfahrens bezieht, zB zur Beweisaufnahme, Richterablehnung. Er ist vom → Sachantrag zu unterscheiden.

Prozessarbeitsverhältnis
→ Prozessbeschäftigung.

Prozessarten
Innerhalb einer Verfahrensordnung werden im Gesetz bestimmte Rechtsstreitigkeiten einem bestimmten Verfahren zugewiesen und unterliegen danach verschiedenen Regeln. Im Zivilprozess gibt es zB neben dem allgemeinen → Urteilsverfahren (§§ 253–510b ZPO) den → Urkunden-, → Wechsel- und Scheckprozess, sowie das Verfahren auf → Arrest und → einstweilige Verfügung. Das Verfahren in → Familiensachen, insbes. → Ehe, → Kindschafts-, → Unterhalts- und → Aufgebotssachen ist einheitlich im FamFG geregelt. Den Strafprozess kennt als besondere Prozessart die → Privatklage, das Verfahren bei → Strafbefehlen, das → Sicherungsverfahren, das Verfahren bei → Einziehungen.

Prozessaufrechnung
→ Aufrechnung.

Prozessbeschäftigung
Wehrt sich der Arbeitnehmer gerichtlich zB gegen die Kündigung seines → Arbeitsverhältnisses (→ Kündigungsschutz für Arbeitnehmer; ähnlich bei sonstigen Bestandsstreitigkeiten zB über Befristungen) und zieht sich der Prozess über mehrere Instanzen, kann es bis zum Ergehen einer rechtskräftigen Entscheidung uU mehrere Jahre dauern. Stellt sich aE heraus, dass die Kündigung unwirksam war, bestand das Arbeitsverhältnis folglich während der gesamten Prozessdauer fort und der Arbeitgeber schuldet dem Arbeitnehmer den in der Zeit eigentlich zu zahlenden Lohn, ohne dass der Arbeitnehmer die dafür zu leistende Arbeit erbracht hat (sog. Annahmeverzugslohn, wobei sich der Arbeitnehmer va anderweitig erzielten oder böswillig unterlassenen Verdienst anrechnen lassen muss, vgl. § 615 BGB, § 11 KSchG; sa → Gläubigerverzug, Annahmeverzug). Um dieses Risiko für den Arbeitgeber zu minimieren und dem Arbeitnehmer ein Einkommen zu sichern, können Arbeitnehmer und Arbeitgeber eine Prozessbeschäftigung vereinbaren; dabei handelt es sich um ein gesondertes Arbeitsverhältnis, das mit der rechtskräftigen Abweisung der Kündigungsschutzklage (auflösende Bedingung) bzw. mit dem rechtskräftigen Abschluss des Prozesses (Zweckbefristung) sein Ende finden soll (→ Befristetes Arbeitsverhältnis). Eine solche Vereinbarung birgt zusätzliche Risiken (vgl. zB § 15 II, VI TzBfG oder va §§ 21, 14 IV, 16 TzBfG; vertiefend APS/Backhaus TzBfG § 21 Rn. 41 ff.), so dass sie nur selten vorkommt. Wird über eine verhaltenbedingte Kündigung gestritten, kann eine dennoch vereinbarte Prozessbeschäftigung sogar den ggü. dem Arbeitnehmer erhobenen Vorwurf relativieren, da eine weitere Zusammenarbeit anscheinend doch möglich bzw. zumutbar ist. Die freiwillig vereinbarte Prozessbeschäftigung ist zu unterscheiden von der erzwungenen Weiterbeschäftigung (→ Beschäftigungspflicht).

Prozessbeschleunigung
→ mündliche Verhandlung, → Verteidigungsmittel, → Berufung.

Prozessbetrug
ist ein → Betrug, der dadurch begangen wird, dass eine Prozesspartei das Gericht durch bewusst falsche Angaben oder Beweismittel zu einer für ihren Gegner oder Dritte nachteiligen Entscheidung veranlasst. In diesem Fall sind – was beim Betrug auch nicht vorausgesetzt ist – der Getäuschte und der über Vermögenswerte Verfügende (der Richter) mit dem Geschädigten nicht identisch (eine Form des sog. Dreiecksbetrugs).

Prozessbevollmächtigter
Prozessbevollmächtigter ist die Person, der → Prozessvollmacht erteilt ist. Der Prozessbevollmächtigte muss → prozessfähig und → postulationsfähig sein, um die Partei wirksam vertreten zu können. Grundsätzlich kann also jede prozessfähige Person Prozessbevollmächtigter sein, soweit sie postulationsfähig ist. Berufsmäßige Prozessbevollmächtigte sind → Rechtsanwälte und → Prozessagenten. Vom Prozessbevollmächtigten zu unterscheiden ist der → Beistand.

Prozessbürgschaft
→ Bürgschaft, → Sicherheitsleistung.

Prozessfähigkeit
(zT auch Verfahrensfähigkeit genannt) ist die Fähigkeit, → Prozesshandlungen selbst oder durch selbstbestellte Vertreter wirksam vorzunehmen und entgegenzunehmen. Prozessfähig sind alle natürlichen → Personen, die geschäftsfähig (→ Geschäftsfähigkeit) sind; beschränkt Geschäftsfähige nur, soweit sie nach der Rechtsordnung als geschäftsfähig angesehen oder anerkannt werden (§ 52 ZPO, § 62 VwGO, § 58 FGO; Sonderregelung in § 71 II SGG sowie in Verfahren in → Ehesachen und auf → Betreuung). Alle juristischen → Personen sind prozessunfähig. Wer prozessunfähig ist, muss im Prozess durch seinen → gesetzlichen Vertreter vertreten werden (also zB Geschäftsführer oder Vorstand; § 51 ZPO, § 62 VwGO, § 58 II FGO, § 71 III SGG). Die Prozessfähigkeit ist → Prozessvoraussetzung und → Prozesshandlungsvoraussetzung. Für den Strafprozess und das Verfahren der → freiwilligen Gerichtsbarkeit entspricht der Prozessfähigkeit die → Verhandlungsfähigkeit.

Prozessführungsbefugnis
Prozessführungsbefugnis ist das Recht, einen Prozess als die richtige → Partei im eigenen Namen zu führen. Die Prozessführungsbefugnis ist eine allgemeine → Prozessvoraussetzung. Sie steht idR dem zu, der die → Sachbefugnis innehat, wem also nach materiellem Recht der geltend gemachte Anspruch zusteht. Wenn jemand ausnahmsweise die Prozessführungsbefugnis, aber nicht die Sachbefugnis hat, spricht man von → Prozessstandschaft. Von der Prozessführungsbefugnis zu unterscheiden ist die Ordnungsmäßigkeit und Wirksamkeit der → Klageerhebung (→ Prozessvollmacht, → Postulationsfähigkeit).

Prozessgericht
Das Prozessgericht ist das zur Entscheidung von Streitsachen im → ordentlichen Rechtsweg berufene Gericht. Anders als im → Erkenntnisverfahren ist das Prozessgericht für die → Zwangsvollstreckung nur ausnahmsweise zuständig (→ Vollstreckungsgericht).

Prozessgrundsätze
→ Verfahrensgrundsätze.

Prozesshandlung
Eine Prozesshandlung ist jede prozessgestaltende Betätigung, sowohl eine solche des Gerichts als auch der Parteien, Beteiligten oder Dritter; insoweit spricht man auch von Parteihandlungen. Diese werden in Bewirkungs- und Erwirkungshandlungen unterteilt. Bei einer Bewirkungshandlung wird schon allein durch die Handlung eine prozessuale Folge erzielt (zB → Klagerücknahme), bei einer Erwirkungshandlung muss erst noch das Gericht tätig werden. Keine Prozesshandlungen sind → Realakte und → Rechtsgeschäfte (sa → Willenserklärung, 3). Parteihandlungen dürfen nur mit einer solchen Bedingung verbunden werden, die einen innerprozessualen Vorgang darstellt (zB → Hilfsantrag). Die Wirksamkeit einer Prozesshandlung hängt von bestimmten Prozesshandlungsvoraussetzungen ab, nämlich: → Parteifähigkeit, → Prozessfähigkeit, → Prozessvollmacht, → Postulationsfähigkeit, → gesetzliche Vertretungsmacht, die für bestimmte Prozesshandlungen vorgeschriebene Form und Frist, ferner der Zugang der Erklärung (an Gericht oder Prozessgegner).

Prozesshandlungsvoraussetzungen
→ Prozesshandlung.

Prozesshindernisse
Prozesshindernisse oder Verfahrenshindernisse sind negative → Prozessvoraussetzungen.

Prozesskosten
Prozesskosten sind alle Kosten, die eine Partei (oder ein Beteiligter) unmittelbar aufwenden muss, um den Rechtsstreit zu führen; die Prozesskosten setzen sich aus den → Gerichtskosten und den → außergerichtlichen Kosten (zB → Rechtsanwaltsgebühr) zusammen. In Strafsachen werden die Prozesskosten als Verfahrenskosten bezeichnet. Sa → Kostenpflicht sowie Anhang L.

Prozesskostenhilfe
(bis 31.12.1980 „Armenrecht" genannt) ist die vollständige oder teilweise Befreiung einer bedürftigen Partei (eines Beteiligten) von den Prozesskosten. Eine PKH oder Verfahrenskostenhilfe ist in den meisten Verfahrensordnungen – vielfach durch Verweisung auf §§ 114 ff. ZPO – vorgesehen (vgl. § 11a ArbGG, §§ 76 ff. FamFG, §§ 379a, 397a, 406g StPO, § 166 VwGO, § 142 FGO, § 73a SGG).

1. Voraussetzungen: Die Partei (der Beteiligte) kann die Kosten der Prozessführung oder der → Zwangsvollstreckung aus ihrem Einkommen und, soweit zumutbar, aus ihrem

Vermögen nicht, nur zum Teil oder nur in (höchstens 48 Monats-)Raten aufbringen (§ 115 ZPO); entspr. Unterlagen sind vorzulegen (§ 117 III ZPO; Prozesskostenhilfeformularverordnung – PKHFV – vom 6.1.2014, BGBl. 2014 I 34). Die beabsichtigte Rechtsverfolgung oder -verteidigung muss hinreichende Aussicht auf Erfolg haben und darf nicht mutwillig sein (§ 114 ZPO). Für die grenzüberschreitende PKH innerhalb der EU gelten ergänzend §§ 1076 ff. ZPO.

2. Über die Bewilligung von PKH entscheidet das Gericht, bei dem das Verfahren anhängig ist oder anhängig gemacht werden soll (§§ 117, 127 I ZPO); die Bewilligung erfolgt für jeden Rechtszug besonders (§ 119 ZPO). Das Gericht kann – nach Anhörung des Gegners – in beschränktem Umfang Beweise erheben; auch der Abschluss eines → Vergleichs ist möglich (§ 118 ZPO). Die Bewilligung von PKH kann nur beschränkt durch die Staatskasse, die Verweigerung (oder Entziehung) grundsätzlich unbeschränkt mit der → sofortigen Beschwerde angefochten werden (§ 127 II, III ZPO).

3. Wirkungen der bewilligten PKH: a) Die Staatskasse kann Gerichts- und Gerichtsvollzieherkosten nur nach Maßgabe der gerichtlichen Entscheidung (zB Raten) gegen die Partei (den Beteiligten) geltend machen; von einer Sicherheitsleistung für die Prozesskosten ist die Partei befreit (§ 122 I ZPO). b) Soweit eine Vertretung durch Anwälte vorgeschrieben ist (→ Anwaltsprozess), ggfs. auch sonst, wird der Partei ein von ihr gewählter, zur Vertretung bereiter, sonst ein vom Gericht bestellter → Rechtsanwalt beigeordnet (§ 121 ZPO); die Erteilung einer → Prozessvollmacht an ihn bleibt erforderlich. Dieser Rechtsanwalt hat Anspruch auf Vergütung durch die Staatskasse (→ Rechtsanwaltsgebühr); Ansprüche auf Vergütung kann er gegen die von ihm vertretene Partei nicht geltend machen (§ 122 I Nr. 3 ZPO), wohl aber gegen den unterlegenen Gegner (§ 126 ZPO). Die Bewilligung von PKH für den Kläger (Rechtsmittelkläger) hat auch die einstweilige Befreiung des Gegners von der Pflicht zur Zahlung der Gerichtskosten zur Folge (§ 122 II ZPO). Das Gericht kann die Bewilligung der PKH ua dann aufheben, wenn die Voraussetzungen hierfür nicht vorgelegen haben oder festgesetzte Raten nicht beglichen werden (§ 124 ZPO). Die Bewilligung der PKH hat auf die Verpflichtung, die dem Gegner entstandenen Kosten auf Grund einer entspr. gerichtlichen Entscheidung zu erstatten (→ Kostenerstattungsanspruch), keinen Einfluss (§ 123 ZPO). Zur Beratungshilfe außerhalb gerichtlicher Verfahren → Rechtsberatung für Bürger mit geringem Einkommen.

Prozesskostenvorschuss
Einen Prozesskostenvorschuss kann ein unterhaltsberechtigter Ehegatte bei einem Prozess in persönlichen Angelegenheiten vom Ehepartner verlangen, wenn er zur Kostentragung nicht in der Lage ist, und die Vorschussleistung der Billigkeit entspricht (§ 1360a IV BGB). Das gilt auch in Verfahren der Ehegatten untereinander (zB Antrag auf → Ehescheidung) und in Strafverfahren gegen einen Ehegatten, nicht aber unter Geschiedenen (BGH NJW 1984, 291). Einen Prozesskostenvorschuss kann auch der → Rechtsanwalt von seinem Auftraggeber verlangen (§ 9 RVG).

Prozessleitung
Die Prozessleitung ist die richterliche Tätigkeit, welche die Endentscheidung vorbereiten und für einen zweck- und gesetzmäßigen Verfahrensablauf sorgen soll. Sie obliegt dem Vorsitzenden; sie ist ihm für die Verhandlung ausdrücklich übertragen (Verhandlungsleitung; § 136 I ZPO, § 238 I StPO, § 103 I VwGO, § 92 I FGO, § 112 I 1 SGG). Die Prozessleitung umfasst die äußere Ordnung des Prozesses (formelle Prozessleitung; zB Terminsbestimmung, Sitzungspolizei, Worterteilung) und die sachliche Durchführung des Prozesses (materielle Prozessleitung oder Sachleitung; zB Aufklärung, Fragestellung, Erteilung rechtlicher Hinweise, § 139 ZPO, Beweisaufnahme).

Prozessmangel
(Heilung) → Rügeverzicht.

Prozessmaximen
→ Verfahrensgrundsätze.

Prozesspartei
→ Partei (im Zivilprozess).

Prozesspfleger
Ein Prozesspfleger wird in einem Zivilprozess vom Gericht bestellt, wenn eine prozessunfähige Partei, die keinen gesetzlichen Vertreter hat, verklagt werden soll (§ 57 ZPO) oder wenn Rechte an einem herrenlosen Grundstück oder Schiff geltend gemacht werden sollen (§ 58 ZPO). Der Prozesspfleger hat für den betreffenden Rechtsstreit die Stellung eines gesetzlichen Vertreters der Partei oder des künftigen Eigentümers. Sa → Nachlasspfleger.

Prozessrechtsverhältnis
Das Prozessverhältnis ist das Verhältnis zweier miteinander in einem → Rechtsstreit stehenden Parteien oder Beteiligten zueinander und zum Gericht (letzteres str.). Das Prozessverhältnis ist öffentlich-rechtlicher Natur. Da ein Prozessverhältnis nur zwischen zwei Parteien oder Beteiligten bestehen kann, liegt bei → Streitgenossenschaft eine Mehrheit von Prozessverhältnissen vor.

Prozessstandschaft
Die Prozessstandschaft ist die Befugnis, im eigenen Namen einen Prozess über ein fremdes Recht zu führen. Sie liegt also vor, wenn jemand die → Prozessführungsbefugnis, aber nicht die → Sachbefugnis hat. Es wird dann zB auf Leistung an eine andere Person geklagt. Man unterscheidet die gesetzliche Prozess-

standschaft (zB bei Rechtsnachfolge § 265 ZPO; § 2039 BGB) und die gewillkürte Prozessstandschaft (wenn die Prozessführungsbefugnis durch Rechtsgeschäft übertragen ist). Die gewillkürte Prozessstandschaft erfordert die Zustimmung des Rechtsträgers (→ Sachbefugnis) entspr. § 185 BGB und nach hM ein eigenes rechtsschutzwürdiges Interesse des Prozessstandschafters, das fremde Recht geltend zu machen; schutzwürdige Interessen des Beklagten dürfen außerdem nicht entgegenstehen (etwa darf sein Kostenerstattungsanspruch im Falle der Klageabweisung nicht vereitelt werden). Vollzieht sich die Änderung der Sachbefugnis im Lauf des Prozesses, kommt es also im Lauf des Prozesses zu einer Prozessstandschaft, so muss dem auch im Klageantrag Rechnung getragen werden (zB Umstellung der Klage auf Leistung an den Rechtsnachfolger, → Klageänderung). Die Rechtskraft einer gerichtlichen Entscheidung gegen den Prozessstandschafter erstreckt sich auch gegen den Sachbefugten (→ Rechtskrafterstreckung).

Prozessuale Lasten
→ Beweislast, → Substantiierung.

Prozessurteil
Ein Prozessurteil ist ein Urteil, durch das eine → Klage, ein → Rechtsmittel oder ein sonstiger → Rechtsbehelf als unzulässig abgewiesen oder verworfen wird, weil eine → Prozessvoraussetzung oder eine → Rechtszugvoraussetzung fehlt oder der Rechtsbehelf sonstwie unzulässig ist (zB bei Fristversäumung). Im Strafprozess lautet das Urteil im ersten Fall auf Einstellung des Verfahrens. Der Gegensatz zum Prozessurteil ist das → Sachurteil. Das Prozessurteil erwächst nur soweit in materielle → Rechtskraft, als über die (prozessualen) Zulässigkeitsvoraussetzungen entschieden ist.

Prozessvereinbarung
oder Prozessvertrag → Zuständigkeitsvereinbarung, → Beweislast, → Prozessvergleich, → Schiedsvereinbarung.

Prozessvergleich
Ein Prozessvergleich ist ein → Vergleich, der vor einem Gericht in einem Rechtsstreit zu dessen voller oder teilweiser Erledigung abgeschlossen wird. Er ist zugleich → Prozesshandlung und → Rechtsgeschäft (hM) und ist in das → Verhandlungsprotokoll aufzunehmen (§ 160 III Nr. 1 ZPO). Ein Prozessvergleich kann auch durch (schriftsätzliche) Annahme eines gerichtlichen Vergleichsvorschlages oder auf Grund eines schriftlichen Vergleichsvorschlags der Parteien, dessen Inhalt das Gericht durch Beschluss feststellt, geschlossen werden (§ 278 VI ZPO). Wird der → Streitgegenstand zum Teil erledigt, liegt ein Teilvergleich vor, wird er vorläufig erledigt, ein Zwischenvergleich. Der Prozessvergleich ist → Vollstreckungstitel (§ 794 I Nr. 1 ZPO); die → Vollstreckungsklausel wird vom → Urkundsbeamten der Geschäftsstelle erteilt. Der Prozessvergleich kann unter einer → Bedingung oder Vorbehalt des Widerrufs (bedingter Vergleich) geschlossen werden. Der Widerruf kann dann mangels abweichender Vereinbarung sowohl dem Vertragspartner als auch dem Gericht gegenüber erklärt werden. Ein Prozessvergleich ist im Rahmen des Verfügungsrechts der Parteien (→ Verfügungsgrundsatz) zulässig, insoweit auch außerhalb des Zivilprozesses im Verwaltungs- (§ 106 VwGO), Finanz- und Sozialstreitverfahren, in der → freiwilligen Gerichtsbarkeit und im → Privatklageverfahren. Über die Kosten → Kostenpflicht.

Prozessverschleppung
Im Zivilprozess und im → Verwaltungsstreitverfahren sind die Maßnahmen gegen Prozessverschleppung einer Partei bzw. eines Beteiligten wesentlich verschärft worden (→ Verteidigungsmittel). Im Strafprozess kann eine Beweiserhebung abgelehnt werden, wenn sie zum Zweck der Prozessverschleppung beantragt wird (§ 244 III 2 StPO, § 245 S. 1 StPO). Das ist der Fall, wenn der Antragsteller durch den Beweisantrag in Wirklichkeit nicht seine prozessuale Lage verbessern, sondern nur das Verfahren verzögern will. Dies muss aber unzweideutig feststehen. Die Aufklärungspflicht des Gerichts (§ 244 II StPO) darf durch die Ablehnung nicht verletzt werden. Der ablehnende Gerichtsbeschluss (§ 244 VI StPO) muss die Annahme der Verschleppungsabsicht im Einzelnen begründen; über die Anfechtung → Beweisantrag im Strafprozess. Im Verfahren der Sozialgerichtsbarkeit kann Prozessverschleppung zur Auferlegung von Mutwillenskosten führen (§ 192 SGG).

Prozessvertrag
→ Prozessvereinbarung.

Prozessvertretung
→ Anwaltsprozess, → Parteiprozess; sa → Postulationsfähigkeit.

Prozessvollmacht
Die Prozessvollmacht ist die auf → Prozesshandlung oder → Rechtsgeschäft beruhende Vertretungsmacht im Prozess. Sie ist nicht → Prozessvoraussetzung, sondern nur → Prozesshandlungsvoraussetzung. Die Erteilung einer Prozessvollmacht ist in allen Verfahrensordnungen geregelt (zB §§ 78–88 ZPO, § 67 VwGO, § 62 FGO, § 73 SGG, § 145a I StPO, §§ 378, 387 StPO, § 11 FamFG). Die Prozessvollmacht wirkt nach außen (Außenverhältnis) so, dass die vom → Prozessbevollmächtigten vorgenommenen Prozesshandlungen und Rechtsgeschäfte für und gegen den Vertretenen gelten. Im Verhältnis zwischen dem Vertretenen und dem Prozessbevollmächtigten (Innenverhältnis) liegt der Prozessvollmacht bei entgeltlicher Tätigkeit ein → Geschäftsbesorgungsvertrag, bei unentgeltlicher Tätigkeit ein → Auftrag zugrunde. Die Prozessvollmacht unterliegt praktisch (aus Nachweisgründen) der Schriftform (§ 80 ZPO, § 67 III VwGO,

§ 62 III FGO, § 73 II SGG, § 145a I StPO, §§ 378, 387 StPO).

Prozessvoraussetzungen
1. Prozessvoraussetzungen (Sachurteilsvoraussetzungen, Verfahrensvoraussetzungen) sind die Voraussetzungen, die vorliegen müssen, damit eine → Sachentscheidung ergehen kann (anders → Prozesshandlungsvoraussetzungen); sie sind nicht Voraussetzungen dafür, dass ein Rechtsstreit entsteht oder ein Verfahren anhängig wird und dass überhaupt eine Entscheidung ergehen kann. Prozessvoraussetzungen bestehen in jeder Verfahrensordnung; sie sind jedoch in den Gesetzen verstreut und unsystematisch geregelt. Die Prozessvoraussetzungen müssen vorliegen, damit die Klage oder der Antrag zulässig ist (für höhere Instanz → Rechtszugvoraussetzungen). Man unterscheidet: positive Prozessvoraussetzungen (solche, die vorhanden sein müssen) und negative (solche, die fehlen müssen, sog. Prozesshindernisse); allgemeine Prozessvoraussetzungen (für alle Klagen oder Anträge erforderliche) und besondere (nur für bestimmte oder bestimmte Arten von Klagen oder Anträgen erforderliche). Tatsachen, aus denen sich die Prozessvoraussetzungen ergeben, werden im → Freibeweis festgestellt. Fehlt eine Prozessvoraussetzung oder liegt ein Prozesshindernis vor, so ist die Klage (durch → Prozessurteil) abzuweisen, der Antrag zurückzuweisen, im Strafprozess das Verfahren einzustellen (§ 170 II StPO, §§ 206a, 260 III StPO).

2. Im Zivilprozess sind allgemeine Prozessvoraussetzungen: ordnungsgemäße → Klageerhebung, örtliche und sachliche → gerichtliche Zuständigkeit, deutsche → Gerichtsbarkeit, → Parteifähigkeit, → Prozessfähigkeit oder ordnungsgemäße → gesetzliche Vertretung, → Prozessführungsbefugnis, Fehlen entgegenstehender → Rechtskraft oder anderweitiger → Rechtshängigkeit, → Zulässigkeit des Rechtswegs, → Rechtsschutzbedürfnis, ggf. auch der vorherige Versuch einer → Schlichtung; bei entspr. Rüge das Fehlen einer → Schiedsklausel oder der nicht ausreichenden → Sicherheitsleistung für die Prozesskosten bei Klage einer ausländischen Partei (§§ 110ff. ZPO). Zu den besonderen Prozessvoraussetzungen gehören zB die Zulässigkeit der → Klageänderung und der → Widerklage, die Beweisbarkeit durch Urkunden im → Urkundenprozess oder das Bestehen eines besonderen → Feststellungsinteresses. Im Verwaltungs-, Finanz- und Sozialstreitverfahren sind die allgemeinen Prozessvoraussetzungen die gleichen wie im Zivilprozess; jedoch tritt an Stelle der Parteifähigkeit die Beteiligtenfähigkeit und es kommen hinzu: die Durchführung des → Vorverfahrens und als besondere Prozessvoraussetzung die → Klagefrist, die Klagebefugnis und die Statthaftigkeit der → Klageart.

3. Auch im Strafprozess sind die Prozessvoraussetzungen in jeder Lage des Verfahrens von Amts wegen zu berücksichtigen (mit Ausnahmen, vgl. § 16 StPO). Zu den Prozessvoraussetzungen zählen insbes. die Gerichtsbarkeit, die örtliche und sachliche Zuständigkeit, bei → Antragsdelikten das Vorliegen des Strafantrags. Prozesshindernisse sind im Strafverfahren insbes.: die Verjährung der Strafverfolgung, die Immunität, der Strafklageverbrauch, eine Amnestie. Stellt sich das Fehlen einer Prozessvoraussetzung oder ein Prozesshindernis im gerichtlichen Verfahren heraus, so ist, wenn der Mangel behebbar ist – zB der Strafantrag noch nachgeholt werden kann –, vorläufige Einstellung geboten (§ 205 StPO), andernfalls die endgültige, die außerhalb der Hauptverhandlung durch Beschluss, in dieser durch Urteil ergeht (§§ 206a, 260 III StPO).

Prozesszinsen
→ Zinsschuld.

Prüfbescheinigung
→ Fahrräder mit Hilfsmotor.

Prüffall
→ Verfassungsschutz, 3.

Prüfplakette
→ Überwachung von Kfz.

Prüfstelle
auch Kontroll- oder → Überwachungsstelle.

Prüfungsbericht
→ Abschlussprüfer.

Prüfungsentscheidungen
Prüfungsentscheidungen in Schulen, Hochschulen usw sind → Verwaltungsakte, die der Anfechtung durch Klage im → Verwaltungsstreitverfahren unterliegen (das gilt nicht zB für bloße Zwischenentscheidungen ohne nachhaltige Bedeutung). Die Bewertung von Prüfungsleistungen muss im Gesamtzusammenhang des Prüfungsverfahrens getroffen werden und lässt sich daher nicht ohne weiteres in einem Verwaltungsstreitverfahren nachvollziehen. Daraus ergibt sich ein prüfungsrechtlicher Bewertungsspielraum, der gerichtlicher Kontrolle entzogen ist. Dieser Bewertungsspielraum erstreckt sich jedoch nur auf die prüfungsspezifischen Wertungen, nicht aber auf alle fachlichen Fragen, die den Gegenstand der Prüfung bilden. Der Bewertungsspielraum ist überschritten, wenn die Prüfungsorgane Verfahrensfehler begehen, anzuwendendes Recht verkennen, von einem unrichtigen Sachverhalt ausgehen, allgemeingültige Bewertungsmaßstäbe verletzen oder sich von sachfremden Erwägungen leiten lassen. Als allgemeingültiger Bewertungsgrundsatz ist auch anzusehen, dass eine vertretbare und mit gewichtigen Argumenten folgerichtig begründete Lösung nicht als falsch gewertet werden darf (BVerfG NJW 1991, 2005).

Prüfungsrecht, richterliches
→ richterliches Prüfungsrecht.

Prüfungstermin
→ Insolvenzverfahren (4b).

Prüfungsverband
Ein Prüfungsverband (genossenschaftlicher) ist ein eingetragener Verein, dessen Aufgabe darin besteht, die wirtschaftlichen Verhältnisse und die Geschäftsführung der ihm als Mitglieder angehörenden → Genossenschaften zu prüfen und ihre gemeinsamen Interessen wahrzunehmen. Aufgaben und Verfassung der Prüfungsverbände sind in den §§ 53–64c GenG geregelt.

Prüfzeichen
sind idR Zeichen, die bestätigen, dass ein Produkt die technischen Anforderungen erfüllt, um in den Verkehr gebracht zu werden (zB GS-Zeichen). S. → Geräte- und Produktsicherheitsrecht, → Konformitätszeichen, → Messgeräte, → technische Arbeitsmittel.

Pseudonym
→ Namensrecht.

Pseudonyme Werke
Da ein → Urheber nicht verpflichtet ist, das von ihm geschaffene Werk unter seinem richtigen Namen zu veröffentlichen, hat er auch die Möglichkeit, dies unter einem → Pseudonym zu tun. Die aus dem → Urheberrecht folgenden Rechte stehen ihm gleichwohl zu. Besonderheiten bestehen allerdings hinsichtlich der Schutzdauer, die gem. § 64 UrhG grds. an den Tod des Urhebers anknüpft: Da der Urheber bei pseudonymen Werken (ähnlich wie bei → anonymen Werken) nicht nach außen hin ohne Weiteres erkennbar auftritt, richtet sich die Schutzdauer gem. § 66 Abs. 1 UrhG nach der Veröffentlichung bzw. Schaffung des Werkes.

Pseudonymisierung
Pseudonymisierung im → Datenschutz ist das Verändern → personenbezogener Daten, so dass sie ohne Hinzuziehung zusätzlicher Informationen nicht mehr einer natürlichen Person (→ betroffene Person) zugeordnet werden können. Sie setzt voraus, dass die zusätzlichen Informationen zur Auflösung des Pseudonyms gesondert aufbewahrt werden. Die → Datenschutz-Grundverordnung definiert die Pseudonymisierung in Art. 4 Nr. 5 DS-GVO, kennt jedoch keine Pflicht zur Pseudonymisierung. Gleichwohl kann ua aus dem Grundsatz der Datenminimierung (Art. 5 Abs. 1 lit. c DS-GVO) ein Gebot zur Pseudonymisierung abgeleitet werden, um die Rechte und Freiheiten der betroffene Person zu schonen oder das Risiko einer Verarbeitung zu minimieren → Datenschutz-Folgenabschätzung). Statistische oder wissenschaftliche Datenverarbeitungen sind verbreitete Anwendungsfälle der pseudonymisierten Verarbeitung, als auch die Matrikelnummer im Ausbildungsbereich bei der Veröffentlichung von Prüfungsergebnissen. Pseudonymisierung ist nicht mit der → Anonymisierung zu verwechseln.

Psychiatrische Verfügung
→ Patientenverfügung.

Psychiatrisches Krankenhaus
Unterbringung in – → Maßregeln der Besserung und Sicherung (1); → Beobachtung in – s. dort.

Psychosozialer Prozessbegleiter
→ Opferschutz.

Psychotherapeut
Die heilkundliche Psychotherapie unter der Berufsbezeichnung Psychotherapeut und die heilkundliche Kinder- und Jugendlichenpsychotherapie unter der Berufsbezeichnung Kinder- und Jugendlichen-Psychotherapeut bedarf der → Approbation gemäß § 2 Gesetz über die Berufe des Psychologischen Psychotherapeuten und des Kinder- und Jugendlichenpsychotherapeuten (PsychThG) v. 16.6.1998 (BGBl. 1998 I 1311) mÄnd. Nach § 1 ist die Berufsbezeichnung Ärzten und Psychotherapeuten vorbehalten. Nicht zur Psychotherapie in diesem Sinne gehören psychologische Tätigkeiten, die die Aufarbeitung und Überwindung sozialer Konflikte oder sonstiger Zwecke außerhalb der Heilkunde zum Gegenstand haben, § 1 II PsychThG idF ab 1.9.2020. Die Approbation als Psychotherapeut erfordert eine 3- (Vollzeit) bis 5-jährige (Teilzeit-)Ausbildung an einer anerkannten Ausbildungsstätte, und das Bestehen einer staatlichen Prüfung. Zur Ausbildung zugelassen wird nur, wer ein einschlägiges Studium an einer Hochschule erfolgreich abgeschlossen hat (§§ 2 ff. PsychThG). Derzeit als Psychotherapeut tätige haben weitgehend Bestandsschutz gemäß § 12 PsychThG. Weitere Einzelheiten sind in der Approbationsordnung für Psychotherapeutinnen und Psychotherapeuten geregelt. Zur Gebührenordnung für Psychotherapeuten s. VO v. 8.6.2000 (BGBl. 2000 I 818) m. spät. Änd. Die Zulassung von Psychotherapeuten zur vertragsärztlichen Versorgung ist in § 95 XIII SGB V geregelt.

Psychotherapeutische Behandlung
gehört zu den Leistungen der gesetzlichen → Krankenversicherung im Rahmen der → Krankenbehandlung. Durchgeführt wird die Behandlung durch Psychologische → Psychotherapeuten und Kinder- und Jugendtherapeuten, die zur psychotherapeutischen Behandlung zugelassen sind sowie durch Vertragsärzte (→ Kassenärzte, § 28 III SGB V). Vor Beginn der Behandlung ist ein entsprechender Arztbericht zur Abklärung einer somatischen Erkrankung einzuholen.

Public Private Partnership
(PPP) ist ein Vertrag zwischen der öffentlichen Hand (Bund, Länder usw) und einem oder mehreren Auftragnehmern zur Errichtung eines bestimmten Projekts (zB Neubau einer Autobahn). Die vertragliche Ausgestaltung (insbes. Risikoverteilung, Schadensersatz, Vertragsstrafe u. a.) ist – abgesehen von der Einhaltung des → Vergaberechts (→ Konzession) – je nach den Umständen unterschiedlich (zB gesellschaftsähnliche Struktur, Regelung des

Eigentumsübergangs auf den Auftraggeber, der Finanzierung usw). Sa → Privatisierung. Zur Förderung öffentlich-privater Partnerschaften wurden durch das G zur Beschleunigung der Umsetzung von Öffentlich-Privaten Partnerschaften und zur Verbesserung gesetzlicher Rahmenbedingungen für Öffentlich-Private Partnerschaften (ÖPP-BeschleunigungsG) v. 1.9.2005 (BGBl. 2005 I 2676) verschiedene Vorschriften des Vergaberechts, der Bundeshaushaltsordnung und des Fernstraßenbauprivatfinanzierungsgesetzes (→ Maut) gelockert.

Public viewing
Als public viewing bezeichnet man die öffentliche Live-Übertragung von Sportveranstaltungen, etwa bei Fußball-Welt- und Europameisterschaften. Solche Veranstaltungsorte sind nach § 23 BImSchG nicht genehmigungsbedürftige Anlagen und unterliegen wegen der von ihnen ausgehenden Lärmbelästigung der 18. DVO zum BImSchG (SportanlagenlärmschutzVO, → Lärmbekämpfung) v. 18.7.1991 (BGBl. 1991 I 1588, 1790). Besonderheiten werden häufig ad hoc geregelt, etwa durch die VO über den Lärmschutz bei öffentlichen Fernsehdarbietungen im Freien über die Fußball-Weltmeisterschaft 2022 v. 2.11.2022, BAnz AT 8.11.2022 V2.

Publikation des Strafurteils
→ Bekanntgabe der Verurteilung.

Publikation von Gesetzen usw
→ Verkündung von Rechtsvorschriften, → Gesetzgebungsverfahren.

Publikumsgesellschaft
→ Kommanditgesellschaft (2); sa → Verlustzuweisungsgesellschaft.

Publizistischer Landesverrat
→ Landesverrat.

Publizität
→ Handelsregister, → Güterrechtsregister, → Vereinsregister; sa → Rechnungslegung von Unternehmen und Konzernen.

Publizitätsprinzip
→ Sachenrecht.

Pufendorf, Samuel von –
(1632 bis 1694), Historiker und Jurist, gehörte zu den führenden Verfechtern der Lehre vom → Naturrecht. Er entwickelte die von → Grotius begründete Lehre weiter und verselbständigte insbes. die Grundlage des Naturrechts, das er von einem natürlichen Sittengesetz ableitete; systematisch ergab sich dadurch eine gedankliche Trennung der Rechtswissenschaft von ihrer bis dahin meist betonten theologischen Grundlage. Seine Auffassung über die Rechtsnatur der Staatenbildung basierte auf einer Vertragstheorie (Staat als vertragliche Gründung eines Schutzverbandes).

Pufferstaat
wird ein Staat genannt, der geographisch zwischen zwei oder mehreren Machtblöcken liegt und dessen Gründung oder Anerkennung (→ Anerkennung von Staaten) oft von der Absicht getragen ist, die beiden Machtblöcke geographisch voneinander zu trennen, um die Möglichkeit ihres unmittelbaren Aufeinanderprallens zu verringern.

punitive damages
→ Internationales Privatrecht (2e).

Punktation
Selbst wenn bei Verhandlungen über einen → Vertrag einzelne Punkte bereits schriftlich niedergelegt sind (Punktation), ist der Vertrag im Zweifel so lange nicht abgeschlossen, wie auch nur über eine Bestimmung des Vertrags unterschiedliche Auffassungen herrschen (sog. offener → Dissens, § 154 BGB).

Punktesystem
ist die umgangssprachliche Bezeichnung für das → Fahreignungs-Bewertungssystem.

Put
Put (vom Engl.: weggeben) ist eine → Option auf den Verkauf bestimmter Vermögens-(Unternehmens-)anteile innerhalb einer bestimmten Frist zu einem vorher vereinbarten Preis.

Putativdelikt
→ Wahndelikt.

Putativnotstand
→ Notstand (1b).

Putativnotwehr
→ Notwehr (1c).

PVV
→ Positive Vertragsverletzung (pVV).

Q

Quälen von Jugendlichen oder Wehrlosen
→ Obhutspflicht, Verletzung der –.

Quälen von Tieren
→ Tierschutz.

Qualifikation
→ Internationales Privatrecht (2).

Qualifikationsrichtlinie
Qualifikationsrichtlinie ist die Kurzbezeichnung für die Richtlinie 2011/95/EU der → Europäischen Union v. 13.12.2011 über Normen für die Anerkennung von Drittstaatsangehörigen und Staatenlosen als Personen mit internationalem Schutz, für einen einheitlichen Status für → Flüchtlinge oder für Personen mit Anrecht auf subsidiären Schutz und für den Inhalt des zu gewährenden Schutzes. Die Richtlinie dient der Ausfüllung und Konkretisierung des nach Art. 78 → AEUV für die EU bindenden Genfer Abkommens über die Rechtsstellung der Flüchtlinge und das Protokoll hierzu (→ Flüchtlinge, 1). In der Qualifikationsrichtlinie wird im Einzelnen definiert, von welchen Akteuren Verfolgung ausgehen kann und wer Schutz bieten kann; ferner werden die Arten der Verfolgungshandlungen und der Verfolgungsgründe konkretisiert. Für Deutschland wurde die Qualifikationsrichtlinie durch Gesetz v. 28.8.2013 unter Änderung des damaligen Asylverfahrensgesetzes (jetzt Asylgesetz, dort insbes. §§ 3a–3e AsylG sa → Flüchtlinge, 2, und → Asylgesetz, 1) umgesetzt.

Qualifikationstatbestand
Ein Qualifikationstatbestand (kurz: Qualifikation) ist eine im Gesetz enthaltene selbständige Abwandlung eines Straftatbestands (sog. Grundtatbestand), der unter Hinzufügen eines zusätzlichen Tatbestandsmerkmals mit einer zwingend anzuwendenden schärferen Strafdrohung ausgestattetet wird. Ein Beispiel bildet der Tatbestand des schweren Raubs (§ 250 StGB, zB bei Einsatz von Waffen) gegenüber dem Raub (§ 249 StGB). Eine Sonderform bilden die → erfolgsqualifizierten Delikte, bei denen der Täter hinsichtlich des zusätzlichen Tatbestandsmerkmals nicht vorsätzlich (→ Vorsatz) handeln muss, sondern → Fahrlässigkeit genügt. Das Gegenstück zu den Qualifikationstatbeständen bilden die allerdings deutlich selteneren → Privilegierungstatbestände (kurz: Privilegierungen), bei denen beim Vorliegen eines zusätzlichen Merkmals eine gegenüber dem Grundtatbestand mildere Strafdrohung eingreift. Als selbständige Abwandlung bildet ein Qualifikations- wie ein Privilegierungstatbestand gegenüber dem Grunddelikt jeweils einen selbständigen Straftatbestand (→ Straftat). Sie sind in dieser Beziehung von den in vielen Straftatbeständen vorgesehenen besonders schweren bzw. minder schweren Fällen (sog. unbenannte Strafschärfungs- und Strafmilderungsvorschriften sowie → Regelbeispiele als benannte Strafschärfungsvorschriften) zu unterscheiden, die nur Regeln für die → Strafzumessung enthalten, ohne den tatbestandlichen Charakter zu ändern. Entsprechend werden bei der Tenorierung eines Strafurteils Qualifikationen wie Privilegierungen in den Schuldspruch aufgenommen (es wird also zB wegen „schweren Raubs" schuldig gesprochen), nicht dagegen unbenannte Strafänderungen, die das Gericht angewandt hat. Anders als letztere sind die durch Qualifikationen wie Privilegierungen vorgegebenen Strafrahmen zudem bei der Einteilung der Straftatbestände in → Vergehen und → Verbrechen zu berücksichtigen (§ 12 III StGB).

Qualifizierte Mehrheit
→ Abstimmung.

Qualifizierte Schriftformklausel
→ Form (1a).

Qualifizierter Bebauungsplan
→ Bauleitpläne.

Qualifizierter Mietspiegel
Ein Qualifizierter Mietspiegel ist ein → Mietspiegel, der nach anerkannten wissenschaftlichen Grundsätzen erstellt und von der Gemeinde oder von Interessenvertretern der Vermieter und der Mieter gemeinsam anerkannt worden ist, § 558d BGB. Er ist im Abstand von 2 Jahren der Marktentwicklung anzupassen. Sa → Wohnraummietvertrag (2). Zu den am 24.6.2021 beschlossenen Neuerungen → Mietspiegelreformgesetz.

Qualifiziertes Geständnis
→ Geständnis.

Qualifizierungsgeld
Bei dem sog. „Qualifizierungsgeld" handelt es sich um eine zum 1.4.2024 neu eingeführte Leistung, die es Betrieben im Strukturwandel ermöglichen soll, die Belegschaft entsprechend zu qualifizieren (G v. 17.7.2023 BGBl. 2023 I 191 mÄnd) und so eine zukunftsfähige Belegschaft zu erhalten und den Abbau von Arbeitsplätzen zu vermeiden. Der strukturwandelbedingte Qualifizierungsbedarf eines erheblichen Teils der Belegschaft ist Voraussetzung für die Förderung, ebenso wie die Finanzierung der Qualifizierung durch den Arbeitgeber. Das Qualifizierungsgeld ist als eine Ermessensleistung der Agentur für Arbeit bestimmt, worauf es keinen Rechtsanspruch gibt. Die Höhe des Qulifizierungsgeldes und die konkrete Durchführung sind stark an die Regelungen zum → Kurzarbeitergeld angelehnt (ua ist das Erfüllen von betrieblichen und persönlichen Voraussetzungen erforderlich, weiter muss es sich um eine zugelassene Maßnahme von mindes-

tens 120 Stunden Dauer handeln). Das Qualifizierungsgeld beträgt 60% bzw. 67% (erhöhter Leistungssatz) des durch die Maßnahmeteilnahme entfallenden Nettoentgelts. Während der Qualifizierung erzieltes Nebeneinkommen ist oberhalb eines Freibetrags (165 EUR ensprechend der Releung zum Arbeitslosengeld; bzw. 30% des erzielten Nebeneinkommens aus selbstständiger Nebentätigkeit) anzurechnen. Verpflichtend durchzuführende Schulungsmaßnahmen sind von der Förderung ausgeschlossen. Ab Ausspruch einer Kündigung entfällt der Qualifizierungsgeldanspruch. Die Berechnung, Auszahlung und Erstattung des Qualifizierungsgeldes erfolgt durch die Arbeitgeber.

Qualitätsmangel
→ Gewährleistung (1b).

Qualitätsnormen (Agrar- und Lebensmittelrecht)
Qualitätsnormen im Agrar- und Lebensmittelrecht sind Vorschriften, mit denen die Qualität landwirtschaftlicher Erzeugnisse gesichert und vor allem deutlich gemacht werden soll. Sie dienen der Unterscheidung der Erzeugnisse und damit der Information der Verbraucher. Zu den Qualitätsnormen in diesem Sinne gehören → Handelsklassen, → Vermarktungsnormen sowie → geschützte geografische Angaben und → geschützte Ursprungsbezeichnungen.

Quarantäne
Nach § 30 I 2 → Infektionsschutzgesetz (IfSG) kann die zuständige → Gesundheitsbehörde anordnen, dass an einer Infektionskrankheit Erkrankte, Krankheitsverdächtige, Ansteckungsverdächtige oder Ausscheider in einem Krankenhaus oder in sonst geeigneter Weise (zB in der eigenen Wohnung) abgesondert werden (Quarantäne). Kommt der Betroffene den seine Absonderung betreffenden Anordnungen nicht nach oder ist nach seinem bisherigen Verhalten anzunehmen, dass er solchen Anordnungen nicht ausreichend Folge leisten wird, so ist er zwangsweise durch Unterbringung in einem abgeschlossenen Krankenhaus oder einem abgeschlossenen Teil eines Krankenhauses abzusondern (§ 30 II 1 IfSG). Ansteckungsverdächtige oder Ausscheider können auch in einer anderen geeigneten Einrichtung abgesondert werden. Das Verfahren richtet sich nach §§ 415 ff. FamFG (§ 30 II 4 IfSG), so dass über die zwangsweise Unterbringung zwingend ein Richter zu entscheiden hat (Art. 104 GG). Sa → Anstaltsunterbringung (3) und → Zwangsbehandlung (1). Ferner bestand während der → COVID-19-Pandemie eine Quarantänepflicht bei der Einreise aus bestimmten Gebieten (→ Einreise, 3).

Quasidelikt
Der Begriff des Quasidelikts entstammt dem römischen Recht. Zu verstehen ist darunter ein Rechtsinstitut, das eine Haftung aus Delikt (→ unerlaubte Handlung) wegen deliktsähnlichem Verhalten begründete, auch wenn es an einem eigenen unmittelbaren Verschulden einer Person fehlte (zB Haftung des Eigentümers eines Gebäudes für durch dieses verursachte Schäden). S. → Gefährdungshaftung.

Quasikontrakt
Unter dem Begriff des Quasikontrakts, der dem römischen Recht entstammt, ist eine rechtsgeschäftliche Haftung zu verstehen, die auf Grund vertragsähnlicher Verpflichtung begründet werden konnte. Der wichtigste Quasikontrakt war die → Geschäftsführung ohne Auftrag.

Quasinegatorischer Unterlassungsanspruch
→ Unterlassungsanspruch.

Quellensteuern
→ Abzugsteuern.

Quellen-Telekommunikationsüberwachung
(Quellen-TKÜ, § 100a I 2, 3 StPO) → Telekommunikationsüberwachung 1.

Querschnittsklausel
oder Integrationsprinzip. Die Querschnittsklausel verlangt gem. Art. 11 AEUV, dass die Erfordernisse des → Umweltschutzes bei der Festlegung und Durchführung der Gemeinschaftspolitiken (zB → Gemeinsame Agrarpolitik) einbezogen werden müssen.

Quickvermittlung
Umgangssprachliche Bezeichnung für die durch das Erste Gesetz für moderne Dienstleistungen am Arbeitsmarkt (→ Hartz-Gesetze) eingeführte Verpflichtung von Arbeitnehmern zum frühzeitigen Tätigwerden bei bevorstehender Arbeitslosigkeit.

Seit dem 1.1.2009 ist diese Verpflichtung in der Weise geregelt, dass Personen, deren Arbeits- oder Ausbildungsverhältnis endet, sich spätestens 3 Monate vor dessen Ende persönlich bei der Agentur für Arbeit arbeitsuchend zu melden haben. Liegen zwischen der Kenntnis vom Beendigungszeitpunkt und der Beendigung des Arbeits- oder Ausbildungsverhältnisses weniger als 3 Monate, hat die Meldung innerhalb von 3 Tagen nach Kenntnis des Beendigungszeitpunktes zu erfolgen. Die Meldepflicht besteht nicht bei der Beendigung eines betrieblichen Ausbildungsverhältnisses (§ 38 I SGB III). Die 3-Tage-Frist bezieht sich nicht auf Kalendertage, sondern auf Tage an denen die Agentur für Arbeit dienstbereit ist.

Arbeitgeber sind in diesem Zusammenhang verpflichtet, Arbeitnehmer frühzeitig vor der Beendigung des Arbeitsverhältnisses über die Notwendigkeit eigener Aktivitäten bei der Suche nach einer anderen Beschäftigung sowie über die Verpflichtung zur unverzüglichen Meldung bei der zuständigen → Agentur für Arbeit zu informieren; darüber hinaus sind sie verpflichtet, Arbeitnehmer für die Meldung bei der Agentur für Arbeit freizustellen und ihnen die Teilnahme an erforderlichen Qualifizierungsmaßnahmen zu ermöglichen (§ 2 II Nr. 3 SGB III). Diese Informationspflicht des Arbeitgebers „ersetzt“ insoweit die Verpflichtung der Agentur für Arbeit hinsichtlich der entsprechenden Belehrungspflicht (→ Aufklärungspflicht der Verwaltungsbehörden, → Aufklärungspflicht über Sozialleistungen).

Quittung
ist ein schriftliches Empfangsbekenntnis des → Gläubigers, die → Leistung des → Schuldners als → Erfüllung erhalten zu haben. Um dem Schuldner den ihm obliegenden Beweis der Erfüllung zu ermöglichen, hat er auf die Erteilung einer Quittung einen Rechtsanspruch, § 368 S. 1 BGB. Er hat regelmäßig die Kosten der Quittung zu tragen, § 369 BGB. Hat der Schuldner ein rechtliches Interesse daran, dass die Quittung in anderer Form erbracht wird, so kann er die Erteilung in dieser Form verlangen (§ 368 S. 2 BGB, sa → löschungsfähige Quittung). Die Quittung ist ein Beweismittel für die Annahmeerklärung des Gläubigers. Der Überbringer einer Quittung gilt gegenüber dem Schuldner als ermächtigt, die Leistung zu empfangen, sofern nicht die äußeren, dem Schuldner bekannten Umstände entgegenstehen, § 370 BGB. Die Leistung an den Überbringer einer echten Quittung befreit daher regelmäßig den Schuldner, auch wenn der Überbringer nicht einziehungsberechtigt ist; die Gefahr der Leistung auf eine gefälschte Quittung trifft allerdings nach wie vor den Schuldner. Sa → Schuldschein.

Quittungsüberbringer
→ Quittung.

Quorum
Der Begriff des Quorums bezeichnet die Mindestzahl der Abstimmungsberechtigten, die bei einer Abstimmung entweder teilnehmen oder der Abstimmungsfrage zustimmen müssen, um einen Beschluss in der Abstimmungsfrage wirksam werden zu lassen. Das Quorum tritt als zusätzliches Erfordernis neben das der (einfachen) Mehrheit für die Abstimmungsfrage. Der Begriff wird für Abstimmungen in Gremien oder Parlamenten ebenso verwendet wie für → Volksabstimmungen und → Bürgerentscheide.

Quotenaktie
→ Aktie.

Quotenexzedentenrückversicherung
→ Rückversicherung.

Quotenregelung
Allgemein versteht man hierunter, dass eine prozentual festgelegte Anzahl (Quote) der in einem bestimmten Bereich zu vergebenden Funktionen nicht nach allg. Kriterien, sondern bevorzugt an die Angehörigen einer bestimmten Gruppe vergeben wird. IeS besagt Quotenregelung, dass in Parteien, Verbänden oder im öffentl. Dienst ein bestimmter Anteil der satzungsmäßigen Mitglieder der Organe, der zur Verfügung stehenden Funktionen oder Stellen mit den Angehörigen eines Geschlechts, insbes. Frauen (Frauenquote), besetzt sein muss. Quotenregelung im öffentl. Dienst stehen im Widerspruch zum Leistungsgrundsatz und sind deshalb mit den hergebrachten Grundsätzen des → Berufsbeamtentums, jedenfalls vor der → Föderalismusreform (Art. 33 V GG), nicht vereinbar. Im Arbeitsrecht steht die sog. EG-Gleichbehandlungsrichtlinie einer Quotenregelung entgegen; wenn die Auswahlkriterien nicht absolut sind, kann jedoch eine Bevorzugung von Frauen zulässig sein (s. → Gleichberechtigung, → Gleichbehandlung, 2). Differenzierter sind Quotenregelungen im Bereich der Verbände und der polit. Parteien zu sehen (so sind zB in der SPD nach einem Stufenplan 40 % der Mitglieder der Vorstandschaften jeweils einem Geschlecht vorbehalten). Einerseits wird hierdurch die Gleichstellung von Mann und Frau gefördert (Art. 3 II und III GG), andererseits werden diejenigen wegen ihres Geschlechts benachteiligt, die ohne Quotenregelung die von ihnen angestrebten Positionen erlangt hätten. Im Bereich der polit. Parteien könnte zudem zweifelhaft sein, ob die Quotenregelung dem Demokratiegebot für die innere Ordnung der Parteien entspricht (Art. 21 I GG). Die Rechtmäßigkeit einer Quotenregelung hängt maßgeblich von ihrer Ausgestaltung im Einzelfall ab. In Aufsichtsräten börsennotierter und mitbestimmter Aktiengesellschaften müssen jeweils mindestens 30thinsp;% der Mitglieder Männer und Frauen sein (§ 96 II AktG); Entsprechendes gilt gem. § 52 II GmbHG für Aufsichtsräte mitbestimmter Gesellschaften mit beschränkter Haftung.

Quotenrückversicherung
→ Rückversicherung.

Quotenschaden
→ Gesellschaft mit beschränkter Haftung (4).

Quotenvermächtnis
ist ein → Vermächtnis, das summenmäßig dem Wert des Erbteils bei der gesetzlichen → Erbfolge entspricht.

Quotenvorrecht
→ Vorteilsausgleichung.

R

Rabatt
ist ein Nachlass auf den allgemein verlangten Verkaufspreis oder Werklohn; er wird in Form eines prozentualen Abzugs oder eines Sonderpreises gewährt. Die bisherigen Beschränkungen einer Rabattgewährung sind im Interesse des internationalen Handels ersatzlos aufgehoben worden (Gesetz v. 23.7.2001, BGBl. 2001 I 1663). Im Einzelfall kann jedoch → unlauterer Wettbewerb (Verstoß gegen die Preiswahrheit und -klarheit, → Preisangaben) oder ein unzulässiges → Kartell vorliegen.

Rabattfreibetrag
Der Arbeitgeber kann den Arbeitnehmern durch unentgeltlichen oder verbilligten Bezug von Waren und Dienstleistungen sowie sonstigen Leistungen des Betriebs Preisvorteile einräumen (sog. Belegschafts- oder Personalrabatte). Beispiele: Jahreswagen, Personalwohnung im Hotel. Der hierin liegende Vorteil ist grundsätzlich steuerpflichtiger Arbeitslohn, von dem ab 1.1.2004 ein Rabattfreibetrag von 1080 EUR je Kalenderjahr und Dienstverhältnis steuerfrei bleibt (§ 8 III 2 EStG). Außerdem wird ein Wertabschlag von 4 vH gewährt (§ 8 III 1 EStG). Arbeitnehmer, die im selben Kalenderjahr nacheinander oder nebeneinander in mehreren Dienstverhältnissen stehen, können diese Steuervergünstigung mehrfach in Anspruch nehmen. Bei der → Lohnsteuerpauschalierung nach § 40 I EStG entfällt der Rabattfreibetrag; → Freibetrag.

race to the bottom, race of laxity
→ Wettbewerb der Rechtsordnungen.

Radarwarngerät
Der Führer eines Kfz darf ein Radarwarngerät nicht betreiben oder betriebsbereit mitführen (§ 23 I b StVO). Zuwiderhandlung ist mit Geldbuße bedroht. Dies gilt auch für andere Geräte zur Anzeige oder Störung von Verkehrsüberwachungsmaßnahmen, insbes. von Geschwindigkeitsmessungen, wie Laserstörgeräte. Zivilrechtlich ist ein Kaufvertrag über ein Radarwarngerät wegen Verstoßes gegen die guten Sitten (→ Sittenwidrigkeit) nichtig (BGH NJW 2005, 1490).

Radbruch, Gustav
(1878–1949), deutscher Rechtslehrer mit besonderem Einfluss auf dem Gebiet der Rechtsphilosophie; zeitweise Reichsjustizminister. Er setzte sich vor allem für eine Strafrechtsreform unter Gesichtspunkten einer modernen Dogmatik ein, die sich im Anschluss an die Lehren Fr. v. Liszts gegen den Vergeltungsgedanken wendet und den → Strafzweck vorwiegend in der Erziehung und Besserung des Täters sieht. → Radbruch'sche Formel.

Radbruch'sche Formel
→ Radbruch prägte unter dem Eindruck der NS-Verbrechen 1946 die nach ihm benannte Formel, dass das positive Recht (sa → Rechtspositivismus) dann als Unrecht anzusehen ist, wenn der Widerspruch des Gesetzes zur Gerechtigkeit ein so unerträgliches Maß erreicht hat, dass das Gesetz der Gerechtigkeit weichen muss. Sie hat angesichts der in der DDR begangenen SED-Unrechtstaten (insbes. Todesschüsse an der Mauer, → Schießbefehl) wieder Bedeutung erlangt.

Radfahrer
Im Straßenverkehr unterliegen Radfahrer den allgemeinen Vorschriften für Fahrzeugführer (→ Ausweichen, → Fahrgeschwindigkeit, → Überholen, → Richtungsänderung). Sie müssen grundsätzlich die → Fahrbahn benutzen, ggf. → Radwege und rechte Seitenstreifen, wenn sie Fußgänger nicht behindern. Sie haben möglichst weit rechts zu fahren. Mit Fahrrädern darf nebeneinander gefahren werden, wenn dadurch der Verkehr nicht behindert wird; anderenfalls muss einzeln hintereinander gefahren werden (§ 2 IV 1 StVO). Kinder bis zu 8 Jahren müssen Gehwege benutzen; bis zu 10 Jahren dürfen sie dies tun (§ 2 V 1 StVO). Radfahrer dürfen nicht freihändig und ohne Pedalbenutzung fahren (§ 23 III 2, 3 StVO). Autobahnen und Kraftfahrstraßen sind für Radfahrer gesperrt (§ 18 StVO), ebenso Reit- und Fußwege. Auf Fahrrädern und in Anhängern hinter Fahrrädern dürfen Kinder bis zum vollendeten 7. Lebensjahr von mindestens 16 Jahre alten Personen unter Vorsichtsmaßnahmen mitgenommen werden (§ 21 III 2 StVO). Unabhängig vom Alter der beförderten Person ist eine Mitnahme durch mindestens 16 Jahre alte Fahrer zulässig, wenn das Fahrrad auch zur Personenbeförderung gebaut und eingerichtet ist (§ 21 III 1 StVO); zur Beförderung von Personen s. → Fahrradtaxi. S. ferner → Fahrradstraßen, → Verbände (geschlossene) im Straßenverkehr, → Beleuchtung (1b), → Fahrräder mit Hilfsmotor und über das Anbringen einer Glocke § 64a StVZO.

Radikale
Radikale ist eine andere allgemeinsprachliche Bezeichnung für → Extremisten (→ Extremismus). Üblicherweise werden damit Personen bezeichnet, die sich politisch gegen die → Freiheitliche demokratische Grundordnung stellen. Sa → Radikale im öffentlichen Dienst.

Radikale im öffentlichen Dienst
1. Öffentliche Bedienstete und insbesondere → Beamte unterliegen hinsichtlich ihrer politischen Betätigung weitergehenden Restriktionen als Staatsbürger im Übrigen.

2. Die Anforderungen an die Verfassungstreue von öffentlichen Bediensteten ergeben

sich aus dem Beschluss des BVerfG v. 22.5.1975 (NJW 1975, 1640). Danach ist die Forderung nach aktivem Einsatz des Beamten für die → Freiheitliche demokratische Grundordnung und nach besonderer politischer Treue ein in Art. 33 V GG verfassungsrechtlich gewährleisteter Grundsatz des → Berufsbeamtentums. Dieser schränkt im Rahmen der Funktionserfordernisse des Staates das Grundrecht der → Meinungsfreiheit des Beamten ein und geht dem sog. Parteienprivileg (→ Parteien, Verfassungswidrigkeit) vor. Zur Konkretisierung heranzuziehen sind vor allem §§ 33 und 34 BeamtStG, §§ 60 und 61 BBG sowie die entsprechenden Vorschriften der Landesbeamtengesetze; sa → Beamtenrecht. Verfassungsprinzipien, die der Beamte aktiv zu vertreten hat, sind nach der Rechtsprechung des BVerfG und des BVerwG vor allem die Freiheitlichkeit der Staatsordnung unter Ausschluss jeder Gewalt- und Willkürherrschaft, die → Rechtsstaatlichkeit auf der Grundlage des Mehrheitswillens und der Prinzipien von Freiheit und Gleichheit, vor allem auch die Wirkungsmöglichkeit einer Opposition, das Mehrheitsprinzip und die Chancengleichheit für alle politischen Parteien, die Prinzipien der → Gewaltenteilung, der → Gesetzmäßigkeit der Verwaltung und der Unabhängigkeit der Gerichte (→ Unabhängigkeit des Richters), die Achtung der → Grundrechte einschließlich des Eigentums und der persönlichen Wirtschaftsfreiheit (Art. 14, 12, 2 I GG) für jedermann.

3. Betätigt sich ein Soldat in einer oder für eine politische Partei, deren politische Zielsetzung mit der verfassungsmäßigen Ordnung unvereinbar ist, verletzt er die politische Treuepflicht gem. § 8 SG, die ihm ein aktives Eintreten für die freiheitliche demokratische Grundordnung gebietet. Das für die Feststellung einer derartigen Pflichtverletzung erforderliche Minimum an Gewicht und Evidenz eines solchen Verstoßes steht außer Zweifel, wenn sich ein Soldat über mehrere Jahre in Führungspositionen, als Kandidat bei Bundes- und Landtagswahlen sowie durch Reden und andere Publikationen für eine Partei mit verfassungsfeindlicher Zielsetzung eingesetzt hat, auch wenn er selbst parteiintern verfassungskonforme Ziele verfolgt hat. Etwas anderes gilt aber dann, wenn ein Soldat sich in einer Partei, in der sich Anhaltspunkte für verfassungsfeindliche Tendenzen zeigen, noch mit Aussicht auf Erfolg dafür einsetzt, dass diese ernsthaft und nachhaltig unterbunden werden (BVerwG Urt. v. 18.5.2001, NJW 2002, 980).

4. Besonderheiten gelten für die regelmäßig im Beamtenverhältnis auf Widerruf (→ Vorbereitungsdienst) abzuleistenden Ausbildungsgänge, wenn diese über den staatlichen Bereich hinaus als Ausbildungsstätten dienen (zB bei Lehrern). Insoweit begründet das Grundrecht der Berufsfreiheit (→ Beruf, freie Wahl) uU auch für verfassungsfeindliche Bewerber ein Recht auf Zulassung zum Ausbildungsgang, allerdings außerhalb des Beamtenverhältnisses.

Radioaktive Stoffe
sind Stoffe, die selbständig unter Freisetzung von Energie und energetisch geladenen Teilchen in andere chemische Elemente zerfallen. Einige setzen dabei soviel Energie frei, dass sie zur Erzeugung von Energie wirtschaftlich genutzt werden (zB Plutonium und Uran), andere werden ua in der Messtechnik und Medizin eingesetzt (→ Strahlenschutz). Das → Atomgesetz definiert sie in § 2 als Kernbrennstoffe und sonstige radioaktive Stoffe § 39 StrlSchG verbietet den Zusatz radioaktiver Stoffe in Spielwaren, Lebens-, Futtermitteln, Schmuck uam.

Radschnellwege
→ Radwege.

Radwege
Für Radwege wird durch die → Verkehrszeichen 237, 240 oder 241 eine Benutzungspflicht angeordnet (§ 2 IV 2 StVO). Sie müssen von → Radfahrern grds. benutzt werden, allerdings nicht, wenn dies unzumutbar ist, zB bei Eis oder Löchern. Rechte Radwege ohne diese Zeichen dürfen benutzt werden (§ 2 IV 3 StVO). Linke Radwege ohne Verkehrszeichen dürfen nur benutzt werden, wenn dies durch ein Zusatzzeichen angezeigt ist (§ 2 IV StVO).

Andere → Verkehrsteilnehmer dürfen Radwege nicht benutzen; Mofas (→ Fahrräder mit Hilfsmotor) dürfen Radwege nur benutzen, wenn dies durch ein Zusatzschild erlaubt ist oder außerhalb geschlossener Ortschaften. Elektronische → Mobilitätshilfen müssen grundsätzlich auf Radwegen gefahren werden. In Einbahnstraßen dürfen Radwege nur in der erlaubten Fahrrichtung benutzt werden; bei einem Zusatzzeichen ist Radverkehr in der Gegenrichtung zugelassen. Der Querverkehr hat mit der verbotswidrigen Benutzung linker Radwege zu rechnen.

Durch die Zeichen 350.1 und 350.2 nach Anlage 3 (zu § 42 Absatz 2) StVO können Radschnellwege markiert werden, die sich idR durch erhöhtes Verkehrspotential und eine besondere bauliche Ausstattung etwa bzgl. der Fahrbahnbreite auszeichnen und wichtige Start- und Zielbereiche über größere Entfernungen verknüpfen. Durch die Zeichen 205 oder 206 nach Anlage 2 (zu § 41 Absatz 1) StVO und Zusatzzeichen kann eine Vorfahrtberechtigung des Radverkehrs im Zuge von Kreuzungen oder Einmündungen angeordnet werden. Diese kann auf der Fahrbahn optisch durch sog. → Haifischzähne hervorgehoben werden, s. Zeichen 342 nach Anlage 3 (zu § 42 Absatz 2) StVO. → Fahrradstraßen, → Fahrradzone.

Die Errichtung von Radwegen ist nicht auf außerhalb der → Fahrbahn liegende Bereiche beschränkt. Sie können vielmehr auch ohne bauliche Abtrennung auf einer schon vorhandenen, zuvor durch den Autoverkehr genutzten Fahrbahn und dort zudem auch lediglich temporär befristet ausgewiesen werden (sog. „Pop-up-Radwege"). Allerdings gilt für solche Radwege wie auch sonst für straßenverkehrsrechtliche Regelungen, welche die Benutzung bestimmter Straßen oder Straßenstrecken beschränken oder verbieten und den Verkehr umleiten, dass sie gemäß § 45 I 1 StVO nur aus Gründen der Sicherheit oder Ordnung des Verkehrs erfolgen dürfen, was eine konkrete Gefahr für die Sicherheit oder Ordnung des Straßenverkehrs voraussetzt. Nach § 45 IX 1 StVO sind Verkehrszeichen und Verkehrseinrichtungen nur dort anzuordnen, wo dies aufgrund der besonderen Umstände zwingend erforderlich ist. Entsprechende Anordnungen setzen daher voraus, dass eine konkrete Gefahrenlage dargelegt werden kann (VG Berlin Beschl. v. 4.9.2020 – 11 L 205/20).

Rädelsführer
Das StGB verwendet diesen Begriff als Tatbestandsmerkmal (§ 84 I StGB, § 85 I StGB, § 88 I StGB → Rechtsstaatsgefährdung: Fortführen einer für verfassungswidrig erklärten Partei oder einer verbotenen Vereinigung) und als Strafschärfungsmerkmal (§§ 129, 129a StGB: Beteiligung an → kriminellen oder → terroristischen Vereinigungen; § 27 WStG, → Meuterei). Rädelsführer ist, wer geistig oder körperlich eine führende Rolle in der Gruppe oder Organisation innehat; sie kann sich aus seiner Stellung in der Vereinigung oder aus Bedeutung oder Ausmaß seiner Tätigkeit ergeben. Dem Rädelsführer gleichgestellt ist (außer bei Meuterei) der Hintermann, der als Außenstehender geistig oder wirtschaftlich maßgeblichen Einfluss auf die Organisation ausübt.

Räterepublik
→ Rätesystem.

Rätesystem
1. Im ursprünglichen Sinne ist das Rätesystem ein politisches System, das durch die Bestellung von Arbeiterräten die Herrschaft der Arbeiterklasse begründen soll. Von den Sozialisten des 19. Jh. gedanklich entworfen, wurde es 1917 erstmals in Russland durch Errichtung von Arbeiter-, Soldaten- und Bauernräten unter Außerachtlassung der Grundsätze der → Gewaltentrennung als Räterepublik verwirklicht. In Deutschland kam es 1918/1919 zu Versuchen, das Rätesystem als politische Herrschaftsform einzuführen. Die Reichsgewalt ging am 9.11.1918 auf den Rat der Volksbeauftragten über, der – gestützt auf die Arbeiter- und Soldatenräte – die gesetzgebende und vollziehende Gewalt des Reiches wahrnahm. Der Allgemeine Kongress der Arbeiter- und Soldatenräte Deutschlands beschloss im Dezember 1918 selbst Wahlen zu einer Nationalversammlung, mit deren Konstituierung am 6.2.1919 das Rätesystem sein Ende fand.

2. Der Begriff des Rätesystems wurde auf der Grundlage des Art. 165 WV auch im Wirtschaftsverfassungsrecht gebraucht (Errichtung von Betriebs- und Bezirksarbeiterräten und eines Reichsarbeiterrats zur Wahrnehmung der sozialen und wirtschaftlichen Interessen der Arbeitnehmer; Zusammenschluss mit den Vertretungen der Unternehmer zu Bezirkswirtschaftsräten und zu einem Reichswirtschaftsrat zur Erfüllung gesamtwirtschaftlicher Aufgaben und zur Mitwirkung bei der Ausführung der Sozialisierungsgesetze). Verwirklicht wurde nur die Errichtung der Betriebsräte durch Erlass des Betriebsrätegesetzes vom 4.2.1920. Im GG sind dem Art. 165 WV entsprechende Vorschriften nicht enthalten. S. jedoch → Betriebsverfassungsrecht.

3. Während das politische Rätesystem darin besteht, dass nicht nur wirtschaftliche Teilbereiche durch Räte verwaltet, sondern alle gesellschaftlichen und staatlichen Aufgaben von Räten wahrgenommen werden, sehen demokratische Modelle eine über das allgemeine Maß hinausgehende Teilnahme der Bürger an Entscheidungen nur in bestimmten Teilbereichen der Gesellschaft vor (zB in der Wirtschaft, an Hochschulen; Mitbestimmung iwS). Demgegenüber verlangt das Rätesystem in seiner strengen Ausprägung die Verwaltung aller Organe des Staates, der Wirtschaft und anderer Bereiche durch Räte, die mit imperativem Mandat ausgestattet und jederzeit abwählbar sind; es lehnt die repräsentative Demokratie, die → Gewaltentrennung und damit auch die Unabhängigkeit der Gerichte (→ Unabhängigkeit des Richters) ab. Es ist deshalb mit dem GG nicht vereinbar.

Räuberische Erpressung
→ Erpressung 3.

Räuberischer Angriff auf Kraftfahrer
→ Autostraßenraub.

Räuberischer Diebstahl
Straftatbestand nach § 252 StGB, der keinen qualifizierten Fall des → Diebstahls darstellt, sondern ein eigenständiges raubähnliches Delikt, mit dem die Anwendung von Raubmitteln in der zeitlichen Phase zwischen → Vollendung und → Beendigung eines Diebstahls erfasst wird, nämlich die Verteidigung der Diebesbeute mit den Mitteln des Raubes. Nachdem jeder → Raub zugleich einen Diebstahl enthält, kann Vortat über den Wortlaut der Norm hinaus auch ein Raub sein. Räuberischer Diebstahl liegt vor, wenn der bei der Vortat auf frischer Tat Betroffene, um sich im Besitz der Beute zu erhalten, gegen eine Person → Gewalt oder → Drohungen mit gegenwärtiger Gefahr für Leib oder Leben anwendet. Auf frischer Tat betroffen ist auch, wer nach dem Diebstahl noch am Tatort oder in dessen unmittelbarer Nähe bemerkt wird. Es genügt, wenn Gewalt oder Drohung auf der Flucht (während der Nacheile) angewendet wird. Es gelten für § 252 StGB dieselben

Strafdrohungen wie für Raub; anwendbar sind auch die → Qualifikationstatbestände des Raubs (§§ 250, 251 StGB). → Autostraßenraub.

Räumlicher Geltungsbereich des Rechts
→ Geltungsbereich.

Räumungsfrist
bei Wohnraum → Wohnraummietvertrag (5).

Räumungsklage
Eine Räumungsklage ist eine → Leistungsklage, die auf die Räumung eines Grundstücks oder Grundstücksteils, insbes. von Wohn- oder Geschäftsräumen, gerichtet ist. Wenn ein → Mietvertrag über Wohnraum (→ Wohnraummietvertrag) oder andere Räume zu Grunde liegt, ist für die Räumungsklage örtlich und sachlich ausschließlich das → Amtsgericht zuständig, in dessen Bezirk der Wohnraum liegt, soweit es sich um Wohnraum in Hauptmiete, eine Familienwohnung oder nicht möbliert vermietete Untermieträume handelt (§ 23 Nr. 2 lit. a GVG, § 29a ZPO).

Räumungsschutz
→ Wohnraummietvertrag (5).

Räumungsvergleich
→ Wohnraummietvertrag (5), → Prozessvergleich.

Räumungsverkauf
war eine zulässige → Sonderveranstaltung, bei der ein schon vorhandener Warenvorrat aus einem bestimmten Anlass (zB Schaden, Umbau) zu herabgesetzten Preisen geräumt wurde. Dasselbe galt unter bestimmten Voraussetzungen für die Aufgabe des gesamten Geschäftsbetriebs (Ausverkauf). Die früheren gesetzlichen Beschränkungen für die Durchführung eines Räumungsverkaufs sind entfallen; es bleibt nur das allg. Verbot des → unlauteren Wettbewerbs.

Räumungsvollstreckung
→ Wohnraummietvertrag (5).

RAG-Stiftung
Insbesondere zur Beendigung der subventionierten Steinkohle-Förderung in Deutschland bis Ende 2018 wurde 2007 von der Ruhrkohle AG, Essen (RAG) die RAG-Stiftung in Essen als → Stiftung des Privatrechts gegründet. Die Gründung erfolgte auf der Grundlage einer Vereinbarung der RAG mit dem Bund, den Ländern Nordrhein-Westfalen und Saarland sowie mit der Industriegewerkschaft Bergbau, Chemie, Energie. Zweck der RAG-Stiftung ist es, den Ausstieg aus der Steinkohlenförderung sozialverträglich zu steuern und die sog. Ewigkeitslasten (Folgekosten nach Stilllegung von Gruben, etwa weiteres Abpumpen von Wasser, Renaturierung) ab 2019 zu tragen. Aufsichtsbehörde ist die Bezirksregierung Düsseldorf. → Kohleausstieg.

Rahmenfrist
Als Rahmenfrist bezeichnet § 143 SGB III (→ Arbeitsförderung) einen Zeitraum von 30 Monaten, der mit dem Tag vor der Erfüllung aller sonstigen Voraussetzungen für den Anspruch auf → Arbeitslosengeld beginnt. Sie reicht nicht in den Zeitraum einer Rahmenfrist hinein, in der die arbeitslose Person bereits eine → Anwartschaftszeit erfüllt hat. Wurde während der Rahmenfrist → Übergangsgeld von einem → Rehabilitationsträger wegen der Durchführung einer berufsfördernden Maßnahme bezogen, endet die Rahmenfrist spätestens 5 Jahre nach ihrem Beginn. Von Bedeutung ist die Rahmenfrist insofern, als Versicherte innerhalb der Rahmenfrist mindestens 12 Monate in einem → Pflichtversicherungsverhältnis (2) gestanden haben müssen (sog. → Anwartschaftszeit, § 142 SGB III), wenn sie einen Anspruch auf → Arbeitslosengeld geltend machen wollen (vgl. §§ 136 ff. SGB III). Die Übergangsregelung des § 447 SGB III (zweijährige Rahmenfrist, falls nach dem 31.12.2019 kein Versicherungspflichtverhältnis bestanden hat), sollte sich mittlerweile durch Zeitablauf weitgehend erledigt haben.

Bis 31.12.2019 betrug die Rahmenfrist 2 Jahre und wurde ab 1.1.2020 auf 30 Monate verlängert (QualifizierungschancenG v. 18.12.2018, BGBl. 2018 I 2651), dadurch sollte für mehr Personen der Zugang zu Versicherungsleistungen eröffnet werden.

Rahmengebühr
Eine Rahmengebühr ist eine → Gebühr, bei der ein Mindest- und ein Höchstbetrag festgelegt ist, während der im Einzelfall anfallende Betrag dann nach verschiedenen Grundsätzen bestimmt wird, zB nach Bedeutung, Umfang und Schwierigkeit der Angelegenheit, Vermögensverhältnissen des Gebührenschuldners. Eine Rahmengebühr ist zB vorgesehen für den Rechtsanwalt bei der Verteidigung in Strafsachen (Vergütungsverzeichnis 4100 ff. zum RVG, → Rechtsanwaltsgebühr). Sie ist zB auch im Rahmen von Streitigkeiten im → Sozialrecht vorgesehen. Hier richtet sie sich aber nicht nach einem Streitwert, sondern ua nach der Schwierigkeit und der Bedeutung der Rechtssache für die klagende Partei. Grundsätzlich geht die Regelung im Sozialrecht vom Ansatz einer Mittelgebühr, bzw. der Schwellengebühr aus. Sie ist im Übrigen auch vorgesehen für eine große Zahl ärztlicher Verrichtungen iRd Gebührenordnung der Ärzte und Zahnärzte (GOA) → Arzt.

Rahmengesetzgebung
war vor der → Föderalismusreform I neben → ausschließlicher und → konkurrierender Gesetzgebung die dritte Form der → Gesetzgebungszuständigkeit in der BRep. Deutschland. Nach Art. 75 GG aF hatte der → Bund das Recht, Rahmenvorschriften zu erlassen über die Rechtsverhältnisse der öffentlichen Dienstkräfte der Länder, Gemeinden und anderen Körperschaften des öffentlichen Rechts,

die allgem. Grundsätze des Hochschulwesens, die allgem. Rechtsverhältnisse der Presse und des Films, das Jagdwesen, den Naturschutz und die Landschaftspflege, die Bodenverteilung, die Raumordnung, den Wasserhaushalt und das Melde- und Ausweiswesen. Ein Teil der Zuständigkeiten aus der Rahmengesetzgebung wurde in die → Gesetzgebungszuständigkeit der Länder, ein Teil in die → ausschließlichen Gesetzgebung des Bundes überführt (sa → Föderalismusreform I, 2c).

Rahmentarifvertrag
→ Manteltarifvertrag.

Raiffeisenbank
war ursprünglich eine Bank einer von Landwirten getragenen → Genossenschaft, deren Zweck darauf gerichtet war, den Mitgliedern → Darlehen zu gewähren, den Bezug landwirtschaftlicher Bedarfsartikel durch Kredite zu ermöglichen usw. Der Name geht auf den rheinischen Bürgermeister F. W. Raiffeisen zurück, der Mitte des 19. Jahrhunderts sich bei der Gründung landwirtschaftlicher Darlehenskassen führend betätigte. Raiffeisenbanken sind heute normale → Kreditinstitute. Näheres → Volksbanken.

Rang von Grundstücksrechten
Die an einem → Grundstück bestehenden beschränkten dinglichen → Grundstücksrechte sind nicht gleichberechtigt, sondern stehen in einem → Rangverhältnis zueinander. Der Rang der Grundstücksrechte ist insbes. in der → Zwangsversteigerung des Grundstücks entscheidend, in der ein nachrangiges Recht erst dann zum Zuge kommt, wenn das ihm vorgehende voll befriedigt ist. Der Rang der Grundstücksrechte richtet sich bei Eintragung in derselben Abteilung des → Grundbuchs (zB mehrere → Hypotheken) grds. nicht nach der Entstehungszeit der Rechte (sog. Tempusprinzip), sondern nach der Reihenfolge der Eintragungen (sog. Locusprinzip), bei Eintragungen in verschiedenen Abteilungen (zB → Grundschuld, und → Reallast) nach dem Datum der Eintragungen (§ 879 BGB). Eine abweichende Bestimmung des Rangverhältnisses ist möglich; sie bedarf jedoch ebenso der Eintragung im Grundbuch wie eine nachträgliche Rangänderung (§ 879 III BGB, § 880 BGB). Durch eine nachträgliche Rangänderung dürfen Zwischenrechte nicht beeinträchtigt werden; ein Rangvortritt eines größeren Rechts ist daher nur in dem Umfang möglich, den das zurücktretende Recht bisher hatte. Der Eigentümer kann sich ferner bei Belastung des Grundstücks mit einem Recht die Befugnis vorbehalten, ein anderes Recht später mit Vorrang eintragen zu lassen; auch dieser sog. Rangvorbehalt bedarf der Eintragung im Grundbuch (§ 881 BGB). Das → Grundbuchamt hat zwar Eintragungsanträge in der Reihenfolge ihres Eingangs zu bearbeiten (§§ 17, 45 GBO, → Zwischenverfügung, → Vormerkung); ein Verstoß hiergegen führt jedoch nicht zur Unrichtigkeit des Grundbuchs, da für den Rang allein die Reihenfolge der Eintragungen im Grundbuch entscheidend ist. Da der durch einen solchen Verstoß benachteiligte Rechtsinhaber auch keinen Anspruch aus → ungerechtfertigter Bereicherung gegen den Inhaber des fälschlich als vorrangig eingetragenen Rechts hat (BGH, hM), bleibt nur ein Anspruch aus Amtspflichtverletzung gegen den Staat (→ Staatshaftung).

Rang von Unterhaltsansprüchen
→ Unterhaltspflicht unter Verwandten.

Rangänderung
→ Rang von Grundstücksrechten.

Rangordnung im Erbrecht
→ Erbfolge.

Rangverhältnis
Neben der Hierarchie der Normen (→ Vorrang des Gesetzes) können auch Rechte und → Ansprüche qua Gesetz in einem Rangverhältnis dergestalt stehen, dass ein Recht vor einem anderen Recht zur Geltung kommt. Das betrifft Forderungen in einem → Insolvenzverfahren, die in unterschiedlicher Reihenfolge aus der Insolvenzmasse befriedigt werden. Auch Rechte an → Grundstücken werden nach ihrem → Rang aus dem Grundstückerlös befriedigt. Dem Unterhaltsberechtigten stehen die möglichen Unterhaltsgläubiger in einem Rangverhältnis gegenüber (→ Rang von Unterhaltsansprüchen). Sozialhilfe wird nur insoweit geleistet, als der Bedürftige sich nicht selbst durch seine Arbeitskraft, sein Einkommen, sein Vermögen oder durch Unterhaltsleistungen Dritter helfen kann (§ 9 SGB I, § 2 SGB II, § 2 SGB XII, Nachranggrundsatz oder → Subsidiaritätsprinzip). Daraus erwächst, dass ein Unterhaltsverpflichteter auch nur insoweit Unterhalt zahlen kann, als er nicht selbst sozialhilfebedürftig würde, und sich ein Unterhaltsberechtigter nicht auf ein Einkommen aus subsidiärer Sozialhilfe verweisen lassen muss.

Rangvorbehalt
→ Rang von Grundstücksrechten.

Ranking
→ Online-Vermittlungsdienst.

Rasse, Gleichbehandlung
Schon aus dem allgemeinen Grundrecht der → Gleichheit vor dem Gesetz (Art. 3 I GG) folgt, dass niemand wegen seiner Rassenzugehörigkeit benachteiligt werden darf; eine unterschiedliche Behandlung aus Gründen der Rassenzugehörigkeit wäre eine mit dem Gleichheitsgrundsatz unverträgliche unsachgemäße Differenzierung. Unter diesem Gesichtspunkt legt Art. 3 III GG noch einmal ausdrücklich fest, dass niemand wegen seiner Rasse benachteiligt oder bevorzugt werden darf. Die Rassendiskriminierung ist verboten (sa Übereinkommen vom 7.3.1966, BGBl. 1969 II 962) und als Kollektivbeleidigung oder → Aufsta-

chelung zum Hass strafbar. Das Verbot der Benachteiligung wegen der Rassenzugehörigkeit steht der unterschiedlichen Behandlung von Staatsbürgern und Ausländern nicht entgegen. Das Verbot der Benachteiligung aus Gründen der Rasse ist inzwischen einfachgesetzlich im AGG geregelt (→ Gleichbehandlung, 2).

Rassendiskriminierung
→ Aufstachelung zum Hass, → Rasse (Gleichbehandlung).

Rassisch Verfolgte
→ Verfolgte; → Asylrecht; → Flüchtlinge.

Rasterfahndung
1. Im → Strafprozessrecht der Abgleich personenbezogener Daten nach bestimmten Prüfungsmerkmalen (Rastern) unter Einsatz der Datenverarbeitung zum Zweck der Strafverfolgung, um Nichtverdächtige auszuschließen oder Personen festzustellen, die ermittlungsbedeutsame Prüfungsmerkmale erfüllen. Voraussetzung ist ein Anfangsverdacht (→ Tatverdacht 1) bestimmter erheblicher Straftaten, die nach Deliktsgruppen (zB → Betäubungsmitteldelikte) oder Begehungsformen (zB → Bande) bezeichnet sind. Die Rasterfahndung ist nur zulässig, wenn die Ermittlung auf andere Weise weniger Erfolg versprechend oder wesentlich erschwert wäre (§ 98a StPO). Die Anordnung hat der Richter zu treffen. Bei Gefahr im Verzug kann dies auch die StA; dann ist aber richterliche Bestätigung binnen 3 Tage erforderlich (§ 98c StPO). Der maschinelle → Datenabgleich (§ 98c StPO) stellt keine Rasterfahndung dar. Sa → Schleppnetzfahndung.

2. Im → Polizeirecht ist die Rasterfahndung zur Abwehr von Straftaten von erheblicher Bedeutung zulässig. Die Polizei kann von öffentlichen u. nichtöffentlichen Stellen die Übermittlung von personenbezogenen Daten bestimmter Personengruppen, insbes. Namen, Anschriften, Tag u. Ort der Geburt sowie fahndungsspezifische Suchkriterien zum Zweck des Abgleichs mit anderen Datenbeständen verlangen (vgl. zB Art. 44 BayPAG). Sa → polizeiliche Maßnahmen, → Datenerhebung, → Datenverarbeitung. Die praktische Bedeutung der Rasterfahndung liegt im Bereich der Bekämpfung des → Terrorismus und der → organisierten Kriminalität.

Rat
ist nach der → Gemeindeverfassung von Niedersachsen und Nordrhein-Westfalen die Bezeichnung für die → Gemeindevertretung.

Rat der EU
1. Der Rat der EU ist nach dem → Europäischen Parlament und dem → Europäischen Rat protokollarisch das drittwichtigste Organ der → Europäischen Union (EU). Politisch ist sein Gewicht geringer als das des Europäischen Rates, aber mindestens gleichgewichtig dem europäischen Parlament. Die wesentlichen Zuständigkeiten des Rates der EU bestehen im Bereich der → Europäischen Gesetzgebung (vgl. auch Art. 16 I EUV).

2. Der Rat besteht aus je einem Vertreter jedes Mitgliedstaates auf Ministerebene (Ministerrat), der befugt ist, für die von ihm vertretene Regierung des von ihm vertretenen Mitgliedstaates verbindlich zu handeln und das Stimmrecht auszuüben. Die Mitgliedschaft im Rat der EU ist dabei nicht an bestimmte Personen gebunden (ähnlich dem → Bundesrat im nationalen Recht), sondern der Rat tagt je nach Beratungsgegenstand in verschiedenen Formationen. Explizit genannt sind im → EU-Vertrag nur der Rat „Allgemeine Angelegenheiten“ und der Rat „Auswärtige Angelegenheiten“ (Art. 16 VI EUV). Andere Formationen können vom Rat der EU selbst beschlossen werden (Art. 236 AEUV), so zB für Agrarangelegenheiten eine Zusammensetzung aus den für Agrarangelegenheiten zuständigen Minister der Mitgliedstaaten (Agrarministerrat). Der Vorsitz im Rat wechselt halbjährlich gemäß einer vom Rat der EU beschlossenen Reihenfolge von einem Mitgliedstaat zum anderen. Lediglich im Rat für „Auswärtige Angelegenheiten“ hat der Hohe Vertreter der EU für Außen- und Sicherheitspolitik einen ständigen Vorsitz (vgl. auch → Europäischer Rat, 1 und → GASP). Der Vorsitz im Rat ist nicht mit dem Amt des Präsidenten des Europäischen Rats (→ Europäischer Rat, 2) zu verwechseln.

3. Soweit in → EU-Vertrag und → AEUV nichts anderes festgelegt ist, beschließt der Rat der EU mit qualifizierter Mehrheit. Dies ist der Regelfall. Die Abstimmung mit einfacher Mehrheit bleibt im wesentlichen auf organisatorische Beschlüsse beschränkt. Die Regelungen über die qualifizierte Mehrheit sind äußerst kompliziert.

a) Bis 31.10.2014 blieb es zunächst bei einem an die bisherige Regelung in der → Europäischen Gemeinschaft angelehnten Verfahren. Die Stimmen der einzelnen Mitglieder wurden nach einem festen Schlüssel gewichtet.

b) Seit dem 1.11.2014 (mit einer nochmaligen Modifikation ab 1.4.2017) gilt ein neues Abstimmungsverfahren. Dann ist eine qualifizierte Mehrheit erreicht, wenn mindestens 55 % der Mitglieder des Rates der EU, die 65 % der Bevölkerung der EU repräsentieren, für den Beschluss stimmen. Für eine Sperrminorität sind aber mindestens vier Mitglieder erforderlich; selbst wenn also künftig drei gegen einen Beschluss stimmende Mitglieder des Rates der EU zusammen mehr als 35 % der Bevölkerung der EU repräsentieren, kommt der Beschluss dennoch zu Stande, auch wenn dann die 65 % nicht erreicht sind (vgl. Art. 16 IV EUV). Ferner ist es nach Art. 238 III a AEUV für die Sperrminorität erforderlich, dass 35 % der Bevölkerung repräsentierende Mitglieder plus ein weiteres Mitglied dem Beschluss nicht zustimmen. Beschließt der Rat der EU nicht auf Vorschlag der → Europäischen Kommission oder des Hohen Vertreters für Außen- und Sicherheitspolitik, so gilt als qualifizierte Mehrheit eine Mehrheit von mindestens 72% der Mitglieder des Rates der EU, sofern wiederum die von ihnen vertretenen Mitgliedstaaten zusammen mindestens 65% der Bevölkerung der Union ausmachen(Art. 238 IIIb AEUV). Enthaltungen zählen als Nein-Stimmen. Zwischen dem 1.11.2014 und dem 31.3.2017 konnte jedes Mitglied des Rates der EU verlangen, dass das bisherige, bis 31.10.2014 geltende Verfahren zu Feststellung der qualifizierten Mehrheit (s. o.) anzuwenden ist.

c) Nach dem Ausscheiden des Vereinigten Königreiches aus der EU (→ Brexit) am 31.1.2020 werden das Vereinigte Königreich und seine Bevölkerung bei der Berechnung der Mehrheiten und der Sperrminoritäten nicht mehr berücksichtigt.

d) Die einstimmige Beschlussfassung ist bei wichtigen Angelegenheiten vorgesehen, zB bei der Steuerharmonisierung (Art. 113 AEUV) oder in Teilbereichen der Umweltpolitik (Art. 192 II AEUV); Beschlüsse im Rahmen der → GASP werden grundsätzlich einstimmig gefasst (Art. 31 I EUV). Enthaltungen stehen der Einstimmigkeit nicht entgegen (Art. 238 IV AEUV).

Ratenkauf
→ Teilzahlungsgeschäft, → Ratenlieferungsvertrag, → Sittenwidrigkeit (1, 2).

Ratenkredit
→ Teilzahlungsgeschäft, → Ratenlieferungsvertrag, → Sittenwidrigkeit (1, 2).

Ratenlieferungsvertrag
Ein Ratenlieferungsvertrag ist nach § 510 I 1 Nr. 1 BGB ein Vertrag zwischen einem Unternehmer (Geltung über § 513 BGB auch für → Existenzgründer bei Verträgen bis 75000 Euro) und einem Verbraucher, der die Lieferung mehrerer, als zusammengehörend verkaufter Sachen in Teilleistungen zum Gegenstand hat und bei dem das Entgelt für die Gesamtheit in Teilleistungen zu erbringen ist (also Sukzessivlieferungsvertrag über zB Buchreihe, mehrbändiges Sammelwerk usw). Ebenso ist ein Ratenlieferungsvertrag nach § 510 I 1 Nr. 2 BGB ein Kauf- oder Werklieferungsvertrag über die regelmäßige Lieferung von Sachen gleicher Art, unabhängig davon, ob das Entgelt auf einmal oder in Raten zu erbringen ist (zB Zeitschriftenabonnement); nicht erfasst wird die Erbringung von Dienstleistungen (zB über Pay-TV, Internetzugang, Telekommunikationsleistungen). Auch die idR aufgrund eines Rahmenvertrags eingegangene Verpflichtung zum wiederkehrenden Erwerb oder Bezug von Sachen ist nach § 510 I 1 Nr. 3 BGB ein Ratenlieferungsvertrag (zB → Fernunterricht, → Bierlieferungsvertrag; auch der → Franchisevertrag kann ggf. Ratenlieferungsvertrag sein, wenn der persönliche Anwendungsbereich eröffnet ist, s. o.). Sa → Sukzessivlieferungsvertrag. Der Ratenlieferungsvertrag bedarf nach § 510 I 1 BGB grds. der Schriftform (→ Form, 1a, elektronische Form also möglich); anders aber, wenn für den Verbraucher die Möglichkeit sonstiger dauerhafter Kenntnisnahme von den Vertragsbestimmungen einschließlich der → allgemeinen Geschäftsbedingungen (zB auf einen Datenträger) gegeben ist, § 510 I 2 BGB; der Unternehmer hat dem Verbraucher den Vertragsinhalt in Textform (→ Form, 1a) mitzuteilen, § 510 I 3 BGB. Wird die Form nicht gewahrt, ist der Vertrag nichtig. Dem Verbraucher steht ein Widerrufsrecht nach § 355 BGB zu, sofern der Vertrag weder im Fernabsatz noch außerhalb von Geschäftsräumen geschlossen wurde (§ 510 II BGB, sa → Verbrauchervertrag). Ein Widerrufsrecht besteht dann nicht, wenn ein Bagatellgeschäft vorliegt (dh wenn die Gesamtverpflichtung bis zum frühestmöglichen Kündigungszeitraum unter einer Gesamtsumme von zu zahlenden Teilleistungen iHv 200 EUR bleibt), § 510 III BGB.

Ratenzahlungsgeschäft
→ Teilzahlungsgeschäft, → Ratenlieferungsvertrag, → Sittenwidrigkeit (1, 2).

Raterteilung
Wer einem anderen einen Rat, eine Empfehlung oder eine Auskunft erteilt, ist hieraus an sich, falls er dabei nicht eine → unerlaubte Handlung begeht, nicht zum Ersatz eines aus der Befolgung des Rats entstehenden Schadens verpflichtet, § 675 II BGB; es liegt eine bloße Gefälligkeit (s. hierzu auch → Gefälligkeitsverhältnis, Gefälligkeitsvertrag, → Schuldverhältnis) vor (s. aber → Zeugnis). Oftmals ist jedoch eine Verpflichtung zur Raterteilung Bestandteil eines besonderen, auf Auskunft (Auskunftsvertrag) oder Beratung (Beratungsvertrag) gerichteten Vertrags, wenn ein entsprechender Rechtsbindungswille vorliegt, was anhand der Gesamtumstände zu ermitteln ist (→ Schuldverhältnis, 2). Dieser Vertrag kann unentgeltlich (→ Auftrag) oder entgeltlich (→ Werkvertrag, → Geschäftsbesorgungsvertrag) sein, die Verpflichtung kann aber auch Nebenpflicht eines anderen Vertrags (zB Rechtsanwaltsvertrag) sein (sa → Rechtsdienstleistung). Bei → Verschulden haftet der unzutreffend Auskunftserteilende oder Beratende wie bei jeder → positiven Vertragsverletzung gem. § 280 I BGB (zB die Bank für eine ihrem Kunden erteilte Bescheinigung, die dieser bestimmungsgemäß an einen Dritten weitergibt). Darüber hinaus verpflichtet nach der Rspr. das auf einer dauernden Geschäftsverbindung beruhende Vertrauensverhältnis oder eine gezielt erholte Auskunft, auch ohne dass ein Beratungsvertrag besteht, zu genauer Auskunft über die für den Geschäftspartner erheblichen Umstände (zB Auskunft der Bank über die wirtschaftlichen Verhältnisse eines Dritten), wenn die Auskunft für den Empfänger von erheblicher Bedeutung ist und er sie erkennbar zur Grundlage wesentlicher Vermögensverfügungen machen will.

Auch eine fahrlässige Verletzung dieser Verpflichtung macht schadensersatzpflichtig. Sa → Anlageberatung.

Ratifikation
Enthält ein → völkerrechtlicher Vertrag eine Ratifikationsklausel, so bedeutet das, dass er noch nicht mit der Unterzeichnung durch die Vertreter der vertragsschließenden Staaten wirksam wird, sondern erst, wenn das zur völkerrechtlichen Vertretung des Staates befugte Organ, idR das Staatsoberhaupt, – oft in feierlicher Form – erklärt, dass der Vertrag als verbindlich anzusehen ist (Ratifikation). Über die Ratifikation wird eine Urkunde errichtet. Bei zweiseitigen Verträgen werden die Ratifikationsurkunden zwischen den Vertragspartnern ausgetauscht; bei mehrseitigen Verträgen wird häufig bestimmt, dass sie bei einem der Vertragsstaaten zu hinterlegen sind. Zwischen Unterzeichnung und Ratifikation wird, soweit notwendig, die Zustimmung anderer staatlicher Organe (insbes. der gesetzgebenden Körperschaften; vgl. Art. 59 II GG) eingeholt (Ratifikationsgesetz, → Zustimmungsgesetz, → Vertragsgesetz). Nach deutschem Verfassungsrecht ist das Zustimmungsgesetz immer dann zwingend erforderlich, wenn der völkerrechtliche Vertrag auch innerstaatlich Rechte und Pflichten begründen und damit Rechtswirksamkeit erlangen soll (sa → Staatsvertrag). Da das Zustimmungsgesetz daher idR Voraussetzung der Ratifikation ist, wird es auch als Ratifikationsgesetz bezeichnet. Im Allgemeinen und zT auch im juristischen Sprachgebrauch werden häufig etwas missverständlich das Zustimmungsgesetz als die erforderliche innerstaatliche Zustimmung und Erklärung der Verbindlichkeit nach außen zusammen als Ratifikation bezeichnet.

Rating
ist die – zur Beurteilung der Kreditwürdigkeit – von bestimmten Agenturen durchgeführte bonitätsmäßige Einstufung von Staaten, Ländern, Gebietskörperschaften, Banken, Emittenten, Finanzinstrumenten usw. Art. 3 Ia) der einschlägigen VO (EG) 1060/2009 v. 16.9.2009 über → Ratingagenturen (ABl. EG 2009 L 302, 1) spricht von einem Bonitätsurteil in Bezug auf ein Unternehmen oder ein Finanzinstrument, das anhand eines festgelegten und definierten Einstufungsverfahrens für Ratingkategorien abgegeben wird. Rating ist im Bank- und Kapitalmarktrecht unverzichtbar. Man spricht von externem Rating, wenn die Bonitätsbeurteilung einer Ratingagentur herangezogen wird, von internem Rating, wenn das → Kreditinstitut selbst bewertet. Internes Rating zu aufsichtsrechtlichen Zwecken ist nur unter den Voraussetzungen der Art. 135 ff. CRR (→ Bankenunion) zulässig.

Ratingagentur
Als Ratingagentur bezeichnet man Unternehmen, die die Bonität von Finanzinstrumenten, anderen Unternehmen und Staaten öffentlich beurteilen. Art. 3 I b) der einschlägigen VO (EG) 1060/2009 v. 16.9.2009 über Ratingagenturen (ABl. EG 2009 L 302, 1) definiert Ratingagenturen als Unternehmen, deren Tätigkeit die gewerbsmäßige Abgabe von → Ratings ist. Nach der VO bedürfen sie der Registrierung, müssen besondere Qualitätsanforderungen erfüllen und werden durch die → Europäische Wertpapier- und Marktaufsichtsbehörde überwacht. Um die unkritische und automatische Übernahme von Ratings durch Ratingagenturen zu vermeiden, die als eine Ursache der Finanzkrise 2008 angesehen wurde, dürfen solche Ratings nur nach sorgfältiger Prüfung und nicht automatisch zu aufsichtsrechtlichen Zwecken eingesetzt werden, vgl. etwa § 28 VAG oder § 29 KAGB. Die Umsetzung der entsprechenden europarechtlichen Vorgaben erfolgte durch das Gesetz zur Verringerung der Abhängigkeit vom Rating v. 10.12.2014 (BGBl. 2014 I 2085).

ratio legis
= Sinn des Gesetzes. → Auslegung.

Rationalisierungskartelle
sind → Horizontalvereinbarungen, die der Rationalisierung wirtschaftlicher Vorgänge dienen. Ihre Freistellung vom allg. Verbot von → Kartellen war bis zum 30.6.2005 in § 5 I GWB aF gesondert geregelt. Seither gelten die allg. Grundsätze der → Freistellung im Kartellrecht.

Raub
Straftatbestand nach § 249 StGB, der die Tatbestände des → Diebstahls (§ 242 StGB) und der → Nötigung (§ 240 StGB) kombiniert, wobei für letztere qualifizierte Nötigungsmittel vorausgesetzt werden. Raub begeht, wer einem anderen eine fremde bewegliche Sache in der Absicht wegnimmt, sie sich oder einem Dritten rechtswidrig zuzueignen (siehe hierzu iE → Diebstahl), und dabei → Gewalt gegen eine Person oder → Drohungen mit gegenwärtiger Gefahr für Leib oder Leben anwendet. Nötigung und Wegnahme muss der Täter final verknüpfen, dh die Nötigung muss zum Zweck der Wegnahme ausgeübt werden. Die → Vollendung der Tat tritt mit der Wegnahme ein, die → Beendigung erst mit der Beutesicherung. Bis letztere gelingt, kann gegen die Tat → Notwehr geübt werden. Setzt der Täter in der Beendigungsphase Nötigungsmittel ein, um sich im Besitz der Beute zu halten, kommt Strafbarkeit wegen → räuberischen Diebstahls (§ 252 StGB) in Betracht. Der Strafrahmen sieht Freiheitsstrafe nicht unter 1 Jahr vor, in minder schweren Fällen 6 Mon. bis 5 Jahre.

Schwerer Raub (§ 250 StGB, → Qualifikationstatbestand) liegt vor, wenn der Täter oder Teilnehmer eine (objektiv gefährliche und zur Verursachung von Verletzungen geeignete) Waffe (worunter auch eine geladene Gas- oder Schreckschusswaffe fällt) oder ein anderes gefährliches Werkzeug bei sich führt, ein sonstiges Werkzeug oder Mittel zum Verhindern oder Überwinden von Widerstand, wozu auch Scheinwaffen (wie Spielzeugpistolen und Schusswaffenattrappen, nicht dagegen nach dem äußeren Erscheinungsbild offenkundig objektiv ungefährliche Gegenstände wie Metallrohr, Wasserpistole) gehören, bei sich führt oder einen anderen in die Gefahr schwerer Gesundheitsschädigung bringt, oder wenn der Täter als Mitglied einer → Bande unter Mitwirkung eines anderen Mitglieds handelt. Die Strafe ist Freiheitsstrafe von mindestens 3 Jahren (§ 250 I StGB), bei Verwendung der Waffe oder des gefährlichen Werkzeugs, bei Mitführen einer Waffe beim Bandenraub, schwerer körperlicher Mißhandlung oder Todesgefahr des Opfers mindestens 5 Jahre (§ 250 II StGB).

Der Raub mit Todesfolge, die der Täter wenigstens leichtfertig verursacht (→ erfolgsqualifiziertes Delikt), wird mit Freiheitsstrafe nicht unter 10 Jahren oder lebenslanger Freiheitsstrafe bestraft (§ 251 StGB). Sa → räuberischer Diebstahl, räuberische → Erpressung.

Raubbau
→ Früchte.

Rauchverbot für Jugendliche
Nach § 10 JuSchG (→ Jugendschutz) dürfen an Kinder (unter 14 Jahren) und Jugendliche (unter 18 Jahren) weder Tabakwaren oder andere nikotinhaltige Erzeugnisse (zB elektronische Zigaretten) abgegeben werden noch darf ihnen das Rauchen oder der Konsum nikotinhaltiger Produkte in der Öffentlichkeit gestattet werden. Tabakwaren oder andere nikotinhaltige Erzeugnisse dürfen in Automaten nur angeboten werden, wenn die Automaten für Kinder und Jugendliche unzugänglich sind oder sichergestellt ist, dass diese Tabakwaren oder andere nikotinhaltige Erzeugnisse nicht entnehmen können. Wer als Veranstalter oder Gewerbetreibender zuwiderhandelt oder als Person über 18 Jahre den Verstoß eines Kindes oder Jugendlichen gegen das Rauchverbot herbeiführt oder fördert, begeht eine → Ordnungswidrigkeit, die mit Geldbuße belegt werden kann (§ 28 I Nrn. 12, 13, IV JuSchG). Ein Rauchverbot für Jugendliche besteht auch an Schulen, zB in NRW § 2 Nr. 3 NRSchG (→ Rauchverbot in Betrieben, öffentlichen Einrichtungen, Gaststätten und Verkehrsmitteln, 3).

Rauchverbot im Wald
Die VO zum Schutze der Wälder, Moore und Heiden gegen Brände vom 25.6.1938 (RGBl. 1938 I 700), die nach Maßgabe des Landesrechts weiter gilt, bedroht als → Ordnungswidrigkeit mit Geldbußen: das Rauchen in Wäldern oder auf Moor- oder Heideflächen oder in gefährlicher Nähe solcher Gebiete (unter 100 m Entfernung) in der Zeit vom 1.3.–31.10., soweit nicht die VO Ausnahmen gestattet – zB bei Arbeiten auf dem Grundstück – oder eine besondere Erlaubnis erteilt ist; ferner das Fallenlassen, Fortwerfen oder unvorsichtige Handhaben brennender oder glimmender Gegenstände (Streichhölzer, Zigaretten usw). Das gilt auch auf Wegen innerhalb dieser Gebiete mit Ausnahme von Kunststraßen mit mindestens 4m breiter fester Decke. Diese Vorschriften greifen ein, auch ohne dass das Rauchen eine konkrete Gefährdung des Waldes usw. verursacht; ist das der Fall, so ist nach § 306f. StGB Freiheitsstrafe bis zu 3 Jahren (bei Fahrlässigkeit bis 1 Jahr) oder Geldstrafe zu verhängen (→ Waldbrandschutz). Die VO vom 25.6.1938 ist in den meisten Ländern ersetzt durch Vorschriften der Landeswald(forst)gesetze, die ähnliche Regelungen enthalten oder die Forstbehörden zu solchen ermächtigen (vgl. für Bayern Art. 17 WaldG idF v. 22.7.2005 (GVBl. 2005, 313).

Rauchverbot in Betrieben, öffentlichen Einrichtungen, Gaststätten und Verkehrsmitteln
1. In Arbeitsstätten hat der Arbeitgeber gemäß § 5 Arbeitsstättenverordnung (→ Arbeitsstättenverordnung) zum Schutz der nicht rauchenden Beschäftigten vor den Gesundheitsgefahren durch Tabakrauch die erforderlichen Maßnahmen zu treffen, insbes. ein Rauchverbot auszusprechen; in Arbeitsstätten mit Publikumsverkehr ist die Verpflichtung eingeschränkt. Soweit deshalb kein Schutz besteht, kann, wenn die Gesundheit des Arbeitnehmers oder Bediensteten durch Tabakrauch beeinträchtigt wird, ein Anspruch auf ein Rauchverbot nach § 618 I BGB, § 62 I HGB und der beamtenrechtlichen → Fürsorgepflicht bestehen. IÜ kann ein Rauchverbot kraft → Tarifvertrag, → Betriebsvereinbarung oder → Direktionsrecht des Arbeitgebers gelten.

2. In Einrichtungen des Bundes (Behörden, Dienststellen, Gerichten und sonstigen öffentlichen Einrichtungen des Bundes, bundesunmittelbaren Körperschaften, Anstalten und Stiftungen) ist das Rauchen verboten, es sei denn, dass es in gesonderten und bes. gekennzeichneten Räumen gestattet ist; der Verstoß gegen das Rauchverbot ist eine Ordnungswidrigkeit und mit Geldbuße bedroht (§§ 1, 2, 5 BNichtrSchutzG v. 20.7.2007, BGBl. 2007 I 1595).

3. In Einrichtungen der Länder (Behörden, Gerichte, Gesundheits- und Sozial-, Erziehungs- und Bildungs-, Sport-, Kultur- und Freizeiteinrichtungen, Flughäfen) besteht ein Rauchverbot nach Maßgabe des jeweiligen Landesgesetzes (zB in NRW §§ 1, 2 Nr. 1–6, § 3 NRSchG v. 20.12.2007, GVBl. 2007, 742 mÄnd). Der Verstoß gegen das Rauchverbot ist eine Ordnungswidrigkeit und mit Geldbuße bedroht (§ 6 NRSchG). Sa → Rauchverbot für Jugendliche.

4. In Gaststätten besteht ebenfalls ein Rauchverbot nach Maßgabe des jeweiligen Landesgesetzes (zB in NRW §§ 1, 2 Nr. 7, § 4 NRSchG). In Bayern besteht auf Grund einer

Volksabstimmung ein ausnahmsloses Rauchverbot in Gaststätten iS des GastG (GesundheitsschutzG – GSG – v. 23.7.2010, GVBl. 2010314); es gilt auch für das Rauchen der Wasserpfeife (Shisha).

5. In Verkehrsmitteln des öffentlichen Personenverkehrs und in Personenbahnhöfen der öffentlichen Eisenbahnen besteht ein Rauchverbot wie in den Einrichtungen des Bundes.

6. IÜ gelten Rauchverbote nach landesrechtlichen Sicherheits- oder Schutzvorschriften, zB in NRW für Versammlungsstätten (§ 35 I SonderbauVO v. 17.11.2009, GVBl. 2009 NW 682).

7. In privaten und öffentlichen Räumen gibt das Hausrecht die Befugnis zum Rauchverbot für Besucher und Parteiverkehr.

Raufhandel
→ Schlägerei.

Raumcharter
Ein Raumcharter ist ein → Chartervertrag, der sich auf einen bestimmten Raum in einem Schiff bezieht.

Raumfahrt
Das Deutsche Zentrum für Luft- und Raumfahrt e. V. (DLR) in Köln nimmt als → beliehener Unternehmer die Aufgaben der für Raumfahrtangelegenheiten zuständigen obersten Bundesbehörden bei Planung und Durchführung der Raumfahrt im nationalen und internationalen Bereich wahr (RaumfahrtaufgabenübertragungsG idF v. 22.8.1998, BGBl. 1998 I 2510). Das Recht der Raumfahrt ist überdies Gegenstand des sich entwickelnden → Weltraumrechts.

Raummietvertrag
→ Mietvertrag.

Raumordnung
1. Raumordnung ist die übergeordnete, über das Gebiet der kleinsten Verwaltungseinheiten (→ Gemeinden; sa → Bauleitplanung) hinausgehende sowie die vielfältigen Fachplanungen zusammenfassende und aufeinander abstimmende Planung. Seit der → Föderalismusreform I gehört Raumordnung zur → Konkurrierenden Gesetzgebung (Art. 74 I Nr. 31 GG). Das RaumordnungsG (ROG) v. 18.8.1997 (BGBl. 1997 I 2081) mÄnd, mit dem der Bund seiner Rahmengesetzgebungskompetenz gem. Art. 75 I Nr. 4 GG aF Gebrauch gemacht hatte, wurde durch das ROG v. 22.12.2008 (BGBl. 2008 I 2986) mÄnd abgelöst.

2. Leitvorstellung bei der Raumordnung ist nach § 1 II ROG eine nachhaltige Raumentwicklung, die die sozialen und wirtschaftlichen Ansprüche an den Raum mit seinen ökologischen Funktionen in Einklang bringt und zu einer dauerhaften, großräumig ausgewogenen Ordnung führt. Wesentliche Bestimmung des ROG sind die in § 2 ROG formulierten Grundsätze der Raumordnung, welche für die Verwaltungen und Planungsträger des Bundes sowie die → Landesplanung der Länder unmittelbar gelten (§§ 4, 5 ROG). Nach § 8 I ROG haben die → Länder landesweite Raumordnungspläne und – außer in Berlin, Bremen, Hamburg und Saarland – für Teilgebiete des Landes Regionalpläne aufzustellen. Bei der Aufstellung von Raumordnungsplänen ist eine Umweltprüfung durchzuführen (§ 9 ROG). Die Raumordnungsbehörde kann raumbedeutsame Vorhaben untersagen, wenn Ziele der Raumordnung diesen entgegenstehen (§ 14 ROG). Für raumbedeutsame Planungen und Maßnahmen sind Raumordnungsverfahren durchzuführen (§ 15 ROG). Bund und Länder wirken bei der Beteiligung an der Raumplanung im europäischen Raum zusammen (§ 26 ROG). → Maritime Raumplanung.

Raumstation
Die Rechtsverhältnisse von Raumstationen sind Gegenstand des → Weltraumrechts. Ein internationales Übereinkommen regelt inzwischen die Zusammenarbeit bei der zivilen Raumstationen (Übereinkommen v. 29.1.1998, BGBl. 1998 II 2447). In diesem Übereinkommen werden die Einzelheiten der Errichtung und Nutzung einer ständig bemannten Raumstation durch Kanada, die Vereinigten Staaten, Japan, Russland und die Mitgliedstaaten der → Europäischen Weltraumorganisation geregelt.

Rauschgift
→ Betäubungsmittelgesetz.

Rauschgiftdelikte
→ Betäubungsmitteldelikte.

Rauschgiftsucht
→ Anstaltsunterbringung (4), → Maßregeln der Besserung und Sicherung (2), → Betreuung (2).

Rauschtat
wird die im Zustand der rauschbedingten Schuldunfähigkeit begangene, rechtswidrige, dh den Tatbestand eines Strafgesetzes verwirklichende Handlung (§ 11 I Nr. 5 StGB) genannt; sie ist objektive → Bedingung der Strafbarkeit wegen vorsätzlichen oder fahrlässigen Sichberauschens (§ 323a StGB; → Vollrausch).

Rayon
→ Schutzbereich.

REACH
1. REACH (Registration, Evaluation, Authorisation and Restriction of Chemicals) ist die Kurzbezeichnung der VO (EG) 1907/2006 v. 18.12.2006 (ABl. EG 2007 L 136, 3, berichtigte Neufassung, 2008 L 141/22, 2009 L 36/84) der → Europäischen Union zur Registrierung, Bewertung, Zulassung und Beschränkung von bestimmten Chemikalien. Zuständig ist die Europäische Agentur für chemische Stoffe ECHA in Helsinki. Die REACH-Verordnung beruht auf dem Grundsatz, dass Hersteller, Importeure und nachgeschaltete An-

wender sicherstellen müssen, dass sie Stoffe herstellen, in Verkehr bringen und verwenden, die die menschliche Gesundheit oder die Umwelt nicht nachteilig beeinflussen. Ihren Bestimmungen liegt das Vorsorgeprinzip zugrunde. Zweck dieser Verordnung ist es darüber hinaus, alternative Beurteilungsmethoden für von Stoffen ausgehende Gefahren zu fördern sowie den freien Verkehr von Stoffen im Binnenmarkt zu gewährleisten und gleichzeitig Wettbewerbsfähigkeit und Innovation zu verbessern (Art. 1 REACH-VO). Dazu dürfen Stoffe, sie enthaltende Gemische und sie freisetzende Erzeugnisse grundsätzlich nur dann in der EU in Verkehr gebracht oder hergestellt werden, wenn sie registriert sind (Art. 5 REACH-VO). Durch diese VO wird der Kreis der Chemikalien, die insbes. auf ihre Umweltauswirkungen systematisch untersucht werden, auf viele wirtschaftlich bedeutsame Stoffe ausgedehnt, die sog. Altstoffe; sa → Altstoffverzeichnis, → Chemikaliengesetz.

2. Das Registrierungsverfahren in den Art. 6 ff. REACH-VO erfordert die Einreichung eines umfangreichen Registrierungsdossiers für den Stoff bei der ECHA, wenn er in Mengen von mehr als einer Tonne jährlich hergestellt wird. Ein Stoffsicherheitsbericht gehört dazu, wenn der Stoff in Mengen von mehr als 10 Jahrestonnen registriert wird; dieser Bericht stellt quasi eine → Umweltverträglichkeitsprüfung des Stoffes dar (Art. 14 REACH-VO). Die Bewertung des Dossiers erfolgt durch die Agentur und die national zuständigen Behörden. Die von besonders besorgniserregenden Stoffen ausgehenden Risiken sollen ausreichend beherrscht und schrittweise durch geeignete Alternativstoffe oder -technologien ausgeschaltet werden, sofern diese wirtschaftlich und technisch tragfähig sind. Dazu werden alle Hersteller, Importeure und nachgeschalteten Anwender, die einen Antrag auf Zulassung eines solchen zulassungspflichtigen Stoffes stellen, verpflichtet, die Verfügbarkeit von Alternativen und deren Risiken sowie die technische und wirtschaftliche Durchführbarkeit der Substitution (Art. 55 REACH-VO) zu prüfen. Zulassungspflichtig werden Stoffe insbes. dann, wenn sie krebserzeugend, erbgutverändernd oder fortpflanzungsgefährdend sind, sogenannte CMR-Stoffe, sa → kosmetische Mittel, 2. Die Beschränkung von Herstellung, Verwendung oder Inverkehrbringen eines Stoffes wird erlassen, wenn diese ein unannehmbares Umweltrisiko mit EU-weiter Bedeutung darstellen (Art. 68 REACH-VO).

3. Die Aus- und Einfuhr gefährlicher Chemikalien regelt darüber hinaus insbes. die VO (EG) 689/2008 v. 17.6.2008 (ABl. EG 2008 L 204, 1), neugefasst durch VO (EU) 649/2012 v. 4.7.2012 (ABl. EU 2012 L 201/60). → Schadstoffe, persistente organische.

Reaktionszeit und Schrecksekunde
Beide Begriffe wurden in der Rspr. zum Verkehrsrecht entwickelt:

Reaktionszeit ist die Zeitspanne, die bei natürlichem Ablauf eines Verkehrsvorgangs zwischen einem äußeren Ereignis und der dadurch veranlassten Handlungsweise eines Verkehrsteilnehmers – insbes. Fahrzeugführers – liegt, zB das Betätigen der Bremsen nach Stoppen eines vorausfahrenden Fz., die Reaktion auf Farbenwechsel der Verkehrsampel usw.

Dagegen wird als Schrecksekunde die Zeitspanne bezeichnet, die ein Verkehrsteilnehmer braucht, um bei plötzlich auftretender Gefahrenlage eine Gegenmaßnahme zu treffen (Ausweichen, Bremsen usw).

Während er also die normale (notwendige) Reaktionszeit jederzeit für sich in Anspruch nehmen und sich dadurch von einem Schuldvorwurf entlasten kann, ist ihm dies bei der Schrecksekunde, die ggf. der Reaktionszeit vorangeht, nur zuzubilligen, wenn er mit der unvorhergesehen aufgetretenen Gefahr nicht hat rechnen müssen. So muss zB der Fahrer auf Abstoppen des vor ihm fahrenden Kfz gefasst sein, nicht aber auf unmotiviertes Aufblenden eines entgegenkommenden. Reaktionszeit und Schrecksekunde sind den Umständen nach verschieden zu bemessen; sie können kürzer oder länger als eine Sekunde sein. Bei mehreren unvorhergesehenen Ereignissen können sie sich entsprechend verlängern. Bei → Blendung kann die sog. Blindsekunde hinzutreten. Außer Reaktionszeit u. Schrecksekunde ist auch noch die Bremsansprechzeit (→ Bremsen der Fz.) zu berücksichtigen.

Reaktor
→ Atomgesetz.

Reaktorschiffe
Reaktorschiffe sind mit Atomkraft angetriebene → Schiffe. Die Haftung für Reaktorschiffe regelt sich grundsätzlich nach dem → Atomgesetz (§ 25a AtG). Einzelheiten über die Haftung im Rahmen der internationalen Schifffahrt enthält das Brüsseler Reaktorschiffabkommen vom 25.5.1962 (BGBl. 1975 II 957, 977) mÄnd. Als zivile Reaktorschiffe verkehren, soweit bekannt, nur russische Eisbrecher.

Reaktorunfälle
Das Pariser Übereinkommen über die Haftung gegenüber Dritten auf dem Gebiet der Kernenergie v. 29.7.1960 idF v. 15.7.1985 (BGBl. 1985 II 963) und das Übereinkommen v. 17.12.1971 über die zivilrechtliche Haftung bei der Beförderung von Kernmaterial auf See (BGBl. 1975 II 957, 1026) regeln internationale Haftungsfragen. Ferner gibt es die beiden Übereinkommen v. 26.9.1986 über die frühzeitige Benachrichtigung bei nuklearen Unfällen sowie über Hilfeleistung bei nuklearen Unfällen oder radiologischen Notfällen (beide BGBl. 1989 II 434, 441), die auf das Unglück in Tschernobyl zurückgehen. Zum Unglück in Fukushima s. → Atomgesetz, ferner → Strahlenschutz, → Störfälle, → Umweltkriminalität.

Real Estate Investment Trust
→ REIT.

Realakt
→ Rechtshandlung.

Realakte im Verwaltungsrecht
sind Handlungen der Verwaltung, die nicht auf einen rechtlichen, sondern nur auf einen tatsächlichen Erfolg gerichtet sind. Sie sind also keine → Verwaltungsakte. Unter den Begriff fallen sehr unterschiedliche Handlungen, zB nur tatsächliche Maßnahmen wie die Errichtung eines Dienstgebäudes oder eine Dienstfahrt, aber auch Willensäußerungen wie Auskünfte, Warnungen, etwa vor bestimmten Lebens- oder Genussmitteln oder vor einer bestimmten Jugendsekte. Realakte bedürfen im Gegensatz zu Verwaltungsakten keiner ausdrücklichen gesetzlichen Grundlage, müssen sich aber im Rahmen der Rechtsordnung halten, insbes. die Grundrechte betroffener Personen beachten. Soweit bei drohenden Störungen der öffentl. Sicherheit oder Ordnung die Vorschriften des Polizeirechts nicht ausreichen, wird man uU eine Befugnis zur Information und Aufklärung der Öffentlichkeit annehmen können (vgl. BVerwG 82, 76/80). Erforderlich ist aber jedenfalls eine genaue Prüfung der Gefahrsituation und eine sorgfältige Abwägung mit den möglichen Auswirkungen (Grundsatz der Verhältnismäßigkeit). Da der Realakt kein Verwaltungsakt ist, kann er vor den Verwaltungsgerichten nicht mit der Anfechtungsklage angegriffen werden. Die Behörde muss aber die durch einen rechtswidrigen Realakt verursachten Folgen beseitigen (Folgenbeseitigungsanspruch). Möglich ist also die allgemeine Leistungsklage (→ Verwaltungsstreitverfahren, 1b) auf Unterlassung des Realaktes und Beseitigung der Folgen (etwa durch Berichtigung, Widerruf). Unter Umständen kann auch ein Schadensersatzanspruch aus Amtspflichtverletzung oder ein Entschädigungsanspruch in Betracht kommen.

Realangebot
→ Gläubigerverzug.

Realfolium
→ Grundbuch.

Realkonkurrenz
→ Konkurrenz von Straftaten.

Realkontrakt
→ Vertrag (4).

Realkredit
ist die Bezeichnung für einen Kredit, der durch die Haftung von Sachen, und zwar – langfristig – meist durch Grundpfandrechte (→ Hypothek, → Grundschuld, → Rentenschuld), gesichert ist; anders beim Personalkredit (Sicherung zB durch → Bürgschaft). Der Realkredit wird gewährt von → Kreditinstituten, → Pfandbriefbanken, Versicherungen sowie in geringem Maße von Privatpersonen.

Reallast
ist die Belastung eines → Grundstücks oder → grundstücksgleichen Rechts in der Weise, dass an den Berechtigten – dies kann auch der jeweilige Eigentümer eines anderen Grundstücks sein – wiederkehrende Leistungen aus dem Grundstück zu entrichten sind (§ 1105 BGB). Diese können in Natural- oder Geldleistungen (auch mit einer Anpassungsklausel an veränderte Verhältnisse) sowie in einem Handeln, zB Hand- und Spanndiensten, bestehen (anders als bei der → Grunddienstbarkeit, wo ein Dulden oder Unterlassen gesichert wird). Die Leistungen müssen – nicht notwendig regelmäßig – wiederkehren; ihre Bestimmbarkeit (zB standesgemäßer Unterhalt) genügt. Für die Begründung, Übertragung und Aufhebung gelten die allg. Vorschriften über → Grundstücksrechte. Für die einzelnen Leistungen haftet das Grundstück wie für die Zinsen einer → Hypothek (§ 1107 BGB); der Eigentümer des Grundstücks haftet daneben grds. für die während der Dauer seines Eigentums fällig werdenden Leistungen auch persönlich (§ 1108 BGB). Die Reallast kommt heute hauptsächlich bei landwirtschaftlichen Altenteilsverträgen in Betracht (→ Übergabevertrag). Sa → Rentenschuld.

Realrechte
sind Rechte, die mit einem Grundstück verbunden sind, dh persönliche oder sog. radizierte → Grundstücksrechte (zB → Grunddienstbarkeit).

Realschule
Die Realschule ist eine weiterführende Schule mit unterschiedlicher Ausgestaltung in den Ländern (sa → Schulwesen, 3). Sie soll auf eine Berufsausbildung vorbereiten. Sie beginnt in der 5. oder 7. Jahrgangsstufe und dauert bis zur 10. Jahrgangsstufe. Der Realschulabschluss (früher: mittlere Reife) berechtigt zum Besuch der → Fachoberschule, der → Berufsfachschule und unter bestimmten Voraussetzungen zum Übergang in ein → Gymnasium oder Fachgymnasium. In Brandenburg, Bremen und Sachsen sind frühere Hauptschule und Realschule in der → Oberschule zusammengefasst; in Thüringen sind Realschule und → Hauptschule in der Regelschule zusammengefasst; in Rheinland-Pfalz und Saarland umfasst die Realschule plus und die Erweiterte Realschule ebenfalls die bisherige Hauptschule; in Mecklenburg-Vorpommern und in Schleswig-Holstein gehen die Realschule und Hauptschulen in den Regionalschulen, in Hamburg in den Stadtteilschulen auf; in Berlin und Sachsen-Anhalt geht die Realschule mit der Hauptschule in der → Sekundarschule auf. In Baden-Württemberg führt die Hauptschule künftig den Namen Werkrealschule. In Nordrhein-Westfalen können Realschule und Hauptschule als Verbundschulen kooperieren.

Realsplitting
Unterhaltsleistungen an den geschiedenen oder dauernd getrennt lebenden Ehegatten können im Kalenderjahr wahlweise bis 13.805 EUR als → Sonderausgabe (begrenztes Wahl-Realsplitting, § 10 Ia Nr. 1 EStG) oder bis 8.652 EUR als außergewöhnliche Belastung (§ 33a I EStG; → Belastung, außergewöhnliche) abgezogen werden. Der Abzug als Sonderausgabe setzt die Zustimmung des Unterhaltsberechtigten voraus mit der Folge, dass dieser die erhaltenen Unterhaltszahlungen zu versteuern hat (§ 22 Nr. 1a EStG). Weiter ist erforderlich, dass die Identifikationsnummer (§ 139b AO) der unterhaltenen Person in der Einkommensteuererklärung des Unterhaltsleistenden angegeben wird.

Realsteuern
sind eine Unterart der → Objektsteuern; Realsteuern sind nur die → Grundsteuer und die → Gewerbesteuer (§ 3 II AO). Das Aufkommen steht den Gemeinden zu (→ Gemeindeabgaben; → Verteilung des Steueraufkommens).

Realunion
ist eine auf Dauer berechnete → Staatenverbindung unter demselben Staatsoberhaupt mit gemeinsamen Staatsorganen. Anders als die → Personalunion beruht sie nicht auf dynastischem Zufall, sondern auf der verfassungsrechtlichen Vereinbarung gemeinschaftlicher Institutionen. Gemeinsam für die Gliedstaaten ist idR die Verwaltung der auswärtigen und der militärischen, mitunter auch der finanziellen Angelegenheiten. Trotzdem werden die Gliedstaaten als selbständige → Völkerrechtssubjekte angesehen. Beispiele: Österreich-Ungarn 1867–1918; Schweden-Norwegen 1815–1905; Dänemark-Island 1918–1944.

Realvertrag
→ Vertrag (4).

Rechenschaftslegung
Wer fremde Angelegenheiten zu besorgen hat (insbes. → Vormund, Betreuer, Vorerbe, Geschäftsführer ohne Auftrag, Beauftragter, geschäftsführender Gesellschafter usw), hat neben seiner Pflicht zur → Auskunft über seine Verwaltung Rechenschaft abzulegen, dh eine geordnete Zusammenstellung der Einnahmen und Ausgaben mitzuteilen und die entsprechenden Belege vorzulegen, § 259 BGB. Besteht Grund zu der Annahme, dass die in der Rechnung gemachten Angaben über die Einnahmen nicht vollständig oder nicht mit der erforderlichen Sorgfalt gemacht worden sind, so hat der Verpflichtete (außer bei Angelegenheiten von geringer Bedeutung) eine → eidesstattliche Versicherung des Inhalts abzugeben, dass er nach bestem Wissen die Einnahmen so vollständig angegeben habe, als er dazu imstande sei (sa → Stufenklage). Sa → Kommission.

Rechnung
ist eine Aufstellung über eine Forderung als Entgelt für die Lieferung von Waren oder sonstige Leistungen. Sie muss überprüfbar sein, was aber idR nicht Voraussetzung für die → Fälligkeit ist. Sa → Abrechnung, → Rechnungseinheit, → Rechnungslegung.

Rechnung, Übersendung der –
→ Schuldnerverzug; laufende Rechnung → Kontokorrent. Sa → Ohne-Rechnung-Geschäft, → Pro-forma-Rechnung, → Abrechnung. Rechnung iSd Umsatzsteuer ist jede Urkunde, mit der ein Unternehmer über eine Lieferung oder sonstige Leistung abrechnet, gleichgültig wie diese Urkunde im Geschäftsverkehr bezeichnet wird, insbes. Rechnungen, Quittungen, Gutschriften, Abrechnungen, Gegenrechnungen und Frachtbriefe. Seit 1.1.2004 sind die steuerlichen Anforderungen an eine Rechnung weiter verschärft worden. Die Rechnung muss die in § 14 IV UStG genannten Kriterien ausweisen. Dazu gehören ua neben Namen und vollständiger Anschrift des leistenden Unternehmers und des Leistungsempfängers, die dem leistenden Unternehmer erteilte Steuernummer oder die Umsatzsteuer-Identifikationsnummer (→ Binnenmarkt, Umsatzsteuer, 2c). Der Unternehmer hat ein Doppel der Rechnung zehn Jahre lang in lesbarer Form aufzubewahren (§ 14b UStG). Erfüllt die Rechnung die Voraussetzungen der §§ 14, 14a UStG nicht, ist ein Vorsteuerabzug (→ Umsatzsteuer, 7) nicht möglich. Mit Zustimmung des Empfängers kann eine Rechnung auf elektronischen Weg übermittelt werden. Formerleichterung bestehen bei Rechnungen über Kleinbeträge. Die Grenze für solche wurde mit Wirkung zum 1.1.2007 von 100 EUR auf 150 EUR angehoben.

Rechnungseinheit
Rechnungseinheit sind rechnerische Größen, die als Maßstab einer Schuld dienen können, aber weder → Geld noch ein → gesetzliches Zahlungsmittel darstellen. Es gibt sie gelegentlich in internationalen Zusammenhängen, wenn der Gebrauch einer nationalen Währung nicht in Frage kommt. Der ECU (→ europäische Währungseinheit) war, die → Sonderziehungsrechte des IWF sind Rechnungseinheiten. Möglicherweise sind → Bitcoins Rechnungseinheiten.

Rechnungshöfe
sind die Rechnungsprüfungsbehörden für die Haushalte der öffentlichen Verwaltungen. Den Rechnungshöfen obliegt die Nachprüfung der Rechnungslegung nach Abschluss des Rechnungsjahres und damit zugleich die Überwachung der gesamten Haushalts- und Wirtschaftsführung der öffentlichen Hand. Als Rechnungsprüfungsbehörde für die Bundesorgane und die Bundesverwaltungen wurde gem. Art. 114 II 1 GG der Bundesrechnungshof errichtet; er ist eine → oberste Bundesbe-

hörde und als unabhängiges Organ der Finanzkontrolle nur dem Gesetz unterworfen (G v. 11.7.1985, BGBl. 1985 I 1445). Die Mitglieder des BRH genießen richterliche Unabhängigkeit, die durch das GG verfassungsrechtlich garantiert ist. Dem BRH obliegt auch die Haushalts- und Wirtschaftsprüfung der → Bundesbahn sowie der → Sozialversicherungsträger, soweit diese Zuschüsse aus öffentlichen Mitteln erhalten. Die Länder haben für ihre Verwaltungen eigene Rechnungsprüfungsbehörden errichtet (Oberste Rechnungshof). Ihre Mitglieder haben ebenfalls richterliche Unabhängigkeit. Für die Kommunalverwaltungen bestehen besondere Rechnungsprüfungsstellen.

Rechnungsjahr
→ Haushaltsrecht.

Rechnungslegung
Die Rechnungslegung von Unternehmen hat ihre Rechtsgrundlage im Handelsgesetzbuch und im Publizitätsgesetz.

1. Die Rechnungslegung von bestimmten Unternehmen und Konzernen ist nach dem sog. Publizitätsgesetz v. 15.8.1969 (BGBl. 1969 I 1189, mÄnd) vorgeschrieben. Hierzu verpflichtet sind Unternehmen in bestimmter Rechtsform (insbes. → Handelsgesellschaften, § 3 PublG; sa → GmbH & Co.) und in bestimmter Größenordnung (§ 1 PublG, mindestens zwei der drei folgenden Merkmale: Bilanzsumme über 65 Mio. EUR, Umsatz über 130 Mio. EUR, über 5.000 Arbeitnehmer in den zwölf Monaten vor Abschlussstichtag), ferner → Konzerne entsprechender Größenordnung, wenn die Konzernunternehmen unter einheitlicher Leitung eines Unternehmens stehen (§ 11 PublG). Die Rechnungslegung umfasst den → Jahresabschluss, der gemäß § 6 PublG geprüft wird, und den → Lagebericht (§ 5 PublG); beide sind offenzulegen und zum → Handelsregister einzureichen (§ 9 PublG); der Jahresabschluss ist im Bundesanzeiger bekanntzumachen. Entsprechend ist die Rechnungslegung der Konzerne geregelt (§§ 11 ff. PublG).

2. Unter Rechnungslegung iwS versteht man die Verpflichtung zur Führung von Handelsbüchern (→ Buchführung), die jeden Kaufmann trifft. Jeder Kaufmann ist verpflichtet, eine Bilanz zu erstellen (§ 242 HGB; für Kapitalgesellschaften § 264 HGB, für KG & Co. §§ 264a ff. HGB, für Konzerne § 290 HGB, für Genossenschaften § 336 HGB, für Kreditinstitute § 340a HGB, für Versicherungsunternehmen § 341a HGB). Seit 2005 folgt die Rechnungslegung für die Konzernabschlüsse kapitalmarktorientierter Unternehmen den → International Financial Reporting Standards (IFRS); sa → Konzernbilanz.

3. Neben der Pflicht zur Aufstellung des Jahresabschlusses bedeutet Rechnungslegung auch die Offenlegung des Jahresabschlusses (§ 325 HGB, § 9 PublG). Die Offenlegungspflicht betrifft nur Kapitalgesellschaften, Genossenschaften, Kreditinstitute und Versicherungsunternehmen. Einzelkaufleute und Personenhandelsgesellschaften müssen den Jahresabschluss nur offenlegen, wenn sie die Größenmerkmale des Publizitätsgesetzes (s. oben bei 1) erreichen.

4. Sa → Rechenschaftslegung.

Rechnungslegung von Unternehmen und Konzernen
→ Rechnungslegung (1).

Recht
1. a) Recht im objektiven Sinne ist die Rechtsordnung, dh die Gesamtheit der Rechtsvorschriften, durch die das Verhältnis einer Gruppe von Menschen zueinander oder zu den übergeordneten Hoheitsträgern oder zwischen diesen geregelt ist. Diese Regeln können ausdrücklich gesetzt sein (gesetztes Recht oder Rechtsnorm; → Gesetz) oder sich in langjähriger Übung herausgebildet haben (Gewohnheitsrecht). Rechtsetzung erfolgt durch Staaten oder supranationale Organisationen (→ europäisches Recht, → Gesetzgebung) Weitere Rechtsquellen sind nach neuerer Auffassung die jeder Rechtsordnung zugrundeliegenden allgemeinen Rechtsgedanken. Somit gibt es geschriebenes und ungeschriebenes Recht. Die Rechtsnormen (jeder Art), die in einer bestimmten Gemeinschaft und einem bestimmten Bereich effektiv gelten, bezeichnet man als positives Recht; sie können, sofern sie tatsächlich verbindlich (und meist von einer staatlichen Autorität garantiert) sind, gesetztes oder nicht gesetztes Recht (→ Naturrecht, Gewohnheitsrecht) sein.

b) Im Gegensatz zum objektiven Recht ist unter subjektivem Recht eine Befugnis zu verstehen, die sich für den Berechtigten aus dem objektiven Recht unmittelbar ergibt (gesetzliches Recht) oder die auf Grund des objektiven Recht erworben wird (erworbenes Recht). Das subjektive Recht kann ein Herrschaftsrecht, ein Anspruch oder ein Gestaltungsrecht sein.

Die Herrschaftsrechte gliedern sich in absolute, die gegen jeden Dritten wirken (zB Eigentum, Urheberrecht), und relative, die sich gegen bestimmte Personen richten (insbes. Rechte aus Schuldverhältnissen: Forderungen aus Darlehen, Kauf- oder Mietvertrag, Schadensersatzansprüche usw).

Kraft eines Anspruchs kann der Berechtigte von einem anderen ein Tun oder Unterlassen verlangen, § 194 I BGB (zB der Mieter vom Vermieter die Einräumung des Besitzes an der Mietsache, der Grundstückseigentümer vom Nachbarn das Unterlassen unzulässiger Einwirkungen). Nach dem BGB sind schuldrechtliche, dingliche, familien- und erbrechtliche Ansprüche zu unterscheiden; die schuldrechtlichen (auch persönliche oder obligatorische Ansprüche genannt) decken sich mit den sog. Forderungen, die dinglichen ergeben sich aus dem Sachenrecht (Eigentum, Pfandrecht usw).

Die Gestaltungsrechte verleihen dem Berechtigten die Befugnis, subjektive Rechte zu begründen, zu verändern oder aufzuheben (zB Kündigung eines Darlehensvertrags, die einen Rückzahlungsanspruch auslöst; → Anfechtung von Willenserklärungen oder → Rücktritt vom Vertrag; Anfechtung der Vaterschaft).

Nach der Art des Rechtserwerbs ist ein derivatives Recht ein abgeleitetes (zB durch Eigentumsübertragung erworbenes), ein originäres Recht ein ursprünglich entstandenes (zB Aneignung einer herrenlosen Sache).

2. Die Rechtsnormen werden eingeteilt in öffentliches und privates Recht. Das öffentliche Recht regelt das Verhältnis des Einzelnen zum Staat und den übrigen Trägern öffentlicher Gewalt sowie das Verhältnis der Verwaltungsträger zueinander; dazu gehören Staatsrecht, Völkerrecht, Kirchenrecht, Strafrecht, Zivilprozessrecht, Strafprozessrecht, Steuerrecht, Sozial- und Sozialversicherungsrecht uam.

Das Privatrecht regelt die Rechtsbeziehungen der Einzelnen zueinander; dazu zählen insbes. die Bestimmungen des BGB und seiner Ergänzungsgesetze (ErbbauRG, ProdHG, WEG usw; → Bürgerliches Recht), das Handels-, Wechsel-, Scheck- und Wertpapierrecht, das Urheber- und Erfinderrecht, das Privatversicherungsrecht.

Grundsätzlich unterscheiden sich öffentliches und privates Recht dadurch, dass im öffentlichen Recht der Einzelne dem Staat untergeordnet ist, während im Privatrecht die Beteiligten einander gleichgeordnet sind. Auch öffentliche Rechtsträger – zB → Länder, → Gemeinden – können sich auf privatrechtlicher Ebene gleichgeordnet gegenübertreten, etwa beim Abschluss von Nutzungsverträgen. Manche Rechtsgebiete enthalten sowohl öffentlich-rechtliche wie privatrechtliche Normen, insbes. das → Arbeitsrecht (Übersicht s. Anhang).

3. Die Rechtsnormen, die das Recht als solches ordnen, werden als materielles Recht bezeichnet (zB das bürgerliche Recht, das Strafrecht), die Normen, die der Durchsetzung des materiellen Recht dienen, als formelles Recht; dazu gehört insbes. das Verfahrensrecht (Zivilprozessrecht, Strafprozessrecht usw).

Kann die rechtlich vorgeschriebene Regelung durch die Beteiligten geändert werden, so handelt es sich um nachgiebiges Recht – ius dispositivum –, sonst um zwingendes Recht – ius cogens –; so ist zB das Vertragsrecht des BGB grundsätzlich abänderbar, das Verfahrensrecht in aller Regel nicht. Von billigem und strengem Recht – ius aequum, ius strictum – spricht man je nachdem, ob das Gesetz dem Richter oder den Beteiligten einen Spielraum für eine Entscheidung nach Billigkeitsgesichtspunkten lässt oder nicht (in manchen Fällen entscheidet das Ermessen eines Beteiligten, während es in anderen ausgeschlossen ist, so zB bei Untergang eines Anspruchs infolge Versäumung einer Frist zur Geltendmachung). Sa → soft law.

4. Recht und Moral (Sittlichkeit) decken sich nicht immer; die Moral wendet sich an die Gesinnung des Menschen, während das Recht sein äußeres Verhalten regelt. Moralisches Verhalten ist – ebenso wie die Beachtung der Sitte (das sind die in der Gemeinschaft geltenden Anstandsregeln und Gebräuche) – nur erzwingbar, soweit es auch von Rechtsvorschriften gefordert wird.

5. Sa → Auslegung, → Rechtsanwendung, → Rechtsfortbildung, → Rechtsphilosophie, → Rechtssoziologie, → Naturrecht, → Rechtspositivismus, → Rechtsgeschichte, → Rechtswissenschaft, → Rechtsverhältnis.

Recht als Produkt
→ Wettbewerb der Rechtsordnungen.

Recht am eigenen Bild
→ Bildnis; → Bildaufnahme, unzulässige.

Recht auf Arbeit
Das Grundgesetz enthält kein → Grundrecht auf Arbeit; wohl aber ist es in einigen Landesverfassungen enthalten (zB Bayern: Art. 166 II; Berlin: Art. 18; Bremen: Art. 8 I; Hessen: Art. 28 II; Nordrhein-Westfalen: Art. 24 III 1), wobei im Einzelfall streitig ist, inwieweit es sich um ein echtes Grundrecht und nicht nur um einen Programmsatz handelt. Die Übernahme in das GG wird insbesondere von gewerkschaftlicher Seite gefordert.

Recht auf Vergessen
Vor dem Hintergrund der Digitalisierung stellt sich die Frage, inwieweit ein grundrechtlich geschützter Anspruch darauf besteht, dass personenbezogene Daten in Onlinearchiven nach einer bestimmten Zeit gelöscht werden müssen und damit vergessen werden. Nach Auffassung des BVerfG Urt. v. 6.11.2019 – 1 BvR 16/13 – und Urt. v. 6.11.2019 – 1 BvR 276/17 – sind in dieser Frage das → Persönlichkeitsrecht, das Recht auf → Informationelle Selbstbestimmung und das Recht auf Achtung des Privat- und Familienlebens (→ Familie, 2) als Grundrechte mit den Grundrechten der → Pressefreiheit und der sich aus allgemeiner → Handlungsfreiheit, Berufsfreiheit (→ Beruf (freie Wahl und Ausübung)) und → Eigentumsgarantie ergebenden Unternehmerfreiheit abzuwägen. Dabei geht das BVerfG nicht von einem vorrangigen Schutz des Persönlichkeitsrechts aus. Andererseits gehört nach Auffassung des BVerfG die Möglichkeit des Vergessens zur Zeitlichkeit der Freiheit. Die Rechtsordnung muss davor schützen, dass sich eine Person frühere Positionen, Äußerungen und Handlungen unbegrenzt vor der Öffentlichkeit vorhalten lassen muss. Erst die Ermöglichung eines Zurücktretens vergangener Sachverhalte eröffnet dem Einzelnen die Chance zum Neubeginn in Freiheit. Die → Datenschutz-Grundverordnung sieht als ein → Betroffenenrecht in Art. 17 DS-GVO ein unmittelbar anwendba-

res Recht auf Vergessenwerden vor. Danach kann die von der → Datenverarbeitung → betroffene Person von dem Verantwortlichen die Löschung ihrer Daten verlangen ua wenn sie für die Zwecke, zu denen sie erhoben wurden nicht mehr erforderlich sind, die → Einwilligung in die Datenverarbeitung widerrufen wurde oder die Verarbeitung unrechtmäßig ist.

Rechte, Aberkennung
(Verlust) → Aberkennung von Rechten und Fähigkeiten.

Rechte an Grundstücken
→ Grundstücksrechte.

Rechte an Luftfahrzeugen
→ Luftfahrzeuge.

Rechte an Schiffen
→ Schiff, → Schiffspfandrecht.

Rechte und Pflichten, staatsbürgerliche
→ Staatsbürgerliche Rechte und Pflichten.

Rechte, wohlerworbene
Nach Art. 129 I, 3, IV 1 WV waren die wohlerworbenen Rechte der Beamten und der Berufssoldaten unverletzlich; der Umfang dieser Garantie war umstritten. Das geltende Recht kennt den Begriff der wohlerworbenen Rechte nicht mehr. Doch ist nach Art. 33 V GG das Recht des öffentlichen Dienstes unter Berücksichtigung der hergebrachten Grundsätze des Berufsbeamtentums zu regeln. Damit ist jedenfalls der Grundbestand der Rechtsstellung des Beamten (auch in besoldungsrechtlicher Hinsicht) verfassungsmäßig garantiert (→ Beamtenrecht).

Rechtfertigende Pflichtenkollision
Als rechtfertigende Pflichtenkollision wird eine Situation widerstreitender Verpflichtungen und zugleich ein Rechtfertigungsgrund bezeichnet, der in solchen Konstellationen die → Rechtswidrigkeit der zwangsläufigen Vernachlässigung einer der Pflichten ausschließt. Sie wird typischerweise relevant in Notsituationen, in denen sich eine Person aufgrund einer → Garantenstellung (→ Unterlassungsdelikt) oder der allgemeinen Hilfspflicht aus § 323c I StGB (→ Hilfeleistung, unterlassene) der Verpflichtung zur Rettung bzw. Hilfe gegenüber mehreren Rechtsgütern ausgesetzt sieht, diese Pflichten aber aufgrund begrenzter zeitlicher und bzw. oder sachlicher Ressourcen nicht alle erfüllen kann. Ein praktischer Anwendungsfall besteht im Bereich der Medizin, wenn im Katastrophen- oder Kriegsfall einem großen Anfall an Patienten nur begrenzte Behandlungskapazitäten gegenüber stehen (→ Triage). Für die Situation eines durch eine übertragbare Krankheit ausgelösten Mangels an überlebenswichtigen intensivmedizinischen Behandlungskapazitäten enthält der 2022 geschaffene § 5c IfSG eine gesetzliche Regelung, die auf Vorgaben des BVerfG (NJW 2022, 380) zurückgeht.

Von den Fällen des rechtfertigenden → Notstands (1a) unterscheidet sich die rechtfertigende Pflichtenkollision in zweifacher Hinsicht: Zum einen betrifft sie allein Fälle, in denen zwei Handlungspflichten (Rettungspflichten) kollidieren (str.). Für den Notstand ist dagegen eine Kollision von Interessen kennzeichnend, bei der der Täter aktiv in ein fremdes Rechtsgut eingreift, sich also über eine Unterlassungspflicht hinwegsetzt, und dabei durch den höheren Rang des Interesses motiviert ist, zugunsten dessen er tätig wird. Beim letzteren kann es sich auch um ein eigenes Interesse des Täters handeln; dieser muss also bei einem Notstand nicht zwingend einer entsprechenden Handlungspflicht unterliegen. Zum anderen führt die Pflichtenkollision schon dann zur Rechtfertigung, wenn die betroffenen Rechtsgüter gleichwertig sind, während beim Notstand das gerettete Rechtsgut das höherrangige sein muss. Das für den → Notstand (s. dort 1a) wesentliche Verbot einer Abwägung von Leben gegen Leben findet bei der Pflichtenkollision, bei der ja anstelle eines aktiven lebensverkürzenden Eingriffs nur ein partielles Untätigbleiben des Täters gegenüber der aus anderer Richtung drohenden Gefahr zu rechtfertigen ist, keine Entsprechung.

Nach hM ist der zu Hilfe Verpflichtete in der Situation der rechtfertigenden Pflichtenkollision schon dann gerechtfertigt, wenn er die ihm möglichen Rettungsmaßnahmen ergreift, auch wenn er dazu bzw. währenddessen andere gleichwertige Rechtsgüter ihrem Schicksal überlässt. Sind die bedrohten Rechtsgüter gleichwertig und unterliegen sie einer gleich großen Gefahr, so hängt die Rechtfertigung also nicht von der Auswahl unter den Gütern und den dabei angewandten Kriterien ab, die der Verpflichtete trifft; dieser kann vielmehr frei über seine Priorität entscheiden. Kann also zB eine Mutter von zwei gleichzeitig ertrinkenden Kindern nur entweder das eine oder das andere retten, so ist sie gerechtfertigt, wenn sie ein Kind rettet, ohne dass zu bewerten wäre, ob sie sich aus sachlich nachvollziehbaren oder moralisch achtbaren Gründen für dieses Kind entschieden hat. Anders verhält es sich, wenn die Rechtsgüter nicht gleichwertig sind (zB muss aus einem brennenden Haus ein Mensch vorrangig gegenüber einer Sache in Sicherheit gebracht werden) oder sich der Grad der drohenden Gefahr unterscheidet (zB hat ein lebensgefährlich Verletzter Vorrang vor demjenigen, der nur unter Schmerzen leidet). Bei gleichwertiger Gefahr dürfte es zudem zulässig sein, auch nach der Höhe der Rettungschance zu differenzieren (→ Triage), ferner danach, ob einer der zu Rettenden die Gefahr selbst verursacht hat. Streitig ist, ob einem Rechtsgut Vorrang zukommt, dem gegenüber der Verpflichtete in einer Garantenstellung steht. Bejaht man dies, so muss zB die Mutter von zwei ertrinkenden Kindern erst das eigene retten, wenn das andere ein fremdes ist.

Die Pflichtenkollision rechtfertigt allein ein partielles Untätigbleiben. Möchte der Verpflichtete bei seinen Rettungsbemühungen aktiv auf Rechtsgüter Dritter zugreifen, so darf er das nur unter den Voraussetzungen des Notstands. Einer nachträglichen Korrektur der getroffenen Auswahl (sog. Ex-post-Triage, → Triage) unter Preisgabe eines schon Geretteten (zur Abgrenzung zwischen aktivem Tun und Unterlassen in einem solchen Fall → Unterlassungsdelikt 1), um statt seiner einen anderen retten zu können, steht daher regelmäßig das Verbot der Abwägung Leben gegen Leben entgegen.

Rechtfertigungsgründe
→ Rechtswidrigkeit.

Rechtliches Gehör
Nach Art. 103 I GG (und den entsprechenden Bestimmungen der Landesverfassungen) hat vor Gericht jedermann Anspruch auf rechtliches Gehör. Dieser Grundsatz ist als → Grundrecht garantiert. Er besagt, dass einer gerichtlichen Entscheidung nur solche Tatsachen und Beweisergebnisse zugrunde gelegt werden dürfen, zu denen Stellung zu nehmen den Beteiligten Gelegenheit gegeben war. Er gewährt den Prozessbeteiligten eine Mindestgarantie des Inhalts, dass eine für sie nachteilige Entscheidung nicht ohne ihre vorherige Anhörung getroffen werden kann, und schützt die Partei vor Überrumpelung mit unbekannten Tatsachen und Beweisergebnissen. Er soll nicht nur die Sachaufklärung fördern und damit zu einer „richtigen" Entscheidung beitragen, sondern dient zugleich dem Schutz der Würde der Person. Das rechtliche Gehör kann auch verletzt sein, wenn einem Beteiligten bei unverschuldet verspäteter Einlegung eines Rechtsbehelfs (zB Verzögerung durch die Post) keine Wiedereinsetzung in den vorigen Stand gewährt wird. Der Grundsatz des rechtlichen Gehörs umfasst auch die Befugnis, vor Gericht Rechtsausführungen zu machen. Dagegen gibt er keinen Anspruch auf eine vollständige rechtliche Erörterung des Streitfalles (Rechtsgespräch), auch nicht auf eine bestimmte Beweisaufnahme und Prozessführung. Auf mögliche Veränderungen eines rechtlichen Gesichtspunktes hat das Gericht rechtzeitig hinzuweisen (§ 265 StPO, § 139 II ZPO).

Hat ein Gericht den Anspruch einer Partei oder eines Beteiligten auf rechtliches Gehör in entscheidungserheblicher Weise verletzt und ist gegen die Entscheidung ein → Rechtsmittel oder anderer Rechtsbehelf nicht gegeben, so kann der Betroffene (als eine Art → Wiedereinsetzung in den vorigen Stand) binnen 2 Wochen ab Kenntnis von der Verletzung des rechtlichen Gehörs die Fortsetzung des Verfahrens (vor demselben Gericht) verlangen (Anhörungsrüge, Gehörsrüge). Dies gilt nunmehr (Gesetz v. 9.12.2004, BGBl. 2004 I 3220) für alle (End-)Entscheidungen in jeder Verfahrensart (§ 321a ZPO, §§ 33a, 311a, 356a StPO, § 55 IV JGG, § 44 FamFG, § 78a ArbGG, § 152a VwGO, § 178a SGG, § 133a FGO). Die formelle → Rechtskraft der Entscheidung wird hierdurch nicht berührt; es ist aber nach Nachholung des R. erneut zu entscheiden. Erst danach kann ggf. wegen Verletzung des rechtlichen Gehörs → Verfassungsbeschwerde erhoben werden.

Obwohl Art. 103 I GG das rechtliche Gehör nur vor den Gerichten garantiert, ist der Grundsatz als Ausfluss des → Rechtsstaatsprinzips auch im Verfahren vor den Verwaltungsbehörden zu beachten, jedenfalls wenn in die Rechtsstellung der Bürger eingegriffen und ihnen Rechte oder rechtliche Vorteile entzogen oder beschränkt werden sollen. Allerdings kann hier im weiteren Verfahren (Widerspruchsverfahren, verwaltungsgerichtl. Verfahren) das rechtliche Gehör grundsätzlich nachgeholt werden. Sa → Anhörung.

Rechtmäßigkeit der Verwaltung
ist der Grundsatz, dass die Tätigkeit der Verwaltung in jeder Hinsicht dem geltenden Recht entsprechen muss. Er deckt sich weitgehend mit dem Grundsatz der → Gesetzmäßigkeit der Verwaltung, reicht aber insofern weiter, als die Verwaltung auch dort, wo sie ohne nähere gesetzliche Regelung (zB bei der Vergabe von Subventionen) oder privatrechtlich (fiskalisch) tätig wird, gewissen Beschränkungen unterliegt, insbes. einer Bindung an die Grundrechte, namentlich an den → Gleichheitssatz. Vgl. auch → Leistungsverwaltung.

Rechtsakte
Als Rechtsakt der EU wird jedes rechtlich relevante Handeln der → Europäischen Union bezeichnet, sowohl Rechtsetzung (→ Europäische Gesetzgebung) als auch Einzelentscheidungen der Organe der EU (vgl. Art. 288 AEUV).

Rechtsanalogie
→ Analogie.

Rechtsanspruch
→ Anspruch, → subjektives öffentliches Recht.

Rechtsantragstelle (auch: digitale)
Eine Rechtantragstelle ist eine Stelle bei einem Gericht (Amtsgericht), bei der die Bürgerinnen und Bürger ihre rechtlichen bzw. gerichtlichen Anträge protokollieren lassen und einreichen können. Aktuell betreibt das BMJ zusammen mit einigen Ländern das Projekt einer digitalen Rechtsantragstelle, dh digital und nicht durch persönliche Vorsprache in der Behörde.

Rechtsanwalt
1. a) Der RA ist ein unabhängiges Organ der Rechtspflege und übt einen freien Beruf – kein Gewerbe – aus (§§ 1, 2 BRAO - Bundesrechtsanwaltsordnung v. 1.8.1959, BGBl. 1959 I 565); über Zusammenschluss mehrerer RA → Sozietät, → Partnerschaftsgesellschaft (s. dort auch zur sog. Sternsozietät). Der RA ist der

berufene Berater und Vertreter in allen Rechtsangelegenheiten (§ 3 BRAO, → Rechtsberatung). Als RA wird nur zugelassen, wer die Befähigung zum Richteramt erlangt hat (§ 4 BRAO). Der RA ist freizügig (§ 5 BRAO), muss aber zugelassen sein und im Bezirk der RA-Kammer (unten 3), deren Mitglied er ist, eine Kanzlei (auch Zweigstelle möglich) einrichten und unterhalten (§ 27 BRAO); iE → Zulassung zur Rechtsanwaltschaft. Nur die Zulassung beim Bundesgerichtshof ist eine ausschließliche; sonst ist ein RA befugt, vor allen Gerichten und Behörden aufzutreten (iE → Anwaltsprozess), insbes. als → Prozessbevollmächtigter und → Verteidiger. Sa → Fachanwalt.

b) Die Zulassung und die Tätigkeit europäischer RAe in Deutschland regelt das Gesetz über die Tätigkeit europäischer Rechtsanwälte in Deutschland (EuRAG) v. 9.3.2000 (BGBl. 1990 I 182 mÄnd). Danach ist als (deutscher) RA zuzulassen, wer eine mindestens 3-jährige regelmäßige Tätigkeit als niedergelassener europäischer RA in Deutschland auf dem Gebiet des deutschen Rechts (bei kürzerer Zeit die Fähigkeit, die Tätigkeit weiter auszuüben) nachweist (§§ 11 ff. EuRAG; Eingliederung). Anderenfalls kann der Bewerber eine Eignungsprüfung über seine Fähigkeit, den Beruf eines RA in Deutschland auszuüben, ablegen, um als RA zugelassen zu werden (§§ 16 ff. EuRAG; Rechtsanwaltseignungsprüfungsverordnung – RAEigPrV – v. 18.12.1990, BGBl. 1990 I 2881 mÄnd). Bestimmte andere Personen mit einem dem Berufsbild des RA entsprechenden Beruf können sich unter näher geregelten Umständen als RA niederlassen (§§ 206 f. BRAO).

2. Das Rechtsverhältnis des RA zu seinem Mandanten (Auftraggeber) stellt einen → Geschäftsbesorgungsvertrag dar. Der RA ist nicht verpflichtet, das Mandat anzunehmen, muss aber die Ablehnung unverzüglich erklären (§ 44 BRAO). In bestimmten Fällen darf er nicht tätig werden (§ 45 BRAO, zB wenn er in derselben Rechtssache als Richter, Notar usw tätig war oder eine Partei im entgegengesetzten Interesse beraten oder vertreten hat; → Parteiverrat). Seinen Beruf hat der RA gewissenhaft auszuüben und sich auch außerhalb des Berufs der Achtung und des Vertrauens würdig zu erweisen, die seine Stellung als Organ der Rechtspflege erfordern (§ 43 BRAO). Insbes. darf der RA keine Bindungen eingehen, die seine berufliche Unabhängigkeit gefährden, oder widerstreitende Interessen vertreten. Er ist zur Verschwiegenheit (→ Berufsgeheimnis), zur sorgfältigen Verwaltung fremden Vermögens (→ Anderkonto) und zur Fortbildung verpflichtet. Werbung ist dem RA nur erlaubt, soweit sie über die berufliche Tätigkeit in Form und Inhalt sachlich unterrichtet und nicht auf die Erteilung eines Auftrags im Einzelfall gerichtet ist (§§ 43a, 43b BRAO). Die Ausgestaltung der Berufspflichten iE erfolgte durch eine auf Grund §§ 59b, 191a ff. BRAO in der Form einer Satzung der Bundesrechtsanwaltskammer erlassenen Berufsordnung (BORA).

Der RA kann wie sein Mandant das Mandat kündigen. Er kann auch in einem ständigen Dienstverhältnis stehen (→ Syndikusanwalt); ferner → Sozietät (auch überörtlich zulässig), → Partnerschaftsgesellschaft (dort auch zur sog. RA-GmbH). Auf Grund des Mandats (Geschäftsbesorgungsvertrag) haftet der RA seinem Mandanten für Schäden, die er aus → Verschulden verursacht hat (sog. Anwaltshaftung), zB durch eine fehlerhafte oder unterlassene Beratung. Der RA ist verpflichtet, hierfür eine Berufshaftpflichtversicherung abzuschließen. Die Mindestversicherungssumme beträgt 250.000 EUR für jeden Versicherungsfall und 1 Mio. EUR für alle innerhalb eines Versicherungsjahres verursachten Schäden (§ 51 BRAO). Für Partnerschaften mit beschränkter Berufshaftung gelten höhere Mindestsummen (§ 51a BRAO). Soweit danach Versicherungsschutz besteht, kann die Haftung für einfache → Fahrlässigkeit durch schriftliche Vereinbarung im Einzelfall auf die Mindestversicherungssumme (durch Allgemeine Geschäftsbedingungen auf das Vierfache hiervon) beschränkt werden (§ 52 BRAO). Zur Vergütung des RA → Rechtsanwaltsgebühr.

3. Die RAe eines OLG-Bezirkes bilden die Rechtsanwaltskammer, ebenso die beim BGH zugelassenen (Pflichtmitgliedschaft). Die RAK ist eine Körperschaft des öffentlichen Rechts unter der Rechtsaufsicht der Landesjustizverwaltung (§ 62 BRAO). Sie hat einen von der Kammerversammlung gewählten Vorstand, der aus seiner Mitte das Präsidium wählt (§§ 64, 78 BRAO). Die Kammern sind in der Bundesrechtsanwaltskammer (BRAK) zusammengeschlossen; die Rechtsaufsicht führt das Justizministerium des Bundes (§§ 175, 176 BRAO). Bei dieser wird eine unabhängige Stelle zur Schlichtung von Streitigkeiten zwischen einem RA und seinem Auftraggeber eingerichtet (§ 191f BRAO). Die BRAK richtet ferner für jedes ihrer Mitglieder ein besonderes elektronisches Postfach (beA) ein (§ 31a BRAO). Dieses soll der Anwaltschaft die Möglichkeit der Teilnahme am elektronischen Rechtsverkehr, insbesondere mit den Gerichten eröffnen und gewährleisten.

4. Die Anwaltsgerichtsbarkeit (sa → Berufsgerichte) ist in der BRAO geregelt; ergänzend gelten VwVfG (für Verwaltungsverfahren – insbes. Zulassungssachen –, § 32 BRAO) sowie GVG und StPO. Die Anwaltsgerichte sind zuständig für Streitigkeiten aus der → Zulassung (§ 112a BRAO) und für die Ahndung schuldhafter Verletzungen der Standespflichten (§§ 113, 114 BRAO, zB Gebührenüberhebung, Verstoß gegen Wettbewerbsverbot, standeswidriges Verhalten vor und außer Gericht). Bei geringfügigen Pflichtverletzungen, die ein ehrengerichtliches Verfahren nicht erforderlich erscheinen lassen, kann der Vorstand der RAK

Rügen aussprechen; dagegen ist Antrag auf anwaltsgerichtliche Entscheidung zulässig (§§ 74, 74a BRAO). Im anwaltsgerichtlichen Verfahren können Warnungen und Verweise erteilt, Geldbußen bis 25.000 EUR und Ausschließung aus der Rechtsanwaltschaft ausgesprochen werden. Nach Einleitung des Verfahrens kann, wenn Ausschließung zu erwarten ist, das (vorläufige) Berufs- und Vertretungsverbot verhängt werden (§ 150 BRAO). Im ersten Rechtszug entscheidet das für den Bezirk der RAK errichtete Anwaltsgericht in der Besetzung mit 3 RAen. Diese werden aus einer Vorschlagsliste der RAK durch die Landesjustizverwaltung ausgewählt und ernannt; sie stehen für die Dauer ihres Amtes Berufsrichtern gleich (§ 95 BRAO). Für öffentlich-rechtliche Streitigkeiten, insbes. Zulassungssachen und für die Rechtsmittelentscheidung ist der Anwaltsgerichtshof zuständig (§§ 112a, 142, 143 BRAO). Er wird beim → Oberlandesgericht gebildet; die Senate sind mit 3 RAen (einschl. des Vorsitzenden) und 2 Richtern am OLG besetzt (§ 104 BRAO). Über Rechtsmittel gegen Urteile des Anwaltsgerichtshofs entscheidet der Senat für Anwaltssachen beim → Bundesgerichtshof mit 7 Mitgliedern, davon 3 RAen (§§ 106, 112e BRAO). Zu den Kosten und Verwaltungsgebühren s. §§ 192 ff. BRAO.

Rechtsanwaltsgebühr

1. Die Vergütung (Honorar) des → Rechtsanwalts ist im Rechtsanwaltsvergütungsgesetz (RVG, Art. 3 Kostenrechtsmodernisierungsgesetz v. 5.5.2004, BGBl. 2004 I 718, nebst Anlage 1 hierzu – Vergütungsverzeichnis, VV RVG –, mÄnd) geregelt. Besondere Vergütungsvorschriften gelten für die Tätigkeit des Rechtsanwalts als → Vormund, → Betreuer, → Testamentsvollstrecker, → Insolvenzverwalter usw. Die gesetzlichen Gebühren nach dem RVG sind Mindestgebühren, die für Gerichtsverfahren grds. nicht unterschritten werden dürfen (§ 49b I BRAO). Ein höheres Honorar kann in deutlich abgesetzter Textform (→ Form, 1a) – nicht in der Vollmachtsurkunde – vereinbart werden (§ 3a RVG). In außergerichtlichen Angelegenheiten kann eine niedrigere als die gesetzliche Vergütung ausbedungen werden (§ 4 RVG). Eine Vereinbarung, durch die eine Vergütung oder deren Höhe vom Ausgang der Sache oder vom Erfolg der anwaltlichen Tätigkeit abhängig gemacht wird oder nach der der Rechtsanwalt einen Teil des erstrittenen Betrags als Honorar erhält (Erfolgshonorar), ist in bestimmten Fällen zulässig, nämlich bei Geldforderungen bis 2.000 EUR bzw. bei höheren Forderungen, wenn der Auftraggeber auf Grund der Sachlage sonst von einer sachgerechten Rechtsverfolgung abgehalten würde (§ 49b II BRAO, § 4a RVG). Bei außergerichtlichen Inkassodienstleistungen sowie im gerichtlichen Mahn- bzw. Zwangsvollstreckungsverfahren ist ein Erfolgshonorar ohne Begrenzung bei Gegenstandswerten zulässig.

2. Die Rechtsanwaltsgebühr fällt entweder in festgelegter Höhe (Wertgebühr, s. unten) oder als → Rahmengebühr für bestimmte Tätigkeiten an. Im Zivilprozess sind die wichtigsten Rechtsanwaltsgebühren die Verfahrensgebühr für das Betreiben der Angelegenheit (einschließlich Besprechung und Beratung, Fertigung von Schriftsätzen usw), die Terminsgebühr für die Vertretung des Mandanten in einem Verhandlungs-, Erörterungs- oder Beweisaufnahmetermin sowie die Einigungsgebühr für die Mitwirkung bei Abschluss eines Vergleichs oder bei sonstiger Streitbeilegung. Für die → Mediation (auch Beratung und Gutachten) soll durch Verzicht auf gesetzliche Festlegung der Abschluss von Gebührenvereinbarungen gefördert werden (§ 34 RVG). Die Rechtsanwaltsgebühren können nebeneinander anfallen. Daneben kann der Rechtsanwalt Auslagenersatz (zB für Ablichtungen, Reisekosten) und → Umsatzsteuer verlangen. Die Verteidigergebühren in Strafsachen sind als → Rahmengebühren ausgestaltet. Der Rechtsanwalt kann einen angemessenen Vorschuss auf die Rechtsanwaltsgebühr verlangen (§ 9 RVG).

3. Die Höhe der Rechtsanwaltsgebühr richtet sich im Zivilprozess und im Verfahren der → freiwilligen Gerichtsbarkeit nach dem (vom Gericht festzusetzenden) → Gegenstandswert, der dem → Streitwert oder → Geschäftswert entspricht (Wertgebühr, § 23 RVG). So betragen zB bei einem Streitwert von 5.000 EUR in erster Instanz die (eigenen) Rechtsanwaltsgebühren einschließlich → Umsatzsteuer über 1.000 EUR. Die Verfahrensgebühr fällt hiervon grdsätzl. 1,3-fach an, die Terminsgebühr 1,2-fach, die Einigungsgebühr 1,5-fach (außerhalb eines gerichtlichen Verfahrens). Dies gilt auch für im Rahmen der → Prozesskostenhilfe beigeordnete Rechtsanwälte. In Strafsachen richten sich die Rechtsanwaltsgebühr nach dem tätig werdenden Gericht, Bedeutung, Umfang, Dauer und Schwierigkeit der Sache unter Berücksichtigung von Einkommen und Vermögen des Mandanten (für gerichtlich bestellte oder beigeordnete Rechtsanwälte und Pflichtverteidiger gelten feste Sätze). Im Verwaltungs- und Finanzgerichtsverfahren ist wie im Zivilprozess der Gegenstandswert maßgebend; im Sozialgerichtsverfahren sind zT Betragsrahmen vorgesehen. Im höheren Rechtszug gelten überwiegend höhere Gebührensätze (zB Verfahrensgebühr 1,6-fach). Beispiele für Prozesskosten s. Anhang L.

4. Der Rechtsanwalt kann die Vergütung nur auf Grund einer von ihm erstellten, nach Gebührentatbestand usw detaillierten Berechnung einfordern (§ 10 RVG). Die gesetzliche Vergütung des Rechtsanwalts – Gebühren, Auslagen usw – wird auf Antrag (auch des Mandanten) vom Gericht festgesetzt (§ 11 RVG); zuständig ist der → Rechtspfleger. Vereinbarte Rechtsanwaltsgebühr und Rahmengebühren können ggf. im Rechtsstreit auf ihre

Angemessenheit überprüft werden (§ 14 II RVG).

5. In der Praxis haben sich insbesondere bei höheren Gegenstandswerten vereinbarte Gebühren nach Stundensätzen durchgesetzt, die Größenordnungen von mehreren hundert EUR/Stunde erreichen können. Die gesetzlichen Gebühren wurden zuletzt durch das Kostenrechtsänderungsgesetz 2021 (v. 21.12.2020, BGBl. 2020 I 3229) deutlich angehoben, eine weitere spürbare Erhöhung wird sich aus dem Kosten- und Betreuervergütungsrechtsänderungsgesetz 2025 (v. 10.4.2025, BGBl. 2025 I 109), das zum 1.6.2025 in Kraft tritt, ergeben.

Rechtsanwaltsgesellschaft
→ Sozietät, → Partnerschaftsgesellschaft.

Rechtsanwaltskammer
→ Rechtsanwalt (3).

Rechtsanwaltsvergleich
→ Anwaltsvergleich.

Rechtsanwaltsvergütung
→ Rechtsanwaltsgebühr.

Rechtsanwaltsvertrag
→ Rechtsanwalt (2), → Dienstvertrag (1), → Geschäftsbesorgungsvertrag.

Rechtsanwendung
Die Anwendung des Rechts auf einen gegebenen Sachverhalt (Tatbestand) unterliegt gesetzlichen Regeln und den Methoden der Rechtsfindung, die sich in der Praxis herausgebildet haben. Der Richter geht von einem festgestellten oder gedachten Sachverhalt aus, ordnet ihn unter die einschlägigen Rechtsvorschriften ein (Subsumtion = Unterordnung) und zieht die sich aus diesen ergebenden Schlussfolgerungen; zB: Da der Verstorbene keine Verwandten hinterlassen und keine letztwillige Verfügung getroffen hat, ist nach § 1931 II BGB, § 1937 BGB der überlebende Ehegatte gesetzlicher Erbe. Ein wesentlicher Teil der Rechtsanwendung ist somit die Rechtsfindung, dh das Erkennen des auf den zugrundegelegten Sachverhalt anzuwendenden Rechtssatzes (Kognition). Sodann muss der Richter durch Anwendung des Rechts auf den festgestellten Tatbestand zu einer Entscheidung des Rechtsfalles gelangen. Hierbei ist eine logische Reihenfolge einzuhalten: Zunächst sind die formellen Voraussetzungen eines Begehrens zu prüfen (→ Zulässigkeit des Rechtswegs, der Klage, des Rechtsmittels; sachliche und örtliche Zuständigkeit usw), dann erst die sachlichen (→ Begründetheit).

Die den allgemeinen wissenschaftlichen Erkenntnislehren entnommenen Methoden der Rechtsfindung sind vielfältig; herkömmlich unterscheidet man die systematische, deduktive, historische, genetische, teleologische usw. Bei der Gesetzesanwendung bedient man sich vorrangig der Semantik, die von den möglichen Bedeutungen eines Wortlauts (der Textfassung) ausgeht und hieraus den Wortsinn abzuleiten sucht, und innerhalb des so gewonnenen Bedeutungsspielraums der Hermeneutik, eines wissenschaftlichen Verfahrens der Auslegung gesetzlicher Bestimmungen für den Anwendungsfall. Zu diesen überlieferten ist neuerdings die – freilich umstrittene – topische Methode hinzugetreten. Bei der Suche nach den auf den Einzeltatbestand anwendbaren Rechtsnormen müssen zunächst das einschlägige engere Rechtsgebiet und in diesem die in Betracht kommenden Bestimmungen durchgeprüft werden. Alle Rechtsregeln haben ihren Ort (griech. = topos), aus dessen Quellen der auf den Sachverhalt zutreffende Rechtssatz als Nachweis zur Lösung des Rechtsproblems herauszuholen ist. Die topische Denkweise steht insofern in einem gewissen Gegensatz zur systematischen Methode; diese geht vom Ganzen aus und sucht das Problem von der Ganzheit eines Systems her zu lösen. Die topische Methode hingegen nimmt das Inhaltliche eines Problems zum Ausgangspunkt, sucht sodann die für dessen Lösung möglicherweise maßgeblichen Gesichtspunkte (topoi) heraus und stellt deren Wirksamkeit für das zu lösende Problem fest, evtl. auch, ob die maßgeblichen Gesichtspunkte einander übergeordnet oder gleichgeordnet sind. Sodann werden die in Betracht kommenden Lösungsmöglichkeiten zusammengestellt und zwischen diesen die Auswahl getroffen. Sa → Rechtspositivismus, → Begriffsjurisprudenz.

Da die gesetzliche Regelung oft lückenhaft oder nicht zweifelsfrei ist, wendet der Richter als Mittel der Rechtsfindung zunächst die Regeln der → Auslegung an. Führt diese nicht zum Ergebnis, so ist durch Ergänzung des Gesetzes (→ Analogie, argumentum e contrario) der Inhalt der anzuwendenden Rechtsnorm festzustellen. Erst wenn auch hierdurch kein Ergebnis zu erzielen ist, kann an eine vorsichtige freie Rechtsfindung, insbes. im Wege des Richterrechts, gedacht werden (→ Rechtsfortbildung).

Der Rechtsanwendung dient insbes. die Aufnahme von → Beweisen durch das Gericht, der Rechtsfindung und Rechtsanwendung im Kollegialgericht die Beratung, ggf. das Rechtsmittelverfahren. Dem Richter kann für die Rechtsanwendung durch das Gesetz ein Ermessens- oder Beurteilungsspielraum eingeräumt sein, so zB wenn ein Vertrag nach Treu und Glauben auszulegen ist oder wenn wertausfüllungsbedürftige Merkmale anzuwenden sind (→ Generalklausel, normative Rechtsbegriffe).

Rechtsaufsicht
→ Staatsaufsicht.

Rechtsausübung, unzulässige
→ Rechtsmissbrauch, → Treu und Glauben, → Verwirkung, → Schikaneverbot → Sittenwidrigkeit.

Rechtsbedingung
→ Bedingung.

Rechtsbehelf
Darunter versteht man jedes von der Rechtsordnung in einem Verfahren zugelassene Gesuch, mit dem eine behördliche, insbes. gerichtliche Entscheidung angefochten werden kann. Rechtsbehelf ist gegenüber dem → Rechtsmittel der Oberbegriff, da unter Rechtsbehelfe auch – förmliche und formlose – Gesuche fallen, über die im gleichen Rechtszug entschieden wird (zB Einspruch, Widerspruch, Erinnerung, Gegenvorstellung).

Rechtsbehelfsbelehrung
Die Rechtsbehelfsbelehrung ist die gerichtliche oder behördliche Belehrung, die inhaltlich der → Rechtsmittelbelehrung entspricht, aber über andere → Rechtsbehelfe als Rechtsmittel erteilt wird. Sie ist bundesrechtlich insbes. vorgeschrieben im Strafprozess bei Ergehen einer Entscheidung, die durch ein befristetes Rechtsmittel angefochten werden kann (§ 35a StPO), beim → Haftbefehl (§ 115 IV StPO, § 115a III StPO) und bei der Einstellungsverfügung (§ 171 StPO), im Verfahren der → freiwilligen Gerichtsbarkeit (§ 39 FamFG), bei → Verwaltungsakten gem. § 37 VI VwVfG und den entsprechenden Vorschriften des Landesrechts, ferner bei Widerspruchsbescheiden (§ 73 III VwGO). Im → Zivilprozess hat jede anfechtbare gerichtliche Entscheidung eine Belehrung ua über das statthafte Rechtsmittel, den Einspruch, den Widerspruch oder die Erinnerung und über die einzuhaltende Form und Frist zu enthalten (jedoch nicht in Verfahren mit Anwaltszwang, außer es ist über einen Einspruch oder Widerspruch zu belehren oder die Belehrung ist an einen Zeugen oder Sachverständigen zu richten) (§ 232 ZPO). Sa → Rechtsmittelbelehrung.

Rechtsbeistand
Rechtsbeistand war die Berufsbezeichnung für eine Person, die – ohne → Rechtsanwalt zu sein – die Erlaubnis für die geschäftsmäßige Besorgung fremder Rechtsangelegenheiten erhalten hatte. Seit dem 1.1.1981 können Rechtsbeistände (mit dieser umfassenden Beratungs- und Vertretungsbefugnis) nicht mehr neu bestellt werden. S. heute → Rechtsdienstleistung.

Rechtsberatung
→ Rechtsdienstleistung.

Rechtsberatung für Bürger mit geringem Einkommen
Um die Chancengleichheit aller Bürger auf rechtliche Betreuung und gleichen Zugang zu den Gerichten zu wahren, sieht das Beratungshilfegesetz (BerHG) v. 18.6.1980 (BGBl. 1980 I 689) mÄnd im Rahmen der vorsorgenden → Rechtspflege eine Rechtsberatung vor. Über die Gewährung von Beratungshilfe entscheidet auf Antrag der → Rechtspfleger beim Amtsgericht, soweit die Angelegenheit dort nicht sogleich abschließend erledigt werden kann. Die Voraussetzungen der Rechtsberatung ähneln den Voraussetzungen der → Prozesskostenhilfe. Der Rechtsuchende kann sodann mit einem Berechtigungsschein einen → Rechtsanwalt seiner Wahl zur Beratung oder Vertretung aufsuchen (oder eine bereits getroffene Wahl nachträglich bestätigen lassen). Die Kosten übernimmt die Staatskasse. Das BeratungshilfeG umfasst die Bereiche des Zivil-, Straf- (einschl. Ordnungswidrigkeiten), Arbeits-, Verwaltungs-, Verfassungs- und Sozialrechts; daneben gelten zT ergänzende landesrechtliche Vorschriften (zB Art. 51 BayAGGVG). Über Kostenvergünstigungen in einem Rechtsstreit → Prozesskostenhilfe.

Rechtsbereinigung
Rechtsbereinigung ist die förmliche Feststellung des als gültig erachteten Rechts in einem bestimmten Rechtsgebiet; vgl. → Sammlung des Bundesrechts. Eine weitere Zielsetzung hat das 1. Rechtsbereinigungsgesetz v. 24.4.1986 (BGBl. 1986 I 560), das ua Anzeige- und Meldepflichten einschränkt, Genehmigungserfordernisse auflockert und Anpassungen an das Verwaltungsverfahrensgesetz vorsieht. In diesem weiteren Sinne umfasst die Rechtsbereinigung auch die → Rechtsvereinfachung. In den → neuen Ländern wurde 1996–1998 das als Landesrecht fortgeltende Recht der ehem. DDR bereinigt; eine Bereinigung des als Bundesrecht fortgeltenden Rechts der ehem. DDR ist erst teilweise erfolgt. Durch das Zweite Gesetz über die Bereinigung von Bundesrecht im Zuständigkeitsbereich des Bundesministeriums der Justiz v. 23.10.2007 (BGBl. 2007 I 2614) wurden ca. 200 Rechtsvorschriften gestrichen. Durch das Zweite Gesetz über die weitere Bereinigung des Bundesrechts v. 8.7.2016 (BGBl. 2016 I 1594) erfolgte die jüngste Rechtsbereinigung.

Rechtsbeschwerde
Die Rechtsbeschwerde ist eine → Beschwerde, die nur darauf gestützt werden kann, dass das Gericht in der angefochtenen Entscheidung das formelle oder materielle Recht verletzt hat (nicht auf Fehler in der Sachverhaltsfeststellung). Insofern ist die Rechtsbeschwerde der → Revision nachgebildet. Die wichtigsten Fälle der Rechtsbeschwerde sind die Rechtsbeschwerde im Zivilprozess (§§ 574 ff. ZPO), im arbeitsgerichtlichen → Beschlussverfahren (§ 92 ArbGG), in der freiwilligen Gerichtsbarkeit (§§ 70 ff. FamFG), in Bußgeldsachen (§ 79 OWiG), Strafvollzugssachen (§ 116 StVollzG) und Kartellsachen (§§ 74 ff. GWB). Rechtsbeschwerdegericht in Zivilsachen ist der → Bundesgerichtshof (§ 133 GVG).

Rechtsbeugung
begeht ein Richter, sonstiger → Amtsträger oder Schiedsrichter, der bei Leitung oder Entscheidung einer Rechtssache vorsätzlich zugunsten oder zum Nachteil einer Partei das Recht verletzt (§ 339 StGB). Zu den Rechtssachen gehören alle Angelegenheiten, über die in einem rechtlich geordneten Verfahren zwischen mehreren Beteiligten mit entgegenste-

henden rechtlichen Interessen zu entscheiden ist. Das sind außer Zivil- und Strafsachen auch Sachen der → freiwilligen Gerichtsbarkeit oder Verwaltungsverfahren (zB Nachlasssachen, → Bußgeldverfahren; nicht dagegen Steuerfestsetzung). Zu den Richtern iS des § 339 StGB zählen auch → ehrenamtliche Richter. Amtsträger ist auch ein Staatsanwalt. Die Rechtsbeugung kann durch Verfälschung des Sachverhalts oder unrichtige Anwendung von Rechtsnormen, aber auch durch Ermessensmissbrauch – zB bei der Strafzumessung – begangen werden. Erforderlich ist ein elementarer Verstoß gegen die Rechtspflege, bei dem sich der Täter bewusst und in schwerer Weise von Recht und Gesetz entfernt (BGHSt 32, 357). Seit der Neufassung der Vorschrift durch das EGStGB 1974 genügt bedingter Vorsatz. Zum Schutz der Unabhängigkeit der Rechtspflege billigt die Rspr. § 339 StGB eine Sperrwirkung zu (BGHSt 10, 294; BGHSt 32, 357; NJW 1995, 3324); danach ist eine Bestrafung wegen anderer mittels Rechtsbeugung begangener Delikte nur möglich, wenn die Voraussetzungen des § 339 StGB gegeben sind. Vgl. ferner → Verfolgung Unschuldiger. Über Richterbestechung → Bestechung.

Zur Rechtsbeugung unter der Herrschaft des → Nationalsozialismus, insbes. durch den → Volksgerichtshof, und der – fehlgeschlagenen – Auseinandersetzung mit ihr durch die Rspr. s. BGH NJW 1996, 857; zur Aufhebung von NS-Strafurteilen → Nationalsozialistisches Unrecht.

Rechtsblindheit
Von Rechtsblindheit spricht man, wenn jemand Unrecht tut, dies aber nicht erkennt, weil ihm das Gefühl für das Unrechte seines Handelns fehlt; er verletzt demnach blind rechtlich geschützte Interessen. Begeht er in Rechtsblindheit eine mit Strafe bedrohte Handlung – das konnte zB während der nat.-soz. Zeit bei der Ausführung von Befehlen oder Anwendung objektiv unrechtmäßiger Gesetze der Fall sein –, so kann fraglich sein, ob er gleichwohl bestraft werden kann. Die in der Lehre über den → Verbotsirrtum hM nimmt auf Grund der Schuldtheorie an, dass das Unrechtsbewusstsein neben dem Vorsatz selbständiges Schuldelement sei, also vom Vorsatz nicht umfasst werden müsse; danach schließt Rechtsblindheit die Bestrafung nicht aus, wenn der Verbotsirrtum vorwerfbar ist. Die Vorsatztheorie dagegen, die das Unrechtsbewusstsein als Bestandteil des Vorsatzes ansieht, kann im Falle der Rechtsblindheit den Vorsatz nicht als erfüllt ansehen; insoweit macht aber die sog. eingeschränkte Vorsatztheorie eine Ausnahme, indem sie die auf Rechtsfeindschaft beruhende Rechtsblindheit dem Vorsatz gleichstellt und für unbeachtlich erklärt.

Rechtsbücher
→ Rechtsgeschichte (3).

Rechtschreibung
1. Die Rechtschreibung in Deutschland wurde erstmals 1901 durch Beschlüsse der Staatlichen Orthographiekonferenz vereinheitlicht, die 1902 vom BR für verbindlich erklärt und 1955 mit den zwischenzeitlichen Änderungen von der Kultusministerkonferenz als Grundlage für den Unterricht an Schulen bestätigt wurden.

2. Mit der Wiener Absichtserklärung v. 1.7.1996 (BAnz. Nr. 205a) beschlossen die BRep. Deutschland und ihre → Länder sowie Belgien, Italien, Liechtenstein, Österreich, Rumänien, die Schweiz und Ungarn, die von der Wiener Orthographiekonferenz 1994 vorgeschlagene neue Rechtschreibung innerhalb der Bereiche, für die sie die Regelungskompetenz haben, umzusetzen. Die neue Rechtschreibung wurde als verbindliche Grundlage für den Unterricht an → Schulen seit Mitte 1998 eingeführt und sollte ab 1.8.2005 verbindlich sein. Zur Umsetzung im Rahmen der → Schulordnung wurden → Verwaltungsvorschriften erlassen. Für die Amts- und Gesetzessprache sind die neuen Regeln grds. seit 1.8.1999 verbindlich. Die Reform der Rechtschreibung war in Deutschland Gegenstand teilweise heftiger Kritik. Am 8.10.2004 beschlossen die Ministerpräsidenten der deutschen Länder, dass die neue Rechtschreibung termingerecht eingeführt werden solle, aber ein „Rat für deutsche Rechtschreibung" noch vor dem 1.10.2005 Verbesserungsvorschläge machen solle. Erst am 2.3.2006 stimmte die Kultusministerkonferenz den ergänzenden Empfehlungen des Rats für deutsche Rechtschreibung zu; die Ministerpräsidenten der deutschen Länder bestätigten den Beschluss am 30.3.2006. Danach ist die modifizierte Rechtschreibung in der Fassung der im Jahr 2006 bestätigten Empfehlungen verbindliche Grundlage des Unterrichts an allen deutschen Schulen. Bis zum 31.7.2007 wurden überholte Schreibweisen nicht als Fehler markiert und bewertet. Außerhalb des staatlichen Bereiches und insbes. der Schule haben die Beschlüsse v. 2. und 30.3.2006 keine Bindungswirkung.

3. Das BVerfG hat entschieden, dass die Einführung der neuen Rechtschreibung an den Schulen Angelegenheit der Länder ist, keiner Regelung durch den Gesetzgeber bedarf und Rechte der Eltern nicht verletzt (NJW 1998, 2515); umgekehrt besteht kein Anspruch auf Unterrichtung nach den neuen Regeln (NJW 1999, 3477).

Rechtsdienstleistung
Die Zulässigkeit außergerichtlicher Rechtsdienstleistungen ist im RDG v. 12.12.2007 (BGBl. 2007 I 2840) mÄnd geregelt (RDG). Rechtsdienstleistung ist jede Tätigkeit in konkreten fremden Angelegenheiten, sobald sie eine rechtliche Prüfung des Einzelfalles erfordert (§ 2 I RDG). Aus § 2 Abs. 2 RDG ergibt sich, dass zur Einziehung von Forderungen nur die rechtliche Prüfung und Beratung ge-

hört, die sich auf die Einziehung beziehen. Erfasst sind insbes. die Rechtsberatung, aber auch Inkassodienstleistungen (→ Inkassobüro), die → Rentenberatung und Rechtsdienstleistungen in ausländischem oder EU-Recht, nicht aber zB die Erstellung wissenschaftlicher Gutachten sowie die Tätigkeit in einer Schlichtungsstelle oder bei der → Mediation. Zu Rechtsdienstleistungen ist in erster Linie der → Rechtsanwalt berufen (§ 3 I BRAO). Anderen Personen sind (außergerichtliche) Rechtsdienstleistungen nur iRd RDG erlaubt. Demnach sind zulässig alle Rechtsdienstleistungen, die nur als Nebenleistungen zu einer anderen beruflichen Tätigkeit anfallen (§ 5 RDG), zB im Rahmen einer Testamentsvollstreckung oder Hausverwaltung, die Sanierungs- oder Insolvenzberatung durch Volks- oder Betriebswirte, die Beratung über Fragen des Baurechts durch Architekten oder über Ansprüche gegen die Versicherung nach einem Kfz-Unfall durch die Reparaturwerkstätte. Die Zulässigkeit von Nebenleistungen ist vor allem dann zu verneinen, wenn eine besondere Verschwiegenheit gefordert ist oder komplexe rechtliche Erwägungen nötig werden. Erlaubt sind auch unentgeltliche Rechtsdienstleistungen (§ 6 RDG), die rechtliche Beratung der Mitglieder durch Vereine und berufsständische Vereinigung (zB Mieterverein, Gewerkschaft, Arbeitgeberverein, § 7 RDG) sowie durch Behörden oder öffentlich anerkannte Stellen (zB Verbraucherzentralen, § 8 RDG). Natürliche und juristische Personen, die andere Rechtsdienstleistungen auf dem Gebiet der Inkassodienstleistungen, der Rentenberatung sowie in einem ausländischen oder EU-Recht erbringen wollen, bedürfen hierzu der Registrierung durch die zuständige Behörde (§§ 10 ff. RDG). Die Registrierung setzt besondere Sachkunde auf dem betreffenden Gebiet und persönliche Eignung voraus. Einzelheiten regelt die Rechtsdienstleistungsverordnung (RDV) v. 19.6.2008 (BGBl. 2008 I 1069) mÄnd. Unzulässige Rechtsdienstleistungstätigkeit kann untersagt bzw. mit einer Geldbuße geahndet werden. Zur Erbringung von Rechtsdienstleistungen in gerichtlichen Verfahren → Parteiprozess, → Anwaltsprozess, → Beistand (2).

Rechtsdogmatik
Rechtsdogmatik nennt man die Lehre vom geltenden Recht, während die Rechtsgeschichte sich mit dem früheren Recht und seinem Werden bis zur Gegenwart befasst und die Rechtspolitik die Zielrichtung für die Weiterentwicklung des Rechts bestimmt. Sa → Rechtssoziologie, → Rechtsphilosophie, → Rechtsfortbildung.

Rechtseinheit
Rechtseinheit ist ein Begriff, der für die deutsche Rechtsordnung als Idealvorstellung verwendet wird; danach soll in Deutschland einheitliches Recht gelten, soweit es notwendig oder erforderlich erscheint. Dem stehen wegen des föderativen Staatsaufbaus die vielfach historisch und traditionell bedingten unterschiedlichen Rechtsordnungen der Länder entgegen. Demgegenüber wird die Rechtseinheit in bestimmtem Umfang durch die → ausschließliche und → konkurrierende Gesetzgebung sowie die → Rahmengesetzgebung des Bundes gewährleistet. Durch das Rechtseinheitsgesetz v. 12.9.1950 (BGBl. 1950 I 455) wurde die in den Nachkriegsjahren entstandene Rechtszersplitterung in der Gerichtsverfassung, im Zivil- und Strafprozessrecht sowie im Kostenrecht beseitigt. Die Rechtseinheit mit der ehem. DDR war durch die abweichende Rechtsentwicklung weitgehend beseitigt. Durch den → Einigungsvertrag und weitere Gesetze wurde die R. wiederhergestellt. Über Verfahrensvorschriften zur Wahrung der Rechtseinheit innerhalb der Gerichtsbarkeiten und Gerichtskörper → Divergenz gerichtlicher Entscheidungen.

Rechtsentscheid
Die Pflicht zur Vorabentscheidung ungeklärter oder streitiger Rechtsfragen aus einem → Wohnraummietvertrag durch Rechtsentscheid ist im Hinblick auf die Neuregelung der Zulassungsrevision (→ Revision, 2b) seit dem 1.1.2002 entfallen.

Rechtserwerb
Der Erwerb eines → Rechts kann auf Grund des Willens der Beteiligten (zB → Eigentumsübertragung) oder unmittelbar kraft gesetzlicher Vorschrift (ipso iure, ex lege, zB → Erbanfall) eintreten. Der Rechtserwerb kann dabei von einem Rechtsvorgänger abgeleitet sein (abgeleiteter, derivativer Rechtserwerb, zB bei der Eigentumsübertragung) oder unabhängig hiervon kraft eines besonderen Erwerbsgrundes stattfinden (ursprünglicher, originärer Rechtserwerb, zB → Aneignung, → Verarbeitung, → Zuschlag in der Zwangsversteigerung). Der abgeleitete Rechtserwerb überträgt grds. die gleiche Rechtstellung, wie sie der Rechtsvorgänger hatte; Sondervorschriften gelten jedoch zum Schutze des redlichen Verkehrs, um das Vertrauen des Erwerbers auf die Rechtsstellung des Veräußerers zu schützen (→ gutgläubiger Erwerb, Anscheinsvollmacht). Die Rechtsübertragung in der Form des abgeleiteten Rechtserwerbs führt zu einer Rechtsnachfolge (Sukzession). Diese Rechtsnachfolge bezieht sich regelmäßig wegen des im → Sachenrecht geltenden Spezialitätsprinzips nur auf bestimmte einzelne Rechte (Einzelrechtsnachfolge, Sonderrechtsnachfolge, Singularsukzession, auch bei der → Vermögensübertragung); bei einem vom Willen der Beteiligten unabhängigen Rechtsübergang sieht jedoch das Gesetz verschiedentlich auch die → Gesamtrechtsnachfolge (Universalsukzession) vor (insbes. beim → Erbfall, bei der Begründung der → Gütergemeinschaft ua). Entsprechend dem Rechtserwerb tritt auf der anderen Seite ein Rechtsverlust ein. Besondere Vorschriften über den Rechtsverlust gelten für

die → Eigentumsaufgabe, den → Erlassvertrag und den Verzicht auf → Grundstücksrechte. → Verfügung.

Rechtsetzung

1. Als Rechtsetzung bezeichnet man die Schaffung von Rechtsnormen, die gegenüber jeden Rechtssubjekt Geltung beanspruchen können. Im nationalen Bereich sind diese Rechtsnormen Gesetze und Rechtsverordnungen, aber auch Satzungen (zB der → Gemeinden). Keine Rechtsetzung ieS ist der Erlass von → Verwaltungsvorschriften, die unmittelbar nur die Verwaltungsbehörden binden. Auf europäischer Ebene erfolgt R. durch Verordnungen, die gegenüber jedem Rechtssubjekt in der EU Geltung beanspruchen, und → Richtlinien der Europäischen Gemeinschaft, die nur die nationalen Normgeber binden. Sa → Gesetzgebung, → Gesetzgebungsverfahren, → Gesetz, → Rechtsverordnung, → Satzung, → Rechtsfortbildung.

2. Um eine Überreglementierung und eine Normenflut zu vermeiden, geht jeder Rechtsetzung eine Prüfung des Regelungsbedarfs voraus. Die BReg. legt ihr 10 Prüffragen zur Notwendigkeit, Wirksamkeit und Verständlichkeit zugrunde (s. Handbuch der Rechtsförmlichkeit des BMJ); zusätzlich s. → Normenkontrolle (4). Vergleichbare Regelungen bestehen in einigen Ländern. Sa → Gesetzessprache, → geschlechtsneutrale Gesetzessprache, → Rechtsbereinigung, → Rechtsvereinfachung.

3. Bei der Rechtsetzung durch Gesetz wird zwischen Stammgesetz und Änderungsgesetz unterschieden. Ein Stammgesetz enthält die erstmalige Regelung bestimmter Sachverhalte. Ein Änderungsgesetz wird als Ablösungsgesetz (umfassende Neugestaltung der in einem Stammgesetz geregelten Sachverhalte unter Aufhebung dieses Stammgesetzes), Einzelnovelle (Änderung eines einzigen Stammgesetzes), Mantel- oder Artikelgesetz (Mischung der genannten Formen) oder Einführungsgesetz (Zusammenfassung von Änderungs- und Übergangsvorschriften in einem eigenen Gesetz wegen der Bedeutung dieser Vorschriften oder des Stammgesetzes) erlassen. Entsprechendes gilt, abgesehen vom Einführungsgesetz, für die Rechtsetzung durch RechtsVO.

4. Die Rechtsetzung für das → Europäische Recht s. Recht der → Europäischen Union, Europarecht; iE s. → Europäische Gesetzgebung.

Rechtsextremismus-Datei

ist nach dem Rechtsextremismus-Datei-Gesetz v. 20.8.2012 (BGBl. 2012 I 1798) mÄnd eine beim BKriminalamt geführte gemeinsame standardisierte zentrale Datei von Polizeibehörden und Nachrichtendiensten von Bund und Ländern zur Aufklärung oder Bekämpfung des gewaltbezogenen Rechtsextremismus, insbes. zur Verhinderung und Verfolgung von Straftaten mit derartigem Hintergrund.

Rechtsextremisten

→ Extremismus; → Rechtsextremismus-Datei.

Rechtsfähiger Verein

→ Verein (1).

Rechtsfähigkeit

Rechtsfähigkeit bedeutet, selbständiger Träger von (subjektiven) Rechten und Pflichten, also → Rechtssubjekt sein zu können. Rechtsfähigkeit haben alle natürlichen und → juristischen Personen, darüber hinaus auch einige → Personengesellschaften, insbes. die → Offene Handelsgesellschaft, die → Kommanditgesellschaft und die → Partnerschaftsgesellschaft, nach der Rspr. auch die → Gesellschaft des bürgerlichen Rechts (1) sowie die Gemeinschaft der Wohnungseigentümer (→ Wohnungseigentum, 3). Durch das Gesetz zur Modernisierung des Personengesellschaftsrechts (MoPeG vom 17.8.2021, BGBl. 2021 I 3436) wird die Rechtsprechung kodifiziert, die am Rechtsverkehr teilnehmende Gesellschaft bürgerlichen Rechts ist danach qua Gesetz rechtsfähig (§ 705 II BGB mWv 1.1.2024). Über die Besonderheiten der Rechtsfähigkeit bei juristischen Personen (Beginn, Ende) s. dort. Die Rechtsfähigkeit jeder natürlichen Person beginnt mit der Vollendung der Geburt des Menschen (§ 1 BGB), also mit dem vollständigen Austritt aus dem Mutterleib und dem Beginn der Atmung. Vorher, zB bei einer Totgeburt, ist keine Rechtsfähigkeit gegeben (wichtig zB im Erbrecht); doch kann auch die → Leibesfrucht – trotz fehlender Rechtsfähigkeit – bereits gewisse Rechte haben (s. dort). Die Rechtsfähigkeit ist umfassend; auch ein Kleinkind kann Besitzer eines Vermögens und Träger von Ansprüchen sein. Sie ist von der Handlungsfähigkeit (Geschäftsfähigkeit, Deliktsfähigkeit) unabhängig. Eine gegenständlich beschränkte Rechtsfähigkeit oder den Verlust der Rechtsfähigkeit bei bestimmten Anlässen (Eintritt in ein Kloster, sog. bürgerlicher Tod) kennt das BGB nicht mehr. Die Rechtsfähigkeit der natürlichen Person endet mit ihrem Tode; über das Schicksal seines Vermögens nach dem Tode kann der Mensch jedoch durch → Verfügung von Todes wegen bestimmen. Der Beweis von Geburt und Tod wird durch die → Personenstandsregister geführt.

Auch bei der juristischen Person des Privatrechts ist die einmal entstandene Rechtsfähigkeit grds. unbeschränkt; die → Vertretungsmacht des Vorstands usw ist jedoch idR – auch wenn dies in der Satzung usw nicht ausdrücklich hervorgehoben ist – durch die Eigenart des Vereinszwecks begrenzt, so dass der Vorstand die juristische Person durch erkennbar außerhalb ihres Rahmens liegende Geschäfte nicht verpflichten kann (→ Verein). Bestr. ist, ob darüber hinaus die im angloamerikanischen Recht entwickelte ultra-vires-Lehre, wonach die Rechtsfähigkeit der juristischen Person auf Wirkungskreis, Aufgaben und Zweck ihrer Errichtung beschränkt ist, auch im deutschen Recht gilt. Der BGH hat dies für juristische Personen des öffentl. Rechts bejaht (so dass Geschäfte außerhalb des Aufgabenkreises schlechthin unwirksam sind), iÜ offen gelassen (BGHZ 20, 119; wird zu verneinen sein). Der Rechtsfähigkeit entspricht im Rechtsstreit die → Parteifähigkeit. S. ferner → Handlungsfähigkeit, → Geschäftsfähigkeit, → Deliktsfähigkeit, → Volljährigkeit.

Rechtsfahren im Straßenverkehr
→ Einbahnstraßen, → Fahrbahn, → Fahrstreifen.

Rechtsfeindschaft
→ Rechtsblindheit, → Wahrheitspflicht.

Rechtsfindung
→ Rechtsanwendung.

Rechtsfortbildung
Rechtsfortbildung ist möglich einmal durch Weiterentwickeln der Gesetzgebung (Anpassung an veränderte Verhältnisse, insbes. in der Struktur von Wirtschaft oder Technik; Einfluss gewandelten Rechtsdenkens). Bis diese wirksam wird, kann die Rechtsfortbildung dem Richter obliegen, insbes. durch Ausfüllen von Gesetzeslücken (→ Auslegung), Grundsatzentscheidungen der oberen Gerichte zu streitigen Rechtsfragen, Fortentwicklung oder Überprüfung bereits bestehender Auslegungen (sog. Richterrecht). Dabei hat der Richter darauf zu achten, dass er sich im Rahmen des gesetzten Rechts hält. Maßgebend für die Rechtsfortbildung sind die im Gesetz niedergelegten Leitgedanken, die aber wiederum wandelbar und durch Änderung der Verhältnisse, die für sie bestimmend waren, überholt sein können. Das gilt ebenso für überkommene Wertauffassungen, die Wandlungen unterliegen können. Ein Wandel rechtsethischer Auffassungen kann sogar dazu führen, dass sich der Richter unter Abwendung von der → Begriffsjurisprudenz und dem → Rechtspositivismus vom Wortlaut des Gesetzes (der Kodifikation) entfernt. Das kann zB der Fall sein, wenn sich soziale Vorstellungen grundlegend geändert haben, so dass sie zu einer anderen Gesetzesanwendung nötigen. Der Gedanke der Rechtssicherheit, dem jedes Gesetz dient, muss insoweit zurücktreten, darf aber nicht aufgegeben werden.

Rechtsfrüchte
→ Früchte.

Rechtsgesamtheit
ist eine wirtschaftliche Einheit von → Sachen (s. dort Sachgesamtheit), Rechten und sonstigen Gütern des Rechtsverkehrs (→ Gegenstand), insbes. das → Vermögen – auch ein → Sondervermögen –, das Handelsgeschäft, der Nachlass usw. Während schuldrechtliche Verpflichtungsgeschäfte über eine Rechtsgesamtheit grds. möglich sind, muss die Erfüllung wegen des im → Sachenrecht geltenden Spezialitätsprinzips für jeden einzelnen Gegenstand gesondert in der vom Gesetz hierfür vorgesehenen Form vorgenommen werden. → Vermögensübernahme, → Erbschaftskauf.

Rechtsgeschäft
1. Unter Rechtsgeschäft ist der juristische Tatbestand zu verstehen, der aus einer oder mehreren → Willenserklärungen (WE) und sonstigen Wirksamkeitsvoraussetzungen besteht, die erforderlich sind, um den mit der WE bezweckten Erfolg herbeizuführen. Von der bloßen → Rechtshandlung unterscheidet sich das Rechtsgeschäft deshalb durch die Zweckbedingtheit. Das Rechtsgeschäft ist aber auch nicht mit der WE gleichzusetzen. Die WE ist der wesentlichste, aber nur selten alleinige Teil eines Rechtsgeschäfts (zB ist die Kündigung oder die Testamentserrichtung sowohl WE als auch Rechtsgeschäft). IdR kommen zum Rechtsgeschäft weitere WEen, insbes. bei einem Vertrag, und sonstige Umstände hinzu, zB Einhaltung der → Form, Zustimmung Dritter, besonders des gesetzlichen Vertreters bei mangelnder Geschäftsfähigkeit, behördliche Genehmigung usw. Das Rechtsgeschäft ist also gegenüber der WE der umfassendere Begriff; das Rechtsgeschäft zeitigt auch Folgen, die vom Willen der Beteiligten nicht unmittelbar umfasst sind, sondern sich aus dem Gesetz ergeben (zB die Haftung für Leistungsstörungen oder Sachmängel beim Kauf; → Gewährleistung, 2). Über Verbindung von Rechtsgeschäften → Nichtigkeit von R. (2), → Verbraucherdarlehensvertrag (8).

2. Die Rechtsgeschäfte lassen sich wie folgt aufteilen: a) einseitige und mehrseitige Rechtsgeschäfte. Bei den einseitigen Rechtsgeschäften ist zwischen einseitigen empfangsbedürftigen Rechtsgeschäften (→ WE, zB Kündigung) und streng einseitigen (zB → Auslobung, Testamentserrichtung) zu unterscheiden. Das wichtigste mehrseitige Rechtsgeschäft ist der → Vertrag. Daneben ist vor allem der Gesamtakt zu erwähnen, in dem – zB bei der Gründung eines Vereins – mehrere WEen nicht gegenseitig abgegeben werden, sondern auf dasselbe Ziel ausgerichtet sind (bei der späteren Willensbildung, bei der regelmäßig eine Mehrheitsentscheidung genügt, Beschluss genannt). b) Rechtsgeschäfte unter Lebenden und von Todes wegen (→ Verfügung von Todes wegen, → Schenkung von Todes wegen). c) Rechtsgeschäfte mit vermögensrechtlichem (Kauf, Mietvertrag) und mit personenrechtlichem Inhalt (Eheschließung). d) Schuldrechtliche, sachenrechtliche, familienrechtliche, erbrechtliche Rechtsgeschäfte (→ Schuldrecht usw). e) Entgeltliche und unentgeltliche Rechtsgeschäfte; zur Abgrenzung → Schenkung. f) Zuwendungen, durch die das Vermögen eines anderen – unabhängig von der Frage der Entgeltlichkeit – bereichert wird (zB → Eigentumsübertragung, → Schuldübernahme) u. sonstige Rechtsgeschäfte. Die Zuwendungen sind die wichtigste Form der abstrakten Rechtsgeschäfte (s. u.). g) Verpflichtungs- und

Verfügungsgeschäfte: Durch Rechtsgeschäft kann die Verpflichtung zu einer Leistung (jedes Tun oder Unterlassen, → Schuldverhältnis) übernommen werden; eine unmittelbare Rechtsänderung tritt hierdurch nicht ein (s. zB → Kauf). Hiervon zu trennen ist die → Verfügung, durch die – oftmals in Erfüllung eines Verpflichtungsgeschäfts – die Rechtsänderung herbeigeführt wird (zB → Eigentumsübertragung). Verfügungsgeschäfte kommen vor allem im → Sachenrecht vor, aber auch im Schuldrecht (zB → Abtretung, → Erlassvertrag). Besteht für das Verfügungsgeschäft keine Verpflichtung, so ist regelmäßig ein Anspruch aus → ungerechtfertigter Bereicherung die Folge. S. auch → Gestaltungsrecht, Verfügung eines Nichtberechtigten. h) Abstrakte und kausale Rechtsgeschäfte: Grds. liegt jedem Rechtsgeschäft ein Rechtsgrund (causa), nicht nur ein – regelmäßig unbeachtlicher (→ Anfechtung von Willenserklärungen) – wirtschaftlicher Beweggrund (Motiv) zugrunde. Wegen des im Sachenrecht (s. dort) herrschenden Abstraktionsprinzips sind jedoch dingliche Rechtsgeschäfte, insbes. Eigentumsübertragung, Belastungen dinglicher Rechte durch Pfandrechte, Hypotheken usw, Verfügungen, Gestaltungsrechtsgeschäfte sowie Zuwendungen aller Art abstrakt ausgestaltet, dh vom Rechtsgrund losgelöst und in ihrer Wirkung nicht vom rechtlichen Fortbestand des Kausalgeschäfts abhängig. So kann zB die Bestellung einer Hypothek die Erfüllung einer schuldrechtlichen Verpflichtung oder eine Gefälligkeit gegenüber einem Freund zum Anlass haben. Fehlt der Rechtsgrund für das abstrakte Geschäft oder fällt er nachträglich weg, so bleibt dieses infolge der Loslösung vom Kausalgeschäft grds. wirksam; es besteht allerdings idR ein Anspruch aus → ungerechtfertigter Bereicherung (s. auch → Teilnichtigkeit). Abstrakte Rechtsgeschäfte sind im Interesse der Klarheit und Sicherheit des Rechtsverkehrs neben den genannten dinglichen Rechtsgeschäften auch zB das → Schuldanerkenntnis, die → Abtretung, der → Erlassvertrag, das → Indossament auf einem Wechsel usw i) Vollrechtsübertragungen und fiduziarische (Treuhand-)Rechtsgeschäfte. Bei den fiduziarischen Rechtsgeschäften wird zwar dem Erwerber nach außen gleichfalls die volle Rechtsstellung eines Berechtigten eingeräumt; dieser ist aber kraft Verpflichtung im Innenverhältnis nur zu bestimmten Verfügungen berechtigt, so dass er sich bei einem Verstoß hiergegen (wirksame Verfügung, § 137 BGB) schadensersatzpflichtig macht. Bei den fiduziarischen Rechtsgeschäften ist die uneigennützige (Verwaltungs-) Treuhand und die eigennützige (Sicherungs-) Treuhand, insbes. → Sicherungsübereignung, zu unterscheiden; s. iE dort. S. auch → Einziehungsermächtigung. k) Sicherungsgeschäfte, die dem Berechtigten keine Befriedigung, sondern nur eine Sicherstellung – meist für die Schuld eines anderen – verschaffen, zB → Bürgschaft (Personalsicherheit) oder Bestellung einer → Hypothek (Realsicherheit). Sa → Sicherheitsleistung.

3. Ein Rechtsgeschäft kann mit Fehlern behaftet sein, die den Eintritt des beabsichtigten rechtlichen Erfolgs ganz oder teilweise, dauernd oder vorübergehend unmöglich machen. Je nach der Schwere des Mangels unterscheidet man folgende Stufen der Unwirksamkeit eines Rechtsgeschäfts: a) völlige Nichtigkeit (zB bei Geschäftsunfähigkeit des Erklärenden, Gesetzes- oder Sittenverstoß, Scheingeschäft, Formverstoß ua); über Teilnichtigkeit und Umdeutung → Nichtigkeit. b) Vernichtbarkeit (zB einer Ehe, → Eheaufhebung). c) Anfechtbarkeit eines zunächst gültigen Rechtsgeschäfts wegen Irrtums oder arglistiger Täuschung. d) schwebende → Unwirksamkeit mit der Möglichkeit der Heilung durch Zustimmung des Berechtigten (zB bei Vertragsabschluss durch einen beschränkt Geschäftsfähigen oder einen vollmachtlosen Vertreter). e) relative Unwirksamkeit gegenüber bestimmten Personen (zB bei Verstoß gegen ein → Veräußerungsverbot). S. iE die genannten Stichworte.

Rechtsgeschäftsähnliche Handlung
→ Rechtshandlung.

Rechtsgeschichte
Rechtsgeschichte, dh die Darstellung der Rechtsbildung und Rechtsentwicklung, kann als Teil der allgemeinen Kulturgeschichte begriffen und im Rahmen der Menschheitsgeschichte überhaupt behandelt werden oder sich auf einzelne nationale Rechtskreise beschränken (vgl. insbes. das → römische Recht, das für den abendländischen Kulturkreis große Bedeutung erlangt hat). Die historische Darstellung des Rechts behandelt die Entwicklung sämtlicher Rechtsgebiete eines nationalen Rechts nach Zeitabschnitten, während die systematische Darstellung die Entwicklung der Teilgebiete des Rechts wiedergibt (zB Geschichte des Zivil-, Verwaltungs-, Kirchenrechts). Die wichtigsten Abschnitte der allgemeinen deutschen Rechtsgeschichte sind:

1. Die germanische Zeit bis zu den Staatsgründungen um 500 n. Chr. Hier fehlt es an unmittelbaren Rechtsquellen; das überlieferte Gewohnheitsrecht ist lediglich durch römische Schriftsteller bezeugt (insbes. durch Cäsars „de bello Gallico“ und Tacitus' „Germania“). Es galten die Rechte der Stämme und Völkerschaften; die Gerichtsbarkeit wurde unmittelbar durch das Volk im → Thing ausgeübt.

2. Die fränkische Zeit – etwa 500–900 n. Chr. –, aus der sog. Volksrechte (leges barbarorum) überliefert sind. Es handelt sich um aufgezeichnete Gewohnheitsrechte, von denen das bekannteste die → Lex Salica ist. Gesetztes Recht entstand erst etwa im 7. Jh. in Form der vom König erlassenen Satzungen und Verordnungen (sog. Kapitularien).

3. Das Mittelalter (etwa 900–1500 n. Chr.), in dem zunächst noch das Gewohnheitsrecht vorherrscht. Erst im 12. Jh. kamen Kodifika-

tionen auf, und zwar in den Städten die Stadtrechte (älteste sind das von Magdeburg aus dem 12. Jh. und das von Lübeck, 1270), für größere Gebiete die Rechtsbücher (ältestes der → Sachsenspiegel; erstes Reichsstrafgesetzbuch die → Constitutio Criminalis Carolina).

4. Die Neuere Zeit – ab 1500 n. Chr. –. Ihre rechtsgeschichtliche Entwicklung wurde zunächst durch die → Rezeption des römischen Rechts und um die Wende des 18. Jh. von den Gedankengängen des → Naturrechts beeinflusst, die das römische Recht stark zurückdrängten. Von den innerhalb der Landesrechte entstandenen großen Gesetzgebungswerken hat besonders das preußische → Allgemeine Landrecht weitreichende Bedeutung erlangt. Vor und nach Auflösung des Heiligen Römischen Reiches Deutscher Nation (1806) entwickelten sich die Landesrechte selbständig weiter. Es entstanden ua das badische Landrecht, das sächsiche Bürgerliche Gesetzbuch, das österreichische Allgemeine Bürgerliche Gesetzbuch; in rheinischen Gebieten galt teilweise der → Code civil. Das → gemeine Recht des Reiches galt nur subsidiär. Zu den noch heute gültigen reichsrechtlichen Kodifikationen kam es erst nach der Reichsgründung 1871 (StGB, BGB und → Reichsjustizgesetze). Vgl. ferner für das germanische und fränkische Recht → Lehen, → Meierrecht, → Feudalismus, → Stände(-staat), → Munt, → Feme; für die Neuzeit → Rheinbund, → Deutscher Bund, → Norddeutscher Bund.

Rechtsgespräch
→ rechtliches Gehör.

Rechtsgestaltende Wirkung
(Konstitutivwirkung) → deklaratorische Wirkung, → Gestaltungsrecht.

Rechtsgewährungsanspruch
→ Justizgewährungsanspruch.

Rechtsgrundlage
bedeutet allgemein, dass sich jemand für sein rechtsrelevantes Tun oder Unterlassen auf einen dies rechtfertigenden Grund, insbes. auf einen Vertrag oder ein Gesetz, berufen kann. Von besonderer Bedeutung ist der Begriff im Verwaltungsrecht: Da nach Art. 20 III GG die Verwaltung an Recht und Gesetz gebunden ist (→ Rechtmäßigkeit der Verwaltung), darf sie → Verwaltungsakte und sonstige Maßnahmen, die im weitesten Sinne in Freiheit und Eigentum des Einzelnen eingreifen, nur vornehmen, wenn sie dazu die Ermächtigung in einer → Rechtsnorm besitzt; fehlt dem Akt eine solche Rechtsgrundlage, so ist er rechtswidrig. In einem etwas anderen Sinn spricht man auch bei der Ermächtigung zum Erlass von → Rechtsverordnungen (Art. 80 I GG) von Rechtsgrundlagen der Verordnung.

Rechtsgut
→ unerlaubte Handlung (1), → Einwilligung des Verletzten; sa → subjektives Recht.

Rechtshängigkeit
Rechtshängigkeit tritt durch → Klageerhebung oder Geltendmachung eines Anspruchs in → mündlicher Verhandlung ein (§ 261 I, II ZPO, § 90 VwGO, § 66 I FGO, § 94 I SGG; zur Wahrung einer Frist genügt bei demnächst anschließender Zustellung die Einreichung der Klageschrift oder des Antrags, §§ 167, 691 II ZPO). Sie endet mit der formellen → Rechtskraft der abschließenden gerichtlichen Entscheidung, durch → Prozessvergleich, → Klagerücknahme oder unter bestimmten Voraussetzungen bei → Erledigung der Hauptsache. Die Rechtshängigkeit bewirkt prozessual, dass eine neue Klage über den gleichen → Streitgegenstand unzulässig ist (→ Prozessvoraussetzung, § 261 III Nr. 1 ZPO; § 17 I 2 GVG), anderseits aber auch, dass die → Zuständigkeit des Gerichts durch eine Veränderung der sie begründenden Umstände nicht mehr berührt wird (§ 261 III Nr. 2 ZPO, § 17 I 1 GVG, → perpetuatio fori). Die Rechtshängigkeit ist von der → Anhängigkeit zu unterscheiden. Der Eintritt der R. äußert auch zahlreiche materiell-rechtliche Wirkungen, insbes. → Hemmung der → Verjährung (1b). Im Strafprozess tritt die Rechtshängigkeit (die StPO verwendet den Begriff allerdings nicht) grundsätzlich mit dem gerichtlichen Eröffnungsbeschluss ein (§ 203 StPO).

Rechtshandlung
1. Rechtshandlung ist jedes erlaubte rechtswirksame Handeln, an das sich Rechtsfolgen knüpfen. Auszuscheiden sind also die rechtswidrigen → unerlaubten Handlungen, ferner jede Art von Forderungsverletzungen, insbes. Leistungsstörungen innerhalb eines Vertragsverhältnisses (→ Pflichtverletzung, → positive Vertragsverletzung). Tritt der rechtliche Erfolg einer Rechtshandlung ein, weil er gewollt ist, so liegt eine → Willenserklärung bzw. ein → Rechtsgeschäft vor. Hierfür gelten zahlreiche Sondervorschriften.

2. Unter Rechtshandlung ieS werden daher nur Handlungen verstanden, bei denen der rechtliche Erfolg ohne Rücksicht auf den erklärten Willen eintritt; man unterscheidet hierbei (rechts-)geschäftsähnliche und reine Tathandlungen:

a) (Rechts-)geschäftsähnliche Handlungen sind Willensäußerungen – verschiedentlich verbunden mit einer tatsächlichen Handlung –, die auf Herbeiführung eines tatsächlichen – nicht eines rechtlichen – Erfolgs gerichtet sind (zB die → Mahnung, Fristsetzung, die Aufforderung zur Äußerung, die Einwilligung in eine Operation, die Anzeige eines Mangels beim Handelskauf usw). Auf die rechtsgeschäftsähnlichen Handlungen finden die Vorschriften über Willenserklärungen (insbes. Geschäftsfähigkeit, Vertretung usw), denen sie wesensmäßig nahe stehen, im Wege der → Analogie weitgehend entsprechende Anwendung; zB kann ein Geschäftsunfähiger nicht mahnen, wohl aber ein in der Geschäftsfähigkeit Beschränkter, da die Mahnung für ihn nur einen rechtlichen Vorteil bringt. Die Analogie gilt allerdings nicht uneingeschränkt; bei der Einwilligung kommt es zB auf die Einsichtsfähigkeit, nicht auf die Geschäftsfähigkeit an.

b) Tathandlungen (Realakte) sind demgegenüber Handlungen, die lediglich auf einen äußeren Erfolg gerichtet sind, an den jedoch vom Gesetz Rechtsfolgen geknüpft sind, zB die → Verarbeitung, Verbindung, der Fund, der → Fruchterwerb, der Erwerb des → Besitzes, die → Geschäftsführung ohne Auftrag usw. Auf diese Tathandlungen sind die Vorschriften über Willenserklärungen nicht anwendbar; um die Folgen der Verarbeitung, des Funds usw. eintreten zu lassen, ist daher Geschäftsfähigkeit nicht erforderlich; der Besitz kann nicht durch einen Vertreter erworben werden usw. Verschiedentlich sind Tathandlungen und Willenserklärung zur Herbeiführung des gewünschten Erfolgs erforderlich (zB Einigung und Übergabe für die → Eigentumsübertragung, tatsächliche Niederlassung und entsprechender rechtsgeschäftlicher Wille für die Begründung des → Wohnsitzes usw); hier ist jeder Teil nach den für ihn geltenden Regeln zu behandeln. S. auch Realvertrag, faktischer Vertrag (zu beiden → Vertrag, 4), sozialtypisches Verhalten (→ Schuldverhältnis).

Rechtshilfe

1. Innerstaatliche Rechtshilfe ist die Vornahme einer einzelnen, bestimmten richterlichen Handlung durch ein anderes Gericht als das mit einer Rechtssache befasste. Es muss sich um eine Amtshandlung handeln, die auch das ersuchende Gericht vornehmen könnte, die es aber aus Zweckmäßigkeitsgründen dem → ersuchten Richter überträgt (zB Vernehmung am Wohnort des Zeugen). Alle Gerichte sind im Bereich ihrer Gerichtsbarkeit zur Rechtshilfe verpflichtet (§ 156 GVG, § 13 ArbGG, § 14 VwGO, § 13 FGO, § 5 SGG); daher darf das Ersuchen um Rechtshilfe nur abgelehnt werden, wenn die verlangte Amtshandlung nach dem Recht des ersuchten Gerichts unzulässig wäre (§ 158 GVG). Im Gegensatz zur Rechtshilfe wird die Hilfeleistung, um die eine Behörde das Gericht oder eine andere Behörde ersucht, als Amtshilfe bezeichnet.

2. Internationale Rechtshilfe ist die Rechtshilfe, die durch ausländische Behörden (insbes. Gerichte und Konsulate) auf Grund mehrseitiger Übereinkommen, zweiseitiger Abkommen oder auch vertraglos geleistet wird. Für sie bestehen zahlreiche Verträge, EU-Verordnungen (s. → Europäisches Recht) und Gesetze. Die Ersuchen werden meistens auf diplomatischem Wege übermittelt; der unmittelbare Weg von Gericht zu Gericht ist nur beschränkt zulässig. Anders ist es zwischen den EU-Mitgliedstaaten. In verschiedenen Rechtsangelegenheiten (zB politischen Strafsachen) wird keine oder nur sehr begrenzt Rechtshilfe geleistet. Die Rechtshilfe setzt die Einhaltung des sog. ordre public voraus, ist also nicht zu leisten, wenn sie mit den Grundsätzen der deutschen Rechtsordnung, insbes. den Grundrechten, unvereinbar ist (vgl. Art. 6 EGBGB, § 30 IRG s. u.). Nach deutschem innerstaatl. Recht ist die zwischenstaatliche Rechtshilfe Justizverwaltungssache; über sie entscheidet die Justizbehörde (Bundes- oder Landesjustizministerium, Verwaltungsabteilung eines Gerichts).

a) In Zivilsachen sind insbes. von Bedeutung das Haager Protokoll über das auf Unterhaltspflichten anzuwendende Recht (HUntProt) v. 23.11.2007 (ABl. 2009 L 331, 19), das → Haager Unterhaltsvollstreckungsübereinkommen, das Haager Übereinkommen über die internationale Geltendmachung der Unterhaltsansprüche von Kindern und anderen Familienangehörigen vom 23.11.2007 (ABl. 2011 L 192, 51), das → Haager Kinderschutzübereinkommen, das Haager Übereinkommen über den internationalen Schutz von Erwachsenen (ESÜ) v. 13.1.2000 (BGBl. 2007 II 323), das Übereinkommen über die Zuständigkeit der Behörden und das anzuwendende Recht auf dem Gebiet des Schutzes von Minderjährigen (MSA) v. 5.10.1961 (BGBl. 1971 II 217), das Haager Übereinkommen über die Zuständigkeit, das anzuwendende Recht, die Anerkennung, Vollstreckung und Zusammenarbeit auf dem Gebiet der elterlichen Verantwortung und der Maßnahmen zum Schutz von Kindern (KSÜ) v. 19.10.1996 (BGBl. 2009 II 603), das Haager Übereinkommen über die zivilrechtlichen Aspekte internationaler Kindesentführung (HKEntfÜ) und das Europ. Übereinkommen über die Anerkennung und Vollstreckung von Entscheidungen über das Sorgerecht für Kinder und die Wiederherstellung des Sorgeverhältnisses (zu beiden → Personensorge, 3), die → Haager Übereinkommen in Zivil- und Handelssachen, die VOen (EG bzw. EU) Nr. 1206/2001 (EuBewVO) v. 28.5.2001 (ABl. EG 2001 L 174, 1), Nr. 2019/1111 (Brüssel IIb-VO) v. 25.9.2010 (ABl. L 178/1, Nr. 805/2004 (EuVTVO) v. 21.4.2004 (ABl. L 143, 15), Nr. 1896/2006 (EuMVVO, EuMahnVO) v. 12.12.2006 (ABl. L 399, 1), Nr. 861/2007 (EuGFVO) v. 11.7.2007 (EG ABl. 2007 L 199, 1), Nr. 864/2007 (Rom II-VO) v. 11.7.2007 (ABl. EG 2007 L 199, 41), Nr. 1393/2007 (EuZustVO) v. 13.11.2007 (ABl. EG 2007 L 324, 79), Nr. 593/2008 (Rom I-VO) v. 17.6.2008 (ABl. EG 2008 L 177, 6), Nr. 4/2009 (EuUntVO, EuUnthVO) v. 18.12.2008 (ABl. 2009 L 7, 1), Nr. 1259/2010 (Rom III-VO) v. 20.10.2010 (ABl. EU 2010 L 343, 10), Nr. 650/2012 (EuErbVO) v. 4.7.2012 (ABl. EU 2012 L 201, 107), Nr. 1215/2012 (EuGVVO, EuGVO = Brüssel Ia-VO) v. 12.12.2012 (ABl. EU 2012 L 351, 1), Nr. 606/2013 v. 12.6.2013 (ABl. EU 2013 L 181, 4), das Lugano-Übereinkommen über die gerichtliche Zuständigkeit und die Anerkennung und Vollstreckung von Entscheidungen in Zivil- und Handelssachen v. 30.10.2007 (ABl. 2009 L 147, 5), das Anerkennungs- und

VollstreckungsausführungsG (AVAG) idF v. 30.11.2015 (BGBl. 2015 I 2146, → Vollstreckungsurteil), das AuslandsunterhaltsG (AUG) v. 23.5.2011 (BGBl. 2011 I 3533) mÄnd, das EU-GewaltschutzverfahrensG (EU-GewSchVG) v. 5.12.2014 (BGBl. 2014 I 1964), das Haager Adoptionsübereinkommen (→ Adoptionsvermittlung) mit AusführungsG und AdoptionswirkungsG (AdWirkG), je v. 5.11.2001 (BGBl. 2001 I 2950 u. 2953) mÄnd, das Internationale FamilienrechtsverfahrensG (IntFamRVG) v. 26.1.2005 (BGBl. 2005 I 162) Änd und die RechtshilfeO für Zivilsachen (ZRHO) v. 16.3.1957 (BAnz. Nr. 63 S. 1) mÄnd. Sa die Erläuterungen bei → Internationales Prozessrecht und → Internationales Privatrecht.

b) Für vertragslose Rechtshilfe in Strafsachen gelten das G über die internationale Rechtshilfe in Strafsachen (IRG) idF v. 27.6.1994 (BGBl. 1994 I 1537) und die Richtlinien für den Rechtshilfeverkehr mit dem Ausland in strafrechtlichen Angelegenheiten (RiVASt idF v. 18.9.1984, BAnz. Nr. 176). Das IRG regelt die → Auslieferung (und ihr ähnliche Maßnahmen wie Durchlieferung usw), die Vollstreckung ausländischer Erkenntnisse (→ Vollstreckungshilfe) sowie die sonstige Rechtshilfe, dh jede für ein ausländisches Strafverfahren geleistete Unterstützung. In Europa sind die wichtigsten Rechtshilfeverträge in Strafsachen auf Ebene des Europarats das Europ. Auslieferungsübereinkommen v. 13.12.1957 (BGBl. 1964 II 1386), das Europ. Übereinkommen über die Rechtshilfe in Strafsachen v. 20.4.1959 (BGBl. 1964 II 1369), das Zusatzprotokoll v. 17.3.1978 (BGBl. 1990 II 124) und das Übereinkommen über die Überstellung verurteilter Personen v. 21.3.1983 (BGBl. 1991 II 1006) nebst ÜberstellungsausführungsG v. 26.9.1991 (BGBl. 1991 I 1954). Auf Ebene der Europ. Union bestehen das EU-Auslieferungsübereinkommen v. 27.9.1996 (BGBl. 1998 II 2253), das EU-Übereinkommen über das vereinfachte Auslieferungsverfahren v. 10.3.1995 (BGBl. 1998 II 2229), das EG-Übereinkommen über die Vollstreckung ausländischer strafrechtlicher Verurteilungen v. 13.11.1991 (BGBl. 1997 II 1350), das EG-Übereinkommen über das Verbot der doppelten Strafverfolgung v. 25.5.1987 (BGBl. 1998 II 2226), das EU-Übereinkommen über die Rechtshilfe in Strafsachen vom 29.5.2000 (BGBl. 2005 II 650) und das Protokoll dazu v. 16.10.2001 (BGBl. 2005 II 661) und Art. 48 ff. des Durchführungsübereinkommens v. 19.6.1990 zum → Schengener Übereinkommen (BGBl. 1993 II 1010), ferner die Richtlinie 2014/41/EU über die → Europäische Ermittlungsanordnung in Strafsachen (ABl. L 130 vom 1.5.2014, S. 1; L 143 vom 9.6.2015, S. 16), die durch das Vierte Gesetz zur Änderung des Gesetzes über die internationale Rechtshilfe in Strafsachen vom 5.1.2017 (BGBl. 2017 I S. 31) in das deutsche Recht umgesetzt wurde (vgl. insbes. §§ 91a-91j IRG). Daneben bestehen mehrere Rahmenbeschlüsse (→ Vollstreckungshilfe), die in §§ 78 ff. IRG umgesetzt sind und im Verhältnis der EU-Mitgliedstaaten zueinander die vorgenannten Übereinkommen weitgehend ersetzen, so dass diese vor allem im Verhältnis zu Drittstaaten von Bedeutung sind. Zu ihnen gehört insb. der Rahmenbeschluss 2002/584/JI (RbEuHb) v. 13.6.2002 über den → Europäischen Haftbefehl und das Übergabeverfahren (ABl. L 190, 1), umgesetzt in den §§ 78 ff. IRG. Zu nennen ist ferner der Prümer Vertrag v. 27.5.2005 (BGBl. 2006 II 626) und der Beschluss des EU-Rats 2008/615/JI v. 23.6.2008 (ABl. EU 2008 L 210, 1) mit G v. 10.7.2006 (BGBl. 2006 I 1458) mÄnd. Die Verordnung (EU) 2018/1805 vom 14.11.2018 über die gegenseitige Anerkennung von Sicherstellungs-und Einziehungsentscheidungen (ABl. L 303, S. 1) wurde durch Gesetz vom 23.11.2020 (BGBl. 2020 I 2474) insbes. durch Einfügung der §§ 96a–96e IRG umgesetzt.

Die Rechtshilfe für den → Internationalen Strafgerichtshof regeln das Römische Statut v. 17.7.1998 (BGBl. 2000 II 1393) und das G über die Zusammenarbeit mit dem IStGH v. 21.6.2002 (BGBl. 2002 I 2144), das ua die Überstellung von Personen zur Strafverfolgung vorsieht.

Rechtshindernde Einwendungen
→ Einrede.

Rechtsinformatik
→ Legal Tech.

Rechtsinstitut
= Rechtseinrichtung, zB Sicherungsübereignung, Güterstand, Beamtentum, Verwaltungsgerichtsbarkeit; iwS der rechtliche Tatbestand einschl. der auf das Rechtsinstitut bezüglichen Vorschriften.

Rechtsirrtum
→ Verschulden (2), → Verbotsirrtum, → Rechtsblindheit.

Rechtskauf
→ Kauf.

Rechtskontrolle (interne, externe)
→ externe Rechtskontrolle.

Rechtskraft
Formelle Rechtskraft erlangt eine gerichtliche Entscheidung, wenn sie überhaupt nicht oder nicht mehr angefochten werden kann (§ 705 ZPO). Die formelle Rechtskraft ist Voraussetzung der materiellen Rechtskraft; diese bedeutet, dass der Inhalt der Entscheidung für das Gericht und für die Parteien maßgebend ist, insbes. wenn die Parteien um dieselbe Rechtsfolge oder ihr Gegenteil nochmals prozessieren. Das Wesen der materiellen Rechtskraft besteht nach der heute herrschenden

prozessrechtlichen Theorie nur darin, dass im Falle eines späteren Prozesses Gericht und Parteien an die rechtskräftige Entscheidung gebunden sind, das materielle Recht aber unberührt bleibt. Die Wirkung der mat. Rechtskraft besteht hiernach darin, dass über die rechtskräftig festgestellte Rechtsfolge nicht nochmals und nicht anders entschieden werden darf. Gegenstand der materiellen Rechtskraft ist der → Streitgegenstand oder prozessuale Anspruch (§ 322 ZPO, § 121 VwGO, § 110 FGO, § 141 SGG), soweit darüber entschieden ist. Das ist aus → Urteilsformel, → Tatbestand und → Entscheidungsgründen festzustellen. Die Rechtskraft wirkt nur zwischen den Parteien oder Beteiligten des Rechtsstreits und ihren Rechtsnachfolgern (sog. Rechtskrafterstreckung, § 325 ZPO, § 121 VwGO, § 110 FGO, § 141 SGG; sa → Streitbefangenheit). Die Rechtskraft kann nur unter besonderen Voraussetzungen wieder beseitigt werden, durch → Wiedereinsetzung in den vorigen Stand, durch → Abänderungsklage, Klage im → Wiederaufnahmeverfahren, als Folge einer begründeten Anhörungsrüge (→ rechtliches Gehör) und nach bestr. Rspr. unter engsten Voraussetzungen auf dem Wege über einen Anspruch nach materiellem Recht (§ 826 BGB; → unerlaubte Handlung, 2e). Über die Wirkungen der mat. Rechtskraft in Strafsachen → Strafklageverbrauch, → Teilvollstreckung. Nicht von Rechtskraft, sondern von „Bestandskraft" spricht man bei → Verwaltungsakten (s. dort 8); sa → Steuerbescheid.

Rechtskrafterstreckung
→ Rechtskraft.

Rechtskraftzeugnis
Das Rechtskraftzeugnis ist die vom → Urkundsbeamten der → Geschäftsstelle auf Antrag zu erteilende Bescheinigung, dass eine Entscheidung formelle → Rechtskraft erlangt hat (§ 706 ZPO). Das Rechtskraftzeugnis wird als Vermerk auf die Ausfertigung der Entscheidung (→ Ausfertigung einer Urkunde) gesetzt.

Rechtsmacht
→ subjektives Recht.

Rechtsmangel
→ Gewährleistung (1), → Schenkung, → Mietvertrag (2), → Werkvertrag (3), sa → Verbraucherverträge über digitale Produkte; → Verbrauchsgüterkauf.

Rechtsmissbrauch
Die Ausübung eines → subjektiven Rechts ist missbräuchlich, wenn sie zwar formell dem Gesetz entspricht, die Geltendmachung jedoch wegen der besonderen Umstände des Einzelfalls treuwidrig ist (vgl. § 242 BGB, → Treu und Glauben). Welche Anforderungen sich aus Treu und Glauben ergeben, ist unter Berücksichtigung der Umstände des Einzelfalls zu beurteilen. So ist es zB rechtsmissbräuchlich, sich auf einen Formmangel oder auf die eingetretene Verjährung zu berufen, wenn der Betreffende die fehlende Form oder den Eintritt der Verjährung, zB durch Hinhalten des Gläubigers, selbst (mit)verursacht hat. Besondere Fälle des Rechtsmissbrauchs sind das → Schikaneverbot, das Verbot der → Sittenwidrigkeit und der sittenwidrigen Schädigung (→ unerlaubte Handlung); ferner kann ein Rechtsmissbrauch die → Verwirkung eines Anspruches zur Folge haben. Grds. begründet rechtsmissbräuchliches Verhalten eine rechtshindernde oder rechtsvernichtende Einwendung (s. → Einrede), ist also von Amts wegen zu beachten.

Steuerrecht: → Missbrauch von Gestaltungsmöglichkeiten.

Rechtsmittel
Ein Rechtsmittel ist ein → Rechtsbehelf, durch den erreicht werden kann, dass ein höheres Gericht die angefochtene Entscheidung nachprüft. Das Wesen des Rechtsmittels besteht im Suspensiveffekt (das statthafte, form- und fristgerecht eingelegte Rechtsmittel hemmt die formelle → Rechtskraft) und im Devolutiveffekt (das Verfahren wird im höheren → Rechtszug anhängig). Rechtsmittel sind in allen Verfahrensordnungen vorgesehen, und zwar meist → Berufung, → Revision und → Beschwerde. Vgl. die Zusammenstellung der in den einzelnen Verfahrensarten zulässigen Rechtsmittel im Anhang. Eine → Verfassungsbeschwerde hat mangels Suspensiveffekts nur den Charakter eines subsidiären Rechtsbehelfs zur Überprüfung einer Grundrechtsverletzung.

Rechtsmittelbegründung, -frist
→ Berufung (2), → Revision (2c, d), → Beschwerde.

Rechtsmittelbelehrung
Rechtsmittelbelehrung ist die mündliche oder schriftliche Erklärung, dass und wie eine → Entscheidung durch ein → Rechtsmittel angefochten werden kann. Die Rechtsmittelbelehrung erteilt das Gericht; sie umfasst die Form, Frist und die Stelle, bei der das Rechtsmittel einzulegen ist, im Strafprozess nach vorangegangener Urteilsabsprache (mit vereinbartem Rechtsmittelverzicht, → Verständigung im Strafverfahren) auch den Hinweis, dass dennoch das zulässige Rechtsmittel eingelegt werden kann (BGH GS NJW 2005, 1440). Vorgeschrieben ist die Rechtsmittelbelehrung im Strafprozess – bei verkündeter Entscheidung mündlich zu erteilen – (§ 35a StPO), in der → Arbeitsgerichtsbarkeit (§ 9 V ArbGG), in der Verwaltungs-, Finanz- und Sozialgerichtsbarkeit im Urteil selbst (§ 117 II Nr. 6 VwGO, § 105 II Nr. 6 FGO, § 136 I Nr. 7 SGG), im Verfahren der → freiwilligen Gerichtsbarkeit im Beschluss (§ 39 FamFG). Unterbleibt die Rechtsmittelbelehrung, so begründet das im Strafprozess die → Wiedereinsetzung in den vorigen Stand (§ 44 S. 2 StPO); im arbeits-, verwaltungs-, finanz- und sozial-

gerichtlichen Verfahren beginnt die Rechtsmittelfrist erst nach Rechtsmittelbelehrung zu laufen, doch kann das Rechtsmittel grundsätzlich nur binnen einen Jahres seit Bekanntgabe der Entscheidung eingelegt werden (§ 9 V ArbGG, § 58 VwGO, § 55 II FGO, § 66 SGG). Im Zivilverfahren ist ebenfalls eine Rechtsmittelbelehrung vorgeschrieben (§ 232 ZPO). Dies gilt allerdings nicht für Verfahren, in denen sich die Parteien durch einen Rechtsanwalt vertreten lassen müssen (§ 232 S. 2 ZPO), also in Zivilprozessen vor dem Landgericht, Oberlandesgericht und dem BGH. Das Fehlen der Belehrung rechtfertigt eine Wiedereinsetzung in den vorigen Stand (§ 233 ZPO). Sa → Rechtsbehelfsbelehrung.

Im sozialgerichtlichen Verfahren ist in de Fällen des § 78 SGG die Durchführung eines Rechtsbehelfsverfahrens → Rechtsbehelfsbelehrung vorgeschrieben. Die Frist beträgt auch hier einen Monat nach Zustellung des → Verwaltungsakts. Wohnt die betroffene Person im Ausland, beträgt die Rechtsbehelfsfrist drei Kalendermonate nach Zustellung.

Rechtsmittelkosten
→ Kostenpflicht.

Rechtsmittelrücknahme
→ Zurücknahme von Rechtsmitteln.

Rechtsmittelschrift
Die Rechtsmittelschrift ist der bestimmende → Schriftsatz, durch den ein → Rechtsmittel bei Gericht eingelegt wird. Für eine Rechtsmittelschrift sind idR bestimmte Formen vorgeschrieben (zB → Berufung, 2).

Rechtsmittelsumme
→ Berufung (1a), → Nichtzulassungsbeschwerde.

Rechtsmittelverzicht
Der den Rechtsmittelverzicht erklärende Prozessbeteiligte gibt endgültig (anders → Zurücknahme von Rechtsmitteln) das Recht auf, die Entscheidung, auf die sich der Rechtsmittelverzicht bezieht, durch das übergeordnete Gericht nachprüfen zu lassen. Der Rechtsmittelverzicht führt, wenn er von allen Prozessbeteiligten erklärt wird, sofort zur formellen → Rechtskraft der Entscheidung. Sa → Rechtsmittelbelehrung.

Rechtsnachfolge
(Sukzession) → Rechtserwerb.

Rechtsnießbrauch
→ Nießbrauch.

Rechtsnorm
→ Gesetz, → Recht (1a).

Rechtsobjekt
→ Gegenstand.

Rechtspflege
Die Rechtspflege ist diejenige Tätigkeit, die im Rahmen der → Gerichtsbarkeit ausgeübt wird. Sie besteht aus → Rechtsprechung und der sonstigen Rechtspflege; zu dieser gehört insbes. diejenige → freiwillige Gerichtsbarkeit, die nicht Rechtsprechung darstellt (zB in Grundbuchsachen), die Tätigkeit der → Staatsanwaltschaft, die → Zwangsvollstreckung, auch die → Rechtsberatung Minderbemittelter. Vorsorgende Rechtspflege wird der Teil der freiwilligen Gerichtsbarkeit genannt, der den → Notaren zugewiesen ist. Auch die → Rechtsanwälte sind Organe der Rechtspflege (§ 1 BRAO).

Rechtspflegeministerium
nennt man ein Ministerium, das für die Verwaltung mehrerer oder aller → Gerichtsbarkeiten zuständig ist (→ Justizministerium). Diese Zusammenfassung soll die → richterliche Unabhängigkeit stärken, indem sie die Gerichte von der Verwaltung löst, deren Akte sie zu überprüfen haben (Beseitigung der „Hausgerichtsbarkeiten“). Gegenwärtig sind das Bundesjustizministerium (für die Gerichte des Bundes) und die meisten Landesjustizministerien (für die Gerichte der Länder) Rechtspflegeministerien, aber in unterschiedlicher Ausgestaltung sehr häufig unter Ausschluss der → Arbeitsgerichtsbarkeit. In Baden-Württemberg, Brandenburg, Bremen, Hessen, Mecklenburg-Vorpommern, Niedersachsen, Nordrhein-Westfalen, Rheinland-Pfalz, Sachsen, Sachsen-Anhalt, Schleswig-Holstein und Thüringen sind die Justizministerien als echte Rechtspflegeministerien für alle Gerichtsbarkeiten und damit auch für die Arbeitsgerichtsbarkeit zuständig.

Rechtspfleger
1. Der Rechtspfleger ist ein Beamter des gehobenen Dienstes, der die im Rechtspflegergesetz (RPflG) v. 5.11.1969 (BGBl. 1969 I 2065) mÄnd bezeichneten Aufgaben der Rechtspflege selbständig wahrnimmt, dabei sachlich unabhängig und nur an Recht und Gesetz gebunden ist (§ 9 RPflG). Die Bezeichnung Rechtspfleger betrifft nur die Funktion, welche die Beamten – Justiz(ober) inspektor, Justizamtmann, Justizamtsrat – ausüben; sie sind häufig zugleich als → Urkundsbeamter der Geschäftsstelle tätig (§ 24 II RPflG, § 27 RPflG). Voraussetzungen für die Tätigkeit als Rechtspflegers sind ein Vorbereitungsdienst von 3 Jahren (als Rechtspflegeanwärter), davon mindestens 18 Monate Studium an einer → Fachhochschule oder vergleichbarer Studiengang, und die bestandene Rechtspflegerprüfung (§ 2 RPflG). Wer die Befähigung zum Richteramt erworben hat, kann auf Antrag auch zum Rechtspfleger bestellt werden.

2. Der Aufgabenkreis des Rechtspflegers umfasst insbes. Vereins-, Vormundschafts-, Nachlass- und Teilungssachen, Handels- und Grundbuchsachen, → Mahnverfahren, ferner → Zwangsvollstreckung (soweit nicht der → Gerichtsvollzieher zuständig ist), → Zwangsversteigerung und → Zwangsverwaltung, → Kostenfestsetzung, → Insolvenzverfahren, → Strafvollstreckung. Bestimmte Aufgaben

können dem Urkundsbeamten übertragen werden (§ 36b RPflG), andere bleiben dem Richter vorbehalten, je nachdem ob sie dem Rechtspfleger voll oder mit Vorbehalt oder einzeln übertragen sind (§§ 3, 14 ff. RPflG). In allen Fällen hat der Rechtspfleger trotz bestehender Zuständigkeit eine einzelne Sache dem Richter vorzulegen, wenn eine Entscheidung des → Bundesverfassungsgerichts einzuholen ist oder ein so enger Zusammenhang mit einem vom Richter wahrzunehmenden Geschäft besteht, dass eine getrennte Behandlung nicht sachdienlich ist; bei Anwendung ausländischen Rechts kann der Rechtspfleger vorlegen. Der Richter bearbeitet die ihm vorgelegte Sache, solange er es für erforderlich hält; bei einer (möglichen) Rückgabe an den Rechtspfleger ist dieser an eine ihm vom Richter mitgeteilte Rechtsauffassung gebunden (§ 5 RPflG). Nimmt der Rechtspfleger ein Geschäft vor, das ihm nach dem RPflG weder übertragen ist noch übertragen werden kann, so ist das vorgenommene Geschäft unwirksam (§ 8 IV RPflG), während eine vom Richter innerhalb der Zuständigkeit des Rechtspflegers getroffene Entscheidung voll wirksam ist (§ 8 I RPflG). Für → Ausschließung und → Ablehnung gelten die auf Richter anwendbaren Vorschriften (§ 10 RPflG).

3. Gegen die Entscheidungen des Rechtspflegers ist das Rechtsmittel gegeben, das nach den allgemeinen verfahrensrechtlichen Vorschriften zulässig ist (idR → Beschwerde, ggf. → Rechtsbeschwerde). Ist ein solches Rechtsmittel nicht gegeben, so findet binnen der für die → Beschwerde vorgesehenen Frist die Erinnerung statt (sofern nicht eine gerichtliche Verfügung generell unanfechtbar ist, zB eine Eintragung im Grundbuch, an die sich ein gutgläubiger Erwerb anschließen kann, → Grundbuch 3). Der Rechtspfleger kann der Erinnerung abhelfen; sonst legt er sie dem Richter zur Entscheidung vor (§ 11 RPflG).

Rechtsphilosophie
Die Rechtsphilosphie ist der Zweig der allgemeinen Philosophie, der sich mit der Herkunft und dem Grund des Rechts, seinem Wesen und Inhalt und seinem Zweck befasst. Zum inneren Bereich der Rechtsphilosophie gehören die Rechtswertlehre, die Bedeutung und Funktion des Rechts als solchen behandelt, und die Rechtsprinzipienlehre oder Allgemeine Rechtslehre, dh die Lehre von den Grundbegriffen des Rechts (zB Anspruch, Verwirkung, Prozessrechtsverhältnis). Die bedeutendsten Richtungen der Rechtsphilosophie sind: die → Naturrechtslehre, die → historische Rechtsschule, die Allgemeine Rechtslehre, die als selbständige Richtung durch Untersuchung der allgemeinen Rechtsbegriffe eine Erkenntnis vom Wesen des Rechts zu gewinnen sucht (unter Anlehnung an den → Rechtspositivismus), und in neuerer Zeit das Wiederaufleben naturrechtlicher Gedanken, zT unter Abkehr von jeder theologischen Grundlage, zT unter dem Einfluss der Existenzphilosophie (Erkenntnis des Wesens des Rechts vom „Sein" her, nicht vom „Sollen"). Die Auffassungen über die Entstehung des Rechts werden von den rechtsphilosophischen Grundanschauungen entscheidend beeinflusst; das tritt insbes. in den unterschiedlichen Ansichten der Anhänger des Naturrechts und der historischen Rechtsschule zutage. Weitere Unterschiede offenbaren sich in den Grundauffassungen über die intuitive Rechtsschöpfung oder die rationale Konstruktion des Rechts. Das Wesen des Rechts wird heute zunehmend von seiner sozialen Funktion her gesehen und aus seinem Zweck abgeleitet, soziale Ordnungen aufrechtzuerhalten und auszugestalten; danach beruht das Recht auf dem gemeinschaftsbildenden Willen einer Gruppe von Menschen, ihrem Streben nach Zusammenschluss und Ordnung der Gemeinschaftsverhältnisse. Sa → Rechtssoziologie.

Rechtspolitik
→ Rechtsdogmatik.

Rechtspositivismus
Rechtspositivismus wird in der Rechtslehre eine Auffassung genannt, die allein aus dem positiven Recht (dem gesetzten oder dem Gewohnheitsrecht) ausschließlich mit gedanklichen Mitteln ohne eigene Wertung zur Lösung von Rechtsfragen gelangen will. Der Rechtspositivismus steht im Gegensatz zum → Naturrecht, das als Recht die aus der menschlichen Natur abzuleitenden und vernunftmäßig erkennbaren Rechtssätze ansieht, auch wenn es (nach einer modifizierten Auffassung) zu ihrer Wirksamkeit noch eines Rechtsetzungsaktes bedarf. Der Rechtspositivismus ist in der Rechtslehre immer wieder Gegenstand heftiger Angriffe, zumal er in seiner letzten Konsequenz die Rechtsschöpfung durch den Richter hindert, sie vielmehr nach dem Grundsatz der → Gewaltentrennung dem Gesetzgeber vorbehält und damit der → Rechtsfortbildung durch Richterrecht im Wege steht. Sa → Radbruch'sche Formel.

Rechtsprechende Gewalt
Rechtsprechende Gewalt ist iS der → Gewaltentrennung neben → Gesetzgebung (Legislative) und → vollziehender Gewalt (Exekutive) der dritte Teil der Staatsgewalt (gelegentlich auch als „Judikative" bezeichnet). Die rechtsprechende Gewalt ist nach Art. 92 GG „den Richtern anvertraut", darf also kraft Verfassungsrechts nur von → Richtern ausgeübt werden. Sie obliegt nach § 1 DRiG → Berufsrichtern und → ehrenamtlichen Richtern. Den Begriff der rechtsprechenden Gewalt bestimmt das GG nicht näher. Er ist im Einzelnen streitig, insbes. seine Abgrenzung zur vollziehenden Gewalt, die in der Lehre teils nach materiellen Kriterien, teils nach funktionellen, historischen oder positivrechtlichen Gesichtspunkten gesucht wird. Eine verbreitete Meinung bezeichnet die rechtsprechende Gewalt

als verbindliche Feststellung bestrittenen, bezweifelten oder gefährdeten Rechts im Einzelfall durch eine vom Staat berufene, selbständige und unabhängige Stelle. Soweit dabei als weitere Voraussetzung statuiert wird, dass diese Feststellung streitentscheidenden Charakter besitzt, bleiben zahlreiche Angelegenheiten, die das geltende Recht den Richtern zur Erledigung in richterlicher Unabhängigkeit zuweist, vom Bereich der rechtsprechenden Gewalt ausgeschlossen (zB Grundbuch-, Register- und Vormundschaftswesen). Von einem positivrechtlichen Standpunkt aus gehören zur rechtsprechenden Gewalt alle Angelegenheiten, die das geltende Recht den Gerichten zur Erledigung in richterlicher Unabhängigkeit zuweist. Eingehend zu diesen Fragen BVerfGE 22/49, 73 ff., wo die Strafgewalt der Finanzämter trotz Anrufungsmöglichkeit der Gerichte (Art. 19 IV GG) als Verstoß gegen Art. 92 GG angesehen wurde. Die rechtsprechende Gewalt wird in der BRep. durch die Gerichte des Bundes (→ Bundesgerichte) und die Gerichte der Länder (→ Landesgerichte) ausgeübt; nur ausnahmsweise können Gerichte der Länder zB in → Staatsschutzsachen (vgl. § 120 VI GVG) Gerichtsbarkeit des Bundes ausüben; Art. 96 V GG.

Rechtsprechung
→ rechtsprechende Gewalt. Die Rechtsprechung gehört zur → Rechtspflege und ist im Rahmen der → Gerichtsbarkeit den → Richtern anvertraut. Von ständiger Rechtsprechung spricht man, wenn ein Gericht in einer bestimmten Rechtsfrage wiederholt über einen längeren Zeitraum im gleichen Sinne entscheidet.

Rechtsprinzipienlehre
→ Rechtsphilosophie.

Rechtsquellen
→ Recht (1a).

Rechtsreferendar
→ Referendar.

Rechtsreflex
→ subjektives öffentliches Recht.

Rechtssatz
ist ein anderer Ausdruck für Rechtsnorm, der insbes. verwendet wird, um den Gegensatz von → Gesetz im materiellen Sinne (das „Rechtssatzqualität" besitzt) und → Verwaltungsvorschriften zu kennzeichnen.

Rechtsschein
→ Gutglaubensschutz, → gutgläubiger Erwerb, → öffentlicher Glaube des Grundbuchs, → Erbschein, → Verfügung eines Nichtberechtigten, → Scheingeschäft, → Scheinkaufmann.

Rechtsscheintheorie
→ Wertpapierrechtstheorien.

Rechtsscheinvollmacht
→ Vollmacht.

Rechtsschulen
→ Rechtsphilosophie.

Rechtsschutz
Während in der Frühzeit des Rechts die Durchsetzung des einer Person zustehenden → subjektiven Rechts weitgehend in seine oder seiner Sippe Hand gelegt war, geht das heutige Recht vom Grundsatz des staatlichen Rechtsschutzes aus. Der Inhaber eines Rechts muss also grundsätzlich zur Durchsetzung der sich hieraus ergebenden → Ansprüche die staatlichen Gerichte und Behörden durch Erhebung einer → Klage zur Erlangung eines → Urteils und dessen Durchsetzung im Wege der staatlichen → Zwangsvollstreckung in Anspruch nehmen (sa → Gewaltmonopol des Staates). Auch wenn es sich um einen in erleichterter Form erlangten Titel handelt (zB durch schiedsrichterliches Verfahren, vollstreckbare Urkunde), ist die zwangsweise Durchsetzung des titulierten Anspruchs grundsätzlich Sache des Staates. Der Selbstschutz des Einzelnen ist nur noch in besonderen Fällen zulässig, hierzu → Selbsthilfe, → Notwehr, → Notstand, → Besitzschutz. Oftmals sieht das Gesetz einen Rechtsschutz dadurch vor, dass es bei Rechtsverletzungen an die Stelle des verletzten Rechts einen Anspruch auf → Schadensersatz treten lässt, dessen Durchsetzung allerdings wieder den oben genannten Grundsätzen unterliegt. Sa. → Sicherheitsleistung.

Rechtsschutzanspruch
Der Rechtsschutzanspruch ist der → Anspruch einer → Partei (oder eines → Beteiligten) gegen den Staat auf einen der Rechtslage entsprechenden → Rechtsschutz (zB Möglichkeit einer Klageerhebung, Bereitstellung von Einrichtungen wie Gerichten).

Rechtsschutzbedürfnis
Das Rechtsschutzbedürfnis (Rechtsschutzinteresse) ist das berechtigte Interesse eines in seinen Rechten Beeinträchtigten, ein Gericht in Anspruch zu nehmen, um → Rechtsschutz zu erreichen. Das Rechtsschutzbedürfnis ist Voraussetzung für die Zulässigkeit eines jeden Rechtsschutzgesuchs (zB einer → Klage), insbes. → Prozessvoraussetzung und → Rechtszugvoraussetzung. Es fehlt, wenn ohne das Rechtsschutzgesuch das erstrebte Ziel einfacher, billiger oder ohnehin erreicht wird, ebenso wenn ein Gericht mutwillig (unnütz) oder aus unlauteren Motiven in Anspruch genommen wird.

Rechtsschutzversicherung
Die Rechtsschutzversicherung ist – anders als die → Haftpflichtversicherung – eine reine Kostenversicherung. Durch sie werden – je nach Umfang – die gerichtlichen und außergerichtlichen Kosten, die durch die Beratung des Versicherten und die Geltendmachung eines eigenen Anspruchs oder die Verteidigung gegenüber einem von einem Dritten erhobenen Anspruch (ohne Rücksicht auf dessen Begründetheit) entstehen, sowie die Kosten einer

mit dem → Versicherungsfall zusammenhängenden Strafverteidigung abgedeckt. Zwingende Vorschriften (zB über die freie Wahl eines Rechtsanwalts) enthalten §§ 125 ff. VVG. → Schadensversicherung, → Versicherungsvertrag.

Rechtssicherheit
Die Rechtssicherheit gehört zu den tragenden Zielen einer jeden Rechtsordnung. Die Aufstellung von Rechtsnormen als Folge der Wertung gleichliegender Einzelfälle oder einer aus anderem Anlass entstandenen Rechtsüberzeugung dient nicht nur der gerechten Fallentscheidung; sie soll in besonderem Maße auch den Rechtsgenossen das Gefühl der Rechtssicherheit vermitteln. Diese ermöglicht es dem Einzelnen, sein Verhalten im Rechtsleben nach der Erkenntnis einzurichten, welche rechtliche Wertung ein gedachter Tatbestand auf Grund der bestehenden Rechtsordnung erfahren wird. Die Rechtssicherheit ist ferner der wichtigste Rechtfertigungsgrund für die materielle → Rechtskraft, insbes. von Urteilen; diese soll einen grundsätzlich unabänderlichen Rechtszustand und damit für alle Beteiligten unverrückbare Rechtspositionen schaffen.

Rechtssoziologie
Die Rechtssoziologie ist der Zweig der Soziologie (Gesellschaftslehre), der sich mit der Wechselwirkung von Rechtsordnung und sozialer Wirklichkeit befasst. Sie geht davon aus, dass außerhalb der → Rechtsdogmatik ein soziales Gefüge besteht, das in seiner tatsächlichen Existenz von der Rechtsordnung unabhängig ist, dessen außerrechtliche, nicht kodifizierte Regeln aber auf die Rechtsordnung ausstrahlen. Die Wechselwirkung zwischen der sozialen Struktur und dem Recht kann sich darin äußern, dass sich Rechtsnormen aus der sozialen Wirklichkeit entwickeln (zB das Arbeitsrecht aus der Wirtschafts- und Sozialstruktur) oder dass Normen aufgestellt werden, die im Widerspruch zur sozialen Wirklichkeit stehen, diese aber ändern können (zB gesetzliche Eingriffe in das Eigentum durch Enteignung). Von dem Standpunkt aus, dass die Rechtsordnung nicht die alleinige Ordnung sozialer Gebilde ist, kann den sozialen Gegebenheiten entscheidender Einfluss auf die Rechtsanwendung eingeräumt werden. Anderseits ist die Anwendung mancher durch die Rechtslehre geprägter Begriffe von der Beachtung sozialer Gegebenheiten abhängig (vgl. zB → soziale Adäquanz).

Rechtsstaat
Aus Art. 20, 28 I 1 GG ergibt sich in Deutschland das Bekenntnis des GG zum Prinzip der Rechtsstaatlichkeit in → Bund und → Ländern. Auch die Verfassungen der Länder bekennen sich zum Rechtsstaatsprinzip (vgl. zB Art. 3 BV). Der Grundsatz der Rechtsstaatlichkeit gehört zu den elementaren Verfassungsgrundsätzen und zu den Grundentscheidungen des GG; er kann auch im Wege der → Verfassungsänderung nicht beseitigt werden (Art. 79 III GG). Rechtsstaatlichkeit besagt nicht nur, dass der Staat eine Rechtsordnung aufstellt und garantiert (Rechtsstaat im formellen Sinne), sondern bedeutet die Garantie bestimmter historisch entwickelter, teilweise auch in die Verfassung ausdrücklich aufgenommener rechtsstaatlicher Grundsätze (Rechtsstaat im materiellen Sinne, „Gerechtigkeitsstaat"). Dazu gehören insbes. der Grundsatz der → Gewaltentrennung (Art. 20 II 2 GG), die Gewährleistung persönlicher → Grundrechte, ferner die Bindung der → Gesetzgebung an die verfassungsmäßige Ordnung und die Bindung der → vollziehenden Gewalt und der → rechtsprechenden Gewalt an Gesetz und Recht (Art. 20 III GG). Die vollziehende Gewalt hat den Grundsatz der → Gesetzmäßigkeit der Verwaltung zu beachten. Sie ist, ebenso wie die rechtsprechende Gewalt, an die Gesetze gebunden. Ob die Anwendung des Gesetzes im Interesse der gebotenen Rechtssicherheit im Einzelfall zu Ungerechtigkeiten führen darf, ist zweifelhaft. Die Rechtssicherheit gehört zwar wie die materielle Gerechtigkeit zur Rechtsstaatlichkeit, kann aber jedenfalls dann keinen Vorrang beanspruchen, wenn der Widerspruch zur Gerechtigkeit unerträglich sein würde. Ein weiterer rechtsstaatlicher Grundsatz ist die Messbarkeit der staatlichen Handlungen; diese müssen in gewisser Weise voraussehbar und bestimmt sein. Hieraus ergeben sich auch Anforderungen an die Ausgestaltung der Gesetze durch den Gesetzgeber, insbes. bei der Formulierung von Verbotstatbeständen, ferner uU für die → Rückwirkung belastender Gesetze (zwingend bei Strafgesetzen; → nullum crimen sine lege, Art. 103 II GG). Weiter folgt aus dem Rechtsstaatsprinzip der Grundsatz der → Verhältnismäßigkeit von Mittel und Zweck, der ebenfalls für alle Teile der Staatsgewalt verbindlich ist (sa → Übermaßverbot) und schließlich die möglichst umfassende Gewährung von Rechtsschutz durch unabhängige Gerichte bei Rechtsverletzungen durch die öffentliche Gewalt (vgl. Art. 19 IV GG).

Rechtsstaatsgefährdung
Unter dem Begriff der Rechtsstaatsgefährdung werden allg. die im 3. Titel des 1. Abschnitts des Besonderen Teils des StGB geregelten Straftatbestände zusammengefasst (§§ 84 ff. StGB: Gefährdung des demokratischen Rechtsstaats; über die Abgrenzung der Rechtsstaatsgefährdung von Hoch- und Landesverrat → Hochverrat).

1. Dort werden verschiedene gewaltlose, rechtsstaatsgefährdende Angriffe unter Strafe gestellt:

a) Fortführen einer vom BVerfG für verfassungswidrig erklärten oder nach dem ParteienG oder dem VereinsG verbotenen Partei, Vereinigung oder Ersatzorganisation (§§ 84, 85 StGB);

b) Herstellen, Vorrätighalten, Einführen, Verbreiten oder Ausführen von Propagandamitteln einer verbotenen Partei, Vereinigung oder Ersatzorganisation oder zur Fortsetzung nat.-soz. Bestrebungen (§ 86 I StGB); erfasst sind ferner Propagandamittel von Organisationen, die auf Grundlage der Verordnung (EG) Nr. 2580/2001 vom 27.12.2001 als terroristische Organisationen zu gelistet sind (§ 86 II StGB). Bei den Propagandamitteln nach § 86 I StGB muss es sich um → Inhalte (§ 11 III StGB) handeln, die gegen die freiheitliche demokratische Grundordnung oder den Gedanken der Völkerverständigung gerichtet sind, bei denjenigen einer terroristischen Organisation nach § 86 II StGB um solche, die gegen den Bestand oder die Sicherheit eines Staates oder einer internationalen Organisation oder gegen die Verfassungsgrundsätze der Bundesrepublik Deutschland gerichtet sind (§ 86 III StGB); ausdrücklich ausgenommen von der Strafbarkeit sind nach dem Gedanken der → sozialen Adäquanz die Verwendung zur staatsbürgerlichen Aufklärung, zur Abwehr verfassungsfeindlicher Bestrebungen usw. sowie nach Art. 296 EGStGB außerhalb der BRep. regelmäßig publizierte Zeitungen und Zeitschriften;

c) Verwenden von → Kennzeichen verfassungswidriger Organisationen (§ 86a StGB; erfasst werden auch solcher best. terroristischer Organisationen).

d) → Agententätigkeit zu Sabotagezwecken (§ 87 StGB), dh zur Vorbereitung von bestimmten Sabotagehandlungen im Dienst einer fremden Regierung, Vereinigung oder Einrichtung;

e) Rechtsstaatsgefährdende Sabotage, dh Außerbetriebsetzen oder Behinderung von Verkehrsunternehmen, Postdienstunternehmen oder -anlagen, Telekommunikationsanlagen oder Versorgungseinrichtungen mittels Störhandlungen, um Bestrebungen gegen den Bestand oder die Sicherheit der BRep. oder gegen → Verfassungsgrundsätze zu fördern (§ 88 StGB);

f) Zersetzungsversuche gegenüber Angehörigen der Bundeswehr oder von Sicherheitsorganen in rechtsstaatsgefährdender Absicht (§ 89 StGB);

g) verschiedene Taten im Vor- und Umfeld der Tatbestände (§§ 129a, 129b StGB) betreffend terroristische Vereinigungen, nämlich:

aa) Vorbereitung einer schweren staatsgefährdenden Gewalttat (§ 89a StGB), nämlich von Mord, Totschlag, erpresserischem Menschenraub und Geiselnahme (§§ 211, 212, 239a, 239b StGB), die bestimmt oder geeignet ist, den Bestand oder die Sicherheit eines Staates oder einer internationalen Organisation zu beeinträchtigen oder Verfassungsgrundsätze der BRep. zu beseitigen, außer Geltung zu setzen oder zu untergraben, durch Handlungen, die mangels Bestehens oder Nachweisbarkeit einer → terroristischen Vereinigung nicht als Beteiligung oder Unterstützung gemäß § 129a StGB verfolgt werden können, zB Ausbildung Deutscher in einem ausländischen Terroristenlager oder in einer Einrichtung der gewaltbereiten rechtsextremistischen Szene); auch Vorbereitung der Gewalttat durch Ausreise in einen anderen Staat zur entsprechenden Unterweisung (§ 89a IIa StGB);

bb) Aufnahme und Unterhalten von Beziehungen zu einer → terroristischen Vereinigung in der Absicht, sich in der Begehung einer schweren staatsgefährdenden Gewalttat unterweisen zu lassen (§ 89b StGB), auch im Ausland;

cc) → Terrorismusfinanzierung (§ 89c StGB);

dd) Anleitung zur Begehung einer schweren staatsgefährdenden Gewalttat (§ 91 StGB) ua durch Anpreisen oder Zugänglichmachen von → Inhalten, die geeignet sind, als Anleitung zu solchen Gewalttaten zu dienen, die Bereitschaft dazu zu fördern oder zu wecken.

h) Zu den Rechtsstaatsgefährdungsdelikten zählen ferner die öffentlich oder durch Verbreitung von → Inhalten oder anderen Darstellungen begangene → Verunglimpfung des BPräs. oder leitender Staatsorgane (§§ 90, 90b StGB), die Verunglimpfung von Staat oder Flagge (§ 90a StGB) oder die Verunglimpfung von Symbolen der → Europäischen Union (§ 90c StGB); ergänzend → Beschimpfung.

2. Die Rechtsstaatsgefährdung ist meist im Höchstmaß mit 5 Jahren, bei minder schweren Delikten (§§ 86, 86a, 90a StGB) mit 3 Jahren Freiheitsstrafe und Geldstrafe bedroht.

3. Der → Geltungsbereich der Strafvorschriften gegen Rechtsstaatsgefährdung wird im Hinblick auf den besonderen Charakter dieser Bestimmungen des politischen Strafrechts durch § 91a StGB in den Fällen der §§ 84, 85, 87 StGB auf Taten beschränkt, die in der BRep. begangen sind.

Rechtsstreit

Ein Rechtsstreit (Rechtsstreitigkeit) ist die Auseinandersetzung zwischen zwei → Parteien oder → Beteiligten über ein → Rechtsverhältnis in einem vor einem Gericht anhängigen Verfahren.

Rechtssubjekt

Träger eines → subjektiven Rechts kann nur eine Person sein, die → Rechtsfähigkeit besitzt. Inhaber von Rechten und Pflichten kann daher nur eine natürliche Person (dh jeder Mensch) oder eine → juristische Person des privaten Rechts oder des öffentlichen Rechts (vgl. auch → Völkerrechtssubjekt) sein. Daneben sind Rechtssubjekte auch einige Personengesellschaften, zB → Offene Handelsgesellschaft (1c), → Partnerschaftsgellschaft, sa → Umwandlung, nach der Rspr. auch die → Gesellschaft des bürgerlichen Rechts (1); nicht aber eine sonstige → Gesamthandsgemeinschaft (zB → Erbengemeinschaft), die → Gemeinschaft nach Bruchteilen, die Familie usw. Sa → Handlungsfähigkeit.

Rechtssystematik

→ Rechtswissenschaft.

Rechtstheorie
→ Rechtswissenschaft.

Rechtsträger
1. In der ehem. DDR diente die Rechtsträgerschaft zur Verwaltung und Nutzung von Grundstücken in → Volkseigentum. Der Rechtsträger war nicht Inhaber des Rechts (Eigentümer). Er musste nach der Anordnung vom 7.7.1969 (GBl. 1969 II 433), die durch Art. 8 EinigV (→ Einigungsvertrag) aufgehoben wurde, → juristische Person sein. Eine Rechtsträgerschaft ist spätestens seit dem 4.10.1990 erloschen (Art. 22 I EinigV). Sie kann aber noch in G zur Regelung → offener Vermögensfragen genannt sein, zB § 7 II Nr. 2 SachenRBerG.

2. Im sonstigen Recht der Bundesrepublik ist Rechtsträger nur der Vollinhaber des Rechts (→ Rechtssubjekt). Als Rechtsträger wird neben natürlichen und juristischen Personen (→ Rechtsfähigkeit), der → Offenen Handelsgesellschaft und der → Kommanditgesellschaft auch die → Gesellschaft des bürgerlichen Rechts (1) sowie die Gemeinschaft der Wohnungseigentümer (→ Wohnungseigentum, 3) anerkannt.

Rechtsübergang
→ Rechtserwerb, → cessio legis, → Gesamtrechtsnachfolge.

Rechtsübertragung
→ Rechtserwerb.

Rechtsvereinfachung
umfasst alle Bestrebungen, den vorhandenen Normenbestand zu reduzieren und die bestehenden Vorschriften einfacher und klarer zu fassen. Trotz verschiedener Ansätze auf Landes- und Bundesebene sind entsprechende Bemühungen bislang weitgehend erfolglos geblieben. Sa → Deregulierung; → Rechtsbereinigung; → Rechtsetzung.

Rechtsvergleichung
→ Rechtswissenschaft.

Rechtsverhältnis
ist eine rechtlich bedeutsame, durch Normen des objektiven → Rechts geregelte Lebensbeziehung zwischen Personen untereinander (insbes. im → Schuldrecht, → Handelsrecht, → Familienrecht) oder zwischen Personen und Sachen (insbes. im → Sachenrecht, zT auch im → Erbrecht). Aus dem Rechtsverhältnis entspringen → subjektive Rechte und → Ansprüche. → Schuldverhältnis.

Rechtsverkehrsteuern
→ Verkehrsteuern.

Rechtsverlust
→ Rechtserwerb.

Rechtsvermutung
(praesumptio iuris) → Vermutung.

Rechtsvernichtende Einwendungen
→ Einrede.

Rechtsverordnung
1. Rechtsverordnung ist eine allgemein verbindliche Anordnung für eine unbestimmte Vielzahl von Personen, die nicht im förmlichen → Gesetzgebungsverfahren ergeht, sondern von Organen der → vollziehenden Gewalt (Bundes-, Landesregierung, staatliche Verwaltungsbehörden, aber auch Selbstverwaltungskörperschaften) gesetzt wird. Die Art des Zustandekommens unterscheidet die Rechtsverordnung vom formellen → Gesetz, ihr allgemeiner Inhalt von dem auf die Regelung eines Einzelfalles gerichteten → Verwaltungsakt, ihr Wesen als → Rechtssatz (Rechtsnorm) von den nur verwaltungsintern wirkenden → Verwaltungsvorschriften. Da sie Rechtsvorschriften enthält, ist die Rechtsverordnung Gesetz im materiellen Sinn. Entsprechend dem Grundsatz der → Gewaltentrennung können allgemein verbindliche Rechtsvorschriften grundsätzlich nur im förmlichen Gesetzgebungsverfahren erlassen werden. Doch kann ein formelles Gesetz die vollziehende Gewalt zum Erlass von Rechtsverordnungen ermächtigen. Nach Art. 80 GG können durch Gesetz die Bundesregierung, ein Bundesminister oder die Landesregierungen (nicht einzelne Landesminister, aber Subdelegationsermächtigung möglich) ermächtigt werden, Rechtsverordnungen zu erlassen. Dabei müssen Inhalt, Zweck und Ausmaß der erteilten Ermächtigung im förmlichen Gesetz bestimmt werden („Konkretisierung der Ermächtigung"); es muss voraussehbar sein, in welchen Fällen und mit welcher Tendenz von der Ermächtigung Gebrauch gemacht werden und welchen Inhalt die zu erlassende Rechtsverordnung haben kann. Unzulässig ist demnach die Ermächtigung zu „gesetzvertretenden" Verordnungen iS einer selbständigen und ursprünglichen Regelung einer Materie; Rechtsverordnungen dürfen nur zur Durchführung und zur inhaltlich bereits vorgezeichneten Ausfüllung und Ergänzung des formellen Gesetzes ergehen. Ermächtigungen des früheren Rechts zu gesetzesvertretenden Rechtsverordnung sind mit dem Inkrafttreten des GG erloschen (Art. 129 III GG). In der Rechtsverordnung ist die Rechtsgrundlage (die Ermächtigungsnorm) anzugeben. Ist durch Gesetz vorgesehen, dass eine Ermächtigung weiter übertragen werden kann (sog. Subdelegation), so bedarf es zu dieser Weiterübertragung wiederum einer Rechtsverordnung. Rechtsverordnungen der BReg. oder eines BMin. sind häufig an die Zustimmung des → Bundesrates gebunden (vgl. zB Art. 80 II GG; Zweck: Wahrung von Länderinteressen). Gelegentlich ist der Erlass einer Rechtsverordnung an die Zustimmung des Gesetzgebers gebunden, was eigentlich systemwidrig ist (Zweck: Kontrolle der Rechtsverordnung, deren Korrektur ansonsten nur im förml. Gesetzgebungsverfahren möglich wäre). Die Rechtsverordnung bedarf zu ihrer Wirksamkeit der ordnungsgemäßen → Verkündung (regelmä-

ßig im BGBl. oder GVBl. des Landes). Änderungen einer Rechtsverordnung werden gelegentlich auch vom Gesetzgeber in einem → Artikelgesetz vorgenommen. Da sie damit den Rang eines förmlichen Gesetzes erhalten, wird in dem Artikelgesetz zugleich bestimmt, dass diese Teile der Rechtsverordnung wieder auf Grund der Ermächtigung geändert werden können (sog. „Entsteinerungsklausel"). Die Verfassungen der Länder enthalten zumeist Vorschriften, die inhaltlich dem (für die Länder nicht unmittelbar geltenden) Art. 80 GG entsprechen. Aber auch ohne solche Vorschriften folgt aus dem Verfassungsprinzip der → Gewaltentrennung das Verbot einer zu weitgehenden Übertragung der Rechtssetzungsbefugnis auf die Exekutive. Die Rechtsverordnung kann, da sie materielles Gesetz ist, Grundlage von Verwaltungsakten sein. Die Rechtsverordnung ist unwirksam, wenn sie sich nicht im Rahmen der erteilten Ermächtigung hält oder sonstwie gegen höherrangiges Recht (formelles Gesetz, Verfassung) verstößt. Die Gültigkeit einer Rechtsverordnung, auf die es bei der Entscheidung ankommt, ist in der Regel vom Gericht inzidenter zu überprüfen. Die sonstige → Normenkontrolle ist bei Rechtsverordnungen nicht im gleichen Umfang statthaft wie bei förmlichen Gesetzen; insbes. ist eine richterliche Vorlage an das BVerfG gem. Art. 100 GG (konkrete Normenkontrolle) nicht möglich. Das Institut der Rechtsverordnung hat in neuerer Zeit große Bedeutung erlangt, weil es den zeitraubenden Weg der Gesetzgebung erspart und schnellere Anpassung der Rechtslage an veränderte Verhältnisse ermöglicht. Dem Umfang nach übersteigt die Rechtssetzung durch Rechtsverordnungen heute die durch formelles Gesetz.

2. Für das → europäische Recht s. → Verordnungen der EU. Sa → Europäische Gesetzgebung.

Rechtsvorgänger
→ Rechtserwerb. Zur Haftung für Verbindlichkeiten des Rechtsvorgängers → Übernahme eines Handelsgeschäfts, → Betriebsübergang.

Rechtsvorschriften
Rechtsvorschriften ist ein zusammenfassender Ausdruck für alle Arten von Rechtsnormen (→ Recht, 1a), also für alle Formen von Gesetzen im materiellen Sinne (→ Gesetz, 1 u. 3). Dies sind → Verfassung, Gesetze im materiellen Sinne, → Rechtsverordnungen und → Satzungen). Der Begriff Rechtsvorschrift wird häufig verwendet, um den Gegensatz zu kennzeichnen gegenüber → Verwaltungsvorschriften sowie gegenüber sonstigen rein gesellschaftlichen Verhaltensregulativen wie Sitte, Ethik oder Moral sowie Mehrheitsüberzeugungen in Politik und Gesellschaft.

Rechtswahl
→ Internationales Privatrecht (2b, d, e).

Rechtsweg
Der Rechtsweg ist der Weg, auf dem bei einer Gerichtsbarkeit um → Rechtsschutz nachgesucht werden kann. In zahlreichen Gesetzen wird der Rechtsweg gegenüber einer behördlichen Maßnahme oder Entscheidung ausdrücklich für zulässig erklärt und damit die Anrufung des zuständigen Gerichts eröffnet. Man unterscheidet folgende vom GG als gleichwertig anerkannte Rechtswege: den → ordentlichen Rechtsweg, den Rechtsweg der → Verwaltungsrechtsweg, → Finanzrechtsweg, → Arbeitsrechtsweg, → Sozialrechtsweg, → Disziplinarrechtsweg, → Dienstrechtsweg und → Berufsgerichtsbarkeit. Eine Sonderstellung nimmt die → Verfassungsgerichtsbarkeit ein. Die Zulässigkeit des Rechtswegs ist eine → Prozessvoraussetzung und von der → Zuständigkeit zu unterscheiden. Die Gerichte entscheiden bindend über die Zulässigkeit des zu ihnen beschrittenen Rechtsweg; ggf. wird der Rechtsstreit an das zuständige Gericht des zulässigen Rechtswegs verwiesen (§ 17a GVG; → Verweisung, → Zuständigkeitsstreit).

„Rechtsweg ausgeschlossen"
→ Wette, → Lotterie, Ausspielung. Von solchen Fällen abgesehen ist ein vertraglicher Ausschluss des Rechtsweges unzulässig (sa → schiedsrichterliches Verfahren).

Rechtsweggarantie
nennt man die Regelung des Art. 19 IV 1 GG, wonach jedem, der durch die öffentliche Gewalt in seinen Rechten verletzt wird, der → Rechtsweg offen steht (wegen seiner überragenden Bedeutung für die Rechtsschutzgewährung auch als „formelles Hauptgrundrecht" bezeichnet). Mangels besonderer Regelung ist der → ordentliche Rechtsweg gegeben (Art. 19 IV 2 GG). Die Rechtsweggarantie gewährleistet nur den Zugang zum Gericht, nicht die Eröffnung eines Instanzenzugs. Die Rechtsweggarantie äußert sich insbes. durch die Generalklausel der VwGO (→ Verwaltungsgerichtsbarkeit, 3) und die Eröffnung der → Verfassungsgerichtsbarkeit. Über eine gewisse Einschränkung durch die im Zuge der → Notstandsverfassung eingefügten Art. 10 II 2, 19 IV 3 GG → Brief-, Post- und Fernmeldegeheimnis (3).

Rechtswertlehre
→ Rechtsphilosophie.

Rechtswidrige Tat
ist im Strafrecht nur eine solche, die den Tatbestand eines Strafgesetzes verwirklicht (§ 11 I Nr. 5 StGB), → Straftat.

Rechtswidrigkeit
Rechtswidrig ist jede Handlung, die der Rechtsordnung widerspricht. Der Begriff der Rechtswidrigkeit ist im gesamten Rechtsbereich einheitlich zu beurteilen. Rechtfertigungsgründe schließen das Unrecht (die Rechtswidrigkeit der Handlung) mit Wirkung für alle Rechtsgebiete aus; so beseitigt zB der

zivilrechtliche → Notstand (Rechtfertigungsgrund!) auch die Rechtswidrigkeit der durch den Notstand veranlassten Straftat. Sie wirken auch zugunsten des Teilnehmers der Straftat. Als Rechtfertigungsgründe kommen hauptsächlich in Betracht: → Notwehr, zivilrechtlicher oder rechtfertigender → Notstand (dort 1a, 2), falls eines der im Widerstreit stehenden Rechtsgüter überwiegt, → rechtfertigende Pflichtenkollision, → Einwilligung des Verletzten, mutmaßliche Einwilligung (Geschäftsführung ohne Auftrag; Operation eines Bewusstlosen, dessen Angehörige nicht erreichbar sind), Dienstrechte der → Amtsträger (zB Vollstreckungshandlungen des Gerichtsvollziehers, Waffengebrauch des Polizeibeamten), rechtmäßiger dienstlicher Befehl, behördliche Erlaubnis (zB zur Veranstaltung von Glücksspielen), nach neuerer Auffassung auch → soziale Adäquanz und erlaubtes Risiko (übliche Gefährdungshandlungen im Bereich von Technik und Verkehr); letztere führen im Strafrecht nach heutiger hM aber bereits zum Ausschluss der → objektiven Zurechnung, so dass die Erfüllung des objektiven Tatbestands der Strafnorm verneint wird. Allgemein genügt idR zum Ausschluss der Rechtswidrigkeit nicht das objektive Vorliegen eines Rechtfertigungsgrundes; vielmehr muss der Täter mit entsprechender Willensvorstellung handeln (subjektives Rechtfertigungselement).

Rechtswidrigkeitszusammenhang
→ Schadensersatz (1), → Kausalität im Strafrecht.

Rechtswissenschaft
Die Rechtswissenschaft (Jurisprudenz) ist eine der Grundwissenschaften (neben Philosophie, Theologie usw); sie befasst sich mit der Erkenntnis des objektiven → Rechts und seiner Erscheinungsformen. Ein Teil der Grundlagenforschung der Rechtswissenschaft ist die Rechtstheorie, dh die Lehre vom logischen Aufbau der Rechtsordnung und der Struktur der Rechtssätze sowie von der Methodik der Gewinnung rechtlicher Erkenntnisse. Die → Rechtsdogmatik im Besonderen entwickelt die wissenschaftlichen Methoden zur Erforschung und Darstellung des geltenden Rechts; Aufgabe der Rechtssystematik ist die Gliederung und Abgrenzung der einzelnen Rechtsgebiete als Grundlage für die → Rechtsanwendung. Wichtige Zweige und Quellen der Rechtswissenschaft insbes. für die Erkenntnis und die Anwendung des Rechts sind die → Rechtsgeschichte, die das Werden des Rechts bis zur Gegenwart aufzeigt, und die Rechtsvergleichung, die Erkenntnisse aus der Heranziehung anderer nationaler Rechtsordnungen zu gewinnen sucht. Während diese Erkenntnisse sich überwiegend mit einzelnen Rechtsgebieten und Rechtsnormen befassen, schöpft die → Rechtsphilosophie allgemein Einsichten in Wesen und Wirksamkeit des Rechts aus dessen Herkunft und aus den Gründen der Rechtsbildung, während die Rechtspolitik die Zielrichtung für die Weiterentwicklung des Rechts bestimmt. Diese wird wesentlich beeinflusst von der → Rechtssoziologie, die sich mit der Wechselwirkung von sozialer Wirklichkeit und Rechtsordnung befasst und deren Ergebnisse Rechtsetzung und Rechtsanwendung beeinflussen.

Rechtszug
Rechtszug (Instanz) ist der Verfahrensabschnitt eines Rechtsstreits vor einem bestimmten – meist im Über- oder Unterordnungsverhältnis zu einem anderen stehenden – Gericht. Das gerichtliche Verfahren beginnt im ersten Rechtszug und gelangt, soweit dieser nicht der einzige Rechtszug ist, durch → Rechtsmittel in den zweiten und ggf. dritten Rechtszug vor die übergeordneten Gerichte (zB Amtsgericht – Landgericht; Landgericht – Oberlandesgericht – Bundesgerichtshof; Verwaltungsgericht – Oberverwaltungsgericht – Bundesverwaltungsgericht). Die obersten Gerichtshöfe des Bundes entscheiden idR als Rechtsmittelgericht. Übersicht über die Rechtszüge s. Anhang E ff.

Rechtszugvoraussetzungen
Die Rechtszugvoraussetzungen sind die prozessualen Voraussetzungen, die erfüllt sein müssen, wenn der → Rechtszug zulässig eröffnet sein soll. Fehlt eine Rechtszugvoraussetzung, so ist das → Rechtsmittel unzulässig; das Rechtsmittelgericht hat es zu verwerfen und darf die angefochtene Entscheidung nicht nachprüfen. Rechtszugvoraussetzungen sind insbes. die → Statthaftigkeit, die form- und fristgerechte Einlegung des Rechtsmittels, die → Beschwer, ggf. das Erreichen des vorgeschriebenen → Beschwerdewerts, der unterbliebene → Rechtsmittelverzicht und das → Rechtsschutzbedürfnis.

Record Date
Record Date ist eine Besonderheit für Inhaberaktien für den Nachweis der Berechtigung zur Teilnahme an der → Hauptversammlung einer börsennotierten Aktiengesellschaft. Der Nachweis betreffend die Inhaberschaft von Aktien hat sich auf den Beginn des 21. Tages vor der Hauptversammlung zu beziehen (§ 123 IV 2 AktG). Wer eine Bescheinigung zu diesem Zeitpunkt erbringt, gilt im Verhältnis zur Gesellschaft als Aktionär (§ 123 IV 5 AktG).

Recycling
§ 3 XXV KrWG bezeichnet als Recycling die technischen Prozesse, durch die → Abfälle wieder verwendbar gemacht werden. Die Verwendung von Abfällen als Brennstoff und zur Verfüllung, zB von Braugruben oder Tagebauen, gilt jedoch nicht als Recycling. Nach § 14 KrWG soll die Recyclingquote von → Siedlungsabfällen im Jahre 2035 mindestens 65 Gewichtsprozent betragen. → Kreislaufwirtschaft.

Redakteur
→ Presserecht, → Pressedelikte.

Redaktionsgeheimnis
→ Zeugnisverweigerungsrecht (des Redakteurs), → Beschlagnahme.

Rediskontgeschäft
→ Diskontpolitik.

Reduktion
→ Auslegung, (1c).

Reduktion, geltungserhaltende
→ Allgemeine Geschäftsbedingungen(3).

Reeder
Der Reeder ist der Eigentümer eines ihm zum Erwerb durch die Seefahrt dienenden Schiffes (→ Legaldefinition in § 476 HGB). Der Reeder (ebenso der Charterer) kann seine – vertragliche oder außervertragliche – Haftung für Personen- und Sachschäden, die bei der Verwendung des Schiffes entstanden sind (sog. Seeforderungen) bis auf bestimmte Höchstbeträge beschränken (§§ 504 ff., 538 ff. HGB). Eine Reederei (auch Partenreederei genannt) besteht, wenn mehrere Personen (sog. Mitreeder) ein ihnen gemeinschaftlich gehörendes Schiff für gemeinschaftliche Rechnung zum Erwerb durch Seefahrt verwenden. Diese Gesellschaftsform ist selten und kann seit der Reform des Seehandelsrechts im Jahr 2013 nicht mehr neu begründet werden.

Reederei
→ Reeder.

Referendar
Referendar ist die Bezeichnung des (idR zwischen 1. und 2. Staatsprüfung) im Vorbereitungsdienst stehenden Anwärters für die Laufbahn des höheren Dienstes (zB Studienreferendar). Im Vorbereitungsdienst nach § 5b DRiG führen die angehenden → Juristen die Bezeichnung Referendar. Da der Vorbereitungsdienst nicht nur bei Gerichten, sondern auch bei Verwaltungsbehörden ua Stellen (Rechtsanwälten, Notaren) abgeleistet wird, lautet in meisten Ländern (zB in Bayern) die Bezeichnung „Rechtsreferendar“. Dem Referendar können bestimmte Aufgaben zur Erledigung unter Aufsicht des Richters oder Staatsanwalts übertragen werden (§§ 10, 142 III GVG). Der Referendar war früher idR → Beamter auf Widerruf; in Ländern mit Bewerbermangel werden Referendare inzwischen wieder zum Beamten auf Widerruf ernannt. Außerhalb des Vorbereitungsdienstes der Juristen werden Referendare regelmäßig zu Beamten auf Widerruf ernannt. Im Vorbereitungsdienst der Juristen (→ Befähigung zum Richteramt) befindet er sich jetzt in den meisten Ländern in einem öffentlich-rechtlichen Ausbildungsverhältnis; statt → Anwärterbezügen erhält er dort nur noch Unterhaltsbeihilfe.

Referendum
→ Volksabstimmung; → Bürgerbeteiligung; → Bürgerentscheid; → Europäische Bürgerinitiative

Referenzlaboratorium
1. Das → Bundesinstitut für Risikobewertung, das → Bundesamt für Verbraucherschutz und Lebensmittelsicherheit sowie das Max Rubner-Institut sind nationale Referenzlaboratorien iSv Art. 100 VO (EU) 2017/625 (→ Lebensmittel- und Futtermittelüberwachung), vgl. Referenzlaboratoriumzuweisungsverordnung (RZV) v. 7.8.2007 (BGBl. 2007 I 1939) mÄnd. Ihre Aufgabe ist es, in den Bereichen → Lebensmittel- und Futtermittelsicherheit und → Tierschutz die europäischen Referenzlaboratorien wissenschaftlich und organisatorisch zu unterstützen, etwa bei der Entwicklung von Analysemethoden oder Schulungen.

2. Das Julius Kühn-Institut, Bundesforschungsinstitut für Kulturpflanzen, ist im Bereich → Pflanzenschutz nationales Referenzlaboratorium für Pflanzenschädlinge (Insekten, Milben, Bakterien, Pilze), § 1 Pflanzenschadorganismenreferenzlaborzuweisungsverordnung (PflSchadORZV) v. 10.4.2019 (BGBl. 2019 I 485).

Referenzpreis
→ Intervention.

Refinanzierungsregister
Unternehmen, die zum Zweck der Refinanzierung Gegenstände oder Ansprüche auf deren Übertragung aus ihrem Geschäftsbetrieb zum Zwecke der Refinanzierung veräußern (sog. Refinanzierungsunternehmen, § 1 Abs. 24 KWG), können auf freiwilliger Basis ein Refinanzierungsregister führen. Ist ein Gegenstand dort ordnungsgemäß eingetragen, erhält im Falle der Insolvenz des Refinanzierungsunternehmens der Übertragungsberechtigte ein Aussonderungsrecht nach § 47 InsO. Einschlägig sind die §§ 22a–22o KWG sowie die RefinanzierungsregisterV (RefiRegV) v. 18.12.2006 (BGBl. 2006 I 3241 mÄnd). Das Refinanzierungsregister entspricht dem Deckungsregister (→ Pfandbriefbanken 3.) und soll Verbriefungen, True Sale Vereinbarungen und andere Refinanzierungsgeschäfte sofort insolvenzfest machen, auch wenn die zivilrechtliche Rechtsübertragung nicht oder erst später geschieht.

Reflexrecht
→ subjektives öffentliches Recht.

reformatio in peius
Eine reformatio in peius ist die im Rechtsmittelverfahren vorgenommene Änderung einer gerichtlichen Entscheidung zu Ungunsten des Rechtsmittelführers oder des Angeklagten (sog. „Verböserung“).

Im Zivilprozess darf das Urteil in der Hauptsache nicht zum Nachteil des Rechtsmittelführers geändert werden, außer wenn auch der Gegner ein Rechtsmittel eingelegt hat (§§ 528, 524, 554, 557 I ZPO); mit dieser Ausnahme gilt also ein Verbot der Schlechterstellung.

Im Strafprozess ist eine Änderung zu Ungunsten des Angeklagten nicht zulässig, wenn nur dieser oder die Staatsanwaltschaft zugunsten des Angeklagten von einem Rechtsmittel Gebrauch gemacht hat. Dagegen darf die Rechtsmittelentscheidung in jedem Falle zugunsten des Angeklagten ergehen, auch wenn nur die Staatsanwaltschaft Rechtsmittelführer ist, unabhängig davon, ob sie eine Änderung zugunsten oder zum Nachteil des Angeklagten erstrebt (§§ 331, 358, 301 StPO). Eine Verschlechterung ist aber möglich im Urteil nach Einspruch gegen einen Strafbefehl (§ 411 IV StPO) oder einen Bußgeldbescheid (s. § 71 III OWiG, § 81 OWiG). Zudem steht die reformatio in peius einer Anordnung der Unterbringung in einem psychiatrischen Krankenhaus oder einer Entziehungsanstalt nicht entgegen (§ 331 II StPO, § 358 II 3 StPO).

Im Verfahren vor den Verwaltungs- und Sozialgerichten folgt das Verbot der reformatio in peius aus der Bindung an das Klagebegehren (§§ 88, 129, 141 VwGO, §§ 123, 202 SGG). Im Widerspruchsverfahren über → Verwaltungsakte (§§ 68 ff. VwGO, §§ 71 ff. SGG) ist eine Verschlechterung aber grds. zulässig.

Auch in der → Finanzgerichtsbarkeit gilt das Verbot der reformatio in peius als Ausfluss der Rechtsschutzfunktion des Gerichts; im → außergerichtlichen Rechtsbehelfsverfahren ist dagegen die reformatio in peius grds. zulässig (§ 367 II AO). Voraussetzung ist, dass der Einspruchsführer auf die Möglichkeit der verbösernden Entscheidung unter Angabe von Gründen hingewiesen und ihm Gelegenheit gegeben worden ist, sich dazu zu äußern. Nimmt der Einspruchsführer den Einspruch daraufhin zurück, besteht für die Finanzbehörde gleichwohl die Möglichkeit, den Steuerbescheid zu verbösern, wenn die Voraussetzungen der Änderungsvorschriften (§§ 172 ff. AO) gegeben sind.

Reformvertrag
→ Europäische Integration (3 f und g).

Regalien
Regalien waren nach altdeutschem Recht im weitesten Sinne alle dem König (Landesherrn) zustehenden Hoheitsrechte, also nicht nur Nutzungsrechte, sondern auch die Gerichtsbarkeit und zB das Befestigungsrecht des Burgherrn. Später beschränkte sich der Begriff auf die sog. niederen Regialien, dh Nutzungs- (zB Bergregal) und Aneigungsrechte (zB Fischereiregal). Nach Art. 73 EGBGB bleiben Landesgesetze über noch bestehende landesrechtliche Regalien unberührt, so zB die Bestimmung über Perlfischerei in Art. 78 bayer. FischereiG vom 10.10.2008 (BayRS 793-1-L) mÄnd. Bis in die neueste Zeit hielt sich der Ausdruck → Postregal.

Regelaltersrente
Die Regelaltersrente gehört zu den Leistungen der gesetzlichen → Rentenversicherung. Anspruch auf Regelaltersrente haben Versicherte, die das 67. Lebensjahr vollendet und die allgemeine → Wartezeit von 5 Jahren erfüllt haben (§ 35 SGB VI). Auf die allgemeine Wartezeit werden Kalendermonate mit Beitragszeiten angerechnet (§§ 51 Abs. 154, 55 SGB VI). Außerhalb der gesetzlichen → Rentenversicherung besteht ein solcher Anspruch zB auch nach § 11 ALG für Landwirte, die neben der Vollendung des Lebensalters eine Wartezeit von 15 Jahren zurückgelegt und ihre Landwirtschaft als Unternehmen abgegeben haben. Für mitarbeitende Familienangehörige ist Voraussetzung, dass sie neben dem Lebensalter ebenfalls die Wartezeit von 15 Jahren erfüllt haben und nicht Landwirt sind. Auf die Wartezeit nach § 11 ALG sind nur Zeiten anzurechnen, die in der landwirtschaftlichen Alterssicherung zurückgelegt wurden (§§ 90 ff. ALG).

Der Anspruch auf Regelaltersrente besteht für Versicherte, die vor dem 1.1.1964 geboren sind, bei mit Vollendung des 65. Lebensjahres. Für die nach dem 31.12.1963 geborenen Versicherten wird die Altersgrenze schrittweise auf das 67. Lebensjahr angehoben. Für Versicherte, die in der Zeit zwischen dem 1.1.1947 und dem 31.12.1957 geboren sind, erfolgt die Anhebung in 1-Monats-Schritten; für die danach Geborenen in 2-Monats-Schritten (§ 235 SGB VI). Für die Personen, die vor dem 1.1.1955 geboren wurden und vor dem 1.1.2007 Altersteilzeitarbeit im Sinne der §§ 2 und 3 I Nr. 1 des Altersteilzeitgesetzes vereinbart oder Anpassungsgeld für entlassene Arbeitnehmer des Bergbaus bezogen haben, wird die Altersgrenze von 65 Jahren nicht angehoben.

Das jeweils aktuelle Eintrittsalter in die gesetzliche Altersrente kann aus der Tabelle bei § 235 SGB VI abgelesen werden.

Versicherte / Geburtsjahr	Anhebung um Monate	auf Alter	
		Jahr	Monat
1947	1	65	1
1948	2	65	2
1949	3	65	3
1950	4	65	4
1951	5	65	5
1952	6	65	6
1953	7	65	7
1954	8	65	8
1955	9	65	9
1956	10	65	10
1957	11	65	11
1958	12	66	0
1959	14	66	2
1960	16	66	4
1961	18	66	6
1962	20	66	8
1963	22	66	10

Ein neben der Regelaltersrente erzieltes Einkommen (→ Hinzuverdienst) ist unbeachtlich, egal in welcher Höhe es erzielt wird.

Regelbeförderung
→ Beförderung von Beamten.

Regelbeispiele
Das StGB enthält verschiedene Vorschriften, die für besonders schwere Fälle eine Strafschärfung vorsehen. Es handelt sich dabei nicht um → Qualifikationstatbestände, sondern um Strafzumessungsregeln, die den Deliktscharakter nicht ändern, dh auf die Unterscheidung zwischen → Vergehen und → Verbrechen ohne Einfluss sind (§ 12 III StGB). Regelbeispiele sind benannte Strafschärfungsgründe, deren Vorliegen zur gesetzlichen Vermutung eines besonders schweren Falles führt (zB des → Diebstahls beim Einbruchdiebstahl, § 243 I 2 Nr. 1 StGB; des → sexuellen Übergriffs bei einer Vergewaltigung, § 177 VI 2 Nr. 1 StGB). Das Gericht kann einen solchen aufgrund einer Gesamtwürdigung der Umstände gleichwohl ablehnen oder aber aufgrund einer anderen, vergleichbar schweren Konstellation annehmen, obwohl kein Regelbeispiel erfüllt ist. Auch Regelbeispiele sind Strafzumessungsregeln, obwohl sie tatbestandsähnlich sind. Aufgrund dieser Ähnlichkeit wird die Regelwirkung eines Regelbeispiels zT auch dann bejaht, wenn dieses nur „versucht" worden ist (str., → Versuch 1d). Ob die Regelwirkung auch für einen Teilnehmer (→ Teilnahme an einer Straftat) oder einen → Mittäter greift, ist anhand einer Gesamtwürdigung zu beurteilen.

Regelentgelt
Das Regelentgelt als Grundlage zur Bemessung des → Krankengeldes in der gesetzlichen → Krankenversicherung ist das wegen der → Arbeitsunfähigkeit entgangene regelmäßige → Arbeitsentgelt und → Arbeitseinkommen, bezogen auf den Kalendertag. Ist diese Berechnung nicht möglich oder ist das Entgelt nach Monaten bemessen, so gilt der 30. Teil des im letzten Monat vor der Arbeitsunfähigkeit abgerechneten und um einmalige Zuwendungen verminderten Entgelts als Regelentgelt. Das Entgelt bzw. Einkommen ist dabei bis zur → Beitragsbemessungsgrenze zu berücksichtigen (§ 47 SGB V). Soweit es um die Zahlung von Übergangsgeld geht, ist maßgebende Rechtsgrundlage § 67 SGB IX.

Regeln der Technik
→ Technische Regeln; → gemeingefährliche Straftaten.

Regeln des Völkerrechts
(Verbindlichkeit) → Völkerrecht.

Regelsätze
Im Mittelpunkt der Gewährung von Leistungen von → Bürgergeld (→ Grundsicherung für Arbeitsuchende) nach dem SGB II und der → Sozialhilfe nach dem SGB XII stehen Regelleistungen zur Sicherung des notwendigen Lebensunterhalts. Der notwendige Lebensunterhalt umfasst dabei insbesondere Ernährung, Unterkunft, Kleidung, Körperpflege, Hausrat, Heizung und persönliche Bedürfnisse des täglichen Lebens; zu den persönlichen Bedürfnissen gehören dabei in vertretbarem Umfang auch die Beziehungen zur Umwelt und die Teilnahme am kulturellen Leben (vgl. § 20 SGB II, §§ 27 ff. SGB XII).

Der gesamte Bedarf des notwendigen Lebensunterhalts wird grundsätzlich nach Regelsätzen erbracht. Die Höhe der gewährten Regelsätze ist von der Anzahl der im Haushalt lebenden Personen abhängig. Für den Anwendungsbereich des SGB XII können die Regelsätze abweichend von denjenigen der Bundesregelung von den Landesregierungen festgesetzt werden. So beläuft sich zB der Regelsatz seit 1.1.2024 (keine Erhöhung 2025) auf monatlich 563 EUR (Regelbedarfstufe 1). Die Festsetzung zum 1.7. eines Jahres erfolgt dann nicht, wenn wegen Vorliegens einer neuen Einkommens- und Verbrauchsstichprobe (EVS) bereits zum 1.1. eines Jahres eine Neuberechnung der Regelsätze erfolgt ist. Darüber hinaus werden Leistungen für Unterkunft und Heizung sowie für sog. Mehrbedarfe (§ 22 SGB II, § 35 SGB XII) erbracht.

Werdende Mütter erhalten nach der 12. Schwangerschaftswoche einen Mehrbedarf in Höhe von 17 vom Hundert des Regelsatzes. Für Personen, die mit einem oder mehreren minderjährigen Kindern zusammenleben und allein für deren Pflege und Erziehung sorgen, wird in Abhängigkeit vom Alter und der Zahl der Kinder ein Mehrbedarf von bis zu 36 vom Hundert anerkannt. Des Weiteren werden Mehrbedarfe anerkannt für behinderte Menschen sowie – nur im Bereich der Sozialhilfe – für Personen, die das 65. Lebensjahr (künftig ansteigend auf das 67. Lebensjahr) vollendet haben oder voll erwerbsgemindert sind (§ 21 SGB II, § 30 SGB XII).

Im Anwendungsbereich der → Sozialhilfe können darüber hinaus Leistungen für sog. Sonderbedarfe (§§ 30–34b SGB XII) erbracht werden.

Regelschule
wird in Thüringen die zusammengefasste → Hauptschule und → Realschule genannt.

Regelstrafrahmen
→ Strafzumessung.

Regelstudienzeiten
Regelstudienzeiten sind die Studienzeiten, in denen in der Regel, eine entsprechende Gestaltung der Studienordnungen und des Lehrangebots vorausgesetzt, ein erster berufsqualifizierender Abschluss erworben werden kann. Die Regelstudienzeit ist maßgebend für die Gestaltung der Studienordnung, für die Sicherstellung des Lehrangebots, für die Gestaltung des Prüfungsverfahrens sowie für die Regelung und Festsetzung der Ausbildungskapazitäten und die Berechnung der Studenten-

zahlen bei der Hochschulplanung. Die früher mit dem Überschreiten der Prüfungsfristen bundesrechtlich (§ 17 II–IV HRG aF) vorgeschriebenen Sanktionen („Zwangsexmatrikulation") sind durch die Änderung des HRG durch Gesetz v. 6.3.1980 (BGBl. 1980 I 269) entfallen. Inzwischen ist die Bestimmung der Regelstudienzeiten dem Landesrecht überlassen. Vgl. zB Art. 57 Bayer. Hochschulgesetz v. 23.5.2006 (GVBl. 2006, 245) oder § 61 G über die Hochschulen des Landes Nordrhein-Westfalen v. 16.9.2014 (GV 2014, 547). Sa → Hochschulrahmengesetz, → Hochschulrecht.

Regelungsabrede
→ Betriebsvereinbarung.

Regelungsgesetz
Nach Art. 131 GG waren die Rechtsverhältnisse von Personen einschließl. der Flüchtlinge und Vertriebenen, die am 8.5.1945 im öffentlichen Dienste standen und aus anderen als beamten- oder tarifrechtlichen Gründen ausgeschieden sind oder nicht ihrer früheren Stellung entsprechend verwendet wurden (sog. verdrängte Beamte), durch Bundesgesetz zu regeln. Dementsprechend erging das – häufig als Regelungsgesetz bezeichnete – „Gesetz zur Regelung der Rechtsverhältnisse der unter Art. 131 des Grundgesetzes fallenden Personen" v. 11.5.1951 (BGBl. 1951 I 307), das mehrfach geändert worden ist. Es regelt die Unterbringung, Versorgung oder Kapitalabfindung der verdrängten Angehörigen des öffentlichen Dienstes und enthält weitere Bestimmungen über die Rechte der früheren Wartestandsbeamten, Ruhestandsbeamten und Hinterbliebenen, der Berufssoldaten und der berufsmäßigen Angehörigen des Reichsarbeitsdienstes. Weitere sog. Regelungsgesetze waren die nach dem 2. Weltkrieg ergangenen Gesetze zur Regelung von Fragen der → Staatsangehörigkeit.

Regelungsverfügung
→ einstweilige Verfügung.

Regierender Bürgermeister (Berlin)
Der regierende Bürgermeister ist Mitglied des → Senats, der Landesregierung von → Berlin (Art. 55 ff. Berl. Verf.). Er führt den Vorsitz im Senat und leitet dessen Sitzungen. Er bestimmt im Einvernehmen mit dem Senat und mit Billigung des Abgeordnetenhauses die Richtlinien der Regierungspolitik und überwacht deren Einhaltung. Ihm obliegt die Vertretung Berlins nach außen. Der regierende Bürgermeister wird vom Abgeordnetenhaus mit der Mehrheit der abgegebenen Stimmen gewählt. Er kann jederzeit zurücktreten und muss seinen Rücktritt erklären, wenn ihm das Abgeordnetenhaus mit der Mehrheit seiner gewählten Mitglieder das Misstrauen ausspricht.

Regierung
Während man früher unter Regierung die gesamte staatsleitende Tätigkeit verstand, wurde der Begriff mit dem Vordringen des Grundsatzes der → Gewaltentrennung eingeschränkt.

1. Regierung im funktionellen Sinne ist die Spitze der → vollziehenden Gewalt (Exekutive). In diesem Sinne umfasst die Regierung zwei verschiedene Aufgabenbereiche: die oberste Leitung und Überwachung des Vollzugs der bestehenden Gesetze („Verwaltung" ieS) und die zukunftsgerichtete Mitwirkung an der politischen Gestaltung der inneren und äußeren Verhältnisse des Staates (Innen- und Außenpolitik). Die letztere Funktion ist vom Gesetzesvollzug so verschieden, dass mitunter die Meinung vertreten wurde, die Regierung sei neben der „Verwaltung" als eigenständiger (vierter) Teil der Staatsgewalt anzusehen („Regierungsgewalt"). Die Vollzugstätigkeit der Regierung wird von der in Sachbereiche (→ „Ressorts") aufgegliederten Verwaltung wahrgenommen, deren Spitze das jeweilige Ministerium bildet (→ Verwaltungsbehörden, Aufbau). Die Regierung kann den Vollzug der Gesetze durch allgemeine → Verwaltungsvorschriften oder durch Einzelanweisungen (→ Weisungsrecht) an die unterstellten Behörden regeln. Außerdem sind der Regierung durch die Ermächtigung zum Erlass von → Rechtsverordnungen in großem Umfang Aufgaben der gesetzgebenden Gewalt übertragen. Die politische Gestaltungsaufgabe der Regierung spiegelt sich in ihrem Recht zur Gesetzesinitiative (→ Initiativrecht).

2. Regierung im organisatorischen (personellen) Sinne ist das aus dem Regierungschef (im Bund → „Bundeskanzler"; in den Ländern „Ministerpräsident"; in den Stadtstaaten „Bürgermeister" oder „Regierender Bürgermeister"; im Ausland oft „Premierminister") und den → Ministern (→ „Bundesminister"; „Staatsminister"; „Landesminister"; in den Stadtstaaten „Senator") bestehende Gremium; in Bayern sind auch die Staatssekretäre Mitglieder der Regierung. Sie wird im Bund als → Bundesregierung, in den Ländern als Landesregierung (Staatsregierung; in den Stadtstaaten Senat) bezeichnet. Zur Unterscheidung von der Regierung im funktionellen Sinn bezeichnet man die Regierung im organisatorischen Sinn häufig als „Kabinett" oder „Ministerrat"; diesem obliegen bestimmte grundsätzliche Entscheidungen der Regierung im funktionellen Sinne (Kabinettsangelegenheiten). Nach dem Ressortprinzip leitet jeder Minister innerhalb der vom Regierungschef bestimmten Richtlinien der Politik seinen Geschäftsbereich selbständig und unter eigener Verantwortung. Die Regierung berät und entscheidet über besonders bedeutsame Angelegenheiten und über Meinungsverschiedenheiten zwischen den einzelnen Ministern (→ Kabinettsvorlagen).

3. Als Regierung (Bezirksregierung; sa → Regierungsbezirk, → Regierungspräsident,

→ Regierungspräsidium) wird in einigen Ländern die höhere Verwaltungsbehörde bezeichnet (s. → Verwaltungsbehörden, Aufbau).

Regierungsakt
ist ein im Einzelnen umstrittener Begriff, der zur Abgrenzung gewisser ihrer Natur nach einer gerichtlichen Überprüfung nicht oder nur bedingt zugänglichen Regierungshandlungen von den anfechtbaren → Verwaltungsakten dienen soll. Von einem Teil der Lehre wird dem Regierungsakt eine rechtliche Sonderstellung versagt, weil er meist keine unmittelbare Rechtswirkungen nach außen entfalte und deshalb ohnehin die Begriffsmerkmale des Verwaltungsaktes nicht erfülle (zB Bestellung von Vollzugsorganen und andere → Organisationsakte; Festlegung politischer Grundsätze u. ä.). IwS wird eine in Ausübung des → Gnadenrechts ergehende Entscheidung als Regierungsakt angesehen, die früher allg. verneinte gerichtliche Nachprüfbarkeit solcher Akte von der neueren Verf.-Rspr. aber in gewissem Maße bejaht (vgl. BVerfGE 30, 108 f.; BayVerfGHE 18, 140 f.).

Regierungsbezirk
ist der gebietsmäßige Zuständigkeitsbereich der Mittelbehörden (höheren Verwaltungsbehörden; sa → Regierungen, 3, → Regierungspräsidien; → Verwaltungsbehörden, Aufbau), so in den Ländern Baden-Württemberg, Bayern, Hessen und Nordrhein-Westfalen. Die Gliederung in Regierungsbezirke in Rheinland-Pfalz, Sachsen-Anhalt, Niedersachsen und Sachsen wurde 2000–2012 aufgegeben. In den anderen Ländern gab es nie Regierungsbezirke.

Regierungskriminalität
→ DDR-Straftaten.

Regierungspräsident
ist die Bezeichnung des leitenden Beamten eines → Regierungsbezirkes.

Regierungspräsidium
ist in einigen Ländern (zB Sachsen) die Bezeichnung der für einen → Regierungsbezirk zuständigen Mittelbehörde (höheren Verwaltungsbehörde); entspricht der → Regierung (3).

Regionalausschuss (AEUV)
→ Ausschuss der Regionen.

Regionalbahn
§ 2 XX AEG aF (→ Allgemeines Eisenbahngesetz) definierte Regionalbahn als ein Eisenbahnverkehrsunternehmen, das ausschließlich Verkehrsdienste auf Netzen des Regionaverkehrs erbringt. An diesen Status waren verschieden Ausnahmen von den Vorschriften des AEG geknüpft. Durch das 5. Gesetz zur Änderung des Allgemeinen Eisenbahngesetzes v. 20.3.2019 (BGBl. 2019 I 347) ist der Begriff entfallen.

Regionaldirektionen
Regionaldirektionen ist die zum 1.1.2004 eingeführte neue Bezeichnung für die früheren Landesarbeitsämter (vgl. Drittes Gesetz für moderne Dienstleistungen am Arbeitsmarkt v. 23.12.2003, BGBl. 2003 I 2848; → Arbeitsförderung, → Hartz-Gesetze). Die Regionaldirektionen stellen dabei die mittlere Verwaltungsebene der Organisation der Bundesagentur für Arbeit dar. Sie tragen in ihrem örtlichen Zuständigkeitsbereich die Verantwortung für die regionale Arbeitsmarktpolitik und sind für die Zusammenarbeit mit den jeweiligen Landesregegierungen (§ 367 SGB III). Im Zuge der Neuorganisation der Bundesagentur für Arbeit gab es Überlegungen (letztlich aber nicht umgesetzte) die Regionaldirektionen aufzulösen und deren Aufgaben an stark vergrößerte, direkt der Bundesagentur für Arbeit unterstellte, Agenturen für Arbeit zu übertragen.

Regionalnachweis für Strom
Als Regionalnachweis für Strom definiert § 3 Nr. 38 EEG 2023 ein elektronisches Dokument, das ausschließlich dazu dient, im Rahmen der Stromkennzeichnung nach § 42 EnWG (→ Energiewirtschaft) gegenüber einem Letztverbraucher die regionale Herkunft des verbrauchten Stroms aus → erneuerbaren Energien nachzuweisen. Nach § 42 EnWG müssen nämlich Stromlieferanten auf der Stromrechnung und bei der Vermarktung des Stroms die verschiedenen Anteile der Energieträger am gelieferten Gesamtenergiemix aufschlüsseln (→ Herkunftsnachweis für Strom). Stromlieferanten sind dabei berechtigt, ihren Strom als „im regionalen Zusammenhang mit dem Stromverbrauch erzeugt" zu bezeichnen, wenn sie entsprechende Regionalnachweise besitzen. Ihre Ausstellung und der Betrieb des dazu gehörenden Regionalnachweisregisters erfolgen durch das Umweltbundesamt nach Maßgabe von § 79a EEG 2023, § 8 EEV sowie der Herkunfts- und Regionalnachweis-Durchführungsverordnung (HkRNDV) v. 8.11.2018 (BGBl. 2018 I 1853) mÄnd. Zu Herkunftsnachweisen für andere Energien: → Herkunftsnachweis für Gas, → Herkunftsnachweis für Wärme und Kälte.

Regionalplan
In den Ländern sind nach dem Raumordnungsgesetz (ROG; → Raumordnung) Regionalpläne aufzustellen. Die Regionalpläne sind aus dem Raumordnungsplan für das Landesgebiet zu entwickeln. Sa → Landesplanung.

Regionalträger (gesetzliche Rentenversicherung)
Regionalträger sind nach den Vorgaben des Gesetzes zur Organisationsreform der gesetzlichen Rentenversicherung – RVOrgG – v. 9.12.2004 (BGBl. 2004 I 3242) seit dem 1.10.2005 Träger der → gesetzlichen Rentenversicherung bzw. der → allgemeinen Rentenversicherung. Die aus den früheren → Landes-

versicherungsanstalten (LVA) hervorgegangenen Regionalträger haben den Namen „Deutsche Rentenversicherung“ und einen Zusatz für ihre jeweilige regionale Zuständigkeit (vgl. § 127 I SGB VI), also zB Deutsche Rentenversicherung Rheinland oder Deutsche Rentenversicherung Westfalen.

Die örtliche Zuständigkeit der Regionalträger richtet sich normalerweise nach folgender Reihenfolge: Wohnsitz, gewöhnlicher Aufenthaltsort, Beschäftigungsort und gewöhnlicher Aufenthaltsort des Versicherten oder der Hinterbliebenen (vgl. § 128 SGB VI). Sa → Deutsche Rentenversicherung Bund; → Deutsche Rentenversicherung Knappschaft-Bahn-See. Die internationale Zuständigkeit der Regionalträger (EU, EWR, Schweiz) ist in der Tabelle zu § 128 III Nr. 3 SGB VI geregelt (aufgeteilt nach Staaten).

Der Auskunfts- und Beratungsdienst der Deutschen Rentenversicherung ist ausschließlich den Regionalträgern zugeordnet.

Regionen

1. Regionen sind Gebiete, deren Bewohner sich aus wirtschaftlichen, historischen oder ethnischen Gründen zusammengehörig fühlen und denen vom übergeordneten Gesamtstaat eine eigene rechtliche Organisation mit einem individuell unterschiedlichen Maß an Selbstverwaltung zugestanden wird. Häufig entsprechen die Regionen einem oder mehreren bereits bestehenden Verwaltungsbezirken und knüpfen an historische Traditionen an (Lombardei, Aquitanien, Katalonien). In zentralistisch ausgerichteten Staaten (Italien, Frankreich und Spanien) handelt es sich bei den Regionen um eine relativ junge Institution, in Deutschland erfüllen die Funktion der Regionen die Länder, wobei diese im Gegensatz zu den Regionen selbst Staaten sind. Die Regionen können → Völkerrechtssubjekte sein, soweit ihnen das von der Verfassung des Gesamtstaates zugestanden wird. Die → Europäische Union hat die Regionen im Rahmen des Prinzips der → Subsidiarität inzwischen anerkannt. Die Regionen sind im → Ausschuss der Regionen vertreten (Art. 305 ff. AEUV).

2. Der Begriff Region wird auch im Recht der → Raumordnung („Regionalplanung“) verwendet, hier allerdings in kleinerem Maßstab.

3. In Niedersachsen ist Region die Bezeichnung des 21 Gemeinden umfassenden → Kommunalverbandes im Großraum Hannover.

Register(gericht)

→ Genossenschaftsregister, → Vereinsregister, → Güterrechtsregister. Über diese Fälle eines gerichtlichen Registers hinaus gibt es auch noch andere behördlich geführte Register, etwa Patentregister bei dem → Deutschen Patent- und Markenamt (DPMA), zT auch iVm behördlichen Bekanntmachungsportalen (zB im Insolvenzrecht: www.insolvenzbekanntmachungen.de). In einigen, v. a. den kleineren Bundesländern sind die registergerichtlichen Aufgaben an einem Standort konzentriert. Darüber hinaus gibt es – im Zuge der laufenden Volldigitalisierung des Registerwesens – in Bayern das Projekt eines zentralen digitalen Registergerichts.

Registerpfandrecht

→ Luftfahrzeuge, → Schiffspfandrecht, → Pfandbriefbanken (3).

Registersachen

→ Handelsregister, → Genossenschaftsregister, → Vereinsregister, → Güterrechtsregister.

Registerzeichen

Zu ihrer Unterscheidung erhalten Gerichtsakten (→ Akten) unterschiedliche Registerzeichen (Aktenzeichen), zB „O“ für allgemeine Zivilsachen 1. Instanz beim Landgericht oder „Ds“ für Strafverfahren vor dem Einzelrichter am Amtsgericht.

Regress

(Rückgriff) ist das Zurückgreifen eines Ersatzpflichtigen auf einen Dritten, der seinerseits dem Ersatzpflichtigen gegenüber wegen des von diesem geleisteten Ersatzes haftet. Ein Regressanspruch (Rückgriffsanspruch), dem Wesen nach meistens ein Anspruch auf → Schadensersatz, kann zB dem Staat gegen einen Beamten zustehen, wenn dieser eine Amtspflichtverletzung begangen hat, für die der Staat den Verletzten entschädigen musste (→ Staatshaftung, → Haftung des Beamten). Sa → Scheckregress, → Wechselregress; s. zum Rückgriff des Verkäufers einer mangelhaften Sache gegen seinen Lieferanten → Gewährleistung (2e), → Verbrauchsgüterkauf.

Regulierter Markt

Nach den Vorgaben des Europarechts (→ MiFID) unterscheidet das Kapitalmarktrecht drei Handelsplätze (§ 2 V BörsG, § 2 XXII WpHG): organisierte Märkte, → multilaterale Handelssysteme und → organisierte Handelssysteme. Das Börsenrecht regelt vor allem den organisierten Markt, der hier regulierter Markt genannt wird, und den → Freiverkehr, der als multilaterales Handelssystem gilt (§ 48 III BörsG). Auch der Betrieb eines organisierten Handelssystems an einer Börse ist möglich (§ 48b BörsG).

1. Der regulierte Markt ist an die Stelle von → amtlichem und → geregeltem Markt getreten und stellt die höchsten börsengesetzlichen Anforderungen an die Zulassung von Wertpapieren zum Wertpapierhandel an der → Börse (Zulassungspflichten) und an den → Emittenten nach der Zulassung (Zulassungsfolgepflichten). Den rechtlichen Rahmen bilden die zu MiFID 2 ergangenen Durchführungsverordnungen (s. vor allem ABl. EU L 87 v. 31.3.2017), die Vorschriften des → Börsengesetzes, insbes. Abschn. 4, → die Börsenzulassungsverordnung, die VO (EU) 2017/1129 zur → Prospektpflicht und das → Wertpapier-

handelsgesetz. Der regulierte Markt ist, anders als der Freiverkehr, öffentlich-rechtlich ausgestaltet.

2. Wertpapiere, die im regulierten Markt an einer Börse gehandelt werden sollen, bedürfen nach § 32 BörsG der Zulassung (→ Verwaltungsakt) durch die Geschäftsführung der Börse (→ Börsenorgane). Sie ist durch den Emittenten und unter Umständen einen Emissionsbegleiter (→ Kreditinstitute, → Finanzdienstleistungsinstitute, → Wertpapierinstitute) zu beantragen. Die Voraussetzungen der Zulassung sind vor allem in der BörsZulV geregelt. Danach muss es sich zB um übertragbare → Wertpapiere handeln, deren Gesamtwert mindestens 1 Mio. Euro zu betragen hat (Mindestmarktkapitalisierung). Bei Aktien muss der Emittent drei Jahre als Unternehmen bestanden haben und mindestens 25% der Aktien müssen sich im Streubesitz befinden, um die Handelbarkeit zu gewährleisten (§ 9 BörsZulV). Voraussetzung der Zulassung ist zum anderen, dass ein nach den Vorschriften des WpPG oder KAGB gebilligter Prospekt veröffentlicht wurde (§ 32 III Nr. 2 BörsG, → Prospektpflicht).

3. Ferner bestehen für den Emittenten während der Dauer der Börsenzulassung ausgesprochen umfangreiche Zulassungsfolgepflichten. Hierzu gehört die Pflicht zur → Adhoc-Publizität von Insiderinformationen (§ 17 MAR, → Insidergeschäft), zur Angabe von Wertpapiergeschäften von Personen mit Führungsaufgaben (§ 19 MAR, → Eigengeschäfte von Führungskräften), zur Erstellung und Veröffentlichung eines Jahres- und Halbjahresfinanzberichts (§§ 114 f. WpHG und Transparenzrichtlinie-Durchführungsverordnung v. 13.3.2008 (BGBl. 2008 I 408) mÄnd). Darüber hinaus haben Emittenten und Aktionäre am regulierten Markt die Pflicht, das Erreichen bestimmter Schwellenwerte bei den Stimmrechten (3, 5, 10, 15, 20, 25, 30, 50, 75%) mitzuteilen (§§ 33 ff. WpHG). Zusätzlich zu beachten sind die rechtsformspezifischen Publikationspflichten.

4. Wertpapiere, die bereits an einem anderen inländischen regulierten Markt oder einem organisierten Markt eines anderen EU-Mitgliedstaates zugelassen sind, können in den regulierten Markt einbezogen werden (§ 32 I BörsG, § 33 BörsG). Dadurch wird ein zweites Zulassungsverfahren vermieden, wenn ein bereits zugelassenes Wertpapier an einem weiteren Börsenplatz gehandelt werden soll.

5. An der Frankfurter Wertpapierbörse findet der Handel im regulierten Markt über die elektronische Handelsplattform → Xetra statt, der Präsenz- oder Parketthandel wurde eingestellt. Die Kursfeststellung erfolgt automatisch. Die Anforderungen an Vor- und Nachhandelstransparenz für alle gehandelten Wertpapiere sind in der VO (EU) 600/2014 v. 15.5.2014 geregelt (→ Transparenz).

6. § 42 BörsG gestattet es den Börsen, durch ihre → Börsenordnung für Teilbereiche des regulierten Marktes zusätzliche Voraussetzungen für die Einführung von Aktien und Aktien vertretenden Zertifikaten und weitere Unterrichtungspflichten der Emittenten (zB Quartalsberichte, Analystenkonferenzen) vorzuschreiben. Hierauf basiert die Unterscheidung in → Prime Standard und General Standard der Frankfurter Wertpapierbörse.

Regulierungsbehörde für Telekommunikation und Post
→ Bundesnetzagentur.

Rehabilitation
(Wiedereinsetzung in eine frühere Lage) wird meist als Wiederherstellung der Ehre einer Person und im Rechtsleben iS einer Beseitigung des ehrenrührigen Vorwurfs einer Straftat verstanden; neuerdings umfasst der Begriff auch gesundheitliche und soziale → Rehabilitationsmaßnahmen (sa → Rehabilitation und Teilhabe behinderter Menschen).

Die Rehabilitation eines Beschuldigten kann sich im → Strafprozess durch Freispruch ergeben, ggf. im → Wiederaufnahmeverfahren unter Aufhebung eines früheren Urteils. Das StGB kennt eine Rehabilitation des Verletzten in Form der → Bekanntgabe der Verurteilung wegen falscher Verdächtigung oder Beleidigung (§§ 165, 200 StGB). IwS wird von Rehabilitation des zu Strafe Verurteilten im Zusammenhang mit Maßnahmen zum → Strafregister und Aufhebung der Ehrenfolgen des Strafurteils nach Zeitablauf gesprochen; hierbei handelt es sich um Fälle, in denen der Beschuldigte zwar zu Recht verurteilt worden ist, aber nach Verstreichen einer längeren Zeit seine frühere Rechtsstellung wiedererlangen soll. Die Bestrebungen, eine Rehabilitation in diesem Sinne im Interesse der Resozialisierung des Verurteilten gesetzlich festzulegen, gingen vom französischen Rechtskreis aus, in dem zwischen réhabilitation gracieuse (im Gnadenwege), réh. judiciaire (durch das Gericht) und réh. de droit (von Rechts wegen) unterschieden wurde. Im deutschen Recht erscheint die letztgenannte in Form der Nichtaufnahme in das → Führungszeugnis bzw. Tilgung des Strafregistervermerks nach Fristablauf und der sich an diese knüpfenden Rechtswirkungen (der Verurteilte darf sich als unbestraft bezeichnen). Daneben besteht die Möglichkeit einer réh. gouvernementale durch Anordnung der Entfernung aus dem Strafregister im Verwaltungswege (§ 25 BZRG, s. → Straftilgung). Eine Form der réh. judiciaire ist die Beseitigung des → Strafmakels nach dem JGG. Sa → Rehabilitationsgesetze.

Rehabilitation und Teilhabe behinderter Menschen
1. Die Rehabilitation und Teilhabe behinderter Menschen ist seit dem 1.7.2001 geregelt im Neunten Buch des → Sozialgesetzbuches (SGB IX vom 19.6.2001, BGBl. 2001 I 1046

mÄnd). Im SGB IX sind zum einen zahlreichen Vorschriften zusammengefasst worden, die in der Vergangenheit auf verschiedene Bereiche des Sozialrechts verteilt waren und welche die medizinische oder berufliche Rehabilitation von behinderten Menschen betreffen. Zum anderen sind die Regelungen des früheren Schwerbehindertengesetzes, das die Stellung von behinderten Menschen im Arbeitsleben zum Gegenstand hatte, weiterentwickelt und in das SGB IX integriert worden.

2. Die Leistungen zur Teilhabe umfassen die notwendigen Sozialleistungen um die Behinderung abzuwenden, zu beseitigen, zu mindern oder eine Verschlimmerung zu verhüten, um Einschränkungen der Erwerbsfähigkeit und Pflegebedürftigkeit zu vermeiden, zu mindern oder zu beseitigen, um die → Teilhabe am Arbeitsleben entsprechend der Neigungen und Fähigkeiten dauerhaft zu sichern oder um die Teilhabe am Leben in der Gesellschaft sowie eine möglichst selbständige Lebensführung zu ermöglichen oder zu erleichtern (§ 4 SGB IX). Dabei kommt es auf die individuellen Bedürfnisse unter Berücksichtigung der Wünsche des Betroffenen an.

3. Um diese Ziele zu erreichen, werden erbracht: Leistungen zur medizinischen Rehabilitation (medizinische Leistungen, ergänzt durch Hilfen zur Unterstützung bei der Krankheits- und Behinderungsverarbeitung, die Aktivierung von Selbsthilfepotenzialen, die Vermittlung von Kontakten zu örtlichen Selbsthilfemöglichkeiten ua, vgl. §§ 42 ff. SGB IX), Leistungen zur Teilhabe am Arbeitsleben (Hilfen zur Erhaltung oder Erlangung eines Arbeitsplatzes, Berufsvorbereitung, berufliche Anpassung und Weiterbildung, Überbrückungsgeld etc., §§ 49 ff. SGB IX), unterhaltssichernde und ergänzende Leistungen (→ Krankengeld, → Verletztengeld, ärztlich verordneter Rehabilitationssport, Reisekosten, hauswirtschaftliche Beschäftigungsverhältnisse und Kinderbetreuung, §§ 74 ff. SGB IX) sowie Leistungen zur Teilhabe am Leben in der Gemeinschaft (zB → Hilfen zur Förderung der Verständigung mit der Umwelt, Hilfen bei der Beschaffung, Ausstattung und Erhaltung einer Wohnung, Hilfen zum selbstbestimmten Leben in betreuten Wohnmöglichkeiten und → Hilfen zur Teilhabe an gemeinschaftlichen und kulturellen Leben; §§ 76 ff. SGB IX).

4. Zuständig sind neben den → Sozialversicherungsträgern insbesondere die sog. → Integrationsämter.

Rehabilitationsleistungen
Die von den Rehabilitationsträgern zu erbringenden Rehabilitationsleistungen sind in § 5 SGB IX aufgelistet (→ Rehabilitation und Teilhabe behinderter Menschen, → Rehabilitationsmaßnahmen). Das Gesetz verwendet dabei den Oberbegriff Leistungen zur Teilhabe am Leben in der Gesellschaft. Im Einzelnen werden erbracht: Leistungen zur medizinischen Rehabilitation, Leistungen zur Teilhabe am Arbeitsleben, unterhaltssichernde und andere ergänzende Leistungen, Leistungen zur Teilhabe an Bildung und Leistungen zur sozialen Teilhabe.

Rehabilitationsmaßnahmen
werden und wurden im Bereich der → Sozialversicherung und der → Sozialhilfe sowie der → Kriegsopferversorgung und der → Kriegsopferfürsorge die medizinischen, berufsfördernden und ergänzenden Maßnahmen und Leistungen zur Eingliederung körperlich, geistig oder seelisch behinderter Menschen in Arbeit, Beruf und Gesellschaft genannt (§ 29 SGB I, → Berufsförderung in der Sozialversicherung, → Berufshilfe, → Heilverfahren, → Übergangsgeld, → Leistungen zur Teilhabe am Arbeitsleben; geregelt im Einzelnen zB in §§ 19 und 112 ff. SGB III §§ 40, 43 SGB V, §§ 9 ff. SGB VI, §§ 26 ff. SGB VII, §§ 7 ff. ALG).

Rehabilitationsträger
Die Rehabilitationsträger erbringen die Leistungen zur Teilhabe (→ Rehabilitation und Teilhabe behinderter Menschen, → Sozialversicherungsträger). Nach der Aufzählung in § 6 SGB IX sind Rehabilitionsträger die gesetzlichen Krankenkassen, die Bundesagentur für Arbeit, die Träger der gesetzlichen Unfallversicherung, die Träger der gesetzlichen Rentenversicherung, die Träger der Alterssicherung für Landwirte, die Träger der Kriegsopferversorgung und der Kriegsopferfürsorge, die Träger der öffentlichen Jugendhilfe und die Träger der Eingliederungshilfe.

Rehabilitierungsgesetze
1. Nach Art. 17 EVertr (→ Einigungsvertrag) sollen alle Personen, die Opfer einer politisch motivierten Strafverfolgungsmaßnahme oder sonst einer rechtsstaatswidrigen gerichtlichen Entscheidung des SED-Unrechtsregimes geworden sind, rehabilitiert werden können und eine Entschädigung erhalten. Für Strafurteile, Entscheidungen und Maßnahmen der DDR-Gerichte und -Behörden sind Rehabilitierung und Entschädigung im Strafrechtlichen - Rehabilitierungsgesetz (StrRehaG) idF vom 17.12.1999 (BGBl. 1999 I 2665) mÄnd geregelt. Es sieht auch Entschädigung und Versorgung von Personen vor, die durch Maßnahmen der Sowjetischen Besatzungsmacht ihrer Freiheit beraubt wurden. Erfasst werden Entscheidungen der DDR-Gerichte, Einweisungen in psychiatrische Anstalten und Anordnungen der Unterbringung in Kinder- oder Jugendheimen, die der politischen Verfolgung oder sonst sachfremden Zwecken gedient haben, durch DDR-Gerichte und -Behörden und strafrechtliche Maßnahmen, die keine gerichtlichen Entscheidungen waren (zB Inhaftierung durch das MfS → Staatssicherheitsdienst).

Auf Antrag des Betroffenen – im Falle des Todes seiner Angehörigen – oder der StA bis 31.12.2019 ist eine Entscheidung aus der Zeit vom 8.5.1945 bis 2.10.1990 für rechtsstaatswidrig zu erklären und aufzuheben, soweit sie mit wesentlichen Grundsätzen einer freiheitlichen rechtsstaatlichen Ordnung unvereinbar ist. Diese Voraussetzung liegt idR vor, wenn die Entscheidung politischer Verfolgung gedient hat (zB bei Verurteilung wegen ungesetzlichen Grenzübertritts, sog. Republikflucht) oder die angeordneten Rechtsfolgen in grobem Missverhältnis zur zugrunde liegenden Tat stehen (§ 1 I StrRehaG). Zwingend aufzuheben sind die Entscheidungen in den sog. Waldheimer Prozessen (§ 1 II StrRehaG).

Wird dem Antrag stattgegeben, wird eine etwaige Vollstreckung des Urteils beendet, eine Geldstrafe zurückbezahlt und ein eingezogener Gegenstand oder Vermögen zurückgegeben (§§ 3, 4, 6 StrRehaG). Die Rehabilitierung begründet Ansprüche auf soziale Ausgleichsleistungen in Form von Kapitalentschädigung, bes. Zuwendung für wirtschaftlich bes. beeinträchtigte Haftopfer, Unterstützungsleistung und Versorgung (§§ 16 ff. StrRehaG).

Zuständig für die Entscheidung ist das Landgericht, in dessen Bezirk das zugrunde liegende Verfahren durchgeführt worden ist. Für die Gewährung der Versorgung sind die Versorgungsbehörden zuständig, für die Gewährung der anderen sozialen Ausgleichsleistungen die Landesjustizverwaltung, in deren Bereich die Entscheidung ergangen ist.

2. Nach Art. 19 EinigV bleiben → Verwaltungsakte der DDR grundsätzlich wirksam, können aber aufgehoben werden, wenn sie mit rechtsstaatlichen Grundsätzen oder den Regelungen des EinigV unvereinbar sind. Auf dieser Grundlage ist nach langen Beratungen das Zweite Gesetz zur Bereinigung von SED-Unrecht (Zweites SED-Unrechtsbereinigungsgesetz – 2. SED-UnBerG) vom 23.6.1994 (BGBl. 1994 I 1311) ergangen, das Rehabilitierungsmöglichkeiten für die Opfer schwerwiegenden Verwaltungsunrechts (Art. 1 Zweites SED-Unrechtsbereinigungsgesetz: Verwaltungsrechtliches Rehabilitierungsgesetz – VwRehaG) und erheblicher politischer Benachteiligung im beruflichen Bereich (Art. 2 Zweites SED-Unrechtsbereinigungsgesetz: Berufliches Rehabilitierungsgesetz – BerRehaG) regelt.

a) Nach § 1 VwRehaG ist die hoheitliche Maßnahme einer deutschen behördlichen Stelle zur Regelung eines Einzelfalles im Beitrittsgebiet aus der Zeit vom 8.5.1945 bis zum 2.10.1990 („Verwaltungsentscheidung"), die zu einer gesundheitlichen Schädigung (§ 3 VwRehaG), einem Eingriff in Vermögenswerte (§ 7 VwRehaG) oder einer beruflichen Benachteiligung (§ 8 VwRehaG) geführt hat, auf Antrag aufzuheben, soweit sie mit tragenden Grundsätzen eines Rechtsstaats schlechthin unvereinbar ist und ihre Folgen noch unmittelbar schwer und unzumutbar fortwirken. Auf Verwaltungentscheidungen in Steuersachen und auf Maßnahmen, die vom Vermögensgesetz (→ Offene Vermögensfragen) oder vom Entschädigungsrentengesetz erfasst werden, findet das Gesetz keine Anwendung. Mit tragenden Grundsätzen eines Rechtsstaats schlechthin unvereinbar sind Maßnahmen, die in schwerwiegender Weise gegen die Prinzipien der Gerechtigkeit, der Rechtssicherheit oder der Verhältnismäßigkeit verstoßen haben und die der politischen Verfolgung gedient oder Willkürakte im Einzelfall dargestellt haben. Das Gesetz gilt entsprechend für Maßnahmen der SED oder der von ihr beherrschten Parteien und gesellschaftlichen Organisationen. Nach § 2 VwRehaG begründet die Aufhebung einer Maßnahme nach § 1 VwRehaG (oder die Feststellung ihrer Rechtswidrigkeit) Folgeansprüche. § 3 VwRehaG regelt die Beschädigtenversorgung (bei gesundheitlicher Schädigung), § 4 VwRehaG die Hinterbliebenenversorgung, wenn der Betroffene an den Folgen der Schädigung gestorben ist. §§ 5, 6 VwRehaG regeln das Zusammentreffen mit anderen Ansprüchen. Hatte die Maßnahme die Entziehung eines Vermögenswerts im Sinne von § 2 II 2 VermG zur Folge, so richten sich Rückübertragung, Rückgabe oder Entschädigung nach dem VermG, dem Investitionsvorranggesetz und dem Entschädigungsgesetz. Antragstellung bis 31.12.2019 schriftlich bei den zuständigen Behörden, die in Berlin, Brandenburg, Mecklenburg-Vorpommern, Sachsen, Sachsen-Anhalt und Thüringen errichtet wurden (§§ 9–12 VwRehaG). Für Streitigkeiten ist der Verwaltungsrechtsweg gegeben (§ 16 VwRehaG).

b) Das Berufliche Rehabilitierungsgesetz gewährt Personen, die im Beitrittsgebiet durch – politischer Verfolgung dienende – Eingriffe in den Beruf oder ein berufsbezogenes Ausbildungsverhältnis in erheblichem Maß benachteiligt wurden, Ausgleichsleistungen. Sie bestehen zum einen darin, dass die verfolgungsbedingten Ausbildungs- und Berufsnachteile in der Rentenversicherung berücksichtigt werden (verlorene Zeiten gelten als Pflichtbeitragszeiten, Bewertung mit fiktivem Verdienst), zum anderen in der bevorzugten Förderung der beruflichen Fortbildung, Umschulung und Ausbildung sowie Ausgleichsleistungen bei verfolgungsbedingter Bedürftigkeit; auch Schüler, die auf dem Weg zum Schulabschluss oder zum Studium benachteiligt wurde, können bevorzugte berufliche Fortbildung und Umschulung erhalten.

3. Zur Rehabilitierung von Opfern von NS-Unrecht → nationalsozialistisches Unrecht und → Wiedergutmachung.

4. Zur Rehabilitierung von Verurteilten nach § 175 StGB aF → homosexuelle Handlungen.

rei vindicatio
= Klageanspruch auf Herausgabe einer Sache; → Eigentumsherausgabeanspruch.

Reich
→ Deutsches Reich.

Reichensteuer
Der Spitzensteuersatz der Einkommensteuer beträgt derzeit 42 vH des zu versteuernden Einkommens. Für sog. Spitzenverdiener, dh Stpfl., bei denen das zu versteuernde Einkommen im Jahr 2023 über 277.826 EUR bzw. 555.652 EUR für Verheiratete liegt, beträgt der Steuersatz für den diese Schwelle übersteigenden Teil des Einkommens 45 vH (§ 32a EStG).

Reichsabschied
→ Reichsdeputationshauptschluss.

Reichsacht
→ Acht.

Reichsautobahnen
Die Rechtsverhältnisse an den früheren Reichsautobahnen wurden durch das Gesetz über die Errichtung eines Unternehmens Reichsautobahnen v. 27.6.1933 (RGBl. 1933 II 509), die vorläufige Autobahn-Betriebs- und Verkehrs-Ordnung v. 14.5.1935 (RGBl. 1935 II 421) und später durch das Reichsautobahngesetz v. 29.5.1941 (RGBl. 1941 I 313) geregelt; an dessen Stelle trat das Bundesfernstraßengesetz (FStrG) idF v. 19.4.1954 (BGBl. 1954 I 854), neu bekanntgemacht idF v. 28.6.2007 (BGBl. 2007 I 1206 mÄnd); → Reichsstraßen. S. jetzt → Autostraßen, → Bundesfernstraßen.

Reichsbahn
→ Deutsche Reichsbahn.

Reichsdeputationshauptschluss
Die Beschlüsse des deutschen Reichstags wurden seit 1497 am Ende der Sitzungsperiode, wenn sie die Zustimmung des Kaisers erlangt hatten, in einem sog. „Reichsabschied" zusammengefasst. Seit 1663 traten an dessen Stelle die sog. „Reichsschlüsse", die von den zwischen den Vollsitzungen geschäftsführenden Reichsdeputationen ausgearbeitet wurden. Eines der verfassungsrechtlich bedeutsamsten Gesetzgebungswerke war der Reichsdeputationshauptschluss von 1803, in dem zwecks Entschädigung der Reichsstände, die von Gebietsabtretungen an Frankreich betroffen waren, die → Säkularisation und die → Mediatisierung aller geistlichen und vieler kleiner weltlicher Territorien beschlossen wurde. Diese wurden den größeren Gebieten zugeschlagen. Die Einziehung der kirchlichen Besitzungen zugunsten der Länder war die Grundlage für die heute noch gewährten Staatsleistungen an die Kirche, Klosterstifte usw.

Reichsgericht
Das RG war im Bereich der → ordentlichen Gerichtsbarkeit das höchste Gericht des Deutschen Reiches. Es wurde am 1.10.1879 errichtet, als die → Reichsjustizgesetze in Kraft traten, hatte seinen Sitz in Leipzig und bestand bis zum Zusammenbruch des Reiches im Jahr 1945. Die Zuständigkeit des RG entsprach im Wesentlichen der nunmehr dem → Bundesgerichtshof zugewiesenen, nämlich die Entscheidung über das Rechtsmittel der → Revision, bis 1934 (Errichtung des → Volksgerichtshofs) auch die Entscheidung im ersten Rechtszug in Strafverfahren wegen Hoch- und Landesverrats. Ein Zivilsenat bildete das Reichsarbeitsgericht. Dem RG angegliedert waren zeitweise der Staatsgerichtshof für das Deutsche Reich, der Staatsgerichtshof zum Schutz der Republik, der Ehrengerichtshof für die Rechtsanwälte und der Disziplinarhof für Reichsbeamte.

Reichsjustizgesetze
Reichsjustizgesetze werden die am 1.10.1879 gleichzeitig in Kraft getretenen grundlegenden Gesetzgebungswerke genannt, die Verfassung und Verfahren der Gerichte regelten und die (mit erheblichen zwischenzeitlichen Änderungen) noch heute Gültigkeit haben, nämlich das Gerichtsverfassungsgesetz vom 27.1.1877, die Zivilprozessordnung vom 30.1.1877 und die Strafprozessordnung vom 1.2.1877.

Reichsjustizministerium
Die Aufgaben des Reichsjustizministerium (1919–1945) entsprachen bis 1934 im Wesentlichen denen des → Bundesjustizministeriums. Mit der Übernahme der Länderjustiz auf das Reich wurde das RJM im Deutschen Reich die zentrale und oberste Behörde der → Justizverwaltung; allerdings wurden die Geschäfte weitgehend auf Verwaltungsabteilungen der → Oberlandesgerichte und der → Generalstaatsanwälte delegiert.

Reichskammergericht
Das Reichskammergericht wurde 1495 als höchstes Gericht des früheren deutschen Reiches mit dem Sitz in Frankfurt errichtet. Es übersiedelte später zunächst nach Worms, dann nach Speyer und zuletzt nach Wetzlar. Seine Beisitzer waren zuerst mehr Adelige als Juristen; später wurde dieser Unterschied ausgeglichen. Das Reichskammergericht urteilte als Einrichtung des Kaisers und der Reichsstände nach Reichsrecht. Seine Zuständigkeit in Zivilsachen erstreckte sich insbes. auf Klagen gegen den Reichsfiskus und gegen Reichsunmittelbare, auf Besitzstreitigkeiten unter diesen und in Strafsachen auf gewisse Kapitalverbrechen (Bruch des → Landfriedens usw). Außerdem war es Berufungsinstanz gegen die Land- und Stadtgerichte, soweit diesen nicht das Privilegium des „non appellando et non evocando" zustand. Als Anklagebehörde in Strafsachen fungierte ein „Fiskalat". Das Reichskammergericht entschied in einem schriftlichen Verfahren, das sich als sehr schwerfällig erwies, so dass die Prozesse lange hinausgezögert wurden; gegen seine Urteile war Revision an den Reichstag zulässig. Das Verfahrensrecht war in Reichskammergerichtsordnungen niedergelegt (1495, 1521, 1548, 1555). Anlässlich der Auflösung des → Heiligen Römischen Reiches Deutscher Nation wurde das Reichskammergericht aufgehoben.

Reichsknappschaftsgesetz
Das Reichsknappschaftsgesetz ist seit 1.1.1992 außer Kraft. Das Gesetz regelte ab 1924 die → Sozialversicherung der in knappschaftlichen Betrieben Beschäftigten (→ Knappschaftsversicherung). Für den Bereich der knappschaftlichen Rentenversicherung gelten die Vorschriften des SGB VI (mit jeweiligen Sonderregelungen).

Reichskonkordat
1. Reichskonkordat ist die Bezeichnung für das am 20.7.1933 geschlossene → Konkordat zwischen dem → Heiligen Stuhl und dem → Deutschen Reich (RGBl. 1933 II 679). Nach dem Reichskonkordat gewährleistet das DR die Freiheit des Bekenntnisses und der öffentlichen Ausübung der kath. Religion; es anerkannte das Recht der kath. Kirche, ihre Angelegenheiten selbständig zu ordnen und zu verwalten (Art. 1). Nach Art. 3 soll in der Hauptstadt des DR ein Apostolischer → Nuntius, beim Heiligen Stuhl ein Botschafter des DR residieren. Der Heilige Stuhl genießt in seinem Verkehr mit den Angehörigen der kath. Kirche in Deutschland volle Freiheit. Dasselbe gilt für die Diözesanbehörden in allen Angelegenheiten ihres Kirchenamts (zB kirchliche Verordnungen und Publikationen). In Ausübung ihrer Tätigkeit sollen → Geistliche in gleicher Weise wie Staatsbeamte den Schutz des Staates genießen. Angehörige des → Klerus und Ordensleute sind frei von der Verpflichtung zur Übernahme öffentlicher Ämter, die nach den Vorschriften des Kanonischen Rechts mit dem geistlichen Stande oder Ordensstand nicht vereinbar sind. Zur Annahme eines staatlichen Amtes bedürfen Geistliche des Nihil obstat (dh einer Bestätigung, dass Hindernisse nicht entgegenstehen) ihres Diözesanordinarius sowie des Ordinarius des Sitzes der öffentlich-rechtlichen Körperschaft. Das Nihil obstat ist jeder Zeit aus wichtigen Gründen kirchlichen Interesses widerrufbar. Geistliche können vor Behörden nicht zu Auskünften über Tatsachen angehalten werden, die ihnen bei Ausübung der Seelsorge anvertraut worden sind (Art. 4–9).

2. Die Art. 11 ff. garantieren die bestehende Diözesanorganisation, die freie Errichtung kirchlicher Ämter, ihre grundsätzlich freie Besetzung durch die Kirche, die staatliche Anerkennung der kirchlichen Organisationen (zT als rechtsfähig), deren Eigentum und andere Rechte im Rahmen der allgemeinen Gesetze, die Staatsleistungen an die kath. Kirche, die Erhaltung der kath.-theolog. Fakultäten und das Recht der Kirche, eigene Lehranstalten zu errichten. Die Verleihung eines geistl. Amtes oder einer kirchl. Lehrbefugnis setzt jedoch deutsche Staatsangehörigkeit des Bewerbers, das Reifezeugnis und ein mindestens 3-jähriges Studium an einer anerkannten deutschen oder einer päpstl. Hochschule in Rom voraus (über die staatl. Mitwirkung bei Ernennung eines Bischofs s. dort). Nach Art. 21 soll der kath. Religionsunterricht in den Schulen ordentliches Lehrfach sein und in Übereinstimmung mit den Grundsätzen der Kirche erteilt werden. Des Weiteren werden der Religionsunterricht, die Anstellung der Religionslehrer, die Gewährleistung katholischer Bekenntnisschulen sowie kirchlicher Privatschulen, ferner die Seelsorge im militärischen Bereich, in Krankenhäusern, Strafanstalten und sonstigen Häusern der öffentlichen Hand geregelt.

3. Das Reichskonkordat ließ die älteren Konkordate mit Bayern (29.3.1924), Preußen (14.6.1929) und Baden (12.10.1932) unberührt. Das Reichskonkordat gilt nach Art. 123 II GG als Staatsvertrag des Reichs fort; doch gelten als Vertragspartner nunmehr die übrigen Länder, soweit diesen die Gesetzgebungszuständigkeit nach dem GG zukommt, insbes. im Schulwesen, hier jedoch ohne Bindung der Länder an die Schulbestimmungen des Reichskonkordats (BVerfGE 6, 309). Die Länder müssen danach das Reichskonkordat erfüllen, können es aber ohne Mitwirkung des Bundes durch Vertrag mit dem Heiligen Stuhl umgestalten oder im Rahmen ihrer Gesetzgebungszuständigkeit ersetzen. Am 26.12.1965 wurde ein Konkordat zwischen dem Land Niedersachsen und dem Heiligen Stuhl geschlossen, am 2.7.1996 ein → Kirchenvertrag zwischen dem Freistaat Sachsen und dem Heiligen Stuhl. Weitere Kirchenverträge in den → Neuen Ländern folgten.

Reichsmark
→ RM-Verbindlichkeiten.

Reichsoberhandelsgericht
Das ROHG war von 1871–1879 höchste Instanz in Rechtsstreitigkeiten des → Handelsrechts; insoweit war es Vorläufer des → Reichsgerichts.

Reichspost
Die Deutsche Reichspost entstand 1871. Sie war seit 1924 als Sondervermögen vom Reichsetat getrennt und ist nach § 1 Gesetz über die vermögensrechtlichen Verhältnisse der Deutschen Bundespost vom 21.5.1953 (BGBl. 1953 I 225) mit Wirkung vom 24.5.1949 als → Deutsche Bundespost Sondervermögen des Bundes geworden. Mit dem Beitritt sind gemäß Art. 27 II EinigV auch die im Gebiet der ehem. DDR belegenen Vermögenswerte der Reichspost auf den Bund übergegangen. Zur Rechtslage nach der Privatisierung vgl. → Postreform.

Reichspräsident
→ Reichsverfassung (2).

Reichsrat
→ Reichsverfassung (2).

Reichsrecht (Fortgeltung)
Recht aus der Zeit vor dem 8.5.1945 ist grundsätzlich weder als Folge der Kapitulation noch durch Inkrafttreten des GG erloschen. Soweit es nationalsozialistisches Gedankengut

enthält, wurde es durch Besatzungsrecht außer Kraft gesetzt. Nach Art. 123 I GG gilt Recht aus der Zeit vor dem Zusammentritt des Bundestages (7.9.1949) fort, soweit es nicht im Widerspruch zum materiellen Gehalt des GG steht. Danach gilt also nur solches Reichsrecht fort, das inhaltlich dem GG (insbes. den Grundrechten) entspricht; dass es formell in einer den Vorstellungen des GG nicht entsprechenden Weise (zB Erlass von Gesetzen durch den „Führer" oder die Reichsregierung) zustandegekommen ist, steht seiner Fortgeltung nicht entgegen. Ob R. als Bundes- oder als Landesrecht fortgilt, bestimmt sich danach, ob zur Regelung der betreffenden Materie heute dem Bund oder den Ländern die → Gesetzgebungskompetenz zukäme. Recht, das Gegenstände der ausschließlichen Gesetzgebung des Bundes betrifft, wurde Bundesrecht; Recht, das Gegenstände der konkurrierenden Gesetzgebung des Bundes betrifft, wurde innerhalb seines Geltungsbereichs Bundesrecht, soweit es innerhalb einer oder mehrerer Besatzungszonen einheitlich galt. Reichsrecht, das einen der Gesetzgebungszuständigkeit der Länder unterfallenden Gegenstand regelt, wurde Landesrecht. Auch Reichsgesetze, die einen Gegenstand der Rahmengesetzgebung betreffen, wurden Landesrecht, wenn das Reichsgesetz sich nicht in Rahmenvorschriften erschöpft, sondern eine selbständige (nicht ausfüllungsbedürftige) Regelung enthielt.

Reichsregierung
→ Reichsverfassung (2).

Reichsschluss
→ Reichsdeputationshauptschluss.

Reichsstände
→ Stände, -staat.

Reichsstraßen
Nach Art. 90 I GG ist der Bund Eigentümer der bisherigen Reichsautobahnen und Reichsstraßen. Die Reichsautobahnen wurden schon bei ihrer Errichtung in das Eigentum des → Deutschen Reiches übernommen; die Reichsstraßen standen nur zum Teil in dessen Eigentum. Art. 90 I GG begründet das Eigentum des Bundes ohne Rücksicht darauf, ob es vorher dem Reich zustand. Die Bestimmung ist damit Spezialvorschrift gegenüber Art. 134 GG, der die Rechtsnachfolge in das Reichsvermögen allgemein regelt. Sie schließt zugleich die Enteignungsvorschriften des Art. 14 III GG aus, soweit die Straßen nicht Eigentum des Reiches waren. Die ehemaligen Reichsautobahnen und Reichsstraßen werden nunmehr als → Bundesautobahnen und → Bundesstraßen von den Ländern im Auftrag des Bundes verwaltet.

Reichstag
→ Reichsverfassung.

Reichsverfassung
Die Reichsverfassung ist die Kurzbezeichnung der Verfassungen des → Deutschen Reichs v. 16.4.1871 (RGBl. 1871, 64) und v. 11.8.1919 (RGBl. 1919, 1383; sog. „Weimarer Verfassung").

1. Die Reichsverfassung von 1871 regelte insbes. Gesetzgebungszuständigkeit und -verfahren des Reiches, Aufbau und Aufgaben der Organe des Reiches (Bundesrat, Reichstag und Präsidium des Bundes, das dem König von Preußen als deutschem Kaiser zustand) sowie bestimmte dem Reich zugewiesene Verwaltungsbereiche (Zoll- und Handelswesen, Eisenbahn-, Post- und Telegrafenwesen, Marine, Schifffahrt, Konsulatwesen, Reichskriegswesen, Reichsfinanzen). Die Reichsverfassung enthielt keine Grundrechtsgewährleistungen.

2. Die an ihre Stelle getretene Weimarer Verfassung regelte neben dem Aufbau und den Aufgaben des Reiches (insbes. dem Verhältnis von Reich und Ländern, ihrer Zuständigkeitsabgrenzung, der Bestellung und Funktion von Reichstag, Reichspräsident, Reichsregierung und Reichsrat, dem Gesetzgebungsverfahren, der Zuständigkeit zur Reichsgesetzgebung, der Rechtspflege) in einem zweiten Hauptteil die Grundrechte und Grundpflichten der Deutschen, nämlich die Rechte der Einzelpersonen, die Grundlagen des Gemeinschaftslebens, Religion und Religionsgesellschaften, Bildung und Schule und das Wirtschaftsleben. Die WV ist niemals formell außer Kraft gesetzt worden. Jedoch wurden die Grundrechte durch die VO zum Schutz von Volk und Staat v. 28.2.1933 (RGBl. 1933 I 83) suspendiert, Reichstag, Reichsrat und Reichspräsident durch das sog. → Ermächtigungsgesetz ausgeschaltet. Darüber hinaus wurde die WV durch die national-sozialistische Herrschaftsgewalt praktisch so verdrängt, dass sie insgesamt als außer Kraft getreten angesehen werden musste. Das GG hat in Art. 140 GG die Art. 136–139 WRV und Art. 141 WRV zu seinen Bestandteilen erklärt.

Reichsvermögen
Nach Art. 134 GG ist das Vermögen des → Deutschen Reiches grundsätzlich Bundesvermögen geworden (außer soweit es überwiegend für Verwaltungsaufgaben bestimmt war, die nicht dem Bund obliegen). Das Nähere ist insbes. im Gesetz zur vorläuf. Regelung der Rechtsverhältnisse des Reichsvermögens und der preuß. Beteiligungen („Vorschaltgesetz") vom 21.7.1951 (BGBl. 1951 I 467; Beseitigung des durch alliierte Gesetze begründeten Rechtserwerbs der Länder) und das Reichsvermögensgesetz vom 16.5.1961 (BGBl. 1961 I 597) geregelt.

Reichsversicherungsordnung (RVO)
Die ersten Sozialversicherungsgesetze, nämlich das ArbeiterkrankenversicherungsG (15.6.1883), das UnfallversicherungsG (6.7.1884) und das Invaliditäts- und AltersversicherungsG (22.6.1889) wurden am 19.7.1911 (RGBl. 1911 I 509) in einem einheitlichen Gesetzeswerk neugefasst und als „Reichsversicherungsordnung" (RVO)

am 1.1.1914 mit dem EinführungsG (RGBl. 1914 I 839) in Kraft gesetzt. Sie enthält im Wesentlichen nur noch die Vorschriften über die Besetzung der Beamten und Angestellten bei den Krankenkassen, für die eine Dienstordnung zu erstellen ist (§§ 349–357, 414b RVO). Die übrigen Rechtsnormen sind inzwischen in die einzelnen Sozialgesetzbücher → Sozialgesetzbuch aufgenommen worden, zuletzt die Vorschriften über Leistungen bei Schwangerschaft und Mutterschaft (§ 24c – § 24i SGB V).

Reihengentest
→ molekulargenetische Untersuchung.

Reihengeschäft
Unter einem Reihengeschäft versteht man Geschäfte, bei denen mehrere Personen über denselben Gegenstand Lieferverträge abschließen und diese Geschäfte dadurch erfüllen, dass der Gegenstand unmittelbar vom ersten zur Lieferung verpflichteten Unternehmer zu dem letzten Abnehmer in der Reihe gelangt (§ 3 VIa 1 UStG). Jede Lieferung innerhalb der Reihe ist in Bezug auf Ort und grundsätzlich auch auf den Zeitpunkt für sich zu behandeln (§ 3 VIa, VII UStG). Eine Vereinfachungsregelung gilt für innergemeinschaftliche Dreiecksgeschäfte (§ 25b UStG). Zivilrechtlich → Streckengeschäft.

Reimport von Kraftfahrzeugen
Werden im Inland hergestellte Kfz im Ausland billiger angeboten als im Inland, besteht die Neigung, sie im Ausland zu erwerben und ins Inland zu bringen (Reimport von Kraftfahrzeugen). Zur Besteuerung des Reimports von Kraftfahrzeugen bei Erwerb in einem Staat der EU (§ 1b UStG; sog. Fahrzeugeinzelbesteuerung) → Binnenmarkt, Umsatzsteuer (2f).

Reine Rechtslehre
→ Begriffsjurisprudenz.

Reines Wohngebiet
Gebiet nach der → Baunutzungsverordnung, in dem ua Wohngebäude und Anlagen zur örtlichen Kinderbetreuung zulässig sind.

Reinhaltung der Gewässer
1. Für die Reinhaltung der Gewässer von → Grundwasser, oberirdischen → Gewässern und Küstengewässern (→ Küstenmeer) gilt: Schutzbestimmungen zur Reinhaltung der Gewässer enthalten insbes. die §§ 32, 45 und 48 WHG (Gesetz über den → Wasserhaushalt (WHG)) und die ergänzend ergangenen LandeswasserG. Danach dürfen feste Stoffe nicht in ein Gewässer eingebracht werden; schlammige Stoffe rechnen nicht dazu. Des Weiteren ist die Einleitung von → Abwasser genehmigungspflichtig (§§ 54–61 WHG). Nach § 48 WHG darf die → Erlaubnis zum Einbringen von Stoffen in das Grundwasser nur erteilt werden, wenn eine nachteilige Veränderung nicht zu besorgen ist. Zum Schutz bestimmter Gewässer vor nachteiligen anthropogenen Einwirkungen können ferner → Wasserschutzgebiete festgesetzt werden (§ 51 WHG). Die LandeswasserG regeln im Rahmen der → Gewässeraufsicht die Bauüberwachung und Abnahme von Wasserbenutzungsanlagen. Stoffe dürfen nur gem. den og Bestimmungen abgelagert oder gelagert werden (§ 15 KrWG, → Abfallrecht). Vorschriften über den Umgang mit → wassergefährdenden Stoffen enthält das WHG in §§ 62 u. 63 WHG. Nach § 89 WHG haftet jeder, der die Wasserbeschaffenheit eines Gewässers nachteilig verändert, für den daraus entstehenden Schaden (→ Gefährdungshaftung; → Umweltkriminalität).

2. Die zivilrechtliche Haftung und Entschädigung für von Schiffen verursachte Ölverschmutzungsschäden richtet sich nach den im Ölschadengesetz (ÖlSG) v. 30.9.1988 (BGBl. 1988 I 1770, mÄnd) genannten internationalen Übereinkommen. Die Haftung für Schäden durch von Schiffen transportierte gefährliche und schädliche Stoffe richtet sich nach dem → HNS-Übereinkommen 2010.

3. Sa → internationale Wasserläufe, → Meeresverschmutzung.

Reinhaltung der Luft
→ Luftreinhaltung, → Immissionsschutzrecht.

Reinhaltung der Wege
→ Straßenbaulast; → Streupflicht.

Reinheitsgebot
Das (ursprünglich bayerische) Reinheitsgebot für → Bier von 1516 gilt als älteste lebensmittelrechtliche Vorschrift der Welt. Es schrieb ursprünglich vor, dass „… zu kainem pier merer stückh dan allain gersten, hopfen un wasser genommen un gepraucht solle werden". Später kam Hefe hinzu, die 1516 noch unbekannt war.

Dieses Reinheitsgebot galt in Deutschland bis 1987 und befand sich zu diesem Zeitpunkt im Biersteuergesetz. Weil nur nach dem Reinheitsgebot gebrautes Bier in Deutschland in den Verkehr gebracht werden durfte und es ähnliche Reinheitsgebote in anderen Ländern nicht gab, konnten ausländische Biere nicht nach Deutschland importiert werden. Auf Klage der Kommission wurde das Reinheitsgebot vom EuGH aus diesen Gründen wenig überraschend als versteckte Diskriminierung und unzulässige Einfuhrbeschränkung verworfen (Urt. v. 12.3.1987, 178/84, → Freier Warenverkehr). Seitdem können ausländische Biere problemlos nach Deutschland eingeführt werden.

Gleichwohl hat der deutsche Gesetzgeber das Reinheitsgebot für in Deutschland gebrautes Bier beibehalten. Entsprechende Regelungen, die allerdings abgeschwächt wurden, befinden sich heute in den fortgeltenden Vorschriften des aufgehobenen Vorläufigen Biergesetzes idF v. 29.7.1993 (BGBl. 1993 I 1399) sowie der Verordnung zur Durchführung des Vorläufigen Biergesetzes (BierStDB) idF v. 29.7.1993 (BGBl. 1993 I 1422 mÄnd).

Reisebestätigung
→ Reisevertrag.

Reisebüro
Der Betrieb von Reisebüros und die gewerbsmäßige Vermittlung von Unterkünften bedarf zwar nach der GewO keiner besonderen → Gewerbezulassung, unterliegt aber den Vorschriften über → überwachungsbedürftige Gewerbe (§ 38 I Nr. 4 GewO). Zur Erleichterung einer wirksamen Überwachung konnten die Länder nach § 38 Abs. 3 GewO aF durch RechtsVO besondere Buchführungs-, Auskunfts- und Duldungspflichten zur behördlichen Nachschau begründen. Die Ermächtigung wurde durch G. v. 9.11.2022 (BGBl. 2022 I 2009 (2012), Art. 1 Nr. 17) aufgehoben, da die Länder von dieser Möglichkeit kaum mehr Gebrauch gemacht haben. Sa → Reisevertrag.

Reisegepäck, Haftung für
Bei Verlust, verspäteter Beförderung oder Beschädigung von Reisegepäck müssen Reiseveranstalter oder Beförderungsunternehmen ggf. für den entstandenen Schaden aufkommen. Bei Buchung einer Pauschalreise kommt eine Haftung des Reiseveranstalters wegen eines Reisemangels aus dem → Reisevertrag in Betracht (zB Minderung des Reisepreises bei deutlich verspäteter Ankunft, ggf. Entschädigung wegen nutzlos aufgewendeter Urlaubszeit, → Schadensersatz; Begrenzung auf ein Höchstmaß ist zulässig; ggf. begrenzen auch internationale Übereinkommen die Ersatzpflicht). Bei Buchung einer Beförderung direkt bei einem Beförderungsunternehmen kann dieses haftbar sein. Bei Flugreisen haftet die Fluggesellschaft insbes. nach internationalen Vorschriften und Übereinkommen sowie §§ 44 ff. LuftVG, es gibt Haftungshöchstgrenzen (sa, insbes. zur Systematik, → Luftverkehrshaftung, → Warschauer Abkommen); für Hand- und Kabinengepäck wird grds. nur bei Verschulden des Bordpersonals gehaftet, für aufgegebenes Reisegepäck (Koffer, Sperrgepäck usw) haftet die Fluggesellschaft grds. verschuldensunabhängig, aber nur für den Zeitraum, in dem sie das Gepäck in ihrer Obhut hat (nicht also für die Kontrolle zB durch den Zoll). Für Bahnreisen richtet sich die Haftung nach der EU-Verordnung über die Rechte und Pflichten der Fahrgäste im Eisenbahnverkehr, es gelten Haftungshöchstgrenzen und Befreiungsmöglichkeiten, → Fahrgastrechte (Eisenbahnverkehr); beim Handgepäck kommt eine Haftung nur bei einem Verschulden der Bahn in Betracht (Ausnahme: bei einem Unfall, sofern dier nicht durch höhere Gewalt verursacht worden ist), beim Reisegepäck haftet die Bahn grds. verschuldensunabhängig, sofern sich das Gepäck in der Obhut des Bahnunternehmens befunden hat. Bei einer Busreise haftet der Busunternehmer grds. nur bei Verschulden, verschuldensunabhängig nur bei einem Unfall (sofern keine höhere Gewalt), → Fahrgastrechte (Kraftomnibusverkehr). Bei einer Schiffsreise haftet das Unternehmen ebenfalls grds. nur verschuldensabhängig, bei Verursachung des Schadens durch ein Schifffahrtsereignis (zB Kentern, Feuer) muss das Unternehmen beweisen, dass es die notwendige Sorgfalt hat walten lassen, → Fahrgastrechte (See- und Binnenschiffsverkehr).

Reisegepäckversicherung
ist eine Sachversicherung (→ Versicherungsvertrag, 2a), bei der nach näherer Maßgabe der → Versicherungsbedingungen das mitgeführte Reisegepäck gegen Transportrisiken, Diebstahl usw versichert ist.

Reisegewerbe
1. Nach § 55 I GewO (→ Gewerbe) betreibt ein Reisegewerbe, wer gewerbsmäßig außerhalb der Räume seiner gewerblichen Niederlassung – oder ohne eine solche zu haben – ohne vorhergehende Bestellung Waren ankauft, Waren oder gewerbliche Leistungen anbietet oder Bestellungen darauf aufsucht (zB Verkaufspräsentationen in wechselnden Gaststätten, Vertrieb von Presseerzeugnissen an der Haustür, Wanderlager, § 56a GewO). Beim Reisegewerbe kommt der Gewerbetreibende unaufgefordert zum Kunden. Zum Reisegewerbe gehören ferner die selbständig unterhaltenden Tätigkeiten als Schausteller oder nach Schaustellerart (zB Kirmeskarussell, Puppenspieler).

2. Das Reisegewerbe bedarf grundsätzl. einer Erlaubnis (→ Gewerbezulassung, Ausnahmen §§ 55a, 55b GewO), die in der Form der Reisegewerbekarte (§ 55 II GewO) erteilt wird. Örtlich zuständig ist die Behörde, in deren Bezirk der Gewerbetreibende seinen gewöhnlichen Aufenthalt hat (§ 61 GewO); die sachliche Zuständigkeit bestimmt sich nach Landesrecht, vgl. zB § 37 ZustV Bayern (→ Ordnungsbehörde). Diese ist nach § 57 GewO zu versagen, wenn der Antragsteller die für die beabsichtigte Tätigkeit erforderliche → Zuverlässigkeit nicht besitzt. Eine Untersagung reisegewerbekartenfreier Tätigkeiten ist nach § 59 GewO ebenfalls möglich. Einen Katalog von im Reisegewerbe verbotenen Betätigungen (zB Vermittlung von → Darlehen, Verkauf von → Edelmetallen, → Wertpapieren, alkoholischen Getränken) enthält § 56 GewO. Soweit im Reisegewerbe das → Bewachungsgewerbe, das → Versteigerungsgewerbe, das des → Maklers, → Bauträgers, Baubetreuers oder → Versicherungsvermittlers ausgeübt werden sollen, gelten zusätzlich die allgemeinen Vorschriften für diese Gewerbe entsprechend (§ 61a II GewO). Sa → Gewerbesteuer. Die im Reisegewerbe geschlossenen Geschäfte sind idR → Haustürgeschäfte.

Reisekosten
1. Beschäftigte im öffentlichen Dienst: Für Richter, für Beamte und kraft tarifrechtlicher Verweisung für Arbeitnehmer im öffentlichen Dienst (zB nach → TV-L oder → TVöD) gilt

das weitgehend inhaltsgleiche Reisekostenrecht des → Bundes oder der → Länder. Nach dem Bundesreisekostengesetz (BRKG) v. 26.5.2005 (BGBl. 2005 I 1418) mÄnd erhalten Dienstreisende auf Antrag eine Vergütung der dienstlich veranlassten notwendigen Reisekosten (§ 3 I BRKG). Für Bahnfahrten und Flüge wird grundsätzlich nur die niedrigste Beförderungsklasse (idR 2. Klasse oder Economy) erstattet, bei Bahnfahrten über 2 Stunden auch die nächsthöhere Beförderungsklasse (1. Klasse; § 4 BRKG). Für Fahrten mit dem Kraftfahrzeug werden idR 0,20 EUR je gefahrenem Kilometer, maximal 130 EUR vergütet (§ 5 I BRKG). Für Verpflegungsmehraufwendungen wird Tagegeld entsprechend den einkommensteuerrechtlichen Sätzen gewährt (§ 6 I BRKG; s. u. Nr. 3. bb)). Für eine notwendige Übernachtung erhalten Dienstreisende 20 EUR pauschal. Höhere Übernachtungskosten werden erstattet, soweit sie notwendig sind. Sonderregelungen geltend für Auslandsdienstreisen (vgl. die AuslandsreisekostenVO v. 21.5.1991, BGBl. 1991 I 1140, mÄnd). Zum Landesrecht s. zB Bayer. Reisekostengesetz v. 24.4.2001 (GVBl. 2001, 133) mÄnd.

2. Arbeitsrechtlich sind Reisekosten (auf Grund → Tarifvertrag, → Betriebsvereinbarung oder § 670 BGB) grundsätzlich vom Arbeitgeber zu erstatten (anders für Umzugskosten – auch bei der Neueinstellung –, sofern nichts anderes vereinbart oder der Umzug betrieblich veranlasst war). Sa → Vorstellungskosten.

3. Steuerlich: Das Reisekostenrecht wurde ab 1.1.2014 neu geregelt. An die Stelle der regelmäßigen Arbeitsstätte tritt nun die → erste Tätigkeitsstätte. Damit entfallen Abgrenzungsschwierigkeiten des Begriffs der regelmäßigen Arbeitsstätte, der zentral für die Reisekostenregelung vor 2014 war.

a) Voraus. für die steuerliche Berücksichtigung von Reisekosten ist, dass die tatsächliche Arbeitsstätte nicht zugleich die erste Tätigkeitsstätte ist. Arbeitnehmer ohne eine erste Tätigkeitsstätte sind immer auf beruflicher Auswärtstätigkeit. Suchen diese dauerhaft denselben Ort auf (ohne dass dieser zur ersten Tätigkeitsstätte wird), um dort ihre Tätigkeit aufzunehmen, dürfen die Kosten für Fahrten Wohnung/Arbeitsstätte trotzdem nur mit der Entfernungspauschale abgerechnet werden.

b) Reisekosten des Arbeitnehmers können vom Arbeitgeber nach §§ 3 Nr. 13, 16 EStG steuerfrei erstattet werden, ansonsten können sie einkommensmindernd als Werbungskosten nach § 9 EStG berücksichtigt werden. Zu den Reisekosten gehören: Fahrtkosten (§ 9 Abs. 1 Nr. 4a EStG), Verpflegungsmehraufwendungen (§ 9 Abs. 4a EStG) und Übernachtungskosten (§ 9 I Nr. 5a EStG) und Reisenebenkosten, siehe BMF-Schreiben vom 24.10.2014 – IV C5-S 2353/14/10002 (BStBl. 2014 I 1412).

aa) Fahrtkosten: Für alle Fahrten, die nicht zwischen Wohnung und erster Tätigkeitsstätte erfolgen, können pauschal 0,30 EUR je gefahrenen Kilometer bzw. die nachgewiesenen tatsächlich angefallenen Kosten angesetzt werden. Bei Benutzung eines privaten Motorrades oder Motorrollers/Mofa sind 0,20 EUR zu berücksichtigen. Die Kilometerpauschale für Fahrräder ist weggefallen. Auch Fahrten innerhalb der Nahzone (30 km) werden erfasst. Zu Einzelheiten vgl. R 9.5 LStR.

bb) Verpflegungsmehraufwand: Abzug nach zeitlich gestaffelten Pauschalen. Für die Berechnung der maßgebenden Abwesenheitszeit am jeweiligen Kalendertag ist zwischen Arbeitnehmern mit e. T. und übrigen Arbeitnehmer zu unterscheiden. Mit e. T. muss die Abwesenheitsdauer in Bezug auf Wohnung oder Betrieb erfüllt sein. Sucht der Arbeitnehmer zunächst seinen Betrieb auf und tritt danach die Auswärtstätigkeit an, so ist die Abwesenheitszeit ab Verlassen des Betriebes maßgeblich. Gleiches gilt für die Rückkehr. Die Wege zwischen Wohnung und Betrieb bleiben zeitlich außer Ansatz. Hat der Arbeitnehmer keine e. T., bemisst sich die maßgebliche Abwesenheitszeit ausschließlich nach der Abwesenheit von seiner Wohnung. Die seit 2014 gültigen Inlandsverpflegungspauschalen bemessen sich nach der Abwesenheitsdauer am einzelnen Kalendertag:

Abwesenheitsdauer	Pauschalbetrag
Bis 8 Stunden	0 EUR
Mehr als 8 Stunden	14 EUR
Mindestens 24 Stunden	28 EUR.

Bei mehrtätigen Auswärtstätigkeiten, die eine Übernachtung beinhalten, darf sowohl am An- als auch am Abreisetag eine Verpflegungspauschale von 14 EUR angesetzt werden.

Für berufliche Auswärtstätigkeiten im Ausland sind wie bisher die vom BMF für die einzelnen Staaten festgesetzten Auslandstagegelder maßgebend (BMF-Schreiben, BStBl. I 2015, 34). 2022 steigt der monatliche Sachbezugswert für Mahlzeiten bzw. Verpflegungen auf 270 EUR (zuvor: 263 EUR) pro Monat und für freie Unterkunft auf 241 EUR (zuvor: 237 EUR) pro Monat.

Grundsätzlich besteht der Anspruch auf den Ansatz der Verpflegungspauschalen für die ersten drei Monate der beruflichen Tätigkeit an derselben Dienststelle. Seit 2014 führt eine Unterbrechung der beruflichen Tätigkeit an derselben Tätigkeitsstätte für einen Zeitraum von mindestens vier Wochen stets zu einem Neubeginn der Dreimonatsfrist (§ 9 IVa 7 EStG). Zu Einzelheiten vgl. R 9.6 LStR.

cc) Übernachtungskosten sind in der Höhe der nachgewiesenen angefallenen Kosten zu berücksichtigen. Der Nachweis ist auch für Auslandsübernachtungen zu erbringen. Beruflich veranlasste Unterkunftskosten im Rahmen einer längerfristigen Auswärtstätigkeit an ein und derselben Tätigkeitsstätte sind für einen Zeitraum von 48 Monaten der Höhe nach unbeschränkt abzugsfähig, soweit es sich um notwendige Mehraufwendungen handelt (§ 9 I 3 Nr. 5a EStG). Nach Ablauf der 48 Monate erfolgt eine Berücksichtigung nach den Grundsätzen der → doppelten Haushaltsführung. Ist in dem Zahlungsbeleg für Unterkunft und Verpflegung ein Gesamtpreis ausgewiesen, so dass eine Aufteilung nicht möglich ist, wird der Gesamtpreis für das Frühstück um 20 vH und für Mittag- und Abendessen um jeweils 40 vH der vollen Verpflegungspauschale, die bei einer 24-stündigen Abwesenheit für den jeweiligen Unterkunftsort gilt, gekürzt. Zu Einzelheiten vgl. R 9.7 LStR.

dd) Reisenebenkosten: Dazu gehören ua Parkgebühren, beruflich veranlasste Telefonate usw. Zu Einzelheiten vgl. R 9.8 LStR.

Reisemangel
→ Reisevertrag.

Reisepass
→ Passwesen.

Reiseprospekt
→ Reisevertrag.

Reiserücktrittskostenversicherung
Die Reiserücktrittskostenversicherung deckt nach näherer Maßgabe der → Versicherungsbedingungen die beim Rücktritt von einem → Reisevertrag für den Reisenden regelmäßig anfallenden Kosten. Sie ist eine → Schadensversicherung iSv § 86 I 1 VVG.

Reisescheck
→ Travellerscheck.

Reisesicherungsfonds
Zum 1.7.2021 ist das Gesetz über die Insolvenzsicherung durch Reisesicherungsfonds und zur Änderung reiserechtlicher Vorschriften (Reisesicherungsfondsgesetz) in Kraft getreten (BGBl. 2021 I 2114). Die Pauschalreiserichtlinie verpflichtet Reiseveranstalter, für den Fall ihrer Insolvenz die von den Reisenden erhaltenen Vorauszahlungen sowie den Rücktransport der Reisenden abzusichern. S. zur bisherigen Umsetzung dieser Absicherung durch § 651r BGB aF und deren Schwäche → Reisevertrag, 3. Das neue Gesetz sieht eine Umstellung des Systems vor. Die Insolvenzsicherung bei Pauschalreisen erfolgt nun über einen Reisesicherungsfonds, der in Form einer GmbH errichtet wird und sich überwiegend aus Engelten der abgesicherten Reiseanbieter finanziert; der Fonds wird der alleinige Insolvenzabsicherer, nur Kleinstunternehmer dürfen sich weiterhin anderweitig absichern. Die Möglichkeit der Haftungsbegrenzung auf 110 Millionen Euro pro Jahr entfällt. Stattdessen knüpft die Einstandspflicht des Insolvenzabsicherers an den Maximalverlust an, der im Insolvenzfall zu erwarten ist, der 22% des Jahresumsatzes des jeweiligen Reiseveranstalters entspricht. Hinsichtlich der Einzelheiten s. das neue Stammgesetz und die neu gefassten §§ 651r, 651t BGB sowie die neue Reisesicherungsfondsverordnung.

Reiseveranstalter
→ Reisevertrag.

Reisevertrag
Mit Wirkung zum 1.7.2018 ist das Reiserecht neu gestaltet worden. Das neue Reiserecht gilt für dem Reiserecht unterfallende Verträge (s. hierzu Anwendungsbereich), die ab diesem Zeitpunkt geschlossen worden sind. Für vor dem 1.7.2018 geschlossene Verträge gilt weiterhin das alte Reiserecht. Zu den Problemen im Zusammenhang mit der → COVID-19-Pandemie s. → Corona-Krise und Reiserecht.

Im neuen Reiserecht gelten für die ab dem 1.7.2018 geschlossenen Verträge folgende Grundsätze:

1. Neugestaltung des Reiserechts, halbzwingender Charakter: Die Umsetzung der vollharmonisierenden neuen Pauschalreise-RL (→ Richtlinien der Europäischen Union) v. 25.11.2015 (ABl. EU 2015 L 326, 1) ist durch das Dritte Gesetz zur Änderung reiserechtlicher Vorschriften v. 17.7.2017 (BGBl. 2017 I 2394) erfolgt. Das Gesetz enthält, auch wenn inhaltlich viele Vorschriften übernommen wurden, eine vollständige Umgestaltung des privaten Reiserechts, die bisherigen §§ 651a–651m BGB wurden durch die neu gefassten §§ 651a–651y BGB ersetzt, die → BGB-Informationspflichten-Verordnung (BGB-InfoV) wurde aufgehoben und ihr Inhalt in die neuen Art. 250–253 EGBGB übernommen. Die Neuregelung trat zum 1.7.2018 in Kraft und gilt für Pauschalreiseverträge, die ab diesem Zeitpunkt geschlossen wurden. Die Neuregelungen sind halbzwingend zugunsten des Reisenden (s. → Vertrag, 2) und dürfen nicht umgangen werden, § 651y BGB.

2. Anwendungsbereich, Begrifflichkeiten, Reisevermittlung, Online-Buchungsverfahren: Der Reisevertrag wurde in Pauschalreisevertrag umbenannt und in §§ 651a-651c BGB neu definiert. Die (sehr eingeschränkte) Anwendung der allg. Vorschriften über den → Verbrauchervertrag wurde neu geregelt, § 312 VII BGB, die anwendbaren Vorschriften gelten auch dann, wenn der Reisende kein Verbraucher ist. Durch den Pauschalreisevertrag wird der → Unternehmer (§ 14 BGB) verpflichtet, dem Reisenden (jede Person, die einen Vertrag über eine Reise schließt, nicht nur Verbraucher; unerheblich ist auch, wer die Reiseleistung in Anspruch nimmt) die Pauschalreise zu verschaffen (dh in eigener Verantwortung selbst oder durch Dritte zu erbringen), der Reisende wird zur Zahlung des Reisepreises verpflichtet, § 651a I BGB. Der Unternehmer, der einen Pauschalreisevertrag mit dem Reisenden schließt, ist → Reiseveranstalter, egal ob er sich als solchen bezeichnet oder nicht (zB große Reiseveranstalter wie TUI, Beförderungsunternehmen, Beherbergungsbetrieb, Reisebüro). Reiseveranstalter ist nach § 651c BGB auch, wer in einem verbun-

denen Online-Buchungsverfahren einen Vertrag schließt. Nicht erfasst werden Reisen, die nur gelegentlich, ohne Gewinnerzielungsabsicht und nur einem begrenzten Personenkreis angeboten werden (Voraussetzungen müssen kumulativ vorliegen), ebenfalls ausgenommen sind Tagesreisen ohne Übernachtung und Rahmenverträge für Geschäftsreisen, § 651a V BGB, weiterhin Gastschulaufenthalte, § 651u BGB. Maßgeblich für das Vorliegen eines Pauschalreisevertrags ist nicht der Begriff des Reiseveranstalters, sondern nur, ob eine Pauschalreise vorliegt. Pauschalreise ist eine Gesamtheit von mindestens 2 verschiedenen Arten von Reiseleistungen für den Zweck derselben Reise; eine Pauschalreise liegt auch vor, wenn die Reiseleistungen auf Wunsch oder Auswahl des Reisenden zusammengestellt wurden oder dem Reisenden das Recht eingeräumt wird, die Auswahl der Leistungen nach Vertragsschluss zu treffen (insbes. Reise-Geschenkbox), § 651a II BGB (→ Dynamic Packaging). Vom Gesetzgeber bewusst nicht in den Anwendungsbereich aufgenommen ist das Angebot einzelner prägender Reiseleistungen (zB Ferienhaus) durch einen Veranstalter (für das die Rspr. bislang Reisevertragsrecht entsprechend angewandt hat). Die Arten von Reiseleistungen definiert § 651a III BGB: Personenbeförderung (Nr. 1), nicht zu Wohnzwecken (zB bei Langzeitaufenthalt) dienende Beherbergung (Nr. 2; bei Kreuzfahrt liegen zwei Leistungen, Beförderung und Beherbergung, vor), Fahrzeugvermietung (Nr. 3), andere touristische Leistung (Nr. 4, zB Konzertkarte, Ausflug, Vermietung von Ausrüstung, nicht aber Reiseversicherung); kein Pauschalreisevertrag liegt vor, wenn nur eine Leistung nach Nr. 1–3 mit touristischen Leistungen kombiniert wird und diese nicht mind. 25% des Gesamtwerts ausmachen, s. iE § 561a IV BGB. Keine eigene Reiseleistung ist eine Leistung, die wesensgemäß Bestandteil einer anderen Leistung ist (zB kleinere Beförderungsleistung vom Flughafen zum Hotel). § 651b BGB stellt klar, dass eine (nicht als Pauschalreise einzuordnende) bloße Vermittlung von Reiseleistungen, also die Vermittlung des Vertragsschlusses mit Dritten, weiterhin möglich ist, und bestimmt die Voraussetzungen unter denen aber jedenfalls ein Pauschalreise vorliegt (zB bei getrennter Auswahl und Bezahlung von Leistungen; nicht jedoch zB bei Angebot zu einem Gesamtpreis oder der Bewerbung mit dem Begriff Pauschalreise). Bei der Vermittlung von verbundenen Leistungen für dieselbe Reise wird jedoch durch §§ 651v, 651w BGB ein zusätzlicher Schutz (zB Informationspflichten, Absicherung vor Insolvenz, Haftung bei Nichterfüllung) geschaffen. § 651c BGB regelt das verbundene Online-Buchungsverfahren: Ein Unternehmer, der mittels eines Online-Buchungsverfahrens mit einem Reisenden einen Vertrag über eine Reiseleistung schließt oder einen solchen vermittelt, ist als Reiseveranstalter anzusehen, sofern er dem Reisenden für diesselbe Reise mindestens einen weiteren Vertrag über eine andere Reiseleistung vermittelt, indem er den Zugriff auf das Online-Buchungsverfahrens des anderen Unternehmers ermöglicht (Click-Through-Buchung), die Daten des Reisenden (Name, Zahlungsdaten, E-Mail-Adresse) übermittelt und die Buchung spätestens 24 Stunden nach dem ersten Vertragsschluss erfolgt; der Pauschalreisevertrag kommt dann, wenn also all diese Voraussetzungen erfüllt sind, mit dem ersten Unternehmer zustande (Vertragsfiktion, § 651c II BGB). Diese Konstruktion wirft einige rechtliche Zweifelsfragen auf.

3. Allg. Rechte und Pflichten, Vertragsübertragung, Preis- und Leistungsänderungen, Sicherungspflicht: Anstelle der Pflichten nach der aufgehobenen BGB-InfoV verpflichtet § 651d BGB den Reiseveranstalter, den Reisenden vor Vertragsschluss nach Maßgabe des Art. 250 §§ 1–3 EGBGB zu informieren, insbes. über wesentliche Eigenschaften der Reiseleistungen, Reisepreis, Zahlungsmodalitäten, Mindesteilnehmerzahl und Rücktrittsrecht vor Reisebeginn. Dem Reisenden ist ein ausgefülltes Musterformblatt auszuhändigen. Die Angaben werden Inhalt des Vertrags, sofern nichts anderes vereinbart ist. Dem Reisenden sind weiterhin eine Abschrift oder Bestätigung des Vertrags auszuhändigen und die notwendigen Reiseunterlagen (rechtzeitig vor Reisebeginn) zur Verfügung zu stellen (Sonderregelung für verbundene Online-Buchungsverfahren: § 651c BGB). Auch den Reisevermittler trifft eine entsprechende Pflicht, § 651v BGB. Nach § 651e BGB kann der Reisende durch Erklärung auf einem dauerhaften Datenträger (§ 126b BGB, → Form) ohne Zustimmung des Unternehmers den Vertrag auf einen Dritten übertragen; der Reiseveranstalter kann insoweit nur angemessene und durch die Vertragsumschreibung tatsächlich entstandene Mehrkosten verlangen (eine Pauschalierung ist also nicht zulässig). Der Reisende hat gem. § 651x BGB ggf. Anspruch auf Schadensersatz bei Buchungsfehlern. Preis- und Leistungsänderungen: Der Reiseveranstalter kann nach § 651f BGB den Reisepreis einseitig nur erhöhen, wenn dies vertraglich vorbehalten ist und der Vertrag auch einen Hinweis auf eine entsprechende Verpflichtung zur Senkung des Reisepreises sowie zur Berechnung der Änderung des Reisepreises enthält (eine Preiserhöhung um mehr als 8% ist, weil erheblich, nur nach § 651g BGB zulässig). Die Erhöhung darf nur auf bestimmten Gründen beruhen (erhöhte Beförderungsentgelte wegen höherer Kosten für Energieträger, Erhöhung von Steuern oder Abgaben, Veränderung des Wechselkurses). Eine Erhöhung ist nur wirksam, wenn der Reisende spätestens 20 Tage vor Reisebeginn unterrichtet wird. Andere (nicht den Preis betreffende) einseitige Änderungen (zB über Flüge, Unterbringung) sind nur möglich, wenn dies im Vertrag vorbehalten und die Änderung unerheblich ist; auch insoweit besteht

eine Pflicht zur Unterrichtung. § 651g BGB betrifft erhebliche Vertragsänderungen, diese können nicht einseitig vorgenommen werden. Hinsichtlich der Erheblichkeitsschwelle kann darauf abgestellt werden, ob die Änderung einen (Gewährleistungsrechte begründenden) Reisemangel darstellen würde. Bei einem Begehren auf Preiserhöhung um mehr als 8% kann der Reiseveranstalter verlangen, dass der Reisende das (spätestens 20 Tage vor Reisebeginn unterbreitete) Angebot innerhalb angemessener Frist annimmt oder vom Vertrag zurücktritt. Dies gilt auch bei einem Verlangen zu einer anderen Vertragsänderung (zulässig bis Reisebeginn), die der Veranstalter aber nur unter bestimmten Voraussetzungen (insbes. bei erheblicher Änderung einer wesentlichen Reiseleistung aufgrund eines nach Vertragsschluss eingetretenen Umstands) verlangen kann. Wahlweise kann der Veranstalter dem Reisenden auch eine andere Pauschalreise anbieten (Ersatzreise); anders als bisher kann der Reisende die Teilnahme an einer Ersatzreise nicht mehr verlangen. Nach Ablauf der vom Reiseveranstalter bestimmten Frist gilt das Angebot zur Preiserhöhung oder sonstigen Vertragsänderung als angenommen, eine Ersatzreise muss ausdrücklich angenommen werden (ist diese von minderwertiger Qualität, kann entsprechend § 651m BGB Minderung des Reisepreises verlangt werden). Tritt der Reisende vom Vertrag zurück, ist der vollständige Reisepreis zurückzuerstatten, ggf. kann er eine angemessene Entschädigung wegen nutzlos aufgewendeter Urlaubszeit oder Ersatz vergeblicher Aufwendungen (zB Impfkosten) verlangen, § 651g III BGB, § 651h BGB. Ein Widerrufsrecht des Reisenden gibt es idR nicht, § 312 VII BGB. §§ 651r–651t BGB regeln die Absicherung des Anspruchs des Reisenden auf Rückzahlung des Reisepreises im Fall der Insolvenz (durch Versicherungen oder Bankbürgschaften bzw. -garantien; allerdings stieß das deutsche Insolvenzabsicherungssystem, insbes. wegen der Höchstbetragsregelung in § 651r III 3 BGB, im Einzelfall an seine Grenzen (wie der Fall der Insolvenz von Thomas Cook gezeigt hat, in dem der Kundengeldabsicherer nur eine Quote von 17,5% der Vorauszahlungen ersetzte und der Staat sich zur freiwilligen Erstattung des Rest entschloss). Zum 1.7.2021 ist das Gesetz über die Insolvenzsicherung durch Reisesicherungsfonds und zur Änderung reiserechtlicher Vorschriften in Kraft getreten (BGBl. 2021 I 2114), das eine Neuregelung der Insolvenzsicherung im Pauschalreiserecht schafft und §§ 651r und 651t BGB entsprechend ändert, s. hierzu iE → Reisesicherungsfonds. § 651s BGB regelt die Zulässigkeit von Vorauszahlungen.

4. Rücktritt vor Reisebeginn: § 651h BGB regelt in wesentlicher Übereinstimmung mit der bisherigen Rechtslage das Rücktrittsrecht des Reisenden vor Reisebeginn, der Veranstalter verliert den Anspruch auf den Reisepreis, kann jedoch ggf. eine angemessene Entschädigung verlangen. Im Vertrag können (auch durch vorformulierte Vertragsbedingungen) Entschädigungspauschalen anhand bestimmter Kriterien festgelegt werden. Die Höhe der Entschädigung hat der Reiseveranstalter auf Verlangen des Reisenden zu begründen. Keine Entschädigung kann der Veranstalter verlangen bei außergewöhnlichen oder unvermeidbaren Umständen am Bestimmungsort (die nicht der Kontrolle einer Partei unterliegen; die Vorschrift umfasst auch die Fälle höherer Gewalt (→ Verschulden, 4), zB Krieg, Terrorismus, Naturkatastrophe); zu den Problemen eines Rücktritts im Zusammenhang mit der Coronapandemie → Corona-Krise und Reiserecht. § 651h BGB regelt weiterhin das Rücktrittsrecht des Reiseveranstalters wegen Nichterreichen der Mindestteilnehmerzahl sowie infolge Nichterfüllbarkeit des Vertrags wegen unvermeidbarer oder außergewöhnlicher Umstände (s. o.); der Veranstalter ist dann zur unverzüglichen Rückerstattung des Reisepreises verpflicht, dem Reisenden steht keine Entschädigung zu. Das bisherige Kündigungsrecht infolge höherer Gewalt entfällt damit. Zur Kündigungsmöglichkeit des Reisenden wegen eines Reisemangels s. u.

5. Gewährleistung: Auch die neuen Haftungsvorschriften für Reisemängel (§§ 651i-651p BGB) sind im Verhältnis zum → Allgemeinen Leistungsstörungsrecht speziell (Einheitslösung). Die Pauschalreise ist gem. § 651i I BGB frei von Reisemängeln zu verschaffen; ein Reisemangel liegt nach § 651i II BGB vor, wenn die Reise nicht die vereinbarte Beschaffenheit (gem. individueller Vereinbarung bzw. Angaben gem. Katalog, Prospekt, Website, vorvertraglichen Informationen etc) hat oder sich nicht für den nach dem Vertrag vorausgesetzten bzw. gewöhnlichen (maßgeblich: übliche und erwartbare Beschaffenheit; Einhaltung der örtlichen Sicherheitsvorschriften) Nutzen eignet; ein Reisemangel liegt auch vor, wenn die Reise gar nicht oder unangemessen verspätet (bis 4 Stunden idR bloße Unannehmlichkeit) verschafft wird, ebenso, wenn sie, etwa infolge staatlicher Corona-Maßnahmen, verkürzt werden muss oder mit erheblichen Einschränkungen behaftet ist; unerheblich ist, ob die Vertragswidrigkeit der Reise durch unvermeidbare, außergewöhnliche Umstände (etwa eine Pandemie) verursacht ist, die vom Reiseveranstalter nicht beherrschbar waren; sa → Corona-Krise und Reiserecht. Beeinträchtigungen, die ihren Grund nur in der Person des Reisenden haben, begründen keinen Reisemangel. § 651i III BGB listet die Rechte des Reisenden bei einem Reisemangel auf. Ein Reisemangel muss nach § 651o BGB unverzüglich angezeigt werden. Inhaltlich ohne wesentliche Änderung sind die Rechte auf Abhilfe und Selbstabhilfe (§ 651k BGB); ggf. hat der Veranstalter Abhilfe durch angemessene Ersatz-

leistungen anzubieten; zur Tragung von Kosten für maximal 3 Nächste der Beherberung bei Unmöglichkeit der Rückbeförderung wegen unvermeidbarer, außergewöhnlicher Umstände s. § 651k IVf. BGB. § 651l BGB regelt die Kündigungsmöglichkeit bei erheblicher Beeinträchtigung der Reise infolge eines Reisemangels (nach fruchtlosem Ablauf einer gesetzten Frist); der Grund des Reisemangels und ein Verschulden des Veranstalters sind ohne Belang; bei Kündigung durch den Reisenden behält der Veranstalter hinsichtlich der erbrachten oder noch zu erbringenden Leistungen seinen Anspruch auf den Reisepreis, der Reisende hat ggf. eine Anspruch auf Minderung und Schadensersatz; der Veranstalter hat nachwirkende Verpflichtungen (zB Rückbeförderung). Das Recht auf Minderung (§ 651m BGB) bleibt ohne wesentliche Änderung, ebenso das Recht auf Schadensersatz (einschließlich vergeblicher Aufwendungen; auch Ersatz immaterieller Schäden wie entgangene Urlaubsfreue) mit eingeschränkter Entlastungsmöglichkeit bei fehlendem Verschulden (§ 651n BGB) sowie die Möglichkeit der Haftungsbeschränkung nach § 651p BGB auf den dreifachen Reisepreis (nunmehr auch bei einfacher Fahrlässigkeit) für Schäden, die keine Körperschäden sind und nicht schuldhaft herbeigeführt worden sind. Schadensersatzansprüche nach anderen Vorschriften bleiben grds. unberührt; zur Anrechnung s. § 651p III BGB. Die Gewährleistungsrechte verjähren gem. § 651j BGB in 2 Jahren nach Reiseende; die Möglichkeit der Verkürzung der Frist auf 1 Jahr durch → Allgemeine Geschäftsbedingungen ist entfallen, ebenso die Ausschlussfrist von 1 Monat zur Anmeldung von Gewährleistungsrechten.

Reisewarnung
Reisewarnung nennt man die offizielle Empfehlung des → Auswärtigen Amtes, keine Reisen in ein bestimmtes Land oder in eine bestimmte Region zu unternehmen. Grund können Krieg, Terroranschläge, Unruhen, Natur- und Umweltkatastrophen oder Seuchen (→ Infektionsschutzgesetz) sein. Die Reisewarnung beinhaltet jedoch kein zwingendes Verbot, Reisen in die betreffenden Länder oder Regionen zu unternehmen. Eine niedrigschwelligere Form ist der sogenannte Reisehinweis. Reisewarnungen haben jedoch gegebenenfalls zur Folge, dass bei Kündigung eines Reisevertrages für eine Pauschalreise der Reiseveranstalter den Anspruch auf den Reisepreis verliert (vgl. → Reisevertrag, 3). Eine besondere Bedeutung hatten Reisewarnungen während der → COVID-19-Pandemie (→ COVID-19). Bei Einstufung eines Landes oder einer Region als → Risikogebiet erfolgte idR eine Reisewarnung.

Reißverschlussverfahren
→ Fahrstreifen.

REIT
(Real Estate Investment Trust) ist eine → Aktiengesellschaft, deren Unternehmensgegenstand sich darauf beschränkt, Eigentum oder dingliche → Nutzungsrechte an in- oder ausländischen Immobilien zu erwerben, zu verwalten und zu veräußern. Einzelheiten regelt das REITG v. 28.5.2007 (BGBl. 2007 I 914) mÄnd. REIT, die bestimmte Voraussetzungen (zB Börsenzulassung und mindestens 15% der Aktien im Streubesitz) erfüllen, sind von der → Körperschaftsteuer und von der → Gewerbesteuer befreit (§§ 16 ff. REITG).

Reiter
unterliegen auf öffentl. Straße den Verkehrsvorschriften für den Fahrverkehr sinngemäß (§ 28 II 1 StVO), insbes. über Benutzen der → Fahrbahn, → Ausweichen, → Überholen, → Richtungsänderung usw; doch müssen sie an Stelle der Fahrbahn einen durch → Verkehrszeichen gekennzeichneten Reitweg benutzen; dieser ist für andere → Verkehrsteilnehmer gesperrt (Anl. 2 Nr. 17 zu § 41 I StVO). → Verbände (geschlossene) im Straßenverkehr.

Reitwechsel
→ Wechselreiterei.

Reitweg
→ Reiter.

Reklame
umfasst jede Art von Werbung und hat sich demnach an den Regelungen des UWG (→ unlauteren Wettbewerb) zu orientieren.

Rektaindossament
Ein Rektaindossament ist ein → Indossament, das die negative → Orderklausel enthält. In diesem Fall haftet der Indossant denen nicht, an die der → Wechsel oder → Scheck weiterindossiert wird.

Rektaklausel
Rektaklausel ist eine andere Bezeichnung für die negative → Orderklausel; sie kommt insbes. beim → Rektawechsel, → Rektascheck und → Rektaindossament vor.

Rektapapier
Ein Rektapapier (Namenspapier) ist ein → Wertpapier, in dem eine bestimmte Person als Berechtigter bezeichnet ist. Beim Rektapapier kann aber auch eine andere Person als der Bezeichnete berechtigt sein, nämlich der → Rechtsnachfolger. Das Recht aus einem Rektapapier kann nur nach allgemeinen Regeln, nicht durch die bloße Übereignung der Urkunde übertragen werden. Jedoch kann für die Übertragung als besondere Form die Übergabe der Urkunde vorgeschrieben werden (zB in § 1154 BGB). Daraus folgt, dass beim Rektapapier das Recht am Papier dem Recht aus dem Papier folgt. Das Rektapapier ist daher Wertpapier iwS. Zu den Rektapapieren gehören der → Hypothekenbrief, die → Anweisung, das qualifi-

zierte → Legitimationspapier, nicht aber die → Namensaktie (Orderpapier); auch geborene → Orderpapiere können als Rektapapier ausgestellt werden.

Rektascheck
Ein Rektascheck ist ein Scheck, der die negative → Orderklausel enthält. Ein Rektascheck kann nicht wirksam indossiert werden. Er ist gesetzlich zugelassen (Art. 5 I ScheckG), aber nicht üblich.

Rektawechsel
Ein Rektawechsel ist ein → Wechsel, den der Aussteller mit der negativen → Orderklausel versehen hat. Ein Rektawechsel kann nur in der Form und mit der Wirkung einer gewöhnlichen → Abtretung übertragen werden (Art. 11 II WG).

Rektor
Rektor ist nach → Hochschulrecht der regelmäßig hauptamtlich und auf bestimmte Zeit aus dem Kreis der Professoren dieser Hochschule berufene Leiter einer → Hochschule, der diese nach außen vertritt und ihre laufenden Verwaltungsgeschäfte führt (Vertreter „Prorektor"). Diese Rektoratsverfassung wurde in neuerer Zeit immer mehr durch die Präsidialverfassung abgelöst, ist jetzt aber wieder möglich. Der Präsident einer Hochschule kann im Gegensatz zum Rektor auch von Außen berufen werden. Die Rektoren der Hochschulen der BRep. Deutschland gründeten 1949 die Westdeutsche Rektorenkonferenz, die sich mit den gemeinsamen Angelegenheiten aller Hochschulen befasst.

Rekurs
Rekurs wird im geltenden Recht nicht mehr als Begriff für einen → Rechtsbehelf verwendet (früher für Beschwerde, Einspruch, Berufung). Im österreichischen Recht ist er noch gebräuchlich.

Related Party Transaction
Related Party Transaction bezeichnet im unternehmerischen Verkehr ganz allgemein einen Geschäftsvorfall zwischen zwei Parteien, die in irgendeiner Weise schon vor diesem Vorfall miteinander verbunden sind. Rechtlich relevant sind Related Party Transactions im → Gesellschaftsrecht, wo eine solche Transaktion die Vermischung wirtschaftlicher Interessensphären offenbaren kann und möglicherweise zum Nachteil einer beteiligten Gesellschaft oder der Minderheitsgesellschafter führt (zB der Mehrheitsgesellschafter veranlasst eine Transaktion mit einer anderen Gesellschaft, an der er ebenfalls beteiligt ist), vgl § 111a AktG. Das AktG sieht deshalb für solche Geschäfte Schwellenwerte, Zustimmungsvorbehalte sowie Veröffentlichungspflichten vor (vgl. § 111b AktG und § 111c AktG).

Relative Mehrheit
→ Abstimmung.

Relative Unwirksamkeit
→ Unwirksamkeit eines Rechtsgeschäfts (2).

Relatives Recht
→ Recht (1b), → subjektives Recht.

Relatives Veräußerungsverbot
→ Veräußerungsverbot, → Unwirksamkeit eines Rechtsgeschäfts (2).

Relegation
war nach früherem → Hochschulrecht die schwerste Disziplinarmaßnahme einer → Hochschule im Rahmen ihrer akademischen Disziplinargewalt über die Studenten. Sie bedeutete den Ausschluss des Studierenden vom Hochschulstudium überhaupt; hierdurch unterschied sie sich von der Disziplinarmaßnahme der Wegweisung von der besuchten Hochschule.

Relevanter Markt
→ Markt, relevanter.

Relevanztheorie
(im Strafrecht) → Kausalität im Strafrecht.

Religiös Verfolgte
→ Verfolgte;→ Flüchtlinge; → Asyl.

Religiöse Eidesformel
→ Eidesformel.

Religiöse Kindererziehung
→ Personensorge.

Religiöses Bekenntnis
→ Bekenntnis, religiöses; → Religionsvergehen.

Religion des Kindes, Religionsmündigkeit
→ Personensorge.

Religionsausübung, freie
1. Die ungestörte Religionsausübung ist als → Grundrecht durch Art. 4 II GG gewährleistet. Während die → Glaubens- und Gewissensfreiheit die Bildung und Verwirklichung einer inneren Überzeugung von Gott und von sittlichen Wertvorstellungen, die → Bekenntnisfreiheit die Kundgabe oder Nichtkundgabe nach außen sichert, schützt das Recht der Religionsausübung die privaten und öffentlichen Kulthandlungen. Sie schützt überdies auch andere Handlungen, die nach dem Selbstverständnis der Religionsgemeinschaften zu den religiösen Pflichten gehören, wie zB vor allem caritative Tätigkeiten. Das Grundrecht der freien Religionsausübung gewährleistet auch den Schutz der Religionsausübung gegen Beeinträchtigungen von außen. Das Gesetz über den → Ladenschluss des Landes Berlin, das vier verkaufsoffene Sonntage zuließ, wurde vom BVerfG für verfassungswidrig erklärt (Urt. v. 1.12.2009 – 1 Bv 2857/07). Nach diesem Urteil sind Sonn- und Feiertage als Tage der Arbeitsruhe aus religiösen Gründen, aber auch zur persönlichen Erholung der Arbeitnehmer und für deren Teilhabe am sozialen Leben geschützt.

2. Die Religionsausübung steht dem Einzelnen ebenso wie den Religionsgemeinschaften, zB den Kirchengemeinschaften, zu. Für Vereinigungen folgt dies schon aus Art. 19 III GG, wonach die Grundrechte auch für juristische Personen gelten, soweit sie ihrem Wesen nach auf diese anwendbar sind. Im Übrigen ergibt es sich daraus, dass Art. 4 II GG mit der Gewähr der freien Religionsausübung auch die Religionsausübung in Gemeinschaft sichert.

3. Obwohl das Recht der freien Religionsausübung keinen → Gesetzesvorbehalt enthält, besteht es nicht unbeschränkt. Die sich aus der Verfassung ergebenden → immanenten Schranken gelten auch insoweit. So darf sich zB eine kirchliche Veranstaltung (zB Prozession) nicht ohne weiteres über Verkehrsvorschriften hinwegsetzen. Auch kann zB nach Maßgabe der gesetzlichen Vorschriften die Abhaltung eines Gottesdienstes wegen Seuchengefahr verboten werden. Das generelle Verbot des → Schächtens sah das BVerfG mit Urt. v. 15.1.2002 (NJW 2002, 663) als verfassungswidrig an (sa Tierschutz, 1). Die rechtfertigende Zustimmung zur → Beschneidung ist nach § 1631d BGB von der Personensorge umfasst. Unzulässig sind auf jeden Fall zielgerichtete Eingriffe in die Religionsausübung, nicht aber die mit den allgemeinen Gesetzen unumgänglich verbundenen Nebenfolgen. Strittig ist, ob das während der → COVID-19-Pandemie auf der Grundlage des → Infektionsschutzgesetzes durch Allgemeinverfügung (→ Verwaltungsakt, 1) oder → Rechtsverordnung ausgesprochene Verbot von Zusammenkünften in Kirchen, Moscheen und Synagogen mit dem Grundrecht auf freie Religionsausübung vereinbar ist. Während das BVerfG Beschluss v. 10.4.2020 – 1 BvQ 28/20 den Eilantrag eines Angehörigen der → Katholischen Kirche auf Aufhebung einer entsprechenden Regelung in einer hessischen Rechtsverordnung ablehnte, hat das BVerfG Beschl. v. 29.4.2020 – 1 BvQ 44/20 einem Eilantrag eines islamischen Vereins (→ Islam) stattgegeben und die entsprechende Bestimmung einer niedersächsischen Rechtsverordnung mit der Maßgabe außer Vollzug gesetzt, dass unter Beachtung von Auflagen das traditionelle Freitagsgebet abgehalten werden darf. Sa → Glockengeläute.

4. Die Religionsausübung wird zusätzlich durch die → Konkordate und → Kirchenverträge gewährleistet. Durch Bekenntnisfreiheit und freie Religionsausübung ist auch die religionsgesellschaftliche Vereinigungsfreiheit mitgewährleistet. Art. 137 II 1 WV wiederholt insoweit nur die Grundrechtsgarantie (→ Religionsgesellschaften; → Kirchen; → Sekten).

Religionsdiener
→ Geistliche.

Religionsfreiheit
→ Religionsausübung (freie), → Bekenntnisfreiheit, → Glaubens- u. Gewissensfreiheit.

Religionsgemeinschaften
ist die heute übliche Bezeichnung für die → Religionsgesellschaften nach Art. 136–140 WRV.

Religionsgesellschaften
1. Gemäß Art. 137 WV ist die Freiheit der Vereinigung zu Religionsgesellschaften und der freie Zusammenschluss der Religionsgesellschaften in Deutschland gewährleistet. In Art. 140 GG sind die Art. 136–140 WV zum Bestandteil des GG erklärt und somit unmittelbar geltendes Verfassungsrecht. Religionsgesellschaften ordnen und verwalten ihre Angelegenheiten selbständig innerhalb der Schranken der für alle geltenden Gesetze und verteilen ihre Ämter ohne Mitwirkung des Staates oder der bürgerlichen Gemeinde. Grundsätzlich genügt ein Minimum an organisatorischer Struktur (BVerwG NJW 1992, 2496). Ihre Rechtsfähigkeit richtet sich nach den allgemeinen Vorschriften des Bürgerlichen Rechts. IdR werden sich Religionsgesellschaften in der Form eines → Vereins organisieren. Zum Verbot von Religionsgesellschaften s. Ziffer 4.

2. Soweit Religionsgesellschaften bei Inkrafttreten der WV → Körperschaften des öffentlichen Rechts waren, behalten sie diesen Status. Religionsgesellschaften mit Körperschaftsstatus sind ua neben den → Diözesen der → katholischen Kirche, die EKD und die Evangelischen Landeskirchen (→ evangelische Kirche), eine Reihe evangelischer → Freikirchen, die Neuapostolische Kirche, die Mormonen, zahlreiche → Jüdische Gemeinden sowie der → Zentralrat der Juden in Deutschland, verschiedene Gliederungen der orthodoxen Kirchen sowie zB der Bund für Geistesfreiheit Bayern. Religionsgesellschaften, die Körperschaften des öffentlichen Rechts sind, können auf Grund der bürgerlichen Steuerlisten nach Maßgabe der landesrechtlichen Bestimmungen (Kirchensteuergesetze) Steuern erheben; → Kirchensteuer. Das Eigentum und andere Rechte der Religionsgesellschaften an ihren für Kultus-, Unterrichts- und Wohltätigkeitszwecken bestimmten Anstalten, Stiftungen und sonstigen Vermögen werden gewährleistet. Aus dem Körperschaftsstatus folgt idR das Recht zur Erteilung von → Religionsunterricht als ordentliches Lehrfach an staatlichen Schulen. Unter bestimmten Voraussetzungen haben auch Religionsgesellschaften ohne Körperschaftsstatus dieses Recht.

3. Anderen Religionsgesellschaften ist der Status einer Körperschaft des öffentlichen Rechts zuzuerkennen, wenn sie durch ihre eigene rechtliche Verfassung und Mitgliederzahl die Gewähr der Dauer bieten. Eine besondere Loyalität der Religionsgesellschaften zum Staat ist nicht erforderlich. Die Religionsgesellschaft muss lediglich rechtstreu und im Grundsatz bereit sein, Recht und Gesetz zu achten und sich in die verfassungsmäßige Ordnung einzufügen; sie darf fundamentale Verfassungsprin-

zipien wie Rechtsstaatlichkeit (→ Rechtsstaat), → Demokratie und → Grundrechte Dritter nicht gefährden. Die Religionsgesellschaften müssen aber über keine demokratische Binnenstruktur verfügen. Überdies sind punktuelle Defizite unschädlich; insbes. steht die Ablehnung der Teilnahme an staatlichen Wahlen der Gewährung des Körperschaftsstatus nicht entgegen (vgl. BVerfG, Urt. v. 19.12.2000, NJW 2001, 429). Aufgrund des o. g. Urt. d. BVerfG hat das OVG Berlin mit Urt. v. 24.3.2005 (NVwZ 2005, 1450) das Land Berlin verpflichtet, den → Zeugen Jehovas Körperschaftsstatus zu gewähren. Sa → Sekten, 2. Ob den Gemeinschaften des → Islam nach den o. g. Kriterien Körperschaftsstatus verliehen werden kann, ist zweifelhaft. Insbes. deren fehlende institutionelle Struktur steht derzeit der Verleihung von Körperschaftsrechten entgegen. Die Zuständigkeit für die Verleihung der Körperschaftsrechte liegt bei den → Ländern und erfolgt durch Gesetz (zB Bremen, Nordrhein-Westfalen), Rechsverordnung (zB Hamburg), Beschluss der → Landesregierung (zB Baden-Württemberg) oder Entscheidung des Kultusministers (zB Bayern).

4. Bis 2001 unterfielen sowohl Religionsgesellschaften mit als auch ohne Status einer Körperschaft des öffentlichen Rechts nicht den öffentlich-rechtlichen Bestimmungen des → Vereinsgesetzes. Mit Gesetz v. 4.12.2001 (BGBl. 2001 I 3319) wurde dieses sog. Religionsprivileg aufgehoben. Jedenfalls Religionsgesellschaften ohne den Status einer Körperschaft des öffentlichen Rechts können nunmehr verboten werden, wenn sie in kämpferisch-aggressiver Weise gegen Demokratie, Rechtsstaat und Menschenwürde verstoßen (BVerwG Urt. v. 27.11.2002, NVwZ 2003, 986).

Religionsunterricht

1. Der Religionsunterricht ist in den öffentlichen Schulen mit Ausnahme der bekenntnisfreien Schulen ordentliches Lehrfach (Art. 7 III 1 GG); er wird unbeschadet des staatlichen Aufsichtsrechts in Übereinstimmung mit den Grundsätzen der Religionsgemeinschaften (→ Religionsgesellschaften) erteilt. Das Recht zur Erteilung von Religionsunterricht haben idR Religionsgesellschaften, die Körperschaften des öffentlichen Rechts sind, unter bestimmten Voraussetzungen auch sonstige Religionsgesellschaften. Im Falle der Abmeldung vom Religionsunterricht ist idR obligatorischer Ersatzunterricht vorgesehen.

2. Der Religionsunterricht ist kraft Verfassungsrechts als ordentliches Lehrfach in den Lehrplan der öffentlichen Schulen eingefügt; ausgenommen sind → Bremen und → Berlin, da dort am 1.1.1949 eine andere Regelung bestand und Art. 7 III 1 GG deshalb keine Anwendung findet (Art. 141 GG; sog. Bremer Klausel). In Bremen wird anstelle des Religionsunterrichts ein Unterricht in biblischer Geschichte auf allgemein christlicher Grundlage erteilt. In Berlin stellen die Schulen lediglich die Unterrichtsräume zur Verfügung und halten zwei Wochenstunden für den in Verantwortung der Kirchen erteilten Religionsunterricht frei. Ferner besteht in Berlin die Besonderheit, dass ab dem Schuljahr 2006/2007 für die Jahrgangsstufen 7 bis 10 das Fach Ethikunterricht als ordentliches Lehrfach eingeführt wurde (§ 12 VI des Schulgesetzes für das Land Berlin v. 26.1.2004, GVBl. 2004, 26, mÄnd); der Ethikunterricht tritt ohne die Möglichkeit der Abmeldung als Pflichtfach neben dem freiwilligen Religionsunterricht. Eine gegen den Ethikunterricht gerichtete Verfassungsbeschwerde wurde mangels Erschöpfung des Rechtswegs als unzulässig abgelehnt.

3. Streitig ist auch, inwieweit die Bremer Klausel (s. Ziffer 1) für die → neuen Länder gilt. In → Brandenburg wurde anstelle des Religionsunterrichts das Fach Lebensgestaltung-Ethik-Religionskunde (LER) eingerichtet. Nach § 11 Gesetz über die Schulen im Land → Brandenburg idF v. 12.4.1996 (GVBl. 102; inzwischen ersetzt durch Gesetzes v. 2.8.2002, GVBl. 78, mÄnd) dient dieses Fach der Vermittlung von Grundlagen für eine wertorientierte Lebensgestaltung, von Wissen über Traditionen philosophischer Ethik und Grundsätze ethischer Urteilsbildung sowie über Religionen und Weltanschauungen. Das Fach wird bekenntnisfrei, religiös und weltanschaulich neutral unterrichtet. Die Regelung wurde vor dem BVerfG angegriffen; ein Vergleichsvorschlag des BVerfG (NVwZ 2002, 980) wurde von einem Teil der Kläger abgelehnt, jedoch von Brandenburg mit Wirkung vom 1.8.2002 in eine Neuregelung des Gesetzes über die Schulen übernommen. Danach bleibt LER Pflichtfach. Die → Kirchen erhalten aber das Recht zur Erteilung von Religionsunterricht. Die Schüler können sich zugunsten des Religionsunterrichts von LER abmelden. Noten in Religion werden auf Antrag im Zeugnis vermerkt, zählen jedoch nicht für Schulabschluss und Versetzung. Mit den Kirchen wurde ein Abkommen zur Ausgestaltung des Religionsunterrichts getroffen. Die gegen die Neuregelung gerichtete Verfassungsbeschwerde wurde vom BVerfG mit Beschl. v. 8.1.2004 (LKV 2004, 227) zurückgewiesen. Mit Urt. v. 15.12.2005 (LKV 2006, 218) verpflichtete das Verfassungsgericht des Landes Brandenburg den Landesgesetzgeber, den Weltanschauungsgemeinschaften die Erteilung von Weltanschauungsunterricht (in gleicher Weise wie den Kirchen Erteilung von Religionsunterricht) in den Räumen der Schule zu gestatten.

4. Ein Anspruch der nicht als Körperschaften des öffentlichen Rechts anerkannten muslimischen Verbände auf islamischen Religionsunterricht ergibt sich weder aus der verfassungsrechtlichen Gewährleistung des Religionsunterrichts noch aus dem Gebot religiöser oder konfessioneller Neutralität. Der in einigen anderen Ländern stattfindende islami-

sche Religionsunterricht unter Verantwortung diplomatischer oder konsularischer (meist türkischer) Auslandsvertretungen unterliegt nicht der deutschen Schulaufsicht und ist deshalb kein Religionsunterricht. In Bayern gibt es seit dem Schuljahr 1987/1988 in den ersten fünf Schuljahren ein freiwilliges Fach „Religiöse Unterweisung türkischer Schüler islamischen Glaubens", das überwiegend durch türkische Entsendelehrkräfte unterrichtet wird; auch dabei handelt es sich um keinen Religionsunterricht im Rechtssinne. Islamischer Religionsunterricht als konfessionsgebundenes ordentliches Lehrfach iSd Art. 7 III GG wird damit bislang in keinem deutschen Land erteilt. In Berlin steht der Anspruch auf Religionsunterricht auch islamischen Religionsgemeinschaften (→ Islam) zu (BVerwG NVwZ 2000, 922); im Hinblick auf Art. 7 III 1 und 141 GG ist die Entscheidung auf andere Länder nicht übertragbar (s. o. 2).

5. Ob und bei welchem Bekenntnis das Kind am Religionsunterricht teilnehmen soll, entscheiden nach Art. 7 II GG die Erziehungsberechtigten; ab dem 14. Lebensjahr (in Bayern, Rheinland-Pfalz und Saarland: 18. Lebensjahr) steht dem Kind das Recht zu, sich vom Religionsunterricht abzumelden (→ Personensorge). Als Religionslehrer darf nach den → Kirchenverträgen und → Konkordaten idR niemand bestellt werden, gegen den die jeweilige Religionsgemeinschaft Einwendungen erhebt. Dies kann in der kath. Kirche bei Nichtverleihung oder Entzug der → missio canonica der Fall sein. Kein Lehrer kann gegen seinen Willen verpflichtet werden, Religionsunterricht zu erteilen.

Religionsvergehen

Während früher Gegenstand des Strafschutzes bei den im 11. Abschnitt des Besonderen Teils des StGB (§§ 166–168 StGB) behandelten Tatbeständen das religiöse Gefühl und Bekenntnis waren, ist seit dem 1. StrRG 1969 nur noch das religiöse Bekenntnis geschützt, diesem aber im Hinblick auf Art. 4 GG der Schutz des weltanschaulichen Bekenntnisses gleichgestellt. Dagegen ist Gotteslästerung als solche nicht mehr strafbedroht, sondern nur noch Beschimpfung von Religion oder Weltanschauung, Störung der Ausübung des religiösen oder weltanschaulichen Bekenntnisses und die Störung einer Bestattungsfeier oder der Totenruhe. Schutzgut ist dabei nicht die Religion als solche, sondern der öffentliche Friede bzw. das Recht auf ungestörte Ausübung von Religion und Weltanschauung. Durch die Tatbestände gegen Störung von Bestattungsfeiern bzw. der Totenruhe (§§ 167a, 168 StGB) wird das Pietätsgefühl der Teilnehmenden bzw. Angehörigen geschützt.

1. Mit Freiheitsstrafe bis zu 3 Jahren oder Geldstrafe wird bedroht, wer öffentlich oder durch Verbreiten eines → Inhalts (iSd § 11 III StGB) den Inhalt des religiösen oder weltanschaulichen Bekenntnisses anderer in einer Weise beschimpft, die geeignet ist, den öffentlichen Frieden zu stören (§ 166 I StGB). Ebenso wird bestraft, wer in gleicher Weise eine im Inland bestehende Kirche (also nicht nur die als öffentlich-rechtliche Körperschaften anerkannten) oder eine andere Religionsgesellschaft oder Weltanschauungsvereinigung, ihre Einrichtungen oder Gebräuche (zB das Papsttum, das Ritual) beschimpft (§ 166 II StGB). Weltanschauungsvereinigung ist eine solche, die sich zu bestimmten geistigen Werten bekennt, denen sie sich verpflichtet fühlt (zB Freimaurer). Mit Blick auf das Grundrecht der Meinungsfreiheit (Art. 5 I GG) ist der Begriff des Beschimpfens eng auszulegen. Als solches gilt nur eine besonders gravierende und herabsetzende Äußerung. Dies ist aus der Perspektive eines neutralen, auf Toleranz bedachten Betrachters zu bemessen, nicht aus derjenigen eines Anhängers der betroffenen Religion. Die bloße Äußerung auch scharfer Kritik oder von Unverständnis ist keine Beschimpfung iSd § 166 I StGB. Ähnliche Bedeutung kommt der Kunstfreiheit (Art. 5 III GG) zu; zT wird in ihr auch ein möglicher Rechtfertigungsgrund gesehen (schon den Tatbestand des § 166 I StGB verneint zB OVG Berlin-Brandenburg NJW 2012, 3116 zum Zeigen sog. „Mohammed-Karikaturen"). Auch das Kriterium der Eignung zur Störung des öffentlichen Friedens wird restriktiv ausgelegt; zu bejahen ist es bei erkennbar auf rechtsgutsgefährdende Handlungen hin angelegten Äußerungen (zB BayVGH NJW 2011, 793 unter Verweis auf BVerfG NJW 2010, 47). Es ist nicht schon deshalb erfüllt, weil eine betroffene Religion über besonders gewaltbereite Anhänger verfügt.

2. Gleiche Strafe trifft den, der den Gottesdienst oder eine gottesdienstliche Handlung (zB Trauung) einer im Inland bestehenden Religionsgesellschaft oder die Feier einer Weltanschauungsvereinigung absichtlich und in grober Weise stört oder wer an einem der Religionsausübung gewidmeten Ort beschimpfenden Unfug verübt, zB durch vorsätzliche Beschmutzung (§ 167 StGB). Dieselbe Strafdrohung gilt für die Störung von Bestattungsfeiern, auch wenn sie keinen religiösen Charakter haben (§ 167a StGB).

3. Wer unbefugt aus dem Gewahrsam des Berechtigten (Angehörige, Krankenhausverwaltung; → Transplantation) den Körper oder Teile des Körpers eines Verstorbenen, eine tote Leibesfrucht, Teile einer solchen oder Asche eines Verstorbenen wegnimmt oder wer beschimpfenden Unfug daran verübt, wird ebenfalls mit Freiheitsstrafe bis zu drei Jahren oder Geldstrafe bestraft. Ebenso wird bestraft, wer eine Aufbahrungsstätte, Beisetzungsstätte oder Totengedenkstätte zerstört, beschädigt oder beschimpfenden Unfug daran verübt (§ 168 StGB). Über das unerlaubte Beerdigen → Leiche, unbefugte Wegnahme.

Remboursrückgriff
Der Remboursrückgriff (Remboursregress) ist der weitere → Wechselrückgriff, den derjenige nimmt, der seinerseits den Wechsel im Rückgriff eingelöst hat. Beim Remboursrückgriff wird das ursprüngliche Recht geltend gemacht, das der Einlöser vor der Weiterbegebung des Wechsels hatte.

Remittent
Remittent wird der erste Wechselnehmer genannt; das ist derjenige, an den oder an dessen Order gezahlt werden soll (Art. 1 Nr. 6 WG, Art. 75 Nr. 5 WG). Dem Remittent entspricht bei der → Anweisung der Anweisungsempfänger, beim → Scheck der Zahlungsempfänger (Art. 5 ScheckG).

Remonstration
→ Gegenvorstellung.

Rennwette
→ Wette.

Rennwett- und Lotteriesteuer
1. Rechtsgrundlage ist das Rennwett- und Lotteriegesetz v. 8.4.1922 (RGBl. 1922 I 393). Die Rennwett- und Lotteriesteuer ist eine → Verkehrsteuer. Das Aufkommen steht den Ländern zu (Art. 106 Abs. 2 Nr. 4 GG) und wird von den Länderfinanzbehörden verwaltet (Art. 108 GG).

2. Obwohl Rennwett- und Lotteriesteuer in einem Gesetz zusammengefasst sind, handelt es sich doch um zwei voneinander unabhängige Gesetze. Der Rennwettsteuer unterliegen Wetten anlässlich öffentlicher Pferderennen, der Lotteriesteuer dagegen wettverwandte Spiele aus anderen Anlässen als Pferderennen. Die Rennwettsteuer unterwirft am Totalisator oder bei einem → Buchmacher anlässlich öffentlicher Pferderennen abgeschlossene Wetten einem Steuersatz von 5 vH vom Wetteinsatz (Rennwettsteuer).

Im Inland veranstaltete öffentliche → Lotterien und Ausspielungen werden mit einem Steuersatz von 20 vH des planmäßigen Preises besteuert. Auch das Hereinbringen ausländischer Lose in das Inland wird steuerlich erfasst. Soweit entsprechende Umsätze von der Rennwett- und Lotteriesteuer befreit sind oder diese im Einzelfall nicht erhoben wird, entsteht Umsatzsteuer (§ 4 Nr. 9b UStG). Steuerschuldner ist bei beiden Steuerarten der Veranstalter.

Rente
Rente ist der Oberbegriff für die Geldleistungen der einzelnen Träger der → Rentenversicherung sowie der → Unfallversicherung. → Altersrente, → Bergmannsrente, → Berufsunfähigkeitsrente, → Erwerbsunfähigkeitsrente, → Hinterbliebenenrenten, → Kriegsopferversorgung, → Leibrente, → Pfändungsschutz, → Rente wegen verminderter Erwerbsfähigkeit, → Rentenversicherung, → Versichertenrente, → Sozialrente, → Unfallversicherung, → Alterssicherung der Landwirte, → Altersgeld, → Drei-Fünftel-Deckung.

Rente wegen teilweiser Erwerbsminderung bei Berufsunfähigkeit
Diese Rentenart wurde durch das Gesetz zur Reform der Renten wegen verminderter Erwerbsfähigkeit (RRErwerbG) v. 20.12.2000 (BGBl. 2000 I 1827) zum 1.1.2001 eingeführt worden und ersetzt dem Grunde nach die bisherige → Berufsunfähigkeitsrente. Im Gegensatz zur bisherigen → Berufsunfähigkeitsrente kommt es bei dieser Rentenart ausschließlich auf die verbliebene Leistungsfähigkeit des Rentenbewerbers an. Eine mögliche → Verweisbarkeit auf andere Tätigkeiten ist grundsätzlich auf alle möglichen Tätigkeiten zulässig. Bei der Verweisung auf andere Tätigkeiten kommt es auf die Zumutbarkeit an. Zumutbar sind danach alle Tätigkeiten, für die der Versicherte erfolgreich ausgebildet oder umgeschult wurde. Kann die zumutbare Tätigkeit mehr als 6 Stunden täglich ausgeübt werden, besteht kein Rentenanspruch. Die bei einer → Berufsunfähigkeitsrente zulässige → Verweisbarkeit kommt in Betracht, wenn die sich aus § 240 SGB VI ergebenden Voraussetzungen (Geburtsdatum und Berufsunfähigkeit) kumulativ erfüllt werden (→ Rente wegen verminderter Erwerbsfähigkeit, → verminderte Erwerbsfähigkeit, → Drei-Fünftel-Deckung). Diese Rentenart kommt nur für vor dem 2.1.1961 Geborene in Betracht.

Rente wegen verminderter Erwerbsfähigkeit
1. Renten wegen → verminderter Erwerbsfähigkeit gehören zu den Leistungen der gesetzlichen → Rentenversicherung. Welche Renten in Betracht kommen, ist seit der Änderung des SGB VI durch das Gesetz zur Reform der Renten wegen verminderter Erwerbsfähigkeit (RRErwerbG) v. 20.12.2000 (BGBl. 2000 I 1827) zum 1.1.2001 abhängig vom Alter des Versicherten und vom Zeitpunkt des Eintritts des Versicherungsfalls; zu unterscheiden sind
- Versicherte, die nach dem 1.1.1961 geboren sind und deren Erwerbsfähigkeit sich mindert,
- Versicherte, die vor dem 2.1.1961 geboren sind und deren Erwerbsfähigkeit sich nach diesem Zeitpunkt mindert und
- Versicherte, die am 1.1.2001 bereits eine Rente wegen der Minderung ihrer Erwerbsfähigkeit bezogen haben.

2. Versicherte, die nach dem 1.1.1961 geboren sind und deren Erwerbsfähigkeit sich mindert, können eine Rente wegen teilweiser Erwerbsminderung oder eine Rente wegen voller Erwerbsminderung beziehen.

a) Anspruch auf Rente wegen teilweiser Erwerbsminderung haben gem. § 43 I SGB VI Versicherte, die teilweise erwerbsgemindert sind, in den letzten 5 Jahren vor Eintritt der Erwerbsminderung 3 Jahre Pflichtbeiträge für eine versicherte Beschäftigung oder Tätigkeit geleistet haben (→ Drei-Fünftel-Deckung) und die vor Eintritt der Erwerbsminderung die allgemeine → Wartezeit von 5 Jahren erfüllt haben. Als teilweise erwerbsgemindert gelten dabei Versicherte, die wegen einer Krankheit oder Behinderung auf nicht absehbare Zeit außer Stande sind, unter den üblichen Bedingungen des Arbeitsmarktes mindestens 6 Stunden täglich zu arbeiten. Der Versicherte kann grundsätzlich auf jede denkbare Tätigkeit verwiesen werden; Maßstab für die Beurteilung des Leistungsvermögens ist allein die zeitliche Einsatzfähigkeit.

b) Rente wegen voller Erwerbsminderung können gem. § 43 II SGB VI demgegenüber nach dem 1.1.1961 geborene Versicherte in Anspruch nehmen, die voll erwerbsgemindert sind, in den letzten 5 Jahren vor Eintritt der Erwerbsminderung 3 Jahre Pflichtbeiträge für eine versicherte Beschäftigung oder Tätigkeit geleistet haben und die vor Eintritt der Erwerbsminderung die allgemeine Wartezeit von 5 Jahren erfüllt haben. Als voll erwerbsgemindert gelten dabei Versicherte, die wegen einer Krankheit oder Behinderung auf nicht absehbare Zeit außer Stande sind, unter den üblichen Bedingungen des Arbeitsmarktes mindestens 3 Stunden täglich zu arbeiten. Darüber hinaus gelten als voll erwerbsgemindert ua → behinderte Menschen, die die in Werkstätten für behinderte Menschen tätig sind und die wegen der Art oder der Schwere ihrer Behinderung, vor Erfüllung der allgemeinen Wartezeit, nicht auf dem allgemeinen Arbeitsmarkt tätig sein können. Dieser Personenkreis muss nicht die ansonsten erforderliche 3/5-Deckung aufweisen. Stattdessen besteht für diese Menschen ein Anspruch auf Rente wegen voller Erwerbsminderung nach einer Wartezeit von 240 Kalendermonaten (§ 43 VI SGB VI). Diese Wartezeit kann auch durch die Beschäftigung in einer Werkstatt für Behinderte (WfB) oder sonstigen Behinderteneinrichtung erfüllt werden.

c) Im Falle des Eintritts einer Erwerbsminderung infolge eines Arbeitsunfalls oder einer Berufskrankheit gilt die Wartezeit von 5 Jahren als erfüllt (vorzeitige Wartezeiterfüllung, § 53 SGB VI mit weiteren Anwendungsfällen).

3. Versicherte, die vor dem 2.1.1961 geboren sind und deren Erwerbsfähigkeit sich nach diesem Zeitpunkt mindert, können uU aus Gründen des Vertrauensschutzes eine Rente wegen verminderter Erwerbsfähigkeit bei Berufsunfähigkeit nach § 240 SGB VI in Anspruch nehmen. Voraussetzung hierfür ist im Wesentlichen, dass der Versicherungsfall der → Berufsunfähigkeit eingetreten ist. Darüber hinaus setzt auch die Rente wegen verminderter Erwerbsfähigkeit bei Berufsunfähigkeit voraus, dass die Versicherten in den letzten 5 Jahren vor Eintritt der Erwerbsminderung 3 Jahre Pflichtbeiträge für eine versicherte Beschäftigung oder Tätigkeit geleistet und die allgemeine Wartezeit erfüllt haben. Bei einer stärkeren Erwerbsminderung kommt darüber hinaus die Inanspruchnahme einer Rente wegen voller Erwerbsminderung gem. § 43 II SGB VI in Betracht.

4. Versicherte, die am 1.1.2001 bereits eine Rente wegen der Minderung ihrer Erwerbsfähigkeit bezogen haben, können die ihnen zuerkannte → Berufsunfähigkeitsrente oder → Erwerbsunfähigkeitsrente aus Gründen des Vertrauensschutzes weiterhin in Anspruch nehmen (§ 302b SGB VI).

5. Zur Höhe der Renten siehe → Rentenformel.

Rentenabfindungen
Geringe Rentenleistungen der gesetzlichen Unfallversicherung und Ausnahmefälle der Witwen- und Witwerrente der gesetzlichen Rentenversicherung können unter bestimmten Umständen als Einmalzahlung abgefunden werden; Einzelheiten s. → Abfindung (4.), → Heiratserstattung.

Rentenabschläge
In der gesetzlichen → Rentenversicherung können einige → Renten bereits vor Erreichen der eigentlichen Altersgrenze in Anspruch genommen werden; langjährig Versicherte können zB Altersrente statt mit Vollendung des 67. Lebensjahres (Regelaltersrente, § 35 SGB VI) bereits mit der Vollendung des 63. Lebensjahres in Anspruch nehmen (§ 36 SGB VI). Für vor 1964 Geborene kommt es zu einer stufenweisen Erhöhung des Renteneintrittsalters (§ 236 SGB VI). Die Versicherten müssen dann allerdings einen Rentenabschlag in Kauf nehmen, der für jeden Monat, den die Rente vor dem Erreichen der regulären Altersgrenze bezogen wird, 0,003% beträgt (§ 77 SGB VI). Diese Regelung gilt auch für Erwerbsminderungsrenten, die vor dem 65. Lebensjahr in Anspruch genommen werden sowie für Hinterbliebenenrenten. Bei allen Rentenabschlägen gilt aber, dass für die Bestimmung des Abschlags das 62. Lebensjahr ausschlaggebend ist. Wird die Rente um den einen Rentenabschlag wegen vorzeitiger Inanspruchnahme vermindert, bleibt diese Minderung auch in den Folgerenten wirksam. Die Rentenabschläge können durch eigene Beitragszahlung ausgeglichen werden (§ 187a SGB VI).

Wenig bekannt ist dagegen, dass es entgegengesetzt auch einen Rentenzuschlag gibt. Dieser beträgt 0,005% für jeden Monat für den nach erfüllter Wartezeit und Erreichen der Regelaltersgrenze die Rente nicht in Anspruch genommen wird (§ 77 SGB VI).

Rentenanpassung
Rentenleistungen der gesetzlichen → Unfallversicherung, der → Rentenversicherung und der → Kriegsopferversorgung sowie andere Geldleistungen nach dem → Sozialgesetzbuch werden seit dem Inkrafttreten des Rentenreformgesetzes 1992 grundsätzlich jährlich dadurch an das aktuelle Lohnniveau angepasst, dass der → aktuelle Rentenwert zum 1.7.

durch eine Rechtsverordnung der Bundesregierung mit Zustimmung des Bundesrates neu festgesetzt wird (§ 69 SGB VI; vgl. auch § 95 SGB VII, § 56 BVG). Die Entwicklung des Lohn- und Gehaltsniveaus hat dazu geführt, dass es in mehreren Jahren nicht zu einem Ansteigen der Renten gekommen ist. Bleibt eine Rentenanpassung aus, ist dieses mit Eigentumsrecht (Art. 14 GG) vereinbar. Eine Verminderung des aktuellen Rentenwertes ist allerdings ausgeschlossen (Schutzklausel § 68a SGB VI).

Rentenartfaktor
Der Rentenartfaktor (§ 67 SGB VI) ist zusammen mit dem → aktuellen Rentenwert und der Summe der → persönlichen Entgeltpunkte bestimmend für die Höhe von Renten aus der gesetzlichen → Rentenversicherung (§ 64 SGB VI). Der Rentenartfaktor bewirkt zB, dass Renten wegen Alters oder wegen → voller Erwerbsminderung (Rentenartfaktor 1) bei im Übrigen gleichen Voraussetzungen, höher sind als Renten wegen teilweiser Erwerbsminderung (Rentenartfaktor 0,5).

Rentenauskunft
Die Rentenauskunft beruht auf der → Auskunftspflicht in sozialrechtlichen Angelegenheiten. Auf die Erteilung einer Rentenauskunft besteht für berechtigte Versicherte, die das 55. Lebensjahr vollendet haben, ein Rechtsanspruch (§ 109 Abs. 1 S. 2 SGB VI). Zum 1.7.2017 ist der Inhalt der Rentenauskunft erheblich erweitert worden. So muss die Rentenauskunft nunmehr Angaben enthalten:

eine Übersicht über die im Versicherungskonto gespeicherten rentenrechtlichen Zeiten,

eine Darstellung über die Ermittlung der persönlichen Entgeltpunkte mit der Angabe ihres derzeitigen Wertes und dem Hinweis, dass sich die Berechnung der Entgeltpunkte aus beitragsfreien und beitragsgeminderten Zeiten nach der weiteren Versicherungsbiografie richtet,

Angaben über die Höhe der Rente, die auf der Grundlage des geltenden Rechts und der im Versicherungskonto gespeicherten rentenrechtlichen Zeiten ohne den Erwerb weiterer Beitragszeiten

a) bei → verminderter Erwerbsfähigkeit als Rente wegen voller Erwerbsminderung,

b) bei Tod als → Witwen- oder Witwerrente,

c) nach Erreichen der Regelaltersgrenze als → Regelaltersrente

zu zahlen wäre,

eine Prognose über die Höhe der zu erwartenden → Regelaltersrente,

allgemeine Hinweise

a) zur Erfüllung der persönlichen und versicherungsrechtlichen Voraussetzungen für einen Rentenanspruch,

b) zum Ausgleich von Abschlägen bei vorzeitiger Inanspruchnahme einer Altersrente,

c) zu den Auswirkungen der Inanspruchnahme einer Teilrente und zu den Folgen für den → Hinzuverdienst,

Hinweise

a) zu den Auswirkungen der vorzeitigen Inanspruchnahme einer Rente wegen Alters,

b) zu den Auswirkungen eines Hinausschiebens des Rentenbeginns über die Regelaltersgrenze.

Die Rentenauskunft wird Versicherten, die das 55.Lebensjahr erreicht haben im Abstand von 3 Jahren übersandt. Er kann bei Bedarf auch häufiger übersandt werden. Vor Vollendung des 55. Lebensjahres kann ab dem 27. Lebensjahr auf Anforderung eine Rentenauskunft übersandt werden. Der Anspruch auf Rentenauskunft ist unpfändbar.

Die Rentenauskunft erfolgt auf Grund des im Zeitpunkt der Auskunftserteilung geltenden Rechts. Hieraus lassen sich keine Rechtsansprüche herleiten, falls im tatsächlichen Rentenfall der prognostizierte Zahlbetrag nicht erreicht wird.

→ Renteninformation.

Rentenberater
Rentenberater, die die gewerbs- und geschäftsmäßig, bzw. freiberuflich, Rentenberechnung im Bereich der sozialen → Rentenversicherung und → Unfallversicherung betreiben, müssen sich nach § 10 Abs. 1 S. 1 Nr. 2 Rechtsdienstleistungsgesetzes (RDG) v. 12.12.2007 (BGBl. 2007 I 2840) mÄnd registrieren lassen, da ihre Tätigkeit besondere Sachkunde erfordert (sa → Rechtsdienstleistung). In der genannten Vorschrift ist auch der genaue Tätigkeitsbereich des Rentenberaters abgegrenzt.

Rentenberechnung
Die exakte individuelle Rentenhöhe wird anhand der sog. → Rentenformel berechnet. Die genaue Berechnung ist in § 64 SGB VI geregelt.

Rentenbesteuerung
Renten sind regelmäßig wiederkehrende, gleichmäßige Leistungen in Geld oder vertretbaren Sachen, die über einen bestimmten Zeitraum (Zeitrente) oder begrenzt auf die Lebensdauer einer natürlichen Person (Leibrente) oder über einen unbestimmten Zeitraum hinweg gezahlt werden. Die Rentenzahlung erfolgt dabei aufgrund eines einheitlichen, selbstständigen Stammrechts. Steuerlich bedeutsam ist die Abgrenzung zu → dauernden Lasten.

1. Mit Wirkung ab 1.1.2005 wurde die einkommensteuerliche Erfassung von Geldrenten der gesetzlichen Rentenversicherung, der landwirtschaftlichen Alterskassen, der berufsständischen Versorgungseinrichtungen und solchen aus einer kapitalgedeckten Altersversorgung iSd § 10 I Nr. 2b EStG (→ Riester-Rente) durch das → Alterseinkünftegesetz neu geregelt. Die Neuregelung gilt sowohl für Personen, die bereits jetzt eine Rente beziehen,

sog. Bestandsrentner, als auch für Personen, die erst künftig eine Rente beziehen werden. Kernpunkte der neuen Regelung sind:

– höhere Versteuerung der Renten,
– höherer → Sonderausgabenabzug für Vorsorgeaufwendungen,
– Kürzung des → Versorgungsfreibetrags und
– Kürzung des → Altersentlastungsbetrags.

Für die Finanzverwaltung hat das BMF in einem umfangreichen Schreiben zu Zweifelsfragen im Zusammenhang mit der neuen Rentenbesteuerung Stellung genommen (vgl. BMF-Schreiben v. 24.2.2005, BStBl. 2005 I 429).

2. Nach der Neuregelung werden die o. g. Renten mit dem sog. Besteuerungsanteil der Einkommensteuer unterworfen (§ 22 Nr. 1 S. 3a EStG), die restliche Rente ist steuerfrei (Rentenfreibetrag). Für 2005 betrug dieser 50 vH, in den Folgejahren bis 2020 steigt der Prozentsatz um jeweils zwei Punkte und bis 2040 um jeweils einen Prozentpunkt. Ab dem Jahr 2023 wird der Anstieg des Besteuerungsanteils für jeden neuen Renteneintrittsjahrgang auf einen halben Prozentpunkt jährlich reduziert (vgl. Wachstumschancengesetz, BR-Beschluss v. 22.3.3024). In 2058 ist eine vollständige Besteuerung der gesamten Rente erreicht, was eine Gleichbehandlung von Renten und Pensionen bedeutet. In seinen Urteilen vom 31.5.2021 (X R 20/19, X R 33/19) hat der Bundesfinanzhof festgestellt, dass es zukünftig zu einer Doppelbesteuerung kommen kann. Der Gesetzgeber hat daraufhin entschieden, dass die Beiträge zur Rentenversicherung bereits ab dem Jahr 2023 und nicht erst ab 2025 zu 100 Prozent steuerlich geltend gemacht werden können.

Für die Höhe des Besteuerungsanteils ist das dem Rentenbeginn folgende Jahr maßgeblich. Für Bestandsrentner, die 2005 bereits eine Rente bezogen, beträgt der Besteuerungsanteil 50 vH. Für die Kohorte 2023 beträgt der maßgebliche Besteuerungsanteil 82,5%. Erstmals für die Kohorte 2058 wird er 100 Prozent erreichen. Der Besteuerungsanteil bleibt während der gesamten Rentenlaufzeit gleich. Im Gegenzug werden → Sonderausgaben für Vorsorgeaufwendungen schrittweise bis zu einem Höchstbetrag von 20.000 EUR steuerfrei gestellt.

Zur Sicherstellung der Besteuerung werden von den Rentenversicherungsträgern jährliche Rentenbezugsmitteilungen an die Finanzämter übersandt.

Im Gegenzug werden → Sonderausgaben für Vorsorgeaufwendungen schrittweise bis zu einem Höchstbetrag von 20.000 EUR steuerfrei gestellt.

Der → Versorgungsfreibetrag, der von Pensionen in Abzug gebracht werden konnte, wird bis zum Jahr 2040 schrittweise abgeschmolzen. Der Arbeitnehmer-Pauschbetrag entfällt ab 2005. An seine Stelle tritt – wie auch bei Renten – ein Werbungskosten-Pauschbetrag von 102 EUR. Als Ausgleich für den Wegfall des Arbeitnehmer-Pauschbetrages wird dem Versorgungsfreibetrag in der Übergangsphase ein entsprechender Zuschlag zugerechnet, der gleichmäßig für jeden ab 2006 in den Ruhestand tretenden Jahrgang abgeschmolzen wird.

Ebenso wird der → Altersentlastungsfreibetrag in gleichem Maße abgeschmolzen, wie der Besteuerungsanteil der Renten steigt.

3. Trotz der Gesetzesänderung bleibt die R. mit dem → Ertragsanteil weiter gültig. Ihr unterliegen ua Renten aus vor dem 1.1.2005 abgeschlossenen privaten Rentenversicherungen und Renten aus Lebensversicherungen, die nicht die Voraussetzungen des § 10 I Nr. 2b EStG erfüllen, dh keine → Riester-Renten sind.

4. Bei der privaten Veräußerungsrente, zB beim Verkauf eines Grundstücks im Privatvermögen gegen → Leibrente, wird dem Berechtigten nur der → Ertragsanteil zugerechnet (§ 22 Nr. 1a EStG); der Verpflichtete darf den Ertragsanteil als → Werbungskosten (§ 9 I Nr. 1 S. 2 EStG) abziehen. Bei Veräußerung innerhalb der → Spekulationsfrist (§ 23 EStG) ist jährlich ein Spekulationsgewinn zu versteuern, sobald die Summe der Vermögensanteile (= Rentenzahlung ./. Ertragsanteil) die → Anschaffungs- oder Herstellungskosten übersteigt.

5. Bei der privaten Versorgungsrente (= mit Gegenleistung), zB Übergabe des Betriebs durch Vater an Sohn gegen eine Leibrente, wird dem Vater der → Ertragsanteil zugerechnet; der Sohn darf diesen als → Sonderausgabe (§ 10 Ia Nr. 2 EStG) abziehen. Ist eine → dauernde Last vereinbart, wird dem Vater der volle Betrag zugerechnet (§ 22 Nr. 1 S. 1 EStG), der beim Sohn als Sonderausgabe abgezogen wird (§ 10 Ia Nr. 2 EStG). Zur Gewährleistung der korrespondierenden Besteuerung beim Versorgungsempfänger ist seit dem VAZ 2021 die Angabe von dessen steuerlicher Identifikationsnummer (§ 139b AO) in der Steuererklärung des Leistenden erforderlich.

6. Private Unterhaltsrenten (= ohne Gegenleistung) werden dem Berechtigten nicht zugerechnet, falls der Verpflichtete unbeschränkt steuerpflichtig ist (§ 22 Nr. 1 S. 2 EStG). Bsp: A gewährt seiner Mutter, die nur eine kleine Witwenrente bezieht, völlig unentgeltlich eine monatliche Rente von 500 EUR. Der Verpflichtete kann regelmäßig – wenn zwangsläufig – nur eine außergewöhnliche → Belastung (§ 33a I EStG) geltend machen. Bei Unterhaltsrenten an den geschiedenen oder dauernd getrennt lebenden Ehegatten ist → Realsplitting möglich (§ 10 Ia Nr. 1 EStG).

7. Bei der betrieblichen Versorgungsrente (zB aus betrieblicher → Altersversorgung oder an verdiente ausgeschiedene Gesellschafter) wird dem Berechtigten die volle Zahlung von Anfang an als nachträgliche Einkünfte (§ 24 Nr. 2 EStG, §§ 13, 15, 18 I EStG, § 19 I Nr. 2 EStG) zugerechnet (→ Versorgungsbezüge);

der Verpflichtete darf sie voll als → Betriebsausgabe abziehen. → Pensionsfonds, → Pensionskassen, → Pensionszusagen, → Unterstützungskassen.

8. Bei der betrieblichen Veräußerungsrente (zB Verkauf eines Gewerbebetriebs gegen Leibrente) hat Berechtigter ein Wahlrecht: entweder er versteuert die empfangenen Zahlungen ab Überschreiten der Buchwerte als nachträgliche Einkünfte (§ 24 Nr. 2 EStG, §§ 13, 15, 18 I EStG) oder er versteuert den Unterschiedsbetrag zwischen Buchkapital und Rentenbarwert sofort als privilegierten Veräußerungsgewinn (§§ 14, 16, 18 III EStG) und später die empfangenen Rentenzahlungen mit dem → Ertragsanteil. Beim Verpflichteten ist die Zahlung Aufwand, die Schuldminderung Ertrag, die Differenz mindert als variabler Zinsanteil den Gewinn.

Rentenformel
Die Rentenhöhe (sa → Altersrente) richtet sich vor allem nach Höhe und Zahl der entrichteten Beiträge. Das versicherte Arbeitsentgelt oder Arbeitseinkommen (aus selbständiger Tätigkeit) wird dabei in Entgeltpunkte umgerechnet. Die Versicherung eines Durchschnittsentgelts eines Kalenderjahres ergibt einen Entgeltpunkt. Das Durchschnittsentgelt wird für jedes Jahr neu festgesetzt. Ein Entgeltpunkt wird auch gutgeschrieben, für jedes Jahr mit versicherungspflichtigen → Kindererziehungszeiten. Die Entgeltpunkte für beitragsfreie Zeiten ergeben sich aus der Höhe der Entgeltpunkte der übrigen mit Beiträgen belegten Zeiten. In einem → Zugangsfaktor wird das Alter der Versicherten bei Rentenbeginn ausgedrückt. Die Rentenart wird durch einen → Rentenartfaktor berücksichtigt. Der Bezug zum jeweiligen durchschnittlichen Entgeltniveau bei Rentenbeginn wird durch den → aktuellen Rentenwert hergestellt; dieser wird jeweils mit der → Rentenanpassung fortgeschrieben. Die Monatsrente ergibt sich, wenn die unter Berücksichtigung des Zugangsfaktors ermittelten persönlichen Entgeltpunkte (anhand der in der Anlage 1 zum Gesetz zusammengestellten Entgeltpunkte) mit dem Rentenartfaktor und dem aktuellen Rentenwert mit ihren Werten bei Rentenbeginn multipliziert werden. In einer Vergleichsberechnung und einer begrenzten Gesamtleistungsbewertung werden weitere Situationen berücksichtigt (§§ 63–88a, 255–265a SGB VI).

Renteninformation
Versicherte der → gesetzlichen Rentenversicherung erhalten ab dem 27. Lebensjahr jährlich eine Renteninformation. Soweit das 55. Lebensjahr vollendet ist, erhalten Versicherte alle drei Jahre statt einer Renteninformation eine → Rentenauskunft. Rechtsgrundlage für die Renteninformation ist § 109 SGB VI. Der Inhalt der Renteninformation ist hinsichtlich der Höhe der zu erwartenden → Versichertenrente nicht verbindlich. Seit dem 1.7.2017 muss die Renteninformation umfänglicher sein. Sie muss insbesondere enthalten: Angaben über die Grundlage der Rentenberechnung, Angaben über die Höhe einer Rente wegen verminderter Erwerbsfähigkeit, die zu zahlen wäre, würde der Leistungsfall der vollen Erwerbsminderung vorliegen, eine Prognose über die Höhe der zu erwartenden Regelaltersrente, Informationen über die Auswirkungen künftiger Rentenanpassungen und eine Übersicht über die Höhe der Beiträge, die für Beitragszeiten vom Versicherten, dem Arbeitgeber oder von öffentlichen Kassen gezahlt worden sind.

Rentenmarkt
→ Kapitalmarkt.

Rentenneurose
→ Schadensersatz (1).

Rentenrechtliche Zeiten
Rentenrechtliche Zeiten ist gem. § 54 Abs. 1 SGB VI in der gesetzlichen → Rentenversicherung der Oberbegriff für → Beitragszeiten, als Zeiten mit vollwertigen Beiträgen (Pflichtbeitragszeiten, freiwillige Beiträge, nachversicherte Beiträge, nachgezahlte Beiträge, Zeiten, für die Beiträge als entrichtet gelten zB → Kindererziehungszeiten) und → beitragsgeminderte Zeiten, → beitragsfreie Zeiten und → Berücksichtigungszeiten.

Rentenschuld
Die Rentenschuld ist eine → Grundschuld, durch die das Grundstück nicht für eine feste Summe, sondern für fortlaufende Zahlungen an regelmäßig wiederkehrenden Terminen haftet (§§ 1199 ff. BGB). Bei ihrer Begründung muss der Betrag bestimmt werden, durch dessen Zahlung die Rentenschuld durch den Grundstückseigentümer abgelöst werden kann (Ablösungssumme). Auf die einzelnen Leistungen finden die Vorschriften über die Zinsen einer → Hypothek entsprechende Anwendung. Eine persönliche Haftung des Grundstückseigentümers wie bei der → Reallast tritt bei der Rentenschuld nicht ein.

Rentensplitting
Das Rentensplitting betrifft die Teilung von → Versichertenrenten unter Ehegatten (§§ 120a ff. SGB VI). Die Berechnung erfolgt in der gleichen Weise wie bei einem → Versorgungsausgleich. Es ist auch unter Lebenspartnern möglich (§ 120e SGB VI).

Renten-Überleitungsgesetz
Das Gesetz zur Herstellung der Rechtseinheit in der gesetzlichen Renten- und Unfallversicherung, RÜG v. 25.7.1991 (BGBl. 1991 I 1606) mÄnd, regelt die Überleitung der sich aus dem SGB VI ergebenden Rechtsgebiete auf die → neuen Länder. Ein Teil des RÜG wird zum 1.1.2025 auf Grund des Gesetzes zur Herstellung der Rechtseinheit in der gesetzlichen Renten- und Unfallversicherung v. 17.7.2017 (BGBl. 2017 I 2575) aufgehoben werden.

Rentenversicherung
Die → gesetzliche Rentenversicherung ist ein Versicherungszweig der → Sozialversicherung (sa → Alterssicherung der Landwirte, → Angestelltenversicherung, → Arbeiterrentenversicherung, → Knappschaftversicherung, → Deutsche Rentenversicherung, → Künstlersozialversicherung, → Deutsche Rentenversicherung Bund, → Deutsche Rentenversicherung Knappschaft-Bahn-See, → Regionalträger). Geregelt ist die gesetzliche Rentenversicherung im SGB VI.

Rentenversicherung für Selbständige
Verschiedene Gruppen von Selbstständigen, die der Gesetzgeber als besonders schutzbedürftig angesehen hat, unterliegen der → Pflichtversicherung in der gesetzlichen → Rentenversicherung. Hierzu gehören ua → Lehrer und Erzieher, auch → Tagesmütter, Pflegepersonen, → Hebammen und Entbindungspfleger, Künstler und Publizisten nach näherer Bestimmung der → Künstlersozialversicherung, → Hausgewerbetreibende und Gewerbetreibende in Handwerksbetrieben, die in die Handwerksrolle eingetragen sind (§ 2 SGB VI). Darüber hinaus besteht die Möglichkeit der Versicherungspflicht auf Antrag für Personen, die nicht nur vorübergehend selbstständig tätig sind, wenn sie die Pflichtversicherungspflicht innerhalb von 5 Jahren nach der Aufnahme der selbstständigen Tätigkeit oder dem Ende einer Versicherungspflicht auf Grund dieser Tätigkeit beantragen (§ 4 Abs. 2 SGB VI). Für eine Reihe von Freiberuflern (zB Rechtsanwälte, Ärzte, Steuerberater) stehen → berufsständische Versorgungswerke zur Verfügung (sa → gesetzliche Rentenversicherung). Eine Befreiung von der Versicherungspflicht nach § 6 Abs. 1 S. 1 SGB VI ist dafür erforderlich. Eine Rentenversicherunspflicht für Selbstständige ist praktisch ständig in der politischen Diskussion. Es besteht allerdings unabhängig davon die Möglichkeit der freiwilligen Versicherung.

Rentenversicherungsbericht
Der Rentenversicherungsbericht wird jährlich von der Bundesregierung erstellt und enthält eine - anhand der Versicherten- und Rentnerzahl sowie der Einnahmen und Ausgaben und der Schwankungsreserve - erstellte Modellrechnungen zur Entwicklung und zum jeweils erforderlichen Beitragssatz in den nächsten 15 Jahren, ergänzt um eine Übersicht über die voraussichtliche Finanzentwicklung in den nächsten 5 Jahren auf Grund der Beurteilung der mittelfristigen Wirtschaftsentwicklung, und zwar getrennt für die allgemeine und die knappschaftliche Rentenversicherung. Seit 1997 muss der Bericht auch die voraussichtlichen Auswirkungen der vorgesehenen Anhebung des Rentenalters auf den Arbeitsmarkt, die Rentenfinanzen und andere öffentliche Haushalte darstellen (§ 154 Abs. 1 SGB VI). Der Rentenversicherungsbericht ist bis zum 30.11. eines Jahres den gesetzgebenden Körperschaften vorzulegen.

Ein weiterer Bericht beschreibt – erstmals im Jahre 1997 und dann einmal in jeder Wahlperiode – die Leistungen und die Finanzierung der anderen öffentlich oder teilöffentlich finanzierten Alterssicherungssysteme, die Einkommenssituation der Leistungsempfänger und das Zusammentreffen von Leistungen (§ 154 Abs. 2 SGB VI). Im Rahmen der Entwicklung in den neuen Bundesländern erübrigt sich ab dem Jahr 2025 eine gesonderte Entwicklungsbetrachtung, da ab diesem Zeitpunkt das Rentenrecht einheitlich anzuwenden ist.

Rentenversicherungspflicht
In Deutschland besteht eine umfassende Rentenversicherungspflicht → gesetzliche Rentenversicherung (2). Die Gruppe der Pflichtversicherten ist in § 1 SGB VI aufgeführt, dies sind in der Mehrheit die gegen Arbeitsentgelt oder zur Berufsausbildung Beschäftigen. Die Versicherungspflicht dieser Personen besteht auch während des Bezugs von → Kurzarbeitergeld. Bestimmte Selbstständige sind nach § 2 SGB VI versicherungspflichtig. § 3 SGB VI trifft eine Regelung für die sonstigen Versicherten, etwa während → Kindererziehungszeiten oder während des Bezugs von Entgeltersatzleistungen. Entwicklungshelfer, Auslandsbeschäftigte oder sekundierte Personen können nach § 4 SGB VI auf Antrag versicherungspflichtig werden. Eine generelle Rentenversicherungspflicht für Selbstständige existiert bislang nicht, ist aber bereits seit langer Zeit in der politischen Diskussion.

Rentnerkrankenversicherung
Für Rentner und Rentenantragsteller der → Rentenversicherung besteht Versicherungspflicht (→ Pflichtversicherung) in der → Krankenversicherung und der → Pflegeversicherung, wenn sie (bei Hinterbliebenenrentnern der Verstorbene) seit Eintritt ins Erwerbsleben bis zur Antragstellung mindestens $^{9}/_{10}$ der zweiten Hälfte dieser Zeit Kassenmitglieder oder familienversichert waren. Für Berechtigte nach dem Fremdrentengesetz (→ Fremdrenten) genügt stattdessen, dass sie oder ihre Hinterbliebenen ihren Wohnsitz innerhalb der letzten 10 Jahre vor der Rentenantragstellung in die Bundesrepublik verlegt haben (§ 5 Abs. 1 Nr. 11 u. 12 SGB V). Pflichtversicherte Rentner und solche, die in der gesetzlichen oder ersatzweise in der privaten Krankenversicherung freiwillig versichert sind, erhalten von ihrer Rentenversicherung einen Zuschuss zu den Kosten ihrer Krankenversicherung (§ 106 SGB VI). Der Zuschuss muss gesondert beantragt werden. Eine Befreiung beim Bestehen einer Privatversicherung mit gleichartigen Leistungen ist auf Antrag möglich. Für ehem. landwirtschaftliche Unternehmer galt §§ 2, 4 KVLG 1989.

Der Zuschuss der Rentenversicherung wird nur geleistet, wenn eine Rentenzahlung tatsächlich erfolgt. Sie ist kein Rentenbestandsteil sondern eine eigenständige Leistung (§ 23 Abs. 1 Nr. 1e und Nr. 2d SGB I). Keine Zuschusszahlung zur Rentenversicherunp erfolgt, solange der Rentenbezieher pflichtversichert ist. Die Pflichtversicherung geht der freiwilligen Rentenversicherung vor.

Beitragsschuldner in der Rentnerkrankenversicherung ist derjenige, der die Beiträge zu tragen hat (§ 252 SGB V). Bei freiwillig Versicherten ist das der Versicherte selber (§ 250 Abs. 2 SGB V). Bei Rentenbeziehern, die eine Rente aus der gesetzlichen → Rentenversicherung beziehen, trägt der Träger der Rentenversicherung die Hälfte des Beitrages (§ 249a SGB V). Die der Beitragsbemessung zu Grunde zu legende Rentenhöhe ergibt sich aus der Anwendung von § 228 SGB V). Der Beitrag ist von der Rente einzubehalten (§ 255 SGB V). Soweit die Beitragsabführung aus der Rente unterblieben ist, hat der Rentenversicherungsträger diese von der weiterhin zu zahlenden Rente einzubehalten (§ 255 Abs. 2 SGB V).

Die vom Rentner zu tragenden Eigenanteile der Rentnerkrankenversicherung können im Rahmen der Einkommensteuererklärung geltend gemacht werden.

Rentnerprivileg
Unter dem Rentnerprivileg oder (für Beamte) Pensionistenprivileg verstand man eine inzwischen abgeschaffte Rechtslage im Anschluss an die Durchführung eines → Versorgungsausgleichs. Die sich ergebende Kürzung der Anwartschaft des bereits Rente oder Pension Beziehenden wurde aufgeschoben, bis auch der Berechtigte (die durch den Versorgungsausgleich erhöhte) Rente oder Pension erhielt.

renvoi
(Rückverweisung) → Internationales Privatrecht (1).

Reparation
ist eine Kriegsentschädigung, die nach Kriegsende vom Besiegten zu zahlen ist. Vereinbarungen über Reparationen waren in neuerer Zeit häufig Bestandteil von Friedensverträgen (zB Versailler Vertrag). Soweit das Verlangen nach Reparationen nicht mit dem nach Schadensersatz (→ völkerrechtliches Unrecht) zusammenfällt, ist seine völkerrechtliche Berechtigung zweifelhaft.

Reparationsschädengesetz
Das Gesetz zur Abgeltung von Reparations-, Restitutions-, Zerstörungs- und Rückerstattungsschäden vom 12.2.1969 (BGBl. 1969 I 105) mÄnd behandelte die in § 3 Allgemeines KriegsfolgenG (→ Allgemeines Kriegsfolgengesetz) einem besonderen Gesetz vorbehaltene Entschädigung der genannten Geschädigtengruppen. Über die einzelnen Schadenstatbestände s. §§ 1–10 Allgemeines KriegsfolgenG. Anspruchsberechtigt waren nur natürliche Personen, bei Auslandsschäden nur Deutsche oder deutsche Volkszugehörige (§ 13 Allgemeines KriegsfolgenG). Das Gesetz enthielt eingehende Vorschriften über die Schadensberechnung (§§ 17 ff. Allgemeines KriegsfolgenG); die Entschädigung selbst war – entsprechend den Grundsätzen des → Lastenausgleichs – nach der Schadenshöhe degressiv gestaffelt (§§ 31 ff. Allgemeines KriegsfolgenG). Die Ausführung des Gesetzes oblag den Lastenausgleichsbehörden (§§ 47 ff. Allgemeines KriegsfolgenG); Entschädigungsanträge waren grundsätzlich bis zum 31.12.1974 an das nach dem ständigen Aufenthalt des Antragstellers örtlich zuständige Ausgleichsamt zu richten (§§ 53, 54 Allgemeines KriegsfolgenG). Das Gesetz gilt nicht im Gebiet der ehem. DDR (Anl. I Kap. IV Sachgeb. A Abschn. I Nr. 15 EinigV).

Repatriierung
ist die Heimschaffung von Zivilpersonen fremder Staatsangehörigkeit oder von Kriegsgefangenen in ihren Heimatstaat oder auch die Wiederaufnahme dieser Personen durch ihren Heimatstaat. In zahlreichen → völkerrechtlichen Verträgen sind Repatriierungspflichten festgelegt, so insbes. in den Genfer Abkommen über die Behandlung der Kriegsgefangenen (dort Art. 75) und zum Schutze von Zivilpersonen in Kriegszeiten (dort Art. 132 ff.), beide vom 12.8.1949 (BGBl. 1954 II 838, 917).

Repgow
→ Eike von Repgow.

Replik
Eine Replik ist in der allgemeinen Rechtssprache generell die Entgegnung auf Einwendungen des in Anspruch Genommenen. Im Zivilprozess ist die Repik eine rechtserhaltende Einwendung, die gegen eine rechtshindernde, rechtsvernichtende oder rechtshemmende Einwendung gerichtet ist – also eine Gegeneinwendung – und ihr die Wirkung nehmen kann. Allgemeiner wird unter der Replik auch das Vorbringen verstanden, mit dem auf eine Klageerwiderung reagiert wird. Die Einwendung gegen die Replik wird als Duplik bezeichnet.

Repowering
Als Repowering bezeichnet man die Modernisierung von Anlagen zur Erzeugung → erneuerbarer Energien, auch wenn hierbei Betriebssysteme und -geräte vollständig ausgetauscht werden (vgl. Art. 2 Nr. 10 Richtlinie (EU) 2018/2001 v. 11.12.2018 zur Förderung der Nutzung von Energie aus erneuerbaren Quellen, ABl. EU 2018 L 328, 82). Statt eines vollständigen Zulassungsverfahrens ist nur ein Änderungsverfahrens erforderlich. Dabei werden Anforderungen nur geprüft, soweit durch das Repowering im Vergleich zum bestehenden Zustand neue nachteilige Auswirkungen verursacht werden, so § 16b BImSchG für → Windenergieanlagen an Land und § 89 WindSeeG für → Windenergieanlagen auf See. Es bleibt allerdings bei einer vollumfäng-

lichen artenschutzrechtlichen Prüfung gemäß § 45c BNatSchG.

Repräsentant
Der Repräsentant tritt in einem → Versicherungsvertrag zumeist aufgrund eines → Vertretungsverhältnisses an die Stelle des Versicherungsnehmers und handelt selbständig in einem nicht ganz unbedeutenden Umfang für den Versicherungsnehmer; die bloße Überlassung der Obhut über die versicherte Sache reicht dafür nicht aus. Allein die → Ehe oder eine Lebensgemeinschaft mit dem Versicherungsnehmer begründet keine Repräsentantenstellung. Der Versicherungsnehmer hat für das Verhalten seines Repräsentanten einzustehen hat, so dass das vorsätzliche oder grob fahrlässige Herbeiführen eines Versicherungsfalls durch den Repräsentanten zum Ausschluss oder zur Kürzung der Leistung des Versicherers an den Versicherungsnehmer führt (§ 81 VVG).

Repräsentantenhaus
→ Congress (USA).

Repräsentationsaufwendungen
sind Aufwendungen, die die wirtschaftliche oder gesellschaftliche Stellung des Stpfl. mit sich bringt. Sie gehören einkommensteuerlich grundsätzlich zu den nicht abzugsfähigen → Lebensführungskosten (§ 12 Nr. 1 EStG). Sie sind nur dann als → Betriebsausgaben oder → Werbungskosten abzugsfähig, wenn sie ganz oder nahezu ausschließlich betrieblich/beruflich veranlasst sind. Aufwendungen, die sowohl beruflich als auch privat veranlasst sind (gemischte Aufwendungen), können nur dann steuerlich berücksichtigt werden, wenn der betrieblichen/beruflichen Zwecken dienende Teil sich leicht und einwandfrei von der Lebensführung trennen lässt. Steuerlich zu berücksichtigendeRepräsentationsaufwendungen müssen angemessen sein und einzeln und getrennt von den sonstigen Betriebsausgaben aufgezeichnet werden (§ 4 V Nr. 7, VII EStG). → Bewirtung von Personen aus geschäftlichem Anlass, → Ausgaben.

Repräsentationstheorie
→ Stellvertretung.

Repräsentative Demokratie
→ Demokratie.

Repressalie
Repressalie ist die Reaktion auf ein → völkerrechtliches Unrecht (s. auch → Völkerrechtliche Streitigkeit) mit einer Maßnahme des verletzten → Völkerrechtssubjekts, die vom Grundsatz her verboten, aber durch das vorangegangene völkerrechtliche Unrecht gerechtfertigt ist. Sie ist völkerrechtlich grundsätzlich anerkannt, aber beschränkt entsprechend ihrem Zweck, dem verletzten Völkerrechtssubjekt im Hinblick auf das Fehlen einer völkerrechtlichen Zentralgewalt die Möglichkeit zur Durchsetzung des Völkerrechts gegenüber dem völkerrechtlichen Rechtsbrecher zu geben. So ist anerkannt, dass sie nur so lange dauern darf, bis der völkerrechtsgemäße Zustand wieder hergestellt ist; auch darf die Repressalie zur Schwere des Delikts nicht in unangemessenem Verhältnis stehen (sog. Proportionalität). Die Zulässigkeit von Repressalien kann durch Völkervertragsrecht, zB durch die Vereinbarung eines obligatorischen Schiedsgerichtsverfahrens ausgeschlossen sein. Als Repressalien kommen die mannigfaltigsten Handlungen in Betracht, zB Vermögensbeschlagnahme, Lieferungssperre oder andere → Wirtschaftssanktionen. Auch bei der Ergreifung von Repressalien gilt das Verbot der Anwendung militärischer Gewalt (→ Gewaltverbot, 1). Nach hM können auch dritte Völkerrechtssubjekte zu Gunsten des verletzten Völkerrechtssubjekts Repressalien ergreifen, wenn eine auch gegenüber Drittstaaten bestehende Pflicht verletzt wurde, zB das völkerrechtliche Gewaltverbot oder die Achtung grundlegender Menschenrechte. Beispiele aus jüngerer Vergangenheit für Repressalien von Drittstaaten sind die Repressalien gegen den Irak nach dessen Einmarsch in Kuwait 1990 und die Repressalien gegen Russland nach dessen Angriff auf die Ukraine 2022. Eine gängigere Bezeichnung für Repressalien ist heute → Sanktionen. Vom Grundsatz her erlaubte Maßnahmen, die als Reaktion auf völkerrechtliches Unrecht ergriffen werden, nennt man → Retorsion.

Repressivwirkung der Strafe
Die Repressivwirkung der Strafe besteht vorwiegend in der Ahndung des begangenen Unrechts durch Heranziehen des Straffälligen zur Sühneleistung in Form eines Strafübels. Den Gegensatz bildet die prävenierende – vorbeugende, in die Zukunft gerichtete – Wirkung, die in der Spezial- oder Generalprävention besteht. → Strafzweck.

Reprivatisierung
→ Privatisierung.

Reproduktionstechnik
Mit diesem Begriff werden human- und veterinärmedizinische Techniken bezeichnet, die Vererbungsvorgänge künstlich imitieren oder beeinflussen, etwa die künstliche Insemination (→ Künstliche Fortpflanzung, auch assistierte Reproduktion genannt) und die In-vitro-Fertilisation. Dieser Sachbereich wird – eher irreführend – zum → Gentechnikrecht gezählt, hat damit jedoch nichts zu tun (→ Retorten-Baby).

Republik
Als → Staatsform ieS steht die Republik (meist synonym mit „Freistaat“ verwendet) im Gegensatz zur → Monarchie, womit jedoch nicht viel mehr gesagt ist, als dass die Stellung des → Staatsoberhauptes nicht von einem (erblichen) Monarchen eingenommen wird. Im Übrigen ist der Begriff ohne festen Inhalt, da Staaten mit unterschiedlichsten Machtkonstellationen sich als Republik bezeichnen. Nur

mit Vorsicht kann der Begriff iS einer freiheitlichen und demokratischen Staatsform in Gegensatz zum Obrigkeitsstaat oder zur → Diktatur gebraucht werden.

Requisitionen
sind Sach- oder Dienstleistungen (im Unterschied zur → Kontribution), die der Bevölkerung eines im Krieg besetzten Gebietes durch die Besatzungsmacht auferlegt werden. Requisitionen sind zulässig in den Grenzen des Art. 52 Haager Landkriegsordnung → Haager Landkriegsordnung und des → Genfer Abkommens zum Schutze von Zivilpersonen in Kriegszeiten vom 12.8.1949 (BGBl. 1954 II 917; vgl. dort insbes. Art. 51 IV. Genfer Konvention). Requisitionen müssen im Verhältnis zu den Leistungsmöglichkeiten des Landes stehen und für die Bedürfnisse des Besatzungsheeres bestimmt sein. Unzulässig ist der Zwang zu Leistungen, die zu einer Beteiligung an den Kampfhandlungen führen oder einer solchen gleichkommen.

res extra commercium
= „Sache außerhalb des Verkehrs" (verkehrsunfähige Sache); → Sache.

res sacrae
Als res sacrae werden in der → kath. Kirche heilige Sachen bezeichnet, die durch Weihung oder Segnung für den Gottesdienst bestimmt sind. Sie sind nach kirchl. Vorschrift ehrfürchtig zu behandeln und dürfen nicht zu profanem oder ihnen fremdem Gebrauch verwendet werden, selbst wenn sie im Eigentum von Privatpersonen stehen.

reservatio mentalis
= geheimer Vorbehalt; → Willenserklärung (1b bb, 2).

Reservist
→ Soldatengesetz (3) a. E.

Residenzpflicht
ist die Pflicht des Beamten, seine Wohnung so zu nehmen, dass er in der ordnungsgemäßen Wahrnehmung seiner Dienstgeschäfte nicht beeinträchtigt wird. Soweit die dienstlichen Verhältnisse es erfordern, kann der Dienstvorgesetzte ihn anweisen, in bestimmter Entfernung von der Dienststelle oder in einer bestimmten Dienstwohnung zu wohnen, zB Hausmeister, Beamte in Justizvollzugsanstalten (§ 72 BBG und Beamtengesetze der Länder). Zur Mitwirkung des Personalrats s. § 75 I Nr. 6 BPersVertretungsG (→ Personalvertretung). Die Anweisung ist → Verwaltungsakt. Für → Notare vgl. § 10 II BNotO. Auch der Rechtsanwalt muss grundsätzl. im Bezirk der Rechtsanwaltskammer, deren Mitglied er ist, eine Kanzlei einrichten und unterhalten (Kanzleipflicht, § 27 BRAO); eine Residenzpflicht (Wohnsitz) besteht nicht mehr. Alle Maßnahmen zur Durchsetzung der Residenzpflicht sind am Grundrecht des Art. 11 GG (→ Freizügigkeit) zu messen.

Resolution
→ Entschließung.

Resolutivbedingung
→ Bedingung (2).

Resozialisierung
ist die Wiedereingliederung von Menschen in die soziale Gemeinschaft, nachdem sie dieser durch Begehung vo Straftaten entglitten sind. Die Resozialisierung stellt sich insbesondere als Aufgabe der Gemeinschaft bei straffällig Gewordenen nach Verbüßung einer Freiheitsstrafe; sie wird im Strafrecht als einer der wichtigsten → Strafzwecke angesehen (Element der Spezialprävention neben Abschreckung und Sicherung). Das BVerfG folgert aus Art. 2 I iVm Art. 1 I GG ein Grundrecht auf Resozialisierung (grundlegend BVerfGE 35, 202 – Lebach). Schon bei der → Strafzumessung sind die Wirkungen der Strafe im Hinblick auf das künftige Leben des Täters in der Gemeinschaft zu berücksichtigen (§ 46 I 2 StGB). In verstärktem Maße fällt die Aufgabe der Resozialisierung dem → Strafvollzug zu, im Besonderen durch sozialtherapeutische Maßnahmen in Spezialanstalten oder -abteilungen (→ Maßregeln der Besserung und Sicherung, 8). Sa → Rehabilitation (des Verurteilten).

Respekttage
Respekttage sind → Fristen, die der Inhaber eines → Wechsels oder → Schecks nach Eintritt der Fälligkeit auf Verlangen des Wechsel- oder Scheckschuldners einzuhalten hat. Respekttage gibt es im deutschen Wechsel- und Scheckrecht nicht mehr (Art. 74 WG, Art. 57 ScheckG), wenn man von der eintägigen Überlegungsfrist des → Bezogenen vor Annahme (Art. 24 WG) absieht.

Ressort (-minister, -prinzip)
Die → Minister stehen idR an der Spitze eines Fachministeriums (Ressorts). Neben die 5 „klassischen" Ministerien (Auswärtiges, Inneres, Finanzen, Justiz, Krieg) sind in neuerer Zeit weitere Ministerien für mannigfache andere Angelegenheiten getreten (zB Wirtschaft, Arbeit, Familie, Kultus, Gesundheit, Landwirtschaft, Wissenschaft, Umwelt). Von den ein Fachministerium leitenden Ministern (Ressortministern) sind die Minister ohne Portefeuille zu unterscheiden, die keinen eigenen Geschäftsbereich haben, aber mit Sonderaufgaben betraut werden können. Die → Regierung (Kabinett) bildet in der parlamentarischen Demokratie die Spitze der → Exekutive; sie ist die oberste leitende und vollziehende Behörde des Staates. Die Regierung ist aber nicht schlechthin den Ministern übergeordnet, sondern entscheidet nur in wichtigen Angelegenheiten; die Kabinettsbeschlüsse binden insoweit die Minister. Im Übrigen leitet jeder Minister innerhalb der vom Regierungschef (Bundeskanzler, Ministerpräsident) bestimmten Richtlinien der Politik sein Ressort selbständig und unter eigener Verantwortung (vgl.

Art. 65 S. 2 GG); er ist in den Angelegenheiten der Verwaltung oberste entscheidende Instanz, führt die Aufsicht über die nachgeordneten Behörden sowie die Körperschaften des öffentlichen Rechts und entscheidet über Verwaltungsbeschwerden innerhalb seines Geschäftsbereichs. Der Grundsatz der selbständigen und eigenverantwortlichen Leistung des Geschäftsbereichs durch den Minister wird als „Ressortprinzip" bezeichnet.

Restaurant (Haftung)
→ Gastwirtshaftung.

Restaurator
Die Berufsbezeichnung Restaurator kann als berufliche Fortbildung nach einer → Meisterprüfung im Handwerk oder – und das ist heute die Regel – durch ein Hochschulstudium erworben werden. Der Restaurator im Handwerk ist eine berufliche Fortbildung nach der → Handwerksordnung, die nach einer bestandenen Meisterprüfung angeschlossen werden kann. Sie ist in der Verordnung über die Prüfung zum anerkannten Fortbildungsabschluss Geprüfter Restaurator oder Geprüfte Restauratorin im Handwerk v. 15.12.2020 (RestMAProRestPrV, BGBl. 2020 I 2934) geregelt. Haupttätigkeitsfelder des Restaurators ist die Erhaltung baulicher Originalsubstanz, zB Möbel-, Maler- und Lackierarbeiten, Stuckarbeiten, Maurerarbeiten. Die Tätigkeit des Diplom-/→ Bachelor- und Master-Restaurator ist weniger durch handwerkliche Tätigkeiten geprägt, sondern durch Untersuchung der Objekte und Entwicklung von Restaurierungskonzepten. Ziel ist die Sicherung und Bewahrung von Kulturgütern.

restitutio in integrum
Restitutio in integrum ist die gemeinrechtliche Bezeichnung für → Wiedereinsetzung in den vorigen Stand.

Restitution
→ Rückerstattungsrecht, → Reparationsschädengesetz; von Vermögenswerten in der ehem. DDR → Offene Vermögensfragen.

Restitutionsklage
Eine Restitutionsklage findet im → Wiederaufnahmeverfahren gegen ein rechtskräftiges Urteil statt. Sie kann nur auf die in § 580 ZPO bezeichneten Gründe gestützt werden, insbes. dass das frühere Urteil auf der Falschaussage eines Zeugen oder der beeideten Falschaussage einer Partei oder einer gefälschten Urkunde beruht, dass neues Urkundenmaterial beigebracht ua m. Die Restitutionsklage ist nur zulässig, wenn die Partei ohne ihr Verschulden außerstande war, den Restitutionsgrund in dem früheren Verfahren, va durch Einspruch oder Berufung, geltend zu machen (§ 582 ZPO). Nach den Vorschriften der ZPO richtet sich auch die Restitutionsklage im Verwaltungs-, Finanz- und Sozialgerichtsverfahren (§ 153 VwGO, § 134 FGO, § 179 SGG).

Restkaufgeldhypothek
ist eine → Hypothek, die bei einem → Grundstückskauf zur Sicherung des Restes der Kaufpreisforderung von dem Erwerber zugunsten des Veräußerers bestellt wird. Die beim → Kauf grds. bestehende Pflicht, dingliche Belastungen des Kaufgegenstandes zu beseitigen (§ 435 BGB, Rechtsmängelhaftung, → Gewährleistung, 1a), gilt für die Restkaufgeldhypothek ihrem Zweck entsprechend nicht.

Restriktive Interpretation
→ Auslegung (1b).

Restrukturierungsfonds
Durch das Gesetz zur Errichtung eines Restrukturierungsfonds für Kreditinstitute (RStruktFG) v. 9.12.2010 (BGBl. 2010 I 1900, 1921) wurde 2011 der Restrukturierungsfonds als nicht rechtsfähiges Sondervermögen des Bundes bei der → BaFin geschaffen (§ 1 RStruktFG). Von deutschen → Kreditinstituten und → Wertpapierinstituten erhebt der Restrukturierungsfonds seitdem die sog. Bankenabgabe, § 12 RStrukFG. Seine Aufgabe war es ursprünglich, damit Sanierung und Abwicklung von Instituten im Einklang mit dem SAG (→ Kreditinstitute, Sanierung und Abwicklung) zu finanzieren (§§ 3f. RStruktFG). Im Rahmen der → Bankenunion wurde mit dem einheitlichen Abwicklungsmechanismus jedoch 2014 ein europaweiter → Abwicklungsfonds geschaffen. Deshalb leitet der Restrukturierungsfonds seitdem die Beiträge aller deutschen Institute an diesen Abwicklungsfonds weiter (bis 2024 in eine „deutsche Kammer"). Die zwischen 2011 und 2014 eingesammelten Beträge sollen an den Finanzmarktstabilisierungsfonds übertragen werden.

Restrukturierungsgericht
→ Sanierung von Handelsgesellschaften.

Restrukturierungsplan
→ Sanierung von Handelsgesellschaften.

Restschuldbefreiung
Hat ein → Insolvenzverfahren stattgefunden, das nicht zur vollen Befriedigung der Insolvenzgläubiger geführt hat, so kann ein Schuldner, der eine natürliche Person ist, unter bestimmten Voraussetzungen von den im Insolvenzverfahren nicht erfüllten Verbindlichkeiten befreit werden (§ 286 InsO). Eine Restschuldbefreiung kann daher nicht einer → juristischen Person oder → Personengesellschaft zugute kommen, aber auch nicht nur einem „Verbraucher" (→ Verbraucherinsolvenzverfahren) oder Kleingewerbetreibenden, sondern zB auch einem (Einzel-)Unternehmer. Voraussetzung ist zunächst ein Antrag des Schuldners, der bereits mit dem Antrag auf Eröffnung des Insolvenzverfahrens verbunden werden soll (§ 287 I InsO). Dem Antrag ist die Erklärung beizufügen, dass der Schuldner seine pfändbaren Bezüge aus einem Dienst- oder Arbeitsverhältnis für die Zeit von 6 Jahren ab

Eröffnung des Insolvenzverfahrens an einen vom Gericht zu bestimmenden Treuhänder abtritt (§ 287 II InsO). Nach Anhörung der Insolvenzgläubiger und des Insolvenzverwalters im → Schlusstermin entscheidet über den Antrag das Insolvenzgericht (§ 300 InsO). Die Restschuldbefreiungsfrist beträgt drei Jahre.

Die Restschuldbefreiung wird nur dem redlichen Schuldner gewährt. Sie ist deshalb von vorneherein zu versagen, wenn der Schuldner wegen einer → Insolvenzstraftat vorbestraft ist, schuldhaft unrichtige oder unvollständige Angaben über seine wirtschaftlichen Verhältnisse macht oder in den drei Jahren vor dem Antrag auf Eröffnung des Insolvenzverfahrens unangemessene Verbindlichkeiten begründet oder Vermögen verschwendet hat (§ 290 InsO). Während der Laufzeit der genannten Abtretungserklärung hat der Schuldner eine angemessene Erwerbstätigkeit auszuüben oder sich um eine solche ernsthaft zu bemühen, keine Bezüge zu verheimlichen und eingehende Gelder (zB aus einer selbständigen Tätigkeit) an den Treuhänder abzuliefern (mit einem im Lauf der Zeit steigenden Eigenanteil des Schuldners, §§ 295, 292 InsO). Verstößt der Schuldner gegen diese Obliegenheiten oder macht er sich während der Laufzeit einer Insolvenzstraftat schuldig, so wird ihm die Restschuldbefreiung versagt (§§ 296, 297 InsO). Anderenfalls erteilt das Insolvenzgericht die Restschuldbefreiung (§ 300 InsO), die allerdings auf Antrag eines Insolvenzgläubigers auch nachträglich noch widerrufen werden kann, wenn die Voraussetzungen für sie nicht vorgelegen haben (§ 303 InsO, Wiederauflebensklausel). Wird Restschuldbefreiung erteilt, so wirkt diese gegenüber allen Insolvenzgläubigern (also auch gegenüber solchen, die ihre Forderung nicht angemeldet haben), § 301 InsO. Nur wenige Arten von Forderungen (zB aus vorsätzlicher unerlaubter Handlung) werden nicht von der Restschuldbefreiung erfasst (§ 302 InsO), was ein Gläubiger auch gerichtlich feststellen lassen kann. Sa → Insolvenzplan.

Restwertleasing
→ Leasing, Leasingvertrag.

Retentionsrecht
ist ein → Zurückbehaltungsrecht.

Retorsion
Retorsion ist eine vom Grundsatz her erlaubte Maßnahme, mit der ein → Völkerrechtssubjekt zur Durchsetzung politischer Ziele auf ein anderes Völkerrechtssubjekt einwirkt oder auch auf vorangegangenes → völkerrechtliches Unrecht (s. auch → völkerrechtliche Streitigkeit) reagiert. Fälle der Retorsion sind zB eine Einfuhrsperre oder der Abbruch der → diplomatischen Beziehungen. Eine vom Grundsatz her völkerrechtswidrige Maßnahme, die nur durch das vorangegangene völkerrechtliche Unrecht gerechtfertigt wird, nennt man → Repressalie. Die Anwendung militärischer Gewalt zum Zwecke der Retorsion oder Repressalie ist wegen Verstoßes gegen das völkerrechtliche → Gewaltverbot auf jeden Fall unzulässig.

Retorsionszölle
sind Kampfzölle gegenüber einem anderen Land, das die Einfuhr von Waren unberechtigt erschwert oder verhindert.

Retorten-Baby
Das erste Retorten-Baby weltweit kam 1978 in Manchester zur Welt, das erste Retorten-Baby in Deutschland 1982 in Erlangen. → künstliche Fortpflanzung, → Reproduktionstechnik, → Gentechnikrecht, → Klon-Baby.

Rettungsgasse
Nach § 11 II StVO müssen Fahrzeuge zur Durchfahrt von Polizei- und Hilfsfahrzeugen eine Gasse freilassen, sobald auf Autobahnen sowie auf Außerortsstraßen mit mind. zwei Fahrstreifen für eine Richtung die Fahrzeuge mit Schrittgeschwindigkeit fahren oder sich im Stillstand befinden. Sie ist zwischen dem äußerst linken und dem unmittelbar rechts daneben liegenden Fahrstreifen für eine Richtung zu bilden. Ein Verstoß gegen diese Vorgabe kann derzeit mit einem → Bußgeld von 200 bis zu 320 Euro geahndet werden; es kann zudem ein → Fahrverbot nach § 25 I 1 StVG von einem Monat verhängt werden (Anlage zu § 1 I BKatV, Abschnitt I Lfd. Nr. 50, 50a; näher → Fahrverbot 2).

Wird aufgrund des Verhaltens vorsätzlich eine Person behindert, die einem Dritten bei einem Unglücksfall Hilfe leistet oder leisten will, so kommt zusätzlich eine Strafbarkeit nach § 323c II StGB (→ Hilfeleistung, unterlassene) in Betracht. Zum Fall der Behinderung von Hilfeleistenden der Feuerwehr, des Katastrophenschutzes oder eines Rettungsdienstes durch Gewalt oder durch Drohung mit Gewalt (§ 115 III StGB) → Widerstand gegen Vollstreckungsbeamte 3.

Rettungsschirm
→ Europäischer Finanzstabilitätsmechanismus.

Rettungsschuss
→ Waffengebrauch.

Rettungsübernahmegesetz
Das Rettungsübernahmegesetz v. 7.4.2009 (RettungsG, BGBl. 2009 I 725, 729) mÄnd war Teil der → Finanzmarktstabilisierungsgesetze und ermöglichte es, Anteile von Unternehmen des Finanzsektors (definiert in § 2 StFG) zugunsten des → Finanzmarktstabilisierungsfonds unter bestimmten Voraussetzungen (§ 1 IV RettungsG: ultima ratio, Systemrelevanz des Unternehmens) gegen Entschädigung zu enteignen (→ Enteignung). Das Enteignungsverfahren sollte mit einer Entscheidung der Bundesregierung beginnen, zuständige Behörde wäre das BMF gewesen (§ 3 RettungsG). Wie alle Maßnahmen zur Finanzmarktstabilisierung war das Gesetz befristet; Enteignungsentscheidungen der Bundesregie-

rung konnten nur bis zum 30.6.2009 getroffen werden (§ 6 RettungsG). Das Gesetz wurde vor allem geschaffen, um notfalls die Anteile an der Hypo Real Estate Holding AG auf den Bund übertragen zu können. Da dies anders geschah, kam das Rettungsübernahmegesetz nie zur Anwendung.

Reue, tätige
→ tätige Reue.

Reugeld
Die Beteiligten können das Recht zum → Rücktritt vom Vertrag von der Zahlung eines Reugelds abhängig machen. Das Reugeld ist keine → Vertragsstrafe, es kann daher nicht herabgesetzt werden. Ist ein Reugeld vereinbart, so ist der Rücktritt unwirksam, wenn das Reugeld nicht spätestens bei der Rücktrittserklärung entrichtet wird und der andere Teil aus diesem Grund die Erklärung unverzüglich zurückweist, § 353 BGB. Die → Draufgabe beim Vertragsschluss gilt iZw nicht als Reugeld, § 336 II BGB.

Revalierungsanspruch
Der Revalierungsanspruch ist der Anspruch, den der → Bezogene gegen den → Aussteller auf Grund der Annahme des → Wechsels hat. Er ist ein einfacher bürgerlich-rechtlicher Anspruch und keine → Wechselverbindlichkeit. Der Revalierungsanspruch gehört zu den der Wechselbegebung zugrunde liegenden Rechtsverhältnissen. Sa → Bürgschaft.

Revalierungsklausel
Die Revalierungsklausel (Deckungsklausel) ist der Vermerk auf einem → Wechsel, der die Aufforderung des → Ausstellers an den → Bezogenen enthält, ihn mit der → Wechselsumme zu belasten. Die Revalierungsklausel ist für die Wirksamkeit des Wechsels unerheblich; sie lautet sinngemäß: „Stellen Sie den Betrag auf meine Rechnung".

Reverse Factoring
→ Factoringvertrag.

Revidierte Berner Übereinkunft
→ Berner Übereinkunft.

Revierjäger
Ausbildung, Prüfung und Berufsbezeichnung der Revierjäger regeln bundeseinheitlich die auf Grund des Berufsbildungsgesetzes (→ Berufsbildung) erlassene Revierjäger-AusbildungsVO v. 18.5.2010 (BGBl. 2010 I 631, 795) sowie die Revierjagd-Meisterprüfungsverordnung (RevierjagdMeisterPrV) v. 9.4.2019 (BGBl. 2019 I 499); wegen der Anforderungen an die Ausbildungsstätten s. die VO v. 7.2.2011 (BGBl. 2011 I 230). Sa → Jagdrecht.

Revision
Die Revision ist ein gegen Urteile zugelassenes → Rechtsmittel, das nur auf eine Rechtsverletzung gestützt werden kann (vgl. § 545 ZPO). Im Gegensatz zur → Berufung eröffnet die Revision daher keine neue Tatsacheninstanz.

1. Die Revision ist vorgesehen: in Zivilsachen gegen die in der Berufungsinstanz erlassenen Urteile (Ausnahme ua bei → Arrest und → einstweiliger Verfügung, § 542 ZPO), in Strafsachen gegen die Urteile der Strafkammern (1. und 2. Instanz) und der Oberlandesgerichte 1. Instanz (§ 333 StPO), im arbeitsgerichtlichen Verfahren gegen die Urteile der Landesarbeitsgerichte (§ 8 III ArbGG, § 72 I ArbGG), im Verwaltungsprozess gegen die Urteile der Oberverwaltungsgerichte oder Verwaltungsgerichtshöfe (§ 132 VwGO), im Finanzprozess gegen die Endurteile der Finanzgerichte (§ 115 FGO), im Sozialgerichtsverfahren gegen die Urteile der Landessozialgerichte (§ 160 SGG). Außerdem lässt das Gesetz gegen erstinstanzliche Urteile, die mit der Berufung angefochten werden können oder bei denen die Berufung gesetzlich ausgeschlossen ist, an deren Stelle die Revision als sog. → Sprungrevision zu. Sa → Ersatz-R. In Beschlussverfahren tritt an die Stelle der Revision die → Rechtsbeschwerde. → Revisionsgerichte sind in erster Linie die → obersten Gerichtshöfe des Bundes sowie in Strafsachen der Amtsgerichte die → Oberlandesgerichte (siehe aber auch → Bayerisches Oberstes Landesgericht).

2. Die Zulässigkeit der Revision ist an → Rechtszugvoraussetzungen geknüpft, ferner an eine Beschwer des Revisionsführers, an die Einhaltung der vorgeschriebenen Frist und Form sowie ordnungsmäßige und rechtzeitige Begründung.

a) Die frühere sog. Streitwertrevision (Zulässigkeit der Revision bei Überschreiten einer bestimmten Revisionssumme) ist in allen Verfahrensarten, zuletzt im Zivilprozess, ersatzlos entfallen (s. aber § 544 II Nr. 1 ZPO zur Wertgrenze bei der → Nichtzulassungsbeschwerde).

b) Jetzt setzt die Revision grds. eine Zulassung im angefochtenen Urteil voraus. Die Revision ist vom (Berufungs-)Gericht zuzulassen, wenn die Rechtssache grundsätzliche Bedeutung hat oder die Sicherung einer einheitlichen Rechtsprechung (insbes. bei Abweichung von einer früheren Entscheidung, sog. Divergenzrevision) dies erfordert (§ 543 II ZPO, § 132 II VwGO, § 115 II FGO, § 160 II SGG, § 72 II ArbGG). Das Revisionsgericht ist an diese Zulassung gebunden (s. aber u. 3). Gegen die Versagung der Zulassung der Revision kann → Nichtzulassungsbeschwerde (zB § 160a SGG) eingelegt werden. Im Strafprozess ist die Revision uneingeschränkt zulässig.

c) Die Frist, innerhalb deren die Revision eingelegt werden muss, beträgt 1 Monat ab Zustellung des in vollständiger Form abgefassten Urteils (beginnt aber im Zivilprozess spätestens mit Ablauf von 5 Monaten nach der Verkündung) – in Strafsachen 1 Woche ab Verkündung – (§ 548 ZPO, § 341 StPO, § 74 I ArbGG, § 139 I VwGO, § 120 I FGO, § 164 I SGG).

d) Die Revisionsbegründung muss den Revisionsantrag enthalten, dh die Erklärung, inwieweit das Urteil angefochten und Aufhebung beantragt wird, und muss ferner den Revisionsgrund angeben, nämlich die Verletzung einer Rechtsnorm, auf der das angefochtene Urteil beruht (§ 551 I ZPO, § 73 ArbGG, § 139 III VwGO, § 118 I FGO, § 164 II SGG, § 344 I StPO). Die Revisionsbegründung kann nur durch Rechtsanwälte, Verteidiger und solche Prozessbevollmächtigte erklärt werden, die zur Verhandlung vor dem Revisionsgericht zugelassen sind, nur in Strafsachen auch zu Protokoll der Geschäftsstelle (§ 78 ZPO, § 345 II StPO, § 11 II ArbGG, § 67 I VwGO, § 166 SGG, § 62a FGO). Die Begründungsfrist beträgt in Strafsachen 1 Monat ab Ablauf der Revisionseinlegungsfrist, aber nicht vor Zustellung des Urteils (§ 345 I StPO), sonst 2 Monate ab Zustellung des vollständigen Urteils oder des Beschlusses über die Zulassung der Revision (§ 551 II ZPO, § 74 I ArbGG, § 139 III VwGO, § 164 II SGG, § 120 II FGO). Die Frist kann auf Antrag vom Vorsitzenden verlängert werden (außer in Strafsachen).

3. Sind die Zulässigkeitsvoraussetzungen nicht gegeben, so wird die Revision (auch durch Beschluss) als unzulässig verworfen (§ 552 II ZPO, § 346 StPO). Das Revisionsgericht weist die Revision durch einstimmigen Beschluss zurück, wenn es davon überzeugt ist, dass die Voraussetzungen für die Zulassung der Revision nicht vorliegen und die Revision keine Aussicht auf Erfolg hat (§ 552a ZPO). Das Revisionsgericht überprüft aber im Rahmen einer zulässigen Revision auch andere Rechtsverstöße von Amts wegen. Die Rechtsnorm ist verletzt, wenn sie nicht oder nicht richtig angewendet worden ist (§ 546 ZPO, § 337 II StPO); darunter fällt auch eine Verletzung von Denkgesetzen oder allgemeinen Erfahrungssätzen. Die Verletzung muss für das Urteil kausal, dh mindestens die Möglichkeit nicht auszuschließen sein, dass das Urteil ohne die Gesetzesverletzung anders ausgefallen wäre. Bei den sog. absoluten Revisionsgründen wird dies unwiderlegbar vermutet, insbes. bei unvorschriftsmäßiger Besetzung des vorinstanzlichen Gerichts (nicht aber des Erstgerichts, § 545 II ZPO), Mitwirkung eines ausgeschlossenen oder mit Erfolg abgelehnten Richters, Verletzung der Vorschriften über die Öffentlichkeit der Verhandlung, Fehlen – in Strafsachen auch verspätete Vorlage – der Entscheidungsgründe (§ 547 ZPO, § 338 StPO, § 138 VwGO, § 119 FGO). Bei anderen, sog. relativen Revisionsgründen muss die Kausalität im Einzelfall festgestellt werden. Auch kausale Rechtsverletzungen führen zur Aufhebung des angefochtenen Urteils nur, wenn es sich nicht aus anderen Gründen im Ergebnis als richtig darstellt (§ 561 ZPO). Sa → Anschlussrevision. Das Revisionsgericht kann der Tatsachenstoff nur so zugrunde legen, wie er vom Instanzgericht festgestellt wurde.

Weil im Revisionsverfahren lediglich die Anwendung des geltenden Rechts geprüft wird, kann das Urteil durch Beschluss aufgehoben und an die Vorinstanz zurückgewiesen werden (zB Nichtzulassungsbeschwerde § 160a IV SGG). Dazu ist es zwingende Voraussetzung, dass die Voraussetzungen, hier aus § 160 II SGG, erfüllt werden.

Revisionsantrag, -begründung, -grund
→ Revision (2d).

Revisionsfrist
→ Revision (2c).

Revisionsgericht
Revisionsgerichte sind in Zivil- und Strafsachen der → Bundesgerichtshof, in Strafsachen auch die → Oberlandesgerichte bzw das → Bayerische Oberste Landesgericht (letzteres selten auch in zivilrechtlichen Fällen), in der Arbeitsgerichtsbarkeit das → Bundesarbeitsgericht, in der Verwaltungsgerichtsbarkeit das → Bundesverwaltungsgericht, in der Finanzgerichtsbarkeit der → Bundesfinanzhof und in der Sozialgerichtsbarkeit das → Bundessozialgericht. Über die Rechtsmittelzüge vgl. Übersicht im Anhang E ff.

Revisionsverfahren
Eine unzulässige → Revision wird verworfen (§ 552 ZPO), im Strafprozess eine verspätet oder formwidrig eingelegte Revision schon von dem Gericht, dessen Urteil angefochten wird (§ 346 StPO). Im Übrigen gelten für das Verfahren der → Revisionsgerichte grundsätzlich die Vorschriften des Verfahrens erster Instanz mit den Modifikationen des Berufungsverfahrens (§§ 555, 565 ZPO, § 72 V ArbGG, § 141 VwGO, § 121 FGO, § 165 SGG). Doch gestalten die Verfahrensordnungen durch Sonderregeln das Revisionsverfahren so, wie es seinem Zweck, nämlich Nachprüfung der Rechtsanwendung (nicht neue Tatsacheninstanz), entspricht; insbes. findet keine Beweiserhebung statt (außer über prozesserhebliche Tatsachen durch → Freibeweis). Ist die Revision begründet, wird das angefochtene Urteil aufgehoben. Das Revisionsgericht kann dann entweder in der Sache selbst entscheiden oder die Sache zu neuer Verhandlung und Entscheidung zurückverweisen (→ Zurückverweisung). Im Zivil- und Strafprozess und im arbeitsgerichtlichen Verfahren ist die Zurückverweisung häufig (§ 563 I ZPO, § 72 V ArbGG, § 354 StPO); im Übrigen hat das Revisionsgericht die Wahl (§ 144 III VwGO, § 126 FGO, § 170 II SGG). Gegen die Revisionsurteile findet kein Rechtsmittel mehr statt; es kommt nur noch → Verfassungsbeschwerde in Betracht. Das Gericht, an das der Rechtsstreit zurückverwiesen wird, ist an die rechtliche Beurteilung des Revisionsgerichts gebunden (§ 563 II ZPO, § 144 VI VwGO, § 126 V FGO, § 170 V SGG, § 358 I StPO).

Revisionszulassung
→ Revision (2b).

Revokation
= Widerruf (zB → Widerruf des Testaments).

Revolte
von Gefangenen oder Soldaten → Meuterei.

Revolvingkredit
Revolvingkredit oder revolvierender Kredit ist ein Kredit, der während eines bestimmten Zeitraums dem wirtschaftlichen Rhythmus des Kreditnehmers entsprechend getilgt und erneut, also revolvierend in Anspruch genommen werden kann. Wichtigster Fall ist der → Kontokorrent. Anwendung findet der Revolvingkredit zB auch als Revolvingakkreditiv iRv Dauergeschäften zwischen zwei Geschäftspartnern. Vom Revolvingkredit zu unterscheiden ist das Revolvinggeschäft, dazu → Bankgeschäfte.

Rezeption
Der Begriff Rezeption (dh Aufnahme, Übernahme) wird in der deutschen → Rechtsgeschichte üblicherweise für die allmähliche Übernahme des → römischen Rechts im Mittelalter verwendet. Sie ist geschichtlich vor allem aus dem Fehlen eines einheitlichen deutschen Rechts zu erklären, so dass die Aufnahme einer bereits bestehenden festgefügten Rechtsordnung nahelag. In vielen Teilen Deutschlands fehlten zu Beginn des Mittelalters kodifizierte Rechtssysteme entweder überhaupt oder waren lückenhaft, so dass weitgehend ein auf unsicherer Grundlage beruhendes Gewohnheitsrecht herrschte. Das veranlasste deutsche Juristen zum Studium des vorbildlichen römischen Rechts in Italien, das sie sodann in führenden Stellungen im Bereich der Fürstenhöfe und der Gerichtsbarkeit zur Geltung brachten.

Auf diese Weise fand seit dem 14. Jh. das römische Recht immer mehr Eingang in den deutschen Rechtskreis, in dem schon lange Zeit vorher das → kanonische Recht durch die geistlichen Gerichte angewendet worden war. So legte insbes. das 1495 errichtete → Reichskammergericht diese rezipierten Rechtsbereiche seinen Entscheidungen zugrunde. Diese Entwicklung entsprach dem Charakter des Reiches als des → Heiligen Römischen Reiches Deutscher Nation. Zwar galt das römische Recht nur subsidiär; deutschrechtliche Rechtssätze, Rechtsgewohnheiten und -gebräuche gingen ihm vor, aber nur, wenn sie bewiesen wurden. In der Praxis erwarb dadurch das römische Recht den Vorrang, weil es keines Beweises bedurfte. Da die Quellen des römischen Rechts nur einem beschränkten Personenkreis zugänglich waren, sahen sich Prozessparteien und Gerichte häufig gezwungen, Gutachten von Professoren oder juristischen Fakultäten einzuholen, die auf diese Weise erheblichen Einfluss auf die Rechtsprechung erlangten. Im Bereich des Strafrechts fand eine Rezeption nur teilweise statt, weil sich hier Grundsätze des alten deutschen Rechts und – namentlich im Strafverfahren – solche des kanonischen Rechts mit röm. Rechtssätzen vermischten (zB in der → Constitutio Criminalis Carolina von 1532). Auf Sondergebieten, in denen kodifiziertes römisches Recht nicht vorlag, galt das deutsche Recht primär (zB im Berg-, Schifffahrts-, Gewerberecht).

Im 17. Jh. setzte eine Gegenbewegung gegen die Rezeption ein, die auf alte germanische Rechtsgrundsätze und auf das → Naturrecht zurückgriff; sie führte zur stufenweisen Ablösung des rezipierten Rechts, so im preuß. → Allgemeinen Landrecht (1794), im Code Napoléon (1804) und im österr. Allgemeinen Bürgerlichen Gesetzbuch (1811). Gleichwohl hat das neuere deutsche Recht, so zB das BGB, in nicht unerheblichem Umfange Rechtsgedanken des römischen Rechts übernommen.

Rezess
ist ein überholter Ausdruck für Vergleich oder Auseinandersetzung, insbes. wenn das Ergebnis schriftlich festgehalten wird (zB Erbrezess bei der Nachlassteilung; Familienrezess bei Familienstreitigkeiten in adeligen Häusern).

Reziproke
(gegenseitige) Verfügungen → gemeinschaftliches Testament.

Rheinbund
Rheinbund nannte sich eine Fürstenkonföderation, die von 1658–1668 bestanden hat, später ebenso der – historisch bedeutsamere – im Jahre 1806 von 16 Reichsfürsten unter dem Protektorat Napoleons I. gegründete Bund. Dieser war ein völkerrechtlicher Zusammenschluss selbständiger Staaten, die damit aus dem Reich ausschieden, und ein Zwischenglied zwischen dem → Heiligen Römischen Reich Deutscher Nation und dem → Deutschen Bund. Seine völkerrechtliche Bindung an Frankreich verpflichtete die dem Rheinbund angeschlossenen Staaten, den Franzosen im Kriegsfalle Truppen zur Verfügung zu stellen; hiervon hat Frankreich wiederholt Gebrauch gemacht. Mit dem Niedergang Napoleons I. löste sich der Rheinbund 1813 auf.

Rheinland-Pfalz
1. Rheinland-Pfalz ist ein Land der → Bundesrepublik Deutschland. Landeshauptstadt ist Mainz.

2. Die Gesetzgebung liegt nach der Verfassung v. 18.5.1947 (GVBl. 1947, 209), mÄnd grundsätzlich beim Landtag; doch können Gesetze auch im Wege des Volksentscheids zustandekommen. Die Verkündung eines Gesetzes ist auf Verlangen von $^1/_3$ der Mitglieder des Landtages zum Zwecke der Durchführung eines Volksentscheides auszusetzen; erklärt der Landtag das Gesetz für dringlich, ist es gleichwohl zu verkünden. Der Landtag besteht aus zZt 101 vom Volk für 5 Jahre gewählten Abgeordneten. Die vollziehende Gewalt liegt bei der Landesregierung, die aus dem Ministerpräsidenten und den Ministern besteht. Der MinPräs. wird vom Landtag gewählt. Er ernennt die Minister. Die Regierung bedarf zur Übernahme der Geschäfte noch der ausdrücklichen

Bestätigung des Landtags. Der MinPräs. führt den Vorsitz in der Landesregierung; er bestimmt die Richtlinien der Politik und ist dafür dem Landtag verantwortlich. Innerhalb dieser Richtlinien leitet jeder Minister seinen Geschäftsbereich, der durch die Landesregierung bestimmt wird, selbständig und unter eigener Verantwortung gegenüber dem Landtag. Dieser kann der Regierung, dem MinPräs. oder einzelnen Min. das Vertrauen entziehen, muss aber im ersten Fall binnen 4 Wochen einer neuen Reg. das Vertrauen aussprechen; andernfalls gilt er als aufgelöst. Zur Entscheidung verfassungsrechtlicher Streitigkeiten besteht ein Verfassungsgerichtshof (G v. 23.7.1949, GVBl. 1949, 285, ber. 585, mÄnd). In einem ersten Hauptteil der Verfassung werden Grundrechte und Grundpflichten statuiert: Freiheitsrechte, Gleichheitsrechte und öffentliche Pflichten der Einzelpersonen, Ehe und Familie, Schule, Bildung und Kulturpflege, Kirchen und Religionsgemeinschaften, Selbstverwaltung der Kommunen, Wirtschafts- und Sozialordnung.

3. Die Gliederung in Regierungsbezirke wurde Ende 1999 abgeschafft.

Rheinschifffahrt

1. Auf Grund der besonderen wirtschaftlichen Bedeutung und Gegebenheiten dieses Stromes sind praktisch alle schifffahrtsbezogenen Rechtsbereiche der Rheinschifffahrt nicht nur gesondert geregelt, sondern häufig Grundlage für die deutschen Bestimmungen der → Binnenschifffahrt. Darüber hinaus sind die Rechtsvorschriften für alle Anrainerstaaten des Rheins und Belgien weitgehend angeglichen. Die Rheinschifffahrt ist bis Basel landesrechtlich, ab Basel bundesrechtlich geregelt, ua durch die SchifffahrtsVO Rheinfelden-Basel v. 30.11.2002 (BW GBl. 2003, 20 mÄnd) oder die R.-PolizeiVO (Anlage zur EinführungsVO v. 19.12.1994, BGBl. 1994 II 3816 mÄnd), die zB die Verkehrsteilnahme regelt. Umfangreiches Sonderrecht gilt darüber hinaus auch für Mosel und Donau. Sa → Personenbeförderung, → Rheinschifffahrtsgerichte, → Wasserstraßen- und Schifffahrtsverwaltung, → Schifffahrtsverkehrsregeln, → Lotsen, → Bodensee.

2. Der Zentralkommission für die Rheinschifffahrt in Straßburg gehören die og Staaten an. Sie hat die Aufgaben, die Verkehrssicherheit aufrecht zu erhalten und einheitlich geltendes Recht sowie die Rhein-Wirtschaft zu fördern. Entsprechende Kommissionen gibt es auch für andere wichtige internationale Flüsse. Sa → internationale Wasserläufe.

Rheinschifffahrtsgerichte

Rheinschifffahrtsgerichts sind besondere Abteilungen der → Amtsgerichte, die im ersten → Rechtszug insbes. für die Entscheidung in → bürgerlichen Rechtsstreitigkeiten aus der Binnenschifffahrt auf dem Rhein zuständig sind (zB durch ein Schiff verursachte Schäden). Über die Berufung entscheidet das → Oberlandesgericht als Rheinschifffahrtsobergericht oder (auf Grund der Rheinschifffahrtsakte, BGBl. 1952 I 645) die Zentralkommission in Straßburg (→ Rheinschifffahrt). Verfahren und Zuständigkeit der Rheinschifffahrtsgerichte sind im Gesetz über das Verfahren in Binnenschifffahrtssachen (BinSchVerfG) v. 27.9.1952 (BGBl. 1952 I 641) mÄnd geregelt.

Richter

Art. 92 GG vertraut die → rechtsprechende Gewalt den Richtern an und bestimmt damit die nach Art. 20 II 2 GG notwendigen besonderen Organe dieses Teils der Staatsgewalt. Nach § 1 des Deutschen Richtergesetzes (DRiG) idF v. 19.4.1972 (BGBl. 1972 I 713) mÄnd wird die rechtsprechende Gewalt durch → Berufsrichter und durch → ehrenamtliche Richter ausgeübt. Berufsrichter ist, wer durch Aushändigung einer Urkunde nach § 17 DRiG – idR auf Lebenszeit – in das → Richterverhältnis berufen worden ist. Der Berufsrichter ist meist hauptamtlich tätig, doch ist dies nicht notwendig. Im Einzelnen s. → Richterverhältnis. Ehrenamtlicher Richter ist, wer, ohne zum Berufsrichter ernannt zu sein, Aufgaben der rechtsprechenden Gewalt wahrnimmt. Der ehrenamtliche Richter nimmt an der Rechtsprechung entweder als unmittelbarer Vertreter des Volkes (→ Schöffen) oder für einen an einzelnen Verfahrensarten besonders interessierten Personenkreis, zB in arbeitsgerichtlichen Verfahren, oder kraft besonderer Sachkunde, zB in Handelssachen, teil (→ ehrenamtliche Richter). Die Rechtsstellung der Richter ist durch das GG (Art. 97, 98) und die Verfassungen der Länder sowie die → Richtergesetze geregelt. Hauptmerkmal ihrer Rechtsstellung ist die verfassungsrechtlich garantierte sachliche und persönliche → Unabhängigkeit.

Richter, beauftragter

→ beauftragter Richter.

Richter, ersuchter

→ ersuchter Richter.

Richter, gesetzlicher

→ gesetzlicher Richter.

Richterablehnung

→ Ablehnung von Gerichtspersonen.

Richteramt

→ Richterverhältnis, → Befähigung zum Richteramt.

Richteramtsbezeichnungen

Nach § 19a DRiG idF v. 19.4.1972 mÄnd sind die Amtsbezeichnungen der Richter auf Lebenszeit und der Richter auf Zeit „Richter", „Vorsitzender Richter", „Direktor", „Vizepräsident" oder „Präsident" mit einem das Gericht bezeichnenden Zusatz („Richter am …", „Vorsitzender Richter am …", „Direktor des …", „Vizepräsident des …", „Präsident des …"). Richter kraft Auftrags führen im Dienst die Bezeichnung „Richter" mit einem das Gericht bezeichnenden Zusatz. Richter auf Probe führen die Bezeichnung „Richter“ (ohne Zusatz), im staatsanwaltschaftlichen Dienst die Bez. „Staatsanwalt“. Nach § 45a DRiG führen die → ehrenamtlichen Richter der Strafgerichtsbarkeit die Bezeichnung „Schöffe“, die ehrenamtlichen Richter bei den Kammern für Handelssachen die Bezeichnung „Handelsrichter“ und die anderen ehrenamtlichen Richter (zB bei den Arbeitsgerichten und den Verwaltungsgerichten) die Bezeichnung „ehrenamtlicher Richter“. Richter im Ruhestand führen die letzte Richteramtsbezeichnung mit dem Zusatz „a. D.“ (= außer Dienst).

Richteranklage
Verstößt ein → Richter im Bundesdienst im Amte oder außerhalb des Amtes gegen die Grundsätze des GG oder gegen die verfassungsmäßige Ordnung eines Landes, so kann das BVerfG mit Zweidrittelmehrheit auf Antrag des Bundestages anordnen, dass der Richter in ein anderes Amt oder in den Ruhestand zu versetzen ist; im Falle eines vorsätzlichen Verstoßes kann auf Entlassung erkannt werden (Art. 98 II GG). Die Länder können für Richter im Landesdienst eine entsprechende Regelung treffen. Geltendes Landesverfassungsrecht bleibt unberührt; doch steht auch hier die Entscheidung über eine Richteranklage dem BVerfG zu (Art. 98 V GG; § 13 Nr. 9 BVerfGG, §§ 58 ff. BVerfGG).

Richterbestechung
→ Bestechung.

Richtergesetze
Das Deutsche Richtergesetz (DRiG) idF v. 19.4.1972 (BGBl. 1972 I 713) mÄnd und die Richtergesetze der Länder erfüllen den Auftrag des Art. 98 I, III GG, die Rechtsverhältnisse der Richter in besonderen Gesetzen des Bundes und der Länder zu regeln (sa → Richterrecht, 2). Das DRiG enthält im I. Teil „Richteramt in Bund und Ländern“ (§§ 1–45a DRiG) allgemeine Vorschriften für die Richter im Bundesdienst und im Landesdienst; soweit die Vorschriften für Richter der Länder gelten, stützt sich dies auf Art. 74 I Nr. 27 GG, wonach der Bund das Statusrecht der Richter der Länder regeln kann. Dort finden sich insbes. Regeln über die Unvereinbarkeit gleichzeitiger Wahrnehmung von Aufgaben der Rechtsprechung mit solchen der gesetzgebenden oder der vollziehenden Gewalt (§ 4 DRiG, sog. → Inkompatibilität), die → Befähigung zum Richteramt (§§ 5–7 DRiG), Rechtsformen des → Richterverhältnisses und dessen nähere Ausgestaltung (§§ 8–24 DRiG), Fragen der sachlichen und persönlichen → Unabhängigkeit des Richters (§§ 25–37 DRiG) und seine besonderen Pflichten (§§ 38 –43 DRiG). Ferner enthält dieser Teil einige gemeinsame Vorschriften für die → ehrenamtlichen Richter aller Gerichtszweige (§§ 44–45a DRiG: Bestellung und Abberufung, Unabhängigkeit, Bezeichnung). Der II. Teil (§§ 46–70 DRiG) gestaltet das Recht der Richter im Bundesdienst näher aus und regelt insbes. deren Dienstgerichtsbarkeit (§§ 61–68 DRiG; → Dienstgerichte) und Richtervertretungen (§§ 49–60 DRiG; → Richterrat; Präsidialrat). Der III. Teil (§§ 71–84 DRiG) enthält ergänzende Vorschriften zum Statusrecht der Richter im Landesdienst (sa → Richterrecht, 2). Im Übrigen ist das Recht der Richter im Landesdienst durch eigene Landesrichtergesetze geregelt.

Richterhaftung
→ Staatshaftung, → Haftung des Beamten.

Richterliche Fristen
→ Frist (1).

Richterliches Prüfungsrecht
Nach Art. 97 I GG sind die Richter unabhängig und nur dem Gesetz unterworfen (→ Unabhängigkeit des Richters). Daraus wird das Recht des Richters abgeleitet, festzustellen, ob das von ihm in einem konkreten Rechtsstreit anzuwendende Gesetz gültig ist. Diese Befugnis ergibt sich ferner aus Art. 100 I GG; hiernach hat ein Gericht, das ein für seine Entscheidung maßgebliches Gesetz für verfassungswidrig hält, das Verfahren auszusetzen und die Entscheidung des Bundesverfassungsgerichts oder (bei Verletzung einer Landesverfassung) des zuständigen Landesverfassungsgerichts einzuholen. Daraus erhellt, dass nach dem GG ein richterliches Prüfungsrecht grundsätzlich gegeben und nur durch die begrenzte Vorlagepflicht beschränkt ist. Bejaht das Gericht die Verfassungsmäßigkeit des Gesetzes, so entscheidet es hierüber (inzident) selbst. Art. 100 GG gilt nicht hins. der vorkonstitutionellen und der nicht förmlichen Gesetze. Über Gesetze aus der Zeit vor dem 7.9.1949 kann jedes Gericht selbst befinden und ihre Anwendung wegen Verfassungswidrigkeit ablehnen; Gleiches gilt für alle untergesetzlichen Normen, die nur im Gesetz im materiellen, nicht aber auch in formellem Sinne sind (sa → Normenkontrolle, → Verfassungswidrigkeit von Gesetzen). Nach Art. 267 AEUV entscheidet der → Europäische Gerichtshof (EuGH) über die Auslegung der EU-Verträge. Stellt sich einem nationalen Richter zB die Frage der Vereinbarkeit einer Rechtsnorm mit den Verträgen, so kann er die Frage dem EuGH vorlegen; das letztinstanzliche nationale Gericht muss die Frage dem EuGH vorlegen.

Richterrat
Bei den Gerichten des Bundes und der Länder sind als Richtervertretungen für die Beteiligung der Richter an allgemeinen und sozialen Angelegenheiten Richterräte errichtet. Ihre Zusammensetzung und Wahl ist im Deutschen Richtergesetz (§§ 49 ff. DRiG) und in den Richtergesetzen der Länder näher geregelt. Der Richterrat entspricht im Wesentlichen der → Personalvertretung der Beamten,

Angestellten und Arbeiter (und dem „Staatsanwaltsrat", der in den meisten Ländern der BRep. eingerichteten Vertretung der Staatsanwälte). Bei gemeinsamen Aufgaben wirken Richterrat und Personalvertr. zusammen. Sa → Präsidialrat.

Richterrecht

1. → Rechtsfortbildung.

2. Richterrecht bezeichnet auch die Gesamtheit der das Recht der → Richter regelnden Rechtsvorschriften. Seit der → Föderalismusreform I regelt der Bund in → konkurrierender Gesetzgebung ausschließlich das Statusrecht der Richter der Länder. Im Übrigen regeln die Länder die Rechtsverhältnisse über Richter künftig selbst (Art. 74 I Nr. 27 GG). Das Recht der Richter des Bundes fällt in die ausschließliche Gesetzgebungszuständigkeit des Bundes (Art. 73 I Nr. 8 GG). → Richtergesetze; → Richterverhältnis.

Richterverhältnis

Richterverhältnis ist das zwischen dem Staat und dem Berufsrichter (→ Richter) bestehende Rechtsverhältnis (sa → Richterrecht, 2; → Richtergesetze).

1. Es ist wie das Beamtenverhältnis ein öffentlich-rechtliches Dienst- und Treueverhältnis, von diesem aber wesensverschieden. Das Richterverhältnis ist im Deutschen → Richtergesetz (§§ 8 ff. DRiG) und den Richtergesetzen der Länder näher geregelt. Das Richterverhältnis kann auf Lebenszeit, auf Zeit, auf Probe oder kraft Auftrags begründet werden. In das Richterverhältnis darf nur berufen werden, wer Deutscher iS des Art. 116 GG ist, die Gewähr dafür bietet, dass er jederzeit für die freiheitliche demokratische Grundordnung iS des GG eintritt und die → Befähigung zum Richteramt besitzt (§ 9 DRiG). Zum Richter auf Lebenszeit kann ernannt werden, wer nach Erwerb der Befähigung zum Richteramt mindestens 3 Jahre im richterlichen Dienst tätig gewesen ist (§ 10 DRiG). Eine Ernennung zum Richter auf Zeit ist nur durch Bundesgesetz unter den bestimmten Voraussetzungen und nur für die bundesgesetzlich bestimmten Aufgaben zulässig (§ 11 DRiG). Wer später als Richter auf Lebenszeit oder als Staatsanwalt verwendet werden soll, kann zum Richter auf Probe ernannt werden. Zum Richter kraft Auftrags kann ein Beamter auf Lebenszeit oder auf Zeit ernannt werden, wenn er später als Richter auf Lebenszeit verwendet werden soll.

2. a) Über die Berufung der Landesrichter entscheidet der zuständige Minister, in der Regel der Justizminister (→ Rechtspflegeministerium), soweit nicht → Richterwahlausschüsse zu beteiligen sind; über die Berufung der Bundesrichter entscheidet der Richterwahlausschuss des Bundes.

b) Das Richterverhältnis wird durch Aushändigung einer Urkunde begründet, in der die Worte „unter Berufung in das Richterverhältnis" mit dem Zusatz „auf Lebenszeit", „auf Zeit", „auf Probe" oder „kraft Auftrags" enthalten sein müssen. Die Ernennung ist nichtig, wenn sie von einer sachlich unzuständigen Behörde ausgesprochen wurde (sie kann nicht rückwirkend bestätigt werden), wenn der Ernannte im Zeitpunkt der Ernennung nicht Deutscher iS des Art. 116 GG oder entmündigt war oder nicht die Fähigkeit zur Bekleidung öffentlicher Ämter hatte. Die Nichtigkeit einer Ernennung zum Richterverhältnis auf Lebenszeit oder auf Zeit kann erst geltend gemacht werden, nachdem ein Gericht sie rechtskräftig festgestellt hat. Das DRiG enthält ferner Vorschriften über die Rücknahme der Ernennung (§ 19 DRiG), die Entlassung aus dem Dienstverhältnis (§§ 21–23 DRiG) und die Beendigung des Richterverhältnisses durch richterliche Entscheidung (§ 24 DRiG). Im Übrigen bestimmen sich die Rechtsverhältnisse der Richter nach den Vorschriften des → Beamtenrechts, soweit dieses trotz der Besonderheiten des Richterverhältnisses (insbes. die richterliche → Unabhängigkeit) anwendbar ist. Die Beförderung von Richtern kann von einer Erprobung abhängig gemacht werden (Beschluss des BVerfG v. 22.6.2006 – 2 BvR 957/05).

c) Zur Besoldung der Richter s. → Dienstbezüge (3, 6c).

3. Besondere Vorschriften galten für die Richter der ehem. → DDR. Nach dem → Einigungsvertrag entschieden eigens hierfür eingerichtete → Richterwahlausschüsse über den Fortbestand der Richterverhältnisse der am 3.10.1990 in der ehemaligen DDR tätigen Richter. Bis zur Entscheidung durch den Richterwahlausschuss waren die amtierenden Richter zur Ausübung der Rechtsprechung ermächtigt. Entschied sich der Richterwahlausschuss gegen eine Übernahme, so schieden die betroffenen Richter sofort aus dem Richterverhältnis aus. Entschied sich der Richterauswahlausschuss für eine Übernahme, wurden die betroffenen Richter in ein Richterverhältnis auf Probe berufen. Für diese bestätigten Richter galten die allgemeinen Vorschriften mit einigen Ausnahmen, die in den Maßgaben des → Einigungsvertrages enthalten sind.

Richtervertretungen

→ Richterrat; → Präsidialrat.

Richtervorbehalt

Nach Art. 104 GG kann über die Fortdauer einer Freiheitsentziehung nur ein Richter entscheiden. Bei jeder nicht auf einer richterlichen Entscheidung beruhenden Freiheitsentziehung ist unverzüglich eine richterliche Entscheidung herbeizuführen. Niemand darf ohne richterliche Entscheidung länger als bis zum Ablauf des Tages nach der Festnahme festgehalten werden. Sa → Anstaltsunterbringung; → Festnahme → Infektionsschutzgesetz; → Quarantäne; → Unterbringung; → Unterbringungsgesetze; → Zwangsunterbringung.

Richterwahl(ausschüsse)
Über die Berufung der → Richter an den → obersten Gerichtshöfen des Bundes entscheidet nach Art. 95 II GG der für das jeweilige Sachgebiet (Justiz, Arbeit) zuständige Bundesminister gemeinsam mit einem Richterwahlausschuss. Dieser besteht aus den für das Sachgebiet zuständigen Ministern der Länder und einer gleichen Anzahl von Mitgliedern (nicht notwendig Abgeordneten), die vom → Bundestag gewählt werden. Das Verfahren bestimmt sich nach dem RichterwahlG vom 25.8.1950 (BGBl. 1950 I 368). Nach Art. 98 IV GG können die Länder für die Anstellung der Landesrichter ähnliche Regelungen treffen (in mehreren Ländern unterschiedlich ausgestaltet). Wo kein Richterwahlausschuss besteht, werden die Richter allein vom zuständigen Minister oder von der LdReg. ernannt. Die Richter des → Bundesverfassungsgerichts werden in einem besonderen Verfahren gewählt (§§ 5 ff. BVerfGG idF vom 3.2.1971, BGBl. 1971 I 105 mÄnd).

Richtgeschwindigkeit
→ Fahrgeschwindigkeit, → Straßenverkehrshaftung (2).

Richtigstellung
(Presserecht) → Gegendarstellung.

Richtlinien
1. Richtlinien zur Durchführung von Gesetzen und Verordnungen bestehen zu zahlreichen Rechtsvorschriften. Sie richten sich in erster Linie an Verwaltungsbehörden, für die sie im Innenverhältnis bindend sind, und bezwecken vor allem die einheitliche Auslegung und Anwendung des Rechts. Von besonderer praktischer Bedeutung sind die umfangreichen Richtlinien zu Steuergesetzen (Textsammlung Steuerrichtlinien), zB die Einkommensteuer-Richtlinien, erlassen von der Bundesregierung gem. Art. 108 VII GG. Ferner werden als Richtlinien häufig Bestimmungen bezeichnet, welche die gesetzlich nicht oder nicht näher geregelte Vergabe öffentlicher Mittel (zB Zuschüsse, Subventionen) regeln, ohne dem Einzelnen einen Rechtsanspruch hierauf zu verleihen.

2. Richtlinien sind → Verwaltungsvorschriften. Sie werden von Verwaltungsbehörden (im staatlichen Bereich oft von den Ministerien) erlassen, wofür eine gesetzliche Ermächtigung nicht erforderlich ist. Für die nachgeordneten Behörden sind sie bindend. Für den Bürger begründen sie grundsätzlich weder Rechte noch Pflichten. Soweit sie sich an Gerichte wenden, äußern sie im Hinblick auf Art. 97 GG, §§ 25, 26 DRiG eine solche Bindungswirkung nicht, haben vielmehr nur den Charakter von Hinweisen (zB auf die Möglichkeit zur Inanspruchnahme von Sachverständigen oder bestimmten Fachbehörden usw.).

3. Daher gelten zB die Richtlinien für das Straf- und Bußgeldverfahren (RiStBV) vornehmlich für die Bearbeitung von Straf- und Bußgeldsachen durch die weisungsgebundenen Strafverfolgungsbehörden, enthalten aber auch Hinweise für den Richter. Das Gleiche gilt für die Richtlinien zum Jugendgerichtsgesetz (RiJGG). Vgl. ferner die für den zwischenstaatlichen Rechtshilfeverkehr geltende Rechtshilfeordnung für Zivilsachen (ZRHO) und die Richtlinien für den Verkehr mit dem Ausland in strafrechtlichen Angelegenheiten (RiVASt).

4. Sa → Richtlinien der Europäischen Union.

Richtlinien der Europäischen Union
1. Richtlinien der Europäischen Union sind Rechtsnormen des auf Grund von → EU-Vertrag und → AEUV in dem Verfahren der → europäischen Gesetzgebung gesetzten → EU-Recht. Sie sind Normen des Sekundärrechts. Anders als die unmittelbar gegenüber den Bürgern der EU wirkenden → Verordnungen der Europäischen Union sind die Richtlinien nur für jeden Mitgliedstaat, an den sie gerichtet werden (idR alle Mitgliedstaaten), hinsichtlich des zu erreichenden Ziels verbindlich, überlassen jedoch den innerstaatlichen Stellen die Wahl der Form und der Mittel der Umsetzung (Art. 288 III AEUV). Die Anpassung des nationalen Rechts an die Richtlinien hat idR binnen einer in der Richtlinie bestimmten Frist (Anpassungsfrist) zu erfolgen. Die Richtlinien sind überdies innerstaatlich bei der Auslegung des angepassten nationalen Rechts wegen des Grundsatzes der gemeinschaftsfreundlichen Auslegung richtungsweisend. Ferner haben sie für einmal angepasstes nationales Recht eine Sperrwirkung gegenüber gemeinschaftsunfreundlicheren nationalen Rechtsänderungen. Außerdem haben Richtlinien nach der Rechtsprechung des → Europäischen Gerichtshofes nach Ablauf der Anpassungsfrist gegenüber widersprechendem Eingriffsrecht der Mitgliedstaaten kassatorische Wirkung. Auch kann sich ein Mitgliedstaat schadenseratzpflichtig machen, wenn er eine Richtlinie zum Schaden der Bürger nicht rechtzeitig anpasst. Eine horizontale Wirkung der Richtlinien nach Ablauf der Anpassungsfrist, also eine Wirkung zwischen Bürgern untereinander, wird hingegen verneint. Das betrifft in erster Linie Richtlinien, die privatrechtliche Fragen regeln, also etwa Verbraucherschutz.

2. Hinsichtlich des Inhalts von Richtlinien wird zwischen Vollharmonisierung, Mindestharmonisierung und Teilharmonisierung unterschieden. Von Vollharmonisierung spricht man, wenn die Richtlinie keinen Spielraum lässt, sondern den nationalen Gesetzgeber zwingt, den Standard der Richtlinie weder zu unter- noch zu überschreiten, in ihrer praktischen Wirkung unterscheidet sich die Vollharmonisierung nicht von einer → Verordnung der Europäischen Union. Die Mindestharmonisierung schafft nur gewisse Mindeststan-

dards, erlaubt es aber dem nationalen Gesetzgeber, in unterschiedlichem Maße über diese Mindeststandards hinaus zu gehen. Bei der Teilharmonisierung wird nur ein bestimmter Bereich einer Rechtsmaterie voll- oder mindestharmonisiert.

Richtlinien der Politik
→ Bundeskanzler; → Ressortprinzip.

Richtlinienkompetenz
Der Begriff Richtlinienkompetenz bezeichnet die Alleinentscheidungsbefugnis eines Regierungschefs in grundsätzlichen Fragen. Die → Regierung als oberstes (Kollegial-)Organ der → vollziehenden Gewalt besteht aus den → Ministern (Bundesminister, Landesminister) und dem Regierungschef (→ Bundeskanzler, Ministerpräsident, → Regierender Bürgermeister). Das Zusammenwirken innerhalb einer Regierung kann unterschiedlich geregelt sein. Nach Art. 65 GG (vgl. auch → Bundesregierung) bestimmt der Bundeskanzler im Rahmen der Richtlinienkompetenz die Richtlinien der Politik. Innerhalb dieser Richtlinien führen die Minister selbständig und in eigener Verantwortung ihr → Ressort (Ressortprinzip). Bei Meinungsverschiedenheiten zwischen den Bundesministern entscheidet die Bundesregierung als Kollegialorgan (→ Kollegialprinzip). Ganz ähnlich sind die Kompetenzen innerhalb der Regierungen auch in den → Ländern geregelt.

Richtsätze
sind verwaltungsinterne Vorschriften der Finanzverwaltung, um im Rahmen des → Besteuerungsverfahrens oder bei der → Außenprüfung Umsätze und Gewinne von Gewerbetreibenden zu verproben und ggf. zu schätzen. Diese Methoden dienen zur Überprüfung der Richtigkeit der Angaben des Stpfl. Die Richtsätze sind auf der Grundlage von Betriebsergebnissen zahlreicher geprüfter Unternehmen erstellt worden. (BMF-Schreiben v. 8.6.2017, BStBl. I 2015, 801).

Richtungsänderung im Fahrverkehr
ist vorher so rechtzeitig und deutlich anzukündigen, dass andere → Verkehrsteilnehmer ihr Verhalten danach einrichten können, insbes. vor dem → Abbiegen, → Überholen, → Einfahren aus Grundstücken. Sa → Kolonnen, → abknickende Vorfahrt, → Kreisverkehr. Soweit für Kfz und Schienenbahnen Fahrtrichtungsanzeiger (sog. Blinkleuchten) vorgeschrieben sind (§ 54 StVZO, § 40 BOStrab → Straßenbahnen), müssen diese betätigt werden; im Übrigen ist die Art der Zeichengebung freigestellt (Armheben o. dgl.). Ein Recht zur → Vorfahrt entbindet nicht von der Anzeigepflicht; ebenso wenig befreit das Zeichengeben von der allgemeinen Sorgfaltspflicht im Verkehr, der zu beobachten ist, um Gefährdung anderer zu vermeiden (§ 1 StVO).

Richtwerte
(bei Grundstücken) → Grundstückswerte.

RID-Übereinkommen
→ Beförderung gefährlicher Güter.

Riester-Rente
→ Altersversorgung, betriebliche, → Altersvorsorge, kapitalgedeckte.

Rimesse
Rimesse ist ein → Rückwechsel.

Rinderwahnsinn
→ BSE.

Risiko
→ Gefahr, → Betriebsrisiko, → Versicherungsvertrag, → Joint venture-Vertrag, → Geschäftsgrundlage.

Risikobehaftete Arbeit
→ innerbetrieblicher Schadensausgleich.

Risikogebiet
Während der COVID-19-Pandemie (→ COVID-19) wurden vom → Robert-Koch-Institut (sa → Infektionsschutzgesetz) bestimmte Staaten oder Teile von Staaten oder auch inländische Gebiete als sog. Risikogebiete eingestuft, wenn es dort wöchentlich zu mehr als 50 Neuinfektionen je 100.000 Einwohnern kam. Bei der → Einreise aus einem Risikogebiet bestand → Testpflicht und/oder Quarantänezwang (→ Quarantäne). Ausnahmen bestanden bei der bloßen Durchreise durch ein Risikogebiet. Teilweise wurden auch für Personen aus inländischen Risikogebieten im Inland Beherbergungsverbote erlassen. Inzwischen wird durch die Corona-Einreiseverordnung (→ Einreise) nur noch zwischen Hochrisikogebieten mit besonders hohen Inzidenzen und Virusvariantengebieten unterschieden.

Risikostrukturausgleich (zwischen Krankenkassen)
Zwischen den verschiedenen → Krankenkassen der gesetzlichen → Krankenversicherung wird bei der Zuweisung der Mittel aus dem → Gesundheitsfond ein Risikostrukturausgleich (Morbiditätsorientierter Risikostrukturausgleich, kurz Morbi-RSA) durchgeführt. Durch den Risikostrukturausgleich werden die finanziellen Auswirkungen von Unterschieden in zB der Höhe der beitragspflichtigen Einnahmen der Mitglieder, der Zahl der Versicherten, des Alters der Versicherten und des Geschlechts der Versicherten zwischen den Krankenkassen ausgeglichen. Das → Bundesamt für Soziale Sicherung führt den Risikostrukturausgleich durch (§ 266 SGB V). Einzelheiten des morbiditätsorientieren Risikostrukturausgleichs sind in der Risikostruktur-Ausgleichsverordnung (RSAV) geregelt. Eine Weiterentwicklung des Morbi-RSA ist geplant, da sich darin, in in seiner jetzigen Form, die Ersatzkassen aufgrund ihrer anderen Versichertenstruktur, gegenüber den Allgemeinen Ortskrankenkassen, benachteiligt sehen.

RM-Verbindlichkeiten
und RM-Forderungen iS des → UmstellungsG waren alle Verbindlichkeiten und Forderungen aus vor dem 21.6.1948 begründeten Schuldverhältnissen, die auf Reichsmark, Rentenmark oder Goldmark lauteten oder nach den vor dem Inkrafttreten des → WährungsG geltenden Vorschriften in Reichsmark zu erfüllen gewesen waren. Sie wurden durch das UmstellungsG grundsätzlich mit der Wirkung auf DM umgestellt, dass der Schuldner an den Gläubiger für je 10 RM eine DM zu zahlen hatte. Sonderregelungen (Umstellung 1 : 1) bestanden für Löhne und Gehälter, Mieten, Renten sowie Verbindlichkeiten aus der Auseinandersetzung zwischen Gesellschaftern, Miterben, Ehegatten (Einzelheiten § 18). Die Umstellung von → Hypotheken, → Grundschulden und → Rentenschulden richtete sich gem. Art. I § 1 der 40. DVO zum UmstellungsG (AHKABl. 245) grundsätzlich nach der Umstellung der durch das dingliche Recht gesicherten Forderung. Ausnahmen (Umstellung 1 : 1) galten ua für → Höchstbetragshypotheken, → Eigentümergrundschulden (Einzelheiten Art. I § 2). Die Heranziehung der durch die Umstellung im Verhältnis 10 : 1 begründeten Schuldnergewinne zum → Lastenausgleich regelten die hierzu ergangenen Bestimmungen.

Robben
Seit 2010 dürfen Erzeugnisse von Robben (zB Souvenire aus Robbenfell) grds. nur in Verkehr gebracht werden, wenn sie aus der traditionsgemäßen Jagd zum Lebensunterhalt von indigenen Gemeinschaften stammen, die von den Inuit in Kanada als Mitglieder ihres Volkes anerkannt sind (VO (EG) 1007/2009 über den Handel mit Robbenerzeugnissen v. 16.9.2009, ABl. EG 2009 L 286, 36). Das Tiererzeugnisse-Handels-Verbots-Gesetz (TierErzHaVerbG) v. 8.12.2008 (BGBl. 2008 I 2394 mÄnd) enthält die deutschen Durchführungsvorschriften.

Robert-Koch-Institut
Das Robert Koch-Institut (RKI) ist als selbstständige Bundesoberbehörde mit Hauptsitz in Berlin zuständig für Infektionskrankheiten und nicht übertragbare Krankheiten. Es ist eine der Nachfolgebehörden des 1994 aufgelösten Bundesgesundheitsamtes (§ 2 Gesetz über Nachfolgeeinrichtungen des Bundesgesundheitsamtes v. 24.6.1994, BGBl. 1994 I 1416). Das Robert-Koch-Institut ist die nationale Behörde zur Vorbeugung übertragbarer Krankheiten sowie zur frühzeitigen Erkennung und Verhinderung der Weiterverbreitung von Infektionen (§ 4 Abs. 1 → Infektionsschutzgesetz). Aus Anlass der → COVID-19-Pandemie wurden die Regelungen in § 4 InfektionsschutzG durch das Gesetz zum Schutz der Bevölkerung bei einer epidemischen Lage von nationaler Tragweite v. 27.3.200 (BGBl. I 587) geändert. Während vorher das Robert-Koch-Institut nur die Aufgabe hatte, Konzeptionen zur Vorbeugung übertragbarer Krankheiten sowie zur frühzeitigen Erkennung und Verhinderung der Weiterverbreitung von Infektionen zu entwickeln, wurde es durch das Gesetz v. 27.3.2020 zur zuständigen Behörde für Vorbeugung, frühzeitige Erkennung, Verhinderung und Weiterverbreitung von Infektionen. Bekannt wurde das RKI durch die tägliche Bewertung der COVID-19-Lage.

Rodeln
→ Wintersport.

Römische Verträge
→ Europäische Integration (2).

Römisches Recht
Das für viele spätere Rechtssysteme vorbildlich gewordene römische Recht bestand ursprünglich nur aus Gewohnheitsrecht (sa → Kautelarjurisprudenz); es brachte erst im Laufe der Zeit geschriebene Gesetze hervor. Die bedeutungsvollsten unter den ersten Gesetzen waren das → Zwölftafelgesetz und das aus Edikten der Magistrate und Prätoren bestehende ius honorarium. Schon frühzeitig unterschieden die Römer das zwischen ihnen geltende ius civile und das im Verkehr mit fremden Völkerschaften anwendbare ius gentium.

Die wichtigste Kodifikation, die im Wege der → Rezeption nachhaltigen Einfluss auch auf das deutsche Recht gewann, sind die im Corpus iuris Civilis unter Kaiser Justinian zusammengefassten Gesetzbücher: die Institutionen (Übersichten und Einführung, Lehrbuch mit Gesetzeskraft) und Pandekten (griech.; lat. = Digesten; Auszüge aus Schriften klassischer röm. Juristen, später Bezeichnung für das Zivilrecht überhaupt) – 533 n. Chr. – und der Codex Justinianus – 534 n. Chr. –, dazu sog. Novellen (letzterlassene Zusatzgesetze).

Die darin niedergelegten Rechtssätze, meist privatrechtlichen Inhalts, wurden in Italien später weiterentwickelt und in der Rechtspraxis anerkannt, soweit sie von namhaften Juristen, den sog. Glossatoren – insbes. Irnerius, Bulgarus, Jacobus, Azo, Accursius – im 12. und 13. Jh. erläutert (glossiert) und überarbeitet worden waren, wobei sie auch gewandelten Rechtsauffassungen angepasst wurden. Bis zum 14. Jh. wurde das römische Recht sodann mit Richtung auf seine praktische Anwendung durch die Kommentatoren (Konsiliatoren) – früher öfters als Postglossatoren bezeichnet – fortentwickelt, insbes. durch Bartolus und Baldus. In dieser Form war es Gegenstand der Rezeption in Deutschland; über das Verhältnis des römische Rechts zum deutschen Recht → Rezeption.

Römisches Statut
Das Römische Statut v. 17.7.1998 (BGBl. 1998 II 1393) regelt die Errichtung des → Internationalen Strafgerichtshofs (IStGH), dessen Zusammensetzung und Verwaltung, die Zuständigkeit, die allgemeinen Grundsätze des internationalen Strafrechts so-

wie die vier Kerntatbestände des internationalen Verbrechens: → Völkermord, Verbrechen gegen die Menschlichkeit (→ Menschlichkeitsverbrechen), → Kriegsverbrechen und Aggression. Für die Aggression bestimmt das Römische Statut einen Aufschub der Gerichtsbarkeit des IStGH bis zur Aufnahme einer Bestimmung in das Römische Statut, die dieses Verbrechen definiert und die Bedingungen für die Ausübung der Gerichtsbarkeit über dieses Delikt festlegt. Die USA haben das Römische Statut nicht ratifiziert, sondern eigene Regeln geschaffen, die ihre Staatsbürger vor dem Zugriff des IStGH schützen sollen. Die Organe von Staaten und militärische Führer können sich bei Begehung der og Verbrechen nicht auf die → Staatenimmunität berufen.

Rohrfernleitungsanlagen
Gem. §§ 2 ff. VO über Rohrfernleitungsanlagen v. 27.9.2002 (BGBl. 2002 I 3777, 3809) mÄnd müssen bestimmte Rohrfernleitungsanlagen (zB für Erdöl, Kohlenmonoxid o. Ethylen) so betrieben werden, dass eine Beeinträchtigung des → Wohls der Allgemeinheit nicht zu besorgen ist und ihr ordnungsgemäßer Zustand erhalten bleibt. Vorsorge für sowie Maßnahmen bei und nach einem Schadensfall regeln die §§ 7, 8 der VO. Flüssigkeiten und Gase dürfen durch Rohrfernleitungsanlagen nur so befördert werden, dass oberirdische → Gewässer, → Küstengewässer und → Grundwasser nicht beeinträchtigt werden (§§ 32, 45, 48 WHG). Vorhaben fallen nach § 1 UVPG iVm Nr. 19.2 ff. Anlage 1 in den Anwendungsbereich des UVPG. Zum Teil besteht die Pflicht zur Durchführung einer → Umweltverträglichkeitsprüfung gem. § 6 I UVPG oder zur Vorprüfung nach § 7 UVPG. Zum Teil bedürfen sie nach § 65 I UVPG iVm Nr. 19.3.–19.9 Anlage 1 einer → Planfeststellung, sonst der Plangenehmigung (§ 65 II UVPG), die im Anwendungsbeich die Anforderungen des WHG verdrängt. Sa → brennbare Flüssigkeiten. Sie sind von Rohrleitungsanlagen iSd § 62 I WHG zu unterscheiden. Gasversorgungsleitungen unterliegen als Teil eines Energieversorgungsnetzes den Regeln des → Energiewirtschaftsgesetzes und der → Bundesnetzagentur. Art. 194 AEUV findet Anwendung.

Rollschuhfahren
→ Sport und Spiel auf Straßen.

Rom I
Rom I bezeichnet die VO (EG) 593/2008 v. 17.6.2008 über das auf vertragliche Schuldverhältnisse anzuwendende Recht. Sie gilt für vertragliche Schuldverhältnisse in Zivil- und Handelssachen, die eine Verbindung zum Recht verschiedener Staaten aufweisen (Art. 1 Rom I-VO). Sie regelt insbesondere das Recht, welches auf die verschiedenen Vertragstypen Anwendung finden kann. Grundsätzlich gilt die freie Rechtswahl zwischen den Parteien (Art. 3 Rom I-VO). Einschränkungen gibt es aber bei einzelnen Vertragstypen wie Verbraucher oder Arbeitsverträgen. Sa → Internationales Privatrecht (2d).

Rom II
Rom II bezeichnet die VO (EG) 864/2007 v. 11.7.2007 über das auf außervertragliche Schuldverhältnisse anzuwendende Recht (→ unerlaubte Handlung, → ungerechtfertigte Bereicherung, → Geschäftsführung ohne Auftrag) und Verschulden bei Vertragsverhandlungen (Art. 2 Rom II-VO). Sie gilt für außervertragliche Schuldverhältnisse in Zivil- und Handelssachen, die eine Verbindung zum Recht verschiedener Staaten aufweisen (Art. 1 I 1 Rom II-VO). Sa → Internationales Privatrecht (2e).

Rom III
1. Als Rom III-VO wird die VO (EU) 1259/2010 des Rates v. 20.12.2010 zur Durchführung einer verstärkten Zusammenarbeit im Bereich des auf die Ehescheidung und Trennung ohne Auflösung des Ehebandes anzuwendenden Rechts (ABl. EU 2010 L 343, 10) bezeichnet. Sie regelt und vereinheitlicht Kollisionsnormen für Ehescheidungen mit Auslandsbezug.

2. Die Rom III-VO bestimmt das bei Ehescheidungen anzuwendende Recht für die Mitgliedstaaten, in denen sie Anwendung findet. Sie gilt nicht für bestimmte Gegenstände wie zB das Bestehen oder die Gültigkeit einer Ehe, die Namen der Ehegatten, die vermögensrechtlichen Folgen der Ehe, die elterliche Verantwortung oder Unterhaltspflichten auch wenn diese Vorfragen eines Ehescheidungsverfahrens sind (Art. 1 II Rom III-VO) (→ Internationales Privatrecht, 2b). Der europäische Rechtsakt gilt universell (Art. 4 Rom III-VO). Das bedeutet, dass das nach der Rom III-VO anzuwendende Recht auch dann anzuwenden ist, wenn es sich nicht um das eines der Mitgliedstaaten handelt. Folgende wesentliche Bestimmungen von Rom III sind zu nennen: Zunächst haben die Ehegatten die Möglichkeit der Wahl des auf die Ehescheidung anzuwendenden Rechts (Art. 5 I Rom III-VO). Dabei stehen ihnen offen das Recht des Staates, in dem sie ihren gemeinsamen gewöhnlichen Aufenthalt haben (lit. a) oder in dem sie zuletzt ihren gewöhnlichen Aufenthalt hatten, sofern einer von ihnen zum Zeitpunkt der Rechtswahl dort noch seinen gewöhnlichen Aufenthalt hat (lit. b). Weiter können sie das Recht des Staates wählen, dessen Staatsangehörigkeit einer der Ehegatten besitzt, oder das Recht des angerufenen Gerichts (lit. c und d). Die Rechtswahl kann spätestens bis zum Zeitpunkt der Anrufung des Gerichts (Art. 5 II Rom III-VO) getroffenen werden und, wenn das nationale Recht es vorsieht, sogar noch im Laufe des Verfahrens (Art. 5 III Rom III-VO). Wählen die Ehegatten kein Recht, unterliegt die Ehescheidung vorrangig dem Recht des Staates, in dem die Ehegatten zum

Zeitpunkt der Anrufung des Gerichts ihren gewöhnlichen Aufenthalt haben (Art. 8 lit. a Rom III-VO). Liegt ein solcher nicht vor, ist grundsätzlich an den letzten gemeinsamen gewöhnlichen Aufenthalt anzuknüpfen, wenn einer der Ehegatten ihn noch innehat (lit. b). Höchst hilfsweise ist das Recht anzuwenden, dessen Staatsangehörigkeit beide Ehegatten besitzen (lit. c) oder zuletzt das Recht des Staates des angerufenen Gerichts (lit. d).

Rosinentheorie
→ Handelsregister (3).

Rota Romana
→ Kirchliche Gerichtsbarkeit (1d).

Rote Klauseln
→ Schwarze Klauseln.

Rotes Kreuz
ist die auf Anregung des Schweizer Arztes Henri Dunant zurückgehende, in vielen Staaten der Erde bestehende unpolitische, humanitäre Organisation, die sich auf nationaler Ebene ua mit der Bekämpfung und Linderung gesundheitlicher und sozialer Not, auf internationaler Ebene ua mit der Milderung der durch Kriege verursachten Leiden insbes. der Kriegsgefangenen und Verwundeten befasst (→ Internationales Rotes Kreuz). In den → Genfer Konventionen ist die humanitäre Tätigkeit des Roten Kreuzes ausdrücklich anerkannt. Das Internationale Komitee vom Roten Kreuz ist → Völkerrechtssubjekt. In moslemischen Ländern besteht als verwandte Organisation der Rote Halbmond, im Iran der Rote Löwe und die Rote Sonne. Das Deutsche Rote Kreuz (Sitz Bonn) ist die Dachorganisation der Landes- und Kreisverbände des Roten Kreuzes in der BRep. Eine besondere Organisationsform (Körperschaft des öff. Rechts) hat das Bayerische Rote Kreuz (Gesetz v. 16.7.1986, GVBl. 1986, 134).

Rousseau, Jean-Jacques
(1712–1778), franz. Sozialkritiker, Geschichts- und Staatsphilosoph, Verfechter naturrechtlicher Gedankengänge und der Lehre vom Wesen des Staates als eines Gesellschaftsvertrags (contrat social); danach beruht der Staat auf freiwilliger Übereinkunft seiner Mitglieder, die im Interesse der Gemeinschaft und dadurch zugleich zum eigenen Nutzen auf einen Teil ihrer natürlichen Freiheit verzichten. Dadurch identifiziert sich der Wille der Staatsbürger mit dem Allgemeinwillen (volonté générale), nach dem sich die Staatsgewalt richtet. Rousseau ist wie → Montesquieu Anhänger des Grundsatzes der → Gewaltentrennung – mit dem Vorrang der Gesetzgebung –, der zu den tragenden Prinzipien aller demokratischen Verfassungswerke gehört.

RPflG
→ Rechtspfleger.

Rubrum
Das Rubrum ist der → Urteilskopf; er wurde früher rot geschrieben und daher lat. rubrum genannt.

Rückbenennung
(Name) → Einbenennung.

Rückbürge
→ Bürgschaft.

Rückerstattung
(von Vermögenswerten in der ehem. DDR) → Offene Vermögensfragen.

Rückerstattung von Baukostenzuschüssen
→ Baukostenzuschuss.

Rückerstattungsrecht
Rückerstattungsrecht war das Teilgebiet der vermögensrechtlichen → Wiedergutmachung nationalsozialistischen Unrechts, das die Rückgabe entzogener Vermögensgegenstände und deren Ersatz regelt. Das BundesrückerstattungsG (BRüG) v. 19.7.1957 (BGBl. 1957 I 734) mÄnd brachte eine einheitliche Regelung für rückerstattungsrechtliche Ansprüche, die sich auf einen Geldbetrag oder auf Schadensersatz gegen das Deutsche Reich sowie weitere Körperschaften und Unternehmen richten. Ansprüche auf Naturalrestitution entzogener feststellbarer Vermögensgegenstände, die sich auf das voraufgegangene Besatzungsrecht stützen, richten sich gegen den nunmehrigen Inhaber des Vermögensgegenstandes (Rückerstattung gegen Herausgabe eines etwaigen Entgelts; Aufwendungsersatz). Die nach dem BRüG begründeten rückerstattungsrechtlichen Ansprüche, die grundsätzlich bis 1.4.1959 angemeldet werden mussten, sind von der BRep. Deutschland zu erfüllen. Sa → Reparationsschädengesetz. Zur Rückerstattung von Vermögenswerten in der ehem. DDR s. → offene Vermögensfragen.

Rückfall
Rückfall nennt man die wiederholte Straffälligkeit nach Bestrafung; Rückfall hatte bis 1986 unter bestimmten Voraussetzungen eine Mindeststrafe von 6 Mon. zur Folge (§ 48 StGB aF; vor den Strafrechtsreformgesetzen enthielt bis 1970 § 20a StGB aF eine Norm zur Strafschärfung gegenüber gefährlichen Gewohnheitsverbrechern). Eine spezielle Rückfallqualifikation enthält bis heute der Tatbestand des schweren sexuellen Kindesmissbrauchs (§ 176a I StGB). Rückfall und die Gefahr künftigen Rückfalls sind nun von Bedeutung für die Art der → Strafe und deren Höhe (→ Strafzumessung), → Strafaussetzung zur Bewährung sowie Sicherungsverwahrung und Führungsaufsicht (→ Maßregeln der Besserung und Sicherung, 3 und 5).

Rückführungspflicht in den Ausgangszustand
Die Rückführungspflicht in den Ausgangszustand besteht für Industrie-Anlagen gem. IVU-

Richtlinie, die in der 4. DVO zum BImSchG über genehmigungsbedürftige → Anlagen, 1b) und e), gesondert gelistet sind (sa → Immissionsschutzrecht). In Deutschland handelt es sich dabei um etwa 9000 Anlagen, die in besonderem Maße zu Umweltverschmutzung, Abfallerzeugung und Energieverbrauch beitragen (zB Großkraftwerke, Metallgewinnung und -verarbeitung, Chemie). Der Antrag einer Neu- oder Änderungsgenehmigung hat einen Bericht über den Ausgangszustand des Anlagengrundstückes in Bezug auf bestimmte gefährliche Stoffe zu enthalten. Wird die Industrie-Anlage stillgelegt, muss das Grundstück in diesen Ausgangszustand zurück geführt werden, sofern die Boden- oder Gewässerverunreinigung erheblich ist, sie nach dem 7. Januar 2013 entstanden und soweit die Rückführung verhältnismäßig ist.

Rückgabe vor Entschädigung
→ Offene Vermögensfragen.

Rückgaberecht
→ Verbrauchervertrag.

Rückgewährschuldverhältnis
→ Rücktritt vom Vertrag (2).

Rückgriff
→ Regress, → Wechselregress, → Scheckregress, → Verbrauchsgüterkauf (2); Rückgriff des Verkäufers bei seinem Lieferanten → Gewährleistung (2e).

Rückgriffsrecht des Staates
→ Regress, → Staatshaftung, → Haftung des Beamten.

Rückhaltesystem
in Kfz ist der → Sicherheitsgurt oder ein anderes nach § 35 StVZO zugelassenes Rückhaltesystem.

Rückkauf
→ Wiederkauf.

Rückkaufhandel
Rückkaufhandel, dh der gewerbsmäßige Ankauf von beweglichen → Sachen unter Einräumung eines Rückkaufsrechts (→ Wiederkauf), ist nach § 34 IV GewO verboten (Ordnungswidrigkeit nach § 144 II Nr. 2 GewO).

Rückkaufswert
im Versicherungsrecht → Rückvergütung.

Rücklage
Die offene Rücklage ist bei einem kaufmännischen Unternehmen ein Geldbetrag, der als Reserve bereitgestellt ist. Die offene Rücklage wird auf der Passivseite der → Bilanz ausgewiesen, im Gegensatz zu den sog. → stillen Reserven, die dadurch entstehen, dass Vermögensgegenstände in der Bilanz mit einem niedrigeren Wert als dem wirklichen Verkehrswert angesetzt sind. → Aktiengesellschaften und → Kommanditgesellschaften auf Aktien müssen eine gesetzliche Rücklage bilden, die den zehnten oder satzungsgemäß bestimmten höheren Teil des Grundkapitals erreichen soll (§ 150 I, II AktG). Neben der gesetzlichen Rücklage können freiwillige Rücklage gebildet werden. Die Rücklage ist von den → Rückstellungen zu unterscheiden.

Rücklieferung
→ Auslieferung.

Rücknahme der Klage
→ Klagerücknahme; – von Rechtsmitteln → Zurücknahme von Rechtsmitteln.

Rücknahme von Verwaltungsakten
→ Verwaltungsakt (6).

Rückruf von Produkten
→ Produkthaftung.

Rückrufsrecht
Ein Rückrufsrecht steht dem → Urheber zu, wenn der ausschließlich Nutzungsberechtigte das Recht nicht oder unzureichend nutzt und dadurch berechtigte Interessen des Urhebers erheblich verletzt (§ 41 UrhG), ferner wenn das Werk (zB die in einem Schriftwerk vertretenen Anschauungen) nicht mehr der Überzeugung des Urhebers entspricht und ihm deshalb die Verwertung nicht mehr zugemutet werden kann (§ 42 UrhG). S. auch → Nutzungsrecht.

Rückschlagssperre
→ Insolvenzverfahren (2).

Rücksichtnahme
(im Baurecht) → „Nachbarschützend".

Rücksichtsloses Verhalten im Straßenverkehr
kann insbes. beim Fahren strafbar sein, auch wenn es keinen Unfall herbeiführt. Rücksichtslos handelt, wer sich aus eigennützigen Gründen über seine Pflichten gegenüber anderen Verkehrsteilnehmern hinwegsetzt oder sie aus Gleichgültigkeit außer Acht lässt. Wer dadurch andere gefährdet oder mehr, als nach den Umständen unvermeidbar, behindert oder belästigt, begeht eine → Ordnungswidrigkeit (§§ 1, 49 I Nr. 1 StVO, § 24 StVG). Ist das rücksichtslose Fahren mit bestimmten schweren Verkehrsverstößen verbunden (Vorfahrtverletzung, falsches Überholen, zu schnelles oder Linksfahren an unübersichtlichen Stellen usw) und hat es eine konkrete Gefährdung anderer oder bedeutender fremder Sachwerte zur Folge, liegt → Straßenverkehrsgefährdung vor (§ 315c StGB).

Rückstellungen
Rückstellungen sind bei einem kaufmännischen Unternehmen die Geldbeträge, die auf die Passivseite der → Bilanz aufgenommen werden, um zB ungewisse Verbindlichkeiten, drohende Verluste aus schwebenden Geschäften oder unterlassene notwendige Aufwendungen auszugleichen (§ 249 HGB). Rückstellungen sind von der → Rücklage zu unterscheiden. Steuerlich sind die handelsrechtlichen Möglichkeiten einer Rückstellungsbildung stark eingeschränkt. Handels-

rechtlich zwingend zu bildende Rückstellungen sind in der Steuerbilanz nur zu passivieren, wenn dem keine steuerrechtlichen Sonderregelungen entgegenstehen, zB das steuerliche Verbot der Drohverlustrückstellung. Die → Maßgeblichkeit der Handelsbilanz wird hier durchbrochen.

Rückstrahler
→ Beleuchtung von Fahrzeugen (1b), → Beiwagen.

Rücktritt vom Verlöbnis
→ Verlöbnis.

Rücktritt vom Versuch
Der Rücktritt vom → Versuch einer → Straftat (§ 24 StGB) ist ein persönlicher Strafaufhebungsgrund (→ Strafausschließungs/-aufhebungsgründe, str.), lässt also die → Rechtswidrigkeit der Tat unberührt und beseitigt auch nicht die → Schuld des Täters. Für die Gewährung des Rücktrittsprivilegs werden verschiedenen Gründe gesehen. Primär soll das Rechtsinstitut dem → Opferschutz dienen, indem es Tätern einen Anreiz bietet, von ihrem Tun noch vor Schädigung des Opfers Abstand zu nehmen. Empirische Belege für die zugrunde liegende Hoffnung sind allerdings nicht ersichtlich. Obwohl sie unter erstaunlich geringen Voraussetzungen zu Straffreiheit führen kann, dürfte die Möglichkeit des Rücktritts kaum einem juristischen Laien bekannt sein. Sie hängt zudem von komplexen Bewertungen ab. Daher fällt es schwer, sich das Rücktrittsprivileg als handlungsleitend bei der Begehung einer Straftat vorzustellen oder auch nur als eine dem späteren Angeklagten einleuchtende Erklärung einer ausbleibenden bzw. sehr milde ausfallenden Bestrafung. Andere Auffassungen sehen in der durch § 24 StGB gewährten Straffreiheit eine Belohnung des Täters, die er sich für eine Rückkehr zur Legalität verdient. Mit einem derartigen Ansatz verbinden sich zT strengere Anforderungen an das Handeln des Zurücktretenden, insbes. soweit er den Taterfolg zu verhindern hat (unten 3a), sowie an seine innere Haltung, insbes. beim Kriterium der Freiwilligkeit (unten 4). Daneben wird vertreten, dass mit einem Rücktritt die Notwendigkeit der sonst zur Erreichung präventiver → Strafzwecke (Spezial- und Generalprävention) erforderlichen Bestrafung entfalle.

Bei den Voraussetzungen des Rücktritts ist zT zwischen verschiedenen Konstellationen und zeitlichen Stadien des Versuchs zu unterscheiden. Die Bewertung ist dabei, wie auch sonst im Bereich des Versuchs, jeweils anhand der subjektiven Vorstellung des Täters vorzunehmen.

1. Keine Vollendung der Tat: Ein Rücktritt ist nur möglich, solange sich die Tat im Stadium des Versuchs befindet. Ab der → Vollendung der Tat scheidet ein Rücktritt aus. Gleiches gilt von vornherein für → Unternehmensdelikte (vgl. § 11 I Nr. 6 StGB), bei denen Versuch und Vollendung zusammenfallen. Bei manchen Straftatbeständen hat der Gesetzgeber jedoch für die Phase der → Beendigung der Tat die Möglichkeit einer → Tätigen Reue vorgesehen, die zT ebenfalls zu einer Strafaufhebung, zT immerhin zu einer Strafmilderung führen kann.

2. Kein fehlgeschlagener Versuch: Ein solcher liegt vor, wenn es der Täter zum Zeitpunkt seiner letzten Ausführungshandlung (sog. Rücktrittshorizont) nicht mehr für möglich hält, die Tat mit dem ihm zur Verfügung stehenden Mitteln ohne Zäsur im unmittelbaren Fortgang des Geschehens vollenden zu können; damit entfällt nach hM die Möglichkeit eines strafbefreienden Rücktritts (BGHSt. 34, 53). Streitig ist dabei allerdings sowohl die Kategorie des fehlgeschlagenen Versuchs an sich (eine aA ordnet diese Fälle als solche mangelnder Freiwilligkeit ein) als auch die Bewertung von Taten, bei denen der Täter mehrere jeweils schon für sich erfolgstaugliche Teilakte vorgenommen hat oder bei denen er mit seiner letzten Ausführungshandlung zwar scheitert, ihm zu diesem Zeitpunkt aber nach seiner Vorstellung noch andere unmittelbar einsetzbare Handlungsoptionen zur Vollendung der Tat verbleiben. Die hM (sog. Gesamtbetrachtungslehre) erachtet ausgehend vom Rücktrittshorizont einen Rücktritt grds. als möglich, solange ein Weiterhandeln aus Tätersicht jeweils ohne Zäsur innerhalb der Grenzen einer natürlichen Handlungseinheit (sog. Rücktrittseinheit) möglich war bzw. gewesen wäre. Die sog. Einzelaktstheorie sieht dagegen in jedem gescheiterten Teilakt bereits einen fehlgeschlagenen Versuch. Umstritten ist zudem die Annahme eines Fehlschlags, wenn der Täter ein angestrebtes außertatbestandliches Ziel erreicht und nun (konsequent) darauf „verzichtet", einen bislang lediglich mit bedingtem → Vorsatz in Kauf genommenen tatbestandlichen Nebeneffekt noch gezielt zu verfolgen (gleichwohl einen Fehlschlag verneinend und den strafbefreienden Rücktritt bejahend BGH GS St 39, 221).

3. Erforderliches Rücktrittsverhalten: Dieses unterscheidet sich primär danach, ob an der Tat nur eine oder mehrere Personen beteiligt sind, ferner danach, in welchem Stadium sich der Versuch aus Sicht des bzw. der Beteiligten befindet.

a) Rüchtritt des Alleintäters (§ 24 I StGB): Bei ihm unterscheidet das Gesetz zwischen unbeendetem und beendetem Versuch. So lässt § 24 I S. 1 1. Alt. StGB die schlichte Aufgabe der weiteren Ausführung der Tat genügen, solange der Versuch noch unbeendet ist. Bei einem beendeten Versuch ist dagegen nach § 24 I S. 1 2. Alt. StGB grds. erforderlich, dass der Täter die Vollendung der Tat verhindert. Für die Abgrenzung des unbeendeten vom beendeten Versuch kommt es darauf an, ob der Täter nach der letzten konkret vorgenommenen Ausführungshandlung (Rücktrittshorizont, vgl. BGH NJW 1993, 2061) den

Eintritt des Taterfolgs bereits für möglich hält oder noch nicht. Dabei ist innerhalb derselben Rücktrittseinheit (oben 2) auch eine Korrektur des Rücktrittshorizonts in beide Richtungen möglich, wenn sich die Vorstellung des Täters zeitnah zur letzten Ausführungshandlung noch ändert, zB aufgrund des beobachteten Verhaltens des Opfers. Ist eine Verhinderung der Vollendung erforderlich, so genügt nach hM, dass der Täter hierfür kausal wird. Er kann sich also nicht nur fremder Hilfe bedienen, indem er zB einen Notarzt ruft, sondern muss generell nicht das ihm maximal Mögliche zur Rettung unternehmen, solange eine solche letztlich bewirkt wird (höhere Anforderungen zu stellen liegt dagegen in der Konsequenz jener Auffassungen, welche den Rücktritt als „Belohnung" begreifen). Anders verhält sich dies in den Fällen des § 24 I S. 2 StGB: Wird die Tat ohne Zutun des Zurücktretenden nicht vollendet, so wird dieser straflos, wenn er sich freiwillig und ernsthaft bemüht, die Vollendung zu verhindern. Diese Regelung greift in Fällen, in denen der Täter seinen Versuch nicht als untauglich (→ Versuch 1a) oder in Wahrheit noch unbeendet erkennt, in denen das Opfer unabhängig vom Bemühen des Täters gerettet wird oder in denen eine „Vollendung" der Tat eintritt, die dem Täter nicht zurechenbar ist. Nach hM ist das für einen solchen Rücktritt erforderliche „ernsthafte Bemühen" nur zu bejahen, wenn der Täter alles „tut, was in seinen Kräften steht und nach seiner Überzeugung zur Erfolgsabwendung erforderlich ist" (BGH NStZ 2012, 28).

Der Versuch eines → Unterlassungsdelikts (→ Versuch 3a) steht nach der Rspr. des BGH (NJW 2003, 1058) dem beendeten Versuch des Begehungsdelikts gleich; auch hier muss also aktiv die Vollendung verhindert werden bzw. ein ernsthaftes Bemühen erfolgen.

b) Rücktritt bei mehreren Beteiligten, dh bei → Mittäterschaft, → Anstiftung und → Beihilfe (§ 24 II StGB): Die Möglichkeiten des Rücktritts für diese Situation regelt das Gesetz grds. enger, um der erhöhten Gefährlichkeit einer solchen Tat Rechnung zu tragen: Hier wird nur straffrei, wer freiwillig die Vollendung der Tat verhindert oder sich, wenn die Vollendung aus anderem Grunde unterbleibt (zB durch Eingreifen Dritter), wenigstens freiwillig und ernsthaft um die Verhinderung bemüht. Letzteres führt zudem zum Rücktritt, wenn die Tat unabhängig vom früheren Tatbeitrag des Zurücktretenden begangen wird, was voraussetzt, dass dieser einen schon erbrachten Beitrag so weit neutralisiert, dass er bei der Vollendung der Tat nicht mehr wirksam wird. Eine bloße Aufgabe der Tat genügt damit also grds. nicht, es sei denn, dass die Tat ohne die Mitwirkung des Aufgebenden auch für die übrigen Beteiligten nicht mehr begehbar ist oder dass sämtliche Beteiligte die weitere Ausführung aufgeben (was zwangsläufig eine Verhinderung der Vollendung bewirkt). Straffreiheit erlangt generell jeweils nur derjenige Beteiligte, der die Voraussetzungen des Rücktritts persönlich erfüllt. Als persönlicher Strafaufhebungsgrund wirkt sein Rücktritt also nicht für die übrigen Beteiligten. Auf den → mittelbaren Täter findet § 24 I StGB Anwendung, außer in den Fällen, in denen auch der Tatmittler strafbar (und der mittelbare Täter ein „Täter hinter dem Täter") ist.

4. Freiwilligkeit: Der Rücktritt vom Versuch muss freiwillig erfolgen. Das ist nach der Rechtsprechung anhand einer psychologischen Betrachtung zu bestimmen und zu bejahen, wenn der Täter dabei Herr seiner Entschlüsse geblieben ist. Auf eine innere Umkehr oder Unrechtseinsicht kommt es dabei nicht an. Die Motive des Zurücktretenden müssen noch nicht einmal billigenswert sein (vgl. BGHSt 35, 184: Freiwilliger Rücktritt von der begonnenen Tötung des Nebenbuhlers, weil der Täter von dieser absieht, um zunächst die geschiedene Ehefrau töten zu können, was ihm wichtiger ist). Ansätze des Schrifttums, in die Beurteilung der Freiwilligkeit normative Faktoren einfließen zu lassen (ausgehend insbes. von Auffassungen, welche den Rücktritt als „Belohnung" ansehen), konnten sich nicht durchsetzen, auch weil sie als mit dem Wortlaut des Gesetzes nicht vereinbar bewertet wurden, so dass Abhilfe allein im Wege einer Gesetzesänderung möglich sei (BGHSt 35, 184).

Rücktritt vom Vertrag

1. Die Berechtigung zum Rücktritt kann sich aus dem Vertrag selbst (Rücktrittsvorbehalt; nicht möglich durch → Allgemeine Geschäftsbedingungen, § 308 Nr. 3 BGB) oder aus gesetzlichen Vorschriften (→ gegenseitiger Vertrag, 2, → Gewährleistung, 2a) ergeben. Bei → Dauerschuldverhältnissen (zB Dienst-, Arbeits-, Mietvertrag, Gesellschaft des bürgerlichen Rechts) ist der idR bedingungsfeindliche Rücktritt durch die (nur für die Zukunft wirkende) → Kündigung ersetzt. Der Rücktrit ist ein einseitiges → Gestaltungsrecht; er wird durch empfangsbedürftige → Willenserklärung ausgeübt (§ 349 BGB).

2. Ist der Rücktritt wirksam erklärt, so entsteht zwischen den Beteiligen ein sog. Rückgewährschuldverhältnis. Beide Seiten haben einander Zug um Zug die empfangenen Leistungen zurückzugewähren und die gezogenen Nutzungen (→ Früchte) herauszugeben (§ 346 I BGB, § 348 BGB; durch Allgemeine Geschäftsbedingungen kann hierfür nicht eine unangemessen hohe Vergütung vorgesehen werden, § 308 Nr. 7 BGB). Wird die Rückgabepflicht verletzt, so kann der Gläubiger → Schadensersatz (dort 3, 4) nach §§ 280–283 BGB verlangen (§ 346 IV BGB). Statt der Rückgewähr hat der Schuldner Wertersatz zu leisten, wenn die Rückgewähr oder die Herausgabe nach der Natur des Erlangten ausgeschlossen ist (zB erlangte Dienste), wenn der

Schuldner (oder sein → Erfüllungsgehilfe) den empfangenen Gegenstand verbraucht, veräußert, belastet, verarbeitet oder umgestaltet hat oder wenn der empfangene Gegenstand sich verschlechtert hat oder untergegangen ist (Abnutzung durch bestimmungsgemäße Ingebrauchnahme bleibt außer Betracht); der Berechnung des Wertersatzes ist die im Vertrag bestimmte Gegenleistung zu Grunde zu legen (§ 346 II BGB). Die Pflicht zum Wertersatz entfällt, wenn sich der zum Rücktritt berechtigende Mangel erst während der Verarbeitung gezeigt hat, wenn der Gläubiger die Verschlechterung oder den Untergang selbst zu vertreten hat (→ Verschulden) oder wenn im Fall des gesetzlichen Rücktrittsrechts die Verschlechterung oder der Untergang zwar beim Berechtigten eingetreten ist, dieser aber die → Sorgfalt in eigenen Angelegenheiten beachtet hat; hier ist nur eine evtl. → ungerechtfertigte Bereicherung herauszugeben (§ 346 III BGB). Wertersatz ist auch für entgegen einer ordnungsmäßigen Wirtschaft nicht gezogene Nutzungen zu leisten; umgekehrt sind dem Rückgewährschuldner notwendige → Verwendungen und Aufwendungen, die den Gläubiger nach der Rückgewähr bereichern, zu ersetzen (§ 347 BGB). Ein Rückgewährschuldverhältnis begründet auch Rücksichtnahmepflichten, daraus kann ggf. auch eine Rücknahmeverpflichtung entstehen. Ein vertraglich vereinbartes Recht zum Rücktritt erlischt, wenn es nicht innerhalb der vereinbarten oder einer dem Berechtigten von dem anderen Teil für die Ausübung bestimmten angemessenen Frist ausgeübt wird (§ 350 BGB).

3. Besondere Rücktrittsklauseln sind die → Verwirkungsklausel und das → Reugeld. Besonderheiten gelten ferner für das Widerrufs- und das Rückgaberecht bei → Verbraucherverträgen (s. iE dort). Sa → Verbrauchsgüterkauf. S. ferner → Fixgeschäft, → Umtauschvorbehalt, → Verbraucherdarlehensvertrag, → Eigentumsvorbehalt.

Rücktrittsvorbehalt
→ Rücktritt vom Vertrag (1).

Rücküberstellung
→ Auslieferung.

Rückübertragung
(von Vermögenswerten in der ehem. DDR) → Offene Vermögensfragen.

Rückvergütung
In verschiedenen Versicherungszweigen (→ Versicherungsvertrag), insbes. in der → Krankenversicherung und in der → Haftpflichtversicherung, kann vereinbart sein, dass der Versicherungsnehmer einen Teil der Versicherungsprämie zurückerhält, wenn er für eine → Versicherungsperiode keine Leistungen in Anspruch nimmt (auch: Beitragsrückerstattung). Dadurch soll ein Anreiz geschaffen werden, von geringen Erstattungsansprüchen abzusehen. – Hiervon ist zu unterscheiden: Bei der → Lebensversicherung – in gewissem Umfang auch in anderen Sparten der → Personenversicherung – sind die Versicherer verpflichtet, einen Teil der von den Versicherungsnehmern geleisteten Prämien einer → Deckungsrückstellung zuzuführen. Endet hier das Versicherungsverhältnis vorzeitig, zB durch Umwandlung in eine prämienfreie Versicherung, Kündigung, Rücktritt oder Widerruf, so hat der Versicherungsnehmer einen Anspruch auf diesen auf seine Versicherung entfallenden sog. Rückkaufswert, der sich nach dem Deckungskapital (das vorhanden sein muss, um die Ansprüche des Versicherungsnehmers zu erfüllen) berechnet; Abschluss- und Vertriebskosten sind auf die ersten 5 Jahre zu verteilen (Einzelheiten § 169 VVG).

Rückvermächtnis
→ Nachvermächtnis.

Rückversicherung
Eine Rückversicherung ist eine echte → Schadensversicherung (s. → Versicherungsvertrag), durch die sich ein Versicherungsunternehmen (Erstversicherer) gegen die Inanspruchnahme durch seine Versicherungsnehmer absichert. Die Rückversicherung ist bei allen Arten der Versicherung möglich und üblich; durch sie soll das Versicherungsrisiko des Erstversicherers auf einen oder mehrere, dann regelmäßig anteilmäßig verpflichtete Rückversicherer übertragen werden. Kraft ausdrücklicher gesetzlicher Bestimmung (§ 209 VVG) finden die Vorschriften des Versicherungsvertragsgesetzes auf die Rückversicherung keine Anwendung; sie ist daher gesetzlich nicht geregelt und unterliegt der → Versicherungsaufsicht nur bei besonderer Anordnung. Grundsatz des Rückversicherungsrechts ist das freie Geschäftsführungsrecht des Erstversicherers, an die der Rückversicherer idR gebunden ist, sowie die Selbstbeteiligung des Erstversicherers (s. u.). Die Rückversicherung kann obligatorisch (der Erstversicherer muss rückversichern, der Rückversicherer muss übernehmen) oder freiwillig (fakultativ) sein; oftmals besteht zwischen dem Erstversicherer und dem Rückversicherer ein dauerhafter und auf alle Versicherungssparten bezogener Generalrückversicherungsvertrag. Man unterscheidet die Schadens-Rückversicherung und die Summen-Rückverischerung. Bei der Schadens-Rückversicherung hat der Erstversicherer alle Schäden bis zu einer bestimmten Höhe (im Einzelfall oder nach dem Jahresgesamtbetrag gerechnet) selbst zu tragen; darüber hinausgehende Schäden treffen den Rückversicherer. Bei der Summen-Rückversicherung wird das Versicherungsrisiko zwischen Erst- und Rückversicherer nach der → Versicherungssumme aufgeteilt, und zwar jeweils nach einem bestimmten Prozentsatz des Schadens (Quoten-Rückversicherung) oder hinsichtlich des über eine bestimmte Höhe hinausgehen-

den Schadens (Exzedenten-Rückversicherung); beide Formen können auch gekoppelt werden (Quotenexzedenten-Rückversicherung: Der Rückversicherer ist an dem darüber hinausgehenden Schaden nur mit einem Teil beteiligt). Die Rückversicherung kann auch auf bestimmte Gefahren innerhalb einer Versicherung (Gefahren-Rückversicherung) beschränkt werden. Kein Versicherungsvertrag, sondern eine → Gesellschaft des bürgerlichen Rechts liegt dagegen vor, wenn sich mehrere Erstversicherer gegenseitig rückversichern, so dass jeder an Gewinn und Verlust des anderen beteiligt ist (sog. → Poolvertrag).

Rückverweisung
→ Internationales Privatrecht (1).

Rückwälzung
→ Steuerüberwälzung.

Rückwärtsfahren
→ Wenden.

Rückwärtsversicherung
→ Versicherungsvertrag (2b).

Rückwechsel
Der → Wechselregress kann dadurch genommen werden, dass der zum Rückgriff Berechtigte auf einen seiner Vormänner einen neuen Wechsel als → Sichtwechsel zieht (Art. 52 I WG). Diesen Wechsel nennt man Rückwechsel.

Rückwirkung von Gesetzen
→ Rechtsstaatlichkeit und → Rechtssicherheit verbieten nicht grundsätzlich die Rückwirkung von Gesetzen; Gesetzesnormen können daher im Prinzip auf zurückliegende Tatbestände angewendet werden. Keine echte Rückwirkung liegt vor, wenn eine neue Regelung, die Unklarheiten und Zweifel beseitigen soll, auf noch nicht abgeschlossene Tatbestände anzuwenden ist. Das Gleiche gilt für Übergangsregelungen, die Verfahrensgesetze für anhängige Verfahren treffen. Andererseits darf bei abgeschlossenen, bereits abgewickelten Sachverhalten eine erworbene Rechtsposition nicht geschmälert und auch sonst das Vertrauen der Beteiligten in die Beständigkeit gesetzlicher Regelungen nicht unbillig beeinträchtigt werden. Anders, wenn – etwa auf Grund ernst zu nehmender Ankündigungen – mit Änderungen, zB erhöhten steuerlichen Belastungen, gerechnet werden musste. Über das Verbot der Rückwirkung von Strafgesetzen s. Art. 103 II GG (→ nullum crimen/nulla poena sine lege).

Rückzahlungsklausel
Eine Rückzahlungsklausel ist im Arbeitsrecht die Vereinbarung der Pflicht, bestimmte Leistungen des Arbeitgebers zurückzuzahlen, wenn das Arbeitsverhältnis vor einem bestimmten Zeitpunkt (insbes. auf Veranlassung des Arbeitnehmers) beendet wird. Eine solche Klausel ist nur zulässig, wenn und soweit hierdurch die Freiheit der Berufswahl (Art. 12 GG; → Beruf) nicht unzumutbar und deshalb unzulässig eingeschränkt wird (Angemessenheitsprüfung iSv § 307 BGB). Unzulässig ist eine Rückzahlungsklausel, die Zahlungen unmittelbar für Arbeitsleistungen betrifft. Näher zu Rückzahlungsklauseln → Fortbildungskosten im Arbeitsrecht, → Gratifikation.

Rüge
→ Gewährleistung, → Handelskauf (Mängelrüge), → Rechtsanwalt (4, standesrechtl. R.), → Disziplinarmaßnahmen (Verweis). Sa → Staatsaufsicht, → Weisungsrecht.

Rügelose Einlassung
→ Rügeverzicht.

Rügepflicht
→ Mängelrüge.

Rügeverzicht
Eine Partei kann im → Zivilprozess auf die Rüge einiger Verfahrens-(Prozess-)mängel ausdrücklich oder stillschweigend verzichten (§ 295 ZPO, speziell zur rügelosen Einlassung bei Unzuständigkeit des Gerichts § 39 ZPO) und diese hierdurch heilen. Nicht möglich ist ein Rügeverzicht bei solchen Mängeln, die von Amts wegen zu beachten sind (zB das Vorliegen der meisten → Prozessvoraussetzungen oder die Einhaltung unabdingbarer Fristen).

Rümelin, Max von
(1861–1931), deutscher Rechtslehrer, Mitbegründer der Lehre von der Interessenjurisprudenz (→ Begriffsjurisprudenz).

Rürup-Rente
Mit der Rürup-Rente wurde ab 2005 eine weitere staatlich geförderte Form der Altersvorsorge geschaffen. Es handelt sich um eine private kapitalgedeckte Lebensversicherung iRd Basisversorgung. Angeboten werden entsprechende Produkte von den Versicherungsgesellschaften, wobei ab 1.1.2010 eine Zertifizierung der Verträge erforderlich ist. Durch diese wird sichergestellt, dass das Produkt die gesetzlichen Anforderungen an die Rürup-Rente erfüllt, so dass eine Einzelfallprüfung entfällt. Weiter ist ab 1.1.2010 erforderlich, dass der Steuerpflichtige seinem Anbieter die Einwilligung erteilt hat, die erforderlichen Daten für den Sonderausgabenabzug der Finanzverwaltung per Datensatz zusenden zu dürfen. Für Verträge, die vorher abgeschlossen worden sind, gilt die Einwilligung als erteilt, wenn der Steuerpflichtige nicht widerspricht.

Der Aufbau dieser Produkte ist vergleichbar mit der gesetzlichen Rentenversicherung. Monatliche Beiträge werden in eine private Police eingezahlt und als Rentner wird aus dieser lebenslang eine monatliche Rente ausgezahlt. Der Rentenbeginn ist frühestens mit dem vollendeten 60. Lebensjahr. Auszahlungen außerhalb der Rentenleistung sind nicht zulässig. Der Vertrag ist ausschließlich auf den Steuerpflichtigen bezogen. Die Ansprüche sind nicht vererbbar, übertragbar oder zu veräußern. Zusatzversicherungen für die Hinterbliebenenversorgung sind ebenso möglich wie gegen Berufs- und Erwerbsunfähigkeit.

Steuerlich sind die Beiträge zur Rürup-Rente/Basisrente wie Beiträge zu den gesetzlichen Rentenversicherungen iRd gemeinsamen Höchstbetrags als → Sonderausgaben während der Ansparphase zu berücksichtigen. Der abzugsfähige Höchstbetrag belief sich bis 2014 auf 20.000 EUR für ledige Versicherte. Bei gemeinsam veranlagten Ehepaaren verdoppelte sich der Betrag auf 40.000 EUR. Durch das G zur Anpassung der Abgabenordnung an den Zollkodex der Union und zur Änderung weiterer steuerlicher Vorschriften (BGBl. 2014 I 2417) sind die Höchstbeträge an die Berechnungswerte der knappschaftlichen Rentenversicherung gekoppelt. Durch die Veränderung des Beitragssatzes zur knappschaftlichen Rentenversicherung und die Erhöhung der → Bemessungsgrundlage verändert sich der Höchstbeitrag jährlich. Die bis 2011 gebräuchlichen Tarife, die geschlechterspezifische Unterschiede aufwiesen, wurden auf Grund einer Entscheidung des EuGH v. 1.3.2011 (C-236/09) aufgehoben und durch → Unisextarife ersetzt.

Während der Auszahlungsphase der Rentenleistungen unterliegen diese der → nachgelagerten Besteuerung. Dabei betrug der zu versteuernde Anteil im Jahr 2005 noch 50% und steigt bis zum Jahr 2040 auf 100%. → Altersvorsorgeaufwendungen. IÜ können Beiträge auf die → Rentnerkrankenversicherung für freiwillig Versicherte anfallen. In seinen Urteilen vom 31.5.2021 (X R 20/19, X R 33/19) hat der Bundesfinanzhof festgestellt, dass es unter dieser Regelung zukünftig zu einer Doppelbesteuerung kommen kann. Der Gesetzgeber plant deshalb, dass die Beiträge zur Rentenversicherung bereits ab dem Jahr 2023 und nicht erst ab 2025 zu 100 Prozent steuerlich geltend gemacht werden können. Auf der anderen Seite soll die schrittweise Erhöhung der Besteuerung von ausgezahlten Renten gestreckt werden, sodass sie erst im Jahr 2060 statt im Jahr 2040 voll besteuert werden.

Rüstungskontrolle
Mit dem Beitritt zum Brüsseler Vertrag und zum Nordatlantik-Vertrag (s. Gesetz v. 24.3. 1955, BGBl. 1955 II 256) hat die BRep. Deutschland durch das zum Brüsseler Vertrag gehörende Protokoll Nr. III über die Rüstungskontrolle sowie eine diesem Protokoll als Anlage beigefügte Erklärung freiwillig auf die Herstellung von Atomwaffen, biologischen und chemischen Waffen verzichtet und die Herstellung bestimmter weiterer Waffen von der Zustimmung der Mitglieder der → Westeuropäischen Union abhängig gemacht. Die Kontrolle der Einhaltung dieser Verpflichtung oblag einem Amt für Rüstungskontrolle der WEU; sa → Atomwaffensperrvertrag. Die → KSZE bemüht sich um Vertrauen und Sicherheit bildende Maßnahmen zB durch Voranmeldung von Manövern. Auf Grund des „Open-Skies-Program" stehen jedem KSZE-Staat jährlich eine bestimmte Zahl von Flügen über das Gebiet der anderen KSZE-Staaten zu, um die Einhaltung der Abrüstungsbestimmungen zu überwachen. Sa → Abrüstung.

Rüstungsproduktion
→ Kriegswaffen.

Ruhegehalt
→ Beamtenversorgung (2, 6).

Ruhegehaltsrückstellung
Ruhegehaltsrückstellung ist eine → Rückstellung, die dazu dient, Pensionen (→ Ruhegehälter) für Vorstandsmitglieder (Geschäftsführer) von Handelsgesellschaften und Arbeitnehmer finanziell zu decken (→ Ruhestandsverhältnis). Zu bilanzieren ist die Ruhegehaltsrückstellung unter § 266 III B. 1. HGB (Rückstellungen für Pensionen und ähnliche Verpflichtungen).

Ruhegehaltszusage
→ Ruhestandsverhältnis.

Ruhegeld
Als Ruhegeld wird meist das → Ruhegehalt des Arbeitnehmers bezeichnet, vgl. auch → Betriebsrente. Über den Anspruch auf Ruhegeld → Ruhestandsverhältnis.

Ruhen der elterlichen Sorge
→ elterliche Sorge (4), → Vormundschaft.

Ruhen der Verjährung
→ Strafverfolgungsverjährung.

Ruhen des Arbeitsverhältnisses
Einvernehmlich oder kraft Gesetzes bzw. Tarifvertrages (zB § 33 II 6 TV-L bei nur auf Zeit gewährter Erwerbsminderungsrente) kann ein Arbeitsverhältnis ruhen. In diesem Fall sind aber nur die Hauptleistungspflichten (Arbeitsleistung und Entgeltzahlung) suspendiert, die Nebenpflichten aus dem Arbeitsvertrag (zB zur Verschwiegenheit und zur Unterlassung von Wettbewerb) bleiben bestehen. Je nach ihrem Zweck (zB bei Prämierung von Betriebstreue) kann auch ein Anspruch des Arbeitnehmers auf Sonderzahlungen während des Ruhens des Arbeitsverhältnisses bestehen. Bei Wehrübenden → ArbeitsplatzschutzG. Sa → ArbeitssicherstellungsG, → Urlaub.

Ruhen des Verfahrens
Das Ruhen des Verfahrens ist im Zivilprozess ein besonders ausgestalteter Fall der → Aussetzung; möglich nach §§ 251, 251a ZPO auf Antrag oder bei Säumnis beider Parteien. Über die Rechtsfolgen des Ruhens → Stillstand des Verfahrens.

Ruhepausen
→ Arbeitszeit (2), → Jugendarbeitsschutz, → Kraftfahrer.

Ruhestand
Als Ruhestand bezeichnet man bei → Beamten und → Richtern (sa → Beamtenrecht,

→ Beamtenversorgung) das öffentlich-rechtliche Rechts- und Pflichtenverhältnis, das sich an die Ableistung des aktiven Dienstes unter den gesetzlich abschließend genannten Voraussetzungen anschließt. Für den Beamten oder Richter im Ruhestand besteht keine Verpflichtung zur Dienstleistung. An Stelle der → Dienstbezüge erhält er die beamtenrechtliche Versorgung (→ Beamtenversorgung). Er hat ferner weiterhin ein Recht auf → Beihilfe (als Ausfluss der fortdauernden Fürsorgepflicht), ist zur Einsicht in die → Personalakten berechtigt (vgl. zB § 110 BBG u. Beamtengesetze der Länder) und hat das Recht, die letzte Dienstbezeichnung mit dem Zusatz „a. D." (außer Dienst) zu führen (§ 86 III BBG). Die wichtigsten Pflichten sind die Amtsverschwiegenheit (§ 67 I BBG, § 37 I BeamtStG), die Rückgabe amtlicher Unterlagen (§ 67 IV BBG) sowie die Pflicht, nicht ohne Genehmigung amtsbezogene Geschenke anzunehmen (§ 71 I BBG, § 42 BeamtStG). Der Eintritt in den Ruhestand vollzieht sich kraft Gesetzes bei Erreichung der → Altersgrenze (§ 51 I BRG u. Beamtengesetze der Länder) oder durch → Verwaltungsakt (→ Versetzung in den Ruhestand bei Dienstunfähigkeit oder Antrag auf Ruhestand vor Erreichen der Altersgrenze; §§ 44 ff. BBG, § 52 BBG und Beamtengesetze der Länder). Zum → einstweiligen Ruhestand der → politischen Beamten s. dort. Für Soldaten vgl. → Soldatengesetz. Sa → Vorruhestand.

Ruhestandsverhältnis
Wird nach Beendigung eines → Dienst- oder → Arbeitsverhältnisses im Rahmen betrieblicher Altersfürsorge gem. Betriebsrentengesetz (BetrAVG) ein → Ruhegeld gezahlt, so besteht außer der Pflicht zur Zahlung des Ruhegelds eine → Fürsorge- und → Treuepflicht. Das Ruhestandsverhältnis kann sich auch auf Hinterbliebene (Witwe, Kinder) erstrecken. Es endet durch Tod des Bezugsberechtigten oder außerordentliche Kündigung aus wichtigem Grund (zB wegen besonders grober Verfehlungen gegen den früheren Arbeitgeber). Die Pflicht zur Zahlung des Ruhegeldes wird begründet durch Vertrag (sog. Pensionszusage), jahrelange vorbehaltslose Zahlung von Ruhegeld oder durch den Grundsatz der → Gleichbehandlung. Außer direkter Zahlung von Ruhegeld kann der Arbeitgeber die betriebliche Altersfürsorge dadurch gewährleisten, dass er Zahlungen an sog. betriebliche Pensionskassen (in der Rechtsform eines → Versicherungsvereins auf Gegenseitigkeit) leistet, eine Höherversicherung bei der → Sozialversicherung übernimmt oder eine → Lebensversicherung zugunsten des Arbeitnehmers oder Dienstverpflichteten abschließt, wobei meist aber eine Einstandspflicht des Arbeitgebers bestehen bleibt. S. → Altersversorgung, betriebliche.

Ruhestörender Lärm
→ Lärm, unzulässiger.

Ruhezeiten
→ Personenbeförderung (1); → Güterkraftverkehr. Ruhezeiten, während derer störender Lärm zu unterlassen ist, können auch in Hausordnungen festgelegt werden, die in privaten Mietverträgen vereinbart werden.

Runderlass
→ Erlass (im Verwaltungsrecht).

Rundfunk
1. Begriff: Nach der Definition in § 2 MStV (Medienstaatsvertrags) ist Rundfunk ein linearer Informations- und Kommunikationsdienst; er ist die für die Allgemeinheit und zum zeitgleichen Empfang bestimmte Veranstaltung und Verbreitung von journalistisch-redaktionell gestalteten Angeboten in Bewegtbild oder Ton entlang eines Sendeplans mittels Telekommunikation. Der Begriff schließt Angebote ein, die verschlüsselt verbreitet werden oder gegen besonderes Entgelt empfangbar sind. Das erfasst neben Hörfunk und Fernsehen im herkömmlichen Sinne auch Kabelfernsehen und -hörfunk, Satellitenfernsehen und -hörfunk (→ Satellitenrundfunk), das sog. → Pay-TV und → Internet, soweit damit Rundfunk verbreitet wird. Nicht zum Rundfunk gehören → Telemedien, auch wenn sie teilweise im MStV geregelt sind, sowie nicht für die Allgemeinheit bestimmte Kommunikation (zB E-Mail).

2. Organisation des Rundfunks: Es besteht seit ca. 1980 eine duale Rundfunkordnung aus öffentlich-rechtlichen → Rundfunkanstalten und privaten Anbietern. Auf Bundesebene sind, soweit es nicht die → Deutsche Welle (s. 3.) betrifft, verschiedene → Staatsverträge maßgeblich, s. → Rundfunkrecht. ZB enthält der MStV neben Vorschriften für den öffentlich-rechtlichen Rundfunk (zB Auftrag, Programme, Finanzierung, Werbung) vor allem solche für den privaten Rundfunk (zB Zulassung, Sicherung der Meinungsvielfalt, Programmgrundsätze, Finanzierung, Werbung, Teleshopping). Sa → Grundversorgung, → Rundfunkurteile des Bundesverfassungsgerichts.

3. Öffentlich-rechtlicher Rundfunk: Der öffentlich-rechtliche Rundfunk wird in Deutschland von den Landesrundfunkanstalten, vom Zweiten Deutschen Fernsehen (→ ZDF, ZDF-Staatsvertrag), von der Körperschaft des öffentlichen Rechts Deutschlandradio (Deutschlandradio-Staatsvertrag) sowie der Anstalt des Bundesrechts → Deutsche Welle gewährleistet. Zu Einzelheiten und zur Verfassung s. → Rundfunkanstalten. Die Zusammenarbeit der öffentlich-rechtlichen Anstalten in der → ARD ist im ARD-Staatsvertrag geregelt. Über die Zusammenarbeit auf dem Gebiet des Fernsehens gibt es eine Reihe von Verwaltungsvereinbarungen, ua über die Zusammenarbeit allgemein, die Zusammenarbeit der dritten Programme, zum Kinderkanal, zum Frühstücksfernsehen, zum Vormittagsprogramm.

4. Privater Rundfunk: Privater Rundfunk kann überall betrieben werden. Die – von Land zu Land inhaltlich sehr unterschiedlichen – Regelungen im Einzelnen enthalten die Landesmediengesetze sowie §§ 50 ff. MStV. Private Rundfunk-Veranstalter finanzieren sich vorrangig aus Werbeeinnahmen, jedoch ist Werbung auf 20% der täglichen Sendezeit beschränkt (§ 70 MStV). Private Veranstalter unterliegen der Aufsicht durch die → Landesmedienanstalten und die Kommission für Zulassung und Aufsicht (ZAK, § 104 MStV).

5. S. im Übrigen → Fernsehrichtlinie der EU, → jugendgefährdende Medien, → Piratensender, → Rundfunkfreiheit, → Rundfunkgebühr.

Rundfunkanstalten
1. Die Rundfunkanstalten sind die Träger des öffentlich-rechtlichen → Rundfunks. Zurzeit bestehen die Landesrundfunkanstalten Bayerischer Rundfunk, Hessischer Rundfunk, Mitteldeutscher Rundfunk, Norddeutscher Rundfunk, Radio Bremen, Rundfunk Berlin-Brandenburg, Saarländischer Rundfunk, Südwestrundfunk und Westdeutscher Rundfunk. Ferner gibt es die Länderrundfunkanstalt → ZDF, die Bundesrundfunkanstalt → Deutsche Welle und das Deutschlandradio. Der Südwestrundfunk entstand 1998 durch die Fusion von Süddeutschem Rundfunk und Südwestfunk, der Rundfunk Berlin-Brandenburg ging 2003 aus der Fusion vom Ostdeutschen Rundfunk Brandenburg und dem Sender Freies Berlin hervor. Sa → ARD.

2. Die Rundfunkanstalten sind gemeinnützige rechtsfähige Anstalten des öffentlichen Rechts mit weitgehendem Selbstverwaltungsrecht und nur begrenzter staatlicher Rechtsaufsicht (→ Staatsaufsicht). Einzelheiten regelt das → Rundfunkrecht. Die Verfassung der Rundfunkanstalten ist in den hauptsächlichen Strukturen weitgehend ähnlich. Organe sind der Rundfunkrat (ZDF: Fernsehrat, Deutschlandradio: Hörfunkrat), der „pluralistisch" aus Vertretern gesellschaftlicher Kräfte und der Parlamente besetzt ist, der vom Rundfunkrat gewählte Verwaltungsrat und der Intendant. Die Zuständigkeiten sind ähnlich wie die von Hauptversammlung (Rundfunkrat), Aufsichtsrat (Verwaltungsrat) und Vorstand (Intendant) einer → Aktiengesellschaft. Für die Aufsichtsgremien fordert das 14. → Rundfunkurteil des Bundesverfassungsgerichts ausreichende Staatsferne.

3. Rundfunkanstalten dürfen nach § 30 → Medienstaatsvertrag neben ihren Hörfunk- und Fernsehprogrammen auch Telemedienangebote anbieten. Hierzu gehören etwa Sendungen auf Abruf (Mediatheken) sowie Archive mit informierenden, kulturellen und bildenden → Telemedien. Sie müssen über barrierefrei zugängliche elektronische Portale angeboten werden und dürfen nicht presseähnlich sein. Ausdrücklich untersagt in Telemedienangeboten der Rundfunkanstalten sind Werbung und flächendeckende lokale Berichterstattung.

Rundfunkbeitrag
1. Die öffentlich-rechtlichen → Rundfunkanstalten, nicht jedoch die privaten, finanzieren sich überwiegend durch den Rundfunkbeitrag, § 35 → Medienstaatsvertrag. Der Rundfunkbeitrag ersetzt seit 2013 die → Rundfunkgebühr.

2. Rechtsgrundlage für die Erhebung des Rundfunkbeitrags ist der Rundfunkbeitragsstaatsvertrag, der Teil des 15. Rundfunkänderungsstaatsvertrages ist (→ Rundfunkrecht). Im privaten Bereich sind von jedem Wohnungsinhaber ein Rundfunkbeitrag (§ 2), im nicht privaten Bereich von jedem Inhaber einer Betriebsstätte je nach Anzahl der Beschäftigten ein oder mehrere Rundfunkbeiträge (§ 5) zu entrichten (Beitragsschuldner). Der Rundfunkbeitrag ist damit, anders als die frühere Rundfunkgebühr, unabhängig von der tatsächlichen Anzahl der vorhandenen Rundfunkempfangsgeräte (geräteunabhängiger Rundfunkbeitrag). Beitragsgläubiger ist die örtliche Landesrundfunkanstalt (§ 10). Der Einzug erfolgt durch die Verwaltungsgemeinschaft ARD ZDF Deutschlandradio Beitragsservice. Natürliche Personen können auf Antrag aus sozialen Gründen vom Rundfunkbeitrag befreit werden (§ 4). Das BVerfG hat mit Urt. v. 18.7.2018 (1 BvR 1675/16 ua) den Rundfunkbeitrag für verfassungsgemäß erklärt: Er ist danach weder eine Steuer noch verstößt er gegen den Gleichheitsgrundsatz. Allerdings darf für eine private Nebenwohnung kein zweiter Rundfunkbeitrag erhoben werden. Der am 1.6.2020 in Kraft getretene 23. Rundfunkänderungsstaatsvertrag setzte dies um. Der EuGH sieht im Rundfunkbeitrag keine unzulässige staatliche Beihilfe (Urt. v. 13.12.2018 – C-492/17).

3. Die Höhe des Rundfunkbeitrags betrug seit April 2015 17,50 EUR monatlich nach § 8 des Rundfunkfinanzierungsstaatsvertrags in der Fassung des 16. Rundfunkänderungsstaatsvertrages. Dieser Staatsvertrag regelt auch die Verteilung des Beitragsaufkommens auf die Landesrundfunkanstalten, → ZDF, Deutschlandradio, ARTE und die → Landesmedienanstalten. Eine Erhöhung des Rundfunkbeitrags auf 18,36 € scheiterte Ende 2020, weil das Land Sachsen-Anhalt der Änderung des Rundfunkfinanzierungsstaatsvertrags (Erster Medienänderungsstaatsvertrag) nicht zugestimmt hat. Das BVerfG hat keinen Rechtfertigungsgrund für diesen Eingriff in Art. 5 I 2 GG gesehen (Beschl. v. 20.7.2021 – 1 BvR 2756/20 ua). Seit 2021 gilt deshalb – vorübergehend bis zur Einigung über einen neuen Staatsvertrag – die Regelung des Art. 1 des Ersten Medienänderungsstaatsvertrags und damit der Beitrag von 18,36 EUR. Gegen die vorgeschlagene Erhöhung auf 18,94 EUR ab 2025 haben bereits mehrere Bundesländer Widerstand angekündigt.

Rundfunkfreiheit
1. Die Rundfunkfreiheit des Art. 5 I S. 2 GG gewährleistet die freie Berichterstattung durch den → Rundfunk. Ähnlich wie bei der → Pressefreiheit sind nicht nur die Informationsbeschaffung und -verbreitung geschützt, sondern auch die Vertraulichkeit der Redaktionsarbeit und die Programmfreiheit. Dies gilt nicht nur für berichtende Sendungen, sondern für alle (für Werbesendungen str.). Da die Rundfunkfreiheit nicht nur subjektives → Grundrecht, sondern auch → institutionelle Garantie ist, erfasst sie ebenfalls die finanzielle Sicherung der Programmveranstaltungen. S. → Rundfunkbeitrag.

2. Grundrechtsträger sind die öffentlich-rechtlichen → Rundfunkanstalten und privaten Anbieter, unabhängig von ihrer Rechtsform und kommerzieller oder nicht kommerzieller Betätigung, sowie die bei ihnen Beschäftigten. Zur Rundfunkfreiheit gehört ferner, dass Rundfunksendungen auf staatlicher Ebene so organisiert sind, dass alle in Betracht kommenden gesellschaftlichen Kräfte in ihren Organen Einfluss haben und im Gesamtprogramm zu Wort kommen. Für den Inhalt des Gesamtprogramms sind Leitsätze verbindlich zu machen, die ein Mindestmaß von inhaltlicher Ausgewogenheit, Sachlichkeit und gegenseitiger Achtung gewähren. Sa → Grundversorgung, → Meinungsfreiheit, → Rundfunkrecht, → Rundfunkurteile des Bundesverfassungsgerichts.

Rundfunkgebühr
Die öffentlich-rechtlichen → Rundfunkanstalten finanzierten sich bis Ende 2012 überwiegend durch Rundfunkgebühren. Die Rundfunkgebühr bestand aus Grundgebühr und Fernsehgebühr und betrug im Jahre 2012 insgesamt 17,98 EUR. Rechtsgrundlage für ihre Erhebung war der Rundfunkgebührenstaatsvertrag. Schuldner der Rundfunkgebühr war jeder Rundfunkteilnehmer für jedes privat und gewerblich genutzte Rundfunkempfangsgerät. Die Anzahl der zu zahlenden Rundfunkgebühren war damit abhängig von der Anzahl der Rundfunkempfangsgeräte. Der Einzug erfolgte durch die Gebühreneinzugszentrale (GEZ). An die Stelle der Rundfunkgebühr ist seit dem 1.1.2013 der geräteunabhängige → Rundfunkbeitrag getreten.

Rundfunkrecht
1. Begriff: Rundfunkrecht ist die Gesamtheit aller Rechtsnormen zum Rundfunk. Zur Definition des Rundfunks in § 2 MStV: → Rundfunk.

2. Verfassungsrecht: Der Rundfunk war nach der deutschen Rechtsentwicklung herkömmlich eine öffentliche Aufgabe, die zur staatlichen Aufgabe wurde, weil der Staat sich mit ihr befasste. Sie fällt, da dem Bund eine Zuständigkeit hierfür weder durch das GG ausdrücklich eingeräumt ist noch ihm aus der Natur der Sache als überregionaler Aufgabe zusteht, gemäß Art. 30 GG in die Kompetenz der Länder. Der Bund hat keine Befugnis, die Organisation der Veranstaltungen von Rundfunksendungen zu regeln. Insbes. umfasst seine Zuständigkeit für → Postwesen und Telekommunikation (Art. 73 I Nr. 7 GG) lediglich den sendetechnischen Bereich des Rundfunks, nicht die sog. Studiotechnik oder gar den Rundfunk als Ganzes (BVerfGE 12, 205). Aus diesem Grund sind die wichtigsten Vorschriften des Rundfunkrechts Landesrecht und werden durch → Staatsverträge aller Länder geregelt. Besondere Bedeutung haben ferner die → Rundfunkurteile des Bundesverfassungsgerichts. Im Hinblick auf Art. 5 GG s. → Rundfunkfreiheit.

3. Bundesrecht: Rundfunkrechtliche Bedeutung haben neben dem → Telekommunikationsgesetz das Telemediengesetz (→ Telemedien), das Deutsche-Welle-Gesetz (→ Deutsche Welle) und das Gesetz über vereinfachte Verkündungen und Bekanntgaben v. 18.7.1975 (BGBl. 1975 I 1919) mÄnd (durch Rundfunk im Verteidigungsfall), seit 20.12.2022 ersetzt durch das Verkündungs- und Bekanntmachungsgesetz (BGBl. 2022 I 2752); sa → Verkündung von Rechtsvorschriften.

4. Staatsverträge aller 16 Bundesländer: Auf Bundesebene basiert das Rundfunkwesen vor allem auf dem → Medienstaatsvertrag. Wichtig ist ferner der Staatsvertrag über den Rundfunk im vereinten Deutschland vom 31.8.1991 (Nds. GVBl. 311), der bis 7.11.2020 galt. → ARD, → ZDF, → Rundfunkanstalten, → Satellitenrundfunk.

5. Sonstiges Recht: Landesverfassungen, Landesgesetze (Landesmediengesetze, → Landesmedienanstalten) und Staatsverträge einzelner Länder (zB über den NDR) enthalten weitere wichtige Normen des Rundfunkrechts. Bedeutsam sind ferner die internationalen Fernmeldeverträge der → Fernmelde-Union und die → Fernsehrichtlinie der EU.

Rundfunkstaatsvertrag
An die Stelle des Rundfunkstaatsvertrags ist 2020 der → Medienstaatsvertrag getreten. → Rundfunkrecht.

Rundfunkurteile des Bundesverfassungsgerichts
ZT auch Fernsehurteile genannt, werden üblicherweise durchgezählt (1–15).

1. Das 1. (BVerfGE 12, 205) v. 1961 und das 2. v. 1971 (BVerfGE 31, 314) bestätigen im Wesentlichen das seinerzeit überkommene „öffentlich-rechtliche“, aber gegenüber staatlicher Einflussnahme weitgehend autonome Anstaltensystem mit Monopolcharakter und mit einem „Binnenpluralismus“, der durch Repräsentanz der gesellschaftlichen Kräfte in den Aufsichts- und Wahlgremien (Rundfunkrat usw) gewährleistet wird. Das 3. Rundfunkurteil des Bundesverfassungsgerichts v. 1981 (BVerfGE 57, 295) formuliert ua die Zugangsvoraussetzungen für private Anbieter. Das 4. Rundfunkurteil v. 1986 befasst sich wesentlich mit der „dualen“ Struktur von öffentlich-

rechtlichen und privaten Anbietern, mit der von den öffentlich-rechtlichen → Rundfunkanstalten zu gewährleistenden → Grundversorgung und mit der Sicherung eines pluralistischen Zugangs für private Anbieter (BVerfGE 73, 118).

2. Das 5. Rundfunkurteil v. 1987 (BVerfGE 74, 297) verdeutlicht, dass → Grundversorgung durch öffentlich-rechtliche Anstalten nicht Mindestversorgung bedeuten muss, und dass sie im Wettbewerb mit privaten Anbietern nicht benachteiligt werden dürfen. Das 6. Rundfunkurteil v. 1991 (BVerfGE 83, 238) bestätigt die Bestands- und Entwicklungsgarantie des öffentlich-rechtlichen Rundfunks, die sich auch auf neue Dienste mittels neuer Techniken erstreckt. Eine strikte Trennung öffentlich-rechtlicher und privater Rundfunkveranstalter ist nicht erforderlich. Im 7. Rundfunkurteil v. 1992 (BVerfGE 87, 181) wird die Gebührenfinanzierung als vorrangige Finanzierungsart des öffentlich-rechtlichen Rundfunks festgeschrieben. Zu Finanzfragen und zur Finanzhoheit der Rundfunkanstalten und zu den Möglichkeiten der Gebührenfestsetzung erging 1994 das 8. Rundfunkurteil (BVerfGE 90, 60). Danach können die Länder zwar die Gebühren festsetzen, doch haben sie sich dabei an den rechtlich umgrenzten Rundfunkauftrag zu halten und ihre Überprüfungs- und Einwirkungsmöglichkeiten sind auf die Grundsätze der Wirtschaftlichkeit und Sparsamkeit sowie die Wahrung der Interessen der Gebührenzahler beschränkt.

3. Das 9. Rundfunkurteil v. 1995 (BVerfG 22.3.1995 – 2 BvG 1/89, BVerfGE 92 203) betrifft die Kompetenz der EG im Rahmen der → Fernsehrichtlinie. Im 10. Rundfunkurteil v. 1998 (BVerfGE 97, 228) bejahte das Gericht ein Recht des Rundfunks auf Kurzberichterstattung; dieses ist jedoch bei berufsmäßig durchgeführten Veranstaltungen nicht unentgeltlich. Im 11. Rundfunkurteil v. 2001 (BVerfGE 103, 44) hat das BVerfG das Verbot von Bild- und Tonaufnahmen in Gerichtssälen für verfassungsgemäß erklärt. Im 12. Rundfunkurteil v. 2007 (BVerfGE 119, 181) hat das BVerfG die Befugnis des Gesetzgebers, bei der Festsetzung der → Rundfunkgebühr von den Vorschlägen der Kommission zur Überprüfung und Ermittlung des Finanzbedarfs der Rundfunkanstalten abzuweichen, eingeschränkt. Im 13. Rundfunkurteil v. 2008 (BVerfGE 121, 30) wurde ein absolutes Verbot für politische Parteien, sich an privaten Rundfunkveranstaltungen zu beteiligen, für unzulässig erklärt. Im 14. Rundfunkurteil v. 2014 (BVerfG 25.3.2014 – 1 BvF 1/11, BVerfGE 136 9)(BVerfGE 136, 9) zum ZDF-Staatsvertrag wurde der staatliche Einfluss in Aufsichtsgremien begrenzt. Im 15. Rundfunkurteil hat das BVerfG mit Urt. v. 18.7.2018 (1 BvR 1675/16 ua) den → Rundfunkbeitrag für verfassungsgemäß erklärt: Er ist danach weder eine Steuer noch verstößt er gegen den Gleichheitsgrundsatz. Obiter dicta hat das Gericht die besondere Bedeutung einer seriösen publizistischen Grundversorgung durch die öffentlich-rechtlichen Rundfunkanstalten in Zeiten der Digitalisierung hervorgehoben. → Rundfunk, → Rundfunkfreiheit, → Rundfunkrecht.

4. Teilweise wird die Entscheidung des BVerfG (Beschl. v. 20.7.2021 – 1 BvR 2756/20 ua) zur Erhöhung des → Rundfunktbeitrags als 16. Rundfunkturteil bezeichnet. Das BVerfG hatte hierin befunden, dass die Weigerung des Landes Sachsen-Anhalt, der Erhöhung im Medienstaatsvertrag zuzustimmen, verfassungswidrig ist.

RVG
→ Rechtsanwaltsgebühr.

Saarland

1. Das Saargebiet wurde nach dem 1. Weltkrieg durch den → Versailler Vertrag einer Völkerbundregierung unterstellt. Nach einer Volksabstimmung im Jahre 1935 kehrte es zum → Deutschen Reich zurück und war 1940–1945 mit dem damals bayer. Regierungsbezirk Pfalz zur Verwaltungseinheit „Saarpfalz" zusammengefasst. Nach dem 2. Weltkrieg bildete die französische Besatzungsmacht aus dem Saargebiet sowie Teilen der bayer. Pfalz und der preuß. Rheinprovinz das „Saarland", das sich durch die Verfassung vom 15.12.1947 (ABl. 1947, 1077) als von Deutschland politisch unabhängig erklärte und sich gleichzeitig wirtschaftlich, zoll- und währungspolitisch an Frankreich anschloss. Das Saarstatut zwischen Deutschland und Frankreich v. 23.10.1954 wollte dem Saarland eine von Frankreich etwas unabhängigere Stellung verschaffen, zugleich aber die Absonderung von Deutschland verfestigen. Nach Ablehnung des Saarstatuts durch die saarländische Bevölkerung am 23.10.1955 beschloss der Landtag des Saarlandes am 14.12.1956 den Anschluss an die → Bundesrepublik Deutschland. Dementsprechend erließ der Bundestag am 23.12.1956 das Gesetz über die Eingliederung des Saarlandes (BGBl. 1956 I 1011). Seit 1.1.1957 ist das Saarland ein Land der Bundesrepublik Deutschland (Art. 60 Saarländische Verfassung).

2. Die Gesetzgebung liegt grundsätzlich beim Landtag; doch können Gesetze auch durch Volksentscheid (→ Volksabstimmung) beschlossen werden. Es gilt immer noch die Verfassung v. 15.12.1947, zuletzt geändert durch Gesetz v. 13.7.2016 (ABl. I 2016, 710). Art. 1–21 Saarländische Verfassung enthalten einen umfangreichen Grundrechtskatalog, Art. 22 ff. Saarländische Verfassung weitere Garantien und Staatsziele. Der Landtag besteht aus 51 Abgeordneten, die vom Volk nach den Grundsätzen des Verhältniswahlrechts für 5 Jahre gewählt werden. Die vollziehende Gewalt wird von der Landesregierung als oberster Behörde ausgeübt. Sie besteht aus dem Ministerpräsidenten und den Ministern. Der MinPräs wird vom Landtag gewählt; er ernennt mit Zustimmung des Landtags die Minister; Staatssekretäre können als weitere Mitglieder der Landesregierung ernannt werden. Der MinPräs. führt den Vorsitz in der Landesregierung, leitet ihre Geschäfte und bestimmt die Richtlinien der Politik, innerhalb derer jeder Minister seinen Geschäftsbereich selbständig leitet. Die Landesregierung trägt gegenüber dem Landtag die Gesamtverantwortung für ihre allgemeine Politik und jeder Minister die Einzelverantwortung für seinen Geschäftsbereich. Es besteht ein Verfassungsgerichtshof mit 8 Mitgliedern (Art. 96 ff. Saarländische Verfassung), vgl. G v. 6.2.2001 (ABl. 2001, 582) mÄnd.

3. Das Saarland gliedert sich – ohne allgemeine zuständige Mittelbehörden – in Landkreise und die kreisfreie Landeshauptstadt Saarbrücken.

Saatgut

Das Saatgutverkehrsgetz (SaatG) idF v. 16.7.2004 (BGBl. 2004 I 1673) mÄnd regelt die Anerkennung von Saatgut zum gewerblichen Inverkehrbringen und die Zulassung von Pflanzensorten als Voraussetzung für die Anerkennung als Saatgut; → Agrarrecht, → Bundesanstalt für Landwirtschaft und Ernährung. Die detaillierten Anforderungen an das Inverkehrbringen und die Einfuhr von Anbaumaterial für Gemüse, Obst und Zierpflanzen enthält die Anbaumaterialverordnung (AGOZV) v. 21.11.2018 (BGBl. 2018 I 1964) mÄnd. Die Zulassung von Sorten, deren Pflanzen → GVO (dort 2.) sind, unterliegt den Bestimmungen des § 30 V SaatG, sa → Gentechnikrecht und → Freisetzung.

Sabbatical

Als (engl.) Sabbatical (oder Sabbatjahr) bezeichnet man die Zeit der Inanspruchnahme eines - über die übliche Urlaubsdauer hinausgehenden - längerfristigen unbezahlten Sonderurlaubes, um dem Arbeitnehmer einen zeitlich befristeten Ausstieg aus dem Arbeitsalltag zu ermöglichen. Ein konkreter ges. Anspruch besteht nicht (evtl. denkbar: Geltendmachung über § 9a TzBfG als → Brückenteilzeit im Blockmodell), so dass es idR einer gesonderten Vereinbarung bedarf. Dabei sind verschiedene Gestaltungen möglich; bei Vereinbarung zB einer befristeten Teilzeit mit Auf- und Abbau von Guthaben auf einem Arbeitszeitkonto bleibt unter den weiteren Voraussetzungen des § 7 Ia SGB IV der Sozialversicherungsschutz erhalten. Wegen der freiwilligen Suspendierung der gegenseitigen Hauptleistungspflichten des → Arbeitsverhältnisses entsteht für den Freistellungszeitraum grds. kein ges. Urlaubsanspruch (sa → Urlaub).

Sabotage

Gegen Formen der Sabotage richten sich verschiedene Straftatbestände: Zu §§ 87, 88 StGB → Rechtsstaatsgefährdung 1d, e, zu § 109e StGB → Wehrmittelsabotage, zu § 303b StGB → Computersabotage, zu § 316b StGB → Betriebssabotage, zu § 316c StGB → Luft- und Seepiraterie.

Sachantrag

Der Sachantrag ist der in einem → Rechtsstreit gestellte Antrag, der sich auf den Inhalt der erstrebten Entscheidung bezieht (zB Klageantrag auf Verurteilung zu einer bestimmten Leistung). Gegensatz: → Prozessantrag.

Sachbefugnis
Sachbefugnis (Sachlegitimation) bedeutet die Rechtszuständigkeit. Das im Prozess geltend gemachte Recht muss dem Kläger (Aktivlegitimation) gegen den Beklagten (Passivlegitimation) zustehen. Die Sachbefugnis beantwortet die Frage nach der richtigen Partei für die Begründetheit der Klage und bildet insofern die Parallele zur → Prozessführungsbefugnis, die sich allein auf die Zulässigkeit der Klage auswirkt. Die Sachbefugnis besteht auch außerhalb eines Rechtsstreits auf Grund der materiellen Rechtslage.

Sachbericht
Der Sachbericht ist der Teil eines → Gutachtens, in dem die tatsächlichen Vorgänge, die der rechtlichen Würdigung zugrundegelegt werden, enthalten sind. Der Sachbericht entspricht insoweit dem → Tatbestand des Urteils. Bei → Beschlüssen wird dieser Teil der Gründe auch vielfach Sachbericht (oder Sachverhaltsdarstellung) genannt.

Sachbeschädigung
begeht, wer vorsätzlich und rechtswidrig eine fremde Sache (auch ein Tier) beschädigt oder zerstört (§ 303 I StGB). Beschädigung ist schon jede nicht ganz unerhebliche Beeinträchtigung der Substanz oder der Form einer Sache oder ihrer Verwendbarkeit. Das farbige Besprühen von Sachen, insbes. Bauwerke und öffentliche Verkehrsmittel, mit Schriftzeichen, Bildern und Symbolen (Graffiti) fällt idR nicht darunter. Es erfüllt aber den Tatbestand des § 303 II StGB; danach wird bestraft, wer unbefugt das Erscheinungsbild einer Sache nicht nur unerheblich und nicht nur vorübergehend verändert. Die → Rechtswidrigkeit einer Sachbeschädigung entfällt insbes. durch Einwilligung des Eigentümers, kraft Gesetzes zB durch das Recht zur Tötung wildernder Hunde (§ 23 BJagdG). Versuch ist strafbar. Die Sachbeschädigung ist → Antragsdelikt (Ausnahme: besonderes öffentliches Interesse an der Strafverfolgung). Die Strafe ist Geldstrafe oder Freiheitsstrafe bis zu 2 Jahren.

Zerstörung eines fremden Bauwerks, insbes. eines Gebäudes, Schiffes oder Damms, einer Brücke oder gebauten Straße oder eines Bahnkörpers ist als erschwerter Fall der Sachbeschädigung mit Freiheitsstrafe bis zu 5 Jahren oder Geldstrafe bedroht (§ 305 StGB; kein Antragsdelikt, Versuch strafbar).

Die vorsätzliche und rechtswidrige Beschädigung oder Zerstörung bestimmter dem öffentlichen Nutzen dienender Gegenstände ist als gemeinschädliche Sachbeschädigung auch dann strafbar, wenn die Sache Eigentum des Täters ist (§ 304 I StGB). Die unbefugte Veränderung des Erscheinungsbildes, die nicht nur unerheblich und nicht nur vorübergehend ist, ist hier ebenfalls mit Strafe bedroht (§ 304 II StGB). Geschützt sind Gegenstände, die der religiösen Verehrung einer im Staate bestehenden Religionsgesellschaft oder dem Gottesdienst gewidmet sind, ferner Grabmäler, öffentliche Denkmäler sowie öffentlich aufgestellte oder in Sammlungen enthaltene Gegenstände des Gewerbes, der Kunst oder Wissenschaft (Gemälde in Galerien, Bücher in Bibliotheken) und Gegenstände, die der Verschönerung öffentlicher Wege oder Anlagen dienen (Brunnen, Bäume, Blumen). Die erhöhte Strafdrohung ist Freiheitsstrafe bis zu 3 Jahren oder Geldstrafe (§ 304 StGB; Strafantrag nicht erforderlich, Versuch strafbar).

Als → gemeingefährliche Straftat ist die Zerstörung oder Beschädigung gewisser wichtiger Bauten (Wasserbauten wie Wasserleitungen, Schleusen, Wehre, Deiche und Dämme, Brücken, Fähren, Wege und Schutzwehre sowie Bergwerksbetriebsvorrichtungen) in § 318 StGB mit Freiheitsstrafe von 3 Mon. bis zu 5 Jahren, bei fahrlässiger Begehung mit Freiheitsstrafe bis zu 3 Jahren oder Geldstrafe bedroht, wenn durch die Tat Leib oder Leben eines anderen gefährdet wird. Hat der Täter eine schwere Gesundheitsschädigung eines anderen oder eine Gesundheitsschädigung einer großen Zahl von Menschen oder den Tod eines anderen verursacht, gelten höhere Strafdrohungen.

Sonderfälle der Sachbeschädigung sind → Datenveränderung (§ 303a StGB), → Computersabotage (§ 303b StGB), → Zerstörung wichtiger Arbeitsmittel (§ 305a StGB) und → Brandstiftung (§ 306 StGB).

Sachbezüge
Werden dem → Arbeitnehmer vom Arbeitgeber für seine Tätigkeit neben oder anstelle des Barlohnes → geldwerte Vorteile geleistet, so handelt es sich um Sachbezüge, → Naturallohn. Zu den Sachbezüge gehören insbes. die kostenlose oder verbilligte Überlassung einer Wohnung oder die unentgeltliche oder verbilligte Überlassung von Waren. Sie sind bei der → Lohnsteuer als → Einnahmen und in der → Sozialversicherung (Sozialversicherungsentgeltverordnung SvEV) zu erfassen. Die monatliche Freigrenze für Sachbezüge (zB Jobtickets, Waren- oder Tankgutscheine) beträgt seit dem VAZ 2022 monatlich 50 EUR (zuvor 44 EUR), § 8 Abs. 2 Satz 11 EStG. Liegt der Wert der Sachbezüge über der Freigrenze, muss der gesamte geldwerte Vorteil versteuert werden.

Die Werte, mit denen Sachbezüge steuerlich zu berücksichtigen sind, ergeben sich grds. aus den durch Verordnung festgelegten Sachbezugswerten, die sich auf Mahlzeiten und freie Unterkunft beziehen. Ab 2024 beträgt der Sachbezug für ein Frühstück 2,17 EUR täglich (monatlich 65 EUR) und für ein Mittag- oder Abendessen 4,13 EUR täglich (124 EUR monatlich). Diese Werte gelten unabhängig vom tatsächlichen Wert der Mahlzeit. Sie kommen nicht nur für Mahlzeiten in der Kantine, sondern auch in Gaststätten und bei Essensmarken (Restaurantscheck) in Betracht. Der monatliche Wert für die freie Verpflegung beträgt ab 2024 313 EUR. Soweit keine Werte vorliegen, sind Sachbezüge mit dem um übliche Preisnachlässe geminderten Endpreis am Abgabeort zu bewerten (§ 8 II 1 EStG). Wird eine Wohnung als Sachbezug zur Verfügung gestellt, beträgt der Sachbezugswert 278 EUR. → Aufmerksamkeiten gehören nicht zu den Sachbezügen → Deputate in der Land- und Forstwirtschaft. → Private Pkw-Nutzung, → Rabattfreibetrag.

Sachdarlehensvertrag
→ Darlehensvertrag.

Sache
iS des BGB (§ 90) ist nur ein körperlicher (auch flüssiger oder gasförmiger) → Gegenstand (anders zT bei den → öffentlichen Sachen). Die Sache muss also sinnlich wahrnehmbar und beherrschbar sein (zB nicht die freie Luft, das Meerwasser; anders zB Gas in Flaschen). Sachgesamtheiten sind keine Sachen, sondern eine Vielzahl von Einzelsachen (zB ein Warenlager); wegen des im → Sachenrecht geltenden Spezialitätsprinzips kann über sie nicht einheitlich, sondern nur durch Bestimmung über jede einzelne Sache verfügt werden. Doch entscheidet hierüber letztlich die Verkehrsanschauung; Sache im Rechtssinne ist auf jeden Fall auch die zusammengesetzte Sache (Auto, Haus; 1 Ztr. Getreide, nicht jedes einzelne Korn). – Auch die Leiche ist nach hM – trotz ihres vielfach angenommenen Charakters als „Rest der Persönlichkeit“, der sich insbes. in einem besonderen strafrechtlichen Schutz ausdrückt – als → herrenlose Sache anzusehen, die allerdings nicht der Aneignung und nur einer beschränkten Verfügungsbefugnis der nächsten Angehörigen – nach aA der Erben – unterliegt (str.; sa → Transplantation). Der lebende Körper eines Menschen ist dagegen keine Sache, sondern Bestandteil seines → Persönlichkeitsrechts. Zum → Tier s. dort.

Grundsätzlich sind alle Sachen verkehrsfähig, dh geeignet, Gegenstand von – insbes. dinglichen – Rechten und Verfügungen zu sein. Ausgenommen von der allg. Verkehrsfähigkeit (res extra commercium) sind – neben der Leiche – insbes. die zu kirchlichen oder Bestattungszwecken dienenden Sachen, zB Kirchengeräte, Friedhof usw; diese stehen zwar im Eigentum des Berechtigten, die Verfügungsfähigkeit über sie ist jedoch entsprechend ihrer Zweckbestimmung eingeschränkt (→ res sacrae). Die dem → Gemeingebrauch unterliegenden Sachen (zB eine Straße) sind entsprechend ihrer öffentlich-rechtlichen Zweckbestimmung (→ Widmung) gleichfalls in der Verkehrsfähigkeit beschränkt. Für das dem Staat und sonstigen öffentlich-rechtlichen Körperschaften gehörende Vermögen (Finanzvermögen) gelten an sich keine Besonderheiten; soweit aber einzelne Sachen über das privatrechtliche Eigentum hinaus mit einer öffentlich-rechtlichen Zweckbestimmung versehen sind (zB Bürogebäude, Verwaltungseinrichtung), unterliegt dieses sog. Verwaltungsvermögen für die Dauer der Bestimmung den gleichen Beschränkungen in der Verkehrsfähigkeit (s. hierzu iE → Öffentliche Sachen). Sa → Veräußerungsverbot.

Neben den einfachen und zusammengesetzten Sachen unterscheidet man in erster Linie → Grundstücke und bewegliche Sachen. Bewegliche Sachen sind alle Sachen, die nicht ein abgegrenzter Teil der Erdoberfläche oder ein → Bestandteil dieses Grundstücks sind; die Unterscheidung ist insbes. im Sachenrecht von entscheidender Bedeutung (→ Eigentumsübertragung, → gutgläubiger Erwerb usw; zum Grundstück s. auch → Grundbuch, → Grundstücksrechte). Auch → Schiffe und → Luftfahrzeuge sind demnach an sich bewegliche Sachen; sie werden jedoch teilweise wie Grundstücke behandelt (s. → Grundstück). Weitere Abgrenzungen: a) teilbare und nicht teilbare Sachen: Teilbar ist jede Sache, die sich ohne Wertminderung in gleichartige Teile zerlegen lässt (zB Stoff, Grundstück; nicht Haus, Tier). Die Unterscheidung ist für die Auseinandersetzung einer → Gemeinschaft (§ 752 BGB) und sonstiger Mitberechtigungen (Gesellschaft, Nachlass ua) von Bedeutung. S. auch → Teilleistung. b) Vertretbare Sachen (wichtig beim → Werklieferungsvertrag, → Darlehensvertrag, Summenverwahrung) sind bewegliche Sachen, die objektiv im Verkehr nach Zahl, Maß oder Gewicht bestimmt zu werden pflegen (§ 91 BGB), also zB Geld, Wertpapiere, neue Serienfahrzeuge, Sand usw. Anders c) Gattungssachen. Was Gegenstand einer → Gattungsschuld ist, bestimmt sich allein nach dem Parteiwillen, der den Umfang der Gattung bestimmt und auch nicht vertretbare Sachen (zB ein Pferd) zu einer Gattungsschuld (Gegenteil: Stückschuld) machen kann. d) Verbrauchbare Sachen sind bewegliche Sachen, deren bestimmungsgemäßer Gebrauch in dem Verbrauch oder in der Veräußerung besteht (§ 92 BGB, zB Lebensmittel, Geld, Zinsscheine u. dgl., nicht aber Kleidungsstücke, deren Verschleiß nicht bestimmungsgemäß ist). Als verbrauchbare Sachen gelten auch bewegliche Sachen, die zu einem Warenlager oder zu einer sonstigen Sachgesamtheit gehören, wenn deren bestimmungsgemäßer Gebrauch in der Veräußerung der einzelnen Sachen besteht. Nicht jede vertretbare Sache ist verbrauchbar (zB Maschine) und umgekehrt. Die rechtliche Bedeutung verbrauchbarer Sache liegt darin, dass infolge ihrer Zweckbestimmung bei einer Gebrauchsüberlassung (→ Darlehensvertrag, → Mietvertrag) nicht dasselbe Stück, sondern ein entsprechendes zurückzugeben ist; bei einer Nutzung (→ Nießbrauch ua) ist Wertersatz zu leisten. e) Zu den Besonderheiten der Sachen → Geld, → Wertpapier, → Urkunde s. dort. S. ferner → Bestandteil, → Zubehör, → Früchte, → Nutzungen.

Sache, öffentliche
→ öffentliche Sachen.

Sacheinlage
→ Einlage.

Sachenrecht
ist die Zusammenfassung der Rechtsnormen, welche die Beziehungen einer Person zu einer → Sache zum Inhalt haben, also – im Gegensatz zum → Schuldrecht – nicht das Recht auf (Verschaffung einer) Sache, sondern das unmittelbare dingliche Recht an der Sache. Der schuldrechtliche Kaufvertrag zB begründet lediglich die Pflicht des Verkäufers zur Übergabe der verkauften Sache an den Käufer und zur Übertragung des Eigentums, lässt aber die dingliche Rechtslage (Eigentum) unberührt; das Eigentum muss erst durch besonderes dingliches Rechtsgeschäft (→ Eigentumsübertragung) übertragen werden. Die dinglichen Rechte, die sich auf bewegliche Sachen (Fahrnis) und → Grundstücke (Liegenschaften) erstrecken, sind absolute, dh jedermann gegenüber wirkende Rechte (anders im Schuldrecht, das nur die Beziehung Gläubiger – Schuldner kennt; so hat zB vor Eigentumsübertragung nur der Verkäufer, nicht aber der Käufer bei Zerstörung der verkauften Sache einen Anspruch gegen den Dritten). Der Kreis der dinglichen (= Sachen-)Rechte ist im Dritten Buch des BGB (§§ 854–1296 BGB) und den hierzu ergangenen Nebengesetzen (zB WohnungseigentumsG, ErbbaurechtsG) abschließend geregelt; eine Vertragsfreiheit der Parteien in der Schaffung rechtlicher Beziehungen wie im Schuldrecht besteht nicht (Typenzwang).

Als dingliche Rechte kommen in Betracht: das → Eigentum (auch das → Wohnungseigentum) als das umfassende, grds. unbeschränkte Recht an einer Sache und beschränkte dingliche Rechte, dh Belastungen des Eigentums in gewissem Umfang durch Nutzungs- und Verwertungsrechte (insbes. → Erbbaurecht, → Dienstbarkeiten, → Reallast, → Hypothek, → Grund- und → Rentenschuld sowie → Pfandrecht; s. auch → Sicherungsübereignung, → Anwartschaftsrecht; für das Gebiet der ehem. DDR ferner → Nutzungsberechtigungen, → Mitbenutzungsrechte, → Gebäudeeigentum; → Sachenrechtsbereinigung). Nicht hierher zählen dagegen die → öffentlichen Lasten. Entscheidend für die Geltendmachung der beschränkten dinglichen Rechte ist deren Rang. Aus den dinglichen Rechten (zB Eigentum), die unverjährbar sind, können dingliche → Ansprüche entstehen (zB → Eigentumsherausgabeanspruch); diese unterliegen der Verjährung nur, wenn sie nicht aus im → Grundbuch eingetragenen Rechten herrühren (§ 902 BGB).

Wesentliche Grundsätze des Sachenrechts sind außerdem das Spezialitätsprinzip (jedes dingliche Recht kann sich nur auf eine bestimmte Sache beziehen; die Übereignung eines Warenlagers zB ist nur durch Übereignung jeder einzelnen Sache möglich), das Publizitätsprinzip (die dingliche Rechtslage soll möglichst offenkundig sein, bei beweglichen Sachen durch den → Besitz, bei unbeweglichen Sachen durch Eintragung im Grundbuch) sowie das Abstraktionsprinzip: das schuldrechtliche Verpflichtungsgeschäft ist grds. unabhängig vom dinglichen Erfüllungsgeschäft, so dass die Unwirksamkeit des Grundgeschäfts (zB der Kaufvertrag ist wirksam angefochten worden) regelmäßig das dingliche Rechtsgeschäft unberührt lässt, wenn die Betroffenen nicht eine andere Regelung vereinbart, zB die Wirksamkeit des schuldrechtlichen Rechts als ausdrückliche → Bedingung für den dinglichen Vertrag bestimmt haben. Das übertragene Eigentum fällt daher bei Unwirksamkeit des Kaufvertrags nicht automatisch wieder auf den Verkäufer zurück (im Grundbuch daher keine bloße → Berichtigung); dieser hat nur einen Anspruch aus → ungerechtfertigter Bereicherung auf Rückübertragung.

Sachenrechtsbereinigung
Die Sachenrechtsbereinigung ist die Klärung der Rechtsverhältnisse an Grundstücken in den neuen Ländern der BRep., die von den Nutzern zu Zeiten der ehem. DDR bebaut wurden. In der ehem. DDR wurde durch staatliche Stellen ua die Bebauung fremder Grundstücke gestattet. Bei Bebauung auf Grund eines dazu eingeräumten Nutzungsrechts (→ Nutzungsberechtigung) entstand → Gebäudeeigentum, in anderen Fällen, zB auf Grund Billigung einer staatlichen Stelle, wurde das Gebäude Bestandteil des Grundstücks. Die Bebauungen fremder Grundstücke wurden zunächst durch ein im → Einigungsvertrag begründetes vorläufiges Besitzrecht (Moratorium) geschützt. Die ungeklärte Rechtslage beeinträchtigte den Grundstücksverkehr und den Rechtsfrieden. Erforderlich war ein Interessenausgleich zwischen Nutzern und Eigentümern der Grundstücke, die mit Einführung der Marktwirtschaft wieder werthaltige Wirtschaftsgüter wurden. Das SachenRBerG v. 21.9.1994 (BGBl. 1994 I 2457) mÄnd regelt die Rechtsverhältnisse und zwar für den Eigenheimbau, den sog. komplexen Wohnungsbau und den Bau von land-, forstwirtschaftlichen und gewerblichen Zwecken dienenden Grundstücken. Erfasst werden auch zT die sog. hängenden Kaufverträge, die in der ehem. DDR nicht mehr im Grundbuch vollzogen wurden (s. iE § 3 III SachenRBerG, § 121 SachenRBerG). Nicht einbezogen wurden Nutzungen auf Grund von Miet- und Pachtverträgen sowie Nutzungen zur Erholung nach dem Zivilgesetzbuch der DDR; sie sind im → SchuldrechtsanpassungsG geregelt. Bei der Sachenrechtsbereinigung erhält das Vertrauen des Nutzers auf den Schutz seiner damals anerkannten baulichen Investition Vorrang vor dem Interesse des Grundstückseigentümers an der Wiedererlangung des Besitzes. Deshalb wurden die durch die Wiedervereinigung entstandenen Bodenwerte grundsätzlich hälftig zwischen Nutzer und Eigentümer auf-

geteilt. Dazu erhält der Nutzer nach seiner Wahl ein Recht zum Ankauf des Grundstücks zum halben Verkehrswert oder einen Anspruch auf Bestellung eines → Erbbaurechts zu einem Erbbauzins mit der Hälfte des üblichen Satzes. Bei unredlichem Erwerb des Nutzungsrechts steht dem Grundstückseigentümer ein Leistungsverweigerungsrecht zu. Zur Durchführung der S. dient ein notarielles Vermittlungsverfahren. Für private Grundstücke, die vor dem 3.10.1990 für eine Verkehrsfläche in Anspruch genommen oder zur Erfüllung einer Verwaltungsaufgabe mit einem Gebäude oder einer sonstigen baulichen Anlage bebaut wurden, gilt das Verkehrsflächenbereinigungsgesetz v. 26.10.2001 (BGBl. 2001 I 2716).

Sachentscheidung
Eine Sachentscheidung ist eine Entscheidung des Gerichts darüber, ob ein Rechtsschutzbegehren in einem Prozess (→ Klage, Antrag usw) begründet ist. Die Sachentscheidung setzt idR die Zulässigkeit des Rechtsschutzbegehrens voraus (→ Sachurteil).

Sachentscheidungsvoraussetzungen
→ Prozessvoraussetzungen.

Sachfirma
→ Firma (1, 2a).

Sachfremde Erwägungen (der Verwaltung)
→ Ermessen.

Sachfrüchte
→ Früchte.

Sachgefahr
→ Gefahrtragung.

Sachgesamtheit
→ Sache.

Sachgründung
→ Einlage.

Sachkauf
→ Kauf.

Sachkunde
→ Befähigungsnachweis, → Gewerbezulassung, → Sachverständiger.

Sachlegitimation
→ Sachbefugnis.

Sachleistungsprinzip
Für die → Sozialversicherung, insbesondere für die gesetzliche → Krankenversicherung, galt in der Vergangenheit nahezu uneingeschränkt das sog. Sachleistungsprinzip, dh die Versicherungsträger waren verpflichtet, ihren Versicherten Leistungen wie die Behandlung durch einen Kassen- bzw. → Vertragsarzt oder Arzneimittel in natura zur Verfügung zu stellen und konnten sich nicht darauf beschränken, den Versicherten die Kosten für selbst beschaffte Leistungen zu erstatten. Durch das GKV-Modernisierungsgesetz v. 14.11.2003 (BGBl. 2003 I 2190) ist dieses Prinzip ab dem 1.1.2004 für die gesetzliche Krankenversicherung teilweise aufgegeben worden (→ Kostenerstattung). Das Sachleistungsprinzip ist dem Grunde nach weiterhin gültig (§ 2 Abs. 2 SGB V). Damit soll aber nur klargestellt werden, dass die Kostenerstattung gegenüber der „Vertragsleistung" nachrangig ist.

Sachleitung
→ Prozessleitung.

Sachliche Zuständigkeit
→ Zuständigkeit, gerichtliche, → Zuständigkeit von Verwaltungsbehörden.

Sachlicher Geltungsbereich des Rechts
→ Geltungsbereich des Rechts.

Sachmangel
→ Gewährleistung, 1b (Kauf), → Schenkung, → Mietvertrag (2), → Werkvertrag (3a), sa → Verbraucherverträge über digitale Produkte, – → Verbrauchsgüterkauf.

Sachnießbrauch
→ Nießbrauch.

Sachsen
1. Sachsen wurde durch das Ländereinführungsgesetz der ehemaligen → DDR vom 22.7.1990 (GBl. 1990 I 955) mit Wirkung vom 3.10.1990 errichtet und seit dem selben Tag gem. dem → Einigungsvertrag mit dem Wirksamwerden des → Beitritts Land der → Bundesrepublik Deutschland. Landeshauptstadt ist Dresden.

2. Sachsen ist → Freistaat. Nach der Verfassung v. 27.5.1992 (GVBl. 1992, 243) mÄnd ist Sachsen ein demokratischer, dem Schutz der natürlichen Lebensgrundlagen und der Kultur verpflichteter sozialer Rechtsstaat. Die Gesetzgebung steht dem Landtag oder unmittelbar dem Volk zu. Der Landtag wird vom Volk auf 5 Jahre nach den Grundsätzen der Persönlichkeits- und Verhältniswahl gewählt. Gesetzesvorlagen werden von der Staatsregierung, aus der Mitte des Landtags oder vom Volk durch Volksantrag eingebracht. Stimmt der Landtag einem Volksantrag nicht binnen 6 Monaten zu, so können die Antragsteller ein Volksbegehren mit dem Ziel in Gang setzen, einen Volksentscheid über den Antrag herbeizuführen. Der Landtag kann zum Volksentscheid (→ Volksabstimmung) einen eigenen Gesetzesentwurf beifügen. Verfassungsändernde Gesetze können vom Landtag mit Zwei-Drittel-Mehrheit oder durch Volksentscheid mit Mehrheit der Stimmberechtigten beschlossen werden. Die Staatsregierung besteht aus dem Ministerpräsidenten und den Staatsministern. Als weitere Mitglieder der Staatsregierung können Staatssekretäre ernannt werden. Der Ministerpräsident wird vom Landtag mit der Mehrheit seiner Mitglieder gewählt. Der Ministerpräsident beruft und entlässt die Staatsminister und die Staatssekretäre. Er vertritt das Land nach außen. Der Landtag kann dem Ministerpräsident das Vertrauen nur dadurch entziehen, dass er mit der Mehrheit seiner Mitglieder einen Nachfolger wählt. Der

Verfassungsgerichtshof (Gesetz v. 18.2.1993, GVBl. 1993, 177, ber. 495 mÄnd) besteht aus 5 Berufsrichtern und 4 anderen Mitgliedern. Die Mitglieder des Verfassungsgerichtshofs werden vom Landtag mit Zwei-Drittel-Mehrheit auf die Dauer von 9 Jahren gewählt. Den Vorsitz führt immer ein Berufsrichter. In einem eigenen Abschnitt der Verfassung werden die Grundrechte gewährleistet. Das Volk der → Sorben genießt besonderen Schutz.

3. Sachsen gliedert sich in in → Landkreise und → kreisfreie Städte. Die früheren Regierungsbezirke Chemnitz, Dresden und Leipzig wurden 2008 in Direktionen umbenannt und 2012 zu einer einzigen Landesdirektion Sachsen zusammengelegt.

Sachsen-Anhalt

1. Sachsen-Anhalt wurde durch das Ländereinführungsgesetz der ehemaligen → DDR vom 22.7.1990 (GBl. 1990 I 955) mit Wirkung vom 3.10.1990 errichtet und ist seit dem selben Tag gem. dem → Einigungsvertrag mit dem Wirksamwerden des → Beitritts Land der Bundesrepublik Deutschland. Landeshauptstadt ist Magdeburg.

2. Nach der Verfassung v. 16.7.1992 (GVBl. 1992, 600) mÄnd ist Sachsen-Anhalt ein demokratischer, sozialer und dem Schutz der natürlichen Lebensgrundlagen verpflichteter Rechtsstaat. Die Gesetzgebung erfolgt durch den Landtag und durch Volksentscheid. Der Landtag wird vom Volk in freier, gleicher, allgemeiner, geheimer und unmittelbarer Wahl nach einem Verfahren gewählt, das Persönlichkeits- und Verhältniswahl verbindet. Die Wahlperiode beträgt vier Jahre. Gesetzesentwürfe können von der Landesregierung, aus der Mitte des Landtages oder durch Volksbegehren eingebracht werden. Nimmt der Landtag den durch ein Volksbegehren eingebrachten Gesetzesentwurf nicht innerhalb von vier Monaten unverändert an, findet nach mindestens 3 und höchstens 6 weiteren Monaten nach Ablauf der Frist oder dem Beschluss des Landtags, den Entwurf nicht als Gesetz anzunehmen, über den Gesetzesentwurf ein Volksentscheid statt. Der Volksentscheid muss die Mehrheit der Abstimmenden, mindestens jedoch die Zustimmung eines Viertels der Wahlberechtigten finden (→ Volksabstimmung). Verfassungsänderungen durch Landtagsbeschluss bedürfen der Zwei-Drittel-Mehrheit. Verfassungsänderungen durch Volksentscheid bedürfen einer Zwei-Drittel-Mehrheit der Abstimmenden, mindestens jedoch der Hälfte der Wahlberechtigten. Die Landesregierung besteht aus dem Ministerpräsidenten und den Ministern. Der Ministerpräsident wird vom Landtag gewählt. Der Ministerpräsident ernennt und entlässt die Minister. Er vertritt das Land nach außen. Der Landtag kann dem Ministerpräsidenten das Misstrauen nur dadurch aussprechen, dass er mit der Mehrheit seiner Mitglieder einen Nachfolger erwählt. Das Landesverfassungsgericht (Gesetz v. 23.8.1993, GVBl. 1993, 441 mÄnd) besteht aus 7 Richtern. Die Verfassungsrichter werden vom Landtag mit Zwei-Drittel-Mehrheit gewählt. In eigenen Abschnitten der Verfassung sind Grundrechte, Einrichtungsgarantien (institutionelle Garantien) und Staatsziele bestimmt.

3. Sachsen-Anhalt gliederte sich zunächst in 3 → Regierungsbezirke mit Regierungspräsidien, diese wiederum in → Landkreise und → kreisfreie Städte. Seit 1.1.2004 besteht ein Landesverwaltungsamt, in dem die bisherigen Regierungspräsidien und 22 weitere Behörden zusammengefasst wurden.

Sachsenspiegel

Altdeutsches Rechtsbuch, entstanden etwa 1215–1235; Verfasser → Eike von Repgow. Der Sachsenspiegel ist keine eigentliche Kodifikation, sondern eine Sammlung (Spiegel) von Rechtssätzen, die sich auf Grund örtlicher Gebräuche der Rechtspraxis durch Überlieferung fortgepflanzt hatten. Er umfasst Staats-, Privat-, Straf- und Verfahrensrecht sowie Lehensrecht. Nach seiner Einführung in Sachsen fand der Sachsenspiegel weite Verbreitung in Ost- und Norddeutschland; er wirkte auch nach Entstehen von Gesetzeswerken in den einzelnen Ländern noch als subsidiäres Recht fort, so in Preußen bis zum Erlass des → Allgemeinen Landrechts, in anderen Gebieten bis zum Inkrafttreten des BGB.

Sachteil

→ Bestandteil, → Sache.

Sachurteil

Ein Sachurteil ist im Zivilprozess ein → Urteil über die vom Kläger behauptete Rechtsfolge (→ Streitgegenstand). Ein Sachurteil liegt vor, wenn (auch auf → Rechtsmittel hin) der → Klage stattgegeben, sie als unbegründet abgewiesen oder eine solche Entscheidung aufrechterhalten wird. Ein Sachurteil darf nur ergehen, wenn die Sachurteilungsvoraussetzungen (→ Prozessvoraussetzungen) gegeben sind. Diese Grundsätze gelten sinngemäß auch für andere Verfahrensarten (Straf-, Verwaltungsgerichtsverfahren usw). Der Gegensatz zum Sachurteil ist das → Prozessurteil.

Sachurteilsvoraussetzungen

→ Prozessvoraussetzungen.

Sachversicherung

→ Versicherungsvertrag (2a).

Sachverständigenbeweis

→ Beweis, → Sachverständiger.

Sachverständigenrat

Nach dem Gesetz über die Bildung eines Sachverständigenrates zur Begutachtung der gesamtwirtschaftlichen Entwicklung v. 14.8. 1963 (BGBl. 1963 I 685) mÄnd hat der Sachverständigenrat jährlich bis 15. November ein Gutachten über die gesamtwirtschaftliche Lage und deren absehbare Entwicklung zu erstellen (§ 6 Gesetz über die Bildung eines

Sachverständigenrates zur Begutachtung der gesamtwirtschaftlichen Entwicklung). Dabei soll der Sachverständigenrat untersuchen, wie im Rahmen der marktwirtschaftlichen Ordnung gleichzeitig Stabilität des Preisniveaus, hoher Beschäftigungsgrad und außenwirtschaftliches Gleichgewicht bei stetigem und angemessenem Wachstum gewährleistet werden können (§ 2 Gesetz über die Bildung eines Sachverständigenrates zur Begutachtung der gesamtwirtschaftlichen Entwicklung). Der Sachverständigenrat besteht aus 5 Mitgliedern („Wirtschaftsweisen"), die über besondere wirtschaftswissenschaftliche Kenntnisse und volkswirtschaftliche Erfahrungen verfügen und weder der Regierung oder einer gesetzgebenden Körperschaft des Bundes oder eines Landes noch dem → öffentlichen Dienst, es sei denn als Hochschullehrer oder Mitarbeiter eines wirtschafts- oder sozialwissenschaftlichen Instituts, angehören noch Repräsentant eines Wirtschaftsverbandes oder einer Organisation der Arbeitgeber oder Arbeitnehmer sein dürfen (§ 1 Gesetz über die Bildung eines Sachverständigenrates zur Begutachtung der gesamtwirtschaftlichen Entwicklung). Als Geschäftsstelle des Sachverständigenrats ist das Statistische Bundesamt tätig (§ 9 Gesetz über die Bildung eines Sachverständigenrates zur Begutachtung der gesamtwirtschaftlichen Entwicklung). Sa → Stabilitätsgesetz.

Sachverständigenrat zur Begutachtung der Entwicklung im Gesundheitswesen
Dem Sachverständigenrat zur Begutachtung der Entwicklung im Gesundheitswesen wurden mit dem GKV-Modernisierungsgesetz v. 14.11.2003 (BGBl. 2003 I 2190) die früher von der sog. Konzertierten Aktion im Gesundheitswesen wahrgenommenen Aufgaben übertragen.

Der Sachverständigenrat hat die Aufgabe, Gutachten zur gesundheitlichen Versorgung und zur wirtschaftlichen Entwicklung zu erstellen. Im Rahmen dieser Gutachten soll der Sachverständigenrat unter Berücksichtigung der finanziellen Rahmenbedingungen und der vorhandenen Wirtschaftlichkeitsreserven Prioritäten für den Abbau von Versorgungsdefiziten und bestehender Überversorgungen entwickeln und Möglichkeiten und Wege zur Weiterentwicklung des Gesundheitswesens aufzeigen.

Das Gutachten des Sachverständigenrates war erstmals zum 15.4.2005 dem Bundesministerium für Gesundheit vorzulegen; die weiteren Gutachten sollen im Abstand von zwei Jahren erstellt werden und sind bis zum 15. April vorzulegen; sie werden den gesetzgebenden Körperschaften des Bundes unverzüglich vorgelegt (§ 142 SGB V). Der Rat besteht aus sieben Mitgliedern. In den Rat zu berufende Mitglieder müssen über umfangreiche und besondere Kenntnisse auf medizinischer, sozialrechtlicher, sozialwissenschaftlicher oder wirtschaftlicher Ebene verfügen.

Sachverständiger
Ein Sachverständiger ist eine Person mit besonderer Sachkunde. Im Beweisverfahren soll der Sachverständige für das Gericht Tatsachen und Erfahrungssätze beurteilen oder feststellen, manchmal auch die Kenntnis von Rechtsnormen (§ 293 ZPO) vermitteln. Der → Beweis durch Sachverständige ist in jeder Verfahrensordnung vorgesehen (§§ 144, 402–414 ZPO, §§ 72–93 StPO, § 96 I VwGO, § 81 FGO, § 118 I SGG, § 29 I FamFG, § 30 FamFG). Der Sachverständige wird durch das Gericht ausgewählt (§ 404 ZPO, § 73 StPO). Das Gericht hat die Tätigkeit des Sachverständigen zu leiten und kann ihm für Art und Umfang seiner Tätigkeit Weisungen erteilen (§ 404a ZPO). Er kann wie ein Richter abgelehnt werden (→ Ablehnung). Grundsätzlich ist der ausgewählte Sachverständige nicht verpflichtet, tätig zu werden, wohl aber nach § 407 ZPO und § 75 StPO, wenn er öffentlich bestellt ist (s. unten) oder die Fachtätigkeit öffentlich ausübt; doch muss der Auftrag in sein Fachgebiet fallen (§ 407a ZPO). Auch steht ihm unter denselben Voraussetzungen wie einem Zeugen ein Verweigerungsrecht zu (§ 408 ZPO, § 76 StPO, → Zeugnisverweigerungsrecht). Der Sachverständige erstattet ein → Gutachten, idR zunächst schriftlich (§ 411 ZPO), das er dann in der → Hauptverhandlung des Strafverfahrens mündlich vortragen, im Zivilprozess und in anderen Streitsachen in der → mündlichen Verhandlung nur bei besonderer gerichtlicher Anordnung erläutern muss (§ 411 III ZPO). Die schriftliche Begutachtung kann durch die Verwertung eines gerichtlichen Sachverständigengutachtens aus einem anderen Verfahren ersetzt werden (§ 411a ZPO). Private Sachverständigengutachten haben nicht den Beweiswert des Gutachtens eines gerichtlich bestellten Sachverständigen.

Der Sachverständige kann vereidigt werden (§ 410 ZPO, § 79 StPO). Er wird nach dem Justizvergütungs- und -entschädigungsgesetz (JVEG) v. 5.5.2004 (BGBl. 2004 I 718, 776) mÄnd entschädigt. Sachverständige erhalten Aufwands- und Auslagenersatz (zB Fahrkosten nach Pauschale) sowie ein Honorar für ihre Leistungen (je nach Honorargruppe gemäß § 9 JVEG iVm Anlage 1 70–155 EUR pro Stunde, bei besonderen Leistungen Vergütung nach Anlage 2; abweichende Parteivereinbarungen sind zulässig). Nicht Sachverständiger, sondern → Zeuge ist der sog. sachverständige Zeuge; er sagt über Tatsachen aus, die er nur auf Grund besonderer Sachkunde hat wahrnehmen können (§ 414 ZPO, § 85 StPO).

Für bestimmte Sachgebiete können Sachverständige öffentlich bestellt und auf gewissenhafte und unparteiliche Erfüllung ihrer Pflichten vereidigt werden, wenn sie besondere Sachkunde nachweisen und gegen ihre Eignung keine Bedenken bestehen (§ 36 GewO).

Die öffentliche Bestellung darf zwar von der fachlichen und persönlichen Eignung des Bewerbers sowie von einem allgemeinen Bedürfnis an entsprechendem Sachverstand auf einem bestimmten Fachgebiet, nicht aber von der Zahl der bereits vorhandenen Sachverständigen abhängig gemacht werden. Sondervorschriften bestehen für einzelne Arten von Sachverständigen; zT landesrechtlich geregelt sind Voraussetzungen für die Bestellung, Befugnisse und Pflichten der bestellten Sachverständigen. Der gerichtliche Sachverständige haftet für die Folgen eines vorsätzlich oder grob fahrlässig (→ Verschulden) unrichtig erstatteten Gutachtens auf → Schadensersatz, sofern es nicht der Betroffene unterlassen hat, den Schaden durch einen Rechtsbehelf im weitesten Sinn abzuwenden (hierzu zählt zB auch der Antrag auf mündliche Anhörung des Sachverständigen, s. oben), vgl §§ 839a, 839 III BGB.

Sachverständiger Zeuge
→ Sachverständiger.

Sachwalter
→ Insolvenzverfahren (2).

Sachwertverfahren
→ Einheitswerte.

Säkularinstitut
(in der kath. Kirche) → Ordensinstitute.

Säkularisation
Säkularisation (Verweltlichung) ist die zwangsweise Überführung geistlicher Einrichtungen und Besitzungen auf weltliche Hoheitsträger. Geschichtlich ist einer der Hauptanwendungsfälle die Säkularisation aller deutschen geistlichen Territorien und ihre Angliederung an die größeren Länder durch den → Reichsdeputationshauptschluss (1803). Sie ist die Grundlage für die noch heute gewährten staatlichen Zuwendungen an die Kirche sowie an Klöster und Stifte (Dotationen).

Säuglingsnahrung
Säuglingsnahrung unterliegt als → Lebensmittelden Vorschriften des → Lebensmittel- und Futtermittelrechts, insbesondere der unmittelbar anwendbaren Verordnung (EU) 609/2013 v. 12.6.2013 über Lebensmittel für Säuglinge und Kleinkinder, Lebensmittel für besondere medizinische Zwecke und Tagesrationen für gewichtskontrollierende Ernährung (ABl. EU 2013 L 181, 35, → Lebensmittel für bestimmte Verbrauchergruppen). Säuglinge sind danach Kinder unter 12 Monaten, deren Nahrung für die ersten Lebensmonate als Säuglingsanfangsnahrung bezeichnet wird, ab Einführung einer angemessenen Beikost spricht man von Folgenahrung. Die Verordnung (EU) 609/2013 legt die Anforderungen an die Zusammensetzung dieser Lebensmittel und die Information über sie beim Inverkehrbringen fest. Kennzeichnung und Aufmachung von Säuglingsnahrung dürfen zB weder vom Stillen abhalten noch ihren Gebrauch idealisieren (Art. 10 VO (EU) 609/2013). Weitere Einzelheiten enthält die Delegierte VO (EU) 2016/127 v. 25.9.2015 (ABl. EU 2016 L 25, 1). → Kräuter- und Früchtetee.

Säumnis
Die Säumnis ist im Zivilprozessrecht (auch vor den Arbeitsgerichten) das Nichterscheinen in einer mündlichen Verhandlung oder das Nichtverhandeln (§ 333 ZPO; darunter fällt auch, dass bei einem → Anwaltsprozess kein Anwalt erscheint, selbst wenn die Partei persönlich anwesend ist). Unvollständiges Verhandeln führt nicht zur Annahme einer Säumnis (§ 343 ZPO). In der Güteverhandlung vor den Arbeitsgerichten kann gem. § 51 II ArbGG ein Prozessbevollmächtigter zurückgewiesen werden, wenn das persönliche Erscheinen der Partei angeordnet wurde, diese nicht erschien und der Zweck der Anordnung (zB Sachverhaltsaufklärung) trotz Vorliegen einer Vollmacht gem. § 141 III ZPO vereitelt wurde; dann ist die Partei säumig. Folge der Säumnis können zB ein → Versäumnisurteil oder eine → Aktenlageentscheidung sein. Absichtlich kann Säumnis als sog. Flucht in die Säumnis genutzt werden, um mit einem → Einspruch (1) gegen das Versäumnisurteil ansonsten verspätete Angriffs- und Verteidigungsmittel vorzubringen. Auch → Wiedereinsetzung in den vorigen Stand.

Säumniszuschlag
ist ein steuerliches Druckmittel, um den Stpfl. zur rechtzeitigen Zahlung der Steuer anzuhalten. Entrichtet der Stpfl. die Steuer nicht bei Fälligkeit, so entsteht kraft Gesetzes für die verspätete Zahlung ein Säumniszuschlag. Der Säumniszuschlag beträgt für jeden angefangenen Monat der Säumnis 1 vH (§ 240 I AO). Auf ein Verschulden des Stpfl. kommt es nicht an. Säumniszuschläge gehören zu den steuerlichen Nebenleistungen (§ 3 III AO). Ein Säumniszuschlag wird seit dem 1.1.2004 bei einer Säumnis bis zu 3 Tagen (bisher 5 Tage) nicht erhoben (Schonfrist, § 240 III AO). Fällt der 3. Tag auf einen Samstag, Feiertag oder Sonntag, endet die Frist mit Ablauf des nächsten Werktags. Ausgenommen von der Schonfrist sind Scheck- und Barzahlungen. Wird die Festsetzung der Steuer aufgehoben oder geändert, so bleibt der bis dahin entstandene Säumniszuschlag bestehen. Säumniszuschlag kann bei Zahlungsunfähigkeit oder zur Bereinigung erheblicher Steuerrückstände erlassen werden (→ Billigkeitserlass). → Abrechnungsbescheid.

Als Reaktion auf die Corona-Krise können Steuerpflichtige, die durch die Corona-Krise unmittelbar und nicht unerhebliche wirtschaftliche Schäden erlitten haben, vollstreckungsrechtliche Erleichterungen bis zum 30.6.2021 beanspruchen, wozu auch eine Aussetzung oder Minderung des Säumniszuschlages zählt.

Safe
→ Verwahrung.

Saisonkennzeichen
→ Kennzeichen am Kfz.

Saison-Kurzarbeitergeld
Das Saison-Kurzarbeitergeld ist eine durch das Gesetz zur Förderung ganzjähriger Beschäftigung v. 24.4.2006 (BGB. 2006 I 926) eingeführte Leistung der → Arbeitsförderung nach dem SGB III, die insbesondere das frühere → Winterausfallgeld als Leistung der → Winterbauförderung ersetzt.

Anspruch auf Saison-Kurzarbeitergeld haben → Arbeitnehmer in der Zeit vom 1. Dezember bis zum 31. März (Schlechtwetterzeit), wenn sie in einem Betrieb beschäftigt sind, der dem Baugewerbe oder einem anderen von saisonbedingten Arbeitsausfällen betroffenen Wirtschaftszweig angehört, der Arbeitsausfall erheblich ist und die sonstigen für den Bezug von → Kurzarbeitergeld bestehenden betrieblichen und persönlichen Voraussetzungen erfüllt werden und der Arbeitsausfall der → Agentur für Arbeit angezeigt worden ist (§ 101 I SGB III).

Ein Betrieb des Baugewerbes iS dieser Regelung ist ein Betrieb, der gewerblich überwiegend Bauleistungen auf dem Baumarkt erbringt. Ein Wirtschaftszweig ist von saisonbedingten Arbeitsausfällen betroffen, wenn der Arbeitsausfall regelmäßig in der Schlechtwetterzeit aufgrund witterungsbedingter oder wirtschaftlicher Ursachen eintritt; das Nähere soll durch Bundesgesetz geregelt werden (§ 101 II SGB III). Die Leistung wird auch erbracht bei anderen Wirtschaftszweigen, die von entsprechenden Arbeitsausfällen betroffen sind (§ 101 IV SGB III). Der Wirtschaftszweig ist dann von saisonbedingten Arbeitsausfällen betroffen, wenn dieser regelmäßig in der Schlechtwetterzeit auf witterungsbedingten oder wirtschaftlichen Gründen beruht.

Ein Arbeitsausfall gilt als erheblich, wenn er auf wirtschaftlichen oder witterungsbedingten Gründen oder auf einem unabwendbaren Ereignis beruht, vorübergehend und nicht vermeidbar ist (§ 101 V SGB III). Witterungsbedingter Arbeitsausfall liegt vor, wenn dieser ausschließlich durch zwingende Witterungsgründe verursacht ist und an einem Arbeitstag mindestens eine Stunde der betrieblichen Arbeitszeit ausfällt (Ausfalltag, § 101 VI SGB III). Der Arbeitsausfall ist dann nicht zwingend der Witterung geschuldet, wenn durch geeignete Maßnahmen witterungsunabhängige Arbeitsplätze zur Verfügung stehen.

Hinsichtlich der Anspruchshöhe etc gelten die Regelungen über das allgemeine → Kurzarbeitergeld entsprechend (s. auch → Mehraufwands-Wintergeld, → Wintergeld, → Zuschuss-Wintergeld).

Sakramente
1. Die → kath. Kirche kennt (can. 840 ff. CIC) 7 Sakramente: Taufe, Firmung, Eucharistie, Bußsakrament, Krankensalbung, Weihe und Ehe. Neben diesen Sakramenten gibt es noch die Sakramentalien (zB Weihungen, Segnungen, Exorzismen). Die Taufe ist Voraussetzung für den gültigen Empfang aller übrigen Sakramente. Ordentliche Spender der Taufe sind → Bischof, → Priester und → Diakon. Bei Todesgefahr kann auch ein Laie die Taufe vornehmen. Die Firmung setzt beim Spender die Bischofsweihe voraus. Nur Priester sind Spender der Eucharistie, des Bußsakraments und der Krankensalbung. Die Weihe verleiht die Befähigung zur Leitung, Lehre (Verkündigung) und Heiligung und begründet damit den Unterschied zwischen Angehörigen des → Klerus und Laien. Man unterscheidet die Weihen zum Diakon, zum Priester und zum Bischof; ihr Empfang ist an zahlreiche persönliche Voraussetzungen gebunden. Die Ehe besteht auch nach kirchl. Auffassung ihrem Wesen nach in einem ehelichen Vertrag und Sakrament, das sich die Eheleute gegenseitig spenden; die Aufgabe der Kirche beschränkt sich auf die → Eheassistenz. Der → Codex iuris canonici regelt kirchengesetzlich die Vorbereitung auf die Ehe, die Ehehindernisse, die Rechtsform der Eheschließung, deren Ort und Zeit sowie ihre Wirkungen, die Trennung der Ehegatten und Lösung des Ehebandes, die Konvalidation der Ehe und die Wiederverheiratung.

2. In der → evang. Kirche sind Sakramente nur Taufe und Abendmahl. Durch die Taufe wird die Mitgliedschaft in der Kirche begründet. Das Taufgelübde wird nach vollendetem 14. Lebensjahr durch die Konfirmation erneuert und bestätigt. Das Abendmahl kann nur von Trägern des geistlichen Abendmahls gespendet werden. Über die Zulassung zum Abendmahl besteht innerhalb der Evangelischen Kirche Deutschlands (EKD) keine volle Übereinstimmung (vgl. Art. 4 Ziff. 4 Grundordnung der EKD). In vielen Gliedkirchen werden Angehörige eines anderen in der EKD geltenden Bekenntnisses zugelassen, in keiner wird der von seelsorgerlicher Verantwortung getragene Zugang verwehrt.

Saldoanerkenntnis
Ein Saldoanerkenntnis ist ein → Schuldanerkenntnis, das bei einem → Kontokorrent in Bezug auf einen errechneten Saldo abgegeben wird.

Saldopfändung
→ Kontokorrent.

Saldotheorie
→ ungerechtfertigte Bereicherung (3).

Salisches Gesetz
→ Lex Salica.

Salmonellenerreger
→ Infektionsschutzgesetz.

Salvatorische Klausel
Salvatorische Klausel ist ein der Rechtsgeschichte entlehnter Begriff; er besagt, dass ge-

wisse Rechtssätze eines Gesetzeswerks nur gelten, sofern nicht andere Normen bestehen, die vor ihnen den Vorrang haben. So galt zB die als Reichsstrafgesetz erlassene → Constitutio Criminalis Carolina nur, soweit nicht Landesstrafrecht bestand; ferner war das → römische Recht im Rahmen der → Rezeption nur anzuwenden, soweit nicht deutsches Recht bestand und nachgewiesen wurde. Der Begriff deckt sich also insoweit mit dem der Subsidiarität. IwS wird er für eine Bestimmung – insbes. vertraglicher Art – verwendet, die einen Beteiligten in einem bestimmten Fall vor Rechtsnachteilen schützen soll (so zB → Freizeichnung von Haftung, falls der Schuldner seine Verpflichtungen nicht erfüllen kann; sa → Nichtigkeit von Rechtsgeschäften, 2).

Samen
→ Bestandteil.

Samenspende
Die Samenspende ist die künstliche Übertragung von Sperma zum Zwecke der Befruchtung der Eizelle. Eine darauf gerichtete Vereinbarung ist per se nicht → sittenwidrig. Die Gewinnung des Samens, der zunächst nach dem Rechtsgedanke des § 953 BGB im Eigentum des Spenders bleibt, erfolgt nach den Regeln des Transplantationsgesetzes nur mit Einwilligung des Spenders (§ 8b I, II TPG) und nur unentgeltlich, wobei ein Aufwendungsersatz möglich ist (§ 17 TPG). Da die → Abstammung nicht unmittelbar an die biologische Vaterschaft anknüpft, ist die rechtliche Abstammung ohne Kenntnis des Samenspenders möglich. Es wird die homologe Insemination, bei der der Samen von dem die Befruchtung veranlassenden Vater stammt, von der heterologen Insemination mit Drittsamen unterschieden. Die Einordnung ist für das Recht des Kindes auf Kenntnis seiner Abstammung, und für das Recht aller Beteiligten auf Anfechtung der Vaterschaft mit dem Ziel der Etablierung der Vaterschaft des Samenspenders bestimmend (→ Abstammung 3). Die für den heterologen Spender zum Zwecke der Anfechtung der Vaterschaft nach § 1600 I Nr. 2 BGB nötige Versicherung der „Beiwohnung" der Mutter ist auch im Falle einer Samenspende erfüllt (→ Beiwohnung), jedoch ist die Anfechtung durch den Spender und die Mutter, nicht jedoch das Kind, bei einer heterologen Insemination mit Zustimmung von Spender und rechtlichen Eltern des Kindes von Gesetzes wegen ausgeschlossen (§ 1600 IV BGB, konsentierte heterologe Insemination). Der leibliche, nicht rechtliche Vater hat ein Recht auf Umgang mit dem Kind und ein Recht auf Auskunft über die persönlichen Verhältnisse, wenn es dem Kindeswohl dient (§ 1686a BGB, → Umgangsrecht). Mit dem Recht des Kindes auf Kenntnis seiner Abstammung korrespondiert eine Auskunfts- und Dokumentationspflicht von behandelnden Ärzten (§ 8d TPG), sowie eine → standesrechtliches Verbot der Mischung von Samen unterschiedlicher Herkunft. Beim Bundesinstitut für Arzneimittel und Medizinprodukte wird auf der Grundlage des Samenspenderregistergesetzes vom 17.7.2017 (BGBl. 2017 I 2513) ein zentrales Samenspenderregister geführt, an das im Falle einer Geburt aufgrund einer heterologen Insemination Daten über die Identität des Spenders und der Empfängerin durch Medizinische Versorgungszentren und Samenbanken übermittelt werden und dort 110 Jahre für eine Auskunft des Kindes zur Verfügung stehen.

S. a. → Künstliche Befruchtung.

Samenübertragung, künstliche
→ künstliche Fortpflanzung.

Sammeldepot
→ Depotgeschäft.

Sammelklage
Hierunter versteht man die Zusammenfassung der Ansprüche zahlreicher Geschädigter in einem einheitlichen Zivilprozess (Massenschadensereignisse wie zB NS-Zwangsarbeiter, Nikotingeschädigte, Produkthaftungsfälle, Umweltunfälle). Die Zusammenfassung kann auch auf materiellem Weg, also durch Abtretung vermeintlicher Ansprüche, geschehen. Die deutsche Rechtsordnung kannte die Sammelklage als solche bislang nicht (s. aber → Streitgenossenschaft, → Massenverfahren, → Verbandsklage, → Kapitalanleger-Musterverfahrensgesetz), im US-amerikanischen Recht sind Sammelklagen hingegen seit jeher weit verbreitet (sog. class action, bei der die Betroffenen durch das Gericht zu einer „Klasse" zusammengefasst werden). Seit 1.11.2018 gibt es in Deutschland die sog. Musterfeststellungsklage. Diese führt aber nicht zu einem Leistungsurteil für die betroffenen Verbraucher, dh der betroffene Verbraucher muss daher im Anschluss an den Musterfeststellungsprozess eine Klage erheben, um zu einer konkreten Entschädigung zu kommen. Diesem rechtspolitischen Mangel wurde jedoch mit dem Verbandsklagenrichtlinienumsetzungsgesetz, das seit Oktober 2023 an die Stelle der Musterfeststellungsklage getreten ist, abgeholfen (vgl. ausführlich bei → Massenverfahren (Zivilprozess)).

Sammelladung
→ Speditionsvertrag.

Sammellagerung
→ Lagervertrag.

Sammelposten
Steuerpflichtige mit → Gewinneinkünften können für ab dem 1.1.2010 angeschaffte/hergestellte/eingelegte Wirtschaftsgüter, die selbständig nutzbar sind und deren Anschaffungs- oder Herstellungskosten bzw. Einlagewerte mehr als 250 EUR (bis 31.12.2017: 150 EUR) betragen, aber nicht 1000 EUR übersteigen, einen Sammelposten bilden. Wird ein solcher gebildet (Wahlrecht), so sind alle in dem Jahr angeschafften/hergestellten/eingelegten Wirtschaftsgüter darin zu erfassen (einheitliche

Ausübung des Wahlrechts). Der Sammelposten ist ab dem Jahr der Bildung gleichmäßig über 5 Jahre (jährlich mit 20 vH) aufzulösen (Poolabschreibung). Die betriebsübliche Nutzungsdauer des einzelnen Wirtschaftsgutes, Wertminderungen oder eine Veräußerung einzelner Wirtschaftsgüter innerhalb der fünf Jahr wirken sich nicht aus.

Für Wirtschaftsgüter, die nach dem 31.12.2007 und vor dem 1.1.2010 angeschafft/hergestellt wurden, bestand eine Pflicht zur Bildung eines Sammelpostens.

Sammelstraftat
(Kollektivdelikt) ist der von der älteren Rechtspr. ausgebildete Oberbegriff für gewerbsmäßig, gewohnheitsmäßig oder geschäftsmäßig begangene Straftaten. Gewerbsmäßig handelt, wer die Absicht verfolgt, sich durch wiederholtes Begehen der Tat eine nicht nur vorübergehende Einnahmequelle zu verschaffen; gewohnheitsmäßig, wer einem durch Übung erworbenen Hang folgt; geschäftsmäßig, wer die Wiederholung gleichartiger Taten zum Gegenstand seiner wirtschaftlichen und beruflichen Betätigung machen will (→ gewerbsmäßiges, → gewohnheitsmäßiges, → geschäftsmäßiges Handeln). Die Bezeichnung Sammelstraftat oder Kollektivdelikt war ungenau, weil in diesen Fällen keine rechtliche Handlungseinheit besteht; vielmehr ist jede gewerbs-, gewohnheits- oder geschäftsmäßig begangene Handlung grundsätzlich als Einzeltat für sich zu werten, da auch eine Einzelhandlung zB in der Absicht begangen werden kann, sich durch sie (und spätere gleichartige Handlungen) eine dauernde Einnahmequelle zu erschließen, wodurch die Gewerbsmäßigkeit begründet wird. Nur beim gewohnheitsmäßigen Handeln sind mindestens zwei Taten erforderlich.

Sammelurkunde
Eine Sammelurkunde oder Globalurkunde ist ein → Wertpapier, in dem mehrere Rechte (zB → Aktien) in einem einzigen Papier verbrieft sind.

Sammelverwahrung (-depot)
→ Depotgeschäft.

Sammelwerk
Als Sammelwerk bezeichnet man im → Urheberrecht eine Sammlung von Werken, Daten oder anderen unabhängigen Elementen, die aufgrund der Auswahl oder Anordnung der Elemente eine persönliche geistige Schöpfung darstellt. Sammelwerke werden, unbeschadet eines an den einzelnen Elementen ggf. bestehenden Urheberrechts, wie selbständige Werke geschützt (§ 4 Abs. 1 UrhG). Eine Form des Sammelwerks ist das Datenbankwerk, das dadurch gekennzeichnet ist, dass seine Elemente systematisch oder methodisch angeordnet und einzeln mit Hilfe elektronischer Mittel oder auf andere Weise zugänglich sind (§ 4 Abs. 2 UrhG).

Das Sammelwerk als Gegenstand eines → Verlagsvertrags ist eine Sammlung aus Beiträgen verschiedener Urheber (im Verlagsrecht Verfasser genannt), die von einem → Herausgeber zusammengesetzt und geordnet worden ist (zB Zeitungen, Zeitschriften, Jahrbücher, Lexika). Der Vertragspartner der Verfasser (je nach den Umständen der Verleger oder der Herausgeber) erwirbt bei periodisch erscheinenden Sammelwerken im Zweifel ein ausschließliches, bei Zeitungen ein einfaches → Nutzungsrecht; bei periodischen Sammelwerken darf der Urheber nach 1 Jahr seit Erscheinen sein Werk anderweit nutzen, bei nicht periodischen dann, wenn ihm kein Vergütungsanspruch zusteht (§ 38 UrhG). Fällt der Zweck des Sammelwerkes nach Vertragsabschluss weg oder erscheint es nicht, so kann der Verleger den Verlagsvertrag kündigen, der Verfasser aber die Vergütung verlangen; ein Kündigungsrecht des Verfassers unter Fortbestand des Honoraranspruchs besteht, wenn der Beitrag nicht binnen eines Jahres seit Ablieferung veröffentlicht wird (§ 45 VerlG).

Sammlung des Bundesrechts
→ Rechtsbereinigung. Auf Grund des Gesetzes über die Sammlung des Bundesrechts v. 10.7.1958 (BGBl. 1958 I 437) wurde das noch fortgeltende → Bundesrecht festgestellt und nach Sachgebieten geordnet als Teil III des → Bundesgesetzblattes veröffentlicht. Nach dem Gesetz v. 28.12.1968 (BGBl. 1968 I 1451) ist Abschlusstag der 31.12.1963. Die nicht aufgenommenen Rechtsvorschriften sind am 31.12.1968 außer Kraft getreten (Ausschlusswirkung).

Sammlung, öffentliche
ist die Aufforderung zu Geld- oder Sachspenden oder zu Spenden geldwerter Leistungen auf Straßen oder Plätzen, in Gastwirtschaften oder anderen jedermann zugänglichen Räumen (Straßensammlung) oder von Haus zu Haus, insbes. mit Sammellisten (Haussammlung) oder durch Spendenbriefe (Briefsammlung). Das Recht der öffentlichen Sammlung war, nachdem das BVerfG das SammlungsG vom 5.11.1934 (RGBl. 1934 I 1086) für nichtig erklärt hat (BGBl. 1966 I 600), durch Gesetze der Länder geregelt. Danach bedurfte eine öffentliche Sammlung der Erlaubnis, die je nach dem Gebiet, auf das sich die Sammlung erstrecken sollte, das Ministerium (des Innern), die höhere oder die Kreisverwaltungsbehörde erteilte. Erlaubnisfrei waren nur Haus- und Briefsammlungen, die eine Vereinigung unter ihren Angehörigen oder ein sonstiger Veranstalter innerhalb eines mit ihm durch persönliche Beziehungen verbundenen Personenkreises durchführte. Die Erlaubnis wurde versagt, wenn die öffentliche Sicherheit und Ordnung gestört werden kann, wenn die ordnungsgemäße Durchführung der Sammlung und die Verwendung des Erlöses für den Sammlungszweck nicht gewährleistet war oder wenn offensichtlich ein Missverhält-

nis zwischen Reinertrag und Unkosten zu erwarten war; sie konnte versagt werden, wenn sie zu einer Häufung von Sammlungen im gleichen Gebiet geführt hätte. Die meisten Länder haben ihre Sammlungsgesetze inzwischen wieder aufgehoben. Sammlungsgesetze gelten zB noch in Rheinland-Pfalz (Gesetz v. 5.3.1970, GVBl. 1970, 93 mÄnd) oder Thüringen (Gesetz v. 8.6.1995, GVBl. 1995, 197, mÄnd).

Samstag
Der Samstag ist ein Werktag (zB für → Verkehrszeichen). Zum Fristablauf am Samstag s. → Frist (2 aE).

Samstagsfahrverbot
→ Fahrverbot (3).

Samtfrachtführer
→ Frachtführer.

Samtgemeinden
bezeichnet in einigen Ländern den Zusammenschluss mehrerer selbständig bleibender Gemeinden zu einer eigenen juristischen Person des öffentlichen Rechts; sa → Kommunalverband (2); → Verwaltungsgemeinschaft (1 u. 2).

Sanierung
→ Sanierung von Handelsgesellschaften; → Sanierung von Städten; → energetische Sanierung.

Sanierung von Handelsgesellschaften
Bei einer → Aktiengesellschaft oder einer → Kommanditgesellschaft auf Aktien erfolgt die Sanierung durch die Verbindung einer → Kapitalherabsetzung, um das satzungsmäßige Kapital der tatsächlichen Finanzlage anzupassen, mit einer → Kapitalerhöhung, um neue Mittel zuzuschießen (ggf. mit neuen Aktionären). In Krisenzeiten kann auf diese Weise der Staat bei einem Unternehmen „einsteigen" (Lufthansa, Uniper etc.) Auf ähnliche Weise geschieht die Sanierung anderer → Handelsgesellschaften. Die Anteile der Gesellschafter werden zunächst in einem bestimmten Verhältnis herabgesetzt und dann (unter Einschluss neuer Gesellschafter oder durch Zuzahlung der alten Gesellschafter) in dem Verhältnis neu festgesetzt, wie es der neuen Kapitalbeteiligung entspricht. Auf diese Weise werden der Gesellschaft neue Geldmittel als Eigenkapital zugeführt. Unter bestimmten Voraussetzungen kann bei einer Personenhandelsgesellschaft von den Gesellschaftern kraft Mehrheitsbeschlusses verlangt werden, sich entweder an der Sanierung durch Kapitalzufuhr zu beteiligen oder aus der Gesellschaft auszuscheiden („Sanieren oder Ausscheiden", BGH 19.10.2009 – II ZR 240/08, BB 2010, 10). Andere Formen wirtschaftlicher Sanierung sind die Umwandlung von Fremdkapital in Eigenkapital (→ Debt-Equity-Swap) und die Änderung kurzer Kreditfristen in lange. Sanierungsmaßnahmen können im Rahmen eines → Insolvenzverfahrens, aber auch schon zeitlich vorher vollzogen werden. IwS erfasst die Sanierung sämtliche unternehmerischen Maßnahmen, um eine wirtschaftliche Genesung herbeizuführen. Die Steuerfreiheit (§ 3 Nr. 66 EStG) ist 1998 entfallen. Sa → Insolvenzplan. Veranlasst durch die Richtlinie (EU) 2019/1023 vom 20.6.2019 über Restrukturierung und Insolvenz (ABl. EU 2019 L 172, 18) wird in Zukunft ein besonderes vorgerichtliches Sanierungsverfahren ermöglicht, also ohne das Erfordernis einer Insolvenz bzw. schon im Vorfeld einer möglichen Insolvenz (präventiver Restrukturierungsrahmen). Kernelement ist der Restrukturierungsplan (§§ 5 ff. StaRUG – Unternehmensstabilisierungs- und -restrukturierungsgesetzes – StaRUG v. 22.12. 2020, BGBl. 2020 I 3256). Der darstellende Teil enthält eine Einteilung in Gläubigergruppen und ein Restrukturierungskonzept, das auf Basis des Plans und mit der Bewirkung der im gestaltenden Teil vorgesehenen Rechtsfolgen erreicht werden soll; der Restrukturierungsplan ähnelt damit einem → Insolvenzplan. Möglich sind Mehrheitsentscheidungen, die auch gegenüber Planbetroffenen wirksam sind, die das Angebot nicht annehmen vgl. §§ 25 ff. StaRUG. Die Ausarbeitung und Abstimmung über den Restrukturierungsplans erfordern grundsätzlich keine gerichtliche Beteiligung (zu den Ausnahmen vgl. § 29 StaRUG, zum Verfahren vor dem Restruktuierungsgericht vgl. §§ 45 ff. StaRUG). Soweit es zur Wahrung der Erfolgsaussichten einer Restrukturierung erforderlich ist, kann das Restrukturierungsgericht zeitweilige Sicherungsmaßnahmen erlassen (Stabilisierungsanordnung in Gestalt einer Verwertungs- oder Vollstreckungssperre). Weiterhin kann das Restrukturierungsgericht einen Restrukturierungsbeauftragten (funktional ähnlich einem → Insolvenzverwalter) ernennen (Einzelheiten §§ 73 ff. StaRUG). Daneben kann ein Sanierungsmoderator bei Konflikten zwischen dem Schuldner und die Gläubigern vermitteln (§ 96 StaRUG).

Sanierung von Städten
→ Städtebaurecht, → Städtebauliche Sanierungsmaßnahmen, → Sanierungssatzung.

Sanierungs- und Abwicklungsgesetz
→ Kreditinstitute, Sanierung und Abwicklung.

Sanierungsbeauftragter
→ Sanierung von Handelsgesellschaften.

Sanierungsmoderator
→ Sanierung von Handelsgesellschaften.

Sanierungssatzung
Die Gemeinde kann ein Gebiet, in dem eine städtebauliche Sanierungsmaßnahme (§§ 136 ff. des → Baugesetzbuches) durchgeführt werden soll, durch → Satzung förmlich als Sanierungsgebiet festlegen. In diesem Gebiet sind zahlreiche bauliche → Vorhaben, Grundstücksteilungen und bestimmte schuldrechtliche Vereinbarungen genehmigungsbedürftig (§ 144

BauGB). Für die von der Sanierungssatzung betroffenen Grundstücke wird im Grundbuch ein Sanierungsvermerk eingetragen (§ 143 II BauGB).

Sanierungsvermerk
(im Grundbuch) → Sanierungssatzung.

Sanktion
1. In der Staatenpraxis wird als Sanktion eine im Grunde rechtswidrige, aber gerechtfertigte Zwangsmaßnahme bezeichnet, mit der ein → Völkerrechtssubjekt auf das rechtswidrige Verhalten eines anderen Völkerrechtssubjekts reagiert. Der völkerrechtliche Begriff hierfür ist → Repressalie. Häufigster Fall sind → Wirtschaftssanktionen, zB 2022 gegen Russland wegen deren Anfriff auf die Ukraine. Sa → Embargo; → Retorsion; → Handelspolitik).

2. In der allgemeinen Rechtslehre wird Sanktion die mit einer rechtlichen Regelung verbundene Rechtsfolge genannt, die jener zur effektiven Geltung verhelfen soll, etwa iS der Zustimmung oder Festigung, zB durch Erlass eines Gesetzesbefehls als Bestätigung eines Rechtssatzes mit Zwangs- oder Strafandrohung zu seiner Durchsetzung.

SAR (Search and Rescue)
→ Such- und Rettungsdienst.

SARS-CoV-2
SARS-CoV-2 ist die überwiegend auch amtliche und gesetzliche Bezeichnung für das Coronavirus (→ Corona). Die von diesem Erreger verursachte Krankheit wird → COVID-19 bezeichnet. Die COVID-19-Pandemie führte zu zahlreichen Änderungen des → Infektionsschutzgesetz.

Satellitendatensicherheit
Das nichtstaatliche Betreiben von Satelliten oder anderen Erdfernerkundungssystemen durch Deutsche oder von Deutschland aus bedarf nach dem Satellitendatensicherheitsgesetz v. 23.11.2007 (BGBl. 2007 I 2590) mÄnd der Genehmigung. Die Verbreitung derart gewonnener Daten, etwa → Geodaten, bedarf der Zulassung. Zuständige Behörde ist das → Bundesamt für Wirtschaft und Ausfuhrkontrolle. Der Erwerb von Betreibern von Erdfernerkundungssystemen durch Unionsfremde kann nach dem AWG (→ Außenwirtschaftsrecht) untersagt werden.

Satellitenfunk
Als Satelitenfunk bezeichnet man das Aussenden, Übermitteln und Empfangen von elektromagnetischen oder optischen Signalen mittels Satellit, der eine → Telekommunikationsanlage nach § 3 Nr. 60 TKG (→ Telekommunikationsgesetz) darstellt. Nach § 91 TKG bedarf jede Ausübung deutscher Orbit- und Frequenznutzungsrechte der Frequenzzuteilung und Übertragung durch die → Bundesnetzagentur. Sa → Satellitenrundfunk.

Satellitenrundfunk
1. Als Satellitenrundfunk bezeichnet man das Ausstrahlen von analogen und digitalen Rundfunksendungen per Satellit zum direkten Empfang durch die Allgemeinheit; sa → Rundfunk. Hierfür sind sendeseitig Satelliten auf geostationären Umlaufbahnen erforderlich; für den Empfang genügen kleine Parabolantennen. In Deutschland können alle Fernsehprogramme (teilweise auch Hörfunk) per Satellit empfangen werden, größtenteils über die in Luxemburg registrierten Astra-Satelliten, teilweise auch über → Eutelsat. 3sat ist ein gemeinsames Satellitenprogramm von → ARD, → ZDF, ORF und SRG.

2. Orbitpositionen und Frequenzen (s. → Satellitenfunk) unterliegen international der Verwaltung der ITU (→ Fernmelde-Union). Alle Satelliten werden unter dem Betreiberland registriert. Sa → Intelsat. Über die Zuordnung der Deutschland zugeteilten Satellitenkanäle für Rundfunkzwecke entscheiden die Länder, § 101 MStV, s. → Rundfunkrecht. Die Zulassung privater Veranstalter zum Satellitenfernsehen ist im Staatsvertrag über die Veranstaltung von Fernsehen über Rundfunksatellit v. 1986 geregelt. Nach → Europäischem Recht ist die Möglichkeit, über Satellit Fernsehprogramme in alle EU-Mitgliedstaaten zu senden, von der Freiheit des → Dienstleistungsverkehrs geschützt.

3. Die Richtlinie 93/83/EWG v. 27.9.1993 zu urheber- und leistungsschutzrechtlichen Vorschriften betreffend Satellitenrundfunk und Kabelweiterverbreitung (ABl. EG 1993 L 248, 15) wurde ua in §§ 20 ff. UrhG umgesetzt. Nach öffentlichem Baurecht stellen sich Fragen planungsrechtlicher Natur (→ Baugesetzbuch), etwa ob Gemeinden Parabolantennen verbieten können oder für größere Anlagen eine → Baugenehmigung erforderlich ist; sa → Antennen.

Satzung
1. Satzung – auch Statut genannt – ist der Oberbegriff für die schriftlich niedergelegte Grundordnung (Verfassung) eines rechtlichen Zusammenschlusses, so im Privatrecht zB beim → Verein (1c) oder der → Aktiengesellschaft; hier wird sie durch Rechtsgeschäft begründet.

2. Im öffentl. Recht versteht man darunter das von bestimmten → Körperschaften, zB von → Gemeinden, → Kreisen, Universitäten im Rahmen ihrer Zuständigkeit zur Regelung ihrer eigenen Angelegenheiten gesetzte Recht. Das Recht zum Erlass von Satzungen ist Ausfluss des → Selbstverwaltungsrechts (Autonomie; daher auch der überkommene Begriff der autonomen Satzung). In bestimmten Fällen bedarf die Satzung der Genehmigung durch die Aufsichtsbehörde, insbes. wenn sie rückwirkende Kraft besitzen oder den Anschluss- oder Benutzungszwang für öffentliche Einrichtungen festlegen soll. Die Befugnis der Gemeinden zum Erlass von Satzungen ist in

den → Gemeindeordnungen geregelt. Die Satzungen sind Rechtsvorschriften und damit → Gesetz im materiellen Sinn; sie unterliegen der gerichtlichen Nachprüfung im Wege der → Normenkontrolle. Soweit die Gemeinden oder sonstige Körperschaften des öffentlichen Rechts im → übertragenen Wirkungskreis zur Rechtssetzung befugt sind, geschieht dies in der Form der → Rechtsverordnung (oft als „Gemeindeverordnung", „Kreisverordnung" bezeichnet).

Satzung der Vereinten Nationen
→ Vereinte Nationen.

Satzungsgewalt(-befugnis)
ist die Rechtssetzungsbefugnis, die den mit dem Recht der → Selbstverwaltung ausgestatteten Körperschaften, insbes. → Gemeinden und → Landkreisen, als Ausfluss dieses Rechts (vgl. Art. 28 II GG) vom Staat eingeräumt ist. Die → Satzungen bedürfen der gesetzlichen Ermächtigung, wie sie sich zB in den Gemeinde- und Landkreisordnungen findet. Danach können die Gemeinden und Landkreise die Angelegenheiten der örtlichen Gemeinschaft im Rahmen des eigenen Wirkungskreises durch Satzungen regeln. Weitere Ermächtigungen zum Erlass von Satzungen sind in zahlreichen Bundes- oder Landesgesetzen enthalten, zB im → Baugesetzbuch für Bebauungspläne und Erschließungsbeiträge.

Savigny, Friedrich Carl von
(1779–1861), deutscher Rechtslehrer und preuß. Staatsminister, Begründer der → historischen Rechtsschule, deren auch für das heutige Rechtsleben noch maßgebende Bedeutung in der Erkenntnis besteht, dass das Recht nicht nur in den im Gesetz niedergelegten Rechtsnormen zu finden ist, sondern dass Ordnungen anderer Art weitere Rechtsquellen sind, insbes. Sitten und Gebräuche, Gepflogenheiten und Lebensordnungen. Dieser noch fortwirkende Grundgedanke ist unabhängig von der Beurteilung der Folgerungen, zu denen die historische Rechtsschule gelangte (Ableitung des Rechts nicht aus einem → Naturrecht oder aus dem Willensakt einer Mehrheit – nämlich dem Gesetz –, sondern aus dem historisch Gewachsenen und Gewordenen; im Grunde demnach überwiegender Einfluss des Gewohnheitsrechts).

S-Bahn
Stadt- oder Schnellbahn, s. → Straßenbahn.

Scalping
→ Marktmanipulation.

SCE
= Europäische Genossenschaft; → Genossenschaft (8).

Schachtanlage Asse II
Die Schachtanlage Asse II bei Wolfenbüttel ist die letzte des Salzbergwerkes Asse. In den 60er Jahren stillgelegt, wurde sie vom Bund zur Einlagerung radioaktiver Abfälle gekauft. Die Einlagerung erfolgte bis in die späten 70er Jahre. Die Schachtanlage diente dabei faktisch als Endlager für schwach- und mittelradioaktive Abfälle. Ausgelöst durch geologische Bedingungen und deren Folgerisiken wechselte 2009 die politische Zuständigkeit vom Bundes-Forschungsministerium zum -Umweltministerium. Seither dem → Atomrecht statt dem Bergrecht unterstellt, soll die Schachtanlage gem. § 57b AtG stillgelegt und der eingelagerte Abfall zurückgeholt werden.

Schachtelbeteiligung
nennt man die Beteiligung einer → Kapitalgesellschaft an einer anderen Kapitalgesellschaft. Beträgt die Beteiligungsquote mindestens 10 vH, so greifen steuerliche Privilegien, um eine Doppelbelastung der Ausschüttungen zu vermeiden. Nach § 9 Nr. 2a, 7 und 8 GewStG wird bei der Ermittlung des Gewerbeertrags der Gewinn um Gewinnausschüttungen aus Schachtelbeteiligungen an bestimmte Körperschaften gekürzt (sog. Schachtelprivileg). Diese Gewinnminderungen werden dem Gewerbeertrag wieder hinzugerechnet, wenn sie auf einer → Teilwertabschreibung, auf einen Anteil an einer Körperschaft, auf einer Veräußerung oder Entnahme des Anteils oder auf der Auflösung oder Herabsetzung des Kapitals der Körperschaft beruhen (§ 8 Nr. 10 GewStG), → Gewerbesteuer.

Schachtelprivileg
→ Schachtelbeteiligung.

Schaden
ist jeder Nachteil, den jemand durch ein bestimmtes Ereignis erleidet. Der Begriff umfasst sowohl den Vermögensschaden, dh den in Geld oder geldwerten Gütern (Verpflichtungen) ausdrückbaren Nachteil, als auch den ideellen oder immateriellen Nichtvermögensschaden (Beeinträchtigung der Ehre, des Wohlbefindens usw). Zum Vermögensschaden gehört nach der Rspr. auch nutzlos aufgewendete Urlaubszeit oder die entgangene Nutzungsmöglichkeit eines privaten Kfz, → Schadensersatz (sa → Straßenverkehrshaftung) oder eines sonstigen notwendigen Wirtschaftsguts (zB Haus, BGH NJW 1987, 50). Das menschliche Leben (als höchstrangiges und deshalb erhaltungswürdiges Rechtsgut) kann grds. kein Schaden sein. Deshalb hat ein (nach einem fehlerhaften ärztlichen Eingriff) ungewollt gezeugtes Kind keinen Schadensersatzanspruch wegen seiner Existenz. Ebenso hat ein infolge eines zB ärztlichen Fehlers behindert geborenes Kind (wrongful life) keinen Ersatzanspruch. Und auch aus einem durch lebenserhaltende Maßnahmen (zB künstliche Ernährung) verursachten leidensbehafteten Weiterleben resultiert kein Schmerzensgeldanspruch des Betroffenen. Anerkannt hat die Rspr. aber die Unterhaltspflicht sowie Aufwendungen für ein nach einem fehlerhaften ärztlichen Eingriff ungewollt erzeugtes Kind oder zB ein nach unterlassenem Schwanger-

schaftsabbruch wegen fehlerhafter genetischer Beratung behindert zur Welt gekommenes Kind (wrongful life) als materiellen Schaden der Eltern (BVerfG NJW 1998, 519). Nicht anerkannt aber wurde (unabhängig von einem Behandlungsfehler oder einem Eingriff in das allg. Persönlichkeitsrecht) ein Ersatzanspruch von Angehörigen wegen Behandlungs- und Pflegeaufwendungen infolge lebenserhaltender Maßnahmen (BGH NJW 2019, 2741).

Grds. trägt jede Person einen ihr entstehenden Schaden selbst, insbes. den durch → Zufall eingetretenen Schaden (casum sentit dominus); die Pflicht, einem anderen → Schadensersatz zu leisten, bedarf eines besonderen Rechtsgrundes (zB Vertragsverletzung, unerlaubte Handlung). Die Ersatzpflicht für immateriellen Schaden ist nach dem BGB erheblich eingeschränkt. Über Schadensberechnung, -arten, -ursachen usw s. iE → Schadensersatz. S. ferner → Vorteilsausgleichung, → Mitverschulden.

Schadensabwälzung
→ Passing-On-Einwand.

Schadensanlage
→ Schadensersatz (1).

Schadensanzeige
→ Versicherungsvertrag.

Schadensausgleich
→ Schadensersatz.

Schadensbegründung aus der Person eines Dritten
→ Schadensersatz (1).

Schadensberechnung
→ Schadensersatz (3, 4).

Schadensbeweis
→ Schadensersatz (2).

Schadensersatz
Schadensersatz ist der Ausgleich des einer Person entstandenen → Schadens durch einen Ersatzpflichtigen. Eine Pflicht zum Schadensersatz kann vertraglich vereinbart sein (→ Schadensversicherung); iÜ beruht sie auf gesetzlicher Regelung. In Betracht kommen hier insbesondere die Verletzungen von Vertragspflichten und vertragsähnlichen Pflichten (insbes. aus einem → gegenseitigen Vertrag) einerseits und die Haftung für → unerlaubte Handlungen und aus → Gefährdungshaftung andererseits; über die jeweilige Berechnung s. u.

1. Kausalität, Äquivalenztheorie, Adäquanztheorie, Folgeschäden, Normzwecktheorie, mehrer Schadensursachen, Drittschadensliquidation, Schockschäden, Hinterbliebenengeld: Voraussetzung für jede gesetzliche Pflicht zum Schadensersatz ist, dass das schädigende Ereignis den eingetretenen Schaden verursacht hat (Ursächlichkeit, Kausalität). Zwischen dem schädigenden Ereignis und dem Schaden, dh dem Unterschied zwischen der jetzigen Lage und dem Zustand, der ohne das schädigende Ereignis bestehen würde, muss ein ursächlicher Zusammenhang (Kausalzusammenhang) bestehen. Grds. ist Ursache jede Bedingung, die nicht hinweggedacht werden kann, ohne dass zugleich der Erfolg entfiele (conditio sine qua non); danach ist Ursächlichkeit die Gesamtheit aller auf das Lebensverhältnis einwirkenden Bedingungen, die den Erfolg (Schaden) herbeiführen (sog. Bedingungs- oder Äquivalenztheorie). Diese Bedingungstheorie, die von der Gleichwertigkeit aller Bedingungen ausgeht und weitgehend im Strafrecht angewendet wird, muss im Zivilrecht, das verschiedentlich auch eine Haftung ohne → Verschulden kennt (→ Gefährdungshaftung), aber eingeschränkt werden. Nach der einschränkenden, heute im Zivilrecht ganz herrschenden Theorie des adäquaten Kausalzusammenhangs (sog. Adäquanztheorie) scheiden solche Kausalverläufe aus, die dem Verantwortlichen billigerweise rechtlich nicht mehr zugerechnet werden können. Der Schaden muss vorhersehbar sein (anders in der reinen Gefährdungshaftung, in deren Bereich es lediglich auf die Verwirklichung der spezifischen Gefahr ankommt); allerdings ist dies objektiv (nicht nach der Person des Handelnden) und rückschauend (nach den damaligen Verhältnissen) zu beurteilen. Auch auf nur mittelbar verursachte Schäden (sog. Folgeschäden) erstreckt sich die adäquate Ursächlichkeit. Als Folgeschäden zu ersetzen sind zB steuerliche Nachteile, höhere Versicherungsprämien, notwendige Sachverständigenkosten oder Rechtsverfolgungskosten. Der Zurechnungszusammenhang erstreckt sich auch auf seelische Reaktionen. Ein ursächlicher Zusammenhang zu bejahen ist daher zB bei einem durch den Unfalltod eines Kindes verursachten Nervenzusammenbruch der Mutter sowie bei einem Unfall, der zu einem Krankenhausaufenthalt und einer dort erlittenen Infektion führt (keine adäquate Kausalität mehr aber zB, wenn der durch einen Unfall Geschädigte in der Klinik von einem Mitpatienten im Streit verletzt wird). Dass der Geschädigte besonders empfänglich für das schädigende Ereignis ist und der Schaden dadurch vergrößert wird (zB eine seelische Depression verlängert das Leiden), steht der Ursächlichkeit nicht entgegen; doch ist der Geschädigte verpflichtet, durch den Unfall entstandene bewusste oder unbewusste Begehrensvorstellungen (sog. Renten- oder Unfallneurose) zu bekämpfen (sonst → Mitverschulden). Die Adäquanztheorie muss weiterhin durch die von Rspr. und Lehre entwickelte sog. Normzwecktheorie (oder Lehre vom Rechtswidrigkeitszusammenhang) eingeschränkt werden. Schadensersatz kann danach nur verlangt werden, wenn die (adäquat verursachte) Tatfolge innerhalb des Schutzbereichs der verletzten Norm liegt. Dies gilt nicht nur bei Verletzung eines sog. Schutzgesetzes (→ unerlaubte Handlung, 2b), sondern darüber hinaus bei allen Ansprüchen auf Schadensersatz, auch im Rahmen einer Vertrags-

haftung (zB unzureichende Beratung). Bei einem Anspruch aus § 823 I BGB (→ unerlaubte Handlung, 2) ist stets zu prüfen, ob der geltend gemachte Schaden innerhalb des Schutzzwecks dieser Vorschrift liegt, dh ob die Norm, gegen die der Schädiger verstoßen hat, den Zweck hatte, gerade eine Rechtsgutsverletzung der eingetretenen Art zu verhindern. Dies ist zB zu verneinen, wenn auf Grund einer Untersuchung nach einer Körperverletzung der Arzt eine bis dahin verborgene Krankheit entdeckt, die dazu führt, dass der Geschädigte früher pensioniert wird und dadurch einen weiteren Schaden erleidet.

Führen mehrere Ereignisse zusammenwirkend zum Schaden, so sind sie grds. auch alle in vollem Umfang ursächlich (zB Körperverletzung und anschließender Kunstfehler des Arztes). Der Kausalzusammenhang wird nur ausnahmsweise unterbrochen, wenn eine völlig neue Ursachenreihe begonnen wird, für die das erste schädigende Ereignis ohne jede praktische Bedeutung war. Umstritten ist insbes. die sog. überholende Kausalität, wenn der gleiche Schaden auch aufgrund ein anderen Ereignisses eingetreten wäre, das aber infolge des früheren Schadens nicht mehr zum Tragen kommt (Bsp.: Haus A brennt; der Eigentümer des Hauses C beschädigt das zwischen A und C stehende Haus B, um sein Haus C zu retten; ohne den Eingriff wäre das Haus B durch Funkenflug völlig zerstört worden.). Die Rspr. lehnt hier die Berücksichtigung einer nur hypothetischen Schadensursache als solcher ab, berücksichtigt sie aber ggf. wertend bei der Schadenszurechnung, insbes. eine vorhandene Schadensanlage: Werden zB unberechtigterweise Früchte verkauft, die ohne diesen Verkauf bis zur Verwertungsmöglichkeit durch den Berechtigten weitgehend verfault gewesen wären, so ist infolge dieser Schadensanlage die Höhe des zu ersetzenden Schadens entsprechend verringert. Entsprechend verkürzt sich der Rentenanspruch des unterhaltsberechtigten Angehörigen eines Getöteten, der an Krebs litt, auf die mutmaßliche Dauer von dessen Leben ohne die unerlaubte Handlung (§ 844 II BGB). Sa → Vorteilsausgleichung.

Auch wenn jeder adäquat verursachte, also auch der mittelbare Schaden bei Vorliegen eines Haftungsgrundes zu ersetzen ist, so hat doch grds. nur der Verletzte selbst einen Ersatzanspruch, nicht aber ein nur mittelbar Geschädigter (Bsp.: Verletzung eines Sängers, dadurch Einnahmeausfall des Theaterbetreibers), sofern dies nicht ausdrücklich geregelt ist (zB teilweise im Recht der → unerlaubten Handlung). Als ersatzfähig anerkannt werden von der Rspr. aber zB sog. → Schockschäden, die jemand durch den Tod oder die Verletzung eines Angehörigen (verursacht zB durch einen Verkehrsunfall oder eine fehlerhafte ärztliche Behandlung) erleidet (aber keine Entschädigung für normale Trauerreaktionen); nach neuerer Rspr. können auch mittelbar verursachte psychische Störungen eine zum Ersatz verpflichtende Gesundheitsverletzung darstellen, soweit die psychische Beeinträchtigung pathologisch ist, also einen Krankkeitswert hat (nicht mehr gefordert wird nunmehr von der Rspr., dass die Störung ein außergewöhnliches Maß aufweist); damit ist nunmehr die Gleichstellung von physischen und psychischen Beeinträchtigungen im Bereich der Schockschäden gewährleistet. Mit Wirkung vom 22.7.2017 wurde das sog. Hinterbliebenengeld eingeführt, das seelisches Leid infolge der deliktischen Tötung eines nahen Angehörigen lindern soll, s. hierzu → Schmerzensgeld. Ist bei Interessenwahrnehmung für einen Dritten (insbes. bei → mittelbarer Stellvertretung, → Kommission, → Versendungskauf, nicht aber bei der → Produkthaftung) der Vertragspartner selbst nicht geschädigt, wohl aber der Dritte, der nicht Vertragspartner ist, so lässt die Rspr. kraft entsprechender ergänzender → Auslegung des Vertrags zu, dass der Vertragspartner (zB Kommissionär) den Schaden des Dritten (Kommittenten) im eigenen Namen idR auf Leistung an den Dritten geltend macht, sog. Schadensbegründung aus der Person eines Dritten oder Drittschadensliquidation. Entsprechendes gilt für den Anspruch des verletzten Arbeitnehmers, der vom Arbeitgeber das Gehalt trotz Krankheit fortbezahlt erhält und daher nicht geschädigt ist, gegen den Schädiger. Der Dritte (Geschädigte) kann hier den Anspruch erst nach → Abtretung im eigenen Namen geltend machen (vgl. § 255 BGB).

Zur Frage einer Schadensersatzpflicht bei ungewollt erzeugten oder behinderten Kindern oder wegen lebenserhaltender Maßnahmen → Schaden.

2. Beweislast, Schadenspauschalierung, Schätzung im Prozess: Wer Schadensersatz begehrt, hat grds. Haftungsgrund, Ursächlichkeit und ggf. Verschulden des Schädigers nach den allg. Regeln zu beweisen (Schadensbeweis, → Beweislast). Eine Beweiserleichterung bietet jedoch bei typischen Geschehensabläufen der sog. Beweis des ersten Anscheins (prima-facie-Beweis, → Anscheinsbeweis). Fährt jemand auf gerader Straße ohne ersichtlichen Anlass mit dem Auto gegen einen Baum, so spricht bis zur Darlegung eines möglichen anderen Kausalzusammenhangs der Beweis des ersten Anscheins für eine Verursachung durch den Fahrer und für seine Fahrlässigkeit. Bei einer → Pflichtverletzung im Vertrag muss der Schädiger beweisen, dass er die Pflichtverletzung nicht zu vertreten hat, § 280 I 2 BGB. Beweiserleichterungen bestehen auch bei der → Produkthaftung; beim Behandlungsvertrag s. § 630h BGB, sa → Kunstfehler. Die Möglichkeit der Schadenspauschalierung durch → Allgemeine Geschäftsbedingungen ist eingeschränkt; der Nachweis der Gegenseite, ein Schaden sei nicht oder nicht im Umfang der Pauschale entstanden, muss möglich sein (§ 309 Nr. 5 BGB). Im Prozess, insbes. bei der Schätzung der Schadenshöhe, ist das Gericht weit-

gehend von den sonstigen Beweisgrundsätzen freigestellt, § 287 ZPO.

3. Naturalrestitution, Geldersatz, Umfang der Ersatzpflicht: Wer zum Schadensersatz verpflichtet ist, hat regelmäßig den früheren Zustand in wirtschaftlich gleichwertiger Weise wiederherzustellen (Grundsatz der Naturalherstellung, Naturalrestitution, § 249 I BGB). Schadensersatz in Geld kann erst nach vorheriger Fristsetzung verlangt werden (§ 250 BGB). In den wichtigsten Fällen, nämlich wenn Schadensersatz wegen Verletzung einer Person oder wegen Beschädigung einer Sache zu leisten ist, kann von vornherein auch ohne Reparatur (fiktive Reparaturkosten) Schadensersatz in Geld beansprucht werden (§ 249 II 1 BGB; der Geschädigte soll selbst reparieren können; s. aber zu den Rechtsfolgen der Lieferung einer mangelhaften Sache im Kaufrecht → Gewährleistung bzw. zur Erbringung einer mangelhaften Werkleistung → Werkvertrag, 3, insbes. auch zur derzeit nicht abschließend geklärten Frage der Berechnung des kleinen Schadensersatzes anhand von nicht aufgewendeten, also fiktiven Mängelbeseitigungskosten). Nach einem verschuldeten Verkehrsunfall sind auch die Mietwagenkosten (abzüglich ca. 15 % für ersparte eigene Aufwendungen) in Geld zu ersetzen; iE → Straßenverkehrshaftung. Sa → Werkstattrisiko (Haftung eines Unfallverursachers für eine unsachgemäße oder unwirtschaftliche Reparatur der vom Geschädigten beauftragten Werkstatt). → Umsatzsteuer ist nur zu ersetzen, wenn sie tatsächlich angefallen ist (also zB nicht bei Selbstreparatur, § 249 II 2 BGB). Entschädigung in Geld ist ferner zu leisten, wenn die Naturalherstellung nicht möglich ist (zB bei Schadensersatz wegen Nichterfüllung, s. u.) oder zur Entschädigung des Gläubigers nicht genügt (§ 251 I BGB). Ist die Herstellung für den Ersatzpflichtigen nur mit unverhältnismäßigen Aufwendungen möglich, so kann er den Gläubiger gleichfalls in Geld entschädigen (§ 251 II BGB, → Ersetzungsbefugnis; Sondervorschrift für die Heilbehandlung von → Tieren). Beim Ersatz von alt durch neu (neu für alt) im Rahmen der Naturalherstellung (bei Beschädigung einer gebrauchten Sache) ist ein entsprechender (erheblicher) Mehrwert vom Ersatzberechtigten in Geld auszugleichen; aber kein Abzug, wenn durch den notwendigen Ersatz eines alten durch ein neues Teil ein Wertzuwachs entsteht. Neben dem technischen Minderwert (eine beschädigte Sache ist zB leichter anfällig für eine neue Beschädigung) ist auch der sog. merkantile Minderwert zu ersetzen, auch wenn die beschädigte Sache nicht sofort weiter veräußert wird. Hierunter ist (insbes. bei einem unfallbeschädigten Kraftfahrzeug) der infolge möglicher verdeckter Mängel und geringerer Sicherheit gesunkene Verkaufswert zu verstehen. Bei der Beschädigung eines fabrikneuen Autos (Laufleistung von nicht mehr als 1000 km) kann der volle Kaufpreis nur verlangt werden, wenn tatsächlich ein gleichwertiger Neuwagen angeschafft wird.

Der zu ersetzende Schaden umfasst grds. Verdienstausfall sowie den entgangenen Gewinn (lucrum cessans). Dieser Gewinn kann konkret berechnet werden (s. u.); sonst gilt zur Beweiserleichterung als entgangen der Gewinn, der nach dem gewöhnlichen Lauf der Dinge oder nach den besonderen Umständen mit Wahrscheinlichkeit erwartet werden konnte (§ 252 BGB). Wegen eines Schadens, der nicht Vermögensschaden ist (→ Schaden), kann Naturalherstellung (zB Zurücknahme einer Beleidigung) immer, Entschädigung in Geld jedoch nur in den durch Gesetz bestimmten Fällen (insbes. → Schmerzensgeld; sa Allgemeines → Persönlichkeitsrecht) verlangt werden (§ 253 I BGB). Ein Liebhaberinteresse (Affektionsinteresse), das wirtschaftlich nicht messbar ist (zB die besondere Wertschätzung einer an sich wertlosen Sache), ist daher regelmäßig in Geld nicht zu ersetzen. Dagegen sieht die Rspr. den Verlust der Möglichkeit, ein privat genutztes Kfz zu gebrauchen, als ersatzfähigen Vermögensschaden an, der Geschädigte kann entweder ein Ersatzfahrzeug mieten oder eine (abstrakte) Geldentschädigung für den Nutzungsausfall verlangen (für anderweitigen Nutzungsentgang → Schaden); keine (abstrakte) Entschädigung aber bei einem rein gewerblich genutzten Kfz, dort nur Ersatz des tatsächlich entstandenen Vermögensschadens (zB Miete Ersatzfahrzeug, entgangener Gewinn). Der Vermögensschaden ist nicht rein rechnerisch (Differenz) zu ermitteln; nach dem normativen Schadensbegriff sind auch Maßnahmen der Schadensvorsorge (sog. Vorhaltekosten oder Vorsorgeaufwendungen, zB anteilige Kosten eines von einem Verkehrsbetrieb bereit gehaltenen Ersatzfahrzeugs) und Verdienstausfall trotz Lohnfortzahlung zu ersetzen. Die Höhe des zu ersetzenden Schadens wird durch → Mitverschulden des Geschädigten und → Vorteilsausgleichung gemindert. S. aber zur Berechnung auch u. 4.

4. Schadensersatz neben und statt der Leistung, Berechung des Schadensersatzes: Verletzt der Schuldner eine Pflicht aus einem (meist durch → Vertrag begründeten, § 311 I BGB) Schuldverhältnis (→ Pflichtverletzung, → Unmöglichkeit der Leistung, → Schuldnerverzug, → positive Vertragsverletzung, → Gewährleistung, → Werkvertrag, → Verschulden beim Vertragsschluss, Verletzung leistungsbezogener Nebenpflichten, zB Beratung, Benutzungsanleitung), so kann der Gläubiger Ersatz des hierdurch entstehenden Schadens verlangen (§ 280 I 1 BGB). Dieser Schadensersatz umfasst alle unmittelbaren und mittelbaren Nachteile des schädigenden Verhaltens einschließlich Prozesskosten (außer Folgeschäden, die nicht vom Schutzzweck der verletzten Norm erfasst sind, s. o.). Dieser Anspruch auf Schadensersatz tritt neben den Anspruch auf Erfüllung, nicht an dessen Stelle, ist also unab-

hängig von der (zB unmöglichen oder verzögerten) Leistung, es ist ein Anspruch auf Schadensersatz neben der Leistung (zB Kosten aller Art, eine → Vertragsstrafe, sa → Anfechtung von Willenserklärungen, 1 aE, ein Mangelfolgeschaden, sa → Gewährleistung). Grds. ist auch das negative Interesse (Vertrauensschaden) zu ersetzen, also der Schaden, der infolge des Vertrauens auf die ordnungsgemäße Vertragsabwicklung entstanden ist; der Gläubiger ist zB so zu stellen, wie er stehen würde, wenn er nicht auf die Gültigkeit eines Vertrages vertraut hätte. Die Ersatzpflicht tritt nicht ein, wenn der Schuldner die Pflichtverletzung nicht zu vertreten hat (→ Verschulden), er sich also entlasten kann (den Schuldner trifft hierfür die → Beweislast, § 280 I 2 BGB).

Davon zu unterscheiden ist der Schadensersatz statt der Leistung, der das ursprüngliche Erfüllungsinteresse des Gläubigers abdeckt: Unter den gesetzlichen Voraussetzungen der §§ 281–283 BGB kann der Gläubiger Schadensersatz statt der Leistung verlangen zur Abdeckung des Schadens, der sich aus dem endgültigen Ausbleiben der ordnungsgemäßen Leistung ergibt, § 280 III BGB (demgegenüber werden Schäden, die bereits vor dem Zeitpunkt des endgültigen Ausbleibens der Leistung endgültig eingetreten und durch die Nachholung der Leistung zum letztmöglichen Zeitpunkt nicht mehr beseitigt werden können, Gegenstand des Schadensersatzes neben der Leistung). Beim Schadensersatz statt der Leistung ist der Gläubiger so zu stellen, als wenn der Schuldner ordnungsgemäß erfüllt hätte (früher Nichterfüllungsschaden, Erfüllungsinteresse oder positives Interesse genannt). Der Schadensersatz statt der Leistung umfasst insbes. einen infolge der Pflichtverletzung des Schuldners dem Gläubiger entgangenen Gewinn oder die Differenz zwischen Kaufpreis und Wert der Sache (sa → unerlaubte Handlung, 6). Nach § 281 I BGB kann der Gläubiger Schadensersatz statt der Leistung verlangen, soweit der Schuldner die fällige Leistung nicht oder nicht wie geschuldet erbringt und auch eine ihm deshalb vom Gläubiger gesetzte angemessene Frist zur Leistung oder Nacherfüllung erfolglos verstrichen ist (Nachfristsetzung; eine sog. Ablehnungsandrohung ist nicht erforderlich, → gegenseitiger Vertrag, 2). Hat der Schuldner nur einen Teil der Leistung erbracht, so gilt das zunächst für den fehlenden Teil. Darüber hinaus kann der Gläubiger Schadensersatz statt der ganzen Leistung nur verlangen, wenn er an der Teilleistung allein kein Interesse hat oder die Pflichtverletzung erheblich ist. Die Fristsetzung ist entbehrlich, wenn der Schuldner die Leistung ernsthaft und endgültig verweigert (nicht ausreichend hierfür ist ein bloßes Ausweichen des Schuldners oder eine Bitte um Stundung) oder ausnahmsweise die sofortige Geltendmachung des Anspruchs auf Schadensersatz gerechtfertigt ist (§ 281 II BGB). Kommt nach der Art der Pflichtverletzung eine Fristsetzung nicht in Betracht (zB bei Verstößen aus dem Verhalten des Schuldners), so tritt an deren Stelle eine Abmahnung (§ 281 III BGB). Sobald der Gläubiger Schadensersatz statt der Leistung verlangt hat, ist der Anspruch auf die (ursprüngliche) Leistung ausgeschlossen (§ 281 IV BGB). Bei einer Teilleistung kann der Schuldner im Gegenzug das Geleistete nach den Vorschriften über den → Rücktritt vom Vertrag zurückfordern (§ 281 V BGB). Schadensersatz statt der Leistung kommt außerdem bei → Unmöglichkeit der Leistung (§ 283 BGB) sowie bei Verletzung einer leistungsbezogenen Nebenpflicht nach § 241 II BGB zur Rücksichtnahme auf die Rechte, Rechtsgüter und Interessen des anderen Teils (zB fehlerhafte Information, Beratung oder Instruktion) in Betracht (§ 282 BGB). Anstelle dieses Schadensersatzes kann der Gläubiger Ersatz der Aufwendungen verlangen, die er im Vertrauen auf den Erhalt einer ordnungsgemäßen Leistung gemacht hat und billigerweise machen durfte (zB Anmieten einer Lagerhalle, Kosten für Werbung usw) und die nun nutzlos sind (nutzlose oder frustrierte Aufwendungen); ausgenommen sind solche Aufwendungen, deren Zweck auch ohne die Pflichtverletzung des Schuldners nicht erreicht worden wäre (§ 284 BGB).

Ist Schadensersatz statt der Leistung aus einem → gegenseitigen Vertrag zu leisten, so kann der Gläubiger (auch bei ungleichartigen Leistungen) seinen Schaden grds. nach zwei unterschiedlichen Methoden berechnen: Nach der Differenztheorie richtet sich der Anspruch von vornherein auf den Wertunterschied zwischen Leistung und Gegenleistung, die gegenseitigen Ansprüche werden nach ihrem Wert verrechnet; der Gläubiger hat einen einheitlichen Anspruch gegen den Schuldner in Höhe der ermittelten Differenz, die Verpflichtung des Gläubigers, die Gegenleistung zu erbringen, entfällt. Nach der Austauschtheorie (Surrogationstheorie) wird nur auf die nicht erfüllte Verpflichtung des Schuldners abgestellt, an die Stelle dieser Leistung tritt als Surrogat ihr Wert; die Verpflichtung des Gläubigers zur Erbringung der Gegenleistung bleibt bestehen, das Synallagma also erhalten; besteht die Gegenleistung in einer Geldschuld kann aufgerechnet werden. Dem Gläubiger steht es ferner frei, ob er seinen Schaden konkret oder abstrakt berechnen will: Der Gläubiger kann entweder die konkreten Umstände vortragen, die seinen Schaden, insbes. die Höhe des entgangenen Gewinns dartun (zB Vergleich zwischen dem Vertragspreis und einer jetzt notwendig gewordenen Ersatzbeschaffung, sog. Deckungskauf; entsprechend Deckungsverkauf, zB bei Verzug mit der Kaufpreiszahlung); er kann den Schaden aber auch abstrakt (zB nach dem Marktpreis) berechnen. Zur Berechnung sa → Gegenseitiger Vertrag, 2.

Bei einer nur teilweise erbrachten oder bei einer mangelhaften Leistung kann der Gläubiger die unvollständige oder mangelhafte Leistung behalten und den Minderwert ersetzt verlangen (sog. kleiner Schadensersatz). Er kann auch die Leistung zurückweisen und Ersatz des aus der Nichterfüllung des gesamten Vertrages entstanden Schadens verlangen (sog. großer Schadensersatz). Wenn Ersatz dieser ganzen Leistung verlangt wird, richtet sich die Rückabwicklung eines bereits erfolgten Leistungsaustauschs nach den Vorschriften über den → Rücktritt vom Vertrag (§ 281 V BGB). Zu den Rechtsfolgen der Lieferung einer mangelhaften Sache im Kaufrecht s. grds. → Gewährleistung bzw. zur Erbringung einer mangelhaften Werkleistung s. grds. → Werkvertrag, 3, insbes. auch zur derzeit noch nicht abschließend geklärten Frage der Berechnung des kleinen Schadensersatzes anhand von nicht aufgewendeten, also fiktiven Mängelbeseitigungskosten.

5. Zur Haftung beim Einbau gesetzeswidriger Vorrichtungen zur Senkung von Abgaswerten in ein Kfz → Dieselskandal.

Schadensersatz neben der Leistung
→ Schadensersatz (4).

Schadensersatz statt Leistung
→ Schadensersatz (4).

Schadensgeneigte Arbeit
→ innerbetrieblicher Schadensausgleich, → Haftung des Beamten.

Schadensliquidation aus der Person eines Dritten, im Drittinteresse
→ Schadensersatz (1).

Schadensminderungspflicht
→ Mitverschulden.

Schadensrückversicherung
→ Rückversicherung.

Schadensverhütung
Schadensverhütung ist das Ziel der → Schadensversicherung und der gesetzlichen Unfallversicherung → Unfallschutz.

Schadensversicherung
Die Schadensversicherung ist eine Art der privatrechtlichen Versicherung. Über die allg. Grundsätze hinaus (→ Versicherungsvertrag, 2; dort auch Unterscheidung zur Summenversicherung) unterliegen alle Sparten der Schadensversicherung den allg. Vorschriften der §§ 74 ff. VVG; außerdem gelten Sonderbestimmungen für die wichtigsten Fälle der Schadensversicherung, nämlich die → Haftpflichtversicherung, die → Feuerversicherung, die → Hagelversicherung, die → Tierversicherung und die → Transportversicherung; s. ferner → Reisegepäckversicherung. Im Übrigen bestehen Allgemeine → Versicherungsbedingungen, die auch auf gesetzlich nicht geregelte Zweige wie Diebstahlsversicherung, Glasversicherung und → Kaskoversicherung anzuwenden sind.

Die Schadensversicherung kennt 3 Begrenzungen der Entschädigung im → Versicherungsfall: Es ist regelmäßig nur der entstandene Schaden zu ersetzen, ein entgangener Gewinn nur, wenn dies besonders vereinbart ist. Der Versicherer haftet ferner nur bis zur sog. Versicherungssumme; höherer Schaden wird nur bis zur Höhe der Versicherungssumme ersetzt. Versicherungssumme ist der im Versicherungsvertrag vereinbarte Höchstbetrag, bis zu dem der Versicherer einzustehen hat. Schließlich soll die Versicherungssumme nicht den Wert der versicherten Sache (Versicherungswert), der auf eine bestimmte Höhe vereinbart werden kann, übersteigen. Ist die Versicherungssumme erheblich höher als der Versicherungswert (Überversicherung), so kann jeder Teil Herabsetzung der Versicherungssumme und der anfallenden Prämien verlangen (§ 74 I VVG). Ist die Überversicherung vom Versicherungsnehmer beabsichtigt, um sich einen rechtswidrigen Vermögensvorteil zu verschaffen, so ist der Vertrag nichtig; dem Versicherer stehen aber bis zur Kenntniserlangung die vereinbarten Prämien zu (§ 74 II VVG). Ist die Versicherungssumme niedriger als der Versicherungswert zzt. des Versicherungsfalls (Unterversicherung), so haftet der Versicherer für den eingetretenen Schaden grds. nur in einem entsprechenden Verhältnis (§ 75 VVG; zB Versicherungswert 5000 EUR, Versicherungssumme 3000 EUR, Schaden 2000 EUR: Ersatzpflicht nur iHv 1200 EUR). Eine zulässige Unterversicherung liegt in der sog. Versicherung auf erste Gefahr (auf erstes Risiko); hier ist, gegen eine entsprechend höhere Prämie, auch bei bewusster Unterversicherung der volle Schaden bis zur Versicherungssumme zu ersetzen. Eine Überversicherung kann auch dadurch eintreten, dass der Versicherungsnehmer das gleiche Risiko bei mehreren Versicherern decken lässt (Doppelversicherung). Diese Doppelversicherung ist bei Anzeige an den Erstversicherer (ausgenommen bei Betrugsabsicht) zulässig; die mehreren Versicherer haften als Gesamtschuldner (→ Gesamtschuld) insgesamt bis zur Höhe des eingetretenen Schadens (§ 78 VVG).

Der Versicherungsnehmer ist verpflichtet, bei Eintritt des Versicherungsfalls nach Möglichkeit für die Abwendung und Minderung des Schadens zu sorgen (§ 82 VVG). Verletzt der Versicherungsnehmer vorsätzlich (→ Verschulden) diese → Obliegenheit oder führt er vorsätzlich den Versicherungsfall herbei (zB Anzünden des feuerversicherten Gebäudes, → Versicherungsbetrug), so wird der Versicherer von seiner Leistungspflicht befreit (§ 81 VVG). Im Fall grob fahrlässigen Handelns des Versicherungsnehmers ist der Versicherer berechtigt, seine Leistung in einem der Schwere des Verhaltens des Versicherungsnehmers entsprechenden Verhältnis zu kürzen. Über die Art und Höhe des zu ersetzenden Schadens → Versicherungsvertrag (aE). Steht dem Versicherungsnehmer auf Grund des schädigenden Ereignisses ein Schadensersatzanspruch gegen einen Dritten (Schädiger) zu, so geht, wie bei der Sozialversicherung, ohne besondere → Abtretung diese Forderung auf den Versicherer über, soweit er dem Versicherungsnehmer den Schaden ersetzt; der gesetzliche Forderungsübergang kann aber nicht zum Nachteil des Versicherungsnehmers geltend gemacht werden (§ 86 VVG; bei Schädigung eines Hausgenossen nur bei vorsätzlichem Handeln). Über die Beendigung des Versicherungsverhältnisses → Versicherungsvertrag (5). Besteht das versicherte Interesse nicht, so ist der Versicherungsnehmer von der Prämienzahlungspflicht befreit; fällt es nachträglich weg (zB völlige Zerstörung der versicherten Sache), so endet die Prämienzahlungspflicht in dem Augenblick, in dem der Versicherer hiervon Kenntnis erhält (§ 80 VVG). Der Versicherungsnehmer kann die versicherte Sache, unter unverzüglicher Anzeige an den Versicherer (sonst Leistungsbefreiung nach 1 Monat), veräußern. Der Erwerber tritt hiermit automatisch in die Rechtsstellung des Versicherungsnehmers ein; hinsichtlich der für die laufende Versicherungsperiode zu zahlenden Prämie haften Veräußerer und Erwerber als Gesamtschuldner (§§ 95, 97 VVG; → Gesamtschuld). Innerhalb eines Monats kann der Erwerber ohne Frist, der Versicherer mit Kündigungsfrist von 1 Monat das Versicherungsverhältnis kündigen (§ 86 VVG). Entsprechendes gilt für den Erwerb in der → Zwangsversteigerung (§ 99 VVG).

Die Schadensversicherung kann von dem Versicherungsnehmer auch für einen anderen (mit oder ohne sofortige Benennung der Person des versicherten Dritten) abgeschlossen werden (Fremdversicherung, → Versicherungsvertrag, 2a). Bei dieser Versicherung für fremde Rechnung stehen die Rechte aus dem Versicherungsvertrag grds. dem versicherten Dritten zu; der Versicherungsnehmer kann aber über die Rechte aus dem Versicherungsvertrag, zB durch Abtretung, verfügen, der Dritte nur, wenn er im Besitz des an sich dem Versicherungsnehmer zustehenden → Versicherungsscheins ist (§§ 43 ff. VVG).

Schadstoffarme Autos
(Begriff) s. § 47 III–V StVZO; § 11 IV FZO; steuerlich → Kraftfahrzeugsteuer (2), → Energiesteuer; ferner → Umweltprämie.

Schadstoffe, persistente organische
Persistente organische Schadstoffe (auch POPs für peristent organic pollutants) sind chemische Stoffe, die in der Umwelt verbleiben, in die Nahrungskette gelangen können und ein Risiko für Mensch und Umwelt darstellen. Die VO (EU) 2019/1021 v. 20.6.2019 über persistente organische Schadstoffe (ABl. EU 2019 L 169, 45) verbietet Herstellung, Inverkehrbringen und Verwendung solcher Schadstoffe in Gemischen und Erzeugnissen. Anhang I der VO enthält die erfassten Stoffe, zB Chlordan und Hexachlorbenzol. Die VO dient gemäß dem → Vorsorgeprinzip dem → Umweltschutz sowie der Umsetzung zweier völkerrechtlicher Übereinkommen (Art. 1). Die Überwachung obliegt den Mitgliedstaaten iVm der Europäischen Chemikalienagentur (→ REACH).

Schadstofffreisetzungs- und -verbringungsregister
1. Das Europäische Schadstofffreisetzungs- und -verbringungsregister (kurz European PRTR: Pollutant Release and Transfer Register) enthält umfassende Informationen zur Freisetzung der wichtigsten Schadstoffe aus den bedeutendsten Industriezweigen der → Europäischen Union. Die Informationen sind jedermann kostenfrei zugänglich. Grundlage hierfür bildet die VO (EG) 166/2006 v. 18.1.2006 (ABl. EG 2006 L 33, 1). Die Schadstofffreisetzungen beziehen sich auf die Bereiche Luft, Wasser und Boden. Die Anhänge der Verordnung listen die einbezogenen Industrien und Schadstoffe auf. Die betroffenen Betriebe sind verpflichtet, diese Informationen ihrer zuständigen Behörde zu melden. Das deutsche Schadstofffreisetzungs- und -verbringungsregister wird vom → Umweltbundesamt geführt gemäß des Ausführungsgesetzes zur Verordnung (EG) 166/2006 v. 6.6.2007 (SchadRegProtAG, BGBl. 2007 I 1002). § 4 SchadRegProtAG regelt den Informantenschutz gegen Benachteiligung durch Betreiber oder Behörden.

2. Die genannte Verordnung (EG) 166/2006 wurde zum 1.1.2028 aufgehoben und wird dann von der Verordnung (EU) 2024/1244 v. 24.4.2024 über die Berichterstattung über Umweltdaten von Industrieanlagen (und) zur Einrichtung eines Industrieemissionsportals (ABl. EU 2024 L v. 2.5.2024) ersetzt werden.

Schadstoff-Höchstmengen
→ Lebensmittel (2), → Höchstmengen, → Schadstoffe, persistente organische.

Schächten
Das BVerfG (NJW 2002, 663; → Religionsausübung, freie) definiert Schächten als das grundsätzlich verbotene Schlachten warmblütiger Tiere ohne vorherige Betäubung. Nach dieser Entscheidung kann eine Ausnahmegenehmigung zum Schächten erhalten, wer substantiiert und nachvollziehbar darlegt, dass er sie zur Versorgung der Mitglieder einer Gemeinschaft benötigt, nach deren gemeinsamen Glaubensüberzeugung der Verzehr des Fleisches von Tieren zwingend eine betäubungslose Schlachtung voraussetzt. Die Aufnahme des Tierschutzes in das GG schließt die Zulässigkeit des Schächtens in Einzelfällen nicht aus (sa → Tierschutz, 2). Der EuGH Urt. v. 29.5.2018 – C-426/16 entschied, dass die rituelle Schlachtung von Tieren ohne Betäubung nur in zugelassenen Schlachthöfen erfolgen darf.

Schädigung
→ unerlaubte Handlung, → Gefährdungshaftung, → Straßenverkehrshaftung.

Schädlingsbekämpfung
1. Schädlinge sind Lebewesen, die ihrer Gattung nach dem Menschen und seiner Wirtschaft Nachteile zufügen (zB Kakerlaken, Läuse, Ratten). Dazu gehören auch Lästlinge, die durch mit ihrem Auftreten verbundene Unannehmlichkeiten bemerkbar werden. Zur Schädlingsbekämpfung gehören die Verhütung des Auftretens, das Ausrotten, die Verhütung der Ausbreitung und das Zurückdrängen unter die (wirtschaftliche) Schadensschwelle. Die Schädlingsbekämpfung kann verschiedenen Normen unterliegen, etwa dem → Jagdrecht (zB brandenburgische VO zur Abwendung erheblicher fischereiwirtschaftlicher Schäden durch Kormorane sowie zum Schutz der heimischen Tierwelt v. 27.9.2013, GVBl. 2013 II Nr. 72), dem kommunalen Ordnungsrecht (zB für den Abschuss von eingewanderten Bären in Bayern) oder dem → Tierschutzrecht. So bedarf die gewerbsmäßige Schädlingsbekämpfung von Wirbeltieren der Erlaubnis (§ 11 TierSchG). → Artenschutz, → invasive gebietsfremde Arten.

2. Im Bereich von Pflanzen ist die Schädlingsbekämpfung Ziel des → Pflanzenschutzes. Art. 1 VO (EU) 2016/2031 über Maßnahmen zum Schutz vor Pflanzenschädlingen v. 26.10.2016 (ABl. EU 2016 L 317, 4) definiert sie als Arten, Stämme und Biotypen von Krankheitserregern, Tieren oder parasitären Pflanzen, die Pflanzen oder -erzeugnisse schädigen können. Zu ihnen gehören zB der bronzefarbene Birkenbohrer, der nordamerikanische Pflaumenrüssler oder die bakterielle Ringfäule. Die VO (EU) 2016/2031 enthält Maßnahmen zur Bekämpfung von Pflanzenschädlingen, etwa Melde- und Unterrichtungspflichten, Tilgung, Einrichtung von abgegrenzten Gebieten, Notfallpläne, Einschleppungs- und Verbringungsverbote, Pflanzenpässe und Pflanzengesundheitszeugnisse. Der Durchführung der VO (EU) 2016/2031 dient das Pflanzengesundheitsgesetz (PflGesG) v. 5.7.2021 (BGBl. 2021 I 2354, mÄnd). → Biozidprodukte.

Schätzung der Besteuerungsgrundlagen
Soweit das Finanzamt die Besteuerungsgrundlagen nicht ermitteln oder berechnen kann, insbes. bei Nichtabgabe der Steuererklärung (→ Besteuerungsverfahren), hat sie es zu schätzen (§ 162 AO). Dabei sind alle Umstände zu berücksichtigen, die für die Schätzung von Bedeutung sind (§ 162 I AO). Die Schätzung hat so zu erfolgen, dass die größtmögliche Wahrscheinlichkeit für die Richtigkeit gegeben ist. Schätzungen dürfen keinen Strafcharakter haben. Der Steuerpflichtige muss es jedoch hinnehmen, dass die der Schätzung immanenten Unsicherheitsfaktoren durch einen Zuschlag ausgeglichen werden. Zum Zusammenhang Schätzung und ordnungsmäßige Buchführung, R 5.2 EStR.

Schafe
Ab dem 1.1.2010 geborene Schafe und Ziegen müssen elektronisch gekennzeichnet sein (VO (EG) 21/2004 v. 17.12.2003, ABl. EG 2004 L 5, 8). → BSE, → Schlachten, → TSE, → Wanderschafherde.

Schallaufnahmen
Schallaufnahmen (Schallplatte, Tonband ua) gehören rechtlich zu den → Tonträgern, die vielfach → Schriften oder Schriftwerken gleichgestellt sind, so in § 11 Abs. 3 StGB, und zu den Trägermedien oder Telemedien (→ jugendgefährdende Medien). Sa → Urheberrecht, → Unbrauchbarmachung.

Schallschutz
→ Immissionsschutzrecht (1d).

Schallzeichen
→ Warnzeichen.

Schankerlaubnis
→ Gaststätte.

Schankerlaubnissteuer
Einmalige → Gemeindesteuer bei Erlaubniserteilung zum ständigen Betrieb einer Gastwirtschaft oder Schankwirtschaft oder eines Branntweinkleinhandels. Die → Bemessungsgrundlage ist landesrechtlich verschieden, zB Prozentsatz des Einheitswerts, des Jahresertrags, seltener des Umsatzes. Es handelt sich um eine Verkehrsteuer. Die Schankerlaubnissteuer wird derzeit nur in Rheinland-Pfalz, Hessen und Sachsen-Anhalt erhoben.

Schankgefäße
sind Gefäße, die zum gewerbsmäßigen Ausschank von Getränken gegen Entgelt bestimmt sind und erst bei Bedarf gefüllt werden. Der Begriff war früher in § 74 Nr. 32 EichO genannt und wurde durch die Legaldefinition „→ Ausschankmaß" in § 41 Abs. 1 Nr. 10 MessEG ersetzt. Danach handelt es sich um „Maßverkörperungen, die zum gewerbsmäßigen Ausschank von Getränken gegen Entgelt bestimmt sind". Die Neuregelung im MessEG dient der Umsetzung der RL 2014/32/EU v. 26.2.2014, die in Anhang X Kapitel II ebenfalls den Begriff definiert.

Schankwirtschaft
betreibt, wer im → stehenden Gewerbe Getränke zum Verzehr an Ort und Stelle verabreicht. Der Betrieb einer Schankwirtschaft ist ein Gaststättengewerbe (§ 1 I Nr. 1 GastG), → Gaststätte.

Scharia
1. Die islamische Theologie betrachtet die Scharia als die vollkommene Ordnung Gottes, die Frieden und Gerechtigkeit schafft und die durch von Menschen geschaffene Gesetze nicht ersetzt werden darf. Im üblichen Sprachgebrauch bezeichnet Scharia das Recht des → Islam. Sie regelt sowohl kultische, ritu-

elle und gottesdienstliche Handlungen als auch die Beziehungen der Menschen untereinander. Im letzteren Bereich umfasst die Scharia alle Rechtsbereiche wie → Zivilrecht, → Handelsrecht, → Strafrecht und öffentliches Recht (→ Recht). Anders als das deutsche Recht und die meisten Rechtsordnungen ist die Scharia nicht kodifiziert. Die Rechtssätze ergeben sich aus der Interpretation des Koran und der Sunna. Sunna sind außerhalb des Koran durch sogenannte Hadithe überlieferte Handlungen und Äußerungen des Propheten Mohammed und Handlungen und Äußerungen Dritter, die dieser gebilligt hat. Koran und Sunna werden durch die verschiedenen Rechtsschulen der islamischen Rechtswissenschaft, des Fiqh, interpretiert und in ein dogmatisches System gebracht. Dabei sind durchaus kontroverse Rechtsauffassungen möglich.

2. Die Scharia enthält einige Regelungen, die anderen Rechtsordnungen fremd sind, so zB im Strafrecht die → Todesstrafe und andere Körperstrafen (Amputation von Gliedmaßen, Auspeitschen). Im Zivilrecht gibt es im Vergleich zu anderen Rechtsordnungen erhebliche Unterschiede beim Recht der Frau. Die Scharia lässt die Mehrehe mit bis zu vier Frauen zu, gebietet aber zugleich, diese alle gleich zu behandeln; im Hinblick auf die sich hieraus ergebenden praktischen Schwierigkeiten ist auch unter der Geltung der Scharia die Einehe die Regel. Im schiitischen Islam (in Iran) ist neben der Mehrehe als Dauerehe ohne deren Beschränkungen auch die befristete (1 Stunde bis 99 Jahre) sogenannte Genussehe mit einer oder mehreren Frauen möglich. Im Handels- und Wirtschaftsrecht gelten grundsätzlich ein Zins- und Spekulationsverbot und das Verbot der Investition in Alkoholherstellung, → Prostitution, → Pornografie sowie Produktion und Verarbeitung von Schweinefleisch. Diese Vorgaben erfordern besondere Regeln für die Geschäfte von Banken (islamic banking); Anleihen und Kredite werden nur als Beteiligungsgeschäfte vereinbart.

3. Die Scharia gilt selbst in vom Islam geprägten Ländern in höchst unterschiedlicher Weise als staatliches Recht. In der Türkei wurde sie am 20.4.1924 abgeschafft, in Saudi-Arabien und in Mauretanien gilt sie vollständig. In einigen Staaten ist die Geltung der Scharia auf islamisch dominierte Landesteile beschränkt oder gilt nur in bestimmten Rechtsgebieten wie zB dem Zivilrecht.

4. In Deutschland gilt die Scharia auch für zivilrechtliche Rechtsverhältnisse zwischen Muslimen nicht. Ausnahmsweise kann die Scharia aber auch von deutschen Gerichten angewandt werden, wenn nach den Regeln des → Internationalen Privatrechts auf das Recht eines Staates verwiesen wird, in dem für den konkreten Fall die Scharia gilt. In diesen Fällen ist jeweils zu prüfen, ob die Scharia dem deutschen ordre public (→ Internationales Privatrecht, 1) entspricht. Eine nach islamischem Recht gültige Mehrehe eines Ausländers hindert nicht dessen Einbürgerung, ermöglicht aber keine privilegierte Einbürgerung von dessen (Zweit-)Ehegatten (BVerwG Urt. v. 29.5.2018 – 1 C 15.17).

Schattenhaushalt

Als Schattenhaushalt bezeichnet man verschiedene Umgehungen des öffentlichen Haushaltsrechts, die durch Auslagerung von öffentlichen Funktionen auf andere Rechtsträger zu erreichen sind. Je nach Gestaltung wird damit zB das Bruttoprinzip vermieden, dh im Haushalt erscheint lediglich die Differenz von Einnahmen und Ausgaben, auch können Aufgabenbereiche ganz verschwinden, indem sie nurmehr als → Subvention erscheinen. Solches lässt sich zB mit (angeblicher) → Privatisierung öffentlicher Aufgaben erreichen.

Im weiteren Sinne gehört zum Schattenhaushalt auch die Verdeckung von Kreditaufnahmen zB in dem Sinne, dass ein Kredit lediglich als laufende Zahlung etwa aus einem Leasing-Vertrag erscheint. Die Bildung von Schattenhaushalten verstößt gegen elementare haushaltsrechtliche Prinzipien (Haushaltsklarheit, Haushaltswahrheit ua), unterliegt allerdings kaum einer Kontrolle, solange nicht verfassungsrechtliche Bindungen unterlaufen werden.

Schatz

ist eine → Sache, die so lange verborgen gelegen hat, dass ihr Eigentümer nicht mehr zu ermitteln ist. Wird ein Schatz entdeckt und infolge der Entdeckung in → Besitz genommen (Schatzfund), so wird das Eigentum zur Hälfte vom Entdecker, zur anderen Hälfte von dem Eigentümer der Sache, zB des Grundstücks, erworben, in der der Schatz verborgen war (§ 984 BGB, → Eigentumserwerb); es entsteht also → Miteigentum. Landesrechtlich verschieden geregelt sind die Rechte und Pflichten der Betroffenen bei Ausgrabungen (→ Bodenaltertümer).

Schatzanweisung

→ Inhaberschuldverschreibung.

Schatzfund

→ Schatz.

Schaufensterauslagen

sind auch bei Preisangabe nach hM noch kein Angebot, das durch bloße Annahmeerklärung des Kaufwilligen zum Vertragsschluss führt, sondern nur die Aufforderung an den Kunden, seinerseits ein Angebot zu machen (invitatio ad offerendum; → Vertrag, 1). Sa → Preisangaben.

Schaulustige

Bei Notfällen bereiten häufig Schaulustige zusätzliche Probleme. Begünstigt durch die ständige Verfügbarkeit von Aufnahmegeräten (Handys), zunehmende Enthemmung und steigenden Mitteilungsdrang in den sozialen Medien kommt es etwa dazu, dass bei Unfällen Bildaufnahmen vom Geschehen gefertigt und im Internet verbreitet werden, insbesondere solche von verletzten und verstorbenen Personen. Mitunter werden zudem Rettungskräfte behindert oder sogar körperlich angegriffen. Die öffentliche Diskussion, in der derartige Personen meist als „Gaffer" bezeichnet werden, hat zu gesetzgeberischen Maßnahmen geführt. So wurden im Strafrecht mehrere Straftatbestände geschaffen, die ein schärferes Vorgehen gegen die genannten Verhaltensweisen ermöglichen.

Unbefugte Bildaufnahmen (→ Bildaufnahme, unzulässige): Der seit 2021 geltende § 201a I Nr. 3 StGB erfasst Bildaufnahmen, die in grob anstößiger Weise eine verstorbene Person (zB ein auf der Straße liegendes Unfallopfer) zur Schau stellen. Schutzgut dieser Variante ist der Anspruch auf postmortale Respektierung eines Kernbereichs dessen, was den Verstorbenen in seinem Leben ausmachte und prägte (BT-Drs. 19/17795 S. 10). Bereits seit 2015 hat zudem § 201a I Nr. 2 StGB Bildaufnahmen zum Gegenstand, die die Hilflosigkeit einer anderen Person zur Schau stellen. Dabei kann es sich zB um den Verletzten eines Unfalls oder einer Gewalttat handeln. Der Tatbestand will der Herstellung und nachfolgenden Verbreitung von Bildaufnahmen in für das Opfer entwürdigenden, bloßstellenden oder gewalttätigen Situationen entgegenwirken. Erfasst wird jeweils, wer die Bildaufnahmen unbefugt herstellt oder überträgt; Letzteres soll Echtzeitübertragungen einbeziehen. Strafbar macht sich auch, wer durch einen anderen unbefugt hergestellte Bildaufnahmen gebraucht oder einer dritten Person zugänglich macht (§ 201a I Nr. 4 StGB), sowie derjenige, der eine befugt hergestellte Bildaufnahme wissentlich unbefugt einer dritten Person zugänglich macht (§ 201a I Nr. 5 StGB). Der Strafrahmen umfasst Freiheitsstrafe bis zu zwei Jahren und Geldstrafe. Die Bildträger sowie Bildaufnahmegeräte oder andere technische Mittel, die der Täter verwendet hat, können eingezogen werden (§ 201a V StGB, → Einziehung im Strafverfahren).

Behinderung von Rettungskräften: Im Jahr 2017 neu eingeführt wurde die Strafbarkeit desjenigen, der bei Unglücksfällen oder gemeiner Gefahr oder Not eine Person behindert, die einem Dritten Hilfe leistet oder leisten will (§ 323c II StGB, → Hilfeleistung, unterlassene). Der Strafrahmen reicht bis zu Freiheitsstrafe von einem Jahr.

Angreifen von Rettungskräften: Im Rahmen der Strafvorschriften zum Schutz staatlicher Diensthandlungen (→ Widerstand gegen Vollstreckungsbeamte) wurde bereits 2011 eine heute in § 115 III StGB enthaltene Vorschrift geschaffen, die denjenigen mit bis zu fünf Jahren Freiheitsstrafe bedroht, der bei Unglücksfällen oder gemeiner Gefahr oder Not Hilfeleistenden der Feuerwehr, des Katastrophenschutzes oder eines Rettungsdienstes durch Gewalt oder durch Drohung mit Gewalt behindert oder sie dabei tätlich angreift. Daneben kommt eine Strafbarkeit zB wegen → Körperverletzung oder → Tötung in Betracht, wenn der Täter Einsatzkräfte verletzt oder eine rechtzeitige Rettung Verunglückter verhindert.

Neben der Strafverfolgung kann gegen Schaulustige zur → Gefahrenabwehr mit den Mitteln des → Polizeirechts vorgegangen und zB eine → Platzverweisung ausgesprochen werden.

Schaumwein
Schaumwein (oder Sekt) unterliegt der VO (EU) 1308/2013, → Wein. Schaumwein ist ein Erzeugnis aus Weintrauben, das ua ausschließlich durch Gärung entstandenes Kohlendioxid enthält, das beim Öffnen einer Flasche entweicht (Anh. VII Teil II Nr. 4 der VO (EU) 1308/2013). Sekt b. A. (besonderer Anbaugebiete) ist ein Qualitätsschaumwein (§ 2 Nr. 30 WeinG). Sa → alkoholhaltige Getränke.

Schaumweinsteuer
Rechtsgrundlage ist das SchaumweinsteuerG v. 15.7.2009 (BGBl. 2009 I 1870). Die Schaumweinsteuer wurde im Ersten Weltkrieg zur Finanzierung von Schlachtschiffen eingeführt. Die Schaumweinsteuer belastet Schaumweine und schaumweinähnliche Getränke. Die Steuerschuld entsteht bei Entfernung aus dem Herstellungsbetrieb, dessen Inhaber → Steuerschuldner ist, oder bei Entnahme innerhalb des Herstellungsbetriebs. Das Aufkommen aus der Schaumweinsteuer steht dem Bund zu. Die Schaumweinsteuer wird von der Bundeszollverwaltung erhoben.

Schaustellungen von Personen
Das Recht der Schaustellungen von Personen gehört zur alleinigen Zuständigkeit der Länder (Art. 74 I Nr. 11 GG idF der Föderalismusreform I). Nach subsidiär fortgeltendem Bundesrecht (Art. 125a I GG) sind Schaustellungen von Personen gewerberechtlich erlaubnispflichtig (→ Gewerbezulassung) für jeden, der sie gewerbsmäßig veranstaltet oder für sie seine Geschäftsräume zur Verfügung stellt (§ 33a GewO (→ Gewerbeordnung)). Dies gilt nicht für Darbietungen mit überwiegend künstlerischem, sportlichem, akrobatischem oder ähnlichem Charakter, wie Singspiele, Konzerte, Vorträge oder theatralische Darstellungen. Die Vorschrift erfasst dagegen zB → Striptease, Peep-Shows und Table Dancing. Die Erlaubnis, die zum Schutz der Allgemeinheit, von Gästen, Nachbarn und Bewohnern des Betriebsgrundstücks mit → Nebenbestimmungen versehen werden kann, erfordert → Zuverlässigkeit des Gewerbetreibenden und Eignung der Betriebsräume. Schaustellungen von Personen, von denen zu erwarten ist, dass sie den → guten Sitten zuwiderlaufen, dürfen nicht erlaubt werden.

Scheck
Der Scheck ist ein schuldrechtliches → Wertpapier, das in bestimmter Form ausgestellt, als Scheck bezeichnet werden und auf die Zah-

lung einer bestimmten Geldsumme (Schecksumme) lauten muss. Der Scheck ist eine besondere Form der → Anweisung; er darf nur auf eine Bank, Sparkasse oder bestimmte öffentliche Anstalten gezogen werden (Art. 3, 54 ScheckG). Die Bestandteile eines Schecks sind in Art. 1 ScheckG vorgeschrieben. Ein Scheck lautet zB: „Scheck-Nr. …, EUR 1000, X-Bank München. Zahlen Sie gegen diesen Scheck aus meinem Guthaben in Worten eintausend Euro an (Name) oder Überbringer. München, 1.10.2019. Unterschrift des Ausstellers". Im Gegensatz zum → Wechsel kann ein Scheck nicht angenommen werden (Art. 4 ScheckG). Auch ein → Indossament des → Bezogenen ist nichtig (Art. 15 III ScheckG). Außerdem ist der Scheck zwingend bei Sicht zahlbar (Art. 28 I ScheckG); dadurch soll vermieden werden, dass der Scheck, der lediglich dem Zahlungsverkehr dienen soll, als Kreditmittel benutzt wird. Der Scheck ist ein → Orderpapier, kommt aber praktisch nur als → Inhaberpapier vor, weil die Banken auf Grund ihrer Bedingungen nur solche Schecks einlösen, auf denen die Überbringerklausel (Art. 5 II ScheckG) nicht gestrichen ist. Die Scheckverbindlichkeit ist abstrakt, dh sie besteht unabhängig und neben dem Rechtsgeschäft, das der Scheckgebung zugrunde liegt (→ Kausalgeschäft). Wer einen Scheck ausstellt, haftet für dessen Zahlung (Art. 12 ScheckG). Ferner können aus einem Scheck noch der Indossant und der → Scheckbürge haften (Art. 18, 27 ScheckG). Das Recht aus dem Scheck wird wie eine Sache durch Übereignung übertragen (→ Begebungsvertrag), außerdem durch → Indossament (Art. 17 I ScheckG).

Der Inhaber eines Schecks ist ohne weiteres legitimiert, das Recht aus dem Scheck geltend zu machen; da praktisch nur Inhaberschecks vorkommen, ist das Indossament für die Legitimation des Inhabers als Indossator (Art. 19 ScheckG) unnötig. Ein Scheck, der im Land der Ausstellung zahlbar ist, muss binnen 8 Tagen nach Ausstellung zur Zahlung vorgelegt werden (Art. 29 I ScheckG). Diese Vorlegungsfrist ist länger, wenn der Scheck nicht in demselben Land oder Erdteil ausgestellt und zahlbar ist (Art. 29 II, III ScheckG). Wird die Vorlegungsfrist versäumt, so beschränkt sich die Haftung des Ausstellers auf den → Scheckbereicherungsanspruch. Die bezogene Bank braucht nur gegen Aushändigung des quittierten Scheck zu zahlen (Art. 34 ScheckG). Zahlt sie nicht, insbes. weil der Scheck widerrufen, nicht rechtzeitig vorgelegt oder nicht gedeckt ist, so kann der Scheckinhaber Rückgriff nehmen (→ Scheckregress); das setzt einen → Scheckprotest voraus. Ansprüche aus dem Scheck können durch → Scheckmahnbescheid oder im → Scheckprozess besonders schnell eingeklagt werden. Die wirtschaftliche Bedeutung des Schecks für den bargeldlosen Zahlungsverkehr ist in Folge der Verbreitung der → Kreditkarte und der Abschaffung des Euroschecks (Eurocheque) erheblich zurückgegangen. S. ferner → Travellerscheck, → Verrechnungsscheck, → Barscheck.

Scheckbereicherungsanspruch
Er entspricht dem → Wechselbereicherungsanspruch und steht dem Inhaber des → Schecks gegen den → Aussteller zu, wenn der → Scheckregress dadurch ausgeschlossen ist, dass der Scheck nicht rechtzeitig vorgelegt wurde. Der Scheckbereicherungsanspruch verjährt in einem Jahr seit Scheckausstellung (Art. 58 ScheckG).

Scheckbürge
Scheckbürge ist, wer die → Bürgschaft für die Zahlung der Schecksumme übernimmt (Art. 25 ScheckG). Die Vorschriften sind denen für den → Wechselbürgen nachgebildet. Sie wird auf den Scheck oder auf einen Anhang gesetzt (Art. 26 ScheckG). Der Scheckbürge haftet dann wie der → Aussteller oder Indossant, für den er sich verbürgt hat (Art. 27 ScheckG).

Scheckmahnbescheid
Der Scheckmahnbescheid (§ 703a ZPO) entspricht dem → Wechselmahnbescheid für Ansprüche aus einem → Scheck.

Scheckprotest
Ein Scheckprotest ist eine öffentliche Beurkundung, dass die Zahlung des rechtzeitig vorgelegten Schecks verweigert worden ist. Der Scheckprotest ist Voraussetzung für den → Scheckregress. Der Scheckprotest wird jedoch meistens durch die schriftliche, datierte Erklärung der bezogenen Bank ersetzt, in der unter Angabe des Vorlegungstages bestätigt wird, dass der rechtzeitig eingelieferte Scheck nicht bezahlt worden ist (Art. 40 Nr. 2 ScheckG). Die Form des Scheckprotests ist dem → Wechselprotest nachgebildet (Art. 55 III ScheckG).

Scheckprozess
Ein Scheckprozess ist eine Unterart des → Urkundenprozesses; darin können Ansprüche aus einem → Scheck wie im → Wechselprozess geltend gemacht werden (§ 605a ZPO).

Scheckregress
(Scheckrückgriff). Wird der rechtzeitig vorgelegte Scheck nicht eingelöst, so kann der Inhaber gegen den → Aussteller und gegen die → Indossanten, ferner gegen die → Scheckbürgen Rückgriff nehmen (Art. 40 ScheckG). Voraussetzung ist ein → Scheckprotest oder eine dem Art. 40 Nr. 2 oder 3 ScheckG entsprechende Erklärung der bezogenen Bank oder Abrechnungsstelle. Alle aus dem Scheck Verpflichteten haften dem Inhaber als Gesamtschuldner (→ Gesamtschuld). Im S. kann der Inhaber verlangen: die Schecksumme, mind. 6% Scheckzinsen (→ Wechselzinsen) seit dem Vorlegungstag (bei Einlösung durch Dritte: Einlösungstag), die Protestkosten, andere Auslagen und ein Drittel % Provision (Art. 45 Nr. 2 ScheckG, Art. 46 Nr. 2 ScheckG). Im

Übrigen ist der Scheck dem → Wechselregress nachgebildet.

Scheidemünzen

1. Scheidemünzen (Hartgeld) sind Münzen aus Legierungen unedler Metalle, bei denen der Metallwert unter dem Nennwert liegt. Der Begriff stammt aus der Zeit der Metallwährungen, bei denen der Materialwert einer Münze, sofern sie keine Scheidemünze war, den Nennwert darstellte.

2. Niemand ist verpflichtet, mehr als 50 auf → Euro lautende Scheidemünzen bei einer einzelnen Zahlung anzunehmen (Art. 11 VO (EG) 974/98 v. 3.5.1998, ABl. EG 1998 L 139, 1, beschränktes → gesetzliches Zahlungsmittel). Eine ähnliche Beschränkung enthält § 3 MünzG (→ Münzgesetz) für deutsche Euro-Gedenkmünzen. Bundeskassen, die → Bundesbank und die EZB nehmen Scheidemünzen unbeschränkt an oder tauschen sie in andere gesetzliche Zahlungsmittel um.

Scheidung der Ehe

→ Ehescheidung.

Scheidungsfolgesachen

→ Ehesachen, → Ehescheidung (2).

Scheidungsunterhalt

1. Nach der → Ehescheidung besteht eine → Unterhaltspflicht der Ehegatten nur noch unter eingeschränkten Voraussetzungen. Als Grundsatz gilt die Eigenverantwortung, dh jeder Ehegatte hat nach der Scheidung für seinen Unterhalt (anders während der Ehe → Unterhaltspflicht der Ehegatten) selbst zu sorgen. Nur wenn er hierzu nicht in der Lage ist, hat er gegen den anderen Ehegatten einen Anspruch auf Scheidungsunterhalt (§ 1569 BGB).

2. Ein geschiedener Ehegatte kann danach von seinem früheren Ehepartner Unterhalt verlangen, wenn, soweit und solange eine eigene Erwerbstätigkeit von ihm wegen der Pflege oder Erziehung eines gemeinschaftlichen Kindes (sog. Betreuungsunterhalt), wegen Alters, Krankheit oder sonstiger Gebrechen nicht erwartet werden kann (§§ 1570–1572 BGB; im letzteren Fall ist aber ggf. der → Versorgungsausgleich zu berücksichtigen). Der Betreuungsunterhalt ist für mind. 3 Jahre ab der Geburt des Kindes zu zahlen; seine Dauer verlängert sich, soweit dies unter Berücksichtigung des individuellen Betreuungsbedarfs des Kindes und der Gestaltung der Kinderbetreuung (zB Anspruch auf Kindergartenplatz) der Billigkeit entspricht (§ 1570 BGB; entsprechendes gilt für die → Unterhaltspflicht bei nicht miteinander verheirateten Eltern). Auch soweit diese Voraussetzungen nicht gegeben sind, besteht ein Unterhaltsanspruch insoweit, als der geschiedene Ehegatte nach der Ehescheidung eine angemessene Erwerbstätigkeit nicht zu finden vermag oder eine zunächst gefundene trotz seiner Bemühungen (dh unverschuldet) wieder verloren hat (§ 1573 I BGB). Reichen die Einkünfte aus der angemessenen Erwerbstätigkeit für den Unterhalt nicht aus, ist der Unterschiedsbetrag zum vollen Unterhalt zu zahlen (Aufstockungsunterhalt, § 1573 II BGB). Dem geschiedenen Ehegatten obliegt es, soweit möglich eine angemessene Erwerbstätigkeit auszuüben. Angemessen ist eine Erwerbstätigkeit, die der Ausbildung – ggf. nach Fortbildung und Umschulung –, dem Lebensalter, dem Gesundheitszustand des Ehegatten sowie den ehelichen Lebensverhältnissen unter Berücksichtigung der Dauer der Ehe und des Vorhandenseins gemeinsamer Kinder entspricht (§ 1574 BGB). Durch diese Regelung soll insbes. der in der Ehe nicht berufstätig gewesene Ehegatte geschützt, ihm die Wiedereingliederung in das Berufsleben erleichtert und der während des Verlaufs der Ehe erlangte soziale Status erhalten werden. Zu diesem Zweck kann ein geschiedener Ehegatte, der in Erwartung der Ehe oder während dieser eine Schul- oder Berufsausbildung nicht aufgenommen oder abgebrochen hat, Unterhalt verlangen, um eine angemessene Erwerbstätigkeit, die den Unterhalt nachhaltig sichert, alsbald zu erlangen, sofern der erfolgreiche Abschluss der Ausbildung zu erwarten ist; gleiches gilt, wenn er sich fortbilden oder umschulen lässt, um die Nachteile auszugleichen, die durch die Ehe eingetreten sind (§ 1575 BGB, → Ausbildungsunterhalt 3.). Generell kann darüber hinaus ein geschiedener Ehegatte von dem anderen Unterhalt verlangen, soweit und solange von ihm aus sonstigen schwerwiegenden Gründen (zB frühere → Mitarbeit im Geschäft des anderen Ehegatten, langjährige Pflege; nicht aber allein aus Gründen, die zum Scheitern der Ehe geführt haben) eine eigene Erwerbstätigkeit nicht erwartet werden kann und die Versagung von Unterhalt unter Berücksichtigung der Belange beider Ehegatten grob unbillig wäre (§ 1576 BGB). Durch diese sog. positive Billigkeitsklausel soll sichergestellt werden, dass jede ehebedingte Unterhaltsbedürftigkeit erfasst wird.

3. Der Unterhaltsanspruch setzt – wie stets (s. iE → Unterhaltspflicht unter Verwandten) – die Leistungsfähigkeit des Verpflichteten und die Bedürftigkeit des Berechtigten voraus. Demgemäß kann Unterhalt nicht verlangt werden, soweit der Berechtigte sich aus seinen Einkünften (aus angemessener Erwerbstätigkeit, Ausbildungsbeihilfen usw) und aus seinem Vermögen (nicht Verwertung des Stammes, soweit unwirtschaftlich oder unbillig) selbst unterhalten kann (§ 1577 BGB). Das Maß des Unterhalts bestimmt sich nach den ehelichen Lebensverhältnissen; es umfasst den gesamten Lebensbedarf (§ 1578 BGB). Hierzu zählt auch der wirtschaftliche Wert der Haushaltsführung und Kinderbetreuung; Familien- und Erwerbsarbeit sind grds. gleichwertig. Umgekehrt braucht der Verpflichtete Unterhalt trotz Bedürftigkeit des Berechtigten nur insoweit zu leisten, als er hierzu ohne Gefährdung des eigenen angemessenen Unterhalts in

der Lage ist und dies der Billigkeit entspricht (dh ggf. sind erhöhte Anstrengungen und Opfer zumutbar), § 1581 BGB.

Es besteht ein Anspruch darauf, den Unterhaltsanspruch (auf den angemessenen Lebensbedarf) herabzusetzen (Beschränkung) oder zeitlich zu begrenzen (Befristung), soweit die unbeschränkte Gewährung unbillig wäre. Falls der Unterhaltsberechtigte ehebedingte Nachteile erlitten hat, ist insoweit, als diese fortbestehen, eine Befristung ausgeschlossen. Ein ehebedingter Nachteil ergibt sich, wenn die Erwerbsbiographie aufgrund der Rollenverteilung in der Ehe nicht lückenlos ist. Der ehebedingte Nachteil ist die (bezifferbare) Differenz des Einkommens, wie es sich hypothetisch ohne die Ehe ergeben würde, mit dem tatsächlich aufgrund der ehelichen Rollenverteilung, zB wegen der Betreuung von Kindern, erzielbaren Einkommen. Darüber hinaus können Gründe, die iÜ eine Inanspruchnahme des Verpflichteten grob unbillig erscheinen lassen, auch zur gänzlichen Versagung des Anspruchs führen, zB weil die Ehe nur von kurzer Dauer war (zwischen zwei und drei Jahren bis zum Scheidungsantrag, Einzelfall entscheidet), der Berechtigte sich einer vorsätzlichen Straftat gegen den Verpflichteten (oder gegen nahe Angehörige) schuldig gemacht hat, seine Bedürftigkeit mutwillig herbeigeführt oder selbst vor der Trennung seine Pflicht, zum Familienunterhalt beizutragen, gröblich verletzt hat oder sonst ein Grund vorliegt, der ebenso schwer wiegt (negative Härteklausel, § 1579 BGB).

4. Der Umfang eines Unterhaltsanspruchs bestimmt sich nach den ehelichen Lebensverhältnissen (§ 1578 BGB; für Körper- und Gesundheitsschäden → Unterhaltspflicht unter Verwandten). Der Unterhalt umfasst den gesamten Lebensbedarf (Bemessung grds. wie → Trennungsunterhalt) einschl. der Kosten einer Ausbildung, Fortbildung oder Umschulung, einer angemessenen Versicherung für Krankheit sowie bei Bedürftigkeit infolge Kinderbetreuung usw auch für den Fall des Alters sowie der Berufs- oder Erwerbsunfähigkeit (sog. Vorsorgeunterhalt). Die Bedürftigkeit kann für Elementar- und Vorsorgeunterhalt nur einheitlich beurteilt werden. Der laufende Unterhalt ist durch Zahlung einer monatlich im Voraus fälligen Geldrente zu gewähren (§ 1585 I BGB); daneben kann ggf. wegen eines Sonderbedarfs (zB infolge Krankheit) Unterhalt auch für die Vergangenheit verlangt werden (§§ 1585b, 1613 II BGB). Zur Durchsetzung des Anspruchs kann → Auskunft über die Einkommens- und Vermögensverhältnisse (§ 1580 BGB) und ggf. → Sicherheitsleistung (§ 1585a BGB) verlangt werden.

Rangfolge: Der unterhaltspflichtige Ehegatte haftet vor den Verwandten des anderen Ehegatten, soweit er leistungsfähig ist (§ 1584 BGB). Sind mehrere Unterhaltsberechtigte vorhanden, so richtet sich der Rang des geschiedenen Ehegatten nach den Vorschriften über die → Unterhaltspflicht unter Verwandten (3), §§ 1582, 1609 BGB. Der Unterhaltsanspruch erlischt mit der Wiederverheiratung oder mit dem Tode des Berechtigten (§ 1586 BGB), nicht aber mit dem Tode des Unterhaltsverpflichteten (§ 1586b BGB; hier geht die Unterhaltspflicht bis zur Höhe des dem Berechtigten ohne Ehescheidung zustehenden → Pflichtteils als → Nachlassverbindlichkeit auf die Erben des Verpflichteten über); im letzteren Fall kann bei Vorhandensein waisenrentenberechtigter Kinder, die vom Berechtigten erzogen werden, daneben ein Anspruch auf → Erziehungsrente in Betracht kommen.

5. Die vorstehenden Vorschriften sind dispositiv. Die Ehegatten können deshalb – auch schon vor der Ehescheidung (hier notarielle Beurkundung erforderlich; s. → Form, 1c) – über die Unterhaltspflicht Vereinbarungen treffen (§ 1585c BGB). Gegenstand eines solchen Unterhaltsvertrags, kann zB ein Unterhaltsverzicht oder eine Abfindung sein. Ein Unterhaltsvertrag ist nicht schon deshalb unwirksam, weil er die Ehescheidung ermöglicht oder erleichtert hat; er kann aber schon bei Abschluss des Vetrages im Einzelfall wegen Gesetzesverstoßes oder → Sittenwidrigkeit (§§ 134, 138 BGB) nichtig sein (Wirksamkeitskontrolle, zB weil ein ausländischer zukünftiger Ehegatte unter dem Druck einer drohenden Ausweisung einer einseitigen starken Benachteiligung zustimmt) oder nach den Grundsätzen des → Wegfall der Geschäftsgrundlage später anzupassen sein (Ausübungskontrolle, zB weil aus der Ehe entgegen der ursprünglichen Intention doch Kinder hervorgehen).

Scheidungsverbund
→ Ehesachen.

Scheidungsverträge
→ Ehevertrag.

Scheinadoption
→ Adoption (1b).

Scheinbedingung
→ Bedingung.

Scheinbestandteil
→ Bestandteil.

Scheinehe
→ Nichtehe; sa → eheähnliche Gemeinschaft.

Scheinerklärung
→ Scheingeschäft, → Willenserklärung (1b bb).

Scheingeschäft
Eine nicht ernstlich gemeinte → Willenserklärung, die in der Erwartung abgegeben wird, der Mangel der Ernstlichkeit werde nicht verkannt werden, ist nichtig (Scherzgeschäft, § 118 BGB, zB bei einer ersichtlich übertriebenen Jahrmarktsanpreisung). Das Gleiche gilt für eine empfangsbedürftige Willenserklärung (Scheinerklärung), die im Einverständnis mit dem Empfänger nur zum Schein abgegeben

wird (Scheingeschäft, simuliertes Geschäft, § 117 I BGB). Beim Scheingeschäft, das regelmäßig abgeschlossen wird, um andere (Gläubiger) zu täuschen, ist also Voraussetzung, dass beide Beteiligten tatsächlich in der mangelnden Ernstlichkeit des Rechtsgeschäfts übereinstimmen. Kein Scheingeschäft – und damit keine Nichtigkeit der Willenserklärung – liegt dagegen vor, wenn das betreffende Geschäft tatsächlich ernsthaft gewollt ist, zB wenn jemand Vermögensgegenstände einem Verwandten überträgt, um sie dem Zugriff der Gläubiger zu entziehen, oder wenn – vor allem aus steuerlichen Gründen – der erstrebte Erfolg auf Umwegen erreicht werden soll (Umgehungsgeschäft; zur Wirksamkeit → Gesetzwidrigkeit von Rechtsgeschäften) oder wenn ein Geschäft durch einen vorgeschobenen → Strohmann abgewickelt wird. Auch hier soll der Strohmann die Rechte im eigenen Namen statt des eigentlich das Geschäft tragenden Hintermannes erwerben; die Willenserklärung kann allerdings aus anderen Gründen nichtig sein (zB wegen Verstoßes gegen ein gesetzliches Verbot o. dgl.). Ein Scheingeschäft liegt schließlich auch nicht beim fiduziarischen (→ Treuhand-)Geschäft vor, da auch dort die Übertragung der vollen Rechtsmacht (zB des Eigentums) ernsthaft gewollt ist, wenn auch im Innenverhältnis die Abrede einer nur beschränkt möglichen Verwertung besteht (→ Sicherungsübereignung). Wird durch ein Scheingeschäft ein anderes Rechtsgeschäft verdeckt (zB Grundstückskauf über 500.000 EUR; aus steuerlichen Gründen werden nur 200.000 EUR beurkundet, sog. Schwarzkauf), so gilt dieses sog. verdeckte oder dissimulierte Geschäft, wenn es den hierfür aufgestellten Erfordernissen genügt (beim Schwarzkauf ist die Vereinbarung über 200.000 EUR als Scheingeschäft, die über 500.000 EUR mangels Beurkundung, also insgesamt nichtig, bei letzterer aber Heilung möglich durch Auflassung und Eintragung; → Grundstückskaufvertrag).

Für die Besteuerung sind Scheingeschäfte und Scheinhandlungen ohne Bedeutung (zB die Begründung eines Scheinwohnsitzes). Wird durch ein Scheingeschäft ein anderes Rechtsgeschäft verdeckt, so ist das verdeckte Rechtsgeschäft für die Besteuerung maßgebend (§ 41 II AO). → Wirtschaftliche Betrachtungsweise.

Scheingesellschaft
Wird der zurechenbare Anschein erweckt, es bestehe eine → Handelsgesellschaft, obwohl sie in Wirklichkeit, insbes. wegen Fehlens oder Nichtigkeit des → Gesellschaftsvertrags, nicht besteht, so werden gutgläubige Dritte, die mit der Gesellschaft in Rechtsverkehr treten, dadurch geschützt, dass die Gesellschafter der Scheingesellschaft sich so behandeln lassen müssen, als bestünde die Gesellschaft wirklich. Insbes. haften sie für die Verbindlichkeiten persönlich und unmittelbar gem. § 128 HGB. Entsprechendes gilt, wenn nur der Beitritt eines Gesellschafters unwirksam ist (Scheingesellschafter). → Faktische Gesellschaft.

Scheingesellschafter
→ Scheingesellschaft.

Scheinkaufmann
Scheinkaufmann wird ein eine Person genannt, die unter bestimmten Voraussetzungen kraft Gesetzes oder allgemeiner Grundsätze als → Kaufmann behandelt wird, weil sie den → Rechtsschein erzeugt, Kaufmann zu sein, und das Vertrauen auf diesen → Rechtsschein geschützt wird. Wer im privaten Rechtsverkehr als Kaufmann auftritt, wird auch rechtlich als solcher angesehen und den meist strengeren Vorschriften des Handelsrechts unterstellt. Scheinkaufmann kraft Eintragung (§ 5 HGB) ist, wer mit seiner → Firma im → Handelsregister eingetragen ist und ein → Gewerbe betreibt, auch wenn es kein → Handelsgewerbe ist. Anknüpfungspunkt ist also die Registereintragung. Unter diesen Voraussetzungen tritt die Fiktion zugunsten desjenigen ein, der sich auf die Eintragung im Handelsregister beruft; auf Gutgläubigkeit kommt es hierbei nicht an. Scheinkaufmann kraft Auftretens ist, wer öffentlich so handelt, als ob er Kaufmann sei (zB indem er eine Firma führt) und dadurch, also zurechenbar, einen dementsprechenden Rechtsschein erzeugt. Dann tritt zugunsten gutgläubiger Dritter ebenfalls die Fiktion ein, auch wenn der betreffende Scheinkaufmann weder ein Gewerbe betreibt noch im Handelsregister eingetragen ist. Scheinkaufmann kann in allen Fällen eine natürliche Person oder eine → Handelsgesellschaft (→ Scheingesellschaft) sein.

Schein-KG
→ Immobilienfonds.

Scheinselbständigkeit
Die Abgrenzung zwischen sozialversicherungspflichtigen abhängigen Beschäftigten und idR nicht versicherungspflichtigen Selbständigen bereitet teilweise erhebliche Schwierigkeiten (→ Arbeitnehmer, → Versicherungsfreiheit, → Versicherungspflicht). Der Gesetzgeber hatte in § 7 SGB IV daher Versuche unternommen, den Begriff der Selbständigkeit bzw. Scheinselbständigkeit zu umschreiben (vgl. G zu Korrekturen in der Sozialversicherung v. 19.12.1998, BGBl. 1998 I 3843, und G zur Förderung der Selbständigkeit v. 20.12.1999, BGBl. 2000 I 2); diese Regelungen sind jedoch aufgehoben worden durch das Zweite Gesetz für moderne Dienstleistungen am Arbeitsmarkt (→ Hartz-Gesetze) v. 23.12.2002 (BGBl. 2002 I 4621), so dass nunmehr wieder die allgemeinen Abgrenzungsregelungen gelten. Die Kriterien des § 611a BGB können zur Abgrenzung herangezogen werden. Die Abgrenzung zwischen abhängiger und selbständiger Tätigkeit lässt sich allerdings am ehesten durch ein Anfrageverfahren bei der Clearingstelle der Deutschen Rentenversicherung Bund nach § 7a

SGB IV klären. Zu beachten ist, dass sozialrechtliche Scheinselbständigkeit nicht automatisch dazu führt, dass auch ein Arbeitsverhältnis vorliegt; möglich: arbeitsgerichtliche Statusklage.

Scheinurteil (-entscheidung)
→ Nichtigkeit gerichtlicher Entscheidungen.

Scheinvater
→ Abstammung (3a, d).

Scheinvollmacht
→ Vollmacht; sa → Rechtsschein.

Scheinwerfer
→ Beleuchtung von Fahrzeugen.

Scheitern der Ehe
→ Ehescheidung (2), → Getrenntleben der Ehegatten.

Schengener Übereinkommen
(SÜ), benannt nach dem Verhandlungsort Schengen in Luxemburg, vom 14.6.1985 (GMBl. 1986, 79 = BAnz. 1990 Nr. 217a) wurde von den Benelux-Staaten, Frankreich und Deutschland geschlossen mit dem Ziel, die → Grenzkontrollen an den Binnengrenzen im Rahmen des → Binnenmarktes abzubauen und an die Außengrenzen zu Drittstaaten (→ EG-Außengrenze. EG-Binnengrenzen) zu verlagern. Nähere Regelungen wurden im Durchführungsübereinkommen (SDÜ) vom 19.6.1990 (BGBl. 1993 II 1010) mÄnd getroffen, dem nachträglich weitere Staaten beigetreten sind. Darin verpflichten sich die Vertragsstaaten ua, zum Ausgleich für den Abbau der Grenzkontrollen grenzüberschreitende → Nacheile und → Observation, → Rechtshilfe in Strafsachen, → Auslieferung und Überstellung zu erleichtern, die Kontrollen der Außengrenzen zu verstärken und eine gemeinsame Fahndungsdatei zu schaffen, in der Daten über gesuchte Personen und Sachen gespeichert werden (Schengener Informationssystem – SIS). Die Datei wird nach dem EU-Beschluss 2007/533/JI v. 12.6.2007 (ABl. EU 2007 L 205, 63) durch ein Schengener Informationssystem der zweiten Generation (SIS II) abgelöst werden (sa SIS-II-Gesetz v. 6.6.2009, BGBl. 2009 I 1226). Das SDÜ, dessen Besitzstand ein Protokoll zum Vertrag von Amsterdam vom 2.10.1997 (BGBl. 1998 II 429) für die EU-Mitgliedstaaten mit Ausnahme von Großbritannien und Irland in den Rahmen der EU einbezieht, gilt für den EU Raum mit Ausnahme von Großbritannien und Irland sowie für die Assoziierungspartner Norwegen, Island, Schweiz und Liechtenstein.

Schenkung
Die Schenkung ist ein → Vertrag (also kein einseitiges Rechtsgeschäft), durch den jemand aus seinem Vermögen einen anderen unentgeltlich bereichert, § 516 BGB (keine Schenkung gegen den Willen, ggf. kann der Schenker eine Ablehnungsfrist setzten, § 516 II BGB). Die Vertragparteien müssen über die Unentgeltlichkeit (fehlende Gegenleistung) einig sein (keine Unentgeltlichkeit zB bei freiwilligen Gratifikationen oder Trinkgeldern, da Vergütung von geleisteten Diensten). Ein unentgeltliches Rechtsgeschäft muss auch keine Schenkung sein (zB unentgeltliche Überlassung Sachgebrauch: → Leihe, unentgeltliche Übereignung mit Rückübereignungspflicht gleichartiger Sachen: zinsloses → Darlehen, unentgeltliche Geschäftsbesorgung: → Auftrag; auch → Verwahrung und → Bürgschaft können unentgeltlich sein). Der Vermögensvermehrung auf Seite des Beschenkten muss die Minderung auf Seite des Schenkers entsprechen, Gegenstand der Schenkung kann nur ein vermögenswerter Vorteil sein (zB Übereignung einer Sache, Übertragung einer Forderung oder eines Rechts, ein → Vertrag zugunsten Dritter, etwa eine → Lebensversicherung, Erlass einer Forderung, → Erlassvertrag; nicht aber Dienstleistung, jedoch kann in dem nachträglichen Verzicht auf eine Entgelt für eine Dienstleistung eine Schenkung liegen). Keine Schenkung (mangels Aufgabe aus dem eigenen Vermögen) liegt vor, wenn jemand zugunsten eines anderen auf einen Vermögenserwerb verzichtet oder eine Erbschaft oder ein Vermächtnis ausschlägt, § 517 BGB. Zur ehebezogenen Zuwendung → Mitarbeit der Ehegatten. Sa → Ausstattung, → Aussteuer. Der Grund für die Zuwendung ist unerheblich. Oft ist die Abgrenzung zu anderen Rechtsgeschäften (Kauf, Tausch) schwierig (zB besonders billiger Verkauf an einen Freund). Eine Schenkung (Form einer gemischten Schenkung) ist dann anzunehmen, wenn die Parteien sich darüber einig sind, dass die Zuwendung zT unentgeltlich sein soll (Aufteilung des Rechtsgeschäfts in einen entgeltlichen Teil, zB → Kaufvertrag, und einen unentgeltlichen Teil hinsichtlich des Mehrwerts, insoweit dann Geltung des Rechts der Schenkung). Eine Schenkung kann auch mit einer → Auflage verbunden werden; hier kann der Schenker erst nach Erbringen seiner Leistung die Vollziehung der Auflage verlangen (§ 525 BGB). Ein etwas anderer Begriff der Schenkung gilt im Steuerrecht (Schenkungsteuer, → Erbschaftsteuer).

Die Schenkung in Form der Handschenkung (eine Schenkung, bei der ohne vorheriges Versprechen einer Schenkung die Zuwendung sofort verschafft wird) ist formlos möglich. Bei einem Schenkungsversprechen, dh einem Vertrag, in dem eine Leistung für die Zukunft schenkweise versprochen wird, ist aber für die Erklärung des Schenkers (nicht des Beschenkten) die notarielle Form notwendig (→ Formerfordernisse, 1c); der Mangel der Form wird aber durch Bewirken der Leistung geheilt (§ 518 BGB). Besonderheiten gelten ferner für die → Schenkung von Todes wegen.

§§ 523 ff. BGB enthalten ein eigenständiges Haftungssystem. Der Schenker hat nur Vorsatz und grobe Fahrlässigkeit zu vertreten, § 521 BGB; dies gilt jedenfalls für das Erfüllungsinteresse, also zB bei Nichterfüllung des Schenkungsversprechens; nach der Rspr. gilt die Haftungsmilderung auch bei Verletzung von Nebenpflichten und dadurch entstehenden Folgeschäden (aA: keine Haftungserleichterung und Verdrängung von § 280 I BGB insoweit, s. → Pflichtverletzung). Für Sach- und Rechtsmängel (→ Gewährleistung) haftet der Schenker idR nur bei Arglist (§§ 523, 524 BGB).

Wird der Schenker nachträglich bedürftig, so kann er (auch sein Erbe oder nach Überleitung die Sozialhilfebehörde) die Erfüllung des Versprechens einer Schenkung wegen Notbedarfs verweigern (§ 519 BGB) und regelmäßig eine bereits vollzogene Schenkung nach den Vorschriften über die → ungerechtfertigte Bereicherung zurückverlangen (§§ 528 f. BGB). Notbedarf ist insbes. anzunehmen, wenn der Schenker nicht mehr seinen angemessenen Unterhalt (Pflege, Krankenbehandlung) bestreiten oder seinen gesetzl. Unterhaltspflichten nachkommen kann. Eine Schenkung kann ferner widerrufen werden, wenn sich der Beschenkte durch eine schwere Verfehlung gegen den Schenker oder einen nahen → Angehörigen des groben Undanks schuldig gemacht hat (§§ 530 ff. BGB). Die Rückforderung wegen Notbedarfs und der Widerruf wegen groben Undanks sind ausgeschlossen bei einer Schenkung, die einer sittlichen Pflicht oder einer aus Anstand zu nehmenden Rücksicht entspringt (Pflichtschenkung, Anstandsschenkung, zB Unterstützung von Geschwistern, Weihnachts- oder Geburtstagsgeschenke etc., § 534 BGB).

Schenkung, gemischte
→ Schenkung.

Schenkung unter Auflage
→ Schenkung.

Schenkung von Todes wegen
Ein Schenkungsversprechen, das unter der → Bedingung erteilt wird, dass der Beschenkte den Schenker überlebt, unterliegt, um die Umgehung der erbrechtlichen Formvorschriften zu vermeiden, grds. den Bestimmungen über → Verfügungen von Todes wegen (vorweggenommene Erbfolge; § 2301 I BGB); mit vertragsmäßiger Bindung kann es als Erbeinsetzung oder Vermächtnis nur durch → Erbvertrag erreicht werden. Ist dagegen das Versprechen unbedingt und nur die Erfüllung bis nach dem Tode des Schenkers hinausgeschoben, so finden die Vorschriften über die → Schenkung unter Lebenden (Form des Schenkungsversprechens nach § 518 BGB) ebenso Anwendung, wie wenn der Schenker eine echte Schenkung bereits durch Leistung des zugewendeten Gegenstandes dinglich vollzieht (§ 2301 II BGB); die Bedingung steht der Rückleistungspflicht bei Vorversterben des Beschenkten nicht entgegen.

Darüber hinaus lässt § 331 BGB einen formlosen → Vertrag zugunsten Dritter auf den Todesfall mit dem Inhalt zu, dass das Bezugsrecht des Dritten erst mit dem Tod des Erblassers entsteht. Dies ist von besonderer Bedeutung beim → Lebensversicherungsvertrag, der deshalb – wie auch andere Verträge auf den Todesfall (zB der → Übergabevertrag) – nicht der Form der Verfügung von Todes wegen bedarf.

Schenkungsanfechtung
→ Insolvenzanfechtung, → Gläubigeranfechtung.

Schenkungsteuer
→ Erbschaft- und Schenkungsteuer.

Schenkungsversprechen
→ Schenkung, → Schenkung von Todes wegen.

Scherzartikel
Welche Stoffe in Scherzartikel nicht enthalten sein dürfen regelt insbes. die VO zu → REACH; es handelt sich gem. § 2 Abs. 6 S. 1 Nr. 5 Alt. 2 LFGB um einen → Bedarfsgegenstand. Eine Abgrenzung zu den in Alt. 1 der Vorschrift genannten → Spielwaren ist häufig nicht möglich, aber wegen der einheitlichen Rechtsfolgen auch nicht erforderlich. Beispiele sind Juckpulver oder Stinkbomben.

Scherzerklärung, Scherzgeschäft
→ Scheingeschäft.

Schichtarbeit
→ Arbeitszeit.

Schickschuld
→ Leistungsort.

Schiedsabrede
→ Schiedsvereinbarung.

Schiedsamt
Schiedsamt ist in manchen Ländern (zB in Nordrhein-Westfalen) die gesetzliche Bezeichnung für die gemeindliche → Schiedsstelle (sa → Schiedsperson). Zum Schiedsamt der → Krankenkassen und → Kassenärztlichen Vereinigungen s. → Kassenarzt, → Vertragsarzt. Rechtsgrundlage für die Errichtung des Schiedsamtes ist § 89 SGB V. Entscheidungen der Schiedsämter in Sachen des SGB V können vor den Landessozialgerichten nach § 29 SGG angegriffen werden. In diesen Fällen handeln die Landessozialgerichte als erste Instanz.

Schiedsgericht
Ein Schiedsgericht ist ein privates Gericht, das im → schiedsrichterlichen Verfahren entscheidet. Die Parteien können die Anzahl der → Schiedsrichter und das Verfahren zu ihrer Bestellung vereinbaren. Fehlt eine solche Vereinbarung, so besteht das Schiedsgericht aus 3 Personen (§§ 1034, 1035 ZPO). Der Vorsitzende eines Schiedsgerichts wird (Schieds-)Obmann genannt. Man unterscheidet das Gelegenheitsschiedsgericht (für eine einzelne

Streitigkeit gebildet) und das institutionelle Schiedsgericht (meist von Wirtschaftsverbänden o. dgl. für bestimmte Streitigkeiten dauernd eingerichtet), zB ein Bühnenschiedsgericht (→ Theater), ein von einer Rechtsanwaltskammer oder von einer → Industrie- und Handelskammer eingerichtetes ständiges Schiedsgericht. Die Deutsche Institution für Schiedsgerichtsbarkeit e. V. (DIS) bietet eine eigene Schiedsgerichtsordnung an. Bedeutsam ist die Schiedsgerichtsbarkeit vor allem bei grenzüberschreitenden Streitigkeiten; wichtige Schiedsgerichtsordnungen werden dafür außer von der DIS von der internationalen Handelskammer in Paris (ICC) sowie von den Schweizerischen Handelskammern (Swiss Rules) angeboten. Sa → Sportrecht.

Schiedsgerichtsbarkeit
→ Schiedsgericht, → schiedsrichterliches Verfahren.

Schiedsgerichtshof, Ständiger
Zur Entscheidung von Streitigkeiten zwischen → Völkerrechtssubjekten durch unbeteiligte Dritte besteht neben zahlreichen auf → bilateralen oder → multilateralen Abkommen beruhenden Schiedsgerichten seit der Ersten und Zweiten Haager Friedenskonferenz (1899, 1907) der Ständige Schiedsgerichtshof in Den Haag. Jeder der Vertragsstaaten benennt 4 zum Schiedsrichteramt qualifizierte Persönlichkeiten, die in einer Liste geführt werden. Rufen zwei Streitteile den Ständigen Schiedsgerichtshof an, so wählen sie aus dieser Liste je zwei Persönlichkeiten aus, von denen aber nur eine die Staatsangehörigkeit des Streitteiles haben darf. Die Ausgewählten bestimmen aus der Liste einen fünften Schiedsrichter als Vorsitzenden. Eine Verpflichtung, bei Vorliegen einer Streitigkeit den Ständigen Schiedsgerichtshof anzurufen (sog. „Obligatorium"), besteht nur, soweit sie einzelvertraglich begründet ist. Von 1900 bis 1958 hat der Ständige Schiedsgerichtshof nur 24 Schiedssprüche gefällt. Der Ständige Schiedsgerichtshof ist zu unterscheiden vom → Internationalen Gerichtshof.

Schiedsgutachten
→ Schiedsgutachtervertrag.

Schiedsgutachtervertrag
Der Scheidsgutachtervertrag ist der privatrechtliche Vertrag, durch den die Parteien vereinbaren, dass ein Schiedsgutachter bestimmte Tatsachen (zB Wert, Preis, Schaden, Betriebskosten, ortsübliche Miete) in einem Schiedsgutachten bindend festzustellen hat. Die Vorschriften über das → schiedsrichterliche Verfahren (§§ 1025–1066 ZPO) sind hierauf nicht anwendbar; es gelten vielmehr die Regeln über die Bestimmung der Leistung durch einen Dritten (→ Leistung, zB § 317 BGB). In seiner Verfahrensgestaltung ist der Schiedsgutachter grds. frei.

Schiedsklausel
→ Schiedsvereinbarung.

Schiedsperson
Die Schiedsperson, teilweise auch als Schiedsstelle oder Schiedsamt bezeichnet, wird in den meisten Ländern in Strafsachen als → Vergleichsbehörde nach § 380 StPO vor Erhebung der → Privatklage tätig. Diese kann wegen Hausfriedensbruchs, Beleidigung, leichter, gefährlicher oder fahrlässiger Körperverletzung, Bedrohung, Sachbeschädigung und Verletzung des Briefgeheimnisses erst betrieben werden, nachdem ein → Sühneversuch vor der Schiedsperson oder der sonst zuständigen Vergleichsbehörde erfolglos geblieben ist (→ Prozessvoraussetzung).

Auf Antrag des Privatklägers lädt die Schiedsperson, in deren Bezirk der Beschuldigte wohnt, diesen und den Antragsteller zum Sühnetermin; die Schiedsperson kann einen Kostenvorschuss verlangen. Erscheint der Antragsteller nicht, findet eine Verhandlung nicht statt; beim Ausbleiben des Beschuldigten, das Verhängung von → Ordnungsgeld nach sich ziehen kann, wird angenommen, dass er sich auf eine Verhandlung nicht einlassen wolle. Kommt ein Vergleich zustande, wird er von der Schiedsperson protokolliert. Ist der Sühneversuch erfolglos, so erhält der Antragsteller hierüber eine Bescheinigung, die er mit der Privatklage einreicht. Vom Sühneversuch kann abgesehen werden, wenn beide Parteien nicht in demselben Gemeindebezirk wohnen.

Die Schiedsperson – insoweit nicht mit einem → Schiedsrichter iSd → schiedsrichterlichen Verfahrens zu verwechseln – kann auch in bürgerlich-rechtlichen Streitigkeiten über vermögensrechtliche Ansprüche geringer Höhe oder Nachbarstreitigkeiten tätig werden, zB nach §§ 13 ff. Schiedsamtsgesetz NRW v. 16.12.1992 (GV NRW 1993, 32 mÄnd). Sa → Schlichtung, → Schiedsstelle.

Die Schiedsperson übt ein → Ehrenamt aus, erhält aber für ihre Amtshandlungen Gebühren. Sie untersteht der Dienstaufsicht der Justizverwaltung.

Schiedsrichter
Schiedsrichter sind die für ein → Schiedsgericht bestellten Richter. Schiedsrichter kann jede geschäftsfähige Person sein. Die Schiedsrichter werden in erster Linie durch die Parteien des Rechtsstreits bestellt, die hierbei auf kompetente Personen ihres Vertrauens (auch zB im kaufmännischen oder technischen Bereich) zurückgreifen können. Ersatzweise ist die Bestellung durch das staatliche Gericht vorgesehen (Einzelheiten § 1035 ZPO). Schiedsrichter können wie Richter abgelehnt werden (§ 1037 ZPO, → Ablehnung von Gerichtspersonen).

Schiedsrichterliches Verfahren
1. Das schiedsrichterliche Verfahren ist das Verfahren der → Schiedsgerichte. Es ist in erster Linie in §§ 1025–1066 ZPO geregelt. Hier treten die Schiedsgerichte an die Stelle der staatlichen Gerichte, die ihrerseits im schieds-

richterlichen Verfahren nur in begrenztem Umfang tätig werden (§ 1026 ZPO), insbes. für vorläufige oder sichernde Maßnahmen (zB → einstweilige Verfügung, § 1033 ZPO), sofern diese nicht auch das Schiedsgericht anordnet (§ 1041 ZPO). Das schiedsrichterliche Verfahren wird im Regelfall auf Grund einer → Schiedsvereinbarung eingeleitet, kann aber auch auf einer einseitigen Erklärung (zB in einer → Verfügung von Todes wegen) beruhen (§ 1066 ZPO).

2. Das Schiedsgericht kann erforderlichenfalls über die eigene Zuständigkeit (und damit über die Wirksamkeit der Schiedsvereinbarung) entscheiden (§ 1040 ZPO). Abgesehen von einigen grundlegenden Verfahrensregeln (zB Gewährung des rechtlichen Gehörs; kein Ausschluss von Rechtsanwälten als Bevollmächtigte) unterliegt das schiedsrichterliche Verfahren der Vereinbarung der Parteien (§ 1042 ZPO). Soweit eine solche nicht vorliegt, bestimmt das Schiedsgericht sein Verfahren (zB Durchführung einer mündlichen Verhandlung; Zulässigkeit und Umfang einer Beweiserhebung) weitgehend nach freiem Ermessen (§ 1042 IV ZPO, § 1047 ZPO). Durch diese freie Gestaltbarkeit kann auch einem Geheimhaltungsbedürfnis der Parteien entsprochen werden.

3. Das schiedsrichterliche Verfahren endet üblicherweise mit einem Schiedsspruch oder einem Schiedsvergleich. Schiedsspruch ist die endgültige Entscheidung des Schiedsgerichts über den → Streitgegenstand (und idR über die Kosten des Verfahrens, § 1057 ZPO). Der Schiedsspruch ist schriftlich abzufassen, von den Schiedsrichtern zu unterschreiben, idR (wie ein Urteil) zu begründen und den Parteien zu übersenden (§ 1054 ZPO; zur Frage des hierbei anzuwendenden materiellen Rechts vgl. § 1051 ZPO). Vergleichen sich die Parteien während des schiedsrichterlichen Verfahrens, so hält das Schiedsgericht auf Antrag der Parteien diesen Schiedsvergleich in der Form eines „Schiedsspruchs mit vereinbartem Wortlaut" fest, der dieselbe Wirkung wie jeder andere Schiedsspruch zur Sache hat (§ 1053 ZPO).

4. Der Schiedsspruch hat unter den Parteien die Wirkung eines rechtskräftigen Urteils (§ 1055 ZPO). Er kann deshalb nicht mit Rechtsmitteln angegriffen und auch vom ordentlichen Gericht (Zuständigkeit: Oberlandesgericht) nur aufgehoben werden, wenn das schiedsrichterliche Verfahren oder der Schiedsspruch an bestimmten, im Gesetz im Einzelnen aufgezählten gewichtigen Mängeln leidet (§§ 1059, 1062 ff. ZPO). Aus einem inländischen Schiedsspruch (einschließlich des genannten Schiedsvergleichs) findet die → Zwangsvollstreckung statt, wenn dieser vom zuständigen Oberlandesgericht durch Beschluss für vollstreckbar erklärt worden ist (§§ 1060, 1062 ff. ZPO); er ist dann → Vollstreckungstitel (§ 794 I Nr. 4a ZPO). Die Anerkennung und Vollstreckung ausländischer Schiedssprüche richtet sich gemäß § 1061 ZPO nach dem New Yorker Übereinkommen über die Anerkennung und Vollstreckung ausländischer Schiedssprüche v. 10.6.1958 (BGBl. 1961 II 121). Das schiedsrichterliche Verfahren in Arbeitsstreitigkeiten ist nach Voraussetzungen und Verfahren in §§ 101 ff. ArbGG besonders geregelt. Sa → Anwaltsvergleich.

Momentan plant die Bundesregierung einige Modernisierungsmaßnahmen im Schiedsrecht (ua Ermöglichung formfreier Schiedsvereinbarungen, Erleichterung der Veröffentlichung von Schiedssprüchen, Videoverhandlung vor Schiedsgerichten).

Schiedsrichtervertrag
Der Schiedsrichtervertrag ist der privatrechtliche Vertrag zwischen den Parteien und einem → Schiedsrichter. Er weist Elemente eines → Dienst- bzw. → Geschäftsbesorgungsvertrags auf. Der Schiedsrichtervertrag begründet beiderseits Rechte und Pflichten, für den Schiedsrichter insbes. den Anspruch auf Vergütung und Auslagenersatz.

Schiedsspruch
→ schiedsrichterliches Verfahren.

Schiedsstelle
Die Schiedsstelle, in manchen Ländern (zB Nordrhein-Westfalen und Hessen) auch → Schiedsamt bezeichnet, ist eine von der → Gemeinde eingerichtete Stelle mit der Aufgabe, bürgerlich-rechtliche Streitigkeiten durch gütliche Einigung der Parteien beizulegen. Das Verfahren vor der Schiedsstelle ist freiwillig. Aus einem vor einer solchen Schiedsstelle geschlossenen → Vergleich findet aber die → Zwangsvollstreckung statt. Die Aufgaben der Schiedsstelle werden von einer → Schiedsperson (früher Schiedsmann, in Sachsen → Friedensrichter) wahrgenommen. Einrichtung, Besetzung und Verfahren der Schiedsstelle regelt das Landesrecht. Die Länder können ferner nach § 15a EGZPO eine obligatorische Streitschlichtung vor einer Schiedsstelle vorsehen (→ Schlichtung, 2). Als Schiedsstelle bezeichnet man auch Einrichtungen bei Versicherungen oder Krankenkassen, mit denen zur Vermeidung eines Gerichtsprozesses eine gütliche Einigung erzielt werden soll; zu einem vollstreckbaren Titel führt dies aber nicht. In Strafsachen nehmen die Schiedsstellen die Aufgaben der Vergleichsbehörde nach § 380 StPO wahr (→ Vergleich, Vergleichsbehörde in Privatklagesachen; → Schiedsperson).

Schiedsvereinbarung
Die Schiedsvereinbarung ist eine Vereinbarung der Parteien, alle oder einzelne Streitigkeiten, die zwischen ihnen entstanden sind oder künftig entstehen, der Entscheidung durch ein → Schiedsgericht zu unterwerfen (§ 1029 I ZPO). Eine Schiedsvereinbarung (Schiedsvertrag) kann dabei in einer selbstständigen Vereinbarung (Schiedsabrede) oder in Form einer Klausel in einem Vertrag (Schieds-

klausel) geschlossen werden (§ 1029 II ZPO). Gegenstand einer Schiedsvereinbarung kann grds. jeder vermögensrechtliche Anspruch sein (Ausnahme: Rechtsstreitigkeiten, die den Bestand eines Mietverhältnisses über Wohnraum im Inland betreffen); auch über nicht vermögensrechtliche Ansprüche kann eine Schiedsvereinbarung insoweit abgeschlossen werden, als die Parteien berechtigt sind, über den Gegenstand des Streites einen → Vergleich zu schließen (zB bei einer Verletzung des → Persönlichkeitsrechts, § 1030 ZPO). Auch bei Arbeitsstreitigkeiten ist eine Schiedsvereinbarung möglich (§§ 101 ff. ArbGG). Die Schiedsvereinbarung muss sich auf ein bestimmtes Rechtsverhältnis vertraglicher oder nicht vertraglicher Art beziehen, oftmals wird auch der Schiedsort und eine Verfahrensordnung bestimmt (vgl. § 1042 ZPO). Sie muss in einem von den Parteien unterzeichneten Schriftstück oder in sonstigen zwischen ihnen gewechselten Schreiben usw enthalten sein (§ 1031 I ZPO). Schiedsvereinbarungen, an denen ein → Verbraucher beteiligt ist, müssen in einer eigenhändig unterzeichneten Urkunde (oder in elektronischer Form, → Form, 1a) enthalten sein, die andere Vereinbarungen als solche, die sich auf das → schiedsrichterliche Verfahren beziehen, nicht enthalten darf (§ 1031 V ZPO). Die Schiedsvereinbarung führt zur Unzulässigkeit der Klage im ordentlichen Verfahren, wenn der Beklagte dies vor Beginn der mündlichen Verhandlung zur Hauptsache rügt (§ 1032 ZPO).

Schiedsverfahren
→ schiedsrichterliches Verfahren.

Schiedsvergleich
→ schiedsrichterliches Verfahren.

Schiedsvertrag
→ Schiedsvereinbarung.

Schienenbahn
Als Schienenbahn bezeichnet man Verkehrsmittel, die auf Schienen laufen. Wichtigste Schienenbahn ist die Eisenbahn, für die das → Allgemeine Eisenbahngesetz die zentrale Vorschrift darstellt. § 1 II AEG nimmt jedoch bestimmte Schienenbahnen von seinem Geltungsbereich aus. Hierzu gehören die → Magnetschwebebahn, → Straßenbahnen und → Bergbahnen.

Schienenfahrzeuge
insbes. → Straßenbahnen, haben im Straßenverkehr kein Recht zur → Vorfahrt, aber begrenzten Durchfahrtsvorrang vor dem Parallelverkehr (§ 2 III StVO). Ferner haben sie Vorrang an → Bahnübergängen mit Andreaskreuz, Fußwegen usw. Beim Nahen eines S. an gesicherten Übergängen usw. besteht Wartepflicht für andere Fahrzeuge und Fußgänger (§ 19 StVO). Über Haftpflicht → Gefährdungshaftung, → Eisenbahnbetriebshaftung; über strafbare Betriebsgefährdung → Transportgefährdung. Sa → Überholen im Straßenverkehr, → Haltestellen, → Eisenbahn, → Schienenbahn, → Internationales Privatrecht (2 f).

Schießbefehl
wird die frühere Regelung genannt, die den Grenzsoldaten der ehem. DDR gebot oder erlaubte, auf Menschen zu schießen, die das Land ohne Erlaubnis verlassen wollten. Der Schießbefehl wird als unerträglicher Verstoß gegen die Menschenrechte angesehen und beseitigte daher die → Rechtswidrigkeit der → Körperverletzung oder → Tötung des flüchtenden Menschen nicht. Personen, die den Schießbefehl erließen, zu dessen Befolgung aufforderten oder als Verantwortliche nichts gegen ihn unternahmen, konnten als → mittelbare Täter oder wegen → Teilnahme an der Straftat verantwortlich sein. Ein Rechtfertigungsgrund für diese Straftaten ergab sich auch nicht aus der Staatspraxis der DDR oder aus § 27 DDR-Grenzgesetz (EGMR NJW 2001, 3035; BVerfG NJW 1997, 929; BGH NJW 1993, 141 und 1932; 1994, 2703 und 2708; 1995, 2728; 1996, 2042; 2000, 443; 2001, 3060; 2003, 522). Sa → DDR-Straftaten.

Schiff
ist ein → Wasserfahrzeug, das zur Beförderung von Personen oder Sachen bestimmt ist und eine gewisse Größe erreicht hat (nicht Ruderboot, Floß, schwimmendes Hotel, Wrack auf Meeresgrund, wohl aber Schwimmkran, Schwimmdock). Wenn ein Schiff in einem dem → Grundbuch entsprechenden Schiffsregister, das vom Amtsgericht des Heimathafens – auch elektronisch – geführt wird (Einzelheiten § 1 SchRegO), eingetragen ist (idR die meisten Seeschiffe und die größeren Binnenschiffe; Voraussetzung ist das → Eigentum einer natürlichen oder juristischen Person der Bundesrepublik), wird es rechtlich wie ein → Grundstück behandelt (§§ 2 f. SchiffRG). Das eingetragene Seeschiff ist durch bloße → Einigung (§ 2 SchiffRG; das Seeschiffsregister wird anschließend nur berichtigt), das eingetragene Binnenschiff durch Einigung und Eintragung in das Binnenschiffsregister (§ 3 SchiffRG) zu übereignen. Zur dinglichen Sicherung kann eine der → Hypothek entsprechende Schiffshypothek bestellt werden. Die nicht eingetragenen Schiffe folgen dagegen den Regeln über bewegliche Sachen mit der Erleichterung, dass bei nicht eingetragenen Seeschiffen (aus tatsächlichen Gründen) die Übergabe des → Besitzes bei Einigung über den sofortigen Eigentumsübergang nicht erforderlich ist (§ 929a BGB, § 932a BGB). Entsprechendes gilt für die Verpfändung nicht eingetragener Schiffe (→ Schiffspfandrecht). → Reederei, → Haverei, → Schiffer, → Schiffspfandbriefe, → Internationales Privatrecht (2f).

Schiffer
(Schiffskapitän, Kapitän, → Schiffsführer) ist der Führer eines Schiffes. Seine Rechte und

Pflichten im Seehandel sind in § 479 HGB und weiteren Einzelvorschriften geregelt.

Schifferbetriebsverbände
→ Schifffahrtsverbände.

Schifffahrtsgerichte
Schifffahrtsgerichte sind besondere Abteilungen der → Amtsgerichte, die im ersten Rechtszug für die Entscheidung in → Binnenschifffahrtssachen zuständig sind (nicht zu verwechseln mit der registermäßigen Erfassung von Schiffen durch Registergerichte). Über die → Berufung entscheidet das → Oberlandesgericht als Schifffahrtsobergericht. Verfahren und Zuständigkeit sind im Gesetz über das Verfahren in Binnenschifffahrtssachen (BinSchVerfG) v. 27.9.1952 (BGBl. 1952 I 641) mÄnd geregelt. Sa → Rheinschifffahrtsgerichte.

Schifffahrtsrecht
1. Schifffahrtsrecht bezeichnet als Teil des → Seerechts den rechtlichen Rahmen für die mit dem Bau und Betrieb von → Schiffen und deren Verkehr zusammenhängenden Fragen. → Binnenschifffahrt, → Seeschifffahrt und → Schifffahrtsverkehrsregeln sind wesentlich durch internationales Recht geprägt; sa → Küstenschifffahrt, → Hafen.

2. Teil des Schifffahrtsrechts sind ferner der → Gütertransport (2.) und die → Personenbeförderung auf See. Beide sind iW Bestandteil des → Handelsrechts bzw. des → Seehandelsrechts.

3. Bedeutsam sind ferner → Arbeitsrecht (→ Seearbeit, s. → Heuervertrag) und → Umweltschutz (→ Meeresverschmutzung); sie werden jedoch nicht dem eigentlichen Schifffahrtsrecht zugeordnet.

Schifffahrtsverbände
sind wirtschaftliche Interessenvereinigungen insbes. von Partikulierern (das sind Binnenschiffseigner, die ihr Schiff selbst führen) im Bereich → Gütertransport, deren Bildung im Rahmen der Marktbereinigung von der EU unterstützt wird (VO (EG) 718/1999 v. 29.3.1999, ABl. EG 1999 L 90, 1). Sa → Binnenschifffahrt.

Schifffahrtsverkehrsregeln
1. Die Schifffahrtsverkehrsregeln der → Binnenschifffahrt befinden sich überwiegend in der Binnenschifffahrtsstraßen-Ordnung (BinSchStrO = Anlage zur Verordnung zur Einführung der BinSchStrO (BinSchStrEV) v. 16.12.2011, BGBl. 2012 I 2, 1666, 1717 mÄnd). Begegnen, Kreuzen und Überholen sind zB nur gestattet, wenn alle örtlichen Umstände und der übrige Verkehr hinreichend Raum bieten; dabei darf weder durch Kurs- noch durch Geschwindigkeitsänderungen eine Kollisionsgefahr herbeigeführt werden. Bei unsichtigem Wetter (zB Nebel, Dunkelheit) darf nur gefahren werden, wenn der erforderliche Sprechfunk vorhanden ist; es muss angepasst und mit Ausguck auf dem Vorschiff gefahren werden. Die BinSchStrO enthält auch alle Schifffahrtszeichen. Für einzelne → Binnenwasserstraßen gibt es zusätzliche Bestimmungen, etwa für die → Rheinschifffahrt.

2. In der → Seeschifffahrt gelten auf → Hoher See und im → Küstenmeer allein die von der → IMO beschlossenen internationalen Kollisionsverhütungsregeln (KVR), die durch die VO zu den Internationalen Regeln von 1972 zur Verhütung von Zusammenstößen auf See v. 13.6.1977 (BGBl. 1977 I 813) mÄnd in deutsches Recht umgesetzt wurden. Danach muss zB jedes Fahrzeug jederzeit mit einer sicheren Geschwindigkeit fahren. Auf deutschen → Seeschifffahrtsstraßen gilt parallel zu den KVR die Seeschifffahrtsstraßen-Ordnung (SeeSchStrO) idF v. 22.10.1998 (BGBl. 1998 I 3209) mit Änd. Nach ihr hat sich jeder Verkehrsteilnehmer so zu verhalten, dass Sicherheit und Leichtigkeit des Verkehrs gewährleistet sind. Auch sind Vorsichtsmaßnahmen zu beachten, die Seemannsbrauch oder besondere Umstände erfordern (§ 3 SeeSchStrO). → Such- und Rettungsdienst.

3. Sowohl in der Binnen- wie Seeschifffahrt sind generell verboten das Ankern im Fahrwasser oder in Hafeneinfahrten oder das Führen eines Fahrzeuges unter Alkoholeinfluss (ab 0,5 Promille, → Transportgefährdung). Schiffsführern von Fahrgastschiffen ist der Alkoholgenuss vollständig untersagt (§ 3 SeeSchStrO). In öffentlichen bundeseigenen Häfen gilt die SeeSchStrO; ein großer → Hafen kann zusätzlich eigene Schifffahrtsverkehrsregeln haben.

Schifffahrtsverwaltung
→ Wasserstraßen- und Schifffahrtsverwaltung.

Schiffsattest
→ Wasserstraßen- und Schifffahrtsverwaltung (3b).

Schiffsbauwerk
ist ein im Bau befindliches Schiff. Auf das Schiffsbauwerk finden – ebenso wie auf Schwimmdocks – die Vorschriften über → Schiffe entsprechende Anwendung.

Schiffsbesatzung
→ Binnenschifffahrt, → Seeleute.

Schiffseigner
→ Reeder.

Schiffsführer
Schiffsführer bedürfen einer besonderen Erlaubnis (Schifferpatent), deren Erteilung den Nachweis der nautischen Befähigung in einer Prüfung voraussetzt. Zu den Schiffsführern auf Seeschiffen → Seeschiffer. Für Schiffsführer und -mannschaften auf Binnenschiffen enthält die BinSchPersV (→ Binnenschifffahrt) die Anforderungen an die Befähigungszeugnisse. Sondervorschriften bestehen für das Führen von Fahrzeugen auf Rhein, Mosel und Donau (zB → Rheinschifffahrt).

Schiffsgefährdung
(§ 297 StGB) → Konterbande; (§§ 315, 315a StGB) → Transportgefährdung.

Schiffsgläubiger
ist der → Gläubiger bestimmter Forderungen, für die kraft Gesetzes ein → Pfandrecht am Schiff, seinem Zubehör und an der → Fracht besteht (§§ 596 ff. HGB; Verjährung §§ 605 ff. HGB). Zu den gesicherten Forderungen zählen insbes. die öffentlichen Schifffahrts- und Hafenabgaben, → Lotsgelder, Ansprüche der Besatzung aus Dienst- und Heuerverträgen, Beiträge zur großen → Haverei usw (§ 596 HGB). Zwischen diesen Forderungen besteht ein gesetzliches Rangverhältnis (§§ 603 ff. HGB). Die Schiffsgläubiger werden aus dem Schiff und der Fracht nach den für die → Zwangsvollstreckung geltenden Vorschriften befriedigt (§ 601 HGB).

Schiffshypothek
→ Schiff.

Schiffsmakler
Schiffsmakler ist ein → Handelsmakler, der Geschäfte des Seeverkehrs, insbes. Charterverträge, vermittelt und darüber hinaus verschiedene Tätigkeiten für → Reeder ausführt.

Schiffspart
ist der Anteil eines Mitreeders am Schiff.

Schiffspfandbriefbanken
Schiffspfandbriefbankenwaren Banken, die Darlehen gegen Sicherung durch ein → Schiffspfandrecht oder eine Schiffshypothek (→ Schiff) zur Verfügung stellten und auf Grund der erworbenen Forderungen → Schiffspfandbriefe ausgaben. Die Rechte und Pflichten der Schiffspfandbriefbanken waren durch das Schiffsbankgesetz idF vom 8.5.1963 (BGBl. 1963 I 302), aufgehoben durch Gesetz v. 22.5.2005 (→ Pfandbriefrecht), geregelt. Zu diesem Zeitpunkt gab es 2 Schiffspfandbriefbanken in Deutschland. Die Ausgabe von Schiffspfandbriefen steht nunmehr allen → Kreditinstituten mit entsprechender Erlaubnis (→ Pfandbriefbanken) offen. Sa → Hypothekenbanken.

Schiffspfandbriefe
sind → Schuldverschreibungen, die von einer → Pfandbriefbank ausgestellt und durch Schiffshypotheken (→ Schiff) gedeckt sind (§ 1 I 2 Nr. 3 PfandBG). Sa → Pfandbriefe.

Schiffspfandrecht
ist die dingliche Belastung eines → Schiffs. An nicht eingetragenen Schiffen ist ein normales → Pfandrecht, bei eingetragenen eine Schiffshypothek (→ Schiff) zu bestellen. S. → Schiffspfandbriefe.

Schiffsregister
→ Schiff; zum Seeschifffahrtsregister → Seeschifffahrt.

Schiffssicherheit
bezeichnet die dem Straßenverkehr entsprechende Verkehrssicherheit von Schiffen einschließlich des Schutzes von Besatzung und Umwelt, sa → Seeschifffahrt, → Binnenschifffahrt.

Schiffsunfall
→ Haverei, → Seeamt.

Schiffsversicherung
→ Transportversicherung, → Seeversicherung.

Schikaneverbot
Die Ausübung eines → subjektiven Rechts ist nach § 226 BGB unzulässig, wenn sie nur den Zweck haben kann, einem anderen Schaden zuzufügen; die Schädigungsabsicht muss also der einzige Zweck sein (zB der Vater untersagt dem Sohn das Betreten seines Grundstücks, auf dem sich das Grab der Mutter befindet). Das Schikaneverbot ist ein besonderer Fall des Verbots des → Rechtsmissbrauchs und des die gesamte Rechtsordnung beherrschenden Grundsatzes von → Treu und Glauben. Nach diesen allg. Bestimmungen (§ 242 BGB) ist darüber hinaus jede Handlung untersagt, die in einer willkürlich ungleichen Behandlung mehrerer Beteiligter besteht (insbes. im Arbeits- oder Gesellschaftsverhältnis, → Gleichbehandlung; über die Voraussetzungen → Willkür). S. ferner → unerlaubte Handlung (2e), → Unterlassungsanspruch.

Schlachten
Schlachten ist nach § 3 I Nr. 1 LFGB die → Tötung von Tieren zur Herstellung von → Lebensmitteln; sa → Schächten, → Schlachterlaubnis, → Schlachthöfe, → Tierschutz. § 4 TierErzHaVerbG (→ Hunde) verbietet, mit Ausnahme von Schafen und Ziegen, die Abgabe trächtiger Säugetiere zur Schlachtung. Bevor die Hausschlachtung eines Huftieres erfolgen soll, muss das Tier zunächst zur amtlichen Untersuchung angemeldet werden, dh, abhängig vom Einzelfall zur Schlachttier-, zur Trichinen- und zur Fleischuntersuchung. Entsprechende Vorschriften gelten für selbst erlegtes Großwild, dass für den eigenen Verbrauch in Besitz genommen wird (§§ 2a–2c Tierische Lebensmittel-HygieneVO, s. → Lebensmittel- und Futtermittelhygiene, 1b).

Schlachterlaubnis
Die Schlachterlaubnis für den privaten Bereich und die Abgabe in kleinen Mengen an den Endverbraucher durch Erzeuger, Einzelhandel oder Jäger, regelt die Tierische Lebensmittel-Hygieneverordnung, → Lebensmittel und Futtermittelhygiene (2). Für den gewerblichen Bereich s. → Schlachthöfe.

Schlachthöfe
Schlachthöfe sind zulassungspflichtige → Lebensmittelunternehmen. Die VO (EG) 853/2004 (→ Lebensmittel- und Futtermittelhygiene) definiert Schlachthöfe als Betriebe zum Schlachten und Zurichten („dressing“) von Tieren, deren Fleisch zum menschlichen Ver-

zehr bestimmt ist. Das Gesetz zur Sicherung von Arbeitnehmerrechten in der Fleischwirtschaft (GSA Fleisch) v. 17.7.2017 (BGBl. 2017 I 2541) mÄnd verbietet grundsätzlich den Einsatz von Werkvertrags- und Leiharbeitnehmern in industriell betriebenen Unternehmen der Fleischwirtschaft. Solche Unternehmen müssen von einem Inhaber geführt werden. Diese Änderungen waren eine Reaktion auf zahlreiche Corona-Fälle in der Fleischindustrie. → Schlachten, → Tötung von Tieren.

Schlachtviehversicherung
→ Tierversicherung.

Schlägerei
Straftatbestand nach § 231 StGB, der als abstraktes Gefährdungsdelikt schon die bloße Mitwirkung an einer Schlägerei erfasst und damit deren Gefährlichkeit und Eskalationspotential sowie den für eine Aufklärung einzelner Tatbeiträge regelmäßig bestehenden Beweisschwierigkeiten Rechnung trägt: Ist durch eine Schlägerei (unter mindestens 3 Personen) oder durch einen Angriff mehrerer der Tod eines Menschen oder eine schwere → Körperverletzung iS des § 226 StGB verursacht worden, so wird jeder an der Schlägerei Beteiligte nach § 231 StGB schon wegen dieser Beteiligung mit Freiheitsstrafe bis zu 3 Jahren oder Geldstrafe bestraft, es sei denn, dass er ohne sein Verschulden in die S. hineingezogen worden ist, zB weil er einem Angehörigen zu Hilfe gekommen ist. Der Begriff der Beteiligung ist nicht im spezifischen Sinn des § 28 II StGB zu verstehen. Er erfasst nicht nur physische, sondern auch psychische Mitwirkung durch anfeuernde Zurufe u. dgl., sofern mind. drei weitere Personen physisch mitwirken. Die Strafbarkeit eines Beteiligten hängt nicht davon ab, dass sein Handeln für die Tötung oder Verletzung eines anderen unmittelbar kausal war. Er muss zu diesem Zeitpunkt nicht einmal mehr an der Schlägerei mitwirken. Zudem muss sich sein Vorsatz auf diese Folge nicht bezogen haben; es handelt sich um eine objektive → Bedingung der Strafbarkeit. Ist bei einer Schlägerei eine der vorgenannten schweren Folgen (bedingt) vorsätzlich herbeigeführt, kann Tateinheit mit §§ 211, 212 oder § 226 StGB vorliegen. Ist keine der schweren Folgen eingetreten, kann § 224 StGB anwendbar sein. Soweit in der Beteiligung an einer Schlägerei zugleich eine Einwilligung in die Zufügung typischerweise damit verbundener Verletzungen liegt, kommt ihr in Bezug auf § 231 StGB keine rechtfertigende Wirkung zu, da der Tatbestand auch Güter der Allgemeinheit schützt (vgl. → Einwilligung 1a). Zugleich kann die Erfüllung des § 231 StGB zur Folge haben, dass eine Einwilligung auch gegenüber den Körperverletzungsdelikten nicht zu einer Rechtfertigung führt, weil die Taten entsprechend § 228 StGB als sittenwidrig anzusehen sind (BGHSt 60, 166). Zur zivilrechtlichen Haftung → unerlaubte Handlung (5), → Tumultschäden.

Schlanker Staat
Dieses politische Schlagwort bezeichnet das Ziel der Bemühungen, den personellen und finanziellen Aufwand für die öffentliche Verwaltung sowie zugleich deren Kontroll- und Regelungsbefugnisse zu reduzieren; für private und unternehmerische Eigeninitiative sollen hierdurch Spielräume erweitert und Ressourcen freigesetzt werden. Hinsichtlich der Zielvorgaben im Einzelnen und des Weges, um diese zu erreichen, besteht kein in sich geschlossenes Konzept. Die Einzelheiten sind sehr umstritten (siehe auch → Deregulierung, → Privatisierung, → Rechtsbereinigung, → Rechtsvereinfachung, → Subsidiarität).

Schlechterfüllung, -leistung
Wird iRd → Schuldverhältnisses die zu erbringende Leistung schlecht erfüllt, so wird die Haftung für eine solche mit Mängeln behaftete Leistung beim → Kaufvertrag (s. → Gewährleistung), beim → Mietvertrag, beim → Werkvertrag (s. dort auch die Verweise ins Bauvertragsrecht) und beim → Reisevertrag durch besondere Vorschriften der Mängelhaftung geregelt. Bei Verträgen ohne eine besondere Mängelhaftung richtet sich die Haftung für eine Schlechterfüllung grds. nach § 280 I BGB (s. hierzu → Pflichtverletzung). Zu unterscheiden von den Fällen der Schlechterfüllung sind die Fälle, in denen der Schuldner mangelfrei leistet, der Gläubiger aber einen Schaden erleidet, weil der Schuldner bestimmte Nebenpflichten, die mit der Leistung zusammenhängen (zB Aufklärung, Beratung, Verpackung), verletzt. Auch insoweit ergibt sich eine Haftung aus § 280 I BGB (s. → positive Vertragsverletzung). Sa → gegenseitiger Vertrag (2).

Schlechtwettergeld
Das Schlechtwettergeld wurde bis zum 31.12.1995 in Betrieben des Baugewerbes gewährt, wenn in der Schlechtwetterzeit aus Witterungsgründen an einem Arbeitstag mindestens eine Arbeitsstunde ausfiel und das Arbeitsverhältnis nicht gekündigt werden konnte. An seine Stelle ist zunächst das → Winterausfallgeld getreten; das Winterausfallgeld ist durch das Gesetz zur Förderung ganzjähriger Beschäftigung v. 24.4.2006 (BGBl. 2006 I 926) ersetzt worden durch das → Saison-Kurzarbeitergeld; sa → Mehraufwands-Wintergeld, → Wintergeld, → Zuschuss-Wintergeld (jetzt §§ 101, 102 SGB III).

Schlechtwetterzeit
Als Schlechtwetterzeit wird im Recht der → Arbeitsförderung die Zeit vom 1.12. bis zum 31.3. bezeichnet (§ 101 Abs. 1 SGB III); im Baugewerbe und anderen von saisonbedingten Arbeitsausfällen betroffenen Wirtschaftszweigen können für die Schlechtwetterzeit unter Umständen zusätzliche Leistungen nach dem SGB III in Anspruch genommen werden (→ Mehraufwands-Wintergeld, → Sai-

son-Kurzarbeitergeld, → Wintergeld, → Zuschuss-Wintergeld).

Schleichwerbung
→ Product placement; → Unlauterer Wettbewerb.

Schleierfahndung
→ Grenzkontrollen.

Schleppaufzüge
oder auch Schlepplifte gehören zu den → Seilbahnen.

Schleppen
eines betriebsfähigen Kfz als Anhänger (anders → Abschleppen eines betriebsunfähigen Kfz.) erfordert eine Genehmigung (§ 33 I StVZO). Der Fahrer des schleppenden Kfz benötigt auch → Fahrerlaubnis Klasse E, wenn das geschleppte Kfz mehr als 750 kg hat. Das geschleppte Kfz ist ein Anhänger, aber nicht zulassungs-, versicherungs- oder steuerpflichtig. Der Fahrer des geschleppten Kfz benötigt die dafür erforderliche Fahrerlaubnis.

Schlepperunwesen
ist die Bezeichnung für die organisierte Unternehmung zur Einreise und zum Aufenthalt von nicht dazu berechtigten Ausländern (→ Ausländerrecht). Zur Bekämpfung des Schlepperunwesens dienen insbes. die Strafvorschriften über amtliche → Ausweise sowie gegen das Einschleusen von Ausländern (§§ 96, 97 AufenthaltsG) und die Verleitung zur missbräuchlichen Asylantragstellung (§§ 84, 84a AsylG). S. auch → illegale Beschäftigung.

Schlepplohn
Der Schlepplohn ist die Vergütung aus einem Abschleppvertrag (zB Kfz oder Schiff).

Schleppnetzfahndung
ist die umgangssprachliche Bezeichnung für die nach § 163d StPO zwecks Ergreifung eines Täters oder zur Aufklärung einer Straftat zulässige Speicherung von Daten, die bei einer grenzpolizeilichen Kontrolle oder einer → Kontrollstelle nach § 111 StPO angefallen sind. Sie setzt den Verdacht einer begangenen Straftat einer → terroristischen Vereinigung, eines → Raubes mit Waffen oder eines bestimmten schweren Verstoßes gegen das Waffen- oder das Betäubungsmittelgesetz voraus. Die Maßnahme bedarf einer schriftlichen richterlichen Anordnung bzw. Bestätigung und ist zeitlich befristet. Bei Wegfall der Anordnungsvoraussetzungen oder Zweckerreichung sind die Maßnahmen zu beenden und die Daten unverzüglich zu löschen. Sa → Datenabgleich, → Rasterfahndung.

Schleswig-Holstein
1. Schleswig-Holstein ist nach seiner – früher als „Landessatzung" (v. 13.12.1949, GVOBl. 1950, 3) bezeichneten – Verfassung (Gesetz v. 13.6.1990, GVOBl. 1990, 391, mÄnd) ein Land der → Bundesrepublik Deutschland. Landeshauptstadt ist Kiel.

2. Der vom Volk auf 5 Jahre gewählte Landtag ist das oberste Organ der politischen Willensbildung; er wählt die Ministerpräsidentin oder den Ministerpräsidenten, übt die gesetzgebende Gewalt aus, kontrolliert die vollziehende Gewalt und behandelt öffentl. Angelegenheiten (Art. 10 Schleswig-Holsteinische Verfassung). Art. 12 Schleswig-Holsteinische Verfassung regelt Aufgaben und Stellung der parlamentarischen Opposition. Die Gesetze werden vom Landtag oder durch Volksentscheid beschlossen. Art. 41, 42 regeln Initiativen aus dem Volk, Volksbegehren und Volksentscheid (→ Volksabstimmung). Die Landesregierung ist im Bereich der vollziehenden Gewalt oberstes Leitungs-, Entscheidungs- und Vollzugsorgan. Die Ministerpräsidentin oder der Ministerpräsident beruft die Landesministerinnen und -minister (Art. 26). Die Richterinnen und Richter werden von der zuständigen Ministerin oder dem zuständigen Minister gemeinsam mit einem Richterwahlausschuss berufen. Ein eigenes Verfassungsgericht sieht die Verfassung nicht vor; Art. 44 Schleswig-Holsteinische Verfassung legt für bestimmte Fälle die Zuständigkeit des → Bundesverfassungsgerichts fest. Die dänische und friesische Minderheit genießen besonderen Schutz (Art. 5 II Schleswig-Holsteinische Verfassung).

3. Die Verwaltung liegt unterhalb der Ministerien bei Kreisen, Ämtern, Gemeinden und Städten; eine allgemein zuständige Mittelbehörde besteht nicht.

Schleuserkriminalität
→ Schlepperunwesen.

Schlichte Änderung
Ein Steuerbescheid, der nicht vorläufig nach § 165 I AO ergangen ist und der nicht unter dem Vorbehalt der Nachprüfung (§ 164 I AO) steht, kann außerhalb des → außergerichtlichen Rechtsbehelfsverfahrens nur geändert werden, soweit der Stpfl. zustimmt oder seinem Antrag der Sache nach entsprochen wird. Bei Änderung zugunsten des des Stpfl. gilt dies nur, soweit der Steuerpflichtige vor Ablauf der Einspruchsfrist zustimmt oder einen entsprechenden Antrag stellt (§ 172 I Nr. 2a AO). Die schlichte Änderung ändert den Steuerbescheid nur punktuell. Alternativ zum Antrag auf schlichte Änderung kann der Stpfl. → Einspruch einlegen. Der Einspruch führt jedoch zur vollständigen Überprüfung und ggf. Verböserung des Bescheids. → reformatio in peius, → Abhilfe.

Schlichtes Verwaltungshandeln
wird im Gegensatz zum „schlicht-hoheitlichen Verwaltungshandeln" (→ hoheitliche Gewalt) für rein tatsächliche Handlungen der öffentlichen Verwaltung (→ Realakte) verwendet, denen der Charakter des → Verwaltungsakts mangelt.

Schlicht-hoheitliches Handeln
(einer Verwaltungsbehörde) → hoheitliche Gewalt.

Schlichtung
1. Arbeitsrecht: Schlichtung ist die Mithilfe zur Beilegung von Streitigkeiten zwischen Parteien eines → Tarifvertrags oder einer → Betriebsvereinbarung. Ziel der Schlichtung ist Abschluss eines (neuen) Tarifvertrags oder einer Betriebsvereinbarung. Schlichtungsbehörden sind die Schieds(Schlichtungs)ausschüsse, die Landesschlichter und die oberste Arbeitsbehörde der Länder. Neben der wenig bedeutenden staatlichen Schlichtung (ges. Grundlage ist das KRG Nr. 35 (SchiedsverfG), ergänzt durch Landesgesetze; s. Nipperdey, ArbeitsR, Nrn. 520–523) besteht die durch Tarifvertrag vereinbarte freiwillige Schlichtung. Grds. müssen sich die Parteien einigen. Schiedssprüche im staatlichen Schlichtungsverfahren (dessen Einleitung nicht einseitig erzwungen werden kann) sind nur unter bestimmten Voraussetzungen verbindlich. Ein → Arbeitskampf ist erst nach Durchführung der vereinbarten Schlichtung zulässig; während der Schlichtung besteht → Friedenspflicht. Das Individualarbeitsrecht kennt die Schlichtung im → Berufsausbildungsverhältnis (→ Lehrlingsausschuss) und in bestimmten Branchen Kraft Tarifvertrag (→ Bühnenschiedsgericht, → schiedsrichterliches Verfahren).

2. Zivilprozessrecht: Zur Förderung der außergerichtlichen Streitbeilegung können die Länder nach § 15a EGZPO vorsehen, dass in bestimmten Verfahren (Streitgegenstand bis 750 EUR, Nachbarstreitigkeiten, Verletzung der persönlichen Ehre außerhalb der Medien, Diskriminierung entgegen den Vorschriften des AGG mit Ausnahme des Arbeitsrechts) vor Anrufung des Amtsgerichts eine Schlichtung versucht werden muss (zB BaySchlG v. 25.4.2000, BVBl. 2000, 268, mÄnd, sa → Gütestellen). Dies findet aber ua dann für das streitige Verfahren keine Anwendung, wenn der Anspruch zuvor im → Mahnverfahren geltend gemacht worden ist, was zur Vermeidung des unbeliebten Schlichtungsverfahrens genutzt werden kann. Die Pflicht zur Schlichtung ist verfassungsgemäß. Zur alternativen Streitbeilegung in Verbraucherangelegenheiten s. u. Nr. 5.

3. Fluggäste können Zahlungsansprüche gegen Luftfahrtunternehmen ab dem 1.11.2013 vor einer Schlichtungsstelle gem. §§ 57 ff. LuftVG geltend machen, → Fluggastrechte; der Weg zu den Gerichten bleibt jedoch offen. → Fahrgastrechte (Kraftomnibusverkehr), → Fahrgastrechte (Eisenbahnverkehr), → Fahrgastrechte (See- und Binnenschiffsverkehr).

4. Streitigkeiten zwischen Rechtsanwalt und Mandant: s. → Rechtsanwalt (3 aE).

5. Zur Umsetzung einer EU-Richtlinie wurde mit dem Gesetz zur Umsetzung der EU-Richtlinie über alternative Streitbeilegung in Verbraucherangelegenheiten vom 19.2.2016 (BGBl. 2016 I 254) das Verbraucherstreitbeilegungsgesetz (VSBG) erlassen. Dieses sieht die Schaffung von privaten und öffentlichen Verbraucherschlichtungsstellen mit gewissen Verfahrenssicherungen und unter gewisser juristischer Leistung vor (Streitmittler muss ein Volljurist oder zertifizierter Mediator sein). Zuständig sind diese für Streitigkeiten aus Verbraucherverträgen (nicht aber Arbeitsrecht) nach Maßgabe der Verfahrensordnung der jeweiligen Vermittlungsstelle, wobei nur die Unternehmerseite zur Beteiligung am Verfahren gezwungen sein kann. Zu weiteren branchenspezifischen Lösungen vgl. → Energiewirtschaft (4), → Postdienstleistungen und → Telekommunikationsgesetz (TKG) (3).

Schlichtungsstellen
→ Gütestellen.

Schließfach
→ Verwahrung.

Schließung von Freizeiteinrichtungen
→ Corona-Krise und Vertragsrecht.

Schließung von Kitas und Krippen
Während der → COVID-19-Pandemie wurde zur Bekämpfung der Ausbreitung der Infektion von den zuständigen → Gesundheitsbehörden gemäß § 28 → Infektionsschutzgesetz die Schließung von Kitas und Krippen angeordnet. § 28 IfSG räumt den zuständigen Behörden dabei generalklauselartig die Befugnis zur Durchführung der notwendigen Maßnahmen ein, soweit diese erforderlich sind (Ermessen der zuständigen Behörde unter Berücksichtigung des Verhältnismäßigkeitsgrundsatzes). Diese Maßnahmen sind umstritten, da unklar ist, ob überhaupt eine erhöhte Ansteckungsgefahr von Kindertagesstätten und Krippen bei Beachtung strikter Hygienekonzepte ausgeht.

Schlitten
→ Wintersport.

Schlüsselgewalt
Der – als solcher überholte – Begriff bezeichnete früher die beschränkte Vertretungsbefugnis der Ehefrau im Rahmen ihres häuslichen Wirkungskreises. (→ Geschäfte zur Deckung des Lebensbedarfs).

Schlüssiges Handeln
→ Willenserklärung (1b aa).

Schlüssigkeit
ist ein prozessrechtlicher Begriff. Schlüssig ist eine Klage, wenn das tatsächliche Vorbringen des Klägers, als richtig unterstellt, den Klageantrag rechtfertigt, ihn also begründet erscheinen lässt. Es fehlt daher an der Schlüssigkeit, wenn der Kläger selbst anspruchshindernde oder anspruchsvernichtende Tatsachen vorträgt (→ Einrede) oder aber der Vortrag schlichtweg unvollständig ist. Dieser Begriff kann auf andere Rechtsschutzgesuche als die Klage entsprechend übertragen werden. Eine

unschlüssige Klage ist unbegründet; nur eine schlüssige Klage kann begründet sein, nämlich dann, wenn die Tatsachen, falls sie nicht bestritten, zugestanden oder bewiesen werden, den Anspruch rechtfertigen. Die größte praktische Bedeutung hat die Schlüssigkeit beim → Versäumnisurteil gegen den Beklagten (§ 331 ZPO).

Schlussanhörung (Schlussgehör)
ist im Strafverfahren die Gewährung des → rechtlichen Gehörs für den Beschuldigten vor Erlass einer abschließenden, ihn belastenden Entscheidung. Der Beschuldigte darf nicht unversehens mit einem strafgerichtlichen Verfahren überzogen werden. Er ist deshalb spätestens vor Abschluss des → Ermittlungsverfahrens zu hören, falls dieses nicht eingestellt wird (§ 163a StPO). Ferner hat der Vorsitzende des Gerichts im → Eröffnungsverfahren dem Angeschuldigten die Anklageschrift mit einer Erklärungsfrist mitzuteilen (§ 201 StPO). Zu den Schlussvorträgen der StA, des Verteidigers und des Angeklagten nach Abschluss der Beweisaufnahme (§ 258 SPO) → Hauptverhandlung, → Plädoyer. Über die Schlussanhörung der StA und des Angeklagten nach Abschluss der Beweisaufnahme vor Entscheidung über die → Wiederaufnahme des Verfahrens vgl. § 369 IV StPO.

Schlussbesprechung
→ Außenprüfung.

Schlusserbe
→ Berliner Testament.

Schlussgehör
→ Schlussanhörung.

Schlussnote
Die Schlussnote (Schlussschein) ist die von einem → Handelsmakler nach dem Abschluss eines Geschäfts zu erstellende Urkunde, in der die Vertragsparteien, der Gegenstand und die Vertragsbedingungen des Geschäfts, insbes. Preis und Lieferzeit, angegeben sind (§ 94 I HGB). Nimmt die Vertragspartei eine solche Schlussnote an, so ist sie grundsätzlich daran gebunden, kann aber andererseits den Handelsmakler auf Erfüllung des Geschäfts in Anspruch nehmen, wenn er die andere Vertragspartei nicht bezeichnet oder gegen diese Person oder Firma begründete Einwendungen bestehen (§ 95 HGB). Die Schlussnote dient als Beweismittel für Abschluss und Inhalt des vermittelten Geschäfts.

Schlussrechnung
wird im → Insolvenzverfahren durch den → Insolvenzverwalter bei der Beendigung seines Amtes erstellt. Die Schlussrechnung wird der → Gläubigerversammlung vorgelegt (§ 66 InsO); sie enthält einen genauen Bericht über die Verwaltung und Verwertung der → Insolvenzmasse. Die Schlussrechnung gilt als anerkannt, wenn gegen sie im → Schlusstermin keine Einwendungen erhoben werden.

Beim → Bauvertrag (s. dort 2) ist die Schlussrechnung die Äußerung des Unternehmers, welche Vergütung er abschließend beanspruchen zu können glaubt; sie ist Fälligkeitsvoraussetzung. Sofern die → VOB (s. → Bauvertrag, 1) gilt: Die vorbehaltlose Annahme der hierauf erfolgten, als solche gekennzeichneten (auch geringeren) Schlusszahlung des Bestellers, der die endgültige (schriftliche) Ablehnung von (weiterer) Zahlung gleichsteht, schließt Nachforderungen des Unternehmers aus (§ 16 Ziff. 3 Abs. 2 VOB/B).

Schlussschein
→ Schlussnote.

Schlusstermin
Schlusstermin wird die abschließende → Gläubigerversammlung im Rahmen eines → Insolvenzverfahrens genannt (§ 197 InsO). Der Schlusstermin dient der Erörterung der → Schlussrechnung des → Insolvenzverwalters, der Erhebung etwaiger Einwendungen gegen das Schlussverzeichnis als Grundlage der → Schlussverteilung und der Entscheidung der Gläubiger über die nicht verwertbaren Gegenstände der → Insolvenzmasse.

Schlussurteil
Schlussurteil wird das → Urteil genannt, in dem nach einem oder mehreren vorangegangenen → Teilurteilen über den rechtshängig gebliebenen Rest des einen oder der mehreren Streitgegenstände entschieden wird.

Schlussverkauf
war eine zulässige Sonderveranstaltung von je 12 Werktagen Ende Januar (Winter-Schlussverkauf) und Ende Juli (Sommer-Schlussverkauf), in der bestimmte (Saison-)Waren unter besonderen Bedingungen zum Verkauf gestellt wurden. Die früheren gesetzl. Beschränkungen des Schlussverkaufs sind nach der Neuregelung des Rechts des → unlauteren Wettbewerbs entfallen; der Handel soll selbst entscheiden, ob und wann ein Schlussverkauf stattfinden soll.

Schlussverteilung
Eine Schlussverteilung findet im → Insolvenzverfahren statt, sobald die Verwertung der → Insolvenzmasse beendet ist. Sie darf vom → Insolvenzverwalter nur mit Zustimmung des Insolvenzgerichts vorgenommen werden (§ 196 InsO). Grundlage der Schlussverteilung ist das vom Insolvenzverwalter (in Fortführung des Verteilungsverzeichnisses für eine → Abschlagsverteilung) zu erstellende Schlussverzeichnis. Gegen dieses können im → Schlusstermin Einwendungen erhoben werden (§ 197 InsO).

Schlussverzeichnis
→ Schlussverteilung.

Schlussvorträge
(im Strafverfahren) → Hauptverhandlung, → Plädoyer.

Schlusszahlung
→ Schlussrechnung.

Schlusszahlungsfinanzierungsgesetz
Zur Deckung seines Kreditbedarfs begibt der Bund ua inflationsindexierte Wertpapiere. Um zu verhindern, dass bei Fälligkeit der Papiere die Schlusszahlungen zu überraschenden Belastungen des Bundeshaushalts führen, wurde durch das Schlusszahlungsfinanzierungsgesetz v. 6.7.2009 (BGBl. 2009 I 1702) ein Sondervermögen „Vorsorge für Schlusszahlungen für inflationsindexierte Bundeswertpapiere" geschaffen. Ihm wird für jedes inflationsindexierte Wertpapier zum jährlichen Kupontermin der Betrag zugeführt, um den sich auf Grund der Inflationsentwicklung die Schlusszahlung erhöhen wird. Es handelt sich gewissermaßen um eine kaufmännische → Rückstellung.

Schmähkritik
Mit dem Begriff wird eine Gruppe innerhalb der Fälle bezeichnet, in denen eine Äußerung die unantastbare Menschenwürde des Betroffenen verletzt und daher eine Strafbarkeit nach § 185 StGB als → Beleidigung (dort 3b) nicht von einer Abwägung mit den Grundrechten des Äußernden aus Art. 5 GG abhängt: Neben den Fällen der → Formalbeleidigung im verfassungsrechtlichen Sinn ist das der Fall bei sog. Schmähkritik, bei der nicht mehr eine Auseinandersetzung in der Sache, sondern die Diffamierung einer Person im Vordergrund steht. Sie liegt vor, wenn kein irgendwie nachvollziehbarer Bezug zu einer sachlichen Auseinandersetzung mehr besteht und es dem Äußernden nur um das grundlose Verächtlichmachen der betroffenen Person geht (BVerfG NJW 2020, 2622 (2624)).

Schmalspurbahn
→ Eisenbahn-Bau- und Betriebsordnung.

Schmerzensgeld
Ist wegen einer Verletzung des Körpers, der Gesundheit, der Freiheit oder der sexuellen Selbstbestimmung → Schadensersatz zu leisten, kann der Verletzte auch wegen des Schadens, der nicht Vermögensschaden ist (Schmerzen, Sorgen, Beeinträchtigung der Lebensfreude), eine billige Entschädigung in Geld fordern (§ 253 II BGB). Dies gilt nicht nur bei einem Schadensersatzspruch wegen → unerlaubter Handlung, sondern auch bei einer Haftung aus → Vertrag oder → Gefährdungshaftung (zB → Straßenverkehrshaftung). Der Anspruch tritt neben den Anspruch auf Ersatz der Vermögensschäden. Er soll einerseits einen Ausgleich der erlittenen, oftmals nicht mehr voll zu beseitigenden Schäden herbeiführen, andererseits aber auch zur Genugtuung des Geschädigten wegen der erlittenen Nachteile (auch wenn vielleicht persönlich nicht mehr wahrnehmbar) beitragen. Die Höhe des Schmerzensgeldes steht im Ermessen des Gerichts; ein unbezifferter → Klageantrag ist daher bei Darlegung sämtlicher Umstände nach der Rspr. zulässig. Bei der Bemessung der Höhe des Schmerzensgeldes ist immer eine Gesamtbetrachtung aller Umstände des Einzelfalls erforderlich, nach Höhe und Maß der entstandenen Lebensbeeinträchtigung ist dann eine einheitliche Entschädigung festzusetzten; maßgebend sind insbes. die Schwere der Verletzungen, das durch diese bedingte Leiden, dessen Art und Dauer, das Ausmaß der Wahrnehmung der Beeinträchtigung durch den Verletzten und der Grad des Verschuldens des Schädigers; auch eine etwaige → Haftpflichtversicherung des Schädigers oA ist zu berücksichtigen. Eine schematische Berechnung ist nach Auffassung des BGH unzulässig, der teilweise in der Rspr. verbreiteten sog. taggenauen Berechnung des Schmerzensgelds (die eine schematische Berechnung mit Konzentration insbes. auf die Tage des Krankenheitsaufenthalts und verbleibende Lebenserwartung mit der Beeinträchtigung vorsah) wurde eine Absage erteilt. Ein Mitverschulden des Verletzten führt nicht zur quotenmäßigen Begrenzung des Anspruchs, ist aber bei der Bemessung des Schmerzensgeldes zu berücksichtigen. Der früher höchstpersönliche Anspruch auf Schmerzensgeld ist übertragbar, verpfändbar, vererblich und auch pfändbar. Über das Schmerzensgeld bei schwerwiegender Verletzung des Allgemeinen → Persönlichkeitsrechts s. dort.

Nach langem gesetzgeberischen Ringen wurde 2017 ein sog. Hinterbliebengeld (vielfach als Angehörigenschmerzensgeld bezeichnet) eingeführt. Der aufgrund einer → unerlaubten Handlung ersatzpflichtige Schädiger hat gem. § 844 III 1 BGB einem Hinterbliebenen, der zur Zeit der Verletzung zu dem Getöteten in einem besonderen persönlichen Näheverhältnis stand, für das dem Hinterbliebenen zugefügte Leid eine angemessene Entschädigung in Geld zu leisten (auch in anderen Rechtsbereichen wurden entsprechende Regelungen geschaffen, zB 10 III StVG). Das Hinterbliebenengeld soll die durch die Tötung verursachte Trauer lindern helfen. Dogmatisch knüpft der Anspruch an die Verletzung eines fremden Rechtsguts (das Leben des Getöteten) an. Der Anspruch besteht ggf. neben einem Anspruch für einen erlittenen Schockschaden, der dogmatisch an die Verletzung eines eigenen Rechtsguts (der eigenen Gesundheit) anknüpft (→ Schadensersatz). Der Anspruch setzt ein besonderes persönliches Näheverhältnis zum Getöteten voraus, das für jeden Hinterbliebenen gesondert zu prüfen ist. Die Höhe bemisst sich nach den Umständen des Einzelfalls, zu berücksichtigen ist sowohl der Ausgleichsgedanke (Intensität und Dauer des seelischen Leids) als auch der Genugtuungsgedanke (Grad des Verschuldens des Schädigers). Orientierungshilfe ist der in der Gesetzesbegründung genannte Durchschnittsbetrag von 10.000 €. Erforderlich ist eine tatsächlich gelebte soziale Beziehung, die in ihrer Intensität einer Beziehung entspricht, wie sie üblicherweise zu einem Ehegatten, Lebenspartner, Elternteil oder Kind besteht. Für diese Personen wird ein besonderes Näheverhältnis vermutet, § 844 III 2 BGB. Die zu leistende angemessene Entschädigung ist nach Art und Ausmaß des zugefügten seelischen Leids und den Umständen des Todes, soweit sich diese auf den Hinterbliebenen auswirken, zu bestimmen.

Schmiergelder
→ Sittenwidrigkeit, → Geschäftsführung ohne Auftrag, → Angestelltenbestechung, → Bestechung, → Treuepflicht, → unlauterer Wettbewerb (2a).

Schmuck
(Gebrauchtwaren) → Edelsteine, → Gebrauchtwarenhandel.

Schmuggel
ist der Oberbegriff für Hinterziehung von Einfuhr- und Ausfuhrabgaben sowie für Bannbruch (→ Steuerstrafrecht) gem. §§ 372, 373 AO; bedeutsam derzeit besonders der Zigaretten-Schmuggel, s. → Tabaksteuergesetz.

Schneeballsystem
Ein Anlagemodell, bei dem die den Anlegern versprochenen Renditen vorhersehbar nicht aus den Erträgen des Anlageobjekts bedient werden können, sondern aus Einlagen weiterer Anleger finanziert werden müssen, ist regelmäßig sittenwidrig (§ 826 BGB, § 138 BGB). Sa → unlauterer Wettbewerb (4), → Sittenwidrigkeit, → Kettenbrief.

Schneebeseitigungspflicht
→ Streupflicht.

Schneeketten
→ Bereifung.

Schnellverfahren
in Strafsachen → beschleunigtes Verfahren.

Schockschäden
die jemand durch den Tod oder die Verletzung eines nahen Angehörigen erleidet, werden von der Rspr. unter bestimmten Voraussetzungen anerkannt, s. iE → Schadensersatz, 1; sa → Hinterbliebenengeld.

Schöffen
Schöffen sind → ehrenamtliche Richter (Laienrichter ohne juristische Vorbildung), die als Beisitzer in der → Hauptverhandlung im → Strafprozess in voller richterlicher Unabhängigkeit und mit gleichem Stimmrecht wie die → Berufsrichter mitwirken (§ 30 GVG), und zwar jeweils zwei im Schöffengericht oder erweiterten Schöffengericht beim Amtsgericht sowie in den kleinen und großen Strafkammern beim Landgericht; zu den letzteren zählt auch das → Schwurgericht beim LG. Beim Jugendgericht und der Jugendkammer werden die Schöffen (Jugend-Schöffen) nach §§ 33, 35 JGG besonders ausgewählt (je zur Hälfte Männer und Frauen, die über erzieherische Befähigung verfügen sollen). Über Unfähigkeit zum Schöffenamt (zB Amtsunfähigkeit, § 45 StGB), Eignungsmängel (zB noch nicht 25 Jahre, mangelnde Beherrschung der deutschen Sprache) und Ablehnungsgründe (zB Ärzte sowie ab 65. Lebensjahr; nicht allein wegen beruflicher Inanspruchnahme, hier nur Befreiungsantrag möglich) vgl. §§ 32–35, 53, 54 GVG. Für Schöffen gelten zudem wie für alle ehrenamtlichen Richter die §§ 44 ff. DRiG; dort sind Hindernisse für die Berufung und Gründe für eine Abberufung geregelt.

Die Haupt-Schöffen und die (als Vertreter im Hinderungsfalle vorgesehenen) Hilfs-Schöffen werden auf Grund einer alle 4 Jahre von der Gemeindebehörde aufgestellten Vorschlagsliste von einem Ausschuss (Richter beim AG als Vorsitzender, 1 Verwaltungsbeamter, 10 Vertrauenspersonen) für 4 Jahre gewählt und in eine Liste aufgenommen; die erforderliche Zahl bestimmt der Landgerichts- bzw. Amtsgerichtspräsident. Die Reihenfolge der Teilnahme der Schöffen an den Sitzungen – regelmäßig 12 Sitzungstage im Jahr – wird durch das Los bestimmt (§§ 36–45 GVG). Vor der ersten Dienstleistung sind die Schöffen zu vereidigen. Sie haben Anspruch auf Entschädigung nach den für → ehrenamtliche Richter geltenden Bestimmungen. Einem Schöffen, der sich ohne genügende Entschuldigung nicht rechtzeitig zu einer Sitzung einfindet – über Befreiung wegen eines Hinderungsgrundes vgl. § 54 GVG – oder sich anderweitig, zB durch unrichtige Angaben, seinen Obliegenheiten entzieht, werden ein Ordnungsgeld und die verursachten Kosten auferlegt (§ 56 GVG; Beschwerde und Zurücknahme der Entscheidung bei nachträglicher genügender Entschuldigung möglich). Ein Schöffe ist seines Amtes zu entheben, wenn er seine Amtspflichten gröblich verletzt; die Entscheidung trifft ein → Strafsenat des OLG auf Antrag des Richters am Amtsgericht (§ 51 GVG) bzw des Vorsitzenden der Strafkammer (§ 77 III 3 GVG).

Schöffengericht
Das Schöffengericht besteht beim → Amtsgericht und bildet neben dem als → Einzelrichter tätigen Strafrichter einen der beiden dort in Strafverfahren tätigen Spruchkörper (→ Gericht). Es ist im Regelfall mit 1 Richter als Vorsitzenden und 2 → Schöffen besetzt (§ 29 I GVG). Wenn aufgrund des Umfangs der Sache erforderlich, kann auf Antrag der StA bei Eröffnung die Zuziehung eines zweiten Richters beschlossen werden (erweitertes Schöffengericht, § 29 II GVG). Es ist innerhalb der Zuständigkeit der Amtsgerichte in Strafsachen (gegeben insb. bei Straferwartung bis max. 4 Jahre Freiheitsstrafe, keine Unterbringung in einem psychiatrischen Krankenhaus oder in der Sicherungsverwahrung zu erwarten, keine Zuständigkeit des Landgerichts als → Schwurgericht oder für → Staatsschutzdelikte begründet s. § 24 I GVG) dann zur Entscheidung berufen, wenn eine höhere Strafe als Freiheitsstrafe von 2 Jahren zu erwarten ist; ansonsten sowie bei Privatklage besteht die Zuständigkeit

des → Einzelrichters (§§ 25, 28 GVG). Der → Strafbann des Schöffengerichts wie des Amtsgerichts überhaupt reicht nur bis Freiheitsstrafe von max. 4 Jahren; Unterbringung in einem psychiatrischen Krankenhaus oder in der Sicherungsverwahrung kann nicht angeordnet werden (§ 24 II GVG). Über das mit größerer Zuständigkeit und umfassenden Strafbann ausgestattete Jugend-Schöffengericht → Jugendstrafrecht (3), über Wahl und Befugnisse der → Schöffen s. dort. Außerhalb der Hauptverhandlung entscheidet der Richter beim AG stets allein.

Schönheitsreparaturen
→ Wohnraummietvertrag (1).

Schonfrist
→ Säumniszuschlag.

Schonfristzahlung
→ Wohnraummietvertrag (5).

Schonzeiten
→ Jagd- und Schonzeiten, → Fischerei.

Schornsteinfegerwesen
1. Eigentümer von Grundstücken und Räumen sind verpflichtet, fristgerecht die Reinigung und Überprüfung von kehr- und prüfungspflichtigen Anlagen zu veranlassen (§ 1 I Schornsteinfeger-HandwerksG (SchfHwG) v. 26.11.2008, BGBl. 2008 I 2242 mÄnd). Welche das sind ist bundeseinheitlich geregelt in der VO über die Kehrung und Überprüfung von Anlagen (KÜO) v. 16.6.2009 (BGBl. 2009 I 1292) mÄnd und die VO über kleine und mittlere Feuerungsanlagen (1. BImSchV) v. 26.1.2010 (BGBl. 2010 I 38, mÄnd). Diese Schornsteinfegeraufgaben dürfen seit 2013 von allen Betrieben, die mit dem Schornsteinfegerhandwerk (→ Handwerk) in die → Handwerksrolle eingetragen sind, ausgeführt werden (freie Schornsteinfegerwahl). Zu diesem Zweck wird beim → Bundesamt für Wirtschaft und Ausfuhrkontrolle ein Schornsteinfegerregister geführt (§ 3 SchfHwG). Ausländische Schornsteinfeger können unter den Voraussetzungen der EU/EWR-Handwerk-Verordnung (EU/EWRHwV) v. 18.3.2016 (BGBl. 2016 I 509) in die Handwerksrolle eingetragen werden bzw. ihre Dienstleistungen in Deutschland erbringen.

2. Nach dem außer Kraft getretenen SchornsteinfegerG (SchfG) idF v. 10.8.1998 (BGBl. 1998 I 2071) mÄnd durften die Kehr- und Prüfungsarbeiten nur von Bezirksschornsteinfegermeistern ausgeführt werden. Dieses Monopol war mit → EU-Recht nicht vereinbar und endete mit Ablauf des Jahres 2012.

3. Die Kontrolle der Einhaltung der Kehr- und Prüfungspflichten obliegt allerdings weiterhin den für bestimmte Bezirke bestellten Bezirksschornsteinfegern. Anforderungen, Bestellung, Aufgaben und Aufsicht sind in den §§ 7–23 SchfHwG enthalten. Die Gebühren für Schornsteinfegeraufgaben sind in Anlage 3 zur KÜO enthalten; Abweichungen durch die Länder sind möglich. Die Gebühren gelten als öffentliche Last des Grundstücks und sind vom Grundstückseigentümer zu tragen. Zwei VO regeln Berufsausbildung (SchfAusbV v. 20.6.2012, BGBl. 2012 I 1430) und Meisterprüfung (SchoMstrV v. 11.11.2015, BGBl. 2015 I 1987). Zur Zusatzversorgung der Bezirksschornsteinfeger (Ruhegeld, Berufsunfähigkeitsrente, Witwen- und Waisengeld) s. §§ 37–41 SchfHwG.

Schrägstrichgesetze
→ Geschlechtsneutrale Gesetzessprache.

Schranken
→ Bahnübergänge, → Verkehrseinrichtungen. Zum Begriff der Grundrechtsschranke sa → Grundrechte, → immanente Schranken.

Schrankfach(vertrag)
→ Verwahrung.

Schrebergärten
→ Kleingärten.

Schrecksekunde
→ Reaktionszeit.

Schriftdelikte
Als Schriftdelikte oder Schriftverbreitungsdelikte (basierend auf dem Begriff der → Schriften) wurden bis zur Reform durch das 60. StRÄndG (BGBl. 2020 I 2600) die heute bisweilen „→ Inhaltsdelikte" genannten Straf- und Ordnungswidrigkeitentatbestände bezeichnet.

Schriften
Die Schriften bilden in § 11 III StGB neben Ton- oder Bildträgern, Datenspeichern und Abbildungen eine Form der → Verkörperungen und damit einen → Inhalt, der in verschiedenen Straf- und Ordnungswidrigkeitentatbeständen (→ Inhaltsdelikte) kraft Verweises auf § 11 III StGB als Tatobjekt oder Tatmittel fungieren kann. Unter einer Schrift wird dabei allgemein eine Gedankenäußerung durch Buchstaben, Bilder oder Zeichen (BGHSt 13, 375) verstanden, die unmittelbar oder durch Hilfsmittel wahrgenommen werden kann.

Bis zur Reform durch das 60. StRÄndG (BGBl. 2020 I S. 2600) knüpfte § 11 III StGB noch allein an bestimmte körperliche Trägermedien der Information an, wobei dem Begriff der Schriften zentrale Bedeutung zukam (s. BT-Drs. 19/19859 S. 16 ff.). Im Recht der → Einziehung im Strafverfahren bzw. der → Unbrauchbarmachung (insbes. § 74d StGB) wird nun statt auf „Schriften" auf „Verkörperungen eines Inhalts" abgestellt.

Schriften, hochverräterische, staatsgefährdende
→ Hochverrat, → Rechtsstaatsgefährdung. Zum Begriff der → Schriften s. dort, ferner → Inhalte, → Inhaltsdelikte.

Schriften, pornographische
→ pornographische Inhalte, → pornographische Schriften.

Schriftform
→ Form (1a).

Schriftformklausel
→ Form (1a), → Allgemeine Geschäftsbedingungen (2).

Schriftliches Verfahren
Schriftliches Verfahren bedeutet, dass in einem gerichtlichen Verfahren die abschließende Entscheidung nicht auf Grund einer → mündlichen Verhandlung ergeht. Grundsätzlich ist in den deutschen Verfahrensordnungen die Verhandlung mündlich (§ 128 I ZPO, §§ 226–260 StPO, § 101 VwGO, § 90 I FGO, § 124 I SGG). Dieser Grundsatz ist durch zahlreiche gesetzliche Ausnahmen durchbrochen, die das schriftliche Verfahren zulassen. Soweit die Gesetze (in den nicht durch Urteil zu entscheidenden Verfahren) die mündliche Verhandlung freistellen (§ 128 IV ZPO, § 32 I FamFG), ist das schriftliche Verfahren ohnedies die Regel. Aber auch bei notwendiger mündlicher Verhandlung ist das schriftiche Verfahren bei Einverständnis der Parteien oder Beteiligten zugelassen (§ 128 II ZPO, § 101 II VwGO, § 90 II FGO, § 124 II SGG; nicht im arbeitsgerichtlichen Verfahren, § 46 II 2 ArbGG; sa → vereinfachtes Verfahren). Zum schriftlichen Vorverfahren → mündliche Verhandlung. Nur im Strafprozess ist die (mündliche) Hauptverhandlung unumgänglich, abgesehen von besonderen Verfahrensarten (→ Strafbefehl, → Einziehung im Strafrecht; sa → Bußgeldverfahren). Im schriftlichen Verfahren können alle → Prozesshandlungen schriftlich wirksam vorgenommen werden. Gegenüber der mündlichen Verhandlung hat das schriftliche Verfahren den Nachteil fehlender Erörterung (und hierdurch bedingter Sachaufklärung). Andererseits können die Verfahren dadurch, dass die Parteien nicht persönlich zu erscheinen brauchen, insbes. für Nebenentscheidungen (zB → Verweisung, Kostenentscheidung nach → Erledigung der Hauptsache), beschleunigt werden.

Schriftsätze
Schriftsätze können im Prozess vorbereitende oder bestimmende sein. Vorbereitende Schriftsätze kündigen einen Vortrag für die → mündliche Verhandlung an (§§ 129, 130 ZPO), bestimmende Schriftsätze enthalten → Prozesshandlungen, für die Schriftform vorgeschrieben ist. Sie sind rechtzeitig vorzubringen (§§ 132, 282 ZPO); ggfs. ist dem Gegner eine Erwiderungsfrist einzuräumen (§ 283 ZPO). Schriftsätze können im → Verkehr mit Gerichten durch die elektronische Form (→ Form, 1a) ersetzt werden (sa → elektronischer Rechtsverkehr).

Schrotthandel
→ Altmetalle.

Schülerfahrten
→ Linienverkehr.

Schülerlotse
→ Verkehrshelfer.

Schülermitverantwortung
(auch Schülermitwirkung) bezeichnet die Mitwirkung der Schüler an schulischen Entscheidungen. Die Schülermitverantwortung wird ausgeübt zB durch Klassensprecher, Schülerrat oder Schulsprecher. Die Schülermitverantwortung ist nach dem → Schulrecht der Länder unterschiedlich ausgestaltet.

Schülerunfallversicherung
Während des Besuchs von allgemeinbildenden oder berufsbildenden Schulen besteht für Schüler gesetzlicher Unfallversicherungsschutz in der Schülerunfallversicherung (→ Unfallversicherung). Versichert ist auch der Schulweg. Entsprechend der Logik der deutschen Unfallversicherung besteht für die Versicherten selbst keine Beitragstragungspflicht. Diese werden von der Kommune oder dem Bundesland getragen.

Schütt-aus-hol-zurück-Verfahren
Bezeichnet ein Verfahren, bei dem die Gewinne der → Kapitalgesellschaft zunächst an die Anteilseigner ausgeschüttet wurden. Anschließend wurden die ausgeschütteten Gewinne der Kapitalgesellschaft wieder als Einlagen zur Verfügung gestellt. Das Verfahren basierte darauf, dass von einer Kapitalgesellschaft ausgeschüttete Gewinne steuerlich niedriger belastet werden als einbehaltene (thesaurierte) Gewinne. Dies war bis einschließlich 2000 bei der → Körperschaftsteuer gegeben. Demnach unterlagen thesaurierte Gewinne einer Kapitalgesellschaft einer Körperschaftsteuer-Belastung von 40 vH (von 1994–1998: 45 vH), ausgeschüttete Gewinne hingegen nur einem Steuersatz von 30 vH. Der Anteilseigner erhielt bei Ausschüttung eine bei seiner → Einkommensteuer anzurechnende Steuergutschrift. Ab 2001 wurde das körperschaftssteuerliche Anrechnungsverfahren durch das → Halbeinkünfteverfahren ersetzt. Das Einkommen der Kapitalgesellschaft wird grundsätzlich ab 2001 mit einer definitiven Körperschaftsteuer iHv 25 vH belegt. Die Anteilseigner haben Ausschüttungen zur Hälfte zu versteuern. Eine Anrechnung von Körperschaftsteuer findet nicht mehr statt. Das Schütt-aus-hol-zurück-Verfahren hat daher seine Bedeutung verloren. Relevanz behält es jedoch bei den Übergangsregelungen vom Anrechnungsverfahren zum Halbeinkünfteverfahren.

SCHUFA
ist eine vornehmlich von Banken gegründete zentrale Datei- und Auskunftstelle über die Gewährung und Abwicklung von Krediten. Die sog. SCHUFA-Klausel in Bankverträgen ist von der Rspr. (in eingeschränkter Form) für zulässig angesehen worden.

Schularten
Grundsätzlich sind allgemein bildende Schulen, → berufsbildende und Förderschulen, → öffentliche Schulen und private Schulen (→ Privatschulen) zu unterscheiden, je nachdem, ob die Schule allgemeine Grundlage, spezielles Berufswissen oder sonderpädagogische Förderung vermittelt. Allgemein bildende Schulden sind → Grundschule, → Hauptschule, → Realschule, → Gymnasium und → Gesamtschule, berufsbildende Schulden sind → Berufsschulen, Berufsfachschulen, Fachschulen, Berufsoberschulen.

Schulaufgaben
→ Prüfungsentscheidungen.

Schulaufsicht
Die Schulaufsicht umfasst die Aufsicht (Dienst-, Fach- und Rechtsaufsicht) und Beratung der → Schulen durch die durch das Landesrecht (→ Schulrecht) bestimmten Behörden. Oberste Schulaufsichtsbehörde ist stets das zuständige Landesministerium (Kultusministerium). Die Schulaufsicht ist die Umsetzung des Verfassungsgebotes nach Art. 7 I GG. Ziel der Schulaufsicht ist die Sicherung und Kontrolle der Qualität und Vergleichbarkeit der Arbeit der Schulen. Ein neues Mittel der Schulaufsicht ist die landesweite Stellung von sog. → Vergleichsarbeiten (auch Jahrgangsstufentests) zur vergleichenden Kontrolle der Leistungsniveaus insgesamt und an den einzelnen Schulen.

Schulbezirk
→ Schulsprengel.

Schulbus
→ Haltestellen, → Warnzeichen im Straßenverkehr.

Schuld
1. Schuld iSd Strafrechts ist gegeben, wenn ein den Tatbestand einer Strafnorm erfüllendes, rechtswidriges Handeln dem Täter auch persönlich vorwerfbar ist. Im Strafrecht ist Schuld Voraussetzung der Strafbarkeit (iE → Schuldgrundsatz). Nachdem jede Strafe ein sozial-ethisches Unwerturteil beinhaltet und eine missbilligende hoheitliche Reaktion auf ein rechtswidriges, schuldhaftes Verhalten darstellt (BVerfGE 109,133), wäre eine strafrechtliche Ahndung einer Tat ohne Schuld des Täters rechtsstaatswidrig (BVerfGE 20, 323). Diese Bedeutung der Schuld wurzelt zugleich in der vom Grundgesetz vorausgesetzten und in Art. 1 I GG und Art. 2 I GG verfassungskräftig geschützten Würde und Eigenverantwortlichkeit des Menschen (BVerfGE 95, 96). Entsprechend kennt das deutsche Recht keine Strafbarkeit von Verbänden (zB Unternehmen) im eigentlichen Sinn (→ Verbandsstrafrecht), dafür aber die Möglichkeit einer Ahndung nach dem Ordnungswidrigkeitenrecht (unten 2 sowie → Verbandsgeldbuße).

Der strafrechtliche Begriff der Schuld ist nach heute herrschendem Verständnis normativ und pragmatisch. Ihm liegt zugrunde, dass geistig gesunde, erwachsene Menschen sich im sozialen Zusammenleben gegenseitig ein Mindestmaß an normativer Ansprechbarkeit zuschreiben und ein gemeinsames Freiheitsbewusstsein teilen. Dieser S.-Begriff setzt keine Willensfreiheit im philosophischen Sinn voraus und wird auch durch Ergebnisse der Hirnforschung nicht in Frage gestellt, wonach menschliche Entscheidungen weitgehend auf unbewussten Abläufen in bestimmten Gehirnarealen beruhen. Er rechtfertigt sich aus der Erfahrung, dass alle menschlichen Gesellschaften Bestrafungen zum Schutz elementarer sozialer Regeln für erforderlich halten, effektive Alternativen hierzu nicht bekannt sind und Strafen im Rechtsstaat unter Achtung der Menschenwürde verhängt und vollzogen sowie nach Möglichkeit zur Prävention durch Resozialisierung des Verurteilten genutzt werden.

Von der Schuld des Täters ist im Einzelfall auszugehen, wenn bei ihm zur Zeit der Tat → Schuldfähigkeit (Alter über 14 Jahre, § 19 StGB; kein insbes. krankheitsbedingter Ausschluß der Einsichts- oder Steuerungsfähigkeit nach § 20 StGB) gegeben war und keine → Schuldausschließungsgründe vorlagen. Schuld ist dabei stets nur für ein Individuum feststellbar. Über die strafrechtlichen Zurechnungsnormen für die verschiedenen Formen der Beteiligung mehrerer an einer Straftat (→ Mittäterschaft, → Anstiftung, → Beihilfe, §§ 25–27 StGB) kann stets nur Mitverantwortung für objektives Verhalten eines anderen begründet werden. Die Schuld jedes Beteiligten ist dagegen gesondert festzustellen und bildet für seine Bestrafung die alleinige Basis (§ 29 StGB). Die → actio libera in causa stellt nach heutigem Verständnis keine Ausnahme vom Schuldgrundsatz dar.

Abweichend vom zivilrechtlichen Verständnis werden → Vorsatz und → Fahrlässigkeit im heutigen Strafrecht nicht mehr als Kategorien der Schuld verstanden, auch wenn sich mit ihnen weiterhin auch spezielle Schuldelemente verbinden. Vielmehr hat die → finale Handlungslehre, obwohl sie sich im Rahmen des strafrechtlichen → Handlungsbegriffs nicht durchsetzte, eine Verschiebung zwischen den Wertungsebenen von Tatbestand, Rechtswidrigkeit und Schuld bewirkt: Zentrale Bedeutung besitzen Vorsatz und Fahrlässigkeit danach schon für die Frage der Erfüllung des Tatbestands, der nach heute ganz herrschendem Verständnis objektive und subjektive Tatbestandsmerkmale verbindet. Der seit 1975 geltende Allgemeine Teil des Strafgesetzbuchs trennt deshalb auch zwischen dem Vorsatz, der bei einem Tatbestandsirrtum (→ Irrtum) entfällt (§ 16 StGB), und dem Unrechtsbewusstsein, das weiterhin als Element der Schuld verstanden wird und im Fall eines → Verbotsirrtums zur Verneinung der Schuld führt (§ 17 StGB), nicht aber zum Entfallen des Vorsatzes.

Für die Strafzumessung bildet die Schuld des Täters den entscheidenden Maßstab (§ 46 I 1 StGB). Sie besitzt hierbei auch eine zentrale rechtsstaatliche Funktion als Begrenzung der Strafe und steht insoweit in einem Spannungsverhältnis mit den anderen Strafzwecken der Spezial- und Generalprävention: Auch wenn zur Besserung oder Abschreckung des Täters oder der Allgemeinheit eine höhere Strafe erforderlich wäre, darf diese nicht über das Maß der Schuld des Täters hinausgehen. Präventiven Zwecken kann vielmehr nur innerhalb des Rahmens der schon und der noch schuldangemessenen Strafe Rechnung getragen werden (vgl. § 46 I 2 StGB; in der Rechtsprechung wurde hierzu die sog. Spielraumtheorie entwickelt). Einem weitergehenden Sicherungserfordernis kann nur über die als sog. zweite Spur des Strafrechts neben den Strafen bestehenden → Maßregeln der Besserung und Sicherung entsprochen werden, die ihrerseits gerade nicht der Vergeltung von Schuld dienen.

2. Bei → Ordnungswidrigkeiten wird statt Schuld der Begriff Vorwerfbarkeit verwendet, um die mit einer Strafdrohung verbundene sozialethische Mißbilligung zu vermeiden (vgl. § 1 I OWiG, §§ 11, 14, 122 OWiG).

3. Zur Schuld im Zivilrecht → Schuldverhältnis, → Verschulden.

Schuldanerkenntnis
Das Schuldanerkenntnis ist ein → Vertrag, durch den das Bestehen eines → Schuldverhältnisses anerkannt wird, § 781 S. 1 BGB. Die Anerkennung einer Schuld kann jedoch verschiedene Inhalte haben. Gewollt sein kann, durch einen Vertrag eine neue, selbständige Verpflichtung anzuerkennen, die unabhängig von einem bereits bestehenden Schuldgrund geschaffen werden und unabhängig von diesem bestehen soll und erfüllungshalber schuldverstärkend neben die bereits bestehende Schuld tritt (sog. konstitutives oder abstraktes Schuldanerkenntnis). Ein solches konstitutives Schuldanerkenntnis ist schriftlich (→ Form(erfordernisse, -vorschriften)) zu erteilen, sofern nicht für das Schuldverhältnis selbst eine strengere (zB notarielle) Form vorgeschrieben ist (§ 781 S. 2 BGB), die elektronische Form ist ausgeschlossen (§ 781 S. 3 BGB). Als Folge des konstitutiven Schuldanerkenntnisses braucht der Gläubiger nur das Bestehen des neuen Schuldanerkenntnisses zu beweisen, der Schuldner kann sich grds. nicht mehr auf Einwendungen gegen die alte Schuld berufen. Die allg. Vorschriften über die → Anfechtung von Willenserklärungen gelten. Bei Nichtbestehen oder Wegfall des rechtlichen Grundes für die Erteilung des Schuldanerkenntnisses kann dieses als → ungerechtfertige Bereicherung zurückgefordert werden (§ 812 II BGB). Wichtigster Fall des konstitutiven Schuldanerkenntnisses ist das Saldoanerkenntnis im → Kontokorrent. Die Beachtung der Form ist nicht erforderich für das Schuldanerkenntnis eines → Kaufmanns (§ 350 HGB), auch nicht, wenn das Schuldanerkenntnis im Wege einer Abrechnung (Saldoanerkenntnis im Kontokorrent) oder im Wege des → Vergleichs erteilt wird (§ 782 BGB). Gewollt sein kann aber auch, dass nicht eine neue Schuld geschaffen, sondern nur eine bereits bestehende Schuld bestätigt und damit insgesamt oder zT einem Streit oder einer Ungewissheit (zB über die Höhe) entzogen werden soll (sog. deklaratorisches Schuldanerkenntnis); ein solches Schuldanerkenntnis bedeutet idR ebenfalls einen Verzicht auf die gegen die alte Schuld bestehenden Einwendungen und kann nicht gem. § 812 II BGB zurückgefordert werden (ist deshalb oft gefährlicher als ein konstitutives Schuldanerkenntnis). Gewollt sein kann schließlich auch, dem Gläubiger nur eine Beweiserleichterung zu verschaffen. Eine solche Erklärung ist rein tatsächlich und beinhaltet keinen rechtsgeschäftlichen Willen zur (weiteren) Verpflichtung. Es ist nur ein Indiz bei der Beweiswürdigung (zB meist anzunehmen bei der Anerkennung der Ersatzpflicht eines Autofahrers nach einem Unfall). Welche Art eines Schuldanerkenntnis gewollt ist, muss durch Auslegung ermittelt werden (wenn im Schuldanerkenntnis kein konkreter Grund genannt wird, kann dies Indiz für ein konstitutives Schuldanerkenntnis sein). Zum negativen Schuldanerkenntnis → Erlassvertrag. Entsprechendes gilt für einen Vertrag, durch den eine Leistung in der Weise versprochen wird, dass allein das Versprechen die Verpflichtung selbständig, dh ohne Rücksicht auf den zugrundeliegenden Verpflichtungsgrund begründen soll, § 780 BGB (Schuldversprechen). Doch gelten die allg. Vorschriften über die → Anfechtung von Willenserklärungen, zB wegen Irrtums, auch beim Schuldanerkenntnis.

Schuldaufhebung
→ Schuldverhältnis, → Vertrag (5), → Erfüllung, → Aufrechnung, → Erlassvertrag.

Schuldausschließungsgründe
im Strafrecht sind → Schuldunfähigkeit (§§ 19, 20 StGB, § 3 JGG), entschuldigender → Notstand (§ 35 StGB, § 5 I WStG, § 11 II 2 SG), Überschreitung der → Notwehr (§ 33 StGB), unvermeidbarer → Verbotsirrtum (§ 17 StGB). Ein Schuldausschließungsgrund beseitigt lediglich die Schuld dessen, bei dem er vorliegt, nicht auch die des Teilnehmers an der Straftat (§ 29 StGB). Auf die Rechtswidrigkeit der Tat ist ein Schuldausschließungsgrund ohne Einfluß, so dass gegen diese Notwehr zulässig ist.

Schuldbeitritt
→ Schuldmitübernahme.

Schulden
→ Vermögen.

Schuldenabkommen
→ Londoner Schuldenabkommen.

Schuldenbereinigungsplan
→ Verbraucherinsolvenzverfahren.

Schuldenbremse
1. Schuldenbremse ist die populäre Umschreibung der durch die → Föderalismusreform II (s. dort 2b u. d) in das GG eingefügten Regelungen zur Begrenzung der staatlichen Kreditaufnahme (→ Fiskalpakt). Danach hätten der → Bund jedenfalls ab 2016 nur mehr Schulden iHv 0,35% des Bruttoinlandprodukts und die → Länder; ab 2020 überhaupt keine Schulden mehr aufnehmen dürfen.

2. Die Regelung wurde im Zuge der → COVID-19-Pandemie 2020 sowie 2021 und anschließend wegen des → Ukrainekrieges 2022 und dessen Auswirkungen auf die Energieversorgung ausgesetzt (sa → COVID-19-Gesetzgebung). 2023 sollte die Schuldenbremse eigentlich wieder eingehalten werden. Eine weitere Durchbrechung der Schuldenbremse stellt Art. 87 Ia GG dar. Aufgrund dieser Vorschrift kann der → Bund ein → Sondervermögen mit einer Kreditermächtigung iHv einmalig 100 Mrd. € schaffen, um die in der Folge des → Ukrainekrieges angestrebte Aufrüstung der Bundeswehr zu finanzieren (→ Sondervermögen Bundeswehr). Diese Kreditaufnahme ist von den og Restriktionen befreit. Auch durch weiter Sondervermögen wie dem → Klima- und Transformationsfonds oder dem → Wirtschaftsstabilisierungsfonds sowie das → Sondervermögen Infrastruktur und Klimaneutralitätmit einem Volumen von 500 Mrd. EUR nach Art. 143h GG werden die Bemühungen um eine Schuldenbremse konterkariert.

Schuldenkrise
→ Europäische Integration (3, h), → Euro-Rettungsschirm, → Europäischer Finanzstabilisierungsmechanismus, → Finanzmarktstabilisierungsgesetze.

Schuldenmasse
→ Insolvenzmasse.

Schuldersetzung
→ Vertrag (5).

Schuldfähigkeit
Die Schuldfähigkeit des Täters ist allgemeine Voraussetzung für die strafrechtliche Verantwortlichkeit. Sie fehlt bei den zur Tatzeit noch nicht 14-Jährigen (§ 19 StGB; zur strafrechtlichen Verantwortlichkeit Jugendlicher s. § 3 JGG). Über andere → Schuldausschließungsgründe s. dort; über ausgeschlossene und verminderte Schuldfähigkeit → Schuldunfähigkeit, → Maßregeln der Besserung und Sicherung (1). Für das bürgerliche Recht → Deliktsfähigkeit.

Schuldgrundsatz
Die → Strafe ist eine staatliche Reaktion auf ein rechtlich mißbilligtes Verhalten, die mit einem sozial-ethischen Unwerturteil verbunden ist. Jede Bestrafung setzt daher nach dem Satz „keine Strafe ohne Schuld" (nulla poena sine culpa) → Schuld im Sinne persönlicher Vorwerfbarkeit voraus. Das geltende deutsche Strafrecht wird deshalb als Schuldstrafrecht bezeichnet. Eine strafrechtliche Ahndung einer Tat ohne Schuld des Täters wäre rechtsstaatswidrig (BVerfGE 20, 323) und ein Verstoß gegen die Garantie der Menschenwürde (Art. 1 I GG, Art. 2 I GG, BVerfGE 95, 96). Daher kann auch ein Täter, der ohne Unrechtsbewusstsein das Gesetz verletzt hat, nur bestraft werden, wenn ihm der Irrtum vorzuwerfen ist (→ Verbotsirrtum). Der Schuldgrundsatz gilt nach hM auch für strafähnliche Maßnahmen wie zB die Festsetzung von → Ordnungsmitteln nach § 890 ZPO (BVerfG NJW 1967, 195) sowie für → Ordnungswidrigkeiten, dort allerdings modifiziert im Sinne einer Vorwerfbarkeit (§ 1 I OWiG). Letzteres hat es ermöglicht, das Ordnungswidrigkeitenrecht auch für eine Sanktionierung von Verbänden (zB Unternehmen) zu öffnen, die als solche keine Schuld auf sich laden können. Hierzu sieht § 30 OWiG eine → Verbandsgeldbuße vor. Ansonsten kennt das deutsche Recht keine Strafbarkeit von Verbänden im eigentlichen Sinn (→ Verbandsstrafrecht).

Schuldinterlokut
nennt man im Strafverfahren eine nach (sachlich begrenzten) → Plädoyers der Verfahrensbeteiligten ergehende Zwischenentscheidung des Gerichts, die sich auf die Schuldfrage beschränkt, während die Entscheidung über die Straffrage einem späteren Verfahrensabschnitt vorbehalten bleibt. Entsprechend spricht man von Tatinterlokut, wenn die Verfahrenszäsur nach der Beweiserhebung über die Tat und deren Zurechnung vorgenommen wird. Durch eine dertige Trennung soll es erleichtert werden, über die nach dem Interlokut behandelten Fragen frei von (unbewussten) Vorfestlegungen entscheiden zu können. Eine förmliche Verfahrenstrennung dieser Art wurde im Rahmen der Strafrechtsreform der 1970er-Jahre diskutiert; das deutsche Recht kennt sie nicht (wohl aber zB die Schweiz).

Schuldmitübernahme
(Schuldbeitritt, kumulative Schuldübernahme). Anders als bei einer den bisherigen Schuldner befreienden → Schuldübernahme tritt bei der Schuldmitübernahme ein neuer Schuldner als Gesamtschuldner (→ Gesamtschuld) zusätzlich neben den bisherigen Schuldner, der aus dem Schuldverhältnis nicht entlassen wird. Die Schuldmitübernahme, die im BGB nicht geregelt ist, kann durch Vertrag des Beitretenden mit dem Gläubiger oder durch Vertrag der beiden Schuldner zugunsten des Gläubigers (→ Vertrag zugunsten Dritter) geschehen. Kraft Gesetzes tritt eine Schuldübernahme durch den Erwerber bei der → Übernahme eines Handelsgeschäfts (§ 25 HGB), beim Eintritt als Gesellschafter in ein bestehendes Handelsgeschäft oder in eine → offene Handelsgesellschaft (§§ 28, 130 HGB), bei der Akzeptierung eines → Wech-

sels (Haftung neben dem Aussteller, Art. 28 WG) sowie beim → Erbschaftskauf (§ 2382 BGB) ein. Die Schuldmitübernahme ist anders als die → Bürgschaft formfrei möglich (und damit gefährlicher); die Schuldmitübernahme eines → Verbrauchers zu einem → Darlehensvertrag bedarf aber der Form des § 492 BGB. Die Schuldmitübernahme unterscheidet sich von der Bürgschaft, welche dem Gläubiger gleichfalls eine weitere Sicherheit bietet, dadurch, dass der Bürge (auch der selbstschuldnerisch haftende Bürge) stets für eine fremde Schuld in deren jeweiligem Bestand (→ Akzessorietät) haftet, während bei der Schuldmitübernahme eine eigene neue Verbindlichkeit begründet wird. Was im Einzelfall vorliegt, ist durch → Auslegung zu ermitteln; nach der Rspr. setzt die Annahme einer Schuldmitübernahme ein eigenes unmittelbares wirtschaftliches Interesse des Übernehmers voraus; sonst liegt idR nur Bürgschaft vor. Sa → Garantievertrag.

Schuldner
ist, wer aufgrund eines → Schuldverhältnisses verpflichtet ist, dem → Gläubiger eine Leistung zu erbringen. Der Gläubiger ist berechtigt, von dem Schuldner diese Leistung zu fordern, ihm steht ein entsprechender Anspruch zu, § 241 I BGB. Der Begriff Schuldner wird auch als Parteibezeichnung in der → Zwangsvollstreckung für denjenigen verwendet, gegen den der vollstreckbare Anspruch geltend gemacht wird.

Schuldnerbegünstigung
→ Insolvenzstraftaten.

Schuldnerkartei, -liste
→ Schuldnerverzeichnis, → SCHUFA.

Schuldnermehrheit
→ Gesamtschuld.

Schuldnerschutz
→ Abtretung (4), → Vollstreckungsschutz.

Schuldnerverzeichnis
Das Schuldnerverzeichnis wird in jedem Land von dem zentralen → Vollstreckungsgericht geführt (§ 882h ZPO) und umfasst die Personen, die ihrer Pflicht auf Abgabe einer Vermögensauskunft nicht nachkommen, bei denen eine vollständige Befriedigung des Gläubigers im Wege der Zwangsvollstreckung nicht zu erwarten ist und die nach abgegebener Vermögensauskunft nicht binnen eines Monats die vollständige Erfüllung der Forderung des Gläubigers nachweisen. Die Eintragung in das Schuldnerverzeichnis hat ihre Grundlage in einer Eintragungsanordnung des Gerichtsvollziehers, welche kurz zu begründen ist (§ 882c ZPO). Hiergegen kann der Schuldner binnen zwei Wochen Widerspruch zum Vollstreckungsgericht erheben, der allerdings nicht die Vollziehung hemmt (§ 882d ZPO). Das Schuldnerverzeichnis steht zur Einsicht offen, wenn die Angaben für Zwecke der Zwangsvollstreckung benötigt werden, um die Voraussetzungen für die Gewährung öffentlicher Leistungen zu prüfen, für Zwecke der Strafverfolgung und für den Schuldner selbst (§ 882f ZPO). Die Einsichtnahme erfolgt über eine zentrale länderübergreifende Abfrage mittels Internet (§ 882h I 2 ZPO, www.vollstreckungsportal.de). Aus dem Schuldnerverzeichnis werden auch Abdrucke erteilt, welche insbesondere die Industrie- und Handelskammern und Institutionen erhalten, die nichtöffentliche Schuldnerverzeichnisse führen (zB SCHUFA) (§ 882g ZPO). Eintragungen in das Schuldnerverzeichnis werden gelöscht nach Ablauf von drei Jahren seit der Eintragungsanordnung oder wenn die vollständige Erfüllung der Forderung des Gläubigers nachgewiesen ist (§ 882e ZPO). In das Schuldnerverzeichnis werden auf Anordnung des Insolvenzgerichts auch die Schuldner eingetragen, bei denen der Antrag auf Eröffnung eines → Insolvenzverfahrens mangels Masse abgewiesen worden ist (§ 26 II InsO, § 882b I Nr. 3 ZPO).

Schuldnerverzug
1. Ist eine Leistung aus einem → Schuldverhältnis zwar noch möglich (sonst: → Unmöglichkeit der Leistung), wird sie aber nicht rechtzeitig erbracht, so tritt unter bestimmten Voraussetzungen Schuldnerverzug (Leistungsverzug; anders: → Gläubigerverzug) ein. Schuldnerverzug liegt vor, wenn der → Schuldner auf eine Mahnung des → Gläubigers nach Eintritt der Fälligkeit nicht leistet, § 286 I 1 BGB.

2. Der Schuldnerverzug setzt zunächst voraus, dass die Schuld fällig (→ Leistungszeit) und frei von → Einreden ist (zB Verjährung, Stundung; ein etwaiges Zurückbehaltungsrecht muss allerdings geltend gemacht werden). Weiterhin ist eine Mahnung des Gläubigers, also eine an den Schuldner gerichtete Aufforderung, die Leistung zu erbringen, erforderlich, die nach Fälligkeit erfolgen muss (Verbindung mit einer die Fälligkeit begründenden Handlung ist möglich). Die Mahnung muss eindeutig sein, eine Zahlungsfrist muss nicht gesetzt werden. Die Mahnung ist eine geschäftsähnliche Handlung, die Vorschriften über Rechtsgeschäfte sind entsprechend anwendbar. Eine Befreiung von dem Erfordernis der Mahnung durch → Allgemeine Geschäftsbedingungen ist nicht möglich, § 309 Nr. 4 BGB. Eine bestimmte Form ist für die Mahnung nicht erforderlich. Die Übersendung einer Rechnung ist aber noch keine Mahnung, sondern nur die Mitteilung des geschuldeten Betrags (anders idR bei wiederholter Zuleitung). Der Mahnung stehen die Erhebung einer → Leistungsklage und die Zustellung eines → Mahnbescheids gleich, § 286 I 2 BGB. Schuldnerverzug tritt auch ohne Mahnung ein, wenn für die Leistung eine Zeit nach dem Kalender bestimmt ist (zB Lieferung am 15.6. oder in der 37. Kalenderwoche; auch bei wiederkehrenden Geldleistungen, zB Miete jeweils zum Monatsersten) oder die Leistung in-

nerhalb einer berechenbaren angemessenen Frist nach einem vorausgehenden Ereignis zu erbringen ist (zB 2 Wochen nach Lieferung, 3 Monate nach Kündigung), ferner wenn der Schuldner die Leistung ernsthaft und endgültig verweigert oder wenn aus besonderen Gründen unter Abwägung der beiderseitigen Interessen der sofortige Eintritt des Schuldnerverzugs (zB bei erkennbar unzumutbarer Reparatur; wenn der Schuldner die Leistung für demnächst angekündigt hat, aber dennoch nicht leistet, sog. Selbstmahnung) gerechtfertigt ist, § 286 II BGB. Davon unabhängig kommt der Schuldner einer Entgeltforderung, dh einer Geldforderung für eine erbrachte Gegenleistung (zB Warenlieferung, Ausführung von Arbeiten), spätestens 30 Tage nach Fälligkeit und Zugang einer Rechnung oder gleichwertigen Zahlungsaufstellung in Verzug (ein → Unternehmer auch dann 30 Tage nach Empfang der Leistung, wenn der Zugang der Rechnung unsicher ist); dies gilt gegenüber einem → Verbraucher allerdings nur, wenn auf diese Folgen in der Rechnung oder Zahlungsaufstellung hingewiesen worden ist (§ 286 III BGB). Der Schuldner kommt nicht in Verzug, solange die Leistung infolge eines Umstandes unterbleibt, den er nicht zu vertreten hat, § 286 IV BGB; den Schuldner trifft also die → Beweislast für sein mangelndes → Verschulden (s. dort auch über einen Rechtsirrtum).

3. Der Schuldnerverzug führt zu einer → Pflichtverletzung im Schuldverhältnis. Der Gläubiger kann daher zunächst (bei weiter bestehendem Erfüllungsanspruch) Ersatz des durch den Verzug entstandenen Verzugsschadens (Verspätungsschadens, Verzögerungsschadens) verlangen, § 280 I, II BGB. Der Umfang dieses Verzugsschadens richtet sich nach den allg. Vorschriften über → Schadensersatz. Hierzu gehören aber auch die durch den Schuldnerverzug selbst entstandenen Kosten (Mahnkosten, auch die Kosten eines → Inkassobüros, sofern dessen Einschaltung sachgerecht und erfolgversprechend war, oÄ). Der Gläubiger kann aber auch dem Schuldner eine angemessene Frist zur Nacherfüllung setzen und nach deren erfolglosem Ablauf (vollen) Schadensersatz statt der Leistung verlangen (§ 281 BGB; iE → Schadensersatz, 4). Als Mindestschaden können ohne weiteren Nachweis von einer Geldschuld (beim → Arbeitslohn vom Bruttolohn) Zinsen iHv 5 Prozentpunkten über dem jeweiligen → Basiszinssatz (bei Rechtsgeschäften, an denen ein Verbraucher nicht beteiligt ist, für Entgeltforderungen 8 Prozentpunkte über dem Basiszinssatz; für Rechtsgeschäfte nach dem 29.7.2014 ein erhöhter Verzugszinssatz iHv 9 Prozentpunkten) verlangt werden (→ Zinsschuld). Von Unternehmern kann außerdem eine Pauschale iHv 40 EUR verlangt werden. Der Gläubiger kann aus einem anderen Rechtsgrund (zB entsprechende Vereinbarung) auch höhere Zinsen verlangen und einen weiteren Schaden (zB verwirkte → Vertragsstrafe, eigene Zinsbelastung) geltend machen, § 288 BGB. Ist die Leistung infolge des Schuldnerverzug nicht mehr nachholbar (zB Taxi zu einem bestimmten Zug), so liegt → Unmöglichkeit der Leistung vor. Während des Schuldnerverzugs hat der Schuldner jede Fahrlässigkeit und idR auch Zufall zu vertreten, es sei denn, dass der Schaden auch bei rechtzeitiger Leistung eingetreten wäre (§ 287 BGB, → Verschulden). Besonderheiten gelten für die Folgen des Schuldnerverzugs (insbes. Rücktrittsrecht) beim → gegenseitigen Vertrag (s. dort 2).

Schuldort
→ Leistungsort.

Schuldprinzip im Strafrecht
→ Schuldgrundsatz, → Schuld.

Schuldrecht
Das Schuldrecht ordnet die rechtlichen Beziehungen zwischen verschiedenen Personen. Es dient insbes. der Regelung des rechtsgeschäftlichen Verkehrs (Güterverkehr, Wirtschaftsverkehr). Wesentlicher Gegenstand des Schuldrechts ist die nähere Bestimmung des Entstehens, des Inhalts und der Ausgestaltung sowie der Abwicklung und des Erlöschens der verschiedenen → Schuldverhältnisse. Grundprinzip des Schuldrechts ist die Freiheit der Beteiligten, Abschluss und Inhalt ihrer schuldrechtlichen Beziehungen selbst frei zu bestimmen (sog. Vertragsfreiheit; zu den Grenzen der Vertragsfreiheit s. → Vertrag, 2). Das Schuldrecht ist im 2. Buch des BGB enthalten (§§ 241 ff. BGB); außer allg. Regeln normiert das Gesetz in §§ 433–853 BGB zahlreiche typische Schuldverhältnisse (zB Kauf, Miete, Werkvertrag, ungerechtfertigte Bereicherung, unerlaubte Handlung usw). Darüber hinaus enthalten zahlreiche andere Bestimmungen, insbes. das HGB für die Regelung des Handelsverkehrs, Regelungen mit schuldrechtlichem Inhalt (weitere Vorschriften zB VVG, GWB); auch die weiteren Bücher des BGB enthalten schuldrechtliche Normen (insbes. der Allg. Teil und das Sachenrecht). Das Schuldrecht ist durch das SchuldrechtsmodernisierungsG v. 26.11.2001 (BGBl. 2001 I 3138) mWv 1.1.2002 grundlegend umgestaltet worden. Über den Unterschied des Schuldrechts zum → Sachenrecht s. dort sowie → Schuldverhältnis.

Schuldrechtliche Surrogation
→ Surrogation.

Schuldrechtlicher Versorgungsausgleich
→ Versorgungsausgleich.

Schuldrechtliches Vorkaufsrecht
→ Vorkaufsrecht (1).

Schuldrechtsanpassung
Die Schuldrechtsanpassung ist die Klärung der bei der Wiedervereinigung in der ehem. DDR vorgefundenen Bodennutzungsverhältnisse, soweit sie nicht von der → Sachenrechtsbereinigung erfasst werden. In der DDR wur-

den unter den Bedingungen der Planwirtschaft schuldrechtliche Vertragsverhältnisse (ohne Einräumung eines dinglichen Nutzungsrechts) begründet, die zum Gebrauch oder zur Nutzung eines fremden Grundstücks berechtigten. Die oftmals langfristigen Verträge entstanden meist nicht durch freie Vereinbarung der Beteiligten. Das Entgelt war nicht angemessen. Die Kündigung war vielfach eingeschränkt oder ausgeschlossen, teilweise aber auch kurzfristig möglich. Die Nutzung wurde zunächst durch ein im → Einigungsvertrag begründetes vorläufiges Besitzrecht (Moratorium) geschützt. Die Änderung der Verhältnisse durch die Wiedervereinigung erforderte einen Interessenausgleich zwischen Nutzer und Grundstückseigentümer. Er wurde durch das Schuldrechtsanpassungsgesetz (SchuldRAnpG) v. 21.9.1994 (BGBl. 1994 I 2538) m. spät. Änd. herbeigeführt. Es umfasst Nutzungen auf Grund von Miet-, Pacht- und anderen Nutzungsverträgen sowie Nutzungen zur Erholung nach dem Zivilgesetzbuch der DDR (zB Datschen, Wochenendhäuser). Eine Beteiligung des Nutzers am Bodenwert, also eine → Sachenrechtsbereinigung, ist auch dann, wenn der Nutzer ein Gebäude errichtet hat, nicht vorgesehen, weil das Grundstück nicht mit einem dinglichen Nutzungsrecht belastet wurde. Die Vertragsverhältnisse bestehen unter Anpassung des Inhalts als unbefristete Miet- und Pachtverhältnisse, für die die Vorschriften des BGB gelten, fort. Für einen nach der Art der Nutzung unterschiedlich bestimmten Zeitraum erhält der Nutzer Besitzschutz, wird also die Kündigungsmöglichkeit des Eigentümers eingeschränkt. Für die Nutzung muss, auch wenn sie bisher nach dem Vertrag unentgeltlich war, das ortsübliche Entgelt entrichtet werden. Je nach Dauer und Beendigungszeitpunkt des Vertragsverhältnisses erhält der Nutzer eine Entschädigung für ein von ihm errichtetes Bauwerk. Die Regelungen sind im wesentlichen verfassungsgemäß (BVerfG NJW 2000, 1471).

Schuldrechtsmodernisierung
→ Schuldrecht aE.

Schuldschein
Der Schuldschein ist eine vom Schuldner ausgestellte → Urkunde, die zur Beweiserleichterung für den Gläubiger das Bestehen einer Schuld bestätigt. Soll über diese Beweiswirkung hinaus durch die Erklärung eine eigene (abstrakte) Verbindlichkeit des Schuldners geschaffen werden, so liegt ein → Schuldanerkenntnis vor. Das → Eigentum an dem über eine Forderung lediglich zu Beweiszwecken ausgestellten Schuldschein steht dem Gläubiger zu; Rechte eines Dritten an der Forderung erstrecken sich auf den Schuldschein (§ 952 BGB). Bei → Erfüllung (Erbringen der Leistung) kann der Schuldner neben einer → Quittung auch die Rückgabe des Schuldscheins verlangen (§ 371 BGB). Behauptet der Gläubiger, zur Übergabe des Schuldscheins außerstande zu sein, so kann der Schuldner ein → öffentlich beglaubigtes negatives Schuldanerkenntnis – sog. Mortifikationsschein – verlangen (→ Erlassvertrag).

Schuldstatut
→ Internationales Privatrecht (2d).

Schuldstrafrecht
→ Schuldgrundsatz.

Schuldtheorie
im Strafrecht → Verbotsirrtum.

Schuldtitel
→ Vollstreckungstitel.

Schuldübernahme
Ähnlich wie durch eine → Abtretung der Forderung ein neuer Gläubiger anstelle des alten Gläubigers in das → Schuldverhältnis eintritt, kann auch der Schuldner durch eine Schuldübernahme wechseln. Die Schuldübernahme ist ein abstrakter, dh vom Rechtsgrund der Übernahme unabhängiger → Vertrag, durch den ein Dritter als neuer Schuldner an die Stelle des bisherigen Schuldners tritt, §§ 414 ff. BGB. Die privative, dh den bisherigen Schuldner befreiende Schuldübernahme ist zu unterscheiden von der kumulativen → Schuldmitübernahme, Schuldbeitritt), bei der ein neuer Schuldner neben den alten tritt, und von der bloßen Erfüllungsübernahme (der Dritte übernimmt dem Schuldner gegenüber die Verpflichtung, dessen Verbindlichkeit zu erfüllen, ohne dass der Gläubiger ein selbständiges Forderungsrecht erlangt; sog. unechter → Vertrag zugunsten Dritter); s. ferner → Bürgschaft, → Garantievertrag.

Die Schuldübernahme kann erfolgen durch Vertrag zwischen Gläubiger und neuem Schuldner (grds. formfrei, sofern nicht für das Schuldverhältnis selbst Formvorschriften bestehen); eine Mitwirkung oder Zustimmung des bisherigen Schuldners ist hier nach hM nicht erforderlich, § 414 BGB. Die häufigere Form der Schuldübernahme ist ein Vertrag zwischen altem und neuem Schuldner. Hier ist die Wirksamkeit der Schuldübernahme von einer → Genehmigung (§§ 182, 184 BGB) des Gläubigers abhängig, § 415 BGB. Der Rechtsgrund hierfür wird darin gesehen, dass die Parteien durch die Schuldübernahme als Nichtberechtigte (§ 185 BGB) über die Forderung des Gläubigers verfügen (Verfügungstheorie, hM); nach aA (Angebotstheorie) ist die Mitteilung ein Angebot zur Vertragsänderung, die Genehmigung dessen Annahme, also Vertragsbestandteil. Die Genehmigung kann erst erteilt werden, wenn der Schuldner oder der Dritte dem Gläubiger die Schuldübernahme mitgeteilt hat, bis dahin können die Parteien den Vertrag aufheben oder ändern (§ 415 I 2, 3 BGB). Die Genehmigung kann formlos, auch stillschweigend (zB durch Mahnung des neuen Schuldners) erteilt werden; bloßes Schweigen reicht dagegen (anders als bei der Hypothekenübernahme, s. u.) nicht aus. Der Schuldner oder der Dritte kann den Gläubiger unter Bestimmung einer Frist zur Erteilung der Genehmigung auffordern, § 415 II BGB; wird sie bis dahin nicht erteilt, so gilt sie als verweigert. Die Schuldübernahme gilt dann als nicht erfolgt; der Übernehmer ist jedoch (ebenso wie schon während des Schwebezustands vor Erteilung der Genehmigung) iZw bereits dem Schuldner gegenüber verpflichtet, den Gläubiger rechtzeitig zu befriedigen (Erfüllungsübernahme, s. o., § 415 III BGB, § 329 BGB). Besonderheiten gelten für die Übernahme einer hypothekarisch gesicherten Schuld (→ Hypothekenübernahme).

Der Übernehmer kann dem Gläubiger alle Einwendungen entgegensetzen, die sich aus dem Rechtsverhältnis zwischen dem Gläubiger und dem bisherigen Schuldner ergeben (zB Erfüllung, Stundung, Verjährung); mit einer dem bisherigen Schuldner zustehenden Forderung kann er allerdings nicht gegen die übernommene Schuld aufrechnen, § 417 I BGB. Wegen der Abstraktheit der Schuldübernahme kann der Übernehmer dem Gläubiger gegenüber keine Einwendungen aus dem der Schuldübernahme zugrundeliegenden Rechtsverhältnis zwischen ihm und dem bisherigen Schuldner herleiten (zB Anfechtung des Grundgeschäfts wegen Willensmangels, sofern sich dieser nicht auch auf die Schuldübernahme selbst bezieht, § 417 II BGB). Mit der Schuldübernahme erlöschen die für die Schuld bestellten → Bürgschaften und → Pfandrechte; eine Hypothek wird zur → Eigentümerhypothek, sofern die Betroffenen nicht in die Schuldübernahme einwilligen, § 418 BGB. Sa → Vertragsübernahme.

Schuldumschaffung, Schuldumwandlung
→ Vertrag (5).

Schuldunfähigkeit
Die Schuldunfähigkeit (§ 20 StGB) ist Schuldausschließungs-, die verminderte Schuldfähigkeit (§ 21 StGB) Strafmilderungsgrund. Dabei ist jeweils kein überdauernder Zustand gemeint, der bei einen Menschen generell besteht. Vielmehr geht das Gesetz bei Erwachsenen von einer grundsätzlich vorhandenen Schuldfähigkeit aus; nur Kinder bis 14 Jahren sind nach § 19 StGB schuldunfähig (→ Strafmündigkeit, → Schuldfähigkeit). Eine Beeinträchtigung der Schuldfähigkeit ist stets nur konkret bezogen auf den Tatzeitpunkt und die spezifischen Voraussetzungen des erfüllten Straftatbestands feststellbar.

1. Nach § 20 StGB ist eine Tatschuld nicht vorhanden, wenn beim Täter zum Zeitpunkt der Tat eines der dort aufgeführten Eingangsmerkmale vorlag (sog. biologisches Stockwerk) und deshalb eine der beiden vorgesehenen Funktionsbeeinträchtigungen (sog. psychologisches oder juristisches Stockwerk) bestand.

a) Eingangsmerkmal: § 20 StGB unterscheidet 4 Eingangsmerkmale, die verschiedene Kategorien geistiger Beeinträchtigungen umschreiben, nämlich die „krankhafte seelische Störung", die „tiefgreifende Bewußtseinsstörung", die „Intelligenzminderung" und die „schwere andere seelische Störung". Das Gesetz mischt dabei medizinische und normative Begriffe. Bei Schaffung der 1973 in Kraft getretenen Norm versuchte der Gesetzgeber, dem damals herrschenden psychiatrischen Krankheitssystem Rechnung zu tragen. Mit dem neu eingeführten vierten Merkmal übernahm er zudem die bereits in der Rechtsprechung über den sog. juristischen Krankheitsbegriff vollzogene Anerkennung der Relevanz bestimmter, in der (damaligen) Medizin nicht als krankhaft angesehener Störungsbilder. Eine weitere Anpassung an den medizinischen Sprachgebrauch führte seit 2021 zur Ersetzung des „Schwachsinns" durch die jetzige „Intelligenzminderung" sowie der „Abartigkeit" im vierten Merkmal durch die jetzige „Störung".

Das Merkmal der krankhaften seelischen Störung sollte ursprünglich Erkrankungen mit bekannter oder postulierter hirnorganischer Ursache erfassen, die den seinerzeit geltenden medizinischen Krankheitsbegriff erfüllen. Dazu gehören insb. hirnorganische Schädigungen sowie paranoide (zB Schizophrenien), affektive und senile wie präsenile Psychosen (Demenz). Als Intoxikatonspsychose wird auch der alkohol- oder drogenbedingte Rausch durch dieses Merkmal erfasst (bei Schuldunfähigkeit aufgrund eines Rauschs kommt gleichwohl Strafbarkeit wegen schuldhaften → Vollrauschs, § 323a StGB, in Betracht). Eine tiefgreifende Bewusstseinsstörung kann vorliegen bei nichtkrankhaften Zuständen zB infolge Schlaftrunkenheit, Übermüdung und hochgradigen Affekts, wenn sie das Persönlichkeitsgefüge schwerwiegend beeinträchtigten. Das Merkmal der Intelligezminderung erfasst nur solche ohne organischen Befund; ansonsten fallen sie unter das erste Merkmal, also die krankhafte seelische Störung. Als schwere andere seelische Störung kommen insbes. Persönlichkeitsstörungen, Neurosen oder Triebstörungen in Betracht, zudem langfristige Persönlichkeitsveränderungen aufgrund einer Sucht. Diese Störungen erreichen ebenso wie die tiefgreifenden Bewusstseinsstörungen allerdings nur in gravierenden Fällen so viel Gewicht, dass ein Eingangsmerkmal bejaht werden kann. Als Maßstab kann hierbei die Beeinträchtigung fungieren, die typischerweise mit den „klassischen" psychiatrischen Erkrankungen verbunden ist, die unter das Merkmal der krankhaften seelischen Störung fallen.

Für die Diagnose der zugrundeliegenden medizinischen Befunde ist idR die Begutachtung durch einen forensisch-psychiatrischen Sachverständigen erforderlich; ggf. sind zudem testpsychologische Untersuchungen hilfreich. Die Bestimmung der Intelligenz betrifft ebenfalls eine psychologische Frage. In der richterlichen Praxis vielfach verkannt wird allerdings, dass die Zuordnung der festgestellten Beeinträchtigung unter eines der Eingangsmerkmale eine juristische Frage ist, die durch den Richter vorzunehmen und im Urteil zu begründen ist. Das Gericht darf sich dabei nicht mit pauschalen Formulierungen begnügen, sondern muss spezifisch ein bestimmtes Merkmal bejahen, wenn es eine Aufhebung oder Verminderung der Schuldfähigkeit annehmen will. Gleiches gilt für die Subsumtion anhand der zumindest auch normativ zu verstehenden Graduierungen, mit denen das Gesetz die Eingangsmerkmale versehen hat (insb. „krankhaft", „tiefgreifend", „schwer"; die Ersetzung des „Schwachsinns" durch den neutraleren Begriff der Intelligenzminderung sollte nach dem Willen des Gesetzgebers keine inhaltliche Änderung bewirken, vgl. BT-Drs. 19/19859, 48).

b) Funktionsbeeinträchtigung: Sie ist zum einen dann gegeben, wenn der Täter aufgrund des Eingangsmerkmals unfähig war, das Unerlaubte der Tat einzusehen. Mit dem Fall fehlender Einsichtsfähigkeit beinhaltet § 20 StGB einen auf geistiger Beeinträchtig beruhenden Sonderfall des → Verbotsirrtums (§ 17 StGB). Zum anderen ist § 20 StGB erfüllt, wenn der Täter aufgrund des Eingangsmerkmals unfähig war, seiner vorhanden Unrechtseinsicht gemäß zu handeln. Der Fall fehlender Steuerungsfähigkeit setzt damit die Bejahung der Einsichtsfähigkeit logisch voraus; beide Fähigkeiten können nicht gleichzeitig fehlen. Wie die Subsumtion unter ein Eingangsmerkmal beinhaltet auch die Feststellung der Funktionsbeeinträchtigung eine juristische Entscheidung, die der Richter zu treffen hat, denn es ist eine normative und zudem von den Anforderungen des jeweiligen Straftatbestands abhängige Frage, welches Maß an Einsichts- oder Steuerungsfähigkeit die Rechtsordnung einem Menschen in einer bestimmten Situation abverlangt. Der psychiatrische Sachverständige kann dabei lediglich Hilfestellung bieten; insb. hat er dem Gericht darzulegen, welche konkreten Auswirkungen das Eingangsmerkmal zur Tatzeit auf die Fähigkeiten des Täters hatte.

2. Ist ein Eingangsmerkmal gegeben, jedoch kein voller Ausschluss der Einsichts- oder Steuerungsfähigkeit, so kann § 21 StGB erfüllt sein. Das ist zum einen der Fall, wenn eine wesentlich verminderte Einsichtfähigkeit zur Folge hatte, dass der Täter das Unrecht seiner Tat verkannte. Hatte er dagegen entsprechende Einsicht erlangt, so führt allein die mit einer verminderten Einsichtfähigkeit verbundene Erschwerung seines Erkenntnisprozesses nicht zu einer Schuldminderung; insofern ist § 21 StGB missverständlich formuliert. Zum anderen ist § 21 StGB anwendbar bei wesentlicher Verminderung der Steuerungsfähigkeit. Bei Bejahung einer verminderten Schuldfähigkeit kann (nicht muss!) Strafmilderung nach Versuchsgrundsätzen gewährt werden (§§ 21, 49 I StGB). Von der Strafmilderung kann insb. dann abgesehen werden, wenn die wegen der Beeinträchtigung verminderte Tatschuld durch andere schulderhöhende Umstände aufgewogen wird. Bei alkoholbedingter Verminderung der Schuldfähigkeit kommt dies in Betracht, wenn der Täter seinen Rausch verschuldet herbeigeführt und schon früher unter Alkoholeinfluss vergleichbare Taten begangen hat und daher wusste oder zumindest sich hätte bewusst sein können, dass er in einem solchen Zustand zu derartigen Straftaten neigt. Voraussetzung ist allerdings, dass ihm der Alkoholkonsum uneingeschränkt vorwerfbar ist. Dies ist ua dann nicht der Fall, wenn der Täter alkoholkrank oder alkoholüberempfindlich ist.

3. Hat der Täter eine Straftat im Zustand der Schuldunfähigkeit begangen, die Ursache aber bei voller oder nur verminderter Schuldfähigkeit gesetzt, so kommt eine → actio libera in causa in Betracht. Wegen der Unterbringung des Täters in einem psychiatrischen Krankenhaus bei Anwendung des § 20 StGB oder § 21 StGB vgl. § 63 StGB u. → Maßregeln der Besserung und Sicherung (1), → Sicherungsverfahren.

Schuldverhältnis

1. Ein Schuldverhältnis ist eine Sonderverbindung zwischen zwei oder mehreren (natürlichen oder juristischen) Personen (→ Schuldrecht). Aufgrund des Schuldverhältnisses ist der → Gläubiger berechtigt, vom → Schuldner eine → Leistung zu fordern (Anspruch, Forderung), als Kehrseite ist der Schuldner verpflichtet, die Leistung zu erbringen (Schuld), § 241 I BGB. Die aufgrund des Schuldverhältnisses geschuldete Leistung kann jeden rechtlich möglichen Inhalt haben, jedes zulässige Verhalten kann geschuldet werden; der Inhalt der Leistung muss aber bestimmt bzw. eindeutig bestimmbar sein. Die Leistung kann in einem positiven Tun oder einem Unterlassen bestehen, § 241 I 2 BGB (selbständiges Unterlassen, zB Wettbewerbsverbot, Schweigepflicht, aber auch Unterlassen als Nebenpflicht zu einer positiven Leistung, zB das Unterlassen von Eingriffen, die den Eintritt des rechtlichen Erfolgs verhindern). Das Schuldverhältnis begründet neben der Leistungspflicht zugleich auch Verhaltens- und Schutzpflichten, insbes. zur Rücksichtnahme auf die Rechte und Interessen des anderen Teils (§ 241 II BGB; s. → positive Vertragsverletzung). Durch das Schuldverhältnis werden nur die an dem Schuldverhältnis beteiligten Personen berechtigt und verpflichtet, die Forderung des Gläubigers gegen den Schuldner wirkt nur relativ diesem gegenüber (während ein → Absolutes Recht, wie zB das → Eigentum, gegenüber jedermann wirkt und sich ein aus einem absoluten Recht ergebender Anspruch auch gegen Dritte richten kann). Sa → Dauerschuldverhältnis, → Gattungsschuld, → Speziesschuld.

2. Ein Schuldverhältnis kann durch → Rechtsgeschäft begründet werden. Dies erfolgt idR durch einen → Vertrag (der auch

durch schlüssiges Verhalten begründet werden kann; sa → Sozialtypisches Verhalten) zwischen den Beteiligten, § 311 I BGB (ausnahmsweise auch faktischer Vertrag, s. → Vertrag, 4; sa → Allgemeine Geschäftsbedingungen). Ein Schuldverhältnis entsteht auch schon durch die Aufnahme von Vertragsverhandlungen, § 311 II BGB (→ Verschulden beim Vertragsschluss). Auch durch einseitige Rechtsgeschäfte kann ein Schuldverhältnis ggf. begründete werden (zB → Auslobung, → Vermächtnis); einseitige gestaltende Rechtsgeschäfte können aber auf den Bestand eines Schuldverhältnisses einwirken. Regelmäßig ist zum Entstehen eines Schuldverhältnisses durch Rechtsgeschäft der Wille der Beteiligten erforderlich, eine rechtliche Bindung einzugehen. Ein → Gefälligkeitsvertrag begründet ein echtes Schuldverhältnis (ggf. mit Haftungserleichterung im Schadensfall, sofern im Gesetz ausdrücklich vorgesehen, zB bei der Leihe gem. § 599 BGB). Dagegen ist das bloße → Gefälligkeitsverhältnis (zB Mitnahme im Kraftfahrzeug, → Gefälligkeitsfahrt, Einladung zur Jagd ua) kein Schuldverhältnis. Die Abgrenzung gegenüber einem Schuldverhältnis mit Rechtsbindung ist jeweils durch → Auslegung zu ermitteln (s. iE → Gefälligkeitsverhältnis, Gefälligkeitsvertrag). Ein Schuldverhältnis kommt auch dann zustande, wenn eine üblicherweise nur gegen Entgelt angebotene Leistung in Anspruch genommen, aber keine ausdrückliche vertragliche Abrede getroffen wird, zB im Massenverkehr oder in der Daseinsfürsorge (Benützung eines gebührenpflichtigen Parkplatzes, Einsteigen in ein öffentliches Verkehrsmittel), auch dann, wenn der Betroffene nicht zahlungswillig ist. In manchen Fällen (Spiel, → Wette, → Ehevermittlung) lässt das Gesetz entgegen dem Willen der Beteiligten nur eine unvollkommene Verbindlichkeit (Naturalobligation) entstehen; die aus einem solchen Verhältnis entstandene Forderung ist zwar erfüllbar, aber (anders als bei der normalen Forderung) weder einklagbar noch vollstreckbar (→ Haftung). Ein Schuldverhältnis kann weiterhin auch durch Gesetz begründet werden (gesetzliches Schuldverhältnis), insbes. durch Verstoß gegen eine gesetzlich begründete allg. Verhaltenspflicht (insbes. → unerlaubte Handlung). Auch aufgrund von tatsächlichen Vorgängen (sa → Realakt) kann ein Schuldverhältnis entstehen (zB → Verbindung von Sachen, → Vermischung, → Verarbeitung; s. insbes. → Ungerechtfertigte Bereicherung, → Geschäftsführung ohne Auftrag).

3. Zu einer Störung des Schuldverhältnisses kommt es, wenn die geschuldete Leistung nicht, nicht rechtzeitig oder nicht ordnungsgemäß erbracht wird; die Rechtsfolgen solcher Leistungsstörungen eines Schuldverhältnisses sind im → allgemeinen Leistungsstörungsrecht sowie sowie für verschiedene Schuldverhältnisse in besonderen Bestimmungen (besonderes Leistungsstörungsrecht) geregelt. Sa → Pflichtverletzung.

4. Das Schuldverhältnis erlischt regelmäßig durch → Erfüllung (auch Befriedigung in der → Zwangsvollstreckung), aber auch durch → Hinterlegung, → Aufrechnung, → Erlassvertrag, durch rechtsgeschäftliche Aufhebung der Beteiligten, → Schuldumschaffung (Novation, dh Ersetzung des Schuldverhältnisses durch ein anderes) sowie bei Konfusion (Vereinigung von Forderung und Schuld in einer Person). Im Einzelfall sind Erlöschensgründe ferner Zeitablauf (insbes. bei → Dauerschuldverhältnissen), bei höchstpersönlichen Leistungen auch der Tod des Berechtigten oder Verpflichteten (→ Gesellschaft des bürgerlichen Rechts, → Auftrag), ferner uU die → Unmöglichkeit der Leistung. Das Schuldverhältnis wird schließlich in seinem gegenwärtigen Bestand durch einseitige gestaltende Rechtshandlungen wie → Anfechtung von Willenserklärungen, → Rücktritt vom Vertrag, → Kündigung, → Wandelung oÄ aufgehoben oder in seinem Inhalt verändert. Sa → Abtretung, → Schuldübernahme, → Treu und Glauben.

5. Für Entstehen, Wirksamkeit und Abwicklung von vor dem 3.10.1990 (insbes. durch Vertrag) im Gebiet der ehem. DDR begründeten Schuldverhältnisse gilt grds. das dort bisher geltende Recht (vor allem das ZGB) fort (Art. 232 § 1 EGBGB). Für eine Reihe von Schuldverhältnissen, insbes. Dauer-Schuldverhältnissen (zB Mietvertrag, Arbeitsverhältnis), enthalten Art. 232 §§ 2 ff. EGBGB jedoch Sonderregelungen.

6. Auch im öffentlichen Recht gibt es schuldrechtliche Beziehungen; auf diese finden die Regelungen über Schuldverhältnisse grds. entsprechende Anwendung.

Schuldverschreibung
→ Inhaberschuldverschreibung, → Wandelschuldverschreibung, → Gewinnschuldverschreibung.

Schuldversprechen
→ Schuldanerkenntnis.

Schuldzinsen
→ Zinsschuld.

Schule
Der Begriff kommt von griechisch scholé (ursprünglich: Müßiggang, dann Beschäftigung während der Muße, Studium, Vorlesung) und kann verschiedene Bedeutungen haben.

1. Schule im schulrechtlichen Sinn ist eine auf Dauer eingerichtete Bildungsstätte, die unabhängig vom Wechsel der Schüler und Lehrer durch planmäßigen gemeinsamen Unterricht in einer Mehrzahl von Gegenständen bestimmte Lern- und Erziehungsziele vermittelt. Man unterscheidet → öffentliche Schulen und → Privatschulen (→ Schulwesen; → Schulverhältnis; → Schulaufsicht). Die Aufgaben der Schule im schulrechtlichen Sinn ist im → Schulrecht der Länder, insbes. den → Schulordnungen geregelt. Im Wesentlichen sind dort als Aufgaben die Vermittlung von Wissen, Können und Bildung genannt. Die

schulische Bildung soll zur Entfaltung der Persönlichkeit in der Gemeinschaft beitragen (vgl. zB die unterschiedlichen Aufgabendefinitionen in Art. 1 Bayer. Gesetz über das Erziehungs- und Unterrichtswesen v. 31.5.2000, GVBl. 2000, 414, ber. 632, mÄnd und § 1 Sächs. SchulG v. 27.9.2018, SächsGVBl. 2018, 648).

2. Die konkrete Einzelschule hat eine → Schulleitung. Die Mitwirkung der Lehrer, Eltern und Schüler erfolgt in → Lehrerkonferenz, → Elternbeirat (Elternrat) und → Schülermitverantwortung.

3. Das → Schulverhältnis beinhaltet die zwischen Schule und Schülern bestehenden Rechtsbeziehungen.

4. Zudem bezeichnet der Begriff Schule bestimmte Stilrichtungen und Lehrmeinungen (zB auch in der Rechtswissenschaft). Da der Begriff Schule rechtlich nicht geschützt ist, wird er auch von Institutionen verwendet, die keine Schulen im Sinne des Schulrechts sind (Fahrschulen, Tanzschulen).

Schulgebet
Im Rahmen der durch Art. 7 I GG gewährleisteten Schulhoheit kann das Landesrecht ein freiwilliges überkonfessionelles Schulgebet außerhalb des → Religionsunterrichts zulassen; erst recht ist es in → Bekenntnisschulen oder im Religionsunterricht zulässig. Verfassungsrechtl. Bedenken bestehen auch dann nicht, wenn ein Schüler oder seine Eltern dem Schulgebet widersprechen; allerdings müssen sie frei und ohne Zwang über die Teilnahme entscheiden können (BVerfGE 52, 223/235 ff.). Vgl. auch → Kruzifix in Schulen; → Glaubens- und Gewissensfreiheit (3e).

Schulgeld
1. Schulgeld wird seit Ende der 1950er Jahre an öffentlichen Schulen nicht mehr erhoben. → Privatschulen (auch Ersatzschulen) können Schulgeld erheben.

2. Zur steuerrechtlichen Behandlung des Schulgeldes → Sonderausgaben (1a).

3. Das sog. „Schulbedarfspaket" iHv 100 EUR/Jahr für Kinder, deren Eltern → Arbeitslosengeld II (gem. SGB II) erhalten, wird zur Zeit irrtümlich als Schulgeld bezeichnet.

Schulhoheit
→ Schulrecht, → Kulturhoheit der Länder.

Schulkonferenz
Schulkonferenz ist nach dem Schulgesetz NRW v. 15.2.2005 (GV NRW 2005, 102) mÄnd das oberste Mitwirkungsgremium an der → Schule (sa → Schulordnung, → Schulrecht). Sie ist an Schulen der Sekundarstufe II im Verhältnis 3 : 1 : 2 mit Vertretern der Lehrer, Eltern und Schüler besetzt. Die Schulkonferenz wird an der Bestellung des Schulleiters beteiligt. Ähnliche Institutonen sind zB das Schulforum in Bayern und und der Schulvorstand in Niedersachsen. Während dem Schulforum in Bayern in Personalfragen keine Kompetenzen zukommen, wird der Schulvorstand in Niedersachsen bei der Bestellung des Schulleiters beteiligt.

Schullaufbahnempfehlung
(Bildungsempfehlung). Am Ende der Grundschule gibt diese – länderrechtlich unterschiedlich geregelt – (zB § 6 Abs. 5 Nds. SchulG v. 3.3.1998, GVBl. 1998 137, mÄnd) eine Empfehlung für die geeignete weiterführende Schulform ab. Im Freistaat Sachsen und in Bayern ist die Bildungsempfehlung noch bindend. Will ein Schüler ohne entsprechende Empfehlung das Gymnasium besuchen, kann er dort auf Antrag der Erziehungsberechtigten an einer schriftlichen Aufnahmeprüfung teilnehmen.

Schulleitung
Schulleiter leiten die → Schule und vertreten sie nach außen. Schulleiter sind nach Maßgabe des → Schulrechts verantwortlich für die Erfüllung des Bildungs- und Erziehungsauftrags der Schule. Schulleiter können in Erfüllung dieser Aufgaben als Vorgesetzte allen an der Schule tätigen Personen Weisungen erteilen und nehmen das Hausrecht wahr. Aufgaben sind: Festlegen des Unterrichtseinsatzes der → Lehrer, Schulentwicklung, Personalführung und Personalentwicklung, Fortbildung der → Lehrer, Organisation und Verwaltung sowie die Kooperation mit der → Schulaufsicht und dem Schulträger, Unfallverhütung. Bestimmte Entscheidungen bedürfen der Mitwirkung der → Lehrerkonferenz, des → Elternbeirates oder der → Schülermitverantwortung oder anderer aus Vertretern dieser Gremien zusammengesetzter Organe (zB in Bayern des Schulforums oder in Nordrhein-Westfalen der → Schulkonferenz).

Schulobst
Das Gesetz zur Durchführung unionsrechtlicher Vorschriften über das Schulprogramm für Obst, Gemüse und Milch (LwErzgSchulproG) v. 13.12.2016 (BGBl. 2016 I 2858 mÄnd) bestimmt die Voraussetzungen, unter denen ein Land Beihilfen der EU für die Abgabe an Kinder auf Grundlage ua der VO (EU) 1308/2013 (→ Gemeinsame Marktorganisation) erhalten kann.

Schulordnung
Die Schulordnung regelt als → Rechtsverordnung in Ausführung der Schulgesetze der Länder den Schulbetrieb und die innere Schulverhältnisse, insbesondere den Aufbau der einzelnen Schularten, das Verfahren bei der Aufnahme, die Pflicht zur Teilnahme am Unterricht (auch Befreiung, Versäumnisse, Beurlaubung), die Unterrichtszeit, den Unterricht und die Versetzung in der Schule, → Zeugnisse, Bewertungsgrundsätze, Abschlüsse, Rechte und Pflichten der Schüler und der Erziehungsberechtigten gegenüber der Schule einschließlich Mitwirkung von → Elternbeirat und → Schülermitverantwortung (sa → Schulverhältnis). Nach Form und Inhalt bestehen – entsprechend dem nicht einheitlichen Schul-

wesen – zwischen den Schulordnung der Länder gewisse Unterschiede. Neben einer „Allgemeinen Schulordnung" gibt es zum Teil Schulordnungen für einzelne Schularten, aber auch Regelungen zu einzelnen Aspekten der Schulverhältnisse wie zB Versetzungs- oder Prüfungsordnungen. Als Folgen der starken Differenzen des Schulwesens sind sie sehr zahlreich und werden noch durch eine kaum überschaubare Vielzahl von → Verwaltungsvorschriften ergänzt.

Schulpflicht

1. In der BRep. Deutschland besteht auf Grund der Schulgesetze der Länder allgemeine Schulpflicht → Schulrecht.

2. Die Schulpflicht beginnt grundsätzlich im Herbst des Kalenderjahres, in dem das 6. Lebensjahr des Kindes vollendet wird. Die Stichtage sind unterschiedlich geregelt (zB in Bayern der 30.9.). Einige Länder haben den Beginn der Vollzeitschulpflicht vorverlegt, so dass auch 5-jährige oder noch jüngere Kinder berechtigt zum Schulbesuch sein können, wenn sie entsprechend entwickelt sind (vgl. zB § 27 SchulG für den Freistaat Sachsen idF v. 16.7.2004, SächsGVBl. 2004, 298, mÄnd). Ein Rechtsanspruch auf eine vorzeitige Einschulung besteht aber ebenso wenig wie eine Pflicht zur vorzeitigen Einschulung. Die Dauer ist in den Ländern unterschiedlich geregelt. Teilweise bestehe eine einheitliche 12-jährige Schulpflicht, die nach 9- oder 10-jährigem Besuch einer Vollzeitschule auch an einer Teilzeit-(→ Berufs-)Schule erfüllt werden kann, teilweise wird die Schulpflicht in Vollzeit-, Teilzeit- oder allgemeine Schulpflicht, Berufsschulpflicht und Sonderschulpflicht gegliedert. Zudem bestehen unterschiedliche Höchstaltersgrenzen, an denen die Schulpflicht endet. Zurückstellung, Befreiung, vorzeitige Beendigung und Verlängerung der Schulpflicht sind nach den Ländergesetzen unter gewissen Voraussetzungen möglich. Inhalt der Schulpflicht ist nicht nur der pünktliche und regelmäßige Schulbesuch und die Teilnahme an allen übrigen verbindlichen Veranstaltungen, sondern auch die Mitarbeit im Unterricht, die Erledigung der Hausaufgaben und die Erbringung vorgeschriebener Leistungsnachweise. Die Eltern minderjähriger Kinder sind verpflichtet, für die Erfüllung der Schulpflicht zu sorgen. Grundsätzlich ist die Schulpflicht durch den Besuch der Schule zu erfüllen, in deren Schulbezirk (→ Schulsprengel) der Schulpflichtige wohnt. Verletzungen der Schulpflicht können als Ordnungswidrigkeiten oder Straftaten geahndet werden. Die Schulpflicht kann im Wege des → Schulzwangs durchgesetzt werden.

Schulrecht

1. Schulrecht ist die Gesamtheit der Vorschriften, die Aufgaben, Aufbau, Organisation und Betrieb der → Schulen regelt. Es umfasst → Schulordnung und → Schulwesen, Eltern- und Lehrerrecht, Privatschulrecht und in weiterem Sinne → Hochschulrecht. Ausdrückliche Regelungen zum Schulwesen treffen im Grundgesetz nur Art. 7 GG (Schulaufsicht → Religionsunterricht, → Privatschulen, → Vorschule) und Art. 91b GG. Gemäß Art. 7 I GG steht das gesamte Schulwesen unter der Aufsicht des Staates (→ Schulaufsicht); er hat die Befugnis zur Organisation, Planung, Leitung und Beaufsichtigung des Schulwesens. Das Recht zur Errichtung von → Privatschulen wird gewährleistet (Art. 7 IV GG). Vorschriften über den → Religionsunterricht an Schulen enthalten Art. 7 II, III GG und Art. 141 GG. Das elterliche Erziehungsrecht ergibt sich aus Art. 6 GG und wirkt auf Grund des Rechts der Eltern auf die Erziehung der Kinder in das Schulrecht hinein. Art. 28 II GG, Garantie der kommunale Selbstverwaltung, wirkt sich mittelbar aus, zB bei der Trägerschaft der Schulen. Grundsätzlich finden die grundgesetzlichen Prinzipien im Schulrecht Anwendung.

2. Dem Bund steht für dieses Gebiet keine → Gesetzgebungskompetenz zu; das beim Inkrafttreten des GG bestehende Reichsrecht wurde Landesrecht. Auf Grund der → Kulturhoheit der Länder regeln die das Schulrecht betreffenden Gesetze und Verordnungen der Länder die Organisation der Schule, Recht und Pflichten der Organe, die Rechtsstellung der → Lehrer und Schüler und die → Schulpflicht. Diese Rechtsnormen enthalten ferner Bestimmungen über die einzelnen → Schularten, über Aufnahme und Verlassen der Schule, Schulbesuch, Unterrichtsinhalte, → Zeugnisse usw. Eine gewisse Einheitlichkeit zwischen den Ländern wird durch Vereinbarungen der Ständigen Konferenz der Kultusminister angestrebt. Die allgemeinen und fachlichen Ziele der einzelnen Unterrichtsfächer, didaktische Grundsätze, Qualifikationsziele sowie verbindliche und fakultative Unterrichtsinhalte legen die Kultusministerien in Rahmenrichtlinien fest (sa → Lehrpläne).

3. Nach dem → Wesentlichkeitsprinzip sind die grundsätzlichen Fragen des Schulrechts durch förmliche Gesetze zu regeln; die Bezeichnungen dieser Gesetze sind in den einzelnen → Ländern höchst unterschiedlich, wobei die Bezeichnung „Schulgesetz" überwiegt (vgl. zB SchulG für Baden-Württemberg v. 1.8.1983, GBl. 1983, 397, mÄnd, Bayer. G über das Erziehungs- und Unterrichtswesen v. 31.5.2000, GVBl. 2000, 414, ber. 632, mÄnd, SchulG für das Land Nordrhein-Westfalen, GVBl. 2005, 102 mÄnd, G zur Ordnung des Schulwesens im Saarland - Schulordnungsgesetz - v. 21.8.1996, ABl. 1996, 846, ber. 1997, 147, mÄnd oder Sächs. SchulG v. 27.9.2018, SächsGVBl. 2018, 648, mÄnd).

Schulschließungen

Die Schließung von Schulen war während der → COVID-19-Pandemie eine der Maßnahmen, die Ausbreitung der Infektion gemäß

§ 28 → Infektionsschutzgesetz einzudämmen. Sa → Ausgangsbeschränkungen.

Schulsprengel
Ein Schulsprengel oder Schulbezirk ist ein abgegrenztes Einzugsgebiet, das einer bestimmten Regelschule (zB einer bestimmten → Grundschule als Pflichschule) zugeordnet wird. Die im Schulsprengel wohnenden Schulpflichtigen (→ Schulpflicht) sind grundsätzlich zum Besuch der für den Sprengel zuständigen Schule verpflichtet (vgl. zB § 76 II SchulG Baden-Württemberg v. 1.8.1983, GBl. 1983, 397, mÄnd, Art. 42 II Bayer. G über das Erziehungs- und Unterrichtswesen v. 31.5.2000, GVBl. 2000, 414,632, mÄnd oder § 25 V Sächsisches SchulG v. 27.9.2018, SächsGVBl. 2018, 648, mÄnd). Ausnahmen können zugelassen werden. Nordrhein-Westfalen und Hamburg haben den Schulsprengelzwang auch im Bereich der Grundschule abgeschafft.

Schulstrafen
ist die frühere und inzwischen überholte Bezeichnung für → Ordnungsmaßnahmen an der → Schule.

Schulverhältnis
1. Schulverhältnis ist das zwischen dem Träger einer → Schule (sa → Schulrecht, → Schulwesen) und dem Schüler bestehende Rechtsverhältnis. Es ergänzt den Erziehungsbereich der Eltern und begrenzt zugleich die Rechte der Eltern und Schüler zur Erreichung der Aufgaben der Schule. Soweit es sich um öffentliche Schulen handelt (Träger: Staat, Gemeinde), gehört dieses Rechtsverhältnis dem öffentl. Recht an. Der Inhalt des Schulverhältnisses wird durch die (landesrechtlichen) Schulgesetze und → Schulordnungen sowie → Verwaltungsvorschriften und Erlasse näher bestimmt. Eine Besonderheit ist die für alle Schüler bis zu einem bestimmten Alter bestehende → Schulpflicht. Zur Frage, inwieweit die im Schulverhältnis getroffenen Entscheidungen (zB die Nichtversetzung) als → Verwaltungsakte anzusehen sind, s. → Gewaltverhältnis, → Ordnungsmaßnahmen. Das Vorliegen eines Verwaltungsaktes ist aber nur bedeutsam für die Frage, welche Klageart gegeben ist. Nach hM unterliegen alle Maßnahmen der gerichtlichen Nachprüfung, soweit durch sie möglicherweise Rechte des Betroffenen verletzt sind. Sa → pädagogische Freiheit; → Elternbeirat; → Schulleitung; → Schülermitverantwortung; → Schullaufbahnempfehlung. Zu den Fragen der Kundgabe religiöser Überzeugungen in der Sache → Glaubens- und Gewissensfreiheit (3c), → Kruzifix in Schulen, → Religionsunterricht, → Schulgebet.

2. Das Rechtsverhältnis zwischen einer Privatschule und ihren Schülern ist nach bürgerlichem Recht zu beurteilen.

Schulvorstand
Schulvorstand ist das zentrale Gremium an niedersächsischen Schulen (nach der am 1.8.2007 in Kraft tretenden Schulgesetznovelle gemäß Gesetz v. 17.7.2006, GVBl. 2006, 412), Besetzung: Lehrer zu 50 Prozent, Eltern und Schüler jeweils zu 25 Prozent. Der Schulvorstand entscheidet unter anderem über die eigenverantwortliche Arbeit der Schule, die Stundentafel und über die Grundsätze der Mittelverwendung.

Schulwesen
1. Der Begriff bezeichnet die Gesamtheit der Einrichtungen, die der Vermittlung von Bildungsgütern in → Schulen dienen. Träger der Schulen sind in Deutschland die Länder oder kommunale Körperschaften (→ öffentliche Schulen), die Kirchen oder private Träger (→ Privatschulen). Es wird zwischen allgemeinbildenden, beruflichen und Förderschulen (Sonderschulen) unterschieden, je nachdem, ob die Schule allgemeine Grundlage, spezielles Berufswissen oder sonderpädagogische Förderung vermittelt (→ Schularten).

2. Das Schulwesen ist, vom GG abgesehen, landesgesetzlich geregelt (Landesverfassungen; Schulgesetze; Schulorganisationsgesetze; Schulbedarfsgesetze; Schulpflichtgesetze; → Schulordnungen; Bestimmungen über Lernmittelfreiheit; s. → Schulrecht; → Schulverhältnis). Die Gesetze der Länder unterscheiden meist zwischen dem sachlichen Bereich der Schulangelegenheiten (insbes. der Bereitstellung des Sachbedarfs, zB des Schulgebäudes, die idR den Gemeinden obliegt) und der Leitung und Überwachung des Schulwesens (einschl. der Bereitstellung des persönlichen Bedarfs, der idR dem Staat obliegt). Art. 7 I GG lässt den Ländern weitgehende Gestaltungsfreiheit; er sichert den Einfluss des Staates auf das gesamte Schulwesen als → institutionelle Garantie.

3. Die Struktur des Bildungssystems in Deutschland ist komplex und inzwischen von Land zu Land sehr unterschiedlich. Es gliedert sich in den Elementarbereich, mit → Kindergarten und vorschulische Einrichtungen (→ Vorschule; sa → Kindertageseinrichtungen), den Primarbereich, der die → Grundschule umfasst, die Sekundarstufe I, dazu zählen → Hauptschule, → Realschule (zT als Realschule plus oder Werkrealschule), → Mittelschule, → Oberschule, → Sekundarschule, → Gymnasium, → Gesamtschule sowie derzeit noch → Orientierungsstufe, und den Sekundarbereich II (mit der Oberstufe der Gymnasien, Oberschulen, Sekundarschulen und Gesamtschulen, den → Berufsbildenden Schulen und der Ausbildung im → Dualen System). Der Teritärbereich umfasst die → Hochschulen und im Quartärbereich die Einrichtungen des zweiten Bildungsweges. Die Einrichtungen des zweiten Bildungsweges und Förderschulen werden jeweils zu den Bereichen gerechnet, zu dem die üblicherweise besuchte Schule gehört (sa → Fernunterricht).

Schulzwang
Zur Durchsetzung der → Schulpflicht kann die Schule (→ Schule, 1) bei der zuständigen → Ordnungsbehörde die Durchführung des Schulzwangs beantragen. Zur Durchführung des Schulzwangs dürfen Wohnungen, Geschäftsräume und befriedetes Besitztum betreten sowie unmittelbarer Zwang ausgeübt werden (vgl. zB Art. 118 I Bayer. G über das Erziehungs- und Unterrichtswesen v. 31.5.2000, GVBl. 2000, 414, ber. 632, mÄnd oder § 24 II Thüringer SchulG v. 30.4.2003, GVBl. 2003, 215, mÄnd).

Schuman-Plan
→ Europäische Gemeinschaft für Kohle und Stahl; → Europäische Integration.

Schummel-Software
→ Dieselskandal.

Schusswaffen
→ Waffen.

Schusswaffengebrauch
→ Waffengebrauch.

Schutz der Jugend
→ Jugendschutz, → Jugendarbeitsschutz, → jugendgefährdende Medien.

Schutz der natürlichen Lebensgrundlagen
Nach Art. 20a GG schützt der Staat auch in Verantwortung für die künftigen Generationen die natürlichen Lebensgrundlagen sowie die Tiere. Diesem Verfassungsauftrag ist der Bund durch die gesetzlichen Regelungen zum → Naturschutz und zum → Tierschutz nachgekommen.

Schutz der öffentlichen Sicherheit und Ordnung
→ Sicherheit und Ordnung, öffentl.

Schutz der persönlichen Freiheit
→ Freiheit (persönliche), → Freiheitsentziehung, → Freiheitsberaubung.

Schutz des Kindeswohls
→ elterliche Sorge (3).

Schutzausrüstung
Die unmittelbar anwendbare VO (EU) 2016/425 über persönliche Schutzausrüstungen v. 9.3.2016 (ABl. EU 2016 L 81, 51) enthält im Anhang II die grundlegenden Gesundheitsschutz- und Sicherheitsanforderungen, denen perönliche Schutzausrüstungen, wenn sie angemessen gewartet und bestimmungsgemäß verwendet werden, im Binnenmarkt genügen müssen. Hierzu gehören etwa Schutzanzüge, Helme, Sicherheitsgurte usw. Ohne CE-Kennzeichnung (→ Konformitätszeichen) dürfen Schutzausrüstungen nicht auf den Markt gebracht werden. Die VO (EU) 2016/425 tritt an die Stelle der aufgehobenen Verordnung über die Bereitstellung persönlicher Schutzausrüstungen auf dem Markt (ehemals 8. ProdSV) idF v. 20.2.1997 (BGBl. 1997 I 316) und wird ergänzt durch das PSA-Durchführungsgesetz (PSA-DG) v. 18.4.2019 (BGBl. 2019 I 473, 475). → Geräte- und Produktsicherheitsrecht.

Schutzbedürftigkeit
→ Vertrag zugunsten Dritter.

Schutzbefohlene, Misshandlung von -n
→ Körperverletzung 3; → Sexueller Missbrauch in Abhängigkeitsverhältnissen.

Schutzbereich
(früher auch Rayon). Durch die Bestimmung eines Schutzbereiches wird die Nutzung von Grundstücken auf behördliche Anordnung für Zwecke der Verteidigung beschränkt. Die Erklärung eines Grundstücks zum Schutzbereich ist im SchutzbereichsG v. 7.12.1956 (BGBl. 1956 I 899) mÄnd geregelt. Sie ist eine entschädigungspflichtige → Enteignung (Teilenteignung). Den völligen Entzug von Grundeigentum zu Verteidigungszwecken regelt das LandbeschaffungsG vom 23.2.1957 (BGBl. 1957 I 134) mÄnd.

Schutzbereich der Norm
→ Schadensersatz (1), → Schutzzweck der Norm.

Schutzbrief
Versicherungsrechtlich versteht man unter einem Schutzbrief die Verpflichtung, mehrere (Versicherungs-)Leistungen aus einem bestimmten Anlass und/oder innerhalb eines bestimmten Zeitraums gegen entsprechende (meist einmalige) Prämienzahlung zu erbringen (zB anlässlich einer Auslandsreise die Übernahme erforderlich werdender Behandlungs- und sonstiger Kosten, die Rückführung von Personen und Sachen, die Gewährung von Rechtsschutz oÄ).

Rechtshistorisch betrachtet war ein Schutzbrief die urkundliche Zusage besonderen Schutzes an bestimmte Personen, meist fremder Staatsangehörigkeit, durch das Staatsoberhaupt. Zum freien Geleit im Strafverfahren → Abwesenheitsverfahren.

Schutzfristen
Mit Schutzfristen (oder Schutzdauer) umschreibt man den Zeitraum, innerhalb dessen die Inhaber von Schutzrechten des geistigen Eigentums andere von der Nutzung dieser Rechte ausschließen können. Die Dauer der Schutzfristen ist hinsichtlich der einzelnen Schutzrechte sehr unterschiedlich (s. → Patent, → Gebrauchsmuster, → Design, → Urheberrecht, → Marken).

Schutzgebiete (Naturschutz)
1. Zu Schutz, Pflege u. Entwicklung von Natur u. Landschaft (→ Naturschutzgebiete) sowie zur → Erholung in ihnen (§§ 13–36 u. §§ 59–62 BNatSchG) kennt das deutsche → Naturschutzrecht eine Vielzahl von Schutzgebieten (§§ 23 ff. BNatSchG). Neben den Naturschutzgebieten, → Nationalparken und → Nationale Naturmonumenten sind das insbes. → Biosphärenreservate, → Landschaftsschutzgebiete, → Naturparke und gesetzlich

geschützte → Biotope. → Naturdenkmäleru. → Geschützte Landschaftsbestandteile stellen in diesem Sinne keine Schutzgebiete, sondern Schutzobjekte dar.

2. Schutzgebiete werden nach landesrechtlichen Verfahren erklärt (§ 22 BNatSchG, zB §§ 12 ff. Bayer. NatSchG oder §§ 20 ff. Berliner NatSchG); Landesrecht kennt darüber hinaus weitere Arten von Schutzgebieten. §§ 31 ff. BNatSchG befassen sich mit dem Aufbau eines EU-weit zusammenhängenden Schutzgebiet-Netzes, Natura 2000, dem auch Vogelschutzgebiete (→ Vogelschutz) angehören. Das BNatSchG dient hier dem Vollzug von Europäischem Recht. Sa → Tierseuchen, 2., → Umweltkriminalität, → Wasserschutzgebiete.

Schutzgesetz
→ unerlaubte Handlung (2b).

Schutzgewahrsam
ist die Ingewahrsamnahme einer Person durch die Polizei zu ihrem eigenen Schutz bei unmittelbar drohender Gefahr für Leib oder Leben (zB hochgradige Trunkenheit, Selbsttötungsabsicht). Sie ist nach Landespolizeigesetzen kraft ausdrücklicher Bestimmung zulässig (§ 28 I Nr. 2 bad.-württ. PolG, Art. 17 bayer. PAG), sonst auf Grund des allgemeinen Rechts der Polizei zur Gefahrenabwehr. Gegen Missbrauch ist der Verwahrte durch Art. 104 II GG geschützt; danach ist jeder Festgenommene, der nicht alsbald freigelassen wird, spätestens bis Ablauf des nächsten Tages einem Richter vorzuführen, der über die weitere Freiheitsentziehung entscheidet.

Schutzhaft
in der Form, wie sie in totalitären Staaten häufig zu Missbräuchen geführt hat, ist im Rechtsstaat unzulässig. S. aber → Schutzgewahrsam.

Schutzhelm
Führer von → Krafträdern oder offenen drei- oder mehrrädrigen Kfz., also auch von sog. Trikes und Quads, mit mehr als 20 km/h Höchstgeschwindigkeit und → Soziusfahrer müssen während der Fahrt, wenn nicht ein vorgeschriebener Sicherheitsgurt angelegt ist, einen (amtlich genehmigten) Schutzhelm tragen; das gilt auch für → Fahrräder mit Hilfsmotor mit 25 km/h Höchstgeschwindigkeit, sog. Mofas (§ 21a II StVO), aber nicht für Leichtmofas (VO vom 26.3.1993, BGBl. 1994 I 394) und Krafträder, die der VO vom 20.5.1998 (BGBl. 1998 I 1130) entsprechen. Verstöße sind bußgeldbedroht (§ 49 I Nr. 20a StVO) und können zum Verlust von Versicherungsansprüchen führen oder gegenüber Schadensersatzansprüchen als → Mitverschulden geltend gemacht werden. Sa → Fahrräder.

Schutzimpfung
→ Impfung; → Impfzwang; → Impfschäden.

Schutzmacht
wird ein Staat genannt, der einem anderen Staat Schutz gegen Angriffe von dritter Seite garantiert (vgl. → Protektorat). Völkerrechtliche Schutzverhältnisse bestehen auf Grund Vertrags insbes. gegenüber neutralen Staaten (→ Neutralität). Im modernen Völkerrecht sind gegenseitige Beistands- und Schutzvereinbarungen in multilateralen Verträgen häufig (zB → NATO, früherer → Warschauer Pakt). Im zwischenstaatl. Verkehr wird Schutzmacht ein Staat genannt, der bei einem Konflikt zwischen zwei anderen Staaten die Interessen des einen Staates (insbes. den Schutz der Staatsangehörigen) gegenüber dem anderen wahrnimmt.

Schutzpflicht
→ Pflichtverletzung, → positive Vertragsverletzung.

Schutzpolizei
→ Polizei.

Schutzprinzip im Strafrecht
→ Geltungsbereich des Strafrechts (3).

Schutzrechtsverletzung
ist die Verletzung von → Immaterialgüterrechten, insbes. gewerblichen Schutzrechten.

Schutzschirmverfahren
Das Schutzschirmverfahren ist ein dem klassischen → Insolvenzverfahren vorgelagertes Verfahren, welches die Sanierung von Unternehmen (in → Eigenverwaltung) erleichtern soll. Voraussetzung für das Schutzschirmverfahren ist die drohende, aber noch nicht eingetretene Zahlungsunfähigkeit oder Überschuldung sowie die nicht vorliegende Aussichtslosigkeit einer angestrebten Sanierung. Diese Voraussetzungen muss der Schuldner durch eine begründete sachverständige Bescheinigung nachweisen. In einem solchen Fall bestimmt das Insolvenzgericht dann eine Frist zur Vorlage eines → Insolvenzplans, welche längstens drei Monate betragen darf, sowie einen Sachwalter, der nicht mit dem Ersteller der Bescheinigung identisch sein darf (§ 270b I, II InsO). Das Insolvenzgericht hat ferner auf Antrag des Schuldners Maßnahmen der Zwangsvollstreckung gegen ihn zu untersagen oder einstweilen einzustellen. Dadurch soll gewährleistet werden, dass der Schuldner seinen Insolvenzplan ungestört vorbereiten kann. Vor Ablauf der dreimonatigen Frist kann das Gericht seine Anordnung ua dann aufheben, wenn die angestrebte Sanierung aussichtslos geworden ist (§ 270b IV InsO). Nach Aufhebung der Anordnung oder nach Ablauf der Frist entscheidet das Gericht über die Eröffnung des Insolvenzverfahrens.

Schutzschrift
Eine Schutzschrift ist eine vorbeugender Verteidigungsschriftsatz gegen erwartete Anträge auf Arrest oder einstweilige Verfügung (§ 945a I 2 ZPO). Sie soll insbesondere den Erlass eines Arrests oder einer einstweiligen Verfü-

gung ohne mündliche Verhandlung allein auf Grund der Angaben des Antragstellers verhindern. Schutzschriften sind in das → Schutzschriftenregister einzureichen.

Schutzschriftenregister
Die Landesjustizverwaltung Hessen führt für die Länder ein zentrales, länderübergreifendes elektronisches Register für Schutzschriften (§ 945a Abs. 1 S. 1 ZPO). Eine → Schutzschrift gilt als bei allen ordentlichen Gerichten der Länder eingereicht, sobald sie in das Schutzschriftenregister eingestellt ist. Schutzschriften sind sechs Monate nach ihrer Einstellung zu löschen (§ 945a Abs. 2 ZPO). Die Gerichte können auf die eingereichten Schutzschriften im Wege eines automatisierten Abrufverfahrens zugreifen. Näheres regelt die Verordnung über das elektronische Schutzschriftenregister (SchutzschriftenregisterVerordnug – SRV) v. 24.11.2015 (BGBl. I 2135).

Schutzverhältnis
→ Protektorat.

Schutzwald
1. Schutzwald ist ein Wald, der seiner Lage nach Schutzfunktionen erfüllt (zB im Umweltschutz, Naturschutz, aber auch gegen Lawinen, Felsstürze, Erdabrutschungen, Hochwasser usw.). Die Erhaltung von Schutzwäldern wird durch Vorschriften der Waldgesetze gesichert (→ Waldschutz).

2. Über Schutzwaldungen an Bundesfernstraßen (§ 10 FStrG) vgl. → Autostraßen (3).

Schutzzertifikate, ergänzende
→ Ergänzende Schutzzertifikate.

Schutzzoll
– Gegensatz → Finanzzoll – belastet eingeführte Waren zum Schutz inländischer Hersteller. Man unterscheidet Erziehungs-Sch. für im Aufbau befindliche Industrien und Erhaltungs-Schutzzoll für sonst unrentable Wirtschaftszweige (zB Landwirtschaft). Vgl. → Prohibitivzölle, → Retorsionszölle.

Schutzzweck der Norm
Die Haftung für die Verletzung eines fremden Rechtsguts setzt nicht nur Verursachung (→ Kausalität) und (vielfach) → Verschulden, sondern auch einen Rechtswidrigkeitszusammenhang voraus; sie ist also durch den Schutzzweck der Norm (Normzweck) begrenzt; s. iE → Schadensersatz (1), → Kausalität im Strafrecht. Der Grundsatz gilt über das Haftungsrecht hinaus ganz allgemein (zB im Strafrecht, Strafverfahrensrecht und bei den Grundrechten).

Schwabenspiegel
Altdeutsches Rechtsbuch, Fortsetzung des Deutschenspiegels, einer für süddeutsche Verhältnisse überarbeiteten Fassung des → Sachsenspiegels. Der Schwabenspiegel entstand unter Heranziehung weiterer Rechtsquellen, insbes. des römischen und des kanonischen Rechts, um 1275 in Augsburg unter der Bezeichnung Kaiserliches Land- und Lebensrechtsbuch; sein Verfasser ist unbekannt. Der Schwabenspiegel fand weite Verbreitung in Süddeutschland und in der Schweiz; er wurde die Grundlage späterer ähnlicher Rechtsbücher.

Schwägerschaft
ist das Verhältnis eines Ehegatten zu den Verwandten des anderen Ehegatten; sie besteht auch über die Auflösung der sie begründenden Ehe hinaus fort. Die Linie und der Grad der Schwägerschaft richten sich nach dem Grad der jeweiligen → Verwandtschaft (§ 1590 BGB). So besteht zB Schwägerschaft im 1. Grad in gerader Linie mit den Eltern des anderen Ehegatten (Schwiegereltern), im 2. Grad in der Seitenlinie mit dessen Geschwistern (Schwager); Stiefeltern und -kinder sind im 1. Grad verschwägert. Keine Schwägerschaft besteht zwischen den Verwandten des einen Ehegatten und den Verwandten des anderen Ehegatten (volkstümlich „Schwippschwägerschaft" genannt). Die Schwägerschaft begründet keine → Unterhaltspflicht unter Verwandten und kein → Erbrecht; iÜ gelten weitgehend die Vorschriften über die Verwandtschaft entsprechend.

Schwangerschaft
Siehe → Mutterschutz, Leistungen der → Mutterschaftshilfe nach dem SGB V. Die Frage nach dem Bestehen einer Schwangerschaft bei Einstellung einer Arbeitnehmerin ist grundsätzlich unzulässig. Das Vorliegen einer Schwangerschaft sowie der mutmaßliche Entbindungstag soll dem Arbeitgeber bekannt gegeben werden, sobald der Zustand bekannt ist (§ 15 I MuSchG).

Schwangerschaftsabbruch (Abtreibung)
Schwangerschaftsabbruch ist die vorsätzliche Tötung einer vorgeburtlichen menschlichen Leibesfrucht.

1. Die Strafbarkeit des Schwangerschaftsabbruchs soll das ungeborene Leben schützen. Sie beginnt aber erst mit Abschluss der Einnistung des befruchteten Eies in der Gebärmutter (Nidation). Vor diesem Zeitpunkt ist ein Schwangerschaftsabbruch iSd StGB nicht möglich (§ 218 I 2 StGB), also straffrei. Für die Zeit danach galten im Bundesgebiet ab 3.10.1990 auf Grund des → Einigungsvertrages zunächst unterschiedliche Regelungen, wann der Schwangerschaftsabbruch straflos ist: In den alten Ländern bestand eine Indikationslösung. In den neuen Ländern galt dagegen eine Fristenlösung.

Der Gesetzgeber versuchte, einheitliche Vorschriften für den Schwangerschaftsabbruch im Schwangeren- und FamilienhilfeG (SFHG) vom 27.7.1992 (BGBl. 1992 I 1398), das eine modifizierte Fristenregelung mit obligatorischer Beratung enthielt, zu schaffen. Das BVerfG erklärte jedoch mit Urteil vom 28.5.1993 (NJW 1993, 1751) mehrere Bestimmungen des Gesetzes für nichtig, insbes.

die Regelung über die Straflosigkeit des Schwangerschaftsabbruchs und über die Beratung der Schwangeren. Nach Auffassung des BVerfG ist der Schwangerschaftsabbruch grds. Unrecht. Es besteht daher ein grds. Verbot des Schwangerschaftsabbruchs und eine grds. Pflicht der Mutter zum Austragen des Kindes. Dem Gesetzgeber sei es aber grds. nicht verwehrt, zu einem Konzept für den Schutz des ungeborenen Lebens überzugehen, das den Schwerpunkt auf die Beratung der Schwangeren legt, um sie für das Austragen des Kindes zu gewinnen, und dabei auf eine indikationsbestimmte Strafdrohung und die Feststellung von Indikationstatbeständen durch einen Dritten verzichtet. Ein solches Beratungskonzept müsse positive Voraussetzungen für ein Handeln der Schwangeren zugunsten des ungeborenen Lebens schaffen. Der Staat trage für das Beratungskonzept die volle Verantwortung. Ein Schwangerschaftsabbruch ohne Feststellung einer Indikation nach der Beratungsregelung dürfe nicht als gerechtfertigt (nicht rechtswidrig) erklärt werden.

2. Nach Erlass des Schwangeren- und FamilienhilfeÄndG vom 21.8.1995 (BGBl. 1995 I 1050) gilt Folgendes:

a) Der Schwangerschaftsabbruch ist grds. verboten und rechtswidrig. Für die Schwangere ist der Schwangerschaftsabbruch (auch Zulassung des Schwangerschaftsabbruchs durch einen anderen) mit Geldstrafe oder Freiheitsstrafe bis zu 1 Jahr bedroht; der Versuch ist für sie nicht strafbar (§ 218 III, IV 2 StGB), ebenso der Schwangerschaftsabbruch unter bestimmten Voraussetzungen (§ 218a IV 1 StGB, § 218b I 3 StGB, § 218c I StGB).

Für andere ist der Schwangerschaftsabbruch mit Geldstrafe oder Freiheitsstrafe bis zu 3 Jahren bedroht; bei besonders schweren Fällen, insbes. Schwangerschaftsabbruch gegen den Willen der Schwangeren oder leichtfertiger Gefahr des Todes oder einer schwerwiegenden Gesundheitsbeeinträchtigung für die Schwangere droht Freiheitsstrafe von 6 Monaten bis zu 5 Jahren; der Versuch ist strafbar (§ 218 I, II, IV 1 StGB). Nach § 5 Nr. 9 StGB ist auch ein Schwangerschaftsabbruch im Ausland strafbar, wenn der Täter ein Deutscher aus der Bundesrepublik ist (→ Auslandsdelikte, → Geltungsbereich des Strafrechts). Strafbar ist auch ein Schwangerschaftsabbruch ohne Feststellung der eigentlich vorliegenden medizinischen oder kriminologischen Indikation oder eine unrichtige ärztliche Feststellung einer solchen Indikation (§ 218b I 1, 2 StGB). Strafbar sind auch bestimmte ärztliche Pflichtverletzungen bei einem Schwangerschaftsabbruch (§ 218c I StGB), wenn der Arzt zB der Schwangeren keine Gelegenheit zur Begründung ihres Verlangens oder keine Aufklärung über den Eingriff gegeben hat.

b) Der Tatbestand des Schwangerschaftsabbruchs ist nicht verwirklicht, wenn die Schwangere den Schwangerschaftsabbruch verlangt und dem Arzt durch eine Bescheinigung einer anerkannten Schwangerschaftskonfliktberatungsstelle ihre Beratung gem. § 219 StGB mind. 3 Tage vor dem Eingriff nachgewiesen hat und der Schwangerschaftsabbruch von einem Arzt binnen 12 Wochen seit der Empfängnis vorgenommen wird (Beratungsregelung, § 218a I StGB).

c) Der ärztliche Schwangerschaftsabbruch mit Einwilligung der Schwangeren ist nicht rechtswidrig bei Vorliegen einer sozial-medizinischen Indikation (§ 218a II StGB) ohne zeitliche Begrenzung und gilt als nicht rechtswidrig bei Vorliegen einer kriminologischen Indikation (Schwangerschaft auf Grund einer → Sexualstraftat nach §§ 176–178 StGB) binnen 12 Wochen seit der Empfängnis (§ 218a III StGB). Eine embryopathische Indikation wie im vor 1992 geltenden Recht (Erwartung einer schwerwiegenden, unbehebbaren und der Schwangeren nicht zumutbaren Schädigung des Kindes auf Grund Erbanlage oder schädlicher Einflüsse vor der Geburt) ist nicht mehr ausdrücklich vorgesehen. Bei ihr ist ein Schwangerschaftsabbruch aber nicht rechtswidrig, wenn zugleich die Voraussetzungen einer medizinischen Indikation (Abwendung einer Gefahr für das Leben oder einer Gefahr einer schwerwiegenden körperlichen oder seelischen Gesundheitsbeeinträchtigung der Schwangeren) vorliegen. Die soziale Indikation des früheren Rechts (schwerwiegende, unabwendbare Notlage der Schwangeren) ist weggefallen; bei ihr kann aber § 218a I StGB und uU § 218a II StGB eingreifen.

d) Mit Wirkung ab 19.7.2022 aufgehoben wurde die Strafbarkeit der Werbung für den Abbruch der Schwangerschaft (§ 219a StGB aF; G. v. 11.7.2022, BGBl. 2022 I 1082). Sie traf zuvor denjenigen, der insb. öffentlich seines Vermögensvorteils wegen oder in grob anstößiger Weise eigene oder fremde Dienste zur Vornahme oder Förderung eines Schwangerschaftsabbruchs oder für einen solchen geeignete Mittel etc anbot, anpries uä. Durch eine Reform im Jahr 2019 wurden zuvor bereits Ärzte, Krankenhäuser oder Einrichtungen von der Strafbarkeit der Werbung ausgenommen, wenn sie lediglich auf Informationsangebote oder auf die Tatsache hinwiesen, dass sie Schwangerschaftsabbrüche vornehmen. Zugleich mit der Abschaffung des § 219a StGB wurden die aufgrund dieser Vorschrift bzw. der Vorgängernorm des § 219b StGB aF ergangenen strafgerichtlichen Urteile aufgehoben und zugrunde liegende Verfahren eingestellt (Art. 316n EGStGB).

3. Die Einzelheiten des Vorgehens zur Vermeidung und Bewältigung eines Schwangerschaftsabbruchs regelt das SchwangerschaftskonfliktG vom 27.7.1992 (BGBl. 1992 I 1398) mÄnd. Es gibt jeder Frau und jedem Mann Anspruch auf umfassende Beratung in allen berührten Fragen. Die Beratung ist ergebnisoffen zu führen und dient dem Schutz des ungeborenen Lebens. Die Länder haben ein ausreichendes Angebot von Einrichtungen zur

Vornahme von Schwangerschaftsabbrüchen sicherzustellen.

4. Versicherte der gesetzlichen → Krankenversicherung und mitversicherte Familienangehörige haben Anspruch auf ärztliche Beratung über Fragen der Empfängnisregelung. Zur ärztlichen Beratung gehören auch die erforderliche Untersuchung und die Verordnung von empfängnisregelnden Mitteln (§ 24a SGB V). Darüber hinaus besteht ein Anspruch auf Leistungen bei einem nichtrechtswidrigen Abbruch der Schwangerschaft durch einen Arzt (§ 24b SGB V, § 8 KVLG 1989). Bei einem Schwangerschaftsabbruch nach der Beratungsregelung besteht ebenfalls Anspruch auf Leistungen; davon sind aber die Vornahme des Schwangerschaftsabbruchs und die Nachbehandlung ausgenommen (§ 24b Abs. 3 SGB V). Bei Bedürftigkeit hat die Frau nach §§ 19 ff. SchwangerschaftskonfliktG Anspruch auf Leistungen, die bei einem Schwangerschaftsabbruch nach der Beratungsregelung auch den Eingriff selbst umfassen. Die Träger der gesetzlichen Krankenversicherung übernehmen die Kosten, die ihnen von den Ländern zu erstatten sind. Die Kosten für ärztlich verordnete empfängnisregelnde Mittel, die nicht erfasst sind, werden uU von der → Sozialhilfe übernommen (§ 49 SGB XII). Die Präimplantationsdiagnostik gehört nicht zum Leistungskatalog der Krankenversicherung.

5. Ein fehlgeschlagener Schwangerschaftsabbruch, der zu einem ungewollten Kind führt, kann einen ärztlichen Behandlungsfehler darstellen, der den Arzt zum Ersatz des → Schadens, der im Unterhaltsanspruch des Kindes besteht, verpflichten kann, wenn Schutzzweck des Vertrages die Vermeidung einer Unterhaltsbelastung ist und der Schwangerschaftsabbruch gem. § 218 II oder III StGB rechtmäßig gewesen wäre.

Schwangerschaftskosten
→ Unterhaltspflicht gegenüber dem nichtehelichen Kind.

Schwankungsreserve
Schwankungsreserve war bis 2003 die Bezeichnung für die → Nachhaltigkeitsrücklage der gesetzlichen Rentenversicherung.

Schwarmfinanzierung
1. Mit Schwarmfinanzierung (oder englisch crowdfunding) bezeichnet man das Zusammenführen von Anlegern und Projektträgern auf einer Internetplattform. Meist sind an der Schwarmfinanzierung drei Parteien beteiligt: Der Projekträger oder Emittent, der Anleger und der Schwarmfinanzierungsdienstleister, der die Schwarmfinanzierungsplattform betreibt. Über sie werden die Schwarmfinanzierungsinstrumente (Kredite, Einlagen, Beteiligungen usw) vertrieben. In der Regel geht es um kleinere Beträge, die der Projektträger von möglichst vielen Anlegern anstrebt. Seit November 2021 (mit einer Übergangszeit bis November 2023) regelt die VO (EU) 2020/1503 v. 7.10.2020 über Europäische Schwarmfinanzierungsdienstleister für Unternehmen (ABl. EU 2020 L 347, 1) die Erbringung, Zulassung und Aufsicht von Schwarmfinanzierungsdienstleistern. Die Verordnung gilt nur, wenn der Projektträger kein Verbraucher ist und das Volumen des Projekts 5 Mio € nicht überschreitet, weil dann die → Prospektpflicht greift (→ Vermögensanlagen). Der Projektträger ist verpflichtet, dem potentiellen Anleger ein → Basisinformationsblatt, hier Anlagebasisinformationsblatt genannt, zu geben.

2. Die Anpassung des deutschen Rechts an die unmittelbar geltende Verordnung erfolgte durch das Schwarmfinanzierung-Begleitgesetz v. 3.6.2021 (BGBl. 2021 I 1568). Zuständige Aufsichtsbehörde ist die → Bundesanstalt für Finanzdienstleistungsaufsicht nach § 32b WpHG. Sowohl der Projektträger als auch der Schwarmfinanzierungsdienstleister haften dem Anleger für die Richtigkeit des Anlagebasisinformationsblattes (§§ 32c und 32d WpHG). Die Prüfung der Schwarmfinanzierungsdienstleister richtet sich nach der Schwarmfinanzierungsdienstleister-Prüfungsverordnung (SchwarmfdPV) v. 17.5.2022 (BGBl. 2022 I 852). Schwarmfinanzierungsinstrumente sind → Finanzinstrumente.

Schwarzarbeit
Schwarzarbeit, für die Sozialversicherungsbeiträge und Steuern nicht entrichtet und neben der teilweise Sozialleistungen in Anspruch genommen werden (sog. Schattenwirtschaft), nimmt einen erheblichen Umfang an. Sie wird daher staatlich bekämpft.

1. Ihre Legaldefinition enthält § 1 II SchwarzArbG (Schwarzarbeitsbekämpfungsgesetz) v. 23.7.2004 (BGBl. 2004 I 1842) mÄnd. Schwarzarbeit leistet, wer Dienst- o. Werkleistungen erbringt o. ausführen lässt u. dabei als Arbeitgeber, Unternehmer oder versicherungspflichtiger Selbständiger sozialversicherungsrechtliche Melde-, Beitrags- o. Aufzeichnungspflichten (zB §§ 28a, 28e, 28 f SGB IV) nicht erfüllt (Nr. 1), als Steuerpflichtiger steuerliche Pflichten (zB § 153 AO, §§ 41a, 48 EStG, §§ 14, 18 UStG) nicht erfüllt (Nr. 2), als Empfänger von Sozialleistungen Mitteilungspflichten ggü. dem Sozialleistungsträger (§ 60 I 1 Nr. 1, 2 SGB I, § 8a AsylbLG, → Leistungsmissbrauch) nicht erfüllt o. als Erbringer von Dienst- o. Werkleistungen den Beginn des selbständigen Betriebs eines stehenden Gewerbes (§ 14 GewO) nicht angezeigt hat, eine Reisegewerbekarte (§ 55 GewO) nicht erworben hat o. ein zulassungspflichtiges Handwerk als stehendes Gewerbe ohne Eintragung in die Handwerksrolle (§ 1 HwO) betreibt (Nr. 4, 5).

2. Nicht unter die Legaldefinition der Schwarzarbeit fällt die → illegale Beschäftigung (s. § 16 II SchwarzArbG), auch wenn sie ebenso wie Schwarzarbeit bekämpft wird.

3. Keine Schwarzarbeit sind Dienst- o. Werkleistungen von Angehörigen oder Le-

benspartnern, aus Gefälligkeit, im Wege der Nachbarschaftshilfe o. im Wege der Selbsthilfe (§ 12 WoFG aF), wenn sie nicht nachhaltig auf Gewinn gerichtet sind (§ 1 III SchwarzArbG).

4. Verstöße gegen die Pflichten gem. § 60 I 1 Nr. 1, 2 SGB I, § 8a AsylbLG, §§ 14, 55 GewO, § 1 HwO stellen für den, der die Schwarzarbeit erbringt o. sie ausführen lässt, → Ordnungswidrigkeiten dar (§ 8 I SchwarzArbG). Oftmals werden daneben weitere Ordnungswidrigkeiten vorliegen oder Strafgesetze verletzt sein (→ illegale Beschäftigung, → Steuerstrafrecht, → Betrug, → Vorenthalten und Veruntreuen von Arbeitsentgelt, → Erschleichen von Sozialleistungen; → Leistungsmissbrauch).

5. Die Prüfung, ob die Pflichten gem. 1. erfüllt werden, führen die Behörden der Zollverwaltung mit Unterstützung der Fachbehörden durch (§§ 2, 6 SchwarzArbG). Sie können dazu Geschäftsräume u. Grundstücke betreten (→ Betretungsrecht), Auskunft u. Einsicht in Unterlagen verlangen u. Personen prüfen (§§ 3–5 SchwarzArbG); hierzu müssen Arbeitnehmer in bestimmten Branchen ein Ausweispapier mit sich führen u. den Behörden vorlegen (§ 2a SchwarzArbG). § 5a SchwarzArbG untersagt Arbeitnehmen, ihre Arbeitskraft in bestimmter Weise öffentlich als Tagelöhner anzubieten. Die Behörden haben bei der Verfolgung von Ordnungswidrigkeiten u. Straftaten Ermittlungsbefugnisse wie die Polizeivollzugsbehörden (§ 14 SchwarzArbG). Diese Regelungen sind teilweise entsprechend für die Prüfung auf Verstöße gegen das → Entsendegesetz (§ 17 AEntG) und das → Mindestlohngesetz (§ 15 MiLoG) anwendbar. Die Prüfung der Schwarzarbeit ist nicht gleichzusetzen mit einer Betriebsprüfung durch die Rentenversicherungsträger (§ 28p SGB IV).

6. Zivilrechtlich führt ein beiderseitiger Verstoß gemäß § 1 II Nr. 2 SchwarzArbG, also Erbringung der Schwarzarbeit unter Verstoß gegen das Gesetz und Kenntnis und Ausnutzung des Verstoßes zum eigenen Vorteil durch den Besteller, zur → Nichtigkeit des Vertrages (§§ 134, 138 BGB). Der BGH nimmt keine Korrekturen nach Treu und Glauben (§ 242 BGB) mehr vor (BGH NJW 2015, 2406). Sind Leistungen erbracht worden, so kann weder Bezahlung der vereinbarten Vergütung oder die Rückzahlung bezahlter Vergütungen, noch der Wert der Leistungen als → ungerechtfertigte Bereicherung herausverlangt werden (BGH aaO, § 817 S. 2 BGB). Mängelansprüche bestehen nicht (BGH NJW 2013, 3167). Nach Ansicht des BAG (NZA 2004, 313) ist wegen § 14 II 2 SGB IV bei einem Arbeitsvertrag Gesamtnichtigkeit nur anzunehmen, wenn die Absicht, Steuern und Sozialversicherungsbeiträge zu hinterziehen, Hauptzweck der Vereinbarung ist; anders als für die Berechnung des Gesamtsozialversicherungsbeitrages ist aber arbeitsrechtlich keine Nettolohnabrede fingiert (BAG 17.3.2010 – 5 AZR 301/09, NJW 2010, 2604).

7. Einnahmen aus Schwarzarbeit sind steuerpflichtig (§ 40 AO). Werden diese nicht steuerlich erklärt, liegt regelmäßig eine Steuerhinterziehung vor, → Steuerstrafrecht, → Ohne-Rechnung-Geschäft. Zur Bekämpfung der illegalen Beschäftigung und des Leistungsmissbrauchs durch Schwararbeit sind die Finanzbehörden berechtigt, durch das Steuergeheimnis geschützte Daten den Strafverfolgungsbehörden zu offenbaren (§ 31a AO). Nur für die Berechnung der Steuern und Sozialabgaben gilt das Entgelt als Nettoentgelt vereinbart (§ 14 II 2 SGB IV).

8. Zur Bekämpfung der Schwarzarbeit besteht auch für Privatpersonen die Pflicht, Rechnungen über steuerpflichtige Leistungen im Zusammenhang mit Grundstücken aufzubewahren (→ Aufbewahrungspflicht bei Geschäftsbüchern, 2).

9. Zu beachten ist, dass eine nicht angezeigte Beschäftigungsaufnahme die Wirkung einer Arbeitslosmeldung erlöschen lässt (§ 141 II SGB III). Die Agenturen für Arbeit heben in diesem Fall die Bewilligung des Arbeitslosengeldes ab dem Zeitpunkt der nicht angezeigten Beschäftigungsaufnahme entweder vollständig oder bis zu dem Zeitpunkt, an dem wieder alle Voraussetzungen für einen erneuten Bezug von Arbeitslosengeld vorliegen, auf und geben den Vorgang an das Hauptzollamt, bzw. die Staatsanwaltschaft ab. Der Zeitraum der Bewillligungsaufhebung - mit der entsprechenden Rückforderung des Arbeitslosengeldes, inklusive der Beiträge zur Kranken- und Pflegeversicherung - kann dabei weit über das Ende der Beschäftigung hinausreichen.

Schwarze Klauseln
sind im Recht der → Gruppenfreistellungsverordnungen Vertragsklauseln mit nicht freistellungsfähigen Wettbewerbsbeschränkungen (→ Kernbeschränkungen), die nicht nur selbst dem Verbot wettbewerbsbeschränkender Vereinbarungen im → Kartellrecht unterliegen, sondern auch die Freistellung für die gesamte Vereinbarung, in der sie zu finden sind, zu Fall bringen, selbst wenn deren Inhalt ansonsten freistellungsfähig wäre. Soweit → Gruppenfreistellungsverordnungen Vertragsklauseln für unzulässig erklären, ohne die Freistellung im Übrigen entfallen zu lassen, wird von „grauen" oder „roten" Klauseln gesprochen.

Schwarze Liste
Schwarze Liste wird im kaufmännischen Sprachgebrauch das vom → Vollstreckungsgericht geführte → Schuldnerverzeichnis der Personen genannt, die eine → eidesstattliche Versicherung abgegeben haben. IwS werden darunter die von Kreditschutzvereinen ua Verbänden geführten Listen von Schuldnern verstanden, bei denen Wechselproteste, Zahlungseinstellungen und dgl. vorliegen. Die Verbreitung unrichtiger Angaben über solche Listen kann als Kreditgefährdung (§ 824 BGB;

→ unerlaubte Handlung, 2c) Schadensersatzansprüche auslösen. Als „schwarze Liste" bezeichnet man auch die Liste im Anhang zu § 3 UWG. Diese zählt 30 Tatbestände auf, die auf jeden Fall als unlauter gelten (→ Unlauterer Wettbewerb).

Schwarzfahrer
→ Erschleichen von Leistungen, → Straßenverkehrshaftung (2), → Verlassen eines Fahrzeugs.

Schwarzgastronomie
Polemische Begriffsbildung, die sich gegen nach § 23 GastG ohne Genehmigung als → Gaststätte zulässige Betriebsformen (zB nichtgewerblicher Ausschank durch Vereine oder Gesellschaften in eigenen Räumen), uU auch gegen Grenzüberschreitungen in diesem Bereich wendet. Zum Teil werden auch Gaststätten erfasst, die nach § 12 GastG vorübergehend unter erleichterten Bedingungen gestattet werden.

Schwarzgeld
Mit dem Begriff „Schwarzgeld" werden umgangssprachlich finanzielle Mittel bezeichnet, die aus Einkunftsquellen stammen, welche vorsätzlich und widerrechtlich nicht der Besteuerung zugeführt wurden (→ Steuerstrafrecht; → Steuerhinterziehung). In einem allgemeineren Sinn kann auch Geld gemeint sein, dass durch eine → Straftat erlangt und ggf. noch einer → Geldwäsche (§ 261 StGB) zugeführt wurde oder wird. Nachdem sog. Ersatzhehlerei grds. durch den Tatbestand nicht erfasst wird, kann Schwarzgeld nur dann Objekt einer → Hehlerei (§ 259 StGB) sein, wenn es in verkörperter Form (Geldscheine, Münzen) unmittelbar aus einer strafbaren Vortat erlangt wurde.

Schwarzhören und -sehen
ist eine Praxis, bei der Fernseh- oder Rundfunkleistungen ohne Entrichtung eines erforderlichen Kostenbeitrags konsumiert werden. Es ist strafbar, wenn ein Kabelanschluss missbraucht (§ 265a StGB, → Erschleichen von Leistungen) oder gegen das → Abhörverbot nach § 5 I TDDDG verstoßen wird (§ 27 I Nr. 1 TDDDG). Ansonsten stellt es eine Ordnungswidrigkeit dar, wenn die Bestimmungen über den → Rundfunkbeitrag (§ 12 Abs. 1 Nr. 3 Rundfunkbeitragsstaatsvertrag, s. → Rundfunkrecht) nicht beachtet werden.

Schwarzkauf
→ Grundstückskaufvertrag, → Scheingeschäft.

Schwarzsenden
Es stellt eine Ordnungswidrigkeit nach § 228 II Nr. 17 TKG dar, wenn eine Frequenz ohne Zuteilung genutzt wird. Sa → Amateurfunk, → Piratensender, → Sende- und Telekommunikationsanlagenmissbrauch, → Tonaufnahme, unzulässige.

Schwarztanken
(Tanken ohne Bezahlung) von Kraftstoff an Selbstbedienungstankstelle wird strafrechtlich unterschiedlich eingeordnet je nachdem, ob es zu einer (ggf. auch nur konkludenten) Kommunikation mit dem Tankstellenpersonal kommt, in welcher der Täter seine Zahlungsfähigkeit und -willigkeit vortäuscht: Handelt der Täter von Anfang an mit dem Vorsatz, nicht zu zahlen, und kommt es zu einem derartigen täuschenden Verhalten, liegt vollendeter → Betrug vor. Wird er entgegen seiner Erwartung nicht bemerkt, kann versuchter Betrug gegeben sein (BGH NJW 2012, 1092). Wollte der Täter ursprünglich bezahlen, kommuniziert entsprechend mit dem Personal und entschließt sich erst beim Tanken, ohne Zahlung wegzufahren, handelt es sich um → Unterschlagung. Gleiches kommt in Betracht, wenn der Täter von vornherein nicht mit einer Wahrnehmung durch das Personal rechnete und eine solche auch nicht erfolgte (dann scheidet Betrug mangels Täuschung aus). Verschweigt der Täter erst an der Kasse beim Bezahlen weiterer gekaufter Ware mit Erfolg, dass er auch getankt hat, wird Betrug angenommen. Die Täuschung liegt dann in der konkludenten Erklärung, nichts anderes als die Waren zu bezahlen zu haben.

Schwebende Wirksamkeit, Unwirksamkeit
→ Unwirksamkeit eines Rechtsgeschäfts (1), → Nichtigkeit eines Rechtsgeschäfts (1), → Geschäftsfähigkeit.

Schweigen
(im rechtsgeschäftlichen Verkehr) → Willenserklärung (1b aa), → Bestätigungsschreiben, → Auftrag, → Schuldübernahme, → Hypothekenübernahme, → Handelsgeschäft; sa → Geschäftsfähigkeit, → Vertretung ohne Vertretungsmacht.

Schweigepflicht
→ Dienstgeheimnis, → Berufsgeheimnis, → Geheimnisverrat.

Schweinegrippe
(Influenza A/H1N1) ist der von den Medien benutzte Name für eine auf den Menschen und umgekehrt übertragbare → Tierseuche. Es handelt sich dabei um eine Grippe-Form, die in 2009 wohl zuerst in Mexiko bei Schweinen auftrat.

Schwellenerwerber
→ Binnenmarkt, Umsatzsteuer (2e).

Schwellenländer
sind die Staaten, die in ihrer wirtschaftlichen Entwicklung und Leistungsfähigkeit bereits fortgeschritten sind und in ihrer wirtschaftlichen Bedeutung zwischen Industrie- und → Entwicklungsländern liegen.

Schwellenpreis
Schwellenpreis oder Signalpreis ist bei der Veräußerung von Waren der Preis, der unter-

halb eines glatten Betrages, einer Schwelle, liegt, zB 9,99 EUR anstelle von 10,– EUR. Der Signalpreis hat Bedeutung in der Verkaufspsychologie. Als Schwellenpreis bezeichnete man auch den früher im Rahmen der EU-Agrarpolitik → Marktorganisation, gemeinsame, für die einzelnen Erzeugnisse jährlich festgelegten Preis, der die Importprodukte an der Außengrenze der EU künstlich verteuerte.

Schwellenwerte
Im → Vergaberecht sind in der → Vergaberichtlinie und in der → Sektorenrichtlinie Schwellenwerte vorgeschrieben, deren Umsetzung in nationales Recht durch § 106 GWB erfolgt. Bei der Vergabe → öffentlicher Aufträge mit Auftragswerten oberhalb der Schwellenwerte gelten die Vorschriften der §§ 97–184 GWB und der → Vergabeverordnung, deren Einhaltung die beteiligten Unternehmen in einem → Nachprüfungsverfahren durch die → Vergabekammern überprüfen lassen können. Die Schwellenwerte sind je nach der zu vergebenden Leistung verschieden; grds. liegen sie seit Januar 2024 für Bauaufträge bei 5,538 Mio. EUR, für sonstige Aufträge von Bundesstellen bei 143.000 EUR und für sonstige Aufträge anderer öffentlicher Auftraggeber bei 221.000 EUR (bei 443.000 EUR für Sektorenauftraggeber [→ öffentliche Aufträge]).

Schwerbehinderte Menschen
Schwerbehinderte iSd § 2 SGB IX sind Personen, die körperlich, geistig, seelisch oder sinnesbeeinträchtigt und dadurch in ihrer Erwerbsfähigkeit um wenigstens 50 vH gemindert sind. Behinderte, deren Behinderung weniger als 50 vH, aber mind. 30 vH beträgt und denen deshalb ohne die Gleichstellung Schwierigkeiten im Erwerbsleben entstehen, sollen schwerbehinderte Menschen gleichgestellt werden. Das SGB IX regelt die → Rehabilitation und Teilhabe behinderter Menschen. Schwerbehinderte Menschen haben Anspruch auf Zusatzurlaub wegen der Behinderung.

In der → Unfallversicherung (§ 57 SGB VII) und in der → Kriegsopferversorgung (§ 31 BVG, SGB XIV) werden für schwerbehinderte Menschen höhere oder zusätzliche Leistungen gewährt.

Steuerlich können schwerbehinderte Menschen zusätzliche Aufwendungen als außergewöhnliche Belastungen geltend machen (§§ 33, 33b EStG → Belastungen, außergewöhnliche, 2d–e).

In der → Rentenversicherung können schwerbehinderte Menschen vor Vollendung des Alters für eine Regelaltersrente dann eine Altersrente erhalten, wenn sie die Wartezeit entsprechend erfüllt haben (§§ 37, 236a, 302 IV SGB VI).

Schwerbeschädigte
Schwerbeschädigte sind Personen, die infolge einer gesundheitlichen Schädigung iS der → Kriegsopferversorgung, des → Soldatenversorgungsgesetzes, des → Häftlingshilfegesetzes, des Gesetzes über den → Zivildienst, des → Opferentschädigungsgesetzes, durch Besatzungsmaßnahmen, nationalsoz. Gewaltmaßnahmen oder → Impfschäden nicht nur vorübergehend um wenigstens 50 vH in der Erwerbsfähigkeit gemindert sind (→ Minderung der Erwerbsfähigkeit, sa → schwerbehinderte Menschen, → Rehabilitationsmaßnahmen). Es gelten die Bestimmungen des SGB IX hinsichtlich der Eingliederungshilfen und des SGB XII hinsichtlich der sozialen Lebenshilfen.

Schwere der Schuld
Strafrechtlicher Terminus, der im Gesetz in unterschiedlichem Zusammenhang verwendet wird:

1. Im → Jugendstrafrecht bezeichnet er in § 17 II 2. Alt. JGG eine der beiden alternativen Anordnungsvoraussetzungen der → Jugendstrafe. Diese darf nur verhängt werden, wenn sie wegen schädlicher Neigungen oder wegen der Schwere der Schuld des Angeklagten erforderlich ist. Begeht ein Heranwachsender (→ Jugendstrafrecht 1) einen Mord (→ Tötung 1a) und wendet das Gericht auf ihn gemäß § 105 I JGG die Rechtsfolgen des JGG an, so erhöht sich ferner nach § 105 III 2 JGG das Höchstmaß der Jugendstrafe auf 15 Jahre, wenn das allgemeine Höchstmaß von zehn Jahren wegen einer „besonderen Schwere der Schuld" nicht ausreicht.

2. Bei einer lebenslangen Freiheitsstrafe bezeichnet er in § 57a I 1 Nr. 2 StGB einen Umstand, der einer → Strafaussetzung zur Bewährung (2b) entgegen steht: Stellt das Gericht bei der Verurteilung zu einer solchen Strafe zugleich die „besondere Schwere der Schuld" des Angeklagten fest, so verhindert dies, dass bei dieser Strafe bereits nach Ablauf der Mindestverbüßungszeit von 15 Jahren eine Aussetzung erfolgen kann.

Schwerpflegebedürftige
Schwerpflegebedürftige sind, bzw. waren → Pflegebedürftige der → Pflegestufe II der → Pflegeversicherung (§ 15 I SGB XI). Durch die Einführung des Begriffs „Pflegegrad" ist der Begriff der Schwerpflegebedürftigen entfallen.

Schwerpunktstaatsanwaltschaft
Zur besseren Aufklärung und Verfolgung bestimmter Straftaten kann gem. § 143 IV GVG eine Schwerpunktstaatsanwaltschaft eingerichtet werden, deren Zuständigkeit sich insb. für die Bearbeitung bestimmter Arten von Strafsachen über mehrere Land- oder Oberlandesgerichtsbezirke erstreckt. Sinnvoll kann dies insbes. bei Spezialmaterien sein, für die bei der Schwerpunktstaatsanwaltschaft besondere Kompetenz erworben werden kann. Zur Ein-

richtung einer Schwerpunktstaatsanwaltschaft genügt ein Organisationsakt im Rahmen der Dienstaufsicht (§ 147 StPO), der auf Landesebene durch das JM oder durch eine Generalstaatsanwaltschaft für die StAen ihres Bezirks ergehen kann. Eingerichtet werden Schwerpunktstaatsanwaltschaften häufig zB für → Wirtschaftsstrafsachen; als landesweite Zentralstellen auf Ebene der Generalstaatsanwaltschaften zudem für → Internetkriminalität und → Staatsschutzdelikte.

Schwerstpflegebedürftige
Schwerstpflegebedürftige sind, bzw. waren → Pflegebedürftige der → Pflegestufe III der → Pflegeversicherung (§ 15 Abs. 1 SGB XI). Durch die Einführung des Begriffs „Pflegegrad" ist der Begriff der Schwerstpflegebedürftigen entfallen.

Schwiegereltern
Schwiegereltern sind die → Eltern des → Ehepartners. Sie können Zuwendungen, die sie dem Schwiegerkind in Erwartung des Bestands der → Ehe gemacht haben, bei → Scheitern derselben nach den Grundsätzen des → Wegfalls der Geschäftsgrundlage zurückfordern. Dies führt in der Regel nicht zur Rückgabe des Gegenstandes, sondern zu einem Ausgleich in Geld, denn soweit die Ehe Bestand gehabt hat, ist der Zweck der Zuwendung jedenfalls teilweise erreicht. Zur Rückforderung bei → nichtehelicher Lebensgemeinschaft s. dort.
→ Schwägerschaft, → Verwandtschaft.

Schwimmdock
→ Schiff.

Schwule
Neuerdings auch Begriff der Gesetzessprache für männliche → Homosexuelle.

Schwurgericht
Das Schwurgericht ist eine → Strafkammer des → Landgerichts und fungiert dort als besonderer Spruchkörper im Strafprozess. Es (und mit ihm das Landgericht) ist nach § 74 II GVG zuständig für alle → Verbrechens-Tatbestände, die den Tod eines Menschen voraussetzen (vgl. BT-Drs. 17/7669, 9), also insbes. für Mord und Totschlag sowie für → erfolgsqualifizierte Delikte, bei denen ein Vorsatzdelikt durch die Todesfolge des Opfers qualifiziert wird (insbes. schwere Sexualstraftaten, Aussetzung, Körperverletzung, Entziehung Minderjähriger, Freiheitsberaubung, erpresserischer Menschenraub, Geiselnahme, Raub, räuberischer Diebstahl, räuberische Erpressung, Brandstiftung, Herbeiführung einer Sprengstoffexplosion, fehlerhafte Herstellung einer kerntechnischen Anlage, Überschwemmung, gemeingefährliche Vergiftung, räuberischer Angriff auf Kraftfahrer, Luft- und Seepiraterie, Beschädigung wichtiger Anlagen, vorsätzliche Umweltstraftat). Zuständig is das Schwurgericht ferner auch ohne Todesfolge für die Delikte nach §§ 307, 309 II StGB.

Die Bezeichnung „Schwurgericht" ist historisch bedingt: Die Reichsstrafprozessordnung von 1877 (→ Reichsjustizgesetze) kannte ein echtes Geschworenengericht, bei dem der Schuldspruch allein der durch Laien gebildeten Geschworenenbank oblag und das als periodisch tagender Spruchkörper eigener Art konzipiert war (§§ 79–92 GVG aF). Mit der »Emminger-VO« v. 4.1.1924 (RGBl. 1924 I 15) wurde stattdessen unter gleicher Bezeichnung ein großes Schöffengericht eingeführt mit der hierfür üblichen Gleichstellung von Berufs- und Laienrichtern. Das 1. StVRG (BGBl. 1974 I 3393) schuf zum 1. Januar 1975 dann das heutige Schwurgericht, bei dem es sich um eine große Strafkammer handelt, die lediglich eine besondere Zuständigkeit wahrnimmt. Die Konzentration der Verfahren in Schwurgerichtssachen bei einer Kammer soll bei dieser eine entsprechende Spezialisierung und Kompetenzerlangung gewährleisten.

Das Schwurgericht ist stets (s. § 76 II 3 Nr. 1 GVG) mit 3 Berufsrichter und 2 Schöffen besetzt; hierin besteht die einzige Abweichung von den sonstigen großen Strafkammern. Welche Strafkammer die Funktion des Schwurgerichts übernimmt, wird in der → Geschäftsverteilung des Landgerichts durch das Präsidium bestimmt; auch kann ein gemeinsames Schwurgericht für mehrere LG-Bezirke eingesetzt werden (§§ 21e, 74d GVG). Bei sehr großem Geschäftsanfall können bei einem Landgericht mehrere Schwurgerichte gebildet werden, allerdings nur soweit diese trotzdem zu so hohem Anteil mit entsprechenden Verfahren befasst werden können, dass der mit der Verfahrenskonzentration bezweckte Spezialisierungseffekt erreicht wird. Bei Jugendlichen und Heranwachsenden tritt an Stelle des Schwurgericht die Jugendkammer (→ Jugendstrafrecht, 3).

Scoring
Scoring bezeichnet ein mathematisch-statistisches Verfahren zur Berechnung eines Wahrscheinlichkeitswerts, mit dem eine bestimmte Person ein bestimmtes Verhalten zeigen wird. Hauptanwendungsfall ist das Kreditscoring, bei dem eine → Auskunftei aus vergangenen Vorgängen einer Vergleichsgruppe in Bezug auf einen bestimmten Kunden einen „Score" (Punktwert) errechnet, der aussagt, wie wahrscheinlich es ist, dass der Kunde seine Verbindlichkeit erfüllt (Prognose). Der Score wird unter Zugrundelegung von Erfahrungswerten mit Vergleichsgruppen errechnet. Der Score ist ein personenbezogenes Datum für die Person, zu der er errechnet wird. Scoring fällt unter der Profiling iSd Art. 4 Nr. 4 DS-GVO. Mit § 31 BDSG wird das Scoring gesetzlich geregelt, und der Begriff wird in § 31 Abs. 1 BDSG definiert. → Datenschutz.

SE
= → Societas Europaea (wörtlich: Europäische Gesellschaft; in Deutschland: Europäische Ak-

tiengesellschaft); → Aktiengesellschaft (1b). Sa → Genossenschaft (8).

Search and Rescue
→ Such- und Rettungsdienst.

SED-Unrechtsbereinigung
→ Offene Vermögensfragen, → Entschädigungs- und Ausgleichsleistungsgesetz, → Rehabilitierungsgesetze (strafrechtliches, verwaltungsrechtliches, berufliches Rehabilitierungsgesetz).

Seeamt
1. Die Seeämter sind nach § 24 Seesicherheits-UntersuchungsG (SUG) idF v. 1.3.2012 (BGBl. 2012 I 390) mÄnd Untersuchungsausschüsse der Generaldirektion Wasserstraßen und Schifffahrt in Kiel, Hamburg, Rostock, Emden und Bremerhaven (→ Wasserstraßen- und Schifffahrtsverwaltung). Ihre Aufgabe ist es, Seeunfälle (zB Schiffskollision oder -untergang) personenbezogen zu untersuchen (§§ 43 ff. SUG, s. zur technischen Untersuchung → Bundesstelle für Seeunfalluntersuchung). Das Untersuchungsverfahren ist ein förmliches → Verwaltungsverfahren gem. § 9 VwVfG. Es wird mit einem Spruch (§ 49 SUG) abgeschlossen, der Feststellungen über den Unfall, Entscheidungen über das Vorliegen fehlerhaften Verhaltens sowie ggf. Sanktionen (Entzug von Befähigungsnachweisen, Fahrverbot) enthält.

2. Das Seeamt entscheidet nach Beweisaufnahme und öffentlicher mündlicher Verhandlung (§§ 46–48 SUG). Es ist mit einem Vorsitzenden, der die → Befähigung zum Richteramt besitzen muss, einem ständigen Beisitzer mit der Befähigung zum Kapitän und zwei ehrenamtlichen Beisitzern besetzt (§ 44 SUG). Der Spruch des Seeamtes ist ein → Verwaltungsakt, gegen den Widerspruch zur WSD Nord stattfindet (§ 52 SUG).

Seeanlagen
1. Seeanlagen sind gem. § 1 Seeanlagengesetz (SeeAnlG) v. 13.10.2016 (BGBl. 2016 I 2348) feste bauliche oder technische Einrichtungen im Bereich der → ausschließlichen Wirtschaftszone zur Erzeugung oder Übertragung von Energie aus Wasser oder Strömung sowie zu meereskundlichen Untersuchungen. Daher fallen → Windenergieanlagen auf See nicht unter das SeeAnlG. Keine Seeanlagen sind auch → Schiffe, schwimmfähige Plattformen (zB Bohrinseln), Anlagen, die nach bergrechtlichen Vorschriften zugelassen sind oder passives Fanggerät der Fischerei.

2. Seeanlagen dürfen nicht ohne Planfeststellung errichtet und betrieben werden. Für Vorhabenträger mit Unternehmenssitz in Deutschland gilt das auch für Seeanlagen auf → hoher See. Seeanlagen können gem. § 2 IV SeeAnlG nur planfestgestellt werden, wenn die Nutzung von Flächen zur Windenergieerzeugung oder -übertragung nicht behindert wird. Ferner darf der Plan nur unter den Voraussetzungen des § 5 SeeAnlG festgestellt werden, zB wenn die Meeresumwelt nicht gefährdet oder die Leichtigkeit des Verkehrs nicht beeinträchtigt wird. In der Planfeststellung kann eine Sicherheitsleistung für die Beseitigung der Seeanlagen angeordnet werden (§ 15 SeeAnlG). Zuständige Verwaltungsbehörde ist das → Bundesamt für Seeschifffahrt und Hydrographie.

Seearbeit
1. Das SeeArbG v. 20.4.2013, BGBl. 2013 I 868 mÄnd regelt die Arbeits- und Lebensbedingungen von → Seeleuten insbes. auf Kauffahrteischiffen, die nach dem FlaggenrechtsG (→ Seeschifffahrt) die Bundesflagge führen (§§ 1, 3 u. 9 SeeArbG). Zu den diesbezüglichen Pflichten des Eigentümers s. → Reeder.

Zur Abwendung von Gefahren für ein Schiff, Menschen oder Ladung sind Besatzungsmitglieder verpflichtet, ua jede zweckdienliche Anordnung des Kapitäns zu befolgen und bei Seegefahr (zB drohendem Schiffbruch) und solange der Kapitän an Bord ist, nicht ohne dessen Einwilligung von Bord zu gehen (§ 36 SeeArbG).

Das Gesetz enthält Bestimmungen ua zu folgenden Aspekten: Mindestanforderungen an die Arbeit auf Schiffen (§§ 10–27 SeeArbG, → Seediensttauglichkeit), Beschäftigungsbedingungen (§§ 28–80 SeeArbG, s. → Heuer), Berufsausbildung an Bord (§§ 81–92 SeeArbG), Unterkünfte, Freizeiteinrichtungen und Verpflegung (§§ 93–98 SeeArbG), Sicherheit, Gesundheitsschutz und medizinische wie soziale Betreuung (§§ 99–119 SeeArbG), Ordnung an Bord (§§ 120–128 SeeArbG) sowie Anforderungen an Schiffe unter ausländischer Flagge (§§ 137–141 SeeArbG). Einzelheiten zur Beschaffenheit von Unterkünften, Freizeiteinrichtungen und medizinischen Räumlichkeiten auf Kauffahrteischiffen enthält die SeeUnterkunftsV v. 17.10.2019 (BGBl. 2019 I 1453). Verstöße gem. § 145 SeeArbG sehen Bußgelder bis zu 50.000 EUR vor. Verstöße gem. § 146 SeeArbG werden mit bis zu fünf Jahren Haft oder Geldstrafe geahndet.

2. Das Seearbeitsübereinkommen v. 23.2. 2006 (BGBl. 2013 II 765) fasst eine Vielzahl seearbeitsrechtlicher Übereinkommen zusammen (Art. X Seearbeitsübereinkommen 2006). Danach haben alle Seeleute das Recht auf einen sicheren und gefahrlosen Arbeitsplatz, angemessene Beschäftigungsbedingungen, menschenwürdige Arbeits- und Lebensbedingungen an Bord, Gesundheitsschutz, medizinische Betreuung sowie soziale Maßnahmen und andere Formen des Sozialschutzes (Art. IV Seearbeitsübereinkommen 2006). Die Vertragsstaaten haben die Vereinigungsfreiheit, die Beseitigung von Diskriminierung, Zwangs- und Pflichtarbeit sowie die effektive Abschaffung von Kinderarbeit zu gewährleisten (Art. III Seearbeitsübereinkommen 2006). Das Übereinkommen gilt nicht für Schiffe zur Fischerei und ähnlichen Zwecken, Schiffe in traditio-

neller Bauweise sowie Kriegs- und Flottenhilfsschiffe.

3. Sa → Heuerverhältnis, → Musterung der Seeschiffsbesatzung.

Seeaufgabengesetz
→ Wasserstraßen- und Schifffahrtsverwaltung.

Seebeförderung
→ Überfahrtsvertrag.

See-Berufsgenossenschaft
Die See-Berufsgenossenschaft war bis 2009 Träger der gesetzl. → Unfallversicherung für die in Unternehmen der Seefahrt Tätigen, die gegen Arbeitsunfall versichert sind. Die See-Berufsgenossenschaft ist aufgegangen in der gewerblichen Berufsgenossenschaft Verkehrswirtschaft Post-Logistik Telekommunikation (BG Verkehr, § 121 II, III SGB VII, → Berufsgenossenschaften).

Seebetriebsrat
→ Betriebsrat.

Seedienstauglichkeit
gem. § 11 SeeArbG (→ Seearbeit, 1.) besitzt, wer die für den jeweiligen Dienstzweig vorgesehenen gesundheitlichen Anforderungen der Anl. 1 VO über maritime medizinische Anforderungen auf Kauffahrteischiffen – MariMedV – v. 14.8.2014, BGBl. 2014 I 1383, erfüllt (§ 3 MariMedV). Die VO regelt neben der Seediensttauglichkeits-Feststellung insbes. die medizinische Betreuung an Bord und die Registrierung von Schiffsärzten.

Seefahrtsbuch
Das Seefahrtsbuch war ein im früheren Seemannsgesetz vorgeschriebenes Nachweis- und Legitimationspapier für → Seeleute. Das Seefahrtsbuch wurde vom → Seemannsamt ausgegeben. Es hatte ua rentenrechtliche Bedeutung, diente der Überwachung von Arbeitszeiten und dem Nachweis berufsrechtlicher Qualifikationen (vorgeschriebene Tätigkeiten usw). Daneben hatte das Seefahrtsbuch früher die Funktion eines Personalpapiers, das den Pass ersetzte. Das SeeArbG (→ Seearbeit) sieht seit dem 1.8.2013 kein Seefahrtsbuch mehr vor; wurde es gem. SeemannV v. 21.10.1981 (BGBl. 1981 I 1146) mÄnd, erstellt, blieb es bis Mai 2019 gültig (§ 64 VI See-BV, s. → Seeleute).

Seefischerei
Seefischerei übt aus, wer berufsmäßig auf See Fische fängt, dies versucht, sie an Bord nimmt, aus → Aquakultur des Meeres oder in anderer Weise gewinnt (§ 1 SeefischG idF v. 6.7.1998, BGBl. 1998 I 1791, mÄnd).

1. Völkerrechtlich steht das → Fischereirecht den Küstenstaaten im → Küstenmeer und in der → ausschließlichen Wirtschaftszone zu. Auf → Hoher See ist die → Fischerei nach dem → Seerechtsübereinkommen (sa → Seerecht) frei; die Vertragsstaaten sind aber verpflichtet, Maßnahmen zur Erhaltung der lebenden Ressourcen zu ergreifen (Art. 116 ff. SRÜ). Durch völkerrechtliche Verträge haben sich manche Staaten zu Beschränkungen der S. verpflichtet (zB durch das Übereinkommen zur Regelung des Walfangs; s. → Artenschutz). Das Seearbeitsübereinkommen findet keine Anwendung auf die Seefischerei (→ Seearbeit, 2.).

2. In der → Europäischen Union ist die Seefischerei Gegenstand der → Gemeinsamen Fischereipolitik, nach der sich Fangerlaubnisse, Fangquoten, Fanggebiete und Fanggerät bestimmen. Das deutsche Seefischereigesetz, die Seefischereiverordnung (SeefiV) v. 18.7.1989 (BGBl. 1989 I 1485) und die VO zur Durchsetzung des unionsrechtlichen Fischereirechts v. 16.6.1998 (BGBl. 1998 I 1355), jeweils mÄnd, enthalten Vollzugsvorschriften zur verwaltungstechnischen Durchsetzung des Fischereirechts der Union im Inland (ua Erteilung von Erlaubnissen, § 3 SeefischG; Überwachung, §§ 6–8 SeefischG); sa → Bundesanstalt für Landwirtschaft und Ernährung.

3. Sa → Meeresnaturschutz.

Seeforderungen
→ Reeder.

Seefrachtvertrag
Ein Seefrachtvertrag ist der → Frachtvertrag zur Beförderung von Gütern mit Seeschiffen. Er kann sich auf das ganze Schiff, einen bestimmten Teil, auf einen bestimmten Raum des Schiffes oder auf einzelne Güter (Stückgüter) beziehen (vgl. § 481 HGB). Das Seefrachtgeschäft für Güter ist in den §§ 481–526 HGB geregelt. Der → Frachtführer wird beim Seefrachtvertrag als Verfrachter bezeichnet (vgl. § 481 HGB; über die Beschränkbarkeit seiner Haftung §§ 498 ff. HGB), der Absender als Befrachter; dieser ist idR zugleich der Ablader, der dem Verfrachter die Güter übergibt (vgl. § 486 HGB). Im Rahmen des Seefrachtvertrags werden in der Regel → Konnossemente erteilt.

Seegerichtshof
→ Internationaler Seegerichtshof.

Seehafen
→ Hafen.

Seehandelsrecht
Das deutsche Seehandelsrecht, also alle Vorschriften, die die Rechtsbeziehungen im Seehandel in und mit Deutschland regeln, ist im 5. Buch des HGB (§§ 476–619 HGB) geregelt. Subsidiär gelten das allgemeine → Handelsrecht und das BGB.

Seekasse
Die Seekasse ist der ehemalige Träger der → Arbeiterrentenversicherung für die Besatzungsmitglieder deutscher Seefahrzeuge. An die Stelle der Seekasse ist im Oktober 2005 die → Deutsche Rentenversicherung Knappschaft-Bahn-See getreten (→ Bundesträger, → gesetzliche Rentenversicherung).

See-Krankenkasse
Die See-Krankenkasse führte bis zum 31.12.2007 die See-Krankenversicherung für Seeleute und deren Angehörige durch. Mit Wirkung vom 1.1.2008 schloss sich die See-Krankenkasse mit der Knappschaft zusammen. Entsprechendes gilt für die frühere See-Pflegekasse. Hauptsitz der See-Krankenkasse ist heute Bochum.

Seeleute
sind gem. § 3 SeeArbG (→ Seearbeit, 1.) die Besatzungsmitglieder, unabhängig davon, ob abhängig beschäftigt oder selbständig. Dazu gehören ua der Kapitän, sein Stellvertreter, Schiffsoffiziere und jugendliche Besatzungsmitglieder (§§ 5–7 SeeArbG).

Besatzungsmitglied darf nur sein, wer das entsprechende Mindestalter hat (§ 10 SeeArbG), → Seediensttauglichkeit besitzt (§ 11 SeeArbG) und über die erforderlichen Befähigungen verfügt (§ 23 SeeArbG). Nach §§ 5, 6 SeeArbG bedürfen Kapitäne (→ Seeschiffer) und Schiffsoffiziere des nautischen oder des technischen Schiffsdienstes eines staatlichen Befähigungszeugnisses. Bei ihnen dürfen Eintragungen im → Fahreignungsregister in Flensburg den zuständigen Stellen gemeldet werden (§ 30 IVa StVG). S. ferner die Seeleute-Befähigungsverordnung (See-BV) v. 8.5.2014 (BGBl. 2014 I 460, mÄnd) und die Schiffsbesetzungsverordnung v. 18.7.2013 (BGBl. 2013 I 2575 mÄnd), die weitere Vorschriften zur Besatzung enthält. Über die arbeitsrechtlichen Verhältnisse der Seeleute sa → Heuer, → Heuerverhältnis, → Musterung der Seeschiffsbesatzung, → Seefahrtsbuch.

Seelotsen
→ Lotsen.

Seemannsamt
Seemannsamt war eine von den Landesregierungen eingerichtete Verwaltungsbehörde, der eine Reihe von Verwaltungsaufgaben nach dem ehemaligen Seemannsgesetz übertragen war, insbes. die → Musterung der Seeschiffsbesatzung und die Führung der → Seefahrtsbücher. Mit Inkrafttreten der Nachfolgeregelung, des Seearbeitsgesetzes (→ Seearbeit), im Jahre 2013 wurden die Seemannsämter aufgelöst. Erhalten geblieben ist der Name in manchen nach Landesrecht für Hafenangelegenheiten zuständigen Behörden, wie etwa dem Hafen- und Seemannsamt Rostock.

Seemannsgrab
→ Bestattung.

Seenotrettungsdienst
→ Such- und Rettungsdienst.

Seepassagevertrag
Seepassagevertrag ist eine andere Bezeichnung für den → Überfahrtsvertrag.

See-Pflegekasse
Die See-Pflegekasse führte die gesetzliche Pflegeversicherung der Seeleute und deren Angehöriger durch. Seit 1.1.2008 ist sie mit der Knappschaft zusammengeschlossen (→ See-Krankenkasse). Hauptsitz der Knappschaft ist Bochum.

Seepiraterie
→ Luft- und Seepiraterie.

Seerecht
1. Seerecht ist der Oberbegriff für alle völkerrechtlichen und innerstaatlichen Vorschriften, die sich mit den Rechtsverhältnissen des Meeres, des Meeresbodens und der Schifffahrt befassen.

2. Die vermehrte und intensivierte Nutzung der Meere durch die verbesserten technischen Möglichkeiten brachte für das Seevölkerrecht in den letzten Jahrzehnten große Veränderungen. Der Grundgedanke der → Freiheit des Meeres wurde durch die räumliche und sachliche Erweiterung der Rechte der Küstenstaaten und der Völkergemeinschaft immer mehr eingeschränkt. Anlässlich der I. UN-Seerechtskonferenz (→ Vereinte Nationen) 1958 wurden vier Übereinkommen geschlossen, die im Wesentlichen das bis dahin geltende Gewohnheitsrecht zusammenfassten. Nach der II. UN-Seerechtskonferenz 1960 führte die am 16.11.1973 einberufene III. UN-Seerechtskonferenz mit dem am 10.12.1982 in Montego Bay (Jamaika) von 119 Konferenzteilnehmern unterzeichneten → Seerechtsübereinkommen (SRÜ; BGBl. 1994 II 1798) der Vereinten Nationen zu einer grundlegenden Reform des Seevölkerrechts. Das SRÜ wird durch das Übereinkommen vom 28.7.1994 zur Durchführung des Teiles XI des SRÜ der Vereinten Nationen vom 10.12.1982 (DÜ-SRÜ; BGBl. 1994 II 2565 und 1995 II 479) hinsichtlich des → Tiefseebergbaus ergänzt. Das SRÜ trat am 16.11.1994 in Kraft; am 31.12.2016 hatte es mit Deutschland 168 Vertragsparteien. Das DÜ-SRÜ trat am 28.7.1996 in Kraft. Das SRÜ und das DÜ-SRÜ enthalten Regelungen über die → inneren Gewässer, das → Küstenmeer, die → Anschlusszone, die → ausschließliche Wirtschaftszone, den → Festlandsockel, die → Hohe See, den → Tiefseebergbau sowie die Einrichtung eines → Internationalen Seegerichtshofs in Hamburg.

3. Das innerstaatliche Seerecht muss dem für Deutschland geltenden Seevölkerrecht entsprechen. Wichtigste Vorschriften sind die die Seewasserstraßen betreffenden Vorschriften des Bundeswasserstraßengesetzes v. 23.5.2007 (BGBl. 2007 I 962, ber. BGBl. 2008 I, 1980) mÄnd, das Vertragsgesetz zum SRÜ v. 2.9.1994 (BGBl. 1994 II 1798), das Ausführungsgesetz zum Seerechtsübereinkommen 1982/1994 v. 6.6.1995 (BGBl. 1995 I 778) sowie die Vorschriften über die → Seeschifffahrt (sa → Wasser- und Seeschifffahrtsverwaltung, → Schifffahrtsverkehrsregeln). Innerstaatliches Seerecht enthält auch die Proklamation der Ausweitung des deutschen Küstenmeeres auf 12 Seemeilen vom 11.11.1994 (BGBl. 1994 I

3428). Sa → Seeanlagen; → Seeamt; → Seefischerei.

Seerechtsübereinkommen
Das Seerechtsübereinkommen der → Vereinten Nationen (SRÜ) wurde als Ergebnis der III. UN-Seerechtskonferenz am 10.12.1982 von 119 Teilnehmerstaaten in Montego Bay (Jamaika) unterzeichnet. Bis zum Ende der Unterzeichnungsfrist am 9.12.1984 hatten 155 Staaten sowie die → Europäische Gemeinschaft das Übereinkommen gezeichnet. Deutschland, die USA und Großbritannien haben zunächst ua wegen Bedenken gegen die den → Tiefseebergbau betreffenden Regelungen nicht unterzeichnet. Auch die Ratifikation des SRÜ erfolgte wohl wegen dieser Regelungen zunächst schleppend. Die den Tiefseebergbau betreffenden Bedenken wurden durch das Durchführungsübereinkommen vom 28.7.1994 (DÜ-SRÜ) ausgeräumt. Das DÜ-SRÜ setzte die den Tiefseebergbau betreffenden Regelungen des Teiles XI des SRÜ weitgehend außer Kraft oder modifizierte sie. Seit dem 28.7.1994 stellt jede Ratifikationsurkunde zum SRÜ gleichzeitig eine verbindliche Zustimmungserklärung zum DÜ-SRÜ dar. Am 16.11.1994 wurde Deutschland 67. Vertragsstaat des SRÜ (Vertragsgesetz vom 2.9.1994, BGBl. 1994 II 1798). Ende 2018 hatte das SRÜ 168 Vertragsstaaten und die EU als Vertragspartner.

Seeschiff(sregister)
→ Schiff; → Seeschifffahrtsregister, → Seeschifffahrt.

Seeschiffer
(→ Schiffer, → Schiffsführer) ist die Bezeichnung für den verantwortlichen Führer des Schiffes (Kapitän), der auf Schiffen unter Bundesflagge EU-Bürger sein muss, §§ 2 ff. Schiffsbesetzungsverordnung (→ Seeleute).

Seeschifffahrt
1. Seeschifffahrt ist die Schifffahrt auf → Seewasserstraßen und seewärts davon, insbes. auf → hoher See. Sie gehört zum → Seerecht und ist grundsätzlich genehmigungsfrei (→ Freiheit des Meeres). Viele die Seeschifffahrt betreffenden Vorschriften basieren auf Völker- und Europarecht. Soweit eine Regelung durch deutsche Behörden zulässig ist, fällt Seeschifffahrt in die konkurrierende Gesetzgebung des Bundes (Art. 74 I Nr. 21 GG) und, soweit ihm durch Gesetz übertragen, auch in seine Verwaltungszuständigkeit (Art. 89 II 2 GG). Eine solche Übertragung erfolgte durch das Seeaufgabengesetz (→ Wasserstraßen- und Schifffahrtsverwaltung). Die Seeschifffahrt umfasst die → Küstenschifffahrt und ist abzugrenzen von der → Binnenschifffahrt, auch wenn für sie teilweise dieselben Vorschriften gelten.

2. Grundsätzlich muss nach § 1 Flaggenrechtsgesetz (FlaggRG) idF v. 26.10.1994 (BGBl. 1994 I 3140) mÄnd jedes Seeschiff die Bundesflagge führen, dessen Eigentümer Deutsche oder von Deutschen kontrollierte Gesellschaften sind. Einzelheiten regelt die Flaggenrechtsverordnung (FlRV) v. 4.7.1990 (BGBl. 1990 I 1389) mÄnd. Danach unter deutscher Flagge fahrende Seeschiffe werden idR in zwei Register eingetragen, das nationale Flaggenregister (§ 21 FlRV) und das internationale → Seeschifffahrtsregister. Zum dem Grundbuch ähnlichen Schiffsregister → Schiff.

3. Der Gewährleistung der Sicherheit des Schiffs auf See dienen neben dem Schiffssicherheitsgesetz (SchSG) v. 9.9.1998 (BGBl. 1998 I 2860 mÄnd) und der Schiffssicherheitsverordnung (SchSV) v. 18.9.1998 (BGBl. 1998 I 3013, 3023 mÄnd) insbesondere die Schiffsausrüstungsverordnung (SchAusrV) v. 1.10.2008 (BGBl. 2008 I 1913 mÄnd, → SOLAS) sowie das Seearbeitsgesetz (→ Seearbeit). Diese Vorschriften dienen auch dem Umweltschutz (→ Meeresverschmutzung). Das SchSG regelt die Pflicht zur Sicherheitsvorsorge (§ 3 SchSG), Verhalten beim Schiffsbetrieb (§ 8 SchSG), Verantwortlichkeiten (§ 9 SchSG) und Überwachung (§ 10 SchSG). Vor allem enthält die Anlage zum SchSG alle zu beachtenden völker- und europarechtlichen Vorschriften.

4. Die wichtigsten Verkehrsregeln der Seeschifffahrt enthalten die Kollisionsverhütungsregeln und die Seeschifffahrtsstraßen-Ordnung, dazu → Schifffahrtsverkehrsregeln. Die Verordnung über die Sicherung der Seefahrt (SeeFSichV) v. 27.7.1993 (BGBl. 1993 I 1417) mÄnd enthält Regelungen für Seenotfälle (Verpflichtung zur Hilfeleistung). Seeschiffe sind verpflichtet, das Ein- und Auslaufen in Häfen der zuständigen Hafenbehörde zu melden. Die ab 2025 anwendbare VO (EU) 2019/1239 v. 20.6.2019 (ABl. L 198/64) schafft hierfür ein einheitliches, interoperables europäisches Umfeld (European Maritime Single Window environment, EMSWe), in dem die nationalen zentralen Meldeportale miteinander verbunden und die von den Schiffen zu meldenden Daten vereinheitlicht werden.

5. Zum → Seehandelsrecht gehören → Gütertransport und → Personenbeförderung. Dem Bund obliegt die Förderung der deutschen Handelsflotte (§ 1 SeeAufgG). Das zuständige Bundesministerium kann per Rechtsverordnung Maßnahmen zur Abwehr von Nachteilen für die wirtschaftliche Betätigung der deutschen Seeschifffahrt erlassen (§ 9 IV SeeAufgG). → Fahrgastrechte (See- und Binnenschiffsverkehr), → Bergung.

Seeschifffahrtsregister
Eigentlich richtig Internationales Seeschifffahrtsregister, auch Zweitregister, in das bestimmte Handelsschiffe auf Antrag des Eigentümers eingetragen werden (§ 12 FlaggenrechtsG). Es wird beim BMV geführt. Sa → Seeschifffahrt.

Seeschifffahrtsstraßen
§ 1 I SeeSchStrO (→ Schifffahrtsverkehrsregeln) definiert Seeschifffahrtsstraßen als die Fläche zwischen der Küstenlinie bei mittlerem

Hochwasser sowie der seewärtigen Begrenzung der Binnenwasserstraßen und einer Linie von drei Seemeilen seewärts davon. Dies entspricht den früheren Hoheitsgewässern, als es noch die Dreimeilenzone gab. Mittlerweile ist das deutsche → Küstenmeer größer. Zu den Seeschifffahrtsstraßen gehören ferner bestimmte Binnenwasserstraßen, die auch der Seeschifffahrt dienen, etwa die Unterläufe von Elbe und Weser.

Seetestament
→ Testament (3).

Seeunfalluntersuchung
→ Seeamt; → Bundesstelle für Seeunfalluntersuchung; → Haverei (Havarie).

See-Unfallversicherung
Die See-Unfallversicherung war bis zum Inkrafttreten des SGB VII neben der allgemeinen (gewerblichen) und der landwirtschaftlichen Unfallversicherung ein eigenständiger Zweig der gesetzlichen Unfallversicherung (→ See-Berufsgenossenschaft). Durch das SGB VII ist die See-Unfallversicherung zu einem Teil der gewerblichen Unfallversicherung geworden (Berufsgenossenschaft Verkehrswirtschaft Post-Logistik Telekommunikation), obwohl weiterhin einige Sondervorschriften zu beachten sind (zB Ausweitung der Versicherungsfälle, § 10 SGB VII; Meldepflicht, § 194 SGB VII).

Seeverschollenheit
→ Todeserklärung.

Seeversicherung
Gegenstand der Seeversicherung kann jedes in Geld schätzbare Interesse sein, das jemand daran hat, dass Schiff oder Ladung die (typischen) Gefahren der Seeschifffahrt besteht. Auf die Seeversicherung ist das VVG nicht anwendbar (§ 209 VVG, → Versicherungsvertrag, 1); Einzelheiten regeln die Allgemeinen Deutschen Seeversicherungsbedingungen (ADS). Versichert werden können insbes. Schiff, Fracht und Güter, Überfahrts- und Havariegelder, aber auch der Gewinn sowie Forderungen, für die Schiff und Ladung haften. Die Seeversicherung tritt ein bei Schiffbruch, Schiffzusammenstoß, Strandung, Brand, Explosion, Blitzschlag oÄ, aber auch bei Seeraub, Plünderung, Diebstahl usw (§ 28 ADS).

Seewasserstraßen
Seewasserstraßen sind in § 1 IV WaStrG definiert als die Fläche zwischen der Küstenlinie bei mittlerem Hochwasser (bzw. der seewärtigen Begrenzungen der Binnenwasserstraßen) und der seewärtigen Begrenzung des → Küstenmeeres. Zu den Seewasserstraßen gehören nicht die Hafeneinfahrten. Seewasserstraßen sind → Bundeswasserstraßen und stehen im Eigentum des Bundes. Die Begriffe Seewasserstraßen, → Küstengewässer und Küstenmeer bezeichnen dieselbe Wasserfläche.

Segelflugzeuge
sind → Luftfahrzeuge, die schwerer als Luft sind, aerodynamisch in der Luft gehalten werden und im Gleitflug nicht von Triebwerken abhängig sind (Art. 2 DVO (EU) 2018/1976 v. 14.12.2018 zur Festlegung detaillierter Vorschriften für den Flugbetrieb mit Segelflugzeugen, ABl. EU 2018 L 326, 64).

Sehhilfe
Die Versorgung der Versicherten mit Sehhilfen, insbesondere Brillen sowie Kontaktlinsen, gehört seit dem 1.1.2004 grundsätzlich nicht mehr zu den Leistungen der gesetzlichen → Krankenversicherung. Ausnahmen bestehen für Jugendliche bis zur Vollendung des 18. Lebensjahres sowie für ältere Versicherte mit einer schweren Sehbeeinträchtigung. Von einer schweren Sehbeeinträchtigung bei älteren Versicherten ist auszugehen, wenn sie aufgrund ihrer Sehschwäche oder Blindheit entsprechend der von der Weltgesundheitsorganisation empfohlenen Klassifikation auf beiden Augen eine Sehbeeinträchtigung mindestens der Stufe 1 aufweisen. Anspruch auf therapeutische Sehhilfen besteht darüber hinaus, wenn diese der Behandlung von Augenverletzungen oder Augenerkrankungen dienen. Der Anspruch umfasst nicht die Kosten des Brillengestells (§ 33 II, IV SGB V).

Seilbahnen
sind Anlagen des Personenverkehrs, zT auch des öffentlichen Güterverkehrs, einschließlich Schleppaufzügen, sprich -liften. Seilbahnen sind landesrechtlich geregelt, etwa im LandesseilbahnG Rh-Pf v. 15.10.2004, GVBl. 2004, 447 oder im Bayerischen Eisen- und Seilbahngesetz v. 9.8.2003 (GVBl. 2003, 598). Danach kann der Seilbahnunternehmer zum Betrieb verpflichtet werden (§ 8 Rh-Pf SeilbahnG) und unterliegt einer Versicherungspflicht (§ 11 Rh-Pf SeilbahnG). Weiterhin kann der Betrieb einer Genehmigungspflicht unterstellt werden, vgl. Art. 13 BayESG. Auf Seilbahnen zur → Personenbeförderung (Legaldefinition in Art. 3 Nr. 1 VO), für die seit April 2018 eine Genehmigung erforderlich ist, findet die VO (EU) 2016/424 v. 9.3.2016 (ABl. EU 2016 L 81, 1) Anwendung. Gem. § 12 II Nr. 10 lit. b Var. 4 UStG wurde die Mehrwertsteuer von 19% auf 7% herabgesetzt. Sa → Bergbahnen.

Seitenstreifen
→ Fahrbahn, → Autostraßen, → Haltestellen, → Radfahrer.

Sekt
Sekt ist die in Deutschland übliche Bezeichnung für → Schaumwein.

Sekten
1. Sekten (auch bezeichnet als neue Glaubens-, Religions-, Weltanschauungsgemeinschaften, (Jugend-)Religionen oder Kulte, Psychogruppen uä) sind Vereinigungen oder Gruppen, die teils sich von den Weltreligio-

nen oder den großen Kirchen abgespalten haben oder von ihnen ausgeschlossen worden sind, teils neue religiöse oder weltanschauliche Heilsvorstellungen vertreten, oftmals unter Verwendung ausgewählter Lehren oder Traditionen einer oder mehrerer bestehender Religionen oder Kirchen, verschiedentlich aber ihre religiösen oder weltanschaulichen Lehren nur als Vorwand für die Verfolgung der wirtschaftlichen Ziele ihrer Gründer oder Führer benutzen. Für letztere ist typisch, dass sie versuchen, ihre Anhänger nicht nur geistig zu binden, sondern sie auch finanziell zu vereinnahmen und psychisch abhängig zu machen. IE ist die Einordnung schwierig. Sekte ist kein Rechtsbegriff, so dass aus der Klassifizierung einer Gruppe oder Gemeinschaft als Sekten keine Rechtsfolgen hergeleitet werden können. Entscheidend ist immer, welche Rechtsfolgen das Verhalten der Sekte oder ihrer Mitglieder im konkreten Einzelfall hat.

2. Rechtlich können sich Sekten idR auf die → Glaubens- und Gewissensfreiheit und die → Bekenntnisfreiheit (sa freie → Religionsausübung) berufen. Voraussetzung dafür ist aber, dass es sich nach geistigem Gehalt und äußerem Erscheinungsbild tatsächlich um eine Religions- oder Weltanschauungsgemeinschaft handelt (BVerfG NJW 1991, 2623). Dies ist nicht der Fall, wenn die religiösen und weltanschaulichen Lehren der Organisation nur als Vorwand für die Verfolgung wirtschaftlicher Ziele dienten (BVerwG NJW 1992, 2946; s. BAG NJW 1996, 143 zu „Scientology" in Hamburg). Als Organisationsform wählen Sekten zumeist den → Verein. Bei gewerblicher Betätigung scheidet die Organisationsform des Vereins idR aus (für Scientology VGH Mannheim NJW 1996, 3358; offen bei BVerwG Urt. v. 6.11.1997, 1 C 18.95). Verschiedentlich fehlt es auch an einer verfassten Gemeinschaft. Die Voraussetzungen für die Verleihung des Status einer → Körperschaft des öffentlichen Rechts (sa → Religionsgesellschaften, 2, 3) können S. idR nicht erfüllen (s. aber BVerfG Urt. v. 19.12.2000, NJW 2001, 429 ff. zu → Zeugen Jehovas).

3. Die zunehmende Betätigung von Sekten wirft zahlreiche Rechtsfragen auf, mit denen sich zumeist auch die Rspr. beschäftigen musste (s. Abel NJW 1996, 91; 1997, 426), insbes. im Verfassungsrecht (bzgl. des Körperschaftsstatus s. o. 2.). Arbeits- und Sozialrecht (Arbeitsverhältnis oder bloße Beitragstätigkeit bei der Sekten beschäftigter Mitglieder?), Familienrecht (Übertragung der → elterlichen Sorge auf einen sektenangehörigen Elternteil? Ersetzung der von sektenangehörigen Eltern verweigerten Einwilligung in die Bluttransfusion für das Kind?), Persönlichkeitsrecht (Grenzen der kritischen Auseinandersetzung mit Sekten für Staat, Kirchen und Private, insbes. Medien?), Gewerberecht (Anmeldepflicht für die gewerbliche Betätigung von Sekten?), Straßenrecht (→ Sondernutzung bei Werbung von Sekten auf Straßen?), Schulrecht (Genehmigung für bekenntnisabhängige → Privatschulen von Sekten?), Beamtenrecht (→ Zulassung zu öffentlichen Ämtern für Anhänger von „Scientology"?). Das Grundrecht der Religions- und Weltanschauungsfreiheit (→ Religionsausübung, freie) verbietet nicht, dass sich der Staat und seine Organe mit Sekten kritisch auseinandersetzen. Lediglich diffamierende, diskriminierende oder verfälschende Darstellungen sind untersagt (BVerfG Beschl. v. 26.6.2002, NJW 2002, 2626).

4. Mit Gesetz v. 4.12.2001 (BGBl. 2001 I 3319) wurde das sog. Religionsprivileg (→ Religionsgesellschaften, 4) im → Vereinsgesetz ersatzlos gestrichen. Damit können Sekten unter den selben Voraussetzungen wie andere Vereinigungen (→ Vereinigungen, verbotene) verboten werden, ohne dass es auf die Frage ankommt, ob es sich um Religionsgesellschaften handelt oder nicht.

Sektion
Über Leichenöffnung bei Verdacht einer Straftat → Leichenschau, -öffnung. Die klinische Sektion, die der Feststellung der Todesursache und der pathologischen Anatomie dient, setzt das Einverständnis des Patienten oder seiner Hinterbliebenen voraus; ob eine sog. Sektionsklausel in den Aufnahmebedingungen der Klinik genügt, ist zweifelhaft (vgl. BGH NJW 1990, 2313 zu einer Sektionsklausel). Eine klinische Sektion kann zur Klärung von Ansprüchen aus der Sozialversicherung notwendig sein; sie kann nicht erzwungen werden, ihre Ablehnung durch die Hinterbliebenen aber zum Verlust von Rentenansprüchen führen. Die anatomische Sektion, die zu wissenschaftlichen Zwecken in Universitäten durchgeführt wird, setzt ebenfalls die Zustimmung des Verstorbenen oder seiner Angehörigen voraus. Sa → Transplantation.

Sektorenauftraggeber
→ öffentliche Aufträge.

Sektorenrichtlinie
Die zum materiellen europäischen → Vergaberecht gehörende Sektorenrichtlinie (RL 2014/25/EU über die Vergabe von Aufträgen durch Auftraggeber im Bereich der Wasser-, Energie- und Verkehrsversorgung sowie der Postdienste und zur Aufhebung der Richtlinie 2004/17/EG, ABl. EU 2014 L 94, 243) hat die bisherige RL 2004/17/EG zur Koordinierung der Zuschlagserteilung durch Auftraggeber im Bereich der Wasser-, Energie- und Verkehrsversorgung sowie der Postdienste (ABl. EG 2004 L 134, 1 mÄnd) abgelöst. Sie beinhaltet die Anforderungen, die Auftraggeber aus den genannten Bereichen („Sektoren") bei der Vergabe → öffentlicher Aufträge zu beachten haben.

Sekundäranspruch
→ Primäranspruch.

Sekundärfolgenrechtsprechung
beinhaltet die steuerliche Behandlung von Schuldzinsen im Rahmen von Erbauseinandersetzung. Prinzipiell gilt: Die Schuldzinsen sind steuerlich nicht abzugsfähig (BFH BStBl. II 1994, 619; BMF BStBl. I 1994, 603).

Sekundärrecht
→ europäisches Recht; → europäische Gesetzgebung.

Sekundarschule
wird in Sachsen-Anhalt und Berlin der Zusammenschluss von → Hauptschulen und → Realschulen bezeichnet (sa → Schulwesen, 3).

Selbstablehnung
→ Ablehnung von Gerichtspersonen.

Selbständige Anordnung von Maßregeln
s. § 71 StGB, → Maßregeln der Besserung und Sicherung (10).

Selbständige Arbeit
→ Einkommensteuer (3), → Einkunftsarten (1), → freie Berufe (4).

Selbständiges Beweisverfahren
→ Beweissicherung.

Selbständiges Strafverfahren
→ objektives Verfahren.

Selbständigkeit
Selbstständigkeit iSd Sozialrechts besteht idR dann, wenn eine Erwerbstätigkeit unabhängig von fremden Weisungen und ohne Eingliederung in eine fremde Arbeitsorganisation ausgeübt wird (vgl. § 7 SGB IV) → Gewerbebetrieb, → Unternehmer, → Scheinselbständigkeit, → Schwarzarbeit. Dies ist insbesondere für die Beurteilung, ob ein sozialversicherungspflichtiges Beschäftigungsverhältnis vorliegt, bedeutend, da oftmals Beitragsverpflichtungen und Leistungsberechtigungen an einer versicherungspflichtigen Beschäftigung hängen.

Selbstanzeige
1. Bei Steuerhinterziehung (→ Steuerstrafrecht) ist sie → tätige Reue, die – anders als im allgemeinen Strafrecht – auch bei vollendeter Tat Straffreiheit verschafft.

Selbstanzeige kann nicht nur vom Täter einer Steuerhinterziehung erfolgen, sondern auch von anderen Teilnehmern der Tat (Anstifter/Gehilfen). Die strafbefreiende Wirkung kommt nur dem Anzeigeerstatter selbst zugute. Um eine Straffreiheit herbeizuführen, muss die Selbstanzeige seit 2014 erhöhte Wirksamkeitsvoraussetzungen erfüllen. Es müssen alle unverjährten Steuerstraftaten offengelegt werden (Vollständigkeitsgebot). Der Mindestberichtigungszeitraum wird ab 2015 auf zehn Jahre festgelegt (§ 371 I AO). Weiter ist erforderlich, dass die Selbstanzeige bei der Finanzbehörde erfolgt. Sie erlangt erst Wirksamkeit, wenn sie in den Bereich der Finanzbehörde gelangt ist, so dass eine Selbstanzeige bei der Staatsanwaltschaft nicht ausreicht. Zudem müssen die hinterzogenen Steuern, die Hinterziehungszinsen und die darauf entfallenden Nachzahlungszinsen in einer vom Finanzamt bestimmten Frist nachentrichtet werden.

Eine bestimmte Form der Selbstanzeige ist nicht erforderlich. Aus Beweisgründen empfiehlt sich aber die Schriftform. Auch ist keine ausdrückliche Bezeichnung als Selbstanzeige erforderlich, so dass auch in der Abgabe einer korrigierten Steuererklärung eine Selbstanzeige liegen kann. Zwingend erforderlich für eine wirksame Selbstanzeige ist aber, dass eine umfassende Korrektur der fehlerhaften oder unterbliebenen Angaben erfolgt. Eine Teilselbstanzeige, bei der nur Ausschnitte erfasst werden, genügt nicht. Allerdings gelten ab 2015 Besonderheiten bei Umsatz- und Lohnsteuervoranmeldungen (§ 371 IIa AO).

Keine Wirksamkeit erlangt die Selbstanzeige, wenn einer der in § 371 II AO geregelten Ausschlussgründe gegeben ist. Dazu gehört der Erhalt der Prüfungsanordnung, wobei für Zeiträume, die nicht von der Prüfungsanordnung erfasst sind, eine strafbefreiende Selbstanzeige möglich bleibt. Weiter ist schädlich, wenn bereits ein Amtsträger der Finanzbehörde zur steuerlichen Prüfung oder zur Ermittlung einer Steuerstraftat bzw. Steuerordnungswidrigkeit erschienen ist. Ebenso sind die Einleitung eines Steuerstraf- oder Bußgeldverfahrens sowie die Entdeckung der Tat schädlich.

Übersteigt der verkürzte Betrag 25.000 EUR, ist die Selbstanzeige ausgeschlossen, doch kann nach § 398a AO die Steuerstraftat ggf. nicht mehr verfolgt werden. Der Täter muss dafür innerhalb einer ihm gesetzten angemessenen Frist:
– die Steuer nachentrichten
– einen abhängig vom Hinterziehungsbetrag zu zahlenden Strafzuschlag entrichten.

Für die Strafzuschläge gilt folgende Staffelung:

Hinterziehungsbetrag < 100.000 EUR: 10 vH Zuschlag

Hinterziehungsbetrag > 100.000 EUR: 15 vH Zuschlag

Hinterziehungsbetrag > 1.000.000 EUR: 20 vH Zuschlag.

2. Bei leichtfertiger Steuerverkürzung (→ Steuerstrafrecht, 2) wird eine Geldbuße nicht festgesetzt, wenn die Angaben berichtigt, ergänzt oder nachholt werden und der verkürzte Betrag innerhalb der vom Finanzamt gesetzten Frist entrichtet wird (§ 378 III AO). Die Selbstanzeige kann hier bis zur Bekanntgabe der Einleitung eines Straf- oder Bußgeldverfahrens erstattet werden.

Selbstbedienungsladen, Diebstahl im –
→ Ladendiebstahl.

Selbstbefreiung von Gefangenen
→ Gefangenenbefreiung.

Selbstbegünstigung
→ Begünstigung.

Selbstbehalt
Die → Krankenkassen als Träger der gesetzlichen → Krankenversicherung können in ihrer Satzung vorsehen, dass Mitglieder die → Kostenerstattung in Anspruch nehmen. Dabei übernehmen die Mitglieder jeweils für ein Kalenderjahr einen Teil der von der Krankenkasse zu tragenden Kosten als Selbstbehalt. Die Regelung ist zum 1.4.2007 dahingehend geändert worden, als die bis dahin geltende Regelung ausschließlich freiwillige Versicherte betragen konnten. Die Satzung der Krankenkasse regelt die Höhe des Selbstbehalts und der damit verbundenen Beitragsermäßigung (§ 53 II SGB V idF des GKV-Modernisierungsgesetz v. 14.11.2003, BGBl. 2003 I 2190).

Zum Selbstbehalt im Unterhaltsrecht → Leistungsfähigkeit.

Selbstbelieferungsvorbehalt
Der Verkäufer einer Ware kann sich gegenüber seinem Käufer durch die Vereinbarung eines Selbstbelieferungsvorbehalt rechtswirksam von seiner Lieferverpflichtung aus dem → Kauf (1) freizeichnen. Voraussetzung für das Greifen eines Selbstbelieferungsvorbehalts ist nach der Rspr., dass er ein entsprechendes kongruentes Deckungsgeschäft abgeschlossen hat, aus dem seine Belieferung normalerweise sichergestellt ist, und er von seinem Lieferanten nicht beliefert wird. Ein Selbstbelieferungsvorbehalt ist grds. auch durch → Allgemeine Geschäftsbedingungen vereinbar.

Selbstbestimmung, informationelle
(als Persönlichkeitsrecht) → informationelle Selbstbestimmung.

Selbstbestimmungsgesetz
Das Gesetzes über die Selbstbestimmung in Bezug auf den Geschlechtseintrag vom 19.6.2024 (SBGG, BGBl. 2024 I 206) ermöglicht die Änderung des → Vornamens und die Änderung oder Streichung der Geschlechtsbezeichnung im Geburtenregister des Standesamtes. Die Änderung muss zwischen 3 und 9 Monaten vorher gegenüber dem → Standesamt angemeldet werden (§ 4 SBGG). Voraussetzung ist die Erklärung, dass dies der Geschlechtsidentität am besten entspricht und sich die erklärende Person der Tragweite der Folgen bewusst ist (§ 2 II SBGG). Die Erklärungen sind persönlich vor dem Standesbeamten abzugeben (§ 45b Abs. 1 PStG).

Soweit der Rechtsverkehr auf den Vornamen und die personenstandsrechtliche Geschlechtszuordnung Bezug nimmt, ist der geänderte Eintrag maßgeblich (§ 6 I SBGG). → Quotenregelungen werden von der Änderung berührt (§ 7 SBGG). Die → Vertragsfreiheit, das → Hausrecht, das Satzungsrecht und die Bewertung sportlicher Leistungen bleiben unberührt (§ 6 II, III SBGG). Wenn ein berechtigtes Interesse glaubhaft gemacht wird, kann nach der Änderung jedoch verlangt werden, dass Zeugnisse, Leistungsnachweise, → Ausbildungsverträge- und → Dienstverträge, → Führerscheine, die → elektronische Gesundheitskarte und → Zahlungskarten - kostenpflichtig - neu ausgestellt werden (§ 10 SBGG). Die Regeln zu → Schwangerschaft, Gebärfähigkeit, zum Stillen, zu → Samenzellen und zur Zeugungsfähigkeit bleiben von der Änderung unberührt (§ 8 SBGG). Mutter bleibt die Person, die das Kind geboren hat (§ 1591 BGB), als Vater wird weiterhin gerichtlich die Person festgestellt, von der das Kind biologisch abstammt (§ 1592 Nr. 3 BGB). Die Person, deren Geschlechtseintrag bei Geburt des Kindes männlich lautet, kann jedoch die Vaterschaft anerkennen (§ 1592 Nr. 2 BGB) oder Vater des in der Ehe geborenen Kindes werden (§ 1592 Nr. 1 BGB, sa → Abstammung). Dies gilt auch für die Person, deren Eintragung im Personenstandsregister früher männlich lautete, wenn sie gegenüber dem Standesamt bei Geburt erklärt, dass der frühere Eintrag maßgeblich sein soll (§ 11 SBGG). Auf Verlangen der als „Mutter" oder „Vater" in einer Geburtsurkunde eingetragenen Person wird diese Bezeichnung durch „Elternteil" ersetzt (§ 48 Ia PStV). Die Zuordnung zum männlichen Geschlecht beim Dienst an der Waffe im → Spannungs- und → Verteidigungsfall (Art. 12a, 80a GG, sa → Wehrpflicht) richtet sich nach dem geänderten Eintrag, wenn die Änderung nicht während oder bis zu zwei Monate vor dem Spannungs- oder Verteidigungsfall erklärt wird (9 SBGG).

Die Änderung bei Minderjährigen kann nur nach einer Beratung erfolgen. Heranwachsende, die über 14 Jahre alt sind, können die Änderung nach Beratung nur mit Zustimmung des oder der → Sorgeberechtigten erklären, für unter 14 Jahre alte Kinder geben die Sorgeberechtigten nach vorheriger Beratung die Änderungserklärung für das Kind ab, ab einem Alter von 5 Jahren muss sich das Kind damit einverstanden erklären (§ 3 SBGG).

Für Volljährige besteht eine Sperrfrist zur erneuten Erklärung einer Änderung von einem Jahr (§ 5 SBGG).

Die frühere Geschlechtsangabe und der frühere Vorname dürfen nicht ausgeforscht und offenbart werden. Geschieht dies in der Absicht, die betroffene Person zu schädigen, ist ein Verstoß bußgeldbewehrt (§ 14 SBGG).

Das Gesetz tritt zum 1.11.2024 in Kraft, die Anmeldung der Erklärung kann bereits zum 1.8.2024 erfolgen.

Sa → Transsexualität, → Diverse.

Selbstbestimmungsrecht
1. Verfassungsrechtlich ist Selbstbestimmungsrecht das Recht der Einzelperson und gesellschaftlicher Gruppen auf autonome (eigenverantwortliche) Gestaltung des eigenen Status (vgl. Grundrecht auf freie Entfaltung der → Persönlichkeit).

2. Im → Völkerrecht wird der Begriff unterschiedlich gebraucht. Im kontinentaleuropäischen Bereich versteht man darunter vorwiegend das nationale Selbstbestimmungsrecht, dh das Recht eines Volkes, sich in freier Entscheidung zu einem selbständigen Staat zusammenzuschließen (Recht auf Einheit), und den Grundsatz, dass → Annexion oder Abtretung eines Gebietsteiles nur zulässig ist, wenn dessen Bevölkerung dem mit Mehrheit zustimmt. Im angelsächsischen Bereich versteht man Selbstbestimmungsrecht mehr als Freiheit von fremdstaatlicher Verwaltung und iwS auch von autoritärer Regierung. Eine dritte spezifische Bedeutung hat das Wort schließlich in der ehemals kolonialen Welt (→ Kolonie). Das nationale Selbstbestimmungsrecht war und ist von großer politischer Bedeutung, aber trotz der Erwähnung des Begriffs in Art. 1 II UN-Charta, Art. 55 UN-Charta noch kein anerkannter Satz des Völkerrechts. Die Schwierigkeiten der Begriffsbestimmung und die unterschiedlichen politischen Ausgangspunkte haben hierzu beigetragen. Im 19. und beginnenden 20. Jh. wurden zwar – zB → Versailler Vertrag – wiederholt Volksabstimmungen bei Gebietsveränderungen vorgesehen. Ebenso häufig wurden jedoch Gebietsveränderungen ohne vorherige Volksabstimmung vorgenommen. Deshalb kann noch nicht angenommen werden, dass kraft → Völkergewohnheitsrechts Gebietsveränderungen nur legitim sind, wenn sie dem Willen der betroffenen Bevölkerung entsprechen. Deutschland berief sich in ihrer Deutschlandpolitik stets auf das nationale Selbstbestimmungsrecht; vgl. zB Präambel des GG sowie den Brief zur deutschen Einheit vom 21.12.1972, BGBl. 1973 II 425, anlässlich der Unterzeichnung des → Grundvertrags und das Urt. des BVerfG v. 31.7.1973, NJW 1973, 1539. Vgl. ferner den Internationalen Pakt vom 19.12.1966 über bürgerliche und politische Rechte (G v. 15.11.1973, BGBl. 1973 II 1533). Strittig ist, inwieweit das Selbstbestimmungsrecht die Volksgruppe in einem bestimmten Gebiet eines Staates zur → Sezession (entspricht der → Separation; sa → Separatismus) dieses Gebietes berechtigt.

Selbstbeteiligung
(Selbstbehalt) → Franchiseklausel, → Kaskoversicherung, → Kostenbeteiligung der Versicherten (Sozialversicherung; Wahltarife § 53 SGB V).

Selbstbindung der Verwaltung
→ Ermessen.

Selbsteintritt
Ein Selbsteintritt liegt vor, wenn ein Kommissionär (→ Kommission) das Geschäft, das er für den Kommittenten ausführen soll, selbst als Vertragspartner übernimmt (§§ 403–405 HGB) oder wenn ein Spediteur die Beförderung des Frachtgutes selbst ausführt (§ 458 HGB, → Speditionsvertrag). Ferner kann unter den Voraussetzungen des § 95 III HGB der Auftraggeber vom → Handelsmakler den Selbsteintritt verlangen; der Handelsmakler muss dann das vermittelte Geschäft, wie es in der → Schlussnote beurkundet ist, erfüllen.

Selbsteintritt der (übergeordneten) Verwaltungsbehörde
→ Eintrittsrecht.

Selbstfahrervermietfahrzeuge
Die Aufnahme des Gewerbes der Vermietung von Kfz. und Anhängern an Selbstfahrer (sog. S.) ist nach § 14 GewO bei der Gewerbeaufsichtsbehörde anzuzeigen. Sa → Uber-Fahrdienste. Bei der → Zulassung von Kfz ist die Verwendung als S. anzugeben (§ 6 V Nr. 1 Var. 3 FZV, § 15 III S. 2 FZV); dabei können die Versicherungsbestätigungen zum Nachweis der → Kraftfahrzeug-Haftpflichtversicherung diesen Verwendungszweck enthalten (§ 49 II 5 Nr. 2 FZV).

Selbstgefährdung oder -schädigung, eigenverantwortliche
Mit den Begriffen der eigenverantwortlichen (auch: autonomen) Selbstgefährdung bzw. Selbstschädigung wird in der Dogmatik der → Erfolgsdelikte eine Fallgruppe umschrieben, in denen die Zurechnung des Erfolgs zur Handlung eines Täters entfallen und damit der objektive Tatbestand einer Straftat zu verneinen sein kann.

1. Fallgruppen: Bei der Selbstgefährdung geht es um Situationen, in denen eine Person bei ihrem eigenen Handeln bewusst eine Gefahr für eigene Rechtsgüter in Kauf nimmt oder diese sogar gezielt sucht, etwa für einen „Nervenkitzel“, wobei meist die eigene körperliche Unversehrtheit oder das eigene Leben betroffen sind. Beispiele bilden der Konsum von Drogen, ungeschützter Geschlechtsverkehr mit einer HIV-infizierten Person (→ AIDS), „Mutproben“, riskante Sportarten, Gebrauch von → Doping-Mitteln oder waghalsige Fahrmanöver. Strafrechtliche Relevanz erlangen die Fälle idR erst dann, wenn sich die Gefahr verwirklicht und eine Schädigung zur Folge hat. Der Unterschied der Selbstgefährdung zur Selbstschädigung liegt daher entgegen der Begrifflichkeit auch nicht im letztlich eingetretenen Ergebnis, sondern in der ursprünglichen subjektiven Zielsetzung: Als (bewusste) Selbstschädigung werden idR Fälle bezeichnet, in denen das Ziel des Handelnden von vornherein auf einen Schadenseintritt gerichtet war. Hierzu gehört die gezielte Selbsttötung (→ Tötung 3), aber auch eine Selbstverstümmelung oder die Zerstörung eigenen Eigentums.

2. Straflosigkeit aktiver Beteiligung: Nachdem die Schädigung der eigenen Person regelmäßig straflos ist (so stellen zB die Tatbestände der → Körperverletzung und → Tötung stets nur die Schädigung einer anderen Person unter Strafe, auch bei einfacher → Brandstiftung muss eine fremde Sache betroffen sein), steht im Mittelpunkt des Interesses regelmäßig die

Frage einer Strafbarkeit solcher Personen (im Folgenden: Dritte), die sich an einem selbstschädigenden oder selbstgefährdenden Verhalten eines anderen Menschen beteiligen oder durch fahrlässiges Handeln hierzu beitragen. Aus dieser Straflosigkeit des Betroffenen folgt dabei zunächst aufgrund der → Akzessorietät (dort 2) der → Teilnahme an einer Straftat, dass eine Strafbarkeit des Handelns des Dritten als → Anstiftung und → Beihilfe regelmäßig ausscheidet, weil es an einer teilnahmefähigen Haupttat fehlt. Dieser für die Teilnahme an einer Selbsttötung anerkannte Befund lässt sich zunächst auch auf solche aktive Handlungen übertragen, bei denen der → Vorsatz des Dritten lediglich auf eine Selbstgefährdung des Betroffenen gerichtet war. Zudem lässt sich ein Erst-recht-Schluss für Fälle fahrlässigen aktiven Handelns ziehen, in denen man sonst eine Nebentäterschaft (→ Mittäterschaft 4) des Dritten sehen könnte: Was als vorsätzliche Anstiftung oder Beihilfe nicht strafbar ist, kann dies auch bei fehlendem Vorsatz nicht sein. Wie bei einer → Einwilligung des Verletzten gilt dabei, dass die Straflosigkeit nur für die Verletzung von Individualgütern des Betroffenen gilt, nicht für Handlungen, die (auch) Allgemeingüter tangieren. In der Rechtsprechung ist das Vorstehende allgemein anerkannt (grundlegend BGHSt 32, 262; bestätigend zB BGHSt 53, 55); im strafrechtlichen Schrifttum werden die Fälle der Selbstgefährdung- und Schädigung überwiegend (ohne Auswirkung auf die Ergebnisse) als Fallgruppe eines Ausschlusses der → objektiven Zurechnung eingeordnet.

3. Abgrenzung zur Fremdgefährdung: Abzugrenzen ist die Selbstgefährdung von der → einverständlichen Fremdgefährdung, die nach hM den Regeln der → Einwilligung des Verletzten unterliegt. Eine Einordnung als Fremdgefährdung hat daher zunächst zur Konsequenz, dass kein Zurechungsausschluss auf der Ebene des objektiven Tatbestands erfolgt, letzterer vielmehr erfüllt ist und lediglich eine Rechtfertigung aufgrund der Einwilligung in Betracht kommt. Inwieweit auf eine solche Einwilligung in eine Gefährdung die Verfügungsbeschränkungen Anwendung finden, die für die Einwilligung in eine Verletzung gelten (→ Einwilligung des Verletzten 1a), ist umstritten. Die Rechtsprechung wendet jedenfalls § 228 StGB an mit der Konsequenz, dass die Einwilligung in die Schaffung einer konkreten Gefahr der Tötung oder schweren Gesundheitsschädigung unwirksam ist (zB BGHSt 53, 55). Die Inkaufnahme einer abstrakten Lebensgefahr (zB Heimfahrt als Beifahrer im Auto eines alkoholisierten Fahrers) muss dagegen nicht zwingend mit § 216 StGB kollidieren. Für die Unterscheidung von Selbst- und Fremdgefährdung (ebenso von Selbst- und Fremdschädigung) ist maßgeblich, welche Person die → Tatherrschaft über den letzten, zum Erfolg führenden Handlungsakt innehat. Liegt diese nicht bei der sich gefährdenden Person sondern beim Dritten, liegt eine Fremdgefährdung vor. Ein Grund hierfür kann darin bestehen, dass der sich Gefährdende bzw. gezielt Schädigende nicht eigenverantwortlich, sondern „unfrei" handelt. Das ist der Fall, wenn bei ihm eine Situation gegeben ist, die ein strafbares Handeln entschuldigen würde (Fälle der §§ 19, 20, 35 StGB, s. hierzu → Strafmündigkeit, → Schuldunfähigkeit, → Notstand 1b; ferner § 3 JGG, hierzu → Jugendstrafrecht 1), sowie weitergehend nach hM auch bei Willensmängeln (Irrtümer sowie Täuschung, Drohung oder überlegenes Wissen des Dritten), die einer Einwilligung die Wirksamkeit nehmen würden (im Einzelnen str.). Wird das Geschehen unter Ausnutzung eines derartigen Defekts durch den Dritten gesteuert, so liegt ein Fall der Fremdschädigung in Form einer → mittelbaren Täterschaft vor. Es kann sich dann zB eine vermeintliche Selbsttötung rechtlich als Fremdtötung in mittelbarer Täterschaft erweisen. Zu Sonderfällen, in denen ein Dritter seinerseits durch einen Sterbewilligen in einer Weise als Werkzeug benutzt wurde, die an eine Selbsttötung in mittelbarer Täterschaft denken lässt BGH NJW 2003, 2326 und OLG Nürnberg NJW 2003, 454 (beide Fälle wurden mit Blick auf das fahrlässige Handeln des Dritten gleichwohl als Fremdgefährdung bzw. -schädigung gewertet).

4. Strafbarkeit wegen Unterlassens: Die Straflosigkeit der aktiven Mitwirkung an einer Selbstgefährdung lässt grds. die Möglichkeit bestehen, sich durch → Unterlassen strafbar zu machen. Wer zB einen anderen zu einer „Mutprobe" überredet, muss nach deren Misslingen ggf. für medizinische Hilfe sorgen und kann andernfalls nach § 323c I StGB strafbar sein (→ Hilfeleistung, unterlassene). Das gilt auch dann, wenn der Betroffene eigenverantwortlich gehandelt hat. Hat der Dritte zugunsten des sich selbst Gefährdenden eine → Garantenstellung inne, so kommt in solcher Situation zudem die Strafbarkeit wegen eines unechten Unterlassensdelikts in Betracht. Dabei ist umstritten, ob die Selbstgefährdung die Handlungspflicht aus einer Überwachungsgarantenstellung aufheben kann; die Rechtsprechung hat dies bislang verneint (zB BGHSt 61, 21 für die Garantenpflicht aus der Herrschaft über eine Gefahrenquelle). In Fällen gezielter Selbstschädigung neigt die Rechtsprechung dagegen inzwischen zu stärkerer Betonung des Selbstbestimmungsrechts des Betroffenen. Um es zu achten, kann die Zumutbarkeit einer Hilfeleistung zu verneinen sein (BGH NJW 2019, 3092, restriktiver noch BGHSt 32, 367; zur Selbsttötung sa → Tötung 3).

Sa → Anstaltsunterbringung (1, 4).

Selbstgenutzte Wohnung, steuerlich
Die steuerliche Förderung nach § 10e EStG durch begrenzten Abzug der Aufwendungen als → Sonderausgaben ist mit Übergangsregelungen zum 31.12.1995 außer Kraft getreten. Vom 1.1.1996 bis zum 31.12.2005 erfolgte

eine steuerliche Förderung durch die → Eigenheimzulage. Ab 1.1.2006 angeschaffte oder hergestellte Objekte sind nicht mehr begünstigt. Sa → Konsumgutlösung.

Selbsthilfe
ist die eigenmächtige Sicherung oder Befriedigung eines → Anspruchs. Sie ist, da der Rechtsschutz grds. den staatlichen Behörden und Gerichten übertragen ist (in Eilfällen durch → Arrest und → einstweilige Verfügung), nur in besonderen Notfällen zulässig. Die Selbsthilfe ist nur dann nicht rechtswidrig, wenn obrigkeitliche Hilfe nicht rechtzeitig zu erlangen ist und ohne sofortiges Eingreifen die Gefahr besteht, dass die Verwirklichung des Anspruchs vereitelt oder wesentlich erschwert wird (§ 229 BGB). Als Selbsthilfehandlungen kommen die Wegnahme, Beschädigung oder Zerstörung einer Sache oder die zwangsweise Festnahme des Verpflichteten, der der Flucht verdächtig ist, in Betracht. Die Selbsthilfe darf nicht weiter gehen, als zur Abwendung der Gefahr erforderlich ist (Verhältnismäßigkeit). Unverzüglich nach Beseitigung der Gefahr muss die Selbsthilfehandlung durch Erwirken eines dinglichen (bei Wegnahme einer Sache) oder persönlichen (Festnahme einer Person) → Arrests gerichtlich bestätigt werden (§ 230 BGB). Bei Überschreiten des zulässigen Rahmens (Selbsthilfeexzess) oder bei irriger Annahme der Voraussetzungen für eine Selbsthilfe (Putativ-Selbsthilfe) ist die Handlung rechtswidrig und verpflichtet – auch ohne Nachweis eines → Verschuldens (anders bei der → Notwehr) – zum → Schadensersatz (§ 231 BGB); der Betroffene handelt also stets auf eigene Gefahr (zB wenn der abreisende Schuldner vorher seine Schuld durch → Überweisung beglichen hatte). Besondere Vorschriften über die Selbsthilfe gelten für den Vermieter als Inhaber des Vermieterpfandrechts (→ Wohnraummietvertrag, 3) und für den → Besitzschutz.

Selbsthilfegruppen
Nach § 20h SGB V sollen die → Krankenkassen Selbsthilfegruppen, -organisationen und -kontaktstellen fördern, die sich die Prävention oder die Rehabilitation von Versicherten bei bestimmten Krankheiten zum Ziel gesetzt haben. Die Spitzenverbände der Krankenkassen beschließen gemeinsam und einheitlich ein Verzeichnis der Krankheitsbilder, bei denen Prävention oder Rehabilitation eine Förderung zulässig ist. Sie haben die Kassenärztliche Bundesvereinigung und Vertreter der für die Wahrung der Interessen der Selbsthilfe maßgeblichen Spitzenorganisationen zu beteiligen. Die Spitzenverbände der Krankenkassen beschließen außerdem gemeinsam und einheitlich Grundsätze zu den Inhalten der Förderung der Selbsthilfe. Eine über die Projektförderung hinausgehende Förderung der gesundheitsbezogenen Arbeit von Selbsthilfegruppen, -organisationen und -kontaktstellen durch Zuschüsse ist möglich. Die Förderung der Selbsthilfegruppen ist begrenzt (§ 20h IV SGB V).

Selbsthilfeverkauf
Ist eine geschuldete → bewegliche Sache nicht zur → Hinterlegung geeignet, so kann der Schuldner sie im Falle des → Gläubigerverzugs am → Leistungsort öffentlich versteigern lassen und den Erlös hinterlegen (§ 383 BGB; auch als Notverkauf bezeichnet). Beim → Handelskauf ist ein Selbsthilfeverkauf auch ohne Hinterlegungsunfähigkeit zulässig (§ 373 II HGB). Der Selbsthilfeverkauf ist regelmäßig vorher dem Gläubiger anzudrohen, sofern die Androhung nicht untunlich ist (zB bei drohendem Verderb); der Gläubiger ist auch von der Durchführung zu unterrichten (§ 384 BGB). Hat die Sache einen Börsen- oder Marktpreis, so kann der Schuldner statt einer öffentlichen Versteigerung den Selbsthilfeverkauf auch aus freier Hand durch einen zu solchen Verkäufen öffentlich ermächtigten → Handelsmakler vornehmen lassen (§ 385 BGB). Die Kosten des Selbsthilfeverkaufs fallen grds. dem Gläubiger zur Last. Der erzielte Erlös tritt bei Hinterlegung an die Stelle des ursprünglichen Leistungsgegenstandes.

Selbstkontrahieren
Von Selbstkontrahieren spricht man, wenn jemand als Vertreter eines anderen (→ Stellvertretung) im eigenen Namen mit sich selbst oder im Namen eines von ihm selbst gleichfalls vertretenen Dritten (Mehrvertretung) ein → Rechtsgeschäft abschließt. Dieses sog. Insichgeschäft spielt insbes. bei der → Eigentumsübertragung an einen → mittelbaren Stellvertreter eine Rolle; Selbstkontrahieren ist ferner gegeben, wenn zB der Vormund einen dem Mündel gehörenden Gegenstand an sich selbst verkauft. Entscheidend ist also in erster Linie das Mitwirken derselben Person auf beiden Seiten des Rechtsgeschäfts, nicht die – regelmäßig gleichzeitig gegebene – Interessenkollision zwischen dem eigenen Vorteil und dem Interesse des Vertretenen; doch ist der Schutzzweck des § 181 BGB, der ein Selbstkontrahieren grds. untersagt, zu beachten. Das gilt nicht für Insichgeschäfte des Vertreters, die dem Vertretenen lediglich einen rechtlichen Vorteil bringen; s. ferner → Einmanngesellschaft. Ein Verstoß gegen das Verbot des Selbstkontrahierens führt aber nicht zur → Nichtigkeit des Rechtsgeschäfts, sondern nur zur → schwebenden Unwirksamkeit; der Vertretene kann daher den Inhalt des Rechtsgeschäfts genehmigen. Das Selbstkontrahieren ist jedoch – abgesehen von weitergehenden Einschränkungen für den → Vormund und die Eltern (→ Vermögenssorge) bei der Verwaltung des Mündel- bzw. Kindesvermögens – zulässig, wenn es dem Vertreter, insbes. nach dem Inhalt der → Vollmacht, gestattet ist oder wenn das Insichgeschäft ausschließlich in der Erfüllung einer Verbindlichkeit besteht (§ 181 BGB; zB Erklärung der Auflassung nach vorherigem wirksamen Grundstückskaufvertrag).

Das Selbstkontrahieren muss aber auf jeden Fall äußerlich erkennbar sein (zB getrennte Verwahrung der für den Vertretenen erworbenen Waren oder Wertpapiere). Soweit der Vertreter wegen Verbots des Selbstkontrahierens von der Vertretungsmacht ausgeschlossen ist, muss ein Pfleger bestellt werden (→ Ergänzungspflegschaft). S. → Vertretung ohne Vertretungsmacht.

Selbstkontrolle, Freiwillige
Die Freiwillige Selbstkontrolle ist eine im Jahre 1949 gegründete Einrichtung der deutschen Filmwirtschaft zur Prüfung der für eine öffentliche Vorführung vorgesehenen Filme. Der Arbeitsausschuss dieser Organisation, dem je 4 Vertreter der Filmwirtschaft und der öffentlichen Verwaltung angehören, prüft jeden Film und entscheidet über seine Freigabe. Als Rechtsmittelinstanz bestehen der Hauptausschuss und der Rechtsausschuss. Prüfungsmaßstab ist die Wirkung des Filmes unter dem Gesichtspunkt seiner moralischen, religiösen oder politischen Schädlichkeit. Die Freiwillige Selbstkontrolle ist eine private Einrichtung und hat keine öffentlich-rechtlichen Befugnisse. Auf Grund einer Verwaltungsvereinbarung der Länder entscheidet die Freiwillige Selbstkontrolle aber auch über die Freigabe des Filmes für die einzelnen Altersstufen nach § 6 JuSchG (→ Jugendschutzgesetz).

Selbstmahnung
→ Schuldnerverzug (2).

Selbstmord
richtig → Selbsttötung oder Suizid s. → Tötung (3), → Sterbehilfe, → Hilfeleistung, unterlassene; über die versicherungsrechtl. Bedeutung → Lebensversicherung.

Selbstorganschaft
Selbstorganschaft liegt bei einer Gesellschaft vor, wenn die Geschäfte bzw. die Vertretung durch die Gesellschafter oder einen von ihnen besorgt werden. Die Selbstorganschaft (Gegensatz: die → Drittorganschaft) ist Merkmal der → Personengesellschaft.

Selbstschuldner
→ Bürgschaft.

Selbstschutz
im Rahmen des Zivilschutzes (→ Zivilschutz) wird jetzt als Aufgabe der Gemeinden verstanden (§ 5 ZSG).

Selbstschutz im bürgerlichen Recht
→ Rechtsschutz, → Notwehr, → Selbsthilfe, → Notstand.

Selbsttötung
→ Tötung (3), → Sterbehilfe, → Hilfeleistung, unterlassene; über die versicherungsrechtl. Bedeutung → Lebensversicherung.

Selbstverstümmelung
→ Wehrdienstentziehung.

Selbstverteidigung
→ Gewaltverbot, 1; → militärische Verteidigung; → Kriegsrecht, 1.

Selbstverwaltung
Selbstverwaltung im allgemeinen Sinne ist die Mitwirkung der Staatsbürger bei der Wahrnehmung öffentlicher Aufgaben. Im Rechtssinne spricht man von Selbstverwaltung, wenn öffentliche Verwaltungsaufgaben durch Träger der → mittelbaren Staatsverwaltung eigenverantwortlich wahrgenommen werden (sog. eigener Wirkungskreis). Das Recht der Selbstverwaltung steht vor allem weitgehend den → Körperschaften des öffentlichen Rechts zu, insbes. den → Gemeinden und → Gemeindeverbänden, denen es in Art. 28 II GG verfassungsrechtlich garantiert ist (→ Kommunale Selbstverwaltung), sowie den → Hochschulen. Auch den → Anstalten und Stiftungen des öffentlichen Rechts können Selbstverwaltungsrechte verliehen werden. Angelegenheiten der Selbstverwaltung sind nur solche, die nach Sinn und Zweck des Trägers der Selbstverwaltung als dessen eigene Angelegenheiten anzusehen sind (bei Gemeinden die der örtlichen Gemeinschaft, bei den Hochschulen zur Sicherung der Freiheit der → Wissenschaft). Das Recht der Selbstverwaltung besteht immer nur im Rahmen der Gesetze. Das Gesetz kann es dem Träger der Selbstverwaltung überlassen, ob er einzelne Aufgaben wahrnehmen will (freiwillige S.angelegenheiten), oder ihn dazu verpflichten (Pflichtaufgaben). Die Träger der Selbstverwaltung stehen unter → Staatsaufsicht. Die Bedeutung der Selbstverwaltung liegt vor allem in der Volks- und Ortsnähe der Verwaltungstätigkeit; sie setzt eine Dezentralisation der Staatsverwaltung voraus, die durch die Selbstverwaltung der nachgeordneten Verwaltungsträger entlastet wird. Neben der Selbstverwaltung können ihnen staatliche Aufgaben im sog. übertragenen Wirkungskreis übertragen werden (Staatsauftragsangelegenheiten; → Auftragsangelegenheiten). Für die Selbstverwaltung in der → Sozialversicherung gelten die §§ 29–66 SGB IV. Sie regeln ua die Rechtsstellung der Versicherungsträger sowie Zusammensetzung, Amtsdauer, Aufgaben und Rechtsstellung ihrer Selbstverwaltungorgane.

Selbstvornahme
→ Gewährleistung (2a), → Werkvertrag (3).

Selektive Vertriebssysteme
beruhen auf → Vertikalvereinbarungen, in denen sich der Lieferant verpflichtet, die Vertragswaren oder -dienstleistungen unmittelbar oder mittelbar nur an Händler zu verkaufen, die aufgrund festgelegter Merkmale ausgewählt werden, und in denen sich die Händler verpflichten, die betreffenden Waren oder Dienstleistungen nicht an solche Händler zu verkaufen, die ihrerseits nicht zum Vertrieb zugelassen sind. Zu unterscheiden sind

– quantitative selektive Vertriebssysteme, in denen der Lieferant Merkmale für die Aus-

wahl der Händler verwendet, durch die deren Zahl unmittelbar begrenzt wird, und
– qualitative selektive Vertriebssysteme, in denen der Lieferant rein qualitative Merkmale für die Auswahl der Händler anwendet, welche die Zahl der Händler oder Werkstätten nicht unmittelbar begrenzen.

Selektive Vertriebssysteme sind vom Verbot von Wettbewerbsbeschränkungen im → Kartellrecht jedenfalls dann freigestellt, wenn sie die Voraussetzungen der → Vertikal-GVO erfüllen. Für Selektive Vertriebssysteme im Kfz-Handel gelten die besonderen Voraussetzungen der → Kfz-GVO.

Semantik
→ Rechtsanwendung.

Senat
Die Bezeichnung entstammt dem römisch-rechtl. senatus („Versammlung der Alten"; leitendes politisches Organ in Rom). Sie wird heute in mehrfachem Sinne gebraucht:

1. Staatsrechtlich. a) Bezeichnung der Landesregierung in den Stadtstaaten → Berlin, → Bremen und → Hamburg.

b) Noch bis 31.12.1999 am Gesetzgebungsverfahren beteiligtes Verfassungsorgan in → Bayern. Der Senat war nach Art. 34 ff. Bayerische Verfassung die Vertretung der sozialen, wirtschaftlichen, kulturellen und gemeindlichen Körperschaften des Landes zB aus Vertretern der Land- und Forstwirtschaft, der Industrie und des Handels, des Handwerks, der Gewerkschaften, der freien Berufe, der Religionsgemeinschaften und der Kommunen. Der Senat konnte Anträge oder Gesetzesvorlagen an den Landtag bringen und war dazu berufen, zu den Gesetzesvorlagen der Staatsregierung auf deren Ersuchen gutachtlich Stellung zu nehmen. Die vom Landtag beschlossenen Gesetze waren dem Senat zur Kenntnisnahme vorzulegen. Über die Einwendungen des Senats konnte sich der Landtag mit einfacher Mehrheit darüber hinwegsetzen. Mit Gesetz v. 20.2.1998 (GVBl. 1998 42) wurde der Senat mit Wirkung vom 1.1.2000 abgeschafft.

2. In der Gerichtsverfassung Bezeichnung der kollegialen Spruchkörper höherer Gerichte (Bundesverfassungsgericht; oberste Gerichtshöfe des Bundes; Oberlandesgerichte; Oberverwaltungsgerichte; Finanzgerichte; Bundespatentgericht).

3. Im Hochschulrecht früher häufige Bezeichnung für das leitende Kollegialorgan der → Hochschule (→ akademischer Senat).

Sende- und Telekommunikationsanlagenmissbrauch
war bisher in §§ 90, 148 → Telekommunikationsgesetz (TKG) geregelt. Seit 1.12.2021 gilt das Telekommunikation-Digitale-Dienste-Datenschutzgesetz (TDDDG, BGBl. 2021 I 1982), zunächst bezeichnet als Telekommunikation-Telemedien-Datenschutzgesetz (TTDSG). Der Missbrauch umfasst Besitz, Herstellung, Vertrieb, Einfuhr und sonstige Verbringung in die BRep. Deutschland von Sendeanlagen oder sonstigen Telekommunikationsanlagen (zB Lasermikrofone), die einen anderen Gegenstand vortäuschen oder mit Gegenständen des öffentlichen Gebrauchs verkleidet sind und zum unbemerkten → Abhören des nicht öffentlich gesprochenen Wortes eines anderen geeignet und bestimmt sind (§ 8 I, II TDDDG). Sende- und Telekommunikationsanlagenmissbrauch umfasst auch das unbemerkte Aufnehmen des Bildes eines anderen. Die Herstellung oder Bereitstellung auf dem Markt von Telekommunikationsanlagen ist strafbar (§ 27 I Nr. 3, II TDDDG). Allerdings bestehen mehrere Ausnahmen, ua aus Gründen der öffentlichen Sicherheit (§ 8 III TDDDG), wenn das Gerät unbrauchbar gemacht wurde (§ 8 IV TDDDG) oder bei ausdrücklicher Gestattung durch die zuständige Behörde (§ 8 V TDDDG). Verboten ist auch die Werbung für solche Anlagen unter Hinweis auf ihre Eignung (Minispione); sie stellt eine Ordnungswidrigkeit dar (§ 8 VI TDDDG, § 28 I Nr. 1 TDDDG). Die Regelungen ergänzen den Schutz des → Geheimbereichs durch § 201 StGB (→ Tonaufnahme, unzulässige).

Sendeformat
→ Showformat.

Senderecht
Das Senderecht ist ein → Verwertungsrecht des Urhebers eines Werkes der Literatur, Wissenschaft oder Kunst (→ Urheberrecht). Es berechtigt ihn, das Werk durch Funk, insbes. Ton- und Fernsehrundfunk, Satelliten- oder Kabelfunk der Öffentlichkeit zugänglich zu machen (§ 20 UrhG); zur Kabelweitersendung vgl. § 20b UrhG. Vom Senderecht zu unterscheiden ist das Recht der Wiedergabe von Funksendungen (§ 22 UrhG); das ist das Recht, Funksendungen des Werkes durch Lautsprecher, Bildschirm oder ähnliche technische Einrichtungen öffentlich wahrnehmbar zu machen. Ebenfalls vom Senderecht zu unterscheiden ist das Recht der öffentlichen Zugänglichmachung (§ 19a UrhG), dass sich darauf bezieht, das Werk der Öffentlichkeit insbes. im Internet in einer Weise zugänglich zu machen, dass es Mitgliedern der Öffentlichkeit von Orten und zu Zeiten ihrer Wahl zugänglich ist.

Seneschall
Seneschall (eigentlich Seneschalk = ältester Diener) hieß der Inhaber eines der obersten Hofämter im deutschen Mittelalter. Das Amt des Seneschalls war häufig mit dem des → Hausmeier verbunden.

SEP
Abkürzung für Standardessentielles Patent, s. hierzu unter → FRAND.

separatio bonorum
= Trennung in zwei – rechtlich selbständige – Vermögensmassen einer Person (→ Beschränkung der Erbenhaftung, → Sondervermögen).

Separation
Der Begriff der → Separation wird im → Völkerrecht idR synonym mit → Sezession verwendet. Sa → Separatismus.

Separatismus
Separatismus wird eine innenpolitische Bewegung genannt, die im Unterschied zum Föderalismus auf Abtrennung eines Teiles des Staatsgebiets (→ Separation oder → Sezession) gerichtet ist. Die Anhänger des Separatismus nennt man Separatisten. Über den Unterschied zwischen Separatismus und Partikularismus vgl. → Zentralismus. Über strafbare Formen des Separatismus, die sich iS des § 92 I StGB gegen den Bestand der BRep. Deutschland richten, → Hochverrat, → Rechtsstaatsgefährdung.

Separatisten
→ Separatismus; → Sezession.

Sequester
→ Sequestration.

Sequestration
Der Begriff wird iSv Zwangsverwaltung zB in der ZPO (§§ 848, 855) im Rahmen der → Zwangsvollstreckung (Durchsetzung von Herausgabeansprüchen) verwendet, ähnlich im → Völkerrecht für die Verwaltung besetzter Gebiete. Im übertragenen Sinne ist die Sequestration eine Art → Verwahrung, nämlich die Hinterlegung einer Sache bei einem Verwahrer (Sequester) zunächst für mehrere gemeinschaftlich mit der Abrede, dass die Sache – insbes. nach Klärung der streitigen Rechtslage – an einen von ihnen herauszugeben ist.

Serienstraftat
→ fortgesetzte Handlung.

Servitut
= Dienstbarkeit; → Grunddienstbarkeit, → beschränkte persönliche Dienstbarkeit.

Seuchenbekämpfung
Die Verhütung und Bekämpfung ansteckender Krankheiten bei Menschen ist im → Infektionsschutzgesetz geregelt, die Bekämpfung übertragbarer Viehseuchen im → Tiergesundheitsgesetz (→ Tierseuchen).

Seveso-Richtlinien
Grundlage des deutschen Störfallrechts waren die beiden EU-Störfall-Richtlinien, die sogenannten Seveso-Richtlinien I und II, die beide inzwischen außer Kraft getreten sind. Im italienischen Seveso hatte sich 1976 in einer Chemiefabrik ein Unglück ereignet, bei dem Dioxin freigesetzt worden war. Die Seveso-Richtlinie I wurde als Folge auch des Seveso-Unfalls erlassen. Als Seveso-Richtlinie III bezeichnet man die Richtlinie 2012/18/EU v. 4.7.2012 zur Beherrschung der Gefahren schwerer Unfälle mit gefährlichen Stoffen (ABl. EU 2012 L 197, 1). → Störfälle.

Sexpuppen
Der zum 1.7.2021 neu geschaffene (BGBl. 2021 I 1810) Straftatbestand des § 184l StGB stellt das Inverkehrbringen, den Erwerb und den Besitz von Sexpuppen mit kindlichem Erscheinungsbild unter Strafe. Als abstraktes → Gefährdungsdelikt soll die Norm der Möglichkeit vorbeugen, dass die Nutzung derartiger Gegenstände die Hemmschwelle zu → sexuellem Missbrauch von Kindern absenkt, indem der Wunsch geweckt oder verstärkt wird, die daran eingeübten sexuellen Handlungen in der Realität an einem Kind vorzunehmen (BT-Drs. 19/23707, 42). Die Norm erfasst nur Handeln mit → Vorsatz (vgl. § 15 StGB). Der Strafrahmen reicht von Geldstrafe bis zu fünf Jahren Freiheitsstrafe insbes. für das Herstellen, Anbieten, Bewerben und Handeltreiben mit Sexpuppen (§ 184l I StGB) bzw. bis zu drei Jahren Freiheitsstrafe für deren Erwerb und Besitz (§ 184l II StGB). Im Einzelfall kann die Tat bereits nach § 184b StGB (→ pornographische Inhalte) strafbar sein; § 184l StGB gilt demgegenüber nur subsidiär (§ 184l I 2 StGB; → Konkurrenz von Straftaten 3). Ähnlich wie § 176e IV, V StGB und § 184b V StGB sieht auch § 184l IV StGB tatbestandliche Ausnahmen vor, um insbes. für Zwecke strafrechtlicher Ermittlungen den insoweit erforderlichen Umgang mit Sexpuppen zu ermöglichen.

Sexualstraftaten
Das StGB bezeichnet die im 13. Abschnitt seines Besonderen Teils geregelten Tatbestände als Straftaten gegen die sexuelle Selbstbestimmung; geschütztes Rechtsgut ist nicht die allgemeine Sittlichkeit, sondern die Freiheit der Entscheidung über die geschlechtliche Betätigung, ferner die ungestörte sexuelle Entwicklung des jungen Menschen und der Schutz vor sexuellen Belästigungen.

Unter Strafe gestellt sind sexueller Missbrauch von Schutzbefohlenen, von Gefangenen oder sonstigen Anstaltsinsassen oder unter Ausnutzung eines Beratungs-, Behandlungs- oder Betreuungsverhältnisses (§§ 174–174c StGB, → Sexueller Missbrauch in Abhängigkeitsverhältnissen), → sexueller Missbrauch von Kindern (§§ 176–176d StGB) mit den Vorfeldtatbeständen des Umgangs mit → Missbrauchsanleitungen (§ 176e StGB) und des Umgangs mit → Sexpuppen mit kindlichem Erscheinungsbild (§ 184l StGB), → sexueller Übergriff, sexuelle Nötigung, → Vergewaltigung (§§ 177, 178 StGB), → sexueller Missbrauch von Jugendlichen (§ 182 StGB), → sexuelle Belästigung (§ 184i StGB), Straftaten aus Gruppen (§ 184j StGB) und → Förderung sexueller Handlungen Minderjähriger (§ 180 StGB) sowie → Ausbeutung von Prostituierten und → Zuhälterei (§§ 180a, 181a StGB), die im Falle von → Menschenhandel oder Zwangsprostitution (§§ 232, 232a StGB) auch Straftaten gegen die persönliche Freiheit darstellen. Außer gewissen verbotenen Formen der → Prostitution (§§ 184f, 184g StGB) sind schließlich unter Strafe gestellt → Exhibitionismus und → Erregung öffentlichen Ärgernisses (§§ 183, 183a StGB) sowie Verbreitung, Besitz, Erwerb und Zugänglichmachen → pornographischer Inhalte (§§ 184–184c StGB) sowie Veranstaltung und Besuch → pornographischer Darbietungen von Kindern od. Jugendlichen (§ 184e StGB).

Sexuelle Belästigung

1. Am Arbeitsplatz stellt jedes vorsätzliche, sexuell bestimmte Verhalten, das die Würde von Beschäftigten am Arbeitsplatz verletzt als sexuelle Belästigung eine Verletzung der arbeitsvertraglichen Pflichten oder ein Dienstvergehen dar (§ 3 IV AGG, s. → Gleichbehandlung 2). Alle Beschäftigten der Privatwirtschaft und im öffentlichen Dienst sind von ihren Arbeitgebern und Dienstvorgesetzten durch arbeitsrechtliche oder dienstrechtliche und personalwirtschaftliche Maßnahmen vor sexueller Belästigung zu schützen.

2. Eine sexuelle Belästigung, die unter der Grenze der → sexuellen Handlungen liegt, ist strafbar gemäß § 184i StGB, wenn eine andere Person in sexuell bestimmter Weise körperlich berührt und dadurch belästigt wird (zB Küssen des Mundes oder „Begrapschen" des Gesäßes). Dazu ist ein Kontakt des Täters mit seinem Körper am Körper des Opfers erforderlich. Verbale Einwirkungen auf das Opfer werden nicht erfasst. Sie können im Einzelfall als → Beleidigung (§ 185 StGB) strafbar sein; → Catcalling. Die Strafe ist Freiheitsstrafe bis zu 2 Jahren oder Geldstrafe, in besonders schweren Fällen (→ Regelbeispiele), etwa wenn die Tat von mehreren gemeinschaftlich begangen wird, Freiheitsstrafe von 3 Monaten bis zu 5 Jahren. Die Tat ist grundsätzlich → Antragsdelikt. Eine sexuelle Belästigung kann auch eine → Beleidigung darstellen, wenn in dem Verhalten des Täters zugleich eine von diesem gewollte herabsetzende Bewertung des Opfers liegt.

3. Wird eine sexuelle Belästigung gemäß § 184i StGB von einem Beteiligten einer Gruppe von mindestens 3 Personen verwirklicht, begehen die anderen Beteiligten der Gruppe, die diese sexuelle Belästigung dadurch fördern, dass sie sich an der Gruppe beteiligen und das Opfer bedrängen, eine Straftat aus Gruppen gemäß § 184j StGB (→ Menschenmenge). Ihre Beteiligung gemäß §§ 25–27 StGB an der sexuellen Belästigung ist dazu nicht erforderlich. Die sexuelle Belästigung muss auch nicht von ihrem Vorsatz umfasst sein; sie ist objektive → Bedingung der Strafbarkeit. Die Strafe ist Freiheitsstrafe bis zu 2 Jahren oder Geldstrafe.

Sexuelle Handlungen

Der Begriff der „sexuellen Handlung" wurde durch das 4. StrRG 1973 (seinerzeit geregelt in § 184c StGB aF, BGBl. 1973 I 1725) eingeführt als Tatbestandsmerkmal bei → Sexualstraftaten. Er ersetzt in einschränkendem Sinne das frühere Merkmal unzüchtige Handlungen und erfasst nur solche Handlungen (durch Tun oder Unterlassen), die objektiv ausschließlich und eindeutig sexualbezogen sind wie der → Beischlaf oder objektiv ambivalent und zudem durch die Absicht motiviert sind, eigene oder fremde Geschlechtslust zu erregen oder zu befriedigen. Diese Handlungen müssen im Hinblick auf das verletzte Rechtsgut von einiger Erheblichkeit sein (§ 184h StGB). Dazu gehören heterosexuelle genauso wie → homosexuelle Handlungen. Darüber hinaus setzt das Merkmal der „sexuellen Handlung vor einem anderen" (zB bei → sexuellem Missbrauch in Abhängigkeitsverhältnissen) voraus, dass der andere den Vorgang wahrnimmt und dies für den Handelnden ein wichtiger Faktor ist. S. → Tierschutz (2).

Sexueller Missbrauch in Abhängigkeitsverhältnissen

Das StGB enthält mit den §§ 174–174c StGB mehrere Straftatbestände, die → sexuelle Handlungen unter Strafe stellen, die der Täter unter Ausnutzung eines Abhängigkeitsverhältnisses begeht, in welchem das minderjährige (bei § 174 StGB) oder auch erwachsene (bei den §§ 174a–174c StGB) Opfer zu ihm steht. Als Täter wird nur erfasst, wer innerhalb des Verhältnisses bestimmte, im Gesetz jeweils umschriebene Funktionen einnimmt; die Tatbestände sind insoweit → Sonderdelikte.

1. An ihrer Spitze steht § 174 StGB (Sexueller Missbrauch von Schutzbefohlenen), bei dem das Autoritätsgefälle zwischen dem Täter und einem unter 16 bzw. unter 18 Jahre alten Opfer aus einem Erziehungs-, Betreuungs-, Ausbildungs-, Dienst- oder Arbeitsverhältnis resultiert, in dem sich das Opfer befindet und in dem der Täter eine Funktion ausübt. Dabei erfassen § 174 I StGB und § 174 II StGB sexuelle Handlungen mit und § 174 III StGB sexuelle Handlungen ohne Körperkontakt. Bei § 174 I StGB muss das Opfer dem Täter persönlich zur Erziehung oder zur Betreuung in der Lebensführung anvertraut oder im Rahmen eines Ausbildungs-, Dienst- oder Arbeitsverhältnisses untergeordnet sein; bei den letztgenannten Verhältnissen muss der Täter zugleich eine hiermit verbundene Abhängigkeit ausnutzen. Gleichfalls geschützt werden leibliche oder rechtliche Abkömmlinge des Täters oder einer anderen Person, mit welcher der Täter in einer Ehe oder Lebenspartnerschaft oder einer ähnlichen Gemeinschaft lebt. Für § 174 II StGB genügt es, wenn das Opfer zu einer entsprechenden Einrichtung in einem Rechtsverhältnis steht, das ihrer Erziehung, Ausbildung oder Betreuung in der Lebensführung dient, und dem Täter in dieser Einrichtung Personen unter 18 Jahren (nicht zwingend das Opfer) zur Erziehung, Ausbildung oder Betreuung in der Lebensführung anvertraut sind. Bei einem zwischen 16 und 18 Jahre alten Opfer muss der Täter zusätzlich seine Stellung in der Einrichtung für die Tat miss-

brauchen. Umfassend unter Strafe stehen damit insbes. sexuelle Handlungen zwischen Lehrern und Schülern einer Schule oder ähnlichen Ausbildungseinrichtung.

2. Die §§ 174a–174c StGB schützen (auch erwachsene) Opfer gegenüber ihnen in bestimmten Verhältnissen mit Autorität oder besonderer Kompetenz ausgestatteten Funktionsträgern: § 174a StGB betrifft Gefangene sowie Personen, die behördlich verwahrt oder in eine Einrichtung für kranke oder hilfsbedürftige Menschen aufgenommen sind. Sie müssen dem Täter dort zur Erziehung, Ausbildung, Beaufsichtigung oder Betreuung anvertraut sein. § 174b StGB besteht zugunsten von Personen, gegen die sich ein Strafverfahren oder ein Verfahren zur Anordnung einer freiheitsentziehenden → Maßregel der Besserung und Sicherung oder einer behördlichen Verwahrung richtet. Täter kann hier nur ein → Amtsträger sein. § 174c StGB schützt Personen, die sich wegen einer geistigen oder seelischen Krankheit oder Behinderung einschließlich einer Suchtkrankheit oder wegen einer körperlichen Krankheit oder Behinderung in der Beratung, (auch psychotherapeutischen) Behandlung oder Betreuung durch den Täter befinden.

3. Der Versuch ist in allen Fällen der §§ 174–174c StGB strafbar.

4. Die Strafrahmen umfassen regelmäßig Freiheitsstrafe von drei Monaten bis zu fünf Jahren. Bei § 174 III StGB (Handlungen ohne Körperkontakt) reicht die Sanktionsdrohung von Geldstrafe bis zu Freiheitsstrafe von drei Jahren. In den Varianten des § 174 StGB, die nicht speziell die Ausnutzung der Stellung des Täters voraussetzen, kann das Gericht von einer Bestrafung absehen (→ Absehen von Strafe), wenn das Unrecht der Tat gering ist (§ 174 V StGB).

5. Häufig sind einschlägige Taten bereits als → sexueller Übergriff (§ 177 StGB) oder als → sexueller Missbrauch von Kindern (§§ 176–176d StGB) strafbar und unterliegen dort regelmäßig noch höherer Strafdrohung. Eigenständige Bedeutung besitzen die §§ 174–174c StGB daher insbes. in Fällen, in denen das Opfer mit dem sexuellen Kontakt einverstanden ist.

Sexueller Missbrauch von Jugendlichen
ist nach § 182 I, II StGB strafbar, wenn eine Person eine andere Person unter 18 Jahren dadurch missbraucht, dass sie unter Ausnutzung einer Zwangslage sexuelle Handlungen an ihr vornimmt oder an sich von ihr vornehmen lässt oder diese dazu bestimmt, sexuelle Handlungen an einem Dritten vorzunehmen oder von einem Dritten an sich vornehmen zu lassen, oder wenn eine Person über 18 Jahren eine Person unter 16 Jahren dadurch missbraucht, dass sie gegen Entgelt sexuelle Handlungen an ihr vornimmt oder an sich von ihr vornehmen lässt. Diese Handlungen sind nach § 182 III StGB auch strafbar, wenn eine Person über 21 Jahren sie (ohne Zwangslage oder Entgeltzahlung) unter Ausnutzung der ihr gegenüber fehlenden Fähigkeit des Opfers unter 16 Jahren zur sexuellen Selbstbestimmung begeht. In diesem Fall wird die Tat nur auf Strafantrag oder wegen des bes. öffentlichen Interesses verfolgt (§ 182 V StGB). Der Versuch ist strafbar (§ 182 IV StGB). Die Strafe ist Freiheitsstrafe bis zu 5 (§ 182 I, II StGB) oder 3 Jahren (§ 182 III StGB) oder Geldstrafe. Das Gericht kann von Strafe absehen, wenn das Unrecht der Tat bei Berücksichtigung des Verhaltens des Opfers gering ist (§ 182 VI StGB).

Sexueller Missbrauch von Kindern
Der Straftatbestand des Sexuellen Missbrauchs von Kindern (§§ 176–176d StGB) soll als abstraktes → Gefährdungsdelikt die ungestörte sexuelle Entwicklung von Kindern schützen, wobei „Kind" iSd → Legaldefinition des § 176 I Nr. 1 StGB jede Person unter 14 Jahren ist. Zur Entwicklung gehört insbes. die Erlangung der Fähigkeit zu sexueller Selbstbestimmung, die das Schutzgut der meisten anderen, auch Handlungen gegenüber Jugendlichen und Erwachsenen erfassenden Tatbestände des 13. Abschnitts des Besonderen Teils des StGB bildet (→ Sexualstraftaten). Wie das gesamte Sexualstrafrecht war und ist auch § 176 StGB vielfach Gegenstand rechtspolitischer Diskussion; das erfasste Verhalten und die Höhe der Strafdrohungen wurden mehrfach erweitert. Zuletzt wurden die §§ 176–176d StGB durch das Gesetz zur Bekämpfung sexualisierter Gewalt gegen Kinder vom 16.6.2021 (BGBl. 2021 I 1810) umfassend reformiert. Dabei wurden die verschiedenen Tatalternativen neu gruppiert und die Strafdrohungen zT deutlich verschärft. § 176 StGB betrifft nun allein Handlungen mit Körperkontakt; sie sind ausnahmslos als → Verbrechen (§ 12 I StGB) eingestuft. Handlungen ohne Körperkontakt stellt § 176a StGB unter eine geringere Strafdrohung. → Qualifikationstatbestände v. a. zu § 176 StGB enthalten die §§ 176c und 176d StGB. Als „Vorbereitung des sexuellen Missbrauchs von Kindern" erfasst § 176b StGB das sog. → Cybergrooming. Weitere Tatbestände mit mittelbarem Bezug zum sexuellen Kindesmissbrauch s. unten 9.

1. Handlungen mit Körperkontakt (§ 176 I StGB): Sexueller Missbrauch von Kindern begeht insbes., wer → sexuelle Handlungen an einem Kind vornimmt, an sich von einem Kind vornehmen lässt oder ein Kind dazu bestimmt, solche Handlungen mit Dritten vorzunehmen oder von Dritten an sich vornehmen zu lassen. Wie bei allen Sexualdelikten außer § 184i StGB müssen die Handlungen die Erheblichkeitsschwelle des § 184h Nr. 1 StGB erreichen. Die Tat setzt vorsätzliches Handeln voraus; wobei auch hinsichtlich des Alters des Kindes bedingter → Vorsatz genügt.

2. Handlungen ohne Körperkontakt (§ 176a StGB): Anstelle eines physischen Kontakts setzen sie ein kommunikatives Einwirken auf ein Kind zu sexuellen Zwecken voraus. Strafbar macht sich insbes., wer sexuelle Handlungen vor (s. § 184h Nr. 2 StGB) einem Kind vornimmt, ein Kind zu solchen bestimmt oder auf ein Kind durch → pornographische Inhalte oder durch entsprechende Reden einwirkt.

3. Vorbereitungshandlungen (§ 176b StGB): Erfasst wird, wer auf ein Kind durch einen → Inhalt (was ua den Einsatz von Informations- und Kommunikationstechnik umfasst, vgl. § 11 III StGB) einwirkt, um es zu sexuellen Handlungen zu bringen oder es zur Herstellung kinderpornographischen Materials zu missbrauchen. Diese Tatvariante gilt dem sog. → Cybergrooming.

4. Zusätzlich unter Strafe gestellt ist jeweils (§ 176 I Nr. 3 StGB, § 176a II StGB, § 176b II StGB) das Anbieten eines Kindes für die Begehung entsprechender Taten sowie das Versprechen des Nachweises eines Kindes für diesen Zweck, also quasi eine Maklertätigkeit. Gleiches gilt für die Verabredung zu solchen Taten, die für die Fälle des § 176 I StGB als Verbrechen schon nach § 30 II StGB unter Strafe steht.

5. Der → Versuch ist bei Taten mit Körperkontakt als Verbrechen schon nach § 23 I StGB strafbar; er kann bereits im Einwirken auf den Willen des Kindes liegen (zB Aufforderung, dem Täter an einen Ort zu folgen, an dem er sein Vorhaben ausführen will). Bei Taten ohne Körperkontakt besteht Versuchsstrafbarkeit nur für die unmittelbar auf die Vornahme sexueller Handlungen bezogenen Tatvarianten, also § 176a I Nr. 1 u. 2 StGB (§ 176a III StGB). Bei § 176a I Nr. 3 StGB sowie den Fällen des → Cybergrooming (s. dort zum Hintergrund, § 176b III StGB) ist ein Versuch nur dann pönalisiert, wenn die Vollendung der Tat allein daran scheitert, dass der Täter irrig annimmt, sein Einwirken beziehe sich auf ein Kind.

6. Zur Bekämpfung des sog. Kindersex-Tourismus ist auch die Tat eines Deutschen im Ausland strafbar (§ 5 Nr. 8 StGB; → Geltungsbereich des Strafrechts).

7. Strafdrohungen, → Qualifikationstatbestände: Die Strafe für Handlungen mit Körperkontakt (§ 176 StGB) ist Freiheitsstrafe von 1 Jahr bis zu 15 Jahren. Für Handlungen ohne Körperkontakt nach § 176a StGB sieht der Strafrahmen Freiheitsstrafe von 6 Monaten bis zu 10 Jahren vor, für Taten nach § 176b StGB Freiheitsstrafe von 3 Monaten bis zu 5 Jahren. Erhöhte Strafdrohungen gelten für die → Qualifikationstatbestände des schweren sexuellen Missbrauchs von Kindern und des Missbrauchs mit Todesfolge (§§ 176c, 176d StGB). Freiheitsstrafe von mindestens 2 Jahren ist verwirkt bei Tatwiederholung nach einschlägiger Verurteilung in den letzten 5 Jahren (diese Variante bildet einen im StGB einmaligen Fall einer → Rückfall-Qualifikation), bei Beischlaf uä, gemeinschaftlicher Begehung, Gefahr schwerer Gesundheitsschädigung für das Opfer oder bei der Absicht, die Tat als → pornographischen Inhalt zu verbreiten, mindestens 5 Jahre bei schwerer körperlicher Misshandlung oder Todesgefahr des Opfers, mindestens 10 Jahre oder lebenslang bei wenigstens leichtfertiger (→ Fahrlässigkeit) Verursachung des Todes des Opfers (→ Erfolgsqualifiziertes Delikt).

Bei Handlungen mit direktem Körperkontakt zwischen Täter und Opfer (§ 176 I Nr. 1 StGB) kann das Gericht nach § 176 II StGB von Strafe absehen (→ Absehen von Strafe), wenn zwischen Täter und Kind die sexuelle Handlung einvernehmlich erfolgt und der Unterschied sowohl im Alter als auch im Entwicklungsstand oder Reifegrad gering ist, sofern der Täter nicht die fehlende Fähigkeit des Kindes zu sexueller Selbstbestimmung ausnutzt. Durch diese Möglichkeit soll für Kinder und Jugendliche (bei ihnen auch angesichts der mit 14 Jahren beginnenden → Strafmündigkeit) ein Freiraum sexueller Selbsterprobung mit (annähernd) Gleichaltrigen verbleiben und Berücksichtigung finden, dass es im Einzelfall geradezu Ausdruck der Entwicklung der sexuellen Selbstbestimmung sein kann, wenn Personen unter 14 Jahren sexuelle Handlungen mit annährend Gleichaltrigen austauschen (BT-Drs. 19/23707, 38).

8. Verjährung: Die mit Beendigung der Tat beginnende → Strafverfolgungsverjährung ruht wie auch bei mehreren anderen Sexualdelikten bis zur Vollendung des 30. Lebensjahres des Opfers (§ 78b I Nr. 1 StGB). Dies erleichtert die Strafverfolgung insbes. in Fällen, in denen die Tat von Erziehungsberechtigten oder anderen nahestehenden Personen begangen wird, deren Einfluss sich das Opfer typischerweise erst als Erwachsener zu entziehen vermag. Die Überprüfung und ggf. Beweisführung wird bei einem erst Jahrzehnte nach der behaupteten Begehung angezeigten Tatvorwurf allerdings häufig erheblichen Schwierigkeiten unterliegen.

9. Indirekt dem Kampf gegen sexuellen Kindesmissbrauch dient der Straftatbestand gegen Kinderpornographie (§ 184b StGB, → pornographische Inhalte), ua weil Missbrauch auch begangen wird, um pornographisches Material herzustellen, und dessen „Konsum“ wiederum die Hemmschwelle für eigenhändige Missbrauchstaten senken kann. Im Jahr 2021 neu geschaffen wurden zudem zwei weitere Straftatbestände, die Handlungen unter Strafe stellen, die mittelbar die sexuelle Ausbeutung von Kindern fördern können, nämlich den Umgang mit → Missbrauchsanleitungen (§ 176e StGB) und → Sexpuppen (§ 184l StGB).

Sexueller Missbrauch von Patienten
→ Sexueller Missbrauch in Abhängigkeitsverhältnissen.

Sexueller Missbrauch von Schutzbefohlenen
Straftatbestand nach § 174 StGB, → sexueller Missbrauch in Abhängigkeitsverhältnissen.

Sexueller Übergriff, sexuelle Nötigung
Straftatbestand nach § 177 I, II StGB, der die Grunddelikte der Strafbarkeit → sexueller Handlungen enthält. Sie liegen vor bei sexuellen Handlungen gegen den erkennbaren entgegenstehenden Willen des Opfers unabhängig von Motivlage oder Verteidigungshaltung (sog. Nichteinverständnislösung „Nein heißt Nein"), die der Täter an dem Opfer vornimmt oder von dem Opfer vornehmen lässt und damit das Recht der sexuellen Selbstbestimmung des Opfers verletzt. Erfasst werden auch sexuelle Handlungen in der Ehe. Die qualifizierten Delikte sind in § 177 IV, V, VII, VIII StGB, die besonders schweren Fälle (→ Regelbeispiele) in § 177 VI StGB, die Strafrahmen in minder schweren Fällen in § 177 IX StGB), die erfolgsqualifizierten Delikte in § 178 StGB enthalten. Die Förderung einer Tat gemäß § 177 StGB aus einer Personengruppe ist als Straftat aus Gruppen nach § 184j StGB strafbar. Handlungen, die die Schwelle der sexuellen Erheblichkeit gem. § 184h Nr. 1 StGB nicht erreichen, sind ggf. als → sexuelle Belästigung (§ 184i StGB) strafbar.

Die gegenwärtige Konzeption des Tatbestands beruht auf dem 50. StrÄG vom 4.11. 2016 (BGBl. 2016 I 2460), dem eine politische Diskussion vorausging, die durch massenmediale Berichte zu Einzelfällen geprägt war. Der Abschlussbericht einer zuvor durch das BMJV eigens eingesetzten Reformkommission zur Überarbeitung des Sexualstrafrechts wurde nicht abgewartet; dieser wurde veröffentlicht am 19.7.2017 und empfiehlt eine umfassende Neustrukturierung des 13. Abschnitts des Besonderen Teils des StGB.

Im Einzelnen ist bedroht mit

1. Freiheitsstrafe von 6 Monaten bis zu 5 Jahren, wer sexuelle Handlungen an einer anderen (weiblichen oder männlichen) Person vornimmt oder vornehmen lässt oder sie zur Duldung oder Vornahme sexueller Handlungen an oder von einem Dritten bestimmt und dabei gegen ihren erkennbaren Willen handelt (§ 177 I StGB) oder ihre Unfähigkeit, einen entgegenstehenden Willen zu bilden oder zu äußern (§ 177 II Nr. 1 StGB), oder ihre eingeschränkte Fähigkeit, einen entgegenstehenden Willen zu bilden oder zu äußern, es sei, er hat sich ihrer Zustimmung versichert (§ 177 II Nr. 2 StGB, „Nur Ja heißt Ja"), oder ein Überraschungsmoment (§ 177 II Nr. 3 StGB) oder eine Lage, in der der Person bei Widerstand ein empfindliches Übel droht (§ 177 II Nr. 4 StGB), ausnutzt oder sie durch Drohung mit einem empfindlichen Übel genötigt hat (§ 177 II Nr. 5 StGB). Der Versuch ist stets strafbar (§ 177 III StGB);

2. Freiheitsstrafe nicht unter 1 Jahr ist, wenn die Unfähigkeit, einen Willen zu bilden oder zu äußern, auf einer Krankheit oder Behinderung der Person beruht (§ 177 IV StGB) oder wenn der Täter ihr gegenüber → Gewalt anwendet (§ 177 V Nr. 1 StGB), ihr mit gegenwärtiger Gefahr für Leib oder Leben droht (§ 177 V Nr. 2 StGB), oder eine Lage ausnutzt, in der sie der Einwirkung des Täters schutzlos ausgeliefert ist (§ 177 V Nr. 3 StGB). Die Anwendung von Gewalt kann in der unmittelbaren Überwindung körperlichen Widerstandes (vis absoluta) oder in mittelbarer Einwirkung, zB durch Einsperren, bestehen (vis compulsiva), wobei der Gesetzgeber in § 177 V Nr. 1 StGB abweichend vom übrigen Strafrecht keinen Finalzusammenhang zwischen der Gewaltanwendung und der Tatbegehung, hier also der Vornahme der sexuellen Handlung, voraussetzt (hierzu → Gewalt 3). Die → Drohung ist eine seelische Einwirkung. Das Ausnutzen der Lage des Opfers erfasst insbes. den Fall, dass das Opfer gegen seinen Willen entführt wird oder eine Verteidigung für sinnlos hält und deshalb die sexuellen Handlungen ohne Gegenwehr über sich ergehen lässt;

3. Freiheitsstrafe nicht unter 2 Jahren in besonders schweren Fällen (§ 177 VI 1 StGB). Regelbeispiele sind → Vergewaltigung und gemeinschaftliche Tatbegehung;

4. Freiheitsstrafe nicht unter 3 Jahren bei Mitführen einer (objektiv gefährlichen und zur Verursachung von Verletzungen geeigneten) Waffe (worunter auch eine geladene Gas- oder Schreckschusswaffe fällt) oder eines anderen gefährlichen Werkzeugs, Mitführen eines sonstigen Werkzeugs zum Verhindern oder Überwinden von Widerstand des Opfers, wozu auch Scheinwaffen (wie Spielzeugpistolen und Schusswaffenattrappen, nicht dagegen nach dem äußeren Erscheinungsbild offenkundig objektiv ungefährliche Gegenstände wie Metallrohr, Wasserpistole) gehören, oder bei schwerer Gesundheitsgefährdung des Opfers (§ 177 VII StGB); Freiheitsstrafe nicht unter 5 Jahren bei Verwendung einer Waffe oder eines anderen gefährlichen Werkzeugs, schwerer körperlicher Misshandlung oder Todesgefahr des Opfers (§ 177 VIII StGB);

5. Freiheitsstrafe nicht unter 10 Jahren oder lebenslanger Freiheitsstrafe bei wenigstens leichtfertiger Verursachung des Todes des Opfers (§ 178 StGB);

6. Freiheitsstrafe bis zu 2 Jahren oder Geldstrafe bei Straftat aus Gruppen (§ 184j StGB). Wird eine Tat gemäß § 177 StGB von einem Beteiligten einer Gruppe von mindestens 3 Personen verwirklicht, begehen die anderen Beteiligten der Gruppe, die die Tat gemäß § 177 StGB dadurch fördern, dass sie sich an der Gruppe beteiligen und das Opfer bedrängen, eine Straftat aus Gruppen. Ihre Beteiligung nach §§ 25–27 StGB an der Tat gemäß § 177 StGB ist dazu nicht erforderlich. Die Tat gemäß § 177 StGB muss auch nicht von ihrem Vorsatz umfasst sein; sie ist objektive → Bedingung der Strafbarkeit.

Sezession
1. Im → Völkerrecht nennt man die Abspaltung eines Teiles des Staatsgebietes mit dem Ziel der Gründung eines eigenen Staates oder des Anschlusses an einen anderen Staat Sezession. Weitgehend synonym wird der Begriff → Separation (sa → Separatismus) verwendet. Historische Beispiele sind die Loslösung Des Königreiches Belgien vom Königreich der Niederlande 1830 oder die Trennung Islands vom Königreich Dänemark 1944. Aktuell bestehen Bestrebungen einer Loslösung Kataloniens vom Königreich Spanien und - als Reaktion auf den → Brexit - Schottlands vom Vereinigten Königreich. Im Einvernehmen mit dem ein Territorium abgebenden Gesamtstaat ist die Sezession jederzeit zulässig. Im Völkerrecht sehr umstritten ist die Frage, unter welchen Voraussetzungen eine Sezession gegen dessen Willen möglich ist. Die Sezession erfolgt häufig auf Betreiben eines Teiles des bisherigen → Staatsvolkes, der sich durch gewisse ethnische Gemeinsamkeiten vom Gesamtstaatsvolk unterscheidet (ggf. durch die Sprache, wie zB Katalanisch statt Spanisch). Ob das→ Selbstbestimmungsrecht der Völker das Recht zur Sezession umfasst, ist zweifelhaft, da sie sich wiederum gegen das Recht auf territoriale Integrität des Gesamtstaates richtet. Ein freies Sezessionsrecht widerspräche dem Prinzip der grundsätzlichen Stabilität zwischenstaatlicher Beziehungen. Dies steht aber der Zulässigkeit der Sezession in Ausnahmefällen nicht entgegen, wenn zB das die Sezession anstrebende Teilvolk schweren Diskriminierungen durch den bisherigen Gesamtstaat ausgesetzt ist.

2. Von der Sezession oder Separation ist die → Dismembration zu unterscheiden, bei der es nicht zur Abtrennung von Teilen des bisherigen Gesamtstaates kommt, sondern bei der sich der bisherige Gesamtstaat insgesamt auflöst.

3. Zu den Rechtsverhältnissen abgespaltener oder dismembrierter Gebiete → Staatennachfolge.

SGB (I–XIV)
Das deutsche Sozialrecht ist niedergeschrieben in den Sozialgesetzbüchern SGB (I–XIV) → Sozialgesetzbuch. Mit Wirkung v. 1.1.2020 wurde das SGB XIV (Gesetz zur Regelung des sozialen Entschädigungsrechts) v. 12.12.2019 (BGBl. 2019 I 2652) in das Gesamtwerk eingefügt. Die Bezeichnung SGB XIII wird nicht besetzt. Daneben gibt es noch die besonderen Teile des Sozialrechts, auf die § 58 SGB I verweist (zB Bundesausbildungsförderungsgesetz BaFöG).

SHAPE
(Supreme Headquarters Allied Powers Europe) → Nordatlantikvertrag.

Share deal
→ Unternehmen (2).

Shareholder Value
Hierunter versteht man den Unternehmenswert und damit den Wert der Anteile hieran. Der Shareholder Value ist sowohl für einen Erwerb (Kaufpreis auf Grund des Ertragswerts) als auch für eine wertorientierte Unternehmensführung von Bedeutung. Sa → Aktiengesellschaft (AG), 3c.

Shisha-Pfeifen
→ Tabakerzeugnisse.

Showformat
Bei Fernsehshows bezeichnet der Begriff des Showformats oder Sendeformats das als Grundlage für eine solche Sendung entwickelte oder darin verwirklichte Konzept. Er erfasst die Gesamtheit aller charakteristischen Merkmale, die geeignet sind, Folgen der Show ungeachtet ihres jeweils unterschiedlichen Inhalts als Grundstruktur zu prägen und damit zugleich dem Publikum zu ermöglichen, sie ohne weiteres als Teil einer Sendereihe zu erkennen. Die Rspr. sieht darin eine vom Inhalt losgelöste bloße Anleitung zur Formgestaltung gleichartiger anderer Stoffe, die regelmäßig kein durch das → Urheberrecht geschütztes Werk darstellt. Einzelne Gestaltungselemente (etwa die Titelmusik oder eine besondere Studioeinrichtung) können aber urheberrechtsschutzfähig sein.

Showveranstaltungen
→ Schaustellungen von Personen.

Sicheres Geleit
→ Abwesenheitsverfahren.

Sicherheit und Ordnung, öffentliche
Unter Sicherheit ist die Unversehrtheit der Rechtsordnung und der grundlegenden Einrichtungen und Veranstaltungen des Staates, sowie die Unversehrtheit von Gesundheit, Ehre, Freiheit, Eigentum und sonstigen Rechtsgütern seiner Bürger zu verstehen. Der Begriff der öffentlichen Ordnung bezeichnet die Gesamtheit der (zT ungeschriebenen) Regeln für das Verhalten des einzelnen in der Öffentlichkeit, deren Beachtung als unerlässliche Voraussetzung eines geordneten staatsbürgerlichen Gemeinschaftslebens angesehen wird; der Begriff ist nach Ort und Zeit unterschiedlicher Auslegung zugänglich, die sich nach den konkreten Umständen des Einzelfalls richtet. Eine Gefahr für die Sicherheit liegt vor, wenn eine Beeinträchtigung zu befürchten ist. Eine Störung der Sicherheit und Ordnung liegt vor, wenn deren Beeinträchtigung bereits eingetreten ist. Abwehr drohender Gefahren und Beseitigung eingetretener Störungen ist Aufgabe von → Polizei und → Ordnungsbehörden. Eine konkrete Gefahr (→ Gefahrenabwehr) ist Voraussetzung für → polizeiliche Maßnahmen und → ordnungsbehördliche Maßnahmen im Einzelfall.

Sicherheitenpool
→ Poolvertrag.

Sicherheits- und Gesundheitskoordinator
Der Sicherheits- und Gesundheitskoordinator ist auf Baustellen erforderlich, auf denen Beschäftigte mehrerer Auftraggeber tätig sind (§ 3 BaustellV → Baustellenverordnung).

Sicherheits- und Gesundheitsplan (SiGe-Plan)
Der Sicherheits- und Gesundheitsplan ist bei Großvorhaben iSd § 2 BaustellV (→ Baustellenverordnung; mehr als 30 Arbeitstage mit mehr als 20 Beschäftigten gleichzeitig, bzw. mehr als 500 Personenarbeitstage) der zuständigen Behörde spätestens zwei Wochen vor Einrichtung der Baustelle vorzulegen.

Sicherheitsbeauftragter
→ Unfallschutz, → Arbeitssicherheit, Fachkräfte für.

Sicherheitsbehörden
→ Polizei (1), → Ordnungsbehörden.

Sicherheitsbereitschaft
→ Stromversorgung.

Sicherheitsdienste
→ Bewachungsgewerbe, → Privatpolizeien.

Sicherheitsgurt
Kfz mit mehr als 25 km/h Höchstgeschwindigkeit müssen – von einigen Ausnahmen abgesehen – mit Sicherheitsgurten oder anderen zugelassenen Rückhaltesystemen ausgerüstet sein (s. § 35a StVZO). Der Sicherheitsgurt muss während der Fahrt angelegt sein; Kinder bis zu 12 Jahren und 1,5 m Körpergröße dürfen in Kfz grundsätzlich nur mitgenommen werden, wenn bestimmte für das Kind geeignete Rückhaltevorrichtungen benutzt werden (§ 21 I, Ia StVO). Ausnahmen gelten für Personen im Haus-zu-Haus-Verkehr und Fahrten im Schritttempo sowie in bestimmten Omnibussen (§ 21a I StVO). Nichtanlegen des Sicherheitsgurtes ist mit Geldbuße bedroht. Verstöße gegen die Vorschriften können zum Verlust von Versicherungs- und Lohnfortzahlungsansprüchen (BAG NJW 1982, 1013) führen oder gegenüber Schadensersatzansprüchen als → Mitverschulden geltend gemacht werden (BGH NJW 2001, 1485).

Sicherheitsingenieure
Sicherheitsmeister, -techniker, → Arbeitssicherheit, Fachkräfte für.

Sicherheitsleistung
1. Die Pflicht zur Sicherheitsleistung kann auf vertraglicher Abrede (Kaution; s. zB → Mietkaution), richterlicher Verfügung oder Gesetz beruhen; oftmals räumt auch das Gesetz dem Betroffenen die Möglichkeit ein, durch Sicherheitsleistung ein Recht durchzusetzen (→ vorläufige Vollstreckbarkeit und u.), diese Durchsetzung wiederum zu stoppen oder ein Gegenrecht abzuwenden (s. zB → Zurückbehaltungsrecht). Die Art der Sicherheitsleistung unterliegt zunächst der Vereinbarung, ihre Höhe dem Sicherungszweck (Ergänzungspflicht, wenn Sicherheitsleistung nachträglich unzureichend, § 240 BGB). Hilfsweise enthalten die §§ 232 ff. BGB Vorschriften über die Art der Sicherheitsleistung, in erster Linie durch → Hinterlegung von Geld und Wertpapieren, Bestellung eines → Pfandrechts (auch → Sicherungsübereignung), einer → Hypothek oder → Grundschuld. Erst wenn diese Sachsicherheit nicht möglich ist, kann Sicherheitsleistung durch Personalsicherheit in Form der → Bürgschaft geleistet werden.

Die prozessuale Sicherheitsleistung sieht die ZPO in verschiedenen Fällen vor, insbes. bei der → vorläufigen Vollstreckbarkeit (§ 709 ZPO) von Urteilen, bei der Einstellung der Zwangsvollstreckung und hinsichtlich der → Prozesskosten, wenn Ausländer als Kläger auftreten, die ihren gewöhnlichen Aufenthalt nicht in einem Mitgliedstaat der → Europäischen Union haben, sofern nicht auf Grund völkerrechtlicher Verträge keine Sicherheitsleistung verlangt werden kann oder ausreichendes Inlandsvermögen des Klägers vorhanden ist (§§ 110 ff. ZPO). Art und Höhe bestimmt das Gericht nach freiem Ermessen (§§ 108, 112 ZPO). Ordnet es nicht ausdrücklich eine andere Art der Sicherheitsleistung an, so ist die Sicherheitsleistung durch Bankbürgschaft, → Hinterlegung von Geld oder solchen Wertpapieren zu bewirken, die nach § 234 I, II BGB hierzu geeignet sind. Zweck der Sicherheitsleistung ist, dass ein potenzieller Schadensersatzanspruch (zB aus § 717 ZPO) oder der → Kostenerstattungsanspruch durch Zugriff auf die Sicherheitsleistung verwirklicht werden kann. Fällt der Anlass der Sicherheitsleistung weg, so wird in einem besonderen Verfahren (§§ 109, 715 ZPO) ihre Rückgabe angeordnet.

2. Im Besteuerungsverfahren kommt eine Sicherheitsleistung in folgenden Fällen in Betracht: Bei Fristverlängerung (§ 109 II AO), bei → vorläufiger Steuerfestsetzung (§ 165 I 4 AO), bei mehrfacher nicht rechtzeitiger Entrichtung einer → Verbrauchsteuer oder der → Umsatzsteuer (§ 221 S. 2 AO), bei → Stundung (§ 222 S. 2 AO), bei Zahlungsaufschub von Zöllen und Verbrauchsteuern (§ 223 AO), bei Aussetzung der Vollziehung (§ 361 II 3 AO, → Vollziehung, sofortige). Arten und Verfahren der Sicherheitsleistung ergeben sich aus §§ 241–248, 327, 336 AO. Ab 1.1.2002 kann die Zustimmung des FA zu einer umsatzsteuerlichen → Steueranmeldung im Einvernehmen mit dem → Unternehmer von einer Sicherheitsleistung abhängig gemacht werden (§ 18f UStG), sa → Umsatzsteuer.

Sicherheitsprüfung
→ Überwachung von Kfz.

Sicherheitsrat
der UN → Vereinte Nationen (2b).

Sicherheitsrecht
→ Ordnungsrecht.

Sicherheitsüberprüfung
Das Sicherheitsüberprüfungsgesetz (SÜG) v. 20.4.1994 (BGBl. 1994 I 867) mÄnd regelt für den Bereich des Bundes die Überprüfung von Personen, die mit Angelegenheiten befasst werden können, deren Geheimhaltung im staatlichen Interesse liegt (Verschlusssachen der Stufen VS-vertraulich, geheim oder streng geheim). Das umfangreiche Gesetz bestimmt die sicherheitsempfindlichen Tätigkeiten, legt den betroffenen Personenkreis fest und regelt Zuständigkeiten und Verfahren. Die Überprüfung ist vor Übertragung einer sicherheitsempfindlichen Tätigkeit durchzuführen. Im Verfahren unterscheidet man die einfache Sicherheitsüberprüfung, die erweiterte Sicherheitsüberprüfung und die erweiterte Sicherheitsüberprüfung mit Sicherheitsermittlungen (§§ 8 bis 10 SÜG); im letzteren Fall können über die zu überprüfende Person auch Auskünfte von von dieser benannten Referenzpersonen und von weiteren geeigneten dritten Personen erholt werden. Die erweiterte Sicherheitsüberprüfung mit Sicherheitsermittlungen gilt für Mitarbeiter von → Nachrichtendiensten und Mitarbeiter von → Bundespolizei, → Bundeskriminalamt, → Bundeswehr und anderen Stellen, die regelmäßig mit den Nachrichtendiensten zusammenarbeiten.

2. Durch das → Terrorismusbekämpfungsgesetz v. 9.1.2002 (BGBl. 2002 I 361) wurde die Sicherheitsüberprüfung auf Beschäftigte in Einrichtungen der Daseinsvorsorge ausgedehnt. Dazu gehören auch die sicherheitsrelevanten Abteilungen von Energieunternehmen, Telekommunikationsunternehmen und Rüstungsbetrieben; vgl. § 16 bis 18 der Sicherheitsüberprüfungsfeststellungsverordnung (SÜFV) v. 6.2.2023 (BGBl. 2023 Nr. 33).

3. Personen, die eine der Sicherheitsüberprüfung unterliegende Tätigkeit ausüben, können verpflichtet werden, Dienst- oder Privatreisen in Staaten, für die besondere Sicherheitsregelungen gelten, vorher anzuzeigen; ggf. können solche Reisen untersagt werden.

4. Dem SÜG vergleichbare Regelungen bestehen für deren Zuständigkeitsbereich in den → Ländern; vgl. zB Bayer. Sicherheitsüberprüfungsgesetz (BaySÜG) v. 27.12.1996 (GVBl. 1996 S. 509) mÄnd, Sicherheitsüberprüfungsgesetz Nordrhein-Westfalen (SGV NRW) v. 23.2.2022 (GV NRW 2022 S. 233) und Sächsisches Sicherheitsüberprüfungsgesetz v. 19.2.2004 (SächsGVBl. 2004 S. 44) mÄnd.

Sicherheitsvorschriften
→ Betriebsschutz, → Unfallschutz.

Sicherheitswacht
In Bayern unterstützt nach dem Sicherheitswachtgesetz (Gesetz v. 28.4.1997 (GVBl. 1997, 88) mÄnd) eine Sicherheitswacht in ihrer Dienstzeit die Polizei bei der Erfüllung ihrer Aufgaben, insbesondere im Zusammenhang mit der Bekämpfung der Straßenkriminalität. Die Angehörigen der Sicherheitswacht sind ehrenamtlich tätig und werden von der zuständigen Polizeidirektion bestellt. Sie müssen volljährig und zuverlässig sein. Die Befugnisse der Sicherheitswacht erstrecken sich nur auf Platzverweisung, Identitätsfeststellung und die Übermittlung der erhobenen Daten (→ polizeiliche Maßnahmen). Die Angehörigen der Sicherheitswacht sind nicht bewaffnet. Vergleichbare Versuche gibt es auch in anderen Ländern.

Sichernde Maßregeln
→ Maßregeln der Besserung und Sicherung.

Sicherstellung
(polizeiliche, strafprozessuale); sa → Beschlagnahme. Die Sicherstellung zu präventivpolizeilichen Zwecken ist im → Polizeirecht geregelt; es handelt sich dabei um eine → polizeiliche Maßnahme. Erfolgt die Sicherstellung zu Zwecken der Strafverfolgung, so sind die Voraussetzungen im → Strafprozessrecht geregelt. Dient die Sicherstellung nicht Beweiszwecken, sondern zur Sicherung der → Einziehung im Strafverfahren oder der → Unbrauchbarmachung, so gelten die Sondervorschriften der §§ 111b ff. StPO. Die Sicherstellung kann Sachen oder Rechte erfassen; sie setzt Gründe dafür voraus, dass die Einziehung usw. angeordnet werden wird. Bei beweglichen Sachen findet körperliche Wegnahme oder Kenntlichmachung statt; bei Grundstücken Beschlagnahme und Vermerk im Grundbuch, bei Forderungen Pfändung. Durch dinglichen → Arrest können Einziehung oder → Wertersatz sowie Geldstrafe und Kosten des Strafverfahrens gesichert werden. Zuständig für die Anordnung ist das Gericht, bei Gefahr im Verzug auch die StA (die binnen 1 Woche richterliche Bestätigung einholen muss), bei beweglichen Sachen auch → Ermittlungspersonen der StA. Liegen dringende Gründe für die Sicherstellung nicht vor, hebt das Gericht die Sicherstellung spätestens nach 6 (bzw. 12) Monaten auf.

Im Besteuerungsverfahren ist Sicherstellung eine Maßnahme der → Steueraufsicht bei Zöllen und Verbrauchsteuern (§ 215 AO).

Sicherstellungsgesetze
Die zu den sog. einfachen Notstandsgesetzen zählenden Gesetze über die Sicherstellung von Leistungen auf dem Gebiet der gewerblichen Wirtschaft sowie des Geld- und Kapitalverkehrs das Wirtschaftssicherstellungsgesetz idF v. 3.10.1968 (BGBl. 1968 I 1069), über die Sicherstellung der Versorgung mit Erzeugnissen der Ernährungs- und Landwirtschaft sowie der Forst- und Holzwirtschaft das Ernährungssicherstellungsgesetz idF v. 27.8.1990 (BGBl. 1990 I 1802) und über die Sicherstellung des Verkehrs das Verkehrssicherstellungsgesetz idF v. 8.10.1968 (BGBl. 1968 I 1082), jeweils mÄnd, ermächtigen die Exekutive (Bundesregierung, zuständige Bundesminister, Landesregierungen nach entsprechender Delegation), für Zwecke der Verteidigung durch RechtsVO die erforderlichen Lenkungs- und

Bewirtschaftungsvorschriften zu erlassen. Nach dem G zur Sicherstellung von Postdienstleistungen und Telekommunikationsdiensten in besonderen Fällen v. 24.3.2011 (BGBl. 2011 I 506) haben Post- und Telekommunikationsunternehmen eine Mindestversorgung in Krisenzeiten zu gewährleisten. Sa das Wassersicherstellungsgesetz v. 24.8.1965 (BGBl. 1965 I 1224) und das Wassersicherstellungsgesetz v. 9.7.1968 (BGBl. 1968 I 787), jeweils mÄnd. Sa → Energiesicherung; → Gasversorgung.

Sicherung der Arbeitnehmer im Krankheitsfall
Zur Sicherung der Beschäftigten im Krankheitsfall kennt das deutsche Recht mehrere Leistungen der Arbeitgeber, bzw. der Sozialversicherung → Entgeltfortzahlung im Krankheitsfall, → Krankengeld, → Krankenversicherung.

Sicherung des Nachlasses
→ Nachlasspfleger.

Sicherung haltender Fahrzeuge
→ Liegenbleiben von Fz., → Verlassen eines Fz.

Sicherungsabrede
→ Sicherungsvertrag.

Sicherungsabtretung
→ Abtretung (2).

Sicherungseigentum
→ Sicherungsübereignung.

Sicherungsgeber
→ Sicherungsübereignung.

Sicherungsgeschäfte
sind → Rechtsgeschäfte, welche die Sicherung – nicht Befriedigung – eines Gläubigers wegen seiner Forderung oder seines Rechts bezwecken. Man unterscheidet Sachsicherheit (insbes. → Sicherungsübereignung, → Pfandrecht, → Hypothek, → Grundschuld) und Personalsicherheit (→ Bürgschaft). → Sicherheitsleistung.

Sicherungsgrundschuld
→ Grundschuld.

Sicherungshaft
(Abschiebung) → Ausländer, 6c.

Sicherungshypothek
ist eine → Hypothek, bei der sich das Recht des Hypothekengläubigers allein nach der zugrundeliegenden Forderung bestimmt (§ 1184 BGB). Der Gläubiger muss daher, um die Hypothek geltend machen zu können, den Bestand der Forderung nachweisen; er kann sich hierfür nicht auf den → öffentlichen Glauben des Grundbuchs berufen. Infolge der strengen → Akzessorietät ist auch der → gutgläubige Erwerb der Sicherungshypothek bei nicht bestehender Forderung ausgeschlossen (§ 1138 BGB findet nach § 1185 II BGB keine Anwendung). Die Sicherungshypothek ist stets Buchhypothek (ein → Hypothekenbrief ist ausgeschlossen); sie muss im → Grundbuch als solche bezeichnet werden (§ 1184 II BGB, § 1185 I BGB). Sicherungshypothek kraft Gesetzes sind die Bauhandwerkerhypothek (→ Werkvertrag, 4), die → Zwangshypothek und die → Arresthypothek. Für die Forderung aus einer → Inhaberschuldverschreibung, aus einem → Wechsel oder sonstigen → Orderpapier kann gleichfalls nur eine Sicherungshypothek bestellt werden (§§ 1187 ff. BGB, sog. Inhaberhypothek).

Sicherungsmaßregeln
→ Maßregeln der Besserung und Sicherung.

Sicherungsnehmer
→ Sicherungsübereignung.

Sicherungsnießbrauch
→ Nießbrauch.

Sicherungsschein
→ Reisevertrag.

Sicherungstreuhand
→ Treuhandeigentum.

Sicherungsübereignung
ist die wirtschaftlich wichtigste Form des eigennützigen → Treuhandeigentums (s. dort über die rechtliche Behandlung in Zwangsvollstreckung und Insolvenz). Zur Sicherung einer Forderung ist die Bestellung eines → Pfandrechts oftmals nicht möglich, da dieses die Übertragung des → Besitzes an der Pfandsache auf den Gläubiger voraussetzt (§ 1205 BGB), der Schuldner aber den Besitz an den Sicherungsmitteln – zB Auto, Maschinen in einer Fabrik – zur Fortführung seines Betriebs benötigt. Die Praxis hat daher seit langem die Sicherungsübereignung anerkannt. Sie ist eine → Eigentumsübertragung mit der Abrede, die zur Sicherung übereignete Sache nur bei Nichterfüllung der gesicherten Forderung zu verwerten; rechtlich erfordert sie Einigung (Sicherungsvertrag) und – anstelle der Übergabe der Sache – Vereinbarung eines konkreten → Besitzkonstituts (§ 930 BGB), wobei zunehmend die Sicherungsübereignung selbst als derartiges Besitzmittlungsverhältnis anerkannt wird. Das Besitzkonstitut kann auch schon vor Besitzerlangung durch den Schuldner vereinbart werden (sog. antizipiertes Besitzkonstitut).

Die Sicherungsübereignung muss ernstlich gewollt (sonst, zB zur Schädigung anderer Gläubiger, als → Scheingeschäft ungültig), die zu übereignenden Gegenstände müssen hinreichend bestimmt sein (zB bei Sicherungsübereignung eines Warenlagers räumliche Trennung erforderlich). Bei Sicherungsübereignung von Gegenständen, die noch nicht im Eigentum des Sicherungsgebers stehen, ist, da ein → gutgläubiger Erwerb durch den Sicherungsnehmer mangels Besitzerlangung nicht möglich ist (vgl. § 933 BGB), idR anzunehmen, dass das → Anwartschaftsrecht übertragen werden sollte. Die Sicherungsübereignung, die nicht unbedenklich ist, weil sie über die wahren Vermögensverhältnisse täuscht und das im → Sachenrecht geltende Publizitätsprinzip durchlöchert, findet ihre Grenze insbes. im Verbot der → Sittenwidrigkeit (§ 138 BGB; s. dort auch zum Verbot der Übersicherung), die namentlich anzunehmen ist, wenn dem Schuldner hierdurch die wirtschaftliche Selbständigkeit völlig genommen wird (sog. Knebelungsvertrag) oder wenn andererseits hierdurch die übrigen Gläubiger irregeführt werden sollen (sog. Gläubigergefährdung, Kredittäuschung); im letzteren Fall kann auch ein Schadensersatzanspruch aus → unerlaubter Handlung (sittenwidrige Schädigung, § 826 BGB) bestehen.

Sicherungsverfahren
Das Sicherungsverfahren ist als sog. → objektives Verfahren nach §§ 413 ff. StPO zulässig, wenn ein Straftäter wegen Schuldunfähigkeit nicht zu Strafe verurteilt werden kann, wenn aber seine Unterbringung in einem psychiatrischen Krankenhaus oder einer Entziehungsanstalt angeordnet oder wenn auf Berufsverbot oder Entziehung der Fahrerlaubnis erkannt werden soll (§ 71 StGB; → Maßregeln der Besserung und Sicherung, 9). Dasselbe gilt, wenn der Täter dauernd verhandlungsunfähig ist (wenn nur vorübergehend: vorläufige Einstellung, §§ 154f, § 205 StPO). An die Stelle der → Anklageschrift tritt eine Antragsschrift des StA. Kann die Hauptverhandlung wegen des Zustandes des Beschuldigten nicht in seiner Anwesenheit durchgeführt werden oder ist dies aus Sicherheitsgründen unangebracht, so muss der Beschuldigte vorher soweit trotz seines Zustands möglich von einem Richter in Gegenwart eines Sachverständigen vernommen werden; das Verfahren setzt keine Vernehmungsfähigkeit des Beschuldigten voraus (BGH NJW 2022, 1895). Ein Sachverständiger ist auch in der Hauptverhandlung zu vernehmen. Die Mitwirkung eines Verteidigers ist im Sicherungsverfahren stets vorgeschrieben (§ 140 I Nr. 7 StPO).

Sicherungsvermögen
1. Alle → Versicherungsunternehmen haben ein Sicherungsvermögen (früher Deckungsstock) zu bilden, das gesondert von jedem anderen Vermögen des Unternehmens aufzubewahren ist (§ 125 VAG). Es bildet die Grundlage für die Befriedigung der Ansprüche der Versicherten (vgl. § 130 VAG). Die Bestände sind einzeln in ein Vermögensverzeichnis (§ 126 VAG) einzutragen. Zur Überwachung des Sicherungsvermögens wird ein Treuhänder nebst Stellvertreter bestellt (§§ 128 f. VAG), der es unter Mitverschluss des Versicherungsunternehmens verwahrt und unter der Bilanz bestätigt, dass das Sicherungsvermögen vorschriftsmäßig angelegt und aufbewahrt wird. Zur Entnahme von Mitteln aus dem Sicherungsvermögen sowie zu Verfügungen bei Zwangsvollstreckung und Arrestvollziehung s. § 130 VAG. Nach § 125 VII VAG ist für → Paneuropäische Private Pensionsprodukte iSd VO EU/2019/1238 in der Ansparphase eine selbstständige Abteilung des Sicherungsvermögens zu bilden.

Einzelheiten regelt die Anlageverordnung (AnlV) v. 18.4.2016, BGBl. 2016 I 769. Sa → Deckungsrückstellungen.

2. Ähnliche Funktion erfüllt im → Pfandbriefrecht die Deckungsmasse, s. → Pfandbriefbanken (3).

Sicherungsvertrag
Als Sicherungsvertrag (auch Sicherungsabrede o. Zweckerklärung) wird ein schuldrechtliches → Rechtsgeschäft bezeichnet, welches den Sicherungszweck einer vom Sicherungsgeber (meist der Schuldner eines Darlehens) geleisteten Sicherheit (zB → Grundschuld, → Sicherungseigentum) für einen Kredit regelt. Inhaltlich bestimmen der Sicherungsvertrag die Verpflichtung des Sicherungsgebers, für einen Kredit eine näher bezeichnete Sicherheit zu bestellen oder zu belassen, und die Verpflichtung des Sicherungsnehmers (Darlehensgeber) über die Sicherheit nur iRd Sicherungszwecks zu verfügen.

Sicherungsverwahrung
→ Maßregeln der Besserung und Sicherung (3).

Sicherungsvollstreckung
→ Vorläufige Vollstreckbarkeit.

Sicherungszession
→ Abtretung (2).

Sichteinlagen
(auch Tagesgelder) sind → Bankeinlagen mit sofortiger Fälligkeit (zB Giroguthaben). Keine Sichteinlagen sind Spareinlagen.

Sichtfahrgebot
→ Fahrgeschwindigkeit (1).

Sichtvermerk
(→ Visum) ist die amtliche Bestätigung, dass die Einreise, Ausreise oder der Aufenthalt in einem fremden Staat erlaubt wird. Der Sichtvermerk wird idR im Pass (→ Passwesen) angebracht. Voraussetzungen, Form und Inhalt der Sichtvermerke sind in den einzelnen Ländern verschieden. Nach § 4 AufenthG bedürfen → Ausländer (→ Ausländerrecht) für die → Einreise und den Aufenthalt im Bundesgebiet eines → Aufenthaltstitels, der vor der Einreise in der Form des Sichtvermerks einzuholen ist. Dieser Grundsatz ist durch zahlreiche Ausnahmen zugunsten von Ausländern aus bestimmten Staaten durchbrochen (zB EG-Ausländer). Die Einreisebedingungen ausländischer Staaten für Deutsche sind unterschiedlich. Für den kurzfristigen Aufenthalt in fast allen europ. Ländern ist kein Sichtvermerk erforderlich.

Sichtwechsel
Ein Sichtwechsel ist ein → Wechsel, der zur Zahlung fällig ist, sobald er vorgelegt wird (Art. 34 WG). Üblich ist die Angabe der Verfallzeit durch die Worte „auf Sicht". Ist auf

dem Wechsel keine Verfallzeit angegeben, so gilt er als Sichtwechsel (Art. 2 II WG).

Side letter
Hierunter versteht man die zusätzliche Vereinbarung von Nebenabreden zu einem Hauptvertrag, zB über die Ausübung von Gesellschafterrechten außerhalb des eigentlichen Gesellschaftsvertrags. Der Side Letter dient oft einem Geheimhaltungsinteresse. Anders → Letter of intent.

Siedlungsabfälle
Nach § 3 Va KrWG sind Siedlungsabfälle gemischt oder getrennt gesammelte → Abfälle aus privaten Haushalten sowie vergleichbare Abfälle. Für folgende Siedlungsabfälle besteht die Pflicht nach § 20 KrWG, sie getrennt einzusammeln: Bioabfälle, Kunststoffabfälle, Metallabfälle, Papierabfälle, Glas, Textilabfälle (ab 2025), Sperrmüll und gefährliche Abfälle.

Siedlungsrecht
Zur Erleichterung der Landbeschaffung und Ansiedlung sieht das noch fortgeltende ReichssiedlungsG v. 11.8.1919 (RGBl. 1919 I 1429), zul. geänd. d. G v. 29.7.2009 (BGBl. 2009 I 2356), die Bildung gemeinnütziger Siedlungsunternehmen (meist → Gesellschaft mit beschränkter Haftung o. → Genossenschaft) vor, die mittels gesetzlicher → Vorkaufsrechte, hilfsweise auch durch → Enteignung, Land zu Siedlungszwecken erwerben und weitergeben können; idR haben sie ein gesetzliches → Wiederkaufsrecht bei nicht zweckentsprechender Verwendung des Grundstücks. Sa → Grundstücksverkehr, landwirtschaftlicher.

Siegel, elektronisches
→ Signatur, elektronische.

Siegelbruch
(§ 136 II StGB) begeht, wer unbefugt ein dienstliches Siegel (Siegelmarke, Plombe o. dgl.) vorsätzlich beschädigt, ablöst oder unkenntlich macht, das von einer Behörde oder einem → Amtsträger rechtmäßig angebracht worden ist, um Sachen zu verschließen, zu bezeichnen oder in Beschlag zu nehmen (zB entnommene Lebensmittelproben, Blutproben, gepfändete Gegenstände). Geschützt ist auch die Siegelung mittels des vom Gericht, Notar, Gerichtsvollzieher usw. verwendeten Dienststempels. Bestraft wird außer dem körperlichen Bruch der Siegelung auch die Aufhebung des durch diese bewirkten Verschlusses (ohne Beschädigung des Siegels), zB mittels Einsteigens durch ein Fenster in den Raum, dessen Tür versiegelt ist. S. ferner → Verstrickungsbruch, → Pfandkehr.

Signaleinrichtungen
Über die Signaleinrichtungen der → Eisenbahnen vgl. § 14 EBO (→ Eisenbahn-Bau- und BetriebsO) sowie die Eisenbahn-SignalO vom 7.10.1959 (BGBl. 1959 II 1021) m. spät. Änd.; für → Straßenbahnen vgl. § 40 Straßenbahn-Bau- und BetriebsO vom 11.12.1987 (BGBl. 1987 I 2648) m. spät. Änd.

Signatur, elektronische
1. Als elektronische Signatur bezeichnet Art. 3 Nr. 10 VO (EU) 910/2014 v. 23.7.2014 (eIDAS-VO, ABl. EU 2014 L 257, 73) Daten in elektronischer Form, die anderen elektronischen Daten beigefügt oder logisch mit ihnen verbunden werden und die ein Unterzeichner zum Unterzeichnen verwendet. Die unmittelbar anwendbare eIDAS-VO wurde durch das Vertrauensdienstegesetz (VDG) v. 18.7.2017 (BGBl. 2017 I 2745) ergänzt. Das durch die Verordnung obsolet gewordene Gesetz über Rahmenbedingungen für elektronische Signaturen (SigG) v. 16.5.2001 (BGBl. 2001 I 876) mÄnd wurde nebst Signaturverordnung aufgehoben.

2. Die eIDAS-VO unterscheidet zw. einfacher, fortgeschrittener und qualifizierter elektronischer Signatur. Eine einfache elektronische Signatur ist etwa die in eine Datei eingescannte Unterschrift, aber auch schlicht der geschriebene Name in Druckbuchstaben. Die anspruchsvolleren Anforderungen an eine fortgeschrittene elektronische Signatur sind in Art. 26 eIDAS-VO enthalten. Hier nutzt der Unterzeichnende einen elektronischen Schlüssel in Form elektronischer Signaturerstellungsdaten, der nur ihm zugeordnet ist, und der eine nachträgliche Veränderung der Daten erkennen lässt. Eine qualifizierte elektronische Signatur bietet die höchste Sicherheit und liegt nach Art. 28 eIDAS-VO erst dann vor, wenn der elektronische Schlüssel von einer qualifizierten Signaturerstellungseinheit erstellt wurde und auf einem qualifizierten Signaturzertifikat beruht. Die Erstellung, Überprüfung und Validierung der Signaturen und Zertifikate wird von Vertrauensdienstanbietern übernommen. Die → Bundesnetzagentur führt eine Liste aller deutschen Anbieter qualifizierter → Vertrauensdienste (Vertrauenensliste). Allein die qualifizierte elektronische Signatur kann als elektronische Form die Schriftform ersetzen. Vgl. dazu §§ 126, 126a BGB (→ Form, 1a) und § 3a II VwVfG, § 69 II VwVfG (→ Verwaltungsakt, 3a).

3. Die eIDAS-VO sieht elektronische Signaturen nur für natürliche Personen vor. Die elektronische Signaturen juristischer Personen werden elektronisches Siegel genannt, ohne das damit große juristische Unterschiede verbunden sind. Auch hier wird zwischen einfachem, fortgeschrittenem und qualifiziertem elektronischen Siegel unterschieden (Art. 3 Nr. 24 ff. eIDAS-VO). Die Erstellung, Überprüfung und Validierung einer elektronische Signatur ist ein → Vertrauensdienst. Sa → De-Mail-Dienste.

Silber
→ Edelmetall, → Feingehalt.

Simuliertes Geschäft
→ Scheingeschäft.

Simultananwalt
Simultananwalt wird der → Rechtsanwalt genannt, der seine Kanzlei nicht im Bezirk des Prozessgerichts hat. Hierdurch entstehende Reise(mehr)kosten sind von der unterliegenden Partei grundsätzlich nicht zu erstatten (§ 91 II 2 ZPO), es sei denn, es bestand ein rechtfertigender Grund, gerade diesen Rechtsanwalt zu beauftragen.

Simultangründung
Die Simultangründung ist die → Einheitsgründung bei der Aktiengesellschaft (§ 29 AktG).

Singspiele
→ Schaustellungen von Personen. Diese werden von § 33a GewO geregelt; Singspiele (sowie ihre modernen Formen wie Konzerte) unterfallen nicht der Erlaubnispflicht des § 33a GewO.

Singularsukzession
= Einzelrechtsnachfolge; → Rechtserwerb.

Sippenhaft
Sippenhaft, im altdeutschen Recht das Einstehenmüssen der Familienmitglieder zB für Bußen und Wergeld; im übertragenen Sinne heute noch in manchen totalitären Staaten als Druckmittel angewendete, im Rechtsstaat dagegen unzulässige Zwangsmaßnahmen gegen Angehörige politisch mißliebiger Gegner.

Sistierung
ist ein anderer Ausdruck für die vorläufige → Festnahme durch die Polizei oder die Festhaltung zwecks Personalienfeststellung (→ Identitätsfeststellung).

Sitte
→ Verkehrssitte; über Sitte (Sittlichkeit) und Recht → Recht (4).

Sittenwidrige Rechtsgeschäfte
→ Sittenwidrigkeit.

Sittenwidrige Schädigung
→ unerlaubte Handlung (2e).

Sittenwidrigkeit
Ein → Rechtsgeschäft, das gegen die guten Sitten verstößt, ist wegen Sittenwidrigkeit nichtig (§ 138 I BGB, → Nichtigkeit). Die guten Sitten sind verletzt, wenn das Rechtsgeschäft nach seinem Inhalt, Beweggrund oder Zweck gegen das Anstandsgefühl aller billig und gerecht Denkenden verstößt; entscheidend ist also das billigenswerte Durchschnittsempfinden der jeweils infrage kommenden beteiligten Kreise. Der Begriff der guten Sitten ändert sich mit den Anschauungen der jeweiligen Epoche; entscheidend für die Beurteilung sind stets – zB auch bei einem Testament – die Verhältnisse im Zeitpunkt der Vornahme des Rechtsgeschäfts. Der Begriff der guten Sitten hängt eng mit dem das gesamte Rechtsleben beherrschenden Grundsatz von → Treu und Glauben zusammen.

1. Sittenwidrig können Rechtsgeschäfte aller Art sein, auch → Verfügungen von Todes wegen. Die Sittenwidrigkeit eines Rechtsgeschäfts kann mannigfache Gründe haben: So kann das Rechtsgeschäft schon seinem objektiven Inhalt nach wegen des hierdurch bezweckten Erfolgs sittenwidrig sein, zB der Vertrag auf Begehung einer Straftat, der Erwerb eines → Radarwarngerätes für ein Kfz, die Abrede, gegen Entgelt eine ehewidrige Handlung fälschlich zuzugeben, um die → Ehescheidung zu ermöglichen, das Verlöbnis eines bereits Verheirateten, Verstöße gegen Standespflichten, insbes. Konkurrenzverbote unter Rechtsanwälten oder Ärzten usw, idR aber noch nicht allein die Einsetzung der Geliebten zur Erbin (sog. Geliebten-Testament), insbes. bei Betreuung des Erblassers; sa → Erbvertrag. In besonders gelagerten Fällen kann nach der Rspr. das Rechtsgeschäft auch nur teilweise wegen Sittenwidrigkeit nichtig sein. In den meisten Fällen ist dagegen das Rechtsgeschäft als solches wertneutral, verstößt aber durch die Verknüpfung mit dem Verhalten gegenüber einem anderen, oftmals auch verbunden mit der Absicht der Schädigung des anderen Teils gegen das Verbot der Sittenwidrigkeit.

Wichtigste Fälle der Sittenwidrigkeit sind ein besonders auffälliges grobes Missverhältnis zwischen Leistung und Gegenleistung (etwa knapp doppelt so hoch), die Mithaftungserklärung finanziell krass überforderter Ehegatten, Lebenspartner oder Angehöriger bei → Darlehensvertrag oder → Bürgschaft, die Ausnutzung einer wirtschaftlichen Machtstellung, va durch entsprechende Klauseln (insbes. Freizeichnungsklauseln, → Allgemeine Geschäftsbedingungen), die übermäßige Beschränkung der wirtschaftlichen Freiheit eines Schuldners durch sog. Knebelungsverträge oder Übersicherung (zB die → Sicherungsübereignung des gesamten Warenbestands ohne die Möglichkeit der sinnvollen Verwertung oder ohne Freigabeverpflichtung bei idR mehr als 20% Übersicherung; zu den Grenzen bei der Globalzession → Abtretung, 1), die Vereinbarung übermäßig hoher Zinsen und Kosten bei Gewährung eines Darlehens (→ Verbraucherdarlehensvertrag, 2; zur Übersicherung bei der Globalzession → Abtretung, 1), unbillige → Wettbewerbsverbote nach Ausscheiden eines Arbeitnehmers (insbes. bei überhöhten Vertragsstrafen sowie bei Verfallklauseln), die Verträge zwischen einem Geldgeber und seinem Schuldner, durch die dessen Kreditwürdigkeit nach außen aufrechterhalten bleibt, um andere Gläubiger zu täuschen (Gläubigergefährdung), das Zusammenwirken zweier Beteiligter, um einen Dritten zu schädigen (Kollusion), treubruchfördernde Geschäfte (zB bei der Hingabe von Schmiergeldern, um einen Angestellten unter Verletzung seines Arbeitsvertrags abzuwerben, nicht aber bei ordnungsgemäßer Kündigung), die progressive Kundenwerbung (Schneeballsystem) usw, nicht mehr aber die Entgeltvereinbarung iRd → Prostitution. Die Beteiligten brauchen dabei nicht das Bewusstsein der Sittenwidrigkeit zu haben; es genügt, wenn sie den sittenwidrigen Tatbestand als solchen kennen und den Zweck billigen.

2. Nichtig wegen Sittenwidrigkeit ist insbes. das wucherische Rechtsgeschäft. Ein solches liegt vor, wenn jemand unter Ausbeutung der Zwangslage, der Unerfahrenheit, des Mangels an Urteilsvermögen oder der erheblichen Willensschwäche eines anderen sich oder einem Dritten für eine Leistung (zB Darlehen) Vermögensvorteile (zB Zinsen) versprechen oder gewähren lässt, die in einem auffälligen Missverhältnis zu der Leistung stehen (§ 138 II BGB). Voraussetzung ist also neben dem objektiven Missverhältnis zwischen Leistung und Gegenleistung (etwa bei Kauf, Mietvertrag) eine entsprechende ausbeuterische Einstellung des Wucherers. (Fehlt diese, kann immer noch Sittenwidrigkeit nach § 138 I BGB in Betracht kommen; s. o.) Nichtig ist hier – anders als normalerweise bei der Sittenwidrigkeit eines Rechtsgeschäfts (→ Nichtigkeit von Rechtsgeschäften, 2) – nicht nur das Verpflichtungsgeschäft, sondern („sich versprechen oder gewähren lässt") auch das dingliche Erfüllungsgeschäft, also zB auch die Hingabe des wucherischen Darlehens. Über die Strafbarkeit des → Wuchers s. dort.

3. Ein sittenwidriges Rechtsgeschäft ist – ohne Heilungsmöglichkeit – nichtig. Die Leistung kann deshalb aus → ungerechtfertigter Bereicherung zurückgefordert werden, wenn nicht – wie oftmals – beiden Parteien oder dem Leistenden allein ein Verstoß gegen die guten Sitten zur Last liegt (§ 817 BGB). Bei einem wucherischen Darlehen insbes. fällt nach der Rspr. nur die Zinszahlungspflicht als der sittenwidrige Teil des Rechtsgeschäfts weg; die Darlehenssumme selbst kann von dem Wucherer – allerdings nur unter den vertraglich vereinbarten Rückzahlungsterminen – zurückgefordert werden (s. iE → ungerechtfertigte Bereicherung). Wer zudem in einer gegen die guten Sitten verstoßenden Weise einem anderen vorsätzlich Schaden zufügt, ist diesem, sofern nicht dieser gleichfalls sittenwidrig handelt, zum Schadensersatz aus → unerlaubter Handlung verpflichtet (§ 826 BGB).

Sittlichkeit
(Moral) und Recht → Recht (4).

Sittlichkeitsdelikte
Der 13. Abschnitt des Besonderen Teils des StGB war entsprechend seines damaligen Schutzgutes ursprünglich mit „Vebrechen und Vergehen wider die Sittlicheit" überschrieben. Durch das 4. StrRG wurden die → Sexualstraftaten dieses Abschnitts 1973 auf das neue Schutzgut der sexuellen Selbstbestimmung ausgerichtet.

Situationsgebundenheit
des Eigentums → Enteignung.

Sitz
Sa → Wohnsitz, → Niederlassung. Sitz einer Gesellschaft ist an dem Ort, der durch Gesetz, Satzung oder Gesellschaftsvertrag bestimmt ist (oHG: § 106 I HGB; AG: § 5 AktG; GmbH: § 4a GmbHG). Zum Einfluss des Sitzes auf das anwendbare Recht → Gesellschaft, ausländische.

Sitzblockade, Sitzdemonstration
→ Nötigung.

Sitzungsniederschrift
→ Verhandlungsprotokoll.

Sitzungsperiode
ist die Tagungszeit eines → Parlaments (zu unterscheiden von der → Wahlperiode). Schluss und Wiederbeginn der Sitzungsperiode bestimmt das Parlament idR selbst. Doch hat meist der Präsident des Parlaments das Recht und auf Antrag eines Teils der Parlamentsmitglieder oder der Regierung (beim Bundestag auf Antrag eines Drittels der Mitglieder, des Bundespräsidenten oder des Bundeskanzlers; Art. 39 III GG) die Pflicht, es früher einzuberufen.

Sitzungspolizei
Sitzungspolizei ist die – als solche überholte – Bezeichnung für die prozessuale Tätigkeit, die dazu dient, die äußere Ordnung in einer gerichtlichen Sitzung aufrechtzuerhalten. Sie obliegt dem Vorsitzenden (§ 176 GVG). Hierzu kann er allen im Sitzungsraum anwesenden Personen, also auch den Verfahrensbeteiligten, Anordnungen geben (zB das Wort entziehen, Kontrollen anordnen). Wird diesen nicht Folge geleistet, so können die Personen aus dem Sitzungsraum entfernt sowie zur Ordnungshaft abgeführt werden (gegenüber Verfahrensbeteiligten nur auf Grund Gerichtsbeschlusses, § 177 GVG). Der Vorsitzende kann ferner bei → Ungebühr Ordnungsmaßnahmen treffen bzw. bei Verfahrensbeteiligten entsprechende Beschlüsse des Gerichts herbeiführen und sie unmittelbar vollstrecken lassen (§ 178 GVG).

Sitzungsprotokoll
→ Verhandlungsprotokoll.

Skateboardfahren
→ Sport und Spiel auf Straßen.

Skifahren
→ Wintersport; über Wasserskifahren → Wasserfahrzeuge.

Skimming
Als Skimming bezeichnet wird eine typische Vorbereitungshandlung zur Fälschung von Zahlungskarten mit Garantiefunktion, insbes. → EC-Karten, und deren anschließenden Verwendung: Dabei werden idR heimlich an Geldautomaten getarnte Vorrichtungen angebracht, um einerseits die auf dem Magnetstreifen von Zahlungskarten enthaltenen Daten zu erlangen (meist durch Vorbau eines Kartenlesegeräts, in das der ahnungslose Karteninhaber seine Karte selbst einführt, um Geld abzuhe-

ben) und andererseits die zugehörige PIN auszuspähen (meist durch Anbringen einer Kamera, die die Eingabe der PIN filmt). Es werden sodann Kopien der Karte hergestellt, indem die Daten des Magnetstreifens auf Kartenrohlinge (sog. white plastics) übertragen werden. Mit diesen und der PIN kann dann Geld vom Konto des Karteninhabers abgehoben werden. Letzteres geschieht regelmäßig vom Ausland aus, da Geldautomaten in Deutschland stets auch auf die Daten des in die Karte integrierten Chips zugreifen, dessen Daten durch Skimming bislang nicht erlangt werden können.

Das Abgreifen der Daten des Karteninhabers ist regelmäßig strafbar als Vorbereitung eines → Computerbetrugs nach § 263a III Nr. 2 StGB; diese Tatalternative wurde 2021 neu geschaffen (61. StRÄndG v. 10.3.2021, BGBl. 2021 I 333, näher BT-Drs. 19/25631, 23). Das Herstellen der Kartenkopie fällt als → Fälschung von Zahlungskarten mit Garantiefunktion unter § 152b StGB. Die Verwendung der Kartenkopie zur Abhebung von Geld ist idR strafbar als Computerbetrug nach § 263a I StGB (Variante der unbefugten Verwendung von Daten). Inwieweit schon die Montage der Skimmingvorrichtungen am Geldautomat strafbar ist, wurde in der Rechtsprechung noch nicht abschließend geklärt und hängt vom Einzelfall ab. In Betracht kommen kann eine Erfassung als Vorbereitungshandlung zur Fälschung von Zahlungskarten nach § 152b V StGB iVm § 149 I StGB oder bei arbeitsteiligem Vorgehen eine Strafbarkeit als (versuchte) → Beteiligung an einer Tat nach § 152b StGB (→ Verbrechen) nach § 30 II StGB (→ Verabredung einer Straftat 1) oder § 27 StGB (→ Beihilfe), vgl. zB BGH Urt. v. 17.2.2011 – 3 StR 419/10, BGHSt 56, 170. Spätestens die Weitergabe der erlangten Daten (deren Erlangung nunmehr schon unter § 263a III Nr. 2 StGB fällt, s. o.) zum Zweck der Herstellung der Kartenkopie überschreitet die Schwelle zum → Versuch einer Tat nach § 152b StGB, vgl. BGH Urt. v. 27.1.2011 – 4 StR 338/10, NStZ 2011, 517). Geht es dem Täter nicht um eine heimliche Kopie der Karte, sondern um deren Diebstahl mit Hilfe technischer Vorrichtungen, so können Vorbereitungshandlungen hierzu durch den 2021 geschaffenen (61. StRÄndG, s. o.) Tatbestand des § 152c StGB erfasst werden.

Skiunfälle, Haftung für –
→ Sportverletzungen; sa → unerlaubtes Entfernen vom Unfallort.

Sklaverei, Sklavenhandel
Die Sklaverei ist nach völkerrechtlichen Grundsätzen verboten; ihrer Bekämpfung und Abschaffung dienen das internationale Übereinkommen v. 25.9.1926 (BGBl. 1972 II 1473) nebst Zusatzabkommen v. 7.9.1956 (BGBl. 1958 II 203), Art. 4 der Europäischen → Konvention zum Schutze der Menschenrechte, Art. 5 GrCh (→ Charta der Grundrechte der Europäischen Union) und die RL 2011/36/EU v. 5.4.2011 (ABl. EU 2011 L 101, 1). Das G betreffend die Bestrafung des Sklavenraubes und des Sklavenhandels v. 28.7.1895 (RGBl. 1895, 425) bedroht die vorsätzliche Mitwirkung an einem auf Sklavenraub gerichteten Unternehmen, den Sklavenhandel und die vorsätzliche Mitwirkung bei der Beförderung von Sklaven mit Freiheitsstrafe. Nach § 232 StGB ist wegen → Menschenhandels strafbar, wer eine andere Person unter Ausnutzung einer Zwangslage oder der Hilflosigkeit, die mit dem Aufenthalt in einem fremden Land verbunden ist, oder eine andere Person unter 21 Jahren anwirbt, befördert, weitergibt, beherbergt oder aufnimmt, wenn diese Person in Sklaverei gehalten werden soll. Wer eine solche Person veranlasst, sich in Sklaverei zu begeben, ist nach § 232b StGB wegen Zwangsarbeit strafbar.

Skonto
Skonto ist ein Barzahlungsnachlass (→ Rabatt); üblich ist der Satz von 2 oder 3%. Sa → Kassenskonto, → Leistungszeit.

Skontration
Skontration (ital.; eigentlich Bestandsermittlung) ist die mehrseitige vertragliche Abrechnung mehrerer Beteiligter (insbes. Banken) über eine gemeinsame Abrechnungsstelle. Es handelt sich hierbei rechtlich gesehen um eine vertragliche Aufrechnung, bei der nur die übrigbleibenden Spitzenbeträge tatsächlich über die Abrechnungsstelle ausgeglichen werden. Sa → Skontroführer.

Skontroführer
Skontroführer sind zum Börsenhandel zugelassene Unternehmen (→ Börsenmakler), die von der Geschäftsführung der → Börse mit der Feststellung von Börsenpreisen betraut werden (§ 27 BörsG (→ Börsengesetz)). Für Skontroführer Handelnde heißen skontroführende Personen. Im elektronischen Handel erfolgt die Preisfeststellung automatisch, bei → Xetra unter Aufsicht sogenannter Xetra-Spezialisten. Der Skontroführer hat die Vermittlung und den Abschluss von Börsengeschäften in den zur Skontroführung zugewiesenen Wertpapieren zu betreiben und auf einen geordneten Marktverlauf hinzuwirken. Eigen- und Aufgabegeschäfte des Skontroführers müssen neutral betrieben werden und dürfen nicht tendenzverstärkend wirken (vgl. § 28 BörsG). Sa → Skontration.

Skripturakt
Der Skripturakt ist die Begründung einer Verbindlichkeit (zB aus einem → Wechsel oder → Scheck) durch (notwendige) Schriftform (→ Form, 1a).

Sky Marshal
→ Flugsicherheitsbegleiter.

Smart Contract
→ Legal Tech.

Smart Meter
→ Messstelle.

Smog
bedeutet Rauch und Nebel (engl.: SMoke u. fOG); s. dazu → Fahrverbot (2), → Luftreinhaltung, → Ozon, → Elektrosmog.

Social Distancing
Social Distancing war die nichtjuristische Umschreibung für alle Maßnahmen, die während der → COVID-19-Pandemie 2020 bis 2022 (→ COVID-19) empfohlen oder durch → Allgemeinverfügung oder → Rechtsverordnung vorgeschrieben wurden, soziale Kontakte wenn irgend möglich zu vermeiden. So wurden zT Treffen zwischen Personen verschiedener Hausstände ganz verboten oder die Zahl der beteiligten Personen beschränkt (zB auf 5). Ferner wurden vorgeschrieben, dass Personen aus verschiedenen Hausständen mindestens 1 1/2 m Abstand halten müssen (→ Abstandsgebot, 2). Darunter fallen auch die Vorschriften zur → Quarantäne, → Ausgangsbeschränkungen usw.. Nach dem Fortfall der epidemischen Lage von nationaler Tragweite sind Ausgangsbeschränkungen inzwischen ausgeschlossen. Mit dem Ende der Pandemie sind alle Restriktionen entfallen. Durch Social Distancing wird die Infektionsgeschwindigkeit zwar verlangsamt, weitere Infektionen werden aber nicht vollständig verhindert. Die Pandemie verliert dadurch an Intensität, ihre Dauer wird aber insgesamt verlängert (sa → Infektionsschutzgesetz).

Societas Europaea, SE
Die SE – unter dieser Kurzbezeichnung ist sie regelmäßig anzutreffen – ist eine rechtsfähige Kapitalgesellschaft auf europarechtlicher Grundlage. Sie wird auch als Europäische Aktiengesellschaft bezeichnet. Sie hat ein in Aktien zerlegtes Grundkapital von mindestens 120.000 EUR. Sie beruht auf der VO (EG) 2157/2001 (SE-VO) v. 8.10.2001 (ABl. EG 2001 L 294). Einzelheiten regelt das SE-Einführungsgesetz (SEAG) v. 22.12.2004 (BGBl. 2004 I 3675). Die SE kann ihren Sitz in einen anderen Mitgliedstaat verlegen, ohne dass dies zu einer Auflösung oder Neugründung der Gesellschaft führt. Für die Leitung der SE kann zwischen einem dualistischen (Trennung zwischen Vorstand und Aufsichtsrat, und einem monistischen System (Verwaltungsrat) gewählt werden. Die Mitbestimmung der Arbeitnehmer regelt das SE-Beteiligungsgesetz (SEBG) v. 22.12.2004 (BGBl. 2004 I 3686). Danach soll zunächst durch Verhandlungen zwischen der SE-Leitung und einem sog. „besonderen Verhandlungsgremium" der Arbeitnehmer eine Vereinbarung erreicht werden. Hilfsweise ist ein SE-Betriebsrat zu errichten, der die Interessen der Arbeitnehmer vertritt. Die SE ist – wie die Aktiengesellschaft – in das Handelsregister einzutragen. Ein Vorteil dieser transnationalen Rechtsform ist es, dass die SE in jedem Staat der EU wie eine Aktiengesellschaft behandelt wird, die nach dem Recht des Sitzstaats der SE gegründet wurde. Sa → Aktiengesellschaft, 1b.

Societas Unius Personae
→ Einmanngesellschaft, Einpersonengesellschaft.

Sodomie
→ Pornographische Inhalte.

SoFFin
ist die Abkürzung für Sonderfonds Finanzmarktstabilisierung oder → Finanzmarktstabilisierungsfonds.

Sofortabschreibung
→ Geringwertige Wirtschaftsgüter.

Sofortangebot
Das Sofortangebot ist ein Grundsatz in der Grundsicherung für Arbeitssuchende nach dem SGB II (→ Bürgergeld, → Arbeitslosengeld II, → Grundsicherung für Arbeitsuchende, → Hartz-Gesetze). Erwerbsfähigen Personen sollen bei der Beantragung von Leistungen nach dem SGB II unverzüglich Leistungen zur Eingliederung in Arbeit angeboten werden (§ 3 II SGB II; zB Beratung, Vermittlung, Leistungen zur beruflichen Weiterbildung). Ursprünglich war das Sofortangebot in dem mittlerweile aufgehobenen § 15a SGB II geregelt.

Sofortige Beschwerde
Sofortige Beschwerde nennt man die an eine Frist gebundene → Beschwerde im Zivilprozess (§§ 567, 569 ZPO), im Strafprozess (§ 311 StPO) und in der → freiwilligen Gerichtsbarkeit (§ 63 FamFG). Die Frist beträgt im Zivilprozess zwei Wochen, im Strafprozess eine Woche ab Zustellung, Bekanntmachung, ausnahmsweise auch ab Verkündung der angefochtenen Entscheidung, in der freiwilligen Gerichtsbarkeit regelmäßig 1 Monat. Abhilfe durch die erste Instanz ist im Zivilprozess und in der freiwilligen Gerichtsbarkeit vorgesehen (§ 572 I ZPO, § 68 I FamFG), im Strafprozess nur ausnahmsweise (§ 311 III StPO). Ist gegen die Beschwerdeentscheidung eine → weitere Beschwerde zugelassen, so ist auch diese an die Frist gebunden (sog. sofortige weitere Beschwerde).

Sofortige Vollziehung
→ Vollziehung, sofortige.

Sofortmaßnahmen am Unfallort
→ Fahrerlaubnis, → Verkehrsunfall.

Soft law
(engl. = weiches Recht) bezeichnet Rechtssätze, die nur allgemeine Tendenzen, Absichten oder Leitlinien regeln und sowohl auf der Tatbestandsseite als auch auf der Rechtsfolgenseite (s. → Tatbestand, 2) überwiegend unbestimmte Rechtsbegriffe enthalten. Häufig hat soft law rechtliche Relevanz, ohne unmittelbar Rechte und Pflichten zu begründen. Im → Völkerrecht ist die Formulierung von soft

law ein beliebtes Hilfsmittel, um Meinungsunterschiede zu überbrücken und bei divergierenden Interessen Kompromisse zu erreichen. Als soft law werden ferner Rechtssätze bezeichnet, die keine staatlichen Rechtsnormen sind, sondern von anderen Normgebern erlassen wurden. In jüngerer Zeit verbreitet sich soft law auch im Wirtschaftsrecht (zB die → Corporate Governance Grundsätze). Diese Regelungstechnik ist dem kontinental-europäischen Rechtskreis eher fremd und führt zu schlechter Vorhersehbarkeit von Rechtsfolgen.

Software
IRd elektronischen Datenverarbeitung versteht man unter hardware (englisch) die (vertragliche Überlassung der) technischen Elemente (Maschinen usw); rechtlich liegt beim Erwerb → Kauf oder → Mietvertrag, vielfach auch ein → Leasingvertrag vor. Software (englisch) ist dagegen die (Zurverfügungstellung der) Entwicklung, Ausarbeitung und Einführung von Computerprogrammen und Datenverarbeitungsabläufen. Soweit es sich nicht um (vorgefertigte) Standard-Software handelt (→ Kauf), geschieht die Erstellung der sog. Individual-Software vielfach iRd → Werkvertrags, bei nicht endgültiger Überlassung auch im Rahmen eines → Pacht- oder (know-how-) → Lizenzvertrags. Die → Gewährleistung für Sachmängel richtet sich wie bei einer Ware oft einheitlich nach Kauf- oder Werkvertragsrecht. Sa → Urheberrecht, → unlauterer Wettbewerb.

Solange-Beschlüsse
des Bundesverfassungsgerichts. Die sog. Solange-Beschlüsse betreffen die Überprüfung des europäischen → Gemeinschaftsrechts anhand der → Grundrechte des GG; vgl. hierzu BVerfG NJW 1987, 577 mwN, sa → Grundrechte (8).

Solaranlagen
Als Solaranlage definiert § 3 Nr. 41 EEG 2023 jede Anlage zur Erzeugung von Strom aus → Solarenergie. Umgangssprachlich ist oft von Photovoltaikanlage die Rede, allerdings verwendet der Gesetzgeber diesen Begriff selten. Dafür unterscheidet er zwischen Solaranlagen des ersten und des zweiten Segments.

1. Eine Solaranlage des erste Segments ist nach § 3 Nr. 41a EEG 2023 jede Freiflächenanlage (selbst noch einmal definiert in § 3 Nr. 22 EEG 2023) und jede Solaranlage auf, an oder in einer baulichen Anlage, die weder Gebäude noch Lärmschutzwand ist. Bei den zahlenmäßig wichtigsten Solaranlagen des ersten Segments, den Freiflächenanlagen, wird manchmal noch zwischen Agrar-, Moor-, Parkplatz- und schwimmenden Anlagen unterschieden, etwa in § 37 EEG 2023.

2. Eine Solaranlage des zweiten Segments ist nach § 3 Nr. 41b EEG 2023 jede Solaranlage auf, an oder in einem Gebäude oder einer Lärmschutzwand. Hierzu gehören vor allem die Dachanlagen sowie die → Steckersolargeräte. Im Rahmen des → Mieterstroms und der → gemeinschaftlichen Gebäudeversorgung spricht das Gesetz auch von Gebäudestromanlagen.

3. Die Lieferung von Solaranlagen und ihren Bestandteilen an Private ist von der → Umsatzsteuer befreit (§ 12 III UStG). Einnahmen aus dem Betrieb kleiner Solaranlagen sind von der → Einkommensteuer befreit (§ 3 Nr. 72 EStG).

Solarenergie
Strom, der aus Solarenergie gewonnen wird, ist „grün", denn Solarenergie gehört zu den → erneuerbaren Energien (§ 3 Nr. 21 EEG 2023). Das Gesetz spricht statt von Solarenergie von „solarer Strahlungsenergie" und verwendet auch den Begriff „Photovoltaik" kaum. Zur Umsetzung der → Energiewende und zur → Energiesicherung kommt der Solarenergie besondere Bedeutung zu. So soll die installierte Leistung von → Solaranlagen im Jahre 2030 auf 215 GW gesteigert werden. Für den durch Solaranlagen gewonnenen Strom gelten vor allem das EEG 2023 und die allgemeinen Regeln des → Energierechts. Viele Vorschriften sind nach dem 2022 begonnenen Angriffskrieg Russlands gegen die Ukraine reformiert worden, um den Ausbau der Solarenergie zu beschleunigen.

SOLAS
(Safety Of Lives At Sea). Das internationale Übereinkommen vom 1.11.1974 zum Schutz des menschlichen Lebens auf See mÄnd (Anlagenband zum BGBl. 1998 II Nr. 40) legt die Mindestausrüstung von Seeschiffen fest. Das dazu gehörige Protokoll v. 11.11.1988 (BGBl. 2000 II 489) mÄnd enthält in seinen Anhängen die detaillierten technischen Vorschriften, so zur Bauart der Schiffe, zu Rettungsmitteln, zum Funkverkehr, zur Organisation eines sicheren Schiffsbetriebs etc. Für unter deutscher Flagge fahrende Seeschiffe – zT auch → Sportboote – werden die Vorschriften durch das SchiffssicherheitsG und die SchiffssicherheitsVO ergänzt. Sa → Seeschifffahrt (3.), → Such- und Rettungsdienst (1.).

Solawechsel
Ein Solawechsel (eigener Wechsel) ist ein → Wechsel, in dem sich der → Aussteller selbst verpflichtet, die → Wechselsumme zu bezahlen. Die notwendigen Bestandteile eines Solawechsels sind: Wechselbezeichnung, Zahlungsversprechen, Verfallzeit, Zahlungsort, Remittent, Ausstellungsort und -tag, Unterschrift (Art. 75 WG). Der einfachste Text eines Solawechsels lautet zB: „München, den 1. April 2019. Gegen diesen Wechsel zahle ich an (Name des → Remittenten) am 1. Juli 2019 in München eintausend Euro (Name des Ausstellers)".

Soldat
1. Soldat ist nach nationalem Recht, wer auf Grund der → Wehrpflicht oder freiwilliger

Verpflichtung in einem → Wehrdienstverhältnis steht (§ 1 I SG (→ Soldatengesetz)). Der Soldat ist bei freiwilliger Verpflichtung auf Lebenszeit Berufssoldat, bei freiwilliger Verpflichtung für begrenzte Zeit Soldat auf Zeit. Das Statusrecht der Berufssoldaten und Soldaten auf Zeit (Begründung u. Beendigung des Dienstverhältnisses, Beförderung usw) regelt das SoldatenG in den §§ 37–57 SG (im Einzelnen s. → Soldatengesetz); für die Wehrpflichtige verweisen § 58 und § 80 SG auf das WehrpflichtG (s. → Wehrpflicht).

2. Im → Völkerrecht sind Soldat als Angehörige der Streitkräfte rechtmäßige → Kombattanten. Sie sind befugt, gegen militärische Objekte Schädigungshandlungen vorzunehmen und genießen umgekehrt bei Gefangennahme den Schutz der für Kriegsgefangene geltenden Vorschriften.

Soldatengesetz

1. Das Gesetz über die Rechtsstellung der Soldaten – SoldatenG – idF v. 30.5.2005 (BGBl. 2005 I 1482) mÄnd bildet mit dem → WehrpflichtG die Grundlage des Wehrdienstrechts. Es enthält in § 1 SG eine Definition des Begriffs des Soldaten, des Vorgesetzten und des Disziplinarvorgesetzten sowie in § 3 SG die Ernennungs- und Verwendungsgrundsätze. Das Wehrdienstverhältnis des Soldaten wird durch Einberufung zum Wehrdienst oder Ernennung zum Berufssoldaten oder Soldaten auf Zeit begründet (§ 2 SG). Die Dienstgradbezeichnungen werden vom → Bundespräsidenten festgesetzt, der auch die Bestimmungen über die Uniform der Soldaten erlässt. Ferner übt er das Recht der Ernennung und dienstrechtlicher Begnadigung aus, soweit er die Befugnisse nicht delegiert hat (§§ 4, 5 SG).

2. Die §§ 6–36 SG behandeln die Rechte und Pflichten aller Soldaten (sowohl der Wehrpflichtigen als auch der Berufs- und Zeitsoldaten), ua Verbot der Einschränkung der staatsbürgerlichen Rechte, Pflicht zur Verteidigung von Recht und Freiheit des dt. Volkes, Eid und feierliches Gelöbnis, → Gehorsam, Pflicht zur Kameradschaft, Wahrhaftigkeit und Verschwiegenheit, Gemeinschaftsunterkunft und Gemeinschaftsverpflegung, Nebentätigkeit, Haftung, Wahlrecht, Laufbahnvorschriften, Anspruch auf Urlaub, Geld- und Sachbezüge (sa → Dienstbezüge), Versorgung und Fürsorge, Beschwerde, Vertrauensmänner, Seelsorge. Die Bestimmungen werden zum großen Teil durch Sondervorschriften ergänzt (s. → Nebentätigkeit, → Soldatenlaufbahn, → SoldatenurlaubsVO, → Wehrsold, → Soldatenversorgung, → Unterhaltssicherung, → Arbeitsplatzschutz, → Wehrbeschwerdeordnung).

3. Die §§ 37–57 SG regeln das Statusrecht der Berufssoldaten und Soldaten auf Zeit (Begründung des Dienstverhältnisses, Beförderung, Beendigung) unter weitgehender Angleichung an die beamtenrechtlichen Grundsätze. Das Dienstverhältnis endet durch Entlassung, Verlust der Rechtsstellung aus dem Soldatenverhältnis, Entfernung aus dem Dienst durch Disziplinarurteil, außerdem bei Soldaten auf Zeit durch Zeitablauf, bei Berufssoldaten durch Eintritt in den Ruhestand. Die allgemeine Altersgrenze, mit deren Erreichen kraft Gesetzes der Eintritt in den Ruhestand erfolgt, ist (seit 1.1.2008) das 62. Lebensjahr für alle Berufssoldaten; die besondere Altersgrenze, mit deren Erreichen die Versetzung in den Ruhestand erfolgen kann, liegt darunter und ist nach dem Rang gestaffelt. Bis 2023 erfolgt eine sukzessive Anhebung der Altersgrenzen (iE s. § 96 SG). Die Rechtsverhältnisse der Reservisten sind im Reservistionen- und ReservistenG v. 21.7.2012 (BGBl. 2012 I 1583, 1588) geregelt.

4. Nach §§ 58b ff. SG können sich Frauen und Männer, die Deutsche im Sinne des Grundgesetzes sind, verpflichten, freiwilligen Wehrdienst zu leisten. Voraussetzung ist Tauglichkeit. Der freiwillige W. dauert 6 Monate als Probezeit und bis zu 17 Monaten anschließendem freiwilligen zusätzlichen W. Die Verpflichtungserklärung bedarf nach § 58e I 1 SG der Schriftform. Für eine besondere Auslandsverwendung ist eine gesonderte schriftliche Verpflichtungserklärung erforderlich, die bei Verpflichtungen von über 12 Monaten zwingend erforderlich ist (§ 58e I 2 und 3 SG); von dieser gesonderten Verpflichtungserklärung für Auslandsverwendungen kann in Härtefällen eine Entbindung erfolgen (§ 58e III SG). Der freiwillige Wehrdienst steht neben den Möglichkeiten für freiwillige Dienste nach dem → Bundesfreiwilligendienstgesetz und nach dem Gesetz zur Förderung von → Jugendfreiwilligendiensten.

5. Für Klagen aller Soldaten aus dem Wehrdienstverhältnis ist idR das → Verwaltungsstreitverfahren gegeben (§ 82 SG).

Soldatenlaufbahn

Die Einstellungs- und Beförderungsvoraussetzungen der Soldaten auf Zeit und der Berufssoldaten (→ Soldatengesetz) sind in der SoldatenlaufbahnVO idF v. 19.8.2011, BGBl. 2011 I 1813 mÄnd geregelt. Sie unterscheidet zwischen den Laufbahngruppen der Mannschaften (§§ 8–10 SoldatenlaufbahnVO), der Unteroffiziere (§§ 11–22 SoldatenlaufbahnVO) und der Offiziere (§§ 23–43 SoldatenlaufbahnVO) sowie innerhalb der Laufbahngruppen zwischen Truppendienst und Fachdiensten (Truppen-, Sanitäts-, Militärmusikdienst, militärgeographischer und militärfachlicher Dienst). Voraussetzung für die Einstellung als Offizieranwärter sind grundsätzlich ein Eintrittsalter zwischen 17 und 25 Jahren und das Reifezeugnis (→ Hochschulreife, Allgemeine) oder ein entsprechender Bildungsstand. Ausnahmebewilligungen durch den → Bundespersonalausschuss sind möglich (vgl. § 45 SLV, § 27 VIII SG). Auf → Wehrdienst Leistende finden die Vorschriften der Soldatenlaufbahnverordnung zT entsprechende Anwendung (vgl. § 22 u. § 43

SoldatenlaufbahnVO). Nach → Aussetzung der Wehrpflicht haben diese Bestimmungen außerhalb des → Spannungsfalls oder → Verteidigungsfalls nur noch für die → freiwilligen Wehrdienst Leistenden Bedeutung.

Soldatenurlaubsverordnung
Die Soldatenurlaubsverordnung idF v. 14.5. 1997 (BGBl. 1997 I 1134) mÄnd regelt die Dauer des Erholungsurlaubs der Soldaten, die auf Grund des WehrpflichtG → Wehrdienst leisten (§ 5 SUV). Im Hinblick auf die → Aussetzung des Wehrdienstes haben diese Vorschriften nur noch für die → freiwilligen Wehrdienst Leistenden Bedeutung. Wegen des Urlaubs der Berufs- und der Zeitsoldaten verweist die Soldatenurlaubsverordnung auf die Vorschriften über den → Urlaub des Beamten. Ferner enthält die VO ergänzende Vorschriften für den Erholungs- und Heimaturlaub der Berufssoldaten und Soldaten auf Zeit (zB über die Übertragung des Erholungsurlaubs auf das nächste Urlaubsjahr), – teilweise in Abweichung von den für Beamte geltenden Vorschriften – sowie Regelungen für Urlaub aus besonderem Anlass (Sonderurlaub) für alle Soldaten (zu Studienzwecken, aus persönlichem oder familiärem Anlass u. dgl.).

Soldatenversorgung
1. Das Gesetz über die Versorgung für die ehemaligen Soldaten der Bundeswehr und ihrer Hinterbliebenen (Soldatenversorgungsgesetz – SVG –) idF v. 16.9.2009 (BGBl. 2009 I 3055), in wesentlichen Teilen zuletzt geändert durch G v. 20.8.2021 (BBl. 2021 I 3932, 3953), regelt im Wesentlichen drei große Komplexe, nämlich die Berufsförderung der Soldaten auf Zeit und der → Grundwehrdienst oder → freiwilligen Wehrdienst Leistenden (§§ 3–13e SVG), das Ruhegehalt der Berufssoldaten (§§ 14–40 SVG) sowie die Hinterbliebenenversorgung (§§ 41–44a SVG). Sa → Soldatengesetz.

2. Die Berufsförderung umfasst Beratung (§ 3 II Nr. 1 SVG, § 3a SVG), dienstzeitbegleitende Bildungs- und Eingliederungsmaßnahmen (§ 3 II Nr. 2 SVG, §§ 4, 7 II SVG), den Besuch von Lehrgängen an einer Bundeswehrfachschule und die Förderung der beruflichen Bildung in Bildungseinrichtungen außerhalb der Bundeswehr (§ 3 II Nr. 3 SVG, § 5 SVG). Soldaten auf Zeit mit einer Dienstzeit von mindestens 12 Jahren erhalten einen Eingliederungsschein, der zur bevorzugten Einstellung in den öffentlichen Dienst berechtigt (§§ 9 und 10 SVG); abhängig von der Dienstzeit erhalten sie ferner finanziellen Ausgleich in Form von Übergangsgebührnissen oder Übergangsbeihilfe (§§ 11 und 12 SVG).

3. Berufssoldaten erhalten im Ruhestand Ruhegehalt in Anlehnung an die beamtenrechtlichen Vorschriften (§§ 14 ff. SVG; sa Beamtenversorgung). Ein Soldat im Ruhestand kann auf Antrag statt eines Teils des Ruhegehalts eine Kapitalabfindung erhalten; eine Kapitalabfindung ist idR zu versagen, wenn der Soldat im Ruhestand das 57. Lebensjahr vollendet hat (§§ 28 ff. SVG).

4. Die Hinterbliebenenversorgung ist ebenfalls in Anlehnung an die beamtenrechtliche Versorgung geregelt (§§ 41 ff. SVG).

5. Besondere Vorschriften gelten für Soldaten, die eine nicht nur geringfügige Gesundheitliche Schädigung durch einen Einsatzunfall im Sinne von § 63c SVG erlitten haben. Ein Einsatzunfall liegt vor, wenn ein Soldat während einer Auslandsverwendung in Ausübung oder in Folge des militärischen Dienstes eine gesundheitliche Schädigung erleidet. Ein solcher Fall liegt auch vor, wenn die Gesundheitsschädigung auf vom Inland wesentlich abweichende – insbesondere gesundheitsschädliche – Verhältnisse am Einsatzort zurückzuführen ist. Dazu gehören auch die Folgen von Verschleppung und Gefangenschaft und nach Maßgabe weiterer Regelungen posttraumatische Belastungsstörungen. Ferner gelten für die so geschädigten Soldaten die Vorschriften des Einsatz-WeiterverwendungsG idF v. 4.9. 2012 (BGBl. 2012 I 2070) mÄnd; danach bestehen Ansprüche auf berufliche Qualifizierung, Schutzzeiten, bevorzugte Einstellung in den öffentlichen Dienst usw.

6. Für die Entschädigung bei Wehrdienstbeschädigungen gilt das Gesetz über die Entschädigung der Soldatinnen und Soldaten (Soldatenentschädigungsgesetz – SEG) v. 20.8.2021 (BGBl. 2021 I 3532).

Soldatenentschädigungsgesetz
→ Soldatenversorgung (6).

Soldatenversorgungsgesetz
→ Soldatenversorgung.

Solidargemeinschaften
Solidargemeinschaften werden nach dem mWv 9.6.2021 neugefassten § 176 SGB V (BGBl. I S. 1309) als „anderweitige Absicherung im Krankheitsfall" anerkannt und bieten für nicht der Pflichtversicherung unterliegende Personen eine Alternative zur gesetzlichen oder privaten Krankenversicherung. Es gibt nur wenige Solidargemeinschaften mit einer begrenzten Anzahl an Mitgliedern. Damit die Solidargemeinschaft als anderweitige Absicherung im Krankheitsfall gilt, muss sie zum 20.1.2021 bereits ununterbrochen seit ihrer Gründung bestanden haben und alle fünf Jahre dem Bundesministerium für Gesundheit ihre dauerhafte Leistungsfähigkeit durch ein versicherungsmathematisches Gutachten nachweisen. Durch die Stichtagsklausel ist das Neuentstehen weiterer Solidargemeinschaften damit faktisch ausgeschlossen, aber ein Bestandsschutz für die bereits Bestehenden gegeben. Der Umfang der Krankheitsabsicherung ergibt sich aus dem jeweiligen Regelwerk, das sich jede Solidargemeinschaft eigenständig erstellt. Für Mitglieder in Solidargemeinschaften besteht eine Versicherungspflicht in der Pflegeversicherung nach § 21a SGB XI.

Solidarische Lebensleistungsrente
Im Rahmen der Koalitionsverhandlungen wurden Vereinbarungen über die Einführungen einer solidarischen Lebensleistungsrente abgeschlossen. Hintergrund für die solidarische Lebensleistungsrente ist ua die prognostizierte zunehmende Altersarmut. Es handelt sich nicht um eine neue Rentenart. Durch die Leistung sollen Versicherte eine höhere Rente erhalten, wenn sie einen bestimmten Zeitraum (40 Jahre) Beiträge in die → gesetzliche Rentenversicherung eingezahlt haben, gleichzeitig aber weniger als 30 → Entgeltpunkte der Rentenberechnung zu Grunde liegen. Für eine Übergangszeit bis 2023 soll die Anhebung der Entgeltpunkte dann erfolgen, wenn mindestens 35 Beitragsjahre vorhanden sind. Eine Arbeitslosenzeit von fünf Jahren wird als fünf Jahre Beitragszeit gewertet. Die Finanzierung soll aus Steuermitteln erfolgen. Die solidarische Lebensleistungsrente ist deshalb bei den Koalitionsverhandlungen 2017 erneut verhandelt worden. Im Rahmen des Koalitionsvertrages wurde die Begrifflichkeit in „Grundrente“ geändert. Die Beratungen waren in der 19. Legislaturperiode abgeschlossen und mündeten die Einführung der sog. → Grundrente.

Solidaritätsstreik
→ Streik.

Solidaritätszuschlag
1. Seit 1995 wird auf Grund des Solidaritätszuschlaggesetzes 1995 v. 23.6.1993 (BGBl. 1993 I 944, 975) ein Solidaritätszuschlag von jährlich 7,5 vH auf die Einkommen- und Körperschaftsteuer als Zuschlagsteuer erhoben. Seit 1998 beträgt der Solidaritätszuschlag 5,5 vH (BGBl. 1997 I 2743). Mit Wirkung ab VZ 2021 (BGBl I 19, 2115) werden die Freigrenzen in § 3 III 1 SolZG für die Einzelveranlagung von 972 € auf 16 956 € und für die Zusammenveranlagung von 1944 € auf 33 912 € angehoben. Damit sollen künftig ca. 90% der Steuerzahler vom Solidaritätszuschlag entlastet werden. Für weitere 6,5% der Zahler entfällt der SolZ zumindest teilweise durch Schaffung einer sog Milderungszone. Der Solidaritätszuschlag wird fällig auf → Vorauszahlungen und Abzugsteuern (→ Lohnsteuer, → Kapitalertragsteuer, → Zinsabschlag). Dieser vorausbezahlte Solidaritätszuschlag wird bei unbeschränkt Steuerpflichtigen (→ Steuerpflicht) bei der Veranlagung zur Einkommen-/Körperschaftsteuer auf den geschuldeten Jahresbetrag angerechnet.

2. Mit zwei Entscheidungen hat der BFH die Festsetzung des Solidaritätszuschlags bis zum Jahr 2007 für verfassungsmäßig erklärt (BFH 21.7.2011 – II R 50/09, FD-DStR 2011, 320562). Allerdings hat er festgestellt, dass der Solidaritätszuschlag nicht zu einem dauerhaften Instrument der Steuerumverteilung werden darf. Das FG Niedersachsen 21.8.2013 – 7 K 143/08, GmbH-Stpr 2013, 10) hält den Solidaritätszuschlag für verfassungswidrig und hat daher eine erneute Vorlage dem BVerfG unterbreitet, über die bislang nicht entschieden ist (2 BvL 6/14). Auch die Beibehaltung des Solidaritätszuschlags ab VZ 2021 für einen Teil der Steuerpflichtigen dürfte verfassungswidrig sein. Inzwischen sind bereits Verfassungsbeschwerden gegen den S. ab 2021 anhängig.

Sollbesteuerung
→ Umsatzsteuer (11).

Soll-Vorschrift
nennt man eine gesetzliche Bestimmung, die ein Tun oder Unterlassen zwar für den Regelfall, aber nicht zwingend vorschreibt (Gegensatz einerseits Muss-Vorschrift, andererseits Kann-Vorschrift). Ein Verstoß gegen die Soll-Vorschrift hat daher nicht ohne weiteres die Unwirksamkeit (Nichtigkeit) oder Anfechtbarkeit des Rechtsvorgangs zur Folge. Zur Anwendung von Soll-Vorschriften durch die Behörde s. → Ermessen.

Solvabilität
Solvabilität bezeichnet allgemein die Ausstattung eines Unternehmens mit ausreichendem Eigenkapital.

a) Für → Versicherungsunternehmen sind die Solvabilitätsanforderungen in §§ 89 ff. VAG geregelt. Sie sollen die dauernde Erfüllbarkeit der Verpflichtungen aus den Versicherungen gewährleisten. Auf der Basis aller Risiken, denen das Versicherungsunternehmen ausgesetzt ist, werden die Solvabilitätskapitalanforderungen errechnet (§ 97 VAG). Versicherungsunternehmen haben stets über anrechnungsfähige Eigenmittel in dieser Höhe zu verfügen; die Einhaltung dieser Vorschriften überwacht die → Versicherungsaufsicht. Einzelheiten regelt die Kapitalausstattungs-Verordnung (KapAusstV) v. 18.4.2016, BGBl. 2016 I 795 mÄnd.

b) Die Eigenmittelanforderungen für Kreditinstitute ergeben sich aus der VO (EU) 575/2013 und der Solvabilitätsverordnung (SolvV); zu beiden → Kreditinstitute, Aufsicht.

Sommersmog
→ Ozon (1), → Smog.

Sommerzeit
→ Zeitgesetz.

Sonderabgaben
→ Abgaben.

Sonderabschreibung zur Förderung kleiner und mittlerer Betriebe
Die Sonderabschreibung zur Förderung kleiner und mittlerer Betriebe ermöglicht Betrieben die Inanspruchnahme einer erhöhten Abschreibung für angeschaffte bewegliche Wirtschaftsgüter des Anlagevermögens. Voraussetzung ist, dass der Betrieb zum Schluss des Wirtschaftsjahres, das der Anschaffung/Herstellung vorausgeht, die Größenmerkmale nicht überschreitet, die für den → Investitionsabzugsbetrag vorgesehen sind. Die Bildung eines Investitionsabzugsbetrages ist jedoch keine Voraussetzung für die Inanspruchnahme der

Sonderabschreibung. Weiter muss das Wirtschaftsgut im Jahr der Anschaffung/Herstellung und im darauf folgenden Wirtschaftsjahr in einer inländ. Betriebsstätte fast ausschließlich betrieblich genutzt werden. Der Begünstigungszeitraum für die Sonderabschreibung beträgt fünf Jahre, das erste Jahr ist das Jahr der Anschaffung/Herstellung. Die Höhe der Sonderabschreibung beläuft sich in diesen fünf Jahren auf insgesamt 20 vH, wobei die Verteilung der Sonderabschreibung im Begünstigungszeitraum dem Steuerpflichtigen freisteht. Im Zuge des Wachstumschancengesetzes wurden die Abschreibungsmöglichkeiten aufgrund der schlechten wirtschaftlichen Lage vieler Unternehmen erhöht. Bei der Anschaffung von abnutzbaren beweglichen Wirtschaftsgütern des Anlagevermögens nach dem 31.12.2023 können nun bis zu 40% der Investitionskosten begünstigt abgeschrieben werden.

Neben der Sonderabschreibung ist die normale Abschreibung abzusetzen, → Absetzung für Abnutzung.

Sonderabschreibungen
werden zusätzlich zur regulären → Absetzung für Abnutzung gewährt. Erhöhte Absetzungen verdrängen dagegen die reguläre Absetzung für Abnutzung. Gemeinsame Vorschriften enthält § 7a EStG. Sonderabschreibungen wurden ursprünglich nach dem 2. Weltkrieg eingeführt, um die Selbstfinanzierungskraft der Unternehmen in der Wiederaufbauphase zu fördern. Die Ausnutzung der Sonderabschreibungsformen führt zu Gewinnverlagerungen und Steuerverschiebungen und ist somit eine Liquiditätshilfe. Wichtige Sonderabschreibungen bestanden im Fördergebietsgesetz (→ Sonderabschreibungen und Abzugsbetrag im Fördergebiet) und waren in § 7f EStG aF (private Krankenhäuser) und sind gegenwärtig noch in § 7g EStG (für kleine und mittlere Betriebe → Anspar-Rücklage) enthalten. Erhöhte Absetzungen gewährten § 7c EStG aF (Schaffung neuer Mietwohnungen) sowie § 7k EStG (Mietwohnungen mit Sozialbindung) und gegenwärtig noch § 7h EStG (Sanierungsgebiete und städtebauliche Entwicklungsbereiche) sowie § 7i EStG (Baudenkmale). Bewertungsfreiheiten ieS bestehen bei → geringwertigen Wirtschaftsgütern (§ 6 II EStG). Sonderabschreibungen können eine Beihilfe iS des Art. 107 → AEUV sein (→ Subventionswesen), die der Genehmigung der → Europäischen Kommission bedürfen (BMF BStBl. I 96, 2; 97, 194).

Sonderangebote
→ Sonderveranstaltungen, → Lockvogelwerbung.

Sonderausgaben
sind Aufwendungen, die weder Betriebsausgaben noch Werbungskosten sind. Es handelt sich um Privatausgaben (→ Lebensführungskosten), die nicht im Zusammenhang mit einer der sieben Einkunftsarten stehen (→ Einkommensteuer, 3; → Einkunftsarten). Die in §§ 10, 10a, 10b EStG abschließend aufgezählten S. können bei der → Einkommensteuer vom Gesamtbetrag der Einkünfte abgezogen werden.

1. Als allgemeine Sonderausgaben sind abzugsfähig:

a) in unbeschränkter Höhe: Renten und dauernde Lasten (→ Rentenbesteuerung); → Kirchensteuer saldiert mit Erstattungen, wobei ab 1.1.2009 die auf private Kapitalerträge entfallende Kirchensteuer nicht zu berücksichtigen ist, wenn die Einnahmen der Abgeltungssteuer unterliegen; Steuerzinsen bis 1.1.1999; → Steuerberatungskosten bis 31.12.2005; ab 1.1.2008 Schulgeldzahlungen an privat finanzierten Schulen innerhalb der EU bzw. des → Europäischen Wirtschaftsraums von 30 vH des Schulgeldes, max. 5.000 EUR pro Kind. Ausgenommen sind die Aufwendungen für Unterbringung, Betreuung und Verpflegung (§ 10 I Nr. 9). Die Schule muss zu einem von dem zuständigen inländischen Ministerium eines Landes oder von der Kultusministerkonferenz der Länder anerkannten Schulabschluss führen. Entgelte an deutsche Schulen im Ausland sind unter diesen Voraussetzungen auch dann abziehbar, wenn sie nicht in der EU oder im Europäischen Wirtschaftsraum liegen;

b) bis 13.805 EUR Unterhaltsleistungen an den geschiedenen oder dauernd getrennt lebenden Ehegatten auf gemeinsamen Antrag (→ Realsplitting § 10 Ia Nr. 1 EStG);

c) bis 6.000 EUR für die eigene Berufsausbildung (§ 10 I Nr. 7 EStG);

d) zwei Drittel der Aufwendungen für die Betreuung von Kindern bis max. 14 Jahre, Ausnahmen bestehen bei Behinderung → Kinderbetreuungskosten.

2. Zu den → Vorsorgeaufwendungen s. dort. Sa → Vorsorgepauschale.

3. → Spenden für wissenschaftliche, mildtätige, kirchliche, religiöse und als besonders förderungswürdig anerkannte gemeinnützige und kulturelle Zwecke sowie Spenden und Beiträge an politische Parteien (§ 10b EStG) sind in beschränkter Höhe abzugsfähig.

4. Der → Verlustabzug nach § 10d EStG erlaubt Verluste, die bei der Ermittlung des Gesamtbetrages der Einkünfte nicht ausgeglichen werden konnten, bis zu einem Betrag von 10.000.000 EUR (ab VAZ 2022: 1.000.000 EUR], bei Ehegatten, die nach den §§ 26, 26b EStG zusammenveranlagt werden, bis zu einem Betrag von 20.000.000 EUR (ab VAZ 2022: 2.000.000 EUR) vom Gesamtbetrag der Einkünfte des unmittelbar vorangegangenen Veranlagungszeitraums vorrangig vor Sonderausgaben, außergewöhnlichen Belastungen und sonstigen Abzugsbeträgen abzuziehen (Verlustrücktrag). Nachrangig hierzu sind nicht ausgeglichene negative Einkünfte, die nicht im Rahmen des Verlustrücktrags abgezogen worden sind, sind in den folgenden Veranlagungszeiträumen bis zu einem Gesamtbetrag der Einkünfte von 1.000.000 EUR

(bei zusammen veranlagten Ehegatten 2.000.000 EUR) unbeschränkt, darüber hinaus bis zu 60 Prozent des 1.000.000 EUR (bei zusammen veranlagten Ehegatten 2.000.000 EUR) übersteigenden Gesamtbetrags der Einkünfte vorrangig vor Sonderausgaben, außergewöhnlichen Belastungen und sonstigen Abzugsbeträgen abzuziehen (Verlustvortrag).

5. Wie Sonderausgaben sind abziehbar Investitionen in: Baudenkmäler (→ Denkmalschutz), Sanierungsgebieten und städtebaulichen Entwicklungsbereichen (§ 10f EStG), schutzwürdige Kulturgüter, zB Bibliotheken, Gartenanlagen (§ 10g EStG).

6. Durch das Altersvermögensgesetz (AVmG) wurde eine neue Sonderausgabenabzug für zusätzliche Altersvorsorge eingeführt (§ 10a EStG). Demnach kann der Stpfl. ab dem Veranlagungszeitraum 2002 in Abhängigkeit von seinen Sparleistungen zusätzliche Beträge geltend machen. Die Höchstgrenze betrug für 2002 und 2003 jeweils 525 EUR, für 2004 und 2005 jeweils 1.050 EUR, für 2006 und 2007 jeweils 1.575 EUR, seit 2008 ist sie auf 2.100 EUR gestiegen (→ Altersversorgung, betriebliche, → Altersvorsorge, kapitalgedeckte).

7. Sonderausgaben-Pauschbetrag: Für allgemeine Sonderausgaben und Spenden ohne Vorsorgeaufwendungen beträgt der Pauschbetrag 36 EUR, bei zusammenveranlagten Ehegatten 72 EUR (§ 10c I EStG).

Sonderbedarf
→ Unterhaltspflicht unter Verwandten, → Scheidungsunterhalt.

Sonderbedarfe
Sonderbedarfe sind nach dem SGB II und dem SGB XII möglich (→ Sozialhilfe §§ 28ff. SGB XII). Sonderbedarfe können im Rahmen der Steuererklärung geltend gemacht werden (§ 33a EStG). Im Rahmen des Unterhaltsrechts ist § 1585b BGB iVm § 1613 II BGB einschlägig.

Sonderbetriebsvermögen
→ Betriebsvermögen (1); → Mitunternehmerschaften.

Sonderdelikt
nennt man eine → Straftat, die beim Täter ein besonderes persönliches Merkmal voraussetzt, zB die Eigenschaft als → Amtsträger beim → Amtsdelikt (dort auch über echte und unechte Sonderdelikte) oder als Gemeinschuldner bei → Insolvenzstraftaten. Handelt der Täter für einen anderen als vertretungsberechtigtes Organ einer → juristischen Person oder rechtsfähigen Personengesellschaft, als verantwortlicher Betriebsleiter oder gesetzlicher Vertreter (auch Insolvenzverwalter) oder ausdrücklich Beauftragter und ist das Qualifikationsmerkmal nur bei dem Vertretenen erfüllt, so ist er gleichwohl für das Sonderdelikt strafrechtlich verantwortlich (§ 14 StGB). Bedeutsam ist dies im → Wirtschaftsstrafrecht, ebenso bei → Ordnungswidrigkeiten (§ 9 OWiG).

Mitunter ebenfalls als Sonderdelikt bezeichnet wird das eigenständige Delikt (delictum sui generis). Gemeint sind mit diesem Terminus Straftatbestände, die selbständige Abwandlungen eines Grunddelikts beinhalten, also insbes. → Qualifikationstatbestände und → Privilegierungstatbestände.

Sondereigentum
→ Wohnungseigentum.

Sondererbfolge
Das deutsche Erbrecht geht vom Grundsatz der Gesamterbfolge aus, dh vom unmittelbaren Anfall sämtlicher Nachlassgegenstände und -verbindlichkeiten an den oder die Erben (Universalsukzession, § 1922 I BGB; → Erbfolge). Eine Sondererbfolge nur in einzelne Nachlassgegenstände ist gesetzlich nur vereinzelt vorgesehen, zB in der → Höfeordnung (der Hof nebst Zubehör fällt dem Hoferben an). Besonderheiten gelten auch für die Übertragung des Mietrechts auf die Angehörigen des Erblassers (§§ 563ff. BGB; → Wohnraummietvertrag, 4a) und für den Erwerb eines Gesellschaftsanteils an einer → offenen Handelsgesellschaft oder einer → Kommanditgesellschaft, wenn im Fall des Todes des Gesellschafters diese fortgeführt wird. Nach der Rspr. des BGH erwirbt hier der vom Erblasser bestimmte neue Gesellschafter den Gesellschaftsanteil ohne Beteiligung an der Erbengemeinschaft.

Sonderfonds Finanzmarktstabilisierung
→ Finanzmarktstabilisierungsfonds.

Sondergericht
Ein Sondergericht ist im Gegensatz zum → Ausnahmegericht ein Gericht mit einer allgemein festgelegten, aber auf eine besondere Materie beschränkten Zuständigkeit. Solche Sondergerichte sind zulässig und vereinzelt im Gesetz vorgesehen (vgl. § 14 GVG, zB → Schifffahrtsgerichte). Während der nationalsozialistischen Zeit war Sondergericht die Bezeichnung für besondere durch VO v. 21.3.1933 (RGBl. 1933 I 136) eingerichtete Strafgerichte, deren Zuständigkeit sich auf die Aburteilung von politischen Straftaten und während des 2. Weltkrieges auf die mit dem Kriegszustand zusammenhängenden Delikte erstreckte.

Sondergut
→ Gütergemeinschaft.

Sonderinsolvenz
Hierunter versteht man ein → Insolvenzverfahren, das auf eine bestimmte, separate Vermögensmasse beschränkt ist. Eine Sonderinsolvenz ist zB das Insolvenzverfahren über einen → Nachlass (→ Nachlassinsolvenzverfahren) oder über ein → Gesamtgut (→ Gütergemeinschaft, → fortgesetzte Gütergemeinschaft). Der Gegensatz zur Sonderinsolvenz ist

das normale Insolvenzverfahren, das das gesamte Vermögen des Schuldners erfasst.

Sonderkartelle
waren → Horizontalvereinbarungen, die vom Bundeswirtschaftsminister vom allg. Verbot von → Kartellen freigestellt wurden, wenn ausnahmsweise die Beschränkung des Wettbewerbs aus überwiegenden Gründen der Gesamtwirtschaft und des Gemeinwohls notwendig war. Diese Freistellung war bis zum 30.6.2005 in § 8 GWB aF geregelt. Ihre Bedeutung war gering: seit 1958 wurden vier Ministererlaubnisse von Kartellen ausgesprochen, die letzte 1981. Seither kommt eine Privilegierung nicht mehr in Betracht, soweit sie nicht mit den allg. Grundsätzen der → Freistellung im Kartellrecht übereinstimmt. Im Bereich der → Fusionskontrolle besteht die → Ministererlaubnis fort.

Sonderkündigungsrecht
→ Architekten- und Ingenieurvertrag.

Sonderkündigungsschutz
→ Kündigungsschutz für Arbeitnehmer (4).

Sondernutzung
(an öffentlichen Sachen). Will jemand eine öffentliche Sache über den → Gemeingebrauch hinaus benützen (zB Verlegung von Kabeln entlang einer Straße; Stauanlagen an Gewässern; Aufstellen eines Verkaufs- o. Informationsstandes auf öffentl. Straße oder von Tischen auf dem öffentl. Gehsteig vor einer Gaststätte), so liegt eine Sondernutzung vor, die nur auf Grund behördlicher Erlaubnis zulässig ist und für die Gebühren (→ Abgaben) erhoben werden können. Sondernutzungen kommen vor allem im Wasserrecht, im Straßen- und Wegerecht (vgl. zB § 8 BFernstraßenG) und im Telekommunikationsrecht vor, vgl. → Telekommunikationslinien. Nach den Straßengesetzen des Bundes und der meisten Länder kann das Recht zu Benutzungen, die zwar über den Gemeingebrauch hinausgehen, ihn aber nicht beeinträchtigen, auch privatrechtlich eingeräumt werden (zB durch Vermietung, Verpachtung).

Sondernutzungsrechte
→ Wohnungseigentum.

Sonderopfer
→ Enteignung; → Aufopferungsanspruch.

Sonderprüfung
Bei einer Aktiengesellschaft findet auf Verlangen der → Hauptversammlung eine Sonderprüfung statt, um Vorgänge bei der Gründung oder Geschäftsführung der Gesellschaft zu prüfen. Zu diesem Zweck kann die Hauptversammlung mit einfacher Stimmenmehrheit Sonderprüfer bestellen (§ 142 I AktG). Lehnt die Hauptversammlung dies ab, so kann bei Verdacht auf unredliches oder grob rechtswidriges Verhalten eine Sonderprüfung auch vom Gericht auf Antrag von Aktionären, deren Anteile zusammen den 100. Teil des Grundkapitals oder mindestens 100 000 EUR Nennwert erreichen, angeordnet werden (§ 142 II AktG). Die Sonderprüfer haben ähnliche Rechte und Pflichten wie die → Abschlussprüfer (§§ 144, 145 AktG). Ferner kann eine Sonderprüfung wegen unzulässiger Unterbewertung bestimmter Posten des → Jahresabschlusses sowie bei Mängeln des Lageberichts beantragt und vom Gericht angeordnet werden (§§ 258–261 AktG).

Sonderrechte
→ Verein (1c), → Aktiengesellschaft (2).

Sonderrechtsnachfolge
1. → Rechtserwerb.

2. Als Sonderrechtsnachfolge wird im → Sozialrecht der Eintritt von Hinterbliebenen usw in die Rechtsstellung eines verstorbenen Sozialleistungsberechtigten bezeichnet. Fällige Ansprüche auf laufende Geldleistungen stehen nach § 56 SGB I beim Tod des Berechtigten nacheinander dem Ehegatten, dem Lebenspartner, den Kindern, den Eltern oder dem Haushaltsführer zu, wenn diese mit dem Berechtigten zur Zeit seines Todes in einem gemeinsamen Haushalt gelebt haben und von ihm wesentlich unterhalten worden sind. Mehreren Personen einer der angesprochenen Gruppen stehen die Ansprüche zu gleichen Teilen zu. Wer zu den Personenkreisen im Einzelnen gehört, ergibt sich aus § 56 Abs. 2 - 4 SGB I. Die Sonderrechtsnachfolge gem. § 56 SGB I geht nach der Rechtsprechung der zivilrechtlichen Erbfolge vor. Die Vorlage eines Erbscheines ist keine zwingende Voraussetzung, um Leistungen an den Sonderrechtsnachfolger zu erbringen. Ist ein „höherrangiger“ Sonderrechtsnachfolger vorhanden, sind die übrigen Sonderrechtsnachfolger in einer niedrigeren Gruppe der Sonderrechtsnachfolger von der Sonderrechtsnachfolge ausgeschlossen. Wenn der „höherrangige“ Sonderrechtsnachfolger verstirbt, lebt ein Anspruch der niedrigeren Gruppe nicht auf. Die Ansprüche des „höherrangigen“ Sonderrechtsnachfolgers fallen dem Nachlass zu. Ist kein Sonderrechtsnachfolger vorhanden, werden noch zur Verfügung stehende Leistungen vererbt. Der → Fiskus scheidet dabei aus (§ 58 S. 2 SGB I).

Sonderrechtsunfähigkeit
→ Bestandteil.

Sonderurlaub
→ Urlaub, → Urlaub des Beamten, → Soldatenurlaubsverordnung.

Sonderveranstaltungen
sind Verkaufsveranstaltungen im Einzelhandel, die außerhalb des regelmäßigen Geschäftsverkehrs stattfinden, der Beschleunigung des Warenabsatzes dienen und den Eindruck der Gewährung besonderer Kaufvorteile hervorrufen. Das wettbewerbsrechtliche Verbot unbeschränkter Sonderveranstaltungen (ausgenommen waren → Schlussverkauf, → Jubiläumsver-

kauf, → Räumungsverkauf) ist mit der Reform des UWG (→ unlauterer Wettbewerb) entfallen. Von den Sonderveranstaltungen sind die Sonderangebote (lediglich hinsichtlich bestimmter Waren begrenzte günstigere Preisgestaltung) zu unterscheiden.

Sondervermögen
1. Sondervermögen ist ein → Vermögen, dem das Gesetz neben dem sonstigen Vermögen einer Person eine rechtliche Sonderstellung einräumt, ohne dass eine → juristische Person mit eigener Rechtspersönlichkeit besteht; so zB die verschiedenen Vermögensmassen bei der → Gütergemeinschaft, der nicht auseinandergesetzte → Nachlass, das Vermögen einer → Gesamthandsgemeinschaft, insbes. einer → offenen Handelsgesellschaft usw. Abgesehen von den jeweiligen Sonderregelungen (meist Verfügungsbeschränkungen und Veräußerungsverbote zugunsten bestimmter Gläubiger, denen nur das Sondervermögen haftet), unterliegt die rechtliche Behandlung keinen Besonderheiten; das Sondervermögen steht insbes. seinem Rechtsträger wie jedes andere Vermögen zu. Im Interesse der Gläubiger gilt bei Sondervermögen regelmäßig das Prinzip der dinglichen → Surrogation; dh aus dem Sondervermögen ausscheidende Gegenstände werden automatisch durch andere, an deren Stelle haftende Gegenstände (Surrogate) ersetzt.

2. Sondervermögen bestehen auch im öffentlichen Recht, zB das → Bundeseisenbahnvermögen, das → Sondervermögen Bundeswehr oder der → Klima- und Transformationsfonds; auch der → Wirtschaftsstabilisierungsfonds ist als Sondervermögen anzusehen. Aufgrund G v. 28.10.2022 (BGBl. 2022 I 1902) wird dieser als umfassender Abwehrschirm gegen die exponentiellen Steigerungen der Energiepreise in der Folge des Ukrainekrieges auf 200 Mrd. EUR aufgestockt. Durch Gesetz v. 18.3.2025 wurde mit 145h GG die Errichtung eines Sondervermögens für zusätzliche Investitionen in die Infrastruktur und für zusätzliche Investitionen zur Erreichung der Klimaneutralität bis zum Jahre 1945 mit einem Volumen von bis zu 500. Mrd. EUR ermöglicht (→ Sondervermögen Infrastruktur und Klimaneutralität).

3. Nach Art. 110 I 1 GG sind Sondervermögen zwar grundsätzlich zulässig.Bei den Sondervermögen Bundeswehr, dem Sondervermögen des – aufgestockten – Wirtschaftsstabilisierungsfonds und dem Sondervermögen Infrastruktur und Klimaneutralität handelt es sich aber um irreführende Begriffe, da sich hinter beiden kein Vermögen, sondern ausschließlich Kreditaufnahmen der Bundesrepublik Deutschland verbergen. In dem Bericht des → Bundesrechnungshofes v. 25.8.2023 wurde daher auch die Schaffung von sog. Sondervermögen als Umgehung des → Budgetrechts des → Bundestages kritisiert. Auch die Bemühungen um eine Begrenzung der Verschuldung durch die → Schuldenbremse - die durch das Gesetz zur Änderung des Grundgesetzes v. 18. März 2025 faktisch ohnehin abgeschafft wurde - erden durch die nur aus Verbindlichkeiten bestehenden Sondervermögen konterkariert. Die Übertragung der im Nachtragshaushalt 2021 in der Corona-Krise (→ Corona) vorgesehenen Kreditermächtigungen iHv 60 Mrd. EUR auf den Klima- und Transformationsfonds wurde vom BVerfG Urt. V. 15.11.2023 – 2 BvF 1/22 – für verfassungswidrig erklärt (→ Klima- und Transformationsfonds).

Sondervermögen Bundeswehr
In der Folge des → Ukrainekrieges strebte der Bund eine Aufrüstung der → Bundeswehr an. Die hierfür erforderlichen Finanzmittel standen im Bundeshaushalt nicht zur Verfügung; einer Kreditfinanzierung hätte die sog. → Schuldenbremse gem. Art. 109 III GG (sa → Föderalismusreform II, 2) entgegengestanden, die die erforderliche Verschuldung verboten hätte. Daher wurde Art. 87a Ia GG eingefügt. Danach kann der → Bund zur Stärkung der Bündnis- und Verteidigungsfähigkeit ein → Sondervermögen mit eigener Kreditermächtigung iHv einmalig bis zu 100 Mrd. € errichten. Auf diese Kreditermächtigung sind die Restriktionen gemäß Art. 109 III und 115 II GG nicht anwendbar. Die Einzelheiten regelt das G zur Finanzierung der Bundeswehr und zur Errichtung eines „Sondervermögens Bundeswehr" (Bundeswehrfinanzierungs- und sondervermögensgesetz – BwFinSVermG) v. 1.7.2022 (BGBl. I 1030). Durch diese Regelung wird die Kreditaufnahme bis zu 100 Mrd. € unter Umgehung der Schuldenbremse ermöglicht.

Sondervermögen Infrastruktur und Klimaneutralität
1. Mit dem Gesetz zur Änderung des Grundgesetzes v. 18.3.2025 wurden durch Art. 143h GG die Voraussetzungen für ein eigenes → Sondervermögen Infrastruktur und Klimaneutralität geschaffen. Nach Art. 143h GG kann der → Bund ein Sondervermögen mit eigener Kreditermächtigung für zusätzliche Investitionen in die Infrastruktur und für zusätzliche Investitionen zur Erreichung der Klimaneutralität bis zum Jahr 2045 mit einem Volumen von bis zu 500 Mrd. EUR errichten. Die Kreditermächtigungen unterfallen nicht den Restriktionen durch die → Schuldenbremse. Zuführungen aus dem neuen Sondervermögen in den Klima- und Transformationsfonds werden in Höhe von 100 Mrd. EUR vorgenommen. Aus diesem Sondervermögen stehen den Ländern 100 Mrd. EUR auch für Investitionen der Länder in deren Infrastruktur zur Verfügung.

2. Die Erwähnung der Klimaneutralität in Art. 143h GG schafft keinen grundrechtlichen Anspruch (→ Grundrechte) und kein Staatsziel (→ Staatszielbestimmung) des Inhalts, dass die Klimaneutralität bis 2045 erreicht werden

müsse. Das ergibt sich bereits daraus, dass Art. 143h GG es in das Ermessen des (einfachen) Gesetzgebers stellt, ob er dieses Sondervermögen überhaupt errichten will.

Sonderverordnung
ist ein überholter Ausdruck für Vorschriften innerhalb eines „besonderen → Gewaltverhältnisses", zB Anstalts- oder Prüfungsordnungen. Nach heutiger Auffassung handelt es sich um Rechtsnormen (→ Verordnung oder → Satzung) oder um → Verwaltungsvorschriften.

Sonderversorgungssysteme
Sonderversorgungssysteme sind für bestimmte Berufe in der ehem. DDR eingerichtet gewesen (→ Anspruchs- und Anwartschaftsüberleitungsgesetz (AAÜG), → Versorgungsruhensgesetz). Die Bewertung der Zeiten in diesen Sonderversorgungssystemen wird in gesonderten Rechtsvorschriften des SGB VI geregelt (§§ 254d ff. SGB VI). Leistungen aus den Sonderversorgungssystemen gelten als beitragspflichtige Einnahmen (§ 228 SGB V).

Sonderverwahrung
→ Depotgeschäft.

Sondervotum
→ Bundesverfassungsgericht.

Sonderwege
sind nach Anl. 2 Nr. 16 ff. zu § 41 I StVO die besonders gekennzeichneten Wege und Straßen, nämlich → Gehwege, → Radwege, Reitwege (→ Reiter), → Fußgängerbereiche, → Fahrradstraßen und Bussonderstreifen.

Sonderzahlung, jährliche
Die jährliche Sonderzahlung (auch Weihnachtsgeld oder Weihnachtsgratifikation) ist für → Arbeitnehmer Teil des → Arbeitslohns (→ Arbeitsentgelts), für → Beamte Teil der Dienstbezüge (→ Dienstbezüge, 6). Für Arbeitnehmer gibt es keine gesetzliche, sondern nur einzelvertragliche Vereinbarungen oder Regelungen in → Betriebsvereinbarungen oder → Tarifverträgen (→ Gratifikation; sa → TVöD, 2e), für Beamte sind die jährlichen Sonderzahlungen im Gesetz geregelt. Die jährliche Sonderzahlung für Beamte ist im Bund und in den Ländern unterschiedlich geregelt; Bundesbeamte und ein Teil der Landesbeamten erhalten keine jährliche Sonderzahlung (→ Dienstbezüge, 6). Soweit diese gewährt wird, kommen auch Ruhestandsbeamte in den Genuss der jährlichen Sonderzahlung (vgl. zB Art. 75 des Bayerischen Beamtenversorgungsgesetzes vom 5.8.2010 mÄnd).

Sonderziehungsrechte
(SZR, XDR, Special Drawing Rights) sind eine Rechnungseinheit des Internationalen → Währungsfonds, die auf einem Korb von 5 Währungen basiert (US-Dollar, Euro, Pfund Sterling, Yen, Renminbi). 1 Sonderziehungsrecht entsprach im September 2016 ca. 0,80 EUR. Die Quoten der IWF-Mitgliedstaaten, nach denen sich ihre Einlagepflichten und Rechte bestimmen, werden in SZR ausgedrückt. SZR stellen internationale Liquidität dar.

Sonderzuschläge
(Beamtenbesoldung) → Dienstbezüge.

Sonnabend
→ Samstag, → Frist (2 aE).

Sonnenbank
→ Sonnenstudio.

Sonnenscheinrichtlinie
Schlagwort für Regelungsauswüchse der EU-Legislative. Der Begriff geht zurück auf den Entwurf einer Richtlinie zum Schutz von Sicherheit und Gesundheit von Arbeitnehmern vor der Gefährdung durch physikalische Einwirkungen (optische Strahlung). Ein Teil des Entwurfes befasste sich mit dem Schutz vor natürlicher Lichtstrahlung. Die RL 2006/25/EG v. 25.4.2006 (ABl. EG 2006 L 114, 38) wurde dann mit anderer Bezeichnung und ohne die kontroversen Bestimmungen verabschiedet. → Sonnenstudio.

Sonnenstudio
Als Sonnenstudio bezeichnet man Unternehmen, die Anlagen (Sonnenbänke), die nichtionisierende (künstlich ultraviolette) Strahlen zu kosmetischen Zwecken aussenden, außerhalb der Heil- und Zahnkunde betreiben. Dies ist nur zulässig, wenn dabei die Bestimmungen des Gesetzes zum Schutz vor nichtionisierender Strahlung bei der Anwendung am Menschen eingehalten werden (Gesetz v. 29.7.2009, BGBl. 2009 I 2433) mÄnd. Die Benutzung solcher Anlagen in Sonnenstudios darf Minderjährigen nicht gestattet werden (§ 4). Die UV-SchutzVO v. 20.7.2011 (BGBl. 2011 I 1412) regelt die Anforderungen an die Beschaffenheit und den Betrieb von Bestrahlungsgeräten mit ultravioletter (UV-) Strahlung, um den Anstieg von Hautkrebs durch übermäßige Nutzung von Sonnenbänken zu bekämpfen. Neben der Anwesenheitspflicht von qualifiziertem Personal während der Betriebszeiten von Sonnenstudios bestehen ua die Pflichten, UV-Schutzbrillen bereitzuhalten und Informationen zur maximalen Bestrahlungsdauer sowie Warnhinweise an den Bestrahlungsgeräten anzubringen. S. → Sonnenscheinrichtlinie.

Sonntag
1. Fristablauf am Sonntag → Frist.

2. Zum Schutz des Sonntags sa → Religionsausübung, freie (1).

Sonntagsarbeit
→ Arbeitszeit.

Sonntagsfahrverbot
→ Fahrverbot (3).

Sonntagsgewerbe
Zum Sonntagsgewerbe zählen diejenigen → Gewerbe, für die das grundsätzliche Verbot des § 9 I ArbZG, Arbeitnehmer an Sonn- und

→ Feiertagen zu beschäftigen, nicht gilt. Zu Einzelheiten s. → Arbeitszeit 3; vgl. ferner → Ladenschluss.

Sonstige Kartelle
Bis zum 30.6.2005 war die → Freistellung im Kartellrecht für diverse → Horizontalvereinbarungen im GWB jeweils ausdrücklich geregelt (für → Normen- und Typenkartelle § 2 I GWB aF, für → Konditionenkartelle § 2 II GWB aF, für Spezialisierungskartelle § 3 GWB aF, für → Mittelstandskartelle § 4 GWB aF, für → Rationalisierungskartelle § 5 GWB aF und für → Strukturkrisenkartelle § 6 GWB aF). Demgegenüber enthielt § 7 GWB aF für sonstige Kartelle, die zu einer Verbesserung der Entwicklung, Erzeugung, Verteilung, Beschaffung, Rücknahme oder Entsorgung von Waren oder Dienstleistungen beitrugen, eine allg. Freistellungsmöglichkeit. Seit dem 1.7.2005 gelten nur noch die allg. Grundsätze der → Freistellung im Kartellrecht.

Sonstiges Recht
→ Unerlaubte Handlung (2a).

Sorben
Slawische Volksgruppe (ca. 60000) im Süden Brandenburgs und im Osten Sachsens. Die Minderheitenrechte sind in den Verfassungen von → Brandenburg und → Sachsen besonders geschützt. In Brandenburg und → Sachsen gelten zudem besondere Sorbengesetze. Sa → Gerichtssprache.

Sorgeerklärung
→ elterliche Sorge (2).

Sorgepflicht der Eltern
Die Sorgepflicht der Eltern entspricht dem elterlichen Sorgerecht. Über die zivilrechtlichen Folgen eines Verstoßes gegen die Sorgepflicht der Eltern → elterliche Sorge (3); über mögliche Strafbarkeit vgl. → Verletzung der Aufsichtspflicht, → Obhutspflicht, → Vernachlässigen von Schutzbefohlenen, → Aussetzung Hilfloser, → Unterhaltspflichtverletzung.

Sorgerecht der Eltern
→ elterliche Sorge, → Personensorge, → Vermögenssorge, → Ehescheidung (3).

Sorgerechtsverfügung
Über die → elterliche Sorge können Eltern nicht verfügen, ihre Übertragung setzt eine gerichtliche Entscheidung voraus. Eine gerichtliche Entscheidung ist immer dann veranlasst, wenn es keinen Elternteil mehr gibt, der die Sorge ausüben kann. Mit einer Sorgerechtsverfügung, kurz Sorgeverfügung, beeinflusst ein Elternteil, der die elterliche Sorge inne hat, die gerichtliche Entscheidung über die Sorgerechtsausübung für den Fall, dass er sie nicht mehr ausüben kann. Ist einer der beiden sorgeberechtigten Elternteile verstorben, geht die Sorge kraft Gesetz auf den überlebenden Elternteil über, § 1680 Abs. 1 BGB, so dass es keiner Verfügung bedarf. Die Sorgerechtsverfügung betrifft zunächst den Fall, dass beide Elternteile verstorben sind. Dann haben die sorgberechtigten Eltern je ein Bestimmungsrecht über die Person des → Vormunds gemäß § 1776 BGB, der an ihrer Statt die elterliche Sorge ausübt, in der Form der → letztwilligen Verfügung, § 1777 III BGB. Im Zweifel ist die vom letztversterbenden Elternteil benannte Person berufen. Das Gericht muss dem Vorschlag folgen, wenn die benannte Person einverstanden ist und keine Gründe in der Person des Vormunds oder des → Kindeswohls entgegenstehen, § 1778 BGB. Eine Sorgerechtsverfügung kann sich inhaltlich zu diesen möglichen Ablehnungsgründen verhalten.

Daneben bestehen zahlreiche Konstellationen, in denen eine gerichtliche Entscheidung zur elterlichen Sorge durch eine qua Sorgerechtsverfügung geäußerte, insoweit formfreie, Stellungnahme des bisherigen Sorgeinhabers beeinflusst werden kann. Das Gericht wird diese berücksichtigen, ohne daran gebunden zu sein. Im Falle des Todes des Alleinsorgeberechtigten geht die Sorge auf den überlebenden Elternteil durch einen gerichtlichen Beschluss über, wenn dies dem Wohl des Kindes nicht widerspricht, § 1680 II BGB. Der Alleinsorgeberechtigte kann Gründe aufführen, weshalb dies der Fall ist und begründet einen Vormund vorschlagen, der statt dessen die elterliche Sorge ausüben soll. Diese Äußerung ist auch möglich für den Fall, dass der alleinsorgeberechtigte Elternteil zwar lebt, aber die elterliche Sorge faktisch nicht ausüben kann (etwa weil er im Koma liegt). Die gerichtliche Entscheidung über das dann festzustellende Ruhen der elterlichen Sorge (→ Elterliche Sorge (4.)) nach § 1678 BGB wird nach den selben Maßstäben entschieden. Kommt eine Übertragung auf den anderen Elternteil von vornherein nicht in Betracht, kann auch für die Fälle der tatsächlichen Verhinderung der Ausübung der elterlichen Sorge in der Sorgerechtsverfügung zur Person des Vormunds Stellung genommen werden.

Sorgerechtsvollmacht
Die Sorgerechtsvollmacht ist eine → Vollmacht, die ein Elternteil, der die → elterliche Sorge inne hat, dem anderen, mitsorgeberechtigten Elternteil über die Ausübung der elterlichen Sorge insgesamt oder in Teilbereichen (zB gesundheitliche Angelegenheiten, schulische Angelegenheiten) erteilt. Die Sorgerechtsvollmacht kann den Eingriff in das Elternrecht nach Art. 6 GG, der durch die Übertragung der elterlichen Sorge auf den anderen Elternteil nach § 1671 BGB entsteht, entbehrlich machen, wenn die Eltern die elterliche Sorge nicht mehr gemeinsam ausüben können. Sie kann auch von dem oder den Sorgerechtsinhabern an Dritte erteilt werden, die damit das Kind im Rechtsverkehr vertreten können. Die Sorgerechtsvollmacht kann nur → widerruflich erteilt werden.

Sorgfalt in eigenen Angelegenheiten
(diligentia quam in suis) Wer kraft Gesetzes oder Vertrags fremdes Vermögen zu verwalten hat, haftet nach manchen gesetzl. Bestimmungen nur für die Sorgfalt, die er auch in eigenen Angelegenheiten anzuwenden pflegt. Es sind dies der → Vorerbe (§ 2131 BGB), die Eltern bei Ausübung der → elterlichen Sorge (§ 1664 BGB), die Ehegatten bei Erfüllung der Pflichten aus der → ehelichen Lebensgemeinschaft (§ 1359 BGB), der unentgeltliche Verwahrer (§ 690 BGB, → Verwahrung), der Rücktrittsberechtigte (§ 346 III Nr. 3 BGB, → Rücktritt vom Vertrag) und der Gesellschafter (§ 708 BGB, → Gesellschaft des bürgerlichen Rechts). Diese Haftungserleichterung befreit jedoch nicht von der Haftung wegen grober Fahrlässigkeit (§ 277 BGB, → Verschulden, 2).

Sorgfaltspflichtverletzung
→ Verschulden (2); sa → Pflichtverletzung.

Sortenschutz
Das SortenschutzG gewährt für neue Pflanzenzüchtungen Sortenschutz, ähnlich dem Schutz einer Erfindung durch ein → Patent. Erteilungsbehörde ist das Bundessortenamt, eine selbständige Bundesoberbehörde im Geschäftsbereich Bundesministerium für Ernährung und Landwirtschaft mit Hauptsitz in Hannover und weiteren Standorten in Dachwig, Haßloch, Magdeburg, Nossen, Scharnhorst und Wurzen.

Souveränität
Auf Jean Bodin (1530–1596) zurückgehender Begriff des Staats- und Völkerrechts, der im Lauf der Geschichte in verschiedenem Sinne verstanden wurde und auch heute noch vieldeutig ist. Meist wird darunter eine Eigenschaft des Staates verstanden, derzufolge diesem die höchste Entscheidungsgewalt auf seinem Hoheitsgebiet zukommt. In diesem Sinne schließt die Souveränität eines Staates die Unabhängigkeit von anderen Staaten ein. Im Hinblick darauf, dass sich eine Vielzahl von Staaten in jüngerer Zeit weitgehenden Beschränkungen ihrer Hoheitsgewalt in politischer, militärischer und wirtschaftlicher Hinsicht unterworfen hat, neigt die neuere Lehre teilweise dazu, den Begriff der Souveränität nicht mehr zu verwenden (→ Völkerrechtssubjekte). Im klassischen Sinne hat die BRep. Deutschland durch die → Abschließende Regelung in Bezug auf Deutschland die nach dem 2. Weltkrieg verlorene volle Souveränität wiedererlangt. Vgl. auch → Suzeränität.

Sowjetische Besatzungszone
(SBZ). In dem der ehem. UdSSR gemäß alliierter Vereinbarung als Besatzungszone überlassene Gebiet Deutschlands wurde mit der am 7.10.1949 in Kraft getretenen Verfassung die → Deutsche Demokratische Republik konstituiert.

Sozialadäquates Verhalten
→ soziale Adäquanz.

Sozialanspruch
Der Anspruch einer → Gemeinschaft oder → Gesellschaft, der aus der Gemeinschaft oder Gesellschaft herrührt und sich gegen einen Gesellschafter oder Teilhaber richtet. Ein Gesellschafter kann den Anspruch für die Gesellschaft geltend machen, s. → actio pro socio. Sa → Wohnungseigentum.

Sozialauswahl
→ Kündigungsschutz für Arbeitnehmer.

Sozialbeirat
Der Sozialbeirat ist ein Gremium, das insbes. die Aufgabe hat, jährlich bis zum 30.11. zum → Rentenversicherungsbericht der Bundesregierung Stellung zu nehmen. Der Sozialbeirat besteht aus je vier Vertretern der Versicherten und der Arbeitgeber, drei Vertretern der Sozial- und Wirtschaftswissenschaften und einem Vertreter der Bundesbank (§§ 155, 156 SGB VI). Vergleichbar ist der Sozialbeirat mit dem Sachverständigenrat zur Begutachtung der Entwicklung im Gesundheitswesen (§ 142 SGB V) oder des Bundeskuratoriums (§ 83 II SGB VIII).

Sozialbericht
Der Sozialbericht erscheint zum Ende der jeweiligen Legislaturperiode und bietet eine Übersicht über die in diesem Zeitraum erbrachten Sozialleistungen und deren Finanzierung (sa → Rentenversicherungsbericht).

Sozialbindung des Eigentums
→ Eigentum.

Sozialdaten
Sozialdaten sind personenbezogene Daten (Art. 4 I VO (EU) 2016/679 = DSGVO), die von einer in § 35 SGB I genannten Stelle im Hinblick auf ihre Aufgaben nach diesem Gesetzbuch verarbeitet werden (§§ 67 ff. SGB X). Art. 4 I DSGVO definiert „personenbezogene Daten“ als alle Informationen, die sich auf eine identifizierte oder identifizierbare natürliche Person (im Folgenden „betroffene Person“) beziehen; als identifizierbar wird eine natürliche Person angesehen, die direkt oder indirekt, insbesondere mittels Zuordnung zu einer Kennung wie einem Namen, zu einer Kennnummer, zu Standortdaten, zu einer Online-Kennung oder zu einem oder mehreren besonderen Merkmalen, die Ausdruck der physischen, physiologischen, genetischen, psychischen, wirtschaftlichen, kulturellen oder sozialen Identität dieser natürlichen Person sind, identifiziert werden kann.

Die Erhebung, Verarbeitung und Nutzung von Sozialdaten unterliegt dem → Sozialgeheimnis (§ 35 II SGB I; §§ 282–282b, 394–397 SGB III; §§ 284 ff. SGB V; §§ 145 ff. SGB VI; §§ 199 ff. SGB VII; §§ 61 ff. SGB VIII; § 23 SGB IX; §§ 94 SGB XI). Die sich aus der EU-Datenschutz-Grundverordnung (VO (EU) 216/679) ergebenden Rechtsfolgen sind zu beachten. Von hoher praktischer Relevanz ist die Datenschutzauskunft nach Art. 15 DSGVO, wonach jeder Betroffene gegenüber dem zuständigen Sozialleistungsträger ein Recht auf Mitteilung seiner dort verarbeiteten Sozialdaten hat.

Sozialdumping
Sozialdumping ist ein eher polemischer Begriff, der billige Preise für Waren und Dienstleistungen auf niedrigere Sozialleistungen und geringeren Arbeitnehmerschutz im Herkunftsland zurückführt. Sozialdumping ist zum Schlagwort für die negativen Aspekte des → Binnenmarktes und der Globalisierung geworden. Vgl. zu staatlichen Gegenmaßnahmen etwa → Mindestarbeitsbedingungen und → Entsendegesetz.

Soziale Adäquanz
Zur sozialen Adäquanz im Strafrecht → objektive Zurechnung, → Rechtswidrigkeit. Im Arbeitsrecht ist soziale Adäquanz Voraussetzung für die Rechtmäßigkeit eines → Arbeitskampfes. Näher hierzu → Streik.

Soziale Entschädigung bei Gesundheitsschäden
Die frühere → Kriegsopferversorgung wurde im Rahmen des → Sozialgesetzbuchs weiterentwickelt zum Recht der Sozialen Entschädigung bei Gesundheitsschäden und auf weitere Schadensfälle erstreckt (zB auf → Impfschäden, Opfer von Gewalttaten; → Gewaltdelikte, → Häftlingshilfe, § 5 SGB I).

Das Recht der sozialen Entschädigung wurde umfassend mit dem SGB XIV neu geregelt (Gesetz v 12.12.2019 – BGBl. I 2652 mÄnd). Insbesondere war eine Modernisierung des noch auf der Entschädigung von Kriegsbeschädigten im Kern beruhenden BVG erforderlich, so dass es im neuen Recht grundsätzlich um die Entschädigung von Opfern von Gewalttaten geht. In diesem Gesetz wurden damit praktisch die bisherigen Einzelgesetze in einem Werk zusammengefasst. Als Anspruchsberechtigte nennt das SGB XIV Geschädigte, Angehörige, Hinterbliebene und Nahestehende (zB Geschwister). Leistungen können gewährt werden ua für Opfer einer Gewalttat, Opfer von Kriegsauswirkungen, Geschädigte infolge Ableisten des Zivildienstes und Impfgeschädigte. In einem schnellen erleichterten Verfahren sollen Traumaambulanzen (schnelle Soforthilfe) und ein Fallmanagement (einfache Antragstellung zum Leistungserhalt) erbracht werden. Erstmals geregelt sind die Anerkennung von psychischer Gewalt und Tatbeständen, die einer Gewalttat gleichgestellt sind (zB Vernachlässigung von Kindern). Die Leistungen nach dem SGB XIV sind im Bereich der psychotherapeutischen Behandlung gegenüber den Leistungen nach dem SGB V ausgeweitet, um der besonderen Problematik in diesen Fällen Rechnung zu tragen. Neben monatlichen Entschädigungsleistungen in fünf Stufen – abhängig vom Grad der Schädigung - besteht nunmehr auch die Möglichkeit diese als Einmalzahlung abzufinden. Daneben kann weiterhin ein Berufsschadensausgleich gewährt werden, soweit Nachteile im beruflichen Fortkommen entstanden sind. Als weitere Leistungen im Einzelfall nennt das Gesetz zB Leistungen zur Förderung einer Ausbildung oder zur Weiterführung des Haushalts. Weiter bietet das SGB XIV Teilhabeleistungen und Pflegeleistungen an. Übernommen werden auch die Kosten einer Überführung und die Kosten einer Bestattung (dynamisch an die Bezugsgröße gekoppelt), soweit sie angemessen sind. Für besondere Einzelfälle besteht die Möglichkeit eines besonderen Ausgleichs in Härtefällen zu schaffen. Für bereits nach altem Recht bestehende Leistungsfälle gibt es neben entsprechenden Besitzstandsregelungen (zusätzlich zu einer Erhöhung der Leistungen um 25%) die Möglichkeit in das neue Recht zu wechseln.

Soziale Erhaltungssatzung
→ Erhaltungssatzung.

Soziale Fürsorge
Soziale Fürsorge ist iwS die umfassende Bezeichnung für alle Maßnahmen, die darauf gerichtet sind, nach dem Sozialstaatsgebot des Art. 20 I GG die BBndesrepublik Deutschland zu einem „sozialen“ Bundesstaat zu gestalten; ieS hat sie früher die soziale Hilfe bezeichnet, die aus öffentlichen Mitteln gewährt wird (→ Sozialhilfe). Das Recht auf ein menschenwürdiges Existemzminimum wird auch aus Art. 20 I GG abgeleitet.

Soziale Indikation
→ Schwangerschaftsabbruch.

Soziale Kranken-, Rentenversicherung
In der Bundesrepublik Deutschland besteht grundsätzlich ein solidarisches System der gesetzlichen sozialen Kranken- und Rentenversicherung, dem große Teile der Bevölkerung als Pflichtversicherte angehören. Die (im Einzelfall ggf. erheblich komplizierten) Voraussetzungen der Mitgliedschaft in den Versicherungssystemen und die von diesen zu erbringenden Leistungen sind in den jeweiligen Fachgesetzen des Sozialgesetzbuchs geregelt (zB Krankenversicherung SGB V, Rentenversicherung SGB VI); mit sehr häufigen Änderungen in den gesetzlichen Regelungen. Für Einzelheiten dazu siehe → Sozialversicherung, → Krankenversicherung, → Rentenversicherung, → Pflegeversicherung. Die Bereiche → Unfallversicherung und → Arbeitsförderung gehören zur sozialen Absicherung.

Soziale Marktwirtschaft
→ Marktwirtschaft.

Soziale Rechte
Das SGB I definiert in § 1 SGB I sozialpolitische Ziele als Aufgaben des Sozialstaats:

„Das Recht des Sozialgesetzbuchs soll zur Verwirklichung sozialer Gerechtigkeit und sozialer Sicherheit Sozialleistungen einschließlich sozialer und erzieherischer Hilfen gestalten. Es soll dazu beitragen, ein menschenwürdiges Dasein zu sichern, gleiche Voraussetzungen für die freie Entfaltung der Persönlichkeit, insbesondere auch für junge Menschen zu schaffendie Familie zu schützen und zu fördern, den Erwerb des Lebensunterhalts durch eine frei gewählte Tätigkeit zu ermöglichen und besondere Belastungen des Lebens, auch durch Hilfe zur Selbsthilfe, abzuwenden oder auszugleichen. Das Recht des Sozialgesetzbuchs soll auch dazu beitragen, daß die zur Erfüllung der in Absatz 1 genannten Aufgaben erforderlichen sozialen Dienste und Einrichtungen rechtzeitig und ausreichend zur Verfügung stehen."

Als soziale Rechte kann daher die Gesamtheit der Regelungen im Sozialrecht bezeichnet werden, die der Erfüllung der in § 1 SGB I festgelegten Ziele dienen (→ Sozialgesetzbuch). Das grundsätzliche Bekenntnis zum Sozialstaat findet sich in Art. 20 Abs. 1 GG.

Soziale Wohnungsraumförderung
1. Definition und Zuständigkeiten: Als soziale Wohnungsraumförderung (früher: → sozialer Wohnungsbau) bezeichnet § 1 Gesetz über die soziale Wohnraumförderung (WoFG v. 13.9.2001 (BGBl. 2001 I 2376) mÄnd die öffentliche Förderung des Wohnungsbaus zur Unterstützung von Haushalten bei der Versorgung mit Mietwohnraum und bei der Bildung von selbst genutztem Wohneigentum. Bis zur → Föderalismusreform I war die soziale Wohnungsraumförderung Gegenstand der → konkurrierenden Gesetzgebung des Bundes (Art. 74 I Nr. 18 GG aF), seit dem 1.9.2006 sind die Länder zuständig. Die bundesrechtlichen Vorschriften (dazu 2.) gelten nur, sofern die Länder keine eigenen erlassen haben (Art. 125a I GG). Die meisten Länder haben jedoch mittlerweile eigene Landes-Wohnraumförderungsgesetze (dazu 3.).

2. Bundesrecht: a) Wichtigste bundesrechtliche Vorschrift der sozialen Wohnungsraumförderung ist das WoFG. Zielgruppe der sozialen Wohnungsraumförderung sind Haushalte, die sich am Markt nicht angemessen mit Wohnraum versorgen können und auf Unterstützung angewiesen sind. Gefördert werden Haushalte mit geringem Einkommen, Familien und andere Haushalte mit Kindern, Alleinerziehende, Schwangere, ältere oder behinderte Menschen, Wohnungslose und sonstige hilfsbedürftige Personen, § 1 WoFG. Finanziell unterstützt werden der Wohnungsbau, die Modernisierung von Wohnraum und der Erwerb von Belegungsrechten und der Erwerb von bestehendem Wohnraum. Die Förderung erfolgt durch Darlehen und Zuschüsse aus öffentlichen Haushalten, Bürgschaften, Garantien und die Zurverfügungstellung von verbilligtem Bauland, § 2 WoFG.

b) Zur Sicherung des Förderungszweckes unterliegt sozialer Wohnraum (früher: Sozialwohnungen) für eine bestimmte Zeit den Bindungen der Förderzusage, insbesondere der Belegungs- und Mietbindung. Sozialer Wohnraum darf daher vom Verfügungsberechtigten (idR dem Vermieter) nur an Wohnungssuchende zum Gebrauch überlassen werden, wenn diese ihre Wohnberechtigung durch Übergabe eines Wohnberechtigungsscheins nachweisen, § 27 WoFG. Dieser Schein wird vom → Wohnungsamt erteilt. Einzelheiten regelt das Wohnungsbindungsgesetz v. 13.9.2001 (BGBl. I 2404) mÄnd.

c) Sozial geförderter Wohnraum ist den Beziehern niedriger Einkommen vorbehalten. Die Einkommensgrenze beträgt nach Bundesrecht derzeit für einen Einpersonenhaushalt 12.000 EUR, für einen Zweipersonenhaushalt 18.000 EUR, zuzüglich 4100 EUR für jede weitere Person (§ 9 WoFG; die Berechnung der Einkommen erfolgt nach §§ 20 ff. WoFG). Schon vor der Föderalismusreform I konnten die Einkommensgrenzen durch RechtsVO der Länder den örtlichen wohnwirtschaftlichen Verhältnissen angepasst werden. Überschreitet der Mieter im Laufe der Zeit die gesetzlichen Einkommensgrenzen, so berechtigt dies den Vermieter nicht zur Kündigung. Zur Vermeidung von Fehlförderungen können die Länder jedoch Vorschriften über die Erhebung einer Ausgleichszahlung von Mietern geförderter Wohnungen erlassen (früher: Fehlbelegungsabgabe), §§ 34 ff. WoFG. Sa → Wohngeld.

d) Damit Berechtigten erschwinglicher Wohnraum zur Verfügung gestellt bleibt, unterliegt sozialer Wohnraum für die Dauer der Förderung einer Mietbindung. Die Förderzusage bestimmt daher die höchstzulässige Miete (ohne Betriebskosten), die der Vermieter nicht überschreiten darf, § 28 WoFG. Innerhalb dieser Grenze ist eine Mieterhöhung nach allgemeinen mietrechtlichen Vorschriften möglich, insbes. also bis zur ortsüblichen Vergleichsmiete, § 558 BGB, s. → Wohnraummietvertrag, 2. Betriebskosten kann der Vermieter ebenfalls nur nach allgemeinen mietrechtlichen Vorschriften vom Mieter verlangen, vgl. §§ 556, 556a, 560 BGB. Die §§ 32, 33 WoFG enthalten weitere Vorschriften zur Sicherung der Belegungs- und Mietbindung. So kann sich zB ein Dritterwerber gegenüber dem Mieter grds. nicht auf Eigenbedarf berufen, solange die öffentliche Förderung andauert.

e) Berechnungen der Wohnfläche richten sich nach der → Wohnflächenverordnung, Aufstellungen von Betriebskosten nach der → Betriebskostenverordnung.

3. Landesrecht: Die meisten Länder haben eigene Wohnraumförderungsgesetze erlassen, etwa Baden-Württemberg, Bayern (Wohnraumförderungsgesetz v. 10.4.2007, GVBl. 2007, 260, mÄnd), Hamburg, NRW (Gesetz zur Förderung und Nutzung von Wohnraum v. 8.12.2009, GV. 2009, 772 mÄnd) oder Schleswig-Holstein. Diese Regelungen verdrängen Bundesrecht (vgl. o. 1.), ähneln jedoch den Vorschriften des WoFG, auch wenn sie in vielen Details, etwa bei den Einkommensgrenzen, hiervon abweichen.

Sozialer Rechtsstaat
→ Sozialstaat.

Sozialer Wohnungsbau
1. Als sozialen Wohnungsbau bezeichnete man bis zum 31.12.2001 die Förderung des Wohnungsbaus durch öffentliche Mittel (insbes. Baudarlehen und Zinszuschüsse); sie war Gegenstand der konkurrierenden Gesetzgebung des Bundes. Seit der → Föderalismusreform I sind die Länder zuständig, nunmehr spricht man von der → sozialen Wohnraumförderung, s. iE dort sowie u. 3.

2. Die wichtigste Vorschrift des früheren sozialen Wohnungsbaus war das Zweite WohnungsbauG (Wohnungsbau- und FamilienheimG) idF v. 19.8.1994 (BGBl. 1994 I 2137). Es ist zum 1.1.2002 außer Kraft getreten. Sein Zweck war es, einkommenschwachen Bevölkerungsteilen erschwinglichen Wohnraum zur Verfügung zu stellen. Solche → Sozialwohnungen durften nur an bestimmte Personen vermietet werden und unterlagen einer Mietpreisbindung. Für die Kündigung einer Sozialwohnung gab es keine Sondervorschriften. Es galten grds. die gleichen Vorschriften wie bei der Kündigung einer nicht öffentlich geförderten Wohnung, s. hierzu → Wohnraummietvertrag. Für das Saarland galten Sondervorschriften.

a) Sozialwohnungen durften nur an Personen vermietet werden, die bestimmte Einkommensgrenzen nicht überschritten und ihre Berechtigung gegenüber dem Vermieter durch einen Wohnberechtigungsschein des Wohnungsamts (§ 5 WoBindG (G zur Sicherung der Zweckbindung von Sozialwohnungen), idF v. 13.9.2001, BGBl. 2001 I 2404, mÄnd) nachwiesen. Der Wegfall der persönlichen Voraussetzungen führte nicht zu einem Kündigungsrecht des Vermieters, sondern zu einer Fehlbelegungsabgabe nach § 1 AFWoG (Gesetz über den Abbau der Fehlsubventionierung im Wohnungswesen) idF v. 13.9.2001 (BGBl. 2001 I 2414) mÄnd. Ihre Höhe richtete sich danach, um wieviel das Einkommen des Mieters die Fördergrenzen überschritt.

b) Die Miete einer Sozialwohnung durfte die Kostenmiete nicht überschreiten, dh das Entgelt, das zur Deckung der laufenden Aufwendungen für den Durchschnitt der jeweiligen Wirtschaftseinheit erforderlich war. Die Kostenmiete war auf Grund einer Wirtschaftlichkeitsberechnung festzustellen, in der die Grundstücks-, Bau-, Finanzierungs- und Bewirtschaftungskosten berücksichtigt wurden. Waren die öffentlichen Mittel ohne Wirtschaftlichkeitsberechnung bewilligt worden, so trat an die Stelle der Kostenmiete die für öffentlich geförderte Wohnungen vergleichbare Miete (Vergleichsmiete). Der Vermieter konnte die Miete einseitig durch Erklärung unter Beifügung einer Wirtschaftlichkeitsberechnung bis höchstens zur Kostenmiete erhöhen; der Mieter hatte daraufhin ein Kündigungsrecht. Einzelheiten der Mietpreisberechnung regelten die NeubaumietenVO idF v. 12.10.1990 (BGBl. 1990 I 2203) mÄnd und die VO über wohnungswirtschaftliche Berechnungen (Zweite BerechnungsVO) idF v. 12.10.1990 (BGBl. 1990 I 2178) mÄnd. Die Zweckentfremdung einer Sozialwohnung bedurfte der Zustimmung des Wohnungsamt.

3. Für den vorhandenen Bestand an Sozialwohnungen enthalten §§ 46–51 WoFG Übergangsregeln, nach denen die bisherigen vorgenannten Vorschriften grds. fortgelten.

Soziales Jahr
Wer nach der Erfüllung der Vollzeitschulpflicht und vor dem 27. Lebensjahr 6 bis 24 Monate eine ganztägige Tätigkeit bei einem anerkannten Träger leistet und hierfür nur Unterkunft, Verpflegung, Arbeitskleidung und Taschengeld bezieht, erhält hierüber eine Bescheinigung auf Grund des Gesetzes zur Förderung von → Jugendfreiwilligendiensten v. 16.5.2008 (BGBl. 2008 I 842) mÄnd. Träger sind in erster Linie die freien Wohlfahrtsverbände und die Religionsgemeinschaften mit dem Status einer Körperschaft des öffentlichen Rechts (→ Religionsgesellschaften) (§ 10 JFDG). Die Tätigkeit umfasst überwiegend praktische Hilfstätigkeiten in gemeinwohlorientierten Einrichtungen. Die Ableistung des sozialen Jahres hat Vergünstigungen in verschiedenen Bereichen, insbes. des Sozialrechts zur Folge. Das soziale Jahr besteht neben dem mit der Aussetzung der Wehrpflicht eingeführten → Bundesfreiwilligendienst fort (s. auch → ökologisches Jahr). Das soziale Jahr kann auch im Ausland absolviert werden (§ 6 JFDG).

Soziales Mietrecht
→ Wohnraummietvertrag (5); sa → sozialer Wohnungsbau, → soziale Wohnraumförderung.

Sozialgeheimnis
Jeder Betroffene hat einen Anspruch darauf, dass die ihn betreffenden → Sozialdaten von den Leistungsträgern nicht unbefugt erhoben, verarbeitet oder genutzt werden. Die Wahrung des Sozialgeheimnisses umfasst die Verpflichtung, auch innerhalb des Sozialleistungsträgers sicherzustellen, dass die Sozialdaten nur Befugten zugänglich sind oder nur an diese weitergegeben werden (§ 35 I SGB I).

Die Zulässigkeit der Erhebung, Verarbeitung und Nutzung von Sozialdaten für Aufgaben der Polizeibehörden, Staatsanwaltschaften und Gerichten, für die Erfüllung sozialer Aufgaben, für die Durchführung des Arbeitsschutzes, für die Erfüllung besonderer gesetzlicher Pflichten, zB zur Abwendung geplanter Straftaten, für den Schutz der inneren und äußeren Sicherheit, bei Verletzung der Unterhaltspflicht und beim Versorgungsausgleich sowie für die Forschung und Planung ist im Einzelnen geregelt in den §§ 67 ff. SGB X. Daneben bestehen Sonderregelungen für die verschiedenen Sozialleistungsbereiche (vgl. → Arbeitsförderung §§ 282–282b, 394–397 SGB III; → Krankenversicherung §§ 284 ff. SGB V, → Rentenversicherung §§ 145 ff. SGB VI; → Unfallversicherung §§ 199 ff. SGB VII, → Jugendhilfe §§ 61 ff. SGB VIII; → Rehabilitation und Teilhabe behinderter Menschen § 213 SGB IX, → Pflegeversicherung §§ 94 SGB XI, → Sozialdaten). Die Bestimmungen der EU-Datenschutz-Grundverordnung (VO (EU) 2016/679) sind zu beachten.

Sozialgeld
Das Sozialgeld war eine Leistung der → Grundsicherung für Arbeitsuchende nach dem SGB II (§ 19 I 2 SGB II aF). Nicht erwerbsfähige Angehörige, die mit erwerbsfähigen Hilfebedürftigen in → Bedarfsgemeinschaft leben, erhielten Sozialgeld, soweit sie keinen Anspruch auf Leistungen der → Grundsicherung im Alter und bei Erwerbsminderung nach dem SGB XII hatten. Das Sozialgeld war in der gleichen Höhe zu leisten, der dem → Regelsatz beim Arbeitslosengeld II entsprach. Abhängig war demzufolge das Sozialgeld auch vom Familienstand und den zu der → Bedarfsgemeinschaft gehörenden Personen. Seit dem 1.1.2023 ist das Sozialgeld vom sog. → Bürgergeld abgelöst worden.

Sozialgericht
Die Sozialgerichte sind die Gerichte der → Sozialgerichtsbarkeit zur Entscheidung im ersten Rechtszug über alle Streitigkeiten, für die der Rechtsweg in diesem Gerichtszweig offen steht. Die Kammern sind mit einem Berufsrichter als Vorsitzendem und zwei → ehrenamtlichen Richtern besetzt. Es besteht kein Vertretungszwang. Die allgemeine Dienstaufsicht übt die Landesregierung oder die von ihr beauftragte Stelle aus (§§ 7 ff. SGG). Für Versicherte und Leistungsempfänger entstehen - im Gegensatz zu Versicherungsträgen und Arbeitgebern, für die Kosten nach dem Gerichtskostengesetz anfallen - keine Gerichtskosten.

Sozialgerichtsbarkeit
1. Die Sozialgerichtsbarkeit ist ein besonderer Gerichtszweig für Entscheidungen über öffentlich-rechtliche Streitigkeiten in Angelegenheiten der → Sozialversicherung, der Grundsicherung für Arbeitssuchende (→ Bürgergeld, → Arbeitslosengeld II), der → Arbeitsförderung und der → Kriegsopferversorgung. Des Weiteren entscheiden die Sozialgerichte über Streitigkeiten auf Grund der Beziehungen zwischen → Vertragsärzten (Vertragszahnärzten), → Krankenhäusern und → Krankenkassen einschließlich ihrer Vereinigungen sowie über Streitigkeiten auf Grund von Entscheidungen der gemeinsamen Gremien von Leistungserbringern des Gesundheitswesens und Krankenkassen (§ 51 I und II SGG). Auf Grund von Sonderzuweisungen entscheiden die Sozialgerichte schließlich unter anderem auch über Streitigkeiten nach dem → Soldatenversorgungsgesetz, dem Gesetz über den → Zivildienst, dem → Infektionsschutzgesetz (→ übertragbare Krankheiten) und dem Gesetz über die Entschädigung von Opfern von Gewalttaten (§ 51 I und IV SGG iVm § 88 V SVG, § 51 III ZDG, § 68 II InfektionsschutzG, § 7 OEG).

2. Es bestehen drei Rechtszüge (§ 2 SGG): → Sozialgericht (Klage), → Landessozialgericht (Berufung, Beschwerde), → Bundessozialgericht (Revision; für bestimmte Klagen auch erste Instanz). Kammern und Senate sind mit Berufs- und Laienrichtern besetzt. Die Sprungrevision (Sozialgericht – Bundessozialgericht ist möglich (§§ 161, 170 SGG).

3. Der Rechtsschutz auf Klage wird gewährt, mit der die Aufhebung oder Abänderung eines Verwaltungsaktes, daneben auch die Gewährung der durch den Verwaltungsakt abgelehnten Leistung, oder die Verurteilung zum Erlass eines abgelehnten oder unterlassenen Verwaltungsakts beantragt werden kann. (Für Beitragsansprüche von Unternehmen der privaten → Pflegeversicherung kann auch ein → Mahnverfahren vorausgehen, § 182a SGG). Auch auf Feststellung des Bestehens oder Nichtbestehens eines Rechtsverhältnisses, der Zuständigkeit eines bestimmten Sozialversicherungsträgers, der Nichtigkeit eines Verwaltungsakts sowie auf Feststellung, ob eine Gesundheitsstörung oder der Tod die Folge eines → Arbeitsunfalls, einer → Berufskrankheit oder einer Schädigung iS des SGB XIV (→ Bundesversorgungsgesetzes) ist, kann geklagt werden, wenn der Kläger ein berechtigtes Interesse an der Feststellung hat (§§ 54 ff. SGG).

4. Die Erhebung einer Anfechtungsklage hat grundsätzlich aufschiebende Wirkung. Diese entfällt in Beitragsangelegenheiten, in Angelegenheiten der sozialen Entschädigung und der → Bundesagentur für Arbeit, die eine laufende Leistung entziehen oder herabsetzen sowie in Angelegenheiten der Sozialversicherung, die eine laufende Leistung herabsetzen oder entziehen. Das Gericht kann in diesen Fällen die aufschiebende Wirkung anordnen oder wiederherstellen (§§ 86a, 86b SGG).

5. Das Verfahren wird von Amts wegen betrieben, der Sachverhalt grundsätzlich von Amts wegen erforscht (§ 103 SGG). Es gelten die allgemeinen Beweisbeibringungsgrundsätze. In bestimmten Fällen geht der Klage ein Verwaltungsvorverfahren voraus, das durch Erhebung des Widerspruchs eingeleitet wird (§§ 78 ff. SGG). Das Gericht entscheidet durch → Urteil oder – ohne mündliche Verhandlung nach vorheriger Anhörung – durch → Gerichtsbescheid (§ 105 SGG). Das Verfahren kann auch durch Rückverweisung an die Vorinstanz beendet werden (§§ 159–160a SGG). Vorverfahren und Gerichtsverfahren sind grundsätzlich kostenfrei; nur die Körperschaften und Anstalten des öffentlichen Rechts müssen für jede Streitsache, an der sie beteiligt sind, eine Gebühr entrichten (§§ 183 ff. SGG). Das gilt auch dann, wenn die Klage zurückgenommen wird. Eine sog. „Vielklägerge-

bühr" ist zwar in der politischen Diskussion, rechtlich im Sozialrecht aber äußerst problematisch. Ergänzend gelten GVG und ZPO (§ 202 SGG: sa → Beisitzer bei Gerichten). In der ersten und zweiten Instanz besteht kein Vertretungszwang. Werden trotz Belehrung aussichtslose Rechtsmittel nicht zurückgenommen, können „Mutwillenskosten" verhängt werden → Gerichtskosten.

Sozialgesetzbuch
Das deutsche Sozialrecht war in der Vergangenheit in einer kaum überschaubaren Zahl von einzelnen Gesetzen usw. enthalten. Der Gesetzgeber bemüht sich daher seit mehr als drei Jahrzehnten um die Schaffung eines einheitlichen Sozialgesetzbuches. Dieser Vorgang ist mittlerweile weit fortgeschritten; in Kraft getreten sind die Bücher I bis XII des Sozialgesetzbuches. Das SGB XIV wird endgültig zum 1.1.2024 in Kraft treten.

– SGB I: Allgemeiner Teil des Sozialgesetzbuchs, der allgemeine Bestimmungen über Sozialleistungen und Leistungsträger sowie gemeinsame Vorschriften für alle Sozialleistungsbereiche enthält; s. ua → Aufrechnung 3., → Auskunftspflicht in sozialrechtlichen Angelegenheiten, → Sonderrechtsnachfolge.
– SGB II: → Grundsicherung für Arbeitsuchende; s. ua → Agentur für Arbeit, → Arbeitslosengeld II, → Bedarfsgemeinschaft, → Bürgergeld, → Eingliederungsvereinbarung, → Einstiegsgeld, → erwerbsfähige Hilfebedürftige.
– SGB III: → Arbeitsförderung, s. ua → Agentur für Arbeit, → Arbeitslosengeld, → Arbeitsvermittlung, → Berufsberatung, → Förderung der beruflichen Weiterbildung, → Insolvenzgeld, → Kurzarbeitergeld, → Saisonkurzarbeitergeld.
– SGB IV: Gemeinsame Vorschriften für die Sozialversicherung; s. ua → Arbeitseinkommen, → Arbeitsentgelt, → Ausstrahlung, → Einstrahlung, → Gleitzone, → Sozialversicherungswahlen, → Versichertenälteste, → Vertreterversammlung.
– SGB V: Gesetzliche → Krankenversicherung; s. ua → Europäische Krankenversicherungskarte, → Kassenärztliche Vereinigung, → Krankenbehandlung, → Krankengeld, → Krankenhausbehandlung, → Krankenkassen, → Negativliste, → Vertragsarzt.
– SGB VI: Gesetzliche → Rentenversicherung; s. ua → Altersrente, → Beitragserstattung, → Beitragszeiten, → Berufsunfähigkeitsrente, → Ersatzzeiten; → Erwerbsunfähigkeitsrente, → Hinterbliebenenrente 1., → Rente wegen verminderter Erwerbsfähigkeit, → Rentenanpassung, → Rentenformel.
– SGB VII: Gesetzliche → Unfallversicherung; s. ua → Arbeitsunfall, → Berufshilfe, → Berufskrankheit, → Heilbehandlung, → Hinterbliebenenrente, → Übergangsgeld, → Verletztengeld, → Verletztenrente.
– SGB VIII: → Kinder- und Jugendhilfe; s. ua → Erziehungsförderung, → Erziehungshilfe, → Inobhutnahme des Kindes, → Jugendamt, Landesjugendamt, → Jugendhilfeausschuss, → Jugendgerichtshilfe, → Jugendsozialarbeit.
– SGB IX: → Rehabilitation und Teilhabe behinderter Menschen; s. ua → Hilfe zur Förderung der Verständigung, → Hilfe zur Teilhabe am gemeinschaftlichen und kulturellen Leben, → Integrationsämter, → Teilhabe am Arbeitsleben.
– SGB X: Sozialverwaltungsverfahren und Sozialdatenschutz; s. ua → Anspruchsübergang, → Arbeitsgemeinschaften, → Sozialdaten.
– SGB XI: Soziale → Pflegeversicherung; s. ua → häusliche Pflege, → Kurzzeitpflege, → Pflegebedürftige, → Pflegeeinrichtungen, → Pflegegeld, → Pflegehilfsmittel, → Pflegekassen, → Pflegeheime, → Pflegestufen, → teilstationäre Pflege, → vollstationäre Pflege.
– SGB XII: → Sozialhilfe; s. ua → freie Wohlfahrtspflege, → Grundsicherung im Alter und bei Erwerbsminderung, → Hilfe zur Gesundheit, → Regelsätze, → Sozialhilfeträger.
- SGB XIV Soziales Entschädigungsrecht. Der Bundesgesetzgeber hat hierin die Vorschriften wie das BVG, das BAFöG oder das OEG zusammengefasst.
Die Nummer XIII wurde auf Betreiben des BMAS nicht vergeben.

Sozialhilfe
Aufgabe der Sozialhilfe nach dem SGB XII v. 27.12.2003 (BGBl. 2003 I 3022 mÄnd, in Kraft seit 1.1.2005; das Gesetz ist an die Stelle des Bundessozialhilfegesetzes getreten; → Sozialgesetzbuch) ist es, den Leistungsberechtigten das Führen eines Lebens zu ermöglichen, das der Würde des Menschen entspricht. Die Leistungen sollen sie soweit wie möglich befähigen, unabhängig von ihr zu leben. Sozialhilfe erhält nicht, wer sich vor allem durch den Einsatz seiner Arbeitskraft, seines Einkommens und seines Vermögens selbst helfen kann oder wer die erforderlichen Leistungen von anderen, insbesondere von Angehörigen oder von Trägern anderer Sozialleistungen erhält (Subsidiarität der Sozialhilfe; §§ 1 und 2 SGB XII).

Der notwendige Lebensunterhalt iSd SGB XII umfasst insbesondere Ernährung, Unterkunft, Kleidung, Körperpflege, Hausrat, Heizung und persönliche Bedürfnisse des täglichen Lebens; zu den persönlichen Bedürfnissen gehören dabei in vertretbarem Umfang auch die Beziehungen zur Umwelt und die Teilnahme am kulturellen Leben (§§ 27a; 34, 71 SGB XII).

Der gesamte Bedarf des notwendigen Lebensunterhalts wird grundsätzlich nach → Regelsätzen erbracht, die für den Anwendungsbereich des SGB XII jährlich zum 1. Januar eines Jahres festgesetzt werden(§ 20 SGB II iVm §§ 28 und 28a SGB XII) . Darüber hinaus werden Leistungen für Unterkunft und Heizung (§ 35 SGB XII) sowie für zusätzliche Bedarfe erbracht (§ 30 SGB XII).

Zu den Sonderbedarfen gehören zB der
- Mehrbedarf für Personen, die das Lebensalter für eine Regelaltersrente jahr vollendet haben oder die voll erwerbsgemindert sind,
- einmalige Bedarfe für die Erstausstattung einer Wohnung einschließlich der Haushaltsgeräte, der Erstausstattung bei Schwangerschaft und Geburt sowie bei mehrtägigen Klassenfahrten,
- Beiträge zur Kranken- und Rentenversicherung,
- Aufwendungen für eine angemessene Alterssicherung sowie die
- Hilfe zum Lebensunterhalt in Sonderfällen (§§ 30–34 SGB XII).

Weitere Sonderregelungen bestehen bezüglich der Bemessung des notwendigen Lebensunterhalts für Personen, die in Einrichtungen Leben (§ 27b SGB XII).

Sozialhilfe wird nur dann gewährt, wenn Einkommen und Vermögen für die Führung eines menschenwürdigem Leben nicht ausreichen.

Die Durchführung der Sozialhilfe obliegt örtlichen und überörtlichen → Sozialhilfeträgern in enger Zusammenarbeit mit den Verbänden der → freien Wohlfahrtspflege (§§ 5, 97 ff. SGB XII; s. auch → Auslandsaufenthalt und Sozialhilfe).

Sozialhilfeträger
Örtliche Sozialhilfeträger sind die kreisfreien Städte und die Landkreise; sie führen die → Sozialhilfe als Selbstverwaltungsangelegenheit durch. Die örtliche Zuständigkeit richtet sich nach dem tatsächlichen Aufenthalt des Hilfesuchenden. Der örtliche Sozialhilfeträger ist sachlich zuständig, soweit nicht Landesrecht die Aufgabe den überörtlichen Sozialhilfeträgern zuweist. Diese werden von den Ländern bestimmt (§§ 97 ff. SGB XII).

Soweit keine landesrechtlichen Regelungen bestehen, sind die überörtlichen Sozialhilfeträger seit dem 1.1.2007 zuständig für Leistungen der Eingliederungshilfe, der Hilfe zur Pflege und zur Überwindung besonderer sozialer Schwierigkeiten sowie Leistungen der Blindenhilfe (§§ 97 ff. SGB XII). Die Träger von Leistungen nach dem SGB II (Job-Center) erbringen im weiteren Sinne auch Sozialleistungen; sie sind aber keine Sozialhilfeträger.

Sozialisierung
Grund und Boden, Naturschätze und Produktionsmittel können zum Zwecke der Vergesellschaftung durch ein Gesetz, das Art und Ausmaß der Entschädigung regelt, in Gemeineigentum oder andere Formen der Gemeinwirtschaft überführt werden (Art. 15 GG). Ähnliche Vorschriften finden sich auch in Landesverfassungen. Nach Art. 160 II Bayerische Verfassung können Produktionsmittel, Großbanken und Versicherungsunternehmen in Gemeineigentum überführt werden, wenn die Rücksicht auf die Gesamtheit es erfordert. Diese Vorschriften haben in der Verfassungswirklichkeit derzeit keine Bedeutung. Sa → Vergesellschaftung.

Sozialismus
ist in der BRep. kein gesetzlicher Begriff (im Gegensatz zu den früher sozialistischen Ländern, wo er häufig gleichbedeutend mit → Kommunismus in dessen jeweiliger Ausprägung verwendet wurde). Politisch umfasst er zT sehr unterschiedliche Staats- und Gesellschaftsmodelle, denen ua der mehr oder weniger ausgeprägte Gedanke des Abbaus sozialer Schranken und der Beschränkung oder Beseitigung wirtschaftlicher Macht in privater Hand (→ Sozialisierung, Kommunalisierung) eigen ist. Organisatorisch reichen die Modelle von der parlamentarischen Demokratie westlicher Prägung mit starker Betonung des sozialen Gedankens („Demokratischer Sozialismus") bis zu verschiedenen Formen des → Rätesystems und zum kommunistischen Staat.

Sozialistengesetz
Sozialistengesetz wird das unter Bismarck erlassene Gesetz gegen die gemeingefährlichen Bestrebungen der Sozialdemokratie v. 21.8. 1878 (RGBl. 1978, 351) genannt. Es ordnete die Auflösung aller sozialdemokratischen und sonstigen sozialistischen Vereinigungen an, die auf den „Umsturz" der damals bestehenden Staats- und Gesellschaftsordnung hinarbeiteten. Nicht verbotene Vereinigungen dieser Richtung, insbes. wirtschaftliche Vereine, wurden einer strengen Kontrolle unterstellt. Versammlungen unterlagen der Auflösung; Propagandaschriften und das Sammeln von Beiträgen waren verboten. Das Sozialistengesetz war ein → Ausnahmegesetz, das die Unterdrückung der aufkommenden sozialistischen Bewegungen bezweckte, deren Anhänger aber erst recht in die Opposition trieb, so dass die verbotenen Gruppen zunehmend erstarkten. Die Reichsregierung ließ das Gesetz daher mit dem 30.9.1890 auslaufen.

Sozialklausel
→ Wohnraummietvertrag (5).

Sozialleistungen
werden in Form von Dienst-, Sach- und Geldleistungen erbracht. Es handelt sich um Leistungen, auf die entweder ein Rechtsanspruch besteht (zB Entgeltersatzleistungen wie Arbeitslosengeld oder Krankengeld) oder die als Ermessensleistungen (zB Maßnahmen zur Aktivierung und beruflichen Eingliederung) erbracht werden kann. In der Regel ist ein Antrag auf Sozialleistungen erforderlich (→ Sozialgesetzbuch, → Missbrauch von Sozialleistungen).

Sozialpädagogische Einzelbetreuung
Intensive sozialpädagogische Einzelbetreuung wird den Jugendlichen gewährt, die dieser Betreuung zur sozialen Integration und einer eigenverantwortlichen Lebensführung bedürfen. Rechtsgrundlage ist § 35 SGB VIII. Sie ist den individuellen Bedürfnissen des Jugendli-

chen anzupassen und in der Regel über einen längeren Zeitraum angelegt (→ Fürsorgeerziehung). Zielgruppe dieser Maßnahme sind Jugendliche zwischen dem 14. und noch nicht vollendetem 18. Lebensjahr.

Sozialpartner
Sozialpartner werden die an → Tarifverträgen beteiligten → Arbeitgeberverbände und → Gewerkschaften einschl. ihrer Spitzenorganisationen genannt.

Sozialplan
Ein Sozialplan ist eine Vereinbarung zwischen Unternehmer und → Betriebsrat, die einen Interessenausgleich oder die Milderung wirtschaftlicher Nachteile, die den Arbeitnehmern infolge einer geplanten → Betriebsänderung (auch Stilllegung) entstehen, zum Inhalt hat (§ 112 BetrVG). Zunächst haben Arbeitgeber und Betriebsrat einen Ausgleich der Belastungen durch einen (nicht erzwingbaren) Interessenausgleich zu versuchen; in diesem können uU die zu kündigenden Arbeitnehmer festgesetzt werden (Namensliste), wesentliche Elemente der Kündigung und die Sozialauswahl (§ 1 KSchG) können dann vom Gericht nur noch auf grobe Fehlerhaftigkeit überprüft werden. Der Sozialplan ist rechtlich vom Interessenausgleich zu trennen, wird aber tatsächlich meist in einem gemeinsamen Dokument erstellt. Der Sozialplan enthält meist Abfindungen für die gekündigten Arbeitnehmer. Er ist über die → Einigungsstelle erzwingbar und hat die Wirkung einer → Betriebsvereinbarung. Ein Interessenausgleich ist nicht erzwingbar, der Arbeitgeber hat – wenn er diesen unterlässt – aber den betroffenen Arbeitnehmern gem. § 113 BetrVG Nachteilsausgleich zu zahlen. Die Mitwirkung an der Erstellung des Sozialplans ist eine Form der → Mitbestimmung der Arbeitnehmer.

In einem nach Eröffnung des → Insolvenzverfahrens aufgestellten Sozialplan kann für den Ausgleich oder die Milderung der wirtschaftlichen Nachteile, die den Arbeitnehmern infolge einer geplanten Betriebsänderung entstehen, ein Gesamtbetrag von bis zu 2,5 Monatsverdiensten der von der Entlassung betroffenen Arbeitnehmer, insgesamt höchstens aber ein Drittel der Masse (außer es liegt ein Insolvenzplan vor), vorgesehen werden. Die Verbindlichkeiten aus einem solchen Sozialplan sind Masseverbindlichkeiten (→ Insolvenzmasse, § 123 InsO). Ein Sozialplan, der vorher, jedoch nicht früher als 3 Monate vor dem Eröffnungsantrag aufgestellt worden ist, kann sowohl von Insolvenzverwalter als auch vom Betriebsrat widerrufen werden (§ 124 InsO). Vgl. für staatlich gestützt Finanzinistitute § 148 SAG.

Ein Sozialplan kann auch zusätzlich durch → Tarifvertrag aufgestellt werden. Fraglich ist aber, inwieweit dieser erstreikbar ist.

Sozialrat
(Wirtschafts- und Sozialrat) → Vereinte Nationen (2).

Sozialrecht
ist Teilgebiet des öffentlichen Rechts und umfasst den Rechtsbereich des → Sozialgesetzbuchs, ferner das Recht der → Aussiedler und → Spätaussiedler, → Flüchtlinge, → Heimkehrer, die → Kriegsgefangenenentschädigung, den → Lastenausgleich ua (siehe ferner im Anhang: Übersicht über die Sozialversicherung).

Sozialrente
Sozialrente ist die allgemeine Bezeichnung für Renten aus der gesetzlichen → Sozialversicherung, im Gegensatz zu Rentenleistungen mit privatrechtlicher Grundlage.

Sozialschutz-Paket
Das Sozialschutz-Paket ist mit Datum v. 27.3.2020 (BGBl. 2020 I 575) verkündet worden. Es ist wurde wegen der Corona-Pandemie in exterm kurzer Beratungszeit sowohl erstellt als auch verabschiedet. Das Gesetz trägt den Namen „Gesetz für den erleichterten Zugang zu sozialer Sicherung und zum Einsatz und zur Absicherung sozialer Dienstleister aufgrund des Coronavirus SARS-CoV 2 (Sozialschutz-Paket)“. Inhaltlich werden durch das Sozialschutz-Paket einige Änderungen in den Sozialgesetzbüchern vorgenommen. Dabei betrifft es Änderungen hinsichtlich der Gewährung von Leistungen nach dem SGB II. Konkret geht es dabei um einen Zeitraum von 1.3.2020 bis 30.6.2020. In diesem Zeitraum werden Leistungen nach dem SGB II erbracht, ohne dass genaue Einkommensprüfungen erfolgen. Es wird unterstellt, dass die hilfesuchende Person kein erhebliches Vermögen hat, wenn es dieses im Leistungsantrag nicht angibt. Weitere Änderungen im SGB II betreffen die Dauer der Leistung sowie die Vorläufigkeit derselben. Auch im SGB III ergeben sich Änderungen. Hier geht es um vorübergehende Regelungen zur Kurzarbeit. Dabei handelt es sich um die Berechnung der Geldleistungen für die Kurzarbeit.

Hinsichtlich der Änderungen im SGB IV sind zur Beschlussfassung der Selbstverwaltungsorgane und besonderen Ausschüsse in der Gestalt möglich, dass die Mitglieder Beschlussfassungen auch im schriftlichen Verfahren tätigen können, ohne dass eine Sitzung stattgefunden hat. Im Übrigen wurde durch das Sozialschutz-Paket die zulässige Dauer einer geringfügigen Beschäftigung auf fünf Monate oder 115 Arbeitstage angehoben. Die Hinzuverdienstgrenze für vorzeitige → Altersrenten wurde für das Jahr 2020 außer Kraft gesetzt. Der Hinzuverdienst für vorzeitige Altersrente darf im Kalenderjahr 2020 statt 6.300 Euro nunmehr 44.590 Euro betragen, ohne rentenschädlich zu sein.

Die Änderungen zur Gewährung von Sozialleistungen nach dem SGB XII sind mit den Änderungen zum SGB II identisch. Darüberhinaus enthält das Paket Änderungen zum Bundeskindergeldgesetz (Anspruchsdauer und Einkommensberücksichtigung). Auch zum Bundesversorgungsgesetz wurden Änderungen vorgenommen (ua. ergänzende Hilfe zum Lebensunterhalt). Das Arbeitszeitgesetz wurde um einen Passus erweitert, mit dem die Aufrechterhaltung der öffentlichen Sicherheit und Ordnung in außergewöhnlichen Notlagen gewährleistet werden soll. Auch die im Gesetz über die Alterssicherung der Landwirte enthaltene Hinzuverdienstgrenze ist im Jahr 2020 nicht zu beachten. Im Übrigen enthält das Gesetzespaket ein Sozialdienstleister-Einsatzgesetz. Mit dem vorgenannten Gesetz geht es um den Einsatz solcher sozialer Dienstleister zur Krisenbewältigung, die Durchführung des Sicherheitsauftrages der Leistungsträger, die Umsetzung des Auftrages, Fragen zur Kostenerstattung sowie zur Zuständigkeit und Geltungsdauer.

Weitere Änderungen, die im Zusammenhang mit der Corona-Pandemie stehen, sind nicht im Sozialschutz-Paket enthalten. Gleichwohl gibt es eine Vielzahl von weiteren Maßnahmen zur Sicherung des sozialen Standards (zB Kurzarbeitergeld-Verordnung (BGBl. 2020 I 595).

Auch das Sozialschutz-Paket II v. 20.5.2020 (BGBl. 2020 I 1055) beinhaltet eine Vielzahl von Änderungen bezüglich der Regelungen für den Bezug von → Arbeitslosengeld und → Kurzarbeitergeld. Wichtig ist die Anhebung der Leistungen auf 70% ab dem vierten, auf 80% ab dem siebten Bezugsmonat der Leistung. Vermindert sich der Anspruch in der Zeit vom 1.5.2020 bis 31.12.2020 auf einen Tag, wird der Anspruch von Amts wegen um drei Monate verlängert. Im Übrigen wird hinsichtlich der Sonderregleungen beim Kurzarbeitergeld auf die speziellen Regelungen für Angehörige der systemrelevanten Berufe verzichtet.

Hinsichtlich eines → Waisenrentenanspruchs nach Vollendung des 18. Lebensjahres wird der Anspruch um den Zeitraum verlängert, während dem eine Schul- oder Berufsausbildung wegen der Corona-Pandemie nicht begonnen werden kann. Der Zeitraum ist auf 4 Monate begrenzt.

Bezüglich der Leistungen nach dem BVG, dem SGB II oder SGB XII werden Mittagsverpflegungen in der Zeit vom 1.3.2020 bis 31.7.2020 nicht anspruchsmindernt berücksichtigt, wenn sie nicht als Gemeinschaftsverpflegung eingenommen werden kann.

Weitere Änderungen der einschlägigen Gesetzes betreffen zB die Teilnahme im Rahmen einer Videokonferenz bei Prozessen der Arbeitsgerichtsbarkeit und der Sozialgerichtsbarkeit soweit es die ehrenamtlichen Richter betrifft. Gleiches gilt für die beteiligten Parteien, Bevollmächtigten und Beiständen.

Mit dem Sozialschutz-Paket III soll der vereinfachte Zugang zu den Grundsicherungssystemen bis 31.12.2021 verlängert werden. Dem Gesetzesentwurf (19/26542) hat der Ausschuss für Arbeit und Soziales bereits zugestimmt. Am 5.3.2021 wird sich der Bundesrat mit dem Gesetzespaket befassen. Es soll am 1.4.2021 in Kraft treten.

Über den erleichterten Zugang zu den Sozialversicherungssystemen hinaus, sollen erwachsene Leistungsbezieher in den gesetzlichen Mindestsicherungsystemen eine einmalige Leistung von 150.- Euro erhalten. Die Geringsfügigkeitsgrenze des § 3 KSVG von 3.900.- Euro kann im Jahr 2021 unterschritten werden, ohne dass dies schädlich für den Versicherungsschutz der selbstständigen Künstler ist. Der Sicherstellungsauftrag nach dem Sozialdienstleister-Einsatzgesetz wird weiter verlängert. Mit dem Sozialschutz-Paket III sollen bereits bestehende Erleichterungen über den vereinfachten Zugang zu den Grundsicherungssystemen (SGB II, SGB XII, AsylbLG, BVG) und die erleichterte Vermögensprüfung beim Kinderzuschlag bis 31.12.2021 verlängert werden. Die Sonderregelung zur Mittagsverpflegung wird bis 30.6.2021 verlängert.

Sozialstaat

Sozialstaat wird ein Staat genannt, der dem Postulat der sozialen Gerechtigkeit in Gesetzgebung, Verwaltung und Rechtsprechung möglichst weitgehend nachzukommen sucht. Ziel des Sozialstaates ist es danach, größere soziale Unterschiede innerhalb der Gesellschaft abzubauen und jeder Bevölkerungsgruppe einen angemessenen Lebensstandard zu sichern. Die BRep. Deutschland ist nach Art. 20, 28 GG ein sozialer Rechtsstaat und bekennt sich damit zu den Prinzipien des Sozialstaates (ähnlich zT die Verfassungen der Länder). Das Sozialstaatsprinzip (als Staatszielbestimmung, → Verfassung) kommt im GG in der Garantie der → Koalitionsfreiheit, der freien → Berufswahl, in der Verpflichtung zum gemeinnützigen Gebrauch des → Eigentums und in der vorgesehenen Möglichkeit der Enteignung von Boden, Naturschätzen und Produktionsmitteln zum Zweck der → Vergesellschaftung (→ Sozialisierung) zum Ausdruck. Darüber hinaus beeinflusst das Sozialstaatsprinzip die Auslegung der Gesetze, begrenzt die individuellen Freiheitsrechte und ist Motiv für zahlreiche durchgeführte oder erwogene gesetzgeberische Maßnahmen (→ Sozialhilfe, → Sozialversicherung, Gleichheit der Bildungschancen, Steuergerechtigkeit, Vermögensbildung in Arbeitnehmerhand, Mitbestimmung usw).

Sozialtherapeuthische Anstalt

→ Maßregeln der Besserung und Sicherung (8).

Sozialtypisches Verhalten

Im modernen Massenverkehr, insbes. bei der Inanspruchnahme von Beförderungs- und Versorgungsleistungen (zB Straßenbahnfahrt, Nutzung eines gebührenpflichtigen Parkplatzes), wird oftmals keine ausdrückliche vertragliche Vereinbarung getroffen. Früher wurde das Zustandekommen eines Vertrags mit der Lehre vom sozialtypischen Verhalten begründet, nach der eine vertragliche Bindung allein durch die tatsächliche Inanspruchnahme einer Leistung entstehen sollte, ohne dass es auf den vertraglichen Bindungswillen ankommen sollte. Diese Lehre wurde von der Rspr. inzwischen aufgegeben, sie ist mit der Vertragsfreiheit nicht vereinbar. Das sozialtypische Verhalten ist vielmehr Anknüpfungspunkt für die Auslegung als konkludente → Willenserklärung. Sa → Vertrag (1), → Schuldverhältnis (2).

Sozialversicherung
ist die gesetzliche Zwangsversicherung mit dem Ziel der Leistungsgewährung insbes. bei Krankheit, Arbeitsunfall, Berufskrankheit, verminderter Erwerbsfähigkeit, Mutterschaft, Pflegebedürftigkeit, Arbeitslosigkeit, Alter und Tod. Die Mittel werden durch Pflicht- oder freiwillige Beiträge der Arbeitgeber und Versicherten sowie durch Zuschüsse des Bundes aufgebracht. Die Leistungen sind nicht von der Bedürftigkeit des Berechtigten abhängig. Versicherungszweige sind die → Krankenversicherung, die → Unfallversicherung, die → Rentenversicherung und die → Pflegeversicherung. Ferner gehören zur Sozialversicherung iwS die → Arbeitsförderung und auch die → Alterssicherung der Landwirte.

Rechtsgrundlagen sind in erster Linie das → Sozialgesetzbuch (SGB I–XIV) sowie weitere Regelungen, etwa die → Reichsversicherungsordnung (RVO), das Fremdrentengesetz (FRG; → Fremdrenten) das Gesetz über die → Alterssicherung der Landwirte (ALG), das Gesetz über die → Krankenversicherung der Landwirte (KVLG, KVLG 1989) und das Künstlersozialversicherungsgesetz (KSVG; → Künstlersozialversicherung).

Durch supranationales Recht (EU) und international Abkommen kann die Sozialversicherung ausländischer Staatsangehöriger in der Bundesrepublik und deutscher Staatsangehöriger im Ausland unter Wahrung der Gegenseitigkeit abweichend von den deutschen Sozialversicherungsgesetzen geregelt werden (für die Mitgliedstaaten der EU → Wanderversicherung). Ferner sind bilaterale Abkommen, hauptsächlich die Sozialversicherung ausländischer Arbeitnehmer betreffend, mit vielen weiteren Staaten abgeschlossen worden (→ Sozialversicherungsabkommen).

Zuständig für Rechtsstreitigkeiten ist in der Regel das → Sozialgericht.

Sozialversicherungsabkommen
sind zwischenstaatliche Verträge auf dem Gebiet der gesetzlichen → Krankenversicherung, → Unfallversicherung, → Arbeitslosenversicherung und → Rentenversicherung mit dem Ziel, die Sozialversicherung deutscher Staatsbürger im Ausland und ausländischer Staatsbürger in Deutschland zu koordinieren und wechselseitig die Erbringung von Leistungen sicherzustellen. Die Sozialversicherungsabkommen gewährleisten zum Beispiel den Krankenversicherungsschutz deutscher Staatsbürger im Ausland und die gegenseitige Berücksichtigung von → Beitragszeiten usw. für den Bezug von Renten, wenn in beiden beteiligten Staaten Versicherungsbeiträge entrichtet worden sind. Ggf. sind bei der Gewährung von Leistungen auch Wohnsitzzeiten zu berücksichtigen.

Sozialversicherungsausweis
Jeder Versicherte der gesetzlichen Sozialversicherung erhielt bis 2011 einen Sozialversicherungsausweis. Seitdem wird nur noch eine Sozialversicherungsnumer vergeben. Der Sozialversicherungsausweis enthielt die Personendaten und die Versicherungsnummer. Ausgestellt wurde er von der Datenstelle der Deutschen Rentenversicherung. Er war bei Aufnahme einer abhängigen Beschäftigung dem Arbeitgeber auf dessen Verlangen vorzulegen.

Sozialversicherungsbeiträge
Die Beiträge der Arbeitgeber und Arbeitnehmer zur → Sozialversicherung sind in der → Krankenversicherung, der → Rentenversicherung, der sozialen → Pflegeversicherung und der → Arbeitslosenversicherung (→ Arbeitsförderung) grundsätzlich gleich hoch, während die Beiträge in der → Unfallversicherung vom Arbeitgeber allein zu tragen sind (§ 346 SGB III, § 249 SGB V, §§ 168 ff. SGB VI, § 150 SGB VII, §§ 54 ff. SGB XI). Sie werden in der Unfallversicherung durch die Satzung und durch den Vorstand des Versicherungsträgers festgesetzt (§§ 152 ff. SGB VII), in der Rentenversicherung durch Rechtsverordnung der Bundesregierung (§ 160 SGB VI) und in den übrigen Versicherungszweigen im Wesentlichen durch Gesetz, wobei in der → Arbeitslosenversicherung eine Beitragssenkung durch Verordnung möglich ist (§§ 341 ff. SGB III, §§ 241 ff. SGB V, § 55 SGB XI).

Für die knappschaftliche Rentenversicherung, die → Künstlersozialversicherung und die → Alterssicherung der Landwirte gelten Besonderheiten. In der → Knappschaftsversicherung tragen die Arbeitgeber mehr als 50% der Beiträge (vgl. § 168 III SGB VI). In der → Künstlersozialversicherung werden die Beiträge von den Versicherten und den Verwertern aufgebracht (vgl. §§ 14 ff. KSVG). Der Bund leistet Zuschüsse zur Rentenversicherung, zur Künstlersozialversicherung und zur Knappschaftsversicherung. Die Beiträge zur → Alterssicherung der Landwirte und → Krankenversicherung der Landwirte werden von diesen aufgebracht; der Bund leistet Zuschüsse (§§ 66 ff. ALG).

Die Sozialversicherungsbeiträge zur Krankenversicherung, Pflegeversicherung, Arbeitslosenversicherung und Rentenversicherung werden je zur Hälfte vom Arbeitgeber und Arbeitnehmer bezahlt. Bei Rentenbeziehern werden die Sozialversicherungsbeiträge zur

Krankenversicherung bei Pflichtversicherten je zu Hälfte vom Rentner und dem Rentenversicherungsträger bezahlt (Abzug von der Rentenzahlung). Die Beiträge zur Pflegeversicherung trägt der Rentner alleine. Der Beitragszuschlag für Kinderlose in der Pflegeversicherung wird ausschließlich von den Versicherten getragen.

Sozialversicherungsträger
sind Selbstverwaltungskörperschaften des öffentlichen Rechts, Behörden oder Kommunalverbände. Organe der Selbstverwaltung sind die idR von den Versicherten und den Arbeitgebern gewählte Vertreterversammlung und der von ihr bestellte Vorstand, idR paritätisch besetzt mit Vertretern der Sozialpartner; bei der → Bundesagentur für Arbeit der Verwaltungsrat und der Vorstand sowie bei den → Regionaldirektionen und den → Agenturen für Arbeit die Verwaltungsausschüsse.

Es bestehen ua folgende Sozialversicherungsträger:

In der → Krankenversicherung: → Krankenkassen (Orts-, Betriebs- und Innungskrankenkassen, landwirtschaftliche Krankenkassen, Bundesknappschaft, Ersatzkassen).

In der → Rentenversicherung: → Deutsche Rentenversicherung Bund, → Deutsche Rentenversicherung Knappschaft-Eisenbahn-See, → Regionalträger (gesetzliche Rentenversicherung).

In der → Unfallversicherung: → Berufsgenossenschaften, → Eisenbahn-Unfallkasse, → Verkehrswirtschaft Post-Logistik Telekommunikation, → Unfallversicherung Bund und Bahn, → Unfallkassen der Länder, Gemeindeunfallversicherungsverbände und → Unfallkassen der Gemeinden, → Feuerwehrunfallkassen.

In der → Pflegeversicherung: → Pflegekassen, → landwirtschaftliche Alterskassen, → Bundesknappschaft.

Die Landesverbände der Orts-, Betriebs- und Innungskrankenkassen und die landwirtschaftlichen Krankenkassen bilden je einen Bundesverband, die → Alterskassen einen Gesamtverband. Sie sind Körperschaften des öffentl. Rechts (§§ 207–219 SGB V; §§ 34–36 KVLG 1989. § 53 ALG). Die Deutsche gesetzliche Unfallversicherung ist als eingetragener Verein organisiert.

Sozialversicherungswahlen
Die Regelungen zu den Sozialversicherungswahlen finden sich in den §§ 43 ff. SGB IV → Sozialwahlen. Gewählt werden dabei Vertreter der Arbeitgeber und der Versicherten für die Vertreterversammlung als Teil der Selbstverwaltung der Sozialversicherungsträger.

Sozialwahlen
Sozialwahlen werden die Wahlen zu den → Vertreterversammlungen der Träger der → Sozialversicherung (→ Sozialversicherungsträger) sowie von → Versichertenältesten und → Vertrauenspersonen genannt. Sie sind frei und geheim. Sie finden alle 6 Jahre auf Grund von Vorschlägen der Gewerkschaften und von selbstständigen Arbeitnehmervereinigungen mit sozial- oder berufspolitischer Zwecksetzung sowie von Arbeitgebervereinigungen nach den Grundsätzen der Verhältniswahl statt. Ihre Durchführung obliegt dem Bundeswahlbeauftragten und den Landeswahlbeauftragten (§§ 45 ff. SGB IV; WahlO für die Sozialversicherung – SVWO – idF vom 28.7.1997 (BGBl. 1997 I 1946) mÄnd).

Sozialwidrigkeit der Kündigung
→ Kündigungsschutz für Arbeitnehmer (2a).

Sozialwohnung
Es handelt sich um einen alten Begriff für bis zum 31.1.2001 im Rahmen des → sozialen Wohnungsbaus geförderten Wohnraum. Heute spricht man von sozialem Wohnraum, s. hierzu → soziale Wohnraumförderung.

Sozialwucher
→ Wucher (2).

Sozietät
Eine Sozietät ist ein Zusammenschluss in Form einer → Gesellschaft des bürgerlichen Rechts oder → Gemeinschaft (zB mehrere Ärzte in einer Gemeinschaftspraxis). Insbes. nennt man S. die Vereinigung mehrerer → Rechtsanwälte untereinander oder mit Angehörigen anderer → freier Berufe (zB → Patentanwalt, → Wirtschaftsprüfer, → Steuerberater, § 59a BRAO) zu einer → Gesellschaft des bürgerlichen Rechts (1). Ein Anwaltsvertrag kommt dann regelmäßig mit allen in der Sozietät verbundenen Anwälten, die als Gesamtschuldner (→ Gesamtschuld) haften (Beschränkung auf das die Sache bearbeitende Mitglied der Sozietät ist zulässig, § 52 II BRAO), zustande (anders bei bloßer Bürogemeinschaft). Darüber hinaus können sich Angehörige freier Berufe auch zu einer → Partnerschaftsgesellschaft zusammenschließen (s. dort auch zur GmbH oder AG für freie Berufe sowie zur sog. Sternsozietät).

Soziotherapie
Versicherte der gesetzlichen → Krankenversicherung, die wegen schwerer psychischer Erkrankung nicht in der Lage sind, ärztliche oder ärztlich verordnete Leistungen selbstständig in Anspruch zu nehmen, haben Anspruch auf Soziotherapie, wenn dadurch → Krankenhausbehandlung vermieden oder verkürzt wird oder wenn diese geboten, aber nicht ausführbar ist. Die Soziotherapie umfasst die im Einzelfall erforderliche Koordinierung der verordneten Leistungen sowie die Anleitung und die Motivation zu deren Inanspruchnahme. Der Anspruch besteht für höchstens 120 Stunden innerhalb von drei Jahren je Krankheitsfall (§ 37a SGB V).

Der → gemeinsame Bundesausschuss der Ärzte und Krankenkassen bestimmt in Richtlinien das Nähere über Voraussetzungen, Art und Umfang der Soziotherapie, insbesondere die Krankheitsbilder, bei deren Behandlung im Regelfall Soziotherapie erforderlich ist, die Ziele, den Inhalt, den Umfang, die Dauer und die Häufigkeit der Soziotherapie, die Voraussetzungen, unter denen Ärzte zur Verordnung von Soziotherapie berechtigt sind, die Anforderungen an die Therapiefähigkeit des Patienten und den Inhalt und den Umfang der Zusammenarbeit des verordnenden Arztes mit dem Leistungserbringer (§ 37a SGB V).

Soziusfahrer
Der Mitfahrer auf einem Kraftrad ist → Verkehrsteilnehmer iS des § 1 StVO, weil er unmittelbar am Verkehrsvorgang beteiligt ist und den Fahrzeugführer durch Zeichengeben usw unterstützt. Auch den Soziusfahrer trifft daher die Pflicht, Schädigung oder Gefährdung anderer Verkehrsteilnehmer zu vermeiden. Er darf am Verkehr nur teilnehmen, wenn er sich sicher darin bewegen kann (§ 2 FeV). Bei Verstoß gegen Verkehrspflichten kann der Soziusfahrer – ähnlich dem → Beifahrer – zivil- und strafrechtlich verantwortlich sein. Sa → Gefälligkeitsfahrt, → Schutzhelm.

Spätaussiedler
Spätaussiedler sind nach der Legaldefinition in § 4 I BVFG (→ Bundesvertriebengesetz) in der Regel deutsche Volkszugehörige, die die Republiken der ehemaligen Sowjetunion einschließlich Estland, Lettland und Litauen, die ehemals unter fremder Verwaltung stehenden deutschen Ostgebiete, Polen, die frühere Tschechoslowakei, Ungarn, Rumänien. Bulgarien, das frühere Jugoslawien, Albanien oder China nach dem 31.12.1992 im Wege des Aufnahmeverfahrens verlassen und innerhalb von 6 Monaten im Geltungsbereich des Gesetzes ihren ständigen Aufenthalt genommen haben, wenn sie zuvor
– seit dem 8.5.1945 oder
– nach ihrer Vertreibung oder der Vertreibung eines Elternteils seit dem 31.3.1952 oder
– seit ihrer Geburt, wenn sie von einer Person abstammen, die die vorstehenden Stichtagsvoraussetzungen erfüllt,

ihren Wohnsitz in einem der genannten Aussiedlungsgebiete hatten.

Spätaussiedler sind Deutsche im Sinne des Art. 116 I GG; nichtdeutsche Ehegatten oder Abkömmlinge von Spätaussiedlern erwerben im Regelfall diese Rechtsstellung mit ihrer Aufnahme in den Geltungsbereich des Gesetzes (vgl. § 4 III BVFG; s. auch → Fremdrentengesetz, → Lastenausgleich). Sie werden nach den Vorschriften des BVFG unterstützt.

Spaltung einer Kapitalgesellschaft
→ Umwandlung (1c).

Spam
benannt nach einem Monty-Python-Sketch über Dosenfleisch, bezeichnet unaufgefordert zugesandte → E-Mails mit → Werbung oder anderen Belästigungen. Werbe-Spam ist nach § 7 II Nr. 2 UWG unzulässig (→ unlauterer Wettbewerb 2e); es liegt - abgesehen von den Ausnahmetatbeständen des Abs. 3 – stets eine unzumutbare Belästigung vor. Ein Verbot von Spam enthält auch Art. 13 Datenschutzrichtlinie für elektronische Kommunikation 2002/58/EG v. 12.7.2002 (ABl. EG 2002 L 201, 37 mÄnd). → Internet, → Medienrecht, → Telemedien.

Spannungsfall
1. Der Spannungsfall gem. Art. 80a GG ist die Vorstufe zum→ Verteidigungsfall. Während der Verteidigungsfall einen unmittelbar drohenden Angriff voraussetzt, liegt der Spannungsfall bereits dann vor, wenn in einer eskalierenden außenpolitischen Konfliktsituation eine gesteigerte Wahrscheinlichkeit für einen Angriff besteht. Voraussetzung des Spannungsfalls ist, dass der → Bundestag den Eintritt des Spannungsfalls festgestellt (Art. 80a I GG). Hierfür ist eine 2/3-Mehrheit erforderlich.

2. Aufgrund der Feststellung des Spannungsfalles können bestimmte Rechtsvorschriften zur Anwendung kommen, die in Friedenszeiten nicht wirksam sind. So können im Spannungsfall bestimmte Dienstpflichten wirksam werden (Art. 12a V GG). Auch lebt die → Wehrpflicht im Spannungsfall wieder auf (§ 2 WPflG).

3. Auch ohne Feststellung des Spannungsfalles ist die Anwendung solcher Rechtsvorschriften auch auf der Grundlage und nach Maßgabe eines Beschlusses zulässig, der von einem internationalen Organ (zB der NATO) im Rahmen eines Bündnisvertrages mit Zustimmung der → Bundesregierung gefasst wird. Die Maßnahmen sind aufzuheben, wenn der Bundestag es (im Bündnisfall mit der Mehrheit seiner Mitglieder) verlangt.

Spannungsklausel
ist eine Vereinbarung, mit der die Höhe einer → Geldschuld (2) vom künftigen Preis oder Wert gleichartiger oder zumindest vergleichbarer Güter oder Leistungen abhängig gemacht werden soll, § 1 II Nr. 2 PrKlG (s. allg. hierzu → Wertsicherungsklausel). Eine Spannungsklausel ist keine verbotene Klausel, sondern zulässig. Möglich sind zB die Bindung von Gehalt oder Ruhegehalt an Tarifgehälter oder Beamtenbesoldung oder die Kopplung von Miete oder Pacht an den Grundstücksertrag. Sa → Interventionspunkte.

Sparbrief
ist ein von einem Kreditinstitut ausgegebenes verzinsliches Wertpapier (meist als Namens- oder → Inhaberschuldverschreibung) mit mehrjähriger Laufzeit.

Sparbuch
(Sparkassenbuch) ist ein qualifiziertes → Legitimationspapier, das den Gläubiger eines Sparguthabens bei einer Bank oder Sparkasse ausweist und die Bank oder Sparkasse ermächtigt,

an den Inhaber des Sparbuchs mit befreiender Wirkung zu leisten, § 808 BGB. Das Sparbuch steht im Eigentum des Gläubigers, § 952 BGB. Wird das Sparguthaben abgetreten, geht das Eigentum am Sparbuch auf den neuen Gläubiger über. In der Übergabe des Sparbuchs liegt idR die → Abtretung des Sparguthabens gemäß § 398 BGB. Sa → Vertrag zugunsten Dritter.

Spareinlagen
→ Bankeinlagen.

Sparerfreibetrag
Der Sparerfreibetrag ist mit Wirkung zum 1.1.2009 in den sog. → Sparer-Pauschbetrag überführt worden. Bis zu diesem Zeitpunkt waren Einkünfte aus Kapitalvermögen nach Abzug der Werbungskosten (51 EUR für Ledige/102 EUR bei Zusammenveranlagung) bis 750 EUR für Ledige und 1.500 EUR im Fall der Zusammenveranlagung steuerfrei. Durch das damals geltende → Halbeinkünfteverfahren konnte sich die steuerentlastende Wirkung dieses Freibetrags verdoppeln.

Sparer-Pauschbetrag
Seit 1.1.2009 werden der bisherige Sparerfreibetrag und der Werbungskosten-Pauschbetrag zusammengefasst. Der Sparer-Pauschbetrag steht privaten Anlegern bei ihren Einkünften aus Kapitalvermögen zu. Er beträgt seit 2023 für Ledige 1.000 EUR bzw. für Verheiratete (Zusammenveranlagung) 2.000 EUR (zuvor 901 bzw. 1.602 EUR). Der Abzug der tatsächlichen Werbungskosten ist ausgeschlossen.

Sparkassen
1. Sparkassen sind idR gemeinnützige, von → Gemeinden, Gemeindeverbänden oder → Zweckverbänden (Gewährträger) errichtete rechtsfähige → Anstalten des öffentlichen Rechts (Kreis- oder Stadtsparkassen), denen die Förderung des Spargeschäfts (→ Bankeinlagen) obliegt. Sie können jedoch grundsätzlich alle → Bankgeschäfte betreiben, sind → Kreditinstitute und unterliegen der Bankenaufsicht (→ Kreditinstitute, Aufsicht). Rechtsgrundlage sind die Sparkassengesetze der Länder und die von den kommunalen Trägern erlassenen → Satzungen.

2. Organisation und Verwaltung gehören zum Bereich des landesrechtlich geregelten → Kommunalrechts. Organe der Sparkassen sind danach idR ein Verwaltungsrat, der die Geschäftspolitik bestimmt und den Vorstand bestellt, ein aus einer oder mehreren Personen bestehender Vorstand zur Vertretung der Sparkassen und Führung der laufenden Geschäfte sowie ein Kreditausschuss, dem ua ehrenamtlich tätige Bürger angehören. Die Sparkassen unterliegen ferner einer Rechtsaufsicht (Sparkassenaufsicht) der höheren und obersten staatlichen Verwaltungsbehörde (idR das Landesfinanzministerium). Für ihre Verbindlichkeiten haftete bis 2005 noch der Gewährträger; diese → Gewährträgerhaftung ist nunmehr abgeschafft. Die Bezeichnung Sparkassen ist geschützt und öffentlich-rechtlichen Sparkassen vorbehalten (§ 40 KWG). Es ist umstr., ob dieser Bezeichnungsschutz mit der → Niederlassungsfreiheit des EU-Rechts vereinbar ist.

3. Die ca. 380 deutschen Sparkassen und ihre Gewährträger sind regional in 12 Sparkassen- und Giroverbänden als Körperschaften des öffentlichen Rechts zusammengeschlossen, die sich ihrerseits zum Deutschen Sparkassen- und Giroverband e. V. (G v. 6.4.1933, RGBl. 1933 I 166) zusammengefunden haben. Die Sparkassen- und Giroverbände sind Mitträger der 6 Landesbanken, die als Girozentralen Zahlungsverkehr und Wertpapierhandel für ihre Sparkassen abwickeln. Die früher durchwegs öffentlich-rechtlichen Landesbanken sind heute zT privatisiert, da die Europäische Kommission wegen Verstößen gegen Beihilfevorschriften Umstrukturierungen durchgesetzt hat. Dadurch verlieren sie ihren Status als Staatsbank ihres Bundeslandes und werden mehr und mehr zu normalen Geschäftsbanken. Spitzeninstitut der Sparkassenorganisation ist die DekaBank. Im Gebiet der ehem. DDR gilt das Sparkassengesetz vom 29.6.1990 (GBl. Nr. 40 S. 567) weiter (Anl. II zum EinigV Kap. IV Abschn. I Nr. 1). Sa → Bausparkassen.

Sparkonto
ist ein Bankkonto zur Verbuchung von Spareinlagen (→ Bankeinlagen, → Sparbuch).

Spartenaktie
→ Tracking Stock.

Sparvertrag
Wenn sich der Sparer vertraglich zur Zahlung von Einlagen verpflichtet, ist der Vertrag ein → Darlehensvertrag, ansonsten unterliegt er als einseitig verpflichtender unregelmäßiger Verwahrungsvertrag dem Recht der → Verwahrung. Dies gilt auch bei einem → Prämiensparvertrag. Zu vielfach verwendeten unzulässigen Zinsanpassungsklauseln in Prämiensparverträgen → Zinsgleitklausel.

SPE
(societas privata Europaea) = europäische Gesellschaft des bürgerlichen Rechts. Die Einführung dieser der deutschen → Gesellschaft mit beschränkter Haftung angenäherte Gesellschaftsform war von der EU-Kommission für das Jahr 2010 geplant gewesen; das Projekt wurde jedoch im Jahr 2013 aufgegeben.

Spediteur
Spediteur ist, wer es unternimmt, gegen Entgelt Güterversendung durch → Frachtführer oder → Verfrachter – entweder auf Rechnung eines anderen (des Versenders) oder auf eigene Rechnung – im eigenen Namen zu besorgen (Speditionsgeschäft, § 453 HGB). Einzelheiten, insbes. über die Rechte und Pflichten des Spediteurs → Speditionsvertrag. Vielfach gehört die Besorgung zum Betrieb des gewerblichen Unternehmens des Spediteurs, der damit → Kaufmann ist; von den Vorschriften

über das Speditionsgeschäft werden aber auch solche Tätigkeiten umfasst, die jemand nur gelegentlich ausführt (sog. Gelegenheitsspediteur). Hauptspediteur wird der Spediteur genannt, der das Gut an einen anderen Spediteurs oder an einen Frachtführer zur Weiterversendung und Ablieferung adressiert. Zwischenspediteur ist ein Spediteur, mit dem der Hauptspediteur einen Speditionsvertrag zur Versendung des Gutes auf einer Teilstrecke oder zur Ablieferung an den Empfänger abschließt. Unterspediteur ist der Spediteur, der nach Weisung des Haupt- oder Zwischenspediteur eine Tätigkeit ausübt, welche die Versendung des Gutes fördert. Für den Unterspediteur haftet der Hauptspediteur wie für einen → Erfüllungsgehilfen, für den Zwischenspediteur oder für den Frachtführer nur bei Verschulden in der Auswahl (§ 454 I Nr. 2 HGB). Versandspediteur wird der Spediteur genannt, der die Versendung des Gutes besorgt (das ist der eigentliche Spediteur). Empfangsspediteur ist, wer das ankommende Gut entgegennimmt und an den Empfänger ausliefert; er ist nur dann Spediteur im Sinne des Gesetzes, wenn er echte Speditionsaufgaben wahrzunehmen hat (sonst → Frachtführer). Nicht zu den Spediteuren gehört der sog. Bahnspediteur (so wird häufig der von der Bahn bestellte Rollfuhrunternehmer genannt), wohl aber der bloße Abfertigungsspediteur, der zB die Einfuhrverzollung besorgt.

Speditionsgeschäft
→ Speditionsvertrag, → Spediteur.

Speditionsversicherung
Speditionsversicherung ist eine → Schadensversicherung zur Deckung von Schäden, die der → Spediteur bei Ausführung des → Speditionsvertrages dem Auftraggeber oder solchen Personen zugefügt hat, denen das versicherte Interesse zurzeit des schadenverursachenden Ereignisses zugestanden hat. Die Speditionsversicherung umfasst aber nicht solche Schäden, die üblicherweise durch eine → Transport- oder Lagerversicherung gedeckt werden. Die Speditionsversicherung wird vom Spediteur von sich aus auf Kosten seines Auftraggebers für jeden einzelnen Speditionsvertrag abgeschlossen, wenn es der Auftraggeber nicht ausdrücklich schriftlich untersagt (sog. Verbotskunde).

Speditionsvertrag
Der Speditionsvertrag ist ein → Geschäftsbesorgungsvertrag, der die Versendung von Frachtgut für den Versender gegen Entgelt zum Inhalt hat (Speditionsgeschäft, § 453 HGB). Die Pflicht, die Versendung zu besorgen, umfasst zuvörderst die Organisation der Beförderung, insbes. die Bestimmung des Beförderungsmittels und des Beförderungswegs und die Auswahl der ausführenden Unternehmer, insbes. → Frachtführer, aber auch (Zwischen-) → Spediteur oder → Lagerhalter, den Abschluss der hierfür erforderlichen Verträge (im eigenen Namen – dann als Absender im Sinn des → Frachtvertrags oder in Vollmacht des Versenders) und die Sicherung von Schadensersatzansprüchen des Versenders (§ 454 I HGB). Aufgrund besonderer Vereinbarung können auch sonstige Leistungen, wie die Versicherung (→ Speditionsversicherung) und Verpackung des Gutes, seine Kennzeichnung und die Zollbehandlung Gegenstand des S. sein (§ 454 II HGB). Der Spediteur hat bei Erfüllung aller seiner Pflichten das Interesse des Versenders wahrzunehmen und dessen Weisungen zu befolgen (§ 454 IV HGB). Der Spediteur hat Anspruch auf die vereinbarte Vergütung sowie auf Aufwendungsersatz (zB hinsichtlich verauslagter Zollkosten); die Vergütung ist zu zahlen, wenn das Gut dem Frachtführer übergeben worden ist (§ 453 II HGB, § 456 HGB). Der Spediteur hat wegen seiner durch den Speditionsvertrag begründeten Forderungen ein gesetzliches → Pfandrecht an dem Gut (§ 464 HGB). Einzelheiten des Speditionsvertrags sind, soweit die gesetzlichen Bestimmungen nicht zwingend sind (s. unten), in den Allgemeinen Deutschen Spediteurbedingungen (ADSp) geregelt. Diese werden als → Allgemeine Geschäftsbedingungen Vertragsinhalt durch entsprechende (auch stillschweigende) Vereinbarung oder durch einseitige Unterwerfung des Versenders, wenn dieser (insbes. als → Kaufmann) weiß oder wissen muss, dass der Spediteur sie – wie vielfach – seinen Geschäften zugrundezulegen pflegt.

Der Spediteur ist befugt, die Beförderung des Gutes (anstatt durch einen Frachtführer) durch sog. → Selbsteintritt selbst auszuführen (§ 458 HGB). Er hat dann hinsichtlich der Beförderung die Rechte und Pflichten eines Frachtführers (→ Frachtvertrag) und kann neben der Vergütung für seine Tätigkeit als Spediteur die gewöhnliche → Fracht verlangen. Soweit als Vergütung ein bestimmter Betrag (Festpreis) vereinbart ist, der die Kosten für die Beförderung einschließt (sog. Fixkostenspedition), wird der Spediteur gleichfalls als Frachtführer behandelt und kann (zusätzlichen) Ersatz seiner Aufwendungen nur verlangen, soweit dies üblich ist (§ 459 HGB). Bei vereinbarter Beförderung einer Sammelladung (einheitliche Versendung des Gutes mehrerer Auftraggeber) hat der Spediteur ebenfalls die Rechte und Pflichten eines Frachtführers (§ 460 HGB).

Auch in den Fällen, in denen der Spediteur nicht von vorneherein wie ein Frachtführer haftet (→ Frachtvertrag), haftet er auch ohne Verschulden (→ Gefährdungshaftung) für Schäden, die durch Verlust oder Beschädigung des in seiner Obhut befindlichen Gutes (zB in einem Umschlaglager) entstehen (§ 461 I HGB); Handlungen und Unterlassungen seiner Leute in Ausübung ihrer Verrichtung werden ihm zugerechnet (§ 462 HGB). Für Schäden, die nicht durch Verlust oder Beschädigung des in der Obhut befindlichen Gutes entstanden sind, haftet der Spediteur, wenn er eine der oben genannten Pflichten (zB sorgfältige Auswahl des Frachtführers) schuldhaft verletzt hat (§ 461 II HGB); hier wird auch ein Folgeschaden (zB entgangener Gewinn) ersetzt. Für Mitverursachung, Haftungsausschluss, Wertersatz, Haftungshöchstbeträge (bei der genannten „Obhutshaftung"), Wegfall der Haftungsbefreiungen und -begrenzungen bei Vorsatz oder leichtfertigem Verhalten (dies zB auch durch eine unzureichende Betriebsorganisation, mangelnde Vorkehrungen gegen Diebstahl, unterlassene Kontrollen) sowie Verjährung sind die Vorschriften über den → Frachtvertrag weitgehend entsprechend anzuwenden (§ 461 I 2 HGB, § 463 HGB). Dasselbe gilt für die Zulässigkeit hiervon abweichender Vereinbarungen und bei Anwendung ausländischen Rechts (hierzu iE → Frachtvertrag aE). Sa → Lagervertrag.

Speiseeis
Speiseeis ist gem. den Leitsätzen des → Deutschen Lebensmittelbuches eine durch einen Gefrierprozess bei der Herstellung in einen festen oder pastenartigen Zustand gebrachte Zubereitung, die gefroren in Verkehr gebracht wird und dazu bestimmt ist, in diesem Zustand verzehrt zu werden. Die Vorschriften der VO ü. tiefgefrorene Lebensmittel idF v. 22.2.2007 (BGBl. 2007 I 258) mÄnd gelten nicht für Speiseeis.

Speisewirtschaft
Eine Speisewirtschaft betreibt, wer zubereitete Speisen zum Verzehr an Ort und Stelle verabreicht. Der gewerbsmäßige Betrieb einer Speisewirtschaft ist als → Gaststätte genehmigungspflichtig (§ 1 I Nr. 2 GastG, § 2 GastG).

Spekulationsfrist
Erfolgen private Veräußerungsgeschäfte (→ Spekulationsgewinne) innerhalb bestimmter Fristen, so werden die daraus erzielten Einnahmen steuerpflichtig. Für Grundstücke beträgt die Spekulationsfrist zehn Jahre, für andere bewegliche Vermögensgegenstände ein Jahr. Maßgebend ist jeweils der Zeitpunkt des Verpflichtungsgeschäfts. Für ab 2009 erworbene Aktien und Wertpapiere ist die Spekulationsfrist ganz entfallen, dh auch bei einer Veräußerung nach einem Jahr sind die Kursgewinne steuerpflichtig, sa → Abgeltungssteuer. Für vorher erworbene Aktien und Wertpapiere bleibt es bei der bisherigen Regelung.

Spekulationsgewinne
Die Veräußerung von Gegenständen des → Privatvermögens wird einkommensteuerrechtlich grundsätzlich nicht erfasst, selbst wenn aus ihrer Nutzung steuerpflichtige Einnahmen erzielt werden, zB durch ein Mietshaus. Ausnahmsweise wird die Veräußerung besteuert, wenn die Gegenstände innerhalb bestimmter Fristen erworben und verkauft werden (sog. → Spekulationsfrist, § 23 EStG). Eine Spekulationsabsicht ist bei der Veräußerung nicht erforderlich. Um dies zu dokumentieren, wurde der gesetzlich verwendete Begriff „Spekulationsgeschäft" durch „private Veräußerungsgeschäfte" ersetzt. Grundstücke und grundstücksgleiche Rechte werden erfasst, wenn die Veräußerung innerhalb von zehn Jahren nach der Anschaffung erfolgt. Ausgenommen sind Wirtschaftsgüter, die zu eigenen Wohnzwecken dienen (selbstgenutztes Einfamilienhaus oder Eigentumswohnung). Bei allen übrigen Gegenständen (zB Gemälden) führt eine Veräußerung innerhalb eines Jahres seit Anschaffung zur Steuerpflicht. Für Aktienverkäufe und sonstige Wertpapiere, die nach dem 31.12.2008 angeschafft wurden, führt die Veräußerung auch nach einem Jahr zur Steuerpflicht, → Abgeltungssteuer. Die rückwirkende Verlängerung der Veräußerungsfrist auf zehn Jahre ist verfassungswidrig, soweit dadurch Wertsteigerungen erfasst werden, die vor dem 31.3.1999 entstanden sind und nach der zuvor geltenden Rechtslage steuerfrei hätten realisiert werden können, dh die zuvor geltende Spekulationsfrist von zwei Jahren bereits abgelaufen war (BVerfG v. 7.7.2010, 2 BvL 14/02).

Der Gewinn aus privaten Veräußerungsgeschäften bleibt steuerfrei, wenn der aus privaten Veräußerungsgeschäften im Kalenderjahr erzielte Gesamtgewinn weniger als 1.000 EUR (bis VAZ 2023: 600 EUR) betragen hat. Es handelt sich um eine Freigrenze (→ Freibetrag), dh wird diese überschritten, ist der gesamte Betrag steuerpflichtig. Zwischen den erzielten Gewinnen und den Verlusten aus privaten Veräußerungsgeschäften ist ein Ausgleich möglich. Für Ehegatten greift eine getrennte Betrachtung, die Freigrenze wird nicht insgesamt verdoppelt. Werden Ehegatten also zusammen zur Einkommensteuer veranlagt und hat jeder von ihnen Veräußerungsgewinne erzielt, steht jedem Ehegatten die Freigrenze einzeln zu. Eine Übertragung des nicht ausgeschöpften Teils auf den anderen Ehegatten ist nicht möglich.

Spenden
sind Ausgaben zur Förderung mildtätiger, kirchlicher, religiöser, wissenschaftlicher und der als besonders förderungswürdig anerkannten gemeinnützigen Zwecke (§ 10b EStG). Die Ausgabe muss freiwillig und ohne Gegenleistung erfolgen. Spenden sind bei der Einkommensteuer abzugsfähig als → Sonderausgaben (§ 10b EStG) und bei der Körperschaftsteuer als abziehbare Aufwendungen (§ 9 I Nr. 2 KStG), wenn der Empfänger eine Körperschaft des öffentlichen Rechts oder eine inländische öffentliche Dienststelle oder eine sonstige begünstigte Körperschaft, Personenvereinigung oder Vermögensmasse ist (§§ 48, 50 EStDV).

1. Als Sonderausgabenabzug für Spenden können bis zu 20 vH des Gesamtbetrageder Einkünfte oder 0,4 vH der Summe der gesam-

ten Umsätze und der im Kalenderjahr aufgewendeten Löhne und Gehälters als Sonderausgaben abgezogen werden. Spenden zur Förderung steuerbegünstigter Zwecke im Sinne der §§ 52–54 AO in das zu erhaltende Vermögen (Vermögensstock) einer Stiftung können bis 1 Mio. EUR (bei Ehegatten bis zu 2 Mio. EUR) als Sonderausgabe geltend gemacht werden. Soweit Zuwendungen im Veranlagungszeitraum nicht abgezogen werden können, dürfen sie ohne zeitliche Begrenzung vorgetragen werden.

2. Für Mitgliedsbeiträge und Spenden an politische Parteien sowie an unabhängige Wählervereinigungen wird Stpfl. anstelle des nicht zulässigen Betriebsausgabenabzugs (§ 4 VI EStG) ein Abzug von der tariflichen Einkommensteuer mit 50 vH der Beiträge und Spenden, höchstens jedoch 1.650 EUR (bei Zusammenveranlagung 3.300 EUR), gewährt. Ein übersteigender Spendenbetrag ist nicht abzugsfähig (§ 34g EStG). Sa → Parteien, politische (4, 5), → Parteispenden.

3. Körperschaftsteuerpflichtige können seit 1994 Beiträge und Spenden an politische Parteien und an unabhängige Wählervereinigungen nicht mehr abziehen.

4. Sachspenden aus dem → Betriebsvermögen führen nicht zur Aufdeckung stiller Reserven (Buchwertprivileg → Entnahmen). Der Unternehmer hat ein Wahlrecht, ob er das gespendete Wirtschaftsgut mit dem → Teilwert oder mit dem Buchwert entnimmt. In der Spendenbescheinigung darf der Entnahmewert nicht überschritten werden. Sachspenden aus dem Privatvermögen sind grundsätzlich mit dem gemeinen Wert anzusetzen. Dieser ist jedoch ab dem Veranlagungszeitraum 2009 nur noch maßgebend, wenn durch die Spende kein Besteuerungstatbestand vorliegt bzw. keine Gewinnrealisierung eintritt. Andernfalls bestimmt sich die Höhe der Zuwendung nach den fortgeführten Anschaffungs- oder Herstellungskosten. Sie können jedoch nur mit dem Buchwert als Spenden (§ 10b III 2 EStG) abgezogen werden. Vorteil: Die Höchstabzugsbeträge für Spenden werden geschont.

5. Gewerbesteuer: Abzugsfähige Spenden mindern mit Ausnahme der Parteispenden auch die → Gewerbesteuer. (§ 9 Nr. 5 GewStG, § 8 Nr. 9 GewStG).

6. Vertrauensschutz bei Spenden: Gutgläubige Spender können auf die Richtigkeit der Spendenbescheinigung vertrauen. Werden Spendengelder nicht zu steuerbegünstigten Zwecken verwendet, haftet der Spendenempfänger mit 40 vH des zugewendeten Betrags für die entgangene Steuer. Dies gilt – ohne Rückwirkung – auch für Spenden an politische Parteien (§ 10b IV EStG). Konnten bislang sowohl der Spendenempfänger als auch die für ihn handelnde natürliche Person gesamtschuldnerisch in Haftung genommen werden, haftet seit 1.1.2009 vorrangig der Zuwendungsempfänger. Diese Änderung soll der Förderung des ehrenamtlichen Engagements dienen.

Sperre
(§ 69a StGB). Entzieht das Gericht einem Kraftfahrer die → Fahrerlaubnis, weil er eine Straftat im Zusammenhang mit dem Führen eines Kfz oder unter Verletzung seiner Pflichten als Kfz-führer begangen hat, so bestimmt es zugleich, dass für die Dauer von 6 Mon. bis zu 5 Jahren oder für immer keine neue Fahrerlaubnis erteilt werden darf (Sperre; hiervon können ausnahmsweise einzelne Kfz-arten ausgenommen werden). Hat der Täter keine Fahrerlaubnis, so wird nur die Sperre angeordnet (isolierte Sperre). Über die Voraussetzungen der Sperre, Bestimmung der Frist, Wirkungen der Anordnung, vorzeitige Aufhebung usw. → Maßregeln der Besserung und Sicherung (6).

Sperrfrist
→ Sperrjahr sowie → Fahrerlaubnis, → Sperre.

Sperrjahr
Bei der → Liquidation einer → Aktiengesellschaft darf das verbleibende Vermögen an die Aktionäre erst verteilt werden, wenn mindestens ein Jahr seit dem Tag der dritten Bekanntmachung mit Aufforderung zur Anmeldung der Ansprüche gegen die AG vergangen ist (§ 272 AktG). Entsprechendes gilt bei der → Gesellschaft mit beschränkter Haftung (§ 73 GmbHG) und der → Genossenschaft (§ 90 GenG).

Sperrklausel
1. Zur Sperrklausel im → Wahlrecht: → Fünf-Prozent-Klausel; → Bundestag (2).

2. Im Prüfungsrecht ist Sperrklausel eine Bestimmung, welche die Zulassung zu einem weiteren Prüfungsteil (zB mündliche Prüfung) von bestimmten Leistungen im bisherigen Prüfungsverlauf abhängig macht (zB Notenpegel oder Anzahl erfolgreicher Aufsichtsarbeiten in der schriftlichen Prüfung). Solche Sperrklauseln sind grundsätzlich zulässig.

Sperrminorität
Eine Sperrminorität ist bei einer → Aktiengesellschaft eine Gruppe, die im Besitz von mehr als 25% und weniger als 50 % der → Aktien ist. Die Sperrminorität kann infolgedessen → Hauptversammlungsbeschlüsse bestimmten Inhalts, die eine Dreiviertelkapitalmehrheit erfordern, verhindern. Sa → Beteiligung, wesentliche. Allgemeiner wird der Begriff bei Gesellschaften für eine in der Minderheit befindliche Gruppe verwendet, die wegen ihrer konkreten Größe bestimmte Mehrheitsentscheidungen verhindern kann.

Sperrstunde
→ Polizeistunde.

Sperrvereinbarung
→ Mündelgeld.

Sperrvertrag
→ Atomwaffensperrvertrag.

Sperrwirkung der Entziehung der Fahrerlaubnis

Entzieht das Gericht einem Angeklagten die → Fahrerlaubnis, so hat die dabei verhängte → Sperre die Wirkung, dass während der festgesetzten Frist eine neue Fahrerlaubnis nicht erteilt werden darf, sofern die Sperre nicht vorzeitig vom Gericht aufgehoben wird. Wird die Fahrerlaubnis wegen Ungeeignetheit nach dem → Fahreignungs-Bewertungssystem von der Verwaltungsbehörde entzogen, so darf diese frühestens nach 6 Monaten eine neue Fahrerlaubnis erteilen (§ 4 X StVG).

Sperrwirkung des Tarifvertrags

→ Tarifvertrag.

Sperrzeit

1. Die Sperrzeit ist eine der streitträchtigsten Regelungen im SGB III. Hat ein Arbeitnehmer oder eine Arbeitnehmerin sich versicherungswidrig verhalten, ohne dafür einen wichtigen Grund zu haben, ruht der Anspruch auf → Arbeitslosengeld für die Dauer einer Sperrzeit.

2. Versicherungswidriges Verhalten liegt insbes. vor, wenn

a, der oder die Arbeitslose das Beschäftigungsverhältnis gelöst oder durch ein arbeitsvertragswidriges Verhalten Anlass zu einer Lösung des Beschäftigungsverhältnisses gegeben hat und dadurch die Arbeitslosigkeit vorsätzlich oder grob fahrlässig herbeigeführt hat (Sperrzeit bei Arbeitsaufgabe)

b, die bei der → Agentur für Arbeit als arbeitssuchend gemeldete Person trotz Belehrung über die Rechtsfolgen eine von der Agentur für Arbeit angebotene Beschäftigung nicht annimmt (Sperrzeit bei Arbeitsablehnung)

c, der oder die Arbeitslose trotz Belehrung über die Rechtsfolgen die von der Agentur für Arbeit geforderten Eigenbemühungen nicht nachweist (Sperrzeit bei unzureichenden Eigenbemühungen).

d, der oder die Arbeitslose sich weigert - trotz Rechtsfolgenbelehrung - an einer Eingliederungsmaßnahme teilzunehmen (Sperrzeit bei Ablehnung einer beruflichen Eingliederungsmaßnahme)

e, der oder die Arbeitslose die Teilnahme an einer Eingliederungsmaßnahme abbricht oder verhaltensbedingt ausgeschlossen wird (Sperrzeit bei Abbruch einer beruflichen Eingliederungsmaßnahme)

f, der oder die Arbeitslose sich weigert an einem notwendigen Integrationskurs oder Sprachförderungskurs teilzunehmen (Sperrzeit bei Ablehnung eines Integrationskurses oder einer berufsbezogenen Deutschförderung)

g, der oder die Arbeitslose eine notwendigen Integrationskurs oder Sprachförderungskurs abbricht oder verhaltensbedingt ausgeschlossen wird (Sperrzeit bei Abbruch eines Integrationskurses oder einer berufsbezogenen Deutschförderung)

h, der oder die Arbeitslose - trotz Rechtsfolgenbelehrung - nicht zum Meldetermin oder zur ärztlichen Untersuchung erscheint (Sperrzeit bei Meldeversäumnis)

i, der oder die Arbeitslose der Pflicht zur frühzeitigen Arbeitsuchendmeldung nicht nachkommt (Sperrzeit bei verspäteter Arbeitsuchendmeldung)

3. Die Sperrzeit tritt nur dann ein, wenn kein wichtiger Grund für das versicherungswidrige Verhalten vorliegt. Zu den wichtigen Gründe ist mittlerweile eine nur noch schwer zu überschauende Rechtsprechung entstanden. Einen guten und für die praktische Anwendung sicheren Überblick dazu gibt die Bundesagentur für Arbeit selbst in ihren für jedermann frei zugänglichen Fachlichen Weisungen zum Arbeitslosengeld.

Grundsätzlich gilt zwar in Angelegenheiten der Agentur für Arbeit der sog. Amtsermittungsgrundsatz, dh die Agentur für Arbeit hat von Amts wegen den kompletten Sachverhalt zu ermitteln. Im Sperrzeitrecht erfolgt aber eine Durchbrechung dieses Grundsatzes. Tatsachen zur Begründung eines wichtigen Grundes, die aus der Sphäre der Arbeitslosen stammen, sind auch von den Arbeitslosen darzulegen (§ 159 Abs. 1 Satz 3 SGB III).

4. Die Sperrzeit beginnt mit dem Tag nach dem Ereignis, das die Sperrzeit begründet (§ 159 II SGB III). Dies ist im Regelfall ein Tag, an dem alle Voraussetzungen für den Anspruch auf Arbeitslosengeld vorliegen. Eine Ausnahme besteht für den Fall der Sperrzeit bei Arbeitsaufgabe. Hier beginnt die Sperrzeit bereits nach dem Ende des tatsächlichen Beschäftigungsverhältnisses. Dieses kann vom Ende des Arbeitsverhältnisses abweichen und weit vorher liegen, so dass es ggf. zu keinen Ruhensauswirkungen und nur noch zu einer Minderung der Anspruchsdauer kommt.

5. Die Sperrzeit bei Arbeitsaufgabe beträgt grds. zwölf Wochen. Das Gesetz sieht Möglichkeiten der Verkürzung der Sperrzeit wegen Arbeitsaufgabe vor. Eine Halbierung auf sechs Wochen ist möglich, wenn das Arbeitsverhältnis ohnehin innerhalb von sechs Wochen nach dem Sperrzeitereignis geendet hätte (zB Ablauf eines befristeten Arbeitsverhältnisses) oder eine 12-wöchige Sperrzeit eine besondere Härte bedeuten würde. Eine Verkürzung der Sperrzeit auf drei Wochen tritt dann ein, wenn das Arbeitsverhältnis innerhalb von sechs Wochen nach dem Sperrzeitereignis geendet hätte (Übermaßverbot). Für die Sperrzeiten bei Arbeitsablehnung, bei Ablehnung einer beruflichen Eingliederungsmaßnahme, bei Abbruch einer beruflichen Eingliederungsmaßnahme, bei Ablehnung eines Integrationskurses oder einer berufsbezogenen Deutschförderung und bei Abbruch eines Integrationskurses oder einer berufsbezogenen Deutschförderung sieht das Gesetz eine Stei-

gerung bei wiederholten Verstößen vor. Die Sperrzeit beträgt im Falle des ersten versicherungswidrigen Verhaltens drei Wochen, beim zweiten versicherungswidrigen Verhalten sechs Wochen und ab dem Dritten zwölf Wochen. Drei derartige Sperrzeiten hintereinander werden regelmäßig zum Verlust des kompletten Anspruchs auf Arbeislosengeld durch Erlöschen führen (§ 161 Nr. 2 SGB III). Die Sperrzeit bei unzureichenden Eigenbemühungen beträgt zwei Wochen; bei Meldeversäumnis und verspäteter Arbeitsuchend eine Woche.

Zusatzlich zum Ruhen des Anspruchs auf Arbeitslosengeld führt die Sperrzeit zu einer entsprechenden Minderung der Anspruchsdauer (§ 148 SGB III). Im Sonderfall der Sperrzeit bei Arbeitsaufgabe beträgt diese mindestens ein Viertel der Anspruchsdauer. Die Minderung der Anspruchsdauer kann folglich höher sein, als die Dauer der Sperrzeit (§ 148 I Nr. 4 SGB III).

Spesen
im Steuerrecht vgl. → Betriebsausgaben, → Reisekosten.

Spezialbefugnis
→ polizeiliche Maßnahmen.

Spezialgesetz
→ lex specialis.

Spezial(handlungs)vollmacht
→ Vollmacht, → Handlungsvollmacht.

Spezialisierungs-GVO
Die Spezialisierungs-GVO (VO (EU) 1218/2010) hatte eine Geltungsdauer bis 30.6.2023 und stellte → Horizontalvereinbarungen über einseitige oder gegenseitige Produktionsspezialisierungen oder gemeinsame Produktion im Wege der → Gruppenfreistellungsverordnung vom Verbot wettbewerbsbeschränkender Vereinbarungen im → Kartellrecht frei. Seit 1.7.2023 gilt eine neue, modifizierte Spezialisierungs-GVO (VO (EU) 2023/1067).

Spezialität
→ Konkurrenz von Straftaten; Grundsatz der Spezialität → Auslieferung.

Spezialitätenregister
Im Spezialitätenregister waren bis zur Einführung des Arzneimittelgesetzes die in Deutschland im Verkehr erhältlichen Arzneimittel verzeichnet (→ Arzneimittel (Zulassung, Registrierung. Ein Zulassungsverfahren für Arzneimittel war bis dahin nicht erforderlich.

Spezialitätsprinzip
im → Sachenrecht s. dort.

Spezialprävention
ist einer der strafrechtlichen Gesichtspunkte, aus denen sich die Verhängung und Zumessung von → Strafen und die Anordnung sichernder → Maßregeln rechtfertigen (→ Strafzwecke). Die Spezialprävention bezweckt, den Verurteilten an der Begehung erneuter Straftaten zu hindern (während die Generalprävention auf die Allgemeinheit zielt). Mittel hierzu sind seine Abschreckung durch die Strafdrohungen der Straftatbestände sowie seine Sicherung und seine Besserung (Resozialisierung), was beides je nach Bedarf und in unterschiedlicher Akzentuierung Aufgaben des Strafvollzugs sowie der Verhängung und des Vollzugs von → Maßregeln der Besserung und Sicherung sind. Die Spezialprävention als Sanktionszweck wurde in Deutschland Ende des 19. Jh. vor allem durch → F. von Liszt in die strafrechtliche Diskussion eingebracht, was zunächst zum Schulenstreit mit den Vertretern eines allein auf Vergeltung zielenden Strafrechts führte (→ Kriminologie). In den verschiedenen Strafrechtsreformen des 20. Jh. konnten im Sanktionensystem des StGB jedoch eine Reihe von Änderungen bewirkt werden, die zu einer stärker spezialpräventiven Ausrichtung führten, ua zur Zweispurigkeit durch Einführung der Maßregeln der Besserung und Sicherung neben der Strafe.

Spezieskauf
ist der → Kauf eines bestimmten Gegenstandes (Speziesschuld, → Gattungsschuld). Gegensatz: → Gattungskauf.

Speziesschuld
→ Gattungsschuld.

Spezifikation
ist die nähere Bestimmung (der → Leistung) → Spezifikationskauf.

Spezifikationskauf
Ist bei einem → Handelskauf die nähere Bestimmung (Spezifikation) der → Leistung dem Käufer vorbehalten, so hat dieser sie innerhalb angemessener Frist vorzunehmen (Vertragspflicht). Ist der Käufer mit der Erfüllung dieser Verpflichtung in Verzug (→ Schuldnerverzug), so kann der Verkäufer entweder die entsprechende Spezifikation vornehmen oder – wie bei einer sonstigen Leistungsverzögerung – → Schadensersatz verlangen oder vom Vertrag zurücktreten (→ Rücktritt vom Vertrag, § 375 HGB).

Sphärentheorie
→ Betriebsrisiko.

Spiegelnde Strafen
waren im alten germanischen Recht und im Mittelalter die Leibesstrafen, bei denen der Täter die Tat durch Verlust des Körperteiles sühnen musste, mit dem er sie begangen hatte (Abhacken der Hand bei Meineid oder Falschmünzerei, Ausreißen der Zunge bei Gotteslästerung usw.). Diese Strafen entsprangen dem reinen Vergeltungsgedanken, der einem humanitären Strafrecht fremd ist.

Spiel
→ Wette.

Spielautomaten
→ Spielgeräte.

Spielbankabgabe
Die Spielbankabgabe, die der Unternehmer der Spielbank zu entrichten hat, beträgt 80% der Bruttospielerträge. Damit sind alle anderen Steuern (USt, GewSt, KSt) abgegolten. Die Spielbankabgabe fließt den Ländern zu (Art. 106 II Nr. 6 GG). Sie ist eine Steuer, für deren Verwaltung je nach Landesrecht die Finanzämter zuständig sein können (BFH BStBl. II 1995, 432, 438; → Spielbanken).

Spielbanken
1. Spielbanken sind Unternehmen, in denen geschäftsmäßig Gelegenheit zu öffentlichem → Glücksspiel (zB Roulette, Black Jack, Poker, einarmige Banditen, sog. „großes Spiel") gegeben wird. Es gibt zur Zeit ca. 65 Spielbanken in Deutschland, die zT als Staatsbetriebe (Bayern), zT von Gesellschaften, deren Anteile vollständig im Besitz des jeweilige Landes sind, und zT von privaten Trägern betrieben werden.

2. Spielbanken unterfallen dem Recht der → öffentlichen Sicherheit und Ordnung, für das die → Länder die Gesetzgebungskompetenz haben. Sie nehmen dieses auch durch den Abschluss von Glücksspielstaatsverträgen (zuletzt 3. Glücksspielstaatsvertrag 2021 v. 27.10. 2022, z. B. GVBl. Bay 2021, 97) wahr. Der Betrieb von Spielbanken erfolgt nach Landesrecht entweder durch die öffentliche Hand (Spielbankenmonopol, zB Art. 2 II 1 SpielbG Bay) oder (auch) durch Konzessionsvergabe an Private (z. B. § 2 SpielbG Nds, G v. 17.5.2022, GVBl. 2022, 304). Nach § 20 GlüStV ist die Anzahl der Spielbanken in den Ländern zu begrenzen. Das BVerfG hat das bay. Spielbankenmonopol für verfassungsgemäß erkärt, da es der effektiven Bekämpfung von Spiel- und Wettsucht, dem Schutz der Spieler und der Vermeidung von mit Spiel verbundener Begleitkriminalität dient (Beschluss v. 26.3.2007, 1 BvR 2228/02). Sa → Lotterie, → Wette. Der EuGH erachtet dadurch entstehende Beeinträchtigungen der → Niederlassungsfreiheit zur Verfolgung der zwingenden Gemeinwohlerfordernisse „Sucht- und Kriminalitätsbekämpfung" für gerechtfertigt, soweit die Mitgliedsstaaten ein systematisches und koherantes Regelungsregime vorlegen.

3. Das Recht der Spielbanken ist überwiegend in sog. Spielbankengesetzen der Länder (zB Gesetz über Spielbanken im Freistaat Bayern v. 26.7.1995 (GVBl. 1995, 350) mÄnd) sowie dazu erlassenen DVO enthalten. Ergänzend sind Regeln des GlüStV 2021 anwendbar (§ 2 II). Spielbanken bedürfen danach der Erlaubnis und unterliegen staatlicher Aufsicht. Missachtet die Spielbank eine vom Spieler beantragte Spielsperre, kann sie zum Schadensersatz verpflichtet sein. Der Spielbank-Unternehmer hat eine wiederkehrende → Spielbankabgabe zu leisten. Auf Spielbanken sind die spielrechtlichen Bestimmungen der → Gewerbeordnung nicht anzuwenden (§ 33h GewO). Es ist das Trennungsgebot des § 21 II GlüStV zu beachten, nachdem keine Sportwetten im gleichen Gebäude(-komplex) angeboten werden dürfen.

4. Keine Spielbank ist die → Spielhalle. Das Recht der Spielhallen gehört zur allgemeinen Zuständigkeit der L. (Art. 74 I Nr. 11 GG). Nach fortgeltendem (Art. 125a I GG) Bundesrecht ist für sie eine persönliche und sachliche → Gewerbezulassung nach § 33i GewO sowie eine Erlaubnis nach dem Glücksspielstaatsvertrag (→ Glücksspiel) erforderlich. Die Spielhalle ist im Unterschied zur Spielbank durch die Aufstellung von → Spielgeräten geprägt, während Spielbanken durch die Möglichkeit sehr hoher Geldeinsätze die Gefahr hoher Verluste bedingen und auf das äußere Erscheinungsbild der Gäste wie auch der Räumlichkeiten geachtet wird.

5. Das Verbot von Online-Angeboten terrestrischer Spielbanken sowie von Online-Casinos nach § 4 IV, V GlüStV 2012 ist mit dem GlüStV 2021 entfallen. Diese können nur nach § 22c GlüStV 2021 durch die Länder selbst veranstaltet oder nach Länderspielbankenrecht konzessioniert werden. Allerdings gilt die Einschränkung des § 22a II für virtuelle Automatenspiele, die herkömmlichen Tischspielen in Spielbanken entsprechen.

Spiele
Die → Gewerbeordnung unterscheidet zwischen Gewinnspielen mit Geräten (dazu → Spielgeräte) und anderen Spielen.

1. Andere Spiele mit Gewinnmöglichkeit darf gewerbsmäßig nur veranstalten, wer eine entsprechende Erlaubnis besitzt (§ 33d I GewO). Die Erlaubnis darf ua zum Schutz von Allgemeinheit, Gästen, Anwohnern und Jugendlichen mit Auflagen (→ Verwaltungsakt 4.) versehen werden; sie wird versagt, wenn der Veranstalter keine Unbedenklichkeitsbescheinigung des → Bundeskriminalamts besitzt oder wenn er nicht zuverlässig (→ Zuverlässigkeit) ist (§ 33d II, III GewO). Die Unbedenklichkeit der Spiele wird nur bescheinigt, wenn für den Spieler nicht die Gefahr übermäßiger Verluste in kurzer Zeit besteht (§ 33e GewO). Einzelheiten regeln die VO über das Verfahren bei Erteilung von Unbedenklichkeitsbescheinigungen idF v. 10.4.1995 (BGBl. 1995 I 510) mÄnd und die SpielVO idF vom 27.1.2006 (BGBl. 2006 I 280) mÄnd.

2. Die SpielVO sieht in § 5a eine Reihe von Befreiungen vor, und zwar vor allem für als Preisspiele veranstaltete Gesellschaftsspiele (zB Skat, Billard, Schach) sowie für volkstümliche Spiele, wie sie vor allem bei Volksfesten usw betrieben werden (Schießen, Ringwerfen usw). Zu den Spiel- und Gewinnbedingungen s. Anlage zu § 5a SpielVO. Die Veranstaltung von Spielen im → Reisegewerbe ist an die gleichen Voraussetzungen gebunden (§ 60a II GewO). Die angeführten Vorschriften der GewO gelten nicht für → Spielbanken, → Lotterien und → Glücksspiele iS des § 284 StGB

(§ 33h GewO). Auch sportliche Wettkämpfe fallen nicht hierunter.

3. Sa → Spielzeug.

Spiele auf der Straße
→ Sport und Spiel auf Straßen.

Spielgeräte
Spielgeräte, bei denen durch technische Vorrichtungen der Spielausgang beeinflusst werden kann und die eine Gewinnmöglichkeit bieten (Geldspielautomaten, Glücksräder, Warenspielgeräte, vgl. SpielVO (→ Spiele)), dürfen gewerbsmäßig nur mit Erlaubnis (→ Gewerbezulassung) aufgestellt werden. Die Erlaubnis darf mit Auflagen, ua im Interesse der Allgemeinheit, der Gäste, der Anwohner und des → Jugendschutzes, verbunden werden (§ 33c I GewO). Die Erlaubnis wird versagt, wenn der Antragsteller die erforderliche → Zuverlässigkeit nicht besitzt. Dabei wird Unzuverlässigkeit bei einer Reihe von Vermögensstraftaten vermutet (§ 33c II GewO). Aufgestellt werden dürfen nur bauartgeprüfte Geräte. Die Bauartprüfung wird von der Physikalisch-Technischen Bundesanstalt vorgenommen, sie richtet sich nach §§ 11 ff. SpielVO. Spielgeräte dürfen nur an Aufstellungsorten aufgestellt werden, deren Eignung die Behörde dem Aufsteller schriftlich bescheinigt hat (§ 33c III GewO). Einzelheiten §§ 1 ff. SpielVO. Die Aufstellung von Spielgeräte im → Reisegewerbe ist an die gleichen Voraussetzungen gebunden (§ 60a II GewO). Zu Gewinnspielen ohne Spielgeräte s. → Spiele, ferner → Spielgerätesteuer.

Spielgerätesteuer
ist eine örtliche Aufwandsteuer (→ Gemeindeabgaben), die das Aufstellen von Spielgeräten besteuert. Sie ist als Landesgesetz gemäß Art. 105 IIa GG zulässig (BFH BStBl. II 1996, 538) und wird zB in Hamburg erhoben.

Spielhallen
In Spielhallen (Spielothek, Spielhölle, Spielsalon) können Erwachsene → Spielgeräte benutzen. Die Regelungen zum Abstandsgebot in § 25 GlüStV 2021 sind verfassungskonform (BVerwG, Beschl. v. 17.11.2023 – 8 B 28.23) Sa → Jugendschutz, → Lebensalter (18 Lj.), Abgrenzung zu → Spielbanken, → Spiele.

Spielregeln im Sport
sind keine Rechtsvorschriften, sondern gehören zum verbandsinternen → Sportrecht; ihre Mißachtung kann dort zu Sanktionen führen (zB Geldbuße, Sperre). Mittelbar sind die Spielregeln aber auch für das staatliche Recht von Bedeutung, insbes. für die zivil- und strafrechtliche Beurteilung von Rechtswidrigkeit, Vorsatz und Fahrlässigkeit bei Körperverletzungen im Sport. S. zB → FIS-Regeln.

Spielsucht
bezeichnet das pathologische, zwanghafte Spielen. Der Kranke kann dem Wunsch zum Glücksspiel nicht widerstehen. Das staatliche Glücksspielmonopol ist nur gerechtfertigt, wenn es der Bekämpfung der Spielsucht dient, s. → Glücksspiel.

Spielvertrag
→ Wette, → Lotterie.

Spielwaren
sind → Bedarfsgegenstände iS des → Lebensmittel- und Futtermittelrechts, dem iW die gesundheitlichen Anforderungen zu entnehmen sind. Zu den technischen Anforderungen an Spielwaren → Spielzeug.

Spielzeug
1. Spielzeug ist der Begriff für → Spielwaren im Rahmen des ProdSG und damit für bestimmte → Verbraucherprodukte. § 2 2. ProdSV (→ Geräte- und Produktsicherheitsrecht) ü. die Sicherheit von Spielzeug v. 7.7.2011 (BGBl. 2011 I 1350, 1470), mÄnd, definiert Spielzeug als Produkt, das insbes. dazu bestimmt o. gestaltet ist, von Personen unter 14 Jahren zum Gebrauch beim Spielen verwendet zu werden. Diese VO setzt die Vorschriften der RL 2009/48/EG v. 18.6.2009 (ABl. L 2009 170, 1) ü. die Sicherheit v. Spielzeug um. Ausgenommen vom Geltungsbereich sind neben den Ausnahmen gem. Anhang I der RL auch Spielplatzgeräte zur öffentlichen Nutzung, Spielautomaten (→ Spielgeräte), die nicht ausschließlich privat genutzt werden, Spielzeugfahrzeuge mit Verbrennungsmotoren sowie Schleudern und Zwillen.

2. Die 2. ProdSV legt fest, dass Spielzeug nur in Verkehr gebracht werden darf, wenn es nach ihren Vorschriften und denjenigen des Anhangs II der genannten RL entworfen und hergestellt wurde (§§ 3, 10 2. ProdSV). Hersteller stellen ua sicher, dass Spielzeug lesbar und dauerhaft gekennzeichnet ist oder Sicherheitsinformationen beigefügt sind (§ 4 2. ProdSV). Spielzeug muss das CE-Konformitätszeichen tragen (§ 13 2. ProdSV, s. → Konformitätszeichen). Warn- und Sicherheitshinweise müssen auf Deutsch sein (§ 11 V 2. ProdSV). Händler müssen dies ua m. prüfen, wenn sie Spielzeug auf dem Markt bereitstellen wollen (§ 7 2. ProdSV). Zu den wesentlichen Sicherheitsanforderungen an Spielzeug gehört zB, dass die biologische Verfügbarkeit (löslicher Extrakt) von bestimmten Schwermetallen beim täglichen Spielen bestimmte Höchstmengen nicht überschreitet (§ 10 2. ProdSV).

3. Sa → Spiele.

Spikes
→ Bereifung.

Spionage
→ Landesverrat, → Wirtschaftsspionage, → Betriebsspionage, → Ausspähen von Daten.

Spirituosen
Spirituosen sind → alkoholhaltige Getränke, die für den menschlichen Verzehr bestimmt sind, besondere sensorische Eigenschaften und

einen Alkoholgehalt von mindestens 15% vol. haben (Art. 2 VO (EU) 2019/787 v. 17.4.2019, ABl. EU 2019 L 130, 1, zur Begriffsbestimmung, Bezeichnung, Aufmachung und Kennzeichnung von Spirituosen usw). Die Verordnung regelt ua die Kennzeichnung von Spirituosen, den Schutz geografischer Angaben und die Kontrolle der Spirituosen durch die Mitgliedstaaten. Dabei unterscheidet sie zwischen verschiedenen Kategorien (zB Rum, Wiskey, Obstbrand, Wodka, Gin usw).

Spitzenrefinanzierungsfazilität
→ ständige Fazilitäten.

Spitzensteuersatz
Als Spitzensteuersatz wird der höchstmögliche Einkommensteuersatz bezeichnet. Er beginnt 2021 bei einem zu versteuernden Einkommen von 58.597 EUR (Verheiratete 117.194 EUR) und beträgt 42 vH. Zusätzlich wird für einen Teil der Steuerpflichtigen weiterhin der → Solidaritätszuschlag erhoben. Ab 277.826 EUR (Verheiratete 555.652 EUR) springt der Steuersatz auf 45 vH. Durch diese sog. Reichensteuer erhöht sich der Spitzensteuersatz damit nochmals um 3 Prozentpunkte.

Deutschland liegt mit diesen Steuersätzen im Rahmen. In Frankreich lag der Spitzensteuersatz 2021 bei bei 49 vH ab 500.000 EUR, in Italien bei 43 vH ab 75.000 EUR, in den Niederlanden bei 52 vH (ab 66.422 EUR), in Spanien bei 43 vH (ab 52.360 EUR), in Österreich bei 55 vH (ab 1.000.000 EUR).

Spitzenverband Bund der Krankenkassen
Der Spitzenverband Bund der Krankenkassen ist seit dem 1.1.2009 der „Dachverband" der → Krankenkassen (gesetzliche → Krankenversicherung). Es handelt sich um eine Körperschaft des öffentlichen Rechts; ihre Organe sind der Verwaltungsrat, der Vorstand und die Mitgliederversammlung. Die gesetzliche Regelungen finden sich in den §§ 217a–217j SGB V.

Aufgaben des Spitzenverbandes Bund der Krankenkassen sind insbesondere:
- die Unterstützung der Krankenkassen bei der Erfüllung ihrer Aufgaben und bei der Wahrung ihrer Interessen,
- die Entscheidung in grundsätzlichen Fachfragen zum Beitrags- und Meldeverfahren und zur einheitlichen Erhebung der Beiträge und
- die Entscheidung zu Fragen zur Organisation des Qualitäts- und Wirtschaftlichkeitswettbewerbs der Krankenkassen.

Splittingtabelle
→ Einkommensteuer (4), → Splittingverfahren.

Splittingverfahren
Das Splittingverfahren (engl. to split = aufspalten) bei Zusammenveranlagung der Ehegatten schließt aus, dass diese durch die Einkommensteuer stärker belastet werden als Alleinstehende. Nachdem die → Einkünfte getrennt ermittelt und die → Sonderausgaben, außergewöhnlichen → Belastungen und → Freibeträge abgezogen sind, ergibt sich das gemeinschaftliche zu versteuernde Einkommen. Die Einkommensteuer errechnet sich in der Weise, dass der Steuerbetrag, der auf die Hälfte des zu versteuernden Einkommens entfällt, verdoppelt wird (§ 32a V EStG). Vgl. → Einkommensteuer (4), → Veranlagungsarten, → Gnadensplitting.

Spolienrecht
Das Spolienrecht war im Mittelalter das Recht des weltlichen Landesherrn oder geistlichen Oberen auf den Nachlass von Klerikern; es hat bestanden, bis im späten Mittelalter auch den Geistlichen → Testierfreiheit eingeräumt wurde.

Sponsoring
Sponsoring ist die vertragliche Gewährung von Geld, Sachmitteln oder Dienstleistungen durch ein Wirtschaftsunternehmen, den Sponsor, für ein meist sportliches oder kulturelles Vorhaben einer Person, die als Gegenleistung eine Erklärung des Sponsors in Wort oder Bild verbreitet. Sponsoring soll den Namen, die Marke oder die Leistungen des Sponsors bekannt(er) machen (Imagewerbung). Die Vorschriften gegen → unlauteren Wettbewerb sind dabei zu beachten. Einige Regelungen zur Zulässigkeit des Sponsorings im → Rundfunkrecht enthalten § 2 Nr. 9, § 8 Rundfunkstaatsvertrag vom 31.8.1991 mÄnd (Text zB BayGVBl. 2001, 502) und § 11 Deutsche-Welle-Gesetz (→ Auslandsrundfunk). § 21a vorläufiges TabakG idF v. 9.9.1997 (BGBl. 1997 I 2296) mÄnd verbietet Sponsoring durch Unternehmen, deren Haupttätigkeit die Herstellung oder der Verkauf von Tabakerzeugnissen ist.

Steuerlich: Der Sponsor kann seine Aufwendungen als → Betriebsausgaben abziehen, der Gesponserte braucht, soweit er gemeinnützig ist (→ Steuerbegünstigte Zwecke), von den ihm auf Grund des Sponsoring zufließenden Vorteilen nichts zu versteuern, wenn der Werbehinweis ohne besondere Hervorhebung erfolgt (BMF 18.2.1998, BStBl. I 1998, 212).

Spontandemonstration
→ Versammlungsgesetz.

Sport und Spiel auf Straßen
Sie sind auf der → Fahrbahn, den Seitenstreifen und den Radwegen grundsätzlich verboten, soweit nicht eine Sport- oder Spielart durch ein Zusatzzeichen zugelassen ist. Wird dadurch Inline-Skaten und Rollschuhfahren zugelassen, muss der Verkehrsteilnehmer sich mit Vorsicht und Rücksicht auf den übrigen Verkehr am rechten Rand in Fahrtrichtung bewegen und Fz. das Überholen ermöglichen (§ 31 StVO). Rodelschlitten. Roller, Kinderfahrräder, Inline-Skates, Rollschuhe und ähnliche nicht motorbetriebene Fortbewegungsmittel, zB Skateboards, sind keine Fz. iS der StVO. Für den Verkehr mit ihnen gelten die

Vorschriften für den Verkehr der → Fußgänger entsprechend (§ 24 StVO). Sa → Wintersport.

Sportboot

1. Die 10. Verordnung zum Produktsicherheitsgesetz über Sportboote und → Wassermotorräder (10. ProdSV) v. 29.11.2016 (BGBl. 2016 I 2668, mÄnd) definiert das Sportboot über Länge (→ Kleinfahrzeug) und Zweck. Nach § 2 10. ProdSV sind Sportboote Wasserfahrzeuge mit einer Rumpflänge von 2,5 bis 24 Meter, die für Sport- und Freizeitzwecke bestimmt sind. Sie sind Produkte iSd ProdSG und unterliegen der Marktüberwachung. Sportboote dürfen nur dann auf dem Markt bereitgestellt werden, wenn sie bei sachgemäßer Verwendung weder Personen noch Sachen oder Umwelt gefährden. Sportboote müssen mit einer gut sichtbaren, leserlichen und dauerhaft angebrachten CE-Kennzeichnung versehen sein. Die 10. ProdSV setzt die RL 2013/53/EU über Sportboote und Wassermotorräder v. 20.11.2013 (ABl. EU 2013 L 354, 90) um.

2. Für Sportboote gibt es binnen- und seeschifffahrtsrechtliche Verordnungen über Fahrzeugführung, Verkehrsregeln und Anforderungen an die Verkehrstauglichkeit und Sicherheit: Etwa die Sportseeschifferscheinverordnung (SportSeeSchV) idF v. 3.3.1998 (BGBl. 1998 I 394, mÄnd), die See-Sportbootverordnung (SeeSpbootV) v. 29.8.2002 (BGBl. 2002 I 3457, mÄnd), die Sportbootführerscheinverordnung (SpFV) v. 3.5.2017 (BGBl. 2017 I 1016, 4043, mÄnd) und im Übrigen die Seeschifffahrtsstraßen-Ordnung. Das Mindestalter für den Erhalt eines Sportbootführerscheins ist 14 Jahre (Segel, Binnen), sonst 16 Jahre. Die Generaldirektion Wasserstraßen und Schifffahrt führt ein Verzeichnis aller Inhaber von Sportbootführerscheinen (§§ 13 ff. BinSchAufgG). → Wassersport, → Wasserstraßen- und Schifffahrtsverwaltung.

Sporteln

Sporteln hießen im Mittelalter die Gebühren, die unmittelbar den an einer Verwaltungshandlung beteiligten Beamten zuflossen.

Sportgeräte

→ technische Arbeitsmittel.

Sportgericht

→ Sportrecht.

Sportrecht

Sportrecht ist zunächst ein zusammenfassender Begriff für die für den Sport bedeutsamen Normen des staatlichen Rechts. Sportrelevante Normen finden sich in nahezu allen Gebieten des Rechts, zB: Vereinsrecht des BGB; zivil- und strafrechtliche Bestimmungen über die Haftung für Körperverletzungen; öffentlich-rechtliche Vorschriften über Sportförderung und -ausübung; Umweltschutzrecht. Im engeren Sinne versteht man darunter das von den Sportvereinen und -verbänden selbst gesetzte Regelwerk (Satzungen, Wettkampfordnungen usw), das die Rechte und Pflichten der Mitglieder und die Sportausübung regelt. Die Berechtigung der Sportvereine und -verbände zur umfassenden Selbstregulierung (iRd staatlichen Rechts), ergibt sich aus dem Grundrecht der Vereinigungsfreiheit (Art. 9 I GG).

Diese „Autonomie des Sports" umfasst auch das Recht, die Einhaltung des Internen Sportrechts durch verbands(vereins)interne Einrichtungen zu überwachen und Verstöße (zB Verletzung der Spielregeln, → Doping) mit Sanktionen („Strafen") zu belegen. Auch soweit diese Einrichtungen die Bezeichnung „Gericht" (zB „Sportgericht" oder „Bundesgericht") tragen, handelt es sich nicht um staatliche Gerichte (und idR auch nicht um → Schiedsgerichte iSd §§ 1025 ff. ZPO, die anstelle staatlicher Gerichte entscheiden). Die Entscheidungen dieser Einrichtungen können also auf Klage von den staatlichen Gerichten überprüft werden, allerdings nur mit den für das Vereinsrecht von der Rspr. entwickelten Einschränkungen (Einhaltung des von der Satzung festgelegten Verfahrens, volle Nachprüfung der tatsächl. Grundlage, Nachprüfung der Anwendung des materiellen Vereinsrechts nur auf Verstöße gg. allg. Rechtsgrundsätze, Willkür und grobe Unbilligkeit) und grds. erst nach Ausschöpfung des vereins(verbands)internen Rechtswegs (→ Verein, 1). Anstelle des Rechtswegs zu den staatl. Gerichten werden gelegentlich „echte" (also iSd §§ 1025 ff. ZPO) Schiedsgerichte vereinbart (zB zwischen dem Deutschen Fußballbund – DFB – und den Lizenzvereinen, den Lizenzspielern und den Trainern jeweils durch Einzelvereinbarung ein „Ständiges Schiedsgericht" iSd ZPO).

Sportverletzungen

Eine Verletzung, die jemand einem anderen im Rahmen eines Sportkampfes zufügt, ist tatbestandsmäßig eine → Körperverletzung im strafrechtlichen (§§ 223, 230 StGB) und eine → unerlaubte Handlung im zivilrechtlichen (§ 823 BGB) Sinne. Jedoch wird die Haftung begrenzt oder sogar ausgeschlossen sein und die Strafbarkeit ausscheiden, wenn die Verletzung im Eifer des Kampfes, wenn auch unter fahrlässiger Überschreitung der Spielregeln, verursacht wurde (anders uU bei grob fahrlässiger oder vorsätzlicher Regelwidrigkeit). Zur Begründung wird zumeist auf stillschweigende (konkludente) → Einwilligung des Verletzten verwiesen; teilweise wird auch → soziale Adäquanz, Handeln auf eigene Gefahr (→ Mitverschulden), übliches (erlaubtes) Risiko oder Unterwerfung unter die Sportregeln angenommen, ein Verschulden verneint oder auf das Verbot des venire contra factum proprium (→ Treu und Glauben) abgestellt (iE str.). Die gleichen Grundsätze gelten an sich auch hinsichtlich der Haftung für Skiunfälle. Es ist jedoch zu beachten, dass eine vorherige stillschweigende Abrede (anders als bei einem Sportkampf) dort regelmäßig fehlt, so dass ein etwaiges Mitverschulden des Verletzten höchstens in seiner Teilnahme am Skilauf auf einer stark befahrenen Piste (zB bei mangelnder eigener Übung) gesehen werden kann. Zu den in der Rspr. hierzu entwickelten Verhaltensregeln (Pflicht zur Beobachtung, Fahren auf Sicht, Beherrschen der Ski, um notfalls jederzeit anhalten zu können) s. OLG München NJW 1977, 502; s. ferner → Wintersport, → FIS-Regeln. → Entgeltfortzahlung durch den Arbeitgeber wegen selbstverschuldeter Arbeitsunfähigkeit ist nur ausgeschlossen, wenn diese die Folge eines Unfalls bei der Ausübung einer besonders gefährlichen Sportart ist oder wenn der Arbeitnehmer sich in einer seine Kräfte und Fähigkeiten deutlich übersteigenden Weise sportlich betätigt.

Wer eine Sportanlage oder Bergbahn betreibt, haftet (soweit ihm zumutbar) für einen ordnungsgemäßen Zustand der Anlage (zB bei behebbaren Hindernissen auf der Skiabfahrt), ebenso für Unterlassen der Warnung bei extremen Witterungsverhältnissen (Glatteis). Bei studentischen Bestimmungsmensuren ist, wenn die üblichen Schutzmaßnahmen eingehalten werden, die Einwilligung in Verletzungen nicht sittenwidrig (§ 228 StGB).

Sportwette
Eine Sportwette ist ein → Glücksspiel, weil ihr Zweck überwiegend auf Unterhaltung oder Gewinn, weniger auf Austragung eines Meinungsstreits gerichtet ist. Die Wettenden beteiligen sich mit einem Einsatz an einem nach Gewinnplan arbeitenden Unternehmen, bei dem die Gewinne sich unter Gesichtspunkten, die dem Einfluss der Teilnehmer entzogen sind, nach der Richtigkeit der von ihnen gemachten Voraussagen bestimmen. Die Sportwette ist daher wie ein Lotterievertrag nur verbindlich, wenn sie staatlich genehmigt ist (§§ 762, 763 BGB). Der Abschluss von Sportwetten ist in den Landesgesetzen über die Zulassung von Sportwetten geregelt. Die Strafbestimmungen entsprechen denen des StGB gegen ungenehmigtes Glücksspiel; sie sind nach hM als partikuläres Bundesrecht gültig (Art. 125 Nr. 2 GG, Art. 74 Nr. 1 GG).

Sprachwerke
Sprachwerke sind – sofern sie persönliche geistige Schöpfungen darstellen – → urheberrechtlich geschützt (§ 2 Abs. 1 Nr. 1, Abs. 2 UrhG). Eine Definition, was genau ein Sprachwerk ist, enthält das Gesetz nicht, beispielhaft nennt es Schriftwerke, Reden und Computerprogrammen. Texte, die ausschließlich mithilfe künstlicher Intelligenz erstellt wurden, sind keine persönliche geistige Schöpfung und unterfallen daher nicht dem urheberrechtlichen Schutz.

Sprecherausschuss
Der Sprecherausschuss ist die Interessenvertretung der → leitenden Angestellten mit Mitwirkungs- und Beratungsrechten, die denen des → Betriebsrats nachgebildet, aber etwas schwächer ausgestaltet sind (Sprecherausschussgesetz (SprAuG) v. 20.12.1988, BGBl. 1988 I 2312, 2316, mÄnd; WahlO v. 28.9.1989, BGBl. 1989 I 1798, mÄnd, zuletzt ua zur Ermöglichung von Videokonferenzen). Ggf. werden auch ein Gesamtsprecherausschuss (§§ 16 ff. SprAuG), ein unternehmenseinheitlicher Sprecherausschuss (§ 20 SprAuG) bzw. ein Konzernsprecherausschuss (§§ 21 ff. SprAuG) gebildet.

Spreewaldkahn
Bau, Ausrüstung, Kennzeichnung, Fahrerlaubnis uam regelt die Brandenburgische LandesschifffahrtsVO v. 25.4.2005 (GVBl. 2005 II 166) mÄnd. Danach ist ein Spreewaldkahn ein flaches Fahrzeug mit einer maximalen Länge von 9,50 Meter und einer maximalen Breite von 1,90 Meter, das durch Muskelkraft oder eine Antriebsmaschine fortbewegt wird.

Sprengstoff
Der Umgang mit Sprengstoff ist im Rahmen der Gesetzgebungskompetenz des Bundes (also nicht unter rein sicherheitsrechtlichen Gesichtspunkten) im Gesetz über explosionsgefährliche Stoffe (SprengstoffG) idF v. 10.9.2002 (BGBl. 2002 I 3518) mÄnd geregelt. Es gilt für Umgang und Verkehr mit Sprengstoff (Zusammenstellg. in Anl. I des Gesetzes) sowie Zündmitteln und pyrotechnischen Gegenständen. Das Sprengstoffgesetz gilt nicht für die Bundeswehr und in Deutschland stationierte ausländische Streitkräfte, die Beförderung von Sprengstoff auf der Eisenbahn, auf Schiffen und in der Luft, in Bergbaubetrieben sowie im Geltungsbereich des Waffengesetzes (→ Waffen) und des Gesetzes über die Kontrolle von → Kriegswaffen. Für Vertrieb oder Verwendung von Sprengstoff besteht eine Erlaubnispflicht (§ 7 SprengstoffG). Voraussetzungen für die Erlaubnis sind ua Zuverlässigkeit und Fachkunde. Der Erlaubnisinhaber hat umfangreiche Aufzeichnungspflichten (§ 16 SprengstoffG). Die §§ 19 ff. SprengstoffG enthalten Bestimmungen über die verantwortlichen Personen und ihre Pflichten (Befähigungsschein, Mitführen von Urkunden, Schutzvorschriften, Anzeigepflichten). Die §§ 30 ff. SprengstoffG regeln die Überwachungsmaßnahmen (Auskunftspflichten, Nachschaurecht). Die §§ 40 ff. SprengstoffG enthalten Straf- und Bußgeldbestimmungen.

Sprengstoff- und Strahlungsverbrechen
Wer durch das Freisetzen von Kernenergie oder durch Sprengstoff oder andere Mittel eine Explosion herbeiführt und dadurch Leib oder Leben eines anderen oder fremde Sachen von bedeutendem Wert gefährdet, wird mit Freiheitsstrafe nicht unter 1 Jahr, bei – wenn auch nur unternommener – Verwendung von

Kernenergie nicht unter 5 Jahren bestraft; in qualifizierten Fällen (so wenn der Täter wenigstens leichtfertig den Tod eines Menschen verursacht hat) gelten höhere, bei fahrlässigem Handeln mildere Strafdrohungen (§§ 307, 308 StGB).

Der Missbrauch ionisierender Strahlen in der Absicht der Gefährdung von Menschen, Sachen oder der Umwelt ist in § 309 StGB unter Strafe gestellt.

Wer radioaktive oder Sprengstoffe oder spezifische Ausführungsvorrichtungen zur Vorbereitung eines Explosions- oder Strahlungsverbrechens herstellt, sich oder einem anderen verschafft, verwahrt oder einem anderen überlässt, wird nach § 310 StGB bestraft, der somit bestimmte Vorbereitungshandlungen zu den §§ 307 bis 309 StGB erfasst.

Unter Strafe gestellt sind ferner das Freisetzen ionisierender Strahlen oder die Bewirkung von Kernspaltungsvorgängen unter Verletzung verwaltungsrechtlicher Pflichten (§ 311 StGB) sowie die Herstellung oder Lieferung fehlerhafter kerntechnischer Anlagen oder Gegenstände (§ 312 StGB), falls die Tat Leib oder Leben eines anderen oder bedeutende fremde Sachwerte oder im Falle des § 311 StGB Tiere oder Pflanzen, Gewässer, Luft oder Böden erheblich gefährdet.

Strafbar ist ohne konkrete Gefährdung nach § 328 StGB unerlaubter Umgang mit radioaktiven Stoffen, insbes. die Verursachung einer nuklearen Explosion.

Die → Einziehung von Gegenständen bei diesen Taten wird durch §§ 322, 330c StGB erweitert. Bei → tätiger Reue (freiwillige Aufgabe der weiteren Tatausführung oder Abwendung der Gefahr) kann die Strafe gemildert oder von Strafe abgesehen werden oder Straflosigkeit eintreten (§§ 314a, 330b StGB).

Über die Strafbarkeit der unerlaubten Einfuhr, Beförderung oder des Umgangs mit → Sprengstoff s. § 40 SprengstoffG, von Entwicklung, Herstellung, Handeltreiben, Erwerb, Ein-, Aus-, Durchfuhr, Verbringen und sonstigem Besitz von Atomwaffen s. §§ 19, 22a G über die Kontrolle von → Kriegswaffen.

Spruchkörper
→ Gericht.

Spruchrichterprivileg
→ Staatshaftung.

Spruchverfahrensgesetz
Das Spruchverfahrensgesetz (SpruchG) v. 12.6.2003 (BGBl. 2003 I 838) mÄnd regelt (einheitlich) das gerichtliche Verfahren für die Bestimmung des Ausgleichs (Abfindung) für außenstehende Aktionäre bei → Beherrschungs- und → Gewinnabführungsverträgen sowie für die Barabfindung ausscheidender Minderheitsaktionäre beim sog. squeeze out (→ Aktiengesellschaft, 4), ferner für die Abfindung oder Zuzahlung bei Umwandlungen (zB Eingliederung) von Rechtsträgern (→ Umwandlung, 1b).

Sprungklage
Die Anfechtungs- oder Verpflichtungsklage gegen Steuerverwaltungsakte ist als Sprungklage (§ 45 FGO) auch ohne → außergerichtliches Rechtsbehelfsverfahren zulässig, wenn das → Finanzamt innerhalb eines Monats nach Zustellung der Klageschrift dem Gericht gegenüber zustimmt. Die Klagefrist beträgt einen Monat nach Bekanntgabe des Verwaltungsakts (§ 47 I FGO). Stimmt das Finanzamt nicht zu, ist die Sprungklage als → Einspruch zu behandeln. Sie ist formlos an das Finanzamt abzugeben. Das Finanzgericht kann innerhalb von sechs Monaten nach Klagezustellung die Sache an die Finanzbehörde zur Durchführung des Einspruchsverfahrens zurückgeben, wenn weitere Tatsachenfeststellungen erforderlich sind und die Abgabe sachdienlich ist. Vgl. → Finanzgerichtsordnung.

Sprungrechtsbeschwerde
Die Sprungrechtsbeschwerde ist das der → Sprungrevision entsprechende Rechtsmittel im → Beschlussverfahren der → Arbeitsgerichtsbarkeit (§ 96a ArbGG) und im Verfahren der → freiwilligen Gerichtsbarkeit (§ 75 FamFG).

Sprungregress
Ein Sprungregress liegt vor, wenn beim → Wechselregress einer oder mehrere der vorgehenden Wechselverpflichtungen übersprungen werden (Art. 47 IV WechselG). Dabei verliert der Wechselinhaber nicht die Ansprüche gegen die übersprungenen Wechselverpflichteten, sofern der zuerst in Anspruch genommene nicht zahlt. Entsprechendes gilt beim → Scheck (Art. 44 IV ScheckG).

Sprungrevision
Die Sprungrevision ist die an Stelle einer → Berufung eingelegte → Revision gegen ein Urteil, gegen das an sich Berufung stattfindet (§ 566 ZPO, § 76 ArbGG, § 134 VwGO, § 161 SGG, § 335 StPO) oder gegen das eine Berufung gesetzlich ausgeschlossen ist (§ 135 VwGO). Durch die Sprungrevision wird die Berufungsinstanz übergangen und – namentlich zur Klärung grundsätzlicher Rechtsfragen – unmittelbar die Entscheidung des Revisionsgerichts herbeigeführt. Abgesehen von Strafsachen kann die Sprungrevision nur auf Verletzung des materiellen Rechts gestützt werden und bedarf der Einwilligung des Gegners sowie der Zulassung durch das Gericht (§ 566 I, III ZPO, § 76 I, IV ArbGG, § 134 I VwGO, § 161 SGG).

Im Strafverfahren ist die Sprungrevision gegen Urteile des Amtsgerichts zulässig und nach den allgemeinen Vorschriften über die Revision in Strafsachen anzubringen und zu begründen, auch wenn ein anderer Beteiligter Berufung eingelegt hat. Dann wird zwar auch die Sprungrevision als Berufung behandelt (diese hat den Vorrang), aber nur, wenn die Berufung rechtswirksam ist, dh weder zurückgenommen noch als unzulässig verworfen wird (§ 335 III StPO). In diesen Fällen ist dagegen die eingelegte Sprungrevision als Revision durchzuführen. Wer das Wahlrecht zwischen Berufung und Sprungrevision hat, kann aber, ohne zunächst das Wahlrecht auszuüben, das amtsgerichtliche Urteil nur „anfechten" und sich erst später für das eine oder andere Rechtsmittel entscheiden (→ Anfechtung von Entscheidungen; dort auch über den Übergang von Berufung zur Revision und umgekehrt).

Wird im → Sozialrecht die Sprungrevision zugelassen, gilt das Einlegen der Revision und die Zustimmung des Gegners als Verzicht auf die Berufung. Die Sprungrevision darf nur zugelassen werden, wenn die Voraussetzungen des § 160 II Nr. 1 oder 2 SGG erfüllt sind. Die vorgenannte Rechtsnorm lässt die Sprungrevision mithin nur dann zu, wenn die Rechtssache grundsätzliche Bedeutung hat oder von einer Entscheidung des → Bundessozialgerichts, des → Gemeinsamen Senats der obersten Gerichtshöfe des Bundes oder des → Bundesverfassungsgerichts abgewichen werden soll. In der sozialrechtlichen Praxis spielt die Sprungrevision nur eine sehr kleine Rolle.

Squeeze-out
→ Aktiengesellschaft (4 aE), → Spruchverfahrensgesetz.

SRM
→ Bankenunion, → Kreditinstitute, Sanierung und Abwicklung.

SSM
→ Bankenunion, → Kreditinstitute, Aufsicht.

Staat
Der Begriff wird in der Staatsphilosophie und der allgemeinen Staatslehre sehr unterschiedlich definiert. In einfachster Form versteht man darunter eine Personengemeinschaft in ihrer politischen Organisation, die ein → Staatsgebiet, ein → Staatsvolk und eine → Staatsgewalt voraussetzt. Die Herrschaftsgewalt des Staates ist unabgeleitet und umfassend; alle anderen politischen Gemeinwesen sind ihm eingegliedert und leiten ihre Gewalt von ihm ab. Wesen und Rechtfertigung des Staates ist Gegenstand der → Staatstheorien. Über die verschiedenen Organisationsformen s. → Staatsformen.

Staatenbund
(Konföderation) ist eine lockere Vereinigung selbständiger Staaten (→ Souveränität), die gemeinsame Organe zur Besorgung gewisser Angelegenheiten haben. Die Gliedstaaten sind → Völkerrechtssubjekte; ob es der Bund auch ist, hängt von der konkreten Ausgestaltung im Einzelfall ab. Darin liegt völkerrechtlich der Unterschied zum → Bundesstaat, bei dem der Gesamtstaat immer Völkerrechtssubjektivität besitzt, die Gliedstaaten nur dann, wenn ihnen ausnahmsweise durch Bundesverfassungsrecht das Recht eingeräumt ist, am völkerrechtlichen Verkehr teilzunehmen (insbes. durch Abschluss von Verträgen, Austausch von Gesandten). Beispiele für Staatenbünde: Vereinigte Staaten 1777–1787, Deutscher Bund 1815–1866, Eidgenossenschaft 1815–1848. Bei einer supranational organisierten zwischenstaatlichen Gemeinschaft – wie zB der → Europäischen Union – spricht man neuerdings von einer Staatengemeinschaft oder einem Staatenverbund (so das BVerfG Urt. v. 12.10.1993, NJW 1993, 3047 zum Vertrag von Maastricht sowie Urt. v. 30.6.2009, NJW 2009, 2267 zum Vertrag von Lissabon; sa → Europäische Integration, 3b, sowie → Staatenverbindung).

Staatenimmunität
Staatenimmunität bezeichnet die Tatsache, dass hoheitliche Akte eines Staates grundsätzlich nicht der → Gerichtsbarkeit eines anderen Staates unterliegen; die Staatenimmunität erstreckt sich auch auf das Staatsoberhaupt und andere Organe eines fremden Staates (vgl. auch → Immunität, 1 u. 5). Ausfluss der Staatenimmunität sind auch die → diplomatischen Vorrechte (→ Exterritorialität). Als Regel des → Völkergewohnheitsrechts ist anerkannt, dass ein → Staatsoberhaupt vollständige Immunität in allen rechtlichen Fragen auf dem Gebiet eines anderen Staats genießt. Das gleiche Vorrecht genießt seine engere Familie und sein Gefolge. Das Vorrecht endet mit dem Amt. Für private Handlungen während der Amtszeit ist eine rückwirkende Inanspruchnahme möglich, amtliche Handlungen unterliegen weiterhin der Immunität, falls nicht der jeweilige Staat einer nachträglichen Inanspruchnahme zustimmt. Ausnahmen von der Staatenimmunität gelten vor den → internationalen Gerichten, die keine Hoheitsgewalt eines bestimmten Staates ausüben. Durch die neuere Entwicklung wird die Staatenimmunität zunehmend relativiert, so dass zB eine Verfolgung wegen → Völkermord oder → Kriegsverbrechen jederzeit möglich bleibt (vgl. zB Art. 7 II des Statuts des → Jugoslawien-Strafgerichtshofs u. Art. 27 des Statuts des → Internationalen Strafgerichtshofs; sa → Römisches Statut). Nach der Rechtsprechung des → Internationalen Gerichtshofs können jedoch Privatpersonen nach wie vor einen Staat nicht vor dem Gericht eines anderen Staates verklagen.

Staatenlose
Staatenlose sind Personen, die keine → Staatsangehörigkeit besitzen, weil sie die Voraussetzungen hierfür in keinem Staat erfüllen. Sie haben nicht die Rechte und Pflichten, die an die Staatsangehörigkeit geknüpft sind, haben somit grundsätzlich die gleiche Rechtsstellung wie die Angehörigen fremder Staaten (→ Ausländer). Nach Art. 16 I GG soll Staatenlosigkeit vermieden werden. Entlassung aus der deutschen Staatsangehörigkeit kommt daher grundsätzlich nur in Betracht, wenn der Erwerb einer ausländischen Staatsangehörigkeit

zugesichert ist (§ 18 I StAG). Selbst der Verlust der Staatsangehörigkeit bei Eintritt in die Streitkräfte eines fremden Staates tritt grundsätzlich nur ein, wenn der Betroffene die Staatsangehörigkeit dieses fremden Staates besitzt (§ 28 StAG). Für Staatenlose ist hingegen die Einbürgerung erleichtert (vgl. Übereinkommen zur Verminderung der Staatenlosigkeit v. 30.8.1961, BGBl. 1977 II 597, sowie das AusführungsG v. 29.6.1977 zu diesem Übereinkommen sowie zu dem Übereinkommen zur Verringerung der Fälle von Staatenlosigkeit vom 13.9.1977, BGBl. 1977 I 1101, zul. geänd. d. Gesetz v. 15.7.1999, BGBl. 1999 I 1618).

Staatennachfolge

1. Grundsätzlich ist im → Völkerrecht vom Grundsatz der Staatenkontinuität auszugehen; revolutionäre Umwälzungen, territoriale Veränderungen und kriegerische Besetzung berühren nicht die Existenz eines Staates als Völkerrechtssubjekt. So wurde die frühere UdSSR als völkerrechtlich identisch mit dem Zarenreich und die → Bundesrepublik Deutschland nach nicht unstrittiger, aber herrschender Meinung nicht als Rechtsnachfolger des → Deutschen Reiches, sondern als mit dem Deutschen Reich identischer, im Hinblick auf seine territoriale Ausdehnung aber nur teilidentischer Staat angesehen. Im Falle der vollständigen → Dismembration Jugoslawiens verneint indes die hM Kontinuität. Im Falle der Kontinuität bleibt der fortbestehende Staat trotz aller grundlegender Veränderungen Inhaber aller Rechte und Pflichten.

2. Entstehen auf dem Gebiet oder Teilen des Gebietes eines → Staates neue Staaten oder werden diese Gebiete in einen bestehenden anderen Staat eingegliedert, stellt sich die Frage der Staatensukzession oder Staatennachfolge. Als Staatensukzession oder Staatennachfolge wird im → Völkerrecht das Einrücken eines anderen oder neuen Staates in die Rechtspositionen eines Vorgängerstaates genannt. Dabei ist zwischen der Nachfolge in → Völkerrechtliche Verträge und der Nachfolge in Vermögenspositionen des Vorgängerstaates zu unterscheiden. Bei Verträgen gilt der Grundsatz der beweglichen Vertragsgrenzen. Verträge erlöschen für abgetrennte Gebiete (→ Sezession) und erstrecken sich automatisch auf hinzuerworbene Gebiete. Bei vollständiger Inkorporation eines Staates in einen anderen Staat erlöschen die Verträge des ersteren. Ebenso erlöschen die Verträge im Falle der vollständigen Dismembration eines Staates. Wirksam bleiben aber ausnahmsweise solche Vereinbarungen, die sich auf die Beschreibung der Staatsgrenzen (→ Staatsgebiet) beziehen. Verwaltungs- und Fiskalvermögen sind nach dem Belegenheitsprinzip aufzuteilen; Eigentümer wird der Nachfolgestaat, in dessen Territorium sich der Vermögensgegenstand befindet. Bewegliches Vermögen und Auslandsvermögen sind nach billigem Ermessen auf die Nachfolgestaaten aufzuteilen. Staatsschulden gehen im Verhältnis des übergegangenen Staatsvermögens über, gebietsbezogene Staatsschulden gehen auf den Gebietsnachfolger über. Regeln zur Staatennachfolge enthält die Wiener Konvention über die Staatennachfolge in Verträge v. 23.8.1978, das am 6.11.1996 in Kraft getreten ist. Deutschland ist kein Mitgliedstaat der Wiener Konvention v. 23.8.1978. Im Hinblick auf die geringe Zahl (22 und der → Heilige Stuhl) der Vertragsstaaten hat der Inhalt dieser Konvention – soweit er divergiert – gegenüber dem → Völkergewohnheitsrecht noch keine prägende Kraft.

Staatenstaat

ist ein völkerrechtliches Unterwerfungsverhältnis eines oder mehrerer Staaten unter einen herrschenden Oberstaat (vgl. → Suzeränität, → Protektorat).

Staatenstreitigkeiten

→ Völkerrechtliche Streitigkeit.

Staatensukzession

→ Staatennachfolge.

Staatenverbindung

1. Staatenverbindung ist der Sammelbegriff für die verschiedensten Formen der völkerrechtlichen und staatsrechtlichen Verbindung mehrerer Staaten.

2. Staatenverbindungen auf der Basis der Ungleichheit haben sich als eigene Rechtsform überlebt, zumal man sich scheut, real existierende Abhängigkeiten offen zu Tage treten zu lassen. Zu Beispielen aus der Vergangenheit sind → Mandats- und → Treuhandgebiete, → Suzeränität, → Protektorat, → Kondominium und Koimperium zu nennen.

3. Staatenverbindungen auf der Basis der Gleichheit sind → Personalunion, → Realunion, → Staatenbund und vor allem der → Bundesstaat. Einen besonderen Status haben heute die → Internationalen Organisationen, darunter die → Europäische Union. Letztere wird zwar noch nicht als → Bundesstaat, wohl aber als Staatenverbindung eigener Art, nämlich als Staatenverbund angesehen (vgl. BVerfG Urt. v. 30.6.2009, NJW 2009, 2267; sa Europäische Union, 7); der Unterschied zwischen Bundesstaat und Staatenverbund liegt darin, dass der Bundesstaat über eine eigene Souveränität verfügt, während der Staatenverbund auf der Grundlage begrenzter Einzelermächtigungen nur über von den Mitgliedsstaaten abgeleitete Hoheitsrechte verfügt. Staatenverbindungen auf der Basis der Gleichheit haben in der Regel eine eigene Rechtspersönlichkeit und sind dann → Völkerrechtssubjekte. Dies ist jedoch nicht zwingend; Staatenverbindungen in der Form multilateraler Allianz- und Bündnisverträge sind nicht notwendig Völkerrechtssubjekte, Realunion und Personalunion sind auch ohne eigene Völkerrechtssubjektivität denkbar. Die EU hat seit dem Vertrag von Lissabon Völkerrechtssubjektivität.

Staatenverbund
s. → Staatenverbindung, → Staatenbund, → Bundesstaat (2).

Staatliche Versicherung der DDR in Abwicklung
Sie ist eine Anstalt des öffentlichen Rechts mit der Aufgabe, private Versicherungsverhältnisse aus dem Gebiet der ehem. DDR, die bis 13.6.1990 entstanden sind, zu verwalten. Lebensversicherungen sind ausgenommen, sie verwaltet die Deutsche Lebensversicherungs-AG. Die Rechtsverhältnisse der Staatlichen Versicherung der DDR in Abwicklung richten sich nach dem in Anl. I zum EinigV Kap. IV Sachg. B Abschn. II Nr. 45 erlassenen Gesetz.

Staatsangehörigkeit
1. Staatsangehörigkeit ist die rechtliche Mitgliedschaft einer Person in einem → Staat; aus ihr ergeben sich zahlreiche Rechte und Pflichten. Der Staat kann innerhalb eines weiten Ermessensrahmens die Voraussetzungen für den Erwerb und Verlust der S. regeln. Erfüllt jemand die Voraussetzungen für Staatsangehörigkeit in mehreren Staaten, so kann er mehrfache Staatsangehörigkeit besitzen (Doppelstaater; → Mehrstaater), sofern nicht einzelstaatliche Bestimmungen oder staatsvertragliche Abmachungen den Erwerb einer Staatsangehörigkeit an den vorherigen Verlust der andern Staatsangehörigkeit knüpfen. Staatenlos sind Personen, die keines Staates Staatsangehörigkeit besitzen. In Deutschland ist das Staatsangehörigkeitsrecht in Art. 16 I GG, Art. 116 GG und im Staatsangehörigkeitsgesetz (StAG) v. 22.7.1913 (RGBl. 1913, 583), grundlegend geändert durch das StaatsangehörigkeitsreformG v. 15.7.1999 (BGBl. 1999 I 1618) und Gesetz v. 22.3.2024 (BGBl. 2004 I Nr. 104). Der in der Gesetzessprache häufig verwendete Begriff „Deutscher" iS des GG ist weiter als der des deutschen Staatsangehörigen; er umfasst – vorbehaltlich anderweitiger gesetzlicher Regelung – auch die Personen, die als Flüchtlinge oder Vertriebene deutscher Volkszugehörigkeit oder als deren Ehegatten oder Abkömmlinge im Gebiet des Deutschen Reiches nach dem nach dem Stande vom 31.12.1937 Aufnahme gefunden haben.

2. Bis 1934 war die Landeszugehörigkeit die primäre; aus ihr leitete sich die Reichszugehörigkeit ab. Seit 1934 besteht nur noch eine unabgeleitete deutsche Staatsangehörigkeit. Sie blieb auch nach dem 8.5.1945 erhalten und galt nach der in der BRep. Deutschland vertretenen Auffassung einheitlich für die BRep. und die ehem. DDR. Dementsprechend nahm das BVerfG (NJW 1988, 1313) an, dass dem Erwerb der Staatsbürgerschaft der ehem. DDR in den Grenzen des → ordre public die Rechtswirkung des Erwerbes der deutschen Staatsangehörigkeit beizumessen ist. Der → Grundvertrag hatte die Staatsangehörigkeitsfragen zwischen BRep. und ehem. DDR absichtlich offengelassen. Eine Staatsangehörigkeit in den → Ländern ist zwar möglich (Art. 74 Nr. 8 GG räumt dem Bund hierfür die → konkurrierende Gesetzgebung ein) und auch in einigen Landesverfassungen vorgesehen, jedoch nirgends realisiert. Da das Reichs- und Staatsangehörigkeitsgesetz von 1913 (RuStAG) einen Gegenstand der → ausschließlichen Gesetzgebung des Bundes betraf (Art. 73 Nr. 2 GG), ist es Bundesrecht geworden (→ Reichsrecht, Fortgeltung). Durch das Gesetz zur Reform des Staatsangehörigkeitsrecht v. 15.7.1999 (BGBl. 1999 I 1618) wurde das RuStAG in StaatsangehörigkeitsG (StAG) umbenannt. Das Zuwanderungsgesetz v. 30.7.2004 (BGBl. 2004 I 1950) hat das StAG nochmals geändert.

3. Die Staatsangehörigkeit wird nach § 4 StAG originär durch Geburt erworben. Durch die Geburt erwirbt das Kind die deutsche Staatsangehörigkeit, wenn mindestens ein Elternteil die deutsche Staatsangehörigkeit besitzt oder wenn mindestens ein Elternteil als → Ausländer seit mindestens fünf Jahren rechtmäßig seinen Aufenthalt in Deutschland hat und ein unbefristetes → Aufenthaltsrecht besitzt. Ist nach deutschem Recht die Vaterschaftsanerkennung oder -feststellung erforderlich (→ Abstammung, 2b, 3), so muss diese vor der Geltendmachung der Staatsangehörigkeit erfolgen. Das System des § 4 StAG stellt ein Mischsystem zwischen dem Abstammungsrecht (ius sanguinis) und dem Bodenrecht (ius soli) dar; letzteres war schon früher in Einwanderungsländern üblich. In der reinen Form kann nach dem ius sanguinis die Staatsangehörigkeit nur durch Abstammung von einem Staatsangehörigen erlangt werden, nach dem ius soli genügt allein die Geburt auf dem Territorium des Landes, dessen Staatsangehörigkeit erworben wird.

4. Neben dem originären Erwerb durch Geburt kann die deutsche Staatsangehörigkeit durch die Annahme als Kind (→ Adoption) erlangt werden (§ 6 StAG). Häufigster Fall des nachträglichen Erwerbs der Staatsangehörigkeit ist die → Einbürgerung. Die Möglichkeiten der Einbürgerung wurden durch das Gesetz zur Reform des Staatsangehörigkeitsrechts v. 15.7.1999 (BGBl. 1999 I 1618) und das Gesetz v. 22.3.2024 (BGBl. 2024 I Nr. 104) erheblich erweitert. Voraussetzung der Einbürgerung ist ein fünfjähriger rechtmäßiger gewöhnlicher Aufenthalt in Deutschland. Die Aufgabe der früheren Staatsangehörigkeit ist seit der Reform vom 22.3.2024 nicht mehr Voraussetzung der Einbürgerung; Mehrstaatigkeit (→ Mehrstaater) wird so uneingeschränkt in Kauf genommen. Die Einbürgerung ist in §§ 8 bis 16 und 40a StAG geregelt.

5. Der Verlust der deutschen Staatsangehörigkeit tritt durch → Entlassung aus der Staatsangehörigkeit (Ausbürgerung) ein, durch die Annahme (Adoption) eines deutschen Kindes durch einen ausländischen Vater, durch Erwerb einer ausländischen Staatsangehörigkeit und durch Verzicht. Ein Verlust der deutschen Staatsangehörigkeit gegen den Willen

des Betroffenen darf nur eintreten, wenn er dadurch nicht staatenlos wird (Art. 16 I 2 GG). Nach § 29 StAG kann ein Deutscher, der seine Staatsangehörigkeit durch Geburt als rechtmäßig in Deutschland lebender Ausländer erworben hat (s. o. Ziffer 3), nach Erreichen der Volljährigkeit erklären, ob er die deutsche oder die ausländische Staatsangehörigkeit behalten will. Entscheidet sich dieser Deutsche für die ausländische Staatsangehörigkeit oder gibt er bis zur Vollendung des 23. Lebensjahres keine Erklärung ab, so geht die deutsche Staatsangehörigkeit verloren. Nach hM handelt es sich bei dem Verlust nach § 29 StAG um keine → Entlassung aus der Staatsangehörigkeit und um keine verfassungswidrige Entziehung der Staatsangehörigkeit.

6. Sa → Staatenlose.

7. Die Staatsangehörigkeit des Ehegatten ist heute nach deutschem Recht von der Partners unabhängig. Der Ehegatte eines deutschen Staatsangehörigen erwirbt aber einen in seinen Voraussetzungen gegenüber den allgemeinen Bestimmungen erleichterten Anspruch auf → Einbürgerung (§ 9 StAG).

Staatsangehörigkeitsprinzip
→ Internationales Privatrecht.

Staatsanwaltschaft
Die Staatsanwaltschaft (StA) als eine eigenständige, vom Gericht getrennte Strafverfolgungsbehörde ist in Deutschland nach französischem Vorbild im 19. Jh. eingerichtet worden. Gesetzlich geregelt ist sie in den §§ 141 ff. StPO. Ein Staatsanwalt muss die → Befähigung zum Richteramt besitzen.

1. Aufgaben: Die StA wird vorwiegend in Strafsachen tätig; als Strafverfolgungsbehörde obliegt ihr die Leitung des → Ermittlungsverfahrens, die Erhebung und Vertretung der Anklage (§ 152 I StPO, → Anklageerhebung und -zulassung, → Offizialprinzip) und die → Strafvollstreckung. Die StA ist Herrin des Emittlungsverfahrens und hierzu befugt, von allen Behörden Auskunft zu verlangen und Ermittlungen jeder Art entweder selbst vorzunehmen oder durch die Polizei vornehmen zu lassen. Die Behörden und Beamten des Polizeidienstes sind verpflichtet, dem Ersuchen oder Auftrag der Staatsanwaltschaft zu genügen (§ 161 I StPO). Die StA hat nicht nur die zur Belastung, sondern auch die zur Entlastung dienenden Umstände zu ermitteln (§ 160 II StPO).

In Verfahren wegen → Ordnungswidrigkeiten ist die StA in bestimmten Fällen für die Verfolgung, sonst nach Einspruchseinlegung des Betroffenen zuständig. Sie wirkt ferner bei der internationalen → Rechtshilfe (→ Auslieferung, → Vollstreckungshilfe) mit. Außerhalb von Straf- und Bußgeldverfahren kann die StA in Verfahren zur → Todeserklärung mitwirken.

Für bestimmte Eilfälle räumt die StPO Anordnungsbefugnisse, die sonst allein dem Gericht oder der Staatsanwaltschaft vorbehalten sind, auch den sog. → Ermittlungspersonen der Staatsanwaltschaft ein, bei denen es sich um Angehörige anderer Behörden handelt.

2. Behördenaufbau: Eine StA soll bei jedem Gericht bestehen (§ 141 GVG); sa die bundeseinheitl. Anordnung über Organisation und Dienstbetrieb der StA – OrgStA – (zB Bayern v. 19.8.2005, JMBl. 2005, 134). Das Amt der StA wird ausgeübt (§ 142 GVG):

- auf Bundesebene beim Bundesgerichtshof durch den Generalbundesanwalt und Bundesanwälte. Der Generalbundesanwalt übt das Amt der StA vor allem in den Revisions- und Beschwerdeverfahren vor dem Bundesgerichtshof aus, daneben noch in Strafsachen, für die im ersten Rechtszug das Oberlandesgericht gem. § 120 I, II GVG zuständig ist (§ 142a GVG, → Staatsschutzdelikte).
- auf Landesebene bei den Oberlandesgerichten durch den Generalstaatsanwalt und weitere Staatsanwälte, bei den Landgerichten (einschließlich der Amtsgerichte) durch den (Leitenden) Oberstaatsanwalt und weitere Staatsanwälte, bei den Amtsgerichten auch durch → Amtsanwälte. Bei jedem Oberlandesgericht besteht eine Generalstaatsanwaltschaft, bei jedem Landgericht eine Staatsanwaltschaft. Letztere nehmen regelmäßig auch die staatsanwaltlichen Aufgaben vor den zum Bezirk des Landgerichts gehörenden Amtsgerichten war, soweit dort keine Amtsanwaltschaften bestehen.

Für die strafrechtliche Untersuchung und Verfolgung sowie die Anklageerhebung in Bezug auf Personen, die als Täter oder Teilnehmer Straftaten zum Nachteil der finanziellen Interessen der Europäischen Union begangen haben, ist vorrangig die → Europäische Staatsanwaltschaft zuständig.

3. Interne Organisation, Weisungsgebundenheit: Die StA ist eine Verwaltungsbehörde und als solche weisungsgebunden; der einzelne Staatsanwalt handelt stets in Vertretung oder im Auftrag des Behördenleiters (§ 144 GVG). In Ergänzung des Weisungsrechts steht den leitenden Staatsanwälten bei den Oberlandesgerichten und Landgerichten das Recht zu, bei allen Gerichten ihres Bezirks Amtsverrichtungen der StA selbst zu übernehmen oder einem anderen als dem zuständigen Staatsanwalt zu übertragen (Devolutions-, Substitutionsrecht; § 145 GVG).

Die Dienstaufsicht und Leitung steht zu: dem Bundesjustizminister gegenüber der Bundesanwaltschaft beim Bundesgerichtshof, den Landesjustizministern hins. der StAen ihres Landes, den Generalstaatsanwälten hinsichtlich der StAen ihres Bezirks (§ 147 GVG). Die Landesjustizminister haben in Ausübung dieser Funktion mit den bundeseinheitlichen Richtlinien für das Strafverfahren und das Bußgeldverfahren (RiStBV, zB Bayern v. 2.12.1976, JMBl 1976, 358) allgemeine Verwaltungsvorschriften erlassen.

Die Staatsanwälte sind grundsätzlich an Weisungen ihrer Vorgesetzten gebunden (§ 146 GVG). Doch findet das Weisungsrecht seine Grenze im → Legalitätsprinzip, in der Bindung an das geltende Recht und in dem Verbot der Verfolgung Unschuldiger und der Strafvereitelung bei Schuldigen (§§ 344, 258a StGB); es kann daher idR nur in Ermessens- und zweifelhaften Rechtsfragen ausgeübt werden und unterliegt Einschränkungen besonders bei der Anklagevertretung in der Hauptverhandlung. Zwischen dem Generalbundesanwalt (Bundesbehörde) einerseits und den Generalstaatsanwaltschaften und Staatsanwaltschaften (Landesbehörden) andererseits besteht kein Weisungsverhältnis. Das Weisungsrecht der Bundes- und Landesjustizminister (sog. externes Weisungsrecht) steht in der Kritik und ist Gegenstand rechtspolitischer Reformüberlegungen (zB Referentenentwurf des BMJV, BT-Drs 19/11095, BR-Drs 644/20). Einen Hintergrund hierfür bilden Entscheidungen des EuGH, wonach die deutschen Staatsanwaltschaften keine „ausstellenden Justizbehörden" iSd Art. 6 I Euro-Haftbefehl-Beschluss sowie keine „vollstreckende Justizbehörde" iSd Art. 6 II Euro-Haftbefehl-Beschluss (Rahmenbeschlusses 2002/584/JI über den Europäischen Haftbefehl) sein können, da sie der Gefahr ministerieller Einzelweisungen ausgesetzt sind (EuGH Urt. v. 27.5.2019, Az. C-508/18 und C-82/19 PPU, Urt. v. 24.11.2020, Az. C-510/19).

Staatsanwaltsrat
heißt die in verschiedenen Ländern der BRep. bestehende besondere → Personalvertretung der Staatsanwälte (zB Art. 35 ff. Bayer. Richtergesetz iv. 22.3.2018, GVBl. 2018, 118, mÄnd; §§ 54 f. Sächs. Richtergesetz v. 2.8.2004, GVBl. 2004, 365, mÄnd). Der Staatsanwaltsrat entspricht dem Personalrat für die sonstigen Beamten sowie dem → Richterrat für → Richter. Teilweise nimmt der Haupt-Staatsanwaltsrat die bei den Richtern dem → Präsidialrat zukommenden Funktionen wahr.

Staatsaufsicht
Jur. Personen des öffentlichen Rechts stehen, soweit sie öffentliche Verwaltungsaufgaben (→ mittelbare Staatsverwaltung) wahrnehmen, unter staatlicher Aufsicht. Soweit ihnen das Recht der → Selbstverwaltung zusteht (sog. „eigener Wirkungskreis"), beschränkt sich die Staatsaufsicht auf die Gesetzmäßigkeit der Verwaltungstätigkeit (Rechtsaufsicht). Bei → Auftragsangelegenheiten („übertragener Wirkungskreis") erstreckt sie sich dagegen auch auf die Handhabung des → Ermessens (Fachaufsicht); für die Erledigung dieser Aufgaben können die zuständigen staatlichen Aufsichtsbehörden auch in Einzelfällen Weisungen erteilen (→ Weisungsrecht). Gelegentlich finden sich Einschränkungen des fachaufsichtlichen Weisungsrechts, so zB in Art. 109 II 2 BayGO (Bayerische Gemeindeordnung), wonach Eingriffe in das gemeindliche Verwaltungsermessen auf bestimmte Fälle zu beschränken sind. Fachaufsichtliche Weisungen der Aufsichtsbehörden in Angelegenheiten des übertragenen Wirkungskreises sind idR keine → Verwaltungsakte (vgl. BVerwG BayVwBl. 1978, 375).

Staatsauftragsangelegenheiten
→ Gemeinde, → Staatsaufsicht.

Staatsbankrott
liegt vor, wenn der Staat seinen Zahlungsverpflichtungen nicht nachkommt, sei es infolge Zahlungsunfähigkeit (das sind geschichtlich die Hauptfälle) oder aber aus Rechtsgründen, so wenn die Verbindlichkeit bestritten wird, oder aus politischen Motiven, insbes. wenn beim Wechsel der Machtverhältnisse die Verbindlichkeiten aus früheren Zeiten grundsätzlich negiert werden. Von „verschleiertem" Staatsbankrott spricht man, wenn der Staat seine Verbindlichkeiten zwar nominell erfüllt, aber nur mittels entwerteten Geldes, sei es – wie in früheren Zeiten – durch Münzverschlechterung, sei es im Zuge einer allgemeinen Geldentwertung. Der Staatsbankrott führt nicht zur Beendigung der Existenz des betreffenden Staates. Konsequent bestimmt daher § 12 InsO, dass ein Insolvenzverfahren über das Vermögen des Bundes oder eines Landes unzulässig ist (sa → Insolvenzfähigkeit).

Staatsbürgerliche Rechte und Pflichten
Nach Art. 33 I GG hat jeder Deutsche in jedem Land die gleichen staatsbürgerlichen Rechte und Pflichten. Darunter sind solche zu verstehen, die das Rechtsverhältnis des Staatsbürgers zum Staat bestimmen, zB das Wahlrecht, das Recht auf Zugang zu öffentlichen Ämtern, andererseits die Steuerpflichten. Damit sind grundsätzlich für jeden Deutschen in jedem Land der BRep. die gleichen Rechte garantiert wie den Landeseinwohnern. Zwar können die einzelnen Länder ihren Einwohnern Rechte und Pflichten abweichend von der Regelung in anderen Bundesländern gewähren, müssen diese aber allen Deutschen in gleicher Weise zuerkennen. Der Grundsatz des Art. 33 I GG hat den Charakter unmittelbar anzuwendenden Rechts, ist also nicht nur Programmsatz. Er ist als Verbot der unsachgemäßen Differenzierung wegen des religiösen Bekenntnisses für diesen Bereich in Art. 33 III GG noch besonders festgelegt.

Staatsbürgerschaft
→ Staatsangehörigkeit.

Staatserbrecht
→ Erbfolge.

Staatsfeindliche Bestrebungen
→ Rechtsstaatsgefährdung, → verfassungsfeindliche Bestrebungen.

Staatsform
1. Staatsform ist die rechtliche Grundordnung eines Staates. Der Begriff bestimmt sich ieS

nur danach, wer → Staatsoberhaupt ist und den Staat völkerrechtlich vertritt; in diesem Sinne gibt es nur die Staatsform der → Monarchie (erbliches Staatsoberhaupt) und der → Republik (nicht erbliches Staatsoberhaupt). Die neuere Lehre bestimmt die Staatsform iwS nach den einzelnen Formen der Herrschaftsausübung und der Machtverteilung im Staate.

2. Nach dem Träger der Staatsgewalt kann man zwischen → Monarchie (Alleinherrschaft im materiellen Sinne), Mehrherrschaft (→ Aristokratie, Oligarchie) und der Herrschaft des gesamten Staatsvolkes (→ Demokratie) unterscheiden. Nach der staatlichen Organisation wird zwischen → Bundesstaat (Staatsgewalt zwischen Gesamtstaat und Gliedstaaten aufgeteilt) und Einheitsstaat, zwischen zentralisiertem (keine oder wenig mittelbare → Staatsverwaltung) und dezentralisiertem Staat unterschieden. Die Machtfülle der Herrschenden wird durch die Begriffe absoluter Staat (unbeschränkter Staat, insbes. absolute Monarchie, im modernen Staat → Diktatur) und konstitutioneller Staat (Verfassungsstaat) gekennzeichnet, in dem die Macht des Trägers der Staatsgewalt durch eine (meist geschriebene) → Verfassung entweder organisatorisch (zB Mitwirkung der Stände: Ständestaat, ständische Monarchie; Mitwirkung eines → Parlaments: parlamentarischer Staat, parlament. Monarchie; Gewaltentrennung) oder inhaltlich (insbes. durch Gewährung von Grundrechten) eingeschränkt ist. Nach den verfolgten Staatszwecken unterscheidet man den Wohlfahrtsstaat (historisch einschl. der „geistigen Wohlfahrt"; auch der moderne „totale – totalitäre – Staat" erstrebt die ideologische Durchdringung des Volkes) und den liberalen Staat (auf die Abwehr innerer und äußerer Gefahren beschränkt). In neuerer Zeit sieht man den Begriff Staatsform mehr und mehr auch unter materiellen Gesichtspunkten: so wird der eigentlich formale Begriff „Republik" häufig iS des freiheitlichen Volksstaates verstanden, Demokratie iS des gewaltentrennenden und damit die Staatsmacht beschränkenden, an den Grundsätzen der Gleichheit und der Gerechtigkeit orientierten Staatswesens. Der Begriff → „Rechtsstaat" kennzeichnet ebenfalls nicht nur eine formale Ordnung, sondern wird iS des „freiheitlichen Rechtsstaates" verstanden; der Begriff → „Sozialstaat" betont die umfassende Verpflichtung des Staates zu sozialgerechter Gestaltung der Lebensverhältnisse des Volkes.

Staatsgebiet
Staatsgebiet ist der durch die Grenzen (→ Grenze, 3) definierte geographische Raum, in dem ein → Staat seine Staatsgewalt ausübt. Zum Staatsgebiet gehören auch die von einem fremden Staat umschlossenen Gebietsteile (→ Exklaven). Änderungen der Staatsgebiete können durch Abtretung von Teilen des Staatsgebietes oder Eingliederung von Teilen eines Staates oder eines gesamten Staates in einen anderen Staat erfolgen (→ Sezession; → Separation). → Annexionen werden in der Regel nicht mehr als völkerrechtlich rechtmäßige Vergrößerungen des Staatsgebietes anerkannt. Der Begriff des Staatsgebietes ist nicht nur für das Völkerrecht und das Staatsrecht, sondern auch für andere Rechtsgebiete von erheblicher Bedeutung (→ internationales Recht). Zu den Grenzen des Staatsgebietes sa → Seerecht, → Festlandsockel, → Küstengewässer.

Staatsgefährdung
→ Rechtsstaatsgefährdung.

Staatsgeheimnis
Durch die Strafvorschriften gegen → Landesverrat sind als Staatsgeheimnis geschützt alle Tatsachen, Gegenstände oder Erkenntnisse, insbes. Schriften, Zeichnungen oder aus Tatsachen erarbeitete Gesamtbilder, die nur einem begrenzten Personenkreis zugänglich sind und die vor einer fremden Macht geheimgehalten werden müssen, um die Gefahr eines schweren Nachteils für die äußere Sicherheit der BRep. abzuwenden (materieller Geheimnisbegriff, § 93 StGB; zum → Geheimpatent s. dort). Die sog. formelle Sekretur, dh die äußere Bezeichnung als Staatsgeheimnis, ist nicht entscheidend. Bekannte (offene) Einzelheiten können durch systematische sachkundige Arbeit zu einem neuen Staatsgeheimnis werden. Begrenzt ist ferner die Strafbarkeit der Preisgabe eines sog. illegalen Staatsgeheimnisses (das ist eine Tatsache, die gegen die freiheitliche demokratische Grundordnung oder – unter Geheimhaltung gegenüber Vertragspartnern der BRep. – gegen zwischenstaatl. vereinbarte Rüstungsbeschränkungen verstößt, § 93 II StGB). Grundsätzlich ist die Weitergabe oder Veröffentlichung des illegalen Staatsgeheimnisses nicht mehr strafbar, wohl aber der Verrat an eine fremde Macht oder einen ihrer Mittelsmänner, wenn dadurch die Gefahr eines schweren Nachteils für die äußere Sicherheit der BRep. herbeigeführt wird (§ 97a StGB). Nimmt der Täter irrig an, es handele sich um ein illegales Staatsgeheimnis, ist er gleichwohl wegen Landesverrats zu bestrafen, wenn ihm der Irrtum vorzuwerfen ist oder er dem illegalen Zustand nicht entgegenwirken wollte oder der Verrat kein angemessenes Mittel zu diesem Zweck ist, wenn er insbes. nicht zuvor einen Abgeordneten des Bundestags um Abhilfe angerufen hat; → Amtsträger und Soldaten müssen vorher stets ihren Dienst(Disziplinar)vorgesetzten um Abhilfe angehen (§ 97b StGB).

Staatsgerichtshof
Als Staatsgerichtshof wurde in der Weimarer Republik das auf Grund Art. 108 WV durch Gesetz vom 9.7.1921 (RGBl. 1921, 905) errichtete Verfassungsgericht bezeichnet. Auch heute noch führen die Verfassungsgerichte einiger Länder der BRep. die Bezeichnung Staatsgerichtshof (Bremen; Hessen; Nie-

dersachsen; früher auch in → Baden-Württemberg). → Verfassungsgerichtsbarkeit.

Staatsgewalt
Staatsgewalt ist die Herrschaftsmacht des → Staates über sein→ Staatsgebiet und die auf diesem befindlichen Personen (→ Gebietshoheit). Das Bestehen einer Staatsgewalt ist Voraussetzung für die Anerkennung als Staat; denn der Staat muss seine Zwecke, insbes. eine Rechtsordnung zwangsweise durchsetzen können. Die Staatsgewalt ist ursprünglich (originär), dh sie besteht kraft eigenen Rechts, ist also nicht von einer anderen Gewalt abgeleitet. Sie ist umfassend (Universalitätsprinzip; Grundsatz der Allzuständigkeit). Alle übrigen öffentlich-rechtlichen Körperschaften innerhalb des Staates leiten ihre Hoheitsgewalt von der Staatsgewalt ab (str. hinsichtlich der → Gemeinden). Im → Bundesstaat ist die Staatsgewalt zwischen Gesamtstaat (in der BRep. Deutschland der → Bund) und den Gliedstaaten (in der BRep. Deutschland die → Länder) dergestalt aufgeteilt, dass jeder von ihnen originäre Staatsgewalt besitzt, diese aber durch die Verfassung auf bestimmte Aufgabengebiete verteilt wird. In der → Demokratie ist Träger aller Staatsgewalt das Volk. Die Legitimationskette aller Personen, die Staatsgewalt ausüben, muss in der Demokratie auf das Volk zurückzuführen sein. In der → Monarchie wird die Staatsgewalt ganz (absolute Monarchie) oder teilweise (konstitutionelle Monarchie) durch einen Herrscher ausgeübt oder von ihm abgeleitet, in der → Aristokratie von einer Personengruppe, zu der die Zugehörigkeit idR erblich ist. Ähnlich geht in der → Diktatur die Staatsgewalt auch von einer Einzelperson oder einer nicht durch den Volkswillen legitimierten, häufig selbstkooptierenden Gruppe (Partei, Junta) aus.

Staatsgewalt, Widerstand gegen die –
→ Widerstand gegen die Staatsgewalt.

Staatshaftung
1. Systematik, Anwendungsbereich: Der Versuch einer umfassenden gesetzlichen Regelung der unmittelbaren Staatshaftung (Gesetz v. 26.6.1981, BGBl. 1981 I 553) wurde vom BVerfG (NJW 1983, 25) mangels Zuständigkeit des Bundes zur → Gesetzgebung für nichtig erklärt. Inzwischen gibt es in Art. 74 I Nr. 25 GG eine Zuständigkeit des Bundes im Bereich der → konkurrierenden Gesetzgebung für das Recht der Staatshaftung. Davon hat der Bund aber noch keinen Gebrauch gemacht. Es gelten daher immer noch die bisherigen Vorschriften mit dem Nebeneinander von § 839 BGB und Art. 34 GG. § 839 BGB regelt grds. nur die Beamtenhaftung, dh die persönliche Haftung des → Beamten im staatsrechtlichen Sinne im Rahmen seiner Amtstätigkeit und zwar ohne Rücksicht darauf, ob er in Ausübung öffentlicher Gewalt (→ Öffentliches Recht), also hoheitlich (→ Hoheitliche Gewalt), oder ob er fiskalich (→ Fiskus), also privatrechtlich, tätig wird. Von dieser persönlichen Beamtenhaftung nach § 839 BGB ist die Amtshaftung von öffentlich-rechtlichen Körperschaften gem. Art. 34 GG zu unterscheiden, die nur den Bereich hoheitlicher Tätigkeit erfasst, aber nicht auf Beamte im staatsrechtlichen Sinne beschränkt ist, sondern stets greift, wenn „jemand“ in Ausübung eines öffentlichen Amtes tätig wird; in diesem Fall übernimmt Art. 34 GG die Haftung des Amtsträgers nach § 839 BGB auf den Staat; die persönliche Haftung entfällt dann, es haftet nur der Dienstherr. Wegen dieses Zusammenspiels ist bei der Auslegung von § 839 BGB die höherrangige Norm des Art. 34 GG zu berücksichtigen: Sofern Art. 34 GG (im Fall hoheitlichen Tätigwerdens) eingreift und die persönliche Haftung nach § 839 BGB übernimmt, ist der Begriff des „Beamten“ nicht im staatsrechtlichen Sinne zu verstehen, sondern erfasst die Tätigkeiten aller Amtsträger, die ein öffentliches Amt wahrnehmen (also auch Angestellte, Arbeiter, ggf. auch eingeschaltete Dritte, → Beliehene Unternehmer, zB TÜV-Sachverständiger, → Verwaltungshelfer, zB Abschleppunternehmen). Demnach ist der in § 839 BGB verwendete Begriff des „Beamten“ jeweils verschieden auszulegen und für die Prüfung einer Staatshaftung ist stets zu unterscheiden, ob hoheitliche oder fiskalische Tätigkeit vorliegt.

Auch Religionsgemeinschaften (→ Religionsgesellschaften) können nach der Rspr., wenn sie → Körperschaften des öffentlichen Rechts sind, nach Art. 34 GG, § 839 BGB analog grds. für ihre Amtsträger und Bedienste haften, auch wenn sie keine vom Staat verliehene Gewalt ausüben (nicht aber bei Tätigkeiten im fiskalischen oder kircheninternen Bereich). Es könnte daher wohl auch eine Haftung der Kirchen nach Art. 34 GG, § 839 BGB in den sog. Missbrauchsfällen bei Handlungen kirchlicher Amtsträger und Bediensteter in Betracht kommen, wenn der Handelnde im Zusammenhang mit der Wahrnehmung geistlicher Aufgaben eine allg. und jenseits des von der kirchlichen Ordnung Geforderten bestehende Pflicht verletzt hat (sa → Missbrauchsskandal, → Codex Iuris Canonici (CIC)). Auch eine sonstige Haftung aus → unerlaubter Handlung (iVm §§ 89, 31 BGB) kommt in Betracht.

2. Hoheitsrechtliches Handeln: Verletzt ein Amtsträger schuldhaft die ihm einem Dritten gegenüber obliegende Amtspflicht, so hat an sich er den daraus entstehenden Schaden zu ersetzen, § 839 I BGB. Bei hoheitlichem Handeln (zB bei Erteilung einer behördlichen Genehmigung, Erlass eines Steuerbescheids, in der Straßenbauverwaltung, sa → Verkehrssicherungspflicht, auch bei einer Dienstfahrt) tritt aber nach der Systematik des Art. 34 GG (s. o. 1) an die Stelle des Amtsträgers der Staat oder die Körperschaft (Gemeinde ua), die dem Amtsträger die Aufgaben, bei deren Wahrnehmung die Amtspflicht verletzt worden ist, an-

vertraut hat (zB beim Landrat der Staat oder der Landkreis). Nicht hoheitlich, sondern privatrechtlich tätig werden die (früher hoheitliche) Bundespost, auch die Deutsche Bahn ist ein privatrechtlicher Geschäftsbetrieb, idR auch Verkehrsbetriebe, Sparkasse ua. Der → Notar ist kein Beamter, aber Träger eines öffentlichen Amtes; seine persönliche Haftung für Verletzungen seiner Amtspflichten (zB Prüf- oder Belehrungspflichten) richtet sich ausschließlich nach § 19 BNotO, daneben tritt grds. keine Staatshaftung (außer zB bei Verletzung der Aufsichtspflicht). Zur Haftung von Religionsgemeinschaften, insbes. der Kirchen, s. o. Ziff. 1.

Die Staatshaftung setzt nicht das Vorliegen des Tatbestands einer → unerlaubten Handlung voraus, sondern die Verletzung einer nach dem jeweiligen Recht und den Verwaltungsvorschriften sich bemessenden Amtspflicht. Hat der Amtsträger bei seiner Entscheidung einen Ermessensspielraum, so liegt eine Amtspflichtverletzung nur bei Überschreitung des zulässigen Rahmens sowie bei missbräuchlicher Ermessensausübung unter Berücksichtigung der angewendeten Mittel (→ Ermessen) vor. Die Amtspflicht muss gegenüber einem Dritten bestehen, also (zumindest auch) unmittelbar dem Interesse eines Dritten dienen, Schutzzweck der Amtspflicht muss auch die Wahrnehmung der Interessen von Einzelnen (erkennbar abgegrenzter Personenkreis) sein, nicht ausreichend ist eine Amtspflicht zur Schutz der öffentlichen Ordnung oder der Allgemeinheit. Wenn auch der Begriff „Dritter" hier sehr weit auszulegen ist (zB bei Grundbucheintragungen jeder, der hierauf vertraut), so ist Dritter aber nicht, wer als Repräsentant der Allgemeinheit zufällig von der Amtshandlung betroffen wird (zB kein Anspruch des Seilbahnbenutzers aus Staatshaftung gegen den Staat, wenn dessen Behörde die Aufsicht über die Seilbahnanlagen vernachlässigt). Zweck der Amtshandlung muss vielmehr auch die Wahrnehmung der Interessen des Einzelnen sein (zB beim Lehrer die Aufsicht über die Kinder, bei der Baugenehmigungsbehörde hinsichtlich derjenigen, die beim späteren Einsturz des Hauses verletzt werden usw). Allein deshalb scheidet eine Staatshaftung wegen zur Bekämpfung der Corona-Pandemie (→ COVID-19) staatlich angeordneter Maßnahmen (sa → COVID-19-Gesetzgebung) und deren Folgen (zB Betriebsschließungen) aus. Die Amtspflichtverletzung muss vorsätzlich oder fahrlässig begangen werden; fehlt ein → Verschulden, so ist uU ein → Aufopferungsanspruch gegeben, zB bei Impfschäden (insoweit gelten teilweise besondere gesetzliche Regelungen), bei Turnunfällen in der Schule (str.). Der Schadensersatzanspruch aus Staatshaftung geht auf Geldersatz; ein → Folgenbeseitigungsanspruch ist nicht vorgesehen.

Die Staatshaftung wird ferner durch verschiedene Vorschriften eingeschränkt. So tritt die Ersatzpflicht nicht ein, wenn der Verletzte es vorsätzlich oder fahrlässig unterlassen hat, den Schaden durch den Gebrauch eines → Rechtsmittels (alle Rechtsbehelfe im weitesten Sinne, zB Einspruch, Widerspruch, Klage, etwa gegen die Versagung einer Baugenehmigung, uU auch Aufsichtsbeschwerde, nicht aber selbständige Verfahren) abzuwenden, § 839 III BGB. Bei bloßer Fahrlässigkeit tritt die Staatshaftung nur ein, wenn der Verletzte nicht von etwaigen anderen Ersatzverpflichteten (nicht aber eine andere öffentlich-rechtliche Körperschaft) Ersatz zu erlangen vermag (Subsidiarität; § 839 I 2 BGB); maßgeblich ist nicht, ob ein Anspruch besteht, sondern ob dieser durchsetzbar ist (die Staatshaftung greift also zB bei Zahlungsunfähigkeit des Dritten). Nach der Rspr. gilt diese Einschränkung jedoch nicht, wenn ein Amtsträger dienstlich am öffentlichen Straßenverkehr teilnimmt (anders bei Inanspruchnahme von Vorrechten nach § 35 I StVO, zB Polizeistreifenwagen); die Einschränkung gilt auch nicht bei Verletzung einer hoheitlichen → Verkehrssicherungspflicht. Auch besteht keine Verweisungsmöglichkeit auf eine (gesetzliche oder private) Krankenversicherung oder Kaskoversicherung (jedoch auf eine Haftpflichtversicherung). Der Ersatzberechtigte muss sich also grds. um eine andere Ersatzmöglichkeit bemühen, ggf. muss er auch nachweisen, dass er eine früher gegebene Ersatzmöglichkeit ohne sein Verschulden nicht wahrgenommen hat. Handelt es sich bei der Amtspflichtverletzung um ein Urteil oder einen streitentscheidenden Beschluss in einer Rechtsstreitigkeit, so tritt die Staatshaftung, um eine nochmalige Überprüfung rechtskräftiger Urteile in einem Schadensersatzrechtsstreit zu vermeiden, nur dann ein, wenn der Richter sich einer Straftat (→ Rechtsbeugung) schuldig gemacht hat, § 839 II BGB (sog. Spruchrichterprivileg).

Wenn bei hoheitlicher Tätigkeit die Staatshaftung nach Art. 34 GG eingreift und die Haftung des Amtsträgers übernimmt, entfällt die persönliche Haftung des Amtsträgers (Haftungsverlagerung mit befreiender gesetzlicher Schuldübernahme). Zum Rückgriff gegen den Amtsträger s. → Haftung des Beamten. Art. 34 S. 2 GG lässt den Rückgriff zu, beschränkt ihn aber auf vorsätzliches und grob fahrlässiges Verhalten (nicht aber bei eingeschalteten Dritten, s. o. 1).

3. Fiskalisches Handeln: In diesem Fall greift die Staatshaftung nach Art. 34 GG nicht ein. Der Staat bzw. die öffentlich-rechtliche Körperschaft, bei der der Beamte tätig ist, haften aber bei Verletzungen eines Vertrags, sofern ein solcher besteht, über § 278 BGB (→ Erfüllungsgehilfe), für → unerlaubte Handlungen nur nach § 831 BGB (Verrichtungsgehilfe) mit der Möglichkeit des Entlastungsbeweises. Nur wenn der Handelnde ein „verfassungsmäßig berufener Vertreter", dh ein leitender Beamter innerhalb eines selbständi-

gen Verwaltungszweigs, ist oder wenn ein solcher fehlt (sog. Organisationsmangel), haftet der Staat ohne Entlastungsmöglichkeit wie ein → Verein für seinen Vorstand (s. dort; §§ 89, 31 BGB). Der Beamte selbst haftet bei Vertragsverletzungen vertraglich nicht (er ist nicht Vertragspartner). Bei unerlaubten Handlungen haftet der Beamte nach § 839 BGB (s. o.). Ein Amtsträger, der kein Beamter im staatsrechtlichen Sinn ist (zB Angestellter), haftet persönlich nur nach den allg. Vorschriften über unerlaubte Handlungen (§§ 823 ff. BGB). Sofern der Staat (nach allg. Vorschriften) haftet, richtet sich auch ein etwaiger Rückgriff nach allg. Vorschriften.

4. Für Schadensersatzansprüche gegen den Staat und öffentliche Körperschaften ist der → ordentliche Rechtsweg (zu den Zivilgerichten) eröffnet, Art. 34 S. 3 GG, ebenso für Rückgriffsansprüche (s. o.).

5. Denkbare Ansprüche können ferner sein → enteignungsgleicher Eingriff, → enteignender Eingriff, → Aufopferungsanspruch. Sa → Enteignung.

6. Die Staatshaftung für im Gebiet der ehemaligen DDR vor dem 3.10.1990 begangene Amtspflichtverletzungen richtet sich weiterhin nach dem DDR-StaatshaftungsG v. 12.5.1969 (GBl. I 34) mÄnd (insbes. durch Anl. II Kap. III B Abschn. III 1 des → Einigungsvertrags). Ab diesem Zeitpunkt sind die obigen Vorschriften anzuwenden; das DDR-Staatshaftungsrecht gilt jedoch daneben als Landesrecht fort, soweit es nicht in einzelnen Ländern aufgehoben ist.

Staatskanzlei

Staatskanzlei ist überwiegend die Bezeichnung der Behörde des Ministerpräsidenten (→ Regierung, 2) in den → Ländern in Deutschland (im Bund „Bundeskanzleramt", in den Stadtstaaten „Senatskanzlei", in Baden-Württemberg „Staatsministerium"). Die Staatskanzlei hat in erster Linie koordinierende Aufgaben und unterstützt den Ministerpräsidenten bei der Ausübung seiner Richtlinienkompetenz, lässt aber die Ressortverantwortung (→ Ressortprinzip) der → Ministerien unberührt.

Staatskirche

Das Verhältnis von Kirche und Staat kann entweder durch das Prinzip der Trennung von Kirche und Staat gekennzeichnet sein, wobei aber der Kirche staatlicherseits bestimmte Aufgaben und Rechte zuerkannt sein können, oder aber in einem Staatskirchentum bestehen (→ Kirchenrecht). Das Staatskirchenrecht Großbritanniens hat sich für die Staatskirche entschieden. Es bestehen die anglikanische Staatskirche in England und die presbyterianische Staatskirche in Schottland. Oberhaupt beider Kirchen ist der König. Das Parlament übt die Aufsicht in kirchlichen Angelegenheiten aus. Die Religionsfreiheit ist gewährleistet. Die staatlichen Schulen unterrichten zwar nach der anglikanischen Lehre; doch ist Befreiung von ihrem Unterricht ebenso möglich wie Besuch der staatlich unterstützten Bekenntnisschulen.

Staatskirchenrecht

1. Das Staatskirchenrecht befasst sich mit dem Verhältnis von Staat und Kirche. Es ist in Deutschland durch Art. 4 GG bestimmt, wonach jedermann die Freiheit des Glaubens, des Gewissens und die Freiheit des religiösen und weltanschaulichen Bekenntnisses als Grundrecht garantiert wird (→ Glaubensfreiheit), und durch Art. 140 GG, der die Art. 136–139, 141 WRV zum Bestandteil des GG erklärt. Wesentliche Fragen des Staatskirchenrechts sind ferner in den Verträgen zwischen Kirche und Staat geregelt (→ Konkordate, → Kirchenverträge). Nach Art. 136 WRV werden die bürgerlichen und staatsbürgerlichen Rechte und Pflichten durch die Ausübung der Religionsfreiheit nicht berührt. Niemand soll verpflichtet sein, seine religiöse Überzeugung zu offenbaren. Art. 137 WRV statuiert den Grundsatz der → Trennung von Staat und Kirche; nach ihm besteht keine → Staatskirche. Die Freiheit der Vereinigung zu → Religionsgesellschaften ist gewährleistet; der Zusammenschluss der Religionsgesellschaften unterliegt keinen Beschränkungen. Sie erwerben Rechtsfähigkeit nach den Vorschriften des bürgerlichen Rechts. Die Religionsgesellschaften werden als (rechtsfähige) → Körperschaften des öffentlichen Rechts bestätigt, soweit sie diese Rechtsform bereits besaßen; den übrigen kann sie auf Antrag verliehen werden, wenn sie nach Verfassung und Mitgliederzahl eine Gewähr für Dauer bieten. Dies sind in Deutschland die Pfarreien, Diözesen etc. der → kath. Kirche, die altkatholische Kirche, die evang. Landeskirchen, die → EKD, die Vereinigte Evang.-Luth. Kirche und einige jüdische Gemeinden (sa → Islam). Den Religionsgemeinschaften ist das Recht garantiert, ihre Angelegenheiten selbständig innerhalb der Schranken der für alle geltenden Gesetze zu ordnen und zu verwalten. Dieses Selbstverwaltungsrecht der Kirchen einschl. der Befugnis, Kirchengesetze zu erlassen, ist nicht wie bei den sonstigen Körperschaften des öffentlichen Rechts vom Staat abgeleitet, sondern steht den Kirchen als vom Staat lediglich anzuerkennende Autonomie zu. Die → Staatsaufsicht gegenüber der Kirche ist entsprechend sehr beschränkt. Der Staat gewährt den Religionsgesellschaften Rechtsfähigkeit und wacht darüber, dass diese sich innerhalb der für alle geltenden Gesetze halten; er ermächtigt sie, im Rahmen landesgesetzlicher Vorschriften Steuern zu erheben; ihm steht die Aufsicht über Schulwesen (auch über kirchliche Schulen) und → Religionsunterricht zu (Art. 7 I, III GG). Auf die inneren Angelegenheiten der Kirchen kann der Staat jedoch grundsätzlich keinen Einfluss nehmen. Insbesondere besteht kein absoluter Vorrang der für alle geltenden Gesetze. So kann über das Vermögen der Kirchen, die Körperschaften des öffentlichen

Rechts sind, kein Insolvenzverfahren eröffnet werden, da dies zur Erfüllung der staatlichen Aufgaben und im Blick auf das Gemeinwohl nicht unumgänglich erscheint.

2. Auf der Ebene der → Europäischen Union gibt es kein eigenes Staatskirchenrecht. Nach Art. 17 I AEUV (→ AEUV) achtet die EU aber den Status, den Kirchen und religiöse Vereinigungen oder Gemeinschaften in den Mitgliedstaaten nach deren Rechtsvorschriften haben und beeinträchtigt ihn nicht. Art. 17 III AEUV gibt der EU den Auftrag zum Dialog mit den Kirchen. Während Art. 17 III AEUV einen reinen Programmsatz enthält, folgt aus Art. 17 I AEUV, dass das Recht der EU keinen Vorrang vor den bestehenden Staatskirchenverträgen hat; nicht mit dem Recht der EU konforme Staatskirchenverträge bleiben also in Kraft. Allerdings können nach dieser Bestimmung wohl keine neuen staatskirchenrechtlichen Verträge geschlossen werden, die nicht mit EU-Recht übereinstimmen.

3. Besondere Regelungen gelten für die Beschäftigten der Kirchen (→ kirchliches Arbeitsrecht; → Kirchenbeamte; → kirchliche Gerichtsbarkeit). Der EuGH hat die nach deutschem Recht bislang bestehenden Privilegien der Kirchen inzwischen stark relativiert. Zum Verhältnis zwischen staatlichem Recht und Kirchenrecht im Übrigen sa → Codex Iuris Canonici (CIC), 6.

4. Noch kein dem S. entsprechendes Regelwerk gibt es - von rudimentären Ansätzen abgesehen - zu den Beziehungen zwischen dem Staat und den islamischen Gemeinschaften (→ Islam).

Staatskommissar
ist ein von der Regierung eingesetzter Beauftragter, der an Stelle der sonst zuständigen Staats- oder Selbstverwaltungsorgane deren Befugnisse wahrnimmt, wenn sie zur ordnungsmäßigen Verwaltung nicht in der Lage sind. Bei Körperschaften mit → Selbstverwaltungsrecht ist dies nur auf gesetzlicher Grundlage statthaft.

Staatsminister
Staatsminister ist die Bezeichnung der → Minister in einzelnen deutschen Ländern (zB in Bayern und Sachsen), im Bund für einzelne herausgehobene → Parlamentarische Staatssekretäre, zB im Auswärtigen Amt (zu unterscheiden vom → Bundesminister).

Staatsnotstand
(etwa gleichbedeutend mit Ausnahmezustand) ist gegeben, wenn die öffentliche Sicherheit und Ordnung und damit der Bestand des Staates durch militärische Bedrohung von außen oder durch Ausnahmesituationen im Innern in solchem Maße gefährdet werden, dass die normalen Mittel der Rechtsordnung nicht ausreichen, um geordnete Zustände zu gewährleisten. Der Staatsnotstand in diesem Sinne ist also von Verfassungsstörungen (insbes. dem → Gesetzgebungsnotstand) zu unterscheiden, die dann vorliegen, wenn Verfassungsorgane, insbes. das Parlament, sich als funktionsunfähig erweisen. Naturkatastrophen oder große Unglücksfälle begründen idR keinen Staatsnotstand, sondern einen polizeilichen → Notstand. Die Verfassungen der meisten Staaten enthalten für den Fall eines Staatsnotstands Vorschriften, vor allem über die Verlagerung von Zuständigkeiten der Staatsorgane (insbes. des Rechts zur Gesetzgebung; → Notverordnung) und über die Einschränkung von → Grundrechten. Das GG ist für den Fall des Staatsnotstands durch die sog. → Notstandsverfassung ergänzt worden (vgl. → Verteidigungsfall, → Spannungsfall, → Notstand, innerer, → Naturkatastrophen, → Notstandsgesetzgebung).

Staatsnotwehr
Die Vorschriften über → Notwehr sind anwendbar, soweit es sich um den Schutz fiskalischer Rechtsgüter (Individualrechtsgüter, zB Eigentum) handelt; Nothilfehandlungen des einzelnen sind auch zugunsten solcher staatlicher Rechtsgüter zulässig. Sind hoheitliche Rechtsgüter bedroht, wird Staatsnotwehr überwiegend für zulässig gehalten, freilich nur im äußersten Falle (ein solcher Fall veranlasste die gesetzliche Regelung der → Kontaktsperre).

Staatsoberhaupt
Staatsoberhaupt ist die Person (nur in seltenen Fällen ein Kollegium), die – jedenfalls formell – an der Spitze des Staates steht. In der → Monarchie ist das Amt des Staatsoberhauptes erblich, in der → Republik wird es von einer ernannten oder gewählten Person (häufig mit der Bezeichnung → Präsident) bekleidet. Die verfassungsrechtliche Stellung des Staatsoberhauptes ist in den einzelnen Staaten sehr unterschiedlich geregelt. Meist vertritt das Staatsoberhaupt sein Land im völkerrechtlichen Verkehr mit anderen Staaten (zB Abschluss von Staatsverträgen, Beglaubigung der Gesandten). Die innerstaatlichen Befugnisse des Staatsoberhauptes sind je nach der Regierungsform sehr verschieden, in der Demokratie meist stark eingeschränkt. In Staaten mit → Gewaltentrennung steht das Staatsoberhaupt grundsätzlich außerhalb der einzelnen Gewalten, wirkt aber bei gewissen Funktionen mit (zB Berufung der Regierung, Ernennung der Beamten, Auflösung des Parlaments, Ausfertigung der Gesetze, Ausübung des Begnadigungsrechts). Stehen dem Staatsoberhaupt nicht nur einzelne Befugnisse zu (die überdies oft nur formalen Charakter besitzen), sondern ist es (ausnahmsweise) auch Inhaber der → vollziehenden Gewalt, so spricht man von → Präsidialdemokratie (Präsidialverfassung), so zB in den USA. Über die Stellung des Staatsoberhauptes in Deutschland vgl. → Bundespräsident.

Staatspräsident
→ Präsident (2).

Staatsprüfung
Die erfolgreiche Ablegung einer Staatsprüfung oder von zwei Staatsprüfungen eröffnet den Zugang zu bestimmten vom Staat reglementierten Berufen (Rechtsanwalt, Lehrer). Sa → Jurist; → Juristenausbildung; → Befähigung zum Richteramt. Auch die für die → Approbation als → Arzt erfordereliche Prüfung wird üblichweise als Staatsprüfung bezeichnet.

Staatsrat
1. In einigen Ländern Bezeichnung für den → Staatssekretär (zB in → Bremen). In → Bayern seit 1.1.2016 Amtsbezeichnung des Amtschefs der → Staatskanzlei.

2. Der Staatsrat der ehem. DDR (Art. 66 ff. Verfassung der ehem. DDR) bestand aus dem Vorsitzenden, dessen Stellvertretern, den Mitgliedern und dem Sekretär, die von der → Volkskammer auf 5 Jahre gewählt wurden. Der Staatsrat war Organ der Volkskammer und ihr verantwortlich. Er vertrat die DDR völkerrechtlich, ratifizierte und kündigte Staatsverträge. Er fasste grundsätzliche Beschlüsse zu Fragen der Verteidigung und Sicherheit und organisierte die Landesverteidigung mit Hilfe des Nationalen Verteidigungsrates. Im Auftrag der Volkskammer übte er die ständige Aufsicht über Verfassungsmäßigkeit und Gesetzlichkeit der Tätigkeit des Obersten Gerichts und des Generalstaatsanwalts.

Staatsrecht
ist der Zweig des öffentlichen Rechts, der sich mit der rechtlichen Gestaltung des → Staates befasst, insbes. mit seinen Grundlagen (Staatselemente, → Staatsform, → Staatsangehörigkeit), mit der Rechtsstellung der Bürger im Staat (→ Grundrechte, Grundordnung des Staates), mit der Organisation des Staates (insbes. dem bundesstaatlichen Gefüge sowie der Abgrenzung der Zuständigkeiten im → Bundesstaat) und dem Aufbau und den Funktionen der Staatsorgane. Da die Grundlage des Staates seine (geschriebene oder ungeschriebene) → Verfassung bleibt, ist Staatsrecht weitgehend gleichbedeutend mit Verfassungsrecht.

Staatsregierung
→ Landesregierung.

Staatsschutzdelikte
werden Straftaten genannt, die sich gegen den Bestand des Staates, seine verfassungsmäßigen Einrichtungen, das Funktionieren des Staatsapparates und andere lebenswichtige Interessen und Rechtsgüter des Staatswesens richten. Sie werden mit Mitteln des Staatsschutzes bekämpft, zu denen außer sicherheitspolizeilichen Maßnahmen auch Strafbestimmungen zählen. Staatsschutzdelikte sind insbes. → Hoch- und → Landesverrat, → Rechtsstaatsgefährdung, Beteiligung an verbotenen → Vereinigungen, Gefährdung der Landesverteidigung, → Verschleppung und politische → Denunziation. Soweit bei diesen Straftaten nicht die Zuständigkeit des Oberlandesgerichts begründet ist, in dessen Bezirk die LdReg. ihren Sitz hat (§ 120 GVG, als StA zuständig ist dann der Generalbundesanwalt, § 142a I GVG), werden sie von einer besonderen, für den gesamten Oberlandesgerichtsbezirk zuständigen Strafkammer eines Landgerichts abgeurteilt (sog. Staatsschutzkammer, § 74a GVG). Doch kann der Generalbundesanwalt in Fällen von besonderer Bedeutung die Verfolgung übernehmen (→ Evokationsrecht) und dadurch die Zuständigkeit des OLG begründen; sie können aber dem LG wieder überwiesen werden (§ 74a II GVG, § 120 II GVG).

Staatsschutzkammer
→ Staatsschutzdelikte.

Staatssekretär
ist im Bund und in den Ländern im Allgemeinen die Bezeichnung für den Stellvertreter eines Ministers. Der S. ist idR Leiter der Ministerialverwaltung („Amtschef"); er steht – anders als der Minister – im Beamtenverhältnis und ist zu unterscheiden von einem → parlamentarischen Staatssekretär, bei dem das nicht der Fall ist. Die Staatssekretäre im Bund sind → politische Beamte, ebenso in den Ländern, soweit deren Beamtenrecht diesen Begriff kennt. In Bayern sind die Staatssekretäre keine Beamten, sondern stehen als Mitglieder der Staatsregierung ebenso wie die Minister in einem besonderen öffentlich-rechtl. Amtsverhältnis; der leitende Beamte eines Ministeriums ist dort der Ministerialdirektor. Sa → Staatsrat.

Staatssicherheitsdienst
(„Stasi") war in der ehem. DDR eine vom Ministerium für Staatssicherheit (MfS) geführte Organisation, die durch ein umfangreiches Netz von haupt- und nebenamtlichen Mitarbeitern alle Staatsorgane, gesellschaftlichen Gruppen und Privatpersonen kontrollierte und dadurch eine beherrschende Machtstellung erlangte. Mit dem Sturz des SED-Regimes wurde der Staatssicherheitsdienst aufgelöst.

Zur Bewältigung des Problems der „Stasi-Akten" (ca. 8 Mio Akten mit personenbezogenen Informationen sowie Dateien und Unterlagen über Organisation und Personal des Staatssicherheitsdienstes, Spionage und Terrorismus, die im Einzelnen nicht gesichtet sind) reicht das geltende Datenschutzrecht nicht aus. Da die Aufbewahrung, Nutzung und Sicherung der Akten wegen der damit verbundenen Grundrechtseingriffe einer umfassenden gesetzl. Regelung bedarf, wurde das dazu von der Volkskammer der ehem. DDR erlassene Gesetz v. 24.8.1990 (GBl. 1990 I 1419) durch die vorläufige Regelung in Anlage I Kap. II Sachgebiet B Abschn. II Nr. 2 Buchst. b zum EinigV vom 31.8.1990 und Art. I der Vereinbarung dazu vom 18.9.1990 (BGBl. 1990 II 885) ersetzt. Das Gesetz über die Unterlagen des Staatssicherheitsdienstes der ehem. DDR (Stasi-Unterlagen-Gesetz – StUG) idF vom 18.2.2007 (BGBl. 2007 I 162) mÄnd regelt insbes. folgende Punkte: Auskunftsrecht für jedermann, Einsichtsrechte für Betroffene (eingeschränkt auch für Mitarbeiter des Staatssicherheitsdienstes), vollständige Erfassung und zentrale Verwaltung der Unterlagen, Einrichtung einer fachlich weisungsfreien Bundesoberbehörde, beschränkte Verwendung der Unterlagen in der Strafverfolgung, weitgehendes Nachteilsverbot gegenüber Betroffenen und Dritten, kein Zugriff der Nachrichtendienste, Öffnung der Unterlagen für die wissenschaftliche Forschung (ohne Daten Betroffener und Dritter).

Staatsstraßen
→ Straßen- und Wegerecht.

Staatstheorien
befassen sich mit Erklärung und Rechtfertigung der Existenz des Staates. Sie sind sehr mannigfaltig und reichen von völliger Verneinung der Existenzberechtigung des Staates (insbes. seiner umfassenden Gewalt) bis zu seiner Verherrlichung. Zum Teil sehen sie seine Rechtfertigung im religiösen Bereich (dem göttlichen Plan entsprechend), zum Teil als Ergebnis rationalistischen Denkens (zB die ethische oder Sittlichkeitstheorie, die Theorie des Wohlfahrtsstaates). Besonders erwähnt sei die Vertragstheorie, welche die Staatsbildung als Vertragsschluss ansieht (Gesellschaftsvertrag). Die neueren Staatstheorien sehen den Zweck des Staates nicht allein darin, die innere und äußere Sicherheit der Einwohner zu gewährleisten (darauf beschränkte sich die Theorie des liberalen Rechtsstaates). Sie lehnen auch einen einzelnen, absolut gültigen Staatszweck ab, richten vielmehr als relative Staatstheorien den Staatszweck nach den jeweiligen Bedürfnissen des Staatslebens aus. Der Staat soll zugleich die materielle Gerechtigkeit so weit als möglich verwirklichen und denjenigen (subsidiär) Hilfe zukommen lassen, die aus eigener Kraft innerhalb der Gemeinschaft nicht menschenwürdig bestehen könnten (Rechts- und Sozialstaat).

Staatstrojaner
Massenmedial geprägte Bezeichnung für „technische Mittel", insb. Spionagesoftware, die zur Durchführung einer Quellen-Telekommunikationsüberwachung (§ 100a I 2, 3 StPO; → Telekommunikationsüberwachung 1) sowie einer → Online-Durchsuchung (§ 100b StPO) eingesetzt werden.

Staatsutopien
werden rechtsgeschichtlich die Idealbilder von Staaten genannt, die nach den Vorstellungen älterer humanistischer Staatsphilosophen anzustreben sind, die aber praktisch nicht verwirklicht werden können. Ein solches Idealbild wurde schon von Plato (gest. 347 v. Chr.) in seinem Werk Politeia gezeichnet, in dem er den Staat als Verkörperung der Idee des Guten darstellte, vermittelt durch die Gerechtigkeit. Der Begriff Staatsutopie geht zurück auf den Phantasieroman Utopia des engl. Staatsmanns Thomas Morus (More; 1478–1535). Er entwirft darin das Bild eines Inselstaates, der charakterisiert ist durch Rechtsgleichheit aller Bürger, Aufhebung des Eigentums zwecks Beseitigung der Kriminalität, 6-Std.-Arbeitstag usw. Ähnliche Vorstellungen über menschheitsbeglückende Staatenbildungen im abgeschlossenen Raum finden sich in der christlichen Utopienlehre des Italieners Tommaso Campanella (1568–1639) über den Sonnenstaat und in der Atlantis des engl. Philosophen Francis Bacon (1561–1626).

Staatsverschuldung
1. Staatsverschuldung ist der untechnische Begriff für die Aufnahme von Krediten durch den Staat, in Deutschland also durch den → Bund und die → Länder. Zugleich bezeichnet Staatsverschuldung den Bestand an Kreditverbindlichkeiten eines Staates. Seit der → Föderalismusreform II (dort insbes. Nr. 2) sind die Einzelheiten der Kreditaufnahme des Bundes und der Länder in Art. 109, 115 und 143d GG und entsprechenden Bestimmungen des Landesrechts geregelt. Grundsätzlich darf der Staat keine Kredite zur Finanzierung seiner Ausgaben aufnehmen (sog. → Schuldenbremse). Davon wurden seit 2020 aber zahlreiche Ausnahmen gemacht. Sa → Sondervermögen Bundeswehr.

2. Höchst strittig ist, ob auch die → Europäische Union (EU) Kredite aufnehmen kann. S. hierzu → Eurobonds, → Wiederaufbaufonds. Für die Verbindlichkeiten aus dem Wiederaufbaufonds haftet nicht die EU selbst, sondern es haften nach einem bestimmten Verteilungsschlüssel die Mitgliedstaaten.

Staatsvertrag
1. Staatsvertrag ist die gängige Bezeichnung für einen → völkerrechtlichen Vertrag, der nicht nur → Verwaltungsabkommen ist. Dieses erstreckt sich nur auf Gegenstände, welche die vollziehende Gewalt in eigener Zuständigkeit regeln kann; hingegen hat der Staatsvertrag Regelungen zum Inhalt, deren innerstaatliche Durchführung gesetzgeberische Akte erfordert. Dementsprechend bedürfen Verträge, welche sich auf Gegenstände der Bundesgesetzgebung (dh der Gesetzgebung überhaupt, nicht nur der des Bundes) beziehen, der Zustimmung oder Mitwirkung der jeweils für die Bundesgesetzgebung zuständigen Körperschaften in der Form eines Bundesgesetzes (Art. 59 II 1 GG). Die Zustimmung hat die Form eines Gesetzes („Vertragsgesetz"), das außerdem die Transformation der vertraglichen Regelung in das innerstaatliche Recht enthält („Transformationsgesetz"). Erst nach der Zustimmung kann der Bundespräsident oder sein Bevollmächtigter die → Ratifikation des Staatsvertrages vornehmen; das Zustimmungsgesetz wird daher häufig auch als „Ratifikationsgesetz" bezeichnet. Wird ein Staatsvertrag ohne Zustimmung der gesetzgebenden Körperschaften ratifiziert, so ist str., ob er deshalb unwirksam ist oder im Verhältnis zum Vertragspartner ver-

bindlich bleibt. Die gleiche Regelung wie für Verträge, die sich auf Gegenstände der Gesetzgebung beziehen, sieht Art. 59 II 1 GG für Verträge vor, welche die politischen Beziehungen des Bundes regeln, dh die Existenz, Unabhängigkeit, den Gebietsstand oder die Stellung der BRep. in der Staatengemeinschaft berühren. Ob ein Handelsvertrag oder ein Kulturabkommen „die politischen Beziehungen des Bundes" regelt, entscheidet sich nach den Umständen des Einzelfalles. „Politische Verträge" iS des Art. 59 II 1 GG bedürfen der Zustimmung der gesetzgebenden Körperschaften, auch wenn sie keine Regelung enthalten, deren Durchführung innerstaatlich einen Gesetzgebungsakt erfordert.

2. Will der Bund einen Staatsvertrag oder einen anderen völkerrechtlichen Vertrag schließen, der ganz oder in einzelnen Gegenständen der → Gesetzgebungszuständigkeit der Länder unterfällt, dann muss er nach dem → Lindauer Abkommen das Einverständnis aller → Länder herbeiführen, bevor ein von ihm abzuschließender Vertrag völkerrechtlich verbindlich wird. Dieses Einverständnis aller Länder wird durch die Beteiligung des Bundesrates beim Ratifikationsgesetz nicht ersetzt.

3. Die → Länder der BRep. Deutschland können im Rahmen ihrer Gesetzgebungskompetenz Staatsvertrag mit auswärtigen Staaten nur mit Zustimmung der BReg. schließen (Art. 32 III GG). Bei → Konkordaten und → Kirchenverträgen wird diese Zustimmung von der Staatspraxis nicht als erforderlich angesehen, soweit sich die Regelungsgegenstände auf die → Gesetzgebungszuständigkeit der Länder beschränken. Untereinander können sie Staatsverträge über alle Gegenstände ihres Aufgabenbereichs (nicht nur ihrer Gesetzgebungskompetenz) abschließen, insbes. über gemeinsame Einrichtungen (zB auf kulturellem Gebiet: Staatsvertrag über die Errichtung des → ZDF als Anstalt des öffentlichen Rechts). Inwieweit diese der Zustimmung des Landesparlaments bedürfen, entscheidet sich nach der Landesverfassung; bei Gegenständen, die der Gesetzgebungskompetenz des Landesparlaments unterliegen, ist das regelmäßig der Fall. Beispiel für einen Staatsvertrag zwischen Bund und Land: Staatsvertrag zwischen der BRep. Deutschland und dem Freistaat Bayern über den rechtl. Status der Main-Donau-Wasserstraße vom 29.8.1985 (BayGVBl. 1986, 83).

Staatsverwaltung

(unmittelbare und mittelbare). Nimmt der Staat (Bund, Land) Verwaltungsaufgaben durch eigene Organe (Behörden) ohne Rechtspersönlichkeit wahr, so spricht man von unmittelbarer Staatsverwaltung; mittelbare Staatsverwaltung liegt vor, wenn staatliche Verwaltungsaufgaben von juristischen Personen des öffentl. Rechts (insbes. → Gebietskörperschaften wie → Gemeinde und → Kreis sowie rechtsfähigen → Anstalten) wahrgenommen werden. Mittelbare Staatsverwaltung gibt es im Bund und in den Ländern (→ Verwaltungskompetenz, → Ausführung von Gesetzen). Ob der Staat sich zur Erledigung seiner Verwaltungsaufgaben anderer Rechtsträger bedienen darf, ist durch Verfassung und Gesetz bestimmt. Die Einschränkung der mittelbaren Staatsverwaltung bezeichnet man als Zentralisierung, ihre Ausdehnung als Dezentralisierung.

Staatsvolk

Das Staatsvolk ist eines der drei wesentlichen Elemente des → Staates (sa → Staatsgebiet und → Staatsgewalt). Das Staatsvolk ist ein Verbund von Menschen, über den ein Staat auch bei Aufenthalt außerhalb seines Staatsgebietes die Personalhoheit innehat. Vermittelt wird die Zugehörigkeit zum Staatsvolk durch die → Staatsangehörigkeit. Die Personalhoheit beschreibt die Befugnis des Staates, seine Staatsangehörigen kraft seiner hoheitlichen Überlegenheit zu verpflichten und zu berechtigen. Keine Voraussetzung der Zugehörigkeit zum Staatsvolk ist die Zugehörigkeit zu einer bestimmten Kultur-, Sprach- oder → Religionsgemeinschaft. Auch Minderheiten gehören daher zum Staatsvolk im Sinne einer Rechtsgemeinschaft.

Staatswald

ist gem. Legaldefinition in § 3 I BundeswaldG (→ Forstrecht) → Wald im Alleineigentum des Bundes, eines Landes oder einer Anstalt bzw. Stiftung des öffentlichen Rechts. Auch Staatswald im landesrechtlichen Sinn, der nur im Miteigentum des Landes steht, gilt bundesrechtlich als Staatswald.

Staatszielbestimmung

→ Verfassung.

Stabilisierungsanordnung

→ Sanierung von Handelsgesellschaften.

Stabilisierungsfondsgesetz

→ Finanzmarktstabilisierungsfonds, → Wirtschaftsstabilisierungsfonds.

Stabilitätsgesetz

1. Stabilitätsgesetz ist die Kurzbezeichnung für das Gesetz zur Förderung der Stabilität und des Wachstums der Wirtschaft vom 8.6.1967 ((StabG) BGBl. 1967 I 582) mÄnd. Das Gesetz ermächtigt die BReg. im Rahmen der sozialen → Marktwirtschaft durch sog. indirekte Lenkungsmaßnahmen (s. → Wirtschaftslenkung den Wirtschaftsablauf zur Sicherung des gesamtwirtschaftlichen Gleichgewichts, insbes. des Preisniveaus, der Beschäftigung und der Außenwirtschaft, global zu steuern. Diese Zielsetzungen sind auch verfassungsrechtlich verankert (s. Art. 109 GG).

2. Das Stabilitätsgesetz normiert hauptsächlich Grundsätze für eine konjunkturgerechte Haushaltswirtschaft des Bundes unter weitgehender Einbeziehung der Länder und Gemeinden. Es sieht ua vor: die Vorlage eines Jahreswirtschaftsberichts durch die BReg. an

Bundestag und Bundesrat mit Stellungnahme zu dem Jahresgutachten des → Sachverständigenrates und Darlegung der von der BReg. für das laufende Jahr angestrebten wirtschafts- und finanzpolitischen Ziele (§ 2 StabG, dazu → Gesamtwirtschaftliche Vorausschätzung), die Festsetzung sog. Orientierungsdaten über gesamtwirtschaftliche Zusammenhänge als Leitlinien für die Tarifpartner (sog. → konzertierte Aktion, § 3 StabG), die 2-jährliche Vorlage eines Subventionsplanes (§ 12 StabG, s. → Finanzhilfen, → Subventionen) sowie die Bildung eines → Konjunkturrates (§ 18 StabG). Das Stabilitätsgesetz verpflichtet den Bund zu einer 5-jährigen Finanzplanung (§ 9 StabG) und zur Aufstellung von mehrjährigen Investitionsprogrammen (§ 10 StabG).

3. Von entscheidender Bedeutung sind ferner die Ermächtigungen der BReg., zur Abwehr einer Störung des gesamtwirtschaftlichen Gleichgewichts durch RechtsVO mit Zustimmung des Bundesrats die Zuführung von Mitteln zu den → Konjunkturausgleichsrücklagen von Bund und Ländern vorzusehen (§ 15 StabG), die Kreditaufnahme durch Bund, Länder und Gemeinden zu beschränken (§ 19 StabG), die Einkommensteuer um 10% nach oben oder unten zu variieren und Sonderabschreibungen einschl. der degressiven → Abschreibungen zeitweilig auszusetzen (§ 51 II, III EStG idF des § 26 StabG). Die praktische Bedeutung des Stabilitätsgesetzes ist gering.

4. Sa → Stabilitätspakt, → Stabilitätsrat.

Stabilitätspakt

1. a) Vor Einführung des → Euro und Beginn der → Wirtschafts- und Währungsunion verpflichteten sich alle Mitgliedstaaten der Europäischen Union zu dauerhafter Haushalts- und Finanzdisziplin und der Vermeidung übermäßiger öffentlicher Defizite. Der von Deutschland angeregte Stabilitätspakt (auch Euro-Stabilitätspakt oder Stabilitäts- und Wachstumspakt) ist verankert in

- Art. 121 und 126 AEUV,
- dem dazugehörigen Protokoll (Nr. 12) über das Verfahren bei einem übermäßigen Defizit,
- der Entschließung des Europäischen Rates über den Stabilitäts- und Wachstumspakt v. 17.6.1997 (ABl. EG 1997 C 236, 1),
- der VO (EG) Nr. 1467/97 v. 7.7.1997 über die Beschleunigung und Klärung des Verfahrens bei einem übermäßigen Defizit (ABl. EG 1997 L 209, 6),
- der RL 2011/85/EU v. 8.11.2011 über die Anforderungen an die haushaltspolitischen Rahmen der Mitgliedstaaten (ABl. EU 2011 L 306, 41),
- der VO (EU) 1173/2011 v. 16.11.2011 über die wirksame Durchsetzung der haushaltspolitischen Überwachung im Euro-Währungsgebiet (ABl. EU 2011 L 306, 1),
- der VO (EU) 1174/2011 v. 16.11.2011 über Durchsetzungsmaßnahmen zur Korrektur übermäßiger makroökonomischer Ungleichgewichte im Euro-Währungsgebiet (ABl. EU 2011 L 306, 8),
- der VO 1176/2011 v. 16.11.2011 über die Vermeidung und Korrektur makroökonomischer Ungleichgewichte (ABl. EU 2011 L 306, 25) und
- der VO (EU) 2024/1263 v. 29.4.2024 über die wirksame Koordinierung der Wirtschaftspolitik und über die multilaterale haushaltspolitische Überwachung (ABl. EU 2024 L v. 30.4.2024).

b) Der 2005, 2011 und 2024 geänderte Stabilitätspakt wird in einen präventiven Teil zur Vermeidung übermäßiger Defizite und einen korrektiven zu ihrer Beseitigung unterteilt. Grundsätzlich gelten seine Vorschriften für alle Mitgliedstaaten der EU, die strengeren, etwa bezüglich Sanktionen, betreffen jedoch nur diejenigen Staaten, die den Euro eingeführt haben (vgl. Art. 139 II lit. a und b AEUV). Ergänzt wird der Stabilitätspakt durch den → Fiskalpakt.

2. a) Art. 126 AEUV verpflichtet alle (nicht nur die am Euro teilnehmenden) Mitgliedstaaten, übermäßige öffentliche Defizite zu vermeiden. Das heißt, die jährliche Staatsverschuldung (das ist die Summe der Defizite von Bund, Ländern, Gemeinden und den Sozialversicherungen) darf 3% des Bruttoinlandsproduktes (BIP) und der gesamte öffentliche Schuldenstand 60% des BIP nicht übersteigen (Art. 126 II AEUV und Protokoll Nr. 12). Damit gelten für alle Mitgliedstaaten die zur Teilnahme am Euro berechtigenden → Konvergenzkriterien. Ihre Einhaltung ist jedoch nicht einklagbar (Art. 126 X AEUV) und nur gegen am Euro teilnehmende Mitgliedstaaten können Sanktionen ergehen.

b) Das System der multilateralen wirtschaftspolitischen Überwachung, also der präventive Teil des Stabilitätspakts, basiert auf Art. 121 AEUV sowie der VO (EU) 2024/1263. Danach müssen alle Mitgliedstaaten „nationale mittelfristige strukturelle finanzpolitische Pläne" erstellen. Darin legen die Mitgliedstaaten dar, wie sie während ihrer Legislaturperiode haushalten wollen. Dafür erstellen sie einen Nettoausgabenpfad, mit dem die Verletzung der Defizitkriterien vermieden werden soll. Für Mitgliedstaaten, die bereits die Defizitkriterien verletzen, legt die Kommission einen Referenzpfad für die Erstellung des Nettoausgabenpfads fest, in dem die Rückführung der Schulden ausreichend berücksichtigt wird. Die so erstellten Pläne werden von der Kommission bewertet und müssen vom Rat angenommen werden. Ihre Einhaltung wird danach von der Kommission überwacht, Planabweichung werden auf einem Kontrollkonto erfasst.

c) Die korrektive Komponente des Stabilitätspakts wird häufig als Defizitverfahren bezeichnet und basiert auf Art. 126 AEUV und der EG-DefizitverfahrensVO. Konstatiert die

Kommission eine Verletzung der Stabilitätskriterien, berichtet sie dem Rat, der nunmehr entscheidet, ob ein übermäßiges Defizit vorliegt (Art. 126 VI AEUV), und Empfehlungen ausspricht. Werden diesen vom betroffenen Mitgliedstaat nicht Folge geleistet, kann der Rat ihn in Verzug setzen und Maßnahmen erlassen (idR Geldbußen von bis zu zu 0,05 % des BIP für sechs Monate). Die Beschlussfassung im Rat erfolgt ohne den betroffenen Mitgliedstaat und mit qualifizierter Mehrheit. Hat der betroffene Mitgliedstaat das übermäßige Defizit korrigiert, hebt der Rat alle Beschlüsse wieder auf.

3. Das Problem des Stabilitätspakts ist, dass er bisher kaum angewandt wurde. ZB hat Deutschland von 2001–2006 fünf Mal in Folge sanktionslos dagegen verstoßen. 2005 war der Stabilitätspakt auf Betreiben von Frankreich und Deutschland sogar aufgeweicht worden. Er hat daher die Euro- oder Staatsschuldenkrise nach 2008 nicht verhindert. Während der Corona-Krise hat die Kommission den Rat gebeten, die sog. Ausweichklauseln oder „Escape-clauses" zu aktivieren. Sie gestatten es bei großen wirtschaftlichen Schwierigkeiten den Mitgliedstaaten, von den Stabilitätskriterien vorübergehend abzuweichen. Die Reform von 2024 soll zu einer besseren Durchsetzung des Stabilitätspakts führen. Solange den Mitgliedstaaten jedoch der Wille zu echter Haushaltsdisziplin fehlt, wird das ein frommer Wunsch bleiben.

4. Evtl. Sanktionsmaßnahmen gegen Deutschland tragen Bund und Länder im Verhältnis 65 zu 35 (Art. 109 V GG und das Sanktionszahlungs-Aufteilungsgesetz (SZAG) v. 5.9.2006, BGBl. 2006 I 2104). Sa → Finanzwesen (5).

Stabilitätsrat

1. Der Stabilitätsrat ist ein Gremium, das nach Art. 109a GG zur Vermeidung von Haushaltsnotlagen die Haushaltswirtschaft von Bund und Ländern fortlaufend überwacht. Er wurde durch die → Föderalismusreform II (Gesetz v. 29.7.2009, BGBl. 2009 I 2248) geschaffen; Einzelheiten regelt das Stabilitätsratsgesetz v. 10.8.2009, BGBl. 2009 I 2702.

2. Dem Stabilitätsrat gehören die Finanzminister von Bund und Ländern sowie der Bundeswirtschaftsminister an (§ 1 StabiRatG). Er beschließt allgemein geltende Schwellenwerte, deren Überschreitung eine drohende Haushaltsnotlage ankündigen. Sobald sie festgestellt wird, vereinbart der Stabilitätsrat mit Bund oder dem Land ein Sanierungsprogramm (§ 5StabiRatG). Mehr als beratende, hinweisende und mahnende Funktionen hat der Stabilitätsrat nicht. Sa → Stabilitätsgesetz, → Stabilitätspakt.

Stadt

Die Bezeichnung einer größeren Gemeinde als Stadt ist nach den → Gemeindeordnungen der Länder idR ohne rechtliche Bedeutung. Lediglich ist die Eigenschaft als → kreisfreie Stadt (→ Gemeinde, 3d) rechtlich bedeutsam. In einigen Ländern gibt es zwischen der kreisangehörigen und der kreisfreien Stadt noch Zwischenformen mit gegenüber der kreisangehörigen Stadt erweiterten Aufgaben, so zB die „Große Kreisstadt" (in Bayern, Baden-Württemberg und Sachsen), die „große selbständige Stadt" (Niedersachsen) und die „große kreisangehörige Stadt" (Nordrhein-Westfalen, Rheinland-Pfalz, Sachsen-Anhalt und Thüringen). Diese Eigenschaft wird durch VO oder Gesetz der Länder im Hinblick auf eine bestimmte Einwohnerzahl oder auf regionale Bedeutung verliehen (→ Kreisstadt).

Stadtbezirk

→ Gemeindebezirk.

Stadtbezirksbeirat

→ Gemeindebezirk.

Stadtbezirksrat

→ Gemeindebezirk.

Stadtdirektor

war früher in den Städten Niedersachsens und Nordrhein-Westfalens die Bezeichnung für den → Gemeindedirektor. In → Kreisfreien Städten führt er die Bezeichnung Oberstadtdirektor.

Stadtfriede

→ Landfriede.

Stadtkreis

→ kreisfreie Städte.

Stadtrat

Stadtrat heißt nach einigen Gemeindeordnungen (Bayern, Baden-Württemberg, Rheinl.-Pfalz, Saarland, Sachsen, Sachsen-Anhalt, Thüringen) die Gemeindevertretung (→ Gemeindeverfassung, 3) in den Städten (sowie das einzelne Mitglied dieser Vertretung). Die entsprechenden Bezeichnungen in den anderen Ländern sind Stadtvertretung oder Stadtverordnetenversammlung (zB Hessen).

Stadtrechte

→ Rechtsgeschichte (3).

Stadtschaften

waren nach dem Vorbild der → Landschaften für den städtischen Hausbesitz geschaffene öffentlich-rechtliche Bodenkreditinstitute auf genossenschaftlicher Basis wie zB das Berliner Pfandbrief-Amt (Art. 1. Berliner AltbankenG v. 10.12.1953, GVBl. (BE) 1953, 1483). Sa preuß. Gesetz über die Förderung der Stadtschaften v. 8.6.1918 (GS 1918, 97). Die Kreditnehmer wurden idR kraft Satzung Mitglieder und übernahmen eine Haftung in Höhe eines vH ihrer nicht getilgten Darlehnsschuld.

Stadtstaat

Stadtstaat nennt man eine Stadt, deren Gebiet – meist mit abgegrenzter Umgebung – zugleich das Staatsgebiet eines eigenen Staates oder Gliedstaates eines Bundesstaates ist, zB Monaco, Singapur und → Vatikanstadt; in Deutschland sind dies → Berlin, → Bremen,

→ Hamburg (→ Länder.). Stadt (Kommune) und Staat haben im Stadtstaat idR gemeinsame Organe.

Stadtumbau
Mit den Vorschriften über den Stadtumbau in § 171a BauGB reagierte der Gesetzgeber auf die Notwendigkeit, die Siedlungsflächen insbesondere im → Beitrittsgebiet im Hinblick auf den Bevölkerungsrückgang zu reduzieren. Nach § 171a II BauGB soll mit Stadtumbaumaßnahmen auf erhebliche städtebauliche Funktionsverluste reagiert werden; diese liegen vor, wenn ein dauerhaftes Überangebot an baulichen Anlagen vor allem für Wohnzwecke besteht oder zu erwarten ist. Die Gemeinden sollen die Möglichkeit nutzen, den Rückbau und den Lastenausgleich zwischen den beteiligten Eigentümern durch Verträge zu regeln (§ 171c BauGB).

Stadt-Umland-Verbände
→ Kommunalverbände.

Stadtverordnetenversammlung
→ Stadtrat; → Gemeindeverfassung (3); → Berlin (4).

Stadtvertretung
→ Stadtrat, → Gemeindeverfassung (3).

Städtebauförderung
Das 1971 erlassene Gesetz über städtebauliche Sanierungs- und Entwicklungsmaßnahmen in den Gemeinden, zuletzt idF v. 18.8.1976 (BGBl. 1976 I 2318), regelte die Sanierung und Entwicklung in Stadt und Land. Es ist nunmehr unter Änderungen im → Baugesetzbuch (2. Kapitel: Besonderes Städtebaurecht, §§ 136 ff. BauGB) aufgegangen. S. → Städtebaurecht.

Städtebauliche Entwicklungsmaßnahmen
Mit städtebaulichen Entwicklungsmaßnahmen sollen Ortsteile oder andere Teile einer → Gemeinde entsprechend ihrer besonderen Bedeutung für die städtebauliche Entwicklung und Ordnung der Gemeinde erstmalig entwickelt oder im Rahmen einer städtebaulichen Neuordnung einer neuen Entwicklung zugeführt werden. Die Gemeinde beschließt die fömliche Festlegung des städtebaulichen Entwicklungsbereichs durch Satzung (Entwicklungssatzung). Die Gemeinde hat für den städtebaulichen Entwicklungsbereich unverzüglich Bebauungspläne (→ Bauleitpläne) aufzustellen. Sie soll ferner die Grundstücke im städtebaulichen Entwicklungsbereich erwerben. Erwirbt die Gemeinde ein Grundstück nicht, ist der Eigentümer verpflichtet, einen Ausgleichsbetrag an die Gemeinde zu entrichten, der der Erhöhung des Bodenwertes entspricht. Die Einzelheiten sind in §§ 165 ff. BauGB (→ Baugesetzbuch) geregelt.

Städtebauliche Gebote
nennt man die in §§ 175 ff. BauGB (→ Baugesetzbuch) vorgesehenen, von den Gemeinden erlassenen Bau- oder Pflanzgebote (→ Baugebot), Nutzungsgebote, Abbruchgebote, Modernisierungs- oder Instandsetzungsgebote. Sie werden teils durch → Verwaltungsakt (Bescheid), teils durch → Satzung erlassen. Die Gemeinde soll vorher die geplanten Maßnahmen mit den Eigentümern oder sonstigen Nutzungsberechtigten erörtern und diese beraten, wie die Maßnahmen durchgeführt werden können und welche Finanzierungsmöglichkeiten aus öffentlichen Kassen bestehen. Unzumutbare städtebauliche Gebote dürfen nicht ergehen. UU können städtebauliche Gebote Entschädigungsansprüche auslösen (sa → Planungsschäden).

Städtebauliche Sanierungsmaßnahmen
Städtebauliche Sanierungsmaßnahmen dienen der Behebung städtebaulicher Mißstände, insbesondere bei Bestehen ungesunder Wohn- und Arbeitsverhältnisse. Die → Gemeinde kann ein Gebiet, in dem eine Sanierungsmaßnahme durchgeführt werden soll, förmlich als Sanierungsgebiet festlegen (→ Sanierungssatzung). Die Durchführung der Sanierungsmaßnahme umfasst Ordnungsmaßnahmen (Erwerb von Grundstücken, Umzug von Bewohnern und von Erschließungsanlagen) und Baumaßnahmen; letztere bleiben in der Regel den Eigentümern überlassen. Die Einzelheiten sind in §§ 136 ff. BauGB (→ Baugesetzbuch) geregelt.

Städtebaurecht
Das Städtebaurecht ist als besonderer Teil des Bauplanungsrechts (→ Baurecht) in §§ 136–191 BauGB – Baugesetzbuch geregelt. Als Instrumentarien des besonderen Städtebaurechts sieht das BauGB → Städtebauliche Sanierungsmaßnahmen, → Städtebauliche Entwicklungsmaßnahmen, → Erhaltungssatzungen sowie → Städtebauliche Gebote und → Stadtumbau vor. Weitere Vorschriften regeln Sozialplan und Härteausgleich, die öffentlich-rechtliche Gestaltung von Miet- und Pachtverhältnissen sowie die Abstimmung zwischen Maßnahmen der Bauleitplanung und Maßnahmen zur Verbesserung der Agrarstruktur.

Stagflation
Stagflation beschreibt einen Zustand einer Volkswirtschaft in der einerseits wirtschaftliche Stagnation (geringes oder negatives Wachstum aufgrund struktureller Gründe, zB Energieknappheit, Pandemiefolgen) herrscht, diese aber gleichzeitig mit → Inflation (zB aufgrund gestiegener Ernergiekosten oder hoher Verbraucherpreise aufgrund Angebotsverknappung oder Nachfrageüberhangs) einhergeht. Erstmalig wurde eine Stagflation während der Ölkrise in den 1970er Jahren beobachtet. Derzeit besteht aufgrund der stark gestiegenen Energiekosten (→ Inflation) im Zusammenhang mit dem Ukraine-Konflikt wieder die Gefahr einer Stagflation. Allerdings ist bislang - im Gegensatz zu der Zeit der Ölkrise - noch kein relevanter Anstieg der Arbeitslosigkeit in Deutschland zu beobachten.

Stände, -staat
Die Gliederung in Stände ist eines der wesentlichsten Merkmale des europäischen Verfassungsrechts des Mittelalters. Als Stände waren zunächst nur Adel und Geistlichkeit zur Mitwirkung an der staatlichen Willensbildung zugelassen, später auch Bürger und Bauern. Vor und während der franz. Revolution wurden die bürgerlichen Kreise als der dritte Stand bezeichnet; für die besitzlose Arbeiterschaft bildete sich sodann der Begriff Vierter Stand heraus. Im deutschen Mittelalter entwickelte sich erst nach und nach eine ständische Verfassung. Während die Landesherren zunächst die Regierungsgewalt ohne Mitwirkung der Bevölkerung ausübten, erlangten die ihnen nach → Lehnsrecht dienstpflichtigen Vasallen mit der Zeit mehr und mehr Einfluss auf die Staatsgeschäfte, indem sie auf Grund der von ihnen geforderten Dienste ein Mitspracherecht durchsetzten, zB bei der Bewilligung von Steuern, Besetzung von Ämtern usw. So entwickelte sich der Ständestaat, in dem die Stände dem Landesherrn auf Grund landständischer Verfassungen gegenübertraten. Neben die Adeligen und die geistlichen Fürsten traten die Städte als Vertreter der Bürgerschaften. Rechtlich waren die Stände privilegierte Korporationen; sie hatten bestimmte Rechte und Vorrechte (zB das privilegium fori: das Recht der Reichsunmittelbaren, Adeligen und Geistlichen auf Aburteilung durch das Reichskammergericht bzw. das Hof- oder geistliche Gericht). Erst die Aufklärung brachte mit der veränderten Staatsauffassung auch das Ende des Ständestaates: verfassungsmäßig standen jetzt dem Landesherrn nicht mehr die Stände, sondern im Parlament die Volksvertreter, in der zweiten Kammer die Vertreter der Landesteile gegenüber; die landständischen Verfassungen wurden nach und nach aufgehoben. – Der Ständestaat, insbes. die → ständische Monarchie, hat im Wesentlichen historische Bedeutung; dem demokratischen Verfassungsleben ist er so gut wie unbekannt.

Ständige Fazilitäten
1. Ständige Fazilitäten sind neben → Mindestreserven und → Offenmarktpolitik das dritte geldpolitische Instrumentarium der → Europäischen Zentralbank. Rechtsgrundlage sind Art. 20 ESZB-Satzung sowie die Leitlinie der EZB v. 31.8.2000.

2. Ständige Fazilitäten sind die Spitzenrefinanzierungsfazilität, durch die das ESZB mittels der nationalen Zentralbanken den → Kreditinstituten Übernachtkredite zur Verfügung stellt, und die Einlagefazilität, in deren Rahmen Kreditinstitute umgekehrt Guthaben über Nacht anlegen können.

3. Die Spitzenrefinanzierungsfazilität entspricht dem früheren Lombardkredit der Deutschen → Bundesbank (sa → Lombardgeschäft). Ihr Zinssatz ersetzt den ehemaligen Lombardsatz der Deutschen Bundesbank (§ 2 G zur Aufhebung des Diskontsatz-Überleitungs G = Art. 4 G v. 26.3.2002, BGBl. 2002 I 1219).

Ständige Impfkommission
Die ständige Impfkommission (STIKO) ist eine auf Grundlage des → Infektionsschutzgesetzes beim → Robert-Koch-Institut (RKI) eingerichtete ehrenamtlich tätige Expertengruppe, die Empfehlungen zur Schutzimpfung und zur spezifischen Prophylaxe übertragbarer Krankheiten abgibt. Die Mitglieder der STIKO werden vom Bundesministerium für Gesundheit im Benehmen mit den obersten Landesgesundheitsbehörden berufen. An den Kommissionssitzungen nehmen auch Mitglieder des Bundesministeriums, der Landesgesundheitsbehörden, des RKI und des → Paul-Ehrlich-Instituts teil. Von der STIKO empfohlene Impfungen sollen von den obersten Landesgesundheitsbehörden öffentlich empfohlen werden. Die empfohlenen Impfungen werden in den Leistungskatalog der gesetzlichen Krankenversicherungen aufgenommen (§ 20i SGB V).

Ständige Vertragskommission
→ Lindauer Abkommen.

Ständiger Schiedsgerichtshof
→ Schiedsgerichtshof, ständiger.

Ständiges Schiedsgericht
→ Schiedsgericht, → Sportrecht.

Ständische Monarchie
Die ständische Monarchie ist eine → Staatsform iwS, in welcher der Monarch in der Ausübung der → Staatsgewalt durch Rechte der Stände – insbes. Berufsstände oder Stände kraft Geburt oder Rechtsstellung – beschränkt ist, denen zB das Steuerbewilligungsrecht zusteht. Die ständische Monarchie ist eine historische Erscheinung, dem demokratischen Verfassungsleben ist sie unbekannt.

Staffelmiete
Bei der Staffelmietvereinbarung wird die Miete von vornherein oder durch spätere Änderung für bestimmte Zeiträume in unterschiedlicher, konkret bestimmter Höhe festgelegt. Die Miete muss jeweils mindestens ein Jahr unverändert bleiben. Während der Laufzeit der Staffelmiete ist eine Mieterhöhung nach §§ 558 ff. BGB (zur Anpassung an die ortsüblich Vergleichsmiete oder wegen Modernisierungsmaßnahmen) generell ausgeschlossen. Das Kündigungsrecht des Mieters kann für höchstens 4 Jahre seit Abschluss einer Staffelmietvereinbarung ausgeschlossen werden. Veränderungen und Anpassungen der Betriebskosten nach § 560 BGB sind auch bei einer Staffelmietvereinbarung grds. möglich, s. → Wohnraummietvertrag (2).

Stakeholder value
→ Aktiengesellschaft (AG), 3c.

Stalking
(engl. nachstellen, heranpirschen) wird das wiederholte Nachstellen und Verfolgen einer

Person genannt. Zur Strafbarkeit → Nachstellung. Zur zivilrechtlichen Abwehr → Belästigung durch Nachstellen, → Gewaltschutz, → Unterlassungsanspruch. Wie beim → Mobbing kann Stalking (insbes. bei Gesundheitsbeschädigungen) zu Ansprüchen auf → Schadensersatz (zB Kosten der Abwehrmaßnahmen) und → Schmerzensgeld führen.

Stallpflicht
→ Aufstallungspflicht.

Stammaktie
Eine Stammaktie ist eine Aktie, die keine Vorrechte bzgl. Stimmrecht, Dividende usw (→ Vorzugsaktie, → Mehrstimmrechtsaktie) gewährt.

Stambulant ist eine neue Wortschöpfung in der Pflege, bestehend aus stationär und ambulant. Das Entwickeln neuer Wohnformen ist in § 45f SGB XI ausdrücklich geregelt. Es gibt Überlegungen im Bundesministerium für Gesundheit, diese als entsprechende neue Mischform der Plege – mit Elementen der stationären und der ambulanten Pflege – als dritte Form der Regelversorgung einzuführen. Wann mit einer entsprechenden gesetzlichen Regelung zu rechnen ist, ist derzeit allerdings noch nicht absehbar.

Stammeinlage
Stammeinlage war die frühere Bezeichnung des Anteils eines Gesellschafters einer → Gesellschaft mit beschränkter Haftung an deren → Stammkapital. S. heute → Geschäftsanteil.

Stammgesetz
Im Gegensatz zu den → Änderungsgesetzen treffen die Stammgesetze dauerhaft Regelungen für eine bestimmte Rechtsmaterie, während die Änderungsesetze nur die Änderung bestehender Stammgesetze oder das Inkrafttreten neuer Stammgesetze regeln.

Stammkapital
Das Stammkapital ist bei einer → Gesellschaft mit beschränkter Haftung der Geldbetrag, der dem → Grundkapital einer → Aktiengesellschaft entspricht. Die Höhe des Stammkapitals entspricht dem Gesamtbetrag der von den Gesellschaftern übernommenen → Geschäftsanteile. Das Stammkapital muss bei der normalen GmbH mindestens 25.000 EUR betragen (§ 5 I GmbHG), kann aber für die sog. Unternehmensgesellschaft auf bis zu 1 EUR ermäßigt sein (zu Einzelheiten → Gesellschaft mit beschränkter Haftung, 2b). Zum Schutz für die Gläubiger der GmbH ist es verboten, das zur Erhaltung des Stammkapitals erforderliche Vermögen an die Gesellschafter auszuzahlen (§§ 30, 31 GmbHG; sa → Konzernrecht, 2). Aus diesem Grund ist das Stammkapital stets auf der Passivseite der → Bilanz aufzuführen. Die Höhe des Stammkapitals ist bei der Eintragung in das → Handelsregister anzugeben (§ 10 I GmbHG). Das Stammkapital kann erhöht (§ 55 GmbHG) und herabgesetzt werden (§ 58 GmbHG), jedoch nur durch eine Änderung des Gesellschaftsvertrages (Satzung).

Stammrecht
→ Leibrente.

Stammzellenforschung
→ künstliche Fortpflanzung (1).

Stand der Technik
→ Technische Regeln. → Patentfähigkeit.

Stand von Technik und Wissenschaft
→ Technische Regeln.

Standardessentielles Patent (SEP)
→ FRAND.

Standesamt
→ Standesbeamter.

Standesbeamter
1. Dem Standesbeamten obliegt die Vornahme der → Eheschließung, die Vornahme von Beurkundungen und Beglaubigungen für Zwecke des → Personenstands sowie die Führung der → Personenstandsregister (§ 1 II PStG, §§ 2, 3 ff. PStG, sog. Personenstandssachen). Der Standesbeamte ist ferner für die Entgegennahme namensrechtlicher Erklärungen zuständig (§§ 41 ff. PStG, → Name der Familie, → Name des Kindes, → Einbenennung usw). Dem Standesbeamten können durch Gesetz noch weitere Aufgaben zugewiesen werden (§ 1 III PStG). Die Ausgestaltung im Einzelnen ist Sache der Länder; zuständig für die Erfüllung dieser staatlichen Aufgaben sind die Gemeinden, die hierfür Standesämter einrichten.

2. Lehnt der Standesbeamte die Vornahme einer Amtshandlung ab, so kann er auf Antrag der Beteiligten oder der Aufsichtsbehörde durch das Amtsgericht dazu angehalten werden. Auf das gerichtliche Verfahren in Personenstandssachen sind die Vorschriften der → freiwilligen Gerichtsbarkeit anzuwenden. Gegen die Entscheidung des Amtsgerichts ist idR die → Beschwerde gegeben. Auch eine Berichtigung der Personenstandsbücher nach Abschluss der Eintragung kann – abgesehen von offensichtlichen Schreibfehlern und Ergänzungen – nur auf Anordnung des Gerichts vorgenommen werden (§§ 46 ff. PStG).

Standesrecht
Unter Standesrecht versteht man Regelungen des Berufsrechts der → freien Berufe, zB der Ärzte, Notare, Rechtsanwälte und Steuerberater. Es enthält Rechts-, Berufs- und Verhaltenspflichten und wird durch → Berufsgerichte (früher Ehrengerichte) gewahrt. Standesrecht wurde früher von den Standesorganisationen (→ Kammer) überwiegend selbst formuliert. So wurden eine Fülle von rigiden Berufsvorschriften ohne eine spezielle Rechtsgrundlage begründet, etwa strikte Werbeverbote, Schweige-, Hilfs- und Unterlassungspflichten. Im Hinblick auf Vorrang und Vorbehalt des Gesetzes bedarf das Standesrecht nach neuerer Auffassung gesetzlicher Grundlagen. Für

Rechtsanwälte ist dies die BRAO, ergänzt durch die Berufsordnung (→ Rechtsanwalt). Verstöße gegen das mittlerweile etwas liberalisierte Standesrecht können neben berufsrechtlichen Konsequenzen gegenüber dem Mandaten eine zum Schadensersatz führende → Pflichtverletzung darstellen. Sa → Arzt.

Standortauswahlgesetz
→ Endlager.

Standortregister
→ Freisetzung.

Standortverwaltung
→ Bundeswehrverwaltung.

Standrecht
In Kriegszeiten (→ Kriegsrecht) oder im Ausnahmezustand (→ Staatsnotstand) kann zur Aufrechterhaltung der Ordnung das Standrechts verkündet werden. Danach kann wegen bestimmter Straftaten von einem Standgericht in einem abgekürzten Verfahren eine unanfechtbare (allenfalls „Bestätigung") Strafe verhängt und sofort vollstreckt werden. Standgerichte sind in Deutschland als Ausnahmegerichte nach Art. 101 I GG verboten. Im → Verteidigungsfall, → Spannungsfall und beim inneren → Notstand gilt die → Notstandsverfassung.

START-Verträge
→ Abrüstung.

StaRuG
→ Sanierung von Handelsgesellschaften.

Stasi
→ Staatssicherheitsdienst.

Stationäre Hospize
Unter einem Hospiz ist eine stationäre Einrichtung zu verstehen, in der unheilbar Kranke in der letzten Lebensphase im Sinne einer Sterbebegleitung menschenwürdig versorgt werden. Versicherte, die keiner → Krankenhausbehandlung bedürfen, haben Anspruch auf einen Zuschuss zu stationärer oder teilstationärer Versorgung in Hospizen, in denen palliativ-medizinische Behandlung erbracht wird, wenn eine ambulante Versorgung im Haushalt oder der Familie des Versicherten nicht erbracht werden kann. Die Höhe des Zuschusses ist in der Satzung der → Krankenkasse festzulegen. Er darf kalendertäglich 9% der monatlichen → Bezugsgröße nach § 18 I SGB IV nicht unterschreiten und unter Anrechnung der Leistungen anderer Sozialleistungsträger die tatsächlichen kalendertäglichen Kosten nicht überschreiten. Die Spitzenverbände der → Krankenkassen und die mit der Wahrnehmung der Interessen der Hospize beauftragten Organisationen vereinbaren einheitlich das Nähere über Art und Umfang der Versorgung (§ 39a SGB V).

Stationierungsstreitkräfte, -schäden
(Ersatzansprüche, deutsche Gerichtsbarkeit) → Streitkräfte, ausländische.

Statische Verweisung
→ Dynamische Verweisung.

Statistik
1. Statistische Erhebungen durch öffentliche Rechtsträger (Behörden, Körperschaften), die auf Grund von Befragungen der Bürger, also nicht rein behördenintern, erstellt werden, bedürfen schon nach Verfassungsrecht der gesetzlichen Grundlage (→ Gesetzmäßigkeit der Verwaltung), wobei für die Ausgestaltung im Einzelnen auch Verordnungen genügen. Zu beachten sind für jede normative Anordnung und Ausgestaltung statistischer Erhebungen die verfassungsrechtlichen Beschränkungen durch den → Verhältnismäßigkeitsgrundsatz (Eignung, Erforderlichkeit sowie angemessenes Verhältnis von Zweck und Mittel) und das Grundrecht auf → informationelle Selbstbestimmung (BVerfG NJW 1984, 419).

2. Auf Ebene der → Europäischen Union werden Statistiken in großer Zahl zu sämtlichen von ihr berührten Bereichen erhoben. Grundlage bilden Art. 338 → AEUV und insbes. die VO (EG) 223/2009 v. 11.3.2009 (ABl. EG 2009 L 87, 164), das sog. Statistikgesetz. Gemäß Art. 3 VO (EG) 223/2009 sind Statistiken quantitative und qualitative, aggregierte und repräsentative Informationen, die ein Massenphänomen in einer betrachteten Grundgesamtheit beschreiben. Nach Art. 338 II AEUV müssen Statistiken unter Wahrung von Unparteilichkeit, Zuverlässigkeit, Objektivität, wissenschaftlicher Unabhängigkeit, Kostenwirksamkeit und statistischer Geheimhaltung erstellt werden. Bedeutsame einzelne europäische Statistiken basieren zB auf der VO (EU) 2019/2152 v. 27.11.2019 über europäische Unternehmensstatistiken (ABl. EU 2019 L 327, 1), die durch das Handels- und Dienstleistungsstatistikgesetz (HdlDlStatG) v. 22.2.2021 (BGBl. 2020 I 266) flankiert wurde. Solche europäischen Statistiken fußen idR auf von den Mitgliedstaaten gelieferten Daten und werden von → Eurostat herausgegeben. Auch die EZB veröffentlicht Statistiken, etwa zum → Geldmarkt gemäß der VO (EU) 1333/2014 der EZB v. 26.11.2014 (ABl. EU 2014 L 359, 97).

3. Die Statistiken für Bundeszwecke (Gesetzgebungskompetenz gem. Art. 73 I Nr. 11 GG) regelt allgemein das BundesstatistikG (BStatG) idF v. 20.10.2016 (BGBl. 2016 I 2394) mÄnd. Es legt die Zielsetzungen statistischer Erhebungen fest (§ 1 BStatG) und enthält Vorschriften über Organisation und Aufgaben des Statistischen Bundesamts (§§ 2, 3 BStatG). Bundesstatistiken werden nach § 5 BStatG zwar grundsätzlich auf der Basis von Bundesgesetzen erhoben, können jedoch auch durch Verordnung angeordnet werden. Besondere Einschränkungen gelten für Statistiken mit Auskunftspflicht. Durch Verordnung dürfen sie nur für Wirtschafts- und Umweltstatistiken angeordnet werden. Im Übrigen gilt für alle durch Verordnung angeordneten Erhebungen die Beschränkung auf einen dreijährigen Erhe-

bungszeitraum. Zu den Regelungsanforderungen für Verordnungen im Übrigen vgl. § 9 BStatG. Als Erhebungsbeauftragte, also zB Volkszähler, dürfen nur zuverlässige und verschwiegene Personen verpflichtet werden (§ 14 BStatG), zur Geheimhaltung vgl. § 16 BStatG, zu Auskunftspflichten der Befragten im Einzelnen § 15 BStatG. Dem → Datenschutz dient das Verbot der „Reidentifizierung" (§ 21 BStatG), dh der Zusammenführung statistischer Daten zum Zwecke der Identifizierung einzelner Auskunftspflichtiger; Verstöße gegen dieses Verbot sind strafbar (Freiheitsstrafe bis zu 1 Jahr oder Geldstrafe, § 22 BStatG). Verstöße gegen statistische Auskunftspflichten sind mit bis zu 5000 EUR Bußgeld bedroht (§ 23 BStatG). Unterscheiden kann man zwischen Allgemeinerhebungen, die mehr oder minder die gesamte Bevölkerung betreffen, und solchen für einzelne Lebens- und Wirtschaftsbereiche, ferner (nach der statistischen Technik) Repräsentativ- (zB → Mikrozensus) und Totalerhebungen (zB → Volkszählung); die Entscheidung für eine bestimmte Erhebungstechnik ist verfassungsrechtlich gebunden (s. o.). Zum als Bundesstatistik durchgeführten registergestützten Zensus 2022s. → Zensus, 4.

4. Die Zahl der bundes- und landesrechtlichen Rechtsvorschriften zu Statistiken ist Legion. Von den einzelnen Statistiken allgemein bedeutsam sind zB die Statistiken über die Volkszählung, die Steuerstatistik (Gesetz v. 11.10.1995, BGBl. 1995 I 1250, 1409 mÄnd) und die Statistiken zur Informationsgesellschaft (Gesetz v. 22.12.2005, BGBl. 2005 I 3685 mÄnd), die den Grad der Ausstattung der Bevölkerung mit Informations- und Kommunikationstechnologie und den Umfang ihrer Nutzung zu ermitteln suchen. Im Übrigen sind für praktisch alle Wirtschaftszweige umfassende statistische Erhebungen gesetzlich angeordnet, so zB für den Außenhandel, die Landwirtschaft (AgrarstatistikG idF v. 17.12.2009, BGBl. 2009 I 3886 mÄnd), das produzierende Gewerbe, Handel- und Dienstleistungen (oben 2.) und den Verkehr (Güter-, Personen-, Luftverkehr: VerkehrsstatistikG idF v. 20.2.2004, BGBl. 2004 I 319 mÄnd). Ferner gibt es eine sektorübergreifende → Preisstatistik sowie → Umweltstatistiken. Es gibt letztendlich kaum einen Bereich, der nicht statistisch erfasst werden soll. So wird zB seit 2017 auch das Prostitutionsgewerbe statistisch untersucht (Prostitutions-Statistikverordnung v. 13.6.2017, BGBl. 2017 I 1934). → Europäisches System volkswirtschaftlicher Gesamtrechnungen.

5. Behördenintern und deshalb ohne besondere gesetzliche Grundlage werden zB die Kriminal- und Justizstatistik geführt. Die Ausführung statistischer Erhebungen obliegt grundsätzlich den statistischen Landesämtern. Diese erheben auch die vom Landesgesetzgeber angeordneten Statistiken. Sa → Bundeswaldinventur.

Statthaftigkeit
Statthaftigkeit bedeutet bei einem → Rechtsbehelf, dass er gegen eine Entscheidung überhaupt stattfinden kann, dh durch das Gesetz oder die Rechtsordnung zugelassen wird. Die Statthaftigkeit ist eine Voraussetzung der Zulässigkeit des Rechtsbehelfs, bei → Rechtsmitteln eine → Rechtszugvoraussetzung.

status activus, negativus, passivus, positivus
→ Gewaltverhältnis (öff.-rechtliches).

status quo
Der status quo ist der bestehende (Rechts-) Zustand.

status quo ante
= derjenige (Rechts-)Zustand, der vor dem jetzigen bestanden hat.

Statusprozess
Statusprozess war die frühere Bezeichnung des Verfahrens in → Kindschaftssachen.

Statut
ist ein überkommener, gelegentlich im → Völkerrecht und für öffentlich-rechtliche → Satzungen, heute noch häufiger für privatrechtliche Satzungen („Vereinsstatuten") verwendeter Begriff. Sa → kirchliche Gesetze.

Statut (IPR)
→ Internationales Privatrecht (1b).

statute law
→ Common law.

Statutenwechsel
Ein Statutenwechsel ist die Veränderung eines auf einen (grenzüberschreitenden) Sachverhalt anwendbares Recht. Sa → Internationales Privatrecht (1).

Stealthing
Als „Stealthing" bezeichnet wird es, wenn bei einem ansonsten einverständlichen Geschlechtsverkehr ein Sexualpartner sein anfänglich getragenes Kondom ohne Zustimmung oder gar entgegen dem erklärten Willen des anderen heimlich wieder abstreift oder von vornherein nur vortäuscht, ein Kondom zu benutzen. Für die im Schrifttum umstrittene Frage der Strafbarkeit dieses Verhaltens als → sexueller Übergriff iSd § 177 I StGB ist relevant, inwieweit der Tatbestand auch vor Beeinträchtigungen der sexuellen Selbstbestimmung durch Täuschung schützt und ob eine sexuelle Handlung den durch das Einverständnis des Sexualpartners gedeckten Bereich schon dann überschreitet, wenn es in einer Modalität von dessen Vorstellung abweicht. In der Rechtsprechung wird eine Strafbarkeit bejaht (BGH NJW 2023, 701).

Steckbrief
Der Steckbrief war die Bezeichnung für eine Form der → Ausschreibung zur Festnahme im Strafprozess. Er enthält eine an die Strafverfolgungs- und Sicherheitsbehörden gerichtete Aufforderung zur → Fahndung nach einem

flüchtigen Beschuldigten oder zu Freiheitsstrafe Verurteilten. Sa → Suchvermerk.

Steckersolargerät
Nach der Definition des § 3 Nr. 43 EEG 2023 ist Steckersolargerät ein Gerät, das aus einer → Solaranlage oder aus mehreren Solaranlagen, einem Wechselrichter, einer Anschlussleitung und einem Stecker zur Verbindung mit dem Endstromkreis eines Letztverbrauchers besteht. Steckersolaranlagen sind kleine Geräte, die häufig an oder auf Balkonen angebracht sind und dann auch als Balkonphotovoltaik oder Balkonkraftwerke bezeichnet werden.

Ihre Installation ist einfach, wenn die maximale Leistung der Steckersolaranlage 2 Kilowatt nicht überschreitet und der Wechselrichter die Einspeisung in den Endstromkreis des Letztverbrauchers auf höchstens 800 Watt begrenzt. In diesem Fall kann der Letztverbraucher die Anlage ohne Mitwirkung des Netzbetreibers selbst aufstellen lassen, auch wenn die Anlage noch kein intelligentes Messsystem (→ Messstelle) hat (§ 9 I EEG 2023). Lediglich eine Registrierung im → Marktstammdatenregister auf der Internetseite der → Bundesnetzagentur ist erforderlich (§ 8 Va EEG 2023).

Seit Oktober 2024 gehört die Installation einer Steckersolaranlage zu den sogenannten privilegierten Maßnahmen. Das heißt, Mieter und Wohnungseigentümer haben gegen Vermieter und Eigentümergemeinschaft einen Anspruch darauf, dass ihnen die Einrichtung erlaubt wird, § 554 BGB und § 20 WEG (→ Wohnungseigentum, 3.b).

Stehendes Gewerbe
1. Zum stehenden Gewerbe gehört jeder Gewerbebetrieb (→ Gewerbe), dessen Tätigkeit nicht dem → Reisegewerbe (§ 55 GewO) oder dem → Marktverkehr (§ 64 GewO) zuzurechnen ist. Eine gewerbliche → Niederlassung ist typisch, aber nicht Voraussetzung. Auch ein Elektriker ohne Niederlassung, der nur auf Bestellung bei Kunden arbeitet, kann ein stehendes Gewerbe betreiben.

2. Grds. kann jedes stehende Gewerbe frei betrieben werden (→ Gewerbefreiheit), tatsächlich bedarf es in den meisten Fällen einer → Gewerbezulassung. Sa → Gewerbeuntersagung wegen Unzuverlässigkeit (§ 35 GewO).

3. Der Gewerbetreibende hat die Aufnahme und jede Veränderung der gewerblichen Betätigung der nach Landesrecht zuständigen Behörde anzuzeigen (§ 14 GewO, → Anzeigepflicht (Gewerberecht)), die hierüber eine Empfangsbescheinigung ausstellt (§ 15 GewO). Die vorübergehende selbständige Erbringung von grenzüberschreitenden Dienstleistungen durch Gewerbetreibende aus anderen EU- oder EWR-Staaten ist grundsätzlich möglich. In diesem Fall sind zahlreiche Vorschriften der GewO nicht anzuwenden (§§ 4, 6a ff. GewO).

Steinbruch
(Betriebshaftung) → Eisenbahnbetriebshaftung; (Gewerberecht) → Urproduktion.

Stein-Hardenberg'sche Reformen
Die unter den preußischen Staatsministern Frhr. vom Stein und Fürst Hardenberg 1807 eingeleitete und 1812 abgeschlossene Reform der Staatsverwaltung schuf die Grundlage der → Selbstverwaltung der Gemeinden; sie begann mit der preußischen Städteordnung von 1808. Die Reform brachte außerdem für die Bauern die Befreiung von der persönlichen und dinglichen Abhängigkeit vom Grundherrn und damit von der Erbuntertänigkeit; sie zwang allerdings viele Bauern, denen die Mittel zur Selbstbewirtschaftung fehlten, zum Landverkauf. Des Weiteren führte die Reform die → Gewerbefreiheit ein und beschränkte die Adelsvorrechte.

Steinkohleausstieg
→ Kohleausstieg.

Steinkohlestiftung
→ RAG-Stiftung.

Stellenschlüssel
ist eine nach Laufbahnen und Verwendungen unterscheidende Schlüsselung der Eingangs- und Beförderungsämter der Beamten; vgl. zB VO über Obergrenzen für Beförderungsämter in der Bundesverwaltung v. 21.1.2003 (BGBl. 2003 I 92).

Stellensuche
→ Dienstvertrag (4, zu § 629 BGB), → Vorstellungskosten.

Stellenvorbehalt
→ Berufsförderung der Soldaten.

Stellplätze
(für Kraftfahrzeuge) → Garagen, Stellplätze.

Stellvertretende Strafrechtspflege
→ Geltungsbereich des Strafrechts.

Stellvertretendes commodum
→ Unmöglichkeit der Leistung, → gegenseitiger Vertrag (2b).

Stellvertreter
→ Stellvertretung, → Vertreter ohne Vertretungsmacht; sa → Anwaltsprozess.

Stellvertretung
liegt vor bei Abgabe einer → Willenserklärung (aktive Stellvertretung) oder deren Empfang (passive Stellvertretung) für einen anderen in dessen Namen. Voraussetzung ist also ein eigenverantwortliches, unmittelbares Handeln in fremdem Namen und eine entsprechende Vertretungsmacht (s. u.); die im Namen des Vertretenen abgegebene oder empfangene Willenserklärung wirkt – soweit zulässig – unmittelbar für und gegen den Vertretenen (§ 164 I, III BGB; unmittelbare, offene oder direkte Stellvertretung genannt). Nicht unter die Vorschriften der Stellvertretung fällt daher ein Handeln im eigenen Namen, wenn auch

im Interesse des Vertretenen (→ mittelbare Stellvertretung, Treuhänder, Strohmann, Kommissionär); hier tritt die Rechtswirkung gegenüber der Mittelsperson ein, die ihre Rechte erst dem Geschäftsherrn übertragen muss. Stellvertretung ist ferner nicht der → Bote, der lediglich eine bereits vorgefertigte Willenserklärung übermittelt. Sa → Erfüllungsgehilfe, → Verrichtungsgehilfe (wichtig für die Haftung von Hilfspersonen). Zum „Geschäft für den, den es angeht" → Eigentumsübertragung (an beweglichen Sachen).

Die Stellvertretung ist grds. bei allen → Rechtsgeschäften, auch bei → rechtsgeschäftsähnlichen Handlungen (zB Einwilligung), nicht dagegen bei reinen Tathandlungen (zB Erwerb des → Besitzes), auch nicht bei → unerlaubter Handlung möglich. Stellvertretung ist jedoch verschiedentlich ausgeschlossen im → Familien- und → Erbrecht, wo das Rechtsgeschäft wegen seiner Bedeutung höchstpersönliche Vornahme verlangt, insbes. bei der → Eheschließung, bei der Einwilligung zur → Adoption, bei der Errichtung eines → Testaments oder eines → Erbvertrags ua. Die Stellvertretung ist ferner weitgehend ausgeschlossen, wenn der Vertreter auf beiden Seiten des Rechtsgeschäfts mitwirken müsste (→ Selbstkontrahieren). Der Vertreter kann auch nur beschränkt geschäftsfähig, nicht aber geschäftsunfähig sein (§ 165 BGB).

Die zur wirksamen Stellvertretung erforderliche Vertretungsmacht (= Berechtigung zum Handeln nach außen) darf nicht verwechselt werden mit der Geschäftsführungsbefugnis (= Berechtigung im Innenverhältnis gegenüber dem Vertretenen), die auf → Geschäftsbesorgungsvertrag, Auftrag oder Dienstvertrag beruhen kann. Die Vertretungsmacht kann sich unmittelbar aus dem Gesetz herleiten (gesetzliche Stellvertretung) oder durch Rechtsgeschäft erteilt sein (gewillkürte Stellvertretung). Über die Voraussetzungen der durch Rechtsgeschäft erteilten Vertretungsmacht und deren Umfang → Vollmacht. Der Umfang der gesetzlichen Vertretungsmacht ergibt sich unmittelbar aus dem Gesetz. Eines gesetzlichen Vertreters bedürfen insbes. Personen, die nicht die volle → Geschäftsfähigkeit besitzen; ges. Vertreter sind hier vor allem die Eltern (→ elterliche Sorge, 2) oder der → Vormund. Daneben sind ges. Vertreter – aber nur bei Geschäftsfähigkeit und daher eigener Handlungsfähigkeit des Vertretenen – der → Pfleger, der → Betreuer, der vertretungsberechtigte Gesellschafter einer Personalgesellschaft, insb. einer → offenen Handelsgesellschaft ua. Keine echten ges. Vertreter sind die Organe einer → juristischen Person (Vorstand eines Vereins, Geschäftsführer einer GmbH), da sie für die juristische Person selbst, nicht in deren Vertretung handeln. Auch die gesetzlichen Verwalter (→ Insolvenzverwalter, → Nachlassverwalter, → Testamentsvollstrecker) sind nach hM (sehr str.) nicht gesetzliche Vertreter, sondern Träger eines öffentlichen Amts (→ Partei kraft Amtes), wenn sie jenen auch bei der Haftung für Erfüllungsgehilfen (§ 278 BGB) gleichgestellt sind. Ist die Vertretungsmacht kraft Gesetzes oder Vollmacht nur mehreren gemeinsam übertragen (Gesamtvertretung), so müssen bei der aktiven Stellvertretung alle Gesamtvertreter zusammenwirken; zur passiven Stellvertretung genügt dagegen regelmäßig die Abgabe der Willenserklärung gegenüber einem der Gesamtvertreter (vgl. § 125 II 3 HGB, § 28 II BGB; → Verein, 1b).

Fehlt die Vertretungsmacht oder wird sie überschritten, so liegt → Vertretung ohne Vertretungsmacht vor. Handelt der Vertreter dagegen im Rahmen seiner Befugnisse, so treten die Rechtswirkungen direkt zwischen Vertretenem und Drittem – ohne Berührung der Person des Vertreters – ein (sog. Repräsentationstheorie). Es macht dabei keinen Unterschied, ob die Erklärung ausdrücklich im Namen des Vertretenen abgegeben wird, oder ob die Umstände ergeben, dass sie in dessen Namen abgegeben werden soll (§ 164 I 2 BGB); zB bei der – zulässigen – Unterzeichnung mit dem Namen des Vertretenen; → Form, „Geschäft für den, den es angeht." Tritt jedoch der Wille, in fremdem Namen zu handeln, nicht erkennbar hervor, so bleibt der Mangel des Willens, im eigenen Namen zu handeln, außer Betracht (§ 164 II BGB). Der Vertreter muss sich dann – wie bei der mittelbaren Stellvertretung – im Interesse des Verkehrsschutzes selbst als Vertragspartei behandeln lassen; eine → Anfechtung (von Willenserklärungen) ist ausgeschlossen. Von der Stellvertretung (Handeln in fremdem Namen) ist das Handeln unter fremdem Namen zu unterscheiden (zB falsche Namensangabe im Hotel, Fälschung einer Unterschrift). Hier kommt – entspr. § 164 II BGB – der Vertrag mit dem unter falschem Namen Auftretenden zustande; nach der Rspr. soll jedoch der „Vertretene" wie bei der Vertretung ohne Vertretungsmacht die Möglichkeit haben, das Rechtsgeschäft zu genehmigen und somit für sich wirksam zu machen.

Da der Vertreter den Vertretenen in der Willenserklärung vertritt, kommt es für das Vorliegen von → Willensmängeln (zB beim Irrtum) sowie für die Kenntnis oder die fahrlässige Unkenntnis bestimmter Umstände (zB Sachmängel, Eigentumslage) allein auf die Person des Vertreters an, es sei denn, der Bevollmächtigte hat nach bestimmten Weisungen des Vollmachtgebers gehandelt (§ 166 BGB). So findet zB bei der Übereignung ein → gutgläubiger Erwerb statt, wenn der Vertreter ohne grobe Fahrlässigkeit von dem fehlenden Eigentum des Veräußerers nichts gewusst hat, mag dies auch dem Vertretenen bekannt gewesen sein.

Sterbebuch
→ Sterberegister.

Sterbefall
(Anzeigepflicht) → Sterberegister.

Sterbegeld
Über das S. beim Tode eines Beamten → Hinterbliebenenrenten.

In der → Krankenversicherung wird seit dem 1.1.2004 kein Sterbegeld mehr gewährt.

In der → Unfallversicherung wird beim Tod durch → Arbeitsunfall $^1/_7$ der im Zeitpunkt des Todes geltenden Bezugsgröße als Sterbegeld gezahlt (§ 64 SGB VII). Beim Sterbegeld ist das → Erbrecht ausgeschlossen. Empfänger ist, wer die Kosten der Bestattung getragen hat.

In der → Kriegsopferversorgung ist beim Tode eines Beschädigten das 3-fache der für den Sterbemonat zustehenden Versorgungsbezüge zu zahlen. Empfänger sind die Angehörigen in der nachstehenden Reihenfolge der Ehegatte, der Lebenspartner, die Kinder, die Eltern, die Stiefeltern, die Pflegeeltern, die Enkel, die Großeltern, die Geschwister und die Geschwisterkinder, wenn sie mit dem Verstorbenen in häuslicher Gemeinschaft gelebt haben und, wenn Angehörige nicht vorhanden sind, insbes. der Träger der Bestattungskosten, § 37 BVG.

Sterbehilfe
1. a) Sog. aktive Sterbehilfe ist die gezielte Tötung eines Kranken, die dessen Leben zur Beendigung des Leidens verkürzt. Sie ist als finaler Eingriff in das Leben des Kranken strafbar, da sie im Unterschied zum Behandlungsabbruch (s. u. 2) nicht in Zusammenhang mit einer etwaigen medizinischen Behandlung steht und die Beendigung des Lebens von dem Krankheitsprozess abkoppelt (→ Tötung 1). Wird sie auf ausdrückliches und ernstliches Verlangen des Kranken ausgeführt, tritt Strafmilderung ein (§ 216 StGB, → Tötung 1c). Insbes. in diesem Fall ist sie zudem abzugrenzen von der straflosen Teilnahme an einer Selbsttötung (→ Tötung 3, s. dort auch zur ärztlich assistierten Selbsttötung sowie zum verfassungswidrigen und nichtigen Straftatbestand der geschäftsmäßigen Förderung der Selbsttötung nach § 217 StGB).

b) Behandlungsabbruch, der früher passive Sterbehilfe genannt wurde, ist das Unterlassen, Begrenzen oder Beenden der medizinischen Behandlung eines tödlichen Krankheitsverlaufs unter Inkaufnahme des dann ungehindert ablaufenden Sterbeprozesses. Er kann durch Unterlassen (zB des Anschlusses an ein Beatmungsgerät) oder durch aktives Tun (zB Abschalten eines Beatmungsgeräts) vorgenommen werden. Darunter fallen auch Handlungen in Form der sog. indirekten Sterbehilfe, die unter Inkaufnahme eines möglichen vorzeitigen Todeseintritts als Nebenfolge einer medizinisch indizierten palliativen Maßnahme erfolgen, zB einer schmerzlindernden Medikation. Der Behandlungsabbruch ist durch Einwilligung gerechtfertigt, wenn er dem tatsächlichen oder mutmaßlichen Patientenwillen entspricht (§ 1827 BGB, → Patientenverfügung, → Einwilligung des Patienten) und dazu dient, einem ohne Behandlung zum Tode führenden Krankheitsprozess seinen Lauf zu lassen (BGH NJW 2010, 2963). Dies entspricht dem verfassungsrechtlich garantierten Selbstbestimmungsrecht des Patienten, welches das Recht zur Ablehnung medizinischer Behandlungen und ggf. auch lebensverlängernder Maßnahmen ohne Rücksicht auf ihre Erforderlichkeit einschließt. Der tatsächliche oder mutmaßliche, etwa in konkreten Behandlungswünschen zum Ausdruck gekommene Wille eines aktuell einwilligungsunfähigen Patienten ist dabei unabhängig von Art und Stadium seiner Erkrankung verbindlich und bindet den Betreuer sowie den behandelnden Arzt (§ 1827 III BGB).

2. Hilfe im Sterben, die keine Sterbehilfe ist, umfasst die insbes. palliativmedizinischen Maßnahmen, durch die Schmerzen gelindert und der Sterbevorgang erleichtert werden, ein lebensverkürzendes Risiko aber nicht ausgelöst wird. Sie ist ärztlich geboten und strafrechtlich nur dann von Belang, wenn sie pflichtwidrig unterlassen wird (zB als Körperverletzung durch Unterlassen).

3. Keine Sterbehilfe ist auch das Sterbenlassen von schwergeschädigten oder missgebildeten Neugeborenen (sog. Früheuthanasie). Seine Beurteilung ist umstritten. Teilweise wird die Anwendung der Grundsätze der erlaubten Sterbehilfe befürwortet (zum Ganzen s. Grundsätze der Bundesärztekammer zur ärztlichen Sterbebegleitung, Deutsches Ärzteblatt 2011, A 346).

Sterberegister
Das Sterberegister (früher Sterbebuch) ist eines der → Personenstandsregister; es dient zur Beurkundung der Sterbefälle (auch einer → Totgeburt). In das Sterberegister werden die persönlichen Verhältnisse des Verstorbenen (zB Name, Heirat) und die näheren Umstände des Todesfalls eingetragen (§ 31 PStG). Der Todesfall muss dem → Standesbeamten, in dessen Zuständigkeitsbereich er eingetreten ist, spätestens am 3. darauffolgenden Werktag angezeigt werden. Anzeigepflichtig (mündlich) sind in folgender Reihenfolge: jede Person, die mit dem Verstorbenen in häuslicher Gemeinschaft gelebt hat, die Person, in deren Wohnung sich der Sterbefall ereignet hat, sonst jede andere Person, die bei dem Tod zugegen war (§ 29 PStG). Tritt der Tod in einem Krankenhaus, Alten- oder Pflegeheim sowie in einer sonstigen öffentlichen Einrichtung (zB Gefängnis) ein, so ist der Träger der Einrichtung zur Anzeige (schriftlich) verpflichtet. Besonderheiten gelten für Sterbefälle im Ausland (§ 36 PStG). Die Verletzung der Anzeigepflicht ist eine → Ordnungswidrigkeit (§ 70 PStG).

Sterbeurkunde
→ Personenstandsurkunden.

Sterilisation
ist die Unterbrechung des Samenleiters oder Eileiters.

1. Eine zwangsweise Sterilisation (→ Erbgesundheitsgesetz) ist unzulässig und als schwere → Körperverletzung (§§ 223, 226 StGB) strafbar.

2. Eine minderjährige Person darf nicht sterilisiert werden. Weder sie noch ihre Eltern können in die Sterilisation einwilligen (§ 1631c BGB).

3. Die Sterilisation einer volljährigen weiblichen oder männlichen Person, die unter → Betreuung steht, ist nur zulässig, wenn die Person dem Eingriff nicht widerspricht, auf Dauer unfähig zur Einwilligung ist, es sonst zu einer Schwangerschaft, die nicht anders zumutbar verhindert werden kann, kommen würde und dadurch das Leben der Schwangeren gefährdet oder deren körperlicher oder seelischer Gesundheitszustand schwerwiegend beeinträchtigt würde (§ 1830 BGB). Erforderlich sind dazu die Bestellung und Einwilligung eines Betreuers mit dem alleinigen Aufgabenbereich der Entscheidung über die Sterilisation (des Sterilisationsbetreuers, § 1817 II BGB), die Anhörung der betroffenen Person, ein Gutachten eines Sachverständigen und die Genehmigung des Betreuungsgerichts (§ 297 FamFG). Das weitere Verfahren richtet sich nach §§ 271 ff. FamFG. Eine Sterilisation geistig Behinderter im Interesse der Allgemeinheit, von Verwandten oder des ungezeugten Kindes ist also nicht zulässig.

4. Die freiwillige Sterilisation mit Einwilligung der betroffenen Person ist gesetzlich nicht geregelt. Sie ist vom StGB (wegen Aufhebung des § 226b StGB aF, der auch diese Fälle unter Strafe stellte, durch KRG Nr. 11) nicht erfasst, also nicht strafbar (BGHSt. 20, 81). Zivilrechtlich ist eine Sterilisation aus medizinischer, eugenischer, medizinisch-sozialer oder sozialer Indikation (sa → Schwangerschaftsabbruch) nicht rechtswidrig (BGHZ 67, 48). Die Rechtmäßigkeit einer Sterilisation aus Gefälligkeit (ohne eine dieser Indikationen) ist nach den Umständen des Einzelfalles zu beurteilen. Jedenfalls ist die Sterilisation einer Frau mit deren Einwilligung auch ohne besondere medizinische oder soziale Indikation zulässig (BGHZ 76, 259).

Eine fehlgeschlagene Sterilisation, die zu einem ungewollten Kind führt, kann einen ärztlichen Behandlungsfehler darstellen, die den Arzt zum Ersatz des → Schadens, der im Unterhaltsanspruch des Kindes besteht, verpflichten kann.

5. In der → Sozialversicherung besteht Anspruch auf Leistungen bei einer durch eine Krankheit erforderlichen Sterilisation (§ 24b SGB V). Zur → Sozialhilfe gehört auch Hilfe bei einer durch eine Krankheit erforderlichen Sterilisation (§ 51 SGB XII).

Sterilisationsbetreuer
→ Sterilisation.

Sternverfahren
ist die gleichzeitige Beteiligung aller Träger öffentlicher Belange an einem Genehmigungsverfahren (§ 71d VwVfG). Ein Sternverfahren soll durchgeführt werden, wenn ein → Verwaltungsverfahren die Erteilung einer Genehmigung für ein Vorhaben im Rahmen einer wirtschaftlichen Unternehmung des Antragstellers zum Ziel hat. Alle Träger öffentlicher Belange werden gleichzeitig unter Fristsetzung zur Stellungnahme aufgefordert. Äußerungen nach Ablauf der Frist werden grundsätzlich nicht mehr berücksichtigt. Auf Verlangen des Antragstellers soll die Behörde eine Antragskonferenz einberufen. Sa → Projektmanagement.

Steuer
1. Steuer ist die einmalige oder laufende Geldleistung, die nicht eine Gegenleistung für eine besondere Leistung darstellt und die von einem öffentlich-rechtlichen Gemeinwesen zur Erzielung von Einnahmen allen auferlegt wird, bei denen der Tatbestand zutrifft, an den das Gesetz die Leistungspflicht knüpft. Auch → Zölle und Abschöpfungen sind Steuern (§ 3 AO). Steuern sind ein Teil der öffentlichen → Abgaben (s. dort auch über die Abgrenzung von Beiträgen und Gebühren). Steuern sind über den Einnahmezweck hinaus Instrumente der Wirtschafts- und Sozialpolitik (→ Familienleistungsausgleich, → Investitionszulage, → Rücklagen, → Rückstellungen, → Sonderabschreibungen).

2. Die Steuer teilt man wie folgt ein:

a) Nach der Ertrags- oder Verwaltungshoheit: Bundes-, Landes-, Gemeinde- und Kirchensteuern (→ Verteilung des Steueraufkommens).

b) Nach dem Gegenstand der Besteuerung: → Personen (Subjekt)steuern, → Real (Objekt)steuern, → Ertragsteuern (Gewinnsteuern), → Besitzsteuern, → Verkehrsteuern (→ Allphasensteuer), → Zölle, → Verbrauchsteuern.

c) Nach der Auswirkung beim Schuldner: → direkte und indirekte Steuern.

d) Kostensteuern (gehen in die Gewinnermittlung ein) und aus dem Gewinn zu entrichtende Steuern.

e) Laufende (ordentliche) Steuern, zB → Einkommensteuer, und einmalige (außerordentliche) Steuern, zB → Erbschaftsteuer (Schenkungsteuer).

Steuer- und Zollfahndung
Die Steuer- und Zollfahndung (Steufa) hat folgende Aufgaben (§ 208 AO): Erforschung von Steuerstraftaten (→ Steuerstrafrecht) und → Steuerordnungswidrigkeiten bei konkretem Tatverdacht und Ermittlung der damit zusammenhängenden → Besteuerungsgrundlagen sowie Aufdeckung und Ermittlung unbekannter Steuerfälle (Vorfeldermittlungen); Ämter und Beamte der Steuer- und Zollfahndung haben im Strafverfahren wegen Steuerstraftaten dieselben Rechte und Pflichten wie

Behörden und Beamte des Polizeidienstes nach der StPO. Die Steuer- und Zollfahndung kann beim Verdacht einer Steuerstraftat alle unaufschiebbaren Anordnungen treffen, um die Verdunkelung der Sache zu verhüten. Sie kann Beschlagnahmen, Notveräußerungen, Durchsuchungen, Untersuchungen und sonstige Maßnahmen anordnen und hat die Befugnis zur Durchsicht der Papiere des von der Durchsuchung Betroffenen (§ 110 I StPO); ihre Beamten sind → Ermittlungspersonen der Staatsanwaltschaft (§§ 404, 399 II AO).

Steuerabzug vom Arbeitslohn
→ Lohnsteuer; vom Kapitalertrag → Kapitalertragsteuer.

Steueramnestie
Ab 1.1.2004 unterlagen bisher nicht erklärte Einkünfte der Jahre 1993 bis 2002 durch Abgabe einer strafbefreienden Erklärung bei gleichzeitiger Zahlung einer pauschalen Abgabe der Steueramnestie. In 2004 offengelegte Einkünfte wurden mit 25 vH, bei Abgabe der strafbefreienden Erklärung vom 1.1. bis 31.3.2005 mit 35 vH pauschal versteuert. Die strafbefreiende Erklärung war als → Steueranmeldung ausgestaltet. Das Gesetz galt bis 31.3.2005.

Steueranmeldung
ist eine → Steuererklärung, in der der Stpfl. die Steuer selbst berechnen muss (Selbsterrechnungserklärung, § 150 I 2 AO), zB bei der → Umsatzsteuer, → Lohnsteuer, → Kapitalertragsteuer. Eine besondere Steuerfestsetzung durch die Finanzbehörde erfolgt nur, wenn diese von der Steueranmeldung abweichen will (§ 167 AO). Die Steueranmeldung ist → Vorbehaltsfestsetzung, kann deshalb jederzeit innerhalb der → Festsetzungsfrist geändert werden (§ 168 AO). Seit 2005 sind Lohnsteuer- und Umsatzsteuervoranmeldungen grds. auf elektronischem Weg dem → Finanzamt zu übermitteln; → Elster.

Steueranrechnung
→ Doppelbesteuerung, → Kapitalertragsteuer, → Einkommensteuer (7), → Lohnsteuer(1).

Steuerarten
→ Steuer.

Steueraufkommen
→ Verteilung des Steueraufkommens.

Steueraufsicht
ist die Gesamtheit der Maßnahmen der Finanzbehörden zur Sicherung des Steueraufkommens. Zur Steueraufsicht in besonderen Fällen vgl. §§ 209–217 AO. → Außenprüfung, → Nachschau, → Steuer- und Zollfahndung.

Steuerbegünstigte Zwecke
Verfolgt eine Körperschaft ausschließlich und unmittelbar gemeinnützige, mildtätige oder kirchliche Zwecke, so stehen ihr zahlreiche Steuervergünstigungen zu. Hierzu gehören ua die Befreiung von Körperschaft- und Gewerbesteuer (§ 5 I Nr. 9 KStG, § 3 Nr. 6 GewStG) sowie ein auf 7 vH ermäßigter Umsatzsteuersatz (§ 12 I Nr. 8a UStG). Die Voraussetzungen und Grenzen der steuerlichen Vergünstigungen sind in §§ 51–68 AO geregelt. Eine Mustersatzung für Vereine befindet sich in der Anlage zu § 60 AO. Sie enthält die Anforderung, dass sich die Körperschaft zur ausschließlichen und unmittelbaren Verfolgung förderungswürdiger Zwecke verpflichtet. Vgl. → Spenden, → Körperschaftsteuer.

Steuerbegünstigtes Sparen
→ Wohnungsbauprämie, → Vermögensbildung der Arbeitnehmer.

Steuerberater
→ Steuerberatungsgesetz, → Steuerberatergebührenverordnung.

Steuerberatergebührenverordnung
Die GebührenVO für Steuerberater, Steuerbevollmächtigte und Steuerberatungsgesellschaften (StBGebV) vom 17.12.1981 (BGBl. 1981 I 1442) regelt die Vergütung für die Tätigkeit der → Steuerberater, Steuerberatungsgesellschaften und Steuerbevollmächtigten.

1. Die Vergütung umfasst Gebühren und Auslagenersatz zuzüglich Umsatzsteuer. Der Mindestbetrag einer Gebühr beträgt 10 EUR. Die Gebühren entstehen für die gesamte Tätigkeit des Steuerberaters (§ 12 I StBGebV). Dabei können mehrere Einzeltätigkeiten anfallen. Der Steuerberater kann Gebühren in derselben Angelegenheit nur einmal fordern. Dies gilt auch dann, wenn er für mehrere Auftraggeber in derselben Angelegenheit tätig wurde (§ 6 I StBGebV). Die Vergütung wird erst mit Erledigung oder Beendigung des Auftrags fällig. Der Steuerberater kann jedoch einen angemessenen Vorschuss fordern. Er kann die Vergütung nur aufgrund einer von ihm unterzeichneten und dem Auftraggeber mitgeteilten Berechnung einfordern (§ 9 StBGebV).

2. Regelgebühr ist die Wertgebühr aus dem Gegenstandswert (§ 10 StBGebV) nach den Tabellen: A (Beratungstabelle), B (Abschlusstabelle), C (Buchführungstabelle), D (landwirtschaftliche Abschlüsse und Buchführung) und E (Rechtsbehelfstabelle). Die Zeitgebühr von 30 bis 75 EUR je angefangene halbe Stunde ist nur ausnahmsweise zulässig (§ 13 StBGebV), zB für die Einrichtung einer Buchführung. Für eine Erstberatung kann der Steuerberater keine höhere Gebühr als 190 EUR verlangen (§ 21 StBGebV). Für Vertretung im Rechtsbehelfsverfahren vor Verwaltungsbehörden gibt es bis zu drei Gebühren (Geschäfts-, Besprechungs-, Beweisaufnahmegebühr). Hinsichtlich der Vertretung im finanzgerichtlichen und im verwaltungsgerichtlichen Verfahren sowie für den Beistand im Steuerstrafverfahren und im Bußgeldverfahren wird auf das Rechtsanwaltsvergütungsgesetz (→ Rechtsanwaltsgebühr) verwiesen (§ 45 StBGebV).

3. Eine höher vereinbarte Vergütung ist zulässig, falls eine schriftliche Erklärung des Auf-

traggebers vorliegt und die Erklärung weder in der Vollmacht noch in einem Vordruck enthalten ist, der auch andere Erklärungen umfasst. Pauschalvergütungen sind grds. zulässig. Betreffen sie jedoch nicht laufend auszuführende Tätigkeiten oder sind sie nicht schriftlich oder nicht mindestens für ein Jahr vereinbart worden, so sind sie unzulässig. Ein Erfolgshonorar ist im Einzelfall zulässig, wenn der Auftraggeber (bis zum 30.9.2021: aufgrund seiner wirtschaftlichen Verhältnisse) bei verständiger Betrachtung ohne die Vereinbarung eines Erfolgshonorars von der Rechtsverfolgung abgehalten würde. Die Vereinbarung bedarf insbesondere der Textform, muss als Vergütungsvereinbarung oder in vergleichbarer Weise bezeichnet werden und die wesentlichen Gründe für die Bemessung des Erfolgshonorars enthalten (§ 9a StBerG). Sa → Rechtsanwaltsgebühr.

Steuerberaterkosten
Der frühere Sonderausgabenabzug ist mit Wirkung v. 1.1.2006 gestrichen worden (→ Sonderausgaben). Steuerberaterkosten können jedoch als → Werbungskosten zu berücksichtigen sein, wenn sie mit der Ermittlung steuerlicher Einkünfte im Zusammenhang stehen, zB Steuerberaterkosten für die Ermittlung der Einkünfte aus Vermietung und Verpachtung oder der Kapitalerträge. Auch der Abzug als Betriebsausgabe bleibt erhalten. Konkret bedeutet die neue Rechtslage, dass die Kosten, die für das Ausfüllen des Mantelbogens oder die Anlage Kind der Einkommensteuererklärung entfallen, steuerlich nicht berücksichtigt werden. Die Kosten für die Bearbeitung der Anlage Vermietung und Verpachtung sind dagegen als Werbungskosten zu beachten.

Steuerberaterordnung
→ Steuerberatungsgesetz.

Steuerberatungsgesetz (StBerG)
1. Das Gesetz über die Rechtsverhältnisse der Steuerberater und Steuerbevollmächtigten idF v. 4.11.1975 (BGBl. 1975 I 2735) wird ergänzt durch die VO zur Durchführung der Vorschriften über Steuerberater, Steuerbevollmächtigte und Steuerberatungsgesellschaften (DVStB) v. 12.11.1979 (BGBl. 1979 I 1922). Weitere Rechtsgrundlagen sind die VO zur Durchführung der Vorschriften über die Lohnsteuerhilfevereine (DVLStHV) idF v. 15.7.1975 (BGBl. 1975 I 1906) und die → Steuerberatergebührenverordnung v. 17.12. 1981 (BGBl. 1981 I 1442).

2. Das StBerG gliedert sich in vier Teile. Der erste Teil behandelt die Hilfeleistung in Steuersachen, der zweite Teil die Steuerberaterordnung, der dritte Teil Zwangsmittel und Ordnungswidrigkeiten und im vierten Teil finden sich die Schlussvorschriften.

3. Das Recht zur Hilfeleistung in Steuersachen wird nur bestimmten Berufsträgern eingeräumt (§§ 3, 4 StBerG). Das Verbot unbefugter Hilfeleistung gilt nicht für die Erstattung wissenschaftlich begründeter Gutachten, die unentgeltliche Hilfeleistung für → Angehörige, das geschäftsmäßige Kontieren von Belegen und Führen von Lohnkonten durch Personen, die eine kaufmännische Gehilfenprüfung bestanden haben. Sa → Buchführungshelfer.

4. Steuerberater (StB) und Steuerbevollmächtigte (StBv) sind die berufenen Berater und Vertreter in allen Steuerangelegenheiten einschl. Steuerstrafsachen und Steuerbußgeldsachen (§ 33 StBerG).

Zulassungsvoraussetzungen: Zur Prüfung als StB ist zuzulassen, wer ein rechts- oder wirtschaftswissenschaftliches Hochschulstudium abgeschlossen hat und danach zwei Jahre auf dem Gebiet der von den Bundes- oder Landesfinanzbehörden verwalteten Steuern hauptberuflich praktisch tätig war (§ 36 I Nr. 1 StBerG). Ferner ist zuzulassen, wer ein abgeschlossenes wirtschaftswissenschaftliches usw. Fachhochschulstudium und eine dreijährige hauptberufliche praktische Tätigkeit nachweist (§ 36 I Nr. 2 StBerG). Schließlich ist zuzulassen, wer eine Abschlussprüfung im steuer- und wirtschaftsberatenden oder einem kaufmännischen Ausbildungsberuf bestanden hat oder eine gleichwertige Vorbildung besitzt und nach Abschluss der Ausbildung hauptberuflich zehn Jahre praktisch tätig war (§ 36 II Nr. 1 StBerG). StB und StBv, die bis 31.12.1990 in der früheren DDR bestellt wurden, werden den StB und StBv in den alten Bundesländern gleichgestellt. Staatsangehörige eines anderen EU-Staats oder eines Vertragsstaats des → Europäischen Wirtschaftsraums (EWR), die in ihrem Heimatstaat auf Grund eines nach mindestens drei-jährigem Hochschulstudium erworbenen Diploms zur selbständigen Hilfe in Steuersachen berechtigt sind, müssen eine Eignungsprüfung ablegen, um als StB bestellt werden. Ist in diesem Mitgliedstaat der Beruf des StB nicht reglementiert, müssen ein mindestens drei-jähriges Studium und eine zwei-jährige vollzeitliche Berufstätigkeit nachgewiesen werden. Die Prüfung auf einem Gebiet des StB-Examens entfällt, wenn der Bewerber nachweist, dass er einen wesentlichen Teil der auf diesem Prüfungsgebiet verlangten Kenntnisse erlangt hat (§ 36 IV, V StBerG). Vgl. → Niederlassungsfreiheit – Europäisches Gemeinschaftsrecht. Die unbefugte Führung der Berufsbezeichnung ist strafbar (§ 132a I Nr. 2 StGB).

5. Steuerberatungsgesellschaften sind als → Aktiengesellschaften, → Kommanditgesellschaften auf Aktien und → Gesellschaften mit beschränkter Haftung, → Partnerschaftsgesellschaften, ausnahmsweise als Offene Handelsgesellschaften oder Kommanditgesellschaften zulässig, wobei der Komplementär eine GmbH sein kann (§ 49 II StBerG; § 27 WPO). Gesellschafter dürfen nur StB, Rechtsanwälte, Wirtschaftsprüfer, vereidigte Buchprüfer oder StBv sein (Kapitalbindung, § 50a

StBerG). Mindestens ein Geschäftsführer muss StB mit Residenzpflicht am Sitz der Gesellschaft oder in dessen Nahbereich sein. Weitere Geschäftsführer können Rechtsanwälte, Wirtschaftsprüfer, vereidigte Buchprüfer und StBv sein, sowie mit Genehmigung der obersten Landesbehörde besonders befähigte Kräfte anderer Fachrichtungen (§ 50 StBerG). Zulässig ist auch eine Sozietät oder Bürogemeinschaft als → Gesellschaft des bürgerlichen Rechts (§ 56 StBerG) und der Syndicus-Steuerberater (§ 58 S. 2 Nr. 5a StBerG).

6. Allgemeine Berufspflichten (§ 57 StBerG): StB und StBv haben ihren Beruf unabhängig, eigenverantwortlich, gewissenhaft, verschwiegen und unter Verzicht auf berufswidrige Werbung auszuüben. Sie dürfen ihren Beruf im Angestelltenverhältnis grundsätzlich nur bei StB, StBv, Steuerberatungsgesellschaften, Rechtsanwälten, Wirtschaftsprüfern, vereidigten Buchprüfern und den entsprechenden Gesellschaften sowie als Leiter von Buchstellen oder Beratungsstellen der Lohnsteuerhilfevereine ausüben (§ 58 StBerG), falls sie das Recht der Zeichnung haben (§ 60 I Nr. 3 StBerG).

7. StB und StBv eines Oberfinanzdirektionsbezirks bilden eine Berufskammer (Steuerberaterkammer, § 73 StBerG); die Kammern bilden die Bundessteuerberaterkammer (§ 85 StBerG). Dem Vorstand der Steuerberaterkammer steht bei geringfügigen Pflichtverletzungen eines Mitglieds ein Rügerecht zu, gegen das ein Rügeprüfungsverfahren gegeben ist (§ 81, 82 StBerG). Die Berufsgerichtsbarkeit wird im 1. Rechtszug durch die Kammer für StB- und StBv-Sachen des Landgerichts am Sitz der Berufskammer ausgeübt (richterlicher Vorsitzender, zwei StB oder StBv); im 2. Rechtszug entscheidet ein Senat des Oberlandesgerichts, im 3. Rechtszug ein Senat des Bundesgerichtshofs (jeweils drei Berufsrichter, zwei StB oder StBv, §§ 95–97 StBerG). Zu Verteidigern im berufsgerichtlichen Verfahren vor dem LG oder OLG können auch StB und StBv gewählt werden (§ 107 StBerG). Berufsgerichtliche Strafen sind Warnung, Verweis, Geldbuße bis 50.000 EUR (bei Berufsausübungsgesellschaften ab 1.8.2022 bis zu 500.000 EUR), Berufsverbot für die Dauer von einem bis fünf Jahren und Ausschließung aus dem Beruf (§ 90 StBerG).

Steuerberatungskosten
→ Steuerberaterkosten.

Steuerbescheid
Die Finanzbehörde setzt die → Steuer durch Steuerbescheid fest (§ 155 I AO). Der Steuerbescheid ist ein → Verwaltungsakt. Zulässig ist neben einer endgültigen Festsetzung eine → Vorbehaltsfestsetzung oder eine → vorläufige Steuerfestsetzung. Enthält der Steuerbescheid keine derartige Nebenbestimmung, ist er endgültig. Der Steuerbescheid ist grundsätzlich schriftlich zu erteilen, muss die festgesetzte Steuer nach Art und Betrag sowie den → Steuerschuldner (= Inhaltsadressat, → Adressat) bezeichnen und eine → Rechtsbehelfsbelehrung enthalten (§ 157 AO). Der Steuerbescheid ist demjenigen bekanntzugeben, für den er bestimmt ist oder der von ihm betroffen ist, § 122 AO (→ Adressat; Einzelheiten BMF BStBl. I 1991, 398). Ab 1.1.2025 kann die Bekanntgabe von Verwaltungsakten auch erfolgen, indem sie zum Abruf bereitgestellt werden. Ein zum Abruf bereitgestellter Verwaltungsakt gilt am vierten Tag nach seiner Bereitstellung zum Abruf als bekanntgegeben.

1. Ein endgültiger Steuerbescheid kann nach Bekanntgabe grundsätzlich nicht mehr geändert werden. Änderungen sind nur bei Zöllen und → Verbrauchsteuern möglich (§ 172 AO). Ansonsten kann der Steuerbescheid von Amts wegen nur nach den §§ 173 ff. AO geändert werden. Demnach kann eine Änderung auf Grund neuer Tatsachen oder Beweismittel erfolgen (§ 173 AO). Voraussetzung ist, dass diese nachträglich bekannt werden und entweder zu einer höheren oder niedrigeren Steuer führen (letzteres nur, wenn den Stpfl. an dem nachträglichen Bekanntwerden kein grobes Verschulden trifft). Ist ein Steuerbescheid auf Grund einer → Außenprüfung ergangen, kann er nur aufgehoben oder geändert werden, wenn eine → Steuerhinterziehung (§ 370 AO) oder eine leichtfertige → Steuerverkürzung (§ 378 AO) vorliegt (Änderungssperre). Dies gilt auch, wenn dem Stpfl. schriftlich mitgeteilt wurde, dass die Außenprüfung zu keiner Änderung der → Besteuerungsgrundlagen führt (§§ 202 I 3, 173 II AO).

2. Bei einer → Vorbehaltsfestsetzung kann der Steuerbescheid innerhalb der → Festsetzungsfrist uneingeschränkt aufgehoben oder geändert werden (§ 164 II AO). Bei einer vorläufigen Steuerfestsetzung ist der Steuerbescheid nur in dem angegebenen Umfang vorläufig und kann auch nur insoweit geändert werden. Der Steuerbescheid kann stets berichtigt werden, wenn ihm eine → offenbare Unrichtigkeit anhaftet (§ 129 AO).

3. Negative Änderungen der höchstrichterlichen Rechtsprechung und der auf ihr beruhenden Verwaltungsvorschriften dürfen nicht zu rückwirkender Änderung führen (Vertrauensschutz; § 176 AO).

4. Gegen den Steuerbescheid ist Einspruch (→ Einspruch, 2) und Anfechtungsklage, mit Zustimmung der Finanzbehörde auch → Sprungklage gegeben. Sa → Besteuerungsverfahren, → Steueranmeldung. Zur Fälligkeit der Steuern → Leistungszeit; sa → widerstreitende Steuerfestsetzung; → Steuerverwaltungsakt.

Steuerbevollmächtigter
→ Steuerberatungsgesetz.

Steuerbilanz
→ Bilanz (2).

Steuerbußgeldverfahren
Das Steuerbußgeldverfahren findet bei Steuerordnungswidrigkeiten statt. Zu diesen gehören ua die leichtfertige Steuerverkürzung (§ 378 AO), die Steuergefährdung (§ 379 AO) und die Gefährdung der Abzugsteuern (§ 380 AO), → Steuerstrafrecht. Für das Steuerbußgeldverfahren gelten neben den Vorschriften des Gesetzes über → Ordnungswidrigkeiten grundsätzlich die Bestimmungen der AO über das → Steuerstrafverfahren, jedoch mit den Einschränkungen des § 410 AO. Zuständige Verwaltungsbehörde ist die sachlich zuständige Finanzbehörde: Hauptzollamt, Finanzamt oder Bundeszentralamt für Steuern (§§ 409, 386 I AO).

Steuerchaos
ist ein vor vielen Jahren aufgekommener Begriff, der die Unübersichtlichkeit und Kompliziertheit der geltenden Steuerrechtsordnung und die Notwendigkeit der Vereinfachung zum Ausdruck bringen soll. → Gleichmäßigkeit der Besteuerung, → Jahressteuergesetz.

Steuereinteilungen
→ Steuer.

Steuererklärung
→ Besteuerungsverfahren; sa → Elster.

Steuerfahndung
→ Steuer- und Zollfahndung.

Steuerfestsetzungsverfahren
→ Besteuerungsverfahren.

Steuergefährdung
→ Steuerstrafrecht.

Steuergeheimnis
Amtsträger und amtlich zugezogene Sachverständige haben das Steuergeheimnis zu wahren. Sie verletzen es, wenn sie personenbezogene Daten eines anderen, Betriebs- oder Geschäftsgeheimnisse, die ihnen in einem Verwaltungsverfahren, einem gerichtlichen Verfahren in Steuersachen, einem Steuerstrafverfahren oder aus anderem Anlass durch Mitteilung einer Finanzbehörde bekanntgeworden sind, unbefugt offenbaren oder verwerten (§ 30 I, II AO). Die Offenbarung ist nur zulässig, soweit zB der Betroffene zustimmt oder ein zwingendes öffentliches Interesse besteht (§ 30 IV AO). Finanzbehörden sind ua zur Mitteilung von Besteuerungsgrundlagen usw. an Körperschaften des öffentlichen Rechts und an Sozialleistungsträger und Subventionsgeber zur Bekämpfung des Leistungsmissbrauchs und der → Schwarzarbeit befugt (§§ 31, 31a AO). Des Weiteren teilt die Finanzbehörde der Staatsanwaltschaft bzw. der Verwaltungsbehörde mit, wenn sie Kenntnis von einer Bestechung (§ 4 V Nr. 10 EStG) oder einer → Geldwäsche (§ 31b AO) erhält. Seit dem 6.12.2024 dürfen Bewilligungsbehörden Informationen über eine zu Unrecht erlangte Leistung aus öffentlichen Mitteln auch dann an Strafverfolgungsbehörden weiterleiten, wenn ihnen diese Informationen von Finanzbehörden nach § 31a AO offenbart worden sind.

Die vorsätzliche Verletzung des Steuergeheimnisses wird mit Freiheitsstrafe bis zu zwei Jahren oder mit Geldstrafe geahndet (§ 355 StGB); sie setzt einen Antrag des Dienstvorgesetzten oder des Verletzten voraus. Das unbefugte Offenbaren ist kein → Verwaltungsakt. Ein → Einspruch ist daher nicht statthaft. Der Betroffene kann nur auf Unterlassung klagen (Leistungsklage, § 40 FGO). Als vorläufiger Rechtsschutz kommt eine einstweilige Anordnung in Betracht (§ 114 FGO). Sa → Bankgeheimnis.

Steuergerechtigkeit
→ Gleichmäßigkeit der Besteuerung.

Steuerhaftung
→ Haftung im Steuerrecht.

Steuerhehlerei
→ Steuerstrafrecht.

Steuerhinterziehung
1. Zur Strafbarkeit der Steuerhinterziehung s. → Steuerstrafrecht (1a).

2. Durch das Steuerhinterziehungsbekämpfungsgesetz v. 29.7.2009 (BGBl. 2009 I S. 2302) soll verhindert werden, dass Stpfl. sog. → Steueroasen nutzen, um Steuerzahlungen in Deutschland zu vermeiden. Stpfl. mit Geschäftsbeziehungen zu Staaten und Gebieten, die nicht bereit sind, Auskunftsaustausch in Steuersachen nach dem Standard der → OECD (vgl. Art. 26 OECD-Musterabkommen) zu leisten, unterliegen erhöhten Mitwirkungs- und Nachweispflichten. Grund ist, dass diese nicht kooperierenden Staaten und Gebiete durch die Verweigerung des Auskunftsaustauschs Steuerflucht und Steuerhinterziehung begünstigen.

Die Mitwirkungs- und Nachweispflichten sind in der Rechtsverordnung v. 18.9.2009 (BGBl. 2009 I S. 3046) festgelegt. Demnach sind bei Geschäften mit Geschäftspartnern in den nicht kooperierenden Staaten Aufzeichnungen über Art und Umfang der Geschäftsbeziehungen, Verträge und Vereinbarungen, genutzte Wirtschaftsgüter, auch immaterielle wie Nutzungsrechte oder Patente, und die gewählten Geschäftsstrategien zu führen. Wenn der Geschäftspartner eine Gesellschaft ist, sind alle (auch mittelbare) Gesellschafter und Anteilseigner dieser Gesellschaft aufzuzeichnen. Eine Ausnahme besteht hier, wenn der Großteil der Aktien der Gesellschaft oder der Gesellschafter oder Anteilseigner regelmäßig an einer anerkannten Börse gehandelt werden. Die Finanzbehörde kann die Abgabe einer eidesstattlichen Versicherung in Bezug auf die Richtigkeit der Angaben des Stpfl. verlangen. Eine Falschaussage kann mit Freiheitsstrafe bis zu drei Jahren oder Geldstrafe bestraft werden.

Werden Geschäftsbeziehungen zu einzelnen Personen unterhalten, müssen diese Aufzeichnungen nicht geführt werden, wenn die gezahlten Entgelte die Summe von

10.000 EUR je Person nicht übersteigen (Bagatellregelung). Besteht die Geschäftsbeziehung zu einem ausländischen Kreditinstitut in nicht nach OECD-Standard kooperierenden Staaten oder Gebieten, so muss der Stpfl. ihnen erlauben, den deutschen Behörden Auskünfte über ihn zu erteilen und die Steuerverwaltung zur Einholung dieser Auskünfte in seinem Namen ermächtigen.

Werden die Aufzeichnungs- und Mitwirkungspflichten nicht erfüllt, drohen erhebliche steuerliche Nachteile, zB Versagung des Betriebsausgabenabzugs oder der Erstattung der Kapitalertragsteuer. Wird das Kreditinstitut nicht von der Verschwiegenheitspflicht entbunden, so wird eine Steuerschätzung vorgenommen, weil vermutet wird, dass der Stpfl. über Kapitaleinkünfte im Ausland verfügt. Die Staaten, die nicht mit den Finanzbehörden kooperieren (sog. unkooperative Staaten) werden in einem weiteren BMF-Schreiben als „schwarze Liste" aufgeführt. Ausreichend für eine Kooperation ist bereits die Bereitschaft zu einer entsprechenden Auskunftserteilung, zB durch die Aufnahme entspr. Gespräche zum Abschluss einer bilateralen Vereinbarung.

3. Die Verwertung von Informationen aus angekauften Steuerdaten mit Angaben über ausländische Bankvermögen deutscher Staatsangehöriger ist zulässig. Ein Beweisverwertungsverbot folgt auch nicht aus einer behördlichen Straftat, vgl. Beschluss des FG Köln vom 15.12.2010, 14 V 2484/10.

Steuerhoheit
ist das Recht des Staates (oder anderer öff.-rechtl. Körperschaften) zur Festsetzung und Eintreibung von Steuer. → Finanzwesen, → Steuer, → Verteilung des Steueraufkommens.

Steueridentifikationsnummer
Die Steueridentifikationsnummer ist ein bundeseinheitliches Ordnungsmerkmal für natürliche Personen, das seit 2004 anstelle der Steuernummer eingeführt wurde (vgl. §§ 139b ff. AO). Die Steueridentifikationsnummer wird vom Bundeszentralamt für Steuern zum Zweck der eindeutigen Identifizierung im Besteuerungsverfahren erteilt. Mit Geburt oder Zuzug erhält jeder Neubürger eine solche Kennzahl. Die Steueridentifikationsnummer ist bei allen Anträgen, Erklärungen und Mitteilungen gegenüber Finanzbehörden anzugeben. Sie besteht aus einer Ziffernfolge, wobei die letzte Ziffer eine Prüfziffer ist. Grundlage für die Vergabe der Steueridentifikationsnummer sind die Mitteilungen der Meldebehörde. Diese teilt für jeden in ihrem Zuständigkeitsbereich mit alleiniger Wohnung oder Hauptwohnung im Melderegister registrierten Einwohner personenbezogene Daten (Familienname, frühere Namen, Vornamen, Doktorgrad, Ordensnamen/Künstlernamen, Tag und Ort der Geburt, Geschlecht und gegenwärtige Anschrift der alleinigen Wohnung oder der Hauptwohnung) mit. Die Steueridentifikationsnummer ändert sich nicht, wenn eine Person den Wohnort wechselt oder in die Zuständigkeit eines anderen Finanzamts verzieht.

Für wirtschaftlich tätige Gebilde wird eine sog. Wirtschafts-Identifikationsnummer vergeben (vgl. § 139c AO). Wirtschaftlich Tätige sind natürliche Personen, die wirtschaftlich tätig sind, juristische Personen und Personenvereinigungen. Die Wirtschafts-Identifikationsnummer wird auf Anforderung des zuständigen Finanzamts vergeben und beginnt mit den Buchstaben DE.

Steuerkarte
1. Die frühere Lohnsteuerkarte enthielt Eintragungen über → Steuerklasse, Zahl der → Kinderfreibeträge, Religionsgemeinschaft, Freibeträge (§§ 39, 39a EStG). Über Ausstellung und Aushändigung an den Arbeitgeber zwecks Einbehaltung der → Lohnsteuer s. dort. 2011 wurde die bisherige Lohnsteuerkarte durch ein elektronisches Verfahren ersetzt. Dafür musste beim Bundeszentralamt für Steuern eine neue Datei errichtet werden, in der die für die Lohnsteuer relevanten Daten einkommenssteuerpflichtigen Arbeitnehmer enthalten sind. Sa → Elster.

2. Zum Nachweis entrichteter → Kraftfahrzeugsteuer erhält der Halter eines nicht im Inland zugelassenen Fahrzeugs zum Verkehr auf öffentlichen Straßen eine mit Quittung versehene Steuerkarte (§ 12 KraftStDV).

Steuerklassen
1. Für den Lohnsteuerabzug werden unbeschränkt steuerpflichtige Arbeitnehmer in sechs Steuerklassen eingeteilt (§ 38b EStG):

Steuerklasse I gilt für ledige, geschiedene und verwitwete Arbeitnehmer sowie für Arbeitnehmer, deren Ehegatte im Ausland wohnt oder dauerhaft von ihm getrennt lebt.

Steuerklasse II gilt für Arbeitnehmer, wenn sie die Voraussetzungen der Steuerklasse I erfüllen und bei ihnen ein → Entlastungsbetrag zu berücksichtigen ist.

Steuerklasse III gilt für Arbeitnehmer, die verheiratet und nicht dauernd getrennt lebend sind. Beide Ehegatten müssen unbeschränkt steuerpflichtig und einer der Ehegatten darf keinen Arbeitslohn beziehen oder in die Steuerklasse V eingeordnet sein. Verwitwete Arbeitnehmer erhalten die Steuerklasse III, wenn der nicht dauernd getrennt lebende unbeschränkt steuerpflichtige Ehegatte im Vorjahr verstorben ist.

Steuerklasse IV gilt für verheiratete Arbeitnehmer, wenn beide Ehegatten Arbeitslohn beziehen, im Inland wohnen und nicht dauernd getrennt leben.

Steuerklasse V gilt für einen Ehegatten an Stelle der Steuerklasse IV, wenn der andere Ehegatte in Steuerklasse III eingestuft wird.

Steuerklasse VI ist auf der zweiten oder weiteren Lohnsteuerkarte von Arbeitnehmern zu bescheinigen, die nebeneinander von mehreren Arbeitgebern Lohn beziehen. → Lohnsteuer, → Erbschaftsteuer (4).

2. Von der Wahl der Lohnsteuerklasse eines Arbeitnehmers hängt ab, in welcher Höhe ein Arbeitgeber verpflichtet ist, Lohnsteuer einzubehalten und an das → Finanzamt abzuführen. Maßgebend für die zutreffende Steuerklasse sind die Verhältnisse zu Beginn des jeweiligen Kalenderjahres (§ 39 IIIb EStG). Ändern sich diese zwischen Ausstellung der Lohnsteuerkarte und Jahresbeginn, muss der Arbeitnehmer eine Korrektur eintragen lassen, wenn sich die tatsächlichen Verhältnisse zu seinem Nachteil ändern.

3. Für Ehegatten, die beide Arbeitslohn beziehen, besteht die Möglichkeit, zwischen den Steuerklassenkombinationen IV/IV und III/V zu wählen. Diese Wahlmöglichkeit ist bei unterschiedlich hohem Arbeitslohn der Ehegatten interessant. Der Ehegatte mit dem geringeren Verdienst wählt dann die Lohnsteuerklasse V, die mit einem höheren Steuersatz belastet ist. Der andere Ehegatte hat dann über die Lohnsteuerklasse III mit geringeren Abzügen ein höheres Nettogehalt. Durch die Einkommensteuererklärung werden diese Verschiebungen wieder ausgeglichen.

Die Steuerklassenwahl ist nicht nur unter steuerlichen Gesichtspunkten relevant. Vielmehr hängen auch Lohnersatzleistungen wie Arbeitslosengeld, Arbeitslosenhilfe, Unterhaltsgeld, Krankengeld und Mutterschaftsgeld von dem zuletzt bezogenen Nettoarbeitslohn ab. Für Arbeitnehmer in der Steuerklasse V sind diese Lohnersatzleistungen geringer als bei gleich hohem Bruttoarbeitslohn, für den die Lohnsteuer nach den Steuerklassen III oder IV einzubehalten ist.

4. Seit dem Veranlagungszeitraum 2009 steht Ehegatten an der Stelle der Steuerklassenwahl das → Faktorverfahren gem. § 39 f EStG zur Verfügung. Nach der sehr komplizierten Regelung soll die Lohnsteuer entsprechend dem zu erwartenden Einkommen aufgeteilt werden, um eine überproportionale Belastung des geringer verdienenden Partners beim Lohnsteuerabzug zu vermeiden. Geringverdiener sollen so gewonnen werden, ihre Beschäftigungsverhältnisse zu legalisieren.

Steuerlager
Solange verbrauchsteuerpflichtige Waren nach der Erzeugung noch nicht in den Handel gebracht worden sind, ist die jeweilige → Verbrauchsteuer noch nicht entstanden, wenn sich die Ware in einem Steuerlager befindet, das der jeweilige Hersteller einrichten kann und für dessen steuerliche Behandlung er verantwortlich ist, zB Bierlager, Kaffeelager, Tabaklager. Das Verbringen der Ware aus dem Steuerlager in den Handel muss der Hersteller dem Zollamt anzeigen, weil hierdurch die Verbrauchsteuer entsteht und die Fälligkeit ausgelöst wird.

Steuerliche Nebenleistungen
sind → Verspätungszuschlag, → Zinsen, → Zwangsgeld, → Säumniszuschläge und Kosten (§ 3 III AO).

Steuermessbetrag
→ Gewerbesteuer, → Grundsteuer.

Steuermesszahl
→ Gewerbesteuer, → Grundsteuer.

Steuernachforderungen
setzen regelmäßig die Änderung ergangener Steuerbescheide voraus. Bei → Zöllen und → Verbrauchsteuern sind sie innerhalb der Festsetzungsfrist von einem Jahr (§ 169 II Nr. 1 AO; → Verjährung, 5), bei hinterzogenen Beträgen innerhalb von zehn Jahren uneingeschränkt möglich (§ 172 I Nr. 1 AO), bei sonstigen Steuern bis zum Ablauf der vier-, fünf- oder zehn-jährigen Festsetzungsfrist (§ 169 II Nr. 2 AO). Zu der Nachforderung von → Lohnsteuer vgl. § 41c EStG. Sa → Steuerbescheid (Änderung), → Zinsen, steuerlich.

Steueroasen
sind Staaten und Gebiete, die keine Information entsprechend den von der → OECD gesetzten Standards mit Steuerbehörden anderer Länder austauschen; sa → Steuerhinterziehung.

Steuerordnungswidrigkeiten
sind Zuwiderhandlungen, die nach den Steuergesetzen mit Geldbuße geahndet werden können (§ 377 AO). Verfolgung und Ahndung von Steuerordnungswidrigkeiten steht im pflichtgemäßen Ermessen der Finanzbehörde, dh nicht jede Steuerordnungswidrigkeit muss, sondern kann verfolgt und geahndet werden. → Steuerbußgeldverfahren, → Steuerstrafrecht (2).

Steuerpflicht
bestimmt, wer die Steuer zu entrichten hat (→ Steuerpflichtiger) und in welchem Umfang die Steuer anfällt. Die Steuerpflicht wird durch Einzelsteuergesetze festgelegt. Allgemein wird zwischen unbeschränkter und beschränkter Steuerpflicht unterschieden. Beispiel: Einkommen- und Körperschaftsteuer. Unbeschränkt einkommensteuerpflichtig sind natürliche Personen, die in der BRep. einen → Wohnsitz oder ihren gewöhnlichen Aufenthalt haben, unbeschränkt körperschaftsteuerpflichtig die in § 1 KStG aufgeführten Kapitalgesellschaften usw. mit → Geschäftsleitung oder → Sitz in der BRep. (§ 1 I–III EStG; § 1 I, II KStG). Die unbeschränkte Steuerpflicht erstreckt sich bei der → Einkommen- und → Körperschaftsteuer auf sämtliche Einkünfte, dh auf das weltweite Einkommen (§ 1 I 1 EStG, § 2 I 1 EStG; § 1 II KStG). Beschränkte Steuerpflicht tritt ein, wenn weder Wohnsitz noch gewöhnlicher Aufenthalt bzw. Geschäftsleitung oder Sitz in der BRep. gegeben sind (§ 1 IV EStG, § 2 KStG). Die beschränkte Steuerpflicht erfasst bei der Einkommen- und Körperschaftsteuer lediglich die in der BRep. erzielten inländischen Einkünfte (vgl. Einkünfte, inländische) nach § 49 EStG. Über erweiterte unbeschränkte Steuerpflicht → Grenzgänger, erweiterte beschränkte Steuerpflicht → Außensteuergesetz. Zur Erbschaft-

und Schenkungsteuerpflicht → Erbschaft- und Schenkungsteuer. Sa → Doppelbesteuerung.

Steuerpflichtiger
ist derjenige, der die durch Steuergesetze auferlegte Verpflichtung zu erfüllen hat (→ Steuerpflicht). Steuerpflichtiger ist insbes., wer eine Steuer schuldet, für eine Steuer haftet, eine Steuer für Rechnung eines Dritten einzubehalten und abzuführen hat, eine Steuererklärung abzugeben, Sicherheit zu leisten, Bücher und Aufzeichnungen zu führen oder andere ihm durch Steuergesetze auferlegte Verpflichtungen zu erfüllen hat (§ 33 AO). → Steuerschuldner, → Handlungsfähigkeit.

Steuerreform
Die Diskussion um eine umfassende Steuerreform dauert an. Eine Steuerreform sollte bereits durch das Steuerentlastungsgesetz 1999/2000/2002 v. 24.3.1999 (BGBl. 1999 I 402) und das Steuersenkungsgesetz v. 23.10.2000 (BGBl. 2000 I 1433) eingeleitet werden. Kernpunkt des Steuerentlastungsgesetzes war ua die Anhebung des Grundfreibetrages und die Senkung des Spitzensteuersatzes. Diese sollten in drei Stufen erhöht bzw. gesenkt werden. Eine umfassende Entlastung der Stpfl. wurde jedoch durch die Verbreiterung der Bemessungsgrundlage nicht erreicht. Auch bei der Reform des Unternehmenssteuerrechts ist die angestrebte Gleichstellung von Personen- und Kapitalgesellschaft bislang nicht befriedigend gelöst worden. Die Gesetzeswerke wurden in den Folgejahren durch zahlreiche Änderungsgesetze ergänzt und korrigiert, ohne dass jedoch grundlegende Anpassungen stattgefunden hätten.

Für 2008 wurde eine umfassende Reform der Besteuerung der Kapitalgesellschaften in Aussicht gestellt, zu der es so jedoch nicht kam. Deutschland verlangt von den EU-Staaten zusammen mit Spanien die höchsten Steuern von Kapitalgesellschaften. Die effektive Durchschnittsbelastung liegt mit 36 vH an der Spitze der EU (Spanien 36,1 vH). Seit 1995 ist die Steuerlast von 45 vH auf 36 vH gesenkt worden. Im Gespräch ist eine weitere erhebliche Absenkung auf 15 vH Körperschaftsteuer. Einschließlich Gewerbesteuer und Solidaritätszuschlag würde so die nominelle Last von 39 vH auf 29 vH sinken. Die effektive Durchschnittssteuerlast aller EU-Staaten liegt erheblich unter den deutschen Steuersätzen, was die internationale Wettbewerbsfähigkeit des Standorts Deutschland tendenziell schwächt.

Eine nachhaltige Vereinfachung der Einkommensteuer, verbunden mit einer Senkung der Steuersätze, wurde zwar für 2010/2011 angekündigt, aber bisher aber nicht realisiert. Gegenwärtig wird vor allem eine evtl. Abschaffung des Teileinkünfteverfahrens diskutiert. Sa → Jahressteuergesetz, → Steuerchaos.

Steuerrichtlinien
→ Verwaltungsvorschriften.

Steuerschätzungen
Für regelmäßige Steuerschätzungen ist seit 1955 der Arbeitskreis Steuerschätzungen als ein Beirat beim Bundesfinanzministerium (BMF) gebildet. Ihm gehören neben dem BMF und dem Bundesministerium für Wirtschaft und Arbeit die sechs großen Wirtschaftsforschungsinstitute, das Statistische Bundesamt (→ Statistik), die Deutsche Bundesbank (→ Bundesbank), der Sachverständigenrat zur Begutachtung der gesamtwirtschaftlichen Entwicklung (→ Sachverständigenrat), die Länderfinanzministerien und die Bundesvereinigung kommunaler Spitzenverbände an. Für die Schätzung des Arbeitskreises erstellen die Mitglieder unabhängig voneinander eigene Schätzvorschläge für jede → Steuer. Diese Schätzvorschläge sind Gegenstand der Diskussion im Arbeitskreis. Dort wird jede Steuer solange erörtert, bis ein Kompromiss erzielt wird. Auf der Grundlage der Einzelsteuerschätzungen werden dann die auf Bund, Länder, Gemeinden und EU entfallenden Einnahmen ermittelt. Die Sitzungen des Arbeitskreises finden zweimal jährlich statt (idR im Mai und im Herbst eines Jahres). Der Bund übernimmt das Ergebnis für die Steuereinnahmen des Bundes in den Haushaltsplan und die mittelfristige Finanzplanung. Sa → Schätzung der Besteuerungsgrundlagen.

Steuerschuldner
Wer Steuerschuldner ist, bestimmen die Einzelsteuergesetze (§ 43 AO). Mit diesem Verweis hat der Gesetzgeber auf eine allgemeine Definition des Begriffs verzichtet. Soweit im Einzelsteuergesetz keine ausdrückliche Bestimmung enthalten ist, kann von dem Grundsatz ausgegangen werden, dass derjenige Steuerschuldner ist, der den Tatbestand verwirklicht, an den das Einzelsteuergesetz die Steuerpflicht knüpft. Bei → Abzugsteuern ist Steuerschuldner derjenige, für dessen Rechnung der Steuerabzug erfolgt, zB der Arbeitnehmer bei der → Lohnsteuer. Der zum Steuerabzug Verpflichtete (zB Arbeitgeber) kann als Haftungsschuldner in Anspruch genommen werden. → Steuerpflichtiger; → Gesamtschuld s. § 44 AO, Aufteilung in der Vollstreckung s. §§ 268 ff. AO. Sa → Haftung im Steuerrecht.

Steuerschuldverhältnis
ist die öffentlich-rechtliche Beziehung zwischen Abgabengläubiger und → Steuerpflichtigem (vgl. §§ 37–50 AO).

Steuerstrafrecht
Zu unterscheiden sind Steuerstraftaten (§§ 369–376 AO) und Steuerordnungswidrigkeiten (§§ 377–384 AO).

1. Steuerstraftaten (Zollstraftaten) sind:

a) Steuerhinterziehung (§ 370 AO): Sie setzt eine vorsätzliche Steuerverkürzung durch unrichtige oder unvollständige Angaben über steuerlich erhebliche Tatsachen gegenüber der Behörde voraus. Sie kann auch durch pflichtwidrig unterlassene Mitteilung über steuerlich erhebliche Tatsachen verwirklicht werden (→ Unterlassungsdelikt), zB durch Nichtabgabe der Steuererklärung. Steuerhinterziehung ist auch das pflichtwidrige Unterlassen der Verwendung von Steuerzeichen oder Steuerstempeln. Erforderlich ist stets, dass durch die Tathandlung Steuern verkürzt werden oder der Täter für sich oder einen anderen einen nicht gerechtfertigten Steuervorteil erlangt. Der Tatbestand der Steuerhinterziehung setzt vorsätzliches Handeln voraus. Geschütztes Rechtsgut ist die rechtzeitige und vollständige Erfassung und Abführung der Steuern, so dass bereits die verspätete Abgabe einer Steuererklärung strafbar sein kann. Steuerhinterziehung ist mit Freiheitsstrafe bis zu fünf Jahren oder mit Geldstrafe, in besonders schweren Fällen, zu denen auch die Hinterziehung in großem Ausmaß, das bei 50.000 EUR beginnt (BGH NJW 2016, 965), oder die fortgesetzte Begehung als → Bande gehört, mit Freiheitsstrafe bis zu zehn Jahren bedroht (§ 370 III AO). Versuch (§ 370 II AO) und Begünstigung (§ 369 I Nr. 4 AO) der Hinterziehung sind ebenfalls strafbar. § 370 AO gilt auch, wenn sich die Tat auf Einfuhr- und Ausfuhrabgaben bezieht. Die → Strafverfolgungsverjährung tritt idR nach fünf Jahren (§ 78 III Nr. 4 StGB iVm § 369 II AO), in besonders schweren Fällen (§ 370 III AO) nach zehn Jahren (§ 376 AO) ein.

Nach der BGH-Entscheidung v. 2.12.2008 (1 StR 416/08, BGHSt 53, 71 = NJW 2009, 528) hat die Höhe des Hinterziehungsbetrags für die Strafzumessung ein erhebliches Gewicht. Als Leitlinien hat der BGH folgende Grundsätze aufgestellt:

- bei einem Hinterziehungsschaden bis 50.000 EUR ist eine Geldstrafe die Regel
- zumindest ab einem Hinterziehungsschaden von 100.000 EUR ist eine Freiheitsstrafe zu verhängen. Eine Geldstrafe ist nur bei Vorliegen gewichtiger Milderungsgründe zulässig.
- bei Hinterziehungsbeträgen in Millionenhöhe kommt eine aussetzungsfähige Freiheitsstrafe nur noch bei Vorliegen gewichtiger Milderungsgründe in Betracht. Eine Erledigung des Verfahrens mittels Strafbefehl ist nicht mehr möglich, da in diesem Verfahren nur eine Freiheitsstrafe bis zu einem Jahr auf Bewährung verhängt werden kann.

b) Weitere Steuerstraftaten sind Bannbruch (§ 372 AO), gewerbsmäßiger, gewaltsamer oder bandenmäßiger Schmuggel (§ 373 AO) und Steuerhehlerei (§ 374 AO). Bannbruch ist die verbotswidrige Ein-, Aus- oder Durchfuhr von Gegenständen. Er wird nach § 370 I, II AO bestraft, soweit nicht andere Strafvorschriften eingreifen, zB das → Kriegswaffengesetz. Gewerbsmäßiger Schmuggel ist gewerbsmäßige Hinterziehung von Einfuhr- oder Ausfuhrabgaben oder gewerbsmäßiger Bannbruch durch Zuwiderhandlungen gegen Monopolvorschriften. Die Strafe ist Freiheitsstrafe von drei Monaten bis zu fünf Jahren, ebenso bei bandenmäßigem Schmuggel (→ Bandenschmuggel) oder gewaltsamem Schmuggel, zB unter Mitführen von Waffen. Steuerhehlerei begeht, wer in Bereicherungsabsicht Waren, hinsichtlich derer → Verbrauchsteuern oder → Einfuhr- oder Ausfuhrabgaben (→ Zölle) hinterzogen oder → Bannbruch begangen wurde, an sich bringt. Steuerstraftat ist die Wertzeichenfälschung, soweit sie Steuerzeichen betrifft (§§ 148, 149 StGB iVm § 369 I Nr. 3 AO). Dagegen ist die Verletzung des → Steuergeheimnisses keine Steuerstraftat.

2. Steuerordnungswidrigkeiten (Zollordnungswidrigkeiten) sind Zuwiderhandlungen, die nach den Steuergesetzen mit Geldbuße geahndet werden können (§ 377 AO). Dazu gehören:

a) Leichtfertige Steuerverkürzung (§ 378 AO): Sie setzt objektiv den Tatbestand der Steuerverkürzung und subjektiv Leichtfertigkeit (= grobe Fahrlässigkeit) voraus. Höchstgeldbuße: 50.000 EUR.

b) Steuergefährdung (§§ 379–382 AO) liegt vor, wenn der Täter vorsätzlich oder leichtfertig zur Verkürzung von Steuereinnahmen unrichtige Belege ausstellt, Belege gegen Entgelt in Verkehr bringt (Beleghandel) oder Vorfälle unrichtig verbucht; sie ist subsidiär gegenüber Steuerhinterziehung und leichtfertiger Steuerverkürzung. Höchstgeldbuße: 5.000 EUR, bei Gefährdung von Abzugssteuern (§ 380 AO) 25.000 EUR. Sa → Weitergabe von Steuerbelegen.

c) Der unzulässige Erwerb von Steuererstattungs- oder Vergütungsansprüchen (§ 383 AO): Höchstgeldbuße: 50.000 EUR.

3. Die Einleitung und Einstellung des Bußgeldverfahrens liegen im pflichtgemäßen Ermessen des Finanzamts (§ 410 AO, § 47 I OWiG; → Opportunitätsprinzip); Steuerstraftaten dagegen sind grds. von Amts wegen zu verfolgen (→ Legalitätsprinzip). Sa → Selbstanzeige.

Steuerstrafverfahren

Das Steuerstrafverfahren ist geregelt in §§ 385 –408 AO. Es gelten die allgemeinen Gesetze über das Strafverfahren; die Vorschriften der Abgabenordnung bilden eine Ergänzung zum allgemeinen Strafverfahrensrecht (§ 385 AO).

1. Beim Verdacht einer Steuerstraftat ermittelt die Finanzbehörde (Finanzamt, Hauptzollamt oder Bundeszentralamt für Steuern) den Sachverhalt, es sei denn, es ist ein → Haftbefehl oder → Unterbringungsbefehl erlassen. Die Finanzbehörde kann die Strafsache jederzeit an die StA abgeben, die StA kann sie jederzeit an sich ziehen (§ 386 AO). Bieten jedoch die Ermittlungen Anlass zur Erhebung der öffentlichen Klage, so beantragt die Finanzbehörde beim Amtsgericht den Erlass eines → Strafbefehls, falls die Strafsache zur Behandlung im Strafbefehlsverfahren geeignet erscheint; sonst legt sie die Akten der StA vor

(§ 400 AO). Durch Strafbefehl kann Geldstrafe oder Freiheitsstrafe mit Bewährung bis zu einem Jahr festgesetzt werden (§§ 407 ff. StPO).

2. Führt die StA das Ermittlungsverfahren durch, so hat die sonst zuständige Finanzbehörde die Rechte und Pflichten des Polizeidienstes sowie die Befugnisse des § 399 II AO (zB zu Beschlagnahmungen, Durchsuchungen usw.) und das Recht zur Teilnahme an den Ermittlungshandlungen der StA oder der Polizei (§§ 402, 403 AO). Erhebt die StA Anklage, so hat die Finanzbehörde zwar nicht die Stellung eines Nebenklägers (→ Nebenklage); doch hat ihr das Gericht Gelegenheit zu geben, die Gesichtspunkte vorzutragen, die von ihrem Standpunkt für die Entscheidung von Bedeutung sind (§ 407 AO). Hängt eine Verurteilung davon ab, ob ein Steueranspruch besteht usw., so kann das Gericht das Strafverfahren bis zur Rechtskraft des Besteuerungsverfahrens aussetzen (§ 396 AO).

3. Verteidigung: Soweit die Finanzbehörde das Strafverfahren selbständig durchführt, können auch Steuerberater, Steuerbevollmächtigte (→ Steuerberatungsgesetz), → Wirtschaftsprüfer und → vereidigte Buchprüfer zu Verteidigern gewählt werden, vor der StA oder vor Gericht jedoch nur in Gemeinschaft mit einem → Rechtsanwalt oder Rechtslehrer an einer deutschen Hochschule. Steuerberater usw können auch vor Gericht selbständig als Verteidiger auftreten, falls sie im Einzelfall vom Gericht zugelassen werden (§ 138 II StPO).

Steuerstundungsmodelle
liegen vor, wenn aufgrund einer modellhaften Gestaltung steuerliche Verluste in Form negativer Einkünfte erzielt werden. Dies ist gegeben, wenn dem Stpfl. aufgrund eines vorgefertigten Konzepts die Möglichkeit geboten wird, zumindest in der Anfangsphase Investitionsverluste mit übrigen → Einkünften zu verrechnen. Dies trifft insbes. auf geschlossene Fonds, zB Medienfonds oder Schiffsbeteiligungen zu, soweit sie nur Verluste vermitteln. Aber auch modellhafte Anlagen von Einzelpersonen werden erfasst.

Eine modellhafte Gestaltung ist anzunehmen, wenn ein Anbieter mit Hilfe eines vorgefertigten Konzepts, das auf die Erzielung steuerlicher Verluste aufgrund negativer Einkünfte ausgerichtet ist, Anleger wirbt. Typisch ist ein Bündel von Verträgen bzw. Leistungen, zB Vermittlung der Finanzierung, Abgabe einer Mietgarantie. Dafür spricht auch, wenn der Anleger vorrangig eine kapitalmäßige Beteiligung anstrebt, ohne Interesse an einem Einfluss auf die Geschäftsführung zu haben. Voraussetzung für die Annahme eines S. ist weiter, dass die innerhalb der Anfangsphase prognostizierten Verluste 10 vH des gezeichneten und aufzubringenden Kapitals oder der konzeptionsbedingte Verlust mehr als 10 vH des eingesetzten Kapitals beträgt. Anfangsphase ist der Zeitraum, bis zu dem nach dem Konzept nachhaltig keine positiven Einkünfte erzielt werden. Unerwartete Verluste, dh solche, die bei der Konzeption nicht abzusehen waren (unerwarteter Mietausfall, Beschädigung des Investitionsobjekts), sind nicht einzubeziehen.

Verluste aus diesen Beteiligungen können einkommensteuerlich nur mit späteren Gewinnen aus der Beteiligung verrechnet werden (§ 15b EStG). Die Verlustverrechnungsbeschränkung betrifft nicht nur gewerbliche Einkünfte, sondern auch die Einkünfte aus Land- und Forstwirtschaft, freiberuflicher Tätigkeit, Kapitalvermögen, Vermietung und Verpachtung und sonstige Einkünfte.

Nicht betroffen von der Regelung ist ua die normale unternehmerische Tätigkeit, bei der Existenzgründer Anlaufverluste erleiden (keine modellhafte Gestaltung).

Steuersubjekt
→ Steuerschuldner.

Steuerüberwälzung
ist der gelungene Versuch eines → Steuerschuldners, ihm auferlegte → Steuern durch entsprechende Preisgestaltung anderen Personen aufzulasten. Bei der Fortwälzung geschieht dies dadurch, dass er als Leistender (Anbieter von Gütern oder Dienstleistungen) die Leistungsempfänger (Abnehmer) durch höhere Preise belastet (zB → Gewerbesteuer); bei der Rückwälzung dadurch, dass er als Leistungsempfänger (Abnehmer) durch niedrigere Preise die Steuerlast dem Leistenden zuschiebt (→ Lohnsteuerpauschalierung). Weiterwälzung ist jede einem primären Überwälzungsvorgang folgende weitere Steuerüberwälzung. Die Steuerüberwälzung ist teilweise auch gesetzlich beabsichtigt, zB erfolgt bei der → Umsatzsteuer wirtschaftlich eine Steuerüberwälzung auf den Endverbraucher.

Steuerungsfähigkeit
→ Schuldunfähigkeit.

Steuerverfahren
→ Besteuerungsverfahren.

Steuervergütung
→ Vergütung.

Steuerverkürzung
→ Steuerstrafrecht.

Steuerverwaltungsakt
Bei den → Verwaltungsakten auf dem Gebiet des Steuerrechts (§ 118 AO) ist zu unterscheiden zwischen → Steuerbescheiden und sonstigen Verwaltungsakten. Zu den sonstigen Verwaltungsakten gehören insbes. → Haftungsbescheide, Bescheide über → Verspätungszuschlag, → Billigkeitserlass. Sonstige Verwaltungsakte werden nach den §§ 130, 131 ff. AO geändert oder aufgehoben. Für Steuerbescheide gelten dagegen die Vorschriften der §§ 164, 165 und 172 ff. AO. Gegen alle Steuerverwaltunsgakte ist der Einspruch statthafter Rechtsbehelf. → Besteuerungsverfahren.

Steuerzeichenfälschung
→ Steuerstrafrecht (Wertzeichenfälschung).

Steuerzinsen
→ Zinsen, steuerlich.

Stiefeltern, -kinder
sind keine Rechtsbegriffe. Als Stiefkinder werden diejenigen Kinder des jeweils anderen Ehegatten bezeichnet, die nicht zugleich eigene Kinder sind. Als Stiefeltern werden häufig Adoptiveltern bezeichnet, als Stiefvater der Ehegatte der Mutter, der selbst nicht Vater ist, als Stiefmutter die Ehefrau des Vaters, die selbst nicht Mutter ist. Sa → Schwägerschaft, → Verwandtschaft, → Zeugnisverweigerungsrecht, → elterliche Sorge (4), → Umgangsrecht.

Stift
In der → Evang. Kirche bestehen vereinzelt noch Stifte als selbständige Körperschaften oder Anstalten mit eigenem Vermögen fort (so in Loccum, Meißen und Wurzen, das Domstift Brandenburg ua m.). Sie stehen unter Aufsicht einer Kirchenbehörde (meist → Konsistorium), die auch über die Satzung beschließt.

Stiftung des Privatrechts
Die Stiftung des Privatrechts ist eine rechtsfähige → juristische Person des Privatrechts, in der ein bestimmtes Vermögen (Zweckvermögen) rechtlich verselbständigt wird, um für eine gewisse Dauer einen bestimmten Zweck nach dem Willen des Stifters zu erreichen (§§ 80 ff. BGB). Demnach ist keine Stiftung im Rechtssinne die sog. unselbständige Stiftung, bei der ein bestimmtes Vermögen ohne eigene Rechtspersönlichkeit einer anderen bereits bestehenden natürlichen oder juristischen Person – oftmals treuhänderisch (→ fiduziarische Rechtsgeschäfte) – zur Verwaltung für einen bestimmten Zweck übertragen wird; zB ein Mäzen überlässt einen Teil seines Vermögens seiner Heimatgemeinde mit der Bestimmung, ihn für künstlerische oder karitative Zwecke zu verwenden. Hier liegt idR → Schenkung mit einer Auflage oder eine letztwillige Zuwendung durch → Erbeinsetzung oder → Vermächtnis (gleichfalls verbunden mit einer bestimmten Auflage) vor. Keine Stiftung des Privatrechts ist auch das Sammelvermögen, das bei Durchführung einer genehmigten öffentlichen Sammlung zusammenkommt. Das Sammelvermögen hat keine eigene Rechtspersönlichkeit; es steht entweder noch im Eigentum der Spender oder bildet fiduziarisches Eigentum der Sammler, str. (→ Pflegschaft für ein Sammelvermögen). Besonderheiten gelten auch für die → Stiftung öffentlichen Rechts.

Zur Entstehung einer rechtsfähigen Stiftung des Privatrechts ist ein Stiftungsakt (Stiftungsgeschäft) sowie eine staatliche Anerkennung erforderlich (§ 80 I BGB). Der Zweck der Stiftung darf sich nicht in der bloßen Verwaltung und Vermehrung des eigenen Vermögens erschöpfen, was etwa angenommen wird, wenn die Stiftung bloße Komplementärin einer → Kommanditgesellschaft ist. Das Stiftungsgeschäft bedarf unter Lebenden der Schriftform; im Übrigen ist Voraussetzung eine → Verfügung von Todes wegen (Testament, Erbvertrag; §§ 81, 83 BGB). Zur Anerkennung ist das Land zuständig, in dessen Gebiet die Stiftung ihren Sitz haben soll. Der Stifter hat nach der Anerkennung entsprechend seiner einseitigen Verpflichtung das Zweckvermögen auf die Stiftung zu übertragen (Einzelübertragung); nur bei Erbeinsetzung tritt automatischer Übergang (→ Gesamtrechtsnachfolge) ein. Die Verfassung der Stiftung wird in erster Linie durch das Stiftungsgeschäft bestimmt, das eine Satzung der Stiftung enthalten muss (§§ 81, 85 BGB). Im Übrigen gelten weitgehend die Vorschriften über den rechtsfähigen → Verein entsprechend (Vorstand, Liquidation usw) mit Ausnahme der Vorschriften über die Mitgliederversammlung (§ 86 BGB; → Destinatär). Die Stiftung kann auf unbestimmte Zeit oder für eine begrenzte Zeit (von mindestens 10 Jahren) errichtet werden. Während das Grundstockvermögen einer Stiftung auf unbestimmte Zeit ungeschmälert zu erhalten ist, wird bei einer Stiftung auf Zeit das Vermögen der Stiftung für den Stiftungszweck in der vorgegebenen Zeit verbraucht (§ 80 II S. 2 BGB, Verbrauchsstiftung). Die Stiftung erlischt bei Ablauf der im Stiftungsakt bestimmten Zeit oder nach Eintritt der vom Stifter bestimmten auflösenden Bedingung sowie bei Eröffnung des → Insolvenzverfahrens; ist der Stiftungszweck nicht mehr durchführbar, so kann die zuständige Behörde den Stiftungszweck ändern oder die Stiftung aufheben (§ 87 BGB). Nach Beendigung der Stiftung fällt deren Vermögen den Personen an, die in der Satzung hierzu berufen sind, andernfalls an den Fiskus des betreffenden Landes (§ 88 BGB). Möglich ist auch die Zusammenlegung mehrerer Stiftungen als Übertragung des Stiftungsvermögens auf eine neu zu gründende Stiftung oder die Zulegung, die Übertragung des Stiftungsvermögens auf eine bestehende weitere Stiftung.

Durch das Gesetz zur Vereinheitlichung des Stiftungsrechts und zur Änderung des Infektionsschutzgesetzes vom 16.7.2021 (BGBl. 2021 I 2947) wird mit Wirkung zum 1.7.2023 das Stiftungsrecht umfassend neu gefasst. Das durch Rechtsprechung geformte geltende Recht wird kodifiziert, die Rechte und Pflichten der Stiftungsorgane werden eigenständig geregelt, die Haftung der Organe kann durch die Satzung beschränkt oder erweitert werden und für sie wird die → Business Judgement Rule eingeführt. Die Frage, wann eine nachträgliche Änderung der Satzung möglich ist, sowie die Voraussetzung von Zulegung und Zusammenlegung werden bundeseinheitlich geregelt. Daneben wurde mit dem Stiftungsregistergesetz die Grundlage für ein bundeseinheitliches Register geschaffen, in das bis zum 31.12.2026 alle vor dem 1.1.2026 entstandene Stiftungen zur Eintragung angemeldet werden müssen (§ 20 StiftRG nF). Das Register wird elektronisch vom Bundesamt für Justiz geführt und ist mit gewissen Einschränkungen mit allen eingereichten Dokumenten und der hinterlegten Stiftungssatzung allgemein einsehbar (§ 15 StiftRG nF).

Zur Turnusbesteuerung der Familienstiftung → Erbschaftsteuer (Schenkungsteuer).

Stiftung für Hochschulzulassung
Die → Gemeinsame Einrichtung für Hochschulzulassung wurde als → Stiftung des öffentlichen Rechts mit dem Namen „Stiftung für Hochschulzulassung" nach dem Recht des Landes Nordrhein-Westfalen mit Sitz in Dortmund errichtet (vgl. Art. 2 HochschulzulassungsreformG NRW v. 18.11.2008, GVBl. NRW 2008, 710, mÄnd). Die Stiftung organisiert für die Länder und im Rahmen der Länder die Hochschulzulassung (→ Hochschulzulassungsrecht).

Stiftung Unabhängige Patientenberatung Deutschland
Die Unabhängig Patientenberatung Deutschland (UPD) ist mit der Information und Beratung von Patientinnen und Patienten im Gesundheitssystem beauftragt, dergestalt, die Patientinnen und Patienten in gesundheitlichen und gesundheitsrechtlichen Fragen qualitätsgesichert und kostenfrei zu informieren und zu beraten, mit dem Ziel, die Patientenorientierung im Gesundheitswesen zu stärken und Problemlagen im Gesundheitswesen aufzuzeigen. Zur Wahrung der Unabhängigkeit von wirtschaftlichen und sonstigen Interessen Dritter sowie der Kontinuität des Informations- und Beratungsangebots wird diese zum 1.1.2024 in eine rechtsfähig Stiftung bürgerlichen Rechts überführt.

Stiftung öffentlichen Rechts
ist ein öffentlich-rechtlicher, mit → Rechtsfähigkeit ausgestatteter Vermögensbestand, der vom Stifter einem bestimmten (Stiftungs-) Zweck gewidmet worden ist. Davon zu unterscheiden sind die Zuwendungen, die einer jur. Person des öffentlichen (oder auch des privaten) Rechts mit der Auflage gemacht werden, das Vermögen zu einem bestimmten Zweck zu verwenden (sog. nichtrechtsfähige oder fiduziarische Stiftung). Als „öffentliche Stiftungen" werden Stiftungen bezeichnet, die im Gegensatz zu den privaten Stiftungen (zB Familienstiftungen) einen gemeinnützigen Zweck verfolgen (zB Förderung von Kunst und Wissenschaft); sie können öffentlich-rechtliche (und damit jur. Personen des öffentlichen Rechts) oder auch privatrechtliche Stiftungen sein. Errichtung und Rechtsverhältnisse der Stiftungen des öffentlichen Rechts richten sich nach → Landesrecht (zB StiftungsG NRW v. 15.2.2005 (GV NRW 2005, 52); Bayer. Stiftungsgesetz v. 19.12.2001, GVBl. 2002, 10).

Stiftung Warentest
Die Stiftung → Warentest, Berlin führt als von der BReg 1964 gegründete Stiftung des bürgerlichen Rechts vergleichende Waren- und Dienstleistungsuntersuchungen durch. Eine zentrale Aufgabe ist die Information über objektivierbare Merkmale des Nutz- und Gebrauchswertes sowie der Umweltverträglichkeit von Waren und Dienstleistungen. Eine weitere Aufgabe ist es, die → Verbraucher über die Möglichkeiten einer optimalen Haushaltsführung, rationaler Einkommensverwendung sowie über gesundheits- und umweltbewusstes Verhalten aufzuklären. Sa → Verbraucherprodukte, → Verbraucherschutzrecht.

Stiftungen zur politischen Bildungsarbeit
Zum Zwecke der politischen Bildung bestehen „Stiftungen" (überwiegend in der Rechtsform des eingetragenen → Vereins), die den größeren politischen → Parteien nahe stehen. Gem. Urt. des BVerfG v. 14.7.1986 (NJW 1986, 2487) ist die Vergabe öffentlicher Mittel zur Förderung politischer Bildung an parteinahe Stiftungen verfassungsrechtlich statthaft, setzt aber Institutionen voraus, die von den Parteien rechtlich und tatsächlich unabhängig sind und die sich ihrer Aufgabe selbständig, eigenverantwortlich und in geistiger Offenheit annehmen; sie müssen auch in der Praxis die gebotene Distanz zu den jeweiligen Parteien wahren.

Stille Gesellschaft
1. Eine stille Gesellschaft ist eine Gesellschaft, bei der sich jemand (stiller Teilhaber) an dem → Handelsgewerbe eines → Kaufmanns (des tätigen Teilhabers) mit einer Einlage beteiligt, die in das Vermögen des tätigen Teilhabers übergeht; der stille Teilhaber ist dafür am Gewinn beteiligt. Im Gegensatz zu den anderen Gesellschaften wird kein gemeinsames Gesellschaftsvermögen gebildet, sondern die Einlage geht in das Eigentum des tätigen Teilhabers über. Es kann aber vereinbart werden, dass der stille Teilhaber bei der Auflösung der Gesellschaft und bei der Auseinandersetzung einen schuldrechtlichen Anspruch erhält, durch den er so gestellt wird, als ob das Geschäftsvermögen den Gesellschaftern gemeinsam gehöre (sog. atypische stille Gesellschaft). Die stille Gesellschaft ist → Personengesellschaft, aber keine → Handelsgesellschaft, da die Gesellschaft selbst kein Handelsgewerbe betreibt, sondern nur der tätige Teilhaber. Die stille Gesellschaft ist in den §§ 230–236 HGB gesetzlich geregelt; subsidiär gilt das Recht der → Gesellschaft des bürgerlichen Rechts, soweit es mit dem Wesen der stillen Gesellschaft übereinstimmt. Die Geschäftsführung steht ausschließlich dem tätigen Teilhaber zu. Er betreibt das Geschäft im eigenen Namen und wird daraus allein berechtigt und verpflichtet (§ 230 II HGB). Der stille Teilhaber haftet im Außenverhältnis überhaupt nicht. Er hat lediglich Kontrollrechte wie ein Kommanditist (§ 233 HGB). Er ist am Gewinn und Verlust

beteiligt; jedoch kann im Gesellschaftsvertrag bestimmt werden, dass er am Verlust nicht beteiligt wird (§ 231 HGB). Die stille Gesellschaft wird grds. aus den gleichen Gründen wie eine Gesellschaft des bürgerlichen Rechts aufgelöst; doch findet keine → Liquidation statt, weil der stille Teilhaber lediglich einen schuldrechtlichen Anspruch auf Rückerstattung seiner Einlage hat. Wird über das Vermögen des tätigen Teilhaber das → Insolvenzverfahren eröffnet, so ist der stille Teilhaber nur normaler Insolvenzgläubiger (→ Insolvenzmasse). Die stille Gesellschaft ist einerseits von der → Kommanditgesellschaft, andererseits vom partiarischen → Darlehen zu unterscheiden.

2. Bei der steuerrechtlichen Einordnung wird zwischen der typischen und der atypischen stillen Gesellschaft unterschieden. Der typisch stille Gesellschafter nimmt – ähnlich wie ein Darlehensgeber – die Rolle eines Geldgebers ein; seine Gewinnanteile sind Einkünfte aus Kapitalvermögen (§ 20 I Nr. 4 EStG). Ein atypisch stiller Gesellschafter nimmt dagegen außer am laufenden Gewinn wirtschaftlich auch an den stillen Reserven und am → Geschäftswert des Unternehmens teil. Als Mitunternehmer bezieht er Einkünfte aus Gewerbebetrieb (§ 15 II Nr. 2 EStG). Vgl. → Mitunternehmerschaften und → GmbH & Stille.

Stille Reserve
Die stille Reserve ist der Unterschiedsbetrag zwischen → Buchwert und → Teilwert (→ Bilanz), der bei Veräußerung oder → Entnahme eines → Wirtschaftsguts und bei → Betriebsveräußerung oder → Betriebsaufgabe zu versteuern ist (vgl. auch § 253 HGB). Stille Reserven als unversteuerter Gewinn entstehen durch fehlende Aktivierungsmöglichkeit, insbes. nicht bilanzierbare Wertsteigerungen eines Wirtschaftsguts, zB bei Grundstücken, oder durch überhöhte AfA (→ Abschreibung, → Absetzung für Abnutzung).

Stille SMS
Der Versand sog. „stiller SMS“ bildet eine technische Vorgehensweise insbes. von Strafverfolgungsbehörden, die der Ermittlung des Standorts eines Mobilfunkendgeräts dient (→ Telekommunikationsüberwachung 3b).

Stillhalteabkommen
→ pactum de non petendo.

Stilllegung landwirtschaftlicher Nutzflächen
→ Produktionsaufgaberente.

Stilllegung von Betrieben
→ Betriebsänderung.

Stilllegung von Kraftfahrzeugen
→ Abmeldung.

Stilllegungspfad
Als Stilllegungsplan bezeichnet man den Zeitplan für die Stilllegung von Braunkohlekraftwerken im Rahmen des → Kohleausstiegs.

Stillpause
→ Mutterschutz.

Stillschweigende Erklärung
→ Willenserklärung (1b aa).

Stillstand der Rechtspflege
Hört infolge eines Krieges oder eines anderen Ereignisses die Tätigkeit des Gerichts auf, so wird gem § 245 ZPO für die Dauer dieses Zustandes das Verfahren unterbrochen (→ Unterbrechung eines Verfahrens). Ein Stillstand der Rechtspflege ist durch die Corona-Krise nicht eingetreten (→ Corona-Krise und Zivilprozess).

Stillstand eines Verfahrens
Hier unterscheidet man den tatsächlichen Stillstand, wenn die Parteien oder Beteiligten den Prozess nicht betreiben (→ Parteibetrieb), und den rechtlichen Stillstand; diesen gibt es in 3 Arten: → Unterbrechung, → Aussetzung und → Ruhen (§§ 239 ff. ZPO). Seine Folge ist, dass während des Stillstands die prozessualen Fristen nicht laufen (bei Unterbrechung und Aussetzung auch nicht die → Notfristen) und → Prozesshandlungen unwirksam sind (§ 249 ZPO). Von Stillstand der Rechtspflege spricht man, wenn die Tätigkeit der Gerichte durch Krieg oder andere Ereignisse aufhört (→ Unterbrechung eines Verfahrens).

Stimmbindungsvertrag
Ein Stimmbindungsvertrag ist ein schuldrechtlicher Vertrag, durch den sich ein stimmberechtigter Gesellschafter (→ Gesellschaft, → Handelsgesellschaft) gegenüber einem anderen Gesellschafter (uU auch einem anderen Dritten) verpflichtet, sein Stimmrecht in bestimmter Weise auszuüben. Ein Stimmbindungsvertrag ist grds. gültig, unter verschiedenen Voraussetzungen aber nichtig, zB wegen Sittenwidrigkeit (§ 138 BGB). Bei Aktionären darf bei einem Stimmbindungsvertrag nicht ein besonderer Vorteil versprochen oder gewährt werden; darin läge eine → Ordnungswidrigkeit (§ 405 III Nr. 6 AktG) und die Abmachung wäre nichtig (§ 134 BGB). Wird entgegen einem Stimmbindungsvertrag abgestimmt, so sind Stimmabgabe und Abstimmung wirksam; jedoch kann sich eine Schadensersatzpflicht ergeben. Sa → Mitbestimmung.

Stimmenkauf, -verkauf
Der Stimmenkauf und -verkauf bei Wahlen zu den Volksvertretungen und sonstigen Wahlen und Abstimmungen des Volkes in Bund und Ländern, zum Europäischen Parlament, in kommunalen Gebietskörperschaften sowie bei Urwahlen in der Sozialversicherung ist nach §§ 108b, 108d StGB als Wahlbestechung strafbar; einer Wahl oder Abstimmung steht das Unterschreiben eines Wahlvorschlags oder für

ein Volksbegehren gleich (→ Wahldelikte). Strafbar ist auch die → Mandatsträgerbestechung.

Im Wirtschaftsrecht ist der Stimmenkauf (Anbieten, Versprechen, Gewähren einer Gegenleistung) bzw. Stimmenverkauf (Fordern, Sichversprechenlassen, Annehmen) als → Ordnungswidrigkeit mit Geldbuße bedroht, wenn bezweckt wird, dass ein Stimmberechtigter in der Hauptversammlung oder einer gesonderten Versammlung einer Aktiengesellschaft bzw. in der Generalversammlung oder Vertreterversammlung einer Genossenschaft nicht oder in einem bestimmten Sinne stimme (§ 405 III Nr. 6, 7 AktG, § 152 GenG).

Stimmrecht
Das Stimmrecht ist bei einer privat(handels) rechtlichen Personenvereinigung das Recht der Mitglieder oder Gesellschafter, bei den Beschlüssen der Haupt-, General-, Mitglieder- oder Gesellschafterversammlung mitzustimmen (zB bei Aktiengesellschaften, Genossenschaften). Gesetzlich besonders geregelt ist das → Aktienstimmrecht. In den öffentlich-rechtlichen Körperschaften steht den Mitgliedern grundsätzlich gleiches Stimmrecht bei → Abstimmungen zu, insbes. in den → Parlamenten, den Vertretungsorganen der Sozialversicherung usw. Im Übrigen → Wahlrecht, → Aberkennung (Verlust) von Rechten.

Stimson-Doktrin
→ Doktrin.

Stock Option
→ Aktienoption.

Stockwerkseigentum
→ Wohnungseigentum.

Störer
1. Störer sind Personen, gegen die sich → polizeiliche Maßnahmen und Anordnungen der → Ordnungsbehörden (→ Polizei) richten können. Die entsprechenden Regeln finden sich im → Polizeirecht und im → Ordnungsrecht. Störer ist, wer eine Gefahr für die öffentliche → Sicherheit und Ordnung oder eine Beeinträchtigung der öffentlichen Sicherheit und Ordnung verursacht. Verursachung ist in diesem Falle nur die unmittelbare Verursachung der Gefahr oder Beeinträchtigung; mittelbare Verursachung begründet allenfalls dann die Störereigenschaft, wenn der Verursachende die unmittelbare Störung durch Dritte objektiv bezweckt (Zweckveranlasser). Man unterscheidet Handlungsstörer, die durch aktives Tun oder pflichtwidriges Unterlassen eine Gefahr oder Beeinträchtigung verursachen, und Zustandsstörer, die für eine Sache verantwortlich sind, die eine Gefahr oder Beeinträchtigung verursacht. Handlungsstörer können auch geschäftsunfähige und beschränkt geschäftsfähige Personen sein; bei noch nicht 14 Jahre alten, entmündigten oder unter vorläufige Vormundschaft gestellten Personen kann daneben auch der Aufsichtspflichtige Adressat von Maßnahmen und Anordnungen sein; ist ein Verrichtungsgehilfe Störer, so können sich Maßnahmen und Anordnungen daneben auch gegen den richten, der den Störer zu der Verrichtung bestellt hat. Zustandsstörer sind der Inhaber der tatsächlichen Gewalt über die Sache, die die Gefahr oder Beeinträchtigung verursacht, deren Eigentümer bzw. ggf. der, der das Eigentum daran aufgegeben hat. In Ausnahmefällen können sich Anordnungen und Maßnahmen auch gegen Nichtstörer richten, das sind Personen, die weder Handlungsstörer noch Zustandsstörer sind. Eine Inanspruchnahme von Nichtstörern kann in Betracht kommen, wenn eine gegenwärtige erhebliche Gefahr abzuwehren ist, Maßnahmen gegen St. unmöglich sind oder keinen Erfolg versprechen, die Polizei die Gefahr oder Beeinträchtigung nicht selbst beseitigen kann und wenn die betreffenden Personen ohne erhebliche eigene Gefährdung und ohne Verletzung höherwertiger Pflichten in Anspruch genommen werden können („polizeilicher Notstand"). Nichtstörer sind zu entschädigen.

2. Zum zivilrechtlichen Störerbegriff → Störerhaftung.

Störerhaftung
1. § 1004 I BGB begründet Ansprüche des → Eigentümers auf Unterlassung und Beseitigung, wenn sein Eigentum in anderer Weise als durch Entziehung oder Vorenthaltung des Besitzes beeinträchtigt wird; der Beeinträchtigende und Anspruchsgegner wird darin als Störer bezeichnet (zur Abgrenzung zwischen Zustandsstörer und Handlungsstörer siehe → Störer). Der Anspruch ist unabhängig von einem → Verschulden und nicht auf → Schadensersatz gerichtet, setzt jedoch die → Rechtswidrigkeit des beeinträchtigenden Zustands voraus. Dieser kann in → Immissionen, der Beeinträchtigung der tatsächlichen Nutzung oder des Zugangs zum Eigentum, der Verletzung von → nachbarrechtlichen Vorschriften liegen.

2. Ähnlich dieser Vorschrift haftet auch derjenige, der andere absolute Rechte, insbes. → Immaterialgüterrechte wie das Urheberrecht, beeinträchtigt, nach den spezialgesetzlichen Vorschriften oder in Analogie zu § 1004 I BGB auf Beseitigung und vor allem auf Unterlassung, nicht jedoch auf Schadensersatz. Als Störer in Anspruch genommen werden kann, wer – ohne → Täter oder Teilnehmer (→ Teilnahme an einer Straftat) zu sein – willentlich und kausal zur Verletzung des geschützten Rechts beiträgt. Da die Störerhaftung nicht über Gebühr auf Dritte erstreckt werden darf, welche die rechtswidrige Beeinträchtigung nicht selbst vorgenommen haben, setzt die Haftung des Störers regelmäßig die Verletzung von Verhaltenspflichten, insbesondere von Prüfungs- oder Überwachungspflichten, voraus, deren Umfang sich danach bestimmt, ob und inwieweit dem als Störer in

Anspruch Genommenen nach den Umständen eine Verhinderung der Verletzungshandlung zuzumuten ist (dann mittelbarer Handlungsstörer). Für Privatpersonen, die einen WLAN-Anschluss betreiben, hat der Gesetzgeber durch Änderung von § 8 I TMG eine Störerhaftung weitgehend ausgeschlossen.

Störfälle

1. Immissionsschutz: Den Umgang mit Störfällen, Betreiber- und Behördenpflichten und die Information der Öffentlichkeit regelt die StörfallVO (12. BImSchV) idF v. 15.3.2017 (BGBl. 2017 I 483 mÄnd). Störfälle sind Ereignisse wie Brand oder Explosion, die sich aus einer Störung des bestimmungsgemäßen Betriebs einer → Anlage (1.) ergeben. Es müssen mindestens ein → Gefahrstoff betroffen sein und eine ernste Gefahr für Menschen oder die Umwelt entstehen können (§ 2 Nr. 6–8 12. BImSchV). Die VO gilt generell für Betriebsbereiche, in denen sich Gefahrstoffe in für Störfälle relevanten Mengen befinden. Das sind Mengen, die sich erheblich auf die Gefahr eines schweren Unfalls auswirken können (§ 3 Vb BImSchG). Die Wahrung eines angemessenen Abstandes zwischen Betriebsbereich und benachbarten Schutzobjekten stellt jedoch keine Betreiberpflicht dar (§ 3 V 12. BImSchV). Der Betreiber hat ein selbst erstelltes Störfall-Vermeidungskonzept umzusetzen (§ 8 12. BImSchV), die für den Betriebsbereich zuständige Behörde ein Überwachungssystem und -programm zu errichten (§ 16 12. BImSchV). Die Informationspflichten des Betreibers gegenüber der möglicherweise betroffenen Öffentlichkeit regeln §§ 8a, 11 12. BImSchV. Sa → Betriebsbeauftragter; → Domino-Effekt. Die EU-RL 2012/18 zur Beherrschung der Gefahren schwerer Unfälle mit Gefahrstoffen v. 4.7.2012 (ABl. EU 2012 L 197, 1) wurde in deutsches Recht umgesetzt. Sie löste die letzte der sog. → Seveso-Richtlinien ab. Nunmehr können störfallrelevante Maßnahmen, zB eine an sich immissionsschutzrechtlich nicht genehmigungspflichtige Änderung einer Anlage, eine störfallrelevante Genemigung mit Öffentichkeitsbeteiligung erforderlich machen (zB §§ 23b–23c BImSchG).

2. Zum Atomrecht s. → Reaktorunfälle.

Störfallbeauftragter

Betreiber von genehmigungsbedürftigen Anlagen iSv § 1 StörfallVO (→ Störfälle) haben nach § 1 II 5. DVO zum BImSchG v. 30.7. 1993 (BGBl. 1993 I 1433) mÄnd einen betriebsangehörigen Störfallbeauftragten zu bestellen. Der Störfallbeauftragte kann gleichzeitig Immissionsschutzbeauftragter sein. Zu den Qualifikationsanforderungen s. bei → Immissionsschutzbeauftragter, im Übrigen bei → Betriebsbeauftragte.

Störpropaganda gegen die Bundeswehr

Wer unwahre oder gröblich entstellte Behauptungen über die Bundeswehr, deren Verbreitung die Tätigkeit der Bundeswehr zu stören geeignet ist, wider besseres Wissen zum Zweck der Verbreitung aufstellt oder verbreitet, um die Verteidigungsaufgabe der Bundeswehr zu behindern, macht sich nach § 109d StGB strafbar. Doch muss es sich um Tatsachenbehauptungen handeln; bloße Werturteile genügen nicht.

Störung der Geschäftsgrundlage

→ Geschäftsgrundlage (2).

Störung der öffentlichen Sicherheit und Ordnung

→ Sicherheit und Ordnung, → Störer; sa → Sabotage, → Religionsvergehen.

Störung der Totenruhe

→ Leiche, unbefugte Wegnahme, → Religionsvergehen.

Störung von Datenverarbeitungsanlagen

→ Computersabotage.

Stoßwaffen

→ Waffen.

Strafantrag

Ein Strafantrag ist die Erklärung des Verletzten oder sonst gesetzlich dazu Berechtigten, dass er die Strafverfolgung wegen einer Straftat wünsche, deren Verfolgung das Gesetz von einem solchen Antrag abhängig macht, § 77 StGB (sog. → Antragsdelikt). Der Strafantrag ist zu unterscheiden von der → Strafanzeige, die von jedermann erstattet werden kann; beide können aber verbunden sein. Der Strafantrag ist binnen drei Monaten seit Ablauf des Tages zu stellen, an dem der Antragsberechtigte von der Straftat und der Person des Täters so viel Kenntnis erhalten hat, dass er zur sachgemäßen Antragstellung in der Lage ist (§ 77b StGB); dieser Tag ist also in die Frist nicht einzurechnen.

Für den Geschäftsunfähigen oder beschränkt Geschäftsfähigen ist der gesetzliche Vertreter oder der Inhaber der Personensorge antragsberechtigt. Geschäftsfähigkeit und Vertretung sind nach dem BGB zu beurteilen. Sind beide Elternteile gemeinsam vertretungsberechtigt § 1629 I BGB), so kann aber auch einer mit stillschweigender Vollmacht des anderen den Strafantrag stellen. Stirbt der Verletzte, so geht sein Antragsrecht in den gesetzlich bestimmten Fällen auf den Ehegatten, den eingetragenen Lebenspartner und die Kinder oder weitere Angehörige über (§ 77 II StGB). Mit der Antragstellung kann ein Bevollmächtigter beauftragt werden (dagegen Vertretung im Willen, dh bei der Entschließung, idR unzulässig). Bei mehreren Tatbeteiligten oder mehreren Antragsdelikten kann der Strafantrag auf einzelne (auch auf einzelne Gesetzesverletzungen) beschränkt werden.

Form des Strafantrages: Das frühere Schriftformerfordernis wurde durch den Gesetzgeber 2024 beseitigt (G. zur weiteren Digitalisierung der Justiz v. 12.7.2024, BGBl. 2024 I Nr. 234; zum Hintergrund s. BGH NJW 2022, 2768). Der Srafantrag ist nunmehr durch die aufnehmende Stelle lediglich zu protokollieren oder auf sonstige Weise zu dokumentieren (§ 158 I StPO); er kann also zB mit einfacher E-Mail gestellt werden. Jedoch müssen die Identität und der Verfolgungswille der antragstellenden Person sichergestellt werden (§ 158 II StPO). Der Strafantrag ist bei Antragsdelikten → Prozessvoraussetzung; fehlt er oder wird er zurückgenommen, ist das Verfahren einzustellen (§ 170 II 1 StPO, §§ 206a, 260 III StPO). Die Zurücknahme ist stets bis zum rechtskräftigen Abschluss des Strafverfahrens zulässig; sie ist unwiderruflich (§ 77d StGB). Der Antragsteller hat dann die Kosten zu tragen, wenn diese nicht von dem Beschuldigten (Angeklagten) übernommen oder aus Billigkeitsgründen der Staatskasse auferlegt werden (§ 470 StPO). Rechtswirksamer Strafantrag und Nichteintritt der → Strafverfolgungsverjährung sind als Prozessvoraussetzungen voneinander unabhängig. Kein Strafantrag und daher nicht fristgebunden (jedoch teilbar) sind nach § 77e StGB das Strafverlangen (zB § 104a StGB) und die Ermächtigung zur Strafverfolgung (zB § 90 IV StGB, § 90b II StGB, § 353b IV StGB).

Strafanzeige
ist die Mitteilung des Verdachts einer Straftat mit der Anregung, zu prüfen, ob diese zu verfolgen ist. Sie kann (zum Unterschied vom → Strafantrag) von jedermann erstattet werden, und zwar bei StA, Polizei oder Amtsgericht mündlich (dann Beurkundung) oder schriftlich (§ 158 I StPO). Gibt die StA einer Strafanzeige keine Folge bzw. stellt sie nach dem Abschluß der Ermittlungen das Verfahren ein, so hat sie den Anzeigeerstatter unter Angabe der Gründe zu verbescheiden (§ 171 S. 1 StPO). Eine Pflicht zur Anzeige begangener Straftaten besteht für Privatpersonen grundsätzlich nicht; anders bei Kenntnis vom Vorhaben gewisser schwerer Straftaten. Hierzu und wegen der Verfolgungs- und Anzeigepflicht von Beamten, Behörden usw. → Anzeigepflicht (strafrechtl.), → Legalitätsprinzip.

Strafarrest
Als Strafe gegen Soldaten verhängbar ist außer Freiheitsstrafe und Geldstrafe nach §§ 9 ff. WStG der Strafarrest. Er beinhaltet Freiheitsentziehung von 2 Wochen bis 6 Mon., tunlichst unter Förderung der Ausbildung, vgl. Bundeswehrvollzugsordnung v. 29.11.1972, BGBl. 1972 I 2205, mÄnd. → Militärische Straftaten.

Strafaufhebungsgründe
→ Strafausschließungs(aufhebungs)gründe.

Strafaufschub
Hat die Vollstreckung einer Freiheitsstrafe noch nicht begonnen, so kann die Vollstreckungsbehörde (idR die StA) dem Verurteilten Strafaufschub (nach Vollstreckungsbeginn: → Strafunterbrechung) bewilligen. Ein Strafaufschub ist gesetzlich zwingend vorgeschrieben, wenn der Verurteilte in Geisteskrankheit verfällt, bei anderen Krankheiten, wenn die Vollstreckung voraussichtlich mit naher Lebensgefahr für ihn verbunden wäre. Sie kann aufgeschoben werden, wenn wegen des körperlichen Zustandes des Verurteilten eine sofortige Vollstreckung mit den Vollzugseinrichtungen nicht verträglich, zB eine notwendige fachärztliche Behandlung nicht möglich ist (§ 455 StPO), desgleichen aus Gründen der Vollzugsorganisation (§ 455a StPO). Ein vorübergehender Strafaufschub ist nach § 456 StPO auf Antrag des Verurteilten auch aus anderen Gründen zulässig, nämlich, wenn die sofortige Vollstreckung ihm oder seiner Familie erhebliche, außerhalb des Strafzwecks liegende Nachteile bereiten würde, insbes. wirtschaftlicher oder persönlicher Art (Verlust der Stellung; bevorstehende Niederkunft der Ehefrau u. dgl.). Doch darf in solchen Fällen ein Strafaufschub 4 Mon. nicht übersteigen; die Frist berechnet sich vom festgesetzten Tag des Strafantritts an (hM). Ein längerer Strafaufschub ist Gnadenmaßnahme, die nach landesrechtlicher Bestimmung der Gnadenordnung idR vom Oberstaatsanwalt bis zu 1 Jahr, für längere Zeit nur vom Generalstaatsanwalt oder Justizminister bewilligt werden kann. Gegen die ablehnende Entscheidung der Vollstreckungsbehörde aus § 455 oder § 456 StPO kann das Gericht angerufen werden, gegen dessen Beschluss sofortige Beschwerde zulässig ist; das Gericht kann einen vorläufigen Aufschub der Vollstreckung bis zu seiner Entscheidung anordnen (§ 458 II, III StPO, § 462 StPO). Dagegen unterliegt die ablehnende Gnadenentscheidung der Staatsanwaltschaft nach hM grundsätzlich nicht gerichtlicher Nachprüfung, sondern nur der Dienstaufsichtsbeschwerde (→ Gnadenrecht).

Strafausschließungs(aufhebungs)gründe
sind in der Person des Täters liegende Umstände, die seine Straflosigkeit zur Folge haben. Sind sie schon zur Tatzeit gegeben, so handelt es sich um Strafausschließungsgründe (zB bei Strafvereitelung zugunsten eines Angehörigen, § 258 VI StGB). Treten sie nach der Tat ein, so sind sie Strafaufhebungsgründe (zB Rücktritt, §§ 24, 31 StGB usw; Straferlass nach § 56g StGB, durch Begnadigung oder Amnestie). Ein persönlicher Strafausschließungs(aufhebungs)grund lässt die Strafbarkeit des → Teilnehmers, bei dem er fehlt, unberührt; ebenso die Rechtswidrigkeit, so dass → Notwehr zulässig ist.

Strafaussetzung zur Bewährung
Im Weg einer Strafaussetzung zur Bewährung kann von der Vollstreckung einer Freiheits- oder Jugendstrafe von Beginn an (originäre Strafaussetzung) oder nach Verbüßung eines bestimmten Teils der Strafe (Strafrestaussetzung) vorläufig abgesehen werden. Zur (weiteren) Vollstreckung kommt es idR dann, wenn der Verurteilte innerhalb der mehrjährigen Bewährungszeit erneut straffällig wird oder gegen Weisungen oder Auflagen gröblich oder beharrlich verstößt. Die Strafaussetzung

zur Bewährung ist damit - was in der öffentlichen Wahnehmung oft verkannt wird - ein wichtiges Instrument der → Resozialisierung und damit der Verhütung weiterer Straftaten, denn sie ermöglicht die Erprobung des Verurteilten im Alltagsleben und setzt ihn dort zugleich dem Druckmittel der ggf. noch zu verbüßenden (Rest-)Strafe aus. Damit ermöglicht sie eine intensivere Einflussnahme auf den Verurteilten, als sie sonst nach Vollverbüßung der Strafe durch die dann allenfalls zur Verfügung stehende Führungsaufsicht (vgl. insb. § 68 f StGB, → Maßregeln der Besserung und Sicherung) möglich wäre.

1. Die originäre Strafaussetzung zur Bewährung ist als gerichtliche Maßnahme im Strafurteil zulässig, aber nur bei → Freiheitsstrafe, → Jugendstrafe und → Strafarrest und nur bei Strafen bis zu 2 Jahren (§ 56 StGB). Die Strafaussetzung ist nur beschränkt zulässig bei → Maßregeln der Besserung und Sicherung und unzulässig bei Geldstrafe, weil für diese Stundung oder Teilzahlung bewilligt werden kann (§ 42 StGB). Bei eigentlich veranlasster Verurteilung zu einer Geldstrafe von nicht mehr als 180 Tagessätzen besteht zudem die Möglichkeit, stattdessen eine bloße Verwarnung mit Strafvorbehalt auszusprechen (§ 59 StGB).

a) Die Strafaussetzung zur Bewährung ist eine Modifikation der Verurteilung durch Aussetzen der Vollstreckung (bestr.); → Rechtsmittel können auf diesen Teil des Urteilsspruchs beschränkt werden. Bei Strafen bis 1 Jahr ist die Strafaussetzung zur Bewährung zu bewilligen (kein Ermessen des Gerichts), wenn zu erwarten ist, dass sich der Täter schon die Verurteilung zur Warnung dienen lassen und nicht mehr straffällig werden wird. Bei der Entscheidung sind Persönlichkeit, Tatumstände, Vorleben, Verhalten nach der Tat, namentlich das Bemühen um Schadenswiedergutmachung und Lebensverhältnisse des Täters zu berücksichtigen. Strafen über 1 Jahr bis zu 2 Jahren können nur ausnahmsweise ausgesetzt werden (§ 56 II StGB; Entscheidung im Ermessen des Gerichts). Bei Strafen von mindestens 6 Mon. wird die Strafaussetzung zudem trotz günstiger Täterprognose versagt, wenn die Verteidigung der Rechtsordnung die Vollstreckung gebietet, insbes. wenn sie wegen der Umstände des Einzelfalles erforderlich ist, um die Rechtsgesinnung in der Bevölkerung und das Vertrauen in die Wirksamkeit der Rechtspflege zu erhalten (§ 56 III StGB). Bei kürzeren Freiheitsstrafen ist dagegen die Täterprognose ausschlaggebend; ist sie positiv, darf Strafaussetzung zur Bewährung nicht abgelehnt werden, weil wegen der Art des Delikts (zB folgenlose Trunkenheit am Steuer) gewichtige Gründe der → Generalprävention für Vollstreckung sprechen.

b) Die Bewährungszeit beträgt 2–5 Jahre. Das Gericht kann dem Verurteilten Auflagen machen (Schadenswiedergutmachung, Bußgeld an karitative Einrichtung oder an Staatskasse, gemeinnützige Leistung), ihm der Resozialisierung dienende Weisungen erteilen (zB Arbeitsaufnahme, Meldepflicht, Kontaktverbot, Unterhaltszahlung, ambulante Therapie nach → Sexualstraftat; mit seiner Einwilligung auch Heilbehandlung mit körperlichem Eingriff, Anstalts- oder Heimaufenthalt) oder ihn – auch für einen Teil der Bewährungszeit – einem → Bewährungshelfer unterstellen; bei noch nicht 27-Jährigen, zu mehr als 9 Mon. Freiheitsstrafe Verurteilten soll das geschehen (§§ 56a ff. StGB).

c) Nach Ablauf der Bewährungszeit wird die Strafe erlassen, wenn sich kein Anlass zum Widerruf der Strafaussetzung zur Bewährung ergeben hat (§ 56g StGB). Die Strafaussetzung wird widerrufen, a) wenn der Proband in der Bewährungszeit straffällig wird und deshalb verurteilt ist oder jedenfalls die neue Straftat glaubhaft gesteht (BVerfG NJW 2005, 817) und dadurch zeigt, dass er die Erwartungen, die für die Strafaussetzung zur Bewährung maßgebend waren, nicht erfüllt; b) wenn er gröblich oder beharrlich gegen Weisungen verstößt oder sich der Bewährungsaufsicht beharrlich entzieht und deshalb die Besorgnis erneuter Straffälligkeit besteht; c) wenn er Auflagen gröblich oder beharrlich zuwiderhandelt. Statt des Widerrufs kann das Gericht die Bewährungszeit verlängern – hierbei auch deren Höchstmaß überschreiten, jedoch um nicht mehr als die halbe Bewährungszeit – oder weitere Auflagen oder Weisungen erteilen (§ 56 f StGB).

d) Die neben oder nach dem Urteil erforderlichen Entscheidungen über Bewährungsfrist, Auflagen, Widerruf usw. trifft das Gericht nach Anhörung des Betroffenen und der StA durch Beschluss; dieser kann mit Beschwerde angegriffen werden, aber nur, soweit er gesetzwidrig ist oder es sich um Verlängerung der Bewährungsfrist, Widerruf der Strafaussetzung zur Bewährung, Straferlass oder dessen Widerruf handelt. Der Widerruf des Straferlasses ist binnen Jahresfrist seit Ablauf der Bewährungszeit bei – auch noch nicht rechtskräftiger (BVerfG NStZ 1987, 118) – Verurteilung wegen einer während dieser begangenen vorsätzlichen Tat zu mindestens 6 Mon. Freiheitsstrafe, aber nur binnen 6 Mon. seit Rechtskraft der Verurteilung zulässig (§ 56g II StGB, §§ 268a, 305a, 453 StPO).

e) Für die Aussetzung der → Jugendstrafe zur Bewährung, die bei Strafen bis zu 1 Jahr (ausnahmsweise bis zu 2 Jahren) für die Dauer von 2 bis 3, höchstens 4 Jahren zulässig ist, gelten ähnliche Vorschriften; doch ist die Unterstellung unter einen Bewährungshelfer stets vorgesehen (§§ 21 ff. JGG). Das Jugendstrafrecht kennt außerdem die Möglichkeit, schon die Verhängung der Jugendstrafe auszusetzen (§§ 27 ff. JGG).

2. Eine Strafrestaussetzung ist bei allen Freiheitsstrafe möglich, wenn ein bestimmter Mindestanteil der Strafe verbüßt ist, der Ver-

urteilte einwilligt und die Strafaussetzung zur Bewährung unter Berücksichtigung des Sicherheitsinteresses der Allgemeinheit verantwortet werden kann (§ 57 StGB). Erfolgt bei einer Freiheitsstrafe von mind. 2 Jahren wegen vorsätzlicher Straftaten oder von mind. 1 Jahr wegen bestimmter Sexualdelikte keine Strafrestaussetzung, so tritt mit Vollverbüßung kraft Gesetzes Führungsaufsicht ein (§ 68 f StGB).

a) Bei zeitigen Freiheitsstrafen (bis max. 15 Jahre) müssen regelmäßig mind. 2/3 der Strafe verbüßt sein. In Ausnahmefällen ist die Strafaussetzung bei Erststrafen bis zu 2 Jahren schon möglich nach Verbüßung erst der Hälfte, mindestens aber von 6 Mon., wenn besondere Gründe vorliegen. Im Übrigen sind die Voraussetzungen wie zu 1.; außerdem sind das Verhalten im Vollzug und das Gewicht des bei einem Rückfall bedrohten Rechtsguts zu beachten. Die Strafaussetzung zur Bewährung kann unterbleiben, wenn der Täter eine Verfallerklärung durch falsche Angaben o. dgl. vereitelt hat. Über die Strafaussetzung entscheidet die Strafvollstreckungskammer (§ 462a StPO). Erging die Verurteilung im ersten Rechtszug durch ein Oberlandesgericht, so ist dieses zuständig (§ 462a V StPO). Bei Freiheitsstrafen von mindestens 2 Jahren wegen eines Verbrechens oder einer → Sexualstraftat hat sie vorher uU ein Sachverständigengutachten über eine fortbestehende Gefährlichkeit des Verurteilten einzuholen (§ 454 II StPO).

b) Der Rest einer lebenslangen Freiheitsstrafe ist nach 15 Jahren bei sonst gleichen Voraussetzungen zur Bewährung auszusetzen, wenn nicht die besondere Schwere der Schuld eine längere Vollstreckung gebietet (§ 57a StGB). Eine besondere Schwere der Schuld muss bereits vom Tatgericht im Urteilstenor, nicht erst von der → Strafvollstreckungskammer festgestellt werden (BVerfGE 86, 288). Die Feststellung verlangt Umstände von Gewicht; das Tatgericht hat seine Entscheidung auf Grund einer Gesamtwürdigung von Tat und Täterpersönlichkeit zu treffen. Ob und ggf. wie lange eine festgestellte Schwere der Schuld die weitere Vollstreckung gebietet, entscheidet nach Ablauf der 15-jährigen Mindestverbüßungszeit auf Antrag die Strafvollstreckungskammer. Eine Aussetzung bedarf zudem der Einholung eines Sachverständigengutachtens zur Frage einer fortbestehenden Gefährlichkeit des Verurteilten (§ 454 II StPO). Im Fall der Aussetzung beträgt die Bewährungszeit 5 Jahre.

c) Über Entlassung zur Bewährung bei → Jugendstrafe (§ 88 JGG) s. dort.

3. Unberührt von der gerichtlichen Strafaussetzung zur Bewährung bleibt die bedingte Strafaussetzung im Gnadenwege. Sie ist nicht wie die gerichtliche Strafaussetzung zur Bewährung an bestimmte Voraussetzungen hinsichtl. Art und Höhe der Strafe usw gebunden und steht im Ermessen der Gnadenbehörde. Sie kann auch abweichend von einer gerichtlichen Entscheidung über die Strafaussetzung gewährt und mit Auflagen verbunden werden. Zuständigkeit und Verfahren richten sich nach den Gnadenordnungen der Länder → Gnadenrecht. . Gnadenbehörden sind je nach Landesrecht der Ober- oder Generalstaatsanwalt, der JustMin. oder die Regierung. Vielfach richtet sich die Zuständigkeit nach der Höhe der Strafe und der Länge der erbetenen Bewährungsfrist.

4. S. ferner → Strafaufschub, → Strafausstand.

Strafausstand
ist im Strafvollstreckungs- und Gnadenrecht der Oberbegriff für → Strafaufschub und → Strafunterbrechung; Aufschub ist vor, Unterbrechung nach Beginn der Vollstreckung einer Freiheitsstrafe zulässig.

Strafbann
Als Strafbann wird der nach Sanktionsart wie Umfang beschränkte Rahmen bezeichnet, innerhalb dessen ein bestimmtes → Gericht bzw. ein bestimmter Spruchkörper strafrechtliche Sanktionen verhängen kann. Er ist beim Amtsgericht in allgemeinen Strafsachen, dh bei Strafrichter (→ Einzelrichter) und → Schöffengericht, hinsichtlich der Freiheitsstrafe beschränkt auf solche von maximal 4 Jahren; von den → Maßregeln der Besserung und Sicherung kann das AG eine Unterbringung im psychiatrischen Krankenhaus sowie in der Sicherungsverwahrung nicht verhängen (§ 24 II GVG). Im → Jugendstrafrecht besteht eine Beschränkung dagegen nur für den Jugendrichter; er darf auf Jugendstrafe von mehr als einem Jahr nicht erkennen und die Unterbringung in einem psychiatrischen Krankenhaus nicht anordnen (§ 39 II JGG). Das Jugendschöffengericht verfügt dagegen genauso wie die erstinstanzlichen → Strafkammern des Landgerichts und die erstinstanzlichen → Strafsenate der Oberlandesgerichte über einen unbeschränkten Strafbann. Diese Spruchkörper können sämtliche im allgemeinen bzw. im Jugendstrafrecht zur Verfügung stehenden Sanktionen aussprechen. Genügt der Strafbann nicht zur Ahndung der bei einem Gericht angeklagten Tat, so muss das Verfahren an ein Gericht höherer Ordnung verwiesen werden. Nachdem die Straferwartung regelmäßig auch für die sachliche Zuständigkeit eines Strafgerichts maßgeblich ist, kommt dies vor allem dann vor, wenn sich eine angeklagte Tat erst in der Hauptverhandlung als gravierender erweist als ursprünglich angenommen, oder wenn erst dort deutlich wird, dass die Tat im Zustand verminderter Schuldfähigkeit begangen wurde und eine Unterbringung im psychiatrischen Krankenhaus in Betracht kommt.

Strafbare Handlung
→ Straftat.

Strafbefehl
Der Strafbefehl ist eine besondere Form einer strafgerichtlichen Entscheidung, die an Stelle eines Strafurteils im speziell hierzu vorgesehe-

nen Verfahren (§§ 407–412 StPO) ergehen kann. Dessen Besonderheit besteht in seiner summarischen und schriftlichen Durchführung, die dem Angeklagten die regelmäßig öffentliche → Hauptverhandlung erspart. Es kann nur wegen eines → Vergehens und nur auf entsprechenden Antrag der StA durchgeführt werden, die hierzu beim Amtsgericht (auch in → Schöffengerichtssachen) einen Strafbefehl beantragt anstatt eine Anklageschrift mit Antrag auf Eröffnung des Hauptverfahrens einzureichen. Per Strafbefehl können maximal folgende Rechtsfolgen, allein oder nebeneinander, festgesetzt werden: 1. Freiheitsstrafe bis zu 1 Jahr, wenn → Strafaussetzung zur Bewährung angeordnet wird und der Angeschuldigte einen Verteidiger hat oder ein solcher vom Gericht bestellt wird, 2. Geldstrafe, → Verwarnung mit Strafvorbehalt, → Fahrverbot, → Einziehung, Vernichtung, → Unbrauchbarmachung, → Bekanntgabe der Verurteilung, → Geldbuße gegen eine juristische Person(envereinigung), 3. Entziehung der → Fahrerlaubnis bis zu 2 Jahren, 4. Absehen von Strafe (§ 407 StPO).

Hat der Richter Bedenken, ohne Hauptverhandlung zu entscheiden, so beraumt er eine solche an. Dasselbe gilt, wenn er vom Antrag der StA bei Festsetzung der Strafe oder sonstigen Rechtsfolge abweichen will, die StA aber auf ihrem Antrag beharrt (§ 408 StPO). Wird Strafbefehl erlassen, so steht er, wenn der Beschuldigte nicht innerhalb von 2 Wochen Einspruch (→ Einspruch, 2) einlegt, einem rechtskräftigen Urteil gleich (§ 410 III StPO). Jedoch besteht eine erweiterte Möglichkeit der Wiederaufnahme (→ Wiederaufnahmeverfahren) zuungunsten des Beschuldigten: Diese ist bereits dann möglich, wenn neue Tatsachen oder Beweismittel beigebracht sind, die allein oder in Verbindung mit den früheren Beweisen geeignet sind, die Verurteilung wegen eines → Verbrechens zu begründen (§ 373a I StPO). Bei Einspruch, der auf bestimmte Beschwerdepunkte, zB den Strafausspruch, beschränkt werden kann, findet eine Hauptverhandlung statt, die mit dem Urteil abschließt. Der Angeklagte kann sich durch einen schriftlich bevollmächtigten Verteidiger vertreten lassen. Bleiben beide unentschuldigt aus, wird der Einspruch ohne Beweisaufnahme durch Urteil verworfen (§§ 409–412 StPO). Über die Zulässigkeit eines Strafbefehls gegen Jugendliche oder Heranwachsende → Jugendstrafrecht (4). Über den Strafbefehl in Steuersachen → Steuerstrafverfahren.

Strafbemessung
→ Strafzumessung.

Strafen
Strafe ist eine durch Strafgesetz für eine tatbestandsmäßige, rechtswidrige und schuldhafte Handlung angedrohte Rechtsfolge, die ein sozialethisches Unwerturteil beinhaltet und im Gegensatz zu den → Maßregeln der Besserung und Sicherung dem Schuldausgleich dient (→ Strafrecht, → Strafzweck). Im deutschen Strafrecht wird zwischen sog. Hauptstrafen, Nebenstrafen und Nebenfolgen unterschieden.

1. Hauptstrafen sind Freiheitsstrafe, Jugendstrafe und Geldstrafe, für Soldaten auch Strafarrest; die → Todesstrafe ist abgeschafft (Art. 102 GG).

a) Die Freiheitsstrafe (§§ 38, 39 StGB) kann eine lebenslange oder zeitige sein. Auch die lebenslange Strafe ist nach BVerfG NJW 1977, 1525 verfassungskonform. Erscheint sie auf Grund außergewöhnlicher Umstände (notstandsnahe, ausweglos erscheinende Situation und große Verzweiflung; tiefes Mitleid) unverhältnismäßig, so kann die Strafe dem milderen Strafrahmen nach § 49 I Nr. 1 StGB entnommen werden (so BGHSt 30, 105; sog. Rechtsfolgenlösung), bei Mord grundsätzlich nur bei Heimtücke (BGH NStZ 2016, 469). Die zeitige Freiheitsstrafe beträgt mindestens 1 Monat und höchstens 15 Jahre. Zwecks Einschränkung der kriminalpolitisch bedenklichen kurzen Freiheitsstrafe soll eine solche unter 6 Mon. nur verhängt werden, wenn sie wegen besonderer, in der Tat oder der Täterpersönlichkeit liegender Umstände aus Gründen der → Spezialprävention oder → Generalprävention unerlässlich ist (§ 47 StGB). → Strafaussetzung zur Bewährung.

b) Über die → Jugendstrafe s. dort.

c) Die Geldstrafe wird nach Tagessätzen (5–360) zu je 1 EUR bis 30 000 EUR verhängt, um trotz individuell verschiedener wirtschaftlicher Situation gegenüber allen Verurteilten für eine vergleichbare subjektive Intensität sorgen zu können. Die Höhe bestimmt das Gericht nach den persönlichen und wirtschaftlichen Verhältnissen des Täters, idR auf Grund seines Nettoeinkommens (§ 40 StGB). Vgl. ferner → Geldbuße, → Ordnungsmittel, → Ersatzgeldstrafe, → Ersatzfreiheitsstrafe.

d) Die Vermögensstrafe gemäß § 43a StGB kann nicht mehr verhängt werden, weil die Vorschrift wegen Verstoßes gegen das Bestimmtheitsgebot des Art. 103 II GG verfassungswidrig und daher nichtig ist (BVerfG NJW 2002, 1779). Sie war in gesetzlich bestimmten Fällen schwerer Kriminalität, insbes. bei Delikten der → Organisierten Kriminalität, neben lebenslanger oder zeitiger Freiheitsstrafe von mehr als 2 Jahren zugelassen. Sie war eine Geldsummenstrafe, deren Höhe durch den Wert des Vermögens des Täters, das geschätzt werden kann, begrenzt war.

e) Über → Strafarrest s. dort.

f) Gegen Jugendliche darf Freiheits- oder Geldstrafe nicht verhängt werden; über die gegen sie und gegen Heranwachsende zulässigen Strafen (insbes. Jugendstrafe) → Jugendstrafrecht.

2. Über → Nebenstrafen und Nebenfolgen s. dort. Keine Strafen sind die neben oder an Stelle der Strafe zulässigen → Maßregeln der Besserung und Sicherung. Sie sind wie → Einziehung und → Unbrauchbarmachung Maß-

nahmen (§ 11 I Nr. 8 StGB). S. ferner → Strafzumessung, → Strafvollstreckung, → Strafvollzug.

Straferlass
kann dem Verurteilten entweder durch gerichtliche Entscheidung oder im Gnadenweg gewährt werden. Hat das Gericht im Strafurteil bei Verhängung einer Freiheits- oder Jugendstrafe oder von Strafarrest → Strafaussetzung zur Bewährung bewilligt und hat der Verurteilte keinen Anlass zum Widerruf gegeben, so erlässt das Gericht ihm die Strafe nach Ablauf der Bewährungszeit (§ 56g I StGB; § 14a I WStG). Das Gleiche gilt, wenn das Gericht einem Verurteilten nach Verbüßung eines Teiles der Strafe für den Rest Strafaussetzung bewilligt hat (§ 57 III StGB; § 14a II WStG).

Im Gnadenwege kann dem Verurteilten für jede Strafe (unter besonderen Umständen ausnahmsweise auch für eine → Maßregel der Besserung und Sicherung) S. gewährt werden. Das geschieht idR nach bedingter → Strafaussetzung (s. dort unter 3), wenn der Verurteilte sich während einer Bewährungszeit einwandfrei geführt hat, aber auch ohne eine solche zB bei geringen Strafen oder Reststrafen. Über Zuständigkeit und Verfahren → Gnadenrecht.

Straffreierklärung
→ Absehen von Strafe.

Straffreiheit
wird gelegentlich, meist aus Anlass politischer Ereignisse (zB Wechsel des Staatsoberhauptes oder der Regierung) oder aus rechtspolitischen Gründen, durch besonderes StraffreiheitsG für einen abgegrenzten Kreis von Straftaten gewährt. Ein solches Gesetz umfasst idR sowohl eine → Amnestie, dh den Erlass rechtskräftig erkannter, aber noch nicht vollständig vollstreckter Strafen, als auch eine → Abolition, dh die Niederschlagung noch anhängiger Verfahren, sowie die Straffreierklärung für Taten, die noch nicht Gegenstand eines Verfahrens geworden sind. In der BRep. sind Straffreiheitsgesetze ergangen am 31.12.1949 (BGBl. 1949, 37; entsprechend für Berlin am 12.1.1950, VOBl. 1950, I 25) und 17.7.1954 (BGBl. 1954 I 203) sowie aus Anlass des Wegfalls und der Milderung von Bestimmungen des politischen Strafrechts durch das 8. StrÄndG am 9.7.1968 (BGBl. 1968 I 773) und bei Änderung des Demonstrationsstrafrechts am 20.5.1970 (BGBl. 1970 I 509).

Strafgedinge
→ Vertragsstrafe.

Strafgerichtsbarkeit
ist der Zweig der → ordentlichen Gerichtsbarkeit, der für den → Strafprozess zuständig ist. In der Strafgerichtsbarkeit entscheiden im ersten Rechtszug: beim → Amtsgericht der Strafrichter als → Einzelrichter oder das (einfache oder erweiterte) → Schöffengericht, beim → Landgericht die (große) → Strafkammer (auch als → Schwurgericht, Staatsschutzkammer o. Wirtschaftsstrafkammer), beim → Oberlandesgericht der → Strafsenat; über Jugendgerichte s. → Jugendstrafrecht (3).

Strafgesetzbuch
1. Die wesentlichen Rechtssätze des → Strafrechts sind in einem Staat meist in einem Strafgesetzbuch (StGB) zusammengefasst. Dieses umfasst Grundbestimmungen, die idR in einem Allgemeinen Teil enthalten sind (zB über Geltungsbereich, Strafen, Versuch, Teilnahme – das ist Mittäterschaft, Anstiftung, Beihilfe –, Verjährung usw), während die einzelnen Straftatbestände (Diebstahl, Betrug, Körperverletzung usw) einem Besonderen Teil zugewiesen sind. Weitere Straftatbestände enthalten die sog. strafrechtlichen Nebengesetze (→ Strafrecht 1b), dh Gesetze, die ein spezielles Rechtsgebiet unter Einbeziehung der hierauf bezüglichen Strafbestimmungen regeln; ihre Anwendung untersteht ebenfalls dem Allgemeinen Teil des StGB, soweit nicht Sondervorschriften gelten.

In der BRep. gilt das Reichsstrafgesetzbuch vom 15.5.1871. Seine Vorläufer waren das preuß. Strafgesetzbuch von 1851, das durch den französ. → Code pénal beeinflusst war, und das Strafgesetzbuch für den Norddeutschen Bund vom 31.5.1870. Das StGB von 1871 hat zahlreiche Änderungen erfahren, und zwar seit Gründung der BRep. besonders durch die über 50 Strafrechtsänderungsgesetze, die 6 Strafrechtsreformgesetze und vor allem durch das EGStGB vom 2.3.1974, ferner durch eine Reihe anderer Gesetze. Das StGB gilt jetzt idF vom 13.11.1998 (BGBl. 1998 I 3322). Eine wichtige Ergänzung bilden das JugendgerichtsG, das OrdnungswidrigkeitenG und das WehrstrafG, die ua Sondervorschriften zum Allgemeinen Teil des StGB enthalten. Durch das → Völkerstrafgesetzbuch v. 26.6.2002 (BGBl. 2002 I 2254) wurden vor allem die Straftatbestände des Römischen Statuts (s. 2) in das deutsche Strafrecht aufgenommen. Zur Strafrechtsreform → Strafrecht (2), Gebiet ehem. DDR → Strafrecht (3).

2. Ein Internationales Strafgesetzbuch enthält das Römische Statut v. 17.7.1998 des → Internationalen Strafgerichtshofs (G v. 4.12.2000, BGBl. 2000 II 1393), das allerdings von den USA nicht ratifiziert wurde. Es sieht als Straftatbestände Aggression (→ Angriffskrieg), → Völkermord, → Kriegsverbrechen und → Menschlichkeitsverbrechen vor. Die USA haben eigene Regeln geschaffen und bilaterale Verträge geschlossen, um ihre Staatsbürger dem Zugriff des Internationalen Strafgerichtshofs zu entziehen.

Strafgewalt
ist iwS das Recht des Staates, Straftaten zu ahnden, ieS der sog. → Strafbann.

Strafkammer
Strafkammern heißen die beim → Landgericht gebildeten Spruchkörper der → Strafgerichts-

barkeit. Strafkammern existieren in unterschiedlicher Besetzung: Kleine Strafkammern (im Regelfall 1 Richter, 2 Schöffen) entscheiden über Berufungen gegen Urteile des Einzelrichters oder des → Schöffengerichts beim Amtsgericht, große Strafkammern im ersten Rechtszug über → Verbrechen, für die weder das Amtsgericht noch das → Oberlandesgericht zuständig ist, sowie über Verbrechen und → Vergehen, die wegen der Schutzbedürftigkeit von Verletzten der Straftat, die als Zeugen in Betracht kommen, des Umfangs oder der Bedeutung des Falles vor der Strafkammer zur Anklage gebracht werden oder bei denen die Straferwartung 4 Jahre Freiheitsstrafe übersteigt (§ 74 I GVG). Besondere Zuständigkeitsnormen bestehen für die großen Strafkammern, die als sog. → Schwurgericht (§ 74 II GVG) oder als Staatsschutzkammer (§ 74a GVG) tätig sind. Die große Strafkammer ist grundsätzlich mit 3 Richtern und 2 Schöffen besetzt; sie beschließt diese Besetzung für die Hauptverhandlung, wenn sie als → Schwurgericht zuständig ist, die Anordnung der Unterbringung in der Sicherungsverwahrung oder deren Vorbehalt oder die Anordnung der Unterbringung in einem psychiatrischen Krankenhaus zu erwarten ist oder ein 3. Richter nach Umfang oder Schwierigkeit der Sache notwendig erscheint; andernfalls beschließt sie ihre Besetzung mit 2 Richtern und 2 Schöffen. Außerhalb der Hauptverhandlung entscheidet die Strafkammer ohne die Schöffen (§ 76 GVG). Bei jedem LG – oder bei einem LG für mehrere LG-Bezirke – ist eine Strafkammer als → Schwurgericht sowie eine Wirtschaftsstrafkammer (→ Wirtschaftsstrafsachen) zu bestellen, ferner eine Staatsschutzkammer bei jedem LG, in dessen Bezirk ein OLG seinen Sitz hat (→ Staatsschutzdelikte); den Vorrang unter diesen regelt § 74e GVG. Für die Anordnung der akustischen Wohnraumüberwachung (§ 100c StPO, → Einsatz technischer Mittel) ist eine nicht mit Hauptverfahren befasste Strafkammer eines LG, in dessen Bezirk ein OLG seinen Sitz hat, zuständig (§ 74a IV GVG). Über die Jugendkammer, die auch in → Jugendschutzsachen entscheidet, → Jugendstrafrecht (3).

Strafklageverbrauch
Die wichtigste Wirkung der materiellen → Rechtskraft des Strafurteils ist der Verbrauch der Strafklage. Er verbietet eine neue Strafverfolgung des Täters wegen derselben Tat (ne bis in idem). Dieses Verbot ist durch Art. 103 III GG auch verfassungsrechtlich gesichert, begründet also nicht nur ein → Prozesshindernis, sondern auch ein subjektives Recht insbes. des Freigesprochenen, nicht erneut belangt zu werden. Nur eine Sachentscheidung des Strafrichters verbraucht die Strafklage, nicht eine prozessuale wie zB die Einstellung wegen Mangels einer Verfahrensvoraussetzung – etwa des Strafantrags – nach § 260 III StPO, es sei denn, dass auch darin eine Sachentscheidung liegt, so bei Einstellung wegen → Strafverfolgungsverjährung oder → Amnestie. Beschlüsse können ebenfalls strafklageverbrauchende Wirkung haben, so der die Eröffnung des Hauptverfahrens ablehnende Beschluss (§ 211 StPO); die öffentliche Klage kann nur auf Grund neuer Tatsachen oder Beweismittel wieder aufgenommen werden. Einen beschränkten Strafklageverbrauch zur Folge hat ferner eine Verfahrenseinstellung nach § 153a StPO (→ Bagatellstrafsachen, 2) nach Erfüllung der erteilten Auflagen und Weisungen (§ 153a I 5 StPO; dann ist die Tat nicht mehr als → Vergehen verfolgbar). Eine Entscheidung durch → Strafbefehl steht zwar einem rechtskräftigen Urteil gleich (§ 410 III StPO), jedoch besteht ihr gegenüber eine erweiterte Möglichkeit der Wiederaufnahme (→ Wiederaufnahmeverfahren) zuungunsten des Beschuldigten, die ebenfalls nach der Deliktsnatur der im Raum stehenden Tat differenziert: Diese ist bereits dann möglich, wenn neue Tatsachen oder Beweismittel beigebracht sind, die allein oder in Verbindung mit den früheren Beweisen geeignet sind, die Verurteilung wegen eines → Verbrechens zu begründen (§ 373a I StPO). Die Sperrwirkung des Strafklageverbrauchs erfasst den gesamten Sachverhalt, den das Gericht in seine Entscheidung hätte einbeziehen können, auch soweit das nicht geschehen ist. Für den Bescheid im nichtgerichtlichen → Bußgeldverfahren tritt kein Klageverbrauch ein, wenn sich später ergibt, dass die Tat als Straftat zu werten ist (§§ 84, 86 OWiG).

Urteile ausländischer Gerichte verbrauchen die Strafklage nicht, sofern nicht durch zwischenstaatlichen Vertrag etwas anderes vereinbart ist, so in dem EG-Übereinkommen über das Verbot der doppelten Strafverfolgung v. 25.5.1987 (BGBl. 1998 II 2226), Art. 54, 55 SDÜ (→ Schengener Übereinkommen), bei denen es sich um eine nach Art. 52 GRC zulässige Einschränkung des Art. 50 GRC (→ Charta der Grundrechte der EU) handelt, Art. 7 des Übereinkommens über den Schutz finanzieller Interessen der EG v. 26.7.1995 (BGBl. 1998 II 2324), Art. 7 des Protokolls dazu v. 27.9.1996 (BGBl. 1998 II 2342) und Art. VII (8) des NATO-Truppen-Statuts (ausländische → Streitkräfte); sa → Auslandsstrafen, ferner Art. 7 MRK und Art. 14 VII IPBPR (→ Konvention zum Schutz der Menschenrechte und Grundrechte). Eine im Ausland wegen derselben Tat erlittene Freiheitsentziehung muss nach allgemeinen Regeln des Völkerrechts bei erneuter Verurteilung nicht angerechnet werden (BVerfGE 75, 1), ist aber bei der Strafzumessung zu berücksichtigen. Andere als strafrechtliche Erkenntnisse haben den Strafklageverbrauch nicht zur Folge, so berufsgerichtliche oder Disziplinarmaßnahmen (zB Laufbahnstrafen); eine disziplinare Arreststrafe ist dagegen bei nachfolgender Verurteilung zu Freiheitsstrafe zu berücksichtigen (vgl. BVerfGE 21, 378, 391; 27, 180). Eine endgültige Erledigung eines Strafverfahrens ohne Mitwirkung eines Gerichts, die dem Verfahren nach § 153a StPO entspricht, bewirkt nach Art. 54 SDÜ den Strafklageverbrauch in den Schengen-Staaten (EuGH NJW 2003, 1173).

Ein Urteil des → Internationalen Strafgerichtshofs führt zum S. (§ 69 IStGHG).

Straflöschung
→ Straftilgung. Sa Beseitigung des → Strafmakels durch Richterspruch bei Jugendstrafe.

Straflose Nachtat (Vortat)
→ Konkurrenz von Straftaten.

Strafmakel
Die Beseitigung des Strafmakels ist ein Institut des → Jugendstrafrechts, das die → Resozialisierung eines Verurteilten erleichtern soll. Sie erfolgt durch den Richter nach §§ 97 ff. JGG: Ist ein Jugendlicher oder Heranwachsender zu Jugendstrafe bis zu 2 Jahren mit → Strafaussetzung zur Bewährung verurteilt worden, so erklärt der Richter, wenn die Strafe oder ein Strafrest erlassen wird, den Strafmakel von Amts wegen als beseitigt. Dasselbe kann bei anderen Jugendstrafen, nicht jedoch wegen bestimmter → Sexualstraftaten, von Amts wegen oder auf Antrag des Verurteilten, des gesetzl. Vertreters oder Erziehungsberechtigten, des StA oder (bei minderjähr. Verurteilten) der Jugendgerichtshilfe geschehen, wenn der Richter der Auffassung ist, dass sich der Jugendliche durch einwandfreie Führung als rechtschaffen erwiesen hat. IdR müssen in diesem Falle seit Verbüßung oder Erlass der Strafe mindestens 2 Jahre verflossen sein. Der Beschluss wird in das → Strafregister eingetragen. Über die Verurteilung erhalten nur Strafrichter und StA auf ausdrückliches Ersuchen Auskunft; im → Führungszeugnis erscheint sie nicht. Der Verurteilte darf sich als unbestraft bezeichnen und Auskunft über Tat und Strafe verweigern, außer gegenüber Strafrichter und StA (§§ 32, 41, 53 BZRG). Eine Ausnahme besteht für Verurteilungen, die in ein erweitertes Führungszeugnis aufzunehmen sind. Die Beseitigung des Strafmakels wird widerrufen, wenn der Verurteilte vor Tilgung des Strafvermerks erneut wegen eines → Verbrechens oder vorsätzlichen → Vergehens verurteilt worden ist (§ 101 JGG).

Strafmilderungsgründe
→ Strafzumessung, → Privilegierungstatbestand.

Strafmündigkeit
Nach § 19 StGB sind strafrechtlich nicht verantwortlich Kinder, die zur Tatzeit das 14. Lebensjahr noch nicht vollendet haben (absolute Strafunmündigkeit). In diesem Fall fehlt es, da gegen Strafunmündige überhaupt nicht eingeschritten werden darf, nach hM an einer Prozessvoraussetzung; ein gleichwohl eröffnetes → Hauptverfahren ist daher einzustellen. Hat der Straftäter zur Tatzeit das 14., aber noch nicht das 18. Lebensjahr vollendet, so ist er als Jugendlicher nach § 1 II JGG, § 3 JGG bedingt strafmündig, nämlich wenn er nach seiner sittlichen und geistigen Entwicklung reif genug war, das Unrecht der Tat einzusehen (Einsichts-, Unterscheidungsfähigkeit) und nach dieser Einsicht zu handeln (Willensbildungsfähigkeit). Insoweit handelt es sich um eine Schuldvoraussetzung, zu deren Klärung ggf. ein Sachverständiger herangezogen oder die Unterbringung des Jugendlichen zur Beobachtung in einer geeigneten Anstalt angeordnet werden kann (§ 73 JGG). Wird das Fehlen der Strafmündigkeit erst nach Anklageerhebung festgestellt, so kann das Gericht das Verfahren in oder außerhalb der Hauptverhandlung mit Zustimmung des StA durch Beschluss einstellen (§ 47 I 1 Nr. 4 JGG) oder den Angeklagten in der Verhandlung durch Urteil freisprechen. Die Frage der fehlenden oder verminderten Schuldfähigkeit aus Gründen einer gesundheitlichen oder psychischen Beeinträchtigung (§§ 20, 21 StGB) ist unabhängig von der bedingten Strafmündigkeit zu prüfen; → Schuldunfähigkeit. Mit Vollendung des 18. Lebensjahres setzt die volle Strafmündigkeit ein; doch ist bei Tätern, die zur Tatzeit das 21. Lebensjahr noch nicht vollendet hatten (Heranwachsende), nach § 105 JGG zu entscheiden, ob → Jugendstrafrecht oder das allgemeine Strafrecht anzuwenden, im letzteren Fall außerdem, ob von der Möglichkeit der Strafmilderung nach § 106 JGG Gebrauch zu machen ist.

Strafnachricht
→ Strafregister (2).

Strafprozess in der DDR
Der Strafprozess der ehem. DDR, geregelt in der StPO-DDR, dem GVG-DDR, dem Ges. über die StA der DDR und dem Ges. über die gesellschaftlichen Gerichte der DDR, war Mittel zur Durchsetzung des sozialistischen → Strafrechts (3.). Die Rspr. entsprach nicht dem Bild der Gewaltenteilung. Sie hatte Parteitagsbeschlüsse der SED zu beachten, erhielt vom Obersten Gericht der DDR, das Lenkungsfunktion hatte, verbindliche Richtlinien, war über dieses Volkskammer und Staatsrat unterstellt, dem Einfluss der Exekutive auf allen Ebenen ausgesetzt, nicht unabhängig (Wahl auf Zeit), zur Rechenschaft gegenüber der Volksvertretung und zur Zusammenarbeit mit gesellschaftlichen und staatlichen Einrichtungen verpflichtet und auf die sozialistische Ideologie festgelegt (s. BGH NJW 1994, 529). Einen → gesetzlichen Richter gab es nicht. Die Rspr. wurde ausgeübt vom Obersten Gericht, Bezirksgerichten, Kreisgerichten und gesellschaftlichen Gerichten sowie in Militärstrafsachen vom Obersten Gericht, Militärobergerichten und Militärgerichten. Neben den StAen, an deren Spitze der GeneralStA der DDR stand, und Verteidigern gab es gesellschaftliche Ankläger und Verteidiger als Beauftragte von gesellschaftlichen Organisationen

und Kollektiven, deren Interessen berührt waren.

Im Vertrag vom 18.5.1990 über die Schaffung einer → Währungs-, Wirtschafts- und Sozialunion zwischen der BRep. und der DDR (BGBl. 1990 II 518), dem Gemeinsamen Protokoll über Leitsätze und der Anlage III dazu wurde vereinbart, bestimmte Vorschriften über den Strafprozess aufzuheben oder abzuändern und bis dahin nicht mehr anzuwenden, vor allem über Leitung, Beaufsichtigung und Beeinflussung der Rechtspflege, die Zusammenarbeit der Gerichte mit den örtlichen Volksvertretungen, die Berichtspflicht der Richter diesen gegenüber, die allgemeine Gesetzlichkeitsaufsicht der StA und die Tätigkeit von gesellschaftlichen Anklägern und Verteidigern, sowie die Rechte des Beschuldigten zu verbessern. Umgesetzt wurde dies im 6. StrÄG-DDR vom 29.6.1990 (GBl. 1990 I 526), das am 1.7.1990 in Kraft trat, die Rechte des Beschuldigten weiter verbesserte und auch die Aufhebung von Urteilen neu regelte.

Seit dem 3.10.1990 gelten in den neuen Ländern auf Grund des → Einigungsvertrages die Vorschriften der BRep. für den Strafprozess mit folgenden Maßgaben: Bis zur Errichtung der Gerichte durch die Länder, die Ende 1993 abgeschlossen war, übten die → Kreisgerichte und die → Bezirksgerichte die Rspr. aus. Die Zuständigkeit des Kreisgerichts entsprach der des Amtsgerichts. Die Strafsenate der Bezirksgerichte waren mit dem → Landgericht zu vergleichen. Besondere Senate der Bezirksgerichte nahmen als → Strafsenate die Aufgaben der → Oberlandesgerichte wahr. Bei den Bezirksgerichten waren → Staatsanwaltschaften gebildet. Sie nahmen das Amt der StA bei den Kreisgerichten wahr. Das Oberste Gericht und der GeneralStA der DDR sowie die Gesellschaftlichen Gerichte hörten auf zu bestehen. Zur Aufhebung rechtskräftiger DDR-Strafurteile und der Beseitigung ihrer Wirkungen → DDR-Urteile, → Rehabilitierungsgesetze.

Strafprozess(recht)

1. Der Strafprozess ist ein gesetzlich geordnetes Verfahren, in dem über das Vorliegen einer Straftat zu entscheiden ist; ggf. werden durch richterliches Urteil strafrechtliche Folgen ausgesprochen, nämlich durch den Ausspruch über Schuld und Strafe oder andere strafrechtliche Maßnahmen (zB → Maßregeln der Besserung und Sicherung, gegen Jugendliche → Zuchtmittel oder → Erziehungsmaßregeln usw.). Der Strafprozess dient der Durchsetzung der materiellen Normen des → Strafrechts und damit der Erreichung der verschiedenen → Strafzwecke. Er wird geregelt durch das formelle Strafrecht, das sog. Strafprozessrecht.

2. Der Strafprozess verläuft, soweit er durchgeführt wird, in folgenden Abschnitten: → Ermittlungsverfahren (vorbereitendes Verfahren; §§ 158 ff. StPO), Zwischenverfahren (→ Eröffnungsverfahren, in dem über die Eröffnung des → Hauptverfahrens entschieden wird, §§ 199 ff. StPO), Hauptverfahren einschl. Verfahren über → Rechtsmittel bis zur Rechtskraft der Entscheidung (§§ 213 ff. StPO), Vollstreckungsverfahren (§§ 449 ff. StPO; → Strafvollstreckung).

3. Das deutsche Strafprozessrecht ist im Wesentlichen in der Strafprozessordnung vom 1.2.1877 geregelt, die vielfach geändert und ergänzt und am 7.4.1987 (BGBl. 1987 I 1074) neu bekannt gemacht worden ist. Weitere Bestimmungen enthalten insbes. das JugendgerichtsG (→ Jugendstrafrecht), die Abgabenordnung (→ Steuerstrafverfahren), das Gesetz über → Ordnungswidrigkeiten, das Gesetz über die internationale → Rechtshilfe in Strafsachen, das Gesetz über die Entschädigung für Strafverfolgungsmaßnahmen (→ Strafverfolgung, ungerechtfertigte) uam. Für die Durchführung des Strafverfahrens einschließlich der → Strafvollstreckung sind ua folgende Verwaltungsvorschriften bedeutsam: die → Richtlinien für das Straf- und Bußgeldverfahren und die StrafvollstreckungsO.

4. Zum → Strafprozess in der DDR siehe dort, ebenso zu den Änderungsschritten im Rahmen der Wiedervereinigung.

Strafrahmen

→ Strafzumessung.

Strafrecht

1. a) Das Strafrecht umfasst die Gesamtheit der Rechtsnormen, die Inhalt und Umfang der staatlichen Strafbefugnis bestimmen. Es gehört zum öffentlichen Recht, da es Rechtsbeziehungen zwischen dem Staat und den seiner Hoheitsgewalt unterstellten Einzelpersonen regelt. Man unterscheidet zwischen dem materiellen und dem formellen Strafrecht. Das Erstere ist das Strafrecht im eigentlichen Sinne. Es bezeichnet die Voraussetzungen der Strafbarkeit und deren Rechtsfolgen, indem es die für alle → Straftaten geltenden Grundsätze (meist zusammengefasst im Allgemeinen Teil des → Strafgesetzbuchs) und die Merkmale der einzelnen Straftaten sowie die sich hieran knüpfenden Strafdrohungen festlegt. Das formelle Strafrecht oder → Strafprozessrecht enthält die Normen über den Ablauf des Strafverfahrens, in dem das materielle Strafrecht im Einzelfall angewendet wird. Das geltende Strafrecht knüpft die Strafbarkeit an eine konkrete Handlung, nicht an eine rechtswidrige (kriminelle) Persönlichkeitsstruktur; es ist also Tat-, nicht Täterstrafrecht. Hingegen ist für die Deliktsfolgen die Täterpersönlichkeit von wesentlicher Bedeutung.

b) Unter dem materiellen Strafrecht im eigentlichen Sinne wird nur das Kriminalstrafrecht verstanden (im Gegensatz zum Recht der → Ordnungsmittel, → Ordnungswidrigkeiten, → Disziplinarmaßnahmen, → Erzwingungshaft oder → Zwangsmittel). Die Normen des materiellen Strafrecht sind im Wesentlichen im Strafgesetzbuch niedergelegt, das aber – namentlich durch Hinzufügen von Einzeltatbeständen – in zahlreichen Nebengesetzen ergänzt wird. Zu diesen gehören das AktienG, das BetäubungsmittelG, die Steuergesetze, das SprengstoffG und viele andere mehr; einzelne Nebengesetze enthalten sogar ausschließlich Strafbestimmungen, zB das WehrstrafG und das WirtschaftsstrafG 1954.

c) Über den strafrechtlichen Handlungsbegriff sowie über die Voraussetzungen, an die sich eine Straffolge knüpft (insbes. über den Aufbau der Tatbestandsmerkmale), → Straftat, über den Inhalt des Strafausspruchs → Strafen, → Nebenstrafen und Nebenfolgen, → Maßregeln der Besserung und Sicherung. Zur Problematik und den bestehenden Möglichkeiten einer Sanktionierung von Verbänden (zB Unternehmen) → Verbandsstrafrecht, → Verbandsgeldbuße.

2. Das deutsche Strafrecht, das auf dem Reichsstrafgesetzbuch vom 15.5.1871 basiert, ist seit Beginn des 20. Jh. Gegenstand zahlreicher Reformversuche gewesen, so der StGB-Entwürfe 1909, 1911, 1913, 1919, 1925, 1927, 1930, 1936. Die in der nat.soz. Zeit 1933–1945 vorgenommenen Änderungen wurden durch die Gesetzgebung des Kontrollrats 1945 zum großen Teil wieder beseitigt, teilweise wurden in diesen Jahren aber auch noch Vorarbeiten aus der Zeit der Weimarer Republik umgesetzt, die in ihren Grundentscheidungen auch heute noch Bestand haben, zB die Einführung der → Maßregeln der Besserung und Sicherung.

Eine umfassende Reform wurde von der BReg. erst 1954 eingeleitet; sie führte zum StGB-Entwurf 1962, schließlich zur umfassenden Neuregelung des Allgemeinen Teils des StGB und zur Änderung des gesamten StGB durch das EGStGB vom 2.3.1974 (BGBl. 1974 I 469); eine nF des StGB wurde am 2.1.1975 (BGBl. 1975 I 1) verkündet. Vorher bereits waren einzelne Reformgedanken im Wege kleinerer Änderungen des StGB (sog. Novellierungen) verwirklicht worden, so im Bereich der → Staatsschutzdelikte und durch Verlängerung bzw. Aufhebung der Verjährungsfrist für Mord und → Völkermord (8. u. 9. StrÄndG vom 25.6.1968, BGBl. 1968 I 741, und 4.8.1969, BGBl. 1969 I 1065). Das 1. StrRG vom 25.6.1969 (BGBl. 1969 I 645) hatte bereits Zuchthaus, Gefängnis, Einschließung und Haft zu einer einheitlichen → Freiheitsstrafe zusammengefasst, eine allgemeine Rückfallvorschrift eingeführt und das → Arbeitshaus sowie die Strafbarkeit der einfachen Homosexualität und des Ehebruchs beseitigt. Das 2. StrRG vom 4.7.1969 (BGBl. 1969 I 717) enthielt in der Neufassung des Allgem. Teils des StGB ua eine weitere Einschränkung der kurzen Freiheitsstrafen, die → Verwarnung mit Strafvorbehalt sowie Änderungen im System der → Maßregeln der Besserung und Sicherung. Das 3. StrRG vom 20.5.1970 (BGBl. 1970 I 505) befasste sich mit den → Demonstrationsdelikten. Gegenstand des 4. und 5. StrRG vom 23.11.1973 (BGBl. 1973 I 1725) und 18.6.1974 (BGBl. 1974 I 1297) sind die Sexualdelikte und die Strafbarkeit des Abbruchs der Schwangerschaft. Das EGStGB 1974 brachte die Anpassung des Besonderen Teils des StGB an die Neuregelungen des Allgemeinen Teils, aber auch eine Änderung zahlreicher Einzeltatbestände (zB im Bereich der Amtsdelikte); andere Tatbestände wurden aus Nebengesetzen übernommen.

Weitere umfassende Novellierungen von besonderer Bedeutung sind das 15. StrÄndG vom 18.5.1976 (BGBl. 1976 I 1213), das die Strafbarkeit des Schwangerschaftsabbruchs unter Präzisierung der Indikationsfälle neu regelte, die Gesetz zur Bekämpfung der Wirtschaftskriminalität und der Umweltkriminalität vom 29.7.1976 (BGBl. 1976 I 2034), 28.3.1980 (BGBl. 1980 I 373) und 23.5.1986 (BGBl. 1986 I 721), das Gesetz zur Bekämpfung des illegalen Rauschgifthandels und anderer Erscheinungsformen der → Organisierten Kriminalität vom 15.7.1992 (BGBl. 1992 I 1302), das Schwangeren- und FamilienhilfeG vom 27.7.1992 (BGBl. 1992 I 1398), das 2. Gesetz zur Bekämpfung der Umweltkriminalität vom 27.6.1994 (BGBl. 1994 I 1440), das VerbrechensbekämpfungsG vom 28.10.1994 (BGBl. 1994 I 3186), das Schwangeren- und FamilienhilfeänderungsG vom 21.8.1995 (BGBl. 1995 I 1050), das den → Schwangerschaftsabbruch neu regelt, das Gesetz zur Bekämpfung der Korruption vom 13.8.1997 (BGBl. 1997 I 2038) und das 6. StrRG vom 26.1.1998 (BGBl. 1998 I 164), das vor allem die Strafrahmen für Straftaten gegen höchstpersönliche Rechtsgüter anhob. Durch das → Völkerstrafgesetzbuch v. 26.6.2002 (BGBl. 2002 I 2254) wurden die dem Römischen Statut des → Internationalen Strafgerichtshofs entsprechenden völkerrechtlichen Straftatbestände in das deutsche Strafrecht aufgenommen.

3. Zum → Strafrecht in der DDR siehe dort sowie zu den Änderungsschritten im Rahmen der Wiedervereinigung.

Strafrecht in der DDR

Das Strafrecht der DDR, zuletzt geregelt im StGB-DDR idF vom 14.12.1988 (GBl. 1989 I 33), diente der sozialistischen Staats- und Gesellschaftsordnung und war darauf gerichtet, den Straftäter durch die → Strafen zur Einhaltung der sozialistischen Gesetzlichkeit zu erziehen. Es enthielt Vorschriften, die den Prinzipien eines freiheitlichen demokratischen Rechtsstaates widersprachen.

Im Vertrag vom 18.5.1990 über die Schaffung einer → Währungs-, Wirtschafts- und Sozialunion zwischen der BRep. und der DDR (BGBl. 1990 II 518), dem Gemeinsamen Protokoll über Leitsätze und der Anlage III dazu wurde vereinbart, bestimmte Vorschriften des StGB-DDR aufzuheben oder zu ändern und bis dahin nicht anzuwenden, vor allem über Grundsätze des sozialistischen Strafrechts, politische Straftaten und Delikte zum Schutz planwirtschaftlicher Strukturen sowie die Unterscheidung zwischen sozialistischem und sonstigem Eigentum. Umgesetzt wurde dies im 6. StrÄG-DDR vom 29.6.1990 (GBl. 1990 I 526), das am 1.7.1990 in Kraft trat und auch zahlreiche → Strafen aufhob.

Seit dem 3.10.1990 gilt in den neuen Ländern auf Grund des → Einigungsvertrages vom 31.8.1990 (BGBl. 1990 II 885) das → Strafgesetzbuch (StGB); die dabei vorgesehenen Maßgaben gelten nicht mehr. Sa → DDR-Straftaten, → DDR-Urteile, → Rehabilitierungsgesetze.

Strafrechtliche Rehabilitierung (DDR)
→ Rehabilitierungsgesetze.

Strafrechtstheorien
Während die Auffassungen von Grund und Zweck der Strafe sich in früheren Jahrhunderten nach absoluten Gesichtspunkten orientierten – insbes. nach dem der gerechten Vergeltung für die begangene Tat (→ Talion) –, geht die neuere Strafrechtslehre von den relativen Strafzwecken aus, indem sie die Strafe unter Gesichtspunkten der Erziehung und Besserung oder Abschreckung bestimmt, während das Maß der vom Täter zu sühnenden Schuld nurmehr als Maß der Begrenzung der Strafe nach oben fungiert. Auf der Grundlage der Wertung der Einzeltäterpersönlichkeit wird hierbei Gedanken der Spezialprävention, in beschränktem Maße auch solchen der Generalprävention das entscheidende Gewicht zugewiesen. Im Einzelnen → Strafzweck, → défense sociale.

Strafregister
1. Zuständigkeit: Das Strafregister wird nach dem BundeszentralregisterG idF vom 21.9.1984 (BGBl. 1984 I 1229) mÄnd als Bundeszentralregister vom → Bundesamt für Justiz in Bonn geführt.

2. Inhalt des Strafregisters: Aufzunehmen sind alle Verurteilungen zu → Strafen, → Maßregeln der Besserung und Sicherung, → Nebenstrafen und Nebenfolgen, die wegen einer mit Strafe bedrohten Handlung durch Urteil oder → Strafbefehl eines deutschen Gerichts in der BRep. ausgesprochen worden sind. Ebenso wird eine → Verwarnung mit Strafvorbehalt oder ein Schuldspruch nach § 27 JGG registriert. Auch Strafen, die im Ausland gegen Deutsche oder in der BRep. geborene oder wohnhafte Nichtdeutsche verhängt worden sind, werden vermerkt, wenn sie von der zuständigen ausländischen Behörde mitgeteilt worden sind (das geschieht zumeist im Rahmen des zwischenstaatlichen Strafnachrichtenaustauschs; → Rechtshilfe); der Verurteilte ist vorher zu hören. Die Mitteilungen zum Strafregister sind → Justizmitteilungen. Sie obliegen idR dem Gericht oder der StA als Strafvollstreckungsbehörde; mitzuteilen sind auch Entscheidungen über Strafaussetzung oder -erlass, Bewährungszeit, Aussetzung des Strafrestes sowie die Vollstreckung usw., weil hiervon häufig die Berechnung der Fristen für die → Straftilgung abhängt. Vermerkt werden auch Freispruch oder Einstellung wegen → Schuldunfähigkeit sowie Ausweisungen, Passentzug, gewisse Gewerbeuntersagungen. Nicht in das Strafregister aufzunehmen sind Entscheidungen der Jugend- oder Familiengerichte, die keinen Strafcharakter haben: → Erziehungsmaßregeln und → Zuchtmittel (§§ 9 ff. JGG) u. dgl.; diese werden in das → Erziehungsregister aufgenommen. Wegen der sog. Verkehrssünderdatei → Fahreignungsregister.

3. Auskunft aus dem Strafregister erhält der Betroffene (nicht andere Privatpersonen) in der Form eines → Führungszeugnisses, das er selbst oder eine Behörde beantragen kann; sonst erhält er Auskunft auf Antrag nur in besonderen Fällen. Eintragungen, die nicht in das Führungszeugnis aufzunehmen sind (geringfügige oder länger zurückliegende Bestrafungen usw.), werden nur Gerichten, Strafverfolgungsbehörden, obersten Bundes- und Landesbehörden sowie den Behörden und Stellen mitgeteilt, die mit dem Verfassungsschutz, mit Einbürgerungs-, Ausländer- und Gnadenangelegenheiten befasst sind oder über die Erteilung eines Waffenscheins u. dgl. entscheiden (sog. unbeschränkte Auskunft, § 41 BZRG).

4. Eintragungen des beim GeneralStA der DDR geführten Strafregister wurden übernommen. Davon ausgenommen sind Eintragungen über Verurteilungen, deren Sachverhalt nicht mehr mit Strafe bedroht ist oder die mit rechtsstaatlichen Maßstäben nicht vereinbar sind, sowie Eintragungen von Untersuchungsorganen und StAen der DDR. Eintragungen, die durch Rehabilitierung (→ Rehabilitierungsgesetze) aufgehoben worden sind, werden entfernt.

5. Bei dem → Bundesamt für Justiz wird das länderübergreifende Zentrale Staatsanwaltschaftliche Verfahrensregister geführt (§§ 492 ff. StPO). In ihm werden die Daten der Ermittlungs- und Strafverfahren eingetragen. Es dient der Verbesserung der Information der StAen. Auskunft erhalten auch andere Behörden, soweit sie strafverfolgend tätig sind. Die Einzelheiten regelt die VO über den Betrieb des Zentralen Staatsanwaltlichen Verfahrensregisters (ZStVBetrV) v. 23.9.2005 (BGBl. 2005 I 2885).

6. Zum Austausch von Strafregisterinformationen innerhalb der EU besteht das → ECRIS.

Strafrichter
→ Einzelrichter.

Strafschärfungsgründe
→ Strafzumessung, → Qualifikationstatbestand.

Strafsenat
Strafsenate heißen die bei den → Oberlandesgerichten (in Bayern: auch beim → Bayerischen Obersten Landesgericht - BayObLG) sowie beim → Bundesgerichtshof gebildeten Spruchkörper der → Strafgerichtsbarkeit.

1. Strafsenate der Oberlandesgerichte: Die Strafsenate der Oberlandesgerichte sowie des BayObLG entscheiden als Revisionsgerichte über die Revision gegen Berufungsurteile der Kleinen → Strafkammern der Landgerichte, über die → Sprungrevision gegen Strafurteile des Amtsgerichts, schließlich über die Revision gegen erstinstanzliche Urteile der Großen Strafkammern der Landgerichte, wenn – was praktisch kaum vorkommt – ausschließlich Verletzung von Landesrecht gerügt wird (sonst ist, auch in Bayern, für die Revision gegen erstinstanzliche Urteile des LG nach § 135 GVG der Bundesgerichtshof zuständig); als Beschwerdegericht über Beschwerden gegen Entscheidungen des Landgerichts sowie über Rechtsbeschwerden in Strafvollzugssachen, in Sachen des Vollzugs von Jugendarrest, Jugendstrafe und Unterbringung eines Jugendlichen in einem psychiatrischen Krankenhaus oder einer Erziehungsanstalt und in Bußgeldsachen (§ 121 GVG, § 79 III OWiG); außerdem über bestimmte → Justizverwaltungsakte der Strafrechtspflege und des Vollzugs (§§ 23 ff. EGGVG).

Ein Strafsenat des OLG (sog. Staatsschutzsenat), in dessen Bezirk eine LdReg. ihren Sitz hat, entscheidet ferner im ersten Rechtszug bei → Friedensverrat, → Hochverrat, → Landesverrat und bei einigen anderen politischen Delikten, zB bei Beteiligung an einer terroristischen Vereinigung (§§ 129a, 129b StGB) sowie bei Straftaten nach dem → Völkerstrafgesetzbuch (§ 120 I GVG), ferner bei sonstigen schweren Straftaten (zB Mord und Totschlag), wenn ein Zusammenhang mit der Tätigkeit einer zur Begehung solcher Delikte bestehenden Vereinigung gegeben ist oder die Tat sich gegen den Bestand oder die Sicherheit der BRep., deren Verfassungsgrundsätze oder die hier stationierten ausländischen Truppen richtet oder eine gegen das AWG oder das KWKG verstoßende Tat Staatsschutzqualität hat oder das friedliche Zusammenleben der Völker stören kann und der Generalbundesanwalt wegen der besonderen Bedeutung des Falles die Verfolgung übernommen hat (§ 120 II GVG). Eine weitere erstinstanzliche Zuständigkeit der Strafsenate der Hauptstadt-Oberlandesgerichte besteht für Strafverfahren wegen Bestechlichkeit und Bestechung von Mandatsträgern nach § 108e StGB (§ 120b GVG).

Ein Strafsenat des OLG, in dessen Bezirk eine → Landesregierung ihren Sitz hat und der nicht mit Hauptverfahren in Strafsachen befasst ist, entscheidet auch über Beschwerden wegen akustischer Wohnraumüberwachung (§ 120 IV GVG, → Einsatz technischer Mittel).

Die Strafsenate des OLG und des BayObLG entscheiden idR in der Besetzung mit 3 Richtern, soweit nicht 1 Richter zu entscheiden hat, zB im Fall des § 80a I OWiG; in Verfahren des ersten Rechtszugs entscheidet der Strafsenat über die Eröffnung mit 5 Richtern, danach uU mit 3 Richtern (§ 122 GVG).

2. Strafsenate des Bundesgerichtshofs entscheiden als Revisionsgerichte über die Revision gegen erstinstanzliche Urteile der Großen Strafkammern der Landgerichte sowie der Strafsenat der Oberlandesgerichte, zudem über Beschwerden gegen bestimmte Beschlüsse und Verfügungen der Oberlandesgerichte (§ 135 GVG). Sie entscheiden idR in der Besetzung mit 5 Richtern (§ 139 GVG). S. ferner → Große Senate, → Bundesgerichtshof (Vereinigte Große Senate).

Straftat

(strafbare Handlung) ist allgemein eine tatbestandsmäßige, rechtswidrige und schuldhafte Handlung, an die das Gesetz eine Strafdrohung knüpft. Dagegen versteht das StGB (§ 11 Nr. 5) unter einer rechtswidrigen Tat eine solche, die – unabhängig von der Schuld – lediglich den äußeren Tatbestand eines Strafgesetzes verwirklicht (also ohne zivil- oder öffentl.-rechtliche Bedeutung).

1. Die (strafbare) Handlung – dh ein menschliches Verhalten, → Handlungsbegriff (Strafrecht) – kann in einem Tun oder Unterlassen bestehen (→ Unterlassungsdelikte). Sie ist tatbestandsmäßig, wenn sie mit den in einem gesetzlichen Straftatbestand festgelegten objektiven Merkmalen – sog. Tatbestandsmerkmalen – übereinstimmt. Der Täter muss diese regelmäßig mit → Vorsatz erfüllt haben; ein fahrlässiges Handeln (→ Fahrlässigkeit) ist nur dort strafbar, wo ein Tatbestand dies ausdrücklich vorsieht (§ 15 StGB). Manche Tatbestände sehen zusätzliche subjektive Merkmale vor oder auch objektive → Bedingungen der Strafbarkeit, auf die sich weder Vorsatz noch Fahrlässigkeit beziehen müssen. Die Erfüllung des Tatbestandes indiziert zugleich die → Rechtswidrigkeit, dh aus der Verwirklichung der im Gesetz bezeichneten äußeren Tatumstände ist grds. auf die Rechtswidrigkeit des Handelns zu schließen (Ausnahme zB bei → Nötigung und → Erpressung); diese ist in jedem Fall Voraussetzung der Strafbarkeit, auch wenn das Gesetz ihr Vorliegen nicht ausdrücklich verlangt. Die Rechtswidrigkeit fehlt, wenn ein Rechtfertigungsgrund (ieS → Rechtswidrigkeit) vorliegt, zB → Notwehr. Das Handeln des Täters ist schuldhaft (→ Schuld), wenn keine → Schuldausschließungsgründe vorliegen, zB → Verbotsirrtum, → Schuldunfähigkeit. Die Erfüllung dieser objektiven und subjektiven Merkmale der Straftat (Tatbestand, Rechtswidrigkeit, Schuld) kann an mannigfache Besonderheiten geknüpft sein; so in der Frage, ob und inwieweit der Handelnde für den Erfolg der Tat einzustehen hat (→ Kausalität im Strafrecht, → objektive Zurechnung), inwieweit die Rechtswidrigkeit vom Vorsatz umfasst werden muss (→ Verbotsirrtum) und welchen Einfluss in der Person eines Täters verwirklichte Umstände für weitere Beteiligte an der Straftat haben (→ Mittäterschaft, → Anstiftung, → Beihilfe). Eingreifen können schließlich verschiedene → Strafausschließungs(aufhebungs)gründe. S.

ferner → finale Handlungslehre, → eigenhändiges Delikt, → Sammelstraftat, → Irrtum.

2. Nach § 12 StGB sind die Straftaten in zwei Gruppen – Verbrechen und Vergehen – einzuordnen (Dichotomie). Eine im Mindestmaß mit 1 Jahr oder mehr Freiheitsstrafe bedrohte Handlung ist Verbrechen, eine mit Freiheitsstrafe in geringerem Mindestmaß oder mit Geldstrafe bedrohte Handlung ist Vergehen. Entscheidend ist die im Gesetz angedrohte, nicht die im Einzelfall verwirkte Strafe (→ abstrakte Betrachtungsweise). Die Einstufung einer Tat als Verbrechen oder Vergehen wird durch das Hinzutreten straferhöhender oder strafmildernder Umstände (besonders schwerer Fall, minder schwerer Fall) nicht verändert; anders wenn der qualifizierende oder privilegierende Gesichtspunkt in einem zusätzlichen Tatbestandsmerkmal besteht (zB Bandendiebstahl, gewerbsmäßige Hehlerei, Tötung auf Verlangen).

Die auf der Bewertung der einzelnen Delikte beruhende Zweiteilung hat für die Anwendung des Strafrechts unter vielen Gesichtspunkten Bedeutung. So ist zB der → Versuch bei Verbrechen stets strafbar, bei Vergehen nur, wenn es ausdrücklich bestimmt ist (§ 23 StGB). Der Versuch einer → Anstiftung ist nur bei Verbrechen strafbar (§ 30 StGB). Die Zweiteilung hat auch im Verfahrensrecht Bedeutung: Bei Verbrechen ist die Verteidigung stets notwendig (§ 140 I Nr. 2 StPO). Einstellung wegen Geringfügigkeit (§ 153 StPO, → Bagatellstrafsachen) und Erlass eines → Strafbefehls sind auf Vergehen beschränkt (§ 407 StPO). Ferner ist die Zweiteilung für die gerichtliche Zuständigkeit bedeutsam (§§ 25, 74 I GVG).

Straftaten aus Gruppen
→ sexueller Übergriff, sexuelle Nötigung, → sexuelle Belästigung.

Straftilgung
1. Strafregistervermerke werden im Interesse der → Resozialisierung des Verurteilten nach Ablauf bestimmter Fristen nicht mehr in das → Führungszeugnis aufgenommen und dann auch nur einem beschränkten Kreis auskunftsberechtigter Stellen mitgeteilt (→ Strafregister). Nach weiterem Fristablauf werden sie getilgt. Ausgenommen sind Verurteilungen zu lebenslanger Freiheitsstrafe, Sicherungsverwahrung, Unterbringung in einem psychiatrischen Krankenhaus und dauernde Entziehung der Fahrerlaubnis (§§ 45 ff. BZRG).

2. Die Tilgungsfristen betragen: bei Verurteilungen zu Freiheitsstrafe bis 3 Mon. oder zu Geldstrafe bis zu 90 Tagessätzen 5 Jahre seit Verurteilung, wenn im Register keine weitere Strafe bzw. Freiheitsstrafe eingetragen ist, andernfalls 10 Jahre (dies auch bei einzigen Freiheitsstrafen bis zu 1 Jahr mit Bewährungsfrist); bei höheren Strafen 15 Jahre (zuzüglich Dauer der Freiheitsstrafe); bei Verurteilungen wegen bestimmter → Sexualstraftaten zu Freiheits- oder Jugendstrafe von mehr als 1 Jahr 20 Jahre. Besondere Fristen gelten für Jugendstrafen: 5 Jahre bei Jugendstrafe bis zu 1 Jahr sowie nach Beseitigung des → Strafmakels und bei Jugendstrafe bis zu 2 Jahren mit Strafaussetzung (Entlassung) zur Bewährung, von mehr als 2 Jahren nach Bewährungszeit und Straferlass; 10 Jahre bei Jugendstrafe von mehr als 1 Jahr, soweit nicht die kürzere Frist gilt.

3. Vor Ablauf der Fristen kann das → Bundesamt für Justiz die Straftilgung durch Verwaltungsakt anordnen (sog. Straflöschung). Über die binnen 2 Wochen einzulegende Beschwerde gegen Ablehnung entscheidet das BMJV (§ 49 III BZRG). Gegen die Ablehnung ist Antrag auf gerichtliche Entscheidung durch das Oberlandesgericht zulässig (§§ 23 ff. EGGVG). Dieses prüft aber nicht die Zweckmäßigkeit, sondern nur die Rechtmäßigkeit der Ablehnung nach, die eine Ermessensentscheidung ist (Aufhebung aus Rechtsgründen nur bei Überschreiten des Ermessens oder willkürlicher Handhabung).

4. Nach dem Grundsatz der Unteilbarkeit des Strafregisters ist Straftilgung idR erst zulässig, wenn alle Vermerke tilgungsreif sind. Sie werden dann aus dem Register entfernt.

5. Rechtsfolgen. Nach Straftilgung dürfen Straftat und Verurteilung dem Betroffenen im Rechtsverkehr nicht mehr vorgehalten und nicht zu seinem Nachteil verwertet werden, zB bei der → Strafzumessung; Ausnahmen gelten im zwingenden Sicherheitsinteresse, bei psychiatrischer Begutachtung sowie bei Berufs- oder Gewerbezulassung, vor Erteilung eines Waffenscheins u. dgl. und vor Einstellung in den öffentlichen Dienst im Interesse der Abwendung einer erheblichen Gefährdung der Allgemeinheit. Der Verurteilte darf sich nach Straftilgung als unbestraft bezeichnen und braucht den Tatsachverhalt nicht zu offenbaren (§§ 51–53 BZRG).

Strafunterbrechung
darf während des Vollzugs einer Freiheitsstrafe von der Strafvollstreckungsbehörde (idR StA) nur unter eng begrenzten Voraussetzungen angeordnet werden, nämlich, wenn der Verurteilte in Geisteskrankheit verfällt oder wegen einer Krankheit von der Vollstreckung für ihn eine nahe Lebensgefahr zu besorgen ist oder er sonst schwer erkrankt und die Krankheit innerhalb des Vollzugs nicht erkannt oder behandelt werden kann. Es muss ferner zu erwarten sein, dass die Krankheit für eine erhebliche Zeit fortbestehen wird. Strafunterbrechung ist untersagt, wenn überwiegende Gründe (zB öffentliche Sicherheit) entgegenstehen (§ 455 II StPO). Über Einwendungen gegen die Entscheidung der Vollstreckungsbehörde entscheidet das Gericht (§ 458 II StPO); die sofortige Beschwerde gegen die Anordnung der Strafunterbrechung hat aufschiebende Wirkung (§ 462 III 2 StPO). Über die Strafunterbrechung durch das Gericht im → Wiederaufnahmeverfahren vgl. § 360 II StPO,

über Strafunterbrechung aus vollzugsorganisatorischen Gründen § 455a StPO.

Strafvereitelung
Straftatbestand nach § 258 StGB: Ihn begeht, wer absichtlich oder wissentlich verhindert, dass ein anderer der gesetzlichen Strafe oder → Maßregel der Besserung und Sicherung unterworfen oder der Vollstreckung des Strafurteils zugeführt wird (Beseitigung von Tatspuren, falsche Aussage; Strafverbüßung für den Verurteilten). Sie kann, wenn eine strafrechtliche → Anzeigepflicht oder eine → Garantenstellung (zB eines Polizeibeamten) besteht, auch durch Unterlassen begangen werden (→ Unterlassungsdelikt). Die Vortat muss bei Verfolgungsvereitelung mindestens rechtswidrig (wenn auch nicht schuldhaft, dann aber → Maßregeln unterworfen) begangen und verfolgbar sein; bei der Vollstreckungsvereitelung dagegen genügt, dass eine Strafe rechtskräftig verhängt (eine Maßregel angeordnet) und noch nicht vollstreckt ist. Die Bezahlung einer Geldstrafe durch einen Dritten ist keine Strafvereitelung (BGHSt 37, 226). Die Selbstbegünstigung ist nicht tatbestandsmäßig, die Strafvereitelung zugunsten eines Angehörigen straffrei (§ 258 V, VI StGB). Für die Strafvereitelung durch → Amtsträger, die bei einem Strafverfahren oder der Vollstreckung mitzuwirken berufen sind (Richter, Staatsanwalt, Polizei- oder Vollzugsbeamte), gelten höhere Strafdrohungen (§ 258a StGB).

Strafverfahren
→ Strafprozess.

Strafverfolgung, ungerechtfertigte
Wer im Straf- oder Bußgeldverfahren verfolgt worden ist, kann nach dem Gesetz über die Entschädigung für Strafverfolgungsmaßnahmen (StrEG) v. 8.3.1971 (BGBl. 1971 I 157) Entschädigung aus der Staatskasse für erlittenen Vermögensschaden verlangen, soweit keine verurteilende Entscheidung ergangen oder diese wieder aufgehoben oder gemildert worden ist.

1. Entschädigung für Untersuchungshaft oder eine andere Verfolgungsmaßnahme (vorläufige → Festnahme, → Beschlagnahme, Entziehung der → Fahrerlaubnis usw.) wird gewährt, soweit Freispruch oder Einstellung erfolgt oder die Eröffnung des Hauptverfahrens abgelehnt worden ist. Entschädigt wird ferner, wer durch eine Verurteilung (Strafurteil, Bußgeldbescheid) geschädigt ist, soweit diese nach → Rechtskraft im → Wiederaufnahmeverfahren oder sonstwie in einem Strafverfahren – also nicht im Gnadenwege – aufgehoben oder gemildert worden ist (§§ 1, 2 StrEG). Kein Rechtsanspruch, aber Möglichkeit der Billigkeitsentschädigung besteht nach §§ 3, 4 StrEG bei Ermessensentscheidungen (zB Einstellung wegen Geringfügigkeit), → Absehen von Strafe oder Anordnung milderer Rechtsfolgen als zunächst angestrebt (zB Geld- statt Freiheitsstrafe).

2. Die Entschädigung ist ausgeschlossen (§ 5 StrEG), wenn der Beschuldigte die Maßnahme schuldhaft verursacht hat (wobei idR mindestens grobe Fahrlässigkeit vorliegen muss), zB Inhaftnahme wegen Flucht ins Ausland oder Ausbleibens auf richterliche Ladung (nicht bei Weigerung, zur Sache auszusagen). Sie kann versagt werden (§ 6 StrEG) bei falscher Selbstbeschuldigung oder Verschweigen entlastender Umstände, bei Nichtverfolgung wegen → Schuldunfähigkeit oder wegen eines Verfahrenshindernisses (→ Prozessvoraussetzungen).

3. Ersetzt wird nur ein Vermögensschaden von mehr als 25 EUR (aber ohne obere Begrenzung), der durch die Verfolgungsmaßnahme verursacht worden ist, bei Freiheitsentziehung auf Grund gerichtlicher Entscheidung auch der sog. immaterielle → Schaden (pro Tag 25 EUR).

4. Ergeben sich die Voraussetzungen der Entschädigung bei einer das Verfahren abschließenden gerichtlichen Entscheidung, so stellt das Gericht hierbei von Amts wegen die Entschädigungspflicht fest (§ 8 StrEG). Stellt die StA das Verfahren ein, geschieht dies nur auf Antrag des Beschuldigten, der binnen eines Monats nach Bekanntgabe der Entscheidung einzureichen ist (§ 9 StrEG); zuständig ist dann das Amtsgericht (bei Einstellung nach Zurücknahme der Klage das für das Hauptverfahren zuständige Gericht; in politischen Strafsachen stets das hierfür zuständige Oberlandesgericht). Gegen die Entscheidung ist → sofortige Beschwerde zulässig.

5. Der Anspruch ist verwirkt, wenn der Berechtigte es schuldhaft unterlässt, ihn binnen 6 Mon. nach rechtskräftiger gerichtlicher Feststellung der Entschädigungspflicht und Belehrung über Antragsrecht und Frist bei der StA geltend zu machen. Nach Ablauf eines Jahres seit rechtskräftiger Feststellung ist der Antrag schlechthin ausgeschlossen, auch wenn kein Verschulden vorliegt. Über den Antrag entscheidet die Landesjustizverwaltung; bei Ablehnung kann binnen 3 Mon. seit Zustellung Klage bei der Zivilkammer des Landgerichts erhoben werden (§§ 10, 12, 13 StrEG). Leistet die Staatskasse Ersatz, so geht ein etwaiger Schadensersatzanspruch des Verfolgten gegen einen Dritten, zB wegen → Denunziation, kraft Gesetzes auf sie über (§ 15 II StrEG).

6. Anspruchsberechtigt ist auch ein kraft Gesetzes Unterhaltsberechtigter (→ Unterhaltspflicht unter Verwandten), dem durch eine Verfolgungsmaßnahme – zB Inhaftierung des Vaters – der Unterhalt entzogen worden ist (§ 11 StrEG).

7. Nach internationalem, für die BRep. verbindlichem Recht kann ein Schadensersatzanspruch auf Grund des Art. 5 V der → Konvention zum Schutze der Menschenrechte von jedem erhoben werden, der entgegen den dort niedergelegten Verfahrensgarantien festgenommen oder inhaftiert worden ist. In diesem Fall wird Haftentschädigung

ohne Rücksicht darauf gewährt, ob der Betroffene zu Unrecht verfolgt worden ist. Das gilt auch bei unverhältnismäßig langer Haftdauer (BGH NJW 1966, 924).

Strafverfolgungsverjährung
Die Strafverfolgung wird – ebenso wie die → Strafvollstreckung – nach § 78 StGB durch Verjährung ausgeschlossen, ausgenommen bei Mord (→ Tötung, 1, § 78 II StGB) und Verbrechen nach dem → Völkerstrafgesetzbuch (§ 5 VStGB). Mit der Strafverfolgungsverjährung erlischt auch die Befugnis, wegen der Tat → Maßregeln der Besserung und Sicherung anzuordnen.

1. Verjährungsfrist: Die Verjährung der Verfolgung tritt bei Taten, die mit lebenslanger Freiheitsstrafe bedroht sind, nach 30 Jahren, bei den im Höchstbetrage mit Freiheitsstrafe von mehr als 10 Jahren bedrohten Taten nach 20 Jahren ein; sind im Höchstmaß mehr als 5 bis 10 bzw. mehr als 1 bis 5 Jahre angedroht, betragen die Fristen 10 bzw. 5, bei den übrigen Straftaten 3 Jahre. Welche Frist maßgebend ist, richtet sich nach der angedrohten Strafe (nicht nach der im Einzelfall verwirkten); doch bleiben Strafschärfungen oder -milderungen für besonders schwere oder minder schwere Fälle, Versuch, Beihilfe usw. außer Betracht. Nach manchen Nebengesetzen gelten andere Fristen, zB für → Pressedelikte und → Ordnungswidrigkeiten; bei Verkehrsordnungswidrigkeiten beträgt die Verjährungsfrist 3 Mon., nach Erlass des Bußgeldbescheides oder Erhebung der öffentlichen → Klage 6 Mon. Da die Strafverfolgungsverjährung nach hM prozessualen Charakter hat, können noch laufende Fristen deshalb auch rückwirkend verlängert werden (so BVerfG NJW 1969, 1059).

2. Beginn: Die Strafverfolgungsverjährung beginnt mit dem Tag, an dem die → Beendigung der Tat eintritt, ohne Rücksicht auf den Zeitpunkt des Eintritts des Erfolgs (§ 78a StGB); dieser ist jedoch maßgebend, wenn der Erfolg zum Tatbestand gehört, zB bei der fahrlässigen Körperverletzung. Der Tattag wird in die Frist eingerechnet; diese endet also an dem kalendermäßig vorhergehenden Tag. Bei → Dauer- oder Zustandsdelikten mit Beendigung des rechtswidrigen Zustandes, beim → Unterlassungsdelikt mit dem Wegfall der Pflicht zum Handeln.

3. a) Unterbrechung der Strafverfolgungsverjährung: Eine Unterbrechung der Strafverfolgungsverjährung mit der Folge, dass eine neue Frist zu laufen beginnt, tritt bei bestimmten wegen der Tat gegen den Täter gerichteten Handlungen ein (§ 78c StGB), insbes. Vernehmung des Beschuldigten oder Bekanntgabe der Verfahrenseinleitung, richterlicher Anordnung einer Beschlagnahme oder Durchsuchung, → Haftbefehl, Erhebung der öffentlichen Klage, Strafbefehl sowie bei gewissen vorläufigen richterlichen Einstellungsbeschlüssen. Auch in diesen Fällen tritt aber Verjährung ein, wenn die doppelte Verjährungsfrist verstrichen ist.

b) Ruhen der Strafverfolgungsverjährung: Die Strafverfolgungsverjährung ruht bis zur Vollendung des 30. Lebensjahres des Opfers bei bestimmten Sexualstraftaten, zB nach §§ 176–178 StGB, Körperverletzungsdelikten, insbes. Genitalverstümmelung, und Zwangsheirat oder solange auf Grund gesetzlicher Vorschrift (also nicht wegen tatsächlicher Hindernisse!) die Verfolgung nicht möglich ist, so zB wegen → Immunität des Beschuldigten (hierzu vgl. § 78b II StGB). Hält sich der Täter in einem ausländischen Staat auf, der nicht EU-Mitglied ist, ruht die Strafverfolgungsverjährung während des Auslieferungsverfahrens (§ 78b V StGB). Dagegen hindert das Fehlen eines → Strafantrags den Lauf der Frist nicht.

Strafverlangen
→ Strafantrag.

Strafvermerk
→ Strafregister.

Strafversprechen
→ Vertragsstrafe.

Strafverteidiger
→ Verteidiger, → Pflichtverteidiger, → Wahlverteidiger.

Strafvollstreckung
1. Die Strafvollstreckung umfasst alle Maßnahmen, die auf Durchsetzung eines rechtskräftigen Straferkenntnisses gerichtet sind, also insb. von Geld- u. Freiheitsstrafen oder → Maßregeln der Besserung und Sicherung (§§ 449 ff. StPO). Die Strafvollstreckung setzt Rechtskraft des Urteils voraus, dh seine Unanfechtbarkeit. Eine → Teilvollstreckung ist unzulässig, abgesehen von der Einheitsstrafe nach Jugendstrafrecht (§ 56 JGG). Die Strafvollstreckung obliegt der StA (§ 451 StPO); ist → Jugendstrafrecht angewandt worden, so ist der Jugendrichter Vollstreckungsbehörde (§§ 82 ff. JGG). Grundsätzlich ist die Strafvollstreckung dem → Rechtspfleger übertragen, der den Weisungen des StA untersteht. Der Vollstreckungsbehörde stehen die Befugnisse der StA im Ermittlungsverfahren nach § 161 StPO zu. Zur Strafvollstreckung von Freiheitsstrafen kann sie Vorführungs- oder → Haftbefehl oder die → Ausschreibung (im Strafprozess) zur Festnahme oder Aufenthaltsermittlung (→ Fahndung, → Suchvermerk) erlassen (§ 457 StPO). Der Haftbefehl bedarf dabei keiner richterlichen Entscheidung, da eine solche bereits dem zu vollstreckenden Straferkenntnis zugrundeliegt. Die Strafvollstreckung von Geldstrafen und zu Geldzahlung verpflichtenden Nebenfolgen richtet sich außerdem nach dem → JustizbeitreibungsG idF v. 27.6.2017 (BGBl. 2017 I 1926) sowie der bundeseinheitlichen Einforderungs- und Beitreibungsanordnung v. 1.8.2011 (BAnz. 2011 Nr. 112a, sa BayJMBl. 2011, 82, 104). Verwaltungsvorschriften über die Strafvollstre-

ckung aller Arten von Strafen enthält die bundeseinheitliche Strafvollstreckungsordnung v. 1.8.2011 (BAnz. 2011 Nr. 112a, sa BayJMBl. 2011, 82).

2. Gegen Maßnahmen der Strafvollstreckung kann – neben Dienstaufsichtsbeschwerde an die vorgesetzte Behörde – gerichtliche Entscheidung beantragt werden (§§ 458–462 StPO, §§ 23 ff. EGGVG). Die Vollstreckungsbehörde kann von der Strafvollstreckung absehen, wenn der Verurteilte wegen einer anderen Tat ausgeliefert, an einen → Internationalen Strafgerichtshof überstellt oder wenn er ausgewiesen, also abgeschoben, zurückgeschoben oder zurückgewiesen wird (§ 456a StPO); sie kann bei Gericht die Anordnung beantragen, dass die Strafvollstreckung einer Geldstrafe in den Fällen des § 459d StPO oder einer → Ersatzfreiheitsstrafe zur Vermeidung von Härten nach § 459 f StPO unterbleibt. Sie kann die Strafvollstreckung mit Zustimmung des Gerichts zurückstellen bei Freiheitsstrafen (auch restlichen) bis zu 2 Jahren wegen einer in Drogenabhängigkeit begangenen Tat, wenn sich der Verurteilte einer Entziehungsbehandlung unterzieht (§ 35 BtMG, → Betäubungsmitteldelikte).

3. S. ferner → Strafaufschub, → Strafunterbrechung, → Gnadenrecht, → Strafvollstreckungsverjährung.

Strafvollstreckung gegen Unschuldige
→ Vollstreckung gegen Unschuldige.

Strafvollstreckungskammer
Besteht in einem LG-Bezirk eine Vollzugsanstalt, in der gegen Erwachsene Freiheitsstrafen oder → Maßregeln der Besserung und Sicherung vollzogen werden, oder eine höhere Vollzugsbehörde, so wird für Nachtragsentscheidungen über → Strafaussetzung zur Bewährung, Aussetzung des Strafrestes sowie die mit der Vollstreckung zusammenhängenden gerichtlichen Entscheidungen nach §§ 458–462 StPO eine Strafvollstreckungskammer gebildet. Sie kann ferner von Strafgefangenen gegen Vollzugsmaßnahmen angerufen werden (§ 109 StVollzG) und bleibt für diese auch bei Aussetzung oder Unterbrechung der Vollstreckung zuständig (§ 462a StPO). Die Strafvollstreckungskammer entscheidet bei lebenslanger Freiheitsstrafe oder Unterbringung in einem psychiatrischen Krankenhaus mit 3, sonst mit 1 Richter; es können auch Richter der Amtsgerichte herangezogen werden (§§ 78a, 78b GVG). Für die zu → Jugendstrafe Verurteilten ist dagegen der Jugendrichter zuständig.

Strafvollstreckungsverjährung
Die Vollstreckung rechtskräftig verhängter Strafen wird – außer bei lebenslangen Freiheitsstrafen und bei für Verbrechen nach dem → Völkerstrafgesetzbuch verhängten Strafen (§ 5 V StGB) – durch den Ablauf bestimmter Fristen ausgeschlossen (§ 79 StGB). Diese bestimmen sich nach der Höhe der verhängten Strafe und betragen, soweit nicht Sondervorschriften gelten, zwischen 3 und 25 Jahren. So beträgt zB die Frist bei Geldstrafe bis zu 30 Tagessätzen 3 Jahre, bei höheren Geldstrafen und Freiheitsstrafe bis zu 1 Jahr 5 Jahre, bei höheren Freiheitsstrafen 10, 20 oder 25 Jahre. Bei → Maßregeln der Besserung und Sicherung gelten Fristen von 5 und 10 Jahren (bei Sicherungsverwahrung und unbefristeter Führungsaufsicht keine Verjährung). Milderungen durch Anrechnung von Untersuchungshaft oder Teilbegnadigung bleiben außer Betracht. Die Frist beginnt mit dem Tag der Rechtskraft der Entscheidung; bis dahin läuft noch die → Strafverfolgungsverjährung (wie dort wird der Tag des Eintritts der Voraussetzungen mitgerechnet). Die Strafvollstreckungsverjährung ruht (eine Unterbrechung gibt es nicht), solange die Vollstreckung aus gesetzlichen Gründen (zB → Immunität) nicht durchgeführt werden kann, ferner solange dem Verurteilten Strafaussetzung, Strafaufschub oder -unterbrechung oder bei Geldstrafe Teilzahlung o. dgl. gewährt worden ist und während behördlicher Anstaltsverwahrung (§ 79a StGB). Anderseits kann das Gericht I. Instanz (§ 462a II StPO) auf Antrag der Vollstreckungsbehörde die Verjährungsfrist vor ihrem Ablauf einmal um die Hälfte verlängern, wenn sich der Verurteilte außerhalb der BRep. aufhält und seine Auslieferung (Überstellung) nicht erreicht werden kann (§ 79b StGB).

Strafvollzug
1. Der Vollzug von Freiheitsstrafen und freiheitentziehenden Maßregeln der Besserung und Sicherung, dh die praktische Durchführung, war im StrafvollzugsG v. 16.3.1976 (BGBl. 1976 I 581) mÄnd geregelt. Durch das Gesetz zur Änderung des GG v. 28.8.2006 (BGBl. 2006 I 2034) wurde die → Gesetzgebungskompetenz für das Recht des S. mit Ausnahme der Verfahrensvorschriften (Art. 74 I Nr. 1 GG) den → Ländern übertragen; solange die Länder keine eigenen Gesetze erlassen hatten, galt das StVollzG fort (→ Föderalismusreform). Ferner gelten die Vorschriften über das gerichtliche Verfahren fort. Für den Erwachsenen-Strafvollzug und den Jugend-Strafvollzug haben alle Länder eigene Gesetze erlassen.

2. Der Strafvollzug ist auf das Ziel der Resozialisierung abgestellt, im Jugend-Strafvollzug auch auf die Erziehung. Der Gefangene soll auf ein Leben in sozialer Verantwortung vorbereitet werden. Ein Vollzugsplan soll individuelle Behandlungsmaßnahmen vorsehen, im Vollzug von → Jugendstrafe bei jungen Gefangenen insbes. Maßnahmen zur schulischen, beruflichen oder persönlichen Entwicklung. Die Haftbedingungen sollen durch Außenbeschäftigung, Unterbringung in offenen Anstalten u. dgl. den Übergang in die Freiheit vorbereiten; im Übrigen soll das Leben im Vollzug den allgemeinen Lebensverhältnissen soweit als möglich angeglichen werden (Angleichungsgrundsatz). Im Besonderen dient der Resozialisierung die an die Zustimmung

des Gefangenen und des Leiters der Aufnahmeanstalt geknüpfte Verlegung in eine sozialtherapeutische Anstalt (→ Maßregeln der Besserung und Sicherung, 8) oder Abteilung zur Anwendung spezieller therapeutischer Mittel und sozialer Hilfen.

3. Das Strafvollzugsrecht regelt ferner: Unterbringung (Absonderung in Einzelhaft idR nur bis 3 Mon. und nur, wenn unerlässlich), Besuchsempfang und grundsätzl. unbeschränkter Schriftverkehr (s. aber → Kontaktsperre), Arbeit und berufliche Ausbildung (idR Arbeitspflicht, Entgelt mit 9 vH des Durchschnittsentgelts der gesetzlichen Rentenversicherung und Freistellung von der Arbeit mit Entgeltfortzahlung), Haftkostenbeitrag, Freizeitgestaltung, unbezahlten Urlaub bis zu 21 Tagen im Jahr, soziale Hilfe während des Vollzugs und bei Entlassung. Das Strafvollzugsrecht enthält auch Bestimmungen über Gesundheitsfürsorge, Sicherheit und Ordnung in den Justizvollzugsanstalten, Anwendung unmittelbaren Zwangs entspr. den besonderen Sicherheitserfordernissen des S. (auch zur Gesunderhaltung des Gefangenen; → Zwangsbehandlung) und Disziplinarmaßnahmen. Die Gefangenen sind in die gesetzliche Unfall- und Arbeitslosenversicherung einbezogen, nicht in die Kranken- und Rentenversicherung.

4. Vollzugsbehörden sind die Justizvollzugsanstalten.

5. Der Gefangene hat das Recht zur Beschwerde an den Anstaltsleiter und, wenn er sich in seinen Rechten verletzt fühlt, zum Antrag auf gerichtliche Entscheidung der → Strafvollstreckungskammer, im Vollzug von → Jugendstrafe der mit 1 Richter besetzten Jugendkammer (§ 92 JGG), gegen deren Beschluss Rechtsbeschwerde an das OLG statthaft ist (§§ 108 ff. StVollzG).

6. Sondervorschriften gelten für freiheitsentziehende → Maßregeln der Besserung und Sicherung (s. dort 9.) sowie für Zivilhaft (Ordnungs-, Sicherungs-, Zwangs-, Erzwingungshaft). Weitere Vorschriften betreffen die innere und äußere Organisation der Vollzugsanstalten sowie Anstaltsbeiräte.

7. Für Jugendarrest gilt die JugendarrestvollzugsO idF v. 30.11.1976 (BGBl. I 3270), soweit die Länder nicht eigene Gesetze erlassen haben. An Soldaten der Bundeswehr werden Strafarrest, auf Ersuchen der Vollstreckungsbehörde auch Freiheitsstrafe bis 6 Mon. und Jugendarrest von Bundeswehrbehörden vollzogen, und zwar auch diese wie Strafarrest (Art. 5 EGWStG; hierzu BundeswehrvollzugsO v. 29.11.1972, BGBl. I 2205).

8. Über den Vollzug der → Untersuchungshaft s. dort (3).

Strafvorbehalt
→ Verwarnung mit Strafvorbehalt; sa → Jugendstrafe (Aussetzung des Strafausspruchs).

Strafzins
→ Negativzins.

Strafzumessung
Straftatbestände enthalten meist einen Strafrahmen, der dem Gericht einen Spielraum zur Festsetzung der im Einzelfall angemessenen Strafe einräumt (eine Ausnahme bildet zB der Tatbestand des Mordes, der allein lebenslange Freiheitsstrafe vorsieht, § 211 StGB). Vielfach erlaubt das Gesetz zudem eine Abweichung vom Regelstrafrahmen zugunsten oder zuungunsten des Angeklagten, so durch erhöhte oder verminderte Strafdrohungen für besonders schwere oder minder schwere Fälle. Benannte besonders schwere Fälle sind → Regelbeispiele. Eine Milderung des Strafrahmens gebieten oder erlauben zudem verschiedene Vorschriften des allgemeinen Teils des StGB, etwa wenn eine Tat nur versucht wurde oder der Täter in einem vermeidbaren Verbotsirrtum handelte. Ebenfalls zur Strafrahmenverschiebung führen können ein → Täter-Opfer-Ausgleich oder eine Schadenswiedergutmachung (§ 46a StGB) sowie eine Hilfe zur Aufklärung oder Verhinderung schwerer Straftaten (§ 46b StGB, → Kronzeuge, speziell im Betäubungsmittelstrafrecht § 31 BtMG), die zu Strafmilderung oder → Absehen von Strafe führen können.

Innerhalb des so bestimmten Strafrahmens ist für die Strafzumessung nach § 46 StGB primär die Schwere der Schuld maßgeblich. Sie ist zu bestimmen anhand der Tatumstände, die für und gegen den Täter sprechen; sie geben den (engeren) Spielraum zwischen der schon und der noch schuldangemessenen Strafe, innerhalb dessen das Gericht die Strafe unter Berücksichtigung der → Strafzwecke festzusetzen hat (es gibt keine in der Art einer Pönometrie zu errechnende Punktstrafe). Das Maß der Schuld wird wesentlich beeinflusst durch Beweggründe und Ziele des Täters, bes. auch rassistische, fremdenfeindliche, antisemitische, geschlechtsspezifische, gegen die sexuelle Orientierung gerichtete oder sonstige menschenverachtende, ferner seine aus der Tat sprechende Gesinnung (s. aber → Überzeugungstäter), das Maß der Pflichtwidrigkeit, die Art der Tatausführung und die vom Täter verschuldeten Wirkungen, das Vorleben des Täters sowie seine persönlichen und wirtschaftlichen Verhältnisse. Auch nach der Tat liegende Umstände können berücksichtigt werden, so zB Geständnis, rechtsfeindliche Gesinnung (hartnäckiges Leugnen dagegen nur, wenn es nachteilige Schlüsse auf die Einstellung zur Tat zulässt), ferner die Verfahrensdauer (→ Beschleunigung des Strafprozesses). Tatbestandsmerkmale, welche die Strafbarkeit oder eine erhöhte Strafbarkeit (→ Qualifikationstatbestand) begründen, dürfen nicht nochmals als Strafschärfungsgründe berückdichtigt werden (§ 46 III StGB).

Kurze Freiheitsstrafen (unter 6 Mon.) sollen nur aus besonderen Gründen verhängt werden, die in der Tat oder in der Persönlichkeit des Täters liegen und eine Freiheitsstrafe aus Gründen der → Spezialprävention oder zur

Verteidigung der Rechtsordnung unerlässlich machen; andernfalls ist Geldstrafe zu verhängen (§ 47 StGB). Im → Jugendstrafrecht gilt eine Wertskala: Zuchtmittel dürfen nur angewendet werden, wenn Erziehungsmaßregeln nicht ausreichen; Jugendstrafe als stärkstes Mittel nur, wenn wegen schädlicher Neigungen des Jugendlichen auch Zuchtmittel nicht genügen oder wenn die Schwere der Schuld Strafe erfordert (§ 5 II JGG, § 13 I JGG, § 17 II JGG). Eine Verletzung der gesetzlichen Regeln der Strafzumessung kann die → Revision begründen. Zur Strafzumessung in Steuerstrafsachen s. → Steuerstrafrecht (1a).

Es ist Sache des Richters, die im Einzelfall für die Strafzumessung entscheidenden Erwägungen in der Urteilsbegründung herauszustellen. Dabei dürfen aber grundsätzlich nur solche Umstände zur Begründung spezial- oder generalpräventiver Gesichtspunkte herangezogen werden, die vom Verschulden des Täters umfasst werden und ihm daher zugerechnet werden können (→ Strafzumessung). Schwerere Strafe zur Abschreckung anderer darf grundsätzlich nur verhängt werden, wenn bereits eine gemeinschädliche Zunahme gleichartiger Straftaten festgestellt ist.

Strafzweck

Die Strafe soll im geltenden deutschen Strafrecht primär die Schuld des Täters ausgleichen (s. § 46 StGB, sog. absoluter Strafzweck) und ihm die Möglichkeit zur Sühne geben; sie soll damit die verletzte Rechtsordnung wahren und den Rechtsfrieden wiederherstellen. Anerkannt sind zudem relative, nämlich auf die Verhinderung weiterer Straftaten gerichtete Strafzwecke, die nach hM innerhalb des Spielraums berücksichtigt werden können, der durch die schon und die noch schuldangemessene Strafe gebildet wird. Dabei zielt die → Spezialprävention allein auf den Verurteilten, wobei schon durch den in Deutschland maßgeblichen Begründer der „soziologischen Schule" → Franz v. Liszt (→ Kriminologie) drei Wirkungsweisen unterschieden wurden: Der Täter soll zum einen vor erneuten Taten abgeschreckt (Abschreckung) und soweit erforderlich durch Freiheitsbeschränkung an ihrer Begehung gehindert werden (Sicherung). Zum anderen soll dem Täter durch positive Einwirkung geholfen werden, künftig der Versuchung erneuter Taten zu widerstehen, zB durch Förderung seiner Berufschancen oder durch Therapien, bei Jugendlichen durch erzieherische Maßnahmen (Resozialisierung, „Besserung"). Allein der spezialpräventiven Einwirkung und Sicherung dienen im dt. Recht die → Maßregeln der Besserung und Sicherung. Die Generalprävention zielt ebenfalls auf die Verhinderung zukünftiger Straftaten, hat dabei aber potentielle andere Täter und damit die Allgemeinheit im Blick. Auch bei ihr lassen sich eine negative und eine positive Wirkungskomponente unterscheiden. Erstere besteht wie bei der Spezialprävention in der Abschreckung; eine derartige - aus heutiger Sicht zweifelhafte - Wirkung von Strafe wurde in Deutschland bereits durch → Anselm v. Feuerbach, den Schöpfer des wesentlich hierauf basierenden bayerischen Strafgesetzbuchs von 1813, postuliert (Theorie des psychologischen Zwangs). Eine positive Wirkungsweise kann in der Stärkung des allgemeinen Vertrauens in die Geltung der Strafnormen, dem damit verbundenen Befriedigungseffekt und dem hierauf gerichteten Lerneffekt gesehen werden.

Strahlenschutz

1. Das StrahlenschutzG (StrlSchG) v. 27.6. 2017 (BGBl. 2017 I 1966, mÄnd) regelt im Wesentlichen den Schutz des Menschen vor der schädlichen Wirkung ionisierender Strahlung in Situationen, in denen diese Strahlung auf den Menschen einwirkt (sog. Exposition). Unterschieden wird zwischen geplanter, notfallbedingter und bestehender Exposition sowie der Exposition der Bevölkerung, beruflicher und medizinischer. Ausgenommen sind kosmische Strahlung, sofern es nicht um fliegendes Personal geht, und unvermeidbare natürliche Radioaktivität (§§ 1, 2 StrlSchG).

2. Im Rahmen einer geplanten Exposition (§§ 6–91 StrlSchG) bedarf die Errichtung und Inbetriebnahme einer Anlage zur Erzeugung ionisierender Strahlung grundsätzlich der Genehmigung. Tätigkeiten, die damit zusammenhängen, etwa eine medizinischen Behandlung mit ionisierender Strahlung, müssen grundsätzlich ebenfalls genehmigt werden. In Ausnahmefällen genügt eine Anzeige. Bei allen Tätigkeiten ist jede unnötige Exposition zu vermeiden. Neuartige Tätigkeiten dürfen nur genehmigt werden, wenn sie nach einer Schaden-Nutzen-Abwägung gerechtfertigt sind (§§ 6 ff. StrlSchG). Die betriebliche Organisation des Strahlenschutzes (Strahlenschutzverantwortlicher, Strahlenschutzbeauftragter) und die Anforderungen an die Ausübung von Tätigkeiten, wie etwa Grenzwerte für beruflich exponierte Personen oder für die Bevölkerung, bestimmen die §§ 69–89 StrlSchG.

3. Die Bestimmungen für Notfall-Expositionssituationen, beispielsweise einen Reaktorunfall, enthalten die §§ 92–117 StrlSchG: Sie sehen ein umfangreiches System zum Notfallmanagement durch Bund und Länder vor, das gem. Art. 31a des Gesetzes zur Neuordnung des Rechts zum Schutz vor der schädlichen Wirkung ionisierender Strahlung v. 27.6.2017 (BGBl. 2017 I 1966, mÄnd) evaluiert wird. Über das Ob und Wie von Schutzmaßnahmen im Notfall entscheiden die zuständigen Behörden des Bundes und der Länder. Die Bevölkerung wird bei lokalen Notfällen von der zuständigen Landesbehörde, bei über- oder regionalen Notfällen von der für den → Katastrophenschutz zuständigen Behörde, informiert und erhält Verhaltensempfehlungen. Die Exposition von Bevölkerung

und Einsatzkräften soll – entsprechend den Grundsätzen bei geplanter Exposition – so gering wie möglich gehalten werden. Das für den Strahlenschutz zuständige Bundesministerium kann im Notfall bei Eilbedürftigkeit gem. § 96 StrlSchG Eilverordnungen erlassen, die spätestens nach 6 Monaten wieder außer Kraft treten. Die Notfall-Dosiswerte-Verordnung (NDWV) v. 29.11.2018 (BGBl. 2018 I 2034, 2172) bestimmt diejenigen Dosiswerte, ab der die Bevölkerung aufgefordert werden kann, in Gebäuden zu bleiben (10 Millisievert), Jodtabletten einzunehmen (50 Millisievert für Kinder, sonst 250) oder evakuiert werden kann (100 Millisievert). Die Dosiswerte stellen Mengen dar, die betroffene Personen bei ungeschütztem Daueraufenthalt im Freien von sieben Tagen erhalten würden.

4. Die Lage nach einem Notfall ist ein Beispiel für eine bestehende Exposition. Die §§ 118–120, 151 und 152 StrlSchG regeln Vorgehen und Maßnahmen des Bundes und der Länder in einer solchen Situation. Darüber hinaus behandelt das Gesetz hier Sonderfälle wie das grundsätzlich allgegenwärtige Gas Radon, das Inverkehrbringen bestimmter Bauprodukte und den Umgang mit radioaktiven → Altlasten. Wer in sonstigen bestehenden Expositionssituationen verantwortlich ist bestimmen §§ 153 und 154 StrlSchG.

5. Die berufliche Exposition wird summarisch, das heißt durch Addition der Körperdosen, ermittelt, die dazugehörigen Unterlagen sind bis zur Vollendung des 75. Lebensjahres sowie mindestens 30 Jahre nach Beendigung der Beschäftigung aufzubewahren oder bei der zuständigen Landesstelle zu hinterlegen (§§ 166, 167 StrlSchG). Grenzwerte enthalten die §§ 77–79 StrlSchG. Vor einer medizinischen Exposition muss ein im Strahlenschutz fachkundiger Arzt zunächst feststellen, dass der gesundheitliche Nutzen das Strahlenrisiko überwiegt. Bei Untersuchungen ist die Exposition so weit einzuschränken, wie dies mit den Erfordernissen der medizinischen Wissenschaft vereinbar ist. Bei einer Behandlung ist sie so niedrig zu halten, wie es das Behandlungsziel zulässt. Die Unterlagen sind bei Untersuchungen Volljähriger für 10 Jahre, sonst bis zur Vollendung des 28. Lebensjahres, bei Behandlungen für 30 Jahre aufzubewahren; ggf. sind sie der zuständigen Landesstelle zu übergeben (§ 83–85 StrlSchG).

6. Die Haftung für durch ionisierende Strahlung verursachte Schäden richtet sich nach §§ 25–40 → Atomgesetz (§ 176 StrlSchG). Das Bundesamt für Strahlenschutz in Salzgitter (Gesetz über die Errichtung eines Bundesamtes für Strahlenschutz (BAStrlSchG) v. 9.10.1989 (BGBl. 1989 I 1830, mÄnd)) erledigt Aufgaben des Bundes auf dem Gebiet des Strahlenschutzes einschließlich des Notfallschutzes. Seine Zuständigkeiten ergeben sich aus § 185 StrlSchG. Details regelt die Strahlenschutzverordnung (StrlSchV) v. 29.11. 2018 (BGBl. 2018 I 2034, 2036, mÄnd). Die VO regelt umfassend alle 3 oben genannten Expositionsituationen. Soweit es um geplante Expositionen geht, bestimmen die §§ 2 – 11 StrlSchV und die Anlagen 1–5 StrlSchV insbesondere, welche Tätigkeiten genehmigungsfrei bzw nicht gerechtfertigt sind. §§ 16 ff. StrlSchV betreffen die Bauartzulassung, § 148 StrlSchV die Informationspflichten der Gerätehersteller. Regelungen zum Schutz und zur ärztlichen Überwachung beruflich exponierter Personen enthalten die §§ 71 ff. StrlSchV und §§ 172–176 StrSchV. Sa → Atommüll, → Höchstmengen.

Strahlungsverbrechen
→ Sprengstoff- und Strahlungsverbrechen.

Strandgut (Strandungsordnung)
Die vom allgemeinen Sachenrecht abweichenden Regelungen für Strandgut sind aufgehoben (Art. 35 des Gesetzes vom 28.6.1990, BGBl. 1990 I 1221).

Straßen- und Wegerecht
Dieses Rechtsgebiet ist für die Bundesfernstraßen (Bundesautobahnen und Bundesstraßen mit den Ortsdurchfahrten) im Bundesfernstraßengesetz (FStrG) idF v. 28.6.2007, BGBl. 2007 I 1206 mÄnd), für die übrigen öffentlichen Straßen (Staatsstraßen, → Landstraßen, Kreisstraßen, Gemeindestraßen und sonstigen öffentlichen Straßen, zB öffentliche Feld- und Waldwege, beschränkt-öffentliche Wege, Eigentümerwege) in den Straßen- und Wegegesetzen der Länder geregelt (vgl. zB Bayer. Straßen- u. WegeG v. 5.10.1981, GVBl. 1981, 448, mÄnd). Straßen, Wege und Plätze erhalten ihre Eigenschaft als öffentliche Straßen durch → Widmung. Sie werden nach ihrer Verkehrsbedeutung als Bundesautobahnen, Bundesstraßen, Staatsstraßen usw. gewidmet und bei Änderung der Verkehrsbedeutung umgestuft (abgestuft; aufgestuft). Verlieren sie jede Verkehrsbedeutung, so werden sie eingezogen (→ Entwidmung). Der Gebrauch der öffentlichen Straßen ist jedermann im Rahmen der Widmung und der Verkehrsvorschriften zum Verkehr gestattet (→ Gemeingebrauch). Kein Gemeingebrauch liegt vor, wenn die Straße nicht vorwiegend zum Verkehr, sondern für andere Zwecke benutzt wird. Die Erhebung von Gebühren für den Gemeingebrauch ist unzulässig, sofern das Gesetz keine abweichende Regelung trifft. Die Benutzung der Straße über den Gemeingebrauch hinaus (→ Sondernutzung) bedarf der Erlaubnis des Trägers der → Straßenbaulast bzw. der Straßenbaubehörde. Für die Sondernutzung darf eine Gebühr erhoben werden. In den Straßen- und Wegegesetzen ist ua die → Straßenbaulast, die → Straßenaufsicht, die Zulässigkeit von Bauvorhaben an öffentlichen Straßen (→ Baubeschränkungen), die Möglichkeit einer → Enteignung zu Zwecken des Straßenbaues und die → Planfeststellung geregelt.

Straßenaufsicht
Die Straßenaufsicht überwacht die Erfüllung der Aufgaben, die den Trägern der → Straßenbaulast obliegen. Sie kann die Durchführung der notwendigen Maßnahmen unter Setzung einer Frist anordnen. Kommt der Träger der Straßenbaulast der Anordnung nicht nach, so kann die Aufsichtsbehörde die Maßnahme an seiner Stelle und auf seine Kosten verfügen und vollziehen (vgl. § 20 II FStrG). Die Straßenaufsicht hinsichtlich der → Bundesfernstraßen wird von den Ländern im Auftrage des Bundes ausgeübt (→ Auftragsverwaltung; § 20 I FStrG); für die dem Landesrecht unterfallenden Straßen sind die Landesgesetze maßgebend. Die Aufsicht über die Staatsstraßen obliegt den obersten Straßenbaubehörden der Länder, bei den übrigen Straßen idR den Rechtsaufsichtsbehörden (→ Staatsaufsicht). Die Straßenaufsichtabehörden sind von den → Straßenverkehrsbehörden zu unterscheiden.

Straßenbahn
Straßenbahnen sind Schienenbahnen, die der Personenbeförderung im Orts- oder Nahverkehr dienen und entweder öffentliche Straßen benutzen oder auf eigenem Bahnkörper fahren (→ öffentlicher Personennahverkehr). Ihnen stehen Hoch- und Untergrundbahnen sowie Schwebebahnen hinsichtlich der Betriebsgenehmigungspflicht, des Planfeststellungs- und Enteignungsverfahrens sowie der Betriebsvorschriften gleich, soweit sie demselben Verkehr dienen (§ 4 I, II PBefG). Die technischen Vorschriften für Bau und Betrieb der Straßenbahnen enthält die Straßenbahn-Bau- und Betriebs-Ordnung (BOStrab) v. 11.12.1987 (BGBl. 1987 I 2648) mÄnd. Den Beförderungsentgelten muss die Genehmigungsbehörde zustimmen (§ 39 PBefG). Sa → Straßenverkehrsrecht. Zur Gefährdung des Straßenbahnbetriebs → Transportgefährdung, → Straßenverkehrsgefährdung. Zur Haftung → Eisenbahnbetriebshaftung, → Fahrpersonal, → Gepäck.

Straßenbahnhaltestellen
→ Haltestellen.

Straßenbaufinanzierung
→ Bundesfernstraßenfinanzierung, → Privatisierung (3).

Straßenbaulast
Die Straßenbaulast umfasst alle mit dem Bau (Neuherstellung) und der Unterhaltung von Straßen zusammenhängenden Aufgaben. Die Träger der Straßenbaulast haben nach ihrer Leistungsfähigkeit die Straßen in einem dem regelmäßigen Verkehrsbedürfnis und den Erfordernissen der öffentlichen Sicherheit genügenden Zustand zu bauen, zu unterhalten, zu erweitern oder sonst zu verbessern. Soweit sie hierzu unter Berücksichtigung ihrer Leistungsfähigkeit außerstande sind, haben sie auf einen nicht verkehrssicheren Zustand vorbehaltlich anderweitiger Maßnahmen der Straßenverkehrsbehörden durch Verkehrszeichen hinzuweisen. Zur Straßenbaulast gehören nicht die Schneeräumpflicht, die → Streupflicht bei Schnee- und Eisglätte, die → Reinhaltung und die Beleuchtung. Die Träger der Straßenbaulast sollen jedoch unbeschadet ihrer → Verkehrssicherungspflicht oder der Verpflichtung Dritter die Straßen bei Schnee- und Eisglätte räumen und streuen. Sie sind dafür verantwortlich, dass ihre Bauten den Anforderungen der Sicherheit und Ordnung genügen. Für die → Bundesfernstraßen ist der Bund Träger der Straßenbaulast, und zwar auch für Ortsumgehungen und in → Gemeinden bis zu 80000 Einwohner für → Ortsdurchfahrten; Gemeinden mit mehr als 80000 Einwohner sind selbst Träger der Straßenbaulast für die Ortsdurchfahrten im Zuge von Bundesfernstraßen (§§ 3 ff. FStrG). Bei den übrigen öffentlichen Straßen richtet sich die St. nach Landesrecht. Für Staatsstraßen einschl. der Ortsumgehungen ist Träger der Straßenbaulast das Land (die Straßenbaulast für Ortsdurchfahrten hängt von der Größe der Gemeinde ab), für Kreisstraßen der Landkreis oder die kreisfreie Gemeinde, für Gemeindestraßen die → Gemeinde, für öffentliche Feld- und Waldwege die Eigentümer des über den Weg bewirtschafteten Grundstücks, bei beschränkt-öffentlichen Wegen die Gemeinde, bei Eigentümerwegen die Eigentümer. Für die Benutzung eines Eigentümerwegs darf der Eigentümer ein Entgelt erheben. Die Gemeinden können den Aufwand für die erstmalige Herstellung von Straßen, Wegen und Plätzen, die für die → Erschließung von Baugebieten notwendig sind, von den Eigentümern der erschlossenen Grundstücke erheben (Erschließungsbeiträge).

Straßenfahrzeug
ist ein nicht an Bahngleise gebundenes Land-Fz. (→ Fahrzeuge). Bei Antrieb mit Maschinenkraft wird es als → Kraftfahrzeug bezeichnet. Straßenfahrzeuge sind auch → Anhänger und → Fahrräder. Für den Betrieb auf öffentlichen Straßen gelten insbes. StVG, StVZO, FZV, StVO und FeV. Besondere Fortbewegungsmittel wie Rollstühle, Kinderwägen, Kinderräder sowie Inline-Skates uä (→ Sport und Spiel auf Straßen) werden insoweit nicht als Straßenfahrzeuge behandelt (§ 16 II StVZO, § 24 StVO). Die Größe der Straßenfahrzeuge einschließlich Ladung ist beschränkt auf 2,55m Breite (Kühl-Fz. 2,6m, land- und forstwirtschaftliche Fz. 3m), 4m Höhe und 20,75m Länge (§ 22 StVO).

Straßenhandel
ist das Feilhalten von Waren auf öffentlichen Wegen, Straßen oder Plätzen oder an anderen öffentlichen Orten. Der Straßenhändler betreibt ein → Reisegewerbe iS des § 55 GewO. Er unterliegt nicht den Vorschriften für → stehende Gewerbe, wenn es ausschließlich als Straßenhandel betrieben wird. Sondervorschriften bestehen für die Abgabe von → Milch (§ 6 Milch- und FettG, wonach

durch RechtsVO bestimmt werden kann, dass Milch und Milcherzeugnisse im Straßenhandel nur in bestimmten Bezirken abgesetzt werden können). Zu der mit dem Straßenhandel verbundenen (gesteigerten) Inanspruchnahme öffentl. Wege, Straßen und Plätze, die eine gebührenpflichtige → Sondernutzung darstellen kann (vgl. Nr. 5.2. Anlage BFStrSonGebV), s. → Gemeingebrauch. Das Angebot von Mietfahrrädern oder E-Rollern im öffentlichen Raum kann nach neuer Rechtsprechung ein Sonderfall von Straßenhandel sein; dagegen stellt → Carsharing wegen der Identität von Geschäfts- und Widmungszweck und unmittelbarem Verkehrsbezug allein eine Sondernutzung nach → Straßen- und Wegerecht dar.

Straßenkontrollen
→ Verkehrskontrolle.

Straßenkontrollstellen
→ Kontrollstellen.

Straßenkreuzungen, -einmündungen
→ Kreuzungen.

Straßenreinigungspflicht
→ Reinhaltung der Wege.

Straßensammlung
→ Sammlung, öffentliche.

Straßenverkehrsbehörde
ist nach § 44 StVO die landesrechtlich bestimmte, zur Ausführung der StVO zuständige untere Verwaltungsbehörde (Landräte bzw. Kreisdirektoren, in den kreisfreien Städten Bürgermeister od. Stadtdirektoren, in den Stadtstaaten der Polizeipräs. oder eine Abt. des Magistrats). Ihr obliegen zB Anordnungen über Verkehrsbeschränkungen (Straßensperren, Einbahnstraßen usw.), die Aufstellung von Verkehrszeichen, die Erteilung von Erlaubnissen zB zur Straßenbenutzung für sportliche Veranstaltungen, die Auflagen zur Führung eines Fahrtenbuchs u. dgl. Die örtliche Zuständigkeit richtet sich nach § 47 StVO.

Straßenverkehrsgefährdung
In Parallele zu den zum Schutz des Bahn-, Schiffs- und Luftverkehrs bestehenden Straftatbeständen der §§ 315, 315a StGB (Transportgefährdung) erfassen die §§ 315b, 315c und 316 StGB Eingriffe in sowie die Gefährdung des Straßenverkehrs. Es handelt sich jeweils um konkrete, im Fall des § 316 StGB um ein abstraktes → Gefährdungsdelikt. Neben reinen Vorsatzdelikten enthalten die Vorschriften auch Vorsatz-Fahrlässigkeis-Kombinationen, bei denen entsprechend § 11 II StGB auch → Versuch (soweit unter Strafe gestellt) und → Teilnahme möglich sind, sowie Strafdrohungen für allein fahrlässiges Handeln. §§ 315c, 316 StGB bilden → eigenhändige Delikte, soweit sie nur durch das Führen eines Fahrzeugs begangen werden können. IE:

1. Gefährliche Eingriffe in den Straßenverkehr (§ 315b StGB): Dieser Tatbestand erfasst Gefährdungen des Straßenverkehrs durch Eingriffe von außen, insbes. durch Zerstören oder Beschädigen von Anlagen oder Fahrzeugen oder durch das Bereiten von Hindernissen. Hierzu gehört auch der sog. verkehrsfremde oder -feindliche Eingriff eines Verkehrsteilnehmers, mit dem dieser ein Verhalten im Verkehr zu anderen Zwecken missbraucht, zB gezieltes Zufahren auf eine Person, etwa einen Polizeibeamten, damit er die Straße freigibt, oder abruptes Bremsen eines Kfz in der Absicht, einen anderen zum scharfen Bremsen, Anhalten oder Auffahren zu zwingen. Als konkretes Gefährdungsdelikt setzt die Norm voraus, dass durch den Eingriff Leib oder Leben eines anderen oder fremde Sachen von bedeutendem Wert konkret gefährdet werden. Der Strafrahmen sieht Freiheitsstrafe bis zu 5 Jahren oder Geldstrafe vor. In qualifizierten Fällen, zB wenn der Täter einen Unglücksfall herbeiführen will oder eine schwere Gesundheitsschädigung eines anderen verursacht, ist die Strafe Freiheitsstrafe von 1–10 Jahren, in minder schweren Fällen 6 Monate bis zu 5 Jahren (§ 315b III StGB); für fahrlässige Herbeiführung der konkreten Gefahr und/oder fahrlässiges Handeln sind geringere Strafen angedroht (§ 315b IV u. V StGB).

2. Gefährdung des Straßenverkehrs (§ 315c StGB): Mit Strafe nach dieser Norm wird bedroht, wer ein Fahrzeug führt, obwohl er infolge Genusses von Alkohol oder anderer berauschender Mittel oder infolge geistiger oder körperlicher Mängel zur sicheren Führung nicht in der Lage ist (§ 315c I Nr. 1 StGB, näher → Alkoholgenuss des Verkehrsteilnehmers, → Fahruntüchtigkeit). Wie bei § 315c StGB wird dabei auch hier wird eine konkrete Gefährdung anderer oder bedeutender fremder Sachwerte vorausgesetzt; tritt eine solche nicht ein, so kommt Strafbarkeit nach § 316 StGB in Betracht (u. 4). Strafbar macht sich zudem nach § 315c I Nr. 2 StGB ein Fahrzeugführer, der eine solche Gefährdung durch einen grob verkehrswidrigen und rücksichtslosen Verstoß gegen bestimmte Verkehrsregeln herbeiführt, nämlich durch Missachtung des Vorfahrtrechts, falsches Verhalten beim Überholen oder an Fußgängerüberwegen, zu schnelles Fahren oder Nichteinhalten der rechten Seite an unübersichtlichen Stellen, Wenden auf der Autobahn oder Befahren in falscher Fahrtrichtung oder durch Nichtkenntlichmachen eines liegengebliebenen Fahrzeugs. Der Strafrahmen sieht Freiheitsstrafe bis zu 5 Jahren (bei Fahrlässigkeit bis zu 2 Jahren, § 315c III StGB) oder Geldstrafe vor.

3. Schienenbahnen, die am Straßenverkehr teilnehmen (insbes. Straßenbahnen ohne eigenen Bahnkörper), unterstellt § 315e StGB ebenfalls den Schutzvorschriften der §§ 315b, 315c StGB.

4. Trunkenheit im Verkehr (§ 316 StGB): Die Norm ergänzt § 315c I Nr. 2 StGB (o. 2) um Fälle, in denen es nicht zu der dort vorausgesetzten konkreten Gefahr für Personen oder Sachwerte gekommen ist; sie bildet ein abs-

traktes Gefährdungsdelikt. Zudem ist sie neben dem Straßen- auch auf den Bahn-, Schiffs- und Luftverkehr anzuwenden. Der Strafrahmen reicht bis zu Freiheitsstrafe von einem Jahr und erfasst vorsätzliches wie fahrlässiges Handeln. Ist der Grad einer Fahruntüchtigkeit nicht erreicht, so kann trotzdem eine Zuwiderhandlung vorliegen gegen das Verbot, ein Kfz mit einem Gehalt von 0,5‰ → Blutalkohol oder 0,25 mg/l → Atemalkohol oder mehr oder unter der Wirkung bestimmter Drogen (→ Drogenfahrt) zu führen (Ordnungswidrigkeit nach § 24a StVG). Sa → Trunkenheit im Verkehr; über absolute und relative Fahruntüchtigkeit, Entnahme von Blutproben usw → Blutalkohol, → Blutentnahme.

5. Ergänzt werden die genannten Normen durch § 315d StGB, der → verbotene Kraftfahrzeugrennen unter Strafe stellt.

S. ferner → Transportgefährdung (§§ 315, 315a StGB), → unerlaubtes Entfernen vom Unfallort (§ 142 StGB) und über Zuwiderhandlungen gegen Verkehrsvorschriften §§ 24, 25, 26a StVG, § 49 StVO, § 75 FeV, § 69a StVZO.

Straßenverkehrsgesetz
→ Straßenverkehrsrecht.

Straßenverkehrshaftung
1. Wird durch ein Kfz ein Unfall verursacht, so kommt zunächst eine Haftung des Fahrers für Personen- und Sachschäden in Betracht. Hat er vorsätzlich oder fahrlässig gehandelt, insbes. gegen Verkehrsvorschriften verstoßen, so haftet er wegen → unerlaubter Handlung, §§ 823 ff. BGB; Besonderheiten gelten für die → Staatshaftung. Darüber hinaus haftet der Fahrer nach § 18 StVG aus vermutetem Verschulden (Haftung des Fahrers eines Gespanns oder Anhängers s. § 19a StVG); er kann aber die Vermutung durch den Nachweis entkräften, dass er die nach den Umständen gebotene Sorgfalt angewendet hat. IÜ gelten für die Haftung nach dem StVG dieselben Beschränkungen wie für den Halter des Kfz (s. u. 2). Eine Haftung des Fahrers gegenüber dem Fahrgast (s. → Insassen von Kraftfahrzeugen) aus → Beförderungsvertrag scheidet idR aus, da dieser nicht den Fahrer, sondern den Halter des Kfz verpflichtet. Der Fahrer kann aber für den von ihm verursachten Schaden, den der Halter zu tragen hat, diesem gegenüber aus einem → Arbeitsvertrag haftbar sein; zur Haftungsbeschränkung s. → innerbetrieblicher Schadensausgleich.

2. Für den Geschädigten wesentlich bedeutsamer ist die Haftung des → Halters des Kfz, zumal diese durch eine → Kraftfahrzeug-Haftpflichtversicherung abgedeckt sein muss. Halter ist, wer ein Kfz für eigene Rechnung in Gebrauch hat und die Verfügungsgewalt hierüber besitzt; Eigentum ist nicht Voraussetzung der Haltereigenschaft (zB bei einer → Sicherungsübereignung des Kfz an eine Bank, Leasingnehmer), aber oft doch ein wesentlicher Anhaltspunkt dafür.

a) Ist zwischen dem Halter und dem Geschädigten ein → Beförderungsvertrag (sa → Gefälligkeitsfahrt) abgeschlossen worden, so haftet der Halter bei dessen schuldhafter Verletzung (→ Verschulden); die Haftung tritt auch bei Verschulden des Fahrers ein, der hier idR → Erfüllungsgehilfe des Halters ist (§ 278 BGB). Soweit der Fahrer → Verrichtungsgehilfe des Halters ist, haftet der Halter aus vermutetem Verschulden für eine → unerlaubte Handlung des Fahrers, hat aber die Möglichkeit, sich von dieser Haftung durch Führung des Entlastungsbeweises zu befreien; dieser Entlasungsbeweis muss sich insbes. auf die sorgfältige Auswahl und Überwachung des Fahrers erstrecken (§§ 823 ff., 831 BGB).

b) Von besonderer Bedeutung ist die → Gefährdungshaftung, die den Halter nach dem StVG trifft. Wird bei dem Betrieb (im privaten oder öffentlichen Verkehrsraum) eines Kfz (ausgenommen Fahrzeuge, deren Höchstgeschwindigkeit nicht über 20 km/h liegt; hierzu gehören insbes. → Elektrokleinstfahrzeuge iSd eKFZ, also ua E-Scooter, Elektroroller) ein Mensch getötet oder verletzt oder eine Sache beschädigt, so ist der Halter des Kfz verpflichtet, dem Verletzten (ohne Rücksicht auf ein etwaiges → Verschulden) den daraus entstehenden Schaden zu ersetzen, § 7 I StVG; die Haftung des Halters bei Unfällen mit Anhängern oder Gespannen (Zugfahrzeug mit Anhänger) regelt nunmehr § 19 StVG, geregelt ist dort die Haftung der Halter von Zugfahrzeug und Anhänger sowohl im Verhältnis zueinander als auch im Verhältnis zu möglichen weiteren Unfallbeteiligten. Das Haftungsmerkmal „bei dem Betrieb“ ist grds. weit auszulegen, es genügt, wenn die Schadensursache in einem nahen örtlichen und zeitlichen Zusammenhang mit einem Betriebsvorgang oder einer Betriebseinrichtung des Kfz steht (kein Ausschluss des Zusammenhangs etwa bei kurzfristigem Abstellen des Kfz). Ursächlicher Zusammenhang kann auch ohne Berührung des Geschädigten mit dem Kfz des Halters gegeben sein (zB wenn der Reiter von seinem vor einem Kfz scheuenden Pferd abgeworfen wird). Die Ersatzpflicht ist ausgeschlossen, wenn der Unfall durch höhere Gewalt (→ Verschulden, 4) verursacht wird (§ 7 II StVG). Wird ein Kraftfahrer, der auf der Autobahn die → Richtgeschwindigkeit von 130 km/h überschritten hat, in einen Unfall verwickelt, so kann er sich nicht auf die Unabwendbarkeit des Unfalls berufen, es sei denn, er weist nach, dass es auch bei einer Geschwindigkeit von 130 km/h zu dem Unfall gekommen wäre. Der Halter haftet ferner nicht, wenn das Kfz ohne sein Verschulden und ohne sein Wollen und Wissen von einem anderen benutzt wird (Schwarzfahrer, § 7 III StVG). Für die Tötung oder Körperverletzung von Insassen des eigenen Kfz haftet der Halter aus dieser → Gefährdungshaftung gleichfalls, also nicht nur, wenn es sich um eine entgeltliche geschäftsmäßige Personenbeförderung, zB im Taxi, Linienomnibus (hier darf die Haftung weder ausgeschlossen noch beschränkt werden), handelt (§ 8a StVG). Ein → Mitverschulden des Verletzten führt auch gegenüber der Gefährdungshaftung des Halters zu einer entsprechenden Minderung der Ersatzpflicht, § 9 StVG.

Im Falle der Tötung sind die Beerdigungs- und Behandlungskosten zu ersetzen; etwaigen Unterhaltsberechtigten des Getöteten ist eine Unterhaltsrente für die mutmaßliche sonstige Dauer des Lebens des Getöteten zu leisten, § 10 StVG. Bei einer Körperverletzung sind die Heilungskosten zu ersetzen sowie (zB bei Wegfall oder Minderung der Erwerbsfähigkeit) diese Vermögensnachteile, idR in Form einer Rente, auszugleichen; auch kann ein → Schmerzensgeld gefordert werden (§§ 11, 13 StVG). Der Ersatzpflichtige haftet jedoch aus dem StVG (anders bei einer gleichzeitig vorliegenden schuldhaften unerlaubten Handlung) nur bis zu gewissen Höchstbeträgen: bei Tötung oder Verletzung eines oder mehrerer Menschen höchstens 5 000 000 EUR, im Fall entgeltlicher geschäftsmäßiger Personenbeförderung bei Tötung von mehr als 8 Personen um je 600 000 EUR je weiterer getöteter Person, bei Sachbeschädigung bis zu 1 000 000 EUR je Schadensereignis (§ 12 StVG), bei Beförderung gefährlicher Güter 10 000 000 EUR für die Personenschäden und 10 000 000 EUR für die Sachschäden (§ 12a StVG). Bei Sachschäden an einem durch den Unfall geschädigten anderen Kfz sind Reparaturkosten und die Wertminderung (merkantiler Minderwert) zu ersetzen, bei wirtschaftlichem Totalschaden (Reparaturkosten höher als Wert) der Wiederbeschaffungswert eines gleichwertigen Kfz, ferner Auslagen für ein gemietetes Ersatzfahrzeug, bei Nichtanmietung ein Nutzungsentgelt (nach der Rspr. iHv ca. 35–40% der üblichen Mietwagenkosten) sowie der entgangene Gewinn (→ Schadensersatz, 3). Zur → Verjährung s. dort 4 (wie bei → unerlaubter Handlung, § 14 StVG). Der Ersatzanspruch wird verwirkt, wenn der Verletzte den Unfall nicht innerhalb von 2 Monaten seit Kenntniserlangung dem Ersatzpflichtigen bzw. dessen Versicherung anzeigt (§ 15 StVG).

c) Besonders wichtig ist die Ausgleichspflicht mehrerer an einem Verkehrsunfall beteiligter Kraftfahrzeughalter. Hier hängt (sowohl im Verhältnis untereinander wie gegenüber einem etwa geschädigten Dritten) der Umfang der Ersatzpflicht der mehreren Halter von den Umständen des Einzelfalls, insbes. davon ab, inwieweit der Schaden vorwiegend von dem einen oder anderen Teil verursacht worden ist (§ 17 I, II StVG). Das Gesetz stellt also primär auf die überwiegende Verursachung, nicht auf das überwiegende Verschulden ab, wenn auch dieses (uU als → Mitverschulden) nicht unberücksichtigt bleibt. Als mitverursachender Umstand wird von der Rspr. insbes. die im Betrieb jedes Kfz liegende → Betriebsgefahr berücksichtigt. Darunter ist die Gesamtheit der Umstände zu verstehen, die den Betrieb eines Kfz auf Grund seiner Eigenschaften als mögliche Gefahrenquelle ausweisen, insbes. Gewicht, Geschwindigkeit, Fahrweise usw. Die Betriebsgefahr ist nach der Rspr. iRd Mitverschuldens auch gegenüber einem Anspruch aus verschuldeter unerlaubter Handlung zu berücksichtigen, so dass zB selbst bei schuldhafter Vorfahrtverletzung des anderen die eigene Betriebsgefahr, insbes. bei hoher Geschwindigkeit des eigenen Kfz, zu einer Minderung des Ersatzanspruchs (zB um 20%) führen kann. Anderseits kann überwiegendes Verschulden der anderen Seite (insbes. Trunkenheit, grobe Verkehrsverstöße, Auffahrunfall, überwiegende Betriebsgefahr) die eigene Betriebsgefahr und damit die Ausgleichspflicht völlig zurücktreten lassen, so dass der Ersatzanspruch im vollen Umfang gegeben ist. Die Ausgleichspflicht ist ausgeschlossen, wenn der Unfall durch ein unabwendbares Ereignis (iE → Verschulden, 2c) verursacht wird (§ 17 III StVG).

3. Über die Verantwortlichkeit nach → Strafrecht bzw. dem Recht der → Ordnungswidrigkeiten s. → Straßenverkehrsrecht, → Verkehrsregeln, → Verkehrsordnungswidrigkeiten, → Straßenverkehrsgefährdung, → Transportgefährdung, (fahrlässige) → Körperverletzung und → Tötung, → Trunkenheit im Verkehr.

Straßenverkehrsordnung
→ Straßenverkehrsrecht.

Straßenverkehrsrecht
1. Die wichtigsten Bestimmungen des Straßenverkehrsrechts enthalten neben dem grundlegenden Straßenverkehrsgesetz (StVG) idF v. 5.3.2003 (BGBl. 2003 I 310) eine Reihe von Verordnungen, nämlich die Straßenverkehrs-Ordnung (StVO) v. 6.3.2013 (BGBl. 2013 I 367), die Straßenverkehrs-Zulassungs-Ordnung (StVZO) idF v. 26.4.2012 (BGBl. 2012 I 679), die Fahrzeug-ZulassungsVO (FZV) v. 3.2.2011 (BGBl. 2011 I 139) und die Fahrerlaubnis-VO v. 13.12.2010 (BGBl. 2010 I 1980), jeweils mÄnd.

a) Das Straßenverkehrsgesetz gibt Grundsatz- und Rahmenbestimmungen über die → Zulassung von Kfz, die → Fahrerlaubnis und deren Entziehung. Es regelt ferner die → Gefährdungshaftung des Kfz-Halters und -Führers. Die §§ 21–22a StVG enthalten Strafvorschriften gegen → Fahren ohne Führerschein und Kennzeichenmissbrauch, die §§ 23 ff. StVG Bestimmungen gegen verkehrsrechtliche → Ordnungswidrigkeiten, die iE in § 49 StVO, § 75 FeV und § 69a StVZO aufgeführt sind (schwerer wiegende Straftatbestände sind im StGB geregelt; vgl. → Straßenverkehrsgefährdung, → Trunkenheit im Verkehr), die §§ 28 ff. StVG Vorschriften über das → Fahreignungsregister, das → Fahrzeugregister und das → Zentrale Fahrerlaubnisregister.

b) Die Straßenverkehrs-Ordnung regelt die Pflichten der → Verkehrsteilnehmer jeder Art, Verkehrsregeln und → Verkehrszeichen, Verkehrsbeschränkungen und -verbote; hierzu vgl. im Einzelnen → Fahrgeschwindigkeit, → Ausweichen, → Überholen, → Richtungsänderung, → Warnzeichen, → Vorfahrt, → Halten, → Parken, → Einfahren aus Grundstücken, → Ladegeschäft, → Verlassen eines Fahrzeugs, → Beleuchtung, → Radfahrer, → Fuhrwerke, → Fußgänger, → Kolonnen, → Reiter, → Tiere im Straßenverkehr. Dienste mit hoheitlichen Aufgaben, zB Polizei, Feuerwehr, Rettungsdienste, sind von den Vorschriften befreit (§ 35 StVO).

c) Die Fahrerlaubnis-VO (FEV) regelt die Teilnahme am Straßenverkehr, insbes. die Einzelheiten von Erteilung und Entziehung der → Fahrerlaubnis sowie von → Fahreignungs-Bewertungssystem, → Fahreignungsregister und → Zentralem Fahrerlaubnisregister.

d) Die Fahrzeug-ZulassungsVO (FZV) regelt die → Zulassung von Kfz und → Anhängern mit einzelnen Bestimmungen über Zulassungsverfahren, → Fahrzeugbrief und -schein (→ Zulassungsbescheinigung), → Kennzeichen am Kfz, → Überwachung von Kfz, außerdem über die Pflicht zum Abschluss einer → Kraftfahrzeug-Haftpflichtversicherung, ferner das → Fahrzeugregister.

e) Die Straßenverkehrs-Zulassungs-Ordnung enthält die näheren Vorschriften über Betriebserlaubnis oder EG-Typgenehmigung sowie Bauart und Betrieb (§§ 30 ff. StVZO). Über Bauart und Betrieb von Straßenfahrzeugen, die nicht Kfz sind, vgl. §§ 63–67 StVZO. Zur Arbeitszeit des → Fahrpersonals → Kraftfahrer.

2. Sonderbestimmungen über → Autostraßen und deren Benutzung gelten nach dem BundesfernstraßenG, ferner für die → Personenbeförderung und den → Güterkraftverkehr sowie für den → internationalen Kfz.-Verkehr; vgl. → Verkehrsrecht (1). Sa → Fahrlehrer, → Fahrschulen.

Straßenverkehrssicherung
→ Verkehrssicherungspflicht.

Straßenverkehrs-Zulassungs-Ordnung
→ Straßenverkehrsrecht.

Strategieplan
Gemäß der VO (EU) 2021/2115 (→ Gemeinsame Agrarpolitik) haben alle Mitgliedstaaten einen nationalen Strategieplan zu erstellen, zum ersten Mal für den Zeitraum 2023–2027. Diese Pläne werden auch GAP-Strategiepläne genannt. In ihnen konkretisieren die Mitgliedstaaten die Anforderungen an → Direktzahlungen an Landwirte zur Einkommensunterstützung (→ Konditionalität) sowie für Öko-Regelungen und Agrarumwelt- und Klimaschutzmaßnahmen. Dabei nutzen die Mitgliedstaaten Spielräume, um eigenen Akzente zur Stärkung der Landwirtschaft und des ländlichen Raums zu setzen. Die Strategiepläne bedürfen der Genehmigung durch die EU-Kommission.

Strategische Umweltprüfung
→ Umweltverträglichkeitsprüfung.

Straußwirtschaft
(oft auch Besen- oder Häckerwirtschaft) wird der Ausschank von selbsterzeugtem Wein oder Apfelwein genannt. Er kann nach Maßgabe des § 14 GaststättenG von den obersten Landesbehörden für höchstens 4 bzw. 6 Mon. im Jahr zugelassen werden, ohne dass es einer Gaststättenkonzession bedarf. Straußwirtschaften gibt es in fast allen Weinbaugebieten Deutschlands (s. die landesrechtlichen VOen über den Betrieb von Straußwirtschaften in Hessen, Nordrh.-Westf., Rheinland-Pfalz usw). Sa → Gaststätte.

Streckengeschäft
(Kettenhandel) ist eine mehrfache Kette von Kaufverträgen zwischen dem Veräußerer und dem Letztkäufer. Im Rahmen dieser Kette vollzieht sich regelmäßig auch der → Eigentumsübergang, auch wenn vereinbarungsgemäß die Ware vom Verkäufer dem Letztkäufer unmittelbar übergeben wird. Dasselbe gilt für eine → Mängelrüge, die wirksam aber auch direkt gegenüber dem (Erst-)Verkäufer erhoben werden kann. Zum Rückgriff gegen den Erstverkäufer s. → Verbrauchsgüterkauf. (Umsatz-)Steuerrechtlich → Reihengeschäft.

Streifbanddepot
→ Depotgeschäft.

Streik
1. Streik ist die gemeinsame, planmäßig durchgeführte Einstellung der Arbeit durch eine größere Anzahl von → Arbeitnehmern innerhalb eines Betriebes oder eines Gewerbe- oder Berufszweigs zu einem bestimmten Kampfzweck, verbunden mit dem Willen, die Arbeit wieder fortzusetzen, wenn der → Arbeitskampf beendet ist. Der Streik führt daher nur zur Suspendierung, nicht zur Auflösung des Arbeitsverhältnisses. Der Zweck des Streiks kann sein: der → Arbeitskampf, die Unterstützung eines Arbeitskampfes anderer Arbeitnehmer (sog. Sympathiestreik, Unterstützungsstreik oder Solidaritätsstreik; dieser ist grds. zulässig, soweit er nicht unverhältnismäßig ist, zB Streik außerhalb des Tarifgebiets und einer hierfür geltenden Friedenspflicht, BAG 19.6.2007 – 1 AZR 396/06, NZA 2007, 1055). Streikzweck kann ferner der Nachdruck bei der Äußerung bestimmter Wünsche (sog. Demonstrationsstreik, Warnstreik, Proteststreik, s. u.) oder die Einwirkung auf politische Organe sein (sog. politischer Streik, der Kampfstreik oder Demonstrationsstreik sein kann; zur Rechtswidrigkeit s. u.). Teilstreik liegt vor, wenn planmäßig ein Teil eines → Betriebes bestreikt wird, ein Generalstreik, wenn die Arbeitnehmer aller Betriebe eines Landes zum Streik aufgerufen werden. Das Recht zum Streik ist in Art. 9 GG indirekt, in

mehreren Länderverfassungen ausdrücklich garantiert. Ein Streik ist rechtmäßig, wenn er ohne Verstoß gegen die → Friedenspflicht oder gegen das Gesetz von einer Gewerkschaft beschlossen (oder übernommen; str.) und auf ein im Arbeitskampf zulässiges Ziel gerichtet ist. Dies gilt auch für den Warnstreik (anders die sog. spontane Arbeitsniederlegung); kurzfristige Warnstreiks im Rahmen der sog. neuen Beweglichkeit sind als ultima ratio – nach Ablauf der Friedenspflicht – auch schon während des Laufs von Tarifverhandlungen zulässig, dürfen aber nicht zu rechtswidrigen Handlungen (zB Betriebsblockade) führen (dann → Schadensersatz, BAG 21.6.1988 – 1 AZR 651/86, NJW 1989, 57).

Ist der Streik rechtmäßig, verletzt der Arbeitnehmer, der sich am Streik beteiligt, nicht den Arbeitsvertrag; es kann ihm nicht gekündigt werden; jedoch sind → Aussperrung und → Betriebsstilllegung (2) zulässig, ebenso wie in die andere Richtung die Zahlung einer → Streikbruchprämie. Der Arbeitgeber ist auch nicht zur Zahlung des Arbeitslohns verpflichtet, weder bei Streikenden noch – in gewissen Grenzen – bei Ausfällen durch den Streik an anderer Stelle (→ gegenseitiger Vertrag; zu den Auswirkungen eines Streiks in einem anderen Betrieb → Betriebsrisiko). Das Arbeitsverhältnis besteht aber weiter, idR auch wenn ausgesperrt wird. Ein Beschäftigungsanspruch arbeitswilliger Arbeitnehmer (etwa in einem eingerichteten Notdienst) besteht während des Streiks nicht. Das BAG hält auch → flash mobs als Arbeitskampfmittel für zulässig, zu denen Gewerkschaften greifen, wenn der niedrige Organisationsgrad bei einem Arbeitgeber Aktionen der Arbeitnehmer wenig aussichtsreich sind; in diesem Fall muss aber eine gewisse Kontrolle der Gewerkschaft über den flash mob bestehen. Aus der Eigenart des Betriebes kann die Verpflichtung zur Leistung eines Notdienstes (zB bei Streiks in einem Krankenhaus) folgen; hier wird regelmäßig zwischen den Tarifparteien eine Notdienstvereinbarung getroffen. Aus dem → Leiharbeitsverhältnis folgt ein vom BVerfG bestätigtes Einsatzverbot durch den Entleiher bei Streiks – quasi eine Art Streikpflicht (§ 11 V AÜG).

2. Rechtswidrig kann ein Streik aus verschiedenen Gründen sein; insbes. wenn er tarifwidrig (zB unter Verstoß gegen die → Friedenspflicht, auch bei einer Mischung von zulässigen und unzulässigen Streikzielen), betriebsverfassungswidrig (zB unter Einschaltung des Betriebsrats, vgl. § 74 II BetrVG), amtswidrig (wegen des Streikverbots für → Beamte), sittenwidrig (wegen der Mittel oder des Ziels, vgl. § 826 BGB) oder nicht sozialadäquat (zB der nicht von einer Gewerkschaft geführte, sog. wilde Streik, der nicht gegen die Arbeitgeberseite geführte, politische Streik; der nicht auf ein im Arbeitskampf zulässiges Ziel gerichtete Streik), va aber unverhältnismäßig (bei einer weiten Einschätzungsprärogative für die Gewerkschaft) ist. Stark diskutiert wird, ob besondere Drittbetroffenheit (besonders bei Streiks in Betrieben der Daseinsvorsorge) besonderen Grenzen unterliegen. Teilnahme am rechtswidrigen Streik ist Verletzung des Arbeitsvertrages und berechtigt den Arbeitgeber zur außerordentlichen → Kündigung des Arbeitsverhältnisses, bei → Verschulden zum → Schadensersatz aus Vertragsverletzung und → unerlaubter Handlung; diese Ansprüche bestehen gegen Arbeitnehmer und Gewerkschaft (Eingriff in den eingerichteten und ausgeübten Gewerbebetrieb – BAG 26.7.2016 – 1 AZR 160/14, BAGE 155, 347, nicht aber für drittbetroffene Unternehmen – BAG 25.8.2015 – 1 AZR 754/13, NJW 2016, 666). Auch bei einem an sich rechtmäßigen Streik können unerlaubte und strafbare Handlungen (zB Körperverletzung, Beleidigung, Nötigung, Sachbeschädigung) begangen werden; insbes. nimmt eine Betriebsblockade nicht an der verfassungsmäßigen Streikgarantie teil. Wegen der Neutralität des Staates darf nicht durch Arbeitslosengeld mittelbar die Streikteilnahme finanziert werden (§ 160 SGB III). Die streikenden Gewerkschaftsmitglieder erhalten idR Geldunterstützung aus der Gewerkschaftskasse. Der von Gewerkschaften zur Förderung der Arbeitsbedingungen durchgeführte Streik darf durch Maßnahmen des → Staatsnotstands nicht behindert werden (Art. 9 III GG). Das Versicherungsverhältnis in der → Sozialversicherung besteht bei einem legitimen Streik bis zu 3 Wochen nach der letzten Entgeltzahlung fort, Beiträge fallen in dieser Zeit wegen mangelnder Entgeltzahlung nicht an. Streikunterstützungen sind nach hM nicht einkommensteuerpflichtig, nach aA steuerpflichtig gemäß § 22 Nr. 1 EStG.

Streikbruchprämie
Vor und während des → Streiks an arbeitswillige Arbeitnehmer zugesagte Sonderzahlungen werden von der Rspr. grds. als zulässiges Arbeitskampfmittel angesehen (soweit verhältnismäßig), um die Folgen des Streiks vom Betrieb fernzuhalten. Nach Streik-Ende zugesagte Streikbruchprämien sind dagegen idR unzulässig (sofern sie nicht nur besondere Belastungen ausgleichen), in diesem Fall haben auch Streikende Anspruch auf Zahlung der Prämie.

Streitbefangenheit
Die Streitbefangenheit eines Gegenstands (Sache oder Recht) ist im → Zivilprozess gegeben, wenn auf der sachlichen Beziehung zu ihr die → Sachbefugnis des Klägers oder des Beklagten beruht. Die Streitbefangenheit des Gegenstands schließt nicht aus, dass er während des Prozesses veräußert oder abgetreten wird; jedoch kann der Rechtsnachfolger nur dann in den Rechtsstreit an Stelle des Veräußerers eintreten, wenn der Gegner zustimmt (§ 265 ZPO); andernfalls führt der Veräußerer in gesetzlicher → Prozessstandschaft den

Rechtsstreit weiter. Das Urteil erlangt auch gegen den Rechtsnachfolger (zB Erwerber des Gegenstandes) → Rechtskraft, sofern er nicht hinsichtlich des Prozesses gutgläubig war (§ 325 ZPO). Tritt diese Rechtskrafterstreckung nicht ein und hat der Kläger veräußert oder abgetreten, so kann der Beklagte den Verlust der Sachbefugnis gegen den Kläger geltend machen (§ 265 III ZPO). Der streitbefangene Gegenstand ist vom → Streitgegenstand zu unterscheiden.

Streitbeilegung
→ Schlichtung.

Streitgegenstand
Der Streitgegenstand ist im Zivilprozess der prozessuale Anspruch. Nach hM ist der Begriff rein prozessual und bestimmt sich aus dem Klageantrag und dem Klagegrund, nach anderer Auffassung nur durch den Klageantrag, nach materiell-rechtlicher Auffassung durch die Behauptung des → materiellen Rechts oder → Rechtsverhältnisses. Der Streitgegenstand ist maßgebend dafür, worauf sich die → Klage erstreckt, welches Gericht → zuständig ist, ob eine → Klageänderung und eine doppelte → Rechtshängigkeit vorliegt, vor allem, inwieweit die gerichtliche Entscheidung in → Rechtskraft erwächst. Vom Streitgegenstand zu unterscheiden ist der streitbefangene Gegenstand, insbes. die streitbefangene Sache: das → Recht oder die → Sache, um welche die Parteien streiten (zB die Sache, auf deren Herausgabe geklagt wird; → Streitbefangenheit). Der Streitgegenstand im arbeitsgerichtlichen Verfahren entspricht dem des Zivilprozesses (§ 46 ArbGG). Der Streitgegenstandsbegriff im Verwaltungs-, Finanz- und Sozialstreitverfahren ist gleichfalls umstritten; er wird vom Zivilprozess abgeleitet, deckt sich aber damit insofern nicht ganz, als in diesen Verfahren kein bestimmter Klageantrag notwendig ist, so dass in erster Linie auf den zur Entscheidung gestellten Sachverhalt abzustellen ist (§ 82 I VwGO, § 65 I FGO, § 92 SGG). Auch in diesen Verfahren hat der Streitgegenstand dieselbe Bedeutung wie im Zivilprozess, insbes. für die → Rechtskraft (§ 121 VwGO, § 110 I FGO, § 141 SGG). Die unterschiedlichen Auffassungen zum Streitgegenstand wirken sich hier praktisch nur auf die Anfechtungsklage (→ Verwaltungsstreitverfahren, 1a) aus.

Streitgehilfe
(Streithelfer) ist der Nebenintervenient (→ Nebenintervention).

Streitgenössischer Nebenintervenient
→ Nebenintervention.

Streitgenosse
→ Streitgenossenschaft.

Streitgenossenschaft
Streitgenossenschaft (auch subjektive → Klagenverbindung) liegt vor, wenn in einem Verfahren auf einer Seite mehr als eine → Partei (oder → Beteiligter) auftritt. Streitgenossen sind nur diejenigen, die auf derselben Seite im Prozess stehen. Es liegen dann so viele Prozesse und → Prozessrechtsverhältnisse vor, wie sich Parteien gegenüberstehen. Diese Prozesse sind zum Zwecke gemeinsamer Verhandlung und Entscheidung miteinander verbunden. Es muss zwischen einfacher (gewöhnlicher oder selbständiger) und notwendiger (besonderer oder qualifizierter) Streitgenossenschaft unterschieden werden. Bei notwendiger Streitgenossenschaft (zB wenn eine Erbengemeinschaft klagt) ist die Verbindung enger ausgestaltet; insbes. werden im Termin säumige Streitgenossen durch die erschienenen vertreten, so dass kein → Versäumnisurteil gegen sie ergehen darf. Die §§ 59–63 ZPO gelten entsprechend gemäß § 64 VwGO, § 59 FGO und § 74 SGG.

Streitgericht
Streitgericht wird in manchen Ländern die Abteilung des → Amtsgerichts genannt, die im Rahmen der → streitigen Gerichtsbarkeit die → bürgerlichen Rechtsstreitigkeiten im → Zivilprozess zu entscheiden hat.

Streithilfe
→ Nebenintervention.

Streitige Gerichtsbarkeit
Die streitige Gerichtsbarkeit ist ein Teil der → ordentlichen (Zivil-)Gerichtsbarkeit. Sie umfasst die Entscheidung in → bürgerliche Rechtsstreitigkeiten (Zivilprozess) unter Einschluss der → Zwangsvollstreckung und der durch Gesetz den ordentlichen Gerichten zugewiesenen öffentlich-rechtlichen Streitigkeiten (§ 40 VwGO). Die streitige Gerichtsbarkeit wird ausgeübt durch das Amtsgericht (insbes. → Streitgericht), das → Landgericht (→ Zivilkammer, → Kammer für Handelssachen) sowie durch die → Zivilsenate des → Oberlandesgerichts und des → Bundesgerichtshofs. In einem gewissen, vorwiegend verfahrensrechtlichen Gegensatz zur streitigen Gerichtsbarkeit steht die → freiwillige Gerichtsbarkeit.

Streitige Verhandlung
→ Güteverfahren, → mündliche Verhandlung.

Streitiges Urteil
Ein streitiges oder kontradiktorisches Urteil ist ein Urteil, das auf Grund einer streitigen → mündlichen Verhandlung ergeht, im Gegensatz zu einem → Versäumnis-, → Anerkenntnis- oder → Verzichtsurteil.

Streitkräfte
Nach Art. 87a GG stellt der Bund zur Verteidigung Streitkräfte auf. Ihre zahlenmäßige Stärke und die Grundzüge ihrer Organisation müssen sich aus dem Haushaltsplan ergeben. Die Streitkräfte dürfen grundsätzlich nur zur Verteidigung eingesetzt werden, zu anderen Zwecken nur, soweit das GG es ausdrücklich zulässt. Das ist geschehen für den → Verteidigungsfall (hier auch bei drohendem Angriff

von außen), für den → Spannungsfall und den inneren → Notstand. Sa → Nordatlantikvertrag, → Bundeswehr, → Blauhelmeinsätze, → Auslandseinsätze der Bundeswehr, → Bundeswehreinsätze im Inland, → Gewaltverbot (1).

Streitkräfte, ausländische
1. Grundlage für die Rechtsstellung der in der Bundesrepublik ständig stationierten Truppen der NATO-Staaten, der Angehörigen von Truppenmitgliedern (Ehegatten, Kinder) und des zivilen Gefolges (das ist das die Truppe begleitende Zivilpersonal) ist das Abkommen zwischen den Parteien des Nordatlantikvertrags über die Rechtsstellung ihrer Truppen (NATO-Truppenstatut – NTS – v. 19.6.1951, BGBl. 1961 II 1190), das Zusatzabkommen zum NTS (ZA) nebst Unterzeichnungsprotokoll (UP) v. 3.8.1959 (BGBl. 1961 II 1218, 1313) mÄnd und die sonstigen Zusatzvereinbarungen sowie das ZustimmungsG zum NTS (NTS-G) v. 18.8.1961 (BGBl. 1961 II 1183) mÄnd. Das NTS und das ZA galten zunächst nur für die alten Länder (Anl. I Kap. I Abschnitt I Nr. 5 und 6 zum EinigV).

2. Vorübergehende Aufenthalte sind den Streitkräften der NATO-Staaten im gesamten Gebiet der Bundesrepublik, also auch in den neuen Ländern gestattet. Die Rechtsstellung ist dabei weitgehend die gleiche wie in den alten Ländern (Notenwechsel v. 25.9.1990, BGBl. 1994 II 26, 3714, und v. 29.4.1998, BGBl. 1999 II 506).

3. Die Rechtsstellung der Streitkräfte anderer Staaten bei vorübergehenden Aufenthalten in der Bundesrepublik richtet sich nach dem StreitkräfteaufenthaltsG v. 20.7.1995 (BGBl. 1995 II 554), das die Zusammenarbeit im NATO-Programm Partnerschaft für Frieden (→ Nordatlantikvertrag) ermöglicht. Für die Streitkräfte dieser Partnerstaaten sieht das Übereinkommen v. 19.6.1995 (BGBl. 1998 II 1338) die Rechtsstellung nach den Regeln des NTS vor. Zur Rechtsstellung von Militär- und Zivilpersonal der EU-Mitgliedstaaten bei der Durchführung gemeinsamer Aufgaben (EU-Truppenstatut) s. G v. 18.1. 2005 (BGBl. 2005 II 18).

4. Für die Streitkräfte der NATO-Staaten gilt:

a) Deutsche Gerichtsbarkeit in Strafsachen: aa) Soweit eine Tat nur nach dem Recht des Aufnahmestaates (Bundesrepublik) strafbar oder als → Ordnungswidrigkeit zu verfolgen ist, besteht ausschließliche deutsche Gerichtsbarkeit. Ausschließliche Gerichtsbarkeit des Entsendestaates des Truppenmitglieds liegt vor, wenn die Tat ausschließlich nach dessen Recht strafbar ist. IÜ ist nach Art. VII Abs. 3 NTS konkurrierende Gerichtsbarkeit gegeben mit bestimmten Besonderheiten (s. Art. 19 ff. ZA und UP).

bb) Die Streitkräfte sind durch das Militärstrafrecht des Entsendestaates und das NATO-Truppen-SchutzG idF v. 27.3.2008 (BGBl. 2008 I 490) geschützt.

b) Zivilrechtliche Haftung: aa) Wird durch Handlungen oder Unterlassungen von Truppenmitgliedern oder zivilem Gefolge eines NATO-Staates, die in Ausübung des Dienstes begangen wurden, einem Dritten in der Bundesrepublik ein Schaden zugefügt (Stationierungsschäden), so ist vom Entsendestaat → Schadensersatz nach den entsprechenden deutschen Vorschriften – BundesleistungsG idF v. 27.9.1961, BGBl. 1961 I 1769 – zu leisten (Art. VIII Abs. 5 NTS). In Betracht kommen insbes. Manöverschäden an Straßen und sonstigen Grundstücken. Bei Schädigung außerdienstlicher Natur (zB bei einem Verkehrsunfall mit einem Privatfahrzeug), besteht keine Schadensersatzpflicht des Entsendestaats, der aber eine Abfindung prüft (Art. VIII Abs. 6 NTS, Art. 41 ZA und UP hierzu).

bb) Verfahren: Ansprüche gegen einen Entsendestaat sind innerhalb einer → Ausschlussfrist von 3 Monaten bei der Verteidigungslastenverwaltung geltend zu machen (Art. 6 ff. NTS-G). Hat sie einen Anspruch ganz oder teilweise nicht anerkannt, so kann der Antragsteller innerhalb einer → Notfrist vor dem ordentlichen (Zivil-)Gericht Klage auf Zahlung der Entschädigung gegen die Bundesrepublik erheben, die den Rechtsstreit im eigenen Namen kraft gesetzlicher → Prozessstandschaft für den Entsendestaat führt.

Streitverkündung
Eine Streitverkündung liegt vor, wenn im Zivilprozess eine der Parteien einen Dritten, gegen den sie im Fall ihres Unterliegens einen → Regressanspruch zu haben glaubt, von diesem Rechtsstreit in einer bestimmten Form benachrichtigt (§ 72 ZPO). Dritter ist aber nicht das Gericht selbst oder ein vom Gericht bestellter → Sachverständiger. Die Streitverkündung hat den Zweck, die Nebeninterventionswirkung (→ Nebenintervention) herbeizuführen (§ 74 ZPO) und geschieht durch → Zustellung eines Schriftsatzes, in dem der Grund der Streitverkündung und die Lage des Rechtsstreits anzugeben sind (§ 73 ZPO). Derjenige, dem der Streit verkündet wird, heißt Streitverkündungsempfänger oder Streitverkündeter. Er kann (muss aber nicht) dem Rechtsstreit beitreten und hat dann die Stellung eines Nebenintervenienten (→ Nebenintervention), der Nebeninterventionswirkung kann er aber auf keinen Fall entkommen.

Streitwert
Der Streitwert ist der in Geld bemessene Wert des → Streitgegenstandes. Er kann maßgebend sein: für die sachliche Zuständigkeit des Amts- oder Landgerichts in bürgerlichen Rechtsstreitigkeiten (Zuständigkeitsstreitwert, §§ 23, 71 GVG), für die → Gerichtskosten und die → Rechtsanwaltsgebühr (Gebührenstreitwert) sowie für die Zulässigkeit eines Rechtsmittels (→ Beschwerdewert). Für die Bemessung des Streitwerts gilt grundsätzlich freies → Ermes-

sen (§ 3 ZPO), soweit nicht spezielle Vorschriften eingreifen (zB §§ 4–9 ZPO, § 142 MarkenG), insbes. für die → Gerichtskosten, §§ 39 ff. GKG, oder der sog. Regelstreitwert von 5.000 EUR in Verfahren der Verwaltungs-, und Sozialgerichtsbarkeit, § 52 II GKG). So bestimmt sich bei Geldansprüchen der Streitwert nach der Höhe des Anspruchs, bei Klage auf Herausgabe einer Sache nach deren Verkehrswert. Den Streitwert setzt das Gericht für das vor ihm stattfindende Verfahren fest, idR durch beschwerdefähigen → Beschluss (§ 63 GKG, § 33 RVG), nur in der Arbeitsgerichtsbarkeit in der → Urteilsformel (§ 61 I ArbGG). Dem Streitwert entspricht für die Gebühren des Rechtsanwalts der → Gegenstandswert, für die Gebühren der Gerichte und Notare in der freiwilligen Gerichtsbarkeit der → Geschäftswert. Im finanzgerichtlichen Verfahren bemisst sich der Streitwert nach der wirtschaftlichen Bedeutung, die das Verfahren für die Kläger hat. Bietet der Sach- und Streitstand für die Bestimmung des Streitwerts keine genügenden Anhaltspunkte, ist ein Streitwert von 5.000 EUR anzunehmen.

Strengbeweis
Der Strengbeweis ist der Gegensatz zum → Freibeweis; über den Unterschied s. dort.

Strenges Recht
→ Recht (3); s. im Gegensatz dazu auch → soft law.

Streubesitz
Als Streubesitz bezeichnet man den Teil einer Aktienemission, der sich nicht im Besitz von institutionellen Investoren oder Großanlegern befindet (Festbesitz) und damit dem Börsenhandel zur Verfügung steht. Manche rechnen jedem Besitzanteil von unter 5% zum Streubesitz, der auch Free Float genannt wird. § 9 → Börsenzulassungsverordnung spricht vom Streubesitz, wenn Aktien vom Publikum erworben worden sind oder wegen ihrer breiten Streuung im Publikum ein ordnungsgemäßer Börsenhandel möglich ist. Sa → regulierter Markt.

Streupflicht
Das Schneeräumen, das Streuen bei Schnee- oder Eisglätte, die Reinigung und die Beleuchtung der Straßen gehören nicht zur → Straßenbaulast. In § 3 III Bundesfernstraßengesetz und in den Straßen- und Wegegesetzen der Länder ist nur bestimmt, dass die Träger der Straßenbaulast die Straßen bei Schnee- oder Eisglätte nach besten Kräften räumen und streuen „sollen“. Eine Verpflichtung zur Reinigung, Räumung und zum Streuen sowie eine Schadensersatzpflicht bei Vernachlässigung dieser Verpflichtungen besteht somit nur unter dem allgemeinen Gesichtspunkt der → Verkehrssicherungspflicht; hiernach hat jeder, der einen Verkehr eröffnet und in der Lage ist, über die betreffende Sache zu verfügen (auch die öffentlich-rechtlichen Körperschaften), die notwendigen Vorkehrungen zum Schutz Dritter zu treffen. Eine besondere öffentlich-rechtliche Reinigungs-, Schneeräume- und Streupflicht besteht nach Landesrecht unter bestimmten Voraussetzungen für die → Gemeinden hins. der innerhalb der geschlossenen Ortslage gelegenen öffentlichen Straßen. So obliegt es zB nach Art. 51 des bayer. Straßen- und Wegegesetzes idF vom 5.10.1981 (GVBl. 1981, 448) den Gemeinden, nach Maßgabe ihrer Leistungsfähigkeit bei allen innerhalb der geschlossenen Ortslage gelegenen öffentlichen Straßen für Beleuchtung, Reinigung, Schneeräumen und Streuen bei Glatteis Sorge zu tragen, soweit nicht Verpflichtungen Dritter auf Grund anderer Rechtsvorschriften – insbes. der → Verkehrssicherungspflicht – bestehen und wenn es dringend erforderlich ist. Eine Verletzung dieser Pflicht führt als → Amtspflichtverletzung zu Schadensersatz. Häufig ist die Reinigungs-, Räum- und Streupflicht der Gemeinde durch Rechtsverordnung – jedenfalls hins. der Gehsteige – auf die Straßenanlieger überwälzt.

Striptease
u. ä. Darstellungen gehören rechtlich zu den → Schaustellungen von Personen. In der Rechtsprechung werden sie als „Vorführung von erotisch stimulierenden Tänzen, bei denen sich die Akteuere nach und nach entkleiden“ definiert; sie können lokalen Vergnügungssteuern unterliegen (vgl. VG Braunschweig Urt. v. 17.1.2024 – 8 A 55/22, BeckRS 2024, 6005). Solche Aufführungen sind, auch wenn sie sexuellen Charakter haben, nicht als → Prostitution iSd § 232 I 1 Nr. 1 StGB strafbar, da die sexuelle Handlung vor einem unbestimmten Personenkreis vorgenommen wird; insbes. sind die Voraussetzungen der → Erregung öffentlichen Ärgernisses meist nicht erfüllt.

Strohmann
ist eine vom wirklichen Geschäftsherrn vorgeschobene Person, die nach außen im eigenen Namen, tatsächlich jedoch in dessen Interesse, insbes. bei Vertragsabschluss, tätig wird. Es liegt ein Fall von → mittelbarer Stellvertretung vor; der Strohmann wird unmittelbar Berechtigter und Verpflichteter aus den von ihm abgeschlossenen Rechtsgeschäften. Die Bestellung eines Strohmanns ist zulässig – auch zB bei Gründung von → Handelsgesellschaften –, sofern hierdurch nicht gegen → Verbotsgesetze verstoßen wird (→ Umgehungsgeschäft). → Treuhandeigentum, → Scheingeschäft.

Strombasierte Kraftstoffe
Strombasierte Kraftstoffe sind durch ein strombetriebenes Verfahren erzeugte nicht biogene Kraftstoffe, deren Energiegehalt aus erneuerbaren Energien stammt, zB Methan sowie Wasserstoff. Die 37. BImSchV zur Anrechnung von strombasierten Kraftstoffen und mitverarbeiteten biogenen Ölen auf die Treibhausgasquote v. 17.4.2024 (BGBl. 2024 I Nr. 131) bestimmt, welche Anforderungen an

strombasierte Kraftstoffe gestellt werden und mit welchen Beträgen sie bei der Erfüllung der → Treibhausgasminderungs-Quote gem. §§ 37a ff. BImSchG verrechnet werden. → Alternative Kraftstoffe.

Stromentwendung
→ Entziehung elektrischer Energie (§ 248c StGB).

Strompreis
1. Strompreise werden in Deutschland zwischen den Parteien eines Stromlieferungsvertrags grundsätzlich frei vereinbart und nicht staatlich festgesetzt. Unterschieden wird dabei zwischen (börslichen und außerbörslichen) Stromgroßhandelspreisen und Endverbraucherstrompreisen. Endverbraucherstrompreise bestehen idR aus verschiedenen Komponenten: Dem festen monatlichen Grundpreis sowie einem Arbeitpreis pro verbrauchter kWh. Hinzu kommen Netzentgelte, Messstellenentgelte (→ Messstelle), → Stromsteuer und Umsatzsteuer. Steigen die Strompreise, können → Energieversorgungsunternehmen diese Preiserhöhungen, aber nur soweit die Verträge dies gestatten, an die Endverbraucher weitergeben. Die einseitigen Preisanpassungsrechte der §§ 24–26 EnSiG (→ Gaspreis) gelten nur für Gas.

2. Während der → Energiekrise nach dem russischen Angriffskrieg auf die Ukraine 2022 sind die Großhandelspreise für Strom und damit auch die Endverbraucherpreise stark gestiegen. Dies hing damit zusammen, dass sich der börsliche Stromgroßhandelspreis grundsätzlich nach dem Kraftwerk mit den höchsten Grenzkosten richtet (Einheitspreis, merit order). Dies waren, weil Gas sehr teuer wurde, die Gaskraftwerke.

a) Als Reaktion darauf hat die EU mit der auf Art. 122 AEUV (→ Wirtschaftspolitik) gestützten und befristet geltenden VO (EU) 2022/1854 v. 6.10.2022 über Notfallmaßnahmen als Reaktion auf die hohen Energiepreise (ABl. EU 2022 L 261I, 1) den Rahmen für regulatorische Krisenmaßnahmen im Strommarkt abgesteckt: Der Marktpreis für nicht aus fossilen Brennstoffen gewonnenen Strom, etwa aus → erneuerbaren Energien, wird auf 180 € pro MWh festgesetzt. Dieser Strom hat die Strompreiserhöhungen der Energiekrise mitgemacht, obwohl seine Produktion nicht teurer geworden war, deshalb sollen weitere Preisanstiege vermieden werden. Daraus resultierende Überschusserlöse sollen abgeschöpft und damit Endkunden finanziell unterstützt werden können. Dies hat Deutschland mit dem EU-Energiekrisenbeitragsgesetz (EU-EnergieKBG) v. 16.12.2022 (BGBl. 2022 I 2294, 2325) und der → Strompreisbremse umgesetzt. Ferner fordert die EU die Mitgliedstaaten auf, 10% ihres Gesamtbruttostromverbrauchs einzusparen und gestattet öffentliche Eingriffe in die Festsetzung der Strompreise, etwa in Form einer Strompreisbremse.

b) Zahlreiche Maßnahmen des Bundes sollen helfen, die finanziellen Folgen der Energiekrise und der gestiegenen Strompreise abzufedern, allen voran die → Strompreisbremse sowie die → Energiepreispauschale. Ferner gibt es als Teil der → Entlastungspakete Heizkostenzuschüsse für bestimmte Personengruppen. Für energieintensive Unternehmen des produzierenden Gewerbes wurde der Spitzenausgleich für 2023 verlängert. Danach konnten sie sich Energie- und Stromsteuer zum Teil erstatten lassen (§ 10 aF StromStG, § 55 EnergieStG und → Industriestrompreis).

→ Energiesicherung.

Strompreisbremse
Zur Entlastung der von den infolge des Angriffskriegs auf die Ukraine stark gestiegenen Stromkosten betroffenen Letztverbrauchern hat der Gesetzgeber mit dem Strompreisbremsegesetz (StromPBG) v. 20.12.2022 (BGBl. 2022 I 2512) eine auf das Jahr 2023 beschränkte Strompreisbremse eingeführt, die den Anforderungen der VO (EU) 2022/1854 (→ Strompreis) entsprach.

1. Danach erhielten Letztverbraucher mit einem jährlichen Stromverbrauch von bis zu 30.000 kWh (Verbraucher und Kleingewerbetreibende) 80% ihres Jahresverbrauchs (Entlastungskontingent) zu einem Referenzpreis von 40 Cent pro kWh brutto, dh Netzentgelte, Messstellenentgelte (→ Messstelle) und Umsatzsteuer waren darin enthalten. Letztverbraucher, die mehr als 30.000 kWh verbrauchten (mittlere und große Unterehmen) erhielten 70% ihres Jahresverbrauchs zu einem Referenzpreis von 13 Cent pro kWh netto, dh Entgelte und Steuern kamen noch hinzu (→ Industriestrompreis). Letztverbraucher wurden dadurch um den Betrag entlastet, um den ihr vertraglich vereinbarter Strompreis ihren Referenzpreis überstieg (Differenzbetrag nach § 5 StromPBG, der durch die Differenzbetragsanpassungsverordnung (DBAV) v. 17.3.2023 (BGBl. 2023 I Nr. 81) gedeckelt wurde). Diesen Entlastungsbetrag finanzierte erst einmal (dazu 3.) das Elektrizitätsversorgungsunternehmen, weil es den Strom teuer einkaufen musste, vom Letztverbraucher aber nur den gebremsten Strompreis erhielt. Die Strompreisbremse war keine echte Preisbremse, da sie den Marktpreis für Strom nicht beeinflusste. Sie war eine Subvention der Letztverbraucher und wurde als europarechtliche Beihilfe (→ Beihilferecht) genehmigt (vgl. BGBl. 2022 I 2894). Die Einhaltung aller Vorschriften wird von einer Prüfbehörde (PricewaterhouseCoopers GmbH Wirtschaftsprüfungsgesellschaft und atene KOM (jetzt aconium) GmbH, BAnz AT 2.11.2023 B1) überwacht (§ 46 StromPBG), die auch in die Rückforderung zuviel gezahlter Entlastungen eingebunden ist. Einzelheiten der Rückforderung enthält die Preisbremsen-Entlastungsrückforderungsverordnung (PBRüV) v. 25.3. 2024 (BGBl. 2024 I Nr. 111).

2. Die Strompreisbremse galt für allen 2023 verbrauchten Strom, allerdings erfolgte die Entlastung für Januar und Februar mit Rücksicht auf die Elektrizitätsversorgungsunternehmen erst im März 2023 (§ 49 StromPBG). Eine Verlängerung der Strompreisbremse erfolgte nicht. Vermieter hatten die Entlastung an ihre Mieter und Wohnungseigentümergemeinschaften an die Eigentümer weiterzugeben (§ 12a StromPBG). Für Unternehmen, die besonders hohe Entlastungsbeträge erhielten, bestand eine Arbeitsplatzerhaltungspflicht (§ 37 StromPBG) sowie ein Boni- und Dividendenverbot (§ 37a StromPBG).

3. Finanziert werden sollte die Strompreisbremse primär durch die in der VO (EU) 2022/1854 vorgeschriebene Abschöpfung von Überschusserlösen. Das waren die Erlöse derjenigen Stromerzeuger, die von den durch den Gaspreis getriebenen Strompreissteigerungen profitierten, obwohl sich ihre Produktionskosten kaum verändert hatten, also die Erzeuger von Strom aus Kernkraft, Braunkohle und vor allem erneuerbaren Energien wie Windkraft, Abfall usw (nicht Steinkohle und Erdgas). Diese Stromerzeuger hatten 90% ihrer Überschusserlöse über die Netzbetreiber an die Elektrizitätsversorgungsunternehmen abzugeben. Reichten diese Gelder nicht, war der Bund verpflichtet (§ 24 StromPBG).

→ Gaspreisbremse.

Stromsteuer

Rechtsgrundlage für die Erhebung ist das Stromsteuergesetz (StromStG) v. 24.3.1999 (BGBl. 1999 I 378). Die Stromsteuer ist eine → Verbrauchsteuer. Die Ertragshoheit liegt gemäß Art. 106 Abs. 1 Nr. 2 GG beim Bund.

1. Steuergegenstand ist elektrischer Strom der Pos. 2716 des EG-Zolltarifs. Die Steuer entsteht durch die Entnahme von Strom aus dem Versorgungsnetz zum Verbrauch. Dies kann durch den Letztverbraucher oder durch den Stromversorger erfolgen.

2. Steuergebiet ist das Hoheitsgebiet Deutschlands ohne Büsingen und Helgoland. Versorger ist derjenige, der an den Letztverbraucher Strom liefert (§ 2 Nr. 1 StromStG). Die Tätigkeit des Versorgers ist gemäß § 4 Abs. 1 StromStG erlaubnispflichtig.

3. Der Steuertarif beträgt ab 1.1.2002 17,90 EUR und seit 1.1.2003 20,50 EUR für eine Megawattstunde (§ 3 StromStG). Die Stromsteuer ist somit eine mengenabhängige Abgabe.

4. Das StromStG sieht in § 9 zahlreiche Befreiungen und Ermäßigungen vor. Demnach ist Ökostrom, dh Strom aus erneuerbaren Energieträgern, steuerbefreit. Voraussetzung ist jedoch, dass dieser Strom von Eigenerzeugern als Letztverbrauchern oder von anderen Letztverbrauchern aus einem ausschließlich aus erneuerbaren Energieträgern gespeisten Netz oder einer Leitung entnommen wird. Ebenfalls steuerbefreit ist die Entnahme von Strom zur Stromerzeugung. Des Weiteren gelten für Bahn und O-Busse Steuerermäßigungen. Steuerermäßigt wird auch der Bereich des produzierenden Gewerbes sowie die Land- und Forstwirtschaft erfasst. Nicht mehr steuerermäßigt ist der Strom für Nachtspeicherheizungen.

5. Steuerschuldner ist gemäß § 5 II StromStG der Versorger. Er hat für die entstandene Stromsteuer eine Steuererklärung abzugeben. Diese kann nach seiner Wahl monatlich oder jährlich erfolgen. Es handelt sich um eine → Steueranmeldung. Zuständig ist das Hauptzollamt.

6. Die Stromsteuer darf, braucht aber nicht, in den Rechnungen getrennt ausgewiesen werden. Ob es dem Stromschuldner gelingt, die Stromsteuer auf den Letztverbraucher abzuwälzen, wird sich in der Praxis zeigen und hängt wohl auch von den jeweiligen Verträgen ab.

Stromverbrauch

→ Energieausweis, → energieverbrauchsrelevante Produkte.

Stromversorgung

1. Zur Gewährleistung der Stromversorgung gibt es, unabhängig von einer Energiekrise, nach § 13 EnWG (→ Energiewirtschaft) eine Hierarchie von Maßnahmen. Bei Versorgungsengpässen wird zuerst durch Netzschaltungen versucht, überschüssigen Strom in unterversorgte Netze zu leiten oder Übertragungsstörungen zu umgehen (Redispatch). Danach kommen zuerst die Netzreserve, dann die Kapazitätsreserve und zuletzt die Sicherheitsbereitschaft zur Anwendung:

a) Betreiber von → Übertragungsnetzen müssen Anlagen vorhalten, die bei Engpässen und anderen Notfällen zusätzlichen Strom liefern können. Rechtsgrundlage für diese Netzreserve ist § 13d EnWG iVm der Netzreserveverordnung (NetzResV) v. 27.6.2013 (BGBl. 2013 I 1947). In den meisten Fällen handelt es sich dabei um Anlagen, die in absehbarer Zeit stillgelegt werden sollen. Auch Anlagen im europäischen Ausland können auf vertraglicher Basis Teil der deutschen Netzreserve sein. Mit der Stromangebotsausweitungsverordnung (StaaV) v. 13.7.2022 (BAnz AT 13.7.2022 V1) wurde es Anlagen der Netzreserve, die kein Erdgas für die Erzeugung elektrischer Energie einsetzten, bis März 2024 gestattet, wieder regulär Strom zu produzieren. Gleiches galt für einige nach § 13g EnWG vorläufig stillgelegte Braunkohlekraftwerke gemäß § 50d EnWG und der Versorgungsreserveabrufverordnung (VersResAbV) v. 30.9.2022 (BAnz AT 30.9.2022 V3). Damit sollte die Abhängigkeit des Stromerzeugung vom russischen Erdgas verringert werden. → Energiesicherung.

b) Nach § 13e EnWG müssen die Betreiber von Übertragungsnetzen ferner Stromreserven vorhalten. Diese Reserveleistung nennt man Kapazitätsreserve. Die Betreiber von Übertragungsnetzen schreiben die Kapazitätsreserven gemeinsam aus. Elektrizitätserzeugungsanlagen oder -speicher, die den Zuschlag bekommen haben, müssen die Kapazitätsreserven gegen Entgelt bereithalten und auf Abruf ins Netz speisen. Die Kapazitätsreserve ab dem Winterhalbjahr 2022/23 umfasst nach § 13e EnWG Anlagen mit einer Reserveleistung von insgesamt 2 Gigawatt. Einzelheiten regelt die Kapazitätsreserveverordnung (KapResV) v. 28.1.2019 (BGBl. 2019 I 58).

c) Zu guter Letzt werden die übrigen in § 13g EnWG genannten vorläufig stillgelegten Braunkohlekraftwerke vier Jahre lang in der sogenannten Sicherungsbereitschaft gehalten. Reichen normale Sicherungsmaßnahmen wie Redispatch, Netz- und Kapazitätsreserve nicht aus, müssen diese Anlagen innerhalb von 10 Tagen betriebsbereit sein und Strom produzieren können.

2. Zur Sicherung der Stromversorgung in der durch den russischen Angriffskrieg auf die Ukraine ausgelösten → Energiekrise haben die Europäische Union und Deutschland zahlreiche Maßnahmen ergriffen: Mit der auf Art. 122 AEUV gestützten und befristet geltenden VO (EU) 2022/1854 v. 6.10.2022 über Notfallmaßnahmen als Reaktion auf die hohen Energiepreise (ABl. EU 2022 L 261I, 1) steckt die EU den Rahmen für regulatorische Krisenmaßnahmen im Strommarkt ab, dazu → Strompreis. Die Laufzeit der letzten drei aktiven Kernkraftwerke (Isar 2, Emsland, Neckarwestheim 2), die Ende 2022 abgeschaltet werden sollten, wurde bis 15.4.2023 verlängert, dann wurden sie stillgelegt: → Atomausstieg.

Strukturanpassungsmaßnahmen
Träger von Strukturanpassungsmaßnahmen konnten bis zum In-Kraft-Treten des Dritten Gesetzes für moderne Dienstleistungen am Arbeitsmarkt (→ Hartz-Gesetze) am 1.1.2004 im Rahmen der → Arbeitsförderung nach dem SGB III für die Dauer von 36 bzw. 48 Monaten gefördert werden, wenn sie förderungsbedürftige Arbeitnehmer beschäftigten. Förderungsfähig waren Maßnahmen zur Erhaltung und Verbesserung der Umwelt und zur Verbesserung des Angebotes bei den sozialen Diensten und in der → Jugendhilfe. Die Förderung erfolgte durch einen Zuschuss zum Arbeitsentgelt, der sich an den ersparten Aufwendungen für das → Arbeitslosengeld bzw. die → Arbeitslosenhilfe orientierte (§§ 272 ff. SGB III aF).

Strukturfonds der EU
Die Strukturfonds der EU werden von der → Europäischen Kommission verwaltet. Der bei weitem umfangreichste ist der → Europäische Garantiefonds für die Landwirtschaft. Daneben gibt es den Europäischen Fonds für regionale Entwicklung, den Sozialfonds und den Kohäsionsfonds.

Strukturkrisenkartelle
sind → Horizontalvereinbarungen von Unternehmen der Erzeugung, Herstellung, Bearbeitung oder Verarbeitung im Falle eines auf nachhaltiger Änderung der Nachfrage beruhenden Absatzrückgangs, um eine planmäßige Anpassung der Kapazität an den Bedarf herbeizuführen. Ihre Freistellung vom allg. Verbot von → Kartellen war bis zum 30.6.2005 in § 6 GWB aF gesondert geregelt. Seither gelten die allg. Grundsätze der → Freistellung im Kartellrecht.

Studenten
frühere Bezeichnung für die jetzt geschlechtsneutrale Bezeichnung → Studierende.

Studentenschaft
→ Studierendenschaft.

studentische Rechtsberatung
→ Moot Court.

Studienbeiträge
1. Studienbeiträge nennt man die Beiträge, die Studenten als Gegenleistung für den Besuch staatlicher Hochschulen zu bezahlen haben. Nach dem Urt. des BVerfG v. 26.1.2005 (NJW 2005, 493) und dem GG in der Fassung der → Föderalismusreform I steht die Gesetzgebungskompetenz für Studienbeiträge den → Ländern zu. Man unterscheidet die allgemeinen Studiengebühren und spezielle Studiengebühren für Langzeitstudenten.

2. Von dieser Regelungsbefugnis hatten bisher hinsichtlich der allgemeinen Studiengebühren Baden-Württemberg, Bayern, Hamburg, Hessen, Niedersachsen, Nordrhein-Westfalen und das Saarland Gebrauch gemacht. Baden Württemberg, Hessen, Nordrhein-Westfalen und das Saarland schafften die allgemeinen Studiengebühren bereits zwischen 2008 und 2012 wieder ab. Hamburg schaffte die allgemeinen Studiengebühren ab Wintersemester 2012/2013 wieder ab. Niedersachsen schafft die Studiengebühren 2013 wieder ab, ebenso Bayern nach einem erfolgreichen Volksbegehren (→ Volksabstimmung, 1). Die allgemeinen Studiengebühren betrugen bis zu 500 EUR/Semester; das BVerfG hielt Studienbeiträge bis zu 500 EUR pro Semester für verfassungsgemäß.

3. Daneben gibt es in einigen Ländern Studiengebühren für Langzeitstudenten.

Studiengebühren
ist die abgabenrechtlich unzutreffende Bezeichnung für → Studienbeiträge.

Studienplätze
In vielen Studiengängen bewerben sich mehr Inhaber einer Hochschulzugangsberechtigung (→ Hochschulreife) um ein Studium an einer Hochschule als bei ordnungsgemäßer Ausbildung aufgenommen werden können. Es muss daher die Zahl der Studienplätze festgelegt werden, die an der jeweiligen Hochschule zur Verfügung stehen. Die Grundsätze für die Vergabe von Studienplätzen regelt das → Hochschulzulassungsrecht.

Studierende
Zu den Mitgliedern einer → Hochschule gehören die eingeschriebenen Studierenden. Die Aufnahme des Studierenden in die Hochschule erfolgt durch Einschreibung (Immatrikulation), der Abgang durch Exmatrikulation. Der Zugang steht bei Erfüllung der persönlichen Voraussetzungen (Hochschulreife u. ä.) grundsätzl. jedem frei. Beschränkungen des Zugangs sind nur unter bestimmten Voraussetzungen zulässig (→ numerus clausus; → Hochschulzulassungsrecht). Die Rechtsstellung des einzelnen Studierenden und ihrer Gesamtheit (→ Studentenschaft) wird durch das → Hochschulrecht geregelt. Diese Regelungen sind zT recht unterschiedlich, zB hins. des Ordnungs (Disziplinar)rechts oder der Vertretung der Studierenden in Kollegialorganen der Hochschule.

Studierendenschaft
An den → Hochschulen werden Studierendenschaft gebildet (§ 41 HRG). Ihre Aufgaben sind die Meinungsbildung in der Gruppe der Studierenden, Wahrnehmung der Belange ihrer Mitglieder in Hochschule und Gesellschaft, Förderung der politischen Bildung, Wahrnehmung kultureller, fachlicher, wirtschaftlicher und sozialer Belange ihrer Mitglieder, Förderung des Studierendensports und Pflege internationaler Beziehungen. Die Studierendenschaft verwalten ihre Angelegenheiten selbst und können Beiträge erheben. Die Stellungnahme zu hochschulpolitischen Fragestellungen ist ausdrücklich erlaubt (§ 41 I 3 HRG), ein allgemeinpolitisches Mandat besteht nicht.

Stückaktie
→ Aktie.

Stückekonto
→ Verwahrung, → Depotgeschäft.

Stückeverzeichnis
→ Einkaufskommission.

Stückgutfrachtvertrag
Der Stückgutfrachtvertrag ist ein → Seefrachtvertrag, der sich auf einzelne Güter und nicht auf das ganze Schiff, einen Teil oder einen Raum desselben bezieht (§ 481 HGB).

Stückkauf
→ Gattungsschuld.

Stücklohn
→ Akkordarbeit.

Stückschuld
→ Gattungsschuld.

Stückvermächtnis
IdR bestimmt der → Erblasser den durch → Vermächtnis zugewendeten Gegenstand – Sache, Forderung, sonstige Rechte usw – genau (anders → Gattungsvermächtnis). Er kann aber auch anordnen, dass der Bedachte nur einen von mehreren Gegenständen nach seiner Wahl oder nach Wahl eines Dritten erhalten soll (Wahlvermächtnis, Alternativvermächtnis); hierdurch wird eine → Wahlschuld begründet (§ 2154 BGB, §§ 262 ff. BGB). Das Vermächtnis eines bestimmten Gegenstandes (Stückvermächtnis) ist unwirksam, wenn dieser zzt des → Erbfalls (nicht der testamentarischen Verfügung) nicht zur → Erbschaft gehört, sofern nicht ein → Verschaffungsvermächtnis vorliegt (§ 2169 BGB). Mit dem Stückvermächtnis hat der Vermächtnisnehmer im Zweifel Anspruch auf das vorhandene → Zubehör (§ 2164 BGB) und auf die seit Anfall des Vermächtnisses gezogenen → Früchte und die → Surrogate (§ 2184 BGB).

Stückzinsen
Bei Veräußerung festverzinslicher Wertpapiere zwischen den Zinsfälligkeiten wird der rechnerische Zinsanteil, der auf den Zeitraum vom letzten Zinszahlungstermin bis zum Veräußerungstag angefallen ist, Stückzinsen genannt. Die Zinsen, die bis zur Veräußerung anfallen, stehen idR dem Verkäufer, ab dann dem Käufer zu. Der Veräußerer besteuert seinen Zinsanteil mit Zufluss (§ 20 I 1 Nr. 3 EStG). Für den Erwerber sind die an den Veräußerer zu zahlenden Zinsen negative Einnahmen (Einzelheiten BMF BStBl. I 1994, 230).

Stufenführerschein
Die → Fahrerlaubnis Klasse A für leistungsunbeschränkte Krafträder kann anstelle des direkten Erwerbs (Mindestalter 24 Jahre, theoretische und praktische Prüfung) auch stufenweise im Aufstieg (§ 15 III FeV) erlangt werden durch Erwerb der Fahrerlaubnis Klasse A1 für Leichtkrafträder bis 125 ccm und 11 kW (Mindestalter 16 Jahre, theoretische und praktische Prüfung), danach der Fahrerlaubnis Klasse A2 für Krafträder bis 35 kW (Mindestalter 18 Jahre, Vorbesitz der Fahrerlaubnis Klasse A1 2 Jahre, praktische Prüfung) und schließlich der Fahrerlaubnis Klasse A (Mindestalter 20 Jahre, Vorbesitz der Fahrerlaubnis Klasse A2 2 Jahre, praktische Prüfung).

Stufengründung
→ Einheitsgründung.

Stufenklage
Die Stufenklage ist ein Fall der → Klagenverbindung. Hier können nach § 254 ZPO verschiedene miteinander zusammenhängende → Streitgegenstände in der Weise verbunden werden, dass zunächst → Rechnungslegung oder Vorlage eines Vermögensverzeichnisses verlangt wird (1. Stufe), dann Abgabe einer eidesstattlichen Versicherung über dessen Richtigkeit (→ eidesstattliche Versicherung) begehrt (2. Stufe) und zuletzt Zahlung oder Herausgabe gefordert wird (3. Stufe). Der Anspruch in der 3. Stufe ist dabei von Anfang an rechtshängig. In der 1. und 2. Stufe kann die zahlenmäßige Fixierung des in der 3. Stufe zu verlangenden Betrags vorbehalten bleiben. Das Gericht verhandelt und entscheidet nacheinander über jeden dieser stufenweise geltend gemachten Streitgegenstände, wenn es nicht

die Klage im ganzen als unbegründet oder unzulässig abweist.

Stufentheorie
nennt man die vom BVerfG im sog. „Apothekenurteil“ (BVerfGE 7, 377) und in anderen Entscheidungen entwickelte Lehre zur Zulässigkeit von Berufsbeschränkungen (Regelungen nach Art. 12 I 2 GG jeweils auf der Stufe, die den geringsten Eingriff in die Freiheit der Berufswahl mit sich bringt).

Stufenverhältnis
zwischen 2 Delikten → in dubio pro reo, → Wahlfeststellung.

Stufenweise Wiedereingliederung
Im Rahmen der Leistungen zur medizinischen Rehabilitation als Leistung nach dem SGB IX (→ Rehabilitation und Teilhabe behinderter Menschen) bzw. § 74 SGB V ist die Möglichkeit einer stufenweisen Wiedereingliederung („Hamburger Modell“) ausdrücklich vorgesehen. Können arbeitsunfähige Leistungsberechtigte nach ärztlicher Feststellung ihre bisherige Tätigkeit teilweise verrichten, und können sie durch eine stufenweise Wiederaufnahme ihrer Tätigkeit voraussichtlich besser wieder in das Erwerbsleben eingegliedert werden, sollen die medizinischen und die sie ergänzenden Leistungen entsprechend dieser Zielsetzung erbracht werden (§ 44 SGB IX; → Rehabilitationsmaßnahmen). Dazu wird nach ärztlichem Plan mit Zustimmung von Arbeitnehmer und Arbeitgeber während der Zeit der Arbeitsunfähigkeit (also ohne Fortzahlung des Arbeitsentgelts) in steigendem Umfang die Arbeit wieder aufgenommen, wobei aber die Kranken- oder Rentenversicherung die Versicherungsleistung (insbes. → Krankengeld) gewährt. Schwerbehinderte Menschen können gem. § 164 IV SGB IX einen Anspruch gegen den Arbeitgeber auf Beschäftigung im Wege der Wiedereingliederung haben (BAG 16.5.2019 – AZR 530/17, NZA 2019, 1348). Für andere Arbeitnehmer gilt dies nicht.

Stundung
Bei der Stundung einer Forderung wird deren → Fälligkeit hinausgeschoben. → Leistungszeit, → Verbraucherdarlehensvertrag. Zu gesetzlichen Stundungen in der Corona-Krise → COVID-19-Folgenabmilderungsgesetz, → Corona-Krise und Vertragsrecht, → Corona-Krise und Darlehensrecht; sa → Corona-Krise und Mietrecht.

Stundung von Steuern
liegt vor, wenn die Fälligkeit der Steuern auf einen späteren Zeitpunkt hinausgeschoben wird. Die Stundung von Steuern erfolgt grundsätzlich auf Antrag. Wird der Antrag nicht rechtzeitig vor Fälligkeit der Steuer gestellt, so fallen → Säumniszuschläge an. Voraussetzung für eine Stundung von Steuern ist, dass die Einziehung eine erhebliche Härte für den Stpfl. bedeuten würde. Dabei ist auf die konkrete Situation zum Zahlungstermin abzustellen. Allein aus der Zahlung selbst kann sich keine erhebliche Härte ergeben. Es müssen persönliche oder sachliche Gründe hinzukommen, die für eine über das normale Maß hinausgehende Härte sprechen, zB Krankheit, erhebliche Verluste, notwendige größere betriebliche Investitionen. Diese eingetretene Härtesituation darf der Stpfl. nicht selbst verschuldet haben. Des weiteren darf die Steuer durch die Stundung von Steuern nicht gefährdet werden (§ 222 AO). Die Entscheidung über die Stundung steht im → Ermessen der Finanzbehörde und ist nur beschränkt gerichtlich überprüfbar (§ 102 FGO). Für die Zeit der Stundung von Steuern fallen keine Säumniszuschläge an, sondern sind Stundungszinsen zu entrichten (→ Zinsen, steuerlich). Gestundete Ansprüche dürfen nicht vollstreckt werden.

Stuttgarter Verfahren
(steuerl.). Das Stuttgarter Verfahren ist eine früher verbreitete Schätzungsmethode zur Ermittlung des Unternehmenswertes. Es wurde angewandt, wenn sich der → gemeine Wert von nichtnotierten Anteilen an → Kapitalgesellschaften nicht aus Verkäufen ableiten ließ. Dabei wurden das Vermögen und die Ertragsaussichten der Gesellschaft berücksichtigt. Ausgangsgröße war das Vermögen der Gesellschaft (Vermögenswert). Dieser Wert wurde korrigiert unter Berücksichtigung der tatsächlichen Ertragsaussichten der Gesellschaft (Ertragshundertsatz) im Vergleich mit einer Normalverzinsung, dh dem üblicherweise erzielbaren Kapitalmarkzins für vergleichbare Vermögensanlagen. Es handelt sich um ein grobes Schätzverfahren, dessen Bedeutung inzwischen weit reduziert ist. Für die Ermittlung des gemeinen Werts im Ertragsteuerrecht (EStG, KStG, UmwStG) ist das Stuttgarter Verfahren ungeeignet. Auch im Zusammenhang mit der Erbschaftsteuer wurde das Stuttgarter Verfahren vom BVerfG als verfassungswidrig beurteilt. Dies wurde bei der Erbschaftsteuerreform berücksichtigt, so dass ab 1.1. 2009 bei der Bewertung von Anteilen vorrangig der gemeine Wert ermittelt wird, wobei zukunftsorientierte Bewertungsmethoden (Ertragswert- und Substanzwertmethoden) eingesetzt werden.

Suarez, Carl Gottlieb
(1746–1798), Schöpfer des preuß. → Allgemeinen Landrechts, das unter Abwendung von dem formalen Rechtsdenken des durch die → Rezeption eingeführten römischen Rechts den Einflüssen der Lehre vom → Naturrecht weitgehend Raum gab.

Subdelegation
→ Delegation, → Rechtsverordnung.

Subjektiv-dingliches Recht
ist ein dingliches Recht (→ Sachenrecht), das nicht einer bestimmten Person (subjektiv-persönliches Recht), sondern dem jeweiligen Eigentümer eines → Grundstücks zusteht. Als

subjektiv-dingliches Recht kommt insbes. die → Grunddienstbarkeit (§§ 1018 ff. BGB, anders beschränkte persönliche Dienstbarkeit) in Betracht. Als subjektiv-dingliches Recht können ferner die → Reallast (§ 1105 II BGB) und das dingliche → Vorkaufsrecht (§ 1094 II BGB) ausgestaltet werden. Das subjektiv-dingliche Recht ist wegen der Verbindung mit dem Grundstück als dessen → Bestandteil anzusehen (§ 96 BGB). → Subjektives Recht.

Subjektive Rechtfertigungselemente
→ Rechtswidrigkeit.

Subjektive Unrechtselemente
nennt man die bei manchen Straftatbeständen (sog. inkongruente Tatbestände) vorausgesetzten besonderen subjektiven Tatbestandsmerkmale, die über die bloße Spiegelung der objektiven Merkmale hinausgehen. Zu ihnen gehören insbes. die in vielen sog. Delikten mit überschießender Innentendenz enthaltenen Absichtsmerkmale, zB die Absicht rechtswidriger Zueignung beim → Diebstahl. Als subjektive Unrechtselemente verstehen lassen sich zudem die subjektiven Mordmerkmale des § 211 StGB (str.).

Subjektives öffentliches Recht
wird im Bereich des → öffentlichen Rechts, insbes. im → Verwaltungsrecht, die dem Einzelnen zustehende Befugnis genannt, vom Staat oder einem anderen Träger öffentlicher Gewalt die Vornahme oder Unterlassung einer bestimmten Handlung zu verlangen. Das subjektive öffentliche Recht gibt dem Einzelnen also einen Rechtsanspruch auf ein Tun oder Unterlassen, der notfalls gerichtlich durchgesetzt werden kann. Das subjektive öffentliche Recht ist von dem bloßen Rechtsreflex (oft auch als „Reflexrecht" bezeichnet) zu unterscheiden, der den Bürger als Auswirkung des objektiven Rechts begünstigt, ihm aber keinen gerichtlich verfolgbaren Anspruch auf diese Begünstigung verleiht. Die Frage, ob eine Rechtsnorm dem Bürger ein subjektives öffentliches Recht verleiht, ist im Einzelfall oft schwer zu entscheiden. Bei Auslegungszweifeln ist in erster Linie der vom Gesetz verfolgte Zweck maßgebend: Ist die Rechtsnorm vorwiegend im Interesse des Einzelnen ergangen, so ist im Zweifel ein subjektives öffentliches Recht anzunehmen; bezweckt das Gesetz dagegen in erster Linie das Wohl der Allgemeinheit, so will es im Zweifel dem Einzelnen keinen Rechtsanspruch einräumen. Kein subjektives öffentliches Recht besteht im Allgemeinen, wenn das Gesetz die Behörde ermächtigt, nach ihrem → Ermessen zu handeln. In diesem Falle hat der Bürger nur ein Recht auf fehlerfreie Ausübung des Ermessens. Der soziale → Rechtsstaat hat den Bereich des subjektiven öffentlichen Rechts gegenüber der Ermessensentscheidung stark ausgeweitet (zB bei Gewährung der → Sozialhilfe).

Subjektives Recht
Während das objektive → Recht die Gesamtheit der Rechtsnormen darstellt, welche die rechtlichen Beziehungen des Menschen zu seiner Umwelt regeln, ist das subjektive Recht die vom objektiven Recht zum Schutz des einzelnen diesem verliehene Willensmacht. Subjektive Recht ist also die Rechtsstellung, die einem Rechtssubjekt (Voraussetzung: → Rechtsfähigkeit) zur Durchsetzung seiner Interessen (s. u.) nach seinem Belieben – also abhängig vom Willen des Berechtigten – eingeräumt ist. Wird dem einzelnen nicht eine derartige durchsetzbare Rechtsstellung verliehen, sondern ist er nur Begünstigter einer im Interesse anderer – meist im öffentlichen Interesse – erlassenen Norm (zB der durch eine Auflage Begünstigte), so liegt kein subjektives Recht, sondern nur ein sog. Rechtsreflex ohne eigene Rechtsqualität vor. Andererseits erzeugt das subjektive Recht auch Pflichten, insbes. gegenüber der Allgemeinheit (Sozialgebundenheit des → Eigentums, → elterliche Sorge usw.). Besondere Bedeutung hat das subjektive Recht im öffentlichen Recht (→ subjektives öffentliches Recht).

Im → Privatrecht unterscheidet man dem Inhalt nach → Gestaltungsrechten und die subjektiven Rechte im engeren Sinn (Herrschaftsrechte). Die Herrschaftsrechte gliedern sich in absolute, gegenüber jedermann wirkende Rechte an Personen (→ Persönlichkeitsrecht, elterliche Sorge) und an Sachen und sonstigen Rechtsgütern (zB dingliche Rechte – → Sachenrecht –, Urheberrecht und sonstige → Immaterialgüterrechte), sowie in relative, nur gegenüber einer bestimmten Person bestehende Rechte (insbes. die Forderung, → Schuldverhältnis). Andere Unterscheidungsmöglichkeiten sind: Vermögens- und Personenrechte, insbes. Familienrechte; fertige Rechte und → Anwartschaftsrechte; übertragbare und höchstpersönliche Rechte usw. Abgesehen von den Gestaltungsrechten ist wesentliche Folge eines Herrschaftsrechts der Anspruch. Anspruch und subjektives Recht decken sich nicht; aus dem subjektiven Recht als dem allgemeinen Herrschaftsverhältnis (zB Eigentum) können sich verschiedene Ansprüche ergeben, zB → Eigentumsherausgabeanspruch, Eigentumsabwehranspruch (→ Eigentumsstörungen), Schadensersatzanspruch aus → unerlaubter Handlung usw. Bei dem relativen subjektiven Recht entspricht allerdings die Forderung dem Anspruch (→ Schuldverhältnis). S. ferner → Einrede, → Einwendung, → Rechtsmissbrauch, → Rechtsschutz.

Submissionsabsprachen
Angebote über Waren und Dienstleistungen bei Ausschreibungen nach einer rechtswidrigen Absprache sind nach § 298 StGB mit bis zu 5 Jahren Freiheitsstrafe oder Geldstrafe bedroht. → Tätige Reue führt zu Straflosigkeit. Ausschreibungen stehen freihändige Vergaben nach Teilnahmewettbewerben gleich. Tat-

handlung ist die Abgabe eines Angebots. Die Absprache, die als → Submissionskartell lediglich eine Ordnungswidrigkeit darstellt, muss darauf abzielen, den Veranstalter zur Annahme eines bestimmten Angebots zu veranlassen. Ein Vermögensschaden des Veranstalters ist nicht erforderlich. Kann ein Schaden (Differenz zwischen Zuschlag und Wettbewerbspreis) bewiesen werden, liegt auch → Betrug vor.

Submissionskartelle
sind → Horizontalvereinbarungen, in denen sich Wettbewerber zu Gunsten eines Kartellmitglieds verpflichten, sich an einer Ausschreibung nicht oder lediglich mit überhöhten Scheinangeboten zu beteiligen. Submissionskartelle sind Kartellordnungswidrigkeiten. Ein darauf beruhendes Angebot ist strafbar (→ Submissionsabsprachen).

Subsidiärer Schutz
→ Ausländern, die weder als Asylbewerber nach Art. 16a GG (→ Asylrecht) anerkannt werden können noch die Voraussetzungen für die Anerkennung als → Flüchtlinge erfüllen, kann unter bestimmten Voraussetzungen sog. subsidiärer Schutz gewährt werden. Der subsidiäre Schutz wurde durch die → Qualifikationsrichtlinie der EU geschaffen und mit § 4 → Asylgesetz in deutsches Recht umgesetzt. Danach dürfen diese Ausländer nicht abgeschoben werden, wenn ihnen ein ernsthafter Schaden droht, wie zB Todesstrafe, Folter oder Bedrohung des Lebens als Zivilperson in einem internationalen oder nationalen bewaffneten Konflikt. Hauptgruppe der subsidiär Schutzberechtigten sind → Kriegsflüchtlinge und Bürgerkriegsflüchtlinge. Wer subsidiären Schutz genießt, erhält idR als → Aufenthaltstitel eine befristete → Aufenthaltserlaubnis (§ 25 II AufenthG). Subsidiär Schutzberechtigten wird die Aufenthaltserlaubnis für 1 Jahr erteilt, bei Verlängerung dür 2 weitere Jahre (§ 26 I 3 AufenthG).

Subsidiarität
1. Subsidiarität bezeichnet den Grundsatz, dass eine größere organisatorische Einheit nur dann zur Erfüllung einer bestimmten Funktion herangezogen werden kann, wenn diese Funktion von der nächstkleineren Einheit nicht erfüllt werden kann. Dieser sog. Subsidiaritätsgrundsatz ist eine der Grundlagen des → Föderalismus.

2. Im Recht der Europäischen Union (s. → Europäische Union, 5) ist der Subsidiaritätsgrundsatz in Art. 5 III EUV (s. → EU-Vertrag) geregelt. Danach wird die EU in den Bereichen, die nicht in ihre ausschließlich Zuständigkeit fallen, nur tätig, sofern und soweit die Ziele der in Betracht gezogenen Maßnahmen von den Mitgliedstaaten weder auf zentraler noch auf regionaler Ebene ausreichend verwirklicht werden können, sondern vielmehr wegen ihres Umfangs oder ihrer Wirkungen auf Unionsebene besser zu verwirklichen sind. Die Einzelheiten sind in dem Protokoll über die Anwendung der Grundsätze der Subsidiarität und der Verhältnismäßigkeit geregelt, das zusammen mit anderen Protokollen dem EUV beigefügt ist. In Art. 6 und 7 dieses Protokolls ist vorgesehen, dass die Einhaltung des Subsidiaritätsgrundsatzes von den nationalen Parlamenten und deren Kammern (also in Deutschland von Bundestag und Bundesrat) überwacht werden kann; bei Verstößen gegen den Subsidiaritätsgrundsatz können die Mitgliedstaaten und nach Maßgabe des innerstaatlichen Rechts deren Parlamente und deren Kammern Klage zum → Europäischen Gerichtshof (EuGH) erheben (vgl. Art. 23 Ia GG sowie die zur Ausführung von Art. 23 Ia bis VI erlassenen Gesetze; sa → europäische Gesetzgebung, 5); erreicht die Anzahl negativer Stellungnahmen mindestens ein Drittel der den nationalen Parlamenten zugewiesenen Stimmen (2 je Parlament, bei → Zweikammersystem 1 je Kammer), so ist das geplante Vorhaben zu überprüfen.

3. Zur Subsidiarität im Bereich der → Sozialhilfe s. dort; im Strafrecht s. → Konkurrenz von Straftaten (3).

Subsidiarität der Bürgschaft
→ Bürgschaft (4).

Subsidiaritätsgrundsatz
→ Subsidiarität.

Subskription
ist im → Verlagsrecht der Verkauf des Werks durch den Verleger unter dem vorgesehenen Ladenpreis (§ 21 S. 2 VerlG), insbes. zum Zweck der Einführung.

Substantiierung
Die Substantiierung ist der genaue Vortrag aller Tatsachen, die für die Klagebegründung oder für das Bestreiten des Klageanspruchs (Einwendung) erforderlich sind. Die Ausprägung des → Verhandlungsgrundsatzes ist also die Darlegungslast in der Form ausreichender Substantiierung. Nur ein substantiierter Vortrag ist zu berücksichtigen, kann also der Klage (bzw. Einwendung) zum Erfolg verhelfen.

Substitut
= Stellvertreter, (Unter-)Bevollmächtigter, → Stellvertretung; sa → Vollmacht, → Erfüllungsgehilfe.

Substitution
→ Internationales Privatrecht (1c).

Substitutionsrecht
→ Eintrittsrecht.

Subsumtion
(Unterordnung eines Sachverhalts unter einen Rechtssatz) → Rechtsanwendung.

Subsumtionsirrtum
(fehlerhafte Anwendung von Rechtsvorschriften auf den Sachverhalt infolge Rechtsirrtums) → Irrtum.

Subventionen
1. Für den Begriff fehlt eine einheitliche Definition. Die → Bundesgerichte bezeichnen sie als freiwillige Leistungen der öffentlichen Hand, die zur Erreichung eines bestimmten, im öffentlichen Interesse gelegenen Zweckes gewährt werden sollen. Eine restriktive Begriffsbestimmung enthält § 264 VIII StGB für den → Subventionsbetrug. Keine Subventionen in diesem Sinne sind die sog. Transferleistungen, wobei die Abgrenzung schwierig sein kann. Subventionen sind durch öffentliche Zielsetzungen gekennzeichnet. Transferleistungen sind die vor allem aus sozialen Gründen gewährten direkten und indirekten sozialen Leistungen. Erst die Summe dieser Transferleistungen (Transferbilanz) erlaubt einen zutreffenden Vergleich der realen Einkommen. Die Wissenschaft konkretisiert die Begriffsbestimmung der Subventionen weiter, indem sie darauf abstellt, dass die Förderungsmaßnahmen an private Unternehmen in Form von verlorenen Zuschüssen (einschl. Zinszuschüssen), Krediten, Bürgschaften und Gewährleistungen zum Zwecke der → Wirtschaftslenkung oder zur Erreichung anderer im öffentlichen Interesse liegender Ziele gewährt werden. Danach gehören nicht zu den Subventionen im eigentlichen Sinne zB die Gewährung von Steuervergünstigungen oder von Vorzugstarifen bei der Inanspruchnahme öffentlicher Versorgungsunternehmen (von manchen als indirekte oder verdeckte Subventionen bezeichnet).

2. Während die Wissenschaft die Rechtmäßigkeit der Gewährung von Subventionen vielfach von einer förmlichen gesetzlichen Ermächtigung abhängig macht, fordert die Rechtsprechung lediglich, dass die Subventionen gewährende Verwaltung im Rahmen ihrer Zuständigkeit handelt und dass die aufzuwendenden Mittel im Haushalt (→ Haushaltsrecht) bereitgestellt sind (→ Gesetzmäßigkeit der Verwaltung). Auf die Gewährung der Subventionen besteht, vorbehaltlich besonderer gesetzlicher Regelung, kein Rechtsanspruch. Der Einzelne hat allerdings Anspruch auf fehlerfreien Gebrauch des → Ermessens und → Gleichbehandlung. Danach kann im Einzelfall auf Grund des Gleichbehandlungsgrundsatzes ein Anspruch auch aus ständiger Verwaltungsübung oder verwaltungsinternen Bestimmungen (→ Richtlinien) erwachsen (Selbstbindung der Verwaltung).

3. Die Bewilligung oder Versagung der Subventionen ist ein → Verwaltungsakt, während die Ausreichung in Form des Kredits oder der Leistung einer Bürgschaft nach überwiegender Meinung dem Privatrecht zuzurechnen ist (sog. Zwei-Stufentheorie). Jedenfalls einstufig ist die Gewährung verlorener Zuschüsse. Daneben wird Einstufigkeit auch für den Fall vertreten, dass die Verwaltung selbst das „privatrechtliche" Vollzugsgeschäft vornimmt. Die Unterscheidung ist insgesamt vor allem wegen des Ausmaßes der Bindung der öffentlichen Hand an die → Grundrechte (für die zweite „Stufe") und des → Rechtsweges von Bedeutung. Subventionen sind Beihilfen und unterliegen daher dem eingeschränkten Verbot des Art. 107 AEUV → AEUV; s. → Beihilferecht.

4. Zur Rückforderung zu Unrecht geleisteter Subventionen s. → Erstattungsanspruch, öffentlich-rechtlicher.

Subventionsbetrug
Straftatbestand nach § 264 StGB, bei dem es sich um einen Vorfeldttabestand des Betrugstatbestands (§ 263 StGB) handelt, mit dem Versuchskonstellationen zu einem eigenen Tatbestand verselbständigt wurden. Ihn erfüllt, wer einer behördlichen oder sonstigen bei Vergabe einer Subvention eingeschalteten Stelle (Subventionsgeber) über subventionserhebliche Tatsachen für sich oder einen anderen unrichtige oder unvollständige Angaben macht, gegen eine Verwendungsbeschränkung verstößt, entgegen den Vergabevorschriften erhebliche Tatsachen verschweigt oder erschlichene Bescheinigungen über eine Subventionsberechtigung o. dgl. gebraucht. Subvention ist dabei eine Leistung an private oder öffentliche Betriebe oder Unternehmen aus öffentlichen Mitteln nach Landes-, Bundes- oder EG-Recht, die ganz oder teilweise ohne marktmäßige Gegenleistung gewährt wird und im Falle der Subvention nach Landes- oder Bundesrecht der Förderung der Wirtschaft dienen soll (§ 264 VII 1 StGB). Ergänzende Bestimmungen enthalten das SubventionsG vom 29.7.1976 (BGBl. 1976 I 2037) und die Landes-SubventionsG. Die Strafe ist Freiheitsstrafe bis zu 5 Jahren oder Geldstrafe, in besonders schweren Fällen (so bei Erlangung einer Subvention großen Ausmaßes aus grobem Eigennutz oder unter Verwendung gefälschter Belege oder bei Amtsmissbrauch) Freiheitsstrafe von 6 Mon. bis zu 10 Jahren; bei Banden-Subventionsbetrug 1–10 Jahre. Bei nur leichtfertigem Handeln gelten geringere Strafdrohungen. Wer die Subvention verhindert oder sich darum bemüht (→ tätige Reue), bleibt straflos. In Umsetzung der Richtlinie (EU) 2017/1371 über die strafrechtliche Bekämpfung von gegen die finanziellen Interessen der Union gerichtetem Betrug (ABl. EU 2017 L 198, 29 vom 28.7.2017, sog. „PIF-Richtlinie" in Anlehnung an die frz. Umschreibung „Protection des intérêts financiers", → Europäische Staatsanwaltschaft) wurde durch Gesetz vom 19.6.2019 (BGBl. 2019 I 844) für Fälle des § 264 I Nr. 2 StGB der Versuch unter Strafe gestellt (§ 264 IV StGB).

Subventionswesen (europäisches Gemeinschaftsrecht)
→ Beihilferecht.

Such- und Rettungsdienst
1. Englisch: Search and Rescue (SAR). Auf dem Gebiet der → Seeschifffahrt obliegt zwar dem Bund die Vorsorge für den in Seenotfäl-

len erforderlichen Such- und Rettungsdienst (§ 1 Nr. 7 SeeAufgG), konkret zuständig ist hierfür jedoch die → Deutsche Gesellschaft zur Rettung Schiffbrüchiger (DGzRS). Sie nimmt somit die Aufgaben des Bundes im Rahmen des Internationalen Übereinkommens über den Such- und Rettungsdienst auf See v. 27.4.1979 (BGBl. 1982 II 485) mÄnd wahr, sa → Küstenwache. Darüber hinaus ist jeder → Schiffsführer verpflichtet, in Seenot befindlichen Menschen zu helfen (§ 2 VO über die Sicherung der Seefahrt v. 27.7.1993, BGBl. 1993 I 1417 mÄnd); damit sind auch Menschen gemeint, die an einer Küste an einem entlegenen Ort Zuflucht gefunden haben. Alle Schiffe im Anwendungsbereich von → SOLAS müssen über Bergungspläne und -verfahrensvorschriften zur Rettung von Personen aus dem Wasser verfügen; diese müssen insbes. Ausrüstung und Maßnahmen benennen, die das Risiko des an der Rettung beteiligten Schiffspersonals minimieren. Unterlassene Hilfeleistung ist strafbar. Für die Lebensrettung werden weder Bergelohn noch eine Sondervergütung geschuldet (§ 583 HGB); sa → Hilfe in Seenot.

2. Gem. Art. 25 des Chicagoer Abkommens vom 7.12.1944 über die Internationale Zivilluftfahrt (→ ICAO) ist Deutschland verpflichtet, bei Luftunfällen auf seinem Hoheitsgebiet Hilfe zu leisten. Dieser Such- und Rettungsdienst wird gemeinsam vom BMV und BMVg auf der Grundlage einer Verwaltungsvereinbarung durchgeführt. Infrastruktur und Rettungsmittel stellt vorrangig die → Bundeswehr. Sa → Luftfahrzeuge (1).

Suchscheinwerfer
→ Beleuchtung von Fahrzeugen (2).

Suchtstoffe
bezeichnet Betäubungsmittel in den → Betäubungsmittel-Abkommen.

Suchvermerk
Auf Grund einer → Ausschreibung (im Strafprozess) zur Festnahme oder Aufenthaltsfeststellung einer Person wird auf Ersuchen einer Behörde ein Suchvermerk im Strafregister gespeichert (sa → Fahndung). Das Strafregister gibt der Behörde ggf. Hinweise über den Aufenthalt des Gesuchten und macht Mitteilung von eingegangenen Anfragen, Nachrichten oder Anträgen auf Führungszeugnis (§§ 27 ff. BZRG).

Südweststaat
Im südwestdeutschen Raum wurden nach dem 2. Weltkrieg von den Besatzungsmächten die Länder Baden, Württemberg-Baden und Württemberg-Hohenzollern neu gebildet. Das Grundgesetz sah für diese Länder in Art. 118 GG ein erleichtertes Verfahren zur → Neugliederung des Bundesgebietes vor, nämlich durch Vereinbarung der beteiligten Länder oder im Wege eines Bundesgesetzes (ohne vorhergehendes → Volksbegehren). Auf Grund der nach dem 2. Neugliederungsgesetz v. 4.5.1951 (BGBl. 1951 I 284) durchgeführten Volksabstimmung wurde am 25.4.1953 das Land → Baden-Württemberg gebildet.

Sühneversuch
1. In Strafsachen muss bei bestimmten Delikten, die Gegenstand einer → Privatklage sein können, nach § 380 StPO dem gerichtlichen Verfahren ein Sühneversuch vorausgehen (bei Hausfriedensbruch, Beleidigung, leichter, gefährlicher oder fahrlässiger Körperverletzung, Bedrohung, Sachbeschädigung und Verletzung des Briefgeheimnisses nach § 202 StGB). Ein erfolgloser Sühneversuch ist → Prozessvoraussetzung für das Privatklageverfahren; er ist durch eine Sühnebescheinigung nachzuweisen. Wird diese trotz Fristsetzung nicht eingereicht, ist die Privatklage als unzulässig abzuweisen. Kommt beim Sühneversuch ein Vergleich zwischen den Parteien zustande, so entfällt das Klagerecht des Privatklägers. Über die Durchführung des Sühneversuchs → Schiedsperson, → Schiedsstelle, → Vergleich, Vergleichsbehörde.

2. Der zivilrechtliche Sühneversuch, durch den ein Rechtsstreit gütlich beigelegt werden soll, ist in allen Verfahrensordnungen vorgesehen, soweit sich Parteien oder Beteiligte gegenüberstehen und der → Verfügungsgrundsatz gilt. Der erfolgreiche Sühneversuch führt idR zu einem → Prozessvergleich. Das Gesetz sieht den gerichtlichen Sühneversuch grundsätzlich in jeder Lage des Verfahrens vor (§ 278 I ZPO, der in anderen Gerichtsbarkeiten entsprechend gilt); der streitigen Verhandlung geht idR eine Güteverhandlung voraus (§ 278 II ZPO). Für das arbeitsgerichtliche Verfahren → Güteverfahren. Ein Sühneversuch ist außerdem in verschiedenen Gesetzen zu dem Zweck vorgesehen, Streitigkeiten außergerichtlich beizulegen (zB § 15 UWG; s. → unlauterer Wettbewerb, 3). Sa → Schlichtung, → Gütestellen, → Schiedsperson.

Suffraganen
Bezeichnung für die einem → Metropoliten unterstehenden Diözesanbischöfe einer → Kirchenprovinz.

Suizid
Selbsttötung → Tötung (3), → Sterbehilfe, → Hilfeleistung, unterlassene; über die versicherungsrechtl. Bedeutung → Lebensversicherung.

Sujet mixte
→ Mehrstaater.

Sukzession
= Rechtsnachfolge; → Rechtserwerb.

Sukzessive Mittäterschaft oder Beihilfe
→ Mittäterschaft 3, → Beihilfe.

Sukzessivgründung
Die Sukzessivgründung ist eine Stufengründung (→ Einheitsgründung).

Sukzessivlieferungsvertrag
Ein Sukzessivlieferungsvertrag (Teillieferungsvertrag) ist ein einheitlicher → Vertrag, durch den der eine Teil zur Lieferung einer bestimmten Warenmenge in Teillieferungen (oder einer unbestimmten Menge auf Abruf für eine gewisse Zeit; dann → Dauerschuldverhältnis), der andere regelmäßig zu entsprechender Ratenzahlung verpflichtet ist. Der Rahmen (Gesamtmenge, Dauer usw) ist idR von vornherein fest bestimmt. Infolge dieser Einheitlichkeit kann bei Insolvenz der Insolvenzverwalter nur einheitlich entscheiden, ob er die weitere Erfüllung des Sukzessivlieferungsvertrags zur Insolvenzmasse verlangen will (→ Insolvenzverfahren, 3a). In diesem Fall wird die Verpflichtung zur Gegenleistung insgesamt zur Masseverbindlichkeit). Sa → Bezugsvertrag).

Bei Nichterfüllung oder Schlechterfüllung einzelner Teillieferungen gelten hinsichtlich dieser die allg. Vorschriften (→ Schuldnerverzug, → Unmöglichkeit der Leistung, → Gewährleistung, → gegenseitiger Vertrag, 2; sa → Ratenlieferungsvertrag). Darüber hinaus kann der → Gläubiger, falls durch den Verzug oder die Schlechterfüllung die Fortführung des gesamten Sukzessivlieferungsvertrags derartig gefährdet erscheint, dass dem Vertragspartner die Fortführung nicht mehr zumutbar ist, auch vom ganzen Sukzessivlieferungsvertrag zurücktreten bzw. Schadensersatz verlangen, soweit der Vertrag noch nicht erfüllt ist. Ob die weitere Erfüllung des Sukzessivlieferungsvertrags für den Gläubiger unzumutbar ist, entscheidet sich nach den gesamten Umständen (zB selbständige Verwendbarkeit der bereits gelieferten Raten, persönliche Beziehungen der Beteiligten oÄ); uU genügt bereits Schlechtlieferung einer einzigen, nicht unerheblichen Rate (→ gegenseitiger Vertrag, 2a).

Summarisches Verfahren
→ Strafbefehl; sa → beschleunigtes Verfahren, → vereinfachtes Jugendverfahren.

Summenlagerung
→ Lagervertrag, → Verwahrung.

Summenrückversicherung
→ Rückversicherung.

Summenversicherung
→ Versicherungsvertrag, 2, insbes. zur Unterscheidung von der → Schadensversicherung.

Summenverwahrung
→ Verwahrung, → Lagervertrag.

Sunna
bezeichnet im → Islam die Überlieferung neben dem Koran; die Sunna ist eine wichtige Interpretationsquelle für das islamische Recht; → Scharia, → Fiqh.

SUP
→ Einmanngesellschaft, Einpersonengesellschaft.

Super E10
Super E10 ist ein Otto-Kraftstoff, dem bis zu 10% Bio-Ethanol zugemischt sind. Gem. § 37a BImSchG ist der Anteil an → Biokraftstoffen in Otto- und Dieselkraftstoffen im Laufe der Jahre ständig zu erhöhen: → Treibhausgasminderungs-Quote. Vor diesem Hintergrund wurde Super E10 2011 auf dem Markt eingeführt.

Superintendent
ist in manchen Gliedkirchen der → Evang. Kirche die Bezeichnung des → Dekans (sa → Landessuperintendent).

Supervermächtnis
Grundsätzlich muss der der Erblasser den durch ein → Vermächtnis zugewendeten Gegenstand selbst bestimmen (§ 2065 II BGB). Mit einem Supervermächtnis soll der Erbe, zum Beispiel der überlebende Ehegatte als Vollerbe eines → Berliner Testaments, möglichst frei bestimmen können, wer – etwa aus dem Kreis der Kinder – wann welche Vermögensgegenstände erhält. Zu diesem Zweck wird sowohl die gesetzliche Möglichkeit, die Bestimmung der Person des Vermächtnisnehmers und der Anteile bei mehreren Bedachten dem Beschwerten oder einem Dritten zu überlassen (§§ 2151, 2153 BGB), genutzt, als auch, dass es nach § 2156 BGB genügt, wenn das Vermächtnis als Zweckvermächtnis einen Grund der Zuwendung enthält, ohne den Vermögensvorteil für den Vermächtnisnehmer zu beziffern, wenn sich aus dem Grund der Zuwendung hinreichende Anhaltspunkte für die Ausübung des billigen Ermessens ergeben, nach dem die Zuwendung erfolgen soll. Die Gestaltung kann ein steuerliches Motiv haben („Steuervermächtnis“).

Supranationale Organisationen
sind überstaatliche Verbindungen (sa → Staatenverbindung), die eine von der Staatsgewalt der Mitgliedstaaten geschiedene supranationale öffentliche Gewalt ausüben; sie besitzen Hoheitsrechte, deren sich die Mitgliedstaaten zugunsten der Gemeinschaft entäußert haben. Sie stellen keinen Staat dar, auch keinen → Bundesstaat, sondern eine Gemeinschaft eigener Art. Im Fall der EU (sa → Europäische Gemeinschaft, → Europäische Integration) spricht man von einem → Staatenverbund (BVerfG Urt. v. 12.10.1993, NJW 1993, 3047; sa → Staatenbund; → Staatenverbindung).

Supranationales Recht
→ internationales Recht, → Gemeinschaftsrecht, europäisches.

Supreme Court
Oberster Gerichtshof der USA mit Sitz in Washington, D. C. Der SC wurde 1790 errichtet und besteht aus neun Richtern auf Lebenszeit, die vom Kongress auf Vorschlag des Präsidenten gewählt werden. Der SC hat zugleich die Funktion eines Verfassungs- und eines obers-

ten Gerichts in Zivilsachen, jedoch nur für Bundesrecht (federal law) und nicht für das Recht der Einzelstaaten (state law).

Surcharging
→ Preisaufschlagsverbot.

Surfen
1. Im → Internet bezeichnet Surfen das „Wellenreiten" im World Wide Web.

2. Im → Wassersport bezeichnet Surfen neben dem in Deutschland kaum praktizierten Wellenreiten das stehende Segeln auf Segelsurfbrettern (Windsurfen) sowie nach § 1 I Nr. 21c SeeSchStrO das Surfen mit einem von einem Drachen gezogenen Surfbrett (Kite-Surfen). Windsurfer haben allen anderen Verkehrsteilnehmern auszuweichen. Wer wegen zu hohem Blutalkoholgehalt ein Segelsurfbrett nicht sicher führen kann, darf nicht am Verkehr teilnehmen (§ 3 SeeSchStO). Das Surfen in → Biosphärenreservaten ist verboten. Sa → Badegewässer, → Schifffahrtsverkehrsregeln, → Sportboot.

Surrogat
ist ein Ersatz, Ersatzstück, → Surrogation.

Surrogation
In verschiedenen Fällen sieht das Gesetz vor, dass das, was auf Grund eines Rechts oder als Ersatz (Surrogat) für die Zerstörung, Beschädigung oder Entziehung eines Vermögensgegenstands oder durch → Rechtsgeschäft (zB für die Veräußerung eines Vermögensgegenstandes) erworben wird, unmittelbar, dh ohne besonderen Übertragungsakt, wieder in das betreffende Vermögen fällt (sog. dingliche Surrogation); die Vorschriften über die → Eigentumsübertragung gelten hier infolge des automatischen Übergangs nicht. Das ist zB der Fall bei Einziehung einer Nachlassforderung, Entstehung eines Schadensersatz- oder Versicherungsanspruchs bei Beschädigung eines der Erbengemeinschaft gehörenden Kfz usw. Die Surrogation tritt va ein, wenn der Gegenstand zu einem → Sondervermögen gehört (→ Erbschaftsanspruch, → Erbengemeinschaft, → Pfandrecht, → Vorerbe, → Gütergemeinschaft, → Vermögensverwaltung unter Ehegatten, → Gesellschaft des bürgerlichen Rechts). In anderen Fällen (insbes. im Schuldrecht, zB bei → Unmöglichkeit der Leistung) kann der Gläubiger vom Schuldner Herausgabe des als Ersatz Empfangenen oder Abtretung des Ersatzanspruchs verlangen, wenn der Schuldner infolge des Umstandes, der die Leistung unmöglich gemacht hat, für den geschuldeten Gegenstand einen Ersatz oder Ersatzanspruch erlangt hat (sog. schuldrechtliche Surrogation, § 285 BGB). Hier tritt die Surrogation nicht unmittelbar ein; es besteht nur ein Anspruch auf Eigentumsübertragung, Abtretung usw.

Suspendierung
→ Dienstenthebung, → Arbeitskampf; sa → Freistellung.

Suspensivbedingung
→ Bedingung (2).

Suspensiveffekt
Der Suspensiveffekt ist bei einem → Rechtsmittel die Wirkung, dass der Eintritt der formellen → Rechtskraft der gerichtlichen Entscheidung gehemmt wird. Bei → Verwaltungsakten wird durch die Einlegung des Widerspruchs (→ Widerspruchsverfahren) oder Erhebung der → Anfechtungsklage die Vollziehung gehemmt (→ Vollziehung, sofortige).

Suzeränität
wird eine → Staatenverbindung genannt, in welcher der Suzerän (Oberstaat) die wichtigsten (insbes. die militärischen und außenpolitischen) Befugnisse des „Unterstaates" (Vasallenstaates) ausübt und als Gegenleistung die Verpflichtung zu dessen Schutz übernommen hat („Schutzherrschaft"; → Protektorat). Das Verhältnis der Suzeränität kam besonders bei in Auflösung befindlichen Großstaaten vor. Beispiel: Osmanisches Reich im Verhältnis zu Rumänien und Serbien bis 1878, zu Ägypten bis 1914.

Swapgeschäft
Ein Swapgeschäft ist der (häufig zukunftsgerichtete, spekulative) → Tausch von → Devisen oder Forderungen (zB auf Zinsen), insbes. unter Banken.

Switchgeschäft
Switchgeschäft nennt man die Abwicklung internationaler Forderungen (zB aus einem Verkauf) über einen Dritten durch Verrechnung, Ausgleich usw. Sa → Kompensationsgeschäft.

Sympathiestreik
→ Streik (1).

Synallagmatischer Vertrag
ist ein → gegenseitiger Vertrag.

Syndikalismus
ist eine revolutionär-gewerkschaftliche Bewegung, die sich Ende des 19. Jh. bildete (Proudhon, Bakunin, Sorel). Sie richtete sich nicht nur gegen den Kapitalismus, sondern zugleich auch gegen die Übermacht des Staates. Der Syndikalismus wollte die Freiheit der Arbeitnehmer durch Syndikalisierung der Produktionsmittel herbeiführen, dh mittels Verwaltung der Betriebe durch die Arbeitnehmer (die dadurch zu Produzenten werden) und über eine gesamtwirtschaftliche Planung durch gewerkschaftliche Organe. Träger der Syndikalisierung sollten die Gewerkschaften sein, in denen sich die Arbeitnehmer zur Lösung der überbetrieblichen Angelegenheiten zusammenschließen sollten. Die Verstaatlichung wird vom Syndikalismus abgelehnt, da sie nur die Staatsmacht stärkt und die Abhängigkeit der Arbeitnehmer vom Kapital nicht beseitigt.

Syndikat
Ursprünglich war Syndikat im → Kartellrecht die Bezeichnung für ein Kartell mit gemein-

samer Organisation, insbes. für Beschaffung oder Absatz. Dessen Freistellung als → Rationalisierungskartell vom allg. Verbot von → Kartellen war bis zum 30.6.2005 in § 5 II GWB aF gesondert geregelt; seither gelten die allg. Grundsätze der → Freistellung im Kartellrecht. Ausgehend vom Grundgedanken des wirtschaftlich orientierten Zusammenwirkens wird der Begriff mittlerweile überwiegend für Vereinigungen der → Organisierten Kriminalität verwendet.

Syndikusanwalt
Ein Syndikusanwalt ist ein → Rechtsanwalt, der im Rahmen seines Arbeitsverhältnisses als Rechtsanwalt für seinen Arbeitgeber anwaltlich tätig ist (§ 46 II BRAO). Die Rechtsstellung des Syndikusanwalts ist inzwischen gesondert rechtlich geregelt (§§ 46 ff. BRAO). Ein Syndikusanwalt darf seinen Arbeitgeber vor den Zivilgerichten in Verfahren mit zwingender Vertretung durch Rechtsanwälte nicht vertreten, in Straf- und Bußgeldsachen darf er für seinen Arbeitgeber und dessen Mitarbeiter nicht als Verteidiger tätig werden (§ 46c II BRAO). Die → Zulassung eines Syndikusanwalts zur Anwaltschaft setzt voraus, dass er die allgemeinen Zulassungsvoraussetzungen erfüllt und er im Rahmen seines Arbeitsverhältnisses fachlich unabhängig und eigenverantwortlich juristisch tätig werden kann (§ 46a I BRAO).

Synode
1. Nach evang. Kirchenrecht erfüllt die Synode im kirchlichen Bereich die einem Parlament vergleichbaren Aufgaben. So obliegt insbes. der Synode der Evangelischen Kirche in Deutschland (EKD; → Evangelische Kirche, 5) der Erlass der Kirchengesetze. Als synodale Organe in den einzelnen Gliedkirchen der EKD bestehen die Kirchensynoden, die zum Erlass der Kirchengesetze und zur Bestellung der Kirchenleitung innerhalb der Gliedkirchen zuständig sind; ihre Mitglieder werden zT von den Kreissynoden, zT von der Kirchenleitung benannt. Die Kreissynoden (Provinzialsynoden, Bezirkssynoden, Dekanatssynoden) bestehen auf der Ebene des Kirchenkreises (Zusammenschluss mehrerer Gemeinden). Als synodale Einrichtung in der Gemeinde bestehen die Kirchenvorstände (Gemeindekirchenräte, Presbyterien).

2. Die Diözesansynode der → Kath. Kirche wird vom jeweiligen → Bischof der → Diözese einberufen. Einziger Gesetzgeber in der Diözesansynode ist der Bischof, während alle anderen Teilnehmer nur beratende Stimme haben. Teilnehmer sind der Bischofskoadjutor und die Auxiliarbischöfe, der → Generalvikar, die Bischofsvikare sowie der Gerichtsvikar (→ kirchliche Gerichtsbarkeit), die Kanoniker des → Domkapitels, Laien nach Maßgabe näherer Bestimmungen, der Rektor des diözesanen Priesterseminars, die → Dekane, wenigstens ein → Priester aus jedem Dekanat, einige Obere von → Ordensinstituten sowie weitere Personen nach dem Ermessen des Diözesanbischofs. Neuerdings wurde eine Gemeinsame Synode der kath. Bistümer in der Bundesrepublik Deutschland einberufen. Die Bischofssynode wird vom → Papst einberufen.

Systematischer Internalisierer
1. Nach § 2 VIII Nr. 2 lit. b WpHG (→ Wertpapierhandelsgesetz) und § 1 Ia Nr. 4 lit. b KWG handelt es sich um Wertpapierdienstleistungsunternehmen, die häufig und auf organisierte und systematische Weise Eigenhandel außerhalb von → regulierten Märkten, → multilateralen Handelssystemen oder organisierten Handelssystemen betreiben. Gemeint sind damit Unternehmen, die Wertpapierkauf- und -verkaufsorder ihrer Kunden im eigenen Haus durch gegenläufige Kundenaufträge, aus eigenen Beständen oder bilateral mit anderen Unternehmen abwickeln. Erst wenn dies nicht möglich ist, kaufen oder verkaufen sie auf einem der drei genannten Handelsplätze. Die etwas technische Bezeichnung erklärt sich durch die regelmäßige interne Abwicklung dieser Wertpapiergeschäfte.

2. Ein systematischer Internalisierer unterliegt insbes. Titel III der VO (EU) 600/2014 (MiFIR, → MiFID). So hat er für die von ihm angebotenen → Finanzinstrumente verbindliche Kursofferten zu veröffentlichen und ist verpflichtet, Kundenaufträge zu diesen Preisen auszuführen (→ Transparenz).

Systemrelevanz
→ Systemrisiko.

Systemrisiko
Als Systemrisiko bezeichnet man die Gefahr, die von der Insolvenz eines Unternehmens für den gesamten Sektor, also das gesamte System, ausgeht. Systemrisiko ist bei Krisen systemrelevanter Unternehmen gegeben. Für den Finanzmarkt spricht man auch von Systemgefährdung, die vorliegt, wenn sich die Bestandsgefährdung eines Instituts sehr negativ auf andere Unternehmen des Finanzsektors oder sogar auf die Funktionsfähigkeit des Finanzsystems auswirken kann. Sa → Europäischer Ausschuss für Systemrisiken.

T. I. R.-Transport
ist die Beförderung von Waren von einer Abgangszollstelle bis zu einer Bestimmungszollstelle und zumindest teilweise über die Straße. Das T. I. R.-Schild bekundet die ordnungsmäßige Zollabfertigung (→ Zollverfahren). Durch die stetige Vergrößerung des EU-Raumes seit 1975 hat das T. I. R.-Abkommen v. 14.11.1975 (Gesetz v. 21.5.1979, BGBl. 1979 II 445 mÄnd) für Deutschland erheblich an Bedeutung verloren.

Tabakerzeugnisse
1. Herstellung, Aufmachung und Verkauf von Tabakerzeugnissen (vor allem Zigaretten, Zigarren, Tabake) und verwandten Erzeugnissen regelt das Tabakerzeugnisgesetz (TabakerzG) v. 4.4.2016 (BGBl. 2016 I 569) mÄnd. Es setzt die EU-Richtlinie 2014/40 v. 3.4.2014 (ABl. EU 2014 L 127, 1) um und führte zur Aufhebung des Vorläufigen Tabakgesetzes. Es regelt neben den Emissionswerten von Zigaretten für Teer, Nikotin und Kohlenmonoxid (§ 4 TabakerzG) die verbotenen Inhaltsstoffe von Tabakerzeugnissen (§ 5 TabakerzG). Nach § 6 TabakerzG dürfen Tabakerzeugnisse nur mit gesundheitsbezogenen Warnhinweisen aus Bild und Text in den Verkehr gebracht werden. Packungen müssen zur Bekämpfung der mit Tabakerzeugnissen verbundenen Kriminalität ferner mit Erkennungs- und Sicherheitsmerkmalen versehen werden, um rückverfolgbar zu sein (§§ 7 ff. TabakerzG). Werbung in Hörfunk, Druckerzeugnissen und audiovisuellen Mediendiensten (Fernsehen, Internet) ist ebenso verboten wie Sponsoring (§§ 19 ff. TabakerzG). Kinowerbung ist eingeschränkt (§ 11 JuSchG), Außenwerbung für Tabakerzeugnissen seit 2022 verboten. Die Abgabe von Tabakerzeugnissen an Kinder und Jugendliche ist nach § 10 JuSchG untersagt. Grundsätzlich behandelt das Gesetz nikotinhaltige und -freie Zigaretten gleich und gilt auch für den Tabak von Wasserpfeifen.

2. Für elektronische Zigaretten (auch E-Shishas oder E-Wasserpfeifen) und Nachfüllbehälter, bei denen eine nikotinhaltige oder -freie Flüssigkeit verdampft wird und die als verwandte Erzeugnisse bezeichnet werden, enthält das TabakerzG besondere Anforderungen für Inhaltsstoffe, Beschaffenheit und Warnhinweise (§§ 13 ff. TabakerzG). Grundsätzlich werden elektronische Zigaretten den nikotinhaltigen Tabakerzeugnissen gleichgestellt. Einzelheiten zu Messverfahren, Zusatzstoffen, Warnhinweisen etc. enthält die Tabakerzeugnisverordnung (TabakerzV) v. 27.4.2016 (BGBl. 2016 I 980) mÄnd.

Tabaksteuer
wird auf Zigaretten, Zigarren, Zigarillos und Rauchtabak (Pfeifentabak und Feinschnitt) erhoben. Die Steuerschuld entsteht durch Entfernung aus dem Herstellungsbetrieb oder aus dem → Steuerlager. Die Tabaksteuer wird durch Anbringen von Steuerzeichen (Banderolen) entrichtet. Die Hersteller und Importeure von Tabakwaren müssen diese vom Staat kaufen und an der Einzelverpackung anbringen. Anhand der Steuerbanderole ist sofort erkennbar, ob die Tabakwaren ordnungsgemäß versteuert wurden. Rechtsgrundlage ist das Tabaksteuergesetz v. 15.7.2009 (BGBl. 2009 I 1870). Das Aufkommen aus der Tabaksteuer betrug 2019 ca. 14,3 Mrd EUR. Es steht dem Bund zu, der auch die Gesetzeskompetenz hat. Neben der → Energiesteuer handelt es sich damit um die ertragreichste → Verbrauchsteuer, wobei sich ca. 96 vH des Gesamtaufkommens der Steuer aus dem Zigarettenkonsum ergeben. Beim Kauf einer Zigarettenpackung für 6 EUR werden insgesamt 4,34 EUR Steuern abgeführt (Tabak- und Umsatzsteuer). Dies entspricht einem Anteil von ca. 72 vH des Kaufpreises. Von 2022 bis 2026 findet eine stufenweise Erhöhung (2022 – 2023 um 10 Cent pro Packung, 2025 – 2026 um 15 Cent pro Packung) statt.

Für erhitzten Tabak (sog. Heat-not-Burn-Produkte) und Wasserpfeifentabak wird ab 2022 eine zusätzliche Tabaksteuer eingeführt, so dass er künftig wie Zigaretten besteuert wird. Bislang findet auf diese Produkte der signifikant niedrigere Steuertarif für Rauchtabak der Kategorie Pfeifentabak Anwendung. Nach Auffassung des Gesetzgebers ersetzen Heat-not-Burn-Produkte zunehmend die klassische Zigarette und führen ebenso zu einer gesundheitsschädlichen Nikotinabhängigkeit. Im Jahr 2022 erhöht sich die Tabaksteuer für ein Produkt für 6 EUR mit einem Packungsinhalt von 20 Stück (6 Gramm) von 88 Cent auf 1,86 EUR. Bis zum Jahr 2026 ist eine Erhöhung der Steuer auf 2,27 EUR geplant.

Tabularersitzung
→ Buchersitzung.

Tabularverschweigung
→ Buchversitzung.

Täter
Täter einer Straftat ist, wer sämtliche Tatbestandsmerkmale in seiner Person verwirklicht, sog. unmittelbarer Täter. Bedient sich der Täter einer anderen Person als Tatwerkzeug (Tatmittler), so kann der Veranlasser in bestimmten Fallgruppen als mittelbarer Täter strafbar sein; doch ist mittelbare Täterschaft bei → eigenhändigen Delikten ausgeschlossen (§ 25 I 2. Alt. StGB; im Einzelnen → mittelbarer Täter). Täter ist ferner, wer die Tat auf-frund eines gemeinsamen Tatplans mit anderen ausführt und dabei wegen seiner → Tat-

herrschaft bzw. seines Täterwillens als Täter zu qualifizieren ist (§ 25 II StGB; im Einzelnen streitig, → Mittäterschaft). Ihm werden dann auch objektive Tatbeiträge seiner Mittäter zugerechnet, so dass arbeitsteiliges Handeln erfasst werden kann. Fehlt es bei mehreren Tätern, von denen jeder eine Bedingung zum Erfolg der Tat setzt, am bewussten und gewollten Zusammenwirken, so werden sie als Nebentäter bezeichnet (relevant insb. bei Fahrlässigkeitsdelikten).

Vom Täter zu unterscheiden ist bei Vorsatzdelikten der → Teilnehmer an einer Straftat, dh der Anstifter oder Gehilfe (vgl. § 28 I StGB; → Anstiftung, → Beihilfe). Über die Unterscheidung zwischen Mittäter und Gehilfe → Mittäterschaft. Bei → Ordnungswidrigkeiten gilt nach § 14 OWiG für Mittäter und Teilnehmer der einheitliche Begriff Beteiligte (→ Beteiligung, → Einheitstäter).

Täter-Opfer-Ausgleich
ist die Bemühung eines Täters nach einer Straftat, einen Ausgleich mit dem Verletzten zu erreichen. Er ist als Weisung vor Einstellung des → Ermittlungsverfahrens oder des Strafverfahrens bei → Bagatellstrafsachen nach dem → Opportunitätsprinzip (§ 153a I 2 Nr. 5 StPO) und als → Erziehungsmaßregel im → Jugendstrafrecht ausdrücklich vorgesehen (§ 10 I 3 Nr. 7 JGG → Weisungen); im Übrigen stellt er einen Gesichtspunkt der → Strafzumessung dar (§ 46 II StGB, § 46a StGB; s. BGH NJW 2003, 1466) und kann im Rahmen der → Strafaussetzung zur Bewährung angeordnet werden.

Täterstrafrecht
→ Strafrecht (1a).

Tätige Reue
Das strafrechtliche Institut der tätigen Reue ähnelt in seiner Funktion dem → Rücktritt vom Versuch (§ 24 StGB) und begründet wie dieser einen persönlichen → Strafaufhebungsgrund, wirkt also nur für Beteiligte, welche die Voraussetzungen persönlich erfüllen. Im Gegensatz zum Rücktritt betrifft die tätige Reue aber Situationen eines bereits vollendeten Delikts (→ Vollendung), in denen der Täter die Schädigung des durch den jeweiligen Straftatbestand geschützten Rechtsguts noch verhindert. Anders als der Rücktritt ist sie im Strafrecht nicht über eine abstrakt geltende Vorschrift des Allgemeinen Teils des StGB verankert, sondern nur in einzelnen Straftatbeständen des Besonderen Teils des StGB sowie des Nebenstrafrechts vorgesehen, wobei es sich regelmäßig um Delikte handelt, welche die Strafbarkeit sehr weit in das zeitliche Vorfeld einer Rechtsgutsverletzung hinausverschieben (typischerweise → Gefährdungsdelikte). Eine (zugunsten des Beschuldigten wirkende und damit auch im Strafrecht grds. zulässige) analoge Anwendung auf weitere Straftatbestände wurde in der Lit. diskutiert, hat sich mit Blick auf den enumerativen Charakter der gesetzlichen Regelung aber mit Recht nicht durchgesetzt.

Voraussetzung für die Straflosigkeit wegen tätiger Reue ist regelmäßig, dass der Täter freiwillig (dazu → Rücktritt) den Eintritt der Rechtsgutsverletzung verhindert hat, oder, wenn diese ohne sein Zutun ausgeblieben ist, sich freiwillig und ernsthaft darum bemüht hat. Ausnahmsweise wirkt tätige Reue auch nach Eintritt der Rechtsgutsverletzung noch strafbefreiend, so bei Berichtigung der Aussage nach fahrlässigem Falscheid (§ 161 II StGB), nach Brandstiftung durch Löschen des Brandes vor dessen Ausbreitung (§ 306e StGB), bei weiteren gemeingefährlichen Straftaten durch Abwenden der Gefahr vor Entstehung erheblichen Schadens (§ 314a III StGB, § 320 III StGB) und bei → Selbstanzeige nach → Steuerhinterziehung (§ 371 AO). Dagegen eröffnet in manchen Fällen des Hochverrats oder der → Rechtsstaatsgefährdung tätige Reue nur die Möglichkeit der Strafmilderung oder eine zusätzliche Möglichkeit des → Absehens von Strafe (§§ 83a, 84 V StGB, § 85 III StGB, § 87 III StGB), ebenso bei → Sprengstoff- und Strahlungsverbrechen und anderen → gemeingefährlichen Straftaten (§ 314a II StGB, § 320 II StGB). Bei einigen → Staatsschutzdelikten hat tätige Reue zwar keine Strafbefreiung zur Folge, kann aber die Einstellung des Verfahrens begründen (§ 153e StPO); → Opportunitätsprinzip.

Tätigkeitsdelikt
Der Begriff bezeichnet den Gegensatz zu einem → Erfolgsdelikt, dh einen Straftatbestand, der bereits allein durch Vornahme einer Tathandlung erfüllt wird, ohne dass es auf die kausale Verursachung eines bestimmten Erfolgs ankäme. Eine wesentliche Gruppe der Tätigkeitsdelikte sind die abstrakten → Gefährdungsdelikte. Sa → Bedingungstheorie, → Kausalität im Strafrecht.

Tätlicher Angriff
→ Widerstand gegen die Staatsgewalt, → Militärische Straftaten; sa → Beleidigung (1).

Tätowierung
Mittel zur Tätowierung und vergleichbare Stoffe unterliegen den Vorschriften über → kosmetische Mittel (§ 4 Nr. 3 LFGB). Die TätowiermittelVO v. 13.11.2008 (BGBl. 2008 I 2215) mÄnd bestimmt, welche Stoffe nicht bei der Herstellung oder Behandlung von Tätowiermitteln eingesetzt werden dürfen. Tätowiermittel müssen als solche gekennzeichnet sein; werden sie eingeführt, bestehen Mitteilungspflichten.

Täuschung
→ Anfechtung von Willenserklärungen (2), → Treu und Glauben, → Betrug; sa → Treu und Glauben, → unlauterer Wettbewerb (2b).

Täuschung im Lebensmittelhandel
1. Es ist nach § 11 LFGB verboten, → Lebensmittel mit unlauteren Informationen in den

Verkehr zu bringen. Die Vorschrift verweist ua auf Art. 7 VO (EU) 1169/2011 v. 25.10.2011 betreffend die Informationen der Verbraucher über Lebensmittel (→ Kennzeichnung von Lebensmitteln), wonach Informationen über Lebensmittel in Bezug auf Eigenschaften, Zusammensetzung, Haltbarkeit, Methode der Herstellung, Wirkungen, besondere Merkmale uam nicht irreführend sein dürfen. Auch dürfen Lebensmitteln keine Eigenschaften der Vorbeugung, Behandlung oder Heilung von Krankheiten zugeschrieben werden. → Lebensmittel- und Futtermittelrecht.

2. Die VO (EG) 983/2009 der Kommission v. 21.10.2009, ABl. EG 2009 L 277, 3 zur Zulassung bzw. Nicht-Zulassung bestimmter gesundheitsbezogener Angaben über Lebensmittel listet in ihren Anhängen entsprechend ausformulierte Angaben auf. Nicht zugelassen sind zB die Angabe auf Milchprodukten, dass sie die Zahngesundheit bei Kindern fördern (Anhang II) o. die Angabe, dass die Aufnahme von signifikanten Mengen Wasser das Risiko einer Dehydratation und damit eines Leistungsabfalls verringern (VO (EU) 1170/2011 der Kommission v. 16.11.2011, ABl. EU 2011 L 299, 1), sa → Nährwertangaben. Es gibt eine stetig wachsende Zahl solcher VOen, insbes. in Bezug auf Kinder, so die VOen (EU) der Kommission 2015/391 v. 9.3.2015 (ABl. EU 2015 L 65, 15) und 2015/402 v. 11.3.2015 (ABl. EU 2015 L 67, 1).

Tafelgeschäft
bezeichnet den Kauf insbes. von Wertpapieren direkt am Bankschalter, wobei der Kunde effektive Stücke (in gedruckten Urkunden verkörperte Wertpapiere) ausgehändigt erhält. Der Bankkunde muss dabei seinen Namen nicht angeben. Daher bestand ein hohes Risiko, dass diese Erträge nicht versteuert werden. Durch die Zinsabschlagsteuer ist dieses Risiko beseitigt worden, → Kapitalertragsteuer (3).

Tagebuch
Einzelnen Berufsgruppen ist die Führung eines Tagebuchs vorgeschrieben, so zB dem → Handelsmäkler, der die abgeschlossenen Geschäfte einzutragen hat; den Vertragsparteien muss er auf Verlangen Auszüge aus dem Tagebuch erteilen (§§ 100, 101 HGB). Dasselbe gilt für den → Börsenmakler.

Tagebuchaufzeichnungen
Tagebuchaufzeichnungen, die rein persönlichen Charakter haben und nicht zur Kenntnis Dritter bestimmt sind, gehören zu der durch Art. 1 I GG, Art. 2 I GG geschützten Intimsphäre des Verfassers. Sie dürfen daher gegen seinen Willen nicht benutzt werden und unterliegen insbes. im → Strafprozess einem Verwertungsverbot als Beweismittel (→ Beweisverbote), außer wenn das Interesse an der Strafverfolgung (zB wegen der Schwere des Delikts) das Interesse am Schutz des Geheimbereichs überwiegt. Vgl. BGHSt 19, 325; 34, 397; BVerfGE 34, 328; 80, 367. Sa → Tonaufnahmen in Verfahren.

Tagesbruch
auch Pinge genannt, ist der bergbauliche Begriff für einen kesselförmigen Einbruch der Erdoberfläche, der durch das Zusammenstürzen untertägiger Grubenbaue entstehen kann („die Grube bricht zu Tage"). Sa → Bergschaden.

Tagesgeldkonto
ist ein verzinstes Konto zur Geldanlage mit einem variablen Zinssatz (sa → Zinsgleitklausel), bei dem der Kontoinhaber täglich über das gesamte Guthaben verfügen kann; es ist kein klassisches Sparkonto, sondern dient dem Bereithalten einer Reserve für Notfälle von etwa zwei Monatsgehältern. Über den variablen Zinssatz ist grds. aufzuklären.

Tagesmütter
Bezeichnung für eine weibliche → Tagespflegeperson.

Tagespflege
Auf Tagespflege besteht ein gesetzlicher Anspruch von Pflegebedürftigen, bei denen die häusliche Pflege nicht ausreichend gewährleistet werden kann oder zur Ergänzung der häuslichen Pflege (§ 41 SGB XI). Die teilstationäre Pflege umfasst sowohl die Tages- als auch die Nachtpflege. Voraussetzung für die Tagespflege ist, dass der zu Pflegende pflegebedürftig ist (→ Pflegegrad 2 bis 5). Die Leistung kann als teilstationäre Tages- und Nachtpflege zusätzlich zu ambulanten Pflegesachleistungen, Pflegegeld oder der Kombinationsleistung nach § 38 SGB XI in Anspruch genommen werden (→ Teilstationäre Pflege).

Tagespflegeperson
Tagespflegeperson ist eine Person zur Betreuung von Kindern in familienähnlicher Form. Tagespflegepersonen sind → Tagesmütter und → Tagesväter. Es werden vorwiegend Kinder unter drei Jahren betreut. Kinder über drei Jahre haben einen Rechtsanspruch auf einen Platz im → Kindergarten (→ Kindertageseinrichtung). Tagespflegeperson darf werden, wer eine pädagogische Qualifizierung sowie einen Erste-Hilfe-Kurs für Kinder nachweisen kann. Die Tätigkeit einer Tagespflegeperson kann auch in einer Großtagespflegeeinrichtung (→ Großpflegestelle) ausgeübt werden. Eine Tagespflegeperson ist grundsätzlich für max. 5 Kinder tätig. Die Tagespflegepersonen werden nach aufgewendeten Arbeitsstunden bezahlt. Dabei zahlt einen Teil das jeweilige Jugendamt nach dem SGB VIII; die Erziehungsberechtigten haben einen weiteren Betrag zu zahlen, der ua die Kosten der Tagespflegepersonen deckt und einen angemessenen Arbeitslohn darstellt. Tagespflegepersonen sind in der → gesetzlichen Rentenversicherung als Selbstständige versicherungspflichtig, wenn sie die Kinder in ihrer eigenen Wohnung oder einer Großpflegestelle betreuen und die Ver-

dienstgrenze von 450 EUR überschreiten. Werden die Kinder in der Wohnung der Erziehungsberechtigten betreut, liegt in der Regel ein abhängiges Beschäftigungsverhältnis vor.

Tagesration für gewichtskontrollierende Ernährung
Als „Tagesration für gewichtskontrollierende Ernährung" bezeichnet man → Lebensmittel mit einer besonderen Zusammensetzung für eine kalorienarme Ernährung zur Gewichtsverringerung, die die tägliche Nahrungsmittelration vollständig ersetzen, sofern sie gemäß den Anweisungen des Lebensmittelunternehmers verwendet werden (Art. 2 II h Verordnung (EU) 609/2013, → Lebensmittel für bestimmte Verbrauchergruppen). Diese Lebensmittel müssen dieser Verordnung sowie der Delegierten Verordnung (EU) 2017/1798 v. 2.6.2017 hinsichtlich der besonderen Zusammensetzungs- und Informationsanforderungen an Tagesrationen für gewichtskontrollierende Ernährung (ABl. EU 2017 L 259, 2) entsprechen. So muss eine Reihe von Hinweisen vorhanden sein, ua dass das Erzeugnis ausschließlich für gesunde übergewichtige oder fettleibige Erwachsene bestimmt ist, die ihr Gewicht verringern möchten (Art. 4 Verordnung (EU) 2017/1798). Nährwert- und gesundheitsbezogene Angaben zu Tagesrationen sind unzulässig (Art. 6 Verordnung (EU) 2017/1798). Durchführungsvorschriften, insbesondere zu behördlichen Zuständigkeiten, enthält die Lebensmittel für bestimmte Verbrauchergruppen-Verordnung (LMBVV) v. 26.4.2023 (BGBl. 2023 I Nr. 115).

Tagesreise
→ Reisevertrag.

Tagessatz
der Geldstrafe → Strafen (1c).

Tagesväter
Bezeichnung für eine männliche → Tagespflegeperson.

Taggenaue Berechnung von Schmerzensgeld
→ Schmerzensgeld.

Tagwechsel
Ein Tagwechsel ist ein → Wechsel, der an einem bestimmten, idR kalendermäßig bezeichneten Tag fällig ist. Die meisten in der Praxis vorkommenden Wechsel sind Tagwechsel.

Takeover
→ Wertpapiererwerbs- und Übernahmegesetz.

Talion
(lat. talio) ist die Vergeltung einer strafbaren Rechtsgüterverletzung an dem Täter durch Zufügen eines gleichartigen Übels (Auge um Auge, Zahn um Zahn; Blutrache). Die im römischen und frühen germanischen Recht übliche reine Vergeltungsstrafe (poena talionis) wird heute in allen Kulturländern abgelehnt, wie auch der Vergeltungsgedanke als → Strafzweck durchweg abgelehnt wird. Die vom Verletzten selbst vorgenommene Vergeltung wird als unzulässige Selbstjustiz betrachtet und strafrechtlich verfolgt, weil die schuldangemessene Sühnung von Straftaten durch rechtsstaatlich vertretbare Mittel dem Staat vorbehalten und Sache der Strafverfolgungsorgane und Gerichte ist. Über die strafrechtlichen Folgen bei Erwiderung einer → Beleidigung oder Körperverletzung auf der Stelle; → Absehen von Strafe.

Talon
→ Erneuerungsschein.

Tankrüssel
Die Regelung für die als Tankrüssel bezeichnete Ausstattung von Tankstellen enthalten die 20. bzw. 21. BImSchV, jeweils idF v. 18.8.2014 (BGBl. 2014 I 1447 bzw. 1453), beide mÄnd.

Tankstellenvertrag
→ Vertragshändler.

Tantieme
Die Tantieme ist eine Beteiligung, die in einem Prozentsatz des Umsatzes oder Gewinns besteht und meist neben einer festen Vergütung an Vorstandsmitglieder einer Aktiengesellschaft, Geschäftsführer u. dgl. gezahlt wird. Tantiemen erhalten auch → Urheber für die Verwertung ihrer → Nutzungsrechte.

Tanzveranstaltungen
Die Abhaltung von Tanzveranstaltungen oder auch Tanzlustbarkeiten, an denen die Besucher aktiv teilnehmen (auch Diskotheken ua; Gegensatz: tänzerische Vorführungen, s. → Schaustellungen von Personen), bedarf nach landesrechtlicher Regelung idR der Erlaubnis der Gemeinde oder unteren Verwaltungsbehörde. Die bisherige Kompetenzregelung in § 33b GewO wurde ersatzlos aufgehoben, wohl, da sie wegen Art. 74 Nr. 11 GG für entbehrlich gehalten wird. Sa § 5 JuSchG → Jugendschutz, → Vergnügungssteuer.

Taragewicht
Das Taragewicht ist das Gewicht der Verpackung, das beim → Handelskauf, wenn der Kaufpreis nach dem Gewicht der Ware bemessen wird, in Abzug zu bringen ist, falls sich nicht aus Vertrag oder Handelsbrauch etwas anderes ergibt (§ 380 HGB).

Tarifausschlussklausel
→ Tarifvertrag (2).

Tarifausschuss
→ Allgemeinverbindlichkeit.

Tarifautonomie
→ Koalitionsfreiheit.

Tarifbelastung
→ Körperschaftsteuer (3).

Tarifbindung
→ Tarifvertrag.

Tarifeinheit
Tarifeinheit war der früher vom Bundesarbeitsgericht (BAG) Grundsatz, dass in einem → Betrieb für alle Arbeitsverhältnisse nur ein → Tarifvertrag gelten soll; hierbei wurde auf die überwiegende Betriebstätigkeit abgestellt. Da → Gewerkschaften und → Arbeitgeberverbände nach dem → Industrieverbandsprinzip organisiert sind, konnten aber schon bisher Betriebe mit gemischter Tätigkeit (zB teils Metall-, teils Kunststoffverarbeitung) in den Geltungsbereich verschiedener Tarifverträge fallen (→ Tarifkonkurrenz). Nunmehr hat das BAG den Grundsatz der Tarifeinheit völlig aufgegeben, gewährt bei der Auslegung von vor dem 1.1.2002 vereinbarten → Bezugnahmeklauseln aber Bestandsschutz. Eine Bedeutung hat er aber weiter für Betriebsnormen (die nicht für einzelne Arbeitsverhältnisse gelten). Der Gesetzgeber hat versucht, über Regelungen zur → Tarifkollision die Problemlagen zu erfassen.

Tariffähigkeit
Tariffähigkeit ist die Fähigkeit, einen → Tarifvertrag abzuschließen. Tariffähig sind gem. § 2 TVG nur die → Gewerkschaften (sofern sie frei gebildet, weitgehend – ua in Finanzierung und Mitgliederbestand – frei von Einflüssen des Gegners, demokratisch und überbetrieblich organisiert sowie ausreichend sozial mächtig sind, um repräsentative Tarifverträge abschließen zu können) und → Arbeitgeberverbände (einschl. ihrer Spitzenorganisationen), ferner einzelne Arbeitgeber (praktisch nur bei größeren Betrieben; sog. Firmentarifvertrag) und → Handwerksinnungen (§ 54 HwO). Über die Tariffähigkeit und -zuständigkeit entscheiden die Gerichte für Arbeitssachen in einem besonderen → Beschlussverfahren (§ 97 ArbGG; erstinstanzliche Zuständigkeit der Landesarbeitsgerichte). Sa → Christlicher Gewerkschaftsbund.

Tarifgebundenheit
→ Tarifvertrag.

Tarifkollision
Gem. § 4a Tarifvertragsgesetz (TVG) gilt in Betrieben, in denen sich die Geltungsbereiche zweier → Tarifverträge überschneiden, normativ nur der Tarifvertrag, dessen tarifschließende Gewerkschaft im Betrieb mehr Mitglieder hat. Die nicht mehr zum Zuge kommende Gewerkschaft kann vom Arbeitgeber den Abschluss eines inhaltsgleichen Tarifvertrages als „Nachzeichnung" verlangen. Nach Aufgabe des Grundsatzes der → Tarifeinheit durch das BAG wollte der Gesetzgeber eine einheitliche Tariflandschaft in den Betrieben schaffen, wobei er sich aber für das Mehrheitsprinzip entschied und nicht wie früher das BAG auf die Spezialität eines Tarifvertrages abstellt. Zur Feststellung, welcher Tarifvertrag Vorrang hat, wurde ein besonderes → Beschlussverfahren vor den Arbeitsgerichten geschaffen. Problematisch ist einerseits der Bezug auf den Betrieb (nicht das Unternehmen, das allein tarifgebunden sein kann), was entgegen der Intention gerade unterschiedliche Tarifbindungen fördern kann und zudem für den gemeinsamen Betrieb mehrerer Unternehmen kaum zu sachgerechten Lösungen führen würde. Andererseits geht das Gesetz von der Vorstellung aus, dass Tarifverträge iW normativ (durch Mitgliedschaft in der Gewerkschaft bzw. dem Arbeitgeberverband) gelten. Dies ist aber nur selten der Fall, in der Praxis ergibt sich die Bindung aus → Bezugnahmeklauseln, die individualrechtlich wirken und kaum von § 4a TVG beeinflusst werden. Dies und die Begrenzung der Möglichkeiten der unterlegenen Gewerkschaft haben verfassungsrechtliche Bedenken geweckt. Das BVerfG hat das Gesetz zwar iW gehalten, seine Anwendung durch Auslegung aber praktisch unmöglich gemacht (BVerfG 6.10.2015 – 1 BvR 1571/15, BVerfGE 140, 211). Der Gesetzgeber hat zwischenzeitlich eine Anpassung an die Vorgaben des BVerfG vorgenommen, die aber die Regelung kaum klarer macht. Einen Verstoß des § 4a TVG gegen die Europäische Menschenrechtskonvention hat schließlich auch der EGMR verneint (EGMR 5.7.2022 – 815/18 – NZA 2022, 1058).

Ein Ziel des sog. Tarifeinheitsgesetzes, mit dem die o. a. Regelungen eingeführt wurden, war auch die Begrenzung von Arbeitskämpfen mit dem Argument, dass ein Arbeitskampf unzulässig sein könnte, wenn sein Ziel der Abschluss eines wegen Tarifkollision ohnehin unwirksamen Tarifvertrages ist (ablehnend BVerfG aaO, hieran hat sich durch die Anpassung des Gesetzes nichts geändert). Allerdings ist eine Unzulässigkeit des Arbeitskampfes schon deshalb zweifelhaft, weil währenddessen noch nicht klar ist, welche Gewerkschaft bei Abschluss des letzten konkurrierenden Tarifvertrages die Mehrheit der Belegschaft vertreten wird. Auch ist das – ohnehin nicht sicher funktionstüchtige – Verfahren zur Klärung der Mehrheitsverhältnisse nicht auf Eilverfahren abgestimmt, in denen jedoch über die Rechtmäßigkeit von Streiks iW entschieden wird.

Tarifkonkurrenz
Tarifkonkurrenz liegt vor, wenn die → Arbeitsverhältnisse in einem Betrieb in den Geltungsbereich mehrerer → Tarifverträge fallen. Nachdem der Grundsatz der → Tarifeinheit von der Rspr. aufgegeben worden ist, gilt nunmehr für jedes Arbeitsverhältnis der seinem Fachgebiet entsprechende Tarifvertrag, wenn kein gesetzlicher Fall der → Tarifkollision greift. Bei Betriebsnormen ist aber weiterhin eine Auflösung der Tarifkonkurrenz (nach Spezialität) erforderlich.

Tariflohn
→ Tarifvertrag, → Arbeitslohn, → übertarifliche Zulagen.

Tariföffnungsklausel
Tariföffnungsklausel nennt man die Möglichkeit, von einer gesetzlichen Regelung durch → Tarifvertrag (s. zB → befristetes Arbeitsverhältnis, § 14 II TzBfG) oder einem Tarifvertrag durch Einzelvereinbarung (insbes. → Betriebsvereinbarung) abzuweichen. Ähnliche Wirkung entfaltet für → Allgemeine Geschäftsbedingungen § 310 IV BGB. Sa → Öffnungsklausel.

Tarifordnung
Tarifordnungen waren durch die Treuhänder der Arbeit (staatliche Behörden) festgesetzte allgemeine Regelungen für Arbeitsverhältnisse, die besonders im öffentlichen Dienst auch nach dem Ende des Zweiten Weltkrieges in Geltung blieben, aber durch → Tarifvertrag abgelöst werden können (§ 10 TVG, § 13 DVO TVG). In Einzelfällen existieren Tarifordnungen noch heute (zB Versorgung von Bühnenarbeitnehmern).

Tarifpartner
Tarifpartner sind die Parteien eines → Tarifvertrags. Die Tarifpartner müssen → Tariffähigkeit besitzen.

Tarifregister
Das Tarifregister ist ein vom BMAS geführtes Verzeichnis, in dem Abschluss, Änderung und Aufhebung von → Tarifverträgen sowie die → Allgemeinverbindlicherklärung eingetragen werden (§ 6 TVG). Die Eintragung wirkt nicht rechtsbegründend. Das Ministerium kann aber die Eintragung ablehnen, wenn der Tarifvertrag rechtlich nicht existent ist. Einsicht in das Tarifregister steht jedermann zu (§ 14 TVGDV), auch wird auf der Website des BMAS ein eingeschränktes Auskunftsersuchen angeboten; ein Online-Zugriff existiert jedoch nicht, obwohl das Register inzwischen elektronisch geführt wird; ein Verzeichnis der für allgemeinverbindlich erklärten Tarifverträge kann ebenfalls auf der Website des BMAS abgerufen werden. Kopien der Tarifverträge können unter den Voraussetzungen von § 9 TVGDV von den Tarifvertragsparteien gegen Kostenerstattung angefordert oder bei Einsicht in das Tarifregister selbst erstellt werden. Auch einzelne Bundesländer halten ein Tarifregister vor.

Tariftreue
Im System der Mindestarbeitsbedingungen (→ Mindestlohn) versuchen einige Bundesländer, im ihnen nach der Kompetenz des Bundes verbliebenen Bereich der Arbeitsbedingungen für nach Landesrecht subventionierte Aufträge (allgemein bei Vergabe von Aufträgen, oft besonders im öffentlichen Nahverkehr) Mindestarbeitsbedingungen durch Tariftreuegesetze oder vergaberechtliche Mindestlöhne durchzusetzen. Dabei ist aber auch das Vergaberecht (und damit auch das Europarecht, → Vergaberichtlinie) zu beachten, das in § 128 I GWB zunächst den Auftragnehmern nur die Beachtung des geltenden Rechts (auch allgemeinverbindliche und normativ anwendbare → Tarifverträge) zur Pflicht macht. Die Versuche der Länder waren europarechtlich problematisch, die aktuellen Landesregelungen (die meisten Länder haben Tariftreuegesetze erlassen, der Bund hat nur in einem Spezialbereich eine Verordnung gem. § 185 SGB III erlassen) dürften durch die unmittelbare Festsetzung von Mindestbedingungen ohne Verpflichtungen betreffend Arbeitnehmer im Ausland europarechtlich zulässig sein. Problematisch kann aber das Sanktionenregime sein; soweit Vertragsstrafenverprechen verlangt werden, unterliegen diese zivilrechtlichen Kontrollen. Nach dem ab 1.1.2023 geltenden → Lieferkettensorgfaltspflichtengesetz sollen größere in Deutschland ansässige Unternehmen zudem darauf achten, dass auch entlang ihrer internationalen Lieferketten ua die → Koalitionsfreiheit und geltende → Mindestlöhne sowie → Arbeitsbedingungen gewahrt werden.

Tarifvertrag
1. Der Tarifvertrag ist ein privatrechtlicher → Vertrag zwischen tariffähigen Parteien (→ Tariffähigkeit); er regelt die Rechte und Pflichten der Tarifvertragsparteien – schuldrechtlicher Teil – und enthält Rechtsnormen über Abschluss, Inhalt und Beendigung von → Arbeitsverhältnissen sowie die Ordnung von betrieblichen und betriebsverfassungsrechtlichen Fragen – normativer Teil – (§ 1 I TarifvertragsG (TVG) v. 25.8.1969, BGBl. 1969 I 1323, mÄnd, und DVO, BGBl. 1989 I 76). Der Tarifvertrag bedarf der Schriftform (§ 1 II TVG). Der schuldrechtliche (obligatorische) Teil umfasst va die → Friedenspflicht; daneben kommen verschiedene sog. Selbstpflichten in Betracht (zB Unterhaltung von Wohlfahrtseinrichtungen), ferner die Einwirkungspflichten, nach denen die Tarfivertragsparteien verpflichtet sind, bei ihren Mitgliedern auf ein bestimmtes Verhalten hinzuwirken (zB Arbeitskampfmaßnahmen zu unterlassen, mit Außenseitern gleiche oder andere → Arbeitsbedingungen als die tariflichen abzuschließen). Der normative (rechtsetzende) Teil umfasst die Abschlussnormen (in welcher Form Arbeitsverträge abgeschlossen werden müssen, mit wem sie abgeschlossen werden sollen oder nicht abgeschlossen werden dürfen), die Inhaltsnormen (Regelung der → Arbeitsbedingungen, insbes. die Höhe des → Arbeitslohns, Form, Frist oder Verbot von → Kündigungen; sa → übertarifliche Zulagen), die Betriebsnormen (allgemeine Ordnung der Betriebe, zB Rauchverbote, Anwesenheitskontrollen; Fragen des → Betriebsverfassungsrechts, jedenfalls soweit nicht → Betriebsvereinbarungen eingreifen) und sonstige Normen (Regelung für gemeinsame Einrichtungen der Tarifvertragsparteien; Bestimmungen über den Geltungsbereich des Tarifvertrages). Sa → Manteltarifvertrag.

2. Tarifgebundenheit besteht nur im Geltungsbereich des Tarifvertrages (§ 3 TVG): Räumlich gilt er beim Verbandstarifvertrag für

das ganze Gebiet (Bund, Land, Bezirk oder Ort) der Tarifvertragsparteien, beim Haus-, Firmen- oder Einzeltarifvertrag nur für diese Betriebe. Zeitlich gilt der Tarifvertrag iZw für den Zeitraum, in dem er besteht; Rückwirkung kann vereinbart werden, Nachwirkung nicht; jedoch behalten die Arbeitsverhältnisse den durch Tarifvertrag herbeigeführten Inhalt, bis sie durch neue Abmachungen ersetzt werden (§ 4 V TVG, ges. Nachwirkung). Persönlich gilt der Tarifvertrag für die Mitglieder der Tarifvertragsparteien, soweit sie nicht zu einem Teil darin ausgenommen sind. Eine unterschiedliche Behandlung von gewerkschaftlich organisierten und anderen Arbeitnehmern (sog. Außenseiterklausel, Tarifausschlussklausel), ist nach der Rspr. iW unzulässig. Sachlich (fachlich) gilt er für die darin aufgeführten Gruppen von Arbeitnehmern, zB Elektriker, Schlosser, Dreher, Hilfsarbeiter. Der Geltungsbereich des Tarifvertrages erweitert sich im Falle der → Allgemeinverbindlichkeit (s. dort auch über Mindestlöhne). Eine faktische Erweiterung durch Verpflichtung der Unternehmer zur → Tariftreue ist europarechtlich problematisch. Außerhalb von Allgemeinverbindlicherklärungen ist die normative Wirkung eines Tarifvertrages aber faktisch eher die Ausnahme, weil oft jedenfalls der Arbeitnehmer nicht tarifgebunden ist. Häufig ist jedoch einzelvertraglich eine → Bezugnahmeklausel vereinbart.

3. Wirkung des normativen Teils: Durch den Tarifvertrag (Abschluss- und Inhaltsnormen) werden in seinem Geltungsbereich die Arbeitsverhältnisse unmittelbar erfasst und so gestaltet, wie es der Tarifvertrag bestimmt (§ 4 I 1 TVG). Für die Betriebsnormen und die sonstigen Normen gilt das entsprechend; Änderungen sind unzulässig (Sperrwirkung des TV, § 4 I 2, II TVG). Sind auf ein Arbeitsverhältnis mehrere Tarifverträge anwendbar, gelten Regelungen für die → Tarifkollision. Abweichungen durch Einzelvertrag zwischen Arbeitgeber und Arbeitnehmer sind nur zulässig, wenn es der Tarifvertrag gestattet oder wenn die Regelung für den Arbeitnehmer günstiger (nicht bloß neutral, bemessen nach Sachgruppen wie zB Urlaub) ist (sog. Günstigkeitsprinzip). Ein → Verzicht auf durch Tarifvertrag erworbene Rechte ist grds. unzulässig, eine → Verwirkung überhaupt ausgeschlossen (§ 4 IV TVG). Der schuldrechtliche Teil wirkt nur zwischen den Tarifvertragsparteien. Die Rechtsfolgen bei → Unmöglichkeit, → Verzug und → positiver Vertragsverletzung richten sich nach dem allgemeinen Schuldrecht. Streitigkeiten werden durch die → Arbeitsgerichte entschieden (§ 2 I Nr. 1 ArbGG). Der Abschluss von Tarifverträgen kann durch → Schlichtung gefördert werden.

4. Die → Kirchen schließen mit einigen Ausnahmen im Bereich der evangelischen Kirchen keine Tarifverträge. Die Festlegung der Arbeitsbedingungen erfolgt auf dem sog. → Dritten Weg. Zu den Tarifverträgen im öffentlichen Dienst s. insbes. → TV-H, → TV-L, → TVöD u. → TVÜ.

Tarifvertrag für den öffentlichen Dienst
→ TVöD und → TV-L; sa → TV-H, → TVÜ, → BAT.

Tarifvertragspartei
→ Tariffähigkeit.

Tarnorganisationen
Tarnorganisationen sind Organisationen, die nicht selbst den Charakter einer politischen → Partei haben, aber in versteckter Weise deren Ziele verfolgen. Sie treten in mannigfachen Formen und unter den verschiedensten Zweckangaben auf, zB als Vereinigung zu wirtschaftlichen oder kulturellen Zwecken. Auch ihr Verhältnis zu der unterstützten Partei ist oft sehr unterschiedlich gestaltet; häufig sind sie Nebenorganisationen. Tarnorganisationen fallen nicht unter die Sonderregelung des Art. 21 GG. Sie können nach Art. 9 II GG verboten werden, wenn ihre Zwecke oder Tätigkeiten den Strafgesetzen zuwiderlaufen oder sich gegen die verfassungsmäßige Ordnung oder den Gedanken der Völkerverständigung richten (→ Vereinsgesetz). Von den Tarnorganisationen sind die Ersatzorganisationen zu unterscheiden, die unter den Parteibegriff und damit unter Art. 21 GG fallen, da sie anstelle einer verbotenen Partei gebildet werden, also diese fortsetzen, nicht eine bloße Nebenorganisation darstellen. Über die Strafbarkeit von Personen, die verbotene Organisationen errichten, fortführen oder unterstützen, → Organisationsdelikte.

Taschengeld
(Ehegatten, Kinder) → Unterhaltspflicht der Ehegatten, → Vermögenssorge, → Geschäftsfähigkeit.

Taschengeldparagraph
(Minderjährige) → Geschäftsfähigkeit.

Taschenpfändung
Taschenpfändung wird die vom → Gerichtsvollzieher nach § 808 ZPO vorgenommene Pfändung von Sachen genannt, die der Schuldner in Taschen oder ähnlichen Behältnissen bei sich führt (zB Geld).

Tatbestand
1. Im Strafrecht → Straftat.

2. Im allgemeinen juristischen Sprachgebrauch versteht man unter Tatbestand die einem Rechtsfall zugrundeliegenden Tatsachen (den Sachverhalt, die Tatfrage) im Gegensatz zu den darauf anwendbaren Rechtsnormen (die Rechtsfrage). Vgl. → Da mihi factum, dabo tibi ius.

Tatbestand des Urteils
Tatbestand des → Urteils ist der Teil, in dem die → Klageanträge, die von den Parteien vorgetragenen oder vom Gericht festgestellten Tatsachen, die Beweisangebote und -ergebnisse sowie die für das Urteil wesentliche Prozessgeschichte nach gewissen Regeln dargestellt

werden. Der Tatbestand hat die Beweiskraft einer öffentlichen → Urkunde (§ 314 ZPO). Er kann von Amts wegen oder auf Antrag berichtigt werden, soweit er offenbare Unrichtigkeiten enthält, zB Schreib- oder Rechenfehler, außerdem auf Antrag wegen anderer Unrichtigkeiten, insbes. bei Auslassungen oder Widersprüchen (§§ 319 f. ZPO, §§ 118 f. VwGO, §§ 107 f. FGO, §§ 138 f. SGG; für das Strafverfahren → Berichtigung). Findet ein → Rechtsmittel gegen das Urteil nicht statt oder verzichten die Parteien hierauf, so bedarf es grds. keines Tatbestands (§ 313a ZPO). Die tatbestandlichen Feststellungen des Tatsachengerichts sind für die → Revision grds. bindend. Dem Tatbestand entspricht der Bericht eines → Gutachtens und der Sachverhalt eines → Beschlusses. Das Urteil des Strafgerichts enthält keinen selbständigen Tatbestand, sondern in einem anderen Aufbau statt dessen tatsächliche Feststellungen, Beweisergebnisse und in bestimmtem Umfang Prozessgeschichte.

Tatbestandsausschließendes Einverständnis
→ Einwilligung des Verletzten 4.

Tatbestandsberichtigung
→ Berichtigung (1), → Tatbestand des Urteils.

Tatbestandsirrtum
→ Irrtum (2).

Tatbestandsmerkmale
→ Straftat.

Tatbestandswirkung, Feststellungswirkung
In bestimmten gesetzlich geregelten Fällen ist eine andere Behörde an die von einem Gericht getroffene Sachverhaltsfeststellung, uU auch an die hieraus gezogenen Folgerungen gebunden. Diese Wirkung spielt insbes. im → Disziplinarrecht eine Rolle, in dem der Grundsatz gilt, dass im Falle der strafgerichtlichen Verurteilung eines Beamten die diese begründenden tatsächlichen Feststellungen des Strafgerichts für das Dienstgericht bindend sind (von ihnen kann nur ausnahmsweise abgewichen werden); im Falle der Freisprechung durch das Strafgericht darf wegen der Tatsachen, die Gegenstand des Verfahrens gewesen sind, ein Disziplinarverfahren nur stattfinden, wenn die Handlungsweise des Beamten sich auch abgesehen von der strafrechtlichen Beurteilung als Dienstvergehen darstellt (zB disziplinäre Verfolgung eines Kassenbeamten wegen unsachgemäßer Buchführung trotz Freispruchs von der Amtsunterschlagung). Vgl. §§ 18, 17 V BDisziplinarO und für Soldaten §§ 8, 30, 39, 77 WehrdisziplinarO.

Im Strafverfahren wegen Beleidigung gilt eine Feststellungswirkung zugunsten des Angeklagten, der den Beleidigten einer Straftat bezichtigt hatte, wenn dieser wegen der Tat rechtskräftig verurteilt worden ist; ist er rechtskräftig freigesprochen worden, so ist dem Beleidiger der Wahrheitsbeweis abgeschnitten (§ 190 StGB). Sa → Bindungswirkung gerichtlicher Entscheidungen.

Tateinheit
→ Konkurrenz von Straftaten.

Tatgericht
nennt man das Gericht, das (auch) über die Feststellung des Sachverhalts (Tatbestands) entscheidet, im Gegensatz zum Revisionsgericht, das nur über Rechtsfragen entscheidet und dabei den vom Tatgericht ermittelten Sachverhalt zugrundelegt, sofern er rechtsfehlerfrei festgestellt wurde. Tatortgericht bezeichnet die örtliche Zuständigkeit eines Strafgerichts auf Grund des → Tatorts.

Tathandlung
→ Rechtshandlung.

Tatherrschaft
Die Tatherrschaft bildet ein wesentliches Kriterium bei der Abgrenzung zwischen der → Mittäterschaft und der → Teilnahme an einer Straftat, insbes. der → Beihilfe. Sie wird definiert als das vom → Vorsatz umfasste In-den-Händen-Halten des tatbestandlichen Geschehens, für welches der Täter die Position einer planvoll lenkenden Zentralgestalt einnimmt, während ein Teilnehmer nur eine die Tat veranlassende oder fördernde Randfigur darstellt. Nach einer im strafrechtlichen Schrifttum vorherrschenden Lehre bildet die Tatherrschaft und damit ein objektives Kriterium die entscheidende Voraussetzung dafür, einen Beteiligten als → Täter iSd § 25 StGB zu qualifizieren, wobei dieses mit dem Erfordernis des planvollen Lenkens zugleich ein subjektives Element einschließt. Auch die Rechtsprechung misst der Tatherrschaft hierfür wesentliche Bedeutung bei, dies allerdings im Rahmen einer umfassenderen Betrachtung, die im Ausgangspunkt primär auch auf subjektive Elemente abstellt, nämlich den sog. Täterwillen, das Interesse an der Tat sowie den Willen zur Tatherrschaft (näher → Mittäterschaft 1). Bei der → mittelbaren Täterschaft lassen sich die in verschiedenen Fallgruppen beim Tatmittler (Werkzeug) erforderlichen Defizite zugleich als Umstände verstehen, die dem steuernden mittelbaren Täter Tatherrschaft verschaffen.

Auch aus Sicht der Rechtsprechung allein maßgeblich ist die Tatherrschaft dagegen für die Abgrenzung zwischen einer eigenverantwortlichen → Selbstgefährdung oder -schädigung einerseits und einer → einverständlichen Fremdgefährdungbzw. Fremdschädigung andererseits (für den Bereich der Gefährdung im strafrechtlichen Schrifttum str.). Sie ist erforderlich zB in Fällen, in denen zwischen einer (Fremd-)Tötung auf Verlangen iSd § 216 StGB und der bloßen straflosen Beteiligung an einer Selbsttötung (→ Tötung 1c, 3) zu unterscheiden ist. Vorgenommen wird sie anhand der Frage, wer die Tatherrschaft über den letzten, zum Taterfolg (→ Erfolgsdelikt) bzw. zur konkreten Gefahr führenden Akt innehatte (zB BGHSt 64, 121).

Tatinterlokut
→ Schuldinterlokut.

Tatmehrheit
→ Konkurrenz von Straftaten.

Tatort
ist ein insbes. für den → Gerichtsstand wichtiger Begriff (→ örtliche Zuständigkeit, § 7 StPO, § 32 ZPO); strafrechtlich fällt darunter jeder Ort, an dem der Täter gehandelt hat oder (beim → Unterlassungsdelikt) hätte handeln müssen, sowie jeder Ort, an dem der Taterfolg eingetreten ist oder nach der Vorstellung des Täters eintreten sollte. Bei mehraktigen → Handlungen, → Dauerdelikten oder → Distanzdelikten wird also der Ort eines jeden Teilaktes erfasst. Für Teilnehmer (Beteiligte) gelten Sonderregelungen. Vgl. § 9 StGB, § 7 OWiG.

Tatsache
Tatsache bedeutet im juristischen Sprachgebrauch – im Gegensatz zum Rechtsbegriff – einen sinnlich wahrnehmbaren oder feststellbaren Zustand oder Vorgang, der einem Nachweis bzw. Beweis zugänglich ist. Tatsachen sind zB Veränderungen an Sachen, menschliche Handlungen, auch geistige oder seelische Zustände wie Kenntnis bestimmter Vorgänge, Wille zu bestimmten Handlungen. Die Tatsachen bilden die Grundlage der → Subsumtion und damit der Rechtsanwendung. Einfache Rechtsbegriffe (zB Eigentum, Mietverhältnis) werden wie Tatsachen behandelt, wenn sie zwischen den Parteien oder Beteiligten außer Streit stehen. Sa → notorische Tatsache. Bei einem → Irrtum des Täters ist im Strafrecht von Bedeutung, ob sich dieser auf Tatsachen oder rechtliche Wertungen bezieht.

Tatsacheninstanz
→ Berufung, → Revision. Sa → Beschwerde, → Rechtsbeschwerde.

Tatstrafrecht
→ Strafrecht (1a).

Tattoo
→ Tätowierung.

Tatverdacht
Im Strafverfahren werden mehrere Ausprägungen des Tatverdachts unterschieden, die in verschiedenen prozessualen Situationen relevant sind:

1. Ein sog. Anfangsverdacht ist gegeben bei zureichenden tatsächlichen Anhaltspunkten für eine begangene, verfolgbare Straftat (§ 152 II StPO). Bloße Vermutungen genügen hierfür nicht. Der Anfangsverdacht verpflichtet die → Staatsanwaltschaft nach dem → Legalitätsprinzip zum Einschreiten, dh zur Einleitung eines → Ermittlungsverfahrens in Strafsachen.

2. Ein sog. „hinreichender Tatverdacht" ist Voraussetzung für die → Anklageerhebung und -zulassung sowie die Eröffnung des Hauptverfahrens (§ 203 StPO, → Eröffnungsverfahren). Er liegt vor, wenn bei Abschluss des Ermittlungsverfahrens eine Verurteilung des Beschuldigten wahrscheinlich ist; insoweit ist eine Prognose zu erstellen.

3. Ein sog. dringender Tatverdacht ist insbes. erforderlich, wenn gegen einen Beschuldigten ein → Haftbefehl ergehen und → Untersuchungshaft angeordnet werden soll (§ 112 I 1 StPO). Er setzt voraus, dass der Beschuldigte mit großer Wahrscheinlichkeit → Täter oder Teilnehmer einer verfolgbaren Straftat (→ Teilnahme an einer Straftat) ist.

Die drei Formen des Tatverdachts werden oft in einem Stufenverhältnis hinsichtlich der Stärke des Verdachts gesehen. In einem solchen stehen aber nur der Anfangsverdacht (1) und der dringende Tatverdacht (3): Sie sind während des gesamten Strafverfahrens relevant, da es bei Wegfall des Anfangsverdachts (bzw. Fehlen weiterer Ermittlungsansätze) zu beenden ist und auch die Prüfung eines dringenden Tatverdachts jederzeit bis zur rechtskäftigen Aburteilung erforderlich werden kann, wenn Untersuchungshaft als Instrument der Verfahrenssicherung eingesetzt werden soll. Die Voraussetzungen sind am jeweiligen aktuellen Erkenntnisstand zu bemessen, wobei ein dringender Tatverdacht während des Rechtsmittelverfahrens schon durch eine erstinstanzliche Verurteilung ausreichend belegt wird. Die Prüfung eines hinreichenden Tatverdachts (2) ist dagegen spezifisch zu beziehen auf den Erkenntnisstand bei Ende des Ermittlungsverfahrens bzw. des Eröffnungsverfahrens. Vor Abschluss der Ermittlungen kann sein Vorliegen noch nicht beurteilt werden. Auch wenn mit dem dringenden Tatverdacht allgemein zugleich der stärkste Verdachtsgrad bezeichnet wird, so setzt ein solcher daher gerade am Anfang der Ermittlungen nicht voraus, dass auch ein hinreichender Tatverdacht bereits zu bejahen ist.

Insbes. die Zulässigkeit des Einsatzes bestimmter Ermittlungsmaßnahmen, die mit gewichtigen Eingriffen in Grundrechte verbunden sind, hängt nach der StPO häufig noch von zusätzlichen Qualitäten eines Tatverdachts ab. So setzen etwa § 100a I 1 Nr. 1 StPO, § 100b I Nr. 1 StPO, § 100f I StPO und § 100g I 1 Nr. 1 StPO (→ Telekommunikationsüberwachung) jeweils voraus, dass der Verdacht durch „bestimmte Tatsachen" begründet ist. Was dies konkret bedeutet, ist umstritten. Gemeint ist wohl kein gegenüber dem Anfangsverdacht gesteigerter Verdachtsgrad, sondern ein Verdacht auf besonders konkret ermittelter Faktengrundlage (vgl. auch BVerfG Urt. v. 14.7.1999 – 1 BvR 2226/94, BVerfGE 100, 313: „konkrete und in gewissem Umfang verdichtete Umstände als Tatsachenbasis für den Verdacht"). Bei mehreren der genannten Eingriffsnormen muss sich der Verdacht zudem auf Straftaten einer bestimmten Qualität beziehen (zB „schwere Straftaten" mit Enumeration nach § 100a II StPO, „besonders schwere Straftaten" mit Enumeration nach § 100b II StPO, „im Einzelfall schwerwiegende Straftat" nach § 100 f I StPO, „Straftat von im Einzelfall erheblicher Bedeutung" nach § 100g I 1 Nr. 1 StPO). Andere Ermittlungsmaßnahmen setzen den Tatverdacht einer Straftat von „erheblicher Bedeutung" voraus, etwa § 81g I 1 StPO, § 100h I 2 StPO, § 163e I 1 StPO, § 163 f I 1 StPO, § 163g I StPO. Der Verdacht muss sich dann mindestens auf eine Tat mittlerer Kriminalität (keine Bagatelldelikte) beziehen, die den Rechtsfrieden empfindlich stört und geeignet ist, das Gefühl der Rechtssicherheit der Bevölkerung erheblich zu beeinträchtigen.

Taubstumme
→ Schuldunfähigkeit; → Testierfähigkeit.

Tausch
Anders als beim → Kauf besteht beim Tausch die Gegenleistung für einen hingegebenen Gegenstand nicht in Geld, sondern in anderen Vermögens- oder sonstigen Werten. Der Annahme eines Tausches steht nicht entgegen, dass die Differenz zwischen den beiderseitigen Leistungen in Geld ausgeglichen wird; ist jedoch die Geldzahlung das Entscheidende (zB bei Anrechnung eines in Zahlung genommenen gebrauchten Autos auf den Kaufpreis für einen neuen Pkw), so liegt ein Kauf mit teilweiser Annahme an → Erfüllungs Statt vor. Der Unterschied ist rechtlich kaum von Bedeutung, da auf den Tausch die Vorschriften über den Kauf, zB über gegenseitige Ansprüche auf → Gewährleistung, entsprechende Anwendung finden, § 480 BGB. Sa → Kompensationsgeschäft.

Tausch von Anteilen an Kapitalgesellschaften
Steuerlich ist der Tausch von Anteilen an Kapitalgesellschaften ein typischer Fall der steuerpflichtigen Veräußerung der hingegebenen Anteile und des steuerpflichtigen Erwerbs der erhaltenen Anteile. Der Tausch führt generell zur Gewinnrealisierung. Die Grundsätze des sog. Tauschgutachtens (BMF 9.2.1998, BStBl. I 1998, 163) sind überholt.

Tauschverwahrung
→ Depotgeschäft.

Taxen
Taxen im Rechtssinne sind Vergütungssätze für gewerbliche Leistungen. Taxen von praktischer Bedeutung bestehen heute vor allem im Bereich der Beförderungsentgelte für → Personenbeförderung und im → Schornsteinfegerwesen. Ist bei einem → Dienstvertrag oder → Werkvertrag die Höhe der Vergütung nicht bestimmt, so gilt die taxmäßige Vergütung als vereinbart (§ 612 II BGB, § 632 II BGB). Taxen in diesem Sinne sind festgelegte Gebühren, insbes. die der Rechtsanwälte, Steuerberater, Ärzte und Zahnärzte, bei Architekten und Ingenieuren der Mindestsatz nach HOAI (→ Architektenvertrag).

Taxenstand
An einem durch → Verkehrszeichen gekennzeichneten Taxenstand ist allen übrigen Fahrzeugen das Halten verboten; sa → Taxi.

Taxi
1. Auf der Straße ist Verkehr mit Taxen die → Personenbeförderung mit Personenkraftwagen, die der Unternehmer an behördlich zugelassenen Stellen bereithält und mit denen er Fahrten zu einem vom Fahrgast bestimmten Ziel ausführt (§ 47 PBefG idF v. 8.8.1990, BGBl. 1990 I 1690 mÄnd). Es handelt sich um eine Form von → Gelegenheitsverkehr. Ein Taxi kann, anders als → Mietwagen, am → Taxenstand bereitgestellt oder während einer Fahrt geordert werden.

2. Der Betrieb bedarf der Genehmigung (§ 2 PBefG), die nur erteilt wird, wenn die Sicherheit des Betriebs sowie die Zuverlässigkeit und fachliche Eignung des Unternehmers (→ Kraftverkehrsunternehmer) gewährleistet sind (§ 13 I PBefG). Die Genehmigung ist zu versagen, wenn die öffentlichen Verkehrsinteressen dadurch beeinträchtigt werden, dass das örtliche Taxigewerbe in seiner Funktionsfähigkeit bedroht wird (§ 13 IV PBefG). Im Rahmen dieser → Bedürfnisprüfung sind ua Nachfrage nach Beförderungsaufträgen, Entwicklung der Ertragslage und die Gründe für Geschäftsaufgaben zu berücksichtigen. Zur Feststellung der Voraussetzungen kann die Verwaltungsbehörde einen Beobachtungszeitraum von höchstens 1 Jahr einschalten, in dem keine Genehmigungen erteilt werden. Für Neugenehmigungen ist die Reihenfolge der Anträge grundsätzlich maßgebend (§ 13 V PBefG). Die Genehmigung wird für höchstens 5 Jahre erteilt (§ 16 IV PBefG). Wer ein Taxi führt bedarf neben der → Fahrerlaubnis einer zusätzlichen Fahrerlaubnis zur Fahrgastbeförderung. Sie ist zu erteilen, wenn ein Fachkundenachweis vorgelegt wird (§ 48 FeV). Der frühere Nachweis der Ortskenntnis (Taxischein) ist entfallen; dafür müssen Taxen mit einem Navigationsgerät ausgerüstet sein (§ 28a BOKraft).

3. Es bestehen → Betriebspflicht, → Beförderungspflichtund Tarifpflicht. Der Umfang der Betriebspflicht, Beförderungsbedingungen und -entgelte, die Ordnung auf Taxenständen sowie Einzelheiten des Dienstbetriebes werden auf kommunaler Ebene bestimmt (§§ 47, 51 PBefG). Unzulässig ist es jedoch, Taxen zu verpflichten, nur an Taxenständen auf Kunden zu warten (Standpflicht). Weitere Unternehmerpflichten regeln die §§ 3–6 BOKraft. Diese Verordnung bestimmt auch die Anforderungen an das Aussehen (grundsätzl. hellelfenbeinfarben, Verbot der Werbung, außer auf den seitlichen Fahrzeugtüren, sowie der politischen oder religiösen Werbung) und an wesentliche Ausrüstungsgegenstände, wie den Fahrpreisanzeiger, sowie die Grundlagen für

die Entgeltforderung und die Pflicht, den kürzesten Fahrweg zu wählen (§§ 37–39 BOKraft). Nach § 29 StVZO und Anl. VIII zur StVZO (Nr. 2.1.2.2.) ist jedes Jahr eine Hauptuntersuchung durchzuführen. Den Halter trifft die in § 8a StVG geregelte Haftung für Tötung oder Verletzung beförderter Personen. Die Haftung für Sachschäden ist gem. § 23 PBefG beschränkbar.→ Fahrgastbeförderung, → Uber-Fahrdienste.

Taxiboot
Ein Taxiboot oder Wassertaxi war gem. Anh. X, Teil I, Kap. 9, § 9.01 der Anlage zur im Oktober 2018 außer Kraft getretenen BinSchUO ein kleines Fahrgastschiff, das zwischen verschiedenen Anlegestellen ohne festen Fahrplan verkehrte und eine Länge von höchstens 12 Metern haben durfte. Seine Besatzung musste aus mindestens 2 Personen bestehen. Es hatte den technischen Anforderungen nach § 5 iVm Anh. X der BinSchUO aF zu genügen. Die BinSchUO v. 21.9.2018 (→ Binnenschifffahrt) enthält zwar den Begriff Taxiboot nicht mehr, sie regelt aber nun die Anforderungen an die entgeltliche Beförderung von Fahrgästen (§ 31 BinSchUO). → Fahrgastboote.

Taxonomie
Der Begriff der Taxonomie bedeutet so viel wie Klassifizierungs- oder Ordnungssystem. Als Taxonomie-Verordnung bezeichnet man daher die VO (EU) 2020/852 v. 18.6.2020 über die Einrichtung eines Rahmens zur Erleichterung nachhaltiger Investitionen (ABl. EU 2020 L 198, 13). Mit dieser Verordnung sowie weiteren Delegierten Verordnungen schafft die Europäische Union ein System für die Beurteilung, welche Investitionen einen wesentlichen Beitrag zur Erreichung der Klimaschutzziele der Union (→ Klimaschutz) leisten, also nachhaltig sind, und welche nicht. Näheres unter → nachhaltige Investitionen.

TdL
Die Tarifgemeinschaft deutscher Länder (TdL) bezeichnet den Zusammenschluss der deutschen Bundesländer zu einer Arbeitgebervereinigung. Derzeit sind 14 Länder Mitglied der TdL. Das Land Berlin wurde im Jahr 1994 wegen eines Verstoßes gegen die Grundsätze der TdL aus dieser ausgeschlossen, das Land Hessen hingegen trat aus der Arbeitgebervereinigung im Jahr 2004 aus. Aufgabe der TdL ist es, Tarifverträge und andere Vereinbarungen abzuschließen, so zB für den öffentlichen Dienst mit den Tarifvertragspartnern ver.di und dbb tarifunion. Sa → TVÖD, → TV-L, → TV-H.

Technische Anleitung (TA)
Technische Anleitungen (TA) sind vom zuständigen BM zentral erlassene → Verwaltungsvorschriften zu technischen Voraussetzungen des Gesetzesvollzugs (zB BImSchG, KrWG). Man misst ihnen den Charakter genereller, antizipierter Gutachten zu, die im Gerichtsverfahren nur beschränkt überprüfbar sind. Wichtige TA sind die TA Luft und die TA Lärm. Nach der Rechtsprechung des EuGH erfüllen TA mangels Außenwirkung nicht die Voraussetzungen an eine normative Umsetzung von Richtlinien der EU.

Technische Arbeitsmittel
waren gem. Geräte- und Produktsicherheitsgesetz v. 6.1.2004 (BGBl. 2004 I 2, 219) mÄnd (außer Kraft mit Wirkung v. 1.12.2011) Produkte. Aus Gründen der Rechtsklarheit wird der Begriff im Rahmen des neugeordneten → Geräte- und Produktsicherheitsrechts nicht mehr verwendet, sondern es wird nur noch von Produkten bzw. Verbraucherprodukten gesprochen. Der Begriff behält aber weiterhin Bedeutung, zB im Anwendungsbereich der VO ü. die → Betriebssicherheit. Zu den (maschinen-)technischen Arbeitsmitteln zählen verwendungsfertige Arbeitseinrichtungen, die bestimmungsgemäß ausschließlich bei der Arbeit verwendet werden (zB Bohrmaschine), einschließlich Zubehörteilen (zB Bohrer) und Schutzausrüstungen wie etwa eine Schutzbrille. Das → Konformitätszeichen CE sowie die Zuerkennung und Bescheinigung des GS-Zeichens („Geprüfte Sicherheit“) regeln die §§ 7 u. 20 ff. ProdSG. Technische Arbeitsmittel sind auch → überwachungsbedürftige Anlagen. Sa → energieverbrauchsrelevante Produkte.

Technische Aufzeichnungen
Strafschutz von – → Fälschung techn. Aufzeichnungen, → Urkundenunterdrückung, -vernichtung.

Technische Normen
→ Normung.

Technische Regeln, Regeln der Technik
Die allgemein anerkannten technischen Regeln nehmen auf die durch → Normung festgelegten Standards Bezug. Die höchsten Ansprüche werden mit der Formel Stand der Technik (für das Immissionsschutzrecht definiert in § 3 VI BImSchG) oder Stand von Wissenschaft und Technik erfasst. Soweit Gesetz oder Verträge auf die allgemein anerkannten technischen Regeln verweisen, ergibt sich bei Veränderung der betreffenden Normen das Problem, ob die Verweisung als dynamisch zu verstehen ist oder nicht. Leistungen, die nicht den allgemein anerkannten technischen Regeln entsprechen sind auch ohne besondere Vereinbarung üblicherweise mangelhaft (§ 633 BGB, → Werkvertrag). Im → Umweltrecht stellt – insbes. auf EU-Ebene – die → beste verfügbare Technik (vgl. auch § 3 VI - VIe BImSchG) den höchsten Standard dar. Im Übrigen unterliegen diese Formeln einer ständigen Weiterentwicklung. Sa → Anlage (1.), → gemeingefährliche Straftaten.

Technische Überprüfung von Kraftfahrzeugen
→ Überwachung von Kfz.

Technische Überwachungsorganisationen
→ Überwachungsstelle.

Technische Verbesserungsvorschläge
→ Arbeitnehmererfindung.

Technischer Minderwert
→ Schadensersatz (3).

Technisches Hilfswerk
(THW). Das THW ist im Rahmen der Bundesanstalt Technisches Hilfswerk organisiert. Tätigkeit gemäß Helferrechtsgesetz vom 22.1.1990 (BGBl. 1990 I 118). Zur Dienststellung der Helfer vgl. die VO vom 7.11.1991 (BGBl. 1991 I 2064).

Technologietransfer-GVO
Die Technologietransfer-GVO (VO (EU) 316/2014, ABl. EU 2014 L 93, 17) stellt Technologietransfer-Vereinbarungen (zB Patent-, Know-how- und Software-Lizenzverträge) im Wege der → Gruppenfreistellungsverordnung vom Verbot wettbewerbsbeschränkender Vereinbarungen im → Kartellrecht frei. Nicht freistellungsfähig sind Vereinbarungen mit → Schwarzen Klauseln (vgl. Art. 4 GVO). Die Freistellung gilt nur, soweit bei Wettbewerbern als Vertragsparteien deren gemeinsamer Marktanteil 20%, bei Nichtwettbewerbern der jeweilige Marktanteil 30% nicht übersteigt. Die → Europäische Kommission hat zur Auslegung der Technologietransfer-GVO Leitlinien mitgeteilt (ABl. EG 2014 C 89, 3).

Tegernseer Gebräuche
Tegernseer Gebräuche mit dem offiziellen Namen „Gebräuche im inländischen Handel mit Rundholz, Schnittholz, Holzwerkstoffen und anderen Holzhalbwaren" sind Handelsusancen im Holzhandel und sind vom Gesamtverband des Deutschen Holzhandels e. V. herausgegeben. Sie sind → Handelsbrauch iSd § 346 HGB, werden von den einschlägigen Kaufleuten beachtet und sind von der Rechtsprechung anerkannt. Die Tegernseer Gebräuche regeln ua die Vertragsbegründung und -abwicklung im Holzhandel einschließlich der Gewährleistung und definieren die zu beachtenden Güteklassen.

Teilakzept
→ Akzept.

Teilanfechtung
→ Rechtsmittel und die meisten → Rechtsbehelfe können in der Weise beschränkt werden, dass nur ein Teil der Entscheidung angefochten wird. Je nach Art der Entscheidung und nach dem Wesen der betreffenden Verfahrensordnung können bestimmte Beschränkungen unzulässig sein, insbes. wenn die Entscheidung über den nichtangefochtenen Teil sich nicht vom angefochtenen trennen lässt. Bei der Teilanfechtung ist über den zulässigerweise nicht angefochtenen Teil nicht mehr zu entscheiden, wenn nicht ein anderer Beteiligter oder die andere Partei ebenfalls die Entscheidung insoweit anficht. Für das Strafverfahren → Teilvollstreckung einer Strafe.

Teilannahme
→ Akzept.

Teilarbeitslosengeld
Anspruch auf Teilarbeitslosengeld als Leistung der → Arbeitsförderung nach dem SGB III hat wer als Arbeitnehmer oder Arbeitnehmerin teilarbeitslos ist, sich teilarbeitslos gemeldet hat und die Anwartschaftszeit für Teilarbeitslosengeld erfüllt hat. Teilarbeitslos ist, wer eine versicherungspflichtige Beschäftigung verloren hat, die er neben einer weiteren versicherungspflichtigen Beschäftigung ausgeübt hat und eine versicherungspflichtige Beschäftigung sucht. Die Anwartschaftszeit hat erfüllt, wer in den letzten zwei Jahren neben der weiterhin ausgeübten Tätigkeit mindestens 12 Monate eine weitere versicherungspflichtige Beschäftigung ausgeübt hat → Rahmenfrist. Die Dauer des Anspruchs auf Teilarbeitslosengeld ist auf 6 Monate begrenzt, im Übrigen gelten die Regelungen über das → Arbeitslosengeld bei Arbeitslosigkeit entsprechend (§ 162 SGB III). Der Anspruch auf Teilarbeitslosengeld erlischt durch die Aufnahme einer Erwerbstätigkeit von mehr als zwei Wochen bzw. einer Arbeitszeit von mehr als 5 Wochenstunden. Er erlischt ferner, wenn ein Anspruch auf Arbeitslosengeld besteht oder spätestens ein Jahr nach Ablauf seit Anspruchsentstehung. Teilarbeitslosigkeit kommt in der Praxis nur sehr selten vor.

Teilbare Sache
→ Sache.

Teilbesitz
→ Besitz.

Teilbetrieb
ist ein mit gewisser Selbständigkeit ausgestatteter, organisatorisch geschlossener Teil des Gesamtbetriebs, der für sich allein lebensfähig ist. → Veräußerungsgewinne.

Teilcharter
Teilcharter ist ein → Chartervertrag, der sich auf einen verhältnismäßigen Teil des Schiffs (oder Flugzeugs) bezieht.

Teileigentum
→ Wohnungseigentum.

Teileinkünfteverfahren
Das Teileinkünfteverfahren regelt die ertragsteuerliche Behandlung von Einnahmen aus Beteiligungen an Kapitalgesellschaften. Es ist seit 1.1.2009 an die Stelle des bisherigen Halbeinkünfteverfahrens getreten, das das alte Anrechnungsverfahren abgelöst hat, → Körperschaftsteuer. Demnach sind Dividenden, GmbH-Gewinnanteile und entsprechende Veräußerungsgewinne zu 60 vH in den steuerpflichtigen Gewinn einzubeziehen.

1. Für die Anwendung des Teileinkünfteverfahrens ist zu unterscheiden, ob der Gesellschafter eine natürliche Person, eine Personen-

gesellschaft oder eine andere Kapitalgesellschaft ist. Ist der Anteilseigner eine Kapitalgesellschaft, findet das Teileinkünfteverfahren keine Anwendung. Die Ausschüttungen und auch Veräußerungsgewinne sind steuerfrei. Es gilt ein pauschales Betriebsausgabenabzugsverbot von 5 vH, so dass die Steuerfreiheit effektiv zu 95 vH eintritt. Betriebsausgaben, die mit diesen Beteiligungen in Zusammenhang stehen, können grundsätzlich steuermindernd geltend gemacht werden. Ausnahmen bestehen ua bei Wertverlusten der Beteiligungen (zB Teilwertabschreibung, Veräußerungsverlust).

2. Handelt es sich bei dem Anteilseigner um eine Personengesellschaft und gehört die Beteiligung zum Betriebsvermögen, so findet das Teileinkünfteverfahren Anwendung. Bei natürlichen Personen als Anteilseigner findet das Teileinkünfteverfahren Anwendung, wenn die Beteiligung im Betriebsvermögen gehalten wird. Bei einer Beteiligung, die im Privatvermögen gehalten wird, findet grundsätzlich die → Abgeltungsteuer Anwendung. Es besteht jedoch ein Wahlrecht, zum Teileinkünfteverfahren zu optieren, wenn die Beteiligung mindestens 25 vH beträgt oder die Beteiligung mindestens 1 vH beträgt und der Anteilseigner beruflich für die Gesellschaft tätig ist.

3. Die Unterschiede der Abgeltungsteuer und des Teileinkünfteverfahren werden an folgendem Beispiel deutlich:

An der X-GmbH sind A und B je zur Hälfte beteiligt. A hält seinen Anteil im Privatvermögen, B im Betriebsvermögen. Die Gewinnausschüttung für 2008 beträgt an jeden Gesellschafter je 10.000 EUR. Die Ausschüttung erfolgt in 2009. Die Finanzierungskosten für A und B betragen jeweils 2.000 EUR. Der individuelle Steuersatz beträgt jeweils 35 vH:

	Privatvermögen (A) Abgeltungsteuer	Betriebsvermögen (B) Teileinkünfteverfahren
Einnahmen:	10.000 EUR	10.000 EUR
Steuerpflichtig	10.000 EUR	6.000 EUR
Werbungskosten	./. 0 EUR	./. 1.200 EUR
Sparerpauschbetrag	./. 1.000 EUR	0 EUR
Bemessungsgrdl.	9.000 EUR	4.800 EUR
Einkommensteuer	25 vH	35 vH
	2.250 EUR	1.680 EUR
Solidaritätszuschlag	124 EUR	92 EUR
Gesamtbelastung:	2.374 EUR	1.772 EUR.

Teilerbschein
→ Erbschein.

Teilforderung
→ Gesamtgläubigerschaft.

Teilfrachtführer
→ Frachtführer.

Teilgläubigerschaft
→ Gesamtgläubigerschaft.

Teilhabe am Arbeitsleben.
Die Leistungen zur Teilhabe am Arbeitsleben sind in § 5 Nr. 2 SGB IX erwähnt. Sie umfassen Leistungen um Einschränkungen der Erwerbsfähigkeit zu vermeiden, zu überwinden, zu mindern oder eine Verschlimmerung zu verhüten und Leistungen um einen den Neigungen und Fähigkeiten entsprechenden Platz im Arbeitsleben zu sichern → Rehabilitation und Teilhabe behinderter Menschen. Die Einzelheiten zur Teilhabe am Arbeitsleben sind in den §§ 49–63 SGB IX geregelt.

Teilhabe behinderter Menschen
Die Teilhabe behinderter Menschen ist im SGB IX geregelt → Rehabilitation und Teilhabe behinderter Menschen. Die Teilhabe ist bereits im Benachteiligungsverbot des Art. 3 GG und der UN-Behindertenrechtskonvention erfasst.

Teilhabepaket
Teilhabepaket ist die umgangssprachliche Kurzform für die → Leistungen für Bildung und Teilhabe (nach den SGB II, VIII oder XII).

Teilharmonisierung
→ Richtlinien der Europäischen Union (2).

Teilhypothek
Wird die einer → Hypothek zugrunde liegende Forderung geteilt, so entstehen Teilhypotheken. Bei der → Briefhypothek kann in diesem Fall für jeden Teil ein gesonderter Teilhypothekbrief hergestellt werden, der insoweit an die Stelle des bisherigen → Hypothekenbriefs tritt (§ 1152 BGB). Hierzu und zur Änderung des Rangverhältnisses der Teilhypotheken untereinander (§ 1151 BGB) ist Zustimmung des Grundstückseigentümers nicht erforderlich.

Teilindossament
→ Indossament.

Teilkasko
→ Kaskoversicherung.

Teilkündigung
Einzelne Vertragsbestandteile eines → Dauerschuldverhältnisses können als solche nicht selbständig gekündigt werden. Sa → Änderungskündigung.

Teilleistung
→ Leistung.

Teillieferungsvertrag
→ Sukzessivlieferungsvertrag, → Ratenlieferungsvertrag.

Teilnahme am Straßenverkehr
→ Verkehrsteilnehmer.

Teilnahme an einer Straftat
Teilnahme ist im Strafrecht der Oberbegriff für → Anstiftung und → Beihilfe (Legaldefinition in § 28 I StGB), bildet den Gegensatz zur Täterschaft (→ Täter) und unterfällt mit dieser dem Oberbegriff der Beteiligung (Legaldefinition in § 28 II StGB). Anstiftung und Beihilfe sind nur bei → Vorsatzdelikten möglich und setzen voraus, dass der Haupttäter alle äußeren Tatbestandsmerkmale verwirklicht und jedenfalls rechtswidrig, wenn auch nicht zwingend schuldhaft handelt (sog. limitierte → Akzessorietät). Grundsätzlich gilt für jeden Teilnehmer dieselbe Strafandrohung wie für den Haupttäter (beim Gehilfen mit Milderungsgebot, § 27 II StGB). Doch werden nach § 28 II StGB besondere persönliche Merkmale (dh Eigenschaften, Verhältnisse oder Umstände), welche die Strafe schärfen, mildern oder ausschließen, nur dem Beteiligten zugerechnet, bei dem sie vorliegen (zur Problematik beim Mord → Tötung, 1b). Wenn solche Merkmale aber die Strafbarkeit begründen, ist Strafmilderung bei dem Beteiligten, der sie nicht erfüllt, durch § 28 I StGB zwingend vorgeschrieben (zB beim Nichtbeamten, der zu einem echten → Amtsdelikt, etwa Gebührenüberhebung, anstiftet). Setzt die Erfüllung des Straftatbestandes die Mitwirkung anderer voraus, liegt sog. notwendige Teilnahme vor, so zB bei → sexuellem Missbrauch in Abhängigkeitsverhältnissen; der andere Beteiligte bleibt straflos, soweit nicht seine Beteiligung, etwa durch Anstiftung, einen eigenen Straftatbestand verwirklicht. Streitig ist, inwieweit eine (ohne Beteiligung an der Vortat erfolgte) Unterstützung zwischen → Vollendung und → Beendigung einer Straftat (näher s. dort) noch Beihilfe sein kann. Nach Beendigung kommt insoweit keine strafbare Beihilfe mehr in Betracht, sondern nur → Begünstigung, → Strafvereitelung oder → Hehlerei, zB bei Ankauf der Diebesbeute. Hat der Teilnehmer in mehreren Formen mitgewirkt, zB als Anstifter und Gehilfe, so zehrt die schwerere Form die leichtere auf. In manchen Bestimmungen ist die Teilnahme aber auch selbständig unter Strafe gestellt, so etwa die Unterstützung → krimineller Vereinigungen (§ 129 I 2 StGB) oder → terroristischer Vereinigungen (§ 129a V 1 StGB). Bei → Ordnungswidrigkeiten gilt nach § 14 OWiG für Täterschaft und Teilnahme der einheitliche Begriff → Beteiligung; siehe auch § 29 StGB.

Teilnahme an verbotenen oder staatsfeindlichen Verbindungen
→ Organisationsdelikte.

Teilnehmer
→ Teilnahme an einer Straftat.

Teilnehmergemeinschaft
Die nach § 10 Nr. 1 FlurbG am Verfahren der → Flurbereinigung beteiligten Grundstückseigentümer und Erbbauberechtigten bilden kraft Gesetzes eine der Aufsicht der Flurbereinigungsbehörde unterstehende Teilnehmergemeinschaft als Körperschaft des öffentl. Rechts, die mit dem Flurbereinigungsbeschluss entsteht (§§ 16, 17 FlurbG). Sie nimmt die gemeinschaftlichen Angelegenheiten der Teilnehmer wahr, insbes. die gemeinschaftlichen Anlagen (nach dem Wege- und Gewässerplan) herzustellen und zu unterhalten und die erforderlichen Bodenverbesserungen durchzuführen (Einzelheiten §§ 18, 42 FlurbG). Sie kann die Teilnehmer zu Geld- und Sachbeiträgen heranziehen (§ 19 FlurbG). Der von den Teilnehmern gewählte ehrenamtliche Vorstand führt die Geschäfte der Teilnehmergemeinschaft; die Vertretung der Teilnehmergemeinschaft obliegt dem aus seiner Mitte gewählten Vorsitzenden (§§ 21 ff. FlurbG). Die Teilnehmergemeinschaft erlischt, wenn ihre Aufgaben in der Schlussfeststellung der Flurbereinigungsbehörde über den Abschluss des Verfahrens für abgeschlossen erklärt werden (§ 149 IV FlurbG); soweit dies bei Abschluss der Flurbereinigung noch nicht der Fall ist – zB wegen Abwicklung von Verbindlichkeiten –, nach Erfüllung der Aufgaben durch Auflösung (§§ 151–153 FlurbG).

Teilnichtigkeit
→ Nichtigkeit von Rechtsgeschäften (2).

Teilrente
In der gesetzlichen → Unfallversicherung erhält der Versicherte → Vollrente in Höhe von zwei Dritteln seines → Jahresarbeitsverdienstes, wenn er völlig erwerbsunfähig geworden ist. Ist die Erwerbsfähigkeit nur gemindert, und zwar wenigstens um ein Fünftel, so erhält er eine Teilrente in Höhe des Teiles der Vollrente, der dem Grade der Minderung seiner Erwerbsfähigkeit entspricht (§ 56 III 2 SGB VII).

In der gesetzlichen → Rentenversicherung konnten Versicherte die → Altersrente auch als Teilrente in Höhe von einem Drittel, der Hälfte oder zwei Dritteln beanspruchen und ihre Arbeitsleistung entsprechend mindern (§ 42 SGB VI aF). Bei der Altersrente wurde durch das 8. Gesetz zur Änderung des SGB IV und anderer Gesetze v. 20.12.2022 (BGBl. I, 2759) die → Hinzuverdienstgrenze bei vorgezogenen Altersrenten zum 1.1.2023 aufgehoben, so dass Teilrenten hier keine große Rolle mehr spielen dürften, allenfalls nur noch als Form des gleitenden Übergangs in den Ruhestand. Hinzuverdienst spielt nur noch für Renten wegen verminderter Erwerbsfähigkeit eine Rolle. Bei der Gewährung einer Rente wegen verminderter Erwerbsfähigkeit wird diese nur geleistet, wenn die Hinzuverdienstgrenzen eingehalten werden. Bei Überschreiten dieser Grenze wird jedoch keine Teilrente geleistet sondern eine „Bruchteilsgewährung“

(Bruchteil der Rente wegen verminderter Erwerbsfähigkeit; sa → Hinzuverdienst, → Hinzuverdienstgrenze, → Hinzuverdienstdeckel).

Teilschuld
→ Gesamtschuld.

Teilstationäre Pflege
Pflegebedürftige haben einen Anspruch gegen die zuständige → Pflegekasse auf teilstationäre Pflege in Einrichtungen der Tages- oder Nachtpflege (→ Tagespflege), wenn die → häusliche Pflege nicht in ausreichendem Maße sichergestellt werden kann oder zur Ergänzung oder Stärkung der häuslichen Pflege erforderlich ist. Die teilstationäre Pflege umfasst auch die Beförderung des Pflegebedürftigen von der Wohnung zur Pflegeeinrichtung und zurück. Die Pflegekasse übernimmt ab 2025 die Aufwendungen für Pflegebedürftige des → Pflegegrads 2 bis zu 721 EUR, bei Pflegegrad 3 bis zu 1357 EUR, bei Pflegegrad 4 bis zu 1685 EUR und bei Pflegegrad 5 bis zu 2085 EUR (§ 41 II SGB XI). Die teilstationäre Tages- und Nachtpflege kann zusätzlich zu ambulanten Pflegesachleistungen, Pflegegeld oder der Kombinationsleistung nach § 38 SGB XII in Anspruch genommen werden. Die teilstationäre Pflege wird dann nicht auf diese Ansprüche angerechnet (§ 41 III SGB XI).

Teilstreik
→ Streik.

Teilung der Erbmasse
→ Erbengemeinschaft (2), → Teilungsanordnung.

Teilung der Gewalten
→ Gewaltentrennung.

Teilung der Wohnung nach der Ehescheidung
→ Ehewohnung.

Teilung des Gesamtguts
→ Gütergemeinschaft.

Teilung des Gesellschaftsvermögens
→ Liquidation, → Gesellschaft des bürgerlichen Rechts (6).

Teilung des Nachlasses
→ Erbengemeinschaft (2), → Teilungsanordnung.

Teilung von Grundstücken
Nach § 19 BauGB (→ Baugesetzbuch (BauGB)) dürfen durch die Teilung eines Grundstücks im Geltungsbereich eines Bebauungsplans (→ Bauleitpläne, 3) keine Verhältnisse entstehen, die den Festsetzungen dieses Bebauungsplans widersprechen.

Teilungsanordnung
Der → Erblasser kann durch → letztwillige Verfügung Anordnungen für die Auseinandersetzung der → Erbengemeinschaft treffen (§ 2048 BGB). Die Teilungsanordnung wirkt nur schuldrechtlich; die Miterben können daher eine anderweite Vereinbarung treffen. Durch die Teilungsanordnung wird dem Miterben ähnlich wie beim → Vorausvermächtnis vom Erblasser ein bestimmter Nachlassgegenstand zugewiesen. Im Gegensatz dazu und zur Erbeinsetzung (→ Erbfolge) soll jedoch durch die Teilungsanordnung der Erbteil des Miterben nicht erhöht werden; der Wert des bei der Auseinandersetzung Erlangten ist daher auf den Erbteil voll anzurechnen. Falls der Wert des Erlangten den des Erbteils übersteigt, ist der Miterbe den anderen gegenüber ausgleichspflichtig. Durch eine Teilungsanordnung kann der Erblasser auch eine andere Art der Auseinandersetzung vorsehen, zB durch Bestimmung nach dem Ermessen eines Dritten oder in einem iE geregelten Verfahren. Die Teilungsanordnung begründet (anders als das Vorausvermächtnis) keinen unmittelbaren Anspruch auf Herausgabe des betreffenden Nachlassgegenstandes, sondern nur einen Anspruch auf Auseinandersetzung entsprechend der vom Erblasser gewünschten Verteilung. Was iE gewollt ist, kann nur durch → Auslegung der Verfügung von Todes wegen ermittelt werden. Ein wesentliches Kriterium ist, ob die Erben gleich bedacht werden sollen (dann Teilungsanordnung) oder ein Bedachter wertmäßig begünstigt werden soll (dann Vorausvermächtnis). Sa → Auflage.

Teilungserklärung
→ Wohnungseigentum.

Teilungsgenehmigung
Die → Teilung von Grundstücken bedarf anders als nach dem früheren Recht keiner gesonderten Genehmigung mehr. Die Teilungsgenehmigung als solche gibt es daher nicht mehr.

Teilungsmasse
Bei einer → Zwangsversteigerung besteht die Teilungsmasse aus dem → Bargebot nebst Zinsen und aus dem Erlös mitversteigerter oder anderweitig verwerteter Gegenstände (§§ 106, 107, 113 ff. ZVG). Im Insolvenzverfahren → Insolvenzmasse.

Teilungsplan
Im → Verteilungsverfahren der Zwangsvollstreckung in das bewegliche Vermögen oder der Zwangsversteigerung hat das → Vollstreckungs- oder Versteigerungsgericht einen Teilungsplan aufzustellen, auf Grund dessen der → Versteigerungserlös an die jeweils Berechtigten (nach ihrem Rang) verteilt wird (Erlösauskehr, § 874 ZPO, § 106 ZVG). Gegen den Teilungsplan kann Widerspruch erhoben werden (§ 876 ZPO, § 115 ZVG). Der Teilungsplan wird ausgeführt, indem an die Berechtigten in bar bezahlt wird (§ 117 ZVG), soweit der Versteigerungserlös in Geld vorhanden ist. Nur wenn der Empfangsberechtigte nicht bekannt ist, bei Widerspruch oder bei bedingten Rechten wird der entsprechende Teil des Versteigerungserlöses hinterlegt (§§ 120, 124, 126 ZVG).

Teilungssachen
→ Erbengemeinschaft (2).

Teilungsverbot
→ Erbengemeinschaft (2).

Teilungsversteigerung
Zur Aufhebung einer (Bruchteils- oder Gesamthands-)Gemeinschaft an einem Grundstück kann auf Antrag eines Beteiligten die Teilung durchgeführt werden. Das Verfahren richtet sich weitgehend nach dem der → Zwangsversteigerung (mit Besonderheiten in §§ 180 ff. ZVG).

Teilurteil
Ein Teilurteil ist ein → Endurteil, in dem über einen von mehreren → Streitgegenständen (→ Klagenverbindung) oder über einen selbständigen Teil des Streitgegenstandes (bei einheitlichem Anspruch zusammen mit einem → Grundurteil über den Rest) entschieden wird (§ 301 ZPO, § 110 VwGO, § 98 FGO). Im Übrigen bleibt dann die Klage rechtshängig. Ein Teilurteil kann selbständig mit den statthaften → Rechtsmitteln angefochten werden; es darf grds. keine → Kostenentscheidung enthalten; sie ergeht erst im → Schlussurteil.

Teilvollstreckung
einer Strafe vor → Rechtskraft des Urteils ist grundsätzlich unzulässig, weil der Beginn der Strafvollstreckung die Rechtskraft voraussetzt (§ 449 StPO). Eine Ausnahme gilt nach § 56 JGG, wenn ein wegen mehrerer Straftaten zu einer → Einheitsstrafe Verurteilter ein Rechtsmittel eingelegt, aber die Schuldfeststellung wegen einer oder einzelner Taten nicht angegriffen hat; dann kann das Rechtsmittelgericht einen dementsprechenden Teil der Strafe für vollstreckbar erklären, wenn das im wohlverstandenen Interesse des Angeklagten liegt (zB weil er sich bereits in Haft befindet). Von der Teilvollstreckung zu unterscheiden ist die Vollstreckung nach Teilrechtskraft des Urteils. Ist ein Urteil hinsichtlich einzelner selbständig anfechtbarer Teile rechtskräftig geworden, so kann – wie in allen Verfahrensarten, so auch im Strafprozess – insoweit die Vollstreckung eingeleitet werden. Das ist der Fall, wenn das Urteil gegen einzelne von mehreren Angeklagten oder bei demselben Angeklagten hins. einzelner selbständiger Taten rechtskräftig geworden ist (sog. vertikale Teilrechtskraft). Dasselbe gilt, wenn außer dem Schuldspruch ein Teil des Strafausspruchs über denselben Angeklagten in Rechtskraft erwachsen ist, nämlich soweit er von dem noch nicht erledigten Rechtsmittel unberührt bleibt (sog. horizontale Teilrechtskraft; zB Verurteilung zu Freiheitsstrafe bei Anfechtung nur des daneben verhängten Berufsverbots).

Teilweise Nichtigkeit des Rechtsgeschäfts
→ Nichtigkeit von Rechtsgeschäften (2).

Teilweise Unmöglichkeit der Leistung
→ Unmöglichkeit der Leistung, → gegenseitiger Vertrag (2a), → Sukzessivlieferungsvertrag.

Teilwert
ist neben den → Anschaffungs- und Herstellungskosten ein Bewertungsmaßstab für → Wirtschaftsgüter (WG). Teilwert ist der Betrag, den ein Erwerber des ganzen Betriebs im Rahmen des Gesamtkaufpreises für das einzelne WG ansetzen würde unter der Voraussetzung, dass er den Betrieb fortführt (§ 6 I Nr. 1 S. 3 EStG; § 10 BewG). Der Teilwert umfasst nicht die Gewinnspanne und nicht den Wert der Arbeitsleistung des Unternehmers. Maßgebend ist der Nutzen, den das WG im Betriebsverband für den betreffenden Betrieb hat. Obergrenze des Teilwerts sind die Wiederbeschaffungskosten, Untergrenze ist der gemeine Wert (mindestens der Materialwert). Wiederbeschaffungskosten sind alle Kosten, die für die Wiederbeschaffung des WG unter Berücksichtigung seines tatsächlichen Zustands am Bewertungsstichtag im Betrieb aufzuwenden wären. Der Teilwert ist Regelwert bei → Entnahmen und → Einlagen (§ 6 I Nr. 4, 5 EStG).

Der gemeine Wert (§ 9 II BewG) wird dagegen teilweise auch umgangssprachlich als „Verkehrswert" bezeichnet und ist einer der zentralen Begriffe des Steuerrechts für die Bewertung von WG. Er wird durch den Preis bestimmt, der im gewöhnlichen Geschäftsverkehr nach der Beschaffenheit des WG bei einer Veräußerung zu erzielen wäre. Dabei sind alle Umstände, die den Preis beeinflussen, zu berücksichtigen. Es handelt sich um einen Bruttowert, dh er umfasst auch die Umsatzsteuer.

Teilwertabschreibung
ist der Ansatz des niedrigeren → Teilwerts in der Steuerbilanz (§ 6 II Nr. 1, 2 EStG). Die Teilwertabschreibung ist ab 1.1.1999 durch das StEntlG auf voraussichtlich dauernde Wertminderungen beschränkt worden. Gleichzeitig wurde ein Wertaufholungsgebot bei Wegfall der Wertminderung eingeführt. Das bislang bestehende Wertbeibehaltungswahlrecht wird damit aufgehoben. Durch die Neuregelung ergeben sich erhebliche Unterschiede zur handelsrechtlichen Bewertung. Handelsrechtlich ist die vorübergehende Wertminderung zu berücksichtigen, steuerlich dagegen nicht. → Maßgeblichkeit der Handelsbilanz für die Steuerbilanz; → Abschreibung.

Teilzahlung
→ Leistung, → Abschlagszahlung, → Teilzahlungsgeschäft.

Teilzahlung bei Geldstrafen
kann vom Gericht im Urteil (Strafbefehl) bewilligt werden, wenn dem Verurteilten sofortige Vollzahlung aus persönlichen oder wirtschaftlichen Gründen nicht zuzumuten ist oder die Schadenswiedergutmachung sonst erheblich gefährdet wäre (§ 42 StGB). Die späteren Entscheidungen, auch über eine Änderung oder Aufhebung der Bewilligung, erlässt

die Vollstreckungsbehörde im Rahmen der → Strafvollstreckung (§ 459a StPO). Dieselben Befugnisse hat die Gnadenbehörde (→ Gnadenrecht). Über Zahlungserleichterungen bei → Geldbußen wegen → Ordnungswidrigkeiten vgl. §§ 18, 25 V OWiG, § 30 III OWiG, § 93 OWiG.

Teilzahlungsdarlehen
→ Teilzahlungskredit.

Teilzahlungsgeschäft
1. Das Teilzahlungsgeschäft wird in § 506 I, III BGB legal definiert. Es ist ein → Rechtsgeschäft zwischen einem → Unternehmer und einem → Verbraucher (auch für → Existenzgründer, wenn 75000 EUR nicht überschritten werden), das die Lieferung einer bestimmten Sache oder die Erbringung einer bestimmten anderen Leistung gegen Teilzahlungen zum Gegenstand hat. Erfasst werden → Kauf, → Werkvertrag, → Werklieferungsvertrag und → Dienstvertrag, wenn die Gegenleistung (Kaufpreis usw) nicht sofort (→ Barkauf), sondern in (mind. zwei) Teilzahlungen, also Raten (Ratenkauf, früher Abzahlungsgeschäft genannt) zu erbringen ist. Voraussetzung ist weiterhin die Entgeltlichkeit des Geschäfts, also die Bezahlung der gewährten Finanzierungshilfe (§ 506 I 1 BGB), zB in der Form von Zinsen, einer einmaligen Vergütung oder Gebühr oder eines Teilzahlungszuschlags. Auf das Teilzahlungsgeschäft finden (wenn nicht ein Ausnahmetatbestand nach § 506 IV BGB, § 491 II, III BGB greift) die wesentlichen Vorschriften gem. §§ 491a-502 BGB über den → Verbraucherdarlehensvertrag (iE s. dort) entsprechende Anwendung - mit den sich aus §§ 507, 508 BGB ergebenden Besonderheiten (s. u.). Kein Teilzahlungsgeschäft ist ein finanzierter Kauf, wenn also ein Darlehensvertrag und ein Kaufvertrag abgeschlossen werden und ein verbundenes Geschäft nach § 358 BGB bilden, s. → Verbraucherdarlehensvertrag (8).

2. Die vom Verbraucher zu unterzeichnende Vertragserklärung muss bestimmte Mindestangaben über Barzahlungs- und Teilzahlungspreis (inkl. Zinsen und Kosten), Betrag, Zahl und Fälligkeit der einzelnen Teilzahlungen, den effektiven Jahreszins sowie über eine etwaige Versicherung oder einen → Eigentumsvorbehalt enthalten, um den Verbraucher vorvertraglich über die maßgeblichen Vertragsbedingungen zu infomieren; sa → Verbraucherdarlehensvertrag. Grds. gilt das Schriftformerfordernis nach § 492 I BGB. Ohne Einhaltung der Schriftform und die erforderlichen Angaben ist das Teilzahlungsgeschäft nichtig. Es kann aber mit Wirkung ex nunc geheilt werden, wenn dem Verbraucher die Sache übergeben oder die Leistung erbracht wird (zur Berechnung der Gegenleistung in diesem Fall s. iE § 507 II BGB). Ausnahmen bzgl. Form und Pflichtangaben gelten, wenn ein → Fernabsatzvertrag vorliegt, § 507 I 2 BGB. Sonderregelungen gelten auch, wenn ein Unternehmer die betreffende Lieferung bzw. Leistung stets nur gegen Teilzahlung erbringt, § 507 III 1 BGB; § 507 III 2 BGB trifft eine besondere Regelung, wenn der Verbraucher vorzeitig erfüllt (was nicht zurückgewiesen werden kann), der Teilzahlungspreis vermindert sich.

3. Der Verbraucher hat nach § 506 I BGB, § 495 BGB eine Widerrufsrecht (das Rückgaberecht nach § 508 I BGB aF wurde gestrichen). Der Unternehmer hat bei einem Zahlungsverzug des Verbrauchers (→ Schuldnerverzug) neben dem Recht zur Kündigung der Teilzahlungsabrede (§ 506 I BGB, § 498 BGB) ein Rücktrittsrecht (→ Rücktritt vom Vertrag), aber nur unter den besonderen Voraussetzungen des § 508 BGB. Als Folge eines Rücktritts hat der Verbraucher dem Unternehmer entstandene Aufwendungen (zB Transportkosten) zu ersetzen und die zwischenzeitliche Nutzung der zurück zu gewährenden Sache (üblicherweise in Höhe einer sonst für die Nutzungszeit angefallenen Miete) zu vergüten, wobei auf die eingetretene Wertminderung Rücksicht zu nehmen ist, § 508 S. 3, 4 BGB (ggf. ist auch Schadensersatz für vom Verbraucher zu vertretende Beschädigungen der Sache zu leisten). Nimmt der Unternehmer die auf Grund des Teilzahlungsgeschäfts gelieferte Sache wieder an sich (zB auf Grund eines → Eigentumsvorbehalts, ebenso bei Pfändung der Sache), so gilt dies unwiderleglich als Ausübung des Rücktrittsrechts, es sei denn, Unternehmer und Verbraucher einigen sich, dass der gewöhnliche Verkaufswert zZt der Wegnahme vergütet wird (was der Verbraucher zu beweisen hat), § 508 S. 5 BGB.

Teilzahlungskauf
→ Teilzahlungsgeschäft.

Teilzahlungskredit
Unter einem sog. Teilzahlungskredit (auch Abzahlungs-, Konsumenten- oder Ratenkredit) versteht man ein Darlehen (→ Darlehensvertrag), das einer Privatperson gewährt und in (meistens gleichen) festen Raten zurückgezahlt wird. Häufig dient ein Teilzahlungskredit der Finanzierung des Erwerbs eines Gegenstandes oder auch einer sonstigen Leistung (zB einer Urlaubsreise). Ist Darlehensgeber ein → Unternehmer (meist ein Kreditinstitut) und Darlehensnehmer ein → Verbraucher, so liegt ein → Verbraucherdarlehensvertrag vor, § 491 BGB (s. iE dort). Ein Teilzahlungskredit, der dem Erwerb eines Gegenstandes oder einer sonstigen Leistung dient, ist formal von diesem Erwerbsgeschäft getrennt; aufgrund der wirtschaftlichen Verknüpfung können aber im Einzelfall verbundene Verträge iSv §§ 358 ff. BGB vorliegen, s. hierzu → Verbraucherdarlehensvertrag (8). Abzugrenzen ist der Teilzahlungskredit aber vom → Teilzahlungsgeschäft (s. iE dort), bei dem der Kredit zum Erwerb eines Gegenstandes nicht von einem Kreditinstitut, sondern vom Veräußerer selbst ge-

währt wird (zB Autokauf). Sa → Verbrauchervertrag.

Teilzahlungspreis
→ Teilzahlungsgeschäft.

Teilzeitarbeit für Arbeitnehmer
für Arbeitnehmer → Zeitarbeitsverhältnis (1), für Beamte → Teilzeitbeschäftigung.

Teilzeitbeschäftigung
1. Teilzeitbeschäftigung für → Beamte regelt das → Beamtenrecht.

a) Teilzeitbeschäftigung für Bundesbeamte ist in §§ 91 ff. BBG geregelt. Danach ist zu unterscheiden zwischen Teilzeitbeschäftigung, deren Gewährung im Ermessen steht, § 91 BBG; Teilzeibeschäftigung, auf die ein Rechtsanspruch besteht, § 92 BBG (familienbedingte Teilzeitbeschäftigung); und Altersteilzeit. Ein Rechtsanspruch auf Teilzeitbeschäftigung besteht für Beamte, die ein Kind unter 18 Jahren oder einen pflegebedürftigen sonstigen Angehörigen betreuen. Dieser Personenkreis kann daneben auch Urlaub ohne Besoldung für bis zu 15 Jahre verlangen. Steht die Gewährung der Teilzeitbeschäftigung nach § 91 BBG im Ermessen der Behörde, so kann Teilzeitbeschäftigung bis zur Hälfte der regelmäßigen Arbeitszeit nur dann gewährt werden, wenn der Beamte sich verpflichtet, während des Bewilligungszeitraumes außerhalb des Beamtenverhältnisses berufliche Verpflichtungen nur in dem Umfang einzugehen, in dem nach den §§ 97 ff. BBG Nebentätigkeiten gestattet sind. Nach § 93 BBG kann Teilzeitbeschäftigung als Altersteilzeit mit der Hälfte der bisherigen Arbeitszeit bis zum Ruhestand gewährt werden, allerdings muss die Altersteilzeit vor dem Jahre 2010 beginnen. Urlaub ohne Besoldung für sechs Jahre kann ferner gem. § 95 BBG gewährt werden, wenn wegen der Arbeitsmarktsituation ein erheblicher Bewerberüberhang besteht. Sinn der im Einzelnen sehr komplizierten Regelungen der Teilzeitarbeit ist es, einen Kompromiss zwischen dem Grundsatz des Berufsbeamtentums als eines Lebensberufs und den Bedürfnissen des Arbeitsmarktes zu finden.

b) Für die dem Landesrecht unterliegenden Beamten bestimmt § 43 BeamtStG nur ganz allgemein, dass Teilzeitbeschäftigung zu ermöglichen ist. Die Regelung im Einzelnen findet sich in den Landesbeamtengesetzen in ähnlicher Weise wie im Bundesrecht (vgl. zB Art. 87 ff. Bay. BeamtenG v. 29.7.2008 (GVBl. S. 500) mÄnd).

2. Zur Teilzeitbeschäftigung bei Arbeitnehmern → Zeitarbeitsverhältnis (1).

3. Bei Teilzeitbeschäftigten kann der Arbeitgeber unter Verzicht auf den Abruf von elektronischen Lohnsteuermerkmalen (§ 39e IV 2 EStG) die Lohnsteuer pauschalieren (§ 40a EStG). Zu unterscheiden ist die kurzfristige Beschäftigung (§ 40a I EStG), die Beschäftigung in geringem Umfang und gegen geringes Entgelt (§ 40a II EStG) und die Beschäftigung von Aushilfskräften in der Landwirtschaft und Forstwirtschaft (§ 40a III EStG). Bei jeder dieser drei Arten müssen gewisse Zeit- und Lohngrenzen eingehalten sein, damit die Lohnsteuerpauschalierung (je unterschiedlicher Steuersatz: 25 vH, 20 vH, 5 vH, 2 vH) zulässig ist. → Lohnsteuerpauschalierung, → geringfügige Beschäftigung.

Teilzeitnutzungsrecht
→ Teilzeit-Wohnrechtevertrag.

Teilzeit-Wohnrechtevertrag
Ein Teilzeit-Wohnrechtevertrag (Teilzeitnutzungsrecht, time-sharing) ist ein → Vertrag in Form eines Rechtskaufs, durch den ein → Unternehmer einem → Verbraucher gegen Zahlung eines Gesamtpreises das Recht verschafft oder zu verschaffen verspricht, für die Dauer von mehr als 1 Jahr ein Wohngebäude oder bewegliche, als Übernachtungsunterkunft gedachte Sachen ganz oder teilweise für einen bestimmten oder zu bestimmenden Zeitraum im Jahr zu Übernachtungszwecken zu nutzen, § 481 BGB. Der Teilzeit-Wohnrechtevertrag wird va für Ferienwohnungen in Urlaubsgebieten in gesellschafts-, vereins-, miet- oder sachenrechtlichen (→ Wohnungseigentum) Konstruktionen angeboten. Das Gesetz v. 17.1.2011 (BGBl. 2011 I 34), in Kraft getreten am 23.2.2011, hat die Rechte erweitert auf Verträge über langfristige Urlaubsprodukte, wenn ein Unternehmer einem Verbraucher das Recht verschafft oder verspricht, Preisnachlässe oder sonstige Vergünstigungen in Bezug auf eine Unterkunft zu erwerben, § 481a BGB (zB Mitgliedschaft in einem Reise-Rabatt-Club; die Vergünstigung muss der Hauptzweck des Vertrags sein); § 481b BGB sieht eine Erweiterung auf Vermittlungsverträge und Tauschsystemverträge vor. Die Verträge nach § 481b BGB sind solche über den Ankauf, den Tausch oder die Vermittlung von Nutzungsrechten.

Der Verbraucher hat gem. § 482 BGB (zwingend, § 487 BGB) Anspruch auf umfassende Information durch Pflichtangaben nach europaeinheitlichen Vordrucken vor Vertragsabschluss (in der Sprache am → Wohnsitz des Verbrauchers, § 483 BGB) in → Textform entsprechend Art. 242 § 1 EGBGB. Der Teilzeit-Wohnrechtevertrag ist, sofern nicht aus anderen Gründen ohnehin eine notarielle Beurkundung erforderlich ist (zB → Grundstückskaufvertrag), schriftlich abzuschließen, § 484 BGB. Dem Verbraucher steht beim Teilzeit-Wohnrechtevertrag ein Widerrufsrecht zu (§ 485 I BGB; → Verbrauchervertrag); über dieses (einschließlich der Frist) ist er zu belehren, § 482a BGB. Das Widerrufsrecht richtet sich nach § 355 BGB. Die Widerrufsfrist beträgt zwei Wochen, § 355 II BGB, sie beginnt mit dem Vertragsschluss bzw. der Übergabe der Vertragsurkunde, wenn diese später erfolgt, § 356a II BGB. Der Fristbeginn wird hinausgeschoben, wenn der Verbraucher die notwendigen Informationen und die Widerrufsbelehrung nicht oder nicht ordnungsgemäß erhält. Die Widerrufsfrist erlischt jedoch spätestens nach 3 Monaten und 14 Tagen (fehlende Informationen) bzw. 12 Monaten und 14 Tagen (fehlende Widerrufsbelehrung), § 356a III 2, IV 2 BGB. Für den Widerruf ist → Textform erforderlich, § 356a I BGB. Vor Ablauf der Widerrufsfrist darf der Unternehmer Zahlungen des Verbrauchers nicht fordern oder annehmen (Anzahlungsverbot, § 486 BGB); auch hierüber ist belehren, § 482a BGB. Die allg. Vorschriften über den → Verbrauchervertrag gelten für den Teilzeit-Wohnrechtevertrag nur sehr eingeschränkt (s. dort).

tel quel
(franz., „so wie") → Gewährleistung (1c).

Telearbeitsplatz
Bei einem Telearbeitsplatz (oft zugleich „Homeoffice"; je nach Ausgestaltung jedoch begrifflich zu trennen) handelt es sich idR um einen Arbeitsplatz, der sich nicht in den Geschäftsräumen des Arbeitgebers befindet, sondern beim Arbeitnehmer (§ 2 VII ArbStättV). Der Telearbeitsplatz iSd ArbStättV ist vom Arbeitgeber einzurichten, dieser trägt auch Kosten der Kommunikation etc (anders ggf. beim individuell vereinbarten/gestatteten schlichten Homeoffice). Die Kommunikation läuft dabei üblicherweise über das Internet. Bei der Einrichtung eines Telearbeitsplatzes sind erhöhte Sicherheitsvorkehrungen hinsichtlich des Datenschutzes notwendig. Arbeitsschutzrechtliche Vorschriften gelten beim Telearbeitsplatz wegen des begrenzten Zugriffs des Arbeitgebers eingeschränkt (§ 1 IV ArbStättV). Ein Telearbeitsplatz/Homeoffice kann die örtliche Zuständigkeit eines Arbeitsgerichts begründen (Gerichtsstand des gewöhnlichen Arbeitsortes, § 48 Ia ArbGG). Die Zuordnung des Arbeitnehmers zu einem Betrieb iSd BetrVG bzw. des KSchG bleibt möglich. Mit der BetrVG-Novellierung 2021 wurde ein Mitbestimmungsrecht des Betriebsrats bei der Ausgestaltung mobiler Arbeit, die mittels Informations- und Kommunikationstechnik erbracht wird, ausdrücklich in § 87 I Nr. 14 BetrVG geregelt.

Ein individualrechtlicher Anspruch auf Einrichtung eines Telearbeitsplatzes/Homeoffice besteht grds. nicht (sa LAG Kön 12.4.2021 – 2 SaGa 1/21, ArbuR 2021, 279; ArbG Augsburg 7.5.2020 – 3 Ga 9/20, NZA-RR 2020, 417). Gleichwohl soll ein Arbeitgeber Möglichkeiten schaffen, um familiengerechte Arbeitsplätze zur Verfügung zu stellen (für den öffentlichen Dienst vgl. §§ 16, 18 BGleiG). Die ges. Regelungen zur Ermöglichung von Homeoffice zum Zwecke des Infektionsschutzes während der Corona-Pandemie sind mittlerweile ausgelaufen, es bestehen nur noch Empfehlungen des BMAS.

Teledienste
Teledienste waren nach § 2 I Teledienstegesetz v. 22.7.1997 (BGBl. 1997 I 1870) elektronische Informations- und Kommunikationsdienste, die für eine individuelle Nutzung bestimmt waren, zB Online-Angebote für Waren und Dienstleistungen. Die Betonung lag auf individueller Nutzung; → Mediendienste richteten sich dagegen an die Allgemeinheit. Diese Trennung zwischen individueller und allgemeiner Nutzung hat man wegen der Abgrenzungsschwierigkeiten aufgegeben; es gibt nur noch → Telemedien und ihre einheitliche Regulierung durch das → Telemediengesetz und den → Medienstaatsvertrag. Das Teledienstegesetz wurde aufgehoben.

Telefon(Telegraphen)geheimnis, -überwachung
→ Brief-, Post- u. Fernmeldegeheimnis; → Telekommunikationsgesetz.

Telefonische/telegrafische (usw) Einlegung von Rechtsmitteln
Grundsätzlich bedarf die Einlegung von Rechtsmitteln oder sonstigen bestimmenden Schriftsätzen der Schriftform (→ Form, 1a). Dieser wird durch telefonisches Anbringen allein nicht genügt (auch nicht bei Aufnahme eines Vermerks durch die Geschäftsstelle, BGH NJW 1981, 1627); anders für den Einspruch gegen einen Bußgeldbescheid zur Niederschrift der Verwaltungsbehörde (BGH NJW 1980, 1290). Telegrafische Übermittlung ist zulässig, ebenso Übermittlung durch Computerfax mit eingescannter Unterschrift (GemSOBG NJW 2000, 2340). Eine eigenhändige Unterschrift ist also bei klarer Herkunft (kein bloßer Entwurf) nicht erforderlich (BVerfG NJW 2002, 3534). Eine bloße E-Mail wahrt allerdings nicht die Schriftform (sa → Verkehr mit Gerichten). Eingang erfolgt mit Zugang der Erklärung, anders bei telefonischer Durchsage, wenn ein zur Entgegennahme befugter Beamter hierüber eine Aktennotiz fertigt und das Telegramm später tatsächlich eingeht, BGHSt. 14, 233. Durchgabe der Rechtsmittelerklärung mittels Telefax (Telekopie) oder Telebrief genügt ebenfalls; auch außerhalb der üblichen Dienststunden, sofern ein rechtzeitiger Eingang nachweisbar ist, aber nicht bei Übermittlung an einen privaten Zwischenempfänger (BGH NJW 1981, 1618). Diese Grundsätze gelten auch für eine gesetzlich vorgeschriebene Begründung des Rechtsmittels (vgl. BVerfG NJW 1987, 2067). Sa → elektronischer Rechtsverkehr.

Telefonische/telegrafische Übermittlung von Willenserklärungen
→ Willenserklärung (1c).

Telefonkarten
sind keine Zahlungskarten, weil durch ihre Verwendung der Aussteller nicht zu einer Zahlung veranlasst wird. Ihre Fälschung durch Herstellen, Nachmachen oder Verfälschen und die Verwendung gefälschter Telefonkarten

fällt daher nicht unter § 152a StGB (→ Fälschung von Zahlungskarten), sondern unter §§ 263a, 265a, 269, 270, 303a StGB.

Telefonwerbung
Telefonwerbung ist – weil sie durchaus von psychologisch geschulten Anrufern dazu missbraucht werden kann, Waren oder Dienstleistungen, die der Angerufene eigentlich gar nicht benötigt oder will, diesem gleichwohl erfolgreich „aufzuschwatzen" – nur unter bestimmten Voraussetzungen zulässig. So ist beispielsweise Werbung mit einem Telefonanruf gegenüber einem Verbraucher ohne dessen vorherige ausdrückliche Einwilligung als unzumutbare Belästigung (§ 7 Abs. 2 Nr. 1 UWG) wettbewerbswidrig (→ Cold Call; → unlauterer Wettbewerb). Gem. § 7a UWG müssen Unternehmen, die gegenüber Verbrauchern mittels Telefonanrufen werben, zudem die vorherige ausdrückliche Einwilligung dokumentieren.

Telekommunikationsanlagen
sind nach § 3 Nr. 60 des → Telekommunikationsgesetzes technische Einrichtungen oder Systeme, die als Nachrichten identifizierbare elektromagnetische oder optische Signale senden, übertragen, vermitteln, empfangen, steuern oder kontrollieren können. Sa → Satellitenfunk, → Telekommunikationsrecht, → Funkanlagen.

Telekommunikationsdienste
Telekommunikationsdienste sind gemäß § 3 Nr. 61 TKG → Telekommunikationsgesetzes üblicherweise gegen Entgelt erbrachte Dienste, die in der Übertragung von Signalen über → Telekommunikationsnetze bestehen, einschließlich Übertragungsdienste in Rundfunknetzen. Sie umfassen nach der Neuregelung zum 1.12.2021 Internetzugangsdienste, interpersonelle Telekommunikationsdienste wie Telefon oder Short Message Service (SMS), und Dienste, die ganz oder überwiegend in der Übertragung von Signalen bestehen. Telekommunikationsdienste unterliegen der → Marktregulierung durch die → Bundesnetzagentur. Einzelheiten regelt das TKG; sa → Telekommunikationsrecht, → Telemedien.

Telekommunikationsendeinrichtungen
sind direkt oder indirekt an die Schnittstelle eines öffentlichen Telekommunikationsnetzes angeschlossene Einrichtungen zum Aussenden, Empfangen oder Verarbeiten von Nachrichten nach § 3 Nr. 62 TKG. → Telekommunikationsgesetz. Es handelt sich also um technische Geräte, mit denen Teilnehmer an ein Telekommunikationsnetz angeschlossen werden, zB Festnetz- und Mobilfunktelefone. Betreiber öffentlicher Telekommunikationsnetze dürfen den Anschluss von Telekommunikationsendeinrichtungen an das Netz grundsätzlich nicht verweigern (§ 73 TKG). Der Markt für Telekommunikationsendeinrichtungen ist seit dem inzwischen aufgehobenen Gesetz über Funkanlagen und Telekommunikationsendeinrichtungen v. 31.1.2001 (BGBl. 2001 I 170) in Deutschland vollständig liberalisiert. Sa → Funkanlagen.

Telekommunikationsgesetz (TKG)
1. Das Telekommunikationsgesetz (TKG) v. 22.6.2004 (BGBl. 2004 I 1190) mÄnd enthält eine umfassende Regelung des früher als Fernmeldewesen bezeichneten Rechtsgebietes. Es wurde durch das Gesetz v. 23.6.2021 (BGBl. 2021 I 1858) mÄ v. 10.9.2021 (BGBl. 2021 I 4147) umfassend geändert, insbesondere wurden neue Kundenrechte eingeführt (§§ 51–72 TKG) und Teile in das Telekommunikation-Telemedien-Datenschutz-Gesetz (TTDSG) v. 23.6.2021 (BGBl. 2021 I 1982) überführt (s. u. 2). Das TKG2004 tritt damit außer Kraft und ist auch auf Sachverhalte vor dem 1.12.2021 nicht mehr anwendbar. Das Zweck des Gesetzes ist es, durch technologieneutrale Regulierung im Bereich der Telekommunikation den Wettbewerb und leistungsfähige Telekommunikationsinfrastrukturen zu fördern und flächendeckend angemessene und ausreichende Dienstleistungen zu gewährleisten (§ 1 TKG). Die Regulierung wird als hoheitliche Aufgabe des Bundes nach näherer Maßgabe der in § 2 TKG festgelegten Ziele wahrgenommen. Umfangreiche Begriffsbestimmungen ergeben sich aus § 3 TKG. Für das Betreiben von → Telekommunikationsnetzen und die Erbringung von → Telekommunikationsdiensten bestehen Meldepflichten nach § 5 TKG.

2. Im Einzelnen geregelt sind die → Marktregulierung (§§ 10–50 TKG; Zugangsregulierung, Entgeltregulierung, Missbrauchsaufsicht), der Kundenschutz (§§ 51–72 TKG, s. u. 3), die Vergabe von Frequenzen, Nummerierung und Wegerechten (§§ 87–155 TKG, s. → Frequenzordnung), die → Universaldienstleistungen (§§ 156–163 TKG), jetzt als Recht auf Versorgung mit Telekommunikationsdiensten formuliert. Die Regelungen zum Fernmeldegeheimnis (§ 88 TKG 2004, jetzt § 3 TTDSG → Brief-, Post- und Fernmeldegeheimnis), der → Sende- und Telekommunikationsanlagenmissbrauch (§ 90 TKG 2004, jetzt § 8 TTDSG) und, ergänzend zur DS-GVO, der → Datenschutz und die Informationssicherheit (§§ 165–182 TKG sowie TTDSG), sind mit der Neufassung weitgehend weggefallen und jetzt im Telekommunikation-Telemedien-Datenschutz-Gesetz (TTDSG) v. 23.6.2021 (BGBl. 2021 I 1982) geregelt (§ 1 TTDSG). Das TKG regelt ferner Organisation und Verfahren der → Bundesnetzagentur als Regulierungsbehörde (§§ 191 ff. TKG).

3. §§ 51–72 TKG enthalten in Ergänzung allgemeiner Vorschriften des → Verbraucherschutzrechts besondere Regelungen zum Kundenschutz. Sie betreffen vor allem die Benutzer von Festnetz- und Mobilfunktelefonen und haben zwingenden Charakter (§ 71 TKG), so dass nur zugunsten des Kunden von

ihnen abgewichen werden kann. Insbesondere muss der Anbieter von → Telekommunikationsdiensten dem Kunden im Vertrag bestimmte Informationen geben (§ 52 TKG; Preisdetails, Vertragslaufzeit, Beendigungsmodalitäten) sowie vor Vertragsschluss Informationen zum Vertrag (§ 54 f. TKG). Der Kunde hat einen Anspruch auf unverzügliche Beseitigung von Störungen (§ 58 TKG), Einzelverbindungsnachweis (§ 65 TKG) und Verbindungspreisberechnung (§ 63 TKG). Verstöße verpflichten den Anbieter zu Unterlassung und Schadensersatz (§ 69 TKG), der auf 12 500 EUR pro Endnutzer beschränkt ist (§ 70 TKG). Bei Streitigkeiten kann der Kunde im Rahmen der außergerichtlichen Streitbeilegung die → Schlichtung nach dem VSBG bei der „Verbraucherschlichtungsstelle Telekommunikation" der Bundesnetzagentur einleiten (§ 68 TKG).

4. Erbringer von Telekommunikationsdiensten haben nach § 172 TKG Kundendaten zu speichern und den Sicherheitsbehörden auf Ersuchen darüber Auskunft zu erteilen. Dies geschieht in der Regel mittels eines automatisierten Verfahrens nach § 173 TKG (siehe dazu Kundendatenauskunftsverordnung (KDAV) v. 14.6.2017, BGBl. 2017 I 1667).

Telekommunikationslinien
sind nach § 3 Nr. 64 TKG unter- oder oberirdisch geführte Telekommunikationskabelanlagen einschließlich unter- oder oberirdisch geführte Telekommunikationskabelanlagen, einschließlich ihrer zugehörigen Schalt- und Verzweigungseinrichtungen, Masten und Unterstützungen, Kabelschächte und Kabelkanalrohre, sowie weitere technische Einrichtungen, die für das Erbringen von öffentlich zugänglichen Telekommunikationsdiensten erforderlich sind, Masten, Schächte und Rohre. Die Benutzung der Verkehrswege und sonstiger Grundstücke für Telekommunikationslinien ist im → Telekommunikationsgesetz geregelt. Nach § 125 I TKG ist der Bund befugt, öffentliche Wege, Plätze, Brücken und öffentliche Gewässer für Telekommunikationslinien unentgeltlich zu benutzen, soweit dadurch nicht der Widmungszweck dauernd beschränkt wird. Diese Nutzungsberechtigung (→ Sondernutzung) überträgt der Bund durch die → Bundesnetzagentur an die Betreiber der → Telekommunikationsnetze (§ 125 II TKG). An bereits vorhandenen Leitungen besteht ein entsprechendes Mitbenutzungsrecht, wenn die Neuerrichtung einer Linie unverhältnismäßigen Aufwand erfordert (§ 128 II TKG). Die Errichtung von Telekommunikationslinien erfordert angemessene Rücksichtnahme auf Wegeunterhaltung und Widmungszweck (§ 129 TKG) sowie Schonung von Baumpflanzungen (§ 131 TKG). Andere Grundstücke als Verkehrswege können auf Grund von → Dienstbarkeiten oder dann genutzt werden, wenn das Grundstück durch die Benutzung nicht oder nur unwesentlich beeinträchtigt wird (§ 134 I TKG). Das Entgelt regelt § 134 III TKG.

Telekommunikationsnetze
sind nach § 3 Nr. 65 des → Telekommunikationsgesetzes Übertragungssysteme, einschließlich Vermittlungs- und Leitungseinrichtungen, die die Übertragung von Signalen über Kabel, Funk, optische und andere elektromagnetische Einrichtungen ermöglichen. Telekommunikationsnetze sind zB Fest- und Mobilfunknetze für Telefon, Internet, Breitbandkabelnetze für Rundfunk und Fernsehen oder Satellitennetze (→ Satellitenfunk). Sa → Telekommunikationsrecht.

Telekommunikationsrecht
1. Telekommunikation (griech./lat.: Fernmitteilung, früher: Fernmeldewesen) ist laut § 3 Nr. 59 TKG das Aussenden, Übermitteln und Empfangen von Signalen mittels Telekommunikationsanlagen. Telekommunikationsrecht (früher: Fernmelderecht) bezeichnet daher alle Rechtsnormen, die sich mit den technischen Einrichtungen der Telekommunikation und ihren Betreibern befassen. Wichtig ist, dass Telekommunikation über Netze erfolgt (zB Fest- und Mobilfunknetze für Telefonie, s. → Telekommunikationsnetze). Aus der Netzstruktur ergeben sich jur. Besonderheiten vor allem für → Marktregulierung und Aufsicht durch die → Bundesnetzagentur. Der Telekommunikationssektor in Deutschland wurde in den 1980er und 1990er Jahren durch die → Postreformen liberalisiert und privatisiert. Nicht zum Telekommunikationsrecht gehört das Recht der auf den Telekommunikationsnetzen angebotenen → Telemedien und ihrer Inhalte, wie zB Fernsehen, Rundfunk, Internet, Satellitennavigation etc.

2. Die wichtigsten Vorschriften des nationalen Telekommunikationsrechts sind das → Telekommunikationsgesetz sowie die auf seiner Grundlage ergangenen RechtsVO. Verfassungsrechtlich bedeutsam sind Art. 10 GG (→ Brief-, Post und Fernmeldegeheimnis), Art. 73 I Nr. 7 GG (→ ausschließliche Gesetzgebung des Bundes über → Postwesen und Telekommunikation) sowie Art. 87 f GG (Gewährleistungsverantwortung des Bundes für → Universaldienstleistungen).

3. Motor der Liberalisierung und Privatisierung des Telekommunikationssektors in Europa war neben der rasanten technischen Entwicklung vor allem das Europarecht (→ europäisches Recht). Auf der Grundlage von Art. 86 III EGV aF (jetzt Art. 107 III AEUV → AEUV; → Wettbewerbsrecht) und Art. 94 EGV aF (jetzt Art. 115 AEUV → AEUV; Harmonisierungsvorschrift) wurde seit 1986 die Marktöffnung betrieben. Seit der Reform des EU-Telekommunikationsrechts von 2002, die zur Neufassung des TKG führte, sind heute ua folgende Rechtsakte einschlägig:

– Datenschutzrichtlinie für elektronische Kommunikation 2002/58/EG v. 12.7.2002,

ABl. EG 2002 L 201, 37, die neben der DS-GVO anwendbar ist,
- Wettbewerbsrichtlinie 2002/77/EG v. 16.9. 2002, ABl. EG 2002 L 249, 21,
- Roamingverordnung 2015/2120 v. 25.11. 2015, ABl. EU 2015 L 310, 1,
- Richtlinie (EU) 2018/1972 v. 11.12.2018 über den europäischen Kodex für die elektronische Kommunikations, ABl. EU 2018 L 321, 36.

Telekommunikationsüberwachung
Zur Telekommunikationsüberwachung (TKÜ) werden üblicherweise alle staatlichen Maßnahmen gezählt, die in das Grundrecht aus Art. 10 GG (→ Brief-, Post- und Fernmeldegeheimnis) eingreifen und die den Behörden ohne Einwilligung der Beteiligten Kenntnis von Inhalt und/ oder Umständen eines fernmeldetechnisch vermittelten Übertragungsvorgangs (vgl. die Legaldefinition der Telekommunikation in § 3 Nr. 59 TKG) verschaffen. Telekommunikationsüberwachung zum Ziel der Gefahrenabwehr wird zugelassen durch Regelungen in den Polizeigesetzen sowie durch das G10-G zugunsten der Verfassungsschutzbehörden und Geheimdienste (näher → Brief-, Post- und Fernmeldegeheimnis).

Für eine Telekommunikationsüberwachung zum Zweck der Strafverfolgung sind gesetzliche Grundlagen in § 100a StPO, § 100g StPO und § 100i StPO geregelt, die um die Bestandsdatenauskunft nach § 100j StPO ergänzt werden. Es handelt sich zT um für die Kriminalitätsbekämpfung sehr bedeutsame, zugleich jedoch in Grundrechte eingreifende und deshalb politisch umstrittene Maßnahmen, die potentiell in erheblichem Umfang Einblick in das Leben Betroffener gewähren. Je nach Eingriffstiefe unterliegen die einzelnen Maßnahmen unterschiedlich strengen Voraussetzungen; insbes. differieren die normierten Anforderungen an die Verhältnismäßigkeit. In den §§ 101–101b StPO sind zudem umfassende, auf das BVerfG zurückgehende Vorgaben für die Auswertung der Daten sowie Benachrichtigungs- und Berichtspflichten enthalten, die dem Schutz der Interessen der Betroffenen dienen. Wesentliche Bezugsnormen sind das → Telekommunikationsgesetz (TKÜ), das → Telemediengesetz (TMG) sowie das 2021 neu geschaffene Telekommunikation-Telemedien-Datenschutz-Gesetz (TTDSG).

1. Überwachung und Aufzeichnung des Inhalts zukünftiger Telekommunikation (§ 100a StPO): Grundlage für den Zugriff auf die Inhaltsdaten von Telekommunikationsverbindungen, die zeitlich nach der Anordnung erfolgen, ist § 100a StPO. Erfasst werden können Verbindungen per Telefon ebenso wie solche über Computernetze, etwa per e-mail oder über Messengerdienste im Internet. Die Maßnahme setzt bestimmte Tatsachen voraus, die den Verdacht begründen, dass jemand eine schwere Straftat begangen oder zu begehen versucht hat. Die Tat muss auch im Einzelfall schwer wiegen und die Ermittlungen müssen ohne die Maßnahme wesentlich erschwert oder aussichtslos sein. Für die möglichen Anlasstaten enthält § 100a II StPO einen abschließenden Katalog. Vorgaben zum Schutz des Kernbereichs privater Lebensgestaltung bestehen nach § 100d StPO. Die Maßnahme bedarf einer richterlichen Anordnung; eine bei Gefahr in Verzug mögliche Anordnung der Staatsanwaltschaft benötigt eine richterliche Bestätigung. Die Anordnung ist auf höchstens drei Monate zu befristen, wobei die Möglichkeit der Verlängerung besteht (§ 100e I StPO). Sie darf sich nur gegen den Beschuldigten oder gegen Personen richten, von denen anzunehmen ist, dass sie für den Beschuldigten Mitteilungen entgegennehmen oder weitergeben oder dass ihr Anschluss oder ihr informationstechnisches System durch den Beschuldigten benutzt wird. Die Anordnung verpflichtet die Anbieter von Telekommunikationsdiensten, die Maßnahme zu ermöglichen und die erforderlichen Auskünfte unverzüglich zu erteilen (§ 100a IV StPO). Die grundlegenden Anforderungen an die Gestaltung der technischen Einrichtungen zur Umsetzung der Überwachung enthält die VO über die technische und organisatorische Umsetzung von Maßnahmen zur Überwachung der Telekommunikation (Telekommunikations-ÜberwachungsVO v. 3.11.2005, neugefasst durch Bek. v. 11.7.2017, BGBl. 2017 I 2316).

Quellen-Telekommunikationsüberwachung: Während die klassische Regelung des § 100a I 1 StPO den Zugriff auf unverschlüsselte Übertragungen betrifft, gestattet es die 2017 geschaffene Regelung in § 100a I 2, 3 StPO zudem, mit technischen Mitteln in von dem Betroffenen genutzte informationstechnische Systeme einzugreifen, wenn dies notwendig ist, um die Überwachung und Aufzeichnung insbes. in unverschlüsselter Form zu ermöglichen (sog. Quellen-Telekommunikationsüberwachung – Quellen-TKÜ). Erforderlich ist dieses Vorgehen, wenn wie heute verbreitet üblich Messengerdienste genutzt werden, bei denen die Kommunikationsdaten vor der Versendung im Endgerät verschlüsselt werden. Zur Durchführung der Maßnahme wird typischerweise eine Spionagesoftware („Staatstrojaner", „Bundestrojaner") in das zu durchsuchende System eingebracht, mit der die Daten noch vor der Verschlüsselung ausgeleitet werden. Die Quellen-Telekommunikationsüberwachung beinhaltet einen zusätzlichen Eingriff in das Grundrecht auf Integrität und Vertraulichkeit informationstechnischer Systeme. Da sie sich auf die ab dem Zeitpunkt der richterlichen Anordnung (vgl. § 100a V 1 Nr. 1b StPO) laufende Kommunikation beschränkt, reicht dieser jedoch nicht so weit wie die nach § 100b StPO nur unter deutlich engeren Voraussetzungen mögliche → Online-Durchsuchung.

2. Auskunft über Verbindungsdaten: Ermöglicht wird diese über § 100g StPO. Anders

als § 100a StPO erlaubt § 100g StPO dabei keinerlei Zugriff auf die Inhalte einer Kommunikation. Zu den Verbindungsdaten (Verkehrsdaten, vgl. § 3 Nr. 70 TKG und §§ 9–12 TTDSG) zählen vielmehr ua Nummer und Kennungen der beteiligten Anschlüsse oder Endgeräte, bei mobilen Endgeräten die Standortdaten (§ 13 TTDSG; in welcher Funkzelle war das Gerät zum fraglichen Zeitpunkt eingeloggt) sowie Datum und Uhrzeit des Beginns und Endes eines Kommunikationsvorgangs.

a) Retrograder Zugriff auf vorhandene Daten sowie auf Standortdaten (§ 100g I StPO): Die Abfrage solcher Verbindungsdaten, die von den Anbietern von Kommunikationsdiensten nach §§ 9, 12 TTDSG für eigene Zwecke (Abrechnung, Störungsbeseitigung) gespeichert werden, wird durch § 100g I StPO ermöglicht. Voraussetzung ist ein auf Tatsachen beruhender Verdacht, dass jemand eine Straftat von auch im Einzelfall erheblicher Bedeutung oder eine Straftat mittels Telekommunikation begangen oder zu begehen versucht hat und die Erhebung für die Erforschung des Sachverhalts erforderlich ist und in einem angemessenen Verhältnis zur Bedeutung der Sache steht. Standortdaten dürfen dabei für die Zukunft oder in Echtzeit erhoben werden (§ 100g I 4 StPO). Der retrograde Zugriff auf gespeicherte Standortdaten ist nur unter den deutlich engeren Voraussetzungen des § 100g II StPO (§ 100g I 3 StPO, vgl. 2b) zulässig.

b) Zugriff auf Daten der Vorratsdatenspeicherung (§ 100g II StPO): Die rechtspolitisch außerordentlich umstrittene Maßnahme erlaubt den Zugriff auf solche Verbindungsdaten, die von den Anbietern von Kommunikationsdiensten aufgrund der Verpflichtung nach § 176 TKG eigens für den etwaigen zukünftigen Zugriff der Strafverfolgungs- und Gefahrenabwehrbehörden gespeichert werden (vgl. § 177 I Nr. 1, 2 TKG). Dabei besteht für Standortdaten aus der Nutzung mobiler Telefondienste eine Speicherfrist von 4 Wochen, für weitere Verbindungsdaten (insbes. Rufnummer oder eine andere Kennung des anrufenden und des angerufenen Anschlusses, bei Internetnutzung die IP-Adresse, Datum und Uhrzeit von Beginn und Ende der Verbindung) eine Speicherfrist von 10 Wochen. § 100g II StPO gestattet den Zugriff auf diese Daten nur, wenn bestimmte Tatsachen den Verdacht begründen, dass jemand eine besonders schwere Straftat begangen oder zu begehen versucht hat, diese Tat auch im Einzelfall schwer wiegt, die Ermittlungen sonst wesentlich erschwert oder aussichtslos wären und die Erhebung der Daten in einem angemessenen Verhältnis zur Bedeutung der Sache steht. Für die möglichen Anlasstaten enthält § 100g II 2 StPO einen abschließenden Katalog. Umfangreiche Vorgaben für die Dienstanbieter zur Gewährleistung der Sicherheit der bei ihnen gespeicherten Daten enthalten §§ 178–183 TKG.

Die gegenwärtige, inhaltlich aus dem Jahr 2015 stammende Regelung, geschaffen durch das Gesetz zur Einführung einer Speicherpflicht und einer Höchstspeicherfrist für Verkehrsdaten vom 10.12.2015 (BGBl. 2015 I 2218), die durch das Telekommunikationsmodernisierungsgesetz v. 23.6.2021 (BGBl. 2021 I S. 1858) an ihren heutigen Standort im TKG überführt wurde, ist laut Urteil des EuGH v. 20.9.2022 (Az. C-793/19, C-794/19 u. a.) nicht mit Art. 15 I der RL 2002/58/EG (Datenschutz-RL für elektr. Kommunikation) vereinbar. Wie schon in Vorabentscheidungsverfahren zu Ersuchen aus Frankreich, Belgien und dem Vereinigten Königreich hat der EuGH aber zuleich ausgesprochen, dass die Richtlinie einer nationalen Regelung zur Vorratsdatenspeicherung nicht zwingend entgegenstehe, wenn sie zur Bekämpfung schwerer Straftaten oder zur Verhinderung schwerwiegender Bedrohungen der öffentlichen Sicherheit erforderlich ist und der Grundrechtseingriff mit wirksamen Schutzmaßnahmen einhergeht und die Überprüfung durch ein Gericht oder eine unabhängige Verwaltungsbehörde vorgesehen ist (vgl. schon Beschl. v. 6.10.2020 – C-623/17 ua). Der Vollzug der deutschen Regelungen war durch die → Bundesnetzagentur bereits mit Blick auf eine Eilentscheidung des OVG Münster (NVwZ-RR 2018, 43) ausgesetzt worden. Inwieweit der deutsche Gesetzgeber von den Spielräumen Gebrauch machen wird, die der EuGH für eine Vorratsdatenspeicherung zur Strafverfolgung und Kriminalitätsbekämpfung gelassen hat, bleibt abzuwarten.

Schon frühere deutsche und europäische Regelungen zur Vorratsdatenspeicherung war Gegenstand von Entscheidungen des BVerfG und des EuGH: Das BVerfG hatte 2010 (BVerfGE 125, 260) bereits die frühere nationale Regelung in § 100g StPO beanstandet: Eine Vorratsdatenspeicherung sei mit dem Grundrecht aus Art. 10 GG zwar nicht schlechthin unvereinbar, bedürfe jedoch hinreichend anspruchsvoller und normenklarer Regelungen hinsichtlich der Datensicherheit, der Datenverwendung, der Transparenz und des Rechtsschutzes. Zudem sei der Abruf der Daten nur verhältnismäßig, wenn er überragend wichtigen Aufgaben des Rechtsgüterschutzes diene. Im Bereich der Strafverfolgung setze dies einen durch bestimmte Tatsachen begründeten Verdacht einer schweren Straftat voraus. Der EuGH erklärte die ursprünglich bestehende europarechtliche Grundlage (Richtlinie 2006/24/EG) 2014 für ungültig (Urteil v. 8.4.2014 in den Rs. C-293/12 und C-594/12), da sie unverhältnismäßige Grundrechtseingriffe enthalte. 2016 entschied der EuGH zudem, dass die Datenschutzrichtlinie für elektronische Kommunikation (RL 2002/58/EG) einer nationalen Regelung entgegenstehe, die für Zwecke der Bekämpfung von Straftaten eine allgemeine und unterschiedslose Vorratsspeicherung sämtlicher Verkehrs-

und Standortdaten aller Teilnehmer und registrierten Nutzer in Bezug auf alle elektronischen Kommunikationsmittel vorsieht (EuGH NJW 2017, 717).

c) Funkzellenabfrage (§ 100g III StPO): Die Regelung erlaubt unter den Voraussetzungen des § 100g I StPO (s. o. a)) die Erhebung aller in einer Funkzelle angefallenen Verkehrsdaten, soweit und solange diese durch die Netzbetreiber gespeichert werden. Dies geschieht regelmäßig nur kurzfristig; eine Vorratsspeicherung dieser Daten erfolgt bislang nicht. Die Abfrage ermöglicht insbes. retrospektiv Ermittlungen dazu, ob ein bestimmtes Mobiltelefon zum Zeitpunkt der Speicherung in einer bestimmten Funkzelle eingeloggt war.

d) Zugriff auf Nutzungsdaten von Telemediendiensten (§ 100k StPO): Durch das Gesetz v. 30.3.2021 zur Anpassung der Regelungen über die Bestandsdatenauskunft an die Vorgaben aus der Entscheidung des BVerfG v. 27.5.2020 (BGBl. 2021 I 448) wurde mit § 100k StPO eine Befugnisnorm für den Zugriff auf Nutzungsdaten von Telemediendiensten sowie mit § 24 TTDSG (§ 15c TMG aF) eine entsprechende Übermittlungsnorm geschaffen. Telemedien sind gemäß § 1 I 1 TMG alle elektronischen Informations- und Kommunikationsdienste, die weder zu den dort genannten Telekommunikationsdiensten gehören noch Rundfunk nach § 2 des Rundfunkstaatsvertrages sind. Dazu gehören insbes. internetbasierte E-Mail-Dienste. Nutzungsdaten iSd § 2 II Nr. 3 TTDSG (§ 15 TMG aF) entsprechen funktionell den Verkehrsdaten bei Telekommunikationsdiensten.

3. Ermittlung von Geräte- und SIM-Kartenkennungen sowie von Standortdaten mobiler Telekommunikation (§ 100i StPO):

a) „IMSI-Catcher“: Erlaubt wird unter den Voraussetzungen des § 100a StPO (s. o. 1.) insbes. der Einsatz eines „IMSI-Catchers“: Dabei handelt es sich um ein Gerät, das kurzzeitig eine Basisstation einer Funkzelle simuliert und so alle in Reichweite befindlichen Mobilfunkendgeräte veranlasst, wie stets bei Erreichen einer neuen Funkzelle ihre Kennungen zu übermitteln. Dabei handelt es sich um die weltweit einmalige Gerätenummer IMEI (International Mobile Equipment Identify) sowie um die ebenfalls einmalige SIM-Kartennummer IMSI (International Mobile Subscriber Identify). Nutzbar ist ein IMSI-Catcher zu zweierlei Zwecken: Zum einen können durch Abgleich mehrerer Messungen an unterschiedlichen Orten bzw. zu unterschiedlichen Zeiten die Kennungen eines vom Beschuldigten benutzen Mobiltelefons erlangt werden (§ 100i I Nr. 1 StPO), was sodann eine Überwachung seiner Kommunikation nach § 100a StPO ermöglicht. Praktische Voraussetzung ist eine → Observation des Beschuldigten. Zum anderen kann durch Peilung aus verschiedenen Richtungen der Standort (zu Standortdaten s. § 3 Nr. 56 TKG, § 13 TTDSG) eines Mobilfunkendgerätes (§ 100i I Nr. 2 StPO) und damit ggf. der Aufenthaltsort eines Beschuldigten ermittelt werden, dessen IMSI bereits bekannt ist, zB zum Zweck der Festnahme. Die verfassungsrechtliche Einordnung des Einsatzes eines IMSI-Catchers ist str.; das BVerfG sieht in ihm keinen Eingriff in das Grundrecht aus Art. 10 GG, sondern misst ihn insbes. am allg. → Persönlichkeitsrecht.

b) „Stille SMS“: Nach der Rechtsprechung des BGH (NStZ 2018, 611) kann auch der Einsatz sog. „stiller SMS“ auf § 100i I Nr. 2 StPO gestützt werden. Bei dieser Vorgehensweise wird zur Ermittlung des Standorts eines Mobiltelefons an dieses eine spezielle Kurzmitteilung (SMS) gesandt, die dort im Nachrichteneingang nicht angezeigt wird. Der Empfang bewirkt jedoch eine Rückmeldung des Mobiltelefons bei der Funkzelle, in der es eingeloggt ist. Erzeugt wird dadurch ein Verkehrsdatensatz, der beim Netzbetreiber abgefragt und aus dem der ungefähre Standort des Mobiltelefons bestimmt werden kann.

4. Auskunft über Bestands- und Vertragsdaten (§ 100j StPO): Soweit zur Erforschung des Sachverhalts oder zur Ermittlung des Aufenthaltsortes eines Beschuldigten erforderlich kann von den Anbietern von Telekommunikationsdiensten Auskunft zu den Bestandsdaten verlangt werden, welche diese aufgrund § 172 TKG (§ 111 TKG aF) zu speichern haben. Bei diesen handelt es sich um die Daten eines Teilnehmers, die für die Begründung, inhaltliche Ausgestaltung, Änderung oder Beendigung eines Vertragsverhältnisses über Telekommunikationsdienste erhoben werden (§ 3 Nr. 6 TKG). Zu speichern sind insbes. Rufnummern und anderen Anschlusskennungen, Name und Anschrift des Anschlussinhabers, ggf. Geburtsdatum und die Gerätenummer (IMEI) eines überlassenen Mobilfunkendgeräts (§ 172 I TKG). Ausgangspunkt einer Abfrage kann auch eine dynamische IP-Adresse sein (§ 100j II StPO). Zudem können auch Zugangscodes abgefragt werden, wenn zugleich die gesetzlichen Voraussetzungen für deren Nutzung (zB für eine Telekommunikationsüberwachung nach § 100a StPO) erfüllt sind (§ 100j I 2 StPO). Durch Gesetz v. 30.3.2021 (BGBl. 2021 I 448) hat der Gesetzgeber ua in der Abrufnorm des § 100j StPO und der zugehörigen Übermittlungsnorm des § 174 TKG (§ 113 TKG aF) Anpassungen an Vorgaben des BVerfG (Beschluss v. 27.5.2020, Az. 1 BvR 1873/13, 1 BvR 2618/13, BVerfGE 155, 119) vorgenommen. Für die Übermittlung von Bestandsdaten eines Telemediendienstes (hierzu s. oben 2d), deren Abruf durch die Strafverfolgungsbehörden § 100j StPO nunmehr ebenfalls zulässt, wurden neue Übermittlungsbefugnisse in § 22 TTDSG (für allgemeine Bestandsdaten, auch anhand dynamischer IP-Adressen, § 15a TMG aF) und § 23 TTDSG (für Passwörter und Zugangsdaten, § 15b TMG aF) geschaffen.

5. Zu unbefugter, insbes. nicht-staatlicher Telekommunikationsüberwachung: → Abhörverbot.

Telemedien
1. § 1 TMG (→ Telemediengesetz) und § 2 I MStV (→ Medienstaatsvertrag) definieren Telemedien als alle elektronischen Informations- und Kommunikationsdienste, soweit sie nicht Telekommunikationsdienste (zB Telefonie) oder → Rundfunk sind. Dazu gehören etwa soziale Medien, Blogs, Online-Shops, → Online-Vermittlungsdienste, Internet-Banking, e-Zeitungen, Chatrooms, Spiele-Apps, Internet-Suchmaschinen, Video-on-Demand, sonstige Streaming- und Sharing-Plattformen, Verkehrs- und Wetterdienste etc.

2. Nach der Medienordnung des Grundgesetzes ist der Bund zuständig für die wirtschaftlichen und technischen Aspekte von Telemedien (Art. 73 I Nr. 7 GG, → Postwesen und Telekommunikation), die Länder dagegen für die inhaltlichen (Art. 30 GG). Dementsprechend sind Telemedien zum einen im TMG, zum anderen im Medienstaatsvertrag geregelt (→ Rundfunkrecht). Dadurch sollen einheitliche wirtschaftliche Rahmenbedingungen für die verschiedenen Nutzungsmöglichkeiten der Telemedien gewährleistet werden. Zur Entstehungsgeschichte s. → Mediendienste, → Teledienste.

3. Telemedien sind grundsätzlich zulassungs- und anmeldefrei (§ 4 TMG, § 17 MStV). Sie unterliegen dem Herkunftslandprinzip (§ 3 TMG), dh ein in Deutschland niedergelassener Diensteanbieter unterliegt den deutschen Vorschriften auch dann, wenn die Telemedien in einem anderen EU-Staat angeboten werden. Nach §§ 5 und 6 TMG sowie § 18 MStV müssen Anbieter von geschäftsmäßigen Telemedien bestimmte Informationen ständig verfügbar halten. Dazu gehören Name, Anschrift, Kontaktdaten, Registernummern usw. (Impressum). Ferner muss kommerzielle Kommunikation als solche klar erkennbar sein. Anbieter sind für eigene Informationen, die sie zur Nutzung bereithalten, verantwortlich (§ 7 TMG). §§ 11 ff. TMG enthalten, in Ergänzung zur DS-GVO, Vorschriften zum → Datenschutz.

4. Telemedien mit journalistisch-redaktionell gestalteten Angeboten haben den anerkannten journalistischen Grundsätzen zu entsprechen (§ 19 MStV). Es besteht ein Recht auf Gegendarstellung (§ 20 MStV), Werbung muss in ihnen als solche klar erkennbar sein (§ 22 MStV). Sie unterliegen der Aufsicht durch die → Landesmedienanstalten (§ 104 MStV).

5. Für im elektronischen Geschäftsverkehr, dh per Telemedien abgeschlossene Verträge enthalten §§ 312i f. BGB besondere Vorschriften zum Kundenschutz, → Elektronischer Geschäftsverkehr.

6. Sa → Medienrecht, → Telekommunikationsrecht, → Internetkriminalität, → jugendgefährdende Medien.

Telemediendienst
→ Telemedien.

Telemediengesetz
Das Telemediengesetz v. 26.2.2007 (BGBl. 2007 I 179) mÄnd enthält die bundesrechtlichen Vorschriften zur Regulierung der → Telemedien.

Telemedizin
Von Telemedizin wird dann gesprochen, wenn sich Arzt und Patient nicht im selben Raum aufhalten, sondern räumlich – ggf. über große Entfernungen – voneinander getrennt sind und diese Entfernung mittels Einsatzes moderner Informationstechnologie überbrückt wird. Ein seit der Corona-Pandemie allgemein bekannter Anwendungsfall der Telemedizin ist zB die Feststellung der Arbeitsunfähigkeit per Videosprechstunde. Die Einzelheiten dazu sind in der Arbeitsunfähigkeits-Richtlinie geregelt.

Teleologische Interpretation
→ Auslegung (1b).

Teleshopping
Teleshopping bezeichnet nach § 2 II Nr. 11 → Medienstaatsvertrag die Sendung direkter Angebote an die Öffentlichkeit per Rundfunk für den Absatz von Waren oder die Erbringung von Dienstleistungen, einschließlich unbeweglicher Sachen, Rechte und Verpflichtungen, gegen Entgelt in Form von Teleshopping-Kanälen, -Fenstern oder -Spots. Im öffentlich-rechtlichen Rundfunk ist Teleshopping mit Ausnahme von Teleshopping-Spots untersagt, § 47 MStV. Im privaten Rundfunk sind Teleshopping-Kanäle oder -Programme zulässig. Teleshopping-Fenster, die in einem Programm gesendet werden, müssen eine Mindestdauer von 15 Minuten haben, § 71 MStV. → Rundfunk.

Tempo 30-Zone
→ Fahrgeschwindigkeit.

Tempusprinzip
→ Rang von Grundstücksrechten.

Tendenzbetriebe
Tendenzbetriebe bzw. -unternehmen sind Betriebe bzw. Unternehmen, die (mind. überwiegend) politischen, koalitionspolitischen, konfessionellen, karitativen, erzieherischen, wissenschaftlichen oder künstlerischen Zwecken oder solchen der Berichterstattung oder Meinungsbildung dienen; werden Hilfstätigkeiten in andere Gesellschaften ausgelagert, liegt insoweit gewöhnlich die Tendenzeigenschaft nciht vor. Tendenzbetriebe unterliegen nur beschränkt dem → Betriebsverfassungsgesetz. Die Vorschriften über den → Wirtschaftsausschuss sind unanwendbar, diejenigen über → Betriebsänderungen nur beschränkt anwendbar; alle anderen Bestimmungen – zB

über → Mitbestimmung – sind unanwendbar, soweit sie der Eigenart des Tendenzbetriebs entgegenstehen (§ 118 BetrVG). Auch die Mitbestimmungsgesetze (→ Mitbestimmung (2)) gelten für Tendenzunternehmen nicht (zB § 1 IV MitbestG). Keine Tendenzbetriebe sondern von der Geltung ua des Betriebsverfassungsgesetzes ganz ausgenommen sind die Kirchen und ihre Organisationen.

Tenor
→ Urteilsformel.

Termin
→ Frist, → mündliche Verhandlung.

Terminänderung, -verlegung
→ Vertagung.

Terminbörse
ist eine → Börse, an der ausschließlich Termingeschäfte iSv § 2 III Nr. 1 WpHG (→ Finanztermingeschäft) getätigt werden. An Deutschlands einziger Wertpapierterminbörse Eurex (ehemals DTB), die juristisch eine → Wertpapierbörse darstellt, werden Futures und Optionen (→ Optionsschein) gehandelt. Wertpapier- und → Warenbörsen, an denen neben → Kassageschäften auch Termingeschäfte getätigt werden, gelten nicht als Terminbörse. Eine organisatorische Definition v. Terminbörsen enthält § 1 IIIe KWG.

Termineinlagen
→ Bankeinlagen.

Termingeschäft
→ Finanztermingeschäft, → Differenzgeschäft, → Fixgeschäft.

Terminservicestelle
Terminservicestellen dienen der zeitnahen Vermittlung von Terminen bei einem → Hausarzt, einem Facharzt oder einem → Psychotherapeuten. Die Terminservicestelle ist auch für die zeitnahe Vermittlung eines Termins bei einem Kinder- und Jugendarzt zuständig. Die Terminservicestelle ist unter der bundeseinheitlichen Rufnummer 116 117 erreichbar. Damit ein Facharzttermin durch die Terminservicestellen vereinbart werden darf, ist eine Überweisung mit einem Dringlichkeitscode durch den Hausarzt notwendig. Diese gilt nicht, wenn ein Termin bei einem Augenarzt oder Gynäkologen vereinbart werden soll. Die Frist für die Terminvereinbarung sollte vier Wochen nicht überschreiten. Kann kein Termin mit einem Arzt vermittelt werden, besteht Anspruch auf Behandlung in einem → Krankenhaus.

→ Vertragsärzte müssen der Terminservicestelle freie Termine mitteilen. Die Verpflichtung gilt für alle Vertragsärzte mit Ausnahme von Laborärzten und Pathologen. Die Meldung von freien Terminen an die Terminservicestellen betrifft auch Krankenhäuser.

Rechtsgrundlage für die Einrichtung von Terminservicestellen ist § 75 Ia SGB V. Die Regelung ist durch das Gesetz für schnellere Termine und bessere Versorgung (Terminservice- und Versorgungsgesetz - TSVG) v. 6.5.2019 (BGBl. 2019 I 646) eingeführt worden.

Territorialgewässer
andere Bezeichnung für → innere Gewässer.

Territorialhoheit, -staat
Während der Staatsbegriff der neueren Zeit das Vorhandensein eines Staatsgebiets, eines Staatsvolks und einer Staatsgewalt voraussetzt (→ Staat), ist er rechtsgeschichtlich in einem anderen Sinne zu verstehen. Danach waren Staatengebilde in früheren Zeiträumen schon alle Volksverbände, in denen eine von keiner übergeordneten rechtlichen Institution abgeleitete Herrschaftsgewalt bestand. Solche Staatengebilde hatten sich im alten deutschen Recht auf personaler Grundlage entwickelt; so zB Stammesstaaten, in denen neben einer zentralen Gewalt eine den Teilverbänden überlassene Selbstverwaltung bestand. Mit zunehmender Sesshaftigkeit der Völkerschaften trat zu der personalen Grundlage der Staatsgewalt das Territorium (Staatsgebiet), zunächst nur mit breitem Grenzsaum, später mit festen Grenzen. In dem sich so entwickelnden Territorialstaat kam dem (weltlichen oder geistlichen) Landesherrn die Territorialhoheit zu, die aber bei den dem König nachgeordneten Ständen zunächst beschränkt war und sich mit dem Übergang vom → Lehensstaat zum → Ständestaat erst allmählich erweiterte. Im Deutschen Reich erlangten die Reichsstände im Westfälischen Frieden 1648 die volle Territorialhoheit; dadurch wurde das Reich zu einer Föderation selbständiger Staaten, die unmittelbare Beziehungen zu fremden Staaten unterhielten. Über die Territorialhoheit im heutigen staatsrechtlichen Sinne → Staatsgebiet.

Territorialitätsprinzip
(im Strafrecht) → Geltungsbereich des Strafrechts; (im Zivilrecht) → Internationales Privatrecht, 2 f (lex rei sitae); (in der Sozialversicherung) → Ausländer in der Sozialversicherung.

Terrorismus
1. Die Bekämpfung des Terrorismus hat im Wege der Strafverfolgung und der polizeilichen → Gefahrenabwehr (→ Polizei; → polizeiliche Maßnahmen; → Terrorismusbekämpfung) sowie der Internationalen → Rechtshilfe zu erfolgen. Die vorbeugende Tötung von Terroristen ist rechtswidrig. Militärische Maßnahmen zur Bekämpfung des Terrorismus sind unzulässig und völkerrechtswidrig, soweit terroristische Handlungen nicht von einem Staat ausgehen und damit einen bewaffneten Angriff dieses Staates darstellen (s. iE → Gewaltverbot, 1b). Nach einer neueren Ansicht sind auch militärische Maßnahmen gegen einen Staat zulässig, der Terrorismus duldet und schützt (so zB gegen Afghanistan 2001/2002).

2. Sa → Terroristische Vereinigungen, → Rechtsstaatsgefährdung.

Terrorismusbekämpfung
1. Im Anschluss an den Anschlag auf das World Trade Center am 11.9.2001 wurden die Befugnisse der → Sicherheitsbehörden zur Bekämpfung des → Terrorismus erheblich ausgeweitet. Dabei wird zunehmend auch die Grenze zwischen → Polizei und → Ordnungsbehörden einerseits und → Nachrichtendiensten andererseits verwischt. Insbes. auf die folgenden Gesetze ist hinzuweisen:

2. Durch das Gesetz zur Bekämpfung des internationalen Terrorismus v. 9.1.2002 (BGBl. 2002 I 361) erhielten die → Nachrichtendienste zusätzliche Befugnisse zur Erholung von Auskünften von → Kreditinstituten, Postdienstleistern, → Luftfahrtunternehmen, Telekommunikationsdienstleistern und Ausländerbehörden (→ Ausländerrecht). Die → Sicherheitsüberprüfung wurde auf Beschäftigte von Einrichtungen erstreckt, die für das Funktionieren des Gemeinwesens unverzichtbar sind und deren Beeinträchtigung erhebliche Unruhe in großen Teilen der Bevölkerung und damit Gefahren für die öffentliche → Sicherheit und Ordnung entstehen lassen würde. Pass (→ Passwesen) und → Personalausweis dürfen seitdem nach Maßgabe eines eigenen BundesG biometrische Merkmale von Fingern oder Händen oder Gesicht enthalten. Bei Pässen werden auf EU-rechtlicher Grundlage seit 1.11.2005 biometrische Merkmale gespeichert. Inzwischen enthalten PaßG und PersonalausweisG hierfür eigene Rechtsgrundlagen. Weitere Änderungen betrafen das frühere AusländerG, das → Asylrecht und das → Luftfahrtrecht.

3. Durch das Gesetz zur Abwehr von Gefahren des internationalen Terrorismus durch das → Bundeskriminalamt v. 25.12.2008 (BGBl. 2008 I 3083) erhielt das Bundeskriminalamt eigene polizeiliche Befugnisse zur Abwehr von Gefahren des internationalen Terrorismus; die Befugnisse der → Polizeien der Länder und der → Bundespolizei bleiben unberührt (§ 4a BundeskriminalamtG).

4. Sa → Terrorismusfinanzierung, → terroristische Vereinigungen.

Terrorismusfinanzierung
Die Terrorismusfinanzierung steht nach § 89c StGB unter Strafe. Zudem enthalten das Geldwäschegesetz (GwG) sowie das Kreditwesengesetz (KWG) Vorschriften, die der Verhinderung von Terrorismusfinanzierung dienen.

1. Straftatbestand nach § 89c StGB: Er erfasst das Sammeln, Entgegennehmen oder Bereitstellen von Vermögenswerten mit dem Wissen oder der Absicht, dass sie von einer anderen Person für eine besonders schwere Straftat verwendet werden sollen (§ 89c I StGB), wie Mord, Totschlag (→ Tötung), → Menschlichkeitsverbrechen, → Völkermord, → Kriegsverbrechen, gefährliche oder schwere → Körperverletzung, → Menschenraub, → Geiselnahme, → Sachbeschädigung in bestimmten Fällen, für bestimmte → gemeingefährliche Straftaten und → Umweltdelikte, ferner für bestimmte Verstöße gegen das KrWaffG (→ Kriegswaffen) und das WaffG (→ Waffen) sowie für die Vorbereitung einer schweren staatsgefährdenden Gewalttat in der Variante des § 89a IIa StGB (→ Rechtsstaatsgefährdung). Erforderlich ist ferner eine terroristische Zwecksetzung der geplanten Tat (§ 89c I 2 StGB). Für die Strafbarkeit der Finanzierung der eigenen terroristischen Tat ist Absicht erforderlich (§ 89c II StGB). Die Terrorismusfinanzierung ist mit Freiheitsstrafe von 6 Monaten bis 10 Jahre bedroht, bei geringwertigen Vermögenswerten von 3 Monaten bis 5 Jahren. Daneben kommt → Geldwäsche in Betracht.

2. Terrorismusfinanzierung gemäß § 1 II GwG, § 1 XXXII KWG ist die Bereitstellung oder Sammlung finanzieller Mittel in der Kenntnis, dass sie für die Begehung einer Tat nach § 129a StGB (→ Terroristische Vereinigungen) oder einer anderen der in Art. 1–3 EU-Rahmenbeschluss 2002/475/JI vom 13.6.2002 zur Terrorismusbekämpfung (ABl. EG 2002 L 164, 3) umschriebenen Straftaten oder für die Teilnahme daran verwendet werden oder werden sollen, oder die Begehung einer Terrorismusfinanzierung nach § 89c StGB (s. oben 1.). Sie soll durch → Gewinnaufspürung und die Kontrolle des → Bargeldverkehrs verhindert werden. Nach § 31b AO haben die Finanzbehörden den Verdacht von Terrorismusfinanzierung dem → Bundeskriminalamt mitzuteilen. Ferner sind bestimmte Versicherungsunternehmen zu Sicherungsmaßnahmen verpflichtet (§§ 52ff. VAG, → Versicherungsaufsicht).

Terroristische Vereinigungen
1. Terroristische Vereinigungen: Die §§ 129a, 129b StGB stellen verschiedene Formen der Beteiligung an einer terroristischen Vereinigung unter Strafe. Als Vereinigung ist dabei ein auf längere Dauer angelegter, von einer Festlegung von Rollen der Mitglieder, der Kontinuität der Mitgliedschaft und der Ausprägung der Struktur unabhängiger organisierter Zusammenschluss von mehr als zwei Personen zur Verfolgung eines übergeordneten gemeinsamen Interesses zu verstehen (vgl. die 2017 geschaffene erweiterte Legaldefinition der Vereinigung in § 129 II StGB, auf welche § 129a StGB verweist).

a) Zur terroristischen Vereinigung wird sie, wenn ihre Tätigkeit oder Hauptzweck gerichtet ist auf die Begehung von Mord, Totschlag, Völkermord, Menschlichkeitsverbrechen, → Kriegsverbrechen, erpresserischen Menschenraub oder Geiselnahme (terroristische Vereinigung nach § 129a I StGB).

b) Nach § 129a II StGB liegt eine terroristische Vereinigung zudem dann vor, wenn ihre Tätigkeit oder Hauptzweck sich richten auf bestimmte Fälle von → Sachbeschädigung, auf bestimmte → gemeingefährliche Straftaten (Brandstiftung, Sprengstoff- oder Strahlungsverbrechen, Überschwemmung, gefährliche Eingriffe in den Bahn-, Schiffs- und Luftverkehr, Störung öffentlicher Betriebe, Luft- und Seepiraterie, Störung von Telekommunikationsanlagen oder gemeingefährliche Vergiftung), auf schwere Gefährdung durch Freisetzung von Giften (→ Umweltkriminalität), auf die Entwicklung, Herstellung und Verbreitung von ABC-Waffen (→ Kriegswaffen) oder auf → Waffenbesitz, -erwerb, -führen gemäß § 51 WaffG oder auf die Zufügung schwerer körperlicher oder seelischer Schäden insb. der in § 226 StGB genannten Art. Zusätzlich erforderlich ist in den Fällen des § 129a II StGB, dass die bezweckten Taten zur Einschüchterung der Bevölkerung, Nötigung einer Behörde oder einer internationalen Organisation bestimmt sind und zugleich einen Staat oder eine internationale Organisation erheblich schädigen können.

2. Tathandlungen und Strafdrohungen: Die Gründung und Beteiligung an einer terroristischen Vereinigung im Inland wird nach § 129a StGB mit Freiheitsstrafe von 1 bis zu 10 Jahren bestraft. Ist die Tätigkeit oder der Zweck der terroristischen Vereinigung lediglich auf die Androhung einer dieser Straftaten gerichtet, ist Freiheitsstrafe von 6 Mon. bis zu 5 Jahren verwirkt (§ 129a III StGB). Unterstützung und Werbung für terroristische Vereinigungen sind ebenfalls strafbar (§ 129a V StGB), letztere aber nur, soweit sie der Gewinnung von Mitgliedern oder Unterstützern der Vereinigung dient; die bloße sog. Sympathiewerbung wurde durch den Gesetzgeber mit dem 34. StrÄndG straffrei gestellt. → Rädelsführer und Hintermänner sind mit höherer Strafe bedroht (§ 129a IV StGB). Bei Mitläufern kann die Strafe gemildert werden (§ 129a VI StGB). Bei → tätiger Reue kann das Gericht die Strafe mildern oder von Strafe absehen, insbes. bei rechtzeitiger Anzeige bei der Behörde, so dass Straftaten noch verhindert werden können (→ Kronzeuge), oder bei freiwilligem und ernstlichem Bemühen, Straftaten zu verhindern oder die terroristische Vereinigung aufzulösen (§ 129a VII mit § 129 VII StGB).

3. Terroristische Vereinigungen im Ausland: Dieselben Beteiligungshandlungen können nach § 129b StGB auch strafbar sein, wenn sie sich auf eine Vereinigung im Ausland beziehen. Für terroristische Vereinigungen in einem EU-Mitgliedstaat gilt das ohne weiteres. Terroristische Vereinigungen außerhalb von EU-Mitgliedstaaten sind strafbar und mit Ermächtigung des BMJV verfolgbar, wenn eine Tätigkeit im Inland vorliegt oder wenn der Täter oder das Opfer Deutscher ist oder sich im Inland befindet (§ 129b I 2, 3 StGB).

4. Vorbereitungshandlungen zur Bildung einer terroristische Vereinigung, auch im Ausland, sind als Vorbereitung einer schweren staatsgefährdenden Gewalttat, als Aufnahme von Beziehungen zur Begehung einer solchen Gewalttat oder als Anleitung dazu gem. §§ 89a, 89b, 89c, 91 StGB strafbar (→ Rechtsstaatsgefährdung, → Terrorismusfinanzierung).

Tertiärrecht

→ europäisches Recht (4); → europäische Gesetzgebung (1).

Test

→ Warentest; → Testpflicht; → COVID-19-Test; → Immunitätsnachweis; → 3G.

Testament

1. Das Testament ist eine vom → Erblasser einseitig getroffene → Verfügung von Todes wegen in der dieser idR den → Erben bestimmt (§ 1937 BGB) und damit die gesetzliche durch die gewillkürte → Erbfolge ersetzt. Der Erblasser kann durch Testament jedoch auch lediglich einen Verwandten oder den Ehegatten von der gesetzlichen Erbfolge ausschließen, ohne einen Erben einzusetzen (→ Enterbung, § 1938 BGB), ein → Vermächtnis (§ 1939 BGB) oder eine → Auflage (§ 1940 BGB) anordnen oder sonstige Regelungen für den Todesfall treffen (→ Verfügung von Todes wegen; dort auch über Gebiet ehem. DDR). Der Erblasser kann ein Testament nur persönlich errichten (§ 2064 BGB), also sich weder im Willen noch in der Erklärung vertreten lassen; eine Beratung sowie ein Beistand (zB bei der Errichtung einer öffentlichen Testamentsurkunde) sind jedoch zulässig. Voraussetzung einer wirksamen Testamentserrichtung ist die → Testierfähigkeit des Erblassers („Testators"). In der Bestimmung des Inhalts des Testaments ist der Erblasser grds. frei (→ Testierfreiheit). Das Testament wird nach dem Tod des Erblassers vom → Nachlassgericht, wo es bereits verwahrt ist oder an das es der Besitzer → abzuliefern hat, → eröffnet.

2. Man unterscheidet das ordentliche und das außerordentliche Testament, das nur in besonderen (meist Not-)Fällen errichtet werden kann:

a) Das ordentliche Testament kann in der Form des öffentlichen Testaments oder des eigenhändigen Testaments errichtet werden (§ 2231 BGB). Zwar haben diese beiden Formen untereinander denselben Rang, doch hat das öffentliche Testament weitergehende Bedeutung; so ersetzt es zB für den Nachweis der → Erbfolge im Grundbuch den sonst erforderlichen → Erbschein (§ 35 GBO). Beim eigenhändigen (holografischen) Testament muss die letztwillige Verfügung vom Erblasser zwingend eigenhändig (Unterstützung schadet nicht) in einer verständlichen Sprache und Schrift geschrieben – nicht zB mit der Schreibmaschine! – und unterschrieben sein (§ 2247 I BGB). Die Unterschrift soll den Familien- und den Vornamen des Erblassers enthalten; es genügt aber auch jede andere Unterzeichnung, die keinen Zweifel an der Person des Erblassers offen lässt. Zeit und Ort der Testamentserrichtung sollen gleichfalls angegeben werden; ihr Fehlen schadet nur, wenn dadurch die Geltung des Testaments, zB gegenüber einem anderen Testaments, nicht mit Sicherheit festgestellt werden kann (§ 2247 II, V BGB; → Widerruf des Testaments). Das Formerfordernis gilt für das gesamte Testament. Die Bezugnahme auf andere Schriftstücke, die die Form nicht erfüllen, führt zur Unwirksamkeit (→ testamentum mysticum). Das eigenhändige Testament kann der Erblasser in amtliche Verwahrung geben (§ 2248 BGB); es wird dadurch nicht zum öffentlichen Testament und bleibt – anders als dieses – bei der Rücknahme aus der Verwahrung wirksam.

b) Das öffentliche Testament wird zur Niederschrift eines → Notars errichtet (§ 2231 Nr. 1 BGB), indem der Erblasser dem Notar seinen letzten Willen mündlich erklärt (bloßes Kopfnicken, Gebärden usw genügen nicht) oder ihm eine Schrift mit der Erklärung übergibt, dass die Schrift seinen letzten Willen enthalte. Der Erblasser kann die Schrift offen oder verschlossen übergeben; sie braucht nicht von ihm geschrieben zu sein (§ 2232 BGB). Ein minderjähriger Erblasser kann ein öffentliches Testment nur durch mündliche Erklärung oder Übergabe einer offenen Schrift, ein Blinder nur durch mündliche Erklärung, ein Stummer nur durch Übergabe einer Schrift errichten (§ 2233 BGB). Über die Errichtung ist eine Niederschrift nach den Vorschriften des BeurkundungsG v. 28.8.1969 (BGBl. 1969 I 1513) aufzunehmen, die einen bestimmten Inhalt haben, dem Erblasser vorgelesen und von diesem und den auf sein Verlangen mitwirkenden weiteren Personen (Zeugen ua) genehmigt werden muss; Besonderheiten gelten auch hier für gebrechliche Erblasser (§§ 8 ff., 27 ff. BeurkG). Der Notar soll veranlassen, dass das öffentliche Testament anschließend unverzüglich in amtliche Verwahrung gebracht wird (§ 34 BeurkG). Die Rücknahme hieraus gilt beim öffentlichen Testament – anders als beim eigenhändigen Testament – zwingend als → Widerruf des Testaments (§ 2256 BGB).

3. Ein sog. außerordentliches Testament (Nottestament) ist für Fälle vorgesehen, in denen der Erblasser nicht (mehr) in der Lage ist, ein öffentliches Testament vor einem Notar zu errichten. Ist zu besorgen, dass der Erblasser vorher sterben werde, so kann das außerordentliche Testament vor dem zuständigen Bürgermeister, der zwei Zeugen zuzuziehen hat, als öffentliches Testament errichtet werden (Bürgermeistertestament, Dorftestament, § 2249 BGB). Ist dies nicht möglich oder ist der Aufenthaltsort des Erblassers so abgesperrt, dass ein öffentl. Testament vor einem Notar nicht errichtet werden kann, so kann es durch mündliche Erklärung gegenüber drei – während der ganzen Testamentserrichtung anwesenden – Zeugen errichtet werden (Dreizeugentestament, § 2250 BGB). Ein solches Testament kann jederzeit auch an Bord eines deutschen Schiffes außerhalb eines inländischen Hafens errichtet werden (Seetestament, § 2251 BGB). In jedem Fall ist über das außerordentliche Testament eine Niederschrift aufzunehmen, die den unter II genannten Grundsätzen entsprechen muss (der Bürgermeister tritt zB an die Stelle des Notars). Alle außerordentlichen Testamente verlieren 3 Monate nach ihrer Errichtung bzw. dem Wegfall des Hindernisses, ein öffentliches Testament zu errichten, ihre Wirksamkeit, sofern sie nicht als eigenhändiges Testament angesehen werden können (§ 2252 BGB). Besonderheiten gelten für das Konsulartestament (Errichtung vor einer deutschen Auslandsvertretung, § 11 KonsularG v. 11.9.1974, BGBl. 1974 I 2317).

4. Eine insoweit formwirksame Urkunde gilt nur dann als Testament, wenn sie auf einem ernstlichen Testierwillen des Erblassers beruht. Es muss außer Zweifel stehen, dass der Erblasser die von ihm erstellte Urkunde als rechtsverbindliche letztwillige Verfügung angesehen hat oder zumindest das Bewusstsein hatte, die Urkunde könne als Testament angesehen werden. Die Urkunde darf nicht als bloßer Entwurf gefertigt sein oder sonst nur eine vorbereitende oder ähnlich unverbindliche Bedeutung haben. So kann ein eigenhändiges Testament auch in einem handgeschriebenen Brief enthalten sein (Brieftestament), wenn unzweifelhaft feststeht, dass durch den Brief eine letztwillige Verfügung getroffen werden soll, und nicht etwa nur angekündigt oder - etwa aus Dankbarkeit - in Aussicht gestellt wird.

Testament, gemeinschaftliches
→ gemeinschaftliches Testament.

Testamentsanfechtung
→ Anfechtung letztwilliger Verfügungen; sa → Sittenwidrigkeit.

Testamentsaufhebung
→ Widerruf des Testaments.

Testamentsauslegung
→ Auslegung von Verfügungen von Todes wegen.

Testamentseröffnung
Das → Nachlassgericht hat nach dem → Erbfall ein in seiner Verwahrung befindliches → Testament (zu den noch nicht in amtlicher Verwahrung befindlichen Testamenten s. → Ablieferungspflicht) in einem besonderen Termin zu eröffnen und zu verkünden; der Erblasser kann dies nicht verbieten (§ 2263 BGB). Zu diesem Termin sollen die gesetzlichen Erben des Erblassers und die sonstigen Beteiligten – insbes. Vermächtnisnehmer, Testamentsvollstrecker, soweit bekannt – geladen werden; nicht erschienene Beteiligte sind von dem sie betreffenden Inhalt des Testaments zu benachrichtigen (§ 348 FamFG). Verfahren: §§ 348 ff. FamFG.

Testamentserrichtung
→ Testament.

Testamentsverkündung
→ Testamentseröffnung.

Testamentsvollstrecker
Der → Erblasser kann zur Fürsorge für den → Nachlass nach seinem Tode eine Vertrauensperson durch Vollmacht auch über den Tod hinaus mit seiner bzw. seiner Erben Vertretung beauftragen; diese Vollmacht ist jedoch grds. für die Erben frei widerruflich (vgl. § 168 BGB). Darüber hinaus kann der Erblasser zur Ausführung seines letzten Willens, auch gegenüber den Erben, durch → Verfügung von Todes wegen einen oder mehrere Testamentsvollstrecker – diese gemeinschaftlich, aber auch nacheinander oder ersatzweise – ernennen (§§ 2197, 2224 BGB). Die Bestimmung der Person des Testamentsvollstreckers kann einem Dritten oder dem → Nachlassgericht überlassen werden (§§ 2198, 2200 BGB). Der Testamentsvollstrecker ist nach hM nicht → gesetzlicher Vertreter des Erben, sondern Träger eines Amts (→ Partei kraft Amts); da er vom Erblasser bestellt wurde, steht er – anders als der → Nachlasspfleger und der → Nachlassverwalter – nicht unter der ständigen Aufsicht des Nachlassgerichts. Das Amt des Testamentsvollstreckers beginnt mit der Annahme gegenüber dem Nachlassgericht, wozu der vom Erblasser Bestimmte nicht verpflichtet ist (§ 2202 BGB); es endet mit dem Tode des Testamentsvollstreckers, dem Fortfall seiner → Geschäftsfähigkeit (§§ 2225, 2201 BGB), durch jederzeit mögliche formlose → Kündigung (§ 2226 BGB), mit Entlassung durch das Nachlassgericht auf Antrag eines Beteiligten bei Vorliegen eines wichtigen Grundes (zB grobe Pflichtverletzung oder Unfähigkeit, § 2227 BGB) sowie mit Erledigung seiner Aufgabe.

Der Testamentsvollstrecker hat, soweit der Erblasser nichts anderes bestimmt hat (zB bloße Verwaltungsbefugnis, §§ 2208, 2209 BGB), die letztwilligen Verfügungen des Erblassers auszuführen (§ 2203 BGB), wobei er an Weisungen des Erben nicht gebunden ist. Soweit mehrere Erben vorhanden sind, hat er unter ihnen die Auseinandersetzung der → Erbengemeinschaft nach den Anordnungen des Erblassers, hilfsweise nach den gesetzlichen Vorschriften zu bewirken (§§ 2204, 2042 ff. BGB). Der Testamentsvollstrecker hat insbes. den Nachlass zu verwalten (§ 2205 BGB). Er ist berechtigt, den Nachlass in Besitz zu nehmen, über Nachlassgegenstände entgeltlich zu verfügen, → Nachlassverbindlichkeiten zu berichtigen, Erklärungen abzugeben und Rechte für den Nachlass geltend zu machen, im Rahmen einer ordnungsgemäßen Verwaltung neue Verbindlichkeiten für den Nachlass einzugehen, denen der Erbe unbeschadet seines Rechts auf → Beschränkung der Erbenhaftung zustimmen muss usw (§§ 2206, 2207 BGB). Als notwendige Folge kann der Erbe über einen der Verwaltung des Testamentsvollstreckers unterliegenden Nachlassgegenstand nicht verfügen (→ Verfügungsverbot); der → gutgläubige Erwerb eines Dritten wird jedoch geschützt (§ 2211 BGB). Der Testamentsvollstrecker hat die alleinige → Prozessführungsbefugnis für Ansprüche und Rechte, die seiner Verwaltung unterliegen (§ 2212 BGB); das Urteil erwächst auch gegenüber dem Erben in → Rechtskraft (§ 327 ZPO). Nachlassverbindlichkeiten können sowohl gegen den Testamentsvollstrecker wie gegen den Erben geltend gemacht werden (§ 2213 BGB); zur Zwangsvollstreckung benötigen jedoch die Nachlassgläubiger einen Titel gegen den Testamentsvollstrecker (§ 748 ZPO). – Ein Testamentsvollstrecker kann auch lediglich zur Wahrnehmung der Rechte und Pflichten des → Nacherben oder eines → Vermächtnisnehmers bestellt werden (§§ 2222, 2223 BGB).

Der Testamentsvollstrecker ist zur ordnungsmäßigen Verwaltung des Nachlasses nach den Anordnungen und Vorstellungen des Erblassers verpflichtet (§§ 2216, 2220 BGB). Auf sein Verhältnis zu dem Erben, dem er Nachlassgegenstände, deren er nicht mehr bedarf, zur freien Verfügung herauszugeben hat, finden die Vorschriften über den → Auftrag entsprechende Anwendung (§§ 2217, 2218 BGB); so ist der Testamentsvollstrecker insbes. zur → Rechnungslegung und Herausgabe des durch die Geschäftsführung Erlangten gegen Ersatz seiner Aufwendungen (§§ 666, 667, 670 BGB) sowie bei schuldhafter Verletzung seiner Pflichten zum Schadensersatz verpflichtet (§ 2219 BGB). Auf Antrag stellt ihm das Nachlassgericht ein Testamentsvollstreckerzeugnis über seine Bestellung und den Umfang seiner Rechte aus; es unterliegt den entsprechend anwendbaren Vorschriften über den → Erbschein (§ 2368 BGB). Für die Führung seines Amts kann der Testamentsvollstrecker grds. aus dem Nachlass eine angemessene Vergütung verlangen (§ 2221 BGB).

Testamentsvollstreckerzeugnis
→ Testamentsvollstrecker.

Testamentswiderruf
→ Widerruf des Testaments, → Widerruf des gemeinschaftlichen Testaments.

testamentum mysticum
Die Erklärung eines → Erblassers, ein in einem verschlossenen Umschlag enthaltenes Schriftstück enthalte seine → Verfügung von Todes wegen, wurde ursprünglich als testamentum mysticum bezeichnet. Die Errichtung eines → Testaments in notarieller Form sieht die Übergabe einer verschlossenen Schrift vor (§ 2232 S. 2 BGB), so dass auf diesem Wege ein „geheimes Testament" errichtet werden kann. Heute wird der Begriff für formunwirksamen Anlagen zu an sich formwirksamen → Testamenten gebraucht, die die Erben individualisierbar bestimmen sollen. Diese → Erbeinsetzung ist in privatschritlichen Testamenten in der Regel formunwirksam und auch

nicht einer → Auslegung der Verfügung von Todes wegen zugänglich.

Testator
→ Testament (1).

Testfoto
→ Testkauf.

Testierfähigkeit
Die Testierfähigkeit ist, obwohl eine Unterart der allgemeinen → Geschäftsfähigkeit, besonders ausgestaltet. Testierunfähig, dh unfähig, ein wirksames → Testament zu errichten, ist ein Minderjähriger vor Vollendung des 16. Lebensjahres sowie jeder, der wegen krankhafter Störung der Geistestätigkeit, wegen Geistesschwäche oder Bewusstseinsstörung nicht in der Lage ist, die Bedeutung einer von ihm abgegebenen Willenserklärung einzusehen und nach dieser Einsicht zu handeln (§ 2229 BGB). Dagegen sind Stumme und Taube, auch wenn sie schreibunkundig oder -unfähig sind, nicht generell von der Testierfähigkeit ausgeschlossen; hier muss der Notar (ggf. mit Unterstützung durch Experten) versuchen, den wahren Willen selbstbestimmungsfähiger Personen festzustellen, sofern nicht eine Verständigung mit ihnen völlig unmöglich ist (vgl. § 2233 II BGB). Minderjährige über 16 Jahre bedürfen zur Testamentserrichtung nicht der Zustimmung ihres gesetzlichen Vertreters (§ 2229 II BGB), können aber kein eigenhändiges Testament errichten (§ 2247 II BGB) und auch öffentlich nur durch mündliche Erklärung oder Übergabe einer offenen Schrift testieren (§ 2233 BGB). Beschränkt, dh in bestimmten Formen testierfähig sind ferner Blinde, schreibfähige Stumme und Taubstumme, die nicht die Taubstummensprache beherrschen (§§ 22 ff., 31 BeurkG - BeurkundungsG v. 28.8.1969, BGBl. 1969 I 1513, mÄnd). Zur Feststellungslast hinsichtlich der Testierfähigkeit im Erbscheinsverfahren → Beweislast.

Testierfreiheit
Der → Erblasser kann den Inhalt seiner → Verfügung von Todes wegen grds. frei bestimmen, soweit er nicht durch einen → Erbvertrag oder wechselbezügliche Verfügungen in einem → gemeinschaftlichen Testament hieran gehindert ist. Ihre Grenze findet die Testierfreiheit in dem allgemeinen Verbot der → Sittenwidrigkeit (§ 138 I BGB; sa → Erbunfähigkeit) sowie in den Vorschriften über das Pflichtteilsrecht naher Angehöriger (→ Pflichtteil), das nur unter ganz bestimmten engen Voraussetzungen (→ Pflichtteilsunwürdigkeit, → Pflichtteilsentziehung) entzogen werden kann. Der Erblasser kann sich seiner Testierfreiheit weder durch → Rechtsgeschäft begeben – ein Vertrag, durch den er sich zur Errichtung, Nichterrichtung, Aufhebung usw eines Testaments verpflichten würde, wäre nichtig (§ 2302 BGB) – noch es vom Willen eines anderen abhängig sein lassen, ob eine Verfügung von Todes wegen gelten soll oder nicht; er kann auch bei der Erbeinsetzung einem Dritten nicht die Bestimmung der Person und des Gegenstandes der Zuwendung überlassen (§ 2065 BGB). Ausnahmen hiervon gelten beim → Vermächtnis (§§ 2151 ff. BGB), bei der → Auflage (§§ 2192 f. BGB), beim → Testamentsvollstrecker (§§ 2198 ff. BGB) und bei der Auseinandersetzung der → Erbengemeinschaft (§ 2048 BGB).

Testierunfähigkeit
→ Testierfähigkeit.

Testierwille
→ Testament 4.

Testkauf
ist der Erwerb eines Gegenstands zur Feststellung eines Wettbewerbsverstoßes (→ unlauterer Wettbewerb) oder einer Verletzung eines → Immaterialgüterrechts. Solange hierbei keine unlauteren Mittel (zB arglistige Täuschung) eingesetzt werden, ist der Testkauf zulässig. Entsprechendes gilt für andere Maßnahmen zu den genannten Zwecken (zB die testweise Inanspruchnahme einer Dienstleistung oder Testfotos).

Testpflicht
1. Nach dem → Infektionsschutzgesetz besteht unter bestimmten Voraussetzungen eine Verpflichtung der Betroffenen, sich dahingehend testen zu lassen, ob eine Infektion vorliegt (Testpflicht). Im Falle eines positiven Tests können dann schärfere Maßnahmen, zB die Anordnung einer → Quarantäne erfolgen. Sa → COVID-19-Test. Personen, die das 12. Lebensjahr vollendet haben, mussten bei der → Einreise nach D über einen negativen Testnachweis (bezüglich → COVID-19) oder einen Impf- oder Genesenennachweis verfügen; Restriktionen gelten derzeit nur mehr für die Einreise aus Hochrisikogebieten.

3. Nach § 28a I Nr. 3 IfSG kann bei Vorliegen einer → epidemischen Lage von nationaler Tragweite aus Anlass der → COVID-19 -Pandemiedas Betreten bestimmter Einrichtungen (zB Freizeitveranstaltungen, Kulturveranstaltungen, Sportveranstaltungen, Hotels und Gaststätten) von der Vorlage eines Impf-, Genesenen- oder negativen Testnachweises (→ Immunitätsnachweis) abhängig gemacht werden. Dadurch entsteht für ungeimpfte und nicht genesene Personen eine mittelbare faktische Impfpflicht (sa → Impfzwang, → 3G; → Infektionsschutzgesetz). Nach Ende der epidemischen Lage von nationaler Tragweite besteht diese Verpflichtung nur mehr auf Grund Beschlusses des jeweiligen Landesparlaments in sogenannten → Hotspots.

Textform
→ Form (1a).

Textilkennzeichnung
Gem. VO (EU) 1007/2011 v. 27.9.2011 (ABl. EU 2011 L 272, 1) dürfen Textilerzeugnisse nur dann auf dem Markt bereitgestellt werden, wenn sie nach dieser VO etikettiert oder ge-

kennzeichnet sind, oder wenn sie mit entsprechenden Handelsdokumenten versehen sind. Die VO gilt für praktisch sämtliche Textilien enthaltende Erzeugnisse. Ausgenommen sind lediglich von selbständigen Schneidern maßgeschneiderte und zur Weiterverarbeitung an → Heimarbeiter und Unternehmen übergebene Textilerzeugnisse. Die Durchführung regelt das Textilkennzeichnungsgesetz v. 15.2.2016 (BGBl. 2016 I 198). Verstöße gegen das Gesetz werden als → Ordnungswidrigkeiten mit bis zu 10 000 EUR (§ 12 TextilkennzeichnungsG) geahndet.

Theater
werden vom Staat und von Gebietskörperschaften (Staatstheater, städtische Theater), aber auch von privaten Unternehmern betrieben. Für letztere hatte § 32 GewO ursprünglich eine besondere Erlaubnispflicht begründet (Nachweis der → Zuverlässigkeit und ausreichender Mittel). Die Regelung wurde durch das TheaterG vom 15.5.1934 (RGBl. 1934 I 411) abgelöst, das seinerseits durch die Besatzungsmächte außer Kraft gesetzt wurde. Zum Theater (Musiktheater, Sprechtheater) als Disziplin der Kunst s. Art. 5 III GG (Freiheit der → Kunst). Theatergebäude müssen den für sie bestehenden besonderen bau- und sicherheitsrechtlichen Vorschriften entsprechen; landesrechtliche Vorschriften hierzu regeln insbes. den Feuerschutz. S. hierzu auch die VersammlungsstättenVO und → Kino. Darbietungen ohne höheres Interesse der Kunst oder Wissenschaft unterliegen, soweit sie gewerbsmäßig veranstaltet werden, der Erlaubnispflicht nach § 33a GewO; s. → Schaustellungen von Personen. Über arbeitsrechtliche Streitigkeiten der beim Theater Beschäftigten entscheidet ein (ständiges) → Bühnenschiedsgericht im → schiedsrichterlichen Verfahren.

Theaterkarten
sind → Inhaberzeichen.

Theatralische Darbietungen
(gewerbliche) → Schaustellungen von Personen.

Theokratie
(griech.; Gottesherrschaft) ist die Bezeichnung für eine Herrschaftsform, bei der religiöse und staatliche Ordnung identisch sind, also entweder in der Hand derselben Organe, nämlich der religiösen Oberhäupter, liegen (so die mosaische Theokratie) oder wenigstens von diesen beherrscht werden. Die Theokratie unterscheidet sich insofern von dem von Augustinus geprägten Begriff des → Gottesstaates, in dem weltliche und geistliche Organisation nebeneinander bestehen, dessen Ziel aber die Verwirklichung der Herrschaft Gottes auf Erden ist. Noch stärker ausgeprägt ist die Herrschaft der religiösen Oberen in der Hierokratie (Priesterherrschaft), in der die Regierungsgewalt ausschließlich von Klerikern als den Stellvertretern Gottes wahrgenommen wird; diese Herrschaftsform bestand in Tibet bis zur Besetzung durch die Volksrepublik China (Lamaismus). Eine Ausstrahlung theokratischer Grundgedanken war im Mittelalter die → Zweischwerterlehre. Dagegen nimmt der → Papst eine Doppelstellung als geistliches Oberhaupt der Kirche und weltlicher Herrscher im Vatikanstaat ein.

Theologische Hochschule
→ Hochschule.

Thermofenster
→ Dieselskandal.

Thing
Das Thing war im germanischen Recht die mit Souveränitätsrechten ausgestattete Versammlung der Freien des Stammesverbandes. Sie trat als echtes Thing in regelmäßigen Zeitabständen, als gebotenes Thing in Eilfällen zusammen und beschloss (einstimmig) über die gemeinsamen Angelegenheiten. Das Thing war zugleich Opfer-, Gerichts- und Heeresversammlung; es stand unter der Leitung des Stammesfürsten, soweit nicht ein Priester die kultischen Handlungen leitete. Die adeligen Teilnehmer erlangten als Berater des Fürsten in den Verwaltungsangelegenheiten eine zunehmend stärkere Stellung, zumal die Thingpflicht die Stammesangehörigen stark belastete; sie bereiteten die Entscheidungen vor, die von der Vollversammlung nur angenommen oder abgelehnt werden konnten. Die Vollstreckung der Beschlüsse oblag dem Stammesfürsten oder einem von ihm bestellten Adeligen. In der Gerichtsbarkeit wurde das gebotene Thing schließlich nur noch von 7 ständigen Schöffen wahrgenommen (→ Feme).

Thomas Morus (More)
→ Staatsutopien.

Thomasius, Christian
(1655–1728), Hochschullehrer, bedeutender Vertreter des → Naturrechts, entwickelte die rechtsphilosophischen Lehren → Pufendorfs weiter. Er unterschied zwischen dem göttlichen Recht, das für den inneren Bereich der Seele und des Gewissens gilt, und dem natürlichen Recht, nach dem sich die äußere Ordnung des Staates und der Gesellschaft bestimmt. In seinen Schriften hat sich Thomasius für die Verbreitung von Gedanken der Aufklärung eingesetzt und dadurch nachhaltigen Einfluss auf das deutsche Geistesleben des beginnenden 18. Jh. ausgeübt.

Thronprätendent
Thronprätendent wird im Staatsrecht derjenige genannt, der in einer Monarchie auf Grund Erbfolgerechts oder aus einem anderen Rechtsgrund – etwa vor einer Wahl – Ansprüche auf den Thron erhebt.

Thronverzicht
→ Abdikation.

Thüringen
1. Thüringen wurde durch das Ländereinführungsgesetz der ehemaligen DDR vom 22. Juli

1990 (GBl. 1990 I Nr. 51 S. 955) mit Wirkung vom 3. Oktober 1990 errichtet und seit dem selben Tag gem. dem → Einigungsvertrag mit dem Wirksamwerden des → Beitritts Land der → Bundesrepublik Deutschland. Landeshauptstadt ist Erfurt.

2. Zunächst galt die Vorläufige Landessatzung v. 7.11.1990 (GBl. 1990, 1). Die Verfassung des Freistaats Thüringen (ThürVerf) v. 25.10.1993 (GVBl. 1993, 625) mÄnd ist am 30.10.1993 vorläufig, mit der Bestätigung durch den Volksentscheid vom 16.10.1994 endgültig in Kraft getreten. Die Verfassung regelt in Art. 1–43 ThürVerf Grundrechte, Staatsziele und Ordnung des Gemeinschaftslebens. Nach Art. 44 ThürVerf ist der Freistaat Thüringen ein demokratischer, sozialer und dem Schutz der natürlichen Lebensgrundlagen verpflichteter Rechtsstaat. Nach Art. 47 ThürVerf steht die Gesetzgebung dem vom Volk auf 5 Jahre gewählten Landtag (Art. 48 ff. ThürVerf) und dem Volk zu (Volksbegehren, Volksentscheid, Art. 82, 83 ThürVerf, s. → Volksabstimmung), die vollziehende Gewalt liegt bei der Regierung (Art. 90 ff. ThürVerf) und den Verwaltungsorganen, die rechtsprechende Gewalt (Art. 86 ff. ThürVerf) wird durch unabhängige Gerichte ausgeübt. Die Landesregierung besteht aus dem Ministerpräsidenten und den Ministern. Der Ministerpräsident wird vom Landtag gewählt; er ernennt und entlässt die Minister (Art. 70 ThürVerf), bestimmt die Richtlinien der Regierungspolitik und vertritt das Land nach außen (Art. 76, 77 ThürVerf). Es besteht ein Verfassungsgerichtshof (Art. 79, 80 ThürVerf; Gesetz über den Thüringer Verfassungsgerichtshof v. 28.6.1994, GVBl. 1994781, mÄnd), mit ausgedehnter Zuständigkeit (ua Entscheidungen über Verfassungsbeschwerden, die von jedem mit der Behauptung erhoben werden kann, durch die öffentl. Gewalt in seinen Grundrechten, grundrechtsgleichen oder staatsbürgerlichen Rechten verletzt zu sein).

3. Als Mittelbehörde mit Zuständigkeit für ganz Thüringen besteht das Landesverwaltungsamt.

Tiefflüge
→ Luftverkehrshaftung.

Tiefseebergbau
1. Als Tiefseebergbau bezeichnet man die wirtschaftliche Ausbeutung des Meeresbodens (Tiefseebodens) außerhalb des → Festlandsockels unter der → Hohen See.

2. Das → Seerechtsübereinkommen von 1982 (SRÜ; sa → Seerecht) ging zunächst davon aus, dass der Tiefseeboden gemeinsames Erbe der Menschheit ist. Die Bodenschätze dort sollten deshalb anders als die Bodenschätze des Festlandsockels der gesamten Menschheit zustehen. In deren Namen sollte die Internationale Meeresbodenbehörde die Ausbeutung regeln. Daneben war die eigene Ausbeutung durch ein der Internationalen Meeresbodenbehörde angegliedertes Unternehmen vorgesehen.

3. Das Durchführungsübereinkommen von 1994 zum SRÜ (→ Seerechtsübereinkommen; → Seerecht) modifiziert nunmehr die Bestimmungen des SRÜ zum Tiefseebergbau. Das Durchführungsübereinkommen bildet nunmehr mit dem SRÜ ein einheitliches Vertragsinstrument. Die Bedenken der Industriestaaten (ua auch der USA, Großbritanniens und Deutschlands) gegen die Bestimmungen des SRÜ zum Tiefseebergbau konnten durch das Durchführungsübereinkommen ausgeräumt werden. Der im SRÜ noch vorgesehene zwangsweise Technologietransfer zu Lasten der Industriestaaten entfällt. Der Abbau kann sich künftig an kommerziellen Grundsätzen orientieren. Die finanziellen Abgaben der Tiefseebergbauunternehmen an die Internationale Meeresbodenbehörde sind gegenüber dem SRÜ reduziert.

4. Das Gesetz zur Regelung des Meeresbodenbergbaus (MBergG) v. 6.6.1995 (BGBl. 1995 I 778) mÄnd setzt das Seerechtsübereinkommen und das Durchführungsübereinkommen hierzu in nationales Recht um.

Tier
1. Tiere sind als solche keine → Sachen; sie werden durch bes. Gesetze geschützt (→ Tierschutz, → Schadensersatz, 3, → Unpfändbarkeit). Ergänzend gelten jedoch die Vorschriften über Sachen entsprechend (§ 90a BGB). Zur Haftung für Tiere s. → unerlaubte Handlung (4a). S. ferner → Notstand (2).

2. Im → Naturschutz sind Tiere nach § 7 II BNatSchG wild lebende, gefangene, gezüchtete, nicht herrenlos gewordene u. tote Tiere wild lebender Arten, deren Eier o. sonstige Entwicklungsformen sowie ohne Weiteres erkennbare Teile oder gewonnene Erzeugnisse von ihnen. Sie sind grds. geschützt. Sa → Artenschutz, → giftige Pflanzen und Tiere, → invasive gebietsfremde Arten (3), → Tierschutzrecht, → transgene Pflanzen und Tiere und im Folgenden.

Tierärztliche Hochschule
→ Hochschule.

Tierarzneimittel
Die seit Januar 2022 geltende VO (EU) 2019/6 über Tierarzneimittel v. 11.12.2018 (ABl. EU 2019 L 4, 43) definiert in Art. 4 Nr. 1 Tierarzneimittel als alle Stoffe, die zur Heilung oder Verhütung von Tierkrankheiten bestimmt sind. Die Verordnung regelt Zulassung, Inverkehrbringen, Herstellung, Einfuhr, Ausfuhr und Kontrolle von Tierarzneimitteln unionsweit. Das ebenfalls im Januar 2022 in Kraft getretene Tierarzneimittelgesetz (TAMG) v. 27.9.2021 (BGBl. 2021 I 4530) dient, da die VO (EU) 2019/6 unmittelbar gilt, vor allem ihrer Durchführung. Die Vorschriften des AMG (→ Arzneimittel), unter die Tierarzneimittel vor Januar 2022 fielen, sind hierauf nicht mehr anwendbar. Ebenfalls

seit 2022 gilt die VO (EU) 2019/4 über die Herstellung, das Inverkehrbringen und die Verwendung von Arzneifuttermitteln v. 11.12.2018 (ABl. EU 2019 L 4, 1); → Tierschutz, → Tierarzt.

Tierarzt
1. Die Ausübung des Berufs als Tierarzt sowie die Führung der Berufsbezeichnung ist nach §§ 2, 3 der Bundestierärzteordnung (BTÄO) idF v. 20.11.1981 (BGBl. 1981 I 1193) mÄnd idR (Ausnahmen: § 11 BTÄO) von der Approbation als Tierarzt abhängig (ApprobationsVO für Tierärzte v. 27.7.2006, BGBl. 2006 I 1827 mÄnd). Diese setzt ua das Bestehen der tierärztlichen Prüfung nach einer Regelstudienzeit von 5¹/₂ Jahren und gesundheitliche Eignung des Antragstellers voraus, vgl. §§ 1 u. 63 ff. ApprobationsVO, die vor allem Ausbildungs- und Prüfungsvorschriften enthält. Bei Erfüllung der Voraussetzungen besteht ein Rechtsanspruch auf Approbation. Die BTÄO regelt ferner das Verfahren bei Erteilung, Rücknahme, Ruhen und Verzicht auf die Approbation. Unbefugte Berufsausübung und Führung der Berufsbezeichnung sind durch § 14 BTÄO bzw. § 132a StGB unter Strafe gestellt. Zur Schweigepflicht vgl. §§ 203, 204 StGB, zur berufsständischen Organisation s. → Kammer, → Berufsgerichte; ferner → Freie Berufe. Die Gebühren richten sich nach der Tierärztegebührenordnung (GOT) v. 15.8.2022 (BGBl. 2022 I 1401) mÄnd. Die Ausübung des Tierarzt-Berufs durch EU-Ausländer mit nach § 4 Ia BTÄO gleichwertiger Ausbildung regeln die §§ 11 ff. BTÄO. Nach § 15a BTÄO ist ihnen auf Antrag die Approbation zu erteilen (→ Niederlassungsfreiheit), Tierärzte aus anderen EU-Staaten können in Deutschland nach § 11a BTÄO vorübergehend als Tierärzte arbeiten (→ Dienstleistungsverkehr).

2. Der amtliche Tierarzt ist ein gem. Art. 3 Nr. 32 VO (EU) 2017/625 (→ Lebensmittel- und Futtermittelrecht) von der zuständigen Behörde zur Durchführung amtlicher Kontrollen oder anderer amtlicher Tätigkeiten bestellter Tierarzt. Für Pflanzen: → Pflanzengesundheitsinspektor.

Tiere im Straßenverkehr
Haus- und Stalltiere, die den Verkehr gefährden können, müssen auf der Straße einen geeigneten Führer haben, der ausreichend auf sie einwirken kann. Tiere dürfen von Kfz und Fahrrädern aus nicht geführt werden (bei letzteren Hunde ausgenommen). Reiter, Führer von Pferden und Viehtreiber müssen die Vorschriften über den Fahrverkehr beachten (§ 28 StVO; dort auch über Beleuchtung). Bei Schadensverursachung durch ein Kfz und ein Tier bestimmt sich der Schadensausgleich nach § 17 StVG (§ 17 IV StGV, → Straßenverkehrshaftung, 2).

Tiergarten, -gehege
→ Zoo, → Wildschaden.

Tiergesundheitsgesetz
→ Tierseuchen.

Tierhalter
→ unerlaubte Handlung (4a); sa → Tierschutz. Gefährliche Tiere einer wild lebenden Art oder bösartige Tiere darf der Tierhalter nicht frei umherlaufen lassen. Tierhalter und Tierhüter müssen die erforderlichen Vorsichtsmaßnahmen treffen, um Schädigungen durch das Tier zu verhüten. Zuwiderhandlungen können mit Geldbuße geahndet werden (§ 121 OWiG). Sa → Hundehaltung, → Kampfhunde.

Tierhalterhaftung
→ Unerlaubte Handlung (Delikt) 4, → Tierhalter.

Tierhaltung
Die Tierhaltung regeln die §§ 2 ff. TierSchG (→ Tierschutz). Danach müssen Tiere artgerecht ernährt, verhaltensgerecht untergebracht und dürfen nicht überfordert werden. Näheres regeln zB die Tierschutz-HundeVO v. 2.5.2001 (BGBl. 2001 I 838) und die Tierschutz-NutztierhaltungsVO idF v. 22.8.2006 (BGBl. 2006 I 2043), jeweils mÄnd. Tierhalter ist denjenige, der ein Tier besitzt, vgl. § 2 TierGesG, → Tierseuchen. Sa → Nutztierhaltung, → Aussetzung von Tieren, → Zirkus, → Zoo. Das Berliner ImmissionsschutzG v. 5.12.2005 (GVBl. 2005, 735; 2006, 42 mÄnd) verlangt, dass Tiere so gehalten werden, dass niemand durch ihre Immissionen erheblich belästigt wird. Sie können bei Verstoß eingezogen werden (§§ 2, 16 Berliner ImmissionsschutzG). Die bis Januar 2027 befristete Berliner VO ü. das Halten gefährlicher Tiere wild lebender Arten v. 10.1.2017 (GVBl. 2017, 183) verbietet das nichtgewerbliche Halten gefährlicher Tiere wildlebender Arten, wie zB von Wildkatzen, Riesenschlangen oder Giftspinnen. → giftige Pflanzen und Tiere, → invasive gebietsfremde Arten. Zur Kennzeichnung von Lebensmitteln tierischen Ursprungs mit der Haltungsform der Tiere: → Tierhaltungskennzeichnung.

Tierhaltungskennzeichnung
Das Tierhaltungskennzeichnungsgesetz (TierHaltKennzG) v. 23.8.2023 (BGBl. 2023 I Nr. 220) regelt die Kennzeichnung von Lebensmitteln tierischen Ursprungs mit der Haltungsform der Tiere, aus denen das Lebensmittel gewonnen wird. Mit dieser Kennzeichnung soll der Endverbraucher etwas über die Form der → Tierhaltung erfahren und damit eine bessere Kaufentscheidung treffen können (§ 1 TierHaltKennzG). Man spricht auch vom Tierwohlsiegel oder Tierwohllabel. Andere Vorschriften zur → Kennzeichnung von Lebensmitteln werden durch das TierHaltKennzG nicht berührt.

a) Für inländische → Lebensmittel tierischen Ursprungs ist die Kennzeichnung verpflichtend. Lebensmittelunternehmer, die solche Lebensmittel an Endverbraucher abgeben, müssen das Lebensmittel mit einer der vorgegebenen Haltungsformen (Stall, Stall+Platz, Frischluftstall, Auslauf/Weide oder Bio (→ Bio-Siegel), § 4 TierHaltKennzG) kennzeichnen. Bei vorverpackten Lebensmitteln geschieht dies mit einem Etikett (Muster in den Anlagen), bei nicht vorverpackten Lebensmitteln mit einem in der Nähe angebrachten Schild. Inhaber inländischer tierhaltender Betriebe müssen die Haltung von Tieren, von denen kennzeichnungspflichtige Lebensmittel gewonnen werden, der zuständigen Behörde anzeigen, die ein Register dieser Betriebe führt (§ 16 TierHaltKennzG). Welche Lebensmittel tierischen Ursprungs welcher Tierarten der Kennzeichnungspflicht unterliegen, ergibt sich aus den Anlagen. Gegenwärtig ist dies nur frisches Fleisch von Schweinen; eine Ausweitung auf andere Lebensmittel und andere Tierarten ist jedoch geplant. Auf Grund der Übergangsfristen des § 40 TierHaltKennzG gilt die Kennzeichnungspflicht erst ab 2025, bis dahin ist sie freiwillig. Zuständig sind die Behörden der Länder (§ 33 TierHaltKennzG).

b) Inhaber ausländischer tierhaltender Betriebe sind zur Kennzeichnung nicht verpflichtet, können jedoch auf freiwilliger Basis an dem Kennzeichnungssystem teilnehmen (§§ 21 ff. TierHaltKennzG).

Tierhandel
§ 11 TierSchG (Gesetz über den → Tierschutz) macht Tierhandel von einer Erlaubnis abhängig, die auf Antrag von der zuständigen Behörde erteilt wird. Ohne Einwilligung der Erziehungsberechtigten dürfen Wirbeltiere erst an Jugendliche ab 16 Jahren abgegeben werden (§ 11c TierSchG). Auf Ebene des → europäischen Rechts werden Tierhandel und Pflanzenhandel auf der Grundlage der VO (EG) 338/97 v. 9.12.1996 (ABl. EG 1996 L 61, 1) überwacht; sa → invasive gebietsfremde Arten (3), → Washingtoner Artenschutzübereinkommen.

Tierhüter
→ Unerlaubte Handlung (Delikt) (4a); → Tierhalter.

Tierische Nebenprodukte
Das Tierische-Nebenprodukte-Beseitigungsgesetz v. 25.1.2004 (BGBl. 2004 I 82) mÄnd regelt Sammlung, Beförderung, Verarbeitung und Beseitigung von tierischen Nebenprodukten, die nicht für den menschlichen Verzehr geeignet sind (zB Tierkörper, Häute und → Lebensmittel in mangelhaften Verpackungen). Die tierischen Nebenprodukte werden in 3 Kategorien eingeteilt. Zur Kategorie 1 gehören Nebenprodukte von Tieren mit Verdacht auf → Tierseuchen wie → BSE, aber auch Heim-, Zoo- und Zirkustiere. Kategorie 2 umfasst Nebenprodukte von Tieren, die nicht durch Schlachten für den menschlichen Verzehr starben und Kategorie 3 solche, die weder für Menschen noch für Tiere ein Gesundheitsrisiko darstellen. Das Gesetz u. die DVO (EU) 142/2011 v. 25.2.2011 (ABl. EU 2011 L 54, 1, 2015 L 1, 8 u. 214, 29) dienen der Durchführung der VO (EG) 1069/2009 v. 21.10.2009 (ABl. EG 2009 L 300, 1, 2014 L 348, 31), die Hygienevorschriften für die eingangs genannten Nebenprodukte enthält. Das Gesetz regelt Melde-, Abholungs-, Ablieferungs- und Aufbewahrungspflichten und enthält zahlreiche Ermächtigungen zum Erlass von RechtsVOen, § 13 Tierische-Nebenprodukte-Beseitigungsgesetz. § 13a Tierische-Nebenprodukte-Beseitigungsgesetz sieht Geld- oder Freiheitsstrafen von bis zu 1 Jahr vor. Die Ausführung regelt Landesrecht, zB das bis Ende 2020 geltende saarländische Ausführungsgesetz zum Tierischen-Nebenprodukt-BeseitigungsG v. 8.11.1978, ABl. 1978, 1001 mÄnd, sa → Tierkörperbeseitigung und → Einzugsbereich.

Tierkörperbeseitigung
Die Beseitigung von Tierkörpern und → tierische Nebenprodukten regelt das Tierische-Nebenprodukte-BeseitigungsG. Tierkörper sind zB verendete Tiere. Die Bestattungsmöglichkeiten von → Haustieren (Hund, Katze, Goldhamster usw) werden landesrechtlich geregelt.

Tiermisshandlung
→ Tierschutz.

Tierpark
→ Zoo.

Tierquälerei
→ Tierschutz.

Tierschadenshaftung
→ Unerlaubte Handlung (Delikt) (4a), → Wildschaden.

Tierschutz
1. Das Tierschutzgesetz idF v. 18.5.2006 (BGBl. 2006 I 1206, 1313) mÄnd ist die wichtigste Vorschrift des deutschen → Tierschutzrechts (sa → Schutz der natürlichen Lebensgrundlagen). Das Gesetz dient dem Schutz des Lebens und Wohlbefindens von Tieren; niemand darf einem Tier ohne vernünftigen Grund Schmerzen, Leiden oder Schäden zufügen (§ 1 TierSchG). Wer ein Tier hält oder betreut, muss es seiner Art und seinen Bedürfnissen entsprechend angemessen ernähren, pflegen und unterbringen, muss über die dafür erforderlichen Kenntnisse und Fähigkeiten verfügen und darf die Möglichkeit des Tieres zu artgemäßer Bewegung nicht schmerzhaft oder schädlich einschränken (§ 2 TierSchG).

2. Verboten sind ua die Überbeanspruchung bei Arbeitsleistungen, das Nudeln von Geflügel, das → Doping zur sportlichen Leistungssteigerung, die → Aussetzung von Tieren, um sich ihrer zu entledigen, die Nutzung oder Abrichtung für → sexuelle Handlungen mit Menschen und sonstige Eingriffe, die mit Schmerzen, Leiden oder Schäden für das Tier

verbunden sind; die Auslobung als Preis bei zB einem Wettbewerb oder Preisausschreiben ist nur erlaubt, wenn erwartet werden kann, dass die Teilnehmer im Falle des Gewinns die Einhaltung der Anforderungen des § 2 TierSchG sicherstellen können (§ 3 TierSchG). Wirbeltiere dürfen grundsätzlich nur unter Betäubung, im Übrigen nur unter Vermeidung von Schmerzen, getötet werden (§ 4 TierSchG). Ein warmblütiges Tier darf nur geschlachtet werden, wenn es vor Beginn des Blutentzuges betäubt worden ist; Ausnahmen gelten für Notschlachtungen und für das → Schächten (§ 4a TierSchG). Die Tötung von Küken und Hühnerembryos ist verboten (§ 4c TierSchG: → Tötung von Tieren). Ein mit Schmerzen verbundener Eingriff darf an einem Wirbeltier grundsätzlich nicht ohne Betäubung vorgenommen werden. Die Betäubung eines warmblütigen Wirbeltiers darf nur durch einen → Tierarzt erfolgen, es sei denn, sie erfolgt durch hierfür zugelassene Tierarzneimittel (§ 5 TierSchG, → Ferkelkastration). Besondere Einschränkungen gelten für → Tierversuche.

3. Die Zucht oder das Halten von Wirbeltieren zu Versuchszwecken, das Halten von Tieren in einem Tierheim und bestimmtes gewerbsmäßiges Tierhalten (zB → Zoo) oder -handeln sind erlaubnispflichtig (§ 11 TierSchG). Sa → Hundehaltung; → Kampfhunde; → Zirkus. Verstöße gegen das Tierschutzgesetz sind mit Strafe und Bußgeld bewehrt: Quälerei und grundlose Tötung eines Wirbeltieres mit Freiheitsstrafe bis zu 3 Jahren oder mit Geldstrafe, andere Zuwiderhandlungen als → Ordnungswidrigkeiten mit Geldbußen bis zu 25 000 EUR, leichtere Verstöße bis zu 5.000 EUR (§§ 17, 18 TierSchG). Außerdem kann ein erheblich vernachlässigtes Tier dem Halter fortgenommen und auf dessen Kosten anderweitig untergebracht oder getötet werden (§ 16a TierSchG). Auch kann auf Einziehung des Tieres (§ 19 TierSchG) und bei Straftaten auf Tierhaltungs- und Handelsverbot für 1–5 Jahre oder für immer erkannt werden (§ 20 TierSchG), sa → Einziehung im Strafverfahren. § 21 TierSchG enthält eine Reihe von Übergangsvorschriften.

4. Besitz-, Haltungs- und Verkehrsverbote für geschützte wild lebende Tiere enthalten die Vorschriften des → Artenschutzes; sa → Naturschutz, → Vogelschutz. Zu den Schutzvorschriften des → Jagdrechts sa → Jagdschutz, → Jagd- und Schonzeiten.

Tierschutzrecht

1. Als Tierschutzrecht bezeichnet man alle Normen, die dem Schutz der Tiere dienen. Dabei geht es sowohl um die Vermeidung von Schmerzen und Leid für einzelne Tiere (sog. ethischer Tierschutz) als auch um die Erhaltung der Artenvielfalt. Das für die Rechtsentwicklung bedeutsame Recht der → Europäischen Union ist im Wesentlichen in deutsches Recht umgesetzt. Auf völkerrechtlicher Ebene existieren zahlreiche Abkommen, etwa das → Washingtoner Abkommen oder die Übereinkommen zur Begrenzung des Walfangs (→ Seefischerei).

2. In Art. 20a GG ist der Schutz der Tiere neben dem → Schutz der natürlichen Lebensgrundlagen als verpflichtendes Staatsziel verfassungsrechtlich verankert. In den meisten Ländern ist der → Tierschutz ausdrücklich geregelt (zB Art. 6b Niedersächsische Verfassung: „Tiere werden als Lebewesen geachtet und geschützt"). Seinem Verfassungsauftrag kommt der Bund durch das TierschutzG idF v. 18.5.2006 (BGBl. 2006 I 1206, 1313) mÄnd, der wichtigsten Vorschrift zum Tierschutzrecht, nach. Es geht den Landesverfassungsbestimmungen vor. Zum Tierschutzrecht zählen ferner das → Jagdrecht, das → Fischereirecht (dort 1.) und die mit dem Tierschutz zusammenhängenden Bereiche des Landwirtschaftsrechts. Am → Artenschutz und → Vogelschutz ist der fließende Übergang zum → Naturschutz ablesbar. Sa → Tierhaltung, → Tierhandel, → Tierseuchen, → Tiertransporte, → Tierversuche, → Tötung von Tieren, → Zoo.

Tierseuchen

1. Die Bekämpfung von Tierseuchen wie zB Tollwut, Geflügelpest, → Schweinegrippe oder → BSE ist durch das Tiergesundheitsgesetz (TierGesG) idF v. 21.11.2018 (BGBl. 2018 I 1938, mÄnd) geregelt. Es gilt für alle Tiere, einschließlich der → Haustiere und der Fische; sa → Wildseuchen. Die Durchführung des TierGesG sowie der in diesem Bereich unmittelbar anwendbaren Rechtsakte der → Europäischen Union obliegt den zuständigen Behörden der Länder (§ 4 I TierGesG, §§ 24 ff. TierGesG). S. dazu die Ausführungsgesetze der Länder zum TierGesG und → Tierarzt; zuständig sind idR die → Kreise. Bei der Durchsetzung des Gesetzes können Grundrechte der Tierhalter usw. aus Art. 2, 10, 11 und 13 GG eingeschränkt werden (§ 6 III TierGesG, § 24 VII und XIII TierGesG, § 29 I TierGesG). Für Einfuhr, Durchfuhr und Ausfuhr von Tieren gelten zusätzlich die besonderen Vorschriften der Binnenmarkt-TierseuchenschutzVO (BmTierSSchuV) idF v. 6.4.2005 (BGBl. 2005 I 997) mÄnd, sa, → invasive gebietsfremde Arten.

2. Das TierGesG sieht Maßnahmen zur Vorbeugung und zur Bekämpfung von Tierseuchen vor. Das Verbringen seuchenkranker und -verdächtiger Tiere und ihrer Erzeugnisse innerhalb der EU sowie deren Ein- und Ausfuhr sind grundsätzlich verboten (§§ 13, 14 TierGesG). Das TierGesG enthält ferner Halterpflichten (§§ 3, 4 TierGesG); so sind ua der Vertreter eines Halters und der Inhaber des Gewahrsams (zB Hundehotel, Tierheim) ohne schuldhaftes Zögern zur Anzeige verpflichtet. Die Ermittlung von T.-Ausbrüchen regelt § 5, während Vorbeugungs- und Schutzmaßnahmen i. W. durch Rechtsverordnung geregelt werden (§§ 6–10 und 14 TierGesG, zB Unter-

suchungen, Verkehrsbeschränkungen, Vorschriften über bauliche Einrichtungen, Erklärung von Schutzgebieten, Absonderungen, Verwertungsverbote, Sperren, Impfungen, die → Tötung von Tieren, öffentliche Bekanntmachung von Ausbruch und Erlöschen der Tierseuchen, s. Ziffer 4.). Die Anfechtung vieler angeordneter Maßnahmen hat keine aufschiebende Wirkung (§ 37 TierGesG).

3. Müssen im Vollzug solcher Maßnahmen Tiere getötet werden, so besteht unter bestimmten Voraussetzungen Anspruch auf Entschädigung (§§ 15–22 TierGesG). Ähnliches gilt bei Eigentumsbeschränkungen (§ 39a TierGesG). Den Schutz gegen die Verschleppung von Tierseuchen regelt die Viehverkehrsverordnung (ViehVerkV) idF v. 26.5. 2020 (BGBl. 2020 I 1171), ua durch Anforderungen an einschlägige Betriebe, Ursprungs- und Gesundheitszeugnisse, Kennzeichnung und Registrierung; sa → Tiertransporte, → tierische Nebenprodukte. Die §§ 31 ff. TierGesG enthalten Straf- und Bußgeldvorschriften (Freiheitsstrafe von bis zu 2 Jahren o. Geldstrafe bzw. Geldbuße von bis zu 30.000 EUR, einschließlich des Einzugs von Gegenständen).

4. Zahlreiche tierseuchenrechtliche Regelungen sind in einzelnen VOen enthalten; vgl. zB die VO über anzeigepflichtige Tierseuchen idF v. 19.7.2011 (BGBl. 2011 I 1404 mÄnd), VO zum Schutz gegen die Maul- und Klauenseuche (MKS-Verordnung) idF v. 18.7.2017 (BGBl. 2017 I 2667 mÄnd), VO zum Schutz gegen die Schweinepest und die → Afrikanische Schweinepest(SchwPestV 1988) idF v. 8.7.2020 (BGBl. 2020 I 1606 mÄnd), VO zum Schutz gegen die Tollwut idF v. 4.10. 2010 (BGBl. 2010 I 1313 mÄnd), die Geflügelpest-VO idF v. 15.10.2018 (BGBl. 2018 I 1665) und die Fischseuchen-VO v. 24.11.2008 (BGBl. 2008 I 2315 mÄnd). Sa → Fleischhygiene, → OIE, → Vogelgrippe.

5. Während der → Corona- oder → COVID-19-Krise hat man festgestellt, dass sich auch Haustiere mit SARS-CoV-2 infizieren können. Solche Infektionen gelten nicht als Tierseuche, sind jedoch nach der Verordnung über meldepflichtige Tierkrankheiten idF v. 11.2.2011 (BGBl. 2011 I 252) mÄnd meldepflichtig.

Tierseuchenkasse

Die Tierseuchenkasse ist eine Anstalt des öffentlichen Rechts auf Landesebene, die idR dem für Veterinärwesen zuständigen Ministerium untersteht. Neben der Hauptaufgabe, für Tierverluste durch → Tierseuchen Entschädigung zu leisten, unterhalten sie insbes. Tiergesundheitsdienste. Hierzu zählen die Beratung der Tierbesitzer in tierseuchen- und tierschutzrechtlichen Angelegenheiten, die Durchführung von Maßnahmen zur Förderung der Tiergesundheit im Sinne eines vorbeugenden Verbraucher- und Seuchenschutzes und die Unterstützung des öffentlichen Veterinärwesens sowie der → Lebens- und Futtermittelüberwachung (zB thüring. TiergesundheitsG idF v. 30.3.2010, GVBl. 2010, 89 mÄnd). Auch von der Europäischen Union kann ein finanzieller Ausgleich gezahlt werden, s. dazu → Vogelgrippe.

Tiertransporte

1. EU-Recht: Die VO (EG) 1/2005 v. 22.12.2004 (ABl. EG 2005 L 3, 1) regelt den Transport lebender Wirbeltiere innerhalb der EU. Es ist ihr Anliegen, Verletzungen und unnötige Leiden von Tieren beim Transport zu vermeiden (Art. 2 VO (EG) 1/2005). Es dürfen daher nur transportfähige Tiere transportiert werden, die Beförderungsdauer muss so kurz wie möglich sein und mit geeigneten Beförderungsmitteln stattfinden (Art. 3 VO (EG) 1/2005). Transportunternehmer bedürfen der Zulassung (Art. 6, 10 ff. VO (EG) 1/2005), die einen Befähigungsnachweis voraussetzt (Art. 17 VO (EG) 1/2005), und haben beim Transport detaillierte Transportpapiere mitzuführen (Art. 4 VO (EG) 1/2005). Beförderungsmittel für lange Straßenbeförderungen bedürfen der Zulassung und Kontrolle (Art. 7 VO (EG) 1/2005).

2. Deutsches Recht: Die Tierschutztransportverordnung (TierSchTrV) v. 11.2.2009 (BGBl. 2009 I 375 mÄnd) dient der Durchführung dieses EU-Rechts und regelt auf Grundlage von § 2a II TierschutzG (→ Tierschutz) den Schutz von Tieren bei Transporten überwiegend gewerblicher Art. Es finden sich hier Vorschriften über Befähigungsnachweise der mit dem Tiertransport betrauten Personen (§ 4 TierSchTrV), die Transportbehälter (§§ 6 ff. TierSchTrV), den grenzüberschreitenden Verkehr sowie den Transport von Tieren, die keine Nutztiere sind (§§ 12 ff. TierSchTrV, zB Meeressäugetiere und Vögel). Die Viehverkehrsverordnung (ViehVerkV) idF v. 26.5.2020 (BGBl. 2020 I 1171) enthält Vorschriften zu Viehtransportfahrzeugen, Viehmärkten, Viehkastrierern, Sammelstellen, Reinigung, Desinfektion usw. Sa → Tierseuchen.

3. Völkerrecht: Das revidierte Europ. Übereinkommen ü. den Schutz von Tieren beim internationalen Transport v. 6.11.2003 soll den Tiertransport zwischen EU- und Nicht-EU-Staaten regeln (BGBl. 2006 II 798 u. 2007 II 1532).

Tierversicherung

Die Tierversicherung ist eine Art der → Schadensversicherung, bei der der Versicherer für den Schaden einzustehen hat, der durch den Tod (Verenden, Nottötung) eines versicherten lebenden Tieres entsteht. Die sog. Schlachtviehversicherung für das Fleisch getöteter Tiere ist dagegen eine normale Schadensversicherung. Für die Tierversicherung gelten über die allg. Vorschriften hinaus (→ Versicherungsvertrag, → Versicherungsbedingungen) keine Sonderregelungen mehr. Von der Tierversicherung zu unterscheiden ist eine → Haftpflichtversicherung zur Abdeckung der von einem Tier verursachten Schäden.

Tierversuche
1. Tierversuche sind grundsätzlich Eingriffe an oder Behandlungen von Tieren oder deren Erbgut, wenn sie mit Schmerzen, Leiden oder Schäden für sie, die geborenen oder geschlüpften oder die erbgutveränderten Tiere oder deren Trägertiere verbunden sein können. Sie sind auf das unerlässliche Maß zu reduzieren und die Tiere entsprechend § 7 I Nr. 2 TierSchG zu halten (→ Tierschutzrecht). Nur Personen mit den erforderlichen Kenntnissen und Fähigkeiten dürfen sie planen und durchführen. Sie dürfen nur durchgeführt werden, wenn sie ua zum Vorbeugen, Erkennen oder Behandeln von Krankheiten oder dgl. von Mensch oder Tier unerlässlich sind (§ 7a TierSchG). Auch zum Schutz der Umwelt im Interesse von Mensch oder Tier und für die Prüfung von Stoffen oder Produkten auf ihre Unbedenklichkeit für Mensch oder Tier oder zur → Schädlingsbekämpfung dürfen unter diesen Voraussetzungen Tierversuche durchgeführt werden. Schmerzhafte, Leiden verursachende oder schädliche Versuche an Wirbeltieren müssen im Hinblick auf den Versuchszweck ethisch vertretbar sein. Tierversuche zur Entwicklung und Erprobung von Waffen und Munition, Tabakerzeugnissen, Waschmitteln und Kosmetika sind grundsätzlich verboten (§ 7a III, IV TierschutzG).

2. Versuche an Wirbeltieren und Kopffüßern (insbes. Tintenfische) bedürfen der Genehmigung durch die zuständige Behörde; soweit Versuchsvorhaben keiner Genehmigung bedürfen – zB weil sie durch Gesetz ausdrücklich vorgeschrieben sind – müssen sie vor Beginn der zuständigen Behörde angezeigt werden (§ 8 TierSchG und Versuchstiermeldeverordnung (VersTierMeldV 2013) v. 12.12. 2013, BGBl. 2013 I 4145 mÄnd). Versuche an Wirbeltieren dürfen grundsätzl. nur unter Betäubung und nur von wissenschaftlich ausgebildeten Personen vorgenommen werden. Bei einem nicht betäubten Wirbeltier darf die Äußerung von Schmerzen nicht beeinträchtigt werden. Einrichtungen und Betriebe, in denen Wirbeltiere oder Kopffüßer beispielsweise gehalten, gezüchtet oder verwendet werden, die ua für die Verwendung in Tierversuchen oder für die Transplantation bestimmt sind, haben einen Beauftragten für → Tierschutz zu bestellen (§ 10 TierSchG, → Betriebsbeauftragte). Einzelheiten regelt die Tierschutz-Versuchsverordnung (TierSchVersV) v. 1.8.2013 (BGBl. 2013 I 3126).

3. Das Europäische Übereinkommen zum Schutz der für Versuche und andere wissenschaftliche Zwecke verwendeten Wirbeltiere v. 18.3.1986 (ABl. EG 1986 L 222, 29 v. 24.8.1999) mÄnd bezweckt ua die Verringerung der Tierversuche durch Vermeidung von Wiederholungen.

Tierwohllabel
→ Tierhaltungskennzeichnung.

Tierzucht
1. Unionsrecht: Die Zucht der wichtigsten Nutztiere wird unionsweit geregelt durch die sog. Tierzuchtverordnung, die VO (EU) 2016/1012 v. 8.6.2016 (ABl. EU 2016 L 171, 66). Danach dürfen Rinder, Schweine, Schafe, Ziegen, Pferde und Esel nur von anerkannten Zuchtverbänden und -unternehmen im Rahmen von genehmigten Zuchtprogrammen gezüchtet werden. Darüber hinaus enthält die VO (EU) 2016/1012 detaillierte Vorschriften über die Rechte und Pflichten von Züchtern, über Zuchtbücher und Tierzuchtbescheinigungen. Der Handel mit Zuchttieren ist grundsätzlich frei. Zweck der Tierzucht sind die Verbesserung der Leistungsfähigkeit und der Erhalt der genetischen Vielfalt. → Tierschutz.

2. Bundesrecht: Das Tierzuchtgesetz (TierZG) v. 18.1.2019 (BGBl. 2019 I 18) dient der Anpassung des deutschen Rechts an die VO (EU) 2016/1012 und enthält überwiegend Durchführungsbestimmung, etwa zur Anerkennung von Zuchtverbänden und -unternehmen und zur Genehmigung von Zuchtprogrammen (§§ 3 ff. TierZG). Einzelheiten regelt die Tierzuchtdurchführungsverordnung (TierZDV) v. 13.7.2021 (BGBl. 2021 I 2904). Das Tierschutzgesetz v. 21.12.2006 (BGBl. 2006 I 3294) wurde mit Geltung der VO (EU) 2016/1012 aufgehoben.

3. Landesrecht: Bayern hat, soweit ersichtlich als einziges Bundesland, ein eigenes Tierzuchtgesetz (v. 10.8.1990, GVBl. 1990, 291, mÄnd). Es soll eine nachhaltige Tierzucht und die Erhaltung der landestypischen Nutztierrassen gewährleisten sowie Erbfehler vermeiden.

Tilgung des Schuldspruchs
ist nach dem JGG vorgesehen, wenn der Jugendrichter das Strafurteil auf den Schuldspruch beschränkt, aber die Entscheidung über die Verhängung einer Jugendstrafe für eine Bewährungszeit (1–2 Jahre) aussetzt, und wenn sich nach deren Ablauf die Bestrafung als nicht erforderlich erweist. In diesem Falle wird die Tilgung des Schuldspruchs auf Grund einer Hauptverhandlung durch Urteil oder mit Zustimmung des Staatsanwalts ohne Verhandlung durch Beschluss angeordnet (§§ 27 ff., 62, 63 JGG). Der Vermerk über den Schuldspruch wird aus dem → Strafregister entfernt (§ 13 II BZRG); der Schuldspruch gilt als nicht ergangen (anders als bei Beseitigung des → Strafmakels, wo er bestehen bleibt).

Tilgung einer Schuld
→ Schuldverhältnis, → Erfüllung, → Aufrechnung, → Erlassvertrag, → Hinterlegung.

Tilgung von Strafvermerken
→ Straftilgung; Tilgung von → Disziplinarmaßnahmen s. dort; Tilgung im → Fahreignungsregister s. dort.

Tilgungsanleihe
Eine Tilgungsanleihe ist eine öffentliche Anleihe, bei der die Rückzahlung nach einem bestimmten Tilgungsplan vorgenommen werden soll. Die Tilgungsanleihe wird meist durch Ausgabe von → Inhaberschuldverschreibungen aufgenommen.

Tilgungsbestimmung
→ Erfüllung.

Tilgungsdarlehen
→ Tilgungshypothek.

Tilgungshypothek
(Amortisationshypothek) ist eine im Gesetz nicht besonders geregelte → Hypothek, bei der der Schuldner zur Tilgung der zugrundeliegenden Forderung (Tilgungsdarlehen) jährlich gleich bleibende Leistungen (sog. Annuitäten) erbringt, die zunächst zur Abdeckung aufgelaufener Zinsen, im Übrigen zur Kapitaltilgung verwendet werden. Bei allmählich sinkendem Kapital geht die Tilgung infolge des geringer werdenden Zinsbetrags immer rascher vor sich (Bsp. 20 000 EUR Hypothek, 5 % Zins, 2000 EUR jährliche Zahlung. 1. Jahr: 1000 EUR Zins, 1000 EUR Tilgung; 2. Jahr: 950 EUR Zins aus 19 000 EUR, 1050 EUR Tilgung usw). In Höhe des jeweils getilgten Kapitalbetrags entsteht eine → Eigentümergrundschuld. Die Tilgungshypothek ist heute bei → Pfandbriefbanken (sa → Hypothekenbanken) und bei → Bausparkassen weit verbreitet.

Bei der Abzahlungshypothek (Ratenhypothek) sind dagegen ständig sich verringernde Leistungen (gleich bleibende Tilgungsbeträge und – jeweils auf die Restschuld berechnete, – fallende Zinsen) zu erbringen. Bei der Festhypothek (endfällige Hypothek) wird während der Laufzeit nur verzinst; die Tilgung erfolgt an deren Ende in einem Betrag (insbes. aus einer dann fälligen → Lebensversicherung, auf die während der Laufzeit Prämien zu entrichten waren).

Tilgungsquoten
→ Zinsschuld, → Tilgungshypothek.

Time-sharing
Beteiligt sich ein Steuerpflichtiger an einer Aktiengesellschaft, die Ferienwohnungen bewirtschaftet und ihren Aktionären bis auf entstehende Nebenkosten unentgeltlich zur Verfügung stellt, erhält er für das hingegebene Kapital keine Zinsen oder Dividenden. Vielmehr räumt ihm die Gesellschaft dafür den Vorteil ein, die Ferienwohnung der Gesellschaft für eine begrenzte Zeit unentgeltlich oder verbilligt zu nutzen.

Die von der Gesellschaft gewährten Vorteile sind grundsätzlich steuerpflichtig, und zwar als Einkünfte aus Kapitalvermögen. Die unentgeltliche Gestellung einer Wohnung wird wie ein Sachbezug besteuert. Der Vorteil der verbilligten Nutzung der Ferienwohnung ist als Ertrag des Kapitals, das der Stpfl. der Gesellschaft gewährt, einzuordnen. Die Fahrten zur Ferienwohnung sind steuerlich nicht zu berücksichtigen, sondern gehören zu den privaten Lebenshaltungskosten. Sa → Teilzeit-Wohnrechtevertrag.

Titel
Für besondere Verdienste um die BRep. kann der Bundespräsident (Ehren-)Titel verleihen (§§ 1, 2 Gesetz über Titel, Orden und Ehrenzeichen Ordensgesetz v. 26.7.1957, BGBl. 1957 I 844, mÄnd). Die Bezeichnungen der Titel und die Voraussetzungen ihrer Verleihung müssen durch Gesetz festgelegt sein. Da der Bundestag von diesem Gesetzgebungsrecht noch keinen Gebrauch gemacht hat, gibt es keine Bundes(ehren)titel. Auch die Länder haben die Befugnis, Ehrentitel zu verleihen. Erweist sich ein Beliehener durch sein Verhalten des Titels unwürdig oder wird ein solches Verhalten nachträglich bekannt, so kann der Titel entzogen werden. Die Annahme und Führung eines ausländischen Titel durch einen Deutschen bedarf der (widerruflichen) Genehmigung des BPräs. Die unbefugte Führung in- oder ausländischer Titel ist nach § 132a StGB strafbar. Unter das Ordensgesetz fällt nicht die Verleihung von → akademischen Graden (sa → Hochschulgrade), → Amts- und Berufsbezeichnungen und kirchlichen Titel.

Titel (vollstreckbarer)
Titel ist im juristischen Sprachgebrauch die abgekürzte Bezeichnung für → Vollstreckungstitel.

Titelschutzanzeige
Die Titelschutzanzeige dient der Vorverlagerung des Zeitpunkts, ab dem ein → Werktitel Schutz beanspruchen kann. Grds. genießt ein (hinreichend unterscheidungskräftiger) Werktitel Schutz nach dem → Kennzeichenrecht erst ab dem Erscheinen des Werks; nur gegen Bezeichnungen, die nach diesem Zeitpunkt verwendet wurden, können Ansprüche geltend gemacht werden (→ Prioritätsprinzip im Kennzeichenrecht). Wird jedoch ein noch nicht veröffentlichtes (nicht notwendig bereits bestehendes) Werk unter seinem Titel in branchenüblicher Weise durch eine Titelschutzanzeige angekündigt und erscheint das Werk dann in angemessener Frist unter diesem Titel, so wird der Prioritätszeitpunkt auf den Zeitpunkt des Erscheinens der Titelschutzanzeige vorverlegt.

Titelumschreibung
→ vollstreckbare Ausfertigung.

Titularbischof
→ Bischof (1).

Tochtergesellschaft
→ Muttergesellschaft; sa → Durchgriffshaftung, → Konzern, → Organschaft.

Tod
Der genaue Zeitpunkt des Todes des Menschen, der insbes. von Bedeutung ist für die → Transplantation, ist gesetzlich nicht definiert. Nach dem klassischen Begriff tritt der Tod mit dem Stillstand von Atmung und Kreislauf (Herztod) ein. Wegen der Möglichkeiten zur Wiederbelebung sowie zur künstlichen Beatmung und Ernährung nach Ausfall des Gehirns ist der irreversible Funktionsausfall des gesamten Gehirns maßgeblich (Hirntod). Die erforderliche Diagnose des irreversiblen Hirnfunktionsausfalls, die sicher und unzweifelhaft sein muss, setzt an den Symptomen der Bewusstlosigkeit, des Fehlens von Reflexen und Reaktionen auf Reize und des Ausfalls der Spontanatmung an und kann sich über mehrere Stunden bis hin zu Tagen ziehen (Hirntoddiagnostik). Eine Legaldefinition hierzu enthält § 3 II Nr. 2 TPG; die Feststellung der Kriterien des Todes wird dort aber Richtlinien der Bundesärztekammer nach § 16 I Nr. 1 TPG überlassen. Die Richtlinien müssen vom Bundesgesundheitsministerium genehmigt werden und werden laufend nach dem Stand der Wissenschaft fortgeschrieben. Sa → Rechtsfähigkeit, → Erbfall, → Erbfolge, → Todeserklärung, → Sterbehilfe.

Tod der Prozesspartei
Der Tod der Prozesspartei oder ihres gesetzlichen Vertreters führt im → Zivilprozess zur → Unterbrechung des Verfahrens (§§ 239, 241 ZPO). Findet in diesen Fällen eine Vertretung durch einen → Prozessbevollmächtigten statt, so wird das Verfahren nicht unterbrochen, sondern lediglich auf Antrag ausgesetzt (§ 246 ZPO; → Aussetzung eines Verfahrens). Über die Verfahrenslage beim Tod des Privatklägers und Nebenklägers → Tod des Angeklagten.

Tod des Angeklagten
(Beschuldigten) beendet das Strafverfahren. Dazu ist eine förmliche Einstellung mit einer Entscheidung über die → Kostenpflicht erforderlich (BGH NJW 1999, 3644). War der Angeklagte bereits rechtskräftig verurteilt, so ist ggf. gleichwohl ein → Wiederaufnahmeverfahren zu seinen Gunsten auf Antrag der StA oder eines nahen Angehörigen zulässig, aber nur zwecks Freisprechung (nicht Strafmilderung); einer Hauptverhandlung bedarf es nicht (§§ 361, 371 StPO). Tod des Privatklägers führt zur Einstellung des Verfahrens durch Beschluss; doch kann bei bestimmten Delikten (vgl. § 165 I StGB, § 194 I, II StGB, § 205 II StGB, § 230 I StGB: falsche Verdächtigung, Beleidigung, Körperverletzung) das Verfahren binnen 2 Mon. von nahen Angehörigen fortgesetzt werden (§ 393 II StPO, § 374 II StPO, § 77 II StGB). Tod des Nebenklägers hat nur das Erlöschen seiner Anschlusserklärung zur Folge (§ 402 StPO).

Tod des Mieters
→ Wohnraummietvertrag (4).

Tod des Prozessbevollmächtigten
Der Tod des Prozessbevollmächtigten führt im → Zivilprozess zur → Unterbrechung des Verfahrens (§ 244 ZPO).

Tod eines Ehegatten
→ Zugewinngemeinschaft, (fortgesetzte) → Gütergemeinschaft, → Erbfolge.

Todeserklärung
Der Tod eines Menschen und der genaue Zeitpunkt seines Eintritts sind für zahlreiche Rechtsfolgen von Bedeutung: die → Rechtsfähigkeit endet, Ehe und Unterhaltspflicht erlöschen, sein Vermögen geht auf die → Erben über usw. Der Zeitpunkt des Todes ist wichtig für den zeitlichen Eintritt dieser Rechtsfolgen, insbes. für die Reihenfolge der Beerbungen. Normalerweise wird der Tod durch einen Auszug aus dem → Sterberegister (Sterbeurkunde) nachgewiesen. Ist der Tod nicht nachweisbar, aber infolge Verschollenheit des Betroffenen wahrscheinlich, so kann dieser unter bestimmten Voraussetzungen für tot erklärt werden (s. u.). Ist der Tod nach den Umständen nicht zweifelhaft (dann keine Verschollenheit; zB bei Absturz eines Flugzeugs, § 1 II VerschG v. 15.1.1951, BGBl. 1951 I 63, mÄnd), kann aber andererseits – zB infolge mangelnder Identifizierbarkeit – der Tod nicht beurkundet werden, so findet das Verfahren auf Todeszeitfeststellung statt (vereinfachtes Todeserklärungsverfahren, §§ 39 ff. VerschG).

Verschollen ist, wessen Aufenthalt während längerer Zeit unbekannt ist, ohne dass Nachrichten darüber vorliegen, ob er in dieser Zeit noch gelebt hat oder gestorben ist, sofern nach den Umständen hierdurch ernstliche Zweifel an seinem Fortleben begründet werden (§ 1 I VerschG). Liegt kein besonderer Grund für die Verschollenheit vor, so ist die Todeserklärung frühestens zulässig, wenn seit der letzten Nachricht 10 Jahre (bei über 80jährigen 5 Jahre) verstrichen sind und der Verschollene mind. das 25. Lebensjahr vollendet hätte (allgemeine Verschollenheit, § 3 VerschG). Besondere Verschollenheitsgründe: Ist jemand im Krieg verschollen, so kann er 1 Jahr nach Beendigung der Kampfhandlungen für tot erklärt werden (Kriegsverschollenheit, § 4 VerschG). Sondervorschriften gelten für die Verschollenheit anlässlich des 2. Weltkriegs (Art. 2 G zur Änderung von Vorschriften des Verschollenheitsrechts v. 15.1.1951, BGBl. 1951 I 59). Wer bei einer Fahrt auf See (nicht Binnengewässer), insbes. infolge Untergangs eines Schiffes, verschollen ist, kann 6 Monate nach diesem Ereignis für tot erklärt werden (Seeverschollenheit, § 5 VerschG). Wer bei einem Fluge, insbes. infolge Zerstörung eines Luftfahrzeugs, verschollen ist, kann, sofern sein Tod nicht feststeht (s. o.), 3 Monate nach dem Ereignis für tot erklärt werden (Luftverschollenheit, § 6 VerschG). Darüber hinaus kann jeder, der auf sonstige Weise in eine Lebensgefahr geraten und seitdem verschollen ist (zB Vermisstsein im Gebirge, Kentern eines Bootes), 1 Jahr nach Beendigung der besonderen Umstände (Lebensgefahr) für tot erklärt werden (Gefahrverschollenheit, § 7 VerschG).

Die Todeserklärung begründet die – widerlegbare – → Vermutung (nicht die Gewissheit), dass der Verschollene in dem im Beschluss festgestellten Zeitpunkt gestorben ist (§ 9 I VerschG, Todesvermutung); umgekehrt wird vermutet, dass der Verschollene bis zu dem genannten Zeitpunkt, auch wenn er noch nicht für tot erklärt ist, gelebt hat (§ 10 VerschG, Lebensvermutung). Als Zeitpunkt des Todes ist der Augenblick festzustellen, der nach dem Ergebnis der Ermittlungen der wahrscheinlichste ist (§ 9 II VerschG). Kann nicht bewiesen werden, dass von mehreren Gestorbenen oder für tot erklärten Menschen der eine den anderen überlebt hat (zB Ehepaar wird bei einem Verkehrsunfall getötet), so wird – insbes. für die erbrechtlichen Folgen – vermutet, dass sie gleichzeitig gestorben sind, also zB keiner den anderen beerbt hat (§ 11 VerschG). Die Todeserklärung bewirkt, dass im festgestellten Zeitpunkt sämtliche Rechtsverhältnisse (auch zB die Ehe) des Verschollenen als beendet anzusehen sind und das Vermögen auf die Erben übergeht. Stellt sich heraus, dass der Verschollene die Todeserklärung überlebt hat, so ist diese wieder aufzuheben; die Rechtswirkungen der Todeserklärung fallen dann rückwirkend fort, dh der Verschollene kann sein Vermögen von den vermeintlichen Erben herausverlangen usw. Über die Folgen für die Ehe des fälschlich für tot Erklärten, wenn dessen Ehegatte nach der Todeserklärung wieder geheiratet hat, → Wiederverheiratung im Fall der Todeserklärung. Für die Todeserklärung sind die deutschen Gerichte zuständig, wenn der Verschollene Deutscher war oder seinen gewöhnlichen Aufenthalt im Inland hatte; darüber hinaus auch dann, wenn ein berechtigtes Interesse an der Todeserklärung durch sie (zB Vermögen im Inland) besteht (§ 12 VerschG).

Das Todeserklärungsverfahren ist eine Angelegenheit der → freiwilligen Gerichtsbarkeit; es handelt sich um ein besonderes → Aufgebotsverfahren. Zuständig ist das → Amtsgericht des letzten inländischen Wohnsitzes bzw. des gewöhnlichen Aufenthalts des Verschollenen, hilfsweise das Amtsgericht Berlin-Schöneberg. Antragsberechtigt sind außer dem Staatsanwalt und dem gesetzlichen Vertreter des Verschollenen dessen Ehegatte und seine Abkömmlinge sowie darüber hinaus jeder, der ein rechtliches Interesse an der Todeserklärung hat (zB der Bruder, der gesetzlicher Miterbe ist). Die Todeserklärung erfolgt durch Beschluss, gegen den innerhalb eines Monats → sofortige Beschwerde eingelegt werden kann. Erst mit der → Rechtskraft des Beschlusses wird die Todeserklärung wirksam. Entsprechende Verfahrensvorschriften gelten für die Wiederaufhebung der Todeserklärung. Einzelheiten des Verfahrens s. §§ 13 ff. VerschG.

Todesfall (Anzeigepflicht, Beurkundung)
→ Sterberegister.

Todesfallversicherung
→ Lebensversicherung.

Todesschuss
→ Waffengebrauch.

Todesstrafe
Die Todesstrafe ist in der BRep. durch Art. 102 GG abgeschafft worden. Der Bundestag hat ferner mit Gesetz v. 23.7.1988 (BGBl. 1988 II 662) dem Protokoll Nr. 6 v. 28.4.1983 zur MRK über die Abschaffung der Todesstrafe und mit Gesetz v. 5.7.2004 (BGBl. 2004 II 982) dem Protokoll Nr. 13 v. 3.5.2002 über die vollständige Abschaffung der Todesstrafe – auch in Kriegszeiten oder bei unmittelbarer Kriegsgefahr – zugestimmt. Die Todesstrafe darf in den meisten europäischen und vielen außereuropäischen Ländern nicht mehr verhängt werden. Die Abschaffung der Todesstrafe ist unter dem Gesichtspunkt der Menschenwürde und der Irreparabilität, aus theologischer Sicht wegen des grundsätzlichen Tötungsverbots geboten. Die Befürworter der Todesstrafe berufen sich dagegen auf den Vergeltungs- und Sühnezweck der Strafe (→ Talion); die von ihnen behauptete abschreckende Wirkung der Todesstrafe ist nicht erwiesen. Zur → Auslieferung bei drohender Todesstrafe s. dort. Von der Todesstrafe zu unterscheiden ist die vorbeugende Tötung möglicher Straftäter (→ Terrorismus, 1); diese ist stets rechtswidrig.

Todesvermutung
→ Todeserklärung.

Todeszeitfeststellung
→ Todeserklärung.

Tötung
1. Nach den §§ 211 ff. StGB sind folgende Fälle der strafbaren Tötung eines anderen Menschen (Fremdtötung) zu unterscheiden: Mord, Totschlag, Tötung auf Verlangen und fahrlässige Tötung.

a) Mord (§ 211 StGB): Wegen Mordes wird bestraft, wer einen Menschen tötet und dabei hinsichtlich Tatmotiv, Tatausführung oder Tatzweck besonders verwerflich handelt, nämlich (es folgen die in § 211 StGB enumerativ genannten sog. Mordmerkmale)

aa) aus Mordlust, zur Befriedigung des Geschlechtstriebs, dh um sich durch die Tötung sexuell zu befriedigen (→ Lustmord) oder um das Opfer sexuell zu missbrauchen, aus Habgier oder sonst aus niedrigen Beweggründen (zB Rachsucht, Blutrache);

bb) heimtückisch (dh unter Ausnutzen der Arg- und Wehrlosigkeit des Opfers) oder grausam oder mit gemeingefährlichen Mitteln (zB Brandstiftung);

cc) um eine andere Straftat zu ermöglichen oder zu verdecken.

Die Strafe ist allein lebenslange Freiheitsstrafe (→ Strafen 1a, → Strafaussetzung zur Bewährung 2b). Eine geringere Strafe kann sich grds. nur ergeben aufgrund der allg. Milderungsgründe, also zB bei bloßem Versuch (§ 23 II StGB), bloßer Beihilfe (§ 27 StGB) oder verminderter Schuldfähigkeit (§ 21 StGB), sowie bei einer Verurteilung nach → Jugendstrafrecht.

Der Mordtatbestand ist seit längerem Gegenstand rechtspolitischer Diskussion. Diese betrifft zum einen die aus dem Jahr 1941 stammende sprachliche Fassung des Tatbestands („Mörder ist, wer ..."), die an die nationalsozialistische „Tätertypen"-Lehre anknüpft. Die inhaltliche Gestaltung mit den durch die verschiedenen Mordmerkmale konkretisierten Fallgruppen geht dagegen auf Vorarbeiten der Weimarer Zeit zurück und besitzt ein Vorbild im schweizerischen StGB, so dass es viel zu kurz greift, den Tatbestand pauschal als „nationalsozialistisch" abzuqualifizieren. Zum anderen richtet sich Kritik gegen die erst seit dem Wegfall der → Todesstrafe bestehende absolute Strafdrohung, die dem Gericht keinen Strafrahmen zur Auswahl belässt. Wegen ihr sehen sich die Gerichte mitunter in der Not, eine Verurteilung zu lebenslanger Freiheitsstrafe selbst in Fällen, in denen sie wegen besonderer Umstände offensichtlich nicht schuldangemessen ist, nur mit Mühe und auf umstrittenen Wegen (ein Beispiel bildet die durch den Großen Senat für Strafsachen des BGH für atypische Fälle der Heimtücke entwickelte sog. Rechtsfolgenlösung, BGHSt 30, 105) vermeiden zu können.

b) Totschlag (§ 212 StGB): Wer einen Menschen vorsätzlich tötet, „ohne Mörder zu sein" (zur Formulierung s. o.), wird wegen Totschlags mit Freiheitsstrafe nicht unter 5 Jahren, in besonders schweren Fällen mit lebenslanger Freiheitsstrafe bestraft. In minder schweren Fällen tritt Freiheitsstrafe von 1–10 Jahren ein, insbes. wenn der Täter ohne eigene Schuld durch eine ihm oder einem Angehörigen zugefügte Misshandlung oder schwere Beleidigung von dem Getöteten zum Zorn gereizt und hierdurch auf der Stelle zu der Tötung hingerissen worden war (§ 213 StGB).

Ob → Mittäter und → Teilnehmer der Tötungshandlung nach § 211 StGB oder nach § 212 StGB zu bestrafen sind, hängt von dem Verhältnis der beiden Vorschriften zueinander ab. Nach der Rspr. handelt es sich um zwei selbständige Tatbestände, so dass § 211 StGB nur auf den Mittäter oder Teilnehmer anzuwenden ist, dessen Vorsatz das Vorliegen der qualifizierenden Merkmale (a aa–cc) beim Haupttäter umfasst. Andere Auffassungen sehen Mord als straferhöhenden (qualifizierten) Fall des Totschlags, andere wiederum diesen als milderen (privilegierten) Fall des Mordes an; in beiden ist die Tat des Teilnehmers nach den bei ihm vorliegenden besonderen persönlichen Merkmalen zu beurteilen (§ 28 II StGB), womit nur täterbezogene Merkmale wie oben zu a aa) und cc) – nicht dagegen tatbezogene wie zu a bb) – gemeint sind (iE str.).

c) Tötung auf Verlangen (§ 216 StGB): Es handelt sich um einen → Privilegierungstatbestand gegenüber § 212 StGB, der als Strafrahmen Freiheitsstrafe von 6 Monaten bis zu 5 Jahren vorsieht. Erforderlich ist ein ausdrückliches und ernstliches Verlangen des Getöteten. Eine bloße Einwilligung genügt nicht, ebenso wenig ein Verlangen in Augenblicksstimmung. Sa → Sterbehilfe.

d) Fahrlässige Tötung (§ 222 StGB): Diese ist mit Freiheitsstrafe bis zu 5 Jahren oder Geldstrafe bedroht. Zum Begriff der → Fahrlässigkeit s. dort, zur Verursachung → Kausalität im Strafrecht, → objektive Zurechnung. Das Maß der Sorgfalt, deren Verletzung bei Todesfolge zur Bestrafung wegen fahrlässiger Tötung führen kann, richtet sich nach den Umständen des Falles und nach den persönlichen Kenntnissen und Fähigkeiten des Täters. So kann sich insbes. aus seiner beruflichen Stellung (Kraftfahrer, Arzt, Betriebsleiter usw) eine gesteigerte Sorgfaltspflicht ergeben.

2. Die völkerrechtlichen Tötungstatbestände → Völkermord, → Menschlichkeitsverbrechen und → Kriegsverbrechen sind in §§ 6 ff. VStGB (s. → Völkerstrafgesetzbuch) geregelt.

3. Selbstmord – richtig: Selbsttötung – ist nach deutschem Recht straflos, demnach auch die Teilnahme eines Dritten daran, also → Anstiftung und → Beihilfe; zum verfassungswidrigen gesetzgeberischen Versuch einer Einschränkung durch § 217 StGB s. u. Gegenüber der Fremdtötung (auf Verlangen) abzugrenzen ist die Teilnahme an einer Selbsttötung dabei danach, wer (Suizident oder Dritter) die Tatherrschaft über den unmittelbar zum Tod führenden letzten Handlungsakt innehat. Überlebt bei einer Doppelselbsttötung der eine Teil, kann auch er nach § 216 StGB (s. o. 1c) nur bestraft werden, wenn er die Tatherrschaft besaß (BGHSt. 19, 135; str.). Die Teilnahme an einer Selbsttötung ist zudem stets abzugrenzen von einer Fremdtötung in mittelbarer Täterschaft (→ mittelbarer Täter, → Selbstgefährdung oder -schädigung, eigenverantwortliche 3). Letztere kommt insbes. in Betracht bei einem in seiner Einsichts- und Urteilsfähigkeit beeinträchtigten, nicht freiverantwortlich handelnden Suizidenten, ferner wenn der Dritte auf diesen mittels Täuschung oder Drohung einwirkt.

Ferner kann wegen Tötung durch Unterlassen (→ Unterlassungsdelikt) strafbar sein, wer auf Grund sog. → Garantenstellung die Pflicht hat, den anderen an der Selbsttötung zu hindern (Angehöriger, Krankenpfleger, Arzt; str.; sa § 1827 II, III BGB, → Patientenverfügung, → Sterbehilfe). Soweit ein Arzt iRd Teilnahme an der Selbsttötung gegen ärztliches Standesrecht verstößt, folgt allein hieraus aber noch keine Garantenstellung (BGH NJW 2019, 3089 und BGH NJW 2019, 3092). Auch für einen Nicht-Garanten kommt allerdings eine Strafbarkeit wegen Unterlassens einer → Hilfeleistung in Betracht, wenn der Selbsttötungsversuch als Unglücksfall iSd § 323c StGB anzusehen ist (sehr str.; bejahend BGH aaO). Sie kann eintreten ab dem Zeitpunkt, in dem der Suizident die Tatherrschaft verliert (zB bewusstlos wird) und ein anwesender Dritter nun nichts zur Rettung unternimmt. Allerdings kann die Zumutbarkeit einer Hilfeleistung zu verneinen sein, wenn die allg. bestehende Hilfspflicht in Konflikt tritt zur gebotenen Achtung des Selbstbestimmungsrechts des Suizidenten (BGH aaO, wo dieser Aspekt deutlicher betont wird als in früherer Rechtsprechung, vgl. BGHSt 32, 367), was bei einer freiverantwortlichen Selbsttötung regelmäßig der Fall sein dürfte. Stand der auf einen bewusstlosen Suizidenten treffende Dritte mit diesem vorher nicht in Kontakt, wird er von einer solchen Situation jedoch nicht ohne weiteres ausgehen dürfen. Hier bleibt die Entwicklung der Rechtsprechung zu möglichen Irrtumskonstellationen und deren rechtlicher Einordnung abzuwarten.

Verfassungswidrig und nichtig ist der 2015 geschaffene Straftatbestand der geschäftsmäßigen Förderung der Selbsttötung (§ 217 StGB). Er sollte als „autonomiesichernde Regelung" Anbieter von Suizidhilfe erfassen, die „spezifische Eigeninteressen verfolgen", wodurch die „Willensbildung und Entscheidungsfindung der betroffenen Personen beeinflusst" werden könne (BT-Drs. 18/5373, 11). Dazu stellte die Norm denjenigen unter Strafe, der in der Absicht der Förderung der Selbsttötung eines anderen Menschen diesem hierzu geschäftsmäßig die Gelegenheit gewährte, beschaffte oder vermittelte. Hierdurch wurden jedoch die Möglichkeiten einer assistierten Selbsttötung faktisch weitgehend entleert. Hierin lag ein Verstoß gegen das allg. → Persönlichkeitsrecht, welches ein Recht auf selbstbestimmtes Sterben umfasst. Dieses Recht schließt die Freiheit ein, sich das Leben zu nehmen und hierbei auf die freiwillige Hilfe Dritter zurückzugreifen. Die in Wahrnehmung dieses Rechts getroffene Entscheidung des Einzelnen, seinem Leben entsprechend seinem Verständnis von Lebensqualität und Sinnhaftigkeit der eigenen Existenz ein Ende zu setzen, ist im Ausgangspunkt als Akt autonomer Selbstbestimmung von Staat und Gesellschaft zu respektieren. Der Gesetzgeber darf die Suizidhilfe zwar regulieren, muss dabei aber sicherstellen, dass dem Recht des Einzelnen, sein Leben selbstbestimmt zu beenden, hinreichend Raum zur Entfaltung und Umsetzung verbleibt (BVerfG Urt. v. 26.2.2020, Az. BvR 2347/15 ua). Zwei Gesetzentwürfe aus der Mitte des Bundestages, die für sich in Anspruch nahmen, eine Neuregelung unter Beachtung der Vorgaben des BVerfG zu enthalten, fanden im Juli 2023 im Bundestag jeweils keine Mehrheit.

4. Über den Abbruch der Lebensverlängerung und das Sterbenlassen von tödlich Erkrankten → Sterbehilfe.

5. Über die Verbindung zu Tötungszwecken → Mordkomplott. Über Vereinigungen, deren Zwecke oder deren Tätigkeit darauf gerichtet sind, Mord, Totschlag, Völkermord oder Verbrechen gegen die Menschlichkeit zu begehen → Terroristische Vereinigungen.

Tötung von Tieren

Den → Tierschutz zum Zeitpunkt der Tötung von Tieren regeln die VO (EG) 1099/2009 v. 24.9.2009 (ABl. 2009 L 303, 1), die §§ 4 ff. TierSchG und die Tierschutz-SchlachtV v. 20.12.2012 (BGBl. 2012 I 2982). Die VO (EG) enthält Vorschriften über die Tötung von Tieren, die zur Herstellung von Lebensmitteln, Wolle, Häuten, Pelzen oder anderen Erzeugnissen gezüchtet oder gehalten werden, sowie über die Tötung zum Zwecke der Bestandsräumung. Die VO gilt nicht für die Tötung von Tieren im Rahmen wissenschaftlicher Versuche unter Aufsicht einer zuständigen Behörde, für die Jagd, Freizeitfischerei und das → Schlachten von Geflügel, Kaninchen und Hasen für den privaten Eigenverbrauch. Bei der Tötung sollen die Tiere von jedem vermeidbarem Schmerz, Stress und Leiden verschont werden (Art. 3 VO (EG) 1099/2009). Tiere dürfen nur nach einer Betäubung getötet werden (Art. 4 VO (EG) 1099/2009). Die Wahrnehmungs- und Empfindungslosigkeit muss bis zum Tod des Tieres anhalten. Sa → Tierseuchen.

Anders als bei der EU-VO gelten die Vorschriften der deutschen VO auch für die Hausschlachtung, nicht jedoch bei: weidgerechter Jagd, zulässigen Maßnahmen der Schädlingsbekämpfung und Massen-Fischfang. Über die Anforderungen der VO (EG) 1099/2009 hinaus sieht die deutsche VO vor, dass Tiere insbesondere so zu betäuben, zu schlachten oder zu töten sind, dass bei ihnen nur unvermeidbare Aufregung und Schäden verursacht werden; entsprechende Vorrichtungen, Ausrüstungen und Anlagen müssen verwendet und instand gehalten werden (§ 3 Tierschutz-Schlachtverordnung). Die Tötung geschlüpfter Küken ist seit 2022 verboten (§ 4c TierSchG). Seit 2024 ist es verboten, Hühnerembryos ab dem 13. Bebrütungstag zu töten.

Tollwut

Spezielle Bestimmungen enthält die VO zum Schutz gegen die Tollwut idF v. 4.10.2010 (BGBl. 2010 I 1313) mÄnd. Maßnahmen zur Tollwut-Prävention sind insbes. Impfung, Anzeige von Tierausstellungen und Kennzeichnung von Hunden (§§ 2, 3, 4, 5 TollwutVO). Bei Ausbruch oder Verdacht der Tollwut müssen Sicherheitsmaßnahmen bezüglich der Verwahrung der lebenden oder getöteten Haustiere beachtet werden; die zuständige Behörde kann die Tötung und unschädliche Beseitigung der Haustiere anordnen; das Schlachten oder Abhäuten seuchenverdächtiger Haustiere sowie Verkauf, Verbrauch einzelner Teile oder Produkte des Tieres sind verboten (§§ 6, 7 TollwutVO). Nach Tötung und Beseitigung der verdächtigen Tiere sind möglicherweise mit Erregern behaftete Bereiche und Gegenstände zu desinfizieren (§ 13 TollwutVO). Die zuständige Behörde hebt die Schutzmaßnahmen auf, wenn die Tollwut als erloschen gilt (§ 14 TollwutVO). Zuwiderhandlungen gegen Bestimmungen der TollwutVO stellen grundsätzlich Ordnungswidrigkeiten dar (§ 15 TollwutVO). Sa → Infektionsschutzgesetz, → Tierseuchen.

Tombola
→ Lotterie.

Tonaufnahme in Verfahren
1. Die Aufzeichnung des nichtöffentlich gesprochenen Wortes außerhalb und innerhalb der durch Art. 13 GG geschützten Wohnung und die Verwertung sind im Strafverfahren unter den Voraussetzungen der §§ 100a–100c, 100f StPO zulässig (→ Einsatz technischer Mittel). Im Übrigen ist die Verwertung einer Tonaufnahme als Beweismittel für die Urteilsfindung im Zivil- oder Strafprozess nur beschränkt zulässig. Im Hinblick auf das Verbot der heimlichen Aufnahme einer Aussage oder eines Gesprächs durch Tonaufnahmegeräte ist davon auszugehen, dass nur eine mit Zustimmung des Sprechers aufgenommene Tonaufnahme als Beweismittel verwendet werden darf. Eine Ausnahme kann allenfalls bei überwiegenden Interessen der Allgemeinheit zwingend geboten sein, zB in Fällen schwerer Kriminalität zur Feststellung der Identität des Straftäters wie auch zur Entlastung zu Unrecht Beschuldigter (BVerfG NJW 1973, 891); dgl. ausnahmsweise dann, wenn die Rechtsverwirklichung durch dieses Beweismittel Vorrang vor dem Schutz des gesprochenen Wortes haben muss (BGH NJW 1982, 277). Der Gesichtspunkt der → Verhältnismäßigkeit ist stets zu beachten.

2. Grundsätzlich ist bei allen → Vernehmungen im Strafverfahren stets das Einverständnis des Beschuldigten oder Zeugen zur Tonaufnahme einzuholen. Ist das geschehen, steht die Tonaufnahme einem Protokoll gleich. Bei einzelnen richterlichen Untersuchungshandlungen ist eine Tonaufnahme zulässig; doch bedarf ihr Inhalt der Genehmigung der Beteiligten (§ 168a StPO; für den Zivilprozess vgl. §§ 160a, 162 ZPO). Zur T. wesentlicher Vernehmungsergebnisse in der Hauptverhandlung vor dem Strafgericht § 273 II StPO, § 323 II StPO, zu → Video-Aufzeichnungen und -Übertragungen der Vernehmung von Zeugen ohne deren Zustimmung nach §§ 58a, 168e, 247a, 255 StPO → Zeugenschutz. Im Fall einer Entfernung des Angeklagten aus dem Sitzungssaal nach § 247 StPO bei einer Vernehmung von Mitangeklagten oder Zeugen ist der Angeklagte vorrangig durch eine Videoübertragung von der Vernehmung zu unterrichten (BGH NJW 2017, 3397).

3. Ton- und Fernseh-Rundfunkaufnahmen sowie Ton- und Filmaufnahmen zum Zwecke der öffentlichen Vorführung oder Veröffentlichung ihres Inhalts sind in der gerichtlichen Verhandlung grds. unzulässig (§ 169 I 2 GVG). Eine Ausnahme hierzu bestand schon seit 1998 für die Verkündung von Entscheidungen des BVerfG (§ 17a BVerfGG). Weitere Ausnahmen wurden 2017 durch das Gesetz zur Erweiterung der Medienöffentlichkeit in Gerichtsverfahren geschaffen (BGBl. 2017 I 3546): So kann vom Gericht die Tonübertragung in einen Arbeitsraum für Personen, die für Presse, Hörfunk, Fernsehen oder für andere Medien berichten, zugelassen werden. Gleiches gilt für Tonaufnahmen der Verhandlung einschließlich der Verkündung der Urteile und Beschlüsse zu wissenschaftlichen und historischen Zwecken, wenn es sich um ein Verfahren von herausragender zeitgeschichtlicher Bedeutung für die Bundesrepublik Deutschland handelt. Zudem wurde den obersten Bundesgerichten gestattet, für die Verkündung ihrer Entscheidungen in besonderen Fällen Ton- und Fernseh-Rundfunkaufnahmen sowie Ton- und Filmaufnahmen zum Zwecke der öffentlichen Vorführung oder der Veröffentlichung ihres Inhalts

4. Unabhängig hiervon zulässig ist eine Tonaufnahme für justizinterne Zwecke, zB als Gedächtnisstütze für die weitere Verhandlungsleitung oder die Urteilsberatung, solange sie vor Missbrauch jeglicher Art und Fälschung geschützt wird. Die vor oder in der Verhandlung mit Zustimmung des Sprechenden gemachte Tonaufnahme darf zur Unterstützung der Aussage eines Beschuldigten oder Zeugen, bei letzterem auch zum Vorhalt bei Widersprüchen, verwendet werden; eine vom Beschuldigten als richtig anerkannte Tonaufnahme kann zur Ergänzung seiner Aussage herangezogen werden. In diesen Grenzen verstößt die Verwertung nicht gegen den → Unmittelbarkeitsgrundsatz (§ 355 ZPO, §§ 250, 253, 254, 261 StPO).

5. Zum Urheberrecht → Tonträger.

Tonaufnahme, unzulässige
Als einen Fall der Verletzung des persönlichen Geheimbereichs stellt § 201 StGB die unbefugte Aufnahme des nicht öffentlich gesprochenen Wortes, zB eines Gesprächs, auf einen Tonträger (Tonband u. dgl.) unter Strafe, ebenso die Verwendung einer solchen Aufnahme oder ihre Offenlegung gegenüber Dritten. Strafbar sind auch das unbefugte bloße Abhören des nicht zur Kenntnis Dritter bestimmten nicht öffentlich gesprochenen Wortes mit einem Abhörgerät und die öffentliche Mitteilung des aufgenommenen oder abgehörten Wortes. Letztere ist aber nur strafbar, wenn sie berechtigte Interessen eines anderen beeinträchtigen kann, und ist nicht rechtswid-

rig bei Wahrnehmung überragender öffentlicher Interessen (sa → Sendeanlagenmissbrauch). Da schon die heimliche Wortaufnahme gegen Art. 1 I GG verstößt, setzt ein befugtes Handeln eine besondere Rechtfertigung voraus, etwa eine gesetzliche (s. zB § 100a StPO für die → Telekommunikationsüberwachung, → Fernmeldegeheimnis; §§ 100c, 100f StPO für den → Einsatz technischer Mittel) oder eine Ausnahmelage, so etwa beim Abhören der Verabredung zu einer schweren Straftat. Außerhalb der gesetzlichen Regelungen der Überwachung der Telekommunikation und des Einsatzes techn. Mittel ist es aber auch in Fällen schwerer Kriminalität grundsätzlich unzulässig, das nicht öffentlich gesprochene Wort eines Beschuldigten heimlich aufzunehmen, um es als Beweismittel gegen ihn zu verwenden (BGHSt. 34, 39). Auch → Versuch ist strafbar. Die Tat ist → Antragsdelikt (§ 205 StGB), außer wenn sie durch einen → Amtsträger im Zusammenhang mit dem Amt begangen wird; dann gilt auch eine höhere Strafdrohung. Sa → Bildaufnahme, unzulässige.

Tonträger
→ Bild- oder Tonträger.

Topik
bei der Rechtsfindung → Rechtsanwendung.

Topografie
→ Halbleiterschutz.

Totaler (totalitärer) Staat
wird eine staatliche Ordnung genannt, die – im Gegensatz zum liberalen und demokratischen Rechtsstaat – das gesamte politische, gesellschaftliche und geistige Leben erfassen und beherrschen will und damit dem einzelnen – unter Leugnung einer staatsfreien Sphäre – jeglichen Spielraum für eine selbständige Entwicklung nimmt. Der totalitäre Staat gewährt dem einzelnen keine → Grundrechte, duldet keine konkurrierenden politischen Gruppen und manipuliert die öffentliche Meinung. Er sucht seine ideologische Rechtfertigung idR im Hinweis auf die Notwendigkeit der Konzentration aller Kräfte auf die Erfüllung großer politischer, wirtschaftlicher oder militärischer Aufgaben.

Totalisator
(frz. totaliser = zusammenzählen) → Lotterie.

Totalitätsprinzip
im Gemeinderecht → Allzuständigkeit.

Tote, Verunglimpfung
→ Beleidigung (2d, 4).

Totenfürsorge
Die Art der Bestattung, die Wahl der letzten Ruhestätte, deren Ausgestaltung und Pflege sind Teile der Totenfürsorge, zu der auch eine Umbettung, der Zugang zu der Leiche und eine Exhumierung gehören können. Das Totenfürsorgerecht hat der Totenfürsorgeberechtigte inne, den der Verstorbene zu Lebzeiten bestimmt hat und der das Recht gemäß den Vorgaben des Verstorbenen ausübt, und damit nicht zwingend der → Erbe. Die Bestimmung des Totenfürsorgeberechtigten, wie auch der Art und Weise der Ausführung der Totenfürsorge kann sich bei rechtzeitiger → Testamentseröffnung aus der → letztwilligen Verfügung, aber auch aus einer gesonderten Bestattungsverfügung ergeben, im Übrigen aus dem geäußerten oder auch mutmaßlichen Willen des Verstorbenen. Wenn sich der Wille zur Bestimmung eines abweichenden Totenfürsorgeberechtigten daraus nicht ergibt, steht das Totenfürsorgerecht den Angehörigen nach dem Grad ihrer Nähe zu. Das Recht der Totenfürsorge kann von dem Totenfürsorgeberechtigten im eigenen Namen als ein sonstiges Recht iSd § 823 BGB (→ Unerlaubte Handlung, 2a) geltend gemacht werden. Es wird etwa verletzt, wenn das Erscheinungsbild der Grabstätte unzulässig verändert wird (BGH NJW-RR 2019, 727). Die Kosten der Beisetzung des Leichnams sind von den Erben zu tragende → Nachlassverbindlichkeiten, § 1968 BGB.

Totenruhe, Störung der –
→ Religionsvergehen.

Totgeburt
Bei einer Totgeburt ist Geburtsanzeige wie bei einer Lebendgeburt zu erstatten, jedoch spätestens am 3. Werktag nach der Geburt (§ 18 PStG). Die Totgeburt ist im → Geburtenregister einzutragen (§ 21 II PStG). Über die Ansprüche der Mutter nach einer Totgeburt → Unterhaltspflicht bei nicht miteinander verheirateten Eltern.

Toto
→ Lotterie, → Glücksspiel.

Totschlag
→ Tötung (1b).

Tourismus
S. → Fremdenverkehr, → Reisevertrag; zum grenzüberschreitenden Reiseverkehr → Ausländer, → Ausreise, → Alpenkonvention und → Einreise.

Tracking Stock
Tracking Stock oder Spartenaktie ist eine → Aktie, bei der die Dividende aus Gewinnen von Tochtergesellschaften oder auch von einem Betriebsteil gezahlt wird.

Trade Terms
Trade Terms sind eine von der Internationalen Handelskammer veröffentlichte Aufzeichnung von → Handelsklauseln, aufgeteilt nach Ländern und Gruppen von Ländern. Die Trade Terms sind im Gegensatz zu den → Incoterms jedoch nicht einheitlich, sondern nur zT aufeinander abgestimmt.

Traditionelle Lebensmittel
1. Traditionelle landwirtschaftliche Erzeugnisse, einschließlich Lebensmitteln, können nach der Verordnung (EU) 2024/1143 v. 11.4.2024

über geographische Angaben für Wein, Spirituosen und landwirtschaftliche Erzeugnisse (ABl. EU 2024 L v. 23.4.2024) als „garantiert traditionelle Spezalität" geschützt werden. Voraussetzung ist, dass sie auf traditionelle Art und Weise aus traditionellen Rohstoffen hergestellt werden und ihr Name traditionell für das Erzeugnis steht (Art. 53 VO (EU) 2024/1143). Damit sollen traditionelle Produktionsmethoden und Rezepte bewahrt und die Vermarktung dieser Erzeugnisse erleichtert werden. Den Vollzug regelt das Lebensmittelspezialitätengesetz (LSpG) v. 29.10.1993 (BGBl. 1993 I 1814). Beispiele sind „Heumilch", „Mozzarella" und „Holländischer Matjes". Anträge werden mit der zwingend erforderlichen Produktspezifikation in Deutschland bei der → Bundesanstalt für Landwirtschaft und Ernährung (§ 2 LSpG) gestellt, die sie vorprüft. Die endgültige Entscheidung trifft die Kommission, die den Namen dann in ein von ihr geführtes Unionsregister einträgt (Art. 57 ff. Verordnung (EU) 2024/1143). Der geschützte Name darf von jedem Marktteilnehmer verwendet werden, der ein Erzeugnis vermarktet, das der betreffenden Produktspezifikation entspricht. Die Vermarktung muss unter Verwendung des einschlägigen Unionszeichens (Delegierte VO (EU) 664/2014 v. 18.12.2013, ABl. EU 2014 L 179, 17) und kann mit dem Zusatz „garantiert traditionelle Spezialität" oder „g.t.S." erfolgen. Die Namen sind gegen widerrechtliche und irreführende Verwendung geschützt. Die Einzelheiten des in Deutschland wettbewerbsrechtlich ausgestalteten Schutzes finden sich in § 3 LSpG. Die garantiert traditionelle Spezialität ähnelt der → geschützten geografischen Angabe und der → geschützten Ursprungsbezeichnung.

2. Gemäß Art. 7 VO (EG) 2074/2005 v. 5.12.2005 (ABl. EU 2005 L 338, 27) dürfen bei der Herstellung traditioneller → Lebensmittel Ausnahmen von den Hygienevorschriften gemacht werden. Einzelheiten enthält § 6 LMHV. Darunter fallen zB Lübecker Marzipan und Nürnberger Rostbratwürste.

Traditionspapier
Das Traditionspapier ist ein → Wertpapier, in dem der Anspruch auf Herausgabe einer Sache verbrieft wird und das zugleich die Sache selbst in der Weise ersetzt, dass über sie durch Übergabe des Papiers verfügt werden kann; dieses tritt für die → Übergabe bei der → Eigentumsübertragung (§§ 929 ff. BGB) an die Stelle der Sache. Traditionspapiere sind der Orderlagerschein (→ Lagerschein), der → Ladeschein und das → Konnossement.

Traditionsprinzip
Bei der Übereignung beweglicher Sachen muss neben die Einigung über den Eigentumsübergang (materielles Konsensprinzip) im Interesse der Klarheit des Rechtsverkehrs noch die tatsächliche Übergabe der Sache oder ein Übergabeersatz (Übergabesurrogat) treten. Einzelheiten → Eigentumsübertragung.

Träger öffentlicher Belange
ist eine in der Gesetzessprache häufig verwendete zusammenfassende Bezeichnung für Behörden oder Stellen, die bei bestimmten öffentlichen oder privaten Vorhaben (insbes. im Bau- und Planungsrecht) nach Maßgabe der einzelnen Gesetze angehört werden müssen oder sollen, damit sie aus der Sicht ihres Aufgabenbereichs zu dem Vorhaben Stellung nehmen können. Vgl. zB § 4 BauGB.

Tragezeit
→ Empfängniszeit.

Trampen
→ Gefälligkeitsfahrt.

Transeuropäische Netze
Zur Verwirklichung des Binnenmarktes und zur Beseitigung der Benachteiligung von Regionen fördert die → Europäische Union Aufbau und Ausbau von transeuropäischen Netzen auf den Gebieten des Verkehrs, der Telekommunikation und der Energieinfrastruktur (Art. 170–172 AEUV). Beispiele sind grenzüberschreitende Eisenbahn- und Autobahnsysteme und die zugehörigen technischen Normen. Die Leitlinien für den Aufbau eines transeuropäischen Verkehrsnetzes enthält die Verordnung (EU) 2024/1679 v. 13.6.2024 über Leitlinien der Union für den Aufbau des Transeuropäischen Verkehrsnetzes (ABl. EU 2024 L v. 28.6.2024). Tragendes Prinzip ist die → Interoperabilität aller Systeme.

Transfer
Transfer bezeichnet im internationalen → Zahlungsverkehr die Wertübertragung zwischen zwei Ländern. Sie vollzieht sich durch den Austausch von Finanzaktiva. Der Begriff wird auch für einseitige Leistungen benutzt (zB Entwicklungshilfe). Zu weiteren Bedeutungen → Transferleistungen.

Transfergesellschaft
Wird bei einer → Betriebsänderung ausscheidenden Arbeitnehmern statt einer Abfindung die Übernahme durch eine Transfergesellschaft (bei der typischerweise dann statt Arbeit Qualifizierungsmaßnahmen durchgeführt werden) angeboten, kann dieser Wechsel des Arbeitnehmers durch → Transferkurzarbeitergeld und durch Zuschüsse gem. § 110 SGB III von der Bundesagentur für Arbeit gefördert werden. Der Wechsel zu einer Transfergesellschaft (idR umgesetzt im Wege eines dreiseitigen Vertrages zwschen Arbeitnehmer, Betriebsveräußerer und Transfergesellschaft) kann zudem dazu führen, dass es nicht zu einem → Betriebsübergang mit den Arbeitsverhältnissen gem. § 613a BGB vom bisherigen Arbeitgeber zu dem Betriebsübernehmer kommt.

Transferkurzarbeitergeld
Das Transferurzarbeitergeld ist eine besondere Form des → Kurzarbeitergeldes gem. § 111 SGB III. Das Transferkurzarbeitergeld soll Entlassungen vermeiden und die Vermittlungsaussichten während der Beschäftigung bei einer Transfergesellschaft verbessern. Die Gewährung von Transferkurzarbeitergeld setzt voraus, dass sowohl der Arbeitnehmer als auch der Arbeitgeber von bestimmten betriebsbedingten Veränderungen betroffen sein werden. Das Transferkurzarbeitergeld wird durch die → Bundesagentur für Arbeit für längstens 12 Monate geleistet (sa → Transferleistungen).

Transferleistungen
1. S. → Subventionen.

2. Transferleistungen sind durch das Dritte Gesetz für moderne Dienstleistungen am Arbeitsmarkt v. 23.11.2003 neu eingeführte Leistungen der → Arbeitsförderung nach dem SGB III. Sie wenden sich an Arbeitnehmer, die infolge von → Betriebsänderungen iSd § 111 BetrVG von Arbeitslosigkeit bedroht sind.

Transfermaßnahmen sind alle Maßnahmen zur Eingliederung von Arbeitnehmern in den Arbeitsmarkt, an deren Finanzierung sich der Arbeitgeber angemessen beteiligt. Die Förderung wird als Zuschuss gewährt, wobei der Zuschuss 50 vH der aufzuwendenden Maßnahmekosten beträgt, jedoch höchstens 2500 EUR je gefördertem Arbeitnehmer. Die → Agenturen für Arbeit beraten die Betriebsparteien insbesondere im Rahmen von Verhandlungen über einen → Sozialplan über die bestehenden Fördermöglichkeiten (§ 110 SGB III).

Zu den Transferleistungen gehört auch das → Transferkurzarbeitergeld. Es wird bei betrieblichen Restrukturierungen gewährt zur Vermeidung von Entlassungen und zur Verbesserung der Vermittlungsaussichten der betroffenen Arbeitnehmer (§ 111 SGB III).

3. Letztlich sind unter Transferleistungen sämtliche Leistungen zu subsummieren, die der wirtschaftlichen Position des Empfängers einen wirtschaftlichen Vorteil verschaffen. Darum gehören auch Leistungen nach dem SGB II bzw. SGB XII sowie zB Kindergeld zum Bereich der Transferleistungen.

Transformation
→ Staatsvertrag, → Primat des Völkerrechts.

Transfusionsgesetz
Das Transfusionsgesetz idF v. 28.8.2007 (BGBl. 2007 I 2169) mÄnd regelt die Gewinnung von Blut und Blutbestandteilen (zB Blutstammzellen) und sonstigen Bluterzeugnissen (zB Plasma) aus Blutspenden, insbesondere hygienische Anforderungen, Kontrollen, Dokumentation und, iVm der DS-GVO, → Datenschutz. Zweck des Gesetzes ist eine sichere Versorgung der Bevölkerung mit Blutprodukten und die Förderung der Selbstversorgung mit Blut und Plasma. Das Meldewesen ist in der TransfusionsgesetzMeldeVO v. 13.12.2001 (BGBl. 2001 I 3737) mÄnd geregelt. Das Transfusionsgesetz dient auch der Umsetzung von EU-Richtlinien (insbes. Richtlinie 2002/98/EG).

In § 12a Abs. 1 wird festgestellt, dass die sexuelle Orientierung und die Geschlechtsidentität der spendewilligen Person oder der Sexualpartnerinnen oder der Sexualpartner der spendewilligen Person bei der Bewertung des Risikos, das zu einem Ausschluss oder einer Rückstellung von der Spende führt, nicht berücksichtigt werden dürfen. Bis 2024 war dies zulässig und gängige Praxis, obwohl der EuGH bereits 2015 einen generellen Ausschluss homo- und bisexueller Männer für unionsrechtswidrig erklärt hat.

Transgene Pflanzen und Tiere
sind Pflanzen und Tiere, deren Erbgut künstlich verändert wurde. Transgene Pflanzen sind aus dem Blickwinkel der öffentlichen Aufmerksamkeit das Hauptgebiet der → Gentechnik. Transgene Tiere spielen jedoch insbes. für → Tierversuche eine immer größere Rolle. Züchtung, Herstellung und Arbeit mit ihnen unterliegen dem → Gentechnikrecht. Hauptverwendungsgebiete sind Medizin und Pharmazie.

Transithandel
Als Transithandel bezeichnet man Geschäfte, bei denen Inländer im Ausland befindliche Waren von Ausländern erwerben und an Ausländer veräußern (§ 2 XVII AWG). Transithandel sind in Deutschland grundsätzlich genehmigungsfrei. Sa → Außenwirtschaftsrecht, → Durchfuhr.

Transit-Rohrleitung
ist eine Rohrleitung, die zum deutschen → Festlandsockel führt oder diesen durchquert, zB zum Transport von Erdgas (§ 4 X BBergG). Genehmigungsbehörden sind die beiden für den → Festlandsockel zuständigen → Bergbehörden (1) und das → Bundesamt für Seeschifffahrt und Hydrographie (Bereiche Gewässer und Luftraum).

Transitverkehr
Für → Gütertransport und → Personenbeförderung durch Deutschland hindurch (Durchgangsverkehr) gelten die dort den internationalen Verkehr abdeckenden Vorschriften. Im Bereich Straße kann § 53 PBefG Anwendung finden. Das → Seerechtsübereinkommen regelt für die Seefahrt den Transitverkehr; zB genießen alle Schiffe das Recht zur freien Durchfahrt des → Küstenmeeres, solange Ordnung und Sicherheit des Küstenstaates nicht beeinträchtigt werden (Art. 17 ff. Seerechtsübereinkommen). Sa → Durchfuhr.

Transparenz
(Finanzmärkte). Zur Erhöhung der Transparenz an den Finanzmärkten hat die Europäische Union seit der Umsetzung der RL → MiFID I umfangreiche Vorschriften erlas-

sen. So müssen die Betreiber von → regulierten Märkten, → multilateralen Handelssystemen und → organisierten Handelssystemen die aktuellen Geld- und Briefkurse und die Handelstiefe zu diesen Kursen veröffentlichen (Vorhandelstransparenz). Auch Preis, Volumen und Zeitpunkt getätigter Geschäfte sind zu publizieren (Nachhandelstransparenz). Grundlage hierfür ist die VO (EU) 600/2014 v. 15.5.2014 (ABl. EU 2014 L 173, 84) über Märkte für Finanzinstrumente (MiFIR). Anforderungen anderer Art enthält die VO (EU) 2015/2365 v. 25.11.2015 über die Transparenz von → Wertpapierfinanzierungsgeschäften. Die Gegenparteien solcher Geschäfte haben sie bis zum Ablauf des nächsten Arbeitstages einem Transaktionsregister zu melden. Einzelheiten zu diesen Registern enthalten die DurchführungsVO (EU) 2019/359–364 v. 13.12.2018 (ABl. EU 2019 L 81, 45–125). Siehe zum auf dem Geldwäschegesetz basierenden → Transparenzregister dort.

Transparenzgebot
→ Allgemeine Geschäftsbedingungen (4), → Firma (2a), → Verbrauchervertrag.

Transparenzgesetz
Das Hamburgische Transparenzgesetz (HmbTG) v. 19.6.2012 (GVBl. 2012, 271) mÄnd gibt ähnlich den → Informationsfreiheitsgesetzen jedem ein Recht, darüber aber noch hinausgehend hinsichtlich bestimmter Informationen auch noch ein ein Recht darauf, dass die Behörden bestimmte Informationen proaktiv veröffentlichen (§ 1 II HmbTG). Letzteres betrifft beschlossene Senatsdrucksachen, Mitteilungen des Senats an die Bürgerschaft als Landesparlament, in öffentlicher Sitzung gefasste Beschlüsse, Verträge der Daseinsvorsorge, Haushalts-, Stellen- und Geschäftsverteilungspläne, Verwaltungsvorschriften, Statistiken, Umweltmessungen, Baumkataster, Bauleitpläne, Baugenehmigungen, Subventionsvergaben und Unternehmensdaten städtischer Beteiligungen (§ 3 I iVm § 1 II HmbTG). Ähnliche Regelungen enthält das Landestransparenzgesetz des Landes Rheinland-Pfalz v. 27.11.2015 (GVBl. 2015, 383). Bremen verwendet zwar nicht den Begriff des Transparenzgesetzes schreibt aber ebenfalls eine proaktive Informationspflicht vor.

Transparenzregister
Das Transparenzregister basiert auf dem Gesetz über das Aufspüren von Gewinnen aus schweren Straftaten (Geldwäschegesetz, GwG) v. 23.6.2017 (BGBl. 2017 I 1822) mÄnd. Nach §§ 18 ff. GwG enthält das Transparenzregister Angaben zu den wirtschaftlich Berechtigten von Finanztransaktionen, von daran beteiligten Vereinigungen sowie von besonderen rechtlichen Gestaltungen, etwa Trusts. Zweck des Transparenzregisters ist die Bekämpfung von → Geldwäsche und → Terrorismusfinanzierung. Dazu auch: → Gewinnaufspürung und → Kreditinstitute, 3a).

Das Transparenzregister wird von der Bundesanzeiger Verlag GmbH als → beliehenem Unternehmer (Transparenzregisterbeleihungsverordnung (TBelV) v. 27.6.2017 (BGBl. 2017 I 1938 mÄnd)) elektronisch geführt und untersteht der Rechts- und Fachaufsicht des → Bundesverwaltungsamts. Die Einsichtnahme ist grds. „allen Mitgliedern der Öffentlichkeit" auf Antrag und nach Registrierung gestattet und richtet sich nach § 23 GwG sowie der Transparenzregistereinsichtnahmeverordnung (TrEinV) v. 16.3.2023 (BGBl. 2023 I Nr. 83). Gebühren werden nach der Transparenzregistergebührenverordnung (TrGebV) v. 8.1.2020 (BGBl. 2020 I 93 mÄnd) erhoben.

Transplantation
Die Transplantation nach dem Transplantationsgesetz (TPG) idF v. 4.9.2007 (BGBl. 2007 I 2206), das die Bereitschaft zur Organspende fördern soll, umfasst die Spende, Entnahme und Übertragung von menschlichen Organen – mit Ausnahme der Haut – und Geweben, zu denen auch Organteile und Gewebeteile sowie Knochenmark, embryonale und fötale Gewebe und Zellen gehören.

1. Die Organ- oder Gewebeentnahme durch einen Arzt ist bei einem toten Organ- oder Gewebespender nach §§ 3, 4 TPG zulässig, wenn der Organ- oder Gewebespender eingewilligt hatte, und sein → Tod, dessen Eintritt das TPG nicht bestimmt, festgestellt ist. Unzulässig ist die Organ- oder Gewebeentnahme vor Feststellung des Hirntodes (→ Tod) des Organ- oder Gewebespenders und bei einem Widerspruch des Organ- oder Gewebespenders. Fehlt eine Erklärung, ist die Zustimmung eines nächsten Angehörigen (Ehegatte, eingetragener Lebenspartner, bestimmte Verwandte 1. und 2. Grades) oder einer dem Organ- oder Gewebespender besonders verbundenen oder von ihm bestimmten Person erforderlich (sog. erweiterte Zustimmungslösung). Der mutmaßliche Wille des Organ- oder Gewebespenders ist zu beachten. Die Organ- oder Gewebeentnahme durch einen Arzt ist bei toten Embryonen oder Föten nur zulässig, wenn die Frau, die mit dem Embryo oder Fötus schwanger war, eingewilligt hat (§ 4a TPG).

2. Die Organ- oder Gewebeentnahme durch einen Arzt ist bei einem lebenden Organ- oder Gewebespender (Lebendspende) nach § 8 TPG zulässig, wenn der Organ- oder Gewebespender volljährig ist, nach Aufklärung eingewilligt hat und durch die Organ- oder Gewebeentnahme nicht gefährdet oder schwer beeinträchtigt wird, die Organ- oder Gewebeentnahme den Empfänger am Leben erhält oder dessen schwerwiegende Krankheit wenigstens lindert und im Fall der Organentnahme ein Organ eines toten Spenders nicht verfügbar ist. Eine Niere, der Teil einer Leber oder andere nicht regenerierungsfähige Organe dürfen nur zugunsten bestimmter Empfänger (Ehegatten, eingetragener Lebenspartner,

Verlobte, Verwandte 1. und 2. Grades und persönlich verbundene Personen) entnommen werden. Die Knochenmarkentnahme bei Minderjährigen und nicht einwilligungsfähigen Volljährigen, die Organ- oder Gewebeentnahme im Rahmen einer medizinischen Behandlung einschließlich der Gewinnung von Samenzellen für eine medizinisch unterstützte Befruchtung und die Organ- oder Gewebeentnahme zur Rückübertragung richten sich nach §§ 8a–8c TPG.

3. Herz, Niere, Leber, Lunge, Bauchspeicheldrüse und Darm sind vermittlungspflichtige Organe. Sie dürfen nur von Transplantations-Zentren, die Wartelisten aufzustellen haben, auf Grund der Entscheidung einer Vermittlungsstelle übertragen werden (§§ 9 ff. TPG). Die Krankenhäuser sind verpflichtet, den Hirntod möglicher Organspender, den Transplantations-Zentren mitzuteilen (§ 11 IV TPG).

4. Die Bevölkerung soll über die zuständigen Behörden, Krankenkassen und -versicherer über die Möglichkeit der Transplantation aufgeklärt und auf eine Erklärung zur Organ- und Gewebespende (Einwilligung, Widerspruch, Übertragung der Entscheidung auf einen Dritten) und den Ausweis hierfür (Organ- und Gewebespendeausweis) hingewiesen werden. Dazu sollen diese Stellen Organspendeausweise und Aufklärungsunterlagen bereithalten und der Bevölkerung zur Verfügung stellen. Krankenkassen und -versicherer haben diese Unterlagen ihren Versicherten zu übersenden und diese aufzufordern, eine Erklärung zur Organ- oder Gewebespende zu dokumentieren. Die Erklärungen werden auf Wunsch in einem Organ- und Gewebespenderegister gespeichert (§ 2 TPG).

5. Über das Verfahren der Transplantation iE enthält das TPG eingehende Regelungen und Datenschutzbestimmungen. Die medizinischen Daten der Transplantation werden im bundesweiten Transplantationsregister (§ 15a TPG) erfasst.

6. Organ- und Gewebehandel ist verboten und mit Strafe bedroht (§§ 17 f. TPG), auch eine Auslandstat, wenn der Täter Deutscher ist (§ 5 Nr. 15 StGB). Darunter fallen vor allem Handeltreiben, dh eine eigennützige, auf Umsatz gerichtete Tätigkeit, aber auch die damit verbundene Entnahme, Übertragung und Entgegennahme eines Organs. Strafbarkeit tritt auch ein bei unbefugter Organ- und Gewebeentnahme, wenn bestimmte gesetzliche Voraussetzungen fehlen (§ 19 TPG), zB die Einwilligung des verstorbenen Organ- und Gewebespenders. § 19 TPG geht in diesem Fall § 168 StGB vor.

Auf den sog. Organspendeskandal nach 2011 hat der Gesetzgeber mit Änderungen im TPG regiert (BGBl. 2013 I 2423, 2429). Dort wurde die unrichtige Erhebung, Dokumentation und Übermittlung zur Wartelistenführung für Transplantationen erforderlicher Angaben verboten und Verstöße unter Strafe gestellt (§ 10 III TPG, § 19 IIa TPG). Für die Richtlinien der Bundesärztekammer wurde eine Begründungspflicht und ein Genehmigungsvorbehalt des BMG geschaffen (§ 16 II, III TPG). Im Rahmen der strafrechtlichen Aufarbeitung hat der BGH entschieden, dass ein Arzt, der Krankenakten seiner Patienten derart manipuliert, dass diese auf der Warteliste nach oben rücken und bevorzugt Spenderlebern erhalten, nicht wegen versuchten Totschlags strafbar ist, da es am erforderlichen Vorsatz fehlt, mit der Manipulation tatsächlich andere Menschen zu töten (BGH NJW 2017, 3249).

7. Die Zuständigkeiten sind in landesrechtlichen Ausführungsvorschriften zum TPG geregelt (vgl. zB Bayer. Gesetz zur Ausführung des TransplantationsG und des TransfusionsG v. 24.11.1999, GVBl. 1999, 464).

8. Zur Transplantation bei Tieren s. § 6 I TierschutzG.

Transportbehälter für Lebensmittel
Die hygienischen Anforderungen an Transportbehälter für → Lebensmittel regelt insbes. Art. 4 II VO (EG) 852/2004, s. → Lebensmittel- und Futtermittelhygiene und → Bedarfsgegenstände.

Transportfunktion
Transportfunktion ist bei einem → Indossament die Wirkung, dass es die Rechte aus dem Orderpapier überträgt (vgl. Art. 14 I WG, Art. 17 I ScheckG).

Transportgefährdung
Transportgefährdung, dh Gefährdung des Schienenbahn-, Schwebebahn-, Schiffs- oder Luftverkehrs, ist in den §§ 315, 315a StGB unter Strafe gestellt (für die → Straßenverkehrsgefährdung gelten entsprechende Vorschriften in den §§ 315b, c StGB).

Gefährliche Eingriffe in den Bahn-, Schiffs- oder Luftverkehr werden, wenn dadurch Leib oder Leben eines anderen oder fremde Sachen von bedeutendem Wert konkret gefährdet werden, mit Freiheitsstrafe von 6 Mon. bis zu 10 Jahren, in qualifizierten Fällen (zB bei Absicht, einen Unglücksfall herbeizuführen, oder Verursachung einer schweren Gesundheitsschädigung eines anderen) mit Freiheitsstrafe nicht unter 1 Jahr, in minder schweren Fällen oder bei Fahrlässigkeit mit geringerer Freiheits- oder Geldstrafe geahndet (§ 315 StGB). Gefährliche Eingriffe sind insbes.: das Zerstören, Beschädigen oder Beseitigen von Anlagen oder Beförderungsmitteln, das Bereiten von Hindernissen, falsche Zeichen oder Signale. Wegen Gefährdung durch grob verkehrswidriges Verhalten wird mit Freiheitsstrafe bis zu 5 Jahren (bei Fahrlässigkeit bis zu 2 Jahren) oder Geldstrafe bestraft (§ 315a StGB), wer ein Schienenbahn-, Schwebebahn- oder Luftfahrzeug oder ein Schiff führt, obwohl er zur sicheren Führung infolge Genusses alkoholischer Getränke oder anderer berauschender Mittel oder wegen geistiger oder körperlicher

Mängel nicht in der Lage ist, ebenso wer als Führer eines solchen Fahrzeugs oder für die Sicherheit sonst Verantwortlicher einen groben Verstoß gegen Sicherheitsvorschriften begeht, zB gegen die Eisenbahn-Bau- und Betriebsordnung. Auch hier wird konkrete Gefährdung eines anderen oder bedeutender fremder Sachwerte vorausgesetzt (konkretes → Gefährdungsdelikt). Fehlt es hieran, wird die (folgenlose) Trunkenheit des Fahrzeugführers mit Freiheitsstrafe bis zu 1 Jahr oder Geldstrafe bestraft (§ 316 StGB). Zu den Schienenbahnen im Sinne der §§ 315, 315a StGB gehören alle, die nicht am Straßenverkehr teilnehmen, vielmehr einen eigenen Bahnkörper benutzen (auch Straßenbahnen); andernfalls gelten die Bestimmungen über → Straßenverkehrsgefährdung (§ 315d StGB). Sa → Betriebssabotage, → Zerstörung wichtiger Arbeitsmittel.

Transportgefahr
→ Versendungskauf.

Transportrecht
umfasst das Recht des → Gütertransportes (sa → Frachtvertrag, → Beförderung gefährlicher Güter), nicht das Recht der → Personenbeförderung.

Transportrisiko
→ Gefahrtragung, → Versendungskauf.

Transportversicherung
Die Transportversicherung ist eine → Schadensversicherung. Durch sie werden Güter gegen die Gefahren der Beförderung zu Land oder auf Binnengewässern (sonst → Seeversicherung) sowie Schiffe gegen die Gefahren der Binnenschifffahrt versichert. Auch die Speditionsversicherung für vom Spediteur verursachte Schäden (geregelt in den Allgemeinen Deutschen Spediteurbedingungen, → Speditionsvertrag) ist eine Transportversicherung.

Für die Transportversicherung gelten über die allg. Bestimmungen hinaus (→ Versicherungsvertrag) Sonderbestimmungen nach §§ 130 ff. VVG; sa Allgemeine → Versicherungsbedingungen. Danach trägt der Versicherer alle Gefahren, denen die Güter oder das Schiff während der Dauer der Transportversicherung ausgesetzt sind; die Transportversicherung umfasst idR auch die Beiträge zur großen → Haverei (§ 130 VVG). Der Versicherungsnehmer darf zwar die Gefahr erhöhen, muss aber die gefahrerhöhenden Umstände unverzüglich dem Versicherer anzeigen; sonst wird dieser von seiner Leistungspflicht befreit (§ 132 VVG). Bei vertragswidriger Beförderung (anderes Beförderungsmittel oder Transportweg und -art) wird der Versicherer grds. ebenfalls von seiner Leistungspflicht frei (§ 133 VVG). Die Versicherung deckt idR nur den Substanzschaden sowie die Aufwendungen zur Abwendung oder Minderung des Schadens und die Kosten für die Schadensfeststellung (§ 135 VVG), nicht aber, sofern keine anderweitige Vereinbarung getroffen ist, zB einen entgangenen Gewinn. Als Versicherungswert gilt der gemeine Handelswert (§ 136 VVG). Der Versicherer ist nicht zur Leistung verpflichtet, wenn der Versicherungsnehmer den → Versicherungsfall vorsätzlich oder grob fahrlässig herbeiführt; das Verhalten der Schiffsbesatzung hat dieser allerdings nicht zu vertreten (§ 137 VVG). Bei der Schiffsversicherung ist der Versicherer nicht zum Ersatz eines Schadens verpflichtet, der aus einem ungenügenden Zustand des Schiffs bzw. seiner Ausrüstung oder personellen Ausstattung resultiert (§ 138 VVG). Der Versicherer kann sich durch Zahlen der vereinbarten Versicherungssumme von allen weiteren Verbindlichkeiten befreien (§ 141 VVG).

Transportvertrag
→ Frachtvertrag.

Transsexualität
als Folge der Empfindung, dem anderen Geschlecht anzugehören (Transgeschlechtlichkeit), berechtigt nach dem → Selbstbestimmungsgesetz (SBGG v. 19.6.2024, BGBl. 2024 I 206) mit Wirkung ab 1.11.2024 zur Änderung des Vornamens und der Geschlechtsbezeichnung im Geburtenregister durch eine qualifizierte Erklärung. Daneben ist auch die Streichung des Geschlechtseintrags möglich. Weitere Voraussetzungen, die in dem TranssexuellenG (v. 10.9.1980, BGBl. 1980 I 1654 mÄnd) enthalten waren, bestehen mit der Aufhebung des TranssexuellenG durch das SBGG nicht mehr.

Die Kosten einer notwendigen → geschlechtsanpassenden Operation sind gem. §§ 27 ff. SGB V zu ersetzen. Wird eine geschlechtsanpassende Operation durchgeführt, sind danach im Rentenrecht die Vorschriften anzuwenden, die auf das neue Geschlecht anzuwenden wären (zB Altersrente für Frauen, § 237a SGB VI iVm § 12 TSG).

Die Durchführung einer geschlechtsangleichenden Operation stellt für sich genommen keine eigenständige Funktionseinschränkung mit Auswirkungen auf den GdB dar. Eine Erhöhung des GdB allein wegen der geschlechtsangleichenden Operation ist nicht möglich (LSG Baden-Württemberg v. 23.7.2010 – L 8 SB 3543/09).

Trassiert-eigener Wechsel
Ein trassiert-eigener Wechsel ist ein gezogener → Wechsel, den der Aussteller auf sich selbst zieht. Das ist zulässig (Art. 3 II WG). Der trassiert-eigene Wechsel kommt in der Wirkung dem → Solawechsel nahe.

Tratte
Die Tratte ist ein gezogener → Wechsel. Sie ist der gesetzliche Regelfall eines Wechsels (Art. 1 WG). In diesem Fall wird der Wechsel vom → Aussteller auf den Namen dessen gezogen, der bezahlen soll (→ Bezogener). Notwendige Bestandteile der Tratte sind nach Art. 1 WG: Wechselbezeichnung, Zahlungs-

anweisung, Bezogener, Verfallzeit, Zahlungsort, → Remittent, Ausstellungstag und -ort, Unterschrift. Der Mindestinhalt lautet zB: „München, den 1. April 2019. Gegen diesen Wechsel zahlen Sie an (Name des → Remittenten) am 1. Juli 2019 in München eintausend Euro." Name des → Bezogenen und Unterschrift des → Ausstellers.

Trauung
→ Eheschließung.

Trauzeuge
→ Eheschließung.

Travellerscheck
ist eine besondere Form der → Anweisung, die im internationalen Reiseverkehr gebräuchlich ist. Dem Inhaber des Travellerschecks wird von der angewiesenen Stelle (meistens eine Bank) gegen Vorlage seines Reisepasses und Übergabe des Travellerschecks der darin bezeichnete Geldbetrag ausbezahlt. Der Travellerscheck gewährt daher Sicherheit vor Diebstahl und Verlust von Zahlungsmitteln. Zur Fälschung von Travellerschecks → Geld- und Wertzeichenfälschung.

Treiben von Vieh
→ Tiere im Straßenverkehr.

Treibhausgase
Treibhausgase sind gasförmige Stoffe, die Energie, insbes. in Form von Infrarotstrahlung, also Wärme, aufnehmen, die vom Erdboden reflektiert wird und ohne die Anwesenheit dieser Stoffe ins Weltall zurückstrahlen würde. Die Treibhausgase speichern somit Wärme. Bekanntestes Beispiel ist Kohlendioxid, andere Treibhausgase nennt die Definition des § 2 Nr. 1 KSG. Im Rahmen des internationalen, europäischen und nationalen → Klimaschutzes wird angestrebt, die Treibhausgase erheblich zurückzuführen bzw. vollständig zu neutralisieren, wie auf EU-Ebene im → European Green Deal bis 2050 angestrebt. S. auch Europäische → Energieunion, für die internationale Ebene → Pariser Klimaabkommen, für Deutschland den → Klimapakt von 2019.

Treibhausgasminderungs-Quote
1. Wer fossile Otto- oder Dieselkraftstoffe in Verkehr bringt, muss nach §§ 37a–37h BImSchG (→ Immissionsschutzrecht) die darauf entfallenden Treibhausgasemissionen jedes Jahr verringern. Dies geschieht vor allem dadurch, dass fossile Kraftstoffe schrittweise durch → alternative Kraftstoffe aus erneuerbaren Energien ersetzt werden. Dadurch sollen die Treibhausgasemissionen im Sektor Verkehr (Schiene, Straße) verringert werden. Einzelheiten regeln die 36. BImSchV, die 37. BImSchV (→ strombasierte Kraftstoffe) und die 38. BImSchV. → Klimaschutz.

2. Die Reduzierungsschritte sind in § 37a IV BImSchG enthalten. Sie betrugen 6% im Jahr 2020 und sollen 25% im Jahr 2030 erreichen. Diese prozentualen Reduzierungsschritte nennt man Treibhausgasminderungs-Quote. Ausgangspunkt für ihre Berechnung ist ein für jeden Verkäufer von Kraftstoffen individuell festzulegender Referenzwert. Verkäufer von Kraftstoffen können ihrer Verpflichtung zur Treibhausgasminderung auch dadurch nachkommen, dass sie sich in Straßenfahrzeugen verwendeten elektrischen Strom anrechnen lassen. Sie zahlen den Haltern von Elektrofahrzeugen einen jährlichen Betrag und können sich dann deren Stromverbrauch für ihre Treibhausgasminderungs-Quote gutschreiben lassen. Im Prinzip erwerben sie damit Treibhausgasminderungs-Quoten.

Treibjagd
Treibjagd, dh eine Jagd, an der außer Schützen auch Treiber teilnehmen, die das Wild aufscheuchen und in eine bestimmte Richtung lenken, ist bei Mondschein (§ 19 I Nr. 3 BJagdG), auf Waldschnepfen im Frühjahr (§ 19 I Nr. 14 BJagdG) sowie auf Feldern mit reifender Halm- oder Samenfrucht oder mit Tabak (§ 33 I BJagdG) verboten. Verstöße werden als Ordnungswidrigkeit geahndet (§ 39 I Nr. 5 und 8 BJagdG). Sa → Jagdbeschränkungen.

Trennung der Ehegatten
→ Getrenntleben der Ehegatten.

Trennung der Gewalten
→ Gewaltentrennung.

Trennung von Bett, Tisch und Wohnung
Nach kath. Kirchenrecht (can. 1141 CIC) kann eine Ehe unter Christen, sobald sie durch ehelichen Verkehr vollzogen ist, nicht mehr gelöst werden (s. aber → Privilegium Paulinum). Doch ist eine dauernde Aufhebung der → ehelichen Lebensgemeinschaft – ohne Lösung des ehelichen Bandes – möglich, wenn ein Ehegatte sich eines Ehebruchs schuldig gemacht hat, es sei denn, dass der andere Ehegatte seine Zustimmung dazu gegeben, ihn verursacht, ihn vergeben oder selbst Ehebruch begangen hat. Wenn der unschuldige Teil von sich aus das eheliche Zusammenleben aufgehoben hat, soll er innerhalb von sechs Monaten der zuständigen kirchlichen Autorität den Trennungsgrund mitteilen. Daneben besteht noch die Möglichkeit einer zeitweiligen Aufhebung der ehelichen Lebensgemeinschaft, insbes. wenn der Ehegatte sich einer nichtkatholischen Sekte anschließt, seinen Nachkommen nicht katholisch erzieht, ein verbrecherisches Leben führt, uam. S. → Ehescheidung (1).

Trennung von Staat und Kirche
Der Grundsatz der Trennung von Staat und Kirche steht im Gegensatz zum System der → Staatskirche, die durch die organisatorische Einheit von Staat und Kirche gekennzeichnet ist, aber auch schon zur Einführung einer Staatsreligion. In Deutschland ist durch die Verweisung des Art. 140 GG auf Art. 137 WV („Es besteht keine Staatskirche") die Trennung von Staat und Kirche verfassungsmäßig verankert. Es wird keine Religion und kein

Bekenntnis vom Staat privilegiert; nach Art. 4 GG ist die → Glaubens-, Gewissens- und → Bekenntnisfreiheit allgemein gewährleistet. Der Staat garantiert die Freiheit der Vereinigung zu → Religionsgesellschaften und deren Recht der Selbstverwaltung im Rahmen der allgemeinen Gesetze. Die rechtliche Regelung der Beziehungen zwischen Kirchen und Staat durch → Konkordate und → Kirchenverträge (→ Staatskirchenrecht) steht der Trennung von Staat und Kirche nicht entgegen. Die Verpflichtung zu den auf Gesetz, Vertrag oder besonderen Rechtstiteln begründeten Staatsleistungen an die Religionsgesellschaften bleibt so bis heute wirksam, wenngleich ihre Ablösung durch Landesgesetz vorgesehen ist. Ferner sind die Religionsgesellschaften verfassungsmäßig ermächtigt, gemäß den landesrechtlichen Bestimmungen Steuern zu erheben; diese werden weitgehend durch den Staat eingezogen (→ Kirchensteuer).

Trennung von Verfahren
→ Verbindung von Verfahren.

Trennungsgeld (Trennungsentschädigung)
für Beamte → Umzugskosten; im Arbeitsrecht → Auslösungen.

Trennungsjahr
→ Ehescheidung 2.

Trennungsunterhalt
1. Bei einem → Getrenntleben der Ehegatten richtet sich ein etwaiger Unterhaltsanspruch nach den Lebens-, Erwerbs- und Vermögensverhältnissen der Ehegatten (§ 1361 BGB). Der laufende Unterhalt ist in Form einer monatlich im Voraus zu entrichtenden Geldrente zu erbringen.

2. Zur Bemessung der Höhe des Unterhalts werden sämtliche → bereinigte Einkünfte und der → Wohnwert der Ehegatten aufaddiert (Additionsmethode). Erwerbseinkommen werden dabei um einen Erwerbstätigenbonus von 1/10 gekürzt. Der so ermittelte Gesamtbedarf wird hälftig (→ Halbteilungsgrundsatz) auf die beiden Ehegatten verteilt (Einzel- oder Unterhaltsbedarf). Für den Zahlbetrag des Unterhalts wird das Eigeneinkommen des Unterhaltsberechtigten auf den Unterhaltsbedarf angerechnet.

Beispiel: Ehegatte 1 hat ein bereinigtes Einkommen von 3.000 EUR, Ehegatte 2 von 2.000 EUR. Der Gesamtbedarf beträgt addiert (1/10x 3.000 + 1/10 2.000) 4.500 EUR, der hälftige Einzelbedarf 2.250 EUR. Diesen deckt Ehegatte 2 zu (1/20 x 2.000) 1.800 EUR selbst. Sein Unterhaltsanspruch beträgt (2.250–1.800) 450 EUR. Nach einigen → Leitlinien der Oberlandesgerichte kann verkürzt nach der Differenzmethode gerechnet werden. Es wird die Differenz der jeweiligen Einkommen ermittelt. Der Zahlbetrag ist für Erwerbseinkommen 45% der Differenz, in dem Beispiel 45% x (3.000 - 2.000). Die Bemessung des Unterhaltsanspruchs mit 3/7 der Differenz ist nicht mehr gebräuchlich.

3. Der in der Ehe nicht erwerbstätige Ehegatte kann nur dann darauf verwiesen werden, seinen Unterhalt durch eine Erwerbstätigkeit selbst zu verdienen (Erwerbsobliegenheit), wenn dies von ihm nach seinen persönlichen Verhältnissen, insbes. wegen einer früheren Erwerbstätigkeit, unter Berücksichtigung der Dauer der Ehe und nach den wirtschaftlichen Verhältnissen beider Ehegatten erwartet werden kann. Während des Trennungsjahres (s. → Ehescheidung 2.) und wegen der notwendigen Betreuung von Kindern besteht keine Erwerbsobliegenheit. Eine nach der Trennung aufgenommene Erwerbstätigkeit ist bei der Bemessung des Unterhalts so zu berücksichtigen, als hätte sie schon während des Zusammenlebens bestanden, sie ist Surrogat der früheren Haushaltsführung.

4. Ab Rechtshängigkeit des → Scheidungsverfahrens hat der Verpflichtete auch die Kosten einer angemessenen Versicherung für den Fall des Alters sowie der Berufs- oder Erwerbsunfähigkeit zu tragen (§ 1361 I 2 BGB; sog. Vorsorgeunterhalt). Die Bedürftigkeit kann für Elementar- und Vorsorgeunterhalt nur einheitlich beurteilt werden.

Zu dem Unterhaltsanspruch im Übrigen → Unterhaltspflicht der Ehegatten.

Treu und Glauben
Alle → Schuldverhältnisse stehen unter dem beherrschenden Grundsatz von Treu und Glauben. Dieser gilt zunächst für die → Auslegung von Verträgen (§ 157 BGB). Ferner ist der → Schuldner verpflichtet, die Leistung so zu bewirken, wie Treu und Glauben mit Rücksicht auf die Verkehrssitte es erfordern (§ 242 BGB). Dieser Grundsatz verbietet nicht nur, dass die Leistung in unzumutbarer Weise erbracht wird (zB zur Nachtzeit), sondern schützt auch das Vertrauen des anderen Beteiligten an einen redlichen Geschäftsverkehr, indem er jede missbräuchliche Rechtsausübung untersagt. Die Berufung auf Treu und Glauben bedarf keiner → Einrede des anderen Teils (früher Einrede der Arglist, exceptio doli), sondern bringt eine echte Begrenzung des Anspruchsinhalts mit sich, die über die sonstigen Vorschriften (zB Verbot der → Sittenwidrigkeit und der → Schikane) hinausgeht. So darf der Schuldner zB nicht zur Unzeit leisten; → Dauerschuldverhältnisse unterliegen der Anpassung an veränderte Gegebenheiten (→ Geschäftsgrundlage); neben der Leistung hat der Schuldner alles zu unterlassen, was den Eintritt des Erfolgs verhindern könnte (zB → Wettbewerbsverbot) usw. Aus Treu und Glauben ergeben sich ferner Nebenpflichten (→ Auskunft, → Verwahrung) und möglicherweise Inhaltsänderungen der geschuldeten Leistung.

Darüber hinaus ist jede Rechtsausübung unzulässig, die gegen das frühere eigene Verhalten verstößt (sog. venire contra factum proprium): So kann sich nicht auf einen Formmangel des abgeschlossenen Rechtsgeschäfts oder auf den Eintritt der → Verjährung berufen, wer den anderen, wenn auch schuldlos, über den Eintritt der hierfür maßgeblichen Umstände im Unklaren gelassen hat. Schließlich kann nach Treu und Glauben eine Leistung nicht verlangt werden, die aus einem anderen Rechtsgrund sofort wieder zurückgegeben werden müsste (dolo agit, qui petit, quod statim redditurus est). Wegen seiner überragenden Bedeutung gilt der Grundsatz von Treu und Glauben nicht nur im Schuldrecht, sondern im gesamten Privatrecht (zB im Arbeitsrecht), aber auch im gesamten öffentlichen Recht und im Verfahrensrecht (zB ist die Fortführung eines Prozesses unzulässig, wenn außergerichtlich Klagerücknahme zugesagt wurde). Besondere Ausdrucksformen des Grundsatzes von Treu und Glauben sind die → Verwirkung, die → Durchgriffshaftung und der Wegfall der → Geschäftsgrundlage.

Treubruch
→ Untreue.

Treuepflicht
Die Treuepflicht des → Arbeitnehmers besteht auf Grund des → Arbeitsverhältnisses; sie entspricht der → Fürsorgepflicht des → Arbeitgebers. Allgemeiner Inhalt der Treuepflicht ist, dass der Arbeitnehmer verpflichtet ist, die Interessen des Arbeitgebers wahrzunehmen und alles zu unterlassen, was diese Interessen schädigen könnte. Ihre Grenze findet die Treuepflicht, wo die gerechtfertigten Interessen des Arbeitnehmers entgegenstehen (insbes. bei der Erhöhung des → Arbeitslohns). Spezielle gesetzliche Ausprägungen der Treuepflicht sind das → Wettbewerbsverbot, die Verschwiegenheitspflicht in Bezug auf → Betriebsgeheimnisse und das Verbot, sog. Schmiergelder anzunehmen (→ Angestelltenbestechung). Die Treuepflicht besteht auch noch im → Ruhestandsverhältnis. Bei Handels- ua Gesellschaften besteht eine unterschiedliche Treuepflicht der Gesellschafter; sie ist bei → Personengesellschaften stärker ausgeprägt als bei → Kapitalgesellschaften. Sa → Treueverhältnis.

Treueverhältnis
des Beamten, des Soldaten → Beamtenverhältnis, → Radikale im öffentl. Dienst, → Wehrdienstverhältnis; sa → Treuepflicht des Arbeitnehmers.

treuga dei
→ Gottesfriede.

Treugeber
→ Treuhandeigentum.

Treuhänder
→ Treuhandeigentum, → Verbraucherinsolvenzverfahren (aE).

Treuhänderische Rechtsstellung
→ Treuhandeigentum.

Treuhand
→ Treuhandeigentum.

Treuhandanstalt
1. Durch das Treuhandgesetz der früheren DDR v. 17. Juni 1990 (GBl. 1990 I 300) mÄnd wurde die Privatisierung des gesamten volkseigenen Vermögens angeordnet. Mit der Durchführung wurde die Treuhandanstalt beauftragt. Die Treuhandanstalt war Anstalt des öffentlichen Rechts. Die Treuhandanstalt verwirklichte ihre Aufgaben in dezentraler Organisationsstruktur über Treuhand-Aktiengesellschaften. Die Beteiligungen der Treuhandanstalt wurden diesen Treuhand-Aktiengesellschaften übertragen. Aufgaben waren die Privatisierung durch Veräußerung, die Sicherung der Wettbewerbsfähigkeit der Unternehmen und die Liquidation nicht wettbewerbsfähiger Unternehmen. Die Zielsetzungen sozialer Marktwirtschaft waren dabei zu beachten.

2. Die Treuhandanstalt hat ihre Tätigkeit unter diesem Namen zum 31.12.1994 beendet. Aufgrund der Ermächtigungen in §§ 23a, 23b TreuhG sind folgende Rechtsverordnungen ergangen: TreuhandanstaltumbenennungsVO vom 20.12.1994 (BGBl. 1994 I 3913), TreuhandunternehmenübertragungsVO vom 20.12.1994 (BGBl. 1994 I 3910) und die TreuhandliegenschaftsübertragungsVO vom 20.12.1994 (BGBl. 1994 I 3908, jeweils mÄnd). Danach wurden die Aufgaben der T. von folgenden Einrichtungen wahrgenommen: a) Bundesanstalt für vereinigungsbedingte Sonderaufgaben (BVS), die mit der Treuhandanstalt rechtlich identisch ist; sie führt deren Tätigkeit insbes. in den Bereichen Liquidation, Reprivatisierung und hoheitliche Befugnisse (zB Investitionsvorrangverfahren, Vermögenszuordnungsverfahren, Grundstücksverkehrsgenehmigungen) fort; die BVS befindet sich seit 1.1.2004 in Abwicklung (vgl. Gesetz v. 28.10.2003, BGBl. 2003 I 2081). Präsident und Verwaltungsrat wurden am 20.11.2003 verabschiedet. Die verbleibenden Aufgaben nahm ein Abwickler wahr. b) Treuhandliegenschaftsgesellschaft m. b. H. (TLG) als bundesunmittelbare GmbH; c) Bodenverwertungs- und -verwaltungsgesellschaft m. b. H. (BVVG), die für Verpachtung und Privatisierung von Grundstücken der Land- und Forstwirtschaft zuständig ist. Die BVVG wurde bereits durch das Treuhandgesetz v. 1./7.6.1990 (s. o. Ziffer 1) errichtet.

Treuhandeigentum
ist ein → Eigentum, das nach außen dem Treuhänder (Treunehmer) die volle Rechtsstellung eines Eigentümers verleiht, im Innenverhältnis (zum sog. Treugeber) jedoch mehr oder weniger starken Beschränkungen unterworfen ist. Entsprechendes gilt für die Inhaberschaft an sonstigen → subjektiven Rechten und Forderungen. Der Treuhänder kann also nach außen über das Eigentum und sonstige Rechte oder Forderungen im

eigenen Namen als Berechtigter verfügen (zB Weiterübertragung der Sache, Einziehung der Forderung ua), macht sich uU jedoch dem Treugeber gegenüber schadensersatzpflichtig (→ positive Vertragsverletzung), wenn er von dem ihm nur treuhänderisch (fiduziarisch) übertragenen Recht einen Gebrauch macht, der dem Vertrag zwischen Treuhänder und Treugeber nicht entspricht. Zu unterscheiden von der treuhänderischen – dh nach außen voll wirksamen – Übertragung des Rechts ist die bloße → Vollmacht (Berechtigung zum Handeln im fremden Namen) und die → Ermächtigung (Berechtigung zum Handeln im eigenen Namen, aber für fremde Rechnung; hier wird nicht das Recht, sondern nur dessen Ausübung übertragen, → Einziehungsermächtigung, → Prozessstandschaft). Bei nach außen verdecktem Treuhandverhältnis ist der Treuhänder oftmals nur → Strohmann.

Man unterscheidet die offene (offengelegte) und die verdeckte Treuhand, ferner die uneigennützige (sog. Verwaltungs-)Treuhand – zB Verwaltung eines Unternehmens für einen Dritten im eigenen Namen, aber im Interesse des Dritten – und die eigennützige (sog. Sicherungs-)Treuhand. Der wichtigste Fall der eigennützigen Treuhand ist die → Sicherungsübereignung. Bei der uneigennützigen Verwaltungstreuhand gehört das Treuhandeigentum wirtschaftlich noch dem Treugeber; dieser hat daher bei Pfändungen durch Gläubiger des Treuhänders die Möglichkeit der → Drittwiderspruchsklage (§ 771 ZPO) und bei Insolvenz des Treuhänders ein Recht auf → Aussonderung (§ 47 InsO). Bei der eigennützigen Treuhand (Sicherungsübereignung) hat der Treuhänder gegenüber Eingriffen von Gläubigern des Treugebers – dh seines Schuldners – als nach außen vollberechtigter Eigentümer gleichfalls die Möglichkeit der Drittwiderspruchsklage (hM, sehr str.; nach aA nur das Recht auf vorzugsweise Befriedigung nach § 805 ZPO), bei Insolvenz des Treugebers dagegen kein Aussonderungsrecht, sondern nur ein Recht auf → Absonderung (§ 51 Nr. 1 InsO), da ein Treuhandeigentum wirtschaftlich einem bloßen Pfandrecht gleichsteht. Nach Beendigung des Treuhandverhältnisses, zB Bezahlung der gesicherten Forderung, ist der Treuhänder zur Rückübertragung des Treuhandeigentums verpflichtet; automatisch fällt das Eigentum nur dann auf den Treugeber zurück, wenn – was besonders vereinbart werden muss (bestr. für den Fall, dass eine zu sichernde Forderung gar nicht bestand) – die treuhänderische Übertragung unter der auflösenden → Bedingung der Erledigung des Sicherungszwecks stand. Sa → Rechtsgeschäft (2i) sowie über Zurechnung im Steuerrecht § 39 II Nr. 1 AO, § 159 AO. Zur steuerlichen Behandlung von Treuhandverhältnissen bei Einkünften aus Vermietung und Verpachtung, s. BMF BStBl. I 1994, 604.

Treuhandgebiete
Art. 75–91 der Satzung der → Vereinten Nationen unterstellten die noch bestehenden → Mandatsgebiete der sog. Treuhandverwaltung. Die Aufsicht über die verwaltende Macht führt nunmehr die Vollversammlung der Vereinten Nationen, unterstützt durch den sog. Treuhandrat, dem die ständigen Mitglieder des → Sicherheitsrats, Vertreter des die Treuhand ausübenden Staates und weitere von der Vollversammlung gewählte Mitglieder angehören. Unterschiede zwischen Mandats- und Treuhandsystem liegen ua darin, dass die Treuhandgebiete nicht wie die Mandatsgebiete neutralisiert sind (→ Neutralität). Inzwischen erlangten alle Treuhandgebiete ihre Unabhängigkeit.

Treuhandgeschäfte
→ Rechtsgeschäft (2i), → Treuhandeigentum.

Treuhandindossament
→ Indossament.

Treuhandrat
→ Treuhandgebiete.

Treunehmer
→ Treuhandeigentum.

Triage
1. Allgemein: Mit dem aus der französischen Sprache stammenden Begriff (le triage = Auswahl, Sortierung) wird im Bereich der Medizin ein System der Priorisierung von Patienten bezeichnet. Es kommt zum Einsatz, um eine Reihenfolge für die - insbes. lebensrettende - ärztliche Versorgung zu bestimmen, wenn ein Anfall von Patienten die vorhandenen Behandlungskapazitäten in zeitlicher oder sonstiger Hinsicht übersteigt. Dabei lassen sich die Situationen der sog. Ex-ante-Triage und der Ex-post-Triage unterscheiden (hierzu Merkel/Augsberg JZ 2020, 704; Hilgendorf JZ 2022, 153):

In der Konstellation der Ex-ante-Triage wurde noch keine Zuteilung vorgenommen: Benötigen zB zwei Patienten eine Sauerstoffbehandlung, ist aber nur ein Beatmungsgerät verfügbar, so muss entschieden werden, wer (zuerst) durch das Gerät versorgt wird. Gegenüber dem nachrangig eingestuften Patienten muss der Arzt seine aus → Garantenstellung (→ Unterlassungsdelikt) oder § 323c I StGB (→ Hilfeleistung, unterlassene) folgende Hilfspflicht vernachlässigen. Für die damit regelmäßig aufgeworfene Frage der Strafbarkeit entscheidend ist der Rechtfertigungsgrund der → rechtfertigenden Pflichtenkollision. Für sie gilt allgemein: Sind die bedrohten Rechtsgüter gleichwertig und unterliegen sie einer gleich großen Gefahr, so hängt die Rechtfertigung regelmäßig nicht von der Auswahl unter den Gütern und den dabei angewandten Kriterien ab, die der Verpflichtete trifft. Dieser kann vielmehr frei über seine Priorität entscheiden und ist schon dann gerechtfertigt, wenn er das ihm Mögliche zur Rettung unternimmt.

Nachdem sich hinsichtlich der Rechtsgüter aber eine Abwägung Leben gegen Leben verbietet (→ Notstand 1a), zielen die für eine Triage von ärztlicher Seite entwickelten Richtlinien darauf ab, die Reihenfolge anhand des Ausmaßes und der Dringlichkeit der einem Patienten drohenden Gefahr festzulegen und Maßstäbe für deren Bemessung vorzugeben. Zulässig sein dürfte es zudem, auch die Größe der jeweils bestehenden Rettungschance in die Priorisierung einzubeziehen.

Bei der Ex-post-Triage wird die Situation einer bereits an einen ersten Patienten zugeteilten Behandlungsressource betrachtet, in der ein neu eintreffender, zweiter Notfall-Patient nur versorgt werden könnte, wenn hierfür die Behandlung des ersten Patienten abgebrochen wird. Hierzu müsste also aktiv in eine bereits gesicherte Position des ersten Patienten eingegriffen werden. Im Unterschied zur rechtfertigenden Pflichtenkollision konkurrieren damit nicht zwei Handlungspflichten, sondern eine Handlungspflicht (zugunsten des zweiten Patienten) und eine Unterlassenspflicht (zugunsten des ersten Patienten). Die Ex-post-Triage bildet damit einen Fall des Notstands, bei dem das Verbot der Abwägung Leben gegen Leben greift. Allgemein wird daher davon ausgegangen, dass ein Wechsel einer bereits vorgenommenen Zuteilung rechtswidrig ist.

2. Gesetzliche Regelung: Das BVerfG hat dem Gesetzgeber mit einer - wohl allein auf die Ex-ante-Triage zielenden - Entscheidung aufgegeben, Vorkehrungen zu treffen, damit niemand wegen einer Behinderung bei der Zuteilung überlebenswichtiger, nicht für alle zur Verfügung stehender intensivmedizinischer Ressourcen benachteiligt wird (BVerfG B. v. 16.12.2021 – 1 BvR 1541/20, NJW 2022, 380). Der Gesetzgeber ist dem nachgekommen: Durch G. v. 8.12.2022 (BGBl. 2022 I 2235) wurde mit Wirkung ab 14.12.2022 in das Infektionsschutzgesetz (IfSG) ein neuer § 5c eingefügt, der das zu beachtende Verfahren bei der ärztlichen Zuteilung überlebenswichtiger intensivmedizinischer Behandlungskapazitäten regelt, welche aufgrund einer übertragbaren Krankheit nicht ausreichend vorhandenen sind. Bei dieser Zuteilung darf niemand wegen einer Behinderung, des Grades der Gebrechlichkeit, des Alters, der ethnischen Herkunft, der Religion oder Weltanschauung, des Geschlechts oder der sexuellen Orientierung benachteiligt werden (§ 5c I IfSG). Vielmehr darf die Zuteilungsentscheidung nur aufgrund der aktuellen und kurzfristigen Überlebenswahrscheinlichkeit der betroffenen Patientinnen und Patienten getroffen werden, wobei Komorbiditäten nur berücksichtigt werden dürfen, soweit sie aufgrund ihrer Schwere oder Kombination die auf die aktuelle Krankheit bezogene kurzfristige Überlebenswahrscheinlichkeit erheblich verringern (§ 5c II 1, 2 IfSG). Bereits zugeteilte überlebenswichtige intensivmedizinische Behandlungskapazitäten nimmt § 5c II 4 IfSG von der Zuteilungsentscheidung aus, was eine Ex-post-Triage ausschließt.

Tribunal
Der Ausdruck wird sehr unterschiedlich benutzt, insbes. für 1) einen hohen Gerichtshof, zB → Internationaler Strafgerichtshof, 2) ein aus besonderem Anlass, insbes. zur Ahndung von → Kriegsverbrechen, eingerichtetes Gericht, 3) einen Schauprozess ohne rechtsstaatliches Verfahren oder 4) ein Forum gesellschaftlicher oder politischer Gruppen mit dem Ziel, behauptete Rechtsverletzungen in einer öffentlichen Untersuchung darzustellen oder nachzuweisen.

Tridentiner Konzil
Das Konzil von Trient (1545–1563) war eines der kirchengeschichtlich bedeutsamsten. Es war ein Reformkonzil, das – nicht zuletzt unter dem Eindruck des Vordringens der Reformation – die Organisation der röm.-kath. Kirche festigte und dem Papst und der Kurie auch rechtlich eine überragende Stellung verlieh. Alle Beschlüsse des K. wurden unter den Vorbehalt päpstlicher Billigung gestellt. Die kirchliche Dogmatik, bis dahin in vielen Punkten nicht Rechtssatz, sondern unverbindliche Richtlinie, wurde mit rechtlich bindender Wirkung ausgestattet. Glaubenssätze wurden entgegen den protestantischen Reformbestrebungen, die der Bibel die höchste Autorität als alleinige Glaubensquelle zugestanden, in der überlieferten Fassung bestätigt, insbes. die Lehre von der Erbsünde, den sieben Sakramenten, dem Fegefeuer usw. Die Autorität des Papstes und der Kurie wurde festgelegt; sie manifestierte sich ua in der heute noch bestehenden Konzilkongregation, der die authentische Interpretation und die Weiterentwicklung des in Trient erarbeiteten Rechtsstoffes obliegen.

Triebfahrzeuge
sind Eisenbahnfahrzeuge mit eigenem Antrieb, also iW auf Basis von Kohle und Dieselkraftstoff (TriebfahrzeugführerscheinVO v. 29.4.2011, BGBl. 2011 I 705, 1010 mÄnd). Sa → Eisenbahn-Bau- und Betriebsordnung.

Trilog
→ Trilogverfahren; → Europäische Gesetzgebung.

Trilogverfahren
Bei der → Europäischen Gesetzgebung sind → Europäisches Parlament und → Rat der EU Mitgesetzgeber. Das komplexe Gesetzgebungsverfahren erfolgt in einem zeitintensiven Wechselspiel der beiden Mitgesetzgeber, teilweise unter Beteiligung der → Europäischen Kommission. Zur Vereinfachung dieses komplexen Verfahrens wird häufig das sogenannte Trilogverfahren, kurz auch Trilog, eingeschlagen. Es handelt sich um eine informelle Verhandlung, an der Vertreter der drei Organe (daher „Trilog" oder „Trilogverfahren") Europäisches Parlament, Europäische Kommission und Rat der EU teilnehmen. Ziel ist eine Eini-

gung über einen Gesetzesvorschlag, den sowohl Europäisches Parlament als auch Rat der EU mittragen können. Diese informelle Vereinbarung muss dann aber von jedem Organ in dem von Art. 294 AEUV vorgesehenen Verfahren angenommen werden. Ein Trilogverfahren kann in jeder Phase des europäischen Gesetzgebungsverfahrens stattfinden. Das Trilogverfahren darf nicht mit dem in Art. 294 AEUV vorgesehenen Vermittlungsverfahren verwechselt werden (→ Europäische Gesetzgebung, 1). Am 13.6.2007 haben Europäisches Parlament, Rat der EU und Europäische Kommission in einer Gemeinsamen Erklärung zu den praktischen Modalitäten des neuen Mitentscheidungsverfahrens (ABl. 2007/C 145/02) Regeln für das Trilogverfahren festgelegt.

Trinkgeld
Arbeitsrechtlich ist Trinkgeld ein Geldbetrag, den ein Dritter ohne rechtliche Verpflichtung dem Arbeitnehmer zusätzlich zu einer dem Arbeitgeber geschuldeten Leistung zahlt (§ 107 III 2 GewO), also idR der den Rechnungsbetrag (inkl. darin enthaltener Bedienungsgelder, dazu s. u.) übersteigende Betrag. Die Zulässigkeit der Trinkgeldzahlung richtet sich nach vertraglichen Absprachen und der Verkehrsanschauung (zB im Taxi-, Gaststätten- und Friseurgewerbe üblich, bei Behörden, TÜV indes pflichtwidrig). Diese (belohnende) Schenkung des Kunden an den Arbeitnehmer ist nur in äußerst engen Grenzen auf das Arbeitsentgelt anrechenbar (und damit praktisch nahezu ausgeschlossen): eine vertragliche Absprache muss bestehen, kann aber die Zahlung eines regelmäßigen Arbeitsentgelts nicht ausschließen (§ 307 III 1 GewO), darf das tarifliche Mindestentgelt oder den gesetzlichen Mindestlohn nach dem → MiLoG bzw. dem AEntG nicht unterwandern und muss idR einer → AGB-Kontrolle standhalten etc. Das Trinkgeld idS ist kein vom Arbeitgeber während Urlaub, Arbeitsunfähigkeit oder Betriebsratstätigkeit fortzuzahlender Entgeltbestandteil. Vom Trinkgeld zu trennen ist das sog. echte Bedienungsgeld, das (zB als prozentualer Aufschlag auf den Warenwert) vom Kunden zu zahlen ist und dem Betriebsinhaber zusteht. Der dienstleistende Arbeitnehmer (zB Kellner) hat jedoch seinen arbeitsvertraglichen Entgeltanspruch gegen den Arbeitgeber, der diesen Betrag umfasst. Durch eine Verrechnung dürfen tarifvertragliche oder gesetzliche Garantie- und Mindestlöhne jedoch ebenfalls nicht unterschritten werden. Trinkgeldzahlungen sind weder lohnsteuer- noch sozialversicherungspflichtig (§ 3 Nr. 51 EStG; § 14 SGB IV).

Trinkwasser
Gem. §§ 37 ff. → Infektionsschutzgesetz muss Wasser für den menschlichen Gebrauch so beschaffen sein, dass durch seinen Genuss oder Gebrauch eine Gesundheitsschädigung, insbes. durch Krankheitserreger, nicht zu besorgen ist. Die auf dem Infektionsschutzgesetz fußende Trinkwasserverordnung (TrinkwV) idF v. 20.6.2023 (BGBl. 2023 I Nr. 159) präzisiert diese Vorgaben und dient der Umsetzung der Richtlinie (EU) 2020/2184 v. 16.12.2020 über die Qualität von Wasser für den menschlichen Gebrauch (ABl. EU 2020 L 435, 1).

Die TrinkwV regelt insbes. die Anforderungen an die Beschaffenheit von Trinkwasser (§§ 5–10 TrinkwV), die Anforderungen an Wasserversorgungsanlagen (§§ 13–17 TrinkwV), die Trinkwasseraufbereitung (§§ 18–26 TrinkwV), die Pflichten des Betreibers einer Wasserversorgungsanlage, Trinkwasseruntersuchungen, die Information der Verbraucher über die Trinkwasserqualität (§ 45 TrinkwV), die Überwachung durch das → Gesundheitsamt sowie Gefahrenvorsorge und Gefahrenabwehr.

Trinkwasser ist für den menschlichen Gebrauch geeignet, wenn bei seiner Gewinnung die allgemein anerkannten Regeln der Technik eingehalten werden, es den mikrobiologischen, chemischen und radiologischen Vorgaben der TrinkwV genügt und rein und genusstauglich ist (§ 5 TrinkwV) Die TrinkwV verfolgt einen risikobasierten Ansatz und verpflichtet die Betreiber von Wasserversorgungsanlagen zu einem kontinuierlichen Risikomanagement (§ 34 TrinkwV). Trinkwasserleitungen aus Blei müssen bis zum 12.1.2026 entfernt oder stillgelegt werden.

TRIPS
(engl.: Agreement on **T**rade-**R**elated aspects of **I**ntellectual **P**roperty Right**s**; Übereinkommen über handelsbezogene Aspekte der Rechte des geistigen Eigentum, BGBl. 1994 II 1437, 1730). Im Rahmen der Übereinkommen zur Errichtung der Welthandelsorganisation → WTO wurde auch das TRIPS vereinbart. Es will einerseits einen wirksamen und angemessenen Schutz der Rechte des → geistigen Eigentums fördern und andererseits sicherstellen, dass die Maßnahmen und Verfahren zur Durchsetzung der Rechte des geistigen Eigentums nicht selbst zu Schranken für den rechtmäßigen Handel werden. Die Mitgliedsstaaten gewähren den Angehörigen der anderen Mitgliedsstaaten eine Behandlung, die nicht weniger günstig ist als die, die sie ihren eigenen Staatsangehörigen in Bezug auf den Schutz des geistigen Eigentums gewähren. In Bezug auf den Schutz des geistigen Eigentums werden Vorteile, Vergünstigungen, Sonderrechte und Befreiungen, die von einem Mitgliedsstaat den Angehörigen eines anderen Mitgliedsstaates gewährt werden, sofort und bedingungslos den Angehörigen aller anderen Mitgliedsstaaten gewährt. Die → Berner Übereinkunft und die → Pariser Verbandsübereinkunft zum Schutz des gewerblichen Eigentums bleiben durch das TRIPS unberührt. Das TRIPS trat für die Bundesrepublik Deutschland am 1. Januar 1995 in Kraft.

Triptyk
ist ein Grenzpassierschein für Kraftfahrzeuge; er wird in der BRep. ua vom ADAC ausgestellt.

„Trittbrettfahrer“
→ Lohngleichheit.

Trödelhandel
→ Gebrauchtwarenhandel.

Trödelvertrag
Beim Trödelvertrag übernimmt der Trödler meist gebrauchte Sachen des Auftraggebers zum Verkauf für diesen. Der Trödelvertrag ist im Gesetz nicht geregelt. Je nach Abrede liegt → Kauf (bei endgültiger Übernahme), → Kommission, uU auch → Maklervertrag vor; es kann aber auch, wenn der Veräußerer den Erlös schuldet, → Darlehensvertrag gewollt sein.

Tropenholz
Tropenholz iS des Tropenholz-Übereinkommens v. 27.1.2006 (BGBl. 2009 II 231) sind Hölzer für industrielle Zwecke, die in den Ländern zwischen den Wendekreisen des Krebses und des Steinbockes wachsen oder erzeugt werden. Das Übereinkommen bezweckt, die Ausweitung und Diversifizierung des internationalen Handels mit Tropenholz aus nachhaltig bewirtschafteten und legal eingeschlagenen Wäldern sowie die nachhaltige Bewirtschaftung Tropenholz erzeugender Wälder zu fördern. → Holz.

Truchsess
(Küchenmeister) hieß im deutschen Mittelalter der Inhaber eines der höchsten Ämter am königlichen Hofe, insbes. im fränkischen Reich. Das Amt des Truchess war zeitweise unbesetzt und wurde von dem → Hausmeier mitversehen, der unter den leitenden Hofbeamten die einflussreichste Stellung einnahm.

Trucksystem
Nach dem in früheren Wirtschaftssystemen vielfach üblichen Trucksystem wurden → Arbeitnehmer nicht in Geld, sondern in vom → Arbeitgeber vertriebenen Waren bezahlt (truck, engl. = Tausch). Das ist gesetzlich grds. unzulässig (Truckverbot), weil sonst der Arbeitgeber über die Preisgestaltung der Ware die Höhe des Arbeitsentgelts verändern könnte. Nach § 107 II GewO können Arbeitgeber und Arbeitnehmer jedoch Sachbezüge als Teil des Arbeitsentgelts vereinbaren, wenn dies dem Interesse des Arbeitnehmers oder der Eigenart des Arbeitsverhältnisses entspricht. Dabei dürfen dem Arbeitnehmer keine Waren auf Kredit überlassen werden (die Regelungen über den Verbraucherkredit sind allerdings nicht anwendbar, → Verbraucherdarlehensvertrag), wohl aber nach Vereinbarung in Anrechnung auf das Arbeitsentgelt. Der Wert der vereinbarten Sachbezüge oder die Anrechnung der überlassenen Waren darf die Höhe des pfändbaren Teils des Arbeitsentgelts nicht übersteigen. Waren und Dienstleistungen auf Seeschiffen dürfen an die Besatzungsmitglieder nur zum Selbstkostenpreis abgegeben werden (§ 41 SeeArbG). S. → Naturallohn.

Truckverbot
→ Trucksystem.

Trümmerfrauengeld
→ Kindererziehungszeiten.

Trunkenheit im Verkehr
ist strafbar und, wenn sie andere gefährdet oder schädigt, mit strengerer Strafe bedroht. Nach § 2 FeV muss jeder, der sich wegen geistiger oder körperlicher Mängel – dazu gehört auch Trunkenheit – nicht sicher im Verkehr bewegen kann, Vorsorge treffen, dass er andere nicht gefährdet (also zB für Begleitung sorgen). Ein Verstoß hiergegen kann bei jedem Verkehrsteilnehmer, soweit nicht Sondervorschriften bestehen (wie beim Fahrzeugführer), nach § 24 StVG, § 75 Nr. 1 FeV als → Ordnungswidrigkeit geahndet werden, also auch beim Fußgänger.

Wer im Straßenverkehr ein Fahrzeug (auch Fahrrad!) führt, dh in Bewegung setzt (BGHSt. 35, 390), obwohl er infolge alkoholischer Getränke oder anderer berauschender Mittel zur sicheren Führung nicht in der Lage ist, wird – auch wenn kein anderer dadurch geschädigt oder gefährdet und der Verkehr nicht beeinträchtigt wird – allein wegen der damit verbundenen abstrakten Gefahr mit Freiheitsstrafe bis zu 1 Jahr oder Geldstrafe bestraft (§ 316 StGB). Gefährdet der Fahrzeugführer (konkret) Leib oder Leben anderer Menschen oder fremde Sachen von bedeutendem Wert, ist die Strafe Freiheitsstrafe bis zu 5 Jahren, bei Fahrlässigkeit bis zu 2 Jahren, oder Geldstrafe (§ 315c I Nr. 1a StGB). Handelt es sich um den Führer eines auf eigenem Bahnkörper fahrenden Schienenfahrzeugs, einer Schwebebahn, eines Luftfahrzeugs oder eines Schiffes, so liegt Transportgefährdung vor, die mit gleicher Strafe bedroht ist (§ 315a I 1 Nr. 1 StGB). Zur Bestimmung absoluter und relativer → Fahruntüchtigkeit s. → Alkoholgenuss des Verkehrsteilnehmers, → Blutalkohol, → Blutentnahme. Der Inhaber einer → Fahrerlaubnis für Kfz. ist bei Vergehen gegen § 315c oder § 316 StGB idR als zum Führen eines Kfz. ungeeignet anzusehen und die Erlaubnis zu entziehen, sonst ist idR ein → Fahrverbot auszusprechen (§ 69 II StGB, § 44 I 2 StGB). Der Beihilfe zum Verkehrsvergehen kann sich schuldig machen, wer einem anderen Alkohol verabreicht, obwohl er weiß, dass der andere ein Fahrzeug führen will, ebenso der Gastwirt, der den volltrunkenen Gast nicht durch ihm mögliche Gegenmaßnahmen am Fahren hindert, aber nicht der Mitfahrer (mangels besonderer Fürsorgepflicht).

Liegt keine Fahruntüchtigkeit vor, so macht sich gleichwohl einer mit Geldbuße bis zu 3000 EUR und Fahrverbot bedrohten → Ordnungswidrigkeit schuldig, wer – wenn auch nur fahrlässig – mit einem Gehalt von mindestens 0,5‰ Blutalkohol oder 0,25 mg/l → Atemalkohol oder unter Wirkung bestimmter Drogen (→ Drogenfahrt) ein Kfz führt, ohne dass Trunkenheit festgestellt werden kann (§§ 24a, 25 StVG).

Kann ein der Trunkenheit im Verkehr Beschuldigter wegen des Verkehrsdelikts nicht belangt werden, weil er zur Tatzeit infolge Volltrunkenheit schuldunfähig war, so kommt Anwendung der Strafvorschrift gegen vorsätzliches oder fahrlässiges Herbeiführen eines → Vollrauschs (§ 323a StGB) in Betracht.

Trunksucht (Alkoholsucht)
→ Betreuung (2), → Anstaltsunterbringung (4), → Maßregeln der Besserung und Sicherung (2).

Truppen, ausländische
(Ersatzansprüche, deutsche Gerichtsbarkeit) → Streitkräfte, ausländische.

Truppendienstgerichte
→ Wehrdienstgerichte.

Truppenstatut
→ Streitkräfte, ausländische.

Trust
ist die anglo-amerikanische Bezeichnung für einen → Konzern, also enger als ein → Kartell.

TSE
transmissible spongiforme Enzephalopathie, s. → BSE. Bei Schafen und Ziegen seit über 200 Jahren bekannte Tierseuche.

Tuberkulose
→ Infektionsschutzgesetz.

Tumultschäden
Für eine Haftung für Schäden, die infolge von tumulartigen Krawallen und Auseinandersetzungen (zB auch im Zusammenhang mit Demonstrationen) entstehen, gelten zunächst die allg. Bestimmungen über → unerlaubte Handlungen. Dies setzt grds. voraus, dass der Verursacher bekannt ist. Bei einem durch eine gemeinschaftlich begangene unerlaubte Handlung verursachten Schaden haftet jeder Schädiger, § 830 I 1 BGB. Dies gilt auch, wenn sich nicht ermitteln lässt, wer von mehreren Beteiligten den Schaden tatsächlich verursacht hat, § 830 I 2 BGB. Die an Ausschreitungen Mitbeteiligten haften daher ggf. für die Folgen rechtswidriger und schuldhafter Eingriffe anderer auf → Schadensersatz (BGHZ 59, 30). Beteiligt und damit haftbar sind aber nur Personen, deren Gefährdungshandlungen sachlich, räumlich und zeitlich mit der Schädigung einen tatsächlich zusammenhängenden einheitlichen Vorgang bilden (die bloße Teilnahme zB an einer Demonstration genügt nicht, BGHZ 89, 383). Zur Haftung nach außen und zum Innenausgleich s. → unerlaubte Handlung, 5. Ob eine Sachversicherung (→ Kaskoversicherung) für Tumultschäden aufkommen muss, hängt vom Einzelfall ab. Ggf. könnte auch die Haftung eines öffentlich-rechtlichen Trägers (→ Staatshaftung) in Betracht kommen, wenn eine Amtspflichtverletzung nachweisbar ist (zB ein hoheitliches Organisationsdefizit bei einer Großveranstaltung); auch sonstige Ansprüche können ggf. in Betracht kommen (→ Enteignender Eingriff, → Enteignungsgleicher Eingriff, → Aufopferungsanspruch). Das frühere TumultschädenG idF v. 29.3.1924, RGBl. 1924 I 381 (mit ausführenden Verordnungen) sah bei „inneren Unruhen" (allenfalls bei politisch motivierten Großdemonstrationen, die gezielt gegen die Staatshoheit gerichtet sind, diskutierbar) einen Ausgleichsanspruch gegen das betreffende Land unter bestimmten engen Voraussetzungen vor; dieses grds. als Landesrecht fortgeltende Recht wurde von einigen Bundesländern (in unterschiedlichem Umfang) inzwischen im Rahmen durchgeführter Rechtsbereinigungen aufgehoben.

TV-H
Der Tarifvertrag für den öffentlichen Dienst des Landes Hessen (TV-H) v. 1.9.2009 trat am 1.1.2010 in Kraft. Das Land Hessen war mit Wirkung vom 31.3.2004 aus der Tarifgemeinschaft deutscher Länder (→ TdL) ausgetreten; damit galt der am 1.11.2006 in Kraft getretene → TV-L für die Beschäftigten des Landes Hessen nicht. Bis zum Abschluss des TV-H fanden zunächst der → BAT und der MTArb weiterhin Anwendung. Der TV-H orientiert sich an vergleichbaren Tarifverträgen, die für den Bereich der Tarifgemeinschaft der Länder (TdL) abgeschlossen wurden (→ TV-L und Nebentarifverträge). Das Eingruppierungsrecht des → BAT (→ Eingruppierung) galt weiterhin fort, da eine neue → Entgeltordnung zwischen den Tarifvertragsparteien zunächst nicht vereinbart wurde. Am 10.10.2014 haben die Tarifvertragsparteien für Hessen eine Entgeltordnung mit Rückwirkung zum 1.7.2014 ausgehandelt. Das Überleitungsrecht in den neuen Tarifvertrag ist im → TVÜ-H geregelt.

TV-L
1. TV-L steht für „Tarifvertrag für den öffentlichen Dienst der Länder". Ähnlich wie beim → TVöD umschreibt dieser Begriff juristisch nicht ganz präzise ein ganzes Bündel tarifvertraglicher Regelungen (→ Tarifvertrag) für die nicht beamteten Beschäftigten der → Länder. Am Anfang stand der Tarifvertrag für den öffentlichen Dienst der → Länder (TV-L) v. 12.10.2006 zwischen der Tarifgemeinschaft deutscher Länder (→ TdL) auf Arbeitgeberseite und der Vereinten Dienstleistungsgewerkschaft (ver.di) sowie der dbb beamtenbund und tarifunion (dbb) auf Arbeitnehmerseite. ver.di vertritt dabei auch die Gewerkschaft der Polizei (GdP), die Industriegewerkschaft Bauen-Agrar-Umwelt (IG BAU) und die Gewerkschaft Erziehung und Wissenschaft (GEW). Der TV-L trat am 1.11.2006 in Kraft. Der TV-L gilt nicht für Hessen; dort wurde der → BATam 1.1.2010 durch den → TV-H ersetzt. Mit einem eigenen Überleitungstarifvertrag für die Länder (→ TVÜ-L) gibt es für die Länder eigene Übergangsbestimmungen. Besonderheiten galten für Berlin. Erst mitWirkung vom 1.1.2013 kehrte

Berlin in die Tarifgemeinschaft der Länder (TdL) zurück. Von einigen Ausnahmen abgesehen gilt der TV-L seitdem auch wieder für die Beschäftigten des Landes Berlin.

2. Der TVöD ist im Wesentlichen dem älteren → TVöD nachgebildet. Unterschiede gibt es bei der Arbeitszeit (§ 6 TV-L) und bei den Überstunden und Rufbereitschaften (§ 8 TV-L). Das Entgeltsystem gliedert sich wie beim TVöD in 16 Gruppen mit 5 bis 6 Stufen. Die Entgelte liegen zwischen 2094,49 € und 7957,04 € im Monat (Stand Dezember 2022); Jahressonderzahlungen (→ Sonderzahlung, jährliche) sind vorgesehen. Nach § 34 TV-L ist nach 15 Jahren Beschäftigungszeit und Vollendung des 40. Lebensjahres die ordentliche Kündigung ausgeschlossen.

3. Eigene Verträge mit Anlehnung an den TV-L und nach dessen Vorbild gibt es mit dem TV-Ärzte v. 30.10.2006 mÄnd für das ärztliche Personal an Universitätskliniken, mit dem TV-L-Forst v. 18.12.2007 mÄnd für das Personal der staatlichen Forstbetriebe und mit dem Pkw-Fahrer-TV-L für das Fahrpersonal. Ferner besteht ein eigener Tarifvertrag für Auszubildende der Länder in Ausbildungsberufen nach dem Berufsbildungsgesetz (TVA-L BBiG) v. 12.10.2006 mÄnd.

4. Für die → Eingruppierung galten zunächst noch die Vorschriften des BAT und → BAT-O, da TV-L und TV-H dafür keine Regelungen enthalten. Das zunächst mit Inkrafttreten des TV-L eingeführte Leistungsentgelt (§ 18 TV-L) wurde mit Ausnahme des Hochschulbereichs wieder gestrichen. Seit 1.1.2012 ist die Eingruppierung der Beschäftigten der Länder in eigenen → Entgeltordnungen zum TV-L mit Sonderregelungen für Lehrkräfte, Pflegekräfte, ärztliches Personal und Bereitschaftsdienste geregelt.

TVöD

1. a) TVöD steht für „Tarifvertrag für den → öffentlichen Dienst". Der juristisch nicht ganz präzise Begriff umschreibt ein ganzes Bündel tarifvertraglicher Regelungen (→ Tarifvertrag) für die nicht beamteten (→ Beamte) Beschäftigten des → Bundes und der → Kommunen. Am Anfang standen zweit weitgehend identische Tarifverträge vom 13.9.2005 zwischen einerseits dem Bund sowie andererseits der Vereinigung der kommunalen Arbeitgeberverbände (VKA) auf der Arbeitgeberseite und der Vereinten Dienstleistungsgewerkschaft (ver.di) sowie der dbb beamtenbund und tarifunion (dbb) auf der Arbeitnehmerseite. ver.di vertritt dabei die Gewerkschaft der Polizei (GdP), die Industriegewerkschaft Bauen-Agrar-Umwelt (IG BAU) und die Gewerkschaft Erziehung und Wissenschaft (GEW). Das Regelwerk trat am 1.10.2005 an die Stelle des bis zu diesem Zeitpunkt für die → Angestellten geltenden → BAT (einschließlich → BAT-O) und der entsprechenden Tarifverträge für die → Arbeiter (MTArb und MTArb-O). Die → Länder haben mit dem → TV-L v. 12.10.2006 ein eigenes Regelwerk geschaffen..Durch den TVöD ist die Stellung der nicht beamteten Beschäftigten des öffentlichen Dienstes insbesondere im Hinblick auf den ab einem bestimmten Lebensalter bestehenden Ausschluss der ordentlichen Kündigung weitgehend der Stellung der Beamten angeglichen.

b) Während die Dienstverhältnisse der Beamten durch Gesetze und Verordnungen geregelt werden, beruhen die Arbeitsverhältnisse der nicht beamteten Beschäftigten des öffentlichen Dienstes auf einem privatrechtlichen → Arbeitsvertrag. Der TVöD als → Tarifvertrag regelt umfassend den Rahmen für die arbeitsvertraglichen Beziehungen zwischen den → Arbeitgebern (Bund und Kommunen) und deren (nicht beamteten) → Arbeitnehmern. Abweichungen durch schriftliche Vereinbarung sind möglich (§ 2 III TVöD), aber unüblich. Für nicht tarifgebundene Arbeitnehmer gilt der TVöD kraft einzelvertraglicher Vereinbarung. Faktisch richten sich die Rechtsverhältnisse fast aller (nicht beamteten) Beschäftigten in Bund und Kommunen nach dem TVöD.

c) Innerhalb des Besonderen Teils des TVöD wurden zahlreiche Sonderregelungen für einzelne Bereiche getroffen, aus denen sogenannte „durchgeschriebene Fassungen" erstellt wurden, die dort, wo die besonderen Regelungen die allgemeinen Regelungen ersetzen, im Interesse der besseren Lesbarkeit nur die besonderen Regelungen enthalten. Zu nennen sind

- der TVöD-V für den Bereich der Verwaltung v. 7.2.2006 mÄnd;
- der TVöD-K für den Bereich der Krankenhäuser v. 1.8.2006 mÄnd;
- der TVöD-S für den Bereich der Sparkassen v. 7.2.2006 mÄnd;
- der TVöD für Pflege- und Betreuungseinrichtungen v. 1.8.2006 mÄnd;
- der TVöD-F für den Bereich derFlughäfen v. 7.2.2006 mÄnd;
- der TVöD-E für den Bereich der Entsorgung v. 7.2.2006 mÄnd.

Ebenfalls am 13.9.2005 wurde mit Wirkung zum 1.10.2005 von den Vertragsparteien ein Tarifvertrag für Auszubildende des öffentlichen Dienstes (TVAöD) geschlossen.

Damit kann inzwischen nicht mehr von dem einen TVöD gesprochen werden, sondern es gilt ein ganzes Bündel von Verträgen, die aber alle aus den Formulierungen des ursprünglichen Vertragswerkes von 2005 entstanden sind.

2. Folgende wesentlichen Regelungen sind im TVöD enthalten, wobei die folgende Darstellung von den allgemein geltenden Vorschriften ausgeht::

a) Arbeitszeit. Für den Bund gelten einheitlich 39 Stunden/Woche. Für die Kommunen im Tarifbereich West (Deutschland ohne → Beitrittsgebiet) beträgt die Arbeitszeit

39 Stunden/Woche, für die Kommunen im Tarifgebiet Ost 40 Stunden/Woche (§ 6 I 1 TVöD). Durch Betriebs- oder Dienstvereinbarung kann eine Wochenarbeitszeit von bis zu 45 Stunden vereinbart werden (§ 6 VI TVöD). Für Überstunden werden Zuschläge bezahlt (§ 8 TVöD). Bereitschaftszeiten werden zur Hälfte als tarifliche Arbeitszeit gewertet. Die Summe aus Vollarbeitszeiten und Bereitschaftszeiten darf 48 Stunden nicht überschreiten (§ 9 I TVöD). Aus familiären Gründen besteht ein Teilzeitanspruch, im Übrigen ist Teilzeit im Einvernehmen von Arbeitgeber und Arbeitnehmer möglich (§ 11 TVöD)

b) Urlaub. Grundsätzlich haben alle Beschäftigten 30 Tage Erholungsurlaub (§ 26 I TVöD). Bei Wechselschicht und Schichtarbeit gibt es Zusatzurlaub (§ 27 TVöD).

c) Entgeltfortzahlung im Krankheitsfall wird für 6 Wochen gewährt (§ 22 TVöD).

d) Führungsfunktionen können – ähnlich wie bei Beamten – auf Zeit vergeben werden (sa → Beamte in leitender Funktion; §§ 31, 32 TVöD).

e) Entgelt. Es wird nicht zwischen Arbeitern und Angestellten unterschieden. Die Entgelttabelle umfasst 16 Entgeltgruppen mit jeweils 5 bis 6 Stufen; die zusätzliche 16. Entgeltgruppe 15 Ü wurde nachträglich für diejenigen Angestellten geschaffen, die früher in die Entgeltgruppe BAT I eingruppiert waren Die → Eingruppierung in die Entgeltgruppen ist abhängig von Berufs- und Bildungsabschlüssen sowie von den übertragenen Tätigkeiten. Grundlage der Eingruppierung sind die als Tarifverträge zwischen den Tarifvertragsparteien vereinbarten → Entgeltordnungen des Bundes v. 5.9.2013 mÄnd sowie der Kommunen von 2016 mÄnd. Die Einordnung in die Stufen erfolgt entsprechend der jeweiligen Beschäftigungszeit beim Arbeitgeber. Die Entgelte liegen (Stand bis April 2022) zwischen 2.015,52 EUR und 7.955,98 EUR im Monat. Die Unterscheidung in die Tarifgebiete Ost und West ist für das Entgelt ieS seit 1.1.2010 weggefallen. Das mit Inkrafttreten des TVöD eingeführte Leistungsentgelt ist in § 18 TVöD geregelt. Diese variable und leistungsorientierte Bezahlung wird zusätzlich zum Tabellenentgelt bezahlt. Die Jahressonderzahlung (→ Sonderzahlung, jährliche) am 1. Dezember liegt zwischen 60 und 90% eines Monatsgehalts, im Tarifgebiet Ost mit zusätzlichen Abschlägen (§ 20 TVöD).

f) Für → Reisekosten und → Umzugskosten verweisen die besonderen Teile des TVöD teilweise auf die beamtenrechtlichen Regelungen, teilweise wurden eigene Regelungen getroffen.

g) Kündigung. Die Kündigungsfristen hängen von der Dauer des Arbeitsverhältnisses ab:
- bis zum Ende des 6. Monats seit Beginn des Arbeitsverhältnisses: 2 Wochen zum Monatsschluss;
- bis zu 1 Jahr: 1 Monat zum Monatsschluss;
- mehr als 1 Jahr: 6 Wochen zum Schluss des Kalendervierteljahres;
- mehr als 5 Jahre: 3 Monate zum Schluss des Kalendervierteljahres;
- mehr als 8 Jahre: 4 Monate zum Schluss des Kalendervierteljahres;
- mehr als 10 Jahre: 5 Monate zum Schluss des Kalendervierteljahres;
- mehr als 12 Jahre: 6 Monate zum Schluss des Kalendervierteljahres;

Arbeitsverhältnisse von Beschäftigten, die das 40. Lebensjahr vollendet haben und für die die Regelungen des Tarifgebiets West Anwendung finden, können nach mehr als 15 Jahren durch den Arbeitgeber nur noch aus wichtigem Grund gekündigt werden (vgl. iE § 34 II TVöD).

3. Die Überleitung und der Besitzstand der am 1.10.2005 schon tätigen Beschäftigten regelte der → TVÜ. Bis zum In-Kraft-Treten der inzwischen neu verhandelten → Entgeltordnungen erfolgte die → Eingruppierung noch nach den Anlagen zu BAT und BAT-O sowie den entsprechenden für Arbeiter des öffentlichen Dienstes geltenden Tarifverträgen.

TVÜ

Der Tarifvertrag zur Überleitung der Beschäftigten des Bundes in den → TVöD und zur Regelung des Übergangsrechts (TVÜ-Bund) sowie der Tarifvertrag zur Überleitung der Beschäftigten der kommunalen Arbeitgeber in den → TVöD und zur Regelung des Übergangsrechts (TVÜ-VKA) regelten weitgehend inhaltsgleich die Überleitung und den Besitzstand der am 1.10.2005 schon vorhandenen Beschäftigten in den TVöD. TVÜ-Bund und TVÜ-VKA wurden am 13.9.2005 zeitgleich mit dem →TVöD mit Wirkung zum 1.10.2005 vereinbart. Dabei gilt der Grundsatz, dass kein Beschäftigter zum Zeitpunkt der Überleitung im Vergleich zu der früheren Regelung (für die bisherigen Angestellten nach → BAT und → BAT-O, für die früheren Arbeiter MTArb und MTArb-O) materiell benachteiligt werden darf. Bedeutung hatte der TVÜ vor allem für die → Eingruppierung, da der neue TVöD zunächst noch keine Eingruppierungsregelung (→ Entgeltordnung) enthielt (sa → TVöD, 2e und 3). Im September 2013 einigten sich die Tarifparteien mit Wirkung vom 1.1.2014 auf eine Entgeltordnung für die Beschäftigten des Bundes, in der Tarifrunde 2016 wurde auch für die Kommunen eine neue Entgeltordnung vereinbart. Damit hat der TVÜ seine Bedeutung verloren.

TVÜ-H

Im Tarifvertrag zur Überleitung der Beschäftigten des Landes Hessen in den → TV-H und zur Regelung des Übergangsrechts (TVÜ-H) sind die Überleitung und der Besitzstand der hessischen Landesbeschäftigten geregelt, deren Arbeitsverhältnis über den 31.12.2009 hinaus fortbesteht und die am 1.1.2010 unter den Geltungsbereich des TV-H fallen. Genauso wie beim TV-H haben die Tarifvertragsparteien bei Abschluss des TVÜ-H eine enge Anlehnung an den → TVÜ-L angestrebt.

TVÜ-L
Ähnlich dem → TVÜ für Bund und Kommunen gab es für das Tarifrecht der Beschäftigten der Länder mit dem TVÜ Länder einen eigenen Überleitungstarifvertrag (s. → TV-L). Anders als beim TVöD gab es für den Bereich der Länder schon früher eine → Entgeltordnung, in der die → Eingruppierung geregelt ist.

→ Vertrag (2).

Typenvertrag
→ Vertrag (2).

Typenzwang
→ Sachenrecht.

Typhus
→ Infektionsschutzgesetz.

Tyrannei
(Tyrannis) → Diktatur.

U-Bahn
Untergrundbahn; s. → Straßenbahn.

Uber-Fahrdienste
1. Uber, ein US-amerikanisches Unternehmen, begann 2014 in Deutschland, Fahrgäste per App an Privatfahrer zu vermitteln (Uber Pop). Dies war unzulässig, da die Privatfahrer idR keine Genehmigung zur → Personenbeförderungbesaßen und ihre Vermittlung damit einen Wettbewerbsverstoß Ubers darstellte (BGH Urt. v. 13.12.2018, GRUR 2019, 298, zu Uber Black). Der EuGH hat die Tätigkeit Ubers als Verkehrsdienstleistung, nicht als Informationsdienstleistung, eingestuft und damit die Reglementierung nach nationalem Personenbeförderungsrecht gebilligt (Urt. v. 20.12.2017, EuZW 2018, 131). Das geänderte PBefG bezieht diese Vermittlung von Mobilitätsdiensten in § 1 Abs. 1a und Abs. 3 PBefG ein.

2. Gegenwärtig betreibt Uber in mehreren Städten Deutschlands, zB Berlin, Hamburg und München, ein anderes Geschäftsmodell. Unter der Bezeichnung Uber X werden Fahrgäste an einen gewerblichen Mietwagenunternehmer vermittelt, mieten von ihm also einen Personenkraftwagen mit Fahrer. Auch wenn Mietwagenunternehmer und Fahrer die nach dem PBefG notwendigen Genehmigungen besitzen, ist strittig, ob dieses Geschäftsmodell zulässig ist oder nicht. Fraglich ist insbesondere, ob die Rückkehrpflicht (→ Mietwagen) immer beachtet wird. Nach § 49 Abs. 4 S. 1 PBefG können sie nun als „gebündelter Bedarfsverkehr" zulässig sein; insbesondere in Städten mit mehr als 100.000 Einwohnern (S. 7). In diesem Fall trifft sie regelmäßig keine Rückkehrpflicht, außer in den Fällen des § 50 PBefG.

3. Eine Änderung der strikten Vorschriften des PBefG sollte durch das Gesetz zur Modernisierung des Personenbeförderungsrechts vom 16.4.2021 (BGBl. 2021 Teil I Nr. 19) erreicht werden; hierzu soll insbesondere auch die Erprobungsklausel des § 2 Abs. 7 PBefG dienen.

Überarbeit
Überarbeit ist jede die normale Arbeitszeit überschreitende Arbeit (abweichend zur → Mehrarbeit, die über die normale gesetzliche → Arbeitszeit hinausgeht). Zu Überarbeit ist der Arbeitnehmer nur auf Grund → Tarifvertrags, → Betriebsvereinbarung oder Einzelarbeitsvertrags verpflichtet; auf Grund einseitiger Anordnung des Arbeitgebers (→ Direktionsrecht) kann sie uU auf Grund der → Treuepflicht des Arbeitnehmers oder in außergewöhnlichen (Not)Fällen (→ Arbeitszeit) verlangt werden. Für Überarbeit wird manchmal ein Zuschlag zum normalen Arbeitslohn (sog. Überstundenzuschlag) gezahlt. Der gesamte für Überarbeit angefallene Arbeitslohn ist zur Hälfte unpfändbar (§ 850a Nr. 1 ZPO; → Lohnpfändung). Ist ein Betriebsrat vorhanden, hat dieser bei der Anordnung von Überarbeit gem. § 87 I BetrVG mitzubestimmen. Arbeitnehmer können einen Anspruch auf Vergütung von Überarbeit im Streitfall nur durch genaue Darlegung des zeitlichen Umfangs und der jeweiligen Anordnung durch den Arbeitgeber erfolgreich gerichtlich geltend machen, was oft nicht einfach ist. Eine pauschale Regelung im Arbeitsvertrag, dass mit dem vereinbarten Entgelt alle etwaigen Überstunden (dh ohne Festlegung einer konkreten Grenze) abgegolten seien, ist jedenfalls AGB-rechtlich unwirksam.

Überbau
Hat ein Grundstückseigentümer bei der Errichtung eines Gebäudes über die Grundstücksgrenze teilweise auf ein fremdes Grundstück gebaut, so kann sich an sich der Eigentümer dieses Grundstücks hiergegen mit der Klage wegen → Eigentumsstörung (§ 1004 BGB) wehren, die sich auf Beseitigung der Störung richtet. Der Überbau ist jedoch zu dulden, wenn der Überbauende ohne Vorsatz oder grobe Fahrlässigkeit (→ Verschulden) gehandelt und der Nachbar nicht vor oder sofort nach der Grenzüberschreitung Widerspruch erhoben hat (sog. entschuldigter oder rechtmäßiger Überbau, §§ 912 ff. BGB; Verschulden des Architekten usw ist zuzurechnen). Während beim unentschuldigten Überbau der überbaute Teil in das Eigentum des Nachbareigentümers fällt (BGH, hM), gehört der rechtmäßige Überbau ganz dem versehentlich Überbauenden (str.). Der Nachbar, der den berechtigten Überbau hinnehmen muss, hat zum Ausgleich einen Anspruch auf angemessene Entschädigung durch eine laufende Geldrente (Überbaurente), die im → Grundbuch nicht eintragungsfähig ist und allen Rechten am Grundstück vorgeht (§ 914 BGB). Der Rentenberechtigte kann ferner verlangen, dass ihm der Überbauende gegen entsprechenden Wertersatz den überbauten Teil seines Grundstücks abkauft (§ 915 BGB). → Nachbarrecht.

Überbesetzte Kammer
(überbesetzter Senat). Weist der Geschäftsverteilungsplan einem Gerichtskollegium mehr Richter zu, als bei Erlass einer Entscheidung mitwirken dürfen, so muss vor Beginn des Geschäftsjahres bestimmt sein, nach welchen Grundsätzen die Mitglieder bei den einzelnen Verfahren mitwirken (§ 21g GVG; → Geschäftsverteilung). Dadurch muss gewährleistet sein, dass niemand dem → gesetzlichen Richter entzogen wird.

Überbringerklausel
→ Scheck.

Übereignung
→ Eigentumsübertragung, → gutgläubiger Erwerb.

Übereignung an den, den es angeht
→ Eigentumsübertragung (2).

Überfahrtsvertrag
war die frühere Bezeichnung für die Vereinbarungen über die Beförderung einer Person mit einem Seeschiff (Schiffspassage).

Überfall
→ Früchte, die von einem – nicht dem öffentlichen Gebrauch dienenden – → Grundstück auf das Nachbargrundstück fallen (nicht gepflückt oder geschüttelt werden), gelten – anders als beim üblichen → Fruchterwerb – nach § 911 BGB als Früchte des Nachbargrundstücks. → Nachbarrecht.

Überfall, hinterlistiger
Die mittels eines hinterlistigen Überfalls begangene körperliche Beschädigung eines anderen ist ein Fall der gefährlichen → Körperverletzung (§ 224 StGB; → Qualifikationstatbestand zur „einfachen" vorsätzlichen Körperverletzung nach § 223 StGB). Überfall ist ein Angriff, der das Opfer unversehens trifft; er ist hinterlistig, wenn der Täter unter planvoller Verdeckung seiner wahren Absicht mittels Täuschung vorgeht.

Übergabe, Übergabesurrogate
→ Eigentumsübertragung (2), → Traditionsprinzip.

Übergabevertrag
Überträgt jemand sein aus einem Geschäfts- oder landwirtschaftl. Betrieb o. dgl. bestehendes Vermögen auf einen Erbberechtigten, so handelt es sich um ein → Rechtsgeschäft unter Lebenden, das sich grds. nach den hierfür geltenden Vorschriften richtet (→ Kauf, → Schenkung, → Vermögensübernahme). Da durch den Übergabevertrag jedoch idR die → Erbfolge vorweggenommen werden soll, bei der der → Nachlass in seinem wahren Bestand (ohne Rücksicht auf einen guten Glauben des Erben) auf diesen übergeht, hat die Rspr. auch beim Übergabevertrag die Anwendung der Vorschriften über den → Gutglaubensschutz (§§ 892 ff., 932 ff. BGB) abgelehnt. Dies gilt vor allem für den Hofübergabevertrag; in den Ländern der ehemaligen brit. Besatzungszone hat jedoch die → Höfeordnung (besonders § 17 HöfeO) eine Sonderregelung gebracht. Sa → Betriebsübergang, → Übernahme eines Handelsgeschäfts.

Übergang einer Forderung
→ Abtretung (1, 5).

Übergang eines Betriebs
→ Betriebsübergang.

Übergangsbeihilfe
Die Übergangsbeihilfe war bis zum 31.12.2008 ein Teil der → Mobilitätshilfe als Leistung der → Arbeitsförderung nach dem SGB III (vgl. § 53 II Nr. 1 SGB III aF). Entsprechende Leistungen können nunmehr aus dem → Vermittlungsbudget gewährt werden (§§ 44 ff. SGB III). Nach den Dienstanweisungen der Bundesagentur für Arbeit zu Transferleistungen können weiterhin Mobilitätshilfen geleistet werden. Dabei handelt es sich um Ermessensleistungen unter dem Vorbehalt der Notwendigkeit für die dauerhafte Eingliederung in den Arbeitsmarkt. § 16 SGB VI sieht diese Leistungen bei Gewährung von Leistungen zur Teilhabe am Arbeitsleben vor.

Übergangsgeld
1. Ein → Beamter mit Dienstbezügen, der nicht auf eigenen Antrag entlassen wird (zB Beamter auf Widerruf), jedoch ohne Versorgung (→ Versorgung der Beamten) ausscheidet, hat Anspruch auf Ü. gem. § 47 BeamtVG. Das Übergangsgeld beträgt nach mindestens einjähriger Beschäftigungszeit das einfache, bei längerer Beschäftigungszeit für jedes weitere Jahr die Hälfte, insgesamt höchstens das 6fache der letzten Dienstbezüge. Ähnliche Regelungen enthalten die Beamtenversorgungsgesetze der Länder. Besondere Regelungen gelten für das Übergangsgeld für → politische Beamte (§ 47a BeamtVG). Sa → Beamtenrecht; → Beamtenversorgung.

2. Anlässlich des Ausscheidens aus einem Arbeitsverhältnis/Dienstverhältnis war Übergangsgeld ab Veranlagungszeitraum 2004 nur noch in Höhe von max. 10 800 EUR steuerfrei (§ 3 Nr. 10 EStG, → Abfindungen). Mit Wirkung zum 1.1.2006 wurde auch diese Steuerbefreiung abgeschafft.

Übergangspflege
Übergangspflege ist eine Leistung der gesetzlichen Krankenversicherung, die im Anschluss an eine Krankenhausbehandlung erbracht werden kann. Voraussetzung dafür ist, dass im unmittelbaren Anschluss an die Krankenhausbehandlung die erforderlichen Leistungen der häuslichen Krankenpflege, der Kurzzeitpflege, Leistungen zur medizinischen Rehabilitation oder Pflegeleistungen nach dem SGB XI nicht oder nur unter erheblichem Aufwand erbracht werden können. Der Anspruch besteht für längstens zehn Tage je Krankenhausbehandlung.

Übergangsgeld in der Sozialversicherung
In der → Sozialversicherung wird während medizinischer → Rehabilitationsmaßnahmen sowie während der Durchführung von Maßnahmen zur Teilhabe am Arbeitsleben von der → Rentenversicherung und der → Unfallversicherung sowie der → Bundesagentur für Arbeit (→ Arbeitsförderung) Übergangsgeld als Ersatz für Verdienstausfall gezahlt. (§§ 119–121 SGB III; §§ 20 f. SGB VI; §§ 49 ff. SGB VII; §§ 64 SGB IX). Zu beachten ist, dass nur das Übergangsgeld während medizinischer Reha-Maßnahmen versicherungspflichtig in der Arbeitslosenversicherung ist.

Übergangsvorschriften
sind Bestimmungen, die beim Erlass neuer Gesetze oder bei Novellierungen (→ Novelle) die Überleitung des alten in den neuen Rechtszustand regeln. Wird das Verfahrensrecht (im Gegensatz zum materiellen Recht) geändert, so gilt vorbehaltlich anderer gesetzlicher Bestimmung der Grundsatz, dass das neue Recht ab sofort auch für bereits anhängige Verfahren maßgebend ist. Sa → Inkrafttreten der Gesetze, → Rückwirkung von Gesetzen.

Übergebot
→ Zwangsversteigerung.

Überhang
Der Eigentümer eines → Grundstücks kann die von einem Nachbargrundstück eingedrungenen Wurzeln eines Baumes oder Strauches abschneiden und behalten. Das Gleiche gilt von überhängenden Zweigen, wenn der Besitzer des Nachbargrundstücks sie binnen angemessener Zeit trotz Aufforderung nicht entfernt hat. Dem Eigentümer steht dieses → Selbsthilferecht nach § 910 BGB nicht zu, wenn die Wurzeln oder Zweige die Benutzung seines Grundstücks nicht beeinträchtigen (Beeinträchtigung möglich zB auch durch Übersäuerung des Bodens aufgrund herabfallender Nadeln). Im Übrigen findet keine Verhältnismäßigkeitsprüfung statt; der Anspruch besteht auch dann, wenn durch das Abschneiden der Zweige an der Grundstücksgrenze der Baum droht, seine Standfestigkeit zu verlieren oder abzusterben. Immerhin hat es der Nachbar in der Hand, seinen Baum laufend zuzuschneiden. Das Verlangen des Eigentümers muss jedoch im Einklang mit den öffentlich-rechtlichen Vorschriften des → Baumschutzes stehen. Das Selbsthilferecht stellt keinen → Anspruch dar, so dass es nicht der → Verjährung oder → Verwirkung unterliegt. Der Eigentümer des beeinträchtigten Grundstücks kann die Kosten der Selbsthilfe von dem Nachbarn nach den Grundsätzen der → ungerechtfertigten Bereicherung geltend machen, denn er hat ihn im Rahmen der → Störerhaftung von der Pflicht zur Beseitigung befreit. → Nachbarrecht.

Überhangmandat
1. Bei Kombination von → Verhältniswahl und → Persönlichkeitswahl können sich sog. Überhangmandat ergeben. Wird – wie vor 2013 bei der Wahl zum → Bundestag – die Hälfte der Abgeordneten durch → Mehrheitswahl in den Wahlkreisen gewählt, die Verteilung der Sitze im Parlament auf die Parteien jedoch nach dem Verhältnis der für die Listen abgegebenen Stimmen vorgenommen, so kann der Fall eintreten, dass eine Partei über die Wahlkreise mehr Sitze erringt, als ihr auf Grund der Listenstimmen zustehen. Ob diese Sitze der jeweiligen Partei als Überhangmandat verbleiben (und damit die Mitgliederzahl des Parlaments erhöhen) und ob sie ggf. durch sog. Ausgleichsmandate (s. Nr. 2) ausgeglichen werden, bestimmt das jeweilige Wahlgesetz. Das BundeswahlG enthielt für die Wahl zum Bundestag eine entsprechende Regelung (sa → Bundestag, 2). Nach der Entscheidung des BVerfG v. 25.7.2012 (NJW 2012, 2869) änderte der Bundesgesetzgeber mit Gesetz v. 21.2.2013 das Wahlrecht; es blieb bei der Wahl zum BT bei den Überhangmandaten, es erfolgt nunmehr jedoch ein Ausgleich durch Ausgleichsmandate (s. Nr. 2).

2. Inzwischen sieht das Wahlrecht ganz überwiegend vor, dass sich bei Entstehen von Überhangmandaten die Gesamtzahl der Sitze erhöht, so dass diese durch Ausgleichsmandate ausgeglichen werden (so schon früher Art. 44 II Bayer. Landeswahlgesetz v. 5.7.2002 (GVBl. 2002, 277) mÄnd, jetzt auch § 6 VI BundeswahlG; ebenso § 33 V Landeswahlgesetz Nordrhein-Westfalen v. 16.8.1993, GV NW 300, mÄnd) Bei Ausscheiden eines Abgeordneten mit Direktmandat konnten früher selbst dann Listenkandidaten nachrücken, wenn die betroffene Partei Überhangmandate errungen hatte; diese Regelung wurde vom BVerfG bereits mit Beschl. v. 10.4.1997 (NJW 1997, 1553) für die Zeit nach der Bundestagswahl 1998 für verfassungswidrig erklärt. Nach der Entscheidung des BVerfG v. 25.7.2012 (NJW 2012, 2869) wurde das Wahlrecht zum BT durch Gesetz v. 21.2.2013 dahingehend reformiert, dass wie bisher Direktmandate als Überhangmandat (s. Nr. 1) vergeben werden (§ 6 IV BundeswahlG), dann aber die zuvor ermittelten Überhangmandat in ihrer proporzbeeinträchtigenden Wirkung durch Ausgleichsmandate neutralisiert werden, bis dadurch eine den sich aus der Verhältniswahl ergebenden Proporz abbildende Sitzverteilung erreicht ist (§ 6 VI BundeswahlG). Je nach Zahl der Überhangmandate kann sich durch dieses Verfahren die Zahl der Abgeordneten BT ganz erheblich erhöhen. IE s. → Bundestag (2b). Die Neuregelung wurde erstmals für die Wahl zum BT 2013 angewandt.

3. Am 8.10.2020 billigte der Deutsche Bundestag eine Wahlrechtsreform, die eine Aufblähung des Parlaments durch die geltende Überhangsmandatsregelung verhindern soll. Im wesentlichen sollen künftig drei Überhangmandate je Landesliste unberücksichtigt bleiben (sa → Bundestag, 2). Mit einer weiteren Wahlrechtsreform gemäß Beschluss des Bundestages vom 17.3.2023 werden ab der Wahl 2025 Überhangmandate und Ausgleichsmandate abgeschafft. Diese kann dazu führen, dass direkt gewählte Wahlkreisabgeordnete nicht mehr in den Bundestag einziehen können, wenn nach den Grundsätzen der Verhältniswahl nicht genügend Listenplätze zur Verfügung stehen. Mit Urteil vom 30.7.2024 bestätigte das BVerfG (2 BvF 1/23) die Verfassungsmäßigkeit der Reform vom 17.3.2023, so dass es ab den nächsten Wahlen zum Bundestag keine Überhangmandate und keine Ausgleichsmandate mehr geben wird.

Überhebung von Gebühren
→ Gebührenüberhebung.

Überholen im Straßenverkehr
Nach § 5 StVO ist links zu überholen. Nur Schienenfahrzeuge sind rechts zu überholen, außer bei Raummangel; auf Fahrbahnen für eine Richtung dürfen sie links oder rechts überholt werden. Fz. dürfen einander nur überholen, wenn die Geschwindigkeit des Überholenden wesentlich höher ist; vorgeschriebene Höchstgeschwindigkeiten dürfen dabei nicht überschritten werden. Gefährdung und Behinderung des anderen sind zu vermeiden (besondere Vorsicht bei gleichzeitigem Überholen mehrerer). Vor oder beim Überholen sind → Warnzeichen außerhalb geschlossener Ortschaften zulässig, sonst nur im Gefahrfall. Sie sind aber während der Dunkelheit durch → Aufblenden erlaubt. Beim Überholen ist Seitenabstand zu wahren, idR mindestens 1m; bei höherer Geschwindigkeit muss er größer sein. Ein konkreter Mindestabstand vorgegeben wird durch die StVO nur für das Überholen von → Fußgängern, → Radfahrern und → Elektrokleinstfahrzeugen durch Kraftfahrzeuge: Dieser beträgt innerorts 1,5 m und außerorts 2 m (§ 5 IV 3 StVO). Diese Vorgabe gilt nicht für den Fall, dass ein Radfahrer an Kreuzungen und Einmündungen dort wartende Kraftfahrzeuge nach § 5 VIII StVO rechts überholt oder neben ihnen zum Stillstand gekommen ist. Auf den Gegenverkehr ist zu achten; dieser darf nicht behindert werden. Wer zum Überholen, das mittels Fahrtrichtungsanzeiger anzukündigen ist, ausscheren will, muss sich so verhalten, dass eine Gefährdung des nachfolgenden Verkehrs ausgeschlossen ist. Der Eingeholte darf seine Geschwindigkeit während des Überholens nicht erhöhen (§ 5 VI 1 StVO); der Überholende darf den Überholten beim Wiedereinfahren in dessen Fahrbahn nicht behindern. Überholverbot besteht bei entsprechender Beschilderung (Zeichen 276, 277 und 277.1 nach Anlage 2 zu § 41 I StVO) und bei unklarer Verkehrslage (§ 5 III StVO), für Lkw über 7,5t zulässiges Gesamtgewicht bei Sichtweite durch Nebel, Schneefall oder Regen von weniger als 50m (§ 5 IIIa StVO), ferner an Fußgängerüberwegen (§ 26 III StVO). Unerlaubtes Überholen ist → Ordnungswidrigkeit (§ 49 I Nr. 5 StVO, § 24 StVG), bei Gefährdung anderer → Straßenverkehrsgefährdung (§ 315c I Nr. 2b StGB).

Überholende Kausalität
→ Schadensersatz (1), → Kausalität im Strafrecht.

Überladung
eines Kraftfahrzeugs oder Anhängers, dh Überschreiten des gesetzlich zugelassenen Höchstgewichts (→ Belastung von Kfz), kann bei vorsätzlichem oder fahrlässigem Handeln beim Fahrzeugführer und ebenso beim → Halter, der die Inbetriebnahme zulässt oder anordnet, als → Ordnungswidrigkeit geahndet werden (§ 24 StVG, § 69a III Nr. 4 StVZO).

Überlange Gerichtsverfahren
Das Gesetz über den Rechtsschutz bei überlangen Gerichtsverfahren und strafrechtlichen Ermittlungsverfahren v. 24.11.2011 (BGBl. 2011 I S. 2302) mÄnd bestimmt, dass ein Verfahrensbeteiligter bei Erleiden eines Nachteils infolge unangemessener Dauer eines Gerichtsverfahrens oder eines → Ermittlungsverfahrens in Strafsachen angemessen entschädigt wird. Als immaterielle Entschädigung sind als Regelbetrag 1200 EUR für jedes Jahr der Verzögerung vorgesehen, soweit eine Wiedergutmachung auf andere Weise, zB durch Feststellung der Unangemessenheit der Verfahrensdauer, nicht ausreichend ist (§ 198 II 2, 3, IV GVG, § 199 I, III 1 GVG). Vor der Geltendmachung eines Entschädigungsverlangens muss der Betroffene eine Verzögerungsrüge beim Ausgangsgericht oder in Ermittlungsverfahren bei der StA erheben. Es haftet für Nachteile auf Grund von Verzögerungen durch Gerichte oder StA eines Landes das Land, durch Gerichte des Bundes oder den Generalbundesanwalt der Bund. Zuständig für die Entscheidung über die Klage auf Entschädigung gegen ein Land ist das Oberlandesgericht am Sitz der Regierung des beklagten Landes, gegen den Bund der BGH. Für Nachteile eines Beteiligten infolge unangemessener Dauer eines Verfahrens vor dem BVerfG in einem zur Herbeiführung einer Entscheidung des BVerfG ausgesetzten Verfahren enthalten §§ 97a ff. BVerfGG eine entsprechende Regelung für eine Verzögerungsbeschwerde, über die die Beschwerdekammer des BVerfG entscheidet.

Überlassungsvertrag
betreffend ein Grundstück im Gebiet ehemaligen DDR → Mietvertrag.

Überlebender Ehegatte
→ Zugewinngemeinschaft, → fortgesetzte Gütergemeinschaft, → Erbfolge, → Berliner Testament.

Überleitungsanzeige
Der Träger der → Sozialhilfe kann zur Abgeltung seiner Leistungen an einen Hilfeempfänger dessen Ansprüche gegen einen Dritten durch Überleitungsanzeige auf sich überleiten (§ 93 SGB XII). Dies gilt auch für den Träger der Grundsicherung (§ 33 SGB II).

Bei gerichtlicher Unterbringung eines nach dem → Sozialgesetzbuch Leistungsberechtigten in einer Anstalt o. dgl. kann der Kostenträger Ansprüche des Untergebrachten auf laufende, dem Lebensunterhalt dienende, Geldleistungen gegen einen Sozialleistungsträger durch Überleitungsanzeige an diesen auf sich überleiten (§ 50 SGB I). Die Geltendmachung hat schriftlich zu erfolgen.

Wird die Überleitungsanzeige geltend gemacht, ist hinsichtlich der Rangfolge bei Überleitungsanzeigen und einem Zusammentreffen mit einer Verrechnung oder Übertragung oder Verpfändung das Prioritätsprinzip maßgebend.

Überleitungsvertrag
Der „Vertrag zur Regelung aus Krieg und Besatzung entstandener Fragen“ v. 26.5.1952 idF v. 30.3.1955 (BGBl. 1955 II 405) zwischen der BRep., den USA, Großbritannien und Frankreich regelte – in Ausführung des → Deutschlandvertrages – Fortbestand und Aufhebung der von den Besatzungsbehörden erlassenen Rechtsvorschriften. Die Organe des Bundes und der Länder waren danach befugt, von den Besatzungsbehörden erlassene Rechtsvorschriften aufzuheben oder zu ändern, soweit im Deutschlandvertrag oder den Zusatzverträgen nicht anderes bestimmt war. Das Besatzungsrecht ist inzwischen zum größten Teil durch Bundesgesetze aufgehoben worden und im Übrigen durch die → Abschließende Regelung in Bezug auf Deutschland gegenstandslos.

Überliegezeit
Die Überliegezeit ist der Zeitraum, den der Verfrachter (Frachtführer) bei einem → Seefrachtvertrag über die → Ladezeit hinaus auf die Abladung (→ Ablader) vereinbarungsgemäß warten muss. Für die Überliegezeit hat der Befrachter dem Verfrachter das Liegegeld zu zahlen (§ 530 HGB).

Übermaßverbot
Das Übermaßverbot ist ein anderer Begriff für den Grundsatz der Verhältnismäßigkeit ieS. (→ Verhältnismäßigkeitsgrundsatz).

Übermittlungsirrtum
→ Anfechtung von Willenserklärungen (1a), → Bote.

Übermüdung des Kraftfahrers
kann zu Unfällen führen und für Fahrer und → Halter des Kfz Schadensersatzpflicht und Bestrafung zur Folge haben, weil sie den Fahrer verkehrsuntauglich macht (§ 2 FeV). Auch der Halter, der die Führung des Kfz trotz Übermüdung des Fahrers duldet oder gar veranlasst, verletzt seine Verkehrspflichten, weil er auch die Fahrtauglichkeit des Fahrers zu überwachen hat. Hat der Fahrer den Zustand nicht erkannt, aber bei sorgfältiger Selbstbeobachtung mit ihm rechnen müssen, kann ein Verschulden vorliegen (zB pausenloses Fahren insbes. bei Nacht, Alkoholgenuss, starke körperliche oder geistige Beanspruchung). Ein Verschulden ist idR anzunehmen, wenn die Vorschriften über die Höchstdauer der Lenkung (→ Kraftfahrer) nicht eingehalten werden. Ein Verstoß gegen das Verbot des § 2 FeV, trotz Übermüdung zu fahren, ist eine → Ordnungswidrigkeit (§ 24 StVG, § 75 Nr. 1 FeV); uU kommt, wenn dadurch andere Personen oder fremde bedeutende Sachwerte gefährdet werden, → Straßenverkehrsgefährdung in Betracht (§ 315c StGB). Führt die Übermüdung zu einem Unfall, so hat das zwar nicht den Wegfall des Versicherungsschutzes wegen Gefahrerhöhung (§§ 23, 26 VVG) zur Folge, kann aber zur Kürzung der Versicherungsleistung führen, wenn grobe Fahrlässigkeit vorliegt.

Übernahme einer Hypothek
→ Hypothekenübernahme.

Übernahme einer Schuld
→ Schuldübernahme.

Übernahme eines Handelsgeschäfts (Unternehmens)
1. Die Übernahme mit → Firma führt grundsätzlich zur Haftung des Übernehmenden für die im Geschäftsbetrieb des früheren Inhabers begründeten Verbindlichkeiten (§ 25 I HGB; der ausgeschiedene oder → Kommanditist gewordene frühere Inhaber haftet noch 5 Jahre fort, §§ 26, 28 HGB). Abweichende Vereinbarungen sind nur wirksam, wenn sie im → Handelsregister eingetragen und bekanntgemacht oder dem betreffenden Gläubiger mitgeteilt werden (§ 25 II HGB). Wird die Firma nicht fortgeführt, tritt die Haftung nur bei Vorliegen eines besonderen Verpflichtungsgrundes ein, insbes. wenn der Erwerber sie in handelsüblicher Weise bekanntgemacht hat (§ 25 III HGB). Die Firma kann nicht ohne das Handelsgeschäft übertragen werden. Sa → Vermögensübernahme, → Betriebsübergang, → Haftung im Steuerrecht.

2. Besonderheiten gelten für die Übernahme eines → Unternehmens auf Grund öffentlicher Angebote zum Erwerb von Wertpapieren (insbes. → Aktien) börsennotierter (Aktien-)Gesellschaften, durch die die Erlangung der Kontrolle über die Zielgesellschaft angestrebt wird. Einzelheiten regelt das Wertpapiererwerbs- und Übernahmegesetz (WpÜG) v. 20.12.2001 (BGBl. 2001 I 3822 mÄnd, samt VOen hierzu v. 27.12.2001, BGBl. 2001 I 4258 ff. mÄnd; zu Einzelheiten → Wertpapiererwerbs- und Übernahmegesetz). Übernahmeangebote sind hiernach Angebote, die auf den Erwerb der Kontrolle gerichtet sind; Kontrolle ist das Halten von mindestens 30 Prozent der Stimmrechte an der Zielgesellschaft (§ 29 I, II WpÜG). → Vorstand und → Aufsichtsrat der Zielgesellschaft müssen bei Übernahmeangeboten im Interesse der Zielgesellschaft handeln und an sich alle Handlungen unterlassen, durch die der Erfolg des Angebots vereitelt werden könnte (sog. Neutralitätspflicht). Vorstand und Aufsichtsrat können aber durch die (letztlich entscheidende) → Hauptversammlung mit mindestens Dreiviertelmehrheit bereits bis zu 18 Monaten, bevor eine derartige Übernahme konkret angekündigt ist, zur Abwehr einer sog. feindlichen Übernahme, also wenn sich die Übernahme ohne die Zustimmung der Geschäftsleitung vollzieht, ermächtigt werden (sog. Vorratsbeschluss, § 33 WpÜG). Der Vorstand kann dann nach einem Angebot einer anderen (zur Übernahme bereiten) Gesellschaft suchen. Inhaber von Wertpapieren der Zielgesellschaft,

die derselben Gattung angehören, sind gleich zu behandeln (§ 3 I WpÜG). Unter bestimmten Umständen muss der Bieter sogar ein Pflichtangebot tätigen (§ 35 WpÜG), welche alle Anteilsinhaber der Zielgesellschaft annehmen können, sogar noch wenn hierfür gesetzte Annahmefristen verstrichen sind. Zur Unternehmensübernahme und zum Unternehmenskauf sa → Unternehmen (2).

Übernahme eines Vermögens
→ Vermögensübernahme.

Übernahmeangebot
→ Wertpapiererwerbs- und Übernahmegesetz.

Übernahmeprinzip
in der → Zwangsversteigerung (besser Übergangsprinzip) bedeutet, dass die in das → geringste Gebot fallenden Rechte am Grundstück kraft Gesetzes bestehen bleiben und die entsprechenden Pflichten dadurch vom Ersteher übernommen werden (§ 52 I ZVG). Die anderen Rechte erlöschen und werden, soweit der Erlös reicht, durch Zahlung aus dem → Bargebot gedeckt.

Überobligationsmäßige Schwierigkeit
→ Unmöglichkeit der Leistung.

Überörtliche Sozialhilfeträger
Die überörtlichen Sozialhilfeträger bestimmen sich nach dem Landesrecht der jeweiligen Bundesländer → Sozialhilfeträger. In Bayern sind dies zB die Bezirke und in NRW die Landschaftsverbände.

Überpariemission
Eine Überpariemission ist die Ausgabe von → Wertpapieren, die auf einen bestimmten Nennbetrag lauten (insbes. → Aktien und → Inhaberschuldverschreibungen), für einen höheren Betrag als den Nennbetrag. Bei Aktien (auch bei Stückaktien) ist die Überpariemission im Gegensatz zur → Unterpariemission zugelassen (§ 9 II AktG).

Überpfändung
Eine Überpfändung liegt vor, wenn eine → Pfändung weiter ausgedehnt wird, als es zur Befriedigung des Gläubigers erforderlich ist. Überpfändungen sind unzulässig (§ 803 I 2 ZPO).

Überplanmäßige Ausgaben (Staatshaushalt)
→ Haushaltsrecht (4).

Überprüfung von Kraftfahrzeugen
→ Überwachung von Kfz.

Überraschende Klausel
→ Allgemeine Geschäftsbedingungen (3).

Überraschungsentscheidung
→ rechtliches Gehör.

Überschallschäden
→ Luftverkehrshaftung.

Überschuldung
Überschuldung liegt vor, wenn das Vermögen des Schuldners (bei einem Unternehmen wird dies nach der Fortführungsprognose bewertet - Prognosezeitraum in der Regel 12 Monate, während der Corona-Pandemie zeitweise reduziert auf vier Monate) dessen bestehende Verbindlichkeiten nicht mehr deckt (§ 19 II InsO). Bei → juristischen Personen und Personengesellschaften ohne persönlich haftende natürliche Person (zB → GmbH & Co.) sowie bei einem → Nachlass ist auch die Überschuldung (neben der → Zahlungsunfähigkeit) Grund zur Eröffnung des → Insolvenzverfahrens (§ 19 I, III InsO, § 320 InsO), bei einer → Genossenschaft im Hinblick auf die → Nachschusspflicht der Genossen nur eingeschränkt (§ 98 GenG). Eine Überschuldung ist aber nicht anzunehmen, wenn die Fortführung des Unternehmens nach den Umständen überwiegend wahrscheinlich ist (§ 19 II InsO).

Überschuldung des Nachlasses
→ Nachlassinsolvenzverfahren, → Nachlassverwaltung, → Beschränkung der Erbenhaftung.

Überschussbeteiligung
→ Lebensversicherung (2a).

Überschusseinkünfte
→ Einkünfte.

Überschusserlöse
→ Strompreis, → Strompreisbremse.

Überschwemmung, Herbeiführen einer –
ist, wenn sie Leib oder Leben eines anderen oder fremde Sachen von bedeutendem Wert gefährdet, als → gemeingefährliche Straftat mit Freiheitsstrafe von 1–10 Jahren bedroht (§ 313 StGB). Verursacht der Täter eine schwere Gesundheitsschädigung eines anderen oder eine Gesundheitsschädigung einer großen Zahl von Menschen oder wenigstens leichtfertig den Tod eines anderen, sind höhere Strafen verwirkt. Fahrlässiges Handeln ist mit geringerer Strafe bedroht. Bei → tätiger Reue kann die Strafe gemildert oder von ihr abgesehen werden oder Straflosigkeit eintreten.

Überschwemmungsgebiete
sind Gebiete, die zwischen Gewässer und → Deich oder Hochufer liegen und sonstige Gebiete, die überschwemmt, durchflossen oder zur Hochwasserentlastung oder Rückhaltung beansprucht werden (§ 76 WHG). Überschwemmungsgebiete werden durch Landesrecht mit Öffentlichkeitsbeteiligung festgesetzt; sie unterliegen baulichen und landwirtschaftlichen Nutzungsbeschränkungen (§§ 78 u. 78a WHG). Die mit den Überschwemmungsgebieten zusammenhängenden Aufgaben des → Hochwasserschutzes werden flussgebietsbezogen wahrgenommen. → Hochwasserentstehungsgebiete, → Wasserhaushalt, → Wassergefahr, → Heizölverbraucheranlagen, → Küstenschutz, → Wasserbücher.

Übersetzer
Ein Übersetzer überträgt schriftliche Dokumente in eine oder aus einer Fremdsprache. Für mündliche Übersetzung im Rahmen eines gerichtlichen bzw. behördlichen Verfahrens → Dolmetscher.

Übersetzung (Schutz nach UrhG)
Die Übersetzung eines urheberrechtlich geschützten Sprachwerks wird, wenn sie eine persönliche geistige Schöpfung des Übersetzers darstellt (was regelmäßig der Fall ist), neben dem → Urheberrecht am übersetzten Werk als selbständiges Werk geschützt (§ 3 UrhG), und zwar zugunsten des Übersetzers. Dies gilt natürlich nicht, wenn die Übersetzung allein dadurch veranlasst wird, dass der „Übersetzer" den Text durch eine Übersetzungssoftware übersetzen lässt, weil es sich dann nicht mehr um eine persönliche geistige Übersetzung handelt.

Übersicherung
→ Sittenwidrigkeit, → Abtretung (1).

Übersiedler
war die Bezeichnung für Deutsche, die aus der DDR in die BRep. umsiedelten.

Überstaatliche Organisationen
→ supranationale Organisationen.

Überstaatliches Recht
→ supranationale Organisationen.

Überstellung
→ Auslieferung, → Rechtshilfe, → Vollstreckungshilfe.

Überstunden
→ Überarbeit, → Mehrarbeit.

Übertarifliche Zulagen
Auch wenn ein → Tarifvertrag besteht, ist es zulässig, durch Einzelabrede (durch → Betriebsvereinbarung s. dort) übertarifliche Zulagen zu vereinbaren (zB Lohnzuschläge, frei verhandeltes höheres Grundentgelt). Diese werden bei einer Erhöhung der entsprechenden tariflichen Leistungen idR aufgesogen (zu Abweichungen in tarifvertraglichen Regelungen → Effektivklausel).

Übertragbare Krankheiten
Übertrabare Krankheiten sind durch Krankheitserreger verursachte Krankheiten, die unmittelbar oder mittelbar auf den Menschen übertragen werden können. Maßnahmen zu ihrer Verhütung und Bekämpfung sieht das → Infektionsschutzgesetz vor, das das frühere Bundes-Seuchengesetz abgelöst hat. Sa → Quarantäne → Tierseuchen.

Übertragener Wirkungskreis
→ Auftragsangelegenheiten, → Gemeinde.

Übertragung
des Betriebs → Betriebsübergang, der Firma → Firma, → Übernahme eines Handelsgeschäfts (– Unternehmens). Übertragung des Eigentums → Eigentumsübertragung. Übertragung der Erbschaft → Erbschaftskauf, → Erbengemeinschaft (1). Übertragung von Forderungen und Rechten → Abtretung. Übertragung von Grundstücksrechten → Grundstücksrechte. Übertragung von Rentenanwartschaften → Versorgungsausgleich. Übertragung von Sozialleistungsansprüchen zulässig bei wohlverstandenem Interesse (§ 53 SGB I) → Abtretung (6). Übertragung von Aufgaben im Sozialleistungsrecht → Arbeitsgemeinschaft.

Übertragungsnetz
Nach § 3 Nr. 44 EEG 2023 ist Übertragungsnetz ein Stromnetz, über das der Strom mit Höchst- oder Hochspannung überregional zu anderen Netzen transportiert wird. Aufgabe der Übertragungsnetze ist es, den Strom von der Erzeugungsanlage zu den regionalen Verteilernetzen zu bringen. Dieses Verständnis liegt auch der Definition des Übertragungsnetzbetreibers in § 3 Nr. 10 EnWG zugrunde. 2023 gab es in Deutschland die vier in § 3 Nr. 10a EnWG namentlich genannten Übertragungsnetzbetreiber. Auch Unternehmen, die grenzüberschreitende Elektrizitätsverbindungen betreiben, gelten nach § 3 Nr. 31 EnWG als Übertragungsnetzbetreiber. Die VO (EU) 2017/1485 v. 2.8.2017 zur Festlegung einer Leitlinie für den Übertragungsnetzbetrieb (ABl. EU 2017 L 220, 1) soll Betriebssicherheit, Frequenzstabilität und eine effiziente Nutzung des unionsweiten Verbundsystems der Übertragungsnetze gewährleisten. → Energiewirtschaft, → erneuerbare Energien, → Netzausbau.

Übertritt
→ Kirchenaustritt; Übertritt eines Abgeordneten → Mandat des Abgeordneten.

Überversicherung
→ Schadensversicherung.

Überwachung am Arbeitsplatz
Hins. einer Überwachung am Arbeitsplatz (Videoüberwachung, Überwachung der Internetnutzung, Taschenkontrollen am Ausgang etc) besteht eine → Mitbestimmung (1) des Betriebsrats. Auch ansonsten ist eine Überwachung nur eingeschränkt zulässig, da sie einen Eingriff in das allgemeine Persönlichkeitsrecht des Arbeitnehmers darstellen kann; der Arbeitgeber als Gläubiger der Arbeitsleistung darf aber überprüfen, ob sie ordnungsgemäß erbracht wird. Intensive Überwachungsmaßnahmen (zB verdeckte Videoüberwachung) sind nur bei Vorliegen eines Anfangsverdachts hins. einer Staftat oder anderen schweren Pflichtverletzung zulässig; andere – insbesondere offene und nach abstrakten Kriterien alle Arbeitnehmer betreffende – Maßnahmen sind auch ohne Vorliegen eines Verdachts zulässig (BAG 27.7.2017 – 2 AZR 681/6, NJW 2017, 3258). Sa → Videoüberwachung und §§ 4, 26 BDSG sowie die → Datenschutz-Grundverordnung.

Überwachung der Telekommunikation
→ Telekommunikationsüberwachung, → Brief-, Post- und Fernmeldegeheimnis, → Einsatz technischer Mittel.

Überwachung von Kraftfahrzeugen
Im Interesse der Verkehrssicherheit schreibt § 29 StVZO eine periodische technische Überprüfung der Kraftfahrzeuge und Anhänger auf ihren vorschriftsmäßigen Zustand vor. Die Überwachung erstreckt sich auf alle Fz., die ein amtliches Kennzeichen haben oder führen müssen (→ Kennzeichen am Kfz.); ausgenommen sind ua Fz. mit rotem Kennzeichen sowie Bundeswehr- und Bundespolizei-Fz. Bei Pkw. und Krafträdern ist alle 2 Jahre eine Hauptuntersuchung durchzuführen, bei größeren Lkw., Omnibussen, → Taxi, Krankenwagen und zulassungspflichtigen Zugmaschinen jährlich. Bei Omnibussen, schweren Lkw. und Zugmaschinen sowie schweren Anhängern ist nach 1, 2 oder 3 Jahren außerdem eine Sicherheitsprüfung im Abstand von 6 Monaten erforderlich. Der Monat, in dem das Fz. spätestens zur nächsten Hauptuntersuchung anzumelden ist, wird auf einer am hinteren Kennzeichen des Fz. anzubringenden Prüfplakette bezeichnet. Im Einzelnen vgl. Anl. VIII, IX z. StVZO. Die Kosten der Untersuchung trägt der Halter. Wird bei einem Fz. Betriebsunsicherheit festgestellt, darf es vor der Beseitigung im öffentlichen Verkehr nicht verwendet werden; fehlt die Prüfplakette, kann der Betrieb des Fz. im öffentlichen Verkehr untersagt oder beschränkt werden (§ 29 VII StVZO).

Der Umweltverträglichkeit (→ Umweltschutz im Straßenverkehr) dient die Prüfung der Umweltbelastung bei der Hauptuntersuchung. Sie erstreckt sich auf Geräusche, Abgase, elektromagnetische Verträglichkeit und Verlust von Flüssigkeiten (Nr. 4.8 der Anl. VIII zu § 29 StVZO). Das → Abgasverhalten muss den Anforderungen des § 47 StVZO und der darin genannten EG-Richtlinien entsprechen.

Überwachung von Personen
→ Observation.

Überwachungsbedürftige Abfälle
s. → Abfallüberwachung.

Überwachungsbedürftige Anlagen
sind nach der Legaldefinition von § 2 ÜAnlG (→ Geräte- und Produktsicherheitsrecht) Anlagen, von denen bei Betrieb erhebliche Risiken für die Sicherheit und Gesundheit ausgehen können. Sie müssen außerdem entweder gewerblichen oder wirtschaftlichen Zwecken dienen oder ein Gefährdungspotential für die Beschäftigen (auch nicht-gewerblicher) Anlagen darstellen. Die Festlegung, ob es sich um eine solche Anlage handelt, erfolgt durch eine Rechtsverordnung auf Grundlage des § 31 ÜAnlG. Nach § 2 XIII BetrSichV sind dies Anlagen, die in Anhang 2 genannt oder nach § 18 I BetrSichV erlaubnispflichtig sind, u. a. → Dampfkesselanlagen, → Druckgeräte, Anlagen zur Abfüllung von Gasen, Leitungen und Anlagen für → brennbare Flüssigkeiten, Aufzugsanlagen, Getränkeschankanlagen und Acetylenanlagen. Bis 2021 waren diese in § 20 Nr. 30 ProdSGaF aufgeführt.

Errichtung, Betrieb und Änderungen von überwachungsbedürftigen Anlagen unterliegen idR der Genehmigung, Prüfung und Überwachung (u. a. § 7, 27 ÜAnlG, § 18 BetrSichV). Diese Vorschriften gelten subsidiär zu spezielleren Vorschriften (§ 1 Abs. 3 Nr. 2 ÜAnlG). Einzelheiten regeln die auf Grund von § 31 ÜAnlG erlassenen VO. Betriebsvorschriften für überwachungsbedürftige Anlagen enthält die VO über → Betriebssicherheit; sa → Überwachungsstelle, → Marktüberwachung.

Überwachungsbedürftige Gewerbe
sind gemäß § 38 GewO
- bestimmte Arten des → Gebrauchtwarenhandels,
- → Auskunfteien,
- → Ehe-, Partnerschafts- und Bekanntschaftsvermittlungen,
- → Reisebüros,
- Schlüsseldienste und Vertrieb von Gebäudesicherungseinrichtungen sowie
- Herstellung und Vertrieb von diebstahlbezogenen Öffnungswerkzeugen.

Der Betrieb von überwachungsbedürftigen Gewerben bedarf keiner → Gewerbezulassung, mit der Gewerbeanmeldung (→ Anzeigepflicht (Gewerberecht)) sind jedoch Zuverlässigkeitsnachweise (→ Führungszeugnis, Auskunft aus dem → Gewerbezentralregister) vorzulegen und von der Behörde zu überprüfen. Überwachungsbedürftige Gewerbe unterliegen den besonderen Auskunfts- und Nachschauregelungen des § 29 GewO.

Überwachungsgesetz
wird das Gesetz zur Überwachung strafrechtlicher und anderer → Verbringungsverbote v. 24.5.1961 (BGBl. 1961 I 607) mÄnd genannt.

Überwachungspläne
→ Anlage (1e).

Überwachungsstelle
(auch Prüf- oder Kontrollstelle) ist eine privatrechtliche Überwachungs- und Prüfungsorganisation wie zB der TÜV, die auch im staatlichen Auftrag tätig werden kann – zB gem. § 29a BImSchG (sicherheitstechnische Prüfung) oder §§ 2 Nr. 4, 7 V ÜAnlG (Überwachung der Anlagensicherheit); → Sachverständiger, → beliehene Unternehmer. Bekannteste Fälle dürften die Haupt- und Abgasuntersuchungen von Kraftfahrzeugen, Prüfungen nach dem ÜAnlG (ua von → Aufzugsanlagen, → Dampfkesselanlagen, → überwachungsbedürftigen Anlagen) und die → Zertifizierung sein. Die Überwachungsstelle untersteht dabei der Aufsicht der für sie zuständigen Fachbehörden. Sa → Umweltgutachter.

Überweisung
→ Überweisungsvertrag.

Überweisungsbeschluss
Bei der → Zwangsvollstreckung wegen einer Geldforderung wird mit dem Pfändungsbeschluss (→ Pfändung) idR in einer Urkunde der Überweisungsbeschluss verbunden, der dem Gläubiger das gepfändete Recht überweist (§ 835 ZPO), damit er es im eigenen Namen zur Befriedigung seiner Geldforderung gegen den → Drittschuldner geltend machen kann (zB durch Klage; Besonderheit bei der → Lohnpfändung). Die Überweisung geschieht meist „zur Einziehung". Dies lässt die Forderung des Gläubigers unberührt, dh der Gläubiger kann versuchen, die Forderung einzuziehen. Hat dies keinen Erfolg, so kann der Gläubiger anderweitig versuchen, die Vollstreckung weiterzubetreiben. Eine Überweisung „an Zahlungs statt" (praktisch sehr selten) wirkt dagegen wie eine Abtretung und führt zu einer Befriedigung des Gläubigers ohne Rücksicht darauf, mit welchem Erfolg er das gepfändete Recht geltend macht (§ 835 II ZPO). Der Überweisungsbeschluss ersetzt stets eine Abtretungserklärung des Schuldners (§ 836 I ZPO) und begründet eine Auskunftspflicht des Schuldners (§ 836 III ZPO) und Drittschuldners (§ 840 ZPO).

Überweisungsvertrag, Überweisungsauftrag
Ein Überweisungsauftrag erfolgt idR auf der Basis eines Zahlungsdiensterahmenvertrags nach § 675 f II BGB (→ Zahlungsdienstevertrag, → Geschäftsbesorgungsvertrag, 2, → Girovertrag). Er ist ein Zahlungsauftrag iSv § 675 f III 2 BGB (und damit eine Weisung nach § 665 BGB) und begründet eine Verpflichtung des Kreditinstituts als Zahlungsdienstleister, dem Begünstigten einen bestimmten Geldbetrag zur Gutschrift auf dessen Konto oder durch Übermittlung an dessen Kreditinstitut zur Verfügung zu stellen (anders → Anweisung). Sofern kein Zahlungsdiensterahmenvertrag abgeschlossen ist (zB wenn eine ständige Geschäftsbeziehung zum Kreditinstitut fehlt), wird ein auf Durchführung der Überweisung gerichteter einzelner Überweisungsvertrag abgeschlossen. Bei einer Überweisung hat das Kreditinstitut die vertraglichen Vorgaben zu beachten. Der Zahlungsdienstleister unterliegt Ausführungsfristen für Zahlungsvorgänge. Die grds. geltende Frist beträgt einen Geschäftstag, § 675s I 1 BGB. Die Frist beginnt an dem Geschäftstag, an dem der Zahlungsauftrag dem Zahlungsdienstleister des Zahlers wirksam zugeht, § 675n BGB. Von den Fristen kann unter bestimmten Voraussetzungen durch vertragliche Vereinbarung abgewichen (maximal viertägige Ausführungsfrist). Haftungsfragen im Zusammenhang mit Zahlungsvorgängen können sich bei nicht autorisierten Zahlungen oder bei fehlerhafter oder verspäteter Zahlungsausführung ergeben, s. hierzu §§ 675u ff. BGB. Andere Ansprüche, die ein → Verschulden voraussetzen, oder solche aus → ungerechtfertigter Bereicherung bleiben unberührt. Über Kundeninformationspflichten s. → Geschäftsbesorgungsvertrag (2), → Lastschriftverfahren, → Dauerauftrag, → Gütestellen.

Überzeugungstäter
ist der Straftäter, der weiß, dass er gegen eine gültige Rechtsnorm verstößt, sich aber zu seinem Handeln unter höherrangigen Gesichtspunkten für berechtigt oder gar verpflichtet hält (meist aus sittlicher, religiöser oder politischer Überzeugung). Das geltende Recht privilegiert den Überzeugungstäter nicht; die besonderen Motive des Überzeugungstäters können daher nur bei der → Strafzumessung innerhalb des allgemeinen gesetzlichen Strafrahmens berücksichtigt werden (vgl. § 46 StGB).

Überziehung
→ Überziehungskredit, → geduldete Überziehung.

Überziehungskredit (Dispositionskredit)
Vielfach wird dem Bankkunden die Möglichkeit eingeräumt, im Rahmen eines → Girovertrags (sa → Zahlungsdienstevertrag) oder eines → Kontokorrents über den vereinbarten Betrag (oder Zeitraum) hinaus Kredit (gegen erhöhte Vergütung oder Überziehungsprovision) in Anspruch zu nehmen. Rechtlich liegt ein → Darlehensvertrag bzw. ein → Verbraucherdarlehensvertrag (s. iE dort) vor. Die Bank hat den Kunden regelmäßig gem. Art. 247 § 16 EGBGB zu unterrichten (§ 504 I BGB). Das bezieht sich vor allem auf den Saldo, den Sollzinssatz und die anfallenden Kosten. Der Anspruch auf Überziehungskredit unterliegt bereits der Pfändung durch einen Gläubiger („Pfändung in die Kreditlinie"). Sa → geduldete Überziehung.

Üble Nachrede
(§ 186 StGB) → Beleidigung, → Anschwärzung.

Übung
(Rechtsübung) → Recht (1a), → Handelsbrauch, → betriebliche Übung.

Übungen, militärische
→ Wehrübungen, → Manöver.

Ukrainekrieg
Am 24.2.2022 marschierten russische Trupopen in die Ukraine ein. Da es keine Belege dafür gibt, dass unmittelbar vor diesem Zeitpunkt ein Angriff der Ukraine auf Russland bevorgestanden hätte, handelte es sich dabei um einen gegen das → Gewaltverbot verstoßenden → Angriffskrieg. Dagegen durfte sich die Ukraine ihrerseits mit → militärischen Maßnahmen zur Wehr setzen. Sa → Kriegsrecht; → Kriegsflüchtlinge und Bürgerkriegsflüchtlinge.

Ultimatum
ist im zwischenstaatlichen Verkehr die Androhung bestimmter Maßnahmen eines Staates gegenüber einem anderen für den Fall, dass dieser bestimmte Forderungen nicht erfüllt. Häufig wird dabei eine Frist gesetzt, in der die Forderungen erfüllt sein müssen.

Ultimo
= der letzte Tag eines Monats.

Ultraleichtflugzeuge
und Ultraleichthubschrauber sind → Luftsportgeräte.

Ultra-vires-Lehre
→ Rechtsfähigkeit.

Umbildung einer Sache
→ Verarbeitung.

Umdeutung
eines Rechtsgeschäfts → Nichtigkeit von Rechtsgeschäften (3), → Auslegung von Verfügungen von Todes wegen.

Umgangspflegschaft
→ Umgangsrecht.

Umgangsrecht
Das Recht zum persönlichen Umgang mit dem Kind (auch Verkehrsrecht oder Besuchsrecht genannt) und des Kindes mit seinen Bezugspersonen ist ein wesentlicher Teil der → Personensorge. Zum Wohl des Kindes gehört nämlich idR der Umgang mit beiden Elternteilen und auch mit anderen Personen, zu denen das Kind Bindungen besitzt, wenn ihre Aufrechterhaltung für seine Entwicklung förderlich ist (§ 1626 III BGB). Unabhängig von der Regelung der → elterlichen Sorge iE hat das Kind das Umgangsrecht mit jedem Elternteil; umgekehrt ist jeder Elternteil zum Umgang mit dem Kind verpflichtet und berechtigt (§ 1684 I BGB). „Umgang" ist zuvörderst der persönliche Kontakt mit dem Kind; das Umgangsrecht umfasst aber auch andere Formen, zB brieflichen oder telefonischen Kontakt. Eine wechselseitige Betreuung des Kindes durch beide Eltern zu annähernd gleichen Anteilen (Wechselmodell) kann als Regelung der elterlichen Sorge oder des Umgangsrecht ausgestaltet werden. Die Eltern haben alles zu unterlassen, was das Verhältnis des Kindes zum jeweils anderen Elternteil (oder zu Personen, in deren Obhut sich das Kind befindet) beeinträchtigt oder die Erziehung erschwert (§ 1684 II BGB).

Daneben haben Großeltern, Geschwister und sonstige enge Bezugspersonen des Kindes (zB Stiefeltern, Pflegeeltern), wenn diese für das Kind (insbes. in häuslicher Gemeinschaft) tatsächliche Verantwortung tragen (sozial-familiäre Beziehung), ein Umgangsrecht mit dem Kind, sofern dies dem Wohl des Kindes dient (§ 1685 BGB). Der nicht rechtliche, aber leibliche Vater (→ Abstammung), der ein ernstes Interesse an dem Kind gezeigt hat, hat ein Umgangsrecht auch ohne sozial-familiäre Beziehung (§ 1686a BGB). Der Umgang muss dem Wohl des Kindes dienen. Das Familiengericht kann, insbes. wenn sich die Beteiligten über die Umgangsregelung nicht einigen können, über den Umfang des Umgangsrechts entscheiden und seine Ausübung, auch gegenüber Dritten, näher regeln, hierzu Anordnungen erlassen und diese notfalls auch zwangsweise (→ Ordnungsmittel) durchsetzen oder eine sog. Umgangspflegschaft zur Sicherung des Umgangsrechts anordnen (§ 1684 III BGB, §§ 89 ff. FamFG). Das Gericht hat aber zunächst eine einvernehmliche Ausübung des Umgangs zu vermitteln (Einzelheiten § 156 FamFG). Kommt es hierzu nicht, so kann das Familiengericht das Umgangsrecht einschränken (zB auf ein Besuchsrecht zu bestimmten Zeiten) oder auch ganz ausschließen, soweit dies zum Wohl des Kindes erforderlich ist; für längere Zeit allerdings nur, wenn sonst das Wohl des Kindes gefährdet wäre. Das Familiengericht kann auch anordnen, dass der Umgang nur stattfinden darf, wenn ein mitwirkungsberechtigter Dritter (zB ein Vertreter des → Jugendamts) anwesend ist. Im Interesse des Kindes kann das Familiengericht auch frühere Entscheidungen über das Umgangsrecht in sachgerechter Weise abändern, auch von Amts wegen (§ 1684 IV BGB).

Umgebungslärm
Umgebungslärm sind belästigende und gesundheitsschädliche Geräusche im Freien, die vom Menschen – im Wesentlichen durch Verkehr und industrielle Tätigkeit – verursacht sind. Die §§ 47a ff. BImSchG enthalten Maßnahmen, um Umgebungslärm, insbesondere in Ballungsräumen und an stark frequentierten Verkehrsadern, zu vermindern. Für Ballungsräume mit über 250.000 Einwohnern, Hauptverkehrsstraßen mit über 6 Mio. Fahrzeugbewegungen pro Jahr, Haupteisenbahnstrecken mit über 60.000 Zügen jährlich sowie für Großflughäfen sind Lärmkarten und Lärmaktionspläne aufzustellen, die die Lärmprobleme und -auswirkungen regeln sollen. An der Ausarbeitung wirkt die Öffentlichkeit mit. Die Einzelheiten werden durch Verordnungen, etwa die Verordnung über die Lärmkartierung (34. BImSchV) v. 6.3.2006 (BGBl. 2006 I 516, mÄnd), geregelt. → Lärmbekämpfung.

Umgehungsgeschäft
→ Scheingeschäft, → Gesetzwidrigkeit von Rechtsgeschäften, → Verbraucherdarlehensvertrag, → Missbrauch von Gestaltungsmöglichkeiten, → Allgemeine Geschäftsbedingungen.

Umgruppierung
Umgruppierung ist die anderweitige Zuordnung von Arbeitnehmern zu einer Tarifgruppe. Dem → Betriebsrat steht hierbei (ebenso wie bei der → Eingruppierung) gem. § 99 BetrVG ein Recht auf → Mitbestimmung zu. Für Personalräte vgl. etwa § 75 I BPersVG.

Umkehrschluss
→ argumentum e contrario.

Umkehrung der Beweislast
→ Beweislast, → Anscheinsbeweis.

Umlaufverfahren
Im Umlaufverfahren werden Beschlüsse außerhalb einer Versammlung in der Regel einstimmig durch eine schriftliche Abstimmung gefasst. Dabei kann eine abweichende Form vorgeschrieben sein, wie die → Textform bei Mitgliederversammlungen eines → Vereins (§ 32 III BGB). Die Satzung kann auch Mehrheitsbeschlüsse im Umlaufverfahren vorsehen (§ 40 BGB). Zum Umlaufverfahren im Wohnungseigentumsrecht (WEG) → Wohnungseigentum.

Umlaufvermögen
sind in der Handels- und Steuerbilanz die Vermögensgegenstände, die – im Gegensatz zum → Anlagevermögen (§ 247 II HGB) – nicht dazu bestimmt sind, dauernd dem Geschäftsbetrieb zu dienen, die also bestimmungsgemäß veräußert, verarbeitet oder verbraucht werden (Umkehrschluss aus § 247 II HGB), zB Waren, Vorräte, Forderungen, Finanzmittel usw. Eine → Absetzung für Abnutzung ist beim Umlaufvermögen ausgeschlossen (§ 6 I Nr. 2 EStG). Für das Umlaufvermögen gilt handelsrechtlich das strenge Niederstwertprinzip (→ Abschreibungen). Steuerlich ist ein Ansatz mit dem Teilwert nur dann zulässig, wenn es sich um eine dauerhafte Wertminderung handelt. Sobald diese entfallen ist, besteht ein Wertaufholungsgebot. → Abschreibung, → Teilwertabschreibung.

Umlegung
Die §§ 45 ff. BauGB (→ Baugesetzbuch) sehen als Maßnahme der Bodenordnung die Umlegung von Grundstücken vor. Zur Erschließung oder Neugestaltung bestimmter Gebiete können bebaute und unbebaute Grundstücke in der Weise geordnet werden, dass nach Lage, Form und Größe für die bauliche oder sonstige Nutzung zweckmäßig gestaltete Grundstücke entstehen. Die Umlegung wird von der Gemeinde angeordnet und durchgeführt, wenn und sobald sie zur Verwirklichung eines Bebauungsplans (→ Bauleitpläne) erforderlich ist. Das Umlegungsverfahren wird durch den Umlegungsbeschluss eingeleitet; er begründet eine → Veränderungssperre. Beteiligt am Verfahren sind die Eigentümer und die sonstigen dinglich Berechtigten der im Umlegungsgebiet gelegenen Grundstücke, die Gemeinde und die Erschließungsträger. Die Grundstücke werden vereinigt (Umlegungsmasse), sodann die Verkehrs- und Grünflächen abgesondert, die verbleibende (Verteilungs-)Masse auf die beteiligten Grundeigentümer verteilt. Diese sollen grundsätzlich gleichwertige Grundstücke erhalten; ist dies nicht möglich, so werden sie durch Ausgleichsbeträge abgefunden. Die Zuteilung erfolgt auf Grund des Umlegungsplans, der nach Erörterung mit den Eigentümern durch Beschluss aufgestellt wird. Anders als die Umlegung dient die → Flurbereinigung der Förderung der land- und forstwirtschaftlichen Erzeugung.

Umrechnung
→ Geldschuld.

Umsatzschwellen
Unternehmenszusammenschlüsse unterliegen der präventiven → Fusionskontrolle, wenn bestimmte Umsatzschwellen überschritten werden.

Ein Zusammenschluss unterliegt der europäischen Fusionskontrolle, wenn ein weltweiter Gesamtumsatz aller beteiligten Unternehmen von mehr als 5 Mrd. EUR und ein unionsweiter Gesamtumsatz von mind. zwei beteiligten Unternehmen von jeweils mehr als 250 Mio. EUR erzielt werden, es sei denn, die beteiligten Unternehmen erzielen jeweils mehr als zwei Drittel ihres unionsweiten Gesamtumsatzes in ein und demselben Mitgliedstaat (Art. 1 II FKVO (→ Fusionskontrollverordnung)). Ein Zusammenschluss unterliegt auch dann der europäischen Fusionskontrolle, wenn die niedrigeren Schwellenwerte und zusätzlichen Voraussetzungen des Art. 1 III Fusionskontrollverordnung vorliegen.

Ein Zusammenschluss unterliegt der deutschen Fusionskontrolle, wenn die beteiligten Unternehmen insgesamt weltweit Umsatzerlöse von mehr als 500 Mio. EUR und im Inland mind. ein beteiligtes Unternehmen Umsatzerlöse von mehr als 50 Mio. EUR und ein anderes beteiligtes Unternehmen Umsatzerlöse von mehr als 17,5 Mio. EUR erzielen (§ 35 Abs. 1 GWB), es sei denn, es greift die Ausnahmevorschrift des § 35 Abs. 2 GWB. Ist das zu erwerbende Unternehmen in erheblichem Umfang im Inland tätig und beträgt der Kaufpreis mehr als 400 Mio. EUR, so unterliegt der Zusammenschluss auch dann der Fusionskontrolle, wenn der Umsatz unter 17,5 Mio. EUR liegt (§ 35 Abs. 1a GWB); damit soll die Kontrolle auf schnell wachsenden - etwa digitalen - Märkten erleichtert werden, bei denen der hohe Kaufpreis für ein Start-Up-Unternehmen ein hohes Innovationspotential indiziert.

Umsatzsteuer
1. Rechtsgrundlagen für die Erhebung der Umsatzsteuer sind das Umsatzsteuergesetz (UStG) 1999 idF v. 21.2.2005 (BGBl. 2005 I 386) und die USt.-Durchführungsverordnung (UStDV) idF d. Bekanntmachung v. 21.2.2005 (BGBl. 2005 I 434), die Einfuhr-Verbrauchsteuerbefreiungsverordnung v. 8.6. 1999 (BGBl. 1999 I 1414), und der Anwendungserlass zur Umsatzsteuer v. 1.10.2010. Die Umsatzsteuer ist die wichtigste → Verkehrsteuer und → indirekte Steuer.

2. Die Umsatzsteuer wird auch als Mehrwertsteuer bezeichnet, da im Ergebnis nur der unternehmerische Mehrwert, dh der Unterschied zwischen Eingangs- und Ausgangsleis-

tung (zB Einkaufspreis/Verkaufspreis), erfasst wird. Der Unternehmer stellt dem Abnehmer die Umsatzsteuer in Rechnung, führt diese an das Finanzamt ab, darf jedoch seinerseits die ihm vom Lieferer in Rechnung gestellte Umsatzsteuer als Vorsteuer abziehen (Netto-U. mit Vorsteuerabzug). Die Umsatzsteuer belastet somit den Unternehmer nicht als Aufwand (sog. Steuerneutralität). Die Umsatzsteuer ist eine fraktionierte, dh in Teilbeträgen erhobene Konsumsteuer, die wirtschaftlich vom Verbraucher zu tragen ist.

3. Gegenstand der Umsatzsteuer sind die gesamten steuerbaren Umsätze (§ 1 I UStG). Dies sind Lieferungen (§ 3 I UStG) und sonstige Leistungen (§ 3 IX UStG), die ein → Unternehmer im Rahmen seines Unternehmens (§ 2 UStG) im → Inland (§ 1 II, III UStG) gegen Entgelt (§ 10 UStG) ausführt. Lieferungen eines Unternehmers sind Leistungen, durch die er oder in seinem Auftrag ein Dritter den Abnehmer oder in dessen Auftrag einen Dritten befähigt, im eigenen Namen über einen Gegenstand zu verfügen (Verschaffung der Verfügungsmacht). Sonstige Leistung ist jede Leistung (Tun, Dulden oder Unterlassen), die keine Lieferung ist. Steuerbarer Umsatz ist auch die Einfuhr von Gegenständen ins Inland (→ Einfuhrumsatzsteuer) und der innergemeinschaftliche Erwerb im Inland gegen Entgelt (→ Binnenmarkt, Umsatzsteuer, 2). Verwendet der Unternehmer einen betrieblich genutzten Gegenstand für nichtunternehmerische Zwecke oder wird vom Unternehmer eine sonstige Leistung für Zwecke, die außerhalb des Unternehmens liegen, erbracht, kann → Eigenverbrauch vorliegen, der einer Lieferung oder sonstigen Leistung gleichgestellt wird. Die Geschäftsveräußerung, dh wenn ein Unternehmen oder ein gesondert geführter Betrieb im Ganzen übereignet oder in eine Gesellschaft eingebracht wird, ist seit 1994 nicht umsatzsteuerbar (§ 1 Ia UStG).

4. Da die Lieferung/sonstige Leistung im Inland ausgeführt werden muss, kommt es auf die Bestimmung des Orts der Lieferung bzw. der sonstigen Leistung an. Dieser findet eine komplexe Regelung in den § 3 VI, VIa, VII, VIII UStG, §§ 3a, 3b, 3c, 3e, 3g UStG.

a) Ort der Lieferung: Geliefert wird grundsätzlich dort, wo die Beförderung oder Versendung beginnt (§ 3 VI UStG, Sonderregelung für unternehmerisches Reihengeschäft, § 3 VIa UStG)). Wird nicht befördert oder versendet, ist maßgeblich, wo sich der Gegenstand zur Zeit der Verschaffung der Verfügungsmacht befindet (§ 3 VII UStG). Bei einer Beförderung oder Versendung von einem → Drittlandsgebiet ins → Inland gilt der Ort der Lieferung als im Inland belegen, wenn der Lieferant Schuldner der Einfuhrumsatzsteuer ist (§ 3 VIII UStG).

b) Der Ort der sonstigen Leistung ist umfassend geregelt, wobei seit 1.1.2010 zwischen Leistungen unter Unternehmern und Leistungen an Nichtunternehmer zu unterscheiden ist. Grundsätzlich gilt das Empfängerortprinzip (§ 3a Abs. 2 UStG). Für Grundstücksumsätze befindet sich der Leistungsort dagegen dort, wo das Grundstück liegt. Eine Differenzierung zwischen Leistungen an Unternehmer oder Nichtunternehmer erfolgt hier nicht (§ 3a III Nr. 1 UStG, zB Architektenleistung). Kulturelle, künstlerische, wissenschaftliche o. ä. Leistungen werden an dem Ort ausgeführt, wo die Leistung tatsächlich erbracht wurde (Tätigkeitsort, § 3a III Nr. 3 UStG). Werden solche Leistungen an Unternehmer ausgeführt, gilt das Empfängerortprinzip. Vermittlungsleistungen an Nichtunternehmer werden dort erbracht, wo der vermittelte Umsatz als ausgeführt gilt (§ 3a III Nr. 4 UStG); auf elektronischem Weg erbrachte Dienstleistungen durch im Drittlandsgebiet ansässige Unternehmer an Nichtunternehmer haben ihren Leistungsort in dem Mitgliedsstaat, in dem der Empfänger seinen Wohnsitz hat. Zu den weiteren Einzelheiten s. BMF-Schreiben vom 4.9.2009, BStBl. I 2009, 1005.

5. Die Befreiungen von der USt finden sich in § 4 Nr. 1–28 UStG und von der Einfuhr-USt in § 5 UStG sowie in der EUStBV. Dabei ist zu unterscheiden zwischen Steuerbefreiungen, die gleichwohl zum Vorsteuerabzug berechtigen, zB Ausfuhrtatbestände und innergemeinschaftliche Lieferungen (§ 4 Nr. 1–6 UStG, §§ 6–8 UStG; vgl. auch § 25 II UStG, § 26 V UStG), und solchen, die einen Vorsteuerabzug ausschließen. Letztere sind in den § 4 Nr. 7–28 UStG geregelt. Dazu gehören zB die Umsätze als Arzt, Zahnarzt, Heilpraktiker oder Physiotherapeut. Bei einzelnen Steuerbefreiungen kann der Unternehmer auf die Befreiung verzichten, um den Vorsteuerabzug zu erhalten (Option zur Steuerpflicht, vgl. § 9 UStG). Dazu gehören ua Umsätze aus der Veräußerung von Grundstücken, bei denen jedoch die Einschränkungen des § 9 Abs. 3 UStG zu beachten sind, oder von Gesellschaftsanteilen; aus der Vermietung von Grundstücken, wenn der Mieter das Grundstück ausschließlich für Abzugsumsätze verwendet; oder Blindenumsätze. Ein Verzicht ist nur möglich bei Leistungen an Unternehmer. Er erfolgt durch Erteilung einer Rechnung mit Umsatzsteuerausweis (§ 14 UStG), durch Zustimmung zu einer Abrechnungsgutschrift oder durch Abrechnung im Vertrag.

Besonderheiten gelten bei Reiseleistungen, die nicht für das Unternehmen des Leistungsempfängers bestimmt sind; es wird im Grundsatz beim Reiseunternehmer an seinem Sitzort nur die Differenz zwischen Reisepreis und Reisevorleistungen (Marge) besteuert; dafür entfällt ein Vorsteuerabzug aus den Reisevorleistungen (§ 25 I UStG; BMF 7.4.1998 BStBl. I 1998, 380).

6. Bemessungsgrundlage ist bei Lieferungen und sonstigen Leistungen das Entgelt, dh alles, was der Leistungsempfänger aufwendet, um die Lieferung oder sonstige Leistung zu erhal-

ten, jedoch abzüglich Umsatzsteuer (§ 10 I UStG).

7. Der Regelsteuersatz wurde mit Wirkung zum 1.1.2007 von 16 vH auf 19 vH erhöht. Der neue Regelsteuersatz von 19 vH ist auf jeden steuerpflichtigen Umsatz (Lieferungen, Leistungen, Eigenverbrauch, innergemeinschaftliche Erwerbe und die Einfuhr) anzuwenden, der nach dem 31. Dezember 2006 bewirkt wird. Entscheidend ist der Zeitpunkt der Leistungsausführung. Auf den zivilrechtlichen Vertragsabschluss kommt es nicht an. Der ermäßigte Satz von 7 vH gilt über den 1.1.2007 hinaus. Er findet ua auf lebende Tiere, Nahrungsmittel und Blumen sowie inzwischen auch auf Beherbergungsumsätze im Hotelgewerbe und vergleichbaren Einrichtungen (zB Pensionen) sowie ab 1.1.2025 auf Kunstgegenstände und Sammlungsstücke Anwendung, vgl. § 12 UStG iVm Anlage 2. Befristet vom 1.7.2020 bis zum 31.12.2020 wurde der Regelsteuersatz von 19 % auf 16 % und der ermäßigte Steuersatz von 7 % auf 5 % gesenkt. Zudem wurde ab dem 1.7.2020 und befristet bis zum 30.12.2023 der Umsatzsteuersatz für Speisen, die in einem Restaurant, einem Café oder ein Bar serviert werden, von früher 19 % auf 7 % gesenkt. Getränke waren von der temporären Steuersatzsenkung ausgeschlossen. Seit dem 1.1.2024 beträgt der Umsatzsteuersatz für Speisen wieder 19 %.

8. Vorsteuerabzug: Der Unternehmer darf die ihm von anderen Unternehmern gesondert in Rechnung gestellte Umsatzsteuer, Einfuhr-Umsatzsteuer und Erwerbsteuer von der eigenen Umsatzsteuerschuld abziehen (§ 15 UStG), soweit er die empfangene Leistung zur Ausführung von Abzugsumsätzen verwendet. Abzugsumsätze sind umsatzsteuerpflichtigte Lieferungen, sonstige Leistungen, Eigenverbrauch, innergemeinschaftlicher Erwerb, befreite Ausfuhrtatbestände, befreite innergemeinschaftliche Lieferungen und nichtsteuerbare Umsätze im → Ausland. Ausschlussumsätze, die nicht zum Vorsteuerabzug berechtigen, sind die nach § 4 Nrn. 7–28 UStG befreiten Umsätze. Haben Unternehmer neben Ausschlussumsätzen auch Abzugsumsätze, müssen sie die Vorsteuerbeträge in abziehbare und nichtabziehbare Vorsteuerbeträge nach einem wirtschaftlichen Schlüssel aufteilen (§ 15 IV UStG). Die Aufteilung nach Umsätzen ist ab 1.1.2004 eingeschränkt worden. Sie ist nur zulässig, wenn keine andere wirtschaftliche Zurechnung möglich ist. Bei gemischt genutzten Gebäuden ist daher die Vorsteueraufteilung vorrangig nach dem Flächenschlüssel vorzunehmen. Aufwendungen, die unter das einkommensteuerliche Abzugsverbot des § 4 V 1 Nr. 1–4, Nr. 7 und Abs. 7 EStG fallen, sowie alle Aufwendungen der allgemeinen Lebensführung iSd § 12 EStG sind vom Vorsteuerabzug ausgeschlossen (→ Betriebsausgabe, → Lebensführungskosten).

Voraussetzung für den Vorsteuerabzug ist eine → Rechnung mit den in §§ 14, 14a UStG genannten Merkmalen. Dabei ist die Angabe der Steuernummer oder der Umsatzsteuer-Identifikationsnummer (→ Binnenmarkt, Umsatzsteuer, 2c) in der Rechnung zwingend erforderlich. Lediglich bei Kleinbetragsrechnungen, dh Rechnungen bis 150 EUR (seit 1.1.2017 bis 250 EUR) und Fahrausweisen muss keine Steuernummer oder Umsatzsteuer-Identifikationsnummer angegeben werden. Soweit Vorsteuerbeträge von der Umsatzsteuerschuld abziehbar sind, mindern sie die Anschaffungs- oder Herstellungskosten (AHK); nichtabziehbare Vorsteuerbeträge sind grundsätzlich Teil der AHK (§ 9b I EStG).

9. Ändert sich bei einem Gegenstand die Verwendung für Abzugs- oder Ausschlussumsätze gegenüber dem Kalenderjahr der erstmaligen Verwendung, so ist eine Berichtigung des Vorsteuerabzugs durchzuführen. Änderungen können sich aus Veränderungen der Abzugsquote (zB Gegenstand wird weniger unternehmerisch genutzt) oder durch Veräußerung oder Eigenverbrauch ergeben, falls diese Umsätze für den Vorsteuerabzug anders zu beurteilen sind als die Verwendung im ersten Kalenderjahr (§ 15a UStG). Der Berichtigungszeitraum beträgt fünf Jahre, bei Grundstücken zehn Jahre. Ist die Abzugsquote größer geworden, so ist der vom Finanzamt zu zahlende Berichtigungsbetrag → Betriebseinnahme oder → Einnahme; ist sie kleiner geworden, ist der an das Finanzamt zu zahlende Berichtigungsbetrag → Betriebsausgabe oder → Werbungskosten (§ 9b II EStG). Die Anschaffungs- oder Herstellungskosten werden durch die Berichtigung nicht berührt. Bei einer Geschäftsveräußerung wird der maßgebliche Berichtigungszeitraum der Wirtschaftsgüter nicht unterbrochen. Der erwerbende Unternehmer tritt an die Stelle des Veräußerers (§ 15a VIa UStG).

10. Vorsteuerpauschalierung: Für nicht buchführungspflichtige Gewerbetreibende und Freiberufler kann auf Antrag die Vorsteuer aus 58 Berufs- und Gewerbezweigen ganz oder teilweise mit einem vH-Satz des betreffenden Umsatzes pauschaliert werden (§ 23 UStG, §§ 69, 70 UStDV); Einzelheiten BMF 20.11.1997, BStBl. I 1997, 968. Hat der Vorjahres-Umsatz 61.356 EUR überstiegen, ist eine Vorsteuerpauschalierung ausgeschlossen (§ 69 III UStDV).

11. Sicherheitsleistung: Im Hinblick auf die besondere Betrugsanfälligkeit der Vorsteuer besteht die Möglichkeit, Zustimmungen des Finanzamts zur Steueranmeldung im Einvernehmen mit dem → Unternehmer von einer → Sicherheitsleistung abhängig zu machen. Durch diese Regelung soll eine zügige Auszahlung der Vorsteuer für den Unternehmer erfolgen. Ein Abwarten bis zur abschließenden Prüfung der Vorsteuerberechtigung und damit einhergehende Liquiditätsengpässe werden vermieden. Gleichzeitig wird ein im Raum stehender Rückforderungsanspruch durch die Sicherheitsleistung abgesichert.

12. Grundsätzlich unterliegen der U. die vereinbarten Entgelte, dh die Umsatzsteuer entsteht bereits vor der tatsächlichen Entgegennahme des Entgelte (Sollbesteuerung, § 16 I 1 UStG). Auf Antrag kann das Finanzamt jedoch Istbesteuerung, dh eine Besteuerung nach vereinnahmten Entgelten, gestatten. Voraussetzung ist, dass der Vorjahresgesamtumsatz 500.000 EUR) nicht übersteigt oder der Unternehmer Freiberufler ist (§ 20 I UStG). Dieser Antrag ist bei Gewinnermittlung durch Einnahmen-Überschussrechnung (§ 4 III EStG) zweckmäßig (→ Gewinnermittlungsarten). Anzahlungen unterliegen ohne Rücksicht auf die Höhe auch bei Sollbesteuerung einer Mindest-Ist-Besteuerung, dh die Umsatzsteuer entsteht beim leistenden Unternehmer bereits mit dem Empfang der Anzahlung vor Empfang der Leistung.

13. Bei Kleinunternehmern wird die geschuldete U. nicht erhoben, wenn der Ist-Gesamtumsatz zuzüglich Umsatzsteuer – jedoch ohne Umsätze von Wirtschaftsgütern des Anlagevermögens – im Vorjahr 22.500 EUR (ab 1.1.2025: 25.000 EUR) nicht überstiegen hat und im laufenden Kalenderjahr voraussichtlich 50.000 EUR (ab 1.1.2025: 100.000 EUR) nicht übersteigen wird (§ 19 I UStG). Andererseits darf der Kleinunternehmer weder U. in Rechnung stellen noch Vorsteuer abziehen. Bis zur Bestandskraft der Umsatzsteuer-Jahreserklärung kann der Kleinunternehmer auf diese Vergünstigung verzichten, dh zur USt optieren, um den Vorsteuerabzug zu gewinnen (§ 19 II UStG). Die Erklärung bindet den Kleinunternehmer mindestens für fünf Jahre. Seit dem 1.1.2025 kann die Kleinunternehmer-Regelung nicht nur von im Inland, sondern auch im übrigen Gemeinschaftsgebiet ansässigen Unternehmern in Anspruch genommen werden. Kleinunternehmer müssen keine E-Rechnungen ausstellen, aber zu ihrem Empfang in der Lage sein.

14. Abzugsverfahren: Bei einer steuerpflichtigen Werklieferung (ab 6.12.2024 Legaldefinition in § 3 IV UStG) oder sonstigen Leistung durch einen ausländischen Unternehmer, Sicherungsübereignung oder Grundstückslieferung in der Zwangsversteigerung an einen im → Inland ansässigen Unternehmer oder eine juristische Person des öff. Rechts muss der Leistungsempfänger die Umsatzsteuer einbehalten und an das Finanzamt abführen (§ 13b UStG). Die einbehaltene und abgeführte Steuer kann als Vorsteuer abzogen werden (§ 18 VIII UStG, §§ 51–58 UStDV). Bei vollem Vorsteuerabzug entfällt die Abzugsverpflichtung (Nullregelung, § 52 UStDV). Haftung des Leistungsempfängers: § 55 UStDV (→ Haftung im Steuerrecht). Das Abzugsverfahren wird durch ein Verfahren mit einer Steuerschuldnerschaft des Leistungsempfängers modifiziert (vgl. § 13b UStG).

15. Land- und Forstwirte: Die Festsetzung der Umsatzsteuer erfolgt anhand von → Durchschnittssätzen (§ 24 UStG). Der 2024 geltende Durcgschnittssatz von 8,4 % wird ab 2025 auf 7,8 % abgesenkt.

16. Verfahren: Der Unternehmer hat bis zum 10. Tag nach Ablauf jedes Voranmeldungszeitraums eine Voranmeldung nach amtlich vorgeschriebenem Vordruck beim Finanzamt einzureichen. In dieser hat der Unternehmer die Steuer für den Voranmeldungszeitraum selbst zu berechnen. Voranmeldungszeitraum ist das Kalendervierteljahr. Beträgt die Steuer für das vorangegangene Kalenderjahr mehr als 7.500 EUR, so ist der Kalendermonat der Voranmeldungszeitraum. Beträgt die Steuer für das vorangegangene Kalenderjahr nicht mehr als 1.000 Euro (ab 1.1.2025: 2.000 Euro), kann das Finanzamt den Unternehmer von der Verpflichtung zur Abgabe der Voranmeldungen und Entrichtung der Vorauszahlungen befreien. Voranmeldungen sind grundsätzlich auf elektronischem Weg dem Finanzamt zu übermitteln (sa → Elster). Für das Kalenderjahr (→ Besteuerungszeitraum) hat der Unternehmer eine Steuererklärung einzureichen. Die Steuererklärung ist eine → Steueranmeldung, die gemäß § 168 AO eine Steuerfestsetzung unter Vorbehalt der Nachprüfung gleichsteht. → Aufzeichnungspflichten im Steuerrecht.

17. Haftung: Der → Unternehmer kann für die ihm in Rechnung gestellte Vorsteuer haften. Voraussetzung ist, dass die Vorsteuer in einer Rechnung ausgewiesen wurde und der Aussteller der Rechnung die Absicht hatte, diese Steuer nicht an das Finanzamt zu entrichten bzw. sich vorsätzlich oder fahrlässig zur Steuereinrichtung außer Stande setzt. Der Unternehmer muss bei Abschluss des Geschäfts von dieser Absicht Kenntnis haben. Ausreichend ist, wenn er aufgrund der Umstände hätte Kenntnis haben können. Die Regelung dient der Bekämpfung sog. Karussellgeschäfte. Bei diesen werden Rechnungen mit Umsatzsteuerausweis ausgestellt, um dem Rechnungsempfänger den Vorsteuerabzug zu ermöglichen, ohne die ausgewiesene Umsatzsteuer zu entrichten. Der Haftungstatbestand soll verhindern, dass Steuerbeträge ausbezahlt werden, die nicht abgeführt wurden. Es ist von der Kenntnis oder dem Kennenmüssen insbes. dann auszugehen, wenn der Unternehmer für seinen Umsatz einen Preis in Rechnung stellt, der unter dem marktüblichen Preis oder unter dem Einkaufspreis des Unternehmers liegt. Um sich von der Haftung zu befreien, obliegt es dann dem Unternehmer, nachzuweisen, dass diese Preisgestaltung betriebswirtschaftlich begründet ist.

18. Zur Umsatzsteuer innerhalb der EU → Binnenmarkt, Umsatzsteuer.

19. Zur Besteuerung mit Drittländern → Drittlandsgebiet.

Umschreibung des Vollstreckungstitels
→ vollstreckbare Ausfertigung.

Umschuldung
→ Darlehensvertrag, → Verbraucherdarlehensvertrag.

Umschulung
Sofern das Ausüben der bisherigen Beschäftigung aus gesundheitlichen oder anderen berücksichtigungsfähigen Gründen nicht mehr möglich ist, kann ggf. durch einen Träger der Sozialverwaltung eine Umschulung erfolgen. Diese kann entweder in Form einer Weiterbildung in dem bestehenden Berufsbild erfolgen oder in Form einer vollkommen neuen Ausbildung → Berufsbildung, → Berufshilfe, → Leistungen zur Teilhabe am Arbeitsleben. Zuständig für Umschulungsmaßnahmen sind die → gesetzliche Rentenversicherung,die → Bundesagentur für Arbeit und die → gesetzliche Unfallversicherung.

Umsetzung
eines Beamten ist im Gegensatz zur → Versetzung die Verwendung an einem anderen Dienstposten derselben Dienststelle. IdR ist die Umsetzung nach hM Organisationsverfügung und kein → Verwaltungsakt; sie bedarf allerdings uU der Mitwirkung des → Personalrats. Die Möglichkeiten des Rechtsschutzes gegen eine Umsetzung sind – unabhängig von der Frage der Qualifikation als Verwaltungsakt – sehr str.

Umstellungsgesetz
Das 3. Gesetz zur Neuordnung des Geldwesens (Umstellungsgesetz) v. 20.6.1948 (WiGBl. Beilage 5 S. 13) – RMGes. Nr. 63 – regelte die Durchführung der → Währungsreform; es bildete die Grundlage der Umstellung der RM-Guthaben und RM-Schuldverhältnisse auf DM (→ RM-Verbindlichkeiten). S. ferner → Altsparer.

Umtauschvorbehalt
Bei einem → Kauf mit Umtauschvorbehalt handelt es sich um einen unbedingten Kauf, bei dem einem Käufer das Recht eingeräumt wird, den Kaufgegenstand innerhalb der vertraglich bestimmten (bzw. einer angemessenen) Frist umzutauschen. Es handelt sich nicht um einen → Kauf auf Probe, oftmals auch nicht um einen → Rücktrittsvorbehalt (nicht der Kaufvertrag selbst soll wieder aufgehoben werden können), sondern idR um eine → Ersetzungsbefugnis des Käufers hinsichtlich des Kaufgegenstands. Im Einzelfall kann auch ein Recht zum → Rücktritt vom Vertrag vereinbart sein (Rücktrittsvorbehalt).

Umwandlung
1. → Rechtsträger (→ Rechtssubjekt), insbes. Personenhandelsgesellschaften (→ OHG, → KG, → Partnerschaftsgesellschaft, zT auch → Gesellschaft des bürgerlichen Rechts), Kapitalgesellschaften (→ AG, → GmbH, KGaA), eingetragene → Genossenschaften und eingetragene → Vereine sowie → Versicherungsvereine auf Gegenseitigkeit, können nach den Vorschriften des UmwandlungsG v. 28.10.1994 (BGBl. 1994 I 3210 mÄnd) in ihrer Rechtsform umgewandelt werden; ergänzende Einzelvereinbarungen sind grds. zulässig, soweit das Gesetz nicht abschließend und zwingend ist (§ 1 UmwG). Im Einzelnen ist zu unterscheiden:

a) Formwechsel (§§ 190 ff. UmwG): Hier ändert der Rechtsträger nur seine Rechtsform (zB Personenhandelsgesellschaft in Kapitalgesellschaft, möglich auch in eine → Gesellschaft des bürgerlichen Rechts). Wegen fortbestehender Identität bedarf es keiner Übertragung des (Gesellschafts-) Vermögens. Voraussetzung ist ein wirksamer Umwandlungsbeschluss des bisherigen Rechtsträgers und die Eintragung der neuen Rechtsform in das → Handelsregister. Besondere Vorschriften über den Formwechsel bei den einzelnen Rechtsträgern enthalten §§ 214 ff. UmwG. Nicht hierher gehört es, wenn eine GbR durch Eintragung in das Handelsregister bzw. wegen Erreichens eines kaufmännischen Betriebs zu einer Personenhandelsgesellschaft wird (bzw. umgekehrt); ebenso nicht, wenn eine GbR durch Eintragung in das Gesellschaftsregister rechtsfähig wird (vgl → Gesellschaft des bürgerlichen Rechts (GbR)).

b) Verschmelzung (Fusion, §§ 2 ff. UmwG) ist die Vereinigung der Vermögen von mind. zwei Rechtsträgern ohne Durchführung einer → Liquidation (Abwicklung) gegen Gewährung von (neuen) Anteilen (Mitgliedschaften) an die bisherigen Anteilsinhaber. Bei der Verschmelzung durch Aufnahme überträgt ein Rechtsträger im Wege der → Gesamtrechtsnachfolge sein Vermögen als Ganzes auf einen bestehenden anderen Rechtsträger. Voraussetzung ist ein (notariell beurkundeter) Verschmelzungsvertrag, dem die Anteilsinhaber der beteiligten Rechtsträger zustimmen müssen (Verschmelzungsbeschluss) und die Eintragung der Verschmelzung in das Handelsregister. Widersprechenden Anteilsinhabern ist eine angemessene Barabfindung anzubieten, die – ebenso wie das Umtauschverhältnis der alten und neuen Anteile – erforderlichenfalls vom Gericht festgesetzt wird (Spruchverfahren, → SpruchverfahrensG v. 12.6.2003, BGBl. 2003 I 838 mÄnd). Mit der Eintragung im Handelsregister erlischt der übertragende Rechtsträger. Der übernehmende Rechtsträger besteht weiter; vielfach wird eine Kapitalerhöhung durchgeführt. Bei der Verschmelzung durch Neugründung übertragen mind. zwei Rechtsträger ihr Vermögen als Ganzes auf einen neuen, von ihnen dadurch gegründeten Rechtsträger. Die Regeln über die Verschmelzung durch Aufnahme gelten grds. entsprechend. §§ 39 ff. UmwG enthalten sodann besondere Vorschriften über die Verschmelzung unter Beteiligung bestimmter Rechtsträger. Die grenzüberschreitende Verschmelzung von Kapitalgesellschaften innerhalb der EU ist in §§ 122a ff. UmwG geregelt.

c) Spaltung (§§ 123 ff. UmwG). Die Spaltung ist in drei Formen möglich: Ein Rechtsträger kann unter Auflösung ohne Abwicklung sein Vermögen auf mehrere übernehmende (auch neue) Rechtsträger übertragen (Aufspaltung; sa → Betriebsaufspaltung). Gegenleistung ist die Gewährung von Anteilen (Mitgliedschaften) dieser Rechtsträger an die Anteilsinhaber des übertragenden Rechtsträgers. Voraussetzungen iE wie bei der Verschmelzung (s. o. b). Mit der Eintragung der Aufspaltung erlischt der bisherige Rechtsträger. Bei der Abspaltung bleibt dagegen der sich spaltende übertragende Rechtsträger bestehen; es geht nur ein Teil (oder Teile) des Vermögens auf den anderen (neuen) Rechtsträger über. Schließlich kann ein Rechtsträger aus seinem Vermögen einen Teil (oder mehrere Teile) ausgliedern; der Gegenwert für die ausgegliederten Vermögenswerte gelangt hier in Form von Beteiligungen an dem übernehmenden (oder neuen) Rechtsträger in das Vermögen des übertragenden Rechtsträgers selbst (Ausgliederung).

d) Vermögensübertragung (§§ 174 ff. UmwG): Ein Rechtsträger kann auch unter Auflösung ohne Abwicklung sein Vermögen als Ganzes oder teilweise auf einen bereits bestehenden Rechtsträger übertragen. Hierbei ist an die Anteilsinhaber des übertragenden Rechtsträgers eine Gegenleistung zu gewähren, die in Anteilen oder Mitgliedschaften an dem übernehmenden Rechtsträger besteht.

e) Das Mandat des bisherigen → Betriebsrats bleibt bei einer Spaltung grds. bis zu sechs Monaten (ggfs. noch länger bis zur Abwicklung), die bestehenden Regelungen über → Mitbestimmung grds. fünf Jahre lang bestehen (§§ 21a, 21b BetrVG, § 325 UmwG). Auch bleiben die Vorschriften über den Fortbestand der arbeitsrechtlichen Verhältnisse beim → Betriebsübergang (§ 613a BGB) grds. unberührt (§ 324 UmwG). Die kündigungsrechtliche Stellung eines Arbeitnehmers darf sich auf Grund einer Spaltung usw für die Dauer von zwei Jahren nicht verschlechtern (§ 323 UmwG). Sa → Mitbestimmung (3).

2. Steuerlich: Die steuerrechtlichen Folgen der Umwandlung regelt das Umwandlungssteuergesetz (UmwStG) v. 7.12.2006 (BGBl. 2006 I 2782). Es gilt in gleicher Weise für Verschmelzung (s. o. Nr. 1b; § 2 ff. UmwG), Aufspaltung und Abspaltung (s. o. Nr. 1c; § 123 I und II UmwG) sowie Umwandlungen in der EU und Umwandlungen mit Bezug zu Drittstaaten, Formwechsel (s. o. Nr. 1a; §§ 190 ff. UmwG) und Vermögensübertragung nach §§ 174 ff. UmwG (s. o. Nr. 1d); Ausgliederungen (s. o. Nr. 1c) sind grds. nicht erfasst. Umwandlungssteuererlass v. 11.11.2011 (BStBl. 2011 I 1314).

3. Umwandlung von Miet- in Eigentumswohnungen (Kündigungsschutz) → Wohnraummietvertrag (5).

Umweltagentur, Europäische
ist eine → europäische zentrale Fachbehörde mit Sitz in Kopenhagen. Ihre Aufgaben sind insbes., umfassende Umweltinformationen über die Mitgliedsstaaten zu sammeln und das Europäische Umweltinformations- und Umweltbeobachtungsnetz zu betreiben (VO (EG) Nr. 401/2009 v. 23.4.2009 (ABl. EG 2009 L 126, 13). Die Agentur steht auch Nicht-Mitgliedsstaaten der EU zum Beitritt offen; derzeit sind das die EFTA-Staaten und die Türkei.

Umweltaudit
bezeichnet die Prüfung zB eines Unternehmens oder einer Behörde, inwieweit die umweltrechtlichen Vorschriften umgesetzt und eingehalten werden. Sa → Umweltmanagement (Umweltbetriebsprüfung).

Umweltbeobachtung
Gemäß § 6 BNatSchG beobachten der Bund und die Länder im Rahmen ihrer Zuständigkeiten Natur und Landschaft. Zweck ist es, deren Zustand, ihre Veränderungen sowie die Ursachen und Folgen solcher Veränderungen zu ermitteln. Für den Bund nimmt das Bundesamt für → Naturschutz (Bonn) diese Aufgabe wahr. Bund und Länder stimmen ihre Maßnahmen aufeinander ab.

Umweltbevollmächtigter (Umweltverantwortlicher)
Gemäß § 52b BImSchG haben Unternehmen, die genehmigungsbedürftige Anlagen betreiben (→ Immissionsschutzrecht, 1; → Anlage, 1), ein Mitglied der Geschäftsführung zu benennen, das für das Unternehmen die Pflichten des Betreibers der Anlage wahrnimmt.

Umweltbonus
Zur Steigerung der Elektromobilität und zur Erhöhung des Absatzes von → Elektrofahrzeugen förderte die Bundesregierung seit 2016 den Erwerb reiner Batterieelektro- und von außen aufladbarer Hybridelektrofahrzeuge (plug-in-Hybride, Begriffsbestimmungen in § 2 Elektromobilitätsgesetz (EmoG) v. 5.6.2015, BGBl. 2015 I 898 mÄnd). Im Sommer 2020 wurde diese Förderung zur Unterstützung der Automobilwirtschaft in Zeiten von Corona um eine sog. Innovationsprämie erhöht. Rechtsgrundlage der Förderung war im Mai 2021 die Richtlinie zur Förderung des Absatzes von elektrisch betriebenen Fahrzeugen idF v. 21.10.2020 (BAnz. AT 5.11.2020 B1). Danach konnten Privatpersonen und Unternehmen zB für den Kauf eines neuen, erstmalig zugelassenen Elektrofahrzeugs abhängig vom Nettolistenpreis insgesamt bis zu 9.000 EUR Förderprämie erhalten. Zum 1.1.2023 wurden die Fördersätze reduziert, auch Hybridelektrofahrzeuge waren nicht mehr förderfähig (Richtlinie idF v. 17.11.2022, BAnz AT 9.12.2022 B1). Antragsbehörde war das → Bundesamt für Wirtschaft und Ausfuhrkontrolle.

Die Förderung sollte bis zum 31.12.2024 weiterlaufen, wurde aber zum 18.12.2023 abrupt beendet. Nach dem Urteil des Bundesverfassungsgerichts zum Zweiten Nachtragshaushaltsgesetz 2021 v. 15.11.2023 (→ Sondervermögen) fehlte dem → Klima- und Transformationsfonds das nötige Geld.

Umweltbundesamt
Durch Gesetz v. 22.7.1974 (BGBl. 1974 I 1505) mÄnd wurde das Umweltbundesamt als selbständige Bundesoberbehörde errichtet. Es hat seinen Sitz in Dessau und erledigt Verwaltungsaufgaben auf dem Gebiet der Umwelt, insbes. im Bereich der wissenschaftlichen Forschung, der Umweltplanung sowie zur Unterstützung von Gesetzgebung und Verwaltung. Es ist zuständige Behörde beim → Emissionshandel. Sa → Elektro- und Elektronikgeräte, → Erneuerbare Energien (2), → Schadstofffreisetzungs- und -verbringungsregister.

Umweltengel
→ Blauer Engel; → Umweltzeichen.

Umweltgesetzbuch
Das Umweltgesetzbuch sollte, ähnlich zB dem BGB im Bereich des Privatrechts, alle wesentlichen Regelungsbereiche des Umweltrechts (s. → Umweltschutz) vereinen und vereinheitlichen. Ein erster Entwurf stammt aus den 90er Jahren, der nicht realisiert wurde. Ebenso erging es 2009 dem zweiten Anlauf zum Umweltgesetzbuch.

Umweltgutachter
prüfen ua das → Umweltmanagement und bescheinigen die Gültigkeit einer Umwelt-Erklärung (s. → Auditor, 2.). UmweltauditG idF v. 4.9.2002 (BGBl. 2002 I 3490) mÄnd und die VO idF v. 12.9.2002 (BGBl. 2002 I 3654 mÄnd) regeln Zulassung und Überwachung der Umweltgutachter durch die vom für Umwelt zuständigen Bundesministerium beliehene Zulassungsstelle. Sa → Überwachungsstelle, → Erneuerbare Energien.

Umwelthaftung
Körper- und Sachschäden bei Privatpersonen infolge einer Umwelteinwirkung, die von einer bestimmten nach §§ 4 ff. BImSchG genehmigungspflichtigen Anlage ausgehen, hat der Betreiber der Anlage grds. zu ersetzen, er unterliegt insoweit einer → Gefährdungshaftung nach dem UmwelthaftungsG und ist zum → Schadensersatz und zur Leistung von → Schmerzensgeld verpflichtet. Sa die Gefährdungshaftungen nach dem → Atomgesetz, dem GentechnikG (→ Gentechnikrecht) und dem WasserhaushaltsG (→ Wasserhaushalt); eine weitergehende Haftung nach allg. Vorschriften (insbes. aus → unerlaubter Handlung bei Verschulden des Betreibers nach §§ 823 ff. BGB) wird hierdurch nicht ausgeschlossen. Dagegen klammert das UmweltschadensG (→ Umweltschaden) v. 10.5.2007 (BGBl. 2007 I 666) Schäden von Privatpersonen aus und befasst sich mit dem Schaden an der Umwelt selbst. Umstritten ist insoweit aber, ob die in diesem Gesetz normierten Pflichten (zB zur Information oder Sanierung) als Verkehrsicherungspflichten anzusehen sind und dementsprechend eine Haftung nach § 823 I BGB begründen können bzw. ob die Normen Schutzgesetze iSv § 823 II BGB sind.

Umweltinformationen
Das Umweltinformationsgesetz (UIG) idF v. 27.10.2014 (BGBl. 2014 I 1643) mÄnd basiert auf europarechtlichen und völkerrechtlichen Vorgaben (→ Aarhus-Konvention) und regelt den freien Zugang zu Umweltinformationen bei informationspflichtigen Stellen des Bundes und deren Verbreitung. Nach § 3 UIG hat grundsätzlich jedermann freien Zugang zu Umweltinformationen, ohne ein rechtliches Interesse darlegen zu müssen. Beschränkungen zum Schutz öffentlicher Belange (etwa der internationalen Beziehungen oder der öffentlichen Sicherheit) und privater Belange (etwa des geistigen Eigentums oder Betriebsgeheimnisse) enthalten die §§ 8 und 9 UIG. Auskünfte können kostenpflichtig sein (§ 12 UIG). Bei Verletzung des Rechts auf Informationszugang kann der → Bundesbeauftragte für den Datenschutz und die Informationsfreiheit angerufen werden (§ 7a UIG, § 12 IFG), im Übrigen ist für Streitigkeiten der Verwaltungsrechtsweg gegeben (§ 6 UIG). Die informationspflichtigen Stellen sind ferner verpflichtet, die Öffentlichkeit auch ohne Antrag angemessen über die Umwelt zu informieren. Das UIG ist lex specialis gegenüber dem → Informationsfreiheitsgesetz. Da es nur für informationspflichtige Stellen des Bundes gilt, haben die Länder entsprechende Landesgesetze erlassen, wie etwa das Niedersächsische Umweltinformationsgesetz v. 7.12.2006 (Nds. GVBl. 2006, 580). Auf EU-Ebene regelt die VO (EG) 1367/2006 den freien Zugang zu Umweltinformationen bei EU-Organen und -Einrichtungen. → Verbraucherinformationsgesetz.

Umweltkontamination
iSv § 12a Tierische Lebensmittel-HygieneVO (s. → Lebensmittel- und Futtermittelhygiene, 1b) ist die schädliche Einwirkung der Umwelt auf ein Tier.

Umweltkriminalität
Die Gesetze zur Bekämpfung der Umweltkriminalität v. 28.3.1980 (BGBl. 1980 I 373), v. 27.6.1994 (BGBl. 1994 I 1440) und v. 6.12.2011 (BGBl. 2011 I 2557) fassen im 29. Abschnitt des Besonderen Teils des StGB die wesentlichen Strafvorschriften bei Zuwiderhandlungen gegen Bestimmungen über den → Umweltschutz zusammen. Mit Strafe bedroht sind Gewässerverunreinigung (§ 324 StGB), Bodenverunreinigung (§ 324a StGB), Luftverunreinigung beim Betrieb einer Anlage, auch Maschine (§ 325 StGB), Verursachen von Lärm, Erschütterungen und nichtionisierenden Strahlen beim Betrieb einer Anlage (§ 325a StGB), unerlaubter Umgang mit Abfällen, was auch den sog. Müll-Tourismus erfasst (§ 326 StGB), unerlaubtes Betreiben von Anlagen der Kerntechnik, der Abfallentsorgung, zum Befördern wassergefährdender Stoffe in Rohrleitungen und nach dem BImmissionsschutzG (§ 327 StGB) sowie unerlaubter Umgang mit radioaktiven Stoffen und anderen gefährlichen Stoffen und Gütern zB

durch Aufbewahrung, Beförderung, Bearbeitung, Ein- und Ausfuhr sowie Nuklearexplosionen (§ 328 StGB). Unter Strafe gestellt ist ferner die Gefährdung schutzbedürftiger, durch RechtsVO einem besonderen Umweltschutz unterstellter Gebiete durch Betreiben störender Anlagen sowie der Verstoß gegen Rechtsvorschriften zum Schutz von Naturschutzgebieten oder Nationalparks (§ 329 StGB). Strafbar ist schließlich noch die schwere Gefährdung der Gesundheit oder des Lebens von Menschen durch Freisetzen von Giften (§ 330a StGB). Außerhalb des StGB mit Strafe bedroht sind die illegale Verbringung gefährlicher Abfälle gemäß § 18a AbfVerbrG, die → lex specialis zu § 326 II StGB ist, und die illegale Verbringung nicht gefährlicher Abfälle gemäß § 18b AbfVerbrG (→ Abfallverbringung).

Auch fahrlässiges Handeln ist jeweils strafbar, Versuch zumeist. Eine vorsätzliche Tat nach §§ 324–329 StGB ist als besonders schwerer Fall einer Umweltstraftat mit erhöhter Strafe bedroht, wenn ein → Regelbeispiel nach § 330 I StGB vorliegt, etwa Gefährdung der öffentlichen Wasserversorgung oder Handeln aus Gewinnsucht bzw. ein qualifizierter Fall nach § 330 II StGB, zB Verursachung des Todes eines anderen. Über Strafmilderung oder Absehen von Strafe bei → tätiger Reue in bestimmten Fällen s. § 330b StGB, über Einziehung von Gegenständen § 330c StGB.

Ein Umweltdelikt ist nur tatbestandsmäßig oder rechtswidrig, wenn es gegen Umweltverwaltungsrecht verstößt, das die rechtlichen Grenzen umweltbezogenen Verhaltens und den Schutzumfang von Umweltgütern festsetzt (Verwaltungsakzessorietät des Umweltstrafrechts). Dabei kommt es idR nicht auf die materiellrechtliche Richtigkeit, sondern die formelle Wirksamkeit des Verwaltungsakts (Genehmigung, Erlaubnis) an. Rechtsmissbräuchliches Verhalten ist wie ein Handeln ohne Genehmigung zu bewerten (§ 330d I Nr. 5 StGB). Genehmigungsfähigkeit oder bloße behördliche Duldung durch Untätigkeit rechtfertigt nicht. Anders ist es im Fall aktiver Duldung, wenn die Behörde ein Verhalten oder einen Zustand bewusst hinnimmt. Für die Anwendung der §§ 311, 324a, 326, 327 und 328 StGB steht dem innerstaatlichen Umweltverwaltungsrecht, wenn die Tat in einem anderen EU-Mitgliedstaat begangen wird, das dortige Umweltverwaltungsrecht gleich, soweit damit ein Rechtsakt der EU oder der → Europ. Atomgemeinschaft umgesetzt oder angewendet wird, der dem Schutz der von §§ 311 ff. erfassten Rechtgüter dient (§ 330d II StGB).

Für die Anwendbarkeit der §§ 324, 326, 330 und 330a StGB ist zu unterscheiden: Im Inland, dh im Eigengewässer und im Küstenmeer, gilt für alle Schiffe das StGB gemäß § 3. Gleiches gilt außerhalb dieser Gewässer, dh im Ausland, für deutsche Schiffe (§ 4 StGB, Flaggenprinzip). Bei ausländischen Schiffen richtet sich die Anwendbarkeit nach dem Tatort und dem Täter: für Umweltkriminalität von Deutschen gilt § 7 II Nr. 1 StGB, für Umweltkriminalität von Ausländern in der deutschen ausschließlichen Wirtschaftszone (→ Seerecht) § 5 Nr. 11 StGB und in der Nord- und Ostsee außerhalb dieser Zone Art. 12 AusführungsG Seerechtsübereinkommen SRÜ 1982/1994 vom 6.6.1995 (BGBl. 1995 I 778), der das sog. Hafenstaatsprinzip enthält. Zu beachten ist, dass diese Bestimmungen wie auch §§ 4, 5 Nr. 11 StGB Plattformen nicht erfassen.

Sa → Schutzgebiete (Naturschutz).

Umweltmanagement (Umweltbetriebsprüfung)
1. Jede Organisation (zB Unternehmen, Behörde) kann sich gem. der EU-EMAS-VO (Eco-Management and Audit Scheme = EMAS) Nr. 1221/2009 v. 25.11.2009 (ABl. EU 2009 L 342, 1) freiwillig an einem EU-weiten System für Umweltmanagement und Umweltbetriebsprüfung beteiligen. Ziel ist eine kontinuierliche Verbesserung der Umweltleistung von Organisationen. Eine Organisation kann sich als EMAS-Organisation bei der dafür zuständigen Stelle registrieren lassen und darf das EMAS-Zeichen verwenden, zB für bestimmte Werbung, allerdings nicht auf Produkten oder Verpackungen (Art. 10 VO (EG) 1221/2009); → Umweltzeichen. Die zuständigen Stellen sollen Regeln für das Registrierungsverfahren erstellen, die die Beteiligung der Öffentlichkeit bzw. von interessierten Kreisen bei der Registrierung berücksichtigen (Art. 12 VO (EG) 1221/2009).

2. Voraussetzungen für die erstmalige Registrierung sind die Begutachtung der Bereiche Umweltpolitik, Umweltbetriebsprüfung (Audit) und Umweltmanagementsystem durch einen → Umweltgutachter sowie die Validierung der Umwelterklärung durch ihn (Art. 4 VO (EG) 1221/2009). Unternehmen, die als EMAS-Organisation eingetragen sind, erhalten Erleichterungen bei Genehmigung und Überwachung (→ Anlage, → Betriebsbeauftragte, → Wasserhaushalt). Einige Länder verzichten in bestimmten umweltrechtlichen Bereichen dann auf die Regelüberwachung. Zur Aufrechterhaltung der Registrierung bedarf es der regelmäßigen Überprüfung.

3. Näheres regelt das Umweltauditgesetz idF v. 4.9.2002 (BGBl. 2002 I 3490) mÄnd, so insbes. Zulassung von Umweltgutachtern und Registrierung von Organisationen im EMAS-Register.

Umweltmonitoring
So bezeichnet man das → Monitoring von Umweltveränderungen, beispielsweise durch Messung der Luftqualität, der Gewässergüte oder der Umweltradioaktivität.

Umweltökonomische Gesamtrechnungen
Mit der VO (EU) 691/2011 v. 6.7.2011 über europäische umweltökonomische Gesamtrechnungen (ABl. EU 2011 L 192, 1) wird das

→ Europäische System volkswirtschaftlicher Gesamtrechnungen (ESVG) um einen Schlüsselaspekt der → nachhaltigen Entwicklung, die Umwelt, erweitert. Wirtschafts- und Umweltdaten werden zusammengeführt, um den Einfluss der Umwelt auf die Wirtschaft und umgekehrt in das ESVG einzubeziehen. Dies geschieht ua, weil die Ressourcenknappheit für die nachhaltige Entwicklung der EU von entscheidender Bedeutung sein wird.

Umweltprämie
Zur Überwindung der Wirtschaftskrise und zur Förderung der Automobilindustrie beschloss die Bundesregierung Anfang 2009 (→ Konjunkturpaket) für die Verschrottung von Altautos beim gleichzeitigen Erwerb eines Neuwagens befristet eine Umweltprämie zu zahlen. Hierfür wurden zuerst 1,5 Mrd. EUR zur Verfügung gestellt (§ 2 Gesetz zur Errichtung eines → Sondervermögens „Investitions- und Tilgungsfonds" v. 2.3.2009 (BGBl. 2009 I 416)); wegen des großen Erfolges wurden die Mittel später auf 5 Mrd. EUR aufgestockt (Gesetz v. 25.6.2009 (BGBl. 2009 I 1577)). Die Umweltprämie wurde im Volksmund als Abwrackprämie populär. Sie war eine → Subvention (Zuwendung, verlorener Zuschuss) und volkswirtschaftlich umstritten. Voraussetzung und Verfahren der Umweltprämie waren enthalten in der Richtlinie zur Förderung des Absatzes von Personenkraftwagen (BAnz. 2009 Nr. 48). Danach erhielt eine Umweltprämie von 2.500 EUR, wer zwischen dem 14.1. und 31.12.2009 einen neuen Pkw (auch Jahreswagen) kaufte und nachwies, dass er zeitgleich einen mindestens 9 Jahre alten Pkw verschrottet hatte. Zuständig für die Gewährung der Umweltprämie war das → Bundesamt für Wirtschaft und Ausfuhrkontrolle. Zur Förderung beim Kauf von → Elektrofahrzeugen → Umweltbonus.

Umweltpreis
→ Deutsche Bundesstiftung Umwelt.

Umweltrecht
→ Umweltschutz.

Umwelt-Rechtsbehelfsgesetz
Das UmwRG idF v. 23.8.2017 (BGBl. 2017 I 3290) mÄnd gewährt anerkannten Vereinigungen das Recht, ohne die Verletzung eigener Rechte geltend machen zu müssen, Rechtsbehelfe gegen verwaltungsrechtliche Entscheidungen mit besonderer Umweltrelevanz einzulegen. Vereinigungen werden nach § 3 UmwRG anerkannt, wenn sie gemeinnützig → Gemeinnützigkeit) sind, laut Satzung ideell und dauerhaft überwiegend Umweltziele verfolgen und die Gewähr für eine sachgerechte Aufgabenerfüllung bieten. Sie sollen im Genehmigungsverfahren nach → Immissionsschutzrecht auch die zuständige Behörde in einer der Umwelt dienenden Weise unterstützen (§§ 10 IIIa, 23b BImSchG). Rechtsbehelfe können vor allem gegen Entscheidungen eingelegt werden, die auf einer → Umweltverträglichkeitsprüfung beruhen. → Naturschutz (2c).

Umweltschaden
Das Umweltschadensgesetz (USchadG) idF v. 5.3.2021 (BGBl. 2021 I 346) regelt die Vermeidung und Sanierung von Umweltschäden. § 2 USchadG definiert den Umweltschaden als nachteilige Veränderung von Arten und natürlichen Lebensräumen nach § 19 BNatSchG (→ Naturschutz), von → Gewässern nach § 90 WHG und vom Boden nach § 2 BBodSchG (→ Bodenschutz). Droht ein Umweltschaden oder ist er eingetreten, muss die zuständige Behörde unverzüglich informiert werden (§ 4 USchadG). Der Verantwortliche hat alle Maßnahmen zur → Gefahrenabwehr zu ergreifen (§ 5 USchadG) und ist zur Sanierung verpflichtet (§ 6 USchadG). Die zuständige Behörde hat zahlreiche Befugnisse (§ 7 USchadG), zB entscheidet sie über die durchzuführenden Sanierungsmaßnahmen. Das USchadG findet nur subsidiär Anwendung, soweit andere Rechtsvorschriften keine näheren Bestimmungen zur Vermeidung und Sanierung von Umweltschäden enthalten (§ 1 USchadG). So gelten etwa für → Störfälle andere Vorschriften. Den Ersatz von Körper- und Sachschäden von Privatpersonen klammert das USchadG aus, er richtet sich nach dem UmweltHG (→ Umwelthaftung). → Umweltschutz.

Umweltschutz
1. Der Umweltschutz (Staatszielbestimmung Art. 20a GG, auch in den → Ländern, zB Art. 39, 40 BbgVerf (Verfassung Brandenburg) v. 20.8.1992, GVBl. 1992 I 298 mÄnd) hat sich in Deutschland zu einer selbstständigen Rechtsmaterie entwickelt. Unter dem Begriff Umweltschutz lassen sich alle Maßnahmen zur Vermeidung zukünftiger von Menschen verursachter und zur Verminderung oder Beseitigung bestehender Umweltgefahren und -schäden zusammenfassen. Besonders wichtig ist die Ermächtigung des Art. 74 I Nr. 24 GG. Ergänzend tritt hinzu der → Klimaschutz.

2. Unterscheiden kann man den medialen Umweltschutz, nämlich den Schutz der Lebenselemente Boden, Wasser und Luft (→ Wasserrecht, → Immissionsschutzrecht), den kausalen Umweltschutz, also die Vorbeugung gegen Gefahren (zB → Strahlenschutz, → Chemikaliengesetz, → Gentechnikrecht, → Pflanzenschutz, → Abfälle) und den vitalen Umweltschutz (etwa durch → Naturschutz, Landschaftsschutz, → Waldschutz). Als integrierten Umweltschutz bezeichnet man Teilaspekte von Materien wie technische Sicherheit und → Arbeitsschutz.

3. Grundprinzipien des Umweltrechts sind insbes. das → Vorsorgeprinzip, Kooperationsprinzip, Gemeinlastprinzip, → Verursacherprinzip und → nachhaltige Entwicklung. Zur Haftung s. → Umwelthaftung, → Umweltschaden und → Umweltkriminalität. S. ferner

→ Abwasser, → Umweltschutz im Straßenverkehr. Die Grundprinzipien des EU-Umweltrechts enthalten Art. 191–193 AEUV (→ AEUV). Art. 192 AEUV ist die Rechtsgrundlage für entsprechende Beschlüsse des Rates. Nach Art. 193 AEUV sind für den Bereich des Umweltschutzes die → Inländerdiskriminierung und die Abweichung zugunsten strengerer nationaler Standards ausdrücklich erlaubt. Zum internationalen Klimaschutz s. → Pariser Klimaabkommen sowie auf europäischer Ebene → European Green Deal.

Umweltschutz im Straßenverkehr
→ Belästigung im Straßenverkehr; → Lastkraftwagen (Sonntagsfahrverbot); → Fahrverbot; → Abgasverhalten; → Überwachung von Kfz.; → Luftreinhaltung; → Lärm, unzulässiger; → Lärmbekämpfung; → Umweltprämie, → Biokraftstoff. Sa VOen zur Durchführung des BImSchG (10. VO → Luftreinhaltung, 16. VO → Verkehrslärm, 20. VO Umfüllen und Lagern von Ottokraftstoffen, 21. VO Betankung von Kfz, sa → Tankrüssel, 28. VO Emissionsgrenzwerte für Verbrennungsmotoren, 35. VO Kennzeichnung der Kfz mit geringem Beitrag zur Schadstoffbelastung, 39. VO Luftqualitätsstandards und Emissionshöchstmengen), Pkw-Energieverbrauchskennzeichnungs VO (Pkw-EnVKV), Biokraftstoff-Nachhaltigkeits-VO (Biokraft-NachV) v. 30.9.2009 (BGBl. 2009 I 3182) und Benzinbleigesetz (BzBlG) v. 5.8.1971 (BGBl. 1971 I 1234) mÄnd. Zu steuerlichen Vergünstigungen für besonders schadstoffreduzierte oder verbrauchsarme Pkw → Kraftfahrzeugsteuer.

Umweltstatistiken
Eine Umweltstatistik wird nach dem Umweltstatistikgesetz (UStatG) v. 16.8.2005 (BGBl. 2005 I 2446) mÄnd als Bundesstatistik (→ Statistik) für Zwecke der Umweltpolitik sowie zur Erfüllung europarechtlicher Berichtspflichten geführt. Sie erfasst ua Erhebungen über Abfallentsorgung, Wasserversorgung, bestimmte klimawirksame Stoffe sowie Aufwendungen für den Umweltschutz. → Emissionskataster, → umweltökonomische Gesamtrechnung.

Umweltstrafrecht
→ Umweltkriminalität.

Umweltverträglichkeitsprüfung (UVP)
1. Das Gesetz über die Umweltverträglichkeitsprüfung (UVPG) idF v. 18.5.2021 (BGBl. 2021 I 542, mÄnd) soll sicherstellen, dass bei bestimmten öffentlichen und privaten Vorhaben die Auswirkungen auf die Umwelt so früh wie möglich berücksichtigt werden (Umweltvorsorge). Insbesondere sollen die Schutzgüter Mensch, Fauna, Flora, Boden, Wasser, Luft, Klima, kulturelles Erbe und die Wechselwirkungen zwischen ihnen (§ 2 UVPG) beachtet werden. Das UVPG setzt die Europäische Richtline 2011/92 v. 13.12.2011 über die Umweltverträglichkeitsprüfung bei bestimmten öffentlichen und privaten Projekten (ABl. EU 2012 L 26, 28) um. Zur Beschleunigung mancher Vorhaben, insbesondere im Energie- und Verkehrssektor, wurde das UVPG verschiedentlich geändert.

2. Für die in Anlage 1 des UVPG genannten → Anlagen regelt das Gesetz die Umweltverträglichkeitsprüfung als unselbständigen Teil derjenigen Verwaltungsverfahren, die Zulassungsentscheidungen dienen (§ 4 UVPG). Hierzu gehören zB Planfeststellungsverfahren oder Genehmigungsverfahren nach dem BImSchG. UVP-pflichtig sind zB Anlagen zur Wärme-, Energie- und Stahlerzeugung, zur Abfallentsorgung, wasserwirtschaftliche und Verkehrsvorhaben, forst- und landwirtschaftliche Vorhaben, Bauprojekte und die Errichtung von Leitungsanlagen für Gas, Strom, Wasser usw. In jedem Fall muss es sich um größere Anlagen handeln, die erhebliche Umweltauswirkungen haben können. Das Gesetz verpflichtet iW zur obligatorischen Prüfung aller Umweltauswirkungen in einem förmlichen Teilverfahren und zu ihrer zusammenfassenden Bewertung. Die Entscheidung über die Zulässigkeit des Vorhabens hat diese Bewertung zu berücksichtigen (§ 25 UVPG). Im Einzelnen regelt das Gesetz die Voraussetzungen der Umweltverträglichkeitsprüfung (§§ 4–14b UVPG) und seine Verfahrensschritte (§§ 15–28 UVPG). Die Öffentlichkeit muss beteiligt werden und wird (auch) per Internet informiert (§ 20 UVPG und UVP-Portale-Verordnung (UVPPortV) v. 11.11.2020, BGBl. 2020 I 2428).

3. Bei der Aufstellung oder Änderung von Plänen und Programmen ist eine Strategische Umweltprüfung (SUP) durchzuführen (§ 33 UVPG). SUP-pflichtig sind nach Anlage 5 des UVPG zB Verkehrswegeplanungen, Raumordnungsplanungen, Luftreinhaltepläne, Abfallwirtschaftspläne, Klimaschutzprogramme usw. Auch hier muss es sich um Pläne und Programme mit erheblichen Umweltauswirkungen handeln, und auch hier ist die SUP unselbständiger Teil des übergeordneten Verwaltungsverfahrens. Ob die Pflicht zur Durchführung einer SUP besteht, hat die zuständige Behörde frühzeitig festzustellen. Einzelheiten enthalten die §§ 33–46 UVPG.

4. Die Behörden- und Öffentlichkeitsbeteiligung bei grenzüberschreitenden Vorhaben, Plänen und Programmen regeln die §§ 54–64 UVPG. Diese Vorschriften basieren auf dem Übereinkommens über die Umweltverträglichkeitsprüfung im grenzüberschreitenden Rahmen v. 25.2.1991 (BGBl. 2002 II 1406, sogenannte Espoo-Konvention). Es legt fest, dass ein Staat bei bestimmten Vorhaben (zB Flughafen oder Atomkraftwerk) die Beteiligung der Öffentlichkeit betroffener anderer Staaten an den einschlägigen Verfahren der Umweltverträglichkeitsprüfung so ermöglicht, wie sie der eigenen Öffentlichkeit gewährt wird. Darüber hinaus dienen die §§ 54–64 UVPG auch der Umsetzung der → Aarhus-Konvention.

Umweltzeichen
Als Umweltzeichen werden in Deutschland der dem UNO-Umweltsymbol nachgebildete „Umweltengel" und die „Europäische Blume" vergeben. Der Umweltengel oder → Blaue Engel ist als Gütezeichen konstruiert, das die Bundesrepublik für sich beansprucht. Es handelt sich also um eine rein privatrechtliche Konstruktion (→ Verwaltungsprivatrecht). Hingegen ist das europäische Umweltzeichen (EU Ecolabel) normativ gesichert (VO (EG) 66/2010 v. 25.11.2009, ABl. EG 2010 L 27, 1). Das Vergabeverfahren ist für beide Zeichen ähnlich geregelt und erfolgt in Deutschland für beide Zeichen formell durch die RAL gemeinnützige GmbH in Sankt Augustin. Bei Erfüllung der Vergabevoraussetzungen wird ein zeitlich befristeter Zeichenbenutzungsvertrag von der Vergabestelle abgeschlossen. Vgl. → Marken (2), → Bio-Siegel, → Umweltmanagement.

Umweltzone
→ Fahrverbot (2).

Umzüge
(Aufzüge) → Versammlungsgesetz.

Umzugskosten
1. Ein → Beamter erhält bei Versetzungen (s. → Versetzung eines Beamten) und → Abordnungen auf Antrag nach entsprechender schriftlicher Zusage Umzugskostenvergütung (§ 82 BBG) nach näherer Regelung durch die entsprechenden Gesetze des Bundes; s. zB BundesumzugskostenG v. 11.12.1990 (BGBl. 1990 I 2682), Auslandsumzugskosten-VO v. 26.11.2012 (BGBl. 2012 I 2349). In den Ländern gibt es entsprechende Regelungen (zB Bayer. UmzugskostenG v. 24.6.2005, GVBl. 2005, 192, sowie BayerTrennungsgeld-VO v. 15.7.2002, GVBl. 2002, 346). Die Umzugskostenvergütung umfasst ua die Erstattung der Beförderungsauslagen und Reisekosten, eine Mietentschädigung für eine unbenutzte Wohnung bis zum Zeitpunkt der frühestmöglichen Kündigung des Mietverhältnisses, Maklergebühren sowie eine Pauschalvergütung für sonstige Umzugsauslagen. Daneben wird Trennungsgeld gewährt, wenn der Beamte aus Anlass der Versetzung oder Abordnung zu getrennter Haushaltsführung gezwungen ist; iE s. TrennungsgeldVO v. 29.6.1999 (BGBl. 1999 I 1533) sowie AuslandstrennungsgeldVO idF v. 22.1.1998 (BGBl. 1998 I 189). Im Arbeitsrecht → Reisekosten.

2. Steuerlich können tatsächlich angefallene Umzugskosten bei einem beruflich veranlassten Umzug bis zur Höhe der Beträge, die nach dem BundesumzugskostenG und der Auslandsumzugskostenverordnung gezahlt werden, als → Werbungskosten Berücksichtigung finden. Der Pauschbetrag für sonstige Umzugsauslagen beträgt seit 1. April 2022 für Ledige 886 EUR (für die Jahre 2020 und 2021 820 EUR), für Verheiratete 1.772 EUR (für die Jahre 2020 und 2021 1.639 EUR). Er erhöht sich für jedes Kind um 590 EUR. Der Höchstbetrag für die umzugsbedingten Unterrichtskosten eines Kindes beträgt ab 1. April 2022 1.081 EUR. Die Erstattung der Umzugskosten durch den Arbeitgeber ist nach § 3 Nr. 16 EStG steuerfrei, soweit keine höheren Beträge erstattet werden, als Werbungskosten abziehbar wären. Vgl. zu den Einzelheiten R 41 LStR; → Werbungskostenersatz, → Auslösungen.

Umzugskostenbeihilfe
Die Umzugskostenbeihilfe war ein Teil der → Mobilitätshilfe als Leistung der → Arbeitsförderung nach dem SGB III (vgl. § 53 II Nr. 3d SGB III aF). Entsprechende Leistungen können seit dem 1.1.2009 aus dem → Vermittlungsbudget (§ 44 SGB III) gewährt werden. Leistungen nach § 44 SGB III sind Ermessensleistungen. Mit entscheidend ist, ob in der Eingliederungsvereinbarung eine entsprechende Hilfe für den Fall der auswärtigen Arbeitsaufnahme zugesagt worden ist und ob die Hilfe für die dauerhafte berufliche Eingliederung erforderlich ist.

Umzugsvertrag
Für die Beförderung von Möbeln und sonstigem Umzugsgut gelten (im Interesse des Absenders, der vielfach kein → Kaufmann ist) etliche Sonderbestimmungen gegenüber der allgemeinen Regelung des → Frachtvertrags (§§ 451 ff. HGB). So ist ua der Frachtführer zum Ab- und Aufbauen der Möbel sowie zur Ver- und Entladung des Umzugsguts verpflichtet, die Haftungshöchstbeträge sind anders geregelt (620 EUR je Kubikmeter Laderaum) und abweichende Vereinbarungen sind nur eingeschränkt zulässig.

UN (United Nations)
→ Vereinte Nationen.

Unabdingbarkeit
→ abdingbar.

Unabhängigkeit der Abgeordneten
→ Mandat des Abgeordneten.

Unabhängigkeit des Richters
Nach Art. 97 I GG, § 25 DRiG sind die → Richter unabhängig und nur dem Gesetz unterworfen (→ Richterrecht). Die hauptamtlich und planmäßig angestellten Richter können wider ihren Willen nur kraft richterlicher Entscheidung und nur aus den gesetzlichen Gründen vor Ablauf ihrer Amtszeit entlassen oder ihres Amtes enthoben oder an eine andere Stelle oder in den Ruhestand versetzt werden, vorbehaltlich gesetzlicher Regelung der Altersgrenzen oder Organisationsveränderungen (bei denen ihnen das volle Gehalt verbleibt); Art. 97 II GG. Die Unabhängigkeit der Richter ist kein Standesprivileg, sondern dient als wesentliches Element des Rechtsstaates dem Schutz des rechtsuchenden Bürgers.

1. Die sachliche Unabhängigkeit des Richters liegt in seiner Weisungsfreiheit und in der damit eng verbundenen Handlungsfreiheit,

ferner in der grundsätzlichen Freiheit von strafrechtlicher, zivilrechtlicher und dienstrechtlicher Verantwortung für sein richterliches Handeln. Der Richter ist im Gegensatz zum Beamten in seiner rechtsprechenden Tätigkeit keinen Weisungen oder auch nur Empfehlungen von Organen der vollziehenden oder der gesetzgebenden Gewalt unterworfen. Dementsprechend ist eine → Dienstaufsicht über Richter nur in sehr begrenztem Umfange zulässig, so zB zwecks ordnungsmäßiger Erledigung der Dienstgeschäfte. Die Verantwortungsfreiheit bedeutet, dass der Richter wegen des Inhalts seiner Entscheidungen grundsätzlich nicht straf- oder disziplinarrechtlich zur Verantwortung gezogen werden kann. Seine zivilrechtliche Haftung wegen einer unrichtigen Entscheidung ist eingeschränkt (§ 839 II BGB). Die Verantwortungsfreiheit des Richters endet, wenn er sich selbst außerhalb der Rechtsordnung stellt, insbes. durch → Rechtsbeugung oder Verstoß gegen die verfassungsmäßige Grundordnung des Bundes oder eines Landes (Art. 98 II, V GG). Die sachliche Unabhängigkeit berechtigt den Richter jedoch nicht, nach seinem Rechtsgefühl oder gar nach Willkür zu entscheiden, sondern verpflichtet ihn, seiner Rechtsprechung ausschließlich das Gesetz zugrundezulegen, dh geschriebenes Recht ebenso wie ungeschriebenes Gewohnheitsrecht. Inwieweit die Bindung an „Gesetz und Recht" (Art. 20 III GG) ihm die Anwendung „übergesetzlichen Rechts" erlaubt, ist umstritten. Fortbildung des Rechts iS von Lückenausfüllung ist erlaubt (iE s. Rechtsfortbildung), freie Rechtsschöpfung und damit Eindringen in den Bereich der Gesetzgebung sind ihm jedoch verwehrt. Zum Umfang seiner Befugnis, über die Wirksamkeit bestehender Rechtsnormen zu befinden, vgl. → richterliches Prüfungsrecht, → Normenkontrolle.

2. Die persönliche Unabhängigkeit des Richters liegt in erster Linie in seiner Unversetzbarkeit und Unabsetzbarkeit. Eine Versetzung oder Amtsenthebung ist nur im Verfahren über die Richteranklage (Art. 98 II, V GG), im förmlichen Disziplinarverfahren, im Interesse der Rechtspflege (§ 31 DRiG) oder bei Veränderung der Gerichtsorganisation (§ 32 DRiG) und grundsätzlich nur auf Grund rechtskräftiger richterlicher Entscheidung (→ Dienstgericht) zulässig. Auch eine → Abordnung ist nur mit seiner Zustimmung möglich und auf bestimmte Zeit zu begrenzen (§ 37 DRiG). Für Richter auf Probe oder kraft Auftrags, die nicht unter dem Schutz der persönlichen Unabhängigkeit des Art. 97 II GG stehen, statuiert das DRiG (§§ 22, 23) ein Mindestmaß persönlicher Unabhängigkeit.

Unabkömmlichstellung Wehrpflichtiger
Übt ein Wehrpflichtiger eine Tätigkeit aus, deren Fortführung durch ihn im öffentlichen Interesse wichtiger ist als seine Heranziehung zum Wehrdienst, so kann er auf Vorschlag der zuständigen Verwaltungsbehörde durch die Wehrersatzbehörde (Kreiswehrersatzamt) unabkömmlich gestellt werden (§ 13 WehrpflG). Zuständigkeit und Verfahren bei der Unabkömmlichstellung Wehrpflichtiger regeln die VO v. 24.8.2005 (BGBl. 2005 I 2538) sowie die hierzu ergangenen DVOen des Bundes und der Länder. Die Entscheidungen der beteiligten Behörden sind weder gegenüber dem Arbeitgeber noch gegenüber dem Wehrpflichtigen ein anfechtbarer Verwaltungsakt. Die Unabkömmlichstellung kann befristet oder unbefristet, für den Frieden und/oder den Verteidigungsfall ausgesprochen werden. Der Wegfall ihrer Voraussetzungen ist vom Dienstherrn (Arbeitgeber) des Wehrpflichtigen, in Ermangelung eines solchen von diesem selbst der Wehrersatzbehörde anzuzeigen. Die Vorschriften gelten nach der → Aussetzung der Wehrpflicht nur noch für den Spannungs- und Verteidigungsfall und haben daher zur Zeit keine praktische Bedeutung mehr.

Unabsetzbarkeit des Richters
→ Unabhängigkeit des Richters (2).

Unabwendbares Ereignis
→ Verschulden (4), → Straßenverkehrshaftung (2b).

Unbedenklichkeitsbescheinigung
1. Mit einer Unbedenklichkeitsbescheinigung bestätigt das → Finanzamt dem → Steuerpflichtigen, dass er seinen Steuerverpflichtungen nachgekommen ist. Eine Unbedenklichkeitsbescheinigung ist regelmäßig Voraussetzung einer erfolgreichen Bewerbung um öffentliche Aufträge. Die Unbedenklichkeitsbescheinigung darf im Hinblick auf das → Steuergeheimnis nur dem Steuerpflichtigen selbst, Dritten nur mit seiner Zustimmung ausgestellt werden.

2. Der Erwerber eines Grundstücks (Erbbau- oder Erbpachtrechts) darf in das → Grundbuch erst eingetragen werden, wenn eine Unbedenklichkeitsbescheinigung vorliegt, wonach steuerliche Bedenken (→ Grunderwerbsteuer) nicht entgegenstehen (§ 22 GrEStG). Sa → Unschädlichkeitszeugnis.

Unbeendeter Versuch
→ Rücktritt vom Versuch 3a.

Unbefugte Entnahme von Strom
→ Entziehung elektrischer Energie.

Unbefugte Titelführung
→ Titel.

Unbefugte Wegnahme einer Leiche
→ Leiche, unbefugte Wegnahme, → Religionsvergehen.

Unbefugter Gebrauch von Fahrzeugen
Straftatbestand nach § 248b StGB. Ihn erfüllt, wer ein Kfz oder Fahrrad gegen den Willen des Berechtigten in Gebrauch nimmt oder dies versucht. Der Strafrahmen sieht Freiheitsstrafe bis zu 3 Jahren oder Geldstrafe vor. Die Tat ist → Antragsdelikt. Strafbar ist nach

§ 248b StGB die Ingebrauchnahme, dh die Benutzung nur zu Fahrzwecken; handelt der Täter mit dem Willen, das Fahrzeug – wenn auch kurze Zeit – wie ein Eigentümer zu benutzen, so eignet er es sich zu und begeht → Diebstahl (§ 242 StGB). Die Rspr. sieht das Benutzen eines fremden Fahrzeugs als bloße Ingebrauchnahme an, wenn der Täter die Absicht hat, es in die Verfügungsgewalt des Berechtigten zurückzubringen (idR zum vorherigen Standort), dagegen als Diebstahl, wenn er es nach Benutzung an einem beliebigen, dem Berechtigten unbekannten Ort abstellen will, wo es dem Zugriff Dritter ausgesetzt ist. Strafbar ist auch die Ingebrauchnahme durch den angestellten Fahrer gegen den Willen des Halters (nicht das Benutzen für private Zwecke nach erlaubtem Ingangsetzen) oder das Überschreiten der vertraglich festgesetzten km-Zahl durch den Mieter (str.).

Unbemannte Luftfahrzeuge
1. Art. 3 Nr. 30 VO (EU) 2018/1139 (→ Luftfahrtrecht) definiert unbemannte Luftfahrzeuge als Luftfahrzeuge, die ohne einen an Bord befindlichen Piloten autonom oder ferngesteuert betrieben werden. Umgangssprachlich werden sie auch Drohnen genannt. Als unbemanntes Luftfahrzeugsystem (unmanned aircraft system, UAS) wird das unbemannte Luftfahrzeug nebst der Ausrüstung für seine Fernsteuerung bezeichnet. Die im deutschen Recht verwendeten Begriffe weichen hiervon zT ab. So spricht § 1 LuftVG von unbemannten Fluggeräten und unbemannten Luftfahrtsystemen.

2. a) Herstellung und Betrieb von unbemannten Luftfahrzeugen werden primär durch EU-Recht geregelt. Neben der bereits erwähnten VO (EU) 2018/1139, der sogenannten Luftfahrt-Grundverordnung, ist dies zum einen die Delegierte VO (EU) 2019/945 v. 12.3.2019 über unbemannte Luftfahrzeugsysteme und Drittlandsbetreiber unbemannter Luftfahrzeugsysteme (ABl. EU 2019 L 152, 1). Sie regelt die Anforderungen an Konstruktion, Herstellung und Konformität von unbemannten Luftfahrzeugsystemen. Fast noch größere Bedeutung hat daneben die Durchführungsverordnung (EU) 2019/947 v. 24.5.2019 über die Vorschriften und Verfahren für den Betrieb unbemannter Luftfahrzeuge (ABl. EU 2019 L 152, 45). Sie regelt den Betrieb von unbemannten Luftfahrtsystemen sowie die Anforderungen an ihre Fernpiloten.

b) Dabei unterscheidet die VO 2019/947 zwischen den Betriebskategorien
- offen (Startgewicht unter 25 kg, nur Sichtflug, kein Abwurf oder Transport von Gegenständen),
- speziell (weder zur Kategorie offen noch zulassungspflichtig gehörend) und
- zulassungspflichtig (Flug über Menschenansammlungen, Transport von Menschen oder gefährlichen Gütern).

Je nach Kategorie benötigen Betreiber und Fernpiloten unterschiedliche Kompetenznachweise (Drohnenführerscheine). Das Mindestalter für Fernpiloten der Kategorien offen und speziell ist 16 Jahre. Die Mitgliedstaaten können bestimmte Gebiete ausweisen (U-Space-Luftraum), in denen der Betrieb von unbemannten Luftfahrzeugsystemen nur mit Unterstützung bestimmter technischer Dienste, etwa eines Netzidentifizierungsdienstes, zulässig ist. Näheres regelt seit 2023 die Durchführungsverordnung (EU) v. 22.4.2021 über einen Rechtsrahmen für den U-Space (ABl. EU 2021 L 139, 161).

3. Deutsches Recht spielt neben diesen europarechtlichen Vorgaben nur noch eine geringe, subsidiäre Rolle. Unbemannte Luftfahrzeuge der Kategorien „offen" und „speziell" sind von der Musterzulassung gem. § 1 LuftVZO befreit, nicht dagegen solche der Kategorie „zulassungspflichtig", die auch in die → Luftfahrzeugrolle eingetragen werden.

Unbenannte Zuwendung
nennt man die Übertragung von Vermögenswerten unter → Ehegatten als ehebezogenes Rechtsgeschäft eigener Art (Einzelheiten → Mitarbeit der Ehegatten). Zuwendungen der → Schwiegereltern sind keine unbenannten Zuwendungen. Die unbenannte Zuwendung ist grds. schenkungssteuerpflichtig, die eines Familienwohnheims schenkungssteuerfrei (§ 13 I Nr. 4a ErbSchStG).

Unbescholtenheit
→ Verführung.

Unbeschränkte Erbenhaftung
→ Beschränkung der Erbenhaftung.

Unbeschränkte Nachschusspflicht
(Haftung) → Genossenschaft.

Unbeschränkte Steuerpflicht
→ Steuerpflicht.

Unbestellte Lieferung, Leistung
Eine unbestellte Lieferung stellt (anders als bei der → Ansichtssendung) regelmäßig → unlauteren Wettbewerb dar. Schuldrechtlich begründet die Lieferung unbestellter Sachen oder die Erbringung unbestellter sonstiger Leistungen durch einen → Unternehmer an einen → Verbraucher keinerlei Ansprüche gegen den Verbraucher, also weder aus Vertrag noch aus Gesetz, es bestehen also auch keine Ansprüche auf Ersatz von Nutzungen oder Schadensersatz (§ 241a I BGB; grds. besteht auch kein → Eigentumsherausgabeanspruch, es sei denn, der Anspruch steht einem Dritten zu, str.; nicht ausgeschlossen sind gesetzliche Ansprüche aber, wenn die Leistung nicht für den Empfänger bestimmt war oder in der irrigen Vorstellung einer Bestellung erfolgt ist und der Empfänger dies hätte erkennen können, § 241a II BGB). Der Empfänger kann nach Belieben mit der Sache verfahren, Schweigen und Benutzung bedeuten keine konkludente Annahme des → Vertrags; der

Verbraucher kann die Sache zB auch wegwerfen. Diese Grundsätze gelten auch, wenn auf Grund einer tatsächlich erfolgten Bestellung eine andere (erfüllungsuntaugliche) Ware geliefert wird (sog. aliud), allerdings nur im Fall einer absichtlichen, nicht bei einer nur irrtümlichen Falschlieferung. Abweichende Vereinbarungen zu Lasten des Verbrauchers und Umgehungen sind unzulässig, § 241a III BGB. Diese Vorschriften gelten nicht im Rechtsverkehr zwischen Unternehmern, insoweit gelten die allg. Regeln, insbes. § 151 BGB, § 362 HGB (zB Übersendung eines neu erschienenen Buchs vom Verlag an einen Buchhändler zur Ansicht). Ab dem 28.5.2022 soll die Verletzung von § 241a BGB als rechtswidrige und vorwerfbare Handlung eingestuft werden und bußgeldbewehrt sein, Art. 246e EGBGB (→ Modernisierungsrichtlinie).

Unbestimmte Rechtsbegriffe
Unbestimmte Rechtsbegriffe sind solche, deren Inhalt nicht durch einen fest umrissenen Sachverhalt ausgefüllt wird, sondern bei der Rechtsanwendung auf einen gegebenen Tatbestand im Einzelfall einer Fixierung bedarf. Diese liegt entweder im Bereich des Tatsächlichen (zB bei dem Begriff Dunkelheit) oder des Rechtlichen (Gemeinwohl, berechtigte Interessen). Die Fixierung kann insbes. in einer Wertausfüllung bestehen (zB gute Sitten, unsittlich; → normative Tatbestandsmerkmale und Rechtsbegriffe). Die Verwendung von unbestimmten Rechtsbegriffen in der Gesetzgebung – auch soweit diese Verwaltungsbehörden zu einem Eingriff ermächtigt – verstößt nicht gegen rechtsstaatliche Grundsätze, zumal die Handhabung solcher Begriffe der rechtlichen Nachprüfung unterliegt, soweit nicht der Behörde ein Beurteilungsspielraum eingeräumt ist (vgl. auch → Ermessen, auch zur gerichtlichen Überprüfung).

Unbestimmte Strafe
Das Jugendgerichtsgesetz sah bis 1990 als mögliche Sanktion auch eine Jugendstrafe (→ Jugendstrafrecht) von unbestimmter Dauer vor (§ 19 JGG aF), für die allerdings eine Obergrenze von 4 Jahren bestand. Sie konnte verhängt werden in Fällen, in denen wegen schädlicher Neigungen (vgl. § 17 II JGG) Jugendstrafe erforderlich war, sich jedoch nicht voraussehen ließ, welche Zeit erforderlich ist, um den Jugendlichen durch den Strafvollzug zu einem rechtschaffenen Lebenswandel zu erziehen. In der Praxis hat sich die Sanktion nicht bewährt; sie wurde durch Gesetz v. 30.8.1990 (BGBl. 1990 I 1853) abgeschafft.

Unbewegliche Sache
→ Sache, → Grundstück.

Unbewegliches Vermögen
→ Immobiliarzwangsvollstreckung.

Unbotmäßigkeit
Verabredung zur – (§ 28 WStG) → Verabredung einer Straftat.

Unbrauchbarmachung
Werden im Strafurteil → Verkörperungen eines → Inhalts (§ 11 III StGB) eingezogen, weil ihre vorsätzliche Verbreitung den Tatbestand eines Strafgesetzes verwirklichen würde und sie durch eine rechtswidrige Tat verbreitet oder zur Verbreitung bestimmt wurden, so wird zugleich die Unbrauchbarmachung der zu ihrer Herstellung gebrauchten oder bestimmten Vorrichtungen (zB Druckstöcke, Matrizen usw) angeordnet (§ 74d StGB). Die Unbrauchbarmachung ist im Unterschied zur eigentlichen → Einziehung im Strafverfahren stets vorbeugende Sicherungsmaßregel (niemals Strafe); sie entzieht dem Betroffenen nicht wie jene das Eigentum, sondern beschränkt sich darauf, dem Gegenstand die Eigenschaften zu nehmen, die seine Benutzung zu einer Straftat ermöglichen. Ggf. ist daher die Unbrauchbarmachung (zB bei Druckplatten) auf die inkriminierten Stellen zu beschränken (§ 74 f I 3 Nr. 2, II StGB). Voraussetzung der Unbrauchbarmachung ist idR, dass mindestens eine Verkörperung vom Täter durch eine Straftat verbreitet oder zur Verbreitung bestimmt worden ist. Ist das Verbreiten nur unter weiteren Voraussetzungen strafbar (zB Verkauf → jugendgefährdender Medien an Jugendliche), so ist Unbrauchbarmachung nur zulässig, wenn sich der Gegenstand im Besitz des Täters oder eines Teilnehmers befindet und die Maßnahme erforderlich ist, um weiteres gesetzwidriges Verhalten zu verhindern. Für die Wirkung der Anordnung gegen Dritte und ggf. deren Entschädigung sowie für das → objektive Verfahren gelten die Vorschriften über die Einziehung entsprechend (§ 74d V StGB, § 76a StGB).

UNCITRAL
(Abk. United Nations Commission on International Trade Law) ist eine von der UN-Hauptversammlung 1966 ins Leben gerufene Kommission mit Sitz in Wien und New York. Aufgabe von UNCITRAL ist es, die Vereinheitlichung des internationalen Wirtschafts- und Handelsrechts voranzubringen, zB durch Vorschläge zu internationalen Abkommen oder Modellgesetzen. Das sind vor allem Regeln zur internationalen Schiedsgerichtsbarkeit (→ Schiedsgericht, → schiedsrichterliches Verfahren) und zum internationalen Kaufrecht (→ CISG).

UNCTAD
(United Nations Conference on Trade and Development) ist die Konferenz der → Vereinten Nationen für Handel und Entwicklung. Durch Beschluss der Generalversammlung der Vereinten Nationen v. 30.12.1964 wurde die UNCTAD als ständige Einrichtung geschaffen. Hauptaufgabe ist ua die Förderung des internationalen Handels zwischen Entwicklungsländern und zwischen Ländern verschiedener Entwicklungsstufen. Ein Schwerpunkt ist dabei die Vermeidung übermäßiger Preisschwankungen bei wichtigen von Entwick-

lungsländern produzierten Rohstoffen. Ferner bemüht sich die UNCTAD um einen Schuldenerlass für die ärmsten Entwicklungsländer. Die UNCTAD besteht neben der → WTO.

Undank
grober Undank → Schenkung.

Undkonto
ist ein Konto, das mehreren (Gesamthands- oder Bruchteils-)Berechtigten gemeinsam zusteht und über das sie nur gemeinsam verfügen können. Dagegen kann beim → Oderkonto jeder Kontoinhaber selbständig verfügen. Sa → Anderkonto.

Unechte Geschäftsführung ohne Auftrag
→ Geschäftsführung ohne Auftrag.

Unechte Stellvertretung
→ mittelbare Stellvertretung.

Unechtes Versäumnisurteil
→ Versäumnisurteil.

Unedle Metalle
sind Metalle und Metalllegierungen, die kein → Edelmetall sind oder enthalten. Besondere rechtliche Vorschriften existieren für den Handel mit → Altmetallen.

Uneheliche Kinder
→ Kinder, → Unterhaltspflicht bei nicht miteinander verheirateten Eltern.

Uneidliche falsche Aussage
→ falsche uneidliche Aussage.
→ Bürgerlich-rechtliche Prospekthaftung.

Unentgeltlichkeit
→ Schenkung.

Unerlaubte Handlung (Delikt)
1. Begriffsbestimmung, Systematik, Konkurrenz: Der 27. Titel des 2. Buches des BGB (§§ 823 ff. BGB) ist mit unerlaubter Handlung überschrieben. Wesen einer unerlaubten Handlung ist die zurechenbare Verletzung eines besonders geschützten Rechts oder Rechtsguts, wenn sie rechtswidrig und schuldhaft geschieht. Für eine unerlaubte Handlung ieS ist daher Tatbestandsmäßigkeit, Rechtswidrigkeit und Schuld erforderlich. Die Tatbestandsmäßigkeit bestimmt sich nach den einzelnen Normen der §§ 823 ff. BGB (s. u. 2. bis 5.). Die Rechtswidrigkeit ist indiziert, wenn ein bestimmtes Erfolgsunrecht durch eine direkte Verletzung (zB Tötung eines Menschen, Diebstahl einer Sache) eingetreten ist; in einem solchen Fall fehlt die Rechtswidrigkeit nur dann, wenn ausnahmsweise ein → Rechtfertigungsgrund wie Notwehr, Notstand, Einwilligung, Wahrnehmung berechtigter Interessen oÄ den Eingriff in das geschütztes Rechtsgut erlaubt. Nicht automatisch indiziert wird die Rechtswidrigkeit jedoch, wenn keine direkte Verletzungshandlung vorliegt, sondern zB ein bloßes Unterlassen, ebenso, wenn die Rechtsgutverletzung erst eine entferntere Folge der Handlung einer Person ist (mittelbare Verletzung), weil der Handelnde nur die Gefahr einer Verletzung geschaffen hat; da die Rechtswidrigkeit in diesen Fällen nicht indiziert ist, muss sie aus der Verletzung einer besonderen Pflicht (zum Handeln) hergeleitet werden: Diese Pflichten heißen → Verkehrssicherungspflichten (s. iE dort). Die unerlaubte Handlung ieS setzt idR weiterhin auch ein → Verschulden voraus. Strafbarkeit ist nicht Voraussetzung. Unter den Begriff der unerlaubten Handlung werden oft aber auch Tatbestände subsumiert, deren Haftungsgrund die Verursachung einer Gefährdung ist (→ Gefährdungshaftung) und kein Verschulden erfordert, insbes. die → Straßenverkehrshaftung; sa u. 4. über die Haftung für Kinder, Tiere, Gebäude usw. Ein Anspruch auf → Schadensersatz aufgrund einer tatbestandsmäßigen, rechtswidrigen und schuldhaften unerlaubten Handlung entsteht, wenn durch sie adäquat kausal ein Schaden verursacht wird (→ Schadensersatz). Der Anspruch tritt selbständig neben einen ggf. gleichzeitig bestehenden Anspruch aus Verletzung eines Vertrags (→ gegenseitiger Vertrag); ein vertraglicher Haftungsausschluss (Handeln auf eigene Gefahr, → Gefälligkeitsfahrt) gilt dann oftmals auch für die unerlaubte Handlung. Sonderregeln enthalten die Vorschriften über den (zivilrechtlichen) → Notstand, die Folgen einer → Enteignung, eines → enteignungsgleichen Eingriffs, eines → enteignenden Eingriffs und einer → Aufopferung sowie iRd → Staatshaftung. Im Gebiet der ehemaligen DDR gelten die folgenden Ausführungen nur für unerlaubte Handlungen, die ab 3.10.1990 begangen wurden (Art. 232 § 10 EGBGB).

2. Verletzung besonders geschützter Rechtsgüter, Schutzgesetze, Sondervorschriftenb, sittenwidrige Schädigung:

a) Verletzung besonders geschützter Rechtsgüter: Eine unerlaubte Handlung nach § 823 I BGB begeht, wer vorsätzlich oder fahrlässig das Leben, den Körper (auch die Leibesfrucht einer Schwangeren), die Gesundheit (kein Haftungsausschluss für Körperschäden durch → Allgemeine Geschäftsbedingungen, § 309 Nr. 7a BGB ist auch auf Ansprüche aus unerlaubter Handlung anzuwenden), die Freiheit, das Eigentum (hier bestehen aber die Haftung einschränkende Sondervorschriften des → Eigentümer-Besitzerverhältnis, die grds. Vorrang haben und die allg. Haftung aus unerlaubter Handlung ausschließen) oder ein sonstiges Recht verletzt und dadurch einen Schaden herbeiführt (zB durch einen verschuldeten Verkehrsunfall, s. hierzu iE → Straßenverkehrshaftung). Eine Nutzungsbeeinträchtigung von erheblicher Intensität kann eine Eigentrumsverletzung sein (zB vollständige Entziehung des Gebrauchs für mehrere Tage). Unter sonstige Rechte fallen hier nur absolute Rechte, die gegen jedermann wirken, insbes. → dingliche Rechte (zB Erbbaurecht, Dienstbarkeit, Grundpfandrecht), das → Anwartschaftsrecht, Patentrechte, Familienrechte (iE str.), das → Persönlichkeitsrecht (insbes. Schutz von Ansehen und persönlicher Ehre, Selbstbestimmung, zB Recht am eigenen Bild und Wort, Privat- und Intimsphäre, Sozialsphäre; geschützt ist auch das sog. → Unternehmenspersönlichkeitsrecht), der eingerichtete und ausgeübte Gewerbebetrieb, soweit sich der Eingriff (nach der Willensrichtung des Verletzers) unmittelbar und betriebsbezogen gegen den geschützten Bereich des Gewerbebetriebs richtet (zB bei einem Boykottaufruf; Blockade eines Betriebs, um die Auslieferung von Waren zu verhindern; Verbreitung schädigender Werturteile, soweit sie nicht neutral und objektiv gehalten und sachkundig vorgenommen sind; keinen Eingriff stellt die mittelbare Beeinträchtigung des Betriebs durch ein außerhalb eintretendes Schadensereignis dar, zB bei Unterbrechung der Stromzufuhr durch Baggerarbeiten), der (berechtigte, str.) → Besitz (zB eines Mieteres); kein sonstiges Recht sind persönliche → Forderungen, das → Vermögen als solches (Ersatzpflicht für Vermögensbeschädigung möglich aber nach §§ 823 II, 824, 826, 839 BGB), der Arbeitsplatz. Eine unerlaubte Handlung kann auch durch Unterlassen begangen werden, wenn eine Rechtspflicht zum Handeln, dh zur Vermeidung der unerlaubten Handlung besteht; s. o. 1. und insbes. → Verkehrsicherungspflicht. Sa → Klimaproteste.

b) Verletzung eines Schutzgesetzes: Eine unerlaubte Handlung begeht ferner, wer gegen ein den Schutz eines anderen bezweckendes Gesetz verstößt (§ 823 II BGB). Schutzgesetz idS ist jede Rechtsnorm, die nicht nur die Allgemeinheit, sondern unmittelbar den Schutz eines einzelnen bezweckt (Individualschutzgesetz; insbes. die Vorschriften des StGB über erfolgsbezogene Straftaten gegen das Leben, den Körper, die Freiheit, die Ehre, das Eigentum, wobei insoweit häufig bereits Ansprüche nach § 823 I BGB greifen; verhaltensbezogene Schutzgesetze, zB der StVO, Gesetze zum Schutz des Vermögens, zB Betrug- und Untreuestraftaten oder Wettbewerbsvorschriften; nicht aber zB Sozialversicherungsvorschriften bei deren Verletzung durch den Arbeitgeber; auch die durch das → Lieferkettensorgfaltspflichtengesetz begründeten Pflichten sind keine Schutzgesetze iSd § 823 II BGB). Über das Verbot der Insolvenzverschleppung s. → Insolvenzstraftaten (3).

c) Kreditgefährdung: Eine unerlaubte Handlung liegt auch vor, wenn der Wahrheit zuwider eine Tatsache behauptet oder verbreitet wird, die geeignet ist, den Kredit eines andern zu gefährden oder sonstige Nachteile für dessen Erwerb oder Fortkommen herbeizuführen, sofern der Verbreitende die Unwahrheit der Behauptung kennt oder sie fahrlässigerweise nicht kennt und an der Verbreitung kein berechtigtes Interesse hat, § 824 BGB (Kreditgefährdung). Die Vorschrift schützt die wirtschaftliche Wertschätzung von Personen und Unternehmen. § 824 BGB gilt auch bei unwahren Presseveröffentlichungen; bei Eingriffen in die Geschäftsehre durch unrichtige Berichterstattung ist (wie bei der Verletzung des Persönlichkeitsrechts) durch Güter- und Interessenabwägung unter Berücksichtigung des Zwecks der Presse (Unterrichtung der Öffentlichkeit) und der Art der Berichterstattung (echte Berichterstattung oder Sensationszweck) das Vorliegen eines berechtigten Interesses an der Veröffentlichung zu prüfen. Nicht erfasst von § 824 BGB wird die Verbreitung von Werturteilen und Meinungsäußerungen (gegen schädigende Werturteile besteht aber ggf. Schutz durch § 823 I BGB, zB in Form des Schutzes des eingerichteten Gewerbebetriebs).

d) Bestimmung zu sexuellen Handlungen: Eine unerlaubte Handlung stellt ferner eine Verletzung der Geschlechtsehre dar, wenn jemand durch Hinterlist, Drohung oder Missbrauch eines Abhängigkeitsverhältnisses zur Vornahme oder Duldung sexueller Handlungen bestimmt wird, § 825 BGB; meist greift bereits § 823 I oder II BGB.

e) Sittenwidrige vorsätzliche Schädigung: Eine Art Generalklausel enthält darüber hinaus § 826 BGB. Danach begeht eine unerlaubte Handlung, wer in einer gegen die guten Sitten verstoßenden Weise (→ Sittenwidrigkeit) einem anderen vorsätzlich (also nicht nur fahrlässig) einen Schaden zufügt. Hierunter sind insbes. die Ausnutzung einer wirtschaftlichen Machtstellung (Knebelungsverträge, Gläubigergefährdung durch Täuschung über die Kreditwürdigkeit des Schuldners, existenzvernichtende Eingriffe in eine Gesellschaft, → Konzernrecht, 2), unzulässige → Streiks und Boykottaufrufe, Erschleichen eines unrichtigen Urteils oder sittenwidriges Gebrauchmachen von einem derartigen Titel sowie insbes. sämtliche Wettbewerbshandlungen zu verstehen, die in ihren Methoden dem Anstandsgefühl aller billig und gerecht Denkenden widersprechen und daher das im Wettbewerb Übliche erheblich überschreiten, um den Konkurrenten zu schädigen (Kundenfang, herabsetzende Werbung usw; sa → unlauterer Wettbewerb). Im sog. → Dieselskandal wird vielfach eine sittenwidrige Schädigung der Kfz-Hersteller aufgrund des Einbaus einer unzulässigen Abschalteinrichtung zur Reduzierung des Stickstoffausstoßes angenommen (iE sehr str.; sa → Gewährleistung). Die sittenwidrige unterlaubte Handlung begründet gegenüber einem Erfüllungsanspruch regelmäßig die Einrede der Arglist (→ Treu und Glauben).

3. Schuld, Schuldfähigkeit, Aufsichtpflicht: Die für die Ersatzpflicht wegen einer unerlaubten Handlung idR nötige Schuld setzt Schuldfähigkeit des Täters (→ Deliktsfähigkeit) voraus, §§ 827 und 828 BGB schränken die Verantwortlichkeit insoweit ein. Wer jedoch kraft Gesetzes (→ elterliche Sorge, → Vormund) oder vertraglich (Lehrer) zur Aufsicht über eine Person verpflichtet ist, die wegen Minderjährigkeit oder wegen ihres

geistigen oder körperlichen Zustands der Beaufsichtigung bedarf, ist zum Ersatz des Schadens verpflichtet, den diese Person einem Dritten widerrechtlich zufügt (§ 832 BGB, Aufsichtspflicht). Die Ersatzpflicht tritt nicht ein, wenn der Betreffende seiner Aufsichtspflicht genügt (entsprechende Belehrung, zumutbare Beaufsichtung spielender Kinder, Beseitigung gefährlichen Spielzeugs) oder wenn der Schaden auch bei ordnungsmäßiger Aufsicht entstanden wäre.

4. Tielhalter-, Tierhüterhaftung, Gründstücks-, Gebäudehaftung:

a) Wird durch ein Tier ein Mensch getötet oder verletzt oder eine Sache beschädigt, so ist der → Tierhalter (derjenige, der ein Tier in seinem Bereich, zB Haushalt oder Betrieb, im eigenen Interesse unterhält; Eigentum ist nicht unbedingt erforderlich) auch ohne Verschulden (→ Gefährdungshaftung) zum Ersatz des entstandenen Schadens verpflichtet (§ 833 BGB, Tierschadenshaftung). Voraussetzung ist jedoch, dass der Schaden durch ein willkürliches, typisch tierisches Verhalten (zB Scheuen eines Pferdes, nicht aber bei entsprechender Lenkung) entsteht und die Haftung nicht vertraglich (auch stillschweigend, → Gefälligkeitsfahrt) ausgeschlossen ist. Die Ersatzpflicht tritt nicht ein, wenn der Schaden durch ein Haustier verursacht wird, das dem Erwerb des Tierhalters dient (zB Jagdhund, Zuchtpferd; nicht zB Bienen, Kamel), und der Tierhalter entweder die erforderliche Sorgfalt beobachtet hat oder der Schaden auch bei Anwendung dieser Sorgfalt entstanden wäre. Eine entsprechende Haftung trifft denjenigen, der vom Tierhalter die Aufsicht über das Tier durch Vertrag übernommen hat (Tierhüter, -aufseher, -wärter, § 834 BGB). Über die Haftung für wilde Tiere → Wildschaden.

b) Wird durch den Einsturz eines Gebäudes, einer Ruine, eines Baugerüsts oÄ oder durch Ablösen von Teilen hiervon ein Mensch getötet oder verletzt oder eine Sache beschädigt, so ist der → Eigenbesitzer des Grundstücks zum Ersatz des Schadens verpflichtet, sofern der Einsturz oder die Ablösung die Folge fehlerhafter Errichtung oder mangelhafter Unterhaltung ist, § 836 BGB. Diese Gebäudehaftung trifft auch den früheren Besitzer bis zu 1 Jahr nach Beendigung seines Besitzes sowie einen vertraglich zur Unterhaltung des Gebäudes Verpflichteten; besitzt jemand das Gebäude auf Grund eines selbständigen Rechts, insbes. → Erbbaurecht oder Nießbrauch, so trifft ihn die Haftung anstelle des Grundstücksbesitzers (§§ 837, 838 BGB). Die Gebäudehaftung ist ausgeschlossen, wenn der Besitzer zur Abwendung der Gefahr die im Verkehr erforderliche Sorgfalt beobachtet hat (zB Überprüfung der Haltbarkeit einer Ruine).

5. Haftung für Verrichtungsgehilfen, Haftung mehrerer Personen:

a) Wer einen anderen zu einer Verrichtung bestellt, ist (neben einer etwaigen sonstigen eigenen Haftung, zB aus Verletzung der → Verkehrssicherungspflicht) zum Ersatz des Schadens verpflichtet, den der andere (sog. Verrichtungsgehilfe) in Ausführung der Verrichtung einem Dritten widerrechtlich zufügt, § 831 BGB. Es handelt sich grds. um eine vermutete Haftung für eigenes Fehlverhalten beim Einsatz von Hilfspersonen, nicht um eine Zurechnung fremden Verhaltens. Der Verrichtungsgehilfe muss den objektiven Tatbestand einer unerlaubten Handlung erfüllen, diese muss auch rechtwidrig sein; ein → Verschulden des Verrichtungsgehilfen ist grds. nicht erforderlich (besondere subjektive Elemente des Tatbestands einer unerlaubten Handlung, zB Vorsatz bei § 826 BGB, müssen aber vorliegen). Anders als bei der Haftung für den → Erfüllungsgehilfen (§ 278 BGB) wird ein bestehendes Schuldverhältnis nicht vorausgesetzt. Sondervorschriften gelten für die Haftung einer → juristischen Person (§§ 31, 89 BGB), ebenso im Fall der → Staatshaftung bei einem Handeln in Ausübung eines öffentlichen Amtes. Der Geschäftsherr muss dem Verrichtungsgehilfen tatsächlich eine Tätigkeit übertragen haben (ggf. auch stillschweigend); dieser muss unter der Einwirkungsmöglichkeit des Geschäftsherrn stehen, also von dessen Weisungen abhängig sein (zB Arbeitnehmer, Auszubildender); es genügt, dass die Tätigkeit in organisatorisch abhängiger Stellung geleistet wird. Keine Verrichtungsgehilfen sind zB selbständige (Sub)Unternehmer, Handwerker oÄ (es sei denn, sie sind im Einzelfall konkret weisungsunterworfen). Der Schaden muss in Ausführung der aufgetragenen Verrichtung eingetreten sein, nicht nur aus Anlass dieser Tätigkeit (dh wenn nur ein äußerer oder zeitlicher Zusammenhang bestand, zB Diebstahl durch einen mit einer Reparatur in der Wohnung beauftragten Arbeiter); str., zT wird dagegen darauf abgestellt, ob die Tätigkeit dem Gehilfen die Schadenszufügung wesentlich erleichtert hat. Diese weite Haftung des Geschäftsherrn aus vermutetem eigenen Verschulden tritt jedoch nicht ein, wenn dieser bei der Auswahl des Verrichtungsgehilfen und bei dessen Überwachung sowie bei der Beschaffung der erforderlichen Gerätschaften die im Verkehr erforderliche Sorgfalt beobachtet hat oder wenn der Schaden auch bei Anwendung dieser Sorgfalt entstanden wäre, § 831 I 2 BGB. An diesen Entlastungsbeweis (Exkulpationsbeweis) des Geschäftsherrn werden (insbes. bei verantwortungsvollen Tätigkeiten, zB Kraftfahrer) strenge Anforderungen gestellt; bei Großbetrieben ist zur Entlastung eine ordnungsgemäße Organisation nachzuweisen.

b) Haben mehrere gemeinschaftlich, wenn auch nur als Anstifter oder Gehilfen, eine unerlaubte Handlung begangen, so ist jeder für den Schaden verantwortlich, sofern eine echte Beteiligung, dh ein zeitlicher, räumlicher und inhaltlicher Zusammenhang feststeht (ebenso, wenn sich zB bei einer Schlägerei die Beteiligung der Einzelnen nicht mehr klären lässt,

§ 830 BGB; s hierzu auch → Tumultschäden). Sind für den aus einer unerlaubten Handlung (auch aus Gefährdungshaftung) entstandenen Schaden mehrere nebeneinander verantwortlich, so haften sie nach außen als Gesamtschuldner, § 840 I BGB (s. → Gesamtschuld). Im Innenverhältnis sind sie nach § 426 BGB grds. zu gleichen Anteilen verpflichtet (Ausgleichungspflicht bei der → Gesamtschuld); im Verhältnis zwischen Geschäftsherrn und Verrichtungsgehilfen ist jedoch nur der Verrichtungsgehilfe, bei der Tierhalter- und Gebäudehaftung nur ein etwa vorhandener Dritter, der den Schaden zu verantworten hat, haftbar, § 840 II, III BGB. Zur Opferentschädigung → Entschädigung des Verletzten.

6. Schadensersatz, Beweisfragen, Personenschäden, Schmerzens-, Hinterbliebenengeld:

Die unerlaubte Handlung verpflichtet zum → Schadensersatz (§§ 249 ff. BGB) nach den dafür geltenden allg. Regeln. Einen Ersatzanspruch hat grds. nur der Verletzte selbst, im Fall von § 823 I BGB grds. nur derjenige, der selbst unmittelbar an einem der genannten Rechtsgüter oder Rechte verletzt ist. Dritte, die nur mittelbar infolge der Verletzung des unmittelbar Verletzten einen Schaden erleiden, sind nicht ersatzberechtigt (sa → Schadensersatz), ggf. findet aber ein Übergang des Anspruchs durch eine Legalzession (zB auf den Sozialversicherungsträger) statt. Der Geschädigte hat den Tatbestand der unerlaubten Handlung, die Kausalität und das Verschulden des Schädigers zu beweisen; in Fällen eines typischen Geschehensablaufs spricht für ihn jedoch oftmals der Beweis des ersten Anscheins (→ Anscheinsbeweis, prima-facie-Beweis), solange der Gegner nicht die ernsthafte Möglichkeit eines anderen Kausalverlaufs vorträgt (zB Auffahren auf einen Baum bei ebener, trockener, verkehrsruhiger Straße spricht für Verschulden des Fahrers). Wird die Rechtswidrigkeit des Handelns bestritten, so muss der Schädiger einen behaupteten Rechtfertigungsgrund, zB Notwehrlage, eigenes verkehrsgerechtes Verhalten (str.), beweisen. Wird die unerlaubte Handlung ausschl. im Gefahrenbereich des Schädigers begangen (zB Kunstfehler eines Arztes), so tritt nach der Rspr. eine echte Umkehrung der Beweislast ein (dh der Arzt muss sich entlasten).

Für Personenschäden gelten darüber hinaus folgende Sonderregelungen: Die Verpflichtung zum Schadensersatz umfasst alle Nachteile für den Erwerb oder das Fortkommen des Verletzten (zB schlechtere Anstellung, Verdienstausfall), § 842 BGB. Wird infolge einer Verletzung des Körpers oder der Gesundheit die Erwerbsfähigkeit des Verletzten aufgehoben oder vermindert oder tritt hierdurch eine Vermehrung seiner Bedürfnisse ein, so ist der Schadensersatz in Form einer Geldrente, auf die die Vorschriften über die → Leibrente Anwendung finden, zu leisten, § 843 BGB; bei Vorliegen eines wichtigen Grundes kann auch eine Kapitalabfindung verlangt werden. Anspruch auf Schadensersatz aus einer unerlaubten Handlung wird nicht dadurch ausgeschlossen, dass ein anderer dem Verletzten Unterhalt zu gewähren hat (§ 843 IV BGB; Audruck eines allg. Rechtsgedankens, dass auf den Ersatzanspruch keine Leistungen Dritter angerechnet werden, die nach dem Normzweck dem Schädiger nicht zugute kommen sollen). Im Falle der Tötung einer Person hat der Ersatzpflichtige die Beerdigungskosten zu tragen sowie jedem, der dem Getöteten gegenüber unterhaltsberechtigt war (also einem mittelbar geschädigten Dritten), als Schadensersatz während der mutmaßlichen Lebensdauer des Getöteten eine Geldrente zu bezahlen, § 844 BGB. Sowohl hier als auch bei der Minderung der Erwerbsfähigkeit ist der Gedanke der → Vorteilsausgleichung zu berücksichtigen, soweit diese im Einzelfall dem Geschädigten zumutbar ist (zB die Einkünfte aus der bereits jetzt angefallenen Erbschaft des Getöteten, nicht der Stammwert selbst, weil dieser auch später angefallen wäre; ebenso wenig Leistungen aus privater Unfall- oder Lebensversicherung oÄ, für die der Getötete oder ein Dritter Prämien gezahlt hat. Ein Anspruch eines Dritten auf Schadensersatz in Form einer Geldrente besteht auch bei Tötung, Körperverletzung oder Freiheitsentziehung, wenn der Verletzte kraft Gesetzes (→ elterliche Sorge) diesem Dritten zur Leistung von Diensten in dessen Hausstand oder Gewerbe verpflichtet war (zB für die Beschaffung einer Ersatzkraft, § 845 BGB; s. aber → Mitarbeit der Ehegatten). In den Fällen der §§ 844, 854 BGB ist ein → Mitverschulden des Verletzten zu berücksichtigen.

Bei Personenschäden an Körper, Gesundheit, Freiheit usw ist neben dem materiellen Schaden auch der immaterielle Schaden des Verletzten durch ein angemessenes → Schmerzensgeld auszugleichen (§ 253 II BGB). Bei einer unerlaubten Handlung, die zum Tod geführt hat, ist nunmehr (für Todesfälle, die nach dem 22.7.2017 eingetreten sind) auch ein Hinterbliebenengeld (oder sog. Angehörigenschmerzensgeld) zu zahlen, s. iE hierzu → Schmerzensgeld. Sa → Schadensersatz, auch zu Schockschäden.

7. Verjährung, Herausgabe nach Verjährung: Die Verjährungsfrist beträgt grds. 3 Jahre, § 195 BGB. Hat der Schädiger durch die unerlaubte Handlung etwas erlangt, so ist er auch nach Verjährung des Schadensersatzanspruchs aus einer unerlaubten Handlung (→ Verjährung, 4) zur Herausgabe nach den Vorschriften über die → ungerechtfertigte Bereicherung verpflichtet, § 852 BGB. Umgekehrt kann der Verletzte die Erfüllung einer durch unerlaubte Handlung erlangten Forderung auch nach Verjährung des Ersatzanspruchs verweigern (§ 853 BGB). S. ferner → Unterlassungsanspruch.

Unerlaubtes Entfernen vom Unfallort Straftatbestand nach § 142 StGB: Danach wird mit Freiheitsstrafe bis zu 3 Jahren oder Geldstrafe bestraft, wer es nach einem Unfall, in dem sich die typischen Gefahren des Straßenverkehrs verwirklicht haben, als Unfallbeteiligter nicht durch sein Verbleiben am Unfallort und Angabe seiner Beteiligung ermöglicht, dass zugunsten anderer Beteiligter oder des Geschädigten die nötigen Feststellungen über seine Person, sein Fahrzeug und die Art seiner Beteiligung getroffen werden. Ist keine feststellungsbereite Person anwesend, so muss eine angemessene Zeit gewartet werden. Wer vergeblich gewartet oder sich vorher berechtigt oder entschuldigt entfernt hat, etwa um einen Verletzten ins Krankenhaus zu bringen oder um sich Angriffen anderer Beteiligter zu entziehen, muss die Feststellungen unverzüglich nachträglich ermöglichen. Hierzu genügt Angabe von Unfallbeteiligung, Anschrift, Kennzeichen und Standort des Fz., das er zur Verfügung halten muss, beim Geschädigten oder bei einer nahegelegenen Polizeidienststelle. Erfolgt dies nach unerlaubtem Entfernen bei einem Unfall mit nicht bedeutendem Sachschaden außerhalb des fließenden Verkehrs freiwillig innerhalb 24 Stunden, so mildert das Gericht die Strafe oder kann von ihr absehen. Kein Beteiligter darf durch Veränderung am eigenen oder fremden Fz. die Feststellungen beeinträchtigen (über Verhaltensregeln im Einzelnen und deren Verletzung vgl. §§ 34, 49 I Nr. 29 StVO). Unfallbeteiligter ist jeder, der zur Verursachung des Unfalls beigetragen haben kann (also ggf. auch Beifahrer, Fußgänger), § 142 V StGB. Strafbar ist nur vorsätzliches Handeln; bedingter Vorsatz genügt (der Täter fährt weiter, obwohl er mit der Möglichkeit eines Unfalls rechnet). Der Irrtum über Umstände, die eine Wartepflicht entfallen lassen (zB über den Schadensumfang), ist als Tatbestandsirrtum nach § 16 StGB, ein Irrtum über die Wartepflicht selbst dagegen als → Verbotsirrtum anzusehen. Die Vorschrift soll die Klärung zivilrechtlicher Ansprüche sichern, gilt daher nicht, wenn es sich um ganz unbedeutende Sachschäden handelt oder um geringere Ansprüche, über deren Erledigung sich die Beteiligten am Unfallort einigen. Die Strafvorschrift gilt nur für den Straßenverkehr, nicht für Gewässer und Skipisten. Ski-Unfallflucht ist nach Art. 24 VI Nr. 4 LStVG idF vom 13.12.1982 (GVBl. 1982, 1098) mÄnd als → Ordnungswidrigkeit verfolgbar.

Unerlaubtes Glückspiel
Die unerlaubte Veranstaltung eines Glücksspiels steht unter Strafe nach § 284 StGB, → Glücksspiel 3.

UNESCO (United Nations Educational Scientific and Cultural Organization)
Sonderorganisation der → Vereinten Nationen, die am 16.11.1945 errichtet wurde. Sie soll die kulturelle Zusammenarbeit fördern; sie unterstützt insbes. den Studentenaustausch und den Schutz von Kunstwerken, Übersetzungen, Schulen in Entwicklungsländern etc.

Unfall
ist ein zeitlich begrenztes, plötzliches Ereignis, das für eine Körperschädigung oder den Tod eines Menschen ursächlich ist (vgl. → Ursache, ursächlicher Zusammenhang, → Schadensersatz, 1). S. die folgenden Stichworte sowie → Haftpflicht, → Haftung (2), → Straßenverkehrshaftung. In der gesetzlichen → Unfallversicherung ist ein Unfall Leistungsgrund, wenn es sich um einen → Arbeitsunfall handelt (§ 8 SGB VII). Dem Arbeitsunfall steht der Wegeunfall (§ 8 II SGB VII) sowie die Berufskrankheit (§ 9 SGB VII) gleich. Über die Rechtsfolgen eines Unfalls für den Bereich der Privatversicherung → Unfallversicherung (2).

Unfallanzeige
Die Unfallanzeige gehört zu den → Meldepflichten des Unternehmers. Die Pflicht zur Abgabe der Unfallanzeige ergibt sich unter den Voraussetzungen des § 193 Abs. 1 SGB VII. Die Unfallanzeige hat nicht den Rechtscharakter eines Leistungsantrages, da die Unfallversicherung von Amts wegen ihre Leistungspflicht prüft. Wird eine vorgeschriebene Unfallanzeige nicht abgegeben, handelt es sich dabei um eine Ordnungswidrigkeit, wofür ein Bußgeld in Höhe von max. 2.500 Euro verhängt werden kann (§ 209 III SGB VII).

Unfallentschädigung der Soldaten
Die Versorgung der Soldaten bei Wehrdienstbeschädigungen richtet sich gemäß §§ 80 ff. SVG (→ Soldatenversorgungsgesetz – SVG) weitgehend nach den Vorschriften des → Bundesversorgungsgesetzes. Darüber hinaus erhält ein Soldat, wenn er in Ausübung der in § 63 I SVG im Einzelnen genannten besonders gefährdeten Dienste (zB besonders gefährdeter Flugdienst, Sprung-, Bergrettungs-, Kampfschwimmer- oder Minentauchdienst) oder bei einer besonders lebensgefährlichen Diensthandlung (§ 63a SVG) einen Unfall erleidet, neben dieser Versorgung eine einmalige Unfallentschädigung. Im Todesfalle erhalten die Angehörigen die Entschädigung. Sa VO zu § 63 SVG idF vom 29.6.1977 (BGBl. 1977 I 1178), mÄnd.

Unfallflucht
→ unerlaubtes Entfernen vom Unfallort.

Unfallfürsorge bei Beamten
Wird ein Beamter durch einen → Dienstunfall verletzt, so wird ihm und ggf. seinen Hinterbliebenen Unfallfürsorge gewährt (§§ 30 ff. BeamtVG). Sie umfasst die Erstattung von Sachschäden und besonderen Aufwendungen, Heilverfahren (insbes. Heilbehandlung, Versorgung mit Heilmitteln und Pflege), Unfallausgleich bei wesentlicher Minderung der Erwerbsfähigkeit sowie erforderlichenfalls Unfallruhegehalt als erhöhtes Ruhegehalt bzw. Unfallhinterbliebenenversorgung (→ Versorgung des Beamten). Gesetzliche Schadensersatzansprüche des Beamten oder seiner Hinterbliebenen gegen einen Dritten wegen Kör-

perverletzung oder Tötung gehen kraft Gesetzes auf den Dienstherrn über, soweit dieser zu den vorbezeichneten Leistungen verpflichtet ist (vgl. zB § 76 BBG).

Unfallkasse
Die gesetzliche Unfallversicherung für den öffentlichen Dienst wird nicht von einem Träger durchgeführt, sondern ist auf mehrere verteilt. Träger der → gesetzlichen Unfallversicherung für den öffentlichen Dienst sind etwa, die → Feuerwehr-Unfallkasse, die → Unfallkasse Bund und Bahn und die → Unfallkasse Post und Telekom. Die Unfallkasse Post und Telekom ist durch Fusion in der Berufsgenossenschaft Verkehrswirtschaft Post-Logistik Telekommunikation aufgegangen. Die Unfallkassen gehören mit den Trägern der gesetzlichen Unfallversicherung dem Spitzenverband der Deutschen Gesetzlichen Unfallversicherung (DGUV) mit Sitz in Berlin (eine Außenstelle in Sankt Augustin) an.

Unfallkasse des Bundes
Die Unfallkasse des Bundes ist ein Träger der gesetzlichen → Unfallversicherung; sie ist hervorgegangen aus der Bundesausführungsbehörde für Unfallversicherung und der Ausführungsbehörde für Unfallversicherung des Bundesministeriums für Verkehr. Sie wurde fusioniert zur → Unfallversicherung Bund und Bahn. Sie ist in erster Linie zuständig für die Arbeitnehmerinnen und Arbeitnehmer des Bundes, aber auch für besondere Personengruppen wie zB Entwicklungshelfer und ehrenamtliche Helfer beim DRK und THW.

Als Künstlersozialkasse führt die Unfallkasse des Bundes außerdem die → Künstlersozialversicherung durch.

Unfallkasse Post und Telekom
→ Berufsgenossenschaft Verkehr (Verkehrswesen, Post-Logistik und Telekommunikation)

Unfallkassen der Gemeinden
Die Unfallkassen der Gemeinden sind Unfallversicherungsträger der öffentlichen Hand im kommunalen Bereich (→ Unfallkassen im kommunalen Bereich). Hinsichtlich der Finanzierungsvorschriften für diese öffentlichen Unfallversicherungsträger ist § 185 SGB VII einschlägig.

Unfallkassen der Länder
Die Unfallkassen der Länder sind Träger der gesetzlichen → Unfallversicherung. Die Unfallversicherungsträger im Landesbereich sind ua zuständig für die Unternehmen des Landes, für Kinder in Tageseinrichtungen sowie für Schüler und Studenten (§§ 114, 116, 128 SGB VII). Zu den Tageseinrichtungen für Kinder gehören auch die → Tagespflegepersonen (→ Tagesmütter) iSd SGB VIII.

Unfallkassen im kommunalen Bereich
Die Unfallkassen im kommunalen Bereich sind Träger der gesetzlichen → Unfallversicherung. Sie sind ua zuständig für die Unternehmen der Gemeinden und Gemeindeverbände, für Haushalte, für Maßnahmen der Hilfe zur Arbeit, die von den Trägern der Sozialhilfe durchgeführt werden, und für Personen, die Pflegeleistungen erbringen (→ Pflegepersonen; §§ 114, 117, 129 SGB VII).

Unfallneurose
→ Schadensersatz (1).

Unfallrente
Eine Unfallrente wird als Geldleistung der gesetzlichen → Unfallversicherung gewährt, und zwar als → Verletztenrente bei Verlust oder länger als 26 Wochen andauernder → Minderung der Erwerbsfähigkeit um wenigstens 20% durch → Arbeitsunfall oder → Berufskrankheit; als → Hinterbliebenenrente bei Tod des Versicherten durch Arbeitsunfall oder Berufskrankheit (vgl. §§ 56 ff. SGB VII). Steht ein → Wegeunfall mit der versicherten Tätigkeit in kausalem Zusammenhang, gilt dieser ebenfalls als → Arbeitsunfall. Der kausale Zusammenhang zwischen der Minderung der Erwerbsfähigkeit bzw. dem Tod und der versicherten Tätigkeit muss vollumfänglich bewiesen werden. In den in den §§ 75 ff. SGB VII aufgeführten Fällen kann die Unfallrente unter den dort geregelten Voraussetzungen als einmalige Zahlung abgefunden werden.

Unfallschutz
Unfallschutz bzw. Unfallverhütung ist Aufgabe des → Betriebsschutzes, insbes. soweit er sich mit der Beschaffenheit der Arbeitsräume, Betriebseinrichtungen, Maschinen und Geräte befasst (sa → Technische Arbeitsmittel).

Hinzu kommen die speziell zur Unfallverhütung von den → Berufsgenossenschaften mit Genehmigung des Bundesministeriums für Arbeit und Soziales erlassenen Vorschriften (§ 15 SGB VII), die im Gegensatz zur GewO nicht nur einseitige Schutzpflichten des Arbeitgebers begründen, sondern Arbeitgeber und Arbeitnehmer zur Beachtung verpflichten. Die Einhaltung der Vorschriften ist durch technische Aufsichtspersonen der Berufsgenossenschaften zu überwachen (§§ 17 ff. SGB VII). In Betrieben mit mehr als 20 Beschäftigten ist ferner ein Sicherheitsbeauftragter zu bestellen (§ 22 SGB VII), der den Unternehmer bei der Durchführung des Unfallschutzes zu unterstützen, insbes. sich von dem Vorhandensein und der ordnungsgemäßen Benutzung der vorgeschriebenen Schutzvorrichtungen fortlaufend zu überzeugen hat. Über die Bestellung von Fachkräften zur Gewährleistung des Unfallschutzes im Betrieb s. → Arbeitssicherheit, Fachkräfte für. Vorsätzliche oder fahrlässige Verstöße gegen Schutzvorschriften können als → Ordnungswidrigkeit mit Geldbuße bis 10.000 EUR geahndet werden (§ 209 SGB VII). Das absichtliche oder wissentliche Beseitigen, Verändern oder Unbrauchbarmachen von Schutzvorrichtungen oder Rettungsgerät ist strafbar (§ 145 II StGB). Über den Stand des Unfallschutzes und die Entwicklung des Unfallgeschehens hat die

Bundesregierung jährlich dem Bundestag einen Unfallverhütungsbericht zu erstatten (§ 25 SGB VII). Zum Unfallschutz gehört auch die Überwachung der Wege während der Arbeitszeit, soweit zwischen der verrichteten Tätigkeit und dem Weg ein sachlicher Zusammenhang steht.

Unfallversicherung

1. In der → Sozialversicherung obliegt der Unfallversicherung neben der Unfallverhütung die Aufgabe, den Versicherten bei → Arbeitsunfall oder → Berufskrankheit soziale Leistungen zu gewähren.

Versichert sind die auf Grund eines Arbeitsverhältnisses Beschäftigten sowie weitere in §§ 2 ff. SGB VII aufgezählte Personengruppen, darunter Heimarbeiter, Hausgewerbetreibende, gewisse selbständige Unternehmer in Landwirtschaft, Fischerei und Schifffahrt sowie Kinder während des Besuchs von Kindergärten, Schüler allgemeinbildender Schulen und Studenten.

Gewährt werden: → Heilbehandlung, → Berufshilfe, ergänzende Leistungen (zB Haushaltshilfe, Reisekosten etc), → Verletztengeld, → Übergangsgeld, → Verletztenrente, → Sterbegeld, → Hinterbliebenenrente und Überbrückungshilfe.

Träger sind die gewerblichen und die landwirtschaftlichen → Berufsgenossenschaften, die → Unfallkasse des Bundes, die Berufsgenossenschaft Verkehrswirtschaft Post-Logistik Telekommunikation, die → Unfallkassen der Länder, die → Unfallkassen im kommunalen Bereich und die → Feuerwehr-Unfallkasse. Die Beiträge werden ausschließlich von den Unternehmern aufgebracht. Die Unfallversicherung ist geregelt im 7. Buch des Sozialgesetzbuches vom 7.8.1996 (BGBl. 1996 I S. 1254) mÄnd. (sa → schwerbehinderte Menschen).

2. Die privatrechtliche Unfallversicherung ist eine Art der → Personenversicherung. Durch die Unfallversicherung kann in der Form einer Kapitalversicherung (→ Lebensversicherung) oder einer Rentenversicherung der mögliche dauernde oder zeitweilige Wegfall der körperlichen oder geistigen Leistungsfähigkeit durch einen Unfall versichert werden. Ein Unfall liegt vor, wenn der Versicherte durch ein plötzlich von außen auf seinen Körper wirkendes Ereignis (auch Schock) eine Gesundheitsbeschädigung erleidet. Für die Unfallversicherung gelten über die allg. Vorschriften hinaus (→ Versicherungsvertrag) die Sonderbestimmungen der §§ 178 ff. VVG: Bei dauerhafter Beeinträchtigung (irreversibel über drei Jahre hinaus) treten die für Invalidität vereinbarten Rechtsfolgen ein, § 180 VVG. Sa → Berufsunfähigkeitsversicherung. Der Versicherer ist von der Leistungspflicht frei, wenn der Unfall von dem Versicherungsnehmer vorsätzlich herbeigeführt wurde, § 183 VVG. Die Unfallversicherung kann für den Eintritt eines Unfalls des Versicherungsnehmers oder eines Anderen genommen werden, § 179 VVG. Sa → Rückvergütung, → Versicherungsbedingungen. Eine privatrechtliche Unfallversicherung kann eine Person dann nicht mehr abschließen, wenn ihr bereits eine höhere → Pflegestufe als Pflegestufe II von der → Pflegeversicherung zuerkannt wurde.

3. Steuerlich kann der Arbeitgeber die Beiträge seiner Arbeitnehmer für eine Gruppen-Unfallversicherung bis 62 EUR/Jahr pro Arbeitnehmer übernehmen und hierfür die Lohnsteuer mit 20% pauschalieren (§ 40b III EStG). → Lohnsteuerpauschalierung. Die Beiträge für die privatrechtliche Unfallversicherung kann bei der Steuerklärung durch den Arbeitnehmer als Werbungskosten (berufliche Sphäre) oder Sonderausgaben (außerberufliche Sphäre) geltend gemacht werden.

Unfallversicherungsträger

Unfallversicherungsträger sind zuständig für die Duchführung des SGB VII. Träger der gesetzlichen → Unfallversicherung sind ua die gewerblichen → Berufsgenossenschaften, die landwirtschaftlichen Berufsgenossenschaften, die Unfallversicherrung Bund und Bahn, die Gemeindeunfallversicherungsverbände, die → Unfallkassen im kommunalen Bereich, die → Feuerwehr-Unfallkasse und die gemeinsamen Unfallkassen für den Landes- und den kommunalen Bereich (→ Unfallkassen der Länder; vgl. § 114 SGB VII).

Unfehlbarkeitsdogma

→ Papst (1); → Vatikanische Konzilien.

Unfreundlicher Akt

Der Ausdruck umschreibt im → Völkerrecht das Verhalten eines Völkerrechtssubjekts, das zwar kein → völkerrechtliches Unrecht ist, aber politisch eine nachteilige Behandlung eines anderen Völkerrechtssubjekts darstellt, zB der Abbruch → diplomatischer Beziehungen (s. auch → Retorsion).

Unfruchtbarmachung

→ Sterilisation, → Kastration.

Unfug, grober

→ grober Unfug.

Ungebühr vor Gericht

Darunter versteht man ein unangemessenes Verhalten von Personen, die an einer Gerichtsverhandlung teilnehmen oder hierbei anwesend sind. Im Rahmen der → Sitzungspolizei kann für Ungebühr vorbehaltlich einer strafgerichtlichen Verfolgung nach Anhörung des Betroffenen ein Ordnungsgeld bis zu 1.000 EUR oder Ordnungshaft bis zu 1 Woche (→ Ordnungsmittel) festgesetzt und sofort vollstreckt werden. Über die Festsetzung dieser Ordnungsmittel entscheidet bei Verfahrensbeteiligten (Parteien, Beschuldigte, Zeugen, Sachverständige, nicht Rechtsanwalt oder Staatsanwalt) das – gesamte – Gericht durch Beschluss, im Übrigen (zB bei Zuhörern) der Vorsitzende (§ 178 GVG). Die Anordnung kann binnen 1 Woche mit → Beschwerde zum Oberlandesgericht angefochten werden, ist aber ohne Rücksicht auf diese vollstreckbar (§ 181 GVG).

Ungehorsam, Aufforderung zum –
Zur Strafbarkeit des militärischen Ungehorsams und des Verleitens dazu → Gehorsamspflicht (dort auch über die Unverbindlichkeit eines rechtswidrigen Befehls). Die vorsätzliche Verleitung eines Soldaten der Bundeswehr zum Ungehorsam gegen einen Befehl ist als Anstiftung zum militärischen Ungehorsam zu ahnden (§ 1 IV WStG). Über die Verleitung zur → Fahnenflucht s. dort. Die öffentliche Aufforderung zum Ungehorsam gegen Gesetze ist seit dem 3. StrRG 1970 nur noch strafbar, wenn darin eine Aufforderung zu einer Straftat nach § 111 StGB liegt.

Ungerechtfertigte Bereicherung
1. Zweck, Systematik: Wenn Vermögensverschiebungen rechtswirksam vollzogen sind, es aber keinen rechtfertigenden Grund für die Verschiebung (mehr) gibt, muss die Rechtsordnung für einen Ausgleich sorgen (zB wenn für eine nach den Grundsätzen des Abstraktionsprinzips, → Sachenrecht, wirksame Eigentumsübertragung wegen eines Rücktritts vom Kaufvertrag der rechtliche Grund wegfällt). Die Vorschriften über die ungerechtfertigte Bereicherung sorgen durch einen schuldrechtlichen Ausgleichsanspruch dafür, dass ein Vorteil, der beim Bereicherten entstanden ist, ihm aber nicht gebührt, dem Berechtigten zugeführt wird (§§ 812 ff. BGB). Besondere Bedeutung haben die Bestimmungen über die ungerechtgertigte Bereicherung ferner dadurch, dass in zahlreichen Fällen, in denen ein Rechtsübergang ausdrücklich als gesetzliche Folge normiert wird oder die Interessen verschiedener Beteiligter gegeneinander abgegrenzt werden, zum Ausgleich auf sie verwiesen wird (s. zB bei der → Schenkung, → Verbindung von Sachen, → Verarbeitung, → Geschäftsführung ohne Auftrag, → gegenseitiger Vertrag); auch im öffentlichen Recht können mangels Sonderregelung die Gedanken der ungerechtfertigten Bereicherung entsprechend herangezogen werden. Die §§ 812 ff. BGB gelten jedoch nicht, wenn die Rechtslage vom Gesetz als endgültig angesehen wird (zB bei der → Verjährung) oder wenn Sondervorschriften bestehen (zB im → Eigentümer-Besitzerverhältnis hinsichtlich der Verwendung der Nutzungen, nicht aber bei Bereicherung um die Sache selbst).

2. Tatbestandsvoraussetzungen, Leistungs-, Eingriffskondiktion, Mehrpersonenverhältnisse, Verfügung eines Nichtberechtigten, Verstoß gegen Gesetz oder gute Sitten:

a) Ein Anspruch aus ungerechtfertigter Bereicherung ist gegeben, wenn jemand durch die Leistung eines anderen oder in sonstiger Weise auf dessen Kosten etwas ohne rechtlichen Grund erlangt hat, § 812 I 1 BGB (condictio sine causa). Die Vorschrift umfasst zwei Fallgruppen, die sog. Leistungskondiktion (§ 812 I 1 Alt. 1 BGB) und die sog. Eingriffskondiktion oder Nichtleistungskondiktion (§ 812 I 1 Alt. 2 BGB). Leistung ist jede bewusste und zweckgerichtete Mehrung fremden Vermögens (zB → Eigentumsübertragung, ein vertragliches → Schuldanerkenntnis, vgl. § 812 II BGB). Bei der Eingriffskondiktion erfolgt die Bereicherung nicht durch eine Leistung, sondern „in sonstiger Weise“, zB durch eigene Eingriffe des Bereicherten oder Eingriffe von Dritten in fremdes Vermögen, etwa durch Besitzentziehung oder durch → Verarbeitung. Die Eingriffskondiktion ist gegenüber der Leistungskondiktion grds. subsidiär. Werden zB Materialien in ein Bauwerk eingebaut, so hat deshalb der Einbauende idR dann keinen Anspruch aus ungerechtfertigter Bereicherung (§ 951 BGB) gegen den Eigentümer, wenn er den Einbau iRd (wenn auch unwirksamen) Leistungsbeziehung mit einem Dritten vorgenommen hat (nach hM besteht dann nur ein Anspruch gegen den Vertragspartner der Leistungsbeziehung).

Durch die Vermögensverschiebung muss der Bereicherte etwas, dh eine für ihn vorteilhafte Vermögenslage, erlangt haben, zB den Erwerb eines Rechts, des Besitzes (condictio possessionis), eine sonstige günstige Rechtsstellung (etwa Eintragung im Grundbuch, dann besteht ein Anspruch auf → Berichtigung des Grundbuchs), Befreiung von einer Verbindlichkeit, unterlassene Aufwendungen usw.

Die Bereicherung muss weiterhin auf Kosten des Entreicherten eingetreten sein, dh dem Vermögensvorteil auf Seiten des Bereicherten muss ein Vermögensnachteil auf Seiten des Entreicherten gegenüberstehen, der mit diesem in zurechenbarer Weise zusammenhängt, sog. Unmittelbarkeit der Vermögensverschiebung (str. ist, ob sich dieses Merkmal nur auf die Eingriffskondiktion bezieht). Derselbe einheitliche Bereicherungsvorgang muss auf der einen Seite die Bereicherung, auf der anderen die Entreicherung verursacht haben, wobei allerdings die Zuwendung ggf. auch durch einen Dritten (zB durch die beauftragte Bank) erfolgen kann.

Schließlich muss die Verbesserung der Vermögenslage beim Bereicherten ohne rechtlichen Grund eingetreten sein, dh es muss ein die Vermögensverschiebung objektiv rechtfertigender Grund fehlen (zB bei Leistung ohne ein gültiges Kausalgeschäft, weil etwa der Kaufvertrag nichtig ist oÄ). Ein Anspruch aus ungerechtfertigter Bereicherung besteht grds. auch dann, wenn der zunächst bestehende rechtliche Grund nachträglich wegfällt (§ 812 I 2 Alt. 1 BGB, Ausnahmen §§ 814, 815 BGB, sog. condictio causa finita, zB bei Eintritt einer auflösenden Bedingung, bei Rücktritt vom Vertrag oÄ); dies gilt auch, wenn der mit einer Leistung bezweckte Erfolg nicht eintritt (§ 812 I 2 Alt. 2 BGB, condictio causa data, causa non secuta, zB Schenkung im Hinblick auf eine beabsichtigte, dann aber unterbliebene Eheschließung). Das zur Erfüllung einer Verbindlichkeit Geleistete kann zurückverlangt werden, wenn diese Forderung nicht bestand (condictio indebiti) oder ihr eine dauernde → Einrede (ausgenommen → Verjährung) entgegenstand (§ 813 BGB).

Mehrpersonenverhältnisse: Problematisch und iE str. sind Ansprüche aus ungerechtfertigter Bereicherung, wenn mehrere Personen beteiligt sind. Wenn mehrere Leistungsbeziehungen zeitlich aufeinander folgen (A verkauft und übereignet an B, B verkauft und übereignet weiter an C), kann die bereicherungsrechtliche Abwicklung nur iRd jeweils fehlerhaften Leistungsbeziehung erfolgen, da die Einwendungen aus den jeweiligen Vertragsverhältnissen nur diese Vertragspartner betreffen, es erfolgt (vom Ausnahmefall des § 822 BGB abgesehen) grds. kein Durchgriff (A gegen C); dies gilt grds. auch beim sog. Doppelmangel, wenn beide Leistungsbeziehungen fehlerbehaftet sind (iE str.). Grds. gilt dies auch dann, wenn aufgrund einer Anweisung ein Dreiecksverhältnis entsteht: Wenn bei einem Verkauf A an B und B an C keine Leistung entlang der Vertragsbeziehungen erfolgt, sondern B den A anweist, direkt an C zu liefern, muss grds. auch hier die bereicherungsrechtliche Abwicklung entlang der Vertragsbeziehungen erfolgen (auch die Eigentumsübertragung erfolgt grds. mit Hilfe des sog. Geheißerwerbs von A an B und von B an C; anders aber bei Grundstücken). Abweichend ist nach der hM in den Anweisungsfällen dann zu verfahren, wenn eine wirksame Anweisung fehlt, weil dann das Verhalten des nur scheinbar Angewiesenen nicht zugerechnet werden kann (wenn B keine Anweisung erteilt hat, kann ihm die Leistung des A an C nicht zugerechnet werden, deshalb findet ein Bereicherungsausgleich direkt zwischen A und C statt; diese Kondiktion ist aber keine Leistungskondiktion, da ein Leistungsverhältnis zwischen A und C fehlt). Bei Banküberweisungen sind die Sondervorschriften der §§ 675c ff. BGB zu beachten (s. iE → Zahlungsdienstevertrag). Hat der Kunde (Zahlungsdienstnutzer) zB einen Zahlungsvorgang nicht autorisiert, so muss die Bank (Zahlungsdienstleister) die Belastung des Kontos des Kunden rückgängig machen (§ 675u BGB), sie kann also auch den überwiesenen Betrag vom Empfänger zurückfordern. Der Kunde haftet nur bei Verletzung bestimmter Pflichten.

b) Einen weiteren Anspruch aus ungerechtfertigter Bereicherung regelt § 816 BGB, der einen besonderen Fall der Eingriffskondiktion darstellt. Trifft ein Nichtberechtigter über einen Gegenstand eine → Verfügung (Veräußerung, Belastung, Inhaltsänderung oder Aufgabe eines Rechts), die dem Berechtigten gegenüber wirksam ist, so ist der Veräußerer dem Berechtigten gegenüber zur Herausgabe des durch die Verfügung Erlangten verpflichtet; insoweit sind vor allem die Vorschriften über den redlichen Erwerb von einem Nichtberechtigten von Belang (zB wenn der Besitzer einer fremden Sache diese Sache an einen gutgläubigen Dritten verkauft und übereignet, → gutgläubiger Erwerb). Der Inhalt des Anspruchs richtet sich nach hM auf den Erlös, den der Verfügende aus dem Grundgeschäft erlangt hat (bei einer Übereignung aufgrund Kaufvertrags also der Kaufpreis); nach aA ist ist der objektive Wert des Verfügungsgegenstandes geschuldet. Das Gleiche gilt bei einer wirksamen Leistung an einen Nichtberechtigten, § 816 II BGB (zB an den früheren Gläubiger einer abgetretenen Forderung, → Abtretung). Erfolgt die Verfügung unentgeltlich, so trifft die Herausgabepflicht den bereicherten Empfänger, § 816 I 2 BGB (§ 822 BGB regelt dagegen die wirksame Zuwendung durch einen Berechtigten). Im Fall einer gemischten → Schenkung greift § 816 I 2 BGB dann, wenn der unentgeltliche Teil überwiegt. Ist die Verfügung des Nichtberechtigten dem Berechtigten gegenüber nicht wirksam (zB wegen § 935 BGB bei Übereignung einer gestohlenen Sache, → gutgläubiger Erwerb), so kann der Berechtigte die unwirksame Verfügung, auch stillschweigend (zB durch Erhebung einer Klage auf Herausgabe des Erlöses), genehmigen (§ 185 BGB) und dann den Bereicherungsanspruch geltend machen.

c) Ein Anspruch aus ungerechtfertigter Bereicherung besteht auch, wenn der Empfänger einer Leistung durch die Annahme gegen ein gesetzliches Verbot oder gegen die guten Sitten verstößt, § 817 S. 1 BGB (Sonderfall einer Leistungskondiktion, condictio ob turpem vel iniustam causam). Die Vorschrift hat kaum einen Anwendungsbereich. Wenn das Kausalgeschäft wegen Verstoßes gegen § 134, 138 BGB nichtig ist, besteht bereits ein Anspruch nach § 812 I 1 BGB. Wenn dem Leistenden, wie bei → gegenseitigen Verträgen regelmäßig, gleichfalls ein solcher Verstoß zur Last fällt, ist die Rückforderung nach § 817 S. 2 BGB ausgeschlossen, sog. Kondiktionssperre (zB Handel mit Rauschgift oder mit Waffen; str. bei illegalem online-Glücksspiel; bei einem Verstoß gegen Preisvorschriften gelten idR spezielle Rückforderungsvorschriften); § 817 S. 2 BGB gilt erst Recht, wenn nur dem Leistenden ein Gesetzes- oder Sittenverstoß vorzuwerfen ist. Bei einem wucherischen Darlehen (Nichtigkeit des Vertrags nach § 138 II BGB) kann der Wucherer wegen § 817 S. 2 BGB keine Zinsen verlangen, die Rückzahlung des Darlehens scheitert jedoch nicht an § 817 S. 2 BGB, da nur die Zinshöhe, nicht die Überlassung des Kapitals sittenwidrig ist; der Darlehensbetrag muss für die vereinbarte Laufzeit zinsfrei belassen werden. § 817 S. 2 BGB findet auf alle Bereicherungsansprüche aus einer Leistungskondiktion, also auch auf § 812 I 1 BGB, Anwendung.

3. Anspruch auf Herausgabe, Wertersatz, Wegfall der Bereicherung, Saldotheorie: Der Bereicherte hat das durch die ungerechtfertigte Bereicherung Erlangte herauszugeben (§ 812 BGB), dh den früheren Rechtszustand wie-

derherzustellen (zB den Besitz zurückzugeben, das Eigentum zurückzuübertragen, eine erloschene Forderung neu zu begründen usw). Die Herausgabepflicht erstreckt sich auf die gezogenen → Nutzungen sowie auf bestimmte Surrogate, § 818 I BGB (zB Einziehen einer Forderung, Gewinn eines Loses, Schadensersatz für zerstörten Gegenstand, Versicherungssumme); nicht herauszugeben ist aber, was durch Rechtsgeschäft (zB Verkauf des erlangten Gegenstands) erlöst wurde (commodum ex negotiatione). Ist die Herausgabe nicht (wie bei geleisteten Diensten, gezogenen Gebrauchsvorteilen) oder nicht mehr möglich (zB weil der Bereicherte den Gegenstand weiterveräußert hat), so ist der Wert, dh der objektive Verkehrswert (str.), zu ersetzen, § 818 II BGB. Dabei kann der Bereicherte Verwendungen auf die Sache und alle Aufwendungen, die er ohne die Bereicherung nicht gehabt hätte, abziehen. Ein Veräußerungsgewinn ist regelmäßig nicht herauszugeben (Ausnahme bei der Verfügung eines Nichtberechtigten, da nach § 816 BGB das durch die Verfügung Erlangte, also nach hM der Erlös, herauszugeben ist, s. o.). Bei einer unentgeltlichen Weitergabe an einen Dritten haftet dieser, § 822 BGB. Ein Anspruch auf Herausgabe oder Wertersatz ist ausgeschlossen, soweit der Empfänger nicht mehr bereichert ist, § 818 III BGB (sog. Entreicherung oder Wegfall der Bereicherung). Das Abstellen auf die Bereicherung kennzeichnet die Haftung aus ungerechtfertigter Bereicherung (im Gegensatz zur Haftung wegen Rücktritts oder auf Schadensersatz): Der Bereicherte muss nur das herausgeben, was er noch hat. Keine Bereicherung liegt mehr vor, wenn ein Gegenstand nicht mehr da ist (zB Diebstahl, Verbrauch); ggf. müssen aber ersparte Aufwendungen ersetzt werden (zB bei Verbrauch, Tilgung von Schulden; nicht aber bei Luxusausgaben). Die Behandlung der aufgedrängten Bereicherung, wenn also etwas ersetzt werden soll, was der Bereicherte nicht wollte, ist str. (Anwendung von § 814 BGB oder ausnahmsweise kein Ersatz des objektiven Verkehrswerts, sondern Ermittlung des Werts nach subjektiven Maßstäben). Eine verschärfte Haftung, bei der insbes. keine Möglichkeit zur Berufung auf den Wegfall der Bereicherung besteht, tritt ein ab → Rechtshängigkeit (§ 818 IV BGB), bei Kenntnis des Mangels des rechtlichen Grundes sowie bei einem Gesetzes- und Sittenverstoß, § 819 BGB; die Haftung richtet sich hier gem. § 292 BGB nach den im → Eigentümer-Besitzerverhältnis geltenden Vorschriften (§§ 987 ff. BGB, insbes. Schadensersatzanspruch bei Bösgläubigkeit).

Wegen der gegenseitigen Ansprüche (insbes. bei Unwirksamkeit eines → gegenseitigen Vertrags) bestehen grds. keine zwei getrennten Bereicherungsansprüche der Vertragspartner (so die strenge Zweikondiktionenlehre), sondern von vornherein (auch wenn die eine Leistung nicht mehr herausgegeben werden kann) nur ein Bereicherungsanspruch in Höhe der Differenz (ggf. des Werts) der beiden (auch ungleichartigen) Posten (Saldotheorie, Rspr., noch hM); die modifizierte Zweikondiktionenlehre (Lit.) geht von selbständigen Bereicherungsansprüchen aus, versagt aber die Berufung auf eine Entreicherung, wenn die Ursache in der Risikospähre des Entreicherten liegt. Jedenfalls ist die Saldotheorie einzuschränken, wenn die damit verbundene Bevorzugung des Bereicherungsschuldners unbillig wäre (insbes. bei arglistiger Täuschung, Geschäftsunfähigkeit; zB behält der arglistig Getäuschte seinen vollen Anspruch auf Rückzahlung des Kaufpreise, wenn die Sache bei ihm ohne sein Verschulden untergegangen ist).

4. Verjährung, Einrede: Die → Verjährung richtet sich nach allg. Vorschriften. Ein Anspruch aus ungerechtfertigter Bereicherung kann gegenüber einem Erfüllungsanspruch im Wege der → Einrede geltend gemacht werden, auch im Fall der Verjährung, § 821 BGB.

Ungeschriebenes Recht
→ Recht (1a), → Rechtsgeschichte.

Unglücksfall, besonders schwerer
Ein Fall des „zivilen Notstands"; er berechtigt die BReg. nach Art. 35 II, III GG zu den gleichen Maßnahmen wie bei → Naturkatastrophen. Sa → Bundeswehreinsätze im Inland.

Unglücksfall, Hilfeverweigerung bei –
→ Hilfeleistung, unterlassene.

UNIDO
(United Nations Industrial Development Organization) ist die Sonderorganisation der → Vereinten Nationen für industrielle Entwicklung.

UNIDROIT
(franz. Institut international pour l'unification du droit) ist eine internationale Organisation mit Sitz in Rom. Sie wurde 1926 gegründet und hat gegenwärtig 63 Mitgliedsländer. Unidroit hat sich zum Ziel gesetzt, zur Zivilrechtsvereinheitlichung beizutragen, und entwickelt hierfür zB Modellgesetze oder Vorschläge für internationale Abkommen (vor allem für den internationalen Wirtschaftsverkehr).

Unified Patent Court
(UPC), englische Bezeichnung des → Einheitlichen Patentgerichts (EPG).

Uniform Commercial Code
Der UCC ist ein Handelsgesetzbuch, das in allen US-Bundesstaaten (mit Abstrichen Louisiana) gilt.

Uniformtragen, verbotenes –
Nach § 132a StGB wird das unbefugte Tragen in- oder ausländischer Uniformen mit Freiheitsstrafe bis zu 1 Jahr oder Geldstrafe bestraft. Das Verbot betrifft nur staatliche, nicht Phantasieuniformen, erstreckt sich aber auf solche,

die ihnen zum Verwechseln ähnlich sind. Die Vorschrift schützt auch Amtskleidung und -abzeichen (nicht → Berufstrachten). Das öffentliche Tragen von Uniformen, Uniformstücken oder anderen Kennzeichen einer als verfassungswidrig erklärten Partei, einer unanfechtbar verbotenen Vereinigung oder einer ehemaligen nat.-soz. Organisation wird nach § 86a StGB mit Freiheitsstrafe bis zu 3 Jahren oder Geldstrafe bestraft (→ Kennzeichen verfassungswidriger Organisationen). Verboten ist ferner, öffentlich oder in einer Versammlung Uniformen, Uniformteile oder gleichartige Kleidungsstücke als Ausdruck einer gemeinsamen politischen Gesinnung zu tragen (also nicht zB Uniformen von Schützenvereinen); für Jugendverbände können Ausnahmen zugelassen werden. Zuwiderhandlungen sind mit Freiheitsstrafe bis zu 2 Jahren oder Geldstrafe bedroht (§§ 3, 28 → VersammlungsG).

Unionsbürgerschaft
Nach Art. 20 I AEUV, Art. 21 ff. AEUV (→ AEUV) wird eine Unionsbürgerschaft eingeführt (sa → Europäische Union); Unionsbürger ist, wer die → Staatsangehörigkeit eines Mitgliedstaates besitzt. Die Unionsbürgerschaft tritt zur nationalen Staatsbürgerschaft hinzu, ersetzt diese aber nicht. Unionsbürger haben das Recht, sich im Gebiet der Europäischen Union (EU) frei zu bewegen und aufzuhalten; sie haben das aktive und passive Wahlrecht bei den Wahlen zum → Europäischen Parlament und bei den Kommunalwahlen in den Mitgliedstaaten, genießen in Drittstaaten diplomatischen und konsularischen (→ Konsul) Schutz durch die Vertretung jedes Mitgliedstaates sowie das Petitionsrecht zu den Organen der EU. Die innerstaatlichen Vorschriften zur Freizügigkeit der Unionsbürger finden sich im Gesetz über die allgemeine Freizügigkeit von Unionsbürgern (Freizügigkeitsgesetz/EU) v. 30.7.2004 (BGBl. 2004 I 1950) mÄnd (s. dazu → Ausländerrecht 1 und 4).

Unionsgeschmacksmuster
mit Wirkung vom 1.5.2025 neue Bezeichnung des → Gemeinschaftsgeschmacksmusters als → Design mit unionsweitem Schutz.

Unionsmarke
Bezeichnung für eine unionsweit geschütze → Marke auf der Grundlage der Unionsmarkenverordnung (UMV).

Unionsrecht
ist eine andere und etwas unscharfe Bezeichnung für das Recht der → Europäischen Union; sa → EU-Recht, → europäische Gesetzgebung. Die Bezeichnung EU-Recht ist präziser, da es im Staats- und Völkerrecht mehrere verschiedene Unionen, aber nur eine Europäische Union (EU) gibt.

Unisextarif
Bis zum 20.12.2012 wurde das Geschlecht für die Bemessung der Beiträge in der → Privatversicherung berücksichtigt. Obwohl das Geschlecht letztlich das zu versichernde Risiko beeinflusst, darf es für die Tarifgestaltung nicht mehr herangezogen werden. Deshalb müssen allen nach dem 20.12.2012 abgeschlossenen Versicherungsverträge einheitliche Unisextarife zu Grunde liegen.

Unitarismus
→ Zentralismus.

Universaldienstleistungen
1. Im Bereich der Telekommunikation (→ Telekommunikationsrecht) sind Universaldienstleistungen gem. dem Gewährleistungsauftrag des Art. 87 f GG ein Mindestangebot an Diensten für die Öffentlichkeit, für die eine bestimmte Qualität festgelegt ist und zu denen alle Endnutzer diskriminierungsfrei zu einem erschwinglichen Preis Zugang haben müssen, bisher § 78 TKG 2004, jetzt als „Recht auf Versorgung mit Telekommunikationsdiensten" in § 156 TKG (→ Telekommunikationsgesetz). Universaldienstleistung ist ein anderes Wort für Grundversorgung. Als Universaldienstleistungen sind bestimmt:

– Anschluss an ein öffentliches Telefonfestnetz,
– Telefonbuch, Telefonauskunft,
– öffentliche Münz- und Kartentelefone, und
– kostenlose Notrufe hieraus.

Werden Universaldienstleistungen auf einem relevanten Markt nicht ausreichend erbracht, so kann die → Bundesnetzagentur Anbieter zur Erbringung von Universaldienstleistungen gegen finanziellen Ausgleich verpflichten (§§ 161 ff. TKG).

2. Im Bereich des Postwesens (→ Postwesen und Telekommunikation) sind Universaldienstleistungen entsprechend dem Auftrag des Art. 87 f GG ein Mindestangebot an lizenzpflichtigen (→ Postgesetz) → Postdienstleistungen, die flächendeckend und zu einem erschwinglichen Preis erbracht werden müssen (§ 11 PostG). Zu dieser postalischen Grundversorgung gehören gem. § 1 der Post-Universaldienstleistungsverordnung v. 15.12.1999 (PUDLV, BGBl. 1999 I 2418) mÄnd.

– die Beförderung von Briefsendungen unter 2000 Gramm einschließlich Einschreiben, Wertsendungen, Nachnahme und Eilzustellungen,
– die Beförderung von Paketen, und
– die Beförderung von Zeitungen und Zeitschriften.

Bis zum Ende der gesetzlichen → Exklusivlizenz 2007 war allein die → Deutsche Post AG zur Erbringung von Universaldienstleistungen verpflichtet, § 52 PostG. Hierfür mussten bis dahin bundesweit mindestens 12000 stationäre Einrichtungen vorhanden sein (§ 2 PUDLV). Wird eine Universaldienstleistung nicht ausrechend erbracht, so kann die Bundesnetzagentur grundsätzl. Lizenznehmer zur Erbringung gegen finanziellen Ausgleich verpflichten (§ 15 PostG). Für Universaldienstleistungen besteht → Kontrahierungszwang, dazu auch → Postdienstleistungen.

Universales Völkerrecht
→ Völkerrecht.

Universalsukzession
= → Gesamtrechtsnachfolge; sa → Rechtserwerb, → Sondererbfolge.

Universität
→ Hochschule.

UN-Kaufrechtsübereinkommen
→ CISG.

UN-Kinderkonvention
→ Konvention zum Schutze der Menschenrechte und Grundfreiheiten, 3.

Unklagbare Ansprüche
→ unvollkommene Rechte, → Naturalobligation.

Unland
sind Betriebsflächen des land- und forstwirtschaftlichen Vermögens, die auch bei geordneter Wirtschaftsführung keinen Ertrag abwerfen können. Unland wird nicht bewertet (§ 45 BewG; → Einheitswerte).

Unlauterer Wettbewerb
1. Wirtschaftlicher Wettbewerb kann durch einen Marktteilnehmer in vielfacher Weise dadurch verfälscht werden, dass andere Marktteilnehmer (Mitbewerber ebenso wie Angehörige der Marktgegenseite, insbes. Verbraucher) in ihren berechtigten Interessen beeinträchtigt werden. Dem Schutz der Marktteilnehmer und des Interesses der Allgemeinheit an einem unverfälschten Wettbewerb dient das Gesetz gegen den unlauteren Wettbewerb (UWG) idF d. Bek. v. 3.3.2010 (BGBl. 2010 I 254 mÄnd). Daneben regeln zahlreiche Normen insbes. des Unionsrechts einzelne Aspekte des Rechts des unlauteren Wettbewerbs; so bewirkt die – durch das UWG umgesetzte – Richtlinie 2005/29/EG (ABl. EG 2005 L 149, 22) eine Vollharmonisierung des Lauterkeitsrechts der Mitgliedsstaaten bzgl. Geschäftspraktiken gegenüber Verbrauchern. Das UWG gilt im gesamten geschäftlichen Verkehr für alle Gewerbetreibenden, Angehörigen freier Berufe und juristischen Personen, auch des öffentlichen Rechts, soweit sie am Geschäftsverkehr teilnehmen (zB durch → Eigenbetriebe). Maßstab seiner lauterkeitsrechtlichen Bewertungen ist heute nicht mehr wie früher der flüchtige bzw. unkritische Verbraucher, sondern der durchschnittlich informierte, situationsadäquat aufmerksame und verständige Durchschnittsverbraucher (Verbraucherleitbild); Entsprechendes gilt, wenn sich eine geschäftliche Handlung an andere Marktteilnehmer, etwa Zwischenhändler, richtet.

2. a) § 3 Abs. 1 UWG erklärt allg. unlautere geschäftliche Handlungen für unzulässig. Das generelle Verbot unlauterer geschäftlicher Handlungen gewinnt dort Bedeutung, wo die Konkretisierungen des Unlauterkeitsvorwurfs in den §§ 3a–7 UWG keine Anwendung finden, etwa bei Verstößen gegen lauterkeitsrechtliche Verkehrspflichten, die sich aus einem gefahrenträchtigen Geschäftsmodell ergeben.

b) Unlauter sind insbes. die Herabsetzung oder Verunglimpfung eines Mitbewerbers oder dessen Produkte (§ 4 Nr. 1 UWG), schädigende Tatsachenbehauptungen über einen Mitbewerber oder dessen Produkte, die nicht erweislich wahr sind (→ Anschwärzung, § 4 Nr. 2 UWG), die – im Grundsatz zulässige – Nachahmung von Produkten eines Mitbewerbers, wenn besondere Unlauterkeitsmomente (vermeidbare Herkunftstäuschung, unangemessene Ausnutzung oder Beeinträchtigung der Wertschätzung des nachgeahmten Produkts oder unredliche Erlangung der für die → Nachahmung erforderlichen Kenntnisse oder Unterlagen) hinzutreten (§ 4 Nr. 3 UWG) sowie die gezielte (also über das jedem Wettbewerbsgeschehen innewohnende Maß hinausgehende) Mitbewerberbehinderung (§ 4 Nr. 4 UWG). Unlauter sind auch aggressive geschäftliche Handlungen, die geeignet sind, den Verbraucher oder sonstigen Marktteilnehmer zu einer geschäftlichen Entscheidung zu veranlassen, die er sonst nicht getroffen hätte (§ 4a UWG); dabei sind insbes. geistige und körperliche Beeinträchtigungen, das Alter, die geschäftliche Unerfahrenheit, die Leichtgläubigkeit, die Angst und die Zwangslage von Verbrauchern zu berücksichtigen. Ebenfalls unlauter ist der Verstoß gegen eine gesetzliche Vorschrift, die (auch) dazu bestimmt ist, im Interesse der Marktteilnehmer das Marktverhalten zu regeln (§ 3a UWG; dagegen hat ein Verstoß gegen andere Vorschriften, die keine Marktverhaltensregelungen darstellen, keine lauterkeitsrechtlichen Folgen).

c) Unlauter sind ferner irreführende geschäftliche Handlungen (§ 5 Abs. 1 UWG), insbes. irreführende Werbung. Irreführend können nur Angaben sein, die sich – sei es ausdrücklich, sei es auf Grund der Umstände – auf Tatsachen beziehen und deshalb inhaltlich nachprüfbar sind, nicht dagegen reine → Werturteile. Eine geschäftliche Handlung ist auch irreführend, wenn sie im Zusammenhang mit der Vermarktung von Produkten eine Verwechslungsgefahr mit einem anderen Produkt oder mit einem Kennzeichen eines Mitbewerbers hervorruft (§ 5 Abs. 3 Nr. 1 UWG). Auch das Verschweigen einer Tatsache kann irreführend sein, wenn ihr Bedeutung für die geschäftliche Entscheidung des Angesprochenen zukommt (§ 5a UWG, § 5b UWG); unlauter ist auch die Verschleierung des kommerziellen Zwecks einer geschäftlichen Handlung (getarnte Werbung, Schleichwerbung, § 5a Abs. 4 UWG), uU etwa bei der Präsentation von Produkten anderer Unternehmen durch → Influencer gegen Entgelt oder bei nicht den Anforderungen des § 8 Abs. 7 MStV entsprechendem → product placement.

d) Nicht ohne Weiteres unlauter ist vergleichende Werbung, dh jede Werbung, die unmittelbar oder mittelbar einen Mitbewerber oder die von ihm angebotenen Produkte erkennbar macht (§ 6 Abs. 1 UWG). Ihre Unlauterkeit kann sich aber daraus ergeben, dass sie irreführend ist, einen Mitbewerber herabsetzt oder verunglimpft (§ 6 Abs. 2 Nr. 5 UWG), den Ruf des Kennzeichens eines Mitbewerbers in unlauterer Weise ausnutzt oder beeinträchtigt (§ 6 Abs. 2 Nr. 4 UWG) oder ein Produkt als Nachahmung eines Markenprodukts eines Mitbewerbers darstellt (§ 6 Abs. 2 Nr. 6 UWG). Für vergleichende Werbung spezifische Unlauterkeitsgründe liegen vor, wenn sich der Vergleich nicht auf Produkte für den gleichen Bedarf oder dieselbe Zweckbestimmung (Vergleich von „Äpfeln mit Birnen", § 6 Abs. 2 Nr. 1 UWG) oder nicht objektiv auf wesentliche, relevante, nachprüfbare und typische Eigenschaften oder den Preis der Produkte bezieht (§ 6 Abs. 2 Nr. 2 UWG). All diese Tatbestände dienen dazu, vergleichende Werbung grds. zu ermöglichen, weil sie für den Verbraucher durchaus Vorteile haben und seine Kaufentscheidung erleichtern kann, zugleich aber sicherzustellen, dass nicht über einen nur vermeintlich umfassenden bzw. objektiven Vergleich Verbraucher faktisch zugunsten des Werbenden falsch oder zumindest unzureichend informiert werden und davon abgehalten werden, sich über andere Quellen umfassend zu informieren.

e) Unlauter sind schließlich auch unzumutbar belästigende geschäftliche Handlungen (§ 7 Abs. 1 UWG), insbes. Werbung mittels unaufgeforderter Telefonanrufe (§ 7 Abs. 2 Nr. 1 UWG, sog. Cold Calls; gem. § 20 UWG eine bußgeldbewehrte → Ordnungswidrigkeit) oder E-Mails (§ 7 Abs. 2 Nr. 2 UWG; → Spam), aber uU auch die gezielte Direktansprache von Passanten an öffentlichen Orten zu Werbezwecken. Andere Belästigungen, etwa durch Nachbarn oder politische Werbung, werden vom Recht des unlauteren Wettbewerbs nicht erfasst, weil sie keine geschäftlichen Handlungen sind.

3. a) Rechtsfolge des unlauteren Wettbewerbs nach Ziffer 2 sind unabhängig vom → Verschulden Ansprüche auf Beseitigung und (bei Erstbegehungs- oder Wiederholungsgefahr) Unterlassung (→ Verjährung idR in sechs Monaten, § 11 UWG), sofern sie nicht missbräuchlich (§ 8c UWG). Anspruchsberechtigt sind zum einen Mitbewerber sowie zum anderen deren Verbände, unter bestimmten Voraussetzungen auch Verbraucherverbände sowie die Industrie- und Handelskammern (sog. Verbandsklage). Bei vorsätzlichem oder fahrlässigem Handeln steht Mitbewerbern ein Anspruch auf → Schadensersatz zu (§ 9 UWG); seit dem 28.5.2022 können auch Verbraucher bei bestimmten unlauteren geschäftlichen Handlungen, insbesondere bei aggressiven (§ 4a UWG) oder irreführenden (§ 5 UWG), Schadensersatz verlangen. Wer vorsätzlich unlauteren Wettbewerb begeht und hierdurch zu Lasten einer Vielzahl von Abnehmern einen Gewinn erzielt, kann von den Verbänden auf Herausgabe dieses Gewinns an den Bundeshaushalt in Anspruch genommen werden (sog. Gewinnabschöpfungsanspruch, § 10 UWG).

b) Vor der Einleitung eines gerichtlichen Verfahrens soll der Unterlassungsanspruchsberechtigte den Verletzer → abmahnen und ihm Gelegenheit geben, den Streit durch Abgabe einer mit einer angemessenen → Vertragsstrafe bewehrten Unterlassungsverpflichtung (strafbewehrte Unterlassungserklärung) beizulegen (§ 13 Abs. 1 UWG). In der Abmahnung muss klar und verständlich Folgendes angegeben werden: Name des Abmahnenden, die Voraussetzungen seiner Anspruchsberechtigung, ob und in welcher Höhe ein Aufwendungsersatzanspruch geltend gemacht wird und wie er sich berechnet sowie der Wettbewerbsverstoß und die tatsächlichen Umstände (§ 13 Abs. 2 UWG). Die Aufwendungen für eine berechtigte Abmahnung hat grs. der Verletzer zu tragen, wenn die Abmahnung die erforderlichen Angaben enthält (§ 13 Abs. 3 UWG). Ausgeschlossen ist der Aufwendungsersatzanspruch bei Verstößen durch Unternehmen und Vereine, wenn sie weniger als 250 Mitarbeiter beschäftigen, gegen Informations- und Kennzeichnungspflichten im → elektronischen Geschäftsverkehr oder in → Telemedien und bei Verstößen gegen Datenschutzbestimmungen (§ 13 Abs. 4 UWG); der Ausschluss des Ersatzanspruchs muss auch in der Abmahnung angegeben werden. Soweit eine Abmahnung unberechtigt ist oder die gebotenen Angaben nicht enthält, hat der Abgemahnte einen Anspruch auf Ersatz seiner Kosten der Rechtsverteidigung (§ 13 Abs. 5 S. 1 UWG). Eine unberechtigte Abmahnung kann darüber hinaus Ansprüche des Abgemahnten wegen gezielter Mitbewerberbehinderung (§ 4 Nr. 4 UWG) oder aus → unerlaubter Handlung (§ 823 Abs. 1 BGB, Eingriff in das Recht am eingerichteten und ausgeübten Gewerbebetrieb) nach sich ziehen.

Zuständig für Rechtsstreitigkeiten wegen unlauteren Wettbewerbs sind erstinstanzlich grds. die Landgerichte (§ 14 Abs. 1 UWG), in deren Bezirk der Handelnde seine Niederlassung oder seinen Wohnsitz hat; werden die Ansprüche von einem Mitbewerber geltend gemacht und betreffen sie nicht Wettbewerbsverstöße im elektronischen Geschäftsverkehr oder in Telemedien, ist außerdem das Gericht zuständig, in dessen Bezirk die Zuwiderhandlung begangen wurde (§ 14 Abs. 2 UWG). Soweit aber Verbraucher nach § 9 Abs. 2 UWG Schadensersatzansprüche wegen wettbewerbswidrigen Verhaltens gerichtlich geltend machen, greifen die allgemeinen Zuständigkeitsregeln der ZPO, sodass u.U auch die Amtsgerichte mit lauterkeitsrechtlichen Fragestellungen befasst sein können. Die Landesregierungen errichten bei den Industrie- und

Handelskammern Einigungsstellen, die bei Zustimmung des Gegners einen gütlichen Ausgleich erreichen sollen (§ 15 UWG).

4. Schwere vorsätzliche Wettbewerbsverstöße sind strafbar, insbes. unter bestimmten Voraussetzungen die irreführende Werbung durch unwahre Angaben (§ 16 Abs. 1 UWG) oder das Inaussichtstellen besonderer Vorteile für die Vermittlung weiterer Abnehmer durch den Kunden (§ 16 Abs. 2 UWG, sog. progressive Kundenwerbung, Schneeballsystem).

5. Sondervorschriften gelten für den Kennzeichenschutz (→ Marken); s. ferner → Angestelltenbestechung, → Anschwärzung, → Geschäftsgeheimnis.

Unmittelbare Stellvertretung
→ Stellvertretung.

Unmittelbarer Besitz
→ Besitz.

Unmittelbarer Schaden
→ Schadensersatz.

Unmittelbarer Zwang
→ Verwaltungszwang; → polizeiliche Zwangsmittel.

Unmittelbarkeitsgrundsatz
1. Nach diesem Grundsatz, der in allen Verfahrensordnungen gilt, müssen Verhandlung und Beweisaufnahme unmittelbar vor dem erkennenden Gericht stattfinden. Doch sind zahlreiche gesetzliche Ausnahmen vorgesehen (zB → beauftragter Richter), insbes. soweit schriftliche Entscheidung oder Entscheidung nach Aktenlage zugelassen ist; er gilt ferner nur, soweit nach den Grundsätzen des Strengbeweises zu verfahren ist, nicht dagegen, soweit dem Gericht der → Freibeweis offensteht (wie bei prozesserheblichen Tatsachen).

2. Besondere Bedeutung hat der Unmittelbarkeitsgrundsatz im Strafprozess für die Beweisaufnahme in der Hauptverhandlung und die sich auf sie gründende Urteilsfindung. Das Gericht darf seiner Entscheidung nur seine aus dem Inbegriff der → Hauptverhandlung unmittelbar, dh durch eigene Vernehmung des Beschuldigten, des Mitbeschuldigten, der Zeugen und Sachverständigen, Augenscheinseinnahme usw gewonnene Überzeugung zugrundelegen (§§ 250, 261 StPO). Entgegengewirkt werden soll damit auch der Gefahr eines mit dem Studium der Akten und der Entscheidung über die Zulassung der Anklage verbundenen Perseveranzeffekts bei den zur Entscheidung berufenen Richtern.

a) Hauptverhandlung erster Instanz: Die Vernehmung, auf die sich die Überzeugungsbildung stützen soll, darf durch Verlesung der Niederschrift über eine frühere Aussage oder der Urkunde über eine eigene schriftliche Erklärung nur in bestimmten Fällen ersetzt werden: Die Vernehmung eines, Zeugen, Sachverständigen oder Mitbeschuldigten kann durch die Verlesung eines nichtrichterlichen (insbes. polizeilichen) oder richterlichen Protokolls oder einer Urkunde mit einer von ihm stammenden Erklärung ersetzt werden, wenn der Angeklagte einen Verteidiger hat und der StA, der Verteidiger und der Angeklagte einverstanden sind, wenn der Zeuge, Sachverständige oder Mitbeschuldigte verstorben ist oder aus einem anderen Grund in absehbarer Zeit nicht vernommen werden kann, oder soweit das Protokoll oder die Urkunde das Vorliegen oder die Höhe eines Vermögensschadens betrifft (§ 251 I StPO). Sie kann auch durch die Verlesung eines richterlichen Protokolls ersetzt werden, wenn das Erscheinen in der Hauptverhandlung für längere oder ungewisse Zeit wegen Krankheit, Gebrechlichkeit oder anderer nicht zu beseitigender Hindernisse nicht möglich ist (sa → kommissarische Vernehmung) oder wegen großer Entfernung bei der Bedeutung der Aussage nicht zugemutet werden kann, oder StA, Verteidiger und Angeklagter einverstanden sind (§ 251 II StPO). Richterliche Protokolle über Aussagen des Angeklagten können zum Beweis eines Geständnisses oder zur Klärung von Widersprüchen verlesen werden (§ 254 StPO).

Verlesen werden können ferner Erklärungen mit einem Zeugnis oder einem Gutachten der öffentlichen Behörden, allgemein vereidigten Sachverständigen und Ärzte des gerichtsärztlichen Dienstes (→ Gerichtsärzte), ärztliche Atteste über Körperverletzungen, die nicht zu den schweren gehören, ärztliche Berichte über → Blutentnahmen, Gutachten über die Auswertung eines Fahrtenschreibers, die Bestimmung der Blutgruppe oder des Blutalkoholgehalts sowie Protokolle und in einer Urkunde enthaltene Erklärungen der Strafverfolgungsbehörden über Ermittlungshandlungen, soweit diese nicht eine Vernehmung zum Gegenstand haben (§ 256 I StPO).

Die Verwertung der Aussage eines → Zeugen vom Hörensagen ist durch den Unmittelbarkeitsgrundsatz nicht schlechthin verboten. Gibt aber ein Zeuge Bekundungen eines anderen wieder, so ist dieser grundsätzlich zu laden und zu vernehmen. Ist das nicht möglich, zB weil der Name nicht preisgegeben wird, so entscheidet das Gericht über den Beweiswert der Bekundung im Rahmen der freien Beweiswürdigung.

Stets zulässig ist es, einem Angeklagten, Zeugen oder Sachverständigen bei der Vernehmung zur Gedächtnisunterstützung oder zur Klärung von Widersprüchen protokollierte Äußerungen aus einer früheren Vernehmung vorzuhalten. Verwertbar ist jedoch nur, was der Vernommene aus seiner aktuellen Erinnerung bestätigen kann.

Zum → Zeugenschutz kann unter bestimmten Voraussetzungen die Vernehmung eines Zeugen in der Hauptverhandlung durch die Vorführung der Bild-Ton-Aufzeichnung einer früheren Vernehmung ersetzt werden (§ 255a StPO).

b) Berufungsverfahren: Dort kann die unmittelbare Vernehmung von Zeugen und

Sachverständigen durch Verlesung der Protokolle der Hauptverhandlung erster Instanz ersetzt werden; war der zu Vernehmende zur Berufungsverhandlung vorgeladen oder die Vorladung vom Angeklagten rechtzeitig beantragt worden, so bedarf es zur Verlesung der Zustimmung des StA und des Angeklagten (§ 325 StPO).

Unmöglichkeit (der Leistung)
1. § 275 BGB regelt die Befreiung des → Schuldners von der Leistungspflicht, wenn er die → Leistung nicht erbringen kann (§ 275 I BGB) oder wenn ihm die Leistungspflicht aus bestimmten Gründen nicht zugemutet werden kann (§ 275 II, III BGB). Die gesetzliche Regelung gilt für jede Art der Unmöglichkeit; die frühere Unterscheidung zwischen objektiver und subjektiver Unmöglichkeit (Unvermögen) sowie zwischen anfänglicher und nachträglicher Unmöglichkeit ist entfallen. § 311a I BGB stellt klar, dass die anfängliche Unmöglichkeit nicht (mehr) zur Nichtigkeit des Vertrags führt. Nach § 275 BGB ist der Anspruch des → Gläubigers auf die Leistung ausgeschlossen (bzw. der Schuldner kann sie verweigern), wenn sie unmöglich ist, die Regelung betrifft also nur die primäre Leistungspflicht des Schuldners. Die Frage, welche Rechtsfolgen sich aus dieser Leistungsbefreiung darüber hinaus ergeben, insbes. hinsichtl. der Gegenansprüche des Gläubigers bzw. sonstiger Pflichten des Schuldners infolge der Unmöglichkeit, wird nicht in § 275 BGB, sondern in §§ 280, 283–285, 311a, 326 BGB geregelt (§ 275 IV BGB).

2. Unmöglichkeit liegt vor, wenn die Leistung tatsächlich nicht mehr erbracht werden kann (zB Vernichtung einer Sache, Erlöschen einer Forderung, die abgetreten werden sollte). Auch bei Zweckerreichung oder -verfehlung, wenn die Leistung sinnlos geworden ist, liegt Unmöglichkeit vor (zB der zu behandelnde Patient wird von selbst wieder gesund). Rechtliche Unmöglichkeit kann vorliegen, wenn der Leistung rechtliche Hindernisse entgegenstehen (häufig bereits Nichtigkeit des Vertrags nach § 134 BGB), etwa aufgrund einer behördlichen Anordnung (zB Beherbergung in einem Hotel, kosmetische Behandlung wegen der → COVID-19-Pandemie; → Corona-Krise und Vertragsrecht, → Corona-Krise und Reiserecht). Ob die Unmöglichkeit bereits bei Vertragsschluss vorlag oder später eingetreten ist, ist unerheblich, ebenso, ob die Leistung für jedermann (zB wegen Vernichtung der verkauften Sache) oder nur für den Schuldner (zB dauernde Erkrankung bei einem Dienstvertrag) unmögich ist. Bei nur teilweiser Unmöglichkeit kommt es auf die Teilbarkeit der Leistung an, bei Teilbarkeit ist der Schuldner nur von dem unmöglichen Teil der Leistung befreit (zu den Rechtsfolgen s. → Schadensersatz). Die Unmöglichkeit muss dauerhaft sein, bei nur vorübergehender Unmöglichkeit ist die Leistungspflicht nur vorübergehend gehemmt (damit auch der Eintritt von → Schuldnerverzug); ob nur vorübergehende Unmöglichkeit vorliegt, bestimmt sich nach den Vertragsumständen und der vereinbarten → Leistungszeit, dauerhafte Unmöglichkeit ist anzunehmen bei Unzumutbarkeit des weiteren Zuwartens für den Schuldner und beim absoluten → Fixgeschäft. Der Schuldner kann die Leistung ferner bei wirtschaftlicher Leistungserschwerung verweigern, soweit die Leistung einen Aufwand erfordert, der angesichts des Inhalts des konkreten Schuldverhältnisses und der Gebote von → Treu und Glauben in einem groben Missverhältnis zum Leistungsinteresse des Gläubigers steht, § 275 II 1 BGB. Dies ist der Fall, wenn die Leistung den Schuldner deutlich mehr kostet, als sie dem Gläubiger nützt; allein ein hoher, ggf. auch existenzgefährdender Aufwand für den Schuldner ist nicht relevant (ein Fall der wirtschaftlichen Unmöglichkeit ist über § 313 BGB zu lösen, → Geschäftsgrundlage). Bei der Beurteilung der dem Schuldner in diesem Zusammenhang zuzumutenden Anstrengungen ist auch zu berücksichtigen, ob der Schuldner das Leistungshindernis zu vertreten hat (→ Verschulden), § 275 II 2 BGB. Der Schuldener kann die Leistung auch verweigern, wenn er sie persönlich zu erbringen hat und ihm unter Abwägung des seiner Leistung entgegenstehenden Hindernisses mit dem Leistungsinteresse des Schuldners nicht zugemutet werden kann, § 275 III BGB (zB bei schwerer Erkrankung oder Tod eines nahen Angehörigen); anders als bei § 275 II BGB verlangt das Gesetz kein grobes Missverhältnis und nimmt auch nicht auf den Aufwand des Schuldners Bezug.

3. Bei Unmöglichkeit entfällt die primäre Leistungspflicht ipso iure, § 275 I BGB. In den Fällen von § 275 II und III BGB entfällt sie erst, wenn der Schuldner eine entsprechende Einrede erhebt, der Schuldner hat insoweit also ein Wahlrecht. Die Unmöglichkeit führt aber zu einer → Pflichtverletzung des Schuldverhältnisses, § 280 I 1 BGB. Der Gläubiger kann Ersatz des hierdurch entstehenden Schadens (zB entstehende Kosten, Vertragsstrafe) verlangen, es sei denn, dass der Schuldner die Pflichtverletzung nicht zu vertreten (→ Verschulden) hat, § 280 I 2 BGB. Der Schuldner hat also die Beweislast dafür, dass die Unmöglichkeit nicht die Folge eines von ihm zu vertretenden Umstands ist; er muss sich entlasten (die Beweislast für Pflichtverletzung, Schaden und Kausalität hat der Gläubiger). Bei einer noch nicht konkretisierten → Gattungsschuld kann sich der Schuldner nicht entlasten, solange die Leistung noch aus der Gattung möglich ist (insbes. bei einer → Geldschuld, für deren Nichterfüllung der Schuldner stets einzustehen hat). Sind die Voraussetzungen des § 280 I BGB gegeben, so kann der Gläubiger auch Schadensersatz statt der (unmöglichen) Leistung verlangen, also sein volles Erfüllungsinteresse, zB einen ent-

gangenen Gewinn (§ 283 BGB) oder Ersatz seiner (nunmehr nutzlosen) Aufwendungen (§ 284 BGB). Einzelheiten hierzu s. → Schadensersatz (4). Bestand das Leistungshindernis bereits bei Vertragsschluss, so gilt dasselbe, ausgenommen wenn der Schuldner dies nicht kannte und seine Unkenntnis auch nicht zu vertreten hat (§ 311a II BGB). Erlangt der Schuldner für den geschuldeten Gegenstand, dessen Leistung unmöglich geworden ist, einen Ersatz oder Ersatzanspruch (Surrogat, zB eine Versicherungsforderung bei Untergang der Sache), so kann der Gläubiger → Herausgabe des als Ersatz Empfangenen oder Abtretung des Ersatzanspruchs verlangen (sog. stellvertretendes commodum), muss sich dies aber auf seinen Anspruch auf Schadensersatz statt der Leistung anrechnen lassen (§ 285 BGB).

Über das Schicksal der Gegenleistung bei Unmöglichkeit der primären Leistungspflicht s. → Gegenseitiger Vertrag (2).

Unmöglichkeit der Vaterschaft
→ Abstammung (2c).

UNO (United Nations Organization)
→ Vereinte Nationen.

Unpfändbarkeit
Hinsichtlich der Gegenstände, die der → Zwangsvollstreckung unterliegen, wird der Schuldner in bestimmtem Umfang aus sozialen Gründen geschützt. Bei der → Lohnpfändung sind Teile des Arbeitseinkommens der Pfändung nicht unterworfen (sa → Dienstbezüge). Außerdem sind Sachen, die für den Haushalt, die persönliche Arbeitsleistung oder in der Landwirtschaft unentbehrlich sind oder anderen schutzwürdigen Zwecken dienen, von der Pfändung ausgenommen, insbes. Haus- und Küchengeräte, Fachbücher, Rundfunkgerät, Haustiere, heute idR auch Kühlschrank, Staubsauger, Fernsehgerät (§ 811 I ZPO). Die unpfändbaren Sachen sind nur im Wege der → Austauschpfändung oder → Vorwegpfändung pfändbar, bei Vollstreckung einer Kaufpreisforderung für eine unter → Eigentumsvorbehalt verkaufte Sache allerdings zT auch ohne diese Beschränkung (§ 811 II ZPO). Tiere, die im häuslichen Bereich und nicht zu Erwerbszwecken gehalten werden, sind der Pfändung nicht unterworfen (§ 811c I ZPO). S. ferner → Vollstreckungsschutz.

Ansprüche auf Leistungen der → Sozialversicherung, der → Arbeitsförderung sowie der → Kriegsopferversorgung sind größtenteils unpfändbar oder nur sehr beschränkt pfändbar (§ 54 SGB I, sa→ Abtretung). Wird bei einer Pfändung die Zusammenrechnung mehrerer Sozialleistungen angeordnet, ist der pfändbare Teil der Sozialleistung idR der höheren Sozialleistung zu entnehmen. Bestimmte Sozialleistungen und Arbeitseinkommen sowie Unterhaltsansprüche unterliegen einem besonderen → Pfändungsschutz (vgl. §§ 850a ff. ZPO).

Unrechtsbewusstsein
→ Bewusstsein der Rechtswidrigkeit, → Verbotsirrtum.

Unrechtselemente
→ subjektive Unrechtselemente.

Unregelmäßige Verwahrung
→ Verwahrung.

Unrichtigkeit des Grundbuchs
→ Berichtigung des Grundbuchs.

Unrichtigkeit des Verhandlungsprotokolls
→ Berichtigung (2).

Unrichtigkeit eines Verwaltungsaktes
→ Verwaltungsakt (5, 6).

Unrichtigkeit gerichtlicher Entscheidungen
oder von Steuerverwaltungsakten → Berichtigung (1, 4). Sa → fehlerhafte Entscheidungen.

Unruheschäden
→ Tumultschäden.

Unschädlichkeitszeugnis
ist die Bestätigung der nach Landesrecht zuständigen Behörde, dass im Falle der unbelasteten Teilveräußerung eines belasteten Grundstücks die Rechtsänderung für die Berechtigten unschädlich ist (Art. 120 EGBGB). Sa → Unbedenklichkeitsbescheinigung.

Unschuldig erlittene Untersuchungs- oder Strafhaft
→ Strafverfolgung, ungerechtfertigte.

Unschuldig Verurteilter
→ Wiederaufnahmeverfahren, → Strafverfolgung, ungerechtfertigte.

Unschuldige, Verfolgung
→ Verfolgung Unschuldiger.

Unschuldsvermutung
Die Unschuldsvermutung bedeutet, dass die Unschuld eines Beschuldigten im → Strafprozess bis zum rechtskräftigen Nachweis der Schuld in dem gesetzlich vorgeschriebenen Verfahren vermutet wird. Sie folgt schon aus dem Rechtsstaatprinzip und ist in Art. 6 II MRK ausdrücklich nominiert. Sie gebietet eine unvoreingenommene Behandlung des Beschuldigten (→ faires Verfahren), dessen Stellung nicht mehr als ein zu überprüfender → Tatverdacht zugrundeliegt, und eine Güterabwägung bei öffentlicher Fahndung. Strafverfolgungsmaßnahmen auf Grund eines bestimmten Verdachts, zB → Untersuchungshaft, verbietet sie aber nicht.

Unselbständigkeit
→ Arbeitnehmer. Sa → Selbständigkeit, → Scheinselbständigkeit.

Unsittliche Rechtsgeschäfte
→ Sittenwidrigkeit.

Unsittliches Verhalten
→ Pflichtteilsentziehung; sa → Erregung öffentlichen Ärgernisses, → Prostitution.

Untätigkeitsklage
war eine früher übliche Bezeichnung der Klage im → Verwaltungsstreitverfahren, die sich dagegen richtete, dass die Verwaltungsbehörde über den Antrag auf Erlass eines → Verwaltungsaktes binnen angemessener Frist keine Entscheidung traf, also untätig blieb. Die Untätigkeitsklage ist heute ebenso wie die Weigerungsgegenklage (Klage gegen die Ablehnung eines beantragten Verwaltungsaktes) ein Unterfall der Verpflichtungsklage (§ 42 VwGO, § 46 FGO; → Verwaltungsstreitverfahren, 1a). Sa → Außergerichtliches Rechtsbehelfsverfahren.

Untauglicher Versuch
→ Versuch 1a.

Unterbehörden
(untere Verwaltungsbehörden) → Verwaltungsbehörden (Aufbau).

Unterbeteiligung
Eine Unterbeteiligung an einem oHG-, KG- oder GmbH- usw Anteil ist eine → Innengesellschaft, bei der Rechtsbeziehungen nur zwischen Unterbeteiligtem und Hauptbeteiligtem, nicht aber zwischen Unterbeteiligtem und Gesellschaft bestehen. Die Unterbeteiligung ist formfrei möglich und muss auch nicht publik gemacht werden. Eine Zustimmung der anderen Gesellschafter ist nicht erforderlich, weshalb die Unterbeteiligung va interessant ist, wenn der Gesellschaftsanteil nicht übertragen werden kann, dennoch aber der Unterbeteiligte in die Gesellschaft investieren bzw. an deren wirtschaftlichem Erfolg teilhaben möchte.

Steuerlich liegt eine atypische Unterbeteiligung vor, wenn der Unterbeteiligte bei Beendigung der Innengesellschaft an den stillen Reserven und am → Geschäftswert beteiligt ist. Er wird als Mitunternehmer behandelt und erzielt aus der Unterbeteiligung gewerbliche Einkünfte (§ 15 EStG). Hat der Unterbeteiligte nur einen Anspruch auf den Gewinn, der auf den Geschäftsanteil entfällt, so liegen Einkünfte aus Kapitalvermögen (§ 20 EStG) vor. → Stille Gesellschaft, → Mitunternehmerschaft.

Unterbilanzhaftung
→ Gründungsgesellschaft.

Unterbindungsgewahrsam
Nach dem → Polizeirecht einiger Länder kann die → Polizei zur Verhinderung bevorstehender Straftaten Personen in Gewahrsam nehmen. In Baden-Württemberg und Bayern kann dieser Unterbindungsgewahrsam auf Grund richterlicher Entscheidung zu dem genannten Zweck bis zur Höchstdauer von zwei Wochen aufrechterhalten werden; in Bremen und Hamburg besteht eine ähnliche Möglichkeit ohne zeitliche Begrenzung.

Unterbrechung der Hauptverhandlung
→ Unterbrechung eines Verfahrens.

Unterbrechung der Strafvollstreckung
→ Strafunterbrechung.

Unterbrechung der Verjährung
→ Verjährung (6, 6c), → Strafverfolgungsverjährung, → Strafvollstreckungsverjährung.

Unterbrechung eines Verfahrens
Die Unterbrechung eines Verfahrens ist – anders als die → Aussetzung – ein → Stillstand des Prozesses kraft Gesetzes (mit den dort bezeichneten Rechtsfolgen). Die Unterbrechung tritt bei bestimmten Ereignissen von selbst ein: beim Tod einer Partei oder eines sie vertretenden Rechtsanwalts (§§ 239, 244 ZPO), Verlust der → Prozessfähigkeit (§ 241 ZPO), Eröffnung des → Insolvenzverfahrens oder eines vergleichbaren Verfahrens im Ausland (§ 240 ZPO) oder → Stillstand der Rechtspflege (§ 245 ZPO). Dies gilt grds. in allen Verfahrensordnungen. Die (Wieder)Aufnahme eines unterbrochenen Verfahrens erfolgt durch die Zustellung eines bei Gericht eingereichten Schriftsatzes (§ 250 ZPO).

Im Strafprozess kennt man nur die Unterbrechung der → Hauptverhandlung (§§ 228, 229 StPO). Sie ist (im Gegensatz zur → Aussetzung, § 228 StPO) eine Vertagung auf kurze Zeit, nach der die begonnene HV fortgesetzt wird. Die Unterbrechung darf aber höchstens 3 Wochen dauern; andernfalls muss mit der HV von neuem begonnen werden. Nach jeweils mind. 10-tägiger HV ist Unterbrechung bis zu einem Monat zulässig; bei Erkrankung des Angeklagten oder eines Richters (auch Schöffen) sind diese Fristen für längstens 6 Wochen gehemmt (§ 229 StPO). Über Unterbrechung bei Verhandlungssabotage durch den Angeklagten vgl. § 231a III 4 StPO.

Über Unterbrechung im materiellen Sinne → Verjährung, → Ersitzung.

Unterbringung
von Kindern, Personen mit übertragbaren Krankheiten, Geisteskranken usw → Anstaltsunterbringung, → Infektionsschutzgesetz → Unterbringungsgesetze, → Vormund, → Betreuung. Über Unterbringung in psychiatrischem Krankenhaus, Entziehungsanstalt, Sicherungsverwahrung, sozialtherapeutischer Anstalt → Maßregeln der Besserung und Sicherung (1–4, 8).

Unterbringung zur Beobachtung
in einem psychiatrischen Krankenhaus (§ 81 StPO) → Beobachtung.

Unterbringungsbefehl
Ein Unterbringungsbefehl kann im Strafverfahren oder → Sicherungsverfahren gegen den Beschuldigten ergehen, wenn dringende Gründe dafür vorliegen, dass er eine rechtswidrige (mit Strafe bedrohte) Tat im Zustand der Schuldunfähigkeit oder verminderten Schuldfähigkeit (§§ 20, 21 StGB) begangen

hat, und dass seine Unterbringung in einem psychiatrischen Krankenhaus oder einer Entziehungsanstalt (§§ 63, 64 StGB → Maßregeln der Besserung und Sicherung) angeordnet werden wird. In dem Unterbringungsbefehl wird die einstweilige Unterbringung des Beschuldigten in einer solchen Anstalt im Vorgriff auf die Sicherungsmaßregel angeordnet. Voraussetzung ist, dass die öffentliche Sicherheit die Anordnung erfordert; ggf. müssen weniger einschneidende Maßnahmen ergriffen werden. Die Unterbringung tritt dann an die Stelle der Untersuchungshaft, der Unterbringungsbefehl an diejenige eines → Haftbefehls; die für diesen geltenden Vorschriften sind sinngemäß anzuwenden (§ 126a StPO). Er ist aufzuheben, wenn seine Voraussetzungen entfallen oder wenn das Gericht im Urteil die Unterbringung nach §§ 63, 64 StGB nicht anordnet. Die Umwandlung eines Unterbringungsbefehl in einen → Haftbefehl und umgekehrt ist zulässig. Ergehen kann ein Unterbringungsbefehl zudem zur Sicherung eines Verfahrens, in dem über die Anordnung einer in einem früheren Urteil vorbehaltenen Sicherungsverwahrung nach § 66a StGB entschieden wird (§ 275a VI StPO). Zur Unterbringung eines Beschuldigten in einem psychiatrischen Krankenhaus zwecks Vorbereitung eines Gutachtens über seinen psychischen Zustand (§ 81 StPO) → Beobachtung in einem psychiatrischen Krankenhaus.

Gegen einen Jugendlichen kann in einem Unterbringungsbefehl nach § 71 II JGG, § 72 JGG die einstweilige Unterbringung in einem Heim der Jugendhilfe angeordnet werden, und zwar entweder an Stelle eines Haftbefehls oder wenn sie bei den zu erwartenden Maßnahmen geboten ist, um den Jugendlichen vor einer weiteren Gefährdung seiner Entwicklung zu bewahren. Ferner kann Unterbringungsbefehl zur Beobachtung des Jugendlichen od. Heranwachsenden in einer Anstalt zwecks Begutachtung seines Entwicklungsstandes ergehen (§§ 73, 109 JGG; → Beobachtung in einem psychiatrischen Krankenhaus).

Unterbringungsgesetze
Die Unterbringungsgesetze der Länder (vgl. zB bayer. Gesetz über die Unterbringung psychisch Kranker und deren Betreuung v. 5.4.1992, GVBl. 1992, 60, mÄnd; NRW PsychKG v. 17.12.1999, GV NRW 1999, 662) regeln Unterbringung und Betreuung von Personen, die psychisch krank oder infolge Geistesschwäche oder Sucht psychisch gestört sind und dadurch in erhebl. Maße die öff. Sicherheit und Ordnung gefährden (auch Selbstgefährdung). Unter diesen Voraussetzungen ist Unterbringung in einem psychiatrischen Krankenhaus auch gegen oder ohne den Willen des Kranken zulässig. Die Unterbringungsgesetze regeln insbes. Zulässigkeit und Zweck der Unterbringung, das Verfahren (Anordnung durch das Gericht, sofortige vorläufige Unterbringung in Notfällen auch durch behördl. Anordnung), Aufnahme und Betreuung während der Unterbringung sowie deren Beendigung.

Unterbringungssachen
sind Verfahren, die die Genehmigung einer freiheitsentziehenden Unterbringung eines Betreuten (→ Betreuung) oder eine freiheitsentziehende Maßnahme (zB Fixierung) betreffen. Zuständig hierfür ist das → Betreuungsgericht. Das Verfahren ist in §§ 312 ff. FamFG geregelt und entspricht im Wesentlichen dem Verfahren in Betreuungssachen.

Unterbringungsschein
→ Berufsförderung der Soldaten.

Unterbringungsverfahren
→ Freiheitsentziehung, → Sicherungsverfahren.

Unterdrückung des Personenstandes
→ Personenstandsfälschung.

Untere Verwaltungsbehörde
→ Verwaltungsbehörden (Aufbau).

Untereinstandspreisverkauf
ist der Wiederverkauf von Produkten zu einem Preis, der unter dem eigenen Einkaufspreis liegt. Darin kann ein im → Kartellrecht verbotener Missbrauch einer → Marktbeherrschung oder einer relativen Marktmacht (→ Marktmacht, relative) liegen, insbesondere wenn der Untereinstandspreisverkauf ohne sachliche Rechtfertigung nicht nur gelegentlich erfolgt (vgl. § 20 Abs. 3 S. 2 Nr. 2 GWB). Sa → Dumping.

Unterfrachtführer
→ Frachtführer.

Unterhaltsanspruch
Unterhalt wird entweder aufgrund des Zusammenlebens des Unterhaltsverpflichteten mit dem Unterhaltsberechtigten in natura geleistet (Naturalunterhalt), oder in bar als Zahlungsanspruch einer Geldrente fällig (Barunterhalt). Minderjährigen Kindern gegenüber erstreckt sich der Naturalunterhalt auf die notwendige Betreuung (Betreuungsunterhalt, → Kindergeldanrechnung). Sind die Eltern getrennt, tritt der Betreuungsunterhalt durch den Elternteil, bei dem das Kind lebt, neben den Barunterhaltsanspruch gegen den anderen Elternteil, wobei beide als gleichwertig gelten (§ 1606 Ab. 3 S. 2 BGB). Unverheirateten minderjährigen und volljährigen Kindern gegenüber haben die Eltern unter Berücksichtigung der Belange des Kindes das Unterhaltsbestimmungsrecht, auf welche Art sie den Unterhalt leisten (§ 1612 Abs. 2 S. 1 BGB).

→ Trennungsunterhalt, → Unterhaltspflicht unter Verwandten.

Unterhaltsbeihilfe
→ Anwärterbezüge.

Unterhaltsbeitrag
bei Beamten ist eine Versorgungsleistung, die bei Fehlen eines Anspruchs auf → Dienstbezü-

ge, → Ruhegehalt oder → Witwengeld zur Sicherung der Existenz nach Maßgabe des BeamtenversorgungsG (→ Beamtenversorgung) gewährt wird. S. ferner → Unfallfürsorge.

Unterhaltsberechnung
Die Höhe des → Barunterhalts wird auf Basis des → bereinigten Nettoeinkommens je nach Unterhaltstatbestand unterschiedlich berechnet. → Trennungsunterhalt, → Unterhaltspflicht unter Verwandten (4, 5).

Unterhaltspflicht bei nicht miteinander verheirateten Eltern
Hierfür gelten heute im Verhältnis zu ihrem Kind grds. die allgemeinen Vorschriften über die → Unterhaltspflicht unter Verwandten (s. dort insbes. über den Regelunterhalt; zum Verfahren → Unterhaltsprozess). Sind die Eltern aber bei der Geburt des Kindes nicht miteinander verheiratet (oder heiraten sie auch nicht später) und haben sie das Kind auch nicht während ihrer Ehe gezeugt (vgl. zu allem → Abstammung), so gelten für die Unterhaltspflicht noch die folgenden Besonderheiten:

1. Der Vater hat (neben seiner Unterhaltspflicht gegenüber dem Kind) der Mutter als Ausgleich für die mangelnde Arbeitsfähigkeit für die Dauer von 6 Wochen vor bis 8 Wochen nach der Geburt des Kindes (auch hinsichtlich der Kosten, die infolge der Schwangerschaft oder Entbindung außerhalb dieses Zeitraums entstehen) Unterhalt zu gewähren (§ 1615l BGB). Bei schwangerschaftsbedingter Erkrankung oder Unzumutbarkeit einer Erwerbstätigkeit der Mutter wegen Pflege oder Erziehung des Kindes besteht der Anspruch auf Betreuungsunterhalt für mind. 3 Jahre nach der Geburt; er verlängert sich, solange und soweit dies der Billigkeit entspricht. Für die Frage der Billigkeit ist heute vor allem maßgeblich, welche Möglichkeiten der Kinderbetreuung bestehen (§ 1615l II 4 und 5 BGB). Die Höhe des Unterhalts richtet sich nach dem Einkommen der Mutter, wie es ohne die Geburt des Kindes wäre, muss jedoch mind. das Existenzminimum sichern. Die Höhe ist begrenzt durch den Grundsatz der Halbteilung, wonach dem Unterhaltspflichtigen mind. so viel bleiben muss, wie der Berechtigte zur Verfügung hat. Dem Pflichtigen, der nicht durch die Unterhaltszahlung der Sozialhilfe anheim fallen soll, muss ein angemessener Selbstbehalt bleiben. Die Verpflichtung des Vaters geht der Unterhalt der Verwandten der Mutter vor (§ 1615l III 2 BGB). Wie beim → Scheidungsunterhalt (4) endet diese Unterhaltspflicht des Vaters, wenn die Mutter einen anderen Mann heiratet.

2. Stirbt die Mutter infolge der Schwangerschaft oder der Entbindung, so hat der Vater die Beerdigungskosten zu tragen, soweit ihre Bezahlung nicht von den Erben der Mutter zu erlangen ist (§ 1615m BGB). Wenn der Vater das Kind betreut, steht ihm der Anspruch auf den Betreuungsunterhalt gegen die Mutter zu (§ 1615l IV BGB). Die Ansprüche der Mutter, die auch bei einer Fehlgeburt entstehen, können in Eilfällen durch einstweilige Anordnung vorläufig geregelt werden (§§ 246 f. FamFG).

Unterhaltspflicht der Ehegatten
1. Die Ehegatten sind während des Zusammenlebens verpflichtet, durch ihre Arbeit und mit ihrem Vermögen die Familie angemessen zu unterhalten (§ 1360 BGB). Die Unterhaltspflicht, die zwingender Natur ist und bei jedem Güterstand gilt, erstreckt sich also nicht nur auf den anderen Ehegatten, sondern auch auf die Unterhaltung der Kinder; anspruchsberechtigt aus § 1360 BGB ist allerdings nur der andere Ehegatte, während die Kinder nach §§ 1601 ff. BGB einen eigenen Unterhaltsanspruch haben (→ Unterhaltspflicht unter Verwandten). Der Unterhaltsbeitrag beider Ehegatten kann nicht rechnerisch gleich groß festgesetzt werden. Jeder Ehegatte hat zunächst seine Arbeitskraft und den hieraus erzielten Verdienst sowie die Einkünfte und den Stamm seines Vermögens zu verwenden. Ist einem Ehegatten die Haushaltsführung allein überlassen (→ Mitarbeit der Ehegatten), so erfüllt er seine Verpflichtung, durch Arbeit zum Unterhalt der Familie beizutragen, idR durch die Führung des Haushalts (§ 1360 S. 2 BGB); zu einer eigenen Erwerbstätigkeit ist er daneben nur verpflichtet, soweit die Arbeitskraft und die Einkünfte des anderen Ehegatten zum Unterhalt der Familie nicht ausreichen und es den Verhältnissen der Ehegatten auch nicht entspricht, von ihrem etwa vorhandenen Vermögen zu leben.

2. Der angemessene Unterhalt der Familie umfasst alles, was nach den Verhältnissen der Ehegatten erforderlich ist, um die laufenden Kosten des Haushalts zu bestreiten sowie die persönlichen Bedürfnisse der Ehegatten und den Lebensbedarf der gemeinsamen unterhaltsberechtigten Kinder zu befriedigen (§ 1360a II BGB). Der Umfang der Unterhaltspflicht ist also nach den Lebensumständen der Ehegatten verschieden; er ist in der Weise zu leisten, die durch die → eheliche Lebensgemeinschaft geboten ist. Die Unterhaltspflicht umfasst die notwendigen Ausgaben für Ernährung, Kleidung, Berufsausübung und -ausbildung, Krankheits- und Urlaubskosten, Aufwendungen für persönliche Bedürfnisse, zB für Bücher, aber auch ein Taschengeld der Ehegatten. Außerdem besteht die Verpflichtung, dem den Haushalt führenden Ehegatten, und zwar für einen angemessenen Zeitraum im Voraus, das für die Haushaltsführung erforderliche Wirtschaftsgeld (Haushaltsgeld) zur Verfügung zu stellen. Beabsichtigt ein Ehegatte, einen Rechtsstreit zu führen, der persönliche Angelegenheiten betrifft (zB Ehescheidungsantrag, Schmerzensgeldanspruch gegen einen Dritten), oder wird gegen ihn ein Strafverfahren eingeleitet, ist er aber nicht in der Lage, die Kosten zu tragen, so muss der andere ihm diese vorschießen, wenn die Prozesskostenvorschusspflicht der Billigkeit entspricht

(zB bei Ehescheidungsantrag der einkommenslosen Ehefrau gegen ihren Mann; § 1360a IV BGB).

3. Die Unterhaltspflicht der Ehegatten geht grds. der → Unterhaltspflicht unter Verwandten vor (§ 1608 BGB); deren Vorschriften (§§ 1601 ff. BGB) sind aber iÜ ergänzend heranzuziehen. Ein Verzicht auf die Unterhaltspflicht der Ehegatten für die Zukunft ist unwirksam (§ 1614 BGB). Der Unterhaltsanspruch ist nur bedingt pfändbar und übertragbar (§ 850b ZPO, § 400 BGB). Er erlischt mit dem Tode eines der Ehegatten (§ 1360a III BGB, § 1615 BGB). Zur Privilegierung des Unterhaltsanspruchs in der Zwangsvollstreckung s. § 850d ZPO. Während eines Verfahrens in → Ehesachen (insbes. auf → Ehescheidung) kann das → Familiengericht zur Regelung der Unterhaltspflicht eine einstweilige Anordnung erlassen (§§ 246 ff. FamFG). Nach Auflösung der Ehe gelten für die Unterhaltspflicht der Ehegatten Sondervorschriften (→ Scheidungsunterhalt, → Eheaufhebung). Gebiet der ehem. DDR → Ehescheidung (7). Zum Verfahren s. → Unterhaltssachen.

4. Zum Unterhalt getrennt lebender Ehegatten → Trennungsunterhalt.

5. Steuerlich vgl. → Belastungen, außergewöhnliche, 2a; → Realsplitting; → Unterhaltszahlungen.

Unterhaltspflicht der Eltern
→ Unterhaltspflicht unter Verwandten, → Unterhaltspflicht bei nicht miteinander verheirateten Eltern.

Unterhaltspflicht gegenüber dem nichtehelichen Kind
Die früheren Besonderheiten sind weitgehend beseitigt (sa → Unterhaltspflicht bei nicht miteinander verheirateten Eltern). Hierfür gelten die allg. Vorschriften über die → Unterhaltspflicht unter Verwandten (5), → Unterhaltssachen.

Unterhaltspflicht gegenüber minderjährigen Kindern
→ Unterhaltspflicht unter Verwandten (5), → Unterhaltssachen.

Unterhaltspflicht unter Verwandten
1. Nach § 1601 BGB sind Verwandte in gerader Linie (→ Verwandtschaft) verpflichtet, einander Unterhalt zu gewähren, also zB auch Kinder ihren Eltern. Eine weitergehende Unterhaltspflicht, zB unter Geschwistern oder Verschwägerten, besteht nicht. Die gesetzliche Unterhaltspflicht (Grenzen s. u.) ist zwingenden Rechts, kann aber durch eine vertragliche Regelung modifiziert werden. Haben die Sozialhilfebehörden einen Unterhaltsberechtigten aus öffentlichen Mitteln unterstützt, so können sie dessen Unterhaltsanspruch durch Anzeige an den Unterhaltsverpflichteten auf sich überleiten (§§ 93 f. SGB XII). Sa → Schaden (Ersatz).

2. Voraussetzung eines Unterhaltsanspruchs unter Verwandten ist die Bedürftigkeit des Berechtigten (§ 1602 BGB). Unterhaltsberechtigt ist nur, wer außerstande ist, sich selbst zu unterhalten, dh wer vermögenslos und erwerbsunfähig ist; die freiwillige Leistung eines Dritten befreit von der Unterhaltspflicht nicht. Ein minderjähriges Kind, das seine Ausbildung noch nicht beendet hat, ist grds. bedürftig (zur Mindesthöhe → Mindestunterhalt), ein minderjähriges unverheiratetes Kind kann darüber hinaus Unterhalt von seinen Eltern auch dann verlangen, wenn es Vermögen besitzt, die Einkünfte aus dem Vermögen und der Ertrag seiner Arbeit zum Unterhalt aber nicht ausreichen. Ein volljähriges Kind ist insoweit bedürftig, als es eine erste Ausbildung zu einem Beruf verfolgt (→ Ausbildungsunterhalt).

3. Unterhaltspflichtig ist nicht, wer bei Berücksichtigung seiner sonstigen Verpflichtungen nicht in der Lage ist, ohne Gefährdung seines eigenen angemessenen Unterhalts den Unterhalt zu gewähren (§ 1603 I BGB, → Leistungsfähigkeit des Verpflichteten). Die Höhe des Betrags, der dem Unterhaltsverpflichteten monatlich verbleiben soll, der Selbstbehalt, richtet sich nach der konkreten Unterhaltspflicht. Sind Kinder ihren bedürftigen Eltern gegenüber unterhaltspflichtig, müssen ihnen monatlich 2.000 EUR ihres Einkommens zuzüglich der Hälfte des weiteren Einkommens verbleiben (BGH 23.10.2024 – XII ZB 6/24). Umgekehrt müssen Eltern gegenüber unverheirateten minderjährigen Kindern (ggf. bis zu deren 21. Lebensjahr), denen sie Unterhalt gewähren, alle verfügbaren Mittel einsetzen, sofern nicht andere leistungsfähige Unterhaltspflichtige vorhanden sind (§ 1603 II BGB, gesteigerte Unterhaltspflicht). Der Selbstbehalt reduziert sich in diesem Fall auf den notwendigen Selbstbehalt, der dem → Existenzminimum entspricht, für einen Erwerbstätigen 1.450 EUR (2025).

3. Rangfolge: Die → Unterhaltspflicht der Ehegatten oder Lebenspartner geht der Unterhaltspflicht unter Verwandten vor (§ 1608 BGB); über die Unterhaltspflicht des geschiedenen Ehegatten → Scheidungsunterhalt. Unter den Verwandten haften die Abkömmlinge vor den Verwandten der aufsteigenden Linie, unter den Abkömmlingen und den Verwandten der aufsteigenden Linie selbst jeweils die näheren vor den entfernteren (also zB der Sohn vor dem Enkel, dieser wieder vor dem Vater des Bedürftigen). Mehrere gleich nahe Verwandte, zB die Eltern, haften anteilig – dh nicht als Gesamtschuldner (→ Gesamtschuld) – nach ihren Erwerbs- und Vermögensverhältnissen (§ 1606 BGB). Der Elternteil, der ein minderjähriges unverheiratetes Kind betreut, erfüllt seine Unterhaltspflicht idR durch dessen Pflege und Erziehung; der andere Elternteil haftet für den Barunterhalt voll. An Stelle eines leistungsunfähigen Verwandten tritt der nächstberufene Verwandte; das Gleiche gilt, soweit die Rechtsverfolgung gegen einen Ver-

wandten im Inland ausgeschlossen oder erheblich erschwert ist. Der Unterhaltsanspruch des Verwandten geht dann auf den Unterhalt leistenden Verwandten über (§ 1607 BGB). Zur Rangfolge im Mangelfall siehe → Leistungsfähigkeit.

4. Grds. ist der nach der Lebensstellung des Bedürftigen angemessene Unterhalt in einer monatlich im Voraus zu entrichtenden Geldrente zu gewähren (§§ 1610, 1612 BGB). Soweit Kinder bei einem Elternteil leben, leiten sie ihre finanzielle Lebensstellung von den Einkommensverhältnissen der Eltern ab. Pauschaliert ergibt sich die Höhe des Anspruchs des Kindes dann aus der → Düsseldorfer Tabelle abgeleitet vom Elterneinkommen. Für ein volljähriges Kind, das während seiner Ausbildung nicht mehr bei seinen Eltern lebt, kann ein fester Bedarfssatz von 990 EUR (2025) herangezogen werden. Inwiefern das Kindergeld den Bedarf des Kindes bereits deckt, richtet sich nach § 1612b BGB (→ Kindergeldanrechnung). Eltern können gegenüber einem unverheirateten (auch volljährigen) Kind die Art der Unterhaltsgewährung grds. frei bestimmen, sofern auf die Belange des Kindes die gebotene Rücksicht genommen wird (insbes. durch Gewährung von Kost, Unterkunft und Taschengeld); entgegen dieser Bestimmung kann eine Geldrente (Wohnkostenbedarf) nur unter besonderen Voraussetzungen (zB unerträgliche Spannungen) verlangt werden. Der Unterhalt umfasst den gesamten Lebensbedarf, insbes. die Kosten der Erziehung und Ausbildung, für Bekleidung, Verpflegung, Versicherung, Krankheitskosten, Prozesskostenvorschüsse ua, nicht jedoch die Befreiung von Schulden (Aufwendungen infolge Körper- oder Gesundheitsschäden grds. in Höhe hierfür in Anspruch genommener Sozialleistungen, § 1610a BGB).

5. Zum Verfahren (auf Festsetzung und Abänderung) s. → Unterhaltssachen; sa → Unterhaltsvorschuss (bei Säumnis des Verpflichteten). Zur Vertretung des Kindes → Elterliche Sorge 3. Zur Durchsetzung des Anspruchs kann Auskunft über die Einkommens- und Vermögensverhältnisse des Verpflichteten verlangt werden (§ 1605 BGB).

6. Der Unterhaltsanspruch erlischt grds. mit dem Tod des Berechtigten oder des Verpflichteten, an dessen Stelle der Nächstverpflichtete tritt (§ 1615 BGB); im Falle des Todes des Berechtigten hat der Verpflichtete die Beerdigungskosten zu tragen, sofern sie nicht von den Erben zu erlangen sind (→ Nachlassverbindlichkeiten). Die einzelnen Raten des Unterhaltsanspruchs unterliegen der regelmäßigen → Verjährung (1). Für die Vergangenheit kann der Berechtigte Erfüllung oder Schadensersatz wegen Nichterfüllung grds. nur verlangen, wenn der Verpflichtete in → Schuldnerverzug gekommen oder der Unterhaltsanspruch rechtshängig (→ Rechtshängigkeit) geworden war (§ 1613 I BGB). Diese Einschränkung gilt nicht für einen unregelmäßigen, außergewöhnlich hohen Bedarf (Sonderbedarf, zB Krankheitskosten), sofern er innerhalb eines Jahres seit seiner Entstehung geltend gemacht wird oder für den Zeitraum, in dem der Berechtigte aus rechtlichen oder tatsächlichen Gründen, die in den Verantwortungsbereich des Verpflichteten fallen an der Geltendmachung des Unterhaltsanspruchs verhindert war (§ 1613 II BGB). Im Interesse des Berechtigten und zur Vermeidung der Inanspruchnahme öffentlicher Mittel kann auf den Unterhalt für die Zukunft nicht durch Vertrag verzichtet werden (§ 1614 BGB); hierdurch wird jedoch eine angemessene Unterhaltsvereinbarung nicht ausgeschlossen. Für die gerichtliche Geltendmachung des Unterhaltsanspruchs ist das → Amtsgericht ohne Rücksicht auf die Höhe des Verfahrenswerts sachlich zuständig. Zur Privilegierung des Unterhaltsanspruchs in der Zwangsvollstreckung s. § 850d ZPO. Zum Verfahren des → Familiengerichts s. → Unterhaltssachen. Zur Unterhaltspflicht eines Soldaten → Unterhaltssicherung.

7. Steuerlich: → Belastungen, außergewöhnliche; → Kinder, steuerliche Berücksichtigung.

Unterhaltspflichtverletzung
ist nach § 170 StGB mit Strafe bedroht, wenn dadurch der Lebensbedarf eines gesetzlich Unterhaltsberechtigten (→ Unterhaltspflicht der Ehegatten, → Unterhaltspflicht unter Verwandten, gegenüber dem nichtehelichen Kind) gefährdet ist oder ohne die Hilfe anderer, zB die → Sozialhilfe, gefährdet wäre und der Unterhaltsverpflichtete leistungsfähig ist. Bei einer in verwerflicher Weise gegenüber einer Schwangeren begangenen Unterhaltspflichtverletzung, durch die der → Schwangerschaftsabbruch bewirkt wird, besteht eine erhöhte Strafdrohung.

Unterhaltsrente
1. Zivilrecht: Die Unterhaltsrente ist eine regelmäßige Zahlung, um die laufenden Kosten der Lebenshaltung zu bestreiten. Ein Anspruch auf eine Unterhaltsrente kann aufgrund einer Unterhaltsverpflichtung (→ Unterhaltspflicht unter Verwandten, → Unterhaltssachen) oder einer Schädigung (→ Straßenverkehrshaftung) bestehen.

2. Auch die Dienstbezüge der Beamten gelten als Unterhaltsrenten (→ Alimentationsprinzip).

3. Sozialversicherung: Leistung der Rentenversicherung in den neuen Ländern (Art. 2 § 14 RÜG) an unterhaltsberechtigte Personen bei Tod des zur Unterhaltszahlung verurteilten geschiedenen Ehegatten. Wird Unterhaltsrente geleistet, ist diese als beitragspflichtige Einnahme bei der Beitragsbemessung in der → Krankenversicherung zu berücksichtigen (§ 229 SGB V). Werden Leistungen nach dem SGB XII erbracht, geht der Anspruch bis zur Höhe der Unterhaltsrente auf den Leistungsträger über (§ 94 SGB XII).

4. Steuerrecht: → Rentenbesteuerung. Im Übrigen sind Unterhaltsrenten im Einkommensteuerrecht nur dann beachtlich, wenn für sie keine oder nur eine wirtschaftlich unbedeutende Gegenleistung erbracht wird (§ 12 Nr. 2 EStG iVm § 22 Nr. 1 S. 2 EStG).

Unterhaltssachen
sind eine Art der → Familiensachen. Sie betreffen Verfahren über die → Unterhaltspflicht unter Verwandten und die → Unterhaltspflicht der Ehegatten (§ 231 FamFG). Zuständig ist – ohne Rücksicht auf die Höhe des Verfahrenswerts – das Amtsgericht als → Familiengericht, bei dem eine → Ehesache anhängig ist, sonst das Gericht, bei dem das minderjährige Kind oder der Antragsgegner seinen gewöhnlichen Aufenthalt hat (§ 23a GVG, § 232 FamFG). Das Verfahren ist im Einzelnen in §§ 231 ff. FamFG geregelt. Es endet mit einem Beschluss über die Höhe des Unterhalts oder mit einem Verfahrensvergleich (Unterhaltsvergleich). Das Gericht kann den Unterhalt vorläufig durch eine → einstweilige Anordnung regeln, der → Anordnungsgrund für die Leistung des Unterhalts ist indiziert (§§ 246, 49 ff. FamFG). Enthält eine in der Hauptsache ergangene Entscheidung eine Verpflichtung zu künftig fällig werdenden Unterhaltsleistungen (Unterhaltsrenten), kann jeder Teil deren Abänderung verlangen, sofern neue Tatsachen vorgetragen werden können, die eine wesentliche Veränderung der der Entscheidung zu Grunde liegenden Verhältnisse ergeben (§ 238 FamFG).

Auf Antrag eines minderjährigen Kindes gegen einen Elternteil, mit dem es nicht in einem gemeinsamen Haushalt lebt, wird der Unterhalt, soweit er das 1,2fache des → Mindestunterhalts nach § 1612a I BGB nicht übersteigt, in einem vereinfachten Verfahren vor dem → Rechtspfleger durch Beschluss festgesetzt, wenn nicht ein Verfahrensbeteiligter die Durchführung des streitigen Verfahrens beantragt (§§ 249 ff. FamFG). Für das vereinfachte Verfahren sind Formulare zu verwenden; Einzelheiten s. Kindesunterhalt – Formularverordnung v. 19.6.1998 (BGBl. 1998 I 1364) mit mehrfachen Änderungen.

Unterhaltssicherung
Die Leistungen an Reservistendienst leistende, freiwilligen Wehrdienst und Wehrdienst Leistende (→ Wehrdienst) sind im Unterhaltssicherungsgesetz (USG) v. 4.8.2019 (BGBl. 2015 I 1147, 1179) mÄnd geregelt. Arbeitnehmerinnen und Arbeitnehmern. die Reservistendienst leisten, wird der Verdienstausfall in Höhe des um die gesetzlichen Abzüge verminderten Arbeitsentgelts ersetzt; Reservistendienst Leistenden, die Entgeltersatzleistungen einbüßen, wird die Einbuße ersetzt; die Ersatzleistungen sind auf 301 € je Tag gedeckelt (§ 5 USG). Selbständige erhalten eine Entschädigung in Höhe von 1/360 der Einkünfte gemäß Einkommensteuererklärung, maximal 430 € je Tag (§ 6 USG). Stattdessen kann ein Mindestbetrag von 65,60 € bis 176,77 € – je nach Dienstgrad und Familienstand – in Anspruch genommen werden (§ 8 USG). Zusätzlich wird eine tägliche Prämie – je nach Dienstgrad – von 18,82 € bis 29,00 € bezahlt (§ 11 USG). Ab dem 15. Einsatztag wird ein Zuschlag von 70 € je Tag, maximal 700 € im Jahr bezahlt (§ 12 USG). Ferner sind Zuschläge für Sonn- und Feiertage (§ 14 USG) und Auslandsverwendungen (§ 18 USG) vorgesehen. Überdies besteht Anspruch auf unentgeltliche Heilfürsorge (§ 22 USG).

Unterhaltstabellen
sind von einer Vielzahl von Familiensenaten der Oberlandesgerichte aufgestellte Leitlinien für die Bemessung des angemessenen → Kindes- und → Ehegattenunterhalts im Regelfall (dh ohne Berücksichtigung der Besonderheiten im Einzelfall). Sie füllen die gesetzlichen Vorgaben zur Höhe, dem „Maß" des Unterhalts, und zu dem Einkommen, das dem Unterhaltsverpflichteten verbleiben muss, der → Leistungsfähigkeit, aus. So bestimmt das Gesetz zum Beispiel in § 1610 BGB lediglich: „Das Maß des zu gewährenden Unterhalts bestimmt sich nach der Lebensstellung des Bedürftigen (angemessener Unterhalt)." Die Unterhaltstabellen haben keine Gesetzeskraft, wirken aber über die Annahme, dass sich die Familiensenate der Oberlandesgerichte und damit die untere Instanz der → Familiengerichte im Bezirk an die Tabellen halten. Sie sind daher für die Berechnung des Unterhalts in einem konkreten Streitfall von großer praktischer Bedeutung und bieten Rechenbeispiele, wie den vielen Parametern bei der Berechnung des Unterhalts im Einzelfall entsprochen werden kann. Am bekanntesten ist die sog. → Düsseldorfer Tabelle, die in zahlreichen Leitlinien der Oberlandesgerichte modifiziert und ergänzt wird.

Unterhaltsverfahren
→ Unterhaltssachen.

Unterhaltsvergleich
→ Unterhaltssachen.

Unterhaltsvertrag (-vereinbarung)
→ Unterhaltspflicht unter Verwandten, → Scheidungsunterhalt (aE).

Unterhaltsverzicht
→ Scheidungsunterhalt (5).

Unterhaltsvorschuss
Ein Kind, das bei einem alleinstehenden Elternteil lebt, hat nach dem UnterhaltsvorschussG idF v. 17.7.2007 (BGBl. 2007 I 1446), wenn der andere Elternteil trotz eines → Vollstreckungstitels seiner Unterhaltspflicht nicht nachkommt, Anspruch auf Unterhaltsvorschuss oder Ausfalleistungen gegen die landesrechtlich bestimmte Stelle; auf diese geht der Unterhaltsanspruch in Höhe ihrer Leistung über. Der Anspruch ist nicht zeitlich begrenzt. Für Kinder über 12 Jahren setzt der Bezug voraus, dass sie nicht auf Leistungen nach dem

SGB II angewiesen sind oder dass der alleinerziehende Elternteil im → SGB II-Bezug mind. 600 Euro brutto verdient. Die Höhe des Unterhaltsvorschusses ist der jeweilige → Mindestunterhalt nach § 1612a BGB abzüglich des vollen → Kindergelds. Sa → Unterhaltspflicht der Ehegatten.

Unterhaltszahlungen
dürfen einkommensteuerlich weder bei den einzelnen → Einkunftsarten noch vom Gesamtbetrag der Einkünfte abgezogen werden (§ 12 Nr. 1 EStG). Sie finden steuerliche Berücksichtigung bei den → Sonderausgaben oder bei den außergewöhnlichen → Belastungen. → Kinder, steuerliche Berücksichtigung; → Realsplitting. Erbschaftsteuerlich sind U. steuerfrei nach § 13 I Nr. 4, 5, 9, 12 ErbStG.

Unterhaltszuschuss
s. jetzt → Anwärterbezüge.

Unterhaltung der Gewässer
Die öffentl.-rechtl. Verpflichtung zur Unterhaltung der oberirdischen → Gewässer (Unterhaltungslast) als Bereich der Gewässerbewirtschaftung umfasst ihre Pflege und Entwicklung, insbes. die Erhaltung des Gewässerbettes, auch zur Sicherung eines ordnungsgemäßen Wasserabflusses, und an schiffbaren Gewässern auch die Erhaltung der Schiffbarkeit (§ 39 WHG, §§ 8–10 WaStrG). Hierzu gehört insbes. die → Reinhaltung der Gewässer, Räumung und Instandhaltung des Gewässerbettes sowie die Freihaltung, der Schutz und die Unterhaltung der Ufer. Die Unterhaltung der Gewässer muss sich an den Bewirtschaftungszielen der §§ 27–31 WHG ausrichten, darf diese nicht gefährden und muss den Anforderungen des Maßnahmenprogramms entsprechen (s. → Wasser-Rahmenrichtlinie). Die Unterhaltungslast obliegt nach § 40 WHG den Eigentümern der Gewässer, soweit sie nicht nach Landesrecht Körperschaften des öffentl. Rechts übertragen ist. Sie kann auf Dritte übertragen werden. Pflichten der → Anlieger bestimmen § 41 WHG und §§ 11, 16 WaStrG.

Unterhaltungslast
→ Unterhaltung der Gewässer.

Unterhaus
→ House of Commons.

Unterlassen
→ Schuldverhältnis, → Anspruch; sa → Unterlassungsanspruch, → Unterlassungsdelikt.

Unterlassen einer Strafanzeige
→ Anzeigepflicht, strafrechtliche.

Unterlassene Hilfeleistung
→ Hilfeleistung, unterlassene.

Unterlassungsanspruch
1. Das BGB gewährt in verschiedenen Fällen einen Anspruch auf Unterlassung rechtswidriger Beeinträchtigungen (§ 12 BGB, § 862 BGB, § 1004 BGB), → Namensrecht, → Besitzschutz, → Eigentumsstörungen; sog. negatorischer Unterlassungsanspruch). Weitere Unterlassungsansprüche kennt das Gesetz ua im Recht der → Firma und der → Marken (unbefugte Benutzung), beim → Urheberrecht, im Bereich des → unlauteren Wettbewerbs, beim → Patent usw. Darüber hinaus hat die Rspr. in Analogie zu diesen Bestimmungen bei allen Verletzungen absoluter Rechte und Schutzgesetze (zB bei Ehrverletzung) durch eine objektiv rechtswidrige → unerlaubte Handlung einen Unterlassungsanspruch zugelassen (sog. quasinegatorischer Unterlassungsanspruch). Der vorbeugende Unterlassungsanspruch setzt die Gefahr eines (künftigen) objektiv widerrechtlichen Eingriffs in ein geschütztes Recht, nicht aber ein → Verschulden des → Störers voraus. Diese Gefahr muss bereits hinreichend konkretisiert sein. Liegt ein Eingriff bereits vor, so verlangt der vorbeugende Unterlassungsanspruch die Besorgnis weiterer Eingriffe, dh eine Wiederholungsgefahr. Dass die unerlaubte Handlung strafrechtlich verfolgbar ist, steht dem Unterlassungsanspruch nicht entgegen. Bei eingetretener fortwirkender widerrechtlicher Rechtsverletzung führt die entsprechende Anwendung von § 1004 BGB ohne Rücksicht auf ein Verschulden (dann → Schadensersatz) zu einem Anspruch auf Beseitigung der Beeinträchtigung (Beseitigungsanspruch). Der Unterlassungsanspruch ist insbes. gegenüber beabsichtigten oder vorgenommenen ehrverletzenden Presseveröffentlichungen von Bedeutung; der Beseitigungsanspruch führt nach einer entsprechenden Güter- und Interessenabwägung (→ unerlaubte Handlung, 2c) bei Überwiegen der privaten Interessen des Verletzten zu einem Anspruch auf Widerruf unwahrer Behauptungen und (Grundlage → Presserecht) auf Abdruck bzw. Veröffentlichung einer → Gegendarstellung, ggf. auch eines entsprechenden Unterlassungsurteils (BGHZ 99, 133).

2. Prozessual ist der Unterlassungsanspruch durch eine Unterlassungsklage, eine Unterart der → Leistungsklage, in Eilfällen durch → einstweilige Verfügung geltend zu machen. Handelt der Schuldner der rechtskräftig festgestellten Unterlassungspflicht zuwider, so ist er – nach vorangegangener Androhung – auf Antrag des Gläubigers im Wege der → Zwangsvollstreckung vom Prozessgericht des ersten Rechtszugs zu einem → Ordnungsgeld (bis 250 000 EUR) oder zu Ordnungshaft bis zu 6 Monaten zu verurteilen (§ 890 ZPO). Besonderheiten gelten für die Unterlassungsklage bei Verstoß gegen Verbraucherschutzvorschriften (→ Unterlassungsklage; → Allgemeine Geschäftsbedingungen, 5).

Unterlassungsdelikt
Im Strafrecht wird nach der Art der Tathandlung zwischen → Begehungsdelikt und Unterlassungsdelikt unterschieden. Ein strafbares Unterlassungsdelikt ist gegeben, wenn das Unterlassen einer rechtlich gebotenen Hand-

lung mit Strafe bedroht ist. Dabei werden sog. echte und unechte Unterlassungsdelikte unterschieden.

1. Ob ein Verhalten als aktives Tun oder als Unterlassen anzusehen ist, entscheidet die Rechtsprechung normativ anhand des Schwerpunkts der Vorwerfbarkeit. Problematisch sein kann die Abgrenzung insbes. bei einem Handeln unter fahrlässiger Missachtung von Sorgfaltsanforderungen sowie beim Abbruch fremder (dann regelmäßig aktives Tun) oder eigener (aktives Tun, sobald das Rettungsmittel den in Not Befindlichen erreicht hat, str.) Rettungsbemühungen. Der Abbruch einer lebenserhaltenden medizinischen Behandlung (→ Sterbehilfe 1b) wird heute überwiegend als aktives Tun bewertet.

2. Ein echtes Unterlassungsdelikt liegt vor, wenn das Unterlassen selbst ausdrücklich unter Strafe gestellt ist, so zB das Unterlassen der → Hilfeleistung bei Unglücksfällen (§ 323c StGB), das Unterlassen einer Strafanzeige bei bestimmten geplanten Verbrechen (§ 138 StGB, → Anzeigepflicht).

3. Beim unechten Unterlassungsdelikt wird ein Straftatbestand, der regelmäßig durch aktives Tun begangen wird (zB Körperverletzung, Tötung), dadurch verwirklicht, dass der Täter es unterlässt, den Eintritt des dem Tatbestand entsprechenden Erfolges zu verhindern, obwohl er rechtlich für das Nichteintreten einzustehen hat (§ 13 StGB); so zB im Fall einer Mutter, die ihr Kind nicht genügend ernährt, so dass es gesundheitlichen Schaden nimmt oder stirbt. Die Rechtspflicht, deren Nichterfüllung beim unechten Unterlassungsdelikt die Strafbarkeit (mit Milderungsmöglichkeit wie beim Versuch) begründet (→ Garantenstellung), kann sich ergeben

a) aus Gesetz, wie zB die Unterhaltspflicht der Eltern, §§ 1601, 1626 I BGB; die aus der ehelichen Lebensgemeinschaft nach § 1353 BGB erwachsende Pflicht, den Ehegatten vor Gefahren (str., ob auch vor Selbsttötung) zu schützen und von Straftaten abzuhalten (besonders hierbei kann auf Zumutbarkeit abzustellen sein), die aber endet, wenn sich der Täter von dem Ehegatten in der ernsthafen Absicht getrennt hat, die eheliche Lebensgemeinschaft nicht wiederherzustellen (BGH NJW 2003, 3212); die Wegeunterhaltungspflicht und die Streupflicht (→ Straßenbaulast) nach den einschlägigen Gesetzen;

b) aus Vertrag, so die Übernahme der Behandlung durch den Arzt oder der Fürsorge durch die Kinderpflegerin auf Grund Dienstvertrags;

c) durch tatsächliche Übernahme der Fürsorge oder durch ein besonderes Vertrauensverhältnis, zB innerhalb der Familie, der Hausgemeinschaft, einer Bergsteigergruppe oder Arbeitskameradschaft (auch hier nur, soweit zumutbar);

d) aus dem pflichtwidrigen Herbeiführen einer Gefahrenlage durch den Täter, der es dann unterlässt, den aus der Gefahr entstehenden Erfolg abzuwenden (sog. Ingerenz); zB wenn ein Lkw-Fahrer hinuntergefallenes Stückgut auf der Fahrbahn im Dunkeln liegen lässt oder ein Gastwirt nichts unternimmt, um den betrunkenen Gast, dem er Alkohol ausgeschenkt hat, am Autofahren zu hindern, obwohl ihm dies möglich und zuzumuten ist.

4. Beim Irrtum des Unterlassenden über das Bestehen der Rechtspflicht zum Handeln ist zu unterscheiden: Bezieht sich der Irrtum auf die Tatsachen, welche die Rechtspflicht begründen (Garantenstellung), handelt es sich um einen Tatbestandsirrtum, der nach § 16 StGB Straflosigkeit, ggf. Bestrafung wegen Fahrlässigkeit zur Folge hat (der Lkw-Fahrer hat das Herunterfallen nicht bemerkt); bezieht sich der Irrtum aber auf die sich aus dem Sachverhalt ergebende Rechtspflicht zum Handeln (Garantenpflicht; er hält sich nicht für verpflichtet, das Hindernis zu beseitigen), so greifen die Grundsätze über den strafrechtlichen Gebots(Verbots)irrtum ein (BGHSt. 16, 155); im Einzelnen → Irrtum.

5. Über mögliche Strafmilderung beim unechten Unterlassungsdelikt vgl. § 13 II StGB, § 49 I StGB.

Unterlassungsklage

→ Unterlassungsanspruch. Wer in → Allgemeinen Geschäftsbedingungen Bestimmungen, die nach den §§ 307–309 BGB unwirksam sind, verwendet oder für den rechtsgeschäftlichen Verkehr empfiehlt oder bestimmte verbraucherschutzwidrige Praktiken einsetzt, kann auf Unterlassung und im Fall des Empfehlens auch auf Widerruf in Anspruch genommen werden. Antragsberechtigt sind vor allem Industrie- und Handelskammern, Handwerkskammern, Verbraucherverbände und Verbände der Gewerbetreibenden. Für solche Klagen ausschließlich zuständig ist primär das Landgericht, in dessen Bezirk der Beklagte seine gewerbliche Niederlassung hat. Einzelheiten sind im Gesetz über Unterlassungsklagen bei Verbraucherrechts- und anderen Verstößen (Unterlassungsklagengesetz - UKlaG) idF v. 27.8.2002 (BGBl. 2002 I 3422, 4346) mÄnd geregelt.

Unterlassungsurteil

Ein Unterlassungsurteil ist ein Leistungsurteil, in dem einem → Unterlassungsanspruch stattgegeben wird. Unterlassungsurteile kommen häufig vor im → gewerblichen Rechtsschutz, bei Ehrverletzungen sowie bei → Eigentums- und Besitzstörungen. Zur Vollstreckung → Unterlassungsanspruch (2).

Unterlassungsvollstreckung

→ Unterlassungsanspruch (2).

Untermiete

→ Mietvertrag (2), → Wohnraummietvertrag (1).

Unternehmen

1. Das kaufmännische Unternehmen ist als Rechtsbegriff umstritten. Es setzt sich aus Sachen (zB Betriebsanlagen, Warenlager), Rech-

ten (zB Geldforderungen, Patente) und sonstigen tatsächlichen und rechtlichen Beziehungen (zB → goodwill, Organisation, Vertragsverhältnisse) zusammen. Träger aller Rechte und Pflichten ist der → Kaufmann oder eine → Handelsgesellschaft als Inhaber des Unternehmens. Das kaufmännische Unternehmen umfasst alle seine → Niederlassungen und → Filialen.

2. Mergers & Acquisitions (M & A) ist der angelsächsische Sammelbegriff für Veräußerungsvorgänge (Unternehmenskauf) und Strukturmaßnahmen (zB Verschmelzungen, → Umwandlung 1b) im Hinblick auf das gesamte (Ziel-)Unternehmen oder auf Teile hiervon. Im Vorfeld solcher Vorgänge findet idR eine → due diligence statt. Nach welchen Rechtsvorschriften sich Erwerb und Veräußerung eines Unternehmen vollziehen, bestimmt sich nach der Rechtsform des Unternehmens, insbes. ob Inhaber ein Einzelkaufmann oder eine Handelsgesellschaft ist. Die Veräußerung vollzieht sich im Einzelnen entweder durch Übertragung der zum Unternehmensvermögen gehörenden Gegenstände, dh durch Übertragung des Eigentums an Sachen, Abtretung von Rechten usw (sog. asset deal); dann kommt es zu einem Wechsel des Rechtsträgers. Oder aber die Veräußerung des Unternehmens vollzieht sich durch Übertragung (nicht zwingend) sämtlicher Anteile der Gesellschaft, zB der Geschäftsanteile einer GmbH (sog. share deal), dann bleibt die Gesellschaft und ihre Vermögenslage unverändert. Diese Vollzugsvorgänge werden im M&A-Jargon als „closing“ bezeichnet, die vorherige Schaffung des Vertragswerks als „signing“. Eine sog. Material Adverse Change Klausel (MAC) kann den Erwerber vor wesentlichen nachteiligen Entwicklungen im Nachgang an den Unternehmenskauf schützen und zu einem Rücktritt berechtigen. Erfolgen diese Erwerbsmaßnahmen überwiegend durch den Einsatz von Fremdkapital, so spricht man von einem Leveraged Buyout (leverage, engl. Hebelwirkung, da der Ertrag des zu erwerbenden Unternehmens die Kreditkosten übersteigt). Management Buyout nennt man eine Form der Unternehmensübernahme, bei der die bisherigen Manager das Unternehmen zumeist mit Fremdkapital, mit dem Ziel der Sanierung und Weiterführung übernehmen. Zu Besonderheiten beim Erwerb börsennotierter Gesellschaften sa → Übernahme eines Handelsgeschäfts (Unternehmens). Führt bei einem asset deal der Erwerber des Unternehmens die Firma fort, so gehen Betriebsforderungen auf ihn über, aber auch die Betriebsschulden, für die er neben dem bisherigen Inhaber haftet; abweichende Vereinbarungen gelten Dritten gegenüber nur, wenn sie im → Handelsregister eingetragen sind (§ 25 HGB); sa → Übernahme eines Handelsgeschäfts (Unternehmens). Entsprechendes gilt für die Fortführung des Unternehmens durch die Erben, doch mit der Möglichkeit der Haftungsbeschränkung nur durch Einstellung des Betriebs binnen 3 Monaten (§ 27 HGB). Zur Unterscheidung des Unternehmens vom → Betrieb s. dort.

Zum persönlich und sachlich völlig abweichenden Unternehmensbegriff des Europäischen Kartellrechts und des → Kartellrechts s. dort.

Steuerlich s. → Unternehmer (2).

Unternehmen (strafrechtl.)
→ Unternehmensdelikte.

Unternehmensbasisdatenregister
Das Statistische Bundesamt führt das Register über Unternehmensbasisdaten. Grundlage ist das Unternehmensbasisdatenregistergesetz (UBRegG) v. 9.7.2021 (BGBl. 2021 I 2506). Erfasste Unternehmen sind nicht nur alle Kaufleute iSd HGB, sondern auch Genossenschaften, Vereine sowie letztendlich alle wirtschaftlich Tätigen. Jedem dieser Unternehmen wird eine bundeseinheitliche Wirtschaftsnummer zugeordnet. Daneben werden allgemeine Daten wie Anschrift und Adresse sowie sonstige Registernummern (etwa des → Handelsregisters) und die Wirtschafts-Identifikationsnummer gespeichert (→ Steueridentifikationsnummer). Zweck des Registers ist die Vernetzung der über 100 deutschen Register mit Unternehmensbezug durch zentrale Speicherung der Stammdaten von Unternehmen zur Schaffung einer „modernen Registerlandschaft“.

Unternehmensbeteiligungsgesellschaft
Eine Unternehmensbeteiligungsgesellschaft ist eine inländische → Aktiengesellschaft, GmbH, Kommanditgesellschaft oder Kommanditgesellschaft auf Aktien mit mindestens 1 Mio. EUR Grundkapital oder Stammkapital, die satzungsgemäß den Erwerb, das Halten, die Verwaltung und die Veräußerung von Wagniskapitalbeteiligungen zum Gegenstand hat (detaillierte Regelungen in §§ 1 ff. UBGG – Gesetz über Unternehmensbeteiligungsgesellschaften v. 9.9.1998, BGBl. 1998 I 2765, mÄnd). Ihr Zweck ist also Sammlung von Beteiligungskapital für andere Gesellschaften. Die Unternehmensbeteiligungsgesellschaft bedarf der Anerkennung der obersten Landesbehörde und unterliegt deren Aufsicht.

Unternehmensdelikte
Bezeichnung für Straftatbestände, die das „Unternehmen“ einer bestimmten Tathandlung unter Strafe stellen und damit kraft der in § 11 I Nr. 6 StGB enthaltenen Definition → Versuch und → Vollendung gleichstellen. Diese Konstruktion bewirkt bezogen auf den Verlauf einer Straftat eine Vorverlagerung der Strafbarkeit wegen vollendeten Delikts auf den Zeitpunkt des Versuchsbeginns. Eine Strafbarkeit „nur“ wegen Versuchs scheidet bei ihnen aus, womit die Möglichkeit einer Strafmilderung nach § 23 II StGB ebenso entfällt wie diejenige des → Rücktritt vom Versuch nach § 24 StGB. Die Funktionen des letzteren werden bei einzelnen Tatbeständen übernommen

durch die dort speziell normierte Möglichkeit einer → Tätigen Reue. Der Gesetzgeber hat Unternehmensdelikte v. a. im Bereich der Staatsschutzdelikte (zB → Hochverrat, §§ 81, 82 StGB) geschaffen, daneben bei bestimmten Verbreitungsdelikten (zB in § 130 II Nr. 3 StGB, § 131 I Nr. 3 StGB, § 184 I Nr. 4, 8, 9 StGB) und bei → gemeingefährlichen Straftaten (zB §§ 307, 309 StGB). Neben diesen Unternehmensdelikten im eigentlichen Sinn existieren weitere Tätigkeitsdelikte, deren Tathandlung so formuliert ist, dass sie auch typische Versuchshandlungen erfasst. Diese Normen (zB → Nachstellung § 238 StGB, (Jagd-)→ Wilderei § 292 StGB bzgl. der Tathandlung des Nachstellens, § 316a StGB) werden als „unechte Unternehmensdelikte" bezeichnet.

Unternehmensgeldbuße
→ Verbandsgeldbuße, → Verbandsstrafrecht.

Unternehmenskauf
→ Unternehmen (2).

Unternehmenskennzeichen
Unternehmenskennzeichen sind Zeichen, die im geschäftlichen Verkehr als Name, als → Firma oder als besondere Bezeichnung eines Geschäftsbetriebs oder eines Unternehmens benutzt werden (§ 5 Abs. 2 S. 1 MarkenG). Originär unterscheidungskräftige (insbes. nicht nur beschreibende) Unternehmenskennzeichen erlangen Kennzeichenschutz dadurch, dass im Inland eine befugte Benutzung tatsächlich aufgenommen wird. Nicht unterscheidungskräftige Unternehmenskennzeichen erlangen Schutz dadurch, dass sie innerhalb der beteiligten Verkehrskreise Verkehrsgeltung gewonnen haben; das setzt voraus, dass ein jedenfalls nicht unerheblicher Teil der angesprochenen Verkehrskreise darin einen Hinweis auf ein bestimmtes Unternehmen sieht. Der Schutz erlischt, wenn die Benutzung aufgegeben wird oder die für die Schutzentstehung erforderliche Verkehrsgeltung – etwa durch nachlassende Benutzung – wegfällt. Zum Schutzumfang → geschäftliche Bezeichnung.

Unternehmensmitbestimmung
→ Mitbestimmung.

Unternehmenspersönlichkeitsrecht
Der zivilrechtliche Schutz des allg. → Persönlichkeitsrechts (→ Unerlaubte Handlung (Delikt) erstreckt sich auch auf → Juristische Personen des Privatrechts und Vereinigungen, soweit sie in ihrer Tätigkeit als Wirtschaftunternehmen betroffen sind (sog. Unternehmenspersönlichkeitsrecht).

Unternehmensrechtliche Verfahren
→ Unternehmensregister.

Unternehmensregister
Wesentliche publikationspflichtige Daten eines → Unternehmens (s. zB → Corporate Governance Kodex, → Jahresabschluss) sind in einem elektronischen U. online gespeichert und können von dort zentral abgerufen werden. Soweit eine Tätigkeit des Gerichts erforderlich ist (zB Bestellung oder Abberufung eines → Abschlussprüfers), sind diese sog. unternehmensrechtlichen Verfahren mitsamt Rechtsschutzmöglichkeiten in §§ 374 ff., 402 ff. FamFG geregelt.

Unternehmenssteuerreform
Die zunehmende Globalisierung und der europäische Wirtschaftsraum erfordern zur Stärkung der Wettbewerbsfähigkeit der Unternehmen eine Steuerreform. Es soll eine einheitliche, europakonforme, rechtsformneutrale Unternehmensgewinnsteuer angestrebt werden. Die BRep. ist von diesem Ziel weit entfernt. Erste Schritte zur Unternehmenssteuerreform erfolgten ua durch das Steuerentlastungsgesetz 1999/2000/2002 v. 24.3.1999 (BGBl. 1999 I 402), das Steuersenkungsgesetz v. 23.10.2000 (BGBl. 2000 I 1433), das Steueränderungsgesetz 2001 v. 20.12.2001 (BGBl. 2001 I 3794), das Unternehmenssteuerfortentwicklungsgesetz v. 20.12.2001 (BGBl. 2001 I 3858) und das Steuerverkürzungsbekämpfungsgesetz v. 19.12.2001 (BGBl. 2001 I 3922). Mit dem Unternehmensteuerreformgesetz v. 14.8.2007 (BGBl. 2007 I 1912) wurden weitere Schritte eingeleitet. So wurde die → Körperschaftsteuer weiter abgesenkt. Für Personenunternehmen (Personengesellschaften und Einzelunternehmer) wurde ein niedriger Steuersatz auf die eingehaltenen Gewinne beschlossen (Thesaurierungsbegünstigung, vgl. → Mitunternehmerschaften, 5). Die Nettoentlastung für die Unternehmen wird mit 5 Mrd. EUR veranschlagt. Zur Gegenfinanzierung wurde ua der beschränkte Abzug der Zinsen, Zinsschranke, der Wechsel vom Halbeinkünfte- zum → Teileinkünfteverfahren, der Wegfall des Betriebsausgabenabzugs der → Gewerbesteuer und der Wegfall des Staffeltarifs in der Gewerbesteuer beschlossen. Weitergehende Schritte stehen bisher noch aus und sind auch in naher Zukunft nicht zu erwarten.

Als (kleiner) Schritt zu einer Verbesserung der steuerlichen Rahmenbedingungen von Personengesellschaften kann die 2021 eingeführte Option zur Körperschaftsteuer (§ 1a KStG) gesehen werden, der es Personengesellschaften auf Antrag ermöglicht, wie eine Kapitalgesellschaft besteuert zu werden. Dies führt zu Vorteilen insbesondere bei der Gewinnthesaurierung.

Die Bemühungen, ein einheitliches europäisches Steuerrecht zu schaffen, sind bislang lediglich bei den indirekten Steuern (Umsatzsteuer und besondere Verbrauchsteuern) fortgeschritten. Sa → Jahressteuergesetz, → Steuerreform.

Unternehmensstrafrecht
→ Verbandsstrafrecht, → Verbandsgeldbuße.

Unternehmensübernahme
→ Übernahme eines Handelsgeschäfts (Unternehmens), → Unternehmen (2).

Unternehmensvertrag
Ein Unternehmensvertrag ist ein → Vertrag, durch den eine → Aktiengesellschaft oder → Kommanditgesellschaft auf Aktien sich einem anderen → Unternehmen unterstellt oder sich verpflichtet, den Gewinn ganz oder zum Teil abzuführen oder zusammenzulegen, den Betrieb zu verpachten oder zu überlassen (§§ 291, 292 AktG). Formen des Unternehmensvertrags sind: der → Beherrschungsvertrag, der → Gewinnabführungsvertrag, der Teilgewinnabführungsvertrag, der → Gewinngemeinschaftsvertrag, der → Betriebspacht- und der → Betriebsüberlassungsvertrag. Ein Unternehmensvertrag bedarf der Schriftform (§ 293 III AktG) und wird erst mit Eintragung in das → Handelsregister wirksam (§ 294 II AktG). Allen Unternehmensverträgen muss die → Hauptversammlung der beteiligten AG oder KGaA mit mindestens Dreiviertelmehrheit des vertretenen → Grundkapitals zustimmen (§ 293 I AktG). Es sind Schutzmechanismen für die unterstellte bzw. verpflichtete Gesellschaft und deren Gläubiger, etwa gegen übermäßigen Vermögensabzug, vorgesehen (vgl §§ 300 ff. AktG).

Unternehmenszusammenschlüsse (Wettbewerbsrecht)
→ Zusammenschlusstatbestände. Zur Untersagung eines Unternehmenszusammenschlusses nach AWG s. → Außenwirtschaftsrecht.

Unternehmer
1. Unternehmer ist im Gegensatz zum → Verbraucher (§ 13 BGB) eine natürliche oder → juristische Person oder eine rechtsfähige → Personengesellschaft, die bei Abschluss eines → Rechtsgeschäfts in Ausübung ihrer → gewerblichen oder selbständigen beruflichen Tätigkeit handelt (§ 14 I BGB). Jeder Beteiligte eines Rechtsgeschäfts ist damit Unternehmer oder Verbraucher. Der Unterscheidung liegt der Gedanke zugrunde, dass ein Verbraucher im Rechtsverkehr eines höheren Schutzes bedarf als ein Unternehmer. Da das → Verbraucherschutzrecht durch die → Europäische Union geregelt und harmonisiert wurde, wird der Begriff des Unternehmers vorrangig durch das → europäische Recht bestimmt. Für Verträge eines Unternehmers mit einem → Verbraucher gelten zu dessen Schutz daher zahlreiche Sondervorschriften (s. → Verbraucherschutzrecht).

2. Der Begriff des Unternehmers ist einkommensteuerlich durch die Abgrenzung zum Arbeitnehmer und zum reinen Kapitalgeber geprägt. Ein Unternehmer erzielt gewerbliche Einkünfte oder Einkünfte aus selbständiger Tätigkeit. Arbeitnehmer und Kapitalgeber haben dagegen Einkünfte aus nichtselbständiger Arbeit bzw. aus Kapitalvermögen. Unternehmer ist, wer sich gewerblich betätigt. Das ist derjenige, auf dessen Rechnung und Gefahr der Betrieb geführt wird, wer also eine Unternehmensinitiative entfalten kann und ein Unternehmensrisiko trägt. Diesem sind die Einkünfte aus dem → Gewerbebetrieb zuzurechnen. → Mitunternehmerschaft. Unternehmer iSd Umsatzsteuerrechts ist, wer eine gewerbliche oder berufliche Tätigkeit selbständig ausübt. Weitere Voraussetzungen sind Nachhaltigkeit, Beteiligung am allg. wirtschaftlichen Verkehr, Einnahmenerzielungsabsicht (§ 2 I UStG). Die Kriterien für den einkommen- und den umsatzsteuerlichen Begriff des Unternehmers sind nicht identisch. Unternehmen iSd UStG ist die gesamte gewerbl. oder berufl. Tätigkeit des Unternehmers (§ 2 I 2 UStG). Ein Unternehmer (natürliche oder juristische Person) kann deshalb einkommensteuerlich mehrere Betriebe, umsatzsteuerlich jedoch nur ein einziges Unternehmen haben. Leistungen von Betrieben desselben Unternehmens untereinander sind nichtsteuerbare Innenumsätze. Auch ein GmbH-Geschäftsführer kann selbständig gewerblich tätig sein. Seine Organstellung steht dem nicht entgegen. Sa → Arbeitgeber, → Zuordnung.

Unternehmergesellschaft
→ Gesellschaft mit beschränkter Haftung (2b).

Unternehmerhaftung
→ Eisenbahnbetriebshaftung, → Gefährdungshaftung.

Unternehmerpfandrecht
→ Werkvertrag, → Bauvertrag.

Unterpariemission
Eine Unterpariemission ist die Ausgabe von → Wertpapieren, die auf einen bestimmten Nennbetrag lauten (insbes. → Inhaberschuldverschreibungen), zu einem geringeren Betrag als diesen Nennbetrag. Bei → Aktien ist die Unterpariemission verboten (dies gilt auch für Stückaktien, § 9 I AktG, sog. geringster Ausgabebetrag).

Unterrichtsvertrag
→ Fernunterricht (2).

Unterrichtswesen
→ Schulwesen, → Fernunterricht (1).

Untersagung der Berufsausübung
→ Berufsverbot.

Untersagung des Betriebs
→ Gewerbeuntersagung, → Berufsverbot.

Untersagung des Betriebs von Fahrzeugen
im öffentlichen Verkehr ist nach § 17 StVZO zulässig, wenn das Fz. den Vorschriften der StVO oder der StVZO nicht entspricht (→ Zulassung von Kfz.) und dem Eigentümer oder → Halter erfolglos eine Frist zur Behebung des Mangels gesetzt worden ist; das amtliche → Kennzeichen am Kfz. ist zu entstempeln, der Fahrzeugschein zurückzugeben. Ggf.

kann die Verwaltungsbehörde nur eine Beschränkung anordnen (Benutzung nur zur Tageszeit u. dgl.). Zuwiderhandlungen gegen die Gebote und Verbote können als → Ordnungswidrigkeiten geahndet werden (§ 69a II Nr. 1 StVZO, § 24 StVG).

Untersagung des Führens von Fahrzeugen oder Tieren
Erweist sich jemand als ungeeignet oder nur noch bedingt geeignet zum Führen von Fahrzeugen oder Tieren, insbes. infolge körperlicher Mängel oder erheblichen Verstoßes gegen Verkehrsvorschriften, so hat die Fahrerlaubnisbehörde ihm das Führen zu untersagen, zu beschränken oder die erforderlichen Auflagen anzuordnen, zB Benutzung von Brillen oder Hörgeräten, Prothesen u. dgl. Dazu kann sie ein ärztliches oder medizinisch-psychologisches Gutachten oder eines amtlich anerkannten Sachverständigen oder Prüfers für den Kfz.-Verkehr verlangen (§ 3 FeV). Nichtbeachtung der Untersagung, Beschränkung oder Auflage kann als → Ordnungswidrigkeit geahndet werden (§ 75 Nr. 3 FeV, § 24 StVG).

Unterscheidungskraft
(wettbewerbsrechtlich) → Marken (3b), → Firma (2a).

Unterschieben eines Kindes
→ Personenstandsfälschung.

Unterschlagung
Straftatbestand nach § 246 StGB: Er enthält einen Auffangtatbestand, der alle Formen rechtwidriger Zueignung eines fremden Gegenstands umfasst, wenn die Tat nicht in anderen Vorschriften wie insb. → Diebstahl oder → Raub mit schwererer Strafe bedroht ist (Subsidarität, → Konkurrenz von Straftaten).

Unterschlagung begeht, wer eine fremde bewegliche Sache sich oder einem Dritten rechtswidrig zueignet. Darunter fallen wie beim Diebstahl keine → herrenlosen Sachen (zB weggeworfene). Der wesentliche Unterschied zum Diebstahl besteht darin, dass eine Unterschlagung keine „Wegnahme“ und damit keinen Bruch fremden Gewahrsams voraussetzt. Im Gegenteil wird der Täter die Sache zum Zeitpunkt der Tat oft bereits selbst in Besitz oder Gewahrsam haben. Erforderlich ist dies aber für eine Unterschlagung nicht (anders noch die Rechtslage vor 1998). Die rechtswidrige Zueignung, die beim Diebstahl lediglich subjektiv angestrebt werden muss, ist bei § 246 StGB objektives Tatbestandsmerkmal. Sie besteht darin, dass der Täter ohne Rechtsgrund – zB Einwilligung des Eigentümers – wie ein Eigentümer über die Sache verfügt, indem er sie oder den darin verkörperten Sachwert mit Ausschlusswirkung gegenüber dem Eigentümer seinem Vermögen oder dem eines Drittem zuführt. Manifestieren kann sich der Zueignungswille insbes. in einem Verbrauchen, Veräußern oder Ableugnen des Besitzes. Unerlaubter Gebrauch ist noch nicht Zueignung (so insbes. → unbefugter Gebrauch von Fahrzeugen).

Nicht strafbar ist die Unterschlagung als mitbestrafte Nachtat, wenn sie einer anderen Tat ohne neue Rechtsgutverletzung folgt (zB Veräußerung der bereits durch → Betrug erlangten Sache). Vorsatz ist erforderlich, bedingter Vorsatz genügt; der Versuch ist strafbar. Die Strafe ist Freiheitsstrafe bis zu 3 Jahren und Geldstrafe. Ein → Qualifikationstatbestand ist die Veruntreuung (§ 246 II StGB; Freiheitsstrafe bis zu 5 Jahren). Sie liegt vor, wenn die Sache dem Täter anvertraut war. Wird die Unterschlagung gegen Angehörige, den Vormund, den Betreuer oder mit dem Täter in Hausgemeinschaft lebende Personen begangen, ist sie → Antragsdelikt (§ 247 StGB), ebenso grundsätzlich Unterschlagung geringwertiger Sachen (§ 248a StGB). Sa → Depotunterschlagung.

Unterschrift
→ Form (1a).

Unterschwellenvergabeordnung
ist eine → Verwaltungsvorschrift des Bundesministeriums für Wirtschaft und Energie – jetzt: Bundesministerium für Wirtschaft und Klimaschutz – (BAnz AT 7.2.2017 B1), die das → Vergaberecht im Unterschwellenbereich – bei Anwendbarerklärung durch die Länder auch für diese – mit Ausnahme der Vergabe von Bauaufträgen regelt. Sie folgt grds. dem Regelungsvorbild der → Vergabeverordnung für den Oberschwellenbereich (→ Vergaberecht).

Unterspediteur
→ Spediteur.

Unterstützungskassen
sind meist privatrechtliche, rechtlich selbständige Versorgungseinrichtungen zur betrieblichen → Altersversorgung, die grundsätzlich Leistungen ohne Rechtsanspruch gewähren. Träger dieser Einrichtung können ein oder mehrere Unternehmer (Trägerunternehmen) sein, die durch Beiträge die Leistungsfähigkeit der Unterstützungskassen sichern. Unterstützungskassen können von der → Körperschaftsteuer befreit sein (§§ 5, 6 KStG). Die Zahlungen der Trägerunternehmen an die Unterstützungskassen sind unter den Voraussetzungen des § 4d EStG als Betriebsausgabe zu berücksichtigen. Seit 1.1.2002 sind die Zuwendungen bereits dann abzugsfähig, wenn der Versorgungsanwärter bis zum Ende des Wirtschaftsjahres das 28. Lebensjahr vollendet hat (§ 4d I Nr. 1 EStG). Für den Arbeitnehmer sind diese Leistungen steuerfrei, da die konkrete Begünstigung des Arbeitnehmers ungewiss ist. Es fehlt daher der Zufluss beim Arbeitnehmer (§ 11 EStG). Erhält ein Arbeitnehmer Leistungen von der Unterstützungskasse, so sind diese als → Versorgungsbezüge steuerpflichtig (§ 19 I Nr. 2 EStG).

Unterstützungsstreik
→ Streik (1).

Unterstufe der Verwaltung
→ Verwaltungsbehörden (Aufbau).

Untersuchung, disziplinarrechtliche
→ Disziplinarverfahren.

Untersuchung, körperliche
→ körperliche Untersuchung.

Untersuchung, strafrechtliche
→ Ermittlungsverfahren in Strafsachen.

Untersuchungsausschuss
Die Einsetzung von Untersuchungsausschüssen zur Aufklärung bestimmter tatsächlicher Vorgänge ist ein hergebrachtes Recht des → Parlaments und ein wesentliches Mittel zur Wahrnehmung seiner Kontrollfunktion gegenüber der vollziehenden Gewalt. Nach Art. 44 GG hat der Bundestag das Recht und auf Antrag eines Viertels seiner Mitglieder die Pflicht, einen Untersuchungsausschuss einzusetzen, der in öffentlicher Verhandlung die erforderlichen Beweise erhebt. Die Öffentlichkeit kann ausgeschlossen werden. Auf Beweiserhebungen finden die Vorschriften über den → Strafprozess sinngemäß Anwendung; das bedeutet ua, dass der Untersuchungsausschuss Zeugen und Sachverständige unter Eid vernehmen kann; vorsätzliche uneidliche Falschaussage, Meineid und fahrlässiger Falscheid vor dem Untersuchungsausschuss sind strafbar. Das Brief-, Post- und Fernmeldegeheimnis bleibt unberührt. Gerichte und Verwaltungsbehörden sind verpflichtet, dem Untersuchungsausschuss → Rechts- und → Amtshilfe zu leisten. Die Beschlüsse des Untersuchungsausschusses, der nur Feststellungen, keine Entscheidungen treffen kann, sind der richterlichen Erörterung entzogen. In der Würdigung und Beurteilung des der Untersuchung zugrunde liegenden Sachverhalts sind die Gerichte dagegen frei. Einzelheiten des Verfahrens, vor dem Untersuchungsausschuss regelt das Gesetz zur Regelung des Rechts der Untersuchungsausschüsse des Deutschen Bundestages (UntersuchungsausschussG-PUAG) v. 19.6.2001 (BGBl. 2001 I 1142) zul. geänd. d. Gesetz v. 5.5.2004 (BGBl. 2004 I 718). Ähnliche Regelungen gelten in den Ländern. Um eine wirksame → parlamentarische Kontrolle der Streitkräfte zu gewährleisten, hat der Verteidigungsausschuss jederzeit das Recht, sich als Untersuchungsausschuss zu konstituieren. Die Verfassungen der Länder sehen ebenfalls die Einsetzung von Untersuchungsausschüssen vor.

Untersuchungsgrundsatz
Im Geltungsbereich des Untersuchungsgrundsatz hat das Gericht die für die Entscheidung des Rechtsstreits erheblichen Tatsachen → von Amts wegen zu ermitteln, in den Prozess einzuführen und ihre Wahrheit festzustellen. Das Gegenteil ist der → Verhandlungsgrundsatz. Der Untersuchungsgrundsatz gilt in allen Verfahrensarten (vgl. zB § 26 FamFG), im Zivilprozess außerhalb des familiengerichtlichen Verfahrens, der im Regelfall vom Verhandlungsgrundsatz beherrscht wird, aber nur ausnahmsweise und eingeschränkt. Dem Untersuchungsgrundsatz entspricht im Strafverfahren das → Inquisitionsprinzip und für die Strafverfolgungsorgane das → Offizialprinzip. Über den Untersuchungsgrundsatz im Verwaltungsverfahren s. § 24 VwVfG, im Besteuerungsverfahren § 88 AO, § 76 FGO.

Untersuchungshaft
1. Zweck und Voraussetzungen: Die Untersuchungshaft soll – im Gegensatz zu der durch Urteil verhängten Strafhaft – die Durchführung des → Strafprozesses sichern. Auch bei Verdacht einer schweren Straftat dient sie, was in der öffentlichen Diskussion oft verkannt wird, nicht einer vorweggenommenen Bestrafung des Beschuldigten. Sie ist nur zulässig, wenn gegen den Beschuldigten dringender → Tatverdacht (dort 3) besteht, ein Haftgrund vorliegt und die Untersuchungshaft zur Bedeutung der Sache und der zu erwartenden Sanktion nicht außer Verhältnis steht. Der Haftgrund (und eigentliche Zweck der Untersuchungshaft) kann in der Flucht des Beschuldigten bestehen oder in der Abwehr von Flucht-, Verdunkelungs- oder Wiederholungsgefahr (im Einzelnen → Haftbefehl).

2. Verfahren: Zuständig für den Erlass eines Haftbefehls ist vor Anklageerhebung das AG, in dessen Bezirk ein Gerichtsstand begründet ist (§§ 7 ff. StPO) oder der Beschuldigte sich aufhält (§ 125 StPO); funktional der → Ermittlungsrichter. Dort verbleibt die Zuständigkeit auch für weitere richterliche Entscheidungen im Lauf der Untersuchungshaft bis zur Anklageerhebung. Danach geht sie, auch für den Erlass eines jetzt erst veranlassten Haftbefehls, auf das mit der Anklage befasste Gericht über (§ 126 StPO). Der Beschuldigte ist nach seiner Festnahme unverzüglich dem zuständigen Gericht vorzuführen, das ihn spätestens am nächsten Tag zu vernehmen hat. Das Gericht stellt bei der Vernehmung fest, ob der Haftbefehl noch besteht und der Vorgeführte mit dem Beschuldigten identisch ist. Sodann vernimmt es ihn zur Sache und entscheidet über die Aufrechterhaltung der Untersuchungshaft (§ 115 StPO). Ist die Vorführung vor dem zuständigen Gericht nicht fristgerecht möglich, muss der Festgenommene spätestens bis Ablauf des folgenden Tages dem nächsten Amtsgericht vorgeführt werden (§ 115a StPO). Kommt es, insb. bei einem auf frischer Tat betroffenen Beschuldigten, zu einer vorläufigen Festnahme durch Polizei oder StA ohne vorherigen Erlass eines Haftbefehls (§ 127 StPO), so hat spätestens am nächsten Tag eine Vorführung vor den Richter des AG des jeweiligen Bezirks oder das schon mit einer Anklage befasste Gericht zu erfolgen, wo ein Haftbefehl zu erlassen oder der Festgenommene freizulassen ist (§§ 128 f. StPO).

Die Untersuchungshaft darf nur solange dauern, wie ihre Voraussetzungen vorliegen und die → Verhältnismäßigkeit gewahrt bleibt, ist aber stets nach Freispruch und im → Ermittlungsverfahren auf Antrag des StA aufzuheben (§ 120 StPO). Ferner darf die Untersuchungshaft 6 Mon. nur überschreiten, falls inzwischen ein auf Freiheitsstrafe (freiheitentziehende → Maßregeln der Besserung und Sicherung) lautendes Urteil ergangen ist oder das Oberlandesgericht entschieden hat, dass ein wichtiger Grund, insbes. die besondere Schwierigkeit oder der besondere Umfang der Ermittlungen, die weitere Haft rechtfertigt (§ 121 StPO). Über Rechtsmittel gegen die Untersuchungshaft → Haftprüfung.

3. Vollzug: Hier ist zu unterscheiden zwischen dem Untersuchungshaft-Vollzugsrecht und dem als Teil des gerichtlichen Verfahrens verbliebenen Untersuchungshaft-Recht.

a) Durch das Gesetz zur Änderung des GG v. 28.8.2006 (BGBl. 2006 I 2034) wurde die → Gesetzgebungskompetenz für das Untersuchungshaft-Vollzugsrecht (Art. 74 I Nr. 1 GG), das die Art und Weise der Durchführung der Untersuchungshaft betrifft, den → Ländern übertragen (→ Föderalismusreform I). Alle Länder haben daher eigene Untersuchungshaft-Vollzugsgesetze erlassen. Sie enthalten Bestimmungen über den Vollzugsverlauf, Unterbringung und Versorgung, Arbeit, Bildung und Freizeit, Religionsausübung, Besuche, Schriftwechsel, Telefongespräche und Pakete, Sicherheit und Ordnung, unmittelbaren Zwang, Disziplinarmaßnahmen, Datenschutz sowie für junge Untersuchungsgefangene (UG).

Der Rechtsschutz des UG gegen Entscheidungen und faktische Maßnahmen der Untersuchungshaft-Vollzugsanstalten richtet sich nicht nach Landesrecht, sondern nach § 119a StPO; insoweit hat der Bund weiterhin die Gesetzgebungskompetenz für die Regelung des gerichtlichen Verfahrens (Art. 74 I Nr. 1 GG). Der UG kann gegen eine behördliche Entscheidung oder Maßnahme gerichtliche Entscheidung beantragen, zudem auch, wenn eine beantragte behördliche Entscheidung nicht innerhalb von 3 Wochen ergeht. Zuständig ist vor Anklageerhebung grundsätzlich das Gericht, das den Haftbefehl erlassen hat, danach das mit der Sache befasste Gericht, während des Revisionsverfahrens das Gericht, dessen Urteil angefochten wird (§ 126 StPO). Gegen seine Entscheidung kann der UG und auch die Untersuchungshaft-Vollzugsanstalt Beschwerde einlegen. Das Beschwerdeverfahren richtet sich nach §§ 304 ff. StPO.

b) Für die Anordnung von Maßnahmen, die der Durchführung des Strafverfahrens und den Zwecken der Untersuchungshaft dienen, ist die Regelungskompetenz beim Bund geblieben. §§ 114d und 114e StPO bestimmen dazu die wechselseitigen Informationspflichten von Gerichten, StA und U.-Vollzugsanstalten. Die zur Sicherung des Verfahrens dienenden Beschränkungen zum Zweck der Abwehr von Flucht-, Verdunkelungs- oder Wiederholungsgefahr enthält § 119 StPO. Sie können sich auf Besuche, Telekommunikation, Schrift- und Paketverkehr, Übergabe von Gegenständen bei Besuchen, Trennung von anderen Untersuchungsgefangenen, gemeinsame Unterbringung und gemeinsamen Aufenthalt mit anderen Untersuchungsgefangenen beziehen. Grundsätzlich keiner Beschränkung unterliegt gem. § 148 StPO der schriftliche und mündliche Verkehr mit dem → Verteidiger. Dies gilt entsprechend für den Verkehr mit den in § 119 IV 2 StPO genannten Stellen, zB die für den UG zuständige Bewährungshilfe, die Volksvertretungen, das BVerfG, Geistliche und Journalisten.

Zuständig für die Anordnung einer Beschränkung vor Anklageerhebung ist grundsätzlich das Gericht, das den Haftbefehl erlassen hat, danach das mit der Sache befasste Gericht, während des Revisionsverfahrens das Gericht, dessen Urteil angefochten wird (§ 126 StPO). Kann die Anordnung des Gerichts nicht rechtzeitig herbeigeführt werden, kann die StA oder die Untersuchungshaft-Vollzugsanstalt eine vorläufige Anordnung treffen, die dem Gericht binnen 3 Werktagen zur Genehmigung vorzulegen ist. Gegen eine Entscheidung oder sonstige Maßnahme nach § 119 StPO kann der Untersuchungsgefangene Beschwerde einlegen, wenn sie vom AG oder LG getroffen wurde (§ 119 V StPO, § 304 StPO); ansonsten kann er Antrag auf gerichtliche Entscheidung stellen (§ 119 V StPO, § 126 StPO).

4. Anrechnung: Die (wenn auch im Ausland) vollstreckte Untersuchungshaft ist auf zeitige Freiheitsstrafen und Geldstrafen grundsätzlich anzurechnen; das Gericht kann aber anordnen, dass dies ganz oder zT unterbleibt, wenn die Anrechnung wegen des Verhaltens des Angeklagten nach der Tat nicht gerechtfertigt ist, etwa weil er die Untersuchungshaft zB durch Fluchtversuch verschuldet oder durch Irreführung der Ermittlungsbehörden o. dgl. verlängert hat (§ 51 StGB).

Untersuchungspflicht

Untersuchungspflicht beim Kauf (strenggenommen → Obliegenheit, der der Käufer bei Nichterfüllung der U. eigene Rechte verliert, vgl im Folgenden). Ist der Kauf für beide Teile ein → Handelskauf, so ist der Käufer verpflichtet, → unverzüglich nach Lieferung durch den Verkäufer die Ware zu untersuchen, ob sie Sachmängel aufweist und die bestellte Menge und die bestellte Ware geliefert ist (§ 377 I HGB). Jedoch ist die Untersuchungspflicht nur gegeben, wenn nach einem ordnungsgemäßen Geschäftsgang eine solche Untersuchung angebracht ist (zB müssen Konservendosen nur nach Aufschrift untersucht werden, auf ihren tatsächlichen Inhalt stichprobenweise nur bei Mängelverdacht oder bei sonstigen Anhaltspunkten, zB Großlieferung). Die Erfüllung der Untersuchungspflicht ist Voraussetzung für das Recht auf → Mängelrüge. Hat der Verkäufer hingegen den Mangel arglistig verschwiegen, kann er sich nicht auf den Ausschluss durch § 377 HGB berufen.

Untervermächtnis
Mit einem → Vermächtnis beschwert sein kann nicht nur der → Erbe, sondern auch ein (Haupt-)Vermächtnisnehmer (§ 2147 BGB). Dieser ist aber zur Erfüllung des Untervermächtnisses erst verpflichtet, wenn er seinerseits das ihm zugewendete Vermächtnis verlangen kann; seine Haftung beschränkt sich auf das, was er aus dem Vermächtnis erhält (§§ 2186 f. BGB).

Untervermietung (Untermiete)
→ Mietvertrag (2), → Wohnraummietvertrag (1).

Unterversicherung
→ Schadensversicherung.

Untervollmacht
→ Vollmacht.

Unterwerfungserklärung
→ unlauterer Wettbewerb (3), → Unterwerfungsklausel.

Unterwerfungsklausel
Eine Unterwerfungsklausel ist bei einer → vollstreckbaren Urkunde die Erklärung des Schuldners, dass er sich wegen der darin enthaltenen Ansprüche der sofortigen → Zwangsvollstreckung unterwerfe (§ 794 I Nr. 5 ZPO). Die Unterwerfung unter die sofortige Zwangsvollstreckung ist eine Prozesshandlung, weshalb zur Wirksamkeit der Unterwerfung die → Prozesshandlungsvoraussetzungen vorliegen müssen. Sa § 61 VwVfG.

Untreue
Straftatbestand nach § 266 StGB: Untreue ist danach die vorsätzliche Verletzung einer dem Täter obliegenden Pflicht zur Betreuung fremder Vermögensinteressen, sofern sie einen Vermögensnachteil für das Opfer bewirkt. Das StGB unterscheidet den Missbrauchs- und den Treubruchstatbestand:

Durch den Missbrauchstatbestand wird erfasst, wer vorsätzlich die ihm durch Gesetz, behördlichen Auftrag oder Rechtsgeschäft eingeräumte Befugnis, über fremdes Vermögen zu verfügen oder einen anderen zu verpflichten, missbraucht und dadurch dem Vertretenen Nachteil zufügt. Der Täter handelt hier im Rahmen einer nach außen wirkenden Vertretungsmacht zB als Vormund, Prokurist, Treuhänder, also mit Rechtswirkung gegenüber Dritten, aber entgegen den Interessen des Vertretenen. Im Fall des Treubruchstatbestands handelt der Täter ohne Vertretungsmacht auf Grund einer ihm tatsächlich eingeräumten Befugnis entgegen seiner Treupflicht, so etwa ein Kassenbeamter, Handlungsgehilfe oder Rechtsanwalt durch Nichtabführen eingegangener Gelder an den eigentlich Berechtigten.

In beiden Fällen muss eine Pflichtwidrigkeit vorliegen, die sich aus dem zugrundeliegenden Rechtsverhältnis ergibt. Dies kann auch die nicht mitgeteilte Bildung schwarzer Kassen durch Angestellte eines Wirtschaftsunternehmens sein (BGH NJW 2009, 89). Durch die Handlung muss der Treugeber einen Vermögensnachteil erleiden. Dieser kann auch in einer „schadensgleichen konkreten Vermögensgefährdung" bestehen, jedoch gilt für sie wie für jeden Vermögensnachteil, dass seine Höhe grundsätzlich festzustellen und zu beziffern ist, notfalls durch Schätzung eines Mindestschadens (BVerfG NJW 2010, 3209). Entscheidend ist die Vermögenslage im Ganzen, so dass Untreue meist entfällt, wenn der Verfügende entsprechende Mittel zum Ausgleich bereit hält. Bereicherung des Täters ist nicht erforderlich. Tateinheit kann vorliegen mit → Betrug (wenn Untreue- und Täuschungshandlung zusammenfallen); doch kann auch eine der Handlungen als straflose Nachtat ohne besondere Ahndung bleiben (je nachdem, wann der Täter den Vorsatz zu den einzelnen Handlungen gefasst hat). Die Strafe ist Freiheitsstrafe bis zu 5 Jahren oder Geldstrafe, in besonders schweren Fällen, die denen des Betrugs entsprechen (§ 266 II StGB, § 263 III StGB), Freiheitsstrafe von 6 Mon. bis 10 Jahren.

Die Tat ist → Antragsdelikt, wenn sie gegen Angehörige, den Vormund, den Betreuer oder mit dem Täter in Hausgemeinschaft lebende Personen begangen worden ist; dasselbe gilt grundsätzlich, wenn sie geringwertige Sachen betrifft (§ 266 III StGB, §§ 247, 248a StGB). Ein Sonderdelikt ist → Vorenthalten und Veruntreuen von Arbeitsentgelt nach § 266a StGB.

Unveräußerliche Rechte
→ Abtretung, → höchstpersönliche Rechte.

Unvereinbarkeit von Amt und Mandat
→ Inkompatibilität.

Unvererbliche Rechte
→ Erbschaft.

Unverfallbarkeit
der Anwartschaft auf eine betriebliche Altersversorgung, sa → Altersversorgung, betriebliche, → Versorgungsausgleich. Von Unverfallbarkeit wird dann gesprochen, wenn eine Anwartschaft auf betriebliche Altersvorsorge auch bei einem Arbeitgeberwechsel - zumindest teilweise - erhalten bleibt.

Unverletzlichkeit der Person
→ Freiheit (persönliche), → Immunität, → Gesandte.

Unverletzlichkeit der Wohnung
→ Wohnung, Unverletzlichkeit der.

Unverletzlichkeit des Abgeordneten
→ Immunität.

Unverletzlichkeit des Brief- und Postgeheimnisses
→ Brief-, Post- und Fernmeldegeheimnis.

Unvermögen
→ Unmöglichkeit der Leistung.

Unversetzbarkeit des Richters
→ Unabhängigkeit des R. (2).

Unvertretbare Handlung
→ Handlungsvollstreckung.

Unvertretbare Sache
→ Sache.

Unverzüglich
= ohne schuldhaftes Zögern; entscheidend ist also nicht das (objektive) Sofort, sondern die (subjektive) Zumutbarkeit alsbaldigen Handelns (§ 121 I BGB). → Anfechtung von Willenserklärungen (1b).

Unvollkommene Rechte (Ansprüche)
sind → subjektive Rechte (Ansprüche), die entweder noch nicht ihre volle Wirksamkeit erlangt haben (insbes. das → Anwartschaftsrecht sowie Rechte aus schwebend → unwirksamen Rechtsgeschäften; s. ferner → Bedingung, → Zeitbestimmung) oder denen das Gesetz keine volle Rechtsmacht, insbes. keine Klagbarkeit, einräumt (zB Ansprüche aus Wette oder Spiel; → Naturalobligation).

Unvollkommene Verbindlichkeit
(Forderung) → Schuldverhältnis, → Haftung.

Unvollständiger Wechsel, – Scheck
→ Blankoakzept, → Blankowechsel, → Blankoscheck.

Unvordenkliche Verjährung
bedeutet, dass seit unvordenklicher Zeit – dh solange man sich erinnern kann – ein Zustand (zB ein Fahrtrecht über ein fremdes Grundstück) besteht und deswegen anzunehmen ist, dass er einmal durch Rechtsgeschäft ordnungsgemäß begründet wurde. Durch unvordenkliche Verjährung konnte nach einzelnen Rechten (zB bay. LandR) ein solches Recht entstehen; jedenfalls ist sie ein Beweismittel (→ Vermutung) für das Vorhandensein eines entsprechenden Rechts, auch wenn zB ein Grundstücksrecht seinerzeit nicht in die neu angelegten → Grundbücher aufgenommen wurde.

Unwirksame Klausel
→ Nichtigkeit von Rechtsgeschäften (2), → Allgemeine Geschäftsbedingungen (3).

Unwirksamkeit eines Rechtsgeschäfts
Erklärt das Gesetz ein → Rechtsgeschäft schlechthin für (absolut) unwirksam, so steht es – von der Frage einer etwaigen Heilungsmöglichkeit, zB durch nachträgliche Genehmigung des Berechtigten, abgesehen – einem nichtigen Rechtsgeschäft gleich; die Bestimmungen über die → Nichtigkeit gelten daher entsprechend. Daneben kennt das Gesetz zwei Sonderformen:

1. Schwebende Unwirksamkeit. In verschiedenen Fällen, in denen der Handelnde nicht allein vertretungs- oder verfügungsbefugt ist, bleibt die Wirksamkeit des abgeschlossenen Rechtsgeschäfts bis zur Entschließung des Berechtigten in der Schwebe. Die wichtigsten Beispiele sind der Vertragsabschluss eines nur beschränkt Geschäftsfähigen (§ 108 BGB, → Geschäftsfähigkeit), das Handeln eines vollmachtlosen Vertreters (§ 177 BGB, → Vertretung ohne Vertretungsmacht), die Verfügung eines Nichtberechtigten (§ 185 BGB), Beschränkungen der Ehegatten im gesetzlichen Güterstand der → Zugewinngemeinschaft (§§ 1365 ff. BGB) sowie alle Fälle, in denen das Rechtsgeschäft zu seiner Wirksamkeit einer behördlichen Genehmigung bedarf (zB durch das Familiengericht – → elterliche Sorge, → Vormund – oder beim Verkauf landwirtschaftlicher Grundstücke – → Grundstücksverkehr, landwirtschaftlicher). Während der Schwebezeit entsteht an sich noch keine rechtliche Bindung der Beteiligten (anders bei der → Bedingung oder Befristung eines sofort wirksamen Rechtsgeschäfts); die Beteiligten sind jedoch verpflichtet, alles zu unternehmen, was zur Herbeiführung der vollen Wirksamkeit dienlich ist (bei Verstoß hiergegen uU Haftung aus → Verschulden beim Vertragsschluss). Wird das Wirksamkeitshindernis beseitigt, so ist der Vertrag als von Anfang an, also rückwirkend, wirksam anzusehen (vgl. § 184 BGB, → Genehmigung). Wird die Zustimmung des Berechtigten oder die behördliche Genehmigung endgültig (rechtskräftig) verweigert oder äußert sich der Berechtigte nach Aufforderung durch den Geschäftspartner nicht innerhalb der gesetzlich festgelegten Frist, so ist das Rechtsgeschäft endgültig unwirksam und steht daher einem nichtigen gleich.

Nach fristgemäßem Widerruf eines → Verbrauchervertrages ist der Verbraucher an seine Willenserklärung nicht mehr gebunden (§ 355 I BGB; sog. „schwebende Wirksamkeit").

2. Relative Unwirksamkeit. Bezweckt eine Vorschrift nur den Schutz bestimmter Personen, so erklärt sie häufig ein hiergegen verstoßendes Rechtsgeschäft nur als diesen gegenüber (relativ) unwirksam; im Verhältnis zu allen anderen ist es dagegen voll wirksam. Die wichtigsten Fälle sind der Verstoß gegen gesetzliche oder gerichtliche Veräußerungs- und Verfügungsverbote wie zB die Beschlagnahme im Wege der Zwangsvollstreckung (§§ 135, 136 BGB), Rechtshandlungen des Schuldners trotz fehlender Verfügungsbefugnis während eines → Insolvenzverfahrens (§ 81 InsO) sowie Rechtsgeschäfte, die einer im Grundbuch eingetragenen → Vormerkung widersprechen (§ 883 II BGB, § 888 BGB). Das relativ unwirksame Rechtsgeschäft ist als solches voll wirksam, nur im Hinblick auf die geschützte Person (Insolvenzgläubiger, Vormerkungsberechtigter usw) unwirksam, es sei denn, der Erwerber war – zB bei einem Veräußerungs-

verbot – in gutem Glauben an die Verfügungsbefugnis des Veräußerers (→ Gutglaubensschutz). Der Geschützte kann zB gegenüber einer Zwangsvollstreckung in die im Übrigen einem Dritten wirksam zu Eigentum übertragene Sache → Drittwiderspruchsklage (§ 771 ZPO) erheben. Er kann aber stattdessen auf den ihm eingeräumten Schutz verzichten und durch seine Genehmigung das relativ unwirksame zu einem absolut gegenüber jedermann wirksamen Rechtsgeschäft machen.

3. Steuerlich ist die Unwirksamkeit eines Rechtsgeschäfts unerheblich, soweit und solange die Beteiligten das wirtschaftliche Ergebnis dieses Rechtsgeschäfts gleichwohl eintreten und bestehen lassen (§ 41 I 1 AO; → wirtschaftliche Betrachtungsweise).

Unwirksamkeit eines Vergleichs
→ Vergleich.

Unwirksamkeit von Gerichtsentscheidungen
→ Nichtigkeit gerichtlicher Entscheidungen.

Unzeit
→ Leistungszeit.

Unzucht, unzüchtige Handlungen
Diese Begriffe sind im Strafgesetzbuch durch das 4. StrRG 1973 in einschränkendem Sinne durch den Begriff → sexuelle Handlungen ersetzt worden, dementsprechend die Tatbestände der Unzucht mit Kindern oder mit Abhängigen durch diejenigen des → sexuellen Missbrauchs von Kindern oder von Schutzbefohlenen. An die Stelle des Begriffsmerkmals der unzüchtigen Schriften ist das der → pornographischen Inhalte getreten; über die sonstigen Fälle strafbarer Sexualhandlungen s. → Sexualstraftaten.

Unzulänglichkeitseinrede
→ Beschränkung der Erbenhaftung, → Aufgebot der Nachlassgläubiger.

Unzulässige Bildaufnahme
→ Bildaufnahme, unzulässige.

Unzulässige Rechtsausübung
→ Rechtsmissbrauch, → Treu und Glauben, → Verwirkung, → Schikaneverbot; sa → Sittenwidrigkeit.

Unzulässigkeit
Die Unzulässigkeit von Anträgen, → Klagen, → Rechtsmitteln und Maßnahmen der → Zwangsvollstreckung oder anderen Verfahrenshandlungen kann gegeben sein, wenn die formellen Voraussetzungen der Prozesshandlung (zB → Prozessvoraussetzungen) fehlen. Dann wird der Antrag usw als unzulässig ab (zurück)gewiesen oder verworfen, im Gegensatz zur Ab(Zurück)weisung oder Verwerfung als unbegründet.

Unzumutbarkeit der Leistung
→ Geschäftgrundlage, → Verwirkung, → Treu und Glauben.

Unzurechnungsfähigkeit
→ Schuldunfähigkeit, → Geschäftsfähigkeit, → Deliktsfähigkeit.

UPC
Abkürzung für Unified Patent Court, s. → Einheitliches Patentgericht (EPG)

Updatepflicht
→ Aktualisierungspflicht.

Upskirting
Als „Upskirting" werden unbefugte Bildaufnahmen unter den Rock einer weiblichen Person bezeichnet, die typischerweise heimlich und zu voyeuristischen Zwecken angefertigt werden. Das absichtliche oder wissentliche unbefugte Herstellen oder Übertragen derartiger Bildaufnahmen ist strafbar nach § 184k StGB (Geltung ab 1.1.2021). Der Tatbestand erfasst ua auch denjenigen, der eine solche Bildaufnahme gebraucht oder einer dritten Person zugänglich macht. Insgesamt zum strafrechtlichen Schutz vor Bildaufnahmen → Bildaufnahme, unzulässige.

Urabstimmung
Urabstimmung ist eine geheime Abstimmung derjenigen Mitglieder einer → Gewerkschaft, die für die Teilnahme an einem → Streik in Betracht kommen. Nach den vom DGB aufgestellten Richtlinien zur Durchführung eines Streiks ist Voraussetzung für den Streikbeschluss des Gewerkschaftsvorstandes, dass bei der Urabstimmung sich 75% der abstimmenden Mitglieder für den Streik aussprechen; dies gilt aber nicht mehr für alle Einzelgewerkschaften.

Urbanes Gebiet
Gebiet nach der → Baunutzungsverordnung, das im wesentlichen einem → Mischgebiet entspricht, allerdings ohne Gartenbaubetriebe und Tankstellen.

Urfehde
→ Fehde.

Urheber
Der Urheber ist die zentrale Person im → Urheberrecht, denn bei ihm entstehen die im UrhG geregelten originären Recht in Bezug auf die urheberrechtlich geschützten Werke. Nach § 7 UrhG ist der Schöpfer eines Werkes der Urheber, also – vereinfacht ausgedrückt – derjenige, der das Werk geschaffen hat. Da ein Werk gem. § 2 Abs. 2 UrhG nur dann urheberrechtlich geschützt ist, wenn ihm eine persönliche geistige Schöpfung zugrunde liegt, können Urheber nur natürliche Personen sein; ein Unternehmen kann daher selbst kein Urheber sein, der dahinter stehenden juristischen Person können allenfalls vom Urheber Nutzungsrechte eingeräumt werden. Die originären Verwertungsrechte indes stehen (ausschließlich) dem Urheber zu, der wiederum Dritten (einfache oder ausschließliche) Nutzungsrechte in Bezug auf das urheberrechtlich geschützte Werk einräumen kann. Darüber

hinaus stehen dem Urheber Urheberpersönlichkeitsrechte zu.

Urheberbenennung
ist eine besondere Form der → Streitverkündung, bei der der Beklagte den seiner Auffassung nach richtigen Beklagten benennt, damit dieser an seiner Statt in den Rechtsstreit eintrete (§§ 76, 77 ZPO). Die Urheberbenennung kann zu einem → Parteiwechsel führen, kommt aber praktisch sehr selten vor. Sie hat keinen Bezug zum Urheberrecht.

Urheberrecht
1. Das Urheberrecht als objektives Recht (→ Recht) schützt Leistungen im Zusammenhang mit schöpferischen Gestaltungen insbes. dadurch, dass es dem Leistungserbringer subjektive Rechte (→ Recht) zubilligt. Diese Rechtspositionen des Urhebers eines Werks werden ebenfalls unter dem Begriff des Urheberrechts zusammengefasst. Wichtigste Rechtsquelle des Urheberrechts ist das Gesetz über Urheberrecht und verwandte Schutzrechte (UrheberrechtsG – UrhG) v. 9.9.1965 (BGBl. 1965 I 1273 mÄnd), in dem auch zahlreiche unionsrechtliche Vorgaben umgesetzt sind. Das UrhG statuiert neben den Rechten des Urhebers als diesen verwandte Schutzrechte den Schutz für vergleichbare Leistungen, etwa → Lichtbilder (§ 72 UrhG), Darbietungen ausübender Künstler (§§ 73 ff. UrhG), Herstellung von Tonträgern (§§ 85 f. UrhG → Bild- oder Tonträger) und Filmen (§ 94 UrhG), Funksendungen (§ 87 UrhG), → Datenbanken (§§ 87a ff. UrhG). → Laufbildern (§ 95 UrhG) und ein Recht der Presseverleger am Presseerzeugnis (§§ 87f ff. UrhG).

2. Das Urheberrecht besteht an Werken der Literatur, Wissenschaft und Kunst (technische Leistungen können dagegen als → Patent oder → Gebrauchsmuster geschützt werden). Werke iSd Urheberrechts sind nur persönliche geistige Schöpfungen (§ 2 II UrhG). Deshalb kann ein Text, der von einer selbständig arbeitenden → künstlichen Intelligenz „erschaffen" wurde (zB ChatGPT), nicht als Werk iSd Urheberrechts angesehen werden, weil es insoweit an jeglicher kreativer Leistung eines Menschen als Schöpfer fehlt. Die schöpferische Leistung kann sowohl im Inhalt als auch in der Form oder in beidem liegen. Geschützte Werke sind insbes. Sprachwerke (etwa Reden, Schriftwerke wie Romane, Gedichte, Aufsätze oder Theaterstücke, nach der gesetzlichen Definition des § 2 I Nr. 1 UrhG auch Computerprogramme, für die allerdings in den §§ 69a ff. UrhG. Sonderregelungen getroffen sind), Werke der Musik, pantomimische Werke einschließlich der Werke der Tanzkunst (dagegen mangels individueller körpersprachlicher Ausdrucksleistung nicht rein sportliche oder akrobatische Leistungen), Werke der bildenden Kunst (zB Gemälde, Skulpturen), Baukunst (zB auch Filmkulissen) und angewandten Kunst (zB Möbel, Küchengeräte), → Lichtbildwerke (bei individueller geistiger Schöpfung, sonst nur Schutz als → Lichtbild), → Filmwerke (bei individueller geistiger Schöpfung, sonst nur Schutz als → Laufbild) und Darstellungen wissenschaftlicher oder technischer Art (geschützt kann hier nur die Form der Darstellung sein; der wissenschaftliche oder technische Inhalt als solcher ist nicht urheberrechtlich schutzfähig). Ebenfalls als selbständige Werke geschützt sind Bearbeitungen eines Werks, wenn sie persönliche geistige Schöpfungen des Bearbeiters sind (zB Übersetzungen, § 3 UrhG), Sammelwerke (Sammlungen von unabhängigen Elementen, die wegen der Auswahl oder Anordnung der Elemente eine persönliche geistige Schöpfung darstellen, § 4 I UrhG) und Datenbankwerke (Sammelwerke, deren Elemente systematisch oder methodisch angeordnet und einzeln mit Hilfe elektronischer Mittel oder auf andere Weise zugänglich sind, § 4 II UrhG; vgl. auch → Datenbank). An die Gestaltungshöhe werden bei Werken der zweckfreien bildenden Kunst – ebenso wie im literarischen und musikalischen Bereich – keine gesteigerten Anforderungen gestellt; in diesem Bereich wird bereits ein geringer Grad individuellen Schaffens und eine geringe Gestaltungshöhe als ausreichend angesehen (sog. kleine Münze). Grds. gilt derselbe Maßstab auch für Gegenstände der angewandten Kunst; allerdings kann deren ästhetische Wirkung nur insoweit Urheberrechtsschutz begründen, als sie nicht dem Gebrauchszweck geschuldet ist, sondern einer künstlerischen Leistung; das kann dazu führen, dass ein Gegenstand der angewandten Kunst, der eine ebenso große ästhetische Wirkung ausübt wie ein Werk der zweckfreien Kunst, anders als dieses keinen Urheberrechtsschutz genießt. Wegen des Erfordernisses einer persönlichen geistigen Schöpfungsleistung kommen als Urheber nur natürliche Personen in Betracht (anders im System des → Copyright). Schaffen mehrere ein Werk gemeinsam, so stehen ihnen als Miturheber die Rechte gemeinsam zu (§ 8 UrhG).

3. Das Urheberrecht umfasst das Urheberpersönlichkeitsrecht (§§ 12 ff. UrhG), die Verwertungsrechte (§§ 15 ff. UrhG) und die sonstigen Rechte (§§ 25 ff. UrhG). Zum Urheberpersönlichkeitsrecht gehören das Veröffentlichungsrecht (§ 12 UrhG), das Recht auf Anerkennung der Urheberschaft (§ 13 UrhG) und das Recht, Entstellungen des Werks zu verbieten (§ 14 UrhG). Verwertungsrechte sind insbes. das → Vervielfältigungsrecht (§ 16 UrhG), das → Verbreitungsrecht (§ 17 UrhG), das → Ausstellungsrecht (§ 18 UrhG), das → Vortragsrecht (§ 19 UrhG), das Recht der → öffentlichen Zugänglichmachung (etwa im Internet; § 19a UrhG) und das → Senderecht (§ 20 UrhG). Die sonstigen Rechte umfassen das Recht auf Zugang zu Werkstücken (§ 25 UrhG), das → Folgerecht (§ 26 UrhG) und das Recht auf Vergütung, wenn Werkstücke vermietet (§ 27 I UrhG) oder von öffentlichen

Einrichtungen verliehen werden (§ 27 II UrhG, sog. Bibliotheksgroschen).

4. Das subjektive Urheberrecht ist ein absolutes, gegen jedermann wirkendes Recht. Es stellt → Eigentum iSd Art. 14 GG dar. Daraus ergibt sich auch eine Sozialbindung, die zu Schranken des Urheberrechts (§§ 44a ff. UrhG) führt. So kann die Verwendung von Teilen eines Werks als Zitat (§ 51 UrhG), zum Zwecke der Karrikatur (§ 51a UrhG) oder für Unterricht und Forschung (§ 52a UrhG) zulässig sein. Ebenfalls zulässig sind einzelne – auch digitale – Vervielfältigungen zu privaten Zwecken, soweit nicht offensichtlich rechtswidrige Vorlagen verwendet werden (sog. Privatkopie, § 53 I UrhG), oder zu bestimmten anderen eigenen Zwecken (§ 53 II UrhG); technische Kopierschutzmaßnahmen dürfen allerdings nicht umgangen werden (§ 95a UrhG). Als Ausgleich für die Beschränkungen des Vervielfältigungsrechts stehen den Urhebern Vergütungsansprüche gegen Hersteller, Importeure und Händler von Vervielfältigungsgeräten und Speichermedien zu (§§ 54 ff. UrhG), die nur durch → Verwertungsgesellschaften geltend gemacht werden können und von diesen an die Urheber ausgeschüttet werden.

Solange der Urheber lebt, ist das Urheberrecht selbst nicht übertragbar, nach seinem Tod nur unter bestimmten Voraussetzungen (§ 29 I UrhG). Der Urheber kann lediglich → Nutzungsrechte einräumen, die ihrerseits verkehrsfähig sind (§§ 31–44 UrhG). Das Urheberrecht ist vererblich (§ 28 Abs. 1 UrhG). Es erlischt 70 Jahre nach dem Tode des Urhebers (§ 64 UrhG), bei anonymen oder pseudonymen Werken 70 Jahre nach deren Veröffentlichung (§ 66 UrhG); danach handelt es sich um → gemeinfreie Werke.

5. Die rechtswidrige Verletzung des Urheberrechts oder verwandter Schutzrechte begründet gegen den Verletzer unabhängig vom → Verschulden Ansprüche auf Beseitigung und (bei Erstbegehungs- oder Wiederholungsgefahr) Unterlassung (§ 97 I UrhG, → Unterlassungsanspruch), Vernichtung der rechtswidrig hergestellten oder verbreiteten Werkstücke (§ 98 UrhG); bei schuldloser Verletzung allerdings kann der Verhältnismäßigkeitsgrundsatz es gebieten, dem Verletzer die Abwendung dieser Ansprüche durch eine angemessene Entschädigung in Geld zu gestatten (§ 100 UrhG). Außerdem bestehen Ansprüche auf Herausgabe des Werts des Erlangten (→ ungerechtfertigte Bereicherung; entspricht der marktüblichen → Lizenzgebühr) und – bei einer Verletzung in gewerbsmäßigem Ausmaß – Auskunft über die Herkunft und den Vertriebsweg der rechtsverletzenden Werkstücke (§ 101 UrhG), bei → Verschulden auch auf → Schadensersatz (§ 97 II UrhG). → Verjährung tritt grds. binnen 3 Jahren ab Kenntnis ein (§ 102 UrhG iVm § 195 BGB). Vor der Einleitung eines gerichtlichen Verfahrens soll der Rechtsinhaber den Verletzer → abmahnen und ihm Gelegenheit geben, den Streit durch Abgabe einer mit einer angemessenen → Vertragsstrafe bewehrten Unterlassungsverpflichtung (strafbewehrte Unterlassungserklärung) beizulegen. Die Rechtsanwaltskosten für eine berechtigte Abmahnung hat der Verletzer grds. zu tragen; ist der Abgemahnte eine natürliche Person, welche die Gegenstände des Urheberrechtsschutzes nicht für ihre gewerbliche oder selbständige berufliche Tätigkeit verwendet und die dem Abmahnenden nicht bereits wegen eines anderen Vorfalls zur Unterlassung verpflichtet ist, so sind die Anwaltsgebühren für die Geltendmachung des Unterlassungs- (und ggf. des Beseitigungs-)Anspruchs nur aus einem Gegenstandswert (→ Rechtsanwaltsgebühr) von 1.000 EUR zu ersetzen (§ 97a III UrhG). Die Ansprüche können in → Urheberrechtsstreitsachen durchgesetzt werden. Vorsätzliche Verletzungen des Urheberrechts oder verwandter Schutzrechte können strafbar sein (§§ 106 ff. UrhG), wobei Gewerbsmäßigkeit den Strafrahmen erhöht (§ 108a UrhG); vgl. auch → Produktpiraterie.

Wer zu einer Urheberrechtsverletzung beiträgt, ohne Täter oder Teilnehmer (Anstifter oder Gehilfe) zu sein, kann nach den Grundsätzen der → Störerhaftung auf Unterlassung in Anspruch genommen werden. Anbieter von Internetdiensten sind für fremde Informationen, die sie für einen Nutzer speichern, nicht als Störer verantwortlich, solange sie keine Kenntnis von der Urheberrechtsverletzung haben oder sie unverzüglich tätig werden, um die urheberrechtsverletzende Information zu entfernen oder den Zugang zu ihr sperren („notice and take down").

In Zukunft größere Bedeutung wird sicherlich die Frage haben, ob und inwieweit ein unter Zuhilfenahme → künstlicher Intelligenz erschaffener Text, ein Musikstück, ein Bild oder Ähnliches geeignet ist, bestehende Urheberrechte eines Dritten zu verletzen und wer dann für eine solche Rechtsverletzung als Verantwortlicher anzusehen wäre. So stellt sich zum einen das Problem, wem der Schaffensvorgang selbst zugerechnet werden kann, wenn dieser letztlich durch die künstliche Intelligenz erfolgt, allerdings basierend auf zuvor von Menschen zur Verfügung gestellten Daten. Zum anderen aber – und das dürfte wesentlich relevanter sein – können mit der Verwendung derart generierter Texte etc. selbstverständlich auch Rechtsverletzungen einhergehen (etwa wenn ein von ChatGPT erstellter Text wegen in diesem enthaltener Passagen als urheberrechtsverletzend anzusehen ist und gleichwohl von einem Dritten auf der eigenen Homepage eingestellt wird). Die technischen Möglichkeiten, die die Fortentwicklung der künstlichen Intelligenz ersichtlich bietet, sind daher nicht nur als Chance anzusehen, sondern erfordern in jeder Hinsicht einen verantwortungsbewussten Umgang mit dem hierdurch gewonnenen Output –

nicht nur, was das Vertrauen auf die inhaltliche Richtigkeit anbelangt, sondern auch hinsichtlich des verantwortungsbewussten Umgangs mit diesem unter Wahrung fremder Rechte.

Urheberrechtsstreitsachen
sind nach der Legaldefinition in § 104 UrhG Rechtsstreitigkeiten, durch die ein Anspruch aus einem im UrheberrechtsG (→ Urheberrecht) geregelten Rechtsverhältnis geltend gemacht wird. Dies geschieht idR im → Zivilprozess vor den → ordentlichen Gerichten (§ 104 UrhG), deren örtliche Zuständigkeit durch die Landesregierung so geregelt werden kann, dass ein Landgericht oder Amtsgericht für den Bezirk mehrerer gleichgeordneter Gerichte zuständig ist (§ 105 UrhG).

Urheberrolle
ist ein vom → Deutschen Patent- und Markenamt geführtes Verzeichnis, in das die Urheber anonym oder pseudonym hergestellter oder veröffentlichter Werke auf ihren Antrag oder den des Rechtsnachfolgers oder Testamentsvollstreckers eingetragen werden (§ 66 Abs. 2 UrhG, § 138 UrhG). Vgl. VO über das Register anonymer und pseudonymer Werke v. 18.12.1965 (BGBl. 1965 I 2105 mÄnd).

Urkunde
Eine Urkunde ist eine in Schriftzeichen verkörperte Gedankenäußerung. Lediglich im Strafrecht ist der Begriff der Urkunde weiter (→ Urkundenfälschung). Man unterscheidet öffentliche und Privaturkunden. Öffentliche Urkunden sind solche, die von einer → Behörde innerhalb ihrer Amtsbefugnisse oder von einer mit öffentlichem Glauben versehenen Person innerhalb des ihr zugewiesenen Geschäftskreises in der vorgeschriebenen Form aufgenommen sind (§ 415 I ZPO). Dazu gehören insbes. die notariellen Urkunden (→ Form, 1c), aber auch Zustellungsurkunden der Bediensteten der Deutschen Post AG (§ 182 ZPO). Privaturkunden sind alle anderen, nicht öffentlichen Urkunden, auch wenn die Unterschrift öffentlich beglaubigt ist (→ Formerfordernisse, 1b). Echt ist eine Urkunde grundsätzlich dann, wenn sie von der Person stammt, welche die Urkunde nach ihrem Inhalt, insbes. nach der Unterschrift, ausgestellt haben soll; dies sagt grundsätzlich aber noch nichts über die sachliche Richtigkeit des Inhalts der Urkunde aus. Nach der Wirkung der Urkunde unterscheidet man Beweisurkunden, die Absichts- oder Zufallsurkunden sein können, je nachdem ob ihre Beweiserheblichkeit von vornherein bezweckt war oder erst nachträglich eingetreten ist (wie zB bei einem Brief). Nach der Entstehungsart unterscheidet man Konstitutivurkunden, die zur Entstehung eines Rechts erforderlich sind (zB Wechsel), und Dispositivurkunden, welche die Willenserklärungen der an einem Rechtsverhältnis Beteiligten wiedergeben (zB Briefwechsel beim Vertragsabschluss). Eine besondere Art der Ukunde ist das → Wertpapier. Über die Beweiskraft der Urkunde → Urkundenbeweis.

Urkunde, vollstreckbare
→ vollstreckbare Urkunde.

Urkundenbeweis
Der Urkundenbeweis ist ein in jeder Verfahrensordnung vorgesehenes Beweismittel (§§ 415–444 ZPO, § 249 StPO, § 96 I VwGO, § 81 I FGO, § 118 I SGG). Beweiskraft haben nur echte → Urkunden. Öffentliche Urkunden haben eine besonders starke formelle Beweiskraft für ihren Inhalt und die darin bezeugten Vorgänge und Tatsachen (§§ 415, 417, 418 ZPO), Privaturkunden nur dahin, dass die darin enthaltenen Erklärungen vom Aussteller abgegeben sind (§ 416 ZPO). Für die → Beweisaufnahme genügt, dass die Urkunde vorgelegt wird (§§ 420 ff. ZPO). Ist die Urkunde, die zur Beweisführung benötigt wird, im Besitz Dritter, so sind diese Dritten unter engeren Voraussetzungen zur Vorlage verpflichtet (§§ 428 ff. ZPO). Im Strafprozess muss die Urkunde verlesen werden; Verlesung ist entbehrlich, wenn die Richter und Schöffen vom Wortlaut der Urkunde Kenntnis genommen haben und die übrigen → Verfahrensbeteiligten hierzu Gelegenheit hatten (sog. Selbstleseverfahren, § 249 II StPO).

Urkundeneinsicht
→ Akteneinsicht, → Vorlegung von Sachen. Sa → Grundbuch, → Handelsregister, → Vereinsregister.

Urkundenfälschung
Straftatbestand nach § 267 StGB, der das Vertrauen des Rechtsverkehrs in die Echtheit von Urkunden schützt. Ihn erfüllt, wer zur Täuschung im Rechtsverkehr eine unechte Urkunde herstellt, eine echte Urkunde verfälscht oder eine unechte oder verfälschte Urkunde gebraucht.

1. Tatbestandsvoraussetzungen. a) Urkunde iS der Strafvorschriften ist jeder Gegenstand, der eine verkörperte Gedankenerklärung enthält, die geeignet und bestimmt ist, im Rechtsverkehr Beweis zu erbringen, und die einen Aussteller erkennen lässt. Darunter fallen nicht nur Schriftstücke, sondern zB auch das Künstlerzeichen des Malers, eine Fahrkarte, das gestempelte Kfz-Kennzeichenschild; dagegen nicht bloße Kenn- und Unterscheidungs- oder Wertzeichen (Biermarken, Garderobenummern, Briefmarken). Die Beweiserheblichkeit kann sich aus dem Zweck der Herstellung oder durch Zufall ergeben (Absichts- oder Zufallsurkunden, zB Brief als Beweis für Ehebruch). Abschriften oder Fotokopien (auch beglaubigte) sind keine Urkunden, außer wenn sie einen Originalvermerk tragen oder sonst im Rechtsverkehr an die Stelle der Urschrift treten.

b) Unecht ist eine Urkunde nur in den Fällen einer Identitätstäuschung über ihren Aussteller, dh wenn der tatsächliche und der in der Urkunde ausgewiesene angebliche Aussteller nicht identisch sind. Ein Unterzeichnen mit fremdem Namen mit Einverständnis des Namensträgers ist jedoch zulässig. Die inhaltliche Richtigkeit einer Urkunde schützt § 267 StGB dagegen nicht. Daher liegt keine Urkundenfälschung vor, wenn nur der Inhalt der Urkunde unrichtig ist (sog. schriftliche Lüge, zB Unterzeichnung einer inhaltlich falschen Aussage mit dem richtigen Namen; anders s. u. § 271 StGB).

c) Tathandlungen: Als Urkundenfälschung stehen 4 verschiedene Tatvarianten unter Strafe: aa) das Herstellen einer unechten Urkunde (dh Erwecken des Anscheins, als rühre die Urkunde von einem anderen her als dem, der sie wirklich ausgestellt hat; zB Nachmachen der Unterschrift); bb) das Verfälschen einer echten Urkunde (zB Änderung einer Zahl in einer Quittung; Ausfüllen einer von einem anderen unterzeichneten Urkunde gegen dessen Willen, sog. Blankettfälschung); cc) das Gebrauchmachen von einer unechten (etwa von einem anderen gefälschten) Urkunde; dd) das Gebrauchmachen von einer verfälschten Urkunde.

d) Subjektive Voraussetzungen: Erforderlich sind stets → Vorsatz sowie ein Handeln zur Täuschung im Rechtsverkehr, insbes. um einen rechtlichen Vorteil zu erlangen. Insoweit muss Absicht vorliegen, im Übrigen genügt auch bedingter Vorsatz. → Versuch ist strafbar. Die Urkundenfälschung ist in den beiden ersten Fällen mit der Herstellung der Urkunde vollendet, in den beiden letzten mit dem Gebrauchmachen.

2. Strafrahmen: Dieser sieht Freiheitsstrafe bis zu 5 Jahren oder Geldstrafe vor. Besonders schwere Fälle der Urkundenfälschung sind mit Freiheitsstrafe von 6 Mon. bis 10 Jahren bedroht (§ 267 III StGB). Als Regelbeispiele nennt § 267 StGB gewerbs- und bandenmäßiges Handeln, Herbeiführen eines großen Vermögensverlustes, Gefährdung der Sicherheit des Rechtsverkehrs durch eine große Zahl unechter oder verfälschter Urkunden, Missbrauch der Stellung als → Amtsträger. Eine qualifizierte Straftat ist gewerbsmäßig begangene Banden-U. (§ 267 IV StGB) als Mitglied einer Bande, die sich zur fortgesetzten Begehung von Betrugs- und Urkundenfälschungsdelikten verbunden hat. Die Strafe ist Freiheitsstrafe von 1–10 Jahren.

3. Von der Urkundenfälschung zu unterscheiden ist die mittelbare → Falschbeurkundung, § 271 StGB (sog. intellektuelle Urkundenfälschung), bei der eine inhaltlich unrichtige Erklärung zu einer mit öffentlichem Glauben versehenen Urkunde, Register, Datei o. dgl. abgegeben wird. Ein Sonderfall der Urkundenfälschung ist die Computermanipulation, dh die Fälschung oder der Gebrauch beweiserheblicher Daten durch Speicherung oder Veränderung der Art, dass bei ihrer Wahrnehmung eine unechte oder verfälschte Urkunde vorliegen würde (§ 269 StGB), also zB die Veränderung von in Computer eingespeisten Daten, so dass beim Ausdruck des Computers ein Falsifikat entstehen würde. Die Vorschriften über besonders schwere Fälle der Urkundenfälschung und Banden-Urkundenfälschung gelten hier entsprechend. Außerdem ist die → Geld- und Wertzeichenfälschung (§§ 146 ff. StGB) zu nennen. S. ferner → Urkundenunterdrückung und -vernichtung, → Fälschung technischer Aufzeichnungen, → Ausweise, amtliche, → Datenveränderung, → Ausweismissbrauch, → Falschbeurkundung, mittelbare, → Gesundheitszeugnis.

Urkundenmahnbescheid

Ein Urkundenmahnbescheid ist ein Mahnbescheid, bei dem das → Mahnverfahren besonders ausgestaltet ist (§ 703a ZPO); wird Widerspruch erhoben, so geht das Urkunden-Mahnverfahren in den → Urkundenprozess über.

Urkundenprozess

Der Urkundenprozess ist eine besondere Prozessart der ZPO (§§ 592–600 ZPO) für Ansprüche auf Zahlung einer bestimmten Geldsumme oder die Leistung einer bestimmten Menge vertretbarer Sachen oder Wertpapiere. Das Verfahren ist so ausgestaltet, dass sich der Kläger durch Vorlage bestimmter Beweismittel beschleunigt einen → Vollstreckungstitel verschaffen kann. Auch können Einwendungen nur auf gleichartige Beweismittel gestützt werden. Es sind also letztlich nicht alle Arten von Beweismitteln zulässig, was das Verfahren beschleunigt. Besondere → Prozessvoraussetzung ist, dass die den → Anspruch begründenden Tatsachen durch → Urkunden beweisbar sind, die der Klage in Ur- oder Abschrift beigefügt werden müssen. Über ihre Echtheit kann nur wiederum mittels Urkunden oder durch Parteivernehmung gestritten werden. → Widerklage ist unstatthaft. Kann der Beweis nicht mit Urkunden geführt werden, wird die Klage als in der gewählten Prozessart unstatthaft – nicht als unbegründet – abgewiesen. Wird der Beklagte trotz Widerspruchs verurteilt, sind ihm seine Rechte für das → Nachverfahren vorzubehalten; der Rechtsstreit bleibt dann im ordentlichen Verfahren anhängig. Das bedeutet, dass nunmehr im Nachverfahren die og. Einschränkungen bezüglich der Beweismittel wegfallen und mit allen denkbaren Beweismitteln über die Einwendungen des Beklagten Beweis erhoben werden kann. Unter dem Strich kann daher die Beschaffung des Vollstreckungstitel doch länger dauern als bei einem herkömmlichen Prozess. Eine Unterart des Urkundenprozesses ist der → Wechsel- und Scheckprozess. Im arbeitsgerichtlichen Verfahren findet kein Urkundenprozess statt (§ 46 II 2 ArbGG).

Urkundenunterdrückung, -vernichtung

Straftatbestand nach § 274 StGB: Danach wird bestraft, wer eine Urkunde, die ihm nicht oder nicht ausschließlich gehört, in der Absicht, einem anderen Nachteil zuzufügen, vernichtet, beschädigt oder unterdrückt. Die Urkunde muss über ihren Erklärungsinhalt hinaus zum Beweis einer Tatsache geeignet und bestimmt sein. Der Täter ist nicht ausschließlich verfügungsberechtigt, wenn ein anderer Rechte an der Urkunde hat (zB beim → gemeinschaftlichen Testament) oder wenn er zwar Alleineigentümer, aber herausgabepflichtig ist. Vernichten ist das völlige Beseitigen des Erklärungswortlauts, Beschädigen jede Veränderung, die den Wert der Urkunde als Beweismittel beeinträchtigt. Unterdrückung liegt vor, wenn die Urkunde der Benutzung eines anderen (Berechtigten) entzogen wird, so auch bei vorübergehendem Entfernen. Die Tat ist nur bei vorsätzlichem Handeln strafbar, auch der Versuch. Vernichtung nach Diebstahl oder Unterschlagung der Urkunde ist straflose Nachtat. Der Urkundenunterdrückung, -vernichtung gleichgestellt ist die Unterdrückung, Beschädigung oder Vernichtung technischer Aufzeichnungen (über diesen Begriff → Fälschung technischer Aufzeichnungen) und beweiserheblicher, nicht mittelbar wahrnehmbarer gespeicherter Daten (→ Urkundenfälschung). Sa → Ausweise, amtliche.

Urkundsbeamter der Geschäftsstelle
Der Urkundsbeamte der Geschäftsstelle ist ein Beamter des mittleren oder gehobenen Dienstes (auch → Rechtspfleger; vgl. § 24 II RPflG), der in den Geschäftsstellen der Gerichte verschiedenartige Tätigkeiten ausübt. Er nimmt Beurkundungen vor, insbes. bei Aufnahme von Anträgen und Erklärungen und Führung des Sitzungsprotokolls, erteilt Ausfertigungen und Abschriften gerichtlicher Urkunden; als Bürobeamter führt er Register und Akten uam (§ 153 GVG, § 13 VwGO, § 7 I ArbGG, § 4 SGG, § 12 FGO). Stellvertretende Urkundsbeamte können auch Justiz- oder Verwaltungsangestellte sein.

Urlaub
Urlaub ist die einem → Arbeitnehmer, Dienstverpflichteten (→ Dienstvertrag), Beamten, Richter oder Soldaten für bestimmte Zeit gewährte Befreiung von der Arbeits-/Dienstpflicht. Voraussetzungen und Umfang des Urlaubs sind vielfältig und verstreut durch Gesetze, Verordnungen, → Tarifverträge, → Betriebs- und Dienstvereinbarungen oder Einzelvertrag geregelt, für → Arbeitnehmer insbes. im Bundesurlaubsgesetz (BUrlG) v. 8.1.1963 (BGBl. 1963 I 2) mÄnd sowie – für schwerbehinderte Menschen – in § 208 SGB IX (einwöchiger Zusatzurlaub). Sondervorschriften gelten für den → Urlaub des Beamten, Richters und Soldaten. Außer dem Erholungsurlaub, auf den ohne besonderen Anlass im Laufe des Kalenderjahres Anspruch unter Fortzahlung der Bezüge (→ Urlaubsentgelt) besteht, kann aus besonderem Anlass Sonderurlaub gewährt werden (zB zur Berufsfortbildung, → Bildungsurlaub, wegen familiärer Ereignisse); dieser kann bezahlt oder unbezahlt sein.

Für den Erholungsurlaub ist eine Mindestdauer gesetzlich bestimmt (→ Mindesturlaub); er darf grds. nicht durch Geld abgegolten werden (→ Urlaubsabgeltung). Der Urlaubsanspruch entsteht jeweils für ein Kalenderjahr; bei Dauer des Arbeits-/Dienstverhältnisses unter sechs Monaten wird er nach der Zahl der Monate gezwölfteilt. Um zu vermeiden, dass der Arbeitnehmer nach Arbeitgeberwechsel einen doppelten Urlaubsanspruch geltend macht, schließt § 6 BUrlG den Anspruch gegen den neuen Arbeitgeber aus, soweit der frühere bereits Urlaub gewährt hat (was dem Arbeitnehmer beim Ausscheiden zu bescheinigen ist). Da dies bei häufigen Arbeitgeberwechseln zu Problemen führt, existieren in einigen Branchen (zB Baugewerbe) Urlaubskassen, die als Einrichtungen der Tarifvertragsparteien die Bezahlung des Urlaubs aus Beiträgen der Arbeitgeber übernehmen. Die Bestimmung der Urlaubszeit unterliegt grds. dem → Direktionsrecht des Arbeitgebers – auch hins. eines sog. Betriebsurlaubs (Betriebsferien) der gesamten Belegschaft (hier aber → Mitbestimmung des Betriebsrats, zudem Beschränkung auf max. 60% des Urlaubsanspruchs); doch sind die Interessen der Arbeitnehmer bei der Festlegung stets ausreichend zu berücksichtigen, in Not-/Ausnahmefällen kann der Arbeitnehmer als Gläubiger des Urlaubsanspruchs uU die Annahme verweigern. Während des Erholungsurlaubs darf nicht eine dem Erholungszweck zuwiderlaufende entgeltliche Tätigkeit ausgeübt werden. Der Urlaubsanspruch ist einheitlich auf Freizeit und → Urlaubsentgelt gerichtet (davon zu unterscheidende, zusätzliche Zahlungen: → Urlaubsgeld); er besteht auf Grund der → Fürsorgepflicht des Arbeitgebers. Bei Erkrankung während des Erholungsurlaubs werden die nachgewiesenen Tage der Arbeitsunfähigkeit nicht angerechnet (§ 9 BUrlG), die zuvor umstr. Situation bei bloßer Quarantäneanordnung während des Erholungsurlaubs (dh ohne bescheinigte Arbeitsunfähigkeit) ist mWv 17.9.2022 durch § 59 I IfSG in gleicher Weise gelöst; sa → Entgeltfortzahlung im Krankheitsfall. Maßnahmen der medizinischen Vorsorge oder Rehabilitation (Kuren) dürfen nicht auf den Urlaub angerechnet werden, soweit ein Anspruch auf Entgeltfortzahlung im Krankheitsfall besteht (§ 10 BUrlG).

Übertragung des Urlaubs auf das nächste Kalenderjahr ist nur ausnahmsweise zulässig (§ 7 III BUrlG); nach Übertragung muss der Urlaub innerhalb von drei Monaten genommen werden, wobei diese Frist einzel- oder tarifvertraglich verlängert sein kann. Der EuGH (grundlegend: Urt. v. 22.9.2022 – C-518/20 u. C-727/20) und ihm folgend das BAG haben diese Beschränkungen und den damit verbundenen Verfall des Urlaubs stark eingeschränkt. So verfällt der (gesetzliche Mindest-)Urlaubsanspruch (ebenso der → Zusatzurlaub nach § 208 SGB IX – außer bei nicht offensichtlicher Schwerbehinderung oder deren fehlender Kenntnis des Arbeitgebers, vgl. BAG v. 30.11.2021 – 9 AZR 143/21, NZA 2023, 902) mit Ablauf des Urlaubsjahres bzw. des Übertragungszeitraumes nur, wenn der Arbeitgeber den Arbeitnehmer rechtzeitig in verständlicher Form auf den noch offenen Urlaubsanspruch hingewiesen hat und der Arbeitnehmer dennoch keinen Urlaubsantrag gestellt hat. Der Anspruch auf den (gesetzlichen Mindest-)Urlaub entfällt zudem nicht mit Ablauf des Urlaubsjahres bzw. Übertragungszeitraumes, wenn der Urlaub krankheitshalber nicht genommen werden konnte; der Urlaubsanspruch bleibt bei Dauererkrankung bis zu 15 Monate nach Ende des Urlaubsjahres erhalten, erst danach verfällt er (jedoch auch hier kein Verfall des Urlaubsanspruchs aus dem Jahr, in dem vor Einsetzen der Dauererkrankung zunächst noch gearbeitet wurde und wenn der oa rechtzeitige Hinweis des Arbeitgebers unterblieben ist, während hins. des Urlaubsanspruchs für Jahre, in denen der Arbeitnehmer durchweg dauererkrankt war, keine Hinweispflicht besteht; vgl. BAG v. 20.12.2022 – 9 AZR 245/19, ArbRAktuell 2023, 41 u. 9 AZR 401/19, AP BUrlG § 7 Nr. 108; v. 31.1.2023 – 9 AZR 107/20, NJW 2023, 2513). Ist einzel- oder tarifvertraglich ein über den gesetzlichen Umfang hinausgehender Urlaubsanspruch (Mehrurlaub) geregelt, gelten grds. die vorgenannten Bestimmungen und Grundsätze auch für diesen Mehrurlaub, es sei denn, dass zu dessen Verfall eigenständige Regelungen vereinbart wurden.

Das Ruhen des Arbeitsverhältnisses verringert den Urlaubsanspruch grds. nur, wenn dies spezialgesetzlich so geregelt wurde (§ 17 BEEG (rechtzeitige Erklärung des Arbeitgebers zusätzlich erforderlich); → Arbeitsplatzschutz G) bzw. das Ruhen einvernehmlich vereinbart wurde (zB sog. → Sabbatical: längerfristiger, unbezahlter Sonderurlaub, BAG 19.3.2019 – 9 AZR 315/17, BeckRS 2019, 4803). Wird der Urlaub vom Arbeitgeber trotz rechtzeitiger Beantragung unberechtigt verweigert, besteht Anspruch auf Ersatzurlaub. Kann der Urlaub bis zur Beendigung des Arbeitsverhältnisses nicht gewährt werden, kann ausnahmsweise → Urlaubsabgeltung verlangt werden. Sa → Schaden (Ersatz für entgangenen Urlaub).

Urlaub des Beamten, Richters und Soldaten

1. Beamten steht nach dem → Beamtenrecht (sa → Beamtenverhältnis) jährlich ein Erholungsurlaub unter Fortgewährung der Dienstbezüge zu (§ 44 BeamtStG, § 89 BBG sowie Beamtengesetze der Länder). Erteilung und Dauer des Erholungsurlaubs und Gewährung von Urlaub aus anderen Anlässen, zB aus persönlichen Gründen (ärztl. Untersuchung, schwere Erkrankung oder Tod naher Angehöriger, Wohnungswechsel), zur Aus- oder Fortbildung, für staatspolitische, kirchliche oder sportliche Zwecke – Sonderurlaub – sowie die Weiterzahlung der Dienstbezüge regeln Verordnungen des Bundes und der Länder; s. zB VO über den Erholungsurlaub der Beamtinnen und Beamten, Richterinnen und Richter des Bundes v. 11.11.2004 (BGBl. 2004 I 2831) mÄnd, VO über Sonderurlaub für Bundesbeamtinnen und Bundesbeamte sowie Richterinnen und Richter des Bundes v. 1.6.2016 (BGBl. 2016 I 1284); für Auslandsbeamte s. HeimaturlaubsVO v. 3.6.2002 (BGBl. 2002 I 1784) mÄnd. Die genannten VOen des Bundes gelten grundsätzlich auch für → Berufssoldaten und → Soldaten auf Zeit. Im Übrigen richtet sich der Urlaub der → Soldaten (§ 28 SoldatenG) nach der SoldatenurlaubsVO v. 14.5.1997 (BGBl. 1997 I 1134) mÄnd. Der Erholungsurlaub während des → Grundwehrdienstes beträgt für jeden vollen Dienstmonat 1/12 des Jahresurlaubs der Berufssoldaten (§ 5 SoldatenurlaubVO).

2. Urlaub ohne Dienstbezüge bis zu 15 Jahren können Beamte mit Kindern unter 18 Jahren oder pflegebedürftigen Angehörigen erhalten (§ 92 BBG). Ferner ist in Bereichen mit deutlichem Bewerberüberhang eine Beurlaubung ohne Bezüge für bis zu 6 Jahren oder bis zum Eintritt des Ruhestandes möglich (§ 95 BBG). Ferner kann Beurlaubung im Rahmen der Altersteilzeit erfolgen (§ 93 BBG). Vergleichbare Regelungen enthalten jeweils die Beamtengesetze der Länder.

Urlaubsabgeltung

Urlaubsabgeltung besteht darin, dass an Stelle eines nicht verbrauchten → Urlaubs dem → Arbeitnehmer als Ausgleich für während dieser Zeit erbrachte Arbeit Geld ausgezahlt wird. Urlaubsabgeltung für gesetzlichen Urlaub ist grds. verboten, aber dann zulässig, wenn der Urlaub wegen Beendigung des Arbeitsverhältnisses nicht mehr gewährt werden kann (§ 7 IV BUrlG, § 13 I BUrlG). Nach Aufgabe der Surrogatstheorie durch das BAG verfällt der Abgeltungsanspruch – anders als der Urlaubsanspruch – nicht mit Ende des Kalenderjahres; Arbeitsunfähigkeit nach dem Ende des Arbeitsverhältnisses hat keinen Einfluss mehr auf die Urlaubsabgeltung. Der Anspruch wird inzwischen als vererblich angesehen. Der EuGH geht auch von einem Entstehen einer Urlaubsabgeltung bei Beendigung des Arbeitsverhältnisses durch den Tod des Arbeitnehmers aus. Der Urlaubsanspruch und damit auch der Abgeltungsanspruch ist unverzichtbar (§ 13 BUrlG), ein Verzicht ist erst nach Beendigung des Arbeitsverhältnisses zulässig, zuvor ist nur ein Tatsachenvergleich möglich; jedoch unterfällt die Urlaubsabgeltung tariflichen Ausschlussfristen sowie der Verjährung (unabhängig von Hinweispflichten des Arbeitgebers während des Arbeitsverhältnisses, jedoch ist der Beginn der Ausschluss-/Verjährungsfrist uU abhängig von der Rspr. des EuGH zu den Hinweispflichten (s. dazu → Urlaub), vgl. BAG v. 31.1.2023 – 9 AZR

244/20 u. 9 AZR 456/20). Während der Zahlung einer Urlaubsabgeltung ruht gem. § 157 III SGB III der Anspruch aus Arbeitslosengeld. Im → Heuerverhältnis ist gem. § 64 SeeArbG der Resturlaub grds. durch Verlängerung des Arbeitsverhältnisses zu gewähren, kann aber ausnahmsweise auch abgegolten werden.

Urlaubsentgelt
Urlaubsentgelt ist der während der Dauer des → Urlaubs fortbezahlte Arbeitslohn. Bei Monatsgehältern besteht das Urlaubsentgelt in fortlaufender Gehaltszahlung. Bei Wochenlohn wird das Urlaubsentgelt nach § 11 I BUrlG berechnet; es wird der durchschnittliche Arbeitslohn während der letzten 13 Wochen vor Urlaubsbeginn (ohne Überstundenvergütung, soweit durch → Tarifvertrag nicht anders geregelt) zugrundegelegt. Das Urlaubsentgelt ist dann vor Antritt des Urlaubs zu zahlen (§ 11 II BUrlG), Besonderheiten gelten für die Urlaubsgewährung und Zahlung des Urlaubsentgelts im (nur vermeintlich) beendeten Arbeitsverhältnis (BAG 10.2.2015 – 9 AZR 455/13, BAGE 150, 355 Rn. 18). Teilweise wird zusätzlich zum Urlaubsentgelt ein → Urlaubsgeld gezahlt.

Urlaubsgeld
Urlaubsgeld ist eine → Gratifikation, die aus Anlass des jährlichen Erholungsurlaubs gewöhnlich zur Jahresmitte gezahlt wird, um dem Arbeitnehmer eine bessere Gestaltung des Urlaubs zu ermöglichen. Das Urlaubsgeld ist teilweise freiwillige soziale Leistung des → Arbeitgebers (wenngleich meist eine Bindung für die Zukunft eintreten wird); jedoch kann in → Tarifvertrag, → Betriebsvereinbarung oder Einzelvertrag eine Verpflichtung zur Zahlung von Urlaubsgeld begründet werden. Das Urlaubsgeld ist grds. unpfändbar (§ 850a Nr. 2 ZPO). Das Urlaubsgeld für Beamte und Richter wurde abgeschafft. Zu unterscheiden ist das Urlaubsgeld vom → Urlaubsentgelt.

Urproduktion
ist die Gewinnung von rohen Naturerzeugnissen (Bergbau, Landwirtschaft, Forstwirtschaft, Garten- und Weinbau, Tierzucht, Fischerei, Jagd).

1. Urproduktion ist kraft Gewohnheitsrecht kein → Gewerbe iS der GewO (vgl. auch § 6 GewO), auch wenn sonst alle Merkmale eines Gewerbebetriebes erfüllt sind. Die Betriebe unterliegen deshalb nicht der → Anzeigepflicht (Gewerberecht) nach § 14 GewO; ihre Fortführung kann nicht wegen Unzuverlässigkeit des Leiters nach § 35 GewO untersagt werden (→ Zuverlässigkeit). Zur U. werden auch Folgetätigkeiten wie Zubereitung, Verarbeitung und Verkauf der selbstgewonnenen Erzeugnisse gerechnet, sofern diese Folgetätigkeiten nicht eigenständiges Gewicht bekommen. Einen Grenzfall bilden Gärtnereien; sie sind gewerbliche Betriebe, wenn sie sich hauptsächlich auf die Verarbeitung und Veräußerung von nicht selbstgewonnenen Erzeugnissen des Gartenbaues beschränken. Keine U. betreiben Viehmästereien, Betriebe zur Eierproduktion u. ä., wenn sie im größerem Umfang betrieben werden und auf den Zukauf wenigstens von großen Teilen der → Futtermittel angewiesen sind.

2. Im Handelsrecht zählt Urproduktion zum Gewerbebegriff; Kaufmannseigenschaft ist jedoch im Bereich der Land- und Forstwirtschaft nur nach § 3 HGB (Kannkaufmann) erhältlich, → Handelsgewerbe, → Kaufmann.

3. Zum steuerlichen Gewerbebegriff s. → Gewerbebetrieb.

Ursache, ursächlicher Zusammenhang
→ Schadensersatz, 1a (Zivilrecht), → Kausalität (Strafrecht). Für das Verwaltungsrecht besteht kein einheitlicher Ursachenbegriff. Häufig wird – wie im Sozialrecht – auf die wesentliche Ursache (Relevanztheorie) abgestellt. Die im Strafrecht herrschende Äquivalenztheorie wird man im Verwaltungsrecht kaum unverändert anwenden können, weil hier idR das Korrektiv des Verschuldens fehlt (zB ist im Polizeirecht kein Verschulden des Störers erforderlich).

Urschrift
Die Urschrift ist das Original einer → Urkunde. Sa → Ausfertigung einer Urkunde.

Ursprungsbezeichnung
→ geschützte Ursprungsbezeichnung, → Wein (3).

Urteil
Ein Urteil ist eine gerichtliche Entscheidung, für die besondere Formen vorgeschrieben sind. Grundsätzlich wird durch Urteil (nach → Beratung) über eine → Klage entschieden (§ 300 ZPO, § 107 VwGO, § 95 FGO, § 125 SGG). Ein Urteil muss schriftlich abgefasst werden; es besteht aus dem Rubrum (→ Urteilskopf), dem Tenor oder Spruch (→ Urteilsformel) sowie dem → Tatbestand und den Entscheidungsgründen (letztere können uU entfallen, §§ 313a, 313b ZPO); zur → Rechtsmittelbelehrung in Urteilen siehe § 232 ZPO, § 9 V ArbGG, § 117 II VwGO, § 105 II FGO, § 136 SGG). Im Strafverfahren werden Tatbestand und Entscheidungsgründe in „Gründen" zusammengefasst, deren Inhalt § 267 StPO vorschreibt. Die Urteile sind binnen bestimmter Fristen zu den Akten zu bringen (vgl. § 315 II ZPO, § 275 StPO) und müssen von den mitwirkenden Berufsrichtern unterschrieben werden; von den ehrenamtlichen Richtern unterschreiben nur die der → Kammern für Handelssachen (§ 315 I ZPO, § 60 IV ArbGG, § 69 I ArbGG, § 75 II ArbGG, § 117 I VwGO, § 105 I FGO, § 134 SGG, § 275 II StPO). Urteile ergehen „Im Namen des Volkes" und werden grundsätzlich im Anschluss an die → mündliche Verhandlung oder in einem besonderen Verkündungstermin verkündet (§§ 310, 311 ZPO, § 60 ArbGG, §§ 116, 117 VwGO, §§ 104, 105 I FGO, § 132 SGG, § 268 StPO); ausnahmsweise ist die Verkün-

dung durch die Zustellung der → Urteilsformel ersetzt (vgl. § 310 III ZPO, § 116 III VwGO, § 104 II FGO, § 133 SGG). Die Urteile werden – unabhängig hiervon – mit ihrem vollständigen Inhalt generell von Amts wegen zugestellt (vgl. § 317 ZPO); diese Zustellung setzt insbes. die → Rechtsmittelfristen in Lauf (in Strafsachen ist die Verkündung maßgebend). Urteile können berichtigt (→ Berichtigung) und ergänzt werden (→ Ergänzungsurteil). Je nach Voraussetzungen und Inhalt gibt es nach zivilprozessualen Grundsätzen verschiedene Arten von Urteilen: → Endurteil, → Zwischenurteil, → Vorbehaltsurteil, → Grundurteil, → Teilurteil, → Anerkenntnisurteil, → Versäumnisurteile. Urteile erwachsen in → Rechtskraft, sind → Vollstreckungstitel und können angefochten werden (→ Rechtsmittel). Im Verfahren der → freiwilligen Gerichtsbarkeit → Beschluss.

Urteil, ausländisches
→ Vollstreckungsurteil.

Urteil, kontradiktorisches
→ streitiges Urteil.

Urteil nach Lage der Akten
→ Aktenlageentscheidung.

Urteilsausfertigung
→ Ausfertigung einer Urkunde.

Urteilsergänzung
→ Ergänzungsurteil.

Urteilsformel
Die Urteilsformel (Urteilsspruch) ist der Bestandteil eines → Urteils (vgl. § 313 I Nr. 4 ZPO), der den kurz zusammengefassten Entscheidungsinhalt umschreibt, nämlich im Zivilprozess über die → Hauptsache, die Kosten, die → vorläufige Vollstreckbarkeit, Vorbehalte (→ Vorbehaltsurteil), im arbeitsgerichtlichen Verfahren auch die Streitwertfestsetzung; im Strafverfahren enthält die Urtelsformel den Schuld- und Strafausspruch. Die Urteilsformel kann unter bestimmten Voraussetzungen berichtigt werden (→ Berichtigung).

Urteilsgründe
(Entscheidungsgründe) → Urteil.

Urteilskopf
Der Urteilskopf (→ Rubrum genannt) ist einer der Bestandteile eines → Urteils. Gesetzliche Vorschriften je nach Verfahrensordnung: § 313 I Nr. 1, 2 ZPO, § 117 II Nr. 1, 2 VwGO, § 105 II Nr. 1, 2 FGO, § 136 I Nr. 1, 2, 3 SGG, § 275 StPO. Der Urteilskopf enthält: die Eingangsformel „Im Namen des Volkes", das Aktenzeichen, das Gericht, das entscheidet, und seinen Spruchkörper (Kammer usw), die Namen der mitwirkenden Richter, den Tag der letzten mündlichen Verhandlung, die Bezeichnung der Parteien oder Beteiligten und ihrer gesetzlichen Vertreter und Prozessbevollmächtigten nach Namen, Stand oder Beruf, Wohnort und Stellung im Verfahren. Im Strafverfahren sind der Sitzungstag, an dem das Urteil verkündet wird, sowie an Stelle der Parteien der Angeklagte, statt des Prozessbevollmächtigten der Verteidiger und außer den Richtern der Beamte der StA und der Urkundsbeamte aufzuführen. Oftmals befindet sich im Urteilskopf auch ein Staatswappen.

Urteilsstil
Urteilsstil bezeichnet die methodische Art der Darbietung der Urteilsinhalte (→ Urteil), wonach das Ergebnis vorweg genannt wird und im Anschluss im Wege einer → Subsumtion die Begründung hierzu folgt.

Urteilstenor
= Urteilsspruch (→ Urteilsformel).

Urteilsverfahren
In allen Verfahrensordnungen ist, je nach dem Gegenstand des Rechtsstreits, die Entscheidung durch → Urteil oder → Beschluss vorgeschrieben. So wird über eine → Klage in der Regel durch Urteil entschieden (§ 300 I ZPO, § 107 VwGO, § 95 FGO, § 125 SGG). Dieses zum Urteil führende Verfahren (für den Zivilprozess in den §§ 253–510b ZPO, für die → Arbeitsgerichtsbarkeit in §§ 2, 46 ff. ArbGG geregelt), nennt man Urteilsverfahren. Sa → Beschlussverfahren.

Urteilsverkündung (-bekanntmachung)
→ Urteil.

Uruguay-Runde
→ WTO.

Usance
(franz.) = → Handelsbrauch.

US-GAAP
US-GAAP (Abk. für United States Generally Accepted Accounting Principles) sind die US-amerikanischen Bilanzierungsvorschriften, die von der deutschen → Rechnungslegung zT erheblich abweichen, aber zB vor einer US-Börsenzulassung erfüllt sein müssen. Sa → International Financial Reporting Standards, → Konzernbilanz.

UVP
→ Umweltverträglichkeitsprüfung.

V

Vätermonate
→ Elterngeld.

Valutaklausel
→ Wechsel, → Geldschuld (2).

Valutaschuld
→ Geldschuld (1).

Valutaverhältnis
→ Deckungsverhältnis, → Vertrag zugunsten Dritter, → Anweisung.

Vandalismus
→ Tumultschäden.

Varieté
→ Schaustellungen von Personen.

Vasall
→ Lehen (Lehnswesen).

Vasallenstaat
→ Suzeränität.

Vater
→ Abstammung (2), → elterliche Sorge (2), → Kinder, → Unterhaltspflicht bei nicht miteinander verheirateten Eltern.

Vaterschaft
→ Abstammung (2, 3).

Vaterschaftsanerkennung
→ Abstammung (2b).

Vaterschaftsanfechtung
→ Abstammung (3).

Vaterschaftsfeststellung
→ Abstammung (2c, 3 f).

Vaterschaftstest
Ein heimlich, also ohne Zustimmung (des Kindes durch den oder die Sorgeberechtigten, dh idR – auch – der Mutter) durchgeführter Gen-Test zur Feststellung der → Abstammung verstößt gegen § 17 II GenDG und das → Persönlichkeitsrecht des Kindes auf → informationelle Selbstbestimmung und ist damit rechtswidrig. Ein solcher Vaterschaftstest kann daher nicht als Beweismittel zur Anfechtung der Vaterschaft (→ Abstammung, 3) dienen (BGH NJW 2006, 2657; BVerfG NJW 2007, 753). Es besteht aber ein – gerichtlich durchsetzbarer – Anspruch auf Einwilligung in die (damit offene) Klärung der Vaterschaft (Einzelheiten s. → Abstammung, 3 f).

Vaterschaftsvermutung
→ Abstammung (2c, 3c).

Vatikanische Konzilien
Das I. Vatikanische Konzil (1869–1870), von dem damaligen → Papst Pius IX. zum Zwecke der Festlegung bestimmter strenger Glaubenssätze einberufen, hat kirchengeschichtlich besondere Bedeutung erlangt. Auf ihm wurde durch die Constitutio Pastor aeternus vom 28.7.1870 die Unfehlbarkeit des Papstes als des Inhabers der obersten Lehrgewalt in Sachen des Glaubens und der Sitte verkündet, wenn er „ex cathedra" spricht, dh in seiner Eigenschaft als Oberhaupt der röm.-kath. Kirche eine für die gesamte Kirche bestimmte Entscheidung trifft. Die Verkündung dieses Dogmas führte in Deutschland zum Abfall eines Teils der Gläubigen und zur Bildung der Altkatholischen Kirche. Das II. Vatikanische Konzil (1962–1965), von Papst Johannes XXIII. als Reformkonzil einberufen, schloß mit 16 Dekreten, in denen richtungweisende Beschlüsse für die Neuordnung des kirchlichen Lebens und über das Verhältnis der Kirche zur Umwelt niedergelegt wurden. Sie betrafen insbes. Änderungen in Liturgie und Ritual, die Ausbildung, Erziehung und Lebensführung der Priester, die Erneuerung des Ordenslebens, die Missionstätigkeit, die Stellung der Laien in der Kirche (Laienapostolat) sowie Fragen der christlichen Erziehung in Schule und Elternhaus. Eine für die kirchliche Hierarchie wichtige Entwicklung bahnte sich in einer Stärkung der Stellung der Bischöfe und durch Einsetzung einer Bischofssynode als Beratungsgremium des Papstes an. Bedeutsam waren ferner die Proklamierung des Grundsatzes der Religionsfreiheit und eine Revision der Stellung der Kirche zu anderen Religionsgemeinschaften. Andere Reformfragen wurden der weiteren Entwicklung überlassen. Die vom II. Vatikanischen Konzil getroffenen richtungweisenden Grundentscheidungen waren bindende Weisungen für die Reform des Kirchenrechts und die Revision des → Codex iuris canonici (CIC).

Vatikanstadt
Der weltliche Herrschaftsbereich des → Papstes, der alte Kirchenstaat, wurde am 20.9.1870 durch den italienischen König aufgehoben und Rom zur Hauptstadt Italiens erklärt. Erst durch die → Lateranverträge v. 11.2.1929 wurde die Vatikanstadt als eigener Staat iSd → Völkerrechts geschaffen. Die korrekte Bezeichnung lautet italienisch Stato della Città del Vaticano = Staat der Vatikanstadt oder Staat Vatikanstadt; die bisweilen verwendete Bezeichnung Vatikanstaat ist nicht korrekt. Die Vatikanstadt umfasst das Gebiet der Peterskirche und die angrenzenden Paläste und Regierungsgebäude sowie die Sommerresidenz der Päpste. Die Vatikanstadt zählt nicht zum Staatsgebiet Italiens. Der Papst ist Staatsoberhaupt der Vatikanstadt und in ihrem Bereich souverän. Von der Vatikanstadt ist der → Heilige Stuhl zu unterscheiden, der selbst ein eigenes Völkerrechtssubjekt ist und diplomatische Beziehungen unterhalten kann. Die Anerkennung einer doppelten internationalen

Rechtspersonalität kann derzeit als hM angesehen werden.

Vegetarier
und Veganer s. → Kennzeichnung von Lebensmitteln.

venia legendi
→ Hochschullehrer.

venire contra factum proprium
(lat.) bedeutet eine Zuwiderhandlung gegen das eigene frühere Verhalten, → Treu und Glauben.

Venture capital-Beteiligung
→ Joint venture-Vertrag, → Private Equity.

Verabredung einer Straftat
Die bloße Verabredung einer Straftat ist, wenn es nicht mindestens zu einem → Versuch kommt (hinter dem die Verabredung dann zurücktritt), nur in bestimmten Fällen strafbar:

1. Nach § 30 II StGB (→ Duchesne-Paragraph) wird derjenige, der mit wenigstens einem anderen die Begehung eines → Verbrechens oder die → Anstiftung hierzu verabredet, nach den für den Versuch des Verbrechens geltenden Vorschriften (jedoch mit Milderungsgebot) bestraft. Gleiches gilt für denjenigen, der sich gegenüber einem anderen zur Begehung eines Verbrechens bereit erklärt oder der ein entsprechendes Erbieten eines anderen annimmt. Insoweit ist also ausnahmsweise wegen der besonderen Gefährlichkeit und Eigendynamik des konspirativen Zusammenwirkens mehrerer schon eine bloße → Vorbereitungshandlung unter Strafe gestellt. Doch wird nicht nach § 30 StGB bestraft, wer nach der Verabredung das Verbrechen verhindert oder, falls das Verbrechen ohne sein Zutun unterbleibt oder unabhängig von der Verabredung begangen wird, sich ernsthaft um die Verhinderung bemüht hat (§ 31 StGB).

2. Als → militärische Straftat ist die Verabredung von Soldaten zur Unbotmäßigkeit, nämlich zur Gehorsamsverweigerung (→ Gehorsamspflicht), → Meuterei, Bedrohung oder Nötigung eines Vorgesetzten oder zu einem tätlichen Angriff auf diesen in § 28 WStG mit der für die Begehung der Tat vorgesehenen Strafe bedroht; auch hier wirkt → tätige Reue strafbefreiend.

Verächtlichmachen
von Bundesorganen → Beschimpfung; sa → Verunglimpfung.

Veränderung der Vertragslage
→ Geschäftsgrundlage.

Veränderung des rechtlichen Gesichtspunkts
(im Strafprozess) → Hauptverhandlung.

Veränderungsnachweis
Im Veränderungsnachweis (zT auch Fortführungsmitteilung genannt) werden die Veränderungen an Flurstücken zum Ausdruck gebracht. Der Veränderungsnachweis ist Grundlage für die Fortführung des → Katasters und der Berichtigung des → Grundbuchs. Sa → Messungsanerkennung, → Parzellierung.

Veränderungssperre
Ist ein Beschluss über die Aufstellung eines Bebauungsplans (→ Bauleitpläne) gefasst, kann die → Gemeinde zur Sicherung der Planung für den künftigen Planbereich eine Veränderungssperre beschließen; dann dürfen weder bauliche Anlagen errichtet oder beseitigt werden noch wertsteigernde nichtgenehmigungspflichtigte Veränderungen an Grundstücken und baulichen Anlagen vorgenommen werden (§§ 14 ff. BauGB). Die Veränderungssperre nach diesen Bestimmungen wird von der → Gemeinde als → Satzung beschlossen, kann also im Wege der → Normenkontrolle überprüft werden. Die Veränderungssperre tritt nach 2 Jahren außer Kraft; die Gemeinde kann sie unter gewissen Voraussetzungen verlängern oder nach Außerkrafttreten erneut beschließen. Bei länger dauernder Veränderungssperre (mehr als 4 Jahre) ist der Betroffene für die entstandenen Vermögensnachteile angemessen in Geld zu entschädigen. Als gegenüber der Veränderungssperre weniger einschneidende oder vorläufige Maßnahme sieht § 15 BauGB die zeitweilige Zurückstellung von Baugesuchen vor. Teilw. abweichend geregelt sind die Veränderungssperre gem. § 51 BauGB und § 109 BauGB. V. sind auch in anderen Gesetzen vorgesehen, in denen bauliche oder sonstige Planungen geregelt sind (zB § 9a BundesfernstraßenG, § 15 BundeswasserstraßenG, § 86 WasserhaushaltsG, § 34 FlurbereinigungsG).

Veräußerung
→ Verfügung (rechtsgeschäftliche), → Kauf (1); – der Firma → Firma (1); – der Streitsache → Streitbefangenheit; eines Unternehmens → Unternehmen.

Veräußerungsbeschränkung
→ Wohnungseigentum (3).

Veräußerungsgewinne
1. Veräußerungsgewinne aus der Veräußerung von → Betriebsvermögen eines Betriebs, Teilbetriebs oder Mitunternehmeranteils, aber auch Betriebsaufgabe durch einen Land- und Forstwirt, Gewerbetreibenden oder selbständig Tätigen sind grundsätzlich steuerpflichtig (§ 16 EStG). StPfl. ab dem 55. Lebensjahr wird einmalig ein → Freibetrag von 45 000 EUR gewährt; dieser Freibetrag ermäßigt sich um den Betrag, um den die Veräußerungsgewinne 136 000 EUR übersteigen (§ 16 IV EStG). Es handelt sich um → außerordentliche Einkünfte, die steuerlich privilegiert behandelt werden. Dabei kann die Besteuerung nach der sog. Fünftelregelung (→ außerordentliche Einkünfte) oder mit 56 vH seines durchschnittlichen Steuersatzes erfolgen. Der Stpfl. hat insoweit ein Wahlrecht. Die Besteuerung mit 56 vH des durchschnittlichen Steuersatzes kann jedoch nur

einmalig im Leben des Stpfl. auf Antrag gewählt werden, wenn dieser das 55. Lebensjahr vollendet hat oder im sozialversicherungsrechtlichen Sinn dauernd berufsunfähig ist. Sie kann nur für Gewinne bis 5 Mio. EUR gewährt werden. Unterschreitet der tatsächlich ermittelte durchschnittliche Steuersatz den für den Veranlagungszeitraum geltenden → Eingangsteuersatz, ist mindestens dieser anzusetzen. Da es sich um keinen laufenden Gewinn handelt, unterliegen Veräußerungsgewinne, die durch natürliche Personen oder Personengesellschafter erzielt werden, nicht der Gewerbesteuer.

2. Wird eine im Privatvermögen gehaltene → wesentliche Beteiligung an einer Kapitalgesellschaft veräußert oder wird die Kapitalgesellschaft aufgelöst, so sind die Einkünfte nach § 17 EStG steuerpflichtig. Dabei ist ein Freibetrag von 9060 EUR zu berücksichtigen. Der auf die Beteiligung entfallende Aufgabegewinn wird nach dem → Teileinkünfteverfahrenbesteuert und ist damit zu 40 vH steuerfrei (§ 3 Nr. 40 Satz 1b iVm § 3c EStG). Eine Tarifbegünstigung nach § 34 EStG findet keine Anwendung. Veräußerungsgewinne aus der Veräußerung von anderen Gegenständen des Privatvermögens mit Ausnahme von sog. privaten Veräußerungsgeschäften (→ Spekulationsgewinnen) sind nicht steuerpflichtig, zB Verkauf eines Pkw durch Arbeitnehmer. Gewinne, die eine → Kapitalgesellschaft bei der Veräußerung von Beteiligungen an anderen Kapitalgesellschaften erzielt, sind. unter bestimmten Voraussetzungen steuerfrei (§ 8b II 1 KStG).

Veräußerungshinderndes Recht
→ Drittwiderspruchsklage.

Veräußerungsverbot
Ist ein gesetzliches Veräußerungsverbot im öffentlichen Interesse, dh zugunsten der Gesamtheit, erlassen, so verstößt ein dem zuwiderhandelndes Rechtsgeschäft gegen ein Verbotsgesetz und ist wegen → Rechtswidrigkeit absolut nichtig (→ Nichtigkeit, § 134 BGB; zB wenn die Veräußerung von Grundstücken an Ausländer gesetzlich untersagt ist). Verstößt die → Verfügung über einen Gegenstand dagegen gegen ein gesetzliches Veräußerungsverbot, das nur den Schutz bestimmter Personen bezweckt, so ist sie nur diesen Personen gegenüber unwirksam, iÜ aber wirksam (relative → Unwirksamkeit). Einem gesetzlichen Veräußerungsverbot steht dabei ein Veräußerungsverbot gleich, das von einem Gericht oder einer anderen Behörde zugunsten bestimmter Personen erlassen wird. In Betracht kommen vor allem die Verfügungen des Schuldners nach Eröffnung des → Insolvenzverfahrens (§ 81 InsO, Schutz der Insolvenzgläubiger) sowie Verfügungen des Schuldners nach einer → Beschlagnahme im Wege der Zwangsvollstreckung (zB bei der Pfändung einer Forderung, § 829 ZPO) oder bei der Zwangsversteigerung eines Grundstücks (§ 23 ZVG, Schutz des Vollstreckungsgläubigers) sowie Veräußerungsverbote, die durch eine → einstweilige Verfügung (Schutz des Antragstellers) angeordnet worden sind. In allen diesen Fällen fehlt dem Verfügenden die → Verfügungsbefugnis; die Verfügung (ebenso eine Zwangsvollstreckungsmaßnahme gegen den Schuldner seitens eines Gläubigers, der nicht zu dem geschützten Personenkreis gehört) ist relativ unwirksam (§§ 135, 136 BGB).

Der Wirkung eines Veräußerungsverbot kommt ein durch einstweilige Verfügung angeordnetes Erwerbsverbot gleich (Bsp.: Jemand hat auf Grund eines unwirksamen → Grundstückskaufvertrags – zB Schwarzkauf – die → Auflassung erklärt; dem Erwerber wird nunmehr durch einstweilige Verfügung verboten, die Eintragung herbeizuführen und dadurch den nichtigen Kaufvertrag zu heilen, so dass er wirksam über das Grundstück weiter verfügen könnte). Besteht ein derartiges relatives Veräußerungsverbot, so wird ein Gutgläubiger, der von dem nicht mehr Verfügungsberechtigten den Gegenstand durch eine Verfügung (nicht im Wege der Zwangsvollstreckung) erwirbt, geschützt, soweit für den betreffenden Gegenstand ein → Gutglaubensschutz vorgesehen ist. Der gute Glaube muss sich hier auf das Fehlen eines Veräußerungsverbots, also auf den Fortbestand der Verfügungsbefugnis beziehen; er wird insbes. bei Grundstücken durch Eintragung – zB des Beschlagnahmevermerks – in das Grundbuch zerstört (§ 892 I 2 BGB, § 23 ZVG). Durch Rechtsgeschäft kann ein Veräußerungsverbot nicht mit unmittelbar bindender Wirkung vereinbart werden (Verfügungsfreiheit; Ausnahme bei der → Abtretung, 3); unberührt hiervon bleibt jedoch die Wirksamkeit einer Verpflichtung, über ein veräußerliches Recht nicht durch Rechtsgeschäft zu verfügen (§ 137 BGB). Eine verbotswidrige Verfügung ist hier also voll wirksam, verpflichtet aber den Verfügenden wegen Vertragsverletzung zum → Schadensersatz.

Veranlagung
ist das Verfahren beim Finanzamt, das mit der Abgabe einer Steuererklärung beginnt und mit dem Erlass des → Steuerbescheids, in dem die Steuer festgesetzt wird, endet. Veranlagung erfolgt insbes. bei der → Einkommen- und → Körperschaftsteuer, → Besteuerungsverfahren.

Veranlagungsarten
Bei der → Einkommensteuer gab es bis 2012 die Einzelveranlagung (§ 25 EStG), die Zusammenveranlagung der Ehegatten (§ 26b EStG), die getrennte Veranlagung der Ehegatten (§ 26a EStG) und die besondere Veranlagung im Jahr der Eheschließung (§ 26c EStG).

Ehegatten und eingetragene Lebenspartner, die zu Beginn des → Veranlagungszeitraums (VZ) unbeschränkt steuerpflichtig sind und nicht dauernd getrennt leben oder bei denen diese Voraussetzungen im Laufe des VZ eingetreten sind, konnten unabhängig v. ehelichen Güterstand (→ Güterstände) zwischen Zusammenveranlagung und getrennter Veranlagung wählen (§ 26 EStG). Bei besonderer Veranlagung im Jahr der Eheschließung werden die Ehegatten wie Unverheiratete behandelt. Die Veranlagung von Einkünften aus nichtselbständiger Arbeit, die dem Lohnsteuerabzug unterliegen, regelt § 46 EStG (→ Lohnsteuer, → Antragsveranlagung).

1. Einzelveranlagung findet statt bei Ledigen, Geschiedenen, dauernd getrennt lebenden Ehegatten, beschränkt Steuerpflichtigen und Verwitweten (→ Steuerpflicht, zu Ausnahmen → Grenzgänger). Anzuwenden ist die Grundtabelle bzw. beim → Gnadensplitting die Splittingtabelle (§ 32a IV, VI EStG).

2. Zusammenveranlagung bedeutet getrennte Einkunftsermittlung, aber gemeinschaftliche → Sonderausgaben, gemeinschaftlich außergewöhnliche → Belastungen und ein einheitliches zu versteuerndes Einkommen, auf das die → Splittingtabelle (§ 32a V EStG) anzuwenden ist.

3. Getrennte Veranlagung (auf Antrag eines Ehegatten) ist gekennzeichnet durch getrennte Einkunftsermittlung, getrennte → Sonderausgaben, grundsätzlich frei verschiebbare außergewöhnliche → Belastungen, zwei zu versteuernde → Einkommen, auf die die Grundtabelle (§ 32a IV EStG) anzuwenden ist.

4. Ab 2013 wurden die Veranlagung reduziert. Eine getrennte Veranlagung von Ehegatten und die besondere Veranlagung im Jahr der Eheschließung entfallen. Die Wahl zwischen Zusammen- oder Einzelveranlagung wird für den Veranlagungszeitraum durch die Abgabe der Steuererklärung getroffen. Die Anwendung des Witwen-Splittings im Jahr nach dem Todesfall bei einer Wiederheirat bleibt durch die Wahl der Einzelveranlagung nach § 26a EStG möglich.

Veranlagungssteuern
→ Veranlagung, → Veranlagungsarten, → Abzugsteuern.

Veranlagungszeitraum
ist bei der Einkommen- und Körperschaftsteuer das Kalenderjahr, auch wenn die persönl. Steuerpflicht nicht das ganze Jahr bestanden hat. → Erhebungszeitraum (Gewerbesteuer) und → Besteuerungszeitraum (Umsatzsteuer).

Veranstaltungsvertragsrecht
→ Corona-Krise und Vertragsrecht.

Verantwortlichkeit
→ Verschulden, → Schuld, → Geschäftsfähigkeit, → Deliktsfähigkeit, → Schuldfähigkeit.

Verantwortungsgemeinschaft
Die Verantwortungsgemeinschaft soll es zwei oder mehr Personen ermöglichen, sich ein Bündel an Rechten einzuräumen, die je nach Ausgestaltung bislang eine → Vollmacht, eine → vertragliche Regelung, → Verwandtschaft oder → Ehe voraussetzen, etwa gegenseitige Auskunfts- und Vertretungsrechte, → Unterhaltsansprüche oder → Sorgerechte. Das geltende Recht sieht eine Verantwortungsgemeinschaft nicht vor.

Bei dem „Verantwortungseigentum" handelt es sich um eine rechtspolitische Forderung nach einer neuen Rechtsform, in der ein Unternehmen betrieben werden kann. Verwandt damit ist auch die seit einiger Zeit diskutierte „Gesellschaft mit gebundenem Vermögen". Am ehesten kann man sich die Idee wie eine Stiftung vorstellen und es soll die Unternehmensnachfolge an kompetente Nachfolgerinnen und Nachfolger ermöglichen, auch über den Kreis der leiblichen Familie hinaus. Das Unternehmen würde damit dauerhaft „selbständig" von den Erben bleiben. Die Eigentümer bzw. Erben hätten dann zwar zB Stimmrechte, aber keinen schrankenlosen Zugriff auf das Unternehmensvermögen, wären also so etwas wie „Treuhänder". Das Modell soll daher vor allem für den Fortbestand von Familienunternehmen geeignet sein. Kritiker an dieser Idee sehen keinen konkreten Nutzen einer neuen Rechtsform und fordern stattdessen eine Reform des Stiftungsrechts. Außerdem müsste darauf geachtet werden, dass diese neue Rechtsform bei Unternehmensnachfolgen nicht zum bloßen Steuersparmodell verkommt, wofür das BMJ aktuell das Konstrukt einer „thesaurierenden Gesellschaft" prüft, also ohne offene oder verdeckte Gewinnauszahlung. Der Ampel-Koalitionsvertrag sieht die Schaffung einer solchen Rechtsform vor. Die Bundesregierung hat kürzlich die Vorlage eines Entwurfs angekündigt.

Verarbeitung
Wird durch Verarbeitung oder Umbildung eines oder mehrerer Stoffe eine neue bewegliche → Sache hergestellt, so erwirbt der Hersteller → Eigentum an der neuen Sache, sofern nicht der Wert der Verarbeitung erheblich geringer ist als der Wert des Stoffes (§ 950 BGB). Eine neue Sache entsteht nicht bei bloßer Reparatur oder Wiederherstellung; ein Anhaltspunkt für das Vorliegen einer neuen Sache ist deren neuer Name (zB Herstellung von Dosen aus Blech). Als Verarbeitung gilt auch das Schreiben, Zeichnen, Malen, Drucken oder eine ähnliche Bearbeitung der Oberfläche des Stoffes. Der Hersteller erwirbt originär (kein → Rechtsgeschäft) und endgültig Eigentum; ein → böser Glaube schadet nicht. Hersteller in diesem Sinn ist, wer in eigener Verantwortung eine neue Sache anfertigt, auch wenn er sich hierzu eines Untergebenen bedient, demnach nicht der Gewerbegehilfe oder Fabrikarbeiter. Durch die Verarbeitung erlischt ein → Eigentumsvorbehalt des Lieferanten. Da eine → Sicherungsübereignung der herzustellenden neuen Sache durch antizipiertes → Besitzkonstitut (verlängerter Eigentumsvorbehalt) oftmals dem Gläubiger keine hinreichende Sicherheit bietet, lässt die hM (so auch BGH) trotz der zwingenden Natur des § 950 BGB

(→ Sachenrecht) unter den Parteien die Abrede zu, wer Hersteller sein soll (sog. Herstellervereinbarung); Hersteller und damit durch Verarbeitung Eigentum Erwerbender ist demnach uU der unter verlängertem Eigentumsvorbehalt liefernde Verkäufer, sofern die Verarbeitung abredegemäß geschieht. Mit dem Erwerb des Eigentums durch Verarbeitung erlöschen die sonstigen an dem Stoff bestehenden Rechte. Wer infolge der Verarbeitung, → Verbindung oder → Vermischung einen Rechtsverlust erleidet, hat gegen den Bereicherten einen Anspruch auf Vergütung in Geld nach den Vorschriften über die → ungerechtfertigte Bereicherung (aber nicht, wenn sie ihm ohne sein Interesse nur aufgedrängt ist), uU auf Schadensersatz wegen → unerlaubter Handlung, auf Ersatz von → Verwendungen und ein → Wegnahmerecht; die Wiederherstellung des früheren Zustandes, zB Abbruch, kann nicht verlangt werden (§ 951 BGB).

Verbände
1. Verbände sind Zusammenschlüsse von (natürlichen oder juristischen) → Personen oder Vereinigungen zur Förderung gemeinsamer Interessen, insbes. wirtschaftlicher, sozialer, kultureller oder politischer Art. Zu den wirtschaftlichen Verbände zählen insbes. Vereinigungen von Unternehmen des gleichen Wirtschaftszweiges, welche die gemeinschaftlichen wirtschaftlichen Interessen ihrer Mitglieder fördern und gegenüber der Öffentlichkeit und dem Staat vertreten (→ Lobbyismus). Sie sind vielfach als eingetragene → Vereine organisiert (Gegensatz: öffentlich-rechtliche Berufsorganisationen, → Kammern) und idR fachlich oder regional zu Landes- und Bundesverbänden zusammengeschlossen (Dach- und Spitzenverbände, zB Bundesverband der Deutschen Industrie e. V.). Nach § 20 VI GWB dürfen Wirtschafts- und Berufsvereinigungen die Aufnahme eines Unternehmens nicht ablehnen (→ Aufnahmezwang). Zu den Voraussetzungen der → Tariffähigkeit eines Verbandes (Arbeitgeberverband, Gewerkschaft) s. dort. S. ferner → Koalitionsfreiheit, über das Klagerecht von Verbänden → Verbandsklage, über Sport-Verbände → Sportrecht.

2. Verbände der Sozialversicherungsträger → Sozialversicherungsträger.

3. Verbände (geschlossene) im Straßenverkehr von Fz. oder Personen, zB Leichenzüge oder Prozessionen, haben sich nach den allgemeinen Vorschriften für den Fahrverkehr zu richten. Mehr als 15 Radfahrer dürfen einen geschlossenen Verband bilden und dann auf der → Fahrbahn abweichend von der Regel zu zweit nebeneinander fahren. Kinder- und Jugendgruppen sollen → Gehwege benutzen (§ 27 StVO). Über das Nebeneinanderfahren in Fahrzeugschlangen → Kolonnen.

Verbalangebot
→ Gläubigerverzug.

Verbalkontrakt
→ Vertrag (3).

Verbalnote
→ Note.

Verbandsgeldbuße
Das deutsche Recht kennt kein → Strafrecht im eigentlichen Sinn für Verbände, da → Strafe stets → Schuld voraussetzt und sich daher nur gegen natürliche Personen richten kann (näher → Verbandsstrafrecht). Durchaus vorhanden sind Sanktionsnormen zu Lasten von Verbänden dafür im Recht der → Ordnungswidrigkeiten, dessen Rechtsfolgen im Gegensatz zur Strafe gerade kein sozialethisches Unwerturteil ausdrücken. Dort besteht die Möglichkeit einer Verbandsgeldbuße mit der Aufsichtspflichtverletzung als wesentlichem Anknüpfungstatbestand. Nach rechtspolitischen Plänen soll für die Ahndung von Verbänden für Straftaten ihrer Leitungspersonen ein eigenständiges Verbandssanktionengesetz geschaffen werden, dass für diesen Bereich das Ordnungswidrigkeitenrecht verdrängt.

1. Verbandsgeldbuße: § 30 I OWiG ermöglicht die Festsetzung einer → Geldbuße gegen eine → juristische Person oder eine Personenvereinigung, wenn durch deren vertretungsberechtigtes Organ (oder ein Mitglied eines solchen Organs), Vorstand (oder Mitglied eines solchen Vorstandes) oder vertretungsberechtigten Gesellschafter eine → Straftat oder Ordnungswidrigkeit begangen wird, durch die Pflichten, welche die juristische Person oder die Personenvereinigung treffen, verletzt worden sind. Gleiches gilt, wenn eine juristische Person oder eine Personenvereinigung durch eine solche Tat bereichert worden ist oder bereichert werden sollte.

Die Höchstgrenze des Ahndungsteils einer solchen Verbandsgeldbuße liegt bei zehn Millionen Euro für eine vorsätzliche bzw. fünf Millionen Euro im Fall einer fahrlässigen Straftat. War die begangene Tat eine Ordnungswidrigkeit, so gilt das für sie angedrohte Höchstmaß (§ 30 II OWiG). Zudem greift auch für die Verbandsgeldbuße § 17 IV OWiG, wonach die Geldbuße den wirtschaftlichen Vorteil, den der Täter aus der Ordnungswidrigkeit gezogen hat, übersteigen soll und hierzu das gesetzliche Höchstmaß ggf. überschritten werden darf. Über § 29 OWiG wird zudem eine → Einziehung zulasten eines Verbands ua nach § 22 OWiG zugelassen.

Für die Verfolgung gilt im → Bußgeldverfahren das → Opportunitätsprinzip, dh diese steht im → Ermessen der zuständigen Behörde.

2. Tatbestand der Aufsichtspflichtverletzung: Als wichtige Anknüpfungstat des § 30 OWiG fungiert der Ordnungswidrigkeitentatbestand des § 130 I OWiG, der sich an den Inhaber eines Betriebes oder Unternehmens richtet. Unterlässt er vorsätzlich oder fahrlässig die Aufsichtsmaßnahmen, die erforderlich sind, um in dem Betrieb oder Unternehmen

Zuwiderhandlungen gegen Pflichten zu verhindern, die den Inhaber treffen und deren Verletzung mit Strafe oder Geldbuße bedroht ist, so handelt er ordnungswidrig, wenn eine solche Zuwiderhandlung begangen wird, die durch gehörige Aufsicht verhindert oder wesentlich erschwert worden wäre. Zu den erforderlichen Aufsichtsmaßnahmen gehören auch die Bestellung, sorgfältige Auswahl und Überwachung von Aufsichtspersonen.

3. Geplantes Verbandssanktionengesetz: Ein in der 19. Legislaturperiode eingebrachter, aber nicht verwirklichter Gesetzentwurf der Bundesregierung für ein Gesetz zur Stärkung der Integrität in der Wirtschaft (BT-Drs. 19/23568) sah ua vor, ein eigenständiges Verbandssanktionengesetz (VerSanG) als neues Stammgesetz zu schaffen. Mit ihm sollte die Ahndung von Verbänden, deren Zweck auf einen wirtschaftlichen Geschäftsbetrieb gerichtet ist, wegen Straftaten ihrer Leitungspersonen aus dem Ordnungswidrigkeitenrecht herausgelöst und neu geordnet werden. Prozessual sollte das → Legalitätsprinzip (§ 152 II StPO) Anwendung finden. Bei Verbänden, deren Zweck nicht auf einen wirtschaftlichen Geschäftsbetrieb gerichtet ist, sowie bei bloßen Ordnungswidrigkeiten sollte es keine Anwendung finden, sondern weiterhin eine Ahndung des Verbandes nach § 30 OWiG erfolgen. Auch soweit Aufsichtspflichtverletzungen nach § 130 OWiG keine volldeliktisch begangene Straftat zur Folge haben, sollte das OWiG anwendbar bleiben.

Verbandsgemeinde
bezeichnet in einigen Ländern den Zusammenschluss mehrerer selbständig bleibender Gemeinden zu einer eigenen juristischen Person des öffentlichen Rechts; vgl. a. → Kommunalverband (2), → Verwaltungsgemeinschaft (1 u. 2).

Verbandsklage
1. Verwaltungsrecht. Nach § 42 II VwGO kann (vorbehaltlich anderer gesetzlicher Regelung) im → Verwaltungsstreitverfahren nur klagen, wer geltend macht, in seinen (eigenen) Rechten verletzt zu sein. Deshalb können Vereine oder Verbände grundsätzlich keine verwaltungsgerichtliche Klage erheben, mit der sie nicht eigene Rechte, sondern Interessen ihrer Mitglieder oder der Allgemeinheit geltend machen.Die Forderung nach einem originären Klagerecht der Verbände ist inzwischen in vielen Bereichen umgesetzt . Das Gesetz über ergänzende Vorschriften zu Rechtsbehelfen in Umweltangelegenheiten nach der EG-Richtlinie 2003/35/EG (→ Umwelt-Rechtsbehelfsgesetz - UmwRG - idF v. 23.8.2017, BGBl. 2017 I 3290) schafft ein originäres Klagerecht für bestimmte Verbände gegen eine Vielzahl umweltrelevanter Entscheidungen. Nach § 3 UmwRG wird einer inländischen oder ausländischen Vereinigung die Anerkennung zur Einlegung von Rechtsbehelfen erteilt; Voraussetzungen sind ideelle nachhaltige Tätigkeit seit mindestens 3 Jahren für die Förderung des Umweltschutzes, Gemeinnützigkeit und Öffnung der Mitgliedschaft für alle, die die Ziele der Vereinigung unterstützen. Nach § 1 und § 2 UmwRG können solche Vereinigungen ohne Geltendmachung der Verletzung eigener Rechte ua gegen Zulassungsentscheidungen nach dem Gesetz über die → Umweltverträglichkeitsprüfung, gegen bestimmte Entscheidungen nach dem Bundesimmissionsschutzgestz (→ Immissionsschutzrecht) und gegen Entscheidungen nach dem Umweltschadensgesetz (→ Umweltschaden) klagen. Weitere originäre Klagemöglichkeiten für Verbände schafft das Bundesnaturschutzgesetz (BNatSchG; → Naturschutz, 2c). In einigen Ländern haben Tierschutzverbände ein Verbandsklagerecht (ua Niedersachsen, Nordrhein-Westfalen und Baden-Württemberg). Das Gesetz zur Gleichstellung behinderter Menschen (Behindertengleichstellungsgesetz – BGG) v. 27.4.2002 (BGBl. 2002 I 1467, 1468) sieht in § 15 ein Verbandsklagerecht der Behindertenverbände bei Verletzung der Barrierefreiheit vor.Die Zweckmäßigkeit einer Zulassung der V. (insbes. hins. einer Entlastung der Verwaltung und der Verwaltungsgerichte von sog. → Massenverfahren) ist im Einzelnen str.

2. Zivilrecht. Im deutschen Recht ist die insbesondere im angelsächsischen Rechtskreis zulässige → Sammelklage nicht möglich. Die Sammelklage ist auch keine Verbandsklage ieS, da sie nur die individuellen Klagen unmittelbar Betroffener bündelt. In bestimmten Fällken besteht aber auch hier ein Recht der Verbandsklage; s. → Allgemeine Geschäftsbedingungen (5), → unlauterer Wettbewerb (3).

3. Um keine Verbandsklage handelt es sich bei der → Popularklage.

Verbandsklagenrichtlinienumsetzungsgesetz
→ Massenverfahren (Zivilprozess).

Verbandskörperschaft
→ Körperschaften des öffentlichen Rechts.

Verbandspersönlichkeit
→ juristische Person (1a).

Verbandsstrafrecht
Das deutsche Recht kennt kein Strafrecht im eigentlichen Sinn für Personenzusammenschlüsse, → juristische Personen oder Wirtschaftsunternehmen. Dem liegt zugunde, dass → Strafe stets → Schuld voraussetzt: Strafe bedeutet ein sozialethisches Unwerturteil und kann nur für ein schuldhaftes Verhalten verhängt werden, dh für eine Rechtsverletzung, die dem Täter persönlich vorwerfbar ist. Zudem kann nur ein Mensch Sinn und Bedeutung einer Strafe verstehen und damit gegenüber der Wirkung einer Strafe empfänglich sein. Strafe kann sich daher immer nur an individuell benannte natürliche Personen richten, nicht dagegen an Kollektive.

Durchaus vorhanden sind im geltenden deutschen Recht aber Normen, die nachteilige Sanktionen zu Lasten von Verbänden an rechtswidrige Handlungen knüpfen, zu denen es in ihrem Verantwortungsbereich kommt. Der Ort hierfür ist bislang das Recht der → Ordnungswidrigkeiten, dessen Rechtsfolgen im Gegensatz zur Strafe gerade kein sozialethisches Unwerturteil ausdrücken. Dort wie auch im Strafrecht kommt zudem eine Ahndung gegenüber Leitungspersonen von Verbänden in Betracht, die auch bereits durch Taten Untergebener ausgelöst werden kann. Gegenstand politischer Diskussion ist zudem die Schaffung eines eigenständigen Verbandssanktionengesetzes.

1. Sanktionierung zu Lasten von Verbänden: Durch § 30 I OWiG wird die Festsetzung einer → Verbandsgeldbuße für Straftaten oder Ordnungswidrigkeiten ermöglicht, welche Organe, Vorstände oder vertretungsberechtigte Gesellschafter einer juristischen Person oder Personenvereinigung begehen, wenn sie hierdurch deren Pflichten verletzen oder wenn diese durch die Tat bereichert worden ist oder bereichert werden sollte. Als wichtige Anknüpfungstat fungiert dabei der Ordnungswidrigkeitentatbestand des § 130 I OWiG, durch den das vorsätzliche oder fahrlässige Unterlassen von Aufsichtsmaßnahmen durch den Inhaber eines Betriebes oder Unternehmens bußgeldbewehrt wird, wenn im Betrieb eine Zuwiderhandlung begangen wird, die durch gehörige Aufsicht verhindert oder wesentlich erschwert worden wäre.

Über § 29 OWiG wird zudem eine → Einziehung zulasten eines Verbands nach § 22 OWiG zugelassen, wenn seine Organe, Vorstände oder vertretungsberechtigte Gesellschafter in dieser Funktion eine Ordnungswidrigkeit begehen. Ebenfalls auf den Verband übergeleitet werden die Einziehungsmöglichkeiten nach §§ 23, 25 OWiG. Über § 29 OWiG wird damit eine Einziehung nach Vorschriften ermöglicht, die an die täterschaftliche Begehung einer Ordnungswidrigkeit anknüpfen, so dass der Einziehung als Nebenfolge Vergeltungscharakter zukommt. Dies geht über die allgemeinen Möglichkeiten der Einziehung bei Dritten (§ 29a II 1 Nr. 1 OWiG, § 73b I 1 Nr. 1 StGB) hinaus.

2. Sanktionierung von Leitungspersonen: Flankiert werden die genannten Vorschriften durch § 9 OWiG. Diese Zurechnungsnorm stellt sicher, dass Leitungspersonen (Organe, vertretungsberechtigte Gesellschafter, gesetzliche Vertreter) für rechtswidrige Handlungen sanktioniert werden können, auch wenn sie ein durch den Verband erfülltes Tatbestandsmerkmal nicht in eigener Person verwirklichen. Der gleiche Mechanismus besteht auch im Strafrecht (§ 14 StGB). Dort kann sich eine Verantwortlichkeit von Leitungspersonen für strafbares Handeln von Verbandsangehörigen zudem nach den allgemeinen Regeln der → Unterlassensdelikte ergeben (→ Garantenstellung aus der Übernahme von Überwachungs- und Schutzpflichten; BGHSt 54, 44).

3. Rechtspolitische Diskussion: Die beschriebene Situation ist Gegenstand rechtpolitischer Kritik, wobei Für und Wider einer strafrechtlichen Ahndung insbes. von Unternehmen kontrovers diskutiert werden. Für die Einführung einer Strafbarkeit von Verbänden wird angeführt, dass das herkömmliche Strafrecht aus großen Unternehmen heraus begangenen Taten nicht gerecht werde, da unübersichtliche Entscheidungsstrukturen in Konzernen vielfach zu „organisierter Unverantwortlichkeit“ führten und daher die notwendige individuelle Zurechnung von Verantwortung oft nicht gelinge. Für die Gegenposition könnte angeführt werden, dass schon aufgrund des geltenden Rechts in der Vergangenheit bis zu dreistellige Millionenbeträge als Verbandsgeldbuße verhängt werden konnten. Wenn zudem mit der „Bestrafung“ einer Organisation letztlich gesellschaftsrechtliche Normen an die Stelle der strafrechtlichen Zurechnungsvorschriften treten und eine Verteilung des „Strafübels“ auf die wirtschaftlichen Träger eines Unternehmens entsprechend ihrer Gewinn- bzw. Kapitalanteile bewirken, so muss dies nicht notwendig zu angemesseneren Ergebnissen führen als das bestehende Recht.

4. Geplantes Verbandssanktionengesetz: Ein in der 19. Legislaturperiode eingebrachter, aber nicht verwirklichter Gesetzentwurf der Bundesregierung für ein Gesetz zur Stärkung der Integrität in der Wirtschaft (BT-Drs. 19/23568) sah ua vor, ein eigenständiges Verbandssanktionengesetz (VerSanG) als neues Stammgesetz zu schaffen. Mit ihm sollte die Ahndung von Verbänden, deren Zweck auf einen wirtschaftlichen Geschäftsbetrieb gerichtet ist, wegen Straftaten ihrer Leitungspersonen aus dem Ordnungswidrigkeitenrecht herausgelöst und neu geordnet werden. Das VerSanG-E definierte eine „Verbandstat“ als eine Straftat, durch die den Verband treffende Pflichten verletzt worden sind oder durch die der Verband bereichert worden ist oder werden sollte. Zu ihrer Ahndung sollte die „Verbandssanktion“ als eigenständige Sanktionsart eingeführt werden. Wie in § 30 II OWiG war für sie ein starres Höchstmaß von bis zu zehn Millionen Euro vorgesehen. Für Unternehmen mit einem Konzernumsatz von mehr als hundert Millionen Euro sollte eine umsatzbezogene Obergrenze von zehn Prozent des Jahresumsatzes bestehen. Für fahrlässige Verbandstaten sollte der Sanktionsrahmen jeweils halbiert sein. Bei Verbänden, deren Zweck nicht auf einen wirtschaftlichen Geschäftsbetrieb gerichtet ist, sowie bei bloßen Ordnungswidrigkeiten sollte das VerSanG keine Anwendung finden, sondern es bei einer Ahndung des Verbandes nach § 30 OWiG verbleiben. Auch soweit Aufsichtspflichtverletzungen nach § 130 OWiG keine volldeliktisch begangene Straftat zur Folge haben, sollte das OWiG anwendbar bleiben. Während das → Bußgeldverfahren nach dem OWiG dem → Opportunitätsprinzip unterliegt, sollte für

Verbandsanktionen das → Legalitätsprinzip (§ 152 II StPO) gelten und damit für die Staatsanwaltschaft grds. ein Verfolgszwang bestehen. Sofern ein Verband durch „verbandsinterne Untersuchungen" (→ Internal Investigations) wesentlich dazu beiträgt, eine Verbandstat aufzuklären, sollte das Gericht eine zu verhängende Verbandssanktion mildern können. Die Verfolgungsbehörde sollte bis zum Abschluss einer ihr angezeigten verbandsinternen Untersuchung von der Verfolgung des Unternehmens absehen können.

Verbandstarifvertrag
→ Tarifvertrag (2).

Verbandszeichen
→ Kollektivmarken wurden im bis Ende 1994 geltenden Warenzeichengesetz als Verbandszeichen bezeichnet.

Verbescheidung
→ Bescheid.

Verbindliche Auskunft
Grundsätzlich obliegt den Finanzämtern keine allgemeine Auskunftspflicht. Gleichwohl kann der Stpfl. eine verbindliche Auskunft über die Beurteilung von genau bestimmten, noch nicht verwirklichten Sachverhalten einholen, wenn daran im Hinblick auf die erheblichen steuerlichen Auswirkungen ein besonderes Interesse besteht (§ 89 II AO). Ein solches besonderes Interesse besteht insbesondere, wenn von der Auskunft erhebliche wirtschaftliche Dispositionen des Stpfl. abhängen, zB bei Übertragung von Beteiligungen oder Unternehmensnachfolge.

Der Antrag auf verbindliche Auskunft ist schriftlich zu stellen. Dabei ist der ernsthaft geplante noch nicht verwirklichte Sachverhalt darzulegen. Dies muss so umfassend erfolgen, dass für die Entscheidung des Finanzamts keine eigenen Ermittlungen anzustellen sind. Alternative Sachverhaltsdarstellungen sind unzulässig. Neben einer detaillierten Begründung des eigenen Rechtsstandpunktes an der steuerlichen Einordnung ist darzulegen, worin die rechtlichen Zweifel bestehen, nebst einer detaillierten Auseinandersetzung mit den gesetzlichen Vorschriften, der Rechtsprechung und etwaigen Verwaltungsanweisungen. Die Rechtsfragen müssen konkret formuliert werden, so dass sie nach dem Ja/Nein-Prinzip beantwortet werden können.

Um eine Bindungswirkung zu entfalten, muss die verbindliche Auskunft vom zuständigen Amtsträger erteilt werden. Dies ist nur der zur Vertretung des Finanzamts berufene, dh der zur abschließenden Zeichnung des Steuerfalls berechtigte Beamte, dh Vorsteher, Vertreter des Vorstehers oder Sachgebietsleiter der Veranlagung.

Die Bindungswirkung der verbindlichen Auskunft tritt nur ein, wenn der verwirklichte Sachverhalt mit dem geschilderten vollständig übereinstimmt. Zur Absicherung weist die Finanzverwaltung in einer verbindlichen Auskunft ausdrücklich darauf hin, dass das Finanzamt bis zu der von der Auskunft abhängigen Disposition einen anderen rechtlichen Standpunkt einnehmen und die Auskunft entsprechend widerrufen kann. Seit 19.12.2006 werden Gebühren für die Erteilung einer verbindlichen Auskunft erhoben, deren Höhe sich nach dem Gegenstandswert bemisst. Die Gebühr soll sich nach dem Gerichtskostensatz richten. Der Mindestwert beträgt 5.000 EUR, der Höchstwert 109.736 EUR. Soweit kein Gegenstandswert ermittelbar ist, ist eine Zeitgebühr zu erheben, die pro angefangene ½ Stunde 50 EUR, mindestens aber 100 EUR beträgt. Für Anträge wird keine Gebühr erhoben, wenn der Gegenstandswert weniger als 10.000 EUR oder die Bearbeitungszeit weniger als zwei Stunden beträgt.

Verbindlicherklärung
Verbindlicherklärung von Schiedssprüchen → Schlichtung; – von Tarifverträgen → Allgemeinverbindlichkeit.

Verbindlichkeit
→ Schuldverhältnis.

Verbindlichkeit des Völkerrechts
→ Völkerrecht; → Primat des Völkerrechts.

Verbindlichkeit eines Befehls
→ Gehorsamspflicht.

Verbindlichkeit, unvollkommene
→ Schuldverhältnis, → Haftung.

Verbindlichkeiten des Reichs
→ Allgemeines Kriegsfolgengesetz, → Londoner Schuldenabkommen.

Verbindung von Rechtsgeschäften
→ Nichtigkeit von Rechtsgeschäften. (2), → Verbraucherdarlehensvertrag (8).

Verbindung von Sachen
Wird eine bewegliche → Sache mit einem → Grundstück oder einem darauf errichteten Gebäude in der Weise verbunden, dass sie dessen wesentlicher → Bestandteil wird (Einbau von Baumaterial, Einpflanzen eines Baumes), so verliert der bisherige Eigentümer zwingend, dh auch bei entgegenstehendem Willen, zB bei Lieferung unter → Eigentumsvorbehalt, das Eigentum; das Eigentum an dem Grundstück erstreckt sich auch auf diese Sache (§ 946 BGB). Bei Verbindung beweglicher Sachen miteinander zu wesentlichen Bestandteilen (zB Zusammensetzung einer Maschine) entsteht → Miteigentum der bisherigen Eigentümer im Verhältnis ihrer Anteile; ist eine der Sachen aber als Hauptsache anzusehen, so erwirbt ihr Eigentümer das Alleineigentum an der neuen Sache (§ 947 BGB). → Vermischung. Der → Eigentumserwerb durch → Verarbeitung geht der Verbindung vor. Erlischt durch Verbindung oder Vermischung das Eigentum an einer Sache, so erlöschen auch die an der Sache bestehenden Rechte (§ 949 BGB). Über den Ausgleichsanspruch dessen, der hiernach einen Rechtsverlust erleidet, → Verarbeitung.

Verbindung von Staaten
→ Staatenverbindungen.

Verbindung von Verfahren
Mehrere bei demselben Gericht anhängige Verfahren können durch Beschluss verbunden werden, wenn ein sachlicher oder persönlicher Zusammenhang besteht, dh wenn die Verfahrensgegenstände zusammenhängen (rechtlich nach § 147 ZPO, sachlich etwa bei Tatbeteiligung mehrerer an der Straftat, §§ 2 ff. StPO) oder wenn mehrere Straftaten des Beschuldigten zur Entscheidung stehen (§§ 13, 237 StPO). In gleicher Weise kann eine Trennung verbundener Verfahren (§ 145 ZPO) oder der verbundenen Strafsachen angeordnet werden (§ 2 II StPO, § 4 I StPO, § 13 III StPO).

Verbindungen, studentische
(Korporationen) sind Vereinigungen, die das studentische Gemeinschaftsleben an den Hochschulen pflegen. Die Traditionspflege unterscheidet sie von sonstigen studentischen Vereinigungen, zB den politisch orientierten Hochschulgruppen. Studentische Verbindungen und sonstige studentische Vereinigungen sind ihrer Rechtsnatur nach bürgerlich-rechtliche Vereine. Als schlagende Verbindung werden solche bezeichnet, die ihren Mitgliedern das Durchfechten von Mensuren (→ Zweikampf) ermöglichen oder zur Pflicht machen.

Verbindungen, verbotene
→ Vereinigungen (verbotene), → Vereinsfreiheit, → kriminelle Vereinigungen, → terroristische Vereinigungen.

Verbleibensanordnung
→ Pflegekinder.

Verböserung
→ reformatio in peius.

Verbot der Doppelbestrafung
→ Strafklageverbrauch.

Verbot der Kinderarbeit
→ Kinderarbeit.

Verbot der reformatio in peius
→ reformatio in peius.

Verbot geltungserhaltender Reduktion
→ Allgemeine Geschäftsbedingungen (3).

Verbot mit Erlaubnisvorbehalt
→ Dispens.

Verbote, polizeiliche
→ polizeiliche Maßnahmen.

Verbotene Bildaufnahme
→ Bildaufnahme, unzulässige.

Verbotene Eigenmacht
→ Besitzschutz.

Verbotene Kraftfahrzeugrennen
Wer sich an einem verbotenen Kraftfahrzeugrennen beteiligt, kann je nach den objektiv eintretenden Folgen und seiner subjektiven Einstellung nach dem speziellen Straftatbestand des § 315d StGB sowie aufgrund der allgemeinen Körperverletzungs- und Tötungsdelikte strafbar sein.

1. Strafbarkeit nach § 315d StGB: Der 2017 neu geschaffene Tatbestand des § 315d StGB stellt verbotene Kraftfahrzeugrennen unter Strafe. Er trat an die Stelle des lediglich bußgeldbewehrten Verbots in § 29 I StVO aF. Als abstraktes → Gefährdungsdelikt schützt die Norm neben der Sicherheit des öffentlichen Straßenverkehrs auch Leben, Leib und Eigentum des einzelnen Verkehrsteilnehmers. Konkret erfasst wird, wer im Straßenverkehr ein nicht erlaubtes Kraftfahrzeugrennen ausrichtet oder durchführt oder an einem solchen als Kraftfahrzeugführer teilnimmt (§ 315d I Nr. 1 u. 2 StGB). Der Tatbestand bildet ein → eigenhändiges Delikt. Als Rennen sind dabei Wettbewerbe sowie Veranstaltungen zur Erzielung von Höchstgeschwindigkeiten oder höchsten Durchschnittsgeschwindigkeiten mit mind. zwei teilnehmenden Kraftfahrzeugen anzusehen. Einer vorherigen Absprache aller Beteiligten bedarf es nicht. Erfasst werden auch nichtorganisierte Rennen (BT-Drs. 18/12964, 5; näher BGH Urt. v. 11.11.2021 – 4 StR 511/20, NJW 2022, 483). Nach § 315c I Nr. 3 StGB (zur Verfassungsmäßigkeit der Vorschrift BVerfG B. v. 9.2.2022 – 2 BvL 1/20, NJW 2022, 1160) macht sich zudem strafbar, wer sich im Straßenverkehr als Kraftfahrzeugführer mit nicht angepasster Geschwindigkeit und grob verkehrswidrig und rücksichtslos fortbewegt, um eine höchstmögliche Geschwindigkeit zu erreichen. Damit sollen Fälle einbezogen werden, in denen nur ein einziges Fahrzeug objektiv und subjektiv ein Kraftfahrzeugrennen nachstellt (BT-Drucks. aaO, sog. „Alleinrennen"). Die höchstmögliche Geschwindigkeit bildet eine subjektive Voraussetzung; sie muss lediglich mit Absicht (→ Vorsatz 1a) angestrebt werden. Dem Täter muss es nur darum gehen, die nach seiner Vorstellung unter den konkreten situativen Gegebenheiten maximal mögliche Geschwindigkeit zu erreichen (BGH Beschl. v. 17.2.2021 – 4 StR 225/20, NJW 2021, 1173); dies muss also nicht die bauartbedingte technische Höchstgeschwindigkeit des Fahrzeugs sein. Zudem muss es sich nicht um das Endziel des Täters handeln. Es genügt zB, wenn so eine Polizeiflucht ermöglicht werden soll (BGH Beschl. v. 24.3.2021 – 4 StR 142/20).

Der Strafrahmen reicht bis zu Freiheitsstrafe von zwei Jahren. Die → Qualifikationstatbestände nach § 315d II u. IV StGB erfassen den Fall, dass der Täter durch sein Handeln vorsätzlich (Abs. 2) oder fahrlässig (Abs. 4) eine konkrete Gefahr für Leib oder Leben eines anderen Menschen oder fremde Sachen von bedeutendem Wert herbeiführt. Führt die Tat zum Tod oder einer schweren Gesundheitsschädigung eines anderen Menschen oder zu einer Gesundheitsschädigung einer großen Zahl von Menschen, so bedroht dies § 315d V StGB mit Freiheitsstrafe von einem Jahr bis zu zehn Jahren. Dabei genügt bzgl. dieser Folge fahrlässiges Handeln (→ erfolgsqualifiziertes Delikt), wobei der Täter aber mit Vorsatz hinsichtlich des Eintritts einer konkreten Lebens- oder Leibesgefahr handeln muss, da diese Qualifikation allein auf § 315d II StGB aufbaut.

Die Verurteilung eines Kraftfahrzeugführers nach § 315d StGB hat regelmäßig eine Entziehung der Fahrerlaubnis zur Folge (vgl. § 69 II Nr. 1a StGB, → Maßregeln der Besserung und Sicherung 6). Zudem kann das benutzte Kfz als sog. Beziehungsgegenstand eingezogen werden, und zwar grds. auch dann, wenn es im Eigentum eines Dritten steht (§ 315f StGB, → Einziehung im Strafverfahren 2a).

2. Strafbarkeit aufgrund anderer Strafnormen: Werden bei einem verbotenen Kraftfahrzeugrennen Unbeteiligte verletzt, so kommt neben § 315d StGB und ggf. § 315c StGB (→ Straßenverkehrsgefährdung 2) ua eine Strafbarkeit wegen fahrlässiger (§ 229 StGB) oder vorsätzlicher → Körperverletzung (§§ 223 ff. StGB), im Fall eines tödlichen Ausgangs zudem wegen fahrlässiger (§ 222 StGB) oder vorsätzlicher → Tötung (Totschlag § 212 StGB, Mord § 211 StGB) in Betracht. Entgegen unkundiger Medienberichterstattung stand und steht Letzteres in der Rechtsprechung nicht grds. in Frage. In Betracht kommt insbes. ein bedingter → Vorsatz, bei dem ein am Rennen Beteiligter die Möglichkeit eines tödlichen Unfalls erkennt und billigend in Kauf nimmt. Ein Urteil, das einen solchen Tötungsvorsatz bejaht, muss jedoch die für eine entsprechende Beweiswürdigung (→ Beweis 5) bestehenden hohen Darlegungsanforderungen erfüllen. Es muss sich dazu insbes. einzelfallbezogen mit dem Umstand auseinandersetzen, dass eine Kollision auch ihren Verursacher in Gefahr bringt, was tendenziell dafür sprechen kann, dass Beteiligte eines Rennens auf einen glimpflichen Ausgang vertrauen, anstatt einen schweren Unfall in Kauf zu nehmen. Das Tatgericht muss daher prüfen und im Urteil darlegen, ob und in welchem Umfang aus Sicht des Täters aufgrund seines Verhaltens eine Gefahr (auch) für seine eigene körperliche Integrität drohte (BGH Urt. v. 1.3.2018 – 4 StR 399/17, BGHSt 63, 88, NJW 2018, 1621 – erster Rechtsgang im „Berliner Raserfall"). Ergebnis der Prüfung kann durchaus sein, dass der Täter die mit einem bestimmten Geschehensablauf verbundene Eigengefahr hingenommen hat (BGH Urt. v. 18.6.2020 – 4 StR 482/19, BGHSt 65, 42, NJW 2020, 2900 – zweiter Rechtsgang im „Berliner Raserfall" mit Bestätigung einer Verurteilung wegen Mordes; ebenso im Ergebnis für eine Verurteilung wegen Totschlags BGH, Beschluss vom 4.11.2020, Az. 4 StR 425/19). Von bedingtem Tötungsvorsatz ist zudem auszugehen, wenn dem Täter bewusst ist, dass es mit hoher, letztlich unkalkulierbarer und nur vom Zufall abhängender Wahrscheinlichkeit zu einem frontalen Zusammenstoß mit entgegenkommenden Fahrzeugen kommen wird und er dadurch den Tod eines oder mehrerer Unfallbeteiligter verursachen kann (BGH Beschl. v. 16.1.2019 – 4 StR 345/18, NStZ 2019, 276 – „Hamburger Raserfall"). Wird lediglich eine fahrlässige Tötung angenommen und eine Freiheitsstrafe zwischen sechs Monaten und zwei Jahren verhängt, so können eine bewusste Gefahrschaffung, eine äußerst aggressive Fahrweise sowie eine festgestellte Häufung von Verkehrsunfällen mit tödlichem Ausgang aufgrund überhöhter Geschwindigkeit nahelegen, dass einer → Strafaussetzung zur Bewährung (s. dort 1a) das Erfordernis der Verteidigung der Rechtsordnung (§ 56 III StGB) entgegensteht (BGH Urt. v. 6.7.2017 – 4 StR 415/16, NJW 2017, 3011 – „Kölner Raserfall").

Verbotsgesetz
→ Gesetzwidrigkeit von Rechtsgeschäften, → Veräußerungsverbot.

Verbotsirrtum
Der Verbotsirrtum betrifft – zum Unterschied vom Irrtum über Tatsachen (Tatbestandsirrtum, → Irrtum) – den Irrtum des Täters über die → Rechtswidrigkeit der Straftat oder über einen die Rechtswidrigkeit beseitigenden Rechtfertigungsgrund: Der Täter weiß, dass er die tatsächlichen Merkmale einer mit Strafe bedrohten Handlung erfüllt, hält sein Handeln aber für erlaubt.

In der Rechtslehre ist str., ob das sog. Unrechtsbewusstsein (das Bewusstsein, unrecht zu handeln) zum Vorsatz gehört, so die ältere Vorsatztheorie, oder ob es vom Vorsatz zu trennen und neben diesem als selbständiges Schuldelement (Bestandteil der Täterschuld) anzusehen ist, so dass das Fehlen des Unrechtsbewusstseins den Vorsatz nicht ausschließt, so die heute gängige sog. Schuldtheorie. Nach der vor allem vom BGH (St. 2, 194) vertretenen Schuldtheorie handelt der Täter, der bewusst alle Tatbestandsmerkmale verwirklicht, seine Handlungsweise aber für berechtigt hält, zwar vorsätzlich, aber gleichwohl nicht schuldhaft, außer wenn er bei gehöriger Gewissensanspannung das Unrechte der Handlungsweise hätte erkennen müssen. Diese Grundsätze der Schuldtheorie und die sich aus ihr ergebenden Folgerungen haben 1975 in Anknüpfung an frühere gesetzliche Vorbilder (§ 6 WiStG aF, § 12 OWiG 1952) bei der Schaffung des neuen Allgemeinen Teils des StGB in § 17 StGB ihren Niederschlag gefunden. Danach bleibt der Täter straflos, wenn er den Verbotsirrtum nicht vermeiden konnte; andernfalls wird er wegen vorsätzlichen Handelns bestraft, aber mit der Möglichkeit der Strafmilderung (§ 49 I StGB); doch darf keine mildere als die ggf. für fahrlässiges Handeln vorgesehene Mindeststrafe verhängt werden (str.). Ob der Irrtum vermeidbar war, entscheidet sich häufig nach der beruflichen Stellung des Täters oder nach der Möglichkeit, Erkundigungen über die Rechtslage einzuziehen (Arzt hält Geschwindigkeitsüberschreitung bei Fahrten zu Patienten für grundsätzlich zulässig). Für → Ordnungswidrigkeiten gilt Entsprechendes nach § 11 II OWiG, der bei vorwerfbarem Handeln Milderung im Rahmen der allgemeinen Bußgeldbestimmungen zulässt. Über die irrtümliche Annahme von Rechtfertigungsgründen → Notstand (1b), → Notwehr (1c). S. ferner → Rechtsblindheit.

Verbotskunde
→ Speditionsversicherung.

Verbrauchbare Sache
→ Sache.

Verbraucher
ist jede natürliche Person, die ein → Rechtsgeschäft zu einem Zweck abschließt, der überwiegend weder ihrer gewerblichen noch ihrer selbständigen beruflichen Tätigkeit zugerechnet werden kann, § 13 BGB (nicht → juristische Personen; str. für bestimmte Personengemeinschaften, zB die → Gesellschaft bürgerlichen Rechts). Damit sind auch Leistungen eingeschlossen, die nicht ausschließlich privaten, sondern nachrangig auch geschäftlichen Zwecken dienen; maßgeblich ist der Schwerpunkt der Zwecksetzung. Auch ein Unternehmer ist bei der Vornahme privater Geschäfte Verbraucher, ebenso der GmbH-Geschäftsführer und der Gesellschafter einer GmbH. Der → Existenzgründer ist kein Verbraucher hinsichtl. der Geschäfte, die nach ihrer objektiven Zweckrichtung auf unternehmerisches Handeln ausgerichtet sind (zB für die Geschäftsaufnahme nötige Gründungsgeschäfte; Verbraucher kann der Existenzgründer aber sein bei Geschäften, die zur Vorbereitung der Entscheidung, ob es zur Existenzgründung kommt, dienen). Im Darlehensrecht werden Existenzgründer unter bestimmen Voraussetzungen (insbes. begrenzt auf Darlehen bis 75000 EUR) einem Verbraucher gleichgestellt (§ 513 BGB, s. → Verbraucherdarlehensvertrag, 1). Der → Arbeitsvertrag ist ein Verbrauchervertrag zwischen dem Arbeitgeber als → Unternehmer und dem Arbeitnehmer als Verbraucher. S. iE → Verbrauchervertrag, → Verbrauchsgüterkauf, → Verbraucherschutzrecht, → Verbraucherinformationsgesetz.

Verbraucherbauvertrag
1. Systematik, Unabdingbarkeit: Durch das am 1.1.2018 in Kraft getretene BauvertragsrechtsreformG (s. → Bauvertrag, 1) wurden zum Schutz der → Verbraucher beim Abschluss größerer Bauverträge erstmals eigenständige Regelungen für den Verbraucherbauvertrag geschaffen (Geltung für Verträge, die ab 1.1.2018 vollständig wirksam werden). Der Verbraucherbauvertrag ist ein → Bauvertrag (s. iE dort) und damit auch ein → Werkvertrag, deshalb gelten die §§ 631–650 und 650a–h BGB in vollem Umfang, soweit §§ 650i ff. keine speziellen Vorschriften für den Verbraucherbauvortrag vorsehen, § 650i III BGB; von den halbzwingenden Vorschriften (s. → Vertrag, 2) des Verbraucherbauvertrags kann mit Ausnahme von § 650m BGB (s. u.) nicht zu Lasten des Verbrauchers abgewichen werden, sie dürfen auch nicht umgangen werden, § 651o BGB. Von den allg. Vorschriften über den → Verbrauchervertrag gilt nur § 312a I, III, IV und VI BGB. Zusätzlich gilt ggf. (zB bei Vertragsschluss auf dem Baugrundstück) § 312b BGB (→ Außerhalb von Geschäftsräumen geschlossene Verträge (AGV).

2. Vertragsgegenstand, Vertragschluss: Ein Verbraucherbauvertrag ist nach der Legaldefinition des § 650i I BGB ein Vertrag, durch den ein → Unternehmer von einem → Verbraucher zum Bau eines neuen Gebäudes (dh eines Bauwerks, s. → Bauvertrag, 1, das durch räumliche Umfriedung Schutz gewährt; nicht ausreichend ist ein Bauwerk von untergeordneter Bedeutung, zB Gartenhaus; nicht, wenn nur eine Außenanlage betroffen ist oder nur die Errichtung eines Teils eines Gebäudes erfolgt) oder zu erheblichen Umbaumaßnahmen an einem bestehenden Gebäude (nach Umfang, Komplexität und Ausmaß vergleichbar einen Neubau, also mehrere Gewerke umfassend; nicht bloße Anbauten, zB Wintergarten; nicht eine bloße Instandsetzung) verpflichtet wird, § 650i I BGB. Der Vertragsgegenstand ist damit enger als der des allg. → Bauvertrags (1). Ein Vertrag, der danach kein Verbraucherbauvertrag ist, ist aber ein Werkvertrag und ggf. ein Bauvertrag, er kann auch anderweitigen Verbrauchervertragvorschriften (s. → Verbrauchervertrag, 1) und deren Regelungen (zB über ein Widerrufsrecht) unterliegen. Höchstrichterlich geklärt ist mittlerweile, dass § 650i BGB nicht anzuwenden ist, wenn bei der Errichtung eines Neubaus anstelle eines Vertrages mit einem Generalunternehmer verschiedene Einzelverträge zur Errichtung jeweils nur einzelner Gewerke abgeschlossen werden. Vertragsgegenstand muss nicht unbedingt ein Wohngebäude sein (str.). Der Vertragsschluss bedarf im Interesse der Information des Verbrauchers der Textform (→ Form, 1a; bei Verstoß also Nichtigkeit, keine Heilung durch Vollzug), § 650i II BGB; ggf. ist nach anderen Vorschriften eine notarielle Beurkundung nötig (insbes. bei einer rechtlichen Einheit mit einem Grundstückskaufvertrag).

3. Informationspflichten, Vertragsinhalt: § 650j BGB begründet durch Verweis auf Art. 249 EGBGB vorvertragliche Informationspflichten des Unternehmers: Er muss, ebenfalls in Textform (s. o. Ziff. 2), eine verständliche Baubeschreibung mit den wesentlichen Eigenschaften und verbindlichen Angaben zur Bauzeit zur Verfügung stellen, sofern nicht die wesentlichen Planungsvorgaben vom Besteller oder dessen Beauftragten (zB Architekt) stammen. Diese Baubeschreibung (die ggf. auch notariell zu beurkunden ist) wird nach § 650k I BGB zum Vertragsinhalt, sofern nicht ausdrücklich etwas anderes vereinbart ist. Bei einer unzureichenden Baubeschreibung ist

der Vertrag unter Berücksichtigung aller Umstände auszulegen (Lücken gehen zu Lasten des Unternehmers), § 650k II BGB, um den Vertrag möglichst aufrechtzuerhalten. Der Vertrag muss verbindliche Regelungen zum Zeitpunkt der Fertigstellung enthalten oder, wenn dies nicht möglich ist, zur Dauer der Bauausführung, § 650k III BGB. Wenn weder Baubeschreibung noch Verbraucherbauvertrag Angaben zum Fertigstellungszeitpunkt enthalten, gilt § 271 BGB (sofortige Bewirkung der Leistung, dh so schnell, wie objektiv möglich). Bei Verletzung der Pflicht zur Baubeschreibung kann sich der Unternehmer ersatzpflichtig machen (nach §§ 280 I, 241 II, 311 II BGB), auch gelten die Vorschriften zum → Schuldnerverzug.

4. Vertragsbeendigung, Widerrufsrecht: Einen nicht notariell beurkundeten Verbraucherbauvertrag kann der Verbraucher widerrufen (s. näher → Verbrauchervertrag, 2), worüber er durch eine deutliche Erklärung unter Hinweis auf seine Rechte zu belehren ist, § 650l BGB; Art. 249 § 3 EGBGB regelt die Anforderungen an die Widerrufsbelehrung, bei Verwendung der Musterwiderrufsbelehrung genügt der Unternehmer seiner Verpflichtung. Für das Widerrufsrecht gilt grds. § 355 BGB, ergänzt durch §§ 356e, 357d BGB. Eine Form oder eine Begründung des Widerrufs sind nicht vorgeschrieben. Ein Teilwiderruf ist nicht möglich. Die Widerrufsfrist von 14 Tagen beginnt grds. mit Vertragsschluss (§ 355 II BGB), sofern nicht Fehler bei der Widerrufserklärung erfolgt sind (§ 356e S. 1 BGB); das Widerrufsrecht erlischt aber spätestens 12 Monate nach Ablauf der gesetzlichen Widerrufsfrist (§ 356e S. 2 BGB; kein Erlöschen aber bei vollständiger Vertragserfüllung, § 356 IV BGB gilt nicht). Die rechtzeitige Absendung des Widerrufs genügt zur Fristwahrung, § 355 I 5 BGB. Als Rechtsfolge des Widerrufs wandelt sich der Verbraucherbauvertrag in ein Rückgewährschuldverhältnis, die empfangenen Leistungen (zB wegnahmefähige Baumaterialien) sind grds. zurückzugewähren, § 355 III BGB; da bei Baumaßnahmen eine Naturalherausgabe jedoch häufig nicht möglich ist (zB Aushub einer Baugrube, Betonierung eines Fundaments), wird meist Wertersatz gem. § 357d BGB zu leisten sein (Grundlage der Wertberechnung ist die vereinbarte Vergütung, ggf. unter Abzug der Kosten für eine notwendige Mängelbeseitigung, bei einer unverhältnismäßig hohen Vergütung der Marktwert). Etwaige Mängelrechte fallen mit Ausübung des Widerrufs weg, bereits entstandene Ersatzansprüche bleiben jedoch erhalten. Das Widerrufsrecht tritt neben andere Rechte zur Lösung vom Vertrag (zB Kündigung, §§ 648 ff. BGB, Anfechtung, §§ 119 ff. BGB).

5. Abschlagszahlung, Sicherheitsleistung, Unterlagen: § 650m BGB schützt den Verbraucher, wenn der Unternehmer → Abschlagszahlungen nach § 632a BGB verlangt, begrenzt deren Höhe auf 90% der Gesamtvergütung (sa → Werkvertrag, 2; Fälligkeit des Restbetrags bei Abnahme) und verpflichtet den Unternehmer im Fall der Abschlagszahlung zu einer Vertragserfüllungsbürgschaft von 5 % der vereinbarten Gesamtvergütung; von den Regelungen in § 650m BGB kann individualvertraglich abgewichen werden, § 651o BGB, durch → Allgemeine Geschäftsbedingungen aber nicht (§§ 309 Nr. 15, 307 II Nr. 1 BGB). Die Pflicht zur Sicherheitsleistung des Bestellers (→ Bauvertrag, 4, Bauhandwerkersicherung) nach § 650 f BGB gilt beim Verbraucherbauvertrag grds. nicht, § 650f VI 1 Nr. 2 BGB (keine analoge Anwendung, wenn kein Verbraucherbauvertrag bei nur gewerksweiser Vergabe von Bauleistungen vorliegt, s. o. 2.); sie kann aber vertraglich vereinbart werden (auch durch Allgemeine Geschäftsbedingungen), § 650m IV BGB beschränkt dann deren Höhe (was auch individualvertraglich nicht abbedungen werden kann). § 650n I BGB begründet, wenn der Unternehmer die Planung übernommen hat, einen klagbaren Anspruch des Bestellers auf Erstellung und Herausgabe von Planungsunterlagen über das Bauwerk, die gegenüber Behörden (zB Baugenehmigungsbehörde) oder Dritten (zB finanzierende Bank) vorzulegen sind (also kein umfassender Anspruch auf alle Unterlagen); der Anspruch entsteht frühestens mit Vertragsschluss und bezieht sich auf die Zeit vor Baubeginn. § 650n II BGB gibt ab Fertigstellung einen Anspruch auf Herausgabe der Ausführungsunterlagen von öffentlich-rechtlicher Relevanz. Bei Verletzung kann ein Ersatzanspruch entstehen.

Verbraucherdarlehensvertrag

1. Systematik, Anwendungsbereich: In Ergänzung der allg. Vorschriften über den → Darlehensvertrag (§§ 488 ff. BGB) sehen die §§ 491 ff. BGB für einen Verbraucherdarlehensvertrag, also einen Darlehensvertrag zwischen einem → Unternehmer und einem → Verbraucher (s. u. 3), zahlreiche Sonderregelungen vor. Die Vorschriften der §§ 491 ff. BGB gelten auch für Existenzgründer (natürliche Personen, die sich ein Darlehen, einen Zahlungsaufschub oder eine sonstige Finanzierungshilfe für die Aufnahme einer gewerblichen oder sonstigen beruflichen Tätigkeit gewähren lassen oder zu diesem Zweck einen Ratenlieferungsvertrag schließen, Existenzgründungsdarlehen), sofern der Nettodarlehensbetrag oder der Barzahlungspreis nicht über 75 000 EUR liegt, § 513 BGB. Nach der Rspr. finden die Vorschriften über den Verbraucherdarlehensvertrag auch auf einen Schuldbeitritt zu einem Verbraucherdarlehensvertrag (→ Schuldmitübernahme) sowie auf eine → Vertragsübernahme, dagegen nicht auf die Übernahme einer (privaten) → Bürgschaft zur Absicherung eines Geschäftskredits Anwendung. Zu den Sonderregelungen für die Corona-Krise s. → Corona-Krise und Dar-

lehensrecht; sa → Corona-Krise und Vertragsrecht.

Die wesentlichen Vorschriften über den Verbraucherdarlehensvertrag sind auch auf eine Vereinbarung entsprechend anwendbar, durch die ein Unternehmer einem Verbraucher einen entgeltlichen (dh durch eine Gegenleistung zu vergütenden) Zahlungsaufschub (Stundung) gewährt, wenn also die vereinbarte Fälligkeit (→ Leistungszeit) hinausgeschoben wird, § 506 I BGB; nicht erfasst wird eine Zahlungsaufschub, wenn er kürzer als 3 Monate ist und nur geringe Kosten vereinbart sind, §§ 506 IV, 491 II 2 Nr. 3 BGB. Anwendbar sind die wesentlichen Vorschriften über den Verbraucherdarlehensvertrag gem. § 506 I BGB auch, wenn ein Unternehmer dem Verbraucher eine sonstige entgeltliche Finanzierungshilfe gewährt, also dem Verbraucher ermöglicht, das Entgelt leichter, insbes. früher, zu erbringen oder die Leistung eher zu erhalten (zB Vorauszahlung durch einen Dritten). Erfasst werden nach § 506 II BGB auch Verträge zwischen einem Unternehmer und Verbraucher über die entgeltliche Nutzung eines Gegenstandes (alle Formen von Kauf-, Miet-, Dienst- und Werkverträgen über Sachen, Rechte und sonstige Vermögenswerte), sofern eine Erwerbsverpflichtung des Verbrauchers, ein Recht des Unternehmers, den Erwerb zu verlangen, oder eine Restwertgarantie des Verbrauchers zum Vertragsende vereinbart ist (sa → Mietkauf). Erfasst werden insoweit auch Finanzierungs-Leasingverträge (→ Leasingvertrag); nicht erfasst wird bei einem Kfz-Leasingvertrag das reine → Kilometerleasing. Weiterhin gelten die wesentlichen Vorschriften über den Verbraucherdarlehensvertrag auch für Teilzahlungsgeschäfte (Verträge, die die Lieferung einer Sache oder die Erbringung einer bestimmten anderen Leistung, insbes. Dienst- und Werkleistung, Geschäftsbesorgung oÄ, eines Unternehmers an einen Verbraucher gegen Teilzahlungen zum Gegenstand haben), §§ 506 III BGB; zusätzlich gelten für Teilzahlungsgeschäfte besondere Vorschriften (§§ 507, 508 BGB; Einzelheiten → Teilzahlungsgeschäft). Weiterhin sa → Ratenlieferungsvertrag.

2. Unabdingbarkeit: Die Vorschriften über den Verbraucherdarlehensvertrag sind zum Schutz des Verbrauchers zwingend (→ Recht, 3, → Vertrag, 2); eine zum Nachteil des Verbrauchers hiervon abweichende Vereinbarung ist unwirksam, § 512 S. 1 BGB; das Gesetz erfasst auch Umgehungsgeschäfte, § 512 S. 2 BGB (zB Aufspaltung in verschiedene, dem Gesetz an sich nicht unterworfene Kleinverträge, s. u. 3, Verdeckung des privaten Charakters der Kreditaufnahme usw). Eine etwaige → Sittenwidrigkeit des Verbraucherdarlehensvertrags (sa → Darlehensvertrag, insbes. bei übermäßig hohen Zinsen) bleibt hiervon unberührt.

3. Vertragsgegenstand: Verbraucherdarlehensvertrag ist jeder → Darlehensvertrag, den ein → Unternehmer als Darlehensgeber (Banken, Händler, Handwerker, auch Freiberufler, soweit nicht im privaten Bereich) mit einem → Verbraucher (s. dort über persönliche Mithaftung des GmbH-Geschäftsführers) als Darlehensnehmer abschließt, § 491 BGB. Ein Verbraucherdarlehensvertrag setzt ein entgeltliches, also verzinsliches Darlehen voraus, für zinslose Darlehen gelten die §§ 491 ff. BGB nur eingeschränkt, § 514 BGB. Das BGB unterscheidet zwischen einem Allgemein-Verbraucherdarlehensvertrag und einem Immobiliar-Verbraucherdarlehensvertrag, § 491 II, III BGB. Der Allgemein-Verbraucherdarlehensvertrag umfasst, bei Vorliegen der Voraussetzungen, grds. alle Arten von Darlehensverträgen, also auch einen → Überziehungskredit oder Kontokorrentkredit, das Kreditkartengeschäft sowie alle Formen von → Teilzahlungskrediten. Unerheblich ist, ob die Rückzahlung auf einmal oder in Raten vorgesehen ist (anders → Abschlagszahlung). Nicht erfasst werden jedoch die in § 491 II 2 BGB genannten Sonderkonstellationen, insbes. Kleinkredite (auszuzahlender Nettokreditbetrag unter 200 EUR), Darlehen mit Pfandsicherung (zB durch Pfand- und Leihhäuser), kurzzeitige Darlehen mit geringen Kosten, Arbeitgeberdarlehen und öffentlich geförderte Darlehen (nicht nur iRd → Wohnraumförderung). Ein Immobiliar-Verbraucherdarlehensvertrag ist nur dann ein Verbraucherdarlehensvertrag, wenn das Darlehen grundpfandrechtlich oder durch eine Reallast besichert der Finanzierung von Grundstücksgeschäften (Erwerb und Erhaltung, auch Gebäude) dient und keine Ausnahme (Arbeitgeberdarlehen) vorliegt, § 491 III BGB. Kein Verbraucherdarlehensvertrag liegt auch vor, wenn ein Darlehen in einem Prozessvergleich vereinbart wird, § 491 IV BGB.

4. Vorvertragliche Pflichten: Der Darlehensgeber hat den Darlehensnehmer rechtzeitig vor dem Vertragsabschluss eingehend über alle maßgeblichen Umstände des Vertrags, seine Einzelheiten und Folgen, zu informieren, § 491a BGB; die Einzelheiten sind in Art. 247 EGBGB geregelt. Bei der Werbung für Verbraucherdarlehensverträge dürfen nicht einzelne Daten (zB ein besonders günstiger Zinssatz) lockvogelartig herausgestellt werden; es ist vielmehr über alle Einzelheiten gleichermaßen zu informieren. Weiterhin hat der Darlehensgeber bestimmte Erforschungs- und Prüfpflichten betreffend die Kreditwürdigkeit des Darlehensnehmers, §§ 505a ff. BGB.

5. Vertragsschluss, Informationspflichten: Der Verbraucherdarlehensvertrag muss schriftlich abgeschlossen werden (grds. ersetzbar nach § 126a BGB durch die elektronische Form), wobei eine getrennte schriftliche Erklärung von Angebot und Annahme genügt (Blankounterschrift des Darlehensnehmers idR nicht ausreichend); eine nicht unterzeichnete automatische Erklärung des Darlehensgebers ist möglich, § 492 I BGB. Der Darlege-

hensgeber hat dem Darlehensnehmer eine Abschrift des geschlossenen Vertrags zur Verfügung zu stellen, § 492 III BGB. In der Urkunde sind bestimmte Inhalte anzugeben, insbes. der Nettodarlehensbetrag (dh der tatsächlich ausbezahlte Betrag, zB ohne → Disagio), ggf. die Höchstgrenze des Darlehens, der Zinssatz, soweit möglich der Gesamtbetrag aller vom Verbraucher zu entrichtenden Teilzahlungen (einschl. Zinsen und Kosten), die Art und Weise der Rückzahlung des Darlehens, der sog. → effektive Jahreszins, die Kosten einer Restschuldversicherung und zu bestellende Sicherheiten (§ 492 II BGB, Art. 247 §§ 6–13 EGBGB; s. zum Beginn der Widerrufsfrist aber → Kaskadenverweis). Diese Formvorschriften gelten (abweichend von § 167 II BGB) auch für eine → Vollmacht, die ein Verbraucher zum Abschluss eines Verbraucherdarlehensvertrags erteilt (mit Ausnahme einer Prozess- oder notariell beurkundeten Vollmacht, § 492 IV BGB). Für die Einräumung von Überziehungskrediten durch eine Bank und deren bloße Duldung gelten aus Gründen der Praktikabilität bestimmte Erleichterungen hinsichtlich der Form, §§ 504 ff. BGB. Das Kreditinstitut muss hier jedoch dem Darlehensnehmer die wesentlichen Umstände eines solchen Kredits auf einem dauerhaften Datenträger, auch möglich auf einem Kontoauszug, mitteilen, § 504 BGB. Während des Laufs der Vertragszeit bestehen weitere Informationspflichten, § 493 BGB. Die → Abtretung einer Forderung aus dem Verbraucherdarlehensvertrag ist dem Darlehensnehmer unverzüglich anzuzeigen, § 496 II BGB.

Ist die Schriftform insgesamt nicht eingehalten oder fehlt auch nur eine der vorgeschriebenen Einzelangaben, so ist der Verbraucherdarlehensvertrag (und eine hierauf gerichtete Vollmacht) nichtig, § 494 I BGB. Der Verbraucherdarlehensvertrag wird jedoch gültig, soweit der Darlehensnehmer das Darlehen empfängt oder sonst in Anspruch nimmt (Heilung, zB wenn die geschuldete Leistung erbracht wird), § 494 II 1 BGB. In diesem Fall ändert sich der Vertragsinhalt, zB ermäßigt sich die Gegenleistung des Darlehensnehmers, wenn bestimmt Angaben über den Zinssatz fehlen, auf den gesetzlichen Zinssatz (→ Zinsschuld), nicht angegebene Kosten werden nicht geschuldet usw, Einzelheiten s. § 494 II ff. BGB. Eine unwirksame Vollmacht wird jedoch nicht geheilt, sie kann nur genehmigt werden, was der Form des § 492 I BGB bedarf.

6. Widerrufsrecht: Dem Darlehensnehmer steht bei einem Verbraucherdarlehensvertrag ein Widerrufsrecht nach §§ 355 ff. BGB zu, § 495 I BGB. Die Widerrufsfrist beträgt 14 Tage (fristgemäße Absendung des Widerrufs genügt; Angabe eines Grundes ist nicht erforderlich). Grds. ist für den Beginn der Frist eine ordnungsgemäße Belehrung über das Widerrufsrecht mit allen Pflichtangaben erforderlich; s. aber zum Beginn der Widerrufsfrist beim sog. → Kaskadenverweis dort. Ein Widerrufsrecht besteht nach § 495 II BGB in bestimmten Konstellationen nicht, insbes. bei Verbraucherdarlehensverträgen in gerichtlich festgestellten und protokollierten Vergleichen, wenn ein Notar bestätigt, dass die Rechte des Verbrauchers gewahrt sind und bei eingeräumten kurzfristigen oder geduldeten Überziehungskrediten. Ergänzende Vorschriften gelten für Immobiliarverbraucherdarlehensverträge (insbes. Bedenkzeit von 7 Tagen für den Darlehensnehmer), § 495 III BGB. Rechtsfolge des Widerrufs ist die Umwandlung des Verbraucherdarlehensvertrags in ein Rückgewährschuldverhältnis (Rückerstattung der Darlehensvaluta und Zahlung des vereinbarten Zinses bis zum Zeitpunkt der Rückzahlung durch den Darlehensnehmer, Rückerstattung der vereinnahmten Zins- und Tilgungsleistungen durch den Darlehensgeber). Zum Widerrufsdurchgriff bei verbundenen Verträgen s. u.

7. Vertragserfüllung, Kündigung: Soweit der Darlehensnehmer eines Verbraucherdarlehensvertrags mit seiner Zahlungsverpflichtung in → Schuldnerverzug gerät, ist der geschuldete Betrag (pauschal) gem. § 288 I BGB, dh mit 5 Prozentpunkten über dem jeweiligen → Basiszinssatz zu verzinsen (→ Zinsschuld), sofern nicht im Einzelfall der Darlehensgeber einen höheren oder der Darlehensnehmer einen niedrigeren Schaden nachweist, § 497 I BGB. Teilzahlungen des Schuldners, die nicht zurückgewiesen werden dürfen (s. u.), werden, abweichend von § 367 BGB (→ Erfüllung), nach Begleichung etwaiger Rechtsverfolgungskosten erst auf den geschuldeten Betrag (Hauptsache) und zuletzt auf die Zinsen (deren Verjährung deshalb bis zu 10 Jahren gehemmt ist) verrechnet, § 497 III BGB. § 498 BGB enthält eine Sonderregelung für die außerordentliche Kündigung des Darlehensgebers bei Zahlungsverzug des Darlehensnehmers eines Teilzahlungsdarlehens (Gesamtfälligstellung bei Teilzahlungsdarlehen): Der Darlehensgeber kann ein in Teilzahlungen rückzahlbares Darlehen nur kündigen, wenn der Darlehensnehmer mit mind. 2 aufeinander folgenden Raten ganz oder teilweise und mit mind. 10% (bei Laufzeit über 3 Jahre 5%) des Nennbetrags des Darlehens oder des Teilzahlungspreises in Schuldnerverzug ist und der Darlehensgeber dem Darlehensnehmer erfolglos eine mind. zweiwöchige Frist zur Zahlung des rückständigen Betrags mit der Erklärung gesetzt hat, er werde anderenfalls die gesamte Restschuld zur Zahlung fällig stellen. Ab Kündigung entfallen die laufzeitabhängigen Kosten und die Vertragszinsen; es gelten die o. g. Verzugsfolgen. Abweichende Vereinbarungen zum Nachteil des Verbrauchers sind unwirksam, s. o.

Zu den grds. Kündigungsmöglichkeiten beim → Darlehensvertrag s. dort 3. §§ 499 ff. BGB sehen besondere Regelungen über das Kündigungsrecht von Darlehensgeber und

-nehmer vor. Eine Vereinbarung über ein Kündigungsrecht des Darlehensgebers ist unwirksam, wenn eine bestimmte Vertragslaufzeit vereinbart wurde oder die Kündigungsfrist 2 Monate unterschreitet, § 499 BGB. Der Darlehensnehmer kann einen unbefristeten Verbraucherdarlehensvertrag jederzeit ganz oder teilweise kündigen; die Vereinbarung einer Kündigungsfrist von mehr als einem Monat ist unwirksam, § 500 I BGB; der Darlehensnehmer kann seine Verbindlichkeiten auch jederzeit ganz oder teilweise vorzeitig erfüllen, § 500 II BGB (nur eingeschränkt beim Immobiliar-Verbraucherdarlehensvertrag, wenn ein berechtigtes Interesse besteht). Im Fall einer vorzeitigen Rückzahlung des Darlehens kann der Darlehensgeber unter bestimmten Voraussetzungen eine Vorfälligkeitsentschädigung verlangen, für die bestimmte Höchstgrenzen zu beachten sind, § 502 BGB.

8. Verbundene Verträge: Nicht selten wird ein Verbraucherdarlehensvertrag mit einem anderen Rechtsgeschäft (über die Lieferung einer Ware, zB Autokauf, oder die Erbringung einer anderen Leistung, zB Fernunterricht usw) in der Weise verbunden, dass der Kredit der Finanzierung des Entgelts für das andere Rechtsgeschäft dient und die beiden verbundenen Verträge als wirtschaftliche Einheit anzusehen sind, § 358 III BGB. Dies ist insbes. dann anzunehmen, wenn der Unternehmer (zB Verkäufer) ständig mit einer Bank zur Finanzierung seiner Geschäfte zusammenarbeitet, die Bank auch den zu erwerbenden Gegenstand vermittelt oder der Darlehensgeber sich bei der Vorbereitung oder der Durchführung des Verbraucherdarlehensvertrags der Mitwirkung des Unternehmers bedient, der auf diese Weise das Entgelt (zB den Kaufpreis) direkt oder über den Verbraucher sofort erhält, während der Verbraucher diesen sodann durch Darlehensrückzahlung abträgt (sog. finanzierter Kauf, Teilzahlungs- oder Kundenfinanzierung). In diesem Fall schlägt der Widerruf des Verbraucherdarlehensvertrags auf das andere Rechtsgeschäft durch, sog. Widerrufsdurchgriff (anders als bei einem dem Verbraucher gewährten reinen Personalkredit, sog. Anschaffungsdarlehen); der Verbraucher ist bei Widerruf des Verbraucherdarlehensvertrags (s. o. 6) dann auch an das verbundene andere Geschäft nicht gebunden, § 358 II BGB. Umgekehrt ist der Verbraucher bei einem berechtigten Widerruf des anderen Geschäfts auch nicht mehr an den Verbraucherdarlehensvertrag gebunden, § 358 I BGB. Unterscheidung vom → Teilzahlungsgeschäft s. dort.

Bei verbundenen Verträgen kann der Verbraucher weiterhin unter den Voraussetzungen des § 359 BGB gegen die Rückzahlung der Valuta des Verbraucherdarlehensvertrags Einwendungen aus dem verbundenen anderen Rechtsgeschäft geltend machen (sog. Einwendungsdurchgriff), also insbes. die Rückzahlung verweigern, soweit er iRd anderen Vertrags zur Verweigerung seiner Leistung berechtigt ist (insbes. wegen Mängeln einer erworbenen Sache; → Gewährleistung). Dieser Einwendungsdurchgriff gilt allerdings nicht bei Verbraucherdarlehensverträgen zur Finanzierung des Erwerbs von Finanzinstrumenten, wenn das finanzierte Entgelt weniger als 200 EUR beträgt oder bei Einwendungen, die auf einer nachträglichen Vertragsänderung beruhen. Kommt ein Anspruch auf Nacherfüllung in Betracht (s. insbes. → Gewährleistung), so kann der Darlehensgeber die Rückzahlung des Darlehens erst verlangen, wenn diese (zB auch bei Wegfall oder Insolvenz des Verkäufers) fehlgeschlagen ist. Zur Art der Finanzierung → Teilzahlungskredite.

9. Verbraucherdarlehensvermittlungsvertrag: Insoweit gelten die Sondervorschriften nach §§ 655a ff. BGB. Ein Verbraucherdarlehensvermittlungsvertrag ist ein Vertrag, nach dem ein Unternehmer (Makler, Handelsvertreter, auch Zweigstelle eines Kreditinstituts) es unternimmt, einem Verbraucher oder Existenzgründer (s. o.) gegen Entgelt einen Verbraucherdarlehensvertrag zu vermitteln oder ihm die Gelegenheit zum Abschluss eines solchen nachzuweisen, §§ 655a, e II BGB. Der Darlehensvermittlungsvertrag muss schriftlich abgeschlossen werden und einen bestimmten Mindestinhalt (insbes. über die Vergütung) enthalten; anderenfalls ist er nichtig, § 655b BGB. Der Verbraucher ist zur Zahlung der vereinbarten Vergütung (nicht: sonstiger Nebenentgelte außer erforderlichen Auslagen des Vermittlers, § 655d BGB) nur verpflichtet, wenn infolge der Vermittlung oder des Nachweises das Darlehen an den Verbraucher geleistet und ein Widerruf (s. o.) nicht mehr möglich ist, § 655c I BGB. Dient der Darlehensvertrag mit Wissen des Vermittlers der vorzeitigen Ablösung eines anderen Darlehens (Umschuldung), entsteht ein Anspruch auf die Vergütung nur, wenn sich der effektive Jahreszins (s. o.) nicht erhöht, § 655c II BGB. Auch von diesen Vorschriften kann zum Nachteil des Verbrauchers nicht abgewichen werden (auch keine Umgehung durch anderweitige Gestaltungen), § 655e I BGB.

10. Prozessuales: Einen einheitlichen → Gerichtsstand (ausschließlich am Wohnsitz des Darlehensnehmers) sieht das Gesetz als solchen nicht vor. Eine von der gesetzlichen Regelung der §§ 12, 13 ZPO (für eine Klage des Darlehensgebers ist das Gericht am Wohnsitz des beklagten Darlehensnehmers örtlich zuständig) abweichende → Zuständigkeitsvereinbarung wäre jedoch, soweit der Verbraucher nicht ausnahmsweise → Kaufmann ist (Existenzgründungsdarlehen, s. o. 1), unzulässig. Das → Mahnverfahren findet nicht statt, wenn der (im Antrag anzugebende) effektive Jahreszins (s. o. 3) den bei Vertragsschluss geltenden → Basiszinssatz um mehr als 12 Prozentpunkte übersteigt (§ 688 II Nr. 1 ZPO; § 28 EGZPO); iÜ sind Haupt- und Nebenforderungen im Antrag

gesondert und einzeln zu bezeichnen (§ 690 I Nr. 3 ZPO).

Verbraucherinformationsgesetz
Den freien Zugang für jedermann zu Informationen über (1) Erzeugnisse des → Lebensmittel- und Futtermittelrechts und (2) → Verbraucherprodukte sowie das Antragsverfahren regelt das VIG idF v. 17.10.2012 (BGBl. 2012 I 2166, 2725). Sa → Umweltinformationen. Das Verbraucherinformationsgesetz will jedem Verbraucher Zugang zu Informationen eröffnen, die den Behörden über o. g. Produkte und Erzeugnisse vorliegen.

Verbraucherinsolvenzverfahren
Das Verbraucherinsolvenzverfahren soll – im Interesse „kleiner" Schuldner und zur Entlastung der Gerichte – eine vereinfachte Art der Abwicklung akuter Liquiditätsprobleme ermöglichen. Ist der Schuldner eine natürliche Person (also keine Gesellschaft o. ä.), die keine oder nur eine geringfügige selbständige wirtschaftliche Tätigkeit ausgeübt hat (insbes. Kleingewerbebetreibende mit überschaubaren Vermögensverhältnissen, dh weniger als 20 Gläubigern und ohne Schulden aus Arbeitsverhältnissen), so gelten gegenüber dem normalen → Insolvenzverfahren folgende Besonderheiten (§§ 304 ff. InsO):

1. Zunächst ist der Schuldner gehalten, mit seinen Gläubigern eine außergerichtliche Einigung, etwa durch Vermittlung eines → Rechtsanwalts oder einer Schuldnerberatungsstelle, herbeizuführen. Er hat deshalb bereits mit dem Antrag auf Eröffnung des Insolvenzverfahrens (oder unverzüglich danach) eine Bescheinigung einer geeigneten Person oder Stelle (die durch Landesrecht bestimmt werden kann) vorzulegen, aus der sich ergibt, dass eine außergerichtliche Einigung über die Schuldenbereinigung innerhalb der letzten 6 Monate erfolglos versucht worden ist. Gleichzeitig ist ein Verzeichnis des vorhandenen Vermögens und Einkommens sowie der gegen den Schuldner gerichteten Forderungen und insbesondere ein Schuldenbereinigungsplan einzureichen (§ 305 InsO). Dieser enthält einen Vorschlag des Schuldners, wie unter Berücksichtigung der beiderseitigen Interessen und Verhältnisse eine angemessene Schuldenbereinigung herbeigeführt werden kann (uU auch mit dem Inhalt, dass nichts oder fast nichts gezahlt werden kann; sog. Nullplan). Bis zur Entscheidung über den Schuldenbereinigungsplan ruht das Verfahren über den Antrag auf Eröffnung des Insolvenzverfahrens (§ 306 InsO). Die Kosten des Verbraucherinsolvenzverfahrens können bis zur → Restschuldbefreiung gestundet werden; auch kann dem Schuldner ein → Rechtsanwalt beigeordnet werden (§§ 4a–4d InsO).

2. Erhebt kein Gläubiger Einwendungen, so gilt der Schuldenbereinigungsplan als angenommen (§ 308 InsO). Hat dem Schuldenbereinigungsplan mehr als die Hälfte der Gläubiger (sowohl nach Köpfen als auch nach der Höhe ihrer Forderungen) zugestimmt, kann unter bestimmten Voraussetzungen die Zustimmung der übrigen Gläubiger durch das Insolvenzgericht ersetzt werden (§ 309 InsO). Bei absehbarer Erfolglosigkeit kann das Gericht aber auch von diesem Verfahren ganz absehen (§ 306 I 3 InsO).

3. Erst wenn das Verfahren über den Schuldenbereinigungsplan gescheitert ist, wird das Verfahren über die Eröffnung des Insolvenzverfahrens wieder aufgenommen (§ 311 InsO).

Verbraucherkredit
→ Verbraucherdarlehensvertrag.

Verbraucherleitbild
→ Unlauterer Wettbewerb (1).

Verbraucherprodukte
Verbraucherprodukte sind gemäß ProduktsicherheitsG (s. → Geräte- und Produktsicherheitsrecht) neue, gebrauchte oder wieder aufgearbeitete Produkte, die für Verbraucher bestimmt sind oder unter vernünftigerweise vorhersehbaren Bedingungen von Verbrauchern benützt werden könnten, selbst wenn sie nicht für diese bestimmt sind (§ 2 Nr. 25 ProdSG). Die Definition ist inhaltlich gegenüber dem früher geltenden GPSG unverändert geblieben. Als Verbraucherprodukte gelten deshalb auch weiterhin Produkte, die dem Verbraucher im Rahmen der Erbringung einer Dienstleistung zur Verfügung gestellt werden.

Harmonisierende Regeln gelten EU-weit nach der VO (EU) 2023/988 über die allgemeine Produktsicherheit v. 10.5.2023 (ABl. EU 2023 L 135, 1). Die Definition in Art. 3 Nr. 1 der VO entspricht weitgehend § 2 Nr. 25 ProdSG. Die VO soll gewährleisten, dass Verbrauchern online wie offline nur noch sichere Produkte angeboten werden – dies muss von allen am Inverkehrbringen beteiligten Wirtschaftsteilnehmern einschließlich von Online-Marktplätzen gewährleistet werden. Die VO enthält das Vorsorgeprinzip zur Absicherung bei neuen und unvorhergesehenen Entwicklungen bei der Produktsicherheit. Verbraucherprodukte und → technische Arbeitsmittel bildeten zusammen Produkte iSd früher geltenden GPSG (§ 2 I GPSG). Sa → Spielzeug.

Verbraucherrechtedurchsetzungsgesetz
→ Massenverfahren (Zivilprozess).

Verbraucherschlichtungsstelle
Die Verbraucherschlichtungsstelle ist Gegenstand des Gesetzes über die alternative Streitbeilegung in Verbrauchersachen (VSBG) v. 19.2.2016 BGBl. 2016 I 254 mÄnd. Es beruht auf der RL 2013/11/EU v. 21.5.2013 und harmonisiert die bereits in Teilen vorhandenen Möglichkeiten außergerichtlicher Streitschlichtung in Verbrauchersachen (→ Gütestellen). Ziel und Verpflichtung ist ein umfassendes Schlichtungsangebot für alle Verbraucherstreitigkeiten.

Die Verbraucherschlichtungsstelle ist eine Einrichtung für die außergerichtliche Beilegung zivilrechtlicher Streitigkeiten in → Verbraucherverträgen (§§ 2, 4 VSBG). Arbeitsrechtliche Verträge sind ausgeschlossen. Jede Verbraucherschlichtungsstelle muss ein Anerkennungsverfahren durchlaufen (§§ 24 ff. VSBG). Es können Streitbeilegungsstellen für einzelne Unternehmenssektoren geschaffen bzw. anerkannt werden, wie sie zB heute schon im Versicherungswesen bestehen. Die einzelnen Länder sind allerdings verpflichtet, eine Universalschlichtungsstelle einzurichten, wenn das Schlichtungsangebot im Land ausreichend ist (§ 29 VSBG). Jede Verbraucherschlichtungsstelle muss eine Verfahrensordnung haben und einen unabhängigen Streitmittler (§§ 4 ff. VSBG). Die Inanspruchnahme einer Verbraucherschlichtungsstelle, etwa als Voraussetzung für ein späteres gerichtliches Verfahren, ist nicht verpflichtend.

Näher → Energiewirtschaft, → Postdienstleistungen,→ Telekommunikationsgesetz (TKG), → Fluggastrechte, → Fahrgastrechte (Eisenbahnverkehr), → Fahrgastrechte (Kraftomnibusverkehr) und → Fahrgastrechte (See- und Binnenschiffsverkehr).

Verbraucherschutzrecht
Als Verbraucherschutzrecht bezeichnet man alle Vorschriften, die den Schutz des → Verbrauchers im Rechtsverkehr bezwecken. Bedeutung und Umfang des Verbraucherschutzrechts haben in den vergangenen Jahren, vor allem auf Grund europarechtlicher Harmonisierungen, stark zugenommen, so dass man mittlerweile von einem eigenständigen Rechtsgebiet sprechen kann. Es ist keine einheitliche Rechtsmaterie, denn dem Verbraucherschutz dienen Vorschriften des Zivil- wie auch des öffentlichen Rechts. Letztendlich schützen nämlich sehr viele Normen zumindest reflexartig natürliche Personen in ihrer privaten Sphäre.

1. Zivilrechtlich sieht das BGB zahlreiche Schutzvorschriften zugunsten des strukturell regelmäßig unterlegenen Verbrauchers vor, die entsprechend der Wertentscheidung der EU ein hohes Verbraucherschutzniveau garantieren. Zu diesen Normen zählen insbes. zahlreiche zwingende und halbzwingende → Recht 3, → Vertrag, 3) Vorschriften für die Vertragsgestaltung, Informationspflichten und Widerrufsrechte. S. hierzu iE die Vorschriften des BGB über den → Verbrauchervertrag, → außerhalb von Geschäftsräumen geschlossene Verträge, den → Fernabsatzvertrag, den Vertrag im → Elektronischer Geschäftsverkehr, → Verbraucherverträge über digitale Produkte, den → Verbrauchsgüterkauf, den → Teilzeit-Wohnrechtevertrag, den → Verbraucherdarlehensvertrag (dort auch über Finanzierungshilfen), das → Teilzahlungsgeschäft, den → Ratenlieferungsvertrag, den → Wohnraummietvertrag, den → Verbraucherbauvertrag, den → Reisevertrag. Zu weiteren Vorschriften des Verbraucherschutzrechts sa → Behandlungsvertrag, → Beförderungsvertrag, → Fernunterricht, → Frachtvertrag, → Versicherungsvertrag

Auch Vorschriften, die eine Inhaltskontrolle von → Allgemeine Geschäftsbedingungen ermöglichen, zählen zum Verbraucherschutzrecht. Sa → Fluggastrechte, → Fahrgastrechte im Eisenbahnverkehr, → Fahrgastrechte im See- und Binnenschiffsverkehr, → Fahrgastrechte im Kraftomnibusverkehr (s. insoweit auch → Luftverkehrshaftung). Auch Vorschriften des → Arbeitsrechts, des → Wettbewerbsrechts sowie des → Internationalen Privatrechts (2d) zählen zT zum Verbraucherschutzrecht.

2. Öffentlich-rechtliche Verbraucherschutzvorschriften findet man vor allem im → Lebensmittel- und Futtermittelrecht, im → Geräte- und Produktsicherheitsrecht, im Recht der Finanzdienstleistungen (→ Bundesanstalt für Finanzdienstleistungsaufsicht), im Telekommunikations- und Medienrecht sowie im → Datenschutz. Zum Verbraucherschutzrecht kann man auch viele andere Vorschriften zählen, etwa das Recht der → Arzneimittel oder der → Kindergärten. Sa → Bundesamt für Verbraucherschutz und Lebensmittelsicherheit, → Warentest, ferner zu Verbraucherschutzverbänden → Verbände.

3. Besondere Bedeutung für das Verbraucherschutzrecht hat das Europarecht, da der Verbraucherschutz gem. Art. 169, 114, 115 AEUV Gegenstand der Rechtsangleichung im Binnenmarkt ist. Dabei ist von einem hohen Schutzniveau auszugehen. So liegen den meisten der unter 1. genannten Vorschriften europarechtliche Vorgaben zugrunde. Das EU-Verbraucherschutzdurchsetzungsgesetz (EU-VSchDG) v. 21.12.2006 (BGBl. 2006 I 3367) mÄnd ermöglicht es Verbrauchern anderer EU-Staaten, Verstöße gegen das Verbraucherschutzrecht deutscher Verkäufer oder Dienstleister durch deutsche Behörden im Wege der Amtshilfe verfolgen zu lassen. Es basiert auf der VO (EU) 2017/2394 v. 12.12.2017 (ABl. EU 2017 L 345, 1) über die Zusammenarbeit der nationalen Behörden im Verbraucherschutz. Entsprechende Regelungen sollte es daher in der gesamten EU geben.

Verbraucherstreitbeilegungsgesetz
→ Verbraucherschlichtungsstelle.

Verbrauchervertrag
1. Definition, Systematik: Ein Verbrauchervertrag ist nach der Legaldefinition des § 310 III BGB ein → Vertrag zwischen einem → Unternehmer und einem → Verbraucher (maßgeblich ist insoweit, wer aus dem Vertrag berechtigt und verpflichtet wird); ein solcher Vertrag wird auch als B2C-Vertrag (business to consumer-Vertrag) bezeichnet (s. hierzu → business to business-Vertrag). Für Verbraucherverträge gelten zum Schutz des Verbrauchers, der dem geschäftserfahrenen Unternehmer typischerweise unterlegen ist, zahlreiche Sondervor-

schriften. Zu den Sondervorschriften für die Zeit der Corona-Krise (→ COVID-19-Pandemie) s. → Corona-Krise und Vertragsrecht, → Corona-Krise und Darlehensrecht; sa → Corona-Krise und Mietrecht, → Corona-Krise und Reiserecht. Für Verbraucherverträge, bei denen sich der Verbraucher zur Zahlung eines Preises verpflichtet, gelten insbes. die §§ 312 ff. BGB. Der Geltungsbereich und die Bereichsausnahmen sind in § 312 BGB geregelt, allg. Pflichten und Grundsätze in §§ 312a, 312d ff. BGB (die aber nicht für alle Verbraucherverträge gelten). Für die verschiedenen einzelnen Verbraucherverträge, die das Gesetz regelt, sind darüber hinaus zahlreiche spezielle Rechte und Pflichten an zahlreichen verschiedenen Standorten des BGB geregelt. S. iE für die verschiedenen Verbraucherverträge insbes. → außerhalb von Geschäftsräumen geschlossene Verträge (§§ 312b BGB), → Fernabsatzvertrag (§ 312c BGB), → Online-Marktplatz, → Verbraucherverträge über digitale Produkte (ab 1.1.2022), §§ 327 ff. BGB, → Verbraucherdarlehensvertrag (§§ 491 ff. BGB), → Verbraucherbauvertrag (§§ 650i ff. BGB), → elektronischer Geschäftsverkehr (§§ 312i ff. BGB), → Wohnraummietvertrag (§§ 549 ff. BGB), → Teilzeit-Wohnrechtevertrag und ähnliche Verträge (§§ 481 ff. BGB), → Teilzahlungsgeschäft (§ 507 f. BGB), → Ratenlieferungsvertrag (§ 510 BGB), → Verbrauchsgüterkauf (§§ 474 ff. BGB); zur Kündigung bei → Dauerschuldverhältnissen im → elektronischen Geschäftsverkehr s. → Gesetz für faire Verbraucherverträge. Sa Beförderungsvertrag, → Frachtvertrag, → Behandlungsvertrag, → Allgemeine Geschäftsbedingungen, → Fernunterricht, → Versicherungsvertrag, → Arbeitsvertrag (sa → Verbraucher). Sa → Verbraucherschutzrecht.

2. Anwendungsbereich, Vertragsgegenstand, halbzwingendes Recht: § 312 BGB regelt den Geltungsbereich des Verbrauchervertrags (s. o. 1). Voraussetzung ist, dass der Unternehmer gegen Zahlung eines Preises durch den Verbraucher (so die nunmehrige Definition des Gesetzes, § 312 I BGB) die vertragscharakteristische Leistung erbringt (zB Lieferung einer Ware, Erbringung einer Dienstleistung). Dient der Vertrag für den Verbraucher privaten wie auch beruflichen Zwecken, kommt es darauf an, welcher Zweck überwiegt (s. → Verbraucher). Nicht erfasst sind Verträge zwischen Verbrauchern (C2C-Vertrag, consumer to consumer-Vertrag, s. o. 1) oder zwischen Unternehmern (B2B-Vertrag, consumer to consumer-Vertrag), auch nicht ein Vertrag mit einer Lieferverpflichtung eines Verbrauchers an einen Unternehmer. Von der Zahlung eines Preises ist auch dann auszugehen, wenn der Verbraucher „mit Daten bezahlt", also anstelle oder neben der Zahlung eines Preises (personenbezogene) Daten (soweit diese nicht zur Erbringung der Leistung notwendig sind oder zur Einhaltung gesetzlicher Bestimmungen benötigt werden) zur Verfügung stellt oder sich dazu verpflichtet (seit dem 1.1.2022 werden durch § 312 Ia BGB die Bedingungen, unter denen die Bezahlung mit Daten die Anwendung der §§ 312 ff. BGB auslöst, modifiziert); unerheblich ist, ob der Verbraucher die Daten aktiv bereitstellt oder passiv erheben lässt, ausreichend kann auch die Einwilligung in das Setzen von Cookies oder ein Werbetracking sein; notwendig ist aber immer ein Vertragsschluss, also übereinstimmende Willenserklärungen mit Rechtsbindungswillen, dies wird beim Surfen im Interner häufig fehlen (sa § 327 III BGB, → Verbraucherverträge über digitale Produkte). Str. ist, ob die Erbringung einer → Bürgschaft durch einen Verbraucher erfasst wird. Der BGH verneint dies, es liege kein Vertrag über eine entgeltliche Leistung (anknüpfend an die alte gesetzliche Beschreibung) vor, da nicht der Unternehmer die vertragscharakteristische Leistung erbringt. In § 312 II-VI BGB sind zahlreiche Ausnahmen vom Anwendungsbereich der Vorschriften über den Verbrauchervertrag geregelt, für bestimmte Verträge gilt nur ein Teil der Sondervorschriften (insbes. § 312a BGB über allg. Pflichten und über Grenzen der Vereinbarung von Entgelten); solche Bereichsausnahmen gelten insbes. für notariell beurkundete Verträge, Immobiliengeschäfte, → Verbraucherbauverträge, Reiseleistungen (→ Reisevertrag), Personenbeförderungen (→ Beförderungsvertrag), Teilzeit-Wohnrechte (→ Teilzeit-Wohnrechtevertrag), → Behandlungsverträge, Verträge über Lebensmittel und Gegenstände des täglichen Bedarfs, Verträge an Warenautomaten, Telekommunikationsverträge, Kleinstverträge mit einem Entgelt von weniger als 40 EUR und Zwangsvollstreckungsmaßnahmen. Die Vorschriften der §§ 312 ff. BGB sind halbzwingend (sa → Recht, 3, → Vertrag, 2), von ihnen darf (soweit konkret nichts anderes bestimmt ist) nicht zum Nachteil des Verbrauchers abgewichen werden, auch eine Umgehung ist unzulässig, § 312l BGB; sa → Gesetz für faire Verbraucherverträge.

3. Allg. Pflichten: Bei telefonischer Kontaktaufnahme hat der Unternehmer (oder eine von ihm beauftragte Person) seine Identität sowie den Zweck des Anrufs anzugeben, § 312a I BGB. Bei Verträgen, die keine → Fernabsatzverträge (s. dort) oder außerhalb von geschlossenen Geschäftsräumen abgeschlossen sind (s. → Außerhalb von Geschäftsräumen geschlossene Verträge (AGV)), besteht eine umfassende Informationspflicht über den Gegenstand der Leistung, insbes. auch über Nebenkosten, § 312a II BGB (bei Verletzung einer solchen Pflicht sind Schadensersatzansprüche möglich); zur erweiterten Informationspflicht über digitale Elemente oder Produkte s. Art. 246 EGBGB (→ Modernisierungsrichtlinie). Zusätzliche Entgelte (die über das Entgelt für die Hauptleistung hinausgehen, zB über Nebenleistungen) können nur bei ausdrücklicher Vereinbarung (wohl auch

durch gesonderte Bestätigung einer entsprechenden Klausel in → allgemeinen Geschäftsbedingen möglich) verlangt werden, § 312a III BGB. Zusätzliche Kosten für die Verwendung bestimmter Zahlungsmittel oder Kundenhotlines sind nur eingeschränkt möglich, § 312a IV, V BGB. Bei einer danach unwirksamen Abrede bleibt der Vertrag iÜ unberührt, § 312a VI BGB. Für den → elektronischen Geschäftsverkehr (s. dort) gibt es weitere Verhaltenspflichten. Seit dem 28.5.2022 wird die Verletzung bestimmter Pflichten nach § 312a BGB als rechtswidrige und vorwerfbare Handlung eingestuft und ist bußgeldbewehrt, Art. 246e EGBGB (→ Modernisierungsrichtlinie). Der Unternehmer trägt die Beweislast für die zutreffende Information der Verbraucher, § 312l BGB.

4. Widerruf: Bei den einzelnen Verbraucherverträgen ist dem Verbraucher idR durch Gesetz ein Recht auf Widerruf seiner → Willenserklärung eingeräumt (§ 355 BGB begründet selbst kein Widerrufsrecht, es setzt ein solches voraus). Der Verbraucher soll auch noch nach Vertragsschluss die Möglichkeit haben, eine möglicherweise vorschnell getroffene rechtsgeschäftliche Vereinbarung zu beseitigen. Das BGB sieht für die verschiedenen Verträge jeweils vertragstypenbezogene Widerrufsrechte vor (s. insbes. → außerhalb von Geschäftsräumen geschlossene Verträge und → Fernabsatzverträge: §§ 312g, 356; → Teilzeit-Wohnrechteverträge: §§ 485, 356a BGB; → Verbraucherdarlehensverträge: §§ 495, 356b BGB; → Teilzahlungsgeschäfte: § 495 BGB iVm § 506 BGB; → Ratenlieferungsverträge: §§ 510, 356c BGB; → Verbraucherbauverträge: §§ 650l, 356e BGB); weiterhin gibt es außerhalb des BGB bestimmte vertragstypenbezogene Widerrufsrechte (insbes. → Fernunterricht, → Versicherungsvertrag). Die im BGB geregelten Widerrufsrechte verweisen hinsichtlich der Ausübung des Widerrufsrechts und der Rückabwicklung nach Ausübung auf die §§ 355 ff. BGB. Der Widerruf erfolgt gem. § 355 I BGB durch Erklärung (unwiderruflich, bedingungsfeindlich) gegenüber dem Unternehmer; eine bestimmte Form ist nicht (mehr) vorgeschrieben, die Erklärung muss aber eindeutig sein; eine Begründung ist nicht erforderlich. Die Widerrufsfrist beträgt 14 Tage; sie beginnt mit Vertragsschluss, soweit nichts anderes bestimmt ist, § 355 II BGB; für die einzelnen Verbraucherverträge (s. o.) sind gesonderte Regeln vorgesehen. Die Widerrufsfrist beginnt meist nur, wenn der Unternehmer den Verbraucher über sein Widerrufsrecht ordnungsgemäß unterrichtet hat. Wie das zu geschehen hat, gestaltet sich nach den einzelnen Verbraucherverträgen teilweise unterschiedlich (s. hierzu auch → Kaskadenverweis). Das gleiche für die Fristen des Erlöschens des Widerrufsrechts. Str. ist, das Widerrufsrecht verwirkt werden kann. Auf das Widerrufsrecht finden nicht mehr die Vorschriften über den Rücktritt vom Vertrag entsprechende Anwendung, die Rechtsfolgen des Widerrufs sind nunmehr in den §§ 355 ff. BGB und den Vorschriften für die einzelnen Verbraucherverträge gesondert geregelt. § 355 I 1 BGB formuliert wenig glücklich, dass Verbraucher und Unternehmer mit dem fristgemäßen Widerruf nicht mehr an ihre → Willenserklärungen gebunden sind, dass der Verbraucher also durch den Widerruf seine Willenserklärung vernichtet (sa → Unwirksamkeit eines Rechtsgeschäfts, 1.); bis zur Ausübung des Widerrufsrechts ist der Vertrag schwebend unwirksam. Mit dem Widerruf wandelt sich der Verbrauchervertrag in ein Rückgewährschuldverhältnis. Nach § 355 III BGB haben die Parteien die empfangenen Leistungen unverzüglich zurückzugewähren; der Verbraucher wahrt die Frist durch rechtzeitige Absendung der Ware; die Gefahr der Rücksendung trägt der Unternehmer (qualifizierte Schickschuld). Welche wechselseitigen Verpflichtungen von Verbrauchern und Unternehmern iE gelten, muss je nach Vertragstypus gesondert festgestellt werden. Zu den Rechtsfolgen: § 357 BGB (Fernabsatzverträge und außerhalb geschlossener Geschäftsräume geschlossene Verträge); § 357a BGB (Verträge über Finanzdienstleistungen); § 357b BGB (Teilzeit-Wohnrechte); § 357c BGB (Ratenlieferungsverträge). Als Folge eines wirksamen Widerrufs des Verbrauchervertrags ist der Verbraucher auch nicht mehr an einen mit dem Verbrauchervertrag verbundenen Vertrag, insbes. an einen Verbraucherdarlehensvertrag zur Finanzierung des Verbrauchervertrags, gebunden (§§ 358, 360 BGB; Einzelheiten → Verbraucherdarlehensvertrag, 8).

Verbraucherverträge über digitale Produkte

In Umsetzung der → Digitale-Inhalte-Richtlinie hat der deutsche Gesetzgeber im Wege der → Vollharmonisierung durch das Gesetz zur Umsetzung der Richtlinie über bestimmte vertragsrechtliche Aspekte der Bereitstellung digitaler Inhalte und digitaler Dienstleistungen v. 25.6.2021 (BGBl. 2021 I 2123) in das deutsche Vertragsrecht insbes. spezielle Vorschriften für Verbraucherverträge über digitale Produkte geschaffen; diese sind am 1.1.2022 in Kraft getreten; darüber hinaus ergeben sich weitere Änderungen im Kaufrecht durch die Umsetzung der → Warenkaufrichtlinie, die durch das Gesetz zur Regelung des Verkaufs von Sachen mit digitalen Elementen und anderen Aspekten des Kaufrechts in deutsches Rechts umgesetzt worden ist, s. hierzu → Gewährleistung; sa → Verträge über digitale Produkte zwischen Unternehmern, → Verbrauchsgüterkauf, → Gesetz für faire Verbraucherverträge.

1. Systematik, Anwendungsbereich, Begriffe, Verhältnis zu anderen Vorschriften, Abdingbarkeit: Der Gesetzgeber hat sich gegen

die Schaffung eines neuen Vertragstyps über digitale Inhalte und Dienstleistungen im Besonderen → Schuldrecht (Abschnitt 8 des BGB) entschieden, da kein typisches Leitbild eines solchen Vertrages erkennbar ist und der Inhalt der Leistungspflicht bei den einzelnen Verträgen ganz unterschiedlich ausgestaltet sein kann. Die meisten der neuen Vorschriften, insbes. die §§ 327 ff. BGB, die zum 1.1.2022 in Kraft getreten sind und für Verträge gelten, die ab diesem Zeitpunkt geschlossen wurden bzw. bei Bereitstellung des Produkts ab dem 1.1.2022 (Art. 229 § 57 EGBGB), sind daher auf alle → Verbraucherverträge (sa → Verbraucher, → Unternehmer) unabhängig von der vereinbarten Leistungsart anzuwenden, sobald sie die Bereitstellung digitaler Inhalte und digitaler Dienstleistungen betreffen. Für die konkrete vertragstypologische Einordnung der jeweiligen Verträge ist auf die insoweit bisher ergangene Rechtsprechung zurückzugreifen. Kernstück der neuen Vorschriften ist der im BGB in den Abschnitt 3 „Schuldverhältnisse aus Verträgen" nach dem Titel 2 „Gegenseitiger Vertrag" neu eingefügte Titel 2a „Verträge über digitale Produkte" mit den Vorschriften über „Verbraucherverträge über digitale Produkte" (Untertitel 1, §§ 327–327s BGB) und „Besondere Bestimmungen für Verträge über digitale Produkte zwischen Unternehmern (Untertitel 2, §§ 327t, u BGB). § 327 BGB bestimmt den Anwendungsbereich: Geregelt werden Verbraucherverträge über → digitale Produkte, welche definiert werden als Bereitstellung digitaler Inhalte oder digitale Dienstleistungen durch einen Unternehmer gegen Zahlung eines Preises (meist Geldzahlung). Digitale Inhalte sind nach der Definition in § 327 II 1 BGB in digitaler Form erstellte oder bereitgestellte Daten (zB Computerprogramme, digitale Spiele, elektronische Bücher). Digitale Dienstleistungen sind nach § 327 II 2 BGB solche, die dem Verbraucher die Erstellung, Verarbeitung oder Speicherung von Daten in digitaler Form oder den Zugang zu solchen Daten oder die gemeinsame Nutzung der vom Verbraucher oder von anderen Nutzern der Dienstleistung in digitaler Form hochgeladenen oder erstellten Daten oder sonstige Interaktionen mit diesen Daten ermöglichen (zB Fernnutzung von Software, Datenbanken, Social-Media-Dienste, Messenger-Dienste). Erfasst werden auch Verträge, bei denen der Verbraucher „mit Daten bezahlt", also Daten bereitstellt (§ 327 III BGB), s. hierzu bereits → Verbrauchervertrag, 2. Der Anwendungsbereich erstreckt sich auch auf Verträge über die Bereitstellung digitaler Produkte, die speziell für den Verbraucher erstellt werden (§ 327 IV BGB), sowie auf Verträge über die Bereitstellung digitaler Inhalte auf körperlichen Datenträgern (§ 327 V BGB, keine Anwendung insoweit aber von §§ 327b, c BGB). Ergänzt wird der Anwendungsbereich durch § 327a BGB (Anwendung auf Paketverträge zwischen denselben Vertragspartnern, die weitere Produkte enthalten, die nicht digital sind; Bsp: Kauf eines Elektronikprodukts verbunden mit der Bereitstellung eines Videostremingdienstes); die Anwendbarkeit von §§ 327b ff. BGB beschränkt sich dann auf die digitale Inhalte betreffenden Vertragsbestandteile; dies gilt entsprechend für Verbraucherverträge über Sachen, die digitale Produkte enthalten oder mit ihnen verbunden sind (s. aber u., → Verbrauchsgüterkauf). Die Ausnahmen vom Anwendungsbereich listet § 327 VI BGB auf (zB Verträge über Telekommunikationsdienste oder Finanzdienstleistungen). Das Verhältnis von §§ 327 ff. BGB zu anderen Bereichen wird durch verschiedene Vorschriften geregelt. Ein besonderes Augenmerk ist zu richten auf den → Verbrauchsgüterkauf über digitale Produkte, § 475a BGB: Liegt ein solcher Vertrag vor, so bestimmt sich die Frage der Anwendbarkeit der Gewährleistungsregeln (Kauf- bzw. Verbrauchsgüterkaufrecht oder Regeln der §§ 327 ff. BGB) nach den Regelungen in §§ 475a, 475b BGB (s. hierzu iE → Verbrauchsgüterkauf, 1). § 516a BGB regelt das Verhältnis zur → Schenkung, §§ 548a, 578b, 580a III BGB zum → Mietvertrag mit der grds. Anwendbarkeit der Regelungen zum Mietrecht auf digitale Produkte (sa → Verträge über die Miete digitaler Produkte), § 620 BGB zum → Dienstvertrag, § 650 II-IV BGB zum → Werkvertrag. Zum → Rückgriff bei Verträgen über digitale Produkte s. § 445c BGB. Nach § 327s BGB sind abweichende Vereinbarungen von den gesetzlichen Vorgaben der §§ 327 ff. BGB bzw. deren Umgehung durch anderweitige Gestaltungen nur unter engen Voraussetzungen möglich; abweichende Vereinbarungen über Produktmerkmale gem. § 327h BGB werden dadurch jedoch nicht eingeschränkt, auch Schadensersatzansprüche können beschränkt oder auch ganz ausgeschlossen werden.

2. Allg. Pflichten, Verpflichtung zur mangelfreien Leistung, Beweislastumkehr, Produktänderungen: § 327b BGB normiert die zeitlichen Vorgaben für die Bereitstellung der digitalen Produkte und die Voraussetzungen für deren Erfüllung; der digitale Inhalt ist bereitgestellt, wenn der Verbraucher den Inhalt unmittelbar oder die geeigneten Mittel für den Zugang oder das Herunterladen erhalten hat (die dauerhafte Bereitsstellung iSv § 327e I 3, die nicht längerfristig sein muss, ist von der Einzelbereitstellung abzugrenzen); die Beweislast für die erfolgte Bereitstellung hat der Unternehmer. § 327c BGB beschreibt die Rechte des Verbrauchers für den Fall einer nicht erfolgten Bereitstellung (bei → Unmöglichkeit der Leistung gilt aber § 275 BGB). § 327d BGB konkretisiert die Leistungspflicht des Unternehmers zur vertragsgemäßen Erfüllung: Die Leistung ist ohne Produkt- und Rechtsmängel bereitzustellen, die Rechte des Verbrauchers bei Mängeln ergeben sich aus § 327i BGB. De-

taillierte Vorgaben zur Mängelfreiheit regelt § 327e BGB: Das digitale Produkt ist frei von Produktmängeln, wenn es zur maßgeblichen Zeit kumulativ den subjektiven Anforderungen (Def. in Abs. 2, insbes. vereinbarte Beschaffenheit, Eignung für die vertraglich vorausgesetzte Verwendung, Bereitstellung von Zubehör, Anleitungen etc.), den objektiven Anforderungen (Def. in Abs. 3, insbes. Eignung für die gewöhnliche Verwendung, zu bestimmen anhand eines objektiven Maßstabs; erforderlich ist die neueste verfügbare Version) und den Anforderungen an die Integration (Def. in Abs. 4, insbes. ordnungsgemäße und sachgemäße Einbindung des digitalen Produkts in die Umgebung des Verbrauchers) entspricht; Abs. 5 stellt eine aliud-Lieferung dem Produktmangel gleich (s. hierzu insgesamt iE auch → Gewährleistung, 1). Ausdrücklich normiert wurde in § 327f BGB wegen der besonderen Bedeutung bei digitalen Produkten die Verpflichtung des Unternehmers zur Bereitstellung von Aktualisierungen zum Erhalt der Vertragsmäßigkeit sowie die Folgen einer unterbliebenen Installation der Aktualisierungen (→ Aktualisierungspflicht); zu den erforderlichen Aktualisierungen gehören auch Sicherheitsaktualisierungen; die Aktualisierungspflicht kann auch durch Dritte (als Erfüllungsgehilfen) erfüllt werden; zum maßgeblichen Zeitraum s. § 327f I 2 BGB (übliche Nutzung- und Verwendungsdauer). § 327g BGB definiert den Rechtsmangel und stellt ihn einem Produktmangel gleich, als verletzbare Rechte Dritter kommen insbes. Urheber- oder ähnliche Schutzrechte in Betracht. Die Voraussetzungen, unter denen durch eine vertragliche Vereinbarung von den in §§ 327e, f und g BGB normierten objektiven Anforderungen an das Produkt abgewichen werden kann, beschreibt § 327h BGB, insbes. muss die Abweichung im Vertrag ausdrücklich und gesondert vereinbart werden. § 327k BGB enthält eine allg. Regelung zur Beweislastumkehr hinsichtlich des Vorliegens eines Mangels, die auf 1 Jahr nach der Bereitstellung beschränkt ist; bei einer dauerhaften Bereitstellung gilt die Beweislastumkehr für die gesamte Dauer des Bereitstellungszeitraums; eine Beweislastumkehr greift nicht, wenn die digitale Umgebung des Verbrauchers nicht kompatibel war oder der Verbraucher Mitwirkungshandlungen zur Ermittlung des Zeitpunkts der Mangelentstehung unterlassen hat. § 327r BGB regelt die Voraussetzungen für Änderungen bei der dauerhaften Bereitstellung von digitalen Produkten durch den Unternehmer und die entsprechenden Reaktionsmöglichkeiten für den Verbraucher, erforderlich ist insbes. das Vorliegen eines triftigen Grundes; für Paketverträge gilt die Vorschrift nur eingeschränkt.

3. Gewährleistungsansprüche, Verjährung: S. zunächst o. Ziff. 2; § 327i BGB listet in Anlehnung an § 437 BGB (→ Gewährleistung) die gewährleistungsrechtlichen Ansprüche und Rechte des Verbrauchers bei Vorliegen eines Mangels auf (vorrangige Nacherfüllung; Vertragsbeendigung, Minderung, Schadens- bzw. Aufwendungsersatz). Die Einzelheiten eines Nacherfüllungsanspruchs und die Voraussetzungen, die zu dessen Ausschluss führen, regelt § 327l BGB, die Voraussetzungen für eine Vertragsbeendigung (wenn nur eine der Voraussetzungen vorliegt, kann der Verbraucher den Vertrag beenden; sa u. 4.) und den Ausschluss (grds. keine Vertragsbeendigung bei unerheblichem Mangel) bestimmt § 327m BGB; § 327m III regelt die Voraussetzungen eines Schadensersatzanspruchs statt der gesamten Leistung (→ Großer Schadensersatz), Schadensersatz kann grds. unter denselben Voraussetzungen wie Vertragsbeendigung oder Minderung verlangt werden; zur Rückforderung des Geleisteten: §§ 327o, 327p BGB. Das Recht der Minderung (anstelle der Vertragsbeendigung) mit unterschiedlichen Anforderungen für die Berechung der Minderungshöhe, die ggfs. zu schätzen ist, wird in § 327n BGB geregelt; für eine Rückerstattung ist das vom Verbraucher benutzte Zahlungsmittel zu verwenden. Die Vorgaben für die Verjährung der Gewährleistungsrechte nach § 327i BGB bestimmt § 327j BGB: Die Verjährungsfrist beträgt grds. 2 Jahre, ergänzt um eine weitere Frist von 2 Monaten für Fälle, in denen wegen des nahenden Endes der Verjährungsfrist eine rechtzeitige Geltendmachung der Rechte vereitelt werden könnte. Die Verjährungsfrist beginnt im Zeitpunkt der Bereitstellung zu laufen, bei dauerhafter Bereitstellung mit dem Ende des Bereitstellungszeitraums. Hinsichtlich der Aktualisierungspflicht beginnt die Verjährungsfrist zum Ende des im Einzelfall zu bestimmenden Zeitraums dieser Pflicht.

4. Vertragsbeendigung, datenschutzrechtliche Erklärungen: Die formellen Anforderungen für eine Vertragsbeendigung sowie deren Rechtsfolgen bestimmt § 327o BGB, erforderlich ist eine eindeutige Erklärung des Verbrauchers, auf Verlangen hat der Verbraucher einen zur Verfügung gestellten Datenträger dem Unternehmer auf dessen Kosten zurückzusenden. § 327p BGB normiert die Pflicht zur Einstellung der Nutzung des Verbrauchers nach Vertragsbeendigung und die Pflicht des Unternehmers, die Inhalte, die nicht personenbezogene Daten sind und die der Verbraucher bereitgestellt oder erstellt hat, nicht weiter zu nutzen; für beide Vorgaben bestehen Ausnahmen; zur Bußgeldbewehrung s. Art. 246e EGBGB, s. hierzu → Modernisierungsrichtlinie. § 327q BGB stellt klar, dass die Ausübung von Datenschutzrechten oder die Abgabe von datenschutzrechtlichen Erklärungen durch den Verbraucher die Wirksamkeit des Vertrages unberührt lassen und auch keine Schadensersatzansprüche begründen; unter bestimmten Voraussetzungen hat der Unternehmer dann ein Kündigungsrecht.

Verbrauchsdatum
→ Mindesthaltbarkeitsdatum.

Verbrauchsgüterkauf
1. Anwendungsbereich, Verbrauchsgüterkaufvertrag über digitale Produkte: Die §§ 474 ff. BGB enthalten Sondervorschriften für den Verbrauchsgüterkauf, die die allg. Vorschriften des → Schuldrechts, insbes. des → allgemeinen Leistungsstörungsrechts, des allg. Kaufrechts und des → Fernabsatzvertrags ergänzen bzw. diese ersetzen. Insgesamt sind die auf einen Verkauf von Verbrauchsgütern anwendbaren Normen im BGB mittlerweile sehr unübersichtlich. Ein Verbrauchsgüterkauf war (bis 1.1.2022) nach der Definition des § 474 I BGB aF der → Kauf einer beweglichen → Sache durch einen → Verbraucher von einem → Unternehmer (also nicht nur von einem Hersteller, sondern auch von einem Zwischenhändler); aufgrund der Umsetzung der → Warenkaufrichtlinie mit Wirkung zum 1.1.2022 wurde der Begriff der beweglichen Sache (im gesamten Verbrauchsgüterkaufrecht) ersetzt durch den in § 241a BGB definierten Begriff der → Ware. Die Vorschriften des Verbrauchsgüterkaufs gelten nicht für Kaufverträge zwischen Unternehmern (sa → Handelskauf) oder zwischen Verbrauchern. Keine Anwendung finden die Vorschriften seit dem 1.1.2022 gem. § 474 II 2 BGB für den Verkauf gebrauchter Waren (zB Fundsachen) in einer öffentlichen Versteigerung (§ 312g II Nr. 10 BGB), wenn dem Verbraucher klare und umfassende Informationen über die fehlende Geltung des Verbrauchsgüterkaufrechts leicht verfügbar gemacht werden. § 475a BGB regelt seit dem 1.1.2022 den Verbrauchsgüterkauf über digitale Produkte. Da in Umsetzung der → Digitale-Inhalte-Richtlinie ebenfalls zum 1.1.2022 durch §§ 327 ff. BGB umfassende Regelungen über → Verbraucherverträge über digitale Produkte geschaffen wurden, ist eine Abgrenzung erforderlich. Zum Begriff der digitalen Produkte s. § 327 I BGB und die Erläuterungen zu den → Verbraucherverträgen über digitale Produkte. Wenn Gegenstand des Verbrauchsgüterkaufvertrags ein körperlicher Datenträger ist, der ausschließlich als Träger digitaler Inhalte dient (zB Film, Spiel, Computerprogramm auf DVD, Stick), so sind nach § 475a I BGB die meisten Normen des Kauf- und Verbrauchsgüterkaufrechts ausgeschlossen und es gelten stattdessen die Regelungen der §§ 327 ff. BGB; auch für den Lieferantenregress verweist § 445c BGB anstelle von §§ 445a, 445b BGB insoweit auf §§ 327 ff. BGB (s. § 327u BGB). Wenn Gegenstand des Verbrauchsgüterkaufvertrags eine Ware ist, die in einer Weise digitale Produkte enthält (zB ein Betriebssystem) oder mit digitalen Produkten verbunden ist, dass die Ware ihre Funktionen auch ohne diese digitalen Produkte erfüllen kann, sind nach § 475a II BGB (sa § 327a II 2 BGB) unterschiedliche Gewährleistungsregeln anwendbar, je nachdem, ob der Mangel die Ware selbst (dann Geltung der Regeln des Kaufrechts und des Verbrauchsgüterkaufrechts) oder das enthaltene bzw. verbundene digitale Produkt (dann §§ 327 ff. BGB) betrifft; hinsichtlich der normierten Voraussetzung, dass die Ware ihre Funktionen auch ohne die digitalen Produkte erfüllen kann, kommt es maßgeblich darauf an, ob die Ware in ihrer Grundfunktion auch ohne das digitale Produkt funktioniert (zB Fahrbereitschaft eines Kfz ohne die Navigationssoftware). Zu unterscheiden von der Regelung über Verbrauchsgüterkaufverträge über digitale Produkte in § 475a BGB sind die ergänzenden und speziellen Regelungen für einen Verbrauchsgüterkauf einer Ware mit digitalen Elementen in § 475b BGB. Eine solche Ware definiert § 327a III 1 BGB als eine Ware, die digitale Produkte in einer solchen Weise enthält oder mit diesen verbunden ist, dass sie ihre Funktionen ohne die digitalen Produkte nicht erfüllen kann. Die nach § 475b I 1 BGB das allg. Verbrauchgüterkaufrecht ergänzenden Regelungen gelten dann, wenn sich der Unternehmer verpflichtet, dass er oder ein Dritter die betreffenden Element bereitstellt bzw. dies üblich ist (zB üblicherweise vorinstallierte Anwendungen auf einem Smartphone oder einer Kamera); das Bestehen einer solchen Verpflichtung wird nach § 327a III 3 BGB vermutet. Entscheidend ist im Einzelfall die Auslegung des jeweiligen Vertragsinhalts (unter Berücksichtigung von Üblichkeit, Erwartbarkeit etc.).

2. Vertragsgegenstand, allg. Pflichten: Zum Gegenstand des Verbrauchsgüterkaufs s. o. 1. Ein Verbrauchsgüterkauf liegt auch vor, wenn der Vertrag neben dem Verkauf einer Ware eine Dienstleistung zum Gegenstand hat, § 474 I 2 BGB. Entgegen der allg. Fälligkeitsregelung (→ Fälligkeit) in § 271 BGB können die aufgrund eines Verbrauchsgüterkaufs zu erbringenden Leistungen (Lieferung sowie Abnahme und Zahlung) nicht sofort, sondern nur unverzüglich (ohne schuldhaftes Zögern, § 121 BGB) verlangt werden, § 475 I 1 BGB. Für die Lieferverpflichtung gilt eine maximale Frist von 30 Tagen, § 475 I 2 BGB; zur Bußgeldbewehrung Art. 246e EGBGB (→ Modernisierungsrichtlinie). Beide Vertragsparteien können die Leistungen sofort bewirken, § 475 I 3 BGB. Der Gefahrübergang richtet sich beim Verbrauchsgüterkauf grds. nicht nach § 447 BGB, sondern nach § 446 BGB, die Gefahr des zufälligen Untergangs (bzw. der Verschlechterung), Preisgefahr, geht nicht (wie sonst) schon mit der Absendung, sondern erst mit Übergabe bzw. bei Eintritt von Annahmeverzug (→ Gläubigerverzug) auf den Verbraucher (Käufer) über, § 475 II, III 2 BGB, § 446 BGB (bei der Regelung von § 447 BGB bleibt es nur, wenn der Verbraucher den Transport der Ware selbst organisiert). Für die Leistungsgefahr gilt dies nicht, der Unternehmer muss bei zufälligem Untergang nicht nochmals leisten.

3. Gewährleistung: S. zunächst → Gewährleistung, insbes. auch zu zahlreichen Sonderregelungen für den Verbrauchsgüterkauf. Ab dem 1.1.2022 ist insbes. § 442 BGB (der die Rechte des Käufers bei Kenntnis vom Mangel ausschließt) nicht mehr anwendbar, der Verweis in § 475 III 2 BGB wurde gestrichen. Abweichend von den allg. Vorschriften ist der Verbraucher beim Verbrauchsgüterkauf einer mangelhaften Ware bei deren Rückgewähr im Fall der Nacherfüllung durch Ersatzlieferung einer mangelfreien Ware nicht zur Herausgabe der Nutzungen der mangelhaften Ware bzw. Ersatz von deren Wert verpflichtet, § 475 III 1 BGB. Bislang war das Leistungsverweigerungsrecht des Unternehmers bei der Nacherfüllung wegen unverhältnismäßiger Kosten oder unzumutbarem Aufwand beschränkt (s. beim Kauf → Gewährleistung, 2a), das totale Leistungsverweigerungsrecht wegen Unverhältnismäßigkeit war ausgeschlossen, wenn eine Art der Nacherfüllung (Nachbesserung oder Ersatzlieferung) unmöglich oder unverhältnismäßig bzw. unzumutbar war; nunmehr ist nach Streichung von §§ 475 IV, V BGB aF seit dem 1.1.2022 auch ein solches totales Leistungsverweigerungsrecht möglich. Für Aufwendungen, die dem Verbraucher im Rahmen der Nacherfüllung nach § 439 II, III BGB entstehen, kann er einen Vorschuss verlangen, § 475 IV BGB; erfasst werden alle dem Verbraucher zu ersetzenden Aufwendungen, insbes. die zu ersetzenden Kosten für den Ausbau der mangelhaften und den Einbau der mangelfreien Ware (s. hierzu → Gewährleistung, 2a); auch einen Transportkostenvorschuss kann der Verbraucher verlangen, wenn er die Kaufsache an einen entfernt liegenden Nacherfüllungsort verbringen muss (es sei denn, der Verkäufer ist zu unentgeltlichen Abholung bereit). Zu Zeitraum und Art der Nacherfüllung s. § 475 V BGB. Nach § 475 VI 1 BGB hat der Unternehmer in Ergänzung von § 346 BGB bei Rücktritt und Schadensersatz die Kosten der Rücksendung zu tragen. Die Voraussetzungen für Rücktritt, Minderung und Schadensersatz statt der Leistung sind seit dem 1.1.2022 in § 475d BGB abschließend (und abweichend von §§ 323, 440 BGB) geregelt; zur Entbehrlichkeit der Fristsetzung s. iE § 475d I Nr. 1–5 BGB, zum Schadensersatz § 475d II BGB.

Zur Frage, welche Regeln bei → Verbraucherverträgen über digitale Produkte gelten, s. o. 1. Beim Verbrauchsgüterkauf einer Ware mit digitalen Elementen nach § 475b BGB (s. o. 1.) ist der Begriff des Sachmangels dort (angelehnt und unter Verweis auf § 434 BGB mit dem Gleichrang von objektivem und subjektiven Fehlerbegriff, → Gewährleistung) ergänzend geregelt (§ 475b II–IV BGB), insbes. hinsichtlich einer dauerhaften → Aktualisierungspflicht; die Ware entspricht nach § 475b IV Nr. 2 BGB nur dann den objektiven Anforderungen, wenn dem Verbraucher während des Zeitraums, den er aufgrund der Art und des Zwecks der Ware und ihrer digitalen Elemente erwarten kann, die erforderlichen Aktualisierungen bereitgestellt werden und eine entsprechende Information darüber erfolgt; Umfang und Dauer von erwartbaren Aktualisierungen bestimmen sich durch Auslegung (Werbeaussagen, übliche Nutzungsdauer, Kaufpreis etc.); Einschränkung der Haftung bei Verletzung der Aktualisierungspflicht in § 475b V BGB. Die Montageanforderungen werden in § 475b VI BGB erweitert. Eine ergänzende Regelung des Sachmangels bei einer dauerhaften Bereitstellung von digitalen Elementen findet sich in § 475c BGB. Zur Bußgeldbewehrung bei Verletzung der Pflicht zur Rückgewähr der empfangenen Leistungen Art. 246e EGBGB.

4. Abweichende Vereinbarungen, Umgehungsverbot: Die Möglichkeit abweichender Vereinbarungen, insbes. zur Begrenzung der vertraglichen Gewährleistung, ist beim Verbrauchsgüterkauf stark eingeschränkt. Der Unternehmer kann sich auf eine (nicht nur durch → Allgemeine Geschäftsbedingungen, sondern auch individualrechtlich) vor Mitteilung des Mangels getroffene Vereinbarung, durch die die Bestimmungen über die → Gewährleistung für Mängel der Ware zum Nachteil des Verbrauchers abgeändert worden sind, mit Ausnahme des Ausschlusses oder einer Beschränkung des Anspruchs auf Schadensersatz, nicht berufen, § 476 I 1, III BGB. Dies bedeutet, dass der Vertrag iÜ wirksam ist. Bislang möglich waren aber auch beim Verbrauchsgüterkauf negative Beschaffenheitsvereinbarungen (s. dazu → Gewährleistung), dass also über eine Vereinbarung über den Zustand der Ware bei Vertragsschluss die Mängelhaftung begrenzt wurde (zB Bezeichnung eines Kfz als Schrottfahrzeug); für Verträge seit dem 1.1.2022 kann nach § 476 I 2 BGB von den Anforderungen der objektiven Qualitätsmerkmalen der § 434 III BGB, § 475b IV, V BGB, § 475c III BGB nur dann vertraglich abgewichen werden, wenn der Verbraucher von der Abweichung gezielt in Kenntnis gesetzt und die Abweichung ausdrücklich und gesondert vereinbart wurde. Erforderlich ist also eine individuelle und besonders hervorgehobene Information. Das Umgehungsverbot ist nunmehr in § 476 IV BGB enthalten (zB keine Umgehung dadurch, dass der Unternehmer, obwohl er das wirtschaftliche Risiko trägt, bei einem Gebrauchtwagenkauf nicht als Vertragspartner, sondern nur als angeblicher Vermittler oder Vertreter des privaten Verkäufers auftritt, → Agenturvertrag). Sa → Gesetz über faire Verbraucherverträge.

5. Verjährung: Für die → Verjährung gelten grds. die allg. Vorschriften (§ 438 BGB und subsidiär §§ 194 ff. BGB). § 476 II BGB nF verbietet vor Mitteilug eines Mangels vereinbarte vertragliche Erleichterungen der Verjährung, wenn die Vereinbarung zu einer Verjährungsfrist ab dem gesetzlichen Verjährungsbeginn von weniger als 2 Jahren führt; bei gebrauchten Waren ist eine Verkürzung auf

1 Jahr möglich bei einer individuellen und besondes hervorgehobenen Information darüber; eine Vereinbarung durch → Allgemeine Geschäftsbedingungen ist damit ausgeschlossen. Sonderregelungen gelten für die Verjährung beim Kauf von Waren mit digitalen Elementen, s. hierzu § 475e BGB.

6. Beweislast: Von erheblicher praktischer Bedeutung ist die Umkehrung der → Beweislast. Zeigt sich nämlich innerhalb von 6 Monaten seit Gefahrübergang (→ Kauf, 3) ein Sachmangel (den der Käufer beweisen muss), so wird vermutet, dass der Kaufgegenstand bereits von Anfang an mangelhaft war (es sei denn, diese Vermutung ist mit der Art der Ware oder des Mangels unvereinbar, zB wenn er auch für einen Nichtfachmann unschwer erkennbar wäre), der Unternehmer muss dann also die Mangelfreiheit bei Übergabe nachweisen, § 477 BGB. Diese Vermutungsregel wurde mit Wirkung vom 1.1.2022 auf 1 Jahr ausgedehnt (außer beim Verkauf lebender Tiere); die Regelung knüpft klarstellend nun nicht mehr an den Sachmangel, sondern den Zustand der Ware an. Dass ein Verbrauchsgüterkaufvertrag vorliegt, muss der Verbraucher beweisen.

7. Lieferantenregress: Es gelten grds. die im allg. Kaufrecht (§§ 445a, 445b BGB) verankerten Vorschriften (s. hierzu → Gewährleistung, 2e); einige wenige Sonderregelungen (§ 478 I BGB) gelten aber weiterhin nur, wenn ein Verbrauchsgüterkauf vorliegt (so kann zB nur ein Unternehmer, der die Ware an einen Verbraucher weiterverkauft hat, im Verhältnis zu seinem Lieferanten von der Vermutung der Beweislastumkehr in § 477 BGB profitieren, § 478 I BGB; s. → Gewährleistung, 2e). Bei → Verbraucherverträgen über digitale Produkte gelten ggfs. nur §§ 327 ff. BGB, s. o. 1.

8. → Garantie: Eine Sonderregelung für den Verbrauchsgüterkauf enthält insoweit § 479 BGB, zum 1.1.2022 leicht verschärft; die Vorschrift gilt neben § 443 BGB, die gesetzlichen Rechte gelten neben der Garantie. Anwendbar ist § 479 grds. auf alle Garantien, auf eine Herstellergarantie aber nur, wenn der Käufer ein berechtigtes Interesse an Informationen über die Herstellergarantie hat, was nach der Rspr. des EuGH nur dann der Fall ist, wenn der Verkäufer sie zu einem zentralen Merkmal seines Angebots macht (nicht bei nur beiläufiger Erwähnung). Eine Garantieerklärung muss klar und verständlich abgefasst sein und den Inhalt der Garantie wiedergeben, sie muss bestimmte Mindestinhalte aufweisen (insbes. Hinweise auf die gesetzlichen Rechte des Verbrauchers, dass diese nicht eingeschränkt werden dürfen, Inhalt und wesentliche Angaben zur Garantie, Namen und Anschrift des Garantiegebers); die Garantieerklärung ist auf einem dauerhaften Datenträger nach § 126b S. 2 BGB zur Verfügung zu stellen; zur Sonderregelung bez. einer Haltbarkeitsgarantie s. § 479 III BGB. Die Garantie ist auch dann wirksam, wenn die notwendigen Angaben fehlen (§ 479 IV BGB).

9. Widerrufsrecht: Ein eigenständiges Widerrufsrecht besteht beim Verbrauchsgüterkauf nicht, ein Widerruf ist möglich, wenn der Verbrauchsgüterkauf außerhalb von geschlossen Geschäftsräumen (→ außerhalb von Geschäftsräumen geschlossene Verträge), im Fernabsatzverkehr (→ Fernabsatzvertrag), als → Teilzahlungsgeschäft oder als → Ratenlieferungsvertrag abgeschlossen wird.

Verbrauchsgüterkauf über digitale Produkte
→ Verbrauchsgüterkauf. Sa → Verbraucherverträge über digitale Produkte.

Verbrauchsgüterkaufrichtlinie
→ Warenkaufrichtlinie.

Verbrauchsstiftung
→ Stiftung des Privatrechts.

Verbrauchsteuergefährdung
ist eine → Ordnungswidrigkeit bei Zuwiderhandlungen gegen Vorschriften der → Verbrauchsteuergesetze (§ 381 AO).

Verbrauchsteuern
Als Verbrauchsteuern werden die Steuern bezeichnet, welche die Beschaffung von Gütern belasten, die dem Verbrauch oder Gebrauch dienen. Die Mehrzahl der Verbrauchsteuern wird von der Zollverwaltung bei den Erzeugerbetrieben erhoben (§ 12 FVG). Auch der Versandhandel unterliegt der Verbrauchsbesteuerung. → Steuerschuldner ist hierbei der Händler. Die Verbrauchsteuern sind durch europäische → Richtlinien vorbestimmt, so dass der innerstaatliche Gesetzgeber nur im Rahmen der Richtlinie tätig werden darf. Dem Bund steht die konkurrierende Gesetzgebung über die Verbrauchsteuern zu, ferner die Verwaltungs- und Ertragshoheit (→ Verteilung des Steueraufkommens) mit Ausnahme der Biersteuer (Art. 105, 108, 106 GG). Verbrauchsteuern sind die Branntweinabgaben, → Biersteuer, → Einfuhrumsatzsteuer, → Kaffeesteuer, → Mineralölsteuer, → Schaumweinsteuer und → Tabaksteuer. Sa → Steuerlager. IwS werden als Verbrauchsteuern (richtiger: Konsumsteuern) alle Steuern bezeichnet, welche die Einkommensverwendung für Sachgüter treffen sollen, wie zB die → Umsatzsteuer, deren Erhebung durch die Finanzämter erfolgt.

Verbrechen
ist im Gegensat zum → Vergehen eine im Mindestmaß mit Freiheitsstrafe von 1 Jahr oder darüber bedrohte rechtswidrige Tat (§ 12 I StGB). Bei Verbrechen ist der → Versuch stets strafbar (§ 23 I StGB), zudem sind auch Vorstufen der Beteiligung wie die versuchte → Anstiftung oder die → Verabredung eines Verbrechens strafbar (§ 30 StGB).

Verbrechen gegen die Menschlichkeit
→ Menschlichkeitsverbrechen; → Römisches Statut.

Verbrechen im Amt
→ Amtsdelikte.

Verbrechensbekämpfung
Mit dem Begriff bezeichnet man ein Bündel von Maßnahmen des Gesetzgebers (insbes. V.-G v. 28.10.1994, BGBl. 1994 I 3186) sowie der Strafverfolgungsbehörden und der Polizei zur Bekämpfung der → Organisierten Kriminalität. Sa → Terrorismusbekämpfung.

Verbrechensopfer
Personen, die Opfer von → Gewalttaten, Entschädigung für Opfer von geworden sind, können eine Entschädigung erhalten. Die Entschädigung richtet sich nach dem Opferentschädigungsgesetz (OEG). Das OEG gilt nach § 68 SGB I als besonderer Teil des Sozialrechts. Das OEG wurde zum 1.1.2024 in das SGB XIV (Soziale Entschädigung) aufgenommen.

Verbreiten von Falschgeld
→ Geld- und Wertzeichenfälschung.

Verbreitung jugendgefährdender oder pornographischer Schriften
→ jugendgefährdende Medien, → pornographische Inhalte, → pornographische Schriften.

Verbreitungsrecht
ist ein → Verwertungsrecht des Urhebers eines Werks der Literatur, Wissenschaft oder Kunst (→ Urheberrecht). Es berechtigt ihn, das Original oder verkörperte Vervielfältigungsstücke des Werkes der Öffentlichkeit anzubieten oder in Verkehr zu bringen (§ 17 UrhG). Eine Weiterverbreitung von Werkstücken ist jedoch ohne Zustimmung des Rechtsinhabers zulässig, wenn an diesen → Erschöpfung eingetreten ist.

Verbriefung
Verbriefung ist ein Begriff aus dem Wertpapier- und Kapitalmarktrecht und hat dort verschiedene Bedeutungen:

1. Im Wertpapierrecht bedeutet Verbriefung die Verkörperung einer Forderung durch ein → Wertpapier. Die immaterielle Forderung wird mittels der Verkörperung durch ein Wertpapier zur besser handelbaren beweglichen Sache. So verkörpert ein Wechsel zB eine Exportforderung und eine Aktie die Rechte des Aktionärs. Während die Verbriefung früher zwingend in Form einer Urkunde geschehen musste, gestattet seit 2021 das eWpG auch elektronische Wertpapiere.

2. a) Im → Kapitalmarktrecht bezeichnet Verbriefung ein komplexes Finanzinstrument. Man versteht darunter die Emission von Wertpapieren, bei denen der Emittent Forderungen kauft und mit den Einkünften aus diesen Forderungen die Wertpapiere bedient. Die englischen Bezeichnungen hierfür lauten „securitization“ oder „asset backed securities“. Trotz Unterschiede im Detail sieht die Grundstruktur einer Verbriefung so aus: Ein Unternehmen oder eine Bank (Originator) veräußert eine große Anzahl ähnlicher Forderungen an eine Verbriefungszweckgesellschaft. Diese emittiert Wertpapiere und veräußert sie an (idR institutionelle) Anleger. Mit dem Erlös bezahlt die Verbriefungszweckgesellschaft den Erwerb der Forderungen vom Originator. Zins- und Rückzahlungen des Emittenten an die Anleger erfolgen nur aus den Einkünften der dem Wertpapier zugrundeliegenden Forderungen.

b) Eine in Deutschland seit langem bekannte Form der Verbriefung sind → Pfandbriefe. Andere Beispiele für verbriefbare Forderungen sind Forderungen aus Darlehen, Kreditkartenverträgen, Autovermietungen oder Telefonverträgen. Durch den Verkauf seiner Forderungen entlastet der Originator seine Bilanz, verschafft sich Liquidität und gibt das Ausfallrisiko an die Anleger weiter. Die Anleger reizen die überdurchschnittlichen Zinsen. Die Verbriefung minderwertiger („subprime“) Immobilienkredite in den USA gilt als eine Mitursache der weltweiten Finanzkrise von 2008.

c) Die VO (EU) 2017/2402 v. 12.12.2017 zur Festlegung eines allgemeinen Rahmens für Verbriefungen (ABl. EU 2017 L 347/35) regelt unionsweit die aufsichtsrechtlichen Aspekte der Verbriefung. Hierzu gehören etwa die Rechte und Pflichten von Originator und Verbriefungszweckgesellschaft, die Sorgfaltspflichten bei der Prüfung der zu verbriefenden Forderungen („due dilligance“), das Verbot der Wiederverbriefung und die Verbriefungsregister. Die VO (EU) 2017/2402 gilt als wichtiger Baustein der angestrebten Kapitalmarktunion. Die zivilrechtlichen Aspekte einer Verbriefung, etwa wie Forderungen abgetreten werden, wer haftet und welche Folgen die Insolvenz eines Beteiligten hat, regelt die VO (EU) 2017/2402 nicht; hierfür fehlt der Union die Zuständigkeit.

Verbringungsverbote
Nach § 86 StGB ist als ein Tatbestand der → Rechtsstaatsgefährdung Herstellen, Vorrätighalten, Einführen, Verbreiten oder Ausführen von Propagandamitteln verfassungsfeindlicher Organisationen (→ Schriften oder andere Darstellungen) unter Strafe gestellt.

Ergänzend verbietet § 5 Gesetz zur Überwachung strafrechtlicher und anderer Verbringungsverbote v. 24.5.1961 (BGBl. 1961 I 607) mÄnd die Verbreitungszwecken dienende Einfuhr von Filmen, die geeignet sind, als Propagandamittel gegen die demokratische Grundordnung oder die Völkerverständigung zu wirken.

Zur Durchsetzung des Einfuhrverbots für verfassungsfeindliche Publikationen gestatten §§ 1–4 Überwachungsgesetz unter Einschränkung des → Brief-, Post- und Fernmeldegeheimnisses (Art. 10 GG) den Hauptzollämtern die Nachprüfung eingeführter Gegenstände, wenn tatsächliche Anhaltspunkte für einen Verstoß gegen das Verbot vorliegen; wird der Verdacht nicht ausgeräumt, sind die Gegenstände der Staatsanwaltschaft vorzulegen. Die Zollbehörden dürfen zwecks Nachprüfung Postsendungen, Beförderungsmittel (Kfz), Gepäck usw. öffnen und durchsuchen und inkriminierte Sachen beschlagnahmen; bei Abwesenheit oder Widerspruch des Betroffenen ist binnen 3 Tagen um richterliche Bestätigung nachzusuchen. Die Unternehmen in Nachfolge der Bundespost legen Sendungen, bei denen sich Anhaltspunkte für einen Verstoß gegen das Einfuhrverbot ergeben, der Zollbehörde vor.

Verbund von Scheidungs(folge)sachen
→ Ehesachen.

Verbundene Unternehmen
Verbundene Unternehmen sind rechtlich selbständige Unternehmen, die im Verhältnis zueinander in Mehrheitsbesitz stehende Unternehmen und mit Mehrheit beteiligte Unternehmen (§ 16 AktG), abhängige und herrschende Unternehmen (§ 17 AktG), Konzernunternehmen (→ Konzern), wechselseitig beteiligte Unternehmen (§ 19 AktG) oder Vertragsteile eines → Unternehmensvertrages sind. Diese Regelungen gelten aber nicht nur auf Aktiengesellschaften, sondern entsprechend auch für andere Gesellschaftsformen wie zB einer GmbH oder einer Kommanditgesellschaft. Für die Zwecke der → Rechnungslegung von Unternehmen und Konzernen wird der Begriff des verbundenen Unternehmens in § 271 II HGB eigenständig definiert (sa § 290 HGB).

Verbundene Verträge
→ Verbraucherdarlehensvertrag (8), → Verbrauchervertrag (4).

Verbundschule
wurde in Nordrhein-Westfalen die inzwischen wieder auslaufende Kooperation zwischen → Hauptschule und → Realschule bezeichnet (sa → Schulwesen).

Verdachtsflächen
sind Grundstücke, bei denen der Verdacht auf schädliche Bodenveränderungen besteht (§ 2 Bundes-BodenschutzG); s. → Altlasten.

Verdachtskündigung
Für eine außerordentliche Kündigung eines Arbeitsverhältnisses kann ausnahmsweise nicht nur eine erwiesene schwere Pflichtverletzung, sondern auch bereits ein dahingehender Verdacht ausreichend sein (→ Kündigungsschutz für Arbeitnehmer), da dieser dem Arbeitsverhältnis die erforderliche Vertrauensgrundlage entziehen kann und im Zivilrecht die Unschuldsvermutung nicht gilt. Da der Verdacht der Person des Arbeitnehmers anhaftet, handelt es sich um eine personenbedingte Kündigung (BAG 31.1.2019 – 2 AZR 426/18, NZA 2019, 893). Um allerdings keinen Unschuldigen zu treffen, bestehen strenge Anforderungen: erheblicher Verdacht einer Pflichtverletzung stets iS eines wichtigen Grundes gem. § 626 I BGB, hohe Wahrscheinlichkeit der Tatbegehung, weitestgehende Aufklärungsbemühungen (einschl. Anhörung des betroffenen Arbeitnehmers und Überprüfung seiner Angaben), Unzumutbarkeit der Fortsetzung des Arbeitsverhältnisses gerade aufgrund des Verdachts. Ist eine außerordentliche Kündigung ausgeschlossen und nur eine ordentlich fristgerechte Verdachtskündigung möglich, ist diese - auch wenn idR nach § 1 II KschG zu prüfen - ebenfalls an den hohen vorgenannten Anforderungen zu messen (BAG, ebenda). Besonderheiten gelten auch für die Beteiligung von Betriebs- bzw. Personalrat. Der Arbeitnehmer hat im Kündigungsschutzprozess die Möglichkeit, den Verdacht zu widerlegen. Siehe auch → Arbeitsverhältnis.

Verdachtsunabhängige Kontrollen
→ Identitätsfeststellung.

Verdächtigung, falsche
Straftatbestand nach § 164 StGB: Er erfasst in Abs. 1 denjenigen, der einen anderen bei einer Behörde oder einem für Anzeigen zuständigen → Amtsträger oder militärischen Vorgesetzten oder öffentlich wider besseres Wissen einer rechtswidrigen Tat oder der Verletzung einer Dienstpflicht in der Absicht verdächtigt, ein behördliches Verfahren oder andere behördliche Maßnahmen gegen ihn herbeizuführen oder fortdauern zu lassen (Straf-, Disziplinarverfahren o. dgl.). Nach Abs. 2 ist strafbar, wer in gleicher Absicht und in derselben Art über einen anderen eine sonstige tatsächliche Behauptung – also nicht über eine Straftat oder Dienstpflichtverletzung – aufstellt, die solche Folgen nach sich ziehen kann (zB Bußgeldverfahren). Nach Abs. 3 macht sich der Täter einer Straftat strafbar, der eine Verdächtigung begeht, um eine Strafmilderung oder ein Absehen von Strafe nach § 46b StGB oder § 31 BtMG zu erreichen (→ Kronzeuge). Der Strafrahmen sieht Freiheitsstrafe bis zu 5 Jahren oder Geldstrafe vor. Hat die Verdächtigung ein Verfahren ausgelöst, soll bis zu dessen Erledigung mit dem Verfahren wegen Verdächtigung innegehalten werden (§ 154e StPO). Sa → Denunziation.

Verdeckte Ermittlungen
Zur Gefahrenabwehr durch die Polizei und die → Nachrichtendienste oder zur Strafverfolgung gewinnen verdeckte Ermittlungen wegen geänderter Erscheinungsformen verfassungsfeindlicher extremistischer oder terroristischer Bestrebungen und der Kriminalität zunehmend an Bedeutung.

1. Dabei handelt es sich insbes. um folgende heimlich durchgeführte Maßnahmen:

a) Längerfristige → Observation;

b) Bildaufnahmen und -aufzeichnungen;

c) Abhören und Aufzeichnen des nichtöffentlich gesprochenen Wortes;

d) Überwachen und Aufzeichnen der Telekommunikation;

(s. zu b)–d) → Datenerhebung, → Datenverarbeitung, → Einsatz technischer Mittel, → Brief-, Post- und Fernmeldegeheimnis), → Telekommunikationsüberwachung;

e) Einsatz von Privatpersonen, zB als → Informant, → V-Person, → agent provocateur; daneben werden auch andere Bezeichnungen wie Gelegenheitsinformant, Gewährsmann, Kontaktperson, Lockspitzel, Verbindungs-, → Vertrauensperson, V-Mann sowie Scheinaufkäufer (bei → Betäubungsmitteldelikten) verwendet;

f) Einsatz von Beamten bei Einzelaktionen oder als → verdeckter Ermittler, → verdeckter Mitarbeiter.

2. a) Heimliche Ermittlungen, die auf Feststellungen abzielen, durch die sich der Verdächtige selbst belastet, sind grundsätzlich zulässig. Einer gesetzlichen Befugnisnorm bedarf es zu verdeckten Ermittlung jedoch stets, sobald sie in geschützte Rechte anderer, etwa die Unverletzlichkeit der → Wohnung oder das allgemeine Persönlichkeitsrecht, eingreifen. Fehlt sie in einem solchen Fall, so ist die Maßnahme unzulässig.

b) Auch nach der gesetzlichen Regelung des polizeiangehörigen → verdeckten Ermittlers in §§ 110a ff. StPO für die Strafverfolgung und in den Polizeigesetzen für die Gefahrenabwehr ist der Einsatz von Privatpersonen (s. 1. e)) zur Strafverfolgung ohne besondere gesetzliche Befugnisnorm zulässig. Er verstößt auch, soweit eine Privatperson auf Veranlassung und unter Führung der Ermittlungsbehörde ein Gespräch mit einem Zeugen oder einem Tatverdächtigen führt, um von ihm Angaben zu erlangen, nicht gegen die Belehrungspflicht nach § 136 I StPO oder gegen das Verbot von Vernehmungsmethoden iS des § 136a I, II StPO (→ Vernehmungen im Strafverfahren) und auch nicht gegen den Grundsatz, dass niemand gezwungen werden darf, sich selbst zu belasten (BGH NJW 1994, 556, 2904; 1996, 2940). Dies gilt jedenfalls dann, wenn es um die Aufklärung einer Straftat von erheblicher Bedeutung geht und die Erforschung des Sachverhalts unter Einsatz anderer Ermittlungsmethoden erheblich weniger Erfolg versprechend oder wesentlich erschwert wäre. Rechtsstaatliche Grenzen sind aber überschritten, wenn etwa die Privatperson von der Ermittlungsbehörde zur Gewinnung von Informationen mit dem Beschuldigten in der Untersuchungshaft in einem Raum untergebracht wird (BGHSt. 34, 362) oder ein Verhältnis beginnt (sog. Romeo-Fall). Dann besteht ein Verwertungsverbot (→ Beweisverbote).

c) Nach dem → Unmittelbarkeitsgrundsatz sind die Angaben von Privatpersonen und Beamten zu verdeckte Ermittlungen in der → Hauptverhandlung des Strafprozesses grundsätzlich durch Zeugenbeweis festzustellen. Dabei wird die Identität der Personen aufgedeckt, was im Widerspruch zu einer Zusicherung der Vertraulichkeit oder Geheimhaltung (s. dazu Richtlinien der Justiz- und Innenminister, zB BayJMBl. 1986, 33 und 1994, 87) stehen kann und vor allem die Personen oder deren weiteren Einsatz in der Strafverfolgung gefährden kann.

d) Wird die Person von der Ermittlungsbehörde benannt und ihr, sofern sie Beamter ist, eine → Aussagegenehmigung erteilt, so kann ihrer Gefährdung auf Grund der Zeugenaussage durch Ausschluss der Öffentlichkeit (§ 172 Nr. 1a GVG), durch teilweise oder vollständige Geheimhaltung ihrer Personalien (§ 68 II, III StPO; sa → Zeugenschutz) oder durch → kommissarische Vernehmung (§§ 224, 251 II StPO) begegnet werden. Möglich ist auch eine vorübergehende Entfernung des Angeklagten aus der Hauptverhandlung, wenn andernfalls zu befürchten ist, dass der Zeuge nicht die Wahrheit sagt (§ 247 StPO). Schließlich kann vom Gericht zum → Zeugenschutz angeordnet werden, dass der Angeklagte sich während der Vernehmung an einem anderen Ort aufhält und seine Aussage zeitgleich in Bild und Ton in das Sitzungszimmer übertragen wird (§ 247a StPO).

e) Würde eine Einvernahme als Zeuge die Person trotz Ausschöpfung der unter d) genannten Schutzmöglichkeiten konkret gefährden, kann die Aussagegenehmigung für den Führungs- oder Vernehmungsbeamten der Person nach § 54 StPO und den beamtenrechtlichen Vorschriften beschränkt oder verweigert werden und eine Sperrerklärung hinsichtlich der persönlichen Daten der Person entsprechend § 96 StPO abgegeben werden. Damit ist die Person als Beweismittel unerreichbar (§ 244 III 2 StPO). Die Beschränkung oder Verweigerung der Aussagegenehmigung unterliegt aber gerichtlicher Nachprüfung auf Willkür oder Ermessensfehler. Auch muss das Gericht alles unternehmen, um die Aussagegenehmigung zu erwirken oder in anderer Weise eine Aussage der Person herbeizuführen. Neben der kommissarischen Vernehmung mit Zeugenschutz nach § 68 II, III StPO (s. o.) bestehen folgende Möglichkeiten: Die Angaben der Person gegenüber ihrem Führungs- oder Vernehmungsbeamten können von diesem als → Zeuge vom Hörensagen bekundet werden. Polizeiliche Niederschriften über die Vernehmung der Person oder deren sonstige schriftliche Erklärungen können nach § 251 I Nr. 2 StPO als Urkunden verlesen werden. Das Gericht kann gegen die Sperrerklärung Gegenvorstellung erheben. Der Angeklagte kann gegen sie auch verwaltungsgerichtlich vorgehen. Das Fehlen von Angaben zur Identität der Person in beiden Fällen macht die Beweismittel nicht unverwertbar. An die Beweiswürdigung werden aber besondere Anforderungen gestellt.

Verdeckte Gewinnausschüttung/Verdeckte Einlage
→ Körperschaftsteuer (7, 8).

Verdeckte Mitarbeiter
sind eigene Mitarbeiter des Bundesamtes für → Verfassungsschutz, die unter einer ihnen verliehenen und auf Dauer angelegten → Legende zur Aufklärung von verfassungsfeindlichen Bestrebungen eingesetzt werden (§ 9a BVerfSchG). Gleiches gilt für verdeckte Mitarbeiter des → Bundesnachrichtendienstes (§ 3 Satz 2 BND-Gesetz) und des → Militärischen Abschirmdienstes (§ 5 Halbsatz 2 MAD-Gesetz). Privatpersonen, die wie verdeckte Mitarbeiter arbeiten, werden als → Vertrauensleute bezeichnet.

Verdeckte Sacheinlage
→ Einlage.

Verdeckte Stellvertretung
→ mittelbare Stellvertretung.

Verdeckter Ermittler
1. Verdeckter Ermittler ist ein Polizeibeamter, der zum Zweck der Strafverfolgung unter einer ihm verliehenen, auf Dauer angelegten veränderten Identität (Legende) ermittelt (§ 110a II 1 StPO). Er ist von Privatpersonen, die zu → verdeckten Ermittlungen eingesetzt werden (→ V-Person), zu unterscheiden. Der verdeckte Ermittler betreibt Aufklärung, ohne seine Eigenschaft als Polizeibeamter und seine Tätigkeit zu offenbaren. Für die Legende dürfen Urkunden hergestellt und gebraucht werden. Der verdeckte Ermittler darf unter der Legende am Rechtsverkehr teilnehmen. Seine Identität kann im Strafverfahren unter bestimmten Voraussetzungen geheimgehalten werden. Die Stellung als verdeckter Ermittler rechtfertigt Straftaten des Polizeibeamten nicht (eine nicht nur für verdeckte Ermittler geltende Ausnahme enthalten § 184b V 2 StGB, § 110d StPO, wonach virtuell geschaffene Kinderpornographie (→ Pornographische Inhalte) hergestellt und verbreitet werden darf, um Ermittlern insbes. Zugang zu einschlägigen Foren im Internet zu verschaffen, in denen von Nutzern verlangt wird, selbst strafbares kinderpornographisches Material zur Verfügung stellen). Der Einsatz eines verdeckten Ermittlers ist bei Anfangsverdacht (→ Tatverdacht 1) bestimmter erheblicher Straftaten, insbes. der → Organisierten Kriminalität, und unter bestimmten Voraussetzungen bei Verbrechen zulässig (§ 110a I StPO). Für den Einsatz ist grundsätzlich die Zustimmung der StA notwendig. In bestimmten Fällen muss das Gericht zustimmen. Sa → verdeckte Ermittlungen, → Zeugenschutz sowie die Richtlinien der Justiz- und Innenminister, zB BayJMBl. 1986, 33 und 1994, 87. Für einen Polizeibeamten, der nur einige Ermittlungshandlungen verdeckt vornimmt, also nicht auf Dauer verdeckt tätig wird, gelten die Anforderungen der §§ 110a ff. StPO nicht (BGH NJW 1996, 2108).

2. Zum präventiven Einsatz eines verdeckten Ermittlers → Datenerhebung.

3. Verdeckte Ermittler iwS sind auch die → verdeckten Mitarbeiter und die → Vertrauensleute der → Nachrichtendienste (→ nachrichtendienstliche Mittel).

Verdecktes Geschäft
→ Scheingeschäft.

Verdichtung
Verdichtung oder Nachverdichtung bezeichnet in der Bodenpolitik, im → Bauplanungsrecht sowie im → Bauordnungsrecht (sa → Bauordnungen) die nachträgliche Erhöhung der Baumasse durch Schließen von Baulücken, Aufstockung und Erweiterung bestehender Bauten, Abbruch bestehender und Errichtung größerer Bauwerke sowie die Bebauung innerörtlicher Freiflächen. Ermöglicht wird dies ua durch eine Verringerung des Mindestmaßes für Abstandsflächen (→ Abstandsflächen im Baurecht, 3), zB der Bayerischen Bauordnung (BayBO) durch die Änderung durch Gesetz v. 23.12.2020 (GVBl. 2020, 663). Durch dieses Gesetz wurde die Abstandsfläche auf 0,4 mal Höhe des Gebäudes, in Gewerbe- und Industriegebieten auf 0,2 mal Höhe, mindestens aber 3,00 reduziert. Allerdings enthält dieses Gesetz eine Öffnung für gemeindliche Satzungen und – anders als andere → Bauordnungen – Ausnahmen für die Außenbezirke von Großstädten.

Verdienstausfall
→ Schadensersatz, → unerlaubte Handlung (6).

Verdienstorden
→ Orden.

Verdienstsicherungsklausel
Eine Verdienstsicherungsklausel besteht darin, dass der Arbeitgeber dem Arbeitnehmer bei → Akkordarbeit oder bei einer Entlohnung, die sich nach dem erzielten Umsatz richtet (Provision), einen Mindestverdienst ohne Rücksicht auf Arbeitsergebnis oder Umsatz garantiert. Die Verdienstsicherungsklausel ist dann Bestandteil des → Arbeitsvertrages.

Verdingungsordnungen
Verdingungsordnungen ist der überholte Begriff für → Vergabe- und Vertragsordnungen oder Vergabeordnungen.

Verdunkelungsgefahr
→ Haftbefehl (1).

Vereidigte Buchprüfer
und die ihnen gleichgestellten Buchprüfungsgesellschaften sind in §§ 128–130 WiPrO (→ Wirtschaftsprüfer) geregelt. Sie haben die berufliche Aufgabe, Prüfungen auf dem Gebiet des betrieblichen Rechnungswesens, insbes. Buch- und Bilanzprüfungen, durchzuführen. Dazu gehören insbes. die Prüfung des Jahresabschlusses von mittelgroßen GmbHs und Personenhandelsgesellschaften (§ 319 HGB). Sie können über das Ergebnis ihrer Prüfungen Prüfungsvermerke erteilen. Verei-

digte Buchprüfer dürfen ihre Auftraggeber in Steuerangelegenheiten nach Maßgabe der bestehenden Vorschriften beraten und vertreten und auf den Gebieten des betrieblichen Rechnungswesens als Sachverständige tätig werden (§ 129 WiPrO). Die Anerkennung oder Bestellung richtet sich nach § 128 WiPrO. Vereidigte Buchprüfer und Buchprüfungsgesellschafter sind Mitglieder der Wirtschaftsprüferkammer (→ Wirtschaftsprüfer, 5). Zahlreiche Vorschriften der WiPrO gelten für sie entsprechend (§ 130 WiPrO). Sa → Abschlussprüfer.

Vereidigung
→ Beeidigung.

Verein
Ein Verein ist ein körperschaftlicher Zusammenschluss mehrerer Personen, der einen einheitlichen Namen führt, auf eine gewisse Dauer berechnet und vom Wechsel seiner Mitglieder unabhängig ist. In diesen Punkten unterscheidet sich der Verein – auch der nichtrechtsfähige – von der → Gesellschaft des bürgerlichen Rechts. Über die öffentlich-rechtlichen Bestimmungen und Beschränkungen → Vereinsfreiheit, → Vereinsgesetz. Das BGB enthält im Wesentlichen nur Bestimmungen über den rechtsfähigen Verein als den Grundtyp der → juristischen Person des Privatrechts; die Rechtsverhältnisse des nichtrechtsfähigen Vereins sind weitgehend von der Rspr. entwickelt worden. Im Gebiet der ehem. DDR gegründete, nach dem Vereinigungsgesetz vom 21.2.1990 (GBl.-DDR 1990 I 75) mÄnd rechtsfähige Vereinigungen gelten als e. V. (unten 1) fort (Art. 231 § 2 EGBGB).

1. a) Der rechtsfähige Verein setzt einen Gründungsvertrag zwischen den künftigen Mitgliedern voraus (→ Gründungsgesellschaft), der nicht → gegenseitiger Vertrag, sondern Gesamtakt ist (hM). Er muss bereits die Verfassung des zukünftigen Vereins, insbes. also die Satzung (s. unten) enthalten. Ist der Geschäftsbetrieb eines Vereins auf wirtschaftliche Tätigkeit mit Gewinnerzielungsabsicht gerichtet, so erlangt er, sofern keine Sondervorschriften eingreifen (zB über die → Aktiengesellschaft, → GmbH, → Genossenschaft), die → Rechtsfähigkeit durch staatliche Verleihung (Konzessionssystem, § 22 BGB). Wirtschaftlicher Verein ist zB eine Funktaxizentrale, ein Sparverein uÄ; die Einzelheiten des Verleihungsverfahrens sind landesrechtlich geregelt. Nicht wirtschaftliche Verein (sog. Idealverein) werden rechtsfähig durch Eintragung in das → Vereinsregister des nach dem Sitz des Vereins zuständigen Amtsgerichts (Normativsystem, §§ 21, 55 ff. BGB). Ein Idealverein soll nur eingetragen werden, wenn mindestens 7 Mitglieder vorhanden sind und eine schriftliche Satzung mit einem vorgeschriebenen Mindestinhalt (über Ein- und Austritt der Mitglieder, Beitragshöhe, Bestellung des Vorstands, Berufung der Mitgliederversammlung, s. unten) vorgelegt wird. Der Name des Vereins erhält den Zusatz „eingetragener Verein" (e. V., § 65 BGB).

b) Die Verfassung eines rechtsfähigen Vereins muss mindestens 2 Organe vorsehen: Mitgliederversammlung und Vorstand. Daneben kann ein Verein auch fakultative Organe, zB einen Beirat, haben. Oberstes Organ des Vereins ist regelmäßig die Mitgliederversammlung. Durch ihre Beschlussfassung werden die Angelegenheiten des Vereins erledigt, soweit sie nicht dem Vorstand zugewiesen sind (§ 32 BGB). Zur Gültigkeit eines Beschlusses ist, sofern die Satzung keine andere Bestimmung enthält, die Zustimmung der Mehrheit der abgegebenen Stimmen erforderlich (Stimmenthaltungen zählen nicht). Bei einer Satzungsänderung ist eine Mehrheit von drei Vierteln der erschienenen Mitglieder notwendig, bei Zweckänderung Einstimmigkeit. Sonderrechte (zB erhöhtes Stimmrecht) eines Mitglieds können nicht ohne dessen Zustimmung durch den Beschluss der Mitgliederversammlung beeinträchtigt, Sonderpflichten nicht ohne jene begründet werden. Die Mitgliederversammlung ist vom Vorstand in den in der Satzung geregelten Fällen einzuberufen, ferner wenn es das Vereinsinteresse oder mindestens ein Zehntel der Mitglieder verlangen (§§ 36 ff. BGB). Die Bundesregierung beabsichtigt, die Möglichkeit einer digitalen Mitgliederversammlung – ursprünglich übergangsweise im Zuge der Corona-Pandemie zugelassen – zu verstetigen.

Daneben muss der Verein einen Vorstand haben; dieser kann aus mehreren Personen bestehen (§ 26 I 1 BGB). Er ist zwar nicht Vertreter, sondern gleichfalls Organ (→ juristische Person), hat aber die Stellung eines → gesetzlichen Vertreters. Seine gerichtliche und außergerichtliche Vertretungsmacht ist grundsätzlich unbeschränkt, kann aber durch die Satzung (Eintragung im Vereinsregister bei Idealv. erforderlich) oder durch den Vereinszweck (→ Rechtsfähigkeit) mit Wirkung gegen Dritte beschränkt werden (§ 26 I 2 BGB). Besteht der Vorstand aus mehreren Personen, so wird der Verein nach außen durch die Mehrarbeit der Vorstandsmitglieder vertreten. Die Beschlussfassung erfolgt wie bei der Mitgliederversammlung (s. oben). Ist eine Willenserklärung gegenüber dem Verein abzugeben, so genügt die Abgabe gegenüber einem Mitglied des Vorstands (§§ 26 II, 28 BGB). Der Vorstand wird idR von der Mitgliederversammlung bestellt; die Bestellung ist jederzeit widerruflich (Abberufung), sofern die Satzung nichts anderes bestimmt (zB nur bei wichtigem Grund). Auf die Geschäftsführung des Vorstands finden im Innenverhältnis die Vorschriften über den → Auftrag entsprechende Anwendung. In dringenden Fällen kann ein Vorstand auch vom Registergericht bestellt werden (§ 29 BGB, Notvorstand). Die Satzung kann ferner neben dem Vorstand anderen Personen für bestimmte Geschäftsbereiche selbständige Leitungsbefugnisse übertragen (sog. verfassungsmäßige Vertreter, zB Zweigstellenleiter); ihre Vertretungsmacht erstreckt sich im Zweifel auf alle Geschäfte des betreffenden Aufgabenbereichs (§ 30 BGB).

c) Im Übrigen bestimmt die Satzung die Verfassung des Vereins. Sie kann insbes. Sonderrechte eines Mitglieds vorsehen (§ 35 BGB) sowie Beginn und Ende der Mitgliedschaft regeln. Diese ist als Personenrechtsverhältnis mangels anderweiter Satzungsbestimmung weder übertragbar noch vererblich (§ 38 BGB). Sie beginnt durch Mitwirkung am Gründungsvertrag, sonst durch Beitritt (Vertrag zwischen Mitglied und Verein). Aus einer Monopolstellung des Vereins (zB wirtschaftsbeherrschender Unternehmerverband) ergibt sich oftmals eine Aufnahmepflicht (Kontrahierungszwang, → Vertrag, 2). Die Mitgliedschaft endet, solange der Verein weiter besteht, durch – jederzeit oder nur in bestimmter Frist möglichen – Austritt (§ 39 BGB). Die Satzung kann auch Bestimmungen über Vereinsmaßnahmen („Vereinsstrafen") gegen Mitglieder wegen Verletzung von Vereinspflichten enthalten; der Ordnungsgewalt des Vereins unterliegt ferner die Regelung des Ausschlusses von Mitgliedern. Sofern die Satzung sowohl die Voraussetzungen (sonst nur bei wichtigem Grund) als auch das Verfahren regelt (zB Anrufung eines V.schiedsgerichts), haben die ordentlichen Gerichte zu überprüfen, ob das Ausschlussverfahren ordnungsgemäß durchgeführt wurde und die gesetzlichen und satzungsmäßigen Bestimmungen beachtet worden sind; bei bedeutsamen Vereinen, auf deren Mitgliedschaft oft der Einzelne angewiesen ist, muss besonders streng geprüft werden, ob nicht die Satzung selbst infolge unzulässiger Ausnützung einer wirtschaftlichen Machtstellung wegen Verstoßes gegen das Verbot der → Sittenwidrigkeit nichtig ist. Sa → Sportrecht.

d) Vereinshaftung besteht für jeden Schaden, den der Vorstand oder ein anderer verfassungsmäßig berufener Vertreter durch eine in Ausführung der ihm zustehenden Verrichtungen begangene (nicht nur gelegentlich, ohne Zusammenhang mit dem Tätigwerden für den Verein), zum Schadensersatz verpflichtende Handlung einem Dritten zufügt (§ 31 BGB, sog. Organhaftung). Diese Bestimmung geht der allgemeinen Regelung über die Haftung für → Erfüllungsgehilfen bei Verletzung bestehender schuldrechtlicher Verbindlichkeiten (§ 278 BGB) und für Verrichtungsgehilfen im Rahmen einer → unerlaubten Handlung (§ 831 BGB) vor; insbes. steht dem Verein auch bei deliktischer Haftung – anders als sonst bei Haftung aus § 831 BGB – nicht die Möglichkeit des Entlastungsbeweises zu. Die strenge Haftung des § 31 BGB greift auch ein bei Überschreitung der durch die Satzung beschränkten Vertretungsmacht, sofern dies nicht dem Dritten erkennbar war. Sie gilt ferner, wenn der Verein zwar nur durch einen einfachen Angestellten handelte, für diesen Geschäftsbereich jedoch trotz dessen Bedeutung kein Vorstandsmitglied oder verfassungsmäßig berufener Vertreter bestellt war (sog. Organisationsmangel). Ein Vorstand, der unentgeltlich tätig ist oder eine Jahresvergütung von höchstens 720 EUR erhält, haftet dem Verein für einen Schaden aus seiner Amtsführung aber nur bei Vorsatz oder grober Fahrlässigkeit (→ Verschulden, 2; § 31a BGB). Die Bedeutung der Vereinshaftung liegt insbes. darin, dass ihre Grundsätze für alle → juristischen Personen des Privatrechts (insbes. AG, GmbH, Genossenschaft) gelten, darüber hinaus nach der Rspr. auch für die → offene Handelsgesellschaft und die → Kommanditgesellschaft, obwohl diese keine juristischen Personen sind, sowie kraft ausdrücklicher Verweisung (§ 89 BGB) für die Haftung der juristischen Personen des öffentlichen Rechts, soweit diese privatrechtlich handeln (sa → Fiskus, → Staatshaftung). Zur persönlichen Haftung des Vorstandes ua → Durchgriffshaftung.

e) Der Verein wird durch die Eröffnung des → Insolvenzverfahrens aufgelöst. Der Vorstand hat im Falle der → Zahlungsunfähigkeit oder der → Überschuldung die Eröffnung des Insolvenzverfahrens zu beantragen (§ 42 BGB). Dem Verein kann die Rechtsfähigkeit auch durch die Verwaltungsbehörde entzogen werden (insbes. wegen gesetzwidrigen Verhaltens, §§ 43 f. BGB). Der Verein wird ferner beendet durch Zeitablauf (§ 74 BGB), Selbstauflösung (mindestens $^{3}/_{4}$-Mehrheit der erschienenen Mitglieder erforderlich, soweit die Satzung nichts anderes bestimmt, § 41 BGB) sowie bei Fortfall aller Mitglieder (eine → Einmanngesellschaft ist nur im Handelsrecht anerkannt). Für die Fusion (Verschmelzung) von Vereinen gelten jetzt die Vorschriften über die → Umwandlung. Sinkt beim Idealverein die Mitgliederzahl unter 3 ab, so hat das Amtsgericht auf Antrag des Vorstands oder nach 3 Monaten von Amts wegen die Rechtsfähigkeit zu entziehen (§ 73 BGB). Nach der Auflösung muss, sofern das Vermögen nicht an den Fiskus fällt, die → Liquidation durch den Vorstand, evtl. durch besonders bestellte Liquidatoren stattfinden (§§ 47 ff. BGB). Für die Beendigung der laufenden Geschäfte – Einziehung der Forderungen, Versilberung des Vermögens, Befriedigung der Gläubiger und Herausgabe des Überschusses an die nach der Satzung Anfallsberechtigten – ist der Verein weiterhin bis zur tatsächlichen Beendigung sämtlicher Geschäfte rechtsfähig (§ 49 II BGB).

2. a) Auf den nicht eingetragenen Verein – dazu gehören zB Gewerkschaften, zT Arbeitgeberverbände sowie die meisten Studentenverbindungen – finden die Vorschriften über die → Gesellschaft des bürgerlichen Rechts Anwendung (§ 54 I 1 BGB), was letztlich auch zu dessen Anerkennung als rechtsfähig führt. Wegen der körperschaftlichen Organisation (Vorstand, Mitgliederversammlung, Gesamtname, Zweck, Dauer, Unabhängigkeit

von Eintritt und Austritt der Mitglieder) passen jedoch viele Regeln des Gesellschaftsrechts aber nicht so recht (zB Auflösung bei Austritt eines Gesellschafters, Anspruch ausscheidender Gesellschafter auf Auseinandersetzung bzw. Abfindung usw). Die Rspr. wendet daher auch auf den nicht rechtsfähigen Verein weitgehend das Recht des rechtsfähigen Vereins an. Insbes. gelten die Vorschriften über Berufung und Stellung der Organe (Vorstand, Mitgliederversammlung), über das Namensrecht, die Vereinssatzung usw. entsprechend. Der nicht rechtsfähige Verein ist nicht nur verklagbar (passive → Parteifähigkeit), sondern auch aktiv parteifähig.

b) Die Grundsätze über die Vereinshaftung (§ 31 BGB, s. oben) gelten dagegen nicht (str).

Vereinbarung
→ Vertrag, → völkerrechtlicher Vertrag, → Wohnungseigentum (3).

Vereinbarungen (im Strafverfahren)
→ Verständigung im Strafverfahren.

Vereinbarungsdarlehen
→ Darlehensvertrag (1).

Vereinfachtes Insolvenzverfahren
→ Verbraucherinsolvenzverfahren.

Vereinfachtes Jugendverfahren
Das Strafverfahren gegen → Jugendliche (→ Jugendstrafrecht) kann auf Antrag des StA in Form des vereinfachten Jugenverfahrens nach den §§ 76–78 JGG durchgeführt werden; es entspricht dem → beschleunigten Verfahren nach §§ 417 ff. StPO im allgemeinen Strafrecht. Der Antrag darf gestellt werden, wenn nur Weisungen, Hilfe zur Erziehung durch Erziehungsbeistandschaft, Zuchtmittel, Fahrverbot, Entziehung der Fahrerlaubnis mit Sperrfrist bis zu 2 Jahren oder Einziehung zu erwarten sind. Der Jugendrichter lehnt das vereinfachte Jugenverfahren durch unanfechtbaren Beschluss ab, wenn sich die Sache hierfür nicht eignet, insbes. wenn Jugendstrafe wahrscheinlich ist – sie darf im vereinfachten Jugenverfahren nicht verhängt werden – oder wenn eine umfangreiche Beweisaufnahme notwendig wird; der StA reicht dann eine → Anklageschrift ein. Im vereinfachten Jugenverfahren entscheidet der Richter auf Grund mündlicher Verhandlung; Anwesenheit des StA ist nicht erforderlich, dagegen grundsätzlich die des Angeklagten sowie Ladung des Erziehungsberechtigten und des gesetzlichen Vertreters. Im Übrigen kann der Richter von den Verfahrensvorschriften abweichen, soweit dadurch die Wahrheitsfindung nicht beeinträchtigt wird. Gegen → Heranwachsende ist nicht das vereinfachte Jugenverfahren, sondern das beschleunigte Verfahren zulässig.

Vereinfachtes Verfahren
Im → Zivilprozess mit einem → Streitwert bis zu 600 EUR kann das Amtsgericht sein Verfahren nach billigem Ermessen bestimmen und muss nur auf Antrag mündlich verhandeln (§ 495a ZPO). Für das → Arbeitsgericht gilt dies nicht (§ 46 II 2 ArbGG).

Vereinigte Große Senate
→ Bundesgerichtshof, → Divergenz gerichtlicher Entscheidungen.

Vereinigtes Wirtschaftsgebiet
(„Bizone“). Am 29.5.1947 wurden auf Beschluss der USA und Großbritanniens die amerik. und die brit. Zone zum „Vereinigten Wirtschaftsgebiet“ erklärt. Das Vereinigte Wirtschaftsgebiet hatte eine rudimentäre Staatlichkeit. Die für das Gebiet erlassenen Normen sind im Wirtschaftsgesetzblatt (WiGBl.) veröffentlicht. Die BRep Deutschland ist Rechtsnachfolger des Vereinigten Wirtschaftsgebiets (Art. 133 GG).

Vereinigung von Grundstücken
→ Grundbuch.

Vereinigungen (DDR)
→ Verein.

Vereinigungen, verbotene
Nach dem → Vereinsgesetz (VereinsG) kann ein Verein verboten werden, wenn er die in Art. 9 I GG garantierte Vereinsfreiheit missbraucht und wenn das Verbot zur Wahrung der öffentlichen Sicherheit oder Ordnung erforderlich ist. Nach Art. 9 II GG ist ein Verein kraft Gesetzes verboten, wenn Zwecke oder Tätigkeit den Strafgesetzen zuwiderlaufen (zB Untergrundverein) oder sich gegen die verfassungsmäßige Ordnung oder den Gedanken der Völkerverständigung richten. Ein Verein darf aber erst als verboten behandelt werden, wenn die Verwaltungsbehörde das Vorliegen einer dieser Voraussetzungen festgestellt hat (§ 3 VereinsG). Mit dem Verbot sind idR → Beschlagnahme und Einziehung des Vereinsvermögens zu verbinden. Über das Verfahren iE → Vereinsgesetz (2, 3). Die Vermögensbeschlagnahme hat die Wirkung eines → Veräußerungsverbots. Mit der rechtswirksamen Einziehung geht das Vereinsvermögen auf den Bund über, wenn der Bundesminister des Innern das Verbot verfügt hat, sonst auf das Land; unter gewissen Voraussetzungen kann von der Einziehung abgesehen werden. Hat ein Verein seinen Sitz außerhalb von Deutschland, so kann sich ein Verbot nur gegen eine innerhalb von Deutschland bestehende Teilorganisation oder Tätigkeit des Vereins richten (sa → Vereinsgesetz 3). Die Fortführung eines verbotenen Vereins oder eine sonstige Aufrechterhaltung seines organisatorischen Zusammenhalts ist in § 20 VereinsG mit Freiheitsstrafe bis zu 1 Jahr oder Geldstrafe bedroht (soweit nicht die Vorschriften gegen → Rechtsstaatsgefährdung, → Hochverrat usw. eingreifen), ebenso die Mitgliedschaft oder Unterstützung sowie die Verwendung von Kennzeichen des Vereins oder einer Ersatzorganisation. Sa → kriminelle –, → terroristische –, → Verfassungsfeindliche Vereini-

gungen, Fortführung, → Kennzeichen verfassungswidriger Organisationen.

Vereins(Vereinigungs)freiheit
1. Als → Grundrecht ist in Art. 9 I GG allen Deutschen das Recht gewährleistet, Vereine und Gesellschaften zu bilden; besonders geregelt ist diese Vereinigungsfreiheit für Koalitionen (Art. 9 III GG; → Koalitionsfreiheit) und für die politischen → Parteien (Art. 21 I 2 GG). Damit ist dem Einzelnen die Möglichkeit des Beitritts zu bestehenden und zur Gründung neuer Vereinigungen garantiert. Über die Gründungs- und Beitrittsfreiheit hinaus gewährleistet die Vereinigungsfreiheit den Bestand und die freie Funktionsentfaltung der Vereinigung. Die Vereinigungsfreiheit umfasst also sowohl für die Mitglieder wie auch für die Vereinigung die Selbstbestimmung über die eigene Organisation, das Verfahren ihrer Willensbildung und die Führung ihrer Geschäfte (vgl. BVerfG NJW 1979, 706). Damit ist die Vereinsautonomie verfassungsrechtlich gewährleistet; sie umfasst die vereinsinterne Rechtsetzung, Verwaltung und die Regelung interner Streitigkeiten durch eigene Organe (Vereins„gerichte"; → Sportrecht).

2. Das Grundrecht nach Art. 9 I GG enthält keinen speziellen Gesetzesvorbehalt. Kraft Gesetzes verboten sind Vereinigungen, die sich nach ihrem Zweck oder ihrer Tätigkeit gegen die Strafgesetze, gegen die verfassungsmäßige Ordnung oder gegen den Gedanken der Völkerverständigung richten (Art. 9 II GG); doch dürfen sie erst als verboten behandelt werden, wenn das Verbot durch die oberste Landesbehörde oder den Bundesminister des Innern festgestellt worden ist (→ Vereinsgesetz; → Vereinigungen, verbotene).

3. Die Vereinsfreiheit gewährleistet nicht nur die (positive) Möglichkeit, einen Verein zu bilden oder ihm beizutreten, sondern auch das Recht, einem Verein fernzubleiben, schützt also vor dem Beitrittszwang (negative Vereinsfreiheit). Als Vereine iS des Art. 9 I sind aber nur privatrechtliche Vereinigungen, nicht dagegen öffentlich-rechtliche Verbände anzusehen. Deshalb verstößt die Anordnung einer Zwangsmitgliedschaft in Verbänden dieser Art nicht gegen Art. 9 I GG; sie ist vielmehr nur an dem allgemeinen Freiheitsrecht des Art. 2 I GG zu messen und nur dann unzulässig, wenn sie nicht mehr der Erfüllung verfassungskonformer öffentlicher Aufgaben dient.

Vereinsbetreuung
→ Vereinsvormundschaft, → Betreuung (4).

Vereinsgesetz
1. Das Gesetz zur Regelung des öffentlichen Vereinsrechts (VereinsG) v. 5.8.1964 (BGBl. 1964 I 593) mÄnd wiederholt das in Art. 9 I GG verfassungsmäßig garantierte Recht der freien Vereinsbildung (→ Vereinsfreiheit), ermöglicht aber zur Wahrung der öffentlichen Sicherheit und Ordnung ein Einschreiten gegen Vereine, die diese Freiheit missbrauchen. Verein iS des öffentlichen Vereinsrechts ist ohne Rücksicht auf die Rechtsform jede Vereinigung, zu der sich eine Mehrheit natürlicher oder juristischer Personen für längere Zeit zu einem gemeinsamen Zweck freiwillig zusammengeschlossen und einer organisierten Willensbildung unterworfen hat; ausgenommen sind politische → Parteien und → Fraktionen. Das Vereinsgesetz findet hingegen Anwendung auf Religionsgemeinschaften (→ Religionsgesellschaften).

2. Ein Verein darf erst dann als verboten iS des Art. 9 II GG behandelt werden, wenn durch behördliche Verfügung festgestellt ist, dass seine Zwecke oder seine Tätigkeit den Strafgesetzen, der verfassungsmäßigen Ordnung oder der Völkerverständigung zuwiderlaufen. In dieser Verfügung ist die Auflösung des Vereins anzuordnen, idR auch Beschlagnahme und Einziehung des Vermögens. Zuständig ist die oberste Landesbehörde, wenn sich Organisation und Tätigkeit des Vereins auf das Gebiet eines Landes beschränken, sonst der BMi. Das Verbot erstreckt sich grundsätzlich auf alle eingegliederten Organisationen (Teilorganisationen). Es ist schriftlich abzufassen, zu begründen und dem Verein zuzustellen; außerdem ist der verfügende Teil im Bundesanzeiger und in den amtlichen Mitteilungsblättern der Länder bekanntzumachen. Das Verbot wird mit der Zustellung wirksam und vollziehbar; § 80 VwGO bleibt unberührt (vgl. Vollziehung, sofortige). Das Verbot ist Verwaltungsakt und kann ebenso wie Maßnahmen zum Vollzug des Verbots (§ 6 VereinsG) im → Verwaltungsstreitverfahren angefochten werden. Die Bildung oder Fortführung von Organisationen, die verfassungswidrige Bestrebungen eines verbotenen Vereins an dessen Stelle weiterverfolgen, ist verboten. Gegen eine solche Ersatzorganisation, die Verein iS des VereinsG ist, kann nur auf Grund einer besonderen Verfügung vorgegangen werden, die ihre Eigenschaft als Ersatzorganisation feststellt. Die Feststellung, dass es sich um eine Ersatzorganisation handelt, reicht aber für ein Verbot auch aus; einer erneuten materiellen Prüfung der verfassungswidrigen Bestrebungen der Organisation bedarf es dann nicht mehr. Für die Eigenschaft als Ersatzorganisation sprechen ua personelle Kontinuität, Verwendung derselben Räumlichkeiten oder Ähnlichkeit des Namens. Kennzeichen (dh insbes. Fahnen, Abzeichen, Uniformstücke, Parolen, Grußformen) eines verbotenen Vereins dürfen für die Dauer der Vollziehbarkeit des Verbots öffentlich, in Versammlungen oder in Schriften, Ton- oder Bildträgern oder Abbildungen oder Darstellungen nicht verwendet werden.

3. Vereine, deren Mitglieder oder Leiter sämtlich oder überwiegend Ausländer sind (Ausländervereine), können gem. § 14 VereinsG über die o. g. Gründe hinaus auch verboten werden, wenn sie

– die politische Willensbildung in Deutschland, das friedliche Zusammenleben von Deutschen und Ausländern, die → öffentliche Sicherheit und Ordnung in Deutschland beeinträchtigen,
– den völkerrechtlichen Verpflichtungen von Deutschland zuwiderlaufen,
– im Ausland Bestrebungen fördern, die mit den Grundwerten einer die Würde des Menschen achtenden staatlichen Ordnung unvereinbar sind,
– Gewalt als Mittel der Politik ansehen oder
– terroristische Vereinigungen unterstützen.

Für Vereine mit Sitz im Ausland (ausländische Vereine), die sich im Inland betätigen, gilt das Gleiche wie für Ausländervereine. Verbote von Vereinen, die ihren Sitz außerhalb der BRep., aber Teilorganisationen innerhalb von Deutschland, aber Teilorganisationen innerhalb von Deutschland haben, erstrecken sich nur auf die Teilorganisationen in der BRep.

4. Privilegierende Sonderbestimmungen gelten für Arbeitgeber- und Arbeitnehmervereinigungen (§ 16 VereinsG; → Koalitionsfreiheit). Über Strafvorschriften sa → Vereinigungen, verbotene.

Vereinshaftung
→ Verein (1d).

Vereinsregister
Ein → Verein, der keinen wirtschaftlichen Zweck verfolgt, ist zur Erlangung der → Rechtsfähigkeit als juristische Person mit Name, Sitz, Satzung und Vorstand in das Vereinsregister einzutragen. Erst die Eintragung begründet die Rechtsstellung eines eingetragenen Vereins (e. V.); das Gleiche gilt für die Wirksamkeit von Satzungsänderungen (§§ 64 ff. BGB, § 71 BGB). Andere Tatsachen, zB Änderung des Vorstands und des Umfangs seiner Vertretungsmacht, wirken zwar bereits vorher, können aber einem Dritten nur entgegengehalten werden, wenn sie zurzeit der Vornahme des Rechtsgeschäfts im Vereinsregister eingetragen oder dem Dritten bekannt waren; trotz Eintragung im Vereinsregister schadet dies einem Dritten nicht, wenn er ohne Fahrlässigkeit davon nichts wusste (§ 68 BGB). Das Vereinsregister genießt also nicht wie das → Grundbuch und der → Erbschein einen → öffentlichen Glauben (kein Vertrauen auf die positive Eintragung), sondern – ähnlich wie das → Handelsregister und das → Güterrechtsregister – nur eine sog. negative Publizität. Dies bedeutet, dass man sich auf das Schweigen des Vereinsregisters verlassen kann (keine Abweichung vom gesetzlich geregelten Normalfall) sowie dass eingetragene Tatsachen Dritten entgegengehalten werden können. In das Vereinsregister sind über die bereits genannten Tatsachen hinaus sämtliche vom Gesetz als eintragungsbedürftig bezeichneten Umstände (zB Auflösung des Vereins, Liquidatoren, Eröffnung und Beendigung des → Insolvenzverfahrens) aufzunehmen. Das Vereinsregister wird (auch automatisiert, § 55a BGB) bei dem Amtsgericht geführt, das für den → Sitz des Vereins zuständig ist (§ 55 BGB). Anmeldungen von Mitgliedern des Vorstands bedürfen → öffentlicher Beglaubigung (§ 77 BGB). Die Einsicht in das Vereinsregister ist (auch automatisiert) jedermann gestattet (§ 79 BGB). Das Verfahren in Vereinsregistersachen ist in §§ 374 ff. FamFG, §§ 400 f. FamFG und in der VereinsregisterVO v. 10.2.1999 (BGBl. 1999 I 147) mÄnd (insbes. über elektronischen Geschäftsverkehr mit dem Registergericht und Einsicht in das Vereinsregister) geregelt.

Vereinssatzung
→ Verein (1c).

Vereinsstrafen
→ Verein (1c).

Vereinsvormundschaft
Rechtsfähige → Vereine und Anstalten, denen vom Landesjugendamt eine Erlaubnis hierfür erteilt worden ist (insbes. kirchliche und Wohlfahrtsvereine), können auf ihren Antrag zum → Vormund (§ 1791a BGB), → Pfleger, → Betreuer (§§ 1900, 1908 f. BGB) oder → Beistand von nicht voll geschäftsfähigen Personen bestellt werden (zur Reform des Vormundschafts- und Betreuungsrechts siehe jeweils dort); für den Verein handeln im Einzelfall dessen beauftragte Mitglieder (§§ 54, 69 SGB VIII). Für die Vereinsvormundschaft gelten die Vorschriften über die → Amtsvormundschaft weitgehend entsprechend.

Vereinsvorstand
→ Verein (1b).

Vereinte Nationen (United Nations [Organization] = UN[O])
1. Wie nach dem ersten Weltkrieg mit dem → Völkerbund, so wurde nach dem Zweiten Weltkrieg mit der Schaffung der Vereinten Nationen eine umfassende Friedensorganisation angestrebt. Am 26.6.1945 wurde die von den Kriegsalliierten noch während des Krieges ausgearbeitete Satzung (Charta) der Vereinten Nationen (Text: BGBl. 1973 II 451) von 50 Staaten angenommen. Nach Inkrafttreten des → Grundvertrags traten auch die BRep. Deutschland (Zustimmungsgesetz v. 6.6.1973, BGBl. 1973 II 430) und die ehem. DDR bei. Inzwischen sind 193 Staaten Mitglied der Vereinten Nationen. Bestimmte Völkerrechtssubjekte haben nur Beobachterstatus (zB die palästinensische Befreiungsorganisation PLO, → Vatikanstadt, Souveräner Malteserritterorden oder Taiwan). Die allgemeinen Ziele der Vereinten Nationen sind nach Art. 1 der Satzung: Wahrung des Weltfriedens und der internationalen Sicherheit durch Kollektivmaßnahmen; Entwicklung freundschaftlicher, auf den Grundsätzen der Gleichberechtigung und Selbstbestimmung der Völker beruhender zwischenstaatlicher Beziehungen; Stärkung der

internationalen Zusammenarbeit auf wirtschaftlichem, sozialem, kulturellem und humanitärem Gebiet. Nach Art. 2 Nr. 4 der Satzung gilt für die Mitglieder der Vereinten Nationen ein grundsätzliches → Gewaltverbot für alle → völkerrechtliche Streitigkeiten.

2. Hauptorgane der Vereinten Nationen sind Vollversammlung und Sicherheitsrat, bei denen die wichtigsten Befugnisse liegen (s. u.), ferner das vom → Generalsekretär geleitete Sekretariat und der → Internationale Gerichtshof. Der Wirtschafts- und Sozialrat der Vereinten Nationen bereitet lediglich die Beschlüsse der Generalversammlung vor, insbesondere auf dem Gebiet der Koordinierung der Sonderorganisationen (s. u.). Der mit der Verwaltung der → Treuhandgebiete befasste Treuhandschaftsrat hat mit der Dekolonialisierung den größten Teil seiner Aufgaben verloren.

a) In der Vollversammlung hat jeder Mitgliedstaat 1 Stimme. Sie kann über alle in den Rahmen der UN fallende Angelegenheiten beraten und Empfehlungen an die Mitgliedstaaten und den Sicherheitsrat richten, es sei denn, die Angelegenheit wird gerade in diesem behandelt (Art. 12 der Satzung). Sie hat darüber hinaus eine Reihe von verbandsrechtlichen Befugnissen. Die Beschlüsse werden mit einfacher Mehrheit gefasst, sofern es sich nicht um eine der in Art. 18 II umschriebenen „wichtigen Angelegenheiten" handelt; dann ist $^2/_3$-Mehrheit erforderlich.

b) Zur Wahrung des Weltfriedens gibt der Sicherheitsrat Empfehlungen und fasst Beschlüsse. Der Sicherheitsrat kann dabei auch friedliche oder militärische Zwangsmaßnahmen treffen (sa → Gewaltverbot, 1). Da hierzu ein einmütiger Beschluss der mit Vetorecht im Sicherheitsrat vertretenen Großmächte notwendig ist, hat es bislang noch keine auf Art. 39–50 der Satzung gestützten militärischen Zwangsmaßnahmen der V. gegeben. Bei dem Einsatz militärischer Kräfte in Korea 1950–1953 nahm die ehem. UdSSR nicht am Beschluss des Sicherheitsrates teil. Im Golfkrieg 1990/1991 autorisierten zwar alle vetoberechtigten Mächte und der Sicherheitsrat als Ganzes die Anwendung militärischer Gewalt gegen den Irak. Der Einsatz der Truppen wurde dennoch nicht vom Sicherheitsrat selbst mit Unterstützung des UN-Generalstabsausschusses durchgeführt, wie dies Art. 45–49 der Satzung vorsehen. 2002 hat der Sicherheitsrat dem Irak bei anhaltender Verletzung seiner Waffenkontrollpflichten zwar schwerwiegende Konsequenzen angedroht, jedoch keine Ermächtigung für militärische Maßnahmen erteilt.

c) Um keine militärischen Zwangsmaßnahmen im Sinne der vorgenannten Vorschriften handelt es sich bei dem Einsatz von Friedenstruppen der Vereinten Nationen (→ Blauhelmeinsätze) zu dem Zweck, durch ihre Anwesenheit den Zusammenstoß gegnerischer Kräfte zu verhindern. Friedenstruppen werden nur mit Genehmigung des betreffenden Staates entsandt, militärische Zwangsmaßnahmen im obigen Sinne (s. b) erfolgen gerade gegen dessen Willen.

d) Zur Zulässigkeit der Beteiligung deutscher Streitkräfte bei militärischen Zwangsmaßnahmen s. → Auslandseinsätze der Bundeswehr.

e) 1993 wurde vom Sicherheitsrat für Völkerrechtsverstöße auf dem Gebiet des ehem. Jugoslawien ein → Internationaler Strafgerichtshof eingerichtet (→ Jugoslawien-Strafgerichtshof), 1994 ferner ein Ruanda-Strafgerichtshof (sa Gesetz v. 4.5.1998, BGBl. 1998 I 843), 2002 ein spezieller Strafgerichtshof für Sierra Leone. Mit dem Statut des → Internationalen Strafgerichtshofs (→ Römisches Statut) wurde die Grundlage für eine umfassende internationale Strafgerichtsbarkeit gelegt, die neben den speziellen Gerichtsbarkeiten besteht.

3. Sonderorganisationen der Vereinten Nationen sind internationale Organisationen, die durch Beziehungs- oder Kooperationsabkommen mit den Vereinten Nationen verbunden sind. Dazu gehören die → Internationale Arbeitsorganisation, die → FAO, die → UNESCO, die → Weltbank, die → Internationale Finanz-Corporation, die → Internationale Entwicklungsorganisation, der → Internationale Währungsfonds, der → Weltpostverein, die → WHO, die Internationale → Fernmelde-Union, die Weltorganisation für Meteorologie, die → Weltorganisation für geistiges Eigentum, der Internationale Fonds für landwirtschaftliche Entwicklung, → ICAO, → IMO und → UNIDO. Keine Sonderorganisation der Vereinten Nationen ieS sind mangels eines speziellen Beziehungs- und Kooperationsabkommens die Internationale Atomenergie-Organisation (→ Atomwaffensperrvertrag) und die Internationale Meeresbodenbehörde (→ Tiefseebergbau). Ferner gibt es noch Sonderorgane wie zB die → UNCTAD.

Vereitelung einer Bestrafung (Strafvollstreckung)
→ Strafvereitelung; – von Unfallfeststellungen → unerlaubtes Entfernen vom Unfallort.

Vererblichkeit
→ Erbschaft.

Verfahren nach billigem Ermessen
→ mündliche Verhandlung, → vereinfachtes Verfahren.

Verfahrensarten
→ Prozessarten.

Verfahrensbeistand
→ elterliche Sorge (3, 4).

Verfahrensbeschleunigung
→ mündliche Verhandlung, → Verteidigungsmittel, → Berufung.

Verfahrensbeteiligte
werden allgemein die Personen genannt, denen entweder – abgesehen vom Gericht oder

der verfahrensleitenden Behörde – in einem Verfahren eine Funktion zukommt oder deren Rechte durch das Verfahren berührt werden; so im Zivilprozess Kläger, Beklagter, Prozessbevollmächtigter, im Strafprozess Beschuldigter, Verteidiger, Staatsanwalt, Neben- und Privatkläger. Manche Verfahrensgesetze (so das FGG, die VwGO, das SGG) verwenden den besonderen Begriff → Beteiligte. Rechtliche Bedeutung hat ferner im Strafprozess der Begriff des Nebenbeteiligten (zB der von einer → Beschlagnahme betroffene Dritte; das Finanzamt im Steuerstrafverfahren, die Verwaltungsbehörde im gerichtlichen → Bußgeldverfahren) und des Einziehungsbeteiligten (→ Einziehung); vgl. §§ 33, 33a StPO über Anhörung und rechtliches Gehör sowie für die Rechtsmittelbefugnis § 304 II StPO, § 424 StPO.

Verfahrensfähigkeit
Verfahrensfähigkeit wird die → Prozessfähigkeit insbes. im Verfahren der → Freiwilligen Gerichtsbarkeit genannt (zB bei der → Betreuung). Einzelheiten s. § 9 FamFG.

Verfahrensgrundsätze
Die deutschen Prozessordnungen sind unterschiedlich nach bestimmten rechtsstaatlichen Grundsätzen ausgerichtet. Die wichtigsten dieser sog. Prozessgrundsätze oder -maximen sind: → Öffentlichkeitsgrundsatz-, → Mündlichkeitsgrundsatz, → Verhandlungsgrundsatz, → Verfügungsgrundsatz, → Untersuchungsgrundsatz, → Offizialgrundsatz und → Konzentrationsgrundsatz sowie der Grundsatz des → rechtlichen Gehörs.

Verfahrenshindernis
→ Prozesshindernis.

Verfahrenskostenhilfe
Die Verfahrenskostenhilfe entspricht für das Verfahren der → freiwilligen Gerichtsbarkeit der → Prozesskostenhilfe; deren Vorschriften gelten entsprechend (§§ 76 ff. FamFG).

Verfahrensmangel
(Heilung) → Rügeverzicht.

Verfahrenspatent
→ Patent.

Verfahrenspfleger
→ Betreuungsgericht.

Verfahrensregister, Zentrales Staatsanwaltschaftliches
→ Strafregister.

Verfahrensübergreifende Mitteilungen
→ Justizmitteilungen.

Verfahrensverschleppung
→ Prozessverschleppung.

Verfahrensvoraussetzungen
→ Prozessvoraussetzungen.

Verfall
Der Begriff des Verfalls bezeichete bis zur Reform des Rechts der strafrechtlichen Vermögensabschöpfung durch Gesetz vom 13.4.2017 (BGBl. 2017 I 872) die heute als Einziehung von Taterträgen betitelte Maßnahme (§§ 73 ff. StGB, → Einziehung im Strafverfahren).

Verfallfrist
→ Frist.

Verfallklausel
→ Verwirkungsklausel.

Verfallzeit
→ Wechsel.

Verfassung
1. Verfassung eines Staates ist die Gesamtheit der – geschriebenen oder ungeschriebenen – Rechtsnormen, welche die Grundordnung des Staates festlegen, insbes. die Staatsform, Einrichtung und Aufgaben der obersten Staatsorgane (sog. → „Verfassungsorgane"), die Grundsätze des wirtschaftlichen und gesellschaftlichen Lebens und die Rechtsstellung seiner Bürger. Die modernen Verfassungen sind idR → Gesetze, die in besonderer Form zustande gekommen sind und nur in einem besonderen Verfahren, insbes. mit qualifizierter Mehrheit, geändert werden können (vgl. → Verfassungsänderung). Geschriebene Verfassungen in kodifizierter Form entstanden erst seit Ende des 18. Jh.; vorher waren nur Teilbereiche der staatlichen Grundordnung in Gesetzesform geregelt, insbes. einzelne Freiheitsrechte und Beschränkungen staatlicher Macht. Zu den ersten kodifizierten Verfassungen in Deutschland gehörte die Bayerische Verfassung von 1808/18, der eine Reihe weiterer Landesverfassungen folgte; die erste kodifizierte → Reichsverfassung entstand 1871, ihr folgte die Verfassung von 1919 (sog. Weimarer Verfassung). Nach 1945 gaben sich die neu entstandenen → Länder geschriebene Verfassungen. Die Verfassung von Deutschland ist das → Grundgesetz vom 23.5.1949.

2. Innerhalb einer Verfassung kann man Vorschriften verschiedener Art unterscheiden, zB Organisationsnormen (Verhältnis Bund/Länder; Aufgliederung der Staatsgewalt; Bildung, Aufgaben und Befugnisse der einzelnen Staatsorgane), Funktionsnormen (zB Gang der Gesetzgebung) sowie materiale Normen über Ziele und Zwecke des Staates sowie über das Verhältnis zwischen dem Staat und dem Einzelnen (→ Grundrechte, → institutionelle Garantien). Als → V.grundsätze (Verfassungsprinzipien) bezeichnet man Verfassungsnormen, die Gesicht und Geist der Verfassung und damit des durch sie verfassten Staates grundlegend bestimmen sollen (zB die → Staatsform, demokratisches Prinzip, → Gewaltentrennung, → Rechtsstaat, → Bundesstaat, → Sozialstaat, → parlamentarisches Regierungssystem). Unterscheiden kann man auch zwischen Verfassungsnormen, die unmittelbare Rechtspositionen und individuelle Ansprüche verleihen (zB die → Grundrechte), und bloßen → Programmsätzen, die eigentlich nur richtunggebende Funktion haben, aber – über bloße De-

klarationen hinaus – Aufträge an den (einfachen) Gesetzgeber enthalten und unter Umständen auch interpretatorische Kraft für die Anwendung des Rechts durch Verwaltung und Rechtsprechung entfalten können. Den Programmsätzen verwandt sind die – ebenfalls keine individuellen Ansprüche verbürgenden – sog. Staatszielbestimmungen (zB das Sozialstaatsprinzip, der Umweltschutz, Art. 20a GG); zu ihnen gehören zB auch trotz der auf ein Grundrecht hindeutenden Formulierung ein „Recht auf Arbeit" oder „Recht auf angemessene Wohnung"); dazu auch → Grundgesetz, 5. Die genannten Begriffe zur Einteilung der V.normen entstammen nicht der Gesetzessprache und werden teilweise unterschiedlich gebraucht.

3. Die Normen der Verfassung haben Vorrang vor den Normen sogenannter einfacher Gesetze. Inwieweit es innerhalb der Verfassung selbst eine Rangordnung der Normen gibt und damit die Möglichkeit „verfassungswidriger Verfassungsnormen", ist iE umstritten. Anerkannt ist wohl allgemein die Höherrangigkeit verschiedener Verfassungsgrundsätze, insbes. der von der Verfassung selbst für nicht abänderbar erklärten (Art. 79 III GG), sowie elementarer Menschenrechte.

4. Noch keine Verfassungsqualität hat die → Charta der Grundrechte der Europäischen Union. Das Projekt einer → Europäischen Verfassung ist zunächst gescheitert. Der → EU-Vertrag und der → AEUV stellen noch keine Verfassung im hier beschriebenen Sinne dar (sa → Europäische Integration, → Europäisches Recht).

5. Zur Verfassung eines Vereins → Verein (1b).

Verfassungsänderung

1. Auch die → Verfassung ist, obwohl mit Dauercharakter ausgestattet, Änderungen durch → Gesetz zugänglich, wenn auch unter erschwerten Voraussetzungen (vgl. zB Art. 79 GG). Nicht berührt werden dürfen aber nach Art. 79 III GG die Gliederung des Bundes in Länder, die grundsätzliche Mitwirkung der Länder bei der Gesetzgebung und die in den Art. 1 und 20 GG niedergelegten Grundsätze (Würde des Menschen, BRep. als demokratischer und sozialer Bundesstaat, Volkssouveränität, Gewaltentrennung, Bindung der Gesetzgebung an die verfassungsmäßige Ordnung, Bindung der vollziehenden Gewalt und der Rechtsprechung an Gesetz und Recht). Im Übrigen kann das GG durch ein Gesetz geändert werden, das den Wortlaut des GG ausdrücklich ändert oder ergänzt. Es bedarf der Zustimmung von zwei Dritteln der Mitglieder des Bundestages und zwei Dritteln der Stimmen des Bundesrates. Unzulässig sind nach dem GG also verfassungsdurchbrechende Gesetze („stillschweigende" V.), d. s. Gesetze, die inhaltlich vom GG abweichen, ohne es ausdrücklich zu ändern. Zu den bisherigen GG-Änderungen s. → Grundgesetz.

2. Die Voraussetzungen für Änderungen der Landesverfassungen sind unterschiedlich (zB ist teilweise ein Volksentscheid erforderlich).

Verfassungsbeschwerde

1. Nach Art. 93 I Nr. 4a GG entscheidet das → Bundesverfassungsgericht über Verfassungsbeschwerden, die von jedermann (natürl. und jurist. Personen) mit der Behauptung (ausreichend substantiierter – „plausibler" – Vortrag notwendig) erhoben werden können, durch die öffentliche Gewalt in einem ihm zustehenden → Grundrecht oder in einem der in Art. 20 IV GG, Art. 33, 38, 101, 103, 104 GG enthaltenen Rechte verletzt zu sein (diese beinhalten: → Widerstandsrecht, → staatsbürgerl. Rechte, Zugang zu öffentl. Ämtern, Beamtenrecht, aktives und → passives Wahlrecht, Recht auf den → gesetzlichen Richter, → rechtliches Gehör, Verbot der → Doppelbestrafung und der ungesetzlichen → Freiheitsentziehung). Nach Art. 93 I Nr. 4b GG entscheidet das BVerfG ferner über V. von → Gemeinden und → Gemeindeverbänden wegen Verletzung des Rechts auf → Selbstverwaltung (Art. 28 GG) durch ein Gesetz, bei → Landesgesetzen jedoch nur, soweit nicht Beschwerde beim Landesverfassungsgericht erhoben werden kann („kommunalrechtliche Verfassungsbeschwerden" im Gegensatz zur „individualrechtlichen Verfassungsbeschwerden"). Nach Art. 94 II GG kann das Gesetz für Verfassungsbeschwerden die vorherige Erschöpfung des Rechtsweges (s. u. 3) zur Voraussetzung machen und ein besonderes Annahmeverfahren (s. u. 4) vorsehen.

2. Mit der Verfassungsbeschwerde können grundsätzlich alle Maßnahmen der öffentlichen Gewalt angegriffen werden, also Akte der Gesetzgebung (uU auch ein Unterlassen des Gesetzgebers), Verwaltungsakte und gerichtliche Endentscheidungen (Zwischenentscheidungen, soweit sie einen bleibenden, im weiteren Verfahren nicht mehr reparablen rechtlichen Nachteil für den Betroffenen bedeuten, zB der Eröffnungsbeschluss im Strafverfahren). Auf Verfassungsbeschwerden gegen gerichtliche Entscheidungen prüft das BVerfG nur die Beachtung grundrechtlicher Normen und Maßstäbe durch das Gericht, insbes. ob eine Entscheidung „objektiv willkürlich" ist und damit gegen Art. 3 GG verstößt, nicht aber die Richtigkeit der Anwendung und Auslegung des einfachen Rechts (vgl. BVerfGE 42, 143 (148)); das BVerfG ist also keine „Superrevisionsinstanz".

3. Die Verfassungsbeschwerde kann grundsätzlich (vgl. § 90 II 2 BVerfGG) erst erhoben werden, wenn der Rechtsweg erschöpft, dh mit allen gegebenen → Rechtsmitteln versucht worden ist, vor den zuständigen Gerichten die Beseitigung des verletzenden Hoheitsaktes zu erreichen; dazu gehört zB auch, dass der Beschwerdeführer einen verfassungswidrigen Verfahrensmangel im Revisionsverfahren ord-

nungsgemäß gerügt hat. Die Verfassungsbeschwerden gegen Rechtsnormen (Gesetze, RechtsVOen, Satzungen: „Rechtsnorm-Verfassungsbeschwerden" oder „Rechtssatz-Verfassungsbeschwerden") ist nur zulässig, wenn der Beschwerdeführer selbst, gegenwärtig und unmittelbar durch die Rechtsnorm – nicht erst durch einen Vollzugsakt – in seinen verfassungsmäßigen Rechten verletzt sein kann und auch keine sonstige fachgerichtliche Rechtsschutzmöglichkeit, zB durch eine verwaltungsgerichtliche → Feststellungsklage, besteht (Grundsatz der Subsidiarität der Verfassungsbeschwerden; vgl. BVerfGE 71, 305, 336).

4. Das Verfahren vor dem BVerfG ist in §§ 90 ff. BVerfGG näher geregelt. Die schriftlich anzubringende Verfassungsbeschwerden (§ 23 BVerfGG) muss das verletzte Grundrecht und den verletzenden Hoheitsakt bezeichnen; sie ist binnen bestimmter Frist (nach § 93 BVerfGG 1 Monat, bei Gesetzen 1 Jahr) einzureichen. Eine aus 3 Richtern bestehende Kammer des BVerfG prüft die Verfassungsbeschwerde vor und kann durch einstimmigen Beschluss ihre Annahme ablehnen, wenn sie unzulässig ist oder sonst keine hinreichende Aussicht auf Erfolg hat; bei offensichtl. Begründetheit kann die Kammer der Verfassungsbeschwerde stattgeben (§ 93b BVerfGG). Andernfalls entscheidet der zuständige Senat ohne mündliche Verhandlung über die Annahme. Im Verfahren über die Verfassungsbeschwerde selbst kann unter gewissen Voraussetzungen von mündlicher Verhandlung abgesehen werden. Hält das BVerfG die Verfassungsbeschwerde für begründet, so stellt es die Grundrechtsverletzung fest und hebt die grundrechtsverletzende Maßnahme der öffentlichen Gewalt auf; ein grundrechtswidriges Gesetz erklärt es für nichtig (§§ 95, 31 BVerfGG). Kosten: s. Anhang.

5. Die Verfassungsbeschwerde ist kein → Rechtsmittel, sondern ein außerordentlicher Rechtsbehelf; deshalb wird zB der Eintritt der → Rechtskraft einer gerichtlichen Entscheidung durch die Einlegung einer Verfassungsbeschwerde nicht gehemmt.

6. In den Verfassungen der Länder ist zT die Möglichkeit einer Verfassungsbeschwerde vorgesehen, zT auf bestimmte Fälle beschränkt. Am weitesten geht Bayern, wo gem. Art. 120 BV jeder Bewohner, der sich durch eine Behörde (auch Gericht) in seinen verfassungsmäßigen Rechten verletzt fühlt, den Schutz des BayVerfGH anrufen kann (nicht gegen Rechtsnormen: Hierfür steht die → Popularklage nach Art. 98 S. 4 BV zur Verfügung). Prüfungsmaßstab für die Landesverfassungsbeschwerde sind die Grundrechte der jeweiligen Landesverfassung.

7. Das → europäische Recht kennt das Rechtsinstitut der Verfassungsbeschwerde nicht.

Verfassungsdurchbrechung
→ Verfassungsänderung.

Verfassungsfeind
Verfassungsfeind ist kein Begriff der Gesetzessprache. Man versteht darunter im Allgemeinen Personen, die die → freiheitliche demokratische Grundordnung nicht nur nicht bejahen oder ihr gleichgültig gegenüberstehen, sondern sie ablehnen und bekämpfen (sa → Extremismus).

Verfassungsfeindliche Bestrebungen
sind Bestrebungen, die sich gegen den Bestand oder die Sicherheit der BRep. richten. Sie sind – neben Bestrebungen gegen → Verfassungsgrundsätze (§ 92 III StGB) – strafrechtlich subjektive Tatbestandsmerkmale zB bei → Rechtsstaatsgefährdung durch Sabotage und → Zersetzung (§§ 88, 89 StGB).

Verfassungsfeindliche Einwirkung auf Bundeswehr
Straftatbestand nach § 89 StGB: Danach wird bestraft, wer auf Angehörige der Bundeswehr oder eines öffentlichen Sicherheitsorgans planmäßig in der Absicht einwirkt, die pflichtmäßige Bereitschaft zum Schutz der Sicherheit der BRep. oder ihrer verfassungsmäßigen Ordnung zu untergraben, und dadurch absichtlich Bestrebungen dient, die gegen den Bestand oder die Sicherheit der BRep. oder gegen wichtige → Verfassungsgrundsätze gerichtet sind. Das Einwirken – schon der Versuch ist strafbar – besteht in der Einflussnahme mit dem Ziel, die Einsatzbereitschaft der zu beeinflussenden Person oder Personengruppe zu erschüttern, so zB durch Drohungen. Strafbar ist nach § 89 StGB aber nur, wer dadurch absichtlich und planmäßig verfassungsfeindlichen Bestrebungen dient, also nicht nur im persönlichen Bereich liegende Zwecke verfolgt. Die Strafe ist Freiheitsstrafe bis zu 5 Jahren oder Geldstrafe; bei geringer Schuld kann das Gericht von Strafe absehen. Der Strafschutz erfasst außer Soldaten der Bundeswehr auch Dienstkräfte der → Stationierungsstreitkräfte (§ 1 II Nr. 2 NATO-Truppen-SchutzG idF v. 27.3.2008, BGBl. 2008 I 490). Sa → Störpropaganda gegen die Bundeswehr.

Verfassungsfeindliche Propaganda
→ Rechtsstaatsgefährdung.

Verfassungsfeindliche Vereinigungen, Fortführung
Die Fortführung verfassungsfeindlicher Parteien und sonstiger Vereinigungen ist in den §§ 84, 85 StGB unter Strafe gestellt: Nach § 84 StGB ist die Aufrechterhaltung des organisatorischen Zusammenhalts einer vom BVerfG für verfassungswidrig erklärten Partei oder einer Ersatzorganisation als ein Fall der → Rechtsstaatsgefährdung bei → Rädelsführern und Hintermännern mit Freiheitsstrafe von 3 Monaten bis zu 5 Jahren bedroht. Wer sich an der verbotenen Partei als Mitglied beteiligt oder ihren organisatorischen Zusammenhalt unterstützt, wird mit Freiheitsstrafe bis zu 5 Jahren oder Geldstrafe bestraft. Bei geringerer Beteiligung oder Schuld oder bei

→ tätiger Reue kann Strafmilderung oder Straflosigkeit eintreten. In § 85 StGB bestehen ähnliche Strafbestimmungen für die Fortführung, Unterstützung usw. anderer Parteien oder Vereinigungen, die unanfechtbar verboten sind, weil ihre Ziele oder Tätigkeit sich gegen die verfassungsmäßige Ordnung oder die Völkerverständigung richten. → Kennzeichen verfassungswidriger Organisationen.

Verfassungsgerichtsbarkeit
Verfassungsgerichtsbarkeit ist die vom → Bundesverfassungsgericht und den Verfassungsgerichten der Länder ausgeübte Gerichtsbarkeit. Ihr Gegenstand ist die Entscheidung von → Verfassungsstreitigkeiten. Eine besonders wichtige Rolle spielt dabei die → Verfassungsbeschwerde. Eine Verfassungsgerichtsbarkeit – häufig als „Staatsgerichtsbarkeit" bezeichnet – hat bereits früher bestanden (vgl. den gemäß Art. 108 WV errichteten Staatsgerichtshof für das Deutsche Reich). Das GG und die Verfassungen der Länder haben der Verfassungsgerichtsbarkeit besondere Bedeutung eingeräumt. Die Verfassungsgerichtsbarkeit ist trotz ihrer großen politischen Bedeutung, zB bei der Entscheidung über die Verfassungsmäßigkeit von Gesetzen (→ Normenkontrolle), ein Zweig der → rechtsprechenden Gewalt. Grundlage der Verfassungsgerichtsbarkeit sind für den Bund Art. 93 GG und das Gesetz über das Bundesverfassungsgericht, für die Länder die Landesverfassungen und die Landesgesetze über die Verfassungsgerichte (zB Bayern: Gesetz über den Bayer. Verfassungsgerichtshof vom 10.5.1990, GVBl. 1990, 122). Auch in den neuen Ländern sind inzwischen Verfassungsgerichte gebildet (vgl. zB Art. 79, 80 Verfassung des Freistaats Thüringen (→ Thüringen)).

Verfassungsgrundsätze
Verfassungsgrundsätze sind bestimmte Grundlagen der demokratischen Staatsordnung, deren Schutz besonders gewährleistet ist. Das absichtliche Eintreten für Bestrebungen, die sich gegen Verfassungsgrundsätze richten, ist Strafmerkmal bei staatsgefährdender Sabotage (→ Rechtsstaatsgefährdung) und → Zersetzung (§§ 87 ff. StGB). Verfassungsgrundsätze in diesem Sinne sind: allgemeines, gleiches, freies und geheimes → Wahlrecht, → Gewaltentrennung, Bindung des Gesetzgebers an die Verfassung und des Richters sowie der Verwaltung an → Gesetz und → Recht, das Recht der parlamentarischen → Opposition, die Verantwortlichkeit der Regierung gegenüber dem Parlament, die → Unabhängigkeit des Richters und der Ausschluss jeder Gewalt- und Willkürherrschaft (§ 92 II StGB). Die Verfassungsgrundsätze sind zu unterscheiden vom Begriff der verfassungsmäßigen Ordnung in §§ 81, 82 StGB (→ Verfassungshochverrat), der weiter ist und insbes. auch die Grundrechte umfasst. Sa → Demokratie.

Verfassungshochverrat
ist nach §§ 81, 82 StGB das Unternehmen, mit Gewalt oder durch Drohung mit Gewalt die verfassungsmäßige Ordnung der BRep. oder eines ihrer Länder zu ändern, namentlich die Grundlagen der Staatsordnung, die auf der freiheitlichen demokratischen Ordnung beruhen (zB → parlamentarische Demokratie, → Gewaltentrennung, → Grundrechte usw). Der Verfassungshochverrat unterscheidet sich vom Bestands- oder Gebietshochverrat, der sich gegen die Integrität des Bundes und der Länder richtet (vgl. § 100 II StGB mit § 92 I StGB). Bestraft wird das Unternehmen, dh die Vollendung oder der → Versuch (§ 11 I Nr. 6 StGB). Die Strafe ist bei Verfassungshochverrat gegen den Bund lebenslange Freiheitsstrafe oder Freiheitsstrafe nicht unter 10 Jahren, in minder schweren Fällen von 1–10 Jahren; bei Verfassungshochverrat gegen ein Land der BRep. gelten minder schwere Strafdrohungen. Strafbar ist nach § 83 StGB auch die schon konkretisierte Vorbereitung eines Verfassungshochverrats. Bei → tätiger Reue kann auf mildere Strafe erkannt oder sogar von Strafe abgesehen werden, wenn nämlich der Täter die Tat aus freien Stücken aufgibt und den Erfolg abwendet; unterbleibt der Erfolg ohne sein Zutun, so genügt sein ernstliches Bemühen, ihn abzuwenden (§ 83a StGB).

Verfassungskonforme Auslegung
→ Auslegung (1e), → Verfassungswidrigkeit von Gesetzen.

Verfassungskontrolle
→ Verfassungswidrigkeit von Gesetzen.

Verfassungsmäßige Ordnung
(Art. 2 GG), → Freiheit, persönliche, → Grundordnung (freiheitliche), → Verfassungsgrundsätze, → Persönlichkeitsrecht; im Strafrecht → Verfassungshochverrat.

Verfassungsmäßiger Vertreter
→ Verein (1b).

Verfassungsorgane
nennt man bestimmte in der → Verfassung vorgesehene oberste Staatsorgane. Nach dem GG gehören hierzu → Bundestag, → Bundesrat, → Gemeinsamer Ausschuss, → Bundesversammlung, → Bundespräsident, → Bundesregierung und → Bundesverfassungsgericht.

Verfassungsschutz
1. In der BRep. Deutschland wurde durch Gesetz von 1950 ein Bundesamt für Verfassungsschutz errichtet. Seine Rechtsverhältnisse sind nunmehr durch das Gesetz über die Zusammenarbeit des Bundes und der Länder in Angelegenheiten des Verfassungsschutzes und über das Bundesamt für Verfassungsschutz (BVerfSchG) v. 20.12.1990 (BGBl. 1990 I 2954) mÄnd geregelt. Nach § 1 BVerfSchG dient der Verfassungsschutz dem Schutz der → freiheitlichen demokratischen Grundordnung sowie des Bestandes und der Sicherheit des Bundes und der Länder; Bund und Länder

sind zur Zusammenarbeit verpflichtet. Verfassungsschutzbehörden sind nach § 2 das Bundesamt für Verfassungsschutz als → Bundesoberbehörde, das dem BMI untersteht; jedes Land unterhält eine Behörde für Angelegenheiten des Verfassungsschutzes. Das BVerfSchG regelt ua die Aufgaben der Verfassungsschutzbehörden (§ 3 BVerfSchG), deren gegenseitige Unterrichtung, Weisungsrechte des Bundes (§ 7 BVerfSchG) und die Befugnisse des Bundesamtes für Verfassungsschutz (§ 8 VerfSchG). Zentrale Auf g abe ist die Sammlung und Auswertung von Informationen über Bestrebungen, die gegen die → freiheitliche demokratische Grundordnung, den Bestand oder die Sicherheit des → Bundes oder der → Länder erichtet sind.

2. Das Bundesamt für Verfassungsschutz ist ein → Nachrichtendienst, der zur Erfüllung seiner Aufgabe → nachrichtendienstliche Mittel anwenden kann . Das Bundesamt für Verfassungsschutz ist so auch und insbesondere zur heimlichen Informationsbeschaffung zB durch Einsatz von Vertrauensleuten, Observationen, Bild- und Tonaufzeichnungen befugt. Es hat extremistische Bestrebungen zu beobachten, im Inland → Spionage (sa → Landesverrat) abzuwehren, terroristische Aktivitäten zu überwachen und in sicherheitsempfindlichen Bereichen Personen zu überprüfen (sa → Sicherheitsüberprüfungen). Polizeiliche Befugnisse oder Weisungsbefugnisse stehen dem Bundesamt für Verfassungsschutz nicht zu. Nach dem → Terrorismusbekämpfungsgesetz darf das Bundesamt für Verfassungsschutz nunmehr auch Auskünfte von → Kreditinstituten, Postdienstleistungen, → Luftfahrtunternehmen, Telekommunikationsdienstleistern und Ausländerbehörden erholen. Weitere Befugnisse betreffen den Datenschutz, Auskunftsansprüche des Betroffenen (§ 15 BVerfSchG), Übermittlung von Daten durch und an das Amt (§§ 17–22 BVerfSchG), Übermittlungsverbote (§ 23BVerfSchG) und den Minderjährigenschutz (§ 24 BVerfSchG). Die Rechtsvorschriften der Länder über ihre Verfassungsschutzbehörden folgen den gleichen Grundsätzen (vgl. zB Bayerisches VerfassungsschutzG v. 12.7.2016, GVBl. 2016, 145) mÄnd oder Gesetz über den Verfassungsschutz in Baden.Württemberg v. 5.12.2005 (GBl. 2006, 1) mÄnd. Als erste Verfassungsschutzbehörde erstreckte sich der Beobachtungsauftrag des Bayer. Landesamts für Verfassungsschutz auch auf die organisierte Kriminalität (Art. 3 I 1 Nr. 5 Bayerisches VerfassungsschutzG). Die Verfassungsschutzbehörden gehören neben dem → Bundesnachrichtendienst und dem → Militärischen Abschirmdienst zu den Stellen, die nach dem sog. AbhörG zur Überwachung des Brief- und Postwesens sowie der Telekommunikation berechtigt sind; vgl. → Brief-, Post- und Fernmeldegeheimnis (3); → nachrichtendienstliche Mittel. Das Bundesamt für Verfassungsschutz unterrichtet den Bundesminister des Innern über seine Tätigkeit (§ 16 I BVerfSchG); ferner erstellt er in zusammengefasster Form mindestens einmal jährlich für die Öffentlichkeit den sog. → Verfassungsschutzbericht (§ 16 I BVerfSchG). Zur standardisierten zentralen Datei zur Bekämpfung des gewaltbezogenen Rechtsextremismus s. → Datenerhebung (3). Mit Urt. des BVerfG v. 26.4.2022 – 1 BvR 1619/17 wurde das Bayerische VerfassungsschutzG teilweise für verfassungswidrig erklärt. das BVerfG stellte zwar klar, dass das Handeln der Verfassungsschutzbehörden noch keine → Gefahr (→ Gefahrenabwehr) voraussetzt, wohl aber einer sorgfältigen Abwägung der Grundrechte und Verfassungsgüter insbesondere dann bedarf, wenn von den Maßnahmen der Verfassungsschutzbehörden Personen betroffen sind, die selbst keine verfassungsfeindlichen Bestrebungen verfolgen. Die Übermittlung von Erkenntnissen an die Gefahrenabwehrbehörden (zB die → Polizei) oder die Strafverfolgungsbehörden ist nur zum Schutz besonders gewichtiger Rechtsgüter zulässig.

3. Bei der Beobachtung von politischen Parteien (→ Parteien, politische, 8) wegen verfassungswidriger Bestrebungen ist zwischen dem Beobachtungsfall und dem Prüffall zu unterscheiden. Beim Beobachtungsfall werden nur offene Quellen abgeschöpft und keine nachrichtendienstlichen Mittel ein gesetzt. Erhärtet sich der Verdacht, dass sich die Bestrebungen einer Partei gegen die → Freiheitliche demokratische Grundordnung richten, dann wird aus dem Verdachtsfall ein Prüffall, bei dem auch der Einsatz → nachrichtendienstlicher Mittel zulässig wird.

4 . Ganz abstrakt kann man als Verfassungsschutz auch die Gesamtheit der Normen und Einrichtungen eines Staates bezeichnen, die dessen verfassungsmäßige → Grundordnung gegen Bestrebungen schützen sollen, die auf eine Aufhebung, Änderung oder Störung der verfassungsmäßigen Ordnung oder auf eine ungesetzliche Beeinträchtigung der Amtsführung von Mitgliedern der verfassungsmäßigen Organe des Staates zielen (vgl. Art. 73 I Nr. 10 Buchst. b GG). Dem Verfassungsschutz dienen ferner insbes. die Strafbestimmungen der §§ 81 ff. StGB über → Hochverrat, → Rechtsstaatsgefährdung, → Landesverrat und der §§ 105 ff. StGB über Straftaten gegen Verfassungsorgane und → Wahldelikte (Parlamentsnötigung, Wahlfälschung usw). Aufgaben des Verfassungsschutz in einem weiteren Sinn obliegen auch dem BVerfG im Rahmen seiner Entscheidungsbefugnis über die Verfassungswidrigkeit einer Partei und über die Verwirkung von Grundrechten (Art. 21, 18 GG).

Verfassungsschutzbericht
1. Das Bundesamt für Verfassungsschutz (→ Verfassungsschutz, 1) unterrichtet mindestens einmal jährlich die Öffentlichkeit über Bestrebungen und Tätigkeiten gegen die freiheitlich demokratische Grundordnung (§ 16 II Gesetz über die Zusammenarbeit des Bundes

und der Länder in Angelegenheiten des Verfassungsschutzes und über das Bundesamt für Verfassungsschutz v. 20.12.1990, BGBl. 1990 I 2954, mÄnd). Dabei dürfen auch personenbezogene Daten bekanntgegeben werden, wenn dies erforderlich ist und die Interessen der Allgemeinheit überwiegen. In dem Bericht sind auch die Zuschüsse des Bundeshaushaltes an das Bundesamt für Verfassungsschutz und den → Militärischen Abschirmdienst einschließlich der Gesamtzahl der Bediensteten anzugeben. Die Verfassungsschutzbehörden der Länder veröffentlichen vergleichbare Berichte.

2. Inwieweit das → Parteienprivileg vor der Aufnahme einer Partei in den Verfassungsschutzbericht schützt, ist in hohem Maße strittig (vgl. dazu → Parteien, politische, 7c). Zur Warnung vor einer → politischen Partei durch ihre Aufnahme in den Verfassungsschutzbericht genügt jedenfalls nicht, dass die Behörde Anhaltspunkte für deren gegen die verfassungsmäßige Ordnung gerichteten Bestrebungen zu haben meint; solche Bestrebungen müssen vielmehr positiv feststehen. Die Feststellung ist in vollem Umfang gerichtlich überprüfbar (OVG Berlin-Brandenburg v. 6.4.2006, NVwZ 2006, 838, zur Verfassungswidrigkeit der Aufnahme der Partei „Die Republikaner" in den Verfassungsschutzbericht des Landes Berlin). Die Erwähnung eines Presseerzeugnisses im Verfassungsschutzbericht bedarf im Hinblick auf das Grundrecht der → Pressefreiheit einer besonderen Rechtfertigung. Die bloße Kritik an Verfassungswerten in Artikeln einer Zeitung reicht nicht aus, da die Meinungs- und Pressefreiheit eine kritische Auseinandersetzung mit Verfassungsgrundsätzen zulässt (BVerfG Beschl. v. 24.5.2005, NJW 2005, 2912, zur → Verfassungswidrigkeit der Erwähnung der Wochenzeitung „Junge Freiheit" im Verfassungsschutzbericht).

Verfassungsstreitigkeiten

1. Verfassungsstreitigkeiten iwS sind alle Rechtsstreitigkeiten, die auf Grund Verfassungsrechts entschieden werden, ieS aber nur solche, deren Entscheidung verfahrensmäßig in die Zuständigkeit der Verfassungsgerichte gehört. Für das → Bundesverfassungsgericht ist diese Zuständigkeit in Art. 93 GG und § 13 BVerfGG festgelegt. Danach entscheidet das BVerfG

a) im konkreten und abstrakten → Normenkontrollverfahren über die Vereinbarkeit eines (formellen) Bundes- oder Landesgesetzes mit dem Grundgesetz oder die Vereinbarkeit eines Landesgesetzes mit Bundesrecht,

b) bei Meinungsverschiedenheiten über die Fortgeltung von Recht als Bundesrecht (→ Reichsrecht, Fortgeltung),

c) wenn ein Verfassungsgericht eines Landes bei der Auslegung des Grundgesetzes von der Rechtsprechung des Bundesverfassungsgerichts oder eines Verfassungsgerichts eines anderen Landes abweichen will,

d) bei Zweifeln darüber, ob eine Regel des → Völkerrechts Bestandteil des Bundesrechts ist und ob sie unmittelbare Rechte und Pflichten erzeugt,

e) über die Auslegung des Grundgesetzes aus Anlass von Streitigkeiten über den Umfang der Rechte und Pflichten eines obersten Bundesorgans oder anderer Beteiligten, die durch das Grundgesetz oder die Geschäftsordnung eines obersten Bundesorgans mit eigenen Rechten ausgestattet sind (Organstreit),

f) bei Meinungsverschiedenheiten über die Rechte und Pflichten des Bundes und der Länder, insbes. bei → Ausführung der Bundesgesetze durch die Länder und bei Ausübung der Bundesaufsicht,

g) in anderen öffentlich-rechtlichen Streitigkeiten zwischen Bund und Ländern oder zwischen verschiedenen Ländern sowie innerhalb eines Landes, wenn hierfür nicht ein besonderer Rechtsweg gegeben ist,

h) über Verfassungsstreitigkeiten innerhalb eines Landes, wenn diese durch Landesgesetz dem Bundesverfassungsgericht zugewiesen sind,

i) über → Verfassungsbeschwerden,

k) über die Verfassungswidrigkeit von Parteien (→ Parteien, Verfassungswidrigkeiten von –),

l) über die → Verwirkung von Grundrechten,

m) über Beschwerden gegen Entscheidungen des Bundestags bei der → Wahlprüfung,

n) über die Anklagen des → Bundestags oder des → Bundesrats gegen den → Bundespräsidenten sowie über die → Richteranklagen gegen Bundesrichter und Landesrichter.

2. Unterschiedlich ausgestaltete Zuständigkeitskataloge für die Verfassungsgerichte der Länder enthalten die Landesverfassungen und die Gesetze über die Landesverfassungs-(Staats-)gerichtshöfe.

Verfassungstreue

→ Radikale im öffentlichen Dienst.

Verfassungswidrigkeit

1. Ein Gesetz ist verfassungswidrig, wenn es formell (dh seinem Zustandekommen nach) oder materiell (dh seinem Inhalt nach) mit der Verfassung nicht zu vereinbaren ist. In formeller Hinsicht kann es daran fehlen, dass das erlassende Organ hierfür nicht zuständig war, insbes. dass bei einem Bundes- oder Landesgesetz die Kompetenzverteilung der Art. 70 ff. GG (vgl. Gesetzgebung) nicht beachtet ist, dass im gesetzgebenden Organ nicht die erforderliche Mehrheit gegeben war, dass die notwendige Beteiligung oder Zustimmung des Bundesrats fehlt oder bei der Veröffentlichung Fehler unterliefen. Materiell ist ein Gesetz dann verfassungswidrig, wenn es seinem Inhalt nach gegen einen (höherrangigen) Rechtssatz der Verfassung verstößt, zB ein Grundrecht unzulässig einschränkt oder die Vorschriften

über die Ausführung der Bundesgesetze (Art. 83 ff. GG) außer Acht lässt. Enthält ein Grundrechtsartikel einen → Gesetzesvorbehalt, so darf das Gesetz dieses Grundrecht einschränken; es ist jedoch verfassungswidrig, wenn es den Wesensgehalt des Grundrechts antastet (Art. 19 II GG). Beim Fehlen eines Gesetzesvorbehalts darf ein Grundrecht durch Gesetz nicht eingeschränkt, sondern nur in seinen → immanenten Schranken interpretiert werden; geht das Gesetz darüber hinaus, ist es verfassungswidrig, sofern es nicht als verfassungsänderndes Gesetz ergeht (vgl. Verfassungsänderung). Ein Gesetz ist nicht verfassungswidrig, wenn auch nur eine von mehreren Auslegungen möglich ist, nach der das Gesetz in Einklang mit dem GG steht und bei dieser Auslegung sinnvoll bleibt („verfassungskonforme" Auslegung), da die Vermutung für die Verfassungsmäßigkeit eines Gesetzes spricht. Doch ist für eine „verfassungskonforme" Auslegung kein Raum, wenn Wortlaut, Sinn und Entstehungsgeschichte des Gesetzes diese eindeutig ausschließen. Die Verfassungswidrigkeit eines Gesetzes wird im Wege der abstrakten oder konkreten → Normenkontrolle festgestellt, uU auch im Wege der → Verfassungsbeschwerde. Nach Art. 100 GG hat ein Gericht in einer Rechtssache das BVerfG (oder das Verfassungsgericht des Landes) anzurufen, wenn es ein förmliches nachkonstitutionelles Gesetz für verfassungswidrig hält; im Übrigen entscheidet es selbst über die Verfassungsmäßigkeit, allerdings nur inzidenter. Verwaltungsbehörden haben sich an die Gesetze zu halten, auch wenn sie sie für verfassungswidrig halten; sie können lediglich versuchen, eine abstrakte Normenkontrolle herbeizuführen. Der einzelne Bürger kann ein Gesetz vor dem Verfassungsgericht im Wege der Verfassungsbeschwerde nur anfechten, wenn er behauptet, durch das Gesetz unmittelbar, dh ohne dass es eines Vollzugsaktes bedarf, in seinen Rechten verletzt zu sein; eine Popularklage (vgl. Normenkontrolle) kennt nur das Verfassungsrecht einiger Länder.

2. Zur Verfassungswidrigkeit von Parteien → Parteien, politische (8). Zur Verfassungswidrigkeit von → Vereinen → Vereinsgesetz (2 und 3).

3. Zur Bekämpfung verfassungswidriger Bestrebungen sa → Verfassungsschutz, → Verfassungsschutzbericht.

Verfilmung
Eine Verfilmung eines Romans oder eines Schauspiels stellt eine → Bearbeitung eines Werkes dar und muss daher von dessen Urheber gestattet werden. Das aus dieser Gestattung folgende Recht zur Verfilmung ist in § 88 UrhG geregelt (s. zur Abgrenzung auch → Filmurheberrecht).

Verfolgte
1. → Asylrecht; → Flüchtlinge.

2. Opfer der nationalsozialistischen Verfolgung sind Personen, die aus Gründen politischer Gegnerschaft gegen den Nationalsozialismus oder aus Gründen der Rasse, des Glaubens oder der Weltanschauung durch n. s. Gewaltmaßnahmen verfolgt wurden und hierdurch Schaden erlitten haben. Ihnen sind Personen gleichgestellt, die wegen ihres aktiven Einsatzes gegen die Missachtung von Menschenwürde und Menschenleben oder wegen Vertretens einer vom Nationalsozialismus abgelehnten künstlerischen oder wissenschaftlichen Richtung oder auf Grund naher Beziehungen zu einem Verfolgten verfolgt wurden. Als Verfolgte gelten auch Hinterbliebene eines getöteten Verfolgten (vgl. § 1 BEntschädigungsG). Wegen der Maßnahmen zugunsten Verfolgter vgl. → Entschädigung, → Rückerstattung, → Wiedergutmachung, → Ersatzzeiten.

Verfolgung, Absehen von (Straf-)
→ Opportunitätsprinzip.

Verfolgung auf frischer Tat
→ Festnahme (1b).

Verfolgung Flüchtiger
→ Nacheile, → Festnahme (1a, b).

Verfolgung Unschuldiger
Straftatbestand nach § 344 StGB: Danach wird ein → Amtsträger bestraft, der zur Mitwirkung an einem Strafverfahren oder einem Verfahren zur Anordnung einer behördlichen Verwahrung berufen ist (Polizeibeamter, StA, Richter usw.), wenn er absichtlich oder wissentlich einen Unschuldigen verfolgt oder (zB als → Ermittlungsperson der StA) hierauf hinwirkt. Dasselbe gilt, wenn Rechtsgründe der Verfolgung entgegenstehen (zB ein → Strafausschließungsgrund oder → Strafverfolgungsverjährung). Hinsichtlich der Unschuld oder Nichtverfolgbarkeit reicht bedingter Vorsatz nicht aus. Es handelt sich um ein → Amtsdelikt. Die Strafe ist Freiheitsstrafe von 1–10 Jahren. In minder schweren Fällen gelten mildere Strafdrohungen, ebenso wenn sich die Verfolgung auf eine nichtfreiheitsentziehende Maßnahme (Entziehung der Fahrerlaubnis, Berufsverbot, Einziehung usw.) richtet oder wenn es sich um ein Bußgeld-, Disziplinar- oder ehren(berufs)gerichtliches Verfahren handelt. Tathandlung ist jede auf Verfolgung gerichtete Tätigkeit, auch schon die Aufnahme von Ermittlungen. → Versuch ist strafbar. Die Strafvorschrift sichert das → Legalitätsprinzip. S. ferner → Vollstreckung gegen Unschuldige.

Verfolgungsgrundsatz
→ Legalitätsprinzip.

Verfolgungsrecht
Der Besitzer eines Grundstücks, auf das eine andere Sache gelangt ist, hat – über die Ansprüche aus dem → Besitzschutz hinaus – das Betreten des Grundstücks sowie das Abholen und Wegschaffen der Sache durch deren früheren Besitzer zu dulden (§ 867 BGB; ähnlich §§ 962, 1005 BGB).

Verfolgungsverjährung
→ Strafverfolgungsverjährung.

Verfolgungszwang
→ Legalitätsprinzip.

Verfrachter
Verfrachter ist, wer es durch → Seefrachtvertrag übernimmt, die verfrachteten Güter zu befördern (entweder durch → Chartervertrag oder → Stückgüterfrachtvertrag, § 481 HGB). Die Haftung des Verfrachters für See- und Ladungstüchtigkeit des Schiffes ist in den §§ 490 ff. HGB geregelt.

Verfügbarkeit
1. Die Verfügbarkeit ist eine wichtige Voraussetzung der → Arbeitslosigkeit iSd §§ 138 und 139 SGB III und damit Voraussetzung für die Inanspruchnahme von → Arbeitslosengeld als Leistung der → Arbeitsförderung nach dem SGB III. Den Vermittlungsbemühungen der Agentur für Arbeit steht zur Verfügung, wer eine versicherungspflichtige Beschäftigung von mindestens 15 Wochenstunden ausüben kann und darf, Vorschlägen der Agentur für Arbeit zur beruflichen Eingliederung zeit- und ortsnah Folge leisten kann, bereit ist jede zumutbare Beschäftigung anzunehmen und auszuüben und bereit ist, an beruflichen Eingliederungsnmaßnahmen teilzunehmen (§ 138 Abs. 5 SGB III). Es ist folglich zwischen der objektiven und der subjektiven Verfügbarkeit zu unterscheiden.

Der Arbeitslose hat sicherzustellen, dass er von der Agentur für Arbeit täglich mittels Briefpost unter seiner angegebenen Anschrift erreicht werden kann. Das bestimmt die Erreichbarkeitsanordnung (EAO). Umzüge sind sofort der Agentur für Arbeit mitzuteilen. Das Stellen eines Nachsendeantrags wird als nicht ausreichend angesehen, sofern der nicht mitgeteilte Umzug weiter weg, als bis in die Nachbargemeinde geht.

2. Bei Schülern und Studierenden an Schulen oder Hochschulen oder sonstigen Ausbildungsstätten wird vermutet, dass Verfügbarkeit nicht vorliegt (§ 139 Abs. 2 SGB III), sondern nur versicherungsfreie Beschäftigungen ausgeübt werden können. Diese Vermutung kann widerlegt werden, sofern der Nachweis erbracht wird, dass neben den schulischen Anforderungen die Aufnahme einer mindestens 15 Wochenstunden umfassenden Beschäftigung möglich ist. Die Regelung entspricht der grundsätzlichen Versicherungsfreiheit von Schülern und Studenten in der Arbeitslosenversicherung während der Dauer der Schul- bzw. Studienzeit (§ 27 Abs. 4 SGB III). Während der Teilnahme an einer Maßnahme, die die Voraussetzungen des § 81 SGB III nicht erfüllt, besteht dann Verfügbarkeit, wenn die Agentur für Arbeit der Maßnahme zustimmt und eine Erklärung abgegeben wird, die Maßnahme abzubrechen, sobald eine berufliche Eingliederung durch die Agentur für Arbeit erreicht werden kann (zB Besuch einer privat finanzierten Fortbildung während der Arbeitslosigkeit). Auch die Begrenzung auf eine Teilzeitbeschäftigung oder auf Heimarbeit ist für das Vorliegen von Verfügbarkeit kein Ausschlussgrund (§ 139 Abs. 4 SGB III). Weitere Sonderfälle der Verfügbarkeit sind in § 138 Abs. 1 SGB III geregelt.

Im Rahmen der Nahtlosigkeitsregelung des § 145 SGB III kann die objektive Verfügbarkeit fingiert werden, die subjektive Verfügbarkeit muss aber bestehen.

Verfügung (behördliche, gerichtliche)
ist eine Entscheidung, die von einer Behörde oder einem Gericht getroffen wird. Die gerichtliche Verfügung unterliegt meistens noch geringeren Formerfordernissen als ein → Beschluss. Die Verfügung – zB Terminsanberaumung, Ladungsverfügung – wird idR vom → Vorsitzenden an Stelle des Gerichts (Senat oder Kammer) erlassen. Der Staatsanwalt trifft im Strafverfahren seine Entscheidungen und Anordnungen meist durch Verfügung. Im Verwaltungsrecht ist Verfügung die häufige Bezeichnung eines → Verwaltungsaktes, der ein Gebot oder Verbot oder eine ähnlich wirkende Maßnahme enthält (zB polizeil. Verfügung, Versagung oder Zurücknahme einer Erlaubnis, Androhung von Zwang zur Durchsetzung einer Verfügung, Festsetzung von Zwangsmitteln). Manche im Verwaltungsrecht gelegentlich als Verfügung bezeichnete Maßnahmen sind jedoch keine Verwaltungsakte, zB „Hausverfügungen" oder Verfügungen gegenüber nachgeordneten Behörden (beides sind nur innerdienstliche Anordnungen).

Verfügung (rechtsgeschäftliche)
ist die unmittelbare Einwirkung auf den Bestand eines → Rechts durch Übertragung, Aufhebung, Belastung oder inhaltliche Änderung. Die durch Übertragung eines Rechts vorgenommene Verfügung wird auch Veräußerung genannt. Die Verfügung ist ein → Rechtsgeschäft, durch das – anders als bei dem Verpflichtungsgeschäft (→ Rechtsgeschäft – 2g –, zB Kauf) – unmittelbar der Bestand des Rechts beeinflusst wird, insbes. → Eigentumsübertragung, → Abtretung (sa → Grundstücksrechte). Die Verfügung (Veräußerung) führt also den mit dem Verpflichtungsgeschäft bezweckten rechtlichen Erfolg erst herbei, so zB die Übertragung des Eigentums an der verkauften Sache. Regelmäßig ist zur Verfügung eine Einigung der Beteiligten erforderlich (Ausnahme bei der Aufhebung von Grundstücksrechten und bei Gestaltungsrechten). Die Verfügung setzt zu ihrer Wirksamkeit → Geschäftsfähigkeit und – hiervon unabhängig – eine nicht durch Verfügungsbeschränkungen eingeschränkte → Verfügungsbefugnis voraus. Sa → Veräußerungsverbot, → Gutglaubensschutz, → Gestaltungsrecht u. im Folgenden.

Verfügung eines Nichtberechtigten
1. Trifft jemand eine → Verfügung (rechtsgeschäftliche), über ein → subjektives Recht, das ihm nicht zusteht, so ist diese Rechtshandlung grds. → unwirksam (insbes. bei einseitiger Verfügung, zB → Kündigung). Über die → Zwangsvollstreckung in Gegenstände, die nicht dem Schuldner, sondern einem Dritten gehören, → Drittwiderspruchsklage. Das Gesetz sieht jedoch in zahlreichen Fällen im Interesse des Rechtsverkehrs einen → Gutglaubensschutz für denjenigen vor, der berechtigterweise auf die nach äußeren Umständen (zB Besitz) vermutbare Rechtsstellung des Verfügenden vertraut. Die Anforderungen, die an einen → gutgläubigen Erwerb gestellt werden, sind verschieden; s. dort sowie → Abtretung, → öffentlicher Glaube des Grundbuchs, → Erbschein, → Handelsregister, → Güterrechtsregister. Ist die Verfügung eines Nichtberechtigten infolge gutgläubigen Erwerbs wirksam, so hat der hierdurch geschädigte wahre Berechtigte einen Anspruch aus → ungerechtfertigter Bereicherung (2c) gegen den Verfügenden auf Herausgabe des durch die Verfügung erlangten Erlöses (§ 816 BGB).

Unter Nichtberechtigten wird jedoch auch der Berechtigte verstanden, dem lediglich die → Verfügungsbefugnis, insbes. auf Grund eines → Veräußerungsverbots, fehlt. Auch hier gelten die gleichen Grundsätze, insbes. über den Schutz des – hinsichtl. der Verfügungsbefugnis – gutgläubigen Erwerbers (§ 135 II BGB, s. iE → Veräußerungsverbot). Ebenso ist die weitere Verfügung des Veräußernden, der über denselben Gegenstand bereits unter einer aufschiebenden → Bedingung verfügt hat, zum Schutz des Anwartschaftsberechtigten grds. – dh soweit nicht ein gutgläubiger Erwerb stattfindet – unwirksam (§ 161 BGB).

2. Die Verfügung eines Nichtberechtigten ist jedoch von Anfang an wirksam, wenn sie mit Einwilligung des Berechtigten vorgenommen wird (§ 185 I BGB). Der unberechtigt Verfügende handelt hier im eigenen Namen (anders → Vertretung) mit Zustimmung des Berechtigten. Die Verfügung wird, sofern sie keine einseitige → Willenserklärung zum Inhalt hat (hier absolute Unwirksamkeit), mit Rückwirkung auf den Zeitpunkt ihrer Vornahme auch dann wirksam, wenn sie der Berechtigte nachträglich genehmigt (§ 185 II 1 BGB; → Genehmigung). Die Verfügung eines Nichtberechtigten wird ferner für die Zukunft – also hier ohne Rückwirkung auf den Zeitpunkt der Verfügung – wirksam, wenn der Verfügende den Gegenstand erwirbt, also nachträglich zum Berechtigten wird (zB bei Bezahlung der letzten Rate für eine unter Eigentumsvorbehalt gekaufte Sache), oder wenn er von dem Berechtigten beerbt wird und dieser für die Nachlassverbindlichkeit unbeschränkt haftet (→ Beschränkung der Erbenhaftung). In den beiden letztgenannten Fällen wird bei verschiedenen miteinander nicht in Einklang stehenden Verfügungen über den Gegenstand (zB bei mehrfachen Übereignungen durch den Nichtberechtigten) nur die frühere Verfügung wirksam (§ 185 II 2 BGB; → Prioritätsprinzip). Doch erfolgt in allen Fällen kein Direkterwerb (vom Berechtigten auf den Erwerber), vielmehr findet ein sog. Durchgangserwerb durch die Person des Nichtberechtigten statt; hierbei werden spätestens etwaige gesetzliche oder Pfändungspfandrechte an der Sache wirksam und gehen auf den Erwerber, sofern dieser nicht → gutgläubig lastenfrei erwirbt, mit über. Die Rspr. hat daher weitgehend (insbes. bei → Sicherungsübereignung unter Eigentumsvorbehalt erworbener Sachen) anstelle der Verfügung eines Nichtberechtigten eine Verfügung über das → Anwartschaftsrecht (als Berechtigter) angenommen.

3. Keine eigentliche Verfügung eines Nichtberechtigten (und auch keine Vertretung) liegt vor bei der Einziehungsermächtigung (→ Abtretung, 2). Hier bleibt zwar der Berechtigte Inhaber der Rechtsmacht, überträgt jedoch – nach der Rspr. zulässigerweise – dem an sich Nichtberechtigten die Befugnis zu einzelnen bestimmten Verfügungen (insbes. zur Einziehung einer Forderung) im eigenen Namen für Rechnung des Rechtsinhabers; der Einziehende handelt also insoweit als Berechtigter (str.). Über die Rechtsstellung des in dieser Art Ermächtigten im Rechtsstreit → Prozessstandschaft (nach der Rspr. nur bei eigenem schutzwürdigen Interesse des Ermächtigten zulässig).

Verfügung von Todes wegen
ist der Oberbegriff für die einseitige letztwillige Verfügung (→ Testament) und den → Erbvertrag zwischen denen als Sonderform das → gemeinschaftliche Testament von Ehegatten steht. Unter „Verfügung" ist hier nicht die Verfügung bei einem → Rechtsgeschäft unter Lebenden zu verstehen (→ Verfügung, rechtsgeschäftliche), sondern jede Anordnung, die erst mit dem Tode des → Erblassers wirksam werden soll, zB die Bestimmung des oder der Erben, die Anordnung eines → Vermächtnisses oder einer → Auflage (im Erbrecht), die Regelung der Auseinandersetzung der → Erbengemeinschaft, die Bestimmung eines → Testamentsvollstreckers, der Entzug des → Pflichtteils und sonstige Anordnungen, die auch über den Bereich des → Erbrechts hinausgehen können (alle Rechtsgeschäfte für den Todesfall, zB → Vollmacht). Auch der → Widerruf des Testaments ist eine letztwillige Verfügung. Die Errichtung oder Aufhebung einer unter der Geltung des Rechts der ehem. DDR vor dem 3.10.1990 errichteten Verfügung von Todes wegen richtet sich auch dann nach den bisherigen Vorschriften (insbes. §§ 362 ff. ZGB), wenn der Erblasser erst danach stirbt. Dies gilt auch für die Bindung des Erblassers bei einem vor diesem Zeitpunkt errichteten gemeinschaftlichen Testament (Art. 235 § 2 EGBGB).

Verfügung, einstweilige
→ einstweilige Verfügung.

Verfügungsanspruch
→ einstweilige Verfügung.

Verfügungsbefugnis
ist die Fähigkeit, über einen bestimmten Gegenstand eine wirksame → Verfügung zu treffen. Sie ist von der → Geschäftsfähigkeit (und damit von der allg. → Handlungsfähigkeit) zu unterscheiden. So hat zB der Schuldner während eines → Insolvenzverfahrens trotz voller Geschäftsfähigkeit keine Verfügungsbefugnis hinsichtlich der der Insolvenzmasse angehörenden Gegenstände (§ 80 InsO). Regelmäßig steht die Verfügungsbefugnis nur dem Inhaber des Rechts selbst zu (vorbehaltlich anderweitiger Regelung durch Gesetz oder Vereinbarung, zB beim Insolvenzverwalter oder durch → Einziehungsermächtigung). Verfügt ein Dritter, so ist idR die → Zustimmung des Berechtigten erforderlich (→ Verfügung eines Nichtberechtigten). Auf die Verfügungsbefugnis kann durch Vertrag nicht rechtswirksam verzichtet werden (Verfügungsfreiheit; Ausnahme bei der → Abtretung); die Wirksamkeit einer rein schuldrechtlichen Verpflichtung, über einen Gegenstand nicht zu verfügen, wird hierdurch jedoch nicht berührt (§ 137 BGB); eine abredewidrige, aber wirksame Verfügung begründet einen Anspruch auf → Schadensersatz. Über die Beschränkungen der Verfügungsbefugnis (Verfügungsbeschränkungen) und ihren jeweiligen Umfang s. ua → Insolvenzverfahren (2), → Testamentsvollstrecker, → Vorerbe, → Nachlassverwaltung. Ein besonders wichtiger Fall der Beschränkung der Verfügungsbefugnis ist das (gesetzliche oder gerichtliche) → Veräußerungsverbot.

Verfügungsbereitschaft
Wehrpflichtige, die aus dem → Grundwehrdienst entlassen worden waren, unterlagen nach § 5a WehrpflichtG in den folgenden 12 Monaten der Verfügungsbereitschaft. Sie ist mittlerweile abgeschafft.

Verfügungsbeschränkungen
→ Verfügungsbefugnis.

Verfügungsbeschränkungen der Ehegatten
→ Zugewinngemeinschaft, → Gütergemeinschaft.

Verfügungsfreiheit
→ Verfügungsbefugnis.

Verfügungsgeld
→ Mündelgeld.

Verfügungsgeschäft
→ Verfügung (rechtsgeschäftliche), → Rechtsgeschäft (2g).

Verfügungsgrund
→ einstweilige Verfügung.

Verfügungsgrundsatz
Verfügungsgrundsatz (Dispositionsmaxime) bedeutet, dass die Parteien (Beteiligten) alleine oder mit wechselseitiger Zustimmung über den → Streitgegenstand und insoweit über Gang und Inhalt des Verfahrens grundsätzlich frei verfügen können, so zB im Zivilprozess durch Einschränkung oder Rücknahme der Klage, Anerkennung des Klageanspruchs. Der Verfügungsgrundsatz folgt aus der → Parteiherrschaft; sein Gegensatz ist das → Offizialprinzip. Der Verfügungsgrundsatz gilt bis auf den Strafprozess in allen Verfahrensarten, allerdings vielfach eingeschränkt (zB im Verfahren in Familien-, insbes. → Ehesachen).

Verfügungsmacht
= → Verfügungsbefugnis.

Verfügungstheorie
→ Schuldübernahme.

Verfügungsverbot
→ Veräußerungsverbot, → Unwirksamkeit.

Verfügungsvertrag
→ Vertrag (4).

Verführung
Früherer Straftatbestand nach § 182 StGB aF, der die Verführung eines noch nicht 16-jährigen „unbescholtenen" Mädchens zum Beischlaf unter Strafe stellte. Für männliche Jugendliche bestand allein der „Schutz" gegenüber → homosexuellen Handlungen nach § 175 StGB aF. Beide Normen wurden durch das 29. StrÄndG 1994 aufgehoben und durch den neuen Tatbestand des → sexuellen Missbrauchs von Jugendlichen (§ 182 StGB nF) ersetzt.

Vergabe
1. Vergabe oder Zuschlag ist die Annahme eines Angebotes durch einen öffentlichen Auftraggeber iRd formalen Vergabeverfahrens (→ Vergaberecht).

2. Zur Vergabe von Studienplätzen s. → Hochschulzulassungsrecht.

Vergabe- und Vertragsordnungen
Die drei Vergabe- und Vertragsordnungen sind zu den Verfahren für die Vergabe von Aufträgen aufgestellte Regelwerke, die von nichtstaatlichen Fachgremien verabschiedet werden. Neben der Vergabe- und Vertragsordnung (früher: Verdingungsordnung) für Bauleistungen (→ VOB) gibt es die Vergabe- und Vertragsordnung (früher: Verdingungsordnung) für Leistungen (→ VOL); die Vergabeordnung (früher: Verdingungsordnung) für freiberufliche Leistungen (→ VOF) ist nicht mehr anwendbar. Die VOB (in ihren Teilen B und C) und die VOL (in ihrem Teil B) enthalten neben Vergaberegelungen auch → Allgemeine Geschäftsbedingungen, die durch Einbeziehung häufig Bestandteil von Verträgen zwischen Privaten werden. Bis zur Modernisierung des Vergaberechts 2016 fanden die Vergabe- und Vertragsordnungen kraft

Verweisung in der → Vergabeverordnung 2003 weitgehend auch auf die Vergabe von → öffentlichen Aufträgen Anwendung; nunmehr nimmt § 2 VgV (→ Vergabeverordnung) nur mehr ergänzend auf Teile der VOB Bezug.

Vergabefremde Aspekte
Die Nachfragemacht öffentlicher Auftraggeber kann als Lenkungsinstrument zur Verfolgung politischer Ziele eingesetzt werden, was in einem Spannungsverhältnis zu den Prinzipien der Wirtschaftlichkeit und des Wettbewerbs im → Vergaberecht steht. Die Berücksichtigung solcher Ziele bei der Vergabe → öffentlicher Aufträge wird unter dem Schlagwort der vergabefremden Aspekte (oder Zwecke oder Ziele) kontrovers diskutiert.

Seit dem VergaberechtsmodernisierungsG v. 17.2.2016 (BGBl. 2016 I 203) können Aspekte der Qualität und der Innovation sowie soziale und umweltbezogene Aspekte (sog. strategische Ziele) grds. berücksichtigt werden (§ 97 Abs. 3 GWB), wenn sie mit dem Auftragsgegenstand in Verbindung stehen (vgl. etwa § 127 Abs. 3 GWB). Weiterhin nicht möglich ist es, über Ausführungsbedingungen den Unternehmen allg. Vorgaben für ihre Unternehmenspolitik oder Betriebsorganisation zu machen.

Vergabekammer
Bei Bund (dort beim → Bundeskartellamt) und Ländern sind Vergabekammern eingerichtet, die unabhängig und in eigener Verantwortung in den → Nachprüfungsverfahren bei der Vergabe → öffentlicher Aufträge entscheiden. Trotz ihrer sachlichen Unabhängigkeit sind die Vergabekammern Teil der Verwaltung, nicht der rechtsprechenden Gewalt. Gegen die Entscheidungen der Vergabekammern findet die sofortige Beschwerde zum → Vergabesenat des für den Sitz der Vergabekammern zuständigen Oberlandesgerichts statt.

Vergaberecht
Das Vergaberecht regelt die Vergabe → öffentlicher Aufträge und → Konzessionen mit dem Ziel, öffentliche Mittel möglichst sparsam und wirtschaftlich zu verwenden und angesichts der Nachfragemacht öffentlicher Auftraggeber eine gleichmäßige und sachgerechte Behandlung der Bieter zu gewährleisten.

Rechtsquellen des europäischen Vergaberechts sind neben dem europäischen → Primärrecht v.a. die → Vergaberichtlinie, die → Sektorenrichtlinie und die RL 2014/23/EU über die Konzessionsvergabe (ABl. EU 2014 L 94/1) sowie die 2007 und 2014 umfassend geänderten sog. Rechtsmittelrichtlinien 89/665/EWG (ABl. EG 1989 L 395, 33 mÄnd) und 92/13/EWG (ABl. EG 1992 L 76, 14 mÄnd).

Das deutsche Vergaberecht hat die unionsrechtlichen Vorgaben umgesetzt, insbes. durch das G zur Modernisierung des Vergaberechts v. 17.2.2016 (BGBl. 2016 I 203). Es ist auf gesetzliche Regelungen (§§ 97–184 GWB), die → Vergabeverordnung und hinsichtlich der Vergabe von Bauleistungen auf die von dieser in Bezug genommene nichtstaatliche → VOB aufgeteilt („Kaskadenprinzip"), soweit es Aufträge oberhalb der → Schwellenwerte betrifft (→ Kartellvergaberecht). In diesem Bereich haben die sich an der Vergabe beteiligenden Unternehmen subjektive Ansprüche darauf, dass die Bestimmungen über das Vergabeverfahren eingehalten werden (§ 97 Abs. 6 GWB). Im sog. Unterschwellenbereich finden lediglich die Regeln des Haushaltsrechts (zB § 30 HGrG, § 55 BHO) sowie Verwaltungsvorschriften wie die → Unterschwellenvergabeordnung Anwendung, die keine subjektiven Rechte der Unternehmen begründen.

Die Vergabe hat transparent, im Wettbewerb und unter Gleichbehandlung der Teilnehmer zu erfolgen (§ 97 Abs. 1, Abs. 2 GWB). Mittelständische Interessen sind vornehmlich zu berücksichtigen, insbes. durch die Aufteilung von Leistungen in Teil- und Fachlose (§ 97 Abs. 4 GWB). → Vergabefremde Aspekte können begrenzt berücksichtigt werden (§ 97 Abs. 3 GWB). Bestimmte Straftaten oder Ordnungswidrigkeiten führen zwingend zum Ausschluss von Bietern vom Vergabeverfahren (§ 123 GWB); ab bestimmten Auftragssummen müssen Auftraggeber das → Wettbewerbsregister abfragen, in dem entsprechende Verurteilungen eingetragen sind. Andere Umstände eröffnen die Möglichkeit, Bieter auszuschließen (§ 124 GWB). Der Zuschlag wird auf das wirtschaftlichste Angebot erteilt (§ 127 Abs. 1 S. 1 GWB).

Unternehmen haben oberhalb der → Schwellenwerte einen Anspruch auf Einhaltung der Vergaberegelungen (§ 97 Abs. 6 GWB), den sie im → Nachprüfungsverfahren geltend gemacht machen können (Primärrechtsschutz); nach wirksamem Zuschlag an ein anderes Unternehmen verbleibt ihnen allerdings nur die Geltendmachung von Sekundäransprüchen auf Schadensersatz.

Vergaberichtlinie
Die zum materiellen europäischen → Vergaberecht gehörende Vergaberichtlinie (RL 2014/24/EU v. 26.2.2014 über die öffentliche Auftragsvergabe und zur Aufhebung der RL 2004/18/EG, ABl. EU 2014 L 94, 65) hat die klassische Vergaberichtlinie (RL 2004/18/EG v. 31.3.2004 über die Koordinierung der Verfahren zur Vergabe öffentlicher Bauaufträge, Lieferaufträge und Dienstleistungsaufträge, ABl. EG 2004 L 134, 114) abgelöst. Sie beinhaltet die Anforderungen, die Auftraggeber bei der Vergabe → öffentlicher Aufträge zu beachten haben.

Vergabesenat
Bei den → Oberlandesgerichten besteht ein Vergabesenat (§ 171 Abs. 3 S. 2 GWB) – in Bayern beim → Bayerischen Obersten Landesgericht –, der über sofortige Beschwerden gegen Entscheidungen der → Vergabekammern

in den → Nachprüfungsverfahren bei der Vergabe → öffentlicher Aufträge entscheidet. Der Vergabesenat kann die Rechtssache wegen Divergenz oder grds. Bedeutung dem → Bundesgerichtshof vorlegen.

Vergabeverfahren
Im → Vergaberecht werden folgende Verfahren zur Vergabe → öffentlicher Aufträge unterschieden: Das offene Verfahren (auch öffentliche Ausschreibung), das nicht offene Verfahren (auch beschränkte Ausschreibung), das Verhandlungsverfahren (auch freihändige Vergabe), der wettbewerbliche Dialog und die Innovationspartnerschaft. Beim offenen Verfahren fordert der Auftraggeber eine unbeschränkte Anzahl von Unternehmen öffentlich zur Abgabe von Angeboten auf (§ 119 Abs. 3 GWB, § 15 VgV (→ Vergabeverordnung)). Beim nicht offenen Verfahren wählt der Auftraggeber nach vorheriger öffentlicher Aufforderung zur Teilnahme eine beschränkte Anzahl von Unternehmen nach objektiven, transparenten und nichtdiskriminierenden Kriterien aus (Teilnahmewettbewerb), die er zur Abgabe von Angeboten auffordert (§ 119 Abs. 4 GWB, § 16 VgV). Beim Verhandlungsverfahren wendet sich der Auftraggeber mit oder ohne Teilnahmewettbewerb an ausgewählte Unternehmen, um mit einem oder mehreren dieser Unternehmen über die Angebote zu verhandeln (§ 119 Abs. 5 GWB, § 17 VgV). Der wettbewerbliche Dialog hat das Ziel der Ermittlung und Festlegung der Mittel, mit denen die Bedürfnisse des Auftraggebers am besten erfüllt werden können; nach einem Teilnahmewettbewerb eröffnet der Auftraggeber mit den ausgewählten Unternehmen einen Dialog zur Erörterung aller Aspekte der Auftragsvergabe (§ 119 Abs. 6 GWB, § 18 VgV). Die Innovationspartnerschaft dient der Entwicklung innovativer, noch nicht auf dem Markt verfügbarer Liefer-, Bau- oder Dienstleistungen und dem anschließenden Erwerb der daraus hervorgehenden Leistungen; nach einem Teilnahmewettbewerb verhandelt der Auftraggeber in mehreren Phasen mit den ausgewählten Unternehmen über die Erst- und Folgeangebote (§ 119 Abs. 7 GWB, § 19 VgV).

Grundsätzlich hat der dem Vergaberecht unterliegende Auftraggeber nur die (freie) Wahl zwischen dem offenen und dem nicht offenen Verfahren; die anderen Verfahrensarten stehen nur zur Verfügung, soweit – oberhalb der → Schwellenwerte – dies gesetzlich gestattet ist (§ 119 Abs. 2 GWB) oder – unterhalb der Schwellenwerte – die Natur des Geschäfts oder besondere Umstände eine Ausnahme rechtfertigen (vgl. § 30 HGrG und § 55 BHO).

Für die Vergabe von → Konzessionen bestehen weniger strenge Anforderungen, die sich aus der Konzessionsvergabeverordnung – KonzVgV v. 12.4.2016 (BGBl. 2016 I 624, 683) ergeben.

Vergabeverordnung
Die Verordnung über die Vergabe → öffentlicher Aufträge v. 12.4.2016 (VgV; BGBl. 2016 I 624) hat die Verordnung über die Vergabebestimmungen für öffentliche Aufträge (Vergabeverordnung 2003 – VgV 2003, BGBl. 2003 I 170) abgelöst. Sie enthält ergänzend zu den §§ 97 ff. GWB eigene Regelungen des → Vergaberechts und verweist außerdem zur weiteren Regelung der Vergabe von Bauleistungen auf die nichtstaatliche → VOB. Dieser nunmehr iW zweistufige und nur noch für die Vergabe von Bauleistungen dreistufige Regelungsaufbau wird als „Kaskadenprinzip" bezeichnet.

Auf verteidigungs- und sicherheitsspezifische Aufträge findet die Vergabeverordnung Verteidigung und Sicherheit – VSVgV v. 12.7.2012 (BGBl. 2012 I 1509) Anwendung.

Vergehen
iS des StGB (§ 12 II) ist im Gegensatz zu einem → Verbrechen eine rechtswidrige Tat, die mit Freiheitsstrafe im Mindestmaß von weniger als 1 Jahr oder mit Geldstrafe bedroht ist. Bei der Strafverfolgung von Vergehen bestehen unter bestimmten Voraussetzungen Möglichkeiten zur Verfahrenseinstellung aus Opportunitätsgründen (§§ 153, 153a, 154c, 154d StPO; → Bagatellstrafsachen). Nur für Vergehen besteht zudem die Möglichkeit der Ahndung durch → Strafbefehl (§ 407 StPO).

Vergehen im Amt
→ Amtsdelikte.

Vergeltung
(im Völkerrecht und Strafrecht) → Retorsion; → Gewaltverbot (1e); → Vergeltungsschlag.

Vergeltungsschlag
Ein Vergeltungsschlag verstößt grundsätzlich gegen das völkerrechtliche → Gewaltverbot (1e); → völkerrechtliches Unrecht (1).

Vergesellschaftung
Vergesellschaftung (→ Sozialisierung) ist die Überführung von Wirtschaftsgütern in Gemeineigentum. Art. 15 GG ermöglicht die Überführung von Grund und Boden, Naturschätzen und Produktionsmitteln in Gemeineigentum oder in andere Formen der Gemeinwirtschaft zum Zwecke der Vergesellschaftung. Die Überführung setzt ein Bundes- oder Landesgesetz voraus, das Art und Ausmaß der Entschädigung regelt, wobei die Grundsätze für die Entschädigung bei → Enteignung anzuwenden sind. Gemeineigentum iS von Art. 15 muss nicht unbedingt Staatseigentum sein (Nationalisierung); auch andere Institutionen, die einen gemeinwirtschaftlichen Gebrauch gewährleisten, können Rechtsträger werden (zB Kommunen: „Kommunalisierung"). Das GG gibt in Art. 15 nur die verfassungsrechtliche Möglichkeit für eine Vergesellschaftung, begründet jedoch keine Pflicht hierzu; auch aus dem → Sozialstaatsprinzip lässt sich eine solche nicht ableiten. Im Landesver-

fassungsrecht gelten teilweise vergleichbare Vorschriften (vgl. Art. 160 Bayerische Verfassung, Art. 32 II Sächsische Verfassung). Die Vorschriften spielen in der Praxis derzeit keine Rolle. Strittig ist, ob Art. 15 GG die Vergesellschaftung großer Wohnungsbestände privater Wohnungsunternehmen zulässt.

Vergessen
→ Recht auf Vergessen

Vergewaltigung
Als Vergewaltigung ist im heutigen StGB ein besonders schwerer Fall (→ Regelbeispiele) des als „→ sexueller Übergriff, sexuelle Nötigung, Vergewaltigung" überschriebenen Straftatbestands (§ 177 StGB) bezeichnet, der in § 177 VI 2 Nr. 1 StGB geregelt ist. Er ist erfüllt, wenn der Täter mit dem Opfer den Beischlaf vollzieht oder vollziehen lässt oder ähnliche sexuelle Handlungen an dem Opfer vornimmt oder von ihm vornehmen lässt, die dieses besonders erniedrigen, insbes. wenn sie mit einem Eindringen in den Körper des Opfers verbunden sind, wie orale, vaginale oder anale Penetration. Der Regelstrafrahmen, von dem das Gericht im Einzelfall aufgrund einer Gesamtwürdigung aller Umstände nach unten abweichen kann, sieht Freiheitsstrafe nicht unter 2 Jahren vor; die → Strafe kann also bis zum gesetzlichen Höchstmaß von 15 Jahren Freiheitsstrafe reichen (§ 38 II StGB).

Während das heutige Regelbeispiel der Vergewaltigung geschlechtsneutral ausgestaltet ist und als Täter wie Opfer Personen jeden Geschlechts erfasst bzw. schützt, war der bis 1997 geltende eigenständige Straftatbestand der Vergewaltigung in § 177 StGB aF (bis zum 4. StrRG vom 23.11.1973, BGBl. 1973 I 1725, lautete die Überschrift „Notzucht" wie schon in Art. 119 der → Constitutio Criminalis Carolina von 1532) deutlich enger formuliert. Er bedrohte denjenigen mit Strafe, der „eine Frau mit Gewalt oder durch Drohung mit gegenwärtiger Gefahr für Leib oder Leben zum außerehelichen → Beischlaf mit ihm oder einem Dritten nötigt". Täter konnte demnach nur ein Mann sein, wobei allerdings eine Frau als Mittäterin (→ Mittäterschaft) oder → mittelbare Täterin (unter Nutzung eines männlichen Tatmittlers) fungieren konnte; die hM sah den Tatbestand nicht als → eigenhändiges Delikt an. Durch das 33. StrÄndG (BGBl. 1997 I 1607) wurde die heutige Konstruktion als geschlechtsunabhängiges Regelbeispiel geschaffen, die sich auf den damaligen Straftatbestand der sexuellen Nötigung bezog. Bei dieser Gelegenheit wurde zugleich die Beschränkung auf den außerehelichen Beischlaf beseitigt. Damit wurden einerseits die zuvor nur als Nötigung (§ 240 StGB) strafbaren Fälle einer Vergewaltigung in der Ehe und andererseits neben vaginalen nun auch anale und orale Penetrationen sowie sonstige „besonders erniedrigende Handlungen" in den Tatbestand einbezogen. Die heutige Fassung des § 177 StGB beruht auf dem zum 10.11.2016 in Kraft getretenen 50. StrÄndG (BGBl. 2016 I 2460), s. hierzu → Sexueller Übergriff, sexuelle Nötigung.

Vergiftung
Nach § 224 I Nr. 1 StGB wird eine → Körperverletzung durch Beibringen von Gift oder anderen gesundheitsschädlichen Stoffen als gefährliche Körperverletzung mit Freiheitsstrafe von 6 Monaten bis 10 Jahren bedroht (→ Qualifikationstatbestand zur „einfachen" vorsätzlichen Körperverletzung nach § 223 StGB).

Wegen gemeingefährlicher Vergiftung ist nach § 314 StGB mit Freiheitsstrafe von 1–10 Jahren bedroht, wer Wasser in gefassten Quellen, in Brunnen, Leitungen oder Trinkwasserspeichern oder zu öffentlichem Verkauf oder Verbrauch bestimmte Gegenstände vergiftet oder ihnen gesundheitsschädliche Stoffe beimischt oder solche Gegenstände verkauft, feilhält oder sonst in den Verkehr bringt. Verursacht der Täter eine schwere Gesundheitsschädigung eines anderen oder eine Gesundheitsschädigung einer großen Zahl von Menschen oder wenigstens leichtfertig den Tod eines anderen, sind höhere Strafen zu verhängen. Bei → tätiger Reue kann die Strafe gemildert oder von ihr abgesehen werden oder Straflosigkeit eintreten.

Vergleich
Der Vergleich ist ein → gegenseitiger Vertrag, durch den der Streit oder die Ungewissheit der Parteien im Wege gegenseitigen Nachgebens beseitigt wird; der Ungewissheit über ein Rechtsverhältnis steht es gleich, wenn die Durchsetzung eines Anspruchs unsicher ist. Voraussetzung sind also unterschiedliche Auffassungen der Beteiligten auf tatsächlichem oder rechtlichem Gebiet; beide Seiten – nicht nur eine (wie zB beim bloßen → Schuldanerkenntnis) – müssen irgendwelche Zugeständnisse machen. Der Vergleich hat nur schuldrechtliche Wirkungen, schafft also nur eine Verpflichtung der Beteiligten, nicht neue dingliche Rechte usw. Der Vergleich ist grundsätzlich formfrei, auch wenn in ihm ein → Schuldanerkenntnis liegt (§ 782 BGB); im Übrigen richtet sich die Form nach dem im Vergleich geregelten Rechtsgeschäft (zB bei einem → Grundstückskaufvertrag; der → Prozessvergleich ersetzt jede Form).

Der Vergleich lässt an sich das ursprüngliche streitige Rechtsverhältnis bestehen (zB für ein → Pfandrecht oder eine → Bürgschaft); dem Wesen des Vergleichs entspricht es jedoch, dass die Parteien nach dessen Abschluss grundsätzlich nicht mehr auf dieses zurückgreifen können, auch wenn sie zB nunmehr Beweismittel für den Bestand der streitigen Forderung usw. haben (Feststellungswirkung des Vergleichs; dies regelmäßig auch bei → Schuldnerverzug mit der Erfüllung des Vergleichs). Der Vergleich ist unwirksam, wenn der nach dem Inhalt des Vertrags als feststehend zugrundegelegte Sachverhalt der Wirklichkeit nicht entspricht und der Streit oder die Ungewissheit bei Kenntnis der Sachlage nicht entstanden wäre (§ 779 BGB; Fall des Wegfalls der → Geschäftsgrundlage). Daneben gelten die allgemeinen Vorschriften über die → Anfechtung von Willenserklärungen wegen Irrtums oder arglistiger Täuschung.

Die Hauptbedeutung hat der Vergleich im Rechtsstreit (→ Prozessvergleich); hier tritt neben den materiellrechtlichen Vertrag noch die verfahrensabschließende → Prozesshandlung (Doppelnatur, hM). Über den Schiedsvergleich → schiedsrichterliches Verfahren, über einen Vergleich im Insolvenzverfahren → Verbraucherinsolvenzverfahren, → Insolvenzplan, über den Vergleich in Privatklagesachen s. im Folgenden. Sa → Anwaltsvergleich.

Vergleich, Vergleichsbehörde in Privatklagesachen
Nach § 380 StPO ist → Prozessvoraussetzung für jede → Privatklage wegen Hausfriedensbruchs, Beleidigung, leichter vorsätzlicher, gefährlicher oder fahrlässiger Körperverletzung, Bedrohung, Sachbeschädigung oder Verletzung des Briefgeheimnisses (§ 202 StGB), dass vorher ein erfolgloser → Sühneversuch vor der landesrechtlich hierfür bestimmten Vergleichsbehörde stattgefunden hat (Ausnahme: beide Parteien wohnen nicht in demselben Gemeindebezirk). Vergleichsbehörde ist in den meisten Ländern eine → Schiedsperson, Schiedsstelle oder Schiedsamt, in Baden-Württemberg und Bayern die Gemeinde, in Bremen das Amtsgericht, in Hamburg die Rechtsauskunfts- und Vergleichsstelle. Ein vor einer Vergleichsbehörde geschlossener Vergleich beseitigt das Klagerecht des an ihm beteiligten Verletzten; in der Hauptverhandlung wird der Vergleich meist mit der Rücknahme der Klage verbunden. Auch ein außergerichtlicher Vergleich ist nach hM ein Prozesshindernis.

Vergleichende Werbung
Vergleichende Werbung ist grds. zulässig, sie muss aber den Anforderungen in § 6 UWG genügen. S. auch → Unlauterer Wettbewerb (2d).

Vergleichsarbeiten
(Diagnosearbeiten, Jahrgangsstufentest, Lernstandserhebungen, Orientierungsarbeiten) sind in den meisten Bundesländern vorgesehene, landesrechtlich unterschiedlich geregelte landesweit zentral gestellte Arbeiten, deren Ergebnisse landesweit analysiert und allen Schulen für interne Vergleiche zur Verfügung gestellt werden. Vergleichsarbeiten dienen somit der Qualitätsentwicklung. Vergleichsarbeiten gibt es zB in Sachsen und in Bayern in den Fächern Deutsch, Mathematik und Englisch an der Mittelschule, an der Realschule und am Gymnasium; in Sachsen auch an → Grundschulen. Sa → Schulaufsicht.

Vergleichsbehörde in Privatklagesachen
→ Vergleich, Vergleichsbehörde in Privatklagesachen.

Vergleichskosten
→ Kostenpflicht.

Vergleichsmiete
→ Wohnraummietvertrag (2).

Vergleichsverfahren
Das Vergleichsverfahren war ein gerichtliches Verfahren nach der Vergleichsordnung (VerglO) v. 26.2.1935 (RGBl. 1935 I 321 mÄnd, gültig bis 31.12.1998), durch das der → Konkurs abgewendet werden sollte, indem die Vergleichsgläubiger zu einem bestimmten Teil ihrer Forderungen befriedigt wurden. S. heute → Insolvenzrecht, → Insolvenzverfahren.

Vergleichsvertrag
(im öffentl. Recht) → Vertrag, öffentl.-rechtl. (2).

Vergnügungssteuer
Die Vergnügungssteuer ist eine Gemeindesteuer (→ Gemeindeabgaben). Ihr unterliegen alle im Gemeindegebiet veranstalteten Vergnügungen (→ Tanzveranstaltungen, Spielautomaten, und andere → Spielgeräte, Preiskegeln usw.). Rechtsgrundlage sind die V.gesetze der Länder, in deren Gesetzgebungsbefugnis die Vergnügungssteuer fällt (Art. 105 IIa GG). Steuerbefreit sind ua (länderrechtl. abweichend) Opern- und Operettenaufführungen, Symphoniekonzerte, Veranstaltungen der Jugendpflege, Tierschauen und Veranstaltungen, die kirchlichen oder wohltätigen Zwecken dienen. Die Vergnügungssteuer wird als Kartensteuer nach dem Eintrittspreis oder als Pauschsteuer zB nach der Roheinnahme oder nach der Größe des benutzten Raums erhoben. Mehrere Länder haben die Vergnügungssteuer aufgehoben. Sie ist nach der Rechtsprechung des BVerfG verfassungsgemäß.

Vergütung
1. Steuervergütung bedeutet die Rückzahlung bereits entrichteter Steuer an den Stpfl. aus steuersystematischen Gründen. Auf die Steuervergütung sind die Vorschriften über Steuerfestsetzung sinngemäß anzuwenden (§ 155 VI AO). Steuervergütungen können insbes. bei der → Kapitalertragsteuer erfolgen, wenn eine → Nichtveranlagungsbescheinigung vorgelegt wird oder bei der → Umsatzsteuer, wenn die abziehbaren Vorsteuerbeträge des Voranmeldungszeitraums bzw. des Besteuerungszeitraums höher als die für eigene Umsätze geschuldete Umsatzsteuer waren (§ 16 II UStG).

2. Andere Vergütungen: Gesetze, deren Vollzug wegen der Sachnähe dem Finanzamt obliegt, sehen Leistungen vor, auf die die Vorschriften über Steuervergütung entsprechend anzuwenden sind (zB § 6 InvZulG, § 14 II 5. VermBG; § 31 I 3 EStG, → Kindergeld).

3. Privatrechtliche Vergütungen: a) Vergütungen, die ein Gesellschafter einer Personengesellschaft von der Gesellschaft für seine Tätigkeit im Dienst der Gesellschaft oder für die Hingabe von Darlehen oder für die Überlassung von Wirtschaftsgütern bezogen hat, sind

bei der Einkommensteuer Einkünfte aus Gewerbebetrieb und unterliegen der Gewerbesteuer. Dies gilt auch für Abfindungen, da der bei seiner Personengesellschaft angestellte Gesellschafter nicht Arbeitnehmer im steuerlichen Sinn ist. Anders ist dies bei Gesellschaftern von Kapitalgesellschaften (→ Arbeitnehmer). b) Nutzungsvergütungen → außerordentliche Einkünfte.

Vergütungsgefahr
→ Gefahrtragung.

Vergütungsverzeichnis
→ Rechtsanwaltsgebühr.

Verhältnismäßigkeit
→ Verhältnismäßigkeitsgrundsatz.

Verhältnismäßigkeitsgrundsatz
1. Für alle Eingriffe der öffentlichen Gewalt in Rechte des einzelnen gilt der Verhältnismäßigkeitsgrundsatz → Gesetzgebende Gewalt, öffentliche → Verwaltung und → Justiz sind daran gebunden. Alle → Gesetze, gerichtlichen Entscheidungen und → Verwaltungsakte müssen dem Verhältnismäßigkeitsgrundsatz entsprechen.

2. Verhältnismäßigkeitsgrundsatz iwS bedeutet, dass alle o. g. Maßnahmen geeignet, erforderlich (notwendig) und verhältnismäßig (Verhältnismäßigkeitsgrundsatz ieS) sein müssen. Eine Maßnahme muss zunächst geeignet sein, das angestrebte Ziel zu erreichen (Grundsatz der Geeignetheit). Ferner hat die öffentliche Gewalt unter mehreren geeigneten Maßnahmen diejenige zu treffen, die den einzelnen und die Allgemeinheit am wenigsten beeinträchtigt (Grundsatz der Erforderlichkeit oder Notwendigkeit). Ferner muss eine Maßnahme unterbleiben, wenn die durch die Maßnahme zu erwartenden Nachteile für den Betroffenen außer Verhältnis zu dem beabsichtigten Erfolg stehen (Grundsatz der Verhältnismäßigkeit ieS oder Übermaßverbot).

3. Der Verhältnismäßigkeitsgrundsatz folgt aus dem Prinzip der → Gesetzmäßigkeit der Verwaltung. Der Verhältnismäßigkeitsgrundsatz ist in vielen Einzelgesetzen ausdrücklich geregelt (zB § 4 UZwG – Gesetz über den unmittelbaren Zwang bei Ausübung der öffentlichen Gewalt durch Vollzugsbeamte des Bundes v. 10.3.1961, BGBl. 1961 I 165, mÄnd; zum Polizeirecht sa Ziffer 5). Als allgemeiner verfassungsrechtlicher Rechtsgrundsatz gilt der Verhältnismäßigkeitsgrundsatz aber auch ohne ausdrückliche Regelung. Eine Verstoß gegen den Verhältnismäßigkeitsgrundsatz führt zur Rechtswidrigkeit der betreffenden Maßnahme, bei Gesetzen zur Nichtigkeit.

4. Im Strafprozess wirkt sich der Verhältnismäßigkeitsgrundsatz dahin aus, dass verfahrensrechtlich zulässige Eingriffe in Freiheit, Eigentum und andere Rechtsgüter des Beschuldigten oder Dritter (insbesondere → Grundrechte) im rechten Verhältnis zur Schwere des Tatvorwurfs und zum Grad des bestehenden Verdachts stehen. Der Grundsatz ist vor allem für die Untersuchungshaft gesetzlich normiert. Untersuchungshaft darf nicht angeordnet und muss aufgehoben werden, wenn sie zur Bedeutung der Sache und zu der erwartenden Strafe oder Maßregel der Besserung und Sicherung außer Verhältnis steht (§ 112 I 2 StPO, § 120 I StPO, Art. 5 III 2 MRK). Sa § 62 StGB über die Verhältnismäßigkeit von Maßregeln im Hinblick auf die Bedeutung der Tat und die Gefährlichkeit des Täters; ferner § 74b StGB und § 24 OWiG für die Verhältnismäßigkeit der (fakultativen) → Einziehung im Strafverfahren zur Bedeutung der Straftat sowie § 111m StPO für die Verhältnismäßigkeit der Beschlagnahme von Druckwerken, → Schriften und anderen Darstellungen.

5. Besondere Bedeutung hat der Verhältnismäßigkeitsgrundsatz im → Polizeirecht (→ polizeiliche Maßnahmen, → polizeiliche Zwangsmittel, → Waffengebrauch).

6. Nach der ständigen Rechtsprechung des EuGH ist der Verhältnismäßigkeitsgrundsatz ein Bestandteil des Unionsrechts (sa → europäisches Recht). Art. 5 I und III EUV (→ EU-Vertrag) bekennt sich jetzt ausdrücklich zu den Grundsätzen der → Subsidiarität und der Verhältnismäßigkeit.

Verhältniswahl
Verhältniswahl ist ein Wahlsystem, bei dem jeder an der Wahl teilnehmenden → Partei oder Wählergruppe ein dem Verhältnis ihrer erreichten Stimmenzahl entsprechender Teil der Sitze in der Vertretungskörperschaft zugeteilt wird. Übliche Methode ist heute das → Hare-Niemeyer-Verfahren (sa → d'Hondt'sches System). Die Verhältniswahl lässt auch Minderheiten entsprechend der Zahl der erreichten Stimmen zum Zuge kommen. Der darin liegenden Gefahr der Parteienzersplitterung versucht man häufig dadurch zu begegnen, dass Listen nur dann bei der Sitzverteilung berücksichtigt werden, wenn sie einen bestimmten Prozentsatz der Gesamtstimmenzahl erreichen (→ Fünf-Prozent-Klausel). Häufig wird die Verhältniswahl mit einer → Mehrheitswahl verbunden, nach der die Kandidaten der einzelnen Wahlkreise gewählt werden, während die Sitze insgesamt nach dem Verhältnis der von den einzelnen Parteien erlangten Sitze verteilt werden (so bei der Wahl zum → Bundestag, 2).

Verhaftung
→ Haftbefehl, → Untersuchungshaft, → Festnahme.

Verhaltensbedingte Kündigung
→ Kündigungsschutz für Arbeitnehmer.

Verhaltenshaftung
(im Polizeirecht) → Handlungshaftung, → Störer.

Verhandlung
→ mündliche Verhandlung.

Verhandlungsfähigkeit
1. Die Verhandlungsfähigkeit eines Beteiligten – insbes. einer Partei oder des Beschuldigten – in der mündlichen Verhandlung (Hauptverhandlung) entspricht der Prozesshandlungsfähigkeit außerhalb der Verhandlung, dh der Fähigkeit, seine Interessen vernünftig wahrzunehmen und Prozesserklärungen abzugeben und entgegenzunehmen.

2. Im Zivilprozess setzt die Verhandlungsfähigkeit vor Gericht → Postulationsfähigkeit voraus. Die Verhandlungsfähigkeit ist nicht → Prozessvoraussetzung, ihr Fehlen kein Prozesshindernis; es hindert vielmehr nur einzelne Prozesshandlungen.

3. Im Strafprozess ist für die Verhandlungsfähigkeit des Beschuldigten entscheidend, ob er die erforderlichen geistigen und körperlichen Fähigkeiten für das Verständnis der prozessualen Vorgänge besitzt; bei Erwachsenen kann das bei schweren geistigen oder körperlichen Mängeln zu verneinen sein; bei Jugendlichen und Geistesschwachen oder Geisteskranken entscheiden Reifegrad und (oder) Aufnahmefähigkeit. Endgültige Verhandlungsunfähigkeit ist ein Verfahrenshindernis und hat Einstellung des Verfahrens zur Folge. Hat ein Angeklagter sie vorsätzlich und schuldhaft herbeigeführt und verhindert er dadurch wissentlich die Hauptverhandlung, so kann diese, falls er vorher über die Anklage richterlich gehört worden ist, nach Anhörung eines Arztes als Sachverständigen in seiner Abwesenheit durchgeführt werden. Ggf. ist dem Angeklagten ein Verteidiger zu bestellen (§ 231a StPO).

Verhandlungsgrundsatz
Der Verhandlungsgrundsatz bedeutet, dass die Parteien bestimmen, welche Tatsachen sie dem Gericht im Rechtsstreit zur Entscheidung unterbreiten (→ Substantiierung) und welche Tatsachen, etwa durch → Bestreiten, beweisbedürftig sind. Das Gegenteil ist der → Untersuchungsgrundsatz. Der Verhandlungsgrundsatz gilt nur im Zivilprozess. In → Ehesachen ist er stark eingeschränkt (§ 127 FamFG).

Verhandlungsprotokoll
(Sitzungsniederschrift). Über jede Verhandlung (→ mündliche Verhandlung), → Beweisaufnahme und → Hauptverhandlung ist ein Verhandlungsprotokoll aufzunehmen (§ 159 ZPO, § 105 VwGO, § 94 FGO, § 122 SGG, § 271 StPO), das vom Vorsitzenden und vom Protokollführer (Schriftführer, ggf. → Urkundsbeamter der Geschäftsstelle) unterschrieben, bei Lücken oder Fehlern auch berichtigt wird (§ 164 ZPO). Das Verhandlungsprotokoll enthält die wesentlichen Vorgänge der Verhandlung, auch die Beweisergebnisse und Vergleiche (Einzelheiten über Inhalt und Errichtung des Verhandlungsprotokolls s. §§ 160–162 ZPO). Es ist öffentliche → Urkunde mit besonderer Beweiskraft für die vorgeschriebenen Förmlichkeiten der Verhandlung – nur für diese, zB Beeidigung von Zeugen, Ausschluss der Öffentlichkeit, nicht für sonstige Tatsachen oder Erklärungen – (§ 165 ZPO, § 274 StPO); es kann insoweit nur durch den Nachweis der Fälschung entkräftet werden. Die Aufnahme von Verhandlungsprotokollen in Verwaltungssachen richtet sich nach den bundes- oder landesrechtlichen Vorschriften über das jeweilige Verwaltungsverfahren. Für das „förmliche → Verwaltungsverfahren" ist die Fertigung der Niederschrift in § 68 IV VwVfG (und den entsprechenden Vorschriften der LandesVwVfGesetze) geregelt.

Verhandlungsverfahren
Das Verhandlungsverfahren ist eine Art der in § 119 GWB geregelten → Vergabeverfahren und meint ein Verfahren, bei dem sich der öffentliche Auftraggeber mit oder ohne Teilnahmewettbewerb an ausgewählte Unternehmen wendet, um mit einem oder mehreren dieser Unternehmen über die Angebote zu verhandeln, § 119 Abs. 5 GWB.

Verharmlosung von Gewalt
→ Verherrlichung von Gewalt.

Verherrlichung von Gewalt
durch Herstellen, Einführen, Ausstellen, Vorrätighalten, Anpreisen, Verbreiten usw. von → Schriften oder anderen Darstellungen ist nach § 131 StGB strafbar, wenn die Darstellung Gewalttätigkeiten gegen Menschen in grausamer oder sonst unmenschlicher Weise schildert. Der Verherrlichung von Gewalt gleichgestellt ist die Verharmlosung, dh das Bagatellisieren der Gewalttätigkeit im Widerspruch zu ihrer wirklichen Gefährlichkeit, zur Schwere der Folgen usw. Ausgenommen sind Berichte über Zeitgeschehen oder historische Vorgänge.

Verhetzende Beleidigung
Der Straftatbestand der verhetzenden Beleidigung (§ 192a StGB) wurde durch das StRÄndG – Verbesserung des strafrechtlichen Schutzes gegen sogenannte Feindeslisten etc. vom 14.9.2021 (BGBl. 2021 I 4250) neu geschaffen. Er dient als konkretes → Gefährdungsdelikt dem Schutz der Menschenwürde und der Ehre (BT-Drs. 19/31115, 14 f.). Er soll Strafbarkeitslücken schließen, die für bestimmte Erscheinungsformen einer gegen gesellschaftliche Gruppen gerichteten → Hasskriminalität (s. dort 1a) bestehen, nämlich wenn Angehörigen einer solchen Gruppe Schreiben o. ä. zugesandt werden, in denen zwar nicht der konkrete Adressat, wohl aber die Gruppe verunglimpft oder angefeindet wird. Derartiges Verhalten ist selten als → Volksverhetzung (§ 130 StGB) strafbar, da Zusendungen an eine Einzelperson oder einen geschlossenen Personenkreis meist nicht die erforderliche Eignung zur Störung des öffentlichen Friedens besitzen. Solange sich die zugesandten Äußerungen nicht individuell an den Adressaten wenden, sondern ihn nur als Mitglied einer Gruppe betreffen, wird oft auch keine → Beleidigung (§ 185 StGB) vorliegen. Erfüllt sein

kann dieser Tatbestand dann allenfalls in Form einer sog. Kollektivbeleidigung (s. dort 1), für die jedoch eine zahlenmäßige Überschaubarkeit der Kollektivmitglieder erforderlich ist.

Als Tatobjekt erfordert § 192a StGB einen → Inhalt (§ 11 III StGB), der geeignet ist, die Menschenwürde anderer dadurch anzugreifen, dass er eine durch ihre nationale, rassische, religiöse oder ethnische Herkunft, ihre Weltanschauung, ihre Behinderung oder ihre sexuelle Orientierung bestimmte Gruppe oder einen Einzelnen wegen seiner Zugehörigkeit zu einer dieser Gruppen beschimpft, böswillig verächtlich macht oder verleumdet. Derartige Inhalte entsprechen damit den Tatobjekten der Volksverhetzung nach § 130 II Nr. 1c StGB. Während dort insbes. unter Strafe gestellt wird, solche Inhalte zu verbreiten oder der Öffentlichkeit zugänglich zu machen, werden durch § 192 StGB gerade auch Taten in Zwei-Personen-Verhältnissen erfasst: Strafbar ist danach schon derjenige, der entsprechende Inhalte an eine andere Person gelangen lässt, die zu einer der „vorbezeichneten" Gruppen (also einer durch Herkunft, Weltanschauung etc. bestimmten Gruppe) gehört, ohne von dieser Person hierzu aufgefordert zu sein. Für das Gelangenlassen genügt es, wenn der betreffende Inhalt so in den Verfügungsbereich bzw. → Gewahrsam der anderen Person überführt wird, dass diese vom Inhalt Kenntnis nehmen kann. Eine tatsächliche Kenntnisnahme oder gar Ehrverletzung ist nicht erforderlich. Weder eine nachträgliche Genehmigung der betroffenen Person noch eine seitens des Täters bewusst nur vermutete Einwilligung führen zu einem Tatbestandsausschluss.

Der Strafrahmen reicht von Geldstrafe bis zu Freiheitsstrafe von zwei Jahren. Wie bei der → Beleidigung (dort 3b) kann die Tat nach § 193 StGB gerechtfertigt sein, wenn sie in Wahrnehmung berechtigter Interessen verübt wurde. Die Tat ist nach § 194 StGB relatives → Antragsdelikt: Sie kann auch ohne → Strafantrag von Amts wegen verfolgt werden, wenn dies im besonderen öffentlichen Interesse liegt. Die berechtigte Person kann dies jedoch durch einen Widerspruch verhindern.

Verhinderungspflege
Rechtsgrundlage für die Gewährung der Verhinderungspflege ist § 39 SGB XI. Die Verhinderungspflege kommt dann zum Zuge, wenn die Pflegeperson wegen eigener Verhinderung durch Erholungsurlaub, Erkrankung oder aus sonstigen Gründen selber die Pflege bei der zu pflegenden Person nicht durchführen kann. Sie wird für längstens sechs Wochen im Kalenderjahr gewährt. Voraussetzung ist, dass die Pflegeperson die zu pflegende Person vor Beginn der Verhinderung mindestens sechs Monate gepflegt hat. Für die Verhinderungspflege können 1.685 EUR an die Ersatzkraft gezahlt werden. Eine Erhöhung des Betrages ist möglich, wenn Mittel aus der → Kurzzeitpflege nicht vollständig in Anspruch genommen wurden (gemeinsamer Jahresbetrag iHv bis zu 3.539 EUR).

Verhütung von Gefahren
→ Gefahrenabwehr, → Polizei (4).

Verhütung von Straftaten
→ Gefahrenabwehr, → Polizei (4).

Verhütung von Unfällen
→ Unfallschutz.

Verjährbarkeit
→ Verjährung (1).

Verjährung
1. Ein bürgerlich-rechtlicher → Anspruch – nicht das → subjektive Recht (Gestaltungsrecht) selbst – unterliegt grds. der Verjährung (§ 194 BGB, Verjährbarkeit). Eine Reihe von Ansprüchen ist allerdings unverjährbar, insbes. der Anspruch auf → Berichtigung des Grundbuchs (§ 898 BGB), Ansprüche aus im Grundbuch eingetragenen → dinglichen Rechten (§ 902 BGB, nicht aber auf Rückstände oder Schadensersatz), einige Ansprüche aus dem Nachbarrecht, die Ansprüche auf Auseinandersetzung einer (Erben-)Gemeinschaft (§ 758 BGB), auf Herstellung der → ehelichen Lebensgemeinschaft oder auf Klärung der Vaterschaft (§ 194 II BGB, → Abstammung (§ 1600b V BGB), 3 f), auf Herausgabe eines Kindes (→ Personensorge) ua (nicht aber auf rückständige Unterhaltsraten, → Unterhaltspflicht unter Verwandten). Zu den Einzelheiten für vor dem 1.1.2002 begründete, aber bis dahin noch nicht verjährte Ansprüche s. Art. 229 § 6 EGBGB.

2. Rechtsfolge: Die eingetretene Verjährung beseitigt den Anspruch als solchen nicht, macht ihn auch nicht zu einer bloßen → Naturalobligation, gibt jedoch dem Verpflichteten im Interesse der Rechtssicherheit (Beweisschwierigkeiten usw) ein Leistungsverweigerungsrecht, also eine bloße dauernde → Einrede, die nur wirkt, wenn sie vom Verpflichteten geltend gemacht wird (§ 214 I BGB). Von der Verjährung sind deshalb das Erlöschen des Anspruchs durch Ablauf einer → Ausschlussfrist, die → Verwirkung (weitere Voraussetzungen als bloßer Zeitablauf erforderlich) und die → Ersitzung zu unterscheiden. Da der verjährte Anspruch noch besteht, kann er auch nach Verjährungseintritt noch erfüllt werden; das nur bei Erfüllung eines verjährten Anspruchs Geleistete kann nicht deshalb zurückverlangt werden, weil die Leistung in Unkenntnis der Verjährung bewirkt wurde (§ 214 II BGB). Die Verjährung schließt die → Aufrechnung und die Geltendmachung eines → Zurückbehaltungsrechts nicht aus, wenn der Gegenanspruch in dem Zeitpunkt, in dem er erstmals geltend gemacht werden konnte, noch nicht verjährt war (§ 215 BGB). Die Verjährung eines Anspruchs, für den eine Sicherheit (→ Hypothek, → Pfandrecht) besteht, hindert den Gläubiger nicht, seine Befriedigung aus dem belasteten Gegenstand zu su-

chen (§ 216 I BGB). Der Vorbehaltsverkäufer (→ Eigentumsvorbehalt) kann auch noch nach Verjährung seines Kaufpreisanspruchs vom Vertrag zurücktreten (§ 216 II 2 BGB). Umgekehrt ist der Rücktritt wegen nicht oder nicht vertragsgemäß erbrachter Leistung (→ Pflichtverletzung) unwirksam, wenn der Anspruch auf die Leistung oder der Nacherfüllungsanspruch (→ Gewährleistung, 2a) verjährt ist und der Schuldner sich hierauf beruft (§ 218 BGB). Mit dem Hauptanspruch verjähren auch Nebenleistungen (→ Zinsen und dgl., § 217 BGB).

3. Vereinbarungen über die Verjährung (Verkürzung oder Verlängerung) sind grds. zulässig. Die Verjährung kann aber bei Haftung wegen Vorsatzes (→ Verschulden) nicht im Voraus durch Rechtsgeschäft erleichtert oder die Verjährung über eine Frist von 30 Jahren hinaus erschwert werden (§ 202 BGB). Weitere Einschränkungen der Vertragsfreiheit (keine Verkürzung der Verjährungsfrist) gelten für die Gewährleistung beim → Verbrauchsgüterkauf (§ 475 II BGB) sowie für → Allgemeine Geschäftsbedingungen in → Verbraucherverträgen (§ 309 Nr. 8b ff. BGB). Die Einrede der Verjährung kann durch den Einwand des Verstoßes gegen Treu und Glauben (→ Rechtsmissbrauch) entkräftet werden (zB wenn der Verpflichtete den Anschein erweckt hat, er werde sich nicht auf Verjährung berufen, oder wenn eine frühere Geltendmachung des Anspruchs nicht möglich oder unzumutbar war).

4. Die regelmäßige Verjährungsfrist beträgt 3 Jahre (§ 195 BGB). Dies gilt im Grundsatz für Ansprüche aller Art, also zB aus → Vertrag (gleichgültig ob auf Entgelt oder auf sonstige Leistung), → Geschäftsführung ohne Auftrag, → ungerechtfertigte Bereicherung, → unerlaubte Handlung, → Gefährdungshaftung usw. Daneben bestehen allerdings zahlreiche Sondervorschriften, insbes. kürzere Verjährungsfristen für die → Gewährleistung (2a) beim Kauf oder → Werkvertrag (3a), beim → Mietvertrag (2 aE), → Reisevertrag, → Fracht- oder → Speditionsvertrag usw (für Wechsel und Scheck s. Art. 70 WG, Art. 52 SchG). Über die Konkurrenz mehrerer verschieden langer Verjährungsfristen → Anspruchskonkurrenz. Ansprüche auf Übertragung des Eigentums an einem Grundstück, auf Begründung, Übertragung, Inhaltsänderung oder Aufhebung eines Rechts an einem Grundstück sowie die Ansprüche auf die Gegenleistung hierfür verjähren in 10 Jahren (§ 196 BGB). In 30 Jahren verjähren, soweit nicht etwas anderes bestimmt ist, Herausgabeansprüche aus Eigentum (zB bei Diebstahl) und anderen dinglichen Rechten und rechtskräftig in vollstreckbaren Vergleichen oder Urkunden sowie im Insolvenzverfahren festgestellte Ansprüche (§ 197 BGB). Für Rechtsnachfolge bei dinglichen Ansprüchen s. § 198 BGB.

5. Die regelmäßige Verjährungsfrist beginnt mit dem Schluss des Jahres, in dem der Anspruch entstanden ist und der Gläubiger von den den Anspruch begründenden Umständen und der Person des Schuldners Kenntnis erlangt hat oder ohne grobe Fahrlässigkeit (→ Verschulden) erlangen musste (§ 199 I BGB). Voraussetzung ist also zunächst ein objektiver Tatbestand, nämlich das Entstehen des Anspruchs (bzw. bei einem Anspruch auf Unterlassen die Zuwiderhandlung, § 199 V BGB). Setzt dieser eine → Kündigung oder eine → Anfechtung voraus, so ist deren Ausspruch maßgebend. Die Fälligkeit des Anspruchs (→ Leistungszeit) ist an sich nicht Voraussetzung; doch ohne Fälligkeit ist regelmäßig die Verjährung gehemmt (s. u. 6a). Daneben ist subjektiv die Kenntnis oder grob fahrlässige Unkenntnis der wesentlichen anspruchsbegründenden Umstände erforderlich, also zB von der Lieferung der Ware, der Pflichtverletzung, der Entstehung eines Schadens, der Person des Schuldners usw; die Kenntnis aller Einzelheiten, zB über die Höhe des Schadens iE, ist nicht nötig, sofern der Gläubiger zB bereits Feststellungsklage erheben kann (Grundsatz der Schadenseinheit; anders für nicht voraussehbare Spätschäden). Die Kenntnis verantwortlicher Dritter, zB eines gesetzlichen oder bevollmächtigten Vertreters (→ Stellvertretung), wird dem Gläubiger zugerechnet. War demnach bspw. der Verjährungsbeginn im Lauf des Jahres 2019, so tritt die (regelmäßige) Verjährung am 31.12.2022 ein (→ Frist). Unabhängig von dieser Kenntnis verjähren Schadensersatzansprüche, die auf einer Verletzung des Lebens, des Körpers, der Gesundheit oder der Freiheit sowie auf einem Erbfall beruhen, in 30 Jahren ab Begehung der Handlung oder Pflichtverletzung, sonstige (Schadensersatz- und andere) Ansprüche in 10 Jahren von ihrem Entstehen an (§ 199 II–IV BGB). Die Verjährung von Ansprüchen, die nicht der regelmäßigen Verjährungsfrist unterliegen, beginnt mit deren Entstehung (§ 200 BGB) bzw. mit der Rechtskraft der gerichtlichen Entscheidung oder der Errichtung des vollstreckbaren Titels (§ 201 BGB).

6. Der Lauf der Verjährungsfrist kann durch verschiedene Ereignisse beeinflusst werden. Dabei sind die Hemmung der Verjährung, die Ablaufhemmung und der Neubeginn der Verjährung zu unterscheiden. Bei der Hemmung wird der Zeitraum, während dessen die Verjährung gehemmt ist, nicht in die Verjährungsfrist eingerechnet (§ 209 BGB); iÜ bleibt die Verjährungsfrist unberührt. Bei der Ablaufhemmung wird das Ende der Verjährung durch eine besondere Schutzfrist weiter hinausgeschoben. Wird die Verjährung unterbrochen, so ist die bisherige Verjährungsfrist unbeachtlich; nach der Unterbrechung beginnt eine volle neue Verjährungsfrist (§ 212 BGB, Neubeginn der Verjährung).

a) Hemmung der Verjährung: Schweben zwischen dem Schuldner und dem Gläubiger Verhandlungen über den Anspruch oder seine Grundlage, so ist die Verjährung so lange gehemmt, bis ein Teil (zB die Versicherung) die

Fortsetzung der Verhandlungen eindeutig und endgültig verweigert; die Verjährung tritt dann frühestens 3 Monate nach dem Ende der Hemmung ein (§ 203 BGB). Die Verjährung wird weiter gehemmt durch Erhebung einer Leistungs- oder Feststellungsklage (→ Klageerhebung), Zustellung eines → Mahnbescheids (nicht aber durch bloße Mahnung), Bekanntgabe eines Güteantrags (→ Schlichtung), → Aufrechnung oder → Streitverkündung im Prozess, Zustellung eines Antrags auf selbständiges Beweisverfahren (→ Beweissicherung), → Arrest oder → einstweilige Verfügung (Zustellung innerhalb eines Monats erforderlich), Anmeldung des Anspruchs im → Insolvenzverfahren, Beginn des → schiedsrichterlichen Verfahrens, Antrag auf Gewährung von → Prozesskostenhilfe ua. Die Hemmung endet hier 6 Monate nach (rechtskräftiger) Beendigung des Verfahrens oder der letzten Verfahrenshandlung des Gerichts oder der Parteien (§ 204 BGB).

Hat der Gläubiger vor Ablauf der Verjährungs- oder sonstigen Frist alles Erforderliche getan (zB Einzahlung des Gebührenvorschusses), so genügt statt der Zustellung oder der Bekanntgabe die Einreichung des Antrags, um die Hemmung der Verjährung oder die Fristwahrung herbeizuführen, sofern die Zustellung sodann „demnächst" (dh ohne schuldhafte Verzögerung) erfolgt (§§ 167, 691 II ZPO). Die Verjährung ist ferner gehemmt, so lange die Leistung gestundet (→ Leistungszeit) oder der Schuldner auf Grund einer Vereinbarung mit dem Gläubiger aus einem anderen Grund vorübergehend zur Verweigerung der Leistung berechtigt ist (§ 205 BGB). Dauernde → Einreden (zB ungerechtfertigte Bereicherung) berühren die Verjährung nicht, weil sie den Anspruch selbst ausschalten. Hemmung der Verjährung tritt auch ein, wenn der Gläubiger durch höhere Gewalt (→ Verschulden, 2c) an der Rechtsverfolgung gehindert ist (§ 206 BGB). Die Verjährung von Ansprüchen zwischen Ehegatten, Lebenspartnern, Eltern und Kindern, Mündel und Vormund, Betreutem und Betreuer sowie Pflegling und Pfleger ist gehemmt, solange die Ehe, das Lebenspartnerschafts-, Verwandtschafts-, Vormundschafts-, Betreuungs- oder Pflegschaftsverhältnis besteht (§ 207 BGB). Die Verjährung von Ansprüchen wegen Verletzung der sexuellen Selbstbestimmung ist bis zur Vollendung des 21. Lebensjahres des Gläubigers und bis zur Beendigung einer bestehenden häuslichen Gemeinschaft gehemmt (§ 208 BGB).

b) Ablaufhemmung. Ist eine nicht voll geschäftsfähige Person ohne gesetzlichen Vertreter, so bedarf sie eines besonderen Schutzes. Die gegen sie laufende Verjährung wird daher – ebenso wie die Verjährung eines Anspruchs, der zu einem Nachlass gehört oder sich gegen einen Nachlass richtet – idR erst 6 Monate nach Beseitigung des Hindernisses (Eintritt der Volljährigkeit, neuer gesetzlicher Vertreter, Annahme der Erbschaft durch den Erben oder Eröffnung des → Nachlassinsolvenzverfahrens) vollendet; bei kürzeren Fristen sind diese maßgebend (§§ 210, 211 BGB).

c) Neubeginn der Verjährung tritt ein, wenn der Verpflichtete dem Berechtigten gegenüber den Anspruch durch Abschlagszahlung, Zinszahlung, Sicherheitsleistung oder in anderer Weise – auch stillschweigend, zB durch ein Stundungsgesuch – anerkennt. Dasselbe gilt, wenn eine gerichtliche oder behördliche Vollstreckungshandlung vorgenommen oder beantragt (und nicht wieder aufgehoben oder der Antrag zurückgewiesen) wird (§ 212 BGB). Alle anderen früheren Gründe für eine Unterbrechung der Verjährung führen jetzt nur noch zur Hemmung der Verjährung; s. o. a).

7. Gebiet ehem. DDR: Übergangsregelung in Art. 231 § 6 EGBGB.

8. Über die Verjährung im Strafrecht → Strafverfolgungsverjährung, → Strafvollstreckungsverjährung.

9. Im Verwaltungsrecht besteht eine allgemeine Regelung der Verjährung nicht. Die Vorschriften des bürgerlichen Rechts sind nur in beschränktem Umfang entsprechend anwendbar. Öffentliche Rechte und Pflichten verjähren grds. nicht; soweit es sich nicht um unverzichtbare Rechte (zB Wahlrecht) handelt, kann uU Verwirkung eintreten, die sich aus dem auch im öffentlichen Recht geltenden Grundsatz von → Treu und Glauben ergibt. Für öffentlich-rechtliche Ansprüche vermögensrechtlicher Art werden die §§ 195 ff. BGB analog angewandt, soweit nicht Sondervorschriften bestehen (zB im Steuerrecht – s. u. 11 –, § 24 PostG, Art. 71 Bay. AusfG z. BGB v. 20.9.1982, GVBl. 803, die jedoch keine eigentlichen Verjährungs-, sondern Erlöschenstatbestände regeln). Unterliegt der Anspruch eines öffentl.-rechtl. Rechtsträgers ausnahmsweise der Verjährung, so unterbricht ein zu seiner Durchsetzung erlassener → Verwaltungsakt die Verjährung (§ 53 VwVfG).

10. Der Anspruch auf Sozialleistungen nach dem → Sozialgesetzbuch verjährt in 4 Jahren nach Ablauf des Kalenderjahres der Entstehung. Der Anspruch der Versicherungsträger auf Beitragsrückstände verjährt in 4 Jahren nach Ablauf des Kalenderjahres der Fälligkeit; bei vorsätzlich vorenthaltenen Beiträgen nach 30 Jahren. Die Verjährung ist von Amts wegen zu beachten. Für Hemmung, Unterbrechung und Wirkung der Verjährung gelten die Vorschriften des BGB sinngemäß (§ 45 SGB I, § 25 SGB IV, §§ 50 und 52 SGB X, für Ansprüche nach den §§ 102–106 SGB X gilt § 113 SGB X).

11. Steuerlich wird unterschieden zwischen Festsetzungsverjährung und Zahlungsverjährung. Festsetzungsverjährung (§§ 169–171 AO) regelt die Verjährung der noch nicht festgesetzten Steuer. Eine Steuerfestsetzung sowie ihre Aufhebung oder Änderung sind nicht mehr zulässig, wenn die Festsetzungsfrist abgelaufen ist. Diese beträgt bei Zöllen und → Ver-

brauchsteuern, Zinsen und Kosten der Vollstreckung 1 Jahr, bei sonstigen Steuern 4 Jahre, leichtfertig verkürzten Steuern (§ 378 AO) 5 Jahre, hinterzogenen Steuern (§ 370 AO) 10 Jahre. Die Festsetzungsfristen gelten auch für die gesonderte Feststellung von Besteuerungsgrundlagen (Feststellungsfrist). Vgl. § 181 I AO. Sa → Anlaufhemmung § 170 AO; → Ablaufhemmung § 171 AO. Dagegen regelt die Zahlungsverjährung, wann der festgesetzte Zahlungsanspruch verjährt. Gem. § 228 AO beträgt die Verjährungsfrist 5 Jahre. Die Zahlungsverjährung führt zum Erlöschen des Zahlungsanspruchs (§§ 228–232 AO).

Verjährungsbeginn
→ Verjährung (1).

Verjährungsfrist
→ Frist, → Verjährung (4).

Verjährungshemmung
→ Verjährung (6).

Verkäufer
→ Kauf (1).

Verkäuferrückgriff, Verkäuferregress
→ Gewährleistung (2e), → Verbrauchsgüterkauf, → Regress.

Verkauf
→ Kauf.

Verkauf an Sonntagen
ist nach den Ladenöffnungsgesetzen der Länder grundsätzlich untersagt. Hierzu und zu den Ausnahmen s. → Ladenschluss; → Religionsausübung, freie (1). Verstöße gegen das Verbot begründen aber nicht die Nichtigkeit des Kaufvertrags nach § 134 BGB, s. → Gesetzwidrigkeit von Rechtsgeschäften (1).

Verkauf, freihändiger
→ freihändiger Verkauf.

Verkaufskommission
→ Kommission.

Verkaufsräume
(Überwachung) → Lebensmittel.

Verkehr
→ Verkehrsrecht (u. im Folgenden).

Verkehr mit Arzneimitteln
→ Arzneimittel.

Verkehr mit dem Kind
→ Umgangsrecht, → Personensorge, → Ehescheidung (3).

Verkehr mit edlen/unedlen Metallen
→ Edelmetall, → Altmetalle.

Verkehr mit Gefangenen
kann nach § 115 OWiG als unerlaubter Kontakt oder Versuch hierzu mit Geldbuße geahndet werden, wenn ein Außenstehender dem Gefangenen unbefugt Sachen oder Nachrichten übermittelt oder sich von ihm übermitteln lässt oder sich mit dem innerhalb der Vollzugsanstalt befindlichen Gefangenen von außen durch Worte oder Zeichen verständigt. Gefangener iS der Vorschrift ist aber nur ein auf Grund strafgerichtlicher Entscheidung oder nach vorläufiger → Festnahme behördlich (also auch von der Polizei) Verwahrter.

Verkehr mit Grundstücken
→ Grundstücksverkehr (landwirtschaftlicher), → Grundstückskaufvertrag.

Verkehrsampeln
Verkehrsampeln (in der StVO: Lichtzeichenanlagen) geben farbige Lichtzeichen, denen alle → Verkehrsteilnehmer Folge zu leisten haben; sie gehen allgemeinen Verkehrsregeln, zB über die → Vorfahrt, und sonstigen amtlichen → Verkehrszeichen vor, jedoch nicht den Zeichen und Weisungen der Polizeibeamten (§ 37 I StVO, § 36 StVO). Die Bedeutung der Lichtzeichen – Rot, Gelb, Grün, Farbpfeile, Schrägbalken – ergibt sich aus § 37 II, III StVO. Der in der ehem. DDR verwendete Grünpfeil, der im ganzen Bundesgebiet zugelassen ist, erlaubt trotz Lichtzeichen Rot nach den Anhalten das Abbiegen nach rechts, dabei darf aber der Verkehr in der freigegebenen Richtung nicht gefährdet oder behindert werden. Der Grünpfeil kann durch Zusatzzeichen auf den Radverkehr beschränkt werden.

Verkehrsanwalt
Ein Verkehrsanwalt (Korrespondenzanwalt) ist der am Wohnsitz der Partei tätige → Rechtsanwalt, der die Verbindung zwischen dieser und ihrem auswärtigen → Prozessbevollmächtigten vermittelt. Sa → Kostenerstattungsanspruch.

Verkehrsauffassung
Hierunter versteht man die Anschauungen der beteiligten Verkehrskreise. Die Verkehrsauffassung ist insbes. für die Beurteilung eines → unlauteren Wettbewerbs von Bedeutung, etwa für die Frage, ob eine Werbung deshalb als irreführend iSv § 5 Abs. 1 UWG anzusehen ist, weil sie beim umworbenen Verkehrskreis zu einer von der Realität abweichenden Auffassung über zB die Qualität des beworbenen Produkts führt.

Verkehrsbehinderung
→ Behinderung im Straßenverkehr, → Hindernisbereiten.

Verkehrsberuhigter Bereich
ist ein durch → Verkehrszeichen gekennzeichneter Straßenbezirk, in dem Fußgänger die ganze Straßenbreite benutzen, Fahrzeuge aber nur im Schritttempo fahren dürfen (Anl. 3 Nr. 12 zu § 42 II StVO). Die Verkehrsteilnehmer dürfen sich nicht gegenseitig behindern. Parken ist außerhalb der dafür bezeichneten Flächen unzulässig (außer zum Aus- u. Einsteigen, Be- u. Entladen). Sa → Fahrgeschwindigkeit.

Verkehrsdelikte
→ Straßenverkehrsgefährdung, → Transportgefährdung, → Trunkenheit im Verkehr, → Blutalkohol, → Unerlaubtes Entfernen vom Unfallort.

Verkehrseinrichtungen
ist nach § 43 StVO der Sammelbegriff für Schranken (→ Bahnübergänge), Parkuhren und Parkscheinautomaten (→ Parken), → Verkehrsampeln, Absperr- und Leiteinrichtungen u. dgl. Regelungen durch Verkehrseinrichtungen gehen ebenso wie → Verkehrszeichen den allgemeinen → Verkehrsregeln vor.

Verkehrsfähigkeit
→ Sache.

Verkehrsgefährdung
→ Straßenverkehrsgefährdung, → Transportgefährdung.

Verkehrsgeltung
Die Verkehrsgeltung ist eine Größe, die im Markenrecht eine Rolle spielt. Einem Zeichen kommt Verkehrsgeltung zu, wenn ein jedenfalls nicht unerheblicher Teil der angesprochenen Verkehrskreise in dem fraglichen Zeichen einen Hinweis auf die Herkunft der mit diesem Zeichen gekennzeichneten Produkte aus einem bestimmten Unternehmen sieht. Ist dies der Fall, kann Markenschutz an einem Zeichen auch ohne Eintragung entstehen (§ 4 Nr. 2 MarkenG, s. auch → Marken).

Verkehrshaftpflicht
→ Gefährdungshaftung, → Gefälligkeitsfahrt, → Eisenbahnbetriebshaftung, → Straßenverkehrshaftung, → Mitverschulden, → Kraftfahrzeug-Haftpflichtversicherung.

Verkehrshelfer
sind Personen, die auf verkehrsrechtliche Pflichten und ein Verkehrsgeschehen hinweisen (zB Schülerlotsen, Verkehrskadetten). Sie dürfen den Verkehr auf öffentlichen Straßen weder lenken noch anstelle der Polizei regeln. Ein Kraftfahrer begeht keine → Ordnungswidrigkeit, wenn er Hinweisen der Verkehrshelfer nicht folgt.

Verkehrshindernisse
→ Hindernisbereiten, → Behinderung im Straßenverkehr.

Verkehrshypothek
→ Hypothek.

Verkehrskontrolle
Polizeibeamte dürfen Verkehrsteilnehmer zur Verkehrskontrolle einschließlich der Kontrolle der Verkehrstüchtigkeit (→ Alkoholgenuss des Verkehrsteilnehmers, → Drogenfahrt) und zu Verkehrserhebungen anhalten (§ 36 V StVO). Das Nichtbefolgen der Anweisung ist eine → Ordnungswidrigkeit. Beauftragte des → Bundesamts für Güterverkehr können zur Durchführung der Aufgaben gem. § 11 II GüKG im Wege von Stichproben Straßenkontrollen auf Straßen, Autohöfen und an Tankstellen durchführen und dabei auch die Fahrerlaubnis kontrollieren (§ 12 GüKG).

Verkehrslärm
→ Lärmbekämpfung.

Verkehrsopfer-Entschädigung
→ Kraftfahrzeug-Haftpflichtversicherung.

Verkehrsordnungswidrigkeiten
→ Ordnungswidrigkeiten, → Bußgeldverfahren, → Strafverfolgungsverjährung, → Verwarnung bei Ordnungswidrigkeiten.

Verkehrspflicht
→ Verkehrssicherungspflicht.

Verkehrsrecht
Die wichtigsten Bestimmungen des Verkehrsrechts sind in folgenden Rechtsvorschriften (jeweils mÄnd) enthalten:

1. Straßenverkehrsrecht: Straßenverkehrsgesetz (StVG) idF v. 5.3.2003 (BGBl. 2003 I 310), Straßenverkehrs-Ordnung (StVO) v. 6.3.2013 (BGBl. 2013 I 367), Fahrerlaubnis-VO (FeV) v. 13.12.2010 (BGBl. 2010 I 1980), Straßenverkehrs-Zulassungs-Ordnung (StVZO) v. 26.4.2012 (BGBl. 2012 I 679); Fahrzeug-ZulassungsVO (FZV) v. 3.2.2011 (BGBl. 2011 I 139); sa → Straßenverkehrsrecht. S. ferner Internat. Abkommen über Kraftfahrzeugverkehr v. 24.4.1926 (RGBl. 1930 II 1233), Übereinkommen über den Straßenverkehr und die Straßenverkehrszeichen je v. 8.11.1968, Europ. Zusatzabkommen je v. 1.5.1971 zu diesen Übereinkommen und Protokoll v. 1.3.1973 über Straßenmarkierungen (Gesetz v. 21.9.1977, BGBl. 1977 II 809, BGBl. 1979 II 932); BundesfernstraßenG (FStrG) idF v. 28.6.2007 (BGBl. 2007 I 1206); PersonenbeförderungsG (PBefG) idF v. 8.8.1990 (BGBl. 1990 I 1690), GüterkraftverkehrsG (GüKG) v. 22.6.1998 (BGBl. 1998 I 1485); ergänzend: FahrlehrerG (FahrlG) v. 25.8.1969 (BGBl. 1969 I 1336) nebst DVO, AusbildungsO (FahrlAusbO) und PrüfungsO (FahrlPrüfO) sowie Fahrschüler-AusbildungsO (FahrschAusbO) jeweils v. 19.6.2012 (BGBl. 2012 I 1346, 1302, 1307, 1318), KraftfahrsachverständigenG (KfSachVG) v. 22.12.1971 (BGBl. 1971 I 2086) nebst DVO v. 24.5.1972 (BGBl. 1972 I 854).

2. Eisenbahnen, Straßenbahnen: Allg. EisenbahnG (AEG) v. 27.12.1993 (BGBl. 19993 I 2378, 2396); Eisenbahn-VerkehrsO (EVO) idF v. 20.4.1999 (BGBl. 1999 I 782), TriebwagenführerscheinVO (TfV) v. 29.4.2011 (BGBl. 2011 I 705), Eisenbahn-Bau- und BetriebsO (EBO) v. 8.5.1967 (BGBl. 1967 II 1563), EBO für Schmalspurbahnen (ESBO) v. 25.2.1972 (BGBl. 1972 I 269), Straßenbahn-Bau- und BetriebsO (BOStrab) v. 11.12.1987 (BGBl. 1987 I 2648), EisenbahnkreuzungsG idF v. 21.3.1971 (BGBl. 1971 I 337) nebst DVO v. 2.9.1964 (BGBl. 1964 I 711).

3. Luftfahrtrecht: LuftverkehrsG (LuftVG) idF v. 10.5.2007 (BGBl. 2007 I 698), LuftverkehrsO (LuftVO) idF v. 27.3.1999 (BGBl. 1999 I 580), Luftverkehrs-ZulassungsO (LuftVZO) idF v. 10.7.2008 (BGBl. 2008 I 1229), zwischenstaatliche Vereinbarungen über den Luftverkehr, zB mit den USA, Großbritannien und Frankreich (BGBl. 1956 II 403, 1071, 1077), Abkommen über die Internat. Zivilluftfahrt und Vereinbarung über den Durchflug im Intern. Fluglinienverkehr (BGBl. 1956 II 411, 934), Warschauer Abkommen über die Beförderung im Internat. Luftverkehr (BGBl. 1958 II 291, 312; 1964 II 1295). Über Betriebsvorschriften s. → Luftfahrtrecht.

4. Binnenschifffahrt: BundeswasserstraßenG (WaStrG) idF v. 23.5.2007 (BGBl. 2007 I 962), BinnenschifffahrtsstraßenO (BinSchStrO) nebst EinführungsVO v. 8.10.1998 (BGBl. 1998 I 3148); über schiffahrtspolizeiliche Vorschriften s. → Binnenschifffahrt.

5. → Seeschifffahrt s. dort.

6. Verkehrsrecht der Eltern usw mit dem Kind → Umgangsrecht.

Verkehrsregeln, allgemeine, im Straßenverkehr
sind in §§ 1–35 StVO und auch in der FeV enthalten. Sie bestimmen das Verhalten der Teilnehmer am Straßenverkehr. Die Grundregel verlangt ständige Vorsicht und gegenseitige Rücksicht und ein Verhalten, durch das kein anderer geschädigt, gefährdet oder mehr als nach den Umständen unvermeidbar belästigt wird (§ 1 StVO). Die weiteren allgemeinen Verkehrsregeln schreiben das Verhalten für einzelne Bereiche genau vor, zB → Fahrgeschwindigkeit, Recht zur → Vorfahrt. Zeichen und Weisungen von Polizeibeamten, → Verkehrszeichen und → Verkehrseinrichtungen gehen den allgemeinen Verkehrsregeln vor. Verstöße gegen allgemeine Verkehrsregeln stellen → Ordnungswidrigkeiten dar (§ 49 StVO, § 75 FeV).

Verkehrsschutz
→ Gutglaubensschutz.

Verkehrssicherstellungsgesetz
→ Sicherstellungsgesetze.

Verkehrssicherungspflicht
Eine Pflicht, aufgrund derer sich jemand um die Verhinderung von Verletzungen anderer bemühen muss, nennt man eine Verkehrssicherungspflicht, oft auch Verkehrspflicht genannt. Zur dogmatischen Begründung der Entwicklung von Verkehrssicherungspflichten und deren Funktion s. iE → unerlaubte Handlung (1). Verkehrssicherungspflichten bestehen aus verschieden Gründen. Wer einen Verkehr (insbes. Straßenverkehr) eröffnet oder den öffentlichen Verkehr auf dem seiner Verfügung unterstehenden Grundstück duldet, hat die allg. Rechtspflicht, die nötigen Vorkehrungen zum Schutze Dritter zu schaffen, dh für einen verkehrssicheren Zustand zu sorgen. So ist der Verfügungsberechtigte insbes. verpflichtet, Straßen und Wege je nach deren Verkehrsbedeutung in ordnungsgemäßem Zustand zu erhalten, zu beleuchten, bei Glatteis in zumutbarem Umfang zu streuen, uU Geländer anzubringen, Baustellen ordnungsgemäß abzusichern, die mit Erfüllung der Verkehrssicherungspflichten Beauftragten laufend zu beaufsichtigen usw. Ähnliche Verpflichtungen gelten für die Eröffnung eines Verkehrs in Gebäuden (zB Mietshaus, Kaufhaus, Restaurant). Auch die Herrschaft über gefährliche Sachen kann Verkehrssicherungspflichten begründen. Ebenso können sich aus der Ausübung eines Berufs oder eines Gewerbes Verkehrssicherungspflichten ergeben. Wird die Verkehrssicherungspflichten verletzt, so haftet der Verfügungsberechtigte aus → unerlaubter Handlung (insbes. § 823 I BGB). Die Vorschriften über die Verkehrssicherungspflichten gelten auch für öffentlich-rechtliche Körperschaften, insbes. für Staat und Gemeinden (zB bei Verstoß gegen die Streupflicht). Soweit diese jedoch, wie häufig in diesem Zusammenhang, hoheitlich handeln (etwa bei Verletzung der Straßenbaulast oder durch Nichtaufstellen von Verkehrszeichen), haften sie für Schäden nach den Bestimmungen über die → Staatshaftung. Zur Verkehrssicherungspflicht zwecks Verhütung von Ski- oder Bergunfällen sowie bei Liftanlagen s. → Sportverletzungen, → Wintersport.

Verkehrssitte
Das → Recht ist oftmals – insbes. in früheren Zeiten – aus der Sitte, dh aus der herrschenden Anschauung der betroffenen gesellschaftlichen Kreise entstanden. Die Verkehrssitte, dh die Anschauung und tatsächliche Übung der Beteiligten, ist aber – im Gegensatz zum → Gewohnheitsrecht – keine Rechtsnorm; sie ist jedoch bei der → Auslegung von Verträgen (§ 157 BGB) und bei der Bestimmung des Inhalts eines Schuldverhältnisses nach → Treu und Glauben (§ 242 BGB) zu berücksichtigen. Besondere Bedeutung hat die Verkehrssitte im Handelsrecht (→ Handelsbrauch).

Verkehrsstrafrecht
→ Straßenverkehrsgefährdung, → Transportgefährdung, → Trunkenheit im Verkehr, → Blutalkohol, → Unerlaubtes Entfernen vom Unfallort.

Verkehrssünderdatei
→ Fahreignungsregister.

Verkehrsteilnehmer
Nach § 1 II StVO haben alle Teilnehmer am öffentlichen Straßenverkehr sich so zu verhalten, dass andere nicht gefährdet, geschädigt oder mehr, als nach den Umständen unvermeidlich, behindert oder belästigt werden. Verkehrsteilnehmer iS des § 1 StVO ist nicht jeder, der sich auf öffentlicher Straße bewegt, sondern nur, wer aktiv auf einen Verkehrsvorgang einwirkt; er ist deshalb dafür auch zivil- und strafrechtlich verantwortlich. Zu den Verkehrsteilnehmern gehören Fuß-

gänger, Radfahrer, Reiter, Führer von Kraft- oder anderen Fahrzeugen, aber nicht der rein passive Mitfahrer, zB der Fahrgast im Pkw. oder Omnibus; anders wenn er als → Halter des Kfz, → Soziusfahrer oder → Beifahrer auf die Tätigkeit des Fahrers unmittelbar einwirkt, sei es durch Weisungen oder unterstützend. Verkehrsteilnehmer ist der Fußgänger schon mit Betreten des Gehwegs, der Radfahrer oder Fahrzeugführer mit Inbetriebsetzen des Fz., aber uU auch schon vorher, wenn er zu diesem Zweck das Fahrwerk betätigt.

Verkehrsteuern
(Rechtsverkehrsteuern) knüpfen an die Vornahme eines Rechtsgeschäfts oder an Vorgänge des Wirtschaftsverkehrs an. Im Gegensatz zu den → Besitzsteuern kennen die Verkehrsteuern keine persönliche Steuerpflicht, sondern nur steuerbare Vorgänge. Verkehrsteuern sind ua → Feuerschutz-, → Grunderwerb-, → Kraftfahrzeug-, → Rennwett- und Lotterie-, → Umsatz-, → Versicherungsteuer.

Verkehrstypische Verträge
→ Vertrag (2).

Verkehrsüberwachung
Zuständige Behörde zur Überwachung des Straßenverkehrs auf Verkehrsverstöße ist grundsätzlich die Polizei (§ 26 I 1 StVG). Zur Überwachung der → Fahrgeschwindigkeit und des → Parkens sind aber nach Landesrecht teilweise auch Gemeinden für zuständig erklärt worden (so zB in Bayern § 88 III ZuständigkeitsVO v. 16.6.2015, GVBl. 2015, 184). Übertragung der Verkehrsüberwachung auf Private, die über technische Verwaltungshilfe hinausgeht, zur Feststellung von Verkehrsverstößen, ist unzulässig.

Verkehrsunfall
Nach einem Verkehrsunfall muss jeder, dessen Verhalten möglicherweise zu dem Unfall beigetragen hat, am Unfallort verbleiben und sich über die Unfallfolgen vergewissern. Er hat ferner – besonders als Fahrzeugführer – den Verkehr zu sichern, Verletzten zu helfen (→ Hilfeleistung, unterlassene) sowie anderen Unfallbeteiligten und Geschädigten Angaben über seine Beteiligung zu machen und ihnen auf Verlangen Namen und Anschrift bekanntzugeben sowie Führer- und Fahrzeugschein vorzuweisen. Ferner trifft ihn eine Wartepflicht, bis andere Beteiligte oder Geschädigte die nötigen Feststellungen treffen können. Wer sich nach angemessener Zeit oder aus berechtigten Gründen, etwa um sich selbst oder einen anderen Verletzten ärztlich versorgen zu lassen, entfernt hat, muss am Unfallort Namen und Anschrift hinterlassen; ferner muss er nachträgliche Feststellungen durch Meldung entweder bei den anderen Beteiligten oder Geschädigten oder bei einer nahegelegenen Polizeidienststelle ermöglichen. Unfallspuren dürfen nicht beseitigt werden, bevor die nötigen Feststellungen getroffen sind (vgl. § 34 StVO und über Zuwiderhandlungen § 49 I Nr. 29 StVO). S. ferner → unerlaubtes Entfernen vom Unfallort. Über die zivilrechtliche Haftung → Straßenverkehrshaftung, → Deliktsfähigkeit (1).

Verkehrsunternehmensdatei
Das → Bundesamt für Logistik und Mobilität führt die Verkehrsunternehmensdatei über alle im Inland niedergelassenen Unternehmen des gewerblichen → Güterkraftverkehrs und des gewerblichen Personenverkehrs mit Kraftomnibussen (→ Personenbeförderung), um unmittelbar feststellen zu können, über welche Berechtigungen und Genehmigungen die Unternehmer verfügen (§ 15 GüKG, § 54c PBefG). Die Einzelheiten regelt die Verkehrsunternehmensdatei-Durchführungsverordnung (VUDat-DV) v. 21.12.2011 (BGBl. 2011 I 3126 mÄnd).

Verkehrsunterricht
Die → Straßenverkehrsbehörde kann jeden, der gegen Verkehrsvorschriften verstoßen hat – also auch Fußgänger und Radfahrer –, zur Teilnahme am Verkehrsunterricht vorladen lassen (§ 48 StVO). Auch → Halter eines Fz. oder Jugendliche ab 14 Jahren können hiervon betroffen werden. Gegen die Anordnung, die keine Strafe, sondern eine Verkehrserziehungsmaßnahme ist und die daher keinen schuldhaften Verstoß voraussetzt, sind die Rechtsbehelfe des Verwaltungsrechtsweges gegeben. Zuwiderhandlung gegen die Pflicht zur Teilnahme am Verkehrsunterricht ist → Ordnungswidrigkeit (§ 49 IV Nr. 6 StVO, § 24 StVG). Die Teilnahme am Verkehrsunterricht kann auch im Strafverfahren vom Gericht als Bewährungsauflage bei → Strafaussetzung zur Bewährung, gegen Jugendliche und Heranwachsende nach Jugendstrafrecht als → Weisung angeordnet werden (§ 56c StGB, § 10 I 3 Nr. 9 JGG). Sa → Nachschulung.

Verkehrsverbot
bei Überschreitung von bestimmten Immissionswerten → Fahrverbot, → Luftreinhaltung.

Verkehrswegeplanungsbeschleunigungsgesetz
Im → Beitrittsgebiet einschließlich des gesamten Landes → Berlin galten für die Planung des Baus und der Änderung von → Eisenbahnen, → Bundesfernstraßen, → Bundeswasserstraßen, Verkehrsflughäfen (→ Flugplätze) und Straßenbahnen bis 17.12.2006 vereinfachte Vorschriften. Bei Eisenbahnen, Bundesfernstraßen und Bundeswasserstraßen galt die Privilegierung ferner über das oben genannte Gebiet hinaus bis zum nächsten Knotenpunkt des Hauptverkehrsnetzes des übrigen Bundesgebietes. Sämtliche Streitigkeiten über Planfeststellungsverfahren und Plangenehmigungsverfahren bei Vorhaben nach dem Verkehrswegeplanungsbeschleunigungsgesetz wurden vom BVerwG in erster und letzter Instanz entschieden. Anfechtungsklagen hatten grundsätzlich keine aufschiebende Wirkung.

Verkehrswert von Grundstücken
→ Grundstückswerte.

Verkehrszeichen
sind nur dort aufzustellen, wo dies auf Grund der besonderen Umstände zwingend geboten ist. Verkehrszeichen können Gefahrzeichen, Vorschriftzeichen oder Richtzeichen sein (§§ 39 ff. StVO), auch in Form von Zusatzzeichen, die auf weißem Grund schwarze Sinnbilder, Zeichnungen oder Aufschriften zeigen, oder Markierungen. Sie gehen ebenso wie Lichtzeichen (→ Verkehrsampeln) und → Verkehrseinrichtungen den allg. → Verkehrsregeln vor. Sie können ortsfest oder auf einem (auch sich bewegenden) Fz. angebracht sein. Schriftzeichen und die Wiedergabe von Verkehrszeichen auf der Fahrbahn dienen nur dem Hinweis auf Verkehrszeichen Gebots- oder Verbotszeichen (Vorschriftzeichen) sind Verwaltungsakte in Form der → Allgemeinverfügung, die mit der Bekanntgabe durch sichtbares Aufstellen gegenüber dem Verkehrsteilnehmer wirksam werden (zB Radweg, Sperrung für Kfz, Parkverbot, Geschwindigkeitsbegrenzung). Dazu gehört beim Park- oder Haltverbot auch der Halter eines bereits vorher abgestellten Kfz. Ihre Bindungswirkung hängt davon ab, dass sie den Zeichen in Anl. 2 zu § 41 StVO entsprechen. Gefahrzeichen weisen die Verkehrsteilnehmer auf Gefahrenstellen hin, zB auf Schleudergefahr, Wildwechsel; über Warnkreuze → Bahnübergänge (§ 40 StVO mit Anl. 1). Richtzeichen geben besondere Hinweise zur Erleichterung des Verkehrs; sie können auch Anordnungen enthalten (§ 42 StVO mit Anl. 3). Zuwiderhandlungen gegen Gebots- oder Verbotszeichen und bestimmte Richtzeichen sind → Ordnungswidrigkeiten (§ 24 StVG; § 49 StVO). Zeichen und Weisungen von Polizeibeamten gehen den Verkehrszeichen vor. Die Anordnung, Verkehrszeichen anzubringen, obliegt der Verkehrsbehörde, sonst der Straßenbaubehörde. Anbringen und Unterhalten der Verkehrszeichen ist Sache des Trägers der → Straßenbaulast (über Ausnahmen → Baustellen); Besitzer von Grundstücken oder Baulichkeiten müssen das Anbringen – uU gegen Entschädigung – dulden, wenn es aus polizeilichen oder technischen Gründen auf der Straße nicht möglich ist (§ 5b VI StVG). Einrichtungen, die den Verkehrszeichen ähnlich sehen, dürfen an öffentlichen Straßen nicht angebracht werden; Werbung und Propaganda in Verbindung mit Verkehrszeichen ist nicht zulässig (§ 33 II StVO).

Verkehrszentralregister
→ Fahreignungsregister.

Verklarung
Verklarung wird im → Seehandelsrecht das zur → freiwilligen Gerichtsbarkeit gehörende Verfahren zur Feststellung von Ursache und Folgen eines Schiffsunfalles genannt, der sich während einer Seereise ereignet. Hierzu hat der Schiffskapitän den Verklarungsbericht abzufassen, der alle erheblichen Begebenheiten der Reise enthält, insbes. einen vollständigen Bericht der erlittenen Unfälle und alle in Bezug darauf ergriffenen Maßnahmen.

Verkörperungen
Als Verkörperungen werden in § 11 III StGB eine Gruppe von Medien bezeichnet, die sog. → Inhalte enthalten können, welche ihrerseits in verschiedenen Straf- und Ordnungswidrigkeitentatbeständen (→ Inhaltsdelikte) kraft Verweises auf § 11 III StGB als Tatobjekte oder Tatmittel fungieren. Der Terminus trat mit der Reform durch das 60. StRÄndG (BGBl. 2020 I 2600) an die Stelle des inhaltsgleichen Begriffs der „Darstellungen" (s. BT-Drs. 19/19859, 25). Er fungiert in § 11 III StGB als Oberbegriff für alle körperlichen Gebilde, die sinnlich wahrnehmbar einen gedanklichen Inhalt vermitteln, wobei die Vergegenständlichung zumindest grundsätzlich von gewisser Dauer sein muss. Als Beispiele sind dort → Schriften, Ton- und Bildträger, Datenspeicher und Abbildungen genannt. Inwieweit als Verkörperung auch Daten erfasst werden, die lediglich in den Arbeitsspeicher eines Rechners gelangt sind, ist umstritten (s. BGHSt 47, 55). Jedoch hat diese Frage an Bedeutung verloren, seit mit Einführung des Inhaltsbegriffs in § 11 III StGB auch solche Inhalte erfasst werden, die „unabhängig von einer Speicherung mittels Informations- oder Kommunikationstechnik übertragen werden". Im Recht der → Einziehung im Strafverfahren bzw. der → Unbrauchbarmachung (insbes. § 74d StGB) wird nun statt auf „Schriften" auf „Verkörperungen eines Inhalts" abgestellt. Inhalte, die lediglich per Livestream übermittelt wurden oder sich beim Täter nur flüchtig im Arbeitsspeicher befanden, sind daher kein tauglicher Gegenstand einer Einziehung.

Verkündung von gerichtlichen Entscheidungen
→ Urteil.

Verkündung von Rechtsvorschriften
1. Die Verkündung von → Rechtsvorschriften ist deren Bekanntgabe in der durch Verfassung, Gesetz oder sonstige Bestimmungen vorgeschriebenen Form; sie ist Voraussetzung ihrer Wirksamkeit.

2. Die Verkündung von Gesetzen bildet den letzten Akt des → Gesetzgebungsverfahrens. Bundesgesetze und Rechtsverordnungen des Bundes werden im → Bundesgesetzblatt (BGBl.) veröffentlicht (Art. 82 GG), Landesgesetze und Rechtsverordnungen der → Länder – je nach Land – in den Gesetzblättern (GBl.) oder Gesetz- und Verordnungsblättern (GVBl.) der Länder, im Saarland im Amtsblatt (ABl.). Verkündungsblatt der → Europäischen Union (EU) ist das → Amtsblatt der Europäischen Union (ABl.). Die Verkündung sonstiger Rechtsvorschriften, insbes. kommunaler → Satzungen, ist landesrechtlich

geregelt. Meist ist auch hier die Veröffentlichung in einem Amtsblatt oder einem sonstigen Publikationsorgan vorgesehen; doch genügt uU eine ortsübliche Bekanntgabe (zB Anschlag an der Gemeindetafel). Zur Klarstellung und Bereinigung erscheinen amtliche Sammlungen von Rechtsvorschriften (zB die → Sammlung des Bundesrechts).

3. Traditionell erfolgte die Verkündung von Rechtsvorschriften durch den Abdruck in gedruckten Ausgaben des jeweiligen Verkündungsblattes. Die allein verbindliche Verkündung von Rechtsvorschriften der Europäischen Union (s.→ Amtsblatt der Europäischen Union) und der Gesetze und Verordnungen des Bundes (s. → Bundesgesetzblatt) sowie einiger Länder (zB Bremen) erfolgt inzwischen digital. Auch soweit die verbindliche Verkündung noch in gedruckter Form erfolgt, sind die Ausgaben des jeweiligen Verkündigungsblattes idR auch digital verfügbar.

Verkündungstermin
→ Urteil.

Verlängerter Eigentumsvorbehalt
→ Eigentumsvorbehalt (3).

Verlängerung der Dienstzeit
(Beamte) → Altersgrenze, (Soldaten) → Wehrdienst.

Verlaggeber
ist, wer im eigenen Namen mit dem Verleger einen → Verlagsvertrag schließt. Wenn dies der Urheber des zu verlegenden Werks ist, wird er im Verlagsrecht als Verfasser bezeichnet; ist er das nicht, so ist die Bezeichnung als Verlaggeber gebräuchlich (§ 48 VerlG).

Verlagsrecht
Das Verlagsrecht ist das ausschließliche Recht, ein Werk der Literatur oder Tonkunst zu vervielfältigen und zu verbreiten (§ 8 VerlG). Es korrespondiert mit den entsprechenden → Verwertungsrechten des Urhebers von Sprach- und Musikwerken (→ Urheberrecht). Das Verlagsrecht entsteht mit der Ablieferung des Werkes an den Verleger und erlischt mit der Beendigung des Rechtsverhältnisses aus dem → Verlagsvertrag (§ 9 VerlG). Das Verlagsrecht ist ein absolutes Recht sowie ein sonstiges Recht iSd § 823 Abs. 1 BGB und gibt dem Verleger auch die Befugnisse des Urhebers gegen rechtswidrige Verletzungen des Urheberrechts (§ 9 Abs. 2 VerlG). Das Verlagsrecht kann durch Abtretungsvertrag gemäß §§ 413, 398 BGB übertragen werden.

Verlagsvertrag
Der Verlagsvertrag ist ein schuldrechtlicher → gegenseitiger Vertrag zwischen dem Urheber eines Werks der Literatur oder Tonkunst (Verfasser) und einem Verleger. Er verpflichtet den Verfasser, dem Verleger das Recht zur ausschließlichen Vervielfältigung und Verbreitung des Werks für eigene Rechnung (→ Verlagsrecht) zu überlassen und dazu das Werk in druckreifem Zustand abzuliefern (§ 10 VerlG); das → Vervielfältigungs- und → Verbreitungsrecht für Übersetzungen und ähnliche Bearbeitungen verbleibt beim Verfasser (§ 2 VerlG). Der Verleger ist verpflichtet, das Werk zu vervielfältigen und zu verbreiten (§ 1 VerlG; anders beim → Bestellvertrag) und dem Urheber die vereinbarte, andernfalls eine angemessene Vergütung zu zahlen (§ 22 VerlG) sowie dem Verfasser Freiexemplare (§ 25 VerlG) und weitere Exemplare zum Vorzugspreis (Buchhändlernettopreis) zu überlassen (§ 26 VerlG). Ist nichts anderes vereinbart, so ist der Verleger nur zu einer Auflage berechtigt (§ 5 Abs. 1 S. 1 VerlG). Seine Rechte aus dem Verlagsvertrag kann er grds. nur mit Zustimmung des Verfassers – die nicht treuwidrig verweigert werden darf – übertragen; bei Sammelwerken genügt die Zustimmung des Urhebers des Sammelwerks (§ 34 UrhG). Sonderregeln bestehen für den Verlagsvertrag über Beiträge zu periodischen Druckschriften (Zeitungen, Zeitschriften) und → Sammelwerken (§§ 41–46 VerlG). Aus dem Verlagsvertrag entsteht das Verlagsverhältnis; es wird beendet durch Zeitablauf, vorzeitigen Tod des Verfassers, zufälligen Untergang des Werkes, Rücktritt des Verlegers (wegen nicht rechtzeitiger Ablieferung oder nicht vertragsgemäßer Beschaffenheit des Werks) oder des Autors (wegen Verletzung der Verlegerpflichten oder wegen veränderter Umstände), ferner durch → Kündigung (insbes. aus wichtigem Grund analog § 626 BGB).

Verlassen eines Fahrzeugs
jeder Art auf öffentlicher Straße verpflichtet zu Maßnahmen, um Unfälle und Verkehrsstörungen zu vermeiden (§ 14 StVO), insbes. das Abrollen auf abschüssiger Straße oder das selbständige Ingangkommen des Kfz. Wegen Sicherung bei Dunkelheit → Beleuchtung. Kraftfahrzeuge sind außerdem gegen unbefugte Benutzung zu sichern. Dazu müssen Pkw, Lkw und Zugmaschinen bis zu 3,5t zulässigem Gesamtgewicht sowie Krafträder, ausgenommen Kleinkrafträder und Fahrräder mit Hilfsmotor, mit einer Sicherungseinrichtung ausgerüstet sein, Pkw zusätzlich mit einer Wegfahrsperre (§ 38a StVZO). Abziehen des Zündschlüssels und Abschließen der Tür allein genügen also nicht. Vielmehr ist noch die Sicherungseinrichtung zu betätigen. Verstößt der Fahrer gegen diese Vorschriften, begeht er eine → Ordnungswidrigkeit (§ 49 I Nr. 14 StVO, § 69a III Nr. 10 StVZO, § 24 StVG) und kann nach § 823 BGB neben einem Schwarzfahrer für den von diesem angerichteten Unfallschaden verantwortlich sein. Den Halter des Kfz trifft bei Verstoß dieselbe Folge (§ 7 III 1 StVG); außerdem kann er den Schutz der → Kraftfahrzeug-Haftpflichtversicherung verlieren (§ 82 VVG).

Verlassen in hilfloser Lage
→ Aussetzung Hilfloser.

Verleger
Verleger (oder auch Verlagnehmer) ist derjenige, der aufgrund eines → Verlagsvertrags das vertragsgegenständliche Werk zur Vervielfältigung und Verbreitung auf eigene Rechnung in Verlag nimmt (s. auch → Verlaggeber).

Verlegung
Verlegung einer Sitzung → Vertagung.

Verleihung
Verleihung ist eine – begrifflich nicht scharf abgegrenzte – öffentlich-rechtliche → Erlaubnis, die nicht nur einen verwaltungsrechtlichen Besitzstand, sondern ein → subjektives öffentliches Recht begründet. Verleihungen werden idR in einem förmlichen Verfahren erteilt und dürfen grds. nur gegen Entschädigung beschränkt oder zurückgenommen werden. Sa → Sondernutzung. Die Verleihung ist von der Beleihung zu unterscheiden (→ beliehene Unternehmer). Im Zivilrecht → Leihe.

Verleiten
zu einer Straftat, einem rechtswidrigen oder sonstigen Handeln ist eine Art des Bestimmens zur Tat iS der → Anstiftung, wobei die Art des angewandten Mittels ohne Bedeutung ist. Das Strafrecht kennt mehrere Straftatbestände, mit denen das Verleiten eines anderen zu einer bestimmten Tat zu einer täterschaftlich zu begehenden Straftat verselbständigt wird, weil es als strafwürdig anzusehen ist, aber durch die allgemeinen Regeln der Anstiftung nicht erfasst wird. Zum Teil handelt es sich um Konstellationen, in denen das Handeln des „Haupttäters" nicht unter Strafe steht, zB bei § 120 StGB (→ Gefangenenbefreiung) und § 323b StGB (Gefährdung einer Entziehungskur). In anderen Konstellationen ist der „Haupttäter" mangels Vorsatzes nicht strafbar, weil der Verleitende bei ihm gezielt einen Irrtum hervorruft, während eine Bestrafung des Verleitenden nach den Regeln der → mittelbaren Täterschaft ausscheidet, weil es sich um eigenhändige Delikte handelt (s. § 160 StGB, Verleiten zur → falsche uneidliche Aussage bzw. zur falschen Versicherung an Eides statt), oder weil der Verleitende bei einem Sonderdelikt das erforderliche persönliche Merkmal nicht erfüllt (so bei § 271 StGB iVm § 348 StGB, → mittelbare Falschbeurkundung, wobei hier der Begriff des „Bewirkens" ohne sachlichen Unterschied an die Stelle des „Verleitens" tritt). Lediglich der Erweiterung und Verschärfung gegenüber den Regeln der Anstiftung aufgrund einer Stellung des Verleitenden als Vorgesetzter dienen § 357 StGB (→ Konnivenz) sowie §§ 33, 34 WStG (→ Gehorsamspflicht).

Verletztengeld
wird in der gesetzlichen → Unfallversicherung erbracht, wenn der Versicherte infolge eines → Arbeitsunfalls oder einer → Berufskrankheit arbeitsunfähig ist oder wegen einer → Heilbehandlung oder einer → Leistung zur Teilhabe am Arbeitsleben eine ganztägige Erwerbstätigkeit nicht ausüben kann und unmittelbar vor Beginn der Arbeitsunfähigkeit oder der → Heilbehandlung Anspruch auf → Arbeitsentgelt, → Arbeitseinkommen, → Krankengeld, Verletztengeld, Versorgungskrankengeld, Übergangsgeld, → Unterhaltsgeld, Kurzarbeitergeld (→ Kurzarbeit), → Arbeitslosengeld oder → Mutterschaftsgeld hatte. Berechnet wird das Verletztengeld ähnlich wie das → Krankengeld (§§ 45 ff. SGB VII, dort wird ausdrücklich auf die Berechnung des Krankengeldes nach dem SGB V verwiesen). Es beginnt mit dem 1. Tag der → Arbeitsunfähigkeit oder dem Tag des Beginns einer Heilbehandlungsmaßnahme, die den Versicherten an der Ausübung seiner Beschäftigung ganztägig hindert. Das Verletztengeld endet mit dem letzten Tag der → Arbeitsunfähigkeit oder dem Ende der Heilbehandlungsmaßnahme. Besteht ein Anspruch auf → Übergangsgeld, endet das Verletztengeld am Tag vor dem Beginn des → Übergangsgeld(bezugs). Es endet auch mit Ablauf der 78. Woche nach Beginn der → Arbeitsunfähigkeit, aber nicht vor dem Ende einer stationären Behandlung (§ 46 SGB VII).

Verletztenrente
wird in der → Unfallversicherung als Entschädigung für den Verlust oder eine wenigstens 20 vH betragende Minderung der Erwerbsfähigkeit durch → Arbeitsunfall oder → Berufskrankheit gezahlt. Dabei sind Nachteile zu berücksichtigen, die der Verletzte erleidet, weil er bestimmte besondere berufliche Kenntnisse und Erfahrungen nicht mehr oder nur vermindert nutzen kann, soweit sie nicht durch andere Fähigkeiten, deren Nutzung zumutbar ist, ausgeglichen werden. Ein Schwerverletzter (sa → schwerbehinderte Menschen), der infolge des Versicherungsfalles nicht mehr erwerbstätig sein kann und keine Rente aus der → Rentenversicherung bezieht, erhält eine Schwerverletztenzulage von 10 vH der Verletztenrente. Die Verletztenrente wird nur gewährt, wenn die Beeinträchtigung der Erwerbsfähigkeit länger als 26 Wochen nach dem Versicherungsfall andauert. Die → Vollrente bei völliger Erwerbsunfähigkeit beträgt $^{2}/_{3}$ des → Jahresarbeitsverdienstes. Bei Minderung der Erwerbsfähigkeit wird eine entsprechende → Teilrente gezahlt (zB bei einer MdE von 30 vH eine Teilrente von 30 vH der Vollrente). Die Rechtsgrundlage findet sich in den §§ 56 ff. SGB VII. Eine Abfindung der Verletztenrente ist möglich. Der Bezug einer Verletztenrente führt nicht zwangsläufig zur Zahlung einer → Rente wegen Erwerbsminderung aus der gesetzlichen → Rentenversicherung.

Verletzter, Rechtsstellung im Strafprozess
1. Als Verletzten iSd Strafverfahrensrecht sieht die StPO denjenigen an, der durch die Tat, ihre Begehung unterstellt oder rechtskräftig festgestellt, in seinen Rechtsgütern unmittelbar beeinträchtigt worden ist oder unmittelbar einen

Schaden erlitten hat (§ 373b I StPO). Einem Verletzten, dessen Tod eine direkte Folge der - unterstellten - Tat wäre, sind zudem gleichgestellt sein Ehegatte oder Lebenspartner, ein in einem gemeinsamen Haushalt lebender Lebensgefährte, Verwandte in gerader Linie, Geschwister und Unterhaltsberechtigte (§ 373b II StPO). Die Legaldefinition des Verletzten geht zurück auf Art. 2 der Richtlinie 2012/29/EU v. 25.10.2012 (EU-Opferschutzrichtlinie). Sie bringt zum Ausdruck, dass dem Verletztenbegriff nicht mehr als eine Arbeitshypothese zugrunde liegt, die nur bestimmte prozessuale Beteiligungsmöglichkeiten begründet, so wie auch dem Status des → Beschuldigten nur ein → Tatverdacht zugrunde liegt, was zudem durch die → Unschuldsvermutung flankiert wird. Ob der Beschuldigte wirklich eine Straftat begangen hat und der „Verletzte" durch sie zu Schaden gekommen ist, muss im Strafverfahren ja erst geklärt werden.

2. Grundlagen dafür, dass Verletzte im Strafverfahren den erforderlichen Schutz erhalten und ihre Rechte wahrnehmen können, enthalten die §§ 406e-406g StPO: Für den Verletzten kann bei berechtigtem Interesse ein Rechtsanwalt die Akten einsehen, wenn nicht schutzwürdige Interessen anderer entgegenstehen oder dadurch der Untersuchungszweck gefährdet oder das Verfahren erheblich verzögert wird; unter diesen Voraussetzungen können dem Verletzten selbst Auskünfte und Abschriften aus den Akten erteilt werden (§ 406e StPO). Der Verletzte kann sich durch einen Anwalt vertreten lassen; diesem ist bei der Vernehmung des Verletzten durch StA oder Gericht die Anwesenheit gestattet, er kann Fragen beanstanden und im Einverständnis mit dem Verletzten Ausschluss der Öffentlichkeit beantragen. Bei der Vernehmung als Zeuge ist auf Antrag des Verletzten einer Person seines Vertrauens (→ Vertrauensperson) die Anwesenheit zu gestatten (§ 406 f StPO). Zudem kann sich der Verletzte eines psychosozialen Prozessbegleiters bedienen (§ 406g StPO, → Opferschutz).

3. Der Verletzte hat verschiedene Möglichkeiten, auf Durchführung eines Strafverfahrens hinzuwirken und/oder sich aktiv an diesem zu beteiligen. Wird das → Ermittlungsverfahren eingestellt, so stehen ihm, wenn er Strafverfolgung beantragt hatte, der Beschwerdeweg und das → Anklageerzwingungsverfahren (§§ 172 ff. StPO) offen. Handelt es sich um ein Delikt, das im Wege der → Privatklage (§§ 374–394 StPO) verfolgt werden kann, so kann er diese erheben, wenn die StA die Strafverfolgung mangels öffentlichen Interesses nicht übernimmt. Erhebt sie dagegen Anklage (→ Anklageerhebung und -zulassung), so kann sich der Verletzte unter den Voraussetzungen des § 395 StPO dem Verfahren als Nebenkläger (→ Nebenklage, §§ 395–402 StPO) anschließen, also insbes. wenn es sich um ein Nebenklagedelikt handelt oder wenn er das → Anklageerzwingungsverfahren erfolgreich betrieben hat. Er kann dann an der Hauptverhandlung teilnehmen, dies auch schon als Nebenklageberechtigter, Anträge stellen und in beschränktem Umfang Rechtsmittel unabhängig vom StA einlegen. Schon vor Erhebung der Anklage kann sich der zur Nebenklage berechtigte Verletzte des Beistandes eines Anwalts bedienen, auch wenn ein Anschluss als Nebenkläger nicht erklärt wird. Dieser kann an der Hauptverhandlung und an richterlichen Vernehmungen oder Augenscheinseinnahmen teilnehmen. Auf Antrag kann einem solchen Verletzten bei Eilbedürftigkeit unter den Voraussetzungen der → Prozesskostenhilfe ein Rechtsanwalt als Beistand beigeordnet werden, wenn dies aus besonderen Gründen geboten ist (bei nebenklagefähigen → Sexualstraftaten auch ohne solche; § 406g IV StPO). Neben oder an der Stelle des Verletzten können andere Personen klageberechtigt sein (§ 374 II StPO, § 395 II StPO).

4. Ferner kann der Verletzte im → Adhäsionsverfahren (§§ 403–406c StPO) innerhalb eines Strafprozesses Entschädigungsansprüche geltend machen, anstatt den Zivilprozessweg zu beschreiten. Bewegliche Sachen, die dem Verletzten durch eine Straftat entzogen worden sind, müssen ihm, soweit nicht Ansprüche Dritter entgegenstehen, möglichst frühzeitig zurückgegeben werden (§ 111n II StPO). Über die zur → Einziehung erfolgte → Beschlagnahme eines Vermögensstücks oder einen hierzu angeordneten Vermögensarrest ist der Verletzte zu informieren (§ 111l I StPO).

5. In der Hauptverhandlung kann zum Schutz des Verletzten die Öffentlichkeit ausgeschlossen (§§ 171b, 172 Nr. 1a GVG), andererseits soll ihm bei Ausschluss der Öffentlichkeit der Zutritt gestattet werden (§ 175 II 2 GVG). Wird er als Zeuge vernommen, so bestehen bei besonderer Gefährdung oder Schutzbedürftigkeit die Möglichkeiten des → Zeugenschutzes. Sa → Opferschutz.

6. Über seine Befugnisse innerhalb und außerhalb des Strafverfahrens ist der Verletzte möglichst frühzeitig, regelmäßig schriftlich und soweit möglich in einer für ihn verständlichen Sprache zu unterrichten (§§ 406i-406k StPO), ebenso seine Angehörige und Erben, soweit diesen entsprechende Befugnisse zustehen (§ 406l StPO). Dem Verletzten stehen zudem Rechte auf Auskunft über den Stand und den Ausgang des gerichtlichen Verfahrens zu (§ 406d I StPO). Auf Antrag ist ihm außerdem ua mitzuteilen, ob dem Verurteilten ein Kontaktverbot ihm gegenüber erteilt wurde und ob freiheitsentziehende Maßnahmen gegen den Beschuldigten oder den Verurteilten angeordnet oder beendet wurden oder ob erstmalig Vollzugslockerungen oder Urlaub gewährt werden (§ 406d II StPO).

Verletzung vertraglicher Pflichten
→ Pflichtverletzung, → Schadensersatz, → Verschulden beim Vertragsschluss.

Verletzung von Grundrechten
→ Grundrechte (9).

Verletzungsdelikt
ist der strafrechtliche Gegenbegriff zum → Gefährdungsdelikt; s. dort.

Verleumdung
(§ 187 StGB) → Beleidigung (2c).

Verlobung
→ Verlöbnis.

Verlobungsgeschenke
→ Verlöbnis.

Verlöbnis
Das Verlöbnis ist nach hM ein → Vertrag (deshalb Geschäftsfähigkeit, bei Minderjährigen zur wirksamen Begründung Einwilligung der gesetzlichen Vertreter erforderlich), durch den sich Mann und Frau versprechen, die → Ehe miteinander einzugehen. Unter Verlöbnis wird allerdings auch das dadurch begründete Gemeinschaftsverhältnis (Brautstand) verstanden. Ein Verlöbnis mit einem bereits oder noch Verheirateten ist regelmäßig wegen → Sittenwidrigkeit nichtig. Der Abschluss des Verlöbnisses bedarf keiner besonderen Form (zB Ringwechsel, öffentliche Bekanntmachung); ausreichend, aber auch zur Abgrenzung von einem bloßen Liebesverhältnis erforderlich ist das ernstlich gemeinte Eheversprechen (sonst Nichtigkeit wegen Scheins, § 117 BGB).

Das Verlöbnis begründet eine Verpflichtung zur Eingehung der Ehe, die aber weder eingeklagt oder vollstreckt noch mittelbar, – etwa durch eine → Vertragsstrafe – erzwungen werden kann (§ 1297 BGB, § 120 III FamFG); diese Verpflichtung ist jedoch beim Rücktritt vom Verlöbnis (s. u.) von Bedeutung. Ein wirksames Verlöbnis verschafft dem Verlobten zwar keinen → Unterhaltsanspruch und kein → Erbrecht, wohl aber ein → Zeugnisverweigerungsrecht, die privilegierte Stellung eines → Angehörigen im Strafrecht, die Möglichkeit, einen → Ehevertrag abzuschließen, Erleichterungen beim → Erbvertrag ua. Für → Kinder von Verlobten gelten keine Besonderheiten; vgl. hierzu insbes. → Abstammung, → elterliche Sorge (2), → Personensorge, → Umgangsrecht.

Das Verlöbnis endet durch → Eheschließung, Aufhebung durch die Verlobten, Tod eines Verlobten, nachträgliche Unmöglichkeit der Eheschließung und einseitig durch → Rücktritt eines Verlobten (empfangsbedürftige Willenserklärung, auch stillschweigend möglich). Liegt für den zurücktretenden Verlobten kein wichtiger Grund (zB Treulosigkeit des anderen Verlobten, eigene schwere Krankheit) vor oder hat er durch sein Verschulden dem anderen Verlobten einen wichtigen Grund zum Rücktritt gegeben, so hat er dem anderen Verlobten, dessen Eltern sowie Dritten, die in deren Auftrag gehandelt haben, den daraus entstandenen Schaden zu ersetzen, insbes. (angemessene) Aufwendungen in Erwartung der Eheschließung, Veränderungen in der Erwerbstätigkeit wie zB Aufgabe einer Stellung u. dgl. (§ 1298 BGB, § 1299 BGB). Unterbleibt die Eheschließung, so kann ferner jeder Verlobte von dem anderen grds. (ausgenommen regelmäßig bei Auflösung des Verlöbnisses durch den Tod eines der Verlobten) die Herausgabe der gegenseitigen Verlobungsgeschenke – sog. Brautgeschenke – nach den Vorschriften über die → ungerechtfertigte Bereicherung verlangen (§ 1301 BGB). Die (regelmäßige) → Verjährung (4) aller dieser Ansprüche beginnt mit der Auflösung des Verlöbnis.

Verlorene Sachen
→ Fund.

Verlorener Baukostenzuschuss
→ Baukostenzuschuss.

Verlust
ist einkommensteuerlich das negative Ergebnis im Rahmen einer Einkunftsart (→ Einkommensteuer), nämlich bei Gewinneinkünften (§§ 13–18 EStG) der negative → Gewinn (§ 4 I EStG), bei → Überschusseinkünften (§§ 19–23 EStG) der Überschuss der → Werbungskosten (§ 9 EStG) über die → Einnahmen (§ 8 EStG). Bei Gewinnerzielungsabsicht (→ Liebhaberei) ist der Verlust grundsätzlich anzuerkennen (Ausnahmen: → Verlustausgleich). sa → negatives Kapitalkonto, → Mindestbesteuerung, → Steuerstundungsmodelle, → Umwandlung, → Verlustausgleich → Verlustzuweisungsgesellschaft.

Verlustabzug
1. Der in § 10d EStG geregelte V. betrifft die Berücksichtigung von Verlusten in verschiedenen Veranlagungsjahren. Einkommensteuerlich sind negative Einkünfte (→ Verluste), die nicht im → Veranlagungszeitraum ausgeglichen werden können (→ Verlustausgleich), bis zu einem Betrag von 1.000.000 EUR (bis VAZ 2012: 511.500 EUR, aufgrund der negativen Auswirkungen der Corona-Pandemie für die VAZ 2021 und 2022: 10.000.000 EUR) vorrangig vor → Sonderausgaben, außergewöhnlichen → Belastungen und sonstigen Abzugsbeträgen vom Gesamtbetrag der Einkünfte des unmittelbar vorangegangenen Veranlagungszeitraums abzuziehen. Für zusammenveranlagte Ehegatten kann ein Betrag bis 2 Mio. EUR (aufgrund der negativen Auswirkungen der Corona-Pandemie für die VAZ 2021 und 2022: 20.000.000 EUR) berücksichtigt werden. Der Einkommensteuerbescheid des Vorjahres ist dementsprechend zu ändern (→ Verlustrücktrag, carry back).

Können Verluste weder in dem Veranlagungszeitraum, in dem sie entstanden sind, noch im vorhergehenden Jahr berücksichtigt werden, mindern sie in den künftigen Jahren die zu versteuernden Einkünfte (Verlustvortrag). Dabei können Verluste, die in den Vorjahren entstanden sind und nicht ausgeglichen wurden, bis zu einem Betrag von insgesamt 1 Mio. EUR (bei zusammenveranlagten Ehegatten 2 Mio. EUR) von den positiven Einkünften abgezogen werden. Der darüber hinaus verbleibende Betrag ist nur zu 60 vH zu berücksichtigen. Für die VZ 2024 bis 2027 wird der Verlustvortrag im Zuge des Wachstumschancengesetzes auf 70% des Gesamtbetrags der Einkünfte des Verlustvortragsjahres beschränkt. Der verbleibende Verlustabzug ist am Schluss des → Veranlagungszeitraums gesondert festzustellen (§ 10d IV EStG). Einschränkungen bei der Verlustverrechnung ergeben sich bei → Steuerstundungsmodellen. Ab dem VAZ 2028 wird im Rahmen der der sog. Mindestgewinnbesteuerung die Prozentgrenze von 60% wieder angewandt

2. Die Erweiterungen des Verlustvortrags gelten auch für die → Körperschaftsteuer (§§ 8 Abs. 1 KStG iVm. § 31 Abs. 1 Satz 1 KStG). Bei der → Gewerbesteuer ist Gewerbeverlust der negative Gewerbeertrag, der in den Folgejahren vom Gewerbeertrag zu kürzen ist (§ 10a GewStG). Die Gewerbesteuer kennt keinen Verlustrücktrag. → Mantelkauf, → Umwandlung.

Verlustausgleich
ist der Ausgleich positiver → Einkünfte (Gewinne oder Überschüsse) mit negativen Einkünften (Verlusten) im gleichen Veranlagungszeitraum (Kalenderjahr). Der Verlustausgleich ist eingeschränkt bei Verlusten aus gewerblicher Tierzucht (§ 15 IV EStG), bei Verlusten aus Kommanditanteilen und vergleichbaren Beteiligungen mit beschränkter Haftung (§ 15a EStG), aus Spekulationsgeschäften (§ 22 Nr. 2 EStG, § 23 III 7 EStG) und aus besonderen Leistungen iSv § 22 Nr. 3 EStG. Auch der Ausgleich negativer ausländischer Einkünfte ist eingeschränkt (§ 2a EStG), wobei ab 1.1.2009 der Verlustausgleich nur mit Verlusten aus Drittstaaten außerhalb der EU und des Europäischen Wirtschaftsraums und Liechtensteins auf die Verrechnung mit Einkünften aus diesen Staaten beschränkt wird. Die Neuregelung gilt für alle nicht bestandskräftigen Fälle. Sa → Einkommensteuer, → Mindestbesteuerung, → negatives Kapitalkonto, → Liebhaberei, → Steuerstundungsmodelle.

Verlustdeckungshaftung
→ Gründungsgesellschaft.

Verlustrücktrag (carry back)
→ Verlustabzug.

Verlustvortrag (carry forward)
ist der Vortrag eines handelsrechtlichen Verlustes auf neue Rechnung. Zum steuerlichen Verlustvortrag s. → Verlustabzug.

Verlustzuweisungsgesellschaft
wurde früher auch als „Abschreibungsgesellschaft" bezeichnet. Nach der Rechtsprechung des BFH ist eine Verlustzuweisungsgesellschaft eine Gesellschaft, bei der die erkennbaren Umstände typischerweise dafür sprechen, dass die Gründung in erster Linie dazu gedient hat, den Gesellschaftern eine Minderung der Steuern vom Einkommen dergestalt zu vermitteln, dass durch Zuweisung von Verlustanteilen andere – an sich zu versteuernde – Einkünfte nicht versteuert werden (BFH v. 12.12.1995 VIII R 59/92, BStBl. II 1996, 219). Verlustzuweisungsgesellschaften werden meist in der Rechtsform einer → GmbH & Co. KG errichtet. Durch → Sonderabschreibungen der Gesellschaft (zB im Schiffsbau, bei Ölbohrungen oder bei Filmproduktionen) erzielt diese hohe Verluste, die den Kommanditisten als Mitunternehmern zugerechnet werden, → Mitunternehmerschaften. Die Kommanditisten gleichen ihre Verluste aus der Verlustzuweisungsgesellschaft mit anderen positiven → Einkünften aus und mindern dadurch ihr steuerpflichtiges → Einkommen. Durch § 15a EStG ist der → Verlustausgleich eingeschränkt auf das steuerliche Kapital des Kommanditisten. Neben dieser Einschränkung hatte die Verlustzuweisungsgesellschaft erhebliche Attraktivität durch die Beschränkung des → Verlustabzugs und des → Verlustausgleichs durch § 2b EStG verloren, in dem die steuerliche Berücksichtigung der erzielten Verluste begrenzt wurde. Die Vorschrift ist zum 10.11.2005 außer Kraft getreten. An ihre Stelle wurde die Regelung über die Einschränkungen des Verlustes bei → Steuerstundungsmodellen eingeführt.

Verluste von Verlustzuweisungsgesellschaft, die ohne Gewinnerzielungsabsicht tätig sind, werden dagegen steuerlich nicht anerkannt (§ 15 II EStG). Zu Einzelheiten s. BMF BStBl. I 1992, 404; 1994, 420. → Bauherrenmodell, → Immobilienfonds.

Vermächtnis
1. Vermächtnis ist die Zuwendung eines einzelnen Vermögensvorteils (insbes. einer Sache oder eines Rechts, zB einer Forderung als Forderungsvermächtnis) im Wege der → Verfügung von Todes wegen durch den → Erblasser an den Vermächtnisnehmer, ohne dass dieser deswegen als → Erbe anzusehen ist (§ 1939 BGB). Anders als der Erbe ist der Vermächtnisnehmer nicht Gesamtrechtsnachfolger des Erblassers. Auch wirkt die Zuwendung eines Vermächtnisses (anders als der → Erbanfall) nicht unmittelbar dinglich (Vindikationslegat); der Vermächtnisnehmer hat lediglich gegen den beschwerten Erben oder Vermächtnisnehmer (Untervermächtnis) einen schuldrechtlichen Anspruch auf Leistung bzw. Übertragung der vermachten einzelnen Gegenstände (§§ 2147, 2174 BGB; Damnationslegat). Die Abgrenzung zwischen Erbeinsetzung und Vermächtnis ist oft schwierig und durch → Auslegung der Verfügung von Todes wegen zu ermitteln. Der Gebrauch gewisser Worte („Erbe, vermachen") ist ein Anhaltspunkt, aber nicht entscheidend; es kommt vielmehr darauf an, ob der Erblasser dem Bedachten durch Zuwendung seines Vermögens oder ei-

nes Bruchteils hiervon die volle Erbenstellung verschaffen oder ob er ihm nur einzelne Gegenstände zukommen lassen wollte, sofern nicht diese Gegenstände praktisch den gesamten Wert des Nachlasses ausmachen (§ 2087 BGB).

2. Beschwert mit einem Vermächtnis ist idR der Erbe, mehrere Miterben im Verhältnis ihrer Erbteile (uU ein Vermächtnisnehmer, → Untervermächtnis, §§ 2147, 2148 BGB), bei deren Wegfall der Nächstberufene (§ 2161 BGB). Bedachter (Vermächtnisnehmer) kann jede → natürliche oder → juristische Person sein, auch die Leibesfrucht (§ 1923 II BGB), ferner noch nicht gezeugte oder bestimmte Personen, denen das Vermächtnis aber – anders als im Regelfall – noch nicht mit dem → Erbfall, sondern erst mit der Geburt oder dem Eintritt des die Person bestimmenden Ereignisses anfällt (§§ 2176, 2178 BGB). Der Bedachte muss allerdings den Erbfall überleben (§ 2160 BGB), bei bedingten Zuwendungen auch den Eintritt der Bedingung (§ 2177 BGB). Der Erblasser muss den vermachten Gegenstand grundsätzlich selbst bestimmen (§ 2065 II BGB, s. a. → Supervermächtnis). Er kann aber die Bestimmung der Person des Vermächtnisnehmers dem Beschwerten oder einem Dritten überlassen, desgleichen die Bestimmung der Anteile bei mehreren Bedachten (§§ 2151, 2153 BGB). Es genügt, wenn das Vermächtnis als Zweckvermächtnis einen Grund der Zuwendung enthält, ohne den Vermögensvorteil für den Vermächtnisnehmer zu beziffern, wenn sich aus dem Grund der Zuwendung hinreichende Anhaltspunkte für die Ausübung des billigen Ermessens ergeben, nach dem die Zuwendung erfolgen soll (§ 2156 BGB). So kann ein unbestimmter Geldbetrag für eine konkrete Ausbildung oder eine bestimmte Reise vermacht werden. Fällt von mehreren Vermächtnisnehmern einer weg, so tritt → Anwachsung ein (§ 2158 BGB), sofern nicht ein Ersatzvermächtnisnehmer (→ Ersatzvermächtnis) bestimmt ist. Ein auf eine für jedermann unmögliche Leistung gerichtetes Vermächtnis ist unwirksam, sofern das Vermächtnis nicht auch für den Fall zugewendet ist, dass die Leistung möglich wird (§ 2171 BGB).

3. Das Vermächtnis ist → Nachlassverbindlichkeit und erzeugt zwischen Beschwertem und Vermächtnisnehmer ein → Schuldverhältnis, für das der Erbe (anders als der Vermächtnisnehmer, → Untervermächtnis) grds. in vollem Umfang – auch zB für Unmöglichkeit und Verzug – haftet, sofern nicht eine → Beschränkung der Erbenhaftung eintritt; dann werden Vermächtnisansprüche erst an letzter Stelle befriedigt, auch muss einem Pflichtteilsberechtigten sein → Pflichtteil verbleiben (§ 2318 BGB). Der Vermächtnisnehmer kann das Vermächtnis, solange er es nicht angenommen hat, ohne an eine Ausschlagungsfrist gebunden zu sein, durch Erklärung gegenüber dem Beschwerten ausschlagen; ergänzend gelten auch hier die Vorschriften über → Annahme und Ausschlagung der Erbschaft (§ 2180 BGB). S. ferner → Vorausvermächtnis, → Stückvermächtnis (dort auch über Wahlvermächtnis und Alternativvermächtnis), → Gattungsvermächtnis, → Verschaffungsvermächtnis, → Ersatzvermächtnis, → Nachvermächtnis (auch über Rückvermächtnis), → Mitvermächtnis, → Kaufrechtsvermächtnis.

Vermächtnisnehmer
→ Vermächtnis.

Vermächtnisunwürdigkeit
→ Erbunwürdigkeit.

Vermarktungsnormen
In der → Gemeinsamen Agrarpolitik bezeichnet man als Vermarktungsnormen diejenigen Anforderungen, die für die Vermarktung bestimmter landwirtschaftlicher Erzeugnisse, zB Olivenöl, Obst, Gemüse oder Geflügelfleisch, in den Art. 73–91 VO (EU) 1308/2013 normiert worden sind. Neben allgemeinen Vermarktungsnormen, etwa dass die Erzeugnisse einwandfrei und ihre Ursprungsländer angegeben sind, gibt es auch spezielle Vermarktungsnormen. Sie sind zB für Obst und Gemüse in der Delegierten Verordnung (EU) 2023/2429 v. 17.8.2023 (ABl. EU 2023 L v. 3.11.2023) enthalten, nach der etwa Erdbeeren der Klasse Extra eine Mindestgröße von 25 mm haben müssen. Zu den Vermarktungsnormen zählen auch bestimmte Bezeichnungen (zB „natives Olivenöl"), die bei der Vermarktung landwirtschaftlicher Erzeugnisse richtig verwendet werden müssen. Die deutsche Durchführung der unionsrechtlichen Vermarktungsnormen erfolgt nach der Obst-Gemüse-Vermarktungsnormen-Durchführungsverordnung (OG-VermNormDV) v. 6.11.2024 (BGBl. 2024 I Nr. 347). Keine Vermarktungsnormen sind veterinär-, pflanzenschutz- und lebensmittelrechtliche Vorschriften zum Schutz der Gesundheit. Vermarktungsnormen gehören zu den → Qualitätsnormen.

Vermengung
von Sachen → Vermischung.

Vermerk im Strafregister
→ Strafregister; → Fahreignungsregister; sa → Erziehungsregister.

Vermessungswesen
Für das öffentliche Vermessungswesen zu unterscheiden sind die Aufgabenbereiche Landesvermessung (ua Geodaten, topographische Landesaufnahme, Luftbildarchive) und Katasterwesen (Liegenschaftskataster, Grenzfeststellung, Abmarkung ua; zu Einzelheiten s. → Grenzregelung bei Grundstücken). Das Vermessungswesen wird nach Maßgabe der Vermessungs- und Katastergesetze der Länder vornehmlich von den Landesvermessungsämtern, von staatlichen oder kommunalen Vermessungs- und Katasterämtern sowie nach landesrechtlichen Berufsordnungen von freiberuflich tätigen, öffentlich bestellten Vermes-

sungsingenieuren wahrgenommen, einzelne Aufgaben auch von den Flurbereinigungsämtern, der Deutschen Bahn AG und der → Wasserstraßen- und Schifffahrtsverwaltung des Bundes. Die Vermessung unterirdischer Grubenbaue ist Aufgabe der Markscheider, deren Berufsrecht und Tätigkeiten auf Grund des BundesbergG (→ Bergrecht) geregelt sind, zB in der Markscheider-Bergverordnung (MarkschBergV) idF v. 21.7.2020 (BGBl. 2020 I 1703). Das private Vermessungswesen befasst sich überwiegend mit Ingenieurvermessungen, die durch erwerbswirtschaftlich tätige Vermessungsbüros ausgeführt werden.

Vermieter
Rechte und Pflichten → Mietvertrag (2), → Wohnraummietvertrag (1).

Vermieterpfandrecht
→ Wohnraummietvertrag (3).

Vermietung
→ Mietvertrag, → Wohnraummietvertrag.

Verminderte Erwerbsfähigkeit
1. Die verminderte Erwerbsfähigkeit ist seit dem 1.1.2001 ein Leistungsfall der gesetzlichen → Rentenversicherung. Zu unterscheiden ist zwischen der teilweisen und der vollen Erwerbsminderung.

a) Teilweise erwerbsgemindert sind Versicherte, die wegen Krankheit oder Behinderung auf nicht absehbare Zeit außerstande sind, unter den üblichen Bedingungen des Arbeitsmarktes mindestens sechs Stunden täglich erwerbstätig zu sein (§ 43 I SGB VI).

b) Voll erwerbsgemindert sind Versicherte, die wegen Krankheit oder Behinderung auf nicht absehbare Zeit außerstande sind, unter den üblichen Bedingungen des Arbeitsmarktes mindestens drei Stunden täglich erwerbstätig zu sein (§ 43 II SGB VI).

2. Erwerbsgemindert ist nicht, wer unter den üblichen Bedingungen des Arbeitsmarktes mindestens sechs Stunden täglich erwerbstätig sein kann; dabei ist die jeweilige Arbeitsmarktlage nicht zu berücksichtigen (§ 43 III SGB VI).

3. Wer bereits vor Erfüllung der allgemeinen Wartezeit voll erwerbsgemindert ist, kann ebenfalls eine Rente bei Erfüllung weiterer, persönlicher Voraussetzungen erhalten (§ 43 VI SGB VI). Die drei Fünftel Belegung des § 43 I 1 Nr. 2 SGB VI ist für den Rentenanspruch zu beachten (wichtige Ausnahme ist die vorzeitige Wartezeiterfüllung infolge Arbeitsunfalls oder Berufskrankheit).

Verminderte Schuldfähigkeit
→ Schuldunfähigkeit.

Vermischung
Bei untrennbarer Vermischung oder Vermengung beweglicher Sachen (zB Wein, Geld) gelten die Vorschriften über die → Verbindung von Sachen entsprechend (§ 948 BGB); es entsteht also grds. → Miteigentum der bisherigen Berechtigten. Der Grund der Vermischung ist gleichgültig. → Verarbeitung.

Vermisste
→ Todeserklärung.

Vermittler (Vermittlungsvertreter)
→ Mäklervertrag, → Handelsmakler, → Handelsvertreter, → Bote, → mittelbare Stellvertretung, → Vermittlungsagent.

Vermittlerregister
Nach § 11a GewO (→ Gewerbe) führt jede → Industrie- und Handelskammer ein Register der in ihrem Bezirk zugelassenen → Versicherungsvermittler, Versicherungsberater, → Finanzanlagenvermittler, Honorar-Finanzanlagenberater und → Immobiliardarlehensvermittler. Die IHK's haben diese Aufgabe an den → Deutschen Industrie- und Handelskammertag übertragen. Zweck des Registers ist es, Anlegern, Versicherungsunternehmen, Darlehensnehmern und -gebern die Möglichkeit zu geben, zu prüfen, ob und inwieweit die genannten Personen für ihre Tätigkeit zugelassen sind. Die Einsicht erfolgt über das Internet.

Vermittlung in Staatenstreitigkeiten
→ gute Dienste.

Vermittlung von Adoptionen
→ Adoptionsvermittlung.

Vermittlungsagent
Vermittlungsagent ist die überholte Bezeichnung für einen → Handelsvertreter, der (ohne → Abschlussvollmacht) lediglich Geschäfte vermittelt.

Vermittlungsausschuss
1. Der Vermittlungsausschuss ist der in Art. 77 II GG normierte, aus Mitgliedern des → Bundestages und des → Bundesrates gebildete Ausschuss, der am → Gesetzgebungsverfahren des Bundes mit dem Ziel beteiligt ist, in Fällen unterschiedlicher Meinungen zwischen BT und BR über eine Gesetzesvorlage eine Fassung zu finden, der beide Körperschaften zustimmen können. Die Zusammensetzung und das Verfahren des Vermittlungsausschusses sind in der Gemeinsamen Geschäftsordnung des BT und des BR (GO VermAussch) v. 19.4.1951 (BGBl. 1951 II 103), zuletzt geändert durch Bek. v. 30.4.2003 (BGBl. 2003 I 677), geregelt. Danach entsenden BT und BR je 16 ihrer Mitglieder in den Vermittlungsausschuss. Die in den Vermittlungsausschuss entsandten Mitglieder des BR sind (im Gegensatz zur sonstigen Regelung) gem. Art. 77 II 3 GG nicht an Weisungen gebunden.

2. Bei Gesetzesvorlagen, die der Zustimmung des BR bedürfen (Zustimmungsgesetze), können BR, BT oder BReg. die Einberufung des Vermittlungsausschusses verlangen. Bedarf eine Gesetzesvorlage dieser Zustimmung nicht (Einspruchsgesetze), so ist der Vermittlungsausschuss auf Verlangen des BR einzuberufen; ein fristgerecht beantragtes Verfah-

ren vor dem Vermittlungsausschuss ist bei Einspruchsgesetzen Voraussetzung für den Einspruch des BR gegen eine Gesetzesvorlage.

a) Schlägt der Vermittlungsausschuss eine Änderung des Gesetzesbeschlusses vor, so hat der Bundestag erneut Beschluss zu fassen; hierauf folgt die erneute Behandlung im Bundesrat.

b) Man unterscheidet echte und unechte Vermittlungsergebnisse. Echte Vermittlungsergebnisse werden von allen Mitgliedern des Vermittlungsausschusses als echte Kompromisse mitgetragen; die unechten Vermittlungsergebnisse werden idR von der der Mehrheit im BT nahestehenden Mehrheit im Vermittlungsausschuss gefasst. Kommt kein Vermittlungsergebnis zustande (zB bei Stimmengleichheit), so kann nach § 12 GOVermAussch in der zweiten wegen desselben Gesetzgebungsverfahrens einberufenen Sitzung jedes Mitglied des Vermittlungsausschusses den Abschluss des Vermittlungsverfahrens verlangen; das Vermittlungsverfahren ist dann abgeschlossen, wenn sich dann in der folgenden (dritten) Sitzung keine Mehrheit für einen Einigungsvorschlag findet.

c) Der BR muss sodann bei Zustimmungsgesetzen in angemessener Frist über die Zustimmung Beschluss fassen (Art. 77 IIa GG), bei Einspruchsgesetzen binnen zwei Wochen Einspruch einlegen (Art. 77 III GG). Der Vermittlungsausschuss kann somit das Gesetzgebungsverfahren nur verzögern, nicht aufhalten.

3. Nach dem Urt. d. BVerfG v. 7.12.1999 (NJW 2000, 572) ist der Entscheidungspielraum des Vermittlungsausschusses darauf begrenzt, das Gesetzgebungsziel auf der Grundlage des bisherigen Gesetzgebungsverfahrens zu verwirklichen. Der Vermittlungsausschuss darf keinen Vorschlag unterbreiten, der außerhalb der bisherigen Auffassungsunterschiede im Parlament oder der bisherigen Gegenläufigkeit von BT und BR bleibt (vgl. auch BFH v. 18.7.2001, NJW 2002, 773).

4. Der Vermittlungsausschuss hat große politische Bedeutung insbesondere dann, wenn in BT und BR unterschiedliche Mehrheitsverhältnisse bestehen. BR und Vermittlungsausschuss können indes Einspruchsgesetze nicht verhindern, es sei denn die Opposition im BT mit Mehrheit im BR macht ihre Zustimmung zu gleichzeitig im Gesetzgebungsverfahren befindlichen Zustimmungsgesetzen politisch von einem Nachgeben des BT bei den Einspruchsgesetzen abhängig oder der Einspruch des BR kann vom BT nicht mit der erforderlichen Mehrheit überstimmt werden.

5. Zum Vermittlungsausschuss und zum Vermittlungsverfahren in der → europäischen Gesetzgebung s. dort.

Vermittlungsbudget
Im Recht der → Arbeitsförderung nach dem SGB III waren bis zum 31.12.2008 zahlreiche Leistungen zur Unterstützung der → Arbeitsvermittlung wie zB die sog. Mobilitätshilfen sehr detailliert geregelt, was zu einer gewissen Unübersichtlichkeit führte und individuellen Lösungen teilweise im Wege stand.

Durch das Gesetz zur Neuausrichtung der arbeitsmarktpolitischen Instrumente v. 21.12.2008 (BGBl. 2008 I 2917) ist mit Wirkung v. 1.1.2009 an die Stelle dieser Regelungen das Vermittlungsbudget (§ 44 SGB III) getreten, aus dem Ausbildungssuchende, von → Arbeitslosigkeit bedrohte Arbeitssuchende und Arbeitslose weniger bürokratisch individuell gefördert werden können. Dabei ist es auch vorgesehen, die Anbahnung oder Aufnahme einer versicherungspflichtigen Beschäftigung in einem anderen Mitgliedsstaat der EU, einem anderen Vertragsstaat des europäischen Wirtschaftsraums oder der Schweiz zu fördern. Voraussetzung ist dabei, dass die Beschäftigung an mindestens 15 Wochenstunden ausgeübt werden wird. Die → Agentur für Arbeit entscheidet über den Umfang der zu erbringenden Leistungen nach eigenem Ermessen. Im Regelfall hat jede Agentur für Arbeit zu den Fördermöglichkeiten interne Verfahrensanweisungen erstellt. Ausgeschlossen ist die Förderung dann, wenn andere Leistungen nach dem SGB III durch die Förderung aufgestockt, ersetzt oder umgangen werden. Leistungen aus dem Vermittlungsbudget dürfen nicht gewährt werden, um Leistungen nach § 16 SGB II (Leistungen zur Eingliederung) aufzustocken.

Vermittlungsgutschein
Arbeitnehmer, die Anspruch auf → Arbeitslosengeld oder → Bürgergeld (→ Arbeitslosengeld II) haben und nach einer Arbeitslosigkeit von drei Monaten noch nicht vermittelt sind, haben Anspruch auf einen Vermittlungsgutschein. Mit dem Vermittlungsgutschein verpflichtet sich die Agentur für Arbeit, den Vergütungsanspruch eines vom Arbeitnehmer eingeschalteten Vermittlers, der den Arbeitnehmer in eine sozialversicherungspflichtige Beschäftigung mit einer Arbeitszeit von mindestens 15 Stunden wöchentlich vermittelt hat, nach Maßgabe der folgenden Bestimmungen zu erfüllen. Der Vermittlungsgutschein gilt für einen Zeitraum von jeweils drei Monaten.

Der Vermittlungsgutschein wird in Höhe von 2.000 EUR ausgestellt. Die Vergütung wird iHv 1.000 EUR nach einer sechswöchigen und der Restbetrag nach einer sechsmonatigen Dauer des Beschäftigungsverhältnisses gezahlt, wobei die Leistung unmittelbar an den Vermittler erfolgt. Bei Langzeitarbeitslosen oder bei behinderten Menschen iSv § 2 I SGB IX kann eine Aufstockung des Betrages auf 2.500 EUR erfolgen (§ 45 VI SGB III). Der Vermittlungsgutschein kann sowohl zeitlich aus auch regional beschränkt werden.

Vermittlungsmakler
→ Maklervertrag.

Vermittlungsverfahren
→ Vermittlungsausschuss.

Vermittlungsverfahren, notarielles
→ Sachenrechtsbereinigung.

Vermittlungsvertrag
Ein Vertrag, nach dem sich ein Vermittler verpflichtet, einem Arbeitsuchenden eine Arbeitsstelle zu vermitteln, bedarf der schriftlichen Form (§ 296 SGB III). In dem Vertrag ist insbesondere die Vergütung des Vermittlers anzugeben. Zu den Leistungen der Vermittlung gehören auch alle Leistungen, die zur Vorbereitung und Durchführung der Vermittlung erforderlich sind, insbesondere die Feststellung der Kenntnisse des Arbeitsuchenden sowie die mit der Vermittlung verbundene Berufsberatung. Der Vermittler hat dem Arbeitsuchenden den Vertragsinhalt in Textform mitzuteilen. Sofern zunächst nur eine mündliche Absprache erfolgt kann, reicht diese für die Wirksamkeit nicht aus.

Der Arbeitsuchende ist zur Zahlung der Vergütung nur verpflichtet, wenn infolge der Vermittlung des Vermittlers der Arbeitsvertrag zustande gekommen ist. Der Vermittler darf keine Vorschüsse auf die Vergütungen verlangen oder entgegennehmen (§ 296 II SGB III).

Die Vergütung einschließlich der auf sie entfallenden Umsatzsteuer darf 2000 EUR nicht übersteigen, soweit nicht durch Rechtsverordnung für bestimmte Berufe oder Personengruppen etwas anderes bestimmt ist. Werden Personen in Au-pair-Verhältnisse vermittelt, darf die Vergütung 150 Euro nicht übersteigen (§ 296 III SGB III).

Ein Arbeitsuchender, der dem Vermittler einen → Vermittlungsgutschein vorlegt, infolgedessen eine erfolgreiche Vermittlung erfolgt, erreicht, dass der Vermittler einen zweigeteilten nach Zeitdauer gestaffelten Vergütungsanspruch erwirbt (1000 Euro nach sechswöchiger Beschäftigungsdauer und weitere 1000 Euro nach sechsmonatiger Beschäfigungsdauer, § 45 VI SGB III).

Vermittlungswucher
→ Wucher (2).

Vermögen
Unter Vermögen wird im Zivilrecht regelmäßig die Gesamtheit der Aktiva verstanden, die einer natürlichen oder juristischen Person zustehen (Gesamtvermögen). Es sind dies alle → Rechte (zB → dingliche Rechte, → Erbrecht, → Anwartschaftsrecht), Forderungen und Rechtsverhältnisse, die entweder auf Geld gehen oder einen geldwerten, dh in Geld schätzbaren Inhalt haben. Nicht Bestandteil des Vermögens sind idR – zB bei der → Vermögensübernahme – die der gleichen Person obliegenden Verpflichtungen und Schulden (Passiva); das Gesetz geht vielmehr davon aus, dass die Schulden das (Aktiv-)Vermögen belasten. Der Begriff Vermögen wird aber nicht einheitlich gebraucht; zB umfasst die → Erbschaft (→ Sondervermögen) nach hM auch die → Nachlassverbindlichkeiten.

Vermögensanlagen
1. Nach § 1 II VermAnlG (VermögensanlagenG v. 6.12.2011 (BGBl. 2011 I 2481) mÄnd) sind Vermögensanlagen nicht in Wertpapieren iSd → WertpapierprospektG verbriefte und nicht als Anteile an Investmentvermögen ausgestaltete Unternehmensbeteiligungen, Anteile an Treuhandvermögen, partiarische Darlehen, Nachrangdarlehen, Genussrechte, Namensschuldverschreibungen, sonstige verzinsliche Anlagen (etwa Schiffscontainer) und Edelmetalldarlehen. Sie müssen eine Laufzeit von mindestens 24 Monaten haben (§ 5a VermAnlG). Der Vertrieb solcher unverbriefter Vermögensanlagen auf dem grauen → Kapitalmarkt war bis 2012 kaum reguliert und daher missbrauchsanfällig. Das VermAnlG unterwirft ihren Vertrieb den üblichen aufsichtsrechtlichen Standards.

2. a) Vermögensanlagen sind → Finanzinstrumente (§ 1 XI KWG) und unterliegen der Aufsicht durch die → Bundesanstalt für Finanzdienstleistungsaufsicht (§ 3 VermAnlG). Für Vermögensanlagen in Sachgüter muss ein unabhängiger Mittelverwendungskontrolleur bestellt werden. Wer im Inland Vermögensanlagen öffentlich anbietet, hat einen Verkaufsprospekt zu veröffentlichen (§ 6 VermAnlG), der von der BaFin gebilligt werden muss (§ 8 VermAnlG). Einzelheiten regelt die Vermögensanlagen-VerkaufsprospektV (VermVerkProspV) v. 16.12.2004 (BGBl. 2004 I 3464) mÄnd. Zusätzlich hat der Anbieter ein Vermögensanlagen-Informationsblatt zu erstellen (§ 13 VermAnlG).

b) Ausnahmen von der Prospektpflicht gibt es für → Schwarmfinanzierungen (§ 1 und § 2a VermAnlG), wenn das Gesamtvolumen 6 Mio. EUR nicht übersteigt. Ähnliche Ausnahmen von der Prospektpflicht gelten für Vermögensanlagen sozialer oder gemeinnütziger Projekte und Religionsgemeinschaften (§§ 2 ff. VermAnlG).

3. Die Verantwortlichen haften dem Erwerber von Vermögensanlagen für fehlerhafte Prospektangaben (§ 20 VermAnlG) und unrichtige Angaben in den Vermögensanlagen-Informationsblättern (§ 22 VermAnlG). In diesem Fall kann der Erwerber grdsl. die Übernahme der Vermögensanlagen gegen Erstattung des Erwerbspreises verlangen. Vermögensanlagen dürfen nur durch Wertpapierdienstleistungsunternehmen und → Finanzanlagenvermittler vertrieben werden (§ 5b III VermAnlG). → Emittenten von Vermögensanlagen unterliegen nicht der Aufsicht durch die BaFin, wohl aber gewissen Rechnungslegungs- und Prüfungspflichten (§§ 23 ff. VermAnlG).

Vermögensauskunft
Der Schuldner ist zum Zweck der Vollstreckung einer Geldforderung verpflichtet, dem → Gerichtsvollzieher auf Verlangen Auskunft

über sein gesamtes Vermögen sowie zu seinen persönlichen Daten zu erteilen und deren Richtigkeit und Vollständigkeit an Eides Statt zu versichern (§ 802c ZPO). Die Verpflichtung zur Erteilung einer Auskunft über das Vermögen ist nicht von einer erfolglosen Vollstreckungsmaßnahme abhängig. Das Verfahren ist in § 802f ZPO geregelt. Eine erneute Vermögensauskunft muss innerhalb der letzten 2 Jahre nur dann abgegeben werden, wenn es glaubhaft gemachte Tatsachen für eine wesentliche Veränderung des Vermögens des Schuldners gibt (§ 802d ZPO). Ohne Fristsetzung kann der Gerichtsvollzieher die Vermögensauskunft verlangen, wenn der Schuldner die Durchsuchung seiner Wohnung verweigert oder eine Pfändung zu keinem Erfolg führen wird (§ 807 ZPO). Bei Verweigerung der Vermögensauskunft kann das Vollstreckungsgericht → Erzwingungshaft anordnen (§ 802g ZPO). Die Vermögensauskunft ist die sachliche Grundlage für das vom Gerichtsvollzieher zu erstellende → Vermögensverzeichnis.

Vermögensbeschlagnahme
ist im → Strafprozess als prozessuales Zwangsmittel zugelassen, um die Gestellung des Beschuldigten zu erwirken, und zwar im → Abwesenheitsverfahren, wenn Anklage erhoben ist und Erlass eines → Haftbefehls gerechtfertigt wäre (§ 290 StPO), ferner in Verfahren wegen bestimmter schwerwiegender Straftaten, wenn Anklage erhoben oder Haftbefehl ergangen ist (§ 443 StPO). Die Vermögensbeschlagnahme wird vom Gericht angeordnet; im Falle des § 443 StPO kann die StA sie vorläufig verfügen, muss aber binnen 3 Tagen richterliche Bestätigung erwirken. Die Vermögensbeschlagnahme wird im BAnz. bekanntgemacht; sie umfasst das gesamte Inlandsvermögen des Beschuldigten einschließlich des ihm später zufallenden. Er verliert die Verfügungsbefugnis, die auf einen vom Gericht zu bestellenden → Abwesenheitspfleger übergeht.

Über die Vermögensbeschlagnahme nach dem Vereinsgesetz → Vereinigungen, verbotene.

Vermögensbetreuung
→ Betreuung.

Vermögensbildung der Arbeitnehmer
Vermögenswirksame Leistungen (vL) von Arbeitnehmern werden nach dem 5. VermögensbildungsG idF v. 4.3.1994 (BGBl. 1994 I 406) nebst Durchführungsverordnung (VermBDV) v. 20.12.1994 (BGBl. 1994 I 3904) gefördert. Für Beamte, Richter, Berufssoldaten und Soldaten auf Zeit gilt das 5. VermögensbildungsG entsprechend (§ 1 IV 5. VermBG). Die staatliche Förderung besteht in einer steuer- und sozialabgabenfreien → Arbeitnehmersparzulage, die für bestimmte, gesetzlich abschließend geregelte Anlageformen vermögenswirksamer Leistungen gewährt wird (§ 2 VermBG). Dabei wird zwischen vermögenswirksamen Anlagen zum Wohnungsbau und solchen Anlagen in sog. Produktivkapital (betriebliche oder außerbetriebliche Beteiligungen) differenziert. Zu den begünstigten Anlagen gehören insbes. Bausparbeiträge nach dem Wohnungsbau-Prämiengesetz (→ Wohnungsbau-Prämie), Aufwendungen zum Bau, zum Erwerb usw. von Wohngebäuden, Eigentumswohnungen und Kapitalbeteiligungen (ua eigene Aktien des Arbeitgebers, GmbH-Anteile, Genossenschaftsanteile, Genussscheine, typische stille Beteiligungen am Unternehmen des Arbeitgebers). Ab 2009 beträgt die Arbeitnehmersparzulage bei der Anlage in Produktivkapital, zB Aktien, Aktienfonds (vgl. § 2 I Nr. 1–3, II–IV VermBG) 20 vH. Anspruchsberechtigt sind hier Arbeitnehmer mit einem zu versteuernden Einkommen von 40.000 EUR (80.000 EUR bei Zusammenveranlagung). Die angelegten vermögenswirksamen Leistungen dürfen 400 EUR (800 EUR bei Zusammenveranlagung) im Kalenderjahr nicht übersteigen. Bei der Anlage in Sparbeträgen, zB Bausparen, beträgt die Arbeitnehmersparzulage 9 vH der angelegten vermögenswirksamen Leistungen, soweit diese 470 EUR im Kalenderjahr nicht übersteigen. Anspruchsberechtigt sind Arbeitnehmer mit einem zu versteuernden Einkommen von 40.000 EUR/ 80.000 EUR (bei Zusammenveranlagung).

Die Arbeitnehmersparzulage wird auf Antrag aus den Lohnsteuer-Einnahmen durch das für die Einkommensbesteuerung des Arbeitnehmers zuständige Finanzamt festgesetzt und mit Ablauf der Sperrfristen oder Zuteilung des Bausparvertrags oder unschädlicher Verwendung gezahlt. Der Antrag ist auf amtlichem Vordruck spätestens bis zum Ablauf des 2. Kalenderjahres nach Anlage der vL vom Arbeitnehmer zu stellen (§ 14 5. VermBG). Für nach 2006 angelegte Vermögensanlagen verlängert sich die Antragsfrist auf vier Jahre. Gleiches gilt in den Fällen, in denen bislang über einen solchen Antrag nicht bestandskräftig entschieden ist. Übergangsregelungen für Altverträge vgl. § 17 5. VermBG.

Vermögensgesetz
→ Offene Vermögensfragen.

Vermögensschaden
→ Schaden.

Vermögenssorge
Die Vermögenssorge ist ein Teil der → elterlichen Sorge (1); sie umfasst das Recht und die Pflicht, grds. das gesamte Vermögen des Kindes zu verwalten (§ 1638 BGB) sowie das Kind in diesen Angelegenheiten – auch gerichtlich – zu vertreten (§ 1629 I BGB). Sa → Personensorge. Der Vermögensverwaltung der Eltern unterliegt nicht das Vermögen, das dem Kinde durch → letztwillige Verfügung oder → Schenkung mit der Bestimmung zugewendet worden ist, dass die Eltern das Vermögen nicht verwalten sollen (§ 1638 BGB); das Gleiche gilt für die → Surrogate dieses Vermö-

gens. Die Vermögensverwaltung kann bei der Zuwendung auch nur für einen Elternteil ausgeschlossen (§ 1638 III BGB) oder durch bestimmte Anordnungen des Zuwendenden modifiziert werden (§ 1639 BGB). Über Vermögen, das das Kind von Todes wegen, als Abfindung oder unentgeltlich erworben hat, haben die Eltern grds. ein Verzeichnis anzufertigen und bei dem → Familiengericht einzureichen (§ 1640 BGB). Die Vermögenssorge umfasst ferner nicht das Vermögen, über das das minderjährige Kind wie ein voll Geschäftsfähiger verfügen kann (bei Genehmigung des selbständigen Betriebs eines Erwerbsgeschäfts, § 112 BGB; vgl. beschränkte → Geschäftsfähigkeit).

Die Eltern haben das ihrer Verwaltung unterliegende Kindesvermögen nach den Grundsätzen einer wirtschaftlichen Vermögensverwaltung anzulegen, soweit es nicht zur Bestreitung von Auslagen bereitzuhalten ist (§ 1642 BGB); eine Anlage wie für → Mündelgeld wird nicht mehr gefordert. Für Aufwendungen können sie aus dem Kindesvermögen Ersatz verlangen (§ 1648 BGB). Sie können dem Kind auch zur eigenen Geschäftsführung ein Taschengeld überlassen. Die Eltern sind kraft ihres Vermögenssorgerechts berechtigt, das Vermögen des Kindes in Besitz zu nehmen und darüber grds. frei zu verfügen. Doch gelten auch hier die allg. Beschränkungen der → elterlichen Sorge (s. iE dort), insbes. das Verbot des → Selbstkontrahierens (§ 181 BGB). Schenkungen aus dem Kindesvermögen können die Eltern nur insoweit vornehmen, als diese einer sittlichen Pflicht entsprechen (§ 1641 BGB). In den wichtigsten Fällen, in denen ein Vormund zu einem Rechtsgeschäft der Genehmigung des Familiengerichts bedarf, sind auch die Eltern an diese Genehmigung gebunden (§ 1643 I BGB, §§ 1821, 1822 BGB). Es handelt sich hierbei um → Verfügungen (und Verpflichtungen) über ein Grundstück und über Rechte an einem Grundstück – insoweit ausgenommen → Hypotheken, → Grund- und → Rentenschulden –, um den entgeltlichen Erwerb eines Grundstücks, um Rechtsgeschäfte über das Vermögen im ganzen, den Erwerb oder die Veräußerung eines Erwerbsgeschäfts (s. auch § 1645 BGB), um die Eingehung eines → Gesellschaftsvertrags, um die Kreditaufnahme und die Erteilung einer → Prokura. Der Genehmigung des Familiengerichts bedarf ferner die → Ausschlagung einer Erbschaft oder eines → Vermächtnisses sowie der Verzicht auf den → Pflichtteil, sofern das Kind nicht erst allein auf Grund der vorherigen Ausschlagung eines Elternteils berufen ist (§ 1643 II BGB).

Bewegliche Sachen und Forderungen, die mit Mitteln des Kindesvermögens erworben werden, gehen grds. automatisch in das Eigentum des Kindes über (→ Surrogation, § 1646 BGB). Die Einkünfte des Kindesvermögens sind, soweit sie nicht für die Kosten der Verwaltung und die Vermögenslasten (zB Steuern) benötigt werden, für den Unterhalt des Kindes zu verwenden; etwaige Überschüsse können die Eltern für ihren Unterhalt sowie für minderjährige unverheiratete Geschwister verwenden (§ 1649 BGB).

Wird das Vermögen des Kindes durch missbräuchliche Ausübung der elterlichen Sorge gefährdet, so hat das Familiengericht die zur Abwendung der Gefahr erforderlichen Maßnahmen zu treffen (§ 1666 I BGB). IdR ist anzunehmen, dass das Vermögen des Kindes gefährdet ist, wenn der Inhaber der Vermögenssorge seine Unterhaltspflicht gegenüber dem Kind oder seine mit der Vermögenssorge verbundenen Pflichten verletzt oder Anordnungen des Gerichts, die sich auf die Vermögenssorge beziehen, nicht befolgt (§ 1666 II BGB). Das Familiengericht kann die Aufstellung eines Vermögensverzeichnisses, → Rechnungslegung, → Sicherheitsleistung oder eine bestimmte Anlage des Kindesvermögens (zB wie → Mündelgeld) anordnen (§ 1667 BGB). Erforderlichenfalls kann es auch die Vermögenssorge ganz oder teilweise entziehen, zB bei der Eröffnung eines → Insolvenzverfahrens über das Vermögen des Sorgeberechtigten.

Vermögensstrafe

Die Vermögensstrafe gemäß § 43a StGB kann nicht mehr verhängt werden, weil die Vorschrift wegen Verstoßes gegen das Bestimmtheitsgebot des Art. 103 II GG verfassungswidrig und daher nichtig ist (BVerfG NJW 2002, 1779; → Strafen).

Vermögensteuer

Das BVerfG hat die Bewertung des Grundvermögens mit dem → Einheitswert für verfassungswidrig erklärt (→ Erbschaftsteuer/Schenkungsteuer, 3). Der Gesetzgeber erhielt den Auftrag, bis spätestens 31.12.1996 eine verfassungskonforme Neuregelung zu schaffen. Dabei sollte eine Überbesteuerung, nämlich eine Steuerbelastung von mehr als 50 vH, die durch Vermögensteuer und → Einkommensteuer gegeben sein konnte, vermieden werden (sog. Halbteilungsgrundsatz; BVerfG BStBl. II 1995, 655). Nachdem sich der Gesetzgeber auf eine Neuregelung des Vermögensteuergesetzes nicht einigen konnte, ist dieses zum 31.12.1996 außer Kraft getreten (→ Verfassungswidrigkeit von Gesetzen). Der Steuerausfall wird zT mit den ab 1.1.1996 geltenden Neuregelungen der Erbschaftsteuer/Schenkungsteuer ausgeglichen. Eine Wiedereinführung der Vermögensteuer wird immer wieder diskutiert, jedoch aufgrund des damit verbundenen Verwaltungsaufwands bisher nicht verwirklicht.

Der Halbteilungsgrundsatz gilt nur für die Vermögensteuer. Auf die Belastung durch Einkommen- und Gewerbeertragsteuer ist er nicht anzuwenden (BFH v. 11.8.1999, NJW 1999, 3798). Die dagegen erhobene Verfassungsbeschwerde an das BVerfG blieb erfolglos (Az: 2 BVR 2194/99).

Vermögensübernahme
Ein Vertrag, durch den sich jemand verpflichtet, sein gegenwärtiges → Vermögen oder einen Bruchteil desselben zu übertragen oder mit einem → Nießbrauch zu belasten, bedarf (zum Schutze des sich Verpflichtenden) der notariellen Beurkundung (§ 311b III BGB, → Form, 1c). Ein Vertrag, der zur Übertragung des künftigen Vermögens verpflichtet, ist nichtig, § 311b II BGB. Die früher vorgesehene (Mit-)Haftung des Übernehmers eines Vermögens für die Schulden des bisherigen Vermögensinhabers (§ 419 BGB) ist im Interesse der sinnvolleren Abwicklung eines → Insolvenzverfahrens (Übertragung des Unternehmens des Schuldners im Ganzen zu Sanierungszwecken) ersatzlos entfallen. Für die Übernahme von → Sondervermögen enthält das Gesetz aber weiterhin derartige Vorschriften, insbes. § 25 HGB für die → Übernahme eines Handelsgeschäfts (Unternehmens), § 613a BGB für den → Betriebsübergang und § 1365 BGB für Verfügungen von Ehegatten iRd → Zugewinngemeinschaft. Sa → Übergabevertrag.

Vermögensübertragung
→ Vermögensübernahme, → Umwandlung (1d).

Vermögensverwaltung (steuerlich)
Die Vermögensverwaltung eigenen, auch umfangreichen Vermögens ist nicht steuerbar. Die Verwaltung fremden Vermögens durch einen Treuhänder, Nachlassverwalter, Insolvenzverwalter, Hausverwalter uÄ führt bei diesem zu Einkünften aus selbständiger Tätigkeit (§ 18 I Nr. 3 EStG; → Einkommensteuer, 3). Auch bei einer → Personengesellschaft, zB → Immobilienfonds, sind ab einer gewissen Intensität gewerbliche Einkünfte gegeben (→ Gewerbebetrieb). Daher empfiehlt es sich für Freiberufler(sozietäten); → Freie Berufe, → Partnerschaftsgesellschaft), eine etwaige nebenher ausgeübte gewerbliche Tätigkeit in eine GmbH auszugliedern, um die Umqualifizierung der gesamten Tätigkeit in gewerbliche Einkünfte, die → Gewerbesteuer auslöst, zu vermeiden. Sa → Abfärbetheorie.

Vermögensverwaltung bei Kindesvermögen
→ Vermögenssorge.

Vermögensverwaltung bei Mündelvermögen
→ Vormund.

Vermögensverwaltung unter Ehegatten
Der frühere gesetzliche → Güterstand der Vermögensverwaltung und Nutznießung durch den Ehemann ist wegen des Grundsatzes der → Gleichberechtigung mWv 1.4.1953 außer Kraft getreten (Art. 3 II GG, Art. 117 GG); er kann heute auch nicht mehr durch → Ehevertrag neu begründet werden (§ 1409 BGB). Zulässig ist aber auch heute, dass ein Ehegatte, zB bei → Gütertrennung oder → Zugewinngemeinschaft, sein Vermögen dem anderen Ehegatten zur Verwaltung überlässt. Die Form eines Ehevertrags ist hierfür nicht erforderlich (§ 1413 BGB); anders für den Ausschluss oder die Beschränkung des Rechts auf Widerruf, der dennoch aus wichtigem Grund jederzeit zulässig ist. Die Rechtsstellung des das Vermögen verwaltenden Ehegatten richtet sich nach den Grundsätzen des → Auftrags (§§ 662 ff. BGB).

Vermögensverzeichnis
1. Das Vermögensverzeichnis ist abweichend von der früheren Handhabung ein elektronisches Dokument, das der Gerichtsvollzieher erstellt und sodann dem zentralen Vollstreckungsgericht zuleitet (§ 802f V ZPO). Das Vermögensverzeichnis beruht auf der → Vermögensauskunft des Schuldners und muss alle ihm gehörenden Vermögensgegenstände enthalten. Ferner sind alle entgeltlichen Veräußerungen an nahestehende Personen in den letzten zwei Jahren und alle unentgeltlichen Leistungen von einigem Gewicht in den letzten vier Jahren aufzunehmen (§ 802f V ZPO, § 802c II ZPO). Das Vermögensverzeichnis wird in elektronischer Form in einem Vermögensverzeichnisregister beim jeweiligen zentralen Vollstreckungsgericht verwaltet (§ 802k ZPO).

2. Entsprechendes gilt im → Steuerverfahren (§ 284 AO).

Vermögensverzeichnisregister
Das Vermögensverzeichnisregister trat nach der Zwangsvollstreckungsreform ab 1.1.2013 neben das → Schuldnerverzeichnis und enthält alle → Vermögensverzeichnisse, die beim jeweiligen zentralen → Vollstreckungsgericht hinterlegt sind (§ 802k ZPO). In das zentrale, elektronisch geführte Vermögensverzeichnisregister haben folgende Personen bzw. Behörden Einsichtsrecht: Gerichtsvollzieher, Vollstreckungs-, Insolvenz- und Registergerichte sowie Strafverfolgungsbehörden und durch Gesetz in Einzelnen umschriebene Personengruppen (§ 802k II ZPO). Das Nähere regelt die Vermögensverzeichnisregisterverordnung – VermVV v. 26.7.2012 (BGBl. 2012 I 1663). Vermögensverzeichnisse sind nach Ablauf von zwei Jahren oder bei Eingang eines neuen zu löschen.

Vermögenswirksame Leistungen
→ Vermögensbildung der Arbeitnehmer.

Vermögenszuordnung
Das Gesetz über die Feststellung der Zuordnung von ehemals volkseigenem Vermögen (Vermögenszuordnungsgesetz – VZOG) idF v. 29.3.1994 (BGBl. 1994 I 709), ursprünglich v. 22.3.1991, verfolgte in erster Linie den Zweck, durch Feststellungsbescheide ehemals volkseigene Grundstücke, die durch verschiedene gesetzliche Regelungen in das Eigentum juristischer Personen (insbes. der Gemeinden, Städte, Landkreise, der Länder oder des Bundes) übergegangen sind, in grundbuchrecht-

lich brauchbarer Form dem jeweiligen Eigentümer zuzuordnen (entsprechendes gilt für andere Vermögensgegenstände, vgl. § 1a VZOG). Zu den gesetzlichen Regeln über den Eigentumsübergang vgl. die Aufzählung in § 1 I 1 VZOG, insbes. Art. 21, 22 EinigV zum Verwaltungsvermögen (unmittelbar bestimmten Verwaltungsaufgaben dienendes Vermögen) und zum Finanzvermögen der ehem. DDR. Für Streitigkeiten ist der Verwaltungsrechtsweg gegeben (§ 6 VZOG).

Vermummung (Verbot bei Versammlungen)
→ Versammlungsgesetz. Sa → Landfriedensbruch.

Vermutung
Wird kraft gesetzlicher Bestimmung ein Sachverhalt oder eine Rechtstatsache vermutet, so bedarf es zunächst keines → Beweises. Zum einen gibt es im Gesetz Tatsachenvermutungen, nach der eine Tatsache vermutet wird (zB vermutete Vaterschaft des Ehemannes, wenn das Kind während der Ehe geboren wird; § 1592 Nr. 1 BGB). Zum anderen gibt es Rechtsvermutungen, wenn das Gesetz aus einer Tatsache eine bestimmte Rechtslage ableitet. Diese können widerlegbar sein (zB wird nach § 1006 BGB vermutet, dass der Besitzer einer Sache auch ihr Eigentümer sei; die Vermutung kann durch Gegenbeweis ausgeräumt werden, § 292 ZPO). Es kann aber auch sein, dass die Rechtsvermutung unwiderlegbar ist (§ 550 BGB: Mietvertrag über Wohnraum für länger als 1 Jahr ohne die vorgeschriebene Schriftform gilt als für unbestimmte Zeit vereinbart). Über den Unterschied zwischen Vermutung und → Fiktion s. dort.

Vernachlässigen von Schutzbefohlenen
Wer Personen unter 18 Jahren oder wegen Gebrechlichkeit oder Krankheit Wehrlose, die seiner Obhut unterstehen, seinem Hausstand angehören oder ihm in einem Dienst-(Arbeits) verhältnis untergeordnet sind, böswillig vernachlässigt und dadurch gesundheitlich schädigt, wird nach § 225 StGB im Regelfall mit Freiheitsstrafe von 6 Monaten bis zu 10 Jahren bestraft. Der Täter handelt böswillig, wenn seiner Handlungsweise verwerfliche Motive (nicht bloß Charakterschwäche) zugrundeliegen.

Wer seine Fürsorge- oder Erziehungspflicht gegenüber einem noch nicht 16-jährigen Schutzbefohlenen vernachlässigt und ihn dadurch in seiner körperlichen oder psychischen Entwicklung erheblich gefährdet oder in die Gefahr eines kriminellen Lebenswandels oder der Prostitution bringt, wird nach § 171 StGB mit Freiheitsstrafe bis zu 3 Jahren oder Geldstrafe bestraft. Beide Delikte können in Tateinheit stehen (→ Konkurrenz von Straftaten).

Vernehmung
ist mehr als eine → Anhörung; bei ihr wirkt der Vernehmende durch Fragen, Vorhalte usw. aktiv auf Klärung des Sachverhalts und ggf. von Rechtsfragen hin. Sa → Vernehmungen im Strafverfahren.

Vernehmungen im Strafverfahren
Eine Vernehmung setzt voraus, dass die Vernehmungsperson der Auskunftsperson in amtlicher Funktion gegenübertritt und in dieser Eigenschaft von ihr Auskunft verlangt (BGHSt 40, 211). Dazu gehören nicht informatorische Befragungen, spontane Äußerungen gegenüber Amtspersonen oder Angaben gegenüber verdeckt ermittelnden Beamten.

1. Vernehmung im Ermittlungsverfahren: a) Vernehmung des Beschuldigten: Im → Ermittlungsverfahren in Strafsachen ist der Beschuldigte, wenn es nicht zur Einstellung kommt, spätestens vor dessen Abschluss zu vernehmen; in einfachen Sachen und vor Erlass eines → Strafbefehls genügt schriftliche Anhörung. Nach §§ 136, 163a StPO ist ihm nach Feststellung seiner Personalien bei jeder Vernehmung durch Polizei, StA oder Gericht (ggf. erneut) zu eröffnen, was ihm zur Last gelegt wird. StA und Richter müssen ihn dabei über die in Betracht kommenden Strafvorschriften belehren. Der Beschuldigte ist ausdrücklich darauf hinzuweisen, dass es ihm nach dem Gesetz freistehe, sich zu der Beschuldigung zu äußern oder nicht zur Sache auszusagen und jederzeit, auch schon vor seiner Vernehmung, einen von ihm zu wählenden → Verteidiger zu befragen; ebenso, dass er zu seiner Entlastung Beweiserhebungen beantragen kann und unter den Voraussetzungen des § 140 I, II StPO die Bestellung eines Pflichtverteidigers beanspruchen kann. In geeigneten Fällen soll er auch auf die Möglichkeit einer schriftlichen Äußerung und eines Täter-Opfer-Ausgleichs hingewiesen werden. Außerdem soll über die reinen Personalangaben (→ Namensangabe, falsche) hinaus auf Ermittlung seiner persönlichen Verhältnisse Bedacht genommen werden, soweit diese für die Sache von Bedeutung sind; Fragen nach Vorstrafen sind nur unter diesem Gesichtspunkt angebracht.

Unterbleibt die Belehrung über die Aussagefreiheit oder das Recht zur Verteidigerkonsultation, so entsteht ein Verwertungsverbot (→ Beweisverbote) für die Aussage (BGHSt 38, 214 und 372). Gleiches gilt, wenn der Beschuldigte die Belehrung auf Grund seines geistig-seelischen Zustandes nicht verstanden hat (BGHSt 39, 349). Ein Verwertungsverbot besteht aber nicht, wenn der Beschuldigte seine Rechte auch ohne Belehrung gekannt hat oder nach (qualifizierter) Belehrung mit Hinweis auf die Unverwertbarkeit oder nach Belehrung in der Kenntnis, von den bisherigen Angaben abrücken zu können, seine Aussage wiederholt oder wenn der verteidigte Angeklagte in der Hauptverhandlung der Aussageverwertung ausdrücklich zustimmt oder ihr bis zum Ende des jeweiligen Beweisvorgangs nicht widerspricht; hat der Angeklagte keinen

Verteidiger, muss er auf das Widerspruchsrecht hingewiesen werden.

Ändern sich im Verlauf des Strafverfahrens die Angaben des ordnungsgemäß belehrten Beschuldigten, insbes. durch Widerruf eines → Geständnisses oder durch Schweigen in der Hauptverhandlung (su 2.) so wird die ursprüngliche Aussage nicht unverwertbar. Über sie kann durch Zeugenvernehmung der Vernehmungsperson, auch eines Polizeibeamten, oder Urkundenverlesung, wenn sie in einem richterlichen Protokoll (§ 254 I StPO) oder in einem vom Beschuldigten herrührenden Schriftstück (§ 249 I StPO) enthalten ist, Beweis erhoben werden.

b) Vernehmungen von Zeugen: Auch die Vernehmung der Zeugen ist mit der Feststellung der Personalien zu beginnen. Der Zeuge ist über den Gegenstand des Verfahrens zu unterrichten. Über die Wahrheitspflicht, ein etwaiges → Zeugnisverweigerungsrecht oder ein entsprechendes Untersuchungsverweigerungsrecht (→ körperliche Untersuchung im Prozess) oder ein Auskunftsverweigerungsrecht ist er schon von Polizei oder StA zu belehren (§ 57 S. 1 StPO, § 52 III StPO, § 81c III StPO, § 55 II StPO, § 163 III StPO). Zur Gegenüberstellung von Zeugen mit anderen Zeugen oder dem Beschuldigten s. § 58 II StPO. → Zeugenschutz.

Unterbleibt die Belehrung über das Zeugnisverweigerungsrecht nach § 52 StPO, so ist die Aussage unverwertbar (→ Beweisverbote). Dies gilt aber nicht, wenn der Zeuge nachträglich auf sein Zeugnisverweigerungsrecht verzichtet oder der Verwertung zustimmt oder wenn er sein Zeugnisverweigerungsrecht gekannt hat und auch nach Belehrung ausgesagt hätte. Beruft sich ein ordnungsgemäß belehrter Zeuge nach der Vernehmung auf sein Zeugnisverweigerungsrecht, darf die Aussage grundsätzlich nicht verwertet, also das Protokoll darüber nicht verlesen und die Vernehmungsperson – ausgenommen ein Richter (BGHSt 32, 25) – nicht dazu vernommen werden (§ 252 StPO).

Das Unterlassen der Belehrung über das Auskunftsverweigerungsrecht nach § 55 StPO begründet kein Verwertungsverbot (BGHSt 11, 213).

c) Verbotene Vernehmungsmethoden sind nach § 136a StPO: Täuschung (zB über ein angebliches Geständnis eines Mitbeschuldigten), Drohung (mit Verhaftung u. dgl.), Zwang, Quälerei, Misshandlung (sa → Folter) oder sonstige körperliche Eingriffe (soweit sie nicht gesetzlich zugelassen sind, wie zB → Blutentnahme), Ausnützen einer Ermüdung, → Hypnose, Verabreichen von Mitteln, mit denen die freie Willensbildung beeinflusst wird (s. → Narkoanalyse; anders bei bloßen Stärkungsmitteln); ebenso Versprechen von Vorteilen, die das Gesetz nicht vorsieht (zB Haftentlassung trotz Fluchtgefahr, Genussmittel). § 136a StPO verbietet aber nicht kriminalistische List. So dürfen dem Betroffenen Tatsachen verschwiegen oder ein bereits vorhandener Irrtum des Beschuldigten ausgenutzt werden. Verboten ist nur die Lüge, durch die der Beschuldigte irregeführt und in seiner Aussagefreiheit beeinträchtigt wird. Die Befragung des Beschuldigten durch eine Privatperson, die auf Veranlassung der Ermittlungsbehörde handelt, ist grundsätzlich keine Täuschung (sa e) und → verdeckte Ermittlungen). Aussagen, die unter Verletzung des § 136a StPO zustande gekommen sind, dürfen auch mit der zur eigenen Entlastung gegebenen Einwilligung des Aussagenden nicht verwertet werden (→ Beweisverbote). § 136a StPO gilt auch für die Vernehmung von Zeugen (§ 69 III StPO, § 163a V StPO).

d) Über die Vernehmung eines festgenommenen Beschuldigten s. → Festnahme, → Untersuchungshaft.

e) Zu beachten ist, dass die angeführten Belehrungspflichten nicht eingreifen, wenn keine Vernehmung vorliegt (s. o.) oder der Beschuldigte nicht in dieser Eigenschaft befragt wird. Äußerungen gegenüber Privatpersonen fallen grundsätzlich ebenfalls nicht darunter, auch wenn das Gespräch auf Veranlassung der Ermittlungsbehörde geführt oder von dieser überwacht wird (→ verdeckte Ermittlungen; str.). Die Beschuldigteneigenschaft wird grundsätzlich erst durch einen Willensakt der Strafverfolgungsbehörde begründet, idR durch die Einleitung eines Ermittlungsverfahrens; der Tatverdacht allein genügt dazu nicht.

2. Vernehmung in der → Hauptverhandlung: Sie wird nach Aufruf der Sache und Belehrung der Zeugen (§ 57 StPO) vom Vorsitzenden durchgeführt. Der Angeklagte wird in Abwesenheit der Zeugen, sofern diese nicht als Verletzte gem. § 406g I StPO zur Anwesenheit berechtigt sind, zunächst nur über seine persönlichen Verhältnisse vernommen. Nach Verlesung des Anklagesatzes durch die StA wird er darauf hingewiesen, dass es ihm freistehe, sich zur Anklage zu äußern oder nicht zu Sache auszusagen (§ 243 V 1 StPO). Entschließt er sich zur Aussage, wird er zur Sache vernommen. Wird der Angeklagte nicht belehrt, darf seine Aussage nicht verwertet werden. Die Belehrung muss nachgeholt und die Vernehmung wiederholt werden. Ein Verstoß gegen § 243 V 1 StPO führt aber nicht zur Urteilsaufhebung, wenn der Angeklagte seine Aussagefreiheit gekannt hat. Nach Vernehmung des Angeklagten werden die Zeugen einzeln und in Abwesenheit der später zu hörenden Zeugen vernommen (§ 58 I StPO), ggf. nach Belehrung über ein Zeugnis- oder Auskunftsverweigerungsrecht (zur Verwertung der Aussagen s. o. 1. b). Sa → Kreuzverhör, → Zeugenschutz, → Video-Aufzeichnungen u. Übertragungen.

Vernehmungen im Zivilprozess
→ Parteivernehmung; über die Vernehmung von → Zeugen und → Sachverständigen s. dort; über den Begriff → Vernehmung.

Vernichtbarkeit
→ Nichtigkeit von Rechtsgeschäften (1 aE).

Vernichtung einer Testamentsurkunde
→ Widerruf des Testaments.

Veröffentlichung von Strafurteilen
→ Bekanntgabe der Verurteilung.

Verordnung
→ Rechtsverordnung, → Verwaltungsverordnung; → Verordnungen der Europäischen Union.

Verordnung über Informations- und Nachweispflichten nach bürgerlichem Recht
→ BGB-Informationspflichten-Verordnung.

Verordnungen der Europäischen Union
Verordnungen der Europäischen Union sind Rechtsnormen des auf Grund von → EU-Vertrag und → AEUV in dem Verfahren der → europäischen Gesetzgebung gesetzten → EU-Rechts. Sie sind Normen des Sekundärrechts. Sie sind keine Rechtsverordnungen im Sinne des nationalen deutschen Rechts, sondern entsprechen als Gesetzgebungsakte vielmehr den Gesetzen nach nationalem Recht. Sie haben Vorrang vor dem nationalen Recht einschl. des Verfassungsrechts der Mitgliedstaaten. Verordnungen der EU sind als Normen des europäischen Rechts geeignet, unmittelbar Rechte und Pflichten im innerstaatlichen Bereich zu begründen. Sie werden im ABl. der EU publiziert.

Verpachtung
→ Pachtvertrag.

Verpackungen
1. Das Gesetz über das Inverkehrbringen, die Rücknahme und die hochwertige Verwertung von Verpackungen (VerpackG) v. 5.7.2017 (BGBl. 2017 I 2234) bezweckt, die Umweltauswirkungen von Verpackungsabfällen (→ Abfälle), die typischerweise beim privaten Endverbraucher anfallen, zu vermeiden oder zu verringern (§ 1 I VerpackG). Dazu legt das Gesetz die Anforderungen des § 23 KrWG (→ Kreislaufwirtschaft) an die Produktverantwortung für Verpackungen fest. Es gilt für alle Verpackungen iSv § 3 VerpackG und ersetzt seit Januar 2019 die zeitgleich außer Kraft getretene Verpackungsverordnung v. 21.8.1998 (BGBl. 1998 I 2379). Es setzt die europäische Verpackungsrichtlinie 94/62/EG um. Eine harmonisierende EU-Verpackungsverordnung ist derzeit in Vorbereitung (Trilog-Verfahren) und wurde im April 2024 vorläufig angenommen. Ziel ist das Verbot bestimmter Einwegverpackungen aus Kunststoff und ein stärkerer Fokus auf den „Lebensdaueransatz".

2. § 3 I VerpackG definiert Verpackungen als aus beliebigen Materialien hergestellte Erzeugnisse zur Aufnahme, zum Schutz, zur Handhabung, zur Lieferung oder zur Darbietung von Waren. Ferner unterscheidet es zB zwischen Getränke-, Mehrweg- oder Einwegverpackungen. Zur Erreichung des Gesetzes-Zweckes regeln die §§ 4–6 VerpackG die allgemeinen Anforderungen an Verpackungen, Beschränkung des Gehaltes an bestimmten Schwermetallen sowie die Identifizierung des Verpackungsmaterials.

3. Systembeteiligungspflichtige Verpackungen sind Verpackungen, die typischerweise beim privaten Endverbraucher nach Gebrauch als Abfall anfallen (§ 3 VIII VerpackG). §§ 7–9 VerpackG verpflichten Hersteller dieser Verpackungen, sich an mindestens einem flächendeckenden unentgeltlichen Rücknahmesystem (→ Duales System, 1.) zu beteiligen. Das Inverkehrbringen systembeteiligungspflichtiger Verpackungen ohne Beteiligung an einem Rücknahmesystem ist verboten (§ 7 I VerpackG).

4. Alle anderen Verpackungen, ausgenommen Getränke-Verpackungen, sind gemäß den Vorgaben der §§ 13–17 VerpackG zu sammeln, zurückzunehmen und zu verwerten, dh nach Maßgabe von § 8 I KrWG vorrangig einer Vorbereitung zur Wiederverwendung oder dem → Recycling zuzuführen. Nach § 1 IV VerpackG sollen bis 2026 65 Masseprozent aller Verpackungsabfälle recycelt werden (→ Abfallverwertung). Verpackungen sind grundsätzlich unentgeltlich zurückzunehmen; bei Letztvertreibern gilt das nur für deren eigenes Sortiment (§ 15 I VerpackG). Verpackungen, die bestimmte Mengen von Blei, Cadmium, Quecksilber und Chrom VI enthalten, sind verboten, ebenso ab 1.1.2022 leichte Kunststofftragetaschen (§ 5 VerpackG).

5. Auf Einweg-Getränke-Verpackungen mit einem Volumen zwischen 0,1 und 3,0 Litern muss ein Pfand von mindestens 0,25 EUR erhoben werden (§ 31 VerpackG). Diese Verpackungen sind dauerhaft, deutlich lesbar und an gut sichtbarer Stelle als pfandpflichtig zu kennzeichnen. Vertreiber sind verpflichtet, diese am Ort der tatsächlichen Übergabe oder in dessen unmittelbarer Nähe unentgeltlich zurückzunehmen und das Pfand zu erstatten, abhängig von der Geschäftsgröße ggf. beschränkt auf das eigene Sortiment. Bestimmte Getränke-Verpackungen sind von diesen Regelungen ausgenommen (§ 31 IV VerpackG), zB Verpackungen von Alkohol- und Milcherzeugnissen. Ab 1.1.2024 werden auch Milcherzeugnisse in Kunnststoffflaschen von der Pfandpflicht erfasst. Bußgelder können bis zu 200.000 EUR betragen (§ 34 VerpackG). → Alkoholhaltige Getränke, → Einwegkunststoffprodukte, → Getränkeverpackungen.

Verpackungsteuer
ist als örtliche Verbrauchs- und Aufwandsteuer (Art. 105 II GG; → Gemeindeabgaben) wegen ihrer Lenkungswirkung (→ Lenkungssteuer) unzulässig, weil sie der → konkurrierenden Gesetzgebung (Art. 74 Nr. 24 GG) entgegensteht (BVerfG NJW 1998, 2341; → Abfälle).

Verpackungsverordnung
Die Verpackungsverordnung wurde zum 1.1.2019 aufgehoben und durch das Verpackungsgesetz ersetzt: → Verpackungen.

Verpächterpfandrecht
→ Pachtvertrag.

Verpfändung
→ Pfandrecht; – von → Dienstbezügen s. dort; – von Sozialleistungsansprüchen → Abtretung (6).

Verpflichtung nichtbeamteter Personen
auf gewissenhafte Erfüllung ihrer Obliegenheiten soll bei allen bei einer Behörde oder sonstigen öffentlichen Stelle mit öffentlichen Aufgaben Beschäftigten erfolgen, die nicht → Amtsträger sind, ebenso bei öffentl. bestellten Sachverständigen (VerpflichtungsG vom 2.3.1974, BGBl. 1974 I 547). Den öffentlichen Stellen gleichgestellt sind die mit öffentlichen Aufgaben befassten Verbände, Betriebe, Unternehmen u. dgl. (zB Wirtschaftsverbände, Verkehrsbetriebe). Die zu Verpflichtenden sind insbes. auf die strafrechtliche Bedeutung der Verpflichtung hinzuweisen, durch die sie zB hinsichtl. der Vorschriften gegen → Bestechung und Bruch des → Dienstgeheimnisses oder → Berufsgeheimnisses den Amtsträgern ausdrücklich gleichgestellt werden. Sa § 11 I Nr. 4 StGB.

Verpflichtungsermächtigung
→ Haushaltsrecht (7).

Verpflichtungsgeschäft
→ Rechtsgeschäft (2g).

Verpflichtungsklage
→ Verwaltungsstreitverfahren (1).

Verpflichtungsschein
→ kaufmännischer Verpflichtungsschein.

Verpflichtungsvertrag
→ Vertrag (4).

Verpflichtungszusagen
Hat eine → Kartellbehörde ein → Kartellverwaltungsverfahren eingeleitet, weil sie das Verhalten von Unternehmen als kartellrechtswidrig erachtet, und bieten die Unternehmen an, Verpflichtungen einzugehen, die geeignet sind, die Bedenken der Kartellbehörde auszuräumen, so kann die Kartellbehörde für diese Unternehmen die Verpflichtungszusagen durch Verfügung für bindend erklären (vgl. Art. 9 VO (EG) 1/2003 (→ Kartellverfahrensverordnung), § 32b GWB).

Verramschung
nennt man den Verkauf der Restauflage eines Buches, das zum Laden(Buchhandlungs)preis nicht mehr nennenswert abgesetzt werden kann, zu stark herabgesetzten Preisen, die von der → Buchpreisbindung ausgenommen sind (vgl. § 8 BuchPrG). Zur Verramschung ist der Verleger auf Grund des → Verlagsrechts auch ohne Zustimmung des Verfassers befugt, wenn dessen berechtigte Interessen nicht verletzt werden (§ 21 VerlG).

Verrat
→ Hochverrat, → Landesverrat, → Verfassungshochverrat, → Geheimnisverrat.

Verrechnung
→ Aufrechnung, → Kontokorrent. Verrechnung ist im Sozialrecht nach den §§ 51, 52 SGB I zulässig. Eine Verrechnung ist nicht zulässig, wenn Bedürftigkeit iSd SGB II bzw. SGB XII eintreten könnte. Der Schuldner muss den möglichen Eintritt der Hilfebedürftigkeit nachweisen. Wenn Beiträge geschuldet werden oder zu Unrecht Leistungen erbracht worden sind, ist im Übrigen eine Verrechnung bis zur Hälfte der bezogenen Sozialleistung zulässig. Die Verrechnung ist eine Ermessensentscheidung. Eine vorherige Anhörung ist erforderlich (§ 24 SGB X). Der Kreis der Leistungsträger ergibt sich aus § 12 SGB I iVm §§ 18–29 SGB I. Häufiger Anwendungsfall in der Praxis sind Verrechnungsersuchen an die Rentenversicherungsträger, da die Rentenleistungen idR dauerhaft sind und keinen größeren Schwankungen unterliegen. Eine Verrechnung zu Gunsten anderer Behörden, zB Finanzverwaltung ist unzulässig.

Verrechnungsdarlehen
→ Darlehensvertrag (1).

Verrechnungspreise
sind die Preise, die verbundene Unternehmen für gegenseitige Leistungen untereinander vereinbaren (→ verdeckte Gewinnausschüttung/verdeckte Einlage). Internationale Verrechnungspreise können steuerlich korrigiert werden, wenn sie nicht dem entsprechen, was fremde Dritte untereinander vereinbart hätten (vgl. § 1 AStG, Art. 9 OECD-Musterabkommen; sog. → Arm's-length-Grundsatz, → Fremdvergleich). National bestehen teilweise Richtlinien zur steuerlichen Prüfung von Verrechnungspreisen (zB BMF-Schreiben v. 22.12.2016, BStBl. I 2017, 182).

Verrechnungsscheck
Ein Verrechnungsscheck ist ein → Scheck, bei dem es dem → Bezogenen verboten ist, den Scheck bar zu bezahlen. Der Scheck darf nur im Wege der Gutschrift auf ein anderes Bankkonto eingelöst werden (Art. 39 ScheckG). Ein Verrechnungsscheck entsteht dadurch, dass der Scheck auf der Vorderseite den Vermerk erhält „nur zur Verrechnung". Zweck des Verrechnungsschecks ist, der Gefahr von Fälschung und Veruntreuung des Schecks zu begegnen, weil bei ihm zuverlässig festgestellt werden kann, wem der Scheckbetrag gutgeschrieben wurde. Dem gleichen Zweck dient der → gekreuzte Scheck. Der Gegensatz zum Verrechnungsscheck ist der → Barscheck.

Verrichtungsgehilfe
→ unerlaubte Handlung (5a).

Verruferklärung
→ Boykott.

Versäumnisurteil
Das Versäumnisurteil ist ein → Urteil, das gegen die säumige Partei ergeht, weil sie einen Termin zur → mündlichen Verhandlung, bei dem Beklagten auch, wenn dieser die rechtzeitige Anzeige der Verteidigungsbereitschaft versäumt hat (→ Säumnis). Versäumnisurteile gibt es nur im Zivilprozess und im arbeitsgerichtlichen Verfahren. In den anderen Gerichtsbarkeiten ist das Versäumnisverfahren wegen des dort herrschenden → Untersuchungsgrundsatzes ausgeschlossen. Ein Versäumnisurteil kann gegen den Kläger (§ 330 ZPO) oder gegen den Beklagten (§ 331 ZPO) und nur auf Antrag der Gegenpartei ergehen. Es setzt voraus, dass die Klage zulässig (→ Prozessvoraussetzungen) und, wenn es gegen den Beklagten ergeht, auch schlüssig ist (→ Schlüssigkeit). Versäumnisurteile können einen erheblich abgekürzten Inhalt haben (§ 313b ZPO) und werden mit dem Einspruch (→ Einspruch, 1), nur ausnahmsweise mit der → Berufung (§ 514 II ZPO) angefochten, wenn ein sog. zweites Versäumnisurteil (§ 345 ZPO) vorliegt. Ein Versäumnisurteil kann, soweit zulässig, auch in höherer Instanz ergehen (vgl. § 539 ZPO). Häufig wird von einem unechten Versäumnisurteil gesprochen, das in Wirklichkeit ein → streitiges Urteil ist, nämlich wenn gegen die säumige Partei ein Urteil ergeht, aber nicht auf Grund der Säumnis, oder gegen die erschienene Partei trotz Säumnis des Gegners (zB Abweisung der Klage als unzulässig oder nicht schlüssig). Gegen ein unrechtes Versäumnisurteil ist nicht mit einem Einspruch, sondern mit den herkömmlichen Rechtsmitteln vorzugehen.

Versäumung
Versäumung von Fristen oder Terminen → Wiedereinsetzung in den vorigen Stand, → Versäumnisurteil.

Versailler Vertrag
Der Friedensvertrag von Versailles, der den ersten Weltkrieg beendete, wurde am 28.6.1919 zwischen den Alliierten und den ihnen assoziierten Mächten und dem Deutschen Reich geschlossen, nachdem die deutsche → Nationalversammlung ihm am 23.6.1919 zugestimmt hatte (RGBl. 1919, 687). Von den USA wurde er nicht ratifiziert. Der Versailler Vertrag enthält außer dem eigentlichen Vertragswerk die Satzung des → Völkerbundes und Bestimmungen über das internationale Arbeitsrecht. Für Deutschland bedeutete der Versailler Vertrag eine überaus schwere politische und wirtschaftliche Belastung durch Anerkennung der Kriegsschuldthese, den Verlust sämtlicher Kolonien, umfangreiche Gebietsabtretungen, Verzicht auf Ansprüche des Reiches im Ausland, hohe Reparationsleistungen uam. Zu der Abtretung von Reichsgebiet an Nachbarstaaten – insbes. an Frankreich (Elsass-Lothringen), Belgien (Eupen, Malmedy, Moresnet), Polen (Teile Oberschlesiens), die Tschechoslowakei (Sudetengebiet), Dänemark (Nordschleswig) – kam der vorübergehende Verlust des Saargebiets, das Ausscheiden des Memelgebiets und Danzigs aus dem Reich sowie das Verbot des Anschlusses von Deutsch-Österreich. Ferner mussten die Internationalisierung von Rhein, Donau, Elbe, Oder und Memel, eine 15-jährige, später auf 10 Jahre abgekürzte Besetzung des linken Rheinufers und dessen Entmilitarisierung sowie eine Begrenzung der deutschen Streitkräfte und die Einschränkung der Lufthoheit hingenommen werden. Die finanziellen Belastungen durch den VV trugen zum Niedergang der deutschen Wirtschaft und zur Entwicklung einer Inflation bei, während die mit ihm verbundene Diskriminierung einer extrem nationalistischen Propaganda Nahrung gab. Der Versailler Vertrag ist daher letztlich eine der Ursachen des Untergangs der Weimarer Republik geworden.

Versammlung
→ Hauptversammlung, → Gesellschafterversammlung, → Verein (1b), → Wohnungseigentum (3); sa → Versammlungsfreiheit, → Versammlungsgesetz.

Versammlungen
→ Versammlungsfreiheit; → Versammlungsgesetz.

Versammlungsfreiheit
Versammlungsfreiheit ist das Recht, sich ohne Anmeldung oder Erlaubnis friedlich und ohne Waffen zu versammeln; sie ist durch Art. 8 GG allen Deutschen als → Grundrecht garantiert. Versammlungen sind Zusammenkünfte einer Vielzahl von Menschen zum Zwecke gemeinsamer Erörterungen oder Kundgebungen. Die Versammlungsfreiheit gewährleistet das Recht des Einzelnen, öffentliche Versammlungen und Aufzüge zu veranstalten und an solchen Veranstaltungen teilzunehmen, darüber hinaus aber auch, sich an den in der Versammlung stattfindenden Erörterungen und Kundgebungen zu beteiligen. Art. 8 GG unterscheidet dabei zwischen Versammlungen in geschlossenen Räumen und solchen unter freiem Himmel. Demonstrationen sind als Versammlungen unter freiem Himmel iSd GG anzusehen. Für Versammlungen unter freiem Himmel kann das Grundrecht nach Art. 8 II GG durch Gesetz oder auf Grund eines Gesetzes eingeschränkt werden, während das Recht zur Abhaltung von Versammlungen in geschlossenen Räumen nicht beschränkbar ist und nur den allen Grundrechten → immanenten Schranken unterliegt. Wichtiger Ausfluss der Versammlungsfreiheit ist die Demonstrationsfreiheit (→ Demonstration). Das Versammlungs- und Aufzugsrecht ist im → Versammlungsgesetz geregelt.

Versammlungsgesetz
1. Durch das Gesetz über Versammlungen und Aufzüge v. 15.11.1978 (BGBl. 1978 I 1789) mÄnd (Versammlungsgesetz-VersG) werden die Schranken des → Grundrechts der → Versammlungsfreiheit (Art. 8 GG) näher bestimmt. Nach § 1 VersG hat jedermann das Recht, öffentliche Versammlungen und Aufzüge zu veranstalten und an solchen Veranstaltungen teilzunehmen. Dieses Recht besitzt nicht, wer das Grundrecht der Versammlungsfreiheit verwirkt hat (→ Verwirkung von Grundrechten), wer die Ziele einer für verfassungswidrig erklärten → Partei fördern will, ferner nicht eine für verfassungswidrig erklärte Partei oder nach Art. 9 II GG verbotene Vereinigung. Rechtsradikale Organisationen, die nicht verboten sind, können sich aber wie jedermann auf die Versammlungsfreiheit berufen (OVG Berlin Beschl. v. 11.3.2000, NJW 2000, 3586). Der Veranstalter muss in der Einladung seinen Namen angeben. Störungen von Vers. und Aufzügen sind untersagt. Niemand darf ohne behördliche Ermächtigung Waffen bei sich tragen. Das Uniformverbot (§ 3 VersG) untersagt, öffentlich oder in Versammlungen Uniformen, Uniformteile oder ihnen gleichartige Kleidungsstücke als Ausdruck gemeinsamer politischer Gesinnung zu tragen; Jugendverbänden kann eine Ausnahmegenehmigung erteilt werden.

2. Das Versammlungsgesetz unterscheidet öffentliche Versammlungen in geschlossenen Räumen, öffentliche Versammlungen unter freiem Himmel und Aufzüge. Demonstrationen fallen unter den Begriff der Versammlungen unter freiem Himmel und Aufzüge. Der Begriff → Demonstration ist kein Gesetzesbegriff.

a) Öffentliche Versammlungen unter freiem Himmel und Aufzüge (§§ 14 ff. VersG) sind der zuständigen Behörde mindestens 48 Stunden vorher anzuzeigen (Erlaubnis nicht erforderlich); sie dürfen verboten oder von entsprechenden Auflagen abhängig gemacht werden, wenn nach den Umständen die öffentliche Ordnung und Sicherheit unmittelbar gefährdet ist. Eine Versammlung kann insbes. verboten oder von besonderen Auflagen abhängig gemacht werden, wenn die Versammlung an einem Ort stattfindet, der als Gedenkstätte von historisch herausragender u. überregionaler Bedeutung an die Opfer der menschenunwürdigen Behandlung unter der nationalsozialistischen Gewalt- und Willkürherrschaft erinnert; das Denkmal für die ermordeten Juden Europas in Berlin ist kraft Gesetzes ein solcher Ort (vgl. im Einzelnen § 15 VersG); der Landesgesetzgeber kann weitere Orte bestimmen, auf die die o. g. Kriterien kraft Gesetzesbefehl zutreffen. Innerhalb der → Befriedeten Bezirke können sie nur unter besonderen Voraussetzungen genehmigt werden (§ 16 VersG). Schutzbewaffnung und Vermummung sind für ihre Teilnehmer verboten (§ 17a VersG). Nicht abschließend geklärt ist die Problematik der im V. nicht erwähnten Spontandemonstration (vgl. dazu BVerwG NJW 1967, 1191), dh von Versammlungen oder Aufzügen, die ohne Vorbereitung aus aktuellem Anlass spontan entstehen. Die hM bejaht ihre Zulässigkeit, wenn der mit der Versammlung verfolgte Zweck bei Einhaltung der Anmeldefrist nicht mehr erreicht werden kann und wenn Gemeinschaftsinteressen (deren Schutz die Anzeigepflicht dient) nicht unzumutbar beeinträchtigt werden.

b) Versammlungen in geschlossenen Räumen (§§ 5 ff. VersG) dürfen nur im Einzelfall verboten werden und nur dann, wenn dem Veranstalter das Versammlungsrecht nicht zusteht, wenn bewaffneten Teilnehmern Zutritt gewährt oder wenn ein gewalttätiger oder aufrührerischer Verlauf angestrebt wird. Unter diesen Voraussetzungen kann auch eine bereits stattfindende Versammlung von der Polizei aufgelöst werden.

3. Strafbar oder ordnungswidrig sind die unzulässige Durchführung von Versammlungen oder Aufzügen, die öffentliche Aufforderung zur Teilnahme an ihnen, die Verwendung bewaffneter Ordner, die Teilnahme unter Mitführen von Waffen oder Schutzwaffen, Verstoß gegen das Uniformverbot und das Vermummungsverbot oder gegen Ordnungsvorschriften (§§ 23 ff. VersG). Dem Schutz des Versammlungsrechts dienen Straf- oder Bußgeldvorschriften gegen die Störung von Versammlungen und Aufzügen (§§ 21, 22 I Nr. 4 VersG). Bei Versammlungen darf die Polizei nur unter bestimmten Voraussetzungen Bild- und Tonaufnahmen anfertigen (§ 12a VersG). Sa → Demonstrationsdelikte, → Landfriedensbruch.

Versandapotheke
→ Internetapotheke; sa → Apothekenwesen.

Versandhandel
→ Einzelhandel, → Fernabsatzvertrag, → Binnenmarkt, → Umsatzsteuer, → Verbrauchsteuern.

Versandspediteur
→ Spediteur.

Versatz
Versatzmaterial enthält → Abfälle und wird im → Bergbau untertage bergtechnisch und -sicherheitlich genutzt. Die V.–VO v. 24.7.2002 (BGBl. 2002 I 2833) mÄnd regelt diese Art der → Abfallverwertung. Sa → Gewinnungsabfälle.

Verschaffungsvermächtnis
ist das → Vermächtnis eines Gegenstands, der sich nicht im → Nachlass befindet, sondern erst beschafft werden muss. Es ist beim → Stückvermächtnis grds. unwirksam (§ 2169 BGB). Will der → Erblasser den Gegenstand jedoch ausnahmsweise dem Vermächtnisnehmer auch für diesen Fall zuwenden, so hat der Beschwerte den Gegenstand dem Bedachten

zu verschaffen; ist ihm dies unmöglich, so hat er den Wert zu entrichten (§ 2170 BGB).

Verschlechterungsverbot
→ reformatio in peius.

Verschleiertes Arbeitseinkommen
→ Lohnschiebungsvertrag.

Verschleppte Personen
Deutsche, die wegen ihrer Volkszugehörigkeit oder Staatsangehörigkeit oder in ursächlichem Zusammenhang mit den Kriegsereignissen in ein ausländisches Staatsgebiet verschleppt worden sind, erhielten bis zur Aufhebung des Verschleppungstatbestandes Hilfe nach dem → Heimkehrer(gesetz). Die Verschleppungszeit wird ferner in der → Rentenversicherung als → Ersatzzeit berücksichtigt (§ 250 I Nr. 2 SGB VI). Der Anrechnung als Ersatzzeit erfolgt nur bei Erfüllung der Voraussetzungen zB rechtzeitiger Aufenthalt in der Bundesrepublik nach dem Ende der → Verschleppung.

Verschleppung
Straftatbestand nach § 234a StGB, der die Verschleppung des Opfers in ein Gebiet außerhalb der Bundesrepublik erfasst, die es dort der Gefahr einer politischen Verfolgung aussetzt. Danach ist strafbar, wer einen anderen durch List, → Drohung oder → Gewalt in ein Gebiet außerhalb des Geltungsbereichs des Strafgesetzbuchs verbringt oder veranlasst, sich dorthin zu begeben, oder davon abhält, von dort zurückzukehren, und ihn dadurch der Gefahr aussetzt, aus politischen Gründen verfolgt zu werden und hierbei im Widerspruch zu rechtsstaatlichen Grundsätzen durch Gewalt- oder Willkürmaßnahmen Schaden an Leib oder Leben zu erleiden, der Freiheit beraubt oder in seiner beruflichen oder wirtschaftlichen Stellung empfindlich beeinträchtigt zu werden. Die Tat ist unabhängig vom Tatort strafbar, wenn das Opfer ein im Inland ansässiger Deutscher ist (§ 5 Nr. 6 StGB). Der Strafrahmen sieht Freiheitsstrafe nicht unter 1 Jahr, in minder schweren Fällen Freiheitsstrafe von 3 Monaten bis zu 5 Jahren vor. Schon die Vorbereitung der Verschleppung (Auskundschaften einer Gelegenheit zur Tat, Beobachten des Opfers) wird nach § 234a III StGB mit Freiheitsstrafe bis zu 5 Jahren oder Geldstrafe bestraft; doch ist das Verabreden der Verschleppung, das Sicherbieten oder dessen Annahme nach § 30 StGB zu verfolgen (→ Duchesne-Paragraph, sa → Anstiftung, 2; die Vorschriften des § 31 StGB über Rücktritt und tätige Reue sind auch anzuwenden, wenn es nur zu Vorbereitungshandlungen nach § 234a StGB kommt). S. ferner → Menschenraub, → Menschenhandel, → Entführung, → Entziehung Minderjähriger, → Sklavenhandel.

In der gesetzlichen → Rentenversicherung kann die Zeit der Verschleppung für → Verschleppte Personen ggf. als → Ersatzzeit nach § 250 I Nr. 2 SGB VI angerechnet werden (→ Wartezeit).

Verschleppung des Verfahrens
→ Prozessverschleppung.

Verschlusssachen
Verschlusssachen (übliche Abkürzung VS) sind im behördlichen Verkehr die Angelegenheiten aller Art, die Unbefugten nicht mitgeteilt werden dürfen und die durch besondere Sicherheitsmaßnahmen geschützt werden müssen. Man unterscheidet VS-Streng geheim (wenn die Kenntnisnahme durch Unbefugte den Bestand der BRep. oder eines ihrer Länder gefährden kann), VS-Geheim (bei Gefahr eines schweren Schadens), VS-Vertraulich und VS-Nur für den Dienstgebrauch. Den Geheimhaltungsgrad bestimmt die Behörde, die die Verschlusssachen herausgibt. Von der Einstufung als Verschlusssachen ist nur der unbedingt notwendige Gebrauch zu machen.

Verschmelzung
→ Umwandlung (1b).

Verschmutzungsrechte
→ Emissionshandel.

Verschneiden, Verschnitt
Verschneiden oder Verschnitt bezeichnet das Vermischen von Erzeugnissen des Weinbaus (§ 2 Nr. 14 WeinG, → Wein).

Verschollenheit
→ Todeserklärung.

Verschulden
1. Grundsatz: Die zivilrechtliche Verantwortlichkeit des zu einer → Leistung Verpflichteten sowie das Eintretenmüssen für Leistungsstörungen (→ Pflichtverletzung, → Unmöglichkeit der Leistung, → Schuldnerverzug, → positive Vertragsverletzung, → Schadensersatz) hängen nach dem das BGB beherrschenden Verschuldensprinzip neben der → Rechtswidrigkeit seines Handelns grds. von dessen Verschulden bzw. vom Verschulden der Personen ab, für die der Verpflichtete einzustehen hat. Das Gesetz spricht meist statt vom Verschulden von Vertretenmüssen. Verschulden ist die Vorwerfbarkeit eines rechtswidrigen Handelns. Das Verschulden setzt eine Zurechnungsfähigkeit voraus. Nicht verantwortlich ist demnach, wer im Zustand der Bewusstlosigkeit oder krankhaften Störung der Geistestätigkeit handelt, sofern er sich nicht schuldhaft in diesen Zustand versetzt hat (zB Rausch); unzurechnungsfähig sind ferner Kinder unter 7 Jahren, während die Verantwortlichkeit von Personen zwischen 7 und 18 Jahren von deren Einsichtsfähigkeit abhängt (§ 276 I 2 BGB, §§ 827, 828 BGB, s. iE → Deliktsfähigkeit). S. ferner → Mitverschulden. Sa → Verschulden beim Vertragsschluss.

2. Haftung für eigenes Verschulden, Vorsatz, Fahrlässigkeit, Haftungserleichterungen: Der Schuldner hat in einem → Schuldverhältnis grds. Vorsatz und Fahrlässigkeit (= Verschulden) zu vertreten, sofern eine strengere oder mildere Haftung (s. u.) weder gesetzlich oder vertraglich bestimmt noch aus dem

sonstigen Inhalt des Schuldverhältnisses, insbes. aus der Übernahme einer → Garantie (sa → Garantievertrag) oder dem Risiko, dass der Gegenstand erst beschafft werden muss (→ Beschaffungsrisiko), zu entnehmen ist, § 276 I 1 BGB.

Vorsatz ist das Wissen und Wollen des rechtswidrigen Erfolgs. Der Begriff des Vorsatzes entspricht nach hM der Begriffsbestimmung im Strafrecht (→ Schuld); auch bedingter Vorsatz (dolus eventualis) ist (wie im Strafrecht) ausreichend. Eine Absicht (der Erfolg tritt als gewolltes Ziel der Handlung ein) ist nur ausnahmsweise Voraussetzung, zB bei der → Insolvenzanfechtung. Der Vorsatz entfällt bei (wenn auch verschuldetem) → Irrtum (Vorsatztheorie) über die Voraussetzungen oder die Rechtswidrigkeit des Handelns (nicht über die Rechtsfolgen); doch wird bei Rechtsirrtum oftmals eine Haftung wegen Fahrlässigkeit bestehen bleiben.

Fahrlässig handelt, wer die im Verkehr erforderliche Sorgfalt außer Acht lässt, § 276 II BGB. Anders als im Strafrecht stellt der zivilrechtliche Fahrlässigkeitsbegriff damit nicht auf die Person des Schuldners, dh auf das Maß der ihm zumutbaren Einsichts- und Handlungsfähigkeit ab, sondern setzt einen objektiven Maßstab, der nach den Anforderungen im engeren Verkehrskreis der Beteiligten zu beurteilen ist. Fahrlässig handelt sowohl, wer den rechtswidrigen Erfolg (Schaden) zwar voraussieht, aber hofft, er werde nicht eintreten (sog. bewusste Fahrlässigkeit), als auch derjenige, der den Erfolg nicht voraussieht, ihn aber bei Anwendung der verkehrsüblichen Sorgfalt hätte voraussehen können (sog. unbewusste Fahrlässigkeit). Bei bewusster Fahrlässigkeit liegt zwar oftmals grobe Fahrlässigkeit nahe (s. u.); dies muss aber nicht der Fall sein. In bestimmten Fällen tritt ein Rechtserfolg nur bei grober Fahrlässigkeit ein (so zB der Ausschluss eines → gutgläubigen Erwerbs). Hier ist Voraussetzung, dass die verkehrsübliche Sorgfalt in besonders grobem Maße verletzt wurde, dass also selbst einfachste, jedem einleuchtende Überlegungen nicht angestellt wurden.

Haftungserleichterungen: Die Haftung wegen Vorsatzes kann dem Schuldner nicht im Voraus erlassen werden, § 276 III BGB. Eine Haftungserleichterung bis zur Grenze der groben Fahrlässigkeit gilt für die Personen, die nur wie für die → Sorgfalt in eigenen Angelegenheiten haften, § 277 BGB. Vertraglich kann die Haftung für Fahrlässigkeit durch Freizeichnungsklauseln (häufig in → Allgemeinen Geschäftsbedingungen in den Grenzen des § 309 Nr. 7b BGB: nicht für grobe Fahrlässigkeit) mehr oder weniger weit abbedungen werden. Sa → innerbetrieblicher Schadensausgleich.

3. Haftung für fremdes Verschulden: Der Schuldner hat ein Verschulden seines → gesetzlichen Vertreters und der Personen, deren er sich zur Erfüllung seiner Verbindlichkeit bedient (→ Erfüllungsgehilfe), in gleichem Umfang zu vertreten wie eigenes Verschulden, § 278 BGB. Gesetzlicher Vertreter ist hier (über den eigentlichen Wortlaut hinaus) jeder, der für einen anderen kraft Gesetzes handelt, zB der → Testamentsvollstrecker oder Insolvenzverwalter, nicht dagegen ein sog. verfassungsmäßig berufener Vertreter eines → Vereins oder einer anderen → juristischen Person (Vorstand ua; diese handeln als Organe der juristischen Person; ihre Haftung ist gesondert geregelt, vgl. § 31 BGB, Vereinshaftung, → Verein, 1d). Erfüllungsgehilfe ist, wer mit Willen des Schuldners bei der Erfüllung von dessen Verbindlichkeit tätig wird, auch wenn er zugleich eine eigene Verbindlichkeit erfüllt (zB der Spediteur des Schuldners). Der Erfüllungsgehilfe muss schuldhaft iRe bereits bestehenden gesetzlichen oder vertraglichen Schuldverhältnisses handeln (gilt auch für Verschulden bei Vertragsschluss); für schuldhafte Handlungen außerhalb eines Schuldverhältnisses oder nur bei Gelegenheit der Erfüllung (zB der Erfüllungsgehilfe stiehlt eine Uhr) haftet der Geschäftsherr nur aus → unerlaubter Handlung des → Verrichtungsgehilfen, § 831 BGB. Die Haftung für gesetzliche Vertreter und Erfüllungsgehilfen kann vertraglich ausgeschlossen werden.

4. Haftung ohne Verschulden: In einer Reihe von ausdrücklich geregelten Fällen haftet der Schuldner auch ohne Verschulden allein für einen eingetretenen rechtswidrigen Erfolg (Erfolgshaftung). Hierzu gehört insbes. die → Gewährleistung bei der Mängelhaftung (Kauf; ebenso beim → Werkvertrag ua), dies insbes. bei Übernahme einer → Garantie, ferner die → Gastwirtshaftung, die Haftung des Frachtführers (→ Frachtvertrag), die Haftung der Eisenbahn für beförderte Güter und Personen usw (→ Eisenbahnbetriebshaftung). Während des → Schuldnerverzugs hat der Schuldner grds. auch für Zufall, dh für ein von keiner Seite zu verantwortendes Ereignis einzustehen, § 287 S. 2 BGB. Eine Haftung ohne Verschulden bringen ferner die verschiedenen Fälle der → Gefährdungshaftung (insbes. für den Halter eines Kfz, → Straßenverkehrshaftung, sowie → Produkthaftung), bei der allerdings die Haftung regelmäßig entweder ziffernmäßig oder durch besondere Kriterien beschränkt ist. So ist die Haftung aus dem StraßenverkehrsG oder in anderen Fällen der Gefährdungshaftung (insbes. nach den Haftpflichtgesetzen) ausgeschlossen, wenn der Unfall durch höhere Gewalt verursacht wird, § 7 II StVG. Auch im neuen Reiserecht (→ Reisevertrag, Neuer Reiserecht, 4) kommt dem Begriff der höheren Gewalt (trotz Änderung des Gesetzeswortlauts) noch Bedeutung zu. Höhere Gewalt ist ein von außen einwirkendes, nicht vorhersehbares Ereignis, dem mit angemessenen und zumutbaren Mitteln nicht rechtzeitig begegnet werden konnte. Höhere Gewalt ist also (anders als zB die Voraussetzungen der → Wiedereinsetzung in den vorigen Stand) ein objektiver Begriff. Die Aus-

gleichspflicht mehrerer an einem Verkehrsunfall beteiligter Halter entfällt, wenn der Unfall durch ein unabwendbares Ereignis verursacht wird, das weder auf einem Fehler in der Beschaffenheit des Fahrzeugs noch auf einem Versagen seiner Vorrichtungen beruht. Ferner muss sowohl der Halter als auch der Fahrer jede nach den Umständen des Falles gebotene Sorgfalt beobachtet haben, § 17 III StVG. Auch im Zusammenhang mit der → COVID-19-Pandemie kann der Begriff der höheren Gewalt eine Rolle spielen, etwa im Reiserecht (→ Corona-Krise und Reiserecht). Die durch das Virus SARS-CoV-1 (sa → SARS-CoV-2) im Jahr 2003 in China verursachte Epidemie und deren Beeinträchtigungen wurden von der Rspr. damals als höhere Gewalt eingestuft, ebenso eine Cholera-Epidemie 1992. Bislang ergangene Entscheidungen zur Corona-Pandemie betreffen nicht die Frage des Vorliegens höhere Gewalt. Bei der Verwendung einer → Force-Majeure-Klausel kommt es auf deren konkrete Ausgestaltung und Formulierung sowie den Zeitpunkt des Vertragsschlusses an.

5. Über das strafrechtliche Verschulden → Schuld.

Verschulden bei Vertragsverhandlungen
→ Verschulden beim Vertragsschluss.

Verschulden beim Vertragsschluss
1. Die Lehre vom Verschulden beim Vertragsschluss (Verschulden bei Vertragsverhandlungen, culpa in contrahendeo, c. i. c.), begründet im Jahr 1861 und auf Ursprünge im römischen Recht gestützt, war bis ins Jahr 2002 gesetzlich nicht geregelt. Unter dem Begriff wurde verstanden, dass bereits durch Eintritt in Vertragsverhandlungen (auch ohne Rücksicht darauf, ob es tatsächlich zu einem Vertragsabschluss kommt) zwischen den Beteiligten ein Vertrauensverhältnis entsteht. Dessen schuldhafte Verletzung (zB Verletzung der Pflicht zur Offenbarung von Umständen, die für den beabsichtigenten Vertragsabschluss entscheidend und für den Gegner von Bedeutung sind, etwa das Vorhandensein von Altlasten beim Grundstückskauf; grundloser Abbruch von erfolgversprechenden und kostenintensiven Vertragsverhandlungen, str., sa → letter of intent; Verletzung von Gesundheit oder Eigentum des Verhandlungspartners während der vorvertraglichen Verhandlungen) sollte einen Anspruch auf Ersatz des hierdurch entstandenen Vertrauensschadens begründen (→ Schadensersatz, 2b).

2. Nunmehr bestimmt § 311 II BGB ausdrücklich, dass ein → Schuldverhältnis mit Schutz- und Rücksichtnahmepflichten nach § 241 II BGB (→ positive Vertragsverletzung) auch bereits durch die Aufnahme von Vertragsverhandlungen, ferner durch die Anbahnung eines Vertrags, bei der die eine Seite dem anderen Teil die Möglichkeit zur Einwirkung auf ihre Rechte, Rechtsgüter und Interessen gewährt oder ihm diese anvertraut, oder durch ähnliche geschäftliche Kontakte entsteht. Damit ist jeder rechtsgeschäftliche Kontakt erfasst, nicht nur der Kontakt während echter Vertragsverhandlungen (zB auch bei Betreten eines Kaufhauses ohne bereits konkretisierte Kaufabsicht). Ein solches vorvertragliches Schuldverhältnis verpflichtet zur Rücksichtnahme auf die Interessen des anderen Teils sowohl hinsichtlich der vorgesehenen Leistungspflichten (zB Information über Eigenschaften und Verwendungsmöglichkeiten der zu verkaufenden Ware) als auch hinsichtlich entscheidungserheblicher sonstiger Umstände (zB fehlende Baugenehmigung).

3. Als Folge der Verletzung einer dieser Pflichten (→ Pflichtverletzung) des → Schuldners kann der → Gläubiger Ersatz des ihm hierdurch entstandenen Schadens verlangen, § 280 I BGB (sa → Schadensersatz, 2b), er kann gem. § 249 BGB verlangen so gestellt zu werden, wie er ohne das schädigende Verhalte stünde. Körper- und Eigentumsschäden sowie Vermögensschäden sind bei der Verletzung von Schutz- und Rücksichtnahmepflichten zu ersetzen. Der Schadensersatz geht meist häufig auf den Ersatz des negativen Interesses, also der Vertrauensschadens, der Gläubiger kann verlangen, so gestellt zu werden, wie er zB stünde, wenn er nicht auf bestimmte Informationen vertraut hätte, der Ersatz umfasst etwa nutzlos aufgewendete Kosten und den sonstigen Vertrauensschaden, kann aber auch darin bestehen, dass der nicht ausreichend oder falsch informierter Vertragspartner so zu stellen ist, als hätte er den (für ihn deshalb nachteiligen) Vertrag nicht geschlossen (kein Anspruch aber auf Vertragsanpassung). Der Vertrauensschaden ist auch zu ersetzen bei nur zum Schein geführten Vertragsverhandlungen oder beim Abbruch von Vertragsverhandlungen ohne triftigen Grund (im Hinblick auf die Vertragsfreiheit iE str.). Bei einem infolge Pflichtverletzung des Vekäufers formnichtigen Vertrag kann der Geschädigte zB den Ersatz der Mehrkosten für ein gleichwertiges Grundstück verlangen. Ggf. kann der Anspruch auch auf Ersatz des Erfüllungsinteresses gehen. Im Rahmen einer Haftung aus Verschulden beim Vertragsschluss haftet der Schuldner auch für das Verhalten von → Erfüllungsgehilfen.

4. Grds. trifft die Haftung wegen Verschuldens beim Vertragsschluss nur die Partei des angebahnten Vertrags. Darüber hinaus kann ein derartiges Schuldverhältnis aber auch zu Personen entstehen, die nicht selbst Vertragspartei werden sollen (zB ein Begleiter des Verhandelnden); zum Vertrag mit Schutzwirkung für Dritte → Vertrag zugunsten Dritter. Ein eine Haftung wegen Verschuldens beim Vertragsschluss begründendes Schuldverhältnis kann auch dann entstehen, wenn ein Dritter (zB Verkaufsvertreter oder Anlageberater, Verwalter, eingeschalteter Gutachter) in besonderem Maße Vertrauen für sich in Anspruch nimmt und dadurch die Vertragsverhandlungen oder den Vertragsschluss erheblich beeinflusst, § 311 III BGB; die Vorschrift ist

nicht abschließend. Sa → Werbeangaben, → bürgerlich-rechtliche Prospekthaftung.

5. Verhältnis zu anderen Vorschriften: Die Haftung infolge Anfechtung (wegen Irrtums oder arglistiger Täuschung, s. → Anfechtung von Willenserklärungen) und die Haftung wegen Verschuldens beim Vertragsschluss stehen nebeneinander. Bei der Konkurrenz zur Mängelhaftung beim Kauf- und Werkvertrag (→ Gewährleistung, → Werkvertrag) ist zu unterscheiden: Bei einer fahrlässigen Aufklärungspflichtverletzung, die gleichzeitig einen Mangel begründet, wird die Haftung aus Verschulden beim Vertragsschluss durch das Mängelrecht verdrängt; Ansprüche wegen vorsätzlicher Pflichtverletzung bleiben aber möglich.

Verschuldenshaftung
→ Verschulden.

Verschweigen wichtiger Umstände beim Vertragsschluss
→ Verschulden beim Vertragsschluss, → Gewährleistung (2a), → Mietvertrag (2), → Werkvertrag (3), → Arbeitsvertrag, → Anfechtung von Willenserklärungen (2).

Verschwendung
→ Betreuung (2), → Pflichtteilsbeschränkung in guter Absicht.

Verschwiegenheitspflicht
→ Amtsverschwiegenheit, → Dienstgeheimnis, → Berufsgeheimnis, → Geheimnisverrat, → Treuepflicht.

Verschwindenlassen von Personen
Straftatbestand nach § 234b StGB, der durch das Gesetz zur Fortentwicklung des Völkerstrafrechts v. 30.7.2024 (BGBl. 2024 I Nr. 255) neu geschaffen wurde. Der Gesetzgeber wollte damit möglichen Zweifeln an der vollständigen Umsetzung des Internationalen Übereinkommens zum Schutz aller Personen vor dem Verschwindenlassen vom 20.12.2006 im Sinne der Empfehlung des Ausschusses gegen das Verschwindenlassen (Committee on Enforced Disappearances, Schlussbemerkungen vom 31.3.2023) begegnen (BT-Drs. 20/9471, 34 f.). Mit Strafe bedroht werden danach Amtsträger oder sonst im Auftrag oder mit Billigung eines Staates handelnde Personen, die eine Person entführen oder sonst ihrer körperlichen Freiheit berauben, wobei im Weiteren die Auskunft über ihr Schicksal oder ihren Verbleib verweigert wird (§ 234b I Nr. 1 StGB), oder die das Schicksal oder den Verbleib einer in dieser Weise entführten Person verschleiern oder hierüber die Auskunft verweigern (§ 234b I Nr. 2 StGB). Weitere Voraussetzung ist, dass das Opfer durch die Tat dem Schutz des Gesetzes entzogen wird. Als Verbrechen sieht der Tatbestand eine Mindeststrafe von einem Jahr Freiheitsstrafe vor. In minder schweren Fällen reicht der Strafrahmen von drei Monaten bis zu fünf Jahren Freiheitsstrafe.

Weitere Fälle des Verschwindenlassens eines Menschen werden als Variante des Tatbestands des Verbrechens gegen die Menschlichkeit (Menschlichkeitsverbrechen) durch § 7 I Nr. 7 VStGB (Völkerstrafgesetzbuch) erfasst. Vorausgesetzt wird dort allerdings, dass die Tat im Rahmen eines ausgedehnten oder systematischen Angriffs gegen eine Zivilbevölkerung begangen wird.

Versendungskauf
Der Versendungskauf ist ein → Kauf, bei dem der Verkäufer auf Verlangen des Käufers die Versendung der Ware an einen anderen als den Erfüllungsort (→ Leistungsort) übernimmt (sog. Bestimmungsort), also insbes. bei entsprechender Vereinbarung der Zusendung der Ware im Kaufvertrag; ohne eine entsprechende Vereinbarung ist eine Versendungspflicht nicht anzunehmen. Beim Versendungskauf geht (abweichend vom sonstigen Kaufrecht und vom Fernkauf, bei dem vereinbarter Erfüllungsort der Wohnsitz des Käufers ist, s. u.) die Gefahr (→ Gefahrtragung) des zufälligen Untergangs und der zufälligen Verschlechterung bereits in dem Augenblick auf den Käufer über, da der Verkäufer die Sache dem Spediteur oder der sonstigen Versendungsperson (Bahn, Post usw) übergibt, § 447 I BGB; umfasst wird die Leistungsgefahr und die Preisgefahr (der Käufer muss trotz Verlust der Ware den Kaufpreis bezahlen; anders nur beim Verbrauchsgüterkauf, s. u.). Diese Regelung gilt nach der Rspr. auch bei Zusendung innerhalb eines Ortes (an die Leistungsstelle des Käufers, sog. Platzkauf, s. → Leistungsort). Str. ist, ob § 447 BGB auch gilt, wenn der Verkäufer den Transport nicht durch Dritte, sondern eigene Leute vornimmt (ggf. kann aber die Wohnung des Käufers als Erfüllungsort vereinbart und damit eine Bringschuld, also kein Versendungskauf, anzunehmen sein); nach hM findet § 447 BGB auf diesen Fall (auch bei Transport durch den Verkäufer selbst) Anwendung, der Verkäufer haftet für seine Leute als → Erfüllungsgehilfen nach § 278 BGB (nach aA gilt dann § 446 BGB). Bei Versendungen des täglichen Lebens wird oftmals von einer (stillschweigenden) Vereinbartung der Wohnung des Käufers als Erfüllungsort auszugehen sein. Weicht der Verkäufer von einer Anweisung des Käufers über die Art der Versendung ohne dringenden Grund ab, so ist er ihm zum → Schadensersatz verpflichtet, § 447 II BGB. Wenn als Erfüllungsort der Wohn- oder Geschäftsort des Käufers, der sich vom Niederlassungsort des Verkäufers unterscheidet (Fernkauf), vereinbart ist und eine Versendung an diesen Ort erfolgen soll, liegt eine Bringschuld vor, die Regeln über den Versendungskauf gelten dann nicht. Sa → Ansichtssendung. Zu den Besonderheiten des → Verbrauchsgüterkaufs s. dort.

Versetzung des Arbeitnehmers
Versetzung ist die Zuweisung einer (nach Ort, Umfang oder Art) anderweitigen Beschäfti-

gung im Betrieb, wobei das Maß der Änderung einen bestimmten Umfang erreichen muss (vgl. § 95 III BetrVG), da - anders als im Beamtenrecht - die Tätigkeit der Arbeitnehmer weniger vorab festgelegt ist. Sie ist einseitig als Ausübung des → Direktionsrechts (also anstelle eines einvernehmlichen Änderungsvertrages) nur zulässig, soweit der Arbeitnehmer nicht lediglich für eine genau bestimmte Tätigkeit eingestellt worden ist (dann nur → Änderungskündigung möglich). Dem → Betriebsrat steht gem. § 99 BetrVG ein Recht auf → Mitbestimmung (1) zu, s. für Mitbestimmungs- und Mitwirkngsrechte auch § 78 I Nr. 5 BPersVG sowie die Personalvertretungsgesetze der Länder (zB § 72 I Nr. 5 LPVG NW o. Art. 75 I Nr. 6 BayPVG). Ein Vorgehen gegen eine Versetzung im einstweiligen Rechtsschutz ist gerichtlich allerdings nur in Ausnahmefällen – bei Vorliegen eines besonderen Eilbedürfnisses – möglich.

Versetzung eines Beamten
1. Die Versetzung eines → Beamten ist – in Abgrenzung zur → Abordnung oder → Zuweisung – die nicht nur vorübergehende, dauernde Übertragung eines neuen Amtes bei einer anderen Dienststelle oder bei einem anderen → Dienstherrn. Die V. kann, muss aber nicht mit einem Wechsel des Dienstortes verbunden sein. Vorschriften über die Versetzung finden sich für die Bundesbeamten im BBG sowie für die Landesbeamten im BeamtStG sowie in den Beamtengesetzen der Länder (s. → Beamtenrecht, 4, u. → Beamtenverhältnis). Besondere Regelungen gelten für die → Versetzung in den Ruhestand (sa → Ruhestand). Von der Versetzung ist die bloße → Umsetzung zu unterscheiden.

2. Bundesbeamte können auf Antrag oder aus dienstlichen Gründen auch ohne ihre Zustimmung versetzt werden, wenn das neue Amt mindestens mit dem selben Endgrundgehalt (→ Dienstbezüge) verbunden und dem Beamten nach seiner Vorbildung oder Berufsausbildung zumutbar ist (§ 28 II BBG). Bei Auflösung einer Behörde oder wesentlichen Änderungen der Behördenorganisation können Beamte im Bereich ihres bisherigen Dienstherrn ohne ihre Zustimmung sogar in ein Amt einer Laufbahn mit niedrigerem Endgrundgehalt versetzt werden, wenn eine ihrem bisherigen Amt entsprechende Verwendung nicht mehr möglich ist (§ 28 III BBG). In allen anderen Fällen ist die Versetzung nur mit Zustimmung des Beamten möglich (§ 28 IV BBG). Damit ist nach BBG auch die Versetzung an einen anderen Ort und/oder zu einem anderen Dienstherrn ohne Zustimmung des Beamten möglich.

3. Für die Beamten der Länder und der dem Beamtenrecht der Länder unterliegenden Dienstherrn (→ Beamtenrecht, 4) gilt zunächst § 15 BeamtStG. Danach ist die Versetzung ohne Zustimmung des Beamten immer dann möglich, wenn das neue Amt mindestens dasselbe Endgrundgehalt (→ Dienstbezüge) hat wie das bisherige Amt. Sowohl Ortswechsel als auch Versetzung zu einem anderen Dienstherrn sind nach dem BeamtStG auch ohne Zustimmung des Beamten möglich. Eine im Wesentlichen entsprechende Regelung enthält auch Art. 48 Bayer. Beamtengesetz (BayBG) v. 29.7.2008 (GVBl. 2008, 500) mÄnd.

4. Bei der Versetzung an einen anderen Dienstort hat idR der → Personalrat mitzubestimmen (vgl. zB § 76 Bundespersonalvertretungsgesetz – BPersVG – v. 15.3.1974 (BGBl. 1974 I 693) mÄnd). Mitglieder des Personalrates dürfen gegen ihren Willen nur versetzt oder abgeordnet werden, wenn dies auch unter Berücksichtigung der Mitgliedschaft im Personalrat aus wichtigen dienstlichen Gründen unvermeidbar ist; als Versetzung gilt für Personalratsmitglieder auch eine mit einem Wechsel des Dienstortes verbundene Umsetzung innerhalb derselben Dienststelle (§ 47 II BPersVG). Zu den Kosten der Versetzung s. → Umzugskosten.

5. Zusätzliche Beschränkungen bestehen für die Versetzung eines → Richters. Ohne ihre schriftliche Zustimmung können Richter nur im Verfahren über eine Richteranklage nach Art. 98 II u. V GG, im gerichtlichen Disziplinarverfahren, im Interesse der Rechtspflege aus außerhalb der richterlichen Tätigkeit liegenden Gründen und bei einer Veränderung der Gerichtsorganisation versetzt werden (§§ 30 ff. DRiG).

Versetzung eines Richters
→ Versetzung eines Beamten (5), → Unabhängigkeit des Richters.

Versetzung eines Schülers
→ Gewaltverhältnis, öffentlich-rechtliches; → Prüfungsentscheidungen.

Versetzung in den Ruhestand
1. Bei → Beamten und → Richtern erfordert im Gegensatz zum Eintritt in den → Ruhestand als unmittelbare gesetzliche Folge eines bestimmten Tatbestandes (idR der Erreichung der → Altersgrenze) die V. idR einen Verwaltungsakt der zuständigen Behörde (sa → Beamtenrecht, → Beamtenversorgung). Sie findet statt:

a) bei Dienstunfähigkeit, dh wenn der Beamte infolge eines körperlichen Gebrechens oder wegen Schwäche seiner körperlichen oder geistigen Kräfte zur Erfüllung seiner Dienstpflichten dauernd unfähig geworden ist, und zwar entweder

– auf Antrag des Beamten, wenn er wegen des körperlichen Zustandes oder aus gesundheitlichen Gründen zur Erfüllung der Dienstpflichten dauernd unfähig (dienstunfähig) ist; als dienstunfähig kann auch angesehen werden, wer infolge Erkrankung innerhalb von 6 Monaten mehr als 3 Monate keinen Dienst geleistet hat, wenn keine Aussicht auf Wiederherstellung der Dienstfähig-

keit binnen 6 Monaten besteht (§ 44 I BBG u. Beamtengesetze der Länder), oder
- durch Zwangspensionierung, wenn der Dienstvorgesetzte den dienstwilligen Beamten für dienstunfähig hält (§ 47 BBG u. Beamtengesetze der Länder). Werden Einwendungen erhoben, so entscheidet idR die oberste Dienstbehörde über die Einstellung oder Fortführung des Verfahrens (§ 47 II BBG u. Beamtengesetze der Länder); Richter können ohne ihre schriftliche Zustimmung nur auf Grund rechtskräftiger Entscheidung des → Dienstgerichts in den R. versetzt werden (§§ 34, 62 DRiG).

b) ohne Nachweis der Dienstunfähigkeit auf Antrag des Beamten nach Vollendung des 63. Lebensjahres (§ 52 BBG und Beamtengesetze der Länder), bei Schwerbehinderten nach Vollendung des 62. Lebensjahres (iE s. → Altersgrenze). Für Richter gelten entsprechende Regelungen.

2. Eine Versetzung in den einstweiligen Ruhestand ist möglich bei sog. → politischen Beamten (§ 30 BeamtStG, § 54 BBG), ferner bei Beamten auf Lebenszeit oder auf Zeit, die nach Auflösung oder Verschmelzung von Behörden entbehrlich geworden sind (§ 31 BeamtStG sowie verschiedene Beamtengesetze der Länder). Im Bereich des Bundes können Beamte der Besoldungsgruppe B bei Behördenumorganisation in den einstweiligen Ruhestand versetzt werden (§ 55 BBG). Der Beamte im einstweiligen Ruhestand hat Anspruch auf das erdiente → Ruhegehalt.

3. Über die Rechtsstellung der Ruhestandsbeamten → Ruhestand.

Versicherer
→ Versicherungsvertrag (1).

Versichertenälteste
Bei den Trägern der → Rentenversicherung wählt die → Vertreterversammlung sog. Versichertenälteste, die insbes. die Aufgabe haben, eine ortsnahe Verbindung des Versicherungsträgers mit den Versicherten und den Leistungsberechtigten herzustellen und diese zu beraten und zu betreuen.

Die Satzung von Trägern der Rentenversicherung kann vorsehen, dass die Wahl von Versichertenältesten unterbleibt. Andere Versicherungsträger können die Wahl von Versichertenältesten vorsehen (§ 39 SGB IV). Aufgrund Fehl- oder Falschberatung durch Versichertenälteste können sozialrechtliche → Herstellungsansprüche gegen den Versicherungsträger entstehen. Die Versichertenältesten erhalten für ihre Tätigkeit eine Entschädigung.

Versichertenrente
Eine Versichertenrente aus der → gesetzlichen Rentenversicherung wird dann geleistet, wenn die versicherte Person die persönlichen und medizinischen bzw. sonstigen Voraussetzungen erfüllt. Zu den Versichertenrenten zählen ua die → Rente wegen Berufsunfähigkeit, die → Rente wegen Erwerbsunfähigkeit, die → Rente wegen teilweiser Erwerbsminderung, die → Rente wegen voller Erwerbsminderung, sämtliche → Altersrenten sowie die → Erziehungsrente. Die Zahlung erfolgt nur, wenn ein entsprechender Rentenantrag wirksam gestellt worden ist.

Versicherter
→ Versicherungsvertrag (1).

Versicherung an Eides Statt
→ eidesstattliche Versicherung, → Glaubhaftmachung.

Versicherung, anwaltliche
→ Glaubhaftmachung.

Versicherung auf erste Gefahr
→ Schadensversicherung.

Versicherungsagent
ist die überholte Bezeichnung für → Versicherungsvertreter.

Versicherungsamt
ist die untere Verwaltungsbehörde nach näherer Bestimmung durch die Landesregierungen. Es erteilt in allen Angelegenheiten der → Sozialversicherung unentgeltlich Auskunft und nimmt weitere Verwaltungsaufgaben der Sozialversicherung wahr (§§ 92, 93 SGB IV). Sie unterstützen insoweit das Beratungsangebot der Auskunfts- und Beratungsstellen der → Regionalträger gesetzliche Rentenversicherung. Sie nehmen dabei auch Rentenanträge entgegen.

Versicherungsaufsicht
1. Die Versicherungsaufsicht in der → Europäischen Union obliegt den nationalen Aufsichtsbehörden, jedoch wird sie harmonisiert und koordiniert durch die → Europäische Aufsichtsbehörde für das Versicherungswesen und die betriebliche Altersversorgung.

2. Die Versicherungsaufsicht umfasst die → Erlaubnis zum Geschäftsbetrieb (früher Zulassung) von Versicherungsunternehmen und ihre ständige Beaufsichtigung nach Maßgabe des Versicherungsaufsichtsgesetzes (VAG) v. 1.4.2015 (BGBl. 2015 I 434) mÄnd, welches das VAG idF v. 17.12.1992 (BGBl. 1993 I 2) abgelöst hat. Wegen der Voraussetzungen der Erlaubnis s. bei → Versicherungsunternehmen sowie bei → Pensionsfonds, die mit → Pensionskassen ebenfalls der Versicherungsaufsicht unterliegen (§§ 232 ff. VAG).

a) Gegenstand der rechtlichen Aufsicht ist die ordnungsgemäße Durchführung des gesamten Geschäftsbetriebs des Versicherungsunternehmens (§ 294 III VAG). Hierzu gehören die Einhaltung der für den Geschäftsbetrieb geltenden gesetzlichen Vorschriften (VAG ua) und der rechtlichen Grundlagen des Geschäftsplans sowie die → Rechnungslegung (hierzu §§ 341–341p HGB und Versicherungsunternehmens-Rechnungslegungsverordnung (RechVersV) v. 8.11.1994 (BGBl. 1994 I 3378, mÄnd)). Die Unternehmen sind nach §§ 43 ff. VAG zur Berichterstattung gegenüber der Aufsichtsbehörde verpflichtet. Die Aufsichtsbehörde kann alle Maßnahmen ergreifen, um Missstände zu vermeiden oder zu beseitigen (§ 298 VAG). In letzter Konsequenz kann sie die Erlaubnis zum Geschäftsbetrieb widerrufen (§ 304 VAG).

b) Im Rahmen der Finanzaufsicht hat die Aufsichtsbehörde auf die dauernde Erfüllbarkeit der Verpflichtungen aus den Versicherungen und hierbei insbesondere auf die → Solvabilität und die Bildung ausreichender versicherungstechnischer Rückstellungen zu achten (§ 294 IV VAG und Deckungsrückstellungsverordnung (DeckRV) v. 18.4.2016, BGBl. 2016 I 767 mÄnd).

3. Für private Versicherungsunternehmen mit Sitz oder Niederlassung im Inland, Versicherungs-Holdingsgesellschaften und öffentlich-rechtliche Wettbewerbs-Versicherungsunternehmen, deren Tätigkeit über ein Land hinausreicht, ist die → Bundesanstalt für Finanzdienstleistungsaufsicht die Aufsichtsbehörde (§ 320 VAG). Im Übrigen, also vor allem bei öffentlich-rechtlichen Versicherungsunternehmen, deren Tätigkeit sich auf ein Land beschränkt, sind es die zuständigen Landesbehörden. Die Versicherungsaufsicht kann bei kleineren Versicherungsunternehmen vom Bund auf die Länder übertragen, bei Landeszuständigkeit vom Bund übernommen werden (§§ 321 f. VAG). Zum Zusammenwirken mit den Ländern vgl. § 324 VAG. Öffentlich-rechtliche und private Versicherungsunternehmen können neben der Versicherungsaufsicht auch der Bankenaufsicht (→ Kreditinstitute, Aufsicht) unterliegen, soweit sie → Bankgeschäfte betreiben, die nicht zu den ihnen eigentümlichen Geschäften gehören (§ 2 I, III KWG). Versicherungsunternehmen aus Mitgliedstaaten der EU oder des EWR unterliegen der Finanzaufsicht des Herkunftslandes; die Versicherungsaufsicht im Übrigen teilen sich die BaFin und das Herkunftsland (§§ 62 VAG). Auch die Europäische Aufsichtsbehörde (s. o. 1), mit der die BaFin gem. § 329 VAG zusammenzuarbeiten hat, besitzt Kompetenzen. Viele Vorschriften des VAG basieren auf Unionsrecht.

4. Sa → Sicherungsvermögen, → Versicherungsbeirat, → Versicherungsverein auf Gegenseitigkeit.

Versicherungsbedingungen

Allgemeine Versicherungsbedingungen sind Bestimmungen, die ohne Rücksicht auf die individuelle Vertragsgestaltung im Einzelfall von den Versicherungsunternehmen einer Vielzahl von → Versicherungsverträgen zugrundegelegt werden. Sie regeln iE den Beginn und Umfang des Versicherungsschutzes, das Eintreten des → Versicherungsfalls, die Art der Ersatzleistung, den Ausschluss der Haftung des Versicherers (insbes. bei Verschulden des Versicherungsnehmers, s. → Versicherungsvertrag) uÄ. Es handelt sich bei den Allgemeinen Versicherungsbedingungen meist (Ausnahme bei der → Pflichtversicherung) nicht um gesetzliche Vorschriften, sondern um Klauseln, die erst durch Bezugnahme seitens der Beteiligten Vertragsbestandteil werden; allerdings brauchen sie dem Versicherungsnehmer nicht iE bekannt zu sein, da ihr Vorhandensein allgemein vorausgesetzt wird. Die Allgemeinen Versicherungsbedingungen unterliegen jedoch der → Auslegung (grds. nach der Verständnismöglichkeit eines aufmerksamen, durchschnittlichen Versicherungsnehmers ohne versicherungsrechtliche Spezialkenntnisse) und der gerichtlichen Inhaltskontrolle; maßgeblich ist der Klauselwortlaut zum Zeitpunkt des Vertragsschlusses. Sa → Versicherungsaufsicht. Von besonderer Bedeutung sind die Allgemeinen Binnentransportversicherungsbedingungen (ADB), die Allgemeinen Versicherungsbedingungen für die Haftpflichtversicherung (AHB), die Allgemeinen Versicherungsbedingungen für die Kraftfahrtversicherung (AKB) und die Allgemeinen Versicherungsbedingungen der privaten Krankenversicherung (AKVB).

Versicherungsbefreiung

Vom Grundsatz der → Versicherungspflicht bestehen in der → Sozialversicherung Ausnahmen in Gestalt der → Versicherungsfreiheit, die kraft Gesetzes besteht. Darüber hinaus besteht für einige Personengruppen in den verschiedenen Versicherungszweigen die Möglichkeit einer Befreiung von der Versicherungspflicht.

1. In der gesetzlichen → Krankenversicherung besteht die Möglichkeit einer Versicherungsbefreiung zunächst für Personen, die wegen Überschreitens der Versicherungspflichtgrenze versicherungsfrei waren, nun aber wegen einer Erhöhung der → Jahresarbeitsentgeltgrenze oder wegen einer Reduzierung ihrer Tätigkeit auf eine Teilzeitbeschäftigung versicherungspflichtig werden. Des weiteren besteht die Möglichkeit der Versicherungsbefreiung ua für Personen, die versicherungspflichtig werden durch den Bezug von → Arbeitslosengeld, bei Aufnahme einer nicht vollen Erwerbstätigkeit während der → Elternzeit, durch die Einschreibung als Student oder durch die Tätigkeit in einer Einrichtung für behinderte Menschen (vgl. § 8 SGB V).

2. In der gesetzlichen → Unfallversicherung besteht die Möglichkeit der Versicherungsbefreiung für die Unternehmer kleinster landwirtschaftlicher Betriebe, bei denen der Gesetzgeber davon ausgeht, dass die landwirtschaftliche Tätigkeit eher ein Hobby als die Lebensgrundlage der Betroffenen darstellt (§ 5 SGB VII).

3. In der gesetzlichen → Rentenversicherung kommt eine Versicherungsbefreiung ua in Betracht für Beschäftigte oder selbstständig tätige Personen, die auf Grund einer gesetzlich angeordneten oder auf Gesetz beruhenden Verpflichtung Mitglieder einer öffentlich-

rechtlichen Versorgungseinrichtung ihrer Berufsgruppe → Berufsständische Versorgungswerke sind, wie zB Rechtsanwälte, Ärzte und Zahnärzte, sowie für selbstständige Gewerbetreibende in Handwerksbetrieben und Schornsteinfeger, soweit sie eine Mindestzahl (216 Kalendermonate) von Pflichtbeiträgen geleistet haben (§ 6 I SGB VI). Ferner sind Personen versicherungsfrei, die eine geringfügige Beschäftigung iSv § 8 SGB IV ausüben, wenn die übrigen Voraussetzungen von § 5 II SGB VI vorliegen. Soweit während der Dauer des Studiums ein Praktikum abgeleistet wird, welches in der Studien- oder Prüfungsordnung vorgeschrieben ist, sind Studierende an einer Fachschule oder Hochschule in Bezug auf dieses Praktikum versicherungsfrei. Grundsätzlich versicherungsfrei in der gesetzlichen Rentenversicherung sind Bezieher einer → Vollrente wegen Alters (→ Altersrente) sowie Personen, die eine solche Alterssicherung als ehemalige Beamte beziehen, wenn die entsprechenden → Altersgrenzen erreicht sind.

4. In der sozialen → Pflegeversicherung haben freiwillige Mitglieder der gesetzlichen Krankenversicherung die Möglichkeit sich von der Versicherungspflicht befreien zu lassen, wenn sie nachweisen, dass sie bei einem privaten Versicherungsunternehmen versichert sind und für sich und ihre Angehörigen oder Lebenspartner Leistungen beanspruchen können, die nach Art und Umfang den Leistungen nach dem SGB XI gleichwertig sind (§ 22 SGB XI).

5. Im Recht der → Arbeitsförderung ist die Möglichkeit einer Versicherungsbefreiung nicht vorgesehen.

Versicherungsbeirat
Der bei der → Bundesanstalt für Finanzdienstleistungsaufsicht zu errichtende Versicherungsbeirat aus Sachverständigen wirkt bei der Ausübung der → Versicherungsaufsicht mit (§ 325 VAG). Er berät die Bundesanstalt gutachtlich bei der Vorbereitung wichtiger Beschlüsse.

Versicherungsberater
→ Versicherungsvermittler. Sa → Rentenberatung.

Versicherungsbetrug
Strafrechtlich → Betrug, → Versicherungsmissbrauch. Zivilrechtlich bestimmen die § 74 II VVG, § 78 III VVG und § 81 I VVG allgemein, dass der Versicherer in seinen Leistungspflichten frei ist, wenn der Versicherungsnehmer in betrügerischer Absicht eine Über- oder Mehrfachversicherung abgeschlossen oder den Versicherungsfall vorsätzlich herbeigeführt hat.

Versicherungsfall
ist der Eintritt des versicherten Risikos. Was den Versicherungsfall herbeiführt, bestimmt sich nach dem jeweiligen Vertrag. Grds. ist der Versicherungsfall ein Ereignis, das einen Schaden herbeiführt oder herbeizuführen geeignet ist und deshalb die für den Schadensfall vorgesehene Haftung des Versicherers auslöst (Unfall, Krankheit, Tod, Erwerbsunfähigkeit usw). S. iE → Versicherungsvertrag, → Sozialversicherung.

Versicherungsfreiheit
besteht in der → Sozialversicherung für bestimmte Personengruppen, die anderweitig geschützt sind, ferner für → geringfügige Beschäftigungen, wenn die Voraussetzungen für eine solche Beschäftigung hinsichtlich des Beginns (vor dem 31.12.2013) vorliegen. Selbstständige sind im Regelfall nicht versicherungspflichtig in der Sozialversicherung (Ausnahme: versicherungspflichtige Selbstständige in der Rentenversicherung nach § 2 SGB VI, zB Hebammen).

In der → Kranken- und → Rentenversicherung besteht Versicherungsfreiheit für Beamte und sonstige Beschäftigte von Körperschaften, Anstalten und Stiftungen des öffentlichen Rechts mit Versorgungsanwartschaft. Dazu gehören auch Beamte und sonstige Beschäftigte, die ein Recht auf Versorgungsanwartschaften nach kirchenrechtlichen Vorschriften innehaben. Ferner für Studierende an Fachschulen bzw. Hochschulen, die während der Dauer ihres Studiums ein in der Studien- oder Prüfungsordnung vorgeschriebenes Praktikum ableisten für die Dauer dieses Praktikums, sowie bei gemeinnützigen Beschäftigungen der Angehörigen religiöser Orden oder ordensähnlicher Gemeinschaften. In der Krankenversicherung sind außerdem Lehrer mit Versorgungsanwartschaft an privaten genehmigten Ersatzschulen, ferner Arbeiter und Angestellte bei Überschreitung der → Jahresarbeitsentgeltgrenze versicherungsfrei; in der Rentenversicherung auch die Bezieher von Altersrente sowie Personen, die bis zum Erreichen des Lebensalters für eine → Regelaltersrente nicht versichert waren oder nach dem Erreichen des Lebensalters eine Beitragserstattung erhalten haben (§ 5 IV SGB VI).

In der → Unfallversicherung besteht Versicherungsfreiheit hauptsächlich für Beamte, bestimmte selbständige Berufe sowie versorgungsberechtigte Angehörige religiöser Orden und ordensähnlicher Gemeinschaften (§ 4 SGB VII).

In der → Arbeitslosenversicherung (→ Arbeitsförderung) besteht Versicherungsfreiheit ab Vollendung des für die Möglichkeit des Bezugs der Regelaltersrente nach dem SGB VI maßgeblichen Lebensjahres bzw. -monats, bei Bezug einer Rente wegen voller Erwerbsminderung (→ Rente wegen verminderter Erwerbsfähigkeit), bei bestimmten Ausbildungsverhältnissen, für Beamte (für die Tätigkeit im Beamtenverhältnis) und in bestimmten weiteren Fällen (§§ 27 f. SGB III). Eine Besonderheit des Arbeitsförderungsrechts ist die Versicherungsfreiheit von Mitgliedern des Vorstands einer Aktiengesellschaft.

In der landw. Krankenversicherung (→ Krankenversicherung der Landwirte) besteht Versicherungsfreiheit bei anderweitigem Versicherungsschutz (§ 3 KVLG), in der → Künstlersozialversicherung insbes. bei niedrigem Einkommen (§§ 3 ff. KSVG).

In der sozialen → Pflegeversicherung besteht lediglich die Möglichkeit einer Befreiung von der Versicherungspflicht für Personen, die bei einem privaten Krankenversicherungsunternehmen versichert sind und von diesem im Fall der Pflegebedürftigkeit Leistungen erhalten, die den Leistungen der gesetzlichen Pflegeversicherung entsprechen (§ 22 SGB XI).

Versicherungs-GVO
Die am 31.3.2017 außer Kraft getretene Versicherungs-GVO (VO (EU) 267/2010, ABl. EU 2010 L 83, 1) stellte gewisse Formen der Zusammenarbeit von Versicherungsunternehmen im Wege der → Gruppenfreistellungsverordnung vom Verbot wettbewerbsbeschränkender Vereinbarungen im → Kartellrecht frei. Die → Europäische Kommission hatte hierzu eine Mitteilung veröffentlicht (ABl. EU 2010 C 82, 02). Seit dem 1.4.2017 finden die allg. Regeln, insbes. die Möglichkeit der → Freistellung im Kartellrecht, auch auf diese Formen der Zusammenarbeit Anwendung.

Versicherungshypothek
ist die Koppelung eines Hypothekarkredits mit einer → Lebensversicherung, aus der bei Fälligkeit der Kredit getilgt wird (→ Tilgungshypothek aE).

Versicherungskennzeichen
→ Fahrräder mit Hilfsmotor, → Kleinkrafträder, → Leicht-Kfz., → Mobilitätshilfe → Kfz.-Haftpflichtversicherung, → Kennzeichen am Kfz.

Versicherungsmakler
ist ein → Handelsmakler, der gewerbsmäßig, aber ohne Auftrag (sonst → Versicherungsvertreter) für den Versicherer die Vermittlung oder den Abschluss von → Versicherungsverträgen übernimmt, § 59 III VVG. Die Abschlussvergütung oder Provision (→ Courtage) wird abweichend von der Regel des § 99 HGB allein vom Versicherer gezahlt (bei der → Kraftfahrzeug-Haftpflichtversicherung der Höhe nach gesetzlich beschränkt). Sa → Versicherungsvertreter; → Versicherungsvermittler.

Versicherungsmissbrauch
Straftatbestand nach § 265 StGB, der einen Vorfeldtatbestand zum → Betrug (§ 263 StGB) beinhaltet. Er bedroht die Vorbereitung des Betrugs einer Versicherung mit Freiheitsstrafe bis zu 3 Jahren oder Geldstrafe. Strafbar ist, wer eine versicherte Sache beschädigt, zerstört, in ihrer Brauchbarkeit beeinträchtigt, beiseite schafft oder einem anderen überlässt (so insbes. bei Kfz.-Verschiebung), um sich oder einem Dritten Leistungen aus der Versicherung zu verschaffen. Zur Täuschungshandlung muss es also nicht objektiv kommen, vielmehr genügt, wenn der Täter eine solche subjektiv plant. Auch der Versuch ist strafbar. § 265 StGB tritt aber als subsidiär zurück, wenn die Strafbarkeit wegen → Betrugs eingreift (zB durch Anzeige des vorgetäuschten Diebstahls eines Kfz. bei der Versicherung).

Versicherungsnachweis
ist eine vom Versicherer erteilte Bestätigung, dass eine → Kfz.-Haftpflichtversicherung besteht (§ 23 FZV). Sa → Kennzeichen am Kfz., → Zulassung von Kfz.

Versicherungsnachweisheft
Das von den Trägern der gesetzlichen → Rentenversicherung ausgegebene Versicherungsnachweisheft enthielt ua die für die An- und Abmeldung zur Sozialversicherung erforderlichen Vordrucke. Heute erfolgen die Meldungen elektronisch aufgrund der nach § 28c SGB IV erlassenen Datenerfassungs- und Übermittlungsverordnung (DEÜV). Für das Baugewerbe ist die Anlage 33 zum Tarifvertrag über das Sozialkassenverfahren im Baugewerbe (VTV) zu beachten. Danach ist die Benutzung des Versicherungsnachweisheftes weiterhin vorgeschrieben. Auf das Gesetz zur Sicherung der Sozialkassenverfahren im Baugewerbe wird dabei Bezug genommen.

Versicherungsnehmer
→ Versicherungsvertrag (1).

Versicherungsperiode
ist bei der auf Zeit abgeschlossenen Versicherung der Zeitabschnitt, nach dem die Versicherungsprämie bemessen wird. Grds. ist Versicherungsperiode der Zeitraum eines Jahres (Versicherungsjahr), sofern nicht die Prämie nach kürzeren Zeitabschnitten bemessen ist, § 12 VVG. → Versicherungsvertrag.

Versicherungspflicht
Eine Versicherungspflicht besteht im Privatversicherungsrecht insbes. für die → Haftpflichtversicherung von Kfz, Luftfahrzeugen, Atomanlagen, aber auch für Angehörige bestimmter Berufe (zB Wirtschaftsprüfer, Steuerberater, Rechtsanwälte, Notare). S. iE hierzu → Pflichtversicherung. Sa → Krankenversicherung (2).

Sie besteht ferner in weitem Umfang in der → Sozialversicherung für Beschäftigte (§ 7 SGB IV) und bedeutet hier die Zugehörigkeit zu einem bestimmten Versicherungszweig kraft gesetzlichen Zwanges bzw. als freiwillige Pflichtversicherung auf Antrag (§ 4 SGB VI). Versicherungspflicht besteht im Regelfall auch während des Bezuges einer Entgeltersatzleistung, wie zB Krankengeld oder Arbeitslosengeld. Näheres → Pflichtversicherung, → Arbeitsförderung, → Knappschaftsversicherung, → Krankenversicherung, → Rentenversicherung, → Unfallversicherung, → Alterssicherung der Landwirte, → Krankenversicherung der Landwirte, → Künstlersozialversicherung, soziale → Pflegeversicherung. Bei der gesetzlichen Krankenversicherung besteht Versicherungspflicht nur unterhalb der → Jahresarbeitsentgeltgrenze. Hier reicht ein einmaliges Überschreiten um aus der Versicherungspflicht auszuscheiden; dann besteht aber unter den Voraussetzungen des § 9 SGB V die Möglichkeit zur freiwilligen Mitgliedschaft in der gesetzlichen Krankenversicherung

Versicherungspflichtgrenze
in der gesetzlichen → Krankenversicherung und der → Pflegeversicherung ist die → Jahresarbeitsentgeltgrenze, im Übrigen die → Beitragsbemessungsgrenze. Die Versicherungspflichtgrenze verändert sich jährlich. Es gelten für Ost- und Westdeutschland unterschiedliche Werte. Im Jahr 2024 betrug die Versicherungspflichtgrenze 69.300 EUR (West) und 62.100 EUR (Ost), bei deren Überschreitung Versicherungsfreiheit eintritt. Seit 2025 gilt der bundeseinheitliche Wert von 73.800 EUR.

Versicherungspolice
→ Versicherungsvertrag (2d).

Versicherungsprämie
→ Versicherungsvertrag (2a, 3).

Versicherungsschein
→ Versicherungsvertrag (2d).

Versicherungssumme
→ Schadensversicherung.

Versicherungsteuer
ist für Versicherungsentgelte zu zahlen, die auf Grund von Versicherungsverträgen u. Ä. von inländischen Versicherungsnehmern oder über im Inland befindliche Gegenstände entrichtet werden (VersStG vom 10.1.1996, BGBl. 1996 I 22). Die Versicherungsteuer beträgt für Schadenversicherungen 19 vH, für eine isolierte Feuerversicherung 13,20 vH, für Gebäude und Hausrat 16,15 vH bis 19 vH, für Unfallversicherungen mit Prämienrückgewähr 3,8 vH des Versicherungsentgelts, bei Hagelversicherung 0,3 vom Tausend der Versicherungssumme (§ 6 VersStG). Reine Lebensversicherungen sind von der Versicherungsteuer befreit. Steuerschuldner ist der Versicherungsnehmer; für die Steuer haftet der Versicherer (§ 7 VersStG). Zur Umsatzsteuerfreiheit s. § 4 Nr. 10 UStG.

Versicherungsträger
Versicherungsträger ist die Kurzform von → Sozialversicherungsträger, also derjenigen Stellen, die mit der Durchführung der gesetzlichen Sozialversicherung beauftragt sind.

Versicherungsunterlagen, Verlust von –
Durch VO v. 3.3.1960 aF (BGBl. 1960 I 137) m. spät. Änd. ist die Feststellung von Leistungen aus der sozialen → Rentenversicherung geregelt, wenn Versicherungsunterlagen verloren gegangen, zerstört, unbrauchbar geworden oder nicht erreichbar sind, ferner die Wiederherstellung solcher Unterlagen. Für die Feststellung der rechtserheblichen Tatsachen genügt die → Glaubhaftmachung. Dabei kommt es nicht darauf an, die Beschäftigung als solche ausschließlich glaubhaft zu machen. Vielmehr ist entscheidend, dass das Bestehen von → Versicherungspflicht und die Entrichtung von Beiträgen glaubhaft gemacht werden. Für Zeiten seit dem 1.1.1992 ist § 286a SGB VI anzuwenden. Für Zeiten im Beitrittsgebiet zwischen dem 9.5.1945 und dem 31.12.1991 sind §§ 286b SGB VI und 286c SGB VI zu beachten. § 23 SGB X (Versicherung an Eides statt) ist anzuwenden.

Versicherungsunternehmen
1. Versicherungsunternehmen sind allgemein Unternehmen, die Versicherungsgeschäfte (→ Versicherungsvertrag) betreiben, dh die ohne inneren Zusammenhang mit einem Rechtsgeschäft anderer Art sich gegen Entgelt verpflichten, ein wirtschaftliches Risiko der Art zu übernehmen, dass sie bei Eintritt eines von vornherein ungewissen Schadensfalles oder eines sonstigen Ereignisses im menschlichen Leben (zB Todesfall, Erreichen einer Altersgrenze) eine vermögenswerte Leistung erbringen. Nach der aufsichtsrechtlich geprägten Legaldefinition des § 7 Nr. 33 VAG sind Versicherungsunternehmen Erst- oder Rückversicherungsunternehmen, die den Betrieb von Versicherungsgeschäften zum Gegenstand haben und nicht Träger der → Sozialversicherung sind. Keine Versicherungsunternehmen sind → Pensionsfonds.

2. Versicherungsunternehmen unterliegen der → Versicherungsaufsicht nach dem Gesetz über die Beaufsichtigung der Versicherungsunternehmen – VersicherungsaufsichtsG (VAG) v. 1.4.2015 (BGBl. 2015 I 434) mÄnd. Danach können Versicherungsunternehmen betrieben werden für alle Versicherungssparten (zB Lebens-, Kranken-, Schaden- und Unfallversicherung) in der Form der → Aktiengesellschaft einschließlich der SE, des → Versicherungsvereins auf Gegenseitigkeit und der öffentlichen Versicherungsunternehmen (s. § 8 II VAG). Es gibt in Deutschland ca. 530 (2016) der Bundesaufsicht durch die → BaFin unterstehende Versicherungsunternehmen. Die Aufnahme des Betriebs einer Versicherung bedarf der Erlaubnis der Aufsichtsbehörde. Mit dem Antrag ist ein Geschäftsplan einzureichen (§ 9 VAG). Die Erlaubnis ist zu versagen, wenn die Verpflichtungen aus den Versicherungen nicht genügend als dauernd erfüllbar dargetan sind, den Geschäftsleitern Zuverlässigkeit und fachliche Eignung fehlen oder nach dem Geschäftsplan die Belange der Versicherten nicht ausreichend gewahrt sind (§ 11 VAG). Die Erlaubnis muss für jede Versicherungssparte gesondert erteilt werden (§ 10 VAG). Nach dem Prinzip der Spartentrennung dürfen Lebensversicherungen keine andere Versicherungssparte betreiben und umgekehrt (§ 8 VAG).

3. Eingehende Vorschriften über die Geschäftsführung der Versicherungsunternehmen enthalten die §§ 23–56 VAG (Vorschriften über Geschäftsorganisation, Abschlussprüfung

(s. Versicherungsunternehmens-Rechnungslegungsverordnung (RechVersV) v. 8.11.1994, BGBl. 1994 I 3378 mÄnd, und Sachverständigenprüfverordnung (SachvPrüfV) v. 18.4.2016, BGBl. 2016 I 760) mÄnd), Berichtspflichten, den Vertrieb durch → Versicherungsvermittler, Vermeidung von → Geldwäsche und → Terrorismusfinanzierung). So müssen Vergütungssysteme angemessen und transparent sein (§ 25 VAG, Einzelheiten regelt die Versicherungs-Vergütungsverordnung (VersVergV) v. 18.4.2016, BGBl. 2016 I 763, mÄnd). Zur Vermeidung der Insolvenz bestehen für Versicherungsunternehmen besondere Solvabilitätskapitalanforderungen (→ Solvabilität), in deren Höhe stets anrechnungsfähige Eigenmittel vorhanden sein müssen (§§ 89, 96 ff. VAG, Einzelheiten regelt die Kapitalausstattungs-Verordnung (KapAusstV) v. 18.4.2016, BGBl. 2016 I 795, mÄnd). Ein Teil dieser Eigenmittel ist dem → Sicherungsvermögen zuzuführen. Sa → Deckungsrückstellung. Die Anforderung an die Sachkunde der mit der Vergabe von Immobiliar-Verbraucherdarlehen befassten Mitarbeiter enthält die VersImmoDarlSachkV v. 28.11.2016 (BGBl. 2016 I 2765).

4. Einer Erlaubnis bedürfen ferner Versicherungsunternehmen mit Sitz außerhalb des → Europäischen Wirtschaftsraums, die im Inland das Versicherungsgeschäft betreiben wollen (§ 67 VAG). Versicherungsunternehmen mit Sitz in anderen EU- oder EWR-Staaten benötigen dafür lediglich eine Benachrichtigung der BaFin durch die Aufsichtsbehörde des Herkunftsstaats (§ 61 VAG). Zum Kartellrecht s. → Versicherungs-GVO.

5. Verstöße gegen das VAG sind nach Maßgabe der §§ 331 ff. VAG strafbar oder als Ordnungswidrigkeiten mit Bußgeld bedroht.

Versicherungsverein auf Gegenseitigkeit

1. Versicherungsverein auf Gegenseitigkeit (VVaG) ist ein privates → Versicherungsunternehmen in der Form eines rechtsfähigen → Vereins, das die Versicherung seiner Mitglieder nach dem Grundsatz der Gegenseitigkeit betreibt. Die versicherten Mitglieder tragen das Geschäftsrisiko des gesamten Betriebes selbst und müssen Beiträge, Umlagen, Nachschüsse leisten, § 179 VAG (→ Versicherungsaufsicht); den Vereinsgläubigern haften sie nicht (§ 175 VAG); ferner haben sie Anspruch auf einen Anteil an dem Jahresüberschuss (§ 194 VAG) und einem etwaigen Liquidationsüberschuss (§ 205 VAG). Die Satzung kann bei großen Vereinen vorsehen, dass auch Nicht-Mitglieder versichert werden (§§ 177, 210 VAG). Die gesetzliche Regelung enthalten die §§ 171–210 VAG. Danach erlangt der Verein die Rechtsfähigkeit dadurch, dass ihm die Aufsichtsbehörde erlaubt, als Versicherungsverein auf Gegenseitigkeit (VVaG) Geschäfte zu betreiben (§ 171 VAG).

2. Der VVaG ist → Kaufmann im Sinne des HGB (§ 172) und zum → Handelsregister anzumelden (§§ 185 ff. VAG). Die Verfassung des VVaG wird durch die Satzung bestimmt (§§ 173 ff. VAG), in der ua grundsätzl. die Bildung eines Gründungsstocks zur Deckung der Errichtungskosten und als Gewähr- und Betriebsstock vorzusehen ist (§ 178 VAG); ferner ist eine Verlustrücklage (auch Reservefonds genannt) vorgeschrieben (§ 193 VAG). Vereinsorgane sind Vorstand, Aufsichtsrat und die oberste Vertretung, bestehend aus den Mitgliedern oder ihren Vertretern (§ 184 VAG); ergänzend gelten die Vorschriften des AktG (§§ 191 f.). Zur Auflösung und Abwicklung des VVaG s. §§ 198 ff. VAG, zum Insolvenzverfahren §§ 207 ff. VAG. Zu Eigenmitteln s. → Solvabilität.

3. Eine vereinfachte Regelung gilt für sog. kleinere VVaG, die bestimmungsgemäß einen sachlich, örtlich oder dem Personenkreis nach eng begrenzten Wirkungskreis haben (§ 210). Sie sind keine Kaufleute und können keine Nichtmitglieder versichern; die Bestellung eines Aufsichtsrats ist fakultativ. Insgesamt gibt es ca. 260 VVaG in Deutschland, von denen die Mehrzahl kleinere VVaG sind. Mehr Versicherungsunternehmen werden als → Aktiengesellschaft geführt.

Versicherungsvermittler

sind → Versicherungsvertreter und → Versicherungsmakler. Sie bedürfen (ebenso wie bloße Versicherungsberater) der Erlaubnis der zuständigen → Industrie- und Handelskammer (§§ 34d, 34e GewO). Sie haben sich in das → Vermittlerregister eintragen zu lassen. Art und Umfang der besonderen Beratungs- und Informationspflichten der Versicherungsvermittler und der bloßen Versicherungsberater gegenüber den Versicherungsnehmern und die Folgen von deren Verletzung (insbes. die Pflicht zum → Schadensersatz) sind in §§ 59 ff. VVG geregelt.

Versicherungsvertrag

1. Durch den Versicherungsvertrag übernimmt der Versicherer gegen ein bestimmtes Entgelt gegenüber dem Versicherungsnehmer (dies auch bei zusammengefasster Versicherung mehrerer Versicherungsnehmer; sog. Gruppenversicherung) die Gefahr eines möglicherweise eintretenden Personen- oder Sachschadens (versichertes Risiko); zur Versicherung für fremde Rechnung (dh zugunsten eines dritten Versicherten) → Schadensversicherung. Wesentlicher Inhalt des Versicherungsvertrags ist also ein Leistungsversprechen des Versicherers für den → Versicherungsfall. Versicherer ist dabei entweder eine → juristische Person des Privatrechts (meist AG, nicht GmbH) oder als Sonderform des Versicherungsrechts (§§ 171 ff. VAG) ein → Versicherungsverein auf Gegenseitigkeit. Der Versicherungsvertrag ist ein privatrechtlicher → Gegenseitiger Vertrag, der einem → Garantievertrag oder einer → Bürgschaft ähnelt (Ausfallbürgschaft), aber bestimmten Sonderregelungen nach dem G über den Versiche-

rungsvertrag (VVG) v. 23.11.2007 (BGBl. 2007 I 2631) mÄnd unterliegt (Privatversicherung). Auch wenn eine Pflicht zum Abschluss eines Versicherungsvertrags besteht (→ Pflichtversicherung, → Kraftfahrzeug-Haftpflichtversicherung), ist der abgeschlossene Vertrag privatrechtlich und untersteht den Regeln des VVG. Dagegen bestehen öffentlich-rechtliche Sonderbestimmungen für die → Sozialversicherung; hier besteht (ohne Abschluss eines Versicherungsvertrags) weitgehend kraft Gesetzes eine Beitragspflicht der Betroffenen; auch die Leistungspflicht des Versicherers (meist Körperschaft oder Anstalt des öffentlichen Rechts) ist öffentlich-rechtlich ausgestaltet. Diese Vorschriften finden ebenso Anwendung bei einer freiwilligen Weiter- und Höherversicherung iRd Sozialversicherung; dagegen unterliegt dem VVG eine freiwillig abgeschlossene privatrechtliche Zusatzversicherung oder eine Ersatzversicherung, die zulässigerweise an Stelle der sonst eingreifenden Sozialversicherung (zB bei Handwerkern) abgeschlossen wurde. Die Vorschriften des VVG finden keine Anwendung auf die → Rückversicherung sowie auf die → Seeversicherung, § 209 VVG.

2. a) Bei einem Versicherungsvertrag kann zum einen nach dem versicherten Risiko (Abdeckung von personenbezogenen Risiken, → Personenversicherung, insb. → Lebensversicherung, → Unfallversicherung, → Krankenversicherung, → Berufsunfähigkeitsversicherung, oder nicht personenbezogenen Risiken, Nichtpersonenversicherung, dazu zählen alle Arten von Sachversicherungen, zB → Kaskoversicherung, → Transportversicherung, → Haftpflichtversicherung) oder nach den vereinbarten Versicherungsleistungen (Abdeckung eines tatsächlichen Schadens, → Schadensversicherung, oder eines abstrakten Bedarfs, Summenversicherung) unterschieden werden. Die Schadensversicherung (zB Gebäudefeuerversicherung, Transportversicherung, Haftpflichtversicherung, Reiserücktrittskostenversicherung) soll grds. einen tatsächlichen Schaden abdecken. Die Summenversicherung zeichnet sich durch eine abstrakte Bedarfsdeckung aus, der Versicherer zahlt eine im Voraus vereinbarte Summe unabhängig vom konkreten Schaden. Eine Nichtpersonenversicherung ist immer eine Schadensversicherung; eine Personenversicherung ist meist als Summenversicherung ausgestaltet (zB Lebens-, Berufsunfähigkeitsversicherung), aber nicht zwingend, sie kann aber auch als Schadensversicherung gestaltet sein (zB die Krankheitskostenversicherung nach § 192 I VVG). Bei der Schadensversicherung hat der Versicherer im Versicherungsfall den eingetretenen Vermögensschaden nach Maßgabe des Versicherungsvertrags zu ersetzen, bei der Personenversicherung liegt das versicherte Risiko in der Beeinträchtigung der körperlichen Unversehrheit, der Versicherer hat er den vereinbarten Betrag an Kapital oder Rente zu zahlen oder die sonst vereinbarte Leistung zu bewirken. Der Versicherungsnehmer ist verpflichtet, die vereinbarte Zahlung (Prämie) zu leisten, § 1 VVG. Die Einordung einer Versicherung als Schadensversicherung ist maßgeblich für die Anwendung der Vorschriften zur Schadensversicherung nach §§ 74 ff. VVG. Ob eine Versicherung als Schadensversicherung (oder als Summenversicherung) einzuordnen ist, kann problematisch sein, zB bei der → Betriebsschließungsversicherung (für die Einordnung als Schadensversicherung und damit die Geltung der §§ 74 ff. VVG spricht, dass hier der Schaden meist durch einen pauschalierten Betrag abgesichert werden soll, um Streit über die Höhe zu vermeiden).

Die folgenden Ausführungen betreffen jede Art von Versicherungsvertrag (mit ergänzenden Sonderbestimmungen für die → Schadensversicherung in §§ 74 ff. VVG und für die → Sachversicherung in §§ 88 ff. VVG). Insbes. gelten die Vorschriften über den Schutz des Versicherungsnehmers nicht nur für Privatpersonen (→ Verbraucher), sondern für sämtliche Vertragspartner der Versicherung, also auch für Gewerbetreibende und Unternehmen. Von ihnen kann vielfach nicht zum Nachteil des Versicherungsnehmers abgewichen werden, § 18 VVG. Nur für die (ausschließliche) Versicherung von sog. Großrisiken (bestimmte Sparten wie zB Transportversicherung oder hohe Versicherungssummen; Einzelheiten in Art. 10 des EinführungsG zum VVG) und für sog. laufende Versicherungen (das versicherte Interesse wird bei Vertragsschluss nur der Gattung nach bezeichnet und iE erst später bestimmt, §§ 53 ff. VVG) sind Ausnahmen möglich, § 210 VVG.

b) Der Abschluss des Versicherungsvertrags ist an keine besondere Form gebunden; er wird oftmals durch einen → Versicherungsvertreter oder → Versicherungsmakler vermittelt oder abgeschlossen. Diese Personen sind, auch wenn sie keine Abschlussvollmacht haben, regelmäßig berechtigt, bereits eine (vorläufige) Deckungszusage abzugeben. Die Deckungszusage (§§ 49 ff. VVG) begründet ein vorübergehendes selbständiges Versicherungsverhältnis, auf Grund dessen sofort eine Haftung des Versicherers eintritt (dies kann bei ausdrücklichem Hinweis von der Zahlung der Prämie abhängig gemacht werden, § 51 VVG); es endet mit Abschluss des endgültigen Versicherungsvertrags oder mit dem Scheitern der Vertragsverhandlungen. Die Versicherung beginnt regelmäßig mit Beginn des Tages, an dem der Versicherungsvertrag abgeschlossen wird, § 10 VVG; doch kann Rückwirkung vereinbart werden (sog. Rückwärtsversicherung, § 2 VVG; hier wird der Versicherer frei, wenn der Versicherungsnehmer den Eintritt des Versicherungsfalls bereits gekannt hat).

c) Vor Abschluss des Versicherungsvertrags treffen den Versicherer umfangreiche Beratungs- und Informationspflichten. Die Beratungspflicht (Einzelheiten über Voraussetzungen und Ausmaß s. § 6 VVG) soll in erster Linie einen optimalen Deckungsschutz für den Versicherungsnehmer gewährleisten: Wird sie schuldhaft verletzt, so ist der Versicherer zum → Schadensersatz verpflichtet, § 6 V VVG. Die Informationspflicht umfasst die Vertragsbestimmungen, die → Versicherungsbedingungen und sonstige wesentliche Angaben über die konkrete Versicherung und deren Versicherer (iE § 7 VVG und VO v. 18.12.2007, BGBl. 2007 I 3004). Über die Pflichten des Versicherungsnehmers s. u. 4.

d) Der Versicherer ist verpflichtet, nach Abschluss des Versicherungsvertrags dem Versicherungsnehmer einen Versicherungsschein (Versicherungspolice) in Textform (→ Form, 1a), auf Verlangen auch als → Urkunde, mit den notwendigen Angaben (s. o. c) zu übermitteln und ggf. zu ersetzen, § 3 VVG. Der Versicherungsschein ist eine Beweisurkunde; wird er auf den Inhaber ausgestellt, so finden die Vorschriften über → Legitimationspapiere entsprechende Anwendung, §§ 4 VVG, 808 BGB. Weicht der Inhalt des Versicherungsscheins von dem Inhalt des Antrags oder den getroffenen Vereinbarungen ab, so gilt die Abweichung als genehmigt, wenn der Versicherungsnehmer nicht innerhalb eines Monats nach Empfang des Versicherungsscheins trotz eines entsprechenden Hinweises des Versicherers widerspricht, § 5 VVG.

e) Der Versicherungsnehmer kann seine Vertragserklärung in Textform (ohne Angabe von Gründen) binnen 14 Tagen (bei Lebens- und Berufsunfähigkeitsversicherung 30 Tage) widerrufen, die rechtzeitige Absendung genügt zur Fristwahrung; die Widerrufsfrist beginnt erst, wenn dem Versicherungsnehmer der Versicherungsschein mit sämtlichen notwendigen Informationen (s. o. c) und eine deutlich gestaltete Belehrung über das Widerrufsrecht zugegangen sind, § 8 VVG. Übt der Versicherungsnehmer das Widerrufsrecht aus, so entfallen jedenfalls ab diesem Zeitpunkt die beiderseitigen Vertragspflichten; unter bestimmten Voraussetzungen sind auch vorher erfolgte Leistungen (zB Prämie) zu erstatten (iE § 9 VVG).

f) Der Versicherungsnehmer kann für unbestimmte oder für eine bestimmte Zeit (stillschweigende Verlängerung jeweils nur für 1 Jahr möglich) abgeschlossen werden. Ein auf unbestimmte Zeit abgeschlossener Versicherungsvertrag kann von beiden Vertragsparteien für den Schluss der laufenden → Versicherungsperiode, ein Versicherungsvertrag mit einer Dauer von mehr als 3 Jahren vom Versicherungsnehmer zum Schluss des dritten (und jedes darauf folgenden) Jahres mit einer Frist von 3 Monaten gekündigt werden (§ 11 VVG, sa u. 5; über Sonderregelungen für die → Lebens- und → Krankenversicherung s. dort).

Für die Verjährung der Ansprüche aus dem Versicherungsvertrag gilt die allg. Verjährungsfrist von 3 Jahren, § 195 BGB (→ Verjährung, 4). Ab deren Anmeldung ist die Verjährung bis zu einer Entscheidung des Versicherers gehemmt, § 15 VVG (→ Verjährung, 6a). Eine Klagefrist für die Geltendmachung der vom Versicherer abgelehnten Ansprüche besteht nicht mehr. Für Klagen aus dem Versicherungsvertrag ist (zusätzlich) auch das Gericht, in dessen Bezirk der Versicherungsnehmer seinen → Wohnsitz hat (für Klagen gegen ihn ausschließlich) zuständig, § 215 VVG. Wird über das Vermögen des Versicherers das → Insolvenzverfahren eröffnet, endet der Versicherungsvertrag, § 16 VVG.

3. Auf den Versicherungsvertrag finden, soweit das VVG keine Sonderregelungen enthält, die Bestimmungen des BGB (insbes. über den → gegenseitigen Vertrag, → Leistungsstörungen, → Treu und Glauben usw) Anwendung. Die Hauptpflicht des Versicherungsnehmers besteht in der Zahlung der Versicherungsprämie (§ 1 S. 2 VVG) samt Versicherungsteuer (§ 7 VersStG); die Höhe der Prämie richtet sich nach der vertraglichen Vereinbarung, hilfsweise nach dem Tarif des Versicherungsunternehmens. Prämien idS sind auch die Beiträge, welche die Versicherungsvereine auf Gegenseitigkeit erheben. Die Erstprämie ist binnen 14 Tagen nach Zugang des Versicherungsscheins zu zahlen, § 33 VVG. Wird die erste oder einmalige Prämie nicht rechtzeitig bezahlt, so ist der Versicherer berechtigt, vom Vertrag zurückzutreten; der Versicherer wird bei einer schuldhaften Nichtzahlung der Prämie von seiner Leistungspflicht befreit, § 37 VVG. Umgekehrt kann der Versicherungsnehmer den Versicherungsvertrag kündigen, wenn sich die Prämie erhöht, ohne dass sich der Umfang des Versicherungsschutzes ändert, § 40 VVG. Bei Nichtzahlung einer nach Vertragsabschluss fällig werdenden Folgeprämie kann der Versicherer dem Versicherungsnehmer eine Nachfrist von mind. 2 Wochen setzen und danach den Versicherungsvertrag ohne Einhaltung einer weiteren Frist kündigen; tritt der Versicherungsfall nach Ablauf der Frist ein und befindet sich der Versicherungsnehmer in diesem Zeitpunkt noch in Zahlungsverzug, so ist der Versicherer von seiner Verpflichtung zur Leistung frei, § 38 VVG.

4. Der Versicherungsnehmer oder sein Repräsentant, dh wer in dem Geschäftsbereich des versicherten Risikos selbständig und nicht ganz unbedeutend für den Versicherungsnehmer tätig ist (zB Verwalter, Betriebsleiter, nicht aber Kfz-Führer, Gebäudemieter oder Ehegatte als solcher), hat bei Abschluss des Versicherungsvertrags alle ihm bekannten Umstände, die für die Übernahme der Gefahr von Bedeutung sind, auf entsprechende Fragen des Versicherers in Textform (→ Form, 1a) diesem anzuzeigen; unterlässt er dies oder gibt er schuldhaft eine unrichtige Anzeige ab, so kann der Versicherer innerhalb eines Monats seit Kenntniserlangung vom Vertrag zurücktreten, §§ 19 ff. VVG. Auch bei vorsätzlicher Verletzung sonstiger vertraglicher → Obliegenheiten, die für den Versicherungsfall

ursächlich sind (zB Mitwirkungs-, Unterlassungs- und Aufklärungspflichten) kann der Versicherer binnen eines Monats den Versicherungsvertrag fristlos kündigen und wird bei entsprechendem Hinweis von seiner Leistungspflicht frei; bei grober Fahrlässigkeit kann der Versicherer seine Leistung entsprechend dem Verschulden des Versicherungsnehmers kürzen, § 28 VVG. Eine Anfechtung des Versicherungsvertrags wegen arglistiger Täuschung (→ Anfechtung von Willenserklärungen, 2) bleibt unberührt, § 22 VVG.

Der Versicherungsnehmer muss außerdem jede nicht nur unerhebliche Erhöhung der versicherten Gefahr vermeiden und deren Eintritt unverzüglich dem Versicherer mitteilen; verletzt er diese Verpflichtung vorsätzlich, so kann der Versicherer ohne Einhaltung einer Frist den Versicherungsvertrag kündigen und braucht bei einem nach Gefahrerhöhung eintretenden Versicherungsfall den Schaden nicht zu ersetzen; im Falle grob fahrlässigen Handelns des Versicherungsnehmers tritt (wie bei der Obliegenheitsverletzung) eine entsprechende Quotelung ein, §§ 23 ff., 26 VVG. Der Versicherungsnehmer hat ferner den Eintritt eines Versicherungsfalls mangels anderweitiger Regelung in den Versicherungsbedingungen (so zB bei der Krankenversicherung) unverzüglich nach Kenntniserlangung dem Versicherer anzuzeigen und, ggf. nach zumutbarer Weisung des Versicherers, zur Schadensabwendung oder -minderung beizutragen, §§ 30, 82 VVG; eine vertraglich vereinbarte Leistungsfreiheit des Versicherers für den Fall der Nichtanzeige greift aber nur ein, wenn den Versicherungsnehmer ein Verschulden trifft und der Versicherer nicht auf andere Weise von dem Versicherungsfall Kenntnis erlangt hat.

Der Versicherer ist verpflichtet, die für den Versicherungsfall bedingt versprochene Leistung zu erbringen, insbes. bei der Schadensversicherung den eingetretenen Schaden zu ersetzen. Der Versicherer ist nicht zur Leistung verpflichtet, wenn der Versicherungsnehmer vorsätzlich den Versicherungsfall herbeiführt, bei grober Fahrlässigkeit ist der Versicherer berechtigt, seine Leistung in einem der Schwere des Verschuldens entsprechenden Verhältnis zu kürzen, § 81 VVG. Er trägt die Kosten der Ermittlung und Feststellung des Schadens sowie die Aufwendungen, die der Versicherungsnehmer zur Schadensabwendung oder -minderung zulässigerweise gemacht hat. Die Kosten der Zuziehung eines Sachverständigen hat der Versicherer nur zu tragen, wenn der Versicherungsnehmer hierzu vertraglich verpflichtet war, § 85 VVG. Der Schaden ist regelmäßig in Geld zu ersetzen. Die Fälligkeit des Anspruchs gegen den Versicherer tritt erst nach Abschluss der zum Versicherungsfall erforderlichen Erhebungen ein; nach Ablauf von 1 Monat seit Anzeige des Versicherungsfalls kann der Versicherungsnehmer jedoch entsprechende Abschlagszahlungen, ggf. Verzugszinsen, bei Einklagung auch die Prozesskosten usw verlangen, § 14 VVG. Über die Ausgestaltung iE s. → Schadensversicherung. S. ferner die Erläuterungen zu den einzelnen Versicherungsarten.

5. Das Versicherungsverhältnis endet (außer in den bereits genannten Fällen der außerordentlichen Kündigung und des Rücktritts) bei befristetem Versicherungsvertrag nach Zeitablauf, sonst durch ordentliche → Kündigung zum Schluss der laufenden → Versicherungsperiode; die Kündigungsfrist muss für beide Teile gleich lang sein und darf nicht weniger als 1 Monat und nicht mehr als 3 Monate betragen (s. iE § 11 VVG).

Versicherungsvertreter
Der Versicherungsvertreter ist ein → Handelsvertreter, der damit betraut ist, → Versicherungsverträge zu vermitteln oder abzuschließen, § 59 II VVG. Für den Versicherungsvertreter bestehen im Vergleich zum allg. Handelsvertreter folgende Besonderheiten: Er erhält Provision nur für solche Geschäfte, die auf seine Tätigkeit zurückzuführen sind, dh er erhält auch dann keine Vergütung, wenn der Versicherungsvertrag zwar in dem ihm zugewiesenen Bezirk oder Kundenkreis, aber ohne seine Mitwirkung abgeschlossen worden ist, § 92 III HGB. Auch für den → Ausgleichsanspruch bestehen besondere Regeln, § 89b V HGB. Der Versicherungsvertreter gilt (unbeschränkbar, § 72 VVG) als bevollmächtigt, Anträge auf Abschluss eines Versicherungsvertrags, deren Widerruf und sonstige Erklärungen des Versicherungsnehmers sowie dessen Zahlung entgegenzunehmen, § 69 VVG. Darüber hinaus kann er bevollmächtigt sein, Versicherungsverträge auch selbst abzuschließen sowie Kündigungs- und Rücktrittserklärungen abzugeben, § 71 VVG. Der Versicherungsvertreter hat auf Grund einer unwiderlegbaren Vermutung eine bestimmte Vertretungsmacht auch dann, wenn er nur mit der Vermittlung von Versicherungsgeschäften betraut ist, § 69 VVG (insbes. für die Entgegennahme und den Widerruf von Vertragsanträgen, Entgegennahme von Anzeigen, die der Versicherungsnehmer zu erstatten hat). Sa → Versicherungsmakler, → Versicherungsvermittler.

Versicherungswert
→ Schadensversicherung.

Versitzung
→ Buchersitzung.

Versorgung der Beamten
→ Beamtenversorgungsgesetz.

Versorgung der Kriegsopfer
Ab 1.1.2024 ist die → Kriegsopferversorgung im SGB XIV geregelt (Art. 60 Abs. 7 des Gesetzes zur Regelung des Sozialen Entschädigungsrechts v. 12.12.2019, BGBl. 2019 I 2652). Bis dahin waren die Regelungen im Bundesversorgungsgesetz enthalten.

Versorgung der Soldaten
→ Soldatenversorgungsgesetz.

Versorgungsämter
sind Dienststellen der Versorgungsverwaltung, bei denen das Schwergewicht der Durchführung der → Kriegsopferversorgung liegt. Sie sind ferner insbes. zuständig für die Gewährung von Leistungen (Entschädigungen) bei → Impfschäden oder für Opfer von Gewalttaten (→ Gewaltdelikte) sowie für die Ausstellung von Ausweisen für → schwerbehinderte Menschen (§ 152 SGB IX). Die Versorgungsämter sind Länderbehörden und unterstehen den Landesversorgungsämtern. Die Aufsicht führten die Arbeitsministerien der → Länder (Gesetz über die Errichtung der Verwaltungsbehörden der Kriegsopferversorgung vom 12.3.1951, BGBl. 1951 I 169 mÄnd). Mittlerweile unterstehen die Versorgungsämter in einigen Ländern den Landesversorgungsämtern beim → Regierungspräsidium (Baden-Württemberg, Hessen). In Bayern unterstehen die Versorgungsämter dem Zentrum Bayern Familie und Soziales. Die Länder Berlin, Brandenburg und Mecklenburg-Vorpommern unterhalten als Aufsichtsbehörde eigene Landesämter für Gesundheit und Soziales. Die Stadtstaaten Bremen und Hamburg haben jeweils eigene Versorgungsämter. In Niedersachsen ist das Landesamt für Soziales, Jugend und Familie, in Rheinland-Pfalz das Landesamt für Soziales, Jugend und Versorgung, im Saarland das Landesamt für Soziales, Gesundheit und Verbraucherschutz Aufsichtsbehörde. In Sachsen-Anhalt ist das Landesverwaltungsamt, in Sachsen der Kommunale Sozialverband Sachsen und in Schleswig-Holstein das Landesamt für soziale Dienste zuständige Aufssichtsbehörde. In den Ländern Nordrhein-Westfalen und Thüringen sind die Versorgungsämter kommunalisiert.

Versorgungsausgleich
Unabhängig von Unterhaltsverpflichtungen geschiedener Ehegatten und ohne Rücksicht auf den Güterstand wird bei der → Ehescheidung im → Verbund ein Versorgungsausgleich durchgeführt, um dem während der Ehe nicht oder nur weniger verdienenden Ehegatten einen gerechten Anteil an der Altersversorgung zukommen zu lassen (§ 1587 BGB). Bei Ehen unter 3 Jahren Dauer findet ein Versorgungsausgleich nur auf Antrag statt (§ 3 III VersorgungsausgleichsG – VersAusglG); bei etwa gleich hohen Anrechten kann er entfallen. Die Ehegatten können auch eine von den folgenden Darstellungen abweichende notarielle Vereinbarung treffen.

Entsprechend dem Gedanken des → Zugewinnausgleichs werden beim Versorgungsausgleich die in der Ehezeit erworbenen Anrechte (Anwartschaften) auf eine Versorgung wegen Alters-, Berufs- oder Erwerbsunfähigkeit (insbes. also Renten aus der → Sozialversicherung, Beamtenpensionen, betriebliche Ruhegeldleistungen, Renten aus einer Zusatzversorgung oder aus einer privaten Versicherung) ausgeglichen. Im Versorgungsausgleich sind die in der Ehezeit erworbenen Anteile der einzelnen Anrechte (Ehezeitanteile) jeweils zur Hälfte zwischen den geschiedenen Ehegatten zu teilen (→ Halbteilungsgrundsatz). Der ausgleichsberechtigten Person steht die Hälfte des Werts des jeweiligen Ehezeitanteils (Ausgleichswert) zu (§ 1 II VersAusglG). Es wird also zwischen den Ehegatten jedes in der Ehezeit erworbene Anrecht wechselseitig ausgeglichen. Die Versorgungsträger haben den Ehezeitanteil in Form der für das jeweilige Versorgungssystem maßgeblichen Bezugsgröße zu berechnen. Die Einzelheiten dieser Wertberechnung sind in §§ 39 ff. VersAusglG geregelt. Maßgebliche Zeitpunkte für die Bewertung sind die Eheschließung als Beginn und die Zustellung des Scheidungsantrags als Ende. Der jeweilige Versorgungsträger unterbreitet sodann dem → Familiengericht einen Vorschlag für die Bestimmung des Ausgleichswerts (§ 5 VersAusglG). Die Ehegatten können durch Vereinbarung den Versorgungsausgleich auch anders regeln oder ganz ausschließen. Eine solche Vereinbarung muss der Inhalts- und Ausübungskontrolle standhalten (darf also nicht ohne Rechtsgrund einseitig oder sittenwidrig sein) und bedarf vor der Rechtskraft der Entscheidung über den Wertausgleich der notariellen Beurkundung, (§§ 6–8 VersAusglG; § 127 BGB). Der Abschluss eines → Prozessvergleichs vor dem Familiengericht genügt für die Erfüllung der Form (§ 127a BGB).

Der hiernach vorzunehmende Wertausgleich wird grds. „in Natur“ vorgenommen. Das Familiengericht überträgt (in diesem sog. öffentlich-rechtlichen Versorgungsausgleich) für die ausgleichsberechtigte Person ein Anrecht in Höhe des Ausgleichswerts bei dem Versorgungsträger, bei dem das Anrecht des Ausgleichspflichtigen besteht (sog. Interne Teilung, § 10 VersAusglG). So kann zB ein während der Ehe nicht berufstätiger Hausmann unmittelbar einen Rentenanspruch erlangen. Die interne Teilung muss die gleichwertige Teilhabe der Ehegatten an den in der Ehezeit erworbenen Anrechten sicherstellen (§ 11 VersAusglG). Kommt die interne Teilung nicht in Betracht (zB bei der Ehescheidung eines Landesbeamten – bei Bundesbeamten wird hingegen intern geteilt), so begründet das Familiengericht – unter entsprechender Kürzung der (Pensions-)Anwartschaft des Ausgleichspflichtigen – für den Ausgleichsberechtigten ein Anrecht in Höhe des Ausgleichswerts bei einem anderen Versorgungsträger (externe Teilung, §§ 14–17 VersAusglG). Der Berechtigte kann wählen, bei welchem Versorgungsträger seine Anrechte eingezahlt werden sollen. Ohne Wahl erfolgt die Einzahlung bei der gesetzlichen Rentenversicherung bzw. der Versorgungsausgleichskasse. Auch die sog. „Zielversorgung“ muss eine angemessene Versorgung gewährleisten (§ 15 II VersAusglG).

Erfolgt weder die interne noch die externe Teilung, findet nur ein sog. schuldrechtlicher Versorgungsausgleich statt. Die ausgleichsberechtigte Person kann von der ausgleichspflichtigen Person den Ausgleichswert als Rente (schuldrechtliche Ausgleichsrente, § 20 VersAusglG), durch Abtretung von Versorgungsansprüchen (§ 21 VersAusglG) oder als zweckgebundene Abfindung (zur Begründung eines neuen Anrechts, § 22 VersAusglG) verlangen.

Das Familiengericht soll einzelne Anrechte mit einem geringen Ausgleichswert oder beiderseitige Anrechte gleicher Art nicht ausgleichen, wenn die Differenz ihrer Ausgleichwerte gering ist (Geringfügigkeit). Dies ist der Fall, wenn der Wertunterschied am Ende der Ehezeit höchstens 1% der monatlichen Bezugsgröße beträgt (§ 18 VersAusglG).

Das Verfahren des Familiengerichts in Versorgungsausgleichssachen ist in §§ 217 ff. FamFG geregelt.

Versorgungsbetriebe
→ öffentliche Sachen, → Leistungsverwaltung (Daseinsvorsorge), → Energiewirtschaft, → Eigenbetrieb.

Versorgungsbezüge
sind Bezüge und sonstige Vorteile, die auf einem früheren Dienstverhältnis beruhen. Sie gehören zu den Einkünften aus nichtselbständiger Tätigkeit. Von diesen verblieb bis 31.12.2004 ein → Versorgungsfreibetrag in Höhe von 40 vH, max. 3.072 EUR, steuerfrei. Durch das → Alterseinkünftegesetz verliert dieser seine Berechtigung und wird stufenweise abgebaut. → Rentenbesteuerung. Weiter kann ab 1.1.2005 der Arbeitnehmer-Pauschbetrag in Höhe von 1200 (ab VAZ 2022) EUR nicht mehr in Abzug gebracht werden. Es greift ab diesem Zeitpunkt nur noch der Versorgungspauschbetrag iHv 102 EUR. Sa → Beamtenversorgung.

Versorgungsehe
Der Begriff der Versorgungsehe gehört zu den → Witwen- bzw. Witwerrenten der → gesetzlichen Rentenversicherung und der → gesetzlichen Unfallversicherung. Bei einer Ehedauer unter einem Kalenderjahr wird von Gesetzes wegen zunächst ein entsprechender Anspruch auf → Hinterbliebenenrente ausgeschlossen. Dadurch soll ausgeschlossen werden, dass die Solidargemeinschaft der Beitragszahler für Renten an Hinterbliebene aufkommen muss, deren Ehe bewusst erst nahezu mit dem Tode eines der Ehegatten geschlossen wurde. Die Vermutung des Eingangs einer Versorgungsehe ist durch das Vornringen beonderer Umstände (zB Unfall, akute Erkrankung) widerlegbar (§ 46 SGB VI).

Versorgungsfreibetrag
Bis zum 31.12.2004 blieben von den → Versorgungsbezügen 40 vH, max. 3.072 EUR, steuerfrei. Im Rahmen des → Alterseinkünftegesetzes wurden der Versorgungsfreibetrag für Beamten- und Werkspensionen sowie der → Altersentlastungsbetrag für übrige Einkünfte schrittweise für jeden ab 2006 neu in Ruhestand tretenden Jahrgang in dem Maße verringert, in dem die Besteuerungsanteile der gesetzlichen Renten erhöht werden (§ 19 II EStG), → Rentenbesteuerung. Für 2005 betrug der V. 40 vH, max. 3.000 EUR. Beginnend mit dem Jahr 2023 wird der anzuwendende Prozentwert zur Bemessung des Versorgungsfreibetrages nicht mehr in jährlichen Schritten von 0,8 Prozentpunkten, sondern nur noch in jährlichen Schritten von 0,4 Prozentpunkten erhöht (vgl. Wachstumschancengesetz, BR-Beschluss v. 22.3.2024).

Die Höhe des zu berücksichtigenden Versorgungsfreibetrages richtet sich nach dem Jahr des Beginns des ersten Versorgungsbezugs und gilt für die gesamte Laufzeit. Zum Ausgleich dieser stufenweisen Absenkung und wegen der nicht mehr möglichen Berücksichtigung des Arbeitnehmer-Pauschbetrages wird ein entsprechender Zuschlag zum Versorgungsfreibetrag gewährt, der ebenfalls stufenweise abgeschmolzen wird.

Besondere Versorgungsfreibeträge gibt es bei der → Erbschaft- und Schenkungsteuer.

Versorgungspflicht der Energieversorgungsunternehmen
Private Haushalte haben Anspruch auf Grundversorgung mit den leitungsgebundenen Energieformen Strom und Gas. Energieversorgungsunternehmen haben diese Grundversorgung, solange sie ihnen wirtschaftlich zuzumuten ist, zu den öffentlich bekannt gegebenen Bedingungen zu gewährleisten (§ 36 EnWG, → Energiewirtschaft). → Anschlusspflicht, → Fernwärme.

Versorgungssicherheit
Die Sicherheit der Versorgung mit wichtigen Gütern ist spätestens seit Corona sowie dem Angriffskrieg Russlands auf die Ukraine ein wichtiger Aspekt der deutschen und europäischen Politik geworden. Aber auch internationale Konflikte und Schiffsunfälle im Suezkanal haben gezeigt, dass globale Lieferketten fragil sind. Ziel der Politik ist es daher zunehmend auch, die Versorgungssicherheit in Krisenzeiten zu gewährleisten. Zur Versorgungssicherheit im Energiesektor: → Energiesicherung, → Gasversorgung, → Stromversorgung, zur Versorgungssicherheit im Gesundheitswesen: → Krankenhausfinanzierung, zur Versorgungssicherheit im militärischen Bereich: → Bundesleistungsgesetz.

Versorgungsruhensgesetz
Das Gesetz über das Ruhen von Ansprüchen aus Sonder- und Zusatzversorgungssystemen v. 25.7.1991 (BGBl. 1991 I 1684) regelte die Möglichkeit, Ansprüche aus den genannten Systemen der ehem. DDR zum Ruhen zu bringen, wenn gegen den Berechtigten ein Strafverfahren wegen einer als Träger eines Staatsamtes oder Inhaber einer politischen

oder gesellschaftlichen Funktion begangenen schwerwiegenden Straftat betrieben wird und der Berechtigte sich dem Strafverfahren durch Aufenthalt im Ausland entzieht (→ Anspruchs- und Anwartschaftsüberführungsgesetz). Ob Ansprüche zum Ruhen gebracht werden sollten, entschied das → Bundesamt für Soziale Sicherung (§ 2 I VersRuhG). Gegen die Entscheidung des Bundesamtes für Soziale Sicherung ist der Klageweg vor dem → Sozialgericht geboten; ein → Vorverfahren findet nicht statt (→ Widerspruchsverfahren).

Verspätetes Vorbringen im Prozess
→ Verteidigungsmittel, → Berufung; sa → Prozessverschleppung.

Verspätungen im Verkehr
→ Fahrgastrechte (Eisenbahnverkehr), → Fahrgastrechte (Kraftomnibusverkehr), → Fahrgastrechte (See- und Binnenschiffsverkehr), → Fluggastrechte.

Verspätungsschaden
→ Schuldnerverzug (3).

Verspätungsschäden im Reiseverkehr
→ Eisenbahnverkehrsordnung, → Eisenbahnbetriebshaftung, → Gepäck.

Verspätungszuschlag
kann vom Finanzamt wegen schuldhaft verspäteter Abgabe oder Nichtabgabe der → Steuererklärung festgesetzt werden. Es handelt sich um ein Druckmittel des Finanzamts, durch das ein ordnungsgemäßes Veranlagungsverfahren abgesichert werden soll. Die Festsetzung des Verspätungszuschlags nach § 152 I AO liegt grundsätzlich im → Ermessen des Finanzamts und ist gerichtlich nur beschränkt überprüfbar (§ 102 FGO). Seit 1.1.2017 ist bei erhebl. Verspätung (ab 14 Monate) oder eines nicht befolgten vom FA festgelegten Abgabetermins ein Verspätungszuschlag festzusetzen, § 152 II AO. Ein Ermessen des FA besteht nicht.

Die Höhe des Verspätungszuschlags beträgt für jeden angefangenen Monat der Verspätung 0,25 vH der festgesetzten Steuer, mindestens 10 EUR pro angefangenem Monat. Bei verspätet abgegebenen Jahreserklärungen erhöht sich der Mindestbetrag auf 25 EUR pro angefangenen Monat.

Max. darf der Verspätungszuschlag 25.000 EUR betragen. Der Verspätungszuschlag ist ein → Verwaltungsakt, gegen den → Einspruch eingelegt werden kann.

Versprechensgeschäft
→ Vertrag (4).

Verstaatlichung
→ Vergesellschaftung, → Sozialisierung.

Verständigung im Besteuerungsverfahren
ist zulässig über schwierig zu ermittelnde tatsächliche Umstände des aufzuklärenden Sachverhalts, nicht jedoch über Rechtsfragen. Die Verständigung ist für die Beteiligten (Steuerpflichtiger, Finanzamt) bindend, wenn der zuständige Amtsträger beteiligt war. → Außenprüfung. Zur Anwendung von → Doppelbesteuerungsabkommen verständigen sich die betroffenen Staaten durch Internationales Verständigungsverfahren und Schiedsverfahren in Steuersachen. Merkblatt des BMF v. 3.2.1999 (BStBl. I 1999, 228).

Verständigung im Strafverfahren
Die Verständigung im Strafverfahren, mitunter abwertend auch „deal" genannt, ist eine in der strafrechtlichen Praxis nicht seltene Absprache zwischen Gericht und Verfahrensbeteiligten über Stand, Fortgang und Ergebnis des Verfahrens, deren Zulässigkeit umstritten war und trotz inzwischen geschaffener gesetzlicher Regelung in mehrfacher Hinsicht noch umstritten ist.

1. Entwicklung: Zulässigkeit und Inhalt beschäftigten mehrfach den BGH (s. insbes. NJW 1998, 86; 2005, 1440), der zuletzt ein Tätigwerden des Gesetzgebers anmahnte. Dieser ist der Aufforderung mit dem Gesetz zur Regelung der Verständigung v. 29.7.2009 (BGBl. 2009 I 2353) nachgekommen. Das BVerfG (Urt. v. 19.3.2013 – 2 BvR 2628/10, BVerfGE 133, 168) hat diese Regelung als verfassungsgemäß bewertet, allerdings einen „in erheblichem Maße defizitären Vollzug" moniert und daher eine Beobachtungs- und (ggf.) Nachbesserungspflicht des Gesetzgebers konstatiert. In Umsetzung dieser Pflicht hat das BMJV im November 2020 den Schlussbericht einer empirischen Untersuchung der Vollzugspraxis vorgelegt. Die politische Diskussion, ob deren Ergebnisse zu weiteren gesetzlichen Regelungen Anlass geben, ist noch nicht abgeschlossen.

2. Inhalt der gesetzlichen Regelungen: Sie gestatten dem Gericht, bereits in und nach dem → Eröffnungsverfahren den Verfahrensstand mit den Verfahrensbeteiligten zur Verfahrensförderung zu erörtern (§§ 202a, 212 StPO). In der Hauptverhandlung, in der mitzuteilen ist, ob Erörterungen nicht stattgefunden (sog. Negativmitteilung) oder stattgefunden und welchen Inhalt sie bejahendenfalls gehabt haben (§ 243 IV StPO), kann das Gericht sich nach § 257c StPO in geeigneten Fällen mit den Verfahrensbeteiligten über den weiteren Fortgang und das Ergebnis des Verfahrens verständigen. Gegenstand dürfen nur die Rechtsfolgen sein, die Inhalt des Urteils und der dazugehörigen Beschlüsse sein können (Strafe, Nebenstrafen, Nebenfolgen, Strafaussetzung zur Bewährung), sonstige verfahrensbezogene Maßnahmen im zugrunde liegenden Erkenntnisverfahren (zB bestimmte Beweiserhebungen) sowie das Prozessverhalten der Verfahrensbeteiligten (zB bestimmte Beweisanträge). Bestandteil einer jeden Verständigung soll ein Geständnis sein. Der Schuldspruch sowie → Maßregeln der Besserung und Sicherung dürfen nicht Gegenstand der Verständigung sein. Bei ersterem erscheint dies jedoch als zweifelhaftes Verbot, da die Beteiligten re-

gelmäßig übereinkommen müssen, ob ein angebotenes Geständnis in Umfang und Inhalt als ausreichend anzusehen ist oder nicht. Wenn der spätere Schuldspruch diesem ggf. erst in Verhandlungen konkretisierten Geständnis folgt, setzt sich in ihm faktisch die vorangegangene Verständigung zwischen den Beteiligten fort.

Das Gericht muss den möglichen Inhalt der Verständigung bekannt geben. Es kann dabei auch eine Ober- und Untergrenze der Strafe angeben. Die Vereinbarung einer bestimmten Strafe bleibt also unzulässig. Die Verfahrensbeteiligten können sich zu dem Vorschlag des Gerichts äußern. Die Verständigung kommt zustande, wenn Angeklagter und StA zustimmen.

Die Bindung des Gerichts an eine Verständigung entfällt, wenn rechtlich oder tatsächlich bedeutsame Umstände übersehen worden sind oder sich neu ergeben und das Gericht deshalb den mitgeteilten Strafrahmen nicht mehr für tat- und schuldangemessen hält. Gleiches gilt, wenn das weitere Prozessverhalten des Angeklagten nicht dem der Prognose zugrunde gelegten Verhalten entspricht. In diesen Fällen darf ein Geständnis des Angeklagten nicht verwertet werden. Der Angeklagte ist über die Voraussetzungen und Folgen einer Abweichung von der Verständigung vor der Verständigung zu belehren.

Ablauf und Inhalt einer Verständigung sind in das → Verhandlungsprotokoll aufzunehmen (§ 273 Ia StPO). Eine zustande gekommene Verständigung ist in dem → Urteil zu erwähnen (§ 267 III 3 StPO). Nach einer Verständigung ist ein Rechtsmittelverzicht ausgeschlossen (§ 302 I 2 StPO). Bei der → Rechtsmittelbelehrung ist der Angeklagte auch hierüber zu belehren (§ 35a S. 3 StPO). Ein Rechtsmittelverzicht ist auch bei einer informellen und damit prozessordnungswidrigen Verständigung, die konkludent zustande gekommen ist und im Protokoll nicht erwähnt wird, ausgeschlossen (BGH NJW 2014, 872).

Versteckter Dissens
→ Vertrag (1).

Versteigerung
Über die Versteigerung nach bürgerlichem Recht → Vertrag (1), → Pfandrecht, → Selbsthilfeverkauf; sa → EBay-Versteigerung. Über die Versteigerung in der Zwangsvollstreckung → Zwangsversteigerung, → Pfändung. Die öffentliche Versteigerung durch den Gerichtsvollzieher dient der Verwertung gepfändeter beweglicher Sachen (§ 814 I ZPO). Dabei kann die öffentliche Versteigerung nach Wahl des Gerichtsvollziehers als Versteigerung vor Ort oder als allgemein zugängliche Versteigerung im Internet erfolgen (§ 814 II ZPO). Davon zu unterscheiden ist die → Zwangsversteigerung von Grundstücken. Die öffentliche Versteigerung ist ein staatlicher Hoheitsakt; sie ist in den §§ 814 ff. ZPO sowie in den Dienstvorschriften der Gerichtsvollzieher geregelt (insbes. §§ 30 ff. GVGA - Geschäftsanweisung für Gerichtsvollzieher). Die gepfändete Sache wird durch → Zuschlag und → Ablieferung an den Erwerber veräußert. Der → Versteigerungserlös, den der Gerichtsvollzieher in Empfang nimmt, wirkt wie die Zahlung des Schuldners an den Gläubiger (§ 819 ZPO). Der Überschuss steht dem Schuldner zu, sofern er der Eigentümer der versteigerten Sache ist.

Versteigerungsbedingungen
→ Zwangsversteigerung, → Versteigerungsgewerbe.

Versteigerungserlös
Der Versteigerungserlös ist der Geldbetrag, den der Ersteher (Ersteigerer) bei einer → Zwangsversteigerung zu Händen des Versteigerungsgerichts, bei einer öffentlichen → Versteigerung zu Händen des → Gerichtsvollziehers zu entrichten hat (vgl. § 819 ZPO). In der Zwangsversteigerung entspricht der Versteigerungserlös dem → Bargebot. Der Versteigerungserlös tritt an die Stelle der versteigerten Sache (Grundsatz der → Surrogation). In der Zwangsversteigerung setzen sich die durch den → Zuschlag erloschenen Rechte am Versteigergungserlös fort, während der Versteigerungserlös selbst dem Eigentümer der versteigerten Sache zusteht, jedoch weiter der Zwangsvollstreckung unterliegt. In deren Vollzug wird im → Teilungsplan der Versteigerungserlös verteilt.

Versteigerungsgewerbe
Der gewerbsmäßige Versteigerer (auch „Auktionator") bedarf nach § 34b GewO einer Erlaubnis, auf deren Erteilung ein Rechtsanspruch besteht, soweit nicht bestimmte Versagungsgründe vorliegen (mangelnde → Zuverlässigkeit, insbes. bei gewissen Vorstrafen, ungeordnete Vermögensverhältnisse, mangelnde Kenntnis der Vorschriften über den Verkehr mit Grundstücken bei Grundstücksversteigerern). Zur Wahrung der Unparteilichkeit sind dem Versteigerer bestimmte Tätigkeiten verboten, die eine Interessenkollision begründen können (§ 34b VI GewO, Mitbieten usw., auch durch andere). Eine nähere Regelung des Versteigerungsverfahrens (Versteigerungsauftrag, Anzeige gegenüber der zuständigen Behörde, Besichtigung) enthält die VO über gewerbsmäßige Versteigerungen (VersteigererVO) idF v. 24.4.2003 (BGBl. 2003 I 547) mÄnd. Besonders sachkundige Versteigerer können nach dem Ermessen der zuständigen Stellen allgemein oder für bestimmte Arten von Versteigerungen öffentlich bestellt und vereidigt werden (§ 34b V GewO). Sie sind dann zur Vornahme der in verschiedenen Gesetzen vorgesehenen öffentlichen Versteigerungen (zB §§ 1235, 1221 BGB, Pfandversteigerung, → Pfandrecht, 2c) ermächtigt. → Internet-Auktionen unterliegen weder § 34b GewO noch der VersteigererVO.

Versteigerungstermin
→ Zwangsversteigerung.

Versteigerungsvermerk
→ Zwangsversteigerungsvermerk.

Verstorbene, Verunglimpfung
→ Beleidigung (2d, 4).

Verstrickung
Die Verstrickung ist die Folge einer staatlichen → Beschlagnahme, durch welche die Verfügungsmacht des Staates über den beschlagnahmten Gegenstand begründet wird, insbes. bei einer → Pfändung (→ Pfändungspfandrecht).

Verstrickungsbruch
Straftatbestand nach § 136 I StGB: Danach ist strafbar, wer eine Sache, die gepfändet oder sonst dienstlich in Beschlag genommen worden ist, zerstört oder beschädigt oder sonstwie der Verstrickung entzieht (Verkauf eines vom Gerichtsvollzieher gepfändeten Klaviers, Beiseiteschaffen der von der Kriminalpolizei beschlagnahmten Diebesbeute). Voraussetzung ist die (objektiv gegebene) Rechtmäßigkeit der Diensthandlung im formellen Sinne.

Verstromungsgesetze
Als Verstromungsgesetze bezeichnete man die Vorschriften zur staatlichen Förderung des Steinkohlebergbaus. Das 1. Verstromungsgesetz v. 12.8.1965 (BGBl. 1965 I 777) diente der steuerlichen Förderung von Steinkohle zum Kraftwerkseinsatz. Das 4. Verstromungsgesetz wurde wegen der Verfassungswidrigkeit des → Kohlepfennigs aufgehoben (NJW 1995, 381) und durch das 5. Verstromungsgesetz (Steinkohlebeihilfengesetz v. 12.12.1995 (BGBl. 1995 I 1638)) ersetzt. Es unterstützte Bergbauunternehmen durch Beihilfen und ist mittlerweile außer Kraft getreten. In Deutschland endete der Steinkohlebergbau Ende 2018: → Kohleausstieg.

Verstümmelung
ist strafrechtlich das Entfernen oder Unbrauchbarmachen eines Teils des menschlichen Körpers (Gliedmaßen, Organe) durch mechanische Einwirkung. Die Verstümmelung eines anderen ist ohne dessen Einwilligung grundsätzlich rechtswidrig und als → Körperverletzung strafbar (vgl. § 226 StGB). Die Selbstverstümmelung oder die mit Einwilligung des anderen vorgenommene Verstümmelung wird nach § 109 StGB – auch bei Versuch – mit Freiheitsstrafe von 3 Monaten bis zu 5 Jahren bestraft, wenn der Täter vorsätzlich absolute Wehruntauglichkeit herbeiführt; ist diese nur relativ, dh zeitweise oder für einzelne Verwendungsarten, ist Freiheitsstrafe bis zu 5 Jahren oder Geldstrafe zu verhängen. Ist der Täter der Selbst-Verstümmelung Soldat oder sind bei Fremd-Verstümmelung beide Beteiligte Soldaten, ist § 17 WStG anzuwenden (→ Wehrdienstentziehung) und auch bei relativer Untauglichkeit Freiheitsstrafe bis zu 5 Jahren auszusprechen. Zur Verstümmelung der männlichen und weiblichen Geschlechtsorgane → Beschneidung.

Versuch
Den Versuch einer → Straftat nimmt vor, wer nach seiner Vorstellung von der Tat zur Verwirklichung des Tatbestandes unmittelbar ansetzt (§ 22 StGB). Grund der Bestrafung ist nach hM nicht schon allein der auf eine Straftat gerichtete subjektive Wille des Täters (Tatentschluss, unten 2), sondern erst dessen mit dem Versuchsbeginn (unten 3) nach außen deutlich werdende Umsetzung und die hiermit verbundene Erschütterung des allgemeinen Rechtsbewusstseins.

1. Strafbarkeit: Stets strafbar ist nach § 23 I StGB der Versuch eines → Verbrechens, der eines → Vergehens dagegen nur, wenn das Gesetz es ausdrücklich bestimmt (nicht der Fall ist dies zB bei der → Begünstigung nach § 257 StGB oder bei der → Untreue nach § 266 StGB). Nachdem ein Tatentschluss erforderlich ist, kommt ein Versuch nur bei einer Tat in Betracht, bei welcher der Täter mit → Vorsatz handelt, nicht bei Fahrlässigkeitsdelikten. Auch bei einem → Unterlassungsdelikt ist ein Versuch möglich (vgl. unten 3a). Bei folgenden Konstellationen sind Besonderheiten zu beachten:

a) Untauglicher Versuch: Da schon der – wenn auch nicht zielführend – betätigte verbrecherische Wille strafwürdig ist, erfasst § 22 StGB grds. auch den sog. untauglichen Versuch, in welchem der Täter aufgrund eines im Tatsächlichen liegenden Irrtums die Tatbestandsmerkmale für erfüllt bzw. erfüllbar ansieht („umgekehrter Tatbestandsirrtum"), während entweder das Objekt der Tat, das angewandte Mittel oder die Person des Täters zur Tatvollendung von vornherein untauglich, eine Tatvollendung also gar nicht möglich war (zB Tötungsversuch an einem bereits Verstorbenen oder mit einer ungeladenen Schusswaffe, Vorteilsannahme durch einen Nichtbeamten). Einschränkungen der Strafbarkeit bestehen bei zwei Sondergruppen des untauglichen Versuchs:

Abergläubischer Versuch: Dieser ist nach allgemeiner Ansicht straflos. Er liegt vor, wenn sich der Täter eine Tatbegehung jenseits naturgesetzlicher Wirkungsmechanismen vorstellt, also zB eine Tötung durch Magie oder Gebete bewirken will.

Grob unverständiger Versuch: Erkennt der Täter die Naturgesetze im Prinzip an, verkennt deren Wirkungsmechanismen und damit die Untauglichkeit seines Versuchs jedoch „aus grobem Unverstand" (§ 23 III StGB, zB Abtreibungsversuch mittels Zuckerwasser), so liegt ein strafbarer Versuch vor. Das Gericht kann jedoch von Strafe absehen oder sie nach Ermessen mildern.

b) Wahndelikt: Während beim untauglichen Versuch die Fehlvorstellung des Täters im tatsächlichen Bereich liegt, unterliegt er beim sog. Wahndelikt (Putativdelikt) einer rechtlichen Fehlvorstellung und erachtet deshalb einen nicht mit Strafe bedrohten Sachverhalt für strafbar („umgekehrter Verbotsirrtum"). Ein Wahndelikt ist nach allgemeiner Ansicht straflos.

c) Versuch bei → Qualifikationstatbeständen: Auch bei diesen ist ein Versuch möglich, setzt aber voraus, dass der Täter auch zum Versuch des Grundtatbestands angesetzt hat; Letzteres ist für die Bestimmung des Versuchsbeginns (unten 3) maßgeblich (zB BGHSt 65, 15). Der Versuch eines → erfolgsqualifizierten Delikts ist in zwei Formen denkbar; inwieweit diese unter Strafe stehen, ist bei manchen Delikten umstritten: Zum einen kann schon beim Versuch des unvollendet gebliebenen Grunddelikts die schwere Folge fahrlässig herbeigeführt werden (sog. erfolgsqualifizierter Versuch, seine Strafbarkeit trotz des fahrlässigen Anteils wird allgemein aus § 11 II StGB gefolgert). Zum anderen kann der Täter die schwere Folge vorsätzlich anstreben, ohne dass es insoweit oder auch bzgl. des Grunddelikts zur Vollendung kommt (sog. versuchte Erfolgsqualifikation).

d) Bei → Regelbeispielen, die keine Qualifikationstatbestände darstellen, aber tatbestandsähnlich sind, ist umstritten, ob die Regelwirkung auch schon aufgrund eines nur „versuchten" Regelbeispiels greift (bejahend BGHSt 33, 370 für die Konstellation eines versuchten Grunddelikts und „versuchten" Regelbeispiels).

e) Verschiedene Formen des Versuchs der → Beteiligung an einem → Verbrechen (bei Vergehen sind diese straflos) stellt § 30 StGB unter Strafe, insbes. die versuchte → Anstiftung und die → Verabredung.

f) → Unternehmensdelikte: Vom Versuch zu unterscheiden ist das Unternehmen einer strafbaren Handlung. Unter diesem Begriff fasst § 11 I Nr. 6 StGB Vollendung und Versuch zusammen, stellt diesen also der Vollendung gleich, so dass die Vorschriften über Versuch und Rücktritt keine Anwendung finden. Das Unternehmen ist zB bei → Hochverrat unter Strafe gestellt.

2. Tatentschluss: Ein Versuch setzt einen unbedingten Tatentschluss des Täters voraus, der zum Zeitpunkt des Versuchsbeginns (nachfolgend 3) vorliegen muss. Dabei muss Vorsatz bzgl. aller objektiven Tatbestandsmerkmale gegeben sein. Außerdem müssen etwa zusätzlich erforderliche subjektive Merkmale vorliegen, zB beim versuchten → Diebstahl die Absicht rechtswidriger Zueignung des Diebesguts. Ein unbedingter Tatentschluss liegt auch dann vor, wenn der Täter die Durchführung der Tat vom Eintritt oder Vorliegen äußerer und momentan nur prognostizierbarer Umstände abhängig machen will (Versuch auf bewusst unsicherer Tatsachengrundlage). Abzugrenzen ist dies von bloßer Tatgeneigtheit, bei welcher der Täter noch innere Vorbehalte hegt, die allein von seinem Willen abhängen.

3. Versuchsbeginn: Er ist abzugrenzen von bloßen Vorbereitungshandlungen, die grundsätzlich straflos sind (anders wenn sie gesondert unter Strafe gestellt werden insb. in Form sog. Vorfeldtatbestände), und eröffnet das Ausführungsstadium der Tat. Ein Ansetzen zur Tat liegt nach einer in der Rechtsprechung (zB BGHSt 48, 34, 35 f.) häufig gebrauchten Formel vor, wenn der Täter nach seiner Vorstellung von der Tat die Schwelle zum „jetzt geht es los" überschreitet und objektiv Handlungen vornimmt, die nach seinem Tatplan in ungestörtem Fortgang ohne wesentliche Zwischenakte unmittelbar zur Tatbestandserfüllung führen oder in einem unmittelbaren räumlichen und zeitlichen Zusammenhang mit ihr stehen. In Grenzfällen kann für die Frage, ob bereits ein Versuch vorliegt, zudem relevant sein, in welchem Maß zum betrachteten Zeitpunkt bereits eine Gefährdung des geschützten Rechtsguts vorlag oder in die Opfersphäre eingewirkt wurde. Das bloße Beschaffen einer Pistole zu Tötungszwecken oder von Einbruchswerkzeugen zwecks Einbruchdiebstahls ist zB noch typische Vorbereitungshandlung, das Anlegen der Pistole auf das Opfer oder das Ansetzen des Stemmeisens an einem Tresor regelmäßig bereits ein Ansetzen zum Versuch einer Tötung bzw. eines Diebstahls.

Spezifische Kriterien zur Bestimmung des Versuchsbeginns wurden entwickelt für mehrere, zT umstrittene Sonderfälle:

a) → Unterlassensdelikte: Die hM (BGHSt 40, 257) setzt den Versuchsbeginn weder mit dem Verstreichen der ersten noch der letzten Rettungsmöglichkeit an, sondern stellt auf den Eintritt einer konkreten Gefahr für das geschützte Rechtsgut ab.

b) Sog. „Distanzdelikte": Unter diesem Begriff fasst man in diesem Problemkontext Taten zusammen, bei denen der Täter eine zeitliche Spanne zwischen dem Abschluss der Tathandlung und dem Erfolgseintritt vorsieht (zur sonstigen Bedeutung des Begriffs → Distanzdelikt); letzterer wird typischerweise in Abwesenheit des Täters durch ahnungslose Dritte oder das Opfer selbst bewirkt (zB → Tötung durch eine Spreng- oder Giftfalle). Im Schrifttum wird der Versuchsbeginn überwiegend mit dem Zeitpunkt angenommen, in welchen der Täter das weitere Geschehen aus der Hand gibt. Die Rechtsprechung entscheidet bislang noch uneinheitlich (vgl. insbes. BGHSt 43, 177 „Giftfalle"; BGH NStZ 1998, 294 „Sprengfalle").

c) Versuch in → mittelbarer Täterschaft: Hier ist umstritten, ob der Versuch bereits mit dem Einwirken auf den Tatmittler oder aber erst dann beginnt, wenn letzterer zur Tat ansetzt. Vermittelnd wird oft auf den Zeitpunkt abgestellt, in dem der Tatmittler das Geschehen aus der Hand gibt, dh den Tatmittler auf den Weg schickt. Der letztgenannte Weg deckt sich konsequent mit obigem Lösungsansatz für Distanzdelikte, denen regelmäßig ebenfalls eine Konstellation der mittelbaren Täterschaft zugrunde liegt.

d) Versuch in → Mittäterschaft: Nach der sog. Gesamtlösung (hM, BGHSt 39, 236) beginnt der Versuch für alle Mittäter, sobald auch nur einer von ihnen iSd § 22 StGB zur Tat ansetzt, dh der Zurechnungsmechanismus des § 25 II StGB wird quasi auch bei dieser Bewertung angewandt. Nach der sog. Einzellösung gelangt nur der Mittäter in das Versuchsstadium, der diese Schwelle durch eigenes Handeln überschreitet. Sie liegt in der Konsequenz der in Teilen des Schrifttums vertretenen strengen Lehre zur Bedeutung der → Tatherrschaft, die für eine Mittäterschaft überhaupt erst Tatbeiträge im Ausführungsstadium der Tat genügen lässt (→ Mittäterschaft 1).

4. Über die Strafbarkeit des Versuchs hinausgehende Bedeutung besitzt der Versuchsbeginn als zeitlicher Referenzpunkt für den → Vorsatz (dort 1b): Dieser muss während des Ausführungsstadiums der Tat zwischen Versuchsbeginn und Vollendung vorliegen (Erfordernis der zeitlichen Koinzidenz von Tat und Vorsatz). Reicht ein Vorsatz nicht bis über die Versuchsschwelle hinweg, so ist er als bloßer dolus antecendens unbeachtlich. Relevant wird dies in Fällen, in denen der Täter den Taterfolg unerwartet schon durch Handlungen herbeiführt, die aus seiner Sicht noch der bloßen Vorbereitung dienen (zB wenn ein erst später zu tötendes Mordopfer bereits durch die Betäubung oder Fesselung stirbt). Umgekehrt ist es unschädlich für die Strafbarkeit, wenn ein zum Zeitpunkt des Beginns der den Erfolg herbeiführenden Handlung gegebener Vorsatz noch vor Vollendung wegfällt. Nicht ausreichend ist dafür ein Vorsatz, der erst nach dieser Handlung gebildet wird (dolus subsequenz).

5. Die Versuchsphase endet mit der → Vollendung des Delikts, dh mit dem Zeitpunkt der Erfüllung sämtlicher Voraussetzungen des gesetzlichen Tatbestands. Die (rechtliche) Vollendung ist von der (tatsächlichen) → Beendigung zu unterscheiden, dh vom Abschluss des vom Täter ausgehenden Rechtsgutsangriffs. Bei manchen Delikten fallen diese Zeitpunkte auseinander, so dass zwischen ihnen eine sog. Beendigungsphase verbleibt. Beispiele hierfür bilden v. a. die Wegnahmedelikte (→ Diebstahl, → Raub) und die → Dauerdelikte. Die Unterscheidung ist auch bedeutsam für → Rücktritt und → tätige Reue, ferner für das → Notwehrrecht, welches erst mit der Beendigung des Angriffs erlischt.

6. Sanktionierung: Die → Strafe des Versuchs kann (nicht muss!) milder sein als die für die vollendete Tat angedrohte (§ 23 II StGB). Ist diese mit lebenslanger Freiheitsstrafe bedroht, so kann auf Freiheitsstrafe nicht unter 3 Jahren erkannt werden; im Übrigen ermäßigt sich die Höchststrafe auf drei Viertel der zugelassenen höchsten Freiheitsstrafe (bzw. Höchstzahl der Tagessätze bei Geldstrafe), die Mindeststrafe auf 2 Jahre oder weniger nach Maßgabe des § 49 I StGB. Liegen weitere Milderungsgründe vor, zB verminderte Schuldfähigkeit (§ 21 StGB), so sind diese gesondert zu berücksichtigen. Beim grob unverständigen Versuch (oben 1a) kann das Gericht von Strafe absehen oder sie nach Ermessen mildern (§ 23 III StGB). → Nebenstrafen und → Maßregeln der Besserung und Sicherung, die wegen der vollendeten Tat verhängt werden können oder müssen, sind ebenso beim versuchten Delikt zugelassen oder vorgeschrieben.

7. Zum fehlgeschlagenen, unbeendeten und beendeten Versuch und zum Aufgeben der weiteren Tatausführung → Rücktritt vom Versuch.

Versuchte Anstiftung
Die versuchte Anstiftung steht nur unter Strafe, soweit sie sich auf die Begehung eines → Verbrechens richtet (§ 30 I StGB, → Anstiftung 2). → Verabredung einer Straftat.

Vertagung
Die Vertagung ist die Bestimmung eines neuen Termins nach Beginn der Verhandlung (vorher: Verlegung). Beides kann nur aus erheblichen Gründen erfolgen. Über eine Verlegung entscheidet der Vorsitzende, über eine Vertagung das Gericht (§ 227 ZPO). S. ferner → Gerichtsferien, → Aussetzung (und → Unterbrechung) der Hauptverhandlung in Strafsachen.

Vertaner Urlaub
→ Schaden, → Reisevertrag.

Verteidiger
Der Verteidiger im Strafverfahren ist in erster Linie berufen, die Rechte des Beschuldigten zu wahren und die für diesen sprechenden Gesichtspunkte geltend zu machen. Er soll aber auch im Zusammenwirken mit Gericht und StA der Wahrheitsfindung dienen und darf diese somit nicht erschweren oder vereiteln.

1. Recht auf Verteidigung: Der Beschuldigte kann sich in jeder Lage eines Strafverfahrens des Beistandes eines Verteidigers bedienen (§ 137 I StPO). Er kann hierzu in jedem Verfahren einen Verteidiger aus den → Rechtsanwälten oder den Rechtslehrern einer deutschen Hochschule iSd → Hochschulrahmengesetzes mit der → Befähigung zum Richteramt wählen. Hierauf ist er schon bei der ersten Vernehmung durch Polizei oder StA hinzuweisen (§ 136 I 2 StPO). Die Anzahl der → Wahlverteidiger ist jedoch auf drei Verteidiger beschränkt (§§ 137, 138 StPO). Hat er keinen Wahlverteidiger, so ist ihm im Fall einer sog. notwendigen Verteidigung auf Antrag sowie ggf. auch von Amts wegen ein → Pflichtverteidiger zu bestellen.

2. Notwendige Verteidigung: Die Regelungen hierzu (§§ 140–145 StPO) wurden zuletzt 2019 in Umsetzung der Vorgaben der Richtlinie (EU) 2016/1919 über Prozesskostenhilfe für Verdächtige und beschuldigte Personen in Strafverfahren neu strukturiert

(BT-Drs. 19/13829, 19/15151, BGBl. 2019 I 2128 ff.).

a) Fälle notwendiger Verteidigung: Sie liegen insbes. vor, wenn zu erwarten ist, dass die → Hauptverhandlung im ersten Rechtszug vor dem → Oberlandesgericht, dem → Landgericht oder dem → Schöffengericht stattfinden wird, wenn dem Beschuldigten ein → Verbrechen zur Last gelegt wird, wenn er einem Gericht zur Entscheidung über → Untersuchungshaft oder eine → einstweilige Unterbringung vorgeführt wird, wenn der Beschuldigte sich aufgrund richterlicher Entscheidung in einer Anstalt befindet, wenn zur Vorbereitung eines Gutachtens über den psychischen Zustand des Beschuldigten eine Unterbringung nach § 81 StPO in Frage kommt, wenn ein Sicherungsverfahren durchgeführt wird, wenn der bisherige Verteidiger ausgeschlossen wird, wenn dem Verletzten ein Beistand nach §§ 397a, 406h III, IV StPO beigeodnet wird, wenn bei einer richterlichen Vernehmung aufgrund ihrer Bedeutung eine Verteidigung geboten erscheint oder wenn ein seh-, hör- oder sprachbehinderter Beschuldigter die Bestellung eines Verteidigers beantragt (§ 140 I StPO). Darüber hinaus kann die Verteidigung notwendig sein aufgrund der Schwere der Tat oder der zu erwartenden Rechtsfolge, aufgrund der Schwierigkeit der Sach- oder Rechtslage sowie wenn ersichtlich ist, dass der Beschuldigte sich nicht selbst verteidigen kann (§ 140 II StPO). Im Verfahren gegen einen Jugendlichen ist die Verteidigung zusätzlich notwendig, wenn die Erziehungsberechtigten von der Mitwirkung im Verfahren ausgeschlossen sind sowie wenn eine → Jugendstrafe, eine Aussetzung der Verhängung von Jugendstrafe (§ 27 JGG) oder eine Unterbringung im psychiatrischen Krankenhaus oder einer Entziehungsanstalt (§§ 63, 64 StGB, → Maßregeln der Besserung und Sicherung 1, 2) zu erwarten ist (§ 68 JGG). Bei der genannten Sanktionserwartung gilt dies auch im Verfahren gegen einen Heranwachsenden (§ 109 I 1 JGG, → Jugendliche und Heranwachsende).

b) Zeitpunkt; Bestellung des Verteidigers von Amts wegen oder auf Antrag: Dem Beschuldigten ist im Fall einer notwendiger Verteidigung von Amts wegen spätestens dann ein Verteidiger zu bestellen, wenn er gemäß § 201 StPO zur Erklärung über die → Anklageschrift aufgefordert worden ist (→ Eröffnungsverfahren). Ergibt sich erst später, dass die Mitwirkung eines Verteidigers notwendig ist, so wird ein solcher sofort bestellt (§ 141 II 1 Nr. 4 StPO). Bereits im → Ermittlungsverfahren hat eine Bestellung zu erfolgen, sobald der Beschuldigte einem Gericht zur Entscheidung über Haft oder einstweilige Unterbringung vorgeführt werden soll, er sich in einer Anstalt befindet oder es ersichtlich wird, dass er sich nicht selbst verteidigen kann (§ 141 II 1 Nr. 1–3 StPO). In diesen Fällen hat die Staatsanwaltschaft einen entsprechenden Antrag zu stellen (§ 142 II StPO). Neu geschaffen wurde mit der Reform 2019 zudem ein Antragsrecht des Beschuldigten: Ihm ist im Fall notwendiger Verteidigung auf Antrag ein Verteidiger zu bestellen, sobald ihm der Tatvorwurf eröffnet worden ist (§ 141 I StPO). Über den Antrag ist spätestens vor einer Vernehmung des Beschuldigten zu entscheiden; eine solche darf vor der Bestellung nur nach Maßgabe des § 141a StPO stattfinden, soweit dies ua zur Abwehr einer erheblichen Gefährdung eines Strafverfahrens zwingend geboten ist. Das Verfahren der Verteidigerbestellung richtet sich nach § 142 StPO.

3. Person des Verteidigers: Referendare können nach 15 Mon. Vorbereitungsdienst in gewissem Umfang als Verteidiger tätig werden, andere Personen nur als Wahlverteidiger und mit Genehmigung des Gerichts (§ 138 II StPO, §§ 139, 142 II StPO). Die gleichzeitige Verteidigung mehrerer derselben Tat Beschuldigter sowie die gleichzeitige Verteidigung wegen verschiedener Taten Beschuldigter in einem Verfahren durch einen gemeinschaftlichen Verteidiger ist unzulässig (§ 146 StPO). Ein Verstoß gegen § 137 I 2 StPO oder § 146 StPO nimmt aber nur den nach, nicht vor der Zurückweisung des V. (§ 146a StPO) von ihm vorgenommenen Prozesshandlungen die Wirksamkeit.

4. Rechte des Verteidiger: a) Allgemein: Der Verteidiger ist zur Einsichtnahme in die Strafakten befugt; sie kann ihm (in beschränktem Umfang) nur versagt werden, wenn der Abschluss der Ermittlungen der Staatsanwaltschaft noch nicht in den Akten vermerkt ist und die Einsichtnahme den Untersuchungszweck gefährden würde; auch dann sind ihm aber, wenn sich der Beschuldigte in Untersuchungshaft befindet, die Informationen zur Beurteilung, ob die Freiheitsentziehung rechtmäßig ist, zugänglich zu machen (§ 147 StPO). Der schriftliche und mündliche Verkehr mit dem verhafteten Beschuldigten ist dem Verteidiger unbeschränkt gestattet (§ 148 I StPO); jedoch können in Verfahren wegen Betätigung für eine → terroristische Vereinigung nicht durch einen (nicht im Verfahren tätigen) Richter kontrollierte Schriftstücke usw. zurückgewiesen werden (§ 148 II StPO; sa → Kontaktsperre). Schriftliche Mitteilungen zwischen dem Beschuldigten und dem Verteidiger sowie dessen Aufzeichnungen über ihm vom Beschuldigten anvertraute Mitteilungen oder über andere Umstände sowie andere Gegenstände, auf die sich das Zeugnisverweigerungsrecht des Verteidigers erstreckt, unterliegen nicht der Beschlagnahme als Beweismittel (§ 97 I StPO). Eine Ausnahme besteht, wenn der Verteidiger selbst der → Teilnahme, → Begünstigung, → Strafvereitelung oder → Hehlerei verdächtig ist.

b) In der → Hauptverhandlung: Hier hat der Verteidiger insbes. ein Frage- und Erklärungsrecht (§§ 240, 257 II StPO) sowie das Recht, Anträge zu stellen. Er darf ferner an richterlichen Vernehmungen des Beschuldigten, → Augenscheinseinnahmen und → kommissarischen Zeugenvernehmungen (§§ 168c, 168d StPO) teilnehmen. Er ist zur Einlegung von → Rechtsmitteln – aber nicht gegen den ausdrücklichen Willen des Beschuldigten – und mit dessen ausdrücklicher Ermächtigung auch zur Zurücknahme befugt (§§ 297, 302 StPO). Sa → Zeugnisverweigerungsrecht. Über das Recht des Beschuldigten, vor einer Aussage einen Verteidiger zu konsultieren, vgl. → Wahlverteidiger, über den Verteidiger im → Steuerstrafverfahren s. dort (3). Vom Verteidiger zu unterscheiden ist der → Beistand.

5. Ausschluss des Verteidigers: Ein solcher ist in Kollisionsfällen – auch schon im → Ermittlungsverfahren – nur unter engen Voraussetzungen zulässig: wenn er der → Teilnahme, → Begünstigung, → Strafvereitelung oder → Hehlerei verdächtig ist, ferner bei Verdacht des Missbrauchs seiner Verteidigerrechte im Verkehr mit dem verhafteten Beschuldigten zu Straftaten oder erheblicher Gefährdung der Sicherheit der Vollzugsanstalt; in Verfahren wegen → Staatsschutzdelikten auch bei Gefahr für die Sicherheit der BRep. (§§ 138a, 138b StPO). Die Entscheidung über den Ausschluss, der nach Maßgabe des § 138a V StPO auch für die Verteidigung der Mitbeschuldigten in demselben oder anderen Verfahren gilt, trifft idR das Oberlandesgericht nach mündlicher Verhandlung; sie unterliegt der sofortigen Beschwerde (§§ 138c, 138d StPO).

Verteidigung
→ militärische Verteidigung, → Gewaltverbot (1), → zivile Verteidigung, → Bundeswehr, → Nordatlantikvertrag. Im Strafprozess: → Verteidiger.

Verteidigung, notwendige
→ Verteidiger.

Verteidigungsfall
1. Der Verteidigungsfall gem. Art. 115a GG ist gegeben, wenn das Bundesgebiet mit Waffengewalt angegriffen wird oder ein solcher Angriff unmittelbar droht („äußerer Notstand“ zum Unterschied vom „inneren → Notstand“ sowie vom „zivilen Notstand“ – vgl. Naturkatastrophen – und → „Spannungsfall“). Grundsätzlich ist darunter nur der Angriff durch einen anderen Staat zu verstehen. Dazu gehört auch der Angriff oder der unmittelbar drohende Angriff mit Fernwaffen, die von einem anderen Staat von dessen Territorium oder von hoher See aus abgeschossen werden. Auch ein terroristischer Anschlag kann nur zum Verteidigungsfall führen, wenn dieser von einem anderen Staat ausgeht (sa → Terrorismus; → Bundeswehreinsätze im Inland, → Gewaltverbot, 1). Die Feststellung des Verteidigungsfalls trifft der → Bundestag mit Zustimmung des → Bundesrates auf Antrag der → Bundesregierung mit 2/3-Mehrheit, mindestens der Mehrheit seiner gesetzlichen Mitglieder. Erfordert die Lage unabweisbar sofortiges Handeln und stehen einem rechtzeitigen Zusammentritt des Bundestages unüberwindliche Hindernisse entgegen oder ist der Bundestag nicht beschlussfähig, so trifft der → Gemeinsame Ausschuss die Feststellung mit 2/3-Mehrheit, mindestens der Mehrheit seiner Mitglieder. Die Verkündung des Verteidigungsfalles erfolgt dann durch den → Bundespräsidenten im → Bundesgesetzblatt. Wird das Bundesgebiet angegriffen und sind die zuständigen Organe außerstande, sofort die entsprechenden Feststellungen zu treffen, so gilt die Feststellung als getroffen und als zu dem Zeitpunkt verkündet, in dem der Angriff begonnen hat. Der Bundespräsident gibt diesen Zeitpunkt nachträglich bekannt, sobald es die Umstände zulassen.

2. Die Folgen des Verteidigungsfalles sind in Art. 115b bis 115l GG im Einzelnen geregelt. Mit Verkündung des Verteidigungsfalls durch den Bundespräsidenten geht die Befehls- und Kommandogewalt auf den → Bundeskanzler über. Der Verteidigungsfall hat insbes. Veränderungen der Gesetzgebungs- und Verwaltungszuständigkeiten zur Folge, so ua für die → konkurrierende Gesetzgebung, die Möglichkeit der Verlängerung der Vorführungsfrist bei → Freiheitsentziehungen, des Einsatzes des → Bundesgrenzschutzes (jetzt → Bundespolizei) im gesamten Bundesgebiet. Die Amtszeit des Bundespräsidenten und der Mitglieder des BVerfG wird verlängert, ebenso die → Wahlperiode der Bundes- und Länderparlamente (Ablauf 9 bzw. 6 Monaten nach Ende des Verteidigungsfalls). Das Gesetzgebungsverfahren wird vereinfacht (→ Gemeinsamer Ausschuss). Im Verteidigungsfall lebt (ebenso wie im → Spannungsfall) die → Wehrpflicht wieder auf.

Verteidigungsmittel
Verteidigungsmittel ist ein zivilprozessualer Begriff, der jedes Vorbringen umfasst, das der Abwehr des geltend gemachten prozessualen Anspruchs (→ Streitgegenstand) dient. Sie sind grundsätzlich so zeitig vorzubringen, dass dem Gegner eine Erwiderung möglich ist (§ 282 ZPO), jedenfalls bis zum Schluss der → mündlichen Verhandlung (§ 296a ZPO; → Schriftsätze). Im Interesse der Beschleunigung des Rechtsstreits ist deshalb das sog. Novenrecht, dh die Möglichkeit, nachträglich neuen Prozessstoff vorzutragen, der schon früher hätte geltend gemacht werden können, erheblich eingeschränkt. Verspätet vorgebrachte Verteidigungsmittel müssen bzw. können vom Gericht zurückgewiesen werden, wenn sie den Rechtsstreit verzögern, die Verspätung auf grober Nachlässigkeit beruht und nicht entschuldigt ist (s. iE § 296 ZPO). Besondere Vorschriften gelten insoweit für das Berufungsverfahren (§§ 530 f. ZPO; entsprechend im → Verwaltungsstreitverfahren (§ 128a VwGO). Sa → Angriffsmittel. Für das finanzgerichtliche Verfahren s. § 79b FGO, für die

Arbeitsgerichtsbarkeit § 61a V ArbGG, § 67 ArbGG.

Verteidigungsnotstand
= defensiver Notstand; → Notstand (2).

Verteidigungswille
→ Rechtswidrigkeit.

Verteilung des Steueraufkommens
1. Die Verteilung des Steueraufkommens ist geregelt in Art. 106, 106a und 107 GG sowie durch das Gesetz über den Finanzausgleich zwischen Bund und Ländern (FAG) v. 20.12.2001 (BGBl. 2001 I 3955) mÄnd. Das FAGgilt für die gesamte Bundesrepublik Deutschland einschließlich der→ neuen Länder.

2. Die geltende Regelung beruht letztlich immer noch auf dem Urteil des BVerfG v. 11.11.1999 (NJW 2000, 1097). In dieser Entscheidung hatte das BVerfG eine Neuregelung des Finanzausgleichs zwischen den Ländern gefordert. Es müsse gewährleistet sein, dass bei der Umsatzsteuerverteilung zwischen notwendigen Ausgaben, zu deren Deckung die Steuerzuweisungen dienen, und den im Haushalt veranschlagten Ausgaben unterschieden werde. Die notwendigen Ausgaben seien anhand einer Finanzplanung zu ermitteln. Eine großzügige Ausgabenpolitik dürfe sich nicht aus der Umsatzsteuerverteilung refinanzieren. Auch dürfe durch den Länderfinanzausgleich die Finanzkraftreihenfolge der Länder weder eingeebnet noch verändert werden. Sofern die Finanzkraft auf nicht mehr als 95 vH des Länderdurchschnitts angehoben werde, sei das Verbot der Nivellierung beachtet. Dem Gesetzgeber wurde seinerzeit aufgegeben, bis Ende des Jahres 2002 Maßstäbe für die Verteilung des Umsatzsteueraufkommens und für den Finanzausgleich einschließlich der Bundesergänzungszuweisungen gesetzlich aufzustellen. Die Maßstäbe sollten nicht anhand einzelner Anwendungsfälle, sondern abstrakt gebildet werden und auf Dauer angelegt sein. Den Gesetzgebungsauftrag des BVerfG hat der Bundesgesetzgeber zunächst durch das → Maßstäbegesetz v. 9.9.2001 (BGBl. 2001 I 2302) erfüllt. Danach hatte der Gesetzgeber zwei Jahre Zeit, um im zweiten Schritt ein neues Finanzausgleichgesetz zu erlassen, in dem die Zuteilungs- und Ausgleichsfolgen bestimmt werden. Als Art. 5 des Gesetzes v. 20.12.2001 (BGBl. 2001 I 3955) trat das neue FAG am 1.1.2005 in Kraft. Im Rahmen der → Föderalismusreform II wurde das FAG durch Art. 7 des 2. Föderalismusreform-BegleitG v. 10.8.2009 (BGBl. 2009 I 2702) in wesentlichen Teilen geändert; kleinere Novellierungen folgten.

3. Nach Art. 106 III GG iVm § 1 I FAG stehen dem → Bund 52,8 %, den → Ländern 45,2 % und den → Gemeinden 2 % des Aufkommens der der → Umsatzsteuer zu. 2023 verzichtet der Bund davon auf 9,7 Mrd. €, 2024 auf 9.9 Mrd. €, 2025 auf 9.5 Mrd. € 2026 ebenfalls auf 9.6 Mrd. € und ab 2027 auf 9,3 Mrd. € zugunsten von Ländern und Gemeinden (§ 1 II FAG). Weitere Verschiebungen regelt § 1 III bis VI FAG wegen der Bekämpfung der Hochwasserschäden der Flutkatastrophe 2021 sowie wegen verschiedener sozialpolitischewr Maßnahmen. Die 16 Länder verteilen das Umsatzsteueraufkommen entsprechend ihrer Einwohnerzahl (§ 2 FAG). Dann findet ein komplizierter Finanzkraftausgleich statt (der Finanzausgleich ieS; §§ 3 ff. FAG), der sich ua nach den Steuereinnahmen eines Landes im Übrigen (s. unten Nr. 4 bis 6) bemisst. Hinzu kommen Bundesergänzungszuweisungen (§ 11 FAG). Durch Finanzkraftausgleich und Bundesergänzungszuweisungen werden finanzschwächere Länder zu Lasten der finanzstärkeren Ländern und des Bundes unterstützt.

4. Der Ertrag der → Finanzmonopole, der → Zölle, der → Verbrauchsteuern (ohne Biersteuer), der Kraftfahrzeugsteuer, der → Versicherungsteuer ua steht allein dem Bund zu. Die → Erbschaftsteuer, die → Biersteuer und die Spielbankenabgabe stehen allein den Ländern zu.

5. Das Aufkommen der Realsteuern (→ Grundsteuer, → Gewerbesteuer) und nach Maßgabe der Landesgesetzgebung der örtlichen Verbrauch- und Aufwandsteuern (→ Gemeindeabgaben) steht allein den Gemeinden zu; Bund und Länder können durch eine Umlage am Gewerbesteueraufkommen beteiligt werden (vgl. Art. 106 VI 4 und 5 GG sowie § 6 Gemeindefinanzreformgesetzes idF v. 10.3.2009, BGBl. 2009 I 502, mÄnd). Für die Verteilung der Gewerbesteuerumlage unter den Ländern ist entscheidend, in welchem Land die Gewerbesteuer vereinnahmt wurde (§ 3 FAG).

6. Das Aufkommen der → Einkommensteuer und der → Körperschaftsteuer steht Bund und Ländern gemeinsam zu (Art. 106 III GG). Am Aufkommen der Einkommensteuer und der Körperschaftsteuer sind Bund und Länder je zur Hälfte beteiligt. Die Anteile an der Einkommens- und Körperschaftssteuer stehen jeweils den Ländern zu, in denen sie vereinnahmt wurde (sa → Zerlegungsgesetz). Die Gemeinden erhalten von den Ländern einen Anteil am Aufkommen der Einkommensteuer (Art. 106 V GG). Den Gemeindeanteil an der Einkommensteuer bestimmt § 1 Gemeindefinanzreformgesetz mit derzeit 15 vH von der Einkommensteuer im Allgemeinen sowie 12 vH von der → Kapitalertragsteuer (→ Gemeindefinanzen). Die Aufteilung der Einkommen- und Körperschaftssteuer unten ihren Gemeinden regeln die Länder.

Verteilungsplan
→ Teilungsplan.

Verteilungsverfahren
1. Hochschulen → Studienplätze (Vergabe).

2. Schifffahrt. Das schifffahrtsrechtliche Verteilungsverfahren (Schifffahrtsrechtliche

VerteilungsO idF v. 23.3.1999, BGBl. 1999 I 530; 2000 I 149, mÄnd) regelt die insolvenzähnliche Befriedigung von Haftungsansprüchen aus bestimmten Schadensereignissen auf See (Tod, Körperverletzung, Havarie, Bergung) durch die Verteilung eines vom zuständigen Gericht errichteten Fonds. Die Eröffnung eines Verteilungsverfahrens können nur bestimmte Personen beantragen (va Eigner, Charterer, Reeder usw, § 1 III Schifffahrtsrechtliche VerteilungsO). Einzelvollstreckungsmaßnahmen werden eingestellt (§ 21 Schifffahrtsrechtliche VerteilungsO). Neben diesem Verteilungsverfahren für die → Seeschifffahrt (§§ 1 ff. Schifffahrtsrechtliche VerteilungsO) gibt es auch ein Verteilungsverfahren für die → Binnenschifffahrt (§§ 34 ff. Schifffahrtsrechtliche VerteilungsO).

3. Zwangsvollstreckung. Es ist das Verteilungsverfahren bei der Zwangsvollstreckung in das bewegliche Vermögen (§§ 872–882 ZPO) und das Verteilungsverfahren in der → Zwangsversteigerung und → Zwangsverwaltung (§§ 105 ff. ZVG) zu unterscheiden. Das erstgenannte Verteilungsverfahren tritt ein, wenn für mehrere Gläubiger, denen → Pfändungspfandrechte zustehen, ein Geldbetrag hinterlegt wird, der zur Befriedigung aller nicht ausreicht (§ 872 ZPO). In diesem Falle fertigt das zuständige Amtsgericht (§ 873 ZPO) in einem besonderen Verfahren einen → Teilungsplan an, nach dem der hinterlegte Betrag mit Rücksicht auf den Rang der Pfändungspfandrechte verteilt wird. Ist einer der Gläubiger damit nicht einverstanden, so kann er Widerspruchsklage erheben (§ 878 ZPO). Im Verteilungsverfahren der Zwangsversteigerung und Zwangsverwaltung wird der Erlös verteilt. Hierzu wird im Verteilungstermin des Versteigerungsgerichts der → Teilungsplan aufgestellt (§§ 113, 156 ZVG). Ist einer der Beteiligten mit dem Teilungsplan nicht einverstanden, so muss er Widerspruchsklage (§ 115 ZVG) oder Klage auf Planänderung (§ 159 ZVG) erheben. Das Verteilungsverfahren entfällt, wenn alle Beteiligten sich außergerichtlich über die Verteilung des Erlöses einigen (§§ 143–145, 160 ZVG).

Verteilungsverzeichnis
→ Abschlagsverteilung.

Vertiefung eines Grundstücks
→ Immissionen.

Vertikal-GVO
Die Vertikal-GVO (VO (EU) Nr. 330/2010, ABl. EU 2010 L 102, 1) stellt als Nachfolgerin der VO (EG) 2790/1999 (ABl. EG 1999 L 336, 21 mÄnd) → Vertikalvereinbarungen im Wege der → Gruppenfreistellungsverordnung vom Verbot wettbewerbsbeschränkender Vereinbarungen im → Kartellrecht frei. Nicht freistellungsfähig sind bestimmte Klauseln zu Wettbewerbsverboten sowie Vertikalvereinbarungen mit → Schwarzen Klauseln wie der Festsetzung von Wiederverkaufspreisen durch Lieferanten (→ Preisbindungen) oder bestimmten Beschränkungen bei → selektiven Vertriebssystemen. Die Freistellung gilt nur, soweit die Anteile der Vertragsparteien an dem Markt, auf dem sie sich gegenüberstehen, jeweils 30% nicht überschreiten. Die → Europäische Kommission hat zur Auslegung der Vertikal-GVO ergänzende Leitlinien aufgestellt (ABl. EU 2010 C 130, 1).

Vertikalvereinbarungen
zwischen Unternehmen verschiedener Marktstufen (etwa zwischen Hersteller und Großhändler oder Groß- und Einzelhändler), die eine Verhinderung, Einschränkung oder Verfälschung des Wettbewerbs bezwecken oder bewirken, sind im → Kartellrecht grds. verboten. Wettbewerbsbeschränkend können → Ausschließlichkeitsbindungen, → selektive Vertriebssysteme, → Wettbewerbsverbote für nachgelagerte Marktstufen, → Preisbindungen oder → Empfehlungen über Preise oder Verkaufskonditionen mit faktischer Bindungswirkung sein. Sie können jedoch die Voraussetzungen einer → Freistellung im Kartellrecht, insbes. nach der → Vertikal-GVO, erfüllen.

Verträge über die Miete digitaler Produkte
Im Rahmen des Gesetzes zur Umsetzung der Richtlinie über bestimmte vertragsrechtliche Aspekte der Bereitstellung digitaler Inhalte und digitaler Dienstleistungen v. 25.6.2021 (s. hierzu iE → Verbraucherverträge über digitale Produkte, §§ 327 ff. BGB gelten ab 1.1.2022) hat der Gesetzgeber durch § 548a BGB klargestellt, dass die Vorschriften über die Miete von Sachen auf die Miete digitaler Produkte entsprechend anwendbar sind. Sa §§ 578b, 580a BGB.

Verträge über digitale Produkte zwischen Unternehmern
Im Rahmen des Gesetzes zur Umsetzung der Richtlinie über bestimmte vertragsrechtliche Aspekte der Bereitstellung digitaler Inhalte und digitaler Dienstleistungen v. 25.6.2021 (s. hierzu iE → Verbraucherverträge über digitale Produkte) hat der Gesetzgeber im Abschnitt 3 „Schuldverhältnisse aus Verträgen" nach dem Titel 2 „Gegenseitiger Vertrag" neu eingefügt einen Titel 2a „Verträge über digitale Produkte" und dort im Anschluss an das Kernstück der Vorschriften über „Verbraucherverträge über digitale Produkte", Untertitel 1, §§ 327–327s BGB (sa → Verbrauchervertrag, → Verbraucher, → Unternehmer, → B2B) in einem Untertitel 2 „Besondere Bestimmungen für Verträge über digitale Produkte zwischen Unternehmern" ergänzende Regelungen für solche Verträge geschaffen. § 327t BGB bestimmt insoweit den Anwendungsbereich, § 327u BGB sieht einen Rückgriffsanspruch des Unternehmers im Fall einer Inanspruchnahme durch den Verbraucher vor, dessen Erstreckung auf vorhergehende Glieder einer

Vertriebskette sowie Regelungen der Verjährung und der Beweislast für diese Ansprüche. § 377 HGB bleibt weiterhin anwendbar.

Vertrag

1. Zustandekommen eines Vertrages: Die Begründung eines → Schuldverhältnisses durch Rechtsgeschäft geschieht regelmäßig durch Vertrag (§ 311 I BGB). Ein Vertrag ist ein idR zweiseitiges (oder auch mehrseitiges; sa → bipolar-mehrseitiger Vertrag, → multipolar-mehrseitiger Vertrag) → Rechtsgeschäft, bei dem durch mind. zwei übereinstimmende → Willenserklärungen ein rechtlicher Erfolg erzielt werden soll (Vertragswille). Der Vertrag kommt demnach grds. durch den Antrag (Angebot) der einen Seite (Vertragsantrag, Offerte) und durch die (vorbehaltlose, s. u.) Annahme dieses Antrags durch den anderen Beteiligten (Vertragsannahme) zustande. Ein Antrag auf Abschluss eines Vertrags liegt in jedem genügend bestimmten Angebot einer → Leistung, dem der erforderliche rechtliche Bindungswille zugrundeliegt (zB Aufstellung eines Automaten, Zusendung unbestellter Waren zum Kauf, s. aber → unbestellte Lieferung). Zu unterscheiden hiervon ist die bloße Aufforderung, seinerseits ein Angebot auf Abschluss eines Vertrags abzugeben (sog. invitatio ad offerendum), bei der wegen fehlenden Bindungswillens ein Antrag noch nicht vorliegt (zB Inserat in einer Zeitung, Ausstellung Ware im Schaufenster). Der Anbietende ist an seinen Antrag gebunden, sofern er nicht die Gebundenheit durch eine Freizeichnungsklausel oÄ (zB „Lieferung freibleibend", „ohne Obligo") ausgeschlossen hat, § 145 BGB (Grenze für kurzfristige Preiserhöhungen in → Allgemeinen Geschäftsbedingungen s. § 309 Nr. 1 BGB); eine Bindung tritt aber ein, wenn die andere Seite das freibleibende Angebot angenommen hat. Der Antrag erlischt, wenn er dem Anbietenden gegenüber abgelehnt oder nicht rechtzeitig (s. u.) angenommen wird, § 146 BGB.

Die Annahme des Vertrags muss regelmäßig dem Antragenden gegenüber erklärt werden; sie kann auch stillschweigend erfolgen (zB durch Verbrauch der zugesandten unbestellten Ware; anders aber bei einer Zusendung an einen → Verbraucher, s. → Unbestellte Lieferung, Leistung). Der Vertrag kommt ausnahmsweise auch ohne ausdrückliche Erklärung der (stets erforderlichen) Annahme zustande, wenn eine solche Erklärung nach der Verkehrssitte nicht zu erwarten ist oder der Antragende auf sie verzichtet hat, § 151 BGB. Durch bloßes Nichtstun (Schweigen) kann eine Annahme regelmäßig nicht erklärt werden. Ein → Kaufmann, der einen Antrag auf Geschäftsbesorgung von jemand erhält, mit dem er in Geschäftsverbindung steht, ist jedoch verpflichtet, hierauf unverzüglich zu antworten; sein Schweigen gilt als Annahme des Antrags, § 362 HGB. Zum Schweigen auf ein → Bestätigungsschreiben s. dort. Ein Irrtum über die Bedeutung des Schweigens berechtigt nicht zur Anfechtung des Vertrags. Hat der Antragende für die Annahme des Vertrags eine Frist bestimmt, so kann die Annahme nur innerhalb dieser Frist erfolgen, § 148 BGB. Sonst kann regelmäßig der einem Anwesenden (auch telefonisch) gemachte Antrag nur sofort, der einem Abwesenden gemachte Antrag bis zu dem Zeitpunkt angenommen werden, in welchem der Antragende den Eingang der Antwort unter regelmäßigen Umständen erwarten darf, § 147 BGB. Die verspätete Annahme eines Antrags gilt als neuer Antrag; eine Annahme unter Erweiterungen, Einschränkungen oder sonstigen Änderungen gilt als Ablehnung verbunden mit einem neuen Antrag, § 150 BGB. Bei einer Versteigerung gilt das Gebot als Antrag (Bindung nur bis zur Abgabe eines Übergebots), der → Zuschlag als Annahme des Vertrags, § 156 BGB. Zur → eBay-Versteigerung; sa → Fernabsatzvertrag, → Unbestellte Lieferung, Leistung.

Die Willenserklärungen beider Seiten müssen sich inhaltlich vollständig decken (Konsens). Solange sich die Parteien nicht über alle Punkte, dh auch über Nebenabreden, geeinigt haben oder zB die vorgesehene Beurkundung noch nicht vorgenommen wurde, ist iZw der Vertrag noch nicht geschlossen (offener Dissens, § 154 BGB). Liegt dagegen ein versteckter Einigungsmangel (sog. versteckter Dissens) vor (die Parteien haben einen Punkt übersehen, sich verlesen oder objektiv mehrdeutige Erklärungen abgegeben, die sich zwar äußerlich decken, inhaltlich aber von jeder Seite verschieden ausgelegt werden), so gilt der Vertrag nur, sofern anzunehmen ist, dass er auch ohne Einigung über diesen (unwesentlichen) Punkt geschlossen worden wäre, § 155 BGB. Der versteckte Dissens ist zu unterscheiden von der bloß falschen Bezeichnung des Gegenstands des Vertrags (sog. falsa demonstratio; zB beide Seiten meinen dasselbe Grundstück, geben aber eine falsche Flurstücksnummer an; hier gilt uneingeschränkt das wirklich Gewollte), vom → Irrtum einer Seite über den Inhalt ihrer Erklärung sowie vom (unbeachtlichen) geheimen Vorbehalt einer Seite, das Erklärte in Wirklichkeit nicht zu wollen, § 116 BGB.

2. Vertragsfreiheit, Kontrahierungszwang, typische Verträge: Für die Begründung von Schuldverhältnissen gilt der Grundsatz der Vertragsfreiheit. Der Abschluss eines Vertrags obliegt grds. der freien Parteibestimmung. In bestimmten Fällen kann aber einer Partei gesetzlich die Pflicht zur Annahme eines Angebots auf Abschluss eines Vertrags auferlegt sein. Einem solchen Abschluss- oder Kontrahierungszwang unterliegen insbes. Monopolbetriebe (zB Lieferung von Elektrizität, Wasser usw, Verbände mit einer überragenden Machtstellung im wirtschaftlichen oder sozialen Bereich, nicht aber zB Spielbank). Bei Ablehnung des Angebots kommt hier zwar kein Vertrag zustande; die Ablehnung macht aber

schadensersatzpflichtig. Schließlich kann ein Vertrag oder vertragsähnliches Verhältnis auch durch Hoheitsakt geschaffen werden (sog. diktierter Vertrag, zB bei einer Zuweisung von Hausrat nach der → Ehescheidung; Hausratsverordnung). Auch der Inhalt eines Vertrags obliegt der freien Bestimmung durch die Vertragsparteien. Diese Parteiautonomie findet allerdings in zahlreichen Vorschriften des → Zivilrechts, insbes. zum Schutz von → Verbrauchern, ihre Grenzen. Von sog. zwingenden Vorschriften (→ Recht, 3) kann gar nicht, von sog. halbzwingenden Vorschriften kann nicht zum Nachteil der geschützten Partei (häufig der Verbraucher) abgewichen werden (s. hierzu auch → Verbrauchervertrag, 2, → Verbraucherschutzrecht, 1). Zwingende Regelungen finden sich häufig auch im → Sachenrecht und → Erbrecht, auch die allg. Verbote der → Gesetzwidrigkeit (§ 134 BGB) und der → Sittenwidrigkeit (§ 138 BGB) schränken die Vertragsfreiheit ein. Weiterhin kann der Inhalt eines Vertrags (teilweise) gesetzlich festgelegt sein (sog. normierter Vertrag, zB Festsetzung von Höchstpreisen und -mieten). Einen praktisch großen Einfluss auf den Inhalt abzuschließender Verträge üben vorgefertigte Formular- oder Typenverträge (zB Mustermietvertrag) und im Geschäftsleben insbes. die → Allgemeinen Geschäftsbedingungen aus. Die Parteiautonomie findet ihre Grenzen weiterhin in den Vorschriften des öffentlichen Rechts (Genehmigungszwang oÄ).

Für besonders wichtige und häufig vorkommende Verträge hat der Gesetzgeber im besonderen Teil des → Schuldrechts spezielle Rechtsnormen geschaffen und die Verträge entsprechend typisiert ausgestaltet und benannt, sog. typische Verträge (zB Kaufvertrag, Mietvertrag, Bauvertrag usw). Die Parteien können ihre Beziehungen jedoch grds. völlig frei gestalten, von den geregelten Bestimmungen abweichen (sog. atypischer Vertrag) oder auch Bestandteile verschiedene Typen von Verträgen so miteinander kombinieren, dass ein einheitlicher, sog. → gemischter Vertrag oder → typengemischter Vertrag entsteht (zB Altenheimvertrag, Pferdeeinstellungsvertrag, ggf. → Fitnessstudiovertrag). Für die rechtliche Behandlung dieser sog. gemischten Verträge gilt nur bei klarem Dominieren eines bestimmten Vertragstyps dessen Recht (Absorptionsgrundsatz, zB gilt beim Besuch in einem Gasthaus idR Kaufrecht wegen des Erwerbs von Speisen, die Beherbergung tritt als bloße Nebenpflicht zurück); sonst ist das für die maßgebliche Leistung anzuwendende Recht jeweils dem einschlägigen Vertragstyp direkt oder → analog zu entnehmen (Kombinationsgrundsatz). Über verbundene Verträge → Verbrauchervertrag (4), → Verbraucherdarlehensvertrag (8). Daneben haben sich im Wirtschaftsleben weitere, im BGB nicht geregelte sog. verkehrstypische Verträge herausgebildet, s. zB → Leasingvertrag, → Factoringvertrag, → Automatenaufstell(ungs)vertrag, → Baubetreuungsvertrag, → Belegarztvertrag, → Franchisevertrag; sa → Software.

3. Form, vorvertragliches Verhältnis, Vorvertrag: Der schuldrechtliche Vertrag ist grds. formlos; eine mündliche Abrede ist daher grds. ausreichend (Verbalkontrakt). Für einige Verträge schreibt das Gesetz jedoch eine bestimmte → Form vor, etwa die Schriftform (zB für langdauernde Grundstücksmietsverträge, für das Bürgschaftsversprechen), die notarielle Beurkundung (insbes. für einen → Grundstückskaufvertrag) oder die Textform. Bereits mit dem Eintritt in Vertragsverhandlungen (auch schon vor Abgabe eines Angebots) entsteht zwischen den Beteiligten ein vertragsähnliches Vertrauensverhältnis, das zur gegenseitigen Rücksichtnahme und Sorgfalt und bei deren schuldhafter Verletzung zu einem Anspruch auf → Schadensersatz wegen Verschulden beim Vertragsschluss führt, § 311 II BGB (culpa in contrahendo, → Verschulden beim Vertragsschluss). Über bloße derartige Vorverhandlungen hinaus geht der Vorvertrag. Dieser ist bereits ein echter Vertrag, aus dem sich die (erzwingbare) Pflicht zum Abschluss des Hauptvertrags ergibt. Der Vorvertrag bedarf regelmäßig der gleichen Form wie der Hauptvertrag. Der einseitige Vorvertrag wird → Option genannt (sa → Vorkaufsrecht, → Ankaufsrecht).

4. Vertragsarten: Beim Vertrag sind ferner der Verpflichtungsvertrag (obligatorischer Vertrag, zB → Kauf) und der Verfügungsvertrag (zB → Abtretung, → Einigung über den Eigentumsübergang) scharf zu unterscheiden, auch wenn diese bei Geschäften des täglichen Lebens oftmals zusammenfallen (→ Sachenrecht). Wie bei allen → Rechtsgeschäften gibt es ferner abstrakte und kausale Verträge. Der Vertrag ist regelmäßig ein sog. Konsensualvertrag, der durch die beiderseitige Willensübereinstimmung zustande kommt (Konsensualkontrakt, Versprechensgeschäft). In einigen Fällen muss zum Vertragsabschluss jedoch noch eine tatsächliche Handlung hinzu kommen (sog. Realvertrag, Realkontrakt oder Handgeschäft), zB die Hingabe der Sache bei der → Verwahrung. Die sog. Draufgabe (Arrha, Handgeld) ist nicht Voraussetzung des Vertragsabschlusses, sondern nur ein Anhaltspunkt hierfür (→ Vermutung); sie ist bei Vertragsaufhebung wieder zurückzugeben und gilt iZw nicht als Reugeld (§§ 336 ff. BGB). Ein Vertrag kann entgeltlich oder unentgeltlich sein; auch der Gefälligkeitsvertrag (s. → Gefälligkeitsverhältnis, Gefälligkeitsvertrag) ist ein echter Vertrag (anders das Gefälligkeitsverhältnis). Der Vertrag kann einseitig (zB → Bürgschaft) oder zweiseitig verpflichtend sein; stehen die beiderseitigen Verpflichtungen in einem Abhängigkeitsverhältnis, so liegt ein gegenseitiger Vertrag (Austauschvertrag, zB Kauf, Miete) vor, für den besondere Regeln gelten. Selbst wenn ein Vertrag (zB wegen Formmangels) nichtig ist, kann er als sog. faktischer Vertrag vertragsähnliche Wir-

kungen äußern, wenn die Rechtsverhältnisse der Beteiligten so abgewickelt wurden, als ob ein wirksamer Vertrag bestanden hätte (insbes. bei → Dauerschuldverhältnissen; → faktische Gesellschaft, faktisches → Arbeitsverhältnis). Eine Besonderheit ist schließlich der → Vertrag zugunsten Dritter.

5. Störungen, Veränderungen des Vertrags: Leistungsstörungen (→ Pflichtverletzung) können bei der Abwicklung eines Vertrags eintreten und sich auf den Vertrag auswirken. Zu Vertragsstörungen infolge der → COVID-19-Pandemie s. → Corona-Krise und Vertragsrecht. Für eine rechtsgeschäftliche Veränderung oder Aufhebung (Aufhebungsvertrag, Abänderungsvertrag) ist, soweit das Gesetz keine andere Regelung zulässt (→ Rücktritt vom Vertrag, → Kündigung) und die Parteien nichts anderes vereinbart haben (nicht durch → Allgemeine Geschäftsbedingungen, § 308 Nr. 4 BGB), gleichfalls ein Vertrag erforderlich (§ 311 I BGB). Dieser bedarf nicht der Form des ursprünglichen Rechtsgeschäfts, sofern die Pflichten durch die Abänderung nicht vermehrt werden und der ursprüngliche Vertrag noch nicht (zB durch eine → Auflassungsvormerkung) vollzogen worden ist. Die Parteien können aber auch das alte Schuldverhältnis aufheben und an dessen Stelle durch Vertrag ein völlig neues Schuldverhältnis treten lassen (sog. Schuldumschaffung, Schuldumwandlung, Schuldersetzung oder Novation). Eine Schuldumschaffung liegt zB in der Ausstellung eines → Prolongationswechsels oder in der Anerkennung eines abgerechneten Saldos aus → Kontokorrent. Während bei der bloßen Vertragsänderung das ursprüngliche Schuldverhältnis mit allen Sicherungsrechten, zB Bürgschaft, Pfandrecht usw erhalten bleibt, erlöschen diese Sicherungsrechte regelmäßig bei der Schuldumschaffung (Ausnahme beim → Kontokorrent, § 356 HGB).

6. Außer im Schuldrecht spielt der Vertrag auch in anderen Rechtsgebieten eine Rolle, zB im ehelichen Güterrecht (→ Ehevertrag), im Erbrecht (→ Erbvertrag), aber auch im öffentlichen Recht (→ Vertrag, öffentlich-rechtlicher).

Vertrag im elektronischen Geschäftsverkehr
→ Elektronischer Geschäftsverkehr.

Vertrag mit Schutzwirkung für Dritte
→ Vertrag zugunsten Dritter.

Vertrag über die Arbeitsweise der Europäischen Union
→ AEUV.

Vertrag zu Lasten Dritter
→ Vertrag zugunsten Dritter.

Vertrag zugunsten Dritter
1. In einem schuldrechtlichen → Vertrag kann vereinbart werden, dass der → Schuldner die → Leistung nicht an den → Gläubiger, sondern an einen Dritten erbringen soll, §§ 328 ff. BGB. Dabei kann bestimmt werden, dass der Dritte (regelmäßig neben dem Gläubiger, § 335 BGB) ein selbständiges Forderungsrecht erhalten soll (echter Vertrag zugunsten Dritter) oder dass nur der Gläubiger berechtigt sein soll, die Leistung des Schuldners an den Dritten zu verlangen (unechter Vertrag zugunsten Dritter). Was im Einzelfall vorliegt, ist durch → Auslegung des Vertrags nach seinem Zweck zu ermitteln, die sich auch darauf erstreckt, wann der Dritte das Recht auf Leistung erlangt und ob den Vertragschließenden das Recht vorbehalten ist, das Recht des Dritten ohne dessen Zustimmung aufzuheben oder zu ändern (sog. Aufhebungsvorbehalt, § 328 II BGB). So ist bei der Anlegung eines Kontos auf den Namen eines Dritten (Anderkonto) stets zu prüfen, ob dieser hierdurch ein eigenes Forderungsrecht gegen die Bank erlangen soll (idR zu verneinen bei einem von den Eltern auf den Namen des Kindes angelegten Sparkontos, ohne das → Sparbuch aus der Hand zu geben). Verpflichtet sich in einem Vertrag der eine Teil zur Befriedigung eines Gläubigers des anderen Teils (Erfüllungsübernahme), ohne die Schuld selbst zu übernehmen (→ Schuldübernahme), so ist idR nur ein unechter Vertrag zugunsten Dritter anzunehmen, § 329 BGB. Umgekehrt geht bei einem Leibrentenvertrag, bei dem Zahlung an einen Dritten vereinbart ist, die Auslegungsregel des § 330 BGB dahin, dass iZw der Dritte unmittelbar das Recht erwerben soll, die Leistung zu fordern. Das Gleiche (also echter Vertrag zugunsten Dritter) gilt, wenn bei einer → Vermögensübernahme einem Dritten (zB den jüngeren Geschwistern) eine Abfindung versprochen wird.

Das Verhältnis zwischen Gläubiger und Schuldner, dh der Verpflichtungsvertrag, wird Deckungsverhältnis, das Verhältnis zwischen Gläubiger und Drittem, also der Rechtsgrund der Zuweisung an den Dritten, Valutaverhältnis genannt. Zwischen Schuldner und Drittem entstehen keine vertraglichen Beziehungen; der Dritte hat nur (bei einem echten Vertrag zugunsten Dritter) ein vom Vertrag abgespaltenes eigenes Forderungsrecht. Ein Vertrag zugunsten Dritter ist nur als schuldrechtlicher Verpflichtungsvertrag zulässig; ein Vertrag auf unmittelbaren Erwerb eines → dinglichen Rechts, zB einer Hypothek, ist nach hM nicht möglich (Sonderregelungen für → Ehevertrag und → Erbvertrag). Ein Vertrag zu Lasten eines Dritten ist nach hM ebenfalls unzulässig; s. aber → Schuldübernahme, → Garantievertrag.

Der Dritte erwirbt das ihm zugedachte Recht unmittelbar, dh ohne Beitritt, kann dieses Recht aber zurückweisen, § 333 BGB. Einwendungen aus dem Deckungsverhältnis gegenüber dem Gläubiger kann der Schuldner auch dem Dritten entgegenhalten, § 334 BGB, nicht dagegen Einwendungen aus dem Valutaverhältnis zwischen Gläubiger und Drittem (hier nur Anspruch des Gläubigers gegen den Dritten aus → ungerechtfertigter Bereicherung). Die Form des Vertrags zugunsten Dritter bestimmt sich nach dem Deckungsverhältnis. Das Recht des Dritten kann bedingt, sein Erwerb zeitlich hinausgeschoben sein. Soll die Leistung an den Dritten nach dem Tod des Gläubigers erfolgen, so erwirbt der Dritte das Recht iZw erst mit dessen Tod, § 331 BGB. Insbes. bei einem Lebensversicherungsvertrag (→ Lebensversicherung; → Versicherungsvertrag) ist daher mangels entgegenstehender Erklärung des Versicherungsnehmers (also des Gläubiger, § 159 VVG) die Bezugsberechtigung für den Dritten zu Lebzeiten des Gläubigers widerruflich; andererseits fällt die Lebensversicherung, da sie unmittelbar mit dem Tod des Gläubigers dem Dritten anfällt, regelmäßig nicht in den → Nachlass des Gläubigers (und damit an dessen → Erben); sie unterliegt dann auch nicht der → Erbschaftsteuer.

2. Eine besondere Form des Vertrags zugunsten Dritter ist der Vertrag mit Schutzwirkung für Dritte; die Begründung eines Vertrags mit Schutzwirkung für Dritte ist allerdings weniger in einer entsprechenden Anwendung der Vorschriften über den Vertrag zugunsten Dritter, als in einer → Auslegung des jeweiligen konkreten Vertrages im Einzelfall zu sehen. In einer Reihe von Fällen bezieht die Rspr. dritte Personen in den Schutzbereich eines abgeschlossenen Vertrags (oder eines vorvertraglichen Schuldverhältnisses, s. → Verschulden beim Vertragsschluss) ein, um ihnen (insbes. bei Körper- und Gesundheitsschäden) den Schutz der Haftung aus einer Vertragsverletzung (sa → Erfüllungsgehilfe) zu geben, der weiter geht als der aus einer unerlaubten Handlung (sa → Verrichtungsgehilfe). So äußert der Mietvertrag Schutzwirkung auch gegenüber den Angehörigen des Mieters, die nicht Vertragspartner sind (zB wenn sie infolge einer Verletzung der → Verkehrssicherungspflicht des Vermieters zu Schaden kommen); der → Beförderungsvertrag zB erstreckt seine Schutzwirkung auf die beförderten Personen (zB Betriebsausflug), der → Behandlungsvertrag zwischen dem Arzt und den Eltern auch auf das Kind usw. Die Einbezeihung in den Schutz des Vertrags erfolgt nur unter bestimmten Voraussetzungen (um eine Ausdehnung zu vermeiden): Der Dritte muss den Gefahren des Vertrags so intensiv ausgesetzt sein wie der Gläubiger selbst, um den Kreis der geschützten Personen beschränkt und überschaubar zu halten, sog. Leistungsnähe (zB nicht gelegentliche Besucher des Mieters); der Gläubiger muss ein besonderes Interesse am Schutz des Dritten haben, sog. Gläubigernähe (insbes. wenn der Gläubiger für das Wohl und Wege des Dritten mitverantwortlich ist, zB aufgrund einer familien- oder arbeitsrechtlichen Beziehung; die Rspr. nimmt dies aber auch zB an, wenn Dritte auf beruflich erstellte Gutachten oder Testate vertrauen, str.); Leistungs- und Gläubigernähe müssen für den Schuldner erkennbar sein; der Dritte muss schutzbedürftig sein, sog. Schutzbedürftigkeit (was zu verneinen ist, wenn der Dritte wegen des erlittenen Schadens bereits eigene, im wesentlichen gleichwertige vertragliche Ansprüche gegen den Schuldner oder eine andere Person hat). Sa → Produkthaftung.

Vertrag, öffentlich-rechtlicher

1. Unter öffentlich-rechtlichem Vertrag versteht man einen Vertrag, durch den ein Rechtsverhältnis auf dem Gebiet des öffentlichen Rechts begründet, geändert oder aufgehoben wird. Der Begriff ist also einerseits sehr umfassend, andererseits beschränkt er sich auf die Verwaltungstätigkeit von Behörden, so dass man ihn auch als verwaltungsrechtlichen Vertrag bezeichnen könnte. Keine Verträge im Sinne des VwVfG sind daher: → völkerrechtliche Verträge, → Staatsverträge, verfassungsrechtliche Verträge, → Verwaltungsabkommen (soweit sie Ausdruck der Regierungs- und nicht der Verwaltungskompetenz der Beteiligten sind), → Kirchenverträge und → Konkordate. § 54 VwVfG lässt den Vertrag allgemein zu, soweit Rechtsvorschriften nicht entgegenstehen; insbes. kann die Behörde, anstatt einen → Verwaltungsakt zu erlassen, einen Vertrag mit demjenigen schließen, an den sie sonst den Verwaltungsakt richten würde. Die Abgrenzung des Vertrages zum privatrechtlichen Vertrag einer juristischen Person des öff. Rechts (bei fiskalischem Tätigwerden oder bei Handlungen im Rahmen des → Verwaltungsprivatrechts) ist wegen der unterschiedlichen Wirksamkeitsvoraussetzungen, der Folgen von Fehlern und vor allem wegen des Rechtswegs bei Streitigkeiten von Bedeutung. Entscheidend ist, ob der Gegenstand des Vertrags nach dessen Gesamtcharakter im Bereich des öffentlichen Rechts oder des Privatrechts liegt.

2. Innerhalb des Vertrages unterscheidet man

a) Verträge zwischen rechtlich selbständigen, auf dem Boden der Gleichordnung stehenden Verwaltungsträgern (sog. koordinationsrechtlicher Vertrag; zB Gebietsänderungsvertrag zwischen Gemeinden),

b) Verträge zwischen dem Staat (oder einer sonstigen jur. Person des öffentl. Rechts) und einer ihr gegenüber im Unterordnungsverhältnis stehenden Person (sog. subordinationsrechtlicher Vertrag; § 54 S. 2 VwVfG), bei denen also grundsätzl. das Rechtsverhältnis von der Behörde durch Verwaltungsakt einseitig geregelt werden könnte. Hier liegt das Hauptgewicht des Abschlusses V. Als besondere Arten des subordinationsrechtl. Vertrages nennt das VwVfG den Vergleichsvertrag und den Austauschvertrag. Ein Vertrag, durch den eine bei verständiger Würdigung des Sachverhalts oder der Rechtslage bestehende Ungewissheit durch gegenseitiges Nachgeben beseitigt wird, kann dann geschlossen werden, wenn die Behörde den Abschluss des Vergleichs zur Beseitigung der Ungewissheit nach pflichtgemäßem Ermessen für zweckmäßig hält (§ 55 VwVfG). Ein Vertrag, in dem sich der Vertragspartner der Behörde zu einer Gegenleistung verpflichtet, kann geschlossen werden, wenn die Gegenleistung für einen bestimmten Zweck im Vertrag vereinbart wird und der Behörde zur Erfüllung ihrer öffentlichen Aufgaben dient; die Gegenleistung muss den gesamten Umständen nach angemessen sein und im sachlichen Zusammenhang mit der vertraglichen Leistung der Behörde stehen (§ 56).

3. Der Vertrag muss schriftlich geschlossen werden, sofern nicht durch Rechtsvorschrift eine andere Form vorgeschrieben ist (§ 57 VwVfG). Greift der Vertrag in Rechte eines Dritten ein, so ist dessen schriftliche Zustimmung erforderlich; das beim Erlass eines Verwaltungsaktes notwendige Einvernehmen einer anderen Behörde muss auch beim Abschluss eines V. hergestellt werden.

4. Die Möglichkeit, Verträge abzuschließen, befreit die Behörde nicht vom Grundsatz der → Gesetzmäßigkeit der Verwaltung. Sie darf also beim Abschluss nicht gegen gesetzliche Verbote verstoßen oder gesetzliche Schranken übersteigen.

5. Der Vertrag ist nichtig, wenn die entsprechende Anwendung des BGB (insbes. §§ 134, 138 BGB) dies ergibt. Ferner ist er nichtig, wenn ein Verwaltungsakt mit entsprechendem Inhalt nichtig wäre oder wenn ein Verwaltungsakt mit entsprechendem Inhalt materiell rechtswidrig wäre und dies den Vertragschließenden bekannt war oder wenn die Behörde sich eine unzulässige Gegenleistung versprechen lässt (§ 59). Teilweise Nichtigkeit erfasst den ganzen Vertrag, es sei denn, er wäre auch ohne den nichtigen Teil geschlossen worden.

6. In besonderen Fällen ist Anpassung und Kündigung des Vertrages möglich (§ 60 VwVfG). Jeder Vertragschließende kann sich der sofortigen Vollstreckung aus dem Vertrag unterwerfen (§ 61 VwVfG). Ergänzend gelten für den Vertrag die Bestimmungen des bürgerlichen Rechts (§ 62 S. 2 VwVfG; → Vertrag, Willenserklärung – III –).

7. Für Streitigkeiten aus Verträgen sind die Verwaltungsgerichte zuständig.

8. Im → Besteuerungsverfahren ist zwischen Steuerpflichtigem und Finanzamt ein öffentlich-rechtlicher Vertrag unzulässig, da die Besteuerung an die Verwirklichung des gesetzlichen Tatbestandes anknüpft, der den Beteiligten nicht zur Disposition steht. Dritte können sich jedoch verpflichten, die Steuerschuld eines Steuerpflichtigen – allerdings ohne schuldbefreiende Wirkung – zu übernehmen (§§ 48, 192 AO). Die Inanspruchnahme des Dritten erfolgt nach den Vorschriften des BGB.

Vertrag, völkerrechtlicher
→ völkerrechtlicher Vertrag.

Vertragliche Güterstände
→ Güterstände.

Vertragsangebot
→ Vertrag (1).

Vertragsannahme
→ Vertrag (1).

Vertragsanpassung
→ Geschäftsgrundlage, → Verschulden bei Vertragsschluss.

Vertragsantrag
→ Vertrag (1).

Vertragsarzt
oder Vertragszahnarzt bzw. – nach der früher verwendeten gesetzlichen Terminologie – Kassenarzt oder Kassenzahnarzt, ist ein für die Behandlung von Mitgliedern der gesetzlichen → Krankenversicherung zugelassener Arzt. Die Versicherten können unter den zugelassenen Vertragsärzten frei wählen (§ 76 I SGB V).

Um die Zulassung als Vertrags(zahn)arzt kann sich jeder Arzt bewerben, der seine Zulassung in ein Arzt- oder Zahnarztregister (→ Arztregister) nachweist (§ 95a I SGB V). Ob eine Zulassung erfolgt, ist nicht zuletzt davon abhängig, ob noch ein entsprechender Bedarf besteht oder schon eine Überversorgung im Zulassungsbezirk vorliegt; das Nähere regeln die Zulassungsverordnungen (§ 98 I SGB V). Zur Beschlussfassung und Entscheidung in Zulassungssachen haben die → Kassenärztlichen Vereinigungen und die Landesverbände der Krankenkassen sowie die Verbände der Ersatzkassen für die einzelnen Zulassungsbezirke jeweils einen → Zulassungsausschuss für Ärzte und einen Zulassungsausschuss für Zahnärzte gebildet (§§ 95 ff. SGB V).

Vertragsauslegung
→ Auslegung (2b).

Vertragsbedingungen
→ Bedingung, → Allgemeine Geschäftsbedingungen.

Vertragsbeitritt
→ Schuldmitübernahme, → Vertragsübernahme.

Vertragserbe
→ Erbvertrag.

Vertragsfreiheit
→ Vertrag (2), → Schuldrecht, → Kontrahierungszwang, → Recht (3).

Vertragsgesetz
wird das (förml.) → Gesetz genannt, mit dem die gesetzgebenden Körperschaften einem → Staatsvertrag zustimmen (Art. 59 II GG; auch als → Zustimmungsgesetz oder Ratifikationsgesetz bezeichnet).

Vertragshändler
Der Vertragshändler ist ein Eigenhändler (also nicht zB Generalvertreter), der im eigenen

Namen und für eigene Rechnung (anders → Handelsvertreter, Kommissionär) den Vertrieb von Waren des Herstellers, vielfach in dessen Betriebsorganisation und mit Gebietsschutz und Alleinvertriebsrecht, übernimmt. Der gesetzlich nicht geregelte Vertragshändlervertrag (ein sog. verkehrstypischer, → Vertrag, 2) enthält wesentliche Elemente der gegenseitigen Interessenwahrnehmung (zB Tankstellenvertrag, Autohändlervertrag). Die Rspr. wendet daher (auch und zum Schutz des Vertragshändlers) bei Vertragsbeendigung die Vorschriften über den → Ausgleichsanspruch des Handelsvertreters (bei Eingliederung des Vertragshändlers in die Absatzorganisation und Verpflichtung zur Übertragung des Kundenstamms an den Hersteller, zB oftmals beim Autohändlervertrag) weitgehend entsprechend an; für den Rückkauf nicht abgesetzter Waren (Ersatzteillager oÄ) gelten nicht die Vorschriften über den → Wiederkauf, sondern die Vorschriften über den → Rücktritt vom Vertrag. S. ferner → Franchisevertrag.

Vertragsklauseln
→ Allgemeine Geschäftsbedingungen.

Vertragspfandrecht
→ Pfandrecht (2a).

Vertragsrisiko
→ Geschäftsgrundlage.

Vertragsschluss
→ Vertrag (1).

Vertragsstatut
→ Internationales Privatrecht (2d).

Vertragsstrafe
Eine Vertragsstrafe (Konventionalstrafe) bedarf besonderer vertraglicher Vereinbarung; sie liegt vor, wenn der → Schuldner dem → Gläubiger für den Fall, dass er seine Verbindlichkeit nicht oder in nicht gehöriger Weise erfüllt, die Zahlung einer Geldsumme als Strafe verspricht, §§ 339 ff. BGB (eingeschränkt für → Allgemeine Geschäftsbedingungen, § 309 Nr. 6 BGB, sowie im → Bauvertrag; zT gesetzlich ausgeschlossen, zB beim → Wohnraummietvertrag, § 555 BGB). Die Strafe ist verwirkt, wenn der Schuldner in → Schuldnerverzug kommt; es ist also → Verschulden Voraussetzung. Sichert die Vertragsstrafe eine Unterlassungspflicht, so verfällt sie mit der Zuwiderhandlung; auch hier ist nach der Vorstellung der Parteien regelmäßig ein schuldhaftes Handeln Voraussetzung. Die Vertragsstrafe tritt neben den weiter bestehenden Erfüllungsanspruch, wenn sie für den Fall der nicht gehörigen, insbes. der nicht rechtzeitigen Erfüllung versprochen wurde, § 341 BGB. Nimmt der Gläubiger die Erfüllung an, so kann er die Vertragsstrafe nur verlangen, wenn er sich das Recht dazu bei der Annahme vorbehält (Besonderheiten auch im Baurecht). Wurde die Vertragsstrafe dagegen für den Fall der Nichterfüllung versprochen, so tritt die verwirkte Strafe als → Schadensersatz anstelle des (dann ausgeschlossenen) Erfüllungsanspruchs; der Gläubiger ist jedoch nicht gehindert, einen weiteren Schadensersatz wegen Nichterfüllung zu verlangen, § 340 BGB. Ist eine verwirkte Vertragsstrafe unverhältnismäßig hoch, so kann sie auf Antrag des Schuldners durch gerichtliches → Gestaltungsurteil auf den angemessenen Betrag herabgesetzt werden, § 343 BGB; diese sonst zwingende Regelung ist unter Kaufleuten (→ Kaufmann) ausgeschlossen, § 348 HGB (dort nur Verbot der → Sittenwidrigkeit). Die Herabsetzungsmöglichkeit gilt auch für das sog. selbständige Strafversprechen oder Strafgedinge, durch das jemand eine Strafe für den Fall verspricht, dass er eine Handlung, ohne hierzu als Schuldner verpflichtet zu sein, vornimmt oder unterlässt, § 343 II BGB. Erklärt das Gesetz das Versprechen einer Leistung für unwirksam, so ist auch das für den Fall der Nichterfüllung des Versprechens vereinbarte Strafversprechen unwirksam, § 344 BGB. Sa → Verwirkungsklausel, → Reugeld.

Vertragsübernahme (Assignment)
Durch → Rechtsgeschäft (nicht durch → Allgemeine Geschäftsbedingungen, § 309 Nr. 10 BGB) kann die gesamte Rechtsstellung des Gläubigers oder des Schuldners aus einem → Schuldverhältnis auf einen Dritten übertragen werden; an dem Rechtsgeschäft müssen alle Beteiligten mitwirken. Der Erwerber tritt hier in vollem Umfang in das bisherige Rechtsverhältnis ein, während bei der → Abtretung der Forderung und bei der → Schuldübernahme nur die aus dem Schuldverhältnis entstandene Forderung berührt wird. Übernimmt der Dritte nicht die Rechtsstellung eines Vertragspartners, sondern tritt er nur als weiterer Partner in ein bestehendes Rechtsverhältnis (zB in eine → Gesellschaft des bürgerlichen Rechts) ein, so spricht man von Vertragsbeitritt (→ Schuldmitübernahme). Verschiedentlich ist auch eine Vertragsübernahme kraft Gesetzes vorgesehen, zB beim Erwerb eines vermieteten Wohnraums, § 566 BGB (→ Wohnraummietvertrag, 4), sa §§ 613a, 1251 II BGB.

Vertragsverbindung
→ Verbrauchervertrag (4), → Verbraucherdarlehensvertrag (8).

Vertragsverhandlungen
→ Verschulden beim Vertragsschluss.

Vertragsverletzung
→ Pflichtverletzung, → positive Vertragsverletzung, → Verschulden beim Vertragsschluss.

Vertragsverletzungsverfahren
Kommt ein Mitgliedstaat der → Europäischen Gemeinschaft seinen Verpflichtungen aus dem → Gemeinschaftsrecht nicht nach, so kann die → Europäische Kommission gegen ihn ein Vertragsverletzungsverfahren gemäß § 224 EGV vor dem → Europäischen Gerichtshof führen. Das Vertragsverletzungsverfahren hat erhebliche praktische Bedeutung für die effek-

tive Durchsetzung des europäischen Rechts. Das gilt vor allem für die nicht rechtzeitige oder nicht vollständige Umsetzung von → Richtlinien.

Vertragswille
→ Vertrag (1).

Vertrauensdienst
Die VO (EU) 910/2014 v. 23.7.2014 über elektronische Identifizierung und Vertrauensdienste für elektronische Transaktionen im Binnenmarkt (eIDAS-VO, ABl. EU 2014 L 257, 73) legt einen Rechtsrahmen für elektronische Identifizierungsmittel, Vertrauensdienste und → elektronische Signaturen fest. Die Durchführung der unmittelbar anwendbaren VO wird durch das Vertrauensdienstegesetz (VDG) v. 18.7.2017 (BGBl. 2017 I 2745, mÄnd) geregelt. Des weiteren gibt es die Vertrauensdiensteverordnung (VDV) v. 15.2.2019 (BGBl. 2019 I 114). Vertrauensdienste sind nach Art. 3 Nr. 16 eIDAS-VO die Erstellung, Überprüfung und Validierung von elektronischen Signaturen, von Zertifikaten für die Website-Authentifizierung und die Bewahrung solcher Signaturen und Zertifikate. Deutsche Vertrauensdiensteanbieter unterliegen der Aufsicht durch die → Bundesnetzagentur.

Vertrauensliste
→ Signatur, elektronische.

Vertrauensfrage
ist der in Art. 68 GG vorgesehene Antrag des → Bundeskanzlers an den Bundestag, ihm das Vertrauen auszusprechen. Zwischen Antrag und Abstimmung müssen 48 Stunden liegen. Findet dieser Antrag nicht die Zustimmung der Mehrheit der Mitglieder des Bundestags, so hat dies keine unmittelbaren rechtlichen Auswirkungen für den Bundeskanzler oder für das Fortbestehen der Bundesregierung; doch kann (Ermessensentscheidung) der → Bundespräsident auf Vorschlag des → Bundeskanzlers den → Bundestag binnen 21 Tagen auflösen. Das Recht zur Auflösung erlischt, sobald der BT mit Mehrheit seiner Mitglieder einen Bundeskanzler wählt. Die Bundesregierung kann nur durch ein sog. konstruktives → Misstrauensvotum gegen den Bundeskanzler (unter Wahl eines Nachfolgers) aus ihrem Amt abberufen werden.

Vertrauensgrundsatz im Straßenverkehr
Jeder → Verkehrsteilnehmer, der sich selbst verkehrsgemäß verhält, kann grundsätzlich davon ausgehen, dass auch andere Teilnehmer am Straßenverkehr die Verkehrsregeln befolgen. So kann sich zB der Kraftfahrer idR darauf verlassen, dass andere ein ihm zustehendes Recht zur → Vorfahrt beachten, der Fußgänger, dass Fahrzeugführer ihm beim Betreten von Fußgängerüberwegen gefahrloses Überqueren der Straße ermöglichen usw. Der Vertrauensgrundsatz im Straßenverkehr gilt jedoch nicht uneingeschränkt, insbes. nicht, wenn nach der Verkehrserfahrung oder nach den gegebenen Umständen nicht sicher damit gerechnet werden kann, dass der andere sich vorschriftsmäßig verhält (zB behinderte oder alte Personen; nicht von Erwachsenen begleitete Kleinkinder). Auch wenn andere Verkehrsteilnehmer offenbar die Verkehrslage verkennen und im Begriff sind, verkehrswidrig zu handeln, muss sich jeder Verkehrsteilnehmer – insbes. der Fahrzeugführer – hierauf einstellen; er darf nicht auf seiner Rechtsposition bestehen, indem er zB die Vorfahrt zu erzwingen oder verkehrswidriges Überholen zu verhindern sucht. Sa → defensives Fahren.

Vertrauenshaftung
→ Verschulden beim Vertragsschluss, → Schadensersatz. Sa → Werbeangaben, → bürgerlich-rechtliche Prospekthaftung.

Vertrauensinteresse
→ Schadensersatz (4).

Vertrauensleute
Vertrauensleute gemäß § 9b BVerfSchG sind Privatpersonen, die wie → Verdeckte Mitarbeiter des Bundesamtes für → Verfassungsschutz tätig werden, deren planmäßige, dauerhafte Zusammenarbeit mit dem Bundesamt Dritten aber nicht bekannt ist. Gleiches gilt für Vertrauensleute des → Bundesnachrichtendienstes (§ 3 S. 2 BND-Gesetz) und des → Militärischen Abschirmdienstes (§ 5 Hs. 2 MAD-Gesetz). → V-Person, → Verdeckte Ermittlungen.

Vertrauensarbeitszeit
→ Flexibilisierung der Arbeitszeit, → Arbeitszeit (5).

Vertrauensperson
1. Vertrauenspersonen werden zur Vertretung sozialer Interessen bestimmter arbeits- oder dienstabhängiger Gruppen gewählt, zB nach § 179 SGB IX für schwerbehinderte Beschäftigte; nach § 39 SGB IV für den Bereich der landwirtschaftlichen Sozialversicherung sowie den Gartenbau. Bei den Vertrauenspersonen gem. § 39 II Nr. 3 SGB IV handelt es sich um Arbeitgebervertreter (im Gegensatz zu den → Versichertenältesten); für Soldaten Soldatenbeteiligungsgesetz (SBG) idF v. 15.4.1997, BGBl. 1997 I 766 und VertrauenspersonenwahlVO (VPWV) v. 8.2.1991, BGBl. 1991 I 420, jeweils mÄnd.

2. Bei einer vorläufigen → Festnahme, einer → Festnahme auf Grund eines → Haftbefehls oder bei einer Festhaltung zur → Identitätsfeststellung ist eine Vertrauensperson des Betroffenen zu benachrichtigen (§ 114c StPO, § 127 IV StPO, § 127b I 2 StPO, § 163c I 2 StPO). Der durch eine Straftat Verletzte kann bei seiner Vernehmung als Zeuge die Anwesenheit einer Vertrauensperson verlangen (§ 406 f III StPO). Die Bezeichnung wird aber auch für eine Privatperson verwendet, die bei der Strafverfolgung eingesetzt wird (→ V-Per-

son, → verdeckte Ermittlungen, → Vertrauensleute).

Vertrauensschaden
→ Schadensersatz (4), → Verschulden beim Vertragsschluss.

Vertrauensschutz
Vertrauensschutz im rechtsgeschäftlichen Verkehr → Gutglaubensschutz, → Treu und Glauben, → Vollmacht, → Grundbuch, → Handelsregister; für das Straßenverkehrsrecht → Vertrauensgrundsatz. Über den Vertrauensschutz im Steuerrecht → Steuerbescheid.

Vertrauensvotum
→ Misstrauensvotum, → Vertrauensfrage.

Vertrauliche Geburt
Grundsätzlich hat die Mutter eines Kindes ihre Personenstandsdaten dem Standesamt mitzuteilen, ebenso die an der Geburt beteiligten Personen. Der Verstoß gegen diese Pflicht ist → Personenstandsfälschung. Lässt die Mutter das Kind zurück, liegt auch eine → Unterhaltspflichtverletzung vor. Die vertrauliche Geburt ist ein Hilfsangebot im Schwangerschaftskonfliktgesetz für Schwangere, die ihre Identität nicht preisgeben und die ihr Kind nach der Geburt abgeben möchten. Das Angebot besteht zunächst in einer umfassenden Beratung der Schwangeren zur Bewältigung der durch die Schwangerschaft hervorgerufenen psychosozialen Konfliktlage, aber auch über die Durchführung des Verfahrens der vertraulichen Geburt.

Das Gesetz zum Ausbau der Hilfen für Schwangere und zur Regelung der vertraulichen Geburt vom 28.8.2013 (BGBl. 2013 I 3458) regelt die Staatsangehörigkeit eines vertraulich geborenen Kindes, dessen personenstandsrechtliche Registrierung und die elterliche Sorge. Es versucht ferner einen interessengerechten Ausgleich zwischen dem verfassungsrechtlich garantierten Recht eines Kindes auf Kenntnis seiner Herkunft und dem Interesse der Schwangeren, ihre Daten nicht zu offenbaren. Sie werden behördlich vertraulich in einem Herkunftsnachweis erfasst. Dieser kann 16 Jahre nach der Geburt dem Kind zugänglich gemacht werden. Die Mutter hat aber nach wie die Möglichkeit, ihr Interesse an der Fortdauer der Anonymität geltend zu machen. Im Streitfall entscheidet das Familiengericht. Die Regelung trat am 1.5.2014 in Kraft. → Babyklappe.

Vertraulichkeit des Wortes
(Schutz) → Tonaufnahme, unzulässige.

Vertreibungsschäden
sind Schäden, die → Vertriebenen in Bezug auf folgende Gegenstände entstanden sind: Betriebsvermögen, Grundvermögen, Land- und Forstwirtschaft, Gegenstände der Berufsausübung oder wissenschaftlichen Forschung, Haushaltsgegenstände, Reichsmarkspareinlagen oder andere privatrechtliche geldwerte Ansprüche, Gesellschafts- und Genossenschaftsanteile, Wohnraum, berufliche oder sonstige Existenzgrundlagen. Sie werden im Wege des → Lastenausgleichs abgegolten oder gemildert (§ 12 LAG). Vertreibungsschäden in Bezug auf die → Sozialversicherung werden durch das Fremdrentengesetz und durch Berücksichtigung von → Ersatzzeiten abgewendet (→ Fremdrenten). § 250 SGB VI. Wer Vertriebener ist, ergibt sich aus § 1 BVFG.

Vertretbare Handlung
→ Handlungsvollstreckung.

Vertretbare Sache
→ Sache.

Vertretenmüssen
(Einstehen für eine Rechtsverletzung) → Verschulden.

Vertreter
→ Stellvertretung.

Vertreter des Bundesinteresses
Nach § 35 VwGO bestellt die → Bundesregierung einen Vertreter des Bundesinteresses beim → Bundesverwaltungsgericht. Organisatorisch ist der Vertreter des Bundesinteresses beim Bundesministerium des Innern angegliedert. Der Vertreter des Bundesinteresses kann sich in jedem Verfahren vor dem Bundesverwaltungsgericht mit Ausnahme von Verfahren vor den Wehrdienstsenaten beteiligen. Er ist an die Weisungen der Bundesregierung gebunden. Das Bundesverwaltungsgericht gibt dem Vertreter des Bundesinteresses stets Gelegenheit zur Äußerung. Zu der Rechtslage in den Ländern vgl. → Vertreter des öffentlichen Interesses, → Landesanwaltschaft.

Vertreter des öffentlichen Interesses
Bei den → Verwaltungsgerichten und → Oberverwaltungsgerichten kann nach Maßgabe einer RechtsVO der Landesregierung ein Vertreter des öffentlichen Interesses bestimmt werden, dem allgemein oder für bestimmte Fälle die Vertretung des Landes oder von Landesbehörden übertragen werden kann. Bayern, Rheinland-Pfalz und Thüringen haben von dieser Möglichkeit Gebrauch gemacht; in Bayern kann der Vertretrer des öffentlichen Interesses auch mit der Vertretung des Landes oder seiner Behörden beauftragt werden; dort trägt er die Bezeichnung Landesanwalt (→ Landesanwaltschaft). In allen Verwaltungsstreitverfahren ist dem Vertreter des öffentlichen Interesses Gelegenheit zur Äußerung zu geben (§§ 35–37, 63 Nr. 4 VwGO). Er muss die → Befähigung zum Richteramt haben. Beim → Bundesverwaltungsgericht ist Vertreter des öffentlichen Interesses der → Vertreter des Bundesinteresses.

Vertreter, gesetzlicher
→ Stellvertretung, → elterliche Sorge, → Handelsvertreter, → Versicherungsvertreter, → Prozessbevollmächtigter.

Vertreterversammlung
Aufgabe der Vertreterversammlung als Selbstverwaltungsorgan der → Sozialversicherungsträger ist in erster Linie die Beschlussfassung über die Satzung und sonstiges autonomes Recht, die Feststellung des Haushaltsplans, die Abnahme der Jahresrechnung, die Vertretung gegenüber dem Vorstand; je nach Versicherungszweig treten weitere Befugnisse hinzu. Sie setzt sich aus Arbeitgeber- und Versichertenvertretern zusammen, bei den landw. Berufsgenossenschaften und bei den → Landwirtschaftlichen Krankenkassen auch aus Vertretern der Selbstständigen ohne familienfremde Arbeitskräfte, bei den → Ersatzkassen nur aus Vertretern der Versicherten. Die Mitglieder sind ehrenamtlich tätig (§§ 31, 33, 44, 70, 77 SGB IV). Neben der Vertreterversammlung im Sozialrecht gibt es noch die Vertreterversammlung als Organ nach dem Genossenschaftsgesetz.

Vertretung
→ Stellvertretung, → Gesellschaft des bürgerlichen Rechts (3), → Offene Handelsgesellschaft (4), → elterliche Sorge (1).

Vertretung ohne Vertretungsmacht
ist gegeben, wenn der Vertreter (→ Stellvertretung) entweder überhaupt keine Vertretungsmacht besitzt oder diese überschreitet; auf sein → Verschulden kommt es nicht an. Eine Vertreter ohne Vertretungsmacht äußert zunächst keinerlei Wirkung für den „Vertretenen"; es ist insoweit aber zu unterscheiden:

1. Bei einem einseitigen Rechtsgeschäft ist Vertretung ohne Vertretungsmacht grds. unzulässig. Bei einem empfangsbedürftigen einseitigen Rechtsgeschäft (zB Kündigung) gelten jedoch die Vorschriften über Verträge (s. u. 2), wenn der Erklärungsgegner das Fehlen der Vertretungsmacht nicht beanstandet hat oder damit einverstanden war (§ 180 BGB).

2. Ein von einem Vertreter ohne Vertretungsmacht abgeschlossener Vertrag ist schwebend unwirksam (→ Unwirksamkeit eines Rechtsgeschäfts, 1); der „Vertretene" kann ihn jedoch genehmigen. Bis zur Genehmigung ist der andere Teil zum Widerruf berechtigt, sofern er den Mangel der Vertretungsmacht nicht bei Vertragsabschluss gekannt hat. Fordert der andere Teil den Vertretenen zur Erklärung über die Genehmigung auf, so kann die Genehmigung nur ihm gegenüber erklärt werden; wird sie nicht binnen 2 Wochen nach dem Empfang der Aufforderung erteilt, so gilt sie als verweigert (§§ 177, 178 BGB). Der Vertreter ohne Vertretungsmacht (falsus procurator) haftet, wenn der Vertretene die Genehmigung des Vertrags verweigert oder der angeblich Vertretene gar nicht existiert, dem anderen Teil nach dessen Wahl auf → Erfüllung, soweit er hierzu in der Lage ist, oder auf (vollen) → Schadensersatz wegen Nichterfüllung (§ 179 I BGB). Hat der Vertreter den Mangel der Vertretungsmacht nicht gekannt, so ist er dem anderen Teil nur zum Ersatz des Vertrauensschadens (→ Schadensersatz, 4) verpflichtet (§ 179 II BGB). Die Haftung des Vertreters ist ausgeschlossen, wenn er nicht voll geschäftsfähig war oder wenn der andere Teil den Mangel der Vertretungsmacht kannte oder fahrlässigerweise nicht kannte (§ 179 III BGB).

Zu unterscheiden von der – nach außen wirkenden – Vertretung ohne Vertretungsmacht ist die allein das Innenverhältnis zwischen Vertreter und Vertretenem betreffende → Geschäftsführung ohne Auftrag. Vertretung ohne Vertretungsmacht liegt demnach an sich nicht vor, wenn der Vertreter zwar nach außen Vertretungsmacht hat, nach den Vereinbarungen im Innenverhältnis zu ihrer Ausübung jedoch nicht berechtigt ist. Nach der Rspr. finden für diesen Missbrauch der Vertretungsmacht die Bestimmungen über die Vertretung ohne Vertretungsmacht (insbes. über die Haftung des Vertretenen) jedoch Anwendung, wenn sich der Vertreter bewusst über die Beschränkung der Vertretungsmacht hinwegsetzt und der Geschäftsgegner diesen Missbrauch erkannte oder bei ordnungsgemäßer Sorgfalt hätte erkennen können. Haben beide zum Schaden des Vertretenen zusammengearbeitet (Kollusion), so ist das Rechtsgeschäft zudem wegen Verstoßes gegen das Verbot der → Sittenwidrigkeit nichtig (§ 138 I BGB).

Vertretung, völkerrechtliche
→ völkerrechtliche Vertretung.

Vertretungen ausländischer Staaten
→ Diplomaten.

Vertretungen der Länder
1. Die Länder der BRep. haben zur Wahrung ihrer Interessen gegenüber dem Bund Vertretungen beim Bund errichtet. Einrichtung und Aufgaben dieser Behörden sind Angelegenheit des Landesrechts. Leiter der Vertretung ist ein Bevollmächtigter, der häufig Mitglied der Landesregierung ist (Minister/Senator/Staatssekretär für Bundesangelegenheiten). Die Vertretungen der Länder sind von dem häufig irreführend als „Ländervertretung" bezeichneten → Bundesrat zu unterscheiden, wenngleich sie in engem tatsächlichen Kontakt zu diesem aus Vertretern der Länder bestehenden Bundesorgan stehen. Bundesrechtlich geregelte Rechte besitzen die Vertretungen nicht. Nach § 15 III, IV GO BR sind ihnen die Einladungen zu den Sitzungen des BR, die vorläufigen Tagesordnungen, die Vorlagen und die Berichte der beteiligten Ausschüsse vor den Sitzungen zuzustellen.

2. Die meisten Länder unterhalten ferner Büros bei der Europäischen Gemeinschaft in Brüssel, die jedoch nicht als Vertrtetungen bezeichnet werden, da die diplomatische Außenvertretung allein dem Bund zusteht (zB Informationsbüro des Freistaates Bayern oder Sachsen-Verbindungsbüro). Der Status der Länderbüros ist in § 8 des Gesetzes über die

Zusammenarbeit von Bund und Ländern in Angelegenheiten der Europäischen Union v. 12.3.1993 (BGBl. 1993 I 313) geregelt.

Vertretungsbefugnis
→ Gesellschaft des bürgerlichen Rechts (3), → Gesellschaft mit beschränkter Haftung (3), → Aktiengesellschaft (3), → Offene Handelsgesellschaft (4), → Kommanditgesellschaft.

Vertretungsmacht
→ Stellvertretung, → Vertretung ohne Vertretungsmacht, → Vollmacht.

Vertretungsverbot
→ Berufsverbot, Rechtsanwalt (4); sa → Verteidiger (§ 146 StPO).

Vertretungszwang
→ Anwaltsprozess.

Vertriebene
sind Personen, die ihren Wohnsitz im Zusammenhang mit den Ereignissen des 2. Weltkrieges infolge Vertreibung, insbes. durch Ausweisung oder Flucht, verloren haben. Ihre Rechtsstellung und soziale Förderung ist im → Bundesvertriebenengesetz (BVFG) idF v. 10.8.2007 (BGBl. 2007 I 1902) mÄnd, geregelt (→ Vertreibungsschaden). Das BVFG gilt in diesem Zusammenhang auch für Heimatvertriebene, Sowjetzonenflüchtlinge und Spätaussiedler.

Vertriebsbindungen
→ Ausschließlichkeitsbindungen.

Vertriebslizenz
→ Lizenzvertrag.

Verunglimpfung
Verunglimpfung ist eine nach Form, Inhalt oder äußeren Umständen erhebliche Ehrenkränkung und bildet damit eine gesteigerte Form der → Beleidigung (§§ 185 ff. StGB).

Straftatbestände, die speziell eine solche pönalisieren, enthält das StGB insbes. im 3. Titel seines Besonderen Teils, dh bei den Delikten, die eine Gefährdung des demokratischen Rechtsstaates zum Gegenstand haben (→ Rechtsstaatsgefährdung). Sie dienen dem Schutz der Verfassungsorgane sowie des Staates und seiner Symbole. So wird eine Verunglimpfung durch §§ 90, 90a StGB mit Strafe bedroht, wenn sie sich gegen den BPräs. oder gegen Farben, Flagge oder Wappen des Bundes oder eines Landes oder gegen die Hymne richtet und öffentlich begangen wird. § 90b StGB betrifft die Gesetzgebungsorgane, Regierungen und Verfassungsgerichte des Bundes und der Länder sowie deren Mitglieder. Bei ihnen muss die Verunglimpfung allerdings in einer das Ansehen des Staates gefährdenden Weise erfolgen und der Täter muss sich dadurch absichtlich für Bestrebungen gegen den Bestand der Bundesrepublik Deutschland oder gegen Verfassungsgrundsätze einsetzen. Der 2020 geschaffene § 90c StGB schützt die Flagge und die Hymne der → Europäischen Union. Der öffentlichen Begehungsform ist in den §§ 90–90c StGB jeweils die Verbreitung von → Inhalten iSd § 11 III StGB gleichgestellt. Wie bei der Beleidigung (dort 3b) gilt auch bei diesen Delikten, dass eine Verurteilung nur nach Maßgabe einer Abwägung mit den Grundrechten des Täters aus Art. 5 GG möglich ist. Nachdem alle genannten Tatbestände dem Schutz hoheitlicher Institutionen dienen, ist dabei besonders zu beachten, dass gerade gegenüber Maßnahmen der öffentlichen Gewalt auch drastische Kritik grundsätzlich zulässig ist.

Außerhalb des genannten Bereichs kennt das StGB die Verunglimpfung als Tathandlung noch bei § 104 StGB (Verunglimpfung der Flagge eines ausländischen Staates durch Zerstören oder Beschädigen) sowie in § 189 StGB (Verunglimpfung des Andenkens Verstorbener, → Beleidigung). Hinzu kommen Straftatbestände, in denen einzelne Tathandlungen mit dem ähnlich zu definierenden Begriff der → Beschimpfung bezeichnet sind, nämlich neben den auch hier zu nennenden § 90a StGB, § 90c StGB und § 104 StGB die § 130 StGB (→ Volksverhetzung) sowie die § 166 StGB (Beschimpfung von Bekenntnissen, Religionsgesellschaften und Weltanschauungsvereinigungen), § 167 StGB (Störung der Religionsausübung) und § 168 StGB (Störung der Totenruhe); zu den drei letztgenannten → Religionsvergehen.

Veruntreuung
Qualifikationstatbestand zur → Unterschlagung nach § 246 II StGB, sa → Untreue (§ 266 StGB).

Verursacherprinzip
Das Verursacherprinzip ist unter anderem ein Grundsatz des Umweltrechts (→ Umweltschutz), wonach Kosten umweltrechtlicher Maßnahmen dem Verursacher angelastet werden sollen. Für die Umweltpolitik der → Europäischen Union ist es ein in Art. 191 II AEUV (→ AEUV) genannter Handlungsgrundsatz.

Verursachung
→ Kausalität, → Schadensersatz.

Vervielfältigungsrecht
ist ein → Verwertungsrecht des Urhebers eines Werkes der Literatur, Wissenschaft oder Kunst (→ Urheberrecht). Es besteht in der Befugnis, körperliche Vervielfältigungsstücke des Werkes herzustellen, wovon jede Art des Vervielfältigungsverfahrens und jede Zahl umfasst wird (§ 16 UrhG). Sa → Verlagsvertrag, → Verlagsrecht.

Verwahrer
→ Verwahrung, → Depotgeschäft.

Verwahrstelle
→ Kapitalverwaltungsgesellschaft.

Verwahrung
Durch den Verwahrungsvertrag wird der Verwahrer verpflichtet, eine ihm vom Hinterleger übergebene bewegliche Sache aufzubewahren,

dh in seine Obhut zu nehmen (§§ 688 ff. BGB). Die Verwahrung ist oft Nebenpflicht aus einem anderen Vertrag (zB Kauf, Kommission, Arbeitsvertrag für eingebrachte → Arbeitsmittel, Kfz der Arbeitnehmer usw); die Vorschriften über den Verwahrungsvertrag, die insbes. die Gelegenheitsverwahrung betreffen, gelten dann nur ergänzend. Die wichtigsten Fälle der Verwahrung sind durch Sondervorschriften geregelt, und zwar das handelsrechtliche → Lagergeschäft, die Verwahrung von Wertpapieren durch Banken usw (→ Depotgeschäft), das öffentlich-rechtlich ausgestaltete Rechtsverhältnis nach der → Hinterlegung; sa → Sequestration. Auch in diesen Fällen, insbes. bei der öffentlich-rechtlichen Verwahrung (zB nach einer Beschlagnahme), finden die Vorschriften über den Verwahrungsvertrag hilfsweise Anwendung. Bei Unterbringung von Sachen in einem Schließfach (Schrankfach, Safe) wird regelmäßig trotz gewisser von der Bank übernommener Sicherungspflichten (zB wenn diese nur zusammen mit dem Kunden den Safe öffnen kann) nur ein → Mietvertrag hinsichtlich des Stahlfachs, nicht aber eine Verwahrung vorliegen. Zur Verwahrung durch den Notar s. → Anderkonto.

Der Verwahrungsvertrag ist ein Realvertrag (→ Vertrag, 4). Die Verwahrung kann entgeltlich oder unentgeltlich sein; eine Vergütung gilt stillschweigend als vereinbart, wenn die Aufbewahrung den Umständen nach nur entgeltlich vorgenommen wird. Bei unentgeltlicher Verwahrung haftet der Verwahrer für entstandene Schäden nur mit der → Sorgfalt, die er in eigenen Angelegenheiten anzuwenden pflegt (§§ 690, 694 BGB). Für Aufwendungen, die der Verwahrer für erforderlich halten durfte, hat der Hinterleger Ersatz zu leisten, § 693 BGB. Der Hinterleger kann die hinterlegte Sache jederzeit zurückfordern, auch wenn eine Aufbewahrungsfrist bestimmt ist, § 695 BGB. Werden → vertretbare Sachen in der Art hinterlegt, dass das Eigentum auf den Verwahrer übergehen und dieser verpflichtet sein soll, Sachen von gleicher Art, Güte und Menge zurückzuerstatten (zB Geldeinlage bei einer Bank), so finden für diese unregelmäßige oder Summenverwahrung, auch Depositengeschäft oder depositum irregulare genannt, die Vorschriften über den → Darlehensvertrag entsprechende Anwendung (sog. Hinterlegungsdarlehen, bei Wertpapieren Stückekonto genannt, § 700 BGB); für Wertpapiere gelten auch hier die Besonderheiten des → Depotgeschäfts.

Verwahrung des Testaments
→ Testament (2b: öffentliches, 2a: eigenhändiges), → Testamentseröffnung.

Verwahrung in Anstalten
→ Anstaltsunterbringung, → Unterbringungsgesetze.

Verwahrung, öffentlich-rechtliche
Nimmt eine Behörde in Wahrnehmung ihrer Aufgaben und Befugnisse Gegenstände in Besitz, die sich im Eigentum von Privatpersonen befinden, so entsteht idR ein dem öffentlichen Recht zugehöriges Verwahrungsverhältnis. Das ist zB bei der → Sicherstellung und der → Beschlagnahme von Gegenständen oder bei der Aufbewahrung der Habe des Strafgefangenen während des Strafvollzugs der Fall. Auf das öffentlich-rechtliche Verwahrungsverhältnis sind grundsätzlich die bürgerlich-rechtlichen Vorschriften über die Verwahrung entsprechend anwendbar. Für vermögensrechtliche Ansprüche aus öffentlich-rechtlicher Verwahrung ist der ordentliche Rechtsweg gegeben (§ 40 II 1 VwGO).

Verwahrung von Wertpapieren
→ Depotgeschäft.

Verwahrungsbruch
Straftatbestand nach § 133 StGB: Ihn begeht, wer Schriftstücke oder andere bewegliche Sachen, die sich in dienstlicher Verwahrung befinden oder die ihm oder einem anderen dienstlich in Verwahrung gegeben worden sind (zB Akten, beschlagnahmter Führerschein, Pfandstücke beim Gerichtsvollzieher), vorsätzlich zerstört, beschädigt, unbrauchbar macht oder der dienstlichen Verfügung entzieht. Die Tat wird mit Freiheitsstrafe bis zu 2 Jahren (bei → Amtsträgern: bis zu 5 Jahren) oder Geldstrafe bestraft. Für die Strafbarkeit ist es ohne Bedeutung, wem die in dienstliche Verwahrung gelangten Gegenstände gehören (zB dem Täter selbst), ebenso der Grund der Aufbewahrung oder Übergabe, falls nur dienstlicher Gewahrsam begründet ist. Zum Eigenverbrauch der Behörde bestimmte Gegenstände sind nicht geschützt. Das Merkmal der Beschädigung entspricht dem der → Sachbeschädigung; Entziehen ist das örtliche Entfernen von der ordnungsmäßigen Aufbewahrungsstelle, wenn auch nur für kurze Zeit oder durch Verstecken. Die Handlung kann zugleich unter anderen Gesichtspunkten strafbar sein, insbes. als → Diebstahl, → Urkundenunterdrückung.

Verwahrungsbuch
→ Depotgeschäft.

Verwahrungsvertrag
→ Verwahrung.

Verwalter
→ Wohnungseigentum (3).

Verwaltung, öffentliche
ist iwS die → vollziehende Gewalt (Exekutive), dh jede Tätigkeit des Staates oder anderer Träger öffentlicher Gewalt, die weder der → gesetzgebenden noch der → rechtsprechenden Gewalt zuzurechnen ist. IeS umfasst der Begriff jedes öffentliche Verwaltungshandeln unter Ausschluss der „Regierungsgewalt" (→ Regierung), also nur den eigentlichen Gesetzesvollzug. Innerhalb dieses Gesamtbegriffes

kann man nach den Auswirkungen auf andere Rechtsträger (Bürger) zwischen → Eingriffsverwaltung und → Leistungsverwaltung unterscheiden. Ferner wird nach Sachgebieten (Ressorts) unterschieden, zB innere Verwaltung, Kultusverwaltung, Finanzverwaltung, → Justizverwaltung (diese von der → Rechtsprechung zu unterscheiden). Die Zuständigkeit für die Verwaltung liegt, soweit nicht ausnahmsweise der Bund zuständig ist, bei den Ländern (→ Verwaltungskompetenz, → Ausführung von Gesetzen). Bei Ausübung der Verwaltung durch eigene Behörden spricht man von unmittelbarer, bei Delegation auf andere Rechtsträger (zB Kommunen) von mittelbarer → Staatsverwaltung.

Verwaltungsabkommen
Im → Völkerrecht werden darunter völkerrechtliche Verträge verstanden, die von den Exekutivorganen der beteiligten → Völkerrechtssubjekte abgeschlossen werden und – im Unterschied zum → Staatsvertrag – der Regelung von Fragen der internationalen Verwaltung dienen (zB Kulturabkommen, das nur Verpflichtungen der beteiligten Regierungen oder Verwaltungsbehörden, nicht aber Rechte und Pflichten der Staatsbürger begründet). Regierungschef und Ressortminister gelten kraft → Völkergewohnheitsrechts als zum Abschluss von Verwaltungsabkommen ermächtigt (für die BRep. vgl. Art. 59 II 2 GG). Verwaltungsabkommen werden häufig durch den Austausch von → Noten geschlossen und sehen in aller Regel keine → Ratifikation vor. Staatsrechtlich sind Verwaltungsabkommen zwischen Gliedstaaten eines → Bundesstaats und zwischen einem oder mehreren Gliedstaaten und dem Bund möglich. Das GG grenzt zwar Verwaltungsabkommen und Staatsverträge nicht voneinander ab; doch werden Verwaltungsabkommen sich weder auf Gegenstände der Gesetzgebung beziehen noch zu ihrer Durchführung gesetzgeberische Akte erfordern und auch nicht politische Beziehungen zum Ausland regeln dürfen (vgl. Art. 59 II 1 GG, allerdings auch Art. 104a IV 2 GG für → Finanzhilfen; → Staatsvertrag). Das Verwaltungsabkommen ist vom öffentl.-rechtl. Vertrag zu unterscheiden (→ Vertrag, öffentl.-rechtl.).

Verwaltungsakt
Der Verwaltungsakt (vgl. §§ 35–53 VwVfG; s. → Verwaltungsverfahrensgesetz und die Verwaltungsverfahrensgesetze der Länder) ist die wichtigste Handlungsform der behördlichen Verwaltung und ein zentraler Begriff des → Verwaltungsrechts.

1. Der Begriff (§ 35 VwVfG; übereinstimmend die VwVerfGesetze der Länder) umfasst jede Verfügung, Entscheidung oder andere hoheitliche Maßnahme, die eine Behörde zur Regelung eines Einzelfalles auf dem Gebiet des öffentlichen Rechts trifft und die auf eine unmittelbare Rechtswirkung nach außen gerichtet ist. Ein Verwaltungsakt kann auch vollständig automatisiert erlassen werden, sofern dies durch Rechtsvorschrift zugelassen ist und weder ein Ermessen noch ein Beurteilungsspielraum besteht (§ 35a VwVfG); sa → Bekanntgabe von Verwaltungsakten). Richtet sich der Verwaltungsakt an einen nach allg. Merkmalen bestimmten oder bestimmbaren Personenkreis oder betrifft er die öffentl.-rechtl. Eigenschaft einer Sache oder ihre Benutzung durch die Allgemeinheit, so spricht man von Allgemeinverfügung. Vom Verwaltungsakt zu unterscheiden sind insbesondere

a) bloße → Auskünfte, weil sie keine unmittelbare Rechtswirkung haben;

b) behördeninterne Anweisungen, weil sie keine Wirkung nach außen haben, sondern den Erlass von Verwaltungsakt allenfalls vorbereiten (zB Weisung an eine nachgeordnete Behörde, einen Antragsteller in bestimmter Weise zu verbescheiden);

c) → Rechtsverordnungen und → Satzungen, weil sie keinen Einzelfall regeln, sondern als → Gesetze im materiellen Sinn allgemeine Anordnungen treffen.

2. Folgende Arten der Verwaltungsakte werden herkömmlicherweise unterschieden:

a) nach dem Inhalt: rechtsgestaltender (zB Beamtenernennung; Einbürgerung) und feststellender Verwaltungsakt (zB Feststellung des Wahlrechts; der Flüchtlingseigenschaft); berechtigender (zB Baugenehmigung; wasserrechtliche Erlaubnis) oder verpflichtender Verwaltungsakt (zB polizeiliche Anordnung gegen den Störer);

b) nach der Rechtswirkung: begünstigender und belastender Verwaltungsakt sowie Verwaltungsakt mit Doppelwirkung, der für einen Adressaten begünstigend, für einen anderen aber belastend wirkt (zB Baugenehmigung, die zugleich in die Rechtssphäre des Nachbarn eingreift);

c) nach der zeitlichen Wirkung: Verwaltungsakte, die sich in einer einmaligen Anordnung erschöpfen (zB Baugenehmigung; gebührenpflichtige Verwarnung), und solche, die Dauerwirkung besitzen (zB Widmung);

d) nach der Entstehung: mitwirkungsbedürftiger Verwaltungsakt, der nur auf Antrag des Betroffenen (zB Baugenehmigung u. ä.) oder im Zusammenwirken mit anderen Behörden oder Stellen (zB Zustimmung der obersten Landesstraßenbaubehörde zur Genehmigung von Bauanlagen an Bundesfernstraßen) erlassen werden darf, und nicht mitwirkungsbedürftiger Verwaltungsakt, den die Behörde ohne Mitwirkung anderer Stellen erlassen kann (zB Steuerbescheid; polizeiliches Verbot);

e) nach der Bindung der Behörde: gebundener Verwaltungsakt, den die Behörde erlassen muss, wenn der gesetzliche Tatbestand erfüllt ist (zB Baugenehmigung); auf seinen Erlass hat der Bürger einen Rechtsanspruch. Steht der Verwaltungsakt im → Ermessen der Behörde, so hat der Bürger einen Anspruch auf ermessensfehlerfreies Handeln der Behörde; im Übrigen besteht kein Rechtsanspruch auf Erlass des Verwaltungsaktes (→ Rechtsreflex). Vgl. auch → dinglicher Verwaltungsakt; → Leistungsbescheid; → Zweitbescheid.

3. a) Einer Form bedarf der Verwaltungsakt nur, wenn sie besonders vorgeschrieben ist. Er muss jedoch inhaltlich so bestimmt sein, dass der Empfänger über seine Rechte und Pflichten eindeutig Aufschluss erhält. Schriftform ist häufig vorgeschrieben oder üblich; der schriftliche Verwaltungsakt muss die erlassende Behörde erkennen lassen und die Unterschrift oder die Namenswiedergabe des zuständigen Behördenangehörigen enthalten (Ausnahmen bei Verwendung automatischer Einrichtungen, zB bei Steuerbescheid). Der Verwaltungsakt kann aber auch mündlich (zB Anordnung des Polizeibeamten) oder stillschweigend (zB Widmung eines Weges) ergehen. Ein mündlicher Verwaltungsakt ist schriftlich zu bestätigen, wenn ein berechtigtes Interesse besteht und der Betroffene dies unverzüglich verlangt. Elektronische Verwaltungsakte sind mit einer dauerhaft überprüfbaren qualifizierten elektronischen Signatur (→ Signatur, elektronische) zu versehen (§ 69 II 2 VwVfG, § 3a I VwVfG); → elektronische Verwaltung.

b) Ein schriftlicher Verwaltungsakt ist durch Mitteilung der wesentlichen tatsächlichen und rechtlichen Gründe zu begründen, eine nach → Ermessen ergehende Entscheidung unter Angabe der für deren Ausübung maßgeblichen Gesichtspunkte (§ 39 VwVfG).

c) Die Zusicherung, also die von der zuständigen Behörde erteilte Zusage, einen bestimmten Verwaltungsakt später zu erlassen oder zu unterlassen, bedarf der Schriftform (§ 38 VwVfG). Bei wesentlicher nachträglicher Änderung der Sach- oder Rechtslage ist die Behörde an die Zusicherung nicht gebunden.

d) Der Verwaltungsakt ist dem Beteiligten bekanntzugeben, für den er bestimmt ist oder der von ihm betroffen wird. Ein schriftlicher Verwaltungsakt gilt mit dem 3. Tag nach der Aufgabe zur Post als bekanntgegeben, außer wenn er nicht oder zu einem späteren Zeitpunkt zugegangen ist (beweispflichtig ist im Zweifel die Behörde). Öffentliche Bekanntmachung ist nur statthaft, wenn dies durch Rechtsvorschrift zugelassen ist, bei Allgemeinverfügungen auch, wenn eine Bekanntmachung an die Beteiligten untunlich ist (§ 41 VwVfG). Erst mit der Bekanntgabe wird der Verwaltungsakt wirksam. Soweit förmliche Zustellung vorgeschrieben ist, gelten die → Verwaltungszustellungsgesetze des Bundes und der Länder.

4. Nebenbestimmungen kann der Verwaltungsakt enthalten, soweit eine Rechtsvorschrift es zulässt oder wenn sie sicherstellen sollen, dass die gesetzlichen Voraussetzungen des Verwaltungsaktes erfüllt werden. Hierzu gehören Bedingungen, Befristungen, Widerrufsvorbehalte und Auflagen. Die Bedingung macht die Wirksamkeit des Verwaltungsaktes vom Eintritt oder Nichteintritt eines unbestimmten künftigen Ereignisses abhängig; sie kann aufschiebend oder auflösend sein. Bei der Befristung wird für die Wirksamkeit des Verwaltungsaktes ein Anfangs- oder Endtermin bestimmt. Durch die Auflage (hierfür verwenden manche Gesetze unrichtigerweise den Begriff „Bedingung“) wird zugleich mit dem Verwaltungsakt ein bestimmtes Tun, Dulden oder Unterlassen vorgeschrieben, ohne dass aber hiervon die Wirksamkeit des Verwaltungsaktes abhängt. Wird eine Auflage nicht erfüllt, so kommt idR nur der Zwang zur Erfüllung der Auflage in Betracht; der Verwaltungsakt selbst bleibt unabhängig davon in Kraft. Wegen der Einzelheiten zu den Nebenbestimmungen vgl. § 36 VwVfG.

5. Rechtswirksamkeit:

a) Ein Verwaltungsakt ist fehlerhaft und damit rechtswidrig, wenn er gegen das geltende formelle oder materielle Recht verstößt. Er kann dann anfechtbar oder nichtig sein. Der bloß anfechtbare Verwaltungsakt ist bis zu seiner Aufhebung durch die zuständige Behörde oder das zuständige Gericht als wirksam zu behandeln; der nichtige Verwaltungsakt dagegen kann von Anfang an keine rechtlichen Wirkungen auslösen und ist schlechthin unbeachtlich.

b) Nichtigkeit ist nur anzunehmen, wenn der Verwaltungsakt an einem besonders schwerwiegenden Fehler leidet und dies bei verständiger Würdigung aller in Betracht kommenden Umstände offenkundig ist (§ 44 I VwVfG; früher Evidenztheorie genannt). Ohne Rücksicht hierauf ist ein Verwaltungsakt stets nichtig, wenn er schriftlich, aber ohne Angabe der erlassenden Behörde ergeht; wenn die durch Rechtsvorschrift vorgeschriebene Aushändigung einer Urkunde unterblieben ist; wenn die erlassende Behörde ohne Ermächtigung außerhalb ortsgebundener (§ 3 I Nr. 1 VwVfG) Zuständigkeit gehandelt hat; wenn er auf eine straf(bußgeld-)bedrohte Tat gerichtet ist oder gegen die guten Sitten verstößt; wenn er tatsächlich unausführbar ist (§ 44 II VwVfG).

Ein Verwaltungsakt ist dagegen nicht schon wegen Verstoßes gegen die Vorschriften über die örtliche Zuständigkeit nichtig (den obigen Fall ausgenommen), ebenso wenig allein wegen Mitwirkung einer gesetzlich ausgeschlossenen Person (→ Ausschließung von Amtspersonen), auch nicht schon deshalb, weil entgegen einer Rechtsvorschrift eine andere Behörde nicht mitgewirkt hat oder weil der ordnungsmäßige Beschluss eines zur Mitwirkung berufenen Ausschusses nicht vorliegt (§ 44 III VwVfG). Betrifft die Nichtigkeit nur einen Teil des Verwaltungsakt, so ist er im Ganzen nichtig, wenn der nichtige Teil so wesentlich ist, dass die Behörde den V. ohne den nichtigen Teil nicht erlassen hätte (§ 44 IV VwVfG). Die Behörde kann die Nichtigkeit jederzeit von Amts wegen feststellen; dies geschieht auf Antrag, wenn der Antragsteller hieran ein berechtigtes Interesse hat (§ 44 V VwVfG).

c) Heilung fehlerhafter Verwaltungsakt. Eine Verletzung von Verfahrens- oder Formvorschriften, die nicht den Verwaltungsakt nichtig macht, ist unbeachtlich, wenn ein rechtlich vorgeschriebener Antrag oder die erforderliche Begründung des Verwaltungsaktes oder die vorgeschriebene Anhörung eines Beteiligten oder Mitwirkung einer anderen Behörde oder die Beschlussfassung eines Ausschusses, der mitzuwirken hat, nachgeholt wird. Bisher durften diese behördlichen Handlungen nur bis zum Abschluss eines Vorverfahrens oder, falls ein solches nicht stattfindet, bis zur Erhebung der verwaltungsgerichtlichen Klage nachgeholt werden. Durch Art. 1 des Genehmigungsverfahrensbeschleunigungsgesetzes vom 12.9.1996 (BGBl. 1996 I 1354) wurde in § 45 II VwVfG die Möglichkeit der Heilung von Verfahrens- u. Formfehlern bis zum Abschluss des verwaltungsgerichtlichen Verfahrens eingeführt. Fehlt einem V. die erforderliche Begründung oder ist die erforderliche Anhörung eines Beteiligten vor Erlass des V. unterblieben und ist dadurch die rechtzeitige Anfechtung des Verwaltungsaktes versäumt worden, so gilt die Versäumung der Rechtsbehelfsfrist als nicht verschuldet (§ 45 VwVfG).

d) Verfahrens- und Formfehler. Die Aufhebung eines Verwaltungsaktes, der nicht nach § 44 VwVfG nichtig ist, kann nicht allein deshalb beansprucht werden, weil er unter Verletzung von Vorschriften über das Verfahren, die Form oder die örtliche Zuständigkeit zustande gekommen ist, wenn keine andere Entscheidung in der Sache hätte getroffen werden können (§ 46 VwVfG).

e) Umdeutung fehlerhafter Verwaltungsakte. Ein fehlerhafter Verwaltungsakt kann in einen anderen Verwaltungsakt umgedeutet werden, wenn er auf das gleiche Ziel gerichtet ist, von der erlassenen Behörde in der gewählten Verfahrensweise und Form rechtmäßig hätte erlassen werden können und wenn die Voraussetzungen für dessen Erlass erfüllt sind. Dies gilt nicht, wenn der Verwaltungsakt, in den der fehlerhafte Verwaltungsakt umzudeuten wäre, der erkennbaren Absicht der erlassenden Behörde widerspräche, oder wenn seine Rechtsfolgen für den Betroffenen ungünstiger wären als die des fehlerhaften Verwaltungsaktes. Eine Umdeutung ist ferner unzulässig, wenn der fehlerhafte Verwaltungsakt nicht zurückgenommen werden dürfte. Eine Entscheidung, die nur als gesetzlich gebundene Entscheidung ergehen kann, darf nicht in eine Ermessensentscheidung umgedeutet werden (§ 47 VwVfG).

6. Rücknahme und Widerruf. Man unterscheidet zwischen der Rücknahme rechtswidriger und dem Widerruf rechtmäßiger V. (§§ 48, 49 VwVfG).

a) Ein rechtswidriger Verwaltungsakt kann, auch nachdem er unanfechtbar geworden ist, ganz oder teilweise mit Wirkung für die Zukunft oder für die Vergangenheit zurückgenommen werden. Hat er ein Recht oder einen rechtlich erheblichen Vorteil begründet oder bestätigt (begünstigender Verwaltungsakt), darf er nur unter Einschränkungen zurückgenommen werden. Gewährt der rechtswidrige Verwaltungsakt eine einmalige oder laufende Geldleistung oder teilbare Sachleistung, so darf er nicht zurückgenommen werden, soweit der Begünstigte auf den Bestand des Verwaltungsaktes vertraut hat und sein Vertrauen unter Abwägung mit dem öffentlichen Interesse an einer Rücknahme schutzwürdig ist. Das Vertrauen ist idR schutzwürdig, wenn der Begünstigte gewährte Leistungen verbraucht oder eine Vermögensdisposition getroffen hat, die er nicht mehr oder nur unter unzumutbaren Nachteilen rückgängig machen kann. Auf Vertrauen kann sich der Begünstigte nicht berufen, wenn er den Verwaltungsakt durch arglistige Täuschung, Drohung oder Bestechung oder durch Angaben erwirkt hat, die in wesentlichen Punkten unrichtig oder unvollständig waren, oder wenn er die Rechtswidrigkeit des Verwaltungsaktes kannte oder infolge grober Fahrlässigkeit nicht kannte. In diesen Fällen wird der Verwaltungsakt idR mit Wirkung für die Vergangenheit zurückgenommen (§ 48 I und II VwVfG).

Wird ein sonstiger rechtswidriger Verwaltungsakt zurückgenommen, so hat die Behörde dem Betroffenen auf Antrag den Vermögensnachteil auszugleichen, den er durch sein Vertrauen auf den Bestand des Verwaltungsakt erleidet, soweit es unter Abwägung mit dem öffentlichen Interesse schutzwürdig ist. Der Anspruch kann nur innerhalb eines Jahres geltend gemacht werden; die Frist beginnt, sobald die Behörde den Betroffenen auf sie hingewiesen hat (§ 48 III VwVfG).

b) Ein rechtmäßiger nicht begünstigender Verwaltungsakt kann, auch nachdem er unanfechtbar geworden ist, ganz oder teilweise mit Wirkung für die Zukunft widerrufen werden, außer wenn ein Verwaltungsakt gleichen Inhalts erneut erlassen werden müsste oder aus anderen Gründen ein Widerruf unzulässig ist. Ein rechtmäßiger begünstigender Verwaltungsakt darf, auch nachdem er unanfechtbar geworden ist, ganz oder teilweise mit Wirkung für die Zukunft nur widerrufen werden, wenn der Widerruf durch Rechtsvorschrift zugelassen oder im Verwaltungsakt vorbehalten ist; wenn der Begünstigte eine Auflage nicht oder nicht fristgerecht erfüllt hat; wenn nachträglich eingetretene Tatsachen oder die Änderung einer Rechtsvorschrift die Ablehnung des Verwaltungsaktes begründet hätten und das öffentliche Interesse den Widerruf erheischt (bei Rechtsänderung nur, falls der Begünstigte von der Vergünstigung noch keinen Gebrauch gemacht hat); schließlich, um schwere Nachteile für das Gemeinwohl zu verhüten oder zu beseitigen (§ 49 VwVfG).

Bei Widerruf eines begünstigenden Verwaltungsakt hat die Behörde – außer in den beiden erstgenannten Fällen – den Betroffenen auf Antrag für den Vermögensnachteil zu entschädigen, den er dadurch erleidet, dass er auf den Bestand des Verwaltungsaktes vertraut hat, soweit sein Vertrauen schutzwürdig ist. Für Streitigkeiten über die Entschädigung ist der ordentliche Rechtsweg gegeben (§ 49 VI VwVfG).

7. Soweit ein Verwaltungsakt mit Wirkung für die Vergangenheit zurückgenommen oder widerrufen worden oder infolge Eintritts einer auflösenden Bedingung unwirksam geworden ist, sind bereits erbrachte Leistungen zu erstatten (§ 49a VwVfG); vgl. iE → Erstattungsanspruch, öffentlich-rechtlicher.

8. Rechtsbehelfe: Ein Verwaltungsakt kann von dem Betroffenen durch Einlegung eines formlosen Rechtsbehelfs, eines förmlichen Rechtsmittels oder im Verwaltungsstreitverfahren angefochten werden. Formlose Rechtsbehelfe sind die → Gegenvorstellungen und die → Dienstaufsichtsbeschwerde. Förmlicher Rechtsbehelf ist der Widerspruch (→ Widerspruchsverfahren), der grundsätzlich vor Beschreiten des Verwaltungsrechtsweges eingelegt werden muss. Ein belastender Verwaltungsakt kann im → Verwaltungsstreitverfahren durch Anfechtungsklage angegriffen werden; lehnt die Verwaltungsbehörde den Antrag auf Erlass eines Verwaltungsaktes ab oder bleibt sie auf einen solchen Antrag untätig, so kann der Antragsteller die Verpflichtungsklage erheben.

9. Grundsätzlich erst mit Eintritt der Bestandskraft wird der Verwaltungsakt vollziehbar. Widerspruch und Anfechtungsklage haben aufschiebende Wirkung, es sei denn, der Verwaltungsakt ist kraft Gesetzes oder kraft besonderer Anordnung der Behörde sofort vollziehbar (→ Vollziehung, sofortige).

10. Nach § 51 VwVfG hat die Behörde auf Antrag des Betroffenen über die Aufhebung oder Änderung eines unanfechtbaren Verwaltungsakt zu entscheiden, wenn sich die Sach- oder Rechtslage nachträglich zu seinen Gunsten geändert hat oder neue Beweismittel vorliegen oder Wiederaufnahmegründe entsprechend § 580 ZPO gegeben sind (Wiederaufgreifen des Verfahrens). Der Antrag ist nur zulässig, wenn der Betroffene ohne grobes Verschulden außerstande war, den Grund im früheren Verfahren geltend zu machen. Frist: 3 Mon. ab Kenntnis des Grundes.

11. Zum Verwaltungsakt im Sozialrecht s. §§ 31 ff. SGB X; im Steuerrecht §§ 118 ff. AO, → Steuerbescheid, → Steuerverwaltungsakt, → Besteuerungsverfahren.

Verwaltungsaktie
→ Vorratsaktie.

Verwaltungsbehörden (Aufbau)
1. Bundesbehörden: Der Bund verfügt über einen dreistufigen Behördenaufbau (Zentral-, Mittel-, Unterstufe). Da die Bundesgesetze grundsätzlich durch die Behörden der Länder ausgeführt werden (Art. 84 ff. GG; → Verwaltungskompetenz), hat der Bund nur verhältnismäßig wenige Behörden der Mittel- und Unterstufe.

a) Zentralstufe: Dazu gehören die Obersten Bundesbehörden (insbes. Bundespräsidialamt, Bundeskanzleramt, Bundesministerien, Bundesrechnungshof) sowie die den Ministerien unmittelbar unterstellten und für das ganze Bundesgebiet zuständigen → Bundesoberbehörden und nicht rechtsfähigen Bundesanstalten (zB Bundesarchiv, usw).

b) Mittelstufe: zB Oberfinanzdirektionen (sie sind zugleich auch Behörden der Länder; → Finanzverwaltung), Bereichs- und Bezirks-Wehrersatzämter, Wasser- und Schifffahrtsdirektionen.

c) Unterstufe: zB Kreiswehrersatzämter, Wasser- und Schifffahrtsämter usw.

2. Landesbehörden (ohne → Stadtstaaten): In den größeren Ländern ist der Behördenaufbau dreistufig mit Regierungsbezirken als Mittelstufe (derzeit noch in Baden-Württemberg, Bayern, Hessen, und Nordrhein-Westfalen), in den übrigen Ländern zweistufig. Eine Sonderform stellt dar, wenn alle Behörden der Mittelstufe in einem für das ganze Land zuständigen Mittelbehörde zusammengefasst sind (zB in der Landesdirektion in Sachsen oder dem Landesverwaltungsamt in Sachsen-Anhalt und Thüringen). In der Unterstufe bestehen → Landkeise.

a) Zentralstufe: Hierzu zählen die obersten Landesbehörden (Staatskanzleien und Landesministerien, in Bayern und Sachsen für letztere Bezeichnung Staatsministerien), die Landesrechnungshöfe und die Landesoberbehörden, die den Staatskanzleien und Landesministerien unmittelbar zur Erledigung von Verwaltungsaufgaben für das ganze Land unterstellt sind (zB Landesämter für Verfassungsschutz, Landeskriminalämter).

b) Die Mittelstufe wird von den Landesmittelbehörden gebildet; sie unterstehen unmittelbar den obersten Landesbehörden für jeweils einen bestimmten Gebietsteil eines Landes. Ihre Zuständigkeit umfasst sowohl die Erledigung verschiedener Verwaltungsaufgaben in der ersten Verwaltungsinstanz als auch die Aufsicht über die Unterbehörden; insoweit sind sie besonders zur Entscheidung über Widersprüche gegen Verwaltungsakte der ersten Instanz berufen (→ Widerspruchsverfahren). Landesmittelbehörden sind die → Regierungen oder Regierungspräsidien (sog. höhere Verwaltungsbehörden), die jeweils für einen Regierungsbezirk zuständig sind; an ihrer Spitze steht der → Regierungspräsident. Der Aufgabenbereich der Regierungen umfasst in sachlicher Hinsicht alle Verwaltungsangelegenheiten, soweit nicht Sonderbehörden geschaffen sind (zB Ober- oder Bezirksfinanzdirektionen, Forst- oder Oberforstdirektionen). Sie unterstehen der allgemeinen Aufsicht der

Innenministerien und der Fachaufsicht der betr. Fachministerien.

c) Die Unterstufe wird von den unteren Landesbehörden, den Kreis- und Gemeindebehörden gebildet (→ Kreis; → Gemeinde). Die staatlichen Verwaltungsaufgaben werden hier nicht nur von unmittelbaren Staatsbehörden wahrgenommen, sondern auch von den Behörden der Kommunalverwaltung im Wege der → mittelbaren Staatsverwaltung (Staatsauftrags- und Selbstverwaltungsangelegenheiten). Soweit Kommunalbehörden jedoch als untere Landesbehörden mit der Wahrnehmung unmittelbarer staatlicher Zuständigkeiten betraut sind, sind sie staatliche Behörden (→ Doppelfunktion in der Verwaltung; → Kreisverwaltung); hierzu zählen in Baden-Württemberg und Rheinland-Pfalz das Landratsamt und der Oberbürgermeister, in Bayern das Landratsamt, in Hessen und im Saarland der Landrat. Daneben gibt es in den einzelnen Ländern noch besondere untere Verwaltungsbehörden (zB Bergämter, Gewerbeaufsichtsämter, Wasserwirtschaftsämter, Finanzämter, Gesundheitsämter usw). Die unteren Verwaltungsbehörden unterstehen idR der Aufsicht der Behörden der Mittelstufe.

3. Stadtstaaten: a) Berlin: Oberste Behörden sind der Senat (Regierender Bürgermeister, Bürgermeister und Senatoren) und der Rechnungshof. Den Senatoren unterstehen unmittelbar verschiedene Landesoberbehörden (zB Landesamt für Verfassungsschutz, Justizprüfungsamt, Gewerbeaufsichtsamt usw). Die Verwaltung in der unteren Stufe nehmen die Bezirke wahr (nichtrechtsfähige Verwaltungseinheiten mit Selbstverwaltungsrecht in eigenen Angelegenheiten des Bezirks).

b) Bremen: Oberste Landesbehörden sind Senat (Präsident und Senatoren) und der Rechnungshof, obere Landesbehörden zB Landesamt für Verfassungsschutz, Landeskriminalamt usw. Die Verwaltung wird in der unteren Stufe von den Ortsämtern wahrgenommen.

c) Hamburg: Oberste Landesbehörden sind Senat (zwei Bürgermeister, Senatoren, Senatsämter) und der Rechnungshof; obere Landesbehörden zB Seemannsamt, Vermessungsamt. Dekonzentration der Verwaltung in Bezirksämter.

Verwaltungsbeirat
→ Wohnungseigentum (3).

Verwaltungsbeschwerde
nannte man die in Verwaltungsgesetzen vorgesehene förmliche → Beschwerde an die nächsthöhere Behörde. Ihre Bedeutung ist infolge des → Widerspruchsverfahrens entfallen. Ungenau werden gelegentlich die → Aufsichtsbeschwerde und die → Dienstaufsichtsbeschwerde als Verwaltungsbeschwerde bezeichnet.

Verwaltungsgebühren
1. Verwaltungsgebühren sind Abgaben (→ Abgaben, öffentliche). Sie sind gesetzlich geregelte Entgelte für die besondere Inanspruchnahme der öffentlichen Verwaltung (→ Verwaltung, öffentliche); sa → Gebühr.

2. Die Erhebung von Verwaltungsgebühren des Bundes und der bundesunmittelbaren Körperschaften, Anstalten und Stiftungen des öffentlichen Rechts regelt das Gesetz über Gebühren und Auslagen des Bundes (Bundesgebührengesetz – BGebG) v. 7.8.2013 (BGBl. 2013 I 3154). Danach werden Verwaltungsgebühren für einfache Auskünfte, Gnadensachen, Dienst- und Fachaufsichtsbeschwerden, Maßnahmen der Rechts- und Fachaufsicht nicht erhoben. Die Gebühr soll die mit der individuell zurechenbaren öffentlichen Leistung verbundenen Kosten aller an der Leistung Beteiligten decken. Bringt eine öffentliche Leistung einen wirtschaftlichen Nutzen, so soll dieser bei der Gebührenbemessung berücksichtigt werden. Das BGebG wird durch Gebührenverordnungen ausgefüllt (§ 22 BGebG).

3. Vergleichbare Regelungen bestehen für die Verwaltung der Länder in den Ländern (zB in Bayern Kostengesetz v. 20.2.1998, GVBl. 1998, 43, GebührenG für das Land NRW v. 23.8.1999, GV 1999, 524 und VerwaltungskostenG des Freistaates Sachsen v. 17.9.2003, GVBl. 2003, 698, jeweils mÄnd).

Verwaltungsgemeinschaft
1. Der Begriff Verwaltungsgemeinschaft wird im → Gemeinderecht und → Kommunalrecht höchst unterschiedlich verwendet. Teilweise bezeichnet er mit eigener Rechtspersönlichkeit versehene Zusammenschlüsse mehrerer selbständig bleibender Gemeinden (auch → Kommunalverbände genannt, ähnlich einer Gesellschaft im Zivilrecht), teilweise die – auch punktuelle – Übertragung von Aufgaben von einer Gemeinde auf die andere.

2. Verwaltungsgemeinschaft ist im Kommunalrecht einiger Länder der mit eigener Rechtspersönlichkeit versehene Zusammenschluss benachbarter kreisangehöriger Gemeinden unter Aufrechterhaltung des Bestandes der beteiligten Gemeinden, zB in Bayern gem. Verwaltungsgemeinschaftsordnung v. 26.10.1982 (GVBl. 1982, 965) mÄnd, in Thüringen gem. §§ 46 ff. Kommunalordnung v. 28.1.2003, GVBl. 2003, 41 und in Sachsen-Anhalt. Sie ist → Körperschaft des öffentlichen Rechts und dient der Stärkung der Leistungs- und Verwaltungskraft ihrer Mitglieder. Verwaltungsgemeinschaften werden durch Gesetz gebildet, grundsätzlich im Einverständnis der beteiligten Gemeinden, aus Gründen des öffentlichen Wohls auch gegen ihren Willen. Hauptaufgabe der V. ist die Wahrnehmung der Angelegenheiten des übertragenen Wirkungskreises (ausgenommen Erlass von Satzungen und Verordnungen). In die eigenen Angelegenheiten der Mitgliedsgemeinden ist

sie als deren Behörde eingeschaltet. Hauptorgan ist die aus Vertretern der Mitgliedsgemeinden bestehende Gemeinschaftsversammlung, die einen der Ersten Bürgermeister zum Gemeinschaftsvorsitzenden wählt. Die Verwaltungsgemeinschaft hat eigene Bedienstete, kann von den Mitgliedsgemeinden eine Umlage erheben und erlässt eine Haushaltssatzung. Der Verwaltungsgemeinschaft ähnliche Zusammenschlüsse mit anderer Bezeichnung bestehen auch in anderen Ländern (→ Kommunalverband, 2). So können Gemeinden in Baden-Württemberg und Hessen Gemeindeverwaltungsverbände, in Sachsen Verwaltungsverbände bilden, die ebenfalls Rechtspersönlichkeit besitzen; Organe sind Verbandsvorsitzender und Verbandsversammlung. In Rheinland-Pfalz können aus Gründen des Gemeinwohls kraft Gesetzes aus benachbarten Gemeinden des gleichen Landkreises Verbandsgemeinden mit Verbandsbürgermeister und Verbandsgemeinderat gebildet werden. In Niedersachsen bestehen Samtgemeinden als Gemeindezusammenschlüsse mit eigener Rechtspersönlichkeit, in Schleswig-Holstein, Brandenburg und Mecklenburg-Vorpommern Ämter.

3. In einigen Ländern bezeichnet der Begriff Verwaltungsgemeinschaft eine Form der kommunalen Zusammenarbeit, bei der eine Kommune die Aufgaben einer anderen Kommune miterfüllt; im Gegensatz zur Verwaltungsgemeinschaft nach Ziffer 1 entsteht hier keine eigene Körperschaft des öffentlichen Rechts. So können in Sachsen benachbarte Gemeinden desselben Landkreises vereinbaren, dass eine Gemeinde (erfüllende Gemeinde) für die anderen beteiligten Gemeinden die Aufgaben wahrnimmt, die ansonsten einem Verwaltungsverband übertragen werden könnten. Ähnliche Funktionen erfüllt die Verwaltungsgemeinschaft in Hessen, Mecklenburg-Vorpommern und Schleswig-Holstein sowie die sog. vereinbarte V. in Baden-Württemberg.

Verwaltungsgericht

Verwaltungsgericht ist die Erste gerichtliche Instanz der → Verwaltungsgerichtsbarkeit. Die Verwaltungsgerichte werden durch Landesgesetz errichtet. Das Verwaltungsgericht besteht aus dem Präsidenten, Vorsitzenden Richtern und weiteren Richtern. Es werden Kammern gebildet, die in der Besetzung von 3 Berufs- und 2 → ehrenamtlichen Richtern entscheiden (idR Übertragung auf Einzelrichter, falls die Sache keine besonderen Schwierigkeiten aufweist und keine grundsätzliche Bedeutung hat). Das Verwaltungsgericht entscheidet im ersten Rechtszug grundsätzlich über alle Streitigkeiten, für die der Verwaltungsrechtsweg offensteht (→ Verwaltungsgerichtsbarkeit 3). Ausnahmen von der erstinstanziellen Zuständigkeit des VG: § 47 VwGO (→ Normenkontrolle); § 48 VwGO (weitere erstinstanzielle Zuständigkeit des → Oberverwaltungsgerichts); § 50 VwGO (erstinstanzielle Zuständigkeit des → Bundesverwaltungsgerichts). Sa Anhang: Der Rechtsmittelzug im Verfahren vor den Verwaltungsgerichten.

Verwaltungsgerichtsbarkeit

Verwaltungsgerichtsbarkeit ist die → Rechtsprechung in Angelegenheiten der öffentlichen Verwaltung. Der Begriff beschränkt sich heute auf die allgemeine Verwaltungsgerichtsbarkeit im Gegensatz zur Gerichtsbarkeit in besonderen Zweigen der öffentlichen Verwaltung (→ Finanzgerichtsbarkeit; → Sozialgerichtsbarkeit; zusammenfassend „besondere Verwaltungsgerichtsbarkeiten“ genannt).

1. In Deutschland entwickelte sich eine Verwaltungsgerichtsbarkeit im 19. Jh. mit Beschränkung auf gesetzlich enumerativ festgelegte Streitgegenstände und in personeller und organisatorischer Verbindung mit den Verwaltungsbehörden (sog. „interne Rechtskontrolle“) und nur zum Teil durch in Form selbständiger Gerichte (→ „externe Rechtskontrolle“). Art. 107 WRV verpflichtete die Länder zur Einrichtung von allgemeinen Verwaltungsgerichten. Ein Reichsverwaltungsgericht wurde erst 1941 mit sehr begrenzter Zuständigkeit geschaffen. Nach dem Zweiten Weltkrieg wurde in allen Ländern der künftigen Bundesrepublik Deutschland die V. von den Besatzungsbehörden neu aufgebaut. An Stelle der früheren enumerativen Zuständigkeit der Verwaltungsgerichte trat eine Generalklausel (s. u. 3). Nach Errichtung der BRep. wurden entsprechend Art. 96 GG durch besondere Gesetze das Bundesverwaltungsgericht in Berlin als allgemeines Verwaltungsgericht des Bundes (Gesetz v. 23.9.1952, BGBl. 1952 I 625) sowie als besondere Verwaltungsgerichte des Bundes der Bundesfinanzhof, das Bundessozialgericht und Bundesdisziplinargerichte errichtet. Die 1960 ergangene Verwaltungsgerichtsordnung (VwGO) idF v. 19.3.1991 (BGBl. 1991 I 686) mÄnd begründete auf dem Gebiet der allgemeinen Verwaltungsgerichtsbarkeit die Einheit der Gerichtsverfassung und des gerichtlichen Verfahrens im Bund und in den Ländern. Die VwGO wird durch Ausführungsgesetze der Länder ergänzt (zB für Baden-Württemberg G zur Ausführung der Verwaltungsgerichtsordnung v. 14.10.2008 (GBl. 2008, 343) und für Hessen Gesetz zur Ausführung der Verwaltungsgerichtsordnung v. 1.10.1997, GVBl. 1997, 381; Thüringen, G v. 15.12.1992, GVBl. 1992, 576).

2. Die Verwaltungsgerichtsbarkeit wird durch unabhängige, von den Verwaltungsbehörden getrennte Gerichte ausgeübt; diese werden in den Ländern als → Verwaltungsgerichte (VG) und → Oberverwaltungsgerichte (OVG; in manchen Ländern Verwaltungsgerchtshof bezeichnet) errichtet, im Bund das → Bundesverwaltungsgericht (BVerwG; §§ 1, 2 VwGO) Richter werden grundsätzlich auf Lebenszeit ernannt. Bei dem OVG und dem

VG können auf Lebenszeit ernannte Richter anderer Gerichte und ordentliche Professoren des Rechts als Richter auf Zeit zu Richtern im Nebenamt ernannt werden. Bei dem VG können Richter auf Probe oder Richter kraft Auftrags verwendet werden. Ehrenamtliche Richter wirken bei dem VG und nach Maßgabe des Landesrechts beim OVG mit (über die Berufung vgl. §§ 20 ff. VwGO). Bei dem BVerwG wird ein → Vertreter des Bundesinteresses zur Wahrung des öffentlichen Interesses bestellt. Ein → Vertreter des öffentlichen Interesses kann auch bei dem OVG und dem Verwaltungsgericht durch RechtsVO der LdReg. zur allgemeinen Vertretung des Landes oder von Landesbehörden oder für bestimmte Fälle bestellt werden (§§ 35–37 VwGO; sa → Landesanwaltschaft). Die → Dienstaufsicht über die Richter, Beamten, Angestellten und Arbeiter der Verwaltungsgerichte wird vom Präsidenten ausgeübt. Übergeordnete Dienstaufsichtsbehörde für das VG ist der Präsident des OVG. Oberste Dienstaufsichtsbehörden sind zT die Justizministerien (→ Rechtspflegeministerium), zT die Innenministerien, in Baden-Württemberg der Ministerpräsident. Dem Gericht dürfen keine Verwaltungsgeschäfte außerhalb der Gerichtsverwaltung übertragen werden.

3. Der Rechtsweg zu den Verwaltungsgerichten ist nach § 40 VwGO in allen öffentlich-rechtlichen Streitigkeiten nichtverfassungsrechtlicher Art gegeben, soweit nicht eine bundesgesetzliche Sonderregelung besteht (verwaltungsgerichtliche Generalklausel). Öffentlich-rechtliche Streitigkeiten auf dem Gebiete des Landesrechts können einem anderen Gericht auch durch Landesgesetz zugewiesen werden. Für vermögensrechtliche Ansprüche aus → Aufopferung für das gemeine Wohl und aus öffentlich-rechtlicher → Verwahrung sowie für Schadensersatzansprüche aus der Verletzung öffentlich-rechtlicher Pflichten, die nicht auf einem öffentl.-rechtl. Vertrag beruhen, ist der ordentliche Rechtsweg gegeben (§ 40 II VwGO). Ferner ist bei Streitigkeiten über die Höhe der Enteignungsentschädigung (nicht über die → Enteignung selbst) der Rechtsweg vor den ordentlichen Gerichten gegeben. Die Generalklausel gewährleistet einen umfassenden Rechtsschutz auf allen Gebieten der öff. Verwaltung und trägt damit dem Art. 19 IV GG Rechnung, wonach jedem, der durch die öffentliche Gewalt in seinen Rechten verletzt wird, der Rechtsweg offensteht; die subsidiäre Zuständigkeit der ordentlichen Gerichte (Art. 19 IV 2 GG) ist angesichts der Generalklausel ohne Bedeutung. Weitere Zuständigkeiten der V. erfassen bestimmte Fälle der → Normenkontrolle (§ 47 VwGO; betr. im Rang unter dem Gesetz stehende Rechtsvorschriften) sowie die in § 48 VwGO (Vereinsverbote) und § 50 VwGO (erstinstanzliche Zuständigkeit des BVerwG) geregelten Fälle.

4. Über das Verfahren der Verwaltungsgerichtsbarkeit s. → Verwaltungsstreitverfahren; → Bundesverwaltungsgericht. Besondere Vorschriften gelten für die von den Verwaltungsgerichten wahrgenommene → Disziplinargerichtsbarkeit.

Verwaltungsgerichtshof
→ Oberverwaltungsgericht.

Verwaltungsgerichtsordnung
→ Verwaltungsstreitverfahren.

Verwaltungshelfer
nennt man eine Privatperson, deren sich eine Verwaltungsbehörde zur Erfüllung ihrer öffentlich-rechtlichen Aufgaben bedient, ohne dass die Person zum → beliehenen Unternehmerwird. Sa → Polizeihelfer.

Verwaltungskompetenz
entspricht der Zuständigkeit für die → Ausführung von Gesetzen.

Verwaltungskosten
→ Gebühren, → Verwaltungsgebühren.

Verwaltungslehre
ist die über das → Verwaltungsrecht hinausgehende Wissenschaft von der → öffentl. Verwaltung. Sie umfasst neben den rechtlichen auch die volks- und betriebswirtschaftlichen, organisatorischen, planungsmäßigen, technischen, soziologischen und politologischen Aspekte der Verwaltung. Mit der Ausdehnung der → Leistungsverwaltung gewinnt die Verwaltungslehre zunehmend an Bedeutung.

Verwaltungsprivatrecht
Verwaltungsprivatrecht ist die Bezeichnung für die Gesamtheit der Rechtssätze, welche die zwischen einem öffentl. Verwaltungsträger und anderen Rechtssubjekten begründeten bürgerlich-rechtlichen Beziehungen betreffen, mit denen Zwecke der öffentlichen Verwaltung verfolgt werden. Der Abschluss privatrechtlicher Verträge durch einen Verwaltungsträger (→ Fiskus) unterliegt zwar ebenfalls der Vertragsfreiheit (→ Vertrag, 2); die Verwaltung ist aber ebenso wie bei öffentl.-rechtl. Verträgen (→ Vertrag, öffentlich-rechtlicher) an besondere Grundsätze gebunden, die sich aus den Verwaltungszwecken ergeben, so zB im Rahmen der Daseinsvorsorge (→ Leistungsverwaltung).

Verwaltungsprozess
→ Verwaltungsstreitverfahren.

Verwaltungsrat
→ Aktiengesellschaft (AG).

Verwaltungsrecht
Verwaltungsrecht iwS ist die Gesamtheit der Rechtssätze, welche die Tätigkeit der → öffentlichen Verwaltung regeln; ieS versteht man darunter den Inbegriff der Rechtsnormen, die das hoheitliche Tätigwerden der öffentl. Verwaltung (im Gegensatz zur privatrechtlichen-fiskalischen Betätigung) bestimmen. Ferner unterscheidet man zwischen dem allgemeinen und dem besonderen Verwaltungsrecht. Das allgemeine Verwaltungsrecht

hat die für alle Gebiete der öffentl. Verwaltung geltenden Regeln zum Gegenstand (zB die Verwaltungsorganisation; Erlass und Rücknahme von → Verwaltungsakten; das Verwaltungsverfahren einschl. des verwaltungsgerichtlichen Verfahrens). Das allgemeine Verwaltungsrecht war früher nur teilweise kodifiziert; gewisse Grundsätze waren infolge ständiger Übung zu → Gewohnheitsrecht geworden. Inzwischen enthalten die → Verwaltungsverfahrensgesetze des Bundes (1976) und der Länder eine umfassende Regelung. Das besondere Verwaltungsrecht gliedert sich in zahlreiche Fachgebiete, zB Beamten-, Gemeinde-(Kommunal-), Polizei-, Gewerbe-, Wege-, Schul-, Wasserrecht (vgl. auch Anhang „Die wichtigsten Gesetzeswerke").

Verwaltungsrechtliche Rehabilitierung (DDR)
→ Rehabilitierungsgesetze.

Verwaltungsrechtsweg
→ Verwaltungsstreitverfahren, → Verwaltungsgerichtsbarkeit.

Verwaltungsstrafrecht
Eine echte Strafbefugnis steht den Verwaltungsbehörden nicht zu. Diese Einschränkung gilt nicht für die Sanktion von Ordnungsunrecht, die somit auch Verwaltungsbehörden zugewiesen werden kann. S. → Verwaltungsunrecht, → Ordnungswidrigkeiten.

Verwaltungsstreitverfahren
Verwaltungsstreitverfahren ist das Verfahren vor den Gerichten der (allgemeinen) → Verwaltungsgerichtsbarkeit. Es ist bundeseinheitlich in der Verwaltungsgerichtsordnung (VwGO) idF v. 19.3.1991 (BGBl. 1991 I 686), mÄnd geregelt.

1. Über die sachliche Zuständigkeit s. → Verwaltungsgerichtsbarkeit (3). Die VwGO sieht folgende Klagearten vor:

a) Durch Anfechtungsklage kann die Aufhebung, durch Verpflichtungsklage die Verurteilung zum Erlass eines abgelehnten oder unterlassenen → Verwaltungsaktes (VA) begehrt werden (§ 42 VwGO). Die Klage ist grundsätzlich nur zulässig, wenn der Kläger geltend macht, durch den VA oder seine Ablehnung oder Unterlassung in seinen Rechten verletzt zu sein (Ausschluss der → Popularklage). S. aber → Verbandsklage, → Umweltrechtsbehelfsgesetz. Für Anfechtungs- und Verpflichtungsklage gilt folgendes: Vor Erhebung der Anfechtungsklage sind Rechtmäßigkeit und Zweckmäßigkeit des VA idR in einem Vorverfahren nachzuprüfen; Ausnahmen gelten insbes., wenn der VA von einer obersten Bundesbehörde oder obersten Landesbehörde erlassen worden ist. Das Vorverfahren ist auch durchzuführen, wenn der Antrag auf Vornahme eines VA abgelehnt wurde. Einzelheiten s. → Widerspruchsverfahren. Die Anfechtungsklage (Verpflichtungsklage) muss innerhalb eines Monats nach Zustellung des Widerspruchsbescheides erhoben werden oder, wenn ein solcher nicht erforderlich ist, innerhalb eines Monats nach Bekanntgabe des VA. Voraussetzung für den Lauf dieser Monatsfrist ist eine schriftliche Rechtsbehelfsbelehrung, die über den Rechtsbehelf, die Verwaltungsbehörde oder das Gericht, bei denen der Rechtsbehelf anzubringen ist, den Sitz und die einzuhaltende Frist belehrt; ist die Belehrung unterblieben oder unrichtig erteilt, so muss der Rechtsbehelf (die Klage) innerhalb eines Jahres seit Zustellung, Eröffnung oder Verkündung eingelegt (erhoben) werden (Einzelheiten vgl. § 58 VwGO). Ist über einen Widerspruch oder über einen Antrag auf Vornahme eines VA ohne zureichenden Grund in angemessener Frist sachlich nicht entschieden worden, so ist die Klage ohne Widerspruchsbescheid zulässig, grundsätzlich aber nicht vor Ablauf von 3 Monaten seit der Einlegung des Widerspruchs oder dem Antrag auf Vornahme des VA. Ist aus zureichendem Grund über den Widerspruch noch nicht entschieden (der beantragte VA noch nicht erlassen), so setzt das Gericht das Verfahren bis zum Ablauf einer von ihm bestimmten Frist aus. Wird dem Widerspruch innerhalb der Frist stattgegeben (der VA erlassen), so ist die Hauptsache für erledigt zu erklären. Bei der Verpflichtungsklage in Form der Untätigkeitsklage (Behörde entscheidet nicht über beantragten VA) gilt die Jahresfrist des § 58 II 1 VwGO nicht (zeitliche Grenze also nur → Verwirkung). Gegenstand der Anfechtungsklage ist der ursprüngliche VA in der Gestaltung durch den Widerspruchsbescheid, aber auch der Widerspruchsbescheid selbst, soweit er gegenüber dem ursprünglichen VA eine zusätzliche selbständige Beschwer enthält oder einen Dritten erstmalig beschwert. Widerspruch und Anfechtungsklage haben grundsätzlich aufschiebende Wirkung; über Ausnahmen vgl. § 80 VwGO (→ Vollziehung, sofortige).

b) Nicht ausdrücklich geregelt ist die sog. allgemeine Leistungsklage (allgemein deshalb, weil auch die Verpflichtungsklage eine – besondere – Leistungsklage ist). Sie kommt insbesondere für Streitigkeiten aus öffentlich-rechtlichen Rechtsverhältnissen zwischen gleichgeordneten (also in Bezug auf das streitige Rechtsverhältnis nicht in einem Verhältnis der Über- und Unterordnung – Subordinationsverhältnis – stehenden) Parteien in Betracht (Beisp.: zwei gleichgeordnete Gemeinden streiten über einen öffentlichen Weg; Streitigkeiten aus öffentlich-rechtlichen Verträgen). Bei engerer Auslegung des Begriffs Verwaltungsakt in § 42 VwGO können aber auch verschiedene subordinationsrechtl. Rechtsbeziehungen zu einer allg. Leistungsklage führen (vgl. zB BVerwGE 14, 323 und BVerwG NJW 1969, 1131). Die allgem. Leistungsklage ist (im Gegensatz zur Anfechtungs- und zur Verpflichtungsklage) nicht von einem Vorverfahren oder der Einhaltung einer Frist abhängig.

c) Durch Feststellungsklage (§ 43 VwGO) kann die Feststellung des Bestehens oder

Nichtbestehens eines Rechtsverhältnisses oder der Nichtigkeit eines VA begehrt werden, wenn der Kläger ein berechtigtes Interesse an der baldigen Feststellung hat. Die Feststellungsklage ist unzulässig, soweit der Kläger seine Rechte durch Anfechtungs-, Verpflichtungs- oder Leistungsklage verfolgen kann, außer wenn die Nichtigkeit eines VA festgestellt werden soll. Gegen einen nichtigen VA ist also die Anfechtungs- und (auch nach Ablauf der Frist für diese Klage) die Feststellungsklage gegeben.

d) Nach § 47 VwGO entscheidet das Oberverwaltungsgericht im Rahmen seiner Gerichtsbarkeit auf Antrag über die Gültigkeit von Satzungen und bestimmten Rechtverordnungen nach dem → Baugesetzbuch sowie von anderen im Rang unter dem Landesgesetz stehenden → Rechtsvorschriften (also Rechtsverordnungen und Satzungen), sofern das Landesrecht dies bestimmt (→ Normenkontrolle). Den Antrag kann jede Behörde sowie jede natürliche oder juristische Person stellen, die geltend macht, durch die Rechtsvorschrift oder deren Anwendung in ihren Rechten verletzt zu sein oder in absehbarer Zeit verletzt zu werden (§ 47 II VwGO). Dabei prüft das OVG die Vereinbarkeit mit Landesrecht nicht, soweit gesetzlich die ausschließliche Überprüfung der Rechtsvorschrift durch das Verfassungsgericht eines Landes vorgesehen ist. Das Gericht kann auf Antrag eine einstweilige Anordnung erlassen, wenn dies zur Abwehr schwerer Nachteile oder aus anderen wichtigen Gründen dringend geboten ist (§ 47 VI VwGO). Seit Inkrafttreten des 6. Gesetzes zur Änderung der Verwaltungsgerichtsordnung vom 1.11.1996 (BGBl. 1996 I 626) am 1.1.1997 kann der Normenkontrollantrag nur mehr binnen einer Frist von zwei Jahren seit der Bekanntmachung gestellt werden.

e) Über besondere erstinstanzliche Zuständigkeiten für bestimmte Rechtsmaterien und insbes. Großverfahren vgl. → Oberverwaltungsgericht, → Bundesverwaltungsgericht. In diesen Verfahren gelten auch besondere Vorschriften für die Anordnung und Wiederherstellung der → Aufschiebenden Wirkung (vgl. § 80c VwGO).

2. Über die örtliche Zuständigkeit (§ 52 VwGO) bestimmt sich bei Anfechtungsklagen gegen VA von Bundesbehörden, bundesunmittelbaren Körperschaften usw. nach dem Sitz der Behörde, sonst grundsätzlich danach, wo der VA erlassen wurde. Für die Klagen von Beamten, Soldaten usw ist in erster Linie der dienstliche Wohnsitz oder sonstige Wohnsitz maßgebend. Bei Streitigkeiten über unbewegliches Vermögen oder über ortsgebundene Rechte oder Rechtsverhältnisse entscheidet die Lage des Vermögens oder Ortes. In allen anderen Fällen ist das VG örtlich zuständig, in dessen Bezirk der Beklagte seinen Sitz, Wohnsitz oder Aufenthalt hat.

3. Beteiligte des Verwaltungsstreitverfahrens (§ 62 VwGO) sind der Kläger, der Beklagte, der Beigeladene (§ 65 VwGO; → Beiladung) und der → Vertreter des Bundesinteresses oder → Vertreter des öffentlichen Interesses, falls er von seiner Beteiligungsbefugnis Gebrauch macht. Über Partei- und Prozessfähigkeit vgl. §§ 61, 62 VwGO, über → Streitgenossenschaft § 64 VwGO. Vor dem BVerwG und dem OVG muss sich jeder Beteiligte durch einen Rechtsanwalt oder einen Rechtslehrer an einer deutschen Hochschule vertreten lassen, jur. Personen des öffentl. Rechts und Behörden auch durch Beamte oder Angestellte mit → Befähigung zum Richteramt (§ 67 VwGO).

4. Das Verfahren im ersten Rechtszug beginnt mit der Klage, die schriftlich oder (nur beim VG) zur Niederschrift des Urkundsbeamten der Geschäftsstelle zu erheben ist (§ 81 VwGO). Die Klageschrift muss den Kläger, den Beklagten und den → Streitgegenstand bezeichnen und soll einen bestimmten Antrag enthalten. Die zur Begründung dienenden Tatsachen und Beweismittel sollen angegeben, die angefochtene Verfügung und der Widerspruchsbescheid sollen in Urschrift oder in Abschrift beigefügt werden (§ 82 VwGO). Das Verfahren unterliegt dem Untersuchungsgrundsatz (§ 86 VwGO; über die Erörterungspflicht des Vorsitzenden vgl. § 104 VwGO). Verfahrensfehler und bestimmte Ermessensfehler können bis zum Abschluss des verwaltungsgerichtlichen Verfahrens von der Verwaltungsbehörde korrigiert werden (§ 87 Abs. 1 VwGO und § 114, S. 2 VwGO). Das Gericht ist an das Vorbringen und an die Beweisanträge der Beteiligten nicht gebunden, darf aber über das Klagebegehren nicht hinausgehen (§ 88 VwGO). Widerklage (§ 89 VwGO), Klageänderung (§ 91 VwGO) und Klagerücknahme (§ 92 VwGO, nach Stellung der Anträge in der mündlichen Verhandlung nur mit Einwilligung des Beklagten) sind zulässig. Bei Nichtbetreiben des Verfahrens durch den Kläger wird die Rücknahme der Klage fingiert (§ 92 Abs. 2 VwGO). Auf Antrag kann das Gericht die Verhandlung zur Heilung von Verfahrens- und Formfehlern aussetzen (§ 94 Satz 2 VwGO). Persönliches Erscheinen eines Beteiligten kann angeordnet werden (§ 95 VwGO). Die Beweiserhebung findet in mündlicher Verhandlung und entsprechend den Vorschriften der ZPO statt. Die Behörden sind zur Vorlage von Urkunden oder Akten und zu Auskünften verpflichtet; sie haben ein Weigerungsrecht nur auf Grund einer Entscheidung der obersten Aufsichtsbehörde und nur, wenn sie glaubhaft machen, dass für das Wohl des Bundes oder eines Landes Nachteile zu befürchten sind oder dass Geheimhaltungspflicht besteht. Ob dies glaubhaft gemacht ist, entscheidet das Gericht durch einen mit Beschwerde selbständig anfechtbaren Beschluss. Die Beteiligten können die Gerichtsakten und dem Gericht vorgelegte Akten einsehen (§ 100 VwGO).

5. Über die Klage wird auf Grund mündlicher Verhandlung oder mit Einverständnis der

Beteiligten im schriftl. Verfahren durch Urteil entschieden. Das Gericht kann ohne mündl. Verhandlung durch Gerichtsbescheid entscheiden, wenn die Sache keine besonderen Schwierigkeiten tatsächlicher oder rechtlicher Art aufweist und der Sachverhalt geklärt ist (§ 84 VwGO). Gegen den Gerichtsbescheid können die Beteiligten binnen einem Monat Berufung oder Revision einlegen, soweit sie gegeben sind, oder mündliche Verhandlung beantragen. Der Gerichtsbescheid wirkt als Urteil; wird rechtzeitig mündl. Verhandlung beantragt, gilt er als nicht ergangen. Das Gericht entscheidet nach seiner freien, aus dem Gesamtergebnis des Verfahrens gewonnenen Überzeugung (§ 108 VwGO). Zwischenurteile, Teilurteile und Vorabурteile (Zwischenurteile über den Grund einer Leistungsklage) sind zulässig (§§ 109–111 VwGO). Soweit der VA rechtswidrig und der Kläger dadurch in seinen Rechten verletzt ist, hebt das Gericht den VA und den etwaigen Widerspruchsbescheid auf (§ 113 VwGO). Verfahrens- und Formfehler können dabei bis zum Abschluss des verwaltungsgerichtlichen Verfahrens geheilt werden (§ 45 I VwVfG). Ist der VA schon vollzogen, so kann das Gericht auf Antrag aussprechen, dass und wie die Verwaltungsbehörde die Vollziehung rückgängig zu machen hat (sog. „Folgenbeseitigungsanspruch"; zu dessen Rechtsnatur und Umfang eingehend und instruktiv Urt. d. BVerwG v. 19.7.1984, DÖV 1985, 28). Hat sich der VA vorher durch Zurücknahme oder anders erledigt, so ist auf Antrag auszusprechen, dass er rechtswidrig gewesen ist, wenn der Kläger ein berechtigtes Interesse an dieser Feststellung hat (zB weil der VA diskriminierende Wirkung hat oder Wiederholungsgefahr besteht; „Fortsetzungsfeststellungsklage" oder „nachträgliche Feststellungsklage"; das Interesse, die Feststellung zur Grundlage eines Amtshaftungs- oder sonstigen Schadensersatz- oder Entschädigungsprozesses zu machen, reicht nach hM in der Regel nicht aus). Stellt das Gericht fest, dass der VA zu Unrecht abgelehnt oder unterlassen und der Kläger dadurch in seinen Rechten verletzt ist, so verpflichtet es im Urteil die Verwaltungsbehörde, die beantragte Amtshandlung vorzunehmen oder – wenn die Sache noch nicht spruchreif ist – den Kläger unter Beachtung der Rechtsauffassung des Gerichts zu bescheiden („Bescheidungsurteil"). Bei VAen, die dem Ermessen der Behörde unterliegen, prüft das Gericht auch, ob dessen gesetzliche Grenzen überschritten sind oder von dem Ermessen in einer dem Zweck der Ermächtigung nicht entsprechenden Weise Gebrauch gemacht ist (Ermessensmissbrauch; § 114 VwGO). Die Behörde kann dabei ihre Ermessenserwägungen noch im verwaltungsgerichtlichen Verfahren ergänzen. Besondere Regelungen gelten für die Änderung von Verwaltungsakten, die Geldbeträge festsetzen (§ 113 II VwGO). Das Gericht kann auch einen Verwaltungsakt aufheben, ohne in der Sache selbst zu entscheiden, wenn es erhebliche weitere Ermittlungen für erforderlich hält und die Aufhebung auch unter Berücksichtigung der Belange der Beteiligten sachdienlich ist; das Gericht kann in diesem Fall bis zum Erlass des neuen Verwaltungsakts eine einstweilige Regelung treffen (Einzelheiten § 113 III VwGO). Ein gerichtlicher → Vergleich ist möglich (§ 106 VwGO).

6. Auf Antrag kann das Gericht, auch schon vor Klageerhebung, eine einstweilige Anordnung in Bezug auf den Streitgegenstand treffen, wenn die Gefahr besteht, dass durch eine Veränderung des bestehenden Zustandes die Verwirklichung eines Rechts des Antragstellers vereitelt oder wesentlich erschwert werden könnte. Eine solche Anordnung ist auch zur Regelung eines vorläufigen Zustandes zulässig, insbes. um – zB bei dauernden Rechtsverhältnissen – wesentliche Nachteile abzuwenden oder drohende Gewalt zu verhindern (§ 123 VwGO).

7. Rechtsmittel (vgl. dazu auch im Anhang „Rechtsmittelzug im Verfahren vor den Verwaltungsgerichten"):

a) Gegen die Urteile des VG steht den Beteiligten die Berufung an das Oberverwaltungsgericht zu (§§ 124 ff. VwGO), wenn sie von dem VG oder dem OVG zugelassen wird. Das VG lässt die Berufung zu, wenn die Rechtssache grundsätzlich Bedeutung hat oder das Urteil von der Entscheidung eines OVG oder des BVerwG oder des BVerfG abweicht. Das OVG kann die Berufung aus diesen Gründen oder auch dann zulassen, wenn ernstliche Zweifel an der Richtigkeit der Urteile bestehen, wenn die Rechtssache besondere Schwierigkeiten aufweist oder wenn ein Verfahrensmangel geltend gemacht wird, auf dem die Entscheidung beruhen kann. Wenn das VG die Berufung zulässt, ist das OVG daran gebunden. Die Berufung ist binnen eines Monats nach Zustellung des vollständigen Urteils einzulegen. Die Zulassung der Berufung ist innerhalb eines Monats nach Zustellung des Urteils zu beantragen, wenn die Berufung nicht durch Urteil des VG zugelassen wurde. Lässt das Oberverwaltungsgericht die Berufung zu, wird das Antragsverfahren als Berufungsverfahren fortgesetzt; einer gesonderten Einlegung der Berufung bedarf es nicht. Mit der Ablehnung des Zulassungsantrages wird die Entscheidung rechtskräftig. Ist die Berufung zugelassen, so prüft das OVG innerhalb des Berufungsantrags auch neu vorgebrachte Tatsachen und Beweismittel, soweit diese nicht präkludiert sind (§ 128a VwGO). Das OVG entscheidet idR in der Sache selbst. In bestimmten Fällen (§ 130 VwGO) kann es die Sache an das Verwaltungsgericht zurückverweisen.

b) Gegen das Urteil und gegen Beschlüsse nach § 47 VwGO eines OVG steht den Beteiligten die Revision an das BVerwG zu (§ 132 VwGO). Sie kann grundsätzlich nur eingelegt werden, wenn das OVG sie zugelassen hat;

dies setzt voraus, dass die Rechtssache grundsätzliche Bedeutung hat oder das Urteil von einer Entscheidung des BVerwG abweicht und auf dieser Abweichung beruht oder dass es auf einem Verfahrensmangel beruhen kann. Die Nichtzulassung kann selbständig durch → Nichtzulassungsbeschwerde angefochten werden (§ 133 VwGO). Sprungrevision ist unter bestimmten Voraussetzungen möglich (§ 134 VwGO). Die Revision ist innerhalb eines Monats schriftlich einzulegen und spätestens innerhalb eines weiteren Monats zu begründen (§ 139 VwGO). Befindet das BVerwG die Revision für zulässig und begründet, so kann es in der Sache selbst entscheiden oder das angefochtene Urteil aufheben und die Sache zur anderweitigen Verhandlung und Entscheidung zurückverweisen (§ 144 VwGO). Die Revision gegen Urteile des VG ist ferner immer dann möglich, wenn durch Bundesgesetz die Berufung ausgeschlossen ist. Die Revision kann in diesen Fällen nur eingelegt werden, wenn das VG oder auf Beschwerde das BVerwG sie zugelassen hat.

c) Gegen die Entscheidungen des VG, die nicht Urteile oder Gerichtsbescheide sind, und gegen Entscheidungen seines Vorsitzenden steht den Beteiligten und sonstigen Betroffenen grundsätzlich die Beschwerde an das OVG zu (vgl. §§ 146 ff. VwGO). Gegen Beschlüsse des Verwaltungsgerichts über die Aussetzung der Vollziehung (§§ 80, 80a VwGO) und über einstweilige Anordnungen (§ 123 VwGO) sowie gegen Beschlüsse im Verfahren der Prozesskostenhilfe steht den Beteiligten die Beschwerde zu, wenn sie vom OVG zugelassen worden ist. Entscheidungen des OVG können nur in besonderen Fällen mit der Beschwerde angefochten werden (§§ 49 Nr. 3, 152 VwGO).

8. Wiederaufnahme des Verfahrens nach dessen rechtskräftigem Abschluss ist nach den Vorschriften der ZPO zulässig (§ 153 VwGO). Die Befugnis zur Erhebung der Nichtigkeitsklage und der Restitutionsklage steht auch dem Vertreter des öffentlichen Interesses zu, in Verfahren, die vor dem BVerwG im ersten und letzten Rechtszug stattfinden, auch dem Oberbundesanwalt.

9. Die Vollstreckung von Entscheidungen im Verwaltungsstreitverfahren ist in den §§ 167 ff. VwGO geregelt. Grundsätzlich gelten die Vorschriften der ZPO entsprechend.

Verwaltungstreuhand
→ Treuhandeigentum.

Verwaltungsunrecht
sind im Gegensatz zum kriminellen Unrecht (→ Strafrecht) Zuwiderhandlungen gegen Ordnungsvorschriften. Sie dürfen nur mit Ordnungsgeld (idR 5 EUR bis 1000 EUR) oder Ordnungshaft (1 Tag–6 Wochen) geahndet werden; daneben ist Zwangsgeld als Beugemittel zulässig (Art. 5, 6 EGStGB). Zum Bereich des Verwaltungsunrechts gehören die Ordnungswidrigkeiten. Sa → Beugemittel, → Ordnungsmittel, → Zwangsmittel.

Verwaltungsverband
bezeichnet in Sachsen den Zusammenschluss mehrerer selbständig bleibender Gemeinden zu einer eigenen juristischen Person des öffentlichen Rechts → Kommunalverband (2), → Verwaltungsgemeinschaft (1. und 2).

Verwaltungsvereinbarung
→ Verwaltungsabkommen.

Verwaltungsvereinfachung
→ Deregulierung, → Privatisierung, → Projektmanagement, → Rechtsbereinigung, → Rechtsvereinfachung, → Outsourcing, → Sternverfahren.

Verwaltungsverfahren
1. Verwaltungsverfahren iSd Verwaltungsverfahrensgesetzes ist die nach außen wirkende Tätigkeit der Behörden, die auf die Prüfung der Voraussetzungen, die Vorbereitung und den Erlass eines → Verwaltungsaktes oder auf den Abschluss eines → öffentlich-rechtlichen Vertrags gerichtet ist; es schließt den Erlass des Verwaltungsaktes oder den Abschluss des öffentlich-rechtlichen Vertrages ein.

2. Für öffentl.-rechtliche Verwaltungstätigkeit der Behörden des Bundes, der bundesunmittelbaren Körperschaften, Anstalten und Stiftungen des öffentl. Rechts gilt das Verwaltungsverfahrensgesetz (VwVfG) des Bundes idF v. 23.1.2003 (BGBl. 2003 I 102). Ferner gilt das VwVfG auch für die Länder, Gemeinden und Gemeindeverbände sowie die sonstigen der Aufsicht eines Landes unterstehenden Personen des öffentl. Rechts, wenn sie Bundesrecht im Auftrag des Bundes ausführen (§ 1 VwVfG). Das VwVfG gilt nicht für die Ausführung von Bundesrecht durch die Länder, soweit die öffentlich-rechtliche Tätigkeit der Behörden landesrechtlich durch ein eigenes Verwaltungsverfahrensgesetz geregelt ist (Zusammenstellung der Verwaltungsverfahrensgesetze der Länder siehe Sartorius I 100 Fußnote 2). Die meisten Länder haben Verwaltungsverfahrensgesetze erlassen, die inhaltlich dem VwVfG weitgehend entsprechen (zB Bayerisches Verwaltungsverfahrensgesetz v. 23.12. 1976, GVBl. 1976, 213 mÄnd). Teilweise verwies das Verwaltungsverfahrensgesetz des Landes pauschal auf das VwVfG (vgl. Gesetz zur Regelung des Verwaltungsverfahrens- und des Verwaltungszustellungsrechts für den Freistaat Sachsen v. 19.5.2010 (SächsGVBl. 2010, 142) mÄnd). Ferner macht § 2 verschiedene Ausnahmen vom Anwendungsbereich, so zB für die Tätigkeit der Kirchen, das Verfahren nach der Abgabenordnung sowie das Recht des Lastenausgleichs und der Wiedergutmachung.

3. Das VwVfG regelt ua: örtl. Zuständigkeit, → Amtshilfe; Verfahrensgrundsätze (ua Beteiligte, Bevollmächtigte, Vertreter bei gleichförmigen Eingaben und Massenverfahren, Ausschluss von Beteiligten, Untersuchungsgrundsatz, Beweismittel, Akteneinsicht,

Geheimhaltung), Fristen und Termine, amtl. Beglaubigung, Zustandekommen und Bestandskraft von Verwaltungsakten (→ Verwaltungsakt; ua Begriff, Nebenbestimmungen, Form, Zusicherung, Begründung, Ermessen, Bekanntgabe, Wirksamkeit, Nichtigkeit, Heilung von Fehlern, Umdeutung, Rücknahme, Widerruf, Wiederaufgreifen des Verfahrens), öffentl.-rechtl. Vertrag, besondere Verfahrensarten (förmliches Verwaltungsverfahren, → Sternverfahren, → Planfeststellung), Rechtsbehelfsverfahren, ehrenamtliche Tätigkeit, Ausschüsse. In weitem Umfang ist inzwischen der elektronische Rechtsverkehr zugelassen (→ elektronische Verwaltung).

4. Das Verwaltungsverfahren ist grundsätzlich (Ausnahmen s. u. 5) an bestimmte Formen nicht gebunden, soweit keine abweichenden Rechtsvorschriften bestehen. Es ist einfach und zweckmäßig durchzuführen (§ 10 VwVfG). Am Verwaltungsverfahren können natürliche und juristische Personen, Vereinigungen, soweit ihnen ein Recht zustehen kann, und Behörden beteiligt sein (§ 11 VwVfG). Die Handlungsfähigkeit der Beteiligten bestimmt sich grundsätzlich nach der Geschäftsfähigkeit des bürgerlichen Rechts (§ 12 VwVfG). Beteiligte sind der Antragsteller und der Antragsgegner, der Adressat des Verwaltungsaktes oder der Partner des öffentlich-rechtlichen Vertrags. Ferner können oder müssen weitere Personen beteiligt werden, deren rechtliche Interessen durch den Ausgang des Verfahrens berührt werden (§ 13 VwVfG). Bevollmächtigte und Beistände sind zugelassen; uU müssen Empfangsbevollmächtigte und Vertreter bestellt werden (§§ 14–16 VwVfG; sa Massenverfahren). Über das Verbot der Mitwirkung an einem Verwaltungsverfahren wegen Befangenheit oder Interessenkollision s. → Ablehnung von Amtspersonen, → Ausschließung von Amtspersonen. Die Behörde entscheidet nach pflichtgemäßem Ermessen, ob und wann sie ein Verwaltungsverfahren durchführt. Häufig muss sie aber auf Grund von Rechtsvorschriften von Amts wegen oder auf entsprechenden Antrag tätig werden, so dass ihr kein Ermessen zusteht (§ 22 VwVfG). Die Amtssprache ist deutsch (Einzelheiten über fremdsprachige Anträge und Eingaben vgl. § 23 VwVfG). Die Behörde hat den Sachverhalt von Amts wegen zu ermitteln (Untersuchungsgrundsatz). Sie bestimmt Art und Umfang der Ermittlungen; an das Vorbringen und an die Beweisanträge der Beteiligten ist sie nicht gebunden. Die Behörde hat alle für den Einzelfall bedeutsamen, auch die für die Beteiligten günstigen Umstände, zu berücksichtigen (§ 24 VwVfG). Im Rahmen des Verwaltungsverfahrens hat die Behörde eine gewisse Beratungs- und Auskunftspflicht (§ 25 VwVfG). Bei Großvorhaben ist die Öffentlichkeit frühzeitig, nach Möglichkeit vor Antragstellung zu beteiligen (§ 25 III VwVfG). Die Behörde bedient sich der Beweismittel, die sie nach pflichtgemäßem Ermessen zur Ermittlung des Sachverhalts für erforderlich hält. Sie kann insbesondere Auskünfte jeder Art einholen, Beteiligte anhören, Zeugen und Sachverständige vernehmen oder schriftliche Äußerungen einholen, Urkunden und Akten beiziehen sowie → Augenschein einnehmen (§ 26 VwVfG). Eine Versicherung an Eides Statt darf die Behörde nur verlangen, wenn dies durch Rechtsvorschriften ausdrücklich vorgesehen ist (§ 27 VwVfG). Bevor ein Verwaltungsakt erlassen wird, der in Rechte eines Beteiligten eingreift, ist diesem grundsätzlich Gelegenheit zur Äußerung zu geben (rechtliches Gehör; § 28 VwVfG). Die Beteiligten haben grundsätzlich das Recht auf vollständige Akteneinsicht (§ 29 VwVfG) sowie auf Wahrung ihrer Geheimnisse (§ 30 VwVfG). IdR endet das Verwaltungsverfahren mit dem Erlass eines → Verwaltungsaktes (§§ 35 ff. VwVfG).

5. Neben dem formlosen Verwaltungsverfahren kennt das VwVfG auch das förmliche Verwaltungsverfahren, für das strengere Verfahrensvorschriften gelten und in dem die Behörde nach mündlicher Verhandlung schriftlich entscheidet (§§ 63 ff. VwVfG). Der Verwaltungsvereinfachung dienen die Bündelungswirkung des → Planfeststellungsverfahrens (§§ 75, 78 VwVfG) und das → Sternverfahren (§ 71d VwVfG).

6. Wegen der Rechtsbehelfe im Verwaltungsverfahren → Widerspruchsverfahren, → Verwaltungsstreitverfahren, → Gegenvorstellung, Aufsichtsbeschwerde (→ Beschwerde, 2).

7. Spezielle Vorschriften über das Verwaltungsverfahren können auch in Fachgesetzen außerhalb des VwVfG und der Verwaltungsverfahrensgesetze der Länder enthalten sein. Führen die Länder die Bundesgesetze als eigene Angelegenheit aus, so regeln sie die Einrichtung der Behörden und das Verwaltungsverfahren, soweit nicht Bundesgesetze mit Zustimmung des BRates etwas anderes bestimmen (Art. 84 I GG). Vorschriften über das Verwaltungsverfahren iS von Art. 84 I GG sind jedenfalls gesetzl. Bestimmungen, welche die Tätigkeit der Verwaltungsbehörden im Blick auf die Art und Weise der Ausführung der Gesetze einschl. ihrer Handlungsformen, der Form der behördlichen Willensbildung, der Art der Prüfung und Vorbereitung der Entscheidung, deren Zustandekommen und Durchsetzung sowie verwaltungsinterne Mitwirkungs- und Kontrollvorgänge in ihrem Ablauf regeln (vgl. BVerfGE 55, 274 zum Ausbildungsplatzförderungsgesetz). In diesem Falle bedarf das Gesetz der Zustimmung des Bundesrats.

8. Die öffentl.-rechtl. Verwaltungstätigkeiten nach dem Sozialgesetzbuch (SGB) sind in dessen X. Buch geregelt.

Verwaltungsverfahrensgesetz
→ Verwaltungsverfahren.

Verwaltungsvermögen
→ öffentliche Sachen.

Verwaltungsverordnung
(als Gegensatz zu → Rechtsverordnung): früher gebräuchliche Bezeichnung für → Verwaltungsvorschriften (vgl. zB noch Art. 55 Nr. 2 Bayerische Verfassung v. 2.12.1946).

Verwaltungsvertrag
(verwaltungsrechtlicher Vertrag) → Vertrag, öffentlich-rechtlicher.

Verwaltungsvollstreckungsgesetze
Die Ausübung des → Verwaltungszwanges durch Behörden des Bundes ist im Verwaltungs-VollstreckungG des Bundes (VwVG) v. 27.4.1953 (BGBl. 1953 I 157), mÄnd und im Gesetz über den unmittelbaren Zwang bei Ausübung der öffentlichen Gewalt durch Vollzugsbeamte des Bundes (UZwG) v. 10.3.1961 (BGBl. 1961 I 165) mÄnd geregelt. Entsprechende Regelungen finden sich in den Verwaltungsvollstreckungsgsetzen der Länder (zB LandesverwaltungsvollstreckungsG Baden-Württemberg v. 12.3.1974 (GBl. 1974, 93), mÄnd, VerwaltungsvollstreckungsG für das Land Nordrhein-Westfalen idF v. 19.2.2003 (GV NRW 2003, 156 bis 570 u. 2005, 818) mÄnd und VerwaltungsvollstreckungsG für den Freistaat Sachsen v. 10.9.2003 (GVBl. 2003, 614) mÄnd. Dort sind die Voraussetzungen für die Ausübung des Verwaltungszwanges und die Einzelnen → Zwangsmittel geregelt. Für den Polizeivollzugsdienst (→ Polizei) bestehen Sonderregelungen (→ polizeiliche Zwangsmittel).

Verwaltungsvorschriften
1. Verwaltungsvorschriften enthalten Anordnungen der Vorgesetzten gegenüber den nachgeordneten Behörden, die innerhalb der Verwaltung für eine Vielzahl von Fällen gelten sollen. Dagegen werden Anordnungen für den Einzelfall meist als → Weisung (Einzelanweisung; im militärischen Bereich → Befehl) bezeichnet. Die Verwaltungsvorschriften sollen die richtige, zweckmäßige und einheitliche Ausübung der Verwaltungstätigkeit – insbes. bei der Ausübung von Ermessen – gewährleisten; sie konkretisieren vielfach die oft nur sehr allgemeine Regelung des Gesetzes. Ihre Zulässigkeit ergibt sich ohne besondere gesetzliche Grundlage aus der Weisungsbefugnis der übergeordneten Behörden. Anders als die Rechtsvorschriften (→ Gesetz, → Rechtsverordnung, → Satzung) enthalten die Verwaltungsvorschriften keine → Rechtsvorschriften, sind also kein Gesetz im materiellen Sinne. Sie sind für den außerhalb der Verwaltung stehenden Bürger nicht verbindlich, begründen für ihn also weder Rechte noch Verbindlichkeiten (keine „Außenwirkung“) und können demnach keine Rechtsgrundlage für belastende → Verwaltungsakte bilden. Ein Verwaltungsakt ist also nicht deshalb rechtmäßig, weil er einer Verwaltungsvorschrift entspricht; umgekehrt ist er nicht allein deshalb rechtswidrig, weil er einer Verwaltungsvorschrift widerspricht. Begründen Verwaltungsvorschriften eine ständige Übung und dadurch eine „Selbstbindung“ des → Ermessens einer Behörde, so kann ein ungerechtfertigtes Abweichen hiervon sich als Missbrauch des Ermessens darstellen.

2. Zu den Verwaltungsvorschriften zählen zB Durchführungsvorschriften, Vollzugsbestimmungen, Richtlinien (zB die sehr umfangreichen und praktisch sehr bedeutsamen Steuerrichtlinien, die die einheitliche Anwendung der Steuergesetze gewährleisten und den Bürger über die zu erwartende Praxis der Finanzämter informieren sollen, weswegen sie auch häufig veröffentlicht werden), Dienstanweisungen, Erlasse, iwS auch allgemeine Anordnungen. Das Rechtsstaatsprinzip und das Demokratieprinzip des GG verpflichten jedoch den Gesetzgeber, die wesentlichen Entscheidungen selbst zu treffen und nicht der Regelung durch Verwaltungsvorschriften zu überlassen. Verwaltungsvorschriften werden, da sie keine Rechtsnormen sind, nicht in den für die → Verkündung von Rechtsvorschriften bestimmten Gesetz- und Verordnungsblättern, sondern in den Amtsblättern der Ministerien und sonstiger Verwaltungsstellen veröffentlicht, weniger bedeutende den Verwaltungsbehörden nur innerdienstlich zur Kenntnis gebracht. Die Form der Veröffentlichung bietet einen wichtigen Anhaltspunkt dafür, ob es sich um eine Rechts- oder eine Verwaltungsvorschrift handelt; entscheidend ist hierfür aber, ob die Vorschrift ihrem Inhalt nach unmittelbare Verbindlichkeit für den Bürger beansprucht (dann Rechtsnorm) oder nur den Charakter einer Anweisung für die nachgeordneten Behörden hat. Als Rechtsnorm gültig (und für den Bürger verbindlich) ist eine solche Vorschrift aber nur, wenn sie die für Rechtsnormen geltenden Erfordernisse erfüllt (insbes. gesetzliche Ermächtigung und → Verkündung in der für Rechtsvorschriften vorgesehenen Weise). Verwaltungsvorschriften unterliegen, da sie keine Rechtsnormen sind, nicht dem → richterlichen Prüfungsrecht und können weder im Wege der → Normenkontrolle noch mit → Verfassungsbeschwerde angegriffen werden. In einem gerichtlichen Verfahren, das Vorgänge innerhalb der Verwaltung zum Gegenstand hat (zB ein Disziplinarverfahren wegen Nichtbefolgung einer Verwaltungsvorschriften), ist aber vom Richter auch zu prüfen, ob die Verwaltungsvorschriften sich im Rahmen der Gesetze hält.

Verwaltungszustellung
1. Die Zustellung von → Verwaltungsakten richtet sich nach eigenen Rechtsvorschriften, die in der → Verwaltungszustellungsgesetzen des → Bundes und der → Länder enthalten sind. Die Zustellung erfolgt, soweit dies durch Rechtsvorschrift oder behördliche Anordnung bestimmt ist (§ 1 II VwZG). Die Behörden des Bundes stellen nach dem VerwaltungszustellungsG des Bundes, die Behörden der Län-

der einschließlich der Kommunen nach dem Zustellungsrecht der Länder zu.

2. Grundsätzlich sind mit landesrechtlichen Abweichungen im Einzelnen folgende Zustellungsarten vorgesehen, unter denen die Behörde die Wahl hat (§ 2 III VwZG):

a) Soll durch die Post mit Zustellungsurkunde zugestellt werden, übergibt die Behörde der Post den Zustellungsauftrag, das zuzustellende Dokument in einem verschlossenen Umschlag und einen vorbereiteten Vordruck einer Zustellungsurkunde (§ 3 I VwZG). Post iSd Regelungen ist jeder Postdienstleister (§ 2 II VwZG; sa → Postdienstleistung, → Postneuordnung, → Postwesen und Telekommunikation). Für die Ausführung der Zustellung gelten die Vorschriften der ZPO entsprechend (s. → Zustellung). Ein Dokument kann auch durch die Post mittels Einschreiben durch Übergabe oder Einschreiben mit Rückschein zugestellt werden (§ 4 I VwZG).

b) Die Zustellung kann ferner durch einen Bediensteten der Behörde selbst gegen Empfangsbekenntnis erfolgen; ergänzend gelten auch hier die Vorschriften der ZPO (§ 5 II VwZG).

3. Bei Geschäftsunfähigen oder beschränkt Geschäftsfähigen ist an ihre gesetzlichen Vertreter zuzustellen, bei Betreuer (→ Betreuung) an den Betreuten (§ 6 I VwZG). Bei Behörden wird an die Behördenleiter, bei juristischen Personen an die gesetzlichen Vertreter zugestellt (§ 6 II VwZG). Die Zustellung kann auch an Bevollmächtigte erfolgen (§ 7 VwZG), in den Ländern gelten ähnliche Regelungen wie im Bund.

4. Besonderheiten gelten für die Zustellung im Ausland (zB § 9 VwZG). Die Zustellung kann durch öffentliche Bekanntmachung erfolgen, wenn der Aufenthaltsort des Empfängers unbekannt ist und eine Zustellung an Vertreter nicht möglich ist oder wenn eine Auslandszustellung nicht möglich oder nicht Erfolg versprechend ist (zB § 10 VwZG).

5. Im Wesentlichen gleichlautend sind die Vorschriften zur fehlgeschlagenen Zustellung. Lässt sich eine formgerechte Zustellung nicht nachweisen oder erfolgte der Zugang unter Verletzung zwingenden Rechts, so gilt ein Dokument dann als zugestellt, in dem es dem Empfangsberechtigten tatsächlich zugegangen ist (§ 8 VwZG).

6. Für die Behörden der Sozialverwaltung (§ 65 SGB X) und der Steuerverwaltung (§ 122 V AO) gilt das VwZG entsprechend.

Verwaltungszustellungsgesetze

Die Verwaltungszustellungsgesetze regeln die → Verwaltungszustellung. Das VerwaltungszustellungsG des → Bundes (VwZG) v. 12.8. 2005 (BGBl. 2005 I 2354) löste am 1.1.2006 das frühere VerwaltungszustellungsG v. 3.7.1952 (BGBl. 1952 I 379) ab. Die Neuregelung vereinfachte das VerwaltungszustellungsG von 1952 und näherte das Verwaltungszustellungsrecht dem Zustellungsrecht der ZPO (→ Zustellung) an. In den Ländern gibt es modernisierte Verwaltungszustellungsgesetze zB in Niedersachsen (Niedersächsisches VerwaltungszustellungsG v. 23.2.2006, GVBl. 2006, 72), Nordrhein-Westfalen (LandeszustellungsG v. 7.3.2006, GVBl. 2006, 94) und Rheinland-Pfalz (LandesverwaltungszustellungsG v. 2.3.2006, GVBl. 2006, 56). In einigen Ländern sind die verwaltungszustellungsrechtlichen Vorschriften in anderen Gesetzen enthalten (vgl. zB Bay. Verwaltungszustellungs- und VollstreckungsG v. 11.11.1970, GVBl. 1971, 1, mÄnd).

Verwaltungszwang

1. Verwaltungszwang ist die Vollstreckung von → Verwaltungsakten. Verwaltungszwang erfolgt mit geeigneten → Zwangsmitteln. Die Einzelheiten sind mit Unterschieden im Detail in den → Verwaltungsvollstreckungsgesetzen des Bundes und der Länder geregelt. Für die Durchsetzung → polizeilicher Maßnahmen im Wege → polizeiliche Zwangsmittel bestehen im → Polizeirecht Sonderregelungen.

2. Voraussetzung für die Anwendung von Verwaltungszwängen ist, dass der zu vollstreckende Verwaltungsakt unanfechtbar ist, ein Rechtsbehelf keine aufschiebende Wirkung hat oder die sofortige Vollziehung angeordnet ist. Ferner muss der → Verhältnismäßigkeitsgrundsatz beachtet werden. Der Verwaltungszwang muss geeignet und notwendig sein und darf zum angestrebten Zweck nicht außer Verhältnis stehen. Verwaltungszwang muss grundsätzlich angedroht werden. Die Androhung kann gegebenenfalls entfallen, wenn dies zur Abwendung einer drohenden Gefahr erforderlich ist. Die Zwangsmittel können gesondert angefochten werden. Soweit der zu vollstreckende Verwaltungsakt allerdings nicht mehr angegriffen werden kann, sind Rechtbehelfe gegen den Verwaltungszwang nur mit der Begründung möglich, der Verwaltungszwang selbst enthalte eine eigenständige Rechtsverletzung (sei zB unverhältnismäßig).

3. Mittel des Verwaltungszwangs sind folgende:

a) Geldforderungen werden nach den Vorschriften der AO wie Steueransprüche vollstreckt (→ Vollstreckung von Steueransprüchen).

b) Mit der Ersatzvornahme kann die Behörde eine Handlung, zu der der Betroffene verpflichtet ist und die auch ein anderer vornehmen kann (vertretbare Handlung), selbst vornehmen oder vornehmen lassen und die Kosten dem Betroffenen auferlegen. Diese können dann wie Geldforderungen vollstreckt werden.

c) Ist der Betroffene zu einer Unterlassung verpflichtet oder kann eine Handlung durch einen anderen nicht vorgenommen werden (unvertretbare Handlung), dann kann gegen den Betroffenen nach vorheriger Androhung

Zwangsgeld festgesetzt werden, wenn er die Handlung nicht unterlässt oder im Falle einer unvertretbaren Handlung gleichwohl handelt. Das Zwangsgeld kann wiederum wie eine Geldforderung vollstreckt werden.

d) Führen Ersatzvornahme und Zwangsgeld nicht zum Ziel, so kann unmittelbarer Zwang ausgeübt werden. Schärfste Form des unmittelbaren Zwangs ist der → Waffengebrauch. Unmittelbarer Zwang oder jedenfalls Waffengebrauch, zumindest aber Schusswaffengebrauch, sind in der Regel dem Polizeivollzugsdienst (→ Polizei) vorbehalten. Die Verwaltungsbehörde muss in diesen Fällen und dann, wenn sie über kein für die Ausübung des unmittelbaren Zwanges geschultes Personal verfügt, im Wege der → Vollzugshilfe die Polizei um Anwendung des unmittelbaren Zwangs ersuchen (→ polizeiliche Zwangsmittel, 3).

4. Zwangsgeld kann auch nach dem Steuerrecht festgesetzt werden (§ 328 I AO). So kann zB die Abgabe einer Steuererklärung mittels Zwangsgeld durchgesetzt werden. Das einzelne Zwangsgeld darf 25 000 EUR nicht übersteigen (§ 329 AO). Es muss angedroht werden (§ 332 AO). Wird die Verpflichtung vor der Beitreibung des Zwangsgeldes erfüllt – zB die Steuererklärung abgegeben, dann ist die zwangsweise Beitreibung des Zwangsgeldes einzustellen (§ 335 AO).

Verwandtenehe
→ Eheverbote.

Verwandtenerbrecht
→ Erbfolge; sa → Pflichtteil.

Verwandtenunterhalt
→ Unterhaltspflicht unter Verwandten.

Verwandtschaft
im eigentlichen Sinne ist die auf blutmäßiger → Abstammung beruhende Verbindung mehrerer Personen (also zB nicht Ehegatten). Verwandtschaft in gerader Linie liegt vor bei Personen, die voneinander abstammen (zB Großvater, Vater, Sohn; auf die Ehelichkeit kommt es nicht an), Verwandtschaft in der Seitenlinie bei Personen, die von derselben dritten Person abstammen (zB Geschwister, Vettern ua). Der Grad der Verwandtschaft bestimmt sich dabei nach der Zahl der sie vermittelnden Geburten (§ 1589 I BGB). So sind zB Vater und Sohn in gerader Linie im 1. Grad, Geschwister in der Seitenlinie im 2. Grad und Onkel und Neffe in der Seitenlinie im 3. Grad verwandt. Darüber hinaus kennt das BGB (§§ 1741 ff.) auch eine Verwandtschaft im Rechtssinne, nämlich bei Annahme als Kind (→ Adoption). Für Kinder von Eltern, die nicht miteinander verheiratet sind, gelten insoweit keine Besonderheiten mehr.

Besondere Bedeutung hat die Verwandtschaft für die → Unterhaltspflicht unter Verwandten sowie im Erbrecht (gesetzliche → Erbfolge, → Pflichtteil), ferner für die Eheschließung (→ Eheverbote), für die Berufung zum → Vormund, im Strafrecht (strafbare Handlungen gegenüber Verwandten sind oft straffrei oder werden milder beurteilt) sowie im Prozessrecht (Ausschließung eines Richters oder Urkundsbeamten, → Zeugnisverweigerungsrecht, bei dem es insbes. auf den Grad der Verwandtschaft ankommt, ua). Sa → Schwägerschaft, → Abkömmlinge.

Verwarnung
→ Betriebsjustiz, → Disziplinarmaßnahmen, → Fahreignungs-Bewertungssystem. Sa → Abmahnung u. im Folg.

Verwarnung bei Ordnungswidrigkeiten
Bei Zuwiderhandlungen gegen gesetzliche Vorschriften besteht für bestimmte Fälle im Bundesrecht und zT auch im Landesrecht die Möglichkeit, den Täter unter Verzicht auf weitere Maßnahmen zu verwarnen und ihm für den Wiederholungsfall strengere Folgen anzudrohen. So ist in §§ 56 ff. OWiG für geringfügige Ordnungswidrigkeiten allgemein eine Verwarnung zugelassen, bei der ein Verwarnungsgeld von 5 bis 55 EUR erhoben wird. Diese Regelung erfasst zB die nach § 49 StVO, § 69a StVZO, § 48 FZV, § 24 StVG verfolgbaren Verkehrsordnungswidrigkeiten. Für sie wird, wenn im Bußgeldkatalog (→ Bußgeld) ein Regelsatz bis zu 55 EUR bestimmt ist, ein entsprechendes Verwarnungsgeld erhoben (§ 1 I Bußgeldkatalog-VO v. 14.3.2013, BGBl. 2013, I 498).

Die Verwarnung ist aber nur wirksam, wenn der Täter sich mit ihr nach Belehrung über sein Weigerungsrecht ausdrücklich einverstanden erklärt und die Gebühr entweder sofort oder binnen 1 Woche zahlt; die Frist soll bewilligt werden, wenn der Betroffene das Verwarnungsgeld nicht sofort zahlen kann oder wenn es 10 EUR übersteigt. Er erhält eine Bescheinigung über die Verwarnung, die Höhe des Verwarnungsgeldes und ggf. die Zahlungsfrist. Beamte, die zur Erteilung einer Verwarnung im Außendienst ermächtigt sind, haben sich entsprechend auszuweisen; bei Polizeibeamten genügt Dienstkleidung. Ist der Betroffene mit der Verwarnung nicht einverstanden, hat der feststellende Beamte in der sonst üblichen Weise zu verfahren (→ Opportunitätsprinzip). Ist die mit Verwarnungsgeld erteilte Verwarnung wirksam, kann die Tat nicht mehr als Ordnungswidrigkeit verfolgt werden (→ Prozesshindernis), wohl aber, wenn sich herausstellt, dass in Wirklichkeit eine Straftat vorliegt, zB → Straßenverkehrsgefährdung; im Falle der Strafverfolgung wird die Gebühr angerechnet (§ 86 II OWiG) oder zurückgezahlt.

Verwarnung mit Strafvorbehalt
Diese Form eines aufschiebend bedingten Strafausspruchs besteht darin, dass im Urteil neben dem Schuldspruch die Strafe der Höhe nach festgesetzt, ihre Verhängung aber mit der Maßgabe aufgeschoben wird, dass sie nur erfolgen soll, wenn der Verurteilte während einer Bewährungszeit versagt. Sie ist nach § 59

StGB im Erwachsenenstrafrecht bei Verhängung einer Geldstrafe bis zu 180 Tagessätzen zulässig. Voraussetzungen sind eine günstige Täterprognose und besondere Umstände, die eine Verhängung von Strafe entbehrlich machen, und ferner, dass die Verteidigung der Rechtsordnung die Verurteilung nicht gebietet. Das Gericht setzt eine Bewährungszeit fest (1–3 Jahre); es kann dem Verurteilten Auflagen und Weisungen (→ Täter-Opfer-Ausgleich, Schadenswiedergutmachung, Geldzahlung an gemeinnützige Einrichtung, Heilbehandlung oder Entziehungskur, Teilnahme an Verkehrsunterricht oder an sozialem Trainingskurs zur Gewaltprävention) erteilen. Widerruf der Entscheidung ist wie bei → Strafaussetzung zur Bewährung möglich; andernfalls hat es bei der Verwarnung sein Bewenden (§ 59b StGB). Einer ähnlichen Sruktur folgt im → Jugendstrafrecht die Aussetzung der Verhängung der Jugendstrafe (§ 27 JGG). Als Zuchtmittel eine Sanktion eigener Art stellt dagegen die → Verwarnung nach Jugendstrafrecht dar.

Verwarnung nach Jugendstrafrecht
Sie ist ein sog. → Zuchtmittel, durch das dem straffällig gewordenen Jugendlichen das Unrecht der Tat eindringlich vorgehalten werden soll (§§ 13, 14 JGG). Eine solche Verwarnung nach Jugendstrafrecht wird bei leichteren Verfehlungen ausgesprochen, bei denen die Verhängung einer → Jugendstrafe nicht erforderlich ist, weil angenommen werden kann, dass ein nachdrücklicher Vorhalt die angestrebte erzieherische Wirkung erreicht. Die Verwarnung ist eine förmliche Missbilligung und unterscheidet sich dadurch von einer → Ermahnung, die zB mit der Einstellung des Verfahrens verbunden werden kann. Die Verwarnung wird neben dem Schuldspruch im Urteil oder im → vereinfachten Jugendverfahren ausgesprochen.

Verwechslungsgefahr
1. Der Begriff spielt im Handelsrecht eine Rolle. So ist eine → Firma unzulässig, die eine Verwechslungsgefahr mit einer schon bestehenden Firma hervorruft (§ 30 HGB).

2. Auch im → Kennzeichenrecht hat der Begriff eine zentrale Bedeutung: Zwischen einem geschützten Kennzeichen und einem aus diesem Kennzeichen angegriffenen Zeichen liegt Verwechslungsgefahr im engeren Sinne vor, wenn die angesprochenen Verkehrskreise davon ausgehen, die mit dem angegriffenen Zeichen gekennzeichneten Produkte (Waren oder Dienstleistungen) stammten aus dem Unternehmen des Kennzeicheninhabers, und Verwechslungsgefahr im weiteren Sinne, wenn die Annahme erweckt wird, es bestünden dergestalt Beziehungen zwischen dem Kennzeichenrechtsinhaber und dem Zeichenbenutzer, dass der eine auf den anderen Einfluss bei der Herstellung oder dem Vertrieb der Produkte ausübe. Für die Beurteilung der Verwechslungsgefahr sind insbesondere maßgeblich die Ähnlichkeit der kollidierenden Zeichen, die Ähnlichkeit der jeweiligen Produkte, Branchen oder Werke und die Kennzeichnungskraft des verletzten Zeichens (die umso geringer ist, je mehr sich das Zeichen einer bloßen Beschreibung nähert, und umso größer, je bekannter ein Zeichen durch Benutzung geworden ist).

3. Im Lauterkeitsrecht ist die verwechslungsfähige Verwendung fremder Namen, Firmen oder geschäftlicher Bezeichnungen als irreführend untersagt (→ unlauterer Wettbewerb).

Verweigerung der ehelichen Lebensgemeinschaft
→ Getrenntleben der Ehegatten, → eheliche Lebensgemeinschaft.

Verweigerung der Leistung
→ gegenseitiger Vertrag (1), → Zurückbehaltungsrecht.

Verweigerung des Kriegsdienstes
(mit der Waffe) → Kriegsdienstverweigerer → Zivildienst.

Verweigerung des Zeugnisses
→ Zeugnisverweigerungsrecht.

Verweisbarkeit
Unter Verweisbarkeit versteht man die Möglichkeit, einen Versicherten der → gesetzlichen Rentenversicherung auf einen anderen als den ausgeübten oder erlernten Beruf zu verweisen. Die Verweisbarkeit ist nur dann zu prüfen, wenn eine Rente wegen → teilweiser Erwerbsminderung bei → Berufsunfähigkeit (nur noch für vor dem 2.1.1961 Geborene, vgl. § 240 SGB VI) zu leisten sein kann. Ob Verweisbarkeit gegeben ist, muss an Hand des vom → Bundessozialgericht entwickelten Mehrstufenschemas geprüft werden. Danach muss ein Verweisungsberuf objektiv und subjektiv zumutbar sein. Die Voraussetzungen müssen kumulativ vorliegen. Soll auf einen Verweisungsberuf verwiesen werden, ist dieser konkret zu benennen. Der Nachweis eines entsprechenden Arbeitplatzes ist nicht notwendig. Gibt es die Arbeitsplätze nicht in ausreichender Anzahl (bundesweit), ist eine Rente zu zahlen. Allein infolge Zeitablaufs wird sich die Problematik der Verweisbarkeit kaum mehr stellen, da die betroffenen Jahrgänge bald das reguläre Renteneintrittsalter erreicht haben.

Verweisung
Eine Verweisung, dh gesetzestechnisch Bezugnahme auf andere Vorschriften in demselben oder in einem anderen Gesetz (zB „§ 5 des Gesetzes über … gilt entsprechend“) macht die in Bezug genommene Norm zum Bestandteil der verweisenden Norm. Verweisungen auf eine feststehende Norm nennt man statische Verweisung, eine Verweisung „auf die jeweils geltende Fassung“ → dynamische Verweisung. Auf private Normen (zB technische Bestimmungen) darf nur verwiesen wer-

den, wenn diese zugänglich und ihrer Art nach „normgerecht" sind; dynamische Verweisungen auf solche Normen sind im Hinblick auf die unkontrollierte Aufgabe der Rechtssetzungsbefugnis verfassungsrechtlich problematisch. Nach dem Verweisungziel ist zu unterscheiden zwischen einer Rechtsgrundverweisung (Verweisung auf den Tatbestand einer anderen Norm) und einer Rechtsfolgenverweisung (Verweisung auf die Rechtsfolgen eines anderen Norm).

Im Prozessrecht ist unter Verweisung allgemein die Verweisung eines Rechtsstreits an ein anderes Gericht zu verstehen. Innerhalb einer → Gerichtsbarkeit findet eine Verweisung an das Gericht statt, das nach Ansicht des verweisenden Gerichts sachlich und örtlich zuständig ist (§ 281 ZPO, § 48 I ArbGG, § 83 VwGO, § 98 SGG, § 70 FGO). Diese Verweisung setzt im Zivilprozess einen Antrag des Klägers voraus und erfolgt durch Beschluss. Im Strafprozess wird von Amts wegen verwiesen (§ 270 StPO). Außerdem gibt es eine Verweisung von einem → Rechtsweg in den anderen, und zwar im Verhältnis der ordentlichen Gerichtsbarkeit, der Arbeitsgerichtsbarkeit, der Verwaltungs-, Finanz- und Sozialgerichtsbarkeit zueinander (§ 17a GVG). Diese Verweisung wird nach Anhörung der Parteien von Amts wegen durch Beschluss ausgesprochen. Ferner gibt es eine Verweisung zwischen Zivilkammern und → Kammern für Handelssachen (§§ 97–99 GVG). Diese Verweisung geschieht durch Beschluss, teils auf Antrag einer Partei, teils von Amts wegen. Alle Verweisungen sind grundsätzlich bindend, damit die Erledigung des Rechtsstreits nicht verzögert wird; insbes. kann (auch bei fehlerhafter Verweisung) nicht an das verweisende Gericht zurückverwiesen werden.

Verwendbares Eigenkapital
→ Körperschaftsteuer (5).

Verwender
→ Allgemeine Geschäftsbedingungen.

Verwendungen
sind Aufwendungen, die eine Sache wiederherstellen, erhalten oder verbessern, ohne sie selbst grundlegend zu verändern (zB Reparatur eines Kraftfahrzeugs, Wiederherstellung eines zerstörten Hauses, Füttern eines Tieres). Im Rahmen eines Eigentümer – Besitzverhältnisses (→ Eigentumsherausgabeanspruch) enthalten die §§ 994 ff. BGB Sondervorschriften für den Ersatz von Verwendungen des unrechtmäßigen Besitzers; ein rechtmäßiger Besitzer (zB die Werkstätte repariert auf Grund eines wirksamen → Werkvertrags dem Vorbehaltskäufer ein unter → Eigentumsvorbehalt geliefertes und daher noch im Eigentum des Vorbehaltsverkäufers stehendes Kraftfahrzeug) hat nach hM keinen Anspruch gegen den Eigentümer auf Ersatz der Verwendungen, sondern nur auf Grund seines Vertrags gegen den Dritten (für die Besitzberechtigung kommt es allerdings nach BGH nicht auf den Zeitpunkt der Verwendungen, sondern auf die Geltendmachung des Eigentumsherausgabeanspruchs an; alles im Einzelnen sehr str.).

Man unterscheidet notwendige, nützliche und Luxus-Verwendungen. Notwendige Verwendungen, dh Maßnahmen, die zur Erhaltung oder Wiederherstellung der Sache erforderlich sind, sowie deren gewöhnliche Lasten, zB Grundsteuer, sind dem redlichen Besitzer stets, dem bösgläubigen Besitzer und dem Besitzer nach → Rechtshängigkeit des Eigentumsherausgabeanspruchs nur nach den Vorschriften über die → Geschäftsführung ohne Auftrag zu ersetzen; ausgenommen sind jedoch die gewöhnlichen Erhaltungskosten (zB Füttern einer Kuh), solange dem Besitzer die Nutzungen (Milch) verbleiben (§§ 994 f. BGB). Nützliche Verwendungen, die, ohne notwendig zu sein, den Wert der Sache erhöhen (zB Einbau von Anlagen), sind nur dem redlichen Besitzer, Luxus-Verwendungen, die den Wert der Sache nicht erhöhen, sind überhaupt nicht zu ersetzen (§ 996 BGB). Bis zum Ersatz der Verwendungen kann der Besitzer gegenüber dem Eigentumsherausgabeanspruch ein → Zurückbehaltungsrecht geltend machen (§ 1000 BGB). Der Besitzer kann andererseits den Anspruch auf Ersatz der Verwendungen selbständig nur geltend machen, wenn der Eigentümer den Besitz an der Sache wieder erlangt oder die Verwendungen genehmigt (§ 1001 BGB); bei vorbehaltloser Herausgabe der Sache an den Eigentümer erlischt der Anspruch auf Verwendungsersatz innerhalb eines Monats (bei Grundstücken innerhalb von 6 Monaten, § 1002 BGB). Ähnliche Vorschriften über Ansprüche wegen Verwendungen gelten auch in anderen Fällen, zB zugunsten des Rücktrittsberechtigten (→ Rücktritt vom Vertrag, § 347 II BGB), des Finders (→ Fund) und des → Erbschaftsbesitzers (§ 970 BGB, § 972 BGB, §§ 2022 f. BGB). → Wegnahmerecht.

Verwendungsersatz
→ Verwendungen.

Verwertung
1. gepfändeter Sachen: → Pfändung, 2. → Abfallverwertung.

Verwertungsgesellschaft
Die Inhaber von → Urheberrechten oder verwandten Schutzrechten können die Wahrung ihrer Rechte regelmäßig nicht selbst flächendeckend überwachen; umgekehrt gestaltet es sich für Nutzungsinteressenten schwierig, den Inhaber der Nutzungsrechte an einem Werk zu ermitteln, um mit diesem einen → Lizenzvertrag abzuschließen. Verwertungsgesellschaften dienen der Bündelung solcher Rechte im Interesse sowohl der Inhaber als auch der redlichen Werknutzer. Sie sind privatrechtliche Vereinigungen (meist → Gesellschaften mit beschränkter Haftung oder wirtschaftliche → Vereine), die aufgrund von Berechtigungsverträgen

→ Nutzungs- und Einwilligungsrechte sowie Vergütungsansprüche für Rechnung mehrerer Urheber oder Leistungsschutzberechtigter (Inhaber verwandter Schutzrechte) zur gemeinsamen Auswertung wahrnehmen. Das Recht der Verwertungsgesellschaften wurde 2016 geändert. An die Stelle des G über die Wahrnehmung von Urheberrechten v. 9.9.1965 (UrheberrechtswahrnehmungsG – UrhWG; BGBl. 1965 I 1294 mÄnd) trat das G über die Wahrnehmung von Urheberrechten und verwandten Schutzrechten durch Verwertungsgesellschaften (VerwertungsgesellschaftenG – VGG) v. 24.5.2016 (BGBl. 2016 I 1190). § 77 VGG verlangt für die Tätigkeit einer Verwertungsgesellschaft eine staatliche Erlaubnis und unterstellt sie der Staatsaufsicht durch das → Deutsche Patent- und Markenamt (§ 75 VGG). Es erlegt den Verwertungsgesellschaften einen Wahrnehmungs- und Abschlusszwang (§ 9 VGG) sowie Rechnungslegung usw auf (§§ 23 VGG). Verwertungsgesellschaften sind insbes. die → GEMA (Musik), die GVL (Leistungsschutzrechte) und VG Wort für urheberrechtlich geschützte Texte.

Verwertungsnachweis
→ Abmeldung von Kfz.

Verwertungsrechte
Die in § 15 UrhG aufgezählten Verwertungsrechte stellen im Gegensatz zu den Urheberpersönlichkeitsrechten (→ Urheberrecht) den vermögensrechtlich ausgerichteten Teil des Urheberrechts dar. Zu ihnen gehören das → Vervielfältigungsrecht (§ 16 UrhG), das → Verbreitungsrecht (§ 17 UrhG), das → Ausstellungsrecht (§ 18 UrhG) sowie das Recht, das Werk in unkörperlicher Form öffentlich wiederzugeben (Recht der öffentlichen Wiedergabe); letzteres umfasst insbes. das Vortrags-, Aufführungs- und Vorführungsrecht (§ 19 UrhG), das Recht der öffentlichen Zugänglichmachung (§ 19a UrhG), das Senderecht (§ 20 UrhG), das Recht der Wiedergabe durch Bild- oder Tonträger (§ 21 UrhG) und das Recht der Wiedergabe von Funksendungen und von öffentlicher Zugänglichmachung (§ 22 UrhG). Die Verwertungsrechte können vom → Urheber in der Weise benutzt werden, dass er sie entweder selbst ausübt oder anderen ein → Nutzungsrecht einräumt.

Verwertungsverbote
im Strafverfahren → Beweisverbote. Über Verwertungsverbote für gesetzlich geschützte Vorgänge → Datenschutz, → Geheimbereich, → anonyme Anzeigen.

Verwirkung
Wird ein → Anspruch oder ein sonstiges → Recht (zB aus → Eigentumsstörungen, auf Kündigung ua) längere Zeit nicht geltend gemacht (Zeitmoment) und treten besondere Umstände hinzu, auf Grund deren die verspätete Geltendmachung als unzulässige, unzumutbare Rechtsausübung und damit als Verstoß gegen → Treu und Glauben anzusehen ist (Umstandsmoment), so tritt Verwirkung ein. Wenn der Anspruch auch noch nicht verjährt (→ Verjährung) ist, so kann im Einzelfall die Tatsache, dass sich der Schuldner inzwischen aus den Umständen und dem Verhalten des Gläubigers darauf einrichten durfte (und auch eingerichtet hat), dieser wolle seinen Anspruch oder sein Recht nicht mehr geltend machen, dazu führen, dass infolge Verwirkung dessen Ausübung ausgeschlossen ist. An die Voraussetzungen der Verwirkung sind strenge Anforderungen zu stellen (insbes. bei kurzer Verjährungsfrist). Die Verwirkung als Sonderfall von → Treu und Glauben hat auch im öffentlichen Recht (Prozessrecht) Bedeutung.

Verwirkung von Grundrechten
Wer die Freiheit der Meinungsäußerung (→ Meinungsfreiheit), insbes. die → Pressefreiheit (Art. 5 I GG), die Lehrfreiheit (Art. 5 III GG), die → Versammlungsfreiheit (Art. 8 GG), die Vereinigungsfreiheit (Art. 9 GG), das → Brief-, Post- und Fernmeldegeheimnis (Art. 10 GG), das → Eigentum (Art. 14 GG) oder das → Asylrecht (Art. 16 II GG) zum Kampf gegen die → freiheitliche demokratische Grundordnung missbraucht, verwirkt diese Grundrechte (Art. 18 GG). Missbrauch liegt vor, wenn das Grundrecht in einem Umfang in Anspruch genommen wird, der durch seinen Sinngehalt nicht mehr gedeckt ist. Der Missbrauch zum Kampf gegen die freiheitliche demokratische Grundordnung muss auf Vorsatz beruhen, braucht aber nicht schuldhaft zu sein (unzurechnungsfähiger politischer Fanatiker!). Die Verwirkung von Grundrechten tritt nicht automatisch ein, sondern wird vom BVerfG auf Antrag des Bundestags, der BReg. oder einer LdReg. im Verfahren nach den §§ 36–41 BVerfGG ausgesprochen. Die Entscheidung des BVerfG ist konstitutiv und hat zur Folge, dass der Betroffene sich nicht mehr auf das aberkannte Grundrecht berufen kann. Das BVerfG legt fest, welche Grundrechte verwirkt sind und ob die Verwirkung von Grundrechten für immer oder nur für einen bestimmten Zeitraum gilt. Es kann dem Betroffenen außerdem das (aktive und passive) Wahlrecht und die Befähigung zur Bekleidung öffentlicher Ämter aberkennen sowie genau zu bezeichnende Beschränkungen auferlegen. Die praktische Bedeutung dieser Regelung ist sehr gering.

Verwirkungsklausel
(Verfallklausel, kassatorische Klausel, lex commissoria) ist eine Vereinbarung, wonach der Schuldner alle seine Rechte aus einem → Vertrag verlieren soll, wenn er seine Verbindlichkeit nicht oder nicht rechtzeitig erfüllt (→ Pflichtverletzung). Eine solche Klausel gilt iZw nur als → Rücktrittsvorbehalt (§ 354 BGB). Andere Vereinbarungen sind zulässig (über Grenzen bei → Allgemeinen Geschäftsbedingungen s. § 309 Nr. 8a BGB). Obwohl bei der Verwirkungsklausel eine echte → Vertragsstrafe nicht vorliegt, finden deren Regeln,

insbes. die Möglichkeit der Herabsetzung bei Unbilligkeit, entsprechende Anwendung. Sollen nur einzelne Rechte bei Nichterfüllung verwirkt werden, so tritt dieser Rechtsverlust unmittelbar ein; § 354 BGB gilt hier nicht. Als Verwirkungsklausel wird auch die Abrede der → Fälligkeit der gesamten Leistung bei → Schuldnerverzug mit einzelnen Teilleistungen verstanden. Sa → Reugeld. S. ferner → Auslegung von Verfügungen von Todes wegen.

Verzehr an Ort und Stelle
Dem vollen Steuersatz in der Umsatzsteuer unterliegt die Abgabe von Speisen und Getränken mit der Möglichkeit, diese direkt zu verzehren (Verzehr an Ort und Stelle, § 12 II Nr. 1 S. 1 UStG). Das setzt voraus, dass im räumlichen Zusammenhang besondere Vorrichtungen bereit gehalten werden, um den Kunden dort den Verzehr zu ermöglichen. Nach der Rechtsprechung des Bundesfinanzhofs sind keine Stehtische erforderlich, sondern reichen auch Ablagebretter, die nicht ausschließlich dem Verkauf der Speisen dienen, als besondere Verzehrvorrichtungen aus. Dies gilt unabhängig davon, ob diese Vorrichtungen vom Kunden genutzt werden oder nicht. Eine abweichende Beurteilung kann sich ergeben, wenn die Speisen in Verpackungen abgegeben werden.

Verzeihung
→ Pflichtteilsentziehung.

Verzicht
→ Erlassvertrag; sa → Rechtsmittelverzicht, → Erbverzicht.

Verzichtsurteil
Ein Verzichtsurteil ist ein Urteil, das gegen den Kläger auf Grund seines Verzichts auf den geltend gemachten prozessualen Anspruch (→ Streitgegenstand) ergeht (§ 306 ZPO). Darin wird die Klage abgewiesen. Im Verwaltungs-, Finanz- und Sozialstreitverfahren wird das Verzichtsurteil wegen des dort geltenden → Untersuchungsgrundsatzes überwiegend für unzulässig gehalten.

Verzinsung
→ Zinsschuld, → Zinsen (steuerlich), → Zinsen bei Sozialleistungsansprüchen. Der Zinssatz beträgt 4%. Maßgebend für die Verzinsung ist der vollständige Antragseingang beim Leistungsträger. Der Antrag ist vollständig eingegangen, wenn der Betroffene selber nichts mehr für den Fortgang und die Bewilligung der Leistung tun kann. Der Antragseingang bei einem unzuständigen Leistungsträger ist ausreichend (§ 16 SGB I). Das genaue Verfahren der Verzinsung regelt § 44 SGB I. Nicht ausreichend ist der Antragseingang bei einem ausländischen Versicherungsträger. IRd → Versorgungsausgleichs ist bei → externer Teilung ein → Kapitalwert zu bilden. Dieser Wert ist ab dem ersten Kalendertag des auf das Ende der Ehezeit folgenden Kalendermonats zu verzinsen (§ 47 VersAusglG, BGH v. 7.9.2011 – XII ZB 546/10, BGHZ 191, 36–48). Die Verzinsung beginnt frühestens sechs Monate nach Eingang der vollständigen Leistungsunterlagen.

Verzögerungsgeld
Ist eine steuerliche Nebenleistung, die vom Finanzamt gegen den Stpfl. verhängt werden kann, wenn dieser einer Aufforderung des Finanzamts zur Erteilung von Auskünften oder zur Vorlage angeforderter Unterlagen im Rahmen einer → Außenprüfung innerhalb einer angemessenen Frist nicht nachkommt (§ 146 IIa AO). Es handelt sich um ein Druckmittel, den Stpfl. zur zeitnahen Mitwirkung anzuhalten. Der gesetzliche Rahmen bewegt sich zwischen 2.500 EUR und 250.000 EUR. Die Festsetzung und die Höhe steht im Ermessen des Finanzamts und ist von diesem unter Berücksichtigung der konkreten Umstände des Einzelfalles zu begründen. Eine mehrmalige Festsetzung eines Verzögerungsgelds wegen derselben unterbliebenen Mitwirkung ist nach Auffassung des BFH nicht möglich. Allerdings bleiben die weiteren Druckmittel zur Durchsetzung von Verwaltungsakten durch Verhängung eines Zwangsgeldes (§§ 328 ff. AO) weiter bestehen.

Verzögerungsschaden
→ Schuldnerverzug (3).

Verzug
→ Schuldnerverzug, → Gläubigerverzug.

Verzugsschaden
→ Schuldnerverzug (3).

Verzugszinsen
→ Schuldnerverzug (3).

Veterinär
ist eine andere Bezeichnung für → Tierarzt.

Vetorecht
ist das Recht, in einem Kollegialorgan das Zustandekommen eines Beschlusses durch die eigene Gegenstimme zu verhindern. Bekannt ist das sog. Vetorecht der ständigen Mitglieder des Sicherheitsrats der → Vereinten Nationen; hierbei handelt es sich jedenfalls nach der Charta nicht um ein eigentliches Vetorecht, sondern um ein Zustimmungserfordernis. Allerdings hat die Praxis Art. 27 der Charta bald dahin ausgelegt, dass nur der ausdrückliche Widerspruch eines ständigen Ratsmitglieds beachtlich sein soll, nicht dagegen Stimmenthaltung oder Fernbleiben von der Sitzung. – Über das Vetorecht der BReg. bei ausgabenerhöhenden und einnahmenmindernden Gesetzen (Art. 113 GG) → Haushaltsrecht (5).

Vibrationen
Vibrationen sind alle mechanischen Schwingungen, die durch Gegenstände auf den menschlichen Körper übertragen werden und – so die Lärm- und Vibrations-Arbeitsschutz-VO – zu einer mittel- oder unmittelbaren Gefährdung von Sicherheit und Gesundheit der

Beschäftigten führen können; s. → Lärmbekämpfung (3).

Video-Aufzeichnungen und -Übertragungen

1. Bei → Vernehmungen im Strafverfahren von → Zeugen außerhalb der Hauptverhandlung durch Richter und Staatsanwalt ist eine Videoaufzeichnung uneingeschränkt zugelassen (§§ 58a, 161a I 2 StPO). Nach § 58a I 3 StPO hat eine Aufzeichnung sogar zwingend zu erfolgen, wenn damit die schutzwürdigen Interessen von Personen, die durch Straftaten gegen die sexuelle Selbstbestimmung (→ Sexualstraftaten) verletzt worden sind, besser gewahrt werden können. Nur im letztgenannten Fall ist eine Zustimmung des Zeugen erforderlich. Die Aufzeichnung ist unter den Voraussetzungen des § 255a StPO in der Hauptverhandlung anstelle einer dortigen Vernehmung verwertbar, insbes. um dem Zeugen eine belastende Mehrfachvernehmung zu ersparen (→ Zeugenschutz). In der Hauptverhandlung ist die Aufzeichnung einer Vernehmung nur im Fall des § 247a S. 4 StPO vorgesehen.

Die Videoübertragung einer Zeugenvernehmung im Strafverfahren ist nach §§ 168e, 247a StPO außerhalb und in der Hauptverhandlung zulässig zum → Zeugenschutz sowie in der Hauptverhandlung auch unter den Voraussetzungen des § 251 II StPO, zB bei großer Entfernung des Zeugen.

2. Die Aufzeichnung und Übertragung gerichtlicher Verhandlungen iÜ ist nach § 169 S. 2 GVG grundsätzlich unzulässig; hierzu und zu den Ausnahmen → Öffentlichkeitsgrundsatz, → Tonaufnahme in Verfahren.

3. Zur Videoaufzeichnung bei → Observation → Datenerhebung, → Einsatz technischer Mittel s. dort.

Videokommunikation

Aufgrund des Gesetzes zur Umsetzung der Digitalisierungsrichtlinie vom 10.6.2021 (BGBl. 2021 I 3338) kann ab 1.8.2022 eine notarielle Beurkundung (siehe → Form 1c) als Online-Beurkundung mittels Videokommunikation durchgeführt werden. Möglich ist zunächst nur die Gründung einer → Gesellschaft mit beschränkter Haftung, bei der keine Sacheinlagen erfolgen (sog. Bargründung), § 2 III GmbHG nF, § 16a I BeurkG nF, nebst begleitender Beschlüsse, wie der Bestellung des ersten Geschäftsführers und der Vereinbarung etwaiger Haftungsbeschränkungen. Es wird eine von der Bundesnotarkammer betriebene, eigenständige Videokommunikationssoftware verwendet. Über die Beurkundung, die dem Inhalt nach der Präsenzbeurkundung entspricht (§ 16b I S. 2 BeurkG nF), erfolgt eine Niederschrift als elektronische Urkunde. Zur Identifizierung der Beteiligten, die nur bei einer Präsenzbeurkundung die physische Prüfung des Ausweisdokuments umfassen kann, ist im Online-Verfahren neben der Identifizierung durch ein elektronisches Identifizierungsmittel im Sinne der VO (EU) 910/2014 v. 23.7.2014 über elektronische Identifizierung und Vertrauensdienste für elektronische Transaktionen im Binnenmarkt (eIDAS-VO, s. → Vertrauensdienst), wie den elektronischen → Personalausweis gem. § 18 PersAG, auch die Prüfung des Erscheinungsbildes auf dem elektronisch übermittelten Lichtbild nötig. Die Unterschriften der Beteiligten werden durch die qualifizierten elektronischen → Signaturen gem. eIDAS-VO ersetzt. Die anlässlich der Beurkundung erstellte elektronische Urkunde gilt als Urschrift der Urkunde (§ 45 III BeurkG nF) und wird bei der Bundesnotarkammer in einem elektronischen Urkundenarchiv verwahrt (§ 78h I BNotO). Die Beteiligten haben die Wahl zwischen einer Beurkundung in Präsenz oder online oder einer gemischten Beurkundung, bei der ein Teil der Beteiligten physisch präsent ist und ein anderer Teil online teilnimmt. Es werden dann über die Beurkundung inhaltsgleiche Urkunden, elektronisch und papiergebunden, erstellt (§ 16e BeurkG nF). Das selbe Verfahren kann zur Beglaubigung einer elektronischen Signatur im Online-Verfahren mittels Videokommunikation genutzt werden, allerdings nur in den gem. § 40a I BeurkG nF, § 12 I S. 2 HGB nF genannten Fällen, das sind Handelsregisteranmeldungen von Einzelkaufleuten, Kapitalgesellschaften und Zweigniederlassungen derselben.

Videokonferenztechnik

Ihr Einsatz ist in gerichtlichen und staatsanwaltschaftlichen Verfahren ohne Einverständnis der Verfahrenbeteiligten zulässig, in einer strafprozessualen → Hauptverhandlung dagegen weitgehend nicht (§ 128a ZPO, § 32 III FamFG, § 50a ArbGG, § 91a FGO, § 102a VwGO, § 110a SGG, § 58b StPO, § 118a II 2 StPO, § 163 III 1 StPO, § 163a I 2 StPO, § 233 II 3 StPO, § 247 II StPO, § 462 II 2 StPO, § 115 Ia StVollzG, § 185 Ia GVG). Die Übertragung wird nicht aufgezeichnet. Sie kann Beteiligten die Anreise zum Ort der Verhandlung oder Vernehmung ersparen und dadurch auch Terminsverlegungen vermeiden. Mit Wirkung zum 19.7.2024 ist weitgehend das Gesetz zur Förderung des Einsatzes von Videokonferenztechnik in der Zivilgerichtsbarkeit und den Fachgerichtsbarkeiten v. 15.7.2024 (BGBl. 2024 I Nr. 237) in Kraft getreten, das weitere Regelungen zur Erleichterung des Einsatzes von Videokonferenztechnik bei Gerichtsverfahren vorsieht. Für die strafprozessuale Revisionshauptverhandlung wird zudem mit Wirkung ab 17.7.2025 durch das Gesetz zur weiteren Digitalisierung der Justiz v. 12.7.2024 (BGBl. 2024 I Nr. 234) für die Verfahrensbeteiligten die Möglichkeit geschaffen, auf Antrag nach Gestattung durch den Vorsitzenden per Videoübertragung von einem anderen Ort aus teilzunehmen (§ 350 Abs. 3 StPO). Wird ein nicht auf freiem Fuss befindlicher Angeklagter nicht vorgeführt, so hat er sogar einen Anspruch, auf Antrag in dieser Weise teilnehmen zu können.

Videotext
oder Fernseh- bzw. Teletext zählte früher zum → Rundfunk, ist aber nunmehr ein Telemediendienst (→ Telemedien).

Videoüberwachung
öffentlicher Räume und öffentlich zugänglicher Räume, also auch im Privatbereich, ist nach § 6b BDSG (→ Datenschutz) zulässig, aber nur, wenn sie zur Aufgabenerfüllung öffentlicher Stellen oder zur Wahrnehmung des Hausrechts oder von berechtigten Interessen für konkret festgelegte Räume erforderlich ist und schutzwürdige Interessen der Betroffenen nicht überwiegen. Außerdem ist nach den Polizeigesetzen (s. zB Art. 33 bayer. PAG) die Videoüberwachung von öffentlichen Wegen und Plätzen zur Gefahrenabwehr zulässig (→ Polizei, → polizeiliche Maßnahmen), ferner nach §§ 12a, 19a VersammlungsG die Videoüberwachung von öffentlichen Versammlungen (→ Versammlungsgesetz).

Videoverhandlung
→ Videokonferenztechnik.

Videovernehmung
→ Videokonferenztechnik.

Viehkauf
Seit 1.1.2002 gelten für → Kauf und → Gewährleistung beim Viehkauf keine Besonderheiten mehr. Zur früheren Rechtslage beim Viehkauf vgl. die Ausführungen in der 16. Auflage.

Viehseuchen
→ Tierseuchen.

Viehtreiben
→ Tiere im Straßenverkehr.

Viehverkehrsverordnung
→ Tierseuchen, → Tiertransporte.

Viehversicherung
→ Tierversicherung.

Vier-Mächte-Abkommen
→ Berlin (2).

Viermächteerklärung
Die Rechtslage Deutschlands nach der Kapitulation 1945 wurde wesentlich bestimmt durch die „Erklärung in Anbetracht der Niederlage Deutschlands und der Übernahme der obersten Regierungsgewalt hinsichtlich Deutschlands" v. 5.6.1945 (VOBl. Berlin S. 21; „Berliner Erklärung" oder „Viermächteerklärung" genannt) der Vertreter der obersten Kommandobehörden Großbritanniens, der USA, der UdSSR und Frankreichs, die mit Vollmacht ihrer Regierungen und im Interesse der Vereinten Nationen handelten. Sie gingen davon aus, dass Deutschland bedingungslos kapituliert und sich allen Forderungen zu unterwerfen habe. Die Alliierten übernahmen mit ihrer Erklärung die oberste Regierungsgewalt in Deutschland. Die Übernahme sollte aber nach ausdrücklicher Bestimmung nicht die Annektierung Deutschlands bewirken, sondern war als Vorkehrung gegen weitere Feindseligkeiten der deutschen Streitkräfte und für die Aufrechterhaltung der Ordnung in Deutschland deklariert. Die Grenzen und die rechtliche Stellung Deutschlands sollten durch die Alliierten später festgelegt werden. Die Viermächteerklärung ist durch den → Deutschlandvertrag sowie die → Wiedervereinigung und den → Zwei-plus-Vier-Vertrag überholt.

Vignette
ist ein am Kfz sichtbar anzubringendes Zeichen, zumeist ein Aufkleber. Sie weist die Entrichtung einer Gebühr für die Benutzung bestimmter Straßen, idR Autobahnen, nach der Dauer aus. Sa → Maut.

Vikar
Vikar ist in der → evang. Kirche der nach der ersten Prüfung zum Zwecke der praktischen Ausbildung und Vorbereitung auf das Schlussexamen tätige Theologe; er hat Predigterlaubnis. In der → katholischen Kirche kann der → Diözesanbischof, sofern er es für angebracht hält, nach Anhörung des → Pfarrers sowie des → Dekans einer Pfarrei einen oder mehrere Hilfsgeistliche – lat. vicarius paroecialis = Pfarrvikar – zuweisen. Im deutschen Sprachraum sind für den Vikar ferner die Bezeichnungen Kaplan und Kooperator üblich. Der Pfarrvikar hat den Pfarrer in allen Seelsorgeaufgaben zu unterstützen. Zum Bischofsvikar und → Generalvikar s. → Diözese.

Vikariieren
im Verhältnis von Strafen und → Maßregeln der Besserung und Sicherung (§ 67 I, IV StGB) → Zweispurigkeit im Strafrecht.

Viktimologie
Als Lehre vom Opfer (lat. victima) der Straftat bezeichnet die Viktimologie ein Teilgebiet der → Kriminologie. Sie befasst sich vorwiegend mit der Beziehung zwischen Täter und Opfer bei der Verbrechensentstehung, mit dem Prozess des Opferwerdens (Beteiligung des Opfers, Mitverursachung; Milderung der Hemmung des Täters, weil Opfer schadensversichert), Anzeigebereitschaft des Opfers (wichtig für das Kriminalitäts-Dunkelfeld), Früh- und Spätschäden (auch psychische), Schutz des Opfers im Ermittlungs- und im Strafverfahren (→ Opferschutz, → Verletzter, Rechtsstellung im Strafprozess), Verbrechensverhütung durch viktimologische Prognose und im Hinblick auf viktimogene Personen (Opfergefährdete, zB Taxifahrer, Geldboten), vorbeugender Schutz potenzieller Opfer (Warnung von Anhaltern, Drogengefährdeten usw vor gefährlichen Räumen und Personen), Wiedergutmachung, Opferhilfe (→ Entschädigung des Verletzten).

Vindikation
→ Eigentumsherausgabeanspruch.

Vindikationslegat
→ Vermächtnis.

Vindikationszession
→ Eigentumsübertragung (2).

Vinkulationskauf
Ein Vinkulationskauf ist ein → Kauf unter Einschaltung eines im Besitz der Kaufsache befindlichen Dritten in der Weise, dass die Übergabe der Sache von dem Dritten an den Käufer und die Zahlung des Kaufpreises durch den Käufer an den Dritten an die Zustimmung des Verkäufers gebunden (vinkuliert) ist.

Vinkulierte Namensaktie
→ Nebenleistungsaktiengesellschaft.

vis absoluta, vis compulsiva
Diese Begriffe bezeichnen verschiedene Formen der → Gewalt (dort 2).

Visum
1. Ein Visum (früher → Sichtvermerk) ist eine amtliche Bestätigung, dass die Einreise in einen fremden Staat, die Ausreise aus einem fremden Staat oder der Aufenthalt in einem fremden Staaterlaubt werden. Das Visum wird idR im → Pass angebracht. Voraussetzungen und Inhalt des Visums sind in der verschiedenen Ländern unterschiedlich geregelt.

2. Das nach deutschem Recht (→ Ausländerrecht) erteilte Visum ist ein → Aufenthaltstitel für Ausländer in Deutschland.

a) Nach § 6 AufenthaltsG kann einem Ausländer für kurzfristige Aufenthalte ein → Schengen-Visum für die Durchreise oder für Aufenthalte von bis zu 3 Monaten innerhalb einer Frist von 6 Monaten von dem Tag der ersten Einreise an erteilt werden, wenn die Erteilungsvoraussetzungen des Schengener Durchführungsübereinkommen (→ Schengener Übereinkommen) erfüllt sind; Verlängerungen sind möglich. In Ausnahmefällen kann ein Schengen-Visum ohne Vorliegen dieser Voraussetzungen aus völkerrechtlichen oder humanitären Gründen oder zur Wahrnehmung politischer Interessen der Bundesrepublik Deutschland erteilt werden; in diesem Fall gilt dieses Schengen-Visum nur für Deutschland.

b) Für alle längerfristigen Aufenthalte in der Bundesrepublik Deutschland ist nach § 6 III AufenthaltsG ein (nationales) Visum erforderlich, das vor der → Einreise erteilt wird. Die Erteilung richtet sich ua nach den für → Aufenthaltserlaubnis oder → Niederlassungserlaubnis geltenden Vorschriften.

Virtuelle Hauptversammlung
→ COVID-19-Folgenabmilderungsgesetz, → Hauptversammlung.

Virtuelle Gerichtsverhandlung
→ Videokonferenztechnik.

Vizekanzler
wird der nach Art. 69 I GG vom → Bundeskanzler zu seinem Stellvertreter berufene Bundesminister genannt.

Vizekonsul
→ Konsul.

V-Mann
→ V-Person, → verdeckte Ermittlungen, → nachrichtendienstliche Mittel.

VOB
ist die Abkürzung für Vergabe- und Vertragsordnung (früher: Verdingungsordnung) für Bauleistungen (→ Vergabe- und Vertragsordnungen). Die VOB regelt die Vergabe von Aufträgen über Bauleistungen. Sie ist keine staatliche Norm, sondern wird vom Deutschen Vergabe- und Vertragsausschuss für Bauleistungen (DVA) beschlossen, dem Vertreter aller wichtigen öffentlichen Auftraggeber, Ressorts des Bundes und der Länder, sonstige öffentliche Auftraggeber, kommunale Spitzenverbände und Spitzenorganisationen der Wirtschaft und der Technik in paritätischer Zusammensetzung angehören. Die ergänzende Anwendung der VOB auf → öffentliche Aufträge ergibt sich aus § 2 → Vergabeverordnung. Teil A der VOB (VOB/A) regelt das Vergabeverfahren. Teil B der VOB (VOB/B) enthält → Allgemeine Geschäftsbedingungen, die das gesetzliche Werkvertragsrecht (→ Werkvertrag) ergänzen und modifizieren und die durch Einbeziehung häufig Bestandteil von Verträgen zwischen Privaten werden; nach § 12 VOB/B ist zB eine Frist von 12 Werktagen für die Abnahme vorgesehen, die Verjährungsfrist beträgt für Bauwerke 4 Jahre (§ 13 Nr. 4 VOB/B). Teil C der VOB (VOB/C) enthält technische Definitionen, die sowohl für VOB/A als auch im Falle der Vereinbarung für VOB/B gelten.

Völkerbund
Der Völkerbund war ein auf Veranlassung des damaligen US-Präsidenten Wilson 1919 begründeter völkerrechtlicher Zusammenschluss, dessen Zweck die Sicherung des Weltfriedens vor allem durch Rüstungsbeschränkungen und Maßnahmen gegen Angriffskriege war (die Satzung des Völkerbundes ist in Teil I Art. 1–26 des → Versailler Vertrags enthalten; vgl. RGBl. 1919, 687 ff.). Ihm traten 63 Nationen bei (Deutschland 1926; die USA nicht). Die Sowjetunion wurde 1934 aufgenommen, aber 1940 im Hinblick auf den Finnlandkrieg wieder ausgeschlossen. Nach der Präambel der Satzung war das Ziel des Völkerbundes die Gewährleistung des internationalen Friedens und der internationalen Sicherheit sowie die Förderung der zwischenstaatlichen Zusammenarbeit. Die Mitgliedstaaten bekannten sich zur Notwendigkeit der Abrüstung (Art. 8) und verpflichteten sich zur friedlichen Streiterledigung (Art. 12). Organe des Völkerbundes waren die Bundesversammlung, der Völkerbundsrat und das Sekretariat. Der organisatori-

sche Aufbau ähnelte also dem der → Vereinten Nationen. Ein wesentlicher Unterschied liegt darin, dass der Völkerbundsrat – anders als der → Sicherheitsrat – nur Empfehlungen an die Mitgliedstaaten richten konnte.

Dem Völkerbund gelang es nicht, das nach dem Ersten Weltkrieg einsetzende Wettrüsten zu verhindern; auch versagte er in lokalen Kriegsfällen, in denen Sanktionen gegen die Angreifer sich hätten rechtfertigen lassen (Einmarsch der Japaner in die Mandschurei 1935, Annexion Abessiniens durch Italien 1936). 1935 erklärte Hitler den Austritt Deutschlands aus dem Völkerbund. Mit Ausbruch des Zweiten Weltkriegs 1939 stellte der Völkerbund seine Tätigkeit ein. Er wurde 1946 durch die → Vereinten Nationen ersetzt.

Völkergewohnheitsrecht
Wie innerstaatliches → Gewohnheitsrecht setzt auch die Entstehung von Völkergewohnheitsrecht voraus, dass ein bestimmtes Verhalten von den Rechtssubjekten längere Zeit ständig beachtet wird, weil sie es aus Rechtsgründen für erforderlich halten. Je nach dem räumlichen Umfang der Anerkennung der rechtlichen Gebotenheit eines bestimmten Verhaltens entsteht regionales (partikulares) oder allgemeines oder universales → Völkerrecht. Völkergewohnheitsrecht kann sowohl bisheriges Völkerrecht ändern als auch neues begründen. Die Hauptquelle für den Nachweis bestehenden Gewohnheitsrechts ist die diplomatische Praxis der Staaten. In jüngerer Zeit wurden Versuche der Kodifikation des Völkergewohnheitsrechts unternommen (zB Seerechtskonferenzen 1958, 1960 und 1963–1982).

Völkermord
(genocidium) ist auf Grund der Internationalen Konvention über die Verhütung und Bestrafung des Völkermordes v. 9.12.1948, der die BRep. durch Gesetz v. 9.8.1954 (BGBl. 1954 II 729) beigetreten ist, und des → Römischen Statuts auch im → Völkerstrafgesetzbuch mit Strafe bedroht. Nach § 6 VStGB, der im Wesentlichen dem aufgehobenen § 220a StGB entspricht, wird mit lebenslanger Freiheitsstrafe bestraft, wer in der Absicht, eine nationale, rassische, religiöse oder ethnische Gruppe als solche ganz oder teilweise zu zerstören, vorsätzlich ein Mitglied der Gruppe tötet, ihm schwer körperlich oder seelische Schäden zufügt, die Gruppe unter Lebensbedingungen (Ernährung, Gesundheitsfürsorge) stellt, die geeignet sind, ihre körperliche Zerstörung ganz oder teilweise herbeizuführen, Maßregeln verhängt, die Geburten innerhalb der Gruppe verhindern sollen (Sterilisation), oder ein Kind der Gruppe in eine andere Gruppe überführt. In minder schweren Fällen, außer bei Tötungshandlungen, ist Freiheitsstrafe nicht unter 5 Jahren zu verhängen. Die Bestimmung gilt auch für Völkermord, der von einem Ausländer im Ausland an Ausländern begangen wird und keinen Bezug zum Inland aufweist (§ 1 VStGB).

Völkerrecht
1. Völkerrecht ist die Summe der Normen, die die Verhaltensweisen festlegen, die zu einem geordneten Zusammenleben der Menschen dieser Erde notwendig und nicht im innerstaatlichen Recht der Einzelnen souveränen Staaten geregelt sind. Als souverän (→ Souveränität) bezeichnet man Staaten, die in ihren Beziehungen zu anderen Staaten keinem fremden Willen und keiner anderen Rechtsordnung als dem Völkerrecht unterworfen sind.

2. Das Völkerrecht regelt vorwiegend das Verhältnis souveräner Staaten untereinander. Neben diesen Rechtsnormen werden dem Völkerrecht zugerechnet das Recht der internationalen und übernationalen Staatengemeinschaften, und zwar sowohl deren inneres Organisationsrecht als auch die Rechtsregeln über ihr Verhältnis untereinander und zu den Staaten. Schließlich gehören dem Völkerrecht auch einzelne Rechtsnormen an, die sich unmittelbar an Einzelpersonen richten. Natürliche und juristische Personen, auf die das Völkerrecht Anwendung findet, werden als → Völkerrechtssubjekte bezeichnet.

3. Das Völkerrecht ist verbindliches Recht und wird in der Staatenpraxis auch so behandelt; fehlende Kodifikation, fehlende obligatorische Gerichtsbarkeit und fehlende Zwangsgewalt stehen dem nicht entgegen. Quellen des Völkerrechts sind einseitige völkerrechtl. Erklärungen (zB → Anerkennung von Staaten und Regierungen), die → völkerrechtlichen Verträge und das → Völkergewohnheitsrecht, nach dem Statut des → Internationalen Gerichtshofs außerdem die „allgemeinen von den zivilisierten Nationen anerkannten Rechtsgrundsätze" (→ allgemeine Rechtsgrundsätze). Entscheidungen von Gerichten in völkerrechtlichen Streitigkeiten und wissenschaftliche Lehrmeinungen der Völkerrechtswissenschaft sind Hilfsquellen des Völkerrechts. Dies gilt insbes. für Entscheidungen internationaler Gerichte, wo es allerdings keine starre Bindung an Präzedenzfälle gibt; die Lehrmeinungen der V.wissenschaft haben in jüngster Zeit kaum noch Bedeutung als Hilfsquelle des Völkerrechts. Nach seinem Geltungsbereich unterscheidet man das universale Völkerrecht, das für alle Staaten gilt (Kriegs-, Gesandtschafts-, Vertragsrecht), das allgemeine Völkerrecht, das für die meisten Staaten gilt (zB → Gewaltverbot, 1; → Haager Landkriegsordnung), sowie das nur für wenige Staaten geltende partikulare und regionale Völkerrecht Über die umstrittene, aber praktisch außerordentlich bedeutsame Frage nach dem Verhältnis von Völkerrecht und innerstaatlichem Recht s. → Primat des Völkerrechts.

Völkerrechtliche Streitigkeiten
können sich aus → völkerrechtlichem Unrecht oder aus Unklarheiten hinsichtlich der

Rechtslage im Verhältnis zwischen zwei Staaten ergeben. Völkerrechtliche Streitigkeiten sollten zunächst durch entsprechende Schritte der jeweiligen → Diplomaten oder durch unmittelbare Verhandlungen der beteiligten Regierungen (direkte Diplomatie) beigelegt werden. Drittstaaten können ihre Hilfe zur Beilegung einer völkerrechtlichen Streitigkeit anbieten (Vermittlungsvorschlag). Ein weiterer Weg der Beilegung von völkerrechtlichen Streitigkeiten ist die Anrufung unparteiischer Stellen (zB → Vereinte Nationen, → Ständiger Schiedsgerichtshof, → Internationaler Gerichtshof, → Internationaler Seegerichtshof). Da es keine obligatorische Gerichtsbarkeit zur Beilegung von völkerrechtlichen Streitigkeiten gibt, setzen die vorgenannten Wege den guten Willen der anderen Streitpartei voraus. Fehlt dieser, dann kann der andere Staat zu den Mitteln von → Retorsion und → Repressalie greifen. Gewaltanwendung ist nur zur eigenen Verteidigung (→ militärische Verteidigung gegen → Angriffskrieg) völkerrechtlich erlaubt, nicht zur Selbsthilfe (→ Gewaltverbot, 1) oder Vergeltung. Im Übrigen können militärische Zwangsmaßnahmen durch die → Vereinten Nationen beschlossen werden. Bei militärischen Auseinandersetzungen sind die Regeln des → Kriegsrechts zu beachten.

Völkerrechtliche Vertretung

Das → Völkerrecht geht grundsätzlich davon aus, dass das Staatsoberhaupt, der Regierungschef und der Außenminister zur Vertretung ihres Staates berufen sind. Ausschlaggebend ist die innerstaatliche Verfassungspraxis, deren Beschränkungen auch das Völkerrecht anerkennt (vgl. → Völkerrechtlicher Vertrag, → Ratifikation). Auch die Frage, wer als Staatsoberhaupt anzusehen ist, überlässt das Völkerrecht dem innerstaatlichen Recht. Die völkerrechtliche Vertretung eines Staates im Ausland wird auf Regierungsebene durch → Diplomaten (→ Botschafter), auf Verwaltungsebene durch → Konsuln wahrgenommen. Die völkerrechtliche Vertretung internationaler Organisationen regelt deren Statut. In militärischen Angelegenheiten sind Befehlshaber selbst dann zum Abschluss von Vereinbarungen ermächtigt, wenn dies innerstaatliches Recht nicht vorsieht.

Völkerrechtlicher Vertrag

Völkerrechtlicher Vertrag ist die Einigung zwischen → Völkerrechtssubjekten über die rechtliche Regelung eines Gegenstands des zwischenstaatlichen Bereichs. In der Völkerrechtspraxis findet sich hierzu eine Vielzahl von Bezeichnungen: Abkommen, Vereinbarungen, Übereinkommen, Pakte, Konventionen und Deklarationen. Völkerrechtlich bestehen jedoch keine Unterschiede; unabhängig von der Bezeichnung finden die völkerrechtlichen Regeln über den Abschluss und die Auslegung von Verträgen in gleicher Weise Anwendung (→ Wiener Übereinkommen). Für besonders bedeutsame Verträge wird häufig eine der drei letztgenannten Bezeichnungen gewählt. Man unterscheidet → bilaterale und → multilaterale Abkommen. Die Unterscheidung zwischen politischen und unpolitischen Verträgen sowie zwischen → Staatsvertrag und → Verwaltungsabkommen (vgl. Art. 59 II GG) hat dagegen in erster Linie innerstaatliche Bedeutung. Völkerrechtliche Verträge werden nach einem bestimmten Schema abgefasst. Nach der Überschrift, die den Vertragsinhalt bezeichnet und die Vertragspartner und das Abschlussdatum angibt, folgt die → Präambel und dieser zuweilen eine → Vollmachtklausel. Daran schließt sich der eigentliche Vertragstext an. Häufig endet dieser mit Schlussklauseln über Vertragsdauer, Kündigungs- und Revisionsmöglichkeiten, Vertragssprache, Möglichkeit des Beitritts dritter Staaten oder Notwendigkeit einer → Ratifikation. Soweit völkerrechtliche Verträge innerstaatlich Rechte und Pflichten begründen oder die politischen Beziehungen der Bundesrepublik Deutschland regeln (Art. 59 II GG), bedürfen sie idR eines → Zustimmungsgesetzes (= → Vertragsgesetzes), um innerstaatliche Rechtswirkung zu erlangen (sa → Staatsvertrag).

Völkerrechtliches Gewaltverbot

→ Gewaltverbot (1).

Völkerrechtliches Unrecht

1. Völkerrechtliches Unrecht ist jede Verletzung von Normen des → Völkerrechts; der Begriff ist weiter als der des völkerrechtlichen Delikts. Der Staat, der für völkerrechtliches Unrecht haftbar ist, muss dieses Unrecht wiedergutmachen. Haftbar ist immer der Staat oder die internationale Organisation, deren Organe das Unrecht verursacht haben. Zur Wiedergutmachung ist der Staat selbst dann verpflichtet, wenn daneben die unmittelbaren Täter (zB Kriegsverbrecher; s. unter 4.) auch persönlich haftbar gemacht werden können. Der unrechtsverursachende Staat ist zur Wiederherstellung des Zustandes verpflichtet, wie er vor der Unrechtshandlung bestanden hat. Ist dies unmöglich, ist auf andere Weise voller Schadenersatz zu leisten. Weitere Unrechtsfolge ist die Nichtanerkennung der durch das Unrecht geschaffenen Lage. Das Völkerrecht kennt keine Bestrafung von Staaten für unrechtmäßiges Handeln. Militärische Bestrafungsaktionen und Vergeltungsschläge sind völkerrechtswidrig (→ Gewaltverbot, 1g). Besteht das Unrecht im Eingriff in immaterielle Güter, zB in die Ehre eines Staates, so kann Genugtuung in Form einer Entschuldigung verlangt werden.

2. Gegen das Unrecht muss sich grundsätzlich der betroffene Staat selbst wehren. Ein geschädigter Staatsangehöriger kann einen Schadenersatzanspruch nur dann vorbringen, wenn der Heimatstaat diesen Schadenersatzanspruch dadurch zu seinem eigenen macht, dass er erklärt, er selbst betrachte sich durch dieses

Unrecht geschädigt. Die geschädigte Privatperson hat keinen klagbaren Anspruch gegen seinen Heimatstaat, Schritte zur Durchsetzung der Wiedergutmachung völkerrechtlichen Unrechts zu unternehmen.

3. Bevor ein geschädigter Staat auf völkerrechtlicher Ebene Schritte zur Durchsetzung seines Wiedergutmachungsanspruches unternimmt, muss er den innerstaatlichen Rechtsweg des schädigenden Staates erschöpfen. Davon kann nur abgesehen werden, wenn dies von vorneherein aussichtslos erscheint. Erst dann können die zur Beilegung → völkerrechtlicher Streitigkeiten vorgesehenen Schritte unternommen werden, insbesondere internationale Schieds- und Gerichtsinstanzen angerufen werden.

4. Nach dem → Römischen Statut des → Internationalen Strafgerichtshofs können die Handelnden persönlich für bestimmte völkerrechtswidrige Taten strafrechtlich zur Verantwortung gezogen werden. Im deutschen Recht sind die durch das Römische Statut sanktionierten Taten im → Völkerstrafgesetzbuch unter Strafe gestellt. Die USA haben das Römische Statut nicht ratifiziert.

Völkerrechtssubjekt

1. Völkerrechtssubjekt ist jede natürliche oder juristische Person, auf die die Regeln des → Völkerrechts unmittelbar Anwendung finden, dh der aus dem Völkerrecht Rechte oder Pflichten erwachsen. Der Umfang dieser Rechte und Pflichten sind für die verschiedenen Völkerrechtssubjekte nicht gleich groß. Völkerrechtssubjekte sind in erster Linie souveräne Staaten (→ Souveränität) sowie Gliedstaaten von → Bundesstaaten und → Regionen, soweit der Gesamtstaat diese zu eigenem völkerrechtlichen Handeln ermächtigt (zB die → Länder der → Bundesrepublik Deutschland auf dem Gebiet der Kulturpolitik gem. Art. 32 III GG), → Staatenverbindungen einschl. → Internationaler Organisationen, Aufständische im Rahmen der Anerkennung durch andere Staaten, der → Heilige Stuhl, das Internationale Kommitee vom → Roten Kreuz und der Souveräne Malteser Ritterorden. Einzelmenschen sind nur in Ausnahmefällen Völkerrechtssubjekte, zB im Rahmen des völkerrechtlichen Fremdenrechts und soweit ein Vertrag einem Einzelmenschen Rechte einräumt, die er direkt und ohne oder sogar gegen seinen Heimatstaat vor internationalen Instanzen geltend machen kann; so kann ein Einzelmensch gemäß der Europäischen → Konvention zum Schutz der Menschenrechte und Grundfreiheiten Beschwerden vor die Europäische Kommission für Menschenrechte bringen.

2. Für die Völkerrechtssubjekteigenschaft von Staaten wird nicht in jedem Fall gefordert, dass der Staat Handlungsfähigkeit („capacity to enter into relations with the other states") hat. So ist anerkannt, dass die Besetzung Belgiens durch Deutschland in den zwei Weltkriegen für Belgien nicht den Verlust der Völkerrechtssubjektivität zur Folge hatte. Gleiches gilt für Deutschland hinsichtlich der Besetzung durch die Alliierten nach dem Zweiten Weltkrieg. Anders ist die Rechtslage bei der Neuentstehung von Staaten. Hier wird bei der → Anerkennung von Staaten als Völkerrechtssubjekte regelmäßig die Fähigkeit verlangt, mit anderen Staaten in diplomatische Beziehungen zu treten. Beschränkungen der staatlichen Hoheitsgewalt durch → Neutralisierung führen ebenso wenig wie wirtschaftliche Abhängigkeit von anderen Staaten zum Verlust der Völkerrechtssubjektivität.

Völkerstrafgesetzbuch

1. Die völkerrechtlichen Straftatbestände des innerstaatlichen Rechts, von denen bisher nur der → Völkermord in § 220 und § 6 Nr. 1 StGB geregelt war, enthält das Völkerstrafgesetzbuch v. 26.6.2002 (BGBl. 2002 I 2254). Es gilt auch, wenn ein Verbrechen im Ausland begangen wurde und keinen Bezug zum Inland aufweist (§ 1 VStGB). Ohne Schuld handelt, wer eine Tat in Ausführung eines Befehls begeht, wenn er nicht erkennt, dass der Befehl rechtswidrig ist und dessen Rechtswidrigkeit nicht offensichtlich ist (§ 3 VStGB). Ein militärischer Befehlshaber oder anderer Vorgesetzter, der einen Untergebenen nicht an der Begehung einer Straftat nach dem VStGB hindert, wird wie ein Täter bestraft (§ 4 VStGB). Die Strafverfolgung von Verbrechen und die Vollstreckung der wegen ihnen verhängten Strafen verjährt nicht (§ 5 VStGB). Im Übrigen gilt das allgemeine Strafrecht (§ 2 VStGB).

2. Das VStGB enthält nicht nur die Verbrechen, die im Römischen Statut des → Internationalen Strafgerichtshofs geregelt sind, sondern weitere völkerrechtliche Straftatbestände aus den → Genfer Konventionen und den Zusatzprotokollen.

a) Verbrechen sind → Völkermord (§ 6 VStGB), → Menschlichkeitsverbrechen (§ 7 VStGB) und → Kriegsverbrechen (§§ 8 ff. VStGB). Durch das Gesetz zur Fortentwicklung des Völkerstrafrechts v. 30.7.2024 (BGBl. I Nr. 255) wurden mehrere Tatbestände erweitert, um insbes. sexuelle Übergriffe, sexuelle Sklaverei und erzwungenen Schwangerschaftsabbruch zu erfassen.

Erweiterungen der Tatbestände sieht ein in der 20. Legislaturperiode eingebrachter Gesetzentwurf der Bundesregierung für ein Gesetz zur Fortentwicklung des Völkerstrafrechts vor (BT-Drs. 20/9471).

b) Vergehen sind die Verletzung der Aufsichtspflicht (§ 13 VStGB) und die Unterlassung der Meldung einer Straftat (§ 14 VStGB). Sie liegen vor, wenn ein militärischer Befehlshaber oder ziviler Vorgesetzter einen Untergebenen nicht an der Begehung einer Tat nach dem VStGB hindert, obwohl er sie erkennen und verhindern konnte, oder eine von einem Untergebenen begangene Tat nach dem VStGB nicht unverzüglich der für die Untersuchung oder Verfolgung zuständigen Stelle zur Kenntnis bringt.

VOF
ist die Abkürzung für Vergabeordnung (früher: Verdingungsordnung) für freiberufliche Leistungen (→ Vergabe- und Vertragsordnungen). Die VOF regelte die Vergabe von Aufträgen über freiberufliche Leistungen (insbes. Architekten- oder Ingenieurleistungen); eindeutig und erschöpfend beschreibbare freiberufliche Leistungen waren allerdings nach der → VOL zu vergeben. Seit der Modernisierung des Vergaberechts 2016 gilt insoweit nur noch die → Vergabeverordnung.

Vogelgrippe
ist eine Form der Geflügelpest (aviäre Influenza). Der Begriff wird häufig auch für die durch den Virus H5N1 verursachte Unterform der Erkrankung verwendet.

Die GeflügelpestVO (→ Tierseuchen) regelt sowohl für gehaltene Vögel wie auch für Wildvögel Schutzmaßnahmen bei Verdacht auf Vogelgrippe nach ihrer amtlichen Feststellung. Zu den Schutzmaßnahmen gehören Vorschriften insbes. zur Aufstallung, zur Festlegung eines Sperrbezirkes, zur Tötung des betroffenen Bestandes und anderer, im Sperrbezirk gehaltener Vögel (§ 21 IV) sowie zur Verbringung von Tieren. Schutzimpfungen gegen die Vogelgrippe und Heilversuche sind verboten (§ 8 GeflügelpestVO). Wer Geflügel hält, hat ein Register zu führen, durch das Zu- und Abgänge von Geflügel verfolgt werden können (§ 2). Die VO (EG) 1010/2006 v. 3.7.2006 (ABl. EG 2006 L 180, 3) regelt den finanziellen Ausgleich für die Erzeugnisse → Eier und Geflügelfleisch auf EU-Ebene. Sa → Lebensmittel- und Futtermittelsicherheit, → ökologischer Landbau.

Vogelschutz
Der Vogelschutz betrifft als Teil des → Artenschutzes (§§ 37 ff. BNatSchG) den Schutz wild lebender Vogelarten. So sind in Deutschland über 700 Vogelschutzgebiete in Umsetzung der Richtlinie 2009/147/EG über die Erhaltung der wild lebenden Vogelarten v. 30.11.2009 (ABl. EG 2009 L 20, 7) gesetzlich festgelegt (zB der Dümmer in Niedersachsen oder der Greifswalder Bodden). § 41 BNatSchG schreibt für Energiefreileitungen konstruktive Maßnahmen zum Schutz der Vögel gegen Stromschlag vor. §§ 45b ff. BNatSchG sehen einheitliche Standards für die Prüfung vor, ob durch → Windenergieanlagen an Land das Tötungs- und Verletzungsrisiko kollisionsgefährdeter Brutvögel signifikant erhöht wird. → Seeanlagen.

VOL
ist die Abkürzung für Vergabe- und Vertragsordnung (früher: Verdingungsordnung) für Leistungen (→ Vergabe- und Vertragsordnungen). Die VOL regelt die Vergabe von Aufträgen über Leistungen aller Art mit Ausnahme von Bauleistungen (→ VOB) und einigen freiberuflichen Leistungen (→ VOF). Sie ist keine staatliche Norm, sondern wird vom Deutschen Verdingungsausschuss für Leistungen (DVAL) beschlossen. Bis zur Modernisierung des Vergaberechts 2016 fand sie kraft Verweisung in der → Vergabeverordnung 2003 auch auf die Vergabe von → öffentlichen Aufträgen im Oberschwellenbereich (→ Vergaberecht) Anwendung. Teil A der VOL (VOL/A) regelt die verschiedenen → Vergabeverfahren; er wird, soweit diese anwendbar ist, nunmehr durch die → Unterschwellenvergabeordnung ersetzt. Teil B der VOL (VOL/B) enthält → Allgemeine Geschäftsbedingungen, die die gesetzlichen Regelungen der jeweiligen Vertragtypen ergänzen und modifizieren und die durch Einbeziehung häufig Bestandteil von Verträgen zwischen Privaten werden.

volenti non fit iniuria
(dem Einwilligenden geschieht kein Unrecht) → Einwilligung des Verletzten.

Volksabstimmung
1. Volksabstimmung ist die verbindliche Abstimmung der gesamten wahlberechtigten Staatsbürger über wichtige Einzelvorhaben, insbesondere Gesetze (sa → Plebiszit). Die Volksabstimmung selbst wird idR als Volksentscheid bezeichnet; davon ist das Volksbegehren als der aus der Mitte des Volkes kommende Antrag auf Durchführung eines Volksentscheides oder auf Behandlung eines bestimmten Gesetzesantrages durch die zuständigen parlamentarischen Organe zu unterscheiden.

2. Nach Art. 20 II GG wird im Bund die Staatsgewalt vom Volke selbst „in Wahlen und Abstimmungen" ausgeübt. Das GG selbst beschränkt allerdings die unmittelbare Mitwirkung des Volkes grundsätzlich auf die Wahl des Bundestages (repräsentative Demokratie). Eine Abberufung (Auflösung) des Bundestages durch Volksabstimmung ist nicht möglich. Volksbegehren und Volksentscheid sind bundesrechtlich nur im Rahmen der → Neugliederung des Bundesgebiets nach Art. 29 GG vorgesehen. Im Übrigen hat das GG von Volksentscheid und Volksbegehren abgesehen (was gelegentlich mit dem Schlagwort „Defizit plebiszitärer Elemente" kritisiert wird). Derzeit bestehen Bestrebungen, eine Volksabstimmung auf Bundesebene einzuführen.

3. Volksbegehren und Volksentscheid sind aber in den Verfassungen der Länder vorgesehen, insbes. auch zur Abberufung des Landtags, zum Beschluss von Gesetzen und zur Verabschiedung von verfassungsändernden Gesetzen. Die Ausgestaltung im Einzelnen ist sehr unterschiedlich, insbes. hinsichtlich der zulässigen Themen (grundsätzlich keine Volksabstimmungen über Haushaltsfragen), das Verfahren zur Zulassung des Volksbegehrens, des Quorums für das Volksbegehren (bis zu 20 vH der Wahlberechtigten), der Möglichkeit eines Selbsteintritts des Parlaments oder einer parlamentarischen Konkurrenzvorlage sowie des

Quorums für den Volksentscheid (→ Quorum für die Beteiligung bis zu 50 vH der Wahlberechtigten, Quorum für die Zustimmung bis zu 33 1/3 vH der Wahlberechtigten bei einfachen Gesetzen und bis zu 50% bei verfassungsändernden Gesetzen).

4. Zur Volksabstimmung auf kommunaler Ebene → Bürgerbeteiligung, → Bürgerentscheid. Sa → Europäische Bürgerinitiative.

Volksaktie
ist die umgangssprachliche (nicht gesetzliche) Bezeichnung für die im Zuge der Privatisierung des Bundesvermögens ausgegebenen und einem breiten Anlegerpublikum angebotenen → Aktien. Zum Teil ist damit eine Beschränkung (oder ein zeitweiliger Ausschluss) des → Aktienstimmrechts verbunden. Ältere Beispiele sind VW und VEBA, jüngere Lufthansa und → Deutsche Telekom AG.

Volksbanken
Die ca. 1250 Volks- und Raiffeisenbanken in Deutschland stellen den genossenschaftlichen Sektor des dreigliedrigen Bankwesens neben den Privatbanken und den öffentlich-rechtlichen → Sparkassen dar. Es sind → Kreditinstitute, die in der Rechtsform einer eingetragenen → Genossenschaft betrieben werden. Spitzeninstitute mit Zentralbankfunktion sind die bis 1998 als Körperschaft des öffentlichen Rechts, seither als AG organisierte DZ Bank (Deutsche Zentral-Genossenschaftsbank) in Frankfurt (vgl. Gesetz zur Umwandlung der Deutschen Genossenschaftsbank v. 13.8.1998, BGBl. 1998 I 2102) und die WGZ Bank AG (Westdeutsche Genossenschafts-Zentralbank) in Düsseldorf. Die Volksbanken sind zusammengeschlossen im Bundesverband der Deutschen Volksbanken und Raiffeisenbanken e. V.

Volksbegehren
→ Volksabstimmung. Sa → Europäische Bürgerinitiative.

Volksdemokratie
→ Demokratie.

Volkseigentum
→ Eigentum, → Gebäudeeigentum.

Volksentscheid
→ Volksabstimmung.

Volksfeste
sind nach § 60b GewO regelmäßig wiederkehrende Veranstaltungen mit Schaustellungen, unterhaltenden Tätigkeiten usw.; die gewerbliche Mitwirkung an Volksfesten ist → Reisegewerbe. Im Übrigen gelten die Vorschriften über → Marktverkehr.

Volksgerichtshof
Der durch Gesetz v. 24.4.1934 (RGBl. 1934 I 341) errichtete, bis zum Ende des 2. Weltkriegs tätige Volksgerichtshof war im nationalsozialistischen Deutschland für erstinstanzliche politische Strafsachen, insbesondere wegen Hoch- und Landesverrats, zuständig. Diese Verfahren, in denen vorher das ausschließlich mit Berufsrichtern besetzte → Reichsgericht entschieden hatte, waren diesem aus politischen Gründen entzogen und dem Volksgerichtshof zugewiesen worden, dessen Senate überwiegend mit → ehrenamtlichen Richtern besetzt waren, meist mit NSDAP-Funktionären und Offizieren. Der Volksgerichtshof war kein Gericht im rechtsstaatl. Sinne, sondern ein Terrorinstrument zur Durchsetzung der nationalsozialistischen Willkürherrschaft; seinen Entscheidungen kommt keine Rechtswirkung zu (Beschluss BT v. 25.1.1985 – BT-Drs. 10/2368). Zur Klarstellung wurden seine Urteile als → nationalsozialistisches Unrecht durch Gesetz v. 25.8.1998 (BGBl. 1998 I 2501) aufgehoben.

Volksgesetzgebung
→ Volksabstimmung.

Volkshochschulen
sind Einrichtungen, die durch Abhaltung von Lehrgängen, Vorträgen und Studienfahrten die → Erwachsenenbildung fördern, und zwar durch Vermittlung berufsfördernder und allgemeinbildender Kenntnisse. Die Volkshochschulen werden von öffentlichen (meist kommunalen), kirchlichen, gewerkschaftlichen oder freien Organisationen getragen, die im Deutschen Volkshochschulverband zusammengeschlossen sind. Eine umfassende gesetzliche Regelung des Volkshochschulwesens besteht nicht. Obwohl die Erwachsenenbildung von großer öffentlicher Bedeutung ist, enthielt sich der Staat bisher weitgehend einer gesetzlichen Regelung und beschränkte sich auf finanzielle Förderung. Zuständig für die Gesetzgebung über Volkshochschulen sind die Länder (vgl. zB bayer. Gesetz vom 24.7.1974, GVBl. 1974, 368; Hessisches Weiterbildungsgesetz v. 25.8.2001, GVBl. 2001 I 370).

Volkskammer
hieß das oberste staatliche Machtorgan der ehem. → Deutschen Demokratischen Republik (Art. 48 ff. Verf. DDR). Sie entschied über die Grundfragen der Staatspolitik, war das verfassungs- und gesetzgebende Organ der DDR. Die Volkskammer bestimmte die Grundsätze der Tätigkeit des → Staatsrates, des → Ministerrates, des Nationalen Verteidigungsrates, des Obersten Gerichts und des Generalstaatsanwalts. Die Volkskammer bestand aus 500 Abgeordneten, die vom Volk für 5 Jahre zu wählen waren.

Volkssouveränität
→ Demokratie.

Volksverhetzung
Straftatbestand nach § 130 StGB, der in den Absätzen I bis VI verschiedene Tatvarianten unter Strafe stellt:

1. Nach § 130 I StGB werden bestimmte Angriffe bestraft, wenn sie geeignet sind, den öffentlichen Frieden zu stören, nämlich das → Aufstacheln zum Hass oder die Aufforde-

rung zu Gewalt- oder Willkürmaßnahmen gegen eine nationale, rassische, religiöse oder durch ihre ethnische Herkunft bestimmte Gruppe, gegen Teile der Bevölkerung oder gegen einen Einzelnen wegen seiner Zugehörigkeit zu einer Gruppe oder einem Bevölkerungsteil oder der Angriff auf die Menschenwürde durch deren Beschimpfung, böswillige Verächtlichmachung oder Verleumdung (dh das bewusst wahrheitswidrige Aufstellen oder Verbreiten unwahrer Tatsachenbehauptungen, die geeignet sind, das Ansehen herabzusetzen). Ein Angriff gegen die Menschenwürde liegt noch nicht in einer bloßen Ehrenkränkung; vielmehr muss die Tat den Kern des Persönlichkeitsbereichs treffen. Der öffentliche Friede ist gestört, wenn das Gefühl der Rechtssicherheit und des Rechtsfriedens wesentlich beeinträchtigt ist. Die Strafe ist Freiheitsstrafe von 3 Monaten bis zu 5 Jahren.

2. Nach § 130 II StGB sind diese Angriffe strafbar auch ohne die Eignung, den öffentlichen Frieden zu stören, wenn dazu → Inhalte verbreitet, der Öffentlichkeit zugänglich gemacht oder einer Person unter 18 Jahren angeboten, überlassen oder zugänglich gemacht, hergestellt, angeboten, ein- oder ausgeführt usw. werden.

3. Die → Auschwitz-Lüge ist als Volksverhetzung nach § 130 III StGB strafbar.

4. Nach § 130 IV StGB mit Strafe bedroht ist auch, wer öffentlich oder in einer Versammlung die nationalsozialistische Gewalt- und Willkürherrschaft billigt, verherrlicht oder rechtfertigt und dadurch den öffentlichen Frieden in einer die Würde der Opfer verletzenden Weise stört.

5. § 130 V StGB ergänzt § 130 I StGB und stellt klar, dass das öffentliche Billigen, Leugnen oder gröbliche Verharmlosen von Völkermord, Verbrechen gegen die Menschlichkeit und Kriegsverbrechen strafbar ist, wenn sich ein solches Verbrechen gegen eine der in § 130 I StGB bezeichneten Personenmehrheiten oder gegen einen Einzelnen wegen dessen Zugehörigkeit zu einer dieser Personenmehrheiten richtet, und wenn das Billigen, Leugnen oder gröbliche Verharmlosen öffentlich oder in einer Versammlung in einer Weise begangen wird, die geeignet ist, zu Hass oder Gewalt aufzustacheln und den öffentlichen Frieden zu stören. Das öffentliche Billigen von Völkermord, Verbrechen gegen die Menschlichkeit und Kriegsverbrechen ist iÜ bereits nach § 140 Nr. 2 StGB (→ Belohnung und Billigung von Straftaten) iVm § 126 I Nr. 3 StGB (→ Androhung von Straftaten) strafbar.

6. § 130 VI StGB erfasst die Verbreitung usw. von → Inhalten gem. § 130 III bis V StGB.

S. auch → Aufforderung zu Straftaten, → Hasskriminalität.

Volksvertretung
→ Parlament.

Volkszählung
Das Volkszählungsgesetz v. 25.3.1982 (BGBl. 1982 I 369) sah eine Volks- und Berufszählung mit gebäude- und wohnungsstatistischen Fragen sowie eine Arbeitsstättenzählung nach dem Stande vom 27.4.1983 vor. Das Gesetz wurde vom BVerfG Urt.v. 15.3.1983 – 1 BvR 209/83 wegen Verstoßes gegen das Grundrecht auf → informationelle Selbstbestimmung teilweise für nichtig erklärt. Aufgrund des Volkszählungsgesetzes v. 8.11.1985 (BGBl. 1985 I 2078) wurde mit dem Stichtag 25.5.1987 eine Volkszählung durchgeführt. Sa → Statistiken, → Mikrozensus; → Zensus.

Vollbesitz
→ Besitz.

Vollendung (einer Straftat)
Die Vollendung einer → Straftat tritt ein, sobald der Täter alle objektiven und subjektiven Merkmale des Tatbestands erfüllt hat. Bei einem → Erfolgsdelikt muss also insbes. der Taterfolg eingetreten sein, bei einem konkreten → Gefährdungsdelikt eine konkrete Gefahr. Mit der Vollendung endet das Stadium des bloßen → Versuchs. Spätestens mit diesem Zeitpunkt macht sich der Täter damit strafbar, nämlich nun auch in dem Fall, dass er ein → Vergehen begeht, bei dem der Versuch nicht gesetzlich unter Strafe steht (vgl. § 23 I StGB; bei → Verbrechen ist der Versuch stets strafbar). Mit dem Versuchsstadium endet zugleich die Möglichkeit eines strafbefreienden → Rücktritts vom Versuch (§ 24 StGB). Es bleiben insoweit nur noch Möglichkeiten der → Tätigen Reue, sofern das Gesetz bei dem fraglichen Tatbestand eine solche vorsieht. Von vornherein kein Versuchsstadium kennen → Unternehmensdelikte; bei ihnen fallen Versuch und Vollendung gemäß § 11 I Nr. 6 StGB zusammen.

Von der Vollendung zu unterscheiden ist die → Beendigung einer Straftat. Sie tritt erst dann ein, wenn der in der Tat liegende Angriff auf das geschützte Rechtsgut seinen Abschluss gefunden hat. Dieser Zeitpunkt kann bei manchen Straftatbeständen deutlich hinter demjenigen der Vollendung liegen. Näher hierzu sowie zu den rechtlichen Besonderheiten der zwischen beiden Zeitpunkten liegenden sog. Beendigungsphase s. → Beendigung.

Vollerbe
→ Erbe.

Vollharmonisierung
→ Richtlinien der Europäischen Union (2).

Vollindossament
→ Indossament.

Volljährige Kinder
(Unterhalt) → Unterhaltspflicht unter Verwandten; → Lebensalter.

Volljährigkeit
tritt mit der Vollendung des 18. Lebensjahrs ein (§ 2 BGB); am 18. Geburtstag ist man bereits volljährig. Eine vorzeitige Volljährigkeitserklärung kennt das BGB nicht mehr. Sa → Ehefähigkeit. Davon unabhängig sind jedoch verschiedene andere Altersstufen für die Erlangung gewisser Rechte und Pflichten von Bedeutung; s. hierzu → Lebensalter. Über die Haftung für frühere Verbindlichkeiten von Minderjährigen nach Eintritt der Volljährigkeit → elterliche Sorge (1).

Volljurist
Volljurist wird der → Jurist bezeichnet, der eine → Juristenausbildung mit erfolgreicher Erster Juristischer Prüfung und Zweiter Juristischer Staatsprüfung durchlaufen hat und in einem der klassischen juristischen Berufe als Richter (→ Befähigung zum Richteramt), Staatsanwalt, Rechtsanwalt, Notar oder höherer Verwaltungsbeamter tätig ist.

Vollkasko
→ Kaskoversicherung.

Vollkaufmann
→ Kaufmann (3).

Vollmacht
ist die durch → Rechtsgeschäft erteilte Vertretungsmacht (§ 166 II BGB); im Sprachgebrauch wird oftmals auch die Vollmachtsurkunde als Vollmacht bezeichnet. Über die Formen der Bevollmächtigung s. iE → Stellvertretung. Die Vollmacht betrifft die Ermächtigung zum Handeln im fremden Namen, also das Außenverhältnis zum Geschäftspartner; sie ist scharf von dem ihr idR zugrundeliegenden Innenverhältnis (meist → Auftrag, → Geschäftsbesorgungsvertrag) zu unterscheiden. Zum Handeln im eigenen Namen → Zustimmung, → Genehmigung, → Verfügung eines Nichtberechtigten. Die Vollmacht wird durch einseitige Erklärung gegenüber dem zu Bevollmächtigenden (Innenvollmacht) oder gegenüber dem von dem vorzunehmenden Rechtsgeschäft betroffenen Dritten oder gegenüber der Allgemeinheit (Außenvollmacht) erteilt (§ 167 I BGB). Die Vollmachtserteilung bedarf grds. nicht der Form, die für das Rechtsgeschäft bestimmt ist, auf das sich die Vollmacht bezieht; die Vollmacht kann daher regelmäßig auch durch schlüssiges Handeln – stillschweigend, zB durch Beauftragung – erteilt werden (§ 167 II BGB); ausgenommen hiervon sind Fälle, in denen durch die Vollmachtserteilung der Vollmachtgeber bereits an das formbedürftige Geschäft gebunden ist, zB bei einer unwiderruflichen Vollmacht zum Abschluss eines → Grundstückskaufvertrags (s. auch → Abschlussvollmacht). Da die Vollmacht (einseitiges) Rechtsgeschäft ist, finden die hierfür geltenden allg. Vorschriften, insbes. über Geschäftsfähigkeit des Vollmachtgebers, Anfechtung von Willenserklärungen usw entsprechende Anwendung. Die Erteilung einer Vollmachtsurkunde ist nicht erforderlich; der Gegner kann jedoch ein einseitiges, empfangsbedürftiges Rechtsgeschäft – zB Kündigung – durch den Vertreter ohne Vorlage einer Vollmachtsurkunde (Original) zurückweisen (§ 174 BGB).

Man unterscheidet folgende Arten von Vollmachten: 1. Außen- und Innenvollmacht (s. o.); 2. je nach dem Umfang ihres Wirkungskreises Spezialvollmacht (nur für ein bestimmtes Rechtsgeschäft), Generalvollmacht (Vertretung auf allen Bereichen) sowie Gattungs- oder Artvollmacht (für einen bestimmten Kreis von Geschäften, zB für eine Vermögensverwaltung); diese Unterscheidung ist insbes. für die → Handlungsvollmacht von Bedeutung (§ 54 HGB). 3. Einzelvollmacht und Gesamtvollmacht (→ Stellvertretung); bei letzterer ist der Bevollmächtigte nur im Zusammenwirken mit einem anderen vertretungsberechtigt; 4. Haupt- und Untervollmacht. Eine weitere Übertragung der Vollmacht auf einen Unterbevollmächtigten (Substitution) ist grds. nur mit Einverständnis des Vollmachtgebers zulässig (sonst → Vertretung ohne Vertretungsmacht); 5. über unwiderrufliche Vollmacht, Vollmacht über den Tod hinaus s. u.; 6. einen im Gesetz zum Schutz der am Rechtsverkehr Beteiligten genau geregelten Umfang haben die → Prokura, die → Handlungsvollmacht sowie im Rechtsstreit die → Prozessvollmacht (s. iE dort); 7. Anscheins- und Duldungsvollmacht (Rechtsscheinvollmacht). Bei diesen liegt – anders als bei der stillschweigend erteilten Vollmacht (s. o.) – eine eigentliche Vollmacht nicht vor. Wer jedoch weiß, dass jemand als sein angeblicher Vertreter auftritt und gegen dieses Handeln nicht einschreitet, muss sich im Interesse des Geschäftsgegners, der auf dieses Verhalten vertrauen darf – insbes. bei minder wichtigen Geschäften –, so behandeln lassen, als hätte er tatsächlich wirksam Vollmacht erteilt (Duldungsvollmacht). Darüber hinaus hat die Rspr. aus dem Gedanken des Vertrauensschutzes beim Rechtsschein ganz allgemein gefolgert, dass jemand das Handeln eines angeblichen Vertreters gegen sich gelten lassen muss, das er zwar nicht kennt, aber bei Anwendung verkehrsüblicher Sorgfalt hätte erkennen und verhindern können, so dass der Geschäftsgegner auch hier nach → Treu und Glauben auf eine wirksame Vollmachtserteilung vertrauen darf (Anscheinsvollmacht). Der Rechtsschein muss allerdings von einem voll geschäftsfähigen Geschäftsherrn ausgehen. Ähnlich beim Überbringer einer → Quittung und beim → Ladenangestellten.

Die Vollmacht ist grds. jederzeit (einseitig) frei widerruflich (§ 168 S. 2 BGB), sofern der Vollmachtsgeber hierauf nicht verzichtet hat (auch stillschweigend, insbes. wenn die Vollmacht auch im Interesse des Bevollmächtigten erteilt ist). Außer durch Widerruf erlischt die Vollmacht durch Zeitablauf, Erledigung der Geschäfte, auf die sie sich bezieht, sowie insbes. durch Erlöschen des ihr zugrundeliegenden Rechtsverhältnisses (§ 168 S. 1 BGB). So endet ein Geschäftsbesorgungsvertrag (Dienstvertrag) und damit die Vollmacht oftmals durch Kündigung, der → Auftrag im Zweifel beim Tod des Beauftragten (§ 673 BGB). Da der Auftrag und damit die Vollmacht jedoch im Zweifel nicht beim Tod des Auftraggebers erlöschen (§ 672 BGB), kann eine – unwiderrufliche und auch dem Erben gegenüber wirkende – Vollmacht vom Vollmachtsgeber auch für die Zeit nach seinem Tod erteilt werden (Vollmacht über den Tod hinaus, postmortale Vollmacht); die Form einer → Verfügung von Todes wegen ist nicht erforderlich. Trotz Erlöschens gilt aber die Vollmacht als fortbestehend, wenn der Dritte das Erlöschen des Grundverhältnisses ohne Fahrlässigkeit nicht kennt (§ 169 BGB), ferner bei einer Außenvollmacht (s. o.) oder einer erteilten Vollmachtsurkunde, die in der Hand eines Dritten ist, so lange, bis die Vollmacht in gleicher Weise, wie sie erteilt wurde, widerrufen oder die Vollmachtsurkunde zurückgegeben wird; ausgenommen auch hier, wenn der Dritte das Erlöschen der Vertretungsmacht bei der Vornahme des Rechtsgeschäfts kennt oder fahrlässigerweise nicht kennt (§§ 170 ff. BGB). Nach Erlöschen der ollmacht hat der Bevollmächtigte die Vollmachtsurkunde zurückzugeben; ggf. kann sie durch öffentliche Bekanntmachung für kraftlos erklärt werden (§§ 175, 176 BGB). Über den Missbrauch der Vollmacht → Vertretung ohne Vertretungsmacht, Untreue; zur sog. Altersvorsorgevollmacht → Patientenverfügung, → Betreuung 2.

Vollmacht über den Tod hinaus
→ Vollmacht; sa → Auftrag.

Vollmachtindossament
→ Indossament.

Vollmachtklausel
In → völkerrechtlichen Verträgen sind entweder in der → Präambel oder in einer gesonderten Vollmachtklausel die zum Vertragsschluss bevollmächtigten Vertreter der vertragschließenden Staaten aufgeführt. Während früher eine Aufzählung nach dem Rang des vertretenen Staates üblich war, werden die Staatenvertreter heute, um Rangstreitigkeiten zu vermeiden, nach der alphabetischen Ordnung der Namen der beteiligten Staaten aufgeführt.

Vollmachtmissbrauch
→ Untreue.

Vollrausch
Straftatbestand nach § 323a StGB: Wer sich vorsätzlich oder fahrlässig durch Rauschmittel in einen Rausch versetzt, wird wegen Herbeiführung des Rauschzustandes mit Freiheitsstrafe bis zu 5 Jahren oder Geldstrafe bestraft, wenn er in diesem Zustand eine rechtswidrige Handlung, die sog. → Rauschtat, begeht und ihretwegen nicht bestraft werden kann, weil bei ihm infolge des Rausches → Schuldunfähigkeit vorliegt oder diese nicht auszuschließen ist. § 323a StGB ist nach dem Grundsatz → in dubio pro reo auch dann anwendbar, wenn nicht geklärt werden kann, ob Schuldunfähigkeit oder nur verminderte Schuldfähigkeit vorlag (BGHSt 32, 48). Die Strafe darf das für die Rauschtat vorgesehene Strafmaß nicht übersteigen. Ist die Rauschtat → Antragsdelikt, so gilt dies auch für § 323a StGB. Die Begehung der Rauschtat ist kein Tatbestandsmerkmal, sondern eine objektive → Bedingung der Strafbarkeit. Der Vorsatz oder die Fahrlässigkeit nach § 323a StGB muss sich daher lediglich auf das Sichversetzen in den Rauschzustand beziehen. Außerdem muss der äußere Tatbestand einer Straftat, nämlich der Rauschtat, vorliegen. Ferner ist der innere Tatbestand der Rauschtat festzustellen, wobei die Schuldunfähigkeit des Täters außer Betracht bleibt, beim Vorsatzdelikt also seine Vorstellungen und sein Wille bei der Tat (der sog. natürliche Wille, vgl. BGHSt. 18, 236). Hat der Täter beim Sichberauschen gewusst oder damit gerechnet, er werde eine bestimmte Straftat verüben, kommt eine → actio libera in causa in Betracht. Über die im Vollrausch begangene → Ordnungswidrigkeit vgl. § 122 OWiG.

Vollrente
In der gesetzlichen → Unfallversicherung erhält der Versicherte eine Vollrente in Höhe von zwei Dritteln seines → Jahresarbeitsverdienstes, wenn er vollständig erwerbsunfähig geworden ist. Ist die Erwerbsfähigkeit nur gemindert, kommt der Bezug einer → Teilrente in Betracht (§ 56 SGB VII).

In der gesetzlichen → Rentenversicherung können Versicherte eine Rente wegen Alters (→ Altersrente) seit dem Inkrafttreten des Rentenreformgesetzes 1992 wahlweise als Vollrente oder als → Teilrente in Anspruch nehmen (§ 42 SGB VI), wenn ein ein gleitender Übergang in den Ruhestand geplant ist. Im Grunde wird auch die → Rente wegen Erwerbsminderung als Vollrente geleistet. Bei einer Rente wegen Erwerbsminderung besteht auch bei vollständigem Überschreiten der → Hinzuverdienstgrenze der Anspruch dem Grunde nach weiter. Bei der Altersrente wurde durch das 8. Gesetz zur Änderung des SGB IV und anderer Gesetze v. 20.12.2022 (BGBl. I, 2759) die → Hinzuverdienstgrenze bei vorgezogenen Altersrenten zum 1.1.2023 aufgehoben (→ Hinzuverdienstes ist der sog. → Hinzuverdienstdeckel), so dass Teilrenten hier keine große Rolle mehr spielen dürften.

Vollstationäre Pflege
als Leistung der → Pflegeversicherung wird → Pflegebedürftigen gewährt, wenn → häusliche Pflege oder → teilstationäre Pflege nicht möglich ist oder wegen der Besonderheiten des Einzelfalles nicht in Betracht kommt. Die → Pflegekasse übernimmt die pflegebedingten Aufwendungen bis zu (Stand 1.1.2025) 796 EUR in → Pflegegrad 2, 1497 EUR in → Pflegegrad 3, 1859 EUR in → Pflegegrad 4

und 2299 EUR in → Pflegegrad 5. Soweit die Pauschbeträge für die Kosten nicht ausreichen, können weitere Beträge für Unterkunft und Verpflegung übernommen werden. Befindet sich der Pflegebedürftige vorübergehend nicht in der Pflegeeinrichtung, können die Leistungen zur vollstationären Pflege für einen Zeitraum von höchstens 42 Kalendertagen im Kalenderjahr weiterhin beansprucht werden. Das heißt, dass die Pflegeeinrichtung verpflichtet ist, den Pflegeplatz während der Abwesenheitszeit freizuhalten. In diese vorübergehenden Abwesenheiten dürfen Aufenthaltstage in einem Krankenhaus oder einer Rehabilitationseinrichtung nicht eingerechnet werden. Die Aufwendungen für Unterkunft und Verpflegung und für Zusatzleistungen haben die Pflegebedürftigen zu tragen (vgl. § 43 SGB XI). Soweit Pflegebedürftige des Pflegegrades 1 vollstationäre Pflege in Anspruch nehmen, erhalten sie einen Zuschuss zu den Aufwendungen in Höhe von 131 EUR (§ 43 III SGB XI). Die Kosten der stationären Pflege, die über die obigen Pauschalbeträge hinausgehen, müssen die Pflegebedürftigen grundsätzlich aus eigenen Mitteln finanzieren. Eine gewisse Entlastung von den – zum Teil sehr beträchtlichen Kosten – bringt die Begrenzung des Eigenanteils durch Übernahme eines – je nach bisheriger Aufenthaltsdauer in der Einrichtung (15%–75% bei einer Wohndauer von bis zu zwölf Monaten im Anfangszuschuss und einer Wohndauer von mehr als 36 Monaten im Höchstbetrag) – gestaffelten Zuschusses.

Vollstreckbare Ausfertigung
Eine vollstreckbare Ausfertigung ist eine mit der → Vollstreckungsklausel versehene Ausfertigung (→ Ausfertigung einer Urkunde) eines → Vollstreckungstitels, die der → Zwangsvollstreckung dient (§ 724 ZPO). Sie wird vom → Urkundsbeamten oder → Rechtspfleger, für → vollstreckbare Urkunden auch vom → Notar erteilt. Das kann unter Umständen auch mit Wirkung für und gegen Rechtsnachfolger geschehen (§§ 727, 729 ZPO; Umschreibung des Vollstreckungstitels).

Vollstreckbare Urkunde
Eine vollstreckbare Urkunde ist ein → Vollstreckungstitel, der von einem Gericht oder einem → Notar aufgenommen und ausgefertigt wird. In eine vollstreckabre Urkunde können nur Ansprüche aufgenommen werden, die einer Regelung durch → Prozessvergleich zugänglich sind, nicht auf Abgabe einer → Willenserklärung gerichtet sind und nicht den Bestand eines Mietverhältnisses über Wohnraum betreffen. Der Schuldner muss sich darin der sofortigen Zwangsvollstreckung unterwerfen (§ 794 I Nr. 5 ZPO, § 797 ZPO).

Vollstreckbarer Anspruch
→ Vollstreckungsanspruch.

Vollstreckbarerklärung
Die Vollstreckbarerklärung von → Schiedssprüchen und → Schiedsvergleichen geschieht durch Beschluss des zuständigen Oberlandesgerichts. Erst dann wird der Schiedsspruch oder der Schiedsvergleich zum → Vollstreckungstitel (§ 1060 I ZPO, § 1062 ZPO).

Vollstreckbarerklärung ausländischer Entscheidungen
→ Vollstreckungsurteil.

Vollstreckbarkeit
Vollstreckbarkeit bedeutet, dass Inhalte bestimmter Urkunden bei nicht freiwilliger Leistung zwangsweise durchgesetzt werden können. Sie besteht bei → Vollstreckungstiteln, insbes. nach § 704 ZPO bei → Urteilen, die rechtskräftig oder für vorläufig vollstreckbar (→ vorläufige Vollstreckbarkeit) erklärt sind. Bei diesen gibt es eine Vollstreckbarkeit nur, wenn sie auf Leistung lauten, während Feststellungs-, Gestaltungs- und abweisende Urteile (bis auf die → Kostenentscheidung) nicht vollstreckbar sind; sie wirken, wenn sie für vorläufig vollstreckbar erklärt werden, nur durch ihren Inhalt. Man unterscheidet ferner zwischen vorläufiger und endgültiger Vollstreckbarkeit, die bei Urteilen mit → Rechtskraft eintritt. Die Vollstreckbakreit ist Voraussetzung für die Erteilung der → Vollstreckungsklausel; diese bildet zusammen mit dem Vollstreckungstitel und dessen Zustellung die allgemeinen Voraussetzungen der → Zwangsvollstreckung. Ferner ist die Vollstreckbarkeit des Vollstreckungstitels Voraussetzung eines Kostenfestsetzungsbeschlusses (→ Kostenfestsetzung).

Die Vorschriften der ZPO gelten grundsätzlich, aber mit Besonderheiten für die Vollstreckung von Urteilen der Arbeits-, Verwaltungs-, Sozial- und Finanzgerichte (vgl. § 62 ArbGG, §§ 167 ff. VwGO, §§ 198 ff. SGG, für die Vollstreckung nach §§ 150 ff. FGO iVm §§ 249 ff. AO) sowie in Verfahren der → freiwilligen Gerichtsbarkeit (§§ 86 ff. FamFG).

Über die Vollstreckbarkeit von Strafurteilen → Strafvollstreckung; s. ferner → Verwaltungsvollstreckungsgesetz.

Vollstreckung
→ Zwangsvollstreckung, → Strafvollstreckung.

Vollstreckung ausländischer Entscheidungen
→ Vollstreckungsurteil.

Vollstreckung gegen den Fiskus
→ Zwangsvollstreckung gegen juristische Personen.

Vollstreckung gegen Unschuldige
Straftatbestand nach § 345 StGB, der in Ergänzung der Strafvorschrift gegen → Verfolgung Unschuldiger (§ 344 StGB) den zur Mitwirkung bei der → Strafvollstreckung oder einer behördlichen Verwahrung berufenen Amtsträger mit Strafe bedroht, der eine gesetzlich unzulässige Vollstreckung veranlasst oder hierbei

mitwirkt. Versuch ist strafbar. Die Strafdrohungen sind abgestuft, je nachdem, ob es sich um eine Freiheitsentziehung oder eine andere Strafe oder Maßnahme (zB Geldbuße, → Ordnungsmittel, disziplinar- oder ehrenrechtliche Maßnahme) handelt; ersterenfalls ist auch leichtfertiges Handeln strafbar. Die Tat ist → Amtsdelikt. Täter kann jeder bei der Vollstreckung mitwirkende → Amtsträger sein. Die Tathandlung kann in der Vollstreckung von Strafen oder Maßnahmen bestehen, die überhaupt nicht verhängt worden sind oder nicht oder nicht mehr vollstreckt werden dürfen (etwa wegen Strafaussetzung oder nach Erlass) oder nicht in dieser Art (Freiheitsstrafe statt Strafarrest) oder in dem Maße; die Tat kann auch in einem Unterlassen bestehen (verspätete Entlassung durch Anstaltsvorsteher).

Vollstreckung gerichtlicher Entscheidungen
→ Vollstreckbarkeit, → Zwangsvollstreckung.

Vollstreckung von Steueransprüchen
Die Finanzbehörden vollstrecken Steueransprüche durch eigene Vollziehungsbeamte (§§ 249 ff. AO). Sie sind selbst Vollstreckungsbehörde. Voraussetzung für die Vollstreckung ist die Fälligkeit der Steuerschuld und die Bekanntgabe des Leistungsgebots. Das Leistungsgebot ergeht idR zusammen mit dem Steuerbescheid (§ 254 I 2 AO). Seit der Aufforderung zur Leistung muss mindestens eine Woche verstrichen sein. Weiter darf die Vollziehung nicht ausgesetzt sein (§§ 254, 259 AO → Vollziehung, sofortige). Auch andere → Verwaltungsakte, mit denen eine sonstige Handlung, eine Duldung oder Unterlassung gefordert wird, können vollstreckt werden. In bewegliches Vermögen (Sachen, Forderungen und andere Vermögensrechte) erfolgt die Vollstreckung durch Pfändung und Verwertung bzw. Einziehung (§§ 281 ff. AO). Für die Vollstreckung in unbewegliches Vermögen gelten §§ 864–871 ZPO und das Gesetz über Zwangsversteigerung und Zwangsverwaltung (§§ 322 ff. AO). Zur Sicherung der Vollstreckung ist ein → Arrest zulässig (§§ 324 ff. AO). → Gesamtschuld.

Vollstreckungsabwehrklage
Eine Vollstreckungsabwehrklage (Vollstreckungsgegenklage) ist eine → Klage, durch die → Einwendungen gegen den im Urteil festgestellten Anspruch beim → Prozessgericht geltend gemacht werden (§ 767 ZPO). Die Vollstreckungsabwehrklage kann gegen fast alle → Vollstreckungstitel mit dem Ziel erhoben werden, die Zwangsvollstreckung aus diesen Titeln für unzulässig zu erklären. Mit der Vollstreckungsabwehrklage dürfen grundsätzlich nur solche Einwendungen geltend gemacht werden, die in dem Verfahren, auf dem der Vollstreckungstitel beruht, nicht berücksichtigt werden konnten, insbes., weil sie erst nach dem für die Entscheidung maßgebenden Zeitpunkt entstanden sind, § 767 II ZPO (aber § 797 IV ZPO), zB nachträgliche Zahlung der Klagesumme, Verbraucherwiderruf. Zuständig ist das Prozessgericht erster Instanz. Das Rechtsschutzbedürfnis für die Vollstreckungsabwehrklage entfällt, wenn die Vollstreckung als Ganzes beendet ist. Sa → Vollstreckungsklausel.

Vollstreckungsanspruch
Der Vollstreckungsanspruch ist der Anspruch des Gläubigers gegen den Staat, dass seine Organe (→ Vollstreckungsorgan) die Zwangsvollstreckung durchführen. Der Vollstreckungsanspruch ist vom vollstreckbaren Anspruch zu unterscheiden. Das ist der Anspruch, dessen Befriedigung der Gläubiger auf Grund des → Vollstreckungstitels gegen den Schuldner erreichen will.

Vollstreckungsauftrag
Der Vollstreckungsauftrag ist der Antrag des Gläubigers an den → Gerichtsvollzieher, für ihn Maßnahmen der → Zwangsvollstreckung durchzuführen. Die Gerichtsvollzieherformular-Verordnung sieht dafür zwingend die Verwendung des festgestellten Formulars für den Vollstreckungsauftrag an den Gerichtsvollzieher zur Vollstreckung von Geldforderungen vor.

Vollstreckungsbefugnis
Die Vollstreckungsbefugnis entspricht in der Zwangsvollstreckung der → Prozessführungsbefugnis.

Vollstreckungsbescheid
→ Mahnverfahren.

Vollstreckungsbeschluss
→ Vollstreckungshilfe.

Vollstreckungserinnerung
Die Vollstreckungserinnerung ist ein → Rechtsbehelf in der Zwangsvollstreckung (§ 766 ZPO). Die Vollstreckungserinnerung richtet sich gegen das Verfahren der → Vollstreckungsorgane (nicht gegen den zugrundeliegenden Anspruch → Vollstreckungsabwehrklage), dh gegen die Art und Weise der Vollstreckung; mit ihr kann zB die Pfändung unpfändbarer Gegenstände, eine → Überpfändung oder eine Unzuständigkeit des Vollstreckungsorgans beanstandet werden. Sie ist schriftlich oder zu Protokoll der Geschäftsstelle einzulegen. Über die Vollstreckungserinnerung entscheidet das → Vollstreckungsgericht. Gegen dessen Entscheidung findet sofortige → Beschwerde statt (§ 793 ZPO).

Vollstreckungsfähigkeit
Die Vollstreckungsfähigkeit eines → Vollstreckungstitels besagt, dass er nach seiner Art und nach seinem Inhalt überhaupt vollstreckt werden kann. Aus dem Titel (bei Entscheidungen aus deren Formel) müssen sich Inhalt, Art und Umfang der Zwangsvollstreckung unmittelbar bestimmt oder bestimmbar ergeben. Ihrem Inhalt nach können nur → Leistungsurteile, nicht → Feststellungs- und → Gestaltungsurteile (au-

ßer der → Kostenentscheidung) vollstreckt werden.

Vollstreckungsgegenklage
→ Vollstreckungsabwehrklage.

Vollstreckungsgericht
1. Vollstreckungsgericht ist grundsätzlich das → Amtsgericht, das in dieser Eigenschaft für alle vom Gesetz dem Vollstreckungsgericht zugewiesenen Aufgaben funktionell zuständig ist (zB § 828 ZPO für die Forderungspfändung; anders → Prozessgericht). Das Vollstreckungsgericht ist für bestimmte Maßnahmen → Vollstreckungsorgan und entscheidet über die → Vollstreckungserinnerung. Örtlich zuständig ist in der Regel das Amtsgericht, in dessen Bezirk das Vollstreckungsverfahren fällt. Das Vollstreckungsgericht kann ohne mündliche Verhandlung entscheiden (§ 764 ZPO).

2. Für die Führung des → Schuldnerverzeichnisses sind inzwischen von den Ländern zentrale Vollstreckungsgerichte geschaffen worden. Dies sind folgende Amtsgerichte: Baden-Württemberg – Karlsruhe; Bayern – Hof; Berlin – Mitte; Brandenburg – Nauen; Bremen – Bremerhaven; Hamburg – Hamburg; Hessen – Hünfeld; Mecklenburg-Vorpommern – Neubrandenburg; Niedersachsen – Goslar; Nordrhein-Westfalen – Hagen; Rheinland-Pfalz – Kaiserslautern; Saarland – Saarbrücken; Sachsen – Zwickau; Sachsen-Anhalt – Dessau-Roßlau, Schleswig-Holstein – Schleswig; Thüringen – Meiningen.

Vollstreckungsgläubiger
→ Vollstreckungsanspruch, → Zwangsvollstreckung.

Vollstreckungshaftbefehl
Haftbefehl nach § 457 II StPO (→ Haftbefehl 4).

Vollstreckungshilfe
1. Vollstreckungshilfe in Strafsachen ist vor allem innerstaatliche → Amtshilfe, die insbes. die → Strafvollstreckung außerhalb des Bezirks der zuständigen Staatsanwaltschaft zulässt (s. § 163 GVG).

2. Daneben ist Vollstreckungshilfe in Strafsachen Teil der internationalen → Rechtshilfe in Strafsachen. Sie ermöglicht die → Strafvollstreckung eines ausländischen Erkenntnisses im Inland oder eines deutschen Erkenntnisses im Ausland.

a) Die vertragslose Vollstreckungshilfe richtet sich nach §§ 48 ff. und 71 Gesetz über die internationale Rechtshilfe in Strafsachen (IRG) idF v. 27.6.1994 (BGBl. 1994 I 1537). Danach erfordert die Strafvollstreckung im Inland ein Ersuchen einer zuständigen ausländischen Stelle sowie die Beachtung der für eine → Auslieferung einzuhaltenden Grundsätze (Normenidentität, Gegenseitigkeit, beiderseitige Verfolgbarkeit, keine Verjährung). Das → rechtliche Gehör und die Möglichkeit angemessener Verteidigung müssen in dem ausländischen Verfahren gewährt worden sein; auch werden nur Erkenntnisse unabhängiger Gerichte oder von Stellen anerkannt, gegen deren Entscheidung ein solches Gericht angerufen werden kann. Über die Vollstreckbarkeit entscheidet die Strafvollstreckungskammer des Landgerichts durch Beschluss (Vollstreckungsbeschluss), gegen den sofortige Beschwerde statthaft ist. Ggf. wandelt sie die ausländische Sanktion in die dem deutschen Recht am ehesten entsprechende um. Nach Erlass des Beschlusses entscheidet über die Bewilligung der Vollstreckung die zuständige Justizverwaltungsbehörde.

Die Strafvollstreckung im Ausland auf Ersuchen des BMJV an einen ausländischen Staat setzt insbes. voraus, dass der Grundsatz der Spezialität gewährleistet ist, keine politische Verfolgung droht (→ Auslieferung) und eine Rücknahme oder Beschränkung des Ersuchens beachtet wird. Außerdem muss sie durch Beschluss der Strafvollstreckungskammer, gegen den sofortige Beschwerde möglich ist, für zulässig erklärt werden.

b) Vertraglich geregelt ist die Vollstreckungshilfe durch das Übereinkommen des Europarats vom 21.3.1983 über die Überstellung verurteilter Personen (Gesetz v. 26.9.1991, BGBl. 1991 II 1006) und das Überstellungsausführungsgesetz (ÜAG) vom 26.9.1991 (BGBl. 1991 I 1954). Sie erleichtern die Überstellung ausländischer Verurteilter vom Tatort-/Urteilsstaat zur Vollstreckung der freiheitsentziehenden Sanktion in den Heimat-/Vollstreckungsstaat. Das Ersuchen kann von jedem der beiden Staaten gestellt werden. Voraussetzungen der Überstellung sind: Der Verurteilte ist Staatsangehöriger des Vollstreckungsstaates; er stimmt zu; das Urteil ist rechtskräftig; es sind noch mindestens 6 Monate der Sanktion zu vollstrecken; die Tat ist auch nach dem Recht des Vollstreckungsstaates eine Straftat; die beiden Staaten sind sich über die Überstellung einig. Das ÜAG sieht für die Zustimmung des Verurteilten eine Erklärung zu Protokoll eines Richters vor (§ 2 ÜAG). Die Aussetzung der Vollstreckung in der BRep. als Urteilsstaat endet, wenn der Verurteilte sich der Vollstreckung im Vollstreckungsstaat entzieht (§ 3 ÜAG). Wird der Verurteilte vor Ende der Vollstreckung ohne einen Nachweis darüber im Bundesgebiet angetroffen, kann er auf Grund richterlicher Anordnung insgesamt 18 Tage zur Sicherung eines etwa aufgelebten Vollstreckungsanspruchs der BRep. als Urteilsstaat festgehalten werden.

Durch das Übereinkommen vom 13.11.1991 zwischen den Mitgliedstaaten der EG über die Vollstreckung ausländischer strafgerichtlicher Verurteilungen (Gesetz v. 7.7.1997, BGBl. 1997 II 1350) wird die V. zwischen diesen Vertragsstaaten verstärkt. Insbes. wird die Vollstreckung einer Freiheitsstrafe ohne Zustimmung des Verurteilten gestattet, wenn der Verurteilte sich im Vollstreckungsstaat befindet und seine Auslieferung an den Urteilsstaat nicht in Betracht kommt.

Mit einer Reihe von Rahmenbeschlüssen wurde zwischen den EU-Mitgliedstaaten seitdem der Grundsatz der gegenseitigen Anerkennung gerichtlicher Entscheidungen oder strafgerichtlich nachprüfbarer Verwaltungsentscheidungen ab 70 EUR als Prinzip der justiziellen Zusammenarbeit im Rahmen der Vollstreckungshilfe verwirklicht. Sie sind in den §§ 78 ff. IRG umgesetzt. Zu ihnen gehören die Rahmenbeschlüsse 2002/584/JI v. 13.6.2002 (RbEuHb) über den → Europäischen Haftbefehl und das Übergabeverfahren (ABl. EG 2002 L 190, 1), 2003/577/JI (RbSich) v. 22.7.2003 über die Vollstreckung von Entscheidungen über die Sicherstellung von Vermögensgegenständen oder Beweismitteln (ABl. 2003 L 196, 45), 2005/214/JI (RbGeld) v. 24.2.2005 über die Anwendung des Grundsatzes der gegenseitigen Anerkennung von Geldstrafen und Geldbußen (ABl. EG 2005 L 76, 16), 2006/783/JI (RbEinziehung) v. 6.10.2006 über die Anwendung des Grundsatzes der gegenseitigen Anerkennung auf Einziehungsentscheidungen (ABl. L 328/59), 2008/909/JI (RbFreiheitsstrafe) v. 27.11.2008 über die Anwendung des Grundsatzes der gegenseitigen Anerkennung auf Urteile in Strafsachen, durch die eine freiheitsentziehende Strafe oder Maßnahme verhängt wird, für die Zwecke ihrer Vollstreckung in der EU (ABl. L 327, 27), 2008/947/JI (RbBewährungsüberwachung) v. 27.11.2008 über die Anwendung des Grundsatzes der gegenseitigen Anerkennung auf Urteile und Bewährungsentscheidungen im Hinblick auf die Überwachung von Bewährungsmaßnahmen und alternativen Sanktionen (ABl. EG 2008 L 337, 102), 2009/299/JI (RbAbwesenheitsentscheidungen) v. 26.2.2009 zur Änderung der Rahmenbeschlüsse 2002/584/JI, 2005/214/JI, 2006/783/JI, 2008/909/JI und 2008/947/JI, zur Stärkung der Verfahrensrechte von Personen und zur Förderung der Anwendung des Grundsatzes der gegenseitigen Anerkennung auf Entscheidungen, die im Anschluss an eine Verhandlung ergangen sind, zu der die betroffene Person nicht erschienen ist (ABl. EG 2009 L 81, 24) und 2009/829/JI vom 23.10.2009 über die Anwendung – zwischen den EU-Mitgliedstaaten – des Grundsatzes der gegenseitigen Anerkennung auf Entscheidungen über Überwachungsmaßnahmen als Alternative zur Untersuchungshaft (ABl. EG 2009 L 294, 20). In Form der §§ 91a - 91j IRG umgesetzt wurde 2017 die Richtlinie 2014/41/EU v. 3.4.2014 über die Europ. Ermittlungsanordnung in Strafsachen (ABl.EU 2014 L 130, 1).

Die Vollstreckungshilfe für den → Internationalen Strafgerichtshof regeln das → Römische Statut v. 17.7.1998 (BGBl. 2000 II 1393) und das Gesetz über die Zusammenarbeit mit dem IStGH v. 21.6.2002 (BGBl. 2002 I 2144).

Vollstreckungsklausel
Sie ist notwendiger Bestandteil einer → vollstreckbaren Ausfertigung und lautet: „Vorstehende Ausfertigung wird dem (Bezeichnung der Partei) zum Zwecke der Zwangsvollstreckung erteilt" (§ 725 ZPO). Die Vollstreckungsklausel ist der Ausfertigung des Titels am Schluss beizufügen, von dem Urkundsbeamten der Geschäftsstelle zu unterschreiben und mit dem Gerichtssiegel zu versehen. Wird die Erteilung der Vollstreckungsklausel verweigert, so kann darauf geklagt werden (§ 731 ZPO). Dem Schuldner steht gegen die Erteilung der Vollstreckungsklauel Erinnerung (§ 732 ZPO), wenn er etwa meint, dass die Erteilung der Vollstreckungsklausel unzulässig ist, und Klage (§ 768 ZPO) nach dem Vorbild der → Vollstreckungsabwehrklage zu.

Vollstreckungsleiter
Über → Strafvollstreckung und → Strafvollzug s. dort. Ist → Jugendstrafrecht angewendet worden, so obliegt die Leitung der Strafvollstreckung gegen Jugendliche und Heranwachsende im Hinblick auf die besonderen erzieherischen Strafzwecke dem Jugendrichter an Stelle des Staatsanwalts oder Rechtspflegers (§ 82 JGG). Der Richter handelt insoweit als weisungsgebundene Justizverwaltungsbehörde; gegen Anordnungen ist der Rechtsweg gem. §§ 23 ff. EGGVG gegeben. Bei bestimmten Entscheidungen mit richterlichem Charakter (Umwandlung von Freizeitarrest in Kurzarrest, bei Jugendstrafe Entlassung zur Bewährung u. dgl.; §§ 82, 83, 86–89a, 110 JGG) ist der Rechtsbehelf die sofortige Beschwerde. Der Jugendrichter des Amtsgerichts ist auch dann Vollstreckungsleiter, wenn Strafe nach Jugendstrafrecht von der Jugendkammer oder von einem Erwachsenengericht verhängt wird. Er nimmt auch die Aufgaben der → Strafvollstreckungskammer wahr. Die Vollstreckung von → Erziehungshilfe veranlasst der Vollstreckungsleiter nach den Vorschriften des SGB VIII (→ Jugendamt). Vom Vollstreckungsleiter zu unterscheiden ist der → Vollzugsleiter, der die Durchführung des Vollzugs in der Jugendarrestanstalt oder einer für den Jugendstrafvollzug vorgesehenen Einrichtung leitet.

Vollstreckungsmaßnahme
Eine Vollstreckungsmaßnahme ist jede Handlung, die ein → Vollstreckungsorgan zum Zwecke der Zwangsvollstreckung durchführt (zB → Pfändung, → Versteigerung).

Vollstreckungsorgan
Das Vollstreckungsorgan ist die staatliche Stelle, die die → Zwangsvollstreckung durchführt. Grundsätzlich ist das der → Gerichtsvollzieher. Außerdem sind Vollstreckungsorgane das → Vollstreckungsgericht (§ 764 ZPO), in bestimmten Fällen das → Prozessgericht (bei der Vollstreckung wegen Handlungen und Unterlassungen, §§ 887, 888, 890 ZPO), ferner das → Grundbuchamt und die Schiffsregisterbehörde für die Eintragung einer → Zwangshypothek. Die Zuständigkeit der Vollstreckungs-

organe ist ausschließlich (§ 802 ZPO; → gerichtliche Zuständigkeit, 4).

Vollstreckungsschuldner
→ Vollstreckungsanspruch, → Zwangsvollstreckung.

Vollstreckungsschutz
Vollstreckungsschutz wird vom Prozessgericht unter bestimmten Voraussetzungen in der Weise gewährt, dass die → Zwangsvollstreckung entweder ganz untersagt oder beschränkt wird. Vollstreckungsschutz kann durch das Prozessgericht bereits in einem → vorläufig vollstreckbaren Urteil in der Weise gewährt werden, dass ausnahmsweise die Zwangsvollstreckung entweder überhaupt ausgeschlossen (§ 712 ZPO) oder nur gegen → Sicherheitsleistung zugelassen (§ 709 ZPO), jedenfalls aber dem Schuldner ihre Abwendung durch Sicherheitsleistung gestattet wird (§ 711 ZPO). Dies gilt auch für das Berufungs- oder Revisionsgericht (§§ 719, 707 ZPO). Im Verfahren der Zwangsvollstreckung ist Vollstreckungsschutz in mehrfacher Weise vorgesehen; insbes. kann das → Vollstreckungsgericht eine → Vollstreckungsmaßnahme ganz oder teilweise aufheben, untersagen oder einstweilen einstellen, wenn sie wegen ganz besonderer Umstände eine sittenwidrige Härte bedeutet (§ 765a ZPO). Ferner ist Vollstreckungsschutz etwa möglich bei der Forderungspfändung von Arbeitseinkommen (§§ 850 ff. ZPO), Miet- und Pachtzinsen (§ 851b ZPO) und zugunsten von landwirtschaftlichen Betrieben (§ 851a ZPO). In Mietsachen kann, wenn zu Räumung von Wohnraum verurteilt wird, im Urteil eine angemessene Räumungsfrist gewährt werden (§ 721 ZPO). Zum Handlungsspielraum des → Gerichtsvollziehers s. dort. Vom Vollstreckungsschutz zu unterscheiden sind die sog. → Pfändungsverbote.

Vollstreckungstitel
Das Vorliegen eines Vollstreckungstitels ist eine der Voraussetzungen der → Zwangsvollstreckung. Er muss die Parteien, Inhalt, Art und Umfang der Zwangsvollstreckung enthalten. Der Inhalt muss → vollstreckungsfähig, daher bestimmt oder wenigstens bestimmbar sein. Die Zwangsvollstreckung wird auf Grund einer mit der → Vollstreckungsklausel versehenen Ausfertigung des Vollstreckungstitels (vollstreckbare Ausfertigung) durchgeführt. Es gibt zahlreiche Arten von Vollstreckungstiteln; die wichtigsten sind gerichtliche Entscheidungen, insbes. → Urteile, → Prozessvergleiche sowie → vollstreckbare Urkunden. Sie ergeben sich aus der ZPO (§§ 704, 722, 723, 928, 936, 794 I ZPO) und aus zahlreichen anderen Gesetzen, zB § 168 VwGO, § 199 SGG, § 201 II InsO. Zur Bestätigung inländischer Vollstreckungstitel über unbestrittene Forderungen als sog. europäische Vollstreckungstitel s. §§ 1079 ff. ZPO. Für ausländische Vollstreckungstitel → Vollstreckungsurteil.

Vollstreckungsurteil
Ein Vollstreckungsurteil (gelegentlich auch Exequatur genannt) ist ein → Urteil, in dem die Zulässigkeit der Zwangsvollstreckung aus der Entscheidung eines ausländischen Gerichts ausgesprochen wird (§§ 722, 723 ZPO). Die ausländische Entscheidung wird dabei aber nicht auf ihre Richtigkeit überprüft. Unanwendbar sind §§ 722, 723 ZPO bei ausländischen Feststellungsurteilen, Vergleichen und Schiedssprüchen (für letztere gilt § 1061 ZPO). Ein Vollstreckungsurteil ist heute vielfach nicht mehr erforderlich auf Grund von Sonderregelungen in bilateralen oder multinationalen Abkommen. Das Anerkennungs- und Vollstreckungsausführungsgesetz (AVAG) idF v. 30.11.2015 (BGBl. 2015 I 2146) sieht eine (beschlussmäßige) Vollstreckbarerklärung vor. Es gilt auch für die Fälle verschiedener zwischenstaatlicher Verträge. Soweit die → Brüssel Ia-VO oder die → Brüssel IIb-Verordnung anwendbar ist, bedarf es hingegen weder für die Anerkennung noch für die Vollstreckung von Entscheidungen eines Mitgliedstaats der EU eines besonderen zusätzlichen Verfahrens. Zur Zwangsvollstreckung aus europäischen Vollstreckungstiteln über unbestrittene Forderungen im Inland s. §§ 1082 ff. ZPO. Sa → Haager Übereinkommen in Zivil- und Handelssachen.

Vollstreckungsverbot
→ Insolvenzverfahren (2).

Vollstreckungsvereitelung
Straftatbestand nach § 288 StGB: Ihn begeht, wer bei einer ihm drohenden → Zwangsvollstreckung in der Absicht, die Befriedigung des Gläubigers zu vereiteln, Bestandteile seines Vermögens veräußert oder beiseite schafft. Die Vollstreckung droht, wenn mit alsbaldiger zwangsweiser Durchsetzung des Anspruchs zu rechnen ist, so wenn der Gläubiger einen → Vollstreckungstitel erwirkt hat, idR auch schon bei Klageerhebung (nicht bei erster Mahnung oder Klageandrohung, Wechselprotest o. dgl.). Veräußerung ist nicht schon der bloße Verkauf ohne Übergabe, das Vermieten oder Verleihen, sondern erst die Übertragung des Vermögensrechts auf einen anderen ohne Erlangen des vollen Gegenwerts, ebenso die wertmindernde Belastung durch Hypothek usw. Beiseite geschafft ist ein Vermögensstück, wenn es dem Zugriff des Gläubigers tatsächlich entzogen ist. Der Vorsatz des Täters muss die Absicht, dh hier den bestimmten Vorsatz umfassen, die Befriedigung des Gläubigers zu vereiteln; das ist idR nicht der Fall, wenn noch ausreichende Vermögensstücke zur Verfügung stehen. Die Vollstreckungsvereitelung ist → Antragsdelikt.

Der Begriff der Vollstreckungsvereitelung bezeichnet zugleich neben der Verfolgungsvereitelung eine Variante der → Strafvereitelung (§ 258 StGB).

Vollstreckungsvoraussetzungen
→ Vollstreckbarkeit.

Volltrunkenheit
→ Vollrausch.

Vollurteil
Ein Vollurteil ist ein → Urteil, das im Gegensatz zum → Teilurteil in vollem Umfang über die → Klage (also über den ganzen → Streitgegenstand) entscheidet.

Vollversammlung
→ Plenum; – der UN → Vereinte Nationen.

Vollziehende Gewalt
(Exekutive) ist iS der Lehre von der → Gewaltentrennung jede Ausübung staatlicher Gewalt außerhalb von → Gesetzgebung (Legislative) und → Rechtsprechung (vgl. Art. 28 II GG). Der Begriff wird häufig sinngleich mit Verwaltung (→ Verwaltung, öffentliche) gebraucht. Innerhalb der vollziehenden Gewalt unterscheidet man zwischen der → Regierung als politischer Führungsspitze und der Verwaltung ieS als der für den Vollzug der Gesetze zuständigen Behördenorganisation. Die vollziehende Gewalt obliegt in der parlamentarischen Demokratie (und der parlamentarischen Monarchie) einer vom Vertrauen des → Parlaments abhängigen Regierung – sog. → parlamentarisches Regierungssystem – und den ihr nachgeordneten Verwaltungsbehörden (einschl. der mittelbaren Staatsverwaltung). In der Präsidialdemokratie (Beispiel: USA) ist der Träger der vollziehenden Gewalt (der Präsident) nicht vom Vertrauen des Parlaments abhängig. Die Abhängigkeit der Reg. von der gesetzgebenden Gewalt bedeutet aber nicht, dass diese unmittelbar auf Entscheidungen der vollziehenden Gewalt Einfluss nehmen kann. Vielmehr ist die vollziehende Gewalt in ihrem Handeln von der gesetzgebenden Gewalt und der Rechtsprechung grundsätzlich unabhängig. Über die Aufgabenverteilung zwischen den einzelnen Teilen der Staatsgewalt vgl. → Gewaltentrennung.

Vollziehung
→ Arrest (1b).

Vollziehung, sofortige
1. Der gegen einen → Verwaltungsakt erhobene Widerspruch (→ Widerspruchsverfahren) und die → Anfechtungsklage haben aufschiebende Wirkung (§ 80 I VwGO; Suspensiveffekt). Diese entfällt nur bei der Anforderung von öffentlichen Abgaben und Kosten, bei unaufschiebbaren Anordnungen und Maßnahmen von Polizeivollzugsbeamten und in anderen durch Bundesgesetz oder für das Landesrecht durch Landesgesetz vorgeschriebenen Fällen, insbesondere bei Klagen Dritter gegen investive Maßnahmen (§ 80 II Nr. 1–3 VwGO). Die aufschiebende Wirkung entfällt ferner, wenn die Behörde, die den Verwaltungsakt erlassen oder über den Widerspruch zu entscheiden hat, im öffentlichen Interesse oder im überwiegenden Interesse eines Beteiligten die sofortige Vollziehung besonders anordnet (§ 80 II Nr. 4 VwGO). Das besondere Interesse an der sofortigen Vollziehung ist schriftlich zu begründen, sofern nicht die Behörde bei Gefahr im Verzug, insbes. bei drohenden Nachteilen für Leben, Gesundheit oder Eigentum vorsorglich eine als solche bezeichnete Notstandsmaßnahme trifft. Die erlassende Behörde oder die Widerspruchsbehörde kann die sofortige Vollziehung aussetzen, sofern nicht bundesgesetzlich etwas anderes bestimmt ist (vgl. § 80 IV VwGO). Das gilt auch in den Fällen, in denen der Suspensiveffekt kraft Gesetzes entfällt, so insbes. bei Anforderung öffentlicher Abgaben und Kosten und bei unaufschiebbaren Anordnungen und Maßnahmen von Polizeivollzugsbeamten. Das Gericht der Hauptsache kann – auch schon vor Erhebung der Anfechtungsklage – auf Antrag die aufschiebende Wirkung anordnen oder wiederherstellen; Einzelheiten dazu § 80 V–VIII VwGO. Bei Verwaltungsakten mit Doppelwirkung (der Adressat wird durch den VA begünstigt, ein Dritter belastet, Beispiel: Baugenehmigung begünstigt den Bauherrn, belastet den Grundstücksnachbarn) kann die Behörde bei Einlegung eines Rechtsbehelfs durch einen Dritten auf Antrag des Begünstigten die sofortige Vollziehung nach § 80 II Nr. 4. anordnen oder auf Antrag des Dritten eine angeordnete sofortige Vollziehung aussetzen und einstweilige Maßnahmen zur Sicherung der Rechte des Dritten treffen (Einzelheiten s. § 80a I VwGO). Zu den Anordnungsbefugnissen des Verwaltungsgerichts in diesen Fällen vgl. § 80 V-VIII VwGO, § 80a III VwGO. Bei einer Reihe von Verwaltungsrechtsstreitigkeiten, die in erster Instanz von den → Oberverwaltungsgerichten/Verwaltungsgerichtshöfen oder dem → Bundsverwaltungsgerichtentschieden werden (zB Genehmigung von Kraftwerken, → Windenergieanlagen an Land und auf → See, Müllverbrennungsanlagen, Eisenbahnlinien, → Bundeswasserstraßen oder Maßnahmen des → Küstenschutzes) kann das Gericht bei der Entscheidung über die sofortige Vollziehung Verfahrens- und Foirmmängel außer Acht lassen; ferner ist in diesen Verfahren das öffentliche Interesse an den Vorhaben in besonderer Weise zu berücksichtigen (§ 80c VwGO).

2. Die Vollziehung von Steuerverwaltungsakten, insbes. Steuerbescheiden, wird durch Einspruch oder Anfechtungsklage grundsätzlich nicht gehemmt. Ausnahmen: Einspruch gegen die Anordnung der Abgabe der eidesstattlichen Versicherung (§ 284 VI AO) und Einspruch gegen die Untersagung des Gewerbebetriebs oder der Berufsausübung (§ 361 IV AO, § 69 V FGO). Sa → außergerichtliches Rechtsbehelfsverfahren, → Finanzgerichtsbarkeit. Finanzbehörde und Finanzgericht können jedoch während des Rechtsbehelfsverfahrens bzw. des finanzgerichtlichen Verfahrens auf Antrag die Vollziehung aussetzen, wenn ernstliche Zweifel an der Rechtmäßigkeit des

angefochtenen Verwaltungsakts bestehen oder die Vollziehung für den Betroffenen eine unbillige, nicht durch überwiegende öffentliche Interessen gebotene Härte zur Folge hätte (§ 361 AO, § 69 FGO). Voraussetzung für einen gerichtlichen Antrag auf Aussetzung der Vollziehung ist die vorherige Ablehnung eines solchen Antrags durch die Finanzbehörde. Eine direkte Anrufung des Gerichts ist zulässig, wenn die Vollstreckung droht oder die Finanzbehörde ohne zureichenden Grund in angemessener Frist nicht über den Antrag entschieden hat. Wird die Vollziehung des Bescheides ausgesetzt und unterliegt der Stpfl. in der Hauptsache, so hat er Aussetzungszinsen zu entrichten (§ 237 AO). Wurde die Vollziehung nicht ausgesetzt, ist jedoch der Stpfl. mit seinem Rechtsbehelf erfolgreich, erhält er Erstattungszinsen gem. § 236 AO. Vgl. → Zinsen, steuerlich. Für die Zeit der Aussetzung fallen keine → Säumniszuschläge an. Die → Zahlungsverjährung wird durch die Aussetzung unterbrochen.

Vollzug von Freiheitsstrafen
→ Strafvollzug, → Jugendstrafe, → Maßregeln der Besserung und Sicherung (10).

Vollzugshilfe
liegt vor, wenn die → Polizei auf Ersuchen einer anderen Polizeidienststelle (iwS auch einer sonstigen Verwaltungsbehörde) tätig wird. Außer dem allgemeinen Grundsatz der Pflicht zur → Amtshilfe sind solche Verpflichtungen in den Polizeigesetzen niedergelegt. Gehört die ersuchte Polizeidienststelle einer anderen Körperschaft an, so sind in gewissen Fällen für entstandene Kosten Erstattungspflichten vorgesehen (sa → polizeiliche Zwangsmittel).

Vollzugsleiter
wird im → Jugendstrafrecht der Beamte oder Richter genannt, der den Vollzug einer → Jugendstrafe oder des → Jugendarrestes in einer dazu bestimmten Anstalt und damit die Durchführung der Vollstreckung unmittelbar zu leiten hat. Um die besonderen Ziele des Jugendarrestes zu fördern, bestimmt § 90 II 2 JGG den Jugendrichter am Vollzugsort zum Vollzugsleiter; er ist insoweit weisungsgebundenes Verwaltungsorgan. Vollzugsleiter für die Jugendstrafe ist der Leiter der für den Vollzug vorgesehenen Einrichtung (ein Beamter). Die Ordnung des inneren Dienstbetriebs obliegt in beiden Fällen den Anstaltsleitern. Der Vollzugsleiter untersteht der Dienstaufsicht der höheren Vollzugsbehörde (meist Generalstaatsanwalt) und der Landesjustizverwaltung. Der Vollzugsleiter ist zu unterscheiden vom → Vollstreckungsleiter.

Vollzugspolizei
→ Polizei (2).

Vollzugsuntauglichkeit
→ Haftunfähigkeit.

Vollzugsvorschriften
→ Untersuchungshaft (3), → Strafvollzug, → Jugendstrafe, → Jugendarrest, → Strafarrest. Im Verwaltungsrecht oft gebrauchte Bezeichnung für → Verwaltungsvorschriften, die sich an nachgeordnete Behörden wenden und den einheitlichen Vollzug von Gesetzen und anderen Rechtsvorschriften sichern sollen.

Volontärverhältnis
Das va im Medienbereich anzutreffende Volontärverhältnis ist je nach Ausgesteltung ein sonstiges → Berufsausbildungsverhältnis (§ 26 BBiG, Anlernverhältnis) oder ein → Arbeitsverhältnis, in dem der Volontär lediglich Kenntnisse, Fähigkeiten oder Erfahrungen erwerben oder erweitern will, aber keinen geordneten Ausbildungsgang durchläuft. Es besteht ein Vergütungsanspruch, Anspruch auf den gesetzl. Mindestlohn (nur) bei Ausgestaltung als Arbeitsverhältnis. Vgl. zum Begriff den ansonsten unerheblichen § 82a HGB. Volontäre unterfallen dem Arbeitnehmer- bzw. Auszubildendenbegriff des § 5 I 1 BetrVG.

Von Amts wegen
→ Amtsgrundsatz.

Vorabentscheidung
Vorabentscheidung über den Grund des Anspruchs → Grundurteil; Vorabentscheidung über die vorläufige Vollstreckbarkeit eines Urteils ist im Zivilprozess auf Antrag in der Berufungsinstanz durch → Teilurteil möglich (§ 718 ZPO). Sa → Vorbescheid.

Voranmeldung
→ Umsatzsteuer (15), → Steueranmeldung.

Voranschlag
(Kosten) → Werkvertrag.

Voraus
Der Ehegatte als gesetzlicher Erbe hat außer seinem → Erbteil Anspruch auf die zum Haushalt gehörenden Gegenstände und auf die Hochzeitsgeschenke, neben Verwandten der 1. Ordnung (gesetzliche → Erbfolge) allerdings nur, soweit er sie zur Führung eines angemessenen Haushalts benötigt (§ 1932 BGB). Es handelt sich hierbei um ein gesetzliches → Vermächtnis.

Vorausabtretung
→ Abtretung (1).

Vorausempfänge
→ Ausgleichung von Vorempfängen; sa → Zugewinngemeinschaft.

Vorausklage
→ Bürgschaft.

Vorausverfügung über Mietzahlungen
→ Wohnraummietvertrag (4).

Vorausvermächtnis
(Prälegat) ist ein → Vermächtnis, das einem → Erben oder Miterben zugewendet ist, auch wenn er selbst dadurch beschwert ist (§ 2150 BGB); über die Erbeinsetzung hinaus muss ein

bestimmter Gegenstand besonders zugedacht sein. Das Vorausvermächtnis ist unabhängig von der Erbenstellung, zB für das jeweilige Recht auf → Ausschlagung. Schwierig ist bei Miterben die Abgrenzung eines Vorausvermächtnis von der bloßen → Teilungsanordnung für die Auseinandersetzung der → Erbengemeinschaft. Eine bloße Auseinandersetzungsanordnung (§ 2048 BGB) liegt vor, wenn der Gegenstand, der dem Miterben zukommen soll, mit seinem Wert voll auf den → Erbteil des Miterben angerechnet werden soll, ein Vorausvermächtnis dagegen bei besonderer Zuweisung ohne Anrechnung auf den Erbteil. Was im Einzelfall vorliegt, ist durch → Auslegung der Verfügung von Todes wegen zu ermitteln. Teilungsanordnung und Vorausvermächtnis können vom Erblasser auch kombiniert werden, zB in der Zuwendung des Rechts, einen Nachlassgegenstand zu einem bestimmten Preis zu übernehmen, sofern der Begünstigte hierdurch einen Vermögensvorteil gegenüber den übrigen Miterben erhalten soll.

Vorauszahlungen
Veranlagungssteuern, zu denen insbes. die → Einkommen-, → Körperschaft- und → Gewerbesteuer gehören, entstehen erst mit Ablauf des Kalenderjahres. Um diese Zeitspanne zu überbrücken, können Vorauszahlungen auf die Jahressteuerschuld festgesetzt werden. Entrichtete Vorauszahlungen werden auf die festgesetzte Jahressteuerschuld angerechnet (→ Besteuerungsverfahren, → Steuerbescheid, → Veranlagung). Vorauszahlungen werden in einem gesonderten Bescheid festgesetzt. Dieser kann mit einer Jahressteuerfestsetzung verbunden werden. Die Höhe der Vorauszahlungen richtet sich nach dem letztergangenen Steuerbescheid. Vorauszahlungsbescheide sind → Vorbehaltsfestsetzungen (§ 164 I 2 AO), dh sie können jederzeit geändert werden. Das Finanzamt kann die Einkommensteuer-Vorauszahlungen noch im Folgejahr der voraussichtlichen Steuer anpassen (§ 37 III EStG). Gegen Vorauszahlungensbescheide ist → Einspruch gegeben (§ 347 AO). Näheres s. bei den einzelnen Steuerarten.

Vorbefassungsgebot
(WEG) → Wohnungseigentum 3. e).

Vorbehalt
→ Willenserklärung (1b bb).

Vorbehalt bei der Leistung
→ Erfüllung.

Vorbehalt der Nachprüfung
→ Vorbehaltsfestsetzung.

Vorbehalt des Gesetzes
→ Gesetzmäßigkeit der Verwaltung.

Vorbehalte im Verwaltungsakt
→ Verwaltungsakt (4).

Vorbehaltseigentum
→ Eigentumsvorbehalt.

Vorbehaltsfestsetzung
Steuern können, solange der Steuerfall nicht abschließend geprüft ist, ohne Begründung unter dem Vorbehalt der Nachprüfung festgesetzt werden. Solange dieser wirksam ist, kann die Steuerfestsetzung innerhalb der → Festsetzungsfrist jederzeit aufgehoben oder geändert werden. Auch der Stpfl. kann jederzeit Änderung beantragen. Nach einer → Außenprüfung muss der Vorbehalt der Nachprüfung aufgehoben werden (§ 164 AO). Einzige Voraussetzung für die Vorbehaltsfestsetzung ist, dass der Steuerfall nicht abschließend geprüft ist. Eine Begründung im Bescheid ist nicht erforderlich. Auch ist unerheblich, ob später eine Prüfung erfolgt. Die Vorbehaltsfestsetzung steht im → Ermessen des Finanzamts. Sa → Steuerbescheid, → Vorläufige Steuerfestsetzung.

Vorbehaltsgut
→ Gütergemeinschaft.

Vorbehaltsklausel
im zwischenstaatlichen Privatrechtsverkehr → Internationales Privatrecht (1); sa → Umtauschvorbehalt, → Kauf auf Probe.

Vorbehaltsurteil
Ein Vorbehaltsurteil ist ein → Urteil, in dem der Beklagte unter dem in die → Urteilsformel aufzunehmenden Vorbehalt verurteilt wird, dass über von ihm erhobenen Einwendungen noch in demselben → Rechtszug entschieden werden wird. Ein Vorbehaltsurteil ist bei → Aufrechnung des Beklagten mit einer Gegenforderung möglich (§ 302 ZPO), im → Urkundenprozess vorgeschrieben (§ 599 ZPO), wenn der Beklagte dem Klageanspruch widersprochen hat. Nach dem Vorbehaltsurteil, das mit → Rechtsmitteln wie ein Endurteil angefochten wird, findet das → Nachverfahren statt. Dort wird dann zB über die Berechtigung zur Aufrechnung entschieden und bei Erfolg des Verteidigungsmittels das Vorbehaltsurteil aufgehoben, ansonsten für vorbehaltlos erklärt.

Vorbelastungshaftung
→ Gründungsgesellschaft.

Vorbenutzung
einer → Erfindung liegt vor, wenn diese bereits vor der Anmeldung zum → Patent benutzt worden ist. Eine Vorbenutzung kann der Erteilung des Patents entgegenstehen, wenn sie die Erfindung der Öffentlichkeit zugänglich macht und dadurch als zum Stand der Technik gehörend deren Neuheit ausschließt (§ 3 PatG; → Patentfähigkeit). Einem Dritten, der im Inland eine redliche Vorbenutzung vorgenommen hat, kann die Benutzung der Erfindung für die Bedürfnisse des eigenen Betriebs nicht aufgrund eines Patents auf die Erfindung untersagt werden (§ 12 PatG).

Vorbereitender Schriftsatz
→ Schriftsätze.

Vorbereitendes Verfahren
→ Ermittlungsverfahren in Strafsachen, → Bußgeldverfahren, → Steuerstrafverfahren.

Vorbereitungsdienst
Der Vorbereitungsdienst ist ein Teil der Ausbildung des → Beamten. Laufbahnbewerber haben nach § 4 IV BeamtStG einen Vorbereitungsdienst abzuleisten. Die Dauer des Vorbereitungsdienstes ist den Erfordernissen der einzelnen Laufbahnen anzupassen. Der Vorbereitungsdienst schließt nach Maßgabe der Ausbildungs- und Prüfungsordnungen in Bund und Ländern in den Laufbahnen des mittleren, des gehobenen und des höheren Dienstes mit einer Prüfung ab. Der Vorbereitungsdienst wird häufig im Status des Beamten auf Widerruf abgeleistet. Die Ausbildung außerhalb des Beamtenverhältnisses auf Widerruf ist zulässig. Die Beamten erhalten → Anwärterbezüge oder außerhalb des Beamtenverhältnisses Unterhaltsbeihilfe. Sie führen während des Vorbereitungsdienstes die Dienstbezeichnung „Anwärter", in Laufbahnen des höheren Dienstes die Dienstbezeichnung → „Referendar", je mit einem die Fachrichtung oder die Laufbahn bezeichnenden Zusatz (zB Rechtspflegeranwärter, Studienreferendar, Rechtsreferendar). Zum juristischen Vorbereitungsdienst s. → Befähigung zum Richteramt.

Vorbereitungshaft
(Abschiebung) → Ausländer, 6c.

Vorbereitungshandlung
→ Versuch; sa → Hochverrat, → Sprengstoff- und Strahlungsverbrechen, → Geld- und Wertzeichenfälschung, Vorbereitung einer schweren staatsgefährdenden Gewalttat (§ 89a StGB), → Terrorismusfinanzierung.

Vorbeschäftigungsverbot
→ Befristetes Arbeitsverhältnis.

Vorbescheid
1. An die Stelle des früheren Vorbescheids ist im → Verwaltungsstreitverfahren (s. dort 5) der in seinem Anwendungsbereich deutlich erweiterte → Gerichtsbescheid getreten (vgl. § 84 VwGO).

2. Im Baurecht kann, schon bevor der Antrag auf → Baugenehmigung eingereicht ist, nach verschiedenen Baugesetzen der Länder (zB Art. 71 Bay. Bauordnung idF v. 14.8.2007, GVBl. 2007, 588, mÄnd) auf schriftlichen Antrag zu einzelnen in der Baugenehmigung zu entscheidenden Fragen ein schriftlicher Vorbescheid erteilt werden. Er ist → Verwaltungsakt und bindet die Baubehörde für das folgende Baugenehmigungsverfahren. Seine Gültigkeit ist meistens befristet. Zum Vorbescheid über Genehmigungsvoraussetzungen und den Standort genehmigungsbedürftiger Anlagen im Rahmen des Umweltschutzes vgl. § 9 Bundes-ImmissionsschutzG.

Vorbeugende Feststellungsklage
→ Feststellungsklage.

Vorbeugende Unterlassungsklage
→ Unterlassungsanspruch.

Vorbeugungsgrundsatz
→ Vorsorgeprinzip.

Vordatierter Scheck
Wegen der knappen → Vorlegungsfristen beim → Scheck (Art. 29 ScheckG), durch deren Versäumung der → Scheckregress verloren geht (Art. 40 ScheckG), werden Schecks häufig vordatiert, um die spätere Vorlegung zu ermöglichen oder eine frühere zu verhindern. Der vordatierte Scheck ist voll wirksam und kann jederzeit, also auch vor dem Ausstellungsdatum, vorgelegt werden (Art. 28 ScheckG). Der vordatierte Scheck ist der Rechtsordnung nicht erwünscht, weil der Scheck auf diese Weise als Kreditmittel missbraucht wird. Auch ein vordatierter → Wechsel ist formell gültig, sofern der angegebene Ausstellungstag vor dem Verfalldatum liegt.

Vordatierter Wechsel
→ vordatierter Scheck.

Vorempfänge
→ Ausgleichung von Vorempfängen; sa → Zugewinngemeinschaft.

Vorenthalten und Veruntreuen von Arbeitsentgelt
Straftatbestand nach § 266a StGB, der eine spezielle Strafvorschrift (→ Konkurrenz von Straftaten) gegenüber → Betrug und → Untreue enthält. Täter kann nur ein Arbeitgeber od. eine ihm gem. § 266a V StGB gleichgestellte Person sein. Die Tat ist verwirklicht, wenn er der Einzugsstelle die Arbeitnehmeranteile od. infolge falscher Angaben die Arbeitgeberanteile der Beiträge zur Sozialversicherung einschließlich der Arbeitsförderung, unabhängig davon, ob Arbeitsentgelt bezahlt wird, vorenthält, (sa → Schwarzarbeit, → illegale Beschäftigung) oder sonst Teile des Arbeitsentgelts, die er für den Arbeitnehmer an Dritte zu entrichten hat (zB wegen Pfändung, nicht jedoch Lohnsteuer), nicht abführt und den Arbeitnehmer nicht davon unterrichtet. Sie ist mit Freiheitsstrafe bis zu 5 Jahren, in besonders schweren Fällen bis zu 10 Jahren, oder Geldstrafe bedroht.

Vorerbe
ist der kraft Gesetzes oder → Verfügung von Todes wegen bestimmte Erbe, der in seiner Verfügung über den Nachlass durch die Einsetzung eines → Nacherben beschränkt ist. Mit dem Eintritt des Nacherbfalles hört der Vorerbe auf, Erbe zu sein, und die Erbschaft fällt dem Nacherben an (§ 2139 BGB). Der Erblasser ist in der Bestimmung des Zeitpunktes, in dem die Erbschaft von dem Vorerben auf den Nacherben übergehen soll, grds. frei. Hat der Erblasser einen Nacherben eingesetzt, ohne den Zeitpunkt oder das Ereignis zu bestimmen, mit dem die Nacherbfolge eintreten soll, fällt die Erbschaft dem Nacherben mit dem Tode des Vorerben an. Bei Einsetzung

einer noch nicht erzeugten Person als Nacherbe geht die Erbschaft von dem Vorerben auf den Nacherben mit dessen Geburt über (§ 2106 BGB). Hat der Erblasser angeordnet, dass der eingesetzte Erbe die Erbschaft erst mit dem Eintritt eines bestimmten Zeitpunkts oder Ereignisses erhalten soll, ohne zu bestimmen, wer bis dahin Erbe sein soll, so sind die gesetzlichen Erben des Erblassers die Vorerben (§ 2105 I BGB).

Da der Vorerbe mit dem Erbfall in die gesamte Rechtsstellung (Rechte und Verbindlichkeiten) des Erblassers eintritt, kann er grds. über die zur Erbschaft gehörenden Gegenstände wie ein Vollerbe verfügen (§ 2112 BGB). Da aber dem Nacherben die Erbschaft, und zwar außer den beim Erbfall vorhandenen Gegenständen (Sachen und Rechte) der Zuwachs auf Grund eines zur Erbschaft gehörenden Rechts und die Ersatzstücke (→ Surrogate), die mit Mitteln der Erbschaft beschafft wurden (§ 2111 BGB), möglichst ungeschmälert erhalten bleiben soll, ist der Vorerbe in seiner freien Verfügungsmacht nicht unerheblich eingeschränkt. Während dem Vorerben die Nutzungen des Nachlasses grds. uneingeschränkt verbleiben, sind Verfügungen des Vorerben über ein zur Erbschaft gehörendes Grundstück oder Rechte an einem Grundstück, unentgeltliche Verfügungen über einen Erbschaftsgegenstand, Verfügungen über eine Hypothekenforderung oder eine Grundschuld sowie Zwangsvollstreckungsmaßnahmen eines Gläubigers des Vorerben in einen Erbschaftsgegenstand im Falle des Eintritts der Nacherbfolge insoweit unwirksam, als sie das Recht des Nacherben beeinträchtigen oder vereiteln würden (§§ 2113 ff. BGB), sofern nicht der Nacherbe dieser Verfügung zugestimmt hat. Da jedoch ein gutgläubiger Erwerber geschützt wird (§ 2113 III BGB), ist in das Grundbuch zugleich mit der Eintragung des Vorerben der sog. Nacherbenvermerk aufzunehmen (§ 51 GBO).

Der Vorerbe hat den Nachlass ordnungsgemäß zu verwalten, Geld mündelsicher (→ Mündelgeld) anzulegen und Wertpapiere auf Verlangen des Nacherben zu hinterlegen (§ 2116 BGB, § 2119 BGB BGB). Er hat dem Nacherben auf Verlangen ein Verzeichnis der zur Erbschaft gehörenden Gegenstände mitzuteilen (§ 2121 BGB) und → Auskunft über den Bestand der Erbschaft zu geben, wenn Grund zu der Annahme besteht, dass seine Verwaltung die Rechte des Nacherben erheblich verletzt (§ 2127 BGB). Er hat dem Nacherben aber nur für diejenige → Sorgfalt einzustehen, die er in eigenen Angelegenheiten anzuwenden pflegt (§ 2131 BGB); von der Haftung wegen grober Fahrlässigkeit oder Vorsatz ist er damit nicht befreit (§ 277 BGB). Im Rahmen seiner Verwaltung hat der Vorerbe bis zum Eintritt des Nacherbfalls die → Nachlassverbindlichkeiten aus dem Nachlass zu erfüllen; eine entsprechende Verfügung ist ohne Zustimmung des Nacherben wirksam (§ 2115 S. 2 BGB). Der Erblasser kann den Vorerben von den meisten der genannten gesetzlichen Beschränkungen befreien (befreiter Vorerbe, § 2136 BGB). Das gilt nicht hinsichtl. unentgeltlicher Verfügungen, Vollstreckungsmaßnahmen und der Pflicht zur Inventarerrichtung. Auch kann die Haftung für Vorsatz nicht erlassen werden (§ 276 II BGB). Da sich die Befreiung des Vorerben insbes. in seiner Verfügungsmacht über Grundstücke und → Grundstücksrechte auswirkt, ist sie im Grundbuch zu vermerken (§ 51 GBO). Eine Befreiung ist im Zweifel anzunehmen, wenn der Erblasser bestimmt hat, dass der Vorerbe zur freien Verfügung über die Erbschaft berechtigt sein soll, oder wenn er den Nacherben auf das eingesetzt hat, was von der Erbschaft bei dem Eintritt der Nacherbfolge übrig sein wird (§ 2137 BGB). Sa → Wiederverheiratungsklausel.

Vorerbe, befreiter
→ Vorerbe.

Vorerbschaft
→ Vorerbe.

Vorfälligkeitsentschädigung
→ Darlehensvertrag, → Verbraucherdarlehensvertrag (7).

Vorfahrt
An Straßenkreuzungen und -einmündungen hat mangels anderweitiger Regelung jedes Fahrzeug die Vorfahrt, das von rechts kommt. Der Wartepflichtige muss rechtzeitig, insbes. durch mäßige Geschwindigkeit, erkennen lassen, dass er die Vorfahrt achtet; er muss Gefährdung anderer vermeiden und darf nicht ohne Übersicht über die Verkehrslage weiterfahren (§ 8 StVO). Für → Schienenfahrzeuge besteht keine Vorfahrt, aber ein begrenzter Vorrang. Fußgänger, die Fahrzeuge mitführen, sind wartepflichtig. Ein Verzicht auf die Vorfahrt muss eindeutig bekundet werden (vgl. § 11 III StVO). Nach dem → Vertrauensgrundsatz kann sich der Berechtigte darauf verlassen, dass der Wartepflichtige ihm die Vorfahrt einräumt; richtet sich dieser nicht danach, darf der Berechtigte aber die Vorfahrt nicht erzwingen. Treffen Fz. aus mehreren Richtungen so zusammen, dass keines nur von rechts kommt, so müssen sich die Fahrer über die Vorfahrt verständigen. Entgegenkommenden Fz. ist vor dem Abbiegen nach links der Vorrang zu lassen (§ 9 III 1 StVO). → Haifischzähne.

Ausnahmen gelten bei abweichender Verkehrsregelung durch Polizeibeamte oder durch → Verkehrsampeln oder → Verkehrszeichen, ferner an → Anschlussstellen der Autobahn und an → Kreuzungen und Einmündungen von Kraftfahrstraßen (§ 18 II, III StVO) sowie zugunsten bevorrechtigter Fz. Zu diesen sog. Wegerechtsfahrzeugen zählen solche der Bundeswehr und der Bundespolizei, der Polizei, der Feuerwehr, des Katastrophenschutzes und des Zolldienstes; sie sind an die Vorschriften der StVO nicht gebunden, soweit es zur Erfüllung hoheitlicher Aufgaben unter gebührender Berücksichtigung der öffentlichen Sicherheit und Ordnung dringend geboten ist (für die Bundeswehr auch in weiteren Fällen; § 35 I, Ia, III, VIII StVO). Sie müssen aber die Inanspruchnahme der V. zu erkennen geben. Bevorrechtigte Fz. dieser Art sowie Kranken-, Unfallhilfswagen u. dgl. dürfen sich durch blaues Blinklicht und Einsatzhorn (§ 52 III StVZO, § 55 III StVZO) bemerkbar machen, wenn zur Gefahrenabwehr, Verfolgung Flüchtiger oder Rettung von Menschenleben oder bedeutenden Sachwerten höchste Eile geboten ist; andere Fz. haben ihnen sofort freie Bahn zu schaffen (§ 38 I StVO), zB durch Rechtsheranfahren oder Gassenbildung (§ 11 II StVO). Verstöße gegen die Vorfahrt sind → Ordnungswidrigkeiten nach § 49 StVO, § 24 StVG. Bei grob verkehrswidrigem und rücksichtslosem Verstoß, wenn andere Personen oder bedeutende fremde Sachwerte gefährdet, aber weitere Unfallfolgen nicht eingetreten sind, liegt → Straßenverkehrsgefährdung vor (§ 315c I Nr. 2a StGB).

Vorfahrtregelungen, Investive
(Vermögen in der ehem. DDR) → Investitionsvorranggesetz.

Vorfrage
→ Internationales Privatrecht (1c).

Vorführung Wehrpflichtiger
Bei Wehrpflichtigen, die der → Erfassung Wehrpflichtiger (§ 15 WehrpflG), der → Musterung (§ 17 II WehrpflG), der Prüfung ihrer Verfügbarkeit (§ 23 WehrpflG), der → Eignungsprüfung (§ 20a WehrpflG) oder auf eine Aufforderung der Wehrersatzbehörde im Rahmen der Wehrüberwachung, sich persönlich zu melden (§ 24 VI Nr. 3 WehrpflG), unentschuldigt fernbleiben, kann nach § 44 II WehrpflG die Vorführung angeordnet werden; um ihre Durchführung wird die örtlich zuständige Polizei ersucht. Die Vorführung Wehrpflichtiger setzt nach § 13 Verwaltungsvollstreckungsgesetz v. 27.4.1953 (BGBl. 1953 I 157) oder nach den Vollstreckungsgesetzen der Länder grundsätzlich vorherige schriftliche Androhung voraus, die idR mit der nochmaligen Ladung verbunden wird. Nach § 44 III WehrpflG kann die Polizei ersucht werden, Wehrpflichtige, die ihrer Einberufung unentschuldigt nicht Folge leisten, dem nächsten Feldjäger-Dienstkommando zuzuführen. Ferner kann die Polizei zum Zwecke der Vorführung und Zuführung die Wohnung und andere Räume des Wehrpflichtigen oder Dritter betreten und durchsuchen (in der Nachtzeit bei Dritten aber nur, wenn der Wehrpflichtige deren Räume zwecks Entziehung betreten hat); § 44 IV WehrpflG. Bedeutung haben diese Vorschriften nach der Aussetzung der → Wehrpflicht nur mehr für den Spannungs- und Verteidigungsfall. Entsprechende Vorschriften gelten für die Zuführung Zivildienstpflichtiger, die ihrer Einberufung unentschuldigt nicht Folge leisten (§ 23a ZDG).

Vorführungsbefehl
kann als richterliche Anordnung im Strafverfahren ergehen, um das Erscheinen eines ausgebliebenen Beschuldigten (Angeklagte) zu einem Termin zu erzwingen. Er unterscheidet sich von dem zu dem gleichen Zweck zulässigen → Haftbefehl darin, dass der Betroffene nicht schon alsbald in Gewahrsam genommen wird, sondern erst zum spätesten Zeitpunkt, zu dem dies notwendig ist, um sein Erscheinen sicherzustellen (also idR nicht schon in der Nacht vorher). Der Vorführungsbefehl ist erst nach schriftlicher Androhung für den Fall des Ausbleibens zulässig (§§ 133, 134, 230, 236 StPO); doch kann die sofortige Vorführung angeordnet werden, falls Grund zum Erlass eines Haftbefehls besteht (§ 134 I StPO). Die Staatsanwaltschaft kann im → Ermittlungsverfahren durch Vorführungsbefehl das Erscheinen des Beschuldigten erzwingen; dieser kann gerichtliche Nachprüfung der Rechtmäßigkeit beantragen (§ 163a III StPO). Im Vorführungsbefehl ist der Betroffene genau zu bezeichnen (im Ermittlungsverfahren unter Angabe der ihm zur Last gelegten Straftat); der Grund der Vorführung ist anzugeben. Zwecks → Strafvollstreckung kann die StA gegen einen Verurteilten, der sich trotz Ladung zum Antritt einer Freiheitsstrafe nicht gestellt hat oder der fluchtverdächtig ist, einen Vorführungsbefehl erlassen; ebenso gegen einen Strafgefangenen, der sich dem Vollzug entzieht (§ 457 StPO, § 33 StVollstrO, → Strafvollstreckung).

Über die Vorführung ausgebliebener Zeugen vgl. § 380 ZPO, § 51 StPO.

Vorführungsrecht
Das Vorführungsrecht ist ein → Verwertungsrecht des → Urhebers eines Werkes der bildenden Kunst, eines Lichtbildes oder Filmwerkes oder einer Darstellung wissenschaftlicher oder technischer Art (→ Urheberrecht). Es besteht in der Befugnis, das Werk durch technische Einrichtungen (zB Projektion) öffentlich wahrnehmbar zu machen; auf eine Funksendung erstreckt sich das Vorführungsrecht nicht (§ 19 Abs. 4 UrhG).

Vorgerichtliche (Rechtsverfolgungs)Kosten
Vorgerichtliche Rechtsverfolgungskosten sind die Kosten, die im Vorfeld eines Gerichtsverfahrens entstehen, zB Kosten für ein anwaltliches Schreiben, mit dem der Schuldner zur Leistung aufgefordert wird. Diese Kosten sind nur ersatzfähig, wenn eine materiellrechtliche Anspruchsgrundlage vorhanden ist. Nicht mit den vorgerichtlichen Rechtsverfolgungskosten zu verwechseln sind die → außergerichtlichen Kosten. Sa → Kostenpflicht.

Vorgesellschaft
→ Gründungsgesellschaft.

Vorgesetzter
Im Beamtenrecht wird unterschieden zwischen dem Dienstvorgesetzten und dem Vorgesetzten. Dienstvorgesetzter (gelegentlich auch als Disziplinarvorgesetzter bezeichnet) ist der für die beamtenrechtlichen Entscheidungen über die persönlichen Angelegenheiten der ihm nachgeordneten Beamten zuständige Amtsinhaber (zB Verhängung von → Disziplinarmaßnahmen, Genehmigung von Dienstreisen, Bewilligung von → Urlaub). Vorgesetzter (Amtsvorgesetzter) ist, wer dem Beamten in seiner dienstlichen Tätigkeit Weisungen erteilen kann (zB Referatsleiter gegenüber Mitarbeitern). Unmittelbarer Dienstvorgesetzter ist idR der Leiter der Behörde, in welcher der Beamte tätig ist. Höherer Dienstvorgesetzter ist der dem unmittelbaren Dienstvorgesetzten übergeordnete Behördenleiter. Vgl. § 3 II BBG u. Landesbeamtengesetze.

Vorgesetzter, militärischer
ist nach § 1 IV SoldatenG, wer Befehlsbefugnis hat. Es besteht also kein allgemeines Vorgesetztenverhältnis auf Grund des Dienstgrades. S. im Übrigen die VO über die Regelung des militärischen Vorgesetztenverhältnisses v. 4.6. 1956 (BGBl. 1956 I 459) mÄnd. In besonderen Fällen kann sich ein Offizier oder Unteroffizier, der nicht Vorgesetzter ist, selbst zum Vorgesetzten ranggleicher oder rangniedrigerer Soldaten erklären; durch eigene Erklärung darf eine Befehlsbefugnis nur zur Hilfeleistung in Notfällen, zur Aufrechterhaltung der Disziplin oder Sicherheit u. zur Behebung einer kritischen Lage begründet werden (§ 6 Vorgesetztenverordnung). Das Bestehen eines Vorgesetztenverhältnisses ist namentlich im → Wehrstrafrecht von Bedeutung. Disziplinarvorgesetzter ist, wer Disziplinargewalt über Soldaten seines Befehlsbereichs hat (§ 1 V SoldatenG, §§ 18 ff. WehrdisziplinarO).

Vor-GmbH
→ Gründungsgesellschaft.

Vorgreifliches Rechtsverhältnis
Ein vorgreifliches Rechtsverhältnis ist ein solches, von dessen Bestehen oder Nichtbestehen es abhängt, ob ein → Anspruch besteht oder wie ein Rechtsstreit entschieden werden muss. Dies kann Anlass zur → Aussetzung eines Verfahrens (zB nach § 148 ZPO, § 74 FGO) sein, um abzuwarten, dass die Vorfrage anderweitig geklärt wird. Das vorgreifliche Rechtsverhältnis wird von der → Rechtskraft grundsätzlich nicht erfasst, nur ausnahmsweise über eine → Zwischenfeststellungsklage.

Vorgründungsgesellschaft
→ Gründungsgesellschaft.

Vorhaben
ist ein zentraler Begriff des → Baugesetzbuches. Nach § 29 BauGB umfasst er die Errichtung, Änderung oder Nutzungsänderung von baulichen Anlagen, die einer bauaufsichtlichen Genehmigung bedürfen oder der → Baubehörde anzuzeigen sind, ferner bauliche Anlagen, über deren Zulässigkeit in einem anderen Verfahren entschieden wird.

Vorhaben- und Erschließungsplan
Nach § 12 BauGB (→ Baugesetzbuch) kann eine Gemeinde durch einen vorhabenbezogenen Bebauungsplan (→ Bauleitpläne) die Zulässigkeit von Vorhaben bestimmen, wenn der Vorhabenträger auf Grund eines mit der Gemeinde abgestimmten Vorhabens- und Erschließungsplans zur Durchführung des Vorhabens bereit ist und sich zur Tragung der Planungs- und Erschließungskosten verpflichtet.

Vorhaltekosten
→ Schadensersatz (3).

Vorkaufsberechtigter
→ Vorkaufsrecht.

Vorkaufsfall
→ Vorkaufsrecht.

Vorkaufsrecht
Das BGB unterscheidet das schuldrechtliche (§§ 463 ff. BGB) und das dingliche (§§ 1094 ff. BGB) Vorkaufsrecht.

1. Das schuldrechtliche Vorkaufsrecht entsteht durch → Vertrag mit dem späteren Verkäufer und begründet das Recht, in einen wirksam geschlossenen Kaufvertrag (vgl. zB → Grundstückskaufvertrag), der zwischen dem Vertragspartner und einem Dritten (Drittkäufer) geschlossen wurde (Vorkaufsfall), einzutreten (§ 463 BGB). Das Vorkaufsrecht kann sich auf bewegliche → Sachen und auf → Grundstücke beziehen; es wird durch (formlose) Erklärung gegenüber dem Verpflichteten ausgeübt. Mit der Ausübung des Vorkaufsrechts kommt der → Kauf zwischen dem Berechtigten und dem Verpflichteten unter den Bedingungen (dh zu dem Kaufpreis usw) zustande, die der Verpflichtete mit dem Dritten vereinbart hat (§ 464 BGB). Der Verpflichtete hat den Inhalt eines abgeschlossenen Kaufvertrags dem Vorkaufsberechtigten unverzüglich anzuzeigen (§ 469 BGB; sonst evtl. Schadensersatzansprüche). Das schuldrechtliche Vorkaufsrecht, das nur für einen (den nächsten) Verkaufsfall gilt, ist mangels anderweitiger Vereinbarung weder übertragbar noch vererblich (§ 473 BGB); es ist ausgeschlossen, wenn der Verkauf im Wege der → Zwangsvollstreckung oder aus einer → Insolvenzmasse erfolgt (§ 471 BGB).

2. Das dingliche Vorkaufsrecht ist nur an einem Grundstück oder an einem → grundstücksgleichen Recht zulässig; für seinen Inhalt gelten grds. die Bestimmungen über das schuldrechtliche Vorkaufsrecht entsprechend (§ 1098 BGB). Das dingliche Vorkaufsrecht kann jedoch als im → Grundbuch eintragungsfähige Belastung des Grundstücks (über Begründung, Übertragung ua → Grundstücksrechte) auch zugunsten des jeweiligen Eigentümers eines anderen Grundstücks und für

mehrere oder für alle Verkaufsfälle bestellt werden (§ 1094 BGB, § 1097 BGB). Dritten gegenüber hat das dingliche Vorkaufsrecht die Wirkung einer → Vormerkung zur Sicherung des durch seine Ausübung entstehenden Anspruchs gegen den Verpflichteten auf Übertragung des Eigentums (§ 1098 II BGB). Mit der Ausübung des dinglichen Vorkaufsrechts entsteht ein auch gegenüber dem Dritten wirkender Anspruch auf → Eigentumsübertragung (nicht aber geht das Eigentum selbst bereits über).

3. Über das Vorkaufsrechts des Miterben → Erbengemeinschaft. S. ferner → Ankaufsrecht, → Wiederkauf.

4. Nach dem → Baugesetzbuch (BauGB) steht der → Gemeinde ein öffentlich-rechtliches Vorkaufsrecht zu bei Grundstücken, die nach einem Bebauungsplan (→ Bauleitpläne) als öffentliche Flächen vorgesehen sind, die in einem Umlegungsgebiet (→ Umlegung) oder in einem Sanierungsgebiet (→ Sanierungssatzung) oder in einem städtebaulichen Entwicklungsgebiet (→ städtebauliche Entwicklungsmaßnahmen) liegen, die im Geltungsbereich einer → Erhaltungssatzung oder als künftiges Wohnbauland im Geltungsbereich eines Flächennutzungsplans (→ Bauleitpläne) liegen oder die als innerörtliche Baulücken für die Wohnbebauung in Betracht kommen. Durch dieses Vorkaufsrecht soll der Bodenspekulation vorgebeugt werden. Überdies können die Gemeinden durch Satzung ein Vorkaufsrecht an allen unbebauten Grundstücken im Geltungsbereich eines Bebauungsplanes begründen. Das Vorkaufsrecht gilt nicht bei Verkäufen innerhalb der Familie (§ 26 BauGB). Unter bestimmten Voraussetzungen kann der Käufer das Vorkaufsrecht abwenden (§ 27 BauGB). Die Ausübung des Vorkaufsrechts ist ein → Verwaltungsakt. Die Abwicklung richtet sich nach BGB (s. oben 1). Das Grundbuchamt darf den Käufer in das → Grundbuch nur eintragen, wenn ihm die Nichtausübung oder das Nichtbestehen des Vorkaufsrechts nachgewiesen ist. Das Vorkaufsrecht selbst wird nicht ins Grundbuch eingetragen. Wie bei allen → öffentlichen Lasten ist daher → gutgläubiger Erwerb nicht möglich.

Vorkenntnisklausel
→ Maklervertrag.

Vorkonstitutionelles Recht
ist allgemein aus der Zeit vor dem Inkrafttreten einer Verfassung überkommenes Recht, im Besonderen das aus der Zeit vor dem ersten Zusammentritt des → Bundestages (7.9.1949) stammende und zu diesem Zeitpunkt noch in Geltung befindliche Recht. Es ist entweder „altes" → Reichsrecht, also am 8.5.1945 vorhandenes Recht, oder von den Ländern oder dem Wirtschaftsrat des Vereinigten Wirtschaftsgebietes in der Zeit vom 8.5.1945 bis 7.9.1949 erlassenes Recht. Nach Art. 123 II GG gilt vorkonstitutionelles Recht fort, soweit es dem GG nicht widerspricht. Dabei ist nicht darauf abzustellen, ob es förmlich nach den Vorschriften des GG ergangen ist, sondern nur darauf, ob es inhaltlich mit dem GG, insbes. mit den Grundrechten und den demokratischen und rechtsstaatlichen Grundsätzen vereinbar ist. Ob das vorkonstitutionelle Recht als → Bundesrecht oder als → Landesrecht fortgilt, bestimmt sich danach, ob zur Regelung der betreffenden Rechtsmaterie nach dem GG der Bund oder die Länder zuständig wären. Recht, das Gegenstände der → ausschließlichen Gesetzgebung des Bundes betrifft, ist Bundesrecht geworden. Recht, das Gegenstände der konkurrierenden Gesetzgebung betrifft, ist innerhalb seines Geltungsbereiches Bundesrecht geworden, soweit es innerhalb einer oder mehrerer Besatzungszonen einheitlich galt oder soweit es sich um Recht handelt, durch das nach dem 8.5.1945 früheres Reichsrecht abgeändert wurde. Im Übrigen wurde das vorkonstitutionelle Recht Landesrecht. Meinungsverschiedenheiten darüber, ob vorkonstitutionelles Recht als Bundesrecht fortgilt, hat das → Bundesverfassungsgericht zu entscheiden (Art. 126 GG). Die Frage, ob vorkonstitutionelles Recht überhaupt fortgilt oder als inhaltlich dem GG widersprechend ungültig ist, braucht nicht im → Normenkontrollverfahren dem BVerfG vorgelegt zu werden, sondern kann von jedem Gericht selbst entschieden werden; Art. 100 GG gilt nur für nachkonstitutionelle förmliche Gesetze.

Vorladung
Die → Polizei kann als → polizeiliche Maßnahme eine Person schriftlich oder mündlich in die Dienststelle vorladen, wenn sie sachdienliche Angaben machen kann, die zur Erfüllung einer bestimmten polizeilichen Aufgabe erforderlich sind, oder wenn dies zur Durchführung → erkennungsdienstlicher Maßnahmen erforderlich ist. Im letzteren Sinne ist die Vorladung Teil der → Identitätsfeststellung. Die Voraussetzungen der Vorladung sind im → Polizeirecht geregelt. Leistet die vorgeladene Person der Vorladung keine Folge, kann die Polizei die Vorladung mit → polizeilichen Zwangsmitteln durchsetzen.

Vorläufige Deckungszusage
→ Versicherungsvertrag (2b).

Vorläufige Einstellung des Strafverfahrens
→ Prozessvoraussetzungen, → Bagatellstrafsachen, → Abwesenheitsverfahren.

Vorläufige Entziehung der Fahrerlaubnis
→ Fahrerlaubnis.

Vorläufige Festnahme
→ Festnahme (1–4).

Vorläufige Sozialleistungen
sind auf Antrag des nach dem → Sozialgesetzbuch Berechtigten von dem zuerst angegangenen Leistungsträger zu erbringen, wenn die Zuständigkeit unter mehreren Trägern streitig ist (§ 43 SGB I). Stellt sich nach Gewährung

durch den vorrangig verpflichteten Sozialleistungsträger dessen Unzuständigkeit heraus, hat dieser einen Erstattungsanspruch gegen den nachrangig verpflichteten Sozialleistungsträger (§§ 102 ff. SGB X). In der Praxis häufig ist die Erbringung von vorläufigen Leistungen nach dem SGB II (→ Bürgergeld), wenn noch nicht feststeht ob überhaupt ein anderweitiger Anspruch besteht oder es ggf. längere Zeit dauern wird die weiteren Anspruchsvoraussetzungen von zB Arbeitslosengeld oder Krankengeld festzustellen.

Vorläufige Steuerfestsetzung
ist insoweit möglich, als ungewiss ist, ob und inwieweit die Voraussetzungen für die Entstehung der Steuerschuld eingetreten sind (§ 165 I AO; BMF BStBl. 1998, 346). Umfang und Grund der Vorläufigkeit sind anzugeben, zB bei Musterverfahren vor dem Bundesverfassungsgericht. Ab 2009 kann eine Steuer auch dann teilweise vorläufig festgesetzt werden, wenn nur eine einfachgesetzliche Rechtsfrage strittig ist und dazu ein Musterverfahren beim BFH anhängig ist. Voraus. ist, dass der Fall geeignet ist, das Einspruchsverfahren durch eine Allgemeinverfügung nach § 367 IIb AO zurückzuweisen. Eine → Vorbehaltsfestsetzung kann jederzeit in vollem Umfang geändert werden, eine vorläufige Steuerfestsetzung dagegen nur, soweit die Ungewissheit reicht.

Vorläufige Vollstreckbarkeit
Urteile, die nicht mit Verkündung formelle → Rechtskraft erlangen, sind im → Zivilprozess für vorläufig vollstreckbar zu erklären (teils mit, teils ohne → Sicherheitsleistung, §§ 708, 709 ZPO). Die Parteien können durch Anträge die vorläufige Vollstreckbarkeit selbst und die Sicherheitsleistung beeinflussen (§§ 710–714 ZPO). In bestimmten Fällen (zB in → Ehe- und → Kindschaftssachen) ist die Anordnung der vorläufigen Vollstreckbarkeit unzulässig. Urteile der → Arbeitsgerichtsbarkeit sind grundsätzlich kraft Gesetzes ohne Sicherheitsleistung und ohne Ausspruch in der → Urteilsformel vorläufig vollstreckbar (§ 62 I ArbGG). In der → Verwaltungsgerichtsbarkeit ist die vorläufige Vollstreckbarkeit wie im Zivilprozess geregelt; jedoch ist sie bei Urteilen auf Anfechtungs- und Verpflichtungsklagen auf die Kosten beschränkt (§ 167 VwGO; ebenso § 151 III FGO). Vorläufig vollstreckbare Urteile können schon vor Eintritt der Rechtskraft vollstreckt werden (§ 704 I ZPO, auch gültig für FGO, § 168 I Nr. 1 VwGO); bloße → Pfändung ist regelmäßig bereits vor Sicherheitsleistung möglich (§ 720a ZPO; sog. Sicherungsvollstreckung). Bei Teilvollstreckung muss auch nur ein entsprechender Teil der Sicherheitsleistung erbracht werden (§ 752 ZPO). Wenn ein Urteil (zB Berufungsurteil) die vorläufig vollstreckbare Entscheidung oder ihre Vollstreckbarerklärung aufhebt, aber zwischenzeitlich schon vorläufig vollstreckt wurde, dann besteht ein Anspruch auf → Schadensersatz oder aus → ungerechtfertigter Bereicherung gegen den, der vorläufig vollstreckt hat (§ 717 ZPO).

Vorläufiger Besitzschutz
→ einstweilige Anordnung, → einstweilige Verfügung.

Vorläufiger Betreuer
→ Betreuungsgericht.

Vorläufiger Erbe
→ Erbe, vorläufiger.

Vorläufiger Insolvenzverwalter
→ Insolvenzverwalter.

Vorläufiger Rechtsschutz
Der vorläufige Rechtsschutz betrifft die Frage, ob zur Sicherung der Rechte einer Partei vorläufig, also vor der Durchführung eines Hauptsacheverfahrens (→ Hauptsacheklage) und dem Ergehen eines endgültigen Urteils, durch das Gericht Schutzmaßnahmen ergehen können. Fälle des vorläufigen Rechtsschutzes sind der → Arrest und die → einstweilige Verfügung.

Vorläufiges Berufsverbot
→ Maßregeln d. Besserung u. Sicherung (6); sa → Rechtsanwalt (4).

Vorlage behördlicher Akten
→ Verwaltungsstreitverfahren (4).

Vorlage von Sachen und Urkunden
→ Auskunftspflicht, → Vorlegung von Sachen.

Vorlagenmissbrauch
Der Begriff bezeichnet den Verstoß gegen bestimmte strafbewehrte Verbote, die im GeschGehG (in Kraft seit 26.4.2019, BGBl. I 466, erlassen zur Umsetzung der Richtlinie (EU) 2016/943) enthalten sind und die früher in §§ 17, 18 UWG enthalten waren: Wer zur Förderung des eigenen oder fremden Wettbewerbs oder aus Eigennutz ein Geschäftsgeheimnis, das eine ihm im geschäftlichen Verkehr anvertraute geheime Vorlage oder Vorschrift technischer Art ist, nutzt oder offenlegt, macht sich nach § 23 III GeschGehG strafbar, wenn er dabei den in § 4 II Nr. 2, 3 GeschGehG enthaltenen Verboten zuwiderhandelt, dh gegen eine Verpflichtung zur Beschränkung der Nutzung des Geschäftsgeheimnisses verstößt oder gegen eine solche, das Geschäftsgeheimnis nicht offenzulegen. Als → Geschäftsgeheimnis ist dabei eine Information anzusehen, die in den relevanten Kreisen nicht allgemein bekannt oder zugänglich und deshalb von wirtschaftlichem Wert ist, vom Inhaber in angemessenem Umfang geschützt wird und für deren Geheimhaltung ein berechtigtes Interesse besteht.

Vorlegung von Sachen
Auch außerhalb bestehender Rechtsverhältnisse kann es erforderlich sein, dass jemand erst nach Vorlegung und Besichtigung einer Sache oder Einsichtnahme in eine Urkunde weiß, ob ihm ein Anspruch zusteht. §§ 809, 810 BGB gewähren deshalb unter bestimmten Voraus-

setzungen eigene schuldrechtliche Ansprüche auf Besichtigung und Einsicht. Wer gegen den Besitzer einer Sache einen → Anspruch hat oder sich vergewissern will, ob ihm ein solcher zusteht (zB gegen den Verwahrer wegen unsachgemäßer Behandlung), kann, wenn die Besichtigung der Sache aus diesem Grund für ihn von Interesse ist, verlangen, dass der Besitzer ihm die Sache zur Besichtigung vorlegt oder die Besichtigung gestattet, § 809 BGB (Editionspflicht). Wer ein rechtliches Interesse daran hat, eine im fremden Besitze befindliche Urkunde einzusehen, kann von dem Besitzer die Gestattung der Einsicht (auch Entnahme einer Fotokopie) verlangen, wenn die Urkunde in seinem Interesse errichtet (zB Vollmachtsurkunde, nicht Handakten des Rechtsanwalts) oder in der Urkunde ein zwischen ihm und anderen bestehendes Rechtsverhältnis beurkundet ist (Vertragsurkunde) oder wenn die Urkunde Verhandlungen über ein Rechtsgeschäft enthält, die zwischen ihm und einem anderen gepflogen worden sind, § 810 BGB. Dem Patienten ist auf Verlangen unverzüglich Einsicht in die vollständige, ihn betreffende Patientenakte zu gewähren, soweit der Einsichtnahme nicht erhebliche therapeutische Gründe oder sonstige erhebliche Rechte Dritter entgegenstehen, § 630g I BGB; sa → Behandlungsvertrag. Die Sache ist grds. an dem Ort vorzulegen, an dem sie sich befindet. Gefahr und Kosten der Vorlegung trägt der Verlangende; der Besitzer kann daher die Vorlegung verweigern, bis ihm der andere Teil die Kosten vorschießt und wegen der Gefahr Sicherheit leistet, § 811 BGB. Über die Vorlegung von Urkunden (→ Urkundenbeweis) oder Akten im Zivilprozess auf Anforderung durch das Gericht s. §§ 142, 143 ZPO, durch den Beweisführer oder den Gegner §§ 420 ff., 428 ZPO. Zur Vorlegung bei → Augenschein und → Sachverständigenbeweis s. §§ 144, 371 ZPO.

Vorlegungsfrist
Ein Scheck, der im Land der Ausstellung zahlbar ist, muss binnen 8 Tagen nach Ausstellung der bezogenen Bank zur Zahlung vorgelegt werden, ein im Ausland, aber innerhalb des gleichen Erdteils zahlbarer Scheck binnen 20 Tagen; liegen Ausstellungs- und Zahlungsort in verschiedenen Erdteilen, beträgt die Vorlegungsfrist 70 Tage (Art. 29 ScheckG). Wird die Vorlegungsfrist versäumt, so geht der → Scheckregress verloren (Art. 40 ScheckG). Die Vorlegungsfrist wird häufig durch Vordatierung umgangen (→ vordatierter Scheck).

Vorlegungspflicht des Gerichts
besteht zur Wahrung der → Rechtseinheit unter bestimmten Voraussetzungen, wenn ein höheres Gericht oder ein oberster Gerichtshof von der früheren Entscheidung eines gleich- oder übergeordneten Spruchkörpers in derselben Rechtsfrage abweichen will (→ Divergenz gerichtlicher Entscheidungen). Sie kann ferner im Rahmen der → Normenkontrolle bestehen (→ richterliches Prüfungsrecht, → Verfassungswidrigkeit von Gesetzen).

Vorleistungspflicht
→ gegenseitiger Vertrag (1), → Zurückbehaltungsrecht.

Vormerkung
1. Bei der Übertragung von Grundstücksrechten vergeht oftmals längere Zeit zwischen dem Abschluss des schuldrechtlichen Verpflichtungsgeschäfts (zB → Grundstückskaufvertrag) und der Eintragung im → Grundbuch. Während dieser Zeit kann der bisherige Rechtsinhaber trotz der bereits bindend gewordenen → Einigung noch wirksam über das → Grundstücksrecht zum Nachteil des Erwerbers verfügen. Deshalb sieht das Gesetz zur Sicherung des schuldrechtlichen Anspruchs auf Einräumung, Aufhebung oder inhaltliche Änderung eines Grundstücksrechts oder dessen Rangs (→ Rang von Grundstücksrechten) die Eintragung einer Vormerkung im Grundbuch vor (§ 883 BGB). Besondere Bedeutung hat in der Praxis bei Übertragung des Eigentums an einem Grundstück die Auflassungsvormerkung; s. ferner → Löschungsvormerkung. Die Vormerkung sichert zunächst den Rang des Rechts, dh das gesicherte Recht wird mit dem Rang der Vormerkung eingetragen (§ 883 III BGB). Noch wichtiger ist jedoch, dass jede → Verfügung (auch im Wege der → Zwangsvollstreckung oder durch den → Insolvenzverwalter), die nach der Eintragung der Vormerkung über das Grundstück oder das Recht getroffen wird, zB Bestellung einer → Hypothek nach Eintragung der Auflassungsvormerkung für den Grundstückskäufer, insoweit unwirksam ist, als sie den gesicherten Anspruch vereiteln oder beeinträchtigen würde (§ 883 II BGB). Durch die Vormerkung tritt also keine Grundbuchsperre, sondern nur eine relative Verfügungsbeschränkung zugunsten des Berechtigten ein. Neben dem Anspruch auf Erfüllung gegen den Schuldner (zB auf Erklärung der → Auflassung) hat der Berechtigte auf Grund der Vormerkung gegen den Dritten, der nach der Eintragung der Vormerkung ein Recht an dem Grundstück erworben hat, einen Anspruch auf Zustimmung zu der Eintragung (zB des Berechtigten als neuen Eigentümer) oder zu der Löschung (zB einer inzwischen eingetragenen Hypothek usw), § 888 BGB. Zur Auflassungsvormerkung in der Insolvenz → Insolvenzverfahren (3a).

Die Vormerkung ist ein Sicherungsmittel eigener Art, nach hM jedoch nicht bereits selbst ein → dingliches Recht, obwohl sie, zB bei Bewilligung durch einen im Grundbuch eingetragenen Nichtberechtigten, → gutgläubig erworben werden kann (§ 893 Halbs. 2 BGB; str.). Sie ist auch zur Sicherung eines künftigen oder bedingten Anspruchs zulässig; ihre Eintragung erfolgt auf Grund der Bewilligung des Betroffenen (→ Grundbuch) oder einer → einstweiligen Verfügung, für deren Erlass eine Gefährdung des zu sichernden Anspruchs nicht glaubhaft gemacht zu werden braucht (§ 885 BGB). Die Vormerkung erlischt mit der Eintragung des gesicherten Rechts, sonst mit ihrer Löschung. Auf diese hat der Betroffene Anspruch, wenn dem gesicherten Anspruch eine dauernde → Einrede, zB → Verjährung des Anspruchs, entgegensteht (§ 886 BGB). S. ferner → Widerspruch im Grundbuch.

2. Eine andere Art der Vormerkung enthält § 18 II GBO. Wird nach Erlass einer → Zwischenverfügung ein weiterer Eintragungsantrag gestellt, der das gleiche Recht betrifft, so hat das → Grundbuchamt zur Sicherung des Rangs des Rechts, das der frühere Antrag betrifft, eine Vormerkung in das Grundbuch einzutragen. Die Voraussetzungen und die sonstigen Wirkungen der Vormerkung nach BGB sind hier nicht gegeben.

Vormiete
→ Mietpreisbremse.

Vormietvertrag
Ein Vormietvertrag begründet das Recht, in einen zwischen dem Vermieter und einem Dritten geschlossenen → Mietvertrag zu den gleichen Bedingungen einzutreten. Dieser im Gesetz nicht geregelte, aber zulässige Vertrag wird nach den Bestimmungen über das → Vorkaufsrecht abgewickelt.

Vormund
1. Liegen die Voraussetzungen für eine → Vormundschaft vor, so hat das → Familiengericht dem Mündel einen Vormund zu bestellen (§§ 1773 ff., 1789 BGB), ggf. daneben einen → Mitvormund einzusetzen. Mit dem Gesetz zur Reform des Vormundschafts- und Betreuungsrechts vom 4.5.2021 (BGBl. 2021 I 882), dessen Änderungen zum 1.1.2023 in Kraft treten, wird die Stärkung der Autonomie des Mündels betont und die Gesetzesystematik des Vormundschaftsrechts neu gefasst, sa → Betreuung. Unfähig zum Vormund ist (Verstoß führt zur Nichtigkeit), wer → geschäftsunfähig ist (§ 1784 I BGB), untauglich zum Vormund ist (dh nicht bestellt werden soll), wer minderjährig ist oder unter → Betreuung steht, ferner, wer durch Anordnung der Eltern des → Mündels von der Vormundschaft ausgeschlossen ist (§ 1784 II BGB). Im Übrigen obliegt die Auswahl des Vormunds grds. dem Familiengericht; bei der Auswahl unter mehreren geeigneten Personen sind nach der Reform an erster Stelle der Wille des Mündels, seine familiären Beziehungen und persönlichen Bindungen, aber auch sein religiöses Bekenntnis und sein kultureller Hintergrund zu berücksichtigen, erst dann der Wille der Eltern (§ 1778 BGB). Ein Recht auf Bestellung zum Vormund hat, wer von den Eltern des Mündels als Vormund durch → letztwillige Verfügung benannt worden, dh zum Vormund „berufen" ist (§ 1782 f. BGB). Nach der Reform ist vorrangig ein ehrenamtlich tätiger Einzelvormund zu bestellen (§ 1779 II BGB). Nur falls dieser nicht zur Verfügung steht, kann ein Berufsvormund, der die Vormundschaft beruflich selbständig führt (§ 1774 I Nr. 2 BGB), gewisse rechtsfähige Vereine (→ Vereinsvormundschaft, § 1774 I Nr. 3 BGB) sowie das → Jugendamt (→ Amtsvormundschaft, § 1774 I Nr. 4 BGB) bestellt werden. Die Übernahme der Vormundschaft ist grds. Pflicht (§§ 1785 ff. BGB); sie kann nur aus bestimmten tatsächlichen Verhinderungsgründen (zB Krankheit, Überschreiten des 60. Lebensjahres, Belastung durch mehrere eigene Kinder oder durch eine andere Vormundschaft, Betreuung oder Pflegschaft ua) abgelehnt werden. Der Vormund erhält zu seiner Legitimation eine → Bestallung (§ 168b FamFG).

2. Der Vormund hat grds. wie der Inhaber der elterlichen Sorge iRd partnerschaftlichen Erziehung (§ 1626 II BGB) das Recht und die Pflicht der → Personensorge, der → Vermögenssorge und der Vertretung des Mündels (§ 1789 BGB); er ist dessen → gesetzlicher Vertreter. Die beschränkte Haftung eines Minderjährigen für vom Vormund begründete Verbindlichkeiten (→ elterliche Sorge, 1) gilt auch hier (§ 1789 III, § 1629a BGB). Der Vormund hat mit dem Mündel persönlichen Kontakt zu halten und ihn regelmäßig aufsuchen. Er hat die Pflege und Erziehung des Mündels persönlich zu fördern. Ist der Mündel auf längere Dauer in den Haushalt des Vormunds aufgenommen, so so sind sie sich gegenseitiger Beistand und Rücksichtnahme schuldig (§ 1791 BGB), die Pflicht des § 1619 BGB zur Mitarbeit von Kindern in der → Hausgemeinschaft gilt entsprechend. Das Vertretungsrecht ist ausgeschlossen, soweit der Mündel (in einzelnen Beziehungen) unbeschränkt geschäftsfähig ist (§§ 112, 113 BGB), soweit für eine bestimmte Angelegenheit ein Pfleger bestellt ist (§ 1789 I S. 2 BGB), das Vertretungsrecht entzogen ist (§ 1789 II S. 3 BGB) oder wegen Interessenkollision nicht ausgeübt werden kann (§ 1789 Abs. 2 BGB, § 1824 Abs. 2 BGB, 181 BGB, hier → Ergänzungspflegschaft), insbes. bei Rechtsgeschäften und Prozessen zwischen dem Vormund, seinem Ehegatten und seinen Verwandten einerseits und dem Mündel andererseits. Das Personensorgerecht – Erziehung, Aufenthaltsbestimmung ua – ist, wenn die elterliche Sorge wegen beschränkter → Geschäftsfähigkeit (Minderjährigkeit) des Sorgeberechtigten ruht, durch dessen Rechte beschränkt (§ 1673 II BGB). Eine Unterbringung des Mündels, die mit Freiheitsentziehung verbunden ist – zB in einer geschlossenen Abteilung in einer Klinik – ist nur mit Genehmigung des Familiengerichts zulässig (§ 1795 I BGB, § 1631b BGB; → Anstaltsunterbringung, 1); auch zu einer Reihe anderer persönlicher Angelegenheiten (zB → Adoption, Religionsbestimmung) bedarf der Vormund der Genehmigung des Familiengerichts.

3. In Ausübung der Vermögenssorge hat der Vormund grds. das gesamte Mündelver-

mögen in Besitz zu nehmen und zu verwalten; ein Recht zur Verwendung des Mündelvermögens für eigene Zwecke oder zur Nutznießung steht ihm grundsätzlich nicht zu (§ 1836 BGB). Geld und Wertpapiere hat er mündelsicher anzulegen (zu den Änderungen durch die Reform → Mündelgeld, → befreite Vormundschaft). Zu einer Reihe von besonders weittragenden und den Mündel erheblich belastenden Rechtsgeschäften ist die Genehmigung des Familiengerichts erforderlich, wie Ausbildungs- und → Arbeitsverträge, die länger als ein Jahr währen (§ 1795 II BGB), sowie sonstige → Dauerschuldverhältnisse wie Mietverträge, die den Mündel nach der Volljährigkeit ohne Kündigungsmöglichkeit länger als ein Jahr binden (§ 1799 II BGB). Ausgenommen von der Genehmigungspflicht sind aber solche Verträge, die für den Mündel eine geringe wirtschaftliche Bedeutung haben, wie Mobilfunkverträge, Fitnessstudio oder ÖPNV-Abo. Genehmigungspflichtig sind die auch für den Betreuer der Genehmigung unterliegenden Rechtsgeschäfte (§ 1799 BGB, §§ 1848 ff. BGB). Die familiengerichtliche Genehmigung, für deren Erteilung allein das Interesse und das Wohl des Mündels entscheidend ist, ist dem Vormund gegenüber zu erklären (§ 1800 II BGB, § 1855 BGB); nur dieser (nicht auch der beteiligte Dritte) hat bei Verweigerung der Genehmigung ein Beschwerderecht. Einseitige Rechtsgeschäfte ohne die erforderliche Genehmigung, zB Ausschlagung einer Erbschaft, sind völlig unwirksam (§ 1858 BGB). Verträge sind dagegen zunächst schwebend unwirksam; sie werden wirksam, wenn die Genehmigung nachträglich vom Familiengericht (oder bei inzwischen eingetretener Volljährigkeit des Mündels von diesem) erteilt und dem anderen Teil mitgeteilt wird (hierzu besteht für den Vormund oder Mündel trotz des abgeschlossenen, schwebend unwirksamen Vertrags keine Verpflichtung); zum Ablauf des zweiten Monats nach erfolgloser Aufforderung des Geschäftspartners zur Erteilung der Genehmigung gilt diese endgültig als verweigert (§ 1856 BGB).

4. Der Vormund ist in seiner Geschäftsführung, soweit er nicht von der Genehmigung des Familiengerichts abhängig ist, grds. selbständig. Er steht allerdings unter der dauernden Aufsicht des – ihn beratenden – Familiengerichts (§ 1802 BGB), dem er regelmäßig jährlich über die Führung der Vormundschaft und die persönlichen Verhältnisse des Mündels Auskunft zu erteilen (§ 1802 II BGB, § 1864 BGB) und über die Vermögensverwaltung durch Zusammenstellung der Einnahmen und Ausgaben, uU durch Vorlegen einer Bilanz mindestens einmal jährlich Rechnung zu legen hat (§ 1802 II BGB, § 1865 f. BGB). Die Institution des den Vormund kontrollierenden → Gegenvormunds endete mit dem Inkrafttreten der Reform des Vormundschaftsrechts zum 1.1.2023 ohne weiteres (Art. 229 § 54 Abs. 2 EGBGB). Der Vormund haftet dem Mündel für jeden aus einer schuldhaften Pflichtverletzung entstandenen Schaden (§ 1794 BGB – bei Aufnahme in den Haushalt, wie bei den Eltern, nur für → Sorgfalt in eigenen Angelegenheiten, § 1794 II BGB, § 1664 BGB, sonst generell).

5. Die Vormundschaft wird grds. unentgeltlich geführt. Das Familiengericht kann aber dem Vormund eine angemessene Vergütung bewilligen, soweit der Umfang oder die Schwierigkeit der vormundschaftlichen Geschäfte dies rechtfertigt. Die Vergütung des Vormunds (Stundensatz mindestens 23 EUR) richtet sich iE nach § 3 des Vormünder- und BetreuervergütungsG (VBVG). Aufwendungen, zB Versicherungs- und Fahrtkosten, sind dem Vormund nach den Bestimmungen des → Auftrags zu ersetzen (§ 1808 II BGB, §§ 1877, 670 BGB); zur Abgeltung dieser Aufwendungen kann der Vormund eine jährliche pauschale Aufwandsentschädigung verlangen (§ 1808 II, 1878 BGB). Der Anspruch auf Vergütung, Aufwendungsersatz und Aufwandsentschädigung richtet sich gegen den Mündel (Betreuten), bei dessen Mittellosigkeit gegen die Staatskasse (§ 1808 BGB, § 2 VBVG; zum Verfahren s. § 168d FamFG).

6. Das Amt des Vormunds endet – außer mit dem Ende der Vormundschaft überhaupt – bei Entlassung des Vormunds (insbes. aus einem wichtigen Grund, zB bei pflichtwidrigem Verhalten des Vormunds, ferner wenn er nachträglich zum Vormund untauglich wird oder einen neu eingetretenen Ablehnungsgrund geltend macht, § 1804 BGB). Der Amts- oder Vereinsvormund ist zu entlassen, sobald ein geeigneter Einzelvormund vorhanden ist und diese Maßnahme dem Wohle des Kindes dient (§ 1804 Nr. 2 BGB). Der Vormund hat nach Beendigung seines Amts das verwaltete Vermögen herauszugeben und seine Bestallung zurückzugeben; über die Verwaltung hat er → Rechenschaft abzulegen (§§ 1807, 1872 ff. BGB).

Vormundschaft

Das → Familiengericht hat von Amts wegen – ggf. auch schon vor der Geburt des Kindes – nach § 1773 BGB Vormundschaft anzuordnen, wenn ein minderjähriges Kind nicht unter → elterlicher Sorge steht oder wenn beide Eltern weder in den die Person (→ Personensorge) noch in den das Vermögen (→ Vermögenssorge) betreffenden Angelegenheiten zur Vertretung des Minderjährigen berechtigt sind, zB bei Entziehung oder Ruhen der elterlichen Sorge; das Gleiche gilt, wenn der → Personenstand des Kindes nicht zu ermitteln ist, zB beim Findelkind. Die Vormundschaft über Volljährige ist durch die → Betreuung ersetzt worden.

Zweck der Vormundschaft ist die Wahrnehmung grds. aller persönlichen und vermögensrechtlichen Angelegenheiten des → Mündels und dessen Vertretung durch den → Vormund (s. dort über dessen Rechte und die

Führung der Vormundschaft im Einzelnen). Sind dagegen nur einzelne Angelegenheiten oder ein bestimmter Kreis von Angelegenheiten (zB Rentenverwaltung, Aufenthaltsbestimmung) regelungsbedürftig, so ist ein (Ergänzungs-)Pfleger, bei Volljährigen ein Betreuer zu bestellen (→ Betreuung, 1, 2). Alle diese Personen stehen trotz ihrer grds. selbständigen Amtsführung unter der Aufsicht des Familiengerichts. Oberstes Ziel der Vormundschaft ist stets das Interesse des Mündels; diesem Leitgedanken sind alle Bestimmungen untergeordnet.

Die Vormundschaft endet kraft Gesetzes mit dem Wegfall der für ihre Anordnung bestimmten Voraussetzungen (§ 1806 BGB), insbes. bei → Volljährigkeit, Tod oder → Todeserklärung des Mündels, bei Eintritt oder Wiedererlangung der → elterlichen Sorge und bei → Adoption, nicht dagegen bei Verheiratung des Mündels. S. ferner → befreite Vormundschaft, → Mündelgeld.

Vormundschaftsgericht
Das Vormundschaftsgericht war eine Abteilung des → Amtsgerichts, dem die gerichtlichen Entscheidungen im → Familienrecht übertragen waren. Dessen Aufgaben in → Familiensachen sind heute für Jugendliche dem → Familiengericht und iÜ dem → Betreuungsgericht übertragen.

Vornahmeklage
→ Verwaltungsstreitverfahren (1a).

Vorname
Die Bestimmung des Vornamens obliegt den zur → Personensorge Berechtigten, er wird deklaratorisch im → Geburtenregister festgehalten. Die Reihung der Vornamen im → Geburtenregister und damit in dem → Personalausweis kann durch Erklärung gegenüber dem → Standesamt geändert werden (Vornamensortierung, § 45a PStG), da Algorithmen zur Datenverarbeitung automatisch nur den ersten Vornamen speichern, der nicht zwingend der für den Träger gebräuchliche ist. Eine → Namensänderung ist damit nicht verbunden.

Nach dem → Selbstbestimmungsgesetz kann eine Änderung der Eintragung der Geschlechtsbezeichnung, wie auch eine Änderung des Vornamens durch persönliche Erklärung gegenüber dem Standesamt erfolgen. Frühere Geschlechtseinträge und Vornamen sollen nicht allgemein offenbart werden. Sa → Namensänderung, → Transsexualität, → Diverse.

Vornamensortierung
→ Vorname.

Vorpfändung
Die Vorpfändung ist eine private Zwangsvollstreckungsmaßnahme des Gläubigers. Er (oder in seinem Auftrag der → Gerichtsvollzieher) kann bei der → Pfändung von Forderungen und sonstigen Rechten dem → Drittschuldner und dem Schuldner eine schriftliche Erklärung zustellen, aus der hervorgeht, dass die Pfändung des Rechts oder der Forderung bevorstehe (§ 845 ZPO). Der Vorpfändung muss dann ein → Pfändungsbeschluss des Vollstreckungsgerichts innerhalb von 1 Monat nachfolgen. Nur dann wahrt die Vorpfändung, der die Wirkung eines → Arrests zukommt, den dem Zeitpunkt der Zustellung entsprechenden Rang (→ Pfändungspfandrecht).

Vorprämie
→ Versicherungsvertrag (3).

Vorrang
→ Rangverhältnis.

Vorrang des Gesetzes
Innerhalb der Rechtsordnung besteht eine Rangordnung der Normen. Mit größter Geltungskraft ausgestattet sind die Verfassungsnormen. Es folgen die → Gesetze im formellen Sinne, sodann die nicht im förmlichen Gesetzgebungsverfahren zustandegekommenen → Rechtsvorschriften (→ Rechtsverordnungen und → Satzungen; beide sind Gesetze im – nur – materiellen Sinn). Nach dem Grundsatz des Vorrangs der höherrangigen Norm dürfen die formellen Gesetze nicht gegen Verfassungsnormen verstoßen (sie können diese jedoch auf Grund eines → Gesetzesvorbehaltes zulässigerweise einschränken). Rechtsverordnungen und Satzungen als untergesetzliche Normen dürfen nicht gegen förmliche Gesetze verstoßen. Der Verstoß gegen eine höherrangige Norm führt zur Nichtigkeit der Vorschrift. Förmliche Gesetze können nicht durch Rechtsverordnungen oder Satzungen, sondern nur durch ein förmliches Gesetz aufgehoben oder abgeändert werden. IwS besagt Vorrang des Gesetzes auch, dass jedes Verwaltungshandeln, auch soweit es nicht in die Rechte einzelner eingreift, die bestehenden Gesetze beachten muss (→ Gesetzmäßigkeit der Verwaltung).

Vorratsaktie
Eine Vorratsaktie (Verwaltungsaktie) ist eine → Aktie, die bei ihrer Ausgabe zwar von einem Dritten (Bank) übernommen wird, von der Aktiengesellschaft aber (unter den Voraussetzungen für → eigene Aktien) angefordert werden kann.

Vorratsbeschluss
→ Übernahme eines Handelsgeschäfts (Unternehmens) (2).

Vorratsdatenspeicherung
→ Telekommunikationsüberwachung 2b.

Vorratsgesellschaft
→ Gesellschaft mit beschränkter Haftung (2). Zur steuerlichen Kompontente → Mantelkauf.

Vorratspfändung
Eine Vorratspfändung ist bei → Lohnpfändung für Unterhaltsansprüche sowie für Renten wegen Körperverletzung oder Gesundheitsbeschädigung zulässig. Sie kann für die künftig fällig werdenden Ansprüche auch das künftig

fällig werdende Arbeitseinkommen erfassen (§ 850d III ZPO). Darin liegt eine Ausnahme von dem Grundsatz (§ 751 I ZPO), dass die Zwangsvollstreckung nur wegen fälliger Ansprüche betrieben werden darf.

Vorratsschuld
→ Gattungsschuld.

Vorratsvermögen
ist ein Teil des → Umlaufvermögens. Es umfasst Wirtschaftsgüter, die grundsätzlich zum Verbrauch oder zur Veräußerung bestimmt sind. Die Gliederung des Vorratsvermögens in der → Bilanz ergibt sich aus § 266 II HGB.

Vorratszeichen
nennt man vorsorglich eingetragene, aber noch nicht benutzte Marken. Auf diese Weise kann Schutz „auf Vorrat" für ein Zeichen gesichert werden, welches zB für ein noch in der Entwicklung befindliches Produkt zukünftig genutzt werden soll. Möglich macht dies der Umstand, dass Marken nicht bereits mit ihrer Eintragung dem Benutzungszwang unterliegen, vgl. § 49 MarkenG. Sa → Marken.

Vorruhestand
1. Beamte, Richter und Soldaten: Grds. können die öffentlichen Bediensteten beantragen, bereits mit Vollendung des 63. Lebensjahres in den Ruhestand versetzt zu werden (§ 52 III BGB und die ähnlichen Vorschriften der Länder); sie müssen dann allerdings Abschläge in der Versorgung hinnehmen. In Bereichen des öffentlichen Dienstes, in denen wegen der Arbeitsmarktsituation ein außergewöhnlicher Bewerberüberhang besteht und deshalb ein dringendes öffentliches Interesse an der Einstellung von Bewerbern in den öffentlichen Dienst gegeben ist, können nach § 95 BBG und nachähnlichen Vorschriften der Länder zB Beamte ohne Dienstbezüge für einen Zeitraum von 6 Jahren oder bis zum Eintritt des Ruhestandes beurlaubt werden. Daneben besteht die Möglichkeit der Altersteilzeit gemäß § 93 BBG und ähnlichen Vorschriften der Länder → Altersteilzeitgesetz, 3).

2. Arbeitsrechtlich können Arbeitgeber auf Grund → Tarifvertrags oder Einzelvereinbarung verpflichtet sein, Arbeitnehmern, die vorzeitig aus dem Erwerbsleben ausscheiden, Vorruhestandsleistungen zu erbringen. Betroffen sind nur Altfälle (vgl. 3.).

3. Das VorruhestandsG v. 13.4.1984 (BGBl. 1984 I 610) mÄnd, das zunächst durch das AltersteilzeitG 1989 v. 20.12.1988 (BGBl. 1988 I 2348) mÄnd und am 1.8.1996 durch das neue → Altersteilzeitgesetz v. 23.7.1996 (BGBl. 1996 I 1078) mÄnd abgelöst worden ist, sah vor, dass Arbeitnehmer, die mit 58 Jahren aus dem Erwerbsleben ausschieden, vom Arbeitgeber ein Vorruhestandsgeld iHv 65 vH des Bruttoarbeitsentgelts erhielten. Der Arbeitgeber erhielt dann von der Bundesagentur für Arbeit unter bestimmten Bedingungen einen Zuschuss. Die Regelungen haben sich durch Zeitablauf erledigt, gelten aber noch für Altfälle (§ 14 VRG).

4. In der gesetzlichen → Rentenversicherung unterliegt die Vorruhestand der → Versicherungspflicht nach § 3 Abs. 1 S. 4 SGB VI, wenn unmittelbar zuvor Versicherungspflicht bestanden hat. Soweit eine Befreiung von der Versicherungspflicht nach § 6 Abs. 1 S. 4 SGB VI beantragt wird, zählen für die Voraussetzung der 216 Kalendermonate Versicherungszeit auch der Vorruhestand mit. In der sozialen → Pflegeversicherung besteht während des Vorruhestands Versicherungspflicht nach § 20 SGB XI. Die Vereinbarung von Altersteilzeit führt in bestimmten Fällen dazu, dass bei einigen → Altersrenten die Altersgrenze nicht angehoben wird (zB § 236 SGB VI). § 156 SGB III schließt den Bezug von → Arbeitslosengeld aus, wenn Vorruhestandsleistungen bezogen werden.

Vorsatz
1. Einen Straftatbestand erfüllt grds. nur, wer hinsichtlich aller objektiver Tatbestandsmerkmale mit Vorsatz handelt und ggf. zusätzliche subjektive Merkmale erfüllt. Fahrlässiges Handeln (→ Fahrlässigkeit) steht dagegen nur und insoweit unter Strafe, als es ausdrücklich mit Strafe bedroht wird (§ 15 StGB). Dabei kennt das Gesetz auch Vorsatz-Fahrlässigkeits-Kombinationen, unter denen die erfolgsqualifizierten Delikte (§ 18 StGB) besondere Bedeutung besitzen. Kennt der Täter bei Begehung der Tat einen Umstand nicht, der zum gesetzlichen Tatbestand gehört, so handelt er nicht vorsätzlich (Tatbestandsirrtum, § 16 StGB; → Irrtum).

a) Vorsatz bedeutet, dass der Täter hinsichtlich des jeweiligen Merkmals mit Wissen (kognitives Element) und Wollen (voluntatives Element) handelt. Je nach Ausprägung beider Elemente unterscheidet man drei verschiedene Vorsatzformen:

Die Absicht (dolus directus ersten Grades) zeichnet sich durch einseitige Betonung des voluntativen Elements aus: Der Täter strebt einen bestimmten Erfolg, zB die Tötung eines anderen, willentlich an; sie ist Ziel seines Handelns.

Spiegelbildlich hierzu betont die Vorsatzform der Wissentlichkeit (dolus directus zweiten Grades) das kognitive Element: Der Täter sieht es als sichere Folge seines Tuns an, dass ein bestimmter Erfolg eintritt. Dann handelt er auch dann mit Vorsatz, wenn ihm dieser Erfolg zB als bloßer Nebeneffekt unwillkommen, dh insoweit kein Wollen gegeben ist.

Von großer praktischer Bedeutung ist der bedingte Vorsatz (dolus eventualis) als dritte Vorsatzform. In kognitiver Hinsicht setzt er voraus, dass der Täter zumindest die Möglichkeit erkennt, dass sein Handeln einen bestimmten Erfolg herbeiführen wird. In voluntativer Hinsicht reicht dann aus, wenn der Täter diese Möglichkeit billigend in Kauf nimmt und sich mit ihr abfindet. Das kann auch dann der Fall sein, wenn dem Täter der Erfolg unwillkommen ist, und wird regelmäßig erfüllt sein, wenn ihm der Erfolgseintritt egal ist. Schwierig ist die Abgrenzung des dolus eventualis von der bewussten Fahrlässigkeit (luxuria). Im kognitiven Element stimmen beide subjektive Einstellungen überein; sie unterscheiden sich nur im voluntativen Element. Dabei zeichnet sich die bewusste Fahrlässigkeit dadurch aus, dass der Täter darauf vertraut (und nicht lediglich hofft), dass der Erfolg nicht eintreten wird.

b) Zeitpunkt: Es besteht das Erfordernis zeitlicher Koinzidenz von Tat und Vorsatz. Vorsatz muss daher stets bei Begehung der Tat vorliegen, bei Erfolgsdelikten zum Zeitpunkt derjenigen Handlung, welche den Erfolg kausal herbeiführt (→ Kausalität im Strafrecht). Zur Strafbarkeit führt weder ein vor Beginn des → Versuchs (dort 4) liegender Vorsatz (dolus antecedens), noch eine erst nach → Vollendung eintretende Erkenntnis bzw. Billigung (dolus subsequenz). Zu Fragen einer sog. sukzessiven Beteiligung oder der Verwirklichung eines → Qualifikationstatbestands(beides setzt Vorsatz voraus) in der Phase bis zur → Beendigung der Straftat s. dort.

2. Im Zivilrecht: → Verschulden (2).

Vorsatzdelikte
Vorsatzdelikte sind Straftatbestände, die ein vorsätzliches Handeln voraussetzen (→ Vorsatz). Das ist bei allen Strafnormen der Fall, die nicht ausdrücklich auch fahrlässiges Handeln mit Strafe bedrohen (§ 15 StGB, → Fahrlässigkeit). Eine Strafbarkeit wegen → Versuchs (§§ 22, 23 StGB) ist nur bei Vorsatzdelikten möglich. Gleiches gilt für die → Teilnahme an einer Straftat (→ Anstiftung nach § 26 StGB, → Beihilfe nach § 27 StGB). Nach wohl hM ist auch ein Handeln in → Mittäterschaft (§ 25 II StGB) nur bei Vorsatzdelikten möglich. Neben reinen Vorsatzdelikten kennt das Strafrecht auch Tatbestände, die für bestimmte Elemente Vorsatz voraussetzen, für andere aber fahrlässiges Handeln genügen lassen (Vorsatz-Fahrlässigkeits-Kombinationen). Zu diesen gehören auch die → erfolgsqualifizierten Delikte (§ 18 StGB), die nach § 11 II StGB aber insgesamt wie Vorsatzdelikte zu behandeln sind.

Vorsatztheorie
→ Verbotsirrtum.

Vorschaltgesetz
→ Reichsvermögen.

Vorschaltverfahren
wird gelegentlich noch das Verwaltungsverfahren genannt, das dem → Verwaltungsstreitverfahren vorangehen muss (→ Widerspruchsverfahren).

Vorschulen
1. Im deutschen Kaiserreich bis 1918 bezeichnete Vorschule eine Schulform, die von der 1. bis zur 3. Jahrgangsstufe reichte. Sie konnte an der Stelle der Volksschule (Grundschule) besucht werden, war aber ein Jahr kürzer und bereitete auf das Gymnasium vor. Die Vorschule wurden in der Weimarer Republik abgeschafft. Sie blieben nach Art. 7 VI GG aufgehoben (wie schon durch Art. 147 III WV).

2. Im heutigen Sprachgebrauch versteht man unter Vorschule eine der Volksschule → Grundschule, Hauptschule) vorausgehende Erziehung. Dabei kann es sich sowohl um Vorklassen einer schulischen Einrichtung handeln (Primärbereich), als auch um Angebote in Kindereinrichtungen (Elementarbereich). Im Freistaat Sachsen haben die → Kindertageseinrichtungen (s. → Kindergarten) auch einen Bildungsauftrag zur Vorbereitung auf die Schule. Die Vorschulerziehung soll auf schulische Leistungen vorbereiten und insbes. auch Benachteiligungen abbauen.

Vorschuss
Die Leistung eines Vorschusses oder einer Anzahlung ist idR eine vorweggenommene teilweise → Erfüllung oder eine Sicherheitsleistung; es wird auf eine noch nicht entstandene oder noch nicht fällige Forderung geleistet. Sa → Gerichtskostenvorschuss, → Prozesskostenvorschuss, → Rechtsanwaltsgebühr, → Abschlagszahlung, → Werkvertrag, → Bauvertrag, → Verbraucherbauvertrag.

Vorschussberechnung
Besteht im → Insolvenzverfahren der → Genossenschaft die → Nachschusspflicht eines Mitglieds, so wird die Höhe des aufzubringenden Vorschusses vom → Insolvenzverwalter berechnet und eine Vorschussberechnung mit dem in § 106 GenG vorgeschriebenen Inhalt beim Insolvenzgericht eingereicht; dieses erklärt auf Grund eines abgehaltenen Termins (§ 108 GenG) die Vorschussberechnung für vollstreckbar (→ Vollstreckungstitel). Gegen die Vorschussberechnung kann jedes Mitglied Anfechtungsklage erheben (§§ 111, 112 GenG). Anstatt der Vorschussberechnung kann ein → Vergleich abgeschlossen werden (§ 112a GenG). Wird die Vorschussberechnung auf Anfechtungsklage geändert oder wird der errechnete Gesamtbetrag von den Mitgliedern nicht aufgebracht, so stellt der Insolvenzverwalter eine Zusatzberechnung auf, die den Vorschriften über die Vorschussberechnung unterliegt (§ 113 GenG).

Vorschussverein
Der Vorschussverein ist eine → Genossenschaft, deren Zweck darin besteht, ihren Mitgliedern günstige Kredite zu verschaffen.

Vorsitzender Richter
Vorsitzender Richter ist bei einem Kollegialgericht der Richter, dem gesetzlich bestimmte Zuständigkeiten – insbes. Vorbereitung und Leitung der mündlichen oder Hauptverhandlung, zT auch (alleinige) Entscheidungsbefugnisse (vgl. § 349 II, III ZPO; § 55 ArbGG; § 112 SGG, §§ 79 ff. FGO) – übertragen sind. Bei der → Abstimmung hat er jedoch grund-

sätzlich gleiches Stimmrecht wie ein → Beisitzer (sa → Geschäftsverteilung).

Vorsorgeaufwendungen
sind private Aufwendungen, die der Stpfl. zur Vorsorge gegen Lebensrisiken und das Alter trifft. Sie können steuerlich als → Sonderausgaben berücksichtigt werden. Bei den Vorsorgeaufwendungen ist zu unterscheiden zwischen sog. Altersvorsorgeaufwendungen und sonstigen Vorsorgeaufwendungen.

a) Altersvorsorgeaufwendungen werden bis zu einem Betrag, der in 2005 für Ledige 12.000 EUR und Verheiratete 24.000 EUR (60 vH aus 20.000/40.000 EUR als Höchstbetrag) betrug, als Sonderausgaben berücksichtigt. Der Höchstbetrag erhöht sich bis 2025 schrittweise um 400/800 EUR jährlich auf 20.000 EUR bzw. 40.000 EUR.

b) Sonstige Vorsorgeaufwendungen sind zB Beiträge zur Arbeitslosen-, Kranken-, Pflege- und Unfallversicherung sowie Erwerbs- und Berufsunfähigkeitsversicherungen. Ab 2004 können Beiträge zu den üblichen Kapitallebensversicherungen und zu Rentenversicherungen mit Kapitalwahlrecht nur noch zu 88% als S. angesetzt werden. Ab 2005 lässt das Gesetz Beiträge zu diesen Versicherungen nur dann zum Abzug zu, wenn der Vertrag vor dem 1.1.2005 abgeschlossen und zudem der erste Beitrag vor diesem Termin geleistet wurde (§ 10 I Nr. 3b EStG). Der Höchstbetrag für sonstige Vorsorgeaufwendungen beträgt jährlich 2.400 EUR, ab 2010 erhöht er sich auf 2.800 EUR. Für Steuerpflichtige, die einen steuerfreien Zuschuss zu ihrer Krankenversicherung erhalten oder über einen Anspruch auf Beihilfe verfügen, betrug der Höchstsatz bislang 1.500 EUR und steigt ab 2010 auf 1.900 EUR. Bei Ehegatten sind die Höchstbeträge getrennt zu ermitteln.

c) Die Höchstbeträge sind bei Stpfl., die ganz oder teilweise ohne eigene Beitragsleistungen einen Anspruch auf Altersversorgung erwerben, um den Betrag zu kürzen, der dem Gesamtbeitrag (Arbeitgeber- und Arbeitnehmeranteil) zur allgemeinen Rentenversicherung entspricht. Der Gesamtbeitrag ist dabei anhand der Einnahmen aus der Tätigkeit zu ermitteln, die die Zugehörigkeit zum genannten Personenkreis begründen.

d) Aufgrund der Entscheidungen des BVerfG vom 13.2.2008 ist der Abzug von Aufwendungen für die Kranken- und Pflegeversicherung neu geregelt worden. Das BVerfG hat den bisherigen Umfang der steuerlichen Berücksichtigung von Beiträgen zugunsten einer privaten Kranken- und Pflegeversicherung mit dem Grundgesetz für unvereinbar erklärt, da sie nicht die volle steuerliche Abziehbarkeit der Beiträge zur sozialhilfegleichen Kranken- und Pflegeversorgung des Steuerpflichtigen und seiner Familie gewährleisten. Dem Gesetzgeber wurde eine Frist zur Neuregelung bis 1.1.2010 gegeben. Nach der neuen Regelung sind Beiträge zur gesetzlichen Krankenversicherung, gekürzt um den Beitragsanteil, der zur Finanzierung des Krankengeldes eingesetzt wird; Beiträge zugunsten einer privaten Krankenversicherung, soweit diese der Finanzierung einer Basisabsicherung dient; und Beiträge zur privaten und gesetzlichen Pflegeversicherung sind steuerlich voll absetzbar. Einbezogen werden Beiträge, die der Steuerpflichtige für seinen Ehegatten sowie seine Kinder aufbringt. Dabei sind Beiträge für Wahl- bzw. Zusatztarife ausgenommen.

Neben den Beiträgen zur Kranken- und Pflegeversicherung werden grundsätzlich die übrigen sonstigen V. steuerlich berücksichtigt. Hier sind jedoch auch die bislang geltenden und ab 2010 erhöhten Höchstbeträge zu beachten. Wird durch die Beiträge zur Kranken- und Pflegeversicherung bereits der Höchstbetrag erreicht, so können Aufwendungen für weitere sonstige Vorsorgeleistungen, zB Haftpflichtversicherungen, nicht mehr steuerlich berücksichtigt werden. Die Beiträge zur Basiskranken- und Pflegeversicherung bleiben, auch wenn sie die Höchstbeträge übersteigen, in vollem Umfang abziehbar.

Um durch die Neuregelung eine Schlechterstellung der Steuerpflichtigen zu vermeiden, wird von Amts wegen geprüft, ob die bisherige Rechtslage für den Steuerpflichtigen günstiger ist (sog. Günstigkeitsprüfung). Die für die steuerliche Berücksichtigung erforderlichen Daten werden von Arbeitgebern, Rentenversicherung und privaten Krankenversicherung dem Finanzamt übermittelt. Für Versicherungsverhältnisse, die bereits vor dem 1.1.2010 bestanden, gilt die erforderliche Einwilligung zur Übermittlung der Daten als erteilt. Für Versicherungsverhältnisse nach diesem Stichtag muss die Einwilligung vom Steuerpflichtigen ausdrücklich erteilt werden.

e) Der Abzug von Vorsorgeaufwendungen als Sonderausgaben ist grundsätzlich nicht möglich, wenn diese in Zusammenhang mit steuerfreien Einnahmen stehen. Hiervon wird jedoch aus unionsrechtlichen Gründen mit dem Jahressteuergesetz 2025 (Anwendung in allen offenen Fällen) nach § 10 Abs. 2 S. 1 Nr. 1 EStG eine Ausnahme gemacht, soweit die Vorsorgeaufwendungen mit in der EU, im EWR oder in der Schweiz erzielten Einnahmen aus nichtselbstständiger Tätigkeit im Zusammenhang stehen, die Einnahmen nach einem DBA im Inland steuerfrei sind und der Beschäftigungsstaat die steuerliche Berücksichtigung der Vorsorgeaufwendungen nicht erlaubt. Dies gilt auch für Renteneinkünfte oder Einnahmen aus einer freiberuflichen Tätigkeit.

Vorsorgepauschale
Durch das → Alterseinkünftegesetz wurde auch die Vorsorgepauschale neu geregelt. Seit dem Veranlagungszeitraum 2010 entfällt die Vorsorgepauschale.

Vorsorgeprinzip
Nach dem Vorsorgeprinzip sind Maßnahmen im → Umweltschutz möglichst weit voraus-

schauend und -planend anzulegen. Für die Umweltpolitik der → Europäischen Union ist das Vorsorgeprinzip eine in Art. 191 II AEUV (→ AEUV) genannte und mit dem Vorbeugungsgrundsatz verknüpfte Handlungsmaxime.

Vorsorgeregister
Die → Bundesnotarkammer registriert auf Antrag des Vollmachtgebers → Vorsorgevollmachten in einem zentralen Vorsorgeregister; dem Vormundschaftsgericht wird auf Ersuchen Auskunft aus dem Register erteilt (§§ 78a ff. BNotO; VO v. 21.2.2005, BGBl. 2005 I 318). Auch Ärzte erhalten Auskunft, um die Vertretungsberechtigung aus einer Vorsorgevollmacht und die Reichweite der → Ehegattennotvertretung hinsichtlich eines Patienten abschätzen zu können, der krankheitsbedingt nicht selbst rechtlich handlungsfähig ist (§ 78b I BNotO).

Vorsorgeunterhalt
→ Trennungsunterhalt, → Scheidungsunterhalt.

Vorsorgeuntersuchungen
sind Maßnahmen der → Krankenversicherung und der → Sozialhilfe zur Früherkennung von Krankheiten und die Untersuchung von Kindern bis zum vollendeten 18. Lebensjahr auf Entwicklungsstörungen (§ 26 SGB V). Diese Untersuchungen umfassen auch die Erfassung und Bewertung gesundheitlicher Risiken, einschließlich einer Überprüfung der Vollständigkeit des Impfstatus, sowie eine darauf abgestimmte präventionsorientierte Beratung, einschließlich Informationen zu regionalen Unterstützungsangeboten für Eltern und Kinder. Soweit erforderlich, erhalten die Kinder oder Jugendlichen, sowie die Eltern und sonstigen Erziehungsberechtigten, eine altersentsprechende Präventionsempfehlung. Die Vorsorgeuntersuchungen schließen bei Kindern auch die zahnärztliche Vorsorgeuntersuchungen mit ein.

Über 18 Jahre alte Versicherte erhalten alters-, geschlechter- und zielgruppengerechte ärztliche Gesundheitsuntersuchungen zur Erfassung und Bewertung gesundheitlicher Risiken und Belastungen, zur Früherkennung von bevölkerungsmedizinisch bedeutsamen Krankheiten und eine darauf abgestimmte präventionsorientierte Beratung, einschließlich einer Überprüfung des Impfstatus im Hinblick auf die Empfehlungen der Ständigen Impfkommission nach § 20 Abs. 2 Infektionsschutzgesetz (§ 25 SGB V). Dieser Personenkreis hat darüber hinaus Anspruch auf Früherkennung von Krebserkrankungen.

Voraussetzung für die Durchführung von Vorsorgeuntersuchungen ist, dass es sich um behandelbare Krankheiten handelt (§ 25 Abs. 3 SGB V). Soweit Vorsorgeuntersuchungen bezüglich Krebserkrankungen durchgeführt werden sollen, regelt § 25a SGB V (organisierte Früherkennungsprogramme) deren Durchführung (§§ 25, 26 SGB V; § 8 KVLG 1989; § 47 SGB XII).

Vorsorgevollmacht
Eine Vorsorgevollmacht ist eine → Vollmacht, die einer Vertrauensperson für den Fall erteilt wird, dass der Vollmachtgeber aufgrund Krankheit nicht in der Lage ist, selbst für sich zu sorgen, und damit an sich eine Betreuung erforderlich wird. Sie erlischt daher entsprechend dem Grundsatz in §§ 168, 672 BGB nicht mit dem Eintritt der → Geschäftsunfähigkeit. Die Vollmacht dient dazu, die → Betreuung, die einen größeren Eingriff in die Autonomie bedingt, möglichst entbehrlich zu machen (§ 1814 III S. 2 Nr. 1 BGB). Zu diesem Zweck ist der Besitzer einer Vollmachtsurkunde, der von der Einleitung eines Betreuungsverfahrens Kenntnis erlangt, verpflichtet, das → Betreuungsgericht über deren Existenz zu unterrichten (§ 1820 I BGB). Das Betreuungsgericht kontrolliert die Ausübung der Vollmacht und das Verhältnis zwischen Betreuer und Bevollmächtigtem: Es kann die Ausübung der Vollmacht unterbinden, wenn das Handeln des Bevollmächtigten nicht den Wünschen des Vollmachtgebers entspricht und eine erhebliche Gefahr für den Vollmachtgeber oder dessen Vermögen besteht oder wenn der Bevollmächtigte einen trotz der Vollmacht eingesetzten Betreuer behindert (§ 1820 IV BGB). Wenn die Gefahr besteht, dass der Bevollmächtigte nicht den Wünschen des Vollmachtgebers entsprechend handelt, kann es auch einen Kontrollbetreuer bestellen, der die Ausübung der Vollmacht kontrolliert und die Rechte des Bevollmächtigten statt seiner ausüben kann (§ 1820 III BGB). Ein Betreuer darf die Vollmacht jedoch nur unter bestimmten Voraussetzungen widerrufen (§ 1820 V BGB). Die Vorsorgevollmacht ist grundsätzlich formlos gültig. Zu besonders eingriffsintensiven Maßnahmen, wie einer freiheitsentziehenden Unterbringung, ärztlichen Zwangsbehandlungen, aber auch solchen Behandlungen, die den Vollmachtgeber in die Gefahr des Todes oder der schweren und länger dauernden Gesundheitsschädigung bringen können, bedarf der Bevollmächtigte einer schriftlichen und ausdrücklichen Bevollmächtigung (§ 1820 II BGB). Die Vorsorgevollmacht geht dem → Ehegattennotvertretungsrecht vor. Sie kann zusammen mit einer → Patientenverfügung und einer → Betreuungsverfügung errichtet werden. Die Bundesnotarkammer registriert Vorsorgevollmachten, Patientenverfügungen und Betreuungsverfügungen im → Zentralen Vorsorgeregister; den Gerichten und approbierten Ärzten wird auf Ersuchen Auskunft aus dem Register erteilt (§§ 78a ff. BNotO; VO v. 21.2.2005, BGBl. 2005 I 318). → Betreuung (2).

Vorspruch
(bei Gesetzen) → Präambel.

Vorstand
Der Vorstand ist das geschäftsführende Organ zahlreicher privat- oder öffentlich-rechtlicher Zusammenschlüsse oder Körperschaften; vgl. insbes. → Aktiengesellschaft (3), → Genossenschaft (3), → Verein (1b), → Deutsche Bahn AG, → Sozialversicherungsträger uam.

Vorstellungskosten
Die anlässlich einer Stellensuche angefallenen Kosten sind vom Arbeitgeber analog § 670 BGB nur zu erstatten, wenn er hierzu Anlass gegeben hat, zB durch die Aufforderung zur persönlichen Vorsprache; erfasst sind Reise- und ggf. Übernachtungskosten in angemessenem Umfang, uU auch anderweitiger Lohnausfall. Der Anspruch kann abbedungen werden. Sa → Reisekosten (Umzugskosten). Leistungen der Arbeitsförderung werden gemäß § 44 SGB III aus dem Vermittlungsbudget gewährt.

Vorsteuerabzug
→ Umsatzsteuer (7 bis 9).

Vorsteuerberichtigung
→ Umsatzsteuer (8).

Vorstrafen
Vorstrafen sind ersichtlich aus dem Bundeszentralregister (→ Strafregister, → Führungszeugnis). Unterliegt eine Vorstrafen der → Straftilgung, so gilt sie nach § 51 BZRG im Rechtsverkehr als nicht existent und darf nicht zum Nachteil des Verurteilten verwertet werden (Strafzumessung, Versagung einer Genehmigung usw.); über Ausnahmen sowie über das Recht des Verurteilten, sich nach der Tilgung des Vermerks im Strafregister als unbestraft zu bezeichnen, → Straftilgung (5).

Bei → Vernehmungen und in der → Hauptverhandlung (§ 243 V 3 StPO) sollen Vorstrafen des Beschuldigten nur festgestellt werden, soweit es für die Entscheidung von Bedeutung ist. Das kann der Fall sein zur Feststellung eines gewohnheitsmäßigen Handelns, bei gleichartigen Delikten, uU auch zur Klärung der Schuldfrage, sonst idR nur für die Straffrage. Ein Zeuge soll nach Vorstrafen nur gefragt werden, wenn es notwendig ist, um seine Glaubwürdigkeit zu beurteilen oder ein etwaiges Vereidigungshindernis nach § 60 Nr. 2 StPO festzustellen (§ 68a II StPO); würde ihm die Offenbarung der Vorstrafen Unehre bereiten, soll nach Vorstrafen nicht gefragt werden (§ 68a I StPO; sa § 384 ZPO). Bei der Verurteilung eines straffällig Gewordenen können Vorstrafen für ihn mit Rechtsnachteilen verbunden sein. Sie können zu → Maßregeln der Besserung und Sicherung führen (s. dort 3, 5: Sicherungsverwahrung, Führungsaufsicht). IdR fallen sie bei der → Strafzumessung ins Gewicht, außer wenn sie geringfügig sind, uU auch nicht, wenn ihnen Straftaten ganz anderer Art zugrunde liegen als die zur Aburteilung stehende, zB wegen eines Vermögensdelikts in einer Verkehrsstrafsache.

Nach anderen gesetzlichen Vorschriften können Vorstrafen die Erteilung einer Genehmigung oder einer Berufserlaubnis hindern. Bei einer Einstellung als Arbeitnehmer sind Vorstrafen nur anzugeben, wenn der Arbeitgeber zulässigerweise (Bezug zum → Arbeitsverhältnis) nach ihnen gefragt hat. Beamtenrechtlich → Amtsunfähigkeit.

Vortäuschen einer Straftat
Straftatbestand nach § 145d StGB: Wer einer Behörde oder einer zur Entgegennahme von → Strafanzeigen zuständigen Stelle wider besseres Wissen die Begehung einer rechtswidrigen (mit Strafe bedrohten) Tat vortäuscht, die gar nicht begangen worden ist, oder wer eine solche Stelle über die Person eines an einer solchen Tat Beteiligten zu täuschen sucht, wird danach mit Freiheitsstrafe bis zu 3 Jahren oder Geldstrafe bestraft. Der Tatbestand ist subsidiär (→ Konkurrenz von Straftaten), soweit im Einzelfall eine strengere Strafvorschrift anwendbar ist (zB falsche → Verdächtigung, § 164 StGB). Die Täuschung über die Person kann darin bestehen, dass der Handelnde entweder von dem wahren Täter oder, wenn er selbst Täter ist, über bloßes Bestreiten hinaus von sich selbst den Verdacht abzulenken sucht. Da es sich um ein Delikt gegen die Rechtspflege handelt, wird in der Rechtslehre – meist mindestens für den letzteren Fall – vorausgesetzt, dass der Täter eine bestimmte andere Person verdächtigt. Strafbar ist es auch, einer der genannten Stellen das angebliche Bevorstehen einer besonders schweren Straftat vorzutäuschen, deren Androhung nach § 126 StGB (→ Androhung von Straftaten) strafbar ist (zB Geiselnahme, Brandstiftung), sowie eine Täuschung über die Person des an einer solchen (wirklich bevorstehenden) Tat Beteiligten. Ferner macht sich der Täter einer Straftat strafbar, der eine begangene oder bevorstehende Straftat vortäuscht, um eine Strafmilderung oder ein Absehen von Strafe nach § 466 StGB oder § 31 BtMG zu erreichen (→ Kronzeuge). Sa → Bedrohung.

Vortat, straflose (mitbestrafte)
→ Konkurrenz von Straftaten.

Vorteilsannahme, -gewährung
→ Bestechung.

Vorteilsausgleichung
(Vorteilsanrechnung; compensatio lucri cum damno). Hat ein Ereignis nicht nur einen → Schaden, sondern auch einen Vorteil für den Betroffenen mit sich gebracht, so muss sich dieser den Vorteil auf seinen Anspruch auf → Schadensersatz anrechnen lassen. Der Schadensersatz darf nicht zur Besserstellung des Geschädigten führen (Bereicherungsverbot), der Schädiger darf aber durch die Verpflichtung zur Leistung des Schadensersatzes auch nicht unzumutbar beeinträchtigt werden. Ein Vorteilsausgleich setzt jedoch voraus, dass der Vorteil durch das gleiche Ereignis wie der Schaden adäquat verursacht worden ist; es ist

ferner stets zu prüfen, ob die Anrechnung dem Sinn und Zweck der Schadensersatzpflicht entspricht (normativer Schadensersatzbegriff, → Schadensersatz). Dem Geschädigten, auch dem Schädiger, soll durch das Ereignis kein unverdienter Vorteil erwachsen. Spenden Dritter, vertragliche Ansprüche des Geschädigten, zB aus einer Lebens- oder Unfallversicherung, oder sonstige Maßnahmen des Geschädigten zur Schadensvorsorge sowie gesetzliche Unterhaltsansprüche (vgl. § 843 IV BGB) können nicht angerechnet werden, weil dadurch der Schädiger ungerechtfertigt zu Lasten der sonstigen Verpflichteten bereichert würde. In verschiedenen Fällen gehen die Ansprüche des Geschädigten kraft Gesetzes auf den Ersatzleistenden über, insbes. im Rahmen einer (Privat- oder Sozial-)Versicherung (§ 86 VVG, § 116 SGB X); bei nur teilweiser Ersatzpflicht des Schädigers (zB wegen → Mitverschuldens) geht dieser Anspruch vor, sog. → Quotenvorrecht; in anderen Fällen hat der Ersatzleistende einen Anspruch auf → Abtretung (zB der Arbeitgeber, der den Lohn fortzahlt, → Drittschadensliquidation). Andererseits ist, wer für den Verlust einer Sache oder eines Rechts Schadensersatz zu leisten hat, zum Ersatz nur gegen Abtretung der Ansprüche verpflichtet, die dem Ersatzberechtigten aufgrund des Eigentums an der Sache oder aufgrund des Rechts gegen Dritte zustehen (Eigentumsherausgabeanspruch, zB gegen den Dieb, § 255 BGB).

Vortragsrecht
ist ein → Verwertungsrecht des → Urhebers (→ Urheberrecht) eines Sprachwerks (z. B. Roman, Drama, Gedicht, wissenschaftliche Abhandlung). Es berechtigt ihn, das Werk durch persönliche Darbietung öffentlich zu Gehör zu bringen (§ 19 Abs. 1 UrhG). Das Vortragsrecht erstreckt sich auch auf Übertragungen außerhalb des Raumes, in dem das Sprachwerk persönlich dargeboten wird (z. B. durch Lautsprecher).

Vorverfahren
Der Begriff wird in den verschiedenen Verfahrensarten in unterschiedlichem Sinne gebraucht. Im Strafprozess bezeichnet Vorverfahren das → Ermittlungsverfahren in Strafsachen; im Verwaltungsrecht und im Sozialverfahrensrecht wird unter dem Vorverfahren das → Widerspruchsverfahren verstanden; im Steuerrecht das Einspruchsverfahren, → Finanzgerichtsbarkeit; für den Zivilprozess → Nachverfahren, → Vorbehaltsurteil.

Vorverhandlungen
→ Verschulden beim Vertragsschluss, → letter of intent, → Vorstellungskosten.

Vorversicherungszeiten
sind in der → Sozialversicherung bei verschiedenen Leistungen erforderlich (etwa im Bereich der Arbeitslosen- oder Rentenversicherung); so setzt zB die freiwillige Antragspflichtversicherung in der Arbeitslosenversicherung nach § 28a II Nr. 1 SGB III 12 Monate versicherungspflichtige Zeiten in der Arbeitslosenversicherung voraus (vgl. auch → Wartezeit).

Vorvertrag
→ Vertrag (3).

Vorvertragliches Schuldverhältnis
→ Verschulden beim Vertragsschluss.

Vorweggenommene Erbfolge
→ Schenkung von Todes wegen; sa → Erbvertrag.

Vorwegpfändung
Die Vorwegpfändung ist die Pfändung einer gegenwärtig noch unpfändbaren Sache (→ Unpfändbarkeit), bei der erwartet werden kann, dass sie demnächst pfändbar wird (§ 811d ZPO). Dann erst darf die Vollstreckung fortgesetzt werden; die Sache ist dem Schuldner bis dahin zu belassen. Die Pfändung ist aufzuheben, wenn die Sache nicht binnen eines Jahres pfändbar geworden ist.

Vorwerfbares Handeln
→ Schuld (aE).

Vorzeitige Entlassung aus der Strafhaft
→ Strafaussetzung (2).

Vorzeitiger Zugewinnausgleich
→ Zugewinnausgleich (2).

Vorzugsaktie
Eine Vorzugsaktie ist eine → Aktie, die bestimmte Vorzugsrechte (zB eine erhöhte → Dividende) gewährt (§ 11 AktG). Aktien ohne Stimmrecht (→ Aktienstimmrecht) können nur in Form der Vorzugsaktie ausgegeben werden (§ 12 I 2 AktG, §§ 139–141 AktG).

Vorzugsklage
Vorzugsklage (Klage auf vorzugsweise Befriedigung) kann derjenige, dem an dem Gegenstand einer → Pfändung ein bestimmtes Recht (insbes. ein Pfandrecht) zusteht, mit dem Ziel erheben, dass der Erlös aus einer → Versteigerung des Pfandgegenstandes ihm vor dem → Pfändungsgläubiger zukommt (§ 805 I ZPO). Zuständig für die Klage ist das → Vollstreckungsgericht und, wenn der Streitgegenstand nicht zur Zuständigkeit der Amtsgerichte gehört, das Landgericht, in dessen Bezirk das Vollstreckungsgericht seinen Sitz hat (§ 805 II ZPO). Anders → Drittwiderspruchsklage, wo das Recht gegenständlich, nicht nur dem Wert nach geschützt wird.

Vorzugslasten
→ Abgaben, öffentliche.

Vorzugsrechte
→ Verein (1), → Aktiengesellschaft (2).

Votum
= Stimme, im übertragenen Sinne Stimmabgabe (votieren) in einem Kollegium, zB einem Gerichtskörper oder bei Wahlen; über Vertrauens- und Misstrauensv. → Misstrauensvo-

tum; über das → Sondervotum beim → Bundesverfassungsgericht s. dort.

V-Person
(V-Mann) ist eine Person, die, ohne einer Strafverfolgungsbehörde (anders bei einem → Verdecktem Ermittler) oder einem → Nachrichtendienst anzugehören, bereit ist, diese bei der Aufklärung von Straftaten oder verfassungsfeindlichen Bestrebungen auf längere Zeit vertraulich zu unterstützen, und deren Identität grundsätzlich geheimgehalten wird. Sie gehört zu den Privatpersonen, die zur Strafverfolgung eingesetzt werden (→ verdeckte Ermittlungen; → nachrichtendienstliche Mittel, → Vertrauensleute).

VV-RVG
→ Rechtsanwaltsgebühr.

VW-Gesetz
(Gesetz über die Überführung der Anteilsrechte an der Volkswagenwerk Gesellschaft mit beschränkter Haftung in private Hand v. 21.7.1960, BGBl. 1960 I 585) → Mehrstimmrechtsaktie.

Wachverfehlung
→ militärische Straftaten (4).

Wählbarkeit
→ Wahlrecht (passives).

Wählerbestechung
→ Wahldelikte.

Wählernötigung
→ Wahldelikte.

Wählertäuschung
→ Wahldelikte.

Währung
Als Währung iwS bezeichnet man die Geldordnung eines Staates. Auf Grund seiner Souveränität kann jeder Staat diese selbst bestimmen. Art. 73 I Nr. 4 GG spricht vom Währungswesen und meint damit dasselbe, auch die Bezeichnung als Währungsrecht ist anzutreffen. Zur Währung oder zum Währungswesen gehören nicht nur die rechtlichen Rahmenbedingungen des → Geldes und die Bestimmung eines → gesetzlichen Zahlungsmittels, sondern auch die tragenden Grundsätze der Wirtschaftspolitik (BVerfGE 4, 60). Üblicherweise besitzt jeder Staat seine eigene Währung; haben mehrere Staaten dieselbe Währung, spricht man von einer Währungsunion. Die bekannteste ist die → Wirtschafts- und Währungsunion der EU, deren Währung der → Euro ist. Durch seine Teilnahme daran hat der Bund seine ausschließlichen währungsrechtlichen Kompetenzen nach Art. 73 I Nr. 4 GG und Art. 88 GG auf die EU übertragen (Art. 3 I Buchst. c AEUV); das ehemalige Währungsgesetz wurde aufgehoben. Oft wird mit Währung ieS auch die Geldeinheit an sich, etwa der Euro oder der Schweizer Franken, bezeichnet.

Währungs-, Wirtschafts- und Sozialunion
Der Vertrag über die Schaffung einer Währungs-, Wirtschafts- und Sozialunion zwischen der Bundesrepublik Deutschland und der ehem. Deutschen Demokratischen Republik v. 18.5.1990 (BGBl. 1990 II S. 537) diente der Vorbereitung der → Wiedervereinigung, wobei bei seinem Abschluss noch nicht vorhersehbar war, dass der → Beitritt bereits zum 3.10.1990 erfolgen würde. Dieser Vertrag diente der Einführung der sozialen Marktwirtschaft in dem Gebiet der damals noch bestehenden → DDR. Mit Wirkung vom 1.7.1990 wurde in der DDR die Deutsche Mark als gemeinsame Währung eingeführt. Löhne, Gehälter, Stippendien, Renten, Mieten und Pachten sowie weitere wiederkehrende Zahlungen wurden im Verhältnis 1 : 1 umgestellt, alle anderen auf Mark der DDR lautenden Forderungen und Verbindlichkeiten grundsätzlich im Verhältnis 2 : 1. Guthaben von natürlichen Personen mit Wohnsitz in der ehem. DDR wurden mit bestimmten Betragsgrenzen im Verhältnis 1 : 1 umgestellt. Der freiheitlich-demokratischen Grundordnung widersprechende Vorschriften der DDR-Verfassung wurden außer Kraft gesetzt. Als gemeinsame Organe wurden ein Schiedsgericht und ein gemeinsamer Regierungsausschuss gegründet. Der Vertrag war für die DDR mit der Verpflichtung zu umfangreichen Änderungen auf dem Gebiet des Zivilrechts, Strafrechts, Wirtschaftsrechts, Arbeits-, Steuer- und Sozialrechts verbunden. Das Regelungswerk wurde durch die bereits am 3.10.1990 erfolgende → Wiedervereinigung und den → Einigungsvertrag weitgehend überholt. Die zur Durchführung erlassenen Rechtsvorschriften, vor allem auch die Missbrauchsregelungen, sind aber noch in Kraft (zB G zur Feststellung von rechtswidrigen Handlungen v. 29.6.1990, GBl. 1990 I Nr. 38 S. 501, Gesetz über Nachweis der Rechtmäßigkeit v. 29.6.1990, GBl. 1990 I Nr. 38 S. 503, Gesetz über Ausgleichsfonds Währungsumstellung v. 13.9.1990 (GBl. 1990 I Nr. 61 S. 1487).

Währungsfonds, internationaler
Der am 27.12.1945 gegründete Internationale Währungsfonds (IWF; International Monetary Fund, IMF; Übereinkommen idF v. 30.4. 1976, BGBl. 1978 II 13) mit Sitz in Washington hat die Aufgabe, die Stabilität der Währungen zu fördern, ein multilaterales Zahlungssystem auf der Basis stabiler Wechselkurse zu errichten, Devisenbeschränkungen zu beseitigen und den Mitgliedsstaaten bei vorübergehenden Zahlungsbilanzschwierigkeiten Finanzhilfe zu gewähren. Dem IWF gehörten im Juli 2010 187 Staaten an. Die BRep. Deutschland trat 1952 bei. Der → Europäische Stabilitätsmechanismus soll ein Europäischer Währungsfonds werden.

Währungsgesetz
Durch das Währungsgesetz v. 20.6.1948 (WiGBl. Beilage 5, S. 1) wurde die Reichsmarkwährung (RM) durch die neue Währung der Deutschen Mark (DM) ersetzt (→ Währungsreform). Damit war ab 21.6.1948 bis zur Einführung des → Euro die DM alleiniges → gesetzliches Zahlungsmittel. Das Währungsgesetz wurde zum 1.1.2002 aufgehoben.

Währungsklausel
→ Geldschuld (2).

Währungsreform
Nach dem Zweiten Weltkrieg ergingen für die Gebiete der amerikanischen, britischen und französischen Besatzungszone die Gesetze zur Neuordnung des Geldwesens vom 20.6.1948, nämlich das → WährungsG, das EmissionsG (welches das → Notenprivileg der → Bank deutscher Länder – später → Bundesbank, nunmehr → Europäische Zentralbank –

regelte) und das → Umstellungsgesetz. Sa → RM-Verbindlichkeiten. Die Einführung des → Euro war keine Währungsreform, sondern eine bloße Währungsumstellung.

Währungsunion (Europa)
→ Wirtschafts- und Währungsunion.

Wärmenetze
Wärmenetze sind Netze zur leitungsgebundenen Versorgung mit Wärme, die über die Grundstücksgrenze der einspeisenden KWK-Anlage hinausreichen und an die eine unbestimmte Anzahl Abnehmender angeschlossen werden kann (§ 2 Nr. 32 KWKG 2023), → Kraft-Wärme-Kopplung, → Fernwärme, → Wärmeplanung. Die Definition von Kältenetze lautet entsprechend (§ 2 Nr. 10 KWKG 2023).

Wärmeplanung
1. Das Gesetz für die Wärmeplanung und zur Dekarbonisierung der Wärmenetze (Wärmeplanungsgesetz, WPG) v. 20.12.2023 (BGBl. 2023 I Nr. 394) soll einen Beitrag zur Wärmewende von fossilen zu erneuerbaren Energien und damit einer treibhausgasneutralen Wärmeversorgung bis 2045 leisten. Es ergänzt die zum 1.1.2024 in Kraft getretene Novelle des Gebäudeenergiegesetzes (→ Gebäudeenergie).

2. Nach § 4 WPG müssen alle Kommunen Wärmepläne erstellen, solche mit mehr als 100.000 Einwohnern bis zum 30.6.2026, kleinere bis zum 30.6.2028. In ihnen sollen die voraussichtlichen Wärmeversorgungsgebiete, die Wärmeversorgungsarten und die Umsetzungsmaßnahmen dargestellt werden. Die Erstellung dieser kommunalen Wärmepläne ist Voraussetzung für die Anwendung zahlreicher Vorschriften über die energetischen Anforderungen an → Heizungen, damit Eigentümer die für ihre Grundstücke geplante Art der Wärmeversorgung kennen, bevor sie ihre Heizungsentscheidungen treffen. Wärmepläne haben jedoch keine rechtliche Außenwirkung und begründen keine einklagbaren Rechte oder Pflichten (§ 23 WPG).

3. Das WPG enthält ferner Vorgaben für den Anteil von → erneuerbaren Energien in → Wärmenetzen. So müssen bestehende Wärmenetze bis 2030 zu 30% und bis 2040 zu 80% aus erneuerbaren Energien gespeist werden. In neuen Wärmenetzen müssen es ab 2025 65% sein. Bis 2045 müssen alle Wärmenetze zu 100% aus erneuerbaren Energien gespeist werden, also klimaneutral sein.

Wärmepreisbremse
→ Gaspreisbremse.

Waffen
1. Der Umgang mit Waffen und Munition ist durch das Waffengesetz (WaffG) v. 11.10.2002 (BGBl. 2002 I 3970) mÄnd umfassend geregelt. Das WaffG gilt nach § 57 WaffG nicht für Kriegswaffen. Prüfung und Zulassung von Feuerwaffen, Böllern, Munition und sonstigen Waffen zur bestimmungsgemäßer Verwendung regelt das Beschussgesetz. Weitreichene Änderungen wird das 3. Waffenrechtsänderungsgesetz v. 17.2.2020 (BGBl. I 166) bringen, die erst am 1.9.2020 in Kraft treten werden.

2. Das Waffenrecht unterscheidet Schusswaffen und tragbare Gegenstände, die ihrem Wesen nach dazu bestimmt sind, die Angriffs- oder Abwehrfähigkeit von Menschen zu beseitigen oder herabzusetzen (insbes. Hieb- oder Stoßwaffen), oder die – ohne dazu bestimmt zu sein – zu diesem Zweck geeignet sind (§ 1 II WaffG). Der Umgang mit Waffen oder Munition ist Personen, die das 18. Lebensjahr noch nicht vollendet haben, grundsätzlich verboten (§ 2 I WaffG); Ausnahmegenehmigungen sind möglich (§ 3 WaffG).

3. Das WaffG unterscheidet Waffen, die generell verboten sind (§ 2 III WaffG), und Waffen oder Munition, bei denen Erwerb, Besitz, Überlassung, Führung, Verbringung, Mitnahme, Schießen, Herstellen, Bearbeiten, Instandsetzen und Handel Treiben erlaubnispflichtig sind (§ 2 II WaffG, § 1 III WaffG).

a) Generell verboten sind nach Anlage 2 Abschnitt 1 WaffG die folgenden Schusswaffen: Kriegswaffen, vollautomatische Waffen, als Gegenstände des täglichen Lebens verkleidete Waffen (Schießkugelschreiber, Stockgewehre uä), schnell zusammenklappbare Waffen, Laser oder Zielpunktprojektoren, bestimmte Nachtsicht- und Nachtzielgeräte; unter den tragbaren Gegenständen sind verbotenen verkleidete Hieb- und Stoßwaffen (Stockdegen), Stahlruten, Totschläger, Schlagringe, Wurfsterne, Brandsätze bestimmter Art, gefährliche Reizstoffe, Elektroimpulsgeräte, Präzisionsschleudern, Würgehölzer, Spring- und Fallmesser mit über 8,5 cm Klingenlänge oder beidseitigem Schliff oder länger als die fünffache Breite, Faustmesser, Butterflymesser; ferner ist bestimmte Munition verboten.

b) Die erlaubnispflichtigen Waffen sind in Anlage 2 Abschnitt 2 WaffG genannt. Im Wesentlichen sind alle Schusswaffen erlaubnispflichtig; bestimmte Sport-, Schreckschuss- und Zierwaffen sind unter engen Voraussetzungen erlaubnisfrei.

4. Die Erlaubnis erfordert Zuverlässigkeit, persönliche Eignung, Sachkunde und Bedürfnis (§§ 4 bis 8 WaffG). Zuverlässigkeit und Eignung sind mindestens alle drei Jahre zu überprüfen. Die Erlaubnis setzt regelmäßig voraus, dass der Antragsteller das 18. Lebensjahr vollendet hat (§ 4 I WaffG). Personen, die das 25. Lebensjahr noch nicht vollendet haben, haben für die erstmalige Erteilung der Erlaubnis auf eigene Kosten ein amts- oder fachärztliches oder fachpsychologisches Zeugnis über die geistige Eignung vorzulegen (§ 6 III WaffG). Die Erlaubnis zum Erwerb und Besitz von Waffen wird durch eine Waffenbesitzkarte oder durch Eintragung in eine bereits vorhandene Waffenbesitzkarte erteilt (§ 10 I 1 WaffG). Die Erlaubnis um Führen einer Waffe

wird durch einen Waffenschein erteilt (§ 10 IV 1 WaffG). Die Erlaubnis zum Schießen mit einer Schusswaffe wird durch einen Erlaubnisschein erteilt (§ 10 V WaffG).

7. Sämtliche relevanten Informationen über erlaubnispfichtige Waffen sind seit 1.1.2013 in dem bundesweiten → Nationalen Waffenregister (NWR) gespeichert.

8. Sondervorschriften gelten für die Erteilung der Erlaubnis an Jäger (§ 13 WaffG, → Jagdwaffen), Sportschützen (§ 14 WaffG), Brauchtumsschützen (§ 16 WaffG), Waffen- und Munitionssammler (§ 17 WaffG) sowie Waffen- und Munitionssachverständige (§ 18 WaffG); privilegierte Erlaubnistatbestände gelten für gefährdete Personen (§ 19 WaffG) und Erben von berechtigten Waffenbesitzern (§ 20 WaffG). Sportliches Schießen liegt dann vor, wenn nach festen Regeln einer genehmigten Sportordnung geschossen wird; Schießübungen des kampfmäßigen Schießens, insbes. die Verwendung von Zielen oder Scheiben, die Menschen darstellen oder symbolisieren, sind im Schießsport nicht zulässig (§ 15a I WaffG).

6. Bei öffentlichen Veranstaltungen ist das Führen von Waffen grundsätzlich verboten (§ 42 WaffG). Ferner ist das Führen von Anscheinswaffen grundsätzlich verboten (§ 42a WaffG).

7. Sämtliche relevanten Informationen über erlaubnispflichtige Waffen sind seit 1.1.2013 in dem bundesweiten → Nationalen Waffenregister (NRW) gespeichert.

8. Verstöße gegen das WaffG sind je nach Schwere Straftaten oder Ordnungswidrigkeiten (§§ 51 ff. WaffG).

9. Zum Gebrauch von Waffen durch die Polizei → Waffengebrauch.

Waffenbesitz, -erwerb, -führen
ist bei automatischen Schusswaffen nach § 51 WaffG (→ Waffen) grundsätzlich strafbar, ferner bei anderen Schusswaffen und sonstigen Waffen sowie Munition, die in der Anlage 2 zum WaffenG bezeichnet sind, nach Maßgabe des § 52 WaffG bei Fehlen der erforderlichen Erlaubnis. S. → Waffen.

Waffengebrauch
1. Der Waffengebrauch durch die → Polizei ist im → Polizeirecht des Bundes und der Länder geregelt; der Waffengebrauch durch Polizeivollzugsbeamte des Bundes richtet sich nach dem Gesetz über den unmittelbaren Zwang bei der Ausübung öffentlicher Gewalt durch Vollzugsbeamte des Bundes (UZwG v. 10.3.1961, BGBl. 1961 I 165 mÄnd).

a) Die Regelungen stimmen in den Grundzügen überein. Zu den Waffen zählen – mit Unterschieden je nach Regelungstechnik und materiellem Inhalt der einzelnen Polizeigesetze – zB Hiebwaffen (Schlagstock), Reizstoffe (Tränengas), Wasserwerfer, Diensthunde, Dienstpferde, Explosivmittel und insbesondere Schusswaffen. Beim Waffengebrauch ist der → Verhältnismäßigkeitsgrundsatz in besonderem Maße zu beachten. Der Waffengebrauch muss geeignet und notwendig sein und darf zu dem angestrebten Zweck nicht außer Verhältnis stehen. Der Schusswaffengebrauch ist nur zulässig, wenn alle anderen Maßnahmen des unmittelbaren Zwangs keinen Erfolg versprechen. Gegen Personen ist der Gebrauch von Schusswaffen nur zulässig, wenn der Schusswaffengebrauch gegen Sachen keinen Erfolg verspricht. Gegen eine Menschenmenge dürfen Schusswaffen nur dann gebraucht werden, wenn von ihr oder aus ihr heraus Gewalttaten begangen werden oder unmittelbar bevorstehen und Zwangsmaßnahmen gegen einzelne nicht zum Ziel führen oder offensichtlich keinen Erfolg versprechen. Die Anwendung von Schusswaffen ist anzudrohen. Einer Menschenmenge gegenüber ist die Androhung zu wiederholen. Im Grenzdienst ist Schusswaffengebrauch nach § 11 UZwG unter erleichterten Voraussetzungen zulässig (s. → Grenzschutz).

b) Ziel des Schusswaffengebrauchs darf zunächst nur sein, den → Störer angriffs- oder fluchtunfähig zu machen. In besonderen polizeilichen Lagen (Störer bedroht bei Geiselnahme die Geisel aus nächster Nähe mit schussbereiter Waffe) kann es verhältnismäßig sein, den Störer mit einem gezielten Schuss zu töten (finaler Rettungsschuss oder gezielter Todesschuss). Das → Polizeirecht der Länder Baden-Württemberg, Bayern, Rheinland-Pfalz, Sachsen, Sachsen-Anhalt und Thüringen haben den finalen Rettungsschuss ausdrücklich geregelt; daraus ist jedoch kein Umkehrschluss zu ziehen.

2. Waffengebrauch durch andere Vollzugsbeamte des Bundes richtet sich ebenfalls nach dem UZwG (s. o. Ziffer 1); Waffengebrauch durch nicht der Polizei angehörende Vollzugsbeamte der Länder ist in bundesrechtlichen (§§ 99, 100 StVollzG) oder landesrechtlichen (zB Art. 106, 107 BayStVollzG → Strafvollzug, Sächsisches Gesetz über die sicherheits- und ordnungsrechtlichen Befugnisse des Justizwachtmeisterdienstes v. 19.2.1998, GVBl. 1998, 78, mÄnd) Spezialgesetzen geregelt.

3. Der Waffengebrauch durch Angehörige der Bundeswehr in Friedenszeiten richtet sich nach dem Gesetz über die Anwendung unmittelbaren Zwanges und die Ausübung besonderer Befugnisse durch Soldaten der Bundeswehr und verbündeter Streitkräfte sowie ziviler Wachpersonen (UZwGBw) v. 12.8.1965 (BGBl. 1965 I 796) mÄnd.

4. Der Waffengebrauch in Kriegszeiten richtet sich nach dem → Völkerrecht (sa → Kriegsrecht).

5. Zum Waffengebrauch durch Zivilpersonen → Waffen.

Waffengleichheit
im Arbeitskampfrecht → Aussperrung; im Strafprozess → faires Verfahren.

Waffenlieferungen
→ Gewaltverbot (1b), → Neutralität, → Nonbelligerency.

Waffenrecht
→ Waffen.

Waffenregister
→ Waffen 7, → Nationales Waffenregister (NWR).

Waffenstillstand
→ Friedensvertrag, → Kapitulation.

Wagnis und Gewinn
→ Bauvertrag (2).

Wahl
→ Wahlrecht, → Wahlverfahren, → Wahlsystem, → Wahlprüfung.

Wahl der Schöffen
→ Schöffen.

Wahl des Betriebsrats
→ Betriebsratswahl.

Wahl des Bundespräsidenten, des Bundeskanzlers
→ Bundespräsident, → Bundeskanzler.

Wahlanfechtung
→ Wahlprüfung, → Betriebsratswahl.

Wahlbeamte
sind → Beamte, deren Berufung in das Beamtenverhältnis eine besondere Wahl erfordert; zB → Landräte, → Bürgermeister, → berufsmäßige Stadträte → Beigeordnete (s. hierzu die Kommunalrechte der Länder). Die Wahl erfolgt bei Bürgermeistern und Landräten idR durch das Volk, bei berufsmäßigen Stadträten und Beigeordneten durch die → Gemeindevertretung. Wahlbeamte sind regelmäßig Beamte auf Zeit (vgl. § 4 II BeamStG; vgl. → Beamtenrecht). Im Übrigen gelten, vorbehaltlich besonderer gesetzlicher Regelungen (s. zB das bayer. Gesetz über kommunale Wahlbeamte und Wahlbeamtinnen v. 24.7.2012, GVBl. 2012, 366, ber. 20, mÄnd), die allgemeinen Beamtengesetze.

Wahlbehinderung
→ Wahldelikte.

Wahldelikte
In §§ 107 ff. StGB sind zur Sicherung des ordnungsmäßigen Ablaufs der Wahlen zu den Volksvertretungen und sonstiger Wahlen und Abstimmungen des Volkes Strafbestimmungen aufgestellt. Sie gelten nach § 108d StGB für Wahlen zu den Volksvertretungen, für die Wahl der Abgeordneten des Europ. Parlaments, für sonstige Wahlen und Abstimmungen des Volkes im Bund, in den Ländern, in kommunalen Gebietskörperschaften, für Wahlen und Abstimmungen in Teilgebieten eines Landes oder einer kommunalen Gebietskörperschaft sowie für Urwahlen in der Sozialversicherung (nicht für Wahlen zu kirchlichen oder Berufskörperschaften, zB Anwaltskammern oder Betriebsvertretungen); einer Wahl oder Abstimmung steht das Unterschreiben eines Wahlvorschlags oder für ein Volksbegehren gleich.

Wegen Wahlbehinderung wird bestraft, wer mit → Gewalt oder durch → Drohung mit Gewalt eine Wahl oder die Feststellung ihres Ergebnisses verhindert oder stört (§ 107 StGB).

Der Wahlfälschung macht sich schuldig, wer unbefugt wählt oder sonst ein unrichtiges Wahlergebnis herbeiführt (zB ausgefüllte Wahlscheine entfernt), das Wahlergebnis verfälscht (zB durch falsches Auszählen) oder das Ergebnis unrichtig verkündet (§ 107a StGB).

Bestraft wird ferner die Fälschung von Wahlunterlagen; sie kann darin bestehen, dass der Täter sich unbefugt in die Wählerliste eintragen lässt oder einen anderen unbefugt einträgt oder eine befugte Eintragung verhindert, ebenso darin, dass der Täter sich in die Bewerberliste aufnehmen lässt, obwohl er nicht passiv wahlberechtigt ist (§ 107b StGB).

Die Verletzung des Wahlgeheimnisses ist ebenfalls unter Strafe gestellt (§ 107c StGB).

Wegen Wählernötigung wird bestraft, wer rechtswidrig durch Gewalt oder Drohung mit einem empfindlichen Übel, Missbrauch eines beruflichen oder wirtschaftlichen Abhängigkeitsverhältnisses oder durch sonstigen wirtschaftlichen Druck einen Wahlberechtigten nötigt oder hindert, zu wählen oder sein Wahlrecht in einem bestimmten Sinne auszuüben (§ 108 StGB).

Auch die Täuschung eines Wählers über den Inhalt seiner Stimmabgabe ist unter Strafe gestellt (Wählertäuschung, § 108a StGB).

Aktive Wählerbestechung (Stimmenkauf) liegt im Anbieten, Versprechen oder Gewähren von Geschenken oder anderen Vorteilen – nicht nur Vermögensvorteilen – dafür, dass der Wähler nicht oder in einem bestimmten Sinne wählt (also nicht schlechthin für Ausübung des Wahlrechts), passive W. (Stimmenverkauf) im Fordern, Sichversprechenlassen oder Annehmen von Vorteilen (§ 108b StGB). Die Strafvorschrift gegen Wählerbestechung bezieht sich aber nur auf die Stimmabgabe des Volkes in Ausübung staatsbürgerlicher Rechte.

Der Stimmenkauf und -verkauf bei Wahlen und Abstimmungen innerhalb der Volksvertretungen ist nach § 108e StGB als Bestechung und Bestechlichkeit von Mandatsträgern (→ Mandatsträgerbestechung) strafbar.

Bei Behinderung, Wahlfälschung, Nötigung oder Täuschung ist auch der → Versuch strafbar. Als Strafe ist Freiheitsstrafe (mit unterschiedlichen Mindest- und Höchstmaßen) und meist wahlweise Geldstrafe angedroht; Aberkennung des Wahl- und Stimmrechts ist nach Maßgabe des § 108c StGB zulässig.

Wahlfälschung
→ Wahldelikte.

Wahlfeststellung
Lässt sich in einem Strafverfahren nur feststellen, dass der Angeklagte einen von mehreren in Frage stehenden Tatbeständen verwirklicht, aber nicht, welche dieser Taten er wirklich

begangen hat, so kommt eine Wahlfeststellung in Betracht.

Sie ist nicht zulässig, wenn das eine Delikt gegenüber dem anderen nur die mindere Stufe einer Rechtsverletzung darstellt (Stufenverhältnis), also in einem schwereren bereits enthalten ist, wie zB bei Versuch und Vollendung, Beihilfe und Täterschaft, Fahrlässigkeit und Vorsatz, Grundtatbestand und qualifizierter Straftat, wie zB einfachem und schwerem Raub (BGHSt. 32, 48). In einem solchen Fall kann nach dem Grundsatz → in dubio pro reo nur nach der milderen Strafvorschrift verurteilt werden.

Liegt kein Stufenverhältnis vor, so kann eine Wahlfeststellung stattfinden entweder, wenn es sich um gleichartige Gesetzesverletzungen handelt (eine von zwei eidlichen Aussagen ist falsch), oder wenn diese zwar ungleichartig, aber entweder nur verschiedene Begehungsformen desselben Delikts oder mindestens rechtsethisch und psychologisch vergleichbar sind. Wahlfeststellung ist daher zulässig zwischen Falschaussage und Meineid, Betrug und Untreue, Diebstahl und Hehlerei; nach der Rspr. dagegen nicht bei Wahl zwischen Betrug und versuchtem Schwangerschaftsabbruch, Vollrausch (§ 323a StGB) und der im Rausch begangenen strafbedrohten Handlung. Die Zulässigkeit dieser sog. ungleichartigen Wahlfeststellung hat der Große Senat für Strafsachen des BGH im Jahr 2017 noch einmal bekräftigt (BGH GSSt 1/17).

Bei Wahlfeststellung werden in der Urteilsformel beide Straftaten alternativ festgestellt. Die Strafe ist dem nach dem im konkreten Fall mildesten Gesetz zu entnehmen, die Strafzumessung auf den mildesten Tatbestand abzustellen. → Nebenstrafen und -folgen und → Maßregeln der Besserung und Sicherung sind nur zulässig, wenn sie in allen herangezogenen Gesetzen vorgesehen sind.

Von der Wahlfeststellung zu unterscheiden ist die Postpendenz. Bei ihr ist sicher, dass der zeitlich spätere Sachverhalt verwirklicht ist, während unsicher bleibt, ob zusätzlich der zeitlich frühere Sachverhalt realisiert worden ist, der – wäre er sicher erfüllt – die Strafbarkeit des späteren Sachverhalts ausschließen würde. Folge ist die (eindeutige) Verurteilung wegen des – sicher erfüllten – späteren Tatbestandes, zB der Hehlerei, wenn zweifelhaft ist, ob jemand Mittäter der Vortat (zB Betrug oder Raub) war, aber feststeht, dass er seinen Beuteanteil vom Täter der Vortat erhalten hat (BGHSt. 35, 86; NStZ 1989, 266). Entsprechendes gilt im umgekehrten Fall der Präpendenz, in dem der zeitlich frühere Sachverhalt sicher feststeht und der zeitlich spätere Sachverhalt unsicher ist.

Wahlgeheimnis
→ Wahlverfahrensrecht, → Wahldelikte.

Wahlgerichtsstand
Er besteht, wenn verschiedene Gerichte örtlich zuständig sind und der Kläger wählen kann, bei welchem Gericht er klagt (§ 35 ZPO, § 57 I 1 SGG).

Wahlgüterstand, deutsch-französischer
→ Güterstände.

Wahlkampfkosten
→ Parteien (politische).

Wahlkonsul
(Honorarkonsul). Im Gegensatz zum Berufskonsul (→ Konsul), der dem auswärtigen Dienst des Entsendestaats angehört, ist der Wahlkonsul (Honorarkonsul) meist ein Staatsangehöriger des Empfangsstaats, der von dem fremden Staat mit der Wahrnehmung seiner Interessen beauftragt worden ist. Der Wahlkonsul bezieht keine feste Besoldung von dem beauftragenden Staat, sondern lediglich die Konsulatsgebühren und eine Aufwandsentschädigung. Zuweilen handelt es sich auch um bloße Ehrenernennungen, mit denen keine Tätigkeit für den ernennenden Staat verbunden ist. Zahlreiche Staaten ernennen keine Wahlkonsuln; einige haben ihren Staatsangehörigen die Annahme des Amts eines Wahlkonsuls untersagt. Die Zahl der deutschen Wahlkonsuln ist gegenüber der Zeit vor dem Ersten Weltkrieg stark gesunken. Besonders kleinere Staaten halten aus Ersparnisgründen an der Einrichtung des Wahlkonsuls fest.

Wahlkreisbewerber
Der Wahlkreisbewerber stellt sich direkt in einem Wahlkreis zur Wahl; der Wahlkreisbewerber wird zT auch als Direktkandidat bezeichnet; sa → Bundestag (2), → Fünf-Prozent-Klausel, → Grundmandatsklausel.

Wahlmonarchie
→ Monarchie.

Wahlordnung für die Sozialversicherung
Vorbereitung, Zeitpunkt und Durchführung der → Sozialwahlen regelt eine Wahlordnung, die das BMin. für Gesundheit und Soziales erlassen hat (§ 56 SGB IV; SVWO vom 28.7.1997 (BGBl. 1997 I 1946) mÄnd). Es laufen bereits seit Jahren Bemühungen, die Sozialwahlen auch in elektronischer Form durchzuführen. Erstmals im Jahr 2023 war – neben der Briefwahl – die Online-Wahl bei den Ersatzkrankenkassen möglich (Online-Wahl-Verordnung). Die grundsätzlichen Regelungen zur Selbstverwaltung der Sozialversicherungsträger regelt das SGB IV (§ 43 ff. SGB IV).

Wahlperiode
ist der Zeitraum, für den ein → Parlament oder eine sonstige Vertretungskörperschaft (Betriebsrat, Sozialversicherungsausschuss usw) gewählt wird. Die Wahlperiode beträgt für den → Bundestag und einige → Landtage → Bremen, → Hamburg und → Sachsen-Anhalt) 4 Jahre, für die übrigen Landtage und das → Europäische Parlament 5 Jahre, bei den kommunalen Vertretungskörperschaften bis zu 6 Jahre. Die Wahlperiode des Parlaments en-

det vorzeitig im Falle seiner Auflösung. Die Verlängerung der Wahlperiode eines bereits gewählten Parlaments ist auch im Wege der Gesetzgebung nicht zulässig.

Wahlprüfung
Wahlprüfung ist ein Verfahren, in dem über die Gültigkeit der Wahl einer Vertretungskörperschaft insgesamt oder eines einzelnen Abgeordneten entschieden wird. Sie obliegt bei den Wahlen zum Bundestag und zu den Landtagen diesen Organen selbst nach Vorprüfung durch einen Wahlprüfungsausschuss (vgl. Art. 41 GG). Sie findet idR auf Einspruch eines Wahlberechtigten, eines Wahlleiters oder des Parlamentspräsidenten statt (so für den BT nach dem WahlprüfungsG v. 12.3.1951, BGBl. 1951 I 166 mÄnd). Die Verhandlungen des Wahlprüfungsausschusses sind öffentlich, das Ergebnis wird geheim beraten. Sie kann zur Bestätigung oder Ungültigerklärung der Wahl führen. Gegen die Entscheidung des Parlaments kann das Verfassungsgericht angerufen werden (beim BT innerhalb von zwei Monaten das Bundesverfassungsgericht, Art. 41 II GG). Auch die Wahl zu den kommunalen Vertretungskörperschaften kann überprüft werden; zuständig hierfür sind die Aufsichtsbehörden und die Verwaltungsgerichte.

Wahlrecht (öffentliches)
1. Das objektive Wahlrecht umfasst die Normen, die das Verfahren bei öffentlichen Wahlen regeln; sie finden sich in den Verfassungen, den Wahlgesetzen und Wahlordnungen des Bundes und der Länder (vgl. BundeswahlG idF v. 23.7.1993, BGBl. 1993 I 1288, 1594, mÄnd; Bundeswahlordnung idF v. 19.4.2002, BGBl. 2002 I 1376, mÄnd). Das subjektive Wahlrecht ist das Recht, an der Wahl aktiv und passiv teilzunehmen..

2. Das objektive Wahlrecht ist im demokratischen Staat gekennzeichnet durch die Allgemeinheit und Gleichheit der Wahl, dh alle Bürger haben bei Erfüllung der gesetzlichen Voraussetzungen das aktive und passive Wahlrecht und ihre Stimmen grundsätzlich den gleichen Erfolgswert. Ferner müssen die Wahlen geheim und unmittelbar stattfinden, dh indem der Wähler direkt die Zusammensetzung des zu wählenden Organs bestimmt (nicht etwa zunächst Wahlmänner wählt). Dabei gibt es nicht nur ein demokratisches Wahlsystem; demokratische Wahlen können durch unterschiedliche Wahlsysteme gewährleistet werden; sa → Mehrheitswahl; → Verhältniswahl; → Überhangmandate; → Bundestag (2). Im Vereinigten Königreich und in Frankreich gilt Mehrheitswahlrecht. In Deutschland gilt derzeit, insbesondere nach der letzten verfassungsrechtlich umstrittenen Reform v. 17.3.2023, ein Mischsystem mit starker Betonung des Verhältniswahlrechts. Historisch führte in der Weimarer Zeit das Verhältniswahlrecht zu einer starken Zersplitterung des Parlaments und in der Folge zur Schwächung der Kräfte der demokratischen Mitte.

3. In subjektiver Hinsicht ist zwischen dem aktiven und dem passiven Wahlrecht zu unterscheiden. Das aktive Wahlrecht (Wahlberechtigung) ist das Recht, durch Stimmabgabe an der Wahl teilzunehmen. Es ist ua an den Besitz der deutschen Staatsangehörigkeit, an den Wohnsitz im Wahlgebiet (nicht immer; vgl. § 12 II BWahlG für Deutsche im Ausland) und an ein Mindestalter (idR 18., teilweise 16. Lebensjahr) geknüpft. Ferner darf der Bürger nicht unter Betreuung stehen und nicht durch Richterspruch das Wahlrecht verloren haben. Die Wahlgesetze des Bundes und der Länder ordnen für bestimmte Fälle den Ausschluss vom Wahlrecht an, so idR für Personen, die infolge Richterspruch das Wahlrecht nicht besitzen, für die zur Besorgung aller Angelegenheiten ein Betreuer bestellt ist oder die sich nach § 63 StGB iVm § 20 StGB in einem psychiatrischen Krankenhaus befinden. Diese Personen sind zwar nicht vom Wahlrecht, aber (zeitweise) von dessen Ausübung ausgeschlossen. Das passive Wahlrecht (Wählbarkeit) ist das Recht, gewählt werden zu können. Es setzt idR die Eigenschaft als Deutscher und die Vollendung des 18. Lebensjahres voraus (vgl. § 15 BWahlG). Zur Bundestagswahl → Bundestag, 2. Besonderheiten gelten bei den → Kommunalwahlen.

Wahlrechtsverlust
→ Aberkennung (Verlust) von Rechten u. Fähigkeiten.

Wahlschein
→ Briefwahl.

Wahlschuld
Eine Wahlschuld liegt vor, wenn in einem → Schuldverhältnis mehrere Leistungen in der Weise geschuldet werden, dass nur die eine oder die andere zu erbringen ist, § 262 BGB. Hier hat iZw der Schuldner die Wahl, welche Schuld er erfüllen will. Mit der Erklärung gegenüber dem anderen Teil gilt die gewählte Leistung als die von Anfang an allein geschuldete, § 263 BGB; die gleiche Beschränkung tritt regelmäßig ein, wenn die andere → Leistung unmöglich wird, § 265 BGB. Zu unterscheiden von der Wahlschuld sind die → Gattungsschuld und die → Ersetzungsbefugnis.

Wahlsystem
Das Wahlsystem kennzeichnet die Grundsätze, nach denen eine Vertretungskörperschaft gewählt wird. Als Grundtypen kommen die → Verhältniswahl (→ Listenwahl) und die → Mehrheitswahl (Persönlichkeitswahl) in Betracht. Eine Kombination beider Systeme ist in verschiedenen Formen möglich. Sa → Blockwahl; → Bundestag.

Wahltarife
Die → Krankenkassen (gesetzliche → Krankenversicherung) haben die Möglichkeit, in ihrer Satzung vorzusehen, dass sie ihren Mit-

gliedern verschiedene Tarife anbieten. In Betracht kommen insbesondere folgende Tarifmodelle (Wahltarife vgl. § 53 SGB V);

- Die Satzung der Krankenkasse kann vorsehen, dass Mitglieder jeweils für ein Kalenderjahr einen Teil der von der Krankenkasse zu tragenden Kosten übernehmen können (Selbstbehalt). Für diese Mitglieder sind gleichzeitig Prämienzahlungen vorzusehen.
- Die Satzung kann Prämienzahlungen für Mitglieder – die mindestens drei Kalendermonate versichert sind – vorsehen, wenn sie und ihre mitversicherten Familienangehörigen in einem Kalenderjahr keine Leistungen zulasten der Krankenkasse in Anspruch nehmen.
- Die Satzung kann Prämienzahlungen oder Zuzahlungsermäßigungen (→ Kostenbeteiligung der Versicherten) für Versicherte vorsehen, die an besonderen Versorgungsformen wie zB der → hausarztzentrierten Versorgung (vgl. § 73b SGB V) teilnehmen.
- Die Satzung kann vorsehen, dass Mitglieder für sich und ihre mitversicherten Familienangehörigen Tarife für → Kostenerstattung wählen.
- Die Mindestbindungsfrist für Wahltarife beläuft sich - in Abhängigkeit von der Rechtsgrundlage - zwischen einem Jahr und drei Jahren.

Wahlverfahrensrecht
ist die Gesamtheit der Vorschriften, die den Ablauf öffentlicher Wahlen regeln. Das Wahlverfahrensrecht ist in den Wahlgesetzen und Wahlordnungen für die einzelnen Vertretungskörperschaften geregelt (Bundeswahlgesetz und -wahlordnung, → Wahlrecht; Landes-, Gemeindewahlgesetze und -wahlordnungen). Es enthält insbes. Bestimmungen über das aktive und passive → Wahlrecht, über die Wahlorgane, die Vorbereitung der Wahl, den Wahltermin, die Durchführung der Wahlhandlung, die Feststellung des Wahlergebnisses und die Wahlprüfung. Die Wahlhandlung muss öffentlich, die Stimmabgabe frei und geheim sein. Die Wähler geben idR ihre Stimme persönlich im Wahllokal ab; doch lassen die Wahlgesetze meist auch die → Briefwahl zu.

Wahlvermächtnis
→ Stückvermächtnis.

Wahlverteidiger
ist der vom Beschuldigten zur Wahrnehmung seiner Rechte im Strafverfahren gewählte → Verteidiger (im Gegensatz zum gerichtlich bestellten → Pflichtverteidiger). Der Beschuldigte, ggf. auch sein gesetzlicher Vertreter, kann in jeder Lage des Verfahrens einen Wahlverteidiger heranziehen, darf aber höchstens drei Wahlverteidiger haben (§ 137 StPO). Vor der ersten Vernehmung durch Richter, StA oder Polizei ist der Beschuldigte darauf hinzuweisen, dass er schon vorher einen Verteidiger konsultieren darf, auch zwecks Beratung, ob er zur Sache aussagen soll (§ 136 I 2 StPO, § 163a III, IV 2 StPO; sa → Vernehmungen im Strafverfahren). Über Auswahl und Befugnisse des Wahlverteidigers → Verteidiger.

Wahlvorbereitungsurlaub
(bis zu 2 Monate vor dem Wahltag) erhalten nach Art. 48 GG und § 3 AbgG – ohne Anspruch auf Gehaltsfortzahlung – die Bewerber um einen Sitz im Bundestag. Nach Landesrecht gelten entsprechende Vorschriften für die Bewerber um Mandate in den Landesparlamenten (vgl. zB Art. 42 I SächsVerf).

Wahlweise Verurteilung
→ Wahlfeststellung.

Wahndelikt
Als Wahndelikt oder Putativdelikt wird eine nicht mit Strafe bedrohte Handlung bezeichnet, die der Täter aufgrund eines Rechtsirrtums für rechtswidrig oder strafbar hält („umgekehrter Verbotsirrtum", zB Beischlaf mit der Nichte mit Blick auf den – nicht erfüllten – Straftatbestand nach § 173 StGB, RGSt. 66, 126). Die Handlung ist trotz dieser irrigen Annahme straflos, im Gegensatz zum untauglichen → Versuch (dort 1a und b), bei dem der Täter aufgrund eines Irrtums über Tatsachen einen Tatbestand als gegeben annimmt, der, wenn er vorliegen würde, unter ein Strafgesetz fiele („umgekerter Tatbestandsirrtum", zB Abtreibungsversuch an einer Nichtschwangeren).

Wahrheitsbeweis
→ Beleidigung (2b, 3b), → Tatbestandswirkung, Feststellungswirkung (aE).

Wahrheitspflicht
Sie gilt für die Parteien im Zivilprozess (§ 138 I ZPO) und dementsprechend nach § 173 VwGO, § 202 SGG, § 46 II ArbGG und §§ 76, 155 FGO auch im Bereich dieser Verfahrensordnungen. Danach müssen die Parteien oder die Beteiligten ihre Erklärungen über Tatsachen vollständig und wahrheitsgemäß abgeben. Die Wahrheitspflicht ist subjektiv, dh die Tatsachen dürfen nicht wider besseres Wissen behauptet oder bestritten werden. Dass eine Tatsache lediglich objektiv unwahr ist, begründet allein noch keinen Verstoß gegen die Wahrheitspflicht. Die Verletzung der Wahrheitspflicht kann einen → Prozessbetrug darstellen und Schadensersatzansprüche begründen.

Im Strafprozess trifft den Beschuldigten weder eine Aussage- noch eine Wahrheitspflicht. Er ist bei der ersten Vernehmung (→ Vernehmungen im Strafverfahren) auf sein Recht hinzuweisen, zur Sache nicht auszusagen. Ihm steht aber auch das Recht zu, zu leugnen, jedenfalls soweit dadurch nicht rechtliche Interessen anderer verletzt werden. Macht er von diesen Rechten Gebrauch, so darf ihm daraus kein Rechtsnachteil entstehen, insbes. wenn er nichts dazu beiträgt, dem Gericht den Schuldnachweis zu erleichtern. Doch kann hartnäckiges Leugnen trotz einwandfreier Überführung oder gar bewusste Irreführung des Gerichts, die eine ausgeprägte Rechtsfeindschaft erkennen lässt, im Rahmen des § 46 II StGB (Verhalten nach der Tat) straferhöhend berücksichtigt werden, weil sie ungünstige Schlüsse auf die Einstellung des Beschuldigten zur Tat erlaubt.

Über die Wahrheitspflicht des → Zeugen s. dort.

Wahrheitsserum
→ Narkoanalyse.

Wahrnehmung berechtigter Interessen
→ Beleidigung (3a, b).

Wahrnehmungsvertrag
→ Nutzungsrecht.

Waisenbeihilfe
kann in der → Unfallversicherung als einmalige Leistung an eine Vollwaise nach dem Tode eines Schwerverletzten gewährt werden, wenn sie mit ihm in häuslicher Gemeinschaft gelebt hat, von ihm überwiegend unterhalten wurde und keinen Waisenrentenanspruch hat, weil der Tod nicht Folge des → Arbeitsunfalls bzw. der → Berufskrankheit war. Die Waisenbeihilfe kommt ausschließlich für leibliche Kinder oder Adoptivkinder in Betracht. Für Stiefkinder, Pflegekinder, Enkel und Geschwister ist die Leistung nicht vorgesehen. Die Waisenbeihilfe beträgt 40 vH des → Jahresarbeitsverdienstes; auf mehrere Waisen ist sie gleichmäßig zu verteilen; § 71 III SGB VII (siehe auch § 144 SGB XIV, § 48 BVG, → Kriegsopferversorgung).

Waisengeld
Die leiblichen (auch nichtehelichen) und die an Kindes Statt angenommenen Kinder eines → Beamten, der z. Zt. seines Todes → Ruhegehalt erhalten hätte, oder eines verstorbenen Ruhestandsbeamten erhalten ein Waisengeld in Höhe von 12% (Halbwaisen) bzw. 20% (Vollwaisen) des Ruhegehalts, das der Verstorbene bei Eintritt in den Ruhestand am Todestag erhalten hätte (§§ 23, 24 BeamtVG). Waisen- und → Witwengeld dürfen zusammen den Betrag des ihrer Berechnung zugrunde liegenden Ruhegehalts nicht übersteigen (§ 25 BeamtVG).

Waisenrente
ist eine → Hinterbliebenenrentenart in der Sozialversicherung, → Hinterbliebene von Kriegsopfern, → Familienversicherung (Beitragsfreiheit der Waisenrente).

Wald
Zur Definition von Wald → Forstrecht. Das Betreten des W. zum Zwecke der → Erholung im weitesten Sinne, also auch zum Sport, zum privaten naturkundlichen Sammeln oder zu ähnlichen Zwecken, ist durch das BWaldG erlaubt. Es geschieht auf eigene Gefahr (§ 14 BWaldG). Radfahren, Reiten und das Fahren mit Krankenfahrstühlen ist allerdings nur auf Straßen und Wegen gestattet. Beschränkungen können die Länder zur Vermeidung schwerwiegender Schäden anordnen. Sa → Baumschutz, → Erholungswald, → Forstrecht, → Schutzwald, → Staatswald.

Waldbrandschutz, Waldbrandstiftung
1. Wälder, Heiden und Moore sind strafrechtlich geschützt gegen Inbrandsetzen oder Zerstören durch Brandlegung durch die Vorschrift über → Brandstiftung nach § 306 StGB, wenn sie für den Täter fremde Sachen sind, und nach §§ 306a II, 306b, 306c StGB, wenn unabhängig von der Eigentumslage bestimmte andere Rechtsgüter gefährdet oder verletzt werden. Ferner werden sie von der Vorschrift des § 306 f StGB über Herbeiführen einer Brandgefahr (→ Brandstiftung) durch Rauchen, offenes Feuer oder Licht, Wegwerfen brennender oder glimmender Gegenstände u. ä. geschützt, wenn sie entweder für den Täter fremde Sachen sind oder durch die Tat bestimmte andere Rechtsgüter gefährdet werden; doch greift diese Vorschrift nur Platz, wenn eine konkrete Gefährdung eingetreten ist, nicht schon beim bloßen Rauchen oder Feueranzünden im Wald (hierzu → Rauchverbot im Walde).

Nach §§ 2, 5 VO zum Schutz der Wälder, Moore und Heiden gegen Brand vom 25.6.1938 (RGBl. 1938 I 700), die nach Maßgabe des Landesrechts weiter gilt, begeht eine → Ordnungswidrigkeit, wer in diesen Gebieten oder in gefährlicher Nähe von ihnen offenes Feuer oder Licht mit sich führt, brennende oder glimmende Gegenstände unvorsichtig handhabt, fortwirft oder auch nur fallen lässt, ebenso wer ohne Genehmigung der Forstbehörde und ohne entsprechende Schutzmaßnahmen (feuerbeständige Umfassung) Feuer anzündet oder das mit Erlaubnis angezündete Feuer unbeaufsichtigt lässt. Sa → Brandverhütung und zum Landesrecht zB Art. 17 und 46 II Nr. 4, 5 Bayerisches WaldG v. 22.7.2005 (GVBl. 2005, 313 mÄnd).

2. Maßnahmen zum Schutz gegen Waldbrand regelt Landesrecht. So enthält das brandenburgische LandeswaldG (s. → Forstrecht) in §§ 20–23 BbgLWaldG vorbeugende Maßnahmen, die Einteilung in Waldbrandgefahrenklassen, die Zuordnung von Waldbrandwarnstufen, die allgemein bekannt gemacht werden müssen, sowie den Umgang mit Feuer im Wald.

Waldschutz
Den Waldschutz als Teil des → Naturschutzes regelt das BWaldG (→ Forstrecht) bundeseinheitlich mit dem Ziel, die Nutz-, Schutz- und Erholungsfunktion des Waldes sicherzustellen (§ 1 BWaldG). Die Vorschriften zum Waldschutz (§§ 5–14 BWaldG) betreffen Rodung, Erstaufforstung und Bewirtschaftung des Waldes. Treten infolge besonderer Naturereignisse, zB Windbruch, in der Forstwirtschaft erhebliche Schäden auf, so können der ordentliche Einschlag durch RechtsVO beschränkt

und Steuererleichterungen gewährt werden (Forstschäden-Ausgleichsgesetz v. 26.8.1985, BGBl. 1985 I 1756, mÄnd). Sa → Bundeswaldinventur, → Baumschutz, → Erholungswald, → Feld- und Forstschutzrecht, Schutzwald.

Walfang
→ Artenschutz, → Seefischerei, → Tierschutzrecht.

Wandelobligation (Wandelanleihe)
Eine Wandelobligation ist eine → Wandelschuldverschreibung.

Wandelschuldverschreibung
Eine Wandelschuldverschreibung ist ein → Wertpapier, in dem meist dem Gläubiger ein Umtausch- oder → Bezugsrecht auf → Aktien eingeräumt wird; sie darf nur auf Grund eines mit qualifizierter Mehrheit gefassten Beschlusses der → Hauptversammlung einer AG ausgegeben werden (§ 221 AktG). Ein solches Umtauschrecht kann auch der Gesellschaft zustehen. Die Wandelschuldverschreibung wird in aller Regel in Form einer → Inhaberschuldverschreibung oder eines → kaufmännischen Verpflichtungsscheins erteilt. Zweck der Ausgabe der Wandelschuldverschreibung ist, der AG neue Geldmittel zu verschaffen. Der Anreiz für den Gläubiger liegt darin, dass er Sicherheit und feste Verzinsung erhält, aber bei günstiger Entwicklung der AG an deren Gewinn durch Ausübung des Umtausch- oder Bezugsrechts teilnehmen kann. Sa → Aktienoption.

Wandelung
Bis zur Schuldrechtsmodernisierung (→ Schuldrecht aE) war die Wandelung die Rückgängigmachung eines Kaufvertrags wegen eines Sachmangels. Nunmehr besteht ggf. die Möglichkeit des Rücktritts vom Kaufvertrag → Gewährleistung.

Wandergewerbe
jetzt → Reisegewerbe.

Wanderschafherde
Wer eine Wanderschafherde treiben will, muss dies gem. § 10 ViehverkehrsVO (→ Tierseuchen (3)) streckenabhängig anzeigen oder genehmigen lassen. Werden die tierseuchenrechtlichen Anforderungen des § 10 II ViehverkehrsVO erfüllt, ist dem Halter die Genehmigung zu erteilen. Sa → Schafe.

Wanderversicherung
1. Wanderversicherung nennt man in der gesetzlichen → Rentenversicherung die Zugehörigkeit zu verschiedenen Versicherungszweigen innerhalb eines Versicherungslebens, also zB zur früheren → Arbeiterrentenversicherung, zur früheren → knappschaftlichen Versicherung und zur früheren → Angestelltenversicherung. Für die Erfüllung der → Wartezeit und für die Rentenberechnung werden alle Zeiten zusammengerechnet; es wird eine Gesamtrente von demjenigen Zweig gewährt, an den zuletzt Beiträge abgeführt wurden; §§ 223, 289 SGB VI. Es findet ein wechselseitiger Ausgleich der Aufwendungen für den auf den jeweils anderen „Versicherungszweig“ entfallenden Leistungsanteile statt.

2. Als Wanderversicherung bezeichnet man ferner die Zurücklegung von Versicherungszeiten in verschiedenen Ländern der → Europäischen Union (vgl. VO (EG) Nr. 883/2004 v. 29.4.2004, ABl. EG 2004 L 166, 1, L 200, 1). Diese Zurücklegung von Zeiten ist unproblematisch im Rahmen der europarechtlich geregelten → Freizügigkeit der Arbeitnehmer möglich. Für → Grenzgänger gelten besondere Regelungen (vgl. etwa Art. 65 VO (EG) Nr. 883/2004).

Wappen
→ Namensrecht, → Hoheitszeichen.

Ware
Waren sind nach der Legalddefinition in § 241a I BGB bewegliche → Sachen, die nicht aufgrund von Zwangsvollstreckungsmaßnahmen oder anderen gerichtlichen Maßnahmen verkauft werden. Dem Anwendungsbereich des § 241a BGB unterfällt auch die Lieferung einer anderen Ware (als der ursprünglich bestellten).

Waren, Zusendung unbestellter
→ Unbestellte Lieferung, Leistung.

Warenautomaten
→ Automatenaufstellung, → Automatenaufstell(ungs)vertrag, → Automatenmissbrauch, → Erschleichen von Leistungen, → Fernabsatzvertrag.

Warenbörse
Eine Warenbörse ist gem. § 2 III BörsG (→ Börsengesetz) eine → Börse, an der Waren iSd § 2 V WpHG und Termingeschäfte in Bezug auf Waren gehandelt werden, zB Rohöl, Kaffee, Weizen, Aluminium, Zink. Als Waren gelten auch Metalle (→ Edelmetall), Erze und Legierungen sowie und Energien. So ist eine Warenbörse die im Jahr 2000 eröffnete Energiebörse (European Energy Exchange, EEX) in Leipzig, an der Strom, Gas und Emissionsberechtigungen (→ Emissionshandel, Treibhausgase) elektronisch gehandelt werden. Sa → Wertpapierbörse, → Terminbörse.

Wareneingang, Warenausgang
→ Aufzeichnungspflichten im Steuerrecht.

Warenhandwerker
Der Warenhandwerker ist ein Handwerker (→ Handwerk), der im Rahmen seines Gewerbebetriebes Waren anschafft und be- oder verarbeitet weiterveräußert. Zur Eigenschaft als → Kaufmann → Handelsgewerbe.

Warenherstellerhaftung
→ Produkthaftung.

Warenkaufrichtlinie
Die 2019 verabschiedete EU-Warenkaufrichtlinie (ABl. 2019 L 136, 28), die zum 1.1.2022

die alte Verbrauchsgüterkaufrichtline aus dem Jahr 1999 (ABl. 1999 L 171, 12; das deutsche Kaufrecht beruht weitgehend auf dieser Richtlinie) ersetzt und das Prinzip der → Vollharmonisierung verfolgt, will zum ordnungsgemäßen Funktionieren des Binnenmarktes beitragen und erfasst zur weiteren Stärkung der Verbraucherrechte, insbes. im digitalen Bereich, Kaufverträge (→ Kauf) zwischen → Unternehmern und → Verbrauchern über Waren (körperliche bewegliche Gegenstände) einschließlich Waren mit digitalen Elementen. Sie wurde vom deutschen Gesetzgeber fristgemäß durch das Gesetz zur Regelung des Verkaufs von Sachen mit digitalen Elementen und anderer Aspekte des Kaufvertrags v. 25.6.2021 (BGBl. 2021 I 2133) umgesetzt. Die zahlreichen Neuregelungen, die zum 1.1.2022 in Kraft getreten sind, betreffen das allg. Kaufrecht und das Verbrauchsgüterkaufrecht (insbes. Neuregelung des Sachmangels, Einführung einer Aktualisierungspflicht, gewisse Änderungen bei der Nacherfüllung und dem Verkäuferregress, Verlängerung der Beweislastumkehr, s. hierzu iE → Gewährleistung, → Verbrauchsgüterkauf), sie gelten für Verträge, die ab dem 1.1.2022 geschlossen wurden. Ergänzt wird die Warenkaufrichtlinie durch die → Digitale-Inhalte-Richtlinie. Sa → Verbraucherverträge über digitale Produkte.

Warenklasseneinteilung
Marken werden stets für bestimmte Waren und / oder Dienstleistungen geschützt, die im Register eingetragen werden. Die Klassifizierung der Waren und Dienstleistungen ist in §§ 19 ff. MarkenV geregelt. S. auch → Marken. S. ferner → Handelsklassen.

Warenlager
→ Sicherungsübereignung.

Warenlombard
→ Lombardgeschäft.

Warenoptionsschein
→ Optionsschein.

Warenprobe
→ Kauf nach Probe.

Warenrückvergütung
Eine Warenrückvergütung wird von Konsumvereinen (→ Genossenschaft, 1) an ihre Mitglieder gewährt. Sie bemisst sich danach, wieviele Waren ein Mitglied bezogen hat.

Warentermingeschäft
→ Finanztermingeschäft, → Differenzgeschäft.

Warentest
Der von öffentlichen oder privaten Institutionen oder Zeitschriften durchgeführte Warentest ist, soweit er negative Äußerungen über Waren und sonstige gewerbliche Güter enthält, tatbestandsmäßig ein Eingriff in den durch § 823 I BGB geschützten eingerichteten und ausgeübten Gewerbebetrieb. Er ist jedoch gerechtfertigt (→ Rechtswidrigkeit), soweit er objektiv nach anerkannten Methoden vorgenommen und darin über die Vorzüge und Nachteile der Ware sachlich berichtet wird; Rechtfertigungsgrund ist das das Interesse des Warenherstellers überragende öffentliche Interesse des Verbrauchers an sachgerechter Aufklärung. Ein Warentest führt jedoch dann zu einem Schadensersatzanspruch aus → unerlaubter Handlung, wenn vorsätzlich oder auch nur fahrlässig wahrheitswidrig ein dem betroffenen Unternehmen nachteiliger Umstand verbreitet wird (Kreditgefährdung, § 824 BGB) oder wenn sonst kreditschädigende Tatsachen in vorwerfbarer Weise (→ Verschulden) behauptet werden, die einer objektiven Nachprüfung nach den og Grundsätzen nicht standhalten, zB wenn von den Mängeln eines einzigen Testexemplars ohne nähere Prüfung auf die Unbrauchbarkeit der ganzen Serie geschlossen wird. Letztlich entscheidet auch hier, wie bei allen beeinträchtigenden Presseveröffentlichungen (→ Ehre, → Persönlichkeitsrecht), eine Interessen- und Güterabwägung zwischen der → Pressefreiheit (Art. 5 I GG) sowie dem Verbraucherschutz einerseits und dem Interesse des Warenherstellers andererseits, wobei die Art der Darstellung, der Zweck der Veröffentlichung usw mitentscheidend ist. Sa → unlauterer Wettbewerb.

Warenverkehr in der Europäischen Union
→ freier Warenverkehr.

Warenverkehr, internationaler
→ Außenwirtschaftsrecht, → Handelspolitik.

Warenwechsel
Ein Warenwechsel (Handelswechsel) ist ein → Wechsel, dem eine Warenlieferung zugrundeliegt, idR ein → Handelskauf. Die Wechselforderung tritt neben die weiterbestehende Kaufpreisforderung (vgl. § 364 II BGB). Diese ist bis zum Verfall des Wechsels gestundet (→ Leistungszeit). Warenwechsel sind diskontfähig (Wechseldiskont), so dass sich der Lieferant dadurch schnell Bargeld verschaffen kann, wenn eine Bank den Wechsel diskontiert. Einen Gegensatz zum Warenwechsel bildet der → Finanzierungswechsel.

Warenzeichen
→ Marken.

Warnblinklicht
Außer beim → Abschleppen und beim → Liegenbleiben von Kfz ist das Warnblinklicht einzuschalten, wenn jemand andere durch sein Fahrzeug gefährdet oder andere vor Gefahren warnen will, zB bei Annäherung an einen Stau (§ 16 II 2 StVO).

Warnkreuze, -lichter
→ Bahnübergänge.

Warnstreik
→ Streik.

Warnungen durch Behörden
→ Realakte (im Verwaltungsrecht).

Warnweste
→ Autostraßen, → Liegenbleiben von Fahrzeugen.

Warnzeichen im Straßenverkehr
können → Verkehrszeichen (Gefahrzeichen), Schall- oder Leuchtzeichen sein. Als Schallzeichen sind nur Hupen und Hörner zugelassen; eine Folge verschieden hoher Töne ist verboten (§ 55 StVZO, § 16 III StVO). Leuchtzeichen können durch → Aufblenden gegeben werden. Beide Arten von Warnzeichen darf nur geben, wer sich oder andere gefährdet sieht, ferner, wer außerhalb geschlossener Ortschaften überholt. Bei Gefährdung anderer und beim Liegenbleiben eines Kfz darf Warnblinklicht eingeschaltet werden (§ 16 I, II StVO; vorgeschrieben für Schulbusse). Warnzeichen sind verboten und → Ordnungswidrigkeit (§ 49 I Nr. 16 StVO), wenn sie unnötig, insbes. mutwillig sind oder andere Verkehrsteilnehmer gefährden (zB weil Fußgänger oder Tiere erschrecken können). Über Ausnahmen für Wegerechtsfahrzeuge, blaues und gelbes Blinklicht → Vorfahrt, → Beleuchtung (1a).

Warrant
→ Optionsschein.

Warschauer Abkommen
Das eigentliche Warschauer Abkommen stammt v. 12.10.1929 (RGBl. 1933 II 1039). Es wurde mehrfach geändert (BGBl. 1958 II 291, 1963 II 1159) und stellt heute die Grundlage des internationalen Luftbeförderungsrechts dar (Personen, Gepäck, Fracht). Das Warschauer Abkommen regelt die Luftbeförderung in 3 Bereichen: Beförderungsdokumente, Verfügungsrechte bei der Frachtbeförderung und Haftung des Luftfrachtführers, die nach Art. 20, 22 beschränkt ist. Ausgenommen ist fast ausnahmslos die Postbeförderung. An die Stelle wesentlicher Teile des Warschauer Abkommens ist das Montrealer Übereinkommen zur Vereinheitlichung bestimmter Vorschriften über die Beförderung im internationalen Luftverkehr v. 28.5.1999 (BGBl. 2004 II 458, 1371), mÄnd, getreten. Sa → Fluggastrechte, → Personenbeförderung (2), → ICAO, → Luftfahrtrecht, → Luftverkehrshaftung → Reisegepäck, Haftung für.

Warschauer Pakt
wurde der am 14.5.1955 in Warschau zwischen Albanien, Bulgarien, Ungarn, der ehem. DDR, Polen, Rumänien, der ehem. Sowjetunion und der ehem. Tschechoslowakei geschlossene Vertrag über Freundschaft, Zusammenarbeit und gegenseitigen Beistand genannt, in dem sich die Vertragschließenden ua zu gegenseitiger Beratung bei Gefahr eines Angriffs auf einen Vertragschließenden (Art. 3) und zum gegenseitigen Beistand gem. Art. 51 der Satzung der Vereinten Nationen im Falle eines bewaffneten Überfalls auf das europäische Gebiet eines Vertragschließenden (Art. 4) verpflichteten. Der Warschauer Pakt ist inzwischen aufgelöst.

Wartepflicht an Straßenkreuzungen
→ Vorfahrt.

Wartepflicht nach Verkehrsunfall
→ Verkehrsunfall, → Unerlaubtes Entfernen vom Unfallort.

Wartezeit
1. Im Arbeitsrecht: → Kündigungsschutz für Arbeitnehmer.

2. Das Zurücklegen einer Wartezeit ist Leistungsvoraussetzung für die Inanspruchnahme von Renten der gesetzlichen → Rentenversicherung.

a) Die Wartezeit für die → Regelaltersrente, für die → Rente wegen verminderter Erwerbsfähigkeit, die → Erwerbsunfähigkeitsrente und für die → Hinterbliebenenrenten beträgt 5 Jahre. Sind die 5 Jahre nicht erreicht, gilt die Wartezeit als erfüllt, wenn der Versicherte bis zur Vollendung des 65. bzw. 67. Lebensjahres eine Rente wegen verminderter Erwerbsfähigkeit oder eine → Erziehungsrente bezogen hat. Die Wartezeit für → Hinterbliebenenrenten gilt bei Nichterfüllung der 5 Jahre dann als erreicht, wenn der verstorbene Versicherte bis zu seinem Tod Rentenbezieher war.

b) Die Wartezeit von 15 Jahren ist erforderlich für Personen, die vor dem 1.1.1952 geboren sind, für die Altersrente wegen Arbeitslosigkeit oder nach Altersteilzeitarbeit und für die Altersrente für Frauen, die vor dem genannten Zeitpunkt geboren sind.

c) Ist die allgemeine Wartezeit für eine Rente wegen voller Erwerbsminderung vor dem Eintritt in die Versicherung (sog. Eingangsleiden) nicht erfüllt, dann sind 20 Jahre erforderlich. Auf die Wartezeiten von 5, 15 und 20 Jahren werden Kalendermonate mit → Beitragszeiten und → Ersatzzeiten angerechnet.

d) Eine Wartezeit von 25 Jahren ist erforderlich für die Altersrente für langjährig unter Tage beschäftigte Bergleute und für Bergleute vom 50. Lebensjahr an. Auf diese Wartezeit werden Kalendermonate mit Beitragszeiten unter Tage angerechnet.

e) Die Erfüllung einer Wartezeit von 35 Jahren ist Voraussetzung für die Altersrente für langjährige Versicherte und für die Altersrente für schwerbehinderte Menschen. Hier werden alle rentenrechtlichen Zeiten (zB auch → Zurechnungszeiten) angerechnet (→ Berücksichtigungszeiten, → Rentenformel), soweit in diesen nur → geringfügige Beschäftigung oder selbständige Tätigkeit ausgeübt wurde.

f) 45 Jahre Versicherungszeiten sind Voraussetzung für besonders langjährig Versicherte (§ 38 SGB VI), die das 65. Lebensjahr vollendet haben. Bei dieser Wartezeit werden alle zurückgelegten Versicherungszeiten berücksichtigt.

g) 45 Jahre Versicherungszeiten reichen auch für besonders langjährig versicherte Personen, welche vor dem 1.1.1964 geboren wurden aus, wenn sie das 63. Lebensjahr vollendet haben (§ 236b SGB VI). Diese zum 1.7.2014 neu geschaffene Rentenart kann dann nicht in Anspruch genommen werden, wenn in den letzten zwei Jahren vor dem Rentenbeginn Zeiten einer Arbeitslosigkeit vorhanden sind. Zeiten einer Arbeitslosigkeit werden nur dann berücksichtigt, wenn für sie gleichzeitig Pflichtbeiträge entrichtet worden sind. Zeiten des Bezuges von ALG-II werden nicht berücksichtigt. Für nach dem 31.12.1952 geborene Versicherte erfolgt eine stufenweise Anhebung der Altersgrenze.

h) Ohne Erreichen dieser Mindestzahlen ist die Wartezeit vorzeitig erfüllt, wenn Versicherte wegen eines Arbeitsunfalls oder einer → Berufskrankheit, wegen einer Wehr- oder Zivildienstbeschädigung oder wegen eines Gewahrsams nach dem → Häftlingshilfegesetz in ihrer Erwerbsfähigkeit gemindert worden oder gestorben sind. Sie müssen im Zeitpunkt des Arbeitsunfalls versicherungspflichtig gewesen sein oder in den letzten 2 Jahren vorher mindestens 1 Pflichtbeitragsjahr haben. Dies gilt auch dann, wenn die Versicherten vor Ablauf von 6 Jahren nach dem Ende ihrer Ausbildung erwerbsunfähig geworden oder gestorben sind (§§ 50 ff. SGB VI).

Wasch- und Reinigungsmittel
→ Detergenzien.

Waschen
→ Reinhaltung der Gewässer, → Trinkwasser, → Gewässer (2).

Washingtoner Artenschutzübereinkommen
Das Washingtoner Artenschutzübereinkommen v. 3.3.1973 (BGBl. 1975 II 773) mÄnd beschränkt den internationalen Handel mit gefährdeten Arten frei lebender Tiere und Pflanzen; sa → Artenschutz, → Tierhandel. Auf europäischer Ebene wird das Washingtoner Artenschutzübereinkommen durch die VOen (EG) 338/97 v. 9.12.1996 (ABl. EG 1996 L 61, 1) und 811/2008 v. 13.8.2008 (ABl. EG 2008 L 219, 17) zur Aussetzung bzw. durch die DVO (EU) 2015/736 v. 7.5.2015 (ABl. EU 2015 L 117, 25) zum Verbot der Einfuhr von Exemplaren bestimmter Arten wild lebender Pflanzen und Tiere in die → Europäische Union umgesetzt.

Wasser
→ Reinhaltung der Gewässer, → Trinkwasser, → Wasserrecht, → Wasserversorgung.

Wasser- und Bodenverbände
sind Körperschaften des öffentlichen Rechts (jedoch keine → Gebietskörperschaften), die wasser- oder bodenwirtschaftliche Aufgaben erfüllen, zB Ausbau, Rückbau und → Unterhaltung der Gewässer, Anlagenbau und -unterhaltung an Gewässern, Deichbau, Hochwasserschutz, ländlicher Straßen- und Wegebau, Wasserbewirtschaftung, Be- und Entwässerung, Abwasserbeseitigung und Abfallentsorgung, Maßnahmen des → Naturschutzes und der Landschaftspflege; vgl. § 2 Gesetz über Wasser- und Bodenverbände (WasserverbandsG, WVG) v. 12.2.1991 (BGBl. 1991 I 405) mÄnd. Mitglieder sind vor allem die Eigentümer der betroffenen Grundstücke (§ 4 WVG). Wasser- und Bodenverbände können zur Erfüllung ihrer Aufgaben von den Mitgliedern öffentlich-rechtliche Pflichtbeiträge (Geld- oder Sachbeiträge) erheben (§ 28 WVG). Die zum Wasser- und Bodenverband gehörenden Grundstücke unterliegen bestimmten Beschränkungen (§ 33 WVG). Errichtung, Verfassung und Befugnisse im Einzelnen regelt das WVG. Die Verfassung der Wasser- und Bodenverbände ist der des → Vereins angenähert. Sie unterliegen der behördlichen Rechtsaufsicht und bedürfen für bestimmte Geschäfte deren Zustimmung (§§ 72–77 WVG). Sa → Deich.

Wasserbücher
sind nach § 87 WHG (→ Wasserhaushalt) für die dem WHG unterliegenden → Gewässer zu führen. Einzutragen sind insbes. Erlaubnisse, die nicht nur vorübergehenden Zwecken dienen, Bewilligungen, alte Rechte und alte Befugnisse, Planfeststellungsbeschlüsse und Plangenehmigungen nach § 68, → Wasserschutzgebiete, festgesetzte → Überschwemmungsgebiete und Risikogebiete. Darüber hinaus können nach den Wassergesetzen der Länder weitere Rechtsverhältnisse eingetragen werden (zB Anordnungen für den Hochwasserschutz, in einigen Bundesländern auch Fischereirechte). Die Einsichtnahme ist jedem bei berechtigtem Interesse gestattet. Die Eintragungen haben weder rechtsbegründende noch rechtsändernde Wirkung. Die Wasserbücher werden von den Kreisverwaltungsbehörden (→ Kreisverwaltung) geführt. Alte Rechte und Befugnisse können am 1.3.2020 erlöschen (§ 21 WHG).

Wasserfahrzeuge
→ Binnenschifffahrt, → Fähre, → Kleinfahrzeug, → Schiff, → Seeschifffahrt, → Sportboot, → Spreewaldkahn. Schwimmende Anlagen (→ Anlage, 6.) gehören nicht zu den Wasserfahrzeugen.

Wassergefährdende Stoffe
Wassergefährdende Stoffe können → Wasser physikalisch, chemisch oder biologisch dauernd oder nicht nur in unerheblichem Ausmaß nachteilig verändern (§ 62 III G zur Ordnung des → Wasserhaushalts). Zu ihnen gehören zB Säuren, Mineralöle, Gifte. Anlagen zum Umgang mit wassergefährdenden Stoffen müssen so beschaffen sein, dass eine nachteilige Veränderung des Gewässers nicht zu besorgen ist, Einzelheiten enthält die Verordnung über Anlagen zum Umgang mit wassergefährdenden Stoffen (AwSV) v. 18.4.2017 (BGBl. 2017 I 905) mÄnd. Sa → prioritäre Stoffe, → Beförderung gefährlicher Güter; → Anlage (3.).

Wassergefahr
Als Wassergefahr wird die Bedrohung eines Gebietes insbes. durch Hochwasser oder Sturmflut bezeichnet; eine besondere Rolle spielt dies in durch → Deiche geschützten Gebieten, → Hochwasserentstehungsgebiete. Die Küstenländer haben deshalb für diese besondere Form der Gefahr für die öffentliche → Sicherheit und Ordnung spezielle Regelungen getroffen (zB § 63 Hamburgisches Wassergesetz v. 29.3.2005, GVBl. 2005 97 mÄnd und § 131 Niedersächsisches WasserG v. 19.2.2010, GVBl. 2010 64 mÄnd). Alle Bewohner der bedrohten und wenn nötig auch der benachbarten Gebiete müssen auf Anordnung der zuständigen Behörden bei den Schutzarbeiten helfen sowie Arbeitsgeräte, Beförderungsmittel und Baustoffe stellen. Sa → Küstenschutz, → Hochwasserschutz.

Wasserhaushalt
1. Seit der → Föderalismusreform I 2006 ist der Wasserhaushalt Gegenstand der → konkurrierenden Gesetzgebung (Art. 72 III Nr. 5 GG, Art. 74 I Nr. 32 GG). Von dieser Gesetzgebungsbefugnis hat der Bund mit dem WasserhaushaltsG (WHG) v. 31.7.2009 (BGBl. 2009 I 2585 mÄnd), das europarechtliche Vorgaben wie die → Wasser-Rahmenrichtlinie umsetzt, Gebrauch gemacht.

2. Das WHG enthält gegenüber seinem Vorgänger inbes. folgende Änderungen:
- Regelung des Gewässereigentums (§ 4 WHG),
- Vereinheitlichung der behördlichen Zulassungsinstrumente für wasserwirtschaftliche Vorhaben und Gewässerbenutzungen (§§ 8 ff. WHG),
- Aufnahme ins Bundesrecht von Grundsätzen über die öffentliche Wasserversorgung (§ 50 WHG), den Heilquellenschutz (§ 53 WHG), die Duldung und Gestattung wasserwirtschaftlich notwendiger Maßnahmen (§§ 91 ff. WHG) und die Gewässeraufsicht (§§ 100 ff. WHG).

Nach Art. 72 III Nr. 5 GG können die Länder vom WHG abweichende Regelungen erlassen, allerdings nicht stoff- oder anlagenbezogener Art (→ Wasserrecht).

3. Das WHG regelt vor allem die Bewirtschaftung von Gewässern (Kap. 2) und enthält eine Reihe besonderer wasserwirtschaftlicher Bestimmungen (Kap. 3). Es gilt für oberirdische Gewässer, → Küstengewässer (Küstenmeer) und das → Grundwasser (§ 2 WHG). Gewässer sind durch nachhaltige Bewirtschaftung als Bestandteil des → Naturhaushalts, als Lebensgrundlage für Menschen, Tiere und Pflanzen sowie als nutzbares Gut (§ 1 WHG) zu schützen. Das Eigentum an den → Bundeswasserstraßen steht dem Bund zu, im Übrigen gelten die landesrechtlichen Vorschriften. Wasser eines oberirdischen Gewässers und Grundwasser sind nicht eigentumsfähig (§ 4 WHG).

a) Die Bewirtschaftung von Gewässern umfasst die Aufgaben des Gesetzesvollzuges und die Wahrnehmung der öffentl.-rechtlichen Pflichten im Rahmen der Daseinsvorsorge (Unterhaltungslast, Gewässerausbau, öffentliche → Wasserversorgung, Abwasserbeseitigung, → Hochwasserschutz). Sie erfolgt nachhaltig und flussgebietsbezogen (§§ 6, 7 WHG). Bewirtschaftungsziele sind zB Erhaltung der Funktions- und Leistungsfähigkeit der Gewässer, Nutzung zum Wohle der Allgemeinheit, Vorbeugung gegen möglichen Klimawandel und Schutz der Meeresumwelt (§ 6 WHG). Die Gewässerbenutzung (zB Entnehmen und Ableiten von Wasser aus Gewässern, Aufstauen und Absenken von oberirdischen Gewässern, Einbringen und Einleiten von Stoffen in Gewässer) bedarf grundsätzlich einer Zulassung durch → Erlaubnis oder Bewilligung (§§ 8 ff. WHG, s. → Gewässer, 2.). Bestimmungen für die Bewirtschaftung von Küstengewässern und Grundwasser enthalten die §§ 43 ff. WHG Die Landesbehörden koordinieren flussgebietsbezogen Planungen und Maßnahmen. Aufgaben und Befugnisse der → Gewässeraufsicht regeln §§ 100 ff. WHG (sa → Wasserstraßen- und Schifffahrtsverwaltung).

b) Darüber hinaus enthält das WHG besondere wasserwirtschaftliche Bestimmungen, die zT erstmals bundeseinheitlich formuliert sind, etwa über öffentliche Wasserversorgung, Wasserschutzgebiete, Heilquellenschutz, Abwasserbeseitigung (§§ 50 ff. WHG) und Hochwasserschutz (§§ 72 ff. WHG). Die Rahmenvorschriften über wasserwirtschaftliche Planung und Dokumentation (Maßnahmenprogramm, Bewirtschaftungsplan, Veränderungssperre, → Wasserbücher) finden sich in §§ 82 ff. WHG. Weitere Bestimmungen befassen sich mit dem Umgang mit → wassergefährdenden Stoffen (§§ 62, 63 WHG), dem → Gewässerschutzbeauftragten (§§ 64 ff. WHG), der Haftung für Gewässerveränderungen (§§ 89 u. 90 WHG) sowie Duldungs- und Gestattungsverpflichtungen für Eigentümer, Nutzungsberechtigte und Anlagenbetreiber (§§ 91 ff. WHG).

4. Das WHG ahndet Ordnungswidrigkeiten mit bis zu 50 000 EUR, zu Strafvorschriften s. → Umweltkriminalität.

Wasserläufe
→ Gewässer (1); → internationale Wasserläufe; → Wasserstraßen.

Wassermotorräder
sind → Sportboote mit einer Rumpflänge von weniger als 4 m und einer Hauptantriebsquelle gem. § 2 I Nr. 13 10. ProdSV, die auf dem Rumpf stehend, sitzend oder kniend gefahren werden. Die 10. ProdSV regelt die Pflichten der Hersteller, Einführer und Händler von Wassermotorädern. Die Wassermotoräder-VO (WasMotRV) v. 31.5.1995 (BGBl. 1995 I 769) mÄnd bestimmt, wo auf Binnenwasserstraßen gefahren werden darf. Bekannt sind Wassermotoräder heute idR unter den

Begriffen Jet-Bob, -Boot, -Ski oder Wasserscooter.

Wasserpfeifen
→ Tabakerzeugnisse.

Wasserpfennig
ist die landläufige Bezeichnung für → Abgaben für die Entnahme von Oberflächen- und → Grundwasser. Grundlagen finden sich in den Landeswasser- oder Landesabgabengesetzen. Vom Wasserpfennig ausgenommen sind erlaubnisfreie Benutzungen und Bagatellfälle.

Wasser-Rahmenrichtlinie
Die Richtlinie 2000/60/EG zur Schaffung eines Ordnungsrahmens für Maßnahmen der → Europäischen Union im Bereich der Wasserpolitik v. 23.10.2000 (ABl. EG 2000 L 327, 1) mÄnd, kurz WRRL, ist durch das WHG (→ Wasserhaushalt) sowie die entsprechenden Landesvorschriften in deutsches Recht umgesetzt. Auf Grund der WRRL wurden Flussgebietseinheiten, Bewirtschaftungsziele sowie administrative Planungsinstrumente eingeführt. Zweck ist die ganzheitliche, auch grenzüberschreitende Gewässerbewirtschaftung zur Erzielung eines guten Zustands aller EU-Gewässer. So sind nachteilige Veränderungen immer zu vermeiden, bei Grundwasser, wenn sie vom Menschen verursacht (zB Landwirtschaft) und signifikant anhaltend sind, umzukehren. Sa → wassergefährdende Stoffe, → Meeresnaturschutz.

Wasserrecht
1. Bei der rechtlichen Regelung der Materie Wasser ist zu unterscheiden zwischen der Bedeutung des Wassers unter dem Gesichtspunkt der Wasserwirtschaft und Landeskultur und seiner Bedeutung als → Wasserstraße und Verkehrsweg. Für beide Bereiche steht dem Bund die Befugnis zur → konkurrierenden Gesetzgebung zu, einmal nach Art. 74 I Nr. 32 GG (→ Wasserhaushalt), das andere Mal nach Art. 74 I Nr. 21 GG. Die Rechtsverhältnisse an → Bundeswasserstraßen als Verkehrswegen sind im Bundeswasserstraßengesetz idF v. 4.11.1998 (BGBl. 1998 I 3294) mÄnd geregelt.

2. Von seiner Gesetzgebungsbefugnis hat der Bund vor allem durch das WHG Gebrauch gemacht. Nach Art. 72 II Nr. 5 GG können die Länder hiervon abweichende Regelungen treffen, allerdings nicht stoffbezogene (→ wassergefährdende Stoffe) oder anlagenbezogene (→ Anlage, 3). Sa → Gewässer, → Gewässeraufsicht, → Wasserschutzgebiete, → Reinhaltung der Gewässer, → Wasser- und Bodenverbände.

Wasserschutzgebiete
können nach § 51 WHG (→ Wasserhaushalt) im Interesse der öffentlichen Wasserversorgung zum Schutze von → Gewässern vor nachteiligen Einwirkungen, zur Anreicherung des Grundwassers sowie zur Verhinderung des schädlichen Abfließens von Niederschlagswasser durch die Landesregierung per RechtsVO festgesetzt werden. Die Festsetzung bewirkt, dass bestimmte, im Einzelnen festzulegende Handlungen im W. verboten oder nur beschränkt zulässig sind und die Eigentümer und Nutzungsberechtigten von Grundstücken zur Duldung bestimmter Maßnahmen verpflichtet werden. Soweit darin eine → Enteignung liegt, ist Entschädigung zu leisten. Das Verfahren der Festsetzung ist in den Wassergesetzen der Länder näher geregelt (zB in Bayern per RechtsVO der Kreisverwaltungsbehörden gem. Art. 31 Bay. WasserG v. 25.2.2010, GVBl. 2010, 66, mÄnd). In diesen Verfahren haben die Betroffenen die Möglichkeit, Einwendungen geltend zu machen. Gegen die Festsetzung ist der Verwaltungsrechtsweg eröffnet, gegen die Bestimmung der Entschädigungshöhe der ordentliche Rechtsweg. Für landwirtschaftliche und gärtnerische Nutzungsbeschränkungen enthält das Landesrecht Ausgleichsregelungen. Sa → Schutzgebiete.

Wassersicherstellungsgesetz
→ Sicherstellungsgesetze.

Wassersport
Wassersport ohne Wasser-Fahrzeuge auf oberirdischen Gewässern ist nach § 25 WHG und den landesrechtlichen Vorschriften (zB Art. 18 Bayer. WasserG v. 25.2.2010, GVBl. 2010, 66, mÄnd, oder § 19 Hess. WasserG v. 14.12.2010, GVBl. 2010, 548, mÄnd) → Gemeingebrauch. Dazu gehören insbes. → Baden, Tauchen ohne Atemgerät, Eislaufen.

Wassersport mit Wasser-Fahrzeugen zählt nach den landesrechtlichen Bestimmungen noch zum Gemeingebrauch, wenn es sich um Befahren der Gewässer mit kleinen Fahrzeugen ohne eigenen Motor handelt (zB Segel-, Ruderboote, Surfbretter). Zu Wassersport mit anderen Fahrzeugen s. → Sportboot; sa → Surfen, → Bundeswasserstraßen.

Wasserstoffnetz
Wasserstoffnetz ist nach § 3 Nr. 39a EnWG (→ Energiewirtschaft) ein Netz zur Versorgung von Kunden ausschließlich mit Wasserstoff, das nicht von vornherein nur auf die Versorgung bestimmter Kunden ausgelegt ist, sondern grundsätzlich für die Versorgung jedes Kunden offensteht. Es umfasst Wasserstoffleitungen zum Transport und zur Verteilung von Wasserstoff nebst allen dem Leitungsbetrieb dienenden Einrichtungen. Die 2021 eingefügten §§ 28j ff. EnWG enthalten zur Umsetzung der Nationalen Wasserstoffstrategie erste Regulierungsansätze der im Entstehen begriffenen Wasserstoffnetze. Nach § 28r EnWG soll ein deutschlandweites Wasserstoff-Kernnetz geschaffen werden, dass überwiegend aus ehemaligen Erdgasleitungen besteht und alle wichtigen Produktionsstätten, Importstellen, Wasserstoffspeicher und Verbraucher verbindet. Es soll von den Nutzern durch Netzentgelte finanziert werden, die Wasserstoffnetzentgeltverordnung (WasserstoffNEV) v. 23.11.2021

(BGBl. 2021 I 4955) enthält Vorschriften zur Festsetzung der Netzentgelte durch die Netzbetreiber. § 3 Nr. 27 EEG 2023 definiert grünen Wasserstoff als Wasserstoff, der elektrochemisch durch den Verbrauch von Strom aus → erneuerbaren Energien hergestellt wird. → Wasserstofftankstelle.

Wasserstofftankstelle
Wasserstofftankstelle ist nach der Verordnung 2023/1804 v. 13.9.2023 über den Aufbau der Infrastruktur für alternative Kraftstoffe (ABl. EU 2023 L 234, 1) eine Betankungseinrichtung zur Abgabe von Wasserstoff an Kraftfahrzeuge über eine ortsfeste oder mobile Vorrichtung. Im Frühjahr 2023 gab es davon etwa 100 in Deutschland. Wasserstoff ist ein → alternativer Kraftstoff, dem bei der → Energiewende große Bedeutung zukommen soll.

Errichtung, Betrieb und uU Änderungen bedürfen mehrerer Zulassungen, ua einer → Baugenehmigung sowie einer Erlaubnis nach § 18 BetrSichV als → überwachungsbedürftige Anlage. Ferner müssen die Vorschriften der GefStoffV (→ Gefahrstoffe) und der Störfall-Verordnung (12. BImSchV, → Störfälle) eingehalten werden. Hat die Wasserstofftankstelle eine Lagerkapazität von über 3t, ist gemäß den Anlagen der 4. BImSchV zusätzlich eine Genehmigung nach § 4 BImSchG notwendig (→ Immissionsschutzrecht). → Wasserstoffnetz.

Wasserstraßen
Wasserstraßen sind natürliche oder künstliche Wasserläufe, auf denen nach Anlage und Ausbau ein nennenswerter Verkehr stattfinden kann. Sie gliedern sich in → Binnenwasserstraßen und → Seewasserstraßen. Die Wasserstraßen stehen überwiegend im Eigentum des Bundes und sind damit → Bundeswasserstraßen, es gibt jedoch auch Landeswasserstraßen.

Wasserstraßen- und Schifffahrtsverwaltung
1. Die Wasserstraßen- und Schifffahrtsverwaltung obliegt auf den → Bundeswasserstraßen dem Bund (Art. 89 GG), der sie durch eigene Behörden ausübt, soweit sie nicht ausnahmsweise den Ländern als Auftragsverwaltung übertragen wird (Art. 89 II GG). Oberste Behörde ist das für Verkehr zuständige Bundesministerium, Mittelbehörde die Generaldirektion Wasserstraßen und Schifffahrt, Bonn, mit den zugeordneten Wasserstraßen- und Schifffahrtsämtern.

2. Die Wasserstraßenverwaltung umfasst als Hoheitsverwaltung auch die Wasserwirtschaftsverwaltung. Sie beinhaltet auch den Ausbau und Neubau von Bundeswasserstraßen, die Strom- und Schifffahrtspolizei und die Tarifhoheit. Die Wasserwirtschaftsverwaltung (→ Wasserhaushalt) obliegt stets den Ländern (Art. 83 GG), und zwar auch an Bundeswasserstraßen, soweit ihre Bedeutung als Wasserspender und Vorfluter, nicht als Verkehrsträger, in Frage steht; sa → Gewässeraufsicht. Daneben bestehen in den Ländern besondere wassertechnische Fachbehörden, die insbes. auch die Gemeinden sowie die → Wasser- und Bodenverbände bei der Planung und Durchführung von wasserwirtschaftlichen Projekten unterstützen. Neben der öffentlichen Verwaltung als Eingriffs- und Leistungsverwaltung steht Bund und Ländern, wenn sie Eigentümer der Gewässer sind, die privatrechtliche Vermögensverwaltung zu. → Hochwasserschutz.

3. a) Rechtsgrundlagen der Schifffahrtsverwaltung sind das Seeaufgabengesetz (SeeAufgG) idF v. 17.6.2016 (BGBl. 2016 I 1489 mÄnd) und das Binnenschifffahrtsaufgabengesetz (BinSchAufgG) idF v. 20.3.2023 (BGBl. 2023 I Nr. 82). Zu den gemeinsamen Aufgaben gehören die Führung der Schifffahrtspolizei und die Erteilung der Befähigungszeugnisse insbes. für Schiffer und Kapitäne mit Ausnahme des Sport- und Freizeitbereichs (s. 4.). Maßnahmen in Binnen- und Seeschifffahrt zum Schutz vor Krankheiten regeln das Gesetz zur Durchführung der Internationalen Gesundheitsvorschriften v. 21.3.2013, BGBl. 2013 I 566 und das → Infektionsschutzgesetz.

b) Der Binnenschifffahrtsverwaltung obliegt ferner die Ausstellung von Bescheinigungen über Bau und Betrieb der Wasserfahrzeuge. Binnenschiffe bedürfen der Erlaubnis für Bauart und Ausrüstung, die je nach Größe und Betriebsart als Schiffsattest, Fahrtauglichkeitsbescheinigung oder Fährzeugnis (→ Fähre) erteilt wird. Die Wasserstraßen- und Schifffahrtsverwaltung erteilt die Fahrerlaubnis für → Wasserfahrzeuge auf den Wasserstraßen (§§ 1 u. 2 BinSchAufgG, → Binnenschifffahrt). Auch der gewerbliche → Gütertransport bedarf der → Erlaubnis. Sa → Binnenschifffahrtssachen, → Rheinschifffahrt.

c) Die Seeschifffahrtsverwaltung erfüllt ferner die Aufgaben der Schifffahrtspolizei auf → Hoher See und in den bundeseigenen Häfen, s. → Küstenwache. Dem → Bundesamt für Seeschifffahrt und Hydrographie obliegen technische Aufgaben, Aufgaben im Bereich der Schifffahrtssicherheit und Informationsdienste (§ 5 SeeAufgG). Sa → Hafenstaatkontrolle, → Seeamt.

4. Gem. § 3a BinSchAufgG und § 7 SeeAufgG hat das BMV juristische Personen des Privatrechts ermächtigt, → Sportboote und andere Sportfahrzeuge zum Verkehr zuzulassen (Binnen) bzw. anzuerkennen (See), die hierfür notwendigen Führerscheine zu erteilen und die entsprechenden Register zu führen.

Wassertaxi
→ Taxiboot.

Wasserversorgung
Die öffentliche Wasserversorgung wird durch Bundesrecht grundsätzl. geregelt (§ 50 WHG, s. → Wasserhaushalt). Darunter versteht man die Versorgung der Allgemeinheit mit → Trinkwasser und Brauchwasser. Sie ist eine

Aufgabe der Daseinsvorsorge (→ Leistungsverwaltung) und ist vorrangig aus ortsnahen Vorkommen zu decken. Träger der öffentlichen Wasserversorgung sind die → Gebietskörperschaften. Sie wirken auf einen sorgsamen Umgang mit Wasser hin, halten ihre Wasserverluste in eigenen Einrichtungen, insbes. den Verteilungsnetzen, gering und informieren Endverbraucher über Einsparmaßnahmen. Sa → allgemeine Versorgungsbedingungen. Gem. §§ 31–31b GWB gelten für den Bereich der öffentlichen Wasserversorgung kartellrechtliche Privilegien fort. Gem. § 6a WHG ist sie eine Form der Wassernutzung.

Wasserverwaltung
→ Wasserstraßen- und Schifffahrtsverwaltung.

Wasserwehr
In einigen Ländern sehen die WasserG die Einrichtung einer Wasserwehr auf Gemeindeebene vor, wenn die Gemeinde erfahrungsgemäß von Überschwemmungen bedroht ist (zB § 85 sächs. WasserG). Sa → Hochwasserschutz.

Wattwagen
Wattwagen sind mit zwei Pferden bespannte Wagen mit hoch liegendem Gestell zur → Personenbeförderung im Watt. Die Hamburgische WattwagenVO v. 23.8.2005 (GVBl. 2005, 369) regelt Ausstattung und Betrieb von Wattwagen, ihren Verkehr, die Unternehmer- und Fahrerlaubnisse uam. Unternehmer müssen gem. § 8 III Hamburgische WattwagenVO haftpflichtversichert sein. Andere Körperschaften haben ähnliche Regelungen.

Weber, Max
(1864–1920), Jurist, Historiker, Nationalökonom und Soziologe, entwickelte im Rahmen eines restriktiven (wirkungsbegrenzenden) Wissenschaftsbegriffs die Theorie von der Wirksamkeit religiöser Vorstellungen und sozialer Leitbilder auf Sozialstruktur und Rechtsetzung; er stellte sich damit in Gegensatz zur monokausalen materialistischen Betrachtungsweise von K. Marx.

Wechsel
Ein Wechsel ist ein schuldrechtliches → Wertpapier, das in einer bestimmten Form ausgestellt, ausdrücklich als Wechsel bezeichnet werden muss (→ Wechselklausel) und die (unbedingte) Anweisung enthält, eine bestimmte Geldsumme (→ Wechselsumme) zu zahlen. Erforderlich ist außerdem die Angabe dessen, der zahlen soll (→ Bezogener), der Verfallzeit (Fälligkeit), des Zahlungsortes, des Tages und des Ortes der Ausstellung sowie des Namens dessen, an den oder dessen Order zu zahlen ist (→ Remittent), ferner die Unterschrift des Ausstellers (Art. 1 WG; zum Mindestinhalt im Einzelnen → Tratte).

Der Wechsel ist ein → Orderpapier. Er kommt als gezogener Wechsel (→ Tratte) und als eigener Wechsel (→ Solawechsel) vor. Der gezogene Wechsel ist eine besondere Art der → Anweisung, der eigene Wechsel eine solche des Schuldversprechens. Der Wechsel enthält eine abstrakte Forderung; doch liegt der → Wechselverbindlichkeit regelmäßig ein bestimmtes Rechtsverhältnis zugrunde (Kausalgeschäft; → Rechtsgeschäft, 2), meistens → Kauf oder → Darlehensvertrag. Die Wechselforderung und die Forderung aus dem Kausalgeschäft bestehen nebeneinander, bis die Wechselverbindlichkeit erfüllt wird; jedoch ist die Forderung aus dem Kausalgeschäft bis zur Fälligkeit des Wechsels gestundet (→ Leistungszeit; sa → Prolongation). Die sog. Valutaklausel („Wert erhalten") hat nur für die Erfüllung des Grundgeschäfts, nicht aber für die Wechselverpflichtung Bedeutung. Sog. Hauptschuldner der Wechselverbindlichkeit ist beim gezogenen Wechsel der Akzeptant, beim eigenen Wechsel der Aussteller. Außerdem haften der → Indossant und der → Wechselbürge in der Reihenfolge, wie der Wechsel von ihnen weitergegeben wird. Wenn nicht ein → Blankowechsel vorliegt, wird der Wechsel zunächst ausgestellt und dann an den → Remittenten begeben. Die Annahme (iE → Akzept) durch den → Bezogenen folgt der Ausstellung, kann aber auch dem → Begebungsvertrag zwischen Aussteller und Remittenten nachfolgen. Der Remittent kann den Wechsel behalten oder weitergeben. Der Übertragung des Wechsels, die sachenrechtlichen Grundsätzen folgt (→ Begebungsvertrag), dient das → Indossament. Jeder, der den Wechsel in Händen hat und durch Indossament legitimiert ist, gilt als rechtmäßiger Inhaber des Wechsels (Art. 16 WG). Wird der Wechsel bei Fälligkeit vom Akzeptanten bezahlt, so erlöschen damit alle Wechselverbindlichkeiten. Die den Wechselübertragungen der beteiligten Personen zugrunde liegenden Rechtsgeschäfte werden damit regelmäßig erfüllt. Aus dem Wechsel sind zu zahlen: Die Wechselsumme, mind. 6% → Wechselzinsen, die Auslagen, insbes. Protestkosten, und eine Provision von $^1/_3$% (Art. 48, 49 WG).

Zahlt der Akzeptant nicht oder nimmt der Bezogene den Wechsel nicht an, so kann der Inhaber des Wechsels Rückgriff nehmen (→ Wechselregress). Zu diesem Zweck muss der Wechsel protestiert werden (→ Wechselprotest). Wird der Rückgriff voll durchgeführt, so bleibt letzten Endes der gezogene Wechsel beim Aussteller, der seinerseits den Akzeptanten in Anspruch nehmen kann; beim eigenen Wechsel gilt dies im Verhältnis vom Remittenten zum Aussteller. Es braucht immer nur gegen Aushändigung des quittierten Wechsels gezahlt zu werden (Art. 39 I WG, Art. 50 I WG). Die strenge Haftung aus dem Wechsel dient seiner Umlauf- und Verkehrsfähigkeit. → Einwendungen, die demjenigen, der aus dem Wechsel in Anspruch genommen wird, gegen den Aussteller oder einen früheren Wechselinhaber zustehen, können gegen einen gutgläubigen Wechselinhaber nicht geltend gemacht werden (Art. 17 WG). Der

Wechselanspruch kann im → Wechselprozess oder durch → Wechselmahnbescheid besonders schnell eingeklagt werden.

Wechsel des Betriebsinhabers
→ Betriebsübergang.

Wechselannahme
→ Akzept.

Wechselanspruch
Der Wechselanspruch ist der Anspruch aus einem → Wechsel. Er kann sich gegen alle richten, die für eine → Wechselverbindlichkeit einzustehen haben. Der Wechselanspruch kann im (verkürzten) → Wechselprozess geltend gemacht werden.

Wechselbereicherungsanspruch
Ein Wechselbereicherungsanspruch steht dem Inhaber eines → Wechsels gegen den → Aussteller oder → Akzeptanten zu, wenn deren → Wechselverbindlichkeit verjährt oder dadurch erloschen ist, dass eine zur Erhaltung des Wechselrechts notwendige Handlung, insbes. der → Wechselprotest, versäumt wurde (Art. 89 WG). Dieser Anspruch setzt voraus, dass eine Bereicherung zum Schaden des Wechselinhabers eintreten würde.

Wechselbezügliche (korrespektive) Verfügung
→ gemeinschaftliches Testament.

Wechselbürge
Wechselbürge (Avalist) ist, wer die → Bürgschaft für die → Wechselverbindlichkeit eines → Akzeptanten, → Ausstellers oder → Indossanten übernommen hat. Die Bürgschaftserklärung muss auf den Wechsel oder auf einen Anhang gesetzt werden (Art. 31 WG). Auf Grund der Wechselbürgschaft (Aval) haftet der Wechselbürge in gleicher Weise wie der, für den er bürgt, und zwar als Gesamtschuldner (Art. 32, 47 I WG). Wechselbürgschaft kommt in Deutschland selten vor.

Wechseldiskont
Ein Wechseldiskont ist der Erwerb eines nicht fälligen → Wechsels durch den Diskontgeber unter Abzug von Zwischenzinsen (→ Diskont), Unkosten und Provision. Diesem Diskontgeschäft liegt ein → Kauf oder → Darlehen zugrunde. Wechsel werden idR von einer Bank diskontiert.

Wechselfähigkeit
Die Wechselfähigkeit ist Voraussetzung für die Übernahme einer → Wechselverbindlichkeit; sie verlangt → Rechtsfähigkeit und → Geschäftsfähigkeit.

Wechselkennzeichen
→ Kennzeichen am Kfz.

Wechselklausel
Sie ist notwendiger Bestandteil eines → Wechsels (Art. 1 Nr. 1 WG). Sie besteht in der Bezeichnung der Urkunde als Wechsel im Text der Wechselerklärung und lautet idR: „Gegen diesen Wechsel. …"

Wechselkurs
ist die Bezeichnung für den Preis, der für den Austausch der eigenen gegen eine fremde Währung – idR für 100 Einheiten – gezahlt werden muss. Der Wechselkurs bildet sich nach Angebot und Nachfrage (freier, flexibler Kurs, → Devisenbörsen), soweit er nicht durch internationale Abkommen für die einzelnen Währungen festgesetzt ist (fester, fixierter Kurs). Dies war im Rahmen des Internationalen → Währungsfonds für die überwiegende Mehrzahl aller Staaten lange der Fall. Wegen der Instrumente zur Aufrechterhaltung eines festen Wechselkurs s. → Aufwertung, → Abwertung, → Interventionspunkte. Das System international fester Wechselkurs ist aufgehoben. Im → Europäischen Währungssystem (EWS) hatten die Partnerwährungen einen Leitkurs, von dem Schwankungen innerhalb einer Bandbreite von idR 2,25% in beide Richtungen gestattet waren. Seit dem 1.1.1999 sind an die Stelle des Europäischen Währungssystems der → Euro und das → Europäische System der Zentralbanken getreten. Das währungsrechtliche Verhältnis des ESZB zu einigen EU-Mitgliedsstaaten, die nicht den Euro haben, regelt der sog. Wechselkursmechanismus II, auch EWS II.

Wechselmahnbescheid
Ein Wechselmahnbescheid ist ein im → Mahnverfahren ergehender Mahnbescheid, dem ein Anspruch aus einem → Wechsel zugrundeliegt. Beim Wechselmahnbescheid ist das Mahnverfahren besonders gestaltet (§ 703a ZPO); wird Widerspruch erhoben, so geht das Wechsel-Mahnverfahren in den → Wechselprozess über.

Wechselmodell
→ Umgangsrecht.

Wechselnehmer
→ Remittent.

Wechselprotest
Der Wechselprotest ist die öffentliche Beurkundung einer für den → Wechselregress wesentlichen Tatsache, insbes. der unterbliebenen Zahlung oder Annahme des Wechsels. Der Wechselprotest muss durch einen → Notar oder einen Gerichtsbeamten, zB einen → Gerichtsvollzieher, aufgenommen werden (Art. 79 WG). Der Wechselprotest wird auf den Wechsel oder auf ein damit zu verbindendes Blatt gesetzt (Art. 81 I WG). Die Form des Wechselprotests ist in den Art. 79–87 WG geregelt. Wird ein Wechsel nicht protestiert, so entfällt der Wechselrückgriff; aus dem Wechsel haftet nur noch der Akzeptant (→ Akzept). Je nachdem, worauf die unterbliebene Zahlung zurückzuführen ist, unterscheidet man: Windprotest, wenn die Person, gegen die protestiert werden soll, nicht zu ermitteln ist; Weigerungsprotest, wenn die Zahlung ganz oder teilweise verweigert wird; Platz- oder Wandprotest, wenn der Zutritt zur Wohnung

oder zu den Geschäftsräumen verweigert oder dort niemand angetroffen wird.

Wechselprozess
Der Wechselprozess ist eine Unterart des → Urkundenprozesses; darin wird über Ansprüche aus → Wechseln besonders rasch entschieden (§§ 602–605 ZPO).

Wechselregress
(Wechselrückgriff). Wird der → Wechsel vom Akzeptanten (→ Akzept) nicht bezahlt oder vom → Bezogenen nicht angenommen (sog. notleidender Wechsel), so kann der Inhaber gegen die anderen Wechselverpflichteten (→ Wechselverbindlichkeit), insbes. gegen → Indossanten und den → Aussteller, Rückgriff nehmen (Art. 43 WG) und von ihnen die → Wechselsumme, mind. 6 % → Wechselzinsen, die Protestkosten und andere Auslagen sowie eine Provision von 1/3 % verlangen (Art. 48 WG). Dieser Anspruch setzt einen rechtzeitigen → Wechselprotest voraus (Art. 44 WG). Außerdem muss der Inhaber seinen etwaigen Vorgängern und dem Aussteller gemäß Art. 45 WG Nachricht geben. Beim Wechselregress kann der Inhaber alle vor ihm aus dem Wechsel Verpflichteten einzeln oder zusammen in Anspruch nehmen; an die Reihenfolge ist er nicht gebunden, dh er kann einzelne überspringen (Art. 47 II WG). Wer im Wechselregress den Wechsel einlöst, kann Aushändigung des Wechsels und der Protesturkunde verlangen (Art. 50 WG), auch weiter auf seine Vormänner Rückgriff nehmen. Er kann den vollen Betrag beanspruchen, den er bezahlt hat, ferner weitere Zinsen, seine Auslagen und die Provision von 1/3 % (Art. 49 WG). Der Wechselregress kann auch durch einen → Rückwechsel genommen werden. Der unmittelbare Wechselregress kann durch sog. Ehreneintritt, dh Angabe einer Person, die im Notfall annehmen (Ehrenannahme) oder zahlen soll (Ehrenzahlung), vermieden werden (Art. 55 ff. WG). Wird der Wechselregress voll durchgeführt, so bleibt der Wechsel letzten Endes beim Aussteller, der vom Akzeptanten Zahlung verlangen kann.

Wechselreiterei
Wechselreiterei liegt vor, wenn → Wechsel von verschiedenen Personen gegenseitig gezogen und angenommen werden, ohne dass ein Waren- oder Dienstleistungsgeschäft zugrunde liegt. Auch durch den Austausch von → Indossamenten ist Wechselreiterei möglich. Der Reitwechsel zählt zu den → Finanzierungswechseln. Das Inverkehrbringen von Reitwechseln trotz mangelnder Zahlungsfähigkeit kann als → Betrug strafbar, die Wechselverbindlichkeit wegen → Sittenwidrigkeit nichtig sein (§ 138 BGB).

Wechselrückgriff
→ Wechselregress.

Wechselschuldner
Wechselschuldner ist jeder, der aus einer → Wechselverbindlichkeit verpflichtet ist. Einzelheiten → Wechsel.

Wechselsumme
Die Wechselsumme ist die bestimmte Geldsumme, zu deren Zahlung in der → Tratte angewiesen wird oder sich beim → Solawechsel der Aussteller verpflichtet (Art. 75 Nr. 2 WG). Die Wechselsumme ist in in- oder ausländischer Währungseinheit anzugeben (entweder in Buchstaben oder in Ziffern, Art. 6 WG).

Wechselverbindlichkeit
Die Wechselverbindlichkeit ist die Verpflichtung aus einem → Wechsel. Bei einer Wechselverbindlichkeit werden Wechselsumme und Nebenansprüche (Art. 48, 49 WG) geschuldet oder es wird für die Bezahlung gehaftet. Hauptwechselschuldner ist der Akzeptant (Art. 28 WG; → Akzept). Außerdem haften aus dem Wechsel der Aussteller (Art. 9 I WG), jeder → Indossant (Art. 15 I WG) und der → Wechselbürge (Art. 32 I WG). Alle Verpflichteten haften als Gesamtschuldner (Art. 47 I WG; → Gesamtschuld).

Wechselzinsen
Wechselzinsen sind die → Zinsen, die neben der → Wechselsumme seit dem Verfall- oder Einlösungstag verlangt werden können. Die Zinshöhe beträgt 2 vH über dem → Basiszinssatz, mind. aber 6% (Art. 48 I Nr. 2 WG, Art. 49 Nr. 2 WG).

Wegebaulast
→ Straßenbaulast.

Wegekreuzungen
→ Kreuzungen.

Wegerecht
→ Straßen- und Wegerecht; sa → Geh- und Fahrtrecht, → Notweg.

Wegerechtsfahrzeuge
→ Vorfahrt.

Wegeunfall
ist in der gesetzlichen → Unfallversicherung eine Form des → Arbeitsunfalls. Wegeunfälle sind Unfälle auf dem Weg von oder nach dem Ort der versicherten Tätigkeit, also typischerweise zwischen der Wohnung und der Arbeitsstätte. Die Versicherung ist nicht ausgeschlossen, wenn der Versicherte von dem unmittelbaren Weg zwischen der Wohnung und dem Ort der Tätigkeit abweicht, weil sein Kind, das mit ihm in einem Haushalt lebt, wegen seiner oder seines Ehegatten oder Lebenspartners beruflicher Tätigkeit fremder Obhut anvertraut wird oder er mit anderen berufstätigen versicherten Personen gemeinsam ein Fahrzeug für den Weg nach und von dem Ort der Tätigkeit benutzt (§ 8 II SGB VII). Auch sonst muss der unmittelbare Weg nicht mit dem kürzesten identisch sein, sondern es kommt als versicherter unmittelba-

rer Weg auch ein etwas längerer in Betracht, der verkehrsgünstiger ist. Nicht versichert sind dagegen Umwege, dh Wege, die erheblich länger sind. Unterbrechungen des versicherten Weges für private Verrichtungen beseitigen grundsätzlich den Versicherungsschutz (→ Eigenwirtschaftliches Interesse). Bei der Fortsetzung des Weges lebt der Versicherungsschutz wieder auf, soweit die Unterbrechung nicht länger als 2 Stunden gedauert hat. Private Verrichtungen in diesem Sinne sind auch Einkäufe von Lebensmitteln, die auf der Arbeit verzehrt werden oder auch die Verrichtung von Bankgeschäften. Hierbei handelt es sich um eigenwirtschaftliche Verrichtungen. Die private Verrichtung beginnt mit dem Verlassen des Fahrzeugs. Wegeunfälle sind auch im Homeoffice möglich.

Wegeunterhaltung
→ Straßenbaulast.

Wegfall der Bereicherung
→ ungerechtfertigte Bereicherung (3).

Wegfall der Geschäftsgrundlage
→ Geschäftsgrundlage.

Wegnahmerecht (ius tollendi)
Der Mieter (§ 539 II BGB), der Pächter (§ 581 II BGB), der → Vorerbe (§ 2125 BGB) und insbes. der Besitzer gegenüber dem Eigentümer (→ Eigentumsherausgabeanspruch, § 997 BGB) haben ein Recht darauf, eine Einrichtung, mit der sie die betreffende Sache versehen haben (zB Einbau einer Heizungsanlage), wegzunehmen und sich (wieder) anzueignen, zB wenn sie wesentlicher → Bestandteil der Sache und dadurch Eigentum eines anderen geworden ist. In den Fällen des § 539 II BGB und § 997 BGB kann der Verpflichtete aber die Wegnahme durch Zahlung einer Entschädigung abwenden, soweit kein Interesse des Berechtigten entgegensteht (§ 552 BGB). Der Wegnahmeberechtigte hat die Wegnahme (Ausbau) selbst vorzunehmen und auf seine Kosten die Sache wieder in den ursprünglichen Zustand zu versetzen (§ 258 BGB).

Wehrbeauftragter des Bundestages
Die Institution des Wehrbeauftragten des Bundestages wurde durch Gesetz zur Ergänzung des GG vom 19.3.1956 (BGBl. 1956 I 111) nach schwedischem Vorbild (→ Ombudsman) geschaffen (Art. 45b GG). Seit 1990 kann Wehrbeauftragter auch eine Frau sein. Ihm obliegt der Schutz der Grundrechte der Soldaten und die Unterstützung des BT bei der Ausübung der parlamentarischen Kontrolle der Streitkräfte. Nach dem G über den Wehrbeauftragter des Bundestages v. 16.6. 1982 (BGBl. 1982 I 677) mÄnd hat er ein umfassendes Informationsrecht, kann insbes. vom BMVg und allen Wehrdienststellen Auskunft und Akteneinsicht verlangen (außer bei zwingendem Geheimhaltungsbedürfnis), Truppen und Dienststellen unangemeldet besuchen und die Hilfe von Behörden in Anspruch nehmen (§§ 3, 4 Gesetz über den Wehrbeauftragter des Bundestages). Soldaten können sich ohne Einhaltung des Dienstweges mit Eingaben an ihn wenden; anonyme Eingaben werden nicht bearbeitet (§§ 7, 8 Gesetz über den Wehrbeauftragter des Bundestages). Der Wehrbeauftragte des Bundestages ist zur Verschwiegenheit verpflichtet (§ 10 Gesetz über den Wehrbeauftragter des Bundestages). Er steht im Amtsverhältnis, wird vom BT auf 5 Jahre gewählt (Wiederwahl zulässig), vom Präsidenten des BT ernannt und kann von diesem vor Amtszeitablauf auf Antrag des Verteidigungsausschusses und mit Zustimmung des BT entlassen werden (§§ 13–15 Gesetz über den Wehrbeauftragter des Bundestages). Der Wehrbeauftragte des Bundestages unterliegt keinen Weisungen; doch können der BT oder sein Verteidigungsausschuss allgemeine Richtlinien für seine Tätigkeit aufstellen (§ 5) oder ihm die Prüfung bestimmter Vorgänge und Bericht hierüber aufgeben (§ 2 I Gesetz über den Wehrbeauftragten des Bundestages). Er hat jährlich dem BT einen schriftlichen Gesamtbericht und auf Verlangen des BT Einzelberichte zu erstatten (§ 2 II, III Gesetz über den Wehrbeauftragten des Bundestages).

Wehrbereichsverwaltung
→ Wehrverwaltung; → Wehrersatzwesen; → Bundeswehrverwaltung.

Wehrbeschwerdeordnung
Die Wehrbeschwerdeordnung (WBO) idF v. 22.1.2009 (BGBl. 2009 I 81) enthält die nähere Ausgestaltung des dem Soldaten nach § 34 SoldatenG ausdrücklich eingeräumten Beschwerderechts. Die Beschwerde ist binnen 1 Monats, frühestens nach Ablauf einer Nacht, schriftlich oder zu Protokoll des nächsten Disziplinarvorgesetzten anzubringen (§§ 5, 6 WBO); gemeinschaftliche Beschwerden sind unzulässig (§ 1 IV WBO). Über die Beschwerde wird durch zu begründenden schriftlichen Bescheid entschieden (§ 12 WBO). Bei Erfolglosigkeit der gegen einen ablehnenden Beschwerdebescheid zulässigen weiteren Beschwerde, die innerhalb 1 Monats zulässig ist (§ 16 WBO), kann binnen 1 Monats die Entscheidung des Truppendienstgerichts beantragt werden (§ 17 WBO). Neben dem Beschwerderecht nach der WBO gewährt § 7 Gesetz über den → Wehrbeauftragten des Bundestages jedem Soldaten ein besonderes Petitionsrecht an den Wehrbeauftragten. Es ist an keine Frist gebunden. Der Dienstweg braucht nicht eingehalten zu werden.

Wehrdienst
1. Der Wehrdienst dient der Erfüllung der → Wehrpflicht. Nach Aussetzung der Wehrpflicht nach dem 30.6.2011 gelten die den Wehrdienst mit Ausnahme des freiwilligen Wehrdienstes (s. u. Nr. 7) betreffenden Regelungen nur mehr für den → Spannungsfall oder → Verteidigungsfall (§ 2 WPflG).

2. Der Wehrdienst gliedert sich nach § 4 WPflG in den → Grundwehrdienst von 6 Monaten (§ 5 WPflG), die → Wehrübungen (§ 6 WPflG) und den unbefristeten Wehrdienst im Spannungs- und Verteidigungsfall nach § 4 I Nr. 7 WPflG. Sonderformen sind die besondere Auslandsverwendung (§ 6a WPflG; sa → Auslandseinsätze der Bundeswehr, 1c), der freiwillige zusätzliche Wehrdienst im Anschluss an den Grundwehrdienst (§ 6b WPflG), die Hilfeleistung im Innern bei Naturkatastrophen oder einem besonders schweren Unglücksfall gem. Art. 35 GG für idR höchstens 3 Monate jährlich (§ 6c WPflG; sa Bundeswehreinsätze im Inland, 2b) sowie die Hilfeleistung im Ausland (§ 6d WPflG). Nach § 8a WPflG werden drei Tauglichkeitsstufen unterschieden: wehrdienstfähig - vorübergehend nicht wehrdienstfähig - nicht wehrdienstfähig (sa → Musterung Wehrpflichtiger); ausgenommen vom Wehrdienst (nicht von der Wehrpflicht, was für die → Wehrüberwachung bedeutsam ist, vgl. § 24 WPflG) sind nicht Wehrdienstfähige (§ 9 WPflG).

3. Vom Wehrdienst ausgeschlossen ist, wer wegen eines → Verbrechens zu mindestens 1 Jahr Freiheitsstrafe oder wegen vorsätzlichen Friedens-, Hoch- oder Landesverrats oder Rechtsstaatsgefährdung zu mindestens 6 Monaten Freiheitsstrafe verurteilt worden ist sowie Vorbestrafte, die amtsunfähig sind (§ 10 WPflG). Vom Wehrdienst befreit sind hauptamtliche Geistliche und schwerbehinderte Menschen (§ 11 I WPflG).Vom Wehrdienst befreit sind ferner auf Antrag Wehrpflichtige, deren Vater, Mutter, Bruder oder Schwester an den Folgen einer Wehr- oder Zivildienstbeschädigung verstorben ist (§ 11 II 1 Nr. 1 WPflG) sowie Wehrpflichtige, von denen zwei Geschwister bereits Wehrdienst oder einen vergleichbaren Dienst geleistet haben (§ 11 II 1 Nr. 2 WPflG); ferner können verheiratete oder alleinerziehende Wehrpflichtige die Befreiung vom Wehrdienst beantragen (§ 11 II 1 Nr. 3 WPflG). Zeitweilig vom Wehrdienst ausgenommen sind die Zurückgestellten (§ 12 WPflG, → Zurückstellung vom Wehrdienst). Ferner können Wehrpflichtige im öffentlichen Interesse unabkömmlich gestellt werden (§ 13 WPflG).

4. Die Heranziehung unterbleibt ferner, solange ein Wehrpflichtiger, der sich vor Vollendung des 23. Lebensjahres für mindestens 4 Jahre als Helfer im → Zivilschutz oder → Katastrophenschutz verpflichtet hat, in diesen Diensten mitwirkt; hat ein Wehrpflichtiger 4 Jahre im Zivil- oder Katastrophenschutz mitgewirkt, erlischt die Grundwehrdienstpflicht (§ 13a WPflG). Bei Ableistung eines mindestens 2-jährigen → Entwicklungsdiensteserlischt ebenfalls die Grundwehrdienstpflicht (§ 13b WPflG). Wehrpflichtige im Vollzugsdienst der → Polizei und des früheren → Bundesgrenzschutzes (jetzt → Bundespolizei) werden für die Dauer ihrer Zugehörigkeit nicht zum Wehrdienst herangezogen (§§ 42, 42a WPflG).

5. Der Wehrdienst Leistende ist → Soldat im Sinne des → Soldatengesetzes; er steht zum Bund in einem besonderen Dienst- und Treueverhältnis, dem → Wehrdienstverhältnis (§ 1 SG). Sa → Wehrübungen. Bei Versäumnis von Dienstzeit aus den in § 5 III WPflG genannten Gründen (schuldhaftes Fernbleiben; Freiheits- oder Jugendstrafe, Strafarrest, Jugend- o. Disziplinararrest) ist der Wehrpflichtige zum Nachdienen verpflichtet. Die Zeitgrenzen für Wehrübungen gelten nicht, wenn sie von der → Bundesregierung als → Bereitschaftsdienst in einem möglichen Krisen- oder Spannungsfall angeordnet worden sind (§ 6 VI WPflG). Freiwillige Übungen sind zeitlich nicht begrenzt; die Sicherungen des → Arbeitsplatzschutzgesetzes gelten aber nur, wenn ihre Dauer 6 Wochen im Kalenderjahr nicht überschreitet (§ 10 ArbPlSchG).

6. Zur → Einberufung Wehrpflichtiger s. dort. Der zur Erfüllung der Wehrdienst einberufene Wehrpflichtige erhält → Wehrsold; er und seine Familienangehörigen erhalten Leistungen zur Sicherung ihres Lebensbedarfes (→ Unterhaltssicherung) nach Maßgabe des Unterhaltssicherungsgesetzes idF v. 20.2.2002 (BGBl. 2002 I 972) mÄnd. Sa → Wehrdienstverhältnis, → Wehrbeschwerdeordnung, → Dienstentziehung → Wehrdisziplinarrecht, → Wehrersatzwesen, → Bundeswehrverwaltung.

7. Für Rechtsstreitigkeiten im Rahmen des Wehrdienst ist der → Verwaltungsrechtsweg gegeben. Die Widerspruchsfrist beträgt 2 Wochen. Eine Berufung findet nicht statt. Teilweise ist die aufschiebende Wirkung ausgeschlossen (§§ 32 ff. WPflG).

8. Neu geregelt wurde mit Aussetzung der Wehrpflicht die Möglichkeit, freiwilligen Wehrdienst zu leisten. Diese Regelungen finden sich, da es sich nicht mehr um Fragen der Wehrpflicht handelt, inzwischen im → Soldatengesetz (4). Der freiwillige Wehrdienst steht neben den Möglichkeiten für freiwillige Dienste nach dem → Bundesfreiwilligendienstgesetz und nach dem Gesetz zur Förderung von → Jugendfreiwilligendiensten.

Wehrdienstbeschädigung
→ Soldatenversorgung (6).

Wehrdienstentziehung
ist anders als → Fahnenflucht Dienstentziehung durch Täuschung gem. § 18 WStG. Danach wird mit Freiheitsstrafe bis zu 5 Jahren bestraft, wer sich oder einen anderen Soldaten durch arglistige, auf Täuschung berechnete Machenschaften dem Wehrdienst dauernd oder für eine gewisse Zeit, ganz oder teilweise entzieht. Der Versuch ist strafbar.

Wehrdienstgerichte
sind Dienstgerichte des Bundes (vgl. Art. 96 IV GG) für Disziplinarverfahren gegen Soldaten nach der → Wehrdisziplinarordnung (WDO) und für Verfahren über Beschwerden von Soldaten nach der → Wehrbeschwerde-

ordnung (WBO). Sie gliedern sich in die Truppendienstgerichte (vgl. § 17 WBO, §§ 69 WDO u. VO v. 16.5.2006, BGBl. 2006 I 1262) und die Wehrdienstsenate beim Bundesverwaltungsgericht als Berufungs- und Beschwerdeinstanz (§ 80 WDO, § 19 WBO).

Wehrdienstsenat
→ Wehrdienstgerichte.

Wehrdienstverhältnis
1. Wehrdienstverhältnis ist das Dienst- und Treueverhältnis, das zwischen dem Bund und dem in der Bundeswehr auf Grund der → Wehrpflicht oder freiwilliger Verpflichtung Wehrdienst Leistenden besteht. Es beginnt mit dem Zeitpunkt, der für den Diensteintritt des Soldaten festgesetzt ist (§ 2 SoldatenG), bei den Berufssoldaten und Soldaten auf Zeit mit der Ernennung (§ 4 I SoldatenG, § 41 SoldatenG). Von diesem Zeitpunkt an unterliegt der Soldat den besonderen wehrrechtlichen Bestimmungen; vgl. insbes. → SoldatenG (§§ 6–36 SoldatenG), → SoldatenlaufbahnVO, → Wehrbeschwerdeordnung, → Wehrdisziplinarordnung, → Wehrstrafrecht.

2. Dem Schutz der Wehrpflichtigen gegen berufliche Nachteile dient das → Arbeitsplatzschutzgesetz, der Sicherung seines und seiner Angehörigen Lebensunterhalts das Unterhaltssicherungsgesetz (→ Unterhaltssicherung); diese beiden Gesetze gelten nicht für Soldaten auf Zeit und Berufssoldaten, die in einem beamtenähnlichen Verhältnis stehen. Der Wehrpflichtige erhält → Wehrsold nach dem Wehrsoldgesetz, die Soldaten auf Zeit und die Berufssoldaten Dienstbezüge nach dem Bundesbesoldungsgesetz (§§ 20–31 BBesG) und Versorgung nach dem → Soldatenversorgungsgesetz. Dieses regelt ferner die Versorgung aller Soldaten bei Wehrdienstbeschädigungen.

Wehrdienstverweigerer
→ Kriegsdienstverweigerer.

Wehrdisziplinaranwalt
ist der zum Vertreter der Einleitungsbehörde (§ 81 WehrdisziplinarO) im disziplinargerichtlichen Verfahren bei den Truppendienstgerichten bestellte Beamte (→ Wehrdisziplinarordnung). Die Wehrdisziplinaranwälte müssen die Befähigung zum Richteramt haben. Sie sind dem als Vertreter des Bundesministers der Verteidigung beim Bundesverwaltungsgericht bestellten Bundeswehrdisziplinaranwalt unterstellt (§ 81 III WDO).

Wehrdisziplinarordnung
Die Wehrdisziplinarordnung (WDO) idF v. 16.8.2001 (BGBl. 2001 I 2093) mÄnd regelt die Ahndung von Dienstvergehen der Soldaten, aber auch in Teil I (§§ 11–14 WDO) die Würdigung besonderer Leistungen durch Anerkennung (förmliche Anerkennung, Sonderurlaub). Für die Ahndung von Dienstvergehen (§ 23 SoldatenG) durch Disziplinarmaßnahmen wird in Teil II (§§ 15–142 WDO) unterschieden zwischen der Verhängung a) einfacher Disziplinarmaßnahmen (§§ 22 ff. WDO: Verweis, strenger Verweis, Disziplinarbuße, Ausgangsbeschränkung, Disziplinararrest von 3 Tg. bis 3 Wochen) durch den Disziplinarvorgesetzten (§§ 27 ff. WDO) und von b) Disziplinarmaßnahmen im disziplinargerichtlichen Verfahren (§§ 58 ff. WDO: Kürzung der Dienstbezüge, Beförderungsverbot, Herabsetzung in der Besoldungsgruppe, Dienstgradherabsetzung, Entfernung aus dem Dienstverhältnis; Kürzung oder Aberkennung des Ruhegehalts) durch die → Wehrdienstgerichte (§§ 68 ff. WDO) im disziplinargerichtlichen Verfahren. Disziplinararrest darf ebenfalls erst verhängt werden, wenn der zuständige Richter des Truppendienstgerichts zugestimmt hat (§ 40 WDO).

Wehrdisziplinarrecht
Das Wehrdisziplinarrecht hat seine materiellrechtliche Regelung (Dienstvergehen) in § 23 SoldatenG, seine verfahrensrechtliche Regelung in Teil II der → Wehrdisziplinarordnung gefunden. Es ist zu unterscheiden vom → Wehrstrafrecht.

Wehrersatzwesen
Durch das Wehrersatzwesen soll der Personalbedarf der → Bundeswehr sicher gestellt werden. Das in §§ 14–24b WPflG geregelte Wehrersatzwesen umfasst im Wesentlichen die → Erfassung Wehrpflichtiger, die → Musterung Wehrpflichtiger und die Prüfung der Verfügbarkeit der Gedienten, die Einplanung und → Einberufung Wehrpflichtigen zum Grundwehrdienst, zu → Wehrübungen und für den Verteidigungsfall sowie die → Wehrüberwachung. Das Wehrersatzwesen wird mit Ausnahme der Erfassung in bundeseigener Verwaltung durch das Bundesamt für das Personalmanagement der Bundeswehr und die → Karrierecenter der Bundeswehr durchgeführt (§ 14 WPflG; sa → Bundeswehrverwaltung). Diese Regelungen gelten gemäß § 2 Satz 1 WPflG nur im → Spannungsfall und im → Verteidigungsfall. Der Begriff wird vom WPflG noch verwendet, ist aber aus dem allgemeinen juristischen Sprachgebrauch – wie auch die Bezeichnung → Kreiswehrersatzamt – weitgehend verschwunden.

Wehrmittelsabotage
Straftatbestand nach § 109e StGB: Ihn erfüllt, wer vorsätzlich und unbefugt ein Wehrmittel (auch technisches Gerät) oder eine der Landesverteidigung oder dem Schutz der Bevölkerung gegen Kriegsgefahr dienende Einrichtung (Luftschutzkeller, Warnsirene) zerstört, beschädigt, unbrauchbar macht oder beseitigt und dadurch die Sicherheit der BRep., die Schlagkraft der Truppe oder Menschenleben gefährdet. Die gleiche Strafe trifft den, der wissentlich eine solche Einrichtung oder den Werkstoff hierzu fehlerhaft liefert und dadurch wissentlich eine der bezeichneten Gefahren herbeiführt. Auch der Versuch ist strafbar. Der Strafrahmen sieht Freiheitsstrafe von 3 Mona-

ten bis zu 5 Jahren, in besonders schweren Fällen von 1–10 Jahren vor. Fahrlässige Gefährdung ist mit geringerer Strafe bedroht.

Wehrpflicht

1. Nach Art. 12a I GG können Männer vom vollendeten 18. Lebensjahr an zum Dienst in den Streitkräften (→ Bundeswehr), im → Bundesgrenzschutz (sa → Bundespolizei) oder in einem Zivilschutzverband (→ Zivilschutz) verpflichtet werden. Die Verfassungsmäßigkeit der Wehrpflicht wurde vom BVerfG mehrfach, zuletzt mit Urt. v. 20.2.2002 (NJW 2002, 1707) und Urt. v. 26.6.2006 (NJW 2006, 2871) bestätigt. Die Beschränkung der Wehrpflicht auf Männer ist verfassungsrechtlich nicht zu beanstanden. Der EuGH hat die Wehrpflicht nicht am Maßstab des → Gemeinschaftsrechts überprüft (Urt. v. 11.3.2003, NJW 2003, 709). Wer aus Gewissensgründen den Kriegsdienst mit der Waffe verweigert, kann zu einem Ersatzdienst verpflichtet werden (Art. 12a II 1 GG). Wehrpflicht und Ersatzdienstpflicht sind die wichtigsten der in Art. 12a GG umfassend geregelten → Dienstverpflichtungen.

2. Es liegt im Ermessen des Gesetzgebers, ob er von den in Art. 12a I GG vorgesehenen Möglichkeiten Gebrauch macht oder nicht. Einfachgesetzlich wird Art. 12a I GG durch das Wehrpflichtgesetz (WPflG) idF v. 15.8.2011 (BGBl. 2011 I 1730) mÄnd ausgefüllt. Seit der → Aussetzung der Wehrpflicht für die Zeit nach dem 30.6.2011 ist die Wehrpflicht in Friedenszeiten faktisch abgeschafft und gilt nur noch für den → Spannungsfall oder den → Verteidigungsfall (§ 2 WPflG). Wehrpflichtig sind alle Männer vom 18. Lebensjahr an, die Deutsche iSd GG (Art. 116) sind und ihren ständigen Aufenthalt in Deutschland haben oder gehabt haben oder sich durch Besitz eines Passes, einer Staatsangehörigkeitsurkunde oder auf andere Weise unter den Schutz der Bundesrepublik Deutschland gestellt haben (§ 1 I WPflG). Die Wehrpflicht der Auslandsdeutschen ruht bei ständigem, auf Dauer angelegten Aufenthalt und Lebensgrundlage im Ausland (§ 1 II WPflG).

3. Im Spannungs- oder Verteidigungsfall wird die Wehrpflicht durch den → Wehrdienst oder im Falle der Kriegsdienstverweigerung (→ Kriegsdienstverweigerer) durch den → Zivildienst erfüllt (§ 3 I WPflG). Männer haben in diesem Fall nach Vollendung des 17. Lebensjahres eine Genehmigung des zuständigen Kreiswehrersatzamtes einzuholen, wenn sie Deutschland länger als drei Monate verlassen wollen (§ 3 II WPflG). Die Wehrpflicht endet bei Mannschaften mit Ablauf des Kalenderjahres, in dem der Wehrpflichtige das 45. Lebensjahr, bei Offizieren und Unteroffizieren sowie bei allen im → Verteidigungsfall mit Ablauf des Jahres, in dem der Wehrpflichtige das 60. Lebensjahr vollendet (§ 3 III–V WPflG). Die Wehrpflicht umfasst zahlreiche Melde-, Vorstellungs-, Untersuchungs-, Mitwirkungs- und Unterlassungspflichten, die im Wesentlichen der Feststellung dienen, ob und wie ein Wehrpflichtiger zum Wehrdienst oder Zivildienst heranzuziehen ist. Die Verletzung dieser Nebenpflichten kann polizeiliche → Vorführung (§ 44 II WPflG) oder Verhängung eines Bußgeldes (§ 45 WPflG) zur Folge haben. Verstöße gegen die W. selbst können nach dem → Wehrstrafrecht als → militärische Straftaten strafbar sein. Zunächst erfolgt die → Erfassung durch die Meldebehörden der Länder (§ 15 WPflG). Durch die → Musterung entscheiden die → Karrierecenter der Bundeswehr, welche ungedienten Wehrpflichtigen für den Wehrdienst zur Verfügung stehen; vor der Musterungsentscheidung werden die Wehrpflichtigen auf ihre geistige und körperliche Tauglichkeit untersucht (§ 17 WPflG). Über das Ergebnis der Musterung erhalten die Wehrpflichtigen einen Musterungsbescheid (§ 19 IV) WPflG). Bei ungedienten Wehrpflichtigen kann nach der Musterung noch eine gesonderte Eignungsprüfung für die Verwendung in den Streitkräften durchgeführt werden (§ 20a WPflG). Ungediente Wehrpflichtige werden von den Karrierecentern der Bundeswehr in Ausführung des Musterungsbescheides zum Wehrdienst einberufen (§ 21 I WPflG). Zur Ableistung des → Wehrdienstes s. iE dort. Das WPflG regelt auch die Möglichkeiten der Befreiung vom Wehrdienst, zB durch Verpflichtung als Helfer im → Katastrophenschutz oder → Zivilschutz.

Wehrrecht

Das nationale Wehrrecht umfasst die Gesamtheit der sich auf die militärische Verteidigung durch die → Bundeswehr beziehenden Normen. iE insbes. → Soldat, → Soldatengesetz, → Wehrersatzwesen, → Wehrpflicht, Wehrstrafrecht. Zum internationalen Wehrrecht. s. insbes. → Gewaltverbot (1), → Genfer Konventionen, → Haager Landkriegsordnung, → Kriegsrecht.

Wehrsold

1. Soldaten, die im Spannungs- und Verteidigungsfall auf Grund der → Wehrpflicht Wehrdienst leisten, erhalten dafür während der Dauer ihrer Dienstzeit Wehrsold, Verpflegung, die als Gemeinschaftsverpflegung gewährt wird, Unterkunft, Dienstbekleidung, Heilfürsorge in Form der unentgeltlichen truppenärztlichen Versorgung, Dienstgeld bzw. Entlassungsgeld. Das Nähere regelt das WehrsoldG idF v. 13.8.2008 (BGBl. 2008 I 1718) mÄnd. Der Wehrsold reicht von (Stand 1.11.2016) 11,41 EUR/Tag für den untersten Mannschaftsdienstgrad (Grenadier, Jäger) über 16,27 EUR/Tag für den Leutnant bis zu 19,85 EUR/Tag für den General. Auf See erhöht sich der W. um 2,02 EUR/Tag für nicht zur Besatzung gehörende Soldaten oder um 60,41 EUR/Monat für Besatzungsmitglieder. Im Ausland erhalten Wehrpflichtige Auslandsverwendungszuschläge wie Berufssolda-

ten (§ 8f WehrsoldG). Unterkunft, Verpflegung und Dienstbekleidung sind frei (§§ 3ff. WehrsoldG). Der Lebensunterhalt der Familie wird im Rahmen der → Unterhaltssicherung nach dem Unterhaltssicherungsgesetz gewährleistet. Der Wehrsold ist steuerfrei (§ 3 Nr. 5 EStG). Außerhalb des Spannungs- und Verteidigungsfalles haben diese Vorschriften nach der → Aussetzung der Wehrpflicht nur mehr für den → freiwilligen Wehrdient (→ Wehrdienst, 7) Bedeutung.

2. Freiwillig Wehrdienst Leistende (→ Wehrdienst, 7) erhalten ebenfalls Wehrsold. Zu den in Nr. 1 genannten Beträgen kommt für jeden Tag des freiwilligen Wehrdienstes ein Zuschlag, und zwar ab dem 1. Dienstmonat 16,50 EUR/Tag, ab dem 7. Dienstmonat 22,50 EUR/Tag, ab dem 13. Dienstmonat 24,50 EUR/Tag und ab dem 19. Dienstmonat 26,50 EUR/Tag (§ 8c WehrsoldG). Das Entlassungsgeld beträgt für jeden vollen Monat des freiwilligen Wehrdienstes 96,00 EUR (§ 9 WehrsoldG).

3. Berufssoldaten und Soldaten auf Zeit erhalten wie Beamte Dienstbezüge nach dem BBesG (vgl. § 1 IV WehrsoldG, § 1 Nr. 3 BBesG).

Wehrstrafgerichte
1. Die Gerichtsbarkeit über Soldaten – auch soweit es sich um → militärische Straftaten (→ Wehrstrafrecht, 2) handelt – wird von den ordentlichen Gerichten ausgeübt.

2. Die Errichtung von Wehrstrafgerichten ist von Art. 96 II GG nur vorgesehen für den Verteidigungsfall sowie über Angehörige der Streitkräfte, die in das Ausland entsandt oder auf Kriegsschiffen eingeschifft sind. Als oberster Gerichtshof soll in diesen Fällen der Bundesgerichtshof fungieren (Art. 96 II, III GG). Das für die Einrichtung der Bundeswehrstrafgerichte vorgesehene Gesetz ist bisher nicht ergangen.

3. Seit 1.4.2013 ist gemäß § 11a StPO Gerichtsstand das für die Stadt Kempten/Allgäu zuständige Gericht, wenn eine Straftat im Ausland von Soldaten der Bundeswehr in besonderer Auslandsverwendung gem. § 62 I SG begangen wurde. Örtlich zuständig sind danach in erster Instanz je nach sachlicher Zuständigkeit das Amtsgericht Kempten, das Landgericht Kempten oder das Oberlandesgericht München. Ermittlungsverfahren laufen bei der Staatsanwaltschaft Kempten. Dadurch wird aber nur ein eigener Gerichtsstand begründet, keine eigene Wehrstrafgerichtsbarkeit geschaffen. Das Verfahren richtet sich nach der StPO, die Zuständigkeit der Rechtsmittelgerichte nach GVG. § 11a StPO gilt nicht für originäre Kampfeinsätze im Bündnisfall gem. Art. 80a III GG oder im Verteidigungsfall gem. Art. 115a I GG.

Wehrstrafgesetz
→ militärische Straftaten, → Wehrstrafrecht.

Wehrstrafrecht
1. Mit dem Aufbau der → Bundeswehr wurde ein eigenes Wehrstrafrecht geschaffen, das sich aber im Schwerpunkt auf materiell-rechtliche Bestimmungen beschränkt. Hinsichtlich Strafverfahrensrecht und Gerichtsverfassung bleibt es bei den allgemeinen Vorschriften, so dass auch für Straftaten von Bundeswehrsoldaten im Auslandseinsatz (→ Auslandseinsätze der Bundeswehr) grundsätzlich bei Zuständigkeit und Verfahrensrecht der (normalen) → Strafgerichtsbarkeit (Amtsgericht, Landgericht usw.) bleibt. Für Soldaten im Auslandseinsatz gem. § 62 I SG besteht jedoch ein besonderer Gerichtsstand bei den für Kempten/Allgäu zuständigen Gerichten und der dortigen Staatsanwaltschaft (→ Wehrstrafgerichte, 3).

2. Die besonderen Strafvorschriften gegen Verfehlungen von Soldaten sind im WehrstrafG idF v. 24.5.1974 (BGBl. 1974 I 1213) mÄnd zusammengefasst (sa → militärische Straftaten). Das WStG gilt für Straftaten, die → Soldaten der Bundeswehr begehen, sowie für militärische Vorgesetzte, die nicht Soldaten sind, und für zivile Anstifter oder Gehilfen (§ 1 WStG). Es enthält die vom Allgemeinen Teil des StGB abweichenden Rechtsgrundsätze über Verbindlichkeit eines Befehls, Strafen usw. sowie die Bestimmungen über → militärische Straftaten (Dienstentziehung, Fahnenflucht, Ungehorsam usw). Diese Vorschriften werden in den §§ 109ff. StGB ergänzt durch entsprechende Strafbestimmungen für Nichtsoldaten, soweit es sich um Straftaten gegen die Bundeswehr handelt, sowie durch weitere Vorschriften zum Schutze der Landesverteidigung. Unter Strafe gestellt ist insbes. das Untauglichmachen zum Wehrdienst durch → Verstümmelung eines anderen oder Selbstverstümmelung, die → Wehrdienstentziehung durch Täuschung, → Störpropaganda gegen die Bundeswehr, Sabotage an Verteidigungsmittel (sa → Wehrmittelsabotage), Anwerben für fremden Wehrdienst, sicherheitsgefährdender Nachrichtendienst zum Nachteil der Landesverteidigung und unerlaubtes Abbilden oder Beschreiben militärischer Einrichtungen. Die Anwendung des → Jugendstrafrechts ist bezüglich des Vollzugs von Freiheitsstrafen und Jugendarrest für die Dauer des Wehrdienstverhältnisses eines Jugendlichen oder Heranwachsenden durch das EGWStG v. 30.3.1957 (BGBl. 1957 I 306) mÄnd eingeschränkt; vgl. §§ 112a–112e JGG. Für den Vollzug von Strafen usw. an Soldaten gilt die BundeswehrvollzugsO v. 29.11.1972 (BGBl. 1972 I 2205) mÄnd.

Wehrüberwachung
Die Bedeutung der die Wehrüberwachung betreffenden Vorschriften beschränkt sich nach → Aussetzung der Wehrpflicht auf den → Spannungsfall und → Verteidigungsfall. Die Wehrüberwachung (§ 24 WPflG) sichert die Verbindung zwischen den Wehrersatzbehörden und den nicht dienenden Wehrpflich-

tigen und gewährleistet die erforderlichenfalls kurzfristige kriegsmäßige Einsatzbereitschaft der Streitkräfte. Sie begründet für den Wehrpflichtigen vor allem Meldepflichten (§ 24 VI, VII WPflG), insbes. bei Wohnungswechsel Meldung binnen 1 Woche. Über die Verletzung der Meldepflicht → Wehrpflicht. Von der Wehrüberwachung ausgenommen sind nicht Wehrdienstfähige oder vom Wehrdienst dauernd Ausgeschlossene oder von diesem Befreite sowie anerkannte Kriegsdienstverweigerer.

Wehrübungen
Wehrübungen sind eine besondere Form des → Wehrdienstes. Nach → Aussetzung der Wehrpflicht beschränkt sich die Bedeutung der die Wehrübungen betreffenden Vorschriften auf den → Spannungsfall oder → Verteidigungsfall. Aufgrund der → Wehrpflicht sind die Wehrpflichtigen zur Teilnahme an Wehrübungen verpflichtet. Wehrübungen sind Übungen, in denen Wehrpflichtige nach Ableistung des → Grundwehrdienstes ihr militärisches Können erproben und ihre Kenntnisse auf dem jeweiligen Stand der Waffentechnik halten. Die Höchstdauer der pflichtmäßig abzuleistenden Übungen beträgt für die Einzelne Übung grundsätzlich höchstens 3 Monate, die Gesamtdauer bei Mannschaften höchstens 6, bei Unteroffizieren höchstens 9 und bei Offizieren höchstens 12 Monate (vgl. im Einzelnen § 6 WPflG).

Wehrverwaltung
→ Bundeswehrverwaltung; ieS die mit der Wahrnehmung des → Wehrersatzwesens betraute bundeseigene Verwaltung.

Weibliche Gesetzessprache
In jüngster Zeit gibt es neben dem Bemühen um → geschlechtsneutrale Gesetzessprache die Tendenz, in Rechtstexten ausschließlich die weibliche Form zu verwenden, so in einem Referentenentwurf des Bundesjustizministeriums zu einem Unternehmensstabilisierungs- und -restrukturierungsgesetz (StaRUG). Im Hinblick auf unterschiedliche Widerstände zog das Bundesjustizministerium seinen Vorschlag jedoch zurück; im Regierungsentwurf und im Gesetz wurde wieder die übliche Gesetzessprache verwendet, bei der die männliche Form nicht eine männliche Person, sondern jede Person bedeutet.

Weihbischof
→ Bischof (1).

Weihe
→ Sakramente, → Klerus.

Weihnachtsgeld
→ Gratifikation, → Sonderzahlung, jährliche.

Weihnachtsgratifikation
→ Gratifikation, → Lohnpfändung, → Sonderzahlung, jährliche,

Weimarer Verfassung
→ Reichsverfassung (2).

Wein
Wein ist das Erzeugnis, das ausschließlich durch vollständige oder teilweise alkoholische Gärung der frischen, auch eingemaischten Weintrauben oder des Traubenmostes gewonnen wird und einen Alkoholgehalt von 8,5 - 15% vol. hat (Anh. VII Teil II Nr. 1 der VO (EU) 1308/2013 v. 17.12.2013, ABl. EU 2013 L 347, 671, → Marktorganisation, gemeinsame).

1. Wein fällt als eines der wichtigsten landwirtschaftlichen Erzeugnisse der EU in die Regelungszuständigkeit der → Gemeinsamen Agrarpolitik und ist damit Teil der gemeinsamen Marktorganisation. Deren wichtigste Vorschrift ist die genannte VO (EU) 1308/2013. Das deutsche Weinrecht dient nur noch der Umsetzung und Ausfüllung des europäischen Weinrechts. Landesrecht ergänzt dabei Bundesrecht, so zB die rheinland-pfälzische Landesverordnung zur Durchführung des Weinrechts v. 18.7.1995 (GVBl. 1995, 275) mÄnd oder die bayerische Verordnung zur Ausführung weinrechtlicher Vorschriften v. 21.7.2020 (GVBl. 2020, 410).

2. Das Weingesetz idF v. 18.1.2011 (BGBl. 2011 I 66) mÄnd enthält detaillierte Regelungen über die Genehmigung für Rebpflanzungen und den Anbau (§§ 4–12 WeinG), die Verarbeitung (§§ 13–16 WeinG), Produktspezifikationen (Qualitätswein, Prädikatswein, Landwein, §§ 16a–22a WeinG), geografische Bezeichnungen und Kennzeichnungen (§§ 22b–26a WeinG), Überwachung (§§ 27–34 WeinG), Einfuhr (§§ 35, 36 WeinG) und Absatzförderung (§§ 37–47 WeinG). Ergänzt wird das WeinG durch die WeinV idF v. 21.4.2009 (BGBl. 2009 I 827) mÄnd. Das LFGB findet nach seinem § 4 I nur beschränkt Anwendung auf Wein (→ Lebensmittel- und Futtermittelrecht). Für Branntwein gilt die VO über → alkoholhaltige Getränke. Die Wein-ÜberwachungsVO in der Fassung v. 14.5.2002 (BGBl. 2002 I 1624) mÄnd regelt die Überwachung der Ein- und Ausfuhr von Wein und Weinerzeugnissen sowie detaillierte Buchführungspflichten (Keller-, Wein-, Stoff-, Analysen- und Herbstbuch).

3. Für praktisch alle europäischen Weinanbaugebiete werden von den Mitgliedstaaten Weinbaukarteien gem. Art. 145 VO (EU) 1308/2013 geführt. Für Qualitäts- und Prädikatswein (Definitionen in § 2 WeinG) bestimmte Anbaugebiete in Deutschland sind Ahr, Baden, Franken, Hessische Bergstraße, Mittelrhein, Mosel, Nahe, Pfalz, Rheingau, Rheinhessen, Saale-Unstrut, Sachsen und Württemberg (§ 3 WeinG). Die Weinanbaugebiete für Landwein enthält § 2 WeinVO. Genehmigungen für Rebpflanzungen werden insbesondere gemäß VO (EU) 1308/2013 sowie gemäß DVO (EU) 2018/274 v. 11.12.2017 (ABl. EU 2017 L 58, 60) und Delegierter VO (EU) 2018/273 der Kommission (ABl. EU 2018 L 58, 1) vom selben Tag er-

teilt. Die Marktorganisation kennt 17 Erzeugniskategorien, neben Wein insbes. Jung-, Schaum- und Perlwein oder Weinessig (Anh. VII Teil II VO (EU) 1308/2013). Der Ausdruck „Ursprungsbezeichnung" steht bei jeder Erzeugniskategorie dafür, dass sämtliche Trauben aus dem genannten Anbaugebiet stammen, die Bezeichnung „geografische Angabe" dafür, dass mindestens 85% der Trauben aus diesem Gebiet stammen (Art. 93 VO 1308/2013). Den Schutz dieser Ausdrücke bzw. bereits geschützter Weinnamen oder „traditioneller Begriffe" regeln die Art. 92–116 VO 1308/2013.

4. Qualitätsstufen sind von unten nach oben: Wein ohne Herkunftsbezeichnung (früher Tafelwein), Land-, Qualitäts- sowie Prädikatswein in Verbindung mit den Begriffen Kabinett, Spätlese, Auslese, Beerenauslese, Trockenbeerenauslese oder Eiswein. Die Kennzeichnung (zB auf den Flaschenetiketten) folgt den Vorgaben der Art. 117 ff. VO 1308/2013. Danach sind zwingend anzugeben, um welche Kategorie von Weinerzeugnis es sich handelt (Deutscher Wein), der Alkoholgehalt, die Herkunft (geographische Bezeichung, Lage, Gemeinde) und der Abfüller. Freiwillig sind Angaben zB des Erntejahrs, der Rebsorte (zB Müller-Thurgau) oder des Erzeugungsverfahren (zB Gutsabfüllung). Diese europäischen Vorgaben zur Kennzeichnung werden durch die §§ 22b–26 WeinG sowie die §§ 39 ff. WeinV präzisiert. § 30 WeinV regelt die Verwendung von Auszeichnungen und Gütesiegeln. Danach dürfen nur bestimmte Auszeichnungen, zB das „Deutsche Weinsiegel", in der Kennzeichnung angegeben werden. Bestimmte weinhaltige Getränke müssen Zutaten, die allergische oder andere Unverträglichkeitsreaktionen auslösen, angeben, damit sie in Verkehr gebracht werden dürfen (§ 46b WeinV). Die Füllmengen für → Fertigpackungen (zB Glasflaschen) für Wein sind in der Fertigpackungsverordnung festgelegt.

5. Der Absatzförderung dient der Deutsche → Weinfonds (vgl. §§ 37–47 WeinG), der aus Beiträgen der Winzer finanziert wird.

Wein für religiöse Zwecke
Bezeichnungen wie Messwein, Abendmahlswein oder koscherer Wein dürfen nur im geschäftlichen Verkehr mit der jeweiligen Kirche oder Religionsgemeinschaft und nach deren Vorschriften gebraucht werden (§ 31 WeinV, → Wein).

Weinfonds
Der Deutsche Weinfonds, Bodenheim bei Mainz, hat zur Aufgabe, Maßnahmen zum Absatz von → Wein zu fördern. Der Weinfonds ist eine Anstalt des öffentlichen Rechts auf der Grundlage von §§ 37 ff. WeinG und untersteht der Aufsicht des BMEL. Er wird durch eine Zwangsabgabe der Winzer finanziert (§ 43 WeinG). Obwohl das BVerfG ähnliche Abgaben in der Land- und Forstwirtschaft für verfassungswidrig erklärt hat (→ Absatzfonds), wurden entsprechende Klagen gegen den Deutschen Weinfonds vom BVerwG zurückgewiesen. EU-rechtliche Grundlage für die Unterstützung der Absatzförderung von Wein ist Art. 45 VO (EU) 1308/2013.

Weinrecht
→ Wein.

Weißbuch
→ Buntbücher.

Weisungen
Als besondere Sanktion des → Jugendstrafrechts gehören Weisungen zu den → Erziehungsmaßregeln, die dem Jugendrichter gegenüber straffälligen Jugendlichen (Heranwachsenden) nach §§ 9 ff. JGG zur Verfügung stehen. Weisungen sind Gebote oder Verbote zur Regelung der Lebensführung des Jugendlichen; sie sollen seine Erziehung fördern und sichern. Dazu gehören insbes. Bestimmung des Aufenthaltsortes, Wohnung bei einer Familie oder in einem Heim, Annahme einer Lehr- oder Arbeitsstelle, Erbringung von Arbeitsleistungen, Betreuung und Aufsicht durch einen Betreuungshelfer, Teilnahme an einem sozialen Trainungskurs oder einem Verkehrsunterricht, Bemühung um einen → Täter-Opfer-Ausgleich, Verbot des Verkehrs mit bestimmten Personen oder des Besuchs von Gast- oder Vergnügungsstätten. Mit Zustimmung des Erziehungsberechtigten und des gesetzlichen Vertreters kann dem Jugendlichen, dessen Entwicklung namentlich aus psychologischen oder psychiatrischen Gründen auf Schwierigkeiten stößt, auferlegt werden, sich einer heilerzieherischen Behandlung oder einer Entziehungskur zu unterziehen (ab vollendetem 16. Lebensjahr soll hierzu sein Einverständnis eingeholt werden). Der Richter kann die Weisungen ändern oder aufheben. Befolgt der Jugendliche sie schuldhaft nicht, kann nach Androhung → Jugendarrest verhängt werden. Weisungen gegenüber Soldaten sollen die Besonderheiten des Wehrdienstes berücksichtigen und erst nach Anhörung des nächsten Disziplinarvorgesetzten ergehen (§ 112a Nr. 3 JGG, § 112d JGG).

Erwachsenen Straftätern können Weisungen nach §§ 7, 153a StPO vor Einstellung des Ermittlungsverfahrens oder des Strafverfahrens bei → Bagatellstrafsachen sowie nach §§ 56c, 68b StGB bei → Strafaussetzung (s. dort 1) und bei Anordnung der Führungsaufsicht (→ Maßregeln der Besserung und Sicherung, 5) erteilt werden; für Jugendliche s. §§ 7, 23 JGG.

Weisungsrecht des Arbeitgebers
→ Direktionsrecht.

Weisungsrecht, Weisungen, Weisungsgebundenheit (im Verwaltungsrecht)
1. Übergeordnete Behörden können nachgeordneten Stellen zur Durchführung ihrer Aufgaben allgemein oder für den Einzelfall An-

weisungen erteilen. Die allgemeinen Weisungen werden häufig als Durchführungs- oder Vollzugsvorschriften, allgem. Anordnungen, Richtlinien u. ä. bezeichnet, die Einzelweisungen als Auftrag, Anordnung, Entschließung, Weisung, Dienstbefehl (so insbes. im Soldatenverhältnis; s. Vorgesetzter). Allgemeine Weisungen sind → Verwaltungsvorschriften (keine Rechtsnormen). Sie binden (dienst) rechtlich die angewiesene Behörde, haben aber keine Außenwirkung; Außenstehende können sich auf sie grundsätzlich nicht berufen (Ausnahme: Fehlgebrauch des gebundenen → Ermessens). Weisungen für den Einzelfall binden nur den Adressaten (Behörde, Beamter); als innerdienstliche Vorgänge sind sie weder dem Adressaten noch Außenstehenden gegenüber → Verwaltungsakte (diese können erst in der Entscheidung der angewiesenen Stelle liegen). Das Weisungsrecht ist – auch soweit nicht ausdrücklich gesetzlich geregelt – der Verwaltung immanent. Das Weisungsrecht gibt der vorgesetzten Behörde nicht ohne weiteres das Recht, die Sache an sich zu ziehen und zu entscheiden (also kein → Eintrittsrecht).

2. Besonders geregelt ist das Weisungsrecht bei der mittelbaren Staatsverwaltung. a) Führen die Länder die Bundesgesetze als eigene Angelegenheiten aus, so kann die BReg. mit Zustimmung des Bundesrates allgemeine Verwaltungsvorschriften erlassen. Der BReg. kann durch Bundesgesetz, das der Zustimmung des BR bedarf, zur Ausführung von Bundesgesetzen die Befugnis verliehen werden, für besondere Fälle Einzelweisungen zu erteilen, die – außer bei Dringlichkeit – an die obersten Landesbehörden zu richten sind (Art. 84 II, V GG). b) Bei der Bundesauftragsverwaltung kann die BReg. mit Zustimmung des BR allgem. Verwaltungsvorschriften erlassen. Die Landesbehörden unterstehen den Weisungen der zuständigen obersten Bundesbehörden; wegen des Adressaten gilt das Gleiche wie zu a) (Art. 85 II, III GG). c) Bei der mittelbaren Staatsverwaltung durch Körperschaften und Anstalten (insbes. die Kommunen) bestimmt sich der Umfang des Weisungsrechts danach, ob der Verwaltungsträger im eigenen oder im übertragenen Wirkungskreis tätig wird. Im ersten Falle ist es auf Fragen der Rechtmäßigkeit beschränkt („Rechtsaufsicht"); im zweiten Falle erstreckt es sich grundsätzlich auch auf Fragen der Zweckmäßigkeit, also des → Ermessens („Fachaufsicht"); vgl. dazu Staatsaufsicht. Bei der Staatsaufsicht sind häufig Eintrittsrechte (in verschiedenen Formen, zB Ersatzvornahme) gesetzlich vorgesehen.

3. Ein besonderes Weisungsrecht besteht im → Verteidigungsfall, beim → inneren Notstand und bei → Naturkatastrophen.

4. Über Dienstaufsicht und Leitung sowie das Weisungsrecht innerhalb der Staatsanwaltschaft s. dort. Zum Weisungsrecht des Arbeitgebers → Direktionsrecht.

Weiterbeschäftigungsanspruch
→ Beschäftigungspflicht.

Weiterbildung
Zur Weiterbildung gehören laut BMAS berufliche Maßnahmen wie Lehrgänge, Umschulungen und Meisterkurse, genauso wie Sprachunterricht, das Nachholen von Schulabschlüssen oder freizeitorientierte Bildungsangebote. Für viele Weiterbildungen gibt es die Möglichkeit einer staatlichen Förderung. S. iE → Berufliche Fortbildung; → Berufliche Umschulung; → Bildungsurlaub; → Förderung der beruflichen Weiterbildung durch Vertretung; → Umschulung; → Weiterbildungsgeld.

Weiterbildungsgeld
Bei dem sog. „Weiterbildungsgeld" handelt es sich um eine durch G v. 16.12.2022 (BGBl. I 2328 mÄnd) zum 1.7.2023 neu eingeführte Leistung, die Leistungsberechtigte zusätzlich in Höhe von 150 EUR monatlich (Förderung von Personen im SGB III-Leistungsbezug), bzw. 75 EUR monatlich (Förderung von Personen im SGB II-Leistungsbezug; im SGB II als Bürgergeldbonus bezeichnet; dieser soll aber im Rahmen der Haushaltskonsolidierungen 2024 ggf. wieder entfallen) erhalten, während sie sich in einer Weiterbildungsmaßnahme befinden, die zu einem Abschluss in einem Ausbildungsberuf führt, für den nach bundes- oder landesrechtlichen Vorschriften eine Ausbildungsdauer von mindestens zwei Jahren festgelegt ist. Das Weiterbildungsgeld soll dabei einen Anreiz darstellen, eine entsprechende langfristige Qualifikationsmaßnahme durchzuführen sowie die qualifizierungsbedingten Mehraufwendungen – etwa für Fachliteratur und Arbeitsmaterialien – auszugleichen. Das Weiterbildungsgeld wird neben der Weiterbildungsprämie für das erfolgreiche Bestehen der Zwischenprüfung (1000 EUR) und der Abschlussprüfung (1500 EUR) geleistet.

Weitere Beschwerde
Mit ihr kann in bestimmten Fällen eine Entscheidung angefochten werden, die vom Beschwerdegericht über eine (Erst-) → Beschwerde erlassen wurde. Die weitere Beschwerde ist vielfach ausgeschlossen, im Zivilprozess nur bei ausdrücklicher Zulassung im Gesetz oder durch das Beschwerdegericht als → Rechtsbeschwerde statthaft (§ 574 I ZPO), im Strafprozess nur betr. Haft oder einstweilige Unterbringung gegeben (§ 310 StPO) und in der → freiwilligen Gerichtsbarkeit gleichfalls als → Rechtsbeschwerde ausgestaltet (§§ 70 ff. FamFG). Im Verwaltungsrecht spricht man auch von „weiterer → Dienstaufsichtsbeschwerde".

Weiterentwicklung der Versorgung in der Krankenversicherung
Zur Weiterentwicklung der Versorgung können die → Krankenkassen und ihre Verbände - im Rahmen ihrer gesetzlichen Aufgabenstellung zur Verbesserung der Qualität und der Wirtschaftlichkeit der Versorgung - Modell-

vorhaben zur Weiterentwicklung der Verfahrens-, Organisations-, Finanzierungs- und Vergütungsformen der Leistungserbringer durchführen oder vereinbaren.

In diesem Zusammenhang können sie Modellvorhaben zu Leistungen zur Verhütung und Früherkennung von Krankheiten sowie zur Krankenbehandlung, die normalerweise keine Leistungen der Krankenversicherung sind, durchführen oder vereinbaren. Erwähnt sei hier beispielhaft die Einrichtung eines klinischen Krebsregisters (§ 65c SGB V).

Die Spitzenverbände der Krankenkassen fördern mit jährlich insgesamt. 5,2 Mio. EUR je Kalenderjahr (Ausgangsjahr 2011; der Betrag verändert sich in den Folgejahren entsprechend der Veränderung der monatlichen → Bezugsgröße) im Rahmen von Modellvorhaben gemeinsam und einheitlich Einrichtungen zur Verbraucher- und Patientenberatung, die sich die gesundheitliche Information, Beratung und Aufklärung von Versicherten zum Ziel gesetzt haben und die von den Spitzenverbänden als förderungsfähig anerkannt wurden (§§ 63 ff. SGB V; siehe auch → gesundheitsbewusstes Verhalten, → freiwillige Versicherung).

Weitergabe von Steuerbelegen
Erfolgt die Weitergabe von Steuerbelegen, zB Tankquittungen, gegen Entgelt, so liegt eine Ordnungswidrigkeit vor. Auch das Ausstellen eines falschen Belegs auf Verlangen des Käufers wird geahndet. Hintergrund ist der zunehmende Handel insbesondere mit Tankquittungen in Internet-Auktionen, mit deren Hilfe der potenzielle Käufer Betriebsausgaben/Werbungskosten in seiner Einkommensteuerveranlagung geltend macht. Die Regelung gilt seit dem 5.5.2006. → Steuerstrafrecht (2).

Weiterversicherung in der Sozialversicherung
→ freiwillige Versicherung. In der gesetzlichen Rentenversicherung betrifft der Begriff der Weiterversicherung die Möglichkeit, weiterhin Beiträge zahlen zu können, auch wenn bestimmte Voraussetzungen nicht erfüllt waren. Dazu mussten vor dem 1.1.1992 entsprechende Beiträge zur Selbstversicherung, Weiterversicherung oder → Freiwillige Versicherung entrichtet worden sein (§ 232 SGB VI). Als Weiterversicherung ist zudem die Pflichtversicherung auf Antrag in der Arbeitslosenversicherung konzipiert, da sie eine Vorversicherung nach dem SGB III erfordert

Weiterverweisung
→ Internationales Privatrecht (1).

Weltanschauung
Schutz des Bekenntnisses zu einer → Bekenntnisfreiheit, → Religionsvergehen.

Weltanschauungsgemeinschaften
Weltanschauungsgemeinschaften genießen neben den → Religionsgemeinschaften (sa → Religionsgesellschaften) in gleicher Weise den Schutz des GG gemäß Art. 137 Weimarer Reichsverfassung (Art. 137 VII WRV iVm Art. 140 GG). Voraussetzung ist die gemeinsame Pflege einer Weltanschauung. Weltanschauungsgemeinschaften kann ebenso wie Religionsgemeinschaften der Status einer → Körperschaft des öffentlichen Rechts verliehen werden (zB mehrere Landesverbände im Humanistischen Verband Deutschlands oder der Bund für Geistesfreiheit Bayern).

Weltbank
Die Weltbank (International Bank for Reconstruction and Development, IBRD) wurde wie der Internationale → Währungsfonds (IWF) am 27.12.1945 mit Sitz in Washington gegründet (BGBl. 1952 II 664). Die Weltbank hatte wie der IWF Mitte 2010 186 Mitglieder. Sie ist Teil der → Weltbankgruppe. Aufgabe der Weltbank ist es, den ärmeren Mitgliedstaaten bei Investitionen für produktive Zwecke, für den Wiederaufbau und die Entwicklung Hilfe zu gewähren sowie ausländische Privatinvestitionen zu fördern. Kredite werden nur Regierungen gewährt. Für die Kreditgewährung an Private wurde die Internationale Finanz-Corporation (IFC) geschaffen. Die Refinanzierung der Weltbank geschieht durch Kapitaleinlagen der Mitglieder und über den Kapitalmarkt.

Weltbankgruppe
Als Weltbankgruppe wird die → Weltbank, → Internationale Entwicklungsorganisation, → Internationale Finanz-Corporation und → Multilaterale Investitions-Garantie-Agentur umfassende Gruppe völkerrechtlich organisierter Finanzunternehmen bezeichnet. Zur Weltbankgruppe zählt ferner das Internationale Zentrum für die Beilegung von Investitons-streitigkeiten (ICSID).

Welthandelsorganisation
→ WTO.

Weltkirchenrat
→ Ökumenischer Rat.

Weltliches Recht
Der Begriff geht auf die frühere Unterscheidung zwischen den Rechtskreisen der staatlichen (weltlichen) Gewalt und der → Kirchen zurück. Im Gegensatz zum geistlichen oder → Kirchenrecht umfasst das weltliche Recht das gesamte staatliche und zwischenstaatliche Recht (Völkerrecht, Gemeinschaftsrecht). Der Begriff weltliches Recht kann heute als überholt angesehen werden.

Weltorganisation für geistiges Eigentum
(World Intellectual Property Organization, WIPO). Im Zusammenhang mit der Revision der → Pariser Verbandsübereinkunft wurde mit dem Übereinkommen vom 14.7.1967 (WIPO-Übereinkommen; BGBl. 1970 II 293 mÄnd) die WIPO geschaffen. Zu ihren Aufgaben gehören insbesondere die Ausarbeitung internationaler Abkommen, die Revision bestehender Übereinkommen zum Schutz des

geistigen Eigentums und die die Förderung der Harmonisierung des diesbezüglichen innerstaatlichen Rechts. Derzeit hat die WIPO mit Sitz in Genf 188 Mitglieder.

Weltpostverein
1874 gegründet, wurde der Weltpostverein (Universal Postal Union, UPU) nach dem Zweiten Weltkrieg als Sonderorganisation der → Vereinten Nationen weitergeführt. Er dient der Gewährleistung eines geordneten internationalen Postverkehrs auf der Grundlage von Einzelverträgen. Die Organisation ist in der Satzung des Weltpostvereins vom 10.7.1964 (BGBl. 1965 II 1633) geregelt. Durch das Gesetz zu den Verträgen vom 27.7. 1984 des Weltpostvereins vom 28.1.1986 (BGBl. 1986 II 201) sind folgende Verträge für die BRep. in Kraft getreten: Drittes Zusatzprotokoll zur Satzung des Weltpostvereins, Allg. Verfahrensordnung des Weltpostvereins, Weltpostvertrag, Postpaketabkommen, Postanweisungs- und Postreisescheckabkommen, Postgiroabkommen, Postnachnahmeabkommen, Postauftragsabkommen, Postsparkassenabkommen, Postzeitungsabkommen. Sa → Fernmelde-Union.

Weltraumrecht
Weltraumrecht ist das Recht, das sich auf den Teil des Raumes über der Erdoberfläche bezieht, der nicht zum Luftraum gehört (vgl. Luftrecht). Die Problematik des Weltraumrechts, das zum → Völkerrecht gehört, ist noch weitgehend ungeklärt. Überwiegend wird die Meinung vertreten, dass der Weltraum einen ähnlichen Status besitze oder besitzen solle wie das freie Meer („Freiheit des Weltraums" im Gegensatz zur → „Lufthoheit"). Problematisch ist insbes., ob sich diese Freiheit auch auf die im Weltraum kreisenden Gestirne erstreckt oder ob diese einem Aneignungsrecht (Gebietserwerb) unterliegen. Es wird erörtert, diese und andere Fragen durch internationale Abkommen zu regeln. Die von der Vollversammlung der Vereinten Nationen am 20.12.1961 gefasste Resolution über die friedliche Nutzung des Weltraums proklamiert, dass Erforschung und Nutzung des Weltraums dem Völkerrecht unterliegen und dass der Weltraum – unter Ausschluss nationaler Aneignungsrechte – allen Staaten zur Erforschung und Nutzung offensteht. Einen weiteren Schritt, der allerdings mehr Ziele der Abrüstung verfolgt, bildet der am 27.1.1967 von den USA, der ehem. UdSSR und Großbritannien unterzeichnete Vertrag über die friedliche Nutzung des Weltraums (Weltraumvertrag), der dessen Benutzung für militärische Zwecke verbietet (Beitritt der BRep. Deutschland gem. Gesetz v. 2.10.1969, BGBl. 1969 II 1967). Der Weltraumvertrag wurde inzwischen von 107 Staaten (Stand 2017) ratifiziert. Vgl. ferner das „Weltraumfahrerabkommen" v. 22.4.1968 (BGBl. 1972 II 237) und das „Weltraumhaftungsabkommen" v. 29.3.1972 (BGBl. 1975 II 1210) sowie das Übereinkommen zur Gründung einer → Europäischen Weltraumorganisation v. 30.5.1975 (BGBl. 1976 II 1862). Sa → Raumstation.

Weltrechtsprinzip
Zur Anwendbarkeit des deutschen Zivilrechts bei internationalen Rechtsbeziehungen → Internationales Privatrecht.

Weltrechtsprinzip (Strafrecht)
→ Geltungsbereich des Strafrechts.

Weltsicherheitsrat
(UN) → Vereinte Nationen (2b).

Welt-Tiergesundheitsorganisation
→ OIE.

Welturheberrechtsabkommen
Das Welturheberrechtsabkommen ist ein am 6.9.1952 in Genf auf Initiative der UNESCO geschlossenes Abkommen. Es dient neben der Revidierten → Berner Übereinkunft – aber in geringerem Maße als diese, weil es auf das amerikanische Rechtssystem abgestimmt ist (→ Copyright) – dem internationalen Schutz des → Urhebers (→ Urheberrecht). Die Verwendung des Copyright-Vermerks (©-Zeichen) im Impressum neben der Bezeichnung des Inhabers des Urheber- oder Verlagsrechts sichert Rechtsschutz in den beteiligten Ländern. Die Bundesrepublik ist dem Welturheberrechtsabkommen beigetreten (revid. Fassung BGBl. 1973 II 1069, 1111).

Wende
ist die zT gebräuchliche, aber irreführende Bezeichnung für den Sturz des SED-Regimes durch die friedliche Revolution in der ehem. DDR (→ Wiedervereinigung).

Wenden
oder Rückwärtsfahren im Straßenverkehr verlangt vom Fahrzeugführer besondere Vorsicht; notfalls muss er sich einweisen lassen. Auf Autobahnen und Kraftfahrstraßen (→ Autostraßen) ist Wenden und Rückwärtsfahren verboten (vgl. § 9 V StVO, § 18 VII StVO, § 49 I Nr. 9, 18 StVO). Ausnahmen gelten allenfalls bei rechtfertigendem Notstand. Beim Wenden müssen zunächst andere Fz. vorbeigelassen werden. Sofern die Straße nicht völlig verkehrsfrei ist, muss die → Richtungsänderung angekündigt werden. Grob verkehrswidriges und rücksichtsloses Wenden oder das Befahren in falscher Fahrtrichtung auf der Autobahn oder Kraftfahrstraße, das andere Personen oder fremde bedeutende Sachwerte gefährdet, ist → Straßenverkehrsgefährdung (§ 315c I Nr. 2f StGB).

Werbeangaben
Für unrichtige oder irreführende Werbeangaben betreffend den Vertragsgegenstand kann der Vertragspartner aus → Gewährleistung haften (sa → Anfechtung von Willenserklärungen, → Produkthaftung). Darüber hinaus können ggf. auch weitere Personen, die hinsichtlich der Richtigkeit der Werbeangaben Vertrauen in Anspruch nehmen, nach den Grund-

sätzen des → Verschuldens beim Vertragsschluss haften. Zur Haftung für falsche Angaben beim Vertrieb von → Finanzinstrumenten s. → Prospekthaftung, → bürgerlich-rechtliche Prospekthaftung.

Werbefahrten
→ Außerhalb von Geschäftsräumen geschlossene Verträge (AGV).

Werbung
→ Werbeangaben, → unlauterer Wettbewerb, → jugendgefährdende Medien, → Spam.

Werbungskosten
1. Werbungskosten sind nach dem Wortlaut des § 9 I 1 EStG Aufwendungen zur Erwerbung, Sicherung und Erhaltung von → Einnahmen bei den Überschusseinkünften (→ Einkünfte). Den Werbungskosten entsprechen bei den Gewinneinkünften die → Betriebsausgaben. Der Wortlaut des § 9 I S. 1 EStG wird als zu eng empfunden. Unter Hinweis darauf, dass sich → Betriebsausgaben und Werbungskosten ihrem Charakter nach nicht unterscheiden, werden unter Werbungskosten alle Aufwendungen, die durch eine der Überschusseinkünfte (§§ 19–23 EStG) veranlasst sind, verstanden. Der Stpfl. hat die berufliche Veranlassung darzulegen und ggf. nachzuweisen (Feststellungslast).

2. Werbungskosten können insbes. sein (sa den Beispielskatalog § 9 I S. 3 Nr. 1–7 EStG): Schuldzinsen, → Absetzungen für Abnutzung und für Substanzverringerung (AfA, AfS); → Grundsteuer; Instandhaltungsaufwendungen; Beiträge zu Berufsverbänden sowie Mehraufwendungen bei → doppelter Haushaltsführung infolge auswärtiger Beschäftigung. Werbungskosten sind auch Aufwendungen für → Arbeitsmittel (Werkzeuge, Fachbücher, Kursbesuch, typische → Arbeitskleidung), für Fortbildung, sowie die Minderbeträge bei nachträglicher Berichtigung des Vorsteuerabzugs bei der → Umsatzsteuer (§ 9b II EStG). Zu den Fahrten zwischen Wohnung und erster Tätigkeitsstätte s. → Entfernungspauschale.

3. Voraussetzung für die steuerliche Berücksichtigung als Webungskosten ist, dass der Steuerpflichtige die Kosten wirtschaftlich getragen hat (→ Werbungskostenersatz, → Drittaufwand).

4. Werbungskosten sind von den → Einnahmen bei der betr. Einkunftsart abzuziehen. Das Ergebnis wird als Einkünfte aus der jeweiligen steuerpflichtigen Tätigkeit bezeichnet, zB Arbeitslohn abzüglich der Werbungskosten ergibt als Saldo die Einkünfte aus nichtselbständiger Tätigkeit. Der Unterschiedsbetrag (Überschuss oder Verlust) ist bei der Ermittlung des zu versteuernden Einkommens zu berücksichtigen (→ Einkommensteuer, 4).

5. Möglich sind auch vorweggenommene und nachlaufende Werbungskosten, also Aufwendungen vor bzw. nach dem Zufluss von Einnahmen, zB Bewerbungskosten; → Zufluss-/Abfluss-Prinzip. Auch vergebliche Werbungskosten können anzuerkennen sein (zB Besichtigungsfahrten zu Vermietungsobjekten, wenn der Vertrag anschließend nicht zustande kommt).

6. Soweit keine höheren Werbungskosten nachgewiesen werden, sind folgende Pauschbeträge (§ 9a EStG) abzuziehen: von den Einnahmen aus nichtselbständiger Arbeit 1.000 EUR (→ Arbeitnehmer-Pauschbetrag), bei wiederkehrenden Bezügen 102 EUR. Diese Pauschbeträge können nur bis zur Höhe der → Einnahmen abgezogen werden. Ein Verlust darf durch ihre steuerliche Berücksichtigung nicht entstehen. → Sparerfreibetrag, → Freibetrag. Beträgt die Miete weniger als 66 vH der ortsüblichen Miete, so ist die Nutzungsüberlassung in einen entgeltlichen und einen unentgeltlichen Teil aufzuteilen. Werbungskosten können für den unentgeltlichen Teil nicht geltend gemacht werden (§ 21 II EStG).

Werbungskostenersatz
Umfasst die Erstattung der Auslagen des Arbeitnehmers für Arbeitsmittel durch den Arbeitgeber. Seit 1990 sind die Fälle des steuerfreien Werbungskostenersatz im Einkommensteuerrecht abschließend geregelt. So sind → Reisekosten, → Umzugskosten, Mehraufwendungen für → doppelte Haushaltsführung steuerfrei, soweit die gesetzlichen Pauschalen nicht überschritten werden (§ 3 Nr. 16 EStG). Der Ersatz für bestimmte → Arbeitsmittel, zB Werkzeuge und → Arbeitskleidung, sowie die Sammelbeförderung und Zuschüsse zur Unterbringung und Betreuung nicht schulpflichtiger Kinder sind nach § 3 Nrn. 30–33 EStG steuerfrei. Besteht keine gesetzliche Regelung, die den steuerfreien Ersatz der → Werbungskosten erlaubt, sind die Zahlungen des Arbeitgebers lohnsteuer- und sozialversicherungspflichtiger Arbeitslohn (R 70 LStR). Der Arbeitnehmer versteuert dann zwar die Erstattung; er kann die Werbungskosten jedoch bei der Ermittlung des zu versteuernden Einkommens abziehen. Aus Vereinfachungsgründen werden diese beiden Vorgänge oft zusammengefasst und die Einnahmen nicht versteuert.

Werbungskostenersatz kann auch über → Lohnsteuerpauschalierung bewirkt werden: der Arbeitgeber ersetzt dem Arbeitnehmer die Aufwendungen und pauschaliert hierfür die Lohnsteuer (§ 40 II 2 EStG).

Werk
→ Urheberrecht; → Werkvertrag.

Werkdienstwohnung
→ Werkmietwohnung.

Werklieferungsvertrag
ist die Bezeichnung für einen → Vertrag, der die Lieferung erst noch herzustellender oder zu erzeugender beweglicher Sachen zum Gegenstand hat (zB Waren aus künftiger Industrieproduktion oder Abbau von Bodenschätzen). Auf diesen Werklieferungsvertrag finden gem. § 650 BGB grds. die Vorschriften über

den → Kauf Anwendung (sa § 381 II HGB → Handelskauf), insbes. über die → Gewährleistung bei Mängeln. Soweit es sich hierbei um die Herstellung oder Erzeugung nicht vertretbarer → Sachen handelt (zB Sonderanfertigung, Maßkleidung), sind auch einige Bestimmungen über den Werkvertrag, insbes. über die Mitwirkungspflichten des Bestellers und die Kündigungsmöglichkeit, anwendbar (§ 650 Abs. 1 S. 3 BGB; hierzu → Werkvertrag).

Werkmietwohnung
ist eine Wohnung, die mit Rücksicht auf das Bestehen eines Dienstverhältnisses (→ Dienstvertrag), insbes. eines → Arbeitsverhältnisses, im Rahmen eines selbständigen Mietvertrags vermietet wird. Für die Kündigung des Mietvertrags über eine solche Werkmietwohnung gelten nach §§ 576 ff. BGB Sondervorschriften. Die Kündigung ist bei Auflösung des Dienstverhältnisses mit wesentlich kürzeren Kündigungsfristen möglich, insbes. bei sog. funktionsgebundenen Werkmietwohnungen, bei denen der Mietvertrag eng mit dem Dienst- oder Arbeitsvertrag zusammenhängt (zB Hausmeisterwohnung). Bei Widerspruch des Mieters gegen eine Kündigung sind auch die Belange des Arbeitgebers (Wohnraum für Nachfolger) zu berücksichtigen. Bei Werkdienstwohnungen ist die Überlassung des Wohnraums Bestandteil des Dienstvertrages und ein Teil der Vergütung, es liegt ein einheitlicher gemischter Vertrag (→ Vertrag, 2) vor, die Elemente des Dienstverhältnisses überwiegen grds. und mit Beendigung des Vertrags endet auch der Anspruch auf Nutzung der Wohnung. Unter den Voraussetzungen des § 576b BGB (Ausstattung der Wohung überwiegend mit eigenen Einrichtungsgegenständen des Dienstverpflichteten oder Nutzung als Familienwohnung) gelten aber die Vorschriften über den → Wohnraummietvertrag bei der Beendigung des Dienstverhältnisses entsprechend. Bergarbeiterwohnungen sind Wohnungen, die aufgrund eines Gesetzes (zur Förderung des Bergarbeiterwohnungsbaus) aus öffentlichen Mitteln gefördert werden; §§ 576–576b BGB gelten nicht.

Werkrealschule
nennt man in Baden-Württemberg die berufsorientierte Weiterentwicklung der → Hauptschule (sa → Realschule, → Schulwesen).

Werksarzt
→ Arbeitssicherheit, Fachkraft für.

Werkschutz
Werkschutz bezeichnet einen innerbetrieblichen Sicherheitsdienst. Zu Untersuchungen durch den Werkschutz vgl. → Betriebsjustiz, zu betriebsfremden Werkschutzunternehmen → Bewachungsgewerbe.

Werkstätten für behinderte Menschen
sind Einrichtungen zur → Teilhabe behinderter Menschen am Arbeitsleben und zur Eingliederung in das Arbeitsleben. Sie haben behinderten Menschen, die wegen der Art oder der Schwere ihrer Behinderung nicht, noch nicht oder noch nicht wieder auf dem allgemeinen Arbeitsmarkt tätig werden können, eine angemessene berufliche Bildung und eine Beschäftigung zu einem ihrer Leistung angemessenen Arbeitsentgelt aus dem Arbeitsergebnis anzubieten. Dabei ist ein Mindestmaß an wirtschaftlicher Verwertbarkeit der Arbeit zu fordern. Die Werkstätten für behinderte Menschen haben es zu ermöglichen, dass die behinderten Menschen ihre Leistungs- und Erwerbsfähigkeit erhalten, entwickeln, erhöhen oder wiedergewinnen und dabei ihre Persönlichkeit weiterentwickeln. Sie verfügen über ein möglichst breites Angebot an Berufsbildungs- und Arbeitsplätzen sowie über qualifiziertes Personal und einen begleitenden Dienst. Weiter fördern sie den Übergang geeigneter Personen auf den allgemeinen Arbeitsmarkt (§ 219 SGB IX). Für die Tätigkeit in der Werkstätte für behinderte Menschen erhalten die behinderten Menschen eine Vergütung, in der Regel als Taschengeld. Für sie werden Beiträge zur Sozialversicherung entrichtet, die sich nicht nach der Höhe der Vergütung richten. Durch die Tätigkeit in der Werkstätte für behinderte Menschen werden Rentenansprüche erworben (→ Wartezeit).

Der Geschädigte eines Verkehrsunfalls ist berechtigt, sein beschädigtes Kfz zur Reparatur in eine Werkstatt zu geben und vom Unfallverursacher den hierfür erforderlichen Geldbetrag zu verlangen; der Geschädigte muss zuvor kein Sachverständigengutachten einholen, er darf darauf vertrauen, dass die Werkstatt sachgemäß arbeiten wird. Das sog. Werkstattrisiko, wenn der Unfallverursacher einwendet, die von der Werkstatt gestellte Rechnung sei (zB wegen unsachgemäßer oder unwirtschaftlicher Arbeit) überhöht, liegt grds. beim Schädiger. Sofern den Geschädigten bei der Auswahl oder Überwachung der Werkstatt kein Verschulden trifft, muss der Schädiger daher die Reparaturkosten auch dann tragen, wenn sie unangemessen, also nicht erforderlich iSv § 249 II 1 BGB sind. Die Darlegungs- und Beweislast dafür, dass die Reparaturkosten aufgrund des Unfalls (und nicht nur bei Gelegenheit) entstanden sind, trägt der Geschädigte. Sa → Schadensersatz.

Werkstudent
Anders als beim → Praktikantenverhältnis liegt der Tätigkeit eines Studenten zwecks Gelderwerbs in den Semesterferien usw. in jedem Fall ein echtes → Arbeitsverhältnis zugrunde. Es bestehen aber sozialversicherungsrechtl. Besonderheiten in der Kranken- und Arbeitslosenversicherung (§ 6 I Nr. 3 SGB V, § 27 IV SGB III). Weil der Werkstudent die Arbeit mit den wechselnden Anforderungen des Studiums in Einklang zu bringen hat, kann ein Sachgrund für die Befristung des Arbeitsverhältnisses gem. § 14 I 1 TzBfG vorliegen.

Werkswohnung
→ Werkmietwohnung.

Werktage
Im Arbeitsrecht sind Werktage iSd Urlaubsrechts (→ Urlaub) alle Wochentage außer Sonntage bzw. gesetzliche Feiertage, was für die Berechnung des Urlaubsanspruchs eine Rolle spielt, da § 3 I BUrlG für den Urlaubsumfang von einer 6-Tage-Woche ausgeht (anders § 208 I SGB IX). Auch im Arbeitszeitrecht wird der Begriff so verwendet (zB § 10 I ArbZG). Vgl. aber im Mietrecht für § 556b I BGB, § 573c I BGB die abweichende Rechtsprechung des BGH (BGH 13.7.2010 – VIII ZR 129/09, NJW 2010, 2882 bzw. 27.4.2005 – VIII ZR 206/04, NJW 2005, 2154). Für Fristen allgemein ist § 193 BGB zu beachten. Im Arbeitszeitrecht (§ 3 ArbZG) hat der Begriff eine weitere Funktion: Hier wird die werktägliche Höchstarbeitszeit ab Arbeitsbeginn und nicht ab Beginn des Kalendertags berechnet.

Werktitel
sind die Namen oder besonderen Bezeichnungen von Druckschriften, Film-, Ton-, Bühnen- oder sonstigen vergleichbaren Werken (§ 5 Abs. 3 MarkenG). Sie genießen den Schutz des → Kennzeichenrechts, wenn sie hinreichend unterscheidungskräftig sind, also geeignet, unterschiedliche Werke voneinander zu unterscheiden. Der Schutz entsteht mit dem Erscheinen des Werks; sein Prioritätszeitpunkt (→ Prioritätsprinzip im Kennzeichenrecht) kann allerdings durch eine → Titelschutzanzeige vorverlegt werden. Zum Schutzumfang → geschäftliche Bezeichnung.

Werkunternehmer
→ Werkvertrag.

Werkunternehmerpfandrecht
→ Werkvertrag (4).

Werkverkehr
Werkverkehr ist → Güterkraftverkehr für eigene Zwecke eines Unternehmens, wenn die näheren Voraussetzungen des § 1 II Nr. 1–4 GüKG erfüllt sind (ua eigene Güter, eigenes Personal, Hilfstätigkeit gegenüber der gesamten Tätigkeit). Den Bestimmungen über den Werkverkehr unterliegt auch die Beförderung von Gütern durch → Handelsvertreter, → Handelsmakler und Kommissionäre (§ 1 III GüKG, → Kommission). Der Werkverkehr ist erlaubnisfrei. Es besteht keine Versicherungspflicht (§ 9 GüKG). Das → Bundesamt für Logistik und Mobilität hat die Einhaltung der Bestimmungen zu überwachen (§ 11 GüKG).

Werkvertrag
1. Vertragsgegenstand, Systematik: Der Werkvertrag ist ein → gegenseitiger Vertrag, durch den der → Unternehmer zur Herstellung des versprochenen Werks, der Besteller zur Entrichtung der vereinbarten Vergütung verpflichtet wird, § 631 BGB. Anders als beim → Dienstvertrag (s. insoweit zB auch → Behandlungsvertrag) wird nicht nur eine Tätigkeit, sondern ein Erfolg (das Werk) geschuldet; der Unternehmer steht nicht (wie oft der Dienstverpflichtete) gegenüber dem Besteller in einem Abhängigkeitsverhältnis. Gegenstand eines Werkvertrags kann zB die Beförderung einer Person oder Sache, die Herstellung oder Veränderung (zB Reparatur) einer körperlichen Sache oder eine geistige oder künstlerische Leistung (zB Gutachten, Porträt, Konzert) sein. Die Abgrenzung zum Dienstvertrag ist oft schwierig; vgl. zB BGH NJW 2002, 1571 zur Durchführung von Buchungsarbeiten und Jahresabschluss.

Das Bauvertragsrechtsreformgesetz v. 28.4. 2017 (BGBl 2017 I 969) hat zusätzliche eigenständige Vertragstypen des Werkvertrags (Geltung für ab dem 1.1.2018 abgeschlossene Verträge) normiert und das Werkvertragsrecht, §§ 631–651, neu gegliedert, s. hierzu → Bauvertrag (1). Neu aufgenommen wurden neben dem Bauvertrag der → Verbraucherbauvertrag, der → Architekten- und Ingenieurvertrag sowie der → Bauträgervertrag; zu den Sondervorschriften s. jeweils dort. Weitere Werkverträge waren bereits innerhalb wie außerhalb des BGB gesondert geregelt: → Verlagsvertrag, → Geschäftsbesorgungsvertrag, → Verwahrung, → Mäklervertrag, → Auslobung, → Reisevertrag, → Kommission, → Frachtvertrag, → Speditionsvertrag. Auf einen → Werklieferungsvertrag (s. dort) finden grds. die Vorschrift über den → Kauf Anwendung.

2. Vertragspflichten, Abnahme, Vergütung, Abschlagszahlung: Der Unternehmer hat das Werk innerhalb der vereinbarten Zeit herzustellen und dem Besteller frei von Sach- und Rechtsmängeln zu verschaffen (§ 633 I BGB, s. u. 3). Der Besteller hat die Pflicht, das vertragsmäßig erstellte Werk abzunehmen (Abnahme, § 640 I BGB, dh er muss das Werk entgegennehmen und als vertragsgemäß anerkennen). Die Abnahmepflicht gilt nur, wenn das Werk abnahmereif, dh ohne Mängel vertragsgemäß erstellt ist. Wegen unwesentlicher Mängel kann die Abnahme nicht verweigert werden, § 640 I 2 BGB. Neu geregelt (iRd BauvertragsreformG, s. o. 1) ist die fiktive Abnahme: Nach § 640 II BGB gilt ein Werk nach Fertigstellung als abgenommen, wenn der Besteller die Abnahme nicht innerhalb einer vom Unternehmer gesetzten angemessenen Frist unter Angabe eines (nicht notwendig wesentlichen) Mangels (ohne Nennung von Details) verweigert hat (die Abnahmefiktion greift also, wenn der Besteller überhaupt nicht reagiert, ebenso, wenn er die Abnahme ohne Nennung mindestens eines Mangels verweigert); die Abnahmefiktion kann also auch bei Bestehen von (wesentlichen) Mängeln greifen. Ein → Verbraucher ist über die Abnahmefiktion in Textform (→ Form) zu belehren, § 640 II 2 BGB. Zur Abnahme trotz Kenntnis eines Mangels s. § 640 III BGB. Mit der Abnahme wird die Werklohnforderung fällig, § 641 I BGB. Ferner hat der Besteller die ver-

einbarte, sonst die taxmäßige (→ Taxen; s. ferner → Architekten- und Ingenieurvertrag), hilfsweise die übliche Vergütung zu entrichten, § 632 BGB. Ein Kosten(vor)anschlag (→ Kostenanschlag), dh eine fachmännisch erstellte Berechnung der voraussichtlich entstehenden Kosten, ist idR nicht zu vergüten, § 632 III BGB, es sei denn, dies ist eigens vereinbart, wofür → Allgemeine Geschäftsbedingungen idR nicht ausreichen, sa u. 5. Für bereits erbrachte und nach dem Vertrag geschuldete Teilleistungen des Werks sind Abschlagszahlungen zu leisten, auch wenn (noch) Mängel bestehen, bei Abweichungen vom vertragsgemäßen Zustand kann aber ein angemessener Teil der Abschlagszahlung einbehalten werden, § 632a BGB. Maßgebend für die Höhe der Abschlagszahlung ist der (vom Unternehmer darzustellende und zu beweisende) Vertragswert der bislang erbrachten Leistungen. Hinsichtlich der Sonderregelungen im Bauvertragsrecht s. die obigen Verweise, insbes. → Bauvertrag, → Verbraucherbauvertrag.

Hat der Besteller bei der Errichtung des Werks mitzuwirken (zB Malen eines Portraits), so kann der Unternehmer bei Verzug (→ Gläubigerverzug) eine angemessene Entschädigung verlangen oder nach Fristsetzung den Werkvertrag kündigen, §§ 642, 643 BGB; zur Kündigung allg. s. u. 5. Bis zur Abnahme trägt der Unternehmer die → Gefahr des zufälligen Untergangs oder der Verschlechterung des Werks (Werkgefahr), nicht aber des etwa vom Besteller gelieferten Stoffes (Stoffgefahr). Kommt der Besteller in Annahmeverzug (→ Gläubigerverzug), so geht die Gefahr ebenso auf ihn über wie bei einer Versendung (§ 644 BGB, → Versendungskauf).

3. Gewährleistungsansprüche, Verjährung: Der Unternehmer hat das Werk frei von Sach- und Rechtsmängeln zu verschaffen, § 633 I BGB. Das Werk ist gem. § 633 II BGB in Anlehnung an das allg. Leistungsstörungsrecht (→ Pflichtverletzung) frei von Sachmängeln, wenn es die vereinbarte Beschaffenheit aufweist. Ist eine solche Beschaffenheit nicht vereinbart, so ist erforderlich, dass sich das Werk für die nach dem Vertrag vorausgesetzte, sonst für die gewöhnliche Verwendung eignet und eine Beschaffenheit aufweist, die bei Werken der gleichen Art üblich ist und die der Besteller nach der Art des Werks erwarten kann. Einem Sachmangel steht es gleich, wenn der Unternehmer ein anderes als das bestellte Werk (sog. aliud) oder das Werk in zu geringer Menge (Minderlieferung) herstellt. Das Werk ist frei von Rechtsmängeln, wenn Dritte in Bezug auf das Werk keine oder nur die im Vertrag übernommenen Rechte gegen den Besteller geltend machen können, § 633 III BGB.

Ist das hergestellte Werk demnach mangelhaft, so kann der Besteller zunächst Nacherfüllung verlangen, § 634 Nr. 1 BGB. Der Unternehmer kann dann nach seiner Wahl und auf seine Kosten (Transport-, Wege-, Arbeits- und Materialkosten) den Mangel beseitigen (Nachbesserung) oder ein neues Werk herstellen und das mangelhafte Werk zurück verlangen, § 635 BGB. Der Unternehmer kann die Nacherfüllung verweigern, wenn sie nur mit einem unverhältnismäßigen Aufwand (insbes. Kosten) möglich oder sonst (bei Pflicht zur persönlichen Erbringung des Werks) unzumutbar ist. Der Besteller kann dem Unternehmer zur Nacherfüllung eine angemessene Frist setzen. Nach erfolglosem Ablauf dieser Frist kann der Besteller den Mangel selbst beseitigen (Selbstvornahme) und Ersatz der hierfür erforderlichen Aufwendungen (auch einen entsprechenden Vorschuss) verlangen, § 634 Nr. 2 BGB, § 637 BGB; ein Anspruch auf Selbstvornahme kann ggfs. auch noch nach Erklärung einer Minderung bestehen. Bis zur Mängelbeseitigung kann der Besteller gem. § 641 III BGB die Zahlung eines angemessenen Teils der Vergütung verweigern; als angemessen gilt idR das Doppelte der hierfür anfallenden Kosten. Einer (Nach-)Fristsetzung bedarf es (außer in den allg. Fällen des Leistungsstörungsrechts in § 281 II BGB, § 323 II BGB, → gegenseitiger Vertrag, 2, → Schadensersatz, 4) auch dann nicht, wenn der Unternehmer die Nacherfüllung verweigert, wenn die Nacherfüllung fehlgeschlagen oder dem Besteller unzumutbar ist, §§ 636, 637 II BGB. Ist dies gegeben, so kann der Besteller die Vergütung mindern (Minderung, § 634 Nr. 3 BGB, § 638 BGB; zur Berechnung → Gewährleistung, 2a), vom Vertrag zurücktreten (§ 634 Nr. 3 BGB; zu den Voraussetzungen → gegenseitiger Vertrag, 2) oder Schadensersatz statt oder neben der Leistung verlangen (§ 634 Nr. 4 BGB, §§ 280 ff. BGB; zu den Voraussetzungen → Schadensersatz, 4, aber nach Auffassung des VII. Senats des BGH im Werkvertragsrecht nunmehr (entgegen der jahrelangen Rspr.), anders als nach der Auffassung des V. Senats im Kaufrecht, keine Berechnung des Schadensersatzes nach den fiktiven Mängelbeseitigungskosten ohne tatsächliche Mangelbeseitigung wegen der Gefahr der Überkompensation, nur die tatsächlich angefallenen Kosten können verlangt werden, sa → Gewährleistung); mit dem Schadensersatzanspruch neben der Leistung (Fristsetzung zur Nacherfüllung insoweit nicht erforderlich) können Schäden ersetzt verlangt werden, die aufgrund des Mangels entstanden sind, aber durch Nacherfüllung nicht beseitigt werden können (insbes. Mangelfolgeschäden an anderen Rechtsgütern (zB ein mangelhaftes Ersatzteil beschädigt nach seinem Einbau die Sache des Bestellers), der Schadensersatzanspruch statt der Leistung tritt an die Stelle der geschuldeten Werkleistung. Auf eine vereinbarte Beschränkung oder Ausschließung seiner Haftung (Haftungsausschluss) kann sich der Unternehmer nicht berufen, wenn er den Mangel arglistig verschwiegen oder eine → Garantie für die Beschaffenheit des Werks übernommen hat, § 439 BGB.

Verjährung: Hinsichtlich der Verjährung wird nach drei unterschiedlichen Gruppen von Werken unterschieden: Bei Arbeiten an einem Bauwerk (s. → Bauvertrag, dort 3) und dazugehörenden Leistungen (Planungs- und Überwachungsleistungen, s. → Architekten- und Ingenieurvertrag) beträgt die Frist für die Verjährung von Gewährleistungsansprüchen 5 Jahre ab Abnahme (§ 634a I Nr. 2, II BGB; richtet sich das Werk auf die Herstellung, Wartung oder Veränderung einer sonstigen Sache (einschließlich Planungs- oder Überwachungsleistungen hierfür), so verjähren die Ansprüche in 2 Jahren ab Abnahme (§ 634a I Nr. 1, II BGB); bei sonstigen Werkleistungen (zB Beratung, Beförderung usw) sowie bei arglistigem Verschweigen eines Mangels durch den Unternehmer gilt die gesetzliche Verjährungsfrist (3 Jahre ab Kenntnis des Mangels, § 634a I Nr. 3, III BGB; sa → Verjährung, 4, 5). Auch nach Eintritt der Verjährung kann der Besteller die Zahlung der Vergütung insoweit verweigern, als er auf Grund von Rücktritt oder Minderung hierzu berechtigt wäre, § 634a IV, V BGB, § 218 BGB.

4. Unternehmerpfandrecht: Zur Sicherung seiner Forderungen aus dem Werkvertrag hat der Unternehmer ein gesetzl. Pfandrecht an den von ihm hergestellten oder ausgebesserten Sachen des Bestellers, wenn sie in seinen → Besitz gelangt sind (Unternehmerpfandrecht, § 647 BGB). Nach der Rspr. ist ein → gutgläubiger Erwerb des Unternehmerpfandrechts (zB bei einem zur Reparatur gebrachten, unter → Eigentumsvorbehalt stehenden Kfz) nicht möglich (sehr str.; → Pfandrecht, → Verwendungen). Zu den Sicherungen im Bauvertragsrecht s. → Bauvertrag, → Verbraucherbauvertrag.

5. Kündigung: Der Besteller hat gem. § 648 BGB bis zur Vollendung des Werks jederzeit ohne Frist und Angabe von Gründen das Recht, den Werkvertrag zu kündigen (→ Kündigung); der Unternehmer erhält in diesem Fall als Entschädigung die vereinbarte Vergütung abzüglich ersparter Aufwendungen. Dieses freie Kündigungsrecht des Bestellers gilt für alle Werkverträge. § 648a I BGB gewährt nunmehr (in Konkretisierung der bisherigen Rspr.) ausdrücklich beiden Vertragsteilen innerhalb angemessener Frist und nach Abhilfeaufforderung ein Recht zur außerordentlichen Kündigung aus wichtigem Grund bei Unzumutbarkeit der Fortsetzung des Vertrags. Maßgebend ist das objektive Vorliegen eines Kündigungsgrundes im Zeitpunkt der Kündigungserklärung (zB schwere Erschütterung des Vertrauensverhältnisses, schwere Vertragsstörung); die Beweislast trägt der kündigende Teil. Besteht der Kündigungsgrund in der Verletzung einer Vertragspflicht, muss der Besteller abmahnen bzw. eine Frist zur Abhilfe setzen, § 648a III BGB, § 314 II BGB. Bei Kenntnis von einem wichtigen Kündigungsgrund hat die Kündigung innerhalb angemessener Frist zu erfolgen, § 648a III BGB, § 314 III BGB. Auch eine auf abgrenzbare Teile des Werks bezogene Kündigung ist gem. § 648a II BGB möglich. Um Streitigkeiten über den Stand der Arbeiten zum Zeitpunkt der Kündigung zu vermeiden, hat jede Vertragspartei einen Anspuch auf Mitwirkung an der Feststellung des Leistungsstands, § 648a IV BGB (zB Mitwirkung an einem gemeinsamen Aufmaß; nicht aber qualitative Bewertung). Aufgrund der Kündigung entfallen die primären Leistungspflichten. Der Unternehmer erhält nach § 648a V BGB die bis zum Zeitpunkt der Kündigung erbrachten Leistungen vergütet. Darüber hinaus kann ggf. → Schadensersatz geltend gemacht werden, § 648a VI BGB (zB ggf. wegen der nicht erbrachten Leistungen). Bei wesentlicher Überschreitung der Kalkulation eines Kosten(vor)anschlags kann der Besteller kündigen, § 649 BGB; er hat dann nur die der bereits geleisteten Arbeit entsprechende Vergütung zu entrichten. Die Kündigung ist formlos möglich; zum Schriftformerfordernis beim → Bauvertrag s. dort. Kein Kündigungsrecht besteht beim → Bauträgervertrag. Sonderkündigungsrecht beim → Architekten- und Ingenieurvertrag s. dort.

Werkzeuggeld
Werkzeuggeld, das der Arbeitgeber dem Arbeitnehmer für die betriebliche Nutzung von Werkzeugen des Arbeitnehmers bezahlt, ist steuerfrei, soweit die Entschädigungen die entsprechenden Aufwendungen des Arbeitnehmers nicht offensichtlich übersteigen (§ 3 Nr. 30 EStG; → Arbeitsmittel, → Werbungskostenersatz).

Wert
→ Streitwert, → Gegenstandswert, → Geschäftswert, → Beschwerdewert, → Bewertungsgesetz.

Wertausfüllungsbedürftige Rechtsbegriffe
→ normative Tatbestandsmerkmale und Rechtsbegriffe, → Generalklauseln; → unbestimmte Rechtsbegriffe.

Wertermittlung (von Grundstücken)
→ Grundstückswerte.

Wertersatz
Ist die → Einziehung eines Gegenstandes im Strafverfahren wegen der Beschaffenheit des Erlangten oder aus einem anderen Grund nicht möglich, so ordnet das Gericht die Einziehung eines Geldbetrages an, der dem Wert des Erlangten entspricht (§ 73c StGB). Entsprechendes gilt für die Einziehung des Wertes von Tatprodukten, Tatmitteln und Tatobjekten (§ 74c StGB). Der Wert kann geschätzt werden, die Anordnung auch nachträglich oder im → objektiven Verfahren ergehen (§§ 73d, 74c III StGB, § 76 StGB). S. a. § 25 OWiG.

Wertfortschreibung
→ Hauptfeststellung.

Wertgebühr
→ Gerichtskosten, → Rechtsanwaltsgebühr.

Wertguthaben
Im Rahmen der Flexibilisierung der Arbeitszeit ist ein Wertguthaben als Arbeitsentgeltguthaben zu führen (§ 7d SGB IV). Es dient dazu, Freistellungszeiten für Altersteilzeit (→ Altersteilzeitgesetz), → Elternzeit, → Pflegezeit oder → Teilzeitarbeit zu verwenden. Es ist für die Führung eines Wertguthabenkontos der Abschluss einer → Wertguthabenvereinbarung (§ 7b SGB IV) vorgeschrieben. Neben der gesetzlichen Regelung durch § 7b SGB IV können weitergehende → Betriebsvereinbarungen oder → Tarifverträge abgeschlossen werden. Das Wertguthaben muss gegen Insolvenz gesichert werden (§ 7e SGB IV) und auf andere Arbeitgeber übertragbar sein (§ 7 f SGB IV), der Arbeitnehmer ist gem. § 7d SGB IV über den Stand des Wertguthabens regelmäßig zu informieren. Für die Berechnung der Beiträge für die Sozialversicherung enthält § 23b SGB IV besondere Regelungen, insbes. für den Störfall einer abweichenden Verwendung des Wertguthabens. Gem. § 861 ZPO iVm § 399 BGB sind die Wertguthaben – außer im Störfall – nicht pfändbar.

Wertguthabenübertragung
Die Wertguthabenübertragung auf einen neuen Arbeitgeber ist nach § 7 f SGB IV zulässig. Die Beschäftigten können die Wertguthabenübertragung von dem bisherigen Arbeitgeber verlangen, wenn mit dem neuen Arbeitgeber eine → Wertguthabenvereinbarung abgeschlossen worden ist und der neue Arbeitgeber der Übertragung zustimmt. Eine Übertragung an die → Deutsche Rentenversicherung Bund ist möglich. Die Arbeitgeberpflichten gehen auch auf die Deutsche Rentenversicherung Bund über.

Wertguthabenvereinbarung
→ Wertguthaben können nur durch den Abschluss einer Wertguthabenvereinbarung aufgebaut werden. Wertguthabenvereinbarungen sind nach § 7b SGB IV abzuschließen. Weitergehende Regelungen einer Wertguthabenvereinbarung sind durch → Betriebsvereinbarungen oder → Tarifverträge zulässig. Eine Wertguthabenvereinbarung liegt vor, wenn sie schriftlich erfolgt ist, nicht auf eine betriebsbedingte Flexibilisierung der werktäglichen oder wöchentlichen Arbeitszeit abstellt, der Verbrauch des Wertguthabens durch Freistellung von der Arbeitsleistung oder der Verminderung der vertraglich zu leistenden Arbeitszeit erfolgt und das fällige Arbeitsentgelt insgesamt mtl. die jeweilige Geringfügigkeitsgrenze übersteigt. Ausgenommen von der Entgeltgrenze sind → geringfügige Beschäftigungen. Das Wertguthaben muss durch eine Freistellung vor oder nach der Verringerung der vertraglich vereinbarten Arbeitszeit bzw. Arbeitsleistung erzielt worden sein oder erzielt werden können. Die Wertguthabenvereinbarung unterliegt dem → Insolvenzschutz (§ 7e SGB IV). Die Wertguthabenvereinbarung ist übertragbar → (Wertguthabenübertragung) auf einen anderen Arbeitgeber (§ 7 f SGB IV). Die → Wertguthabenverwendung ist in § 7c SGB IV geregelt.

Wertguthabenverwendung
Rechtsgrundlage für die Wertguthabenverwendung ist § 7c SGB IV. Danach setzt die Wertguthabenverwendung voraus, dass eine gesetzlich geregelte Freistellung von der Arbeitsleistung oder eine gesetzlich geregelte Verringerung der Arbeitszeit für Freistellungen nach dem Pflegezeitgesetz oder dem Familienpflegezeitgesetz, dem Bundeselterngeld- und Elternzeitgesetz oder nach dem Teilzeit- und Befristungsgesetz in Anspruch genommen wird. Des Weiteren ist die Wertguthabenverwendung vorgesehen für die vollständige oder teilweise Freistellung von der Arbeitszeit bzw. der Arbeitsleistung für Zeiten einer Altersteilzeit, wenn diese unmittelbar vor dem Bezug einer Altersrente nach dem SGB VI liegt. Die Wertguthabenverwendung kann auch für Zeiten einer beruflichen Qualifizierungsmaßnahme verwendet werden. Zulässig ist es, innerhalb einer → Wertguthabenvereinbarung die Wertguthabenverwendung für bestimmte Zwecke auszuschließen.

Wertpapier
Wertpapier wird eine → Urkunde genannt, in der ein privates Recht derart verbrieft ist, dass zur Ausübung des Rechts der Besitz der Urkunde erforderlich ist (diese Definition ist nicht gesetzlich fixiert, sondern von der Rechtslehre erarbeitet und entspricht der heute hM; → Wertpapierrechtstheorien). Nicht zu den Wertpapieren gehören die reinen → Legitimationspapiere und die Urkunden, die lediglich zum Beweis eines privaten Rechts dienen (sog. Beweisurkunden). Zu den Wertpapieren ieS zählen diejenigen, bei denen das Recht aus dem Papier dem Recht am Papier folgt; bei ihnen wird das Recht durch die Urkunde verkörpert und wie eine → Sache übertragen (zB → Wechsel, → Scheck). Wertpapiere iwS sind diejenigen, bei denen das Recht am Papier dem Recht aus dem Papier folgt; das Eigentum an der Urkunde steht stets dem wirklich Berechtigten zu, das Recht selbst wird nach den dafür geltenden Vorschriften – nicht wie eine Sache – übertragen (zB → Hypothekenbrief und alle anderen → Rektapapiere). Man unterscheidet konstitutive Wertpapiere, das sind solche, bei denen die Entstehung des verbrieften Rechts von der Herstellung der Urkunde abhängt (zB Wechsel), und deklaratorische Wertpapiere, bei denen die Herstellung der Urkunde für die Entstehung des Rechts nicht erforderlich ist (zB Aktie). Nach der Art des verbrieften Rechts unterscheidet man schuldrechtliche Wertpapiere, die → Forderungen verbriefen (→ Inhaberschuldverschreibung, → Wechsel, → Scheck), sachenrechtliche Wertpapiere, die ein → Sachenrecht ver-

körpern (zB Hypothekenbrief), und Mitgliedschaftspapiere, die ein Mitgliedschaftsrecht verbriefen (zB → Aktie). Besonders wichtig ist die Unterscheidung zwischen → Rektapapieren, → Orderpapieren und → Inhaberpapieren. Von dem hier dargestellten rechtlichen ist der bankmäßige Wertpapierbegriff zu unterscheiden; er entspricht der → Effekte. Sa → Wertpapierhandel, → Übernahme eines Handelsgeschäfts (Unternehmens). Neuerdings besteht mit dem Gesetz über elektronische Wertpapiere (eWpG v. 3.6.2021, BGBl. 2021 I 1423) die Möglichkeit, durch Eintrag in ein Wertpapierregister bzw. Kryptowertpapierregister rein elektronische Wertpapiere zu schaffen (zunächst bei → Schuldverschreibungen sowie in kleinerem Umfang bei → Anteilscheinen). Der Ansatz erfolgt technologieneutral, d. h. über Blockchaintechniken begebene Wertpapiere (→ Blockchain) werden gegenüber anderen elektronischen Wertpapierarten nicht privilegiert. Eigentümer des elektronischen Wertpapiers ist derjenige, der im Wertpapierregister eingetragen ist. Kryptowährungen selbst stellen aber kein Wertpapier dar.

Wertpapierbörsen
(Effektenbörsen) sind nach § 2 II → BörsG → Börsen, an denen → Wertpapiere iSv § 2 I WpHG oder → Derivate gehandelt werden. An Wertpapierbörsen können auch sonstige → Finanzinstrumente gehandelt werden. Eine organisatorische Definition von Wertpapierbörsen enthält § 1 IIIe KWG. Sa → Warenbörse, → Terminbörse.

Wertpapierdienstleistungen
Wertpapierdienstleistungen sind in § 2 VIII WpHG (→ Wertpapierhandelsgesetz) und § 2 II WpIG ähnlich definiert und umfassen folgende Tätigkeiten:
– das Finanzkommissionsgeschäft,
– Market-Making, die Tätigkeit als → systematischer Internalisierer, Eigenhandel oder → Hochfrequenzhandel,
– die Abschlussvermittlung,
– die Anlagevermittlung,
– das → Emissionsgeschäft,
– das Platzierungsgeschäft,
– die Finanzportefolioverwaltung,
– der Betrieb eines → multilateralen Handelssystems und eines → organisierten Handelssystems und
– → Anlageberatung.

Zu den Wertpapiernebendienstleistungen nach § 2 IX WpHG gehören ua damit zusammenhängende Verwahrung, Beratung und Kreditgewährung.

Auf Wertpapierdienstleistungen ist vor allem das WpHG anzuwenden.Institute, die solche Dienstleistungen erbringen, sind → Wertpapierinstitute und unterliegen der Aufsicht nach dem WpIG. → Finanzdienstleistungen sind ähnlich definiert, sie enthalten Wertpapierdienstleistungen, aber auch andere Dienstleistungen. → Kapitalmarktrecht.

Wertpapieremission
→ Emissionsgeschäft.

Wertpapiererwerb
Das Wertpapiererwerbs- und Übernahmegesetz (WpÜG) v. 20.12.2001 (BGBl. 2001 I 3822) mÄnd regelt insbes. den Erwerb von (börsennotierten) → Aktien zum Zweck der → Übernahme eines Handelsgeschäfts (Unternehmens); s. iE dort sowie → Wertpapiererwerbs- und Übernahmegesetz.

Wertpapiererwerbs- und Übernahmegesetz
Das Wertpapiererwerbs- und Übernahmegesetz (WpÜG) v. 20.12.2001 (BGBl. 2001 I 3822) m. Änd. regelt das Verfahren zum Erwerb von Aktien börsennotierter Unternehmen auf Grund eines öffentlichen Angebots. Solche Übernahmen (engl.: takeovers) unterliegen zum Schutz des Kapitalmarkts (→ Kapitalmarktrecht) einem reglementierten, von der → Bundesanstalt für Finanzdienstleistungsaufsicht (BaFin) überwachten Verfahren, das allen Beteiligten besondere Pflichten auferlegt. Das WpÜG dient der Umsetzung der EU-Takeover-Richtlinie 2004/25/EG v. 21.4.2004 (ABl. L 142/12) und wird durch vier nationale Verordnungen ergänzt. Im Jahre 2020 gab es etwa 20 Erwerbs- und Übernahmeangebote nach dem WpÜG. Zu den bekanntesten Verfahren zählt sicherlich die Übernahmeschlacht zwischen Porsche und VW 2008/09. → Übernahme eines Handelsgeschäfts.

1. Angebotsarten: Das WpÜG unterscheidet zwischen freiwilligen Angeboten und Pflichtangeboten:

a) Will eine natürliche oder juristische Person oder Personengesellschaft (Bieter) die Kontrolle über ein börsennotiertes Unternehmen (Zielgesellschaft) erlangen, so kann der Bieter den Aktionären der Zielgesellschaft ein freiwilliges Übernahmeangebot machen. Gegenstand dieses Angebots sind die stimmrechtstragenden Wertpapiere der Zielgesellschaft, also Aktien und sie vertretende Wertpapiere (§ 2 II WpÜG).

b) Der Bieter kann auch versuchen, sich „anzuschleichen", dh heimliche Zukäufe an der Börse zu tätigen. Jedoch verpflichtet § 35 WpÜG jeden, der die Kontrolle über eine Zielgesellschaft erlangt hat, den verbleibenden (Minderheits)Aktionären ein Übernahmeangebot (Pflichtangebot) zu machen. Interessanterweise definiert § 29 WpÜG Kontrolle bereits als das Halten von 30% der Stimmrechte, anders als etwa § 16 AktG, wo 50% und eine Aktie erforderlich sind. Dies hängt damit zusammen, dass auf Hauptversammlungen idR kaum 60% der Stimmrechte vertreten sind und 30% daher zur faktischen Kontrolle genügen. Erreicht ein Aktionär diese Kontrollschwelle, sollen alle anderen Aktionäre die Gelegenheit haben, ihre Anlageentscheidung zu überdenken und ggf. für eine angemessene Gegenleistung aus der Gesellschaft auszuscheiden. Von der Pflicht zur Abgabe eines Pflichtangebots kann die BaFin auf Antrag befreien (§ 37 WpÜG). Sie besteht auch nicht, wenn der Bund oder der → Wirtschaftsstabilisierungsfonds auf Grund von Stabilisierungsmaßnahmen zur Überwindung der wirtschaftlichen Folgen der Corona-Krise bei einem Unternehmen die Kontrolle erlangt (§ 14 Wirtschaftsstabilisierungsbeschleunigungsgesetz).

c) Letztlich fallen unter das WpÜG auch einfache freiwillige Angebote, deren Ziel nicht die Erreichung der Kontrolle ist. So kann ein Bieter seine Beteiligung aufstocken wollen, ohne dass er das Erreichen der Kontrolle anstrebt oder nachdem er sie früher bereits erreicht hatte.

2. Verfahren und Gegenleistung: a) Der Bieter hat seine Entscheidung, ein Übernahmeangebot für die stimmrechtstragenden Wertpapiere der Zielgesellschaft abzugeben, der BaFin, den betroffenen Börsen sowie der Zielgesellschaft mitzuteilen und es zu veröffentlichen (§ 10 WpÜG). Er hat zeitnah einen Prospekt, der im WpÜG Angebotsunterlage genannt wird, zu veröffentlichen (§ 11 WpÜG), für den wie bei der → Prospekthaftung gehaftet wird (§ 12 WpÜG). Vorstand und Aufsichtsrat der Zielgesellschaft haben unverzüglich eine Stellungnahme zum Angebot abzunehmen. Stellen sie sich dagegen, spricht man von einer feindlichen Übernahme. Damit das Verfahren relativ rasch abgewickelt wird und die beteiligten Unternehmen nicht unnötig lange lähmt, darf die Annahmefrist nur zwischen vier und zehn Wochen betragen (§ 16 WpÜG). Solange die Angebotsfrist läuft, muss der Bieter wöchentlich mitteilen, wie viele Stimmrechtsanteile ihm bereits zustehen (sog. Wasserstandsmeldungen, § 23 WpÜG), damit die Aktionäre der Zielgesellschaft bei ihrer Entscheidung die Erfolgsaussichten des Angebots berücksichtigen können. Nach Ende der Annahmefrist und Veröffentlichung des Endergebnisses haben Aktionäre, die das Angebot abgelehnt haben, zusätzlich die Möglichkeit, es innerhalb einer weiteren Annahmefrist doch noch anzunehmen (§ 16 II WpÜG).

b) Der Bieter hat den Aktionären der Zielgesellschaft nach § 35 WpÜG eine angemessene Gegenleistung anzubieten, die entweder in Euro oder liquiden börsennotierten Aktien bestehen muss. Einzelheiten regelt die WpÜG-Angebotsverordnung v. 27.12.2001 (BGBl. 2001 I 4263) m. Änd. Entsprechend werden → Kauf- oder → Tauschverträge geschlossen, die durch die Annahme der Aktionäre der Zielgesellschaft zustande kommen.

c) Verhaltenspflichten: Die Vorschriften des WpÜG sollen Übernahmen einem geordneten Verfahren unterwerfen und den Aktionären der Zielgesellschaft die Möglichkeit sichern, das idR über dem aktuellen Börsenkurs liegende Angebot ungestört anzunehmen. Die Organe der Zielgesellschaft unterliegen daher dem (umstrittenen) Neutralitätsgebot. Sie müssen im Interesse der Zielgesellschaft handeln (§ 3 WpÜG) und dürfen bei feindlichen Angeboten das Angebot grundsätzl. nicht vereiteln (§ 33 WpÜG). Verteidigungsmaßnahmen, wie etwa der Verkauf von wertvollen Beteiligungen (Kronjuwelen), die Aufnahme von Schulden (Giftpillen) oder die Suche nach einem anderen Bieter (weißer Ritter) sind daher nur begrenzt zulässig. Unternehmen können sich aber durch ihre Hauptversammlung für den Fall späterer feindlicher Übernahmen vorab bestimmte Verteidigungsmaßnahmen genehmigen lassen.

d) Gehören dem Bieter nach einem Angebot mehr als 95% des stimmberechtigten Grundkapitals der Zielgesellschaft, kann er die verbliebenen Aktionäre durch Gerichtsbeschluss gegen eine angemessene Abfindung ausschließen lassen (§ 39a WpÜG). Man bezeichnet dies als übernahmerechtlichen Squeeze-out im Gegensatz zum aktienrechtlichen (→ Aktiengesellschaft 4 aE).

e) Die Aufsicht bei Angeboten nach dem WpÜG übt die BaFin aus (§ 4 WpÜG). Sie hat nach § 40 WpÜG Ermittlungsbefugnisse und kann nach § 15 WpÜG ein Angebot untersagen. Sie kann ferner Auflagen erteilen und Bußgelder festsetzen (§ 60 WpÜG).

3. Rechtsschutz: Gegen Verfügungen der BaFin ist nach einem Widerspruchsverfahren (§ 41 WpÜG) die Beschwerde statthaft (§ 48 WpÜG), die nur ausnahmsweise aufschiebende Wirkung hat (§ 49 WpÜG). Über sie entscheidet immer der Wertpapiererwerbs- und Übernahmesenat des OLG Frankfurt. Für bürgerlichrechtliche Streitigkeiten, etwa zwischen Aktionären und Zielgesellschaft oder Bieter, sind streitwertunabhängig die Landgerichte zuständig.

Wertpapierfinanzierungsgeschäft
Als Wertpapierfinanzierungsgeschäft bezeichnet man Geschäfte, die der Finanzierung von Wertpapiertransaktionen dienen. Hierzu gehören zB Pensionsgeschäfte, Wertpapier- oder Warenleihgeschäfte, Kauf-/Rückverkaufgeschäfte und Lombardgeschäfte, so etwa Art. 3 Nr. 11 VO (EU) 2015/2365 (→ Transparenz).

Wertpapierhandel
→ Wertpapierhandelsgesetz.

Wertpapierhandelsgesetz
1. Das Wertpapierhandelsgesetz (WpHG) idF v. 9.9.1998 (BGBl. 1998 I 2708) mÄnd erfasst nach § 1 WpHG die Erbringung von → Wertpapierdienstleistungen und Datenbereitsstellungsdiensten, die Marktmissbrauchsüberwachung im börslichen (→ Börse) und außerbörslichen Handel mit → Finanzinstrumenten, Verhaltens-, Organisations- und Transparenzpflichten von Wertpapierdienstleistungsunternehmen, die Überwachung von Unternehmensabschlüssen, die Veränderung von Stimmrechtsanteilen von Aktionären an börsennotierten Gesellschaften und Zuständigkeiten und Befugnisse der → Bundesanstalt für Finanzdienstleistungsaufsicht (BaFin). Es dient

dem Anlegerschutz und ist die zentrale Vorschrift des deutschen → Kapitalmarktrechts, auch wenn mittlerweile viele seiner ursprünglichen Regelungsgegenstände unmittelbar anwendbaren EU-Gesetzen unterliegen, etwa der Marktmissbrauchsverordnung (→ Insidergeschäft) oder der VO 600/2014/EU v. 15.5.2014 über Märkte für Finanzinstrumente (ABl. EU 2014 L 173, 84).

2. Neben zahlreichen Definitionen (§ 2) enthält das WpHG ua Vorschriften über

- Befugnisse der BaFin (§§ 6 ff. WpHG),
- Durchführungsbestimmungen zu den EU-Vorschriften über Marktmissbrauch, Ratingagenturen und OTC-Derivate (§§ 25 ff. WpHG),
- Mitteilungs- und Veröffentlichungspflichten bei Veränderung des Stimmrechtsanteils an börsennotierten Gesellschaften (§§ 33 ff. WpHG). Diese Mitteilungen müssen elektronisch erfolgen, Einzelheiten dazu regelt die Stimmrechtsmitteilungsverordnung (StimmRMV) v. 2.10.2018 (BGBl. 2018 I 1723 mÄnd),
- Pflichten des → Emittenten zugelassener Wertpapiere (§§ 48 ff. WpHG, zB die Pflicht, alle Wertpapierinhaber gleich zu behandeln),
- Verhaltens-, Organisations- und Transparenzpflichten für Wertpapierdienstleistungsunternehmen (§§ 63 ff. WpHG, → Anlageberatung),
- die Haftung für falsche und unterlassene Kapitalmarktinformationen (§§ 97 f. WpHG),
- Finanztermingeschäfte (§§ 99 f.) und
- die Überwachung von Unternehmensabschlüssen von Emittenten (§§ 106 ff. WpHG, → Bilanz).

Einzelheiten zu den Verhaltensregeln und Organisationsanforderungen regelt die WpDVerOV v. 17.10.2017 (BGBl. 2017 I 3566) mÄnd.

3. Das WpHG basiert auf mehreren Harmonisierungsrichtlinien der EU, insbes. → MiFID II. Zahlreiche Vorschriften sind straf- und bußgeldbewehrt. Die Aufsicht (§§ 6 ff. WpHG) obliegt der BaFin. Zur Erlaubnispflicht für → Finanzanlagenvermittler s. dort.

Wertpapier-Informationsblatt

Werden Wertpapiere im Gesamtgegenwert von mehr als 100.000 und weniger als 1 Mio. € öffentlich angeboten, so hat der Anbieter statt eines Prospekts nur ein → Basisinformationsblatt zu veröffentlichen. Ist er nach den dafür geltenden Vorschriften hierzu nicht verpflichtet, muss er ein Wertpapier-Informationsblatt veröffentlichen (§ 3a WpPG, → Prospektpflicht). Gleiches kann für eine Emission von weniger als 8 Mio. € gelten, wenn gewährleistet ist, dass nicht qualifizierte Anleger nur geringe Beträge investieren können (§ 3 II Nr. 6 WpPG, § 3c WpPG). Das Wertpapier-Informationsblatt darf nicht länger als 3 DIN-A4 Seiten sein und muss alle wesentlichen Informationen über die Wertpapiere, Anbieter, Emittenten und Garantiegeber enthalten. Es muss auf der ersten Seite drucktechnisch hervorgehoben folgenden Warnhinweis enthalten: „Der Erwerb dieses Wertpapiers ist mit erheblichen Risiken verbunden und kann zum vollständigen Verlust des eingesetzten Vermögens führen." Die Veröffentlichung des Wertpapier-Informationsblattes muss vorab von der → Bundesanstalt für Finanzdienstleistungsaufsicht gestattet worden sein. Die Haftung für fehlerhafte Wertpapier-Informationsblätter ist in §§ 22a ff. WpPG geregelt.

Wertpapierinstitut

1. Nach § 2 I Wertpapierinstitutsgesetz (WpIG) v. 12.5.2021 (BGBl. 2021 I 990) ist Wertpapierinstitut ein Unternehmen, das gewerbsmäßig → Wertpapierdienstleistungen erbringt, aber im Gegensatz zu → Kreditinstituten keine Einlagen oder andere rückzahlbare Gelder des Publikums annimmt oder Kredite vergibt. Der neue Rechtsbegriff, im Englischen spricht man von investment firms, umfasst auch Institute, die bisher als Wertpapierhandelsunternehmen, Wertpapierhandelsbanken oder Wertpapierfirmen bezeichnet wurden. Die wichtigste Vorschrift für das Tagesgeschäft von Wertpapierinstituten ist das → Wertpapierhandelsgesetz.

2. Wertpapierinstitute galten bis Mitte 2021 idR als → Finanzdienstleistungsinstitute und wurden daher wie Kreditinstitute beaufsichtigt, seither unterliegen sie einem eigenen Aufsichtsregime. Es besteht aus der VO (EU) 2019/2033 v. 27.11.2019 über die Aufsichtsanforderungen an Wertpapierfirmen (IFR = Investment Firms Regulation, ABl. EU 2019 L 314, 1) und dem WpIG, das die Richtlinie (EU) 2019/2034 v. 27.11.2019 über die Beaufsichtigung von Wertpapierfirmen (IFD = Investment Firms Directive, ABl. EU 2019 L 314, 64) in deutsches Recht umsetzt. Diese Vorschriften sind mit dem als → MiFID bekannten Regelwerk eng verzahnt. Sie unterscheiden, insbesondere für Aufsichtsintensität und Kapitalanforderungen, zwischen kleinen, mittleren und großen Wertpapierinstituten (§ 2 XVI–XVIII WpIG). Die meisten der etwa 700 deutschen Wertpapierinstitute sind kleine.

3. Wertpapierinstitute bedürfen der Erlaubnis (§ 15 WpIG) durch die zuständige Aufsichtsbehörde, die → Bundesanstalt für Finanzdienstleistungsaufsicht (§ 5 WpIG). Die VO (EU) 2019/2033 enthält die Eigenmittel-, Liquiditäts- und Offenlegungsanforderungen sowie die Meldepflichten. Das WpIG regelt neben den Aufsichtsbefugnissen der BaFin unter anderem die Höhe des Anfangskapitals eines Wertpapierinstituts, die Zugehörigkeit zu einer Sicherungseinrichtung (→ Anlegerentschädigung) sowie die Anforderungen an die Mitglieder von Geschäftsführung und Aufsichtsgremien und an die interne Unternehmensführung (Governance). Nach § 13 WpIG sind Wertpapierinstitute etwa verpflichtet, ein

anonymes Hinweisgebersystem (→ Whistleblower) einzurichten und müssen ihre Vergütungspolitik offenlegen. Die Rechnungslegung richtet sich nach Handelsrecht, ergänzende Vorschriften enthalten die §§ 340 ff. HGB. Zugelassene deutsche Wertpapierinstitute dürfen ohne weitere Erlaubnis in einem anderen EU-Mitgliedstaat tätig werden und umgekehrt (§§ 70 ff. WpIG, Europäischer Pass).

4. Einzelheiten regeln die Wertpapierinstituts-Anzeigenverordnung (WpI-AnzV) v. 7.12.2023 (BGBl. 2023 I Nr. 349), die Wertpapierinstituts-Prüfungsberichtsverordnung (WpIPrüfbV) v. 7.12.2023 (BGBl. 2023 I 350) und die Wertpapierinstituts-Inhaberkontrollverordnung (WpI-InhKontrollV) vom 15.1. 2024 (BGBl. 2024 I Nr. 9).

Wertpapierkredit
Ein Wertpapierkredit ist ein → Darlehen, das durch ein → Pfandrecht an → Wertpapieren gesichert wird (→ Lombardgeschäft).

Wertpapierprospekt
→ Prospektpflicht, → Prospekthaftung, → Wertpapierprospektgesetz.

Wertpapierprospektgesetz
Das Wertpapierprospektgesetz (WpPG) v. 22.6.2005 (BGBl. 2005 I 1698) mÄnd ergänzt die VO (EU) 2017/1129 v. 14.6.2017 über den Prospekt, der beim öffentlichen Angebot von Wertpapieren oder bei deren Zulassung zum Handel an einem geregelten Markt zu veröffentlichen ist und zur Aufhebung der RL 2003/71/EG (ABl. EU 2017 L 168, 12). Diese Verordnung regelt die → Prospektpflicht in Europa einheitlich und ist unmittelbar anwendbar. Das WpPG regelt darüber hinaus die → Prospekthaftung.

Wertpapierrecht
Im deutschen Recht ist das Wertpapierrecht nicht in einem Gesetz zusammengefasst. Es ist für die einzelnen → Wertpapiere verstreut in zahlreichen Gesetzen geregelt, insbes. im Wechselgesetz, im Scheckgesetz, in den §§ 793 ff. BGB, §§ 363 ff. HGB sowie im Aktiengesetz. Aus den Grundgedanken dieser Bestimmungen hat die Rechtslehre allgemeine Regeln herausgearbeitet, die für sämtliche oder bestimmte Arten von Wertpapieren gelten. Eine besondere Rolle spielen dabei die → Wertpapierrechtstheorien. Zur Einführung elektronischer Wertpapiere siehe → Wertpapier.

Wertpapierrechtstheorien
Die Wertpapierrechtstheorien der Rechtslehre befassen sich mit der Frage, wodurch bei konstitutiven → Wertpapieren die Verbindlichkeit des Wertpapierschuldners entsteht. Nach der Kreationstheorie ist das bereits mit der Ausstellung der Urkunde der Fall; diese Auffassung stützt sich auf § 794 BGB. Nach der Vertragstheorie ist außer der Ausstellung des Wertpapiers ein Vertrag zwischen den Personen erforderlich, die das Wertpapier geben und nehmen (→ Begebungsvertrag); die Vertragstheorie gründet sich darauf, dass im deutschen Recht das Entstehen einer Verbindlichkeit grundsätzlich einen → Vertrag voraussetzt. Die – heute überwiegende – Rechtsscheintheorie verlangt wie die Vertragstheorie außer der Ausstellung einen Begebungsvertrag; doch wird zugunsten eines gutgläubigen Erwerbers das Bestehen eines solchen fingiert (→ Fiktion), wenn der Wertpapierschuldner den Rechtsschein eines wirksamen Begebungsvertrags zurechenbar erzeugt hat. Die Rechtsscheintheorie stützt sich auf die Regeln des deutschen Rechts, nach denen gutgläubige Personen im Rechtsverkehr geschützt werden (→ Gutglaubensschutz).

Wertpapierverwahrung
→ Depotgeschäft.

Wertschuld
→ Geldschuld (2).

Wertsicherungsklausel
→ Geldschuld (2).

Werturteil
→ Beleidigung (2b), → Pressefreiheit.

Wertzeichenfälschung
→ Geld- und Wertzeichenfälschung.

Wesensgehaltsgarantie
→ Grundrechte (4); → Wesentlichkeitsprinzip.

Wesentliche Beteiligung
(steuerrechtlich) → Beteiligung, wesentliche.

Wesentlicher Bestandteil
→ Bestandteil.

Wesentlichkeitsprinzip
ist der Ausdruck dafür, dass der förmliche Gesetzgeber (das Parlament) grundlegende Wertentscheidungen selbst treffen muss und die Regelung nicht der Verwaltung (im Wege der Ermächtigung zum Erlass einer → Rechtsverordnung oder durch → Verwaltungsvorschriften) überlassen darf. Das Wesentlichkeitsprinzip wurde vor allem im Schulrecht vom BVerfG entwickelt (vgl. insbes. BVerfGE 47, 46 ff.; 49, 89 ff. bes. 126 ff.). Sa → Gesetzgebende Gewalt; → Gesetzmäßigkeit der Verwaltung; → Gewaltentrennung.

Westeuropäische Union (WEU)
→ Brüsseler Vertrag.

Wettbewerb
Der wirtschaftliche Wettbewerb als Wettkampf zwischen voneinander unabhängigen Unternehmen ist ein wesentliches Element marktwirtschaftlich ausgerichteter Gesellschaftsformen.

Welche Auswirkungen Wettbewerb und ein damit verbundener Konkurrenzkampf auf die Marktverhältnisse hat, hängt maßgeblich davon ab, ob der Wettbewerb vornehmlich auf Anbieter- oder auf Nachfrageseite stattfindet, denn Anbieter von Waren oder Dienstleistungen konkurrieren ebenso um deren Abnehmer, wie Nachfrager um die Gunst eines Anbieters.

Ob Wettbewerb im Sinne eines Konkurrenzkampfes eher auf Anbieter- oder auf Nachfrageseite stattfindet, hängt weitgehend davon ab, ob es ein Über- oder ein Unterangebot von Waren / Dienstleistungen auf demjenigen Markt gibt, auf dem sich die miteinander im Wettbewerb Stehenden betätigen:

Übersteigt das Angebot die Nachfrage, konkurrieren die Anbieter darum, ihre Produkte absetzen zu können. Wettbewerb auf dieser Ebene kann daher zu Angebotsvielfalt und damit zu einer größeren Auswahl an vergleichbaren Produkten für den Verbraucher führen und zudem Innovationen fördern, weil Unternehmen einen verstärkten Anreiz haben, ihre Produkte zu verbessern oder ihre Produktpalette zu erweitern, um sich auf dem Markt zu behaupten und von der Konkurrenz abzusetzen oder zumindest abzugrenzen. Zudem können günstigere Preise für die Abnehmer die Folge sein, weil sich aus deren Sicht die Attraktivität eines Angebots häufig aus einer Kombination von erwarteter Qualität eines Produkts und seinem Preis ergibt. Wettbewerb auf Anbieterseite kann daher über Preis- und Konditionengestaltung oder Produkt- bzw. Dienstleistungseigenschaften und damit verbundenen Innovationen ausgetragen werden.

Übersteigt jedoch die Nachfrage das Angebot, entsteht ein Konkurrenzkampf um den Erwerb der (zu wenig) verfügbaren Produkte. Ein solcher Wettbewerb führt folglich nicht zwingend zu mehr Angebotsvielfalt oder Innovationen oder gar zu günstigeren Preisen für die Abnehmer - vielmehr müssen diese ihrerseits unter Umständen zu größeren Investitionen bereit sein oder sich mit dem zufrieden geben, was gerade am Markt überhaupt erhältlich ist. Beispiele für derartige Marktkonstellationen sind Monopole, auch aufgrund bestehender Schutzrechtslagen.

Den sich aufgrund der genannten Konstellationen ergebenden bzw. potentiellen Nachteile versucht der Gesetzgeber durch verschiedene gesetzliche Regelungen zu begegnen. Nachteile, die daraus resultieren können, dass Anbieter um die Gunst der Abnehmer konkurrieren und jene deshalb zu unfairen Mitteln greifen könnten, um sich gegenüber ihren Konkurrenten in einem besseren Licht darzustellen, werden zB durch das UWG adressiert, um → unlauteren Wettbewerb zu verhindern. Nachteile, die den Nachfragern von Produkten dadurch entstehen könnten, dass es auf der Angebotsseite zu wenig Wettbewerb gibt, versucht der Gesetzgeber ua durch → kartellrechtliche Regelungen abzufedern.

Auch Regelungen, die das → Geistige Eigentum betreffen, wie solche zum Patent- oder Markenrecht, nehmen Einfluss auf den Wettbewerb, denn dadurch, dass der den Inhabern von → Patenten oder → Marken zugebilligte Schutz vor allem darin besteht, andere von der Nutzung der geschützten Technik oder des geschützten Zeichens auszuschließen, findet eine Einschränkung des Wettbewerbs statt. Diese ist jedoch dadurch gerechtfertigt, dass die Aussicht auf derartige Ausschließlichkeitsrechte wiederum Anreize für Innovationen und Investitionen fördern kann, die ihrerseits Vorteile für den Verbraucher nach sich ziehen können. Um auch insoweit der Verfestigung etwaiger marktschädlicher Schieflagen entgegenzuwirken, werden derartige Schutzrechte jedoch - sowohl inhaltlich als auch zeitlich nicht schrankenlos gewährt.

Wettbewerb der Rechtsordnungen
Unter diesem Begriff versteht man eine Art „Konkurrenzsituation" zwischen verschiedenen Rechtsordnungen (also iW: den jeweiligen staatlichen Normgebern), wonach diese für die „Interessenten" (also v. a. Unternehmen, wirtschaftlich Tätige) attraktiv sein möchten. Die „Interessenten" sollen also dazu bewegt werden, sich in den Geltungs- bzw Zuständigkeitsbereich der Rechtsordnung zu begeben (zB Gerichtsstandort, Rechtswahl im Vertrag, Gesellschaftssitz, Gesellschaftsgründung nach dem dortigen Recht, Börsenstandort, Durchführung einer Sanierung, → Insolvenztourismus). Für den jeweiligen Staat besteht insoweit ein Interesse, da mit dem Zuspruch der „Interessenten" positive wirtschaftliche Effekte eintreten können, zB Steuereinnahmen, Arbeitsplätze, Stärkung des Finanzplatzes usw. Ein solcher Wettbewerb kann allerdings nur eintreten, wenn die „Interessenten" solchen internationalen Sachverhalten Wahl- und Gestaltungsmöglichkeiten haben, rechtlicher wie tatsächlicher Natur (→ Internationales Privatrecht), was im internationalen Vertrags-, Wirtschafts- und Gesellschaftsrecht durchaus der Fall ist. In diesem Zusammenhang kann man auch internationale Gerichtsstandsvereinbarungen sehen → Internationales Prozessrecht), wobei sich insoweit der deutsche Gesetzgeber in letzter Zeit um mehr Attraktivität bemüht und die Einrichtung von sog. → Commercial Courts ermöglicht hat. Ein bekanntes Beispiel zum materiellen Recht ist das amerikanische Gesellschafts(kollisions)recht, bei dem sich das Recht des US-Bundesstaates Delaware weitgehend durchgesetzt hat, dh viele amerikanische Unternehmen ihren (Satzungs-)Sitz dort haben, zugleich aber freilich in den gesamten USA geschäftlich aktiv sind („Delaware-Effekt"). Angesichts dieser ökonomischen Betrachtungsweise wird im Zusammenhang mit diesem Wettbewerb häufig auch von „Recht als Produkt" gesprochen. Zwar kann ein solcher Wettbewerb durchaus als Innovationstreiber gesehen werden, er darf jedoch nicht dazu führen, dass schutzwürdige Interessen völlig aus dem Blick geraten (zB bei der Wahl eines Rechtsstandorts, der wenig Rechte für Gläubiger oder Minderheitsgesellschafter vorsieht, → Forum Shopping). Daher sprach man im

Zusammenhang mit dem og Beispiel von Delaware manchmal auch kritisch von einer „race to the bottom" oder „race of laxity", also einem „Wettrennen" hin zu den geringsten, laxesten Schutzstandards.

Wettbewerblicher Dialog
Der in § 119 VI GWB geregelte wettbewerbliche Dialog ist ein Verfahren zur Vergabe öffentlicher Aufträge (s. → Vergabeverfahren).

Wettbewerbsabrede
Wettbewerbsabrede wird auch die vertragliche Vereinbarung eines → Wettbewerbsverbots genannt.

Wettbewerbsklausel
→ Wettbewerbsverbot.

Wettbewerbsrecht
iwS umfasst sowohl das vor allem im G gegen den → unlauteren Wettbewerb geregelte Lauterkeitsrecht (Wettbewerbsrecht ieS) als auch das → Kartellrecht, das in Deutschland im GWB sowie für die → Europäische Union in den Art. 101 ff. AEUV (→ AEUV) und verschiedenen Verordnungen (→ Gruppenfreistellungsverordnungen, → Kartellverfahrensverordnung, → Fusionskontrollverordnung) geregelt ist.

Wettbewerbsregeln
(vgl. §§ 24–27 GWB) sind von Wirtschafts- und Berufsvereinigungen in deren Bereich aufgestellte Bestimmungen, die das Verhalten von Unternehmen im Wettbewerb zu dem Zweck regeln, einem den Grundsätzen des lauteren oder der Wirksamkeit eines leistungsgerechten Wettbewerbs zuwiderlaufenden Verhalten im Wettbewerb entgegenzuwirken und ein diesen Grundsätzen entsprechendes Verhalten im Wettbewerb anzuregen. Auch wenn sie gem. § 24 III GWB, § 26 I GWB von einer → Kartellbehörde anerkannt worden sind, können sie mangels Gesetzesqualität allenfalls indizielle Bedeutung für die Frage der Rechtswidrigkeit eines Verhaltens haben.

Wettbewerbsregister
Das seit April 2021 beim → Bundeskartellamt geführte Wettbewerbsregister hat seine Grundlagen im Wettbewerbsregistergesetz (WRegG) vom 18.7.2017 (BGBl. 2017 I 2739) und der Wettbewerbsregisterverordnung (WRegV) vom 16. April 2021 (BGBl. I S. 809). Es dient der effizienten Durchsetzung des Ausschlusses von Bietern im → Vergaberecht. Darin werden rechtskräftige Verurteilungen wegen Straftaten, die gemäß § 123 I GWB zwingend zum Ausschluss eines Bieters führen, sowie wegen anderer die Zuverlässigkeit eines Bieters berührender Straftaten (zB → Betrug oder → Subventionsbetrug zum Nachteil öffentlicher Haushalte, → Vorenthalten und Veruntreuen von Arbeitsentgelt, → Steuerhinterziehung) eingetragen (§ 2 WRegG). Öffentliche Auftraggeber, öffentliche Sektorenauftraggeber (für beide → Öffentliche Aufträge) und öffentliche Konzessionsgeber (→ Konzession) sind ab bestimmten Auftragswerten (§ 6 WRegG, gemäß § 12 II S. 2 WRegG anzuwenden seit 1.6.2022) grundsätzlich verpflichtet, beim Bundeskartellamt vor Zuschlagserteilung abzufragen, ob im Wettbewerbsregister Eintragungen zu demjenigen Bieter gespeichert sind, an den sie den Auftrag zu vergeben beabsichtigen; auch unterhalb dieser Werte sind sie zu einer Abfrage berechtigt.

Nachdem das Bundesministerium für Wirtschaft und Energie am 29.10.2021 im Bundesanzeiger bekannt gemacht hat, dass die Voraussetzungen für die elektronische Datenübermittlung in Bezug auf das Wettbewerbsregister vorliegen (BAnz AT 29.10.2021 B3), gelten gem. § 12 WRegG folgende Fristen:

Seit 1.12.2021 sind die Strafverfolgungsbehörden dem Bundeskartellamt gegenüber zur Mitteilung registerrelevanter Rechtsverstöße verpflichtet, was umgekehrt die tatsächliche Möglichkeit für registrierte Auftraggeber eröffnete, seit diesem Tag das Wettbewerbsregister abzufragen.

Ab 1.6.2022 bestehen für öffentliche Auftraggeber die in § 6 WRegG geregelten Abfragepflichten und können Unternehmen wie auch natürliche Personen Auskunft über den sie betreffenden Inhalt des Registers verlangen. Zudem können ab diesem Tag solche Stellen, die den Anforderungen des Art. 64 der → Vergaberichtlinie entsprechendes amtliches Verzeichnis führen, mit Zustimmung des betroffenen Unternehmens Auskunft über den das Unternehmen betreffenden Inhalt des Registers verlangen.

Wettbewerbsstraftaten
sind in § 298 StGB (→ Submissionsabsprachen), in § 299 StGB (→ Angestelltenbestechung) sowie in §§ 299a, 299b StGB (Bestechlichkeit und Bestechung im Gesundheitswesen) geregelt. Unzulässige Wettbewerbsbeschränkungen werden ansonsten nur als Ordnungswidrigkeit geahndet (→ Kartellordnungswidrigkeitenverfahren).

Wettbewerbsverbot
1. Wettbewerbsverbot ist die Beschränkung einer Person in ihrer gewerblichen Tätigkeit zugunsten anderer Unternehmer derselben Fachrichtung. Ein gesetzliches Wettbewerbsverbot besteht für den → Handlungsgehilfen (§ 60 HGB, entsprechend angewendet für sonstige Arbeitnehmer) und für Vorstandsmitglieder einer → Aktiengesellschaft (§ 88 AktG) während ihrer Tätigkeit in dem Unternehmen. Dies gilt entsprechend für Geschäftsführer einer → Gesellschaft mit beschränkter Haftung und Vorstandsmitglieder einer → Genossenschaft. Sie dürfen für die Dauer der Dienstzeit ohne Einwilligung ihres → Arbeitgebers (des Aufsichtsrats, der Gesellschafter) weder ein → Handelsgewerbe betreiben noch in einem gleichen Geschäftszweig für eigene oder fremde Rechnung Geschäfte machen. Ferner besteht für die Gesellschafter einer

→ offenen Handelsgesellschaft und die → Komplementäre einer → Kommanditgesellschaft ein Wettbewerbsverbot dahin, dass sie ohne Einwilligung der anderen Gesellschafter weder an einer anderen gleichartigen → Handelsgesellschaft als persönlich haftende Gesellschafter teilnehmen noch in einem Geschäftszweig der Gesellschaft auf eigene oder fremde Rechnung Geschäfte machen (§ 112 HGB). Kommanditisten trifft dieses Wettbewerbsverbot nicht (§ 165 HGB).

Außerdem kann ein nachvertragliches Wettbewerbsverbot vereinbart werden (Wettbewerbsklausel, Konkurrenzverbot). Dies ist insbes. für → Handlungsgehilfen nach Beendigung des Dienstverhältnisses vorgesehen, aber längstens für zwei Jahre zulässig. Diese Vereinbarungen bedürfen der Schriftform und sind nur gültig, wenn eine Entschädigung (sog. Karenzentschädigung) gezahlt wird, die für jedes Jahr des Wettbewerbsverbots mind. die Hälfte der von dem Angestellten zuletzt bezogenen vertragsmäßigen Leistungen erreicht (§§ 74–75d HGB). Meist ist eine unzulässige Wettbewerbsklausel aber nicht nichtig, sondern der Arbeitnehmer kann sich an das Wettbewerbsverbot halten, um die Karenzentschädigung zu erhalten. Nach § 110 GewO bzw. der Rspr. gilt Entsprechendes für alle Arbeitnehmer und wirtschaftlich abhängige freie Mitarbeiter sowie auch für die sog. Mandantenschutzklausel (kein Tätigwerden des ausscheidenden Arbeitnehmers oder Gesellschafters, zB aus einer Freiberuflersozietät, für bisherige Mandanten des Arbeitgebers). Über das Wettbewerbsverbot bei → Handelsvertretern s. § 90a HGB. Die Zuwiderhandlung gegen das Wettbewerbsverbot verpflichtet zum → Schadensersatz, uU kann der Arbeitgeber auch in die abgeschlossenen Geschäfte eintreten; bei noch bestehendem Dienst-/Arbeitsverhältnis begründet eine Zuwiderhandlung idR die fristlose → Kündigung. Leiharbeitnehmern kann die Tätigkeit für den Entleiher nicht untersagt werden (§ 9 Nr. 4 AÜG).

2. Wettbewerbsverbote im Sinne des → Kartellrechts sind alle (un)mittelbaren Verpflichtungen, die einen Käufer veranlassen, keine Waren oder Dienstleistungen herzustellen, zu beziehen, zu verkaufen oder weiterzuverkaufen, die mit den Vertragswaren oder -dienstleistungen des Lieferanten im Wettbewerb stehen. Wettbewerbsverbote können eine wettbewerbsbeschränkende → Vertikalvereinbarung sein. Wettbewerbsverbote gelten als nicht freistellungsfähig, wenn sie für unbeschränkte Dauer oder für mehr als fünf Jahre vereinbart werden (Art. 5 Vertikal-GVO; → Vertikal-GVO).

Wette

Im → bürgerlichen Recht sind Wette und Spiel (§ 762 BGB) Verträge (→ Vertrag). Wette ist die Vereinbarung zwischen zwei oder mehreren Beteiligten, dass bei widerstreitenden Behauptungen demjenigen, der im Recht ist, ein Gewinn zufließen soll. Wette ist auch die entsprechende einseitige Verpflichtung, nicht aber die sog. Spielwette (zB Rennwette bei Pferderennen; hier liegt Spiel vor). Spiel ist die Vereinbarung, zur Unterhaltung oder auch zur Gewinnerzielung nach festen, im Voraus bestimmten Regeln eine Leistung zu erbringen mit der Aussicht, sie bei Gewinn vom Verlierenden oder Unternehmer (zB Bankhalter) wieder zurückzuerlangen. Durch Spiel oder Wette wird aber eine einklagbare Verbindlichkeit nicht begründet („Rechtsweg ausgeschlossen"; anders → Auslobung); unwirksam ist auch ein erfüllungshalber eingegangenes → Schuldanerkenntnis, die Hingabe eines → Wechsels usw, sofern dieser nicht an einen Gutgläubigen weitergegeben wurde. Das auf Grund des Spiels oder der Wette Geleistete kann jedoch nicht deshalb zurückverlangt werden, weil eine Verbindlichkeit nicht bestanden hat (sog. unvollkommene Verbindlichkeit oder → Naturalobligation, → Schuldverhältnis). In dieser Hinsicht werden Geschicklichkeitsspiele, bei denen der Erfolg überwiegend von der Person des Spielers abhängt, und Glücksspiele (hier hängt der Erfolg ganz oder überwiegend vom Zufall ab) rechtlich gleich behandelt (wegen Strafbarkeit des öffentlichen → Glücksspiels ist hier zudem der Spielvertrag nichtig). Besonderheiten gelten für den Lotterievertrag (→ Lotterie; s. dort auch über Lotto und Toto) und das → Differenzgeschäft.

Wettsteuer

→ Rennwett- und Lotteriesteuer.

WEU

(Westeuropäische Union) → Brüsseler Vertrag.

Whistleblower

Whistleblower ist die Bezeichnung für Personen (zB Arbeitnehmer), die Informationen über - jedenfalls aus ihrer Sicht bestehende - Missstände aus dem Innenbereich einer Organisation entweder einer organisationsinternen Stelle (internes Whistleblowing) oder im öffentlichen Interesse einer Behörde bzw. breiteren Öffentlichkeit mitteilen (externes Whistleblowing). Damit können sie gegen Geheimhaltungspflichten verstoßen (→ Geschäftsgeheimnis, → Dienstgeheimnis, → Berufsgeheimnis, insbes. gegen das Gesetz zum Schutz von Geschäftsgeheimnissen (GeschGehG) v. 18.4.2019, s. dazu → Geheimnisverrat), im Einzelfall allerdings kann die Handlung gerechtfertigt sein; für → Geschäftsgeheimnisse sieht jedenfalls § 5 GeschGehG einen Schutz von Hinweisgebern vor, indem es Ausnahmen vom Verbot des Geheimnisverrats zulässt. Das BAG ging bislang für Arbeitnehmer aufgrund der bestehenden Loyalitätspflicht davon aus, dass zunächst eine Abhilfe durch interne Meldungen versucht werden muss und leitete einen Schutz grds. über das allgemeine → Maßregelungsverbot des § 612a

BGB her. Zudem bestehen in einzelnen Bereichen besondere gesetzliche Regelungen zum Schutz von Whistleblowern (zB § 17 II ArbSchG, § 16 AGG, § 84 BetrVG, § 67 II BBG, § 25a I 3 Nr. 3 KWG).

Die EU-Whistleblowing-RL zum Schutz von Personen, die Verstöße gegen das Unionsrecht melden (RL 2019/1937/EU), musste bis 17.12.2021 in nationales Recht umgesetzt werden. Schließlich ist zum 2.7.2023 das Hinweisgeberschutzgesetz (HinSchG) v. 31.5.2023, BGBl. 2023 I Nr. 140, in Kraft getreten. Das G enthält Vorkehrungen zum Schutz von natürlichen Personen, die im Zusammenhang mit ihrer beruflichen Tätigkeit oder im Vorfeld einer beruflichen Tätigkeit Informationen über Verstöße erlangt haben und diese an die nach dem Gesetz vorgesehenen - internen (§§ 12 ff. HinSchG) oder externen (§§ 19 ff. HinSchG) - Meldestellen melden oder offenlegen (hinweisgebende Personen) sowie zum Schutz von Personen, die Gegenstand einer Meldung oder Offenlegung sind, und sonstiger Personen, die von einer Meldung oder Offenlegung betroffen sind (§ 1 HinSchG). Zu den Verstößen zählen nicht nur Rechtsverletzungen, sondern auch Äußerungen von Beamtinnen und Beamten, die einen Verstoß gegen die Pflicht zur Verfassungstreue darstellen (s. iE §§ 2, 3 II HinSchG). An Schutzmaßnahmen sieht das G insbes. ein Wahlrecht des Hinweisgebers zwischen interner und externer Meldung (§ 7 HinSchG), ein Vertraulichkeitsgebot (§ 8 HinSchG), eine Beschränkung der Verantwortlichkeit des Hinweisgebers und das Verbot von Repressalien (inkl. deren Versuch und Androhung) sowie einen entsprechenden Schadenersatzanspruch vor (§§ 35–37 HinSchG), bei vorsätzlichen oder grob fahrlässigen Falschmeldungen allerdings auch einen Schadenersatzanspruch gegen den Hinweisgeber (§ 38 HinSchG). Der Begriff der Repressalien ist in § 3 VI HinSchG nur allg. definiert; Beispiele lassen sich Art. 19 der oa RL entnehmen.

WHO
(= World Health Organization) ist die für die Weltgesundheit zuständige Sonderorganisaton der → Vereinten Nationen.

Wichtiger Grund
→ Kündigung.

Widerklage
Die Widerklage ist eine → Klage, die vom Beklagten im selben Verfahren gegen den Kläger (uU auch gegen einen bisher am Rechtsstreit nicht beteiligten Dritten, sog. Drittwiderklage) erhoben wird. Sie wird grundsätzlich wie eine Klage behandelt. Es gelten jedoch mehrere besondere Vorschriften: Die Widerklage muss mit der Klage im Zusammenhang stehen, der nach hM ein rechtlicher sein muss; dann ist auf jeden Fall das Gericht der Klage örtlich zuständig (§ 33 ZPO, § 89 VwGO, § 100 SGG). Die → Klageerhebung (für die Widerklage) ist in → mündlicher Verhandlung möglich (§ 261 II ZPO). Im Berufungs- und Revisionsrechtszug ist die Zulässigkeit der Widerklage stark eingeschränkt, in einzelnen Prozessarten (→ Urkundenprozess, → Ehe- und → Kindschaftssachen sowie bei → Arrest und → einstweiliger Verfügung) ist sie ausgeschlossen. Über die Widerklage wird grundsätzlich zusammen mit der (Haupt)Klage entschieden, andernfalls durch → Teilurteil. Im Verfahren auf strafrechtliche → Privatklage kann der Beschuldigte Widerklage gegen den Verletzten erheben, wenn es sich um zusammenhängende Privatklagedelikte handelt (§ 388 StPO, § 80 II JGG).

Widerrechtlichkeit
→ Rechtswidrigkeit.

Widerruf
→ Verbrauchervertrag.

Widerruf der Strafaussetzung
→ Strafaussetzung (1), → Jugendstrafe.

Widerruf des Testaments
Der → Erblasser kann ein → Testament (anders → Erbvertrag) ganz oder in einzelnen Anordnungen jederzeit frei widerrufen (§ 2253 I BGB); Besonderheiten gelten jedoch für den → Widerruf eines gemeinschaftlichen Testaments. Ein Verzicht auf das Recht zum Widerruf wäre wirkungslos (§ 2302 BGB). Auch der Widerruf ist eine → letztwillige Verfügung und erfordert daher → Testierfähigkeit. Der Widerruf erfolgt durch reines Widerrufstestament (§ 2254 BGB), das nicht in derselben Form wie das ursprüngliche Testament errichtet zu werden braucht, oder durch Errichtung eines neuen Testaments, das dem früheren inhaltlich widerspricht (§ 2258 I BGB); das Vorliegen eines Widerspruchs ist durch → Auslegung zu ermitteln. Ferner kann ein Testament auch durch schlüssige Handlungen des Erblassers widerrufen werden (wobei ein Dritter nicht als Vertreter, sondern nur als Werkzeug handeln kann), zB durch Zerreißen, Durchstreichen oder Vernichtung der Testamentsurkunde oder Vornahme sonstiger Veränderungen, durch die der Wille, eine schriftliche Willenserklärung aufzuheben, ausgedrückt zu werden pflegt (§ 2255 BGB). Unschädlich ist dagegen der unfreiwillige Verlust der Testamentsurkunde, sofern ihr Inhalt (zB durch Zeugenvernehmung oder eine Kopie der Testamentsurkunde) rekonstruiert werden kann. Ist ein Testament unauffindbar, begründet dies keine Vermutung oder einen Erfahrungssatz, daß das Testament vom Erblasser vernichtet wurde. Ein → öffentliches Testament gilt bei der Rücknahme aus der Verwahrung als widerrufen (§ 2256 BGB). Das Widerrufstestament kann seinerseits widerrufen werden; in diesem Fall gilt im Zweifel das frühere Testament, wie wenn es nicht widerrufen worden wäre (§§ 2257, 2258 II BGB).

Widerruf einer Schenkung
→ Schenkung.

Widerruf einer Willenserklärung
→ Willenserklärung (1d), → Vertrag (1), → Einigung, → Verbraucherdarlehensvertrag (6), → Haustürgeschäft, → Verbrauchervertrag (2); sa → Vollmacht.

Widerruf eines gemeinschaftlichen Testaments
Anders als beim → Erbvertrag, bei dem sofort eine vertragsmäßige Bindung entsteht, kann jeder Ehegatte grundsätzlich das gemeinschaftliche Testament, insbes. darin enthaltene einseitige Verfügungen, nach den allgemeinen Vorschriften über den → Widerruf des Testaments frei widerrufen. Beschränkungen gelten jedoch für wechselbezügliche (korrespektive) Verfügungen, dh Verfügungen der Ehegatten (nur Erbeinsetzungen, Vermächtnisse oder Auflagen), von denen anzunehmen ist, dass die Verfügung des einen nicht ohne die Verfügung des anderen getroffen sein würde, so dass kraft Gesetzes die Nichtigkeit oder der Widerruf der einen Verfügung die Unwirksamkeit der anderen zur Folge hat (idR anzunehmen bei gegenseitiger Bedenkung der Ehegatten, § 2270 BGB). Diese wechselbezüglichen Verfügungen sind zu Lebzeiten beider Ehegatten durch gemeinschaftliches Handeln (nach den Vorschriften über den Widerruf eines Testaments), einseitig jedoch nicht durch eine neue → Verfügung von Todes wegen, sofern diese den anderen Ehegatten nicht wirtschaftlich besser stellt, sondern nur durch Zugang einer notariell beurkundeten Erklärung wie beim Rücktritt vom Erbvertrag widerruflich (§ 2271 I BGB).

Nach dem Tode des erstversterbenden Ehegatten tritt für den anderen hinsichtlich seiner wechselbezüglichen Verfügungen eine Beschränkung seiner → Testierfreiheit ein; sie sind grds. unwiderruflich, wenn sich nicht die Ehegatten den Widerruf vorbehalten hatten oder der überlebende Ehegatte das ihm Zugewendete ausschlägt (§ 2271 II BGB). Ein Widerruf ist auch möglich, wenn hinsichtlich des bedachten Abkömmlings ein Grund zur Entziehung des → Pflichtteils vorliegt. Keine Bindung des überlebenden Ehegatten tritt hierdurch ein für → Rechtsgeschäfte, die er unter Lebenden tätigt; diese können aber uU wegen → Sittenwidrigkeit (Umgehung des Widerrufsverbots) nichtig sein (s. die Nachw. bei → Erbvertrag). Schließlich kann der überlebende Ehegatte bindende wechselbezügliche Verfügungen bei Vorliegen der entsprechenden Voraussetzungen wie einen Erbvertrag anfechten (→ Erbvertrag, → Anfechtung letztwilliger Verfügungen). Gebiet ehem. DDR → Verfügung von Todes wegen.

Widerruf falscher Aussagen
→ Berichtigung falscher Angaben.

Widerruf von Verwaltungsakten
→ Verwaltungsakt (6), → Steuerverwaltungsakt.

Widerspruch im Grundbuch
Da bei Unrichtigkeit des → Grundbuchs dessen Berichtigung oftmals längere Zeit beansprucht, kann zum Schutz des wahren Berechtigten bei dem falsch eingetragenen oder dem zu Unrecht gelöschten Recht im Grundbuch ein Widerspruch eingetragen werden (§ 899 BGB). Er ist – wie die → Vormerkung (1) – eine nur vorläufige Sicherung, dient aber nicht wie diese dem Schutz des schuldrechtlichen Anspruchs auf eine Rechtsänderung, sondern der Sicherung bereits entstandener, aber unrichtig eingetragener dinglicher Rechte; er zerstört den → öffentlichen Glauben des Grundbuchs und verhindert einen → gutgläubigen Erwerb. Voraussetzung der Eintragung eines Widerspruchs ist die Bewilligung (→ Grundbuch) desjenigen, dessen fälschlich eingetragenes Recht hiervon betroffen wird, oder eine → einstweilige Verfügung, bei der eine → Glaubhaftmachung der Gefährdung des wahren Rechts nicht erforderlich ist. Hat das → Grundbuchamt unter Verletzung gesetzlicher Vorschriften eine Eintragung vorgenommen, durch die das Grundbuch unrichtig geworden ist, so ist von Amts wegen ein Widerspruch einzutragen (Amtswiderspruch, § 53 GBO).

Widerspruch im Verwaltungsverfahren
→ Widerspruchsverfahren.

Widerspruch im Zivilprozess
Die Bezeichnung Widerspruch wird im Zivilprozess für verschiedene → Rechtsbehelfe verwendet, die gegen bestimmte gerichtliche Entscheidungen stattfinden und zur Folge haben, dass die angefochtene Entscheidung in derselben Instanz überprüft wird. Der Widerspruch ist vorgesehen gegen den → Mahnbescheid (§ 694 ZPO), den → Teilungsplan (§ 876 ZPO), den durch Beschluss erlassenen → Arrest und die → einstweilige Verfügung (§§ 924 I, 936 ZPO). Ferner kann Wwiderspruch zB erhoben werden gegen die Zwangsvollstreckung trotz anderweitiger Sicherung des Gläubigers (§ 777 ZPO), im Löschungsverfahren über ein → Gebrauchsmuster (§ 17 GebrMG), bei Anmeldung und Löschung einer → Marke (§§ 42, 53 IV MarkenG). Sa → Einspruch (1); im → Verwaltungsstreitverfahren, → Widerspruchsverfahren.

Widerspruchsklage
→ Drittwiderspruchsklage.

Widerspruchsverfahren
1. Die Erhebung der Anfechtungsklage gegen einen → Verwaltungsakt oder der Verpflichtungsklage, wenn der Antrag auf Erlass eines Verwaltungsakts abgelehnt worden ist (→ Verwaltungsstreitverfahren), setzt grds. voraus, dass vor Anrufung des Verwaltungsgerichts Rechtmäßigkeit und Zweckmäßigkeit des VA

in einem Vorverfahren auf Grund Widerspruchs des Klageberechtigten nachgeprüft worden sind (§§ 68 ff. VwGO). Der Widerspruch ist binnen 1 Monats seit Bekanntgabe des VA schriftlich oder zur Niederschrift der Behörde zu erheben, die den VA erlassen (oder den Erlass abgelehnt) hat. Enthält dieser keine ordnungsgemäße → Rechtsmittelbelehrung, so ist Widerspruch binnen einer Frist von 1 Jahr zulässig. Hilft die Behörde dem Widerspruch nicht ab, so erlässt grds. die nächsthöhere Behörde den Widerspruchsbescheid. Ist die nächsthöhere Behörde eine oberste Verwaltungsbehörde des Bundes oder eines Landes, so erlässt den Widerspruchsbescheid die Behörde, die den Verwaltungsakt erlassen hat; dies gilt grds. auch für Selbstverwaltungsangelegenheiten (§§ 72, 73 VwGO). Ein Widerspruchsverfahren ist grds. nicht erforderlich, wenn der Verwaltungsakt von einer obersten Bundes- oder Landesbehörde erlassen worden ist oder wenn ein Dritter durch den Widerspruchsbescheid erstmalig beschwert wird. Weitere Ausnahmen können durch Bundes- oder Landesrecht zugelassen werden (§ 68 I 2 VwGO; vgl. zB Art. 15 Bay. G zur Ausführung der VwGO idF v. 20.6.1992, GVBl. 1992, 162 mÄnd); in den meisten Ländern ist das Widerspruchsverfahren inzwischen, von wenigen Ausnahmefällen abgesehen, abgeschafft. Der Widerspruch hat grds. aufschiebende Wirkung (Suspensiveffekt). Diese entfällt nur bei der Anforderung von öffentlichen Abgaben und Kosten, bei unaufschiebbaren Anordnungen und Maßnahmen von Polizeivollzugsbeamten, kraft besonderer Vorschrift in einzelnen Bundesgesetzen und bei Anordnung der sofortigen → Vollziehung des Verwaltungsakts (§ 80 VwGO). Wegen der Kosten des Widerspruchsverfahrens s. Verwaltungsverfahren (Kosten).

2. Für Verfahren vor Sozialgerichten gelten entsprechende Vorschriften, so in der → Sozialversicherung vor Erhebung der Anfechtungs- oder Verpflichtungsklage vor dem → Sozialgericht (§ 78 I, III SGG). Die Entscheidung über die Abhilfe oder Nichtabhilfe trifft die jeweilige Widerspruchstelle, bzw. ein Widerspruchsausschuss (Erledigungsausschüsse iSv § 66 SGB IV). Die Kosten des Verfahrens werden auf Antrag erstattet. Soweit die Versicherten selber das Verfahren betreiben, sind nur die nachgewiesenen Kosten erstattungsfähig. Für zugelassene Vertreter gelten die Bestimmungen des RVG. Gegen die Entscheidung einer obersten Bundesbehörde (zB → Bundesamt für Soziale Sicherung) ist das Widerspruchsverfahren nicht vorgesehen.

Widerstand gegen die Staatsgewalt
ist die Sammelbezeichnung für die gegen die inländische Staatshoheit gerichteten Straftaten, die im 6. Abschnitt des Besonderen Teils des StGB zusammengefasst sind. Darunter fallen: öffentliche Aufforderung zu strafbaren Handlungen (§ 111 StGB), → Gefangenenbefreiung und Gefangenenmeuterei (§§ 120, 121 StGB) sowie → Widerstand gegen Vollstreckungsbeamte (§§ 113–115 StGB).

Widerstand gegen Vollstreckungsbeamte
Straftatbestand nach § 113 StGB, der durch die Tatbestände nach §§ 114, 115 StGB ergänzt wird.

1. Eine Straftat nach § 113 StGB liegt vor, wenn der Täter einem → Amtsträger oder Soldaten der Bundeswehr, der zur Vollstreckung von Gesetzen, Rechtsverordnungen, Urteilen, Gerichtsbeschlüssen oder Verfügungen berufen ist, bei einer solchen Diensthandlung mit → Gewalt oder durch → Drohung mit Gewalt Widerstand leistet. Geschützt sind außer inländischen Beamten und Soldaten auch solche der → Stationierungsstreitkräfte (§ 1 II Nrn. 5, 6 NATO-Truppen-SchutzG idF v. 27.3.2008, BGBl. 2008 I 450).

Die Tat muss bei Vornahme einer Vollstreckungshandlung begangen werden. Eine solche liegt nur vor bei einer gezielten hoheitlichen Maßnahme zur Regelung eines konkreten Einzelfalls einschließlich der Handlungen, die unmittelbar der Vorbereitung oder Absicherung einer solchen Maßnahme dienen. Erfasst werden zB konkrete Weisungen von Polizeibeamten, nicht dagegen der allgemeine Streifendienst (siehe aber unten Ziff. 2 zu § 114 StGB).

Die Strafbarkeit entfällt, wenn die Diensthandlung nicht rechtmäßig ist. Das gilt sogar dann, wenn der Täter selbst sie irrig für rechtmäßig hielt (§ 113 III StGB). War sie rechtmäßig, wurde aber vom Täter irrig für unrechtmäßig gehalten, so ist er nicht nach § 113 StGB (uU aber anderweitig, zB wegen Körperverletzung) strafbar, wenn ihm der Irrtum nicht vorzuwerfen ist, weil er ihn nicht vermeiden konnte, und wenn ihm insbes. auch nicht zuzumuten war, sich gegen die vermeintlich unrechtmäßige Amtshandlung mit → Rechtsbehelfen zu wehren. Bei vorwerfbarem Irrtum ist Strafmilderung oder Absehen von Strafe möglich (§ 113 IV StGB). Steht die Art der Dienstausübung im pflichtgemäßen Ermessen des Amtsträgers, so wird die Dienstausübung als rechtmäßig anzusehen sein, wenn der Amtsträger sein Ermessen pflichtgemäß ausübt. Anders ist es bei Irrtum des Amtsträgers über die tatsächlichen Voraussetzungen einer Diensthandlung (Festnahme eines nicht Tatbeteiligten durch Polizeibeamte, Entnahme einer Blutprobe bei Unbeteiligtem nach Verkehrsdelikt) oder über wesentliche rechtliche Voraussetzungen und Förmlichkeiten. Ein Irrtum des Amtsträgers hierüber macht die Diensthandlung nicht zu einer rechtmäßigen, außer wenn er nach Sachlage entschuldbar war (iE str.).

Widerstandsleistung durch Gewalt ist jede Kraftanwendung, die sich – wenn auch mittelbar – gegen die Person des Amtsträgers richtet und geeignet ist, die Diensthandlung zu erschweren; so zB Zufahren auf einen Polizeibeamten, nicht dagegen nur passives Verhalten (der Festgenommene wirft sich auf den Boden).

Der Strafrahmen sieht, sofern keine Milderung wegen Irrtums in Betracht kommt, Freiheitsstrafe bis zu 3 Jahren oder Geldstrafe vor, in besonders schweren Fällen von 6 Mon. bis zu 5 Jahren. Ein solcher Fall liegt idR vor, wenn der Täter oder ein anderer Beteiligter eine Waffe oder ein anderes gefährliches Werkzeug bei sich führt, wenn er durch eine Gewalttätigkeit den Angegriffenen in Gefahr des Todes oder einer schweren Gesundheitsschädigung bringt oder oder wenn die Tat mit einem anderen Beteiligten gemeinschaftlich begangen wird.

2. § 114 StGB sieht einen gegenüber § 113 StGB erhöhten Strafrahmen bis 5 Jahre Freiheitsstrafe für den Fall vor, dass der Täter einen mit der in § 113 StGB genannten Vollstreckungsfunktion versehenen → Amtsträger oder Soldaten bei einer Diensthandlung tätlich angreift. Tätlicher Angriff ist dabei jede auf den Körper des Amtsträgers zielende gewaltsame Einwirkung. Zu einer körperlichen Berührung oder gar Verletzung muss es nicht kommen. Gegenüber § 113 StGB ist der Anwedungsbereich insofern erweitert, als die Tat anlässlich jeglicher Diensthandlung und damit auch bei schlichter Dienstausübung begangen werden kann, z. B. gegenüber einem Polizeibeamten auf Streifenfahrt. Eine Beschränkung auf Vollstreckungshandlungen besteht nicht.

3. § 115 I, II StGB erweitert den Schutz der §§ 113, 114 StGB auf Diensthandlungen von Nichtbeamten, welche die Rechte und Pflichten eines Polizeibeamten haben oder → Ermittlungspersonen sind (zB Forstwiderstand gegen bestätigte Jagdaufseher, §§ 23, 25 BJagdG, W. gegen Fischereiaufseher usw.). Strafbar ist zudem auch Widerstand gegen die von einem Amtsträger od. Soldaten zur Unterstützung zugezogenen Personen.

Bestraft wird nach § 115 III StGB ferner, wer bei Unglücksfällen o. gemeiner Gefahr o. Not Hilfeleistenden der Feuerwehr, des Katastrophenschutzes, eines Rettungsdienstes, eines ärztlichen Notdienstes oder einer Notaufnahme durch Gewalt o. durch Drohung mit Gewalt behindert oder sie dabei tätlich angreift. → Schaulustige.

Widerstandsrecht

Das GG sieht in Art. 20 IV GG gegen jeden, der es unternimmt, die verfassungsmäßige Ordnung der BRep. Deutschland zu beseitigen (also auch gegen die öffentliche Gewalt), ein Widerstandsrecht vor, wenn andere Abhilfe nicht möglich ist. Ähnliche Bestimmungen finden sich in den Landesverfassungen von Berlin (Art. 23 III), Bremen (Art. 19) und Hessen (Art. 147). Das Widerstandsrecht war vorher schon (vgl. BGH NJW 1966, 311 ff.; BVerfGE 5, 85/376 f.) als äußerstes Mittel zur Wiederherstellung der rechtsstaatlichen Ordnung (also in konservierendem, nicht in revolutionärem Sinne) anerkannt, wenn das bekämpfte Unrecht offenkundig ist und die von der Rechtsordnung zur Verfügung gestellten Rechtsbehelfe so wenig Aussicht auf wirksame Abhilfe bieten, dass der Widerstand das letzte verbleibende Mittel zur Erhaltung oder Wiederherstellung des Rechts ist. Bei der Ausübung des Widerstandsrechts ist der Grundsatz der → Güterabwägung zu beachten. Kein Widerstandsrecht besteht jedenfalls gegen Entscheidungen, die von den zuständigen Staatsorganen im Rahmen der rechtsstaatlichen Ordnung getroffen wurden.

Widerstreitende Steuerfestsetzungen

sind inhaltlich sich widersprechende Steuerfestsetzungen, die nach § 174 AO korrigiert werden können; zB ein Vorgang ist sowohl im Jahr 01 als auch im Jahr 02 erfasst, oder er ist weder im Jahr 01 noch im Jahr 02 erfasst. Eine Änderung ist nur bis zum Ablauf der → Festsetzungsverjährung möglich.

Widmung

Widmung ist der Hoheitsakt, der die Eigenschaft als → öffentliche Sache begründet und zugleich ihre Zweckbestimmung festlegt. Widmung zum → Gemeingebrauch wird idR durch Gesetz, Rechtsverordnung oder Satzung bestimmt (zB in den Wassergesetzen der Länder hins. der Binnengewässer) oder auf Grund einer Rechtsnorm durch Einzelakt, der nunmehr wohl allgemein als → Verwaltungsakt angesehen wird („dingliche Allgemeinverfügung“; vgl. § 35 S. 2, 2. Alt. VwVfG). Seltener ist heute die Widmung auf Grund Gewohnheitsrechts (sog. „unvordenkliche Widmung“). Mangels besonderer Vorschrift ist die Widmung nicht an eine besondere Form gebunden und kann auch in schlüssigem Handeln der öffentlichen Verwaltung liegen (vor allem bei den Sachen des → Verwaltungsvermögens). Voraussetzung für die Widmung ist, dass die öff. Verwaltung das Eigentum an der Sache oder zumindest die Verfügungsgewalt besitzt, die sie durch Einverständnis des Berechtigten, uU auch durch → Enteignung erlangen kann. Durch eine Änderung der Widmung kann die Zweckbestimmung der öff. Sache erweitert oder beschränkt werden (zB „Abstufung“ einer öff. Straße, deren Verkehrsbedeutung gesunken ist, oder „Umstufung“). Die vollständige Aufhebung der Eigenschaft als öffentl. Sache geschieht durch „Entwidmung“ (im Straßen- und Wegerecht als „Einziehung“ bezeichnet); sie ist ebenfalls Verwaltungsakt und bewirkt die Beendigung des Gemeingebrauchs.

„Wie besehen“ („Wie besichtigt“)

→ Gewährleistung (3).

Wiederaufbaufonds

Mit dem Wiederaufbaufonds hat die → Europäische Union (EU) aus Anlass der → COVID-19-Pandemie (sa → COVID-19) erstmals ein Instrument geschaffen, mit dem sie selbst Kredite an den Kapitalmärkten aufnehmen kann (sa → Corona-Hilfspaket der Europäischen Union). IRd Programms „Next Generation EU (NGEU)" ermächtigte der → Rat der EU die → Europäische Kommission, an den Kapitalmärkten bis zu 750 Mrd. € im Namen der EU aufzunehmen. Davon sollten den Mitgliedstaaten 360 Mrd. € als Zuschüsse und 390 Mrd. € als Kredite zur Abmilderung der Folgen der COVID-19-Pandemie zur Verfügung gestellt werden. Der Bundesgesetzgeber hat dem mit dem Eigenmittelbeschluss-Ratifizierungsgesetz (ERatG) v. 23.4.2021 (BGBl. II 322) zugestimmt. Die Rückzahlung soll 2027 bis 2058 erfolgen. Da die EU nicht selbst haftet, müssen die Mitgliedsstaaten die Rückzahlung jeweils in Höhe Ihres Anteiles am EU-Haushalt garantieren, Deutschland mithin zu 27%. Die damit entstandene → Staatsverschuldung der EU ist Gegenstand politischer und rechtlicher Kritik. Ein gegen das Ratifizierungsgesetz gerichteter Eilantrag scheiterte mit Beschluss der BVerfG v. 15.4.2021 – 2 BvR 547/21. Das Hauptverfahren ist offen.

Wiederaufgreifen des (Verwaltungs-)Verfahrens
→ Verwaltungsakt (9).

Wiederauflebensklausel
→ Restschuldbefreiung.

Wiederaufnahmeverfahren
Ein rechtskräftig beendetes Verfahren (→ Rechtskraft) kann nur unter bestimmten Voraussetzungen wieder aufgenommen und neu durchgeführt werden. Wiederaufnahmeverfahren sind in den meisten Verfahrensordnungen vorgesehen (§§ 578 ff. ZPO, §§ 359 ff. StPO, § 79 ArbGG, § 153 VwGO, § 134 FGO, §§ 179, 180 SGG, §§ 71 ff. BDG).

1. Im Zivilprozess und den ihm nachgebildeten Verfahren wird das Wiederaufnahmeverfahren durch → Nichtigkeits- oder → Restitutionsklage (§§ 579, 580 ZPO) eingeleitet, je nachdem, ob die Klage auf schwere Mängel des voraufgegangenen Verfahrens (zB unvorschriftsmäßige Besetzung des Gerichts) oder der Urteilsgrundlagen (zB gefälschte Urkunden) gestützt wird. Die zulässige Klage führt zu einer neuen Verhandlung über den gleichen Gegenstand (§ 590 ZPO) und beseitigt die → Rechtskraft der vorangegangenen Entscheidung.

2. Im Strafprozess ist die Wiederaufnahme an zT unterschiedliche Voraussetzungen geknüpft, je nachdem ob sie zugunsten oder zuungunsten des Verurteilten beantragt wird (§§ 359, 362 StPO). Sie kann in beiden Fällen darauf gestützt werden, das angefochtene Urteil beruhe möglicherweise (vgl. § 370 I StPO) auf einer Falschurkunde oder der Falschaussage eines Zeugen oder Sachverständigen oder einer strafbaren richterlichen Amtspflichtverletzung, wobei in allen Fällen idR rechtskräftige Verurteilung wegen des entsprechenden Delikts vorausgesetzt wird (§ 364 StPO). Darüber hinaus ist Wiederaufnahme zugunsten des Verurteilten zulässig, wenn ein zivilgerichtliches Urteil aufgehoben worden ist, auf das sich das Strafurteil stützt, oder – der in der Praxis bedeutsamste Fall – wenn neue Tatsachen oder Beweismittel beigebracht werden, die allein oder iVm den früher erhobenen Beweisen geeignet sind, die Freisprechung des Verurteilten oder unter Anwendung eines milderen Strafgesetzes eine geringere Bestrafung herbeizuführen (§ 359 Nr. 4, 5 StPO; nicht im Rahmen desselben Strafgesetzes oder wegen verminderter Schuldfähigkeit, § 363 StPO). Zulässig ist sie auch, wenn der EGMR eine Verletzung der → Konvention zum Schutz der Menschenrechte und Grundfreiheiten festgestellt hat und das Urteil darauf beruht (§ 359 Nr. 6 StPO).

Eingeschränkt ist dagegen die Wiederaufnahme zuungunsten des Verurteilten. Sie kann außer in den genannten Fällen der Urkundenfälschung, Falschaussage und Amtspflichtverletzung auf ein nachträgliches glaubwürdiges Geständnis des Freigesprochenen gestützt werden (§ 362 Nr. 4 StPO). Im Jahr 2021 hatte der Gesetzgeber § 362 Nr. 5 StPO neu eingefügt (Gesetz v. 21.12.2021, BGBl. 2021 I S. 5252), wonach eine Wiederaufnahme zuungunsten des Verurteilten auch dann zulässig sein sollte, wenn neue Tatsachen oder Beweismittel dringende Gründe dafür bilden, dass der freigesprochene Angeklagte wegen Mordes (§ 211 StGB; → Tötung 1a), → Völkermordes (§ 6 I VStGB; → Völkerstrafgesetzbuch, → Römisches Statut), Verbrechens gegen die Menschlichkeit (§ 7 I Nr. 1, 2 VStGB, → Menschlichkeitsverbrechen) oder → Kriegsverbrechens gegen eine Person (§ 8 I Nr. 1 VStGB) verurteilt wird, dh allein wegen → Verbrechen, die regelmäßig mit lebenslanger Freiheitsstrafe bestraft werden und die keiner → Strafverfolgungsverjährung unterliegen (§ 78 II StGB, § 5 VStGB). Trotz dieser engen Begrenzung hat das BVerfG diese Regelung für mit dem Grundgesetz unvereinbar und nicht erklärt (BVerfG NJW 2023, 3698).

Das Wiederaufnahmeverfahren, in dem ein anderes Gericht als das der Verurteilung entscheidet (§ 140a GVG), kann der Verurteilte nur durch den Verteidiger oder einen Rechtsanwalt oder zu Protokoll der Geschäftsstelle beantragen (§ 366 StPO). Das Wiederaufnahmeverfahren gliedert sich in das Zulässigkeitsverfahren, in dem durch Beschluss entschieden wird, ob die gesetzlichen Voraussetzungen für das Wiederaufnahmeverfahren vorliegen, und das Prüfungsverfahren; in diesem werden, wenn die Zulässigkeit bejaht wird, etwa erforderliche Beweise erhoben. Erst wenn sich die Behauptungen des Wiederaufnahmeantrags bestätigt haben, verfügt das Gericht die Wiederaufnahme – womit die Wirkungen des frühere Urteils beseitigt werden – und die Erneuerung der Hauptverhandlung (§ 370 II StPO). Hat der Verurteilte keinen Verteidiger, so ist ihm ein solcher auf Antrag für das Wiederaufnahmeverfahren zu bestellen, wenn die

Schwierigkeit der Sach- oder Rechtslage es erfordert. Dasselbe gilt für die Vorbereitung des Wiederaufnahmeverfahrens, wenn Erfolgsaussicht besteht und der Verurteilte mittellos ist (§§ 364a, 364b StPO).

3. Nach Abschluss des → Bußgeldverfahrens wegen einer → Ordnungswidrigkeit ist das Wiederaufnahmeverfahren abweichend von 2. zugunsten des Betroffenen wegen neuer Tatsachen oder Beweismittel nur zulässig, wenn Geldbuße von mehr als 250 EUR festgesetzt worden ist oder seit Rechtskraft der Bußgeldentscheidung noch nicht 3 Jahre verstrichen sind; zuungunsten des Betroffenen nur, um eine Verurteilung wegen einer Straftat oder auf Grund neuer Tatsachen oder Beweismittel wegen eines → Verbrechens herbeizuführen (§ 85 OWiG).

4. Für das → Verwaltungsstreitverfahren s. dort (8).

Wiederbeschaffungskosten

Werden Kleider und Hausrat eines Steuerpflichtigen durch ein unabwendbares Ereignis, zB Brand, Hochwasser, Vertreibung oder Unwetter, verloren und müssen wiederbeschafft werden, so können diese Aufwendungen als außergewöhnliche Belastung einkommensteuerlich berücksichtigt werden. Dafür muss es sich bei den wiederbeschafften Gegenständen um solche handeln, die zur angemessenen Auffüllung von Hausrat und Kleidung üblicherweise notwendig sind. Die Berücksichtigung der Wiederbeschaffungskosten setzt voraus, dass der Steuerpflichtige die üblichen und zumutbaren Versicherungsmöglichkeiten wahrgenommen hat. Deshalb wirkt sich der versäumte Abschluss einer Hausratsversicherung zu Lasten des Steuerpflichtigen aus. Zahlungen eines Versicherers, die dem Steuerpflichtigen im Zusammenhang mit dem Schadenereignis zugeflossen sind, sind auf die entstandenen Aufwendungen anzurechnen.

Aufwendungen für die Wiederbeschaffung von Hausrat und Kleidung von Spätaussiedlern können ebenfalls als außergewöhnliche Belastung berücksichtigt werden. Beträge iHv umgerechnet 10.740 EUR für den Steuerpflichtigen, 7.160 EUR für den Ehegatten und 2.970 EUR für jede weitere Person im Haushalt des Steuerpflichtigen werden im Allgemeinen nicht beanstandet (Nichtbeanstandungsgrenze, keine Obergrenze, sodass Nachweis höherer Schäden nicht ausgeschlossen).

Sa → Teilwert. Sa → Schadensersatz (Ersatzbeschaffung).

Wiedereingliederung

Leistung der Reha-Träger zur Wiedereingliederung in das Arbeitsleben → stufenweise Wiedereingliederung (sWE). Rechtsgrundlage ist § 44 SGB IX, mit der durch eine teilweise und abgestufte Wiederaufnahme der Tätigkeit die Wiedereingiederung in das Arbeitsleben gefördert werden soll.

Wiedereinsetzung in den vorigen Stand

1. Wenn eine prozessuale → Frist oder ein → Termin versäumt wird, kann die Wirkung der Versäumung durch Wiedereinsetzung in den vorigen Stand beseitigt werden. Voraussetzung ist allgemein eine Versäumung ohne → Verschulden (§§ 233 ff. ZPO, § 44 StPO, §§ 17 ff. FamFG, § 60 VwGO, § 56 FGO, § 67 SGG, § 123 PatG); im Zivilprozess (weitgehend auch im Verwaltungsstreitverfahren) steht das Verschulden des gesetzlichen Vertreters oder des Prozessbevollmächtigten dem der Partei gleich (§ 51 II ZPO, § 85 II ZPO). Im Allgemeinen gibt es Wiedereinsetzung nur in Bezug auf bestimmte prozessuale → Fristen (im Zivilprozess nur bei Versäumung von sog. → Notfristen oder der Fristen zur Begründung eines Rechtsmittels), im Strafprozess auch wegen eines versäumten Termins (§§ 235, 329 StPO). Die Wiedereinsetzung in den vorigen Stand wird nur auf befristeten (zwei Wochen, bei Versäumung von Rechtsmitteln ein Monat) Antrag, in dem der Grund für die Wiedereinsetzun glaubhaft zu machen ist (→ eidesstattliche Versicherung), durch Entscheidung des Gerichts erteilt, bei dem die Frist gewahrt werden musste; die dem Antrag auf Wiedereinsetzung stattgebende Entscheidung ist regelmäßig unanfechtbar (§ 238 III ZPO, § 46 II StPO).

2. Steuerrecht: Versäumt der Steuerpflichtige ohne Verschulden eine gesetzliche Frist, so ist ihm auf seinen Antrag Wiedereinsetzung in den vorigen Stand zu gewähren. Der Antrag auf Wiedereinsetzung in den vorigen Stand ist innerhalb eines Monats, im finanzgerichtlichen Verfahren innerhalb zwei Wochen, seit Wegfall des Hindernisses unter Nachholung der versäumten Handlung zu stellen. Nach Ablauf eines Jahres seit dem Ende der versäumten Frist ist keine Wiedereinsetzung in den vorigen Stand mehr möglich. Eine Ausnahme besteht bei höherer Gewalt. Innerhalb der Fristen sind die Tatsachen vorzutragen, aus denen sich ergeben soll, dass die Versäumung unverschuldet ist. Lediglich Ergänzungen und Erläuterungen können später nachgeholt werden (§ 110 AO, § 56 FGO). Wiedereinsetzung in den vorigen Stand kommt in Betracht bei Rechtsbehelfsfristen, rechtsbehelfsähnlichen Fristen und Vergütungsfristen. Wiedereinsetzung in den vorigen Stand kann auch von Amts wegen gewährt werden. Erforderlich ist jedoch, dass die versäumte Handlung nachgeholt worden ist (§ 110 II AO). Bei behördlichen Fristen, dh solche, die das Finanzamt setzt, kommt keine Wiedereinsetzung in den vorigen Stand in Betracht. Diese können vielmehr auf Antrag auch rückwirkend verlängert werden (§ 109 AO), → Frist (3).

3. Sozialrecht: Die Wiedereinsetzung in den vorigen Stand wird im Sozialrecht in § 27 SGB X geregelt. Danach ist der Antrag binnen zwei Wochen nach Wegfall des Hindernisses zu stellen. Die Wiedereinsetzung in den vorigen Stand kann in bestimmten Fällen auch

ohne einen Antrag gewährt werden. Wird der Antrag nicht binnen einer Frist von einem Jahr gestellt, kann die Wiedereinsetzung in den vorigen Stand nicht mehr gewährt werden. Die Wiedereinsetzung in den vorigen Stand ist dann nicht zu gewähren, wenn sie von einer Rechtsvorschrift nicht zugelassen wird (absolute Ausschlussfristen, zB im Kurzarbeitergeld die Dreimonatsfrist des § 325 Abs. 3 SGB III). Wird gegen die Informationspflichten durch einen Sozialleistungsträger in grober Weise verstoßen, ist die Wiedereinsetzung in den vorigen Stand auch nach Ablauf der Ausschlussfrist zu gewähren (BSG – SozR 4–1300 § 111 Nr. 4). Ggf. kann eine Lösung auch über den sog. „sozialrechtlichen Herstellungsanspruch" erfolgen, nach dem der Antragsteller, bei einem nachgewiesenen behördlichen Beratungsfehler, so zu stellen ist, als ob sich die Behörde rechtmäßig verhalten hätte.

Wiedereinstellung
→ Aussperrung. Sa → Arbeitsplatzschutz. Wenn bei Anwendbarkeit von § 1 KSchG betriebsbedingte Gründe für die Kündigung eines Arbeitnehmers während des Laufes der Kündigungsfrist wegfallen, kann der Arbeitnehmer einen Anspruch auf Wiedereinstellung haben. Der Arbeitnehmer kann den Arbeitgeber auf Annahme eines entsprechenden Vertragsangebots oder Abgabe eines solchen in Anspruch nehmen; dabei kann auch die rückwirkende Begründung eines Arbeitsverhältnisses verlangt werden, wenn zu diesem Zeitpunkt die Anspruchsvoraussetzungen bereits vorlagen. Die Wiedereinstellung ist gerichtlich mit einem gesonderten Antrag geltend zu machen, dh nicht über eine Kündigungsschutzklage (→ Kündigungsschutz für Arbeitnehmer).

Wiedererteilung der Fahrerlaubnis
→ Fahrerlaubnis, → Sperrwirkung der Entziehung der Fahrerlaubnis.

Wiedergaberecht durch Ton- oder Bildträger
ist ein → Verwertungsrecht des → Urhebers, das darin besteht, Vorträge oder Aufführungen seines Werks durch Bild- oder Tonträger (zB Fotografie, Tonband, Schallplatte, Film) öffentlich wahrnehmbar zu machen (§ 21 UrhG). → Vortrags-, → Aufführungsrecht.

Wiedergutmachung
Auf dem Gebiet der vermögensrechtlichen Wiedergutmachung nationalsozialistischen Unrechts sind zu unterscheiden: Die Rückgabe entzogener Vermögensgegenstände und deren Ersatz (Rückerstattung) und die Entschädigung für Schäden an anderen Rechts- und Lebensgütern (Entschädigung). Weitere Leistungen werden auf Grund besonderer gesetzlicher Vorschriften gewährt für Angehörige des öff. Dienstes und für die im Ausland lebenden Angehörigen des öffentlichen Dienstes: Gesetz idF d. Bek. vom 15.12.1965, BGBl. 1965 I 2073, 2091; in der Kriegsopferversorgung und für Berechtigte im Ausland Gesetz idF vom 25.6.1958, BGBl. 1958 I 412, 414); ferner auf Grund zwischenstaatlicher Abkommen (zB des sog. Israelvertrags vom 10.9.1952). Darüber hinaus hat die BReg. Fonds mit besonderer Zweckbestimmung gebildet und an andere, durch die gesetzlichen Regelungen nicht erfasste Geschädigte Entschädigungsleistungen erbracht. Sa → Zwangsarbeiter.

Wiederherstellung der ehelichen Gemeinschaft
→ eheliche Lebensgemeinschaft.

Wiederherstellung der Natur
Die Verordnung (EU) 2024/1991 über die Wiederherstellung der Natur (Nature Restitution Regulation) v. 24.6.2024 (ABl. EU 2024 L v. 29.7.2024) verpflichtet die Mitgliedstaaten, geschädigte Ökosysteme zu Land und zu Wasser wiederherzustellen. Dazu enthält die Verordnung einige zeitliche und inhaltliche Vorgaben. So sollen etwa bis 2030 unionsweit 20% der Land- und Meeresfläche von Wiederherstellungsmaßnahmen erfasst werden und bis 2050 alle. Ferner sollen bis 2030 unionsweit 3 Mrd. zusätzliche Bäume gepflanzt werden. Größtenteils sind die Mitgliedstaaten jedoch frei darin, wie sie geschädigte Ökosysteme reparieren, ob sie etwa Flüsse renaturieren, Wälder aufforsten, Moore bewässern und für bestäubende Insekten chemiefreie Habitate schaffen oder andere Maßnahmen vorziehen. Ausschlaggebend sind nationale Wiederherstellungspläne, die von den Mitgliedstaaten ab 2026 vorgelegt und von der Kommission genehmigt werden müssen.

Die Wiederherstellung der Nature ist ein Element des → European Green Deals und soll → Naturschutz und → Artenschutz dienen sowie die → biologische Vielfalt und die Ernährungssicherheit verbessern. Thematisch ähnliche EU-Gesetze sind zB die → Flora-Fauna-Habitat-Richtlinie, die Richtlinie zum → Vogelschutz und die → Wasser-Rahmenrichtlinie.

Wiederherstellungsanspruch
(im öff. Recht) ist der Anspruch gegen die Verwaltung, einen durch → Verwaltungsakt oder Realakt herbeigeführten rechtswidrigen Zustand zu beseitigen und den ursprünglichen Zustand wiederherzustellen. Der Wiederherstellungsanspruch ist weitgehend identisch mit dem Folgenbeseitigungsanspruch (→ Verwaltungsstreitverfahren, 5); er ist im Wege der allg. Leistungsklage vor den Verwaltungsgerichten geltend zu machen.

Wiederholende Verfügung
(Wiederholender Verwaltungsakt) → Zweitbescheid.

Wiederholungsgefahr
→ Unterlassungsanspruch, → Eigentumsstörungen; – bei Straftaten → Haftbefehl (1), → Unterbringungsbefehl. Vgl. zudem → Maß-

regeln der Besserung und Sicherung, → Strafaussetzung zur Bewährung.

Wiederholungswahl
→ Nachwahl.

Wiederkauf
Hat sich bei einem → Kauf der Verkäufer das Recht des Wiederkaufs (Rückkauf) vorbehalten, so kommt der Wiederkauf mit der einseitigen formlosen Erklärung des Verkäufers zustande, §§ 456 ff. BGB. Die Wiederkauferklärung ist (mangels Vereinbarung einer Frist) binnen 3 Jahren, bei Grundstücken binnen 30 Jahren seit Vereinbarung des Vorbehalts abzugeben, § 462 BGB. Der Kaufpreis gilt, sofern nichts anderes vereinbart ist (zB Schätzpreis), iZw auch für den Wiederkauf, § 456 II BGB. Der Käufer (Wiederverkäufer) hat die Kaufsache nebst → Zubehör zurückzugeben; für verschuldete Unmöglichkeit der Rückgabe hat er → Schadensersatz zu leisten. Für werterhöhende Verwendungen, zB Einbauten, kann er Ersatz verlangen. Sa → Vorkaufsrecht, → Rückkaufhandel, → Rücktritt vom Vertrag.

Wiederkehrende Bezüge
→ Leibrente, → dauernde Lasten, → Rentenbesteuerung.

Wiederkehrschuldverhältnis
ist eine veraltete Bezeichnung für → Bezugsverträge über Gas, Wasser, Strom, Telefon- und Internetleistungen oÄ für Kleinabnehmer. Sa → Sukzessivlieferungsvertrag, → Ratenlieferungsvertrag, → Dauerschuldverhältnis.

Wiedervereinigung
1. Wiedervereinigung ist die Kurzbezeichnung für die Vereinigung der → Bundesrepublik Deutschland und der → Deutschen Demokratischen Republik durch den → Beitritt der Deutschen Demokratischen Republik mit Wirkung vom 3.10.1990. Durch die Wiedervereinigung wurde das → Wiedervereinigungsgebot des Grundgesetzes erfüllt. Nach einhelliger Meinung sind die östlich der → Oder-Neiße-Linie gelegenen Gebiete nicht mehr vom Wiedervereinigungsgebot umfasst. Die Wiedervereinigung beendete zugleich den Sonderstatus von → Berlin und führte auch zu einer Wiedervereinigung der geteilten Stadt (→ Berlin, 3). Mit der Wiedervereinigung erlangte Deutschland seine volle völkerrechtliche Souveränität zurück. Nach hM ist die DDR mit der Wiedervereinigung völkerrechtlich untergegangen und lebt nicht als Völkerrechtssubjekt im wiedervereinigten Deutschland fort. Die → Zweistaatentheorie hat sich durch die Wiedervereinigung erledigt.

2. Die Wiedervereinigung wurde durch den gewaltfreien Sturz des SED-Regimes und die freien Wahlen in der früheren DDR in den Jahren 1989 und 1990 ermöglicht.

3. Die rechtlichen Fragen der Wiedervereinigung regeln die → Abschließende Regelung in bezug auf Deutschland, der → Einigungsvertrag und die → Währungs-, Wirtschafts- und Sozialunion. Zu den erheblichen finanziellen Folgen der Kosten der Wiedervereinigung → Fonds „Deutsche Einheit" sowie → Solidaritätszuschlag. Zu der Bereinigung des SED-Unrechts nach der Wiedervereinigung s. → Rehabilitierungsgesetze und → Offene Vermögensfragen.

Wiedervereinigungsgebot
Aus der früheren Präambel des GG („Das gesamte deutsche Volk bleibt aufgefordert, in freier Selbstbestimmung die Einheit und Freiheit Deutschlands zu vollenden") ergab sich ein verfassungsrechtliches Wiedervereinigungsgebot, wonach alle politischen Organe der BRep. mit allen Kräften die Einheit Deutschlands anzustreben und ihre Maßnahmen auf dieses Ziel auszurichten hatten (BVerfG NJW 1973, 1539 zum → Grundvertrag). Von der ehem. DDR wurde diese Auffassung strikt abgelehnt. S. → Wiedervereinigung.

Wiederverheiratung
s.→ Wiederverheiratungsklausel (Erbrecht); → Witwengeld (Beamtenversorgung).

Wiederverheiratung im Falle der Todeserklärung
Geht ein Ehegatte, nachdem der andere Ehegatte für tot erklärt worden ist (→ Todeserklärung) eine neue Ehe ein, so kann, wenn der für tot erklärte Ehegatte noch lebt, auf dessen Antrag die neue Ehe nur dann wegen Verstoßes gegen das → Eheverbot der Doppelehe (§ 1306 BGB) aufgehoben werden (→ Eheaufhebung), wenn beide Ehegatten bei der Eheschließung wußten, dass der für tot erklärte Ehegatte im Zeitpunkt der Todeserklärung noch lebte. Sonst wird mit Schließung der neuen Ehe die frühere Ehe aufgelöst; sie bleibt auch dann aufgelöst, wenn die Todeserklärung aufgehoben wird (§ 1319 BGB). Dessen ungeachtet kann der frühere Ehegatte des fälschlich für tot erklärten Ehegatten die Aufhebung der neuen Ehe (binnen eines Jahres ab Kenntnis des Fortlebens) beantragen, wenn er das Fortleben seines früheren Ehegatten bei der neuen Eheschließung nicht kannte (§ 1320 BGB). Über die Folgen der → Eheaufhebung s. dort aE.

Wiederverheiratungsklausel
Mit dem → Berliner Testament (§ 2269 BGB) wird oftmals die Bestimmung verbunden, dass bei einer Wiederverheiratung des überlebenden Ehegatten der auf diesen übergegangene Nachlass dem Schlusserben – idR den Kindern – zufallen soll. Hier ist regelmäßig bedingte Nacherbeinsetzung (→ Erbfall) anzunehmen, dh der überlebende Ehegatte ist nicht Vollerbe, sondern befreiter → Vorerbe (§ 2136 BGB) bis zu seinem Tode oder bis zu seiner Wiederverheiratung. Alternativ kann der überlebende Ehegatte mit einem → aufschiebend bedingten → Vermächtnis für den Fall der Wiederverheiratung beschwert werden, den Nachlass den Kindern herauszugeben. Bei

gesetzlichem → Güterstand kann in diesen Fällen für den überlebenden Ehegatten die → Ausschlagung der Erbschaft und der → Zugewinnausgleich nebst → Pflichtteilsanspruch (§ 1371 II, III BGB) günstiger sein. Die Beschränkungen des → Widerrufs eines gemeinschaftlichen Testaments verlieren für den überlebenden Ehegatten hinsichtlich der Verfügung über seinen Nachlass mit der Wiederverheiratung grundsätzlich ihre Wirksamkeit.

Wiederverkauf
→ Wiederkauf; sa → Rücktrittsvorbehalt, → Rücktritt vom Vertrag.

Wiener Abkommen
→ Wiener Übereinkommen.

Wiener Kongress
Nach der Befreiung der in den Machtbereich Frankreichs geratenen deutschen Gebiete von der napoleonischen Herrschaft trat 1815 in Wien ein Kongress europäischer Staaten zusammen, die am Krieg gegen Napoleon I. beteiligt gewesen waren, um die Territorialverhältnisse neu zu ordnen; hierbei sollte auch eine Reichsreform in Angriff genommen werden. Zwar gelang damals (wie auch später in der → Nationalversammlung 1848 in der Paulskirche in Frankfurt) noch nicht die Gründung eines Bundesstaates. Doch schlossen 35 Fürsten und 4 Reichsstädte den → Deutschen Bund, einen völkerrechtlichen Staatenbund mit allerdings nur geringer innerer und äußerer Wirkungskraft. Er umfasste – anders als das Kaiserreich von 1871 – noch nicht Ost- und Westposen, Schleswig und Elsass-Lothringen, wohl aber die 1871 nicht miteinbezogenen deutschen Gebiete Österreichs, Luxemburg-Limburg und Liechtenstein. Das maßgebliche Vertragswerk war die Deutsche Bundesakte von 1815, später ergänzt durch die Wiener Schlussakte 1820. Die Bundesakte garantierte die Gleichberechtigung aller christlichen Konfessionen und stellte weitere wichtige Grundrechte auf, ua das der Pressefreiheit sowie Rechtsgarantien für den einzelnen Staatsbürger. Da die Grundrechte aber kein unmittelbar geltendes Recht waren, sondern nur die Regierungen zur Beachtung verpflichteten, kamen sie in den Bundesländern nur langsam zur Geltung. Sie wurden überdies durch die „Karlsbader Beschlüsse" von 1819 teilweise wieder eingeschränkt, so die Pressefreiheit durch Einführung einer Vorzensur und die Lehrfreiheit durch Zulassung einer Überwachung der Universitäten.

Wiener Übereinkommen
Das Wiener Übereinkommen über das Recht der → völkerrechtlichen Verträge wurde am 22.5.1969 von der durch die → Vereinten Nationen einberufenen Kodifikationskonferenz angenommen. Es regelt das formelle Recht der schriftlichen Übereinkünfte zwischen Staaten einschließlich der Gründungsverträge Internationaler Organisationen (BGBl. 1985 II 926). Das Wiener Übereinkommen über → Diplomatische Beziehungen v. 18.4.1961 (BGBl. 1964 II 958) regelt das Recht der → Diplomaten. Das Wiener Übereinkommen über konsularische Beziehungen v. 24.4.1963 (BGBl. 1969 II 1587) regelt das Recht der → Konsuln.

Wild
→ Artenschutz, → Jagdrecht, → Schlachten.

Wilde Ehe
→ eheähnliche Gemeinschaft.

Wilde Pflanzen und Tiere
→ Artenschutz, → Ausbringen von Pflanzen und Tieren, → Angeln, → Handstraußregel, → invasive gebietsfremde Arten, → Naturschutz, → Jagdrecht.

Wilder Streik
→ Streik (2).

Wilderei
Das StGB unterscheidet mehrere Formen der Wilderei:

1. Jagdwilderei (§ 292 StGB): Sie begeht, wer unter Verletzung fremden Jagdrechts oder Jagdausübungsrechts dem Wild nachstellt, es fängt, erlegt oder sich oder einem Dritten zueignet oder wer eine dem Jagdrecht unterliegende Sache (Eier jagdbaren Federwilds, Fallwild) sich oder einem Dritten zueignet, beschädigt oder zerstört. Es muss sich um jagdbare Tiere (→ Jagdrecht) handeln, die wild und herrenlos sind (nicht gezähmte Tiere und solche in Tiergärten; bei ihnen kommt → Diebstahl in Betracht). Wildern ist schon das Nachstellen (sog. unechtes → Unternehmensdelikt), ferner die Überschreitung der Jagderlaubnis, nicht dagegen der (nach dem BJagdG verfolgbare) Verstoß gegen Abschussregelung oder Schonzeiten. Die Tat ist mit Freiheitsstrafe bis zu 3 Jahren oder Geldstrafe bedroht, in besonders schweren Fällen mit Freiheitsstrafe von 3 Mon. bis zu 5 Jahren. Gesetzliche → Regelbeispiele dafür sind → gewerbsmäßiges oder bandenmäßiges Handeln. Wilderei zur Nacht- oder Schonzeit, mit Schlingen oder in sonst unweidmännischer Weise, gemeinsame Wilderei mehrerer mit Schusswaffen ausgerüsteter Beteiligter.

2. Fischwilderei (§ 293 StGB): Diesen Tatbestand verwirklicht, wer unter Verletzung fremden Fischereirechts oder Fischereiausübungsrechts fischt oder eine diesem Recht unterliegende Sache (verendete Tiere usw) sich oder einem Dritten zueignet, beschädigt oder zerstört. Die Strafe ist Freiheitsstrafe bis zu 2 Jahren oder Geldstrafe. Unbefugte → Seefischerei im deutschen Küstenmeer ist nach § 9 SeefischereiG mit Bußgeld bedroht.

3. Gemeinsame Regelungen: Jagd- oder Fischereigeräte, mitgeführte Hunde usw. – nicht die Jagdbeute, außer bei Verstoß gegen Abschussverbot oder Schonzeit, §§ 38, 40 BJagdG – unterliegen der → Einziehung (§ 295 StGB, gegen Tatunbeteiligte nach Maßgabe des § 74a StGB). Jagd- und Fischwilderei sind

→ Antragsdelikte, wenn der Täter ein ihm eingeräumtes beschränktes Jagd(Fischerei) recht überschreitet oder wenn er ein Angehöriger des Berechtigten ist (§ 294 StGB). Jagdwilderei in einem besonders schweren Fall ist stets Offizialdelikt.

Wildernde Hunde und Katzen
dürfen auf der Grundlage des Wildschutzes gem. Landesrecht getötet werden (§ 23 BJagdG). In Bayern gelten Hunde, die im Jagdrevier erkennbar dem Wild nachstellen und dieses gefährden können, sofern sie nicht als Blinden-, Jagd-, Hirten- oder Diensthunde kenntlich gemacht sind und sich im Dienst befinden, als wilde Hunde (§ 42 BayJG v. 13.10.1978, GVBl. 1978, 678, mÄnd); hier gelten Katzen als wilde Katzen, wenn sie im Jagdrevier mehr als 300 Meter vom nächsten Wohnhaus entfernt angetroffen werden und nicht eindeutig und zumutbar einem Besitzer zugeordnet werden können. Im Saarland ist das Töten von Katzen jagdrechtlich generell verboten und von wilden Hunden nur in begründeten Ausnahmefällen zulässig (§ 32 Saarländisches JagdG v. 27.5.1998, ABl. 1998, 638, mÄnd).

Wildfolge
ist die Verfolgung von angeschossenem oder schwerkrankem Wild auf fremdes Gebiet. Das Recht, angeschossenes oder schwerkrankes Wild, das in einen anderen Jagdbezirk wechselt, zu verfolgen, setzt eine entsprechende schriftliche Vereinbarung mit dessen Jagdausübungsberechtigten voraus (§ 22a BJagdG).

Wildschaden
1. Wildschaden ist jeder durch Wild (→ Jagdrecht) verursachte (Vermögens-)Schaden. Zur Verhütung von Wildschaden gestattet § 26 BJagdG dem Jagdausübungsberechtigten sowie dem Eigentümer oder Nutzungsberechtigten eines Grundstückes das Fernhalten und Verscheuchen des Wildes. Nach § 27 BJagdG kann zur Verhütung übermäßigen Wildschaden unabhängig von den → Jagd- und Schonzeiten die Verminderung des Wildbestandes behördlich angeordnet werden. Nach §§ 29 ff. ist als Wildschaden der Schaden zu ersetzen, der an einem in einem Jagdbezirk liegenden Grundstück und seinen Erzeugnissen von Schalenwild, Wildkaninchen oder Fasanen verursacht wird. Der Eigentümer einer aus ethischen Gründen befriedeten Fläche hat keinen Anspruch auf Ersatz des Wildschaden, muss sich aber weiterhin grundsätzlich an der Beseitigung von Wildschaden im Gemeinschaftsbezirk beteiligen (§ 6a VI und VII BJagdG). Die Ausdehnung auf andere Tierarten ist landesrechtlich möglich.

2. Ersatzpflichtig ist die → Jagdgenossenschaft, in → Eigenjagdbezirken der Berechtigte, bei Verpachtung und vertraglicher Haftungsübernahme der Jagdpächter, und zwar ohne Rücksicht auf Verschulden (→ Gefährdungshaftung); dies gilt auch bei Schäden auf Grundstücken, die einem Eigenjagdbezirk angegliedert sind, während bei eingegliederten Grundstücken die Haftung auf Verschulden durch unzulänglichen Abschuss begrenzt ist. Für Schäden durch aus einem Gehege entkommenes Wild haftet, wer die Aufsicht über das Gehege hat (§ 30 BJagdG). Der Anspruch ist ausgeschlossen, wenn der Grundstückseigentümer bei wertvollen Anlagen – Forstkulturen, Weinbergen usw – zumutbare Schutzvorrichtungen (Zäune und dgl.) nicht angebracht hat. Der Jagdausübungsberechtigte ist ferner schadensersatzpflichtig, wenn durch missbräuchliche Jagdausübung (insbes. bei einer → Treibjagd) auf den Grundstücken des Jagdbezirks ein Schaden entsteht (→ Jagdschaden), auch wenn dieser durch Jagdaufseher oder Jagdgäste verursacht wurde (Verschulden auch hier nicht erforderlich).

3. Der Anspruch auf Ersatz des Wildschaden erlischt, wenn er nicht innerhalb einer Woche bei der zuständigen Behörde angemeldet wird (§ 34 BJagdG). Bei Wildschaden und bei Jagdschaden können die Länder das Beschreiten des ordentlichen Rechtsweges davon abhängig machen, dass zuvor ein Feststellungsverfahren vor einer Verwaltungsbehörde (Vorverfahren) stattfindet, in dem über den Anspruch eine vollstreckbare Verpflichtungserklärung (Anerkenntnis, Vergleich) aufzunehmen oder eine nach Eintritt der Rechtskraft vollstreckbare Entscheidung (Vorbescheid) zu erlassen ist (§ 35 BJagdG).

Wildschutz
Wildschutz ist ein Teil des → Artenschutzes und umfasst Maßnahmen zum Schutz der Tierarten, die dem → Jagdrecht unterstellt sind. Wildschutz dient dazu, einen angemessenen Wildbestand zu erhalten sowie den Fortbestand bedrohter Tierarten zu sichern. Dazu gehören → Hege und → Abschussregelung. Sa → Jagdbeschränkungen.

Wildseuchen
hat der Jagdausübungsberechtigte unverzüglich der nach Landesrecht zuständigen Behörde anzuzeigen. Diese erlässt im Einvernehmen mit dem beamteten Tierarzt die zur Bekämpfung der Wildseuchen erforderlichen Anweisungen, zB Aufhebung der Schonzeit (→ Jagd- und Schonzeiten) oder Beseitigung verendeten Wildes (§ 24 BJagdG). Sa → Tierseuchen.

Wille
→ Willenserklärung (1a), → Willensmängel.

Willenserklärung
1. Die Willenserklärung ist die Äußerung eines rechtlich erheblichen Willens, die auf einen rechtlichen Erfolg hinzielt; der Rechtserfolg tritt hier – anders als bei der bloßen → Rechtshandlung – ein, weil er vom Erklärenden gewollt ist. Das BGB geht von diesem im Gesetz nicht näher definierten Begriff aus und enthält über Voraussetzungen und Wirksamkeit der Willenserklärung zahlreiche Bestimmungen, zB über die → Geschäftsfähig-

keit. Die Willenserklärung ist Grundlage und notwendiger Bestandteil eines jeden → Rechtsgeschäfts (aber regelmäßig nicht mit diesem identisch). Die Willenserklärung hat zwei Voraussetzungen:

a) Wille. aa) Zunächst muss ein Handlungswille gegeben sein, dh der Wille, die zur Willenserklärung führende Handlung überhaupt vornehmen zu wollen. Fehlt der Handlungswille – zB dem Betreffenden wird gewaltsam die Hand zum Schreiben geführt (Zwang; anders bei bloßer Drohung, → Anfechtung von Willenserklärungen); ein ungewolltes Zucken fasst ein anderer als zustimmendes Nicken auf –, so scheidet eine Willenserklärung von vornherein aus.

bb) Weiter ist Voraussetzung ein Erklärungswille, dh das Bewusstsein, durch das Handeln irgendwelche rechtsgeschäftliche Erklärungen abgeben zu wollen. Hebt jemand zB in einer Versteigerung die Hand, um einem Freund zuzuwinken, ohne zu wissen, dass Handaufheben nach den Versteigerungsbedingungen ein Mehrgebot zum Inhalt hat, so ist zwar der Handlungs-, nicht aber der Erklärungswille gegeben. Die Folge des Fehlens des Erklärungswillens ist sehr bestr. Nach einer Meinung, die primär auf den Willen abstellt (Willenstheorie), scheidet eine Willenserklärung aus; nach anderer Meinung, die mehr von dem äußeren Erscheinungsbild ausgeht (Erklärungstheorie), muss sich der Betreffende an seiner Handlung festhalten lassen; es liegt also eine Willenserklärung vor, die er aber wegen Irrtums anfechten kann (→ Anfechtung von Willenserklärungen); er ist dann allerdings zum Ersatz eines etwaigen Schadens des hierauf Vertrauenden verpflichtet (so die hM).

cc) Schließlich muss die Erklärung mit Kundmachungswillen (nicht nur private Aufzeichnungen) auf einen bestimmten rechtlichen Erfolg gerichtet sein (Geschäftswille). Fehlt die Geschäftsabsicht, zB bei einem Schein- oder Scherzgeschäft, so tritt regelmäßig → Nichtigkeit ein; ein Irrtum über den Umfang des Geschäftswillens führt zur → Anfechtung.

b) Erklärung. aa) Der Wille muss erklärt werden, dh nach außen erkennbar gemacht werden. Eine bestimmte → Form (zB Schriftform) ist hierfür nur in Ausnahmefällen vorgesehen; es ist lediglich erforderlich, dass der Wille nicht nur eine rein innere Tatsache bleibt, sondern irgendwie hinreichend deutlich zum Ausdruck kommt. So kann der Wille ausdrücklich, unmittelbar erklärt werden (zB jemand sagt, er wolle 1 kg Äpfel kaufen). Es reicht aber regelmäßig auch aus, dass das Gewollte „stillschweigend“, dh durch schlüssiges oder konkludentes Handeln zum Ausdruck kommt. Beispiele: Jemand schiebt an der Eintrittskasse dem Kassierer wortlos den geforderten Eintrittspreis hin; jemand schickt seiner Braut den Verlobungsring ohne weitere Erklärung zurück usw. Von der stillschweigenden Willenserklärung durch schlüssiges Handeln ist das Schweigen, dh das bloße Nichtstun zu unterscheiden. Schweigen ist idR überhaupt keine Erklärung und damit keine Willenserklärung. Ist jemand kraft gesetzlicher Vorschrift oder nach Aufforderung durch seinen Geschäftspartner gehalten, eine Erklärung abzugeben (zB der gesetzliche Vertreter bei Rechtsgeschäften eines Minderjährigen, → Geschäftsfähigkeit; der Vertretene bei Handlungen eines vollmachtlosen Vertreters ua), so ist in seinem Schweigen eine – regelmäßig ablehnende – Willenserklärung zu sehen; nur in besonderen Ausnahmefällen (Schweigen auf ein → Bestätigungsschreiben, auf die Mitteilung einer → Schuldübernahme hinsichtlich einer Hypothekenschuld, bei öffentlichem Erbieten zur Durchführung eines → Auftrags) kann Schweigen als Zustimmung gedeutet werden.

bb) Bei der Erklärung ist ferner zwischen empfangsbedürftiger und nicht empfangsbedürftiger Willenserklärung zu unterscheiden (s. u. Zugang). Die Erklärung kann durch einen Vorbehalt (protestatio) eingeschränkt sein; hierin liegt die Verwahrung gegen gewisse Rechtsfolgen oder gegen die Auslegung einer – insbes. stillschweigenden – Willenserklärung in einem bestimmten Sinn (zB ein naher Verwandter verkauft verderbliche Sachen des Erblassers mit der ausdrücklichen Erklärung, hierin sei keine → Annahme der Erbschaft zu sehen). Ein solcher Vorbehalt ist grds. möglich, muss allerdings gleichfalls – nach den Regeln über die Willenserklärung – erklärt sein; ein geheimer Vorbehalt (Mentalreservation) des Erklärenden dahingehend, in Wirklichkeit das Erklärte gar nicht zu wollen (Scheinerklärung), ist grds. unbeachtlich, es sei denn, der Empfänger der Willenserklärung kennt den Vorbehalt (dann Nichtigkeit der Willenserklärung, § 116 BGB). Ein erklärter Vorbehalt ist allerdings dann unwirksam, wenn er mit den äußeren Umständen unvereinbar ist (protestatio facto contraria, zB der genannte Verwandte verschenkt unverderbliche Nachlassgegenstände; hier wäre eine gleichzeitige Erklärung, darin sei keine Annahme der Erbschaft zu sehen, unbeachtlich). Gelegentlich wird im Gesetz auch eine → Vermutung dahingehend ausgesprochen, dass ein Handeln als Willenserklärung in einem bestimmten Sinne aufzufassen ist (zB das Vernichten eines Testaments als dessen → Widerruf).

c) Mit der Vollendung (Abgabe) der Willenserklärung darf nicht deren Wirksamwerden verwechselt werden. Hier ist zu unterscheiden: Eine streng einseitige Willenserklärung (zB die Errichtung eines Testaments) ist mit Vollendung ihrer Voraussetzungen (Unterschrift unter die Testamentsurkunde) bereits wirksam. Eine Willenserklärung, die – wie meist – einem anderen gegenüber abzugeben ist (sog. empfangsbedürftige Willenserklärung, bei Abgabepflicht gegenüber einer Behörde amtsempfangsbedürftige Willenserklärung genannt, vgl. § 130 III BGB) muss dagegen, um wirksam zu werden, dem anderen Teil zugehen. Hier ist wieder zwischen der Erklärung unter Anwesenden oder einem Abwesenden gegenüber zu differenzieren: Eine Willenserklärung unter Anwesenden (dies auch bei telefonischer Übermittlung) muss von dem anderen wahrgenommen und verstanden werden können (nicht bei Taubheit, mangelnden Sprachkenntnissen usw.); ein Schriftstück, das eine W. enthält, muss übergeben werden. Eine empfangsbedürftige Willenserklärung gegenüber einem Abwesenden wird im Zeitpunkt des Zugangs an diesen wirksam (§ 130 I 1 BGB; Zugangstheorie, Empfangstheorie). Entscheidend ist also weder die Äußerung oder Absendung durch den Erklärenden noch die Kenntnisnahme des Empfangenden. Zugegangen ist eine Willenserklärung, wenn sie in den Machtbereich des Empfängers gelangt ist, so dass dieser unter gewöhnlichen Umständen hiervon Kenntnis nehmen kann und dies von ihm auch nach → Treu und Glauben erwartet werden muss. Eine briefliche Willenserklärung ist daher mit Einwurf in den (Haus-)Briefkasten zur Tageszeit (sofern Leerung erwartet werden kann), ein Fernschreiben oder Telefax mit Eingang während der Geschäftsstunden (sonst erst am nächsten Geschäftstag; s. aber → telefonische Einlegung von Rechtsmitteln), ein Telegramm nach telefonischer Durchsage durch die Post zugegangen. Zugegangen ist auch ein Schreiben, das der Empfänger ohne berechtigten Grund (zB Nachporto) nicht angenommen oder das er nicht gelesen hat. Die bloße Mitteilung des Postboten, ein Einschreibebrief liege mangels Anwesenheit eines Empfangsberechtigten nunmehr auf der Post zur Abholung bereit, ist kein Zugang (s. aber u. für den Fall der Zustellung); ebenso geht bei einem Nachsendeauftrag die Post grds. erst mit der Nachsendung zu. Wer jedoch – wie zB ein Kaufmann – mit dem Eingang von geschäftlichen Willenserklärungen täglich rechnen muss, hat dafür zu sorgen, dass ihn diese unverzüglich erreichen; unterlässt er dies, so kann er sich nicht auf einen verspäteten Zugang berufen. Die bloße → Fiktion des Zugangs auf Grund von → Allgemeinen Geschäftsbedingungen ist jedenfalls gegenüber einem Nichtkaufmann unwirksam.

d) Auf die Wirksamkeit einer Willenserklärung ist es ohne Einfluss, wenn der Erklärende nach der Abgabe – vor Zugang – stirbt, geschäftsunfähig oder in seiner Verfügungsmacht beschränkt wird (§ 130 II BGB). Eine Willenserklärung wird dagegen nicht wirksam, wenn dem anderen vorher oder zumindest gleichzeitig mit der Willenserklärung ein Widerruf zugeht (§ 130 I 2 BGB; Besonderheiten beim → Vertrag). Ist die Willenserklärung gegenüber einem nicht voll Geschäftsfähigen abzugeben, so muss sie – ausgenommen wenn sie einem beschränkt Geschäftsfähigen nur einen rechtlichen Vorteil bringt – dem gesetzlichen Vertreter zugehen (§ 131 BGB). Eine Willenserklärung gilt auch dann als zugegangen, wenn sie durch Vermittlung eines Gerichtsvollziehers im Wege der → Zustellung (idR durch die Post) nach den Vorschriften der ZPO in den Machtbereich des Empfängers gelangt ist (auch durch → Ersatzzustellung).

2. Ist der Inhalt einer Willenserklärung unklar oder mehrdeutig, so ist er durch → Auslegung (2a) zu ermitteln. Verstößt die Willenserklärung gegen ein gesetzliches Verbot, ist sie sittenwidrig oder genügt sie nicht der erforderlichen Form, so ist sie → nichtig. S. auch → Geschäftsfähigkeit. Leidet die Willenserklärung an einem Willensmangel, ist ihre Abgabe insbes. durch Irrtum oder arglistige Täuschung verursacht, so ist die Willenserklärung zwar wirksam, unterliegt aber der → Anfechtung. Eine Willenserklärung ist ferner – abgesehen von dem dem Geschäftspartner bekannten geheimen Vorbehalt (s. o.) – nichtig, wenn sie nur zum Scherz oder zum Schein abgegeben wurde (→ Scheingeschäft). Sa → falsa demonstratio non nocet.

3. Der Willenserklärung entspricht im Rechtsstreit die Prozesshandlung. Die Voraussetzungen einer Prozesshandlung sind im Prozessrecht gesondert geregelt; die Bestimmungen über die Willenserklärung gelten an sich nicht (zB für die → Prozessvollmacht gegenüber einer sonstigen Vollmacht). Oftmals ist aber in einer Prozesshandlung eine materiellrechtliche Willenserklärung enthalten (zB bei der → Aufrechnung im Prozess, im → Prozessvergleich ua). Hier folgt der materiell-rechtliche Teil den Bestimmungen über die Willenserklärung und kann daher – unabhängig vom prozessualen Erfolg – getrennt materiellrechtlich wirksam werden; umgekehrt ist die Willenserklärung stets dann wirksam, wenn die mit ihr verbundene Prozesshandlung den prozessualen Vorschriften entspricht (hM). Im öffentlichen Recht gelten die Regeln über die Wirksamkeit einer Willenserklärung nur ergänzend (vgl. § 62 VwVfG S. 2; → Vertrag, öffentlich-rechtlicher, 6), dh soweit nicht Sondervorschriften bestehen oder Wesen und Funktion des betr. (öfftl.) Rechtsgebiets dem entgegenstehen.

4. Die Willenserklärung wird im Zivilrecht nicht gesondert vollstreckt; ein rechtskräftiges Urteil auf Abgabe einer Willenserklärung fingiert schlicht die Abgabe (§ 894 ZPO).

Willensmängel

Eine → Willenserklärung kann in verschiedener Hinsicht Mängel des erklärten Willens aufweisen, wodurch der Bestand des auf ihr beruhenden → Rechtsgeschäfts in Frage gestellt wird. Fehlt schon der Handlungswille, so liegt eine Willenserklärung überhaupt nicht vor. Ist die Willenserklärung zwar bewusst abgegeben, fehlt aber der Rechtsgeltungs- oder Geschäftswille (insbes. beim → Scheingeschäft, Scherzgeschäft und bei dem dem Geschäftspartner bekannten → geheimen Vorbehalt), so ist die Willenserklärung nichtig (Nichtigkeit). Über die Rechtsfolgen bei Fehlen des Erklärungswillens → Willenserklärung. Ist die Abgabe der Willenserklärung durch Irrtum, arglistige Täuschung oder Drohung beeinflusst worden (eigentliche Willensmängel), so ist sie zwar zunächst gültig, unterliegt aber der → Anfechtung (von Willenserklärungen; s. iE dort). Diese Grundsätze gelten im bürgerlichen Rechtsverkehr. Inwieweit sie auf das Gebiet des öffentlichen Rechts übertragen werden können, ist jeweils besonders zu prüfen (→ Willenserklärung, 3); so können sie zB bei den einer Behörde gegenüber abzugebenden Erklärungen eingeschränkt sein und gelten insbes. bei → Prozesshandlungen im Hinblick auf deren Verfahrenswirkungen nur in sehr begrenztem Umfang.

Willkürverbot
→ Ermessen, → Gleichheit vor dem Gesetz, → Schikaneverbot, → Rechtsmissbrauch, → Treu und Glauben, → Gleichbehandlung.

Windenergie
Strom, der aus Windenergie oder Windkraft mittels Windenergieanlagen erzeugt wird, ist „grün", denn Windenergie gehört zu den → erneuerbaren Energien (§ 3 Nr. 21 EEG 2023). Zur Umsetzung der → Energiewende und zur → Energiesicherung kommt der Windenergie besondere Bedeutung zu. Bei den Anlagen wird juristisch zwischen → Windenergieanlagen an Land (onshore) und → Windenergieanlagen auf See (offshore) unterschieden. Für den durch sie gewonnenen Strom gelten vor allem das EEG 2023 und die allgemeinen Regeln des → Energierechts. Alle Vorschriften sind nach dem 2022 begonnenen Angriffskrieg Russlands gegen die Ukraine reformiert worden, um den Ausbau der Windenergie zu beschleunigen.

Windenergieanlagen an Land
1. Windenergieanlagen an Land (onshore) sind alle Anlagen zur Erzeugung von Strom aus → Windenergie, die sich an Land befinden, also keine → Windenergieanlagen auf See sind (§ 3 Nr. 48 EEG 2023, § 2 Nr. 3 WindBG). Übersteigt ihre Gesamthöhe 50 m nicht, werden sie als bauliche Anlagen nach §§ 29 ff. und 249 BauGB und Bauordnungsrecht der Länder genehmigt. Bei einer Gesamthöhe von mehr als 50 Metern, was meistens der Fall ist, bedürfen sie einer Genehmigung als → Anlage (1) nach § 4 BImSchG (4. BImSchV Anhang 1).

2. Die Genehmigung einer Windenergieanlage an Land von mehr als 50 m Gesamthöhe hat nach § 13 BImSchG Konzentrationswirkung, dh die Genehmigung umfasst alle anderen die Anlage betreffenden behördlichen Entscheidungen. Zu prüfen sind neben den Vorschriften des BImSchG insbesondere bauordnungs- und bauplanungsrechtliche Fragen, Natur- und Artenschutz, Landschafts- und Denkmalschutz sowie das Luftverkehrsrecht. Auch eine → Umweltverträglichkeitsprüfung kann notwendig sein. Widerspruch und Anfechtungsklage gegen eine Genehmigung haben keine aufschiebende Wirkung (§ 63 BImSchG). Von Bedeutung für die notwendigen Güterabwägungen im Rahmen von Genehmigungsverfahren ist § 2 EEG 2023. Danach liegen Errichtung und Betrieb von Anlagen zur Nutzung erneuerbarer Energien im überragenden öffentlichen Interesse und dienen der öffentlichen Sicherheit.

3. An Land werden Windenergieanlagen fast ausschließlich im Außenbereich errichtet, was nach § 35 I Nr. 5 BauGB zulässig ist. Nach dem Windenergieflächenbedarfsgesetz (WindBG) haben die Länder → Windenergiegebiete auszuweisen, in denen Windenergieanlagen an Land vorrangig errichtet werden sollen. Dadurch vereinfacht sich das Genehmigungsverfahren für in diesen Gebieten zu errichtende Anlagen. Einen bestimmten Mindestabstand zu Wohngebieten sieht das BauGB nicht vor. § 249 IX BauGB hat es den Bundesländern allerdings gestattet, Mindesabstände einzuführen, die höchstens 1.000 Meter betragen dürfen. Frühere Landesregelungen mit größeren Mindestabständen bleiben jedoch in Kraft. Landesrechtliche Mindestabstände gelten allerdings nicht in ausgewiesenen Windenergiegebieten. Windenergieanlagen können auch in einem → Landschaftsschutzgebiet errichtet werden, wenn sich der Standort der Anlage in einem Windenergiegebiet befindet. Für die artschutzrechtliche Prüfung enthält § 45b BNatSchG bundeseinheitliche Standards. Die Modernisierung von Windenergieanlagen bezeichnet man als → Repowering.

4. Im Übrigen gelten die Vorschriften des EEG 2023 (→ erneuerbare Energien), insbesondere zu Ausbaupfad, → Ausschreibungen und Förderungen. Betreiber von Windenergieanlagen können den Standortkommunen Beiträge durch einseitige Zuwendungen ohne Gegenleistung anbieten (§ 6 EEG 2023). Zur Bürgerbeteiligung → Bürgerenergiegesellschaften.

Windenergieanlagen auf See
1. Den Ausbau der Nutzung der Windenergie auf See (vor allem in der → ausschließlichen Wirtschaftszone, offshore) regelt in erster Linie das Windenergie-auf-See-Gesetz (WindSeeG) v. 13.10.2016 (BGBl. 2016 I 2310 mÄnd). Es definiert Windenergieanlagen auf See als Anlagen zur Erzeugung von Strom aus → Windenergie, die auf See in einer Entfernung von mindestens drei Seemeilen von der Küstenlinie (→ Küstenmeer) aus seewärts errichtet werden. Das WindSeeG regelt neben der Planung die Ausschreibung von Stromleistungen, Förderung, Zulassung, Errichtung und Betrieb der Windenergieanlagen sowie behördliche Zuständigkeiten. Es regelt damit viele Aspekte, die für andere → erneuerbare Energien im EEG 2023 enthalten sind, dessen Regelungen hier nur subsidiär gelten. Ziel des WindSeeG ist es, die Leistung von Windener-

gieanlagen auf See bis 2030 auf 30 und bis 2045 auf 70 Gigawatt zu steigern (§ 1 WindSeeG: Ausbaupfad).

2. Grundsätzlich unterscheidet das WindSeeG zwischen zentral voruntersuchten und nicht zentral voruntersuchten Flächen:

a) Die Planung neuer Windenergieanlagen auf zentral voruntersuchten Flächen erfolgt unter der Federführung des → Bundesamts für Seeschifffahrt und Hydrographie (BSH), das den Flächenentwicklungsplan erstellt (§§ 4 ff. WindSeeG), der den Bundesfachplan Offshore sowie den Offshore-Netzentwicklungsplan ersetzt hat. Nach einer Voruntersuchung der im Flächenentwicklungsplan festgelegten Flächen stellt das BSH die Eignung bestimmter Flächen sowie die auf ihr zu installierende Stromleistung durch Rechtsverordnung fest (§ 12 V WindSeeG, etwa 1. Windenergie-auf-See-Verordnung (1. WindSeeV) v. 15.12.2020, BGBl. 2020 I 2954). Nunmehr schreibt die → Bundesnetzagentur die Erzeugung dieser Stromleistungen aus (§ 50 WindSeeG, → Ausschreibung, Energiewirtschaft). Den Zuschlag erhält derjenige Bieter, der die meisten Punkte eines komplizierten Bewertungskatalogs hat (§ 53 WindSeeG). Mit dem Zuschlag erhält der Bieter das Recht auf Durchführung eines Planfeststellungsverfahrens für die Errichtung der Windenergieanlagen auf See sowie den Anspruch auf Anschluss seiner Anlagen an das deutsche Stromnetz (§ 55 WindSeeG). In diesem Verfahren sind vorübergehend weder eine Umweltverträglichkeits- noch eine artenschutzrechtliche Prüfung erorderlich (§ 72a WindSeeG). Einen Anspruch auf Förderung nach § 19 EEG 2023 hat er nicht, ein solcher kann jedoch durch Rechtsverordnung nach § 96a WindSeeG geschaffen werden.

b) Die Bundesnetzgentur schreibt ebenfalls die Erzeugung von Stromleistungen auf nicht zentral voruntersuchten Flächen aus. Hier haben die eventuellen Anlagenbetreiber die Exploration auf eigene Kosten vorzunehmen. Den Zuschlag erhält derjenige Bieter, der für die Erzeugung der ausgeschriebenen Strommenge die geringste Förderprämie (§ 20 WindSeeG: niedrigster Gebotswert) verlangt. Denn neben dem Recht auf Durchführung eines Planfeststellungsverfahrens und Anbindung bewirkt der Zuschlag einen Anspruch auf die Marktprämie nach § 19 EEG 2023 (§ 24 WindSeeG).

3. Errichtung und Betrieb von Windenergieanlagen auf See bedürfen der → Planfeststellung (§ 66 WindSeeG). Den Antrag dazu darf nur stellen, wer für die ausgeschriebene Fläche einen Zuschlag der Bundesnetzagentur hat. In bestimmten Fällen, etwa für die wesentliche Änderung einer bestehenden Windenergieanlage, ist lediglich eine Plangenehmigung notwendig. Die Zulassung gilt jeweils für 25 Jahre (§ 69 WindSeeG). Zuständig ist in beiden Fällen das BSH. Nach § 1 III WindSeeG liegt die Errichtung von Windenergieanlagen auf See im überragenden öffentlichen Interesse und dient der öffentlichen Sicherheit. Diese gesetzliche Priorisierung sollen die Zulassungsverfahren beschleunigen. Errichtung und Betrieb werden vom BSH überwacht (§ 79 WindSeeG), das wiederum der Fachaufsicht des BMWK unterliegt. Die Errichtung der notwendigen Offshore-Anbindungsleitungen ist Aufgabe der Übertragungsnetzbetreiber (§ 17d EnWG), ihre Finanzierung erfolgt durch die Offshore-Netzumlage nach dem → Energiefinanzierungsgesetz.

4. Die Modernisierung von Windenergieanlagen bezeichnet man als → Repowering.

Windenergiegebiete

Das Windenergieflächenbedarfsgesetz (WindBG) v. 20.7.2022 (BGBl. 2022 I 1353) mÄnd verpflichtet die Bundesländer, in zwei Etappen einen bestimmten Prozentsatz ihrer Landesfläche (Flächenbeitragswert) für die Errichtung von → Windenergieanlagen an Land auszuweisen. Die Ausweisung kann durch die Länder in Raumordnungsplänen (als Vorranggebiete) oder durch regionale oder kommunale Planungsträger in Bauleitplänen (als Sonderbauflächen oder Sondergebiete) erfolgen. So muss etwa Bayern bis zum 31.12.2027 1,1% seiner Landesfläche, bis zum 31.12.2032 1,8%, als Windenergiegebiete ausweisen, Mecklenburg-Vorpommern 1,4% bzw. 2,1% (Anlage 1 WindBG). Insgesamt sollen bis 2032 2% der Bundesfläche als Windenergiegebiete ausgewiesen sein. Diese verbindliche Vorgabe von Flächenbeitragswerten soll den Ausbau von Windenergieanlagen an Land erhöhen und die Genehmigungsverfahren beschleunigen. Daher sind für die Zulassung von Windenergieanlagen in ausgewiesenen Gebieten vorübergehend weder eine Umweltverträglichkeitsnoch eine artenschutzrechtliche Prüfung erforderlich (§ 6 WindBG). → Windenergie.

Windfarm

Als Windfarm oder Windpark bezeichnet § 2 V UVPG eine Gruppe von mindestens drei Anlagen zur Gewinnung von Strom aus → Windenergie.

Windscheid, Bernhard

(1817 bis 1892), deutscher Rechtslehrer, Romanist und Mitgestalter des ersten Entwurfs zum BGB. Windscheid war einer der führenden Wissenschaftler auf dem Gebiet des → römischen Rechts, dessen Erforschung und Darstellung er sich besonders widmete (Lehrbuch des Pandektenrechts). Die von Windscheid angestrebte Überleitung römischrechtlicher Grundsätze auf das nationale deutsche Recht wirkt im geltenden BGB noch in weitem Umfange nach.

Windsurfen

→ Surfen (2).

Winkeladvokat

war ursprünglich eine herabsetzende Bezeichnung für jemanden, der gewerbsmäßig unbefugt (im Winkel = geheim) auf dem Gebiet der → Rechtsberatung tätig war. Heute bezeichnet man als Winkeladvokat auch einen → Rechtsanwalt, der mit übertriebener Spitzfindigkeit und Formalismus der falschen Sache trefflich dient.

Winterausfallgeld
gehörte zu den Maßnahmen der → Winterbauförderung nach dem Recht der → Arbeitsförderung nach dem SGB III. An die Stelle des Winterausfallgeldes ist mit dem Inkrafttreten des Gesetzes zur Förderung der ganzjährigen Beschäftigung v. 24.4.2006 (BGBl. 2006 I 926) das → Saison-Kurzarbeitergeld getreten (siehe auch → Wintergeld).

Winterausfallgeld-Vorausleistung
war eine Leistung der → Winterbauförderung als Teil der → Arbeitsförderung nach dem SGB III. Die Regelungen sind durch das Gesetz zur Förderung der ganzjährigen Beschäftigung v. 24.4.2006 (BGBl. 2006 I 926) gestrichen worden; siehe auch → Saison-Kurzarbeitergeld; → Wintergeld.

Winterbauförderung
An die Stelle der früheren Winterbauförderung sind zum 1.4.2006 das → Saison-Kurzarbeitergeld und das → Wintergeld getreten (→ Mehraufwands-Wintergeld, → Zuschuss-Wintergeld).

Wintergeld
gehört zu den Leistungen zur Förderung der ganzjährigen Beschäftigung (Gesetz v. 24.4.2006, BGBl. 2006 I 926). Wintergeld (§ 102 SGB III) wird gewährt als ergänzende Leistung zum → Saison-Kurzarbeitergeld (§ 101 SGB III; siehe auch → Mehraufwands-Wintergeld, → Zuschuss-Wintergeld). Voraussetzung für den Bezug der Leistung ist ua, dass das Arbeitsverhältnis ausschließlich aus witterungsbedingten Gründen in der Schlechtwetterzeit gekündigt worden ist.

Winterreifen
Ein Kfz darf bei Glatteis, Schneeglätte, Schneematsch, Eis- oder Reifglätte nur mit Winterreifen (M+S-Reifen) gefahren werden (§ 2 IIIa StVO).

Wintersport
unterliegt bundesgesetzlichen Sondervorschriften bisher nur, soweit er auf öffentlicher Straße betrieben wird. Nach § 31 StVO ist er auf der → Fahrbahn, Seitenstreifen und auf Radwegen nur erlaubt, soweit die zugelassene Sportart auf einem Zusatzschild angezeigt ist. Der Wintersport auf öffentlichen Straßen unterliegt den allgemeinen Verkehrsregeln, insbes. der jedem → Verkehrsteilnehmer obliegenden Rücksichtspflicht (§ 1 StVO); doch sind Rodelschlitten und Skier nicht Fahrzeuge iS der StVO; für den Verkehr mit ihnen gelten die Vorschriften für den Fußgängerverkehr entsprechend (vgl. § 24 I StVO). Für den Wintersport außerhalb öffentlicher Wege, namentlich auf Ski- und Rodelbahnen (für Eisbahnen vgl. BGH NJW 1982, 2555), gelten nicht die Regeln des Straßenverkehrs, sondern die in der Sportwelt, zT auch von der Rspr. (vgl. OLG München NJW 1977, 502 mN) herausgebildeten Verhaltensregeln (vgl. → FIS-Regeln). Als Grundsatz gilt, dass eine Gefährdung anderer zu vermeiden ist, soweit es der Sportzweck zulässt. Danach ist stets „kontrolliertes" Fahren erforderlich, dh Fahrweg und Geschwindigkeit sind so einzurichten, wie es mit Rücksicht auf die Schneelage, die eigene Fahrfertigkeit und andere Personen – insbes. Vorausfahrende – geboten ist. Das Gelände ist ständig zu beobachten und der Abstand zu anderen sowie die Fahrweise so einzurichten, wie es die Übersichtlichkeit des Weges erfordert. An unübersichtlichen Stellen ist der Aufenthalt verboten, ihr Betreten durch Dritte ist zu vermeiden; Gestürzte müssen die Bahn sofort freimachen. Aufsteigende Sportler dürfen nur den Rand der Piste benutzen. Sa → Sportverletzungen, → Verkehrssicherungspflicht, → unerlaubtes Entfernen vom Unfallort (für Bayern vgl. Art. 24 Landesstraf- und VerordnungsG mÄnd).

WIPO
(World Intellectual Property Organization) = → Weltorganisation für geistiges Eigentum.

Wirtschaftliche Betrachtungsweise
gilt für die Auslegung von Steuergesetzen und die Beurteilung steuererheblicher Tatbestände. Demnach ist für die Besteuerung nicht die äußere Rechtsform, sondern die tatsächlichen Verhältnisse, wie sie sich wirtschaftlicher Beurteilung darstellen, entscheidend (§§ 39–42 AO; → Zurechnung).

Wirtschaftliche Einheit
→ Einheit, wirtschaftliche.

Wirtschaftliche Mitbestimmung
Zur wirtschaftlichen Mitbestimmung der Arbeitnehmer in Betrieb und Unternehmen → Mitbestimmung, → Wirtschaftsausschuss.

Wirtschaftliche Unmöglichkeit
→ Unmöglichkeit der Leistung (2).

Wirtschaftlicher Geschäftsbetrieb
ist eine selbständige nachhaltige Tätigkeit, durch die Einnahmen oder andere wirtschaftliche Vorteile erzielt werden und die über den Rahmen einer → Vermögensverwaltung hinausgeht (§ 14 AO). Eine → Gewinnerzielungsabsicht ist nicht erforderlich. Wird ein wirtschaftlicher Geschäftsbetrieb von einer gemeinnützigen Körperschaft unterhalten, so ist diese mit den Einnahmen aus dem wirtschaftlichen Geschäftsbetrieb grundsätzlich körperschaft- und gewerbesteuerpflichtig. Eine Ausnahme besteht, wenn die Einnahmen aus dem wirtschaftlichen Geschäftsbetrieb einschließlich Umsatzsteuer die Freigrenze des § 64 III AO in Höhe von 35.000 EUR pro Jahr nicht überschreiten. Vgl. über steuerlich unschädliche Betätigungen § 58 AO und Zweckbetriebe §§ 65–68 AO sowie → Gewer-

bebetrieb, → Betrieb, → Unternehmen (USt), → Körperschaftsteuer (2).

Wirtschaftlicher Verein
→ Verein (1a).

Wirtschafts- und Sozialausschuss
der → Europäischen Union ist ein beratendes Organ aus Vertretern des wirtschaftlichen und sozialen Lebens (vgl. Art. 301–304 AEUV, → AEUV). Er hat die Aufgabe, die → Europäische Kommission und den → Rat der EU durch Stellungnahmen zu unterstützen.

Wirtschafts- und Sozialrat
→ Vereinte Nationen (2).

Wirtschafts- und Währungsunion
1. Eine Wirtschafts- und Währungsunion (WWU) ist eigentlich eine Gemeinschaft mit einheitlicher Wirtschaftspolitik und einheitlicher Währung und Währungspolitik. Art. 3 IV EUV bezeichnet sie als Ziel der Europäischen Union; ihre Regelungen finden sich in den Art. 119–144 AEUV. Diese Vorschriften bleiben jedoch ein gutes Stück hinter dem Idealbild einer WWU zurück. Zwar gibt es für mittlerweile 19 Mitgliedstaaten den → Euro als gemeinsame Währung, acht Mitgliedstaaten nehmen an der Währungsunion jedoch nicht teil. Sie werden in der Terminologie des Art. 139 AEUV als „Mitgliedstaaten, für die eine Ausnahmeregelung gilt“, bezeichnet. Darüber hinaus beschränken sich die Vorschriften zur Wirtschaftsunion auf eine bloße Koordinierung und Überwachung der Wirtschaftspolitik.

2. Die WWU ist in drei vorbereitenden Stufen entstanden: Mit Beginn der ersten Stufe am 1.7.1990 wurden der → Kapitalverkehr und die Verwendung des ECU (→ Europäische Währungseinheit) liberalisiert, mit Beginn der zweiten Stufe am 1.1.1994 das → Europäische Währungsinstitut errichtet und → Konvergenzprogramme begonnen. Die gegenwärtige dritte Stufe begann am 1.1.1999 mit dem Ende des → Europäischen Währungssystems und der Einführung des Euro als Buchgeld für damals 11 Mitgliedstaaten, nachdem zuvor das → Europäische System der Zentralbanken (ESZB) und die → Europäische Zentralbank (EZB) errichtet worden waren. Das Euro-Bargeld wurde zum 1.1.2002 eingeführt. Das BVerfG hat Verfassungsbeschwerden einzelner Bürger gegen die WWU und die damit verbundene Einführung des Euro verworfen (etwa BVerfG NJW 1998, 1934).

3. Im Zentrum der Währungsunion steht der Euro als gemeinsame Währung der 19 teilnehmenden Mitgliedstaaten. Institutionen der Währungsunion sind das ESZB, die EZB und die nationalen Zentralbanken aller Mitgliedstaaten. EZB und die nationalen Zentralbanken der Mitgliedstaaten, deren Währung der Euro ist, bilden das Eurosystem und betreiben die Währungspolitik der Union (Art. 282 AEUV). Sie ist in den Art. 127–133 AEUV präzisiert und liegt für die teilnehmenden Mitgliedstaaten in der ausschließlichen Zuständigkeit der EU (Art. 3 I AEUV). Ihr vorrangiges Ziel ist es, die Preisstabilität zu gewährleisten.

4. Dagegen verbleibt die → Wirtschaftspolitik weiterhin in der Zuständigkeit der Mitgliedstaaten. Gem. Art. 5 AEUV regeln die Art. 119–126 nur ihre Koordinierung und Überwachung, so dass von einer wirklichen Wirtschaftsunion nicht gesprochen werden kann. Die Vorschriften sollen lediglich die Währungsunion vor den Gefahren sich unterschiedlich entwickelnder Volkswirtschaften schützen und enthalten daher ua Verbote bestimmter staatlicher Maßnahmen, etwa das Verbot staatlicher Kreditaufnahme bei Zentralbanken (Art. 123 AEUV). Ferner enthält Art. 126 AEUV Vorschriften zur Vermeidung übermäßiger Defizite, die jedoch vom → Stabilitätspakt überlagert werden.

Wirtschaftsausschuss
Der Wirtschaftsausschuss ist ein Organ des → Betriebs, das im Rahmen der → Mitbestimmung in wirtschaftlichen Angelegenheiten in Unternehmen mit mehr als 100 Arbeitnehmern eingerichtet wird, um die Unterrichtung des → Betriebsrats und der Belegschaft in wirtschaftlichen Angelegenheiten des Unternehmens sicherzustellen, zB über die wirtschaftliche, finanzielle und Produktionslage, Rationalisierungsvorhaben, → Betriebsänderungen (§ 106 BetrVG). Praktisch bedeutsam ist hier die Verpflichtung, relevante Unterlagen dem Wirtschaftsausschuss vorzulegen. Der Wirtschaftsausschuss besteht aus 3–7 Mitgliedern, die vom Betriebsrat für die Dauer seiner Amtszeit bestimmt werden (§ 107 BetrVG). Gemeinsam mit dem Wirtschaftsausschuss hat der Unternehmer mind. einmal im Vierteljahr die Belegschaft über die wirtschaftliche Lage und Entwicklung des Unternehmens zu unterrichten (§ 110 BetrVG). Der Wirtschaftsausschuss ist gegenüber dem Betriebsrat unselbständig und kann deshalb zB nicht selbst vor dem Arbeitsgericht klagen. Bei Unternehmerübernahmen betreffend Unternehmen ohne Wirtschaftsausschuss bestehen gem. § 109a BetrVG Beteiligungsrechte des Betriebsrats. Sofern der Bund sich im Rahmen der Stabilisierungsmaßnahmen der Finanz- und Corona-Krise an Unternehmen beteiligt, besteht keine Informationspflicht gegenüber dem Wirtschaftsausschuss (§ 11 Wirtschaftsstabilisierungsbeschleunigungsgesetz). Im Bereich der Landespersonalvertretungsgesetze ist inzwischen oft ebenfalls ein Wirtschaftsausschuss vorgesehen.

Wirtschaftsfonds für Deutschland
oder auch Deutschlandfonds war die Bezeichnung für ein Kredit- und Bürgschaftsprogramm der BReg., das mit einem Volumen von 115 Mrd. EUR durch die Konjunkturpakete I und II (→ Konjunkturpaket) aufgelegt wurde. Es sollte Unternehmen helfen, die durch die Finanz- und Wirtschaftskrise 2008 entstandenen Schwierigkeiten zu überwinden.

40 Mrd. EUR standen bis Ende 2010 für ein durch die → Kreditanstalt für Wiederaufbau verwaltetes Kreditprogramm zur Verfügung, 75 Mrd. EUR für das Bürgschaftsprogramm. Zu weiteren damaligen Maßnahmen s. → Finanzmarktstabilisierungsgesetze.

Wirtschaftsgeld
→ Unterhaltspflicht der Ehegatten.

Wirtschaftsgenossenschaften
→ Genossenschaft (1, 7).

Wirtschaftsgut
ist ein zentraler Begriff des Einkommensteuerrechts. Er ist gesetzlich nicht definiert. Handelsrechtlich entspricht ihm der Begriff des Vermögensgegenstandes. Nach der Rechtsprechung des Bundesfinanzhofs werden unter Wirtschaftsgut alle Sachen und Rechte sowie sonstigen wirtschaftlichen Vorteile, die selbständig bewertbar und nutzungsfähig sind, verstanden.

Wirtschafts-Identifikationsnummer
→ Steueridentifikationsnummer.

Wirtschaftsjahr
ist nach § 4a EStG der Zeitraum, für den Land- u. Forstwirte und Gewerbetreibende ihren → Gewinn ermitteln. Das Wirtschaftsjahr darf einen Zeitraum von 12 Monaten nicht überschreiten (§ 8b EStDV), es kann jedoch kürzer sein (sog. Rumpfwirtschaftsjahr). Wirtschaftsjahr ist bei Land- u. Forstwirten der Zeitraum 1.7. bis 30.6. oder ein anderer durch RechtsVO vorgeschriebener Zeitraum (zB für Sonderkulturen § 8c EStDV). Bei im Handelsregister eingetragenen Gewerbetreibenden ist Wirtschaftsjahr der Zeitraum, für den sie regelmäßig Abschlüsse machen und bei anderen Gewerbetreibenden das Kalenderjahr. Dem Wirtschaftsjahr entspricht handelsrechtlich das → Geschäftsjahr (§ 242 HGB).

Wirtschaftskriminalität
Zur Bekämpfung der Wirtschaftskriminalität dienen zahlreiche Tatbestände des → Wirtschaftsstrafrechts. Ihrer Ausbreitung entgegenwirken sollen insbes. die Gesetze zur Bekämpfung der Wirtschaftskriminalität – 1. WiKG v. 29.7.1976 (BGBl. 1976 I 2034), 2. WiKG v. 15.5.1986 (BGBl. 1986 I 721). Das 1. WiKG betraf insbes. → Insolvenzstraftaten, → Subventionsbetrug, → Kreditbetrug und → Wucher, das 2. WiKG befasste sich ua mit der → Computerkriminalität, schuf neue Strafvorschriften zum → Missbrauch von Scheck- und Kreditkarten, zur → Fälschung von Zahlungskarten, zum → Vorenthalten und Veruntreuen von Arbeitsentgelt und zum → Kapitalanlagebetrug und ergänzte die Strafvorschriften des Gesetz gegen den → unlauteren Wettbewerb (UWG). Sa → Produktpiraterie. Das Gesetz zur Bekämpfung der Korruption v. 13.8.1997 (BGBl. 1997 I 2038) fügte Strafvorschriften gegen → Submissionsabsprachen und → Angestelltenbestechung als 26. Abschnitt (Straftaten gegen den Wettbewerb) in den Besonderen Teil des StGB ein.

Wirtschaftslenkung
ist die Einflussnahme des Staates auf den Ablauf der Wirtschaft.

1. Sieht man von den merkantilistisch geprägten Handelsbeschränkungen des 16. bis 18. Jhdts. ab, so fällt ihr Beginn mit dem Ausbruch des ersten Weltkrieges und den damals infolge Blockade und erhöhten Materialanforderungen rasch auftretenden Verknappungen zusammen. Nach einer kurzen Zeit der Einschränkung des Bewirtschaftungssystems nach dem Kriege führte die Weltwirtschaftskrise der dreißiger Jahre erneut zu starken Eingriffen des Staates (Brüning'sche Notverordnungen). Unter der Herrschaft des Nationalsozialismus wurde sodann ein vollständiges Lenkungssystem aufgebaut, das schließlich in eine reine Kriegswirtschaft einmündete. Von 1945–1948 wurde die Wirtschaftslenkung der letzten Kriegsjahre, wenngleich mit veränderter Zielsetzung, noch weitgehend fortgeführt.

2. Die Wirtschaftslenkung lief erst nach der Gründung der BRep. langsam aus, deren Wirtschaftspolitik der sozialen → Marktwirtschaft auf die Bildung eines freien Marktes ausgerichtet ist, in den nur aus sozialen Rücksichten korrigierend eingegriffen werden soll. Dabei bedient sich der Staat im Grundsatz marktkonformer Mittel, dh er versucht durch Beeinflussung der das Marktgeschehen bestimmenden Faktoren ohne unmittelbare Beeinträchtigung der Entschlussfreiheit der Marktpartner durch Gebote oder Verbote den Wirtschaftsablauf zu steuern.

3. Nach der Art der Wirtschaftslenkung kann zwischen direkten (unmittelbaren) Eingriffen und indirekten (mittelbaren) Lenkungsmaßnahmen unterschieden werden. Ausgangspunkt der unmittelbar wirkenden Gebote und Verbote (sog. Bewirtschaftung) ist idR eine Mangelsituation, die durch Vorschriften über die Gewinnung, Herstellung, Verwendung sowie den Absatz und Bezug der knappen Güter bewältigt werden soll (Liefergebote, Bezugsbeschränkungen, Preisvorschriften; sa → Sicherstellungsgesetze). Ziel der indirekten Lenkungsmaßnahmen ist dagegen eine globale Steuerung der Wirtschaft zur Erreichung bestimmter wirtschaftspolitisch erwünschter Ergebnisse (zB Preisstabilität, Vollbeschäftigung, Wachstum). Der Staat beschränkt sich hier idR darauf, auf die Geld- bzw. Nachfrageseite Einfluss zu nehmen, um durch die daraus zu erwartenden Rückwirkungen auf die Güterseite den Produktionsprozess und damit den Wirtschaftsablauf zu steuern. Ansatzpunkte dieser Lenkungsmaßnahmen bilden die Einkommensverteilung und Einkommensverwendung sowie die Beeinflussung der Investitionen insbes. durch steuerpolitische Maßnahmen sowie die Gewährung direkter → Finanzhilfen (→ Subven-

tionen, → Bürgschaften, Kredite, soziale → Transferleistungen). Sa → Stabilitätsgesetz.

Wirtschaftsnummer
→ Unternehmensbasisdatenregister.

Wirtschaftspolitik (EU)
1. Titel VIII des Vertrags über die Arbeitsweise der → Europäischen Union (→ AEUV) enthält in den Art. 119–144 die Vorschriften der eng miteinander verknüpften Wirtschafts- und Währungspolitik (→ Wirtschafts- und Währungsunion). Als Wirtschaftspolitik kann man alle hoheitlichen Maßnahmen bezeichnen, die Einfluss auf die Wirtschaft nehmen. Grundsätzl. sind die Mitgliedstaaten, anders als bei der Währungspolitik, weiterhin für die Wirtschaftspolitik zuständig. Art. 119 AEUV sieht jedoch eine enge Koordinierung und die Festlegung gemeinsamer Ziele vor. Dies ist für die Konvergenz der Wirtschaftsleistungen erforderlich, die wiederum für das Gelingen des → Binnenmarktes, vor allem aber der → Währungsunion volkswirtschaftlich notwendig ist, sa → Fiskalpakt.

2. Nach Art. 119 III AEUV hat die Wirtschaftspolitik der Mitgliedstaaten die Grundsätze einer offenen Marktwirtschaft mit freiem Wettbewerb, stabile Preise, gesunde öffentliche Finanzen und eine dauerhaft finanzierbare Zahlungsbilanz zu beachten. Der → Rat überwacht anhand von Berichten der → Kommission die wirtschaftliche Entwicklung der Mitgliedstaaten. Bei gravierenden Versorgungsschwierigkeiten in einem Mitgliedstaat können notwendige Maßnahmen getroffen werden (Art. 122 AEUV), was während der → Energiekrise 2022 auch gemacht wurde (→ Strompreis). Art. 126 AEUV enthält das Verfahren zur Vermeidung übermäßiger Defizite (→ Stabilitätspakt).

3. Für diejenigen Mitgliedstaaten, deren Währung der → Euro ist, enthalten die Art. 136 ff. AEUV zusätzliche Regelungen, die eine engere Koordinierung und eine stärkere Überwachung der Haushaltsdisziplin vorsehen. Die Minister dieser Mitgliedstaaten werden als Euro-Gruppe bezeichnet (Art. 137 AEUV). Einzelheiten für ihre Tagungen enthält das „Protokoll betreffend die Euro-Gruppe".

Wirtschaftsprivatrecht
ist ein zusammenfassender, ganzheitlicher Begriff für die wirtschaftlich relevanten Vorschriften des → Privatrechts. Hierzu zählen insbes. die ersten drei Bücher des BGB, Arbeits-, Gesellschafts-, Handels-, Insolvenz- und Wettbewerbsrecht sowie das Recht des → Zivilprozesses und der → Zwangsvollstreckung.

Wirtschaftsprüfer
1. Wirtschaftsprüfer und Wirtschaftsprüferinnen haben die Aufgabe, betriebswirtschaftliche Prüfungen, insbes. solche von → Jahresabschlüssen wirtschaftlicher Unternehmen, durchzuführen und Bestätigungsvermerke über die Vornahme solcher Prüfungen zu erteilen. Sie sind zur steuerlichen Beratung und Vertretung, zum Auftreten als Sachverständige, zur Wirtschaftsberatung und zur treuhänderischen Verwaltung befugt. Sie üben einen → freien Beruf und kein → Gewerbe aus (§§ 1 und 2 Wirtschaftsprüferordnung (WiPrO) idF v. 5.11.1975, BGB. 1975 I 2803, mÄnd). Wirtschaftsprüfer und Wirtschaftsprüferinnen-Prüfungsgesellschaften (dazu 4.) haben nach § 319 HGB die ausschließliche Befugnis, große Kapitalgesellschaften und mittelgroße Aktiengesellschaften zu prüfen. Mittelgroße GmbHs können von einem Wirtschaftsprüfer oder einer Wirtschaftsprüfungsgesellschaft, aber auch von einem → vereidigten Buchprüfer oder einer Buchprüfungsgesellschaft geprüft werden. Kleine Kapitalgesellschaften können geprüft werden, müssen es aber nicht (§ 316 I HGB, dazu → Abschlussprüfer).

2. Wirtschaftsprüfer bedürfen der Bestellung (§ 15 WiPrO). Voraussetzung hierfür ist das Bestehen einer schriftlichen und mündlichen Prüfung (§§ 12 ff. WiPrO), die wiederum eine abgeschlossene Hochschulausbildung (§ 8 WiPrO) sowie eine für die Ausübung des Berufes genügende praktische Ausbildung (§ 9 WiPrO) erfordert. Auf den Nachweis einer abgeschlossenen Hochschulausbildung kann verzichtet werden, wenn der Bewerber sich in mindestens 10-jähriger Tätigkeit als Beschäftigter bei einem Wirtschaftsprüfer, einer Wirtschaftsprüfungsgesellschaft, einem vereidigten Buchprüfer, einer Buchprüfungsgesellschaft oder einer ähnlichen Prüfungseinrichtung bewährt hat oder selbst mindestens 5 Jahre den Beruf des vereidigten Buchprüfers oder Steuerberaters ausgeübt hat (§ 8 II WiPrO). Die praktische Ausbildung bei einem Wirtschaftsprüfer, einer Wirtschaftsprüfungsgesellschaft, einem vereidigten Buchprüfer, einer Buchprüfungsgesellschaft oder einer ähnlichen Prüfungseinrichtung muss mindestens 3 Jahre, davon mindestens 2 Jahre als Abschlussprüfer dauern. Einzelheiten der Prüfung regelt die Wirtschaftsprüferprüfungsverordnung (WiPrPrüfV) v. 20.7.2004 (BGBl. 2004 I 1707) mÄnd. Staatsangehörige von Mitgliedstaaten der EU, des EWR und der Schweiz mit entsprechender Vorbildung können stattdessen eine Eignungsprüfung gem. §§ 131g ff. WiPrO sowie der Wirtschaftsprüfer-PrüfungsVO ablegen.

3. Der Wirtschaftsprüfer hat seinen Beruf unabhängig, gewissenhaft, verschwiegen und eigenverantwortlich auszuüben (§ 43 WiPrO); Wirtschaftsprüfer und Wirtschaftsprüfungsgesellschaften müssen eine Berufshaftpflichtversicherung eingehen (§ 54 WiPrO). Wirtschaftsprüfer und Wirtschaftsprüfungsgesellschaften können sich an jedem Ort in der BRep. niederlassen, Zweigniederlassungen errichten und ohne räumliche Beschränkung tätig werden (§ 3 WiPrO). Eine erfolgsabhängige Vergütung ist – wie bei Rechtsanwälten (→ Rechtsanwaltsgebühr) – nur ausnahmsweise zulässig (§ 55a WiPrO).

4. Wirtschaftsprüfungsgesellschaften können in fast jeder deutschen und europäischen Rechtsform geführt werden. Sie müssen von Wirtschaftsprüfern verantwortlich geführt werden und bedürfen der Anerkennung (§ 1 III WiPrO, §§ 27 ff. WiPrO) durch die Wirtschaftsprüferkammer.

5. Zur beruflichen Selbstverwaltung besteht eine Wirtschaftsprüferkammer als öffentlich-rechtliche → Körperschaft (§ 4 WiPrO) mit Zwangsmitgliedschaft (§ 58 WiPrO); sie führt ein Berufsregister (§ 37 WiPrO), wahrt die beruflichen Belange ihrer Mitglieder (§ 57 WiPrO) und überwacht die Qualitätskontrolle der Wirtschaftsprüfer und Wirtschaftsprüfungsgesellschaften (§§ 57a ff. WiPrO). Ihre Organe sind der Beirat, der Vorstand, der Präsident und die Kommission für Qualitätskontrolle (§ 59 WiPrO). Sie hat eine Satzung und untersteht der staatlichen Aufsicht des Bundesministeriums für Wirtschaft und Energie sowie der → Abschlussprüferaufsichtsstelle (§§ 60, 66, 66a WiPrO). Während der → Corona- oder → COVID-19-Krise konnten vorübergehend präsenzlose Wahlen und Beschlussfassungen stattfinden (§ 8 COVID-19-Gesetz zur Funktionsfähigkeit der Kammern v. 10.7.2020, BGBl. 2020 I 1643, 1644). Die Berufsaufsicht obliegt grundsätzl. der Wirtschaftsprüferkammer (§§ 61a ff. WiPrO). Verletzt ein Wirtschaftsprüfer seine Pflichten schuldhaft, kann ihr Vorstand neben Rügen, Geldbußen bis 500 000 EUR auch Berufsverbote aussprechen (§ 68 WiPrO). Ein berufsgerichtliches Verfahren kann sich anschließen, wenn der Einspruch des Betroffenen gegen die berufsaufsichtliche Maßnahme zurückgewiesen wurde (§§ 71a ff. WiPrO, → Berufsgerichte); die Kammer für Wirtschaftsprüfersachen am LG entscheidet außerhalb der Hauptverhandlung in der Besetzung von drei Mitgliedern mit Einschluss des Vorsitzenden, in der Hauptverhandlung ist sie mit dem Vorsitzenden und zwei Wirtschaftsprüfern besetzt. In zweiter und dritter Instanz entscheiden Senate für Wirtschaftsprüfersachen bei OLG und BGH. Zum berufsgerichtlichen Verfahren vgl. §§ 81 ff. WiPrO.

6. Die Berufsbezeichnungen Wirtschaftsprüfer und vereidigter Buchprüfer sind geschützt; die Bezeichnungen „Buchprüfer, Bücherrevisor, Wirtschaftstreuhänder" dürfen wegen Verwechslungsgefahr nicht mehr geführt werden (§ 132 WiPrO). Wirtschaftsprüfer und Wirtschaftsprüfungsgesellschaften sind verpflichtet, ein Siegel zu benutzen, § 48 WiPrO.

Wirtschaftsprüfungsgesellschaft
→ Wirtschaftsprüfer.

Wirtschaftsrecht
Die Abgrenzung des Begriffs ist nicht einheitlich. Nach überwiegender Meinung umfasst das Wirtschaftsrecht die Gesamtheit der Normen, welche die selbständige Erwerbstätigkeit in Industrie, Handel, Handwerk, Landwirtschaft, Verkehr und den freien Berufen – je nach der wirtschaftspolitischen Grundauffassung mehr oder weniger – begrenzen und lenken. Zum Wirtschaftsrecht gehören damit neben dem → Wirtschaftsprivatrecht insbes. die Vorschriften über die Zulassung zu Beruf und Gewerbe (s. → Berufsfreiheit, → freie Berufe, → Gewerbeordnung, → Handwerksordnung) wie auch der Bereich der staatlichen Wirtschaftslenkung (→ Wirtschaftslenkung, Marktordnung, → Preisrecht) und der Wirtschaftsförderung (→ Subventionen). Wirtschaftsrecht ist ferner das Kartellrecht und das Recht der wirtschaftlichen Organisationen (→ Kammern, → Verbände) sowie für den internationalen Bereich das → Außenwirtschaftsrecht. Die nationalen Rechtsvorschriften werden zunehmend ergänzt und verdrängt durch Normen des → europäischen Rechts. Sa → Wirtschaftsverfassungsrecht, → Wirtschaftsverwaltungsrecht.

Wirtschaftsrisiko
→ Betriebsrisiko.

Wirtschaftssanktionen
1. Unter dem Sammelbegriff Wirtschaftssanktionen (sa → Sanktion) werden die verschiedensten Maßnahmen zusammengefasst, mit denen Staaten Einfluss auf das Verhalten anderer Staaten nehmen wollen, zB Beschränkungen des Verkehrs, Handelssanktionen wie die Erhebung zusätzlicher Zölle oder Verbot von Importen aus bestimmten Ländern oder von Exporten in bestimmte Länder (→ Embargos; sa → Handelspolitik), Aussetzen freiwilliger Leistungen wie Entwicklungshilfe oder Unterbrechung von Fernmeldeverbindungen.

2. Wirtschaftssanktionen sind im Sinne des → Völkerrechts entweder → Retorsionen oder → Repressalien. Retorsionen sind Maßnahmen, die gegen keine Vorschriften des Völkerrechts - also allgemeine Regeln des Völkerrechts oder völkerrechtliche Verträge - verstoßen und sind stets zulässig. Repressalien sind Maßnahmen, die gegen Völkerrecht verstoßen, aber ausnahmsweise dadurch gerechtfertigt sind, dass sie ein Staat, der ein völkerrechtliches Unrecht erlitten hat, gegen den verletzenden Staat richtet. Die Verhängung von Wirtschaftssanktionen ist daher immer dann zulässig, wenn sie entweder (als Retorsionen) gegen keine bestehenden Rechtsregeln verstoßen (zB bei freiwilligen Leistungen) oder wenn sie (als Repressalien) der die Wirtschaftssanktionen verhängende Staat gegen einen Staat einsetzt, der selbst völkerrechtliches Unrecht verübt hat; im letzteren Fall darf die Wirtschaftssanktion aber zur Verletzungshandlung nicht außer Verhältnis stehen. Verstößt ein Staat gegen grundlegende Rechtspflichten (zB → Gewaltverbot) gegenüber der gesamten Völkerrechtsgemeinschaft, dann sind alle - auch nicht unmittelbar betroffene - Staaten zu Repressalien und damit zu Wirtschaftssanktionen berechtigt.

3. Unberechtigte Wirtschaftssanktionen berechtigen den dadurch betroffenen Staat wie-

derum seinerseits zu Repressalien und damit zu eigenen Wirtschaftssanktionen.

Wirtschaftssicherstellungsgesetz
→ Sicherstellungsgesetze.

Wirtschaftsspionage
Wirtschaftsspionage, dh das Auskundschaften fremder Betriebsgeheimnisse, kann unter verschiedenen Gesichtspunkten strafbar sein, insbes. nach § 23 GeschGehG als Anstiftung zum Verrat von Geschäfts- oder Betriebsgeheimnissen (→ Geheimnisverrat), ferner als → Hausfriedensbruch, → Urkundenunterdrückung oder → Diebstahl von Fabrikationsunterlagen, → Vorlagenmissbrauch, Patentverletzung usw. Ist das ausgespähte Betriebsgeheimnis zugleich → Staatsgeheimnis, so kommt → Landesverrat in Betracht.

Wirtschaftsstabilisierungsfonds
1. Gründung: Der Wirtschaftsstabilisierungsfonds wurde während der → Corona- oder → COVID-19-Krise durch das Wirtschaftsstabilisierungsfondsgesetz (WStFG) v. 27.3.2020 (BGBl. 2020 I 543) mÄnd errichtet und ist ein Teil des → Corona-Hilfspakets des Bundes. Die entsprechenden Regelungen finden sich im ehemaligen Finanzmarktstabilisierungsfondsgesetz (FMStFG), das durch Art. 1 WStFG geändert und in „Stabilisierungsfondsgesetz" (StFG) umbenannt wurde. Zur Überwindung der Krise hat der Gesetzgeber auf die in der Finanzkrise bewährten Strukturen zurückgegriffen und nach dem Modell des → Finanzmarktstabilisierungsfonds den Wirtschaftsstabilisierungsfonds geschaffen. Er ist ebenfalls ein nicht rechtsfähiges → Sondervermögen nach Art. 110 I 1 GG (§ 16 III StFG, § 17 StFG).

2. Zweck: Der Wirtschaftsstabilisierungsfonds sollte Unternehmen der Realwirtschaft in der Corona-Krise helfen, Liquiditätsengpässe zu überwinden und ihre Kapitalbasis zu stärken (§ 16 StFG). Zu den begünstigten Unternehmen gehörten diejenigen, deren Bestandsgefährdung erhebliche Auswirkungen auf Wirtschaft, Versorgungssicherheit, Infrastruktur oder Arbeitsmarkt gehabt hätte. Ferner durften die Unternehmen nicht dem Finanzsektor angehören oder Kreditinstitute sein und mussten zwei von drei Größenkriterien erfüllen (43 Mio. € Bilanzsumme, 50 Mio. € Umsatz, 249 Arbeitnehmer). Der Wirtschaftsstabilisierungsfonds konnte ein Volumen von bis zu 600 Mrd. EUR haben. Stabilisierungsmaßnahmen des Wirtschaftsstabilisierungsfonds waren nur bis zum 30.6.2022 möglich (§ 26 StFG), danach ist der Fonds abzuwickeln und aufzulösen. Sodann wurde der Wirtschaftsstabilisierungsfonds reaktiviert. Durch G v. 24.10.2022 (BGBl. 2022 I 1838) wurden neue Kreditermächtigungen aus zur Sicherung der Energieversorgung iHv 100 Mrd. EUR geschaffen (§ 23 II StFG). Eine zusätzliche Kreditermächtigung sieht § 26b I StFG idF des G zur Änderung des Stabilisierungsfondsgesetzes v. 28.10.2022 (BGBl. 2022 I 1908) für Stützungsmaßnahmen im Energiesektor vor.

3. Verwaltung: Der Wirtschaftsstabilisierungsfonds wird durch die Bundesrepublik Deutschland – → Finanzagentur GmbH verwaltet (§ 18 StFG) und untersteht der Rechts- und Fachaufsicht des BMF. Einzelheiten enthält die Wirtschaftsstabilisierungsfonds-Durchführungsverordnung (WSF-DV) v. 1.10.2020 (BGBl. 2020 I 2058). Über Stabilisierungsmaßnahmen entscheidet das BMF gemeinsam mit dem BMWE, besonders wichtige Entscheidungen trifft der interministerielle Wirtschaftsstabilisierungsfonds-Ausschuss (§ 20 StFG). Weniger wichtige Entscheidungen wurden an die Kreditanstalt für Wiederaufbau durch die Wirtschaftsstabilisierungsfonds-Übertragungsverordnung (WSF-ÜV) v. 1.10.2020 (BGBl. 2020 I 2055) übertragen. Die Erstattung der Verwaltungskosten regelt die Wirtschaftsstabilisierungsfonds-Kostenverordnung (WSF-KostV) v. 1.10.2020 (BGBl. 2020 I 2051).

4. Stabilisierungsmaßnahmen: Nach § 21 StFG konnte der Wirtschaftsstabilisierungsfonds Garantien bis zur Höhe von insgesamt 400 Mrd. EUR für zwischen dem 28.3.2020 und dem 30.6.2022 von Unternehmen begebene Schuldtitel oder begründete Verbindlichkeiten übernehmen. Durch den Erwerb von Anteilen, stillen Beteiligungen, Genussrechten usw konnte sich der Fonds mit bis zu 100 Mrd. EUR auch an der Rekapitalisierung von Unternehmen beteiligen (§§ 22, 24 StFG). So hatte der Fonds die Lufthansa mit Krediten und stillen Einlagen gestützt und sich mit etwa 20% an ihrem Grundkapital beteiligt. Die gesellschaftsrechtlichen Voraussetzungen einer solchen Rekapitalisierungsmaßnahme regelte das in Wirtschaftsstabilisierungsbeschleunigungsgesetz (WStBG) umbenannte und geänderte ehemalige Finanzmarktstabilisierungsbeschleunigungsgesetz (BGBl. 2008 I 1986) mÄnd. Ferner standen dem Fonds bis zu 100 Mrd. EUR zur Verfügung, um Sonderprogramme der Kreditanstalt für Wiederaufbau zu refinanzieren (§§ 23 f. StFG). Für Stabilisierungsmaßnahmen hatten die begünstigten Unternehmen eine angemessene Vergütung zu leisten (§ 21 I StFG, § 22 I StFG). Die Stabilisierungsmaßnahmen konnten mit Auflagen und Bedingungen versehen werden (§ 25 StFG); Ansprechpartner für Unternehmen ist das BMWE (§ 16 IV StFG). Stabilisierungsmaßnahmen sind grundsätzlich untersagte Beihilfen nach Art. 107 AEUV und bedurften der Genehmigung durch die Kommission (→ Beihilferecht), die erfolgte (zB ABl. EU 2020 C 310, 4).

5. Soweit die Länder eigene, dem Wirtschaftsstabilisierungfonds ähnliche Einrichtungen geschaffen haben (etwa Bayern mit dem BayernFonds, → Corona-Hilfspakete der Bundesländer), gelten die Vorschriften zu den gesellschaftsrechtlichen Maßnahmen nach dem Wirtschaftsstabilisierungsbeschleunigungsgesetzes teilweise entsprechend, § 2 II WStBG.

Wirtschaftsstrafkammer
→ Wirtschaftsstrafsachen.

Wirtschaftsstrafrecht
ist der Sammelbegriff für alle Strafvorschriften, die im Bereich der Wirtschaft liegende Tatbestände unter Strafe stellen (sa → Wirtschaftskriminalität). Zum Wirtschaftsstrafrecht lassen sich viele Tatbestände des StGB zählen, zudem bestehen solche im Nebenstrafrecht (→ Strafrecht, 1b). Zum letzteren gehört das jetzt geltende WirtschaftsstrafG 1954 idF v. 3.6.1975 (BGBl. 1975 I 1313), welches bestimmte Einzeltatbestände aufstellt (→ Preistreiberei, Preisverstöße), aber auch für seinen Geltungsbereich einheitliche Bestimmungen enthält über die → Einziehung im Strafverfahren und die Abführung des → Mehrerlöses. Das WiStG 1954 gilt auch für bestimmte andere in §§ 1, 2 bezeichnete Straftaten und Ordnungswidrigkeiten (Verstöße gegen die → Sicherstellungsgesetze). Jedoch ist es nicht mehr Rahmengesetz für andere wirtschaftsrechtliche Gesetze, die früher auf das WiStG 1954 verwiesen.

Wirtschaftsstrafsachen
Nach § 74c GVG sind bestimmte dort aufgeführte Wirtschaftsstrafsachen, soweit eine große → Strafkammer des Landgerichts im 1. Rechtszug oder eine kleine Strafkammer für Berufungen gegen Urteile des → Schöffengerichts zuständig ist, von einer spezialisierten großen oder einer kleinen Wirtschaftsstrafkammer zu entscheiden (gesetzliche Geschäftsverteilungsregelung); dieser können auch die Wirtschaftsstrafsachen für mehrere LG-Bezirke zugewiesen werden. Zu den Wirtschaftsstrafsachen gehören ua Verfahren wegen → Insolvenzstraftaten, Straftaten nach den Gesetz zum Schutz geistigen Eigentums (PatentG usw, → Produktpiraterie), nach dem Gesetz gegen den → unlauteren Wettbewerb, nach anderen handelsrechtlichen Gesetzen (AktG, GmbHG, HGB, GenG, BörsenG, VAG, KWG, WpHG usw), nach dem → Außenwirtschaftsg, dem WirtschaftsstrafG 1954, nach dem Steuer- und Zollrecht, dem Lebensmittelrecht, → Subventionsbetrug, → Kapitalanlagebetrug, → Kreditbetrug, → Bankrott, → Submissionsabsprachen, → Angestelltenbestechung. Ferner zählen dazu Verfahren wegen gewisser anderer Delikte (Betrug, Computerbetrug, Untreue, Vorenthalten und Veruntreuen von Arbeitsentgelt, Wucher, Vorteilsannahme, Bestechlichkeit, Vorteilsgewährung, Bestechung) sowie nach AÜG und SchwarzArbG (→ illegale Beschäftigung), soweit zu ihrer Beurteilung besondere wirtschaftliche Kenntnisse erforderlich sind.

Wirtschaftsstrukturgesetz
→ Gemeinschaftsaufgaben.

Wirtschaftsvereinigungen
→ Verbände.

Wirtschaftsverfassungsrecht
im juristischen Sinne sind die Verfassungsvorschriften, welche die Wirtschaft betreffen (→ Wirtschaftsrecht). Anders als viele Landesverfassungen enthält das GG keine systematische Zusammenstellung dieser Verfassungsbestimmungen. Das Wirtschaftsverfassungsrecht ist daher durch die Gewährleistung der wirtschaftlichen Grundfreiheiten durch Art. 2 GG, des Eigentums durch Art. 14 GG und der Berufsfreiheit durch Art. 12 GG geprägt. Daneben sind die wirtschaftlichen Aspekte zahlreicher anderer Grundrechte bedeutsam, zB die wirtschaftliche Vereinigungsfreiheit, die wirtschaftliche Freizügigkeit, der Schutz von Geschäftsräumen uä Ferner sind die fundamentalen Ordnungsprinzipien (Sozialstaatsprinzip (→ Sozialstaat), Demokratieprinzip, Rechtsstaatsprinzip (→ Rechtsstaat) und die Organisationsordnung (Gesetzgebungszuständigkeit des Bundes für das Recht der Wirtschaft, Art. 74 I Nr. 11 GG, Verwaltungskompetenzen der Länder) zu beachten. Nach der Rspr. des BVerfG enthält das GG keine Festlegung der Wirtschaftsordnung iS eines liberalen, marktwirtschaftlichen oder sozialistischen Modells (sog. wirtschaftliche „Neutralität" des GG – vgl. BVerfGE 4, 18; 7, 400; 12, 363 ua), vielmehr einen durch die Freiheitsrechte einerseits und durch den Sozialstaatsauftrag (s. vor allem BVerfGE 8, 329) andererseits bestimmten Handlungsraum für den Gesetzgeber. Die Sozialisierungsbestimmung des Art. 15 GG ist kein Verfassungsauftrag, sondern nur eine Gestaltungsmöglichkeit für den Gesetzgeber. Sa → Marktwirtschaft, → Sozialisierung, → Vergesellschaftung.

Wirtschaftsverwaltungsrecht
Soweit der Begriff nicht iS von Wirtschaftsrecht verwendet wird, bezeichnet er den Teil des öffentlich-rechtlichen Wirtschaftsrechts, der sich als klassische → Eingriffsverwaltung darstellt.

Wissenschaft, Freiheit der –
Die Freiheit der Kunst und der Wissenschaft, der Forschung und der Lehre (→ Kunst, Freiheit der; → Lehrfreiheit) ist in Art. 5 III GG als → institutionelle Garantie gewährleistet. Wissenschaft und Forschung sind Tätigkeiten, die der Erkenntnis dienen, dh ernsthafte und planmäßige Versuche zur Ermittlung der Wahrheit. Lehre ist die korrekte Übermittlung der gewonnenen Ergebnisse. Für den Einzelnen ergibt sich die Freiheit zu wissenschaftlicher Betätigung und Äußerung auch bereits aus dem Grundrecht der → Meinungsfreiheit (Art. 5 I GG). Das GG erwähnt daneben noch besonders die Freiheit der Forschung sowie der der Lehre. Bezüglich der Freiheit der Lehre bestimmt Art. 5 III 2, dass sie nicht von der Treue zur Verfassung entbindet. Diese Treuepflicht zur Verfassung gilt, wenn auch nicht ausdrücklich erwähnt, ebenso für Wissenschaft und Forschung. Darüber hinaus wird zT für Wissenschaft, Forschung und Lehre eine Bin-

dung an die allgemeinen Gesetze angenommen, wie sie auch für die Meinungsfreiheit besteht (vgl. auch BVerfGE 15, 256; BVerwGE 1, 303). Eingehend zu organisatorischen Fragen der Freiheit der Wissenschaft das Hochschulurteil des BVerfG v. 29.5.1973 (NJW 1973, 1176).

Wissenschaftsrat
Beratendes Gremium in Fragen von Bildung und Wissenschaft; die Mitglieder werden teils vom Bundespräsidenten (auf Vorschlag wissenschaftlicher Einrichtungen sowie gemeinsamen Vorschlag der Bundesregierung und der Länderregierungen) berufen, teils von den Regierungen des Bundes und der Länder entsandt. Rechtsgrundlage: Verwaltungsabkommen zw. Bund und Ländern v. 5.9.1957 (mehrmals verlängert).

Wissenschaftszeitvertragsgesetz
Das Wissenschaftszeitvertragsgesetz (WissZeitVG) v. 12.4.2007, BGBl. 2007 I 506, mÄnd, löste befristungsrechtliche Vorschriften des → Hochschulrahmengesetzes (HRG) ab. Es enthält besondere Regelungen zur Befristung von Arbeitsverhältnissen im Hochschulbereich (Hochschulen und Forschungseinrichtungen, auch soweit sie nur staatlich anerkannt sind) mit va wissenschaftlichen oder künstlerischen Mitarbeitern, aber auch für studienbegleitend tätig werdende Hilfskräfte. Für wissenschaftliche oder künstlerische Mitarbeiter sind Befristungsgründe, Höchstfristen (die teilweise an die Erstellung von Qualifikationsarbeiten wie die → Promotion anknüpfen; grds. 6 Jahre vor Promotion und 6 (im medizinischen Bereich: 9) Jahre danach) und eine vertragliche sowie weitgehende tarifvertragliche Unabdingbarkeit geregelt (§§ 1, 2 WissZeitVG). Unter bestimmten Umständen bestehen Verlängerungsmöglichkeiten (va aus familiären Gründen, insbes. bei Betreuung minderjähriger Kinder). Die Anwendung des WissZeitVG setzt ein Zitat im Arbeitsvertrag voraus (§ 2 IV WisZeitVG). Die Befristung aus anderen Gründen ist möglich, s. dazu → befristetes Arbeitsverhältnis und für den Bereich der Medizin das G über befristete Arbeitsverträge mit Ärzten in der Weiterbildung v. 15.5.1986, BGBl. I S. 742 (ÄArbVtrG). Aus Anlass der COVID-19-Pandemie sind zeitlich beschränkte, besondere Verlängerungsregelungen ergangen.

Das BMBF hat eine Reform des WissZeitVG erarbeitet. Sie sieht ua die Einführung von weitergehenden Abweichungsmöglichkeiten durch Tarifvertrag, grundsätzliche Mindestbefristungsdauern, die Verlängerungsmöglichkeit bei der Betreuung pflegebedürftiger Angehöriger, eine Vereinheitlichung der max. Befristungsdauer nach Promotion auf grds. 4 Jahre mit Erweiterungsmöglichkeit um 2 Jahre in besonderen Fällen und eine Ausweitung der Befristungsdauer bei studienbegleitenden wissenschaftlichen oder künstlerischen Hilfstätigkeiten von 6 auf 8 Jahre vor. Die Änderungen sollen 6 Monate nach der Verkündung des Gesetzes in Kraft treten, um insbesondere den Einrichtungen zu ermöglichen, die Verfahrensabläufe an die neuen Regelungen anzupassen. Der Gesetzentwurf vom 29.5.2024 befindet sich noch in der parlamentarischen Beratung, am 13.11.2024 fand eine öffentliche Anhörung vor dem Ausschuss für Bildung, Forschung und Technikfolgenabschätzung statt.

Wissentliches Handeln
Der Begriff bezeichnet eine Form des Handelns mit → Vorsatz.

Witwenbeihilfe
wird in der → Unfallversicherung der Witwe eines Schwerverletzten als einmalige Leistung gewährt, wenn sie keinen Anspruch auf eine Unfall-Witwenrente hat, weil der Tod nicht Folge des → Arbeitsunfalls war. Die Witwenbeihilfe beträgt 40 vH des → Jahresarbeitsverdienstes. Entsprechendes gilt für Witwer (§ 71 SGB VII).

Derartige Beihilfen werden auch nach § 148 SGB XIV, § 48 BVG, → Kriegsopferversorgung und § 10a OEG, → Opferentschädigungsgesetz geleistet.

Witwengeld
Die Witwe eines Beamten, der zur Zeit seines Todes → Ruhegehalt erhalten hätte, oder eines Ruhestandsbeamten erhält Witwengeld, es sei denn, dass die Ehe mit dem Verstorbenen weniger als 3 Monate gedauert hat und ihr alleiniger oder überwiegender Zweck darin bestand, der Witwe eine Versorgung zu verschaffen, oder wenn die Ehe erst nach Eintritt des Beamten in den Ruhestand geschlossen wurde und der Ruhestandsbeamte zur Zeit der Eheschließung das 65. Lebensjahr bereits vollendet hatte – sog. nachgeheiratete Witwe – (§ 19 BeamtVG; → Versorgung des Beamten). Im letzteren Falle besteht jedoch ein Rechtsanspruch auf Gewährung eines Unterhaltsbeitrages, soweit die besonderen Umstände des Falles keine volle oder teilweise Versagung rechtfertigen; dasselbe gilt für die geschiedene Ehefrau, die Anspruch auf → Versorgungsausgleich hatte (im Einzelnen s. § 22 II BeamtVG). Das Witwengeld beträgt 60% des Ruhegehalts, das der Verstorbene bei Eintritt in den Ruhestand am Todestag erhalten hätte. Es kann nach Maßgabe des § 20 II BeamtVG gekürzt werden, wenn die Witwe mehr als 20 Jahre jünger ist als der Verstorbene. Die Witwe, die Anspruch auf Witwengeld hat, erhält im Falle einer Wiederverheiratung eine Witwenabfindung in Höhe des 24fachen Monatsbeitrags (§ 21 BeamtVG). Witwen- und → Waisengeld dürfen zusammen den Betrag des ihrer Berechnung zugrundeliegenden Ruhegehalts nicht übersteigen (§ 25 BeamtVG). Die Regelung gilt entsprechend für den Witwer und den geschiedenen Ehemann einer verstorbenen Beamtin oder Ruhestandsbeamtin (§ 28 BeamtVG). Vergleichbare Re-

gelungen gelten nach dem Beamtenversorgungsrecht der Länder.

Witwenrente/Witwerrente
Rentenleistung an hinterbliebene Ehegatten → Witwen- bzw. Witwerrenten in der Sozialversicherung, → Witwen- bzw. Witwerrenten von Kriegsopfern.

Witwensplitting
Verwitwete Personen, die beim Tod ihres Ehegatten von diesem nicht dauernd getrennt leben, werden zwar zur Einkommensteuer einzeln veranlagt (§ 25 EStG; → Veranlagungsarten), jedoch findet die Splittingtabelle (→ Einkommensteuer) noch in dem auf das Todesjahr folgenden → Veranlagungszeitraum Anwendung (§ 32a VI Nr. 1 EStG). S. → Gnadensplitting.

Wochenmarkt
→ Marktverkehr.

Wohl der Allgemeinheit
ist ein vor allem im Recht der → Enteignung verwendeter Begriff. Nach Art. 14 II 2 GG soll der Gebrauch des → Eigentums zugleich dem Wohl der Allgemeinheit dienen (Grundlage für die Lehre von der „Sozialbindung" des Eigentums). Nach Art. 14 III 1 GG (entsprechende Bestimmungen in den Enteignungsgesetzen des Bundes und der Länder) ist eine Enteignung nur zum Wohl der Allgemeinheit zulässig. Diese Voraussetzung ist dann erfüllt, wenn der mit der Enteignung angestrebte Nutzen für die Allgemeinheit über den durch die Rechtsentziehung als solche erreichten Vorteil hinausgeht. Auch außerhalb des Enteignungsrechts finden sich gelegentlich „Gemeinwohlklauseln", zB im Planungsrecht oder bei Änderungen im Gebietsbestand von Gemeinden, die zulässig sind, wenn sie dem „gemeinen Wohl" dienen.

Wohlerworbene Rechte
(des Beamten) → Berufsbeamtentum.

Wohn- und Betreuungsvertragsgesetz
Das Wohn- und BetreuungsvertragsG (WBVG) v. 29.7.2009 (BGBl. 2009 I 2319), ein VerbraucherschutzG, ist mWv 1.10.2009 für neue Verträge an die Stelle der zivilrechtlichen Vorschriften des HeimG (→ Heim) getreten; mWv 1.5.2010 gelten die Regelungen auch für Verträge, die bis zum 30.9.2009 geschlossen worden sind (§ 17 WBVG). Das WBVG gilt für Verträge zwischen → Unternehmern und volljährigen → Verbrauchern, in denen sich der Unternehmer zur Überlassung von Wohnraum und zur Erbringung von Pflege- und Betreuungsleistungen verpflichtet; ausgenommen sind ua Krankenhäuser (§§ 1 f. WBVG). Das Gesetz verpflichtet den Unternehmer zunächst, den Verbraucher vor Vertragsschluss rechtzeitig und in leicht verständlicher Sprache über das Leistungsangebot zu unterrichten (§ 3 WBVG). Im wesentlichen enthält das Gesetz sodann teilweise an das Mietrecht angelehnte Vorschriften über den Vertragsschluss (zB Schriftlichkeit nach § 6 I 1 WBVG) und die Vertragsdauer, den Wechsel der Vertragsparteien, den Vertragsinhalt, die Anpassung des Vertragsinhalts bei Änderung des Pflege- oder Betreuungsbedarfs, die Entgelterhöhung bei Änderung der Berechnungsgrundlage, die Rechtsfolgen von Leistungsstörungen (Nichtleistung oder Schlechtleistung), die Kündigung des Vertrages durch den Verbraucher und den Unternehmer, Sicherheitsleistungen und besondere Bestimmungen für Verträge mit Verbrauchern, die Sozialleistungen als Leistungen der → Pflegeversicherung nach dem SGB XI oder → Sozialhilfe nach dem SGB XII beziehen (§§ 4 ff. WBVG). Von den Vorschriften des WBVG kann nicht zum Nachteil des Verbrauchers abgewichen werden (§ 16 WBVG).

Wohnbesitz
→ Wohnungseigentum (4).

Wohneigentum
→ Wohnungseigentum.

Wohneigentumsförderung
→ Eigenheimzulage.

Wohnflächenverordnung
Die VO zur Berechnung der Wohnfläche (WoFlV) vom 25.11.2003 (BGBl. 2003 I 2346) regelt, welche Grundfläche zur Wohnfläche einer Wohnung zählt und wie sie ermittelt wird. Die Wohnflächenverordnung wurde auf Grund von § 19 aF WoFG erlassen und gilt primär für die Wohnflächenberechnung der → sozialen Wohnraumförderung, sofern keine landesrechtlichen Vorschriften eingreifen. Das allgemeine Wohnraummietrecht nimmt auf die Wohnflächenverordnung Bezug.

Wohngeld
ist der nach dem Wohngeldgesetz (WoGG) idF v. 24.9.2008 (BGBl. 2008 I 1856) mÄnd gewährte Zuschuss zu den Aufwendungen für den Wohnraum. Wohngeld wird auf Antrag entweder als Miet- oder als Lastenzuschuss gewährt. Die Höhe des Miet- oder Lastenzuschusses errechnet sich nach einer feststehenden Formel (§ 19 WoGG) unter Berücksichtigung der Miethöhe oder monatlichen Belastung, des Einkommens und der Haushaltsgröße. Mieter erhalten Mietzuschuss, Eigentümer Lastenzuschuss. Belastung im Sinne des Lastenzuschusses sind Kapitaldienst- und Bewirtschaftungskosten. Die Höchstbeträge der berücksichtigungsfähigen Miete oder Belastung ergeben sich aus dem Alter der Wohnung, der Haushaltsgröße und der Gemeindeklasse. Der konkrete Wohngeldbetrag ist unter Anwendung der Anlagen 2 und 3 des Gesetzes (zu § 19 WoGG) zu errechnen. Siehe auch WohngeldVO v. 19.10.2001 (BGBl. 2001 I 2722) mÄnd. Alle zwei Jahre wird die Höhe des Wohngeldes dynamisch an die Mieten- und Verbraucherpreisentwicklung angepasst (erstmalig im Januar 2022). Die Einnahmen des Bezugsberechtigten sind bei der Festset-

zung des Wohngeldes zu berücksichtigen. Werden von anderen Leistungsträgern, zB der gesetzlichen Rentenversicherung für einen zurückliegenden Zeitraum Leistungen erbracht, ist das Wohngeld gleichwohl nicht erstattungsfähig bzw. zurückzuzahlen. Zum 1.1.2023 trat die Wohngeld-Plus-Reform in Kraft, die zu Leistungsverbesserungen und einer Vergrößerung der anspruchsberechtigten Personengruppe führen soll. Im Einzelnen wurden allgemein die Leistungen verbessert und eine sog. Heiz- und eine Klimakomponente eingeführt (BGBl. 2022 I, 2160 mÄnd), mit der die erhöhten Energiekosten abgefedert werden sollen.

Wohnkostenbedarf
→ Unterhaltspflicht unter Verwandten (4).

Wohnort
→ Wohnsitz.

Wohnraumförderung
→ soziale Wohnraumförderung, → sozialer Wohnungsbau.

Wohnraumkündigungsschutz
→ Wohnraummietvertrag (5). Zu den Sonderregelungen für die → COVID-19-Pandemie s. die Ausführungen unter → Corona-Krise und Mietrecht.

Wohnraummakler
→ Wohnungsvermittlung.

Wohnraummietvertrag
1. Systematik, Abdingbarkeit, Vertragsschluss, besondere Rechte und Pflichten, Untermiete:

Zur Systematik des Mietrechts s. zunächst → Mietvertrag (1). Der Wohnraummietvertrag ist eine Unterform des allg. Mietvertrags. Es gelten daher dessen Regeln (§ 549 I BGB), soweit nicht, insbes. im Interesse des Mieters, die Sondervorschriften der §§ 549–577a BGB greifen. Diese Sondervorschriften gelten zT aber auch für Mietverträge über Grundstücke und andere, nicht zu Wohnzwecken dienende Räume, § 578 BGB. Die Vorschriften über die Miethöhe bei Mietbeginn in Gebieten mit angespannten Wohnungsmärkten, über die Mieterhöhung (s. u. 2) sowie über den Mieterschutz bei Beendigung des Mietverhältnisses und bei Begründung von Wohnungseigentum (s. u. 5) gelten andererseits nicht für Wohnraummietverträge über Wohnraum, der nur zum vorübergehenden Gebrauch (dh für eine kürzere, absehbare Zeit, zB Saisonarbeit) vermietet wird, für Wohnraummietverträge über Wohnraum, der als Teil der vom Vermieter selbst bewohnten Wohnung (überwiegend) möbliert vermietet ist und nicht zum dauernden Gebrauch des Mieters und seiner Familie oder Haushaltsangehörigen dient, sowie für Wohnraummietverträge über Wohnraum, den eine juristische Person des öffentlichen Rechts oder ein anerkannter Wohlfahrtsträger zwecks Überlassung an Personen mit dringendem Wohnungsbedarf angemietet hat, § 549 II BGB. Für Wohnraum in einem Studenten- oder Jugendwohnheim gelten die Sondervorschriften über Wohnraummietverträge nur eingeschränkt, § 549 III BGB. Eine vollständige Regelung des Rechts der Wohnraummiete enthält das BGB nicht, es existieren weitere Sondervorschriften, sa → sozialer Wohnungsbau, → soziale Wohnraumförderung. Zu den Sonderregelungen für die → COVID-19-Pandemie s. die Ausführungen unter → Corona-Krise und Mietrecht.

Die wesentlichen Bestimmungen über den Wohnraummietvertrag, zB betreffend die Rechtsfolgen gegen einen Formverstoß (§ 550 BGB, hM), die Betriebskosten (§ 556 IV BGB), Erhaltungs- und Modernisierungsmaßnahmen (§ 555a IV BGB, § 555c V BGB, § 555d VII BGB, § 555e III BGB), die Mieterhöhung (§§ 557 ff. BGB), die Mietminderung bei Sach- und Rechtsmängeln (§ 536 IV BGB), die Rückzahlung im Voraus überzahlter Miete (§ 547 II BGB), die Barrierefreiheit (§ 554a III BGB), das Eintrittsrecht beim Tod des Mieters (§ 563 V BGB), den Kündigungsschutz (§ 569 V BGB, § 573 IV BGB) oder die sog. Sozialklausel (Widerspruchsrecht gegen die Kündigung, §§ 574 ff. BGB) sind zwingend, also nicht zum Nachteil des Mieters abänderbar (→ Vertrag 2, → Recht, 3, → Abdingbar). Soweit sich der Inhalt des Wohnraummietvertrags (zT abweichend von nachgiebigen Vorschriften des BGB) nach vorformulierten Vertragswerken richten soll (auch als Einheitsmietvertrag oder Mustermietvertrag bezeichnet), muss er von den Beteiligten ausdrücklich vereinbart werden und den Vorschriften über die → Allgemeinen Geschäftsbedingungen entsprechen (s. insoweit auch u. die Ausführungen zu den Schönheitsreparaturen).

Der Wohnraummietvertrag bedarf jedenfalls im Ergebnis der Schriftform (→ Form, 1a), wenn er für längere Zeit als ein Jahr abgeschlossen wird, ansonsten gilt der Vertrag als auf unbestimmte Zeit mit Kündigung frühestens ein Jahr nach Überlassung des Wohnraums geschlossen, § 550 BGB. Eine Vereinbarung, durch die sich der Vermieter eine → Vertragsstrafe vom Mieter versprechen lässt, ist unwirksam, § 555 BGB. Zur Grenze der zulässigen Höhe und zur Anlage von Sicherheiten des Mieters s. → Mietkaution. Der Vermieter kann die Ausübung des Wegnahmerechts des Mieters (→ Mietvertrag, 2) durch Zahlung einer angemessenen Entschädigung abwenden; eine Vereinbarung über den Ausschluss des Wegnahmerechts ist nur wirksam, wenn ein angemessener Ausgleich vorgesehen ist (§ 552 BGB). Der Mieter hat dem Vermieter die Besichtigung der Wohnung zu angemessener Zeit zu gestatten. Die üblichen Erhaltungsmaßnahmen und damit auch die Schönheitsreparaturen treffen grds. nach § 535 I 2 BGB den Vermieter, die vertragliche Abwälzung auf den Mieter ist jedoch üblich und grds. zulässig; der Begriff der Schönheitsreparaturen ergibt sich aus § 28 IV der Zweiten

Berechnungsverordnung (Tapezieren oder Streichen der Wände, Decken, Fußböden, Innentüren, Heizkörper, Heizrohre, Fenster und Außentüren von innen, Erhaltung der Fußböden). Geschieht die Abwälzung auf den Mieter in → Allgemeinen Geschäftsbedingungen, ist aber eine unangemessene Benachteiligung iSv § 307 BGB zu prüfen; diese ist zB anzunehmen bei der Pflicht zum Außenanstrich oder zur Parkettversiegelung, bei der Vereinbarung starrer Fristen für die Vornahme der Schönheitsreparturen ohne Berücksichtigung der konkreten Abnutzung, bei intransparenten Abgeltungsklauseln bei unterlassenen Schönheitsreparaturen, bei einer unrenoviert oder renovierungsbedürftig überlassenen Wohnung ohne entsprechenden Ausgleich (ggfs. hat der Mieter im letzteren Fall einen Anspruch auf Durchführung der Schönheitsreparaturen, muss sich aber an den Kosten beteiligen). Der Mieter hat die Durchführung von Maßnahmen zur Instandhaltung und Instandsetzung der Mietsache (Erhaltungsmaßnahmen) nach rechtzeitiger vorheriger Ankündigung grds. zu dulden, § 555a BGB (s. → Mietvertrag, 2). Auch bestimmte Modernisierungsmaßnahmen (Begriff s. § 555b BGB; insbes. zur nachhaltigen energetischen Modernisierung, also zur Einsparung von Gas, Öl, Kohle, Fernwärme, Strom usw, auch zwecks Einbau einer neuen Heizungsanlage zur Erfüllung der Voraussetzungen von § 71 GEG (→ Gebäudeenergie), zur nachhaltigen Reduzierung des Wasserverbrauchs oder zur Schaffung von neuem Wohnraum) sind grds. zu dulden, Ausnahmen gelten für Härtefälle, § 555d BGB. Die Maßnahmen sind 3 Monate vorher in Textform und mit konkretem Inhalt anzukündigen, § 555c BGB. Dem Mieter steht bei Modernisierungsmaßnahmen ein Sonderkündigungsrecht zu, § 555e BGB. Aus Anlass von Erhaltungs- und Modernisierungsmaßnahmen können die Parteien Vereinbarungen treffen, insbes. über den Ablauf der Maßnahmen, die Rechte des Mieters und die Miethöhe, § 555 f BGB. Hat der V. bestimmte Modernisierungsmaßnahmen iSv § 555b BGB durchgeführt, kann er die Miete nach einer Erklärung in Textform mit Erläuterung (§ 559b BGB) um 8% der für die Wohnung aufgewendeten Kosten (ohne Erhaltungskosten, § 559 II BGB, und Drittmittel, § 559a BGB) erhöhen, § 559 I BGB (zu Ausnahmen und Härtefällen s. § 559 IV, V BGB; zum vereinfachten Verfahren der Mieterhöhung § 559c BGB; sa § 559e BGB: Erhöhung um 10%). Sa → Mietvertrag (2), → Wohnungsmodernisierung. Der Mieter kann vom Vermieter die Zustimmung zu baulichen Veränderungen oder sonstigen Einrichtungen verlangen, die für eine behindertengerechte Nutzung der Mietsache oder den Zugang zu ihr erforderlich sind, sofern sein berechtigtes Interesse hieran die Interessen des Vermieters und anderer Mieter in dem Gebäude überwiegt, § 554a BGB. Durch eine Hausordnung, die der vertraglichen Grundlage bedarf, können (für mehrere Mieter) in Häusern oder Wohnanlagen allg. Regelungen für den Gebrauch der Mietsache und von Gemeinschaftseinrichtungen bestimmt werden. Die Haltung von → Haustieren kann im Vertrag geregelt und auch ausgeschlossen werden (nicht aber von Kleintieren, zB Vogel, Zierfisch, Hamster); fehlt eine vertragliche Regelung, so bestimmt sich die Zulässigkeit nach den Umständen des Einzelfalls unter Berücksichtigung der Interessen von Vermieter und Mieter (zB Art, Größe, Zahl der Tiere, bisherige Handhabung, besondere Bedürfnisse, Beeinträchtigung der Nachbarn).

Untermiete: In Abweichung von § 540 BGB (→ Mietvertrag, 2) hat der Mieter gegenüber dem Vermieter einen Anspruch auf Erlaubnis der Untervermietung, wenn für ihn hierzu nach Abschluss des Wohnraummietvertrags ein berechtigtes Interesse entsteht (zB Auszug mittlerweile erwachsener Kinder, Aufnahme eines neuen Lebenspartners) und die Untervermietung dem Vermieter zugemutet werden kann, § 553 BGB (unzumutbar zB, wenn in der Person des Dritten ein wichtiger Grund vorliegt oder der Wohnraum übermäßig belegt würde); § 553 BGB gilt nur für die Untervermietung eines Teils, nicht für die Weitervermietung der gesamten Wohnräume. Eine Untervermietung ohne vorherige Einholung der Erlaubnis ist eine Vertragsverletzung des Mieters, auch wenn ein Anspruch besteht. Ist dem Vermieter die Überlassung (zB wegen der erhöhten Abnutzung) nur bei einer angemessenen Erhöhung der Miete zuzumuten, so kann der Vermieter seine Erlaubnis hiervon abhängig machen (Untermietzuschlag, § 553 BGB). Zwischen Mieter und Untermieter finden die Vorschriften des Wohnraummietvertrags Anwendung (echtes Mietverhältnis). Zwischen Untermieter und Vermieter bestehen keine direkten vertraglichen Beziehungen. Der Mieter hat ein Verschulden des Untermieters gegenüber dem Vermieter wie ein eigenes Verschulden zu vertreten. Zur gewerblichen Untervermietung s. → Zwischenmiete.

2. Miete, Mieterhöhung, Betriebskosten (Nebenkosten), Gegenansprüche:

Die Höhe der Miete kann grds. frei vereinbart werden. Dies gilt nicht in Gebieten, in welchen die → Mietpreisbremse gilt (s. iE dort die Ausführungen zur Begrenzung der Miete). Auch während des Bestehens des Mietvertrags kann die Miete grds. frei abgeändert (erhöht) werden, § 557 I BGB; anders im → sozialen Wohnungsbau bis 31.12.2001; sa → soziale Wohnraumförderung. Die Vertragsparteien können aber auch von vornherein künftige Änderungen der Miethöhe schriftlich als → Indexmiete gem. § 557b BGB (Legaldefinition) vereinbaren, Einzelheiten s. dort; sa → Inflation. Möglich ist auch die schriftliche Vereinbarung einer → Staffelmiete gem. § 557a BGB, Einzelheiten s. dort. Bei der Staffelmietevereinbarung wird die Miete von vornherein für bestimmte Zeiträume in unterschiedlicher, konkret bestimmter Höhe festgelegt. Die Miete muss jeweils mindestens ein Jahr unverändert bleiben. Während der Laufzeit der Staffelmiete ist eine Mieterhöhung nach §§ 558 ff. BGB (zur Anpassung an die ortsüblich Vergleichsmiete oder wegen Modernisierungsmaßnahmen) generell ausgeschlossen. Das Kündigungsrecht des Mieters kann für höchstens 4 Jahre seit Abschluss einer Staffelmietvereinbarung ausgeschlossen werden. Eine Änderung der Betriebskosten ist nach § 560 BGB ist auch bei Staffel- und Indexmiete möglich (hierzu s. u.). Ansonsten kann der Vermieter (nicht abdingbar, § 557 IV BGB, § 558 VI BGB) eine Erhöhung der Miete, sofern dies nicht vertraglich ausgeschlossen ist, nur wie folgt verlangen: Der Vermieter hat Anspruch auf Zustimmung des Mieters zu einer Erhöhung der Miete bis zur ortsüblichen Vergleichsmiete, wenn die Miete in dem Zeitpunkt, zu dem die Erhöhung eintreten soll (von Nebenkosten abgesehen), 15 Monate unverändert geblieben ist, § 558 I BGB. Die ortsübliche Vergleichsmiete ermittelte sich bislang aus den üblichen Entgelten, die in der Gemeinde für Wohnraum vergleichbarer Art, Größe, Ausstattung, Beschaffenheit und Lage in den letzten 4 Jahren vereinbart worden sind, mWv 1.1.2021 wurde der Betrachtungszeitraum auf sechs Jahre verlängert, § 558 II BGB (s. hierzu auch → Mietpreisbremse); maßgeblich für die Ermittlung der Vergleichsmiete ist der Zeitpunkt des Zugangs des Erhöhungsverlangens. Neben der Obergrenze durch die Vergleichsmiete gilt die → Kappungsgrenze: Dabei darf sich die Miete innerhalb von 3 Jahren (auch hier von Modernisierungskosten und Betriebskostenänderungen abgesehen, § 560 BGB; nicht aber bei Erhöhung der Kapitalkosten des Vermieters) nicht um mehr als 20 vH (15 vH in Gebieten mit gefährdeter Wohnraumversorgung, die von den Landesregierungen durch VO festgelegt werden können) erhöhen, § 556 III BGB. Das Mieterhöhungsverlangen ist dem Mieter in sog. Textform (→ Form, 1a) zu erklären und zu begründen, § 558a I BGB, um diesem zu ermöglichen, die sachliche Berechtigung des Verlangens zu prüfen (an das Begründungserfordernis dürfen nach der Rspr. keine überhöhten Anforderungen gestellt werden). Hierzu kann insbes. auf einen → Mietspiegel (sa → Qualifizierter Mietspiegel) Bezug genommen werden (Bezugnahme auf einen veralteten Mietspiegel grds. möglich, wenn kein aktualisierter vorhanden ist, § 558a IV 2 BGB, aber nur, sofern dieser noch einen entsprechenden Informationsgehalt hat, was zB bei einem 20 Jahre alten Mietspiegel nicht mehr der Fall ist; ebenso Bezugnahme auf den Mietspiegel einer vergleichbaren Gemeinde); auch eine Bezugnahme auf eine Auskunft aus einer → Mietdatenbank, ein begründetes Gutachten eines amtlichen Sachverständigen oder auf entsprechende Entgelte für einzelne (mind. 3) vergleichbare Wohnungen ist möglich, § 558a II BGB. Stimmt der Mieter der Mieterhöhung zu, so erhöht sich die Miete ab dem 3. Monat nach Zugang des Erhöhungsverlangens; stimmt der Mieter nicht (bis zum Ablauf des 2. Monats nach Zugang des Verlangens) zu, so kann der Vermieter innerhalb von weiteren 3 Monaten Klage auf Erteilung der Zustimmung erheben, § 558b BGB. Macht der Vermieter eine derartige Mieterhöhung geltend, so kann der Mieter bis zum Ablauf des 2. Monats nach Zugang der Erklärung des Vermieters den Wohnraummietvertrag außerordentlich zum Ablauf des übernächsten Monats kündigen; kündigt der Mieter, so tritt die Mieterhöhung nicht ein, § 561 BGB. Zur Mieterhöhung nach Modernisierungsmaßnahmen s. o. 1.

Die Vertragsparteien können vereinbaren, dass der Mieter die Betriebskosten trägt, § 556 BGB. Betriebskosten sind die Kosten, die durch den bestimmungsgemäßen Gebrauch des Gebäudes und der Einrichtungen des Grundstücks laufend entstehen, zB die Kosten für Wasser-, Heizungs- und Warmwasserversorgung, Abwasser, Aufzug, Straßen- und Hausreinigung, Müllabfuhr, Gartenpflege, Gemeinschaftsantenne, Gebäudeversicherung, Hausmeister usw. Hierfür können eine Pauschale oder Vorauszahlungen in angemessener Höhe im Mietvertrag festgelegt werden. Über die Vorauszahlungen ist jährlich abzurechnen, der Mieter hat nach § 556 IV Anspruch auf Einsicht in die Belege, der Vermieter kann diese elektronisch bereitstellen. Dabei sind die Betriebskosten mangels abweichender Vereinbarung nach dem Anteil der Wohnfläche, bei Abhängigkeit vom Verbrauch oder der Verursachung durch den Mieter nach diesem Maßstab, umzulegen; es kann aber auch generalisiert werden (zulässig zB eine Umlage von Liftkosten, auch für Erdgeschossmieter). Einzelheiten s. §§ 556 ff. BGB. Bei einer Betriebskostenpauschale ist der Vermieter berechtigt, Erhöhungen der Betriebskosten durch Erklärung in Textform anteilig auf die Mieter umzulegen, wenn dies im Mietvertrag vorgesehen ist; sind Betriebskostenvorauszahlungen vereinbart, kann nach einer erfolgten formell und inhaltlich richtigen Abrechnung eine Anpassung auf eine angemessene Höhe in Textform vorgenommen werden (grds. aber nur ein einmaliges Erhöhungsrecht pro Abrechnungsperiode; Einzelheiten s. § 560 BGB; ob daneben infolge des drastischen Anstiegs der Energiepreise im Jahr 2022 wegen der durch den → Ukrainekrieg bedingten Energiekrise grds. auch ein Anspruch des Vermieters auf Zustimmung zu einer außerordentlichen Erhöhung der Betriebskostenvorauszahlung nach § 313 BGB nach den Grundsätzen der Störung der → Geschäftsgrundlage möglich ist, erscheint angesichts der speziellen Regelung in § 560 IV BGB zweifelhaft (str.). Für die Aufstellung der Betriebskosten gilt die → Betriebskostenverordnung, für die (verbrauchsabhängige) Heizkostenabrechnung die HeizKostenV. Zur Verteilung der Kosten für fossile Brennstoffe → Kohlendioxidkostenaufteilung. Zur Zulässigkeit eines Vertrages über die Belieferung mit → Mieterstrom s. dort.

Die Miete ist grds. im Voraus, spätestens bis zum dritten Werktag des ihrer Bemessung zu Grunde liegenden Zeitabschnitts (idR Monat) zu entrichten, § 556b I BGB. Der Mieter kann gegenüber der Mietforderung mit seinen Gegenansprüchen (→ Mietvertrag, 2) aufrechnen (→ Aufrechnung) oder ein → Zurückbehaltungsrecht geltend machen; hinsichtlich etwaiger Schadens- oder Aufwendungsersatzansprüche wegen eines Mangels, sonstiger Aufwendungsersatzansprüche oder Ansprüche wegen zuviel gezahlter Miete gilt dies bei rechtzeitiger Anzeige auch im Fall einer entgegenstehenden vertraglichen Bestimmung, § 556 II BGB. Der Vermieter kann allerdings die Miete auch im → Urkundenprozess geltend machen.

3. Vermieterpfandrecht:

Der Vermieter hat für seine Forderungen aus dem Wohnraummietvertrag (Miete, Schadensersatz usw) ein gesetzliches → Pfandrecht an den eingebrachten Sachen (Möbel, Kleidung, auch Geld) des Mieters, § 562 BGB. Die Sachen müssen im Eigentum des Mieters stehen (nicht bei → Sicherungsübereignung oder → Eigentumsvorbehalt); ein gutgläubiger Erwerb des besitzlosen Pfandrechts ist ausgeschlossen (aber ggf. Pfandrecht am → Anwartschaftsrecht). Das Vermieterpfandrecht, das mit dem Verbringen der Sachen in die Mietwohnung entsteht, erstreckt sich nicht auf Sachen, die der Pfändung nicht unterworfen sind (→ Pfändungsschutz). Das Pfandrecht erlischt mit der Entfernung der Sachen von dem Grundstück, sofern dies nicht ohne Wissen oder unter Widerspruch des Vermieters geschieht. Der Widerspruch des Vermieters ist unbeachtlich, wenn die Entfernung den gewöhnlichen Lebensverhältnissen entspricht (zB Mitnahme auf eine Reise, Reparatur) oder wenn die zurückbleibenden Sachen zur Sicherung des Vermieters offenbar ausreichen, § 562a BGB. Sofern der Vermieter hiernach ein Widerspruchsrecht hat, darf er im Wege der → Selbsthilfe (ohne gerichtliche Hilfe) die Entfernung verhindern, bei Auszug des Mieters darf er dessen Sachen in seinen Besitz nehmen oder innerhalb eines Monats ab Kenntniserlangung die Zurückschaffung von weggebrachten Sachen verlangen, § 562b BGB. Das Pfandrecht des Vermieters kann durch → Sicherheitsleistung des Mieters abgewendet werden, § 562c BGB. Wird eine Sache, die dem Pfandrecht des Vermieters unterliegt, für einen anderen Gläubiger gepfändet, so kann das Pfandrecht des Vermieters bevorrechtigt nur für Mietrückstände bis zum letzten Jahr vor der Pfändung geltend gemacht werden, § 562d BGB.

4. Wechsel der Vertragsparteien:

In einen Wohnraummietvertrag tritt, unabhängig von einer Erbenstellung (→ Sondererbfolge), mit dem Tod des Mieters dessen Ehegatte, der mit dem Mieter einen gemeinsamen Haushalt geführt hat, ein, § 563 I BGB. Dasselbe gilt für den Lebenspartner und nach der Rspr. für den Überlebenden einer (echten) → eheähnlichen Gemeinschaft. Kinder im gemeinsamen Haushalt, andere Familienangehörige oder Personen, die mit dem Mieter einen auf Dauer angelegten gemeinsamen Haushalt geführt haben, treten ein, wenn nicht der Ehegatte oder Lebenspartner eintritt, § 563 II BGB. Die Eingetretenen können innerhalb eines Monats ab Kenntnis vom Tod des Mieters erklären, dass sie den Wohnraummietvertrag nicht fortsetzen wollen; der Eintritt gilt dann als nicht erfolgt, § 563 III BGB. Der Vermieter hat (innerhalb eines Monats) ein Kündigungsrecht (mit gesetzlicher Frist) nur, wenn in der Person des Eingetretenen ein wichtiger Grund vorliegt, § 563 IV BGB. Sind mehrere derartige Personen gemeinsam Mieter, so wird der Wohnraummietvertrag beim Tod eines Mieters mit den überlebenden Mietern fortgesetzt; diese haben ein Kündigungsrecht mit gesetzlicher Frist, § 563a BGB. Eingetretene Personen haften neben dem Erben für die bis zum Tod des Mieters entstandenen Verbindlichkeiten als Gesamtschuldner, § 563b BGB (sa → Gesamtschuld). Treten beim Tod des Mieters keine solchen Personen in den Wohnraummietvertrag ein, so wird das Mietverhältnis mit dem Erben (bei beiderseitiger außerordentlicher Kündigungsmöglichkeit mit gesetzlicher Frist) fortgesetzt, § 564 BGB.

Wird der vermietete Wohnraum nach der Überlassung an den Mieter vom Vermieter an einen Dritten veräußert, so tritt der Erwerber mit allen Rechten und Pflichten aus dem Wohnraummietvertrag (zB hinsichtlich einer geleisteten → Mietkaution, § 566a BGB) an die Stelle des bisherigen Vermieters (§ 566 I BGB; „Kauf bricht nicht Miete", → Vertragsübernahme). Der bisherige Vermieter haftet aber für die Erfüllung der Verpflichtungen des Erwerbers wie ein selbstschuldnerischer Bürge (→ Bürgschaft); er wird von seiner Haftung befreit, wenn der Mieter nicht zum ersten zulässigen Termin kündigt, § 566 II BGB. §§ 566a-d BGB stellen sicher, dass bei Vorausverfügungen des Vermieters über die Miete (Abtretung, Verpfändung) der Mieter vor Doppelzahlung und der Erwerber vor Verlust des Anspruchs auf die Miete geschützt wird. Solche Vorausverfügungen sind gegenüber dem Erwerber, sofern er hiervon keine Kenntnis hatte, nur für den laufenden, ggf. noch für den nächsten Monat wirksam, § 566b BGB. Eine Vorauszahlung der Miete ist dem Erwerber gegenüber lediglich im gleichen Umfang wirksam, § 566c BGB. Dies gilt jedoch nach der Rspr. nicht für → Baukostenzuschüsse und sonstige vertragsgemäße Mietvorauszahlungen, wenn diese bestimmungsgemäß für den Wohnraum verwendet wurden und somit auch dem Erwerber zugute kommen. Zur Aufrechnungsmöglichkeit des Mieters gegenüber dem Erwerber bei Wirksamkeit der Zahlung an den Vermieter s. § 566d BGB. Teilt der Vermieter dem Mieter den Eigentumsübergang mit, so muss er diesen hinsichtlich der Mietforderung gegen sich gelten lassen, auch wenn er tatsächlich nicht erfolgt oder unwirksam ist, § 566e BGB. Der Grundsatz „Kauf bricht nicht Miete" gilt auch bei Belastung des Grundstücks mit einem dinglichen Recht (§ 567 BGB) sowie bei einer Veräußerung iRd → Zwangsversteigerung; der Erwerber hat hier jedoch ein Kündigungsrecht mit gesetzlicher Frist, sofern nicht der Mieter einen geleisteten Baukostenzuschuss noch nicht abgewohnt hat (§§ 57, 57a, 57c ZVG). Die Vorschriften gelten grds. auch für andere Mietgegenstände, insbes. Geschäftsräume, § 578 BGB.

5. Ende des Mietverhältnisses:

Ein Wohnraummietvertrag auf bestimmte Zeit (Zeitmietvertrag) kann nur noch vereinbart werden, wenn hierfür ein im Gesetz anerkannter Grund gegeben ist (insbes. wenn der Vermieter nach Ablauf der Mietzeit die Räume als Wohnung für sich, seine Angehörigen oder einen zur Dienstleistung Verpflichteten nutzen oder die Räume beseitigen oder wesentlich verändern will) und der Vermieter dem Mieter den Grund der Befristung bei Vertragsschluss schriftlich mitteilt, § 575 I BGB. Bei zulässiger Befristung endet der Wohnraummietvertrag mit Ablauf der vereinbarten Zeit; sonst (also insbes. bei einem Zeitmietvertrag ohne Angabe eines Grundes) gilt der Wohnraummietvertrag als auf unbestimmte Zeit abgeschlossen. Kann ein Zeitmietvertrag außerordentlich mit gesetzlicher Frist gekündigt werden, so gelten die Vorschriften über Kündigung und Fortsetzung des Mietverhältnisses bei unbefristeten Wohnraummietvertrag (s. u. c) entsprechend mit der Maßgabe, dass Fortsetzung höchstens bis zum vertraglich bestimmten Zeitpunkt der Beendigung verlangt werden kann, § 575a BGB. Der Vermieter kann sich auch nicht auf ein vereinbartes Rücktrittsrecht oder auf eine auflösende → Bedingung im Wohnraummietvertrag berufen, § 572 BGB.

Ein Wohnraummietvertrag auf unbestimmte Zeit wird (abgesehen von der Möglichkeit eines Aufhebungsvertrags) durch Kündigung beendet. Sie bedarf der Schriftform (→ Form, 1a), § 568 I BGB.

Die nicht an eine Frist gebundene außerordentliche Kündigung setzt einen wichtigen Grund für die Auflösung des Mietverhältnisses voraus (Einzelheiten s. zunächst → Mietvertrag, 3a). Der wichtige Grund ist in dem Kündigungsschreiben anzugeben, § 569 IV BGB. Ein wichtiger Grund iSd § 543 I BGB ist für den Mieter dabei auch dann gegeben, wenn die Benutzung der Wohnung mit einer erheblichen Gesundheitsgefährdung verbunden ist. Dasselbe gilt für beide Seiten, wenn der andere Teil seine Verpflichtungen aus dem Wohnraummietvertrag schuldhaft so erheblich verletzt, insbes. den Hausfrieden so nachhaltig stört, dass dem anderen Teil die Fortsetzung des Wohnraummietvertrags bis zu einer möglichen ordentlichen Kündigung nicht mehr zugemutet werden kann, § 569 I, II BGB. Die bloße Zerrüttung des Mietverhältnisses wegen Zerstörung der Vertrauensgrundlage allein, etwa wegen eines Dauerkonflikts, reicht dafür nicht aus. Eine grundlos falsche Strafanzeige kann einen Kündigungsgrund darstellen. Der Verzug mit der Zahlung einer → Mietkaution (erfasst wird nur die Zahlung von Barkaution, Verzug mit einer Sicherheitsleistung durch Bürgschaft führt nur zur Kündigungsmöglichkeit nach § 543 I BGB, § 573 II Nr. 1 BGB) begründet ein Kündigungsrecht des Vermieters, wenn der Betrag 2 Monatsmieten entspricht, § 569 IIa BGB. Ein Kündigungsrecht wegen → Schuldnerverzug mit Mietzahlungen ist zulässig bei einem Rückstand mit einem Teil der Miete für 2 aufeinanderfolgende Termine (§ 543 II 1 Nr. 3a BGB), wenn der Rückstand insgesamt (nicht hinsichtlich einzelner Termine) einschließlich laufender Betriebskosten 1 Monatsmiete übersteigt, § 569 III Nr. 1 BGB. Der Verzug wird jedoch geheilt und die Kündigung unwirksam, wenn der Vermieter spätestens vor Ablauf von 2 Monaten nach → Rechtshängigkeit einer Räumungsklage vollständig befriedigt wird (sog. Schonfristzahlung); dies gilt nicht, wenn innerhalb von 2 Jahre vor Zugang dieser Kündigung bereits einmal eine Kündigung wegen späterer Befriedigung unwirksam geworden ist, § 569 III Nr. 2 BGB. Zu der für die → COVID-19-Pandemie eingeführten Kündigungssperre bei Nichtzahlung der Miete s. → Corona-Krise und Mietrecht. Bei Verurteilung des Mieters zur Zahlung einer (gem. o. 2) erhöhten Miete kann der Vermieter nicht vor Ablauf von 2 Monaten nach rechtskräftiger Verurteilung kündigen, wenn nicht die Voraussetzungen einer außerordentlichen Kündigung schon wegen der bisher geschuldeten Miete gegeben sind, § 569 III Nr. 3 BGB. Von diesen Regelungen zum Nachteil des Mieters abweichende Vereinbarungen, insbes. dahin, dass der Vermiete auch aus anderen Gründen außerordentlich fristlos kündigen kann, sind unwirksam, § 569 V BGB. Kann ein Wohnraummietvertrag außerordentlich mit gesetzl. Frist gekündigt werden, so gelten die Vorschriften über die ordentliche Kündigung (s. u.) entsprechend; die Kündigungsfrist beträgt 3 Monate, § 573d BGB.

Eine ordentliche Kündigung kann der Vermieter (unabdingbar, § 573 IV BGB) nur aussprechen, wenn er ein berechtigtes Interesse an der Beendigung des Wohnraummietvertrags hat; die Kündigung zum Zweck der Mieterhöhung (s. o. 2) ist ausgeschlossen, § 573 I BGB. Ein berechtigtes Interesse des Vermieters an der Beendigung des Wohnraummietvertrags liegt insbes. vor, wenn der Mieter seine vertraglichen Verpflichtungen schuldhaft nicht unerheblich verletzt hat, der Vermieter die Räume für sich oder seine Angehörigen benötigt (Eigenbedarf) oder der Vermieter durch die Fortsetzung des Mietverhältnisses an einer angemessenen wirtschaftlichen Verwertung des Mietgrundstücks gehindert und dadurch erhebliche Nachteile erleiden würde, § 573 II BGB. Für letzteres genügt aber nicht der Vortrag, durch anderweitige Vermietung oder durch Begründung von Wohnungseigentum könne eine höhere Rendite erzielt werden. Für den Eigenbedarf des Vermieters genügt jeder vernünftige und nachvollziehbare Grund, sofern er ernsthaft verfolgt wird (zB keine Vorratskündigung) und dies auch sonst nicht missbräuchlich ist. Ggf. muss vom Vermieter eine andere ihm zur Verfügung stehende Wohnung angeboten werden. Zur Umwandlung in Wohnungseigentum s. u. Die Gründe für ein berechtigtes Interesse des Vermieters sind in dem Kündigungsschreiben anzugeben (kein Nachschieben); sonst sind sie nur zu berücksichtigen, soweit sie nachträglich entstanden sind, § 573 III BGB. Einen Wohnraummietvertrag über eine Wohnung in einem vom Vermieter selbst bewohnten Gebäude mit nicht mehr als 2 Wohnungen (insbes. sog. Einliegerwohnung) kann der Vermieter auch ohne Darlegung eines berechtigten Interesses kündigen; die Kündigungsfrist (s. u.) verlängert sich hier um 3 Monate. Dasselbe gilt für Wohnraum innerhalb der vom Vermieter selbst bewohnten Wohnung, sofern dieser nicht (bei möblierter Vermietung) vom Mieterschutz von vornherein ausgenommen ist (s. o. 1), § 573a BGB. Nebenräume oder Teile eines Grundstücks können ohne berechtigtes Interesse des Vermieters gekündigt werden, wenn hiermit neuer Wohnraum geschaffen werden soll, § 573b BGB.

Kündigungsfristen: Die Kündigung ist für beide Seiten spätestens am 3. Werktag eines Monats zum Ablauf des übernächsten Monats (also zB am 3. 10. zum 31. 12.) zu erklären; für den Vermieter verlängert sich diese Frist von 3 Monaten nach 5 bzw. 8 Jahren seit der Überlassung des Wohnraums um jeweils 3 Monate, also letztlich bis auf 9 Monate, § 573c I BGB. Bei Wohnraum, der nur zum vorübergehenden Zweck vermietet worden ist, kann eine kürzere Kündigungsfrist vereinbart werden, § 573 II BGB. Eine zu Lasten des Mieters abweichende Vereinbarung ist sonst unzulässig, § 573c IV BGB. Besonderheiten gelten für → Werkmietwohnungen und Werkdienstwohnungen sowie für die Kündigung nach einem Mieterhöhungsverlangen des Vermieters (s. o. 2).

Sozialklausel: Der Mieter kann (auch wenn die og Voraussetzungen gegeben sind) der Kündigung des Vermieters widersprechen und von ihm die Fortsetzung des Wohnraummietvertrags verlangen, wenn die Beendigung des Mietverhältnisses für den Mieter, seine Familie oder einen anderen Angehörigen seines Haushalts eine Härte bedeuten würde, die auch unter Berücksichtigung der berechtigten Interessen des Vermieters (die er in seinem Kündigungsschreiben anzugeben hat, s. o.) nicht zu rechtfertigen ist, § 574 I 1 BGB; insoweit sind alle einzelnen Interessen von Vermieter und Mieter im konkreten Fall gegeneinander abzuwägen (das hohe Alter einer Mieters allein genügt zB nicht); eine sehr hohe ernsthafte Suizidgefahr kann einen Härtefall begründen). Eine solche Härte kann vorliegen, wenn angemessener Ersatzwohnraum zu zumutbaren Bedingungen nicht beschafft werden kann, § 574 II BGB. Als Härtegründe kommen nur solche mit einem Umzug verbundenen Nachteile in Betracht, die sich von den mit einem Wohnungswechsel typischerweise verbundenen Unannehmlichkeiten deutlich abheben. Ein Widerspruchsrecht des Mieters besteht allerdings nicht, wenn ein Grund vorliegt, der den Vermieter zur außerordentlichen fristlosen Kündigung berechtigt, § 574 I 2 BGB. Der Widerspruch des Mieters ist schriftlich und spätestens 2 Monate vor Beendigung des Mietverhältnisses zu erklären; hat der Vermieter den Mieter jedoch nicht auf die Möglichkeit sowie Form und Frist des Widerspruchs hingewiesen, so kann der Mieter ihn noch im ersten Termin des Räumungsrechtsstreits erklären, § 574b BGB. Besteht ein Widerspruchsrecht des Mieters, so kann dieser verlangen, dass der Wohnraummietvertrags so lange (ggf. nur unter Abänderung der Vertragsbedingungen) fortgesetzt wird, wie dies unter Berücksichtigung aller Umstände angemessen ist; kommt hierüber keine Einigung zustande, so wird über die Fortsetzung des Mietverhältnisses, deren Dauer (auf bestimmte oder unbestimmte Zeit) sowie die Bedingungen, zu denen es fortgesetzt wird, durch Urteil des → Mietgerichts entschieden, § 574a BGB. Hierbei ist das Gericht an Anträge nicht gebunden und kann die Kosten auch dem obsiegenden Teil auferlegen, insbes., wenn dieser dem anderen Teil die Gründe für sein Verhalten (zB für die berechtigten Interessen des Vermieters oder für den Widerspruch des Mieters) nicht rechtzeitig mitgeteilt hatte, § 93b ZPO. Wird danach das Mietverhältnis auf bestimmte Zeit fortgesetzt, so kann der Mieter eine weitere Verlängerung nur bei einer zwischenzeitlichen wesentlichen Änderung der Umstände verlangen; bei einer unbefristeten Verlängerung kann der Mieter einer erneuten Kündigung des Vermieters nach den og allg. Vorschriften widersprechen, § 574c BGB. Wird vom Gericht auf Räumung erkannt, so kann das Gericht (vor der Vollstreckung des Räumungsurteils durch den → Gerichtsvollzieher, §§ 885 f. ZPO) auf Antrag oder von Amts wegen dem Mieter eine angemessene Räumungsfrist bis längstens 1 Jahr bewilligen, § 721 ZPO. Entsprechendes gilt, wenn die Parteien einen Räumungsvergleich (→ Prozessvergleich) geschlossen haben, § 794a ZPO. Eine → einstweilige Verfügung auf Räumung einer Wohnung ist nur zulässig, wenn der Mieter sie durch verbotene Eigenmacht (→ Besitzschutz) in Besitz genommen hat, § 940a ZPO. Besonderheiten für das Widerspruchsrecht gelten für → Werkmietwohnungen, § 576a BGB.

Werden vermietete Wohnräume, an denen nach Überlassung an den Mieter → Wohnungseigentum begründet worden ist oder werden soll, an einen Dritten (nicht an einen Angehörigen des Vermieters) veräußert, so hat der Mieter beim ersten Verkauf nach der Umwandlung ein → Vorkaufsrecht, § 577 BGB (unabdingbar). Der Erwerber kann sich für eine Kündigung des Wohnraummietvertrags auf Eigenbedarf und unzureichende Verwertungsmöglichkeit der Wohnung erst nach Ablauf von 3 Jahren seit der Veräußerung berufen. Diese Frist beträgt je nach Verordnung der jeweiligen Landesregierung bis zu 10 Jahre, wenn die ausreichende Versorgung der Bevölkerung mit Mietwohnungen zu angemessenen Bedingungen in einer Gemeinde (oder einem Teil hiervon) besonders gefährdet ist, § 577a BGB.

Zu den weiteren Rechtsfolgen nach Beendigung des Wohnraummietvertrags → Mietvertrag (3).

Wohnraummodernisierung
→ Wohnungsmodernisierung.

Wohnraumüberwachung
zur Gefahrenabwehr → Datenerhebung, zur Strafverfolgung → Einsatz technischer Mittel.

Wohnrecht
→ Wohnungsrecht.

Wohnsitz
1. Der Wohnsitz ist der räumliche Mittelpunkt der Lebensverhältnisse eines Menschen. Er ist in mannigfacher Hinsicht rechtlich von Bedeutung, insbes. für die Bestimmung der örtlichen Zuständigkeit im Prozessrecht (→ Gerichtsstand, → Familiengericht, → Betreuungsgericht, → Nachlassgericht), für den → Leistungsort, die → Eheschließung usw. Der Wohnsitz als Rechtsbegriff unterscheidet sich vom bloßen Aufenthaltsort (dort nur Meldepflicht). Allein durch den Aufenthalt, auch wenn es sich um den gewöhnlichen oder dauernden Aufenthalt handelt, wird ebenso wie durch die Wahl eines Wohnorts (zB Studienort) mangels gewollter rechtlicher intensiver Bindung noch kein Wohnsitz begründet.

2. Man unterscheidet den freigewählten (gewillkürten) und den gesetzlichen Wohnsitz. Der gewillkürte Wohnsitz wird durch die ständige Niederlassung an einem bestimmten Ort begründet (§ 7 I BGB). Voraussetzung ist also neben der tatsächlichen Ausführung ein rechtsgeschäftlicher Wille zur Wohnsitzbegründung. Ein in der → Geschäftsfähigkeit Beschränkter kann daher ohne den Willen seines → gesetzlichen Vertreters einen Wohnsitz weder begründen noch aufheben (§ 8 BGB; Ausnahme für den verheirateten Minderjährigen). Die gleichen Voraussetzungen gelten für die Aufhebung eines Wohnsitzes; die Aufgabe einer Wohnung allein reicht hierfür idR noch nicht aus. Wird bei der Aufhebung des Wohnsitzes kein neuer begründet, so lebt jemand – zulässigerweise – ohne Wohnsitz; es entscheidet dann regelmäßig sein gewöhnlicher Aufenthaltsort oder sein letzter Wohnsitz. Eine Person kann auch in mehreren politischen Gemeinden – nicht bei verschiedenen Wohnungen in derselben Gemeinde – getrennten Wohnsitz haben (Doppelwohnsitz, § 7 II BGB); für das öffentliche Recht (Steuer, Meldepflicht usw) gilt dann regelmäßig der Ort der hauptsächlichen Niederlassung (Hauptwohnsitz). Der gesetzliche Wohnsitz gilt vor allem für minderjährige Kinder. Ein minderjähriges Kind teilt nach § 11 BGB den Wohnsitz seiner Eltern. Haben diese nicht den gleichen Wohnsitz (zB bei → Getrenntleben der Ehegatten), so entscheidet der Wohnsitz des Elternteils, dem das Recht der → Personensorge zusteht. Hat kein Elternteil das Personensorgerecht, so teilt das Kind den Wohnsitz desjenigen, dem dieses Recht zusteht (zB → Vormund). Ein volljähriger Berufssoldat oder Soldat auf Zeit – nicht ein Wehrpflichtiger – hat seinen Wohnsitz am Standort bzw. am letzten inländischen Standort seiner Truppe (§ 9 BGB; bei Minderjährigen nur mit Zustimmung des gesetzlichen Vertreters, s. o.). Ein gesetzlicher Wohnsitz für Beamte, Notare usw ist nicht vorgesehen; der Amtssitz (→ Residenzpflicht) dieser Personen ist nur zur Wahrung ihrer dienstlichen Obliegenheiten bestimmt, begründet oder ersetzt aber nicht den persönlichen Wohnsitz. Dem Wohnsitz entspricht bei juristischen Personen der Sitz; dies ist regelmäßig der Ort, an dem die Verwaltung geführt wird oder an dem die Gesellschaft einen Betrieb hat (§ 24 BGB, § 5 II AktG, § 4a GmbHG). Für Handelsfirmen vgl. ferner → Niederlassung.

3. Steuerrechtlich ist der Wohnsitz zentral für die Besteuerung natürlicher Personen, → Steuerpflicht. Einen Wohnsitz hat jemand dort, wo er eine Wohnung inne hat, sofern die Umstände darauf schließen lassen, dass er die Wohnung beibehalten und benutzen wird (§ 8 AO).

4. Zur Relevanz des Wohnsitzes für die Ermittlung des anwendbaren Rechts bei internationalen Sachverhalten → Internationales Privatrecht (1).

Wohnumfeldverbessernde Maßnahmen
Rechtsgrundlage für wohnumfeldverbessernde Maßnahmen ist § 40 SGB XI. Die wohnumfeldverbessernden Maßnahmen dienen der erheblichen Erleichterung der Lebensführung, bzw. der Durchführung er Pflege einer zu pflegenden Person. Zu diesen wohnumfeldverbessernden Maßnahmen gehören zB der behindertengerechte Badumbau. Für solche wohnumfeldverbessernden Maßnahmen gewähren die Pflegekassen seit dem 1.1.2025 einen Zuschuss in Höhe von bis zu 4180 EUR je Maßnahme. Werden zeitgleich mehrere zu pflegende Personen in einer Wohneinheit gepflegt, erhöht sich der Betrag auf maximal

16.720 EUR. Dieser Betrag ist auf die Anzahl der zu pflegenden Personen zu verteilen, wobei für eine einzelne Person der Betrag von 4180 EUR nicht überschritten werden darf. Für die Gewährung des Zuschusses ist vor Beginn der Maßnahme ein entsprechender Antrag zu stellen. Die Zahlung der wohnumfeldverbessernden Maßnahmen durch die Pflegekassen erfolgt subsidiär.

Wohnung der Ehegatten
→ Ehewohnung, → eheliche Lebensgemeinschaft, → Getrenntleben der Ehegatten, → Gewaltschutz.

Wohnung, selbstgenutzte
→ Selbstgenutzte Wohnung, steuerlich; → Eigenheimzulage.

Wohnung, Unverletzlichkeit der –
1. Die Unverletzlichkeit der Wohnung ist in Art. 13 I GG als → Grundrecht gewährleistet. Träger des Grundrechts ist jedermann, also auch Ausländer und juristische Personen (nicht aber Behörden, zB Universitäten). Unter Wohnung ist der gesamte private Wohnbereich zu verstehen; hierzu gehören auch Geschäftsräume, soweit sie nicht allgemein zugänglich sind, und das umfriedete Besitztum. Geschützt ist nur der rechtmäßige Inhaber. Das Grundrecht ist ein Abwehrrecht gegen die öffentliche Gewalt; dagegen enthält Art. 13 kein Sozialgrundrecht in dem Sinn, dass der Staat zur Schaffung menschenwürdigen Wohnraums oder zur sozialen Ausgestaltung des Mietrechts verpflichtet ist.

2. Immanente Schranken des Grundrechts können sich aus gleichrangigen Rechten und Freiheiten anderer ergeben. Nach Art. 13 II GG dürfen → Durchsuchungen nur durch den Richter, bei Gefahr im Verzug auch durch die in den Gesetzen vorgesehenen anderen Organe angeordnet und nur in der dort vorgeschriebenen Form durchgeführt werden, so im Strafverfahren von der StA oder ihren Hilfsorganen (§§ 102 ff. StPO); durch den → Gerichtsvollzieher für die Zwangsvollstreckung im Zivilprozess nur auf Grund richterlicher Anordnung (vgl. §§ 758 ff. ZPO und → Durchsuchung, III), für das Steuerverfahren §§ 210, 287, 402 AO.

3. Begründen bestimmte Tatsachen den Verdacht, dass jemand eine schwere Straftat begangen hat, so dürfen zur Verfolgung der Tat Wohnungen mit technischen Mitteln („Wanzen") abgehört werden, wenn die Erforschung des Sachverhaltes in anderer Weise unverhältnismäßig erschwert würde oder aussichtslos wäre. Die Anordnung kann bei Gefahr in Verzug nur durch einen Einzelrichter, ansonsten nur durch einen mit drei Richtern besetzten Spruchkörper erfolgen (Art. 13 III GG). Zur Abwehr dringender Gefahren für die öffentliche Sicherheit und Ordnung dürfen präventiv technische Mittel zur Überwachung von Wohnungen auf Grund richterlicher Anordnung eingesetzt werden, bei Gefahr in Verzug genügt die Anordnung durch eine andere durch Gesetz bestimmte Stelle; die richterliche Entscheidung ist unverzüglich nachzuholen (Art. 13 IV GG). Zum Schutze von bei einem Einsatz in Wohnungen tätigen Personen kann eine durch Gesetz bestimmte Stelle auch ohne richterliche Anordnung abhören lassen. Eine anderweitige Verwertung der hierbei erlangten Kenntnisse ist nur zum Zwecke der Strafverfolgung oder der Gefahrenabwehr und nur dann zulässig, wenn vor der Verwertung die Zulässigkeit der Maßnahme gerichtlich festgestellt ist; bei Gefahr in Verzug ist die richterliche Entscheidung unverzüglich nachzuholen (Art. 13 V GG).

4. Nach Art. 13 VII GG dürfen (unmittelbar, ohne weitere gesetzliche Grundlage) Eingriffe und Beschränkungen im Übrigen nur zur Abwehr einer gemeinen Gefahr (zB Feuer, Überschwemmung, Einsturzgefahr) oder einer Lebensgefahr für einzelne Personen (auch bei drohendem Selbstmord) vorgenommen werden; ferner auf Grund eines Gesetzes auch zur Verhütung dringender Gefahren für die öffentliche Sicherheit und Ordnung, insbesondere zur Behebung der Raumnot (vorübergehend oder chronisch: Katastrophen; Wohnraumbewirtschaftung), zur Bekämpfung von Seuchengefahren oder zum Schutz gefährdeter Jugendlicher. Der Abwehr von Seuchengefahren dienen zB das → Infektionsschutzgesetz, das Tierseuchengesetz, lebensmittelrechtliche und uU umweltschützende Gesetze. Verschiedene weitere Betretungsbefugnisse ergeben sich aus der Konkurrenz des Grundrechts mit sonstigen Gemeinwohlerfordernissen; sie stehen in besonderem Maße unter dem Grundsatz der → Verhältnismäßigkeit und Zumutbarkeit.

Wohnungsamt
Das Wohnungsamt (auch Amt für Wohnungswesen) ist in → Gemeinden und → Landkreisen idR zuständig für Vermittlung von gefördertem Wohnrraum (früher: Sozialwohnungen), Ausgleichszahlungen (früher: Fehlbelegungsabgaben), → soziale Wohnraumförderung, Gewährung von → Wohngeld und Wohnberatung.

Wohnungsbau
Wohnungsbau ist die Schaffung von Wohnraum durch Neubauten, Beseitigung von Schäden (Altbausanierung) und (Nutzungs) Änderung bestehender Gebäude oder Wohnungen (§ 16 WoFG). Zur öffentlichen Förderung des Wohnungsbaus s. → soziale Wohnraumförderung; zur steuerlichen Förderung s. → Eigenheimzulage, → Sonderabschreibungen, → Investitionszulage.

Wohnungsbaugenossenschaft
→ Genossenschaft (Baugenossenschaft), 1.

Wohnungsbauprämie
Zur Förderung des → Wohnungsbaus erhalten Bausparer für Beiträge von mindestens 50 EUR jährlich an dieselbe → Bausparkasse

eine staatliche Prämie. Die Prämie beträgt 10 vH der prämienbegünstigten Aufwendungen, insgesamt höchstens 700 EUR jährlich (bei zusammenveranlagten Ehegatten 1.400 EUR). Das zu versteuernde Einkommen darf 35.000 EUR (Ledige)/70.000 EUR (Verheiratete) nicht überschreiten. Kinder sind ab Vollendung des 16. Lebensjahres selbst prämienberechtigt. Voraussetzung ist die Einhaltung einer Sperrfrist von sieben Jahren, innerhalb derer über das Bausparguthaben nicht durch Rückzahlung oder andere Verwendung als zum Wohnungsbau verfügt werden darf (Ausnahmen bei Tod, Erwerbsunfähigkeit, mindestens 1-jähriger Arbeitslosigkeit). Die W. wird von der Bausparkasse, bei der sie zu beantragen ist, überwiesen. Der Antrag ist bis zum Ablauf des 2. Kalenderjahres zu stellen, das dem Sparjahr folgt (Wohnungsbau-Prämiengesetz).

Wohnungsbesetzungs(belegungs)recht
Ein Grundstückseigentümer kann sich (idR gegen Gewährung eines Darlehens) verpflichten, nur solche Personen als Mieter aufzunehmen, die ihm der Berechtigte benennt. Das Wohnungsbesetzungs(belegungs)recht kann durch eine → beschränkte persönliche Dienstbarkeit gesichert werden.

Wohnungseigentümerversammlung
→ Wohnungseigentum (3).

Wohnungseigentum
1. Da das alte Stockwerkseigentum (Alleineigentum an einem Teil des Hauses) wegen des Verbots von Sonderrechten an wesentlichen → Bestandteilen nach dem BGB nicht mehr begründet werden konnte, das dingliche → Wohnungsrecht nicht genügte und andererseits der gewaltige Wohnraumbedarf nach 1945 dazu zwang, die Wohnraumsuchenden an der Finanzierung zu beteiligen und ihnen hierfür einen realen Gegenwert zu verschaffen, eröffnete das Gesetz über das Wohnungseigentum und das Dauerwohnrecht (WEG) vom 15.3.1951 (BGBl. 1951 I 175) die Möglichkeit eines beschränkten Sondereigentums an Teilen eines Hauses. Wesentliche Änderungen des Gesetzes erfolgten zuletzt durch Wohnungseigentumsmodernisierungsgesetz vom 16.10.2020 (BGBl. 2020 I 2187). Das Wohnungseigentum (an nicht zu Wohnzwecken dienenden Teilen eines Gebäudes – zB Laden, Büro – Teileigentum genannt) ist das Sondereigentum an einer Wohnung in Verbindung mit dem → Miteigentumsanteil an dem Haus (§ 1 WEG). Gegenstand des Sondereigentums sind daher nur die Wohn- bzw. Geschäftsräume und die hierzu gehörenden Bestandteile (zB Balkon), sofern sie in sich – nicht notwendig den Bauvorschriften entsprechend – abgeschlossen sind (vgl. auch → Abgeschlossenheitsbescheinigung).

2. Alle übrigen Einrichtungen und Anlagen, die für den Bestand und die Unterhaltung des Hauses erforderlich sind (zB Grundstück, Fundament, Dach) oder dem gemeinschaftlichen Gebrauch der Miteigentümer dienen (Treppenhaus, Leitungen ua), stehen im Miteigentum der Hauseigentümer (§ 5 WEG); es ist allerdings möglich, hieran (zB an Kfz.-Abstellplätzen) Sondernutzungsrechte zu begründen. Sondereigentum und Miteigentumsanteil sind untrennbar miteinander verbunden; Rechte an dem Miteigentumsanteil erstrecken sich auch auf das Sondereigentum (§ 6 WEG). Das Wohnungseigentum wird begründet durch Vertrag der Miteigentümer oder durch Teilungserklärung (Aufteilungsplan) des bisherigen Alleineigentümers (§§ 3, 8 WEG; Erschwerungen bei Umwandlung von Mietwohnungen in Wohnungseigentum im Interesse der betroffenen Mieter → Wohnraummietvertrag, 5h). Dazu ist die Einigung der Beteiligten über den Eintritt der Rechtsänderung (in der Form der → Auflassung) und die Eintragung im → Grundbuch erforderlich (§ 4 WEG); auch der Verpflichtungsvertrag bedarf der Form des → Grundstückskaufvertrags. Für jeden Miteigentumsanteil und das hiermit verbundene Sondereigentum wird ein besonderes → Grundbuchblatt (Wohnungsgrundbuch, Teileigentumsgrundbuch) angelegt (§ 7 WEG).

3. a) Für die Miteigentümer untereinander gilt grds. das Recht der → Gemeinschaft (sowie eine etwa vereinbarte Hausordnung); eine Auflösung der Gemeinschaft kann jedoch nicht verlangt werden (§ 11 I WEG). Die Gemeinschaft der Wohnungseigentümer als Verband kann iRd Verwaltung des gemeinschaftlichen Eigentums gegenüber Dritten oder Wohnungseigentümern Rechte erwerben und Pflichten eingehen, ist also rechtsfähig (→ Rechtsfähigkeit), § 9a WEG. Dies bedeutet, dass die WE-Gemeinschaft als solche eingegangene Verbindlichkeiten (zB aus Energielieferung) zu erfüllen hat (und auch darauf verklagt werden kann), nicht aber daneben ohne eindeutige und klare persönliche Verpflichtung auch der einzelne Wohnungseigentümer als → Gesamtschuldner. Auch für Ansprüche der Gemeinschaft gegen Dritte ist alleine die Gemeinschaft prozessführungsbefugt (§ 9a Abs. 2 WEG). Solange kein entgegenstehender Wille der Gemeinschaft der Wohnungseigentümer besteht, bleiben zulässige Klagen von einzelnen Wohnungseigentümern, die vor Inkrafttreten des Wohnungseigentumsmodernisierungsgesetz angestrengt wurden, zulässig (BGH Urt. v. 7.5.2021 – V ZR 299/19). Der Wohnungseigentümer haftet einem Gläubiger nur nach dem Verhältnis seines Miteigentumsanteils für die Verbindlichkeiten der WE-Gemeinschaft, die während der Zeit seiner Zugehörigkeit hierzu entstanden oder fällig geworden sind (§ 9a IV WEG). Für Ansprüche eines Wohnungseigentümers gegen den Verband aus dem Gemeinschaftsverhältnis (sog. Sozialanspruch) haften die anderen Wohnungseigentümer nicht nach § 9a IV WEG. Ein Insolvenzverfahren über das Vermögen der WE-Gemeinschaft findet nicht statt, das Vermögen wird den ein-

zelnen Eigentümern zugeordnet (§ 9a V WEG, → Insolvenzfähigkeit).

b) Jeder Wohnungseigentümer kann grds. über das Wohnungseigentum, dh Sondereigentum und Miteigentumsanteil, frei verfügen (Übertragung, Belastung), doch kann die Veräußerung an die Zustimmung aller Miteigentümer oder des Verwalters gebunden werden (Veräußerungsbeschränkung, § 12 WEG). Hinsichtlich des Sondereigentums ist der Wohnungseigentümer in der Nutzung iRd sich aus dem Gemeinschaftsverhältnis ergebenden Verpflichtungen frei (§§ 13, 14 WEG). Für die Regelung des Gebrauchs, der gemeinschaftlichen Verwaltung und der Lastentragung gelten zunächst die Vereinbarungen der Miteigentümer, hilfsweise die §§ 15 ff., 20 ff. WEG. Insbes. ist ein Verwalter (auch → juristische Person, zB GmbH, nicht aber → Gesellschaft des bürgerlichen Rechts) zu bestellen, bei Erstbestellung auf höchstens 3 Jahre, bei – zulässiger – Wiederwahl bis zu 5 Jahre; er muss mind. einmal jährlich eine Versammlung der Wohnungseigentümer einberufen. Fehlt ein Verwalter, vertreten die Eigentümer den Verband gemeinschaftlich (§ 9b I 2 WEG).

Die Eigentümerversammlung kann in Präsenz, mit digitaler Teilnahme (hybrid) oder rein digital (virtuell) durchgeführt werden (§ 23 WEG). In der Versammlung gilt grds. Stimmenmehrheit (an sich nach Köpfen, in der Praxis je nach Vereinbarung aber vielfach nach dem Verhältnis der Beteiligung, § 25 WEG). Ein derartiger Mehrheitsbeschluss betrifft insbes. die Verteilung der Nutzungen, Lasten, Betriebs- und Verwaltungskosten (Einzelheiten § 16 WEG). Beschlüsse können auch im Umlaufverfahren in → Textform geschlossen werden (§ 23 III WEG). Es kann beschlossen werden, dass für einzelne Gegenstände im Umlaufverfahren die Mehrheit der abgegebenen Stimmen genügt (sog. Absenkungsbeschluss). Die Beschlüsse werden vom Verwalter in einer Beschluss-Sammlung geführt, die auch etwaige gerichtliche Entscheidungen zur Gemeinschaft enthält (§ 24 VII WEG). Der Verwalter führt auch einen laufenden Bericht über das Vermögen der Gemeinschaft (§ 28 IV WEG). Zur Änderung der Teilungserklärung (Gemeinschaftsordnung) ist eine Vereinbarung (also Einstimmigkeit) erforderlich. Bauliche Veränderungen, also Aufwendungen, die über die ordnungsmäßige Instandhaltung oder Instandsetzung des gemeinschaftlichen Eigentums hinausgehen, bedürfen der Zustimmung aller hiervon betroffenen Wohnungseigentümer; Modernisierungsmaßnahmen, die einzelne Wohnungseigentümer nicht unbillig beeinträchtigen, können mit einer einfachen Mehrheit beschlossen werden (§ 20 I WEG). Auf eine Maßnahme zur → Barrierereduzierung, zum Einbau von → Ladepunkten für E-Mobilität und → Steckersolargeräten, zum Schutz gegen → Einbrüchen und zum → Glasfaseranschluss besteht ein Anspruch, wenn der Miteigentümer selbst die Kosten trägt (§ 20 II WEG, § 21 I WEG).

c) Mit Ausnahme des Abschlusses von Grundstückskauf- und Darlehensverträgen ist der Verwalter im Aussenverhältnis unbeschränkt zur Vertretung der Gemeinschaft berechtigt (§ 9b I WEG). Aufgaben und Befugnisse des Verwalters, der nunmehr jederzeit auch vorzeitig abberufen werden kann (§ 26 III WEG), sind in § 27 WEG geregelt. Nach dem Wohnungseigentumsmodernisierungesetz entspricht es einer ordnungsgemäßen Verwaltung, einen zertifizierten Verwalter zu bestellen, außer es wird in einer kleineren Gemeinschaft darauf verzichtet (§ 19a II Nr. 6 WEG, § 26a, 48 IV WEG). Die Zertifizierung erteilt die → Industrie- und Handelskammer. Ein am 1.12.2020 amtierender Verwalter gilt bis 1.6.2024 als zertifiziert (§ 48 IV WEG).

d) Zur Unterstützung des Verwalters und zur Wahrnehmung von Kontrollrechten kann ein Verwaltungsbeirat bestellt werden (§ 29 WEG). Die Zahl der Mitglieder ist nicht mehr vorgegeben. Soweit sie unentgeltlich tätig sind, sind sie von der Haftung für → einfache Fahrlässigkeit befreit (§ 29 IV WEG). Verstößt ein Miteigentümer beharrlich gegen die Gemeinschaftspflichten, so können die übrigen Miteigentümer von ihm die Veräußerung seines Wohnungseigentums verlangen (§ 17 WEG).

e) Ein Wohnungseigentümerbeschluss, der gegen eine unabdingbare Rechtsvorschrift verstößt, ist nichtig, so zB die Einräumung eines Sondernutzungsrechts an Gemeinschaftseigentum für einen Miteigentümer, allgemein die Verletzung zwingenden Rechts. Die Feststellung der Nichtigkeit erfolgt durch eine Beschlussklage in Form der Nichtigkeitsklage (§ 44 I S. 1 2. Alt. WEG). Im Übrigen ist der Beschluss gültig (und damit verbindlich), sofern er nicht auf eine Beschlussklage in Form der Anfechtungsklage (zu erheben binnen eines Monats ab Beschlussfassung) für ungültig erklärt worden ist (§ 23 IV WEG, § 44 I 1 1. Alt. WEG). Die Abgrenzung zwischen Nichtigkeit und Anfechtbarkeit ist im Einzelfall umstritten. Wird ein Beschluss rechtswidrig nicht gefasst, obwohl nur eine Beschlussfassung ordnungsgemäßer Verwaltung entspricht, kann das Gericht rechtsgestaltend den Beschluss fassen (Beschlussersetzungsklage, § 44 I 2 WEG). Der Kläger muss wegen des Selbstorganisationsrechts der Gemeinschaft grundsätzlich eine Vorbefassung der Eigentümerversammlung herbeiführen, bevor er klagt (Vorbefassungsgebot). Keine Beschlussersetzungsklage, sondern eine nicht im Gesetz genannte Beschlussfeststellungsklage ist die Klage auf die (unterbliebene) Verkündung des wahren Beschlussinhalts als → Gestaltungsklage, wenn der Versammlungsleiter ein Beschlussergebnis nicht oder fehlerhaft verkündet (BGH NJW 2024, 1183). Zuständig ist für alle Klagen ausschließlich das → Amtsgericht, in dessen Bezirk das Grundstück liegt (§ 23 Nr. 2c

GVG, § 43 II WEG). Das Gericht entscheidet hierüber sowie über alle sonstigen Streitigkeiten im Rahmen der Wohnungseigentümergemeinschaft nach den Vorschriften der → Zivilprozessordnung; auch können Zahlungsansprüche, zB die laufenden Verwaltungskosten gegen einen Miteigentümer im → Mahnverfahren geltend gemacht werden. Für Rechtsmittel gelten die allgemeinen Vorschriften der ZPO. Beklagter ist der Verband, nicht die einzelnen Eigentümer (§ 44 II WEG).

4. Entsprechend den Vorschriften über das Wohnungseigentum kann auch ein Wohnungserbbaurecht (→ Erbbaurecht) bestellt werden (§ 30 WEG). Schließlich kann ein Grundstück in der Weise belastet werden, dass der Berechtigte unter Ausschluss des Eigentümers eine bestimmte Wohnung eines Gebäudes bewohnen oder in anderer Weise nutzen darf (Dauerwohnrecht, bei gewerblichen Räumen Dauernutzungsrecht genannt, §§ 31 ff. WEG). Dieses – anders als das dingliche → Wohnungsrecht – veräußerliche und vererbliche beschränkte → dingliche Recht ist gleichfalls im Grundbuch einzutragen; es gewährt auch das Recht zur Vermietung der Wohnung. Der auf Grund des G v. 23.3.1976 (BGBl. 1976 I 737) daneben eingeführte Wohnbesitz hat dagegen keine praktische Bedeutung erlangt.

Wohnungseinbruchsdiebstahl
→ Diebstahl (3), → Bandendiebstahl; → Schadensversicherung, → Kaskoversicherung.

Wohnungserbbaurecht
→ Wohnungseigentum (4).

Wohnungsgrundbuch
→ Wohnungseigentum (2).

Wohnungsmakler
→ Wohnungsvermittlung.

Wohnungsmietvertrag
→ Wohnraummietvertrag.

Wohnungsmodernisierung
Öffentlich-rechtlich kann allgemein oder im Rahmen von Sanierungsmaßnahmen die Wohnungsmodernisierung angeordnet, finanziell unterstützt oder vom Sanierungsträger selbst vorgenommen werden (vgl. insbes. §§ 148, 177 des → Baugesetzbuches). Zur Sicherung der Wohnraummodernisierung im Beitrittsgebiet → Investitionsvorranggesetz (ÄndG v. 17.7.1997, BGBl. 1997 I 1823), Art. 225 EGBGB und § 3 InvestitionszulagenG 1999 (BGBl. 1997 I 2070).

Zivilrechtlich hat der Mieter nach rechtzeitiger vorheriger Ankündigung durch den Vermieter die Wohnungsmodernisierung (auch zum Zweck energiesparender Maßnahmen) grds. zu dulden (§§ 555a ff. BGB, → Wohnraummietvertrag, 1). Der Mieter hat, um der bevorstehenden Wohnungsmodernisierung (und der damit verbundenen Mietpreiserhöhung, § 559 BGB) zu entgehen, ein besonderes Kündigungsrecht, §§ 555e, 561 BGB.

Steuerlich: Wird eine Wohnung umfassend modernisiert, stellt sich die Frage, ob Herstellungskosten oder Erhaltungsaufwand vorliegen. Herstellungskosten sind nur über die Absetzung für Abnutzung – verteilt über den gesamten Nutzungszeitraum – steuerlich geltend zu machen. Erhaltungsaufwand ist dagegen sofort abzugsfähiger Aufwand. Umfangreicher Erhaltungsaufwand an einem Wohngebäude kann seit 2004 wieder über 2 bis 5 Jahre (je nach Wahl durch den Steuerpflichtigen) verteilt werden. Wegen dieser unterschiedlichen Behandlung ist die Abgrenzung wichtig. Nachträgliche Herstellungskosten liegen bei einem fertig gestellten Gebäude vor, wenn es grundlegend umgestaltet wird, zB Aufstockung des Gebäudes, Anbau oder sonstige Vergrößerung der Nutzfläche. Erhaltungsaufwand sind insbes. Maßnahmen, die die Wesenart des Grundstücks nicht verändern, das Grundstück in ordnungsgemäßen Zustand erhalten und regelmäßig in ungefähr gleicher Höhe anfallen. Zur Abgrenzung der Herstellungs- und Erhaltungsaufwendungen bei Modernisierung sind auch die Grundsätze des anschaffungsnahen Herstellungsaufwands zu beachten, → Anschaffungs- und Herstellungskosten, 4.

Wohnungsrecht
Als → beschränkte persönliche Dienstbarkeit kann für eine Person das Recht bestellt werden, ein Gebäude oder einen Teil davon unter Ausschluss des Eigentümers als Wohnung zu benützen (§ 1093 BGB). Auf dieses dingliche Wohnungsrecht, das vornehmlich in Altenteilsverträgen (→ Hofübergabe) vorkommt, finden weitgehend die Vorschriften über den → Nießbrauch entsprechende Anwendung. Das Wohnungsrecht ist heute vielfach durch das → Wohnungseigentum und das → Dauerwohnrecht (§§ 31 ff. WEG) ersetzt.

Wohnungsüberlassung
→ Gewaltschutz, → Getrenntleben der Ehegatten, → Lebenspartnerschaft.

Wohnungsvermittlung
Wer gewerblich Wohnungen vermitteln will, bedarf hierfür einer als → Erlaubnis bezeichneten → Gewerbezulassung (§ 34c GewO), die ua von der persönlichen → Zuverlässigkeit abhängt (iE → Makler). Der → Maklervertrag über den Abschluss eines→ Mietvertrags für Wohnräume (oder den Nachweis einer Gelegenheit hierzu) bedarf der Textform (→ Form, 1) und unterliegt verschiedenen, regelmäßig unabdingbaren Sonderregeln im Interesse des Mieters (G zur Regelung der Wohnungsvermittlung v. 4.11.1971, WoVermRG, BGBl. 1971 I 1745, mÄnd). Insbes. wird eine Provision, die höchstens zwei Monatsmieten (zzgl. Umsatzsteuer) betragen darf, nur bei tatsächlichem Abschluss des Mietvertrags verdient (nicht bei dessen bloßer Fortsetzung, Verlängerung oder Erneuerung oder bei Vermietung von Wohnungen, an denen der Makler in irgendeiner Weise beteiligt ist). Der Wohnungssuchende

hat die Provision nur zu zahlen, wenn der Makler ausschließlich für ihn und nicht auch für den Eigentümer tätig wurde (Bestellerprinzip). Vorschüsse dürfen weder gefordert noch angenommen werden. Der Mieter wird nur verpflichtet, wenn er selbst den Auftrag erteilt (→ Bestellerprinzip). Eine vereinbarte → Vertragsstrafe darf 10% der vereinbarten Provision (höchstens aber 25 EUR) nicht übersteigen. Vergütungen anderer Art (insbes. Verpflichtung zum Bezug von Waren) sind unzulässig. Der Vermittler hat empfangene Leistungen, auf die er keinen gesetzlichen Anspruch hat, zurückzuerstatten. Das Fordern und Annehmen von mehr als 2 Monatsmieten für Wohnungsvermittlung ist eine Ordnungswidrigkeit (§ 8 WoVermRG), bei unangemessen hohen Entgelten unter Ausnutzung einer Zwangslage kann → Wucher (§ 291 StGB) vorliegen. Sa → Mietwucher.

Wohnungszuweisung
→ Ehewohnung.

Wohnvorteil
→ Wohnwert.

Wohnwagen
werden verkehrsrechtlich idR als → Anhänger behandelt. Das Mitnehmen von Personen in Wohnanhängern hinter Kfz ist verboten (§ 21 I 4 Nr. 3 StVO). Das Aufstellen von Wohnwagen unterliegt nach landesrechtlichen Vorschriften denselben oder ähnlichen Beschränkungen und Ordnungsvorschriften wie das Aufstellen von Zelten (→ Zeltlagerplätze).

Wohnwert
Der Wohnwert ist der Betrag, den ein zum → Unterhalt Verpflichteter monatlich zur Verfügung hat, weil es eine eigene Wohnung selbst nutzt. Die Höhe des Wohnwerts entspricht der Kaltmiete, die üblicherweise für das vom Unterhaltsverpflichteten erzielt werden könnte. Hiervon sind Abzüge zu tätigen, die nicht den selben Maßstäben entsprechen, wie sie im Steuerrecht für die Einkünfte aus Vermietung und Verpachtung gelten. Umlagefähige → Nebenkosten können als allgemeine Lebenshaltungskosten (s. → Einkommensbereinigung) nicht in Abzug gebracht werden. Die → Absetzung für Abnutzung (AfA) ist in der Regel nicht in Abzug zu bringen, da im Unterhaltszeitraum keine messbaren Wertminderungen eintreten. Zins- und Tilgungsleistungen für fremdfinanzierten Wohnraum sind in Abzug zu bringen, obwohl die Tilgungsleistungen nicht das Einkommen tangieren, sondern das Vermögen der Ehegatten, das grundsätzlich im → Zugewinn ausgeglichen wird. Die Finanzierung ermöglicht jedoch erst den Wohnwert. Der Abzug von Zins und Tilgung ist jedoch beschränkt auf den verbleibenden Wohnvorteil, der damit nicht negativ werden kann.

In die → Unterhaltsberechnung auf der Basis des bereinigten → Einkommens ist der Wohnwert, der einer Billigkeitskorrektur standhält, als sogenannter Wohnvorteil wie ein Einkommensbestandteil einzustellen. Der Wohnvorteil entspricht dabei grundsätzlich dem objektiven Wohnwert. Bei einer Trennung der → Ehegatten wäre es jedoch unbillig, dem in der Wohnung verbliebenen Ehegatten den vollen objektiven Wohnwert anzurechnen, da die Ehegatten während des → Trennungsjahres nicht gezwungen sein sollen, durch eine Aufgabe, → Unter- oder Weitervermietung der bisherigen gemeinsamen Wohnung ihre Trennung zu zementieren. Es wird daher nur der angemessene Wohnwert als Wohnvorteil eingestellt, der der Höhe der Kaltmiete entspricht, die der Ehegatte für die Anmietung einer Wohnung nur für sich hätte. Erst mit dem → Scheitern der Ehe ist der objektive Wohnwert als Wohnvorteil zu berücksichtigen.

Wolf
Der Wolf (canis lupus) ist ein nach § 7 II Nr. 14 BNatSchG (→ Artenschutz, → Naturschutz) streng geschütztes wildlebendes Tier. Dieser Schutz basiert auf der → Flora-Fauna-Habitat-Richtlinie (Anhang IV) sowie dem Berner Übereinkommen v. 19.9.1979 über die Erhaltung der europäischen wildlebenden Pflanzen und Tiere und ihrer natürlichen Lebensräume (BGBl. 1985 II 581). Nach § 44 BNatSchG und § 45a BNatSchG ist der Abschuss eines Wolfes (Entnahme) nach Nutztierrissen nur mit Genehmigung der zuständigen Behörde zulässig. Voraussetzung dafür ist, dass die Risse dem zu entnehmenden Tier zugeordnet werden können, ein ernster Schaden droht und zumutbare Herdenschutzmaßnahmen nicht gewirkt haben. Manche Länder haben Regelungen für den finanziellen Ausgleich der von Wölfen verursachten Schäden, zB in Bayern die Ausgleichsregelung Große Beutegreifer (BayMBl. 2020 Nr. 781).

Der strenge Schutz des Wolfes ist umstritten. Von Nutztierrissen betroffene Landwirte fordern eine Lockerung der Entnahmeregelungen, die aber eine Änderung der genannten europa- und völkerrechtlichen Vorschriften voraussetzt.

Wort-Bild-Zeichen
oder Wort-Bild-Marke → Marken.

Wortzeichen
oder Wortmarke → Marken.

WpÜG
→ Wertpapiererwerbs- und Übernahmegesetz.

wrongful life
→ Schaden, → Schadensersatz.

WTO
(engl.: Word Trade Organization; Welthandelsorganisation). 1. Am 15.4.1994 wurde in Marrakesch das Übereinkommen zur Errichtung der Welthandelsorganisation einschließlich der Schlussakte über die Ergebnisse der multilateralen Handelsverhandlungen der Uruguay-Runde unterzeichnet. Das Übereinkommen und die Schlussakte umfassen auch das Protokoll von Marrakesch zum allgemei-

nen Zoll- und Handelsübereinkommen von 1994 (→ GATT), das allgemeine Übereinkommen über den Handel mit Dienstleistungen und diesbezügliche Ministerbeschlüsse (→ GATS) sowie das Übereinkommen über handelsbezogene Aspekte der Rechte des geistigen Eigentums (→ TRIPS). Übereinkommen und Schlussakte einschließlich der genannten weiteren Übereinkünfte wurden mit Gesetz v. 30.8.1994 (BGBl. 1994 II 1438 ff.) ratifiziert und sind für die Bundesrepublik Deutschland seit 1.1.1995 (BGBl. 1995 II 456) in Kraft. Weitere Vertragspartner, für die das Übereinkommen zu diesem Zeitpunkt in Kraft getreten ist, sind alle Mitgliedsstaaten der → Europäische Union (EU), ferner die Vereinigten Staaten von Amerika, Kanada, Brasilien, Mexiko sowie fast alle mittel- und südamerikanischen Staaten, Japan, Australien, die Volksrepublik China, Indien sowie eweitere asiatische und afrikanische Staaten. Inzwischen hat die WTO über 164 Mitgliedstaaten. Die WTO erleichtert die Durchführung, die Verwaltung und die Wirkungsweise der multilateralen Handelsübereinkommen GATT, GATS und TRIPS sowie die Verwirklichung ihrer Ziele. Sie bildet auch den Rahmen für die Durchführung, die Verwaltung und die Wirkungsweise weiterer plurilateraler Handelsübereinkommen. Die WTO ist aus der Wirtschaftsorganisation des → GATT hervorgegangen. Die Mitglieder des GATT sind die ursprünglichen Mitglieder der WTO. Das Sekretariat des GATT wurde zum Sekretariat der WTO, der Generaldirektor des GATT zum Generaldirektor der WTO. Die WTO setzt die nach dem GATT übliche Praxis der Beschlussfassung durch Konsens fort. Die WTO stellt einen Versuch einer umfassenden Regelung der Weltwirtschaftordnung dar.

2. In der deutschen Terminologie bedeutet WTO Welttourismusorganisation (vgl. Satzung v. 27.9.1970, BGBl. 1976 II 23).

Wucher

1. Im bürgerlichen Recht zählen wucherische Rechtsgeschäfte zu den sittenwidrigen (§ 138 II BGB); über ihre Nichtigkeit → Sittenwidrigkeit (2).

2. Im Strafrecht bezeichnet Wucher den Straftatbestand nach § 291 StGB. Dieser unterscheidet zwischen Leistungswucher mit den Sonderformen des Miet- und des Kreditwuchers sowie dem Vermittlungswucher. Außer beim Mietwucher ist der sog. Sozialwucher noch in den Bußgeldvorschriften der §§ 3–5 WiStG 1954 gegen → Preistreiberei (Preisüberhöhung) und §§ 3, 8 G zur Regelung der → Wohnungsvermittlung erfasst.

Leistungswucher liegt vor, wenn der Täter sich oder einen Dritten unter Ausbeutung einer Zwangslage, der Unerfahrenheit, des Mangels an Urteilsvermögen oder erheblicher Willensschwäche eines anderen Vermögensvorteile versprechen oder gewähren lässt, die in auffälligem Missverhältnis zu der Leistung stehen. Eine Zwangslage liegt vor, wenn der Bewucherte eine dringend benötigte Leistung anders nicht erlangen kann. Die Unerfahrenheit kann auf dem Mangel allgemeiner geschäftlicher oder Lebenserfahrung beruhen; der Mangel an Urteilsvermögen setzt darüber hinaus voraus, dass der Bewucherte – idR infolge Verstandesschwäche – den Wert von Leistung und Gegenleistung und allgemein die Folgen solcher Vereinbarungen nicht genügend zu beurteilen vermag. Die Willensschwäche schließlich muss so erheblich sein, dass sie die Widerstandskraft gegen nachteilige Abschlüsse wesentlich beeinträchtigt. Ausbeutung ist die Ausnutzung der Zwangslage usw in gewinnsüchtiger Absicht.

Beim Kreditwucher insbes. ist maßgebend, ob Zinsfuß, Nebenleistungen des Darlehens, Geschäftsgewinn usw das übliche Maß wesentlich überschreiten. Dabei sind aber Geschäftsunkosten, Risiko, Grad der Sicherung des Darlehensgebers usw zu berücksichtigen.

Über → Mietwucher s. dort.

Zu den sonstigen vermögenswerten Leistungen, die Gegenstand des Wuchers sein können, zählen zB (überhöhte) Preise bei Grundstücksgeschäften.

Auch beim Vermittlungswucher, der sich auf eine der vorgenannten Leistungen bezieht, ist das auffällige Missverhältnis am üblichen Gegenwert zu messen. Sind als Leistende o. Vermittler mehrere beteiligt, auf die jeweils ein Teil der Gegenleistung entfällt (zB Zinsen, Vermittlungsprovision), so sind für die Feststellung des Missverhältnisses Vermögensvorteile und Gegenleistungen zusammenzurechnen; Täter ist jeder, der die Schwäche des Bewucherten für sich oder einen Dritten ausnützt.

Die Strafe ist Freiheitsstrafe bis zu 3 Jahren oder Geldstrafe, in besonders schweren Fällen Freiheitsstrafe von 6 Monaten bis zu 10 Jahren. Ein solcher Fall liegt idR vor bei → gewerbsmäßigem Handeln oder wenn der Bewucherte in eine Notlage gebracht wird, sowie beim Wucher bei Hingabe eines Wechsels.

Wucherisches Rechtsgeschäft

→ Sittenwidrigkeit (2).

Würde des Menschen

→ Menschenwürde.

Würden

→ Titel; → Akademische W.; → Akademische Grade; → Hochschulgrade; → Orden (und Ehrenzeichen).

Württemberg-Baden

→ Baden-Württemberg.

Württemberg-Hohenzollern

→ Baden-Württemberg.

X

Xetra®
Xetra (Exchange Electronic Trading) ist eine elektronische Handelsplattform, die von der Deutsche Börse AG betrieben wird. Über sie wird der größte Teil des Handels der Frankfurter Wertpapierbörse sowohl im → Regulierten Markt wie im → Freiverkehr abgewickelt. Während der Handelszeiten (9–17:30 Uhr) kann jeder zugelassene Xetra-Kunde über das Internet oder Standleitungen → Finanzinstrumente kaufen und verkaufen. Hierbei werden Kauf- und Verkaufsaufträge automatisch zusammengeführt (Matching). → DAX, → Kassageschäft.

Zahlenlotto
→ Lotterie.

Zahlstellenwechsel
→ Domizilwechsel.

Zahlung
→ Erfüllung.

Zahlung auf erstes Anfordern
→ Bürgschaft.

Zahlungsaufschub (Stundung)
→ Leistungszeit, → Verbraucherdarlehensvertrag (1).

Zahlungsbefehl
Zahlungsbefehl war die frühere Bezeichnung für den Mahnbescheid (→ Mahnverfahren; s. dort auch über den europäischen Zahlungsbefehl).

Zahlungsdienste
→ Zahlungsinstitute.

Zahlungsdiensterahmenvertrag
→ Zahlungsdienstevertrag, → Geschäftsbesorgungsvertrag (2).

Zahlungsdiensterichtlinie
Als 1. Zahlungsdiensterichtlinie bezeichnete man die mittlerweile aufgehoben RL 2007/64 v. 13.11.2007 (ABl. EG 2007 L 319, 1). Ihr Zweck war es, gleiche Wettbewerbsbedingungen für Zahlungsdienste in der Union und dadurch den einheitlichen Euro-Zahlungsverkehrsraum (SEPA – Single Euro Payments Area) zu schaffen. Die aufsichtsrechtlichen Teile der 1. Zahlungsdiensterichtlinie wurden durch die Einführung des ZAG umgesetzt, die zivilrechtlichen durch die Einführung der §§ 675c ff. BGB (→ Zahlungsdienstevertrag).

Als 2. Zahlungsdiensterichtlinie bezeichnet man die RL 2015/2366 v. 25.11.2015 über Zahlungsdienste im Binnenmarkt (ABl. EU 2015 L 337, 35), die an die Stelle der 1. Zahlungsdiensterichtlinie getreten ist. Sie ist auch als PSD2 (Payment Service Directive 2) bekannt. Ihre Umsetzung führte 2017 zur Neufassung des ZAG (→ Zahlungsinstitute).

Zahlungsdienstevertrag
Der Zahlungsdienstevertrag (§ 675 f BGB) ist eine Sonderform des → Geschäftsbesorgungsvertrags iSv § 675c I BGB, für den sehr detaillierte Sondervorschriften gelten (§§ 675c ff. BGB). Er ist ein → gegenseitiger Vertrag und kann beim Vorliegen der Voraussetzungen auch → Verbrauchervertrag sein. Vertragsgegenstand ist die Erbringung von Zahlungsdiensten. Meist entsteht bei einem Zahlungsvorgang ein Mehrpersonenverhältnis: Das Deckungsverhältnis, der Zahlungsdienstevertrag, ist die Beziehung zwischen dem Zahlenden (Zahlungsdienstnutzer) und seinem Zahlungsdienstleister; das Valutaverhältnis ist die Beziehung zwischen dem Zahlenden und dem Zahlungsempfänger und liefert den Rechtsgrund für die Zahlung (zB Kauf). In einem Einzelzahlungsvertrag (§ 675f I BGB) verpflichtet sich der Zahlungsdienstleister (insbes. Bank oder sonstiges Kreditinstitut) gegenüber dem Zahlungsdienstnutzer (Kunden) für diesen einen einzelnen Zahlungsvorgang (zB Lastschrift) auszuführen (wichtigster Fall ist der → Überweisungsvertrag). Der Zahlungsdienstnutzer ist zur Entrichtung des vereinbarten Entgelts verpflichtet, § 675 f V BGB. Bei einem Zahlungsdiensterahmenvertrag (§ 675f II BGB) umfasst die Verpflichtung mehrere Zahlungsvorgänge, der Dienstleister verpflichtet sich zur Führung eines Kontos und Durchführung der einzelnen Zahlungsaufträge; es liegt ein → Dauerschuldverhältnis vor (wichtigster Fall ist der → Girovertrag). Der einzelne Überweisungsauftrag ist kein selbständiger Vertrag, sonderen eine Weisung gem. § 665 BGB (s. → Überweisungsvertrag, Überweisungsauftrag). Die Regelungen über Zahlungsdienste betreffen grds. auch elektronische Zahlungsarten (zB Zahlungsabwicklung über Geld-, Kreditkarten). Die einzelnen Vorschriften der §§ 675c ff. BGB sind sehr detailliert und komplex, idR kann von ihnen nicht zum Nachteil des Kunden abgewichen werden, § 675e BGB. § 675d BGB verpflichtet den Zahlungsdienstnutzer zur umfassenden und detaillierten Information in unterschiedlicher Form. § 675g BGB betrifft Änderungen eines Zahlungsdiensterahmenvertrags, insbes. dessen → Allgemeine Geschäftsbedingungen (wobei nach Auffassung des BGH die eine Zustimmungsfiktion ermöglichende Regelung in § 675g II BGB keine §§ 307 ff. BGB verdrängende Spezialregelung ist), § 675h BGB betrifft dessen ordentliche Kündigung. In § 675i BGB sind bestimmte Ausnahmen für sog. Kleinbetragsinstrumente (zB Geldkarte), bei denen das Risiko durch bestimmte betragsmäßige Grenzen reduziert ist, und elektronisches Geld vorgesehen. §§ 675j ff. BGB regeln die Rechte und Pflichten der Vertragspartner bei der Durchführung von Zahlungsvorgängen (zB die Pflicht des Kunden zur Sicherung von Zahlungsinstrumenten wie Karten, Geheimnummern usw. vor unbefugtem Gebrauch und zur Anzeige bei missbräuchlicher Verwendung, § 675l BGB; zur Begrenzung der Haftung des Zahlungsdienstnutzers bei missbräulicher Verwendung s. § 675v BGB). § 675s BGB bestimmt Ausführungsfristen für Zahlungsvorgänge (s. → Überweisungsvertrag, Überweisungsauftrag). § 675u BGB regelt die Haftung des Zahlungsdienstleisters für nicht autorisierte Zahlungsvorgänge (Überweisung ohne Auftrag, versehentliche Doppelüberweisung usw), es hat eine Rückbuchung zu erfolgen. § 675x BGB normiert einen Erstattungs-

anspruch des Zahlungsdienstnutzers bei Zahlungsvorgängen, die nicht von ihm veranlasst sind (Lastschriften, Einzugsermächtigungen), § 675y BGB bestimmt die Haftung des Zahlungsdienstleisters bei nicht erfolgter, fehlerhafter oder verspäteter Ausführung eines Zahlungsauftrags. Insoweit stellen diese Vorschriften auch Sonderregelungen dar, die den allg. bereicherungsrechtlichen Grundsätzen über die Abwicklung fehlerhafter Vertragsbeziehungen insbes. im Dreiecksverhältnis vorgehen (→ Ungerechtfertigte Bereicherung). Sa → Geschäftsbesorgungsvertrag (2), → Zahlungskonto.

Zahlungsdienstleister
→ Zahlungsdienstevertrag; sa → Geschäftsbesorgungsvertrag (2).

Zahlungsdienstnutzer
→ Zahlungsdienstevertrag; sa → Geschäftsbesorgungsvertrag (2).

Zahlungseinstellung
→ Zahlungsunfähigkeit.

Zahlungsinstitute
1. Zahlungsinstitute sind Unternehmen, die Zahlungsdienste erbringen, ohne → Kreditinstitute zu sein, § 1 I S. 1 Nr. 1 des ZahlungsdiensteaufsichtsG (ZAG) v. 17.7.2017 (BGBl. 2017 I 2446), das die 2. → Zahlungsdiensterichtlinie umsetzt. Zahlungsdienste wiederum sind Dienste, die Zahlungen zwischen zwei Parteien ausführen oder die Ausführung unterstützen. Dazu gehören nach § 1 I S. 2 ZAG das Ein- und Auszahlungsgeschäft, das Zahlungsgeschäft ohne Kreditgewährung in Form von Lastschrift (→ Lastschriftverfahren), → Zahlungskarte (zB EC-Karte) und Überweisung (→ Überweisungsvertrag), das Zahlungsgeschäft mit Kreditgewährung (zB → Kreditkarte), das Akquisitionsgeschäft, das Finanztransfergeschäft, Zahlungsauslösedienste sowie Kontoinformationsdienste. Die zivilrechtlichen Regelungen sind in den §§ 675c ff. BGB enthalten (→ Geschäftsbesorgungsvertrag, 2).

2. Zahlungsdienste werden in Deutschland idR durch Kreditinstitute geleistet und waren vor 2009 als → Girogeschäft ein erlaubnispflichtiges → Bankgeschäft. Zahlungsinstitute stellen eine weitere Institutsform (neben Kreditinstituten, → Finanzdienstleistungsinstituten und → Wertpapierinstituten) dar; die Aufsicht hierüber ist vom KWG getrennt und unionsweit vereinheitlicht. Ähnliche Regelungen gibt es für → E-Geld-Institute.

3. Zahlungsinstitute benötigen eine schriftliche Erlaubnis (§ 10 ZAG). Sie müssen ein ausreichendes Anfangskapital und angemessene Eigenmittel haben (§ 10 II Nr. 3, § 15 ZAG, Solvenzkontrolle, dazu ZIEV v. 15.10. 2009, BGBl. 2009 I 3643, mÄnd) sowie über wirksame Mechanismen zur Erkennung und Überwachung von Risiken verfügen (§ 10 II Nr. 5 ZAG). Greifen Kunden online auf ihr Zahlungskonto zu oder lösen sie elektronisch einen Zahlungsvorgang aus, muss eine starke → Kundenauthentifizierung verlangt werden (§ 55, § 2 Abs. 24 ZAG). Berichtswesen (ZAGMonAwV v. 15.10.2009, BGBl. 2009 I 3591 mÄnd, ZAGAnzV v. 15.10.2009, BGBl. 2009 I 3603 mÄnd) und Rechnungslegung (ZahlPrüfbV v. 15.10.2009, BGBl. 2009 I 3648 mÄnd, RechZahlV v. 2.11.2009, BGBl. 2009 I 3680, mÄnd) unterliegen zT eigenen Regeln. Da die Zahlungsinstituten übergebenen Gelder nicht durch die → Einlagensicherung gedeckt sind, müssen besondere Sicherungsmaßnahmen für den Fall der Insolvenz eingehalten werden (§§ 17 f. ZAG): Geldbeträge dürfen nicht gemischt werden, müssen nachts auf offenen Treuhandkonten hinterlegt werden und sind von den übrigen Vermögenswerten des Zahlungsinstituts zu trennen. Zuständige Aufsichtsbehörde ist die → Bundesanstalt für Finanzdienstleistungsaufsicht (§ 4 ZAG), sie führt ein Zahlungsinstitute-Register (§ 43 ZAG) und eine Webseite, auf der die Zahlungsentgelte von Zahlungsdienstleistern verglichen werden können (§§ 16 ff. ZKG).

Zahlungsinstrumente
sind personalisierte Instrumente bzw. Verfahrensabläufe, die zwischen Zahlungsdienstnutzer und Zahlungsdienstleister (→ Zahlungsdienstevertrag) vereinbart sind und zur Erfüllung eines Zahlungsauftrags verwendet werden (Legaldefinition in § 1 XX Zahlungsdiensteaufsichtsgesetz, ZAG; Verwendung findet der Begriff in §§ 675c ff. BGB). Beispiele: → Zahlungskarten (zB Kreditkarte), Online-Banking, Telefonbanking.

Zahlungskarten
sind Urkunden, mit denen der Karteninhaber das die Karte ausstellende Unternehmen verpflichten kann, an einen Dritten eine Geldleistung (als Bargeldersatz) zu erbringen. Vertragliche Beziehungen bestehen meist zwischen Karteninhaber und Kartenaussteller (Emmissionsvertrag als → Zahlungsdienstevertrag), dem Karteninhaber und dem Zahlungsempfänger (Valutaverhältnis, zB ein Kaufvertrag) sowie dem Kartenaussteller und dem Zahlungsempfänger (Aquisitionsverhältnis). Beispiele: Kreditkarte, → Girokarte. Sa → Fälschung von Zahlungskarten.

Zahlungsklage
Eine Zahlungsklage ist eine → Leistungsklage, die auf Zahlung einer bestimmten Geldsumme gerichtet ist.

Zahlungskontengesetz
→ Zahlungskonto.

Zahlungskonto
Ein Zahlungskonto ist nach der Begriffsdefinition in § 2 VIII ZahlungskontenG (ZKG) v. 11.4.2016 (BGBl. 2016 I 720), das nur für Verbraucher und Zahlungsdienstleister, die auf dem Markt Zahlungskonten für Verbraucher anbieten, gilt (§ 13 ZKG), ein auf den Namen

eines oder mehrerer Zahlungsdienstnutzer lautendes Konto, das für die Ausführung von Zahlungsvorgängen genutzt wird. Ein Verbraucher darf bei der Eröffnung eines solchen Kontos von dem Zahlungsdienstleister, idR ein Kreditinstitut, nicht aufgrund von Staatsangehörigkeit, Sprache, Wohnsitz oder aus sonstigen bestimmten Gründen benachteiligt werden, § 3 ZKG. Das ZKG enthält zahlreiche detaillierte Regelungen über Zahlungskonten, zB über deren Abschluss, Führung, Beendigung und Informationspflichten. Die Regelungen des ZKG sind noch nicht alle in Kraft getreten. S. insbes. → Zahlungsdienstevertrag.

Zahlungsmittel
→ gesetzliches Zahlungsmittel, → Banknote, → Geld, → Münzwesen.

Zahlungsort
→ Leistungsort.

Zahlungsstockung
→ Zahlungsunfähigkeit.

Zahlungsunfähigkeit
Zahlungsunfähigkeit (Illiquidität) liegt vor, wenn der Schuldner nicht mehr in der Lage ist, seine fälligen Zahlungsverpflichtungen zu erfüllen (§ 17 II 1 InsO). Der BGH hat diese Formel dahingehend konkretisiert, dass Zahlungsunfähigkeit regelmäßig dann gegeben ist, wenn der Schuldner mindestens zehn Prozent seiner fälligen Gesamtverbindlichkeiten länger als 3 Wochen nicht befriedigen kann (BGH 12.7.2007 – IX ZR 124/04, BeckRS 2007, 12159). Die Zahlungsunfähigkeit wird nicht dadurch ausgeschlossen, dass der Schuldner einzelne kleinere Verbindlichkeiten noch erfüllt. Auch ist nicht erforderlich, dass der Schuldner über längere Zeit hinweg über keine genügenden flüssigen Mittel mehr verfügt. Zahlungsunfähigkeit ist vielmehr bereits dann gegeben, wenn der Schuldner seinen laufenden Verbindlichkeiten voraussichtlich dauernd (auch durch einen kurzfristig zu beschaffenden Kredit) nicht mehr nachkommen kann. Eine bloße Zahlungsstockung bis zu einer kurzfristig (idR 3 Wochen) möglichen Kreditbeschaffung ist noch keine Zahlungsunfähigkeit. Zahlungsunfähigkeit ist idR anzunehmen, wenn der Schuldner seine Zahlungen eingestellt hat (Zahlungseinstellung, § 17 II 2 InsO). Einredebehaftete Forderungen sind bei der Berechnung nicht zu berücksichtigen. Zahlungsunfähigkeit ist allgemeiner Grund zur Eröffnung des → Insolvenzverfahrens. Die drohende Zahlungsunfähigkeit, § 18 InsO, ist Eröffnungsgrund, sofern der Schuldner den Antrag stellt. Der Schuldner droht zahlungsunfähig zu werden, wenn er voraussichtlich nicht in der Lage sein wird, die bestehenden Zahlungspflichten im Zeitpunkt der Fälligkeit zu erfüllen. Dafür ist in der Regel ein Prognosezeitraum vom 24 Monaten zugrunde zu legen.

Zahlungsverbot
→ Insolvenzverfahren (2), → Pfändung.

Zahlungsverjährung
(steuerlich) bedeutet, dass mit Ablauf der Verjährungsfrist eine festgesetzte Steuer nicht mehr erhoben werden darf (§ 232 AO) → Verjährung (5).

Zahlungsverkehr
1. Der Zahlungsverkehr innerhalb der → Europäischen Union ist frei nach Art. 63–65 AEUV (→ AEUV) (→ Kapitalverkehr). Beschränkungen desZahlungsverkehrs. können im Verkehr mit Mitgliedstaaten der EU nicht mehr autonom eingeführt werden. Wegen des Verfahrens bei Zahlungsbilanzschwierigkeiten bzw. -krisen vgl. Art. 143 und 144 AEUV (sa → Stabilitätspakt). Inhaltliche Regelungen für den Zahlungsverkehr mit Drittstaaten sind Sache der gemeinsamen → Handelspolitik.

2. Das → Außenwirtschaftsrecht in Deutschland sieht für den Zahlungsverkehr daher keine Beschränkungen, jedoch gewisse Meldepflichten gegenüber der → Bundesbank vor (zB für Zahlungen über 12 500 EUR zwischen Inländern und Ausländern mit Ausnahme von Zahlungen für Wareneinfuhr und -ausfuhr sowie Zahlungen im Rahmen von kurzfristigen Krediten; §§ 67 ff. AWV).

3. Zum bargeldlosen Zahlungsverkehr s. → Zahlungsinstitut, → Girogeschäft.

Zahlungsverzug
→ Schuldnerverzug.

Zahnarzt
Durch das Gesetz über die Ausübung der Zahnheilkunde v. 31.3.1952 (BGBl. 1952 I 221) wurden die Berufszweige der Zahnärzte und Dentisten zu dem einheitlichen Beruf des Zahnarztes verschmolzen. Das Gesetz idF v. 16.4.1987 (BGBl. 1987 I 1225) mÄnd regelt die Voraussetzungen der → Approbation. Siehe auch Approbationsordnung v. 26.1.1955 (BGBl. 1955 I 37) mÄnd, sowie Gebührenordnung v. 22.10.1987 (BGBl. 1987 I 2316) mÄnd mit Anlageband „Gebührenverzeichnis". Die Regelungen für die Berechnung der Gebühren innerhalb des zulässigen Gebührenrahmens, sowie für abweichende Vereinbarungen entsprechen denen für den → Arzt. Zahnärzte sind den → Kassenärztlichen Vereinigungen angeschlossen. Diese sind in der → Kassenzahnärztlichen Vereinigung zusammengeschlossen.

ist eine spezielle Form der → Krankenbehandlung. Die zahnärztliche Behandlung umfaßt die Tätigkeit des Zahnarztes, die zur Verhütung, Früherkennung und Behandlung von Zahn-, Mund- und Kieferkrankheiten nach den Regeln der zahnärztlichen Kunst ausreichend und zweckmäßig ist

Zahnersatz
Kronen, Brücken, Prothesen u. ä. gehören zu den Leistungen der gesetzlichen → Krankenversicherung (§§ 55 ff. SGB V). Die Kranken-

kassen leisten seit 2005 anstelle der früheren prozentualen Zuschüsse sog. befundbezogene Festzuschüsse, die sich nicht mehr an der medizinisch notwendigen Versorgung im Einzelfall orientieren, sondern an derjenigen, die in der Mehrzahl der Fälle angewandt wird. Die befundbezogenen Festkostenzuschüsse betragen idR 60% der für die Regelversorgung notwendigen Leistungen (Erhöhung auf 70% durch Nachweis regelmäßiger Bemühungen zur erhaltung der Zahngesundheit). Die darüber hinausgehenden Kosten für Zahnersatz haben die Versicherten zu tragen, die sich hiergegen durch eine private Zusatzversicherung schützen können; außerdem bestehen Härtefallregelungen für Versicherte mit geringem Einkommen. Sie ist abzugrenzen von der zahnärztlichen Behandlungsleistung (§ 28 II SGB V). Ggf. kann eine → Krankenkasse Leistungen für Versicherte erbringen, die regelmäßig zum → Zahnarzt gehen (zB. Zahnreinigung, Bonushefte).

Zahntechniker/innen
fertigen, reparieren und reinigen festsitzenden und herausnehmbaren Zahnersatz sowie zahn- und kieferregulierende Geräte. Es handelt sich um einen Ausbildungsberuf nach der Handwerksordnung (HwO), der eine 3¹/2jährige Ausbildung voraussetzt (vgl. Zahntechnikermeisterverordnung – ZahntechMstrV – v. 8.5.2007 (BGBl. 2007 I 687 m. Änd).

Zwischen dem Verband Deutscher Zahntechniker-Innungen und dem → Spitzenverband Bund der Krankenkassen wird ein bundeseinheitliches Verzeichnis der abrechnungsfähigen zahntechnischen Leistungen vereinbart (§ 88 SGB V).

Als Selbstständige unterliegen sie der Rentenversicherungspflicht nach § 2 S. 1 Nr. 8 SGB VI.

ZDF
Das Zweite Deutsche Fernsehen ist eine 1961 gegründete gemeinnützige Anstalt des öffentlichen Rechts, deren Träger die Länder sind, § 1 ZDF-Staatsvertrag (= Art. 3 Staatsvertrag über dem Rundfunk im vereinten Deutschland), sa → Rundfunkanstalten. Es hat seinen Sitz in Mainz, wird durch → Rundfunkbeiträge finanziert und betreibt das gleichnamige Fernsehprogramm sowie → Telemedien. Sa → ARD, → Rundfunkrecht, → Deutsche Welle.

Zebragesellschaft
Ist an einer nicht gewerblich tätigen → Personengesellschaft, deren Beteiligte Überschusseinkünfte erzielen, zB → Immobilienfonds (sa → Einkünfte), eine → Kapitalgesellschaft beteiligt, müssen deren anteilige Einkünfte aus dieser Personengesellschaft als gewerbliche, also Gewinneinkünfte, erfasst werden. Der Grund liegt darin, dass bei einer Kapitalgesellschaft alle Einkünfte gewerblich sind. Der Anteil an der Personengesellschaft gehört zum → Betriebsvermögen der Kapitalgesellschaft (§ 8 II KStG). Daraus erklärt sich auch die Bezeichnung Zebragesellschaft: Bezogen auf die Beteiligten treffen Gewinn- und Überschussermittlung zusammen. → Abfärbetheorie.

Zebrastreifen
→ Fußgänger.

Zechprellerei
ist als → Betrug strafbar, wenn der Täter Leistungen (Lieferung von Speisen und Getränken usw.) durch Vortäuschung einer in Wirklichkeit nicht bestehenden Zahlungsfähigkeit oder -willigkeit erwirkt. Voraussetzung ist, dass der Täter schon bei Aufgabe der Bestellung mit entsprechendem Vorsatz handelte. Entschließt er sich erst nach Erhalt der Mahlzeit, diese nicht zu bezahlen, so macht er sich idR nicht strafbar. Die nach § 263 StGB vorauszusetzende Täuschungshandlung kann auch durch schlüssige Handlung begangen werden, dh stillschweigend durch ein Verhalten, das eine ausdrückliche Erklärung ersetzt. Wer in einem Lokal eine Bestellung aufgibt, erklärt damit nach den Gepflogenheiten des Rechtsverkehrs zugleich, zur Bezahlung willens und in der Lage zu sein.

Zedent
→ Abtretung (1).

Zehnt
Der Zehnt (Kirchenzehnt) wurde schon zu Beginn des Mittelalters als eine Art Kirchensteuer zunächst von den Erträgnissen aus Grund und Boden erhoben; er bestand in der regelmäßigen Abführung des 10. Teils des Ertrages oder bestimmter Mengen einzelner Ertragsarten. Vom 6. Jh. ab wurde er auch von den nichtgrundbesitzenden Gläubigen verlangt. Anspruchsberechtigt (Zehntherr) war der Pfarrer, später neben ihm der Grundherr, der die Kirchenbaulast zu tragen hatte. Nach der franz. Revolution wurden der Zehnt abgeschafft und die Ansprüche auf den Zehnt abgelöst.

Zeichen, Zeichenrechtlicher Schutz
→ Marken, → Gütezeichen.

Zeichnungsschein
Der Zeichnungsschein ist die schriftliche Erklärung, durch die bei einer → Kapitalerhöhung die neuen (jungen) → Aktien gezeichnet werden. Der Zeichnungsschein muss den in § 185 AktG vorgeschriebenen Inhalt aufweisen. Er verpflichtet zur Übernahme der darin angegebenen Anzahl von neuen Aktien gegen Zahlung des bestimmten Betrages.

Zeitakkord
→ Akkordarbeit.

Zeitarbeitsverhältnis
1. Teilzeitarbeit: Die Teilzeitarbeit soll nach Maßgabe des Gesetz über Teilzeitarbeit und befristete Arbeitsverträge (Teilzeit- und Befristungsgesetz, TzBfG) v. 21.12.2000 (BGBl. 2000 I 1966) mÄnd und der Richtlinie 97/81/EG gefördert werden. Teilzeitbeschäftigt ist ein Arbeitnehmer, dessen regelmäßige

Wochenarbeitszeit kürzer ist als die eines vergleichbaren vollzeitbeschäftigten Arbeitnehmers (§ 2 TzBfG). Ein Arbeitnehmer, dessen → Arbeitsverhältnis in einem Unternehmen mit idR mehr als 15 Beschäftigten länger als 6 Monate bestanden hat, kann (spätestens 3 Monate vor der angestrebten Verringerung) verlangen, dass seine vertraglich vereinbarte Arbeitszeit verkürzt wird, sofern dem betrieblichen Gründe nicht entgegenstehen (§ 8 TzBfG, flankiert durch einen - zum 1.8.2022 verschärften - Informationsanspruch nach § 7 TzBfG). Dabei sind besonders die Form- und Fristvorgaben des Gesetzes zu beachten: Verweigert der Arbeitgeber nicht rechtzeitig in Textform seine Zustimmung, gilt diese als erteilt, anderenfalls muss auf Antrag des Arbeitnehmers das Gericht diese Zustimmung ersetzen, wenn die Voraussetzungen vorliegen. Allerdings sind Teilzeitanträge der Arbeitnehmer ebenfalls fehleranfällig, weil sie als klares Angebot, das durch ein einfaches „Ja" des Arbeitgebers angenommen werden kann, formuliert sein müssen, so dass insbes. Vorsicht geboten ist, wenn der Arbeitnehmer Alternativen zu seinem eigentlichen Wunsch anbieten möchte. Ein Arbeitnehmer darf wegen seiner Teilzeitarbeit oder wegen seines Verlangens hierauf nicht schlechter behandelt werden als ein vergleichbarer vollzeitbeschäftigter Arbeitnehmer (insbes. nicht gekündigt oder sonst benachteiligt werden); Arbeitsentgelt ist ihm mindestens in entsprechend verhältnismäßigem Umfang zu gewähren (§ 4 I TzBfG, §§ 5, 11 TzBfG). Nach dem TzBfG kann auch → Arbeit auf Abruf (§ 12 TzBfG) oder → Arbeitsplatzteilung (§ 13 TzBfG) vereinbart werden. Einen Anspruch auf Rückkehr zur Vollzeit bzw. auf Aufstockung auch von anfänglich vereinbarten Teilzeittätigkeiten kennt § 9 TzBfG in einer schwachen Ausprägung. Seit 2019 kann unter bestimmten Umständen in größeren Unternehmen auch ein Anspruch auf zeitlich befristete Teilzeit bestehen (sog. Brückenteilzeit, § 9a TzBfG). Wünschen mehrere Arbeitnehmer insbes. eine ähnliche Verteilung der Arbeitszeit (zB am Vormittag) stellt sich eine Verteilungsfrage, die grds. nach dem zeitlichen Prioritätsprinzip gelöst wird; über Betriebsvereinbarungen können auch andere Belange berücksichtigt werden. Besonders geregelt ist die Teilzeitarbeit (mit Rechtsanspruch des Arbeitnehmers und abweichender Ausgestaltung) in einigen Fällen: → Elternzeit, → Pflegezeit, → Familienpflegezeit, § 164 V SGB IX für schwerbehinderte Menschen. Zur Teilzeitarbeit für Beamte und steuerlichen Aspekten vgl. → Teilzeitbeschäftigung.

2. Befristeter Arbeitsvertrag: Insbes. im Bereich des öffentlichen Dienstes wird ein → befristetes Arbeitsverhältnis als Zeitvertrag bezeichnet; vgl. auch die Benennung des → Wissenschaftszeitvertragsgesetzes.

3. Arbeitnehmerüberlassung: Auch das → Leiharbeitsverhältnis wird oft als Zeitarbeit bezeichnet.

Zeitbestimmung
Anders als bei der → Bedingung ist bei der Zeitbestimmung die Entstehung oder der Wegfall eines Rechts gewiss, aber von dem Eintritt eines bestimmten Zeitpunkts abhängig (auch Befristung genannt; zB Mietvertrag ab 1.7., Todestag einer Person; bei Abstellen auf Verheiratung dagegen Bedingung, da ungewiss). Ist für die Wirkung eines → Rechtsgeschäfts bei dessen Vornahme ein Anfangstermin bestimmt worden, so finden hierauf die Bestimmungen über die aufschiebende Bedingung, bei einem Endtermin die über die auflösende Bedingung entsprechende Anwendung (§ 163 BGB). Von der Zeitbestimmung (Befristung eines Rechts) ist die Betagung zu unterscheiden: Hier ist das Recht bereits voll entstanden, seine Geltendmachung aber ganz oder teilweise aufgeschoben (zB bei einer gestundeten Forderung, → Leistungszeit).

Zeitbürgschaft
→ Bürgschaft (3).

Zeitgeschäft
= → Börsentermingeschäft.

Zeitgesetz
1. In der allgem. Rechtslehre ist Zeitgesetz ein Gesetz, das entweder kraft ausdrücklicher Bestimmung oder seinem Inhalt nach nur für eine vorübergehende Zeit Gültigkeit beansprucht. Es erfasst daher nur die in diesen Zeitraum fallenden Tatbestände. Auf Straftaten, die während seiner Geltungsdauer begangen worden sind, ist das Zeitgesetz auch dann anzuwenden, wenn es zurzeit der Entscheidung nicht mehr in Kraft ist (§ 2 IV StGB; Ausnahme von dem Grundsatz des § 2 III, dass bei Gesetzesänderung nach der Tat das mildeste Gesetz gilt; → nullum crimen/nulla poena sine lege).

2. Das frühere Zeitgesetz wurde 2008 durch das Gesetz über die Einheiten im Messwesen und die Zeitbestimmung (Einheiten- und ZeitG - EinhZeitG) abgelöst. Nach § 4 EinhZeitG ist gesetzliche Zeit die mitteleuropäische Zeit. Nach § 5 EinhZeitG kann das Bundesministerium für Wirtschaft und Energie durch Rechtsverordnung ohne Zustimmung des BR für einen Zeitraum zwischen dem 1.3. und dem 31.10. eines Jahres die mitteleuropäische Sommerzeit einführen. Der Sonnenaufgang verschiebt sich dadurch um 1 Stunde auf eine spätere Uhrzeit.

Zeitlohn
→ Akkordarbeit.

Zeitmietvertrag
→ Mietvertrag, → Wohnraummietvertrag (5).

Zeitrente
siehe → befristete Rente. Rechtsgrundlage für die Befristung der Rente ist § 102 SGB VI.

Zeltlagerplätze
Die Zulässigkeit der Errichtung, den Betrieb und die Benutzung von Zeltlagerplätzen regelt

das Landesrecht. In Bayern findet sich eine Erlaubnispflicht in Art. 25 II Landesstraf- und Verordnungsgesetz v. 13.12.1982 (BayRS 2011–2-I) mÄnd sowie eine Ermächtigung für Verordnungen über Betrieb und Benutzung von Zeltlagerplätzen in Art. 25 I BayLStVG. Für Bad.-Württbg. s. CampingplatzVO v. 15.7.1984 (GBl. 1984, 545, ber. GBl. 1985, 20) mÄnd.

Zensur
Zensur ist die – zumeist staatliche – Kontrolle von veröffentlichten oder zur Veröffentlichung bestimmten Presseerzeugnissen, von Rundfunk- oder Fernsehsendungen und Filmen. Bei der Vorzensur besteht eine Pflicht zur Vorlage des Werkes vor Verbreitung oder Sendung. Von Nachzensur spricht man, wenn Maßnahmen erst nach der Verbreitung getroffen werden sollen. Nach Art. 5 I 3 GG findet eine Zensur nicht statt. Hierunter ist nur die Vorzensur zu verstehen. Das Verbot des Art. 5 I 3 GG stellt eine absolute Eingriffsschranke dar, die keine Ausnahme, auch nicht durch allgemeine Gesetze nach Art. 5 II GG, zulässt (BVerfGE 33, 52). Keine unzulässige Zensur bedeutet es, wenn §§ 11 ff. JuSchG und §§ 4 ff. JMStV die Verbreitung jugendgefährdender Medien gewissen Beschränkungen unterwerfen oder wenn importierte Filme nach § 5 II des ÜberwachungsG vom 24.5.1961 (BGBl. 1961 I 607, → Verbringungsverbote) der Behörde vorgelegt werden müssen (BVerfG aaO mit abw. Meinung).

Zensus
1. Durch Gesetz zur Vorbereitung eines registergestützten Zensus (ZensusvorbereitungsG) v. 27.7.2001 (BGBl. 2001 I 1882) wurden die statistischen Landesämter (→ Statistik) ermächtigt, zur Erprobung eines registergestützten Zensusverfahrens Testerhebungen, Untersuchungen von Registern und statistisch-methodische Untersuchungen durchzuführen. Zur Untersuchung von Über- und Untererfassungen in Melderegistern wurden in höchstens (jeweils nach dem Zufallsprinzip ausgewählten) 570 Gemeinden und 38.000 Gebäuden Stichprobenerhebungen bei Meldebehörden und Personen durchgeführt. Zur Überprüfung der Qualität und Vollständigkeit der Daten wurden die aus verschiedenen Quellen gewonnenen Erkenntnisse zusammengeführt. Die Maßnahme diente nur der Gewinnung von Erfahrungen für die Durchführung eines registergestützten Zensus; die gewonnenen Daten waren daher spätestens am 31.3.2004 zu löschen.

2. Das Gesetz zur Vorbereitung eines registergestützten Zensus einschließlich einer Gebäude- und Wohnungszählung 2011 (Zensusvorbereitungsgesetz 2011 – ZensVorbG 2011) v. 8.12.2007 (BGBl. 2007 I 2808) regelte den Aufbau eines Anschriften- und Gebäuderegisters zur Vorbereitung einer Volks-, Gebäude- und Wohnungszählung im Jahre 2011; dabei wurden Melde- und andere Verwaltungsregister (sa → Meldewesen) ausgewertet und ergänzende Befragungen durchgeführt. Die Anonymität der Erhebung wurde durch Löschung der Familiennamen und anderer Daten zum frühestmöglichen Zeitpunkt sicher gestellt (vgl. § 15 ZensVorbG).

3. Auch das Gesetz zur Vorbereitung eines registergestützten Zensus einschließlich einer Gebäude- und Wohnungszählung 2021 (Zensusvorbereitungsgesetz 2022 – ZensVorbG 2022) v. 3.3.2017 (BGBl. 2022 I 388) mÄnd regelt den Aufbau der für die Vorbereitung des registergestützten Zensus 2021 benötigten Infrastruktur. Der Zensus wird als Kombination aus Bevölkerungszählung und Erfassung des Bestandes an Gebäuden mit Wohnraum und Wohnungen durch Auswertung von Verwaltungsdaten sowie durch ergänzende primärstatistische Erhebungen durchgeführt. § 16 ZensVorbG enthält wiederum Löschungsvorschriften, um den Datenschutz zu gewährleisten. Ursprünglich war der Zensus für 2021 vorgesehen, wurde dann aber durch das Gesetz v. 3.12.2021 (BGBl. 2021 I 2675) aufgrund der → COVID-19-Pandemie (→ COVID-19) auf 2022 verschoben. Die konkrete Durchführung des Zensus 2022 wird durch das Gesetz zur Durchführung des Zensus im Jahr 2022 (Zensusgesetz 2022 – ZensG 2022) geregelt. Dort wird in § 1 als Stichtag der 15. Mai 2022 festgelegt. Der Zensus umfasst eine Bevölkerungszählung (§§ 3 ff. ZensG 2022), eine Gebäude- und Wohnungszählung (§§ 9 ff. ZensG 2022), eine Haushaltebefragung auf Stichprobenbasis (§§ 11 ff. ZensG 2022) und die Erfassung von Sonderbereichen wie zB Kasernen (§§ 14 ff. ZensG 2022). Durch Mehrfachprüfungen und Wiederholungsbefragungen wird die Datenqualität sichergestellt (§§ 21 und 22 ZensG 2022). Für die Erhebungen besteht Auskunftspflicht (§ 21 ZensG 2022). Die gewonnenen Daten dürfen aus Gründen des → Datenschutzes nur für statistische Zwecke verwendet werden (§§ 27 ff. ZensG 2022). Die gesetzliche Regelung beachtet die Maßgaben des Volkszählungsurteils (→ Volkszählung) des BVerfG Urt. v. 15.12.1983 – 1 BvR 209/83.

4. Sa → Mikrozensus; → Volkszählung.

Zentgraf, -gericht, -schöffen
Im Mittelalter wurde die niedere Gerichtsbarkeit innerhalb der Grafschaften, die zugleich Gerichtsbezirk waren, zunächst vom Zentgrafen, später von einem Zentgericht unter Vorsitz des Zentgrafen und mit Zentschöffen als Beisitzern ausgeübt.

Zentralabitur
→ Hochschulreife, allgemeine.

Zentralbankrat
war bis zur Anpassung des Bundesbankgesetzes 1999 an das → Europäische System der Zentralbanken das wichtigste Entscheidungs- und Leitungsorgan der → Bundesbank. Die Funktionen des Zentralbankrats sind unter Wegfall

der föderalistisch geprägten Struktur- und Mitwirkungselemente auf den Vorstand der Bundesbank übergangen.

Zentralbanksystem
Das in der Nachkriegszeit entwickelte deutsche Zentralbanksystem bestand ursprünglich aus der → Bank deutscher Länder und den → Landeszentralbanken. Mit Gründung der → Bundesbank wurde es 1957 unter Beibehaltung von föderalistischen Strukturelementen umgestaltet. Das in Deutschland in dieser Weise überkommene Zentralbanksystem war Strukturvorbild für das → Europäische System der Zentralbanken. Für Deutschland ist es im Zusammenhang mit der Anpassung des Bundesbankgesetzes an das Europäische System der Zentralbanken abgeschafft worden.

Zentrale Gegenpartei
1. Als zentrale Gegenpartei (engl.: central counterparty (CCP), früher: zentraler Kontrahent) bezeichnet man Intermediäre, die auf den Finanzmärkten bei börslichen wie außerbörslichen Geschäften als neue Vertragspartner zwischen Käufer und Verkäufer von → Finanzinstrumenten treten. § 1 XXXI KWG iVm Art. 2 Nr. 1 VO (EU) 648/2012 v. 4.7.2012 über OTC-Derivate, zentrale Gegenparteien und Transaktionsregister (ABl. EU 2012 L 201, 1, auch European Market Infrastructure Regulation (EMIR) genannt) definiert sie als „juristische Person, die zwischen die Gegenparteien der auf einem oder mehreren Märkten gehandelten Kontrakte tritt und somit als Käufer für jeden Verkäufer bzw. als Verkäufer für jeden Käufer fungiert".

2. Wird ein Geschäft über eine zentrale Gegenpartei abgewickelt, was keinesfalls immer der Fall ist, so tritt sie automatisch mit Vertragsabschluss oder danach im Wege der Novation zwischen Käufer und Verkäufer. Sie ist nunmehr Vertragspartner beider Parteien, also Käuferin des Verkäufers der Finanzinstrumente und Verkäuferin des Käufers. Die zentrale Gegenpartei übernimmt die Pflichten, dem Käufer die Finanzinstrumente zu liefern und sie dem Verkäufer zu bezahlen, und trägt beider Ausfallrisiko. Ferner garantiert sie Anonymität, da Verkäufer und Käufer sich nicht kennen. Da zentrale Gegenparteien sehr viele Geschäfte mit immer gleichen Teilnehmern tätigen, können sie durch Aufrechnung die Außenstände der Beteiligten reduzieren. Zentrale Gegenparteien tragen somit zur Stabilität des Finanzmarkts bei. Die G20-Staaten haben daher nach der Finanzkrise beschlossen, dass bestimmte OTC-Derivatekontrakte nur über zentrale Gegenparteien ausgeführt werden dürfen. Die Funktion einer zentrale Gegenpartei ist eng mit dem → Clearing, dh der Abwicklung, Lieferung, Zahlung und Verrechnung von Finanzinstrumenten verknüpft. Zentrale Gegenparteien in Deutschland sind die Eurex Clearing AG für → Xetra sowie die Frankfurter → Börse und die European Commodity Clearing AG an der Leipziger Energiebörse (→ Warenbörse), die beide gleichzeitig auch als Clearing Häuser fungieren.

3. Eine zentrale Gegenpartei bedarf nach Art. 14 VO (EU) 648/2012 der Zulassung. Ihre Tätigkeit ist nach § 1 I S. 2 Nr. 12 KWG ein → Bankgeschäft und unterliegt damit der Aufsicht nach dem KWG, insbes. gelten gem. § 2 IXa KWG die §§ 53e ff. KWG. Sanierung und Abwicklung einer zentralen Gegenpartei richten sich nach der Verordnung (EU) 2021/23 v. 16.12.2020 über einen Rahmen für die Sanierung und Abwicklung zentraler Gegenparteien (ABl. EU 2021 L 22, 1), die durch die §§ 152a ff. SAG (→ Kreditinstitute, Sanierung und Abwicklung) ergänzt werden. Die → Börsenaufsichtsbehörde kann der Börse die Benutzung einer bestimmten zentralen Gegenpartei untersagen (§ 3 V BörsG).

Zentrale Kommission für die Biologische Sicherheit
(auch ZKBS oder Gentechnikkommission) ist eine gemäß § 4 GenTG (→ Gentechnikrecht) beim → Bundesamt für Verbraucherschutz und Lebensmittelsicherheit gebildete Sachverständigenkommission, die aus 2 Ausschüssen besteht. Die jeweilige Zusammensetzung ist pluralistisch (Sachverständige und „sachkundige" Personen); zu Einzelheiten der Berufung und Stellung s. §§ 5 und 5a. Die Kommission prüft und bewertet sicherheitsrelevante Fragen des Gentechnikrechts, gibt Empfehlungen ab und berät die BReg. Eine Verfahrensregelung für die Arbeit der Kommission enthält die VO idF v. 5.8.1996 (BGBl. 1996 I 1232) mÄnd. Die Kommission berichtet jährlich in allgemeiner Weise der Öffentlichkeit über ihre Arbeit.

Zentraler Kapitalmarktausschuss
Dem seit 1957 bestehenden zentralen Kapitalmarktausschuss gehören Vertreter von im → Emissionsgeschäft tätigen → Kreditinstituten, der → Bundesbank sowie der → Bundesregierung an. Das Gremium spricht Empfehlungen zur Emissionsplanung der öffentlichen Hand und des privaten Sektors aus, um eine Überlastung des → Kapitalmarktes durch Neuemissioinen zu verhindern.

Zentrales europäisches Zugangsportal
Die Verordnung 2023/2859 v. 13.12.2023 zur Einrichtung eines zentralen europäischen Zugangsportals für den zentralisierten Zugriff auf öffentlich verfügbare, für Finanzdienstleistungen, Kapitalmärkte und Nachhaltigkeit relevante Informationen (ABl. EU L 2023/2859 v. 20.12.2023) verpflichtet die → Europäische Wertpapier- und Marktaufsichtsbehörde (ESMA), ein solches Zugangsportal einzurichten. Es wird auch als „European Single Acces Point" oder „ESAP" bezeichnet und soll ab Sommer 2027 online zugänglich sein. Darin kann jedermann finanz- und nachhaltigkeitsbezogene Informationen finden, die Unternehmen nach europäischen Vorschriften veröffentlichen müssen oder freiwillig publizie-

ren. Mit diesen Informationen sollen europäische Unternehmen für Anleger interessanter und transparenter gemacht werden. → Kapitalmarktinformationen, → Unternehmensregister.

Zentrales Fahrerlaubnisregister
Das → Kraftfahrt-Bundesamt führt zur Feststellung, welche Fahrerlaubnis und welchen Führerschein eine Person besitzt, nach §§ 48 ff. StVG, §§ 49 ff. FeV das Zentrale Fahrerlaubnisregister über von inländischen Fahrerlaubnisbehörden erteilte Fahrerlaubnisse und Führerscheine von Personen mit oder ohne Wohnsitz im Inland und über von ausländischen Stellen erteilte Fahrerlaubnisse und Führerscheine von Personen mit Wohnsitz im Inland, die ihre Fahrerlaubnis hier registrieren lassen müssen. Es handelt sich dabei um die sog. Positivdaten, während die Negativdaten im → Fahreignungsregister gespeichert werden.

Gespeichert werden die Daten über die Person (ohne Anschrift) und die Berechtigung zum Führen von Kfz, insbes. Fahrerlaubnis und Führerschein (§ 50 StVG). Außerdem wird vermerkt, wenn ein Fahrerlaubnisinhaber Fahrlehrer oder Kraftfahrtsachverständiger ist (§ 37 FahrlG, § 23 KfSachvG).

Übermittelt werden dürfen die Daten vor allem an Behörden zur Verfolgung von Straftaten und Verkehrsordnungswidrigkeiten, Fahrerlaubnisbehörden, Stellen für Verkehrs- und Grenzkontrollen sowie für Straßenkontrollen, ferner die zuständigen Stellen anderer Staaten (§§ 52, 55 StVG). Dabei ist ein Abruf im automatisierten Verfahren zulässig (§§ 53, 56 StVG). Über die Abrufe sind Aufzeichnungen zu fertigen. Der Betroffene erhält nach § 58 StVG unentgeltlich Auskunft über den ihn betreffenden Inhalt des Zentralen Fahrerlaubnisregisters.

Zentrales Fahrzeugregister
→ Fahrzeugregister, → Zentrales Verkehrsinformationssystem.

Zentrales Staatsanwaltschaftliches Verfahrensregister
→ Strafregister.

Zentrales Testamentsregister
Die Bundesnotarkammer führt als Registerbehörde ein automatisiertes elektronisches Register über die Verwahrung registerfähiger erbfolgerelevanter Urkunden; das sind öffentlich beurkundete oder in amtliche Verwahrung genommene Urkunden, die die → Erbfolge beeinflussen können, wie zB → Testament oder → Erbvertrag. Privatschriftliche Testamente, welche die Erblasser aufbewahren, werden nicht registriert. Die Verwahrangaben, die von Notaren oder Gerichten zu übermitteln sind, sind Angaben, die zum Auffinden der Urkunden erforderlich sind. Die Testamentsurkunde selbst wird nicht dort gespeichert. Die Bundesnotarkammer erteilt Gerichten und Notaren Auskunft aus dem Register (§ 78 II 1 Nr. 1 BNotO, §§ 78b–78d BNotO). Die Einzelheiten sind in der Testamentsregister-VO (ZTRV) v. 11.7.2011 (BGBl. 2011 I 1386) geregelt. Im Erbfall wird das zuständige → Nachlassgericht von dem Vorhandensein eines aufbewahrten Testaments unterrichtet. Privatpersonen erhalten keine Auskunft aus dem Testamentsregister.

Zentrales Verkehrsinformationssystem
(ZEVIS). Aus den → Fahrzeugregistern werden Fahrzeug- und Halterdaten an Behörden grundsätzlich nur zu bestimmten verkehrsrechtlichen Zwecken übermittelt, ausnahmsweise auch zu Zwecken der Verfolgung von Straftaten (§ 35 III Nr. 1a StVG). Der Polizei ist der Abruf im automatisierten Verfahren aus dem Zentralen Fahrzeugregister zur Verfolgung von Straftaten gestattet (§ 36 III StVG). Die Auskunfterteilung über Kfz., Halter und Versicherungen zur Verfolgung von Rechtsansprüchen ist in § 39 StVG geregelt.

Zentrales Vorsorgeregister
Die Bundesnotarkammer führt als Registerbehörde ein automatisiertes elektronisches Register über → Vorsorgevollmachten, → Patientenverfügungen und Betreuungsverfügungen (seit 1.1.2023 auch isoliert von einer Vorsorgevollmacht, § 9 VRegV), in das Angaben über Vollmachtgeber, Bevollmächtigte, die Vollmacht und deren Inhalt sowie über Vorschläge zur Auswahl des → Betreuers, Wünsche zur Wahrnehmung der → Betreuung und über den Vorschlagenden aufgenommen werden dürfen. Auch ein Widerspruch gegen das → Ehegattennotvertretungsrecht kann hinterlegt werden. Die Bundesnotarkammer erteilt Gerichten, und seit 1.1.2023 auch approbierten → Ärzten Auskunft aus dem Register (§ 78 II 1 Nr. 1 BNotO, §§ 78a ff. BNotO).

Zentralismus
nennt man im → Bundesstaat die Tendenz, auf Kosten der Gliedstaaten möglichst viele Kompetenzen dem Gesamtstaat zu übertragen (auch als Unitarismus bezeichnet; Gegensatz: Föderalismus, in übersteigerter Form Partikularismus, mit dem Ziel der Loslösung vom Gesamtstaat Separatismus). Innerhalb der Verwaltung eines Staates bezeichnet man als Zentralismus die Einschränkung oder den völligen Verzicht auf → mittelbare Staatsverwaltung. Sa → Konzentration in der Verwaltung.

Zentralrat der Juden in Deutschland
Der Zentralrat der Juden in Deutschland ist als Dachorganisation verschiedenster → Jüdischer Gemeinden unterschiedlicher Glaubensrichtungen keine religiöse Institution ieS. Er ist Ansprechpartner der staatlichen Stellen und hat den Status einer → Körperschaft des öffentlichen Rechts.

Zentralregister
→ Gewerbezentralregister, → Strafregister (Bundeszentralregister), → Fahreignungsregister, → Fahrzeugregister, → Zentrales Fahrer-

laubnisregister, → Ausländerzentralregister, → Zentrales Vorsorgeregister, → Zentrales Testamentsregister.

Zentralstaat
Sachlich unzutreffende Bezeichnung für Gesamtstaat; s. → Bundesstaat.

Zentralstelle
für die Vergabe von Studienplätzen. Die frühere Zentralstelle wurde inzwischen durch die Gemeinsame Einrichtung für Hochschulzulassung ersetzt (→ Hochschulzulassungsrecht, 3). Die Gemeinsame Einrichtung für Hochschulzulassung organisiert wie bisher die Zentralstelle die zentrale Vergabe von Studienplätzen in bestimmten Studiengängen (→ Hochschulzulassungsrecht, 4), unterstützt aber darüber hinaus die einzelnen → Hochschulen bei den örtlichen Zulassungsverfahren (→ Hochschulzulassungsrecht, 5).

Zerlegung
Liegen die → Betriebsstätten eines → Gewerbebetriebs in mehreren Gemeinden oder wird innerhalb eines → Veranlagungszeitraums der Gewerbebetrieb in eine andere Gemeinde verlagert, so ist der Steuermessbetrag aufzuteilen (zu zerlegen) und der jeweilige Anteil den einzelnen Gemeinden zuzuweisen. Die Aufteilung erfolgt durch Zerlegungsbescheid des Finanzamts. → Gewerbesteuer (4).

Zerlegungsgesetz
Das Gesetz über die Steuerberechtigung und die Zerlegung bei der → Einkommen- und → Körperschaftsteuer v. 6.8.1998 (BGBl. 1998 I 1998) regelt, welchem Land die Einkommen- oder Körperschaftsteuer zusteht, wenn ein → Steuerpflichtiger seinen → Wohnsitz oder ein Unternehmen den Ort der Geschäftsleitung (→ Kapitalgesellschaften) in ein anderes Land verlegt. Maßgebender Stichtag ist regelmäßig der 10.10. (→ Verteilung des Steueraufkommens).

Zerobond
Zerobond (auch: Nullkuponanleihe) ist ein langfristiges verzinsliches Wertpapier, bei dem die Zinsen nicht ausbezahlt, sondern (bis zur Fälligkeit) wiederum (verzinslich) angelegt werden.

Zerrüttung der Ehe
→ Ehescheidung (2).

Zerstörung von Datenverarbeitungsanlagen
→ Computersabotage.

Zerstörung von Sachen oder wichtigen Bauwerken
→ Sachbeschädigung.

Zerstörung wichtiger Arbeitsmittel
Straftatbestand nach § 305a StGB, der einen → Qualifikationstatbestand gegenüber der → Sachbeschädigung (§ 303 StGB) enthält: Wer rechtswidrig ein fremdes technisches Arbeitsmittel von bedeutendem Wert, das für die Errichtung, den Betrieb oder die Entsorgung bestimmter wichtiger Verkehrseinrichtungen oder Versorgungsanlagen (zB Eisenbahn, Elektrizitätswerk, Wasserwerk) von wesentlicher Bedeutung ist, oder ein für den Einsatz wesentliches technisches Arbeitsmittel von bedeutendem Wert oder ein Kfz. der Polizei, der Bundeswehr, der Feuerwehr, des Katastrophenschutzes oder eines Rettungsdienstes ganz oder teilweise zerstört, wird danach mit Freiheitsstrafe bis zu 5 Jahren oder mit Geldstrafe bestraft. Versuch ist strafbar.

Zertifikat
Zertifikat (eigentlich die Bezeugung des Ursprungs und der Qualität einer Ware) ist eine gebräuchliche Bezeichnung für einen → Anteilschein an dem → Investmentvermögen einer → Kapitalverwaltungsgesellschaft. Mit Zertifikat werden auch andere Anteilsscheine, etwa an strukturierten Finanzprodukten, bezeichnet (zB Indexzertifikate).

Zertifizierung
bezeichnet eine Bescheinigung für Unternehmen, einzelne → Anlagen ua m. über die Einhaltung wesentlicher Rechts- und Technikvorschriften (engl.: compliance). Sie wird idR von privatrechtlich organisierten Überwachungs- und Zertifizierungsorganisationen erteilt (→ Überwachungsstelle, → Entsorgungsfachbetrieb). Diese Organisationen wiederum unterstehen behördlicher Aufsicht (→ Marktüberwachung). Bekannt sind auch die Zertifizierung v. Qualitäts- und → Umweltmanagement. Bei Hochschulen entspricht die Akkreditierung der Zertifizierung.

Zession, Zessionar
→ Abtretung (1).

Zeuge
Zeuge ist eine Person, die über Tatsachen, die sie wahrgenommen hat, aussagen soll (darin liegt der Unterschied zum → Sachverständigen). Der Beweis durch Zeuge ist in jeder Verfahrensordnung vorgesehen (§§ 48–71 StPO, §§ 373–401 ZPO, § 96 I VwGO, § 81 FGO, § 118 I SGG, § 29 I FamFG, § 30 FamFG). Zeuge kann nicht sein, wer → Partei, → Beteiligter oder → Beschuldigter ist; wohl aber der Prozessbevollmächtigte, Verteidiger, StA und andere Verhandlungsbeteiligte, deren weitere Mitwirkung nur im Kollisionsfalle ausgeschlossen ist. Die Fähigkeit, Zeuge zu sein, ist sonst nicht beschränkt; es können auch Kinder und Geisteskranke als Zeuge vernommen werden (die Wertung ihrer Aussage ist Sache des Gerichts). Ein Lauschzeuge hat seine Erkenntnise durch Belauschen eines Gesprächs erlangt; diese sind aber nur sehr begrenzt verwertbar. Für jeden, der deutscher → Gerichtshoheit unterliegt, besteht die öffentlich-rechtliche Zeugnispflicht (Pflicht zum Erscheinen, zur Aussage und zur Beeidigung). Bei Verstoß gegen diese Pflichten können dem Zeugen → Ordnungsmittel und Kosten auferlegt, auch kann er zwangsweise

vorgeführt werden (§§ 380, 390 ZPO, §§ 51, 70 StPO; → Beugemittel); das Gericht kann aber auch, soweit dies ausreichend erscheint, eine schriftliche Beantwortung der Beweisfrage (insbes. anhand der Unterlagen des Zeugen) anordnen (§§ 377 f. ZPO). Die Pflicht zur Aussage kann durch → Zeugnis- oder → Auskunftsverweigerungsrecht, auch durch Verschwiegenheitspflicht entfallen oder eingeschränkt sein (→ Berufsgeheimnis). Sa → Zeugenschutz (4, 5).

Je nach Sachlage kann oder muss das Gericht von der → Beeidigung der Aussage absehen (§§ 391, 393 ZPO, §§ 59 ff. StPO). Auch im Strafprozess werden Zeugen nur vereidigt, wenn es das Gericht wegen der ausschlaggebenden Bedeutung der Aussage oder zur Herbeiführung einer wahren Aussage nach seinem Ermessen für notwendig hält. Ein Zeuge wird erst zur Person und dann zur Sache vernommen (§§ 395, 396 ZPO, §§ 68, 69 StPO). Er darf sich bei der Vernehmung eines Rechtsbeistandes – zB zur Beratung über ein Zeugnisverweigerungsrecht – bedienen, wenn dies nicht die Durchführung des Verfahrens beeinträchtigt. Im Strafprozess kann ihm für die Vernehmung ein Rechtsanwalt als Beistand beigeordnet werden, wenn er seine Befugnisse bei der Vernehmung nicht selbst wahrnehmen kann (§ 68b StPO). Ist er Nebenkläger oder Verletzter, kann er einen Beistand auch hinzuziehen oder erhalten nach §§ 397a, 406f StPO (sa → Opferschutz, → Verletzter, Rechtsstellung im Strafprozess). Der Zeuge ist verpflichtet, die Wahrheit zu sagen, und darf nichts verschweigen, was zu seiner wahrheitsgemäßen Aussage gehören würde. Eine schuldhaft unrichtige Aussage ist strafbar (→ Falschaussage, → Meineid). Der Zeuge wird nach dem JVEG (→ Sachverständiger) für Aufwendungen, Zeitversäumnis und Verdienstausfall entschädigt.

Zeuge vom Hörensagen
ist ein → Zeuge, der die Angaben bekundet, die eine andere Person ihm gegenüber zu einem bestimmten Ereignis gemacht hat. Da er seine eigenen Wahrnehmungen mitteilt, verstößt seine Vernehmung nicht gegen den → Unmittelbarkeitsgrundsatz. Im Strafprozess ist es eine Frage der → Aufklärungspflicht des Richters sowie seiner Beweiswürdigung, welches Gewicht er diesem Beweis beimisst. Das Gericht muss dabei den Beweiswert dieses weniger sachnahen Beweismittels besonders sorgfältig prüfen. Bekundet der Zeuge vom Hörensagen Angaben einer Person, deren Identität dem Gericht nicht bekannt ist (sa → verdeckte Ermittlungen), so dürfen solche Angaben regelmäßig nur herangezogen werden, wenn sie durch andere wichtige Beweisanzeichen gestützt werden (s. BGHSt 17, 382, stRspr).

Zeugen Jehovas
Zeugen Jehovas sind eine christliche Religionsgemeinschaft, deren Mitglieder nach ihrem Selbstverständnis die gute Botschaft von Gottes Königreich verkünden. Zeugen Jehovas lehnen → Wehrdienst, Bluttransfusionen sowie die Teilnahme an politischen Wahlen ab. Die Ableistung des → Zivildienstes wird seit 1996 von denZeugen Jehovas akzeptiert. Die Zuerkennung des Status einer → Körperschaft des öffentlichen Rechts (→ Religionsgesellschaften, 2, 3) war lange strittig. Nach Auffassung des BVerfG (Urt. v. 19.12.2000, NJW 2001, 429) erfordert die Anerkennung der Zeugen Jehovas als Körperschaft des öffentlichen Rechts keine besondere Loyalität zum freiheitlich-demokratischen Rechtsstaat, so dass insbesondere die Ablehnung politischer Wahlen nicht mehr als Grund dafür herangezogen werden kann, den Zeugen Jehovas den Status einer Körperschaft des öffentlichen Rechts zu verweigern; vielmehr müsse lediglich festgestellt werden, dass die Zeugen Jehovas keine fundamentalen Verfassungsprinzipien wie Rechtsstaatlichkeit, Demokratie und Grundrechte Dritter gefährden. Mit inzwischen rechtskräftigem Urt. OVG Berlin v. 24.3.2005 (NVwZ 2005, 1450) wurde daraufhin das Land Berlin verpflichtet, den Zeugen Jehovas Körperschaftsstatus zuzuerkennen. Mit Wirkung vom 13.6.2006 hat das Land Berlin den Zeugen Jehovas den Körperschaftsstatus verliehen. Inzwischen wurde den Zeugen Jehovas in allen Ländern der BRep. Deutschland der Status einer Körperschaft des öffentlichen Rechts zuerkannt, zuletzt am 21.1.2017 in Nordrhein-Westfalen.

Zeugenbeistand
→ Zeuge, → Beistand (2).

Zeugenschutz
Zeugenschutz im Strafverfahren ist vor allem zur wirksamen Strafverfolgung der → Organisierten Kriminalität erforderlich, insbes. wenn ein Zeuge Vergeltungsaktionen von Seiten des Beschuldigten zu befürchten hat oder es sich um einen → verdeckten Ermittler oder einen V-Mann (→ V-Person) handelt, dessen Identität zu seinem Schutz und/oder zum Zweck seines weiteren Einsatzes geheim zu halten sind. Bedarf für Schutzmaßnahmen kann zudem in Fällen bestehen, in denen die Aussage für den Zeugen, insbes. wenn er zugleich Verletzter der Straftat oder minderjährig ist, eine besonders große psychische Belastung bedeutet (→ Opferschutz). Bei → Vernehmungen im Strafverfahren muss allerdings auch das berechtigte Verteidigungsinteresse des Angeklagten berücksichtigt werden. Insbes. gegenüber Opferzeugen ist zu berücksichtigen, dass in manchen Verfahren erst noch zu klären ist, ob überhaupt eine Straftat vorliegt (sa → Verletzter, Rechtsstellung im Strafprozess). Es bestehen va folgende Schutzvorgaben und potentielle Schutzmaßnahmen:

1. Beschränkung des Fragerechts aus Gründen des Persönlichkeitsschutzes normiert § 68a StPO. Nach § 68b StPO können sich Zeugen

zudem eines anwaltlichen Zeugenbeistands bedienen.

2. Mehrere Vorschriften dienen der Abwehr von Gefahren, die für den Zeugen aus einer Preisgabe seiner persönlichen Daten oder uU schon seiner Identität resultieren können. So wird in richterlichen Vernehmungen in Anwesenheit des Beschuldigten und in der Hauptverhandlung außer bei Zweifeln über die Identität des Zeugen nicht die vollständige Anschrift, sondern nur dessen Wohn- oder Aufenthaltsort abgefragt (§ 68 I 2 StPO). Ein Zeuge, der seine Wahrnehmungen in amtlicher Eigenschaft gemacht hat, kann statt des Wohnorts den Dienstort angeben (§ 68 I 3 StPO), ein gefährdeter Zeuge auch den Geschäftsort bzw. bei Anwesenheit des Beschuldigten gar keine Angaben dazu zu machen (§ 68 II StPO). Einem erheblich gefährdeten Zeugen kann generell gestattet werden, Angaben zur Person nicht oder nur über eine frühere Identität zu machen und zudem entgegen § 176 II 1 GVG sein Gesicht zu verhüllen (§ 68 III StPO). Dies dient insbes. dem Schutz von Zeugen aus dem Bereich → verdeckter Ermittlungen, wenn ansonsten von der obersten Dienstbehörde eine Sperrerklärung abgegeben (§ 96 StPO) oder keine Aussagegenehmigung erteilt wird (§ 54 StPO).

Bei gefährdeten Zeugen nach § 68 II o. III StPO werden Unterlagen, die die Feststellung des Wohn- oder Aufenthaltsortes, der vollständigen Anschrift oder der Identität des Zeugen gewährleisten, bei der → Staatsanwaltschaft verwahrt und erst zu den Akten genommen, wenn die Besorgnis der Gefährdung entfällt (§ 68 IV 3, 4 StPO). In der → Anklageschrift wird nicht die vollständige Anschrift, sondern maximal der Wohn- oder Aufenthaltsort angegeben (§ 200 I 3–5 StPO). Zudem veranlasst die Staatsanwaltschaft von Amts wegen bei der Meldebehörde eine Auskunftssperre nach § 51 I BMG (§ 68 IV 5 StPO).

3. Der Beschuldigte kann von der Vernehmung eines Zeugen von der Hauptverhandlung ausgeschlossen werden, wenn seine Anwesenheit den Untersuchungszweck gefährden würde (§ 168c StPO). Der Angeklagte kann während der Zeugenvernehmung aus der Hauptverhandlung entfernt werden, wenn andernfalls eine nicht wahrheitsgemäße Aussage des Zeugen oder ein nicht unerheblicher Nachteil für das Wohl eines Zeugen unter 18 Jahren zu befürchten oder wenn ein schwerwiegender Nachteil für die Gesundheit eines Zeugen über 18 Jahren zu erwarten ist (§ 247 StPO).

4. Zulässig sind auch Bild-Ton-Aufzeichnungen oder -Übertragungen von Zeugenaussagen (§§ 58a, 168e, 247a, 255a StPO). Der Zeuge kann sich dabei an einem geheim zu haltenden Ort aufhalten. Im Bedarfsfall kann bei der Übertragung eine optische und akustische Verfremdung erfolgen. In Verfahren wegen → Sexualstraftaten, Tötung und Misshandlung von Schutzbefohlenen (→ Körperverletzung) kann die Vernehmung eines Zeugen unter 18 Jahren in der Hauptverhandlung durch die Vorführung der Aufzeichnung seiner früheren richterlichen Vernehmung ersetzt werden. Im Übrigen ist die Vorführung der Aufzeichnung einer früheren Zeugenvernehmung in der Hauptverhandlung unter den gleichen Voraussetzungen (§§ 251, 252, 253, 255 StPO) zulässig wie die Verlesung eines Protokolls. Bewirkt eine Vernehmung vor oder in der Hauptverhandlung die dringende Gefahr eines schwerwiegenden Nachteils für das Wohl des Zeugen, so kann sie getrennt von den Anwesenheitsberechtigten durchgeführt werden; sie ist diesen zeitgleich in Bild und Ton zu übertragen.

5. Die Öffentlichkeit kann in der Hauptverhandlung bei Gefährdung eines Zeugen ausgeschlossen werden (§ 172 Nr. 1a GVG). Sa → verdeckte Ermittlungen und zB für Bayern Richtlinien zum Zeugenschutz (Bek. v. 29.11.1994, JMBl. 1995, 14) sowie → Bundeskriminalamt.

6. Der Zeugenschutz außerhalb des Strafverfahrens ist im Zeugenschutz-HarmonisierungsG (ZSHG) vom 11.12.2001 (BGBl. 2001 I 3510) geregelt. Er kann einer Person gewährt werden, ohne deren Angaben in einem Strafverfahren die Erforschung des Sachverhalts oder die Ermittlung des Aufenthaltsorts des Beschuldigten aussichtslos oder wesentlich erschwert wäre, wenn durch ihre Aussagebereitschaft Leben, Gesundheit, Freiheit oder wesentliche Vermögenswerte gefährdet sind. Ebenso können Angehörige der Person oder sonst nahestehende Personen geschützt werden. Die Beendigung des Strafverfahrens führt nicht zur Aufhebung des Zeugenschutzes, soweit die Gefährdung fortbesteht. Zuständig für den Zeugenschutz sind die Zeugenschutz-Dienststellen, die zur Geheimhaltung verpflichtet sind. Sie können öffentliche Stellen ersuchen, die dann entsprechend berechtigt sind, und von nicht öffentlichen Stellen verlangen, personenbezogene Daten des Zeugen zu sperren (zB § 44a BZRG) oder nicht zu übermitteln und Tarndokumente mit mitgeteilten Daten zum Aufbau oder zur Aufrechterhaltung einer vorübergehenden Tarnidentiät herzustellen oder zu verändern und die geänderten Daten zu verarbeiten. Der Zeuge darf unter der Tarnidentiät am Rechtsverkehr teilnehmen. Bei einer Vernehmung in einem anderen gerichtlichen Verfahren als dem Strafverfahren ist er berechtigt, Angaben zur Person nur über seine frühere Identität zu machen und iÜ unter Hinweis auf den Zeugenschutz zu verweigern. Zuwendungen an den Zeugenschutz dürfen nur in dem erforderlichen Umfang gewährt werden.

Zeugnis

1. Der → Arbeitgeber (oder Dienstherr → Dienstvertrag) hat dem → Arbeitnehmer (Dienstverpflichteten) bei Beendigung des Arbeitsverhältnisses (Dienstverhältnisses) ein

schriftliches Zeugnis zu erteilen (§ 109 GewO, § 630 BGB); mit Einwilligung des Arbeitnehmers (Dienstverpflichteten) ist seit 1.1.2025 auch die Erteilung in elektronischer Form möglich (§ 109 III GewO, § 630 S. 3 BGB). Das Zeugnis erstreckt sich stets auf Art und Dauer der Beschäftigung (einfaches Zeugnis), auf Verlangen auch auf Leistung und Verhalten (Führung) des Beschäftigten (qualifiziertes Zeugnis). Beim → Berufsausbildungsverhältnis muss stets ein Zeugnis gem. § 16 BBiG ausgestellt werden (seit 1.8.2024: elektronische Form möglich), beim → Volontärverhältnis oder → Praktikantenverhältnis je nach Ausgestaltung idR gem. §§ 26, 16 BBiG, sonst aus Fürsorgepflicht. Die → Arbeitsbescheinigung nach § 312 SGB III stellt kein Zeugnis dar, sondern gibt nur die Tatsachen wieder, die für den Anspruch des Arbeitnehmers auf → Arbeitslosengeld maßgebend sind (zB Dauer, Entgelt, Umstände der Beendigung). Inwieweit schon während des Arbeitsverhältnisses (Dienstverhältnisses) ein Zeugnis erteilt werden muss, ist aus der → Fürsorgepflicht des Arbeitgebers (Dienstherrn) zu beurteilen, teilw. ist dies auch tarifvertraglich geregelt (zB § 35 II, III TVöD); ein Zwischenzeugnis bedarf jedoch eines triftigen Grundes (zB beabsichtigter Stellenwechsel, längeres Ruhen des Arbeitsverhältnisses zB wegen Elternzeit, Sicherung der Bewertung eines ausscheidenden Vorgesetzten etc).

Die Angaben im Zeugnis müssen, bei gleichzeitiger Beachtung des Wohlwollensgebotes, wahr sein; bei Werturteilen darf nicht erheblich von den allgemein üblichen Maßstäben abgewichen werden; für die Leistungsbewertung hat sich (obgleich nicht verpflichtend) die sog. Zufriedenheitsskala etabliert: „zur Zufriedenheit" (ausreichend), „stets zur Zufriedenheit" (befriedigend), „zur vollen Zufriedenheit" (vollbefriedigend), „stets zur vollen Zufriedenheit" (gut), „stets zur vollsten Zufriedenheit" (sehr gut). Leistungsbewertung und Verhaltensbeurteilung (in die nur Sachverhalte mit dienstlichem Bezug einfließen dürfen) sind eigenständige Zeugniskomponenten. Gem. § 109 II GewO muss das Zeugnis klar und verständlich formuliert sein und darf keine Geheimzeichen oder versteckte, von der aus dem Wortlaut ersichtlichen Aussage abweichende Formulierungen enthalten. Dennoch haben sich im Laufe der Zeit bestimmte (zulässige) Formulierungstechniken entwickelt, die teilw. vom alltäglichen Sprachgebrauch abweichen. Für schuldhaft unrichtige Angaben haftet der Arbeitgeber dem Arbeitnehmer wegen Verletzung des Arbeitsvertrags, Dritten (insbes. einem späteren Arbeitgeber) nach § 826 BGB (vorsätzliche sittenwidrige Schädigung), ggf. auch nach vertragsähnlichen (→ Raterteilung) Grundsätzen (str.).

Der vor den Arbeitsgerichten einklagbare und im Wege der Zwangsvollstreckung durchsetzbare → Anspruch auf ordnungsgemäße Zeugniserteilung (der (tarif-)vertraglichen Ausschlussfristen unterliegen kann) umfasst ggf. auch die Berichtigung des Zeugnisses. In Berichtigungsprozessen bestehen zahlreiche Unwägbarkeiten für beide Seiten, zumal die Darlegungs- und Beweislast hins. Änderungen des bewertenden Teils von der im Zeugnis enthaltenen Bewertungsstufe abhängt; für den rein deskriptiven Teil des Zeugnisses liegt sie beim Arbeitnehmer. Auch der Anspruch auf Aufnahme/Berichtigung der Schlussformel, in der Bedauern, Dank und Zukunftswünsche zum Ausdruck gebracht werden können, ist umstritten; einige Landesarbeitsgerichte bejahen ihn unter bestimmten Umständen, das BAG verneint ihn (einzige Ausnahme: Verstoß gegen das Maßregelungsverbot des § 612a BGB durch nachteilige Änderung der Schlussformel nach berechtigter Remonstration des Arbeitnehmers bzgl. eines anderen Zeugnisteils).

2. Der Beamte hat nach Beendigung des Beamtenverhältnisses (auch bei Eintritt in den Ruhestand) gleichfalls einen Rechtsanspruch auf Erteilung eines Zeugnisses über Art, Dauer, Tätigkeit und Leistungen (§ 92 BBG und Beamtengesetze der Länder). S. iÜ bei → Beurteilung.

3. Das Schulzeugnis informiert über den Lern- und Leistungsstand eines Schülers und dessen Arbeits- und Sozialverhalten (sa → Kopfnoten) und dient als urkundlicher Nachweis über die Erreichung eines bestimmten Bildungszieles. Bei Verlassen eines Bildungsganges, bevor dessen Ziel erreicht wurde und bei Erfüllung der → Schulpflicht, wird ein Abgangszeugnis erteilt. Grundsätze und Art der Leistungsbewertung sind landesrechtlich unterschiedlich geregelt.

Zeugnispflicht
→ Zeuge.

Zeugnisverweigerungsrecht
Auf Grund persönlicher Beziehungen oder zur Wahrung des → Berufsgeheimnisses können bestimmte Personen das Zeugnis verweigern und brauchen dann als → Zeuge in dem betreffenden Verfahren überhaupt nicht auszusagen. Ein Zeugnisverweigerungsrecht hat, wer mit einer Partei, einem Beteiligten oder Angeklagten verlobt oder bis zum 3. Grad verwandt ist, verheiratet oder bis zum 2. Grad verschwägert ist oder war oder mit ihm in einer → Lebenspartnerschaft lebt(e). Ferner haben ein Zeugnisverweigerungsrecht insbes. Geistliche, Rechts- und Patentanwälte, Notare, Buchprüfer, Steuerberater, Ärzte, Apotheker, Abgeordnete, Redakteure, Sendeleiter und Journalisten in dem durch ihre Berufspflichten bestimmten Rahmen (zB über die Person des Verfassers oder Gewährsmannes), ebenso – mit Ausnahme der letztgenannten Gruppe – das Hilfs- und Büropersonal dieser Personen. Das Zeugnisverweigerungsrecht entfällt, wenn von der Verschwiegenheitspflicht entbunden werden kann und entbunden wird. Ehegatten, Verlobte, Verwandte und Verschwägerte sind

vor der Vernehmung über ihr Zeugnisverweigerungsrecht zu belehren. Das Zeugnisverweigerungsrecht ist in allen Verfahrensordnungen geregelt (vgl. §§ 383–389 ZPO, §§ 52–53a, 56 StPO, § 98 VwGO, § 118 I SGG, § 84 FGO, § 29 II FamFG). Das Zeugnisverweigerungsrecht umfasst idR auch das Recht zur → Eidesverweigerung. Dem Zeugnisverweigerungsrecht ähnlich ist das → Auskunftsverweigerungsrecht. Ein → Sachverständiger kann aus den gleichen Gründen (wie ein Zeuge seine Aussage) die Erstattung des Gutachtens verweigern (§ 408 ZPO, § 76 StPO). Sa → Beugemittel.

ZEVIS
→ Zentrales Verkehrsinformationssystem.

Ziegen
→ BSE, → Schafe, → Schlachten, → TSE.

Ziehschein
Ziehschein war der Verpflichtungsschein, den der Reeder auf Verlangen eines Schiffsbesatzungsmitglieds darüber zu erteilen hatte, dass er Abschlagszahlungen auf die → Heuer an Familienangehörige oder andere vom Besatzungsmitglied angegebene Personen leistete (§ 36 SeemG, aK). Gem. § 39 SeeArbG kann das Besatzungsmitglied nunmehr die (nur) unbare Zahlung auf Kosten des Reeders ganz oder teilweise an eine andere Person verlangen.

Zielgesellschaft
→ Übernahme eines Handelsgeschäfts (Unternehmens), 2; → Wertpapiererwerbs- und Übernahmegesetz.

Zielvereinbarung
→ Erfolgsbeteiligung.

Zielversorgung
→ Versorgungsausgleich.

Zinsabschlagsteuer
→ Kapitalertragsteuer (2); → Abzugsteuern.

Zinsanpassungsklausel
→ Zinsgleitklausel.

Zinsen
→ Zinsschuld, → Säumniszuschlag.

Zinsen bei Sozialleistungsansprüchen
Ansprüche auf Geldleistungen nach dem → Sozialgesetzbuch sind nach einem Monat seit Fälligkeit bis zum Ablauf des Monats vor der Zahlung mit 4% zu verzinsen, frühestens jedoch nach sechs Monaten ab Eingang des vollständigen Antrags beim zuständigen Leistungsträger. Fehlt ein entsprechender Antrag, richtet sich der Verzinszungsbeginn nach der Bekanntgabe der Entscheidung (§ 44 SGB I). Die Frist beträgt dann einen Kalendermonat nach Bekanntgabe der Entscheidung. Die fälligen Beträge werden auf volle Euro-Werte abgerundet. Die Regelung gilt auch für Ersatzansprüche der Träger der Sozialhilfe, der Kriegsopferfürsorge und der Jugendhilfe (§ 108 II SGB X). Ein Anspruch auf Zinseszinsen besteht nicht. Der Verzinsung hat von Amts wegen zu erfolgen. Unterschreitet der an Zinsen auszubezahlende Betrag einen Mindestbetrag, werden diese nicht ausgezahlt (zB § 118 IIa SGB VI).

Zinsen, steuerlich
1. Ansprüche aus dem Steuerschuldverhältnis werden nur verzinst, soweit dies gesetzlich vorgeschrieben ist. Entsprechende Regelungen finden sich in der AO. Demnach sind ab dem 16. Monat nach Ablauf des Jahres, in dem die Steuer entstanden ist, Steuererstattungen oder -nachforderungen zu verzinsen (§ 233a AO). Beispiel: Die Einkommensteuererstattung für 1997 ist ab dem 1.4.1999 zu verzinsen.

Bei Stundung des Steueranspruchs fallen Stundungszinsen an, es sei denn, die Erhebung wäre unbillig (§ 234 AO). Hinterzogene Steuern sind gemäß § 235 AO ab Eintritt der Verkürzung zu verzinsen, Erstattungsbeträge ab Rechtshängigkeit (§ 236 AO). Bei der Aussetzung der Vollziehung fallen Aussetzungszinsen an, wenn der Rechtsbehelf endgültig erfolglos ist (§ 237 AO).

2. Mit Beschluss vom 8.7.2021 hatte das Bundesverfassungsgericht (1 BvR 2237/14 u. a.) die Verzinsung von Steuernachforderungen und Steuererstattungen mit jährlich 6% ab dem Jahr 2014 wegen Verstoßes gegen den Grundsatz der Verhältnismäßigkeit für verfassungswidrig erklärt. Infolgedessen hat der Gesetzgeber die Verzinsung rückwirkend ab dem 1.1.2019 auf 1,8% jährlich (oder 0,15% pro Monat) abgesenkt. Die Bemessungsgrundlage für die Zinsen (auf Steuererstattung oder -nachforderung) ist auf den nächsten durch 50 EUR teilbaren Betrag abzurunden (§ 238 AO).

3. Z. werden in einem Bescheid (→ Verwaltungsakt) festgesetzt (§ 239 AO). Sie unterliegen der → Festsetzungsverjährung. Die Festsetzung unterbleibt, wenn die Z. weniger als 10 EUR betragen.

4. Abzug von Steuerzinsen: Hinterziehungszinsen auf hinterzogene Betriebssteuern (zB Umsatz-, Gewerbesteuer) können nicht abgezogen werden (§ 4 V Nr. 8a EStG, § 12 Nr. 3 EStG). Ab 1.1.1999 können auch Zinsen auf Steuernachforderungen (§ 233a AO), Stundungs- (§ 234 AO) und Aussetzungszinsen (§ 237 AO) nicht mehr bei der Einkommensteuer als → Sonderausgaben abgezogen werden.

Zinseszins
→ Zinsschuld (2).

Zinsgleitklausel
ist eine Bestimmung in einem → Darlehensvertrag, die dem Darlehensgeber das jederzeitige Recht einräumt, den Zinssatz (entsprechend der Entwicklung des Kapitalmarkts) einseitig zu senken oder zu erhöhen. Solche Klauseln fanden bzw. finden sich häufig auch in → Prämiensparverträgen. Eine Klausel ist

wegen Verstoßes gegen § 308 Nr. 4 BGB unwirksam, wenn sie das Kreditinstitut berechtigt, den Zinssatz weitgehend einseitig und frei anzupassen und ein Mindestmaß an Transparenz und Kalkulierbarkeit künftiger Zinsänderungen vermissen lässt. In diesem Fall ist die entstehende Regelungslücke durch ergänzende Vertragsauslegung zu schließen, es besteht ein Anspruch auf Nachberechnung der Zinsen. Mittlerweile gibt es eine Fülle von höchstrichterlichen Entscheidungen zu den vielfältigen Rechtsfragen, welche im Zusammenhang mit der Unwirksamkeit der Klauseln aufgeworfen worden sind (Vertragslaufzeit, Berechtigung der Kündigung, Ermittlungs des anzuwendenden Referenzzinssatzes, Verjährung etc.) Sa → Geldschuld (2); → Tagesgeldkonto. Zur Frage, ob bei Verwendung einer Zinsgleitklausel ggf. → Negativzinsen geschuldet sein können, s. dort.

Zinsschein
In Verbindung mit einer → Inhaberschuldverschreibung werden für die daraus anfallenden Zinsforderungen Zinsscheine ausgegeben. Sie werden vom Aussteller der Inhaberschuldverschreibung eingelöst und werden von ihr weitgehend unabhängig, zB nach Erlöschen der Hauptforderung (§ 803 BGB). Neue Zinsscheine werden idR nur auf Vorlage eines → Erneuerungsscheins ausgegeben (§ 805 BGB).

Zinsschranke
Die Zinsschranke beschränkt ertragsteuerlich den Abzug von Zinsen als Betriebsausgaben (§ 4h EStG), → Gesellschafterfremdfinanzierung. Die Zinsaufwendungen eines Betriebs sind grundsätzlich bis zur Höhe der Zinserträge desselben Betriebs und desselben Wirtschaftsjahrs sofort abzugsfähig. Über die Zinserträge hinausgehende Zinsaufwendungen sind nur bis zur Höhe von 30 vH des um die Zinsaufwendungen und um die wegen → geringwertigen Wirtschaftsgütern, → Sammelposten sowie Abschreibungen (§ 6 II 1 EStG, § 6 IIa 2 EStG und § 7 EStG) abgesetzten Beträge erhöhten sowie um die Zinserträge verminderten maßgeblichen Gewinns (→ EBITDA) abziehbar. Bis zu 1 Mio. EUR ist dieser Zinssaldo aber immer in vollem Umfang abzugsfähig. Ausgenommen von der Zinsschranke sind Unternehmen, deren Eigenkapital in Deutschland über dem Niveau des gesamten Konzerns liegt (sog. „Escape-Klausel"). Der nicht abzugsfähige Teil der Schuldzinsen ist unbegrenzt vortragsfähig. Für Wirtschaftsjahre, die nach dem 25.5.2007 beginnen, ist die Freigrenze für den generell unschädlichen Zinsaufwand von 1 Mio. EUR auf 3 Mio. EUR erhöht worden.

Zinsschuld
1. Zins ist die Gegenleistung für die Überlassung von Kapital für eine bestimmte Zeit; er berechnet sich nach der Dauer der Überlassung in einem bestimmten Bruchteil des Kapitals. Die Zinsschuld ist eine Nebenschuld (→ Streitwert). Kein Zins sind daher zB der frühere sog. Mietzins (Hauptschuld) und Tilgungsquoten (Amortisationsquoten), die auf Rückzahlung des Kapitals gerichtet sind. Auch → Dividenden sind keine eigentlichen Zinsen, weil sich ihre Höhe nicht allein nach dem überlassenen Kapital richtet. In ihrem Bestand ist die entstandene Zinsschuld von der Hauptschuld unabhängig (selbständig abtretbar usw, aber → Verjährung mit dieser, § 217 BGB).

Die Zinsschuld kann kraft Gesetzes entstehen, insbes. bei → Schuldnerverzug (§ 288 BGB) und ab → Rechtshängigkeit (§ 291 BGB, sog. Prozesszinsen), bei beiderseitigen → Handelsgeschäften unter Kaufleuten bereits ab → Fälligkeit (§ 353 HGB). Der gesetzliche Zinsfuß beträgt 4 vH (§ 246 BGB), für beiderseitige → Handelsgeschäfte von Kaufleuten 5 vH (§ 352 HGB), für Forderungen aus → Wechseln und → Schecks 2 Prozentpunkte über dem sog. → Basiszinssatz, mind. aber 6 vH (Art. 48 I Nr. 2 WG, Art. 49 Nr. 2 WG, Art. 45 Nr. 2, 46 Nr. 2 ScheckG), bei Verzugs- und Prozesszinsen (s. o.) 5 Prozentpunkte (unter Unternehmen bei Entgeltforderungen 8 bzw. 9 Prozentpunkte) über dem → Basiszinssatz.

2. Für rechtsgeschäftliche Vereinbarungen besteht an sich keine Höchstgrenze für den Zinssatz; doch gilt auch hier das Verbot des Wuchers (→ Sittenwidrigkeit, 2). Sind Zinsen ohne bestimmte Höhe vereinbart, so gelten 4 vH als bedungen (§ 246 BGB). Eine im Voraus getroffene Vereinbarung, dass fällige Zinsen wieder Zinsen tragen sollen (Zinseszins), ist grds. nichtig (Verbot des sog. Anatozismus, § 248 I BGB), auch in der Form der sog. Abzinsung (Vorausberechnung von Zins und Zinseszins zu einer einheitlichen Summe); Ausnahmen gelten für den Überschuss eines → Kontokorrents (§ 355 HGB), für Einlagen bei Banken und Sparkassen (§ 248 II BGB) sowie bei → Schuldnerverzug mit der Zinszahlung (BGH WM 1993, 586). Die Zinsschuld im Darlehensvertrag resultiert aus § 488 I 2, → Darlehen (sa Kündigung). Sa → Negativzins, → Zinsgleitklausel.

3. Steuerlich: Zinsen, die mit bestimmten Einkünften in wirtschaftlichem Zusammenhang stehen (zB Fremdfinanzierung einer vermieteten Immobilie, eines betrieblich genutzten Pkw), sind als Ausgaben bei der → Einkommensteuer abziehbar (→ Werbungskosten, § 9 I 3 Nr. 1 EStG) bzw. → Betriebsausgaben (§ 4 IV EStG). Beim Gläubiger sind sie als Einnahmen aus Kapitalvermögen zu versteuern. Privat veranlasste Schuldzinsen sind steuerlich nicht zu berücksichtigen (→ Zweikontenmodell).

Zirkus
Da im Zirkus Tiere eine zentrale Rolle spielen, finden die Bestimmungen zum → Tierschutz Anwendung. Der Betrieb eines Zirkus

bedarf der Erlaubnis nach § 11 I Nr. 3 TierSchG. Das Reisen eines Zirkus samt Zirkus-Tieren von einem Mitgliedsstaat in einen anderen regelt die VO (EG) 1739/2005 v. 21.10.2005 (ABl. EG 2005 L 279, 47). Gem. dieser VO ist Zirkus ein fahrender Tierschau- oder Jahrmarktbetrieb mit mindestens einem Tier (Art. 2 VO (EG) 1739/2005). Im Zirkusregister werden die für die tierschutzrechtliche Erlaubnis und Kontrollen wesentlichen Daten gespeichert (ZirkRegV v. 6.3.2008, BGBl. 2008 I 376 mÄnd). Seit dem Erlass dieser Rechtsvorschriften nimmt die Bedeutung von Tieren in Zirkussen stetig ab.

Zitierrecht
ist das Recht eines → Parlaments und seiner → Ausschüsse, die Anwesenheit eines jeden Mitglieds der Regierung zu verlangen; um einen Minister zu zitieren, ist idR ein Mehrheitsbeschluss erforderlich (vgl. zB Art. 89 Verf Rheinland-Pfalz oder Art. 49 SächsVerf).

Zivildienst
Zivildienst ist der von anerkannten → Kriegsdienstverweigerern an Stelle des Wehrdienstes zu leistende Ersatzdienst. Einzelheiten regelt das Gesetz über den Zivildienst der Kriegsdienstverweigerer (Zivildienstgesetz – ZDG) idF v. 17.5.2005 (BGBl. 2005 I 1346) mÄnd. Nach → Aussetzung der Wehrpflicht gelten die wesentlichen Vorschriften zum Zivildienst nur mehr im Spannungs- oder Verteidigungsfall (§ 1a II 2 ZDG).

1. Im Zivildienst erfüllen die anerkannten Kriegsdienstverweigerer als Dienstpflichtige Aufgaben, die vorrangig im sozialen Bereich dem Allgemeinwohl dienen (§ 1 ZDG). Die Dienstpflichtigen leisten den Zivildienst in einer dafür anerkannten Beschäftigungsstelle oder in einer Zivildienstgruppe; sie können bei dringendem Bedarf auch in der Verwaltung des Zivildienstes beschäftigt werden (§ 3 ZDG). Überwiegend sollen Beschäftigungsstellen des sozialen Bereichs anerkannt werden; auch die Anerkennung von Beschäftigungsstellen im Bereich des Naturschutzes, des Umweltschutzes und der Landschaftspflege ist möglich (§ 4 I Nr. 1 ZDG). Die Beschäftigungsstellen müssen bereit sein, Einblick in die Gesamttätigkeit der Dienstleistenden und deren einzelne Aufgaben zu gewähren sowie den Bundesrechnungshof (→ Rechnungshöfe) bei der Rechnungsprüfung verausgabter Bundesmittel uneingeschränkt zu unterstützen. Die Anerkennung wird für bestimmte Dienstplätze ausgesprochen. (§ 4 I Nr. 4 ZDG).

2. Die Beschäftigungsdienststellen tragen die Kosten für Unterkunft, Verpflegung und Arbeitskleidung der Dienstleistenden sowie die entstehenden Verwaltungskosten. Die Geldbezüge der Dienstleistenden werden überwiegend vom → Bund erstattet. Weitere Zuschüsse können den Dienststellen gewährt werden (§ 6 ZDG).

3. Zuständig für die Verwaltung des Zivildienst ist das Bundesamt für Familie und zivilgesellschaftliche Aufgaben, das als Nachfolgebehörde des Bundesamtes für den Zivildienst (§ 14 I BundesfreiwilligendienstG) dem Bundesministerium für Familie, Senioren, Frauen und Jugend untersteht (§ 2 ZDG).

4. Die Ausnahmeregelungen entsprechen denen beim → Wehrdienst. Tauglich für den Zivildienst ist nur, wer tauglich für den → Wehrdienst ist. Zurückgestellt kann ua, wer ein Hochschul- oder Fachhochschulstudium unterbrechen müsste, in dem zum Zeitpunkt des Diensteintritts das dritte Semester bereits erreicht ist (§ 11 ZDG). Die Befreiung und → Zurückstellung vom Zivildienst ist analog der Befreiung und → Zurückstellung vom → Wehrdienst geregelt. Auch Helfer im → Zivilschutz, → Katastrophenschutz oder im → Entwicklungsdienst sowie in einem freiwilligen → sozialen Jahr oder einem freiwilligen ökologischen Jahr werden nicht zum Zivildienst herangezogen (§§ 14, 14a, 14b und 14c ZDG).

5. Die Einberufung erfolgt bis zur Vollendung des 23., bei zurückgestellten Dienstpflichtigen bis zum 25. Lebensjahr (§ 24 I ZDG); die Dauer des Zivildienstes entspricht der Dauer des Grundwehrdienstes und beträgt damit 9 (künftig 6) Monate (§ 24 II ZDG iVm § 5 Ia WPflG). Die Dienstleistenden werden zu Beginn des Dienstes in Lehrgängen über allgemeine Fragen des Z. und über staatsbürgerliche Fragen unterrichtet und in die Tätigkeit, für die sie vorgesehen sind, eingeführt (Einführungsdienst; § 25a I ZDG). Die Dienstleistenden werden außerdem in ihrer Beschäftigungsstelle in die Tätigkeit, für die sie vorgesehen sind, eingewiesen (Einweisungsdienst; § 25b ZDG).

6. Der Dienstleistende ist auf dienstliche Anordnung verpflichtet, in einer dienstlichen Unterkunft zu wohnen und an einer Gemeinschaftsverpflegung teilzunehmen (§ 31 ZDG). Die Arbeitszeit der Dienstleistenden richtet sich nach den für vergleichbare Beschäftigte geltenden Vorschriften, falls solche Vorschriften nicht bestehen nach den für Bundesbeamte geltenden Vorschriften (§ 32 ZDG). Auf den Dienstpflichtigen finden hinsichtlich der Geld- und Sachbezüge die für einen Soldaten des untersten Mannschaftsdienstgrades geltenden Bestimmungen entsprechende Anwendung (§ 35 ZDG; sa → Wehrsold). Schuldhafte Pflichtverletzungen von Dienstleistenden können als Dienstvergehen durch Disziplinarmaßnahmen geahndet werden (§§ 58 ff. ZDG; → Disziplinarrecht, 2).

Zivildienstleistender
ist die umgangssprachliche Bezeichnung für den Dienstleistenden im → Zivildienst.

Zivile Verteidigung
Die Zivile Verteidigung umfasst die Vorbereitung und Durchführung aller zivilen Verteidigungsmaßnahmen im nationalen und NATO-Bereich. Hierzu gehören folgende Hauptaufgaben: Aufrechterhaltung der Staats- und Re-

gierungsgewalt, → Zivilschutz, Versorgung der Bevölkerung und der Streitkräfte mit Gütern und Leistungen, Unterstützung der Operationsfreiheit und Operationsfähigkeit der Streitkräfte.

Zivilehe
→ Eheschließung.

Ziviler Bevölkerungsschutz
jetzt → Zivilschutz.

Ziviler Luftschutz
→ Zivilschutz.

Ziviler Notstand
→ Naturkatastrophen.

Ziviles Gefolge
→ Streitkräfte, ausländische.

Zivilgerichtsbarkeit
Die Zivilgerichtsbarkeit ist die → Gerichtsbarkeit für das → Zivil(Privat)recht. Sie umfasst die → streitige Gerichtsbarkeit, die sog. → freiwillige Gerichtsbarkeit und (jedenfalls zT) die → Arbeitsgerichtsbarkeit.

Zivilhaft
→ Strafvollzug.

Zivilisten
→ Kombattant. Gegen Zivilisten dürfen sich in einer kriegerischen Auseinandersetzung keine kriegerischen Handlungen richten. Beteiligen sich Zivilisten an einer kriegerischen Handlung, machen Sie sich entweder strafbar oder werden zu Kombattanten, wenn sie sich bei Vordringen feindlicher Streitkräfte gegen diese spontan erheben; im letzteren Fall sind sie keine Zivilisten mehr und werden zu Kombattanten und damit zum legitimen Ziel kriegerischer Handlungen.

Zivilkammer
Die Zivilkammer ist der Spruchkörper eines → Landgerichts (§ 60 GVG), vor dem alle → bürgerlichen Rechtsstreitigkeiten verhandelt werden, die nicht den Amtsgerichten oder Arbeitsgerichten zugewiesen sind. Die Zivilkammer entscheidet mit 3 Mitgliedern (einschließlich des Vorsitzenden), soweit nicht (wie jetzt weitgehend) der → Einzelrichter zuständig ist. Jedes Landgericht hat idR mehrere Zivilkammern. Sa → Kammer für Handelssachen.

Zivilkomputation
→ Frist (2).

Zivilmäkler
→ Maklervertrag.

Zivilprozess
Der Zivilprozess ist das Verfahren der → ordentlichen Gerichte (→ Prozessgericht) in → bürgerlichen Rechtsstreitigkeiten (Zivilprozess im weiteren Sinne ist auch das Verfahren der → Arbeitsgerichte in bürgerlichen Rechtsstreitigkeiten). Im Zivilprozess unterscheidet man das → Erkenntnisverfahren und das Vollstreckungsverfahren (die → Zwangsvollstreckung). Der Zivilprozess ist hauptsächlich geregelt durch die ZPO idF v. 5.12.2005 (BGBl. 2005 I 3202 mÄnd), außerdem durch Vorschriften in zahlreichen anderen Gesetzen, insbes. durch das GVG und das ZVG. Der Zivilprozess wird durch die → Parteien in Gang gesetzt, im → Urteilsverfahren durch die → Klage, in anderen → Prozessarten (auch im → Mahnverfahren) durch Antrag. Danach wird der Prozess (Rechtsstreit) durch Gericht und Parteien weiterbetrieben. Zum Verfahren → mündliche Verhandlung, → schriftliches Verfahren, → Vereinfachtes Verfahren; es endet idR durch gerichtliches → Urteil, → Prozessvergleich oder → Klagerücknahme (bzw. Antragsrücknahme). Es eine Bund-Länder-Kommission, die sich mit der Modernisierung und Digitalisierung des Zivilprozess beschäftigt hat, hat kürzlich ihren Abschlussbericht vorgelegt. Im Schwerpunkt ging es dort um die Erweiterung digitaler Werkzeuge für den deutschen Zivilprozess („Zivilprozess der Zukunft", → Legal Tech). Vorgeschlagen wird in dem Abschlussbericht unter anderem die Schaffung eines einheitlichen Bund-Länder-Justizportal als zentralem Zugang zu allen Justizdienstleistungen, ebenso zur Kommunikation der Prozessbeteiligten die Entwicklung eines cloudbasierten Kommunikationsplattform sowie die (zwingende) Strukturierung des Parteivortrags, um diese besser digital weiterverarbeiten zu können. Wichtig ist auch die Idee einer Veröffentlichungspflicht von Gerichtsentscheidungen, denn auf diese Weise können größere Datenmengen zum Training von KI-Sprachmodellen bereitgestellt werden - die dann wiederum die Entscheidungsfindung für neu zu lösende Fälle unterstützen würden. Hinzu kommen in dem Bericht Vorschläge die nicht direkt die Digitalisierung, sondern die sonstige Effektivierung und Vereinfachung des Verfahrens betreffen (zB Organisationstermin bei Gericht zur besseren Abschichtung des Streitstoffs). Es bleibt zu hoffen, dass die Vorschläge durch den Gesetzgeber schnell aufgegriffen werden.

Zivilrecht
Das Zivilrecht umfasst das materielle → Privatrecht, iwS aber auch alle Rechtsnormen, die zur Durchsetzung des Privatrechts im Einzelfall dienen, insbes. die dem → öffentlichen Recht angehörenden Vorschriften des → Zivilprozess- und → Gerichtsverfassungsrechts.

Zivilsachen
→ Zivilgerichtsbarkeit.

Zivilschutz
1. Zivilschutz bedeutet im Gegensatz zum → Katastrophenschutz Schutz der Bevölkerung vor den Auswirkungen von → militärischen Maßnahmen (sa → militärische Verteidigung); der Katastrophenschutz umfasst iW den Schutz der Bevölkerung vor den Auswirkungen vor Naturkatastrophen. Der Zivilschutz ist Aufgabe des → Bundes, der dabei von den

→ Ländern unterstützt wird, während der Katastrophenschutz Aufgabe der Länder ist, die dabei vom Bund unterstützt werden.

2. Der Zivilschutz ist im Zivilschutz- und KatastrophenhilfeG (ZSKG) v. 25.3.1997 (BGBl. 1997 I 726) mÄnd geregelt. Aufgabe des Zivilschutzes ist es, durch nichtmilitärische Maßnahmen die Bevölkerung, ihre Wohnungen und Arbeitsstätten, lebens- oder verteidigungswichtige zivile Dienststellen, Betriebe, Einrichtungen und Anlagen sowie das Kulturgut vor Kriegseinwirkungen zu schützen oder deren Folgen zu beseitigen oder zu mildern (§ 1 I ZSKG). Der Bund unterhält das → Bundesamt für Bevölkerungsschutz und Katastrophenhilfe zur Wahrnehmung seiner Aufgaben (§ 4 II ZSKG). Zum Z. gehören insbesondere Aufbau, Förderung und Leitung des Selbstschutzes der Bevölkerung (§ 5 ZSKG), die Warnung der Bevölkerung im Verteidigungsfall (§ 6 ZSKG) sowie die Errichtung von Schutzräumen (§§ 7 ff. ZSKG). Zum Schutze vor den besonderen Gefahren, die der Bevölkerung im Verteidigungsfall drohen, oder für Zwecke der Verteidigung können die obersten Landesbehörden oder die von ihnen bestimmten oder nach Landesrecht zuständigen Stellen anordnen, dass der jeweilige Aufenthaltsort nur mit Erlaubnis verlassen werden darf, dass ein bestimmtes Gebiet nicht betreten werden darf oder dass die Bevölkerung aus besonders gefährdeten Gebieten evakuiert wird (§ 10 ZSKG). Die nach Landesrecht im → Katastrophenschutz mitwirkenden Einheiten und Einrichtungen nehmen auch die Aufgaben zum Schutz der Bevölkerung vor besonderen Gefahren und Schäden, die im Verteidigungsfall drohen, wahr. Sie werden zu diesem Zweck ergänzend ausgestattet und ausgebildet; die Einheiten und Einrichtungen der Bundesanstalt → Technisches Hilfswerk verstärken im Verteidigungsfall die nach Landesrecht im Katastrophenschutz mitwirkenden Einheiten (§ 11 ZSKG). § 26 ZSKG nennt als zur Mitwirkung geeignete Organisationen ausdrücklich den Arbeiter-Samariter-Bund, die Deutsche Lebensrettungsgesellschaft, das Deutsche Rote Kreuz, die Johanniter-Unfall-Hilfe und den Malteser-Hilfsdienst.

3. Der Bund ist nach dem ZSKG auch für den Katastrophenschutz im Rahmen der Katastrophenhilfe zuständig (§ 1 II Nr. 5 ZSKG). Die Vorhaltungen des Bundes für den Zivilschutz stehen den Ländern auch für ihre Aufgaben im Bereich des Katastrophenschutzes zur Verfügung (§ 12 ZSKG). Der Bund unterstützt die Ausbildung (§ 14 ZSKG).

4. Wehrpflichtige, die sich vor Vollendung des 23. Lebensjahres mit Zustimmung der zuständigen Behörde auf mindestens 4 Jahre zum ehrenamtlichen Dienst als Helfer im Zivilschutz oder Katastrophenschutz verpflichtet haben, werden nicht zum Wehrdienst herangezogen, solange sie als Helfer im Zivilschutz oder Katastrophenschutz mitwirken (§ 13a WpflG; → Wehrpflicht); entsprechendes gilt nach § 14 ZDG (s. → Zivildienst) für anerkannte → Kriegsdienstverweigerer. Nach Ableistung des 4-jährigen Dienstes im Zivil- oder Katastrophenschutz erlischt die Grundwehrpflicht oder die Zivildienstpflicht. Bei vorzeitigem Abbruch des Dienstes im Zivil- und Katastrophenschutz lebt die Grundwehrpflicht wieder auf; diese ehemaligen Helfer ohne vollständig abgeleistete Dienstzeit können nach § 5 I 2 Nr. 3 WPflG zum → Grundwehrdienst eingezogen werden, solange sie das 28. Lebensjahr nicht vollendet haben. Anders als → Wehrdienst oder Zivildienst kann der Dienst im Zivil- oder Katastrophenschutz idR neben einer Berufstätigkeit oder Ausbildung (Studium) abgeleistet werden. Die für den ehrenamtlichen Dienst im Zivil- und Katastrophenschutz vom Wehrdienst oder Zivildienst freigestellten Helfer sind zur Mitwirkung im Zivil- und Katastrophenschutz verpflichtet (§ 27 II ZSKG). Der Dienst der freigestellten Helfer im Zivil- und Katastrophenschutz darf nicht mit dem von den Kriegsdienstverweigerern abzuleistenden Zivildienst verwechselt werden. Nach → Aussetzung der Wehrpflicht beschränkt sich die Bedeutung dieser Vorschriften auf den → Spannungsfall oder den → Verteidigungsfall.

Zivilsenat

Der Zivilsenat ist der Spruchkörper des → Bundesgerichtshofs oder eines → Oberlandesgerichts, der über Revisionen, Berufungen und Beschwerden in bürgerlichen Rechtsstreitigkeiten entscheidet (§ 130 I GVG, § 116 I GVG). Die Zivilsesnate sind mit einem Vorsitzenden Richter und weiteren Richtern besetzt; die Zivilsenate des BGH entscheiden mit 5 Richtern, die des OLG mit 3 Richtern (die Vorsitzenden jeweils eingeschlossen) oder durch den → Einzelrichter. Sa → Bayerisches Oberstes Landesgericht.

Zölibat

(Ehelosigkeit). Zum Klerus zählende Personen (Bischöfe, Priester, Diakone) sind gehalten, vollkommene und immerwährende Enthaltsamkeit zu wahren; deshalb sind sie zum Zölibat verpflichtet (can. 277 § 1 CIC). Besonderheiten gelten für → Diakone. Ein verheirateter Mann kann zum Diakon geweiht werden; die Weihe stellt jedoch ein Ehehindernis dar. Bestrebungen der jüngsten Zeit zur Aufhebung oder Lockerung des Zölibats blieben erfolglos.

Zölibatsklausel

Die Aufnahme einer früher für Frauen verbreiteten Zölibatsklausel in den → Arbeitsvertrag, dh die Vereinbarung, das → Arbeitsverhältnis erlösche mit der Eheschließung des → Arbeitnehmers, ist wegen Verstoßes gegen Art. 1 GG, Art. 6 I GG (→ Persönlichkeitsrecht, Familie) unzulässig und damit nach § 134 BGB nichtig.

Zoll

Als Zölle werden Abgaben oder Steuern (§ 3 III AO) bezeichnet, die im grenzüberschreitenden Warenverkehr mit Drittländern zu entrichten sind. Die Erhebung durch die Zollverwaltung knüpft dabei an den Eingang einer Ware in den EG-Wirtschaftskreislauf (Einfuhrzoll) bzw. an das Verlassen aus dem EG-Wirtschaftskreislauf (Ausfuhrzoll) an. Zwischen den Mitgliedstaaten der EU besteht seit 1993 ein einheitliches Zollgebiet, in dem kein Zoll erhoben wird. Die Höhe des zu zahlenden Zolls richtet sich nach dem sog. → Zolltarif. Nach dem Grundgesetz liegen die Zuständigkeit für gesetzgeberische Maßnahmen sowie der Anspruch auf diese Einnahmen beim Bund (Art. 105 I GG, Art. 106 I GG). Verwaltet werden die Zölle durch die Bundesfinanzverwaltung (→ Zollbehörden). Durch die Entwicklungen des Gemeinschaftsrechts ist die Gesetzgebungs- und Ertragskompetenz fast vollständig auf die → Europäische Gemeinschaft übergegangen. Die Einnahmen fließen seit 1975 abzüglich einer Pauschale für die Kosten der Erhebung der EU zu. Die Zolleinnahmen, die die BRD dementsprechend abführt, beliefen sich in 2017 auf ca. 5,1 Mrd. EUR.

Zollabkommen
Zum Allgemeinen Zoll- und Handelsabkommen → GATT.

Zollamt
→ Zollbehörden.

Zollanmeldung
ist die Erklärung durch den Zollanmelder, Waren in ein Zollverfahren zu überführen, zB Abfertigung zum freien Verkehr (Art. 5 Nr. 12 UZK, Art. 158 UZK). Zollanmelder kann jede natürliche oder juristische Person wie auch eine Personenvereinigung sein, die im eigenen Namen rechtswirksam eine Zollanmeldung abgibt, oder die Person, in deren Namen eine Z. abgegeben wird (Art. 5 Nr. 15 UZK). Die Zollanmeldung ist eine Steuererklärung iSd Abgabenordnung. Nach der Annahme der Zollanmeldung können die Zollbehörden eine Zollbeschau vornehmen (Art. 188 UZK). Die Ware darf dem Zollanmelder erst überlassen werden, wenn die Zollschuld entrichtet oder Sicherheit geleistet ist. Die Anmeldung erfolgt idR auf elektronischem Weg.

Zollanschlüsse
→ Zollgebiet.

Zollausschlüsse
→ Zollgebiet.

Zollbehörden
sind Bundesfinanzbehörden; sie unterstehen dem BMF. Örtliche Behörden sind die Hauptzollämter (mit ihren Dienststellen: Zollämter, Zollkommissariate) und der Zollfahndungsdienst. Die Aufgaben der Zollbehörden erstrecken sich nicht nur auf die zollamtliche Überwachung des Warenverkehrs über die Grenzen des Zollgebiets der Gemeinschaft, sondern auch auf die Erhebung der gesetzlich geschuldeten Einfuhrabgaben. Weitere Tätigkeitsschwerpunkte sind die Bekämpfung der grenzüberschreitenden organisierten Kriminalität, Produktpiraterie, Geldwäsche, Verstöße gegen Artenschutzabkommen und die illegale Beschäftigung (→ Zölle, → Finanzmonopole, → Verbrauchsteuern). Vgl. → Finanzverwaltungsgesetz; → Geldwäsche.

Zollbescheid
ist der Verwaltungsakt, der die Zollschuld festsetzt. Der Zollbescheid ist → Steuerbescheid iSd § 155 AO. Er kann innerhalb der einjährigen Festsetzungsfrist (§ 169 II Nr. 1 AO iVm § 170 AO) zugunsten und zuungunsten der → Zollanmelder geändert werden (§ 172 I Nr. 1 AO). → Rechtsbehelfe gegen den Zollbescheid sind der Einspruch, über den das → Hauptzollamt entscheidet (§ 347 AO), Anfechtungsklage (§ 40 FGO) oder Sprungklage vor dem FG (§ 45 FGO), Revision an den BFH (§ 115 FGO).

Zollfahndungsdienst
→ Zollbehörden.

Zollfreigebiet
→ Zollgebiet.

Zollgebiet
Seit der Verwirklichung des Europäischen Binnenmarktes zum 1.1.1993 wird der Warenverkehr zwischen den Mitgliedstaaten der EG nicht mehr von den Zollbehörden überwacht. Einfuhrabgaben wie Zölle, Einfuhrumsatzsteuer oder besondere Verbrauchsteuern werden an den Binnengrenzen nicht mehr erhoben. Die EU bildet ein einheitliches Zollgebiet. Gegenüber sog. Drittländern, dh Staaten, die nicht der EG angehören, wenden alle Mitgliedstaaten gemeinsame Zollvorschriften an und erheben einheitliche Außenzölle (sog. Zollunion). Derzeit gehören 27 Staaten der EU an. Für Monaco und Zypern gelten Sonderregelungen. Zum Zollgebiet gehören die deutschen Zollanschlüsse Jungholz und Mittelberg, nicht jedoch die Zollausschlüsse Helgoland und Büsingen (Art. 4 UZK). Freizonen, zB Freihäfen und Freilager, sind Teile des Zollgebiets der EU oder in diesen gelegene Räumlichkeiten, die vom übrigen Zollgebiet getrennt sind. Die Mitgliedstaaten können Teile des Zollgebiets zu Freizonen erklären oder die Errichtung von Freilagern bewilligen (Art. 243 ff. UZK). Das Verbringen von Drittlandswaren (→ Gemeinschaftswaren) in Freizonen und Freilager unterliegt nicht dem Zoll.

Zollgewicht
ist die Bemessungsgrundlage des Zolls für Waren, die einem Gewichtszoll unterliegen. Maßgebend ist das Rohgewicht oder das Eigengewicht.

Zollkodex (ZK)
regelte seit dem 1.1.1994 das in allen EU-Mitgliedstaaten unmittelbar geltende Zollrecht für den Warenverkehr mit Drittländern (→ Drittlandsgebiet). Ab 1.7.2009 galt der Moderni-

sierte Zollkodex (MZK, VO (EG) Nr. 450/2008 v. 23.4.2008, ABl. EG 2008 L 145, 1). Dieser führte ua Regelungen zu elektronischen Vorabanzeigen bei Ein- und Ausfuhr ein. Ab 1.5.2016 wurde der MZK durch den Zollkodex der Union (UZK) ersetzt. Rechtsgrundlage sind die VO (EU) Nr. 952/2013 v. 9.10.2013, ABl. EU 2013 L 269, 1.

Der Zollkodex gliedert sich in neun Teile, genannt Titel: Die Titel I–IV regeln neben allgemeinen Begriffsbestimmungen die Behandlung der Waren beim Eingang in das → Zollgebiet der EU und die zusammenhängenden Tatbestände wie → Zolltarif, → Zollwert und Warenursprung. Titel V regelt die Überführung der Ware in ein Zollverfahren sowie die Überprüfung, Überlassung und Verwertung von Waren. Titel VI befasst sich mit dem Zollverfahren, der Überlassung der Ware zum zollrechtlich freien Verkehr sowie der Befreiung von → Einfuhrabgaben. Besondere Zollverfahren (zB Versandverfahren, aktive, passive Veredelung) sind im VII. Titel geregelt. Im Titel VIII werden Regelungen für die Ausfuhr/Wiederausfuhr von Waren aufgeführt. Im letzten Titel IX finden sich Regelungen über die elektronischen Systeme, Vereinfachungen, Befugnisübertragung, Ausschlussverfahren und Schlussbestimmungen. Der UZK sieht ua eine schrittweise Einführung von EU-weit harmonisierten IT-Verfahren und gemeinsame Datenbanken bis Ende 2020 vor.

Der UZK wird ergänzt durch die Delegierte Verordnung (EU) 2015/2446 vom 28.7.2015 (ABl. EU 2015 L 343 v. 29.12.2015). Zur Sicherstellung einer einheitlichen und ordnungsgemäßen Durchführung der Bestimmungen des UZK wurde die Durchführungsverordnung (EU) 2015/2447 v. 24.11.2015 erlassen, sog. implementing act – IA (ABl. EU 2015 L 343 v. 29.12.2015). Beide Verordnungen ersetzen die bisherige Zollkodex-Durchführungsverordnung. National wird der UZK ergänzt durch das Zollverwaltungsgesetz (ZollVG) v. 21.12.1992 (BGBl. I 2125). Subsidiär ist die → Abgabenordnung anwendbar. Vgl. → GATT.

Zollrecht

ist jede im Gebiet der Vertragsparteien der → EU geltende Rechts- und Verwaltungsvorschrift über die Einfuhr, Ausfuhr und Durchfuhr von Waren und deren Überführung in ein Zollverfahren, einschließlich der Verbote, Beschränkungen und Kontrollen. Die bedeutendste Zollrechtbestimmung ist der → Zollkodex mit seinen Durchführungsbestimmungen.

Zollstrafrecht

ist der Sammelbegriff für die Zollstraftatbestände, deren Verfolgung den → Zollbehörden (insbes. Zollfahndungsstellen) obliegt: Zollhinterziehung (§ 3 I 2 AO, § 370 AO), → Bannbruch (§ 372 AO), gewerbsmäßiger Schmuggel (§ 373 AO), Steuerhehlerei (§ 374 AO) und Steuerzeichenfälschung (§§ 148, 149 StGB, § 369 I Nr. 3 AO). → Steuerstrafrecht, → Steuerstrafverfahren, → Steuer- und Zollfahndung.

Zolltarif

Der Zolltarif der EU erfasst alle Waren nach Positionen, um den Zollsatz zu bestimmen (Art. 56 ff. UZK). Er beruht auf dem Harmonisierten System (HS) zur Bezeichnung und Codierung der Waren des internationalen Handels. Die Mitgliedstaaten bauen auf dem Z. der EU ihre Gebrauchs-Zolltarif auf, zB den Deutschen Gebrauchs-Zolltarif (DGebrZT). Am wichtigsten sind die Wertzollsätze, die die Zollbelastung in vH des Warenwerts ausdrücken (Wertzölle). Daneben gibt es spezifische Zollsätze, zB nach dem → Zollgewicht der Ware (Gewichtszoll). Drittlandszollsätze gelten für alle Waren aus Nicht-EU-Staaten (→ Drittlandsgebiet). Die Besonderen Zollsätze gewähren Zollbegünstigungen auf Grund von Assoziierungs-, Präferenz- oder Freihandelsabkommen. Die Allgemeinen Präferenzzollsätze gelten für zahlreiche Entwicklungsländer. Die Besonderen Zollsätze mit den Rest-EFTA-Staaten gewähren für die meisten Waren Zollfreiheit (→ Europäischer Wirtschaftsraum). Bei der Einfuhr von Marktordnungswaren werden anstelle oder neben Zöllen Abschöpfungen erhoben. Die abschöpfungspflichtigen Waren und die Abschöpfungssätze sind im DGebrZT aufgeführt. Auf Antrag erteilt die Zollbehörde eine verbindliche → Zolltarifauskunft für eingeführte Waren.

Zolltarifauskunft

Eine Zolltarifauskunft über die Tarifierung von Waren (Art. 33 ff. UZK) ist nur verbindlich, wenn sie in einem förmlichen Verfahren schriftlich erteilt wird. Zuständig für die Erteilung ist das Hauptzollamt Hannover; eine Zolltarifauskunft ist gemeinschaftsweit bindend. Der Antrag auf Erteilung einer Zolltarifauskunft ist unter Verwendung der amtlichen Vordrucke zu stellen. Jeder Antrag darf sich nur auf eine Ware im Sinn der Nomenklatur des → Zolltarifes beziehen. Dem Antrag sind die erforderlichen Warenmuster und Proben, ggf. Beschreibungen und Analysen, beizufügen. Trotz Zolltarifauskunft können die Zollbehörden die Ware bei der Zollabfertigung prüfen. Bei Vorlage der Zolltarifauskunft besteht lediglich der Anspruch, dass die Ware entsprechend der Zolltarifauskunft eingruppiert wird. Die Zolltarifauskunft schützt somit gegen Zollnachforderungen wegen unrichtiger Tarifierung. Die Zolltarifauskunft gilt grundsätzlich sechs Jahre (ab 1.5.2016: nur noch drei Jahre), es sei denn, sie wird zurückgenommen oder ist ungültig geworden (zB durch Änderung der Einreihungsordnung). Sie ist kostenfrei. Rechtsbehelfe: Einspruch und ggf. Klage.

Zollunion
ist der Zusammenschluss selbständiger Hoheitsgebiete zu einem einheitlichen → Zollgebiet unter Beseitigung der Zölle (→ Zoll) unter den Mitgliedsländern und zur Vereinbarung eines einheitlichen Außenzolls gegenüber Drittländern. Die → Europäische Union ist auch, aber viel mehr als eine Zollunion. In einer Freihandelszone dagegen sind die Mitgliedsländer in ihrer Zollgestaltung gegenüber Drittländern frei.

Zollverfahren
Waren unterliegen beim Verbringen in das → Zollgebiet der EU (→ grenzüberschreitender Warenverkehr) der zollamtlichen Überwachung (Art. 134 UZK). Eingeführte Waren müssen der Zollbehörde gestellt werden (Art. 139 UZK). Zur Gestellung ist verpflichtet, wer die Waren in das → Zollgebiet der EU verbringt, zB Lkw-Fahrer. Weitere Gestellungsverpflichtete sind die Person, in deren Namen/Auftrag die Ware in das Gebiet verbracht wird, sowie die Person, die die Verantwortung für die Beförderung der Ware nach dem Verbringen in das Zollgebiet übernommen hat. Für die Waren, die in ein Zollverfahren überführt werden, ist eine → Zollanmeldung erforderlich. Zollverfahren sind:
– Überlassung der Ware zum zollrechtl. freien Verkehr
– besondere Verfahren:
  – Versand (externer/interner) Art. 226 ff. UZK;
  – Lagerung (Zolllager/Freizone) Art. 237 ff. UZK;
  – Verwendung, Art. 250 ff. UZK;
  – Veredelung (aktive/passive) Art. 255 ff. UZK.

Zollverwaltungsgesetz
→ Zollkodex.

Zollwert
ist der Wert, der für die Berechnung der Zollschuld zugrunde gelegt wird. Wichtigster Maßstab ist der sog. Transaktionswert (Art. 70 UZK). Das ist der tatsächlich gezahlte oder zu zahlende Preis für die eingeführte Ware. Korrekturen erfolgen durch Zuschläge (Art. 71 UZK), zB Verpackungskosten bzw. Abschläge (Art. 72 UZK). Kann ein Transaktionswert nicht ermittelt werden, erfolgt die Wertermittlung nach Art. 74 UZK, wobei insbes. Transaktionswerte vergleichbarer Waren herangezogen werden können.

Zonengeschwindigkeitsbeschränkung
→ Fahrgeschwindigkeit.

Zonenrandförderung
hieß die regionale Wirtschaftsförderung des Grenzgebiets zur ehem. DDR und Tschechoslowakei. Steuerliche Fördermittel waren → Sonderabschreibungen und → Rücklagen. Die Zonenrandförderung ist 1996 ausgelaufen. Nach europäischem Beihilfenrecht war Zonenrandförderung grundsätzlich zulässig (Art. 87 IIc EGV).

Zoo
1. Ein Zoo ist eine dauerhafte Einrichtung, in der lebende Tiere wild lebender Arten zwecks Zurschaustellung während eines Zeitraumes von mindestens sieben Tagen im Jahr gehalten werden. Ein → Zirkus, eine Tierhandlung und ein Tiergehege sind kein Zoo (§ 42 BNatSchG v. 29.7.2009, BGBl. 2009 I 2542 mÄnd). Zur Abweichungskompetenz der Länder s. → Naturschutz. Errichtung, Änderung und Betrieb eines Zoos bedürfen der Genehmigung. Ein Rechtsanspruch auf Genehmigung besteht, wenn die Anforderungen in § 42 III BNatSchG erfüllt werden. So hat zB die Tierhaltung den biologischen Bedürfnissen der Tiere Rechnung zu tragen, die Pflege auf der Grundlage einer guten veterinärmedizinischen Praxis zu erfolgen. Die Einhaltung dieser Anforderungen wird von der zuständigen Behörde überwacht. Die Bevölkerung ist über den Erhalt der → biologische Vielfalt durch Informationen aufzuklären, und der Z. hat sich an der Forschung zur Arterhaltung und an der Aufzucht in Gefangenschaft zu beteiligen. Die zoorechtlichen Bestimmungen des BNatSchG dienen der Umsetzung der RL 1999/22/EG v. 29.3.1999 (ABl. EG 1999 L 94, 24). Landesrechtliche Vorschriften haben, solange die unionsrechtlichen Vorgaben beachtet werden, nach Art. 72 III Nr. 2 GG Vorrang vor dem BNatSchG.

2. Sa → Tierschutz, → tierische Nebenprodukte.

ZPO
→ Zivilprozess.

Zu versteuerndes Einkommen
→ Bemessungsgrundlage der → Einkommensteuer (4).

Zubehör
sind selbständige bewegliche → Sachen, die, ohne → Bestandteil der Hauptsache zu sein, dem wirtschaftlichen Zweck der Hauptsache zu dienen bestimmt sind und zu ihr – nicht nur vorübergehend – in einem dieser Bestimmung entsprechenden räumlichen Verhältnis stehen (§ 97 BGB). Über die Zubehöreigenschaft entscheidet letztlich die Verkehrsanschauung. So sind Zubehör bei einem Landgut das zum Wirtschaftsbetrieb bestimmte Gerät, Vieh, Dünger, Samen und Erzeugnisse, die zur Weiterführung des Betriebs erforderlich sind; bei einem Gebäude, einer Fabrik usw die für den Betrieb bestimmten Maschinen (soweit sie nicht wesentlicher → Bestandteil sind), und Gerätschaften (zB die Gartenstühle einer Gastwirtschaft, der Zubringerbus eines Hotels usw).

Das Zubehör ist an sich eine rechtlich selbständige Sache, aber durch viele Bestimmungen mit dem rechtlichen Schicksal der Hauptsache verbunden. So erstreckt sich der → Grundstückskaufvertrag idR auf das Zubehör (§ 311c BGB); ebenso geht bei der → Eigentumsübertragung das Zubehör im Zweifel auf den Erwerber des Grundstücks mit über (§ 926 BGB). Das dem Grundstückseigentümer gehörende Zubehör sowie das → Anwartschaftsrecht hierauf – zB bei einer unter → Eigentumsvorbehalt gekauften Sache – unterliegt der Haftung für eine auf der Hauptsache (Grundstück) lastende → Hypothek (§ 1120 BGB) und damit der → Zwangsversteigerung des Grundstücks (§ 20 II ZVG, § 55 I ZVG). In der Zwangsversteigerung wird darüber hinaus auch das nur im Besitz des Schuldners befindliche Zubehör ohne Rücksicht auf dessen Eigentum, das sog. tatsächliche Zubehör, mitversteigert, wenn sich der Eigentümer nicht rechtzeitig dagegen wendet (§ 55 II ZVG). Wegen dieser Haftung für den Gläubiger einer Hypothek oder einer Grundschuld unterliegt das Zubehör eines Grundstücks, obwohl es bewegliche Sache und grds. rechtlich selbständig ist, nicht der → Zwangsvollstreckung in bewegliche Sachen (§ 865 II ZPO).

Zubuße
→ Nachschusspflicht.

Zuchthausstrafe
war bis zum 1. StrRG 1969 die schwerste der in der BRep. zugelassenen Strafarten; sie war lebenslänglich oder zeitig (1–15 Jahre). Sie ist in der → Freiheitsstrafe aufgegangen.

Zuchtmittel
Die Zuchtmittel bilden eine Kategorie von Sanktionen, die nach → Jugendstrafrecht zur Ahndung der Straftat eines Jugendlichen oder Heranwachsenden verhängt werden können (§§ 13 ff. JGG). Sie sind anzuwenden, wenn → Jugendstrafe nicht geboten ist, wenn aber → Erziehungsmaßregeln nicht ausreichen, sondern dem Beschuldigten eindringlich zum Bewusstsein gebracht werden muss, dass er für das begangene Unrecht einzustehen hat. Zuchtmittel sind die → Verwarnung nach § 14 JGG, Auflagen (insbes. Schadenswiedergutmachung, Zahlung eines Geldbetrags zugunsten einer gemeinnützigen Einrichtung, Erbringung von Arbeitsleistungen, Entschuldigung beim Verletzten) und der → Jugendarrest, der auch neben Jugendstrafe verhängt werden kann, wenn die Verhängung oder die Vollstreckung der Jugendstrafe zur Bewährung ausgesetzt wird (sog. „Warnschussarrest", § 8 I 2 JGG, § 16a JGG). Zuchtmittel sind keine Strafen.

Züchtigungsrecht
Ein Züchtigungsrecht, das früher den Inhabern der → elterlichen Sorge (Eltern, Adoptiveltern und Vormund) als Teil der → Personensorge zustand, besteht nicht mehr. Nach § 1631 II BGB sind körperliche Bestrafungen, seelische Verletzungen und andere entwürdigende Maßnahmen unzulässig (Missbrauch der → elterlichen Sorge). Auch Lehrer haben kein Züchtigungsrecht gegenüber Schülern. Eine ungerechtfertigte körperliche Züchtigung ist eine → unerlaubte Handlung und strafbare → Körperverletzung, bei Lehrern strafbar als Körperverletzung im Amt (§ 340 StGB).

Zünfte
Zünfte waren im deutschen Mittelalter Körperschaften, in denen die Handwerker eines Gewerbezweiges in den Städten zusammengeschlossen waren. Ursprünglich waren sie zugleich religiöse Bruderschaften, beschränkten ihre Aufgaben aber mit der Zeit auf die ständerechtliche Betätigung. Juden durften den Zünften nicht angehören. Die Verfassung der Zünfte und die Berufsausübung ihrer Mitglieder waren in den Zunftordnungen eingehend geregelt; es herrschte Zunftzwang, der die Ausübung des Handwerks unter Ausschaltung unerwünschten Wettbewerbs ermöglichte. Die Zünfte standen zunächst unter der Kontrolle des Stadtherrn oder Stadtrats, gelangten aber später zur Selbstverwaltung und eigenen Gerichtsbarkeit. Seit dem 14. Jh. konnten sie mit der zunehmenden Blüte des Handwerks in den Stadträten, die sich bis dahin ausschließlich aus → Patriziern zusammensetzten, steigenden Einfluss gewinnen. Andererseits führte der hermetische Abschluss der Zünfte von allen äußeren Einflüssen und ihr starres Festhalten an überlieferten Rechten und Bräuchen zu einer inneren Stagnation, hinderten den volkswirtschaftlichen Wettbewerb und hatten Kämpfe mit den aufbegehrenden Gesellen zur Folge, die in ihrer Rechtsstellung stark eingeschränkt waren. Diese wirtschaftlich und sozial in hohem Maße nachteiligen Auswirkungen des Zunftrechts fanden erst mit der Aufhebung der Zunftverfassung im 19. Jh. (insbes. durch die GewO 1869) ihr Ende.

Zufall
Haftung für Zufall → Verschulden (4).

Zufallsfunde
sind Erkenntnisse, die bei der Untersuchung einer Straftat gewonnen werden und nicht für diese, aber für die Aufklärung einer anderen Straftat von Bedeutung sind. § 108 I StPO gestattet die einstweilige Beschlagnahme von Zufallsfunde, die sich bei einer Durchsuchung wegen einer anderen Straftat ergeben. Die Vorschrift enthält einen allgemeinen Rechtsgedanken. Sie gilt zB auch bei einer → Identitätsfeststellung (§ 163b StPO). Für → Kontrollstellen ist ihre Anwendung ausdrücklich angeordnet (§ 111 III StPO). Nur eingeschränkt als Beweise in anderen Strafverfahren verwertbar sind personenbezogene Daten, die bei Überwachung der Telekommunikation (→ Brief-, Post- und Fernmeldegeheimnis, → Telekommunikationsüberwachung), → Rasterfahndung, → Schleppnetzfahndung, → Einsatz technischer Mittel zum Abhören und Aufzeichnen des nichtöffentlich außerhalb einer Wohnung gesprochenen Wortes und Einsatz → Verdeckter Ermittler (§ 477 II 2, 3 StPO) oder bei → Einsatz technischer Mittel zum Abhören und Aufzeichnen des nichtöffentlich in einer Wohnung gesprochenen

Wortes (§ 100e VI Nr. 1 StPO) gewonnen werden. Personenbezogene Daten, die durch andere hoheitliche Maßnahmen, zB auf Grund der Polizeigesetze oder der Gesetze über die Nachrichtendienste, erlangt werden, dürfen ebenfalls nur eingeschränkt zu Beweiszwecken verwendet werden (§ 161 II 1 StPO). Die Beschränkung besteht nicht für die Verwendung als weiterer Ermittlungsansatz (Spurenansatz) oder zur Ermittlung des Aufenthaltsorts des Beschuldigten.

Zufluss-/Abfluss-Prinzip
(§ 11 EStG). Bei der steuerlichen Berücksichtigung von → Einnahmen und → Ausgaben stellt sich die Frage, wann Ausgaben abgeflossen und Einnahmen zugeflossen sind, dh in welchem Jahr sie steuerlich zu berücksichtigen sind. Das Zufluss-/Abfluss-Prinzip gilt bei der → Einkommensteuer, soweit nicht der → Gewinn durch → Betriebsvermögensvergleich ermittelt wird (§§ 4 I, 5, 17 EStG), somit bei Einnahmen-Überschuss-Rechnung (§ 4 III EStG, → Gewinnermittlungsarten), bei Überschusseinkünften (§§ 19–23 EStG), → Sonderausgaben (§§ 10–10h EStG) und außergewöhnlichen → Belastungen (§§ 33–33c EStG). Nach dem Zufluss-/Abfluss-Prinzip gelten Einnahmen in dem Kalenderjahr als bezogen, in dem sie dem Stpfl. zugeflossen sind. Dies ist anzunehmen, wenn sie zur freien Verfügung des Stpfl. stehen. Eine Ausnahme besteht bei regelmäßig wiederkehrenden Einnahmen, die kurze Zeit vor Beginn oder kurze Zeit nach Beendigung des Kalenderjahrs zufließen (kurze Zeit: etwa 10 Tage), zu dem sie wirtschaftlich gehören. Diese sind dem Kalenderjahr zuzurechnen, zu dem sie wirtschaftlich gehören. Entsprechendes gilt für → Ausgaben.

Zuführung Zivildienstpflichtiger
→ Vorführung Wehrpflichtiger.

Zug um Zug-Leistung, -Verurteilung
→ Zurückbehaltungsrecht, → gegenseitiger Vertrag, → Rücktritt.

Zugabe
Eine Zugabe ist im geschäftlichen Verkehr eine unentgeltliche Zuwendung, die dem Kunden neben der Ware oder Leistung gewährt wird. Die Zugabe kann ihrerseits eine Ware, aber auch eine Leistung sein (zB kostenlose oder verbilligte Kundenbeförderung). Das früher bestehende grds. Verbot von Zugaben ist ersatzlos aufgehoben worden (Gesetz v. 23.7.2001, BGBl. 2001 I 1661). Im Einzelfall kann jedoch → unlauterer Wettbewerb vorliegen.

Zugang einer Willenserklärung
→ Willenserklärung (1c).

Zugangsfaktor
Der Zugangsfaktor hat Einfluss auf die → persönlichen Entgeltpunkte und damit auf die Höhe von Renten aus der gesetzlichen → Rentenversicherung (§ 64 SGB VI). Der Zugangsfaktor richtet sich nach dem Alter der Versicherten bei Rentenbeginn oder bei Tod und bestimmt, in welchem Umfang Entgeltpunkte bei der Ermittlung des Monatsbetrags der Rente als persönliche Entgeltpunkte zu berücksichtigen sind (§ 77 I SGB VI).

Der Zugangsfaktor beträgt für Renten wegen Alters, die mit Ablauf des Kalendermonats des Erreichens der Regelaltersgrenze oder des für den Versicherten niedrigeren Rentenalters 1,0. Er verringert sich, wenn die Rente wegen Alters vorzeitig in Anspruch genommen wird um mtl. 0,003. Der Zugangsfaktor erhöht sich, wenn die Rente wegen Alters trotz erfüllter Wartezeit nicht in Anspruch genommen wird um mtl. 0,005 (§ 77 II SGB VI).

Die Verminderungs- bzw. Erhöhungswerte gelten auch für die → Rente wegen verminderter Erwerbsfähigkeit bzw. die → Hinterbliebenenrenten.

Wird eine → Rente wegen verminderter Erwerbsfähigkeit wegen verminderter Erwerbsfähigkeit vor Vollendung des 62. Lebensjahres in Anspruch genommen, zählt die Zeit vom Rentenbeginn bis zum 62. Lebensjahr nicht als vorzeitige Inanspruchnahme. Gleiches gilt bei der → Hinterbliebenenrente, wenn der verstorbene Versicherte vor dem 62. Lebensjahr verstorben ist.

Wird im Anschluss an eine mit vermindertem Zugangsfaktor gezahlte Rente, eine andere Rente (zB Vollrente wegen Alters oder Hinterbliebenenrente) geleistet, verbleibt es für die bei dem verminderten Zugangsfaktor für die Entgeltpunkte, welche der „ersten“ Rentenberechnung zu Grunde lagen. Voraussetzung ist, dass Nahtlosigkeit der Rentenzahlungen besteht.

Zugangsfiktion
→ Willenserklärung (1c).

Zugangstheorie
→ Willenserklärung (1c).

Zugangsverweigerung zu Infrastruktureinrichtungen
→ Marktbeherrschende Unternehmen dürfen den Zugang zu eigenen Netzen (zB Energieleitungsnetze) und Infrastruktureinrichtungen (→ Essential facility) gegen ein angemessenes Entgelt nicht verweigern, wenn es dem anderen Unternehmen aus rechtlichen oder tatsächlichen Gründen ohne die Mitbenutzung nicht möglich ist, auf den vor- oder nachgelagerten Märkten als Wettbewerber des Marktbeherrschers tätig zu werden (§ 19 Abs. 2 Nr. 4 GWB).

Zugesicherte Eigenschaft
→ Gewährleistung (1b).

Zugewinn
ist der Betrag, um den das Endvermögen eines Ehegatten bei Beendigung des gesetzlichen → Güterstandes der → Zugewinngemeinschaft das Anfangsvermögen übersteigt (§ 1373 BGB). Der Zugewinn beträgt daher mindestens Null. Anfangsvermögen ist das → Vermö-

gen, das einem Ehegatten nach Abzug der Verbindlichkeiten bei Beginn des Güterstandes gehört. Übersteigen die Verbindlichkeiten das Vermögen, so kann das Anfangsvermögen auch negativ sein. Dem Anfangsvermögen ist ferner grds. ein zwischenzeitlicher Erwerb von Todes wegen oder durch Schenkung hinzuzurechnen, weil dieses Vermögen regelmäßig nicht als durch die Arbeit der Ehegatten erworben anzusehen ist (§ 1374 BGB; nicht aber zB ein Lottogewinn oder ein → Schmerzensgeld). Endvermögen ist das Vermögen, das einem Ehegatten nach Abzug der Schulden bei Beendigung des Güterstandes gehört; auch dieses kann negativ sein. Dem Endvermögen werden die Beträge hinzugerechnet, um das sich das Vermögen eines Ehegatten in den letzten 10 Jahren ohne Einverständnis des anderen Ehegatten durch unentgeltliche Zuwendungen an unbeteiligte Dritte, Verschwendung oder Handlungen in der Absicht, den anderen Ehegatten zu benachteiligen, vermindert hat (Wertveränderung, § 1375 BGB). Für die Wertberechnung gilt der Verkehrswert der Vermögensgegenstände und Verbindlichkeiten im jeweiligen Zeitpunkt (dh für das Anfangsvermögen zu Beginn, für das Endvermögen am Ende des gesetzlichen Güterstandes, § 1376 BGB, bei der → Ehescheidung allerdings schon im Zeitpunkt der → Rechtshängigkeit des Scheidungsantrags, § 1384 BGB). Um im Falle der Ehescheidung den Anspruch auf Zugewinn wertmäßig zu erhalten, haben die Ehegatten einen Anspruch auf Auskunft über das Vermögen auch zum Zeitpunkt der Trennung (§ 1379 BGB). Hat sich das Vermögen eines Ehegatten von der Trennung bis zur Scheidung verringert, muss dieser Ehegatte darlegen und beweisen, dass die Verringerung nicht auf einer Wertveränderung nach § 1375 BGB beruht. Bloß rechnerische Wertveränderungen auf Grund der Geldentwertung bleiben unberücksichtigt (BGHZ 61, 385), so dass das Anfangsvermögen → indexiert wird. Die Ehegatten können ein Verzeichnis über das Anfangsvermögen erstellen und sind hierzu auf Verlangen des anderen Ehegatten verpflichtet; in diesem Fall wird die Richtigkeit des Verzeichnisses vermutet (§ 1377 BGB). Ist kein Verzeichnis errichtet, so wird – bis zum Beweis des Gegenteils – vermutet, dass das Endvermögen eines Ehegatten seinem Zugewinn entspricht, ein Anfangsvermögen also nicht vorhanden war (§ 1377 III BGB). Im Einzelnen → Zugewinnausgleich.

Zugewinnausgleich

Bei Beendigung des gesetzlichen → Güterstandes der → Zugewinngemeinschaft wird der in der Ehe erzielte → Zugewinn ausgeglichen. Die gesetzliche Regelung ist unterschiedlich bei Beendigung des Güterstands durch den Tod eines Ehegatten und in anderen Fällen, insbes. nach → Ehescheidung:

1. Zugewinnausgleich im Todesfall: Wird der Güterstand durch den Tod eines Ehegatten beendet und lebten die Ehegatten in diesem Zeitpunkt im gesetzlichen Güterstand, so wird der Zugewinnausgleich – ohne Rücksicht darauf, ob die Ehegatten im Einzelfall tatsächlich einen Zugewinn erzielt haben, und ohne Berechnung desselben – zur Vereinfachung dadurch verwirklicht, dass sich der gesetzliche → Erbteil des überlebenden Ehegatten um ein Viertel der Erbschaft erhöht (§ 1371 I BGB; sog. erbrechtliche Lösung, pauschalierter Zugewinn, s. gesetzl. → Erbfolge). Der überlebende Ehegatte erhält daher bei gesetzlicher Erbfolge und Vorhandensein gemeinschaftlicher Kinder statt einem Viertel (§ 1931 BGB) die Hälfte der Erbschaft. Aus diesem zusätzlichen Viertel hat der überlebende Ehegatte vorhandenen Stiefkindern, dh erbberechtigten Abkömmlingen des verstorbenen Ehegatten, die nicht aus der betreffenden Ehe stammen, bei Bedürftigkeit die Mittel zu einer angemessenen Ausbildung zu gewähren (§ 1371 IV BGB).

Die erbrechtliche Lösung gilt allerdings nur, wenn der überlebende Ehegatte (→ Mit-) Erbe oder → Vermächtnisnehmer geworden ist; entsprechend erhöht sich auch der → Pflichtteil des überlebenden Ehegatten (sog. großer Pflichtteil). Wird der überlebende Ehegatte dagegen nicht gesetzlicher oder testamentarischer Erbe (zB bei → Enterbung, → Erbunwürdigkeit, → Erbverzicht ua) und steht ihm auch kein Vermächtnis zu, so kann er Ausgleich des Zugewinns nach den allgemeinen Vorschriften (s. u. 2.) verlangen; daneben steht ihm, soweit das Pflichtteilsrecht überhaupt besteht, der Anspruch auf den Pflichtteil zu, der in diesem Fall von dem nicht erhöhten Erbteil (sog. kleiner Pflichtteil) berechnet wird (§ 1371 II BGB, sog. güterrechtliche Lösung). Das Gleiche gilt, wenn der überlebende Ehegatte nur deswegen nicht Erbe geworden ist, weil er die ihm kraft Gesetzes oder durch → Verfügung von Todes wegen angefallene Erbschaft ausgeschlagen hat. Er kann hier neben dem Zugewinnausgleich auf güterrechtlicher Basis den Pflichtteil auch stets dann verlangen, wenn er ihm – wie sonst regelmäßig bei der → Ausschlagung der Erbschaft (s. iE → Pflichtteil) – an sich nicht mehr zustünde; auch hier kann jedoch neben dem Zugewinnausgleich nur der sog. kleine Pflichtteil verlangt werden (§ 1371 III BGB). Der überlebende Ehegatte hat also als gesetzlicher Erbe die Wahl, ob er es bei dem erhöhten Erbteil belassen oder die Erbschaft ausschlagen und den Zugewinnausgleich nach güterrechtlichen Vorschriften nebst kleinem Pflichtteil verlangen will. Als testamentarischer Erbe oder Vermächtnisnehmer kann er entweder nach erbrechtlichen Vorschriften die Auffüllung bis zur Höhe des großen Pflichtteils verlangen (→ Zusatzpflichtteil) oder ausschlagen und den Zugewinn auf güterrechtlicher Basis nebst kleinem Pflichtteil beanspruchen.

2. Zugewinnausgleich in anderen Fällen: Wird die Ehe nicht durch den Tod eines Ehe-

gatten aufgelöst, sondern durch → Ehescheidung oder → Eheaufhebung, oder findet beim Tod eines Ehegatten die güterrechtliche Lösung Anwendung (s. o. 1.), so wird der → Zugewinn (Berechnung s. dort) dadurch ausgeglichen, dass dem Ehegatten, der keinen oder nur einen geringeren Zugewinn erzielt hat, eine schuldrechtliche Ausgleichsforderung in Höhe der Hälfte des Überschusses des anderen Ehegatten zusteht (§§ 1372, 1378 I BGB; Sonderbestimmungen für die Teilung der → Haushaltsgegenstände sowie für den → Versorgungsausgleich). Wird durch unentgeltliche Verfügungen eines Ehegatten an einen Dritten der Ausgleichsanspruch geschmälert, so ist dieser statt des Ehegatten dem anspruchsberechtigten Ehegatten zur Herausgabe des Erlangten nach den Vorschriften über die → ungerechtfertigte Bereicherung verpflichtet (§ 1390 BGB). Die Ehegatten können durch → Ehevertrag auch eine andere Ausgleichsquote wie überhaupt die gesamte Berechnung und Auseinandersetzung frei vereinbaren; wird der Zugewinnausgleich ganz ausgeschlossen, so tritt regelmäßig → Gütertrennung ein (§ 1414 S. 2 BGB). Eine solche Vereinbarung ist auch im Rahmen eines Verfahrens auf → Ehescheidung möglich; sie bedarf der notariellen Beurkundung (→ Form, 1c) oder der gerichtlichen Protokollierung.

Die Ausgleichsforderung entsteht mit Beendigung des Güterstands, bei Ehescheidung mit Rechtskraft der Scheidung – allerdings wird in den Scheidungsfällen die Berechnung des Zugewinnausgleichs nach den Gegebenheiten zur Rechtshängigkeit des Scheidungsantrags vorgenommen, § 1384 BGB –, und ist von diesem Zeitpunkt an vererblich und übertragbar; es gilt die regelmäßige Verjährungsfrist (→ Verjährung, 4) von drei Jahren (§ 1378 III BGB). Auf die Ausgleichsforderung sind Vorausempfänge unter Lebenden, die hierfür bestimmt waren, anzurechnen (§ 1380 BGB); im Zweifel ist dies anzunehmen, wenn Zuwendungen den Wert von Gelegenheitsgeschenken übersteigen, die nach den Lebensverhältnissen der Ehegatten üblich sind. Die Erfüllung kann verweigert werden, wenn der Ausgleich des Zugewinns im Einzelfall grob unbillig wäre, insbes. wenn der fordernde Ehegatte längere Zeit hindurch die wirtschaftlichen Verpflichtungen aus der → ehelichen Lebensgemeinschaft, zB zur Haushaltsführung, schuldhaft nicht erfüllt hat (§ 1381 BGB). Auch kann das → Familiengericht die Ausgleichsforderung stunden oder bestimmte Gegenstände dem Gläubiger zur Anrechnung auf die Ausgleichsforderung übertragen (§§ 1382, 1383 BGB). Zur Sicherung des Ausgleichsanspruchs besteht eine Pflicht zur umfassenden gegenseitigen Auskunftserteilung über das jeweilige Vermögen bei Heirat, Trennung und bei Zustellung des Scheidungsantrags (§ 1379 BGB). Die Vorlage von Belegen kann verlangt werden.

Schließlich kann Antrag auf vorzeitigen Ausgleich des Zugewinns gestellt werden, wenn die Ehegatten seit mehr als 3 Jahren getrennt leben (§ 1385 BGB) oder wenn der andere Ehegatte längere Zeit hindurch die wirtschaftlichen Verpflichtungen aus der ehelichen Lebensgemeinschaft nicht erfüllt, keine Auskunft über den Bestand seines Vermögens gibt, Rechtsgeschäfte entgegen den Verfügungsbeschränkungen der → Zugewinngemeinschaft (s. dort) ohne Zustimmung des anderen Ehegatten abschließt oder wenn sonst eine Gefährdung der Ausgleichsforderung besteht. Unter diesen Voraussetzungen kann auch die vorzeitige Aufhebung der → Zugewinngemeinschaft verlangt werden (§ 1386 BGB). Mit der Rechtskraft der Entscheidung, die die Zugewinngemeinschaft vorzeitig aufhebt, ist der gesetzliche Güterstand der Zugewinngemeinschaft beendet und tritt → Gütertrennung ein (§ 1388 BGB).

3. Zugewinnausgleich steuerlich: Beim Tod eines Ehegatten ist der unentgeltliche Erwerb des anderen Ehegatten in Höhe der Ausgleichsforderung von der → Erbschaftsteuer befreit (§ 5 ErbStG), gleichgültig, ob er die erbrechtliche oder die güterrechtliche Lösung wählt.

Zugewinnausgleich, pauschalierter
→ Zugewinnausgleich (1).

Zugewinngemeinschaft
Gesetzlicher → Güterstand ist seit dem Inkrafttreten des → Gleichberechtigungsgesetzes am 1.7.1958 (Gebiet ehem. DDR → Güterstände) die Zugewinngemeinschaft (§ 1363 I BGB); sie verbindet Elemente der → Gütertrennung mit denen der früheren → Errungenschaftsgemeinschaft (zur → Lebenspartnerschaft s. dort). Das Wesen der Zugewinngemeinschaft besteht darin, dass sowohl das bei der Eheschließung vorhandene wie das später erworbene Vermögen beider Ehegatten getrennt bleibt und grds. von jedem Ehegatten selbständig verwaltet wird (§ 1363 II BGB, § 1364 BGB); auch haftet jeder Ehegatte nur für die von ihm herrührenden Schulden. Auch der Gewinn, der von einem Ehegatten im Laufe der Ehe erzielt wird (Zugewinn), bleibt in dessen Vermögen, wird jedoch im Interesse des anderen Ehegatten ausgeglichen, wenn die Zugewinngemeinschaft endet (→ Zugewinnausgleich). Die grds. Trennung der Vermögen schließt nicht aus, dass beide Ehegatten aus anderen Rechtsgründen gemeinsames Vermögen haben (zB Miteigentum an Gegenständen, hier aber keine → Gesamthandsgemeinschaft wie zB bei der → Gütergemeinschaft; anders nur bei der → Ehegattengesellschaft) oder dass einer der Ehegatten beide Vermögensmassen verwaltet (§ 1413 BGB, → Vermögensverwaltung). Wegen der grds. selbständigen Verwaltung des jeweiligen Vermögens hat auch jeder Ehegatte die → Prozessführungsbefugnis; ein Titel gegen den jeweiligen Ehegatten als Schuldner ist erforderlich und ausreichend (§ 739 ZPO; → Eigentumsvermutungen bei Ehegatten).

Über die sich aus der → ehelichen Lebensgemeinschaft, insbes. der daraus resultierenden → Unterhaltspflicht der Ehegatten ergebenden gegenseitigen Beschränkungen hinaus unterliegt die grds. freie Verwaltungs- und Verfügungsbefugnis der Ehegatten auch bei der Zugewinngemeinschaft im Interesse der Erhaltung der wirtschaftlichen Grundlage der Ehe und Familie gewissen Begrenzungen. So bedarf sowohl die Verpflichtung eines Ehegatten, über sein → Vermögen im Ganzen zu verfügen, als auch die Erfüllungshandlung selbst der Einwilligung des anderen Ehegatten (§ 1365 I BGB). Unter „Vermögen im Ganzen" sind nach ganz hM auch einzelne Gegenstände und Sachinbegriffe zu verstehen, sofern sie tatsächlich den wesentlichen Teil der bisherigen Existenzgrundlage ausmachen (zB bei Hofübergabe, Verkauf eines Erwerbsgeschäfts, evtl. auch eines Grundstücks). Dass noch Gegenstände von geringem Wert und untergeordneter Bedeutung zurückbleiben (zB persönliche Habe), steht dem nicht entgegen; allerdings muss bei Veräußerung von Einzelgegenständen der Dritte wissen, dass es sich hierbei praktisch um das „Vermögen im Ganzen" gehandelt hat. Die Einwilligung des anderen Ehegatten kann, wenn sie ohne ausreichenden Grund und entgegen den Grundsätzen einer ordnungsmäßigen Verwaltung verweigert wird, vom → Familiengericht ersetzt werden (§ 1365 II BGB). Das Zustimmungserfordernis des anderen Ehegatten gilt auch bei Verfügungen über Gegenstände des ehelichen Haushalts, die dem Verfügenden selbst gehören (zB Wäsche, Wohnungseinrichtung, Fernsehapparat), und bei Verpflichtungsgeschäften über derartige Gegenstände (§ 1369 BGB, wobei Ersatzstücke wieder in das Eigentum des Ehegatten fallen, dem auch die früheren Haushaltsgegenstände gehörten, § 1370 BGB).

Wird gegen diese Vorschriften verstoßen, so sind einseitige Rechtsgeschäfte unwirksam (§ 1367 BGB). Verträge ohne die erforderliche Einwilligung bleiben zunächst in der Schwebe und können von dem anderen Ehegatten nachträglich genehmigt, bis dahin allerdings auch von dem Dritten widerrufen werden; verweigert der andere Ehegatte die Genehmigung, so ist der Vertrag unwirksam (§ 1366 BGB). Auch der übergangene Ehegatte kann dann gegen den Dritten gerichtlich – zB auf Herausgabe der übergebenen Gegenstände – vorgehen (§ 1368 BGB). Diese Verfügungsbeschränkungen sind absolute → Veräußerungsverbote (ganz hM), so dass auch ein gutgläubiger Dritter nicht geschützt wird. Obwohl weder aus dem → Güterrechtsregister noch sonst – zB aus dem → Grundbuch – ersichtlich ist, dass der Geschäftspartner ein im gesetzlichen Güterstand der Zugewinngemeinschaft lebender Ehegatte ist, tritt hier der Gedanke des Verkehrsschutzes hinter das Interesse des anderen Ehegatten zurück. Diese Verfügungsbeschränkungen können durch → Ehevertrag abbedungen werden. Weitere Verfügungsbeschränkungen kennt der gesetzliche Güterstand der Zugewinngemeinschaft nicht.

Zuhälterei

Straftatbestand nach § 181a StGB, der drei verschiedene Verhaltensweisen unter Strafe stellt: Die sog. ausbeuterische Zuhälterei, wenn der Täter jemanden, der der → Prostitution nachgeht, eigensüchtig und planmäßig als Erwerbsquelle für sich missbraucht (auch wenn er daraus nicht seinen Lebensunterhalt bezieht); die überwachende (dirigierende) Zuhälterei, wenn er seines Vermögensvorteils wegen die Ausübung der Prostitution kontrolliert oder bestimmt oder durch gezielte Maßnahmen (Drohungen, Geldentzug o. dgl.) die Aufgabe der Prostitution verhindert; schließlich die → gewerbsmäßige prostitutionsfördernde Vermittlung unter Beeinträchtigung der persönlichen und wirtschaftlichen Unabhängigkeit des Opfers. Täter und Tatopfer können sowohl Männer wie Frauen sein. In allen Fällen werden aber Beziehungen zwischen Täter und Opfer vorausgesetzt, die im Hinblick auf die Prostitutionsausübung über den Einzelfall hinausgehen (nicht nur persönliche; auch geschäftlich-wirtschaftliche genügen). Auch im Falle der bloßen Vermittlung, zB durch Adressennachweis, die auf die Ausübung der Prostitution keinen Einfluss nimmt, ist neben gewerbsmäßigem Handeln eine solche Beziehung erforderlich; diese ist dagegen bei der nach § 181a III StGB strafbaren Z. unter Ehegatten oder Lebenspartnern schon durch das eheliche Verhältnis oder die Lebenspartnerschaft gegeben. Die Strafe ist Freiheitsstrafe von 6 Mon. bis zu 5 Jahren, bei der vermittelnden (kupplerischen) Zuhälterei Freiheitsstrafe bis zu 3 Jahren oder Geldstrafe. Auch kann Führungsaufsicht angeordnet werden (§ 181b StGB, → Maßregeln der Besserung und Sicherung, 5).

Zukunftssicherungsleistungen

→ Direktversicherung, → Pensionskasse, → Pensionsfonds, → betriebliche Altersversorgung, → Unterstützungskasse, → Sonderausgaben, (→ Vorsorgeaufwendungen, → Vorsorgepauschale).

Zulässigkeit Prozessrecht

Um über Klagen, Anträge usw sachlich entscheiden zu können, müssen diese zulässig sein. Die Zulässigkeitsvoraussetzungen sind in jeder Verfahrensordnung gesondert geregelt (→ Prozessvoraussetzungen). Entsprechend müssen für die Zulässigkeit eines → Rechtsmittels die → Rechtszugvoraussetzungen gegeben sein. Über die Zulässigkeit kann abgesondert (vorab) verhandelt und entschieden werden (§ 280 ZPO; → Zwischenurteil). Nach Bejahung der Zulässigkeit ist die Begründetheit zu prüfen.

Zulassung der Revision

→ Revision (2b), → Nichtzulassungsbeschwerde.

Zulassung von Kraftfahrzeugen
Die Regelungen zur Zulassung von Kraftfahrzeugen sind weitgehend enthalten in der Fahrzeug-Zulassungsverordnung (FZV); weitere Vorschriften befinden sich in der Straßenverkehrs-Zulassungs-Ordnung (StVZO). Danach sind Kfz und Anhänger zulassungspflichtig (§ 3 FZV). Ausgenommen sind selbstfahrende Arbeitsmaschinen, einachsige Zugmaschinen, → Leichtkrafträder und zwei- und dreirädrige → Kleinkrafträder, zu denen auch → Fahrräder mit Hilfsmotor gehören, motorisierte Krankenfahrstühle und vierrädrige Leicht-Kfz; ferner sind ausgenommen bestimmte Anhänger (§ 3 III FZV). Sa → Oldtimer.

Die Zulassung setzt eine EG-Typgenehmigung oder eine Betriebserlaubnis voraus, die auch für die meisten zulassungsfreien Kfz erforderlich ist. Dazu muss das Fz. der StVZO und den Anweisungen des BMVI, den durch EG-Richtlinien harmonisierten Vorschriften oder den vom BMVI anerkannten ECE-Regelungen (der Economic Commission for Europe der → Vereinten Nationen, § 21a StVZO) entsprechen. Der Nachweis für eine EG-Typgenehmigung wird durch eine Übereinstimmungsbescheinigung geführt. Eine Betriebserlaubnis wird für typenmäßig gefertigte Kfz als Allgemeine Betriebserlaubnis, für Einzel-Fz. oder für Fz.-Teile als Einzelbetriebserlaubnis erteilt (§§ 19 ff. StVZO). Bei bestimmten Fz.-Teilen bedarf auch die Bauart einer Genehmigung (§ 22a StVZO und VO vom 12.8.1998, BGBl. 1998 I 2142).

Auf Grund der EG-Typgenehmigung oder der Betriebserlaubnis werden in den → Fahrzeugbrief (Zulassungsbescheinigung Teil II) die Fz.-Daten eingetragen. Mit ihm, dem Nachweis der Verfügungsberechtigung über das Fz. und dem Nachweis der → Kraftfahrzeug-Haftpflichtversicherung (Versicherungsnachweis) kann die Zulassung beantragt werden (§§ 6, 14, 49 FZV). Sie erfolgt durch Zuteilung eines Kennzeichens (§ 9 FZV) und Ausfertigung der Zulassungsbescheinigung, die aus Teil I (§ 13 FZV), dem Fahrzeugschein, und Teil II (§ 14 FZV), dem Fahrzeugbrief, in den noch der Verfügungsberechtigte eingetragen wurde, besteht (§ 3 I 3 FZV). Die Zulassungsbescheinigung Teil I ist vom Fahrer des Kfz mitzuführen und zuständigen Personen auf Verlangen zur Prüfung auszuhändigen (§ 13 VI FZV). Die Zulassungsbehörde teilt die Z. dem → Kraftfahrt-Bundesamt zur Speicherung im Zentralen → Fahrzeugregister mit (§ 60 FZV). Tritt ein Halterwechsel ein, muss der bisherige Halter oder Eigentümer dies der Zulassungsbehörde mitteilen und der Erwerber eine neue Zulassungsbescheinigung beantragen (§ 15 FZV).

Die Zulassung kann, wenn ein Kfz nicht in vorschriftsmäßigem Zustand ist, nach erfolglosem Ablauf einer zur Behebung des Mangels gesetzten Frist zurückgenommen oder eingeschränkt werden. Das Kennzeichen ist dann zu entstempeln, der Fahrzeugschein zurückzugeben (§ 17 StVZO, → Untersagung des Betriebs von Fz.). Dasselbe gilt, wenn das Kfz außer Betrieb gesetzt wird (§ 16 FZV, → Abmeldung von Kraftfahrzeugen). Inbetriebsetzen eines nicht zugelassenen Kfz auf öffentlichen Wegen ist nach § 77 Nr. 1, 2 FZV, § 24 StVG als → Ordnungswidrigkeit verfolgbar; darunter fallen auch ohne Inanspruchnahme der Motorkraft alle unmittelbar einleitenden Handlungen, wenn sie der Fortbewegung auf öffentlicher Straße dienen, zB Einstecken des Zündschlüssels, Lösen der Handbremse, Anlassen des Motors u. dgl. (vgl. aber BGH NJW 1989, 723 zur → Trunkenheit im Verkehr).

Für die Zulassung eines Fahrzeugs mit autonomer Fahrfunktion (→ Autonomes Fahren) gilt ergänzend die Autonome-Fahrzeuge-Genehmigungs-und-Betriebs-VO (AFGBV). S. ferner → Auslandszulassung, → Taxi, → Personenbeförderung, → Güterkraftverkehr. Über Fahrzeuge, denen ein Kennzeichen zugeteilt ist, führt das Kraftfahrt-Bundesamt das Zentrale → Fahrzeugregister (§§ 31 ff. StVG).

Zulassung von Luftfahrzeugen
→ Luftfahrtrecht, → Luftfahrzeugrolle, → Luftfahrt-Bundesamt.

Zulassung zu Heilberufen
Die Zulassung erfolgt nach der Zulassungsverordnung für → Vertragsärzte bzw. der Zulassungsverordnung für Vertragszahnärzte (sa → Heilkunde, → Heilhilfsberufe).

Zulassung zu Hochschulen
→ Hochschule, → numerus clausus, → Studienplätze (Vergabe).

Zulassung zu öffentlichen Ämtern
Nach Art. 33 II GG hat jeder Deutsche nach seiner Eignung, Befähigung und fachlichen Leistung gleichen Zugang zu jedem öffentlichen Amt. Die Vorschrift gibt dem einzelnen ein → subjektives öffentliches Recht gegen den Staat. Allerdings werden damit Sonderregelungen für alle Berufe, die „öffentlicher Dienst" sind, nicht ausgeschlossen. Die Zahl der Stellen im öffentlichen Dienst wird von der Organisationsgewalt der zuständigen öffentlich-rechtlichen Körperschaft bestimmt, die ihrerseits wieder vom Haushaltsplan abhängig ist. Innerhalb dieses Rahmens ist der gleiche Zugang aller zu den öffentlichen Ämtern bei gleicher Eignung gewährleistet. Damit wird jedem Bürger entsprechend seinen Fähigkeiten die Möglichkeit zum Eintritt in den Staatsdienst eröffnet. Subjektive Zugangsvoraussetzungen, wie etwa die Ablegung von Prüfungen, das Erreichen eines bestimmten Prüfungsergebnisses, charakterliche und fachliche Eignung uä bleiben unberührt. Nach Art. 33 III GG ist die Zulassung unabhängig von dem religiösen Bekenntnis. Niemandem darf aus seiner Zugehörigkeit oder Nichtzugehörigkeit zu einem Bekenntnis oder einer Weltanschauung ein Nachteil erwachsen. Vgl. → staatsbürgerliche Rechte; → Proporzsystem;

→ Radikale im öffentlichen Dienst; → Konkurrentenklage.

Zulassung zur Rechtsanwaltschaft
Die Zulassung zur Rechtsanwaltschaft wird auf Antrag durch die zuständige Rechtsanwaltskammer (→ Rechtsanwalt, 3) erteilt (§ 6 I BRAO, § 33 BRAO). Auf sie hat grundsätzlich jeder Anspruch, der die Befähigung zum Richteramt nach § 5 DRiG erworben hat oder (für Staatsangehörige der EG) die Voraussetzungen nach dem Gesetz v. 9.3.2000 (BGBl. 2000 I 182 mÄnd; iE → Rechtsanwalt, 1 aE) erfüllt (§ 4 BRAO), wenn nicht einer der Versagungsgründe des § 7 BRAO vorliegt (zB Unwürdigkeit, Berufsunfähigkeit wegen körperl. Gebrechens, Unfähigkeit zur Bekleidung öffentlicher Ämter infolge strafgerichtlicher Verurteilung; ein Zweitberuf aber nur, wenn diese Tätigkeit mit dem Beruf eines unabhängigen Rechtsanwalts unvereinbar ist (sa → Syndikusanwalt, → Residenzpflicht). Zur (erleichterten) Zulassung ausländischer Personen mit einem entsprechenden Berufsbild s. §§ 206 f. BRAO.

Die Rücknahme (Widerruf) der Zulassung ist nur aus den Gründen des § 14 BRAO zulässig, zB wenn nachträglich Tatsachen bekannt werden, die eine Ablehnung der Zulassung gerechtfertigt hätten, wegen Eintritts der Berufsunfähigkeit usw. Gegen die Versagung oder Rücknahme der Zulassung kann die Entscheidung des Anwaltsgerichtshofes angerufen werden; gegen dessen ablehnende Entscheidung der Bundesgerichtshof (§§ 112a, 112e BRAO).

Zulassungsausschuss
Den Zulassungsausschüssen für Ärzte bzw. Zahnärzte obliegt die Zulassung von → Vertragsärzten bzw. Vertragszahnärzten, die für die Behandlung der Versicherten der gesetzlichen → Krankenversicherung zuständig sind (§ 96 I SGB V).

Die Zulassungsausschüsse bestehen aus Vertretern der → Ärzte und der → Krankenkassen in gleicher Zahl (§ 96 II SGB V, § 34 → ZulassungsVO für Vertragsärzte). Die Vertreter der Ärzte und ihre Stellvertreter werden von den → Kassenärztlichen Vereinigungen, die Vertreter der Krankenkassen und ihre Stellvertreter von den Landesverbänden der Krankenkassen und den Verbänden der Ersatzkassen bestellt. Die Mitglieder der Zulassungsausschüsse führen ihr Amt als Ehrenamt; sie sind an Weisungen nicht gebunden.

Die Geschäfte der Zulassungsausschüsse werden bei den Kassenärztlichen Vereinigungen geführt. Die Kosten werden, soweit sie nicht durch Gebühren gedeckt sind, von den Kassenärztlichen Vereinigungen einerseits und den Landesverbänden der Krankenkassen und den Verbänden der Ersatzkassen andererseits, jeweils zur Hälfte getragen (§ 96 III SGB V). Ärzte, die in einem → Krankenhaus, einer Vorsorge- oder Rehabilitationseinrichtung oder einer → Pflegeeinrichtung tätig sind, können von den Zulassungsausschüssen zur Teilnahme an der vertragsärztlichen Versorgung ermächtigt werden (§ 31a Ärzte-ZV).

Gegen die Entscheidung des Zulassungsausschusses kann der Berufungsausschuss angerufen werden. Die Anrufung hat aufschiebende Wirkung.

Zulassungsberufung
→ Berufung (1a).

Zulassungsbescheinigung
Die Zulassungsbescheinigung Teil I wird als Fahrzeugschein bezeichnet, die Zulassungsbescheinigung Teil II als Fahrzeugbrief (§§ 13, 14 FZV → Zulassung von Kfz).

Zulassungsbeschränkung
Im Rahmen der Bedarfsplanung für die kassenärztliche Versorgung (→ Vertragsarzt, → Zulassungsausschuss) haben die Landesausschüsse der Ärzte und Krankenkassen festzustellen, ob eine Überversorgung vorliegt. Wird eine Überversorgung bejaht, hat der Landesausschuss nach den Vorschriften der → Zulassungsverordnung und unter Berücksichtigung der Richtlinien des Gemeinsamen Bundesausschusses Zulassungsbeschränkungen anzuordnen.

Die Zulassungsbeschränkungen sind räumlich zu begrenzen und arztgruppenbezogen unter angemessener Berücksichtigung der Besonderheiten bei den Kassenarten anzuordnen. Die Zulassungsbeschränkungen sind aufzuheben, wenn die Voraussetzungen für eine Überversorgung entfallen sind.

Wenn die Zulassung eines Vertragsarztes in einem Planungsbereich, für den Zulassungsbeschränkungen angeordnet sind, durch Erreichen der Altersgrenze, Tod, Verzicht oder Entziehung endet und die Praxis von einem Nachfolger fortgeführt werden soll, hat die → Kassenärztliche Vereinigung auf Antrag des Vertragsarztes oder seiner zur Verfügung über die Praxis berechtigten Erben diesen Vertragsarztsitz unverzüglich auszuschreiben (§ 103 SGB V). Für die Nachfolge kommen nur solche Bewerber in Betracht, die die Fortführung der Praxis beabsichtigen. Hierbei ist ein Zeitraum von fünf Jahren ausreichend. § 103 IV SGB V sieht vor, dass für Zeiten ab dem 1.1.2006 für ausgeschriebene Hausarztsitze vorrangig Allgemeinärzte zu berücksichtigen sind. Siehe auch → Hochschulzulassungsrecht.

Zulassungsbeschwerde
→ Nichtzulassungsbeschwerde.

Zulassungsfreies Handwerk
ist ein → Handwerk, bei dem der Meisterbrief nicht Voraussetzung für den selbständigen Betrieb als → stehendes Gewerbe ist. Gleiches gilt für handwerksähnliche Gewerbe (§§ 18–20 HwO). Die 42 zulassungsfreien Handwerke und 52 handwerksähnlichen Gewerbe sind in Anlage B zur HwO aufgeführt.

Zulassungsordnung für Kassenärzte
In der Zulassungsordnung für Kassenärzte sind die Voraussetzungen und die Durchführung der Eintragung als Vertragsarzt geregelt → Kassenarzt, → Vertragsarzt.

Zulassungspflichtiges Handwerk
ist ein → Handwerk, bei dem der Meisterbrief wegen der Gefahrengeneigtheit des → Gewerbes Voraussetzung für den selbständigen Betrieb als → stehendes Gewerbe ist. Die 53 zulassungspflichtigen Handwerke sind in Anlage A zur HwO aufgeführt, zB Dachdecker, Fleischer, Fliesen-, Platten- und Mosaikleger, Raumausstatter und Glasveredler. Nicht hierzu gehören Tätigkeiten, die innerhalb von drei Monaten erlernt werden können oder für das Gesamtbild des zulassungspflichtigen Handwerkes nebensächlich sind (§ 1 II HwO). Solche einfachen Tätigkeiten dürfen als freies Gewerbe außerhalb der HwO ausgeübt werden. Staatsangehörige eines Mitgliedstaats der → Europäischen Union, des → Europäischen Wirtschaftsraums und der Schweiz können ohne (deutschen) Meisterbrief in die → Handwerksrolle eingetragen werden und ein zulassungspflichtiges Handwerk ausüben, wenn sie die notwendige Berufserfahrung oder -ausbildung nachweisen (EU/EWR-Handwerk-Verordnung v. 18.3.2016, BGBl. 2016 I 509).

Zulassungsrevision
→ Revision (2b), → Nichtzulassungsbeschwerde.

Zulassungsverordnung für Vertragsärzte
Die vom Bundesministerium für Gesundheit mit Zustimmung des Bundesrates erlassene Zulassungsverordnung für → Vertragsärzte v. 28.5.1957 (BGBl. 1957 I 572) mÄnd regelt das Nähere über die Teilnahme an der vertragsärztlichen Versorgung (→ Vertragsarzt) sowie die zu ihrer Sicherstellung erforderliche Bedarfsplanung (§ 99 SGB V) und die Beschränkung von Zulassungen. Die Rechtsgrundlage für die Ermächtigung des BMG dazu ist § 98 SGB V.

Die Zulassungsverordnung enthält unter anderem Vorschriften über die Mitglieder der → Zulassungsausschüsse und ihre Geschäftsführung, die Führung der → Arztregister, die Bildung und Abgrenzung von Zulassungsbezirken, die Ausschreibung von Vertragsarztsitzen und die Voraussetzungen für die Zulassung hinsichtlich der Vorbereitung und Eignung zur Ausübung der vertragsärztlichen Tätigkeit. Der erforderlich Mindest-Regelungsinhalt wird in § 98 II SGB V aufgelistet. Im Übrigen enthält sie auch Aussagen darüber, unter welchen Voraussetzungen Ärzte, insbesondere in Krankenhäusern und Einrichtungen der beruflichen Rehabilitation, zur Tätigkeit als Vertragsarzt ermächtigt werden können.

Zulegung
→ Stiftung des Privatrechts.

Zumutbare Belastung
→ Belastungen, außergewöhnliche (1).

Zumutbarkeit
Der Begriff der Zumutbarkeit spielt in verschiedenen Rechtsgebieten eine Rolle. Im Zivilrecht kann zB die Lösung von einem Rechtsverhältnis davon abhängen, dass ein Festhalten am Vertrag bei Abwägung der gegenseitigen Interessen dem Betroffenen nicht mehr zumutbar ist, so zB bei der außerordentlichen → Kündigung, Änderung der → Geschäftsgrundlage. Im Strafrecht ist der Rechtsgedanke gesetzlich verankert zB in § 35 StGB (→ Notstand, 1b), § 113 IV StGB (→ Widerstand gegen Vollstreckungsbeamte), § 142 III 1 StGB (→ unerlaubtes Entfernen vom Unfallort); im Strafprozessrecht in § 81c IV StPO (→ körperliche Untersuchung). Sa → Verhältnismäßigkeitsgrundsatz.

Für das Sozialrecht ist die Zumutbarkeit zB geregelt in:

- Grundsicherung für Arbeitssuchende: § 10 SGB II (Definition eines zumutbaren Arbeitsplatzes),
- Arbeitsförderung: § 140 SGB III (Definition der zumutbaren Beschäftigung), Umzumutbarkeit im Rahmen der Sperrzeitregelung (§ 159 SGB III),
- Krankenversicherung:
  - § 35b SGB V (Kosten-Nutzen-Bewertung von Arzneimitteln),
  - § 55 SGB V (Definition der unzumutbaren Belastung),
  - § 75 SGB V (Zumutbarkeit zwischen Wohnort des Versicherten und dem vermittelten Arzt),
- Rentenversicherung:
  - § 32 SGB VI (Zumutbarkeit von Zuzahlungen bei Leistungen zur medizinischen → Rehabilitation),
  - § 240 SGB VI (Definition der Zumutbarkeit von Tätigkeiten bei → Renten wegen Berufsunfähigkeit),
- Unfallversicherung:
  - § 26 SGB VII (Zumutbarkeit ist nur dann gegeben, wenn Pflegebedürftigkeit ua vermieden werden kann),
  - § 32 SGB VII (Anspruch auf häusliche Krankenpflege, soweit dies keiner im Haushalt lebenden Person zugemutet werden kann),
- Kinder- und Jugendhilferecht: § 90 SGB VIII (Zumutbarkeit der Kostenbeteiligung),
- Rehabilitation und Teilhabe von Menschen mit Behinderungen: § 29 SGB IX (Kündigung des Vertrages, da Zumutbarkeit nicht mehr gegeben),
  - § 71 SGB IX (Weiterzahlung von Leistungen, weil keine zumutbaren Angebote),
- § 83 SGB IX (Zumutbarkeit bei Leistungen zur Mobilität),
- Verwaltungsverfahren: §§ 45 und 47 SGB X (keine Rücknahme / Widerruf von rechts-

widrigen (§ 45 SGB X) / rechtmäßigen (§ 47 SGB X) begünstigenden Verwaltungsakten bei Unzumutbarkeit für den Begünstigten),
  - § 59 SGB X (Anpassung und Kündigung von Verträgen in besondern Fällen),
  - § 75 SGB X (Zumutbarkeit zur Einholung einer Einwilligung wegen Datenübermittlung),
- Pflegeversicherung: § 18 SGB XI (Zumutbarkeit bei Verfahren zur Feststellung der → Pflegebedürftigkeit),
  - § 31 SGB XI (Zumutbarkeit hinsichtlich des Vorrangs der Rehabilitation vor Pflege),
  - § 42 SGB XI (Zumutbarkeit bei Prüfung der → Kurzzeitpflege),
- Sozialhilfe: § 11 SGB XII (Zumutbarkeit bei Beratung und Unterstützung wegen möglicher Erwerbstätigkeit),
  - § 13 SGB XII (hinsichtlich der Kostenabwägung zwischen ambulanter und stationärer Leistung),
  - §§ 19 und 27 SGB XII (Feststellung der Leistungsberechtigung),

  Im Übrigen beziehen sich die Vorschriften des SGB XII bezüglich der Zumutbarkeit in erster Linie auf die Verwendung von Einkommen und Vermögen;
- soziale Entschädigung: § 17 SGB XIV (Versagung von Leistungen wegen mangelnder Hilfe bei Sachverhaltsaufklärung oder Täterverfolgung), die Vorschrift tritt zum 1.1. 2024 in Kraft.

Zuordnung
Die Zuordnung bezieht sich auf die steuerliche Einordnung von Gegenständen und Vorgängen. Bei gemischt-genutzten, dh unternehmerisch und nichtunternehmerisch genutzten Gegenständen (zB Gebäuden zu Wohn- und Betriebszwecken) kann der → Unternehmer umsatzsteuerlich wählen, ob er den Gegenstand in vollem Umfang dem unternehmerischen oder nichtunternehmerischen Bereich zuordnet. Zulässig ist auch eine quotale Aufspaltung. Voraussetzung ist ab 1.4.1999 stets, dass die unternehmerische Nutzung mindestens 10 vH beträgt. Die Zuordnung erfolgt grundsätzlich durch den → Vorsteuerabzug. Zur Einkommensteuer → Lebensführungskosten.

Zurechenbarkeit
eines schädigenden Ereignisses oder einer Handlung → Schadensersatz (1), → Betriebsrisiko, → innerbetrieblicher Schadensausgleich, → Kausalität im Strafrecht.

Zurechnung (steuerlich)
regelt, welcher Person steuerliche Vorgänge zuzurechnen sind. Maßgeblich ist dabei die → wirtschaftliche Betrachtungsweise, § 39 AO. Für die Zurechnung von → Wirtschaftsgütern ist die wirtschaftliche Sachherrschaft entscheidend, für die Zurechnung von → Einkünften die Verwirklichung des gesetzlichen Tatbestandes (vgl. § 180 I 1 Nr. 2a AO), wobei auch hier auf die → wirtschaftliche Betrachtungsweise abzustellen ist. → Leasingvertrag, → Treuhandeigentum, → Nießbrauch, → Mitarbeit des Ehegatten, → Mitarbeit von Kindern, → Lebensführungskosten, → Zuordnung.

Zurechnungsfähigkeit
→ Verschulden (1), → Geschäftsfähigkeit, → Deliktsfähigkeit (für das Zivilrecht); über verminderte Zurechnungsfähigkeit (Strafrecht) → Schuld, → Schuldunfähigkeit, → Maßregeln der Besserung und Sicherung (1).

Zurechnungsfortschreibung
→ Hauptfeststellung.

Zurechnungsunfähigkeit
Den Begriff der Zurechnungsunfähigkeit hat das 2. StrRG 1969 durch den der → Schuldunfähigkeit ersetzt.

Zurechnungszeit
Die Zurechnungszeit wird in der gesetzlichen → Rentenversicherung bei einer Rente wegen Erwerbsminderung (→ Rente wegen verminderter Erwerbsfähigkeit) und bei → Hinterbliebenenrenten bis zur Vollendung des 65. Lebensjahres hinzugerechnet, wenn der Versicherte bei Eintritt des Leistungsfalls dieses Alter noch nicht erreicht hat. Die Ausweitung der Zurechnungszeit auf das 62. Lebensjahr wurde zum 1.7.2014 durch das RV-Leistungsverbesserungsgesetz eingeführt. Bis zum 30.6.2014 wurde die Zurechnungszeit auf das 60. Lebensjahr begrenzt (§ 59 SGB VI). Zum 1.1.2018 ist der Endzeitpunkt für die Berechnung der Zurechnungszeit auf das 65. Lebensjahr festgelegt worden; zum 1.1.2019 wurde als Endzeitpunkt das 67. Lebensjahr bestimmt.

Zurückbehaltungsrecht
Hat der → Schuldner aus demselben rechtlichen Verhältnis, auf dem seine Verpflichtung beruht, einen fälligen Gegenanspruch gegen den → Gläubiger, so kann er grds. die geschuldete Gegenleistung verweigern, bis die ihm gebührende Leistung bewirkt wird, § 273 BGB. Sofern daher nicht wie bei gleichartigen Leistungen eine → Aufrechnung möglich ist, schützt das Zurückbehaltungsrecht als Ausfluss von → Treu und Glauben den anderen Teil vor einer Vorleistungspflicht. Voraussetzung des allg. Zurückbehaltungsrechts sind demnach → Fälligkeit des Gegenanspruchs sowie ein innerer natürlicher wirtschaftlicher Zusammenhang der Ansprüche (sog. Konnexität). Gegenüber einem Herausgabeanspruch (→ Eigentumsherausgabeanspruch) besteht stets ein Zurückbehaltungsrecht wegen eines Gegenanspruchs auf Ersatz von → Verwendungen (§ 273 II BGB, § 1000 BGB), sofern die Sache nicht durch eine vorsätzliche → unerlaubte Handlung erlangt wurde; eine Fälligkeit des Verwendungsanspruchs setzt das dingliche Zurückbehaltungsrecht (§§ 1000 ff. BGB) nicht voraus. Das Zurückbehaltungsrecht kann durch Gesetz, Vertrag (zB → Miet-

vertrag, nicht aber durch → Allgemeine Geschäftsbedingungen, § 309 Nr. 2b BGB) oder nach der Natur des → Schuldverhältnisses ausgeschlossen sein; es kann durch → Sicherheitsleistung des Gläubigers (nicht durch eine → Bürgschaft) abgewendet werden.

Besonderheiten gelten ferner für das handelsrechtliche (kaufmännische) Zurückbehaltungsrecht auf Grund gegenseitiger Ansprüche von Kaufleuten aus beiderseitigen → Handelsgeschäften. Dieses setzt keine Konnexität der Forderungen (uU auch keine Fälligkeit) voraus und gibt über die bloße Zurückbehaltung hinaus einen Anspruch auf Befriedigung entsprechend den Vorschriften über den Pfandverkauf beim → Pfandrecht sowie ein Recht auf → Absonderung im → Insolvenzverfahren (§§ 369 ff. HGB, § 51 Nr. 3 InsO).

Das Zurückbehaltungsrecht ist nur auf → Einrede des Schuldners zu berücksichtigen; wird es geltend gemacht, so gerät der Schuldner deshalb nicht in → Schuldnerverzug. Gegenüber einer Klage des Gläubigers führt es nicht zu einer Klageabweisung, sondern zur Verurteilung zur Leistung Zug um Zug: der Gläubiger kann erst vollstrecken, wenn er zumindest gleichzeitig seine Leistung anbietet oder der Schuldner im Verzug der Annahme (→ Gläubigerverzug) ist (§ 274 BGB, § 726 II ZPO, §§ 756, 765 ZPO). Über das Zurückbehaltungsrecht beim → gegenseitigen Vertrag s. dort.

Zurücknahme von Rechtsmitteln
Die Wirksamkeit der Zurücknahme ist bei den verschiedenen Rechtsmitteln an unterschiedliche Voraussetzungen geknüpft, zB bei einem zugunsten des Angeklagten eingelegten Rechtsmittel an dessen Zustimmung (§ 302 StPO). Im Übrigen ist sie bis zum Abschluss der Rechtsmittelinstanz (§ 516 I ZPO), sonst spätestens bis zum Eintritt der → Rechtskraft zulässig. Die Zurücknahme ist bedingungsfeindlich und unwiderruflich. Sie erfolgt schriftlich gegenüber dem Gericht oder in der mündlichen Verhandlung. Sie hindert idR die erneute Einlegung des Rechtsmittels innerhalb laufender Frist nicht; anders der → Rechtsmittelverzicht.

Zurückschiebung
Anders als bei der → Abschiebung geht es bei der Zurückschiebung darum, dass ein Ausländer (→ Ausländerrecht), der nach Deutschland eingereist ist und über keinen → Aufenthaltstitel verfügt oder der bereits in einem anderen Mitgliedsstaat der → Europäischen Union (EU) seine Anerkennung als → Flüchtling oder Asylbewerber (→ Asyl) beantragt hat, an der Grenze in den Staat zurückgeschoben werden soll, aus dem er eingereist ist (§ 75 AufenthG). Die Zurückschiebung setzt - im Gegensatz zur → Zurückweisung als aufenthaltsverhindernder Maßnahme - erst ein, wenn die → Einreise vollendet ist. Ein Beförderungsunternehmer darf einen Ausländer nur nach Deutschland befördern, wenn er in Besitz eines erforderlichen Passes oder einer erforderlichen Aufenthaltsgenehmigung ist (§ 63 AufenthG). Wird ein Ausländer widrigenfalls zurückgewiesen, so hat in das Beförderungsunternehmen, das ihn an die Grenze befördert hat, unverzüglich außer Landes zu bringen (§ 64 AufenthG).

Zurückstellung der Strafvollstreckung
→ Strafvollstreckung.

Zurückstellung vom Wehrdienst
Zurückstellung vom → Wehrdienst ist auf Antrag zulässig wegen Vorbereitung auf ein geistliches Amt und zur Vermeidung besonderer Härte aus persönlichen, insbes. häuslichen, wirtschaftlichen oder beruflichen Gründen (§ 12 II, IV WPflG); von Amts wegen erfolgt Zurückstellung ua wegen vorübergehender Untauglichkeit, Strafvollzug, vorläufiger Vormundschaft (§ 12 I WPflG), anhängigem Strafverfahren (§ 12 V WPflG) sowie für Wahlbewerber und Abgeordnete des Bundestags, eines Landtags oder des Europaparlaments (§ 12 III WPflG). Die Zurückstellungsgründe nach § 12 I–III WPflG sind für die Wehrersatzbehörde zwingend, die Zurückstellungsgründe nach § 12 I, III 1 und V WPflG seitens des Wehrpflichtigen unverzichtbar. Anträge auf Zurückstellung vom Wehrdienst sind innerhalb bestimmter Ausschlussfristen zu stellen (§ 20 WPflG). Die Zurückstellung ist in den Fällen des § 12 I, IV, V WPflG stets befristet (§ 7 I MusterungsVO). Im → Bereitschaftsfall können Zurückstellungen nach § 12 II und IV WPflG widerrufen werden (§ 48 I Nr. 1 WPflG); im → Verteidigungsfall treten sie sowie Zurückstellungen nach § 12 V WPflG außer Kraft (§ 48 II Nr. 3 WPflG). S. ferner → Unabkömmlichstellung. Die die Zurückstellung betreffenden Vorschriften gelten nach → Aussetzung der Wehrpflicht nur noch im Spannungs- oder Verteidigungsfall. Ansonsten hat die Zurückstellung vom Wehrdienst keine praktische Bedeutung mehr.

Zurückstellung vom Zivildienst
unterliegt einer der → Zurückstellung vom Wehrdienst entsprechenden Regelung; vgl. §§ 11–13 ZDG. Die die Zurückstellung betreffenden Vorschriften gelten nach → Aussetzung der Wehrpflicht nur noch im Spannungs- oder Verteidigungsfall (§ 1a II ZDG). Ansonsten hat die Zurückstellung vom Zivildienst keine praktische Bedeutung mehr.

Zurückverweisung
Hebt ein Rechtsmittelgericht (→ Rechtsmittel) das angefochtene Urteil auf, so kann es den Rechtsstreit (oder die Strafsache) an die Vorinstanz zurückverweisen, damit dieses Gericht in der Sache neu verhandle und entscheide (§ 538 II ZPO, § 563 ZPO, §§ 328, 354 StPO, § 72 V ArbGG, §§ 130, 144 VwGO, §§ 126 f. FGO, §§ 159, 170 SGG). Die Zurückverweisung ist bei der → Revision die Regel, weil das Revisionsgericht keine Tatsachenfeststellungen trifft und daher, wenn diese

ergänzungsbedürftig sind, nicht selbst abschließend entscheiden kann. In Strafsachen muss stets an eine andere Kammer (Abteilung) der Vorinstanz oder ein anderes Gericht zurückverwiesen werden. Bei der → Berufung und → Beschwerde ist die Zurückverweisung die Ausnahme; sie beschränkt sich auf Fälle, in denen Verfahrensmängel der Vorinstanz die Wiederholung des Verfahrens vor dieser erfordern.

Zurückweisung verspäteten Vorbringens
→ Verteidigungsmittel, → Berufung; sa → Prozessverschleppung.

Zurückweisung von Ausländern
Die → Einreise eines Ausländers (→ Ausländerrecht) ist ua unerlaubt, wenn dieser nicht den erforderlichen Pass oder Passersatz besitzt oder nicht über den erforderlichen → Aufenthaltstitel verfügt (§ 14 I AufenthG). Ein Ausländer, der unerlaubt einreisen will, wird an der Grenze zurückgewiesen (§ 15 I AufenthG). Ein Ausländer, der einen Asylantrag gestellt hat, darf nicht zurückgewiesen werden, solange ihm der Aufenthalt in Deutschland nach den Vorschriften des → Asylgesetzes gestattet ist (§ 15 IV 2 AufenthG). Dem Asylsuchenden ist aber die Einreise gleichwohl zu verweigern, wenn er aus einem sicheren Drittstaat einreist oder Anhaltspunkte bestehen, dass er in einem anderen Staat der → Europäischen Union bereits Asyl beantragt hat und ein Asylverfahren eingeleitet wurde (§ 18 II AsylG; sa → Asylrecht; → Dublin-III-VO).

Zusätzliche Betreuungsleistungen
können unter Umständen Versicherte der → Pflegeversicherung in Anspruch nehmen, die häuslich gepflegt werden (→ häusliche Pflege) und bei denen neben dem Hilfebedarf im Bereich der Grundpflege und der hauswirtschaftlichen Versorgung ein erheblicher Bedarf an allgemeiner Beaufsichtigung und Betreuung gegeben ist. Dies sind insbesondere → Pflegebedürftige der → Pflegestufen I bis III. Zum 1.1.2017 wurden die Pflegestufen durch die → Pflegegrade 0 bis 5 ersetzt. Pflegebedürftige, die diese Voraussetzungen erfüllen, können je nach Umfang des erheblichen allgemeinen Betreuungsbedarfs zusätzlich Betreuungsleistungen in Anspruch nehmen. Die Kosten hierfür werden in Höhe von höchstens 125 EUR monatlich (§ 45b SGB XI) geleistet.

Zweck der zusätzlichen Betreuungsleistung ist, der zu pflegenden Personen einen möglichst langen Aufenthalt in ihrer häuslichen Umgebung zu ermöglichen. Darüberhinaus soll durch diese Leistung sichergestellt werden, dass soziale Kontakte bestehen bleiben und die zu Pflegenden ihren Alltag weitestgehend selbständig bewältigen können. Ferner sollen sie erbracht werden, um pflegende Angehörige zu entlasten.

Eine Verbesserung der zusätzlichen Betreuungsleistungen wurde durch die Gesetzesänderungen zum 1.1.2017 erreicht, weil dadurch die Unterschiede u. a. bei der Kostenübernahme der zusätzlichen Betreuungsleistungen weggefallen sind.

Zusage, behördliche
→ Verwaltungsakt (3c); steuerlich → verbindliche Auskunft.

Zusammenfassende Meldung
→ Binnenmarkt, Umsatzsteuer (2h).

Zusammenhang, sachlicher/persönlicher
→ Verbindung von Verfahren.

Zusammenhang, ursächlicher
→ Schadensersatz, 1 (Zivilrecht), → Kausalität (Strafrecht).

Zusammenlegung
von Grundstücken → Flurbereinigung; von Stiftungen → Stiftung des Privatrechts.

Zusammenlegungsverfahren
ist ein beschleunigtes Verfahren nach §§ 91 ff. FlurbereinigungsG, durch das eine ganze Landschaftsstruktur neu gestaltet wird (→ Flurbereinigung).

Zusammenrottung
→ Menschenmenge.

Zusammenschlusskontrolle
→ Fusionskontrolle.

Zusammenschlusstatbestände
Ein Zusammenschluss von Unternehmen ist im Rahmen der → Fusionskontrolle bei der zuständigen → Kartellbehörde vorab anmelde- und kontrollpflichtig, wenn das Vorhaben die gesetzlichen → Umsatzschwellen überschreitet und einen Zusammenschlusstatbestand erfüllt. Nach europäischem Recht der → Fusionskontrolle liegt ein Zusammenschlusstatbestand vor, wenn zwei oder mehr vorher unabhängige Unternehmen fusionieren (Art. 3 Ia FKVO (→ Fusionskontrollverordnung)), wenn ein Unternehmen an einem anderen die Kontrolle erwirbt (Art. 3 Ib FKVO) oder wenn ein Gemeinschaftsunternehmen gegründet wird, das auf Dauer alle Funktionen einer selbständigen wirtschaftlichen Einheit erfüllt („konzentratives“ → Gemeinschaftsunternehmen, Art. 3 IV FKVO).

Nach deutschem Recht der → Fusionskontrolle liegt ein Zusammenschlusstatbestand vor, wenn ein Unternehmen einen wesentlichen Vermögensteil eines anderen erwirbt (§ 37 Abs. 1 Nr. 1 GWB), an einem anderen die unmittelbare oder mittelbare Kontrolle erwirbt (§ 37 Abs. 1 Nr. 2 GWB), Anteile eines anderen erwirbt, um 50% oder 25% dessen Kapitals oder der Stimmrechte zu erreichen oder sich zusammen mit einem anderen an einem → Gemeinschaftsunternehmen beteiligt (§ 37 Abs. 1 Nr. 3 GWB) oder eine sonstige Verbindung mit einem anderen Unternehmen eingeht, auf Grund derer es unmittelbar oder mittelbar einen wettbewerblich erheblichen Einfluss darauf ausüben kann (§ 37 Abs. 1 Nr. 4 GWB).

Zusammentreffen mehrerer Straftaten
→ Konkurrenz von Straftaten; – mehrerer Strafmilderungsgründe → Strafzumessung.

Zusammentreffen von (mit) Sozialversicherungsleistungen
Treffen in der gesetzlichen → Rentenversicherung mehrere Renten aus eigener Versicherung zusammen, wird nur die höchste gezahlt. Sind die Renten gleich hoch, ergibt sich aus einer im Gesetz aufgestellten Rangfolge, welche Rente gezahlt wird. Beim Zusammentreffen von großer und kleiner Witwen- oder Witwerrente wird nur die große Witwenrente/Witwerrente gezahlt. Kommen mehrere Waisenrenten zusammen, wird nur die höchste gezahlt, bei gleich hohen die zuerst beantragte (§ 89 SGB VI; zur → Unfallversicherung vgl. §§ 59, 70 SGB VII).

Auf eine Witwen- oder Witwerrente nach dem vorletzten Ehegatten werden für den gleichen Zeitraum bestehende Ansprüche auf Witwen- oder Witwerrente, Versorgung oder Unterhalt oder auf sonstige Renten nach dem letzten Ehegatten angerechnet. Eine bei Wiederheirat gezahlte Rentenabfindung (→ Abfindung) wird zum Teil – und zwar in angemessenen Raten – von der wiederauflebenden Rente nach dem vorletzten Ehegatten einbehalten (§ 90 SGB VI).

Witwen- oder Witwerrente für mehrere Berechtigte: Jeder Berechtigte erhält den Teil der Rente, der dem Verhältnis der Dauer seiner Ehe zur Dauer der übrigen Ehen entspricht (§ 91 SGB VI).

Beim Zusammentreffen von eigener Rente aus der Rentenversicherung mit → Verletztenrente aus der gesetzlichen → Unfallversicherung ist ein Grenzbetrag zu beachten, bei dessen Überschreitung die Rente aus der gesetzlichen → Rentenversicherung entsprechend gekürzt wird, während die Verletztenrente unberührt bleibt. Das Gleiche gilt beim Zusammentreffen von Hinterbliebenenrenten aus der Rentenversicherung und aus der Unfallversicherung. Auch hier erfolgt die Kürzung bei der Rente der Rentenversicherung (§ 93 SGB VI).

Treffen → Renten wegen verminderter Erwerbsfähigkeit mit Arbeitsentgelt zusammen, wird dieses (netto) auf die Rente angerechnet (§ 96a SGB VI). Beim Zusammentreffen mit → Arbeitslosengeld wird dieses auf die Rente angerechnet (§ 96a III Nr. 4 SGB VI).

Treffen Witwen- oder Witwerrenten, Erziehungsrenten oder Waisenrenten an Kinder über 18 Jahren mit Erwerbseinkommen zusammen, wird dieses bis zu einer bestimmten Höhe auf die Rente angerechnet (§ 97 SGB VI; vgl. auch §§ 98, 311, 314 SGB VI). Seit dem 1.7.2015 entfällt bei Waisenrenten die Einkommensanrechnung vollständig.

Treffen beamtenrechtliche Versorgungsbezüge (→ Versorgung der Beamten) mit Renten zusammen, so werden sie nach Maßgabe der § 55 BeamtVG gekürzt.

Zusammenveranlagung
→ Einkommensteuer, → Veranlagungsarten.

Zusatzaktie
→ Kapitalerhöhung.

Zusatzberechnung
Zusatzberechnung auf Grund der Nachschusspflicht nach dem GenG → Vorschussberechnung.

Zusatzpflichtteil
→ Pflichtteilsrestanspruch.

Zusatzstoffe
1. Lebensmittelzusatzstoffe sind nach Art. 3 II a) Verordnung (EG) 1333/2008 über Lebensmittelzusatzstoffe v. 16.12.2008 (ABl. EG 2008 L 354, 16) Stoffe, die weder als → Lebensmittel verzehrt noch als → Zutat verwendet werden und die einem Lebensmittel auf den verschiedenen Stufen von Herstellung über Verpackung und Transport bis hin zur Lagerung aus technologischen Gründen zugesetzt werden und dadurch selbst zu einem Bestandteil des Lebensmittels werden können.

2. Die Zulassung von Zusatzstoffen für Lebensmittel regeln die Verordnung (EG) 1331/2008 v. 16.12.2008 (ABl. EG 2008 L 354, 1) über ein einheitliches Zulassungsverfahren für Lebensmittelzusatzstoffe, -enzyme und -aromen und die dazu ergangene Durchführungsverordnung (EU) 234/2011 v. 10.3.2011 (ABl. EU 2011 L 64, 15). Der umfangreiche Katalog der zugelassenen Zusatzstoffe ergibt sich nebst Höchstmengen aus den Anlagen zur Verordnung (EG) 1333/2008. Einzelheiten regelt ergänzend die Lebensmittelzusatzstoff-Durchführungsverordnung (LMZDV) v. 2.6.2021 (BGBl. 2021 I 1362), etwa zur Verwendung von Zusatzstoffen in nach dem deutschen Reinheitsgebot gebrautem Bier (nur Kohlendioxid und Stickstoff), zur Verwendung von Nitriten und zur Kennzeichnung nicht vorverpackter Lebensmittel. Die Vorschriften sind straf- und bußgeldbewehrt.

3. Die Verwendung von Aromastoffen regelt die VO (EG) 1334/2008 v. 16.12.2008, ABl. EU 2008 L 354, 34. Ihrer Durchführung dient die Aromendurchführungsverordnung (AromenDV) v. 20.10.2021 (BGBl. 2021 I 4723). Darin ist auch die Verwendung von frisch entwickeltem Rauch zur Herstellung von Lebensmitteln mit Raucharomen geregelt, zB dürfen für den Rauch nur naturbelassene Hölzer und Zweige verwendet werden.

Zusatzurlaub
Der Zusatzurlaub beläuft sich bei → schwerbehinderten Menschen auf fünf Arbeitstage je Kalenderjahr (§ 208 SGB IX), bezogen auf eine 5-Tage-Woche. Wird die Schwerbehinderung im Laufe eines Kalenderjahres festgestellt, beläuft sich der Zusatzurlaubsanspruch für jeden Kalendermonat auf ein Zwölftel. Der Zusatzurlaub ist - auch bei erhöhtem vertraglichen Urlaubsanspruch - immer zusätzlich zu gewähren. IÜ sind die Regelungen für den

gesetzlichen → Mindesturlaub anzuwenden. Der Zusatzurlaub kann auch verfallen. Eine dazu erforderliche Hinweispflicht (s. dazu → Urlaub) trifft den Arbeitgeber jedoch nur, wenn er von der Schwerbehinderung oder einem diesbzgl. Feststellungsantrag weiß bzw. die Schwerbehinderung offensichtlich ist.

Zusatzurteil
Ein Zusatzurteil ist ein Urteil, das ein bereits vorher ergangenes Urteil in der Weise ergänzt, dass es gegen den → Rechtsnachfolger wirkt. Ein Zusatzurteil wird nur notwendig, wenn die Partei eines Rechtsstreits nach Erlass, aber vor Rechtskraft des → Endurteils stirbt (vgl. § 239 ZPO).

Zusatzversicherung
→ Versicherungsvertrag (1).

Zusatzversorgung im öffentlichen Dienst
Beschäftigte im → öffentlichen Dienst erhalten auf Grund von Versorgungs-Tarifverträgen zu ihrer Rente aus der → Rentenversicherung eine Zusatzrente, ebenso ihre Witwen bzw. Witwer und Waisen zu ihren Hinterbliebenenrenten. Es besteht Versicherungspflicht (Tarif VBLklassik). Die Beitragstragung erfolgt durch die Arbeitgeber in Höhe von 6,45% des zusatzversorgungspflichtigen Entgelts. Der Arbeitnehmeranteil beläuft sich auf 1,41%. Die Beitragssätze gelten für Beschäftigte des Abrechnungsverbands West. Im Abrechnungsverband Ost gelten Beitragssätze in Abhängigkeit von der Entgeltgruppe. Es besteht auch die Möglichkeit einer freiwilligen Versicherung. Hierbei handelt es sich um die Produkte „VBLextra" (Riester-Rentenfähig) bzw. „VBLdynamik" (Entgeltumwandlung). Die Leistungen aus der ZV unterliegen der → Versicherungspflicht in der gesetzlichen → Krankenversicherung. → Sozialversicherungsbeiträge sind im Leistungsfall von den Leistungsbeziehern in voller Höhe aufzubringen, wobei allerdings ein Freibetrag von 187,25 Euro (2025) zu beachten ist (GKV-Betriebsrentenfreibetragsgesetz). Insoweit unterscheidet sich die Beitragstragung von der paritätischen Beitragstragung in der → Rentnerkrankenversicherung.

Zusatzversorgung in der Land- und Forstwirtschaft
Arbeitnehmer in der Land- und Forstwirtschaft, die eine → Altersrente oder eine → Rente wegen verminderter Erwerbsfähigkeit beziehen, erhalten unter bestimmten Voraussetzungen eine laufende Ausgleichsleistung von der Zusatzversorgungskasse für Arbeitnehmer in der Land- und Forstwirtschaft. Diese ist eine bundesunmittelbare Anstalt des öffentlichen Rechts mit dem Sitz in Kassel. Die Aufsicht führt das → Bundesamt für Soziale Sicherung. Die Kosten trägt der Bund, s. G über die Errichtung einer Zusatzversorgungskasse für Arbeitnehmer in der Land- und Forstwirtschaft (ZVALG) v. 31.7.1974 (BGBl. 1974 I 1660) m. spät. Änd. (ASRG 1995, BGBl. 1995 I 1890; ArbZRVerbG, BGBl. 2008 I 2940). Erhält ein Berechtigter bereits Leistungen von der → landwirtschaftlichen Alterskasse, ist die Zahlung einer Ausgleichsleistung ausgeschlossen. In § 36 SokaSiG2 wird darauf hingewiesen, dass die Rechtsnormen des Tarifvertrags über die Zusatzversorgung der Arbeitnehmer in der Land- und Forstwirtschaft ab dem 1.1.2006 bis zum Ende der Tarifvertragslaufzeit gelten. Der Tarifvertrag ist in der Anlage 86 zu § 36 SokaSig2 abgedruckt.

Zusatzversorgungssysteme (ehem. DDR)
Die Zusatzversorgungssysteme der ehem. DDR umfassen die Leistungen nach dem → Anspruchs- und Anwartschaftsüberführungsgesetz, → Sonderversorgungssystem, → Versorgungsruhensgesetz. Bestimmte Berufsgruppen in der ehem. DDR waren in diesen Zusatzversorgungssystemen zwangsversichert. Zu diesen Zusatzversorgungssystemen gehörten ua die zusätzliche Altersversorgung der technischen Intelligenz, der zentralen Kombinate oder des MfS. → Staatssicherheitsdienst.

Zuschickungskauf
→ Versendungskauf.

Zuschlag
Der Zuschlag ist bei einer → Versteigerung die Annahme des → Meistgebots. Der Zuschlag führt zu einem → Vertrag (zwischen dem Meistbietenden und dem Staat, vertreten durch das → Vollstreckungsorgan), auf Grund dessen bei der öffentlichen Versteigerung die ersteigerte (bewegliche) Sache an den Ersteigerer abgeliefert wird (§ 817 ZPO). In der → Zwangsversteigerung ist der Zuschlag ein Beschluss des Versteigerungsgerichts (§ 87 ZVG). Mit der Verkündung des Zuschlagsbeschlusses geht das Eigentum am Grundstück und an dem mitversteigerten → Zubehör des Grundstücks auf den Ersteher (Ersteigerer) über (§ 90 ZVG). Die Rechte am Grundstück, die nicht in das → geringste Gebot fallen und nach den → Versteigerungsbedingungen nicht fortbestehen sollen, erlöschen (§ 91 ZVG). Zugleich entsteht die Pflicht des Erstehers, das → Bargebot zu entrichten (§ 49 ZVG). Aus dem Zuschlagsbeschluss findet die → Zwangsvollstreckung auf Räumung und Herausgabe des Grundstücks samt mitversteigertem Zubehör statt (§ 93 ZVG). In bestehende Miet- oder Pachtverträge tritt der Ersteher ein, kann sie aber mit der gesetzlichen Frist kündigen (§§ 57 ff. ZVG, → Wohnraummietvertrag, 4, → Pachtvertrag). Gegen den Zuschlagsbeschluss findet → sofortige Beschwerde statt (§ 793 ZPO; §§ 96 ff. ZVG). Im → Vergaberecht wird mit Zuschlag die Annahme des nach der Ausschreibung annehmbarsten Angebots, also des auf die Ausschreibung vom Bieter angebotenen Vertrages bezeichnet.

Zuschlagsbeschluss
→ Zuschlag.

Zuschlagsentgeltpunkte
Rechtsgrundlage ist § 78a SGB VI. Zuschlagsentgeltpunkte werden bei → Witwenrenten (gilt auch für Witwerrenten) gewährt. Voraussetzung ist, dass Zeiten der Kindererziehung bei der Witwe oder dem Witwer zu berücksichtigen sind, oder wegen eines Ausschlussgrundes nicht angerechnet werden können. Der Umfang der Zuschlagsentgeltpunkte ergibt sich aus der Dauer der anzurechnenden → Kinderberücksichtigungszeiten. Die Höhe der Zuschlagsentgeltpunkte richtet sich nach dem Lebensalter des Kindes im Zeitpunkt des Todes, wenn es das 10. Lebensjahr noch nicht vollendet hat. Für Zeiten nach dem 10. Lebensjahr des Kindes sind keine Zuschlagsentgeltpunkte anzurechnen. Für die → Waisenrente ist § 78 SGB VI zu beachten. Danach richten sich die Zuschlagsentgeltpunkte nach der Anzahl der Kalendermonate, die mit Rentenrechtlichen Zeiten belegt sind. Ferner ist der → Zugangsfaktor der verstorbenen Person zu berücksichtigen. Die Höhe des Zuschlagsentgeltpunkte richtet sich danach, in welcher Form die rentenrechtlichen Zeiten vorhanden sind. Des weiteren sind die Rentenart der Waisenrente (Halb- oder Vollwaise, → Hinterbliebene) ausschlagebend für die Höhe der Zuschlagsentgeltpunkte.

Zuschlagsteuern
sind Steuern, die nach der → Einkommensteuer bemessen werden, zB der → Solidaritätszuschlag und die → Kirchensteuer. Bemessungsgrundlage ist die festgesetzte Einkommensteuer oder die Jahreslohnsteuer abzüglich des → Kinderfreibetrags (§ 51a II, IIa EStG). Die Festsetzung der Zuschlagsteuern kann selbständig durch Rechtsbehelf (Einspruch) angefochten werden. Mit dem Rechtsbehelf kann jedoch weder die Bemessungsgrundlage noch die Höhe des zu versteuernden Einkommens angegriffen werden. Wird die Bemessungsgrundlage geändert, ändern sich auch die Zuschlagsteuern (§ 51a V 2 EStG).

Zuschreibung
Nach einer außerplanmäßigen → Abschreibung in der Handelsbilanz auf den niedrigeren beizulegenden Wert oder einer → Teilwertabschreibung in der Steuerbilanz ist das → Wirtschaftsgut in den Folgejahren mit dem höheren Wert in der Steuerbilanz anzusetzen, wenn der Grund für die Wertminderung entfallen ist. Das Wirtschaftsgut darf höchstens mit den → Anschaffungs- oder Herstellungskosten abzüglich → Absetzung für Abnutzung (AfA) angesetzt werden. Vgl. → Abschreibung, → Bilanz, → Bewertung, → Maßgeblichkeit der Handelsbilanz.

Zuschreibung eines Grundstücks
→ Grundbuch.

Zuschussexemplare
sind Exemplare, die der Verleger über die nach dem Gesetz oder dem → Verlagsvertrag vorgesehene Anzahl hinaus herstellt (§ 6 Abs. 1 S. 1 VerlG), um Ausfälle durch Beschädigung oder Zerstörung bei Herstellung oder Vertrieb auszugleichen. Sie dürfen nicht zu anderen Zwecken vertrieben werden (§ 6 Abs. 2 VerlG).

Zuschuss-Wintergeld
Das Zuschuss-Wintergeld gehört zusammen mit dem → Mehraufwands-Wintergeld (→ Wintergeld) zu den Maßnahmen der → Arbeitsförderung nach dem SGB III. Es soll das → Saison-Kurzarbeitergeld, welches durch das Gesetz zur Förderung der ganzjährigen Beschäftigung eingeführt worden ist, ergänzen.

Zuschuss-Wintergeld wird in Höhe von bis zu 2,50 EUR je ausgefallener Arbeitsstunde gewährt, wenn zu deren Ausgleich Arbeitszeitguthaben aufgelöst und die Inanspruchnahme von Saison-Kurzarbeitergeld vermieden wird (§ 102 II SGB III).

Das Mehraufwands-Wintergeld beläuft sich auf 1,00 Euro für jede berücksichtigungsfähige Arbeitsstunde, die in der Zeit vom 15.12. bis zum letzten Kalendertag des Monats Februar an dem Beschäftigte auf einem witterungsabhängigen Arbeitsplatz beschäftigt sind. Nach § 102 II 2 SGB III sind im Dezember max. 90 Arbeitsstunden, in den Monaten Januar und Februar jeweils max. 180 Arbeitsstunden berücksichtigungsfähig.

Zusenden von Waren
→ Versendungskauf, → Ansichtssendung, → unbestellte Lieferung.

Zusicherung einer Eigenschaft
→ Gewährleistung (1b, 2a), → Kauf nach Probe, → Garantie, sa → Anfechtung von Willenserklärungen (1).

Zusicherung im Verwaltungsverfahren
→ Verwaltungsakt (3c).

Zuständigkeit, gerichtliche
(sachliche, örtliche, funktionelle, internationale) → gerichtliche Zuständigkeit.

Zuständigkeit von Verwaltungsbehörden
Aufgaben und Befugnisse der Staatsverwaltung sind auf die Organe des Staates und anderer Verwaltungsträger (insbes. Behörden) nach den Vorschriften über die Zuständigkeit (Kompetenz) verteilt, die grundsätzlich in Rechtsnormen und – soweit erforderlich – in den ausführenden Rechtsakten enthalten sind. Die sachliche Zuständigkeit bestimmt, welche konkreten sachlichen Aufgaben und Befugnisse eine Verwaltungsstelle wahrzunehmen hat. Sie kann begründet werden durch Einzelzuweisung bestimmter Aufgaben, durch Festlegung eines der Art nach bestimmten Kompetenzbereiches (zB bei Polizeibehörden für die Aufrechterhaltung der öffentlichen Sicherheit und Ordnung) oder durch Zuweisung aller öffentlichen Aufgaben, die in einem bestimmten räumlichen Bereich anfallen (zB → Allzuständigkeit der Gemeinde). Die örtliche Zuständigkeit bestimmt, in welchem räumlichen Bereich des Staatsgebietes eine sachlich zuständige Stelle tätig werden darf und auf welche

Personen und Sachen sich die sachliche Zuständigkeit erstreckt (etwa nach dem → Wohnsitz oder der Belegenheit einer Sache). Nähere Vorschriften über die örtl. Zuständigkeit enthält § 3 VwVfG. Die funktionelle Zuständigkeit bestimmt, welche sachlich und örtlich zuständige Stelle innerhalb der Behördenorganisation die einzelnen Aufgaben und Befugnisse wahrzunehmen hat (insbes. Instanzenzug). Die gesetzlich festgelegte behördliche Zuständigkeit ist idR ausschließlich und nur manchmal eine wahlweise. Eine Verletzung der Zuständigkeit führt, soweit ein Verwaltungsorgan objektives Recht setzt, zu dessen Unwirksamkeit, dagegen bei → Verwaltungsakten idR nur zur Rechtswidrigkeit, es sei denn, dass die Behörde absolut unzuständig und der Verstoß offensichtlich ist (dann uU Nichtigkeit); vgl. § 44 III Nr. 1, II Nr. 2 VwVfG.

Für das Besteuerungsverfahren: sachliche Zuständigkeit § 16 AO iVm → Finanzverwaltungsgesetz; örtliche Zuständigkeit → Finanzamt.

Zuständigkeitsstreit
Für den Fall, dass sich zwei oder mehrere Behörden (insbes. Gerichte) in einer Sache für zuständig oder wechselseitig für unzuständig erklären (positiver bzw. negativer Kompetenzkonflikt), bestehen vielfach – insbes. für die Gerichte – besondere Vorschriften zur schnellen Lösung des Konflikts (§ 62 SGB X). Beim Zuständigkeitsstreit zwischen den Gerichtsbarkeiten (→ Rechtsweg) ist eine bindende → Verweisung von einem Rechtsweg in den anderen vorgesehen (§ 17a GVG), wobei jedes Gericht über die Zuständigkeit des zu ihm beschrittenen Rechtswegs entscheidet; die frühere sog. → Kompetenzkompetenz der ordentlichen Gerichtsbarkeit besteht nicht mehr. Ein Zuständigkeitsstreit zwischen Gerichten derselben Gerichtsbarkeit wird idR durch das gemeinsame nächsthöhere Gericht entschieden (§ 36 ZPO, § 53 VwGO, § 58 SGG, § 39 FGO; bei Zuständigkeit des Bundesgerichtshofs durch das Oberlandesgericht, das dem zuerst mit der Sache befassten Gericht übergeordnet ist); bei Behörden kann die gemeinsame obere Behörde angerufen werden. Über vorläufige Leistungen bei Zuständigkeitsstreit im Sozialrecht s. → vorläufige Sozialleistungen, § 43 SGB I. Ein Hauptanwendungsfall des Zuständigkeitsstreits im Sozialrecht, der eigentlich Streit vermeiden und eine schnelle Leistungserbringung sicherstellen sollte, ist in der Praxis die Zuständigkeit nach § 14 SGB IX für Rehabilitationsleistungen. Eine Sonderlösung im Falle des Zuständigkeitsstreits bezüglich Erwerbsfähigkeit regelt § 44a SGB II mit einer Vorleistungspflicht der Jobcenter.

Zuständigkeitsstreitwert
→ Streitwert.

Zuständigkeitsvereinbarung
Eine Zuständigkeitsvereinbarung (auch Prorogation genannt) ist ein → Vertrag zwischen den → Parteien des Rechtsstreits, durch den die örtliche oder/und sachliche → gerichtliche Zuständigkeit bestimmt wird. Durch die Zuständigkeitsvereinbarung kann ein an sich unzuständiges Gericht des ersten → Rechtszuges zuständig werden. Voraussetzung hierfür ist zunächst, dass sich die Zuständigkeitsvereinbarung auf ein bestimmtes → Rechtsverhältnis bezieht, der Rechtsstreit vermögensrechtliche Ansprüche betrifft (und nicht zB dem → Familiengericht zugewiesen ist) und keine ausschließliche Zuständigkeit eines anderen Gerichts besteht (§ 40 ZPO). Eine wirksame Zuständigkeitsvereinbarung kann generell nur unter Kaufleuten (→ Kaufmann; auch → juristische Person) und mit ausländischen Parteien getroffen werden, sonst nur – ausdrücklich und schriftlich – nach dem Entstehen der Streitigkeit (§ 38 ZPO); für das → Mahnverfahren s. dort. Die Wirkung einer Zuständigkeitsvereinbarung hat auch das rügelose Verhandeln zur Hauptsache vor einem an sich unzuständigen erstinstanzlichen Gericht (§ 39 ZPO), vor dem Amtsgericht nur nach Belehrung (§ 504 ZPO); in den Fällen des § 40 ZPO nutzt aber auch ein rügeloses Verhandeln nichts und führt nicht zur Zuständigkeit des angegangenen Gerichts. Im Zivilprozess hat die Zuständigkeitsvereinbarung große praktische Bedeutung, weniger in der Arbeitsgerichtsbarkeit (§ 46 II ArbGG, § 2 IV ArbGG, § 48 II ArbGG). Das Verwaltungs-, Finanz- und Sozialstreitverfahren lässt keine Zuständigkeitsvereinbarung zu.

Zustandsdelikt
Gegensatzbegriff zum → Dauerdelikt.

Zustandshaftung
iS des → Polizeirechts oder → Ordnungsrechts liegt vor, wenn eine Gefährdung oder Störung der öffentlichen Ordnung durch den tatsächlichen Zustand einer Sache ausgelöst wird, ohne dass unmittelbar ein menschliches Verhalten oder Verschulden vorliegt (→ Handlungshaftung). Wegen des für die Beseitigung des Zustandes Verantwortlichen s. → Störer.

Zustellung
Die Zustellung ist der in gesetzlicher Form zu bewirkende und zu beurkundende Vorgang, durch den einer bestimmten Person ein Schriftstück übermittelt oder ihr Gelegenheit gegeben wird, von ihm Kenntnis zu nehmen. I. d. R. wird die Zustellung durch Übergabe des Schriftstücks vorgenommen. Die Zustellung ist für den Bereich des Zivilrechts in den §§ 166–195 ZPO geregelt, die auch für das Verwaltungs-, Finanz- und Sozialgerichtsverfahren gelten (§ 56 II VwGO, § 53 II FGO, § 63 II SGG). Die Zustellung im Bereich der öffentlichen Behörden bestimmt das → Verwaltungszustellungsgesetz (VwZG) idF v. 12.8.2005 (BGBl. 2005 I 2354) mÄnd.

Die ZPO regelt die Zustellung von Amts wegen, die auch hier der Grundsatz ist (§§ 166–190 ZPO) sowie die Zustellung auf Betreiben der Parteien, zB die Zustellung einer → einstweiligen Verfügung, (§§ 191–195 ZPO). Das VwZG (§ 1 VwZG) kennt nur die durch Behörden veranlasste Zustellung. Zugestellt wird nach der ZPO von Amts wegen durch die → Geschäftsstelle des Gerichts, die mit der Ausführung die Post oder einen Justizbediensteten beauftragen kann (§§ 168, 176 ZPO), auf Betreiben der Parteien durch den → Gerichtsvollzieher, der gleichfalls die Post beauftragen kann (§§ 192 ff. ZPO) oder von Anwalt zu Anwalt (§ 195 ZPO). Über die Zustellung ist eine → Zustellungsurkunde zu erstellen (§ 182 ZPO), sofern nicht durch Einschreiben mit Rückschein (§ 175 ZPO) oder von Anwalt zu Anwalt (→ Empfangsbekenntnis) zugestellt worden ist. Soll durch die Zustellung eine → Frist gewahrt oder die → Verjährung gehemmt werden (vgl. § 204 BGB), tritt diese Wirkung bereits mit Eingang des Antrags oder der Erklärung ein, wenn die Zustellung daraufhin „demnächst", dh ohne schuldhafte, nicht nur kurzfristige Verzögerung, erfolgt (§ 167 ZPO).

Die Zustellung kann an jedem Ort erfolgen, an dem der Empfänger angetroffen wird (§ 177 ZPO, § 3 II VwZG), auch durch Aushändigung an der Amtsstelle (§ 173 ZPO). Wird der Empfänger nicht angetroffen, so ist → Ersatzzustellung möglich. In einem Rechtsstreit muss an den → Prozessbevollmächtigten zugestellt werden (§ 172 ZPO). Auch an sonstige Bevollmächtigte (→ Zustellungsbevollmächtigter) kann zugestellt werden (§ 171 ZPO, § 7 VwZG). Bei Geschäfts- und Prozessunfähigen (insbes. juristischen Personen) muss an die → gesetzlichen Vertreter, bei Behörden an deren Leiter zugestellt werden (§ 170 ZPO, § 6 VwZG). Unter bestimmten Voraussetzungen ist auch eine → öffentliche Z. zulässig. Lässt sich die formgerechte Zustellung nicht nachweisen oder war die Zustellung mangelhaft, so gilt das Schriftstück in dem Zeitpunkt als zugestellt, in dem es dem Zustellungsempfänger tatsächlich zugegangen ist (Heilung, § 189 ZPO). Über Zustellungen im sowie vom Ausland s. §§ 183, 1067 ff. ZPO (zur VO EG Nr. 1393/2007 v. 13.11.2007, ABl. EG 2007 L 324, 79), § 9 VwZG sowie → Haager Übereinkommen in Zivil- und Handelssachen.

Die Vorschriften der ZPO über die Zustellung gelten grundsätzlich auch im Strafverfahren (§§ 36 ff. StPO). Die Zustellung wird von der Geschäftsstelle des Gerichts veranlasst; Zustellung an den StA geschieht durch Vorlage der Akten. Der Verteidiger gilt als zum Empfang von Zustellungen berechtigt (§ 145a StPO). Mit der unmittelbaren → Ladung von Zeugen und Sachverständigen durch andere Verfahrensbeteiligte (Angeklagte, Verteidiger usw) ist der Gerichtsvollzieher zu beauftragen.

Zustellung der Pässe
→ Abberufung von Diplomaten.

Zustellung, öffentliche
→ öffentliche Zustellung.

Zustellung von Anwalt zu Anwalt
→ Zustellung.

Zustellungsbevollmächtigter
Zustellungsbevollmächtigter ist ein zur Entgegennahme von Zustellungen besonders ermächtigter Vertreter (§ 171 ZPO). Die Benennung eines Zustellungsbevollmächtigten kann unter bestimmten Voraussetzungen vom Gericht angeordnet werden (§ 184 ZPO, § 53 III FGO, § 60 V FGO) oder ist gesetzlich vorgeschrieben (§ 116a III StPO, § 127a II StPO).

Zustellungsurkunde
Zustellungsurkunde ist die → Urkunde, die von der zustellenden Person – zB Gerichtsvollzieher, Postbediensteter – über die vorgenommene → Zustellung errichtet wird (§ 182 ZPO, § 3 II VwZG). Die Zustellungsurkunde dient zum Nachweis der Zustellung. Je nach Art der Zustellung wird die Zustellungsurkunde durch einen anderen Zustellungsnachweis, insbes. das schriftliche → Empfangsbekenntnis eines Rechtsanwalts oder einer Behörde, ersetzt (zB §§ 174, 195 ZPO, §§ 5 II, IV VwZG).

Zustimmung
ist im bürgerlichen Recht die Erklärung des Einverständnisses mit einem regelmäßig von anderen Personen abgeschlossenen Rechtsgeschäft. Die Zustimmung ist insbes. erforderlich bei Rechtsgeschäften nicht voll Geschäftsfähiger (→ Geschäftsfähigkeit), eines vollmachtlosen Vertreters (→ Vertretung ohne Vertretungsmacht) sowie ganz allgemein bei → Verfügung eines Nichtberechtigten; ferner ist in zahlreichen Fällen vom Gesetz eine behördliche Zustimmung (Genehmigung) eines Rechtsgeschäfts vorgesehen. Die Zustimmung (oder deren Verweigerung) kann sowohl dem einen als auch dem anderen Teil gegenüber erklärt werden; sie bedarf – mangels anderweitiger Bestimmung – nicht der für das Rechtsgeschäft vorgesehenen → Form (§ 182 BGB). Die Zustimmung ist eine einseitige, empfangsbedürftige, abstrakte → Willenserklärung. Sie kann im Voraus (= Einwilligung) oder nach Abschluss des Rechtsgeschäfts (= Genehmigung) erteilt werden. Eine vorherige Zustimmung ist insbes. für die Wirksamkeit einseitiger Rechtsgeschäfte eines beschränkt Geschäftsfähigen oder eines vollmachtlosen Vertreters erforderlich; sie ist grds. bis zur Vornahme des Rechtsgeschäfts frei widerruflich (§ 183 BGB). Die nachträgliche Zustimmung (Genehmigung) ist so lange möglich, wie das Rechtsgeschäft noch besteht, insbes. mangels Genehmigung → schwebend unwirksam ist. Die Genehmigung ist unwiderruflich; sie kann auch durch schlüssiges Handeln (zB Klage auf Herausgabe des Erlöses einer an sich

unwirksamen Verfügung eines Nichtberechtigten; → ungerechtfertigte Bereicherung) erteilt werden. Die Genehmigung wirkt – mangels anderweitiger Bestimmung – auf den Zeitpunkt der Vornahme des Rechtsgeschäfts zurück; das Rechtsgeschäft wird also vom Zeitpunkt seines Abschlusses an (ex tunc) wirksam (§ 184 I BGB). Durch die Genehmigung werden jedoch Verfügungen des Genehmigenden, die dieser in der Zeit zwischen dem Abschluss und der Genehmigung des Rechtsgeschäfts über den Gegenstand getätigt hatte (Zwischenverfügungen, auch Zwangsvollstreckungsmaßnahmen), nicht unwirksam (§ 184 II BGB). Über → Verfügungen eines Nichtberechtigten (und deren Genehmigung) s. dort. Von der Zustimmung sind zu unterscheiden: die nachträgliche Bestätigung eines nichtigen oder anfechtbaren Rechtsgeschäfts durch die Parteien (→ Nichtigkeit) sowie die → Ermächtigung zur Geltendmachung eines fremden Rechts im eigenen Namen; s. ferner → Konvaleszenz, → Vollmacht.

Zustimmung des Betriebsrats
→ Mitbestimmung (1), → Kündigungsschutz für Arbeitnehmer (4).

Zustimmungsgesetz
Zustimmungsgesetz ist im Verfassungsrecht der BRep. Deutschland entweder ein → Gesetz, das – im Gegensatz zum sog. → Einspruchsgesetz – der Zustimmung des → Bundesrates bedarf (vgl. → Gesetzgebungsverfahren und Übersicht im Anhang), oder ein Gesetz, durch Gesetzgebungsverfahren das die gesetzgebenden Körperschaften einem → Staatsvertrag zustimmen (Art. 59 II GG; auch als → Vertragsgesetz oder Ratifikationsgesetzbezeichnet).

1. Zustimmungsgesetze iS der Notwendigkeit der Zustimmung des Bundesrates sind im GG häufig vorgesehen. Wichtigster Fall sind Änderungen des GG (Art. 79 II GG). Ferner bedürfen ua die Übertragung von Hoheitsrechten auf internationale und supranationale Einrichtungen (Art. 23 I 2 GG), Gesetze zur → Terrorismusbekämpfung (Art. 73 II GG), Gesetze über die → Staatshaftung (Art. 74 II GG) sowie bestimmte Regeln des Steuerrechts und des → Finanzausgleichs (Art. 104a IV GG, Art. 105 III GG und 106 GG) der Zustimmung des Bundesrates. Der früher wichtigste Fall der Zustimmungsbedürftigkeit wurde durch die → Föderalismusreform I abgeschafft. Die Regelung des Verwaltungsverfahrens und die Einrichtung von Behörden durch den → Bund bei der Ausführung von Bundesgesetzen ist jetzt grundsätzlich nicht mehr zustimmungsbedürftig (vgl. Art. 84 I GG). Allerdings können die → Länder von der Bundesregelung abweichende Regelungen hinsichtlich des Verwaltungsverfahrens treffen. Sollte der Bund im letzteren Fall gleichwohl in Ausnahmefällen ein Bedürfnis für eine bundeseinheitliche Regelung sehen, kann er nun mit Zustimmung des Bundesrates das Verwaltungsverfahren ohne die Möglichkeit der Abweichung durch die Länder festlegen.

2. Zustimmungsgesetze iS eines Vertragsgesetzes oder Ratifikationsgesetzes können zudem auch Zustimmungsgesetze iS einer Zustimmungsbedürftigkeit durch den Bundesrat sein, wenn zB Hoheitsrechte auf internationale oder supranationale Organisationen übertragen werden (s. o. Nr. 1).

Zutat
Art. 2 II f) Verordnung (EU) 1169/2011 v. 25.10.2011 betreffend die Information der Verbraucher über Lebensmittel (ABl. EU 2011 L 304, 18) definiert Zutat als jeden Stoff, der bei der Herstellung oder Zubereitung eines → Lebensmittels verwendet wird und im Enderzeugnis vorhanden bleibt. Davon zu unterscheiden sind → Zusatzstoffe und Verarbeitungshilfsstoffe. Rückstände gelten nicht als Zutat. Lebensmittel mit Zutaten, die → Allergien oder andere Unverträglichkeitsreaktionen auslösen können, unterliegen der Kennzeichnungspflicht.

Zuteilungsverfahren
Ein Zuteilungsverfahren kann bei der Gewerbesteuer oder der Grundsteuer durchgeführt werden (§ 190 AO). Besteht Streit darüber, welchem Steuerberechtigten ein Steuermessbetrag in voller Höhe zuzuteilen ist, so entscheidet die Finanzbehörde auf Antrag eines Beteiligten durch Zuteilungsbescheid. Die für das Zerlegungsverfahren (→ Zerlegung) geltenden Vorschriften sind entsprechend anzuwenden.

Zuverlässigkeit
ist ein → unbestimmter Rechtsbegriff, mit dem gesetzlich im Berufszulassungsrecht – vor allem im Gewerberecht (→ Gewerbeuntersagung) – die Zulassung zu einem Beruf geregelt wird; er ist zugleich der Maßstab für die Ablehnung wegen Unzuverlässigkeit. Zuverlässigkeit ist eine persönliche Eigenschaft („Wesenseigenschaft"), auf Grund deren der Bewerber die Gewähr für eine künftige ordnungsgemäße Berufsausübung bietet. Sie bezieht sich also stets auf die Zukunft und auf eine konkrete berufliche Tätigkeit. Ob der Bewerber das Fehlen der Zuverlässigkeit zu vertreten, also vor allem verschuldet hat, ist nicht erheblich. Bei Personenvereinigungen ohne → Rechtsfähigkeit ist auf die für sie maßgeblich handelnden Personen, bei → juristischen Personen idR auf die Zuverlässigkeit ihrer Organe abzustellen. Festzustellen ist der Mangel der Zuverlässigkeit auf Grund von Tatsachen (zB Vorstrafen, Insolvenzverfahren, Trunksucht, Geisteskrankheit usw).

Zuwanderung
→ Zuwanderungsgesetz; → Einwanderung.

Zuwanderungsgesetz
1. Durch das Zuwanderungsgesetz vom 30.7.2004 (BGBl. 2004 I 1950) wurde mit Wirkung v. 1.1.2005 das Ausländer-, Asyl-

und Staatsangehörigkeitsrecht reformiert. Das erste Zuwanderungsgesetz v. 20.6.2002 (BGBl. 2002 I 1946) ist vom Bundesverfassungsgericht wegen Verfahrensverstößen im Gesetzgebungsverfahren mit Urt. v. 18.12.2002 (NJW 2003, 339) aufgehoben worden. Das Zuwanderungsgesetz war ein umfassendes → Änderungsesetz; es stellt kein eigenes → Stammgesetz dar.

2. Im Einzelnen sah das Zuwanderungsgesetz folgende Änderungen vor: a) Das Ausländergesetz v. 9.7.1990 (BGBl. 1990 I 1354, 1356), zul. geänd. d. Gesetz v. 24.12.2003 (BGBl. 2003 I 2954), sowie das Aufenthaltsgesetz/EWG idF v. 31.1.1980 (BGBl. 1980 I 116), zul. geänd. d. G v. 23.12.2003 (BGBl. 2003 I 2848), wurden ersatzlos aufgehoben und durch das Gesetz über den Aufenthalt, die Erwerbstätigkeit und die Integration von Ausländern im Bundesgebiet (Aufenthaltsgesetz – AufenthG) sowie das Gesetz über die Allgemeine Freizügigkeit von Unionsbürgern (Freizügigkeitsgesetz/EU – FreizügG/EU) ersetzt (sa → Ausländerrecht). Die Zahl der Aufenthaltstitel wurde auf zwei beschränkt. Statt der Aufenthaltsbefugnis, der Aufenthaltsbewilligung, der befristeten oder unbefristeten Aufenthaltserlaubnis und der Aufenthaltsberechtigung sind nur noch zwei Aufenthaltstitel vorgesehen, eine befristete Aufenthaltserlaubnis und eine unbefristete Niederlassungserlaubnis. Das neue Aufenthaltsrecht orientiert sich nicht mehr an Aufenthaltstiteln, sondern an den Aufenthaltszwecken, nämlich Ausbildung (§§ 16, 17 AufenthG), Erwerbstätigkeit (§§ 18 ff. AufenthG), humanitäre Gründe (§§ 22 ff. AufenthG), Familiennachzug (§§ 27 ff. AufenthG). Für Hochqualifizierte wird die Gewährung des Daueraufenthalts von Anfang an vorgesehen; sie können sofort eine Niederlassungserlaubnis erhalten. Die Ansiedlung Selbstständiger wird gefördert. Studenten können nach erfolgreichem Studienabschluss zur Arbeitsplatzsuche bis zu einem Jahr in Deutschland bleiben. Das bisher doppelte Genehmigungsverfahren für Arbeit und Aufenthalt wurde durch ein internes Zustimmungsverfahren ersetzt. Für Nicht- und Geringqualifizierte blieb es beim Anwerbestopp. Die Regeln für die humanitär motivierte Zuwanderung wurden modifiziert. Beim Kindernachzug blieb es bei dem Nachzugsanspruch bis zum 18. Lebensjahr bei Kindern von Asylberechtigten, im Übrigen liegt die Altersgrenze bei 16 Jahren. Die Neuregelung enthält umfangreiche Vorschriften zur Integration; der Bund trägt insoweit die Kosten der Integrationskurse (§§ 43 ff. AufenthG). Bei den Ausweisungsgründen soll künftig eine Regelausweisung erfolgen, wenn Tatsachen die Schlussfolgerung rechtfertigen, dass ein Ausländer einer Vereinigung angehört oder angehört hat, die den → Terrorismus unterstützt, oder eine derartige Vereinigung unterstützt oder unterstützt hat (vgl. § 54 AufenthG). Ausgewiesen werden können auch die sog. Hassprediger (vgl. § 55 AufenthG). Zur Verwirklichung der Freizügigkeit in der → Europäischen Union wurde die Aufenthaltserlaubnis für die Unionsbürger abgeschafft. Zukünftig besteht nur noch – wie für Deutsche – eine Meldepflicht bei den Meldebehörden. Unionsbürger erhalten eine Bescheinigung über ihr Aufenthaltsrecht.

b) Das → Asylrecht wurde durch Änderung des Asylverfahrensgesetzes reformiert.

c) Die bislang im Ausländerrecht enthaltenen Vorschriften über die Einbürgerung wurden in modifizierter Form in das Staatsangehörigkeitsrecht (→ Staatsangehörigkeit) übernommen (künftig §§ 10–12b StAG).

3. Die Regelungen des Zuwanderungsgesetzes sind teilweise durch das → Fachkräfteeinwanderungsgesetz als weiterem → Änderungsgesetz und weitere Gesetze aus dem Migrationspaket 2019 (→ Migration) überholt.

Zuweisung eines Grundstücks
→ Grundstücksverkehr, landwirtschaftlicher.

Zuweisung von Beamten
Die Zuweisung von Beamten entspricht der → Abordnung eines Beamten. Die Zuweisung von Beamten erfolgt jedoch nicht zu einem anderen → Dienstherrn, sondern zu einer sonstigen öffentlich-rechtlichen Einrichtung ohne Dienstherrneigenschaft oder zu einer → Religionsgemeinschaft (sa → Religionsgesellschaften) für Aufgaben, die dort ansonsten außerhalb des Beamtenverhältnisses vorgenommen werden. Die Zuweisung kann nur mit Zustimmung des → Beamten (sa → Beamtenrecht, → Beamtenverhältnis) erfolgen (§ 20 I BeamtStG, § 29 I BBG); bei Umwandlung einer Dienststelle in öffentlich-rechtliche oder privatrechtliche Organisationseinheiten ohne Dienstherrneigenschaft (sa → Privatisierung) ist die Zuweisung auch ohne Zustimmung des Beamten möglich (§ 20 II BeamtStG, § 29 II BBG). Die Zuweisung lässt den Beamtenstatus unberührt (§ 20 III BeamtStG, § 29 III BBG).

Zuwendung
→ Rechtsgeschäft (2 f), unter Ehegatten → Mitarbeit der Ehegatten. S. ferner → Schenkung, → Ausgleichung von Vorempfängen, → Erbvertrag, → unbenannte Zuwendung.

Zuweniglieferung
→ Minderlieferung.

Zuwiderhandlung
ist der besonders im strafrechtlichen Bereich übliche Oberbegriff für → Straftat und → Ordnungswidrigkeit. Allgemein ist Zuwiderhandlung im Sinne von Verstoß gegen gesetzliche oder vertragliche Pflichten zu verstehen; für das Zivilrecht vgl. insbes. → Unterlassungsanspruch, → Vertragsstrafe, → Wettbewerbsverbot.

Zuzahlung
→ Kostenbeteiligung der Versicherten. Zuzahlungen sind zB zu leisten bei → Krankenhaus-

behandlung, für Arznei- oder Verbandmittel etc.

Zuzugsrecht
→ Freizügigkeit.

ZVG
→ Zwangsversteigerung.

ZVS
war die Abkürzung für die → Zentralstelle für die Vergabe von Studienplätzen, die jetzt durch die Gemeinsame Einrichtung für Hochschulzulassung abgelöst wurde (→ Hochschulzulassungsrecht, 3 ff.).

Zwang
→ Willenserklärung (1a aa), → Drohung, → Gewalt.

Zwang, unmittelbarer
→ Zwangsmittel, → Waffengebrauch.

Zwang zum Vertragsschluss
(Kontrahierungszwang) → Vertrag (2), → Anschlusszwang.

Zwangsarbeit
Nach Art. 4 II, III der → Konvention zum Schutze der Menschenrechte (BGBl. 1952 II 686), die in der BRep. Deutschland unmittelbar geltendes Recht ist, darf niemand zu Zwangs- oder Pflichtarbeit gezwungen werden (mit nachstehenden Ausnahmen). Art. 5 → Charta der Grundrechte der Europ. Union bestimmt dies ebenso. Gleiches ist in Art. 12 II GG bestimmt. Arbeitszwang ist nur im Rahmen einer herkömmlichen, allgemeinen, für alle gleichen öffentlichen Dienstleistungspflicht zulässig. Hierzu zählen insbes. die gemeindlichen Hand- und Spanndienste; ihre Zulässigkeit ist jedoch an enge Voraussetzungen geknüpft (sie müssen herkömmlich, also seit längerem zulässig und üblich, und allgemein sein, also alle heranziehen, an welche die Gemeindesatzung tatbestandsmäßig die Leistungspflicht knüpft, abgesehen von den aus sachgerechten Gründen ausgenommenen Personengruppen). Nicht unter Art. 12 II GG und den Begriff der Zwangsarbeit fällt die ehrenamtliche Tätigkeit im Rahmen eines öffentlichen Gemeinwesens in Erfüllung staatsbürgerlicher Pflichten (zB als Schöffe, Vormund, Jugendpfleger). Zulässig ist es weiter, wenn nach dem Sozialhilferecht die Unterstützung arbeitsfähiger Personen von der Aufnahme einer zugewiesenen Arbeit abhängig gemacht und bei mangelnder Bereitschaft zu zumutbarer Arbeit versagt wird. Die Arbeitspflicht der Strafgefangenen und Dienstleistungen militärischen Charakters sind nicht Zwangsarbeit iS des Art. 4 III RMK. Nach Art. 12 III GG ist Zwangsarbeit nur bei einer gerichtlich angeordneten Freiheitsentziehung zulässig. Über die in Art. 12a GG statuierte Wehrpflicht, Ersatzdienstpflicht ua Dienstverpflichtungen s. → Dienstpflichten, → Zwangsarbeiter. Zur Strafbarkeit wegen Veranlassung zur Zwangsarbeit → Menschenhandel.

Zwangsarbeiter
In Ergänzung der bisherigen Wiedergutmachungsleistungen (→ Wiedergutmachung) haben die BRep. Deutschland und deutsche Unternehmen mit der Stiftung „Erinnerung, Verantwortung und Zukunft" Finanzmittel zur Gewährung von Leistungen an ehemalige Zwangsarbeiter und andere Geschädigte bereitgestellt und ausgeschüttet. Weitergehende Ansprüche der Zwangsarbeiter im Zusammenhang mit nationalsozialistischem Unrecht sollen dadurch ausgeschlossen werden.

Zwangsbehandlung
Zwangsbehandlung ist eine diagnostische oder therapeutische Maßnahme eines Arztes ohne oder gegen den Willen des Betroffenen. Dies ist der Fall, wenn der einwilligungsfähige Betroffene die Einwilligung verweigert, bei einem nicht einwilligungsfähigen Betroffenen die Einwilligung eines Bevollmächtigten, Betreuers oder Sorgerechtsinhabers fehlt und auch eine mutmaßliche Einwilligung des Betroffenen in eine Notfallbehandlung nicht anzunehmen ist (→ Einwilligung des Patienten). Da die Zwangsbehandlung einen Eingriff in die Freiheit der Person und die körperliche Unversehrtheit darstellt, bedarf sie einer gesetzlichen Grundlage. Dies gilt auch bei → Unterbringung oder sonstiger → Freiheitsentziehung.

1. Zur körperlichen Untersuchung und Entnahme einer Blutprobe berechtigen § 372a ZPO (→ Abstammungsgutachten) und §§ 81a, 81c StPO (→ körperliche Untersuchung im Prozess 1a, b). Untersuchung und Einweisung in ein Krankenhaus können nach §§ 26 ff. → InfektionsschutzG bei → übertragbaren Krankheiten angeordnet werden (Quarantäne). Wehrpflichtige müssen Untersuchungen bei der Musterung dulden (§ 17 WPflG). Soldaten dürfen sich Maßnahmen zur Verhütung oder Bekämpfung übertragbarer Krankheiten nicht widersetzen (§ 17 SG).

2. Die zivilrechtliche Unterbringung (→ Anstaltsunterbringung, 1) für sich allein berechtigt nicht zur Zwangsbehandlung; diese erfordert die Einwilligung des Betreuers und die Genehmigung des Betreuungsgerichts (§ 1906 III, IIIa BGB); eine → Beobachtung in einem psychiatrischen Krankenhaus (2), die durch Vorführung oder Unterbringung erzwungen werden kann, ist unter den Voraussetzungen von §§ 322, 283 f. FamFG zulässig. Für die öffentlich-rechtliche Unterbringung (→ Anstaltsunterbringung, 4) sehen die → Unterbringungsgesetze zumeist eine Zwangsbehandlung für die Krankheit, die Anlass der Unterbringung ist, vor. Bei der strafrechtlichen Unterbringung nach § 81 StPO, § 73 JGG ist nur die → Beobachtung in einem psychiatrischen Krankenhaus (1) erlaubt. Im → Strafvollzug sowie im Vollzug von freiheitsentziehenden → Maßregeln der Besserung und

Sicherung (1 bis 4) und von → Untersuchungshaft ist eine Zwangsbehandlung, auch eine Zwangsernährung, bei Lebens- oder schwerwiegender Gesundheitsgefahr zulässig (zB Art. 108 BayStVollzG → Strafvollzug, Art. 21 BbgUVollzG, §§ 101, 130, 138, 178 StVollzG). Die Vollzugsbehörde ist aber zur Zwangsbehandlung nicht verpflichtet, solange von einer freien Willensbestimmung des Betroffenen ausgegangen werden kann. Die Zwangsbehandlung darf nicht mit einer erheblichen Gefahr für Leben oder Gesundheit verbunden sein. In diesem Fall ist für den ärztlichen Eingriff die Einwilligung (s. o.) erforderlich, ebenso bei Überschreitung der zulässigen Zwangsbehandlung. Die Zwangsbehandlung zur Erreichung des Vollzugsziels ist nur zulässig bei Einsichtsunfähigkeit, Wahrung der Verhältnismäßigkeit und klarer gesetzlicher Regelung (BVerfG NJW 2011, 2113).

3. Von der Zwangsbehandlung zu unterscheiden sind nicht erzwingbare Duldungspflichten, deren Verletzung nur Rechtsnachteile zur Folge hat. So kann zB bei Soldaten die Ablehnung anderer als der genannten ärztlichen Maßnahmen zur Versagung einer zustehenden Versorgung führen. Verweigert ein Beamter nach einem → Dienstunfall die Heilbehandlung, kann ihm → Unfallfürsorge versagt werden (§§ 33, 44 BeamtVG). Im Sozialrecht kann die Verweigerung einer Untersuchung, die zur Entscheidung über die Sozialleistung erforderlich ist, zu deren Versagung oder Entziehung führen (§§ 62, 65, 66 SGB I).

Zwangsbenutzungsrecht
→ Zwangslizenz.

Zwangsernährung
→ Zwangsbehandlung.

Zwangsetatisierung
Zwangsetatisierung ist ein Begriff aus dem Recht der → Staatsaufsicht über die Gemeinden; er besagt, dass die Aufsichtsbehörde befugt ist, die Mittel für eine von der Gemeinde wahrzunehmende Pflichtaufgabe in den Haushaltsplan der Gemeinde einzustellen. Die Prüfung des Haushaltsplans kann Veranlassung geben, die Einstellung zu verlangen und notfalls im Aufsichtswege zu erzwingen, vorausgesetzt, dass die Pflichtaufgabe öffentl.-rechtl. Natur und „liquid" (unbestritten) ist; bestreitet die Gemeinde ihre Verpflichtung (zB mit der Begründung, die Straßenbaulast treffe eine andere Körperschaft), so muss diese Frage vor einer Zwangsetatisierung geklärt werden, notfalls im Rechtswege. Gegenüber → Körperschaften oder → Anstalten öffentlichen Rechts gelten entsprechende Grundsätze.

Zwangsexmatrikulation
→ Regelstudienzeit.

Zwangsgeld
→ Verwaltungszwang, → Ordnungsmittel, → polizeiliche Zwangsmittel.

Zwangshaft
(Ersatzzwangshaft) → Zwangsmittel, → Ordnungsmittel.

Zwangsheirat
Straftatbestand nach § 237 StGB, der 2011 geschaffen wurde und das Recht auf freie Eheschließung und Partnerwahl schützt. Die Nötigung eines Menschen zur → Eheschließung mit Gewalt oder durch Drohung mit einem empfindlichen Übel wird danach mit Freiheitsstrafe von 6 Monaten bis 5 Jahren bedroht, wenn die Anwendung der Gewalt oder die Androhung des Übels zu dem angestrebten Zweck als verwerflich anzusehen ist (§ 237 I StGB). Ebenso wird bestraft, wer zur Begehung der Tat den Menschen durch Gewalt, Drohung mit einem empfindlichen Übel oder durch List in ein Gebiet außerhalb des räumlichen Geltungsbereiches dieses Gesetzes verbringt oder veranlasst, sich dorthin zu begeben, oder davon abhält, von dort zurückzukehren (§ 237 II StGB). Der Tatbestand enthält damit in Abs. 1 Sonderfälle der Nötigung (§ 240 StGB), in Abs. 2 Sonderfälle der Verschleppung (§ 234a StGB). Der Versuch ist strafbar. Rechtspolitische Kritik an der Norm geht dahin, dass mit ihr allein aus symbolischen Gründen ein selbständiger Tatbestand für Handlungen geschaffen wurde, die auch zuvor bereits unter Strafe standen. Die Nötigung, eine gewollte Eheschließung oder eine Ehescheidung zu unterlassen, fällt weiterhin unter § 240 StGB.

Zivilrechtlich kann die → Eheaufhebung beantragt werden.

Zwangshypothek
Die Zwangshypothek ist eine → Sicherungshypothek, die auf Antrag eines Gläubigers im Wege der → Zwangsvollstreckung in das Grundbuch eingetragen wird. Die Zwangshypothek ist eine der drei Arten der Zwangsvollstreckung in ein Grundstück (daneben noch → Zwangsversteigerung und → Zwangsverwaltung). Eine Zwangshypothek darf nur für einen Betrag von mehr als 750 EUR eingetragen werden; dabei können mehrere demselben Gläubiger zustehende Schuldtitel zusammengelegt werden (§§ 866, 867 ZPO). Bei Vollstreckung in mehrere Grundstücke muss aber für jedes Grundstück der Teilbetrag mind. 750 EUR erreichen. Die Zwangshypothek schafft für den Gläubiger noch keine Befriedigung, sondern nur eine Sicherung seines Anspruchs; unter Umständen veranlasst aber schon der Druck der Zwangshypothek den Schuldner zur Zahlung.

Zwangsimpfung
→ Impfzwang; → Impfpflicht; → Impfung.

Zwangslizenz
ist eine ohne oder gegen den Willen des Urhebers (→ Urheberrecht) oder des Inhabers eines → Patents oder → Gebrauchsmusters eingeräumte Befugnis, ein urheberrechtlich geschütztes Werk, ein Patent oder ein Ge-

brauchsmuster in bestimmter Weise zu nutzen (§ 5 Abs. 3 S. 2 UrhG, § 42a UrhG, § 87 Abs. 5 UrhG, § 24 PatG, § 20 GebrMG). Die gesetzlichen Voraussetzungen sind verschieden (etwa bei Musikwerken vorausgegangene Einräumung eines Nutzungsrechts an einen anderen Tonträgerhersteller; bei Patent und Gebrauchsmuster öffentliches Interesse, → FRAND); stets muss eine angemessene Vergütung gewährt werden. Die Zwangslizenz kann in einem gerichtlichen Verfahren erwirkt werden.

Zwangsmitgliedschaft
→ Pflichtmitgliedschaft.

Zwangsmittel
Zwangsmittel iwS sind alle Mittel, mit denen die öffentliche Gewalt (→ Justiz und → Verwaltung) den Betroffenen gegen seinen Willen zu einem bestimmten Tun oder Unterlassen zwingen. Dazu gehören im → Zivilprozess alle Mittel der → Zwangsvollstreckung und im → Strafprozess einschließlich des → Ermittlungsverfahrens zB → Beschlagnahme, → Durchsuchung und → Untersuchungshaft. IeS werden darunter die in den → Verwaltungsvollstreckungsgesetzen geregelten Mittel des → Verwaltungszwanges verstanden. Die wichtigsten Zwangsmittel sind Ersatzvornahme, Zwangsgeld und unmittelbarer Zwang. Für den Bereich der → Polizei gibt es im → Polizeirecht Sonderregelungen für die Anwendung → polizeilicher Zwangsmittel. Sa → Zwangsbehandlung.

Im Steuerrecht sind wesentliche Hilfs- und Mitwirkungspflichten des Stpfl. und anderer Personen erzwingbar (§§ 328–335 AO). Dies ist im Interesse einer gleichmäßigen und gerechten Besteuerung erforderlich. Der Anwendungsbereich des § 328 AO erfasst alle → Verwaltungsakte, die auf Vornahme einer Handlung oder auf Duldung oder auf Unterlassung gerichtet sind. Erzwingbar sind ua Abgabe und Ergänzung der Steuererklärung, Abgabe der Drittschuldnererklärung (§ 316 AO) und das Betreten des Grundstücks (§§ 99, 210 AO). Die Zwangsmittel der AO entsprechen denen des VwVfG. Ebenso sind Formvorschriften für die Androhung und Festsetzung von Zwangsmitteln einzuhalten. Ob und welche Zwangsmittel ergriffen werden, steht im → Ermessen der Behörde. Häufigstes Zwangsmittel ist das Zwangsgeld (§ 329 AO). Das einzelne Zwangsgeld darf 2500 EUR nicht übersteigen. Wird die Verpflichtung nach Festsetzung des Zwangsgelds erfüllt, so ist der Vollzug einzustellen (§ 335 AO). Das Zwangsgeld ist somit nicht zu erheben, wenn die zu erzwingende Handlung, zB Abgabe der Steuererklärung, nach der Festsetzung des Zwangsgeldes erbracht wird. Bereits entrichtete Zwangsgelder sind jedoch nicht zu erstatten.

Zwangspensionierung
→ Versetzung in den Ruhestand.

Zwangspfand
Schlagwort der Gegner des Pfandes auf – früher von der Pfandpflicht befreite – → Einwegverpackungen.

Zwangsprostitution
Straftatbestand nach § 232a StGB, → Menschenhandel 2, → Frauenhandel, → Prostitution.

Zwangssicherungshypothek
→ Zwangshypothek.

Zwangssterilisation
→ Erbgesundheitsgesetz, → Sterilisation, → Kastration.

Zwangsstrafen
→ Erzwingungsstrafen, → Zwangsmittel, → Verwaltungszwang.

Zwangsvergleich
Als Zwangsvergleich bezeichnete man einen gerichtlich bestätigten Vergleich zwischen dem insolventen Schuldner und seinen Gläubigern, welcher durch die Mehrheit der Gläubiger beschlossen werden konnte (§§ 160 ff. KO – Konkursordnung, sa → Konkursverfahren). Unter der heutigen Geltung der → Insolvenzordnung (→ Insolvenzrecht) erfüllt ähnliche Funktionen der → Insolvenzplan.

Zwangsversicherung
gilt für alle Zweige der gesetzlichen → Sozialversicherung → Pflichtversicherung, → Versicherungspflicht. Selbstständige in sog. Kammerberufen unterliegen dann der Zwangsversicherung in einem → Berufsständischen Versorgungswerk, wenn sie den zur Mitgliedschaft in dem Berufsständischen Versorgungswerk führenden Beruf ausüben und von der → Versicherungspflicht in der gesetzlichen → Rentenversicherung befreit sind. Aber auch für ausdrücklich im SGB VI aufgeführte Selbstständige gilt eine Versicherungspflicht in der gesetzlichen Rentenversicherung. In der gesetzlichen → Unfallversicherung wird die Zwangsversicherung für die Arbeitnehmer kostenfrei durchgeführt.

Zwangsversteigerung
Die Zwangsversteigerung ist die praktisch wichtigste Art der → Immobiliarzwangsvollstreckung. Sie ist im Wesentlichen geregelt im Gesetz über die Zwangsversteigerung und Zwangsverwaltung (ZVG) v. 24.3.1897 (RGBl. 1937, 97, mÄnd). Die Zwangsversteigerung findet auch bei Schiffen, Schiffsbauwerken und Luftfahrzeugen statt (§§ 162–171n ZVG). Ihr Ziel ist, dass das Grundstück oder Schiff usw. veräußert und der Gläubiger aus dem Erlös befriedigt wird. Zuständig ist das Amtsgericht als Versteigerungsgericht, und zwar der → Rechtspfleger (§ 3 Nr. 1 lit. i RPflG). Das Verfahren gliedert sich in folgende Abschnitte: Die Anordnung der Zwangsversteigerung, die Bestimmung des Versteigerungstermins, den → Versteigerungstermin selbst, den → Zuschlag und die Verteilung des

Erlöses (→ Verteilungsverfahren). Am Verfahren nehmen teil: der Gläubiger (→ betreibender Gläubiger), der → Schuldner, ferner die sonstigen Beteiligten (§ 9 ZVG), nämlich diejenigen, für die ein Recht im Grundbuch eingetragen oder vorgemerkt ist oder denen ein nichteingetragenes Recht am Grundstück zusteht, sowie die Mieter und Pächter des Grundstücks; außerdem nehmen diejenigen Personen teil, denen ein die Zwangsvollstreckung hinderndes Recht zusteht (→ Drittwiderspruchsklage). Die Beteiligten, die nicht im Grundbuch eingetragen sind, müssen ihr Recht im Zwangsversteigerungsverfahren anmelden, um beteiligt zu werden. Das Versteigerungsgericht ordnet die Zwangsversteigerung auf Antrag des betreibenden Gläubigers durch Beschluss an (§ 15 ZVG). Zugleich ersucht es das Grundbuchamt um die Eintragung des Zwangsversteigerungsvermerks. Durch den Beschluss, der die Zwangsversteigerung anordnet, wird das Grundstück beschlagnahmt, und zwar mit allen Gegenständen, auf die sich bei einem Grundstück die → Hypothek erstreckt (§ 20 ZVG), insbes. → Bestandteile und → Zubehör, mit Ausnahme der in § 21 ZVG genannten. Die Anordnung der Zwangsversteigerung stellt ein relatives → Veräußerungsverbot dar (§§ 135, 136 BGB). Über einstweilige Einstellung des Zwangsversteigerungsverfahrens s. §§ 28, 30 ff., 75 ff. ZVG.

Bei der Bestimmung des Versteigerungstermins, der öffentlich bekanntgemacht wird, werden die Beteiligten aufgefordert, ihre Rechte anzumelden. Im Versteigerungstermin werden zunächst die in § 66 I ZVG aufgeführten Tatsachen (Grundstücksnachweisungen, betreibender Gläubiger, angemeldete Ansprüche usw), dann die Versteigerungsbedingungen – insbes. das → geringste Gebot – festgestellt und verlesen (§§ 44–65 ZVG); darauf ergeht das → Ausgebot. Es werden nur solche Gebote zugelassen, die das → Mindestgebot erreichen oder übersteigen (Mehrgebot, Übergebot); jeder andere Beteiligte kann → Sicherheitsleistung (Bietsicherheit) in Höhe von mindestens $^{1}/_{10}$ des Grundstücksverkehrswertes verlangen (§§ 67 ff. ZVG). Eine Biet(ungs)vollmacht eines Dritten bedarf der öffentlich beglaubigten → Form (§ 71 II ZVG). Ein Biet(ungs)abkommen (pactum de non licitando), das einen Interessenten vom Bieten abhalten soll, um einen günstigen Erwerb zu ermöglichen, kann im Einzelfall wegen → Sittenwidrigkeit nichtig sein. Sa → Ausbietungsgarantie.

Dem → Meistgebot wird der → Zuschlag erteilt (§ 81 ZVG), im ersten Termin jedoch nur dann, wenn es die Hälfte des Grundstückswertes erreicht (§ 85a ZVG). Mit der Verkündung des Zuschlagsbeschlusses erwirbt der Ersteher das Eigentum am versteigerten Grundstück (§ 90 ZVG). Soweit nach den Versteigerungsbedingungen die Rechte am Grundstück nicht bestehen bleiben (zB Grundpfandrechte der dem betreibenden nachrangigen Gläubiger), erlöschen sie und setzen sich am → Versteigerungserlös fort (§ 91 ZVG). Mit dem Zuschlagsbeschluss entsteht die Pflicht des Erstehers, das → Bargebot zu zahlen. Der Erlös wird dann im → Verteilungsverfahren auf Grund des → Teilungsplanes verteilt. Das Zwangsversteigerungsverfahren endet mit den berichtigenden Eintragungen im Grundbuch; sie werden auf Ersuchen des Versteigerungsgerichts vorgenommen (§ 130 ZVG). Sa → Teilungsversteigerung (Aufhebung einer Gemeinschaft).

Zwangsversteigerungstermin
→ Zwangsversteigerung.

Zwangsversteigerungsvermerk
Der Zwangsversteigerungsvermerk ist die im Grundbuch vorzunehmende Eintragung, dass die → Zwangsversteigerung des betreffenden Grundstücks angeordnet ist. Der Zwangsversteigerungsvermerk wird vom Grundbuchamt auf Ersuchen des Versteigerungsgerichts eingetragen (§ 38 GBO, § 19 ZVG). Er bewirkt, dass das durch die Zwangsversteigerungsanordnung eingetretene Veräußerungsverbot vom → öffentlichen Glauben des Grundbuchs erfasst wird (§ 892 I 2 BGB). Erwirbt jemand ein Grundstück, bei dem der Zwangsversteigerungsvermerk eingetragen ist, so wird die Zwangsversteigerung ohne Rücksicht auf den Eigentumswechsel fortgesetzt (§ 26 ZVG). Ist der Zwangsversteigerungsvermerk nicht eingetragen, so geht das Grundstück auf den gutgläubigen Erwerber frei von den Beschränkungen der Zwangsversteigerung über.

Zwangsverwalter
→ Zwangsverwaltung.

Zwangsverwaltung
Die Zwangsverwaltung ist eine Art der → Immobiliarzwangsvollstreckung. Ihr Verfahren entspricht grundsätzlich dem der → Zwangsversteigerung. Der wichtigste Unterschied zwischen Zwangsverwaltung und -versteigerung liegt darin, dass letztere darauf abzielt, das Grundstück zu veräußern und den Gläubiger aus dem Erlös zu befriedigen, während durch die Zwangsverwaltung der Gläubiger aus den laufenden Erträgen des Grundstücks befriedigt werden soll. Die Anordnung der Zwangsverwaltung führt die → Beschlagnahme des Grundstücks und aller Gegenstände herbei, auf die sich die → Hypothek erstreckt (§ 148 ZVG), insbes. → Bestandteile und → Zubehör des Grundstücks, umfasst aber außerdem abgeerntete landw. Erzeugnisse, Miet- und Pachtzinsforderungen uam. Zur Durchführung der Zwangsverwaltung bestellt das Versteigerungsgericht einen Zwangsverwalter (zur Geschäftsführung und Vergütung s. Zwangsverwalterverordnung – ZwVwV – v. 19.12.2003, BGBl. 2003 I 2804). Seine Aufgabe ist es, das Grundstück in seinem wirtschaftlichen Bestand zu erhalten, es zu nutzen, die Nutzung in Geld umzusetzen und das Geld für die Verteilung an die Gläubiger bereitzustellen (§ 152

ZVG, → Verteilungsverfahren). Er nimmt das Grundstück in Besitz (§ 150 II ZVG). Bei Grundstücken, die forstwirtschaftlich oder gärtnerisch genutzt werden, ist grundsätzlich der Schuldner selbst als Verwalter zu bestellen (§ 150b ZVG). Der Erlös aus der Zwangsverwaltung wird auf Grund eines → Teilungsplans verteilt (§§ 156, 157 ZVG). Die Zwangsverwaltung endet erst durch den Beschluss des Versteigerungsgerichts, in dem es die Zwangsverwaltung aufhebt. Die wichtigsten Gründe hierfür sind: Befriedigung des Gläubigers (§ 161 II ZVG) und der → Zuschlag in der häufig zugleich betriebenen Zwangsversteigerung.

Zwangsvollstreckung
Die Zwangsvollstreckung ist das Verfahren, in dem Leistungs- und Haftungsansprüche durch staatlichen Zwang verwirklicht werden. Die Zwangsvollstreckung ist unabhängig vom → Erkenntnisverfahren. Sie wird durch die → Vollstreckungsorgane durchgeführt. Als Parteien stehen sich in der Zwangsvollstreckung der Gläubiger (Vollstreckungsgläubiger) und der Schuldner (Vollstreckungsschuldner) gegenüber. Die Zwangsvollstreckung ist im 8. Buch der ZPO allgemein (§§ 704–898 ZPO) sowie in zahlreichen anderen Gesetzen und Einzelvorschriften besonders geregelt. Voraussetzungen der Zwangsvollstreckung sind: → Vollstreckungstitel, → Vollstreckungsklausel und die → Zustellung des Vollstreckungstitels. Je nach Lage des Falles können auch noch besondere Voraussetzungen der Zwangsvollstreckung bestehen, zB die Erbringung einer → Sicherheitsleistung, wenn das Urteil noch nicht rechtskräftig ist (→ vorläufige Vollstreckbarkeit). Das Verfahren der Zwangsvollstreckung steht unter der → Parteiherrschaft. Es ist meist schriftlich; mündliche Verhandlung findet selten statt. Die Zwangsvollstreckung beginnt mit der ersten → Vollstreckungsmaßnahme und endet im ganzen, wenn der Gläubiger mit seinem vollstreckbaren Anspruch (→ Vollstreckungsanspruch) voll befriedigt wird. Die Zwangsvollstreckung ist nur zulässig, wenn die bereits dargelegten Voraussetzungen der Zwangsvollstreckung erfüllt sind, der Gläubiger Vollstreckungsantrag gestellt hat und in die richtige Vermögensmasse (grundsätzlich die des Schuldners) vollstreckt wird. Über Einstellung und Beschränkung der Zwangsvollstreckung (zB bei Aufhebung des Titels oder Nachweis der Zahlung) s. § 775 ZPO und → Vollstreckungsschutz. Die Kosten der Zwangsvollstreckung trägt der Schuldner (§ 788 ZPO). Die Art der Zwangsvollstreckung richtet sich nach deren Gegenstand; iE → Pfändung (Zwangsvollstreckung in bewegliche Sachen), → Immobiliarzwangsvollstreckung (Zwangsvollstreckung in unbewegliches Vermögen → Zwangsversteigerung, → Zwangsverwaltung), → Handlungsvollstreckung, → Unterlassungsanspruch, → Herausgabe, Anspruch auf Abgabe einer → Willenserklärung.

Zwangsvollstreckung gegen juristische Personen des öffentlichen Rechts
Diese Art der Zwangsvollstreckung, insbes. gegen die BRep., ein Land sowie andere Körperschaften, Anstalten und Stiftungen wegen Geldforderungen darf erst 4 Wochen nach einer Anzeige beginnen, die der Gläubiger der vertretungsberechtigten Behörde oder dem gesetzlichen Vertreter übermittelt hat (§ 882a ZPO). Diese Anzeige ist eine besondere Voraussetzung der Zwangsvollstreckung; sie erübrigt sich bei Verfolgung dinglicher Rechte (zB aus einer Hypothek). Unzulässig ist die Zwangsvollstreckung in Sachen, die zur Erfüllung der öffentlichen Aufgaben unentbehrlich sind oder deren Veräußerung dem öffentlichen Interesse entgegensteht. Zum → Insolvenzverfahren → Insolvenzfähigkeit.

Zwangsvollstreckung in das bewegliche Vermögen
→ Pfändung.

Zwangsvollstreckung in das unbewegliche Vermögen
→ Zwangsversteigerung, → Zwangsverwaltung, → Zwangshypothek.

Zwangsvollstreckung in Forderungen
→ Pfändung, → Überweisungsbeschluss.

Zwangsvollstreckung von Steueransprüchen
→ Vollstreckung von Steueransprüchen.

Zweckbefristung
→ Befristetes Arbeitsverhältnis.

Zweckbetrieb
→ Körperschaftsteuer (2).

Zweckentfremdung von Wohnräumen
→ Mietvertrag (1), → soziale Wohnraumförderung, → Ferienwohnungen, -appartements.

Zweckerklärung
→ Sicherungsvertrag.

Zweckgemeinschaft
→ Gesamtschuld.

Zweckmäßigkeitsgrundsatz (in der Verwaltung)
Der Begriff wird häufig im gleichen Sinne wie → Opportunitätsprinzip verwendet. In einem engeren Sinne besagt er, dass die Verwaltung von einem ihr eingeräumten → Ermessen in einer dem Zweck der gesetzlichen Ermächtigung entsprechenden Weise Gebrauch zu machen hat, dh von mehreren Entscheidungsmöglichkeiten die zu wählen hat, die dem Zweck des Gesetzes am meisten entspricht. Ein Fehlgreifen bei dieser Entscheidung bedeutet noch keinen Ermessensfehler, außer wenn ihr unsachliche Motive zugrunde liegen (Willkürverbot).

Zwecksteuern
sind Steuern, die politische, wirtschaftspolitische oder soziale Zwecke verfolgen und nicht ausschließlich der Erzielung öffentlicher Ein-

nahmen dienen. IwS werden unter Zwecksteuern auch die zweckgebundenen Steuern (wie zB die → Mineralölsteuer) verstanden. → Lenkungsteuer.

Zweckveranlasser
(Polizeirecht) → Störer.

Zweckverband
Zweckverband ist ein Zusammenschluss von → Gemeinden, → Kreisen oder → Kommunalverbänden zur gemeinsamen Erfüllung bestimmter Aufgaben. Hauptbeispiele sind Wasser-, Abwasser- und Schulzweckverbände. Der Zweckverband hat den Charakter einer → Körperschaft des öffentlichen Rechts und verwaltet sich selbst in eigener Verantwortung, aber unter staatlicher Aufsicht. Rechtsgrundlage ist zB in Bayern Gesetz über die kommunale Zusammenarbeit idF v. 20.6.1994 (GVBl. 1994, 555, ber. GVBl. 1995, 98) mÄnd, in Niedersachsen Gesetz über die kommunale Zusammenarbeit idF v. 21.12.2011 (GVBl. 2011, 226) mÄnd, in Nordrhein-Westfalen Gesetz über kommunale Gemeinschaftsarbeit idF der Bekanntmachung v. 1.10.1979 (GV 1979, 621) mÄnd, sowie in Sachsen Gesetz über kommunale Zusammenarbeit v. 3.3.2014 (GVBl. 2014, 822, 841) mÄnd. Die Zweckverbände entstehen entweder durch freiwilligen (Freiverband) oder durch die Rechtsaufsichtsbehörde veranlassten (Pflichtverband) Zusammenschluss; in Nordrhein-Westfalen ist darüber hinaus noch das Institut eines durch Gesetz gebildeten Zweckverbandes vorgesehen. Die Rechtsverhältnisse des Zweckverbands werden durch die Verbandssatzung geregelt. Organe des Zweckverbands sind die Verbandsversammlung und der Verbandsvorsitzende (Verbandsvorstand, Verbandsvorsteher); als weiteres Organ besteht teilweise ein Verwaltungsrat. Im Rahmen seiner Finanzhoheit erhebt der Z. eine Verbandsumlage, deren Höhe in der Regel nach dem Verhältnis des Vorteils zu bemessen ist, den die einzelnen Mitglieder aus der Führung der Verbandsaufgabe haben.

Zweckvermächtnis
→ Vermächtnis.

Zweckvermögen
→ Stiftung des Privatrechts.

Zweckzuwendungen
→ Erbschaftsteuer (Schenkungsteuer).

Zweifel
→ „im Zweifel", → Beweiswürdigung (5).

Zweifel an der Schuld
des Angeklagten (Beschuldigten) → in dubio pro reo.

Zweige, überhängende
→ Überhang.

Zweigniederlassung
Zweigniederlassung ist die → Niederlassung eines → Kaufmanns, von der aus → Handelsgeschäfte zT selbständig, zT unselbständig ausgeführt werden. Die Zweigniederlassung hat keine eigene Rechtspersönlichkeit. Sie ist räumlich von der Hauptniederlassung und von anderen Zweigniederlassungen getrennt; ihr Geschäftsbetrieb muss auf Dauer eingerichtet sein. Es werden von ihr aus ähnliche oder gleichartige Geschäfte wie die der Hauptniederlassung selbständig getätigt. Der Leiter der Zweigniederlassung muss mit einer → Prokura oder einer → Handlungsvollmacht ausgestattet sein. Die Zweigniederlassung führt die → Firma (3) des Unternehmens mit einem besonderen Zusatz. Eine Zweigniederlassung kann am selben Ort mehrere räumlich getrennte Geschäftslokale haben (zB Banken); in einem solchen Fall spricht man von Zweigstellen einer Zweigniederlassung. Die Errichtung und Aufhebung einer Zweigniederlassung ist im → Handelsregister beim Gericht der Hauptniederlassung einzutragen. Danach wird die Zweigniederlassung auch im Handelsregister des für sie zuständigen Gerichts (nur mit den wesentlichen Daten) eingetragen. Befindet sich die Hauptniederlassung im Ausland, so haben alle eine inländische Zweigniederlassung betreffenden Anmeldungen und Eintragungen beim Gericht der Zweigniederlassung zu erfolgen (§§ 13, 13d ff. HGB). Sa → örtliche Zuständigkeit des Gerichts.

Zweigstelle
→ Zweigniederlassung.

Zweikammersystem
Zweikammersystem ist das Verfassungssystem, bei dem das → Parlament aus zwei kollegialen Organen (Kammern, Versammlungen) besteht. Eine der Kammern wird immer unmittelbar vom Volk gewählt (zB → Bundestag; → Landtag; in den USA das → Repräsentantenhaus; im Vereinigten Königreich das → Unterhaus); bei ihr liegt das Schwergewicht der gesetzgebenden Tätigkeit. Zusammensetzung und Befugnisse der zweiten Kammer sind sehr unterschiedlich gestaltet. Im → Bundesstaat wird die zweite Kammer häufig aus Vertretern der Gliedstaaten gebildet (zB der → Bundesrat in Deutschland oder der → Senat in den USA). Die Besonderheit in Deutschland besteht darin, dass die Mitglieder des Bundesrates als zweiter Kammer nicht vom Volk gewählt, sondern von den Regierungen der Länder als Gliedstaaten ernannt werden. Diese zweiten Kammern haben im Interesse des föderativen Elements meist ein stärker ausgeprägtes Mitwirkungsrecht an der Gesetzgebung. Auf Länderebene hatte Bayern früher mit dem → Senat eine zweite Kammer.

Zweikampf
ist ein verabredeter Kampf zweier Personen nach vereinbarten oder hergebrachten Regeln. Er ist nach den allgemeinen Vorschriften, insbes. als → Körperverletzung oder → Tötung, strafbar. Die studentische Bestimmungsmensur ist ein Zweikampf. Die Körperverletzung ei-

nes daran Beteiligten mit dessen Einwilligung ist nicht strafbar, da sie nach bisherigem Verständnis nicht sittenwidrig ist (§ 228 StGB).

Das → Strafgesetzbuch enthielt als 15. Abschnitt seines Besonderen Teils (§§ 201–210 StGB aF) Strafvorschriften zum Zweikampf, die einerseits zB die Herausforderung und die Anreizung zum Zweikampf unter Strafe stellten (§§ 201, 202, 210 StGB aF), andererseits für eine vorsätzliche Tötung im Zweikampf einen privilegierenden Strafrahmen vorsahen (§ 206 StGB aF), solange diese nicht durch eine vorsätzliche Übertretung der Kampfesregeln bewirkt wurde (§ 207 StGB aF). Die Vorschriften wurden 1969 mit dem 1. StrRG ersatzlos aufgehoben.

Zweikondiktionenlehre
→ ungerechtfertigte Bereicherung (3).

Zweikontenmodell
Da privat veranlasste Schuldzinsen steuerlich nicht abzugsfähig sind (→ Zinsschuld), ermöglichte das Zweikontenmodell dem Gewinnermittler (→ Einkunftsarten) den steuerlich wirksamen Abzug von Schuldzinsen auf folgende Weise: Vom betrieblichen Einnahmenkonto wurden Privatentnahmen und -schulden (→ Entnahmen) finanziert, während betriebliche Investitionen über die betrieblichen Schuldkonten finanziert wurden. Die Schuldzinsen waren dadurch als betrieblich veranlasste → Betriebsausgaben abzugsfähig. Nachdem der BFH dieses Modell als zulässige Gestaltungsmöglichkeit akzeptierte (vgl. GrS 1–2/95, BStBl. II 1998, 193), hat der Gesetzgeber das Zwei- bzw. Mehrkontenmodell beseitigt (→ Betriebsausgaben). Nunmehr sind Schuldzinsen nur dann als Betriebsausgaben anzuerkennen, wenn keine Überentnahmen getätigt worden sind. Eine Überentnahme ist der Betrag, um den die → Entnahmen die Summe des Gewinns und der → Einlagen im Wirtschaftsjahr übersteigen. Die Möglichkeit, Entnahmen und Einnahmen der letzten drei Monate eines Wirtschaftsjahres mit Zahlungen in den nächsten drei Monaten des Folgejahres zu verrechnen, ist ab 2001 entfallen. Unter Berücksichtigung der Über- und Unterentnahmen der vorangegangenen Wirtschaftsjahre sind 6 vH der Überentnahmen des Wirtschaftjahres nicht abziehbare Schuldzinsen. Der sich dabei ergebende Betrag, höchstens jedoch der um 2050 EUR verminderte Betrag der im Wirtschaftsjahr angefallenen Schuldzinsen, ist dem Gewinn hinzuzurechnen. Der Abzug von Schuldzinsen für Darlehen zur Finanzierung von → Anschaffungs- oder Herstellungskosten bleibt unberührt (§ 4 IVa EStG).

Zwei-plus-Vier-Vertrag
→ Abschließende Regelung in Bezug auf Deutschland.

Zweiräder
→ Fahrräder, → Fahrräder mit Hilfsmotor, → Kleinkrafträder, → Leichtkrafträder, → Krafträder.

Zweischwerterlehre
Die auf die Bibel (Luk. 22, 38) gestützte Lehre von den zwei Schwertern – dem geistlichen und dem weltlichen –, die Gott zur Verteidigung der Christenheit verliehen hat, war im Mittelalter einer der wesentlichen Streitpunkte in dem seit jeher umstrittenen Verhältnis von Kirche und Staat. Während nach ursprünglicher Auffassung das Kaisertum „das Schwert der Kirche" war (sakraler Charakter der weltlichen Obrigkeit), kam insbes. mit dem → Investiturstreit die Zweischwerterlehre und die Auseinandersetzung darüber auf, ob Kaiser und Papst ihre Schwerter beide unmittelbar von Gott empfangen haben (so die Auffassung der deutschen Kaiser) oder ob der Papst beide Schwerter empfangen und das Recht hat, das weltliche an den Kaiser weiterzuverleihen (so die Lehre des Papstes und der Kurie), was die rechtliche Unterordnung von Kaiser und Reich unter den Papst zur Folge haben sollte. Diese Lehre und die daraus kirchlicherseits erhobenen Ansprüche auf weitere Rechtspositionen wirkten sich auch in anderer Hinsicht aus, so zB in dem Anspruch der geistlichen Gerichte auf → Rechtshilfe durch die weltliche Gerichtsbarkeit. Über den historischen Verlauf der Auseinandersetzung und ihren Abschluss durch das Wormser Konkordat → Investiturstreit; sa → Gottesstaat.

Zweispurigkeit im Strafrecht
Der Begriff bezeichnet das für das deutsche Strafrecht charakteristische Nebeneinander zweier nach ihrer Zwecksetzung verschiedener und sich gegenseitig ergänzender Kategorien von Sanktionen, nämlich der → Strafen und der → Maßregeln der Besserung und Sicherung: Mit dem Ges. gegen gefährliche Gewohnheitsverbrecher v. 24.11.1933 (RGBl. 1933 I 995) wurden, basierend auf Vorarbeiten aus der Zeit der Weimarer Republik, als Reaktion auf die Straftat außer der Strafe, die in erster Linie dem Schuldausgleich für begangenen Rechtsbruch dient, erstmals Maßregeln der Besserung und Sicherung (§§ 61 ff. StGB) zugelassen. Diese bezwecken die Verhinderung erneuter Straftaten durch den Täter und besitzen damit rein spezialpräventiven Charakter. Zu ihnen gehörten (und gehören in modifizierter Form bis heute) ua die Unterbringung in einem psychiatrischen Krankenhaus, einer Entziehungsanstalt und in der Sicherungsverwahrung.

Nach 1945 sowie in der Strafrechtsreform der 70er-Jahre wurde das System der Zweispurigkeit im Strafrecht beibehalten, wobei in stärkerem Grad Strafen durch Maßregeln ersetzt wurden. So gestattet § 67 StGB das sog. Vikariieren: Abweichend von dem früheren Grundsatz, dass Strafen vor den freiheitsentziehenden Maßregeln zu vollziehen sind, wird Anstaltsunterbringung nach §§ 63, 64 StGB idR zuerst vollstreckt. Dem Verurteilten kann so zunächst durch Behandlung seiner delinquenzauslösenden Krankheit bzw. Sucht geholfen werden. Die Vollzugszeit wird auf die

Strafe angerechnet, bis diese zu zwei Dritteln erledigt ist und damit eine → Strafaussetzung zur Bewährung in Betracht kommt. Das Gericht kann jedoch vor dem Vollzug oder in dessen Verlauf eine andere Entscheidung treffen (auch für einen Teil der Strafe).

Zweistaatentheorie
In der Völkerrechtslehre war streitig, ob das → Deutsche Reich mit dem Zusammenbruch 1945 untergegangen und von den Alliierten durch eine neue Staatengründung ersetzt worden ist (Debellationstheorie), ob es mit der BRep. identisch war (Identitätstheorie) oder ob auf seinem Gebiet bis zur → Wiedervereinigung zwei staatliche Teilordnungen bestanden. Letzteres behauptete die Zweistaatentheorie, die neben der BRep. auch die ehem. DDR als selbständigen Staat auf dem Gebiet des ehem. Deutschen Reiches ansah. Die Zweistaatentheorie wurde zunächst nur von östl. Seite vertreten, lag aber später auch der westl. Staatspraxis zugrunde.

Zweistufentheorie
(zur Subventionierung) → Subventionen.

Zweitbescheid
nennt man die erneute Entscheidung einer Behörde nach → Wiederaufgreifen des Verwaltungsverfahrens. Sie kann die frühere Entscheidung bestätigen, aufheben oder abändern und ist regelmäßig → Verwaltungsakt. Kein Zweitbescheid ist die Mitteilung der Behörde, ein Verfahren nicht wieder aufzugreifen; hier spricht man von „wiederholender Verfügung", die keine neue Entscheidung in der Sache enthält und deshalb verwaltungsgerichtlich auch nur darauf überprüft werden kann, ob das Wiederaufgreifen zurecht abgelehnt wurde. Ein Sonderfall ist die Abhilfeentscheidung (→ Abhilfe) im Widerspruchsverfahren.

Zweiteilung der Straftaten
→ Dichotomie.

Zweite Juristische Staatsprüfung
→ Jurist; → Juristenausbildung; → Befähigung zum Richteramt.

Zweites Deutsches Fernsehen
→ ZDF.

Zweitregister
→ Seeschifffahrtsregister.

Zweitstimme
→ Bundestag.

Zweitwohnungen
Zweitwohnung ist jede Wohnung, die eine Person neben ihrer Hauptwohnung hat. Um knappen Wohnraum zu bewahren erheben zahlreiche Kommunen, inbes. Großstädte und Touristenorte, hierauf eine → Zweitwohnungssteuer und/oder machen die Begründung einer Zweitwohnung genehmigungspflichtig. → Ferienwohnungen, -appartments.

Zweitwohnungssteuer
wird vorwiegend von Fremdenverkehrsgemeinden, aber auch von Großstädten (zB Hamburg) gemäß landesgesetzlicher Ermächtigung auf Grund einer → Satzung erhoben. Sie bedarf der Genehmigung der Aufsichtsbehörde. Die Zweitwohnungssteuer kann von den Gemeinden als örtliche Aufwandsteuer (Art. 105 IIa GG) erhoben werden (→ Gemeindeabgaben). Die Zweitwohnungssteuer fällt an, wenn jemand eine Zweitwohnung hat und diese für seinen persönlichen Bedarf nutzt. Ausreichend ist die Nutzung an wenigen Tagen des Jahres. Maßgeblich ist, dass die Wohnung für eigene Zwecke freigehalten wird. Auf das Eigentum an der Wohnung kommt es nicht an. Die → Bemessungsgrundlage für die Zweitwohnungssteuer ist die tatsächliche Jahresrohmiete oder die zu schätzende ortsübliche Miete. Die Höhe der Zweitwohnungssteuer wird durch die gemeindliche Satzung festgelegt. Aufwandsteuern erfassen die in der Einkommensverwendung zum Ausdruck kommende wirtschaftliche Leistungsfähigkeit. Wegen der Schwierigkeiten, die individuelle Leistungsfähigkeit festzustellen, orientieren sich Aufwandsteuern am jeweiligen Konsum. Durch eine zweite Wohnung kommt die wirtschaftliche Leistungsfähigkeit zum Ausdruck, da diese erhebliche finanzielle Mittel erfordert. Die Zweitwohnungssteuer ist grundsätzlich nicht verfassungswidrig, es sei denn, es werden nur auswärtige Zweitwohnungsinhaber zu der Steuer herangezogen (BVerfG NJW 1984, 785) oder die Zweitwohnungssteuer wird trotz Vermietung in Gewinnerzielungsabsicht erhoben (BVerfG 29.6.1995, DStR 1995, 1270).

Zwingendes Recht
→ Recht (3).

Zwischeneinkünfte
(Basiseinkünfte). Als Zwischeneinkünfte bezeichnet das → Außensteuergesetz Einkünfte, die nicht aus aktiver wirtschaftlicher Tätigkeit stammen. § 8 I AStG zählt diejenigen Einkünfte auf, für die eine ausländische Gesellschaft nicht → Zwischengesellschaft ist. Einige aktive Einkünfte werden dann als Zwischeneinkünfte qualifiziert, wenn sie unter funktioneller Mitwirkung eines beteiligten Inländers oder einer diesem nahe stehenden Person oder im Leistungsaustausch mit solchen Personen erzielt werden. Ungeachtet des Absatzes 1 ist eine ausländische Gesellschaft nicht Zwischengesellschaft für Einkünfte, für die nachgewiesen wird, dass die Gesellschaft in dem Staat, in dem sie ihren Sitz oder ihre Geschäftsleitung hat, insoweit einer wesentlichen wirtschaftlichen Tätigkeit nachgeht. Dies setzt insbesondere den Einsatz der für die Ausübung der Tätigkeit erforderlichen sachlichen und personellen Ausstattung in diesem Staat voraus. Die Tätigkeit muss durch hinreichend qualifiziertes Personal selbständig und eigenverantwortlich ausgeübt werden. Zwischeneinkünfte werden beim

Einkommen des unbeschränkt Steuerpflichtigen berücksichtigt.

Zwischenfeststellungsklage
Die Zwischenfeststellungsklage ist eine → Feststellungsklage, die vom Kläger durch → Klagenverbindung, vom Beklagten durch → Widerklage erhoben und durch die über ein → vorgreifliches Rechtsverhältnis mit → Rechtskraft entschieden wird (§ 256 II ZPO). Die Zwischenfeststellungsklage kann bis zum Schluss der letzten mündlichen Verhandlung erhoben werden. Entsprechendes gilt im Verwaltungs-, Finanz- und Sozialstreitverfahren (§ 173 VwGO, § 155 FGO, § 202 SGG).

Zwischenfeststellungswiderklage
→ Zwischenfeststellungsklage.

Zwischenfinanzierung von Bauvorhaben
Viele Kreditinstitute stellen die für Baumaßnahmen erforderlichen Gelder erst bei Fertigstellung des Gebäudes oder je nach Baufortschritt zur Verfügung, so dass der Bauherr zu einer Zwischenfinanzierung gezwungen wird. Da die → Hypothek vor Entstehen der durch sie gesicherten Forderung dem Grundstückseigentümer zusteht (§ 1163 BGB) und der Gläubiger auch nach Valutierung die (normale) Briefhypothek erst erwirbt, wenn ihm vom Eigentümer der Hypothekenbrief übergeben worden ist (§ 1117 BGB), kann der Eigentümer den Zwischenkredit durch Abtretung der durch die Eintragung im Grundbuch bereits entstandenen (vorläufigen) → Eigentümergrundschuld sicherstellen. Entspr. gilt für die Zwischenfinanzierung eines → Bausparvertrags durch ein Vorfinanzierungsdarlehen.

Zwischenfrachtführer
→ Frachtführer.

Zwischengesellschaft
(Basisgesellschaft). Eine Zwischengesellschaft ist eine Gesellschaft in einem Niedrigsteuerland (Ertragsteuerbelastung unter 25 vH, § 8 V AStG), deren Gründung der deutsche Gesetzgeber als möglicherweise durch Steuerumgehungsmotive motiviert ansieht und die daher für ihre in Deutschland unbeschränkt steuerpflichtigen Anteilseigner bestimmte steuerliche Folgen (Hinzurechnungsbesteuerung) auslösen kann.

Beherrscht ein unbeschränkt Steuerpflichtiger eine solche ausländische Zwischengesellschaft (Körperschaft, Personenvereinigung oder Vermögensmasse im Sinne des KStG, die weder Geschäftsleitung noch Sitz im Inland hat und die nicht gemäß § 3 I KStG von der Körperschaftsteuerpflicht ausgenommen ist), sind die Einkünfte, für die diese Gesellschaft Zwischengesellschaft ist (negative Abgrenzung in § 8 I AStG), bei dem unbeschränkt Steuerpflichtigen entsprechend seiner unmittelbaren und mittelbaren Beteiligung am Nennkapital steuerpflichtig (→ Zwischeneinkünfte, § 7 I, § 8 AStG). Die → Zwischeneinkünfte der nachgeschalteten Zwischengesellschaft werden entsprechend der mittelbaren Beteiligungsquote dem unbeschränkt (§ 7 AStG) bzw. erweitert beschränkt Stpfl. (§§ 2, 5 AStG) zugerechnet.

Zwischengewinn
ist das Entgelt für die dem Anteilsinhaber beim Verkauf oder der Rückgabe seiner Anteile noch nicht zugeflossenen oder als zugeflossen geltenden Einnahmen des Sondervermögens eines Anlagefonds (→ Kapitalverwaltungsgesellschaft) sowie für die angewachsenen Ansprüche des Sondervermögens an diesem auf derartige Einnahmen.

Zwischenhändler
→ Verbrauchsgüterkauf.

Zwischenkredit
→ Zwischenfinanzierung von Bauvorhaben.

Zwischenlager
→ Atommüll, → Atomanlagen.

Zwischenmeister
Zwischenmeister ist, wer eine ihm vom Gewerbetreibenden übertragene Arbeit an → Heimarbeiter oder → Hausgewerbetreibende weitergibt (vgl. § 2 III HAG). Der Zwischenmeister kann → Arbeitnehmer des Gewerbetreibenden sein. Ist der Zwischenmeister persönlich unabhängig und in seiner Arbeit selbständig, so ist er nicht Arbeitnehmer, kann aber den mit Heimarbeit Beschäftigten gleichgestellt werden (§ 1 II HAG) und ist dann → arbeitnehmerähnliche Person (§ 5 I ArbGG). Ist ein Zwischenmeister eingeschaltet, so liegt idR ein → mittelbares Arbeitsverhältnis vor.

Zwischenmiete
ist die private oder gewerbliche (meist nur kurzfristige) Weitervermietung einer Mietsache, häufig einer Wohnung, durch den Mieter (Zwischenvermieter) an einen Dritten (Endmieter). Es bestehen dann (mindestens) 2 Mietverhältnisse (zwischen Vermieter und Mieter sowie zwischen Mieter und Endmieter); das Verhältnis zwischen Mieter und Endmieter ist ein Untermietverhältnis (zur Zulässigkeit der Untervermietung s. → Mietvertrag, 2, → Wohnraummietvertrag, 1). Ist die gewerblich erfolgende Weitervermietung nach dem Inhalt des Hauptmietvertrags zwischen Vermieter und Mieter zulässig, so tritt der Vermieter bei Beendigung des Mietvertrages mit seinem Mieter in das Mietverhältnis mit dem Endmieter ein, § 565 BGB. Zum Eintritt eines neuen Zwischenvermieters s. § 565 I 2 BGB.

Zwischenmieter
→ Zwischenmiete.

Zwischenrecht
Als Ausnahme vom → Prioritätsprinzip im Kennzeichenrecht kann ein prioritätsjüngeres Kennzeichen nicht aus einem prioritätsälteren Kennzeichen angegriffen werden, wenn es zu

einem Zeitpunkt eingetragen wurde, zu dem das prioritätsältere Zeichen zwar schon bestand, aber mangels Bekanntheit zu diesem Zeitpunkt oder wegen (später weggefallenener) Löschungsreife der Eintragung des prioritätsjüngeren Zeichens nicht entgegengehalten werden konnte (§ 22 Abs. 1 MarkenG); es wird Zwischenrecht genannt, weil es zwischen der Entstehung des prioritätsälteren Rechts und dessen (Wieder-)Erstarken entstanden ist. Umgekehrt kann aber auch aus dem Zwischenrecht nicht gegen das prioritätsältere Zeichen vorgegangen werden (§ 22 Abs. 2 MarkenG).

Zwischenschein
Ein Zwischenschein (Interimsschein) ist ein → Wertpapier, in dem die Mitgliedschaftsrechte, die sich aus einer → Aktie ergeben, vorläufig verbrieft werden (§ 8 VI AktG). Die Zwischenscheine werden den Aktionären vor der Ausgabe von Aktien erteilt, insbes. dann, wenn die Einlagen noch nicht voll bezahlt sind. Sie müssen auf den Namen lauten und dürfen nicht auf den Inhaber gestellt werden (§ 10 III, IV AktG). Zwischenscheine werden – wie Namensaktien (→ Aktie) – durch → Indossament (→ Orderpapier) übertragen (§ 68 IV AktG).

Zwischenspediteur
→ Spediteur.

Zwischenstaatliche Einrichtungen
Nach Art. 24 I GG kann der Bund durch → Gesetz Hoheitsrechte auf zwischenstaatliche Einrichtungen übertragen. Die Übertragung von Hoheitsrechten auf die → Europäische Union ist in Art. 23 GG geregelt.

Zwischenstaatliche Verträge
→ Völkerrechtlicher Vertrag.

Zwischenstaatlicher Kraftfahrzeugverkehr
→ Internationaler Kraftfahrzeugverkehr, → Auslandsführerschein, → Auslandszulassung.

Zwischenstaatlicher Rechtsverkehr
Zwischenstaatlicher Rechtsverkehr ist eine andere Bezeichnung für die internationale → Rechtshilfe.

Zwischenstaatliches Recht
Andere Bezeichnung für → internationales Recht.

Zwischenstreit
→ Zwischenurteil.

Zwischenurteil
Das Zwischenurteil ist ein → Urteil, in dem über einen prozessualen Zwischenstreit, insbes. über → Prozessvoraussetzungen, entschieden wird (§§ 303, 280 II ZPO, § 109 VwGO, § 97 FGO). Über materiell-rechtliche Vorfragen ist ein Zwischenurteil grundsätzlich nicht zulässig; eine Ausnahme bildet das → Grundurteil (§ 304 ZPO). Zwischenurteile binden das Gericht bei späteren Entscheidungen (§ 318 ZPO). Sie können nur dann selbständig angefochten werden (→ Rechtsmittel), wenn es im Gesetz ausdrücklich zugelassen ist.

Zwischenverfahren im Strafprozess
→ Eröffnungsverfahren.

Zwischenverfügung
Über den materiell-rechtl. Begriff der Zwischenverfügung → Zustimmung, → Bedingung; sa → Anwartschaftsrecht. Der formell-rechtl. Begriff hat in Grundbuchsachen Bedeutung. Das → Grundbuchamt erlässt, wenn einem Antrag auf Eintragung im Grundbuch behebbare Mängel anhaften (zB fehlende behördliche Genehmigung, mangelnder Nachweis der Vollmacht), statt der Ablehnung des Antrags eine – selbständig beschwerdefähige – Zwischenverfügung (§ 18 GBO). Wird das Eintragungshindernis zeitgerecht behoben, so wird hierdurch der oftmals für die weitere Entwicklung wichtige → Rang eines Grundstücksrechts erhalten; gehen in der Zwischenzeit weitere Anträge ein, so ist zur Sicherung des früher beantragten Rechts eine → Vormerkung einzutragen.

Zwischenvermieter
→ Zwischenmiete; sa → Mietvertrag (2), → Wohnraummietvertrag (1).

Zwischenverwahrer
→ Depotgeschäft.

Zwischenzeugnis
→ Zeugnis.

Zwischenzins
→ Leistungszeit, → Diskontgeschäft, → Wechseldiskont.

Zwölftafelgesetz
Zwölftafelgesetz wurde das älteste aus der Geschichte des → römischen Rechts bekannte Gesetzeswerk genannt (entstanden etwa um 450 v. Chr.). Es enthielt auf zwölf Tafeln Bestimmungen aus allen Rechtsgebieten, zB über die Privilegien der → Patrizier und die Rechtsstellung der → Plebejer; es sollte die im Gewohnheitsrecht strittig gewordenen Fragen klären.

ZwVwV
→ Zwangsverwaltung.

Anhang

A. Sachgebiete des Rechts und die wichtigsten Gesetzeswerke

Vorbemerkung:

Das in Deutschland geltende Recht ist im Gegensatz zum angelsächsischen Recht (→ case-law; → Common law) kodifiziertes Recht (→ Kodifikation). Jede Rechtsregel ergibt sich letztlich aus einem Rechtssatz in einem Gesetzeswerk (lateinisch: codex). Die Rechtsprechung führt ihre Entscheidungen stets auf einen solchen Rechtssatz zurück, selbst wenn dieser sehr allgemein und unbestimmt (→ Unbestimmte Rechtsbegriffe) gefasst ist, zB Art. 1 GG („Die Würde des Menschen ist unantastbar.") oder § 242 BGB („Der Schuldner ist verpflichtet, die Leistung so zu bewirken, wie Treu und lauben mit Rücksicht auf die Verkehrssitte es erfordern."). Auch wenn unbestimmte Rechtsbegriffe durch eine Vielzahl von Gerichtsentscheidungen konkretisiert und präzisiert werden (→ Kasuistik), wird die Rechtsordnung dadurch nicht zum case law, dann am Beginn jeder Argumentation steht immer eine Rechtsnorm aus einem Gesetzeswerk.

Will man die bestehenden Gesetzeswerke systematisch ordnen, so gibt es hierfür drei Möglichkeiten:

– Systematisierung nach dem Normgeber,
– Systematisierung nach der geregelten Rechtsmaterie und
– Systematisierung nach dem geregelten Lebenssachverhalt

1. Systematisierung nach dem Normgeber

Gesetzeswerke mit unmittelbarer Wirkung für jedes → Rechtssubjekt (jeder Mensch und jede → Juristische Person) können auf drei Ebenen erlassen werden (sa → Gesetz, 6):

– Europäische Verträge und Verordnungen und der → Europäischen Union
– Gesetze des → Bundes
– Gesetze der → Länder

Bei den Gesetzen des Bundes und der Länder wird noch nach vom Parlament beschlossenen Gesetzen (Gesetze im formellen Sinn; → Gesetz, 2) und nach von Organen der Exekutive erlassenen Rechtsnormen (Gesetze im materiellen Sinn, → Gesetz, 3) unterschieden; Gesetzeswerke mit unmittelbarer Wirkung für jedes Rechtssubjekt sind dabei stets auch → Gesetze im materiellen Sinn.

Das → Völkerrecht beweg sich außerhalb dieser Hierarchie. Es wird erst durch ein Gesetz zum Recht der Europäischen Union, des Bundes oder in Ausnahmefällen auch eines Landes (letzteres zB bei → Kirchenverträgen).

Das Kirchenrecht liegt außerhalb dieser Systematik, soweit es sich nicht um → Staatskirchenrecht (sa → Kirchenverträge), sondern um die eigene Rechtsordnung der Kirchen handelt. Gleiches gilt für das Recht anderer → Religionsgemeinschaften (zB → Islamisches Recht). Auch ausländisches Recht bewegt sich außerhalb dieses Schemas.

2. Systematisierung nach der geregelten Rechtsmaterie (Sachgebiete des Rechts)

Die klassische Systematisierung nach Rechtsmaterien orientiert sich an der Grobeinteilung → Privatrecht, öffentliches Recht und Strafrecht, wobei das Strafrecht Teil des öffentlichen Rechtes ist (sa → Recht, 2). Daraus eribt sich die folgende Grobeinteilung:

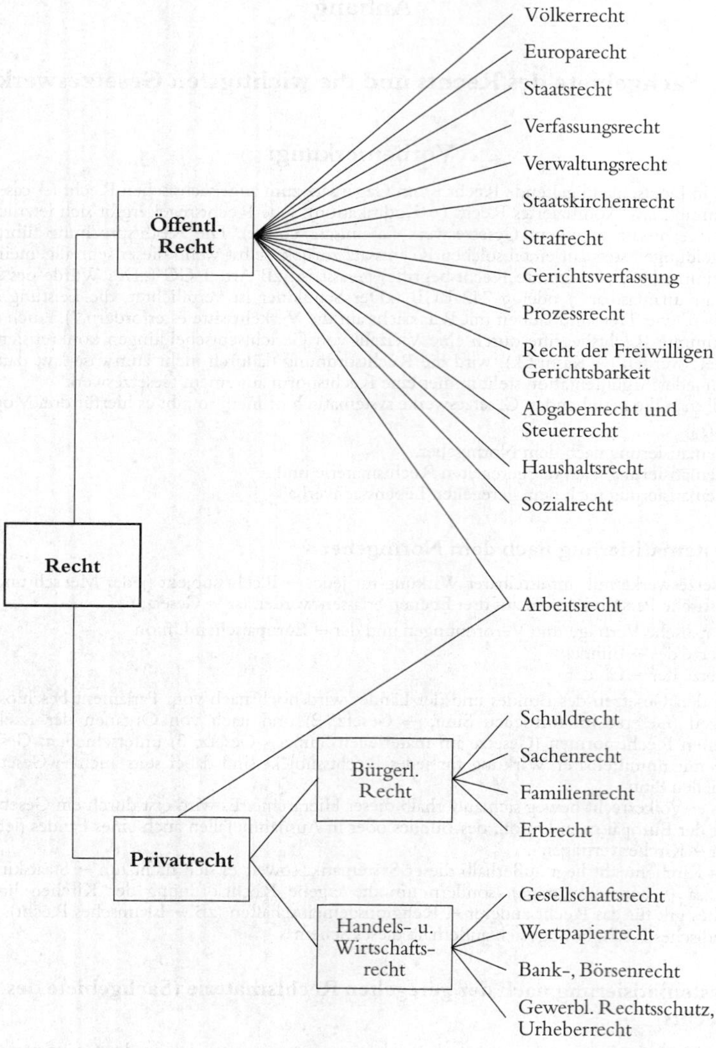

Auf jeder Ebene der Normsetzung kann es Regelungen jeder der genannten Rechtsmaterien geben. Auf allen Ebenen nehmen Gesetzeswerke mit Verfassungsrang (→ Verfassung) eine besonderen Platz ein; Gesetzeswerke mit Verfassungsrang enthalten als Teil des öffentlichen Rechtes die grundlegenden staatsorganisatorischen Vorschriften und einen Grundrechtskatalog mit Individualgrundrechten (→ Grundrechte).

3. Systematisierung nach dem geregelten Lebenssachverhalt

Dieses Ordnungsprinzip fasst die zu einem bestimmten Lebenssachverhalt gehörenden Gesetzeswerke ohne Rücksicht auf die Rechtsmaterie zusammen. So finden sich im Baurecht öffentlich-rechtliche Gesetzeswerke (→ Bauplanungsrecht, → Bauordnungsrecht) und privatrechtliche Gesetzeswerke (→ Bauvertrag). Im Straßenverkehrsrecht gibt es öffentlich-rechtliche, insbesondere auch strafrechtliche und privatrechtliche Regelungen.

Die folgende **Auflistung der wichtigsten Gesetzeswerke** orientiert sich an den geregelten Rechtsmaterien und differenziert innerhalb der Rechtsmaterien nach dem Normgeber. Soweit ein Gesetzeswerk mehrere Rechtsmaterien betrifft, entscheidet der Schwerpunkt der Regelungen dieses Gesetzeswerkes über die Einordnung. Einen Lebenssachverhalt betreffende Gesetzwerke werden innerhalb dieser Systematik zusammengruppiert.

Öffentliches Recht

Verfassungsrecht

EU
Vertrag über die Europäische Union
Vertrag über die Arbeitsweise der Europäischen Union
Bund
Grundgesetz
Länder
Verfassungen der Länder

Haushaltsrecht

EU
Verordnung über die Haushaltsordnung für den Gesamthaushalt der Union
Bund
Bundeshaushaltsordnung
Haushaltsgrundsätzegesetz
Länder
Haushaltsordnungen der Länder

Verwaltungsrecht

Bund
Verwaltungsverfahrensgesetz
Verwaltungszustellungsgesetz
Verwaltungs-Vollstreckungsgesetz
Gesetz über den unmittelbaren Zwang bei Ausübung öffentlicher Gewalt durch Vollzugsbeamte des Bundes
Beamtenstatusgesetz
Bundesbeamtengesetz
Beamtenversorgungsgesetz
Bundesbesoldungsgesetz
Bundesdisziplinargesetz
Bundespersonalvertretungsgesetz
Deutsches Richtergesetz
Bundespolizeigesetz
Bundeskriminalamtgesetz
Bundesverfassungsschutzgesetz
Bundesnachrichtendienstgesetz
Passgesetz
Personalausweisgesetz
Bundesmeldegesetz
Gentechnikgesetz
Arzneimittelgesetz
Betäubungsmittelgesetz
Transplantationsgesetz
Infektionsschutzgesetz
Naturschutzgesetz
Umweltinformationsgesetz
Bundesimmissionsschutzgesetz
Kreislaufwirtschaftsgesetz
Bundesbodenschutzgesetz
Baugesetzbuch
Baunutzungsverordnung
Raumordnungsgesetz
Bundesfernstraßengesetz
Straßenverkehrsgesetz
Straßenverkehrsordnung
Fahrerlaubnisverordnung

Jugendschutzgesetz
Vereinsgesetz
Versammlungsgesetz
Freizügigkeitsgesetz (EU)
Aufenthaltsgesetz
Asylgesetz
Wehrpflichtgesetz
Bundesfreiwilligendienstgesetz
Waffengesetz
Sprengstoffgesetz
Bundesjagdgesetz
Länder
Kommunalgesetze der Länder
Polizeigesetze der Länder
Beamtengesetze der Länder
Beamtenversorgungsgesetze der Länder
Besoldungsgesetze der Länder
Personalvertretungsgesetze der Länder
Richtergesetze der Länder
Bauordnungen der Länder
Schulgesetze der Länder
Hochschulgesetze der Länder

Wirtschaftsverwaltungsrecht

Bund
Gewerbeordnung
Produktsicherheitsgesetz
Gaststättengesetz
Handwerksordnung
Gesetz über die Bundesnetzagentur für Elektrizität, Gas, Telekommunikation, Post und Eisenbahnen
Telekommunikationsgesetz
Telemediengesetz
Energiewirtschaftsgesetz
Gebäudeenergiegesetz
Erneuerbare-Energien-Gesetz
Kraft-Wärme-Kopplungsgesetz
Personenbeförderungsgesetz
Güterkraftverkehrsgesetz
Bundeswasserstraßengesetz
Luftverkehrsgesetz
Luftsicherheitsgesetz
Atomgesetz
Strahlenschutzvorsorgegesetz
Kreditwesengesetz
Kapitalanlagegesetzbuch
Wertpapierhandelsgesetz
Lebensmittel- und Futtermittelgesetzbuch
Verbraucherinformationsgesetz
Pflanzenschutzgesetz
Tiergesundheitsgesetz
Tierschutzgesetz

Daten- und Datenschutzrecht
EU
Datenschutzgrundverordnung
Digital Service Act
Digital Markets Act
Data Act
Bund
Bundesdatenschutzgesetz
Länder
Datenschutzgesetze der Länder

Staatskirchenrecht
Länder
Konkordate und Kirchenverträge der Länder

Strafrecht
Bund
Strafgesetzbuch
Gesetz über Ordnungswidrigkeiten
Jugendgerichtsgesetz
Strafvollzugsgesetz
Länder
Strafvollzugsgesetze der Länder

Gerichtsverfassung, Prozessrecht, Recht der freiwilligen Gerichtsbarkeit
Bund
Gerichtsverfassungsgesetz
Zivilprozessordnung
Gesetz über das Verfahren in Familiensachen und in den Angelegenheiten der freiwilligen Gerichtsbarkeit
Beurkundungsgesetz
Grundbuchordnung
Spruchverfahrensgesetz
Kapitalanleger-Musterverfahrensgesetz
Strafprozessordnung
Verwaltungsgerichtsordnung
Arbeitsgerichtsgesetz
Sozialgerichtsgesetz
Finanzgerichtsordnung
Insolvenzordnung
Zwangsversteigerungsgesetz
Gerichtskostengesetz
Gesetz über Gerichtskosten in Familiensachen
Gesetz über Kosten der freiwilligen Gerichtsbarkeit für Gerichte und Notare
Bundesnotarordnung
Bundesrechtsanwaltsordnung
Rechtsanwaltsvergütungsgesetz
Länder
Ausführungsgesetze der Länder (insbesondere zu den örtlichen Zuständigkeiten)
Abgabenrecht und Steuerrecht
Bund
Abgabenordnung
Einkommensteuergesetz
Grunderwerbsteuergesetz
Grundsteuergesetz
Erbschaftsteuer- und Schenkungsteuergesetz
Umsatzsteuergesetz
Körperschaftsteuergesetz
Umwandlungsteuergesetz
Gewerbesteuergesetz
Mineralölsteuergesetz
Länder
Kommunalabgabengesetze der Länder

Sozialrecht
Bund
Sozialgesetzbuch
– SGB I Allgemeiner Teil
– SGB II Grundsicherung für Arbeitsuchende
– SGB III Arbeitsförderung
– SGB IV Gemeinsame Vorschriften für die Sozialversicherung
– SGB V Gesetzliche Krankenversicherung
– SGB VI Gesetzliche Rentenversicherung
– SGB VII Gesetzliche Unfallversicherung
– SGB VIII Kinder- und Jugendhilfe

- SGB IX Rehabilitation und Teilhabe von Menschen mit Behinderung
- SGB X Verwaltungsverfahren
- SGB XI Soziale Pflegeversicherung
- SGB XII Sozialhilfe
- SGB XIV Soziale Entschädigung
- Wohngeldgesetz

Heimgesetz
Bundesausbildungsförderungsgesetz
Gesetz über die Alterssicherung der Landwirte
Gesetz über die Krankenversicherung der Landwirte

Arbeitsrecht

Mindestlohngesetz
Kündigungsschutzgesetz
Betriebsverfassungsgesetz
Mitbestimmungsgesetz
Teilzeit- und Befristungsgesetz
Mutterschutzgesetz
Gesetz zum Elterngeld und zur Elternzeit
Pflegezeitgesetz
Arbeitszeitgesetz
Bundesurlaubsgesetz
Entgeltfortzahlungsgesetz
Arbeitnehmerüberlassungsgesetz
Arbeitnehmer-Entsendegesetz
Arbeitsschutzgesetz
Jugendarbeitsschutzgesetz
Berufsbildungsgesetz
Betriebsrentengesetz

Privatrecht

Bürgerliches Recht
EU
Verordnung über das auf vertragliche Schuldverhältnisse anzuwendende Recht (Rom I-VO)
Verordnung über das auf außervertragliche Schuldverhältnisse anzuwendende Recht (Rom II-VO)
Verordnung über die Zuständigkeit, das anwendbare Recht, die Anerkennung und Vollstreckung von Entscheidungen und die Zusammenarbeit in Unterhaltssachen (EuUnterhVO)
Verordnung über die Zuständigkeit, das anwendbare Recht, die Anerkennung und Vollstreckung von Entscheidungen und die Annahme und Vollstreckung öffentlicher Urkunden in Erbsachen sowie zur Einführung eines Europäischen Nachlasszeugnisses (EuErbVO)
Bund
Bürgerliches Gesetzbuch
Einführungsgesetz zum Bürgerlichen Gesetzbuch
Allgemeines Gleichbehandlungsgesetz
Personenstandsgesetz
Versorgungsausgleichsgesetz
Wohnungseigentumsgesetz
Erbbaurechtsgesetz
Produkthaftungsgesetz
Länder
Nachbargesetze der Länder

Handels- und Gesellschaftsrecht
EU
Verordnung über das Statut der Europäischen Gesellschaft (SE-VO)
Bund
Handelsgesetzbuch
GmbH-Gesetz
Aktiengesetz
Genossenschaftsgesetz
Umwandlungsgesetz
Partnerschaftsgesellschaftsgesetz

Wertpapier-, Bank- und Börsenrecht
Bund
Scheckgesetz
Wechselgesetz
Wertpapiererwerbs- und Übernahmegesetz
Börsengesetz
Depotgesetz

Gewerblicher Rechtsschutz
EU
Verordnung zur Durchführung der in Art. 81 und 82 EUV niedergelegten Wettbewerbsregeln
Gruppenfreistellungsverordnungen
Bund
Gesetz gegen den unlauteren Wettbewerb
Gesetz gegen Wettbewerbsbeschränkungen (Kartellgesetz)
Geschäftsgeheimnisgesetz
Markengesetz
Designgesetz
Patentgesetz
Gebrauchsmustergesetz
Urheberrechtsgesetz
Verlagsgesetz

B. Grundgesetz für die Bundesrepublik Deutschland

Gliederung

Nichtamtliche Inhaltsübersicht

Präambel

I. Die Grundrechte

II. Der Bund und die Länder

III. Der Bundestag

VIII. Die Ausführung der Bundesgesetze und die Bundesverwaltung

VIIIa. Gemeinschaftsaufgaben, Verwaltungszusammenarbeit

IX. Die Rechtsprechung

X. Das Finanzwesen

Xa. Verteidigungsfall

XI. Übergangs- und Schlussbestimmungen

	Art.

Anhang: Gemäß Art. 140 GG weitergeltende Artikel der Weimarer Rechtsverfassung

C. Der Weg der Gesetzgebung des Bundes

Die Gesetzesinitiative kann von der Bundesregierung, vom Bundesrat oder von Mitgliedern des Bundestages ausgehen. In der größten Zahl der Fälle werden Gesetzesentwürfe von der **BUNDESREGIERUNG** vorgelegt. Regierungsvorlagen werden von den Referenten in den Ministerien ausgearbeitet, zusammen mit einer Begründung über den federführenden Minister dem Kabinett unterbreitet und von diesem beraten. Im Falle der Billigung legt die Bundesregierung sie dem **BUNDESRAT** vor, der in diesem sog. „Ersten Durchgang" dazu Stellung nehmen und Änderungsvorschläge machen kann. Zusammen mit diesen reicht der Bundesrat die Vorlage über die Bundesregierung, die gegebenenfalls zu diesen Änderungsvorschlägen ihrerseits begründete Stellung nimmt, an den **BUNDESTAG** weiter, der in drei Lesungen über die Vorlage berät. Der Bundestag kann die Vorlage zur Vorbereitung seiner Beratungen auch an einen oder mehrere Ausschüsse verweisen. In jeder Lesung wird über die Vorlage abgestimmt. Bei einfacher Mehrheit und in Ausnahmefällen bei Zweidrittelmehrheit ist das Gesetz angenommen und wird nunmehr wiederum dem **BUNDESRAT** vorgelegt. Der weitere Gang des parlamentarischen Verfahrens ist abhängig von der Frage, ob es sich handelt um

ZUSTIMMUNGSBEDÜRFTIGE GESETZE* oder um **NICHT ZUSTIMMUNGSBEDÜRFTIGE GESETZE**

Stimmt der Bundesrat nicht ausdrücklich zu, so ist das Gesetz **GESCHEITERT**

Stimmt der Bundesrat dem Gesetz zu, so wird es nach Gegenzeichnung durch den für die Vorlage zuständigen Ressortminister oder den Kanzler vom **BUNDESPRÄSIDENT** ausgefertigt und im **BUNDESGESETZBLATT** verkündet.

Verzichtet der Bundesrat auf Anrufung des Vermittlungsausschusses, so wird das Gesetz nach Gegenzeichnung durch Ressortminister oder Kanzler vom **BUNDESPRÄSIDENT** ausgefertigt und im **BUNDESGESETZBLATT** verkündet.

Ruft der Bundesrat den **VERMITTLUNGSAUSSCHUSS** an, so kann das Verfahren je nach dessen und nach der anschließenden Stellungnahme von Bundesrat und Bundestag verschiedene Wege gehen.

---

* Auch diese kann der Bundesrat an den *Vermittlungsausschuss* leiten, was jedoch die Zustimmungsbedürftigkeit nicht berührt. Ebenso sind Bundestag und Bundesregierung befugt, wegen solcher Vorlagen die Einberufung des Vermittlungsausschusses zu verlangen.

D. Der Weg der Rechtssetzung in der Europäischen Union

Nach Artikel 294 I AEUV geht die

Initiative

im ordentlichen Rechtssetzungsverfahren von der Europäischen Kommission aus, die den Vorschlag sowohl dem Europäischen Parlament als auch dem Rat der Europäischen Union unterbreitet.

Nach Vorbereitung durch den zuständigen Ausschuss beschließt das Europäische Parlament hierzu einen Standpunkt in seiner

ersten Lesung.

Billigt der Rat der Europäischen Union den Standpunkt des Europäischen Parlaments, so ist der Rechtsakt erlassen.

Billigt der Rat der Europäischen Union den Standpunkt des Europäischen Parlaments nicht, so legt er seinen Standpunkt in erster Lesung fest und übermittelt ihn dem Europäischen Parlament (Art. 294 V AEUV). In diesem Fall gibt es dort eine

zweite Lesung.

Billigt das Europäische Parlament den Standpunkt des Rates so gilt der betreffende **Rechtsakt** in der Fassung des Standpunktes des Rates **erlassen**. Lehnt das Europäische Parlament den Standpunkt des Rates mit der Mehrheit seiner Mitglieder ab, so gilt der vorgeschlagene Rechtsakt als nicht erlassen. Schlägt das Europäische Parlament mit der Mehrheit seiner Mitglieder Abänderungen an dem Standpunkt des Rates vor, so wird der Entwurf wieder der Kommission zugeleitet, die hierzu eine Stellungnahme abgibt (Art. 294 VII AEUV). Wenn das Europäische Parlament die Änderungen des Rates seinerzeit mit qualifizierter Mehrheit billigt, so gilt der entsprechende **Rechtsakt** als **erlassen**. Über Abänderungen, zu denen die Kommission eine ablehnende Stellungnahme abgegeben hat, muss der Rat einstimmig beschließen; im Falle eines einstimmigen Beschlusses ist der **Rechtsakt** ebenfalls **erlassen** (Art. 294 IX AEUV).

Werden nicht alle Änderungen gebilligt, so beruft der Präsident des Rates der Europäischen Union im Einvernehmen mit dem Präsidenten des Europäischen Parlaments binnen sechs Wochen den

Vermittlungsausschuss

ein (Art. 294 VIII AEUV).

Der Vermittlungsausschuss besteht aus Mitgliedern des Rates der Europäischen Union und ebenso vielen Mitgliedern des Europäischen Parlaments. Er hat die Aufgabe, mit der qualifizierten Mehrheit der Mitglieder des Rates und der Mehrheit der Mitglieder des Europäischen Parlaments binnen sechs Wochen nach seiner Einberufung eine Einigung auf der Grundlage der Standpunkte des Europäischen Parlaments und des Rates zu erzielen. Die Europäische Kommission wird an den Arbeiten des Vermittlungsausschusses beteiligt. Kommt es binnen sechs Wochen zu keiner Einigung, so gilt der vorgeschlagene Rechtsakt als nicht erlassen.

Bei

Billigung des gemeinsamen Entwurfs

durch den Vermittlungsausschuss innerhalb von sechs Wochen verfügen das Europäische Parlament und der Rat der Europäischen Union ab dieser Billigung über eine Frist von sechs weiteren Wochen, um den betreffenden **Rechtsakt** entsprechend diesem Entwurf zu **erlassen**, wobei im Europäischen Parlament die Mehrheit der abgegebenen Stimmen und im Rat die qualifizierte Mehrheit erforderlich ist. Wird der Rechtsakt in diesem Verfahren nicht gebilligt, gilt der vorgeschlagene Rechtsakt als nicht erlassen (Art. 294 XIII AEUV).

Nach Artikel 294 I AEUV geht die

Initiative

im ordentlichen Rechtssetzungsverfahren von der Europäischen Kommission aus, die den Vorschlag sowohl dem Europäischen Parlament als auch dem Rat der Europäischen Union unterbreitet.

Nach Vorbereitung durch den zuständigen Ausschuss beschließt das Europäische Parlament hierzu einen Standpunkt in seiner

ersten Lesung.

Billigt der Rat der Europäischen Union den Standpunkt des Europäischen Parlaments, so ist der Rechtsakt erlassen.

Billigt der Rat der Europäischen Union den Standpunkt des Europäischen Parlaments nicht, so legt er seinen Standpunkt in erster Lesung fest und übermittelt ihn dem Europäischen Parlament (Art. 294 V AEUV). In diesem Fall gibt es dort eine

zweite Lesung.

Billigt das Europäische Parlament den Standpunkt des Rates so gilt der betreffende **Rechtsakt** in der Fassung des Standpunktes des Rates **erlassen**. Lehnt das Europäische Parlament den Standpunkt des Rates mit der Mehrheit seiner Mitglieder ab, so gilt der vorgeschlagene Rechtsakt als nicht erlassen. Schlägt das Europäische Parlament mit der Mehrheit seiner Mitglieder Abänderungen an dem Standpunkt des Rates vor, so wird der Entwurf wieder der Kommission zugeleitet, die hierzu eine Stellungnahme abgibt (Art. 294 VII AEUV). Wenn das Europäische Parlament die Änderungen des Rates seinerzeit mit qualifizierter Mehrheit billigt, so gilt der entsprechende **Rechtsakt** als **erlassen**. Über Abänderungen, zu denen die Kommission eine ablehnende Stellungnahme abgegeben hat, muss der Rat einstimmig beschließen; im Falle eines einstimmigen Beschlusses ist der **Rechtsakt** ebenfalls **erlassen** (Art. 294 IX AEUV).

Werden nicht alle Änderungen gebilligt, so beruft der Präsident des Rates der Europäischen Union im Einvernehmen mit dem Präsidenten des Europäischen Parlaments binnen sechs Wochen den

Vermittlungsausschuss

ein (Art. 294 VIII AEUV).

Der Vermittlungsausschuss besteht aus Mitgliedern des Rates der Europäischen Union und ebenso vielen Mitgliedern des Europäischen Parlaments. Er hat die Aufgabe, mit der qualifizierten Mehrheit der Mitglieder des Rates und der Mehrheit der Mitglieder des Europäischen Parlaments binnen sechs Wochen nach seiner Einberufung eine Einigung auf der Grundlage der Standpunkte des Europäischen Parlaments und des Rates zu erzielen. Die Europäische Kommission wird an den Arbeiten des Vermittlungsausschusses beteiligt. Kommt es binnen sechs Wochen zu keiner Einigung, so gilt der vorgeschlagene Rechtsakt als nicht erlassen.

Bei

Billigung des gemeinsamen Entwurfs

durch den Vermittlungsausschuss innerhalb von sechs Wochen verfügen das Europäische Parlament und der Rat der Europäischen Union ab dieser Billigung über eine Frist von sechs weiteren Wochen, um den betreffenden **Rechtsakt** entsprechend diesem Entwurf zu **erlassen**, wobei im Europäischen Parlament die Mehrheit der abgegebenen Stimmen und im Rat die qualifizierte Mehrheit erforderlich ist. Wird der Rechtsakt in diesem Verfahren nicht gebilligt, gilt der vorgeschlagene Rechtsakt als nicht erlassen (Art. 294 XIII AEUV).

E. Überblick über das gesamte Gerichtswesen

und die regelmäßige Besetzung der Gerichte
(● = Berufsrichter,
○ = ehrenamtliche Richter)

Ordentliche Gerichtsbarkeit (Ziv. = Zivilsachen Str. = Strafrecht)	Allgem. Verwaltungs-gerichtsbarkeit	Arbeits-gerichts-barkeit	Sozial-gerichts-barkeit	Finanz-gerichts-barkeit
Amtsgericht Ziv. ● Str.[1] ● od. ○●○ od. ○●●○ Landgericht Ziv.[2] ● od. ●●● od. ○●○ Str.[3] ○●○ od. ○●●○ od. ○●●●○	Verwaltungs-gericht[6] ● od. ○●●●○	Arbeits-gericht ○●○	Sozial-gericht ○●○	
Oberlandesgericht Ziv.[4] ● od. ●●● Str.[5] ●●● od. ●●●●●	Oberverwal-tungsgericht (Verwaltungs-gerichtshof) ●●● (nach Landesr. auch ●●●●● od. ○●●●○ od. ○●●●●●○)	Landes-arbeits-gericht ○●○	Landes-sozial-gericht ○●●●○	Finanz-gericht[7] ● od. ○●●●○
Bundes-gerichtshof ●●●●●	Bundes-verwaltungs-gericht ●●●●●	Bundes-arbeits-gericht ○●●●○	Bundes-sozial-gericht ○●●●○	Bundes-finanzhof ●●●●●
Bundesverfassungsgericht[8] ●●● ●●●●●●●●				

Siehe ferner die Stichwörter
Bundespatentgericht
Disziplinargerichte

[1] Strafrichter
Schöffengericht
erweit. Schöffengericht
[2] Einzelrichter/Vors. der Kammer f. Handelssachen
Zivilkammer
Kammer f. Handelssachen
[3] kleine Strafkammer
kleine od. große Strafkammer
große Strafkammer od. Schwurgericht
[4] Einzelrichter
Zivilsenat
[5] Strafsenat (Rechtsmittel- oder 1. Instanz)
[6] Einzelrichter
Kammer
[7] Einzelrichter
Senat
[8] Kammer
Senat

F. Der Rechtsmittelzug in Zivilsachen

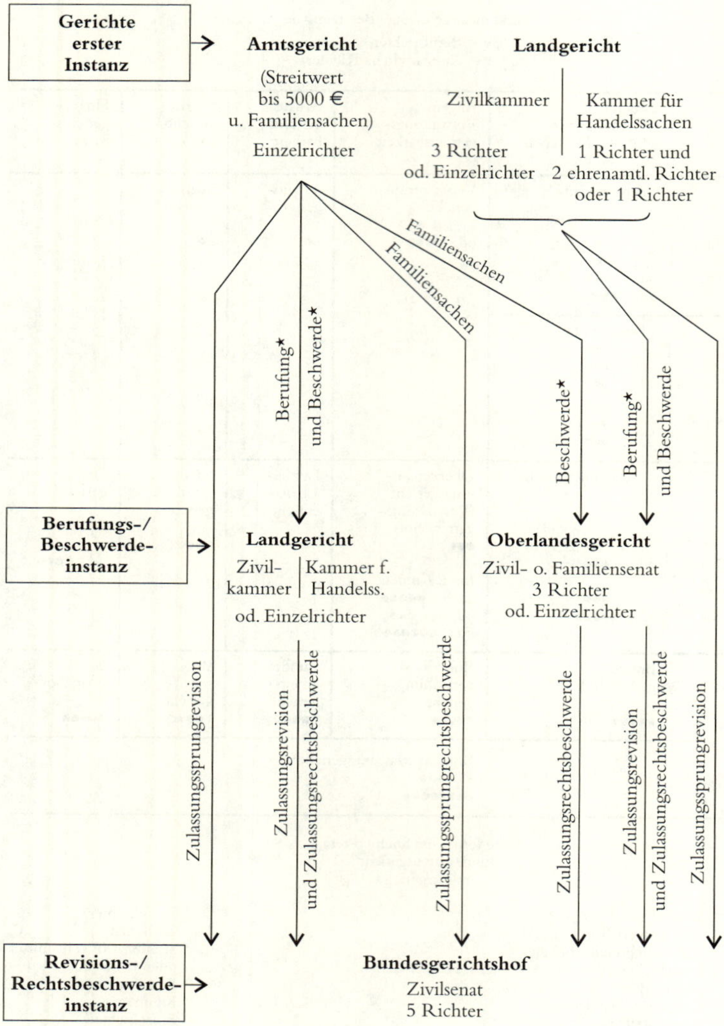

* Voraussetzung ist Beschwerdewert über 600 € oder Zulassung durch das erstinstanzliche Gericht.

G. Der Rechtsmittelzug in Strafsachen

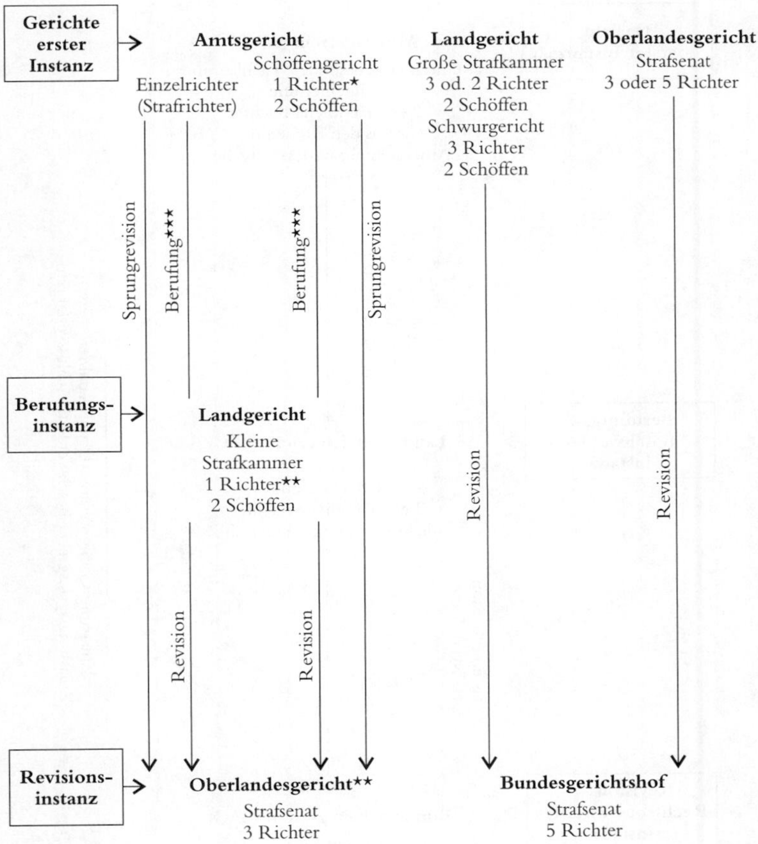

* Auf Antrag der Staatsanwaltschaft kann bei umfangreichen Sachen ein zweiter Richter zur Hauptverhandlung zugezogen werden (Erweitertes Schöffengericht).

** 2 Richter bei Berufungen gegen Urteile des Erweiterten Schöffengerichts.

*** In den Fällen des § 313 I StPO ist Annahme erforderlich.

H. Der Rechtsmittelzug im Verfahren vor den Arbeitsgerichten

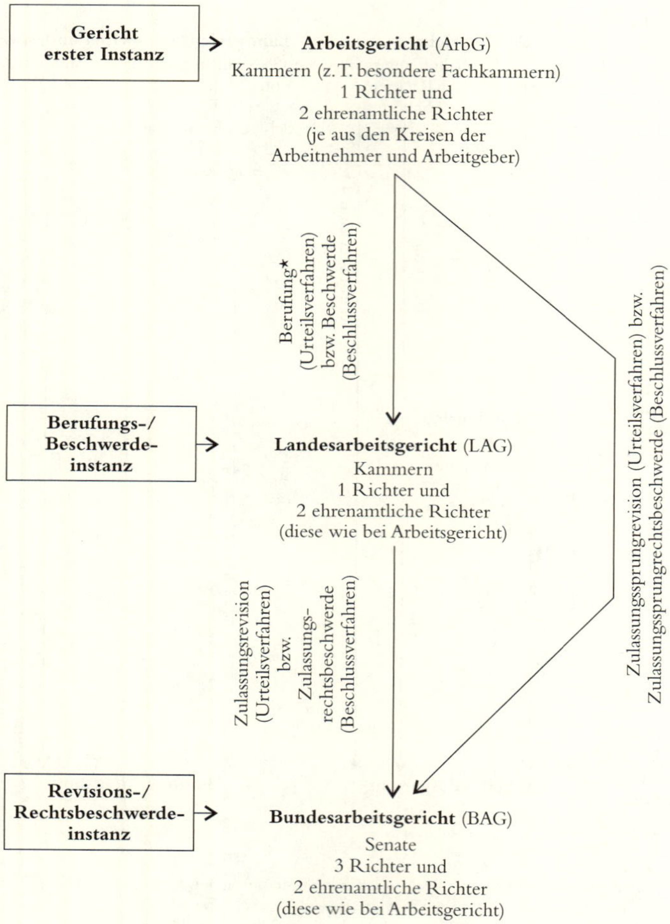

Ausnahmen: Entscheidung über Wirksamkeit einer Allgemeinverbindlicherklärung und ähnliche VO § 98 ArbGG, LAG erste Instanz, Rechtsbeschwerde an das BAG, ebenso über Tariffähigkeit oder -zuständigkeit einer Gewerkschaft (§ 97 ArbGG).

* Voraussetzung ist Beschwerdewert über 600 EUR, Streit über Bestehen, Nichtbestehen oder Kündigung eines Arbeitsverhältnisses oder Zulassung durch das Arbeitsgericht (§ 64 II ArbGG).

I. Der Rechtsmittelzug im Verfahren vor den Verwaltungsgerichten

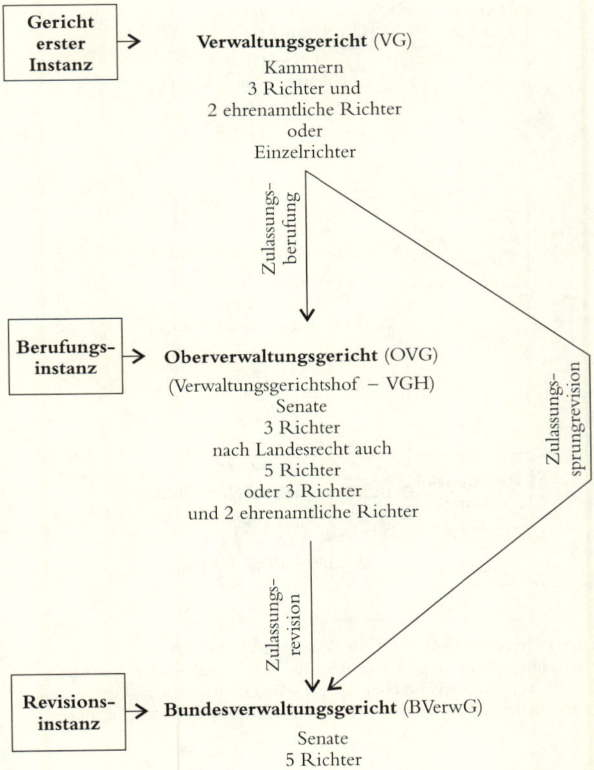

Zur Zuständigkeit

a) des Oberverwaltungsgerichts (Verwaltungsgerichtshofs) in erster Instanz vgl. §§ 47, 48 VwGO

b) des Bundesverwaltungsgerichts in erster und letzter Instanz vgl. § 50 VwGO

J. Der Rechtsmittelzug im Verfahren vor den Sozialgerichten

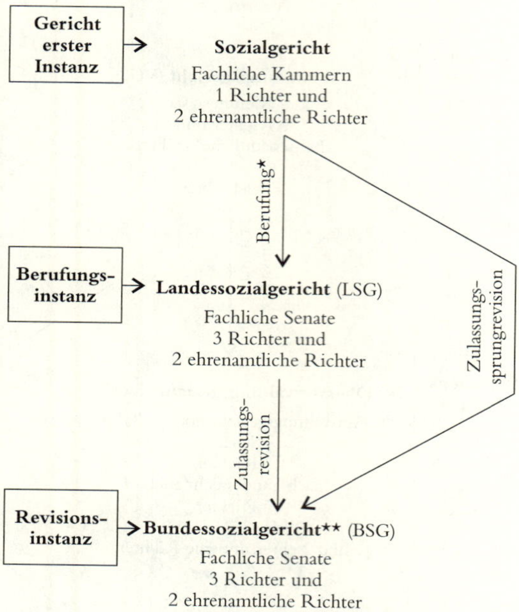

* In den Fällen des § 144 I 1 SGG ist Zulassung erforderlich.

** Das Bundessozialgericht entscheidet im ersten und letzten Rechtszug über Streitigkeiten nicht verfassungsrechtlicher Art zwischen dem Bund und den Ländern sowie zwischen verschiedenen Ländern in Angelegenheiten der Sozialversicherung etc.

K. Der Rechtsmittelzug im Verfahren vor den Finanzgerichten

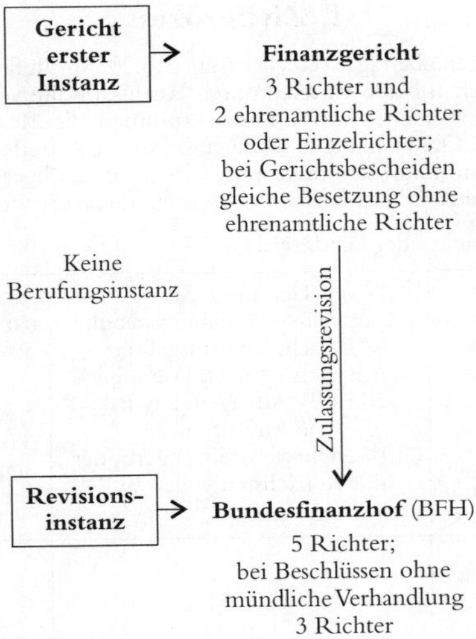

L. Die gesetzliche Erbfolge

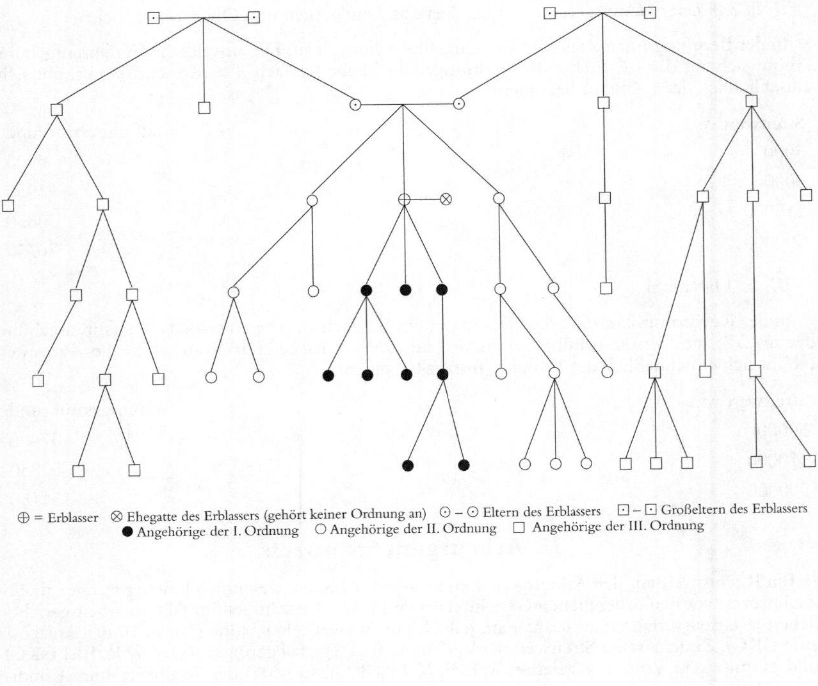

⊕ = Erblasser ⊗ Ehegatte des Erblassers (gehört keiner Ordnung an) ⊙ – ⊙ Eltern des Erblassers ⊡ – ⊡ Großeltern des Erblassers
● Angehörige der I. Ordnung ○ Angehörige der II. Ordnung □ Angehörige der III. Ordnung

M. Beispiele für Prozesskosten

I. Zivilprozess

Die nachstehenden Kostenbeträge (Rechtsstand 1.6.2025) umfassen einen Prozess (ohne Zwangsvollstreckung), in dem beide Parteien durch Rechtsanwälte vertreten sind und in allen 3 Instanzen durch Urteil entschieden wird. Hinzu kommen die Kosten der Beweisaufnahme. Hierfür sind bei am selben Ort wohnenden Zeugen je rund 100 EUR, bei Sachverständigengutachten (je nach Zeitaufwand und Honorargruppe, → Sachverständiger) mindestens 500 EUR bis mehrere 1000 EUR anzusetzen. Ferner sind Reisekosten hinzuzurechnen.

I. Erste Instanz (Amtsgericht oder Landgericht)

Streitwert bis EUR	Gerichts-gebühr (dreifach) gerundet auf den nächsten vollen EUR	Gebühren für 2 Anwälte – Verfahrensgebühr 1,3-fach, Terminsgebühr 1,2-fach – (hinzu kommen 20 EUR Auslagenpauschale je Anwalt und 19% Mehrwertsteuer) gerundet auf den nächsten vollen EUR	Beweisaufnahmekosten geschätzt (können wesentlich höher liegen) EUR	insgesamt rund gesamtes Prozesskostenrisiko, gerundet auf die nächsten 100 EUR
300	120	355	100	600
1500	246	848	100	1200
5000	512	2157	100	2800
10000	849	3927	100	4900
50000	1914	8122	100	10200
110000	3594	10489	100	14200
500000	12414	22211	100	34800

II. In 2 Instanzen (Amtsgericht und Landgericht; Landgericht und Oberlandesgericht)

In der Berufungsinstanz fällt die Gerichtsgebühr vierfach an. Die anwaltliche Verfahrensgebühr erhöht sich auf das 1,6-Fache; die Terminsgebühr bleibt 1,2-fach. Das Kostenrisiko erhöht sich einschließlich der 1. Instanz bei einem

Streitwert von	auf insgesamt rund
5000	6000
50000	21950
110000	30850
500000	76350

III. In 3 Instanzen

In der Revisionsinstanz fällt die Gerichtsgebühr fünffach an. Die anwaltliche Verfahrensgebühr beträgt 2,3; die Terminsgebühr erhöht sich auf das 1,5-Fache. Das Kostenrisiko des Prozesses erhöht sich einschließlich der 1. und 2. Instanz bei einem

Streitwert von	auf insgesamt rund
50000	37600
110000	52850
500000	131150

II. Arbeitsgerichtsprozess

Ein Rechtsstreit vor den Arbeitsgerichten ist in erster Instanz wesentlich kostengünstiger als ein Zivilprozess vor den ordentlichen Gerichten (oben I.). Die Gerichtsgebühr fällt im arbeitsgerichtlichen → Urteilsverfahren zwar auch an, jedoch nur in zweifacher Höhe (Nr. 8210 der Anlage 1 zum GKG). Zudem ist der Streitwert des Verfahrens im Regelfall geringer (vgl. § 42 II, III 1 GKG) und es muss kein Vorschuss geleistet werden (§ 11 GKG); so ist zB der Streitwert einer Kündigungsschutzklage höchstens auf das Brutto-Arbeitsentgelt eines Vierteljahres festzusetzen, eine aE vereinbarte Abfindung wird nicht für einen Vergleichsmehrwert hinzugerechnet. Da in erster Instanz kein Anwaltszwang besteht und die Kosten eines Prozessbevollmächtigten im Fall eines verlorenen Prozesses dem Gegner nicht zu erstatten sind (§ 12a I ArbGG), fallen diese nur für den an, der sich eines Prozessbevollmächtigten bedient; für das Zwangsvollstreckungsverfahren jedoch sind wie vor den ordentlichen Gerichten die Anwaltskosten dem obsiegenden Gegner zu erstatten. Jedenfalls kommen Auslagen sowie im Fall einer Beweisaufnahme deren Kosten hinzu.

In der Berufungs- und Revisionsinstanz gelten zwar wiederum reduzierte Gebührensätze (3,2-fach bzw. vierfach), ein niedrigerer Streitwert und keine Vorschusspflicht, es findet jedoch jedoch – wie im Zivlprozess – eine Kostenerstattung durch die unterliegende Partei statt; zu der Gerichtsgebühr und den gerichtlichen Auslagen sowie den eigenen Anwaltskosten kommen also idR Anwaltsgebühren in üblicher Höhe hinzu, die dem obsiegenden Gegner zu erstatten sind.

Eine besondere Honorierung sieht das Gerichtskostengesetz (GKG) vor, wenn die Parteien den Rechtsstreit ohne gerichtliche Entscheidung beenden, also idR durch Vergleich, Klagerücknahme oÄ; grds. entfällt dann die Gerichtsgebühr vollständig oder reduziert sich zumindest auf 0,4 (vgl. Vorbemerkung 8 sowie Nr. 8210 II, 8211 der Anlage 1 zum GKG); derartige Reduzierungen sind auch in der Berufungs- und Revisionsinstanz möglich.

Das arbeitsgerichtliche → Beschlussverfahren 2 ist hingegen gerichtskostenfrei (§ 2 II GKG); hier sind nur die Kosten für die Inanspruchnahme eines Prozessbevollmächtigten von Relevanz.

III. Strafprozess

1. Gerichtskosten

a. Gerichtsgebühren (Rechtsstand 1.6.2025). Ihre Höhe richtet sich nach der rechtskräftig erkannten Strafe.

aa) Sie beträgt im erster Instanz für das Verfahren mit Urteil bei Verurteilung zu

Freiheitsstrafe	bis zu	6 Monate	155 EUR
		1 Jahr	310 EUR
		2 Jahren	465 EUR
		4 Jahren	620 EUR
		10 Jahren	775 EUR
	von mehr als 10 Jahren oder lebenslanger Freiheitsstrafe		1100 EUR
Geldstrafe	bis zu 180 Tagessätzen		155 EUR
	von mehr als 180 Tagessätzen		310 EUR

Bei einem Strafbefehl (ohne Urteilsverfahren) ist der Satz der Gebühr 0,5.

bb) Für das Berufungsverfahren beträgt der Satz der Gebühr 1,5, ohne Urteil 0,5.

cc) Für das Revisionsverfahren ist der Satz der Gebühr 2,0, ohne Urteil oder ohne Beschluss gemäß § 349 II oder IV StPO 1,0.

b. Auslagen. Das sind idR die Kosten für die Entschädigung der Zeugen und Sachverständigen.

2. Anwaltskosten

a. Anwaltsgebühren (Rechtsstand 1.6.2025). Sie sind Rahmengebühren und richten sich zumeist danach, vor welchem Gericht das Verfahren stattfindet. IdR wird mindestens die Mittelgebühr (die Mitte zwischen Mindest- und Höchstgebühr) gefordert. Davon unabhängige Honorarvereinbarungen, die höher liegen, sind zulässig und weitgehend üblich. Es entstehen für einen Wahlanwalt folgende gesetzlichen Gebühren:

aa) Allgemeine Gebühren	
Grundgebühr	44–396 EUR
Gebühr für die Teilnahme an bis zu 3 Terminen außerhalb der Hauptverhandlung	44–330 EUR
bb) Vorbereitendes Verfahren	
Verfahrensgebühr	44–319 EUR
cc) Erster Rechtszug	
Verfahrensgebühr	
– vor dem Amtsgericht	44–319 EUR
– vor der Strafkammer	55–3523 EUR

– vor dem Oberlandesgericht, dem Schwurgericht oder der Strafkammer nach §§ 74a und 74c GVG	110–759 EUR
Terminsgebühr je Hauptverhandlungstag	
– vor dem Amtsgericht	77–528 EUR
– vor der Strafkammer	88–616 EUR
– vor dem Oberlandesgericht, dem Schwurgericht oder der Strafkammer nach §§ 74a und 74c GVG	143–1023 EUR
dd) Berufung	
Verfahrensgebühr	88–616 EUR
Terminsgebühr je Hauptverhandlungstag	88–616 EUR
ee) Revision	
Verfahrensgebühr	132–1221 EUR
Terminsgebühr je Hauptverhandlungstag	132–616 EUR

Befindet sich der Beschuldigte nicht auf freiem Fuß, fallen die Gebühren, ausgenommen die Grundgebühr, mit Zuschlag an, so dass sich der jeweilige Höchstbetrag erhöht.

b. Auslagen. Das sind Entgelte für Dokumente, insbes. Kopien und Ausdrucke, sowie für Post- und Telekommunikationsdienstleistungen, Fahrtkosten, Tage- und Abwesenheitsgeld, sonstige Auslagen anlässlich einer Reise und 19% Umsatzsteuer auf die Vergütung.

IV. Sonstige Prozesse

1. Im Verfahren vor den Verwaltungsgerichten gelten sowohl dieselben Gerichtskosten als auch dieselben Anwaltsgebühren wie in den allgemeinen Zivilsachen. Der Streitwert ist gemäß § 52 I GKG nach der sich aus dem Antrag des Klägers für ihn ergebenden Bedeutung der Sache nach Ermessen zu bestimmen. Bietet der Sach- und Streitstand für die Bestimmung des Streitwertes keinen genügenden Anhaltspunkt, so ist nach § 52 II GKG ein pauschaler Streitwert von 5000 EUR anzunehmen. In Verfahren nach dem Vermögensgesetz (→ offene Vermögensfragen) ist der Streitwert nach oben auf 500 000 EUR beschränkt (§ 52 IV GKG). In beamtenrechtlichen Streitigkeiten über Bestehen oder Nichtbestehen eines Beamtenverhältnisses auf Lebenszeit bemisst sich der Streitwert nach dem 13-fachen Betrag des Monatsendgrundgehaltes zuzüglich etwaiger ruhegehaltfähiger Zulagen
2. Im Verfahren vor den Sozialgerichten fallen idR – insbes. für den beteiligten Bürger – keine Gerichtskosten an (vgl. → Sozialgerichtsbarkeit, 5; §§ 183 ff. SGG). Soweit das Verfahren gerichtskostenpflichtig ist; ist der Streitwert gemäß § 52 IV GKG auf 2 500 000 EUR begrenzt; im übrigen berechnen sich die Gerichtskosten wie in allgemeinen Zivilsachen. In den sozialgerichtlichen Verfahren, in denen keine Gerichtskosten anfallen (also insbes. bei Beteiligung von Versicherten, Leistungsempfängern, Hinterbliebenenleistungsempfängern, Behinderten und deren Ehegatten, Eltern, Kinder sowie Haushaltsführer als Sonderrechtsnachfolger), entsteht
   a) in der ersten Instanz vor dem Sozialgericht als Anwaltsgebühr jeweils als Betragsrahmengebühr eine Verfahrensgebühr iHv 60,00 bis 660,00 EUR und eine Terminsgebühr iHv 60,00 bis 610,00 EUR,
   b) in der Berufungsinstanz vor den Landessozialgerichten eine Verfahrensgebühr iHv 72,00 bis 816,00 EUR und eine Terminsgebühr iHv 60,00 bis 610,00 EUR und
   c) in der Revisionsinstanz vor dem Bundessozialgericht eine Verfahrensgebühr iHv 96,00 bis 1056,00 EUR und eine Terminsgebühr iHv 96,00 bis 990,00 EUR

   Nach § 14 RVG ist bei der Bemessung der Gebühr innerhalb des Rahmens u. a. das Haftungsrisiko zu berücksichtigen. Soweit das sozialgerichtliche Verfahren gerichtskostenpflichtig ist, bemisst sich die Anwaltsgebühr wie in allgemeinen Zivilsachen nach dem Streitwert (§ 3 I 2 RVG).
3. Im Verfahren vor den Finanzgerichten bemessen sich Gerichtskosten und Anwaltsgebühren grundsätzlich ebenso wie in allgemeinen Zivilsachen. Dabei sind allerdings zwei Besonderheiten zu beachten. Nach § 52 IV GKG ist der Streitwert jeweils mit mindestens 1000 anzusetzen. In der Verhandlung vor den Finanzgerichten ist bereits wie in der Berufungsinstanz die vierfache Gerichtsgebühr und hinsichtlich der Anwaltsgebühren die 1,6-fache Verfahrensgebühr und die 1,2-fache Berufungsgebühr anzusetzen. Für die Revisionsinstanz gelten die Sätze wie in allgemeinen Zivilsachen.
4. In Verfahren der freiwilligen Gerichtsbarkeit richten sich die Gerichtskosten in Familiensachen (Gebühren und Auslagen) nach dem FamGKG v. 17.12.2008 (BGBl. I 2586, 2666) mÄnd, zuletzt v. 7.4.2025 (BGBl. I Nr. 109). Diese sowie die zur Durchführung des Verfahrens

notwendigen Aufwendungen der Beteiligten kann das Gericht grdsätzl. nach seinem Ermessen verteilen (§ 80 FamFG); die Kosten eines von vorneherein unbegründeten Antrags oder eines erfolglosen Rechtsmittels sollen dem Beteiligten auferlegt werden, der sie veranlasst hat (§§ 81, 84 FamFG). Besonderheiten gelten in einzelnen Verfahrensarten; so sind zB bei einer Ehescheidung die Kosten der Scheidungssache und der Folgesachen gegeneinander aufzuheben (§ 150 FamFG, → Kostenpflicht).

5. In Verfahren vor dem Bundesverfassungsgericht entstehen grundsätzlich keine Gerichtskosten. Das Gericht kann aber bei Erfolglosigkeit einer Verfassungsbeschwerde dem Beschwerdeführer eine Missbrauchsgebühr bis 2600 EUR auferlegen (§ 34 BVerfGG). Der Rechtsanwalt erhält in Verfahren über die Verwirkung von Grundrechten, den Verlust des Stimmrechts, den Ausschluss von Wahlen und Abstimmungen, über die Verfassungswidrigkeit von Parteien, Anklagen gegen den Bundespräsidenten, gegen ein Regierungsmitglied eines Landes oder gegen einen Abgeordneten oder Richter Anwaltsgebühren wie bei Revisionen in Strafsachen (s. oben C); in den übrigen Verfahren entspricht die Berechnung der Anwaltsgebühren der bei der Revision in Zivilsachen, wobei der nach billigem Ermessen zu bestimmende Streitwert mindestens 4000 EUR beträgt.

N. Übersicht über die Sozialversicherung

Versicherungszweig	Träger	Versicherungspflichtgrenze	Finanzierung	Aufsicht
Krankenversicherung	Orts-, Betriebs-, Innungskrankenkassen, Bundesknappschaft, Ersatzkassen	für Arbeitnehmer unterschiedliche Arbeitsentgeltgrenzen, die durch Rechtsverordnung jährlich festgesetzt werden.	Beiträge der Arbeitgeber und der Arbeitnehmer; Bundeszuschüsse	Versicherungs- und Oberversicherungsämter (bzw. Landesaufsichtsämter), Arbeitsmin. der Länder, Bundesvers.-Amt
Krankenversicherung der Landwirte	Landwirtschaftl. Krankenkassen	keine	Beiträge und Bundeszuschüsse	Arbeitsmin. der Länder, Bundesversicherungsamt
Unfallversicherung	Berufsgenossenschaften, Ausführungsbehörden, Gemeindeunfallversicherungsverbände	Jahresarbeitsverdienstgrenze in unterschiedlicher Höhe	Umlagen der Unternehmer, in der Unfallvers. des Bergbaus und der Landwirtschaft auch Bundeszuschüsse	Arbeitsmin. der Länder, Bundesversicherungsamt
Rentenversicherung (allgemeine) Rentenversicherung Bund (Grundsatzaufgaben und Querschnittsaufgaben)	Deutsche Rentenversicherung Bund, Deutsche Rentenversicherung Knappschaft-Bahn-See, Regionalträger	keine	Beiträge der Arbeitgeber und der Arbeitnehmer; Bundeszuschüsse	Arbeitsmin. der Länder, Bundesversicherungsamt BMAS hinsichtlich Rentenversicherung Bund für Grundsatzaufgaben und Querschnittsaufgaben
Knappschaftliche Rentenversicherung	Deutsche Rentenversicherung Knappschaft-Bahn-See	keine	Beiträge: Arbeitnehmer in gleicher Höhe wie in der allgemeinen Rentenversicherung, im Übrigen Arbeitgeber und Bundeszuschüsse	Bundesversicherungsamt
Alterssicherung für Landwirte	Landwirtschaftl. Alterskassen	keine	Beiträge der Unternehmer und Bundeszuschüsse	Arbeitsmin. der Länder, Bundesversicherungsamt

Versicherungszweig	Träger	Versicherungspflichtgrenze	Finanzierung	Aufsicht
Pflegeversicherung	Pflegekassen, Bundesknappschaft	keine	Beiträge der Arbeitgeber und der Arbeitnehmer	wie Krankenversicherung
Arbeitsförderung (Arbeitslosenversicherung)	Bundesagentur für Arbeit	keine	Beiträge der Arbeitgeber und Arbeitnehmer, Umlagen, Bundesmittel	Bundesmin. für Arbeit und Soziales

O. Übersicht über die Renten der gesetzlichen Rentenversicherung

Rentenart	Wartezeit	sonstige Voraussetzungen
Regelaltersrente	5 Jahre	Vollendung des 65. Lebensjahres, ansteigend auf das 67. Lebensjahr
Altersrente für langjährig Versicherte	35 Jahre	Vollendung des 62. Lebensjahres (für Versicherte, die nach dem 31.12.1936 geboren sind, wird die Altersgrenze stufenweise angehoben)
Altersrente für besonders langjährig Versicherte	45 Jahre	geboren vor dem 1.1.1953, Vollendung des 65. Lebensjahres, 45 Pflichtbeitragsjahre (ohne Beiträge wegen Bezugs von Arbeitslosengeld II und Arbeitslosenhilfe), bei einem Rentenbeginn ab 1.7.2014 reichte die Vollendung des 63. Lebensjahres aus; seitdem steigt die Grenze pro Jahrgang um zwei Monate
Altersrente für schwerbehinderte Menschen	35 Jahre	Vollendung des 63. Lebensjahres, ansteigend auf das 65. Lebensjahr, Anerkennung als schwerbehinderter Mensch; die vorzeitige Inanspruchnahme einer solchen Rente nach Vollendung des 60. Lebensjahres ist möglich
Altersrente wegen Arbeitslosigkeit oder nach Altersteilzeitarbeit	15 Jahre	geboren vor dem 1.1.1952, Vollendung des 60. Lebensjahres, ansteigend auf das 61. Lebensjahr, 52 Wochen innerhalb der letzten 1 Jahre und weiterhin arbeitslos, in den letzten 10 Jahren 8 Pflichtbeitragsjahre
Altersrente für Frauen	15 Jahre	geboren vor dem 1.1.1952, Vollendung des 60. Lebensjahres, ansteigend auf das 61.Lebensjahr, nach dem 40. Lebensjahr mehr als 10 Pflichtbeitragsjahre. Eine erstmalige Rentenbewilligung nach dem 1.1.2017 ist nicht möglich, weil dann bereits das Alter für eine Regelaltersrente erfüllt ist.
Altersrente für langjährig unter Tage beschäftigte Bergleute	25 Jahre	Vollendung des 60. Lebensjahres, ansteigend auf das 62.Lebensjahr
Rente wegen teilweiser Erwerbsminderung	5 Jahre	in den letzten 5 Jahren 3 Pflichtbeitragsjahre, teilweise Erwerbsminderung
Rente wegen voller Erwerbsminderung	5 Jahre	in den letzten 5 Jahren 3 Pflichtbeitragsjahre, volle Erwerbsminderung
Rente für Bergleute	5 Jahre	in den letzten 5 Jahren 3 knappschaftliche Pflichtbeitragsjahre, verminderte bergmännische Berufsunfähigkeit
Kleine Witwen- oder Witwerrente	5 Jahre (erfüllt durch den Ehegatten)	Tod des Ehegatten, keine Wiederheirat

Rentenart	Wartezeit	sonstige Voraussetzungen
Große Witwen- oder Witwerrente	5 Jahre (erfüllt durch den Ehegatten)	Tod des Ehegatten, keine Wiederheirat, Erziehung eines Kindes oder Vollendung des 45. Lebensjahres oder Erwerbsminderung
Erziehungsrente	5 Jahre	Scheidung, Erziehung eines Kindes, keine Wiederheirat
Vollwaisen- und Halbwaisenrente	5 Jahre (erfüllt durch den Verstorbenen)	Tod eines oder beider Elternteile, Altersgrenzen